Schmitt/Hörtnagl
Umwandlungsgesetz
Umwandlungssteuergesetz

Umwandlungsgesetz
Umwandlungssteuergesetz

Herausgegeben von

Dipl.-Kfm. Prof. Dr. Joachim Schmitt
Rechtsanwalt, Fachanwalt für Steuerrecht
Wirtschaftsprüfer
Bonn

Robert Hörtnagl
Rechtsanwalt
München

Bearbeitet von

Robert Hörtnagl · Dipl.-Finw. (FH) Dr. Markus Keuthen
Dr. Sören Langner, LL.M. · Dr. Katharina Julia Missio · Philipp Rinke, LL.M.
Dipl.-Kfm. Prof. Dr. Joachim Schmitt · Dr. Michael Winter

10. Auflage 2024

C.H.BECK

Zitiervorschlag:
Schmitt/Hörtnagl/Bearbeiter Gesetz § ... Rn. ...
Schmitt/Hörtnagl/Bearbeiter Gesetz Art. ... Rn. ...

Zu den Verkehrsteuern:
Schmitt/Hörtnagl/Keuthen E Rn. ...

Zur verbindlichen Auskunft:
Schmitt/Hörtnagl/Keuthen F Rn. ...

beck.de

ISBN 978 3 406 77967 1

© 2024 Verlag C.H.Beck oHG
Wilhelmstraße 9, 80801 München
Druck und Bindung: Druckerei C.H. Beck Nördlingen
(Adresse wie Verlag)

Satz: Meta Systems Publishing & Printservices GmbH, Wustermark
Umschlag: Druckerei C.H. Beck Nördlingen

chbeck.de/nachhaltig

Gedruckt auf säurefreiem, alterungsbeständigem Papier
(hergestellt aus chlorfrei gebleichtem Zellstoff)

Alle urheberrechtlichen Nutzungsrechte bleiben vorbehalten.
Der Verlag behält sich auch das Recht vor, Vervielfältigungen dieses Werkes
zum Zwecke des Text and Data Mining vorzunehmen.

Die Bearbeiterin und die Bearbeiter der 10. Auflage

Robert Hörtnagl
Rechtsanwalt
München

Dipl.-Finw. (FH) Dr. Markus Keuthen
Rechtsanwalt und Steuerberater
Düsseldorf

Dr. Sören Langner, LL.M.
Rechtsanwalt
Fachanwalt für Arbeitsrecht
Berlin

Dr. Katharina Julia Missio
Rechtsanwältin
München

Philipp Rinke, LL.M.
Rechtsanwalt und Steuerberater
Fachanwalt für Steuerrecht
München

Dipl.-Kfm. Prof. Dr. Joachim Schmitt
Rechtsanwalt
Fachanwalt für Steuerrecht
Wirtschaftsprüfer
Bonn

Dr. Michael Winter
Rechtsanwalt und Steuerberater
Bonn

Ausgeschiedene Bearbeiter
Rolf-Christian Stratz: 2. bis 7. Auflage
Dr. Justus Westerburg: 8. Auflage

Im Einzelnen haben bearbeitet

A.

UmwG Einl.	Michael Winter
UmwG § 1	Robert Hörtnagl
UmwG Vor § 2, §§ 2–§ 5 Rn. 1–86	Michael Winter
UmwG § 5 Rn. 87–115	Sören Langner
UmwG § 5 Rn. 116–128, §§ 6–16	Michael Winter
UmwG § 17	Robert Hörtnagl
UmwG §§ 18–23	Michael Winter
UmwG § 24	Robert Hörtnagl
UmwG §§ 25–35	Michael Winter
UmwG Vor § 35a, § 35a	Sören Langner
UmwG Vor § 36, §§ 36–38	Michael Winter
UmwG Vor § 39–§ 72	Katharina Julia Missio
UmwG §§ 72a, 72b	Robert Hörtnagl
UmwG §§ 73–122	Katharina Julia Missio
UmwG §§ 122a–122m	(aufgehoben)
UmwG Vor § 123, §§ 123, 124	Robert Hörtnagl
UmwG § 125	Robert Hörtnagl/Philipp Rinke
UmwG § 126 Rn. 1–109	Robert Hörtnagl
UmwG § 126 Rn. 110–114	Sören Langner
UmwG § 126 Rn. 115–123, §§ 127–131	Robert Hörtnagl
UmwG §§ 132, 132a	Sören Langner
UmwG §§ 133–173	Robert Hörtnagl
UmwG Vor § 174, §§ 174–194 Rn. 8	Michael Winter
UmwG § 194 Rn. 9–13	Sören Langner
UmwG §§ 195–213	Michael Winter
UmwG §§ 214–304	Philipp Rinke
UmwG Vor § 305, §§ 305–319	Robert Hörtnagl
UmwG §§ 320–332	Philipp Rinke
UmwG Vor § 333, §§ 333–345	Michael Winter
UmwG §§ 346–354	Robert Hörtnagl
UmwG § 355	Michael Winter

B.

SpruchG	Robert Hörtnagl

C.

SE-VO	Philipp Rinke

D.

UmwStG Einl.	Robert Hörtnagl
UmwStG §§ 1, 2	Robert Hörtnagl
UmwStG Vor § 3, §§ 3–14	Joachim Schmitt

Im Einzelnen haben bearbeitet

UmwStG Vor § 15, §§ 15, 16 .... Robert Hörtnagl
UmwStG § 17 .... (weggefallen)
UmwStG §§ 18–28 .... Joachim Schmitt

E.
Verkehrsteuern .... Markus Keuthen

F.
Verbindliche Auskunft .... Markus Keuthen

Vorwort zur 10. Auflage

Diese 10. Auflage des Praxiskommentars zum Umwandlungsrecht kann im handelsrechtlichen Teil als Reformauflage bezeichnet werden. Vier Gesetzänderungen des UmwG waren seit der Vorauflage zu verarbeiten. Hervorzuheben sind die zahlreichen und weitreichenden Änderungen des UmwG und des SpruchG durch das Gesetz zur Modernisierung des Personengesellschaftsrechts (MoPeG) vom 10. August 2021 (BGBl. 2021 I 3436) und das Gesetz zur Umsetzung der Umwandlungsrichtlinie und zur Änderung weiterer Gesetze (UmRUG) vom 22. Februar 2023 (BGBl. 2023 I 51). Das MoPeG hat insbesondere die umfassende Beteiligung von eGbR an Umwandlungen nach dem UmwG ermöglicht. Damit wird dem Bedürfnis nach mehr Flexibilität und Mobilität im Kreis der Personengesellschaften Rechnung getragen. Die eGbR kann nun sowohl an Verschmelzungen, Spaltungen als auch an Formwechseln als übertragender als auch als übernehmender Rechtsträger bzw. Rechtsträger alter und neuer Rechtsform teilnehmen.

Das UmRUG hat in einem neuen Sechsten Buch des UmwG die grenzüberschreitenden Umwandlungen mit Rechtsträgern aus anderen EU- und EWR-Staaten umfassend neu geregelt. Neben der grenzüberschreitenden Verschmelzung, die bereits in den §§ 122a bis 122m UmwG aF geregelt war, sind nun auch die grenzüberschreitende Spaltung und der grenzüberschreitende Formwechsel möglich. Die neuen Regelungen setzen die jüngst ebenfalls durch die Richtlinie (EU) 2019/2121 erweiterten Vorgaben der EU-Gesellschaftsrechtsrichtlinie (EU) 2017/1132 um, die die grenzüberschreitende Mobilität von Gesellschaften fördern und zugleich den Schutz der Gläubiger, der Minderheitsgesellschafter und der Arbeitnehmer gewährleisten soll. Arbeitsrechtliche Aspekte bei Umwandlungen wurden in den neuen §§ 35a, 132, 132a UmwG konzentriert.

Neu ist auch die Möglichkeit der Kompensation eines nicht angemessenen Umtauschverhältnisses durch zusätzliche Aktien für AG, KGaA und SE, die in den §§ 72a, 72b UmwG eingefügt und in § 10a SpruchG verfahrensrechtlich ergänzt wurde. Damit wird eine Alternative zu einer Barabfindung geschaffen, die den beteiligten Unternehmen eine höhere Planungssicherheit gewähren soll. Die Kompensation durch zusätzliche Aktien kann sowohl bei inländischen als auch bei grenzüberschreitenden Umwandlungen angewendet werden. Die Änderungen des SpruchG gehen auf die neuen grenzüberschreitenden Umwandlungen und die Möglichkeit der Kompensation durch zusätzliche Aktien sowie dem Bestreben nach einer Verfahrensbeschleunigung, etwa durch die lange geforderte Möglichkeit eines mehrheitskonsensualen Vergleichs, zurück.

Im UmwStG gab es vergleichsweise wenige Änderungen. Durch die Anpassung von § 1 UmwStG wurde das UmwStG globalisiert, d.h., es gilt nun auch für Umwandlungen von und mit Rechtsträgern aus Drittstaaten. Mit § 2 Abs. 5 UmwStG wurde bei der Rückwirkung eine weitere Missbrauchsverhinderungsvorschrift eingeführt. Dennoch war auch in diesem Teil neuere Rechtsprechung und Literatur einzupflegen.

Der Autorenkreis blieb unverändert, die neuen Autoren der letzten Auflage haben indes weitere Teile verantwortlich übernommen. In diesem Kreis war es wiederum unser Ziel, eine umfassende und praxisnahe Kommentierung zum Rechtsstand 1. Januar 2024 vorzulegen. Besonderer Dank gilt Frau Nina Ruscheweyh für die Erstellung des Sachverzeichnisses. Wir freuen uns auf die Anregungen und Hinweise aus dem Leserkreis.

Bonn und München im Februar 2024   Die Herausgeber

Inhaltsübersicht

Bearbeiterverzeichnis VII
Vorwort IX
Inhaltsverzeichnis XIII
Abkürzungsverzeichnis XIX
Literaturverzeichnis XXXIII

Gesetzestexte

Umwandlungsgesetz (UmwG) 1
Umwandlungssteuergesetz (UmwStG) 109
Richtlinie 2009/133/EG des Rates vom 19. Oktober 2009 über das gemeinsame Steuersystem für Fusionen, Spaltungen, Abspaltungen, die Einbringung von Unternehmensteilen und den Austausch von Anteilen, die Gesellschaften verschiedener Mitgliedstaaten betreffen, sowie für die Verlegung des Sitzes einer Europäischen Gesellschaft oder einer Europäischen Genossenschaft von einem Mitgliedstaat in einen anderen Mitgliedstaat 133

Kommentar

A. Umwandlungsgesetz 149
B. Spruchverfahrensgesetz 1379
C. Umwandlungen nach der SE-Verordnung 1461
D. Umwandlungssteuergesetz 1529
E. Verkehrsteuern 2447
F. Verbindliche Auskunft bei Umwandlungen 2491

Sachverzeichnis 2507

Inhaltsverzeichnis

A. Umwandlungsgesetz

	§§	Seite
Einführung		149

Erstes Buch. Möglichkeiten von Umwandlungen (§ 1)

	§§	Seite
Arten der Umwandlung; gesetzliche Beschränkungen	1	171

Zweites Buch. Verschmelzung (§§ 2–122)

	§§	Seite
Erster Teil. Allgemeine Vorschriften	2–38	199
Erster Abschnitt. Möglichkeit der Verschmelzung	2, 3	200
Zweiter Abschnitt. Verschmelzung durch Aufnahme	4–35a	216
Dritter Abschnitt. Verschmelzung durch Neugründung	36–38	545
Zweiter Teil. Besondere Vorschriften	39–122	556
Erster Abschnitt. Verschmelzung unter Beteiligung von Personengesellschaften	39–45e	556
Erster Unterabschnitt. Verschmelzung unter Beteiligung von Gesellschaften bürgerlichen Rechts	39–39f	559
Zweiter Unterabschnitt. Verschmelzung unter Beteiligung von Personenhandelsgesellschaften	40–45	576
Dritter Unterabschnitt. Verschmelzung unter Beteiligung von Partnerschaftsgesellschaften	45a–45e	581
Zweiter Abschnitt. Verschmelzung unter Beteiligung von Gesellschaften mit beschränkter Haftung	46–59	584
Erster Unterabschnitt. Verschmelzung durch Aufnahme	46–55	586
Zweiter Unterabschnitt. Verschmelzung durch Neugründung	56–59	622
Dritter Abschnitt. Verschmelzung unter Beteiligung von Aktiengesellschaften	60–77	629
Erster Unterabschnitt. Verschmelzung durch Aufnahme	60–72b	631
Zweiter Unterabschnitt. Verschmelzung durch Neugründung	73–77	691
Vierter Abschnitt. Verschmelzung unter Beteiligung von Kommanditgesellschaften auf Aktien	78	698
Fünfter Abschnitt. Verschmelzung unter Beteiligung eingetragener Genossenschaften	79–98	701
Erster Unterabschnitt. Verschmelzung durch Aufnahme	79–95	702
Zweiter Unterabschnitt. Verschmelzung durch Neugründung	96–98	728
Sechster Abschnitt. Verschmelzung unter Beteiligung rechtsfähiger Vereine	99–104a	731
Siebenter Abschnitt. Verschmelzung genossenschaftlicher Prüfungsverbände	105–108	736
Achter Abschnitt. Verschmelzung von Versicherungsvereinen auf Gegenseitigkeit	109–119	739
Erster Unterabschnitt. Möglichkeit der Verschmelzung	109	739

Inhaltsverzeichnis

	§§	Seite
Zweiter Unterabschnitt. Verschmelzung durch Aufnahme	110–113	740
Dritter Unterabschnitt. Verschmelzung durch Neugründung	114–117	743
Vierter Unterabschnitt. Verschmelzung kleinerer Vereine	118, 119	746
Neunter Abschnitt. Verschmelzung von Kapitalgesellschaften mit dem Vermögen eines Alleingesellschafters	120–122	746
Zehnter Abschnitt. aufgehoben	122a–122m	751

Drittes Buch. Spaltung (§§ 123–173)

	§§	Seite
Erster Teil. Allgemeine Vorschriften	123–137	755
Erster Abschnitt. Möglichkeit der Spaltung	123–125	755
Zweiter Abschnitt. Spaltung zur Aufnahme	126–134	781
Dritter Abschnitt. Spaltung zur Neugründung	135–137	899
Zweiter Teil. Besondere Vorschriften	138–173	911
Erster Abschnitt. Spaltung unter Beteiligung von Gesellschaften mit beschränkter Haftung	138–140	913
Zweiter Abschnitt. Spaltung unter Beteiligung von Aktiengesellschaften und Kommanditgesellschaften auf Aktien	141–146	928
Dritter Abschnitt. Spaltung unter Beteiligung eingetragener Genossenschaften	147, 148	939
Vierter Abschnitt. Spaltung unter Beteiligung rechtsfähiger Vereine	149	943
Fünfter Abschnitt. Spaltung unter Beteiligung genossenschaftlicher Prüfungsverbände	150	945
Sechster Abschnitt. Spaltung unter Beteiligung von Versicherungsvereinen auf Gegenseitigkeit	151	946
Siebenter Abschnitt. Ausgliederung aus dem Vermögen eines Einzelkaufmanns	152–160	948
Erster Unterabschnitt. Möglichkeit der Ausgliederung	152	949
Zweiter Unterabschnitt. Ausgliederung zur Aufnahme	153–157	959
Dritter Unterabschnitt. Ausgliederung zur Neugründung	158–160	965
Achter Abschnitt. Ausgliederung aus dem Vermögen rechtsfähiger Stiftungen	161–167	970
Neunter Abschnitt. Ausgliederung aus dem Vermögen von Gebietskörperschaften oder Zusammenschlüssen von Gebietskörperschaften	168–173	976

Viertes Buch. Vermögensübertragung (§§ 174–189)

	§§	Seite
Erster Teil. Möglichkeit der Vermögensübertragung	174, 175	982
Zweiter Teil. Übertragung des Vermögens oder von Vermögensteilen einer Kapitalgesellschaft auf die öffentliche Hand	176, 177	987
Erster Abschnitt. Vollübertragung	176	987
Zweiter Abschnitt. Teilübertragung	177	991
Dritter Teil. Vermögensübertragung unter Versicherungsunternehmen	178–189	992
Erster Abschnitt. Übertragung des Vermögens einer Aktiengesellschaft auf Versicherungsvereine auf Gegenseitigkeit oder öffentlich-rechtliche Versicherungsunternehmen	178, 179	992
Erster Unterabschnitt. Vollübertragung	178	992
Zweiter Unterabschnitt. Teilübertragung	179	994

Inhaltsverzeichnis

§§ Seite

Zweiter Abschnitt. Übertragung des Vermögens eines Versicherungsvereins auf Gegenseitigkeit auf Aktiengesellschaften oder öffentlich-rechtliche Versicherungsunternehmen 180–184 995
Erster Unterabschnitt. Vollübertragung 180–183 995
Zweiter Unterabschnitt. Teilübertragung 184 999
Dritter Abschnitt. Übertragung des Vermögens eines kleineren Versicherungsvereins auf Gegenseitigkeit auf eine Aktiengesellschaft oder auf ein öffentlich-rechtliches Versicherungsunternehmen 185–187 1000
Vierter Abschnitt. Übertragung des Vermögens eines öffentlich-rechtlichen Versicherungsunternehmens auf Aktiengesellschaften oder Versicherungsvereine auf Gegenseitigkeit 188, 189 1001
Erster Unterabschnitt. Vollübertragung 188 1001
Zweiter Unterabschnitt. Teilübertragung 189 1002

Fünftes Buch. Formwechsel (§§ 190–304)

Erster Teil. Allgemeine Vorschriften 190–213 1003
Zweiter Teil. Besondere Vorschriften 214–304 1075
Erster Abschnitt. Formwechsel von Personengesellschaften .. 214–225c 1075
Erster Unterabschnitt. Formwechsel von Gesellschaften bürgerlichen Rechts und Personenhandelsgesellschaften 214–225 1075
Zweiter Unterabschnitt. Formwechsel von Partnerschaftsgesellschaften 225a–225c 1099
Zweiter Abschnitt. Formwechsel von Kapitalgesellschaften .. 226–257 1100
Erster Unterabschnitt. Allgemeine Vorschriften 226, 227 1100
Zweiter Unterabschnitt. Formwechsel in eine Personengesellschaft 228–237 1103
Dritter Unterabschnitt. Formwechsel in eine Kapitalgesellschaft anderer Rechtsform 238–250 1118
Vierter Unterabschnitt. Formwechsel in eine eingetragene Genossenschaft 251–257 1139
Dritter Abschnitt. Formwechsel eingetragener Genossenschaften 258–271 1149
Vierter Abschnitt. Formwechsel rechtsfähiger Vereine 272–290 1171
Erster Unterabschnitt. Allgemeine Vorschriften 272 1171
Zweiter Unterabschnitt. Formwechsel in eine Kapitalgesellschaft 273–282 1172
Dritter Unterabschnitt. Formwechsel in eine eingetragene Genossenschaft 283–290 1180
Fünfter Abschnitt. Formwechsel von Versicherungsvereinen auf Gegenseitigkeit 291–300 1183
Sechster Abschnitt. Formwechsel von Körperschaften und Anstalten des öffentlichen Rechts 301–304 1188

Sechstes Buch. Grenzüberschreitende Umwandlung (§§ 305–345)

Erster Teil. Grenzüberschreitende Verschmelzung 305–319 1192
Zweiter Teil. Grenzüberschreitende Spaltung 320–332 1301
Dritter Teil. Grenzüberschreitender Formwechsel 333–345 1325

Inhaltsverzeichnis

§§/Art. Seite

Siebentes Buch. Strafvorschriften und Zwangsgelder (§§ 346–350)
Strafvorschriften und Zwangsgelder 346–350 1372

Achtes Buch. Übergangs- und Schlußvorschriften (§§ 351–355)
Übergangs- und Schlußvorschriften 351–355 1374

B. Gesetz über das gesellschaftsrechtliche Spruchverfahren (Spruchverfahrensgesetz – SpruchG)

Einleitung		1379
Anwendungsbereich	1	1380
Zuständigkeit	2	1383
Antragsberechtigung	3	1387
Antragsfrist und Antragsbegründung	4	1391
Antragsgegner	5	1398
Vertretung durch einen Rechtsanwalt	5a	1399
Gemeinsamer Vertreter	6	1400
Gemeinsamer Vertreter bei Gründung einer SE	6a	1409
Gemeinsamer Vertreter bei Gründung einer Europäischen Genossenschaft	6b	1411
Grenzüberschreitende Umwandlungen	6c	1411
Vorbereitung der mündlichen Verhandlung	7	1414
Mündliche Verhandlung	8	1422
Verfahrensförderungspflicht	9	1428
Verletzung der Verfahrensförderungspflicht	10	1430
Gewährung zusätzlicher Aktien	10a	1432
Gerichtliche Entscheidung; Gütliche Einigung	11	1436
Ermittlung der Kompensation durch das Gericht	11a	1442
Beschwerde	12	1443
Wirkung der Entscheidung	13	1448
Bekanntmachung der Entscheidung	14	1450
Kosten	15	1451
Zuständigkeit bei Leistungsklage	16	1456
Allgemeine Bestimmungen; Übergangsvorschrift	17	1458

C. Umwandlungen nach der SE-Verordnung
Verordnung (EG) Nr. 2157/2001 des Rates über das Statut der Europäischen Gesellschaft (SE)

Auszug

Einleitung 1461

Titel I. Allgemeine Vorschriften (Art. 2, 3)

Gründung einer SE	2	1464
SE als Aktiengesellschaft	3	1474

Titel II. Gründung (Art. 15, 17–37)

Abschnitt 1. Allgemeines
Gründung nach Recht des Sitzstaats 15 1477

Inhaltsverzeichnis

§§/Art. Seite

Abschnitt 2. Gründung einer SE durch Verschmelzung
Vorbemerkungen zu Art. 17–31		1478
Gründung einer SE durch Verschmelzung	17	1479
Anwendung geltender Rechtsvorschriften	18	1481
Einspruch gegen eine Verschmelzung	19	1484
Verschmelzungsplan	20	1484
Angaben im Amtsblatt	21	1491
Unabhängige Sachverständige	22	1493
Zustimmung zum Verschmelzungsplan	23	1496
Schutz der Rechteinhaber	24	1500
Rechtmäßigkeitsprüfung	25	1505
Kontrolle der Rechtmäßigkeitsprüfung	26	1509
Eintragung gemäß Art. 12	27	1512
Offenlegung der Verschmelzung	28	1512
Folgen der Verschmelzung	29	1513
Nichtigerklärung bzw. Auflösung der Verschmelzung	30	1515
Nichtparitätische Verschmelzung	31	1516

Abschnitt 3. Gründung einer Holding-SE
Vorbemerkungen zu Art. 32–34		1518
Gründung einer Holding-SE	32	1518
Formalitäten einer Gründung	33	1522
Interessenschutz bei Gründung	34	1524

Abschnitt 4. Gründung einer Tochter-SE
Vorbemerkungen zu Art. 35, 36		1524
Gründung einer Tochter-SE	35	1524
Anwendung nationaler Vorschriften	36	1525

Abschnitt 5. Umwandlung einer bestehenden Aktiengesellschaft in eine SE
Umwandlung einer AG in eine SE	37	1525

D. Umwandlungssteuergesetz (UmwStG)

Einleitung		1529
Erster Teil. Allgemeine Vorschriften	1, 2	1539
Zweiter Teil. Vermögensübergang bei Verschmelzung auf eine Personengesellschaft oder auf eine natürliche Person und Formwechsel einer Kapitalgesellschaft in eine Personengesellschaft	3–10	1647
Dritter Teil. Verschmelzung oder Vermögensübertragung (Vollübertragung) auf eine andere Körperschaft	11–14	1799
Vierter Teil. Aufspaltung, Abspaltung und Vermögensübertragung (Teilübertragung)	15, 16	1914
Fünfter Teil. Gewerbesteuer	17–19	2012
Sechster Teil. Einbringung von Unternehmensteilen in eine Kapitalgesellschaft oder Genossenschaft und Anteilstausch	20–23	2033
Siebter Teil. Einbringung eines Betriebs, Teilbetriebs oder Mitunternehmeranteils in eine Personengesellschaft	24	2326
Achter Teil. Formwechsel einer Personengesellschaft in eine Kapitalgesellschaft oder Genossenschaft	25	2418
Neunter Teil. Verhinderung von Missbräuchen	26	2431
Zehnter Teil. Anwendungsvorschriften und Ermächtigung	27, 28	2431

Inhaltsverzeichnis

Seite

E. Verkehrsteuern
Verkehrsteuern bei Umwandlungs- und Einbringungsvorgängen (Überblick)

I. Umsatzsteuer 2448
II. Grunderwerbsteuer 2461

F. Verbindliche Auskunft bei Umwandlungen

I. Rechtliche Rahmenbedingungen 2491
II. Voraussetzungen und Wirkung der verbindlichen Auskunft ... 2498
III. Zuständigkeiten (§ 89 II 2 und 3 AO) 2503

Verzeichnis der Abkürzungen

A	Abschnitt (bei Richtlinien)
aA	anderer Ansicht
abl.	ablehnend
ABl.	Amtsblatt
Abs.	Absatz
Abschlussprüfer-VO	Verordnung (EU) Nr. 537/2014 des Europäischen Parlaments und des Rates vom 16. April 2014 über spezifische Anforderungen an die Abschlussprüfung bei Unternehmen von öffentlichem Interesse (ABl. 2014 L 158, 77; berichtigt)
Abt.	Abteilung
abzgl.	abzüglich
abw.	abweichend
AcP	Archiv für die civilistische Praxis (Zeitschrift)
aE	am Ende
AEAO	Anwendungserlass der Abgabenordnung
AEUV	Vertrag über die Arbeitsweise der Europäischen Union
aF	alte Fassung
AfA	Absetzung für Abnutzung
AfK	Archiv für Kommunalwissenschaften (Zeitschrift)
AG	Aktiengesellschaft; Die Aktiengesellschaft (Zeitschrift); Amtsgericht
AIG	Auslandsinvestitionsgesetz
AK	Anschaffungskosten
AktG	Aktiengesetz
Aktionärsrechte-RL	Richtlinie 2007/36/EG des Europäischen Parlaments und des Rates vom 11. Juli 2007 über die Ausübung bestimmter Rechte von Aktionären in börsennotierten Gesellschaften (ABl. 2007 L 184, 17)
allg.	allgemein
allgM	allgemeine Meinung
Alt.; alt.	Alternative; alternativ
Amtl. Begr.	Amtliche Begründung
AmtshilfeRL-UmsG	Gesetz zur Umsetzung der Amtshilferichtlinie sowie zur Änderung steuerlicher Vorschriften (Amtshilferichtlinie-Umsetzungsgesetz vom 26.6.2013
Anh.	Anhang
anschl.	anschließend
AnwBl	Anwaltsblatt
AO	Abgabenordnung
AP	Ausgleichsposten; Arbeitsrechtliche Praxis (Entscheidungs-Sammlung)
AR	Aufsichtsrat
ArbG	Arbeitsgericht
ArbN	Arbeitnehmer
ArbRB	Der Arbeits-Rechts-Berater (Zeitschrift)
ArbRAktuell	Arbeitsrecht Aktuell (Zeitschrift)
ArbVerh	Arbeitsverhältnis

Verzeichnis der Abkürzungen

Arg.; arg.	Argumentation, Argument, -e, -en; argumentum
Art.	Artikel
ARUG	Gesetz zur Umsetzung der Aktionärsrechterichtlinie
AStG	Gesetz über die Besteuerung bei Auslandsbeziehungen (Außensteuergesetz)
Aufl.	Auflage
AuR	Arbeit und Recht (Zeitschrift)
ausf.	ausführlich
ausl.	ausländisch
BA	Betriebsausgaben
BAG	Bundesarbeitsgericht
BayAGH	Bayerische Anwaltsgerichtshof in München
BAnz.	Bundesanzeiger
BayLfSt	Bayerisches Landesamt für Steuern
BayObLG	Bayerisches Oberstes Landesgericht
BayObLGZ	Amtliche Sammlung des Bayerischen Obersten Landesgerichts in Zivilsachen
BayVBl.	Bayerische Verwaltungsblätter
BB	Der Betriebsberater (Zeitschrift)
BBergG	Bundesberggesetz
BBK	Buchführung, Bilanz, Kostenrechnung, Zeitschrift für das gesamte Rechnungswesen
Bd.; Bde.	Band; Bände
BdF	Bundesministerium der Finanzen
BE	Betriebseinnahmen
BeckRS	Rechtsprechungssammlung in Beck-Online
Begr.	Begründung
Begr. RegE	Begründung des Regierungsentwurfs
Beschl.	Beschluss
Bespr.	Besprechung
betr.	betrifft, betreffend
BetrAVG	Gesetz zur Verbesserung der betrieblichen Altersversorgung
BetrVG	Betriebsverfassungsgesetz
BeurkG	Beurkundungsgesetz
BewDV	Durchführungsverordnung zum Bewertungsgesetz
BewG	Bewertungsgesetz
Bf.	Beschwerdeführer
BfF	Bundesamt für Finanzen
BFH	Bundesfinanzhof
BFHE	Sammlung der Entscheidungen des Bundesfinanzhofs, hrsg. von den Mitgliedern des Bundesfinanzhofs
BFH/NV	Sammlung amtlich nicht veröffentlichter Entscheidungen des Bundesfinanzhofs
BFH/PR	Amtlich veröffentlichte BFH-Entscheidungen (Zeitschrift)
BFuP	Betriebswirtschaftliche Forschung und Praxis (Zeitschrift)
BGB	Bürgerliches Gesetzbuch
BGBl.	Bundesgesetzblatt
BGH	Bundesgerichtshof
BGHZ	Amtliche Sammlung von Entscheidungen des BGH in Zivilsachen
BiRiLiG	Bilanzrichtlinien-Gesetz
Bl.	Blatt
Bln-Bbg	Berlin-Brandenburg

Verzeichnis der Abkürzungen

BMF	Bundesminister(ium) der Finanzen
BNotO	Bundesnotarordnung
BörsUSt	Börsenumsatzsteuer
BörsUStG	Börsenumsatzsteuergesetz
BörsUStPfl; börsustpfl.	Börsenumsatzsteuerpflicht; börsenumsatzsteuerpflichtig
BP	Betriebsprüfung
BR	Bundesrat
BRAGO	Bundesgebührenordnung für Rechtsanwälte
BRD	Bundesrepublik Deutschland
BR-Drs.	Bundesrats-Drucksache
BReg.	Bundesregierung
bspw.	beispielsweise
BStBl. I–III	Bundessteuerblatt (Teil I–III)
BT	Bundestag
BT-Drs.	Bundestags-Drucksache
BT-Prot.	Bundestags-Protokoll
Buchst.	Buchstabe
BürgerlR	Bürgerliches Recht
BuW	Betrieb und Wirtschaft (Zeitschrift)
BV	Betriebsvermögen
BVerfG	Bundesverfassungsgericht
BVerfGE	Amtliche Sammlung von Entscheidungen des BVerfG
BVerwG	Bundesverwaltungsgericht
BVerwGE	Amtliche Sammlung von Entscheidungen des Bundesverwaltungsgerichts
BW	Buchwert, -e; Baden-Württemberg
BWNotZ	Zeitschrift für das Notariat in Baden-Württemberg
BZBl	Bundeszollblatt
bzgl.	bezüglich
BZSt	Bundeszentralamt für Steuern
bzw.	beziehungsweise
ca.	cirka
cic	culpa in contrahendo (Verschulden bei Vertragsschluss)
Corona-Steuerhilfegesetz	Gesetz zur Umsetzung steuerlicher Hilfsmaßnahmen zur Bewältigung der Corona-Krise
COVMG	Gesetz über Maßnahmen im Gesellschafts-, Genossenschafts-, Vereins-, Stiftungs- und Wohnungseigentumsrecht zur Bekämpfung der Auswirkungen der COVID-19-Pandemie
DB	Der Betrieb (Zeitschrift)
DBA	Doppelbesteuerungsabkommen
DepotG	Gesetz über die Verwahrung und Anschaffung von Wertpapieren
dgl.	dergleichen
dh	das heißt
diesbzgl.	diesbezüglich
Diff.; diff.	Differenz; differenzieren, differenzierend, differenziert
DIHT	Deutscher Industrie- und Handelstag
DiREG	Gesetz zur Ergänzung der Regelungen zur Umsetzung der Digitalisierungsrichtlinie – DiREG v. 15.7.2022, BGBl. 2022 I 1146
DiRUG	Gesetz zur Umsetzung der Digitalisierungsrichtlinie – (DiRUG) v. 5.7.2021, BGBl. 2021 I 3338

Verzeichnis der Abkürzungen

DiskE	Diskussionsentwurf
Diss.	Dissertation
DM	Deutsche Mark
DM-BilanzG	Gesetz über die Eröffnungsbilanz in Deutscher Mark und die Kapitalneufestsetzung
DNotZ	Deutsche Notar-Zeitschrift
DÖV	Die Öffentliche Verwaltung
DRiZ	Deutsche Richter-Zeitung
Drs.	Drucksache
DStJG	Deutsche Steuerjuristische Gesellschaft eV
DStR	Deutsche Steuer-Rundschau (bis 1961); Deutsches Steuerrecht (ab 1962), (Zeitschrift)
DStZ	Deutsche Steuer-Zeitung
DStZ/E	Deutsche Steuer-Zeitung/Eildienst (neuerdings StE)
dt.	deutsch
DtZ	Deutsch-deutsche Rechts-Zeitschrift
DVBl	Deutsches Verwaltungsblatt
DVO	Durchführungsverordnung
DVR	Deutsche Verkehrsteuer-Rundschau (jetzt unter dem Namen „Umsatzsteuer- und Verkehrsteuerrecht"; UVR)
DWI	Deutsche Wirtschaft (Zeitschrift)
DZWiR	Deutsche Zeitschrift für Wirtschaftsrecht
EAV	Ergebnisabführungsvertrag
EDV	Elektronische Datenverarbeitung
EFG	Entscheidungen der Finanzgerichte (zitiert nach Seiten)
eG	eingetragene Genossenschaft
EG	Einführungsgesetz; Europäische Gemeinschaft
EG-RL	EG-Richtlinie
EGAktG	Einführungsgesetz zum Aktiengesetz
eGbR	eingetragene Gesellschaft bürgerlichen Rechts
EGKS	Europäische Gemeinschaft für Kohle und Stahl
EHUG	Gesetz über elektronische Handelsregister und Genossenschaftsregister sowie das Unternehmensregister
Einf.	Einführung
einhM	einhellige Meinung
EinigungsV	Vertrag zwischen der Bundesrepublik Deutschland und der Deutschen Demokratischen Republik über die Herstellung der Einheit Deutschlands
Einl.	Einleitung
einschl.	einschließlich
einschr.	einschränkend
EK	Eigenkapital
EK-Erh.	Eigenkapitalerhöhung
EnWG	Energiewirtschaftsgesetz
EntwLStG	Entwurf Lohnsteuergesetz
ErbSt; erbstl.	Erbschaftsteuer; erbschaftsteuerlich
ErbStG	Erbschaftsteuer- und Schenkungsteuergesetz
ErbStPfl; erbstpfl.	Erbschaftsteuerpflicht; erbschaftsteuerpflichtig
ErfVO	Erfinderverordnung
ErgBd.	Ergänzungsband
ERJuKoG	Gesetz über elektronische Register und Justizkosten für Telekommunikation

Verzeichnis der Abkürzungen

ErtrSt	Ertragsteuer
ertragstl.	ertragsteuerlich
ESt	Einkommensteuer
EStB	Ertrag-Steuer-Berater (Zeitschrift)
EStDV	Einkommensteuer-Durchführungsverordnung
EStG	Einkommensteuergesetz
EStPfl; estpfl.	Einkommensteuerpflicht; einkommensteuerpflichtig
EStR	Einkommensteuer-Richtlinien
etc	et cetera
EU	Einzelunternehmer; Europäische Union
EuGH	Gerichtshof der Europäischen Gemeinschaften
EUmwG	Diskussionsentwurf Umwandlungsgesetz
EUR	Euro
EU-RL	EU-Richtlinie
EuZW	Europäische Zeitschrift für Wirtschaftsrecht
eV	eingetragener Verein
evtl.	eventuell
EW	Einheitswert
EWG	Europäische Wirtschaftsgemeinschaft
EWGV	Vertrag zur Gründung der Europäischen Wirtschaftsgemeinschaft
EWiR	Entscheidungen zum Wirtschaftsrecht (Zeitschrift)
EWIV	Europäische wirtschaftliche Interessenvereinigung
f.; ff.	folgende; fortfolgende
FA; FÄ	Finanzamt; Finanzämter
FamRZ	Zeitschrift für das gesamte Familienrecht
FG	Finanzgericht
FGG	Gesetz über die freiwillige Gerichtsbarkeit
FGG-RG	Gesetz zur Reform des Verfahrens in Familiensachen und in den Angelegenheiten der freiwilligen Gerichtsbarkeit (FGG-Reformgesetz)
FG Hmb	Finanzgericht Hamburg
FG MV	Finanzgericht Mecklenburg-Vorpommern
FGO	Finanzgerichtsordnung
FM	Finanzministerium
FVerw	Finanzverwaltung
Fn.	Fußnote
FR	Finanz-Rundschau
FS	Festschrift
Fusions-RL	Richtlinie 2009/133/EG des Rates vom 19. Oktober 2009 über das gemeinsame Steuersystem für Fusionen, Spaltungen, Abspaltungen, die Einbringung von Unternehmensteilen und den Austausch von Anteilen, die Gesellschaften verschiedener Mitgliedstaaten betreffen, sowie für die Verlegung des Sitzes einer Europäischen Gesellschaft oder einer Europäischen Genossenschaft von einem Mitgliedstaat in einen anderen Mitgliedstaat
FVG	Gesetz über die Finanzverwaltung
FW	Finanzwirtschaft (Zeitschrift)
G	Gesetz
GaststG	Gaststättengesetz
GAV	Gewinnabführungsvertrag
GBl.	Gesetzblatt
GBO	Grundbuchordnung
GbR	Gesellschaft bürgerlichen Rechts

Verzeichnis der Abkürzungen

GBV	Grundbuchverfügung
GebrMG	Gebrauchsmustergesetz
gem.	gemäß
gem. Vertr.	gemeinsame(r) Vertreter
Gen	Genossenschaft
GenG	Gesetz betreffend die Erwerbs- und Wirtschaftsgenossenschaften
Ges	Gesellschaft(en)
GesBl.	Gesellschaftsblatt/blätter
DesignG	Gesetz betreffend das Urheberrecht an Mustern und Modellen (Designgesetz)
GesR	Gesellschaftsrecht
GesR-RL	Richtlinie (EU) 2017/1132 des Europäischen Parlaments und des Rates vom 14. Juni 2017 über bestimmte Aspekte des Gesellschaftsrechts, ABl. 2017 L 169, 46
GesSt	Gesellschaftsteuer
GesStPfl	Gesellschaftsteuerpflicht
GesSt-RL	Gesellschaftsteuer-Richtlinie
GewArch	Gewerbearchiv (Zeitschrift)
GewErtrSt	Gewerbeertragsteuer
GewKapSt	Gewerbekapitalsteuer
GewO	Gewerbeordnung
GewSt	Gewerbesteuer
GewStG	Gewerbesteuergesetz
gewstl.	gewerbesteuerlich
GewStPfl; gewstpfl.	Gewerbesteuerpflicht; gewerbesteuerpflichtig
GewStR	Gewerbesteuer-Richtlinien
GG	Grundgesetz
ggf.	gegebenenfalls
Gj.	Geschäftsjahr
GKG	Gerichtskostengesetz
GmbH	Gesellschaft mit beschränkter Haftung
GmbH-StB	Der GmbH-Steuer-Berater (Zeitschrift)
GmbHG	Gesetz betreffend die GmbH
GmbHR	GmbH-Rundschau (Zeitschrift)
GNotKG	Gesetz über Kosten der freiwilligen Gerichtsbarkeit für Gerichte und Notare (Gerichts- und Notarkostengesetz)
GoB	Grundsätze ordnungsgemäßer Buchführung
grdl.	grundlegend
grds.	grundsätzlich
GrESt	Grunderwerbsteuer
GrEStG	Grunderwerbsteuergesetz
GrS	Großer Senat
GS	Gedächtnisschrift
GStB	Gestaltende Steuerberatung (Zeitschrift)
GuV-Rechnung	Gewinn- und Verlustrechnung
GüKG	Güterfernverkehrsgesetz
GVBl.	Gesetz- und Verordnungsblatt
GVG	Gerichtsverfassungsgesetz
GWB	Gesetz gegen Wettbewerbsbeschränkungen
GWG	Geringwertige Wirtschaftsgüter

Verzeichnis der Abkürzungen

HandelsR	Handelsrecht
HB	Handelsbilanz
HdB	Handbuch
HdU	Handbuch der Unternehmensbesteuerung
HFR	Höchstrichterliche Finanzrechtsprechung (Zeitschrift)
HGB	Handelsgesetzbuch
HK	Herstellungskosten
hL	herrschende Lehre
hM	herrschende Meinung
HR	Handelsregister
HRA	Handelsrechtsausschuss
HRefG	Gesetz zur Neuregelung des Kaufmanns- und Firmenrechts und zur Änderung anderer handels- und gesellschaftsrechtlicher Vorschriften (Handelsrechtsreformgesetz)
HRegGeb-NeuOG	Gesetz zur Neuordnung der Gebühren in Handels-, Partnerschafts- und Genossenschaftsregistersachen (Handelsregistergebühren-Neuordnungsgesetz)
HRegGebV	Verordnung über Gebühren in Handels-, Partnerschafts- und Genossenschaftsregistersachen (Handelsregistergebührenverordnung)
Hrsg.	Herausgeber
HRV	Verordnung über die Einrichtung und Führung des Handelsregisters (Handelsregisterverfügung)
Hs.	Halbsatz
idF	in der Fassung
idR	in der Regel
IDW	Institut der Wirtschaftsprüfer
IDW Assurance	IDW, Assurance (WPH Edition), 1. Aufl. 2017
IDW BT	IDW, Bewertung und Transaktionsberatung (WPH Edition), 1. Aufl. 2018
IDW WPH 1	IDW WP Handbuch – Hauptband 2017, 15. Aufl. 2017
idS	in dem Sinne, in diesem Sinne
iE	im Einzelnen
iErg	im Ergebnis
ieS	im engeren Sinn
iHv; iHd	in Höhe von/der
IHK	Industrie- und Handelskammer
iL	in Liquidation
INF	Die Information über Steuer und Wirtschaft (Zeitschrift)
inkl.	inklusive
inl.	inländisch
insbes.	insbesondere
InsO	Insolvenzordnung
int.	international
InvZulG	Investitionszulagengesetz
IPRax	Praxis des internationalen Privat- und Verfahrensrechts (Zeitschrift)
iS	im Sinne
iSd	im Sinne des, -r
IStR	Internationales Steuerrecht (Zeitschrift)
iSv	im Sinne von
iÜ	im Übrigen
iVm	in Verbindung mit

Verzeichnis der Abkürzungen

IWB	Internationale Wirtschafts-Briefe
iwS	im weiteren Sinn
JA	Jahresabschluss
JbFfSt	Jahrbuch der Fachanwälte für Steuerrecht
JDStJG	Jahrbuch der Deutschen Steuerjuristischen Gesellschaft eV
jew.	jeweilig, -e, -en, jeweils
JFG	Jahrbuch für Entscheidungen in Angelegenheiten der freiwilligen Gerichtsbarkeit
JMBl.	Justizministerialblatt
JR	Juristische Rundschau
JStErgG	Jahressteuer-Ergänzungsgesetz
JStG	Jahressteuergesetz
JuMiG	Justizmitteilungsgesetz und Gesetz zur Änderung kostenrechtlicher Vorschriften und anderer Gesetze
jur.	juristisch, juristische
Jura	Juristische Ausbildung (Zeitschrift)
JürBüro	Das Juristische Büro (Zeitschrift)
JuS	Juristische Schulung (Zeitschrift)
JW	Juristische Wochenschrift (jetzt als Neue Juristische Wochenschrift)
JZ	Juristenzeitung
KAG	Kommunalabgabengesetz
KAGG	Gesetz über Kapitalanlagegesellschaften
KapErh	Kapitalerhöhung
KapErhB	Kapitalerhöhungsbeschluss
KapErhG	Gesetz über die Kapitalerhöhung aus Gesellschaftsmitteln und über die Verschmelzung von Gesellschaften mit beschränkter Haftung
KapESt	Kapitalertragsteuer
KapGes	Kapitalgesellschaft
Kapital-RL	Richtlinie 2012/30/EU des Europäischen Parlaments und des Rates vom 25. Oktober 2012 zur Koordinierung der Schutzbestimmungen, die in den Mitgliedstaaten den Gesellschaften im Sinne des Artikels 54 Absatz 2 des Vertrages über die Arbeitsweise der Europäischen Union im Interesse der Gesellschafter sowie Dritter für die Gründung der Aktiengesellschaft sowie für die Erhaltung und Änderung ihres Kapitals vorgeschrieben sind, um diese Bestimmungen gleichwertig zu gestalten (ABl. 2012 L 315, 74); aufgehoben mit Ablauf des 19.7.2017
KapVerm	Kapitalvermögen
KaRS	Kapitalanlagen, Recht und Steuern (Zeitschrift)
KFR	Kommentierte Finanzrechtsprechung
KG	Kommanditgesellschaft
KGaA	Kommanditgesellschaft auf Aktien
KiSt	Kirchensteuer
KiStG	Kirchensteuergesetz
Kj.	Kalenderjahr
KKZ	Kommunal-Kassen-Zeitschrift
KO	Konkursordnung
KöR	Körperschaft des öffentlichen Rechts
KÖSDI	Kölner Steuerdialog (Zeitschrift)
Komm.	Kommentar, Kommentierung
KoordG	Koordinierungsgesetz
KostRMoG	Gesetz zur Modernisierung des Kostenrechts (Kostenrechtsmodernisierungsgesetz)

Verzeichnis der Abkürzungen

KostRspr.	Kostenrechtsprechung
krit.	kritisch
KSchG	Kündigungsschutzgesetz
KSt; kstl.	Körperschaftsteuer; körperschaftsteuerlich
KStG	Körperschaftsteuergesetz
KStPfl; kstpfl.	Körperschaftsteuerpflicht; körperschaftsteuerpflichtig
KStR	Körperschaftsteuer-Richtlinien
KStZ	Kommunale Steuer-Zeitschrift
KTS	Konkurs, Treuhand, Schiedsgerichtswesen (Zeitschrift)
KV	Kostenverzeichnis
KVStDV	Körperschaftsteuer-Durchführungsverordnung
KVStG	Kapitalverkehrsteuergesetz
KWG	Kreditwesengesetz
LAG	Landesarbeitsgericht, Lastenausgleichsgesetz
lfd.	laufend
Lfg.	Lieferung
LfSt	Bayerisches Landesamt für Steuern
LG	Landgericht
Lit.	Literatur
LM	Das Nachschlagewerk des Bundesgerichtshofs, Lindenmaier und Möhring
LöschG	Gesetz über die Auflösung und Löschung von Gesellschaften
Ls.	Leitsatz
LSt	Lohnsteuer
LSW	Lexikon des Steuer- und Wirtschaftsrechts (Zeitschrift)
lt.	laut
Ltd.	Limited
LuF; luf	Land- und Forstwirtschaft; land- und forstwirtschaftlich
LwAnpG	Landwirtschaftsanpassungsgesetz
mAnm	mit Anmerkung(en)
max.	maximal
MDR	Monatsschrift für Deutsches Recht
mE	meines Erachtens
MgVG	Gesetz über die Mitbestimmung der Arbeitnehmer bei einer grenzüberschreitenden Verschmelzung
MHbeG	Gesetz zur Beschränkung der Haftung Minderjähriger (Minderjährigenhaftungsbeschränkungsgesetz)
Mio.	Million, -en
MitbestG	Gesetz über die Mitbestimmung der Arbeitnehmer (Mitbestimmungsgesetz)
MitbestErgG	Mitbestimmungsergänzungsgesetz
MittBayNot	Mitteilungen der Bayerischen Notar-Kammer (Zeitschrift)
MittRhNotK	Mitteilungen des Bayerischen Notarvereins (Zeitschrift)
mN	mit Nachweis(en)
MontanMitbestG	Gesetz über die Mitbestimmung der Arbeitnehmer in den Aufsichtsräten und Vorständen der Unternehmen des Bergbaus und der Eisen und Stahl erzeugenden Industrie
MoPeG	Gesetz zur Modernisierung des Personengesellschaftsrechts (Personengesellschaftsrechtsmodernisierungsgesetz – MoPeG) v. 10.8.2021 (BGBl. 2021 I 3436)
MU	Mitunternehmer
mwN	mit weiteren Nachweisen

Verzeichnis der Abkürzungen

MwStSystR	Richtlinie 2006/112/EG des Rates über das gemeinsame Mehrwertsteuersystem vom 28. November 2006 (ABl. 2006 L 347, 1; berichtigt)
mWv	mit Wirkung vom
Nachw.	Nachweis
nat.	national/es
NdsFG	Niedersächsisches Finanzgericht
nF	neue Fassung
NJW	Neue Juristische Wochenschrift
NJW-RR	NJW-Rechtsprechungsreport
notar	Monatsschrift für die gesamte notarielle Praxis
nrkr	nicht rechtskräftig
Nr.	Nummer, Nummern
NStR	Neues Steuerrecht von A bis Z
nv	nicht veröffentlicht
NVwZ	Neue Zeitschrift für Verwaltungsrecht
NWB	Neue Wirtschafts-Briefe für Steuer- und Wirtschaftsrecht
NZA	Neue Zeitschrift für Arbeitsrecht
NZB	Nichtzulassungsbeschwerde
oä; oÄ	oder ähnlich; oder Ähnliches
OECD	Organisation for Economic Cooperation and Development (Organisation für wirtschaftliche Zusammenarbeit und Entwicklung)
OECD-MA	OECD-Musterabkommen
OFD	Oberfinanzdirektion
ÖffR	Öffentliches Recht
OHG	Offene Handelsgesellschaft
OLG	Oberlandesgericht
p. a.	per anno (im Jahr)
PartGes	Partnerschaftsgesellschaft
PartGmbB	Partnerschaftsgesellschaft mit beschränkter Berufshaftung
PartVertrag	Partnerschaftsvertrag
PatG	Patentgesetz
PersGes	Personengesellschaft
PhG, phG	Personenhandelsgesellschaft; persönlich haftende(r) Gesellschafter
Prot.	Protokoll
PublG	Gesetz über die Rechnungslegung von bestimmten Unternehmen und Konzernen (Publizitätsgesetz)
Publizitäts-RL 1968	Erste Richtlinie 68/151/EWG zur Koordinierung der Schutzbestimmungen, die in den Mitgliedstaaten den Gesellschaften im Sinne des Artikels 58 Absatz 2 des Vertrages im Interesse der Gesellschafter sowie Dritter vorgeschrieben sind, um diese Bestimmungen gleichwertig zu gestalten, vom 9. März 1968 (ABl. 1968 L 65, 8); aufgehoben
Publizitäts-RL 2009	Richtlinie 2009/101/EG des Europäischen Parlaments und des Rates vom 16. September 2009 zur Koordinierung der Schutzbestimmungen, die in den Mitgliedstaaten den Gesellschaften im Sinne des Artikels 48 Absatz 2 des Vertrags im Interesse der Gesellschafter sowie Dritter vorgeschrieben sind, um diese Bestimmungen gleichwertig zu gestalten (kodifizierte Fassung), (ABl. 2009 L 258, 11); aufgehoben mit Ablauf des 19.7.2017
PV	Privatvermögen
pVV	positive Vertragsverletzung

Verzeichnis der Abkürzungen

RAP	Rechnungsabgrenzungsposten
rd.	rund
RdA	Recht der Arbeit (Zeitschrift)
RefE	Referentenentwurf
RegE	Regierungsentwurf
RegVBG	Gesetz zur Vereinfachung und Beschleunigung registerrechtlicher und anderer Verfahren (Registerverfahrensbeschleunigungsgesetz)
REIT	Real Estate Investment Trust
RfB	Rückstellung für Beitragsrückerstattungen
RFH	Reichsfinanzhof
RFHE	Sammlung der Entscheidungen und Gutachten des RFH
RG	Reichsgericht
RGBl.	Reichsgesetzblatt
RGZ	Entscheidungen des Reichsgerichts in Zivilsachen
RhPf	Rheinland-Pfalz
RIW	Recht der internationalen Wirtschaft (Zeitschrift)
rkr.	rechtskräftig
RL	Richtlinie
RMBl.	Reichsministerialblatt
Rn.	Randnummer
RNotZ	Rheinische Notarzeitschrift
Rpfleger	Rechtspfleger
RPflG	Rechtspflegergesetz
Rspr.	Rechtsprechung
RSt	Rückstellung
RStBl.	Reichssteuerblatt
RWP	Rechts- und Wirtschaftspraxis (Loseblatt-Sammlung)
S.; s.	Seite, iVm §§-Angabe: Satz; siehe
SA	Sonderausgaben
SächsFG	Finanzgericht Sachsen
SächsVBl.	Sächsische Verwaltungsblätter
SBV	Sonderbetriebsvermögen
SchiffsBG	Gesetz über Rechte an eingetragenen Schiffen und Schiffsbauwerken
SchlHFG	Finanzgericht Schleswig-Holstein
Schr.	Schreiben
SchRMoG	Schuldrechtsmodernisierungsgesetz
SE	Europäische Aktiengesellschaft (Societas Europaea)
SEStEG	Gesetz über steuerliche Begleitmaßnahmen zur Einführung der Europäischen Gesellschaft und zur Änderung weiterer steuerrechtlicher Vorschriften
Slg.	Sammlung
SlG	Sammlung der Rechtsprechung des Gerichtshofes und des Gerichts Erster Instanz (EuGH)
sog.	so genannt
SolZ	Solidaritätszuschlag
SozVers	Sozialversicherung
Spaltungs-RL	Sechste Richtlinie 82/891/EWG des Rates vom 17. Dezember 1982 gemäß Artikel 54 Absatz 3 Buchstabe g des Vertrages betreffend die Spaltung von Aktiengesellschaften (ABl. 1982 L 378, 47); aufgehoben mit Ablauf des 19.7.2017
SpTrUG	Gesetz über die Spaltung der von der Treuhand verwalteten Unternehmen

Verzeichnis der Abkürzungen

StÄndG	Steueränderungsgesetz
StandOG	Gesetz zur Verbesserung der steuerlichen Bedingungen zur Sicherung des Wirtschaftsstandorts Deutschland im Europäischen Binnenmarkt (Standortsicherungsgesetz)
StAuskV	Steuer-Auskunftsverordnung
StB	Steuerbilanz; Der Steuerberater (Zeitschrift)
StBerG	Gesetz zur Bereinigung von steuerlichen Vorschriften (Steuerbereinigungsgesetz)
Stbg	Die Steuerberatung (Zeitschrift)
StbJb	Steuerberater-Jahrbuch
StBp	Die steuerliche Betriebsprüfung (Zeitschrift)
StE	Steuer-Eildienst
StEK	Steuererlasse in Karteiform, herausgegeben von Felix
StEntlG	Steuerentlastungsgesetz
SteuerSem	Steuer-Seminar (Zeitschrift)
SteuerStud	Steuer und Studium (Zeitschrift)
stfrei	steuerfrei
StK	Stammkapital
StKongrRep	Steuerkongreß-Report
stl.	steuerlich, -e, -er, -en
StLex	Steuer-Lexikon
StMBG	Gesetz zur Bekämpfung des Missbrauchs und zur Bereinigung des Steuerrechts (Missbrauchsbekämpfungs- und Steuerbereinigungsgesetz)
StPfl; stpfl.	Steuerpflicht; steuerpflichtig
StR	Steuerrecht
str.	strittig
StRefG	Steuerreformgesetz
StRK	Steuerrechtsprechung in Karteiform
stRspr	ständige Rechtsprechung
StSenkG	Gesetz zur Senkung der Steuersätze und zur Reform der Unternehmensbesteuerung (Steuersenkungsgesetz)
StückAG	Gesetz über die Zulassung von Stückaktien
StuW	Steuer und Wirtschaft (Zeitschrift)
StVergAbG	Gesetz zum Abbau von Steuervergünstigungen und Ausnahmeregelungen (Steuervergünstigungsabbaugesetz)
StVj	Steuerliche Vierteljahresschrift (Zeitschrift)
SV	Sondervermögen
Tb-Merkmal	Tatbestandsmerkmal
teilw.	teilweise
ThürFG	Finanzgericht Thüringen
TVG	Tarifvertragsgesetz
TW	Teilwert, -e
ua	unter anderem
uÄ	und Ähnliches
UAbs.	Unterabsatz
Ubg	Die Unternehmensbesteuerung (Zeitschrift)
UG	Unternehmergesellschaft
UMAG	Gesetz zur Unternehmensintegrität und Modernisierung des Anfechtungsrechts
UmRUG	Gesetz zur Umsetzung der UmwandlungsRL und zur Änd. weiterer Gesetze v. 22.2.2023, BGBl. 2023 I Nr. 51
umstr.	umstritten

Verzeichnis der Abkürzungen

Umw	Umwandlung
UmwBerG	Umwandlungsbereinigungsgesetz
UmwG	Umwandlungsgesetz
UmwR	Umwandlungsrecht
UmwStE	Umwandlungssteuererlass
UmwStG	Umwandlungssteuergesetz
UntStFG	Gesetz zur Fortsetzung der Unternehmenssteuerreform
unzutr.	unzutreffend
UR	Umsatzsteuer-Rundschau (Zeitschrift)
Urt.	Urteil
USA	Vereinigte Staaten von Amerika
USt	Umsatzsteuer
UStG	Umsatzsteuergesetz
ustl.	umsatzsteuerlich
UStPfl; ustpfl.	Umsatzsteuerpflicht; umsatzsteuerpflichtig
UStR	Umsatzsteuer-Richtlinien
uU	unter Umständen
uva	und viele andere
UVR	Umsatzsteuer- und Verkehrsteuerrecht
UWG	Gesetz gegen den unlauteren Wettbewerb
va	vor allem
VA	Verwaltungsakt
VAG	Versicherungsaufsichtsgesetz
Var.	Variante
vEK	verwendbares Eigenkapital
VermG	Gesetz zur Regelung offener Vermögensfragen
VermStPfl; vermstpfl.	Vermögensteuerpflicht; vermögensteuerpflichtig
Verschm	Verschmelzung, -en
VersR	Versicherungsrecht (Zeitschrift)
VersW	Versicherungswirtschaft (Zeitschrift)
Vfg.	Verfügung
VG	Verwaltungsgericht
vGA	verdeckte Gewinnausschüttung
vgl.	vergleiche
vglbar	vergleichbar
Vor	Vorbemerkung
VSt	Vermögensteuer
vstl.	vermögensteuerlich
VStR	Vermögensteuer-Richtlinien
VuV	Vermietung und Verpachtung
VV	Vergütungsverzeichnis
VVaG	Versicherungsverein auf Gegenseitigkeit
VwGO	Verwaltungsgerichtsordnung
VwVG	Verwaltungsvollstreckungsgesetz
VwZG	Verwaltungszustellungsgesetz
VZ	Veranlagungszeitraum
WE	Willenserklärung
WEG	Gesetz über das Wohnungseigentum und das Dauerwohnrecht (Wohnungseigentumsgesetz)
WG	Wirtschaftsgut, Wirtschaftsgüter

Verzeichnis der Abkürzungen

Wj.	Wirtschaftsjahr
WM	Wertpapier-Mitteilungen (Zeitschrift)
wN	weitere Nachweise
WPg	Die Wirtschaftsprüfung (Zeitschrift)
WP-HdB	Wirtschaftsprüfer-Handbuch, Band 2, 14. Aufl. 2014; 15. Aufl. 2017 s. IDW
WPrax	Wirtschaftsrecht und Praxis (Zeitschrift)
WStH	Die Wirtschafts- und Steuer-Hefte
WuB	Entscheidungssammlung zum Wirtschafts- und Bankrecht
zB	zum Beispiel
ZfbF	Schmalenbachs Zeitschrift für betriebswirtschaftliche Forschung
ZGR	Zeitschrift für Unternehmens- und Gesellschaftsrecht
ZHR	Zeitschrift für das gesamte Handelsrecht und Wirtschaftsrecht
Ziff.	Ziffer
ZIP	Zeitschrift für Wirtschaftsrecht
zit.	zitiert
ZKF	Zeitschrift für Kommunalfinanzen
ZPO	Zivilprozessordnung
ZRP	Zeitschrift für Rechtspolitik
zT	zum Teil
ZTR	Zeitschrift für Tarifrecht
zul.	zulässig
zust.	zustimmend
zutr.	zutreffend
ZVersWiss	Zeitschrift für die gesamte Versicherungswissenschaft
ZVR	Zeitschrift für Verkehrsrecht
ZW	Zwischenwert, -e
Zweigniederlassungs-RL	Elfte Richtlinie 89/666/EWG des Rates vom 21. Dezember 1989 über die Offenlegung von Zweigniederlassungen, die in einem Mitgliedstaat von Gesellschaften bestimmter Rechtsformen errichtet wurden, die dem Recht eines anderen Staates unterliegen (ABl. 1989 L 395, 36); aufgehoben mit Ablauf des 19.7.2017
zzgl.	zuzüglich
ZZP	Zeitschrift für Zivilprozess

Literaturverzeichnis

Achenbach/Ransiek/Rönnau WirtschaftsStrafR-HdB	Achenbach/Ransiek/Rönnau, Handbuch Wirtschaftsstrafrecht, 6. Aufl. 2023
Adler/Düring/Schmaltz Rechnungslegung	Adler/Düring/Schmaltz, Rechnungslegung und Prüfung der Unternehmen (Gesamtausgabe), 6. Aufl. 1994
Altmeppen	Altmeppen, GmbHG, 11. Aufl. 2023
Anders/Gehle	Anders/Gehle, ZPO, 82. Aufl. 2024
Andres/Leithaus	Andres/Leithaus, Insolvenzordnung, 4. Aufl. 2018
Angerer/Brandi/Süßmann	Angerer/Brandi/Süßmann, Wertpapiererwerbs- und Übernahmegesetz, 4. Aufl. 2023
Assmann/Pötzsch/Schneider WpÜG	Assmann/Pötzsch/Schneider, Wertpapiererwerbs- und Übernahmegesetz, 3. Aufl. 2019
Assmann/Schneider/Mülbert	Assmann/Schneider/Mülbert, Wertpapierhandelsrecht, Band 1, 2, 8. Aufl. 2023
Assmann/Schütze/Buck-Heeb KapAnlR-HdB	Assmann/Schütze/Buck-Heeb, Handbuch des Kapitalanlagerechts, 6. Aufl. 2024
Assmann/Wallach/Zetzsche	Assmann/Wallach/Zetzsche, KAGB, 2. Aufl. 2022
Ballreich UmwR	Ballreich, Fallkommentar zum Umwandlungsrecht, 6. Aufl. 2019
Baumbach/Hueck AktG	Baumbach/Hueck, Aktiengesetz, 13. Aufl. 1968
Bayer/Habersack AktR im Wandel	Bayer/Habersack, Aktienrecht im Wandel, Band I, II, 1. Aufl. 2007
Beck Bil-Komm.	Grottel/Schubert/Justenhoven/Störk, Beck'scher Bilanz-Kommentar, 13. Aufl. 2022
Beck HdR	Böcking/Gros/Oser/Scheffler/Thormann, Beck'sches Handbuch der Rechnungslegung, 70. Aufl. 2023
Beck/Depré/Ampferl Insolvenz	Beck/Depré/Ampferl, Praxis der Sanierung und Insolvenz, 4. Aufl. 2023
BeckFormB BHW	Gebele/Scholz, Beck'sches Formularbuch Bürgerliches, Handels- und Wirtschaftsrecht, 14. Aufl. 2022
BeckFormB ZivilR	Walz, Beck'sches Formularbuch Zivil-, Wirtschafts- und Unternehmensrecht: Deutsch-Englisch, 5. Aufl. 2022
BeckHdB AG	Drinhausen/Eckstein, Beck'sches Handbuch der AG, 3. Aufl. 2018
BeckHdB GmbH	Prinz/Winkeljohann, Beck'sches Handbuch der GmbH, 6. Aufl. 2021
BeckHdB Holding	Hasselbach/Nawroth/Rödding, Beck'sches Holding-Handbuch, 3. Aufl. 2020
BeckHdB IFRS	Brune/Driesch/Schulz-Danso/Senger, Beck'sches IFRS-Handbuch, 6. Aufl. 2020
BeckHdB Int. Umwandlungen	Brodersen, Beck'sches Handbuch Umwandlungen international, 1. Aufl. 2013

Literaturverzeichnis

BeckHdB PersGes	Prinz/Kahle, Beck'sches Handbuch der Personengesellschaften, 5. Aufl. 2020
BeckHdB Unternehmenskauf	Ettinger/Jaques, Beck'sches Handbuch Unternehmenskauf im Mittelstand, 3. Aufl. 2021
BeckM&A-HdB	Meyer-Sparenberg/Jäckle, Beck'sches M&A-Handbuch, 2. Aufl. 2022
BeckOGK	beck-online.GROSSKOMMENTAR: AktR: Spindler/Stilz; UmwG: Habersack/Wicke
BeckOK UmwStG	Dürrschmidt/Mückl/Weggenmann, BeckOK UmwStG, 26. Aufl. 2023
Beurskens/Ehricke/Ekkenga	Beurskens/Ehricke/Ekkenga, Wertpapiererwerbs- und Übernahmegesetz, 2. Aufl. 2021
Beuthien	Beuthien, Genossenschaftsgesetz, 16. Aufl. 2018
Bieg/Hossfeld/Kußmaul/Waschbusch Rechnungslegung-HdB	Bieg/Hossfeld/Kußmaul/Waschbusch, Handbuch der Rechnungslegung nach IFRS, 2. Aufl. 2009
Biergans	Biergans, Einkommensteuer, 6. Aufl. 1992
Binz/Sorg GmbH & Co. KG-HdB	Binz/Sorg, Die GmbH & Co. KG, 12. Aufl. 2018
Blaurock Stille Gesellschaft-HdB	Blaurock, Handbuch Stille Gesellschaft, 9. Aufl. 2020
Blumenberg/Schäfer SEStEG	Blumenberg/Schäfer, Das SEStEG – Steuer- und gesellschaftsrechtliche Erläuterungen und Gestaltungshinweise, 1. Aufl. 2007
Boecken Unternehmensumwandlung	Boecken, Unternehmensumwandlungen und Arbeitsrecht, 1. Aufl. 1996
Bordewin/Brandt	Bordewin/Brandt, Kommentar zum Einkommensteuergesetz (EStG), 447. Aufl. 2022
Bork/Schäfer	Bork/Schäfer, GmbHG, 5. Aufl. 2022
Böttcher/Zartmann/Kandler Unternehmensform	Böttcher/Zartmann/Kandler, Wechsel der Unternehmensform: Umwandlung – Verschmelzung – Einbringung, 5. Aufl. 1982
Brandis/Heuermann	Brandis/Heuermann, Ertragsteuerrecht, 169. Aufl. 2023
Braun	Braun, InsO, 9. Aufl. 2022
Brox/Henssler HandelsR	Brox/Henssler, Handelsrecht, 23. Aufl. 2020
Bruck/Möller	Bruck/Möller, VVG, Band 1, 2, 4, 5, 10. Aufl. 2020
Budde/Forster	Budde/Forster, D-Markbilanzgesetz, 1. Aufl. 1991
Bülow	Bülow, Wechselgesetz, Scheckgesetz, 5. Aufl. 2013
Bumiller/Harders/Schwamb	Bumiller/Harders/Schwamb, FamFG, 13. Aufl. 2022
Bunjes	Bunjes, UStG, 22. Aufl. 2023
Bürgers/Fett KGaA-HdB	Bürgers/Fett, Die Kommanditgesellschaft auf Aktien, 3. Aufl. 2022
Bürgers/Körber/Lieder AktG	Bürgers/Körber/Lieder, Heidelberger Kommentar Aktiengesetz, 5. Aufl. 2021
Canaris HandelsR	Canaris, Handelsrecht, 24. Aufl. 2006
Dehmer UmwStE 1998	Dehmer, Umwandlungssteuererlaß 1998, 1. Aufl. 1998
Demharter	Demharter, Grundbuchordnung, 33. Aufl. 2023
Deubert/Förschle/Störk Sonderbilanzen	Deubert/Förschle/Störk, Sonderbilanzen, 6. Aufl. 2021

Literaturverzeichnis

Dötsch/Patt/Pung/Möhlenbrock	Dötsch/Patt/Pung/Möhlenbrock, Umwandlungssteuerrecht, 7. Aufl. 2012
Dötsch/Pung/Möhlenbrock	Dötsch/Pung/Möhlenbrock, Die Körperschaftsteuer: KSt, 108. Aufl. 2022
Dreier/Fritzsche/Verfürth	Dreier/Fritzsche/Verfürth, Berliner Kommentare SpruchG – Spruchverfahrensgesetz, 2. Aufl. 2016
Dutta/Jacoby/Schwab	Dutta/Jacoby/Schwab, FamFG, 4. Aufl. 2022
Ebenroth/Boujong	Ebenroth/Boujong, Handelsgesetzbuch, Band 1, 5. Aufl. 2024
Ebenroth/Boujong/Joost/Strohn	Ebenroth/Boujong/Joost/Strohn, Handelsgesetzbuch, Band 2, 4. Aufl. 2020
Eidenmüller Ausl. KapGes	Eidenmüller, Ausländische Kapitalgesellschaften im deutschen Recht, 1. Aufl. 2004
Eisgruber	Eisgruber, Umwandlungssteuergesetz Kommentar, 2. Aufl. 2018
Ellenberger/Bunte BankR-HdB	Ellenberger/Bunte, Bankrechts-Handbuch, 6. Aufl. 2022
Emmerich/Habersack	Emmerich/Habersack, Aktien- und GmbH-Konzernrecht, 10. Aufl. 2022
Emmerich/Habersack KonzernR	Emmerich/Habersack, Konzernrecht, 12. Aufl. 2023
Ensthaler	Ensthaler, Gemeinschaftskommentar zum HGB mit UN-Kaufrecht, 8. Aufl. 2015
ErfK	Müller-Glöge/Preis/Gallner/Schmidt, Erfurter Kommentar zum Arbeitsrecht, 24. Aufl. 2024
Erman	Erman, BGB, 17. Aufl. 2023
EuArbRK	Franzen/Gallner/Oetker, Kommentar zum europäischen Arbeitsrecht, 5. Aufl. 2024
Fahr/Kaulbach/Bähr/Pohlmann	Fahr/Kaulbach/Bähr/Pohlmann, Versicherungsaufsichtsgesetz (VAG), 5. Aufl. 2012
FGS/BDI UmwStE 2011	FGS/BDI, Der Umwandlungssteuer-Erlass 2011 – Erläuterungen aus Unternehmens- und Beratungspraxis, 1. Aufl. 2012
Fischer/Pütz/Weiser	Fischer/Pütz/Weiser, Kapitalanlagegesetzbuch: KAGB, 1. Aufl. 2018
Fischer/Schulte-Mattler	Fischer/Schulte-Mattler, KWG, CRR-VO, 6. Aufl. 2023
Fitting	Fitting, Betriebsverfassungsgesetz, 31. Aufl. 2022
FK-InsO	Bornemann, FK-InsO: Frankfurter Kommentar zur Insolvenzordnung, Band 2, 10. Aufl. 2023
Fleischer VorstandsR-HdB	Fleischer, Handbuch des Vorstandsrechts, 1. Aufl. 2006
Flick/Wassermeyer/Baumhoff/Schönfeld	Flick/Wassermeyer/Baumhoff/Schönfeld, Außensteuerrecht, 100. Aufl. 2022
Flöther KonzernInsR-HdB	Flöther, Konzerninsolvenzrecht, 2. Aufl. 2018
Flume BGB AT I 1	Flume, Allgemeiner Teil des Bürgerlichen Rechts Band 1 Erster Teil: Die Personengesellschaft, 1. Aufl. 1977
Flume BGB AT I 2	Flume, Allgemeiner Teil des Bürgerlichen Rechts, Band 1 Zweiter Teil: Die juristische Person, 1. Aufl. 1983
Flume BGB AT II	Flume, Allgemeiner Teil des Bürgerlichen Rechts, Band 2: Das Rechtsgeschäft, 4. Aufl. 1992

Literaturverzeichnis

Fock	Fock, Gesetz über Unternehmensbeteiligungsgesellschaften: UBGG, 1. Aufl. 2005
Frey GesR	Frey, Gesellschaftsrecht, 10. Aufl. 2023
Fritz COVInsAG	Fritz, COVInsAG, 2. Aufl. 2022
Frodermann/Jannott AktR-HdB	Frodermann/Jannott, Handbuch des Aktienrechts, 9. Aufl. 2017
Frotscher/Drüen	Frotscher/Drüen, KStG/GewStG/UmwStG, 167. Aufl. 2023
FS Betzenberger, 2000	Westermann/Mock, Festschrift für Gerold Bezzenberger zum 70. Geburtstag am 13. März 2000 – Rechtsanwalt und Notar im Wirtschaftsleben, 1. Aufl. 2000
FS Widmann, 2000	Wassermeyer/Mayer/Rieger, Umwandlungen im Zivil- und Steuerrecht – Festschrift für Siegfried Widmann zum 65. Geburtstag, 1. Aufl. 2000
Fuchs	Fuchs, Wertpapierhandelsgesetz: WpHG, 2. Aufl. 2016
Ganske UmwandlungsR	Ganske, Umwandlungsrecht, 2. Aufl. 1995
Gehrlein/Born/Simon GmbHG	Gehrlein/Born/Simon, GmbHG: Gesetz betreffend die Gesellschaften mit beschränkter Haftung, 5. Aufl. 2020
Geßler/Hefermehl/Eckardt/Kropff	Geßler/Hefermehl/Eckardt/Kropff, Aktiengesetz, Band 1, 2, 3, 4, 5, 6, 7, 8, 9, 10, 11, 12, 13, 14, 2. Aufl. 1986
Glade/Steinfeld	Glade/Steinfeld, Umwandlungssteuergesetz, 3. Aufl. 1980
Glanegger/Güroff	Glanegger/Güroff, GewStG, 11. Aufl. 2023
Glanegger/Stuhlfelner/Cordes	Glanegger/Stuhlfelner/Cordes, Heidelberger Kommentar zum Handelsgesetzbuch, 8. Aufl. 2023
Goette/Arnold AR-HdB	Goette/Arnold, Handbuch Aufsichtsrat, 1. Aufl. 2021
Gosch AO/FGO	Gosch, Abgabenordnung Finanzgerichtsordnung, 178. Aufl. 2023
Gosch KStG	Gosch, Körperschaftsteuergesetz, 4. Aufl. 2020
Goutier/Knopf/Tulloch	Goutier/Knopf/Tulloch, Kommentar zum Umwandlungsrecht, 1. Aufl. 1996
Grigoleit	Grigoleit, AktG – Aktiengesetz, 2. Aufl. 2020
Groß KapMarktR	Groß, Kapitalmarktrecht, 8. Aufl. 2022
Großfeld IntUnternehmensR	Großfeld, Internationales und Europäisches Unternehmensrecht, 2. Aufl. 1995
Großfeld/Egger/Tönnes Unternehmensbewertung	Großfeld/Egger/Tönnes, Recht der Unternehmensbewertung, 9. Aufl. 2020
GroßkommAktG	Hirte/Mülbert/Roth, AktG, Band 1, 2/1, 2/2, 3, 4/1, 4/2, 5, 7/1, 7/2, 7/3, 12, 5. Aufl. 2015
Grundmann BankR	Grundmann, Bank- und Kapitalmarktrecht, 3. Aufl. 1997
Grundmann EurGesR	Grundmann, Europäisches Gesellschaftsrecht, 2. Aufl. 2011
Grüneberg	Grüneberg, Bürgerliches Gesetzbuch, 83. Aufl. 2024
Grunewald GesR	Grunewald, Gesellschaftsrecht, 11. Aufl. 2020
Gürsching/Stenger	Gürsching/Stenger, Bewertungsrecht, 1. Aufl. 2019
Gustavus Handelsregister-Anmeldungen	Gustavus, Handelsregister-Anmeldungen, 11. Aufl. 2022

Literaturverzeichnis

Haarmeyer/Wutzke/Förster InsO-HdB	Haarmeyer/Wutzke/Förster, Handbuch zur Insolvenzordnung: InsO/EGInsO, 4. Aufl. 2013
Haas/Hommelhoff Eigenkapitalersatz	Haas/Hommelhoff, Vom Eigenkapitalersatz zur Gesellschafterfremderziehung zur Gesellschafterfremdfinanzierung, 3. Aufl. 2012
Haase/Hofacker	Haase/Hofacker, UmwStG, 3. Aufl. 2021
Habersack EurGesR	Habersack, Europäisches Gesellschaftsrecht, 2. Aufl. 2003
Habersack/Casper/Löbbe	Habersack/Casper/Löbbe, GmbHG, Band 1, 2, 3, 3. Aufl. 2019
Habersack/Drinhausen	Habersack/Drinhausen, SE-Recht, 3. Aufl. 2022
Habersack/Henssler	Habersack/Henssler, Mitbestimmungsrecht, 4. Aufl. 2018
Habersack/Mülbert/Schlitt Kap-MarktInfo-HdB	Habersack/Mülbert/Schlitt, Handbuch der Kapitalmarktinformation, 3. Aufl. 2020
Habersack/Mülbert/Schlitt Unternehmensfinanzierung	Habersack/Mülbert/Schlitt, Unternehmensfinanzierung am Kapitalmarkt, 4. Aufl. 2019
Habersack/Verse EuGesR	Habersack/Verse, Europäisches Gesellschaftsrecht, 5. Aufl. 2019
Habersack/Wicke	Habersack/Wicke, Umwandlungsgesetz: UmwG, 3. Aufl. 2023
Hachenburg	Hachenburg, Gesetz betreffend die Gesellschaften mit beschränkter Haftung, Band 1, 2, 3, 8. Aufl. 1992
Hachmeister/Kahle/Mock/Schüppen	Hachmeister/Kahle/Mock/Schüppen, Bilanzrecht, 3. Aufl. 2022
HaKo-HGB	Heidel/Schall, HGB, 4. Aufl. 2024
Hannes FormB Vermögensnachfolge	Hannes, Formularbuch Vermögens- und Unternehmensnachfolge, 2. Aufl. 2017
Haritz/Menner/Bilitewski	Haritz/Menner/Bilitewski, Umwandlungssteuergesetz, 5. Aufl. 2019
Hauschild/Kallrath/Wachter Notar-HdB	Hauschild/Kallrath/Wachter, Notarhandbuch Gesellschafts- und Unternehmensrecht, 3. Aufl. 2022
Hauschka/Moosmayer/Lösler Corporate Compliance	Hauschka/Moosmayer/Lösler, Corporate Compliance, 3. Aufl. 2016
Heckschen Verschmelzung KG	Heckschen, Verschmelzung von Kapitalgesellschaften, 1. Aufl. 1989
Heckschen/Heidinger GmbH-Gestaltungspraxis	Heckschen/Heidinger, Die GmbH in der Gestaltungs- und Beratungspraxis, 4. Aufl. 2018
Hennrichs Formwechsel/Gesamtrechtsnachfolge	Hennrichs, Formwechsel und Gesamtrechtsnachfolge bei Umwandlungen, 1. Aufl. 1995
Henssler	Henssler, Partnerschaftsgesellschaftsgesetz: PartGG, 3. Aufl. 2018

Literaturverzeichnis

Henssler/Strohn	Henssler/Strohn, Gesellschaftsrecht, 5. Aufl. 2021
Henssler/Willemsen/Kalb	Henssler/Willemsen/Kalb, Arbeitsrecht, 10. Aufl. 2022
Herrmann/Heuer/Raupach	Herrmann/Heuer/Raupach, Einkommensteuer- und Körperschaftsteuergesetz: EStG KStG, Kommentar, Loseblatt, 312. Aufl. 2022
Hettler/Stratz/Hörtnagl Unternehmenskauf	Hettler/Stratz/Hörtnagl, Beck'sches Mandatshandbuch Unternehmenskauf, 2. Aufl. 2013
Heymann	Horn/Balzer/Borges/Herrmann, HGB, Band 1, 2, 3, 3. Aufl. 2019
Hirte KapGesR	Hirte, Kapitalgesellschaftsrecht, 9. Aufl. 2021
HK-GmbHG	Saenger/Inhester, GmbHG, 4. Aufl. 2020
HK-UmwG	Maulbetsch/Klumpp/Rose, Heidelberger Kommentar zum Umwandlungsgesetz, 2. Aufl. 2017
Hofmann GrEStG	Hofmann, Grunderwerbsteuergesetz, 11. Aufl. 2016
Hölters/Weber	Hölters/Weber, Aktiengesetz, 4. Aufl. 2022
Hopt	Hopt, Handelsgesetzbuch, 42. Aufl. 2023
Hübschmann/Hepp/Spitaler	Hübschmann/Hepp/Spitaler, Abgabenordnung, Finanzgerichtsordnung, 271. Aufl. 2022
IDW Assurance-WPH	Institut der Wirtschaftsprüfer (IDW), Assurance (WPH Edition), 2. Aufl. 2021
Jürgens	Jürgens, Betreuungsrecht, 7. Aufl. 2023
Kallmeyer	Kallmeyer, Umwandlungsgesetz, 7. Aufl. 2020
Kaulbach/Bähr/Pohlmann	Kaulbach/Bähr/Pohlmann, VAG, 6. Aufl. 2019
Keßler/Kühnberger	Keßler/Kühnberger, Umwandlungsrecht, 1. Aufl. 2009
Kirchhof/Seer	Kirchhof/Seer, EStG, 22. Aufl. 2023
Kirchhof/Söhn/Mellinghoff	Kirchhof/Söhn/Mellinghoff, Einkommensteuergesetz, 327. Aufl. 2022
Klein	Klein, AO, 17. Aufl. 2023
Klöcker/Frowein	Klöcker/Frowein, Spruchverfahrensgesetz, 1. Aufl. 2004
Knobbe-Keuk BilanzR/UnternehmensSteuerR	Knobbe-Keuk, Bilanz- und Unternehmenssteuerrecht, 9. Aufl. 1993
Koch	Koch, Aktiengesetz, 17. Aufl. 2023
Koch GesR	Koch, Gesellschaftsrecht, 13. Aufl. 2023
Koenig	Koenig, Abgabenordnung: AO, 4. Aufl. 2021
Kölner Komm AktG	Noack/Zetzsche, Kölner Kommentar zum Aktiengesetz, Band 1, 2, 4. Aufl. 2020
Kölner Komm UmwG	Dauner-Lieb/Simon, Kölner Kommentar zum Umwandlungsgesetz: UmwG, 1. Aufl. 2009
Korintenberg	Korintenberg, Gerichts- und Notarkostengesetz: GNotKG, 22. Aufl. 2022
Krafka RegisterR	Krafka, Registerrecht, 12. Aufl. 2024
Kraft/Edelmann/Bron	Kraft/Edelmann/Bron, Umwandlungssteuergesetz, 2. Aufl. 2019
Kremer/Bachmann/Favoccia/v. Werder	Kremer/Bachmann/Favoccia/von Werder, Deutscher Corporate Governance Kodex, 9. Aufl. 2023
Kreutziger/Schaffner/Stephany	Kreutziger/Schaffner/Stephany, Bewertungsgesetz, 5. Aufl. 2021

Literaturverzeichnis

Kubis/Tödtmann Vorstand-HdB ...	Kubis/Tödtmann, Arbeitshandbuch für Vorstandsmitglieder, 3. Aufl. 2022
Kühn/v. Wedelstädt	Kühn/von Wedelstädt, Abgabenordnung und Finanzgerichtsordnung, 22. Aufl. 2018
Küting/Weber Rechnungslegung-HdB	Küting/Weber, Handbuch der Rechnungslegung – Einzelabschluss, 35. Aufl. 2022
Lademann EStG	Lademann, Kommentar zum Einkommensteuergesetz, 275. Aufl. 2023
Lademann UmwStG	Lademann, Umwandlungssteuergesetz, 3. Aufl. 2022
Lang/Weidmüller	Lang/Weidmüller, GenG, 40. Aufl. 2021
Lenski/Steinberg	Lenski/Steinberg, Kommentar zum Gewerbesteuergesetz, 142. Aufl. 2022
Liber Amicorum Winter, 2011	Hoffmann-Becking/Hüffer/Jochem, Liber amicorum für Martin Winter, 1. Aufl. 2011
Limmer Unternehmensumwandlung-HdB	Limmer, Handbuch der Unternehmensumwandlung, 6. Aufl. 2019
Littmann/Bitz/Pust	Littmann/Bitz/Pust, Das Einkommensteuerrecht: ESt, 155. Aufl. 2021
Löwisch/Kaiser/Klumpp	Löwisch/Kaiser/Klumpp, BetrVG, 8. Aufl. 2022
Lutter	Lutter, UmwG, 6. Aufl. 2019
Lutter Kölner Umwandlungsrechtstage	Lutter, Verschmelzung – Spaltung – Formwechsel nach neuem Umwandlungsrecht und Umwandlungssteuerrecht, 1. Aufl. 1995
Lutter/Bayer Holding-HdB	Lutter/Bayer, Holding-Handbuch, 6. Aufl. 2020
Lutter/Hommelhoff	Lutter/Hommelhoff, GmbH-Gesetz, 21. Aufl. 2023
Lutter/Hommelhoff EU-Gesellschaft	Lutter/Hommelhoff, Die Europäische Gesellschaft – Prinzipien, Gestaltungsmöglichkeiten und Grundfragen aus der Praxis, 1. Aufl. 2005
Lutter/Hommelhoff/Teichmann ...	Lutter/Hommelhoff/Teichmann, SE-Kommentar SE-VO – SEAG – SEBG – Arbeitsrecht – Steuerrecht – Konzernrecht, 2. Aufl. 2015
Marsch-Barner/Schäfer Börsennotierte AG-HdB	Marsch-Barner/Schäfer, Handbuch börsennotierte AG, 5. Aufl. 2022
Meincke/Hannes/Holtz	Meincke/Hannes/Holtz, ErbStG, 18. Aufl. 2021
Metz/Schaffland	Metz/Schaffland, Genossenschaftsgesetz, 2. Aufl. 1999
Meyer-Scharenberg UmwR	Meyer-Scharenberg, Umwandlungsrecht, 1. Aufl. 1995
MHdB ArbR	Kiel/Lunk/Oetker, Münchener Handbuch zum Arbeitsrecht, Band 1, 2, 3, 4, 5. Aufl. 2021
MHdB GesR I	Gummert/Weipert, Münchener Handbuch des Gesellschaftsrechts, Band 1: BGB-Gesellschaft, Offene Handelsgesellschaft, Partnerschaftsgesellschaft, Partenreederei, EWIV, 5. Aufl. 2019
MHdB GesR II	Gummert/Weipert, Münchener Handbuch des Gesellschaftsrechts, Band 2: Kommanditgesellschaft, GmbH & Co. KG, Publikums-KG, Stille Gesellschaft, 5. Aufl. 2019

Literaturverzeichnis

MHdB GesR III	Priester/Mayer/Wicke, Münchener Handbuch des Gesellschaftsrechts, Band 3: Gesellschaft mit beschränkter Haftung, 6. Aufl. 2023
MHdB GesR IV	Hoffmann-Becking, Münchener Handbuch des Gesellschaftsrechts, Band 4: Aktiengesellschaft, 5. Aufl. 2020
MHdB GesR IX	Bochmann/Scheller/Prütting, Münchener Handbuch des Gesellschaftsrechts, Band 9: Recht der Familienunternehmen, 6. Aufl. 2021
MHdB GesR V	Beuthien/Gummert/Schöpflin, Münchener Handbuch des Gesellschaftsrechts, Band 5: Verein, Stiftung bürgerlichen Rechts, 5. Aufl. 2021
MHdB GesR VI	Leible/Reichert, Münchener Handbuch des Gesellschaftsrechts, Band 6: Internationales Gesellschaftsrecht, Grenzüberschreitende Umwandlungen, 5. Aufl. 2022
MHdB GesR VII	Born/Ghassemi-Tabar/Gehle, Münchener Handbuch des Gesellschaftsrechts, Band 7: Gesellschaftsrechtliche Streitigkeiten (Corporate Litigation), 6. Aufl. 2020
MHdB GesR VIII	Lieder/Wilk/Ghassemi-Tabar, Münchener Handbuch des Gesellschaftsrechts, Umwandlungsrecht, Band 8: Umwandlungsrecht, 5. Aufl. 2018
Michalski	Michalski, Kommentar zum Gesetz betreffend die Gesellschaften mit beschränkter Haftung (GmbH-Gesetz), Band 2, 2. Aufl. 2010
Michalski/Heidinger/Leible/Schmidt	Michalski/Heidinger/Leible/Schmidt, GmbHG, Band 1, 2, 4. Aufl. 2023
MüKoAktG	Goette/Habersack/Kalss, Münchener Kommentar zum Aktiengesetz, Band 1, 2, 5, 6. Aufl. 2023
MüKoBGB	Säcker/Rixecker/Oetker/Limperg, Münchener Kommentar zum Bürgerlichen Gesetzbuch, Band 1, 2, 3, 4/2, 5, 6, 7, 8, 9, 10, 11, 12, 9. Aufl. 2021
MüKoFamFG	Rauscher, Münchener Kommentar zum FamFG, Band 1, 2, 3. Aufl. 2018
MüKoGmbHG	Fleischer/Goette, Münchener Kommentar zum Gesetz betreffend die Gesellschaften mit beschränkter Haftung, Band 1, 2, 3, 4. Aufl. 2022
MüKoHGB	Drescher/Fleischer/K. Schmidt, Münchener Kommentar zum Handelsgesetzbuch, Band 1, 2, 4, 5, 6, 7, 5. Aufl. 2021
MüKoInsO	Stürner/Eidenmüller/Schoppmeyer, Münchener Kommentar zur Insolvenzordnung, Band 1, 2, 3, 4, 4. Aufl. 2019
MüKoZPO	Krüger/Rauscher, Münchener Kommentar zur ZPO, Band 1, 2, 3, 6. Aufl. 2020
MVHdB I GesR	Böhm/Burmeister, Münchener Vertragshandbuch, Band 1: Gesellschaftsrecht, 8. Aufl. 2018
Neye SE	Neye, Die Europäische Aktiengesellschaft, 1. Aufl. 2005
NK-SE	Manz/Mayer/Schröder, Europäische Aktiengesellschaft SE, 3. Aufl. 2019
NK-UmwR	Böttcher/Habighorst/Schulte, Umwandlungsrecht, 2. Aufl. 2019
Noack/Servatius/Haas	Noack/Servatius/Haas, GmbH-Gesetz, 23. Aufl. 2022

Literaturverzeichnis

Oetker	Oetker, Handelsgesetzbuch, 8. Aufl. 2024
Patt/Rupp/Aßmann UmwStE	Patt/Rupp/Aßmann, Der neue Umwandlungssteuererlass, 1. Aufl. 2011
Peter/Crezelius Gesellschaftsverträge	Peter/Crezelius, Gesellschaftsverträge und Unternehmensformen, 6. Aufl. 1995
Petersen/Zwirner BilanzR	Petersen/Zwirner, Systematischer Praxiskommentar Bilanzrecht, 4. Aufl. 2020
Petersen/Zwirner BilanzR-HdB ...	Petersen/Zwirner, Handbuch Bilanzrecht, 2. Aufl. 2018
Plewka/Marquardt Umstrukturierungs-HdB	Plewka/Marquardt, Handbuch Umstrukturierung von Unternehmen nach UmwG, UmwStG, SEStEG, 1. Aufl. 2007
Pöhlmann/Fandrich/Bloehs	Pöhlmann/Fandrich/Bloehs, GenG, 4. Aufl. 2012
Prölss/Dreher	Prölss/Dreher, Versicherungsaufsichtsgesetz: VAG, 13. Aufl. 2017
Rau/Dürrwächter	Rau/Dürrwächter, Umsatzsteuergesetz; Loseblatt-Ausgabe, 200. Aufl. 2022
Richardi BetrVG	Richardi, Betriebsverfassungsgesetz, 17. Aufl. 2022
Rödder/Herlinghaus/van Lishaut ..	Rödder/Herlinghaus/van Lishaut, UmwStG, 3. Aufl. 2019
Röhricht/Graf v. Westphalen/ Haas	Röhricht/Graf von Westphalen/Haas, HGB, 5. Aufl. 2019
Römermann	Römermann, PartGG, 5. Aufl. 2017
Rowedder/Pentz	Rowedder/Pentz, GmbH-Gesetz, 7. Aufl. 2022
Sagasser/Bula/Brünger Umwandlungen	Sagasser/Bula/Brünger, Umwandlungen, 5. Aufl. 2017
Schaub ArbR-HdB	Schaub, Arbeitsrechts-Handbuch, 20. Aufl. 2023
Schaumburg/Rödder Unternehmensteuerreform 2008	Schaumburg/Rödder, Unternehmensteuerreform 2008, 1. Aufl. 2007
Schlegelberger	Schlegelberger, Handelsgesetzbuch, Band 1, 2, 3/1, 3/2, 4, 5, 6, 5. Aufl. 1973
Schmidt	Schmidt, EStG, 42. Aufl. 2023
K. Schmidt GesR	K. Schmidt, Gesellschaftsrecht Unternehmensrecht II, 4. Aufl. 2002
K. Schmidt/Lutter	K. Schmidt/Lutter, AktG, 4. Aufl. 2019
Schneider/Ruoff/Sistermann	Schneider/Ruoff/Sistermann, Umwandlungssteuer-Erlass 2011, 1. Aufl. 2012
Scholz	Scholz, GmbH-Gesetz, Band 1, 13. Aufl. 2022
Schöner/Stöber GrundbuchR	Schöner/Stöber, Grundbuchrecht, 16. Aufl. 2020
Schubert/Wißmann/Kleinsorge	Schubert/Wißmann/Kleinsorge, Mitbestimmungsrecht, 6. Aufl. 2024
Schwarz	Schwarz, Verordnung (EG) Nr. 2157/2001 des Rates über das Statut der Europäischen Gesellschaft (SE): SE-VO, 1. Aufl. 2006
Schwarz/Pahlke/Keß	Schwarz/Pahlke/Keß, AO/FGO Kommentar, 214. Aufl. 2023

Literaturverzeichnis

Schwedhelm Unternehmensumwandlung	Schwedhelm, Die Unternehmensumwandlung, 10. Aufl. 2023
Seibert/Kiem/Schüppen Kleine AG-HdB	Seibert/Kiem/Schüppen, Handbuch der kleinen AG, 5. Aufl. 2008
Semler/Stengel/Leonard	Semler/Stengel/Leonard, Umwandlungsgesetz, 5. Aufl. 2021
Semler/v. Schenck/Wilsing AR-HdB	Semler/von Schenck/Wilsing, Arbeitshandbuch für Aufsichtsratsmitglieder, 5. Aufl. 2021
Simon SpruchG	Simon, Spruchverfahrensgesetz: SpruchG, 1. Aufl. 2007
Sölch/Ringleb	Sölch/Ringleb, UStG, 99. Aufl. 2023
Spindler/Stilz	Spindler/Stilz, Aktienrecht, Band 1, 2, 5. Aufl. 2022
Staub	Staub, Handelsgesetzbuch: HGB, Band 1/1, 1/2, 2/1, 2/2, 5, 6/1, 6/2, 15, 6. Aufl. 2021
Staudinger	Staudinger, BGB – J. von Staudingers Kommentar zum Bürgerlichen Gesetzbuch mit Einführungsgesetz
Sternal	Sternal, FamFG, 21. Aufl. 2023
Streck	Streck, KStG, 10. Aufl. 2022
Streinz	Streinz, EUV/AEUV, 3. Aufl. 2018
Theisen/Wenz SE	Theisen/Wenz, Die Europäische Aktiengesellschaft, 2. Aufl. 2005
Tipke/Kruse	Tipke/Kruse, AO FGO, 171. Aufl. 2021
Tipke/Lang SteuerR	Tipke/Lang, Steuerrecht, 24. Aufl. 2021
Toussaint	Toussaint, Kostenrecht, 53. Aufl. 2023
Van Hulle/Maul/Drinhausen SE-HdB	Van Hulle/Maul/Drinhausen, Handbuch zur Europäischen Gesellschaft (SE), 2. Aufl. 2022
Viskorf	Viskorf, GrEStG, 20. Aufl. 2021
Wassermeyer	Wassermeyer, DBA, 159. Aufl. 2022
Westermann/Wertenbruch Pers-Ges-HdB	Westermann/Wertenbruch, Handbuch der Personengesellschaften, Loseblatt, 81. Aufl. 2021
Widmann/Mayer	Widmann/Mayer, Umwandlungsrecht, 202. Aufl. 2022
Willemsen/Hohenstatt/Schweibert/Seibt Umstrukturierung	Willemsen/Hohenstatt/Schweibert/Seibt, Umstrukturierung und Übertragung von Unternehmen, 6. Aufl. 2021
Wilms/Jochum	Wilms/Jochum, Erbschaft- und Schenkungsteuergesetz, 112. Aufl. 2021
Winkeljohann/Fuhrmann UmwStR-HdB	Winkeljohann/Fuhrmann, Handbuch Umwandlungssteuerrecht, 1. Aufl. 2007
Winnefeld Bilanz-HdB	Winnefeld, Bilanz-Handbuch, 5. Aufl. 2015
Wlotzke/Preis/Kreft	Wlotzke/Preis/Kreft, Betriebsverfassungsgesetz: BetrVG, 4. Aufl. 2009
WP-HdB Unternehmensbesteuerung	Institut der Wirtschaftsprüfer, Handbuch der Unternehmensbesteuerung, 1. Aufl. 1990
Zöller	Zöller, ZPO, 34. Aufl. 2022

Gesetzestexte

Umwandlungsgesetz (UmwG)

Vom 28. Oktober 1994
(BGBl. I S. 3210, ber. 1995 I S. 428)
FNA 4120-9-2
zuletzt geänd. durch Art. 34 Abs. 16 KreditzweitmarktförderungsG[1] v. 22.12.2023
(BGBl. 2023 I Nr. 411)

Inhaltsübersicht

	§§
Erstes Buch. Möglichkeiten von Umwandlungen (§ 1)	
Arten der Umwandlung; gesetzliche Beschränkungen	1
Zweites Buch. Verschmelzung (§§ 2–122)	
Erster Teil. Allgemeine Vorschriften	2–38
Erster Abschnitt. Möglichkeit der Verschmelzung	2, 3
Zweiter Abschnitt. Verschmelzung durch Aufnahme	4–35a
Dritter Abschnitt. Verschmelzung durch Neugründung	36–38
Zweiter Teil. Besondere Vorschriften	39–122
Erster Abschnitt. Verschmelzung unter Beteiligung von Personengesellschaften	39–45e
Erster Unterabschnitt. Verschmelzung unter Beteiligung von Gesellschaften bürgerlichen Rechts	39–39f
Zweiter Unterabschnitt. Verschmelzung unter Beteiligung von Personenhandelsgesellschaften	40–45
Dritter Unterabschnitt. Verschmelzung unter Beteiligung von Partnerschaftsgesellschaften	45a–45e
Zweiter Abschnitt. Verschmelzung unter Beteiligung von Gesellschaften mit beschränkter Haftung	46–59
Erster Unterabschnitt. Verschmelzung durch Aufnahme	46–55
Zweiter Unterabschnitt. Verschmelzung durch Neugründung	56–59
Dritter Abschnitt. Verschmelzung unter Beteiligung von Aktiengesellschaften	60–77
Erster Unterabschnitt. Verschmelzung durch Aufnahme	60–72b
Zweiter Unterabschnitt. Verschmelzung durch Neugründung	73–77
Vierter Abschnitt. Verschmelzung unter Beteiligung von Kommanditgesellschaften auf Aktien	78
Fünfter Abschnitt. Verschmelzung unter Beteiligung eingetragener Genossenschaften	79–98
Erster Unterabschnitt. Verschmelzung durch Aufnahme	79–95
Zweiter Unterabschnitt. Verschmelzung durch Neugründung	96–98

---

[1] **Amtl. Anm.:** Dieses Gesetz dient der Umsetzung der Richtlinie (EU) 2021/2167 des Europäischen Parlaments und des Rates vom 24. November 2021 über Kreditdienstleister und Kreditkäufer sowie zur Änderung der Richtlinien 2008/48/EG und 2014/17/EU (ABl. L 438 vom 8.12.2021, S. 1).

UmwG — Umwandlungsgesetz

	§§
Sechster Abschnitt. Verschmelzung unter Beteiligung rechtsfähiger Vereine	99–104a
Siebenter Abschnitt. Verschmelzung genossenschaftlicher Prüfungsverbände	105–108
Achter Abschnitt. Verschmelzung von Versicherungsvereinen auf Gegenseitigkeit	109–119
Erster Unterabschnitt. Möglichkeit der Verschmelzung	109
Zweiter Unterabschnitt. Verschmelzung durch Aufnahme	110–113
Dritter Unterabschnitt. Verschmelzung durch Neugründung	114–117
Vierter Unterabschnitt. Verschmelzung kleinerer Vereine	118, 119
Neunter Abschnitt. Verschmelzung von Kapitalgesellschaften mit dem Vermögen eines Alleingesellschafters	120–122
Zehnter Abschnitt. (weggefallen)	

Drittes Buch. Spaltung (§§ 123–173)

Erster Teil. Allgemeine Vorschriften	123–137
Erster Abschnitt. Möglichkeit der Spaltung	123–125
Zweiter Abschnitt. Spaltung zur Aufnahme	126–134
Dritter Abschnitt. Spaltung zur Neugründung	135–137
Zweiter Teil. Besondere Vorschriften	138–173
Erster Abschnitt. Spaltung unter Beteiligung von Gesellschaften mit beschränkter Haftung	138–140
Zweiter Abschnitt. Spaltung unter Beteiligung von Aktiengesellschaften und Kommanditgesellschaften auf Aktien	141–146
Dritter Abschnitt. Spaltung unter Beteiligung eingetragener Genossenschaften	147, 148
Vierter Abschnitt. Spaltung unter Beteiligung rechtsfähiger Vereine	149
Fünfter Abschnitt. Spaltung unter Beteiligung genossenschaftlicher Prüfungsverbände	150
Sechster Abschnitt. Spaltung unter Beteiligung von Versicherungsvereinen auf Gegenseitigkeit	151
Siebenter Abschnitt. Ausgliederung aus dem Vermögen eines Einzelkaufmanns	152–160
Erster Unterabschnitt. Möglichkeit der Ausgliederung	152
Zweiter Unterabschnitt. Ausgliederung zur Aufnahme	153–157
Dritter Unterabschnitt. Ausgliederung zur Neugründung	158–160
Achter Abschnitt. Ausgliederung aus dem Vermögen rechtsfähiger Stiftungen	161–167
Neunter Abschnitt. Ausgliederung aus dem Vermögen von Gebietskörperschaften oder Zusammenschlüssen von Gebietskörperschaften	168–173

Viertes Buch. Vermögensübertragung (§§ 174–189)

Erster Teil. Möglichkeit der Vermögensübertragung	174, 175
Zweiter Teil. Übertragung des Vermögens oder von Vermögensteilen einer Kapitalgesellschaft auf die öffentliche Hand	176, 177
Erster Abschnitt. Vollübertragung	176
Zweiter Abschnitt. Teilübertragung	177
Dritter Teil. Vermögensübertragung unter Versicherungsunternehmen	178–189
Erster Abschnitt. Übertragung des Vermögens einer Aktiengesellschaft auf Versicherungsvereine auf Gegenseitigkeit oder öffentlich-rechtliche Versicherungsunternehmen	178, 179
Erster Unterabschnitt. Vollübertragung	178
Zweiter Unterabschnitt. Teilübertragung	179
Zweiter Abschnitt. Übertragung des Vermögens eines Versicherungsvereins auf Gegenseitigkeit auf Aktiengesellschaften oder öffentlich-rechtliche Versicherungsunternehmen	180–184
Erster Unterabschnitt. Vollübertragung	180–183

	§§
Zweiter Unterabschnitt. Teilübertragung	184
Dritter Abschnitt. Übertragung des Vermögens eines kleineren Versicherungsvereins auf Gegenseitigkeit auf eine Aktiengesellschaft oder auf ein öffentlich-rechtliches Versicherungsunternehmen	185–187
Vierter Abschnitt. Übertragung des Vermögens eines öffentlich-rechtlichen Versicherungsunternehmens auf Aktiengesellschaften oder Versicherungsvereine auf Gegenseitigkeit	188, 189
Erster Unterabschnitt. Vollübertragung	188
Zweiter Unterabschnitt. Teilübertragung	189

Fünftes Buch. Formwechsel (§§ 190–304)

Erster Teil. Allgemeine Vorschriften	190–213
Zweiter Teil. Besondere Vorschriften	214–304
Erster Abschnitt. Formwechsel von Personengesellschaften	214–225c
Erster Unterabschnitt. Formwechsel von Gesellschaften bürgerlichen Rechts und Personenhandelsgesellschaften	214–225
Zweiter Unterabschnitt. Formwechsel von Partnerschaftsgesellschaften	225a–225c
Zweiter Abschnitt. Formwechsel von Kapitalgesellschaften	226–257
Erster Unterabschnitt. Allgemeine Vorschriften	226, 227
Zweiter Unterabschnitt. Formwechsel in eine Personengesellschaft	228–237
Dritter Unterabschnitt. Formwechsel in eine Kapitalgesellschaft anderer Rechtsform	238–250
Vierter Unterabschnitt. Formwechsel in eine eingetragene Genossenschaft	251–257
Dritter Abschnitt. Formwechsel eingetragener Genossenschaften	258–271
Vierter Abschnitt. Formwechsel rechtsfähiger Vereine	272–290
Erster Unterabschnitt. Allgemeine Vorschriften	272
Zweiter Unterabschnitt. Formwechsel in eine Kapitalgesellschaft	273–282
Dritter Unterabschnitt. Formwechsel in eine eingetragene Genossenschaft	283–290
Fünfter Abschnitt. Formwechsel von Versicherungsvereinen auf Gegenseitigkeit	291–300
Sechster Abschnitt. Formwechsel von Körperschaften und Anstalten des öffentlichen Rechts	301–304

Sechstes Buch. Grenzüberschreitende Umwandlung (§§ 305–345)

Erster Teil. Grenzüberschreitende Verschmelzung	305–319
Zweiter Teil. Grenzüberschreitende Spaltung	320–332
Dritter Teil. Grenzüberschreitender Formwechsel	333–345

Siebentes Buch. Strafvorschriften und Zwangsgelder (§§ 346–350)

Achtes Buch. Übergangs- und Schlussvorschriften (§§ 351–355)

Erstes Buch. Möglichkeiten von Umwandlungen

§ 1 Arten der Umwandlung; gesetzliche Beschränkungen

(1) Rechtsträger mit Sitz im Inland können umgewandelt werden
1. durch Verschmelzung;
2. durch Spaltung (Aufspaltung, Abspaltung, Ausgliederung);
3. durch Vermögensübertragung;
4. durch Formwechsel.

(2) Eine Umwandlung im Sinne des Absatzes 1 ist außer in den in diesem Gesetz geregelten Fällen nur möglich, wenn sie durch ein anderes Bundesgesetz oder ein Landesgesetz ausdrücklich vorgesehen ist.

(3) [1]Von den Vorschriften dieses Gesetzes kann nur abgewichen werden, wenn dies ausdrücklich zugelassen ist. [2]Ergänzende Bestimmungen in Verträgen, Satzungen oder Willenserklärungen sind zulässig, es sei denn, daß dieses Gesetz eine abschließende Regelung enthält.

Zweites Buch. Verschmelzung

Erster Teil. Allgemeine Vorschriften

Erster Abschnitt. Möglichkeit der Verschmelzung

§ 2 Arten der Verschmelzung

Rechtsträger können unter Auflösung ohne Abwicklung verschmolzen werden
1. im Wege der Aufnahme durch Übertragung des Vermögens eines Rechtsträgers oder mehrerer Rechtsträger (übertragende Rechtsträger) als Ganzes auf einen anderen bestehenden Rechtsträger (übernehmender Rechtsträger) oder
2. im Wege der Neugründung durch Übertragung der Vermögen zweier oder mehrerer Rechtsträger (übertragende Rechtsträger) jeweils als Ganzes auf einen neuen, von ihnen dadurch gegründeten Rechtsträger

gegen Gewährung von Anteilen oder Mitgliedschaften des übernehmenden oder neuen Rechtsträgers an die Anteilsinhaber (Gesellschafter, Partner, Aktionäre oder Mitglieder) der übertragenden Rechtsträger.

§ 3 Verschmelzungsfähige Rechtsträger

(1) An Verschmelzungen können als übertragende, übernehmende oder neue Rechtsträger beteiligt sein:
1. eingetragene Gesellschaften bürgerlichen Rechts, Personenhandelsgesellschaften (offene Handelsgesellschaften, Kommanditgesellschaften) und Partnerschaftsgesellschaften;
2. Kapitalgesellschaften (Gesellschaften mit beschränkter Haftung, Aktiengesellschaften, Kommanditgesellschaften auf Aktien);
3. eingetragene Genossenschaften;
4. eingetragene Vereine (§ 21 des Bürgerlichen Gesetzbuchs);
5. genossenschaftliche Prüfungsverbände;
6. Versicherungsvereine auf Gegenseitigkeit.

(2) An einer Verschmelzung können ferner beteiligt sein:
1. wirtschaftliche Vereine (§ 22 des Bürgerlichen Gesetzbuchs), soweit sie übertragender Rechtsträger sind;
2. natürliche Personen, die als Alleingesellschafter einer Kapitalgesellschaft deren Vermögen übernehmen.

(3) An der Verschmelzung können als übertragende Rechtsträger auch aufgelöste Rechtsträger beteiligt sein, wenn die Fortsetzung dieser Rechtsträger beschlossen werden könnte.

(4) Die Verschmelzung kann sowohl unter gleichzeitiger Beteiligung von Rechtsträgern derselben Rechtsform als auch von Rechtsträgern unterschiedlicher Rechtsform erfolgen, soweit nicht etwas anderes bestimmt ist.

Zweiter Abschnitt. Verschmelzung durch Aufnahme

§ 4 Verschmelzungsvertrag

(1) ^{1}Die Vertretungsorgane der an der Verschmelzung beteiligten Rechtsträger schließen einen Verschmelzungsvertrag. ^{2}§ 311b Abs. 2 des Bürgerlichen Gesetzbuchs gilt für ihn nicht.

(2) Soll der Vertrag nach einem der nach § 13 erforderlichen Beschlüsse geschlossen werden, so ist vor diesem Beschluß ein schriftlicher Entwurf des Vertrags aufzustellen.

§ 5 Inhalt des Verschmelzungsvertrags

(1) Der Vertrag oder sein Entwurf muß mindestens folgende Angaben enthalten:
1. den Namen oder die Firma und den Sitz der an der Verschmelzung beteiligten Rechtsträger;
2. die Vereinbarung über die Übertragung des Vermögens jedes übertragenden Rechtsträgers als Ganzes gegen Gewährung von Anteilen oder Mitgliedschaften an dem übernehmenden Rechtsträger;
3. das Umtauschverhältnis der Anteile und gegebenenfalls die Höhe der baren Zuzahlung oder Angaben über die Mitgliedschaft bei dem übernehmenden Rechtsträger;
4. die Einzelheiten für die Übertragung der Anteile des übernehmenden Rechtsträgers oder über den Erwerb der Mitgliedschaft bei dem übernehmenden Rechtsträger;
5. den Zeitpunkt, von dem an diese Anteile oder die Mitgliedschaften einen Anspruch auf einen Anteil am Bilanzgewinn gewähren, sowie alle Besonderheiten in bezug auf diesen Anspruch;
6. den Zeitpunkt, von dem an die Handlungen der übertragenden Rechtsträger als für Rechnung des übernehmenden Rechtsträgers vorgenommen gelten (Verschmelzungsstichtag);
7. die Rechte, die der übernehmende Rechtsträger einzelnen Anteilsinhabern sowie den Inhabern besonderer Rechte wie Anteile ohne Stimmrecht, Vorzugsaktien, Mehrstimmrechtsaktien, Schuldverschreibungen und Genußrechte gewährt, oder die für diese Personen vorgesehenen Maßnahmen;
8. jeden besonderen Vorteil, der einem Mitglied eines Vertretungsorgans oder eines Aufsichtsorgans der an der Verschmelzung beteiligten Rechtsträger, einem geschäftsführenden Gesellschafter, einem Partner, einem Abschlußprüfer oder einem Verschmelzungsprüfer gewährt wird;
9. die Folgen der Verschmelzung für die Arbeitnehmer und ihre Vertretungen sowie die insoweit vorgesehenen Maßnahmen.

(2) Befinden sich alle Anteile eines übertragenden Rechtsträgers in der Hand des übernehmenden Rechtsträgers, so entfallen die Angaben über den Umtausch der Anteile (Absatz 1 Nr. 2 bis 5), soweit sie die Aufnahme dieses Rechtsträgers betreffen.

(3) Der Vertrag oder sein Entwurf ist spätestens einen Monat vor dem Tage der Versammlung der Anteilsinhaber jedes beteiligten Rechtsträgers, die gemäß § 13 Abs. 1 über die Zustimmung zum Verschmelzungsvertrag beschließen soll, dem zuständigen Betriebsrat dieses Rechtsträgers zuzuleiten.

§ 6 Form des Verschmelzungsvertrags

Der Verschmelzungsvertrag muß notariell beurkundet werden.

§ 7 Kündigung des Verschmelzungsvertrags

[1]Ist der Verschmelzungsvertrag unter einer Bedingung geschlossen worden und ist diese binnen fünf Jahren nach Abschluß des Vertrags nicht eingetreten, so kann jeder Teil den Vertrag nach fünf Jahren mit halbjähriger Frist kündigen; im Verschmelzungsvertrag kann eine kürzere Zeit als fünf Jahre vereinbart werden. [2]Die Kündigung kann stets nur für den Schluß des Geschäftsjahres des Rechtsträgers, dem gegenüber sie erklärt wird, ausgesprochen werden.

§ 8 Verschmelzungsbericht

(1) [1]Die Vertretungsorgane jedes der an der Verschmelzung beteiligten Rechtsträger haben einen ausführlichen schriftlichen Bericht (Verschmelzungsbericht) zu erstatten, in dem Folgendes rechtlich und wirtschaftlich erläutert und begründet wird:
1. die Verschmelzung,
2. der Verschmelzungsvertrag oder sein Entwurf im Einzelnen, insbesondere
   a) das Umtauschverhältnis der Anteile einschließlich der zu seiner Ermittlung gewählten Bewertungsmethoden oder die Angaben über die Mitgliedschaft bei dem übernehmenden Rechtsträger sowie
   b) die Höhe einer anzubietenden Barabfindung einschließlich der zu ihrer Ermittlung gewählten Bewertungsmethoden.

[2]Der Verschmelzungsbericht kann von den Vertretungsorganen auch gemeinsam erstattet werden. [3]Auf besondere Schwierigkeiten bei der Bewertung der Rechtsträger sowie auf die Folgen für die Beteiligung der Anteilsinhaber ist hinzuweisen. [4]Ist ein an der Verschmelzung beteiligter Rechtsträger ein verbundenes Unternehmen im Sinne des § 15 des Aktiengesetzes, so sind in dem Bericht auch Angaben über alle für die Verschmelzung wesentlichen Angelegenheiten der anderen verbundenen Unternehmen zu machen. [5]Auskunftspflichten der Vertretungsorgane erstrecken sich auch auf diese Angelegenheiten.

(2) [1]In den Bericht brauchen Tatsachen nicht aufgenommen zu werden, deren Bekanntwerden geeignet ist, einem der beteiligten Rechtsträger oder einem verbundenen Unternehmen einen nicht unerheblichen Nachteil zuzufügen. [2]In diesem Falle sind in dem Bericht die Gründe, aus denen die Tatsachen nicht aufgenommen worden sind, darzulegen.

(3) [1]Der Bericht ist nicht erforderlich, wenn alle Anteilsinhaber des beteiligten Rechtsträgers auf seine Erstattung verzichten. [2]Die Verzichtserklärungen sind notariell zu beurkunden. [3]Der Bericht ist ferner nicht erforderlich
1. für den übertragenden und den übernehmenden Rechtsträger, wenn
   a) sich alle Anteile des übertragenden Rechtsträgers in der Hand des übernehmenden Rechtsträgers befinden oder
   b) sich alle Anteile des übertragenden und des übernehmenden Rechtsträgers in der Hand desselben Rechtsträgers befinden, sowie
2. für denjenigen an der Verschmelzung beteiligten Rechtsträger, der nur einen Anteilsinhaber hat.

§ 9 Prüfung der Verschmelzung

(1) Soweit in diesem Gesetz vorgeschrieben, ist der Verschmelzungsvertrag oder sein Entwurf durch einen oder mehrere sachverständige Prüfer (Verschmelzungsprüfer) zu prüfen.

(2) § 8 Abs. 3 ist entsprechend anzuwenden.

§ 10 Bestellung der Verschmelzungsprüfer

(1) ¹Die Verschmelzungsprüfer werden auf Antrag des Vertretungsorgans vom Gericht ausgewählt und bestellt. ²Sie können auf gemeinsamen Antrag der Vertretungsorgane für mehrere oder alle beteiligten Rechtsträger gemeinsam bestellt werden. ³Für den Ersatz von Auslagen und für die Vergütung der vom Gericht bestellten Prüfer gilt § 318 Abs. 5 des Handelsgesetzbuchs.

(2) ¹Zuständig ist jedes Landgericht, in dessen Bezirk ein übertragender Rechtsträger seinen Sitz hat. ²Ist bei dem Landgericht eine Kammer für Handelssachen gebildet, so entscheidet deren Vorsitzender an Stelle der Zivilkammer.

(3) Auf das Verfahren ist das Gesetz über das Verfahren in Familiensachen und in den Angelegenheiten der freiwilligen Gerichtsbarkeit anzuwenden, soweit in den folgenden Absätzen nichts anderes bestimmt ist.

(4) ¹Gegen die Entscheidung findet die Beschwerde statt. ²Sie kann nur durch Einreichung einer von einem Rechtsanwalt unterzeichneten Beschwerdeschrift eingelegt werden.

(5) ¹Die Landesregierung kann die Entscheidung über die Beschwerde durch Rechtsverordnung für die Bezirke mehrerer Oberlandesgerichte einem der Oberlandesgerichte oder dem Obersten Landesgericht übertragen, wenn dies der Sicherung einer einheitlichen Rechtsprechung dient. ²Die Landesregierung kann die Ermächtigung auf die Landesjustizverwaltung übertragen.

§ 11 Stellung und Verantwortlichkeit der Verschmelzungsprüfer

(1) ¹Für die Auswahl und das Auskunftsrecht der Verschmelzungsprüfer gelten § 319 Abs. 1 bis 4, § 319b Abs. 1, § 320 Abs. 1 Satz 2 und Abs. 2 Satz 1 und 2 des Handelsgesetzbuchs entsprechend. ²Soweit Rechtsträger betroffen sind, die Unternehmen von öffentlichem Interesse nach § 316a Satz 2 des Handelsgesetzbuchs sind, gilt für die Auswahl der Verschmelzungsprüfer neben Satz 1 auch Artikel 5 Absatz 1 der Verordnung (EU) Nr. 537/2014 des Europäischen Parlaments und des Rates vom 16. April 2014 über spezifische Anforderungen an die Abschlussprüfung bei Unternehmen von öffentlichem Interesse und zur Aufhebung des Beschlusses 2005/909/EG der Kommission (ABl. L 158 vom 27.5.2014, S. 77; L 170 vom 11.6.2014, S. 66) entsprechend mit der Maßgabe, dass an die Stelle der in Artikel 5 Absatz 1 Unterabsatz 1 Buchstabe a und b der Verordnung (EU) Nr. 537/2014 genannten Zeiträume der Zeitraum zwischen dem Beginn des Geschäftsjahres, welches dem Geschäftsjahr vorausgeht, in dem der Verschmelzungsvertrag geschlossen wurde, und dem Zeitpunkt, in dem der Verschmelzungsprüfer den Prüfungsbericht nach § 12 erstattet hat, tritt. ³Soweit Rechtsträger betroffen sind, für die keine Pflicht zur Prüfung des Jahresabschlusses besteht, gilt Satz 1 entsprechend. ⁴Dabei findet § 267 Abs. 1 bis 3 des Handelsgesetzbuchs für die Umschreibung der Größenklassen entsprechende Anwendung. ⁵Das Auskunftsrecht besteht gegenüber allen an der Verschmelzung beteiligten Rechtsträgern und gegenüber einem Konzernunternehmen sowie einem abhängigen und einem herrschenden Unternehmen.

(2) ¹Für die Verantwortlichkeit der Verschmelzungsprüfer, ihrer Gehilfen und der bei der Prüfung mitwirkenden gesetzlichen Vertreter einer Prüfungsgesellschaft gilt § 323 des Handelsgesetzbuchs entsprechend. ²Die Verantwortlichkeit besteht gegenüber den an der Verschmelzung beteiligten Rechtsträgern und deren Anteilsinhabern.

§ 12 Prüfungsbericht

(1) ¹Die Verschmelzungsprüfer haben über das Ergebnis der Prüfung schriftlich zu berichten. ²Der Prüfungsbericht kann auch gemeinsam erstattet werden.

(2) ¹Der Prüfungsbericht ist mit einer Erklärung darüber abzuschließen, ob das vorgeschlagene Umtauschverhältnis der Anteile, gegebenenfalls die Höhe der baren Zuzahlung oder die Mitgliedschaft bei dem übernehmenden Rechtsträger als Gegenwert angemessen ist. ²Dabei ist anzugeben,
1. nach welchen Methoden das vorgeschlagene Umtauschverhältnis ermittelt worden ist;
2. aus welchen Gründen die Anwendung dieser Methoden angemessen ist;
3. welches Umtauschverhältnis oder welcher Gegenwert sich bei der Anwendung verschiedener Methoden, sofern mehrere angewandt worden sind, jeweils ergeben würde; zugleich ist darzulegen, welches Gewicht den verschiedenen Methoden bei der Bestimmung des vorgeschlagenen Umtauschverhältnisses oder des Gegenwerts und der ihnen zugrundeliegenden Werte beigemessen worden ist und, falls in den an der Verschmelzung beteiligten Rechtsträgern unterschiedliche Methoden verwendet worden sind, ob die Verwendung unterschiedlicher Methoden gerechtfertigt war;
4. welche besonderen Schwierigkeiten bei der Bewertung der Rechtsträger aufgetreten sind.

(3) § 8 Abs. 2 und 3 ist entsprechend anzuwenden.

§ 13 Beschlüsse über den Verschmelzungsvertrag

(1) ¹Der Verschmelzungsvertrag wird nur wirksam, wenn die Anteilsinhaber der beteiligten Rechtsträger ihm durch Beschluß (Verschmelzungsbeschluß) zustimmen. ²Der Beschluß kann nur in einer Versammlung der Anteilsinhaber gefaßt werden.

(2) Ist die Abtretung der Anteile eines übertragenden Rechtsträgers von der Genehmigung bestimmter einzelner Anteilsinhaber abhängig, so bedarf der Verschmelzungsbeschluß dieses Rechtsträgers zu seiner Wirksamkeit ihrer Zustimmung.

(3) ¹Der Verschmelzungsbeschluß und die nach diesem Gesetz erforderlichen Zustimmungserklärungen einzelner Anteilsinhaber einschließlich der erforderlichen Zustimmungserklärungen nicht erschienener Anteilsinhaber müssen notariell beurkundet werden. ²Der Vertrag oder sein Entwurf ist dem Beschluß als Anlage beizufügen. ³Auf Verlangen hat der Rechtsträger jedem Anteilsinhaber auf dessen Kosten unverzüglich eine Abschrift des Vertrags oder seines Entwurfs und der Niederschrift des Beschlusses zu erteilen.

§ 14 Befristung und Ausschluß von Klagen gegen den Verschmelzungsbeschluß

(1) Eine Klage gegen die Wirksamkeit eines Verschmelzungsbeschlusses muß binnen eines Monats nach der Beschlußfassung erhoben werden.

(2) Eine Klage gegen die Wirksamkeit des Verschmelzungsbeschlusses kann nicht darauf gestützt werden, dass das Umtauschverhältnis der Anteile nicht angemessen ist oder dass die Mitgliedschaft bei dem übernehmenden Rechtsträger kein angemessener Gegenwert für die Anteile oder die Mitgliedschaft bei dem übertragenden Rechtsträger ist.

Zweites Buch. Verschmelzung §§ 15, 16 UmwG

§ 15 Verbesserung des Umtauschverhältnisses

(1) ¹Ist das Umtauschverhältnis der Anteile nicht angemessen oder ist die Mitgliedschaft bei dem übernehmenden Rechtsträger kein angemessener Gegenwert für den Anteil oder für die Mitgliedschaft bei einem übertragenden Rechtsträger, so kann jeder Anteilsinhaber, dessen Recht, gegen die Wirksamkeit des Verschmelzungsbeschlusses Klage zu erheben, nach § 14 Absatz 2 ausgeschlossen ist, von dem übernehmenden Rechtsträger einen Ausgleich durch bare Zuzahlung verlangen; die Zuzahlungen können den zehnten Teil des auf die gewährten Anteile entfallenden Betrags des Grund- oder Stammkapitals übersteigen. ²Die angemessene Zuzahlung wird auf Antrag durch das Gericht nach den Vorschriften des Spruchverfahrensgesetzes bestimmt.

(2) ¹Die bare Zuzahlung ist nach Ablauf des Tages, an dem die Eintragung der Verschmelzung in das Register des Sitzes des übernehmenden Rechtsträgers nach § 19 Abs. 3 bekannt gemacht worden ist, mit jährlich 5 Prozentpunkten über dem jeweiligen Basiszinssatz nach § 247 des Bürgerlichen Gesetzbuchs zu verzinsen. ²Die Geltendmachung eines weiteren Schadens ist nicht ausgeschlossen.

§ 16 Anmeldung der Verschmelzung

(1) ¹Die Vertretungsorgane jedes der an der Verschmelzung beteiligten Rechtsträger haben die Verschmelzung zur Eintragung in das Register (Handelsregister, Genossenschaftsregister, Gesellschaftsregister, Partnerschaftsregister oder Vereinsregister) des Sitzes ihres Rechtsträgers anzumelden. ²Das Vertretungsorgan des übernehmenden Rechtsträgers ist berechtigt, die Verschmelzung auch zur Eintragung in das Register des Sitzes jedes der übertragenden Rechtsträger anzumelden.

(2) ¹Bei der Anmeldung haben die Vertretungsorgane zu erklären, daß eine Klage gegen die Wirksamkeit eines Verschmelzungsbeschlusses nicht oder nicht fristgemäß erhoben oder eine solche Klage rechtskräftig abgewiesen oder zurückgenommen worden ist; hierüber haben die Vertretungsorgane dem Registergericht auch nach der Anmeldung Mitteilung zu machen. ²Liegt die Erklärung nicht vor, so darf die Verschmelzung nicht eingetragen werden, es sei denn, daß die klageberechtigten Anteilsinhaber durch notariell beurkundete Verzichtserklärung auf die Klage gegen die Wirksamkeit des Verschmelzungsbeschlusses verzichten.

(3) ¹Der Erklärung nach Absatz 2 Satz 1 steht es gleich, wenn nach Erhebung einer Klage gegen die Wirksamkeit eines Verschmelzungsbeschlusses das Gericht auf Antrag des Rechtsträgers, gegen dessen Verschmelzungsbeschluß sich die Klage richtet, durch Beschluß festgestellt hat, daß die Erhebung der Klage der Eintragung nicht entgegensteht. ²Auf das Verfahren sind § 247 des Aktiengesetzes, die §§ 82, 83 Abs. 1 und § 84 der Zivilprozessordnung sowie die im ersten Rechtszug für das Verfahren vor den Landgerichten geltenden Vorschriften der Zivilprozessordnung entsprechend anzuwenden, soweit nichts Abweichendes bestimmt ist. ³Ein Beschluss nach Satz 1 ergeht, wenn
1. die Klage unzulässig oder offensichtlich unbegründet ist oder
2. der Kläger nicht binnen einer Woche nach Zustellung des Antrags durch Urkunden nachgewiesen hat, dass er seit Bekanntmachung der Einberufung einen anteiligen Betrag von mindestens 1 000 Euro hält oder
3. das alsbaldige Wirksamwerden der Verschmelzung vorrangig erscheint, weil die vom Antragsteller dargelegten wesentlichen Nachteile für die an der Verschmelzung beteiligten Rechtsträger und ihre Anteilsinhaber nach freier Überzeugung des Gerichts die Nachteile für den Antragsgegner überwiegen, es sei denn, es liegt eine besondere Schwere des Rechtsverstoßes vor.

⁴Der Beschluß kann in dringenden Fällen ohne mündliche Verhandlung ergehen. ⁵Der Beschluss soll spätestens drei Monate nach Antragstellung ergehen; Verzögerungen der Entscheidung sind durch unanfechtbaren Beschluss zu begründen. ⁶Die vorgebrachten Tatsachen, auf Grund derer der Beschluß nach Satz 3 ergehen kann, sind glaubhaft zu machen. ⁷Über den Antrag entscheidet ein Senat des Oberlandesgerichts, in dessen Bezirk die Gesellschaft ihren Sitz hat. ⁸Eine Übertragung auf den Einzelrichter ist ausgeschlossen; einer Güteverhandlung bedarf es nicht. ⁹Der Beschluß ist unanfechtbar. ¹⁰Erweist sich die Klage als begründet, so ist der Rechtsträger, der den Beschluß erwirkt hat, verpflichtet, dem Antragsgegner den Schaden zu ersetzen, der ihm aus einer auf dem Beschluß beruhenden Eintragung der Verschmelzung entstanden ist; als Ersatz des Schadens kann nicht die Beseitigung der Wirkungen der Eintragung der Verschmelzung im Register des Sitzes des übernehmenden Rechtsträgers verlangt werden.

§ 17 Anlagen der Anmeldung

(1) Der Anmeldung sind in Ausfertigung oder öffentlich beglaubigter Abschrift oder, soweit sie nicht notariell zu beurkunden sind, in Urschrift oder Abschrift der Verschmelzungsvertrag, die Niederschriften der Verschmelzungsbeschlüsse, die nach diesem Gesetz erforderlichen Zustimmungserklärungen einzelner Anteilsinhaber einschließlich der Zustimmungserklärungen nicht erschienener Anteilsinhaber, der Verschmelzungsbericht, der Prüfungsbericht oder die Verzichtserklärungen nach § 8 Abs. 1, § 9 Absatz 2, § 12 Abs. 3, § 54 Abs. 1 Satz 3 oder § 68 Abs. 1 Satz 3, ein Nachweis über die rechtzeitige Zuleitung des Verschmelzungsvertrages oder seines Entwurfs an den zuständigen Betriebsrat beizufügen.

(2) ¹Der Anmeldung zum Register des Sitzes jedes der übertragenden Rechtsträger ist ferner eine Bilanz dieses Rechtsträgers beizufügen (Schlußbilanz). ²Für diese Bilanz gelten die Vorschriften über die Jahresbilanz und deren Prüfung entsprechend. ³Sie braucht nicht bekanntgemacht zu werden. ⁴Das Registergericht darf die Verschmelzung nur eintragen, wenn die Bilanz auf einen höchstens acht Monate vor der Anmeldung liegenden Stichtag aufgestellt worden ist.

§ 18 Firma oder Name des übernehmenden Rechtsträgers

(1) Der übernehmende Rechtsträger darf die Firma eines der übertragenden Rechtsträger, dessen Handelsgeschäft er durch die Verschmelzung erwirbt, mit oder ohne Beifügung eines das Nachfolgeverhältnis andeutenden Zusatzes fortführen.

(2) Ist an einem der übertragenden Rechtsträger eine natürliche Person beteiligt, die an dem übernehmenden Rechtsträger nicht beteiligt wird, so darf der übernehmende Rechtsträger den Namen dieses Anteilsinhabers nur in einer nach Absatz 1 fortgeführten oder in der neu gebildeten Firma verwenden, wenn der betroffene Anteilsinhaber oder dessen Erben ausdrücklich in die Verwendung einwilligen.

(3) ¹Ist eine Partnerschaftsgesellschaft an der Verschmelzung beteiligt, gelten für die Fortführung der Firma oder des Namens die Absätze 1 und 2 entsprechend. ²Eine Firma darf als Name einer Partnerschaftsgesellschaft nur unter den Voraussetzungen des § 2 Abs. 1 des Partnerschaftsgesellschaftsgesetzes fortgeführt werden. ³§ 1 Abs. 3 und § 11 des Partnerschaftsgesellschaftsgesetzes sind entsprechend anzuwenden.

§ 19 Eintragung und Bekanntmachung der Verschmelzung

(1) ¹Die Verschmelzung darf in das Register des Sitzes des übernehmenden Rechtsträgers erst eingetragen werden, nachdem sie im Register des Sitzes jedes der

übertragenden Rechtsträger eingetragen worden ist. ²Die Eintragung im Register des Sitzes jedes der übertragenden Rechtsträger ist mit dem Vermerk zu versehen, daß die Verschmelzung erst mit der Eintragung im Register des Sitzes des übernehmenden Rechtsträgers wirksam wird, sofern die Eintragungen in den Registern aller beteiligten Rechtsträger nicht am selben Tag erfolgen.

(2) ¹Das Gericht des Sitzes des übernehmenden Rechtsträgers hat von Amts wegen dem Gericht des Sitzes jedes der übertragenden Rechtsträger den Tag der Eintragung der Verschmelzung mitzuteilen. ²Nach Eingang der Mitteilung hat das Gericht des Sitzes jedes der übertragenden Rechtsträger von Amts wegen den Tag der Eintragung der Verschmelzung im Register des Sitzes des übernehmenden Rechtsträgers im Register des Sitzes des übertragenden Rechtsträgers zu vermerken und die bei ihm aufbewahrten Dokumente dem Gericht des Sitzes des übernehmenden Rechtsträgers zur Aufbewahrung zu übermitteln.

(3) Das Gericht des Sitzes jedes der an der Verschmelzung beteiligten Rechtsträger hat jeweils die von ihm vorgenommene Eintragung der Verschmelzung von Amts wegen nach § 10 des Handelsgesetzbuchs bekanntzumachen.

§ 20 Wirkungen der Eintragung

(1) Die Eintragung der Verschmelzung in das Register des Sitzes des übernehmenden Rechtsträgers hat folgende Wirkungen:
1. Das Vermögen der übertragenden Rechtsträger geht einschließlich der Verbindlichkeiten auf den übernehmenden Rechtsträger über.
2. ¹Die übertragenden Rechtsträger erlöschen. ²Einer besonderen Löschung bedarf es nicht.
3. ¹Die Anteilsinhaber der übertragenden Rechtsträger werden Anteilsinhaber des übernehmenden Rechtsträgers; dies gilt nicht, soweit der übernehmende Rechtsträger oder ein Dritter, der im eigenen Namen, jedoch für Rechnung dieses Rechtsträgers handelt, Anteilsinhaber des übertragenden Rechtsträgers ist oder der übertragende Rechtsträger eigene Anteile innehat oder ein Dritter, der im eigenen Namen, jedoch für Rechnung dieses Rechtsträgers handelt, dessen Anteilsinhaber ist. ²Rechte Dritter an den Anteilen oder Mitgliedschaften der übertragenden Rechtsträger bestehen an den an ihre Stelle tretenden Anteilen oder Mitgliedschaften des übernehmenden Rechtsträgers weiter.
4. Der Mangel der notariellen Beurkundung des Verschmelzungsvertrags und gegebenenfalls erforderlicher Zustimmungs- oder Verzichtserklärungen einzelner Anteilsinhaber wird geheilt.

(2) Mängel der Verschmelzung lassen die Wirkungen der Eintragung nach Absatz 1 unberührt.

§ 21 Wirkung auf gegenseitige Verträge

Treffen bei einer Verschmelzung aus gegenseitigen Verträgen, die zur Zeit der Verschmelzung von keiner Seite vollständig erfüllt sind, Abnahme-, Lieferungs- oder ähnliche Verpflichtungen zusammen, die miteinander unvereinbar sind oder die beide zu erfüllen eine schwere Unbilligkeit für den übernehmenden Rechtsträger bedeuten würde, so bestimmt sich der Umfang der Verpflichtungen nach Billigkeit unter Würdigung der vertraglichen Rechte aller Beteiligten.

§ 22 Gläubigerschutz

(1) ¹Den Gläubigern der an der Verschmelzung beteiligten Rechtsträger ist, wenn sie binnen sechs Monaten nach dem Tag, an dem die Eintragung der Verschmelzung

in das Register des Sitzes desjenigen Rechtsträgers, dessen Gläubiger sie sind, nach § 19 Abs. 3 bekannt gemacht worden ist, ihren Anspruch nach Grund und Höhe schriftlich anmelden, Sicherheit zu leisten, soweit sie nicht Befriedigung verlangen können. ²Dieses Recht steht den Gläubigern jedoch nur zu, wenn sie glaubhaft machen, daß durch die Verschmelzung die Erfüllung ihrer Forderung gefährdet wird. ³Die Gläubiger sind in einer Bekanntmachung zu der jeweiligen Eintragung auf dieses Recht hinzuweisen.

(2) Das Recht, Sicherheitsleistung zu verlangen, steht Gläubigern nicht zu, die im Falle der Insolvenz ein Recht auf vorzugsweise Befriedigung aus einer Deckungsmasse haben, die nach gesetzlicher Vorschrift zu ihrem Schutz errichtet und staatlich überwacht ist.

§ 23 Schutz der Inhaber von Sonderrechten

Den Inhabern von Rechten in einem übertragenden Rechtsträger, die kein Stimmrecht gewähren, insbesondere den Inhabern von Anteilen ohne Stimmrecht, von Wandelschuldverschreibungen, von Gewinnschuldverschreibungen und von Genußrechten, sind gleichwertige Rechte in dem übernehmenden Rechtsträger zu gewähren.

§ 24 Wertansätze des übernehmenden Rechtsträgers

In den Jahresbilanzen des übernehmenden Rechtsträgers können als Anschaffungskosten im Sinne des § 253 Abs. 1 des Handelsgesetzbuchs auch die in der Schlußbilanz eines übertragenden Rechtsträgers angesetzten Werte angesetzt werden.

§ 25 Schadenersatzpflicht der Verwaltungsträger der übertragenden Rechtsträger

(1) ¹Die Mitglieder des Vertretungsorgans und, wenn ein Aufsichtsorgan vorhanden ist, des Aufsichtsorgans eines übertragenden Rechtsträgers sind als Gesamtschuldner zum Ersatz des Schadens verpflichtet, den dieser Rechtsträger, seine Anteilsinhaber oder seine Gläubiger durch die Verschmelzung erleiden. ²Mitglieder der Organe, die bei der Prüfung der Vermögenslage der Rechtsträger und beim Abschluß des Verschmelzungsvertrags ihre Sorgfaltspflicht beobachtet haben, sind von der Ersatzpflicht befreit.

(2) ¹Für diese Ansprüche sowie weitere Ansprüche, die sich für und gegen den übertragenden Rechtsträger nach den allgemeinen Vorschriften auf Grund der Verschmelzung ergeben, gilt dieser Rechtsträger als fortbestehend. ²Forderungen und Verbindlichkeiten vereinigen sich insoweit durch die Verschmelzung nicht.

(3) Die Ansprüche aus Absatz 1 verjähren in fünf Jahren seit dem Tage, an dem die Eintragung der Verschmelzung in das Register des Sitzes des übernehmenden Rechtsträgers nach § 19 Abs. 3 bekannt gemacht worden ist.

§ 26 Geltendmachung des Schadenersatzanspruchs

(1) ¹Die Ansprüche nach § 25 Abs. 1 und 2 können nur durch einen besonderen Vertreter geltend gemacht werden. ²Das Gericht des Sitzes eines übertragenden Rechtsträgers hat einen solchen Vertreter auf Antrag eines Anteilsinhabers oder eines Gläubigers dieses Rechtsträgers zu bestellen. ³Gläubiger sind nur antragsberechtigt,

wenn sie von dem übernehmenden Rechtsträger keine Befriedigung erlangen können. [4]Gegen die Entscheidung findet die Beschwerde statt.

(2) [1]Der Vertreter hat unter Hinweis auf den Zweck seiner Bestellung die Anteilsinhaber und Gläubiger des betroffenen übertragenden Rechtsträgers aufzufordern, die Ansprüche nach § 25 Abs. 1 und 2 binnen einer angemessenen Frist, die mindestens einen Monat betragen soll, anzumelden. [2]Die Aufforderung ist im Bundesanzeiger und, wenn der Gesellschaftsvertrag, der Partnerschaftsvertrag oder die Satzung andere Blätter für die öffentlichen Bekanntmachungen des übertragenden Rechtsträgers bestimmt hatte, auch in diesen Blättern bekanntzumachen.

(3) [1]Der Vertreter hat den Betrag, der aus der Geltendmachung der Ansprüche eines übertragenden Rechtsträgers erzielt wird, zur Befriedigung der Gläubiger dieses Rechtsträgers zu verwenden, soweit die Gläubiger nicht durch den übernehmenden Rechtsträger befriedigt oder sichergestellt sind. [2]Für die Verteilung gelten die Vorschriften über die Verteilung, die im Falle der Abwicklung eines Rechtsträgers in der Rechtsform des übertragenden Rechtsträgers anzuwenden sind, entsprechend. [3]Gläubiger und Anteilsinhaber, die sich nicht fristgemäß gemeldet haben, werden bei der Verteilung nicht berücksichtigt.

(4) [1]Der Vertreter hat Anspruch auf Ersatz angemessener barer Auslagen und auf Vergütung für seine Tätigkeit. [2]Die Auslagen und die Vergütung setzt das Gericht fest. [3]Es bestimmt nach den gesamten Verhältnissen des einzelnen Falles nach freiem Ermessen, in welchem Umfange die Auslagen und die Vergütung von beteiligten Anteilsinhabern und Gläubigern zu tragen sind. [4]Gegen die Entscheidung findet die Beschwerde statt; die Rechtsbeschwerde ist ausgeschlossen. [5]Aus der rechtskräftigen Entscheidung findet die Zwangsvollstreckung nach der Zivilprozeßordnung statt.

§ 27 Schadenersatzpflicht der Verwaltungsträger des übernehmenden Rechtsträgers

Ansprüche auf Schadensersatz, die sich auf Grund der Verschmelzung gegen ein Mitglied des Vertretungsorgans oder, wenn ein Aufsichtsorgan vorhanden ist, des Aufsichtsorgans des übernehmenden Rechtsträgers ergeben, verjähren in fünf Jahren seit dem Tage, an dem die Eintragung der Verschmelzung in das Register des Sitzes des übernehmenden Rechtsträgers nach § 19 Abs. 3 bekannt gemacht worden ist.

§ 28 Unwirksamkeit des Verschmelzungsbeschlusses eines übertragenden Rechtsträgers

Nach Eintragung der Verschmelzung in das Register des Sitzes des übernehmenden Rechtsträgers ist eine Klage gegen die Wirksamkeit des Verschmelzungsbeschlusses eines übertragenden Rechtsträgers gegen den übernehmenden Rechtsträger zu richten.

§ 29 Abfindungsangebot im Verschmelzungsvertrag

(1) [1]Bei der Verschmelzung eines Rechtsträgers im Wege der Aufnahme durch einen Rechtsträger anderer Rechtsform oder bei der Verschmelzung einer börsennotierten Aktiengesellschaft auf eine nicht börsennotierte Aktiengesellschaft hat der übertragende Rechtsträger im Verschmelzungsvertrag oder in seinem Entwurf jedem Anteilsinhaber, der gegen den Verschmelzungsbeschluß des übertragenden Rechtsträgers Widerspruch zur Niederschrift erklärt, den Erwerb seiner Anteile oder Mitgliedschaften gegen eine angemessene Barabfindung anzubieten; § 71 Abs. 4 Satz 2 des Aktiengesetzes und § 33 Abs. 2 Satz 3 zweiter Halbsatz erste Alternative des

Gesetzes betreffend die Gesellschaften mit beschränkter Haftung sind insoweit nicht anzuwenden. [2]Das gleiche gilt, wenn bei einer Verschmelzung von Rechtsträgern derselben Rechtsform die Anteile oder Mitgliedschaften an dem übernehmenden Rechtsträger Verfügungsbeschränkungen unterworfen sind. [3]Kann der übernehmende Rechtsträger auf Grund seiner Rechtsform eigene Anteile oder Mitgliedschaften nicht erwerben, so ist die Barabfindung für den Fall anzubieten, daß der Anteilsinhaber sein Ausscheiden aus dem Rechtsträger erklärt. [4]Eine erforderliche Bekanntmachung des Verschmelzungsvertrags oder seines Entwurfs als Gegenstand der Beschlußfassung muß den Wortlaut dieses Angebots enthalten. [5]Der übernehmende Rechtsträger hat die Kosten für eine Übertragung zu tragen.

(2) Dem Widerspruch zur Niederschrift im Sinne des Absatzes 1 steht es gleich, wenn ein nicht erschienener Anteilsinhaber zu der Versammlung der Anteilsinhaber zu Unrecht nicht zugelassen worden ist oder die Versammlung nicht ordnungsgemäß einberufen oder der Gegenstand der Beschlußfassung nicht ordnungsgemäß bekanntgemacht worden ist.

§ 30 Inhalt des Anspruchs auf Barabfindung und Prüfung der Barabfindung

(1) [1]Die Barabfindung muß die Verhältnisse des übertragenden Rechtsträgers im Zeitpunkt der Beschlußfassung über die Verschmelzung berücksichtigen. [2]§ 15 Abs. 2 ist auf die Barabfindung entsprechend anzuwenden.

(2) [1]Die Angemessenheit einer anzubietenden Barabfindung ist stets durch Verschmelzungsprüfer zu prüfen. [2]Die §§ 10 bis 12 sind entsprechend anzuwenden. [3]Die Berechtigten können auf die Prüfung oder den Prüfungsbericht verzichten; die Verzichtserklärungen sind notariell zu beurkunden.

§ 31 Annahme des Angebots

[1]Das Angebot nach § 29 kann nur binnen zwei Monaten nach dem Tage angenommen werden, an dem die Eintragung der Verschmelzung in das Register des Sitzes des übernehmenden Rechtsträgers nach § 19 Abs. 3 bekannt gemacht worden ist. [2]Ist nach § 34 ein Antrag auf Bestimmung der Barabfindung durch das Gericht gestellt worden, so kann das Angebot binnen zwei Monaten nach dem Tage angenommen werden, an dem die Entscheidung im Bundesanzeiger bekanntgemacht worden ist.

§ 32 Ausschluß von Klagen gegen den Verschmelzungsbeschluß

Eine Klage gegen die Wirksamkeit des Verschmelzungsbeschlusses eines übertragenden Rechtsträgers kann nicht darauf gestützt werden, daß das Angebot nach § 29 nicht angemessen ist oder daß die Barabfindung im Verschmelzungsvertrag nicht oder nicht ordnungsgemäß angeboten worden ist.

§ 33 Anderweitige Veräußerung

Einer anderweitigen Veräußerung des Anteils durch einen Anteilsinhaber, der nach § 29 Adressat des Abfindungsangebots ist, stehen nach Fassung des Verschmelzungsbeschlusses bis zum Ablauf der in § 31 Satz 1 bestimmten Frist Verfügungsbeschränkungen bei den beteiligten Rechtsträgern nicht entgegen.

Zweites Buch. Verschmelzung §§ 34–36 UmwG

§ 34 Gerichtliche Nachprüfung der Abfindung

[1]Macht ein Anteilsinhaber geltend, daß eine im Verschmelzungsvertrag oder in seinem Entwurf bestimmte Barabfindung, die ihm nach § 29 anzubieten war, nicht angemessen sei, so hat auf seinen Antrag das Gericht nach den Vorschriften des Spruchverfahrensgesetzes die angemessene Barabfindung zu bestimmen. [2]Das gleiche gilt, wenn die Barabfindung nicht oder nicht ordnungsgemäß angeboten worden ist.

§ 35 Bezeichnung unbekannter Aktionäre; Ruhen des Stimmrechts

[1]Unbekannte Aktionäre einer übertragenden Aktiengesellschaft oder Kommanditgesellschaft auf Aktien sind im Verschmelzungsvertrag, bei Anmeldungen zur Eintragung in ein Register oder bei der Eintragung in eine Liste von Anteilsinhabern durch die Angabe des insgesamt auf sie entfallenden Teils des Grundkapitals der Gesellschaft und der auf sie nach der Verschmelzung entfallenden Anteile zu bezeichnen, soweit eine Benennung der Anteilsinhaber für den übernehmenden Rechtsträger gesetzlich vorgeschrieben ist; die Bezeichnung in dieser Form ist nur zulässig für Anteilsinhaber, deren Anteile zusammen den zwanzigsten Teil des Grundkapitals der übertragenden Gesellschaft nicht überschreiten. [2]Werden solche Anteilsinhaber später bekannt, so sind Register oder Listen von Amts wegen zu berichtigen. [3]Bis zu diesem Zeitpunkt kann das Stimmrecht aus den betreffenden Anteilen in dem übernehmenden Rechtsträger nicht ausgeübt werden.

§ 35a Interessenausgleich und Betriebsübergang

(1) Kommt ein Interessenausgleich nach § 112 des Betriebsverfassungsgesetzes zustande, in dem diejenigen Arbeitnehmer namentlich bezeichnet werden, die nach der Verschmelzung einem bestimmten Betrieb oder Betriebsteil zugeordnet werden, so kann die Zuordnung der Arbeitnehmer durch das Arbeitsgericht nur auf grobe Fehlerhaftigkeit überprüft werden.

(2) § 613a Absatz 1 und 4 bis 6 des Bürgerlichen Gesetzbuchs bleibt durch die Wirkungen der Eintragung einer Verschmelzung unberührt.

Dritter Abschnitt. Verschmelzung durch Neugründung

§ 36 Anzuwendende Vorschriften

(1) [1]Auf die Verschmelzung durch Neugründung sind die Vorschriften des Zweiten Abschnitts mit Ausnahme des § 16 Abs. 1 und des § 27 entsprechend anzuwenden. [2]An die Stelle des übernehmenden Rechtsträgers tritt der neue Rechtsträger, an die Stelle der Eintragung der Verschmelzung in das Register des Sitzes des übernehmenden Rechtsträgers tritt die Eintragung des neuen Rechtsträgers in das Register.

(2) [1]Auf die Gründung des neuen Rechtsträgers sind die für dessen Rechtsform geltenden Gründungsvorschriften anzuwenden, soweit sich aus diesem Buch nichts anderes ergibt. [2]Den Gründern stehen die übertragenden Rechtsträger gleich. [3]Vorschriften, die für die Gründung eine Mindestzahl der Gründer vorschreiben, sind nicht anzuwenden.

§ 37 Inhalt des Verschmelzungsvertrags

In dem Verschmelzungsvertrag muß der Gesellschaftsvertrag, der Partnerschaftsvertrag oder die Satzung des neuen Rechtsträgers enthalten sein oder festgestellt werden.

§ 38 Anmeldung der Verschmelzung und des neuen Rechtsträgers

(1) Die Vertretungsorgane jedes der übertragenden Rechtsträger haben die Verschmelzung zur Eintragung in das Register des Sitzes ihres Rechtsträgers anzumelden.

(2) Die Vertretungsorgane aller übertragenden Rechtsträger haben den neuen Rechtsträger bei dem Gericht, in dessen Bezirk er seinen Sitz haben soll, zur Eintragung in das Register anzumelden.

Zweiter Teil. Besondere Vorschriften

Erster Abschnitt. Verschmelzung unter Beteiligung von Personengesellschaften

Erster Unterabschnitt. Verschmelzung unter Beteiligung von Gesellschaften bürgerlichen Rechts

§ 39 Ausschluss der Verschmelzung

Eine aufgelöste Gesellschaft bürgerlichen Rechts kann sich nicht als übertragender Rechtsträger an einer Verschmelzung beteiligen, wenn die Gesellschafter eine andere Art der Auseinandersetzung als die Abwicklung durch Liquidation oder als die Verschmelzung vereinbart haben.

§ 39a Verschmelzungsbericht

Ein Verschmelzungsbericht ist für eine an der Verschmelzung beteiligte Gesellschaft bürgerlichen Rechts nicht erforderlich, wenn alle Gesellschafter dieser Gesellschaft zur Geschäftsführung berechtigt sind.

§ 39b Unterrichtung der Gesellschafter

Der Verschmelzungsvertrag oder sein Entwurf und der Verschmelzungsbericht sind den Gesellschaftern, die von der Befugnis zur Geschäftsführung ausgeschlossen sind, spätestens zusammen mit der Einberufung der Gesellschafterversammlung, die gemäß § 13 Absatz 1 über die Zustimmung zum Verschmelzungsvertrag beschließen soll, zu übersenden.

§ 39c Beschluss der Gesellschafterversammlung

(1) Der Verschmelzungsbeschluss der Gesellschafterversammlung bedarf der Zustimmung aller anwesenden Gesellschafter; ihm müssen auch die nicht erschienenen Gesellschafter zustimmen.

(2) ¹Der Gesellschaftsvertrag kann eine Mehrheitsentscheidung der Gesellschafter vorsehen. ²Die Mehrheit muss mindestens drei Viertel der abgegebenen Stimmen betragen.

§ 39d Widerspruch gegen den Beschluss der Gesellschafterversammlung

¹Widerspricht ein Gesellschafter einer übernehmenden Gesellschaft bürgerlichen Rechts der Verschmelzung, hat sie zu unterbleiben. ²Das Gleiche gilt, wenn der Anteilsinhaber eines übertragenden Rechtsträgers der Verschmelzung auf eine Gesellschaft bürgerlichen Rechts widerspricht.

§ 39e Prüfung der Verschmelzung

¹Im Fall des § 39c Absatz 2 ist der Verschmelzungsvertrag oder sein Entwurf für eine Gesellschaft bürgerlichen Rechts nach den §§ 9 bis 12 zu prüfen, wenn dies einer ihrer Gesellschafter innerhalb einer Frist von einer Woche verlangt, nachdem er die in § 39b genannten Unterlagen erhalten hat. ²Die Kosten der Prüfung trägt die Gesellschaft.

§ 39f Zeitliche Begrenzung der Haftung persönlich haftender Gesellschafter

(1) Überträgt eine Gesellschaft bürgerlichen Rechts ihr Vermögen durch Verschmelzung auf einen Rechtsträger anderer Rechtsform, dessen Anteilsinhaber für die Verbindlichkeiten dieses Rechtsträgers nicht unbeschränkt haften, haftet ein Gesellschafter der Gesellschaft bürgerlichen Rechts für deren Verbindlichkeiten, wenn sie vor Ablauf von fünf Jahren nach der Verschmelzung fällig und daraus Ansprüche gegen ihn in einer in § 197 Absatz 1 Nummer 3 bis 5 des Bürgerlichen Gesetzbuchs bezeichneten Art festgestellt sind oder eine gerichtliche oder behördliche Vollstreckungshandlung vorgenommen oder beantragt wird; bei öffentlich-rechtlichen Verbindlichkeiten genügt der Erlass eines Verwaltungsakts.

(2) ¹Die Frist beginnt mit dem Tag, an dem die Eintragung der Verschmelzung in das Register des Sitzes des übernehmenden Rechtsträgers nach § 19 Absatz 3 bekannt gemacht worden ist. ²Die §§ 204, 206, 210, 211 und 212 Absatz 2 und 3 des Bürgerlichen Gesetzbuchs sind entsprechend anzuwenden.

(3) Einer Feststellung in einer in § 197 Absatz 1 Nummer 3 bis 5 des Bürgerlichen Gesetzbuchs bezeichneten Art bedarf es nicht, soweit der Gesellschafter den Anspruch schriftlich anerkannt hat.

(4) Die Absätze 1 bis 3 sind auch anzuwenden, wenn der Gesellschafter in dem Rechtsträger anderer Rechtsform geschäftsführend tätig wird.

Zweiter Unterabschnitt. Verschmelzung unter Beteiligung von Personenhandelsgesellschaften

§ 40 Inhalt des Verschmelzungsvertrags

(1) ¹Der Verschmelzungsvertrag oder sein Entwurf hat zusätzlich für jeden Anteilsinhaber eines übertragenden Rechtsträgers zu bestimmen, ob ihm in der übernehmenden oder der neuen Personenhandelsgesellschaft die Stellung eines persönlich haftenden Gesellschafters oder eines Kommanditisten gewährt wird. ²Dabei ist der Betrag der Einlage jedes Gesellschafters festzusetzen.

(2) ¹Anteilsinhabern eines übertragenden Rechtsträgers, die für dessen Verbindlichkeiten nicht als Gesamtschuldner persönlich unbeschränkt haften, ist die Stellung eines Kommanditisten zu gewähren. ²Abweichende Bestimmungen sind nur wirksam, wenn die betroffenen Anteilsinhaber dem Verschmelzungsbeschluß des übertragenden Rechtsträgers zustimmen.

§ 41 Widerspruch gegen den Beschluss der Gesellschafterversammlung

Widerspricht ein Anteilsinhaber eines übertragenden Rechtsträgers, der für dessen Verbindlichkeiten persönlich unbeschränkt haftet, der Verschmelzung, ist ihm in der übernehmenden oder der neuen Personenhandelsgesellschaft die Stellung eines Kommanditisten zu gewähren; das Gleiche gilt für einen Anteilsinhaber der übernehmenden Personenhandelsgesellschaft, der für deren Verbindlichkeiten persönlich unbeschränkt haftet, wenn er der Verschmelzung widerspricht.

§ 42 Entsprechend anzuwendende Vorschriften

Die §§ 39, 39a, 39b, 39c, 39e und 39f sind entsprechend anzuwenden.

§§ 43–45 *(aufgehoben)*

Dritter Unterabschnitt. Verschmelzung unter Beteiligung von Partnerschaftsgesellschaften

§ 45a Möglichkeit der Verschmelzung

¹Eine Verschmelzung auf eine Partnerschaftsgesellschaft ist nur möglich, wenn im Zeitpunkt ihres Wirksamwerdens alle Anteilsinhaber übertragender Rechtsträger natürliche Personen sind, die einen Freien Beruf ausüben (§ 1 Abs. 1 und 2 des Partnerschaftsgesellschaftsgesetzes). ²§ 1 Abs. 3 des Partnerschaftsgesellschaftsgesetzes bleibt unberührt.

§ 45b Inhalt des Verschmelzungsvertrages

(1) Der Verschmelzungsvertrag oder sein Entwurf hat zusätzlich für jeden Anteilsinhaber eines übertragenden Rechtsträgers den Namen und den Vornamen sowie den in der übernehmenden Partnerschaftsgesellschaft ausgeübten Beruf und den Wohnort jedes Partners zu enthalten.

(2) § 35 ist nicht anzuwenden.

§ 45c Verschmelzungsbericht und Unterrichtung der Partner

¹Ein Verschmelzungsbericht ist für eine an der Verschmelzung beteiligte Partnerschaftsgesellschaft nur erforderlich, wenn ein Partner gemäß § 6 Abs. 2 des Partnerschaftsgesellschaftsgesetzes von der Geschäftsführung ausgeschlossen ist. ²Von der Geschäftsführung ausgeschlossene Partner sind entsprechend § 39b zu unterrichten.

§ 45d Beschluß der Gesellschafterversammlung

(1) Der Verschmelzungsbeschluß der Gesellschafterversammlung bedarf der Zustimmung aller anwesenden Partner; ihm müssen auch die nicht erschienenen Partner zustimmen.

(2) ¹Der Partnerschaftsvertrag kann eine Mehrheitsentscheidung der Partner vorsehen. ²Die Mehrheit muß mindestens drei Viertel der abgegebenen Stimmen betragen.

§ 45e Anzuwendende Vorschriften

¹Die §§ 39 und 39f sind entsprechend anzuwenden. ²In den Fällen des § 45d Abs. 2 ist auch § 39e entsprechend anzuwenden.

Zweiter Abschnitt. Verschmelzung unter Beteiligung von Gesellschaften mit beschränkter Haftung

Erster Unterabschnitt. Verschmelzung durch Aufnahme

§ 46 Inhalt des Verschmelzungsvertrags

(1) ¹Der Verschmelzungsvertrag oder sein Entwurf hat zusätzlich für jeden Anteilsinhaber eines übertragenden Rechtsträgers den Nennbetrag des Geschäftsanteils zu bestimmen, den die übernehmende Gesellschaft mit beschränkter Haftung ihm zu gewähren hat. ²Der Nennbetrag kann abweichend von dem Betrag festgesetzt werden, der auf die Aktien einer übertragenden Aktiengesellschaft oder Kommanditgesellschaft auf Aktien als anteiliger Betrag ihres Grundkapitals entfällt. ³Er muss auf volle Euro lauten.

(2) Sollen die zu gewährenden Geschäftsanteile im Wege der Kapitalerhöhung geschaffen und mit anderen Rechten und Pflichten als sonstige Geschäftsanteile der übernehmenden Gesellschaft mit beschränkter Haftung ausgestattet werden, so sind auch die Abweichungen im Verschmelzungsvertrag oder in seinem Entwurf festzusetzen.

(3) Sollen Anteilsinhaber eines übertragenden Rechtsträgers schon vorhandene Geschäftsanteile der übernehmenden Gesellschaft erhalten, so müssen die Anteilsinhaber und die Nennbeträge der Geschäftsanteile, die sie erhalten sollen, im Verschmelzungsvertrag oder in seinem Entwurf besonders bestimmt werden.

§ 47 Unterrichtung der Gesellschafter

Der Verschmelzungsvertrag oder sein Entwurf und der Verschmelzungsbericht sind den Gesellschaftern spätestens zusammen mit der Einberufung der Gesellschafterversammlung, die gemäß § 13 Abs. 1 über die Zustimmung beschließen soll, zu übersenden.

§ 48 Prüfung der Verschmelzung

¹Der Verschmelzungsvertrag oder sein Entwurf ist für eine Gesellschaft mit beschränkter Haftung nach den §§ 9 bis 12 zu prüfen, wenn dies einer ihrer Gesellschafter innerhalb einer Frist von einer Woche verlangt, nachdem er die in § 47 genannten Unterlagen erhalten hat. ²Liegt ein fristgerechtes Verlangen nach Satz 1 vor, so ist der Prüfungsbericht den Gesellschaftern innerhalb der zur Einberufung der Gesellschafterversammlung geltenden Frist zu übersenden. ³Die Kosten der Prüfung trägt die Gesellschaft.

§ 49 Vorbereitung der Gesellschafterversammlung

(1) Die Geschäftsführer haben in der Einberufung der Gesellschafterversammlung, die gemäß § 13 Abs. 1 über die Zustimmung zum Verschmelzungsvertrag beschließen soll, die Verschmelzung als Gegenstand der Beschlußfassung anzukündigen.

(2) Von der Einberufung an sind in dem Geschäftsraum der Gesellschaft die Jahresabschlüsse und die Lageberichte der an der Verschmelzung beteiligten Rechtsträger für die letzten drei Geschäftsjahre zur Einsicht durch die Gesellschafter auszulegen.

(3) Die Geschäftsführer haben jedem Gesellschafter auf Verlangen jederzeit Auskunft auch über alle für die Verschmelzung wesentlichen Angelegenheiten der anderen beteiligten Rechtsträger zu geben.

§ 50 Beschluß der Gesellschafterversammlung

(1) [1]Der Verschmelzungsbeschluß der Gesellschafterversammlung bedarf einer Mehrheit von mindestens drei Vierteln der abgegebenen Stimmen. [2]Der Gesellschaftsvertrag kann eine größere Mehrheit und weitere Erfordernisse bestimmen.

(2) Werden durch die Verschmelzung auf dem Gesellschaftsvertrag beruhende Minderheitsrechte eines einzelnen Gesellschafters einer übertragenden Gesellschaft oder die einzelnen Gesellschaftern einer solchen Gesellschaft nach dem Gesellschaftsvertrag zustehenden besonderen Rechte in der Geschäftsführung der Gesellschaft, bei der Bestellung der Geschäftsführer oder hinsichtlich eines Vorschlagsrechts für die Geschäftsführung beeinträchtigt, so bedarf der Verschmelzungsbeschluß dieser übertragenden Gesellschaft der Zustimmung dieser Gesellschafter.

§ 51 Zustimmungserfordernisse in Sonderfällen

(1) [1]Ist an der Verschmelzung eine Gesellschaft mit beschränkter Haftung, auf deren Geschäftsanteile nicht alle zu leistenden Einlagen in voller Höhe bewirkt sind, als übernehmender Rechtsträger beteiligt, so bedarf der Verschmelzungsbeschluß eines übertragenden Rechtsträgers der Zustimmung aller bei der Beschlußfassung anwesenden Anteilsinhaber dieses Rechtsträgers. [2]Ist der übertragende Rechtsträger eine rechtsfähige Personengesellschaft oder eine Gesellschaft mit beschränkter Haftung, so bedarf der Verschmelzungsbeschluß auch der Zustimmung der nicht erschienenen Gesellschafter. [3]Wird eine Gesellschaft mit beschränkter Haftung, auf deren Geschäftsanteile nicht alle zu leistenden Einlagen in voller Höhe bewirkt sind, von einer Gesellschaft mit beschränkter Haftung durch Verschmelzung aufgenommen, bedarf der Verschmelzungsbeschluss der Zustimmung aller Gesellschafter der übernehmenden Gesellschaft.

(2) Wird der Nennbetrag der Geschäftsanteile nach § 46 Abs. 1 Satz 2 abweichend vom Betrag der Aktien festgesetzt, so muss der Festsetzung jeder Aktionär zustimmen, der sich nicht mit seinem gesamten Anteil beteiligen kann.

§ 52 Anmeldung der Verschmelzung

[1]Bei der Anmeldung der Verschmelzung zur Eintragung in das Register haben die Vertretungsorgane der an der Verschmelzung beteiligten Rechtsträger im Falle des § 51 Abs. 1 auch zu erklären, daß dem Verschmelzungsbeschluß jedes der übertragenden Rechtsträger alle bei der Beschlußfassung anwesenden Anteilsinhaber dieses Rechtsträgers und, sofern der übertragende Rechtsträger eine rechtsfähige Personengesellschaft oder eine Gesellschaft mit beschränkter Haftung ist, auch die nicht erschienenen Gesellschafter dieser Gesellschaft zugestimmt haben. [2]Wird eine

Gesellschaft mit beschränkter Haftung, auf deren Geschäftsanteile nicht alle zu leistenden Einlagen in voller Höhe bewirkt sind, von einer Gesellschaft mit beschränkter Haftung durch Verschmelzung aufgenommen, so ist auch zu erklären, dass alle Gesellschafter dieser Gesellschaft dem Verschmelzungsbeschluss zugestimmt haben.

§ 53 Eintragung bei Erhöhung des Stammkapitals

Erhöht die übernehmende Gesellschaft zur Durchführung der Verschmelzung ihr Stammkapital, so darf die Verschmelzung erst eingetragen werden, nachdem die Erhöhung des Stammkapitals im Register eingetragen worden ist.

§ 54 Verschmelzung ohne Kapitalerhöhung

(1) [1]Die übernehmende Gesellschaft darf zur Durchführung der Verschmelzung ihr Stammkapital nicht erhöhen, soweit
1. sie Anteile eines übertragenden Rechtsträgers innehat;
2. ein übertragender Rechtsträger eigene Anteile innehat oder
3. ein übertragender Rechtsträger Geschäftsanteile dieser Gesellschaft innehat, auf welche die Einlagen nicht in voller Höhe bewirkt sind.

[2]Die übernehmende Gesellschaft braucht ihr Stammkapital nicht zu erhöhen, soweit
1. sie eigene Geschäftsanteile innehat oder
2. ein übertragender Rechtsträger Geschäftsanteile dieser Gesellschaft innehat, auf welche die Einlagen bereits in voller Höhe bewirkt sind.

[3]Die übernehmende Gesellschaft darf von der Gewährung von Geschäftsanteilen absehen, wenn alle Anteilsinhaber eines übertragenden Rechtsträgers darauf verzichten; die Verzichtserklärungen sind notariell zu beurkunden.

(2) Absatz 1 gilt entsprechend, wenn Inhaber der dort bezeichneten Anteile ein Dritter ist, der im eigenen Namen, jedoch in einem Fall des Absatzes 1 Satz 1 Nr. 1 oder des Absatzes 1 Satz 2 Nr. 1 für Rechnung der übernehmenden Gesellschaft oder in einem der anderen Fälle des Absatzes 1 für Rechnung des übertragenden Rechtsträgers handelt.

(3) [1]Soweit zur Durchführung der Verschmelzung Geschäftsanteile der übernehmenden Gesellschaft, die sie selbst oder ein übertragender Rechtsträger innehat, geteilt werden müssen, um sie den Anteilsinhabern eines übertragenden Rechtsträgers gewähren zu können, sind Bestimmungen des Gesellschaftsvertrags, welche die Teilung der Geschäftsanteile der übernehmenden Gesellschaft ausschließen oder erschweren, nicht anzuwenden; jedoch muss der Nennbetrag jedes Teils der Geschäftsanteile auf volle Euro lauten. [2]Satz 1 gilt entsprechend, wenn Inhaber der Geschäftsanteile ein Dritter ist, der im eigenen Namen, jedoch für Rechnung der übernehmenden Gesellschaft oder eines übertragenden Rechtsträgers handelt.

(4) Im Verschmelzungsvertrag festgesetzte bare Zuzahlungen dürfen nicht den zehnten Teil des Gesamtnennbetrags der gewährten Geschäftsanteile der übernehmenden Gesellschaft übersteigen.

§ 55 Verschmelzung mit Kapitalerhöhung

(1) Erhöht die übernehmende Gesellschaft zur Durchführung der Verschmelzung ihr Stammkapital, so sind § 55 Abs. 1, §§ 56a, 57 Abs. 2, Abs. 3 Nr. 1 des Gesetzes betreffend die Gesellschaften mit beschränkter Haftung nicht anzuwenden.

(2) Der Anmeldung der Kapitalerhöhung zum Register sind außer den in § 57 Abs. 3 Nr. 2 und 3 des Gesetzes betreffend die Gesellschaften mit beschränkter Haftung bezeichneten Schriftstücken der Verschmelzungsvertrag und die Niederschrif-

ten der Verschmelzungsbeschlüsse in Ausfertigung oder öffentlich beglaubigter Abschrift beizufügen.

(3) Für den Beschluss über die Kapitalerhöhung nach Absatz 1 gilt § 14 Absatz 2 entsprechend.

Zweiter Unterabschnitt. Verschmelzung durch Neugründung

§ 56 Anzuwendende Vorschriften

Auf die Verschmelzung durch Neugründung sind die Vorschriften des Ersten Unterabschnitts mit Ausnahme der §§ 51 bis 53, 54 Absatz 1 bis 3 sowie des § 55 entsprechend anzuwenden.

§ 57 Inhalt des Gesellschaftsvertrags

In den Gesellschaftsvertrag sind Festsetzungen über Sondervorteile, Gründungsaufwand, Sacheinlagen und Sachübernahmen, die in den Gesellschaftsverträgen, Partnerschaftsverträgen oder Satzungen übertragender Rechtsträger enthalten waren, zu übernehmen.

§ 58 Sachgründungsbericht

(1) In dem Sachgründungsbericht (§ 5 Abs. 4 des Gesetzes betreffend die Gesellschaften mit beschränkter Haftung) sind auch der Geschäftsverlauf und die Lage der übertragenden Rechtsträger darzulegen.

(2) Ein Sachgründungsbericht ist nicht erforderlich, soweit eine Kapitalgesellschaft oder eine eingetragene Genossenschaft übertragender Rechtsträger ist.

§ 59 Verschmelzungsbeschlüsse

[1]Der Gesellschaftsvertrag der neuen Gesellschaft wird nur wirksam, wenn ihm die Anteilsinhaber jedes der übertragenden Rechtsträger durch Verschmelzungsbeschluß zustimmen. [2]Dies gilt entsprechend für die Bestellung der Geschäftsführer und der Mitglieder des Aufsichtsrats der neuen Gesellschaft, soweit sie von den Anteilsinhabern der übertragenden Rechtsträger zu wählen sind.

Dritter Abschnitt. Verschmelzung unter Beteiligung von Aktiengesellschaften

Erster Unterabschnitt. Verschmelzung durch Aufnahme

§ 60 Prüfung der Verschmelzung; Bestellung der Verschmelzungsprüfer

[1]Der Verschmelzungsvertrag oder sein Entwurf ist für jede Aktiengesellschaft nach den §§ 9 bis 12 zu prüfen. [2]§ 9 Absatz 2 und § 12 Absatz 3 in Verbindung mit § 8 Absatz 3 Satz 1 und 2 gelten mit der Maßgabe, dass der Verzicht aller Anteilsinhaber aller beteiligten Rechtsträger erforderlich ist.

§ 61 Bekanntmachung des Verschmelzungsvertrags

[1]Der Verschmelzungsvertrag oder sein Entwurf ist vor der Hauptversammlung, die gemäß § 13 Abs. 1 über die Zustimmung beschließen soll, zum Register einzu-

reichen. ²Das Gericht hat in der Bekanntmachung nach § 10 des Handelsgesetzbuchs einen Hinweis darauf bekanntzumachen, daß der Vertrag oder sein Entwurf beim Handelsregister eingereicht worden ist. ³Die Hauptversammlung darf erst einen Monat nach der Bekanntmachung über die Zustimmung zum Verschmelzungsvertrag gemäß § 13 beschließen.

§ 62 Konzernverschmelzungen

(1) ¹Befinden sich mindestens neun Zehntel des Stammkapitals oder des Grundkapitals einer übertragenden Kapitalgesellschaft in der Hand einer übernehmenden Aktiengesellschaft, so ist ein Verschmelzungsbeschluß der übernehmenden Aktiengesellschaft zur Aufnahme dieser übertragenden Gesellschaft nicht erforderlich. ²Eigene Anteile der übertragenden Gesellschaft und Anteile, die einem anderen für Rechnung dieser Gesellschaft gehören, sind vom Stammkapital oder Grundkapital abzusetzen.

(2) ¹Absatz 1 gilt nicht, wenn Aktionäre der übernehmenden Gesellschaft, deren Anteile zusammen den zwanzigsten Teil des Grundkapitals dieser Gesellschaft erreichen, die Einberufung einer Hauptversammlung verlangen, in der über die Zustimmung zu der Verschmelzung beschlossen wird. ²Die Satzung kann das Recht, die Einberufung der Hauptversammlung zu verlangen, an den Besitz eines geringeren Teils am Grundkapital der übernehmenden Gesellschaft knüpfen.

(3) ¹Einen Monat vor dem Tage der Gesellschafterversammlung oder der Hauptversammlung der übertragenden Gesellschaft, die gemäß § 13 Abs. 1 über die Zustimmung zum Verschmelzungsvertrag beschließen soll, sind in dem Geschäftsraum der übernehmenden Gesellschaft zur Einsicht der Aktionäre die in § 63 Abs. 1 bezeichneten Unterlagen auszulegen. ²Gleichzeitig hat der Vorstand der übernehmenden Gesellschaft einen Hinweis auf die bevorstehende Verschmelzung in den Gesellschaftsblättern der übernehmenden Gesellschaft bekanntzumachen und den Verschmelzungsvertrag oder seinen Entwurf zum Register der übernehmenden Gesellschaft einzureichen; § 61 Satz 2 ist entsprechend anzuwenden. ³Die Aktionäre sind in der Bekanntmachung nach Satz 2 erster Halbsatz auf ihr Recht nach Absatz 2 hinzuweisen. ⁴Der Anmeldung der Verschmelzung zur Eintragung in das Handelsregister ist der Nachweis der Bekanntmachung beizufügen. ⁵Der Vorstand hat bei der Anmeldung zu erklären, ob ein Antrag nach Absatz 2 gestellt worden ist. ⁶Auf Verlangen ist jedem Aktionär der übernehmenden Gesellschaft unverzüglich und kostenlos eine Abschrift der in Satz 1 bezeichneten Unterlagen zu erteilen. ⁷Die Unterlagen können dem Aktionär mit dessen Einwilligung auf dem Wege elektronischer Kommunikation übermittelt werden. ⁸Die Verpflichtungen nach den Sätzen 1 und 6 entfallen, wenn die in Satz 1 bezeichneten Unterlagen für denselben Zeitraum über die Internetseite der Gesellschaft zugänglich sind.

(4) ¹Befindet sich das gesamte Stamm- oder Grundkapital einer übertragenden Kapitalgesellschaft in der Hand einer übernehmenden Aktiengesellschaft, so ist ein Verschmelzungsbeschluss des Anteilsinhabers der übertragenden Kapitalgesellschaft nicht erforderlich. ²Ein solcher Beschluss ist auch nicht erforderlich in Fällen, in denen nach Absatz 5 Satz 1 ein Übertragungsbeschluss gefasst und mit einem Vermerk nach Absatz 5 Satz 7 in das Handelsregister eingetragen wurde. ³Die §§ 47, 49, 61 und 63 Absatz 1 Nummer 1 bis 3 sind auf die übertragende Kapitalgesellschaft nicht anzuwenden. ⁴Absatz 3 gilt mit der Maßgabe, dass die dort genannten Verpflichtungen spätestens einen Monat vor dem Tag der Eintragung der Verschmelzung in das Register des übernehmenden Rechtsträgers zu erfüllen sind. ⁵Spätestens bis zu diesem Zeitpunkt ist auch die in § 5 Absatz 3 genannte Zuleitungsverpflichtung zu erfüllen.

UmwG § 63 Umwandlungsgesetz

(5) ¹In Fällen des Absatzes 1 kann die Hauptversammlung einer übertragenden Aktiengesellschaft innerhalb von drei Monaten nach Abschluss des Verschmelzungsvertrages einen Beschluss nach § 327a Absatz 1 Satz 1 des Aktiengesetzes fassen, wenn der übernehmenden Gesellschaft (Hauptaktionär) Aktien in Höhe von neun Zehnteln des Grundkapitals gehören. ²Der Verschmelzungsvertrag oder sein Entwurf muss die Angabe enthalten, dass im Zusammenhang mit der Verschmelzung ein Ausschluss der Minderheitsaktionäre der übertragenden Gesellschaft erfolgen soll. ³Absatz 3 gilt mit der Maßgabe, dass die dort genannten Verpflichtungen nach Abschluss des Verschmelzungsvertrages für die Dauer eines Monats zu erfüllen sind. ⁴Spätestens bei Beginn dieser Frist ist die in § 5 Absatz 3 genannte Zuleitungsverpflichtung zu erfüllen. ⁵Der Verschmelzungsvertrag oder sein Entwurf ist gemäß § 327c Absatz 3 des Aktiengesetzes zur Einsicht der Aktionäre auszulegen. ⁶Der Anmeldung des Übertragungsbeschlusses (§ 327e Absatz 1 des Aktiengesetzes) ist der Verschmelzungsvertrag in Ausfertigung oder öffentlich beglaubigter Abschrift oder sein Entwurf beizufügen. ⁷Die Eintragung des Übertragungsbeschlusses ist mit dem Vermerk zu versehen, dass er erst gleichzeitig mit der Eintragung der Verschmelzung im Register des Sitzes der übernehmenden Aktiengesellschaft wirksam wird. ⁸Im Übrigen bleiben die §§ 327a bis 327f des Aktiengesetzes unberührt.

§ 63 Vorbereitung der Hauptversammlung

(1) Von der Einberufung der Hauptversammlung an, die gemäß § 13 Abs. 1 über die Zustimmung zum Verschmelzungsvertrag beschließen soll, spätestens aber ab einem Monat vor dem Tag der Hauptversammlung, sind in dem Geschäftsraum der Gesellschaft zur Einsicht der Aktionäre auszulegen
1. der Verschmelzungsvertrag oder sein Entwurf;
2. die Jahresabschlüsse und die Lageberichte der an der Verschmelzung beteiligten Rechtsträger für die letzten drei Geschäftsjahre;
3. falls sich der letzte Jahresabschluß auf ein Geschäftsjahr bezieht, das mehr als sechs Monate vor dem Abschluß des Verschmelzungsvertrags oder der Aufstellung des Entwurfs abgelaufen ist, eine Bilanz auf einen Stichtag, der nicht vor dem ersten Tag des dritten Monats liegt, der dem Abschluß oder der Aufstellung vorausgeht (Zwischenbilanz);
4. die nach § 8 erstatteten Verschmelzungsberichte;
5. die nach § 60 in Verbindung mit § 12 erstatteten Prüfungsberichte.

(2) ¹Die Zwischenbilanz (Absatz 1 Nr. 3) ist nach den Vorschriften aufzustellen, die auf die letzte Jahresbilanz des Rechtsträgers angewendet worden sind. ²Eine körperliche Bestandsaufnahme ist nicht erforderlich. ³Die Wertansätze der letzten Jahresbilanz dürfen übernommen werden. ⁴Dabei sind jedoch Abschreibungen, Wertberichtigungen und Rückstellungen sowie wesentliche, aus den Büchern nicht ersichtliche Veränderungen der wirklichen Werte von Vermögensgegenständen bis zum Stichtag der Zwischenbilanz zu berücksichtigen. ⁵§ 8 Absatz 3 Satz 1 und Satz 2 ist entsprechend anzuwenden. ⁶Die Zwischenbilanz muss auch dann nicht aufgestellt werden, wenn die Gesellschaft seit dem letzten Jahresabschluss einen Halbjahresfinanzbericht gemäß § 115 des Wertpapierhandelsgesetzes veröffentlicht hat. ⁷Der Halbjahresfinanzbericht tritt zum Zwecke der Vorbereitung der Hauptversammlung an die Stelle der Zwischenbilanz.

(3) ¹Auf Verlangen ist jedem Aktionär unverzüglich und kostenlos eine Abschrift der in Absatz 1 bezeichneten Unterlagen zu erteilen. ²Die Unterlagen können dem Aktionär mit dessen Einwilligung auf dem Wege elektronischer Kommunikation übermittelt werden.

(4) Die Verpflichtungen nach den Absätzen 1 und 3 entfallen, wenn die in Absatz 1 bezeichneten Unterlagen für denselben Zeitraum über die Internetseite der Gesellschaft zugänglich sind.

§ 64 Durchführung der Hauptversammlung

(1) [1]In der Hauptversammlung sind die in § 63 Absatz 1 bezeichneten Unterlagen zugänglich zu machen. [2]Der Vorstand hat den Verschmelzungsvertrag oder seinen Entwurf zu Beginn der Verhandlung mündlich zu erläutern und über jede wesentliche Veränderung des Vermögens der Gesellschaft zu unterrichten, die seit dem Abschluss des Verschmelzungsvertrages oder der Aufstellung des Entwurfs eingetreten ist. [3]Der Vorstand hat über solche Veränderungen auch die Vertretungsorgane der anderen beteiligten Rechtsträger zu unterrichten; diese haben ihrerseits die Anteilsinhaber des von ihnen vertretenen Rechtsträgers vor der Beschlussfassung zu unterrichten. [4]§ 8 Absatz 3 Satz 1 und Satz 2 ist entsprechend anzuwenden.

(2) Jedem Aktionär ist auf Verlangen in der Hauptversammlung Auskunft auch über alle für die Verschmelzung wesentlichen Angelegenheiten der anderen beteiligten Rechtsträger zu geben.

§ 65 Beschluß der Hauptversammlung

(1) [1]Der Verschmelzungsbeschluß der Hauptversammlung bedarf einer Mehrheit, die mindestens drei Viertel des bei der Beschlußfassung vertretenen Grundkapitals umfaßt. [2]Die Satzung kann eine größere Kapitalmehrheit und weitere Erfordernisse bestimmen.

(2) [1]Sind mehrere Gattungen von Aktien vorhanden, so bedarf der Beschluß der Hauptversammlung zu seiner Wirksamkeit der Zustimmung der stimmberechtigten Aktionäre jeder Gattung. [2]Über die Zustimmung haben die Aktionäre jeder Gattung einen Sonderbeschluß zu fassen. [3]Für diesen gilt Absatz 1.

§ 66 Eintragung bei Erhöhung des Grundkapitals

Erhöht die übernehmende Gesellschaft zur Durchführung der Verschmelzung ihr Grundkapital, so darf die Verschmelzung erst eingetragen werden, nachdem die Durchführung der Erhöhung des Grundkapitals im Register eingetragen worden ist.

§ 67 Anwendung der Vorschriften über die Nachgründung

[1]Wird der Verschmelzungsvertrag in den ersten zwei Jahren seit Eintragung der übernehmenden Gesellschaft in das Register geschlossen, so ist § 52 Abs. 3, 4, 6 bis 9 des Aktiengesetzes über die Nachgründung entsprechend anzuwenden. [2]Dies gilt nicht, wenn auf die zu gewährenden Aktien nicht mehr als der zehnte Teil des Grundkapitals dieser Gesellschaft entfällt oder wenn diese Gesellschaft ihre Rechtsform durch Formwechsel einer Gesellschaft mit beschränkter Haftung erlangt hat, die zuvor bereits seit mindestens zwei Jahren im Handelsregister eingetragen war. [3]Wird zur Durchführung der Verschmelzung das Grundkapital erhöht, so ist der Berechnung das erhöhte Grundkapital zugrunde zu legen.

§ 68 Verschmelzung ohne Kapitalerhöhung

(1) [1]Die übernehmende Gesellschaft darf zur Durchführung der Verschmelzung ihr Grundkapital nicht erhöhen, soweit

UmwG §§ 69, 70 Umwandlungsgesetz

1. sie Anteile eines übertragenden Rechtsträgers innehat;
2. ein übertragender Rechtsträger eigene Anteile innehat oder
3. ein übertragender Rechtsträger Aktien dieser Gesellschaft besitzt, auf die der Ausgabebetrag nicht voll geleistet ist.

²Die übernehmende Gesellschaft braucht ihr Grundkapital nicht zu erhöhen, soweit
1. sie eigene Aktien besitzt oder
2. ein übertragender Rechtsträger Aktien dieser Gesellschaft besitzt, auf die der Ausgabebetrag bereits voll geleistet ist.

³Die übernehmende Gesellschaft darf von der Gewährung von Aktien absehen, wenn alle Anteilsinhaber eines übertragenden Rechtsträgers darauf verzichten; die Verzichtserklärungen sind notariell zu beurkunden.

(2) Absatz 1 gilt entsprechend, wenn Inhaber der dort bezeichneten Anteile ein Dritter ist, der im eigenen Namen, jedoch in einem Fall des Absatzes 1 Satz 1 Nr. 1 oder des Absatzes 1 Satz 2 Nr. 1 für Rechnung der übernehmenden Gesellschaft oder in einem der anderen Fälle des Absatzes 1 für Rechnung des übertragenden Rechtsträgers handelt.

(3) Im Verschmelzungsvertrag festgesetzte bare Zuzahlungen dürfen nicht den zehnten Teil des auf die gewährten Aktien der übernehmenden Gesellschaft entfallenden anteiligen Betrags ihres Grundkapitals übersteigen.

§ 69 Verschmelzung mit Kapitalerhöhung

(1) ¹Erhöht die übernehmende Gesellschaft zur Durchführung der Verschmelzung ihr Grundkapital, so sind § 182 Abs. 4, § 184 Abs. 1 Satz 2, §§ 185, 186, 187 Abs. 1, § 188 Abs. 2 und 3 Nr. 1 des Aktiengesetzes nicht anzuwenden; eine Prüfung der Sacheinlage nach § 183 Abs. 3 des Aktiengesetzes findet nur statt, soweit übertragende Rechtsträger die Rechtsform einer rechtsfähigen Personengesellschaft oder eines rechtsfähigen Vereins haben, wenn Vermögensgegenstände in der Schlußbilanz eines übertragenden Rechtsträgers höher bewertet worden sind als in dessen letzter Jahresbilanz, wenn die in einer Schlußbilanz angesetzten Werte nicht als Anschaffungskosten in den Jahresbilanzen der übernehmenden Gesellschaft angesetzt werden oder wenn das Gericht Zweifel hat, ob der Wert der Sacheinlage den geringsten Ausgabebetrag der dafür zu gewährenden Aktien erreicht. ²Dies gilt auch dann, wenn das Grundkapital durch Ausgabe neuer Aktien auf Grund der Ermächtigung nach § 202 des Aktiengesetzes erhöht wird. ³In diesem Fall ist außerdem § 203 Abs. 3 des Aktiengesetzes nicht anzuwenden. ⁴Zum Prüfer kann der Verschmelzungsprüfer bestellt werden.

(2) Der Anmeldung der Kapitalerhöhung zum Register sind außer den in § 188 Abs. 3 Nr. 2 und 3 des Aktiengesetzes bezeichneten Schriftstücken der Verschmelzungsvertrag und die Niederschriften der Verschmelzungsbeschlüsse in Ausfertigung oder öffentlich beglaubigter Abschrift beizufügen.

(3) Für den Beschluss über die Kapitalerhöhung nach Absatz 1 gilt § 14 Absatz 2 entsprechend.

§ 70 Geltendmachung eines Schadenersatzanspruchs

Die Bestellung eines besonderen Vertreters nach § 26 Abs. 1 Satz 2 können nur solche Aktionäre einer übertragenden Gesellschaft beantragen, die ihre Aktien bereits gegen Anteile des übernehmenden Rechtsträgers umgetauscht haben.

Zweites Buch. Verschmelzung §§ 71–72a UmwG

§ 71 Bestellung eines Treuhänders

(1) ¹Jeder übertragende Rechtsträger hat für den Empfang der zu gewährenden Aktien und der baren Zuzahlungen einen Treuhänder zu bestellen. ²Die Verschmelzung darf erst eingetragen werden, wenn der Treuhänder dem Gericht angezeigt hat, daß er im Besitz der Aktien und der im Verschmelzungsvertrag festgesetzten baren Zuzahlungen ist.

(2) § 26 Abs. 4 ist entsprechend anzuwenden.

§ 72 Umtausch von Aktien

(1) ¹Für den Umtausch der Aktien einer übertragenden Gesellschaft gilt § 73 Abs. 1 und 2 des Aktiengesetzes, bei Zusammenlegung von Aktien dieser Gesellschaft § 226 Abs. 1 und 2 des Aktiengesetzes über die Kraftloserklärung von Aktien entsprechend. ²Einer Genehmigung des Gerichts bedarf es nicht.

(2) Ist der übernehmende Rechtsträger ebenfalls eine Aktiengesellschaft, so gelten ferner § 73 Abs. 3 des Aktiengesetzes sowie bei Zusammenlegung von Aktien § 73 Abs. 4 und § 226 Abs. 3 des Aktiengesetzes entsprechend.

§ 72a Gewährung zusätzlicher Aktien

(1) ¹Im Verschmelzungsvertrag können die beteiligten Rechtsträger erklären, dass anstelle einer baren Zuzahlung (§ 15) zusätzliche Aktien der übernehmenden Gesellschaft gewährt werden. ²Der Anspruch auf Gewährung zusätzlicher Aktien wird nicht dadurch ausgeschlossen, dass die übernehmende Gesellschaft nach Eintragung der Verschmelzung
1. ihr Vermögen oder Teile hiervon im Wege der Verschmelzung oder Spaltung ganz oder teilweise auf eine Aktiengesellschaft oder auf eine Kommanditgesellschaft auf Aktien übertragen hat oder
2. im Wege eines Formwechsels die Rechtsform einer Kommanditgesellschaft auf Aktien erhalten hat.

(2) ¹Neue Aktien, die nach Eintragung der Verschmelzung im Rahmen einer Kapitalerhöhung aus Gesellschaftsmitteln auf Grund eines unangemessenen Umtauschverhältnisses nicht gewährt wurden, und nach Eintragung der Verschmelzung erfolgte Kapitalherabsetzungen oder Rückzahlung von Teilen des Grundkapitals sind bei dem Anspruch auf Gewährung zusätzlicher Aktien zu berücksichtigen. ²Bezugsrechte, die den anspruchsberechtigten Aktionären bei einer nach Eintragung der Verschmelzung erfolgten Kapitalerhöhung gegen Einlagen auf Grund eines unangemessenen Umtauschverhältnisses nicht zustanden, sind ihnen nachträglich einzuräumen. ³Die anspruchsberechtigten Aktionäre müssen ihr Bezugsrecht nach Satz 2 gegenüber der Gesellschaft binnen eines Monats nach Eintritt der Rechtskraft der Entscheidung des Gerichts (§ 11 Absatz 1 des Spruchverfahrensgesetzes) ausüben.

(3) Anstelle zusätzlicher Aktien ist den anspruchsberechtigten Aktionären Ausgleich durch eine bare Zuzahlung gemäß § 15 Absatz 1 Satz 1 zu gewähren,
1. soweit das angemessene Umtauschverhältnis trotz Gewährung zusätzlicher Aktien nicht hergestellt werden kann oder
2. wenn die Gewährung zusätzlicher Aktien unmöglich geworden ist.

(4) Anstelle zusätzlicher Aktien ist denjenigen Aktionären, die anlässlich einer nach Eintragung der Verschmelzung erfolgten strukturverändernden Maßnahme aus der Gesellschaft ausgeschieden sind, eine Entschädigung in Geld unter Berücksichtigung der von der Gesellschaft zu gewährenden Abfindung zu leisten.

UmwG § 72b   Umwandlungsgesetz

(5) Zusätzlich zur Gewährung zusätzlicher Aktien ist den anspruchsberechtigten Aktionären eine Entschädigung in Geld zu leisten für Gewinne oder einen angemessenen Ausgleich gemäß § 304 des Aktiengesetzes, soweit diese auf Grund eines unangemessenen Umtauschverhältnisses nicht ausgeschüttet oder geleistet worden sind.

(6) ¹Die folgenden Ansprüche der anspruchsberechtigten Aktionäre sind mit jährlich 5 Prozentpunkten über dem Basiszinssatz gemäß § 247 des Bürgerlichen Gesetzbuchs zu verzinsen:
1. der Anspruch auf Gewährung zusätzlicher Aktien nach den Absätzen 1 und 2 unter Zugrundelegung des bei einer baren Zuzahlung gemäß § 15 Absatz 1 und 2 Satz 1 geschuldeten Betrags nach Ablauf von drei Monaten nach Entscheidung des Gerichts (§ 11 Absatz 1 des Spruchverfahrensgesetzes),
2. der Anspruch auf Gewährung einer baren Zuzahlung gemäß Absatz 3 ab der Eintragung der Verschmelzung,
3. die Ansprüche auf eine Entschädigung in Geld gemäß den Absätzen 4 und 5 ab dem Zeitpunkt, zu dem die Abfindung oder der Anspruch auf Gewinnausschüttung oder die wiederkehrende Leistung fällig geworden wäre.

²In den Fällen des § 72b endet der Zinslauf, sobald der Treuhänder gemäß § 72b Absatz 3 die Aktien, die bare Zuzahlung oder die Entschädigung in Geld empfangen hat.

(7) ¹Die Absätze 1 bis 6 schließen die Geltendmachung eines weiteren Schadens nicht aus. ²Das Risiko der Beschaffung der zusätzlich zu gewährenden Aktien trägt die Gesellschaft.

§ 72b Kapitalerhöhung zur Gewährung zusätzlicher Aktien

(1) ¹Die gemäß § 72a Absatz 1 Satz 1 und Absatz 2 Satz 1 zusätzlich zu gewährenden Aktien können nach Maßgabe der Absätze 1 bis 4 durch eine Kapitalerhöhung gegen Sacheinlage geschaffen werden. ²Gegenstand der Sacheinlage ist der Anspruch der anspruchsberechtigten Aktionäre auf Gewährung zusätzlicher Aktien, der durch gerichtliche Entscheidung (§ 11 Absatz 1 des Spruchverfahrensgesetzes) oder gerichtlichen Vergleich (§ 11 Absatz 2 bis 4 des Spruchverfahrensgesetzes) festgestellt wurde; der Anspruch erlischt mit Eintragung der Durchführung der Kapitalerhöhung (§ 189 des Aktiengesetzes). ³Wird der Anspruch durch gerichtliche Entscheidung (§ 11 Absatz 1 des Spruchverfahrensgesetzes) festgestellt, kann die Sacheinlage nicht geleistet werden, bevor die Rechtskraft eingetreten ist.

(2) ¹Anstelle der Festsetzungen nach § 183 Absatz 1 Satz 1 und § 205 Absatz 2 Satz 1 des Aktiengesetzes genügt
1. die Bestimmung, dass die auf Grund der zu bezeichnenden gerichtlichen Entscheidung oder des zu bezeichnenden gerichtlich protokollierten Vergleichs festgestellten Ansprüche der anspruchsberechtigten Aktionäre auf Gewährung zusätzlicher Aktien eingebracht werden, sowie
2. die Angabe des auf Grund der gerichtlichen Entscheidung oder des Vergleichs zu gewährenden Nennbetrags, bei Stückaktien die Zahl der zu gewährenden Aktien.

²§ 182 Absatz 4 sowie die §§ 186, 187 und 203 Absatz 3 des Aktiengesetzes sind nicht anzuwenden.

(3) ¹Die übernehmende Gesellschaft hat einen Treuhänder zu bestellen. ²Dieser ist ermächtigt, im eigenen Namen
1. die Ansprüche auf Gewährung zusätzlicher Aktien an die übernehmende Gesellschaft abzutreten,
2. die zusätzlich zu gewährenden Aktien zu zeichnen,
3. die gemäß § 72a zusätzlich zu gewährenden Aktien, baren Zuzahlungen und Entschädigungen in Geld in Empfang zu nehmen sowie

Zweites Buch. Verschmelzung §§ 73–77 UmwG

4. alle von den anspruchsberechtigten Aktionären abzugebenden Erklärungen abzugeben, soweit diese für den Erwerb der Aktien erforderlich sind.
³§ 26 Absatz 4 ist entsprechend anzuwenden.

(4) ¹Den Anmeldungen nach den §§ 184 und 188 des Aktiengesetzes ist in Ausfertigung oder öffentlich beglaubigter Abschrift die gerichtliche Entscheidung oder der gerichtlich protokollierte Vergleich, aus der oder dem sich der zusätzlich zu gewährende Nennbetrag oder bei Stückaktien die Zahl der zusätzlich zu gewährenden Aktien ergibt, beizufügen. ²§ 188 Absatz 3 Nummer 2 des Aktiengesetzes ist nicht anzuwenden.

(5) § 182 Absatz 4 sowie die §§ 186, 187 und 203 Absatz 3 des Aktiengesetzes sind nicht anzuwenden auf Kapitalerhöhungen, die durchgeführt werden, um zusätzliche Aktien auf Grund gemäß § 72a Absatz 2 Satz 3 ausgeübter Bezugsrechte zu gewähren.

(6) Für den Beschluss über die Kapitalerhöhung nach Absatz 1 gilt § 14 Absatz 2 entsprechend.

Zweiter Unterabschnitt. Verschmelzung durch Neugründung

§ 73 Anzuwendende Vorschriften

Auf die Verschmelzung durch Neugründung sind die Vorschriften des Ersten Unterabschnitts mit Ausnahme der §§ 66, 68 Abs. 1 und 2 und des § 69 entsprechend anzuwenden.

§ 74 Inhalt der Satzung

¹In die Satzung sind Festsetzungen über Sondervorteile, Gründungsaufwand, Sacheinlagen und Sachübernahmen, die in den Gesellschaftsverträgen, Partnerschaftsverträgen oder Satzungen übertragender Rechtsträger enthalten waren, zu übernehmen. ²§ 26 Abs. 4 und 5 des Aktiengesetzes bleibt unberührt.

§ 75 Gründungsbericht und Gründungsprüfung

(1) ¹In dem Gründungsbericht (§ 32 des Aktiengesetzes) sind auch der Geschäftsverlauf und die Lage der übertragenden Rechtsträger darzustellen. ²Zum Gründungsprüfer (§ 33 Absatz 2 des Aktiengesetzes) kann der Verschmelzungsprüfer bestellt werden.

(2) Ein Gründungsbericht und eine Gründungsprüfung sind nicht erforderlich, soweit eine Kapitalgesellschaft oder eine eingetragene Genossenschaft übertragender Rechtsträger ist.

§ 76 Verschmelzungsbeschlüsse

¹Die Satzung der neuen Gesellschaft wird nur wirksam, wenn ihr die Anteilsinhaber jedes der übertragenden Rechtsträger durch Verschmelzungsbeschluß zustimmen. ²Dies gilt entsprechend für die Bestellung der Mitglieder des Aufsichtsrats der neuen Gesellschaft, soweit diese nach § 31 des Aktiengesetzes zu wählen sind. ³Auf eine übertragende Aktiengesellschaft ist § 124 Abs. 2 Satz 3, Abs. 3 Satz 1 und 3 des Aktiengesetzes entsprechend anzuwenden.

§ 77 *(aufgehoben)*

Vierter Abschnitt. Verschmelzung unter Beteiligung von Kommanditgesellschaften auf Aktien

§ 78 Anzuwendende Vorschriften

¹Auf Verschmelzungen unter Beteiligung von Kommanditgesellschaften auf Aktien sind die Vorschriften des Dritten Abschnitts entsprechend anzuwenden. ²An die Stelle der Aktiengesellschaft und ihres Vorstands treten die Kommanditgesellschaft auf Aktien und die zu ihrer Vertretung ermächtigten persönlich haftenden Gesellschafter. ³Der Verschmelzungsbeschluß bedarf auch der Zustimmung der persönlich haftenden Gesellschafter; die Satzung der Kommanditgesellschaft auf Aktien kann eine Mehrheitsentscheidung dieser Gesellschafter vorsehen. ⁴Im Verhältnis zueinander gelten Aktiengesellschaften und Kommanditgesellschaften auf Aktien nicht als Rechtsträger anderer Rechtsform im Sinne der §§ 29 und 34.

Fünfter Abschnitt. Verschmelzung unter Beteiligung eingetragener Genossenschaften

Erster Unterabschnitt. Verschmelzung durch Aufnahme

§ 79 Möglichkeit der Verschmelzung

Ein Rechtsträger anderer Rechtsform kann im Wege der Aufnahme mit einer eingetragenen Genossenschaft nur verschmolzen werden, wenn eine erforderliche Änderung der Satzung der übernehmenden Genossenschaft gleichzeitig mit der Verschmelzung beschlossen wird.

§ 80 Inhalt des Verschmelzungsvertrags bei Aufnahme durch eine Genossenschaft

(1) ¹Der Verschmelzungsvertrag oder sein Entwurf hat bei Verschmelzungen im Wege der Aufnahme durch eine eingetragene Genossenschaft für die Festlegung des Umtauschverhältnisses der Anteile (§ 5 Abs. 1 Nr. 3) die Angabe zu enthalten,
1. daß jedes Mitglied einer übertragenden Genossenschaft mit einem Geschäftsanteil bei der übernehmenden Genossenschaft beteiligt wird, sofern die Satzung dieser Genossenschaft die Beteiligung mit mehr als einem Geschäftsanteil nicht zuläßt, oder
2. daß jedes Mitglied einer übertragenden Genossenschaft mit mindestens einem und im übrigen mit so vielen Geschäftsanteilen bei der übernehmenden Genossenschaft beteiligt wird, wie durch Anrechnung seines Geschäftsguthabens bei der übertragenden Genossenschaft als voll eingezahlt anzusehen sind, sofern die Satzung der übernehmenden Genossenschaft die Beteiligung eines Mitglieds mit mehreren Geschäftsanteilen zuläßt oder die Mitglieder zur Übernahme mehrerer Geschäftsanteile verpflichtet; der Verschmelzungsvertrag oder sein Entwurf kann eine andere Berechnung der Zahl der zu gewährenden Geschäftsanteile vorsehen.

²Bei Verschmelzungen im Wege der Aufnahme eines Rechtsträgers anderer Rechtsform durch eine eingetragene Genossenschaft hat der Verschmelzungsvertrag oder sein Entwurf zusätzlich für jeden Anteilsinhaber eines solchen Rechtsträgers den

Betrag des Geschäftsanteils und die Zahl der Geschäftsanteile anzugeben, mit denen er bei der Genossenschaft beteiligt wird.

(2) Der Verschmelzungsvertrag oder sein Entwurf hat für jede übertragende Genossenschaft den Stichtag der Schlußbilanz anzugeben.

§ 81 Gutachten des Prüfungsverbandes

(1) ¹Vor der Einberufung der Generalversammlung, die gemäß § 13 Abs. 1 über die Zustimmung zum Verschmelzungsvertrag beschließen soll, ist für jede beteiligte Genossenschaft eine gutachtliche Äußerung des Prüfungsverbandes einzuholen, ob die Verschmelzung mit den Belangen der Mitglieder und der Gläubiger der Genossenschaft vereinbar ist (Prüfungsgutachten). ²Das Prüfungsgutachten kann für mehrere beteiligte Genossenschaften auch gemeinsam erstattet werden.

(2) Liegen die Voraussetzungen des Artikels 25 Abs. 1 des Einführungsgesetzes zum Handelsgesetzbuche in der Fassung des Artikels 21 § 5 Abs. 2 des Gesetzes vom 25. Juli 1988 (BGBl. I S. 1093) vor, so kann die Prüfung der Verschmelzung (§§ 9 bis 12) für die dort bezeichneten Rechtsträger auch von dem zuständigen Prüfungsverband durchgeführt werden.

§ 82 Vorbereitung der Generalversammlung

(1) ¹Von der Einberufung der Generalversammlung an, die gemäß § 13 Abs. 1 über die Zustimmung zum Verschmelzungsvertrag beschließen soll, sind auch in dem Geschäftsraum jeder beteiligten Genossenschaft die in § 63 Abs. 1 Nr. 1 bis 4 bezeichneten Unterlagen sowie die nach § 81 erstatteten Prüfungsgutachten zur Einsicht der Mitglieder auszulegen. ²Dazu erforderliche Zwischenbilanzen sind gemäß § 63 Absatz 2 Satz 1 bis 4 aufzustellen.

(2) Auf Verlangen ist jedem Mitglied unverzüglich und kostenlos eine Abschrift der in Absatz 1 bezeichneten Unterlagen zu erteilen.

(3) Die Verpflichtungen nach Absatz 1 Satz 1 und Absatz 2 entfallen, wenn die in Absatz 1 Satz 1 bezeichneten Unterlagen für denselben Zeitraum über die Internetseite der Genossenschaft zugänglich sind.

§ 83 Durchführung der Generalversammlung

(1) ¹In der Generalversammlung sind die in § 63 Abs. 1 Nr. 1 bis 4 bezeichneten Unterlagen sowie die nach § 81 erstatteten Prüfungsgutachten auszulegen. ²Der Vorstand hat den Verschmelzungsvertrag oder seinen Entwurf zu Beginn der Verhandlung mündlich zu erläutern. ³§ 64 Abs. 2 ist entsprechend anzuwenden.

(2) ¹Das für die beschließende Genossenschaft erstattete Prüfungsgutachten ist in der Generalversammlung zu verlesen. ²Der Prüfungsverband ist berechtigt, an der Generalversammlung beratend teilzunehmen.

§ 84 Beschluß der Generalversammlung

¹Der Verschmelzungsbeschluß der Generalversammlung bedarf einer Mehrheit von drei Vierteln der abgegebenen Stimmen. ²Die Satzung kann eine größere Mehrheit und weitere Erfordernisse bestimmen.

§ 85 Verbesserung des Umtauschverhältnisses

(1) § 14 Absatz 2 und § 15 sind nicht anzuwenden auf Mitglieder einer übernehmenden Genossenschaft.

(2) Bei der Verschmelzung von Genossenschaften miteinander ist § 15 nur anzuwenden, wenn und soweit das Geschäftsguthaben eines Mitglieds in der übernehmenden Genossenschaft niedriger als das Geschäftsguthaben in der übertragenden Genossenschaft ist.

(3) Der Anspruch nach § 15 kann auch durch Zuschreibung auf das Geschäftsguthaben erfüllt werden, soweit nicht der Gesamtbetrag der Geschäftsanteile des Mitglieds bei der übernehmenden Genossenschaft überschritten wird.

§ 86 Anlagen der Anmeldung

(1) Der Anmeldung der Verschmelzung ist außer den sonst erforderlichen Unterlagen auch das für die anmeldende Genossenschaft erstattete Prüfungsgutachten in Urschrift oder in öffentlich beglaubigter Abschrift beizufügen.

(2) Der Anmeldung zur Eintragung in das Register des Sitzes des übernehmenden Rechtsträgers ist ferner jedes andere für eine übertragende Genossenschaft erstattete Prüfungsgutachten in Urschrift oder in öffentlich beglaubigter Abschrift beizufügen.

§ 87 Anteilstausch

(1) [1]Auf Grund der Verschmelzung ist jedes Mitglied einer übertragenden Genossenschaft entsprechend dem Verschmelzungsvertrag an dem übernehmenden Rechtsträger beteiligt. [2]Eine Verpflichtung, bei einer übernehmenden Genossenschaft weitere Geschäftsanteile zu übernehmen, bleibt unberührt. [3]Rechte Dritter an den Geschäftsguthaben bei einer übertragenden Genossenschaft bestehen an den Anteilen oder Mitgliedschaften des übernehmenden Rechtsträgers anderer Rechtsform weiter, die an die Stelle der Geschäftsanteile der übertragenden Genossenschaft treten. [4]Rechte Dritter an den Anteilen oder Mitgliedschaften des übertragenden Rechtsträgers bestehen an den bei der übernehmenden Genossenschaft erlangten Geschäftsguthaben weiter.

(2) [1]Übersteigt das Geschäftsguthaben, das das Mitglied bei einer übertragenden Genossenschaft hatte, den Gesamtbetrag der Geschäftsanteile, mit denen es nach Absatz 1 bei einer übernehmenden Genossenschaft beteiligt ist, so ist der übersteigende Betrag nach Ablauf von sechs Monaten seit dem Tage, an dem die Eintragung der Verschmelzung in das Register des Sitzes der übernehmenden Genossenschaft nach § 19 Abs. 3 bekannt gemacht worden ist, an das Mitglied auszuzahlen; die Auszahlung darf jedoch nicht erfolgen, bevor die Gläubiger, die sich nach § 22 gemeldet haben, befriedigt oder sichergestellt sind. [2]Im Verschmelzungsvertrag festgesetzte bare Zuzahlungen dürfen nicht den zehnten Teil des Gesamtnennbetrags der gewährten Geschäftsanteile der übernehmenden Genossenschaft übersteigen.

(3) Für die Berechnung des Geschäftsguthabens, das dem Mitglied bei einer übertragenden Genossenschaft zugestanden hat, ist deren Schlußbilanz maßgebend.

§ 88 Geschäftsguthaben bei der Aufnahme von Kapitalgesellschaften und rechtsfähigen Vereinen

(1) [1]Ist an der Verschmelzung eine Kapitalgesellschaft als übertragender Rechtsträger beteiligt, so ist jedem Anteilsinhaber dieser Gesellschaft als Geschäftsguthaben bei der übernehmenden Genossenschaft der Wert der Geschäftsanteile oder der Aktien gutzuschreiben, mit denen er an der übertragenden Gesellschaft beteiligt war. [2]Für die Feststellung des Wertes dieser Beteiligung ist die Schlußbilanz der übertragenden Gesellschaft maßgebend. [3]Übersteigt das durch die Verschmelzung erlangte Geschäftsguthaben eines Mitglieds den Gesamtbetrag der Geschäftsanteile,

Zweites Buch. Verschmelzung §§ 89, 90 UmwG

mit denen es bei der übernehmenden Genossenschaft beteiligt ist, so ist der übersteigende Betrag nach Ablauf von sechs Monaten seit dem Tage, an dem die Eintragung der Verschmelzung in das Register des Sitzes der übernehmenden Genossenschaft nach § 19 Abs. 3 bekannt gemacht worden ist, an das Mitglied auszuzahlen; die Auszahlung darf jedoch nicht erfolgen, bevor die Gläubiger, die sich nach § 22 gemeldet haben, befriedigt oder sichergestellt sind.

(2) Ist an der Verschmelzung ein rechtsfähiger Verein als übertragender Rechtsträger beteiligt, so kann jedem Mitglied dieses Vereins als Geschäftsguthaben bei der übernehmenden Genossenschaft höchstens der Nennbetrag der Geschäftsanteile gutgeschrieben werden, mit denen es an der übernehmenden Genossenschaft beteiligt ist.

§ 89 Eintragung der Genossen in die Mitgliederliste; Benachrichtigung

(1) ¹Die übernehmende Genossenschaft hat jedes neue Mitglied nach der Eintragung der Verschmelzung in das Register des Sitzes der übernehmenden Genossenschaft unverzüglich in die Mitgliederliste einzutragen und hiervon unverzüglich zu benachrichtigen. ²Sie hat ferner die Zahl der Geschäftsanteile des Mitglieds einzutragen, sofern das Mitglied mit mehr als einem Geschäftsanteil beteiligt ist.

(2) Die übernehmende Genossenschaft hat jedem Anteilsinhaber eines übertragenden Rechtsträgers, bei unbekannten Aktionären dem Treuhänder der übertragenden Gesellschaft, unverzüglich in Textform mitzuteilen:
1. den Betrag des Geschäftsguthabens bei der übernehmenden Genossenschaft;
2. den Betrag des Geschäftsanteils bei der übernehmenden Genossenschaft;
3. die Zahl der Geschäftsanteile, mit denen der Anteilsinhaber bei der übernehmenden Genossenschaft beteiligt ist;
4. den Betrag der von dem Mitglied nach Anrechnung seines Geschäftsguthabens noch zu leistenden Einzahlung oder den Betrag, der ihm nach § 87 Abs. 2 oder nach § 88 Abs. 1 auszuzahlen ist, sowie
5. den Betrag der Haftsumme der übernehmenden Genossenschaft, sofern deren Mitglieder Nachschüsse bis zu einer Haftsumme zu leisten haben.

§ 90 Ausschlagung durch einzelne Anteilsinhaber

(1) Die §§ 29 bis 34 sind auf die Mitglieder einer übertragenden Genossenschaft nicht anzuwenden.

(2) Auf der Verschmelzungswirkung beruhende Anteile und Mitgliedschaften an dem übernehmenden Rechtsträger gelten als nicht erworben, wenn sie ausgeschlagen werden.

(3) ¹Das Recht zur Ausschlagung hat jedes Mitglied einer übertragenden Genossenschaft, wenn es in der Generalversammlung oder als Vertreter in der Vertreterversammlung, die gemäß § 13 Abs. 1 über die Zustimmung zum Verschmelzungsvertrag beschließen soll,
1. erscheint und gegen den Verschmelzungsbeschluß Widerspruch zur Niederschrift erklärt oder
2. nicht erscheint, sofern es zu der Versammlung zu Unrecht nicht zugelassen worden ist oder die Versammlung nicht ordnungsgemäß einberufen oder der Gegenstand der Beschlußfassung nicht ordnungsgemäß bekanntgemacht worden ist.
²Wird der Verschmelzungsbeschluß einer übertragenden Genossenschaft von einer Vertreterversammlung gefaßt, so steht das Recht zur Ausschlagung auch jedem anderen Mitglied dieser Genossenschaft zu, das im Zeitpunkt der Beschlußfassung nicht Vertreter ist.

§ 91 Form und Frist der Ausschlagung

(1) Die Ausschlagung ist gegenüber dem übernehmenden Rechtsträger schriftlich zu erklären.

(2) Die Ausschlagung kann nur binnen sechs Monaten nach dem Tage erklärt werden, an dem die Eintragung der Verschmelzung in das Register des Sitzes des übernehmenden Rechtsträgers nach § 19 Abs. 3 bekannt gemacht worden ist.

(3) Die Ausschlagung kann nicht unter einer Bedingung oder einer Zeitbestimmung erklärt werden.

§ 92 Eintragung der Ausschlagung in die Mitgliederliste

(1) Die übernehmende Genossenschaft hat jede Ausschlagung unverzüglich in die Mitgliederliste einzutragen und das Mitglied von der Eintragung unverzüglich zu benachrichtigen.

(2) Die Ausschlagung wird in dem Zeitpunkt wirksam, in dem die Ausschlagungserklärung dem übernehmenden Rechtsträger zugeht.

§ 93 Auseinandersetzung

(1) ¹Mit einem früheren Mitglied, dessen Beteiligung an dem übernehmenden Rechtsträger nach § 90 Abs. 2 als nicht erworben gilt, hat der übernehmende Rechtsträger sich auseinanderzusetzen. ²Maßgebend ist die Schlußbilanz der übertragenden Genossenschaft.

(2) Dieses Mitglied kann die Auszahlung des Geschäftsguthabens, das es bei der übertragenden Genossenschaft hatte, verlangen; an den Rücklagen und dem sonstigen Vermögen der übertragenden Genossenschaft hat es vorbehaltlich des § 73 Abs. 3 des Genossenschaftsgesetzes keinen Anteil, auch wenn sie bei der Verschmelzung den Geschäftsguthaben anderer Mitglieder, die von dem Recht zur Ausschlagung keinen Gebrauch machen, zugerechnet werden.

(3) ¹Reichen die Geschäftsguthaben und die in der Schlußbilanz einer übertragenden Genossenschaft ausgewiesenen Rücklagen zur Deckung eines in dieser Bilanz ausgewiesenen Verlustes nicht aus, so kann der übernehmende Rechtsträger von dem früheren Mitglied, dessen Beteiligung als nicht erworben gilt, die Zahlung des anteiligen Fehlbetrags verlangen, wenn und soweit dieses Mitglied im Falle der Insolvenz Nachschüsse an die übertragende Genossenschaft zu leisten gehabt hätte. ²Der anteilige Fehlbetrag wird, falls die Satzung der übertragenden Genossenschaft nichts anderes bestimmt, nach der Zahl ihrer Mitglieder berechnet.

§ 94 Auszahlung des Auseinandersetzungsguthabens

Ansprüche auf Auszahlung des Geschäftsguthabens nach § 93 Abs. 2 sind binnen sechs Monaten seit der Ausschlagung zu befriedigen; die Auszahlung darf jedoch nicht erfolgen, bevor die Gläubiger, die sich nach § 22 gemeldet haben, befriedigt oder sichergestellt sind, und nicht vor Ablauf von sechs Monaten seit dem Tag, an dem die Eintragung der Verschmelzung in das Register des Sitzes des übernehmenden Rechtsträgers nach § 19 Abs. 3 bekannt gemacht worden ist.

§ 95 Fortdauer der Nachschußpflicht

(1) ¹Ist die Haftsumme bei einer übernehmenden Genossenschaft geringer, als sie bei einer übertragenden Genossenschaft war, oder haften den Gläubigern eines

übernehmenden Rechtsträgers nicht alle Anteilsinhaber dieses Rechtsträgers unbeschränkt, so haben zur Befriedigung der Gläubiger der übertragenden Genossenschaft diejenigen Anteilsinhaber, die Mitglieder der übertragenden Genossenschaft waren, weitere Nachschüsse bis zur Höhe der Haftsumme bei der übertragenden Genossenschaft zu leisten, sofern die Gläubiger, die sich nach § 22 gemeldet haben, wegen ihrer Forderung Befriedigung oder Sicherstellung auch nicht aus den von den Mitgliedern eingezogenen Nachschüssen erlangen können. [2]Für die Einziehung der Nachschüsse gelten die §§ 105 bis 115a des Genossenschaftsgesetzes entsprechend.

(2) Absatz 1 ist nur anzuwenden, wenn das Insolvenzverfahren über das Vermögen des übernehmenden Rechtsträgers binnen zwei Jahren nach dem Tage eröffnet wird, an dem die Eintragung der Verschmelzung in das Register des Sitzes dieses Rechtsträgers nach § 19 Abs. 3 bekannt gemacht worden ist.

Zweiter Unterabschnitt. Verschmelzung durch Neugründung

§ 96 Anzuwendende Vorschriften

Auf die Verschmelzung durch Neugründung sind die Vorschriften des Ersten Unterabschnitts entsprechend anzuwenden.

§ 97 Pflichten der Vertretungsorgane der übertragenden Rechtsträger

(1) Die Satzung der neuen Genossenschaft ist durch sämtliche Mitglieder des Vertretungsorgans jedes der übertragenden Rechtsträger aufzustellen und zu unterzeichnen.

(2) [1]Die Vertretungsorgane aller übertragenden Rechtsträger haben den ersten Aufsichtsrat der neuen Genossenschaft zu bestellen. [2]Das gleiche gilt für die Bestellung des ersten Vorstands, sofern nicht durch die Satzung der neuen Genossenschaft anstelle der Wahl durch die Generalversammlung eine andere Art der Bestellung des Vorstands festgesetzt ist.

§ 98 Verschmelzungsbeschlüsse

[1]Die Satzung der neuen Genossenschaft wird nur wirksam, wenn ihm die Anteilsinhaber jedes der übertragenden Rechtsträger durch Verschmelzungsbeschluß zustimmen. [2]Dies gilt entsprechend für die Bestellung der Mitglieder des Vorstands und des Aufsichtsrats der neuen Genossenschaft, für die Bestellung des Vorstands jedoch nur, wenn dieser von den Vertretungsorganen aller übertragenden Rechtsträger bestellt worden ist.

Sechster Abschnitt. Verschmelzung unter Beteiligung rechtsfähiger Vereine

§ 99 Möglichkeit der Verschmelzung

(1) Ein rechtsfähiger Verein kann sich an einer Verschmelzung nur beteiligen, wenn die Satzung des Vereins oder Vorschriften des Landesrechts nicht entgegenstehen.

(2) Ein eingetragener Verein darf im Wege der Verschmelzung Rechtsträger anderer Rechtsform nicht aufnehmen und durch die Verschmelzung solcher Rechtsträger nicht gegründet werden.

§ 100 Prüfung der Verschmelzung

¹Der Verschmelzungsvertrag oder sein Entwurf ist für einen wirtschaftlichen Verein nach den §§ 9 bis 12 zu prüfen. ²Bei einem eingetragenen Verein ist diese Prüfung nur erforderlich, wenn mindestens zehn vom Hundert der Mitglieder sie schriftlich verlangen.

§ 101 Vorbereitung der Mitgliederversammlung

(1) ¹Von der Einberufung der Mitgliederversammlung an, die gemäß § 13 Abs. 1 über die Zustimmung zum Verschmelzungsvertrag beschließen soll, sind in dem Geschäftsraum des Vereins die in § 63 Abs. 1 Nr. 1 bis 4 bezeichneten Unterlagen sowie ein nach § 100 erforderlicher Prüfungsbericht zur Einsicht der Mitglieder auszulegen. ²Dazu erforderliche Zwischenbilanzen sind gemäß § 63 Absatz 2 Satz 1 bis 4 aufzustellen.

(2) Auf Verlangen ist jedem Mitglied unverzüglich und kostenlos eine Abschrift der in Absatz 1 bezeichneten Unterlagen zu erteilen.

§ 102 Durchführung der Mitgliederversammlung

¹In der Mitgliederversammlung sind die in § 63 Abs. 1 Nr. 1 bis 4 bezeichneten Unterlagen sowie ein nach § 100 erforderlicher Prüfungsbericht auszulegen. ²§ 64 Abs. 1 Satz 2 und Abs. 2 ist entsprechend anzuwenden.

§ 103 Beschluß der Mitgliederversammlung

¹Der Verschmelzungsbeschluß der Mitgliederversammlung bedarf einer Mehrheit von drei Vierteln der abgegebenen Stimmen. ²Die Satzung kann eine größere Mehrheit und weitere Erfordernisse bestimmen.

§ 104 Bekanntmachung der Verschmelzung

(1) ¹Ist ein übertragender wirtschaftlicher Verein nicht in ein Handelsregister eingetragen, so hat sein Vorstand die bevorstehende Verschmelzung durch den Bundesanzeiger bekanntzumachen. ²Die Bekanntmachung im Bundesanzeiger tritt an die Stelle der Eintragung im Register. ³Sie ist mit einem Vermerk zu versehen, daß die Verschmelzung erst mit der Eintragung im Register des Sitzes des übernehmenden Rechtsträgers wirksam wird. ⁴Die §§ 16 und 17 Abs. 1 und § 19 Abs. 1 Satz 2, Abs. 2 und Abs. 3 sind nicht anzuwenden, soweit sie sich auf die Anmeldung und Eintragung dieses übertragenden Vereins beziehen.

(2) Die Schlußbilanz eines solchen übertragenden Vereins ist der Anmeldung zum Register des Sitzes des übernehmenden Rechtsträgers beizufügen.

§ 104a Ausschluß der Barabfindung in bestimmten Fällen

Die §§ 29 bis 34 sind auf die Verschmelzung eines eingetragenen Vereins, der nach § 5 Abs. 1 Nr. 9 des Körperschaftsteuergesetzes von der Körperschaftsteuer befreit ist, nicht anzuwenden.

Siebenter Abschnitt. Verschmelzung genossenschaftlicher Prüfungsverbände

§ 105 Möglichkeit der Verschmelzung

[1]Genossenschaftliche Prüfungsverbände können nur miteinander verschmolzen werden. [2]Ein genossenschaftlicher Prüfungsverband kann ferner als übernehmender Verband einen rechtsfähigen Verein aufnehmen, wenn bei diesem die Voraussetzungen des § 63b Absatz 2 des Genossenschaftsgesetzes bestehen und die in § 107 Abs. 2 genannte Behörde dem Verschmelzungsvertrag zugestimmt hat.

§ 106 Vorbereitung, Durchführung und Beschluß der Mitgliederversammlung

Auf die Vorbereitung, die Durchführung und den Beschluß der Mitgliederversammlung sind die §§ 101 bis 103 entsprechend anzuwenden.

§ 107 Pflichten der Vorstände

(1) [1]Die Vorstände beider Verbände haben die Verschmelzung gemeinschaftlich unverzüglich zur Eintragung in die Register des Sitzes jedes Verbandes anzumelden, soweit der Verband eingetragen ist. [2]Ist der übertragende Verband nicht eingetragen, so ist § 104 entsprechend anzuwenden.

(2) Die Vorstände haben ferner gemeinschaftlich den für die Verleihung des Prüfungsrechts zuständigen obersten Landesbehörden die Eintragung unverzüglich mitzuteilen.

(3) Der Vorstand des übernehmenden Verbandes hat die Mitglieder unverzüglich von der Eintragung zu benachrichtigen.

§ 108 Austritt von Mitgliedern des übertragenden Verbandes

Tritt ein ehemaliges Mitglied des übertragenden Verbandes gemäß § 39 des Bürgerlichen Gesetzbuchs aus dem übernehmenden Verband aus, so sind Bestimmungen der Satzung des übernehmenden Verbandes, die gemäß § 39 Abs. 2 des Bürgerlichen Gesetzbuchs eine längere Kündigungsfrist als zum Schlusse des Geschäftsjahrs vorsehen, nicht anzuwenden.

Achter Abschnitt. Verschmelzung von Versicherungsvereinen auf Gegenseitigkeit

Erster Unterabschnitt. Möglichkeit der Verschmelzung

§ 109 Verschmelzungsfähige Rechtsträger

[1]Versicherungsvereine auf Gegenseitigkeit können nur miteinander verschmolzen werden. [2]Sie können ferner im Wege der Verschmelzung durch eine Aktiengesellschaft, die den Betrieb von Versicherungsgeschäften zum Gegenstand hat (Versicherungs-Aktiengesellschaft), aufgenommen werden.

Zweiter Unterabschnitt. Verschmelzung durch Aufnahme

§ 110 Inhalt des Verschmelzungsvertrags

Sind nur Versicherungsvereine auf Gegenseitigkeit an der Verschmelzung beteiligt, braucht der Verschmelzungsvertrag oder sein Entwurf die Angaben nach § 5 Abs. 1 Nr. 3 bis 5 und 7 nicht zu enthalten.

§ 111 Bekanntmachung des Verschmelzungsvertrags

[1]Der Verschmelzungsvertrag oder sein Entwurf ist vor der Einberufung der obersten Vertretung, die gemäß § 13 Abs. 1 über die Zustimmung zum Verschmelzungsvertrag beschließen soll, zum Register einzureichen. [2]Das Gericht hat in der Bekanntmachung nach § 10 des Handelsgesetzbuchs einen Hinweis darauf bekanntzumachen, daß der Vertrag oder sein Entwurf beim Handelsregister eingereicht worden ist.

§ 112 Vorbereitung, Durchführung und Beschluß der Versammlung der obersten Vertretung

(1) [1]Von der Einberufung der Versammlung der obersten Vertretung an, die gemäß § 13 Abs. 1 über die Zustimmung zum Verschmelzungsvertrag beschließen soll, sind in dem Geschäftsraum des Vereins die in § 63 Abs. 1 bezeichneten Unterlagen zur Einsicht der Mitglieder auszulegen. [2]Dazu erforderliche Zwischenbilanzen sind gemäß § 63 Absatz 2 Satz 1 bis 4 aufzustellen.

(2) [1]In der Versammlung der obersten Vertretung sind die in § 63 Abs. 1 bezeichneten Unterlagen auszulegen. [2]§ 64 Abs. 1 Satz 2 und Abs. 2 ist entsprechend anzuwenden.

(3) [1]Der Verschmelzungsbeschluß der obersten Vertretung bedarf einer Mehrheit von drei Vierteln der abgegebenen Stimmen. [2]Die Satzung kann eine größere Mehrheit und weitere Erfordernisse bestimmen.

§ 113 Keine gerichtliche Nachprüfung

Sind nur Versicherungsvereine auf Gegenseitigkeit an der Verschmelzung beteiligt, findet eine gerichtliche Nachprüfung des Umtauschverhältnisses der Mitgliedschaften nicht statt.

Dritter Unterabschnitt. Verschmelzung durch Neugründung

§ 114 Anzuwendende Vorschriften

Auf die Verschmelzung durch Neugründung sind die Vorschriften des Zweiten Unterabschnitts entsprechend anzuwenden, soweit sich aus den folgenden Vorschriften nichts anderes ergibt.

§ 115 Bestellung der Vereinsorgane

[1]Die Vorstände der übertragenden Vereine haben den ersten Aufsichtsrat des neuen Rechtsträgers und den Abschlußprüfer für das erste Voll- oder Rumpfgeschäftsjahr zu bestellen. [2]Die Bestellung bedarf notarieller Beurkundung. [3]Der Aufsichtsrat bestellt den ersten Vorstand.

1. zur Aufnahme durch Übertragung dieses Teils oder dieser Teile jeweils als Gesamtheit auf einen bestehenden oder mehrere bestehende Rechtsträger (übernehmende Rechtsträger) oder
2. zur Neugründung durch Übertragung dieses Teils oder dieser Teile jeweils als Gesamtheit auf einen oder mehrere, von ihm dadurch gegründeten neuen oder gegründete neue Rechtsträger

gegen Gewährung von Anteilen oder Mitgliedschaften dieses Rechtsträgers oder dieser Rechtsträger an den übertragenden Rechtsträger (Ausgliederung).

(4) Die Spaltung kann auch durch gleichzeitige Übertragung auf bestehende und neue Rechtsträger erfolgen.

§ 124 Spaltungsfähige Rechtsträger

(1) An einer Aufspaltung oder einer Abspaltung können als übertragende, übernehmende oder neue Rechtsträger die in § 3 Abs. 1 genannten Rechtsträger sowie als übertragende Rechtsträger wirtschaftliche Vereine, an einer Ausgliederung können als übertragende, übernehmende oder neue Rechtsträger die in § 3 Abs. 1 genannten Rechtsträger sowie als übertragende Rechtsträger wirtschaftliche Vereine, Einzelkaufleute, Stiftungen sowie Gebietskörperschaften oder Zusammenschlüsse von Gebietskörperschaften, die nicht Gebietskörperschaften sind, beteiligt sein.

(2) § 3 Abs. 3 und 4 ist auf die Spaltung entsprechend anzuwenden.

§ 125 Anzuwendende Vorschriften

(1) [1]Soweit sich aus diesem Buch nichts anderes ergibt, sind die Vorschriften des Zweiten Buches auf die Spaltung mit folgenden Ausnahmen entsprechend anzuwenden:
1. mit Ausnahme des § 62 Absatz 5,
2. bei Aufspaltung mit Ausnahme der § 9 Absatz 2 und § 12 Absatz 3 jeweils in Verbindung mit § 8 Absatz 3 Satz 3 Nummer 1 Buchstabe a,
3. bei Abspaltung und Ausgliederung mit Ausnahme des § 18,
4. bei Ausgliederung mit Ausnahme der §§ 29 bis 34, des § 54 Absatz 1 Satz 1, des § 68 Absatz 1 Satz 1 und des § 71 und für die Anteilsinhaber des übertragenden Rechtsträgers mit Ausnahme des § 14 Absatz 2 und des § 15.

[2]Eine Prüfung im Sinne der §§ 9 bis 12 findet bei Ausgliederung nicht statt. [3]Bei Abspaltung ist § 133 für die Verbindlichkeit nach § 29 anzuwenden.

(2) An die Stelle der übertragenden Rechtsträger tritt der übertragende Rechtsträger, an die Stelle des übernehmenden oder neuen Rechtsträgers treten gegebenenfalls die übernehmenden oder neuen Rechtsträger.

Zweiter Abschnitt. Spaltung zur Aufnahme

§ 126 Inhalt des Spaltungs- und Übernahmevertrags

(1) Der Spaltungs- und Übernahmevertrag oder sein Entwurf muss mindestens folgende Angaben enthalten:
1. den Namen oder die Firma und den Sitz der an der Spaltung beteiligten Rechtsträger;
2. die Vereinbarung über die Übertragung der Teile des Vermögens des übertragenden Rechtsträgers jeweils als Gesamtheit gegen Gewährung von Anteilen oder Mitgliedschaften an den übernehmenden Rechtsträgern;

3. bei Aufspaltung und Abspaltung das Umtauschverhältnis der Anteile und gegebenenfalls die Höhe der baren Zuzahlung oder Angaben über die Mitgliedschaft bei den übernehmenden Rechtsträgern;
4. bei Aufspaltung und Abspaltung die Einzelheiten für die Übertragung der Anteile der übernehmenden Rechtsträger oder über den Erwerb der Mitgliedschaft bei den übernehmenden Rechtsträgern;
5. den Zeitpunkt, von dem an diese Anteile oder die Mitgliedschaft einen Anspruch auf einen Anteil am Bilanzgewinn gewähren, sowie alle Besonderheiten in bezug auf diesen Anspruch;
6. den Zeitpunkt, von dem an die Handlungen des übertragenden Rechtsträgers als für Rechnung jedes der übernehmenden Rechtsträger vorgenommen gelten (Spaltungsstichtag);
7. die Rechte, welche die übernehmenden Rechtsträger einzelnen Anteilsinhabern sowie den Inhabern besonderer Rechte wie Anteile ohne Stimmrecht, Vorzugsaktien, Mehrstimmrechtsaktien, Schuldverschreibungen und Genußrechte gewähren, oder die für diese Personen vorgesehenen Maßnahmen;
8. jeden besonderen Vorteil, der einem Mitglied eines Vertretungsorgans oder eines Aufsichtsorgans der an der Spaltung beteiligten Rechtsträger, einem geschäftsführenden Gesellschafter, einem Partner, einem Abschlußprüfer oder einem Spaltungsprüfer gewährt wird;
9. die genaue Bezeichnung und Aufteilung der Gegenstände des Aktiv- und Passivvermögens, die an jeden der übernehmenden Rechtsträger übertragen werden, sowie der übergehenden Betriebe und Betriebsteile unter Zuordnung zu den übernehmenden Rechtsträgern;
10. bei Aufspaltung und Abspaltung die Aufteilung der Anteile oder Mitgliedschaften jedes der beteiligten Rechtsträger auf die Anteilsinhaber des übertragenden Rechtsträgers sowie den Maßstab für die Aufteilung;
11. die Folgen der Spaltung für die Arbeitnehmer und ihre Vertretungen sowie die insoweit vorgesehenen Maßnahmen.

(2) [1]Soweit für die Übertragung von Gegenständen im Falle der Einzelrechtsnachfolge in den allgemeinen Vorschriften eine besondere Art der Bezeichnung bestimmt ist, sind diese Regelungen auch für die Bezeichnung der Gegenstände des Aktiv- und Passivvermögens (Absatz 1 Nr. 9) anzuwenden. [2]§ 28 der Grundbuchordnung ist zu beachten. [3]Im übrigen kann auf Urkunden wie Bilanzen und Inventare Bezug genommen werden, deren Inhalt eine Zuweisung des einzelnen Gegenstandes ermöglicht; die Urkunden sind dem Spaltungs- und Übernahmevertrag als Anlagen beizufügen.

(3) Der Vertrag oder sein Entwurf ist spätestens einen Monat vor dem Tag der Versammlung der Anteilsinhaber jedes beteiligten Rechtsträgers, die gemäß § 125 in Verbindung mit § 13 Abs. 1 über die Zustimmung zum Spaltungs- und Übernahmevertrag beschließen soll, dem zuständigen Betriebsrat dieses Rechtsträgers zuzu-

richt); der Bericht kann von den Vertretungsorganen auch gemeinsam erstattet werden. ²§ 8 Absatz 1 Satz 3 bis 5, Absatz 2 und 3 ist entsprechend anzuwenden; bei Aufspaltung ist § 8 Absatz 3 Satz 3 Nummer 1 Buchstabe a nicht anzuwenden.

§ 128 Zustimmung zur Spaltung in Sonderfällen

¹Werden bei Aufspaltung oder Abspaltung die Anteile oder Mitgliedschaften der übernehmenden Rechtsträger den Anteilsinhabern des übertragenden Rechtsträgers nicht in dem Verhältnis zugeteilt, das ihrer Beteiligung an dem übertragenden Rechtsträger entspricht, so wird der Spaltungs- und Übernahmevertrag nur wirksam, wenn ihm alle Anteilsinhaber des übertragenden Rechtsträgers zustimmen. ²Bei einer Spaltung zur Aufnahme ist der Berechnung des Beteiligungsverhältnisses der jeweils zu übertragende Teil des Vermögens zugrunde zu legen.

§ 129 Anmeldung der Spaltung

Zur Anmeldung der Spaltung ist auch das Vertretungsorgan jedes der übernehmenden Rechtsträger berechtigt.

§ 130 Eintragung der Spaltung

(1) ¹Die Spaltung darf in das Register des Sitzes des übertragenden Rechtsträgers erst eingetragen werden, nachdem sie im Register des Sitzes jedes der übernehmenden Rechtsträger eingetragen worden ist. ²Die Eintragung im Register des Sitzes jedes der übernehmenden Rechtsträger ist mit dem Vermerk zu versehen, daß die Spaltung erst mit der Eintragung im Register des Sitzes des übertragenden Rechtsträgers wirksam wird, sofern die Eintragungen in den Registern aller beteiligten Rechtsträger nicht am selben Tag erfolgen.

(2) ¹Das Gericht des Sitzes des übertragenden Rechtsträgers hat von Amts wegen dem Gericht des Sitzes jedes der übernehmenden Rechtsträger den Tag der Eintragung der Spaltung mitzuteilen sowie einen Registerauszug und den Gesellschaftsvertrag, den Partnerschaftsvertrag oder die Satzung des übertragenden Rechtsträgers in Abschrift, als Ausdruck oder elektronisch zu übermitteln. ²Nach Eingang der Mitteilung hat das Gericht des Sitzes jedes der übernehmenden Rechtsträger von Amts wegen den Tag der Eintragung der Spaltung im Register des Sitzes des übertragenden Rechtsträgers zu vermerken.

§ 131 Wirkungen der Eintragung

(1) Die Eintragung der Spaltung in das Register des Sitzes des übertragenden Rechtsträgers hat folgende Wirkungen:
1. Das Vermögen des übertragenden Rechtsträgers, bei Abspaltung und Ausgliederung der abgespaltene oder ausgegliederte Teil oder die abgespaltenen oder ausgegliederten Teile des Vermögens einschließlich der Verbindlichkeiten gehen entsprechend der im Spaltungs- und Übernahmevertrag vorgesehenen Aufteilung jeweils als Gesamtheit auf die übernehmenden Rechtsträger über.
2. ¹Bei der Aufspaltung erlischt der übertragende Rechtsträger. ²Einer besonderen Löschung bedarf es nicht.
3. ¹Bei Aufspaltung und Abspaltung werden die Anteilsinhaber des übertragenden Rechtsträgers entsprechend der im Spaltungs- und Übernahmevertrag vorgesehenen Aufteilung Anteilsinhaber der beteiligten Rechtsträger; dies gilt nicht, soweit der übernehmende Rechtsträger oder ein Dritter, der im eigenen Namen, jedoch

für Rechnung dieses Rechtsträgers handelt, Anteilsinhaber des übertragenden Rechtsträgers ist oder der übertragende Rechtsträger eigene Anteile innehat oder ein Dritter, der im eigenen Namen, jedoch für Rechnung dieses Rechtsträgers handelt, dessen Anteilsinhaber ist. ²Rechte Dritter an den Anteilen oder Mitgliedschaften des übertragenden Rechtsträgers bestehen an den an ihre Stelle tretenden Anteilen oder Mitgliedschaften der übernehmenden Rechtsträger weiter. ³Bei Ausgliederung wird der übertragende Rechtsträger entsprechend dem Ausgliederungs- und Übernahmevertrag Anteilsinhaber der übernehmenden Rechtsträger.

4. Der Mangel der notariellen Beurkundung des Spaltungs- und Übernahmevertrags und gegebenenfalls erforderlicher Zustimmungs- oder Verzichtserklärungen einzelner Anteilsinhaber wird geheilt.

(2) Mängel der Spaltung lassen die Wirkungen der Eintragung nach Absatz 1 unberührt.

(3) Ist bei einer Aufspaltung ein Gegenstand im Vertrag keinem der übernehmenden Rechtsträger zugeteilt worden und läßt sich die Zuteilung auch nicht durch Auslegung des Vertrags ermitteln, so geht der Gegenstand auf alle übernehmenden Rechtsträger in dem Verhältnis über, das sich aus dem Vertrag für die Aufteilung des Überschusses der Aktivseite der Schlußbilanz über deren Passivseite ergibt; ist eine Zuteilung des Gegenstandes an mehrere Rechtsträger nicht möglich, so ist sein Gegenwert in dem bezeichneten Verhältnis zu verteilen.

§ 132 Kündigungsschutzrecht

(1) Führen an einer Spaltung beteiligte Rechtsträger nach dem Wirksamwerden der Spaltung einen Betrieb gemeinsam, so gilt dieser als Betrieb im Sinne des Kündigungsschutzrechts.

(2) Die kündigungsrechtliche Stellung eines Arbeitnehmers, der vor dem Wirksamwerden einer Spaltung zu dem übertragenden Rechtsträger in einem Arbeitsverhältnis steht, verschlechtert sich auf Grund der Spaltung für die Dauer von zwei Jahren ab dem Zeitpunkt ihres Wirksamwerdens nicht.

§ 132a Mitbestimmungsbeibehaltung

(1) ¹Entfallen durch Abspaltung oder Ausgliederung bei einem übertragenden Rechtsträger die gesetzlichen Voraussetzungen für die Beteiligung der Arbeitnehmer im Aufsichtsrat, so sind die vor der Spaltung geltenden Vorschriften noch für einen Zeitraum von fünf Jahren nach dem Wirksamwerden der Abspaltung oder Ausgliederung anzuwenden. ²Dies gilt nicht, wenn die betreffenden Vorschriften eine Mindestzahl von Arbeitnehmern voraussetzen und die danach berechnete Zahl der Arbeitnehmer des übertragenden Rechtsträgers auf weniger als in der Regel ein Viertel dieser Mindestzahl sinkt.

(2) ¹Hat die Spaltung eines Rechtsträgers die Spaltung eines Betriebes zur Folge und entfallen für die aus der Spaltung hervorgegangenen Betriebe Rechte oder Beteiligungsrechte des Betriebsrats, so kann durch Betriebsvereinbarung oder Tarifvertrag die Fortgeltung dieser Rechte oder Beteiligungsrechte vereinbart werden. ²Die §§ 9 und 27 des Betriebsverfassungsgesetzes bleiben unberührt.

§ 133 Schutz der Gläubiger und der Inhaber von Sonderrechten

(1) ¹Für die Verbindlichkeiten des übertragenden Rechtsträgers, die vor dem Wirksamwerden der Spaltung begründet worden sind, haften die an der Spaltung

Drittes Buch. Spaltung **§ 134 UmwG**

beteiligten Rechtsträger als Gesamtschuldner. ²Die §§ 25, 26 und 28 des Handelsgesetzbuchs sowie § 125 in Verbindung mit § 22 bleiben unberührt; zur Sicherheitsleistung ist nur der an der Spaltung beteiligte Rechtsträger verpflichtet, gegen den sich der Anspruch richtet.

(2) ¹Für die Erfüllung der Verpflichtung nach § 125 in Verbindung mit § 23 haften die an der Spaltung beteiligten Rechtsträger als Gesamtschuldner. ²Bei Abspaltung und Ausgliederung können die gleichwertigen Rechte im Sinne des § 125 in Verbindung mit § 23 auch in dem übertragenden Rechtsträger gewährt werden.

(3) ¹Diejenigen Rechtsträger, denen die Verbindlichkeiten nach Absatz 1 Satz 1 im Spaltungs- und Übernahmevertrag nicht zugewiesen worden sind, haften für diese Verbindlichkeiten, wenn sie vor Ablauf von fünf Jahren nach der Spaltung fällig und daraus Ansprüche gegen sie in einer in § 197 Abs. 1 Nr. 3 bis 5 des Bürgerlichen Gesetzbuchs bezeichneten Art festgestellt sind oder eine gerichtliche oder behördliche Vollstreckungshandlung vorgenommen oder beantragt wird; bei öffentlich-rechtlichen Verbindlichkeiten genügt der Erlass eines Verwaltungsakts. ²Die Haftung der in Satz 1 bezeichneten Rechtsträger ist beschränkt auf den Wert des ihnen am Tag des Wirksamwerdens zugeteilten Nettoaktivvermögens. ³Für vor dem Wirksamwerden der Spaltung begründete Versorgungsverpflichtungen auf Grund des Betriebsrentengesetzes beträgt die in Satz 1 genannte Frist zehn Jahre.

(4) ¹Die Frist beginnt mit dem Tage, an dem die Eintragung der Spaltung in das Register des Sitzes des übertragenden Rechtsträgers nach § 125 in Verbindung mit § 19 Abs. 3 bekannt gemacht worden ist. ²Die für die Verjährung geltenden §§ 204, 206, 210, 211 und 212 Abs. 2 und 3 des Bürgerlichen Gesetzbuchs sind entsprechend anzuwenden.

(5) Einer Feststellung in einer in § 197 Abs. 1 Nr. 3 bis 5 des Bürgerlichen Gesetzbuchs bezeichneten Art bedarf es nicht, soweit die in Absatz 3 bezeichneten Rechtsträger den Anspruch schriftlich anerkannt haben.

(6) ¹Die Ansprüche nach Absatz 2 verjähren in fünf Jahren. ²Für den Beginn der Verjährung gilt Absatz 4 Satz 1 entsprechend.

§ 134 Schutz der Gläubiger in besonderen Fällen

(1) ¹Spaltet ein Rechtsträger sein Vermögen in der Weise, daß die zur Führung eines Betriebes notwendigen Vermögensteile im wesentlichen auf einen übernehmenden oder mehrere übernehmende oder auf einen neuen oder mehrere neue Rechtsträger übertragen werden und die Tätigkeit dieses Rechtsträgers oder dieser Rechtsträger sich im wesentlichen auf die Verwaltung dieser Vermögensteile beschränkt (Anlagegesellschaft), während dem übertragenden Rechtsträger diese Vermögensteile bei der Führung seines Betriebes zur Nutzung überlassen werden (Betriebsgesellschaft), und sind an den an der Spaltung beteiligten Rechtsträgern im wesentlichen dieselben Personen beteiligt, so haftet die Anlagegesellschaft auch für die Forderungen der Arbeitnehmer der Betriebsgesellschaft als Gesamtschuldner, die binnen fünf Jahren nach dem Wirksamwerden der Spaltung auf Grund der §§ 111 bis 113 des Betriebsverfassungsgesetzes begründet werden. ²Dies gilt auch dann, wenn die Vermögensteile bei dem übertragenden Rechtsträger verbleiben und dem übernehmenden oder neuen Rechtsträger oder den übernehmenden oder neuen Rechtsträgern zur Nutzung überlassen werden.

(2) Die gesamtschuldnerische Haftung nach Absatz 1 gilt auch für vor dem Wirksamwerden der Spaltung begründete Versorgungsverpflichtungen auf Grund des Betriebsrentengesetzes.

(3) Für die Ansprüche gegen die Anlagegesellschaft nach den Absätzen 1 und 2 gilt § 133 Abs. 3 Satz 1, Abs. 4 und 5 entsprechend mit der Maßgabe, daß die Frist fünf Jahre nach dem in § 133 Abs. 4 Satz 1 bezeichneten Tage beginnt.

Dritter Abschnitt. Spaltung zur Neugründung

§ 135 Anzuwendende Vorschriften

(1) [1]Auf die Spaltung eines Rechtsträgers zur Neugründung sind die Vorschriften des Zweiten Abschnitts entsprechend anzuwenden, jedoch mit Ausnahme der §§ 129 und 130 Abs. 2 sowie der nach § 125 entsprechend anzuwendenden §§ 4, 7 und 16 Abs. 1 und des § 27. [2]An die Stelle der übernehmenden Rechtsträger treten die neuen Rechtsträger, an die Stelle der Eintragung der Spaltung im Register des Sitzes jeder der übernehmenden Rechtsträger tritt die Eintragung jedes der neuen Rechtsträger in das Register.

(2) [1]Auf die Gründung der neuen Rechtsträger sind die für die jeweilige Rechtsform des neuen Rechtsträgers geltenden Gründungsvorschriften anzuwenden, soweit sich aus diesem Buch nichts anderes ergibt. [2]Den Gründern steht der übertragende Rechtsträger gleich. [3]Vorschriften, die für die Gründung eine Mindestzahl der Gründer vorschreiben, sind nicht anzuwenden.

(3) Bei einer Ausgliederung zur Neugründung ist ein Spaltungsbericht nicht erforderlich.

§ 136 Spaltungsplan

[1]Das Vertretungsorgan des übertragenden Rechtsträgers hat einen Spaltungsplan aufzustellen. [2]Der Spaltungsplan tritt an die Stelle des Spaltungs- und Übernahmevertrags.

§ 137 Anmeldung und Eintragung der neuen Rechtsträger und der Spaltung

(1) Das Vertretungsorgan des übertragenden Rechtsträgers hat jeden der neuen Rechtsträger bei dem Gericht, in dessen Bezirk er seinen Sitz haben soll, zur Eintragung in das Register anzumelden.

(2) Das Vertretungsorgan des übertragenden Rechtsträgers hat die Spaltung zur Eintragung in das Register des Sitzes des übertragenden Rechtsträgers anzumelden.

(3) [1]Das Gericht des Sitzes jedes der neuen Rechtsträger hat von Amts wegen dem Gericht des Sitzes des übertragenden Rechtsträgers den Tag der Eintragung des neuen Rechtsträgers mitzuteilen. [2]Nach Eingang der Mitteilungen für alle neuen Rechtsträger hat das Gericht des Sitzes des übertragenden Rechtsträgers die Spaltung einzutragen sowie von Amts wegen den Zeitpunkt der Eintragung den Gerichten des Sitzes jedes der neuen Rechtsträger mitzuteilen sowie ihnen einen Registerauszug und den Gesellschaftsvertrag, den Partnerschaftsvertrag oder die Satzung des übertragenden Rechtsträgers in Abschrift, als Ausdruck oder elektronisch zu übermitteln. [3]Der Zeitpunkt der Eintragung der Spaltung ist in den Registern des Sitzes jedes der neuen Rechtsträger von Amts wegen einzutragen.

Zweiter Teil. Besondere Vorschriften

Erster Abschnitt. Spaltung unter Beteiligung von Gesellschaften mit beschränkter Haftung

§ 138 Sachgründungsbericht

Ein Sachgründungsbericht (§ 5 Abs. 4 des Gesetzes betreffend die Gesellschaften mit beschränkter Haftung) ist stets erforderlich.

§ 139 Herabsetzung des Stammkapitals

¹Ist zur Durchführung der Abspaltung oder der Ausgliederung eine Herabsetzung des Stammkapitals einer übertragenden Gesellschaft mit beschränkter Haftung erforderlich, so kann diese auch in vereinfachter Form vorgenommen werden. ²Wird das Stammkapital herabgesetzt, so darf die Abspaltung oder die Ausgliederung erst eingetragen werden, nachdem die Herabsetzung des Stammkapitals im Register eingetragen worden ist.

§ 140 Anmeldung der Abspaltung oder der Ausgliederung

Bei der Anmeldung der Abspaltung oder der Ausgliederung zur Eintragung in das Register des Sitzes einer übertragenden Gesellschaft mit beschränkter Haftung haben deren Geschäftsführer auch zu erklären, daß die durch Gesetz und Gesellschaftsvertrag vorgesehenen Voraussetzungen für die Gründung dieser Gesellschaft unter Berücksichtigung der Abspaltung oder der Ausgliederung im Zeitpunkt der Anmeldung vorliegen.

Zweiter Abschnitt. Spaltung unter Beteiligung von Aktiengesellschaften und Kommanditgesellschaften auf Aktien

§ 141 Ausschluss der Spaltung

Eine Aktiengesellschaft oder eine Kommanditgesellschaft auf Aktien, die noch nicht zwei Jahre im Register eingetragen ist, kann außer durch Ausgliederung zur Neugründung nicht gespalten werden.

§ 142 Spaltung mit Kapitalerhöhung; Spaltungsbericht

(1) § 69 ist mit der Maßgabe anzuwenden, daß eine Prüfung der Sacheinlage nach § 183 Abs. 3 des Aktiengesetzes stets stattzufinden hat; § 183a des Aktiengesetzes ist anzuwenden.

(2) In dem Spaltungsbericht ist gegebenenfalls auf den Bericht über die Prüfung von Sacheinlagen bei einer übernehmenden Aktiengesellschaft nach § 183 Abs. 3 des Aktiengesetzes sowie auf das Register, bei dem dieser Bericht zu hinterlegen ist, hinzuweisen.

§ 142a Verpflichtungen nach § 72a

Verpflichtungen des übertragenden Rechtsträgers zur Gewährung zusätzlicher Aktien gemäß § 72a Absatz 1 Satz 1 und Absatz 2 Satz 1 gehen ungeachtet ihrer Zuweisung im Spaltungs- und Übernahmevertrag oder im Spaltungsplan entsprechend der Aufteilung der Anteile der anspruchsberechtigten Aktionäre gemäß § 126 Absatz 1 Nummer 10, auch in Verbindung mit § 135 Absatz 1 und § 136 Satz 2, ganz oder teilweise auf die übernehmende oder neue Aktiengesellschaft oder Kommanditgesellschaft auf Aktien über.

§ 143 Verhältniswahrende Spaltung zur Neugründung

Erfolgt die Gewährung von Aktien an der neu gegründeten Aktiengesellschaft oder an den neu gegründeten Aktiengesellschaften (§ 123 Absatz 1 Nummer 2, Absatz 2 Nummer 2) im Verhältnis zur Beteiligung der Aktionäre an der übertragenden Aktiengesellschaft, so sind die §§ 8 bis 12 sowie 63 Absatz 1 Nummer 3 bis 5 nicht anzuwenden.

§ 144 Gründungsbericht und Gründungsprüfung

Ein Gründungsbericht (§ 32 des Aktiengesetzes) und eine Gründungsprüfung (§ 33 Abs. 2 des Aktiengesetzes) sind stets erforderlich.

§ 145 Herabsetzung des Grundkapitals

[1]Ist zur Durchführung der Abspaltung oder der Ausgliederung eine Herabsetzung des Grundkapitals einer übertragenden Aktiengesellschaft oder Kommanditgesellschaft auf Aktien erforderlich, so kann diese auch in vereinfachter Form vorgenommen werden. [2]Wird das Grundkapital herabgesetzt, so darf die Abspaltung oder die Ausgliederung erst eingetragen werden, nachdem die Durchführung der Herabsetzung des Grundkapitals im Register eingetragen worden ist.

§ 146 Anmeldung der Abspaltung oder der Ausgliederung

(1) Bei der Anmeldung der Abspaltung oder der Ausgliederung zur Eintragung in das Register des Sitzes einer übertragenden Aktiengesellschaft hat deren Vorstand oder einer Kommanditgesellschaft auf Aktien haben deren zu ihrer Vertretung ermächtigte persönlich haftende Gesellschafter auch zu erklären, daß die durch Gesetz und Satzung vorgesehenen Voraussetzungen für die Gründung dieser Gesellschaft unter Berücksichtigung der Abspaltung oder der Ausgliederung im Zeitpunkt der Anmeldung vorliegen.

(2) Der Anmeldung der Abspaltung oder der Ausgliederung sind außer den sonst erforderlichen Unterlagen auch beizufügen:
1. der Spaltungsbericht nach § 127;
2. bei Abspaltung der Prüfungsbericht nach § 125 in Verbindung mit § 12.

Dritter Abschnitt. Spaltung unter Beteiligung eingetragener Genossenschaften

§ 147 Möglichkeit der Spaltung

Die Spaltung eines Rechtsträgers anderer Rechtsform zur Aufnahme von Teilen seines Vermögens durch eine eingetragene Genossenschaft kann nur erfolgen, wenn eine erforderliche Änderung der Satzung der übernehmenden Genossenschaft gleichzeitig mit der Spaltung beschlossen wird.

§ 148 Anmeldung der Abspaltung oder der Ausgliederung

(1) Bei der Anmeldung der Abspaltung oder der Ausgliederung zur Eintragung in das Register des Sitzes einer übertragenden Genossenschaft hat deren Vorstand auch zu erklären, daß die durch Gesetz und Satzung vorgesehenen Voraussetzungen für die Gründung dieser Genossenschaft unter Berücksichtigung der Abspaltung oder der Ausgliederung im Zeitpunkt der Anmeldung vorliegen.

(2) Der Anmeldung der Abspaltung oder der Ausgliederung sind außer den sonst erforderlichen Unterlagen auch beizufügen:
1. der Spaltungsbericht nach § 127;
2. das Prüfungsgutachten nach § 125 in Verbindung mit § 81.

Vierter Abschnitt. Spaltung unter Beteiligung rechtsfähiger Vereine

§ 149 Möglichkeit der Spaltung

(1) Ein rechtsfähiger Verein kann sich an einer Spaltung nur beteiligen, wenn die Satzung des Vereins oder Vorschriften des Landesrechts nicht entgegenstehen.

(2) Ein eingetragener Verein kann als übernehmender Rechtsträger im Wege der Spaltung nur andere eingetragene Vereine aufnehmen oder mit ihnen einen eingetragenen Verein gründen.

Fünfter Abschnitt. Spaltung unter Beteiligung genossenschaftlicher Prüfungsverbände

§ 150 Möglichkeit der Spaltung

Die Aufspaltung genossenschaftlicher Prüfungsverbände oder die Abspaltung oder Ausgliederung von Teilen eines solchen Verbandes kann nur zur Aufnahme der Teile eines Verbandes (übertragender Verband) durch einen anderen Verband (übernehmender Verband), die Ausgliederung auch zur Aufnahme von Teilen des Verbandes durch eine oder zur Neugründung einer Kapitalgesellschaft erfolgen.

Sechster Abschnitt. Spaltung unter Beteiligung von Versicherungsvereinen auf Gegenseitigkeit

§ 151 Möglichkeit der Spaltung

[1]Die Spaltung unter Beteiligung von Versicherungsvereinen auf Gegenseitigkeit kann nur durch Aufspaltung oder Abspaltung und nur in der Weise erfolgen, daß die Teile eines übertragenden Vereins auf andere bestehende oder neue Versicherungsvereine auf Gegenseitigkeit oder auf Versicherungs-Aktiengesellschaften übergehen. [2]Ein Versicherungsverein auf Gegenseitigkeit kann ferner im Wege der Ausgliederung einen Vermögensteil auf eine bestehende oder neue Gesellschaft mit beschränkter Haftung oder eine bestehende oder neue Aktiengesellschaft übertragen, sofern damit keine Übertragung von Versicherungsverträgen verbunden ist.

Siebenter Abschnitt. Ausgliederung aus dem Vermögen eines Einzelkaufmanns

Erster Unterabschnitt. Möglichkeit der Ausgliederung

§ 152 Übernehmende oder neue Rechtsträger

[1]Die Ausgliederung des von einem Einzelkaufmann betriebenen Unternehmens, dessen Firma im Handelsregister eingetragen ist, oder von Teilen desselben aus dem Vermögen dieses Kaufmanns kann nur zur Aufnahme dieses Unternehmens oder von Teilen dieses Unternehmens durch Personenhandelsgesellschaften, Kapitalgesellschaften oder eingetragene Genossenschaften oder zur Neugründung von Kapitalgesellschaften erfolgen. [2]Sie kann nicht erfolgen, wenn die Verbindlichkeiten des Einzelkaufmanns sein Vermögen übersteigen.

Zweiter Unterabschnitt. Ausgliederung zur Aufnahme

§ 153 Ausgliederungsbericht

Ein Ausgliederungsbericht ist für den Einzelkaufmann nicht erforderlich.

§ 154 Eintragung der Ausgliederung

Das Gericht des Sitzes des Einzelkaufmanns hat die Eintragung der Ausgliederung auch dann abzulehnen, wenn offensichtlich ist, daß die Verbindlichkeiten des Einzelkaufmanns sein Vermögen übersteigen.

§ 155 Wirkungen der Ausgliederung

[1]Erfaßt die Ausgliederung das gesamte Unternehmen des Einzelkaufmanns, so bewirkt die Eintragung der Ausgliederung nach § 131 das Erlöschen der von dem Einzelkaufmann geführten Firma. [2]Das Erlöschen der Firma ist von Amts wegen in das Register einzutragen.

§ 156 Haftung des Einzelkaufmanns

[1]Durch den Übergang der Verbindlichkeiten auf übernehmende oder neue Gesellschaften wird der Einzelkaufmann von der Haftung für die Verbindlichkeiten nicht befreit. [2]§ 418 des Bürgerlichen Gesetzbuchs ist nicht anzuwenden.

§ 157 Zeitliche Begrenzung der Haftung für übertragene Verbindlichkeiten

(1) [1]Der Einzelkaufmann haftet für die im Ausgliederungs- und Übernahmevertrag aufgeführten Verbindlichkeiten, wenn sie vor Ablauf von fünf Jahren nach der Ausgliederung fällig und daraus Ansprüche gegen ihn in einer in § 197 Abs. 1 Nr. 3 bis 5 des Bürgerlichen Gesetzbuchs bezeichneten Art festgestellt sind oder eine gerichtliche oder behördliche Vollstreckungshandlung vorgenommen oder beantragt wird; bei öffentlich-rechtlichen Verbindlichkeiten genügt der Erlass eines Verwaltungsakts. [2]Eine Haftung des Einzelkaufmanns als Gesellschafter des aufnehmenden Rechtsträgers nach § 126 des Handelsgesetzbuchs bleibt unberührt.

Drittes Buch. Spaltung §§ 158–161 UmwG

(2) ¹Die Frist beginnt mit dem Tage, an dem die Eintragung der Ausgliederung in das Register des Sitzes des Einzelkaufmanns nach § 125 in Verbindung mit § 19 Abs. 3 bekannt gemacht worden ist. ²Die für die Verjährung geltenden §§ 204, 206, 210, 211 und 212 Abs. 2 und 3 des Bürgerlichen Gesetzbuchs sind entsprechend anzuwenden.

(3) Einer Feststellung in einer in § 197 Abs. 1 Nr. 3 bis 5 des Bürgerlichen Gesetzbuchs bezeichneten Art bedarf es nicht, soweit der Einzelkaufmann den Anspruch schriftlich anerkannt hat.

(4) Die Absätze 1 bis 3 sind auch anzuwenden, wenn der Einzelkaufmann in dem Rechtsträger anderer Rechtsform geschäftsführend tätig wird.

Dritter Unterabschnitt. Ausgliederung zur Neugründung

§ 158 Anzuwendende Vorschriften

Auf die Ausgliederung zur Neugründung sind die Vorschriften des Zweiten Unterabschnitts entsprechend anzuwenden, soweit sich aus diesem Unterabschnitt nichts anderes ergibt.

§ 159 Sachgründungsbericht, Gründungsbericht und Gründungsprüfung

(1) Auf den Sachgründungsbericht (§ 5 Abs. 4 des Gesetzes betreffend die Gesellschaften mit beschränkter Haftung) ist § 58 Abs. 1, auf den Gründungsbericht (§ 32 des Aktiengesetzes) § 75 Abs. 1 entsprechend anzuwenden.

(2) Im Falle der Gründung einer Aktiengesellschaft oder einer Kommanditgesellschaft auf Aktien haben die Prüfung durch die Mitglieder des Vorstands und des Aufsichtsrats (§ 33 Abs. 1 des Aktiengesetzes) sowie die Prüfung durch einen oder mehrere Prüfer (§ 33 Abs. 2 des Aktiengesetzes) sich auch darauf zu erstrecken, ob die Verbindlichkeiten des Einzelkaufmanns sein Vermögen übersteigen.

(3) ¹Zur Prüfung, ob die Verbindlichkeiten des Einzelkaufmanns sein Vermögen übersteigen, hat der Einzelkaufmann den Prüfern eine Aufstellung vorzulegen, in der sein Vermögen seinen Verbindlichkeiten gegenübergestellt ist. ²Die Aufstellung ist zu gliedern, soweit das für die Prüfung notwendig ist. ³§ 320 Abs. 1 Satz 2 und Abs. 2 Satz 1 des Handelsgesetzbuchs gilt entsprechend, wenn Anlaß für die Annahme besteht, daß in der Aufstellung aufgeführte Vermögensgegenstände überbewertet oder Verbindlichkeiten nicht oder nicht vollständig aufgeführt worden sind.

§ 160 Anmeldung und Eintragung

(1) Die Anmeldung nach § 137 Abs. 1 ist von dem Einzelkaufmann und den Geschäftsführern oder den Mitgliedern des Vorstands und des Aufsichtsrats einer neuen Gesellschaft vorzunehmen.

(2) Die Eintragung der Gesellschaft ist abzulehnen, wenn die Verbindlichkeiten des Einzelkaufmanns sein Vermögen übersteigen.

Achter Abschnitt. Ausgliederung aus dem Vermögen rechtsfähiger Stiftungen

§ 161 Möglichkeit der Ausgliederung

Die Ausgliederung des von einer rechtsfähigen Stiftung (§ 80 des Bürgerlichen Gesetzbuchs) betriebenen Unternehmens oder von Teilen desselben aus dem Vermögen dieser Stiftung kann nur zur Aufnahme dieses Unternehmens oder von Teilen dieses Unternehmens durch Personenhandelsgesellschaften oder Kapitalgesellschaften oder zur Neugründung von Kapitalgesellschaften erfolgen.

§ 162 Ausgliederungsbericht

(1) Ein Ausgliederungsbericht ist nur erforderlich, wenn die Ausgliederung nach § 164 Abs. 1 der staatlichen Genehmigung bedarf oder wenn sie bei Lebzeiten des Stifters von dessen Zustimmung abhängig ist.

(2) Soweit nach § 164 Abs. 1 die Ausgliederung der staatlichen Genehmigung oder der Zustimmung des Stifters bedarf, ist der Ausgliederungsbericht der zuständigen Behörde und dem Stifter zu übermitteln.

§ 163 Beschluß über den Vertrag

(1) Auf den Ausgliederungsbeschluß sind die Vorschriften des Stiftungsrechts für die Beschlußfassung über Satzungsänderungen entsprechend anzuwenden.

(2) Sofern das nach Absatz 1 anzuwendende Stiftungsrecht nicht etwas anderes bestimmt, muß der Ausgliederungsbeschluß von dem für die Beschlußfassung über Satzungsänderungen nach der Satzung zuständigen Organ oder, wenn ein solches Organ nicht bestimmt ist, vom Vorstand der Stiftung einstimmig gefaßt werden.

(3) Der Beschluß und die Zustimmung nach den Absätzen 1 und 2 müssen notariell beurkundet werden.

§ 164 Genehmigung der Ausgliederung

(1) Die Ausgliederung bedarf der staatlichen Genehmigung, sofern das Stiftungsrecht dies vorsieht.

(2) Soweit die Ausgliederung nach Absatz 1 der staatlichen Genehmigung nicht bedarf, hat das Gericht des Sitzes der Stiftung die Eintragung der Ausgliederung auch dann abzulehnen, wenn offensichtlich ist, daß die Verbindlichkeiten der Stiftung ihr Vermögen übersteigen.

§ 165 Sachgründungsbericht und Gründungsbericht

Auf den Sachgründungsbericht (§ 5 Abs. 4 des Gesetzes betreffend die Gesellschaften mit beschränkter Haftung) ist § 58 Abs. 1, auf den Gründungsbericht (§ 32 des Aktiengesetzes) § 75 Abs. 1 entsprechend anzuwenden.

§ 166 Haftung der Stiftung

[1]Durch den Übergang der Verbindlichkeiten auf übernehmende oder neue Gesellschaften wird die Stiftung von der Haftung für die Verbindlichkeiten nicht befreit. [2]§ 418 des Bürgerlichen Gesetzbuchs ist nicht anzuwenden.

§ 167 Zeitliche Begrenzung der Haftung für übertragene Verbindlichkeiten

Auf die zeitliche Begrenzung der Haftung der Stiftung für die im Ausgliederungs- und Übernahmevertrag aufgeführten Verbindlichkeiten ist § 157 entsprechend anzuwenden.

Drittes Buch. Spaltung §§ 168–173 UmwG

Neunter Abschnitt. Ausgliederung aus dem Vermögen von Gebietskörperschaften oder Zusammenschlüssen von Gebietskörperschaften

§ 168 Möglichkeit der Ausgliederung

Die Ausgliederung eines Unternehmens, das von einer Gebietskörperschaft oder von einem Zusammenschluß von Gebietskörperschaften, der nicht Gebietskörperschaft ist, betrieben wird, aus dem Vermögen dieser Körperschaft oder dieses Zusammenschlusses kann nur zur Aufnahme dieses Unternehmens durch eine Personenhandelsgesellschaft, eine Kapitalgesellschaft oder eine eingetragene Genossenschaft oder zur Neugründung einer Kapitalgesellschaft oder einer eingetragenen Genossenschaft sowie nur dann erfolgen, wenn das für die Körperschaft oder den Zusammenschluß maßgebende Bundes- oder Landesrecht einer Ausgliederung nicht entgegensteht.

§ 169 Ausgliederungsbericht; Ausgliederungsbeschluß

[1]Ein Ausgliederungsbericht ist für die Körperschaft oder den Zusammenschluß nicht erforderlich. [2]Das Organisationsrecht der Körperschaft oder des Zusammenschlusses bestimmt, ob und unter welchen Voraussetzungen ein Ausgliederungsbeschluß erforderlich ist.

§ 170 Sachgründungsbericht und Gründungsbericht

Auf den Sachgründungsbericht (§ 5 Abs. 4 des Gesetzes betreffend die Gesellschaften mit beschränkter Haftung) ist § 58 Abs. 1, auf den Gründungsbericht (§ 32 des Aktiengesetzes) § 75 Abs. 1 entsprechend anzuwenden.

§ 171 Wirksamwerden der Ausgliederung

Die Wirkungen der Ausgliederung nach § 131 treten mit deren Eintragung in das Register des Sitzes des übernehmenden Rechtsträgers oder mit der Eintragung des neuen Rechtsträgers ein.

§ 172 Haftung der Körperschaft oder des Zusammenschlusses

[1]Durch den Übergang der Verbindlichkeiten auf den übernehmenden oder neuen Rechtsträger wird die Körperschaft oder der Zusammenschluß von der Haftung für die Verbindlichkeiten nicht befreit. [2]§ 418 des Bürgerlichen Gesetzbuchs ist nicht anzuwenden.

§ 173 Zeitliche Begrenzung der Haftung für übertragene Verbindlichkeiten

Auf die zeitliche Begrenzung der Haftung für die im Ausgliederungs- und Übernahmevertrag aufgeführten Verbindlichkeiten ist § 157 entsprechend anzuwenden.

Viertes Buch. Vermögensübertragung

Erster Teil. Möglichkeit der Vermögensübertragung

§ 174 Arten der Vermögensübertragung

(1) Ein Rechtsträger (übertragender Rechtsträger) kann unter Auflösung ohne Abwicklung sein Vermögen als Ganzes auf einen anderen bestehenden Rechtsträger (übernehmender Rechtsträger) gegen Gewährung einer Gegenleistung an die Anteilsinhaber des übertragenden Rechtsträgers, die nicht in Anteilen oder Mitgliedschaften besteht, übertragen (Vollübertragung).

(2) Ein Rechtsträger (übertragender Rechtsträger) kann
1. unter Auflösung ohne Abwicklung sein Vermögen aufspalten durch gleichzeitige Übertragung der Vermögensteile jeweils als Gesamtheit auf andere bestehende Rechtsträger,
2. von seinem Vermögen einen Teil oder mehrere Teile abspalten durch Übertragung dieses Teils oder dieser Teile jeweils als Gesamtheit auf einen oder mehrere bestehende Rechtsträger oder
3. aus seinem Vermögen einen Teil oder mehrere Teile ausgliedern durch Übertragung dieses Teils oder dieser Teile jeweils als Gesamtheit auf einen oder mehrere bestehende Rechtsträger

gegen Gewährung der in Absatz 1 bezeichneten Gegenleistung in den Fällen der Nummer 1 oder 2 an die Anteilsinhaber des übertragenden Rechtsträgers, im Falle der Nummer 3 an den übertragenden Rechtsträger (Teilübertragung).

§ 175 Beteiligte Rechtsträger

Eine Vollübertragung ist oder Teilübertragungen sind jeweils nur möglich
1. von einer Kapitalgesellschaft auf den Bund, ein Land, eine Gebietskörperschaft oder einen Zusammenschluß von Gebietskörperschaften;
2. a) von einer Versicherungs-Aktiengesellschaft auf Versicherungsvereine auf Gegenseitigkeit oder auf öffentlich-rechtliche Versicherungsunternehmen;
   b) von einem Versicherungsverein auf Gegenseitigkeit auf Versicherungs-Aktiengesellschaften oder auf öffentlich-rechtliche Versicherungsunternehmen;
   c) von einem öffentlich-rechtlichen Versicherungsunternehmen auf Versicherungs-Aktiengesellschaften oder auf Versicherungsvereine auf Gegenseitigkeit.

Zweiter Teil. Übertragung des Vermögens oder von Vermögensteilen einer Kapitalgesellschaft auf die öffentliche Hand

Erster Abschnitt. Vollübertragung

§ 176 Anwendung der Verschmelzungsvorschriften

(1) Bei einer Vollübertragung nach § 175 Nr. 1 sind auf die übertragende Kapitalgesellschaft die für die Verschmelzung durch Aufnahme einer solchen übertragenden

Viertes Buch. Vermögensübertragung §§ 177, 178 UmwG

Gesellschaft jeweils geltenden Vorschriften des Zweiten Buches entsprechend anzuwenden, soweit sich aus den folgenden Vorschriften nichts anderes ergibt.

(2) ¹Die Angaben im Übertragungsvertrag nach § 5 Abs. 1 Nr. 4, 5 und 7 entfallen. ²An die Stelle des Registers des Sitzes des übernehmenden Rechtsträgers tritt das Register des Sitzes der übertragenden Gesellschaft. ³An die Stelle des Umtauschverhältnisses der Anteile treten Art und Höhe der Gegenleistung. ⁴An die Stelle des Anspruchs nach § 23 tritt ein Anspruch auf Barabfindung; auf diesen sind § 29 Abs. 1, § 30 und § 34 entsprechend anzuwenden.

(3) ¹Mit der Eintragung der Vermögensübertragung in das Handelsregister des Sitzes der übertragenden Gesellschaft geht deren Vermögen einschließlich der Verbindlichkeiten auf den übernehmenden Rechtsträger über. ²Die übertragende Gesellschaft erlischt; einer besonderen Löschung bedarf es nicht.

(4) Die Beteiligung des übernehmenden Rechtsträgers an der Vermögensübertragung richtet sich nach den für ihn geltenden Vorschriften.

Zweiter Abschnitt. Teilübertragung

§ 177 Anwendung der Spaltungsvorschriften

(1) Bei einer Teilübertragung nach § 175 Nr. 1 sind auf die übertragende Kapitalgesellschaft die für die Aufspaltung, Abspaltung oder Ausgliederung zur Aufnahme von Teilen einer solchen übertragenden Gesellschaft geltenden Vorschriften des Dritten Buches sowie die dort für entsprechend anwendbar erklärten Vorschriften des Zweiten Buches auf den vergleichbaren Vorgang entsprechend anzuwenden, soweit sich aus den folgenden Vorschriften nichts anderes ergibt.

(2) ¹§ 176 Abs. 2 bis 4 ist entsprechend anzuwenden. ²An die Stelle des § 5 Abs. 1 Nr. 4, 5 und 7 tritt § 126 Abs. 1 Nr. 4, 5, 7 und 10.

Dritter Teil. Vermögensübertragung unter Versicherungsunternehmen

Erster Abschnitt. Übertragung des Vermögens einer Aktiengesellschaft auf Versicherungsvereine auf Gegenseitigkeit oder öffentlich-rechtliche Versicherungsunternehmen

Erster Unterabschnitt. Vollübertragung

§ 178 Anwendung der Verschmelzungsvorschriften

(1) Bei einer Vollübertragung nach § 175 Nr. 2 Buchstabe a sind auf die beteiligten Rechtsträger die für die Verschmelzung durch Aufnahme einer Aktiengesellschaft und die für einen übernehmenden Versicherungsverein im Falle der Verschmelzung jeweils geltenden Vorschriften des Zweiten Buches entsprechend anzuwenden, soweit sich aus den folgenden Vorschriften nichts anderes ergibt.

(2) § 176 Abs. 2 bis 4 ist entsprechend anzuwenden.

(3) Das für ein übernehmendes öffentlich-rechtliches Versicherungsunternehmen maßgebende Bundes- oder Landesrecht bestimmt, ob der Vertrag über die Vermögensübertragung zu seiner Wirksamkeit auch der Zustimmung eines ande-

ren als des zur Vertretung befugten Organs des öffentlich-rechtlichen Versicherungsunternehmens oder einer anderen Stelle und welcher Erfordernisse die Zustimmung bedarf.

Zweiter Unterabschnitt. Teilübertragung

§ 179 Anwendung der Spaltungsvorschriften

(1) Bei einer Teilübertragung nach § 175 Nr. 2 Buchstabe a sind auf die beteiligten Rechtsträger die für die Aufspaltung, Abspaltung oder Ausgliederung zur Aufnahme von Teilen einer Aktiengesellschaft und die für übernehmende Versicherungsvereine auf Gegenseitigkeit im Falle der Aufspaltung, Abspaltung oder Ausgliederung von Vermögensteilen geltenden Vorschriften des Dritten Buches und die dort für entsprechend anwendbar erklärten Vorschriften des Zweiten Buches auf den vergleichbaren Vorgang entsprechend anzuwenden, soweit sich aus den folgenden Vorschriften nichts anderes ergibt.

(2) § 176 Abs. 2 bis 4 sowie § 178 Abs. 3 sind entsprechend anzuwenden.

Zweiter Abschnitt. Übertragung des Vermögens eines Versicherungsvereins auf Gegenseitigkeit auf Aktiengesellschaften oder öffentlich-rechtliche Versicherungsunternehmen

Erster Unterabschnitt. Vollübertragung

§ 180 Anwendung der Verschmelzungsvorschriften

(1) Bei einer Vollübertragung nach § 175 Nr. 2 Buchstabe b sind auf die beteiligten Rechtsträger die für die Verschmelzung durch Aufnahme eines Versicherungsvereins und die für eine übernehmende Aktiengesellschaft im Falle der Verschmelzung jeweils geltenden Vorschriften des Zweiten Buches entsprechend anzuwenden, soweit sich aus den folgenden Vorschriften nichts anderes ergibt.

(2) § 176 Abs. 2 bis 4 sowie § 178 Abs. 3 sind entsprechend anzuwenden.

(3) Hat ein Mitglied oder ein Dritter nach der Satzung des Vereins ein unentziehbares Recht auf den Abwicklungsüberschuß oder einen Teil davon, so bedarf der Beschluß über die Vermögensübertragung der Zustimmung des Mitglieds oder des Dritten; die Zustimmung muß notariell beurkundet werden.

§ 181 Gewährung der Gegenleistung

(1) Der übernehmende Rechtsträger ist zur Gewährung einer angemessenen Gegenleistung verpflichtet, wenn dies unter Berücksichtigung der Vermögens- und Ertragslage des übertragenden Vereins im Zeitpunkt der Beschlußfassung der obersten Vertretung gerechtfertigt ist.

(2) [1]In dem Beschluß, durch den dem Übertragungsvertrag zugestimmt wird, ist zu bestimmen, daß bei der Verteilung der Gegenleistung jedes Mitglied zu berücksichtigen ist, das dem Verein seit mindestens drei Monaten vor dem Beschluß angehört hat. [2]Ferner sind in dem Beschluß die Maßstäbe festzusetzen, nach denen die Gegenleistung auf die Mitglieder zu verteilen ist.

(3) ¹Jedes berechtigte Mitglied erhält eine Gegenleistung in gleicher Höhe. ²Eine andere Verteilung kann nur nach einem oder mehreren der folgenden Maßstäbe festgesetzt werden:
1. die Höhe der Versicherungssumme,
2. die Höhe der Beiträge,
3. die Höhe der Deckungsrückstellung in der Lebensversicherung,
4. der in der Satzung des Vereins bestimmte Maßstab für die Verteilung des Überschusses,
5. der in der Satzung des Vereins bestimmte Maßstab für die Verteilung des Vermögens,
6. die Dauer der Mitgliedschaft.

(4) Ist eine Gegenleistung entgegen Absatz 1 nicht vereinbart worden, so ist sie auf Antrag vom Gericht zu bestimmen; § 30 Abs. 1 und § 34 sind entsprechend anzuwenden.

§ 182 Unterrichtung der Mitglieder

¹Sobald die Vermögensübertragung wirksam geworden ist, hat das Vertretungsorgan des übernehmenden Rechtsträgers allen Mitgliedern, die dem Verein seit mindestens drei Monaten vor dem Beschluß der obersten Vertretung über die Vermögensübertragung angehört haben, den Wortlaut des Vertrags in Textform mitzuteilen. ²In der Mitteilung ist auf die Möglichkeit hinzuweisen, die gerichtliche Bestimmung der angemessenen Gegenleistung zu verlangen.

§ 183 Bestellung eines Treuhänders

(1) ¹Ist für die Vermögensübertragung eine Gegenleistung vereinbart worden, so hat der übertragende Verein einen Treuhänder für deren Empfang zu bestellen. ²Die Vermögensübertragung darf erst eingetragen werden, wenn der Treuhänder dem Gericht angezeigt hat, daß er im Besitz der Gegenleistung ist.

(2) ¹Bestimmt das Gericht nach § 181 Abs. 4 die Gegenleistung, so hat es von Amts wegen einen Treuhänder für deren Empfang zu bestellen. ²Die Gegenleistung steht zu gleichen Teilen den Mitgliedern zu, die dem Verein seit mindestens drei Monaten vor dem Beschluß der obersten Vertretung über die Vermögensübertragung angehört haben. ³§ 26 Abs. 4 ist entsprechend anzuwenden.

Zweiter Unterabschnitt. Teilübertragung

§ 184 Anwendung der Spaltungsvorschriften

(1) Bei einer Teilübertragung nach § 175 Nr. 2 Buchstabe b sind auf die beteiligten Rechtsträger die für die Aufspaltung, Abspaltung oder Ausgliederung zur Aufnahme von Teilen eines Versicherungsvereins auf Gegenseitigkeit und die für übernehmende Aktiengesellschaften im Falle der Aufspaltung, Abspaltung oder Ausgliederung geltenden Vorschriften des Dritten Buches und die dort für entsprechend anwendbar erklärten Vorschriften des Zweiten Buches auf den vergleichbaren Vorgang entsprechend anzuwenden, soweit sich aus den folgenden Vorschriften nichts anderes ergibt.

(2) § 176 Abs. 2 bis 4 sowie § 178 Abs. 3 sind entsprechend anzuwenden.

Dritter Abschnitt. Übertragung des Vermögens eines kleineren Versicherungsvereins auf Gegenseitigkeit auf eine Aktiengesellschaft oder auf ein öffentlich-rechtliches Versicherungsunternehmen

§ 185 Möglichkeit der Vermögensübertragung

Ein kleinerer Versicherungsverein auf Gegenseitigkeit kann sein Vermögen nur im Wege der Vollübertragung auf eine Versicherungs-Aktiengesellschaft oder auf ein öffentlich-rechtliches Versicherungsunternehmen übertragen.

§ 186 Anzuwendende Vorschriften

[1]Auf die Vermögensübertragung sind die Vorschriften des Zweiten Abschnitts entsprechend anzuwenden. [2]Dabei treten bei kleineren Vereinen an die Stelle der Anmeldung zur Eintragung in das Register der Antrag an die Aufsichtsbehörde auf Genehmigung, an die Stelle der Eintragung in das Register und ihrer Bekanntmachung die Bekanntmachung im Bundesanzeiger nach § 187.

§ 187 Bekanntmachung der Vermögensübertragung

Sobald die Vermögensübertragung von allen beteiligten Aufsichtsbehörden genehmigt worden ist, macht bei einer Vermögensübertragung auf ein öffentlich-rechtliches Versicherungsunternehmen die für den übertragenden kleineren Verein zuständige Aufsichtsbehörde die Vermögensübertragung und ihre Genehmigung im Bundesanzeiger bekannt.

Vierter Abschnitt. Übertragung des Vermögens eines öffentlich-rechtlichen Versicherungsunternehmens auf Aktiengesellschaften oder Versicherungsvereine auf Gegenseitigkeit

Erster Unterabschnitt. Vollübertragung

§ 188 Anwendung der Verschmelzungsvorschriften

(1) Bei einer Vollübertragung nach § 175 Nr. 2 Buchstabe c sind auf die übernehmenden Rechtsträger die für die Verschmelzung durch Aufnahme geltenden Vorschriften des Zweiten Buches sowie auf das übertragende Versicherungsunternehmen § 176 Abs. 3 entsprechend anzuwenden, soweit sich aus den folgenden Vorschriften nichts anderes ergibt.

(2) § 176 Abs. 2 und 4 sowie § 178 Abs. 3 sind entsprechend anzuwenden.

(3) [1]An die Stelle der Anmeldung zur Eintragung in das Register treten bei den öffentlich-rechtlichen Versicherungsunternehmen der Antrag an die Aufsichtsbehörde auf Genehmigung, an die Stelle der Eintragung in das Register und ihrer Bekanntmachung die Bekanntmachung nach Satz 2. [2]Die für das öffentlich-rechtliche Versicherungsunternehmen zuständige Aufsichtsbehörde macht, sobald die Vermögensübertragung von allen beteiligten Aufsichtsbehörden genehmigt worden ist, die Übertragung und ihre Genehmigung im Bundesanzeiger bekannt.

Zweiter Unterabschnitt. Teilübertragung

§ 189 Anwendung der Spaltungsvorschriften

(1) Bei einer Teilübertragung nach § 175 Nr. 2 Buchstabe c sind auf die übernehmenden Rechtsträger die für die Aufspaltung, Abspaltung oder Ausgliederung zur Aufnahme geltenden Vorschriften des Dritten Buches und die dort für entsprechend anwendbar erklärten Vorschriften des Zweiten Buches auf den vergleichbaren Vorgang sowie auf das übertragende Versicherungsunternehmen § 176 Abs. 3 entsprechend anzuwenden, soweit sich aus den folgenden Vorschriften nichts anderes ergibt.

(2) § 176 Abs. 2 und 4, § 178 Abs. 3 sowie § 188 Abs. 3 sind entsprechend anzuwenden.

Fünftes Buch. Formwechsel

Erster Teil. Allgemeine Vorschriften

§ 190 Allgemeiner Anwendungsbereich

(1) Ein Rechtsträger kann durch Formwechsel eine andere Rechtsform erhalten.

(2) Soweit nicht in diesem Buch etwas anderes bestimmt ist, gelten die Vorschriften über den Formwechsel nicht für Änderungen der Rechtsform, die in anderen Gesetzen vorgesehen oder zugelassen sind.

§ 191 Einbezogene Rechtsträger

(1) Formwechselnde Rechtsträger können sein:
1. eingetragene Gesellschaften bürgerlichen Rechts, Personenhandelsgesellschaften (offene Handelsgesellschaft, Kommanditgesellschaft) und Partnerschaftsgesellschaften;
2. Kapitalgesellschaften (§ 3 Abs. 1 Nr. 2);
3. eingetragene Genossenschaften;
4. rechtsfähige Vereine;
5. Versicherungsvereine auf Gegenseitigkeit;
6. Körperschaften und Anstalten des öffentlichen Rechts.

(2) Rechtsträger neuer Rechtsform können sein:
1. eingetragene Gesellschaften bürgerlichen Rechts, Personenhandelsgesellschaften (offene Handelsgesellschaft, Kommanditgesellschaft) und Partnerschaftsgesellschaften;
2. Kapitalgesellschaften;
3. eingetragene Genossenschaften.

(3) Der Formwechsel ist auch bei aufgelösten Rechtsträgern möglich, wenn ihre Fortsetzung in der bisherigen Rechtsform beschlossen werden könnte.

§ 192 Formwechselbericht

(1) [1]Das Vertretungsorgan des formwechselnden Rechtsträgers hat einen ausführlichen schriftlichen Bericht zu erstatten, in dem der Formwechsel und insbesondere die künftige Beteiligung der Anteilsinhaber an dem Rechtsträger sowie die Höhe

einer anzubietenden Barabfindung und die zu ihrer Ermittlung gewählten Bewertungsmethoden rechtlich und wirtschaftlich erläutert und begründet werden (Formwechselbericht). ²§ 8 Absatz 1 Satz 3 bis 5 und Abs. 2 ist entsprechend anzuwenden. ³Der Formwechselbericht muß einen Entwurf des Formwechselbeschlusses enthalten.

(2) ¹Ein Formwechselbericht ist nicht erforderlich, wenn an dem formwechselnden Rechtsträger nur ein Anteilsinhaber beteiligt ist oder wenn alle Anteilsinhaber auf seine Erstattung verzichten. ²Die Verzichtserklärungen sind notariell zu beurkunden.

§ 193 Formwechselbeschluss

(1) ¹Für den Formwechsel ist ein Beschluß der Anteilsinhaber des formwechselnden Rechtsträgers (Formwechselbeschluss) erforderlich. ²Der Beschluß kann nur in einer Versammlung der Anteilsinhaber gefaßt werden.

(2) Ist die Abtretung der Anteile des formwechselnden Rechtsträgers von der Genehmigung einzelner Anteilsinhaber abhängig, so bedarf der Formwechselbeschluss zu seiner Wirksamkeit ihrer Zustimmung.

(3) ¹Der Formwechselbeschluss und die nach diesem Gesetz erforderlichen Zustimmungserklärungen einzelner Anteilsinhaber einschließlich der erforderlichen Zustimmungserklärungen nicht erschienener Anteilsinhaber müssen notariell beurkundet werden. ²Auf Verlangen ist jedem Anteilsinhaber auf seine Kosten unverzüglich eine Abschrift der Niederschrift des Beschlusses zu erteilen.

§ 194 Inhalt des Formwechselbeschlusses

(1) In dem Formwechselbeschluss müssen mindestens bestimmt werden:
1. die Rechtsform, die der Rechtsträger durch den Formwechsel erlangen soll;
2. der Name oder die Firma des Rechtsträgers neuer Rechtsform;
3. eine Beteiligung der bisherigen Anteilsinhaber an dem Rechtsträger nach den für die neue Rechtsform geltenden Vorschriften, soweit ihre Beteiligung nicht nach diesem Buch entfällt;
4. Zahl, Art und Umfang der Anteile oder der Mitgliedschaften, welche die Anteilsinhaber durch den Formwechsel erlangen sollen oder die einem beitretenden persönlich haftenden Gesellschafter eingeräumt werden sollen;
5. die Rechte, die einzelnen Anteilsinhabern sowie den Inhabern besonderer Rechte wie Anteile ohne Stimmrecht, Vorzugsaktien, Mehrstimmrechtsaktien, Schuldverschreibungen und Genußrechte in dem Rechtsträger gewährt werden sollen, oder die Maßnahmen, die für diese Personen vorgesehen sind;
6. ein Abfindungsangebot nach § 207, sofern nicht der Formwechselbeschluss zu seiner Wirksamkeit der Zustimmung aller Anteilsinhaber bedarf oder an dem formwechselnden Rechtsträger nur ein Anteilsinhaber beteiligt ist;
7. die Folgen des Formwechsels für die Arbeitnehmer und ihre Vertretungen sowie die insoweit vorgesehenen Maßnahmen.

(2) Der Entwurf des Formwechselbeschlusses ist spätestens einen Monat vor dem Tage der Versammlung der Anteilsinhaber, die den Formwechsel beschließen soll, dem zuständigen Betriebsrat des formwechselnden Rechtsträgers zuzuleiten.

§ 195 Befristung und Ausschluß von Klagen gegen den Formwechselbeschluss

(1) Eine Klage gegen die Wirksamkeit des Formwechselbeschlusses muß binnen eines Monats nach der Beschlußfassung erhoben werden.

(2) Eine Klage gegen die Wirksamkeit des Formwechselbeschlusses kann nicht darauf gestützt werden, daß die in dem Beschluß bestimmten Anteile an dem

Rechtsträger neuer Rechtsform nicht angemessen sind oder daß die Mitgliedschaft kein ausreichender Gegenwert für die Anteile oder die Mitgliedschaft bei dem formwechselnden Rechtsträger ist.

§ 196 Verbesserung des Beteiligungsverhältnisses

¹Sind die in dem Formwechselbeschluss bestimmten Anteile an dem Rechtsträger neuer Rechtsform nicht angemessen oder ist die Mitgliedschaft bei diesem kein ausreichender Gegenwert für die Anteile oder die Mitgliedschaft bei dem formwechselnden Rechtsträger, so kann jeder Anteilsinhaber, dessen Recht, gegen die Wirksamkeit des Formwechselbeschlusses Klage zu erheben, nach § 195 Abs. 2 ausgeschlossen ist, von dem Rechtsträger einen Ausgleich durch bare Zuzahlung verlangen. ²Die angemessene Zuzahlung wird auf Antrag durch das Gericht nach den Vorschriften des Spruchverfahrensgesetzes bestimmt. ³§ 15 Abs. 2 ist entsprechend anzuwenden.

§ 197 Anzuwendende Gründungsvorschriften

¹Auf den Formwechsel sind die für die neue Rechtsform geltenden Gründungsvorschriften anzuwenden, soweit sich aus diesem Buch nichts anderes ergibt. ²Vorschriften, die für die Gründung eine Mindestzahl der Gründer vorschreiben, sowie die Vorschriften über die Bildung und Zusammensetzung des ersten Aufsichtsrats sind nicht anzuwenden. ³Beim Formwechsel eines Rechtsträgers in eine Aktiengesellschaft ist § 31 des Aktiengesetzes anwendbar.

§ 198 Anmeldung des Formwechsels

(1) Die neue Rechtsform des Rechtsträgers ist zur Eintragung in das Register, in dem der formwechselnde Rechtsträger eingetragen ist, anzumelden.

(2) ¹Ist der formwechselnde Rechtsträger nicht in einem Register eingetragen, so ist der Rechtsträger neuer Rechtsform bei dem zuständigen Gericht zur Eintragung in das für die neue Rechtsform maßgebende Register anzumelden. ²Das gleiche gilt, wenn sich durch den Formwechsel die Art des für den Rechtsträger maßgebenden Registers ändert oder durch eine mit dem Formwechsel verbundene Sitzverlegung die Zuständigkeit eines anderen Registergerichts begründet wird. ³Im Falle des Satzes 2 ist die Umwandlung auch zur Eintragung in das Register anzumelden, in dem der formwechselnde Rechtsträger eingetragen ist. ⁴Diese Eintragung ist mit dem Vermerk zu versehen, daß die Umwandlung erst mit der Eintragung des Rechtsträgers neuer Rechtsform in das für diese maßgebende Register wirksam wird, sofern die Eintragungen in den Registern aller beteiligten Rechtsträger nicht am selben Tag erfolgen. ⁵Der Rechtsträger neuer Rechtsform darf erst eingetragen werden, nachdem die Umwandlung nach den Sätzen 3 und 4 eingetragen worden ist.

(3) § 16 Abs. 2 und 3 ist entsprechend anzuwenden.

§ 199 Anlagen der Anmeldung

Der Anmeldung der neuen Rechtsform oder des Rechtsträgers neuer Rechtsform sind in Ausfertigung oder öffentlich beglaubigter Abschrift oder, soweit sie nicht notariell zu beurkunden sind, in Urschrift oder Abschrift außer den sonst erforderlichen Unterlagen auch die Niederschrift des Formwechselbeschlusses, die nach diesem Gesetz erforderlichen Zustimmungserklärungen einzelner Anteilsinhaber einschließlich der Zustimmungserklärungen nicht erschienener Anteilsinhaber, der Formwechselbericht oder die Erklärungen über den Verzicht auf seine Erstellung, ein Nachweis über die Zuleitung nach § 194 Abs. 2 beizufügen.

§ 200 Firma oder Name des Rechtsträgers

(1) ¹Der Rechtsträger neuer Rechtsform darf seine bisher geführte Firma beibehalten, soweit sich aus diesem Buch nichts anderes ergibt. ²Zusätzliche Bezeichnungen, die auf die Rechtsform der formwechselnden Gesellschaft hinweisen, dürfen auch dann nicht verwendet werden, wenn der Rechtsträger die bisher geführte Firma beibehält.

(2) Auf eine nach dem Formwechsel beibehaltene Firma ist § 19 des Handelsgesetzbuchs, § 4 des Gesetzes betreffend die Gesellschaften mit beschränkter Haftung, §§ 4, 279 des Aktiengesetzes oder § 3 des Genossenschaftsgesetzes entsprechend anzuwenden.

(3) War an dem formwechselnden Rechtsträger eine natürliche Person beteiligt, deren Beteiligung an dem Rechtsträger neuer Rechtsform entfällt, so darf der Name dieses Anteilsinhabers nur dann in der beibehaltenen bisherigen oder in der neu gebildeten Firma verwendet werden, wenn der betroffene Anteilsinhaber oder dessen Erben ausdrücklich in die Verwendung des Namens einwilligen.

(4) ¹Ist formwechselnder Rechtsträger oder Rechtsträger neuer Rechtsform eine Partnerschaftsgesellschaft, gelten für die Beibehaltung oder Bildung der Firma oder des Namens die Absätze 1 und 3 entsprechend. ²Eine Firma darf als Name einer Partnerschaftsgesellschaft nur unter den Voraussetzungen des § 2 Abs. 1 des Partnerschaftsgesellschaftsgesetzes beibehalten werden. ³§ 1 Abs. 3 und § 11 des Partnerschaftsgesellschaftsgesetzes sind entsprechend anzuwenden.

(5) Durch den Formwechsel in eine Gesellschaft des bürgerlichen Rechts erlischt die Firma der formwechselnden Gesellschaft.

§ 201 Bekanntmachung des Formwechsels

Das für die Anmeldung der neuen Rechtsform oder des Rechtsträgers neuer Rechtsform zuständige Gericht hat die Eintragung der neuen Rechtsform oder des Rechtsträgers neuer Rechtsform nach § 10 des Handelsgesetzbuchs bekanntzumachen.

§ 202 Wirkungen der Eintragung

(1) Die Eintragung der neuen Rechtsform in das Register hat folgende Wirkungen:
1. Der formwechselnde Rechtsträger besteht in der in dem Formwechselbeschluss bestimmten Rechtsform weiter.
2. ¹Die Anteilsinhaber des formwechselnden Rechtsträgers sind an dem Rechtsträger nach den für die neue Rechtsform geltenden Vorschriften beteiligt, soweit ihre Beteiligung nicht nach diesem Buch entfällt. ²Rechte Dritter an den Anteilen oder Mitgliedschaften des formwechselnden Rechtsträgers bestehen an den an ihre Stelle tretenden Anteilen oder Mitgliedschaften des Rechtsträgers neuer Rechtsform weiter.
3. Der Mangel der notariellen Beurkundung des Formwechselbeschlusses und gegebenenfalls erforderlicher Zustimmungs- oder Verzichtserklärungen einzelner Anteilsinhaber wird geheilt.

(2) Die in Absatz 1 bestimmten Wirkungen treten in den Fällen des § 198 Abs. 2 mit der Eintragung des Rechtsträgers neuer Rechtsform in das Register ein.

(3) Mängel des Formwechsels lassen die Wirkungen der Eintragung der neuen Rechtsform oder des Rechtsträgers neuer Rechtsform in das Register unberührt.

Fünftes Buch. Formwechsel §§ 203–207 UmwG

§ 203 Amtsdauer von Aufsichtsratsmitgliedern

¹Wird bei einem Formwechsel bei dem Rechtsträger neuer Rechtsform in gleicher Weise wie bei dem formwechselnden Rechtsträger ein Aufsichtsrat gebildet und zusammengesetzt, so bleiben die Mitglieder des Aufsichtsrats für den Rest ihrer Wahlzeit als Mitglieder des Aufsichtsrats des Rechtsträgers neuer Rechtsform im Amt. ²Die Anteilsinhaber des formwechselnden Rechtsträgers können im Formwechselbeschluss für ihre Aufsichtsratsmitglieder die Beendigung des Amtes bestimmen.

§ 204 Schutz der Gläubiger und der Inhaber von Sonderrechten

Auf den Schutz der Gläubiger ist § 22, auf den Schutz der Inhaber von Sonderrechten § 23 entsprechend anzuwenden.

§ 205 Schadenersatzpflicht der Verwaltungsträger des formwechselnden Rechtsträgers

(1) ¹Die Mitglieder des Vertretungsorgans und, wenn ein Aufsichtsorgan vorhanden ist, des Aufsichtsorgans des formwechselnden Rechtsträgers sind als Gesamtschuldner zum Ersatz des Schadens verpflichtet, den der Rechtsträger, seine Anteilsinhaber oder seine Gläubiger durch den Formwechsel erleiden. ²§ 25 Abs. 1 Satz 2 ist entsprechend anzuwenden.

(2) Die Ansprüche nach Absatz 1 verjähren in fünf Jahren seit dem Tage, an dem die anzumeldende Eintragung der neuen Rechtsform oder des Rechtsträgers neuer Rechtsform in das Register bekannt gemacht worden ist.

§ 206 Geltendmachung des Schadenersatzanspruchs

¹Die Ansprüche nach § 205 Abs. 1 können nur durch einen besonderen Vertreter geltend gemacht werden. ²Das Gericht des Sitzes des Rechtsträgers neuer Rechtsform hat einen solchen Vertreter auf Antrag eines Anteilsinhabers oder eines Gläubigers des formwechselnden Rechtsträgers zu bestellen. ³§ 26 Abs. 1 Satz 3 und 4, Abs. 2, Abs. 3 Satz 2 und 3 und Abs. 4 ist entsprechend anzuwenden; an die Stelle der Blätter für die öffentlichen Bekanntmachungen des übertragenden Rechtsträgers treten die entsprechenden Blätter des Rechtsträgers neuer Rechtsform.

§ 207 Angebot der Barabfindung

(1) ¹Der formwechselnde Rechtsträger hat jedem Anteilsinhaber, der gegen den Formwechselbeschluss Widerspruch zur Niederschrift erklärt, den Erwerb seiner umgewandelten Anteile oder Mitgliedschaften gegen eine angemessene Barabfindung anzubieten; § 71 Abs. 4 Satz 2 des Aktiengesetzes und die Anordnung der Nichtigkeit des schuldrechtlichen Geschäfts über einen verbotswidrigen Erwerb nach § 33 Absatz 2 Satz 3 des Gesetzes betreffend die Gesellschaften mit beschränkter Haftung sind insoweit nicht anzuwenden. ²Kann der Rechtsträger auf Grund seiner neuen Rechtsform eigene Anteile oder Mitgliedschaften nicht erwerben, so ist die Barabfindung für den Fall anzubieten, daß der Anteilsinhaber sein Ausscheiden aus dem Rechtsträger erklärt. ³Der Rechtsträger hat die Kosten für eine Übertragung zu tragen.

(2) § 29 Abs. 2 ist entsprechend anzuwenden.

§ 208 Inhalt des Anspruchs auf Barabfindung und Prüfung der Barabfindung

Auf den Anspruch auf Barabfindung ist § 30 entsprechend anzuwenden.

§ 209 Annahme des Angebots

[1]Das Angebot nach § 207 kann nur binnen zwei Monaten nach dem Tage angenommen werden, an dem die Eintragung der neuen Rechtsform oder des Rechtsträgers neuer Rechtsform in das Register bekannt gemacht worden ist. [2]Ist nach § 212 ein Antrag auf Bestimmung der Barabfindung durch das Gericht gestellt worden, so kann das Angebot binnen zwei Monaten nach dem Tage angenommen werden, an dem die Entscheidung im Bundesanzeiger bekanntgemacht worden ist.

§ 210 Ausschluß von Klagen gegen den Formwechselbeschluss

Eine Klage gegen die Wirksamkeit des Formwechselbeschlusses kann nicht darauf gestützt werden, daß das Angebot nach § 207 nicht angemessen oder daß die Barabfindung im Formwechselbeschluss nicht oder nicht ordnungsgemäß angeboten worden ist.

§ 211 Anderweitige Veräußerung

Einer anderweitigen Veräußerung des Anteils durch einen Anteilsinhaber, der nach § 207 Adressat des Abfindungsangebots ist, stehen nach Fassung des Formwechselbeschlusses bis zum Ablauf der in § 209 Satz 1 bestimmten Frist Verfügungsbeschränkungen nicht entgegen.

§ 212 Gerichtliche Nachprüfung der Abfindung

[1]Macht ein Anteilsinhaber geltend, daß eine im Formwechselbeschluss bestimmte Barabfindung, die ihm nach § 207 Abs. 1 anzubieten war, nicht angemessen sei, so hat auf seinen Antrag das Gericht nach den Vorschriften des Spruchverfahrensgesetzes die angemessene Barabfindung zu bestimmen. [2]Das gleiche gilt, wenn die Barabfindung nicht oder nicht ordnungsgemäß angeboten worden ist.

§ 213 Unbekannte Aktionäre

Auf unbekannte Aktionäre ist § 35 entsprechend anzuwenden.

Zweiter Teil. Besondere Vorschriften

Erster Abschnitt. Formwechsel von Personengesellschaften

Erster Unterabschnitt. Formwechsel von Gesellschaften bürgerlichen Rechts und Personenhandelsgesellschaften

§ 214 Möglichkeit des Formwechsels

(1) Eine Gesellschaft bürgerlichen Rechts oder eine Personenhandelsgesellschaft kann aufgrund eines Umwandlungsbeschlusses nach diesem Gesetz nur die

Rechtsform einer Kapitalgesellschaft oder einer eingetragenen Genossenschaft erlangen.

(2) Eine aufgelöste Gesellschaft bürgerlichen Rechts und eine aufgelöste Personenhandelsgesellschaft können die Rechtsform nicht wechseln, wenn die Gesellschafter eine andere Art der Auseinandersetzung als die Abwicklung durch Liquidation oder als den Formwechsel vereinbart haben.

§ 215 Formwechselbericht

Ein Formwechselbericht ist nicht erforderlich, wenn alle Gesellschafter der formwechselnden Gesellschaft zur Geschäftsführung berechtigt sind.

§ 216 Unterrichtung der Gesellschafter

Das Vertretungsorgan der formwechselnden Gesellschaft hat allen von der Geschäftsführung ausgeschlossenen Gesellschaftern spätestens zusammen mit der Einberufung der Gesellschafterversammlung, die den Formwechsel beschließen soll, diesen Formwechsel als Gegenstand der Beschlußfassung in Textform anzukündigen und einen nach diesem Buch erforderlichen Formwechselbericht sowie ein Abfindungsangebot nach § 207 zu übersenden.

§ 217 Beschluß der Gesellschafterversammlung

(1) [1]Der Formwechselbeschluss der Gesellschafterversammlung bedarf der Zustimmung aller anwesenden Gesellschafter; ihm müssen auch die nicht erschienenen Gesellschafter zustimmen. [2]Der Gesellschaftsvertrag der formwechselnden Gesellschaft kann eine Mehrheitsentscheidung der Gesellschafter vorsehen. [3]Die Mehrheit muß mindestens drei Viertel der abgegebenen Stimmen betragen.

(2) Die Gesellschafter, die im Falle einer Mehrheitsentscheidung für den Formwechsel gestimmt haben, sind in der Niederschrift über den Formwechselbeschluss namentlich aufzuführen.

(3) Dem Formwechsel in eine Kommanditgesellschaft auf Aktien müssen alle Gesellschafter zustimmen, die in dieser Gesellschaft die Stellung eines persönlich haftenden Gesellschafters haben sollen.

§ 218 Inhalt des Formwechselbeschlusses

(1) [1]In dem Formwechselbeschluss muß auch der Gesellschaftsvertrag der Gesellschaft mit beschränkter Haftung oder die Satzung der Genossenschaft enthalten sein oder die Satzung der Aktiengesellschaft oder der Kommanditgesellschaft auf Aktien festgestellt werden. [2]Eine Unterzeichnung der Satzung durch die Mitglieder ist nicht erforderlich.

(2) Der Beschluss zum Formwechsel in eine Kommanditgesellschaft auf Aktien muß vorsehen, daß sich an dieser Gesellschaft mindestens ein Gesellschafter der formwechselnden Gesellschaft als persönlich haftender Gesellschafter beteiligt oder daß der Gesellschaft mindestens ein persönlich haftender Gesellschafter beitritt.

(3) [1]Der Beschluss zum Formwechsel in eine Genossenschaft muß die Beteiligung jedes Mitglieds mit mindestens einem Geschäftsanteil vorsehen. [2]In dem Beschluß kann auch bestimmt werden, daß jedes Mitglied bei der Genossenschaft mit mindestens einem und im übrigen mit so vielen Geschäftsanteilen, wie sie durch Anrech-

nung seines Geschäftsguthabens bei dieser Genossenschaft als voll eingezahlt anzusehen sind, beteiligt wird.

§ 219 Rechtsstellung als Gründer

¹Bei der Anwendung der Gründungsvorschriften stehen den Gründern die Gesellschafter der formwechselnden Gesellschaft gleich. ²Im Falle einer Mehrheitsentscheidung treten an die Stelle der Gründer die Gesellschafter, die für den Formwechsel gestimmt haben, sowie beim Formwechsel in eine Kommanditgesellschaft auf Aktien auch beitretende persönlich haftende Gesellschafter.

§ 220 Kapitalschutz

(1) Der Nennbetrag des Stammkapitals einer Gesellschaft mit beschränkter Haftung oder des Grundkapitals einer Aktiengesellschaft oder einer Kommanditgesellschaft auf Aktien darf das nach Abzug der Schulden verbleibende Vermögen der formwechselnden Gesellschaft nicht übersteigen.

(2) In dem Sachgründungsbericht beim Formwechsel in eine Gesellschaft mit beschränkter Haftung oder in dem Gründungsbericht beim Formwechsel in eine Aktiengesellschaft oder in eine Kommanditgesellschaft auf Aktien sind auch der bisherige Geschäftsverlauf und die Lage der formwechselnden Gesellschaft darzulegen.

(3) ¹Beim Formwechsel in eine Aktiengesellschaft oder in eine Kommanditgesellschaft auf Aktien hat die Gründungsprüfung durch einen oder mehrere Prüfer (§ 33 Abs. 2 des Aktiengesetzes) in jedem Fall stattzufinden. ²Die für Nachgründungen in § 52 Abs. 1 des Aktiengesetzes bestimmte Frist von zwei Jahren beginnt mit dem Wirksamwerden des Formwechsels.

§ 221 Beitritt persönlich haftender Gesellschafter

¹Der in einem Beschluss zum Formwechsel in eine Kommanditgesellschaft auf Aktien vorgesehene Beitritt eines Gesellschafters, welcher der formwechselnden Gesellschaft nicht angehört hat, muß notariell beurkundet werden. ²Die Satzung der Kommanditgesellschaft auf Aktien ist von jedem beitretenden persönlich haftenden Gesellschafter zu genehmigen.

§ 222 Anmeldung des Formwechsels

(1) ¹Die Anmeldung nach § 198 einschließlich der Anmeldung der Satzung der Genossenschaft ist durch alle Mitglieder des künftigen Vertretungsorgans sowie, wenn der Rechtsträger nach den für die neue Rechtsform geltenden Vorschriften einen Aufsichtsrat haben muß, auch durch alle Mitglieder dieses Aufsichtsrats vorzunehmen. ²Zugleich mit der Genossenschaft sind die Mitglieder ihres Vorstandes zur Eintragung in das Register anzumelden.

(2) Ist der Rechtsträger neuer Rechtsform eine Aktiengesellschaft oder eine Kommanditgesellschaft auf Aktien, so haben die Anmeldung nach Absatz 1 auch alle Gesellschafter vorzunehmen, die nach § 219 den Gründern dieser Gesellschaft gleichstehen.

(3) Die Anmeldung der Umwandlung zur Eintragung in das Register nach § 198 Abs. 2 Satz 3 kann auch von den zur Vertretung der formwechselnden Gesellschaft ermächtigten Gesellschaftern vorgenommen werden.

Fünftes Buch. Formwechsel §§ 223–225b UmwG

§ 223 Anlagen der Anmeldung

Der Anmeldung der neuen Rechtsform oder des Rechtsträgers neuer Rechtsform sind beim Formwechsel in eine Kommanditgesellschaft auf Aktien außer den sonst erforderlichen Unterlagen auch die Urkunden über den Beitritt aller beitretenden persönlich haftenden Gesellschafter in Ausfertigung oder öffentlich beglaubigter Abschrift beizufügen.

§ 224 Fortdauer und zeitliche Begrenzung der persönlichen Haftung

(1) Der Formwechsel berührt nicht die Ansprüche der Gläubiger der Gesellschaft gegen einen ihrer Gesellschafter aus Verbindlichkeiten der formwechselnden Gesellschaft, für die dieser im Zeitpunkt des Formwechsels nach § 721 des Bürgerlichen Gesetzbuchs oder nach § 126 des Handelsgesetzbuchs persönlich haftet.

(2) Der Gesellschafter haftet für diese Verbindlichkeiten, wenn sie vor Ablauf von fünf Jahren nach dem Formwechsel fällig und daraus Ansprüche gegen ihn in einer in § 197 Abs. 1 Nr. 3 bis 5 des Bürgerlichen Gesetzbuchs bezeichneten Art festgestellt sind oder eine gerichtliche oder behördliche Vollstreckungshandlung vorgenommen oder beantragt wird; bei öffentlich-rechtlichen Verbindlichkeiten genügt der Erlass eines Verwaltungsakts.

(3) [1]Die Frist beginnt mit dem Tage, an dem die Eintragung der neuen Rechtsform oder des Rechtsträgers neuer Rechtsform in das Register bekannt gemacht worden ist. [2]Die für die Verjährung geltenden §§ 204, 206, 210, 211 und 212 Abs. 2 und 3 des Bürgerlichen Gesetzbuchs sind entsprechend anzuwenden.

(4) Einer Feststellung in einer in § 197 Abs. 1 Nr. 3 bis 5 des Bürgerlichen Gesetzbuchs bezeichneten Art bedarf es nicht, soweit der Gesellschafter den Anspruch schriftlich anerkannt hat.

(5) Die Absätze 1 bis 4 sind auch anzuwenden, wenn der Gesellschafter in dem Rechtsträger anderer Rechtsform geschäftsführend tätig wird.

§ 225 Prüfung des Abfindungsangebots

[1]Im Falle des § 217 Abs. 1 Satz 2 ist die Angemessenheit der angebotenen Barabfindung nach § 208 in Verbindung mit § 30 Abs. 2 nur auf Verlangen eines Gesellschafters zu prüfen. [2]Die Kosten trägt die Gesellschaft.

Zweiter Unterabschnitt. Formwechsel von Partnerschaftsgesellschaften

§ 225a Möglichkeit des Formwechsels

Eine Partnerschaftsgesellschaft kann auf Grund eines Formwechselbeschlusses nach diesem Gesetz nur die Rechtsform einer Kapitalgesellschaft oder einer eingetragenen Genossenschaft erlangen.

§ 225b Formwechselbericht und Unterrichtung der Partner

[1]Ein Formwechselbericht ist nur erforderlich, wenn ein Partner der formwechselnden Partnerschaft gemäß § 6 Abs. 2 des Partnerschaftsgesellschaftsgesetzes von der Geschäftsführung ausgeschlossen ist. [2]Von der Geschäftsführung ausgeschlossene Partner sind entsprechend § 216 zu unterrichten.

§ 225c Anzuwendende Vorschriften

Auf den Formwechsel einer Partnerschaftsgesellschaft sind § 214 Abs. 2 und die §§ 217 bis 225 entsprechend anzuwenden.

Zweiter Abschnitt. Formwechsel von Kapitalgesellschaften

Erster Unterabschnitt. Allgemeine Vorschriften

§ 226 Möglichkeit des Formwechsels

Eine Kapitalgesellschaft kann auf Grund eines Formwechselbeschlusses nach diesem Gesetz nur die Rechtsform einer Gesellschaft des bürgerlichen Rechts, einer Personenhandelsgesellschaft, einer Partnerschaftsgesellschaft, einer anderen Kapitalgesellschaft oder einer eingetragenen Genossenschaft erlangen.

§ 227 Nicht anzuwendende Vorschriften

Die §§ 207 bis 212 sind beim Formwechsel einer Kommanditgesellschaft auf Aktien nicht auf deren persönlich haftende Gesellschafter anzuwenden.

Zweiter Unterabschnitt. Formwechsel in eine Personengesellschaft

§ 228 Möglichkeit des Formwechsels

(1) Durch den Formwechsel kann eine Kapitalgesellschaft die Rechtsform einer Personenhandelsgesellschaft nur erlangen, wenn der Unternehmensgegenstand im Zeitpunkt des Wirksamwerdens des Formwechsels den Vorschriften über die Gründung einer offenen Handelsgesellschaft (§ 105 Absatz 1 und § 107 Absatz 1 des Handelsgesetzbuchs) genügt.

(2) ¹Ein Formwechsel in eine Partnerschaftsgesellschaft ist nur möglich, wenn im Zeitpunkt seines Wirksamwerdens alle Anteilsinhaber des formwechselnden Rechtsträgers natürliche Personen sind, die einen Freien Beruf ausüben (§ 1 Abs. 1 und 2 des Partnerschaftsgesellschaftsgesetzes). ²§ 1 Abs. 3 des Partnerschaftsgesellschaftsgesetzes bleibt unberührt.

(3) Ein Formwechsel in eine Gesellschaft bürgerlichen Rechts ist nur möglich, wenn die Gesellschaft kein Handelsgewerbe gemäß § 1 Absatz 2 des Handelsgesetzbuchs betreibt.

§ 229 *(aufgehoben)*

§ 230 Vorbereitung der Versammlung der Anteilsinhaber

(1) Die Geschäftsführer einer formwechselnden Gesellschaft mit beschränkter Haftung haben allen Gesellschaftern spätestens zusammen mit der Einberufung der Gesellschafterversammlung, die den Formwechsel beschließen soll, diesen Formwechsel als Gegenstand der Beschlußfassung in Textform anzukündigen und den Formwechselbericht zu übersenden.

(2) ¹Der Formwechselbericht einer Aktiengesellschaft oder einer Kommanditgesellschaft auf Aktien ist von der Einberufung der Hauptversammlung an, die den Formwechsel beschließen soll, in dem Geschäftsraum der Gesellschaft zur Einsicht

Fünftes Buch. Formwechsel **§§ 231–233 UmwG**

der Aktionäre auszulegen. ²Auf Verlangen ist jedem Aktionär und jedem von der Geschäftsführung ausgeschlossenen persönlich haftenden Gesellschafter unverzüglich und kostenlos eine Abschrift des Formwechselberichts zu erteilen. ³Der Formwechselbericht kann dem Aktionär und dem von der Geschäftsführung ausgeschlossenen persönlich haftenden Gesellschafter mit seiner Einwilligung auf dem Wege elektronischer Kommunikation übermittelt werden. ⁴Die Verpflichtungen nach den Sätzen 1 und 2 entfallen, wenn der Formwechselbericht für denselben Zeitraum über die Internetseite der Gesellschaft zugänglich ist.

§ 231 Mitteilung des Abfindungsangebots

¹Das Vertretungsorgan der formwechselnden Gesellschaft hat den Gesellschaftern oder Aktionären spätestens zusammen mit der Einberufung der Gesellschafterversammlung oder der Hauptversammlung, die den Formwechsel beschließen soll, das Abfindungsangebot nach § 207 zu übersenden. ²Der Übersendung steht es gleich, wenn das Abfindungsangebot im Bundesanzeiger und den sonst bestimmten Gesellschaftsblättern bekanntgemacht wird.

§ 232 Durchführung der Versammlung der Anteilsinhaber

(1) ¹In der Gesellschafterversammlung oder in der Hauptversammlung, die den Formwechsel beschließen soll, ist der Formwechselbericht auszulegen. ²In der Hauptversammlung kann der Formwechselbericht auch auf andere Weise zugänglich gemacht werden.

(2) Der Entwurf des Formwechselbeschlusses einer Aktiengesellschaft oder einer Kommanditgesellschaft auf Aktien ist von deren Vertretungsorgan zu Beginn der Verhandlung mündlich zu erläutern.

§ 233 Beschluß der Versammlung der Anteilsinhaber

(1) Der Formwechselbeschluss der Gesellschafterversammlung oder der Hauptversammlung bedarf, wenn die formwechselnde Gesellschaft die Rechtsform einer Gesellschaft des bürgerlichen Rechts, einer offenen Handelsgesellschaft oder einer Partnerschaftsgesellschaft erlangen soll, der Zustimmung aller anwesenden Gesellschafter oder Aktionäre; ihm müssen auch die nicht erschienenen Anteilsinhaber zustimmen.

(2) ¹Soll die formwechselnde Gesellschaft in eine Kommanditgesellschaft umgewandelt werden, so bedarf der Formwechselbeschluss einer Mehrheit von mindestens drei Vierteln der bei der Gesellschafterversammlung einer Gesellschaft mit beschränkter Haftung abgegebenen Stimmen oder des bei der Beschlußfassung einer Aktiengesellschaft oder einer Kommanditgesellschaft auf Aktien vertretenen Grundkapitals; § 50 Abs. 2 und § 65 Abs. 2 sind entsprechend anzuwenden. ²Der Gesellschaftsvertrag oder die Satzung der formwechselnden Gesellschaft kann eine größere Mehrheit und weitere Erfordernisse bestimmen. ³Dem Formwechsel müssen alle Gesellschafter oder Aktionäre zustimmen, die in der Kommanditgesellschaft die Stellung eines persönlich haftenden Gesellschafters haben sollen.

(3) ¹Dem Formwechsel einer Kommanditgesellschaft auf Aktien müssen ferner deren persönlich haftende Gesellschafter zustimmen. ²Die Satzung der formwechselnden Gesellschaft kann für den Fall des Formwechsels in eine Kommanditgesellschaft eine Mehrheitsentscheidung dieser Gesellschafter vorsehen. ³Jeder dieser Gesellschafter kann sein Ausscheiden aus dem Rechtsträger für den Zeitpunkt erklären, in dem der Formwechsel wirksam wird.

§ 234 Inhalt des Formwechselbeschlusses

In dem Formwechselbeschluss müssen auch enthalten sein:
1. die Bestimmung des Sitzes der Personengesellschaft;
2. beim Formwechsel in eine Kommanditgesellschaft die Angabe der Kommanditisten sowie des Betrages der Einlage eines jeden von ihnen;
3. der Gesellschaftsvertrag der Personengesellschaft.

§ 235 Anmeldung des Formwechsels

Die Anmeldung nach § 198 ist durch das Vertretungsorgan der formwechselnden Gesellschaft vorzunehmen.

§ 236 Wirkungen des Formwechsels

Mit dem Wirksamwerden des Formwechsels einer Kommanditgesellschaft auf Aktien scheiden persönlich haftende Gesellschafter, die nach § 233 Abs. 3 Satz 3 ihr Ausscheiden aus dem Rechtsträger erklärt haben, aus der Gesellschaft aus.

§ 237 Fortdauer und zeitliche Begrenzung der persönlichen Haftung

Erlangt ein persönlich haftender Gesellschafter einer formwechselnden Kommanditgesellschaft auf Aktien beim Formwechsel in eine Kommanditgesellschaft die Rechtsstellung eines Kommanditisten, so ist auf seine Haftung für die im Zeitpunkt des Formwechsels begründeten Verbindlichkeiten der formwechselnden Gesellschaft § 224 entsprechend anzuwenden.

Dritter Unterabschnitt. Formwechsel in eine Kapitalgesellschaft anderer Rechtsform

§ 238 Vorbereitung der Versammlung der Anteilsinhaber

[1]Auf die Vorbereitung der Gesellschafterversammlung oder der Hauptversammlung, die den Formwechsel beschließen soll, sind die §§ 230 und 231 entsprechend anzuwenden. [2]§ 192 Abs. 2 bleibt unberührt.

§ 239 Durchführung der Versammlung der Anteilsinhaber

(1) [1]In der Gesellschafterversammlung oder in der Hauptversammlung, die den Formwechsel beschließen soll, ist der Formwechselbericht auszulegen. [2]In der Hauptversammlung kann der Formwechselbericht auch auf andere Weise zugänglich gemacht werden.

(2) Der Entwurf des Formwechselbeschlusses einer Aktiengesellschaft oder einer Kommanditgesellschaft auf Aktien ist von deren Vertretungsorgan zu Beginn der Verhandlung mündlich zu erläutern.

§ 240 Beschluß der Versammlung der Anteilsinhaber

(1) [1]Der Formwechselbeschluss bedarf einer Mehrheit von mindestens drei Vierteln der bei der Gesellschafterversammlung einer Gesellschaft mit beschränkter Haftung abgegebenen Stimmen oder des bei der Beschlußfassung einer Aktiengesellschaft oder einer Kommanditgesellschaft auf Aktien vertretenen Grundkapitals; § 65

Fünftes Buch. Formwechsel §§ 241–243 UmwG

Abs. 2 ist entsprechend anzuwenden. ²Der Gesellschaftsvertrag oder die Satzung der formwechselnden Gesellschaft kann eine größere Mehrheit und weitere Erfordernisse, beim Formwechsel einer Kommanditgesellschaft auf Aktien in eine Aktiengesellschaft auch eine geringere Mehrheit bestimmen.

(2) ¹Dem Formwechsel einer Gesellschaft mit beschränkter Haftung oder einer Aktiengesellschaft in eine Kommanditgesellschaft auf Aktien müssen alle Gesellschafter oder Aktionäre zustimmen, die in der Gesellschaft neuer Rechtsform die Stellung eines persönlich haftenden Gesellschafters haben sollen. ²Auf den Beitritt persönlich haftender Gesellschafter ist § 221 entsprechend anzuwenden.

(3) ¹Dem Formwechsel einer Kommanditgesellschaft auf Aktien müssen ferner deren persönlich haftende Gesellschafter zustimmen. ²Die Satzung der formwechselnden Gesellschaft kann eine Mehrheitsentscheidung dieser Gesellschafter vorsehen.

§ 241 Zustimmungserfordernisse beim Formwechsel einer Gesellschaft mit beschränkter Haftung

(1) Werden durch den Formwechselbeschluss einer formwechselnden Gesellschaft mit beschränkter Haftung die Aktien in der Satzung der Aktiengesellschaft oder der Kommanditgesellschaft auf Aktien auf einen höheren als den Mindestbetrag nach § 8 Abs. 2 oder 3 des Aktiengesetzes und abweichend vom Nennbetrag der Geschäftsanteile der formwechselnden Gesellschaft gestellt, so muß dem jeder Gesellschafter zustimmen, der sich nicht dem Gesamtnennbetrag seiner Geschäftsanteile entsprechend beteiligen kann.

(2) Auf das Erfordernis der Zustimmung einzelner Gesellschafter ist ferner § 50 Abs. 2 entsprechend anzuwenden.

(3) Sind einzelnen Gesellschaftern außer der Leistung von Kapitaleinlagen noch andere Verpflichtungen gegenüber der Gesellschaft auferlegt und können diese wegen der einschränkenden Bestimmung des § 55 des Aktiengesetzes bei dem Formwechsel nicht aufrechterhalten werden, so bedarf der Formwechsel auch der Zustimmung dieser Gesellschafter.

§ 242 Zustimmungserfordernis beim Formwechsel einer Aktiengesellschaft oder einer Kommanditgesellschaft auf Aktien

Wird durch den Formwechselbeschluss einer formwechselnden Aktiengesellschaft oder Kommanditgesellschaft auf Aktien der Nennbetrag der Geschäftsanteile in dem Gesellschaftsvertrag der Gesellschaft mit beschränkter Haftung abweichend vom Betrag der Aktien festgesetzt, so muß der Festsetzung jeder Aktionär zustimmen, der sich nicht mit seinem gesamten Anteil beteiligen kann.

§ 243 Inhalt des Formwechselbeschlusses

(1) ¹Auf den Formwechselbeschluss ist § 218 entsprechend anzuwenden. ²Festsetzungen über Sondervorteile, Gründungsaufwand, Sacheinlagen und Sachübernahmen, die in dem Gesellschaftsvertrag oder in der Satzung der formwechselnden Gesellschaft enthalten sind, sind in den Gesellschaftsvertrag oder in die Satzung der Gesellschaft neuer Rechtsform zu übernehmen. ³§ 26 Abs. 4 und 5 des Aktiengesetzes bleibt unberührt.

(2) Vorschriften anderer Gesetze über die Änderung des Stammkapitals oder des Grundkapitals bleiben unberührt.

(3) ¹In dem Gesellschaftsvertrag oder in der Satzung der Gesellschaft neuer Rechtsform kann der auf die Anteile entfallende Betrag des Stamm- oder Grundkapitals abweichend vom Betrag der Anteile der formwechselnden Gesellschaft festgesetzt werden. ²Bei einer Gesellschaft mit beschränkter Haftung muss er auf volle Euro lauten.

§ 244 Niederschrift über den Formwechselbeschluss; Gesellschaftsvertrag

(1) In der Niederschrift über den Formwechselbeschluss sind die Personen, die nach § 245 Abs. 1 bis 3 den Gründern der Gesellschaft gleichstehen, namentlich aufzuführen.

(2) Beim Formwechsel einer Aktiengesellschaft oder einer Kommanditgesellschaft auf Aktien in eine Gesellschaft mit beschränkter Haftung braucht der Gesellschaftsvertrag von den Gesellschaftern nicht unterzeichnet zu werden.

§ 245 Rechtsstellung als Gründer; Kapitalschutz

(1) ¹Bei einem Formwechsel einer Gesellschaft mit beschränkter Haftung in eine Aktiengesellschaft oder in eine Kommanditgesellschaft auf Aktien treten bei der Anwendung der Gründungsvorschriften des Aktiengesetzes an die Stelle der Gründer die Gesellschafter, die für den Formwechsel gestimmt haben, sowie beim Formwechsel einer Gesellschaft mit beschränkter Haftung in eine Kommanditgesellschaft auf Aktien auch beitretende persönlich haftende Gesellschafter. ²§ 220 ist entsprechend anzuwenden. ³§ 52 des Aktiengesetzes ist nicht anzuwenden, wenn die Gesellschaft mit beschränkter Haftung vor dem Wirksamwerden des Formwechsels bereits länger als zwei Jahre in das Register eingetragen war.

(2) ¹Beim Formwechsel einer Aktiengesellschaft in eine Kommanditgesellschaft auf Aktien treten bei der Anwendung der Gründungsvorschriften des Aktiengesetzes an die Stelle der Gründer die persönlich haftenden Gesellschafter der Gesellschaft neuer Rechtsform. ²§ 220 ist entsprechend anzuwenden. ³§ 52 des Aktiengesetzes ist nicht anzuwenden.

(3) ¹Beim Formwechsel einer Kommanditgesellschaft auf Aktien in eine Aktiengesellschaft treten bei der Anwendung der Gründungsvorschriften des Aktiengesetzes an die Stelle der Gründer die persönlich haftenden Gesellschafter der formwechselnden Gesellschaft. ²§ 220 ist entsprechend anzuwenden. ³§ 52 des Aktiengesetzes ist nicht anzuwenden.

(4) Beim Formwechsel einer Aktiengesellschaft oder einer Kommanditgesellschaft auf Aktien in eine Gesellschaft mit beschränkter Haftung ist ein Sachgründungsbericht nicht erforderlich.

§ 246 Anmeldung des Formwechsels

(1) Die Anmeldung nach § 198 ist durch das Vertretungsorgan der formwechselnden Gesellschaft vorzunehmen.

(2) Zugleich mit der neuen Rechtsform oder mit dem Rechtsträger neuer Rechtsform sind die Geschäftsführer der Gesellschaft mit beschränkter Haftung, die Vorstandsmitglieder der Aktiengesellschaft oder die persönlich haftenden Gesellschafter der Kommanditgesellschaft auf Aktien zur Eintragung in das Register anzumelden.

(3) § 8 Abs. 2 des Gesetzes betreffend die Gesellschaften mit beschränkter Haftung und § 37 Abs. 1 des Aktiengesetzes sind auf die Anmeldung nach § 198 nicht anzuwenden.

§ 247 Wirkungen des Formwechsels

(1) Durch den Formwechsel wird das bisherige Stammkapital einer formwechselnden Gesellschaft mit beschränkter Haftung zum Grundkapital der Gesellschaft neuer Rechtsform oder das bisherige Grundkapital einer formwechselnden Aktiengesellschaft oder Kommanditgesellschaft auf Aktien zum Stammkapital der Gesellschaft neuer Rechtsform.

(2) Durch den Formwechsel einer Kommanditgesellschaft auf Aktien scheiden deren persönlich haftende Gesellschafter als solche aus der Gesellschaft aus.

§ 248 Umtausch der Anteile

(1) Auf den Umtausch der Geschäftsanteile einer formwechselnden Gesellschaft mit beschränkter Haftung gegen Aktien ist § 73 des Aktiengesetzes, bei Zusammenlegung von Geschäftsanteilen § 226 des Aktiengesetzes über die Kraftloserklärung von Aktien entsprechend anzuwenden.

(2) Auf den Umtausch der Aktien einer formwechselnden Aktiengesellschaft oder Kommanditgesellschaft auf Aktien gegen Geschäftsanteile einer Gesellschaft mit beschränkter Haftung ist § 73 Abs. 1 und 2 des Aktiengesetzes, bei Zusammenlegung von Aktien § 226 Abs. 1 und 2 des Aktiengesetzes über die Kraftloserklärung von Aktien entsprechend anzuwenden.

(3) Einer Genehmigung des Gerichts bedarf es nicht.

§ 248a Gewährung zusätzlicher Aktien

[1]Die §§ 72 und 72b gelten für einen Formwechsel in eine Aktiengesellschaft oder eine Kommanditgesellschaft auf Aktien entsprechend. [2]Der Formwechselbeschluss hat die Erklärung gemäß § 72a Absatz 1 Satz 1 zu enthalten.

§ 249 Gläubigerschutz

Auf den Formwechsel einer Kommanditgesellschaft auf Aktien in eine Gesellschaft mit beschränkter Haftung oder in eine Aktiengesellschaft ist auch § 224 entsprechend anzuwenden.

§ 250 Nicht anzuwendende Vorschriften

Die §§ 207 bis 212 sind auf den Formwechsel einer Aktiengesellschaft in eine Kommanditgesellschaft auf Aktien oder einer Kommanditgesellschaft auf Aktien in eine Aktiengesellschaft nicht anzuwenden.

Vierter Unterabschnitt. Formwechsel in eine eingetragene Genossenschaft

§ 251 Vorbereitung und Durchführung der Versammlung der Anteilsinhaber

(1) [1]Auf die Vorbereitung der Gesellschafterversammlung oder der Hauptversammlung, die den Formwechsel beschließen soll, sind die §§ 229 bis 231 entsprechend anzuwenden. [2]§ 192 Abs. 2 bleibt unberührt.

(2) Auf die Gesellschafterversammlung oder die Hauptversammlung, die den Formwechsel beschließen soll, ist § 239 Abs. 1 Satz 1, auf die Hauptversammlung auch § 239 Abs. 1 Satz 2 und Abs. 2 entsprechend anzuwenden.

§ 252 Beschluß der Versammlung der Anteilsinhaber

(1) Der Formwechselbeschluss der Gesellschafterversammlung oder der Hauptversammlung bedarf, wenn die Satzung der Genossenschaft eine Verpflichtung der Mitglieder zur Leistung von Nachschüssen vorsieht, der Zustimmung aller anwesenden Gesellschafter oder Aktionäre; ihm müssen auch die nicht erschienenen Anteilsinhaber zustimmen.

(2) [1]Sollen die Mitglieder nicht zur Leistung von Nachschüssen verpflichtet werden, so bedarf der Formwechselbeschluss einer Mehrheit von mindestens drei Vierteln der bei der Gesellschafterversammlung einer Gesellschaft mit beschränkter Haftung abgegebenen Stimmen oder des bei der Beschlußfassung einer Aktiengesellschaft oder einer Kommanditgesellschaft auf Aktien vertretenen Grundkapitals; § 50 Abs. 2 und § 65 Abs. 2 sind entsprechend anzuwenden. [2]Der Gesellschaftsvertrag oder die Satzung der formwechselnden Gesellschaft kann eine größere Mehrheit und weitere Erfordernisse bestimmen.

(3) Auf den Formwechsel einer Kommanditgesellschaft auf Aktien ist § 240 Abs. 3 entsprechend anzuwenden.

§ 253 Inhalt des Formwechselbeschlusses

(1) [1]In dem Formwechselbeschluß muß auch die Satzung der Genossenschaft enthalten sein. [2]Eine Unterzeichnung der Satzung durch die Mitglieder ist nicht erforderlich.

(2) [1]Der Formwechselbeschluß muß die Beteiligung jedes Mitglieds mit mindestens einem Geschäftsanteil vorsehen. [2]In dem Beschluß kann auch bestimmt werden, daß jedes Mitglied bei der Genossenschaft mit mindestens einem und im übrigen mit so vielen Geschäftsanteilen, wie sie durch Anrechnung seines Geschäftsguthabens bei dieser Genossenschaft als voll eingezahlt anzusehen sind, beteiligt wird.

§ 254 Anmeldung des Formwechsels

(1) Die Anmeldung nach § 198 einschließlich der Anmeldung der Satzung der Genossenschaft ist durch das Vertretungsorgan der formwechselnden Gesellschaft vorzunehmen.

(2) Zugleich mit der Genossenschaft sind die Mitglieder ihres Vorstandes zur Eintragung in das Register anzumelden.

§ 255 Wirkungen des Formwechsels

(1) [1]Jeder Anteilsinhaber, der die Rechtsstellung eines Mitglieds erlangt, ist bei der Genossenschaft nach Maßgabe des Formwechselbeschlusses beteiligt. [2]Eine Verpflichtung zur Übernahme weiterer Geschäftsanteile bleibt unberührt. [3]§ 202 Abs. 1 Nr. 2 Satz 2 ist mit der Maßgabe anzuwenden, daß die an den bisherigen Anteilen bestehenden Rechte Dritter an den durch den Formwechsel erlangten Geschäftsguthaben weiterbestehen.

(2) Das Gericht darf eine Auflösung der Genossenschaft von Amts wegen nach § 80 des Genossenschaftsgesetzes nicht vor Ablauf eines Jahres seit dem Wirksamwerden des Formwechsels aussprechen.

Fünftes Buch. Formwechsel §§ 256–259 UmwG

(3) Durch den Formwechsel einer Kommanditgesellschaft auf Aktien scheiden deren persönlich haftende Gesellschafter als solche aus dem Rechtsträger aus.

§ 256 Geschäftsguthaben; Benachrichtigung der Mitglieder

(1) Jedem Mitglied ist als Geschäftsguthaben der Wert der Geschäftsanteile oder der Aktien gutzuschreiben, mit denen es an der formwechselnden Gesellschaft beteiligt war.

(2) ¹Übersteigt das durch den Formwechsel erlangte Geschäftsguthaben eines Mitglieds den Gesamtbetrag der Geschäftsanteile, mit denen es bei der Genossenschaft beteiligt ist, so ist der übersteigende Betrag nach Ablauf von sechs Monaten seit dem Tage, an dem die Eintragung der Genossenschaft in das Register bekannt gemacht worden ist, an das Mitglied auszuzahlen. ²Die Auszahlung darf jedoch nicht erfolgen, bevor die Gläubiger, die sich nach § 204 in Verbindung mit § 22 gemeldet haben, befriedigt oder sichergestellt sind.

(3) Die Genossenschaft hat jedem Mitglied unverzüglich nach der Bekanntmachung der Eintragung der Genossenschaft in das Register in Textform mitzuteilen:
1. den Betrag seines Geschäftsguthabens;
2. den Betrag und die Zahl der Geschäftsanteile, mit denen es bei der Genossenschaft beteiligt ist;
3. den Betrag der von dem Mitglied nach Anrechnung seines Geschäftsguthabens noch zu leistenden Einzahlung oder den Betrag, der nach Absatz 2 an das Mitglied auszuzahlen ist;
4. den Betrag der Haftsumme der Genossenschaft, sofern die Mitglieder Nachschüsse bis zu einer Haftsumme zu leisten haben.

§ 257 Gläubigerschutz

Auf den Formwechsel einer Kommanditgesellschaft auf Aktien ist auch § 224 entsprechend anzuwenden.

Dritter Abschnitt. Formwechsel eingetragener Genossenschaften

§ 258 Möglichkeit des Formwechsels

(1) Eine eingetragene Genossenschaft kann auf Grund eines Formwechselbeschlusses nach diesem Gesetz nur die Rechtsform einer Kapitalgesellschaft erlangen.

(2) Der Formwechsel ist nur möglich, wenn auf jedes Mitglied, das an der Gesellschaft neuer Rechtsform beteiligt wird, als beschränkt haftender Gesellschafter ein Geschäftsanteil, dessen Nennbetrag auf volle Euro lautet, oder als Aktionär mindestens eine volle Aktie entfällt.

§ 259 Gutachten des Prüfungsverbandes

Vor der Einberufung der Generalversammlung, die den Formwechsel beschließen soll, ist eine gutachtliche Äußerung des Prüfungsverbandes einzuholen, ob der Formwechsel mit den Belangen der Mitglieder und der Gläubiger der Genossenschaft vereinbar ist, insbesondere ob bei der Festsetzung des Stammkapitals oder des Grundkapitals § 263 Abs. 2 Satz 2 und § 264 Abs. 1 beachtet sind (Prüfungsgutachten).

§ 260 Vorbereitung der Generalversammlung

(1) ¹Der Vorstand der formwechselnden Genossenschaft hat allen Mitgliedern spätestens zusammen mit der Einberufung der Generalversammlung, die den Formwechsel beschließen soll, diesen Formwechsel als Gegenstand der Beschlußfassung in Textform anzukündigen. ²In der Ankündigung ist auf die für die Beschlußfassung nach § 262 Abs. 1 erforderlichen Mehrheiten sowie auf die Möglichkeit der Erhebung eines Widerspruchs und die sich daraus ergebenden Rechte hinzuweisen.

(2) ¹Auf die Vorbereitung der Generalversammlung sind § 230 Absatz 2 und § 231 Satz 1 entsprechend anzuwenden. ²§ 192 Abs. 2 bleibt unberührt.

(3) ¹In dem Geschäftsraum der formwechselnden Genossenschaft ist von der Einberufung der Generalversammlung an, die den Formwechsel beschließen soll, außer den sonst erforderlichen Unterlagen auch das nach § 259 erstattete Prüfungsgutachten zur Einsicht der Mitglieder auszulegen. ²Auf Verlangen ist jedem Mitglied unverzüglich und kostenlos eine Abschrift dieses Prüfungsgutachtens zu erteilen. ³Die Verpflichtungen nach den Sätzen 1 und 2 entfallen, wenn das Prüfungsgutachten für denselben Zeitraum über die Internetseite der Genossenschaft zugänglich ist.

§ 261 Durchführung der Generalversammlung

(1) ¹In der Generalversammlung, die den Formwechsel beschließen soll, ist der Formwechselbericht, sofern er nach diesem Buch erforderlich ist, und das nach § 259 erstattete Prüfungsgutachten auszulegen. ²Der Vorstand hat den Formwechselbeschluss zu Beginn der Verhandlung mündlich zu erläutern.

(2) ¹Das Prüfungsgutachten ist in der Generalversammlung zu verlesen. ²Der Prüfungsverband ist berechtigt, an der Generalversammlung beratend teilzunehmen.

§ 262 Beschluß der Generalversammlung

(1) ¹Der Formwechselbeschluss der Generalversammlung bedarf einer Mehrheit von mindestens drei Vierteln der abgegebenen Stimmen. ²Er bedarf einer Mehrheit von neun Zehnteln der abgegebenen Stimmen, wenn spätestens bis zum Ablauf des dritten Tages vor der Generalversammlung mindestens 100 Mitglieder, bei Genossenschaften mit weniger als 1 000 Mitgliedern ein Zehntel der Mitglieder, durch eingeschriebenen Brief Widerspruch gegen den Formwechsel erhoben haben. ³Die Satzung kann größere Mehrheiten und weitere Erfordernisse bestimmen.

(2) Auf den Formwechsel in eine Kommanditgesellschaft auf Aktien ist § 240 Abs. 2 entsprechend anzuwenden.

§ 263 Inhalt des Formwechselbeschlusses

(1) Auf den Formwechselbeschluss sind auch die §§ 218, 243 Abs. 3 und § 244 Abs. 2 entsprechend anzuwenden.

(2) ¹In dem Beschluß ist bei der Festlegung von Zahl, Art und Umfang der Anteile (§ 194 Abs. 1 Nr. 4) zu bestimmen, daß an dem Stammkapital oder an dem Grundkapital der Gesellschaft neuer Rechtsform jedes Mitglied, das die Rechtsstellung eines beschränkt haftenden Gesellschafters oder eines Aktionärs erlangt, in dem Verhältnis beteiligt wird, in dem am Ende des letzten vor der Beschlußfassung über den Formwechsel abgelaufenen Geschäftsjahres sein Geschäftsguthaben zur Summe der Geschäftsguthaben aller Mitglieder gestanden hat, die durch den Formwechsel Gesellschafter oder Aktionäre geworden sind. ²Der Nennbetrag des Grundkapitals ist so zu bemessen, daß auf jedes Mitglied möglichst volle Aktien entfallen.

Fünftes Buch. Formwechsel §§ 264–266 UmwG

(3) ¹Die Geschäftsanteile einer Gesellschaft mit beschränkter Haftung sollen auf einen höheren Nennbetrag als hundert Euro nur gestellt werden, soweit auf die Mitglieder der formwechselnden Genossenschaft volle Geschäftsanteile mit dem höheren Nennbetrag entfallen. ²Aktien können auf einen höheren Betrag als den Mindestbetrag nach § 8 Abs. 2 und 3 des Aktiengesetzes nur gestellt werden, soweit volle Aktien mit dem höheren Betrag auf die Mitglieder entfallen. ³Wird das Vertretungsorgan der Aktiengesellschaft oder der Kommanditgesellschaft auf Aktien in der Satzung ermächtigt, das Grundkapital bis zu einem bestimmten Nennbetrag durch Ausgabe neuer Aktien gegen Einlagen zu erhöhen, so darf die Ermächtigung nicht vorsehen, daß das Vertretungsorgan über den Ausschluß des Bezugsrechts entscheidet.

§ 264 Kapitalschutz

(1) Der Nennbetrag des Stammkapitals einer Gesellschaft mit beschränkter Haftung oder des Grundkapitals einer Aktiengesellschaft oder einer Kommanditgesellschaft auf Aktien darf das nach Abzug der Schulden verbleibende Vermögen der formwechselnden Genossenschaft nicht übersteigen.

(2) Beim Formwechsel in eine Gesellschaft mit beschränkter Haftung sind die Mitglieder der formwechselnden Genossenschaft nicht verpflichtet, einen Sachgründungsbericht zu erstatten.

(3) ¹Beim Formwechsel in eine Aktiengesellschaft oder in eine Kommanditgesellschaft auf Aktien hat die Gründungsprüfung durch einen oder mehrere Prüfer (§ 33 Abs. 2 des Aktiengesetzes) in jedem Fall stattzufinden. ²Jedoch sind die Mitglieder der formwechselnden Genossenschaft nicht verpflichtet, einen Gründungsbericht zu erstatten; die §§ 32, 35 Abs. 1 und 2 und § 46 des Aktiengesetzes sind nicht anzuwenden. ³Die für Nachgründungen in § 52 Abs. 1 des Aktiengesetzes bestimmte Frist von zwei Jahren beginnt mit dem Wirksamwerden des Formwechsels.

§ 265 Anmeldung des Formwechsels

¹Auf die Anmeldung nach § 198 ist § 222 Abs. 1 Satz 1 und Abs. 3 entsprechend anzuwenden. ²Der Anmeldung ist das nach § 259 erstattete Prüfungsgutachten in Urschrift oder in öffentlich beglaubigter Abschrift beizufügen.

§ 266 Wirkungen des Formwechsels

(1) ¹Durch den Formwechsel werden die bisherigen Geschäftsanteile zu Anteilen an der Gesellschaft neuer Rechtsform und zu Teilrechten. ²§ 202 Abs. 1 Nr. 2 Satz 2 ist mit der Maßgabe anzuwenden, daß die an den bisherigen Geschäftsguthaben bestehenden Rechte Dritter an den durch den Formwechsel erlangten Anteilen und Teilrechten weiterbestehen.

(2) Teilrechte, die durch den Formwechsel entstehen, sind selbständig veräußerlich und vererblich.

(3) ¹Die Rechte aus einer Aktie einschließlich des Anspruchs auf Ausstellung einer Aktienurkunde können nur ausgeübt werden, wenn Teilrechte, die zusammen eine volle Aktie ergeben, in einer Hand vereinigt sind oder wenn mehrere Berechtigte, deren Teilrechte zusammen eine volle Aktie ergeben, sich zur Ausübung der Rechte zusammenschließen. ²Der Rechtsträger soll die Zusammenführung von Teilrechten zu vollen Aktien vermitteln.

§ 267 Benachrichtigung der Anteilsinhaber

(1) ¹Das Vertretungsorgan der Gesellschaft neuer Rechtsform hat jedem Anteilsinhaber unverzüglich nach der Bekanntmachung der Eintragung der Gesellschaft in das Register deren Inhalt sowie die Zahl und, mit Ausnahme von Stückaktien, den Nennbetrag der Anteile und des Teilrechts, die auf ihn entfallen sind, in Textform mitzuteilen. ²Dabei soll auf die Vorschriften über Teilrechte in § 266 hingewiesen werden.

(2) ¹Zugleich mit der Mitteilung ist deren wesentlicher Inhalt in den Gesellschaftsblättern bekanntzumachen. ²Der Hinweis nach Absatz 1 Satz 2 braucht in die Bekanntmachung nicht aufgenommen zu werden.

§ 268 Aufforderung an die Aktionäre; Veräußerung von Aktien

(1) ¹In der Mitteilung nach § 267 sind Aktionäre aufzufordern, die ihnen zustehenden Aktien abzuholen. ²Dabei ist darauf hinzuweisen, daß die Gesellschaft berechtigt ist, Aktien, die nicht binnen sechs Monaten seit der Bekanntmachung der Aufforderung in den Gesellschaftsblättern abgeholt werden, nach dreimaliger Androhung für Rechnung der Beteiligten zu veräußern. ³Dieser Hinweis braucht nicht in die Bekanntmachung der Aufforderung in den Gesellschaftsblättern aufgenommen zu werden.

(2) ¹Nach Ablauf von sechs Monaten seit der Bekanntmachung der Aufforderung in den Gesellschaftsblättern hat die Gesellschaft neuer Rechtsform die Veräußerung der nicht abgeholten Aktien anzudrohen. ²Die Androhung ist dreimal in Abständen von mindestens einem Monat in den Gesellschaftsblättern bekanntzumachen. ³Die letzte Bekanntmachung muß vor dem Ablauf von einem Jahr seit der Bekanntmachung der Aufforderung ergehen.

(3) ¹Nach Ablauf von sechs Monaten seit der letzten Bekanntmachung der Androhung hat die Gesellschaft die nicht abgeholten Aktien für Rechnung der Beteiligten zum amtlichen Börsenpreis durch Vermittlung eines Kursmaklers und beim Fehlen eines Börsenpreises durch öffentliche Versteigerung zu veräußern. ²§ 226 Abs. 3 Satz 2 bis 6 des Aktiengesetzes ist entsprechend anzuwenden.

§ 269 Hauptversammlungsbeschlüsse; genehmigtes Kapital

¹Solange beim Formwechsel in eine Aktiengesellschaft oder in eine Kommanditgesellschaft auf Aktien die abgeholten oder nach § 268 Abs. 3 veräußerten Aktien nicht insgesamt mindestens sechs Zehntel des Grundkapitals erreichen, kann die Hauptversammlung der Gesellschaft neuer Rechtsform keine Beschlüsse fassen, die nach Gesetz oder Satzung einer Kapitalmehrheit bedürfen. ²Das Vertretungsorgan der Gesellschaft darf während dieses Zeitraums von einer Ermächtigung zu einer Erhöhung des Grundkapitals keinen Gebrauch machen.

§ 270 Abfindungsangebot

(1) Das Abfindungsangebot nach § 207 Abs. 1 Satz 1 gilt auch für jedes Mitglied, das dem Formwechsel bis zum Ablauf des dritten Tages vor dem Tage, an dem der Formwechselbeschluß gefaßt worden ist, durch eingeschriebenen Brief widersprochen hat.

(2) ¹Zu dem Abfindungsangebot ist eine gutachtliche Äußerung des Prüfungsverbandes einzuholen. ²§ 30 Abs. 2 Satz 2 und 3 ist nicht anzuwenden.

Fünftes Buch. Formwechsel §§ 271–275 UmwG

§ 271 Fortdauer der Nachschußpflicht

¹Wird über das Vermögen der Gesellschaft neuer Rechtsform binnen zwei Jahren nach dem Tage, an dem ihre Eintragung in das Register bekannt gemacht worden ist, das Insolvenzverfahren eröffnet, so ist jedes Mitglied, das durch den Formwechsel die Rechtsstellung eines beschränkt haftenden Gesellschafters oder eines Aktionärs erlangt hat, im Rahmen der Satzung der formwechselnden Genossenschaft (§ 6 Nr. 3 des Genossenschaftsgesetzes) zu Nachschüssen verpflichtet, auch wenn es seinen Geschäftsanteil oder seine Aktie veräußert hat. ²Die §§ 105 bis 115a des Genossenschaftsgesetzes sind mit der Maßgabe entsprechend anzuwenden, daß nur solche Verbindlichkeiten der Gesellschaft zu berücksichtigen sind, die bereits im Zeitpunkt des Formwechsels begründet waren.

Vierter Abschnitt. Formwechsel rechtsfähiger Vereine

Erster Unterabschnitt. Allgemeine Vorschriften

§ 272 Möglichkeit des Formwechsels

(1) Ein rechtsfähiger Verein kann auf Grund eines Formwechselbeschlusses nur die Rechtsform einer Kapitalgesellschaft oder einer eingetragenen Genossenschaft erlangen.

(2) Ein Verein kann die Rechtsform nur wechseln, wenn seine Satzung oder Vorschriften des Landesrechts nicht entgegenstehen.

Zweiter Unterabschnitt. Formwechsel in eine Kapitalgesellschaft

§ 273 Möglichkeit des Formwechsels

Der Formwechsel ist nur möglich, wenn auf jedes Mitglied, das an der Gesellschaft neuer Rechtsform beteiligt wird, als beschränkt haftender Gesellschafter ein Geschäftsanteil, dessen Nennbetrag auf volle Euro lautet, oder als Aktionär mindestens eine volle Aktie entfällt.

§ 274 Vorbereitung und Durchführung der Mitgliederversammlung

(1) ¹Auf die Vorbereitung der Mitgliederversammlung, die den Formwechsel beschließen soll, sind die §§ 229, 230 Abs. 2 Satz 1 und 2, § 231 Satz 1 und § 260 Abs. 1 entsprechend anzuwenden. ²§ 192 Abs. 2 bleibt unberührt.

(2) Auf die Mitgliederversammlung, die den Formwechsel beschließen soll, ist § 239 Abs. 1 Satz 1 und Abs. 2 entsprechend anzuwenden.

§ 275 Beschluß der Mitgliederversammlung

(1) Der Formwechselbeschluss der Mitgliederversammlung bedarf, wenn der Zweck des Rechtsträgers geändert werden soll (§ 33 Abs. 1 Satz 2 des Bürgerlichen Gesetzbuchs), der Zustimmung aller anwesenden Mitglieder; ihm müssen auch die nicht erschienenen Mitglieder zustimmen.

(2) ¹In anderen Fällen bedarf der Formwechselbeschluss einer Mehrheit von mindestens drei Vierteln der abgegebenen Stimmen. ²Er bedarf einer Mehrheit von mindestens neun Zehnteln der abgegebenen Stimmen, wenn spätestens bis zum

Ablauf des dritten Tages vor der Mitgliederversammlung wenigstens hundert Mitglieder, bei Vereinen mit weniger als tausend Mitgliedern ein Zehntel der Mitglieder, durch eingeschriebenen Brief Widerspruch gegen den Formwechsel erhoben haben. ³Die Satzung kann größere Mehrheiten und weitere Erfordernisse bestimmen.

(3) Auf den Formwechsel in eine Kommanditgesellschaft auf Aktien ist § 240 Abs. 2 entsprechend anzuwenden.

§ 276 Inhalt des Formwechselbeschlusses

(1) Auf den Formwechselbeschluss sind auch die §§ 218, 243 Abs. 3, § 244 Abs. 2 und § 263 Abs. 2 Satz 2, Abs. 3 entsprechend anzuwenden.

(2) Die Beteiligung der Mitglieder am Stammkapital oder am Grundkapital der Gesellschaft neuer Rechtsform darf, wenn nicht alle Mitglieder einen gleich hohen Anteil erhalten sollen, nur nach einem oder mehreren der folgenden Maßstäbe festgesetzt werden:
1. bei Vereinen, deren Vermögen in übertragbare Anteile zerlegt ist, der Nennbetrag oder der Wert dieser Anteile;
2. die Höhe der Beiträge;
3. bei Vereinen, die zu ihren Mitgliedern oder einem Teil der Mitglieder in vertraglichen Geschäftsbeziehungen stehen, der Umfang der Inanspruchnahme von Leistungen des Vereins durch die Mitglieder oder der Umfang der Inanspruchnahme von Leistungen der Mitglieder durch den Verein;
4. ein in der Satzung bestimmter Maßstab für die Verteilung des Überschusses;
5. ein in der Satzung bestimmter Maßstab für die Verteilung des Vermögens;
6. die Dauer der Mitgliedschaft.

§ 277 Kapitalschutz

Bei der Anwendung der für die neue Rechtsform maßgebenden Gründungsvorschriften ist auch § 264 entsprechend anzuwenden.

§ 278 Anmeldung des Formwechsels

(1) Auf die Anmeldung nach § 198 ist § 222 Abs. 1 und 3 entsprechend anzuwenden.

(2) ¹Ist der formwechselnde Verein nicht in ein Handelsregister eingetragen, so hat sein Vorstand den bevorstehenden Formwechsel durch das in der Vereinssatzung für Veröffentlichungen bestimmte Blatt, in Ermangelung eines solchen durch dasjenige Blatt bekanntzumachen, das für Bekanntmachungen des Amtsgerichts bestimmt ist, in dessen Bezirk der formwechselnde Verein seinen Sitz hat. ²Die Bekanntmachung tritt an die Stelle der Eintragung der Umwandlung in das Register nach § 198 Abs. 2 Satz 3. ³§ 50 Abs. 1 Satz 4 des Bürgerlichen Gesetzbuchs ist entsprechend anzuwenden.

§ 279 *(aufgehoben)*

§ 280 Wirkungen des Formwechsels

¹Durch den Formwechsel werden die bisherigen Mitgliedschaften zu Anteilen an der Gesellschaft neuer Rechtsform und zu Teilrechten. ²§ 266 Abs. 1 Satz 2, Abs. 2 und 3 ist entsprechend anzuwenden.

Fünftes Buch. Formwechsel §§ 281–286 UmwG

§ 281 Benachrichtigung der Anteilsinhaber; Veräußerung von Aktien; Hauptversammlungsbeschlüsse

(1) Auf die Benachrichtigung der Anteilsinhaber durch die Gesellschaft, auf die Aufforderung von Aktionären zur Abholung der ihnen zustehenden Aktien und auf die Veräußerung nicht abgeholter Aktien sind die §§ 267 und 268 entsprechend anzuwenden.

(2) Auf Beschlüsse der Hauptversammlung der Gesellschaft neuer Rechtsform sowie auf eine Ermächtigung des Vertretungsorgans zur Erhöhung des Grundkapitals ist § 269 entsprechend anzuwenden.

§ 282 Abfindungsangebot

(1) Auf das Abfindungsangebot nach § 207 Abs. 1 Satz 1 ist § 270 Abs. 1 entsprechend anzuwenden.

(2) Absatz 1 und die §§ 207 bis 212 sind auf den Formwechsel eines eingetragenen Vereins, der nach § 5 Abs. 1 Nr. 9 des Körperschaftsteuergesetzes von der Körperschaftsteuer befreit ist, nicht anzuwenden.

Dritter Unterabschnitt. Formwechsel in eine eingetragene Genossenschaft

§ 283 Vorbereitung und Durchführung der Mitgliederversammlung

(1) ¹Auf die Vorbereitung der Mitgliederversammlung, die den Formwechsel beschließen soll, sind die §§ 229 und 230 Abs. 2 Satz 1 und 2, § 231 Satz 1 und § 260 Abs. 1 entsprechend anzuwenden. ²§ 192 Abs. 2 bleibt unberührt.

(2) Auf die Mitgliederversammlung, die den Formwechsel beschließen soll, ist § 239 Abs. 1 Satz 1 und Abs. 2 entsprechend anzuwenden.

§ 284 Beschluß der Mitgliederversammlung

¹Der Formwechselbeschluss der Mitgliederversammlung bedarf, wenn der Zweck des Rechtsträgers geändert werden soll (§ 33 Abs. 1 Satz 2 des Bürgerlichen Gesetzbuchs) oder wenn die Satzung der Genossenschaft eine Verpflichtung der Mitglieder der Genossenschaft zur Leistung von Nachschüssen vorsieht, der Zustimmung aller anwesenden Mitglieder; ihm müssen auch die nicht erschienenen Mitglieder zustimmen. ²Im übrigen ist § 275 Abs. 2 entsprechend anzuwenden.

§ 285 Inhalt des Formwechselbeschlusses

(1) Auf den Formwechselbeschluss ist auch § 253 Abs. 1 und Abs. 2 Satz 1 entsprechend anzuwenden.

(2) Sollen bei der Genossenschaft nicht alle Mitglieder mit der gleichen Zahl von Geschäftsanteilen beteiligt werden, so darf die unterschiedlich hohe Beteiligung nur nach einem oder mehreren der in § 276 Abs. 2 Satz 1 bezeichneten Maßstäbe festgesetzt werden.

§ 286 Anmeldung des Formwechsels

Auf die Anmeldung nach § 198 sind die §§ 254 und 278 Abs. 2 entsprechend anzuwenden.

§ 287 *(aufgehoben)*

§ 288 Wirkungen des Formwechsels

(1) ¹Jedes Mitglied, das die Rechtsstellung eines Mitglieds der Genossenschaft erlangt, ist bei der Genossenschaft nach Maßgabe des Formwechselbeschlusses beteiligt. ²Eine Verpflichtung zur Übernahme weiterer Geschäftsanteile bleibt unberührt. ³§ 255 Abs. 1 Satz 3 ist entsprechend anzuwenden.

(2) Das Gericht darf eine Auflösung der Genossenschaft von Amts wegen nach § 80 des Genossenschaftsgesetzes nicht vor Ablauf eines Jahres seit dem Wirksamwerden des Formwechsels aussprechen.

§ 289 Geschäftsguthaben; Benachrichtigung der Mitglieder

(1) Jedem Mitglied der Genossenschaft kann als Geschäftsguthaben auf Grund des Formwechsels höchstens der Nennbetrag der Geschäftsanteile gutgeschrieben werden, mit denen es bei der Genossenschaft beteiligt ist.

(2) § 256 Abs. 3 ist entsprechend anzuwenden.

§ 290 Abfindungsangebot

Auf das Abfindungsangebot nach § 207 Abs. 1 Satz 2 sind § 270 Abs. 1 sowie § 282 Abs. 2 entsprechend anzuwenden.

Fünfter Abschnitt. Formwechsel von Versicherungsvereinen auf Gegenseitigkeit

§ 291 Möglichkeit des Formwechsels

(1) Ein Versicherungsverein auf Gegenseitigkeit, der kein kleinerer Verein im Sinne des § 210 des Versicherungsaufsichtsgesetzes ist, kann auf Grund eines Formwechselbeschlusses nur die Rechtsform einer Aktiengesellschaft erlangen.

(2) Der Formwechsel ist nur möglich, wenn auf jedes Mitglied des Vereins, das an der Aktiengesellschaft beteiligt wird, mindestens eine volle Aktie entfällt.

§ 292 Vorbereitung und Durchführung der Versammlung der obersten Vertretung

(1) Auf die Vorbereitung der Versammlung der obersten Vertretung, die den Formwechsel beschließen soll, sind die §§ 229 und 230 Abs. 2 Satz 1 und 2, § 231 Satz 1 und § 260 Abs. 1 entsprechend anzuwenden.

(2) Auf die Durchführung der Versammlung der obersten Vertretung, die den Formwechsel beschließen soll, ist § 239 Abs. 1 Satz 1 und Abs. 2 entsprechend anzuwenden.

§ 293 Beschluß der obersten Vertretung

¹Der Formwechselbeschluss der obersten Vertretung bedarf einer Mehrheit von mindestens drei Vierteln der abgegebenen Stimmen. ²Er bedarf einer Mehrheit von neun Zehnteln der abgegebenen Stimmen, wenn spätestens bis zum Ablauf des

Fünftes Buch. Formwechsel §§ 294–299 UmwG

dritten Tages vor der Versammlung der obersten Vertretung wenigstens hundert Mitglieder des Vereins durch eingeschriebenen Brief Widerspruch gegen den Formwechsel erhoben haben. ³Die Satzung kann größere Mehrheiten und weitere Erfordernisse bestimmen.

§ 294 Inhalt des Formwechselbeschlusses

(1) ¹Auf den Formwechselbeschluss sind auch § 218 Abs. 1 und § 263 Abs. 3 Satz 2 und 3 entsprechend anzuwenden. ²In dem Formwechselbeschluss kann bestimmt werden, daß Mitglieder, die dem formwechselnden Verein weniger als drei Jahre vor der Beschlußfassung über den Formwechsel angehören, von der Beteiligung an der Aktiengesellschaft ausgeschlossen sind.

(2) ¹Das Grundkapital der Aktiengesellschaft ist in der Höhe des Grundkapitals vergleichbarer Versicherungsunternehmen in der Rechtsform der Aktiengesellschaft festzusetzen. ²Würde die Aufsichtsbehörde einer neu zu gründenden Versicherungs-Aktiengesellschaft die Erlaubnis zum Geschäftsbetrieb nur bei Festsetzung eines höheren Grundkapitals erteilen, so ist das Grundkapital auf diesen Betrag festzusetzen, soweit dies nach den Vermögensverhältnissen des formwechselnden Vereins möglich ist. ³Ist eine solche Festsetzung nach den Vermögensverhältnissen des Vereins nicht möglich, so ist der Nennbetrag des Grundkapitals so zu bemessen, daß auf jedes Mitglied, das die Rechtsstellung eines Aktionärs erlangt, möglichst volle Aktien entfallen.

(3) Die Beteiligung der Mitglieder am Grundkapital der Aktiengesellschaft darf, wenn nicht alle Mitglieder einen gleich hohen Anteil erhalten sollen, nur nach einem oder mehreren der folgenden Maßstäbe festgesetzt werden:
1. die Höhe der Versicherungssumme;
2. die Höhe der Beiträge;
3. die Höhe der Deckungsrückstellung in der Lebensversicherung;
4. der in der Satzung bestimmte Maßstab für die Verteilung des Überschusses;
5. ein in der Satzung bestimmter Maßstab für die Verteilung des Vermögens;
6. die Dauer der Mitgliedschaft.

§ 295 Kapitalschutz

Bei der Anwendung der Gründungsvorschriften des Aktiengesetzes ist auch § 264 Abs. 1 und 3 entsprechend anzuwenden.

§ 296 Anmeldung des Formwechsels

Auf die Anmeldung nach § 198 ist § 246 Abs. 1 und 2 entsprechend anzuwenden.

§ 297 *(aufgehoben)*

§ 298 Wirkungen des Formwechsels

¹Durch den Formwechsel werden die bisherigen Mitgliedschaften zu Aktien und Teilrechten. ²§ 266 Abs. 1 Satz 2, Abs. 2 und 3 ist entsprechend anzuwenden.

§ 299 Benachrichtigung der Aktionäre; Veräußerung von Aktien; Hauptversammlungsbeschlüsse

(1) Auf die Benachrichtigung der Aktionäre durch die Gesellschaft ist § 267, auf die Aufforderung zur Abholung der ihnen zustehenden Aktien und auf die Veräußerung nicht abgeholter Aktien ist § 268 entsprechend anzuwenden.

(2) ¹Auf Beschlüsse der Hauptversammlung der Aktiengesellschaft sowie auf eine Ermächtigung des Vorstandes zur Erhöhung des Grundkapitals ist § 269 entsprechend anzuwenden. ²Die Aufsichtsbehörde kann Ausnahmen von der entsprechenden Anwendung des § 269 Satz 1 zulassen, wenn dies erforderlich ist, um zu verhindern, daß der Aktiengesellschaft erhebliche Nachteile entstehen.

§ 300 Abfindungsangebot

Auf das Abfindungsangebot nach § 207 Abs. 1 Satz 1 ist § 270 Abs. 1 entsprechend anzuwenden.

Sechster Abschnitt. Formwechsel von Körperschaften und Anstalten des öffentlichen Rechts

§ 301 Möglichkeit des Formwechsels

(1) Soweit gesetzlich nichts anderes bestimmt ist, kann eine Körperschaft oder Anstalt des öffentlichen Rechts durch Formwechsel nur die Rechtsform einer Kapitalgesellschaft erlangen.

(2) Der Formwechsel ist nur möglich, wenn die Körperschaft oder Anstalt rechtsfähig ist und das für sie maßgebende Bundes- oder Landesrecht einen Formwechsel vorsieht oder zuläßt.

§ 302 Anzuwendende Vorschriften

¹Die Vorschriften des Ersten Teils sind auf den Formwechsel nur anzuwenden, soweit sich aus dem für die formwechselnde Körperschaft oder Anstalt maßgebenden Bundes- oder Landesrecht nichts anderes ergibt. ²Nach diesem Recht richtet es sich insbesondere, auf welche Weise der Gesellschaftsvertrag oder die Satzung der Gesellschaft neuer Rechtsform abgeschlossen oder festgestellt wird, wer an dieser Gesellschaft als Anteilsinhaber beteiligt wird und welche Person oder welche Personen den Gründern der Gesellschaft gleichstehen; die §§ 28 und 29 des Aktiengesetzes sind nicht anzuwenden.

§ 303 Kapitalschutz; Zustimmungserfordernisse

(1) Außer den für die neue Rechtsform maßgebenden Gründungsvorschriften ist auch § 220 entsprechend anzuwenden.

(2) ¹Ein Formwechsel in eine Kommanditgesellschaft auf Aktien bedarf der Zustimmung aller Anteilsinhaber, die in dieser Gesellschaft die Stellung eines persönlich haftenden Gesellschafters haben sollen. ²Auf den Beitritt persönlich haftender Gesellschafter ist § 221 entsprechend anzuwenden.

§ 304 Wirksamwerden des Formwechsels

¹Der Formwechsel wird mit der Eintragung der Kapitalgesellschaft in das Handelsregister wirksam. ²Mängel des Formwechsels lassen die Wirkungen der Eintragung unberührt.

Sechstes Buch. Grenzüberschreitende Umwandlung

Erster Teil. Grenzüberschreitende Verschmelzung

§ 305 Grenzüberschreitende Verschmelzung

(1) Eine grenzüberschreitende Verschmelzung ist eine Verschmelzung, bei der mindestens eine der beteiligten Gesellschaften dem Recht eines anderen Mitgliedstaats der Europäischen Union oder eines anderen Vertragsstaats des Abkommens über den Europäischen Wirtschaftsraum unterliegt.

(2) [1]Auf die Beteiligung einer Kapitalgesellschaft (§ 3 Absatz 1 Nummer 2) an einer grenzüberschreitenden Verschmelzung sind die Vorschriften des Ersten Teils und des Zweiten, Dritten und Vierten Abschnitts des Zweiten Teils des Zweiten Buches entsprechend anzuwenden, soweit sich aus diesem Teil nichts anderes ergibt. [2]Auf die Beteiligung einer Personenhandelsgesellschaft (§ 3 Absatz 1 Nummer 1) an einer grenzüberschreitenden Verschmelzung sind die Vorschriften des Ersten Teils und des Zweiten Unterabschnitts des Ersten Abschnitts des Zweiten Teils des Zweiten Buches entsprechend anzuwenden, soweit sich aus diesem Teil nichts anderes ergibt.

§ 306 Verschmelzungsfähige Gesellschaften

(1) An einer grenzüberschreitenden Verschmelzung können beteiligt sein:
1. als übertragende, übernehmende oder neue Gesellschaften Kapitalgesellschaften im Sinne des Artikels 119 Nummer 1 der Richtlinie (EU) 2017/1132 des Europäischen Parlaments und des Rates vom 14. Juni 2017 über bestimmte Aspekte des Gesellschaftsrechts (ABl. L 169 vom 30.6.2017, S. 46), die zuletzt durch die Verordnung (EU) 2021/23 (ABl. L 22 vom 22.1.2021, S. 1) geändert worden ist, die
    a) nach dem Recht eines Mitgliedstaats der Europäischen Union oder eines anderen Vertragsstaats des Abkommens über den Europäischen Wirtschaftsraum gegründet worden sind und
    b) ihren satzungsmäßigen Sitz, ihre Hauptverwaltung oder ihre Hauptniederlassung in einem Mitgliedstaat der Europäischen Union oder einem anderen Vertragsstaat des Abkommens über den Europäischen Wirtschaftsraum haben, sowie
2. als übernehmende oder neue Gesellschaften Personenhandelsgesellschaften im Sinne des § 3 Absatz 1 Nummer 1 mit in der Regel nicht mehr als 500 Arbeitnehmern.

(2) [1]An einer grenzüberschreitenden Verschmelzung können nicht beteiligt sein:
1. Genossenschaften, selbst wenn sie nach dem Recht eines anderen Mitgliedstaats der Europäischen Union oder eines anderen Vertragsstaats des Abkommens über den Europäischen Wirtschaftsraum unter die Definition des Artikels 2 Nummer 1 der Richtlinie fallen, sowie
2. Gesellschaften,
    a) deren Zweck es ist, die vom Publikum bei ihnen eingelegten Gelder nach dem Grundsatz der Risikostreuung gemeinsam anzulegen, und
    b) deren Anteile auf Verlangen der Anteilsinhaber unmittelbar oder mittelbar zulasten des Vermögens der Gesellschaft zurückgenommen oder ausgezahlt werden.

UmwG § 307 Umwandlungsgesetz

²Den Rücknahmen oder Auszahlungen im Sinne des Satzes 1 Nummer 2 Buchstabe b gleichgestellt sind Handlungen, mit denen eine solche Gesellschaft sicherstellen will, dass der Börsenwert ihrer Anteile nicht erheblich von deren Nettoinventarwert abweicht.

§ 307 Verschmelzungsplan

(1) ¹Das Vertretungsorgan einer beteiligten Gesellschaft stellt zusammen mit den Vertretungsorganen der übrigen beteiligten Gesellschaften einen gemeinsamen Verschmelzungsplan auf.

(2) Der Verschmelzungsplan oder sein Entwurf muss mindestens folgende Angaben enthalten:
1. Rechtsform, Firma und Sitz der übertragenden und übernehmenden oder neuen Gesellschaft,
2. das Umtauschverhältnis der Gesellschaftsanteile und gegebenenfalls die Höhe der baren Zuzahlungen,
3. die Einzelheiten hinsichtlich der Übertragung der Gesellschaftsanteile der übernehmenden oder neuen Gesellschaft,
4. die voraussichtlichen Auswirkungen der Verschmelzung auf die Beschäftigung,
5. den Zeitpunkt, von dem an die Gesellschaftsanteile deren Inhabern das Recht auf Beteiligung am Gewinn gewähren, sowie alle Besonderheiten, die eine Auswirkung auf dieses Recht haben,
6. den Zeitpunkt, von dem an die Handlungen der übertragenden Gesellschaften unter dem Gesichtspunkt der Rechnungslegung als für Rechnung der übernehmenden oder neuen Gesellschaft vorgenommen gelten (Verschmelzungsstichtag),
7. die Rechte, die die übernehmende oder neue Gesellschaft den mit Sonderrechten ausgestatteten Gesellschaftern und den Inhabern von anderen Wertpapieren als Gesellschaftsanteilen gewährt, oder die für diese Personen vorgeschlagenen Maßnahmen,
8. etwaige besondere Vorteile, die den Mitgliedern der Verwaltungs-, Leitungs-, Aufsichts- oder Kontrollorgane der an der Verschmelzung beteiligten Gesellschaften gewährt werden,
9. sofern einschlägig den Errichtungsakt der aus der grenzüberschreitenden Verschmelzung hervorgehenden Gesellschaft und, falls sie Gegenstand eines gesonderten Aktes ist, die Satzung,
10. gegebenenfalls Angaben zu dem Verfahren, nach dem die Einzelheiten über die Beteiligung der Arbeitnehmer an der Festlegung ihrer Mitbestimmungsrechte in der aus der grenzüberschreitenden Verschmelzung hervorgehenden Gesellschaft geregelt werden,
11. Angaben zur Bewertung des Aktiv- und Passivvermögens, das auf die übernehmende oder neue Gesellschaft übertragen wird,
12. den Stichtag derjenigen Bilanzen der an der Verschmelzung beteiligten Gesellschaften, die zur Festlegung der Bedingungen der Verschmelzung verwendet werden,
13. die Einzelheiten zum Angebot einer Barabfindung gemäß § 313,
14. Angaben über Sicherheiten, die den Gläubigern angeboten werden,
15. im Fall der Verschmelzung auf eine Personenhandelsgesellschaft gemäß § 306 Absatz 1 Nummer 2
    a) für jeden Anteilsinhaber eines übertragenden Rechtsträgers die Bestimmung, ob ihm in der übernehmenden oder der neuen Personenhandelsgesellschaft die Stellung eines persönlich haftenden Gesellschafters oder eines Kommanditisten gewährt wird,

Sechstes Buch. Grenzüberschreitende Umwandlung　　　　§ 308 UmwG

b) der festgesetzte Betrag der Einlage jedes Gesellschafters,
16. Informationen über die Auswirkungen der grenzüberschreitenden Verschmelzung auf Betriebsrenten und Betriebsrentenanwartschaften.

(3) Die Angaben über den Umtausch der Anteile (Absatz 2 Nummer 2, 3 und 5) und die Einzelheiten zum Angebot einer Barabfindung (Absatz 2 Nummer 13) entfallen, wenn
1. sich alle Anteile der übertragenden Gesellschaft in der Hand der übernehmenden Gesellschaft befinden oder
2. den Anteilsinhabern der übertragenden Gesellschaft keine Anteile gewährt werden und dieselbe Person
   a) alle Anteile der übertragenden und der übernehmenden Gesellschaft besitzt,
   b) alle Anteile an solchen Gesellschaften besitzt, die gemeinsam alle Anteile an der übertragenden oder an der übernehmenden Gesellschaft besitzen, oder
   c) alle Anteile an solchen Gesellschaften besitzt, bei denen sich die Inhaberschaft an Anteilen bis zu der übertragenden oder der übernehmenden Gesellschaft fortsetzt.
(4) Der Verschmelzungsplan muss notariell beurkundet werden.

§ 308 Bekanntmachung des Verschmelzungsplans

(1) [1]Der Verschmelzungsplan oder sein Entwurf ist zum Register einzureichen. [2]Das Gericht hat in der Bekanntmachung nach § 10 des Handelsgesetzbuchs unverzüglich die folgenden Angaben bekannt zu machen:
1. einen Hinweis darauf, dass der Verschmelzungsplan oder sein Entwurf beim Handelsregister eingereicht worden ist,
2. Rechtsform, Firma und Sitz der an der grenzüberschreitenden Verschmelzung beteiligten Gesellschaften,
3. die Register, bei denen die an der grenzüberschreitenden Verschmelzung beteiligten Gesellschaften eingetragen sind, sowie die jeweilige Registernummer,
4. einen Hinweis an folgende Personen, dass sie der jeweiligen Gesellschaft spätestens fünf Arbeitstage vor dem Tag der Gesellschafterversammlung Bemerkungen zum Verschmelzungsplan übermitteln können:
   a) an die Anteilsinhaber und Gläubiger der an der grenzüberschreitenden Verschmelzung beteiligten Gesellschaften sowie
   b) an die zuständigen Betriebsräte der an der grenzüberschreitenden Verschmelzung beteiligten Gesellschaften oder, soweit es keinen Betriebsrat gibt, an die Arbeitnehmer der an der grenzüberschreitenden Verschmelzung beteiligten Gesellschaften.

[3]Die bekannt zu machenden Angaben sind dem Register bei Einreichung des Verschmelzungsplans oder seines Entwurfs mitzuteilen. [4]Die Versammlung der Anteilsinhaber darf erst einen Monat nach der Bekanntmachung über die Zustimmung zu dem Verschmelzungsplan gemäß § 13 beschließen.

(2) Ist ein Verschmelzungsbeschluss der Anteilsinhaber der übertragenden Gesellschaft gemäß § 312 Absatz 2 in Verbindung mit § 307 Absatz 3 nicht erforderlich, so hat die übertragende Gesellschaft den Verschmelzungsplan spätestens einen Monat vor dem Tag, an dem der Verschmelzungsplan beurkundet wird, zum Register einzureichen.

(3) Ist ein Verschmelzungsbeschluss der Anteilsinhaber der übertragenden Gesellschaft erforderlich, ein Verschmelzungsbeschluss der Anteilsinhaber der übernehmenden Gesellschaft hingegen gemäß § 62 Absatz 1 nicht erforderlich, so hat die übernehmende Gesellschaft den Verschmelzungsplan einen Monat vor der Versammlung der Anteilsinhaber der übertragenden Gesellschaft, die gemäß § 13 über die Zustimmung beschließen soll, zum Register einzureichen.

(4) Ist gemäß § 312 Absatz 2 und § 62 Absatz 1 weder ein Verschmelzungsbeschluss der Anteilsinhaber der übertragenden Gesellschaft noch ein Verschmelzungsbeschluss der Anteilsinhaber der übernehmenden Gesellschaft erforderlich, so hat die übernehmende Gesellschaft den Verschmelzungsplan spätestens einen Monat vor dem Tag, an dem der Verschmelzungsplan beurkundet wird, zum Register einzureichen.

§ 309 Verschmelzungsbericht

(1) ¹Die Vertretungsorgane der beteiligten Gesellschaften erstellen einen Verschmelzungsbericht. ²In diesem sind für die Anteilsinhaber und Arbeitnehmer der an der Verschmelzung beteiligten Gesellschaft die rechtlichen und wirtschaftlichen Aspekte der grenzüberschreitenden Verschmelzung und die Auswirkungen der grenzüberschreitenden Verschmelzung auf die Arbeitnehmer zu erläutern und zu begründen.

(2) ¹In einem allgemeinen Abschnitt werden mindestens die Auswirkungen der grenzüberschreitenden Verschmelzung auf die künftige Geschäftstätigkeit der Gesellschaft und ihrer etwaigen Tochtergesellschaften erläutert und begründet. ²Daneben enthält der Bericht einen anteilsinhaberspezifischen Abschnitt nach Absatz 4 und einen arbeitnehmerspezifischen Abschnitt nach Absatz 5.

(3) ¹Die Gesellschaft kann entscheiden, ob sie anstelle eines einheitlichen Berichts gesonderte Berichte für Anteilsinhaber und Arbeitnehmer erstellt. ²Der Bericht für Anteilsinhaber besteht aus dem allgemeinen Abschnitt und dem anteilsinhaberspezifischen Abschnitt. ³Der Bericht für Arbeitnehmer besteht aus dem allgemeinen Abschnitt und dem arbeitnehmerspezifischen Abschnitt.

(4) In dem anteilsinhaberspezifischen Abschnitt wird über die in § 8 Absatz 1 genannten Berichtsinhalte hinaus mindestens Folgendes erläutert und begründet:
1. die Auswirkungen der grenzüberschreitenden Verschmelzung auf die Anteilsinhaber sowie
2. die Rechte und Rechtsbehelfe für Anteilsinhaber gemäß § 305 Absatz 2 in Verbindung mit § 15 und gegebenenfalls mit § 72a, sowie gemäß § 313 dieses Gesetzes und § 1 Nummer 4 des Spruchverfahrensgesetzes.

(5) In dem arbeitnehmerspezifischen Abschnitt wird mindestens Folgendes erläutert und begründet:
1. die Auswirkungen der grenzüberschreitenden Verschmelzung auf die Arbeitsverhältnisse sowie gegebenenfalls die Maßnahmen, um diese Arbeitsverhältnisse zu sichern,
2. wesentliche Änderungen der anwendbaren Beschäftigungsbedingungen oder der Standorte der Niederlassungen der Gesellschaft sowie
3. die Auswirkungen der unter den Nummern 1 und 2 genannten Faktoren auf etwaige Tochtergesellschaften der an der grenzüberschreitenden Verschmelzung beteiligten Gesellschaft.

(6) ¹Der Bericht für die Anteilsinhaber ist in den Fällen des § 8 Absatz 3 nicht erforderlich. ²Der Bericht für die Anteilsinhaber der übertragenden Gesellschaft ist ferner nicht erforderlich in den Fällen des § 307 Absatz 3 Nummer 2 Buchstabe b und c. ³Der Bericht für die Arbeitnehmer ist nicht erforderlich, wenn die an der Verschmelzung beteiligte Gesellschaft und ihre etwaigen Tochtergesellschaften keine anderen Arbeitnehmer haben als diejenigen, die dem Vertretungsorgan angehören. ⁴Ein Verschmelzungsbericht ist insgesamt nicht erforderlich, wenn die Voraussetzungen der Sätze 1 oder 2 und des Satzes 3 vorliegen.

Sechstes Buch. Grenzüberschreitende Umwandlung **§§ 310–312 UmwG**

§ 310 Zugänglichmachung des Verschmelzungsberichts

(1) ¹Der einheitliche Bericht ist den Anteilsinhabern und den zuständigen Betriebsräten der an der grenzüberschreitenden Verschmelzung beteiligten Gesellschaften oder, sofern es in der jeweiligen Gesellschaft keinen Betriebsrat gibt, den Arbeitnehmern spätestens sechs Wochen vor der Versammlung der Anteilsinhaber, die nach § 13 über die Zustimmung zum Verschmelzungsplan beschließen soll, elektronisch zugänglich zu machen. ²Erstellt die Gesellschaft gesonderte Berichte, ist innerhalb der genannten Frist den Anteilsinhabern der Bericht für die Anteilsinhaber und dem Betriebsrat oder, sofern es in der jeweiligen Gesellschaft keinen Betriebsrat gibt, den Arbeitnehmern der Bericht für die Arbeitnehmer zugänglich zu machen. ³Falls zu dem in Satz 1 bestimmten Zeitpunkt der Verschmelzungsplan oder sein Entwurf bereits vorliegt, ist dieser gemeinsam mit dem Verschmelzungsbericht zugänglich zu machen.

(2) ¹Ist ein Verschmelzungsbeschluss der übernehmenden Gesellschaft gemäß § 62 Absatz 1 nicht erforderlich, so muss der Bericht spätestens sechs Wochen vor dem Tag der Versammlung der Anteilsinhaber der übertragenden Gesellschaft zugänglich gemacht werden. ²Ist in den Fällen des § 308 Absatz 2 und 4 der gesonderte Bericht für die Arbeitnehmer erforderlich, so ist dieser zu den in § 308 Absatz 2 und 4 bestimmten Zeitpunkten elektronisch zugänglich zu machen.

(3) Erhält das Vertretungsorgan der an der grenzüberschreitenden Verschmelzung beteiligten Gesellschaft spätestens eine Woche vor der Versammlung der Anteilsinhaber, die nach § 13 über die Zustimmung zum Verschmelzungsplan beschließen soll, in Textform eine Stellungnahme des zuständigen Betriebsrats oder, sofern es in der Gesellschaft keinen Betriebsrat gibt, der Arbeitnehmer, so unterrichtet die Gesellschaft ihre Anteilsinhaber hiervon unverzüglich nach Fristablauf durch elektronische Zugänglichmachung des einheitlichen Berichts oder des Berichts für die Arbeitnehmer jeweils unter Beifügung einer Kopie der Stellungnahme.

§ 311 Verschmelzungsprüfung

(1) ¹Der Verschmelzungsplan oder sein Entwurf ist nach den §§ 9 bis 12 zu prüfen; die §§ 39e und 48 sind nicht anzuwenden. ²Der Prüfungsbericht muss den Anteilsinhabern spätestens einen Monat vor dem Tag der Versammlung der Anteilsinhaber, die nach § 13 über die Zustimmung zum Verschmelzungsplan beschließen soll, zugänglich gemacht werden.

(2) ¹§ 9 Absatz 2 und § 12 Absatz 3, jeweils in Verbindung mit § 8 Absatz 3, gelten mit der Maßgabe, dass ein Verzicht aller Anteilsinhaber aller beteiligten Rechtsträger erforderlich ist. ²Verschmelzungsprüfung und Prüfungsbericht sind ferner nicht erforderlich in den Fällen des § 307 Absatz 3 Nummer 2 Buchstabe b und c.

§ 312 Zustimmung der Anteilsinhaber

(1) Die Anteilsinhaber können ihre Zustimmung nach § 13 davon abhängig machen, dass die Art und Weise der Mitbestimmung der Arbeitnehmer der übernehmenden oder neuen Gesellschaft ausdrücklich von ihnen bestätigt wird.

(2) In den Fällen des § 307 Absatz 3 ist ein Verschmelzungsbeschluss der Anteilsinhaber der übertragenden Gesellschaft nicht erforderlich.

(3) Die Versammlung der Anteilsinhaber nimmt den Verschmelzungsbericht, den Prüfungsbericht und etwaige Stellungnahmen nach § 308 Absatz 1 Satz 2 Nummer 4 zur Kenntnis, bevor sie die Zustimmung zum Verschmelzungsplan beschließt.

§ 313 Barabfindung

(1) ¹Unterliegt die übernehmende oder neue Gesellschaft nicht dem deutschen Recht, so hat die übertragende Gesellschaft im Verschmelzungsplan oder in seinem Entwurf jedem Anteilsinhaber, der gegen den Verschmelzungsbeschluss der Gesellschaft Widerspruch zur Niederschrift erklärt, den Erwerb seiner Anteile gegen eine angemessene Barabfindung anzubieten; nicht anzuwenden sind insoweit § 71 Absatz 4 Satz 2 des Aktiengesetzes sowie die Anordnung der Nichtigkeit des schuldrechtlichen Geschäfts über einen verbotswidrigen Erwerb nach § 33 Absatz 2 Satz 3 des Gesetzes betreffend die Gesellschaften mit beschränkter Haftung. ²Das Abfindungsangebot steht unter der aufschiebenden Bedingung des Wirksamwerdens der grenzüberschreitenden Verschmelzung. ³Im Verschmelzungsplan oder seinem Entwurf sind eine Postanschrift und eine elektronische Adresse anzugeben, an welche die Mitteilung nach Absatz 2 und die Annahmeerklärung nach Absatz 3 Satz 1 übermittelt werden können. ⁴§ 29 Absatz 1 Satz 4 und 5 sowie Absatz 2, § 30 Absatz 1 und die §§ 32 bis 34 gelten entsprechend.

(2) Ein Anteilsinhaber, der die Annahme des Abfindungsangebots nach Absatz 1 Satz 1 beabsichtigt, hat der Gesellschaft seine Absicht spätestens einen Monat nach dem Tag, an dem die Versammlung der Anteilsinhaber der übertragenden Gesellschaft die Zustimmung zum Verschmelzungsplan beschlossen hat, mitzuteilen.

(3) ¹Das Angebot kann bis spätestens zwei Monate nach dem Tag, an dem die Versammlung der Anteilsinhaber der übertragenden Gesellschaft die Zustimmung zum Verschmelzungsplan beschlossen hat, angenommen werden. ²Die Annahme ist ausgeschlossen, wenn die Mitteilung nach Absatz 2 nicht rechtzeitig erfolgt ist. ³Erfolgt die Annahme vor Ablauf der Mitteilungsfrist gemäß Absatz 2, so ist die Mitteilung nicht mehr erforderlich. ⁴§ 15 Absatz 4 des Gesetzes betreffend die Gesellschaften mit beschränkter Haftung bleibt unberührt.

(4) Anteilsinhaber, die das Angebot nach Maßgabe des Absatzes 3 angenommen haben, werden abweichend von § 20 Absatz 1 Nummer 3 Satz 1 mit Wirksamwerden der Verschmelzung nicht Anteilsinhaber der übernehmenden oder neuen Gesellschaft.

(5) ¹Die übernehmende oder neue Gesellschaft hat die Barabfindung spätestens zwei Wochen, nachdem die Verschmelzung wirksam geworden ist, an die Anteilsinhaber, die das Angebot nach Maßgabe des Absatzes 3 angenommen haben, zu zahlen. ²§ 314 ist auf den Abfindungsanspruch dieser Anteilsinhaber entsprechend anzuwenden.

(6) ¹Die Angemessenheit einer nach Absatz 1 anzubietenden Barabfindung ist stets zu prüfen. ²§ 311 ist entsprechend anzuwenden.

§ 314 Schutz der Gläubiger der übertragenden Gesellschaft

(1) Der Gläubiger einer übertragenden Gesellschaft kann verlangen, dass ihm Sicherheit geleistet wird für eine Forderung, die
1. vor der Bekanntmachung des Verschmelzungsplans oder seines Entwurfs entstanden, aber im Zeitpunkt der Bekanntmachung noch nicht fällig geworden ist, und
2. deren Erfüllung durch die Verschmelzung gefährdet wird.

(2) Die Voraussetzungen des Anspruchs nach Absatz 1 sind gegenüber dem zuständigen Gericht glaubhaft zu machen.

(3) Der Anspruch auf Sicherheitsleistung erlischt, wenn er nicht innerhalb von drei Monaten ab Bekanntmachung des Verschmelzungsplans gerichtlich geltend gemacht wurde.

Sechstes Buch. Grenzüberschreitende Umwandlung §§ 314a, 315 UmwG

(4) ¹Geleistete Sicherheiten sind freizugeben, wenn das Verschmelzungsverfahren gescheitert ist. ²Das ist insbesondere dann der Fall, wenn
1. die Entscheidung des Gerichts über die Ablehnung der Eintragung gemäß § 316 Absatz 1 rechtskräftig ist,
2. die Ablehnung der Entscheidung über die Eintragung der Verschmelzung im Register der übernehmenden oder neuen Gesellschaft nicht mehr angefochten werden kann oder
3. das Verfahren auf Eintragung gemäß § 316 Absatz 1 oder nach dieser Eintragung das Verfahren auf Eintragung der Verschmelzung im Register der übernehmenden oder neuen Gesellschaft auf andere Weise endgültig beendet worden ist.

(5) Ausschließlich zuständig für Streitigkeiten über den Anspruch auf Sicherheitsleistung nach Absatz 1 sowie über die Freigabe nach Absatz 4 ist das Gericht, dessen Bezirk das für die Erteilung der Vorabbescheinigung zuständige Registergericht angehört.

§ 314a *(nicht mehr belegt)*

§ 315 Anmeldung der Verschmelzung

(1) Das Vertretungsorgan einer übertragenden Gesellschaft hat das Vorliegen der sie betreffenden Voraussetzungen für die grenzüberschreitende Verschmelzung zur Eintragung bei dem Register des Sitzes der Gesellschaft anzumelden.

(2) § 16 Absatz 2 und 3 und § 17 gelten entsprechend mit der Maßgabe, dass in Abschrift zusätzlich Folgendes beizufügen ist:
1. der Anmeldung etwaige Bemerkungen nach § 308 Absatz 1 Satz 2 Nummer 4 und
2. dem einheitlichen Bericht oder dem Bericht für die Arbeitnehmer eine etwaige Stellungnahme gemäß § 310 Absatz 3.

(3) ¹Die Mitglieder des Vertretungsorgans haben zu versichern, dass
1. allen Gläubigern die gemäß § 307 Absatz 2 Nummer 14 angebotene Sicherheit geleistet wurde,
2. die Rechte der Arbeitnehmer gemäß § 308 Absatz 1 Satz 2 Nummer 4 Buchstabe b sowie gemäß § 310 Absatz 1 und 3 eingehalten wurden,
3. ein zur Verhandlung über die künftige Mitbestimmung durchzuführendes Verfahren nach den Umsetzungsvorschriften zu Artikel 133 Absatz 3 und 4 der Richtlinie (EU) 2017/1132 bereits begonnen hat oder dass die Leitungen der beteiligten Gesellschaften entschieden haben, die Auffangregelung dieser Richtlinie ohne vorhergehende Verhandlung unmittelbar anzuwenden, und
4. sich die übertragende Gesellschaft nicht im Zustand der Zahlungsunfähigkeit, der drohenden Zahlungsunfähigkeit oder der Überschuldung gemäß § 17 Absatz 2, § 18 Absatz 2 oder § 19 Absatz 2 der Insolvenzordnung befindet.

²Kann die Versicherung nach Satz 1 Nummer 4 nicht abgegeben werden, hat das Vertretungsorgan mitzuteilen, welche der dort genannten Tatbestände erfüllt sind und ob ein Insolvenzverfahren beantragt oder eröffnet wurde. ³Nach Eröffnung des Insolvenzverfahrens trifft diese Pflicht den Insolvenzverwalter; wurde ein vorläufiger Insolvenzverwalter bestellt und dem Schuldner ein allgemeines Verfügungsverbot auferlegt, so trifft die Pflicht den vorläufigen Insolvenzverwalter.

(4) ¹Das Vertretungsorgan teilt dem Registergericht Folgendes mit:
1. die Zahl der Arbeitnehmer zum Zeitpunkt des Abschlusses des Verschmelzungsplans,
2. die Zahl der Tochtergesellschaften und ihre jeweiligen geografischen Standorte sowie
3. das Bestehen von Verbindlichkeiten gegenüber der öffentlichen Hand.

UmwG § 316 Umwandlungsgesetz

(5) Das nach § 314 Absatz 5 zuständige Gericht teilt dem Registergericht auf Anforderung mit, ob innerhalb der Frist des § 314 Absatz 3 eine Sicherheitsleistung gerichtlich geltend gemacht wurde.

§ 316 Verschmelzungsbescheinigung

(1) [1]Das Gericht prüft innerhalb von drei Monaten nach der Anmeldung gemäß § 315 Absatz 1 und 2, ob für die übertragende Gesellschaft die Voraussetzungen für die grenzüberschreitende Verschmelzung vorliegen. [2]Die Eintragung enthält die Bezeichnung des Verschmelzungsverfahrens und der an ihm beteiligten Gesellschaften sowie die Feststellung, dass alle einschlägigen Voraussetzungen erfüllt und alle erforderlichen Verfahren und Formalitäten erledigt sind. [3]Die Eintragung ist mit dem Vermerk zu versehen, dass die grenzüberschreitende Verschmelzung unter den Voraussetzungen des Rechts desjenigen Staates wirksam wird, dem die übernehmende oder neue Gesellschaft unterliegt. [4]Über die Eintragung stellt das Gericht von Amts wegen eine Verschmelzungsbescheinigung aus.

(2) [1]Die Eintragung gemäß Absatz 1 darf nicht vor Ablauf der Fristen gemäß § 313 Absatz 3 Satz 1 und § 314 Absatz 3 vorgenommen werden. [2]Haben alle Anteilsinhaber der übertragenden Gesellschaft der Verschmelzung zugestimmt, darf die Eintragung bereits vor Ablauf der Frist des § 313 Absatz 3 Satz 1 erfolgen. [3]Wurde ein Anspruch auf Sicherheitsleistung nach § 314 Absatz 1 gerichtlich geltend gemacht, so darf die Eintragung gemäß Absatz 1 nicht vorgenommen werden,
1. bevor die den Antrag ablehnende Entscheidung rechtskräftig ist,
2. die in der Entscheidung festgelegte Sicherheit geleistet wurde oder
3. die den Antrag teilweise ablehnende Entscheidung rechtskräftig ist und die in der Entscheidung festgelegte Sicherheit geleistet wurde.

[4]Die Leistung der Sicherheit ist dem Gericht in geeigneter Form nachzuweisen. [5]Auf Verlangen des Gerichts haben die Mitglieder des Vertretungsorgans zu versichern, dass die in der Entscheidung festgelegte Sicherheit geleistet wurde.

(3) [1]In dem Verfahren nach Absatz 1 muss das Gericht bei Vorliegen von Anhaltspunkten prüfen, ob die grenzüberschreitende Verschmelzung zu missbräuchlichen oder betrügerischen Zwecken, die dazu führen oder führen sollen, sich Unionsrecht oder nationalem Recht zu entziehen oder es zu umgehen, oder zu kriminellen Zwecken vorgenommen werden soll. [2]Liegen solche Zwecke vor, so lehnt es die Eintragung gemäß Absatz 1 ab. [3]Ist es für die Prüfung notwendig, zusätzliche Informationen zu berücksichtigen oder zusätzliche Ermittlungen durchzuführen, so kann die in Absatz 1 Satz 1 vorgesehene Frist um höchstens drei Monate verlängert werden. [4]Anhaltspunkte im Sinne von Satz 1 liegen insbesondere vor, wenn
1. ein gemäß Artikel 133 Absatz 2 bis 4 der Richtlinie (EU) 2017/1132 durchzuführendes Verhandlungsverfahren erst auf Aufforderung des Gerichts eingeleitet worden ist;
2. die Zahl der Arbeitnehmer mindestens vier Fünftel des für die Unternehmensmitbestimmung maßgeblichen Schwellenwerts beträgt, im Zielland keine Wertschöpfung erbracht wird und der Verwaltungssitz in Deutschland verbleibt;
3. eine ausländische Gesellschaft durch die grenzüberschreitende Verschmelzung Schuldnerin von Betriebsrenten oder -anwartschaften wird und diese Gesellschaft kein anderweitiges operatives Geschäft hat.

(4) Ist es wegen der Komplexität des Verfahrens ausnahmsweise nicht möglich, die Prüfung innerhalb der in Absatz 1 Satz 1 oder Absatz 3 Satz 3 vorgesehenen Fristen vorzunehmen, so hat das Gericht den Anmelder vor Ende der Frist über die Gründe für eine Verzögerung zu unterrichten.

(5) Nach Eingang einer Mitteilung des Registers, in dem die übernehmende oder neue Gesellschaft eingetragen ist, über das Wirksamwerden der Verschmelzung hat

das Gericht des Sitzes der übertragenden Gesellschaft den Tag des Wirksamwerdens zu vermerken und die bei ihm aufbewahrten elektronischen Dokumente diesem Register zu übermitteln.

§ 317 Informationen des Registergerichts

¹Soweit dies für die Prüfung gemäß § 316 erforderlich ist, kann das Gericht
1. von der Gesellschaft Informationen und Unterlagen verlangen,
2. von öffentlichen inländischen Stellen Informationen und Unterlagen verlangen und von öffentlichen Stellen eines anderen Mitgliedstaats der Europäischen Union oder eines anderen Vertragsstaats des Abkommens über den Europäischen Wirtschaftsraum mit Zuständigkeiten in den von der grenzüberschreitenden Verschmelzung betroffenen Bereichen die notwendigen Informationen und Unterlagen erbitten,
3. von einem eingesetzten besonderen Verhandlungsgremium Informationen und Unterlagen verlangen,
4. einen unabhängigen Sachverständigen zuziehen sowie
5. im Rahmen der Prüfung des § 316 Absatz 3 eine in dem sich verschmelzenden Unternehmen vertretene Gewerkschaft anhören.

²Ist eine inländische öffentliche Stelle in einem von einer grenzüberschreitenden Verschmelzung betroffenen Bereich zuständig, kann sie der für die Ausstellung einer Verschmelzungsbescheinigung zuständigen Stelle eines anderen Mitgliedstaats der Europäischen Union oder eines anderen Vertragsstaats des Abkommens über den Europäischen Wirtschaftsraum auf deren Ersuchen die notwendigen Informationen und Unterlagen übermitteln.

§ 318 Eintragung der grenzüberschreitenden Hereinverschmelzung

(1) ¹Bei einer Verschmelzung durch Aufnahme hat das Vertretungsorgan der übernehmenden Gesellschaft die Verschmelzung zur Eintragung in das Register der übernehmenden Gesellschaft und bei einer Verschmelzung durch Neugründung haben die Vertretungsorgane der übertragenden Gesellschaften die neue Gesellschaft zur Eintragung in das Register des Sitzes der übernehmenden oder neuen Gesellschaft anzumelden. ²Der Anmeldung sind in der Form des § 17 Absatz 1 der gemeinsame Verschmelzungsplan und gegebenenfalls die Vereinbarung über die Beteiligung der Arbeitnehmer beizufügen. ³Auf die übernehmende Gesellschaft und die Prüfung der sie betreffenden Eintragungsvoraussetzungen sind § 315 Absatz 2, 3 Satz 1 Nummer 2 und 3 sowie Absatz 4, § 316 Absatz 1 Satz 1, Absatz 3 und 4 und § 317 Satz 1 entsprechend anzuwenden. ⁴§ 16 Absatz 2 und 3 und § 17 sind auf die übertragenden Gesellschaften nicht anzuwenden.

(2) ¹Die über das Europäische System der Registervernetzung übermittelte Verschmelzungsbescheinigung wird als Nachweis der ordnungsgemäßen Erledigung der vorangehenden Verfahren und Formalitäten nach dem Recht desjenigen Staates, dem die übertragende Gesellschaft unterliegt, anerkannt. ²Ist an der Verschmelzung eine Personenhandelsgesellschaft gemäß § 306 Absatz 1 Nummer 2 beteiligt, ist ergänzend zu den Unterlagen gemäß Absatz 1 ein Nachweis über die Eintragung der Verschmelzung im Register der übertragenden Gesellschaft vorzulegen. ³Ohne diese Verschmelzungsbescheinigung darf die grenzüberschreitende Verschmelzung nicht in das Register eingetragen werden.

(3) Das Registergericht prüft insbesondere, ob
1. die Eintragungsvoraussetzungen, die die übernehmende Gesellschaft betreffen, vorliegen,

2. die an der grenzüberschreitenden Verschmelzung beteiligten Gesellschaften einem gemeinsamen, gleichlautenden Verschmelzungsplan zugestimmt haben,
3. gegebenenfalls eine Vereinbarung über die Beteiligung der Arbeitnehmer geschlossen worden ist sowie
4. bei einer Verschmelzung durch Neugründung, ob die Vorschriften zur Gründung der neuen Gesellschaft eingehalten worden sind.

(4) ¹Das Gericht des Sitzes der übernehmenden oder neuen Gesellschaft hat den Tag des Wirksamwerdens der Verschmelzung von Amts wegen jedem Register über das Europäische System der Registervernetzung mitzuteilen, bei dem eine der übertragenden Gesellschaften ihre Unterlagen zu hinterlegen hatte. ²Ist an der Verschmelzung eine Personenhandelsgesellschaft gemäß § 306 Absatz 1 Nummer 2 beteiligt, hat das Gericht des Sitzes der übernehmenden Gesellschaft den Tag des Wirksamwerdens der Verschmelzung von Amts wegen jedem Register gemäß Satz 1 auf andere Weise mitzuteilen.

§ 319 Austritt des Vereinigten Königreichs Großbritannien und Nordirland aus der Europäischen Union

Unterliegt die übernehmende oder neue Gesellschaft dem deutschen Recht, so gilt als grenzüberschreitende Verschmelzung im Sinne dieses Teils auch eine solche, an der eine übertragende Gesellschaft beteiligt ist, die dem Recht des Vereinigten Königreichs Großbritannien und Nordirland unterliegt, sofern
1. der Verschmelzungsplan nach § 307 Absatz 4 vor dem Ausscheiden des Vereinigten Königreichs Großbritannien und Nordirland aus der Europäischen Union oder vor dem Ablauf eines Übergangszeitraums, innerhalb dessen das Vereinigte Königreich Großbritannien und Nordirland in der Bundesrepublik Deutschland weiterhin als Mitgliedstaat der Europäischen Union gilt, notariell beurkundet worden ist und
2. die Verschmelzung unverzüglich, spätestens aber zwei Jahre nach diesem Zeitpunkt mit den erforderlichen Unterlagen zur Registereintragung angemeldet wird.

Zweiter Teil. Grenzüberschreitende Spaltung

§ 320 Grenzüberschreitende Spaltung

(1) Spaltungen, bei denen mindestens eine der beteiligten Gesellschaften dem Recht eines anderen Mitgliedstaats der Europäischen Union oder eines anderen Vertragsstaats des Abkommens über den Europäischen Wirtschaftsraum unterliegt (grenzüberschreitende Spaltungen), im Sinne dieses Gesetzes sind ausschließlich
1. Spaltungen zur Neugründung im Sinne des § 123 Absatz 1 Nummer 2, Absatz 2 Nummer 2 oder Absatz 3 Nummer 2 sowie
2. nach Maßgabe des § 332 Spaltungen zur Aufnahme im Sinne des § 123 Absatz 1 Nummer 1, Absatz 2 Nummer 1 oder Absatz 3 Nummer 1.

(2) Auf die Beteiligung einer Kapitalgesellschaft (§ 3 Absatz 1 Nummer 2) an einer grenzüberschreitenden Spaltung sind die Vorschriften des Ersten Teils des Dritten Buches sowie des Ersten und Zweiten Abschnitts des Zweiten Teils des Dritten Buches entsprechend anzuwenden, soweit sich aus diesem Teil nichts anderes ergibt.

(3) § 143 ist auf grenzüberschreitende Spaltungen nicht anzuwenden.

Sechstes Buch. Grenzüberschreitende Umwandlung §§ 321–324 UmwG

§ 321 Spaltungsfähige Gesellschaften

An einer grenzüberschreitenden Spaltung können als übertragende oder neue Gesellschaften Kapitalgesellschaften nach Anhang II zur Richtlinie (EU) 2017/1132 beteiligt sein, wenn sie
1. nach dem Recht eines Mitgliedstaats der Europäischen Union oder eines anderen Vertragsstaats des Abkommens über den Europäischen Wirtschaftsraum gegründet worden sind und
2. ihren satzungsmäßigen Sitz, ihre Hauptverwaltung oder ihre Hauptniederlassung in einem Mitgliedstaat der Europäischen Union oder einem anderen Vertragsstaat des Abkommens über den Europäischen Wirtschaftsraum haben.
§ 306 Absatz 2 Satz 1 Nummer 2 gilt entsprechend.

§ 322 Spaltungsplan

(1) Das Vertretungsorgan der übertragenden Gesellschaft stellt einen Spaltungsplan auf.

(2) Der Spaltungsplan oder sein Entwurf enthalten mindestens neben den in § 307 Absatz 2 Nummer 1 bis 14 und 16 genannten Angaben die folgenden Angaben:
1. den vorgesehenen indikativen Zeitplan für die Spaltung,
2. bei Abspaltung und Ausgliederung etwaige Satzungsänderungen der übertragenden Gesellschaft,
3. eine genaue Beschreibung der Gegenstände des Aktiv- und Passivvermögens der übertragenden Gesellschaft sowie eine Erklärung, wie diese Gegenstände des Aktiv- und Passivvermögens den neuen Gesellschaften zugeteilt werden sollen oder ob sie im Fall einer Abspaltung oder Ausgliederung bei der übertragenden Gesellschaft verbleiben sollen, einschließlich Vorschriften über die Behandlung von Gegenständen des Aktiv- und Passivvermögens, die im Spaltungsplan nicht ausdrücklich zugeteilt werden, wie etwa Gegenstände des Aktiv- oder Passivvermögens, die zum Zeitpunkt der Erstellung des Plans nicht bekannt sind,
4. Angaben zur Bewertung des bei der übertragenden Gesellschaft verbleibenden Aktiv- und Passivvermögens sowie
5. bei Aufspaltung oder Abspaltung die Aufteilung der Anteile der übertragenden Gesellschaft und der neuen Gesellschaften auf die Anteilsinhaber der übertragenden Gesellschaft sowie den Maßstab für die Aufteilung.

(3) Bei einer Ausgliederung sind die Angaben gemäß § 307 Absatz 2 Nummer 2, 3, 5, 7 und 13 nicht erforderlich.

(4) Der Spaltungsplan muss notariell beurkundet werden.

§ 323 Bekanntmachung des Spaltungsplans

§ 308 Absatz 1 gilt für die Bekanntmachung des Spaltungsplans oder seines Entwurfs entsprechend.

§ 324 Spaltungsbericht

(1) [1]Das Vertretungsorgan der übertragenden Gesellschaft erstellt einen Spaltungsbericht. [2]§ 309 Absatz 1 bis 5 und § 310 Absatz 1 und 3 gelten für den Spaltungsbericht entsprechend.

(2) [1]In den Fällen des § 8 Absatz 3 Satz 1, 2 und 3 Nummer 2 und des § 135 Absatz 3 ist der Bericht für die Anteilsinhaber nicht erforderlich. [2]Der Bericht für die Arbeitnehmer ist nicht erforderlich, wenn die übertragende Gesellschaft und

UmwG §§ 325–330

ihre etwaigen Tochtergesellschaften keine anderen Arbeitnehmer haben als diejenigen, die dem Vertretungsorgan angehören. [3]Der Spaltungsbericht ist insgesamt entbehrlich, wenn die Voraussetzungen der Sätze 1 und 2 vorliegen.

§ 325 Spaltungsprüfung

[1]Der Spaltungsplan oder sein Entwurf sind nach den §§ 9 bis 12 zu prüfen; § 48 ist nicht anzuwenden. [2]Der Prüfungsbericht muss den Anteilsinhabern spätestens einen Monat vor dem Tag der Versammlung der Anteilsinhaber, die nach § 13 über die Zustimmung zum Spaltungsplan beschließen soll, zugänglich gemacht werden.

§ 326 Zustimmung der Anteilsinhaber

(1) Die Anteilsinhaber können ihre Zustimmung nach § 13 davon abhängig machen, dass die Art und Weise der Mitbestimmung der Arbeitnehmer der neuen Gesellschaft ausdrücklich von ihnen bestätigt wird.

(2) Die Versammlung der Anteilsinhaber nimmt den Spaltungsbericht, den Prüfungsbericht und etwaige Stellungnahmen nach § 323 in Verbindung mit § 308 Absatz 1 Satz 2 Nummer 4 zur Kenntnis, bevor sie die Zustimmung zum Spaltungsplan beschließt.

(3) Werden bei einer Aufspaltung oder Abspaltung die Anteile der neuen Gesellschaft den Anteilsinhabern der übertragenden Gesellschaft nicht in dem Verhältnis zugeteilt, das ihrer Beteiligung an der übertragenden Gesellschaft entspricht, so wird der Spaltungsplan nur dann wirksam, wenn ihm diejenigen Anteilsinhaber zustimmen, für die die Zuteilung nachteilig ist.

§ 327 Barabfindung

[1]§ 313 gilt für die übertragende Gesellschaft entsprechend. [2]Bei einer Ausgliederung ist ein Abfindungsangebot nicht erforderlich.

§ 328 Schutz der Gläubiger der übertragenden Gesellschaft

§ 314 gilt für die übertragende Gesellschaft und ihre Gläubiger entsprechend.

§ 329 Anmeldung und Spaltungsbescheinigung

[1]Die §§ 315 bis 317 sind mit Ausnahme des § 315 Absatz 3 Satz 1 Nummer 3 zweite Alternative sowie des § 316 Absatz 1 Satz 2, 3 und 4 entsprechend anzuwenden. [2]Die Eintragung ist mit dem Vermerk zu versehen, dass die grenzüberschreitende Spaltung erst mit ihrer Eintragung gemäß § 330 wirksam wird. [3]Über die Eintragung stellt das Gericht von Amts wegen eine Spaltungsbescheinigung aus.

§ 330 Eintragung der grenzüberschreitenden Hinausspaltung

(1) [1]Die Anmeldung zur Eintragung gemäß § 329 in Verbindung mit § 315 gilt als Anmeldung zur Eintragung der grenzüberschreitenden Spaltung gemäß § 137 Absatz 2. [2]Die grenzüberschreitende Spaltung darf in das Register des Sitzes der übertragenden Gesellschaft erst eingetragen werden, nachdem jede der neuen Gesellschaften in das für sie zuständige Register eingetragen worden ist.

(2) Das Gericht des Sitzes der übertragenden Gesellschaft hat dem Register des Sitzes jeder der neuen Gesellschaften das Wirksamwerden der grenzüberschreitenden Spaltung über das Europäische System der Registervernetzung mitzuteilen.

§ 331 Eintragung der neuen Gesellschaft

(1) [1]Das Vertretungsorgan der übertragenden Gesellschaft hat die neue Gesellschaft zur Eintragung in das Register des Sitzes der neuen Gesellschaft anzumelden. [2]Der Anmeldung sind in der Form des § 17 Absatz 1 der Spaltungsplan und gegebenenfalls die Vereinbarung über die Beteiligung der Arbeitnehmer beizufügen. [3]§ 16 Absatz 2 und 3 sowie § 17 sind auf die übertragende Gesellschaft nicht anzuwenden.

(2) [1]Die über das Europäische System der Registervernetzung übermittelte Spaltungsbescheinigung wird als Nachweis der ordnungsgemäßen Erledigung der vorangehenden Verfahren und Formalitäten nach dem Recht desjenigen Staates, dem die übertragende Gesellschaft unterliegt, anerkannt. [2]Ohne diese Spaltungsbescheinigung kann die grenzüberschreitende Spaltung nicht in das Register eingetragen werden.

(3) Die Prüfung der Eintragungsvoraussetzungen erstreckt sich insbesondere darauf, ob gegebenenfalls eine Vereinbarung über die Beteiligung der Arbeitnehmer geschlossen worden ist und ob die Vorschriften zur Gründung der neuen Gesellschaft eingehalten worden sind.

(4) [1]Die Eintragung der neuen Gesellschaft ist mit dem Vermerk zu versehen, dass sie unter den Voraussetzungen wirksam wird, unter denen die grenzüberschreitende Spaltung nach dem Recht des Staates, dem die übertragende Gesellschaft unterliegt, wirksam wird. [2]Das Gericht des Sitzes der neuen Gesellschaft hat von Amts wegen dem Gericht des Sitzes der übertragenden Gesellschaft mitzuteilen, dass die neue Gesellschaft eingetragen wurde.

(5) Nach Eingang der Mitteilung des Registers, in dem die übertragende Gesellschaft eingetragen ist, über das Wirksamwerden der grenzüberschreitenden Spaltung ist in dem Register des Sitzes der neuen Gesellschaft der Tag des Wirksamwerdens der Spaltung einzutragen.

§ 332 Spaltung zur Aufnahme

[1]Die Bestimmungen dieses Teils sind auf eine grenzüberschreitende Spaltung zur Aufnahme im Sinne des § 320 Absatz 1 Nummer 2 entsprechend anzuwenden, wenn in der übertragenden Gesellschaft und den übernehmenden Gesellschaften
1. im Fall der Spaltung einer inländischen Gesellschaft jeweils in den sechs Monaten vor Bekanntmachung des Spaltungsplans durchschnittlich weniger als 400 Arbeitnehmer,
2. im Fall der Aufnahme durch eine inländische Gesellschaft jeweils in den sechs Monaten vor Offenlegung des Spaltungsplans durchschnittlich weniger als vier Fünftel der Zahl der Arbeitnehmer, die für eine Mitbestimmung nach dem Recht des Staates maßgeblich sind, dem die übertragende Gesellschaft unterliegt,

beschäftigt sind. [2]Ergeben sich Besonderheiten aus dem Umstand, dass mehrere Gesellschaften beteiligt sind, so sind ergänzend die Bestimmungen des Ersten Teils über die grenzüberschreitende Verschmelzung entsprechend anzuwenden.

Dritter Teil. Grenzüberschreitender Formwechsel

§ 333 Grenzüberschreitender Formwechsel

(1) Ein grenzüberschreitender Formwechsel ist der Wechsel einer nach dem Recht eines Mitgliedstaats der Europäischen Union oder eines Vertragsstaats des Abkom-

mens über den Europäischen Wirtschaftsraum gegründeten Gesellschaft in eine Rechtsform nach dem Recht eines anderen Mitgliedstaats der Europäischen Union oder Vertragsstaats des Abkommens über den Europäischen Wirtschaftsraums unter Verlegung des satzungsmäßigen Sitzes in diesen Staat.

(2) Auf den grenzüberschreitenden Formwechsel einer Kapitalgesellschaft (§ 3 Absatz 1 Nummer 2) sind vorbehaltlich der Absätze 3 und 4 die folgenden Vorschriften des Fünften Buches entsprechend anzuwenden, soweit sich aus diesem Teil nichts anderes ergibt:
1. die Vorschriften des Ersten Teils sowie
2. die Vorschriften des Ersten und Dritten Unterabschnitts des Zweiten Abschnitts des Zweiten Teils.

(3) [1]§ 245 Absatz 1 Satz 3, Absatz 2 Satz 3 und Absatz 3 Satz 3 ist nicht anzuwenden. [2]§ 245 Absatz 4 ist nur dann anzuwenden, wenn die formwechselnde Gesellschaft eine im Anhang I zur Richtlinie (EU) 2017/1132 über bestimmte Aspekte des Gesellschaftsrechts genannte Rechtsform hat. [3]Im Fall des Satzes 2 ist § 52 des Aktiengesetzes mit der Maßgabe anzuwenden, dass an die Stelle des Zeitpunkts der Eintragung der Gesellschaft neuer Rechtsform der Zeitpunkt der Eintragung der formwechselnden Gesellschaft in das für sie zuständige Register tritt.

(4) § 195 Absatz 2 und § 196 sind nicht anzuwenden.

§ 334 Formwechselfähige Gesellschaften

[1]Im Rahmen eines grenzüberschreitenden Formwechsels können formwechselnde Gesellschaften und Gesellschaften neuer Rechtsform Kapitalgesellschaften mit einer in Anhang II zur Richtlinie (EU) 2017/1132 genannten Rechtsform sein, wenn sie
1. nach dem Recht eines Mitgliedstaats der Europäischen Union oder eines anderen Vertragsstaats des Abkommens über den Europäischen Wirtschaftsraum gegründet worden sind und
2. ihren satzungsmäßigen Sitz, ihre Hauptverwaltung oder ihre Hauptniederlassung in einem Mitgliedstaat der Europäischen Union oder einem anderen Vertragsstaat des Abkommens über den Europäischen Wirtschaftsraum haben.
[2]§ 306 Absatz 2 Satz 1 Nummer 2 gilt entsprechend.

§ 335 Formwechselplan

(1) Das Vertretungsorgan der grenzüberschreitend formwechselnden Gesellschaft stellt einen Formwechselplan auf.

(2) Der Formwechselplan oder sein Entwurf muss mindestens folgende Angaben enthalten:
1. Rechtsform, Firma und Sitz der formwechselnden Gesellschaft,
2. die Rechtsform, die die Gesellschaft durch den Formwechsel erlangen soll,
3. die Firma und den Sitz der Gesellschaft neuer Rechtsform,
4. sofern einschlägig den Errichtungsakt der Gesellschaft neuer Rechtsform und, falls sie Gegenstand eines gesonderten Aktes ist, die Satzung,
5. den vorgesehenen indikativen Zeitplan für den grenzüberschreitenden Formwechsel,
6. die Beteiligung der bisherigen Anteilsinhaber an dem Rechtsträger nach den für die neue Rechtsform geltenden Vorschriften sowie Zahl, Art und Umfang der Anteile, welche die Anteilsinhaber durch den Formwechsel erlangen sollen,
7. die Rechte, die die Gesellschaft neuer Rechtsform den mit Sonderrechten ausgestatteten Anteilsinhabern und den Inhabern von anderen Wertpapieren

als Gesellschaftsanteilen gewährt, oder die für diese Personen vorgeschlagenen Maßnahmen,
8. die Sicherheiten, die den Gläubigern angeboten werden,
9. die etwaigen besonderen Vorteile, die den Mitgliedern der Verwaltungs-, Leitungs-, Aufsichts- oder Kontrollorgane der Gesellschaft gewährt werden,
10. eine Darstellung der Förderungen oder Beihilfen, die die Gesellschaft in den letzten fünf Jahren erhalten hat,
11. die Einzelheiten zum Angebot einer Barabfindung gemäß § 340,
12. die voraussichtlichen Auswirkungen des grenzüberschreitenden Formwechsels auf die Beschäftigung der Arbeitnehmer,
13. gegebenenfalls Angaben zu dem Verfahren, nach dem die Einzelheiten der Beteiligung der Arbeitnehmer an der Festlegung ihrer Mitbestimmungsrechte in der Gesellschaft neuer Rechtsform geregelt werden, sowie
14. die Auswirkungen des grenzüberschreitenden Formwechsels auf Betriebsrenten und Betriebsrentenanwartschaften.

(3) Der Formwechselplan muss notariell beurkundet werden.

§ 336 Bekanntmachung des Formwechselplans

§ 308 Absatz 1 gilt für die Bekanntmachung des Formwechselplans und seines Entwurfs entsprechend.

§ 337 Formwechselbericht

(1) § 309 Absatz 1, 2, 3 und 5 sowie § 310 Absatz 1, 2 und 3 gelten für den Formwechselbericht entsprechend.

(2) In dem anteilsinhaberspezifischen Abschnitt wird über die in § 192 Absatz 1 genannten Berichtsinhalte hinaus mindestens Folgendes erläutert und begründet:
1. die Auswirkungen des grenzüberschreitenden Formwechsels auf die Anteilsinhaber sowie
2. die Rechte und Rechtsbehelfe der Anteilsinhaber gemäß § 340 dieses Gesetzes und gemäß § 1 Nummer 4 des Spruchverfahrensgesetzes.

(3) [1]Der Bericht für die Anteilsinhaber ist in den Fällen des § 192 Absatz 2 nicht erforderlich. [2]Der Bericht für die Arbeitnehmer ist nicht erforderlich, wenn die Gesellschaft und ihre etwaigen Tochtergesellschaften keine anderen Arbeitnehmer haben als diejenigen, die dem Vertretungsorgan angehören. [3]Der Formwechselbericht ist insgesamt nicht erforderlich, wenn die Voraussetzungen der Sätze 1 und 2 vorliegen.

§ 338 Formwechselprüfung

(1) [1]Der Formwechselplan oder sein Entwurf ist nach den §§ 9 bis 11 und 12 Absatz 1 zu prüfen. [2]§ 48 ist nicht anzuwenden. [3]Der Prüfungsbericht muss den Anteilsinhabern spätestens einen Monat vor dem Tag der Versammlung der Anteilsinhaber, die über die Zustimmung zum Formwechselplan beschließen soll, zugänglich gemacht werden.

(2) § 9 Absatz 2 und § 12 Absatz 3 jeweils in Verbindung mit § 8 Absatz 3 Satz 1, 2 und 3 Nummer 2 sind entsprechend anzuwenden.

§ 339 Zustimmung der Anteilsinhaber

(1) Die Anteilsinhaber können ihre Zustimmung zum Formwechselplan nach § 193 Absatz 1 davon abhängig machen, dass die Art und Weise der Mitbestimmung

der Arbeitnehmer der Gesellschaft neuer Rechtsform ausdrücklich von ihnen bestätigt wird.

(2) Die Versammlung der Anteilsinhaber nimmt den Formwechselbericht, den Prüfungsbericht und etwaige Stellungnahmen nach § 336 in Verbindung mit § 308 Absatz 1 Satz 2 Nummer 4 zur Kenntnis, bevor sie die Zustimmung zum Formwechselplan beschließt.

§ 340 Barabfindung

(1) ¹Die formwechselnde Gesellschaft hat im Formwechselplan oder seinem Entwurf jedem Anteilsinhaber, der gegen den Zustimmungsbeschluss der Anteilsinhaber Widerspruch zur Niederschrift erklärt, den Erwerb seiner Anteile oder Mitgliedschaften gegen eine angemessene Barabfindung anzubieten; nicht anzuwenden sind insoweit § 71 Absatz 4 Satz 2 des Aktiengesetzes und die Anordnung der Nichtigkeit des schuldrechtlichen Geschäfts über einen verbotswidrigen Erwerb nach § 33 Absatz 2 Satz 3 des Gesetzes betreffend die Gesellschaften mit beschränkter Haftung. ²Das Abfindungsangebot steht unter der aufschiebenden Bedingung des Wirksamwerdens des grenzüberschreitenden Formwechsels. ³Im Formwechselplan oder seinem Entwurf sind eine Postanschrift sowie eine elektronische Adresse anzugeben, an welche die Mitteilung nach Absatz 2 Satz 1 und die Annahmeerklärung nach Absatz 3 Satz 1 übermittelt werden können. ⁴§ 207 Absatz 1 Satz 2 und 3, Absatz 2 sowie § 208 in Verbindung mit § 30 Absatz 1 und den §§ 210 bis 212 gelten entsprechend.

(2) Ein Anteilsinhaber, der die Annahme des Abfindungsangebots nach Absatz 1 Satz 1 beabsichtigt, hat der Gesellschaft seine Absicht spätestens einen Monat nach dem Tag, an dem die Versammlung der Anteilsinhaber die Zustimmung zum Formwechselplan beschlossen hat, mitzuteilen.

(3) ¹Das Abfindungsangebot kann bis spätestens zwei Monate nach dem Tag, an dem die Versammlung der Anteilsinhaber der formwechselnden Gesellschaft die Zustimmung zum Formwechselplan beschlossen hat, angenommen werden. ²Die Annahme ist ausgeschlossen, wenn die Mitteilung nach Absatz 2 nicht rechtzeitig erfolgt ist. ³Erfolgt die Annahme vor Ablauf der Mitteilungsfrist nach Absatz 2, so ist die Mitteilung nicht mehr erforderlich. ⁴§ 15 Absatz 4 des Gesetzes betreffend die Gesellschaften mit beschränkter Haftung bleibt unberührt.

(4) Anteilsinhaber, die das Abfindungsangebot nach Maßgabe des Absatzes 3 angenommen haben, werden abweichend von § 202 Absatz 1 Nummer 2 mit Wirksamwerden des Formwechsels nicht Anteilsinhaber der Gesellschaft neuer Rechtsform.

(5) ¹Die Gesellschaft neuer Rechtsform hat die Barabfindung spätestens zwei Wochen nachdem der Formwechsel wirksam geworden ist an die Anteilsinhaber, die das Angebot nach Maßgabe des Absatzes 3 angenommen haben, zu zahlen. ²§ 341 ist auf den Abfindungsanspruch dieser Anteilsinhaber entsprechend anzuwenden.

(6) ¹Die Angemessenheit einer nach Absatz 1 anzubietenden Barabfindung ist stets zu prüfen. ²§ 12 Absatz 2 und § 338 sind entsprechend anzuwenden.

§ 341 Gläubigerschutz

(1) § 314 gilt für die formwechselnde Gesellschaft und ihre Gläubiger entsprechend.

(2) ¹Für Klagen von Gläubigern wegen einer Forderung gegen die formwechselnde Gesellschaft sind unbeschadet unionsrechtlicher Vorschriften auch die deutschen Gerichte international zuständig, sofern die Forderung vor der Bekanntmachung des Formwechselplans oder seines Entwurfs entstanden ist und die Klage innerhalb von zwei Jahren nach Wirksamwerden des grenzüberschreitenden Form-

wechsels erhoben wird. ²Der Gerichtsstand im Inland bestimmt sich nach dem letzten Sitz des formwechselnden Rechtsträgers.

§ 342 Anmeldung des Formwechsels

(1) Das Vertretungsorgan der Gesellschaft hat das Vorliegen der Voraussetzungen für den grenzüberschreitenden Formwechsel zur Eintragung in das Register, in dem der formwechselnde Rechtsträger eingetragen ist, anzumelden.

(2) § 198 Absatz 3 in Verbindung mit § 16 Absatz 2 und 3 sowie § 199 gelten entsprechend mit der Maßgabe, dass zusätzlich
1. der Anmeldung
   a) der Formwechselplan in Ausfertigung oder öffentlich beglaubigter Abschrift sowie
   b) etwaige Bemerkungen nach § 336 in Verbindung mit § 308 Absatz 1 Satz 2 Nummer 4 in Abschrift und
2. dem einheitlichen Bericht oder dem Bericht für die Arbeitnehmer eine etwaige Stellungnahme gemäß § 337 Absatz 1 in Verbindung mit § 310 Absatz 3 in Abschrift

beizufügen sind.

(3) ¹Die Mitglieder des Vertretungsorgans haben zu versichern, dass
1. allen Gläubigern die gemäß § 335 Absatz 2 Nummer 8 angebotene Sicherheit geleistet wurde,
2. die Rechte der Arbeitnehmer gemäß § 336 in Verbindung mit § 308 Absatz 1 Satz 2 Nummer 4 Buchstabe b sowie gemäß § 337 Absatz 1 in Verbindung mit § 310 Absatz 1 und 3 eingehalten wurden,
3. ein zur Verhandlung über die künftige Mitbestimmung durchzuführendes Verfahren nach den Umsetzungsvorschriften zu Artikel 86l Absatz 3 und 4 der Richtlinie (EU) 2017/1132 begonnen hat und
4. sich die Gesellschaft nicht im Zustand der Zahlungsunfähigkeit, der drohenden Zahlungsunfähigkeit oder der Überschuldung gemäß § 17 Absatz 2, § 18 Absatz 2 oder § 19 Absatz 2 der Insolvenzordnung befindet.

²Kann die Versicherung nach Satz 1 Nummer 4 nicht abgegeben werden, hat das Vertretungsorgan mitzuteilen, welcher der dort genannten Tatbestände erfüllt ist und ob ein Insolvenzverfahren beantragt oder eröffnet wurde. ³Nach Eröffnung des Insolvenzverfahrens trifft diese Pflicht den Insolvenzverwalter; wurde ein vorläufiger Insolvenzverwalter bestellt und dem Schuldner ein allgemeines Verfügungsverbot auferlegt, so trifft die Pflicht den vorläufigen Insolvenzverwalter.

(4) Das Vertretungsorgan teilt dem Registergericht Folgendes mit:
1. die Zahl der Arbeitnehmer zum Zeitpunkt der Aufstellung des Formwechselplans,
2. die Zahl der Tochtergesellschaften und ihre jeweiligen geografischen Standorte sowie
3. das Bestehen von Verbindlichkeiten gegenüber der öffentlichen Hand.

(5) Das nach § 341 Absatz 1 in Verbindung mit § 314 Absatz 5 zuständige Gericht teilt dem Registergericht auf Anforderung mit, ob innerhalb der Frist des § 341 Absatz 1 in Verbindung mit § 314 Absatz 3 eine Sicherheitsleistung gerichtlich geltend gemacht wurde.

§ 343 Formwechselbescheinigung

(1) ¹Das Gericht prüft innerhalb von drei Monaten nach der Anmeldung gemäß § 342 Absatz 1 und 2, ob für die Gesellschaft die Voraussetzungen für den grenzüberschreitenden Formwechsel vorliegen. ²Die Eintragung enthält die Bezeichnung des Formwechselverfahrens und der formwechselnden Gesellschaft sowie die Feststel-

lung, dass alle einschlägigen Voraussetzungen erfüllt und alle Verfahren und Formalitäten erledigt wurden. ³Die Eintragung ist mit dem Vermerk zu versehen, dass der grenzüberschreitende Formwechsel unter den Voraussetzungen des Rechts desjenigen Staates wirksam wird, in den die Gesellschaft ihren Sitz verlegt. ⁴Über die Eintragung stellt das Gericht von Amts wegen eine Formwechselbescheinigung aus.

(2) ¹Die Eintragung gemäß Absatz 1 darf nicht vor Ablauf der Fristen gemäß § 340 Absatz 3 Satz 1 und gemäß § 341 Absatz 1 in Verbindung mit § 314 Absatz 3 vorgenommen werden. ²Haben alle Anteilsinhaber dem Formwechsel zugestimmt, darf die Eintragung bereits vor Ablauf der Frist des § 340 Absatz 3 Satz 1 erfolgen. ³Wurde ein Anspruch auf Sicherheitsleistung gemäß § 341 Absatz 1 in Verbindung mit § 314 Absatz 3 gerichtlich geltend gemacht, so darf die Eintragung gemäß Absatz 1 nicht vorgenommen werden,
1. bevor die den Antrag ablehnende Entscheidung rechtskräftig ist,
2. die in der Entscheidung festgelegte Sicherheit geleistet wurde oder
3. die den Antrag teilweise ablehnende Entscheidung rechtskräftig ist und die in der Entscheidung festgelegte Sicherheit geleistet wurde.
⁴Die Leistung der Sicherheit ist dem Gericht in geeigneter Form nachzuweisen. ⁵Auf Verlangen des Gerichts haben die Mitglieder des Vertretungsorgans zu versichern, dass die in der Entscheidung festgelegte Sicherheit geleistet wurde.

(3) ¹In dem Verfahren nach Absatz 1 muss das Gericht bei Vorliegen von Anhaltspunkten prüfen, ob der grenzüberschreitende Formwechsel zu missbräuchlichen oder betrügerischen Zwecken, die dazu führen oder führen sollen, sich dem Recht der Europäischen Union oder nationalem Recht zu entziehen oder es zu umgehen, oder zu kriminellen Zwecken vorgenommen werden soll. ²Liegen solche Zwecke vor, so lehnt es die Eintragung gemäß Absatz 1 ab. ³Ist es für die Prüfung notwendig, zusätzliche Informationen zu berücksichtigen oder zusätzliche Ermittlungen durchzuführen, so kann die in Absatz 1 Satz 1 vorgesehene Frist um höchstens drei Monate verlängert werden. ⁴Anhaltspunkte im Sinne von Satz 1 liegen insbesondere vor, wenn
1. ein gemäß Artikel 86l Absatz 2 bis 4 der Richtlinie (EU) 2017/1132 durchzuführendes Verhandlungsverfahren erst auf Aufforderung des Gerichts eingeleitet worden ist;
2. die Zahl der Arbeitnehmer mindestens vier Fünftel des für die Unternehmensmitbestimmung maßgeblichen Schwellenwerts beträgt, im Zielland keine Wertschöpfung erbracht wird und der Verwaltungssitz in Deutschland verbleibt;
3. die Gesellschaft nach dem grenzüberschreitenden Formwechsel Schuldnerin von Betriebsrenten oder -anwartschaften ist und kein anderweitiges operatives Geschäft hat.

(4) Ist es wegen der Komplexität des Verfahrens ausnahmsweise nicht möglich, die Prüfung innerhalb der in Absatz 1 Satz 1 oder Absatz 3 Satz 3 vorgesehenen Fristen vorzunehmen, so hat das Gericht den Anmeldenden vor Ende des Zeitraums über die Gründe für die Verzögerung zu unterrichten.

(5) Nach Eingang der Mitteilung des Registers, in das die Gesellschaft neuer Rechtsform eingetragen ist, über das Wirksamwerden des grenzüberschreitenden Formwechsels hat das Gericht des Sitzes der formwechselnden Gesellschaft den Tag des Wirksamwerdens zu vermerken.

§ 344 Informationen des Registergerichts

¹Soweit dies für die Prüfung gemäß § 343 erforderlich ist, kann das Gericht
1. von der Gesellschaft Informationen und Unterlagen verlangen,
2. von öffentlichen inländischen Stellen Informationen und Unterlagen verlangen und von öffentlichen Stellen eines anderen Mitgliedstaats der Europäischen Union oder eines anderen Vertragsstaats des Abkommens über den Europäischen

Siebentes Buch. Strafvorschriften und Zwangsgelder §§ 345, 346 UmwG

Wirtschaftsraum mit Zuständigkeiten in den verschiedenen vom grenzüberschreitenden Formwechsel betroffenen Bereichen die notwendigen Informationen und Unterlagen erbitten,
3. von einem eingesetzten besonderen Verhandlungsgremium Informationen und Unterlagen verlangen,
4. einen unabhängigen Sachverständigen zuziehen sowie
5. im Rahmen der Prüfung des § 343 Absatz 3 eine in dem formwechselnden Unternehmen vertretene Gewerkschaft anhören.

²Ist eine inländische öffentliche Stelle in einem von dem grenzüberschreitenden Formwechsel betroffenen Bereich zuständig, so kann sie der für die Ausstellung einer Formwechselbescheinigung zuständigen Stelle eines anderen Mitgliedstaats der Europäischen Union oder eines anderen Vertragsstaats des Abkommens über den Europäischen Wirtschaftsraum auf deren Ersuchen die notwendigen Informationen und Unterlagen übermitteln.

§ 345 Eintragung des grenzüberschreitenden Hereinformwechsels

(1) ¹Das Vertretungsorgan der formwechselnden Gesellschaft hat die Gesellschaft neuer Rechtsform bei dem zuständigen Gericht zur Eintragung in das für die Rechtsform maßgebende Register anzumelden. ²Der Anmeldung sind in der Form des § 17 Absatz 1 der Formwechselplan und gegebenenfalls die Vereinbarung über die Beteiligung der Arbeitnehmer beizufügen. ³§ 198 Absatz 3 und § 199 sind auf die formwechselnde Gesellschaft nicht anzuwenden.

(2) ¹Die über das Europäische System der Registervernetzung übermittelte Formwechselbescheinigung wird als Nachweis der ordnungsgemäßen Erledigung der vorangehenden Verfahren und Formalitäten nach dem Recht desjenigen Staates, dem die formwechselnde Gesellschaft unterliegt, anerkannt. ²Ohne die Formwechselbescheinigung kann der grenzüberschreitende Formwechsel nicht in das Register eingetragen werden.

(3) Die Prüfung der Eintragungsvoraussetzungen erstreckt sich insbesondere darauf, ob gegebenenfalls eine Vereinbarung über die Beteiligung der Arbeitnehmer geschlossen worden ist und ob die Vorschriften zur Gründung der Gesellschaft neuer Rechtsform eingehalten worden sind.

(4) Das Gericht des Sitzes der Gesellschaft neuer Rechtsform hat das Wirksamwerden des grenzüberschreitenden Formwechsels dem Register mitzuteilen, in dem die formwechselnde Gesellschaft ihre Unterlagen zu hinterlegen hatte.

Siebentes Buch. Strafvorschriften und Zwangsgelder

§ 346 Unrichtige Darstellung

(1) Mit Freiheitsstrafe bis zu drei Jahren oder mit Geldstrafe wird bestraft, wer als Mitglied eines Vertretungsorgans, als vertretungsberechtigter Gesellschafter oder Partner, als Mitglied eines Aufsichtsrats oder als Abwickler eines an einer Umwandlung beteiligten Rechtsträgers bei dieser Umwandlung
1. die Verhältnisse des Rechtsträgers einschließlich seiner Beziehungen zu verbundenen Unternehmen in einem in diesem Gesetz vorgesehenen Bericht (Verschmelzungsbericht, Spaltungsbericht, Übertragungsbericht, Formwechselbericht), in Darstellungen oder Übersichten über den Vermögensstand, in Vorträgen oder Auskünften in der Versammlung der Anteilsinhaber unrichtig wiedergibt

oder verschleiert, wenn die Tat nicht in § 331 Nr. 1 oder Nr. 1a des Handelsgesetzbuchs mit Strafe bedroht ist, oder
2. in Aufklärungen und Nachweisen, die nach den Vorschriften dieses Gesetzes einem Verschmelzungs-, Spaltungs- oder Übertragungsprüfer zu geben sind, unrichtige Angaben macht oder die Verhältnisse des Rechtsträgers einschließlich seiner Beziehungen zu verbundenen Unternehmen unrichtig wiedergibt oder verschleiert.

(2) Ebenso wird bestraft, wer als Geschäftsführer einer Gesellschaft mit beschränkter Haftung, als Mitglied des Vorstands einer Aktiengesellschaft, als zur Vertretung ermächtigter persönlich haftender Gesellschafter einer Kommanditgesellschaft auf Aktien oder als Abwickler einer solchen Gesellschaft in einer Erklärung nach § 52 über die Zustimmung der Anteilsinhaber dieses Rechtsträgers oder in einer Erklärung nach § 140 oder § 146 Abs. 1 über die Deckung des Stammkapitals oder Grundkapitals der übertragenden Gesellschaft unrichtige Angaben macht oder seiner Erklärung zugrunde legt.

§ 347 Verletzung der Berichtspflicht

(1) Mit Freiheitsstrafe bis zu drei Jahren oder mit Geldstrafe wird bestraft, wer als Verschmelzungs-, Spaltungs- oder Übertragungsprüfer oder als Gehilfe eines solchen Prüfers über das Ergebnis einer aus Anlaß einer Umwandlung erforderlichen Prüfung falsch berichtet oder erhebliche Umstände in dem Prüfungsbericht verschweigt.

(2) Handelt der Täter gegen Entgelt oder in der Absicht, sich oder einen anderen zu bereichern oder einen anderen zu schädigen, so ist die Strafe Freiheitsstrafe bis zu fünf Jahren oder Geldstrafe.

§ 348 Falsche Angaben

Mit Freiheitsstrafe bis zu drei Jahren oder mit Geldstrafe wird bestraft, wer
1. entgegen § 315 Absatz 3 Satz 1 Nummer 1 oder 4 oder § 316 Absatz 2 Satz 5, jeweils auch in Verbindung mit § 329 Satz 1, entgegen § 342 Absatz 3 Satz 1 Nummer 1 oder 4 oder § 343 Absatz 2 Satz 5 eine Versicherung nicht richtig abgibt oder
2. entgegen § 315 Absatz 3 Satz 2, auch in Verbindung mit § 329 Satz 1, oder entgegen § 342 Absatz 3 Satz 2 eine Mitteilung nicht richtig macht.

§ 349 Verletzung der Geheimhaltungspflicht

(1) Mit Freiheitsstrafe bis zu einem Jahr oder mit Geldstrafe wird bestraft, wer ein Geheimnis eines an einer Umwandlung beteiligten Rechtsträgers, namentlich ein Betriebs- oder Geschäftsgeheimnis, das ihm in seiner Eigenschaft als
1. Mitglied des Vertretungsorgans, vertretungsberechtigter Gesellschafter oder Partner, Mitglied eines Aufsichtsrats oder Abwickler dieses oder eines anderen an der Umwandlung beteiligten Rechtsträgers,
2. Verschmelzungs-, Spaltungs- oder Übertragungsprüfer oder Gehilfe eines solchen Prüfers

bekannt geworden ist, unbefugt offenbart, wenn die Tat im Falle der Nummer 1 nicht in § 85 des Gesetzes betreffend die Gesellschaften mit beschränkter Haftung, § 404 des Aktiengesetzes oder § 151 des Genossenschaftsgesetzes, im Falle der Nummer 2 nicht in § 333 des Handelsgesetzbuchs mit Strafe bedroht ist.

(2) ¹Handelt der Täter gegen Entgelt oder in der Absicht, sich oder einen anderen zu bereichern oder einen anderen zu schädigen, so ist die Strafe Freiheitsstrafe bis

zu zwei Jahren oder Geldstrafe. ²Ebenso wird bestraft, wer ein Geheimnis der in Absatz 1 bezeichneten Art, namentlich ein Betriebs- oder Geschäftsgeheimnis, das ihm unter den Voraussetzungen des Absatzes 1 bekannt geworden ist, unbefugt verwertet.

(3) ¹Die Tat wird nur auf Antrag eines der an der Umwandlung beteiligten Rechtsträger verfolgt. ²Hat ein Mitglied eines Vertretungsorgans, ein vertretungsberechtigter Gesellschafter oder Partner oder ein Abwickler die Tat begangen, so sind auch ein Aufsichtsrat oder ein nicht vertretungsberechtigter Gesellschafter oder Partner antragsberechtigt. ³Hat ein Mitglied eines Aufsichtsrats die Tat begangen, sind auch die Mitglieder des Vorstands, die vertretungsberechtigten Gesellschafter oder Partner oder die Abwickler antragsberechtigt.

§ 350 Zwangsgelder

(1) ¹Mitglieder eines Vertretungsorgans, vertretungsberechtigte Gesellschafter, vertretungsberechtigte Partner oder Abwickler, die § 13 Abs. 3 Satz 3 sowie § 125 Satz 1, § 176 Abs. 1, § 177 Abs. 1, § 178 Abs. 1, § 179 Abs. 1, § 180 Abs. 1, § 184 Abs. 1, § 186 Satz 1, § 188 Abs. 1 und § 189 Abs. 1, jeweils in Verbindung mit § 13 Abs. 3 Satz 3, sowie § 193 Abs. 3 Satz 2 nicht befolgen, sind hierzu von dem zuständigen Registergericht durch Festsetzung von Zwangsgeld anzuhalten; § 14 des Handelsgesetzbuchs bleibt unberührt. ²Das einzelne Zwangsgeld darf den Betrag von fünftausend Euro nicht übersteigen.

(2) Die Anmeldungen einer Umwandlung zu dem zuständigen Register nach § 16 Absatz 1, den §§ 38, 129 und 137 Absatz 1 und 2, § 176 Absatz 1, § 177 Absatz 1, § 178 Absatz 1, § 179 Absatz 1, § 180 Absatz 1, § 184 Absatz 1, den §§ 186 und 188 Absatz 1, § 189 Absatz 1, den §§ 198, 222, 235, 246, 254, 265 und 278 Absatz 1, den §§ 286, 296 und 315, auch in Verbindung mit § 329 Satz 1, § 318 Absatz 1, auch in Verbindung mit § 329 Satz 1, § 331 Absatz 1, den §§ 342 sowie § 345 Absatz 1 werden durch Festsetzung von Zwangsgeld nicht erzwungen.

Achtes Buch. Übergangs- und Schlußvorschriften

§ 351 Umwandlung alter juristischer Personen

¹Eine juristische Person im Sinne des Artikels 163 des Einführungsgesetzes zum Bürgerlichen Gesetzbuche kann nach den für wirtschaftliche Vereine geltenden Vorschriften dieses Gesetzes umgewandelt werden. ²Hat eine solche juristische Person keine Mitglieder, so kann sie nach den für Stiftungen geltenden Vorschriften dieses Gesetzes umgewandelt werden.

§ 352 Eingeleitete Umwandlungen; Umstellung auf den Euro

(1) ¹Die Vorschriften dieses Gesetzes sind nicht auf solche Umwandlungen anzuwenden, zu deren Vorbereitung bereits vor dem 1. Januar 1995 ein Vertrag oder eine Erklärung beurkundet oder notariell beglaubigt oder eine Versammlung der Anteilsinhaber einberufen worden ist. ²Für diese Umwandlungen bleibt es bei der Anwendung der bis zu diesem Tage geltenden Vorschriften.

(2) ¹Wird eine Umwandlung nach dem 31. Dezember 1998 in das Handelsregister eingetragen, so erfolgt eine Neufestsetzung der Nennbeträge von Anteilen einer Kapitalgesellschaft als übernehmendem Rechtsträger, deren Anteile noch der bis dahin gültigen Nennbetragseinteilung entsprechen, nach den bis zu diesem Zeit-

punkt geltenden Vorschriften. ²Wo dieses Gesetz für einen neuen Rechtsträger oder einen Rechtsträger neuer Rechtsform auf die jeweils geltenden Gründungsvorschriften verweist oder bei dem Formwechsel in eine Kapitalgesellschaft anderer Rechtsform die Vorschriften anderer Gesetze über die Änderung des Stammkapitals oder des Grundkapitals unberührt läßt, gilt dies jeweils auch für die entsprechenden Überleitungsvorschriften zur Einführung des Euro im Einführungsgesetz zum Aktiengesetz und im Gesetz betreffend die Gesellschaften mit beschränkter Haftung; ist ein neuer Rechtsträger oder ein Rechtsträger neuer Rechtsform bis zum 31. Dezember 1998 zur Eintragung in das Handelsregister angemeldet worden, bleibt es bei der Anwendung der bis zu diesem Tage geltenden Gründungsvorschriften.

§ 353 Enthaftung bei Altverbindlichkeiten

¹Die §§ 45, 133 Abs. 1, 3 bis 5, §§ 157, 167, 173, 224, 237, 249 und 257 sind auch auf vor dem 1. Januar 1995 entstandene Verbindlichkeiten anzuwenden, wenn
1. die Umwandlung danach in das Register eingetragen wird und
2. die Verbindlichkeiten nicht später als vier Jahre nach dem Zeitpunkt, an dem die Eintragung der Umwandlung in das Register bekannt gemacht worden ist, fällig werden oder nach Inkrafttreten des Gesetzes zur zeitlichen Begrenzung der Nachhaftung von Gesellschaftern vom 18. März 1994 (BGBl. I S. 560) begründet worden sind.

²Auf später fällig werdende und vor Inkrafttreten des Gesetzes zur zeitlichen Begrenzung der Nachhaftung von Gesellschaftern vom 18. März 1994 (BGBl. I S. 560) entstandene Verbindlichkeiten sind die §§ 45, 49 Abs. 4, §§ 56, 56f Abs. 2, § 57 Abs. 2 und § 58 Abs. 2 des Umwandlungsgesetzes in der durch Artikel 10 Abs. 8 des Gesetzes vom 19. Dezember 1985 (BGBl. I S. 2355) geänderten Fassung der Bekanntmachung vom 6. November 1969 (BGBl. I S. 2081) mit der Maßgabe anwendbar, daß die Verjährungsfrist ein Jahr beträgt. ³In den Fällen, in denen das bisher geltende Recht eine Umwandlungsmöglichkeit nicht vorsah, verjähren die in Satz 2 genannten Verbindlichkeiten entsprechend den dort genannten Vorschriften.

§ 354 Übergangsvorschrift zum Gesetz zur Umsetzung der Aktionärsrechterichtlinie, zum Dritten Gesetz zur Änderung des Umwandlungsgesetzes und zum Finanzmarktintegritätsstärkungsgesetz

(1) Im Fall des § 15 Abs. 2 Satz 1 bleibt es für die Zeit vor dem 1. September 2009 bei dem bis dahin geltenden Zinssatz.

(2) § 16 Abs. 3 Satz 3 Nr. 2 in der Fassung des Gesetzes zur Umsetzung der Aktionärsrechterichtlinie vom 30. Juli 2009 (BGBl. I S. 2479) ist nicht auf Freigabeverfahren und Beschwerdeverfahren anzuwenden, die vor dem 1. September 2009 anhängig waren.

(3) § 62 Absatz 4 und 5, § 63 Absatz 2 Satz 5 bis 7, § 64 Absatz 1 sowie § 143 in der Fassung des Dritten Gesetzes zur Änderung des Umwandlungsgesetzes vom 11. Juli 2011 (BGBl. I S. 1338) sind erstmals auf Umwandlungen anzuwenden, bei denen der Verschmelzungs- oder Spaltungsvertrag nach dem 14. Juli 2011 geschlossen worden ist.

(4) ¹§ 11 in der ab 1. Juli 2021 geltenden Fassung ist erstmals auf die Prüfung von Verschmelzungen anzuwenden, deren Verschmelzungsvertrag nach dem 31. Dezember 2021 geschlossen wurde. ²§ 11 in der bis einschließlich 30. Juni 2021 geltenden Fassung ist letztmals auf die Prüfung von Verschmelzungen anzuwenden, deren Verschmelzungsvertrag vor dem 1. Januar 2022 geschlossen wurde.

Achtes Buch. Übergangs- und Schlußvorschriften §§ 355 UmwG

§ 355 Übergangsvorschrift zum Gesetz zur Umsetzung der Umwandlungsrichtlinie und zur Änderung weiterer Gesetze

(1) Eine Verschmelzung, eine Spaltung oder ein Formwechsel kann von den beteiligten Rechtsträgern in Übereinstimmung mit den Bestimmungen des Zweiten, Dritten und Fünften Buches in deren jeweils vor dem 1. März 2023 geltenden Fassung durchgeführt werden, wenn
1. der Verschmelzungsvertrag oder der Spaltungs- und Übernahmevertrag vor dem 1. März 2023 geschlossen, der Verschmelzungs- oder Spaltungsplan vor dem 1. März 2023 aufgestellt oder der Formwechselbeschluss als Umwandlungsbeschluss vor dem 1. März 2023 gefasst wurde und
2. die Umwandlung bis zum 31. Dezember 2023 zur Eintragung angemeldet wurde.

(2) [1]§ 14 Absatz 2, § 15 Absatz 1 und § 312 in der ab dem 1. März 2023 geltenden Fassung sind erstmals auf Umwandlungen anzuwenden, für die der Zustimmungsbeschluss der Anteilsinhaber nach dem 28. Februar 2023 gefasst worden ist. [2]§ 307 Absatz 2 Nummer 14, die §§ 314 und 316 Absatz 2 in der ab dem 1. März 2023 geltenden Fassung sind erstmals auf grenzüberschreitende Verschmelzungen anzuwenden, für die der Verschmelzungsplan nach dem 28. Februar 2023 bekannt gemacht worden ist.

Umwandlungssteuergesetz

Vom 7. Dezember 2006
(BGBl. I S. 2782, 2791)
FNA 610-6-16

zuletzt geänd. durch Art. 34 Abs. 8 Gesetz zur Förderung geordneter Kreditzweitmärkte und zur Umsetzung der Richtlinie (EU) 2021/2167 über Kreditdienstleister und Kreditkäufer sowie zur Änderung weiterer finanzrechtlicher Bestimmungen (Kreditzweitmarktförderungsgesetz) v. 22.12.2023 (BGBl. 2023 I Nr. 411)

Inhaltsübersicht

Erster Teil. Allgemeine Vorschriften
- § 1 Anwendungsbereich und Begriffsbestimmungen
- § 2 Steuerliche Rückwirkung

Zweiter Teil. Vermögensübergang bei Verschmelzung auf eine Personengesellschaft oder auf eine natürliche Person und Formwechsel einer Kapitalgesellschaft in eine Personengesellschaft
- § 3 Wertansätze in der steuerlichen Schlussbilanz der übertragenden Körperschaft
- § 4 Auswirkungen auf den Gewinn des übernehmenden Rechtsträgers
- § 5 Besteuerung der Anteilseigner der übertragenden Körperschaft
- § 6 Gewinnerhöhung durch Vereinigung von Forderungen und Verbindlichkeiten
- § 7 Besteuerung offener Rücklagen
- § 8 Vermögensübergang auf einen Rechtsträger ohne Betriebsvermögen
- § 9 Formwechsel in eine Personengesellschaft
- § 10 (weggefallen)

Dritter Teil. Verschmelzung oder Vermögensübertragung (Vollübertragung) auf eine andere Körperschaft
- § 11 Wertansätze in der steuerlichen Schlussbilanz der übertragenden Körperschaft
- § 12 Auswirkungen auf den Gewinn der übernehmenden Körperschaft
- § 13 Besteuerung der Anteilseigner der übertragenden Körperschaft
- § 14 (weggefallen)

Vierter Teil. Aufspaltung, Abspaltung und Vermögensübertragung (Teilübertragung)
- § 15 Aufspaltung, Abspaltung und Teilübertragung auf andere Körperschaften
- § 16 Aufspaltung oder Abspaltung auf eine Personengesellschaft

Fünfter Teil. Gewerbesteuer
- § 17 (weggefallen)
- § 18 Gewerbesteuer bei Vermögensübergang auf eine Personengesellschaft oder auf eine natürliche Person sowie bei Formwechsel in eine Personengesellschaft
- § 19 Gewerbesteuer bei Vermögensübergang auf eine andere Körperschaft

Sechster Teil. Einbringung von Unternehmensteilen in eine Kapitalgesellschaft oder Genossenschaft und Anteilstausch
- § 20 Einbringung von Unternehmensteilen in eine Kapitalgesellschaft oder Genossenschaft
- § 21 Bewertung der Anteile beim Anteilstausch

UmwStG § 1 Umwandlungssteuergesetz

§ 22 Besteuerung des Anteilseigners
§ 23 Auswirkungen bei der übernehmenden Gesellschaft

Siebter Teil. Einbringung eines Betriebs, Teilbetriebs oder Mitunternehmeranteils in eine Personengesellschaft

§ 24 Einbringung von Betriebsvermögen in eine Personengesellschaft

Achter Teil. Formwechsel einer Personengesellschaft in eine Kapitalgesellschaft oder Genossenschaft

§ 25 Entsprechende Anwendung des Sechsten Teils

Neunter Teil. Verhinderung von Missbräuchen

§ 26 (weggefallen)

Zehnter Teil. Anwendungsvorschriften und Ermächtigung

§ 27 Anwendungsvorschriften
§ 28 Bekanntmachungserlaubnis

Erster Teil. Allgemeine Vorschriften

§ 1 Anwendungsbereich und Begriffsbestimmungen

(1) [1]Der Zweite bis Fünfte Teil gilt nur für
1. die Verschmelzung, Aufspaltung und Abspaltung im Sinne der §§ 2, 123 Abs. 1 und 2 des Umwandlungsgesetzes von Körperschaften oder vergleichbare ausländische Vorgänge sowie des Artikels 17 der Verordnung (EG) Nr. 2157/2001 und des Artikels 19 der Verordnung (EG) Nr. 1435/2003;
2. den Formwechsel einer Kapitalgesellschaft in eine Personengesellschaft im Sinne des § 190 Abs. 1 des Umwandlungsgesetzes oder vergleichbare ausländische Vorgänge;
3. die Umwandlung im Sinne des § 1 Abs. 2 des Umwandlungsgesetzes, soweit sie einer Umwandlung im Sinne des § 1 Abs. 1 des Umwandlungsgesetzes entspricht sowie
4. [1]die Vermögensübertragung im Sinne des § 174 des Umwandlungsgesetzes.
[2]Diese Teile gelten nicht für die Ausgliederung im Sinne des § 123 Abs. 3 des Umwandlungsgesetzes.

(2)[2] *(aufgehoben)*

(3) Der Sechste bis Achte Teil gilt nur für
1. [3]die Verschmelzung, Aufspaltung und Abspaltung im Sinne der §§ 2 und 123 Abs. 1 und 2 des Umwandlungsgesetzes von Personengesellschaften oder vergleichbare ausländische Vorgänge;
2. die Ausgliederung von Vermögensteilen im Sinne des § 123 Abs. 3 des Umwandlungsgesetzes oder vergleichbare ausländische Vorgänge;

---

[1] § 1 Abs. 1 Satz 1 Nr. 4 geänd. mWv 1.1.2022 durch G v. 25.6.2021 (BGBl. I S. 2050); zur Anwendung siehe § 27 Abs. 18.

[2] § 1 Abs. 2 aufgeh. mWv 1.1.2022 durch G v. 25.6.2021 (BGBl. I S. 2050); zur Anwendung siehe § 27 Abs. 18.

[3] § 1 Abs. 3 Nr. 1 geänd. mWv 1.1.2024 durch G v. 22.12.2023 (BGBl. 2023 I Nr. 411).

Erster Teil. Allgemeine Vorschriften **§ 1 UmwStG**

3. den Formwechsel einer Personengesellschaft in eine Kapitalgesellschaft oder Genossenschaft im Sinne des § 190 Abs. 1 des Umwandlungsgesetzes oder vergleichbare ausländische Vorgänge;
4. die Einbringung von Betriebsvermögen durch Einzelrechtsnachfolge in eine Kapitalgesellschaft, eine Genossenschaft oder Personengesellschaft sowie
5. den Austausch von Anteilen.

(4) ¹Absatz 3 gilt nur, wenn
1. ⁴der übernehmende Rechtsträger eine Europäische Gesellschaft im Sinne der Verordnung (EG) Nr. 2157/2001, eine Europäische Genossenschaft im Sinne der Verordnung (EG) Nr. 1435/2003 oder eine andere Gesellschaft im Sinne des Artikels 54 des Vertrags über die Arbeitsweise der Europäischen Union oder des Artikels 34 des Abkommens über den Europäischen Wirtschaftsraum ist, deren Sitz und Ort der Geschäftsleitung sich innerhalb des Hoheitsgebiets eines dieser Staaten befindet, und
2. in den Fällen des Absatzes 3 Nr. 1 bis 4
   a) beim Formwechsel der umwandelnde Rechtsträger, bei der Einbringung durch Einzelrechtsnachfolge der einbringende Rechtsträger oder bei den anderen Umwandlungen der übertragende Rechtsträger
      aa) ⁵eine natürliche Person ist, deren Wohnsitz oder gewöhnlicher Aufenthalt sich innerhalb des Hoheitsgebiets eines der Staaten im Sinne der Nummer 1 befindet und die nicht auf Grund eines Abkommens zur Vermeidung der Doppelbesteuerung mit einem dritten Staat als außerhalb des Hoheitsgebiets dieser Staaten ansässig angesehen wird, oder
      bb) ⁶eine Gesellschaft im Sinne der Nummer 1 ist und, wenn es sich um eine Personengesellschaft handelt, soweit an dieser Körperschaften, Personenvereinigungen, Vermögensmassen oder natürliche Personen unmittelbar oder mittelbar über eine oder mehrere Personengesellschaften beteiligt sind, die die Voraussetzungen im Sinne der Nummern 1 und 2 Buchstabe a Doppelbuchstabe aa erfüllen,
      oder
   b) das Recht der Bundesrepublik Deutschland hinsichtlich der Besteuerung des Gewinns aus der Veräußerung der erhaltenen Anteile nicht ausgeschlossen oder beschränkt ist.
²Satz 1 ist in den Fällen der Einbringung eines Betriebs, Teilbetriebs oder Mitunternehmeranteils in eine Personengesellschaft nach § 24 nicht anzuwenden.

(5) Soweit dieses Gesetz nichts anderes bestimmt, ist
1. ⁷Richtlinie 2009/133/EG
   die Richtlinie 2009/133/EG des Rates vom 19. Oktober 2009 über das gemeinsame Steuersystem für Fusionen, Spaltungen, Abspaltungen, die Einbringung von Unternehmensteilen und den Austausch von Anteilen, die Gesellschaften verschiedener Mitgliedstaaten betreffen, sowie für die Verlegung des Sitzes einer Europäischen Gesellschaft oder einer Europäischen Genossenschaft von einem Mitgliedstaat in einen anderen Mitgliedstaat (ABl. L 310 vom 25.11.2009, S. 34), die zuletzt durch die Richtlinie 2013/13/EU (ABl. L 141 vom 28.5.2013, S. 30)

---

⁴ § 1 Abs. 4 Satz 1 Nr. 1 geänd. mWv 1.1.2022 durch G v. 25.6.2021 (BGBl. I S. 2050); zur Anwendung siehe § 27 Abs. 18.

⁵ § 1 Abs. 4 Satz 1 Nr. 2 Buchst. a Doppelbuchst. aa neu gef. mWv 1.1.2022 durch G v. 25.6.2021 (BGBl. I S. 2050); zur Anwendung siehe § 27 Abs. 18.

⁶ § 1 Abs. 4 Satz 1 Nr. 2 Buchst. a Doppelbuchst. bb neu gef. mWv 1.1.2022 durch G v. 25.6.2021 (BGBl. I S. 2050); zur Anwendung siehe § 27 Abs. 18.

⁷ § 1 Abs. 5 Nr. 1 neu gef. mWv 1.1.2014 durch G v. 25.7.2014 (BGBl. I S. 1266).

geändert worden ist, in der zum Zeitpunkt des steuerlichen Übertragungsstichtags jeweils geltenden Fassung;
2. Verordnung (EG) Nr. 2157/2001
die Verordnung (EG) Nr. 2157/2001 des Rates vom 8. Oktober 2001 über das Statut der Europäischen Gesellschaft (SE) (ABl. EG Nr. L 294 S. 1), zuletzt geändert durch die Verordnung (EG) Nr. 885/2004 des Rates vom 26. April 2004 (ABl. EU Nr. L 168 S. 1), in der zum Zeitpunkt des steuerlichen Übertragungsstichtags jeweils geltenden Fassung;
3. Verordnung (EG) Nr. 1435/2003
die Verordnung (EG) Nr. 1435/2003 des Rates vom 22. Juli 2003 über das Statut der Europäischen Genossenschaften (SCE) (ABl. EU Nr. L 207 S. 1) in der zum Zeitpunkt des steuerlichen Übertragungsstichtags jeweils geltenden Fassung;
4. Buchwert
der Wert, der sich nach den steuerrechtlichen Vorschriften über die Gewinnermittlung in einer für den steuerlichen Übertragungsstichtag aufzustellenden Steuerbilanz ergibt oder ergäbe.

§ 2 Steuerliche Rückwirkung

(1) [1]Das Einkommen und das Vermögen der übertragenden Körperschaft sowie des übernehmenden Rechtsträgers sind so zu ermitteln, als ob das Vermögen der Körperschaft mit Ablauf des Stichtags der Bilanz, die dem Vermögensübergang zu Grunde liegt (steuerlicher Übertragungsstichtag), ganz oder teilweise auf den übernehmenden Rechtsträger übergegangen wäre. [2]Das Gleiche gilt für die Ermittlung der Bemessungsgrundlagen für die Gewerbesteuer.

(2) Ist die Übernehmerin eine Personengesellschaft, gilt Absatz 1 Satz 1 für das Einkommen und das Vermögen der Gesellschafter.

(3) Die Absätze 1 und 2 sind nicht anzuwenden, soweit Einkünfte auf Grund abweichender Regelungen zur Rückbeziehung eines in § 1 Abs. 1 bezeichneten Vorgangs in einem anderen Staat der Besteuerung entzogen werden.

(4) [1]Der Ausgleich oder die Verrechnung eines Übertragungsgewinns mit verrechenbaren Verlusten, verbleibenden Verlustvorträgen, nicht ausgeglichenen negativen Einkünften, einem Zinsvortrag nach § 4h Absatz 1 Satz 5 des Einkommensteuergesetzes und einem EBITDA-Vortrag nach § 4h Absatz 1 Satz 3 des Einkommensteuergesetzes (Verlustnutzung) des übertragenden Rechtsträgers ist nur zulässig, wenn dem übertragenden Rechtsträger die Verlustnutzung auch ohne Anwendung der Absätze 1 und 2 möglich gewesen wäre. [2]Satz 1 gilt für negative Einkünfte des übertragenden Rechtsträgers im Rückwirkungszeitraum entsprechend. [3]Der Ausgleich oder die Verrechnung von positiven Einkünften des übertragenden Rechtsträgers im Rückwirkungszeitraum mit verrechenbaren Verlusten, verbleibenden Verlustvorträgen, nicht ausgeglichenen negativen Einkünften und einem Zinsvortrag nach § 4h Absatz 1 Satz 5 des Einkommensteuergesetzes des übernehmenden Rechtsträgers ist nicht zulässig. [4]Ist übernehmender Rechtsträger eine Organgesellschaft, gilt Satz 3 auch für einen Ausgleich oder eine Verrechnung beim Organträger entsprechend. [5]Ist übernehmender Rechtsträger eine Personengesellschaft, gilt Satz 3 auch für einen Ausgleich oder eine Verrechnung bei den Gesellschaftern entsprechend. [6]Die Sätze 3 bis 5 gelten nicht, wenn übertragender Rechtsträger und übernehmender Rechtsträger vor Ablauf des steuerlichen Übertragungsstichtags verbundene Unternehmen im Sinne des § 271 Absatz 2 des Handelsgesetzbuches sind.

(5)[8] [1]Unbeschadet anderer Vorschriften ist der Ausgleich oder die sonstige Verrechnung negativer Einkünfte des übernehmenden Rechtsträgers, die von diesem

---

[8] § 2 Abs. 5 angef. durch G v. 2.6.2021 (BGBl. I S. 1259); zur Anwendung siehe § 27 Abs. 16.

Zweiter Teil. Vermögensübergang § 3 UmwStG

infolge der Anwendung der Absätze 1 und 2 erzielt werden, auch insoweit nicht zulässig, als die negativen Einkünfte auf der Veräußerung oder der Bewertung von Finanzinstrumenten oder Anteilen an einer Körperschaft beruhen. ²Als negative Einkünfte im Sinne des Satzes 1 gelten auch Aufwendungen außerhalb des Rückwirkungszeitraums, die darauf beruhen, dass Finanzinstrumente oder Anteile an einer Körperschaft, die dem übernehmenden Rechtsträger auf Grund der Anwendung der Absätze 1 und 2 zugerechnet werden, bis zu dem in Satz 4 bezeichneten Zeitpunkt veräußert werden oder nach den Sätzen 3 und 4 als veräußert gelten. ³Als Veräußerung im Sinne der Sätze 1 und 2 gilt auch die Einlösung, Rückzahlung, Abtretung, Entnahme, verdeckte Einlage in eine Kapitalgesellschaft oder ein sonstiger ertragsteuerlich einer Veräußerung gleichgestellter Vorgang. ⁴Mit Ablauf des nach der Umwandlung endenden Gewinnermittlungszeitraums nach § 4a des Einkommensteuergesetzes oder in anderen Fällen mit Ablauf des nach der Umwandlung endenden Kalenderjahrs noch nicht veräußerte oder nach Satz 3 als veräußert geltende Wirtschaftsgüter im Sinne des Satzes 2 gelten zu diesem Zeitpunkt als zum gemeinen Wert veräußert und wieder angeschafft. ⁵Satz 2 findet keine Anwendung, soweit die Finanzinstrumente oder Anteile an einer Körperschaft ohne die Anwendung der Absätze 1 und 2 beim übertragenden Rechtsträger in dessen steuerlicher Schlussbilanz mit einem anderen als dem gemeinen Wert hätten angesetzt werden können. ⁶Die Sätze 1 bis 5 finden keine Anwendung, wenn der Steuerpflichtige nachweist, dass die Verrechnung negativer Einkünfte im Sinne der Sätze 1 und 2 kein Hauptoder Nebenzweck der Umwandlung war. ⁷Ist der übernehmende Rechtsträger an den Finanzinstrumenten oder Anteilen an einer Körperschaft unmittelbar oder mittelbar über eine oder mehrere Personengesellschaften beteiligt, gelten die Sätze 2 bis 6 sinngemäß für Aufwendungen und Einkünfteminderungen infolge der Veräußerung oder eines niedrigeren Wertansatzes der Finanzinstrumente oder Anteile beziehungsweise infolge der Veräußerung von Anteilen an den Personengesellschaften oder deren Auflösung.

Zweiter Teil. Vermögensübergang bei Verschmelzung auf eine Personengesellschaft oder auf eine natürliche Person und Formwechsel einer Kapitalgesellschaft in eine Personengesellschaft

§ 3 Wertansätze in der steuerlichen Schlussbilanz der übertragenden Körperschaft

(1) ¹Bei einer Verschmelzung auf eine Personengesellschaft oder natürliche Person sind die übergehenden Wirtschaftsgüter, einschließlich nicht entgeltlich erworbener und selbst geschaffener immaterieller Wirtschaftsgüter, in der steuerlichen Schlussbilanz der übertragenden Körperschaft mit dem gemeinen Wert anzusetzen. ²Für die Bewertung von Pensionsrückstellungen gilt § 6a des Einkommensteuergesetzes.

(2) ¹Auf Antrag können die übergehenden Wirtschaftsgüter abweichend von Absatz 1 einheitlich mit dem Buchwert oder einem höheren Wert, höchstens jedoch mit dem Wert nach Absatz 1, angesetzt werden, soweit
1. sie Betriebsvermögen der übernehmenden Personengesellschaft oder natürlichen Person werden und sichergestellt ist, dass sie später der Besteuerung mit Einkommensteuer oder Körperschaftsteuer unterliegen, und
2. das Recht der Bundesrepublik Deutschland hinsichtlich der Besteuerung des Gewinns aus der Veräußerung der übertragenen Wirtschaftsgüter bei den Gesell-

schaftern der übernehmenden Personengesellschaft oder bei der natürlichen Person nicht ausgeschlossen oder beschränkt wird und
3. eine Gegenleistung nicht gewährt wird oder in Gesellschaftsrechten besteht.

²Der Antrag ist spätestens bis zur erstmaligen Abgabe der steuerlichen Schlussbilanz bei dem für die Besteuerung der übertragenden Körperschaft zuständigen Finanzamt zu stellen.

(3)[9] ¹Haben die Mitgliedstaaten der Europäischen Union bei Verschmelzung einer unbeschränkt steuerpflichtigen Körperschaft Artikel 10 der Richtlinie 2009/133/EG anzuwenden, ist die Körperschaftsteuer auf den Übertragungsgewinn gemäß § 26 des Körperschaftsteuergesetzes um den Betrag ausländischer Steuer zu ermäßigen, der nach den Rechtsvorschriften eines anderen Mitgliedstaats der Europäischen Union erhoben worden wäre, wenn die übertragenen Wirtschaftsgüter zum gemeinen Wert veräußert worden wären. ²Satz 1 gilt nur, soweit die übertragenen Wirtschaftsgüter einer Betriebsstätte der übertragenden Körperschaft in einem anderen Mitgliedstaat der Europäischen Union zuzurechnen sind und die Bundesrepublik Deutschland die Doppelbesteuerung bei der übertragenden Körperschaft nicht durch Freistellung vermeidet.

§ 4 Auswirkungen auf den Gewinn des übernehmenden Rechtsträgers

(1) ¹Der übernehmende Rechtsträger hat die auf ihn übergegangenen Wirtschaftsgüter mit dem in der steuerlichen Schlussbilanz der übertragenden Körperschaft enthaltenen Wert im Sinne des § 3 zu übernehmen. ²Die Anteile an der übertragenden Körperschaft sind bei dem übernehmenden Rechtsträger zum steuerlichen Übertragungsstichtag mit dem Buchwert, erhöht um Abschreibungen, die in früheren Jahren steuerwirksam vorgenommen worden sind, sowie um Abzüge nach § 6b des Einkommensteuergesetzes und ähnliche Abzüge, höchstens mit dem gemeinen Wert, anzusetzen. ³Auf einen sich daraus ergebenden Gewinn finden § 8b Abs. 2 Satz 4 und 5 des Körperschaftsteuergesetzes sowie § 3 Nr. 40 Satz 1 Buchstabe a Satz 2 und 3 des Einkommensteuergesetzes Anwendung.

(2) ¹Der übernehmende Rechtsträger tritt in die steuerliche Rechtsstellung der übertragenden Körperschaft ein, insbesondere bezüglich der Bewertung der übernommenen Wirtschaftsgüter, der Absetzungen für Abnutzung und den steuerlichen Gewinn mindernden Rücklagen. ²Verrechenbare Verluste, verbleibende Verlustvorträge, vom übertragenden Rechtsträger nicht ausgeglichene negative Einkünfte, ein Zinsvortrag nach § 4h Absatz 1 Satz 5 des Einkommensteuergesetzes und ein EBITDA-Vortrag nach § 4h Absatz 1 Satz 3 des Einkommensteuergesetzes gehen nicht über. ³Ist die Dauer der Zugehörigkeit eines Wirtschaftsguts zum Betriebsvermögen für die Besteuerung bedeutsam, so ist der Zeitraum seiner Zugehörigkeit zum Betriebsvermögen der übertragenden Körperschaft dem übernehmenden Rechtsträger anzurechnen. ⁴Ist die übertragende Körperschaft eine Unterstützungskasse, erhöht sich der laufende Gewinn des übernehmenden Rechtsträgers in dem Wirtschaftsjahr, in das der Umwandlungsstichtag fällt, um die von ihm, seinen Gesellschaftern oder seinen Rechtsvorgängern an die Unterstützungskasse geleisteten Zuwendungen nach § 4d des Einkommensteuergesetzes; § 15 Abs. 1 Satz 1 Nr. 2 Satz 2 des Einkommensteuergesetzes gilt sinngemäß. ⁵In Höhe der nach Satz 4 hinzugerechneten Zuwendungen erhöht sich der Buchwert der Anteile an der Unterstützungskasse.

(3) Sind die übergegangenen Wirtschaftsgüter in der steuerlichen Schlussbilanz der übertragenden Körperschaft mit einem über dem Buchwert liegenden Wert angesetzt, sind die Absetzungen für Abnutzung bei dem übernehmenden Rechtsträ-

---

[9] § 3 Abs. 3 Satz 1 geänd. durch G v. 25.7.2014 (BGBl. I S. 1266).

ger in den Fällen des § 7 Abs. 4 Satz 1 und Abs. 5 des Einkommensteuergesetzes nach der bisherigen Bemessungsgrundlage, in allen anderen Fällen nach dem Buchwert, jeweils vermehrt um den Unterschiedsbetrag zwischen dem Buchwert der einzelnen Wirtschaftsgüter und dem Wert, mit dem die Körperschaft die Wirtschaftsgüter in der steuerlichen Schlussbilanz angesetzt hat, zu bemessen.

(4) [1]Infolge des Vermögensübergangs ergibt sich ein Übernahmegewinn oder Übernahmeverlust in Höhe des Unterschiedsbetrags zwischen dem Wert, mit dem die übergegangenen Wirtschaftsgüter zu übernehmen sind, abzüglich der Kosten für den Vermögensübergang und dem Wert der Anteile an der übertragenden Körperschaft (Absätze 1 und 2, § 5 Abs. 2 und 3). [2]Für die Ermittlung des Übernahmegewinns oder Übernahmeverlusts sind abweichend von Satz 1 die übergegangenen Wirtschaftsgüter der übertragenden Körperschaft mit dem Wert nach § 3 Abs. 1 anzusetzen, soweit an ihnen kein Recht der Bundesrepublik Deutschland zur Besteuerung des Gewinns aus einer Veräußerung bestand. [3]Bei der Ermittlung des Übernahmegewinns oder des Übernahmeverlusts bleibt der Wert der übergegangenen Wirtschaftsgüter außer Ansatz, soweit er auf Anteile an der übertragenden Körperschaft entfällt, die am steuerlichen Übertragungsstichtag nicht zum Betriebsvermögen des übernehmenden Rechtsträgers gehören.

(5)[10] [1]Ein Übernahmegewinn erhöht sich und ein Übernahmeverlust verringert sich um einen Sperrbetrag im Sinne des § 50c des Einkommensteuergesetzes, soweit die Anteile an der übertragenden Körperschaft am steuerlichen Übertragungsstichtag zum Betriebsvermögen des übernehmenden Rechtsträgers gehören. [2]Ein Übernahmegewinn vermindert sich oder ein Übernahmeverlust erhöht sich um die Bezüge, die nach § 7 zu den Einkünften aus Kapitalvermögen im Sinne des § 20 Abs. 1 Nr. 1 des Einkommensteuergesetzes gehören.

(6) [1]Ein Übernahmeverlust bleibt außer Ansatz, soweit er auf eine Körperschaft, Personenvereinigung oder Vermögensmasse als Mitunternehmerin der Personengesellschaft entfällt. [2]Satz 1 gilt nicht für Anteile an der übertragenden Gesellschaft, die die Voraussetzungen des § 8b Abs. 7 oder des Abs. 8 Satz 1 des Körperschaftsteuergesetzes erfüllen. [3]In den Fällen des Satzes 2 ist der Übernahmeverlust bis zur Höhe der Bezüge im Sinne des § 7 zu berücksichtigen. [4]In den übrigen Fällen ist er in Höhe von 60 Prozent, höchstens jedoch in Höhe von 60 Prozent der Bezüge im Sinne des § 7 zu berücksichtigen; ein danach verbleibender Übernahmeverlust bleibt außer Ansatz. [5]Satz 4 gilt nicht für Anteile an der übertragenden Gesellschaft, die die Voraussetzungen des § 3 Nr. 40 Satz 3 und 4 des Einkommensteuergesetzes erfüllen; in diesen Fällen gilt Satz 3 entsprechend. [6]Ein Übernahmeverlust bleibt abweichend von den Sätzen 2 bis 5 außer Ansatz, soweit bei Veräußerung der Anteile an der übertragenden Körperschaft ein Veräußerungsverlust nach § 17 Abs. 2 Satz 6 des Einkommensteuergesetzes nicht zu berücksichtigen wäre oder soweit die Anteile an der übertragenden Körperschaft innerhalb der letzten fünf Jahre vor dem steuerlichen Übertragungsstichtag entgeltlich erworben wurden.

(7) [1]Soweit der Übernahmegewinn auf eine Körperschaft, Personenvereinigung oder Vermögensmasse als Mitunternehmerin der Personengesellschaft entfällt, ist § 8b des Körperschaftsteuergesetzes anzuwenden. [2]In den übrigen Fällen ist § 3 Nr. 40 sowie § 3c des Einkommensteuergesetzes anzuwenden.

§ 5 Besteuerung der Anteilseigner der übertragenden Körperschaft

(1) Hat der übernehmende Rechtsträger Anteile an der übertragenden Körperschaft nach dem steuerlichen Übertragungsstichtag angeschafft oder findet er einen

---

[10] § 4 Abs. 5 Satz 1 aufgeh. durch G v. 2.6.2021 (BGBl. I S. 1259); zur weiteren Anwendung siehe § 27 Abs. 17.

UmwStG §§ 6, 7 Umwandlungssteuergesetz

Anteilseigner ab, so ist sein Gewinn so zu ermitteln, als hätte er die Anteile an diesem Stichtag angeschafft.

(2) Anteile an der übertragenden Körperschaft im Sinne des § 17 des Einkommensteuergesetzes, die an dem steuerlichen Übertragungsstichtag nicht zu einem Betriebsvermögen eines Gesellschafters der übernehmenden Personengesellschaft oder einer natürlichen Person gehören, gelten für die Ermittlung des Gewinns als an diesem Stichtag in das Betriebsvermögen des übernehmenden Rechtsträgers mit den Anschaffungskosten eingelegt.

(3) [1]Gehören an dem steuerlichen Übertragungsstichtag Anteile an der übertragenden Körperschaft zum Betriebsvermögen eines Anteilseigners, ist der Gewinn so zu ermitteln, als seien die Anteile an diesem Stichtag zum Buchwert, erhöht um Abschreibungen sowie um Abzüge nach § 6b des Einkommensteuergesetzes und ähnliche Abzüge, die in früheren Jahren steuerwirksam vorgenommen worden sind, höchstens mit dem gemeinen Wert, in das Betriebsvermögen des übernehmenden Rechtsträgers überführt worden. [2]§ 4 Abs. 1 Satz 3 gilt entsprechend.

§ 6 Gewinnerhöhung durch Vereinigung von Forderungen und Verbindlichkeiten

(1) [1]Erhöht sich der Gewinn des übernehmenden Rechtsträgers dadurch, dass der Vermögensübergang zum Erlöschen von Forderungen und Verbindlichkeiten zwischen der übertragenden Körperschaft und dem übernehmenden Rechtsträger oder zur Auflösung von Rückstellungen führt, so darf der übernehmende Rechtsträger insoweit eine den steuerlichen Gewinn mindernde Rücklage bilden. [2]Die Rücklage ist in den auf ihre Bildung folgenden drei Wirtschaftsjahren mit mindestens je einem Drittel gewinnerhöhend aufzulösen.

(2) [1]Absatz 1 gilt entsprechend, wenn sich der Gewinn eines Gesellschafters des übernehmenden Rechtsträgers dadurch erhöht, dass eine Forderung oder Verbindlichkeit der übertragenden Körperschaft auf den übernehmenden Rechtsträger übergeht oder dass infolge des Vermögensübergangs eine Rückstellung aufzulösen ist. [2]Satz 1 gilt nur für Gesellschafter, die im Zeitpunkt der Eintragung des Umwandlungsbeschlusses in das öffentliche Register an dem übernehmenden Rechtsträger beteiligt sind.

(3) [1]Die Anwendung der Absätze 1 und 2 entfällt rückwirkend, wenn der übernehmende Rechtsträger den auf ihn übergegangenen Betrieb innerhalb von fünf Jahren nach dem steuerlichen Übertragungsstichtag in eine Kapitalgesellschaft einbringt oder ohne triftigen Grund veräußert oder aufgibt. [2]Bereits erteilte Steuerbescheide, Steuermessbescheide, Freistellungsbescheide oder Feststellungsbescheide sind zu ändern, soweit sie auf der Anwendung der Absätze 1 und 2 beruhen.

§ 7 Besteuerung offener Rücklagen

[1]Dem Anteilseigner ist der Teil des in der Steuerbilanz ausgewiesenen Eigenkapitals abzüglich des Bestands des steuerlichen Einlagekontos im Sinne des § 27 des Körperschaftsteuergesetzes, der sich nach Anwendung des § 29 Abs. 1 des Körperschaftsteuergesetzes ergibt, in dem Verhältnis der Anteile zum Nennkapital der übertragenden Körperschaft als Einnahmen aus Kapitalvermögen im Sinne des § 20 Abs. 1 Nr. 1 des Einkommensteuergesetzes zuzurechnen. [2]Dies gilt unabhängig davon, ob für den Anteilseigner ein Übernahmegewinn oder Übernahmeverlust nach § 4 oder § 5 ermittelt wird.

Dritter Teil. Verschmelzung/Vermögensübertragung §§ 8–11 UmwStG

§ 8 Vermögensübergang auf einen Rechtsträger ohne Betriebsvermögen

(1) ¹Wird das übertragene Vermögen nicht Betriebsvermögen des übernehmenden Rechtsträgers, sind die infolge des Vermögensübergangs entstehenden Einkünfte bei diesem oder den Gesellschaftern des übernehmenden Rechtsträgers zu ermitteln. ²Die §§ 4, 5 und 7 gelten entsprechend.

(2) In den Fällen des Absatzes 1 sind § 17 Abs. 3 und § 22 Nr. 2 des Einkommensteuergesetzes nicht anzuwenden.

§ 9 Formwechsel in eine Personengesellschaft

¹Im Falle des Formwechsels einer Kapitalgesellschaft in eine Personengesellschaft sind die §§ 3 bis 8 und 10 entsprechend anzuwenden. ²Die Kapitalgesellschaft hat für steuerliche Zwecke auf den Zeitpunkt, in dem der Formwechsel wirksam wird, eine Übertragungsbilanz, die Personengesellschaft eine Eröffnungsbilanz aufzustellen. ³Die Bilanzen nach Satz 2 können auch für einen Stichtag aufgestellt werden, der höchstens acht Monate vor der Anmeldung des Formwechsels zur Eintragung in ein öffentliches Register liegt (Übertragungsstichtag); § 2 Absatz 3 bis 5 gilt entsprechend.

§ 10 *(aufgehoben)*

Dritter Teil. Verschmelzung oder Vermögensübertragung (Vollübertragung) auf eine andere Körperschaft

§ 11 Wertansätze in der steuerlichen Schlussbilanz der übertragenden Körperschaft

(1) ¹Bei einer Verschmelzung oder Vermögensübertragung (Vollübertragung) auf eine andere Körperschaft sind die übergehenden Wirtschaftsgüter, einschließlich nicht entgeltlich erworbener oder selbst geschaffener immaterieller Wirtschaftsgüter, in der steuerlichen Schlussbilanz der übertragenden Körperschaft mit dem gemeinen Wert anzusetzen. ²Für die Bewertung von Pensionsrückstellungen gilt § 6a des Einkommensteuergesetzes.

(2) ¹Auf Antrag können die übergehenden Wirtschaftsgüter abweichend von Absatz 1 einheitlich mit dem Buchwert oder einem höheren Wert, höchstens jedoch mit dem Wert nach Absatz 1, angesetzt werden, soweit
1. sichergestellt ist, dass sie später bei der übernehmenden Körperschaft der Besteuerung mit Körperschaftsteuer unterliegen und
2. das Recht der Bundesrepublik Deutschland hinsichtlich der Besteuerung des Gewinns aus der Veräußerung der übertragenen Wirtschaftsgüter bei der übernehmenden Körperschaft nicht ausgeschlossen oder beschränkt wird und
3. eine Gegenleistung nicht gewährt wird oder in Gesellschaftsrechten besteht.
²Anteile an der übernehmenden Körperschaft sind mindestens mit dem Buchwert, erhöht um Abschreibungen sowie um Abzüge nach § 6b des Einkommensteuergesetzes und ähnliche Abzüge, die in früheren Jahren steuerwirksam vorgenommen worden sind, höchstens mit dem gemeinen Wert, anzusetzen. ³Auf einen sich daraus ergebenden Gewinn findet § 8b Abs. 2 Satz 4 und 5 des Körperschaftsteuergesetzes Anwendung.

(3) § 3 Abs. 2 Satz 2 und Abs. 3 gilt entsprechend.

§ 12 Auswirkungen auf den Gewinn der übernehmenden Körperschaft

(1) ¹Die übernehmende Körperschaft hat die auf sie übergegangenen Wirtschaftsgüter mit dem in der steuerlichen Schlussbilanz der übertragenden Körperschaft enthaltenen Wert im Sinne des § 11 zu übernehmen. ²§ 4 Abs. 1 Satz 2 und 3 gilt entsprechend.

(2) ¹Bei der übernehmenden Körperschaft bleibt ein Gewinn oder ein Verlust in Höhe des Unterschieds zwischen dem Buchwert der Anteile an der übertragenden Körperschaft und dem Wert, mit dem die übergegangenen Wirtschaftsgüter zu übernehmen sind, abzüglich der Kosten für den Vermögensübergang, außer Ansatz. ²§ 8b des Körperschaftsteuergesetzes ist anzuwenden, soweit der Gewinn im Sinne des Satzes 1 abzüglich der anteilig darauf entfallenden Kosten für den Vermögensübergang, dem Anteil der übernehmenden Körperschaft an der übertragenden Körperschaft entspricht. ³§ 5 Abs. 1 gilt entsprechend.

(3) Die übernehmende Körperschaft tritt in die steuerliche Rechtsstellung der übertragenden Körperschaft ein; § 4 Abs. 2 und 3 gilt entsprechend.

(4) § 6 gilt sinngemäß für den Teil des Gewinns aus der Vereinigung von Forderungen und Verbindlichkeiten, der der Beteiligung der übernehmenden Körperschaft am Grund- oder Stammkapital der übertragenden Körperschaft entspricht.

(5) Im Falle des Vermögensübergangs in den nicht steuerpflichtigen oder steuerbefreiten Bereich der übernehmenden Körperschaft gilt das in der Steuerbilanz ausgewiesene Eigenkapital abzüglich des Bestands des steuerlichen Einlagekontos im Sinne des § 27 des Körperschaftsteuergesetzes, der sich nach Anwendung des § 29 Abs. 1 des Körperschaftsteuergesetzes ergibt, als Einnahme im Sinne des § 20 Abs. 1 Nr. 1 des Einkommensteuergesetzes.

§ 13 Besteuerung der Anteilseigner der übertragenden Körperschaft

(1) Die Anteile an der übertragenden Körperschaft gelten als zum gemeinen Wert veräußert und die an ihre Stelle tretenden Anteile an der übernehmenden Körperschaft gelten als mit diesem Wert angeschafft.

(2) ¹Abweichend von Absatz 1 sind auf Antrag die Anteile an der übernehmenden Körperschaft mit dem Buchwert der Anteile an der übertragenden Körperschaft anzusetzen, wenn
1. das Recht der Bundesrepublik Deutschland hinsichtlich der Besteuerung des Gewinns aus der Veräußerung der Anteile an der übernehmenden Körperschaft nicht ausgeschlossen oder beschränkt wird oder
2. [11]die Mitgliedstaaten der Europäischen Union bei einer Verschmelzung Artikel 8 der Richtlinie 2009/133/EG anzuwenden haben; in diesem Fall ist der Gewinn aus der späteren Veräußerung der erworbenen Anteile ungeachtet der Bestimmungen eines Abkommens zur Vermeidung der Doppelbesteuerung in der gleichen Art und Weise zu besteuern, wie die Veräußerung der Anteile an der übertragenden Körperschaft zu besteuern wäre. ²§ 15 Abs. 1a Satz 2 des Einkommensteuergesetzes ist entsprechend anzuwenden.

²Die Anteile an der übernehmenden Körperschaft treten steuerlich an die Stelle der Anteile an der übertragenden Körperschaft. ³Gehören die Anteile an der übertragenden Körperschaft nicht zu einem Betriebsvermögen, treten an die Stelle des Buchwerts die Anschaffungskosten.

§ 14 *(weggefallen)*

---

[11] § 13 Abs. 2 Satz 1 Nr. 2 Satz 1 geänd. durch G v. 25.7.2014 (BGBl. I S. 1266).

Vierter Teil. Aufspaltung, Abspaltung und Vermögensübertragung (Teilübertragung)

§ 15 Aufspaltung, Abspaltung und Teilübertragung auf andere Körperschaften

(1) ¹Geht Vermögen einer Körperschaft durch Aufspaltung oder Abspaltung oder durch Teilübertragung auf andere Körperschaften über, gelten die §§ 11 bis 13 vorbehaltlich des Satzes 2 und des § 16 entsprechend. ²§ 11 Abs. 2 und § 13 Abs. 2 sind nur anzuwenden, wenn auf die Übernehmerinnen ein Teilbetrieb übertragen wird und im Falle der Abspaltung oder Teilübertragung bei der übertragenden Körperschaft ein Teilbetrieb verbleibt. ³Als Teilbetrieb gilt auch ein Mitunternehmeranteil oder die Beteiligung an einer Kapitalgesellschaft, die das gesamte Nennkapital der Gesellschaft umfasst.

(2) ¹§ 11 Abs. 2 ist auf Mitunternehmeranteile und Beteiligungen im Sinne des Absatzes 1 nicht anzuwenden, wenn sie innerhalb eines Zeitraums von drei Jahren vor dem steuerlichen Übertragungsstichtag durch Übertragung von Wirtschaftsgütern, die kein Teilbetrieb sind, erworben oder aufgestockt worden sind. ²§ 11 Abs. 2 ist ebenfalls nicht anzuwenden, wenn durch die Spaltung die Veräußerung an außenstehende Personen vollzogen wird. ³Das Gleiche gilt, wenn durch die Spaltung die Voraussetzungen für eine Veräußerung geschaffen werden. ⁴Davon ist auszugehen, wenn innerhalb von fünf Jahren nach dem steuerlichen Übertragungsstichtag Anteile an einer an der Spaltung beteiligten Körperschaft, die mehr als 20 Prozent der vor Wirksamwerden der Spaltung an der Körperschaft bestehenden Anteile ausmachen, veräußert werden. ⁵Bei der Trennung von Gesellschafterstämmen setzt die Anwendung des § 11 Abs. 2 außerdem voraus, dass die Beteiligungen an der übertragenden Körperschaft mindestens fünf Jahre vor dem steuerlichen Übertragungsstichtag bestanden haben.

(3) Bei einer Abspaltung mindern sich verrechenbare Verluste, verbleibende Verlustvorträge, nicht ausgeglichene negative Einkünfte, ein Zinsvortrag nach § 4h Absatz 1 Satz 5 des Einkommensteuergesetzes und ein EBITDA-Vortrag nach § 4h Absatz 1 Satz 3 des Einkommensteuergesetzes der übertragenden Körperschaft in dem Verhältnis, in dem bei Zugrundelegung des gemeinen Werts das Vermögen auf eine andere Körperschaft übergeht.

§ 16 Aufspaltung oder Abspaltung auf eine Personengesellschaft

¹Soweit Vermögen einer Körperschaft durch Aufspaltung oder Abspaltung auf eine Personengesellschaft übergeht, gelten die §§ 3 bis 8, 10 und 15 entsprechend. ²§ 10 ist für den in § 40 Abs. 2 Satz 3 des Körperschaftsteuergesetzes bezeichneten Teil des Betrags im Sinne des § 38 des Körperschaftsteuergesetzes anzuwenden.

Fünfter Teil. Gewerbesteuer

§ 17 *(weggefallen)*

§ 18 Gewerbesteuer bei Vermögensübergang auf eine Personengesellschaft oder auf eine natürliche Person sowie bei Formwechsel in eine Personengesellschaft

(1) ¹Die §§ 3 bis 9 und 16 gelten bei Vermögensübergang auf eine Personengesellschaft oder auf eine natürliche Person sowie bei Formwechsel in eine Personengesell-

schaft auch für die Ermittlung des Gewerbeertrags. ²Der maßgebende Gewerbeertrag der übernehmenden Personengesellschaft oder natürlichen Person kann nicht um Fehlbeträge des laufenden Erhebungszeitraums und die vortragsfähigen Fehlbeträge der übertragenden Körperschaft im Sinne des § 10a des Gewerbesteuergesetzes gekürzt werden.

(2) ¹Ein Übernahmegewinn oder Übernahmeverlust ist nicht zu erfassen. ²In Fällen des § 5 Abs. 2 ist ein Gewinn nach § 7 nicht zu erfassen.

(3) ¹Wird der Betrieb der Personengesellschaft oder der natürlichen Person innerhalb von fünf Jahren nach der Umwandlung aufgegeben oder veräußert, unterliegt ein Aufgabe- oder Veräußerungsgewinn der Gewerbesteuer, auch soweit er auf das Betriebsvermögen entfällt, das bereits vor der Umwandlung im Betrieb der übernehmenden Personengesellschaft oder der natürlichen Person vorhanden war. ²Satz 1 gilt entsprechend, soweit ein Teilbetrieb oder ein Anteil an der Personengesellschaft aufgegeben oder veräußert wird. ³Der auf den Aufgabe- oder Veräußerungsgewinnen im Sinne der Sätze 1 und 2 beruhende Teil des Gewerbesteuer-Messbetrags ist bei der Ermäßigung der Einkommensteuer nach § 35 des Einkommensteuergesetzes nicht zu berücksichtigen.

§ 19 Gewerbesteuer bei Vermögensübergang auf eine andere Körperschaft

(1) Geht das Vermögen der übertragenden Körperschaft auf eine andere Körperschaft über, gelten die §§ 11 bis 15 auch für die Ermittlung des Gewerbeertrags.

(2) Für die vortragsfähigen Fehlbeträge der übertragenden Körperschaft im Sinne des § 10a des Gewerbesteuergesetzes gelten § 12 Abs. 3 und § 15 Abs. 3 entsprechend.

Sechster Teil. Einbringung von Unternehmensteilen in eine Kapitalgesellschaft oder Genossenschaft und Anteilstausch

§ 20 Einbringung von Unternehmensteilen in eine Kapitalgesellschaft oder Genossenschaft

(1) Wird ein Betrieb oder Teilbetrieb oder ein Mitunternehmeranteil in eine Kapitalgesellschaft oder eine Genossenschaft (übernehmende Gesellschaft) eingebracht und erhält der Einbringende dafür neue Anteile an der Gesellschaft (Sacheinlage), gelten für die Bewertung des eingebrachten Betriebsvermögens und der neuen Gesellschaftsanteile die nachfolgenden Absätze.

(2) ¹Die übernehmende Gesellschaft hat das eingebrachte Betriebsvermögen mit dem gemeinen Wert anzusetzen; für die Bewertung von Pensionsrückstellungen gilt § 6a des Einkommensteuergesetzes. ²Abweichend von Satz 1 kann das übernommene Betriebsvermögen auf Antrag einheitlich mit dem Buchwert oder einem höheren Wert, höchstens jedoch mit dem Wert im Sinne des Satzes 1, angesetzt werden, soweit

1. sichergestellt ist, dass es später bei der übernehmenden Körperschaft der Besteuerung mit Körperschaftsteuer unterliegt,
2. die Passivposten des eingebrachten Betriebsvermögens die Aktivposten nicht übersteigen; dabei ist das Eigenkapital nicht zu berücksichtigen,
3. das Recht der Bundesrepublik Deutschland hinsichtlich der Besteuerung des Gewinns aus der Veräußerung des eingebrachten Betriebsvermögens bei der übernehmenden Gesellschaft nicht ausgeschlossen oder beschränkt wird und

Sechster Teil. Einbringung von Unternehmensteilen **§ 20 UmwStG**

4. der gemeine Wert von sonstigen Gegenleistungen, die neben den neuen Gesellschaftsanteilen gewährt werden, nicht mehr beträgt als
   a) 25 Prozent des Buchwerts des eingebrachten Betriebsvermögens oder
   b) 500 000 Euro, höchstens jedoch den Buchwert des eingebrachten Betriebsvermögens.

[3]Der Antrag ist spätestens bis zur erstmaligen Abgabe der steuerlichen Schlussbilanz bei dem für die Besteuerung der übernehmenden Gesellschaft zuständigen Finanzamt zu stellen. [4]Erhält der Einbringende neben den neuen Gesellschaftsanteilen auch sonstige Gegenleistungen, ist das eingebrachte Betriebsvermögen abweichend von Satz 2 mindestens mit dem gemeinen Wert der sonstigen Gegenleistungen anzusetzen, wenn dieser den sich nach Satz 2 ergebenden Wert übersteigt.

(3) [1]Der Wert, mit dem die übernehmende Gesellschaft das eingebrachte Betriebsvermögen ansetzt, gilt für den Einbringenden als Veräußerungspreis und als Anschaffungskosten der Gesellschaftsanteile. [2]Ist das Recht der Bundesrepublik Deutschland hinsichtlich der Besteuerung des Gewinns aus der Veräußerung des eingebrachten Betriebsvermögens im Zeitpunkt der Einbringung ausgeschlossen und wird dieses auch nicht durch die Einbringung begründet, gilt für den Einbringenden insoweit der gemeine Wert des Betriebsvermögens im Zeitpunkt der Einbringung als Anschaffungskosten der Anteile. [3]Soweit neben den Gesellschaftsanteilen auch andere Wirtschaftsgüter gewährt werden, ist deren gemeiner Wert bei der Bemessung der Anschaffungskosten der Gesellschaftsanteile von dem sich nach den Sätzen 1 und 2 ergebenden Wert abzuziehen. [4]Umfasst das eingebrachte Betriebsvermögen auch einbringungsgeborene Anteile im Sinne von § 21 Abs. 1 in der Fassung der Bekanntmachung vom 15. Oktober 2002 (BGBl. I S. 4133, 2003 I S. 738), geändert durch Artikel 3 des Gesetzes vom 16. Mai 2003 (BGBl. I S. 660), gelten die erhaltenen Anteile insoweit auch als einbringungsgeboren im Sinne von § 21 Abs. 1 in der Fassung der Bekanntmachung vom 15. Oktober 2002 (BGBl. I S. 4133, 2003 I S. 738), geändert durch Artikel 3 des Gesetzes vom 16. Mai 2003 (BGBl. I S. 660).

(4) [1]Auf einen bei der Sacheinlage entstehenden Veräußerungsgewinn ist § 16 Abs. 4 des Einkommensteuergesetzes nur anzuwenden, wenn der Einbringende eine natürliche Person ist, es sich nicht um die Einbringung von Teilen eines Mitunternehmeranteils handelt und die übernehmende Gesellschaft das eingebrachte Betriebsvermögen mit dem gemeinen Wert ansetzt. [2]In diesen Fällen ist § 34 Abs. 1 und 3 des Einkommensteuergesetzes nur anzuwenden, soweit der Veräußerungsgewinn nicht nach § 3 Nr. 40 Satz 1 in Verbindung mit § 3c Abs. 2 des Einkommensteuergesetzes teilweise steuerbefreit ist.

(5) [1]Das Einkommen und das Vermögen des Einbringenden und der übernehmenden Gesellschaft sind auf Antrag so zu ermitteln, als ob das eingebrachte Betriebsvermögen mit Ablauf des steuerlichen Übertragungsstichtags (Absatz 6) auf die Übernehmerin übergegangen wäre. [2]Dies gilt hinsichtlich des Einkommens und des Gewerbeertrags nicht für Entnahmen und Einlagen, die nach dem steuerlichen Übertragungsstichtag erfolgen. [3]Die Anschaffungskosten der Anteile (Absatz 3) sind um den Buchwert der Entnahmen zu vermindern und um den sich nach § 6 Abs. 1 Nr. 5 des Einkommensteuergesetzes ergebenden Wert der Einlagen zu erhöhen.

(6) [1]Als steuerlicher Übertragungsstichtag (Einbringungszeitpunkt) darf in den Fällen der Sacheinlage durch Verschmelzung im Sinne des § 2 des Umwandlungsgesetzes der Stichtag angesehen werden, für den die Schlussbilanz jedes der übertragenden Unternehmen im Sinne des § 17 Abs. 2 des Umwandlungsgesetzes aufgestellt ist; dieser Stichtag darf höchstens acht Monate vor der Anmeldung der Verschmelzung zur Eintragung in das Handelsregister liegen. [2]Entsprechendes gilt, wenn Vermögen im Wege der Sacheinlage durch Aufspaltung, Abspaltung oder Ausgliederung nach § 123 des Umwandlungsgesetzes auf die übernehmende Gesellschaft übergeht.

³In anderen Fällen der Sacheinlage darf die Einbringung auf einen Tag zurückbezogen werden, der höchstens acht Monate vor dem Tag des Abschlusses des Einbringungsvertrags liegt und höchstens acht Monate vor dem Zeitpunkt liegt, an dem das eingebrachte Betriebsvermögen auf die übernehmende Gesellschaft übergeht. ⁴§ 2 Absatz 3 bis 5 gilt entsprechend.

(7) § 3 Abs. 3 ist entsprechend anzuwenden.

(8)[12] Ist eine gebietsfremde einbringende oder erworbene Gesellschaft im Sinne von Artikel 3 der Richtlinie 2009/133/EG als steuerlich transparent anzusehen, ist auf Grund Artikel 11 der Richtlinie 2009/133/EG die ausländische Steuer, die nach den Rechtsvorschriften des anderen Mitgliedstaats der Europäischen Union erhoben worden wäre, wenn die einer in einem anderen Mitgliedstaat belegenen Betriebsstätte zuzurechnenden eingebrachten Wirtschaftsgüter zum gemeinen Wert veräußert worden wären, auf die auf den Einbringungsgewinn entfallende Körperschaftsteuer oder Einkommensteuer unter entsprechender Anwendung von § 26 des Körperschaftsteuergesetzes und von den §§ 34c und 50 Absatz 3 des Einkommensteuergesetzes anzurechnen.

(9) Ein Zinsvortrag nach § 4h Abs. 1 Satz 5 des Einkommensteuergesetzes und ein EBITDA-Vortrag nach § 4h Absatz 1 Satz 3 des Einkommensteuergesetzes des eingebrachten Betriebs gehen nicht auf die übernehmende Gesellschaft über.

§ 21 Bewertung der Anteile beim Anteilstausch

(1) ¹Werden Anteile an einer Kapitalgesellschaft oder einer Genossenschaft (erworbene Gesellschaft) in eine Kapitalgesellschaft oder Genossenschaft (übernehmende Gesellschaft) gegen Gewährung neuer Anteile an der übernehmenden Gesellschaft eingebracht (Anteilstausch), hat die übernehmende Gesellschaft die eingebrachten Anteile mit dem gemeinen Wert anzusetzen. ²Abweichend von Satz 1 können die eingebrachten Anteile auf Antrag mit dem Buchwert oder einem höheren Wert, höchstens jedoch mit dem gemeinen Wert, angesetzt werden, wenn
1. die übernehmende Gesellschaft nach der Einbringung auf Grund ihrer Beteiligung einschließlich der eingebrachten Anteile nachweisbar unmittelbar die Mehrheit der Stimmrechte an der erworbenen Gesellschaft hat (qualifizierter Anteilstausch) und soweit
2. der gemeine Wert von sonstigen Gegenleistungen, die neben den neuen Anteilen gewährt werden, nicht mehr beträgt als
   a) 25 Prozent des Buchwerts der eingebrachten Anteile oder
   b) 500 000 Euro, höchstens jedoch den Buchwert der eingebrachten Anteile.

³§ 20 Absatz 2 Satz 3 gilt entsprechend. ⁴Erhält der Einbringende neben den neuen Gesellschaftsanteilen auch sonstige Gegenleistungen, sind die eingebrachten Anteile abweichend von Satz 2 mindestens mit dem gemeinen Wert der sonstigen Gegenleistungen anzusetzen, wenn dieser den sich nach Satz 2 ergebenden Wert übersteigt.

(2) ¹Der Wert, mit dem die übernehmende Gesellschaft die eingebrachten Anteile ansetzt, gilt für den Einbringenden als Veräußerungspreis der eingebrachten Anteile und als Anschaffungskosten der erhaltenen Anteile. ²Abweichend von Satz 1 gilt für den Einbringenden der gemeine Wert der eingebrachten Anteile als Veräußerungspreis und als Anschaffungskosten der erhaltenen Anteile, wenn für die eingebrachten Anteile nach der Einbringung das Recht der Bundesrepublik Deutschland hinsichtlich der Besteuerung des Gewinns aus der Veräußerung dieser Anteile ausgeschlossen oder beschränkt ist; dies gilt auch, wenn das Recht der Bundesrepublik Deutschland hinsichtlich der Besteuerung des Gewinns aus der Veräußerung der erhaltenen

---

[12] § 20 Abs. 8 geänd. durch G v. 25.7.2014 (BGBl. I S. 1266); zur Anwendung siehe § 27 Abs. 13.

Sechster Teil. Einbringung von Unternehmensteilen **§ 22 UmwStG**

Anteile ausgeschlossen oder beschränkt ist. ³Auf Antrag gilt in den Fällen des Satzes 2 unter den Voraussetzungen des Absatzes 1 Satz 2 der Buchwert oder ein höherer Wert, höchstens der gemeine Wert, als Veräußerungspreis der eingebrachten Anteile und als Anschaffungskosten der erhaltenen Anteile, wenn

1. das Recht der Bundesrepublik Deutschland hinsichtlich der Besteuerung des Gewinns aus der Veräußerung der erhaltenen Anteile nicht ausgeschlossen oder beschränkt ist oder
2. ¹³der Gewinn aus dem Anteilstausch auf Grund Artikel 8 der Richtlinie 2009/133/EG nicht besteuert werden darf; in diesem Fall ist der Gewinn aus einer späteren Veräußerung der erhaltenen Anteile ungeachtet der Bestimmungen eines Abkommens zur Vermeidung der Doppelbesteuerung in der gleichen Art und Weise zu besteuern, wie die Veräußerung der Anteile an der erworbenen Gesellschaft zu besteuern gewesen wäre; § 15 Abs. 1a Satz 2 des Einkommensteuergesetzes ist entsprechend anzuwenden.

⁴Der Antrag ist spätestens bis zur erstmaligen Abgabe der Steuererklärung bei dem für die Besteuerung des Einbringenden zuständigen Finanzamt zu stellen. ⁵Haben die eingebrachten Anteile beim Einbringenden nicht zu einem Betriebsvermögen gehört, treten an die Stelle des Buchwerts die Anschaffungskosten. ⁶§ 20 Abs. 3 Satz 3 und 4 gilt entsprechend.

(3) ¹Auf den beim Anteilstausch entstehenden Veräußerungsgewinn ist § 17 Abs. 3 des Einkommensteuergesetzes nur anzuwenden, wenn der Einbringende eine natürliche Person ist und die übernehmende Gesellschaft die eingebrachten Anteile nach Absatz 1 Satz 1 oder in den Fällen des Absatzes 2 Satz 2 der Einbringende mit dem gemeinen Wert ansetzt; dies gilt für die Anwendung von § 16 Abs. 4 des Einkommensteuergesetzes unter der Voraussetzung, dass eine im Betriebsvermögen gehaltene Beteiligung an einer Kapitalgesellschaft eingebracht wird, die das gesamte Nennkapital der Kapitalgesellschaft umfasst. ²§ 34 Abs. 1 des Einkommensteuergesetzes findet keine Anwendung.

§ 22 Besteuerung des Anteilseigners

(1) ¹Soweit in den Fällen einer Sacheinlage unter dem gemeinen Wert (§ 20 Abs. 2 Satz 2) der Einbringende die erhaltenen Anteile innerhalb eines Zeitraums von sieben Jahren nach dem Einbringungszeitpunkt veräußert, ist der Gewinn aus der Einbringung rückwirkend im Wirtschaftsjahr der Einbringung als Gewinn des Einbringenden im Sinne von § 16 des Einkommensteuergesetzes zu versteuern (Einbringungsgewinn I); § 16 Abs. 4 und § 34 des Einkommensteuergesetzes sind nicht anzuwenden. ²Die Veräußerung der erhaltenen Anteile gilt insoweit als rückwirkendes Ereignis im Sinne von § 175 Abs. 1 Satz 1 Nr. 2 der Abgabenordnung. ³Einbringungsgewinn I ist der Betrag, um den der gemeine Wert des eingebrachten Betriebsvermögens im Einbringungszeitpunkt nach Abzug der Kosten für den Vermögensübergang den Wert, mit dem die übernehmende Gesellschaft dieses eingebrachte Betriebsvermögen angesetzt hat, übersteigt, vermindert um jeweils ein Siebtel für jedes seit dem Einbringungszeitpunkt abgelaufene Zeitjahr. ⁴Der Einbringungsgewinn I gilt als nachträgliche Anschaffungskosten der erhaltenen Anteile. ⁵Umfasst das eingebrachte Betriebsvermögen auch Anteile an Kapitalgesellschaften oder Genossenschaften, ist insoweit § 22 Abs. 2 anzuwenden; ist in diesen Fällen das Recht der Bundesrepublik Deutschland hinsichtlich der Besteuerung des Gewinns aus der Veräußerung der erhaltenen Anteile ausgeschlossen oder beschränkt, sind daneben auch die Sätze 1 bis 4 anzuwenden. ⁶Die Sätze 1 bis 5 gelten entsprechend, wenn

---

¹³ § 21 Abs. 2 Satz 3 Nr. 2 geänd. durch G v. 25.7.2014 (BGBl. I S. 1266).

UmwStG § 22

1. der Einbringende die erhaltenen Anteile unmittelbar oder mittelbar unentgeltlich auf eine Kapitalgesellschaft oder eine Genossenschaft überträgt,
2. der Einbringende die erhaltenen Anteile entgeltlich überträgt, es sei denn, er weist nach, dass die Übertragung durch einen Vorgang im Sinne des § 20 Absatz 1 oder § 21 Absatz 1 oder auf Grund vergleichbarer ausländischer Vorgänge zu Buchwerten erfolgte und keine sonstigen Gegenleistungen erbracht wurden, die die Grenze des § 20 Absatz 2 Satz 2 Nummer 4 oder die Grenze des § 21 Absatz 1 Satz 2 Nummer 2 übersteigen,
3. die Kapitalgesellschaft, an der die Anteile bestehen, aufgelöst und abgewickelt wird oder das Kapital dieser Gesellschaft herabgesetzt und an die Anteilseigner zurückgezahlt wird oder Beträge aus dem steuerlichen Einlagekonto im Sinne des § 27 des Körperschaftsteuergesetzes ausgeschüttet oder zurückgezahlt werden,
4. der Einbringende die erhaltenen Anteile durch einen Vorgang im Sinne des § 21 Absatz 1 oder einen Vorgang im Sinne des § 20 Absatz 1 oder auf Grund vergleichbarer ausländischer Vorgänge zum Buchwert in eine Kapitalgesellschaft oder eine Genossenschaft eingebracht hat und diese Anteile anschließend unmittelbar oder mittelbar veräußert oder durch einen Vorgang im Sinne der Nummern 1 oder 2 unmittelbar oder mittelbar übertragen werden, es sei denn, er weist nach, dass diese Anteile zu Buchwerten übertragen wurden und keine sonstigen Gegenleistungen erbracht wurden, die die Grenze des § 20 Absatz 2 Satz 2 Nummer 4 oder die Grenze des § 21 Absatz 1 Satz 2 Nummer 2 übersteigen (Ketteneinbringung),
5. der Einbringende die erhaltenen Anteile in eine Kapitalgesellschaft oder eine Genossenschaft durch einen Vorgang im Sinne des § 20 Absatz 1 oder einen Vorgang im Sinne des § 21 Absatz 1 oder auf Grund vergleichbarer ausländischer Vorgänge zu Buchwerten einbringt und die aus dieser Einbringung erhaltenen Anteile anschließend unmittelbar oder mittelbar veräußert oder durch einen Vorgang im Sinne der Nummern 1 oder 2 unmittelbar oder mittelbar übertragen werden, es sei denn, er weist nach, dass die Einbringung zu Buchwerten erfolgte und keine sonstigen Gegenleistungen erbracht wurden, die die Grenze des § 20 Absatz 2 Satz 2 Nummer 4 oder die Grenze des § 21 Absatz 1 Satz 2 Nummer 2 übersteigen, oder
6. für den Einbringenden oder die übernehmende Gesellschaft im Sinne der Nummer 4 die Voraussetzungen im Sinne von § 1 Abs. 4 nicht mehr erfüllt sind.

[7]Satz 4 gilt in den Fällen des Satzes 6 Nr. 4 und 5 auch hinsichtlich der Anschaffungskosten der auf einer Weitereinbringung dieser Anteile (§ 20 Abs. 1 und § 21 Abs. 1 Satz 2) zum Buchwert beruhenden Anteile.

(2)[14] [1]Soweit im Rahmen einer Sacheinlage (§ 20 Abs. 1) oder eines Anteilstausches (§ 21 Abs. 1) unter dem gemeinen Wert eingebrachte Anteile innerhalb eines Zeitraums von sieben Jahren nach dem Einbringungszeitpunkt durch die übernehmende Gesellschaft unmittelbar oder mittelbar veräußert werden und soweit beim Einbringenden der Gewinn aus der Veräußerung dieser Anteile im Einbringungszeitpunkt nicht nach § 8b Abs. 2 des Körperschaftsteuergesetzes steuerfrei gewesen wäre, ist der Gewinn aus der Einbringung im Wirtschaftsjahr der Einbringung rückwirkend als Gewinn des Einbringenden aus der Veräußerung von Anteilen zu versteuern (Einbringungsgewinn II); § 16 Abs. 4 und § 34 des Einkommensteuergesetzes sind nicht anzuwenden. [2]Absatz 1 Satz 2 gilt entsprechend. [3]Einbringungsgewinn II ist der Betrag, um den der gemeine Wert der eingebrachten Anteile im Einbringungszeitpunkt nach Abzug der Kosten für den Vermögensübergang den Wert, mit dem der Einbringende die erhaltenen Anteile angesetzt hat, übersteigt, vermindert um jeweils ein Siebtel für jedes seit dem Einbringungszeitpunkt abgelaufene Zeitjahr. [4]Der Einbringungsgewinn II gilt als nachträgliche Anschaffungskosten der erhalte-

---

[14] § 22 Abs. 2 Satz 1 geänd. mWv 25.12.2008 durch G v. 19.12.2008 (BGBl. I S. 2794).

Sechster Teil. Einbringung von Unternehmensteilen **§ 22 UmwStG**

nen Anteile. ⁵Sätze 1 bis 4 sind nicht anzuwenden, soweit der Einbringende die erhaltenen Anteile veräußert hat; dies gilt auch in den Fällen von § 6 des Außensteuergesetzes vom 8. September 1972 (BGBl. I S. 1713), das zuletzt durch Artikel 7 des Gesetzes vom 7. Dezember 2006 (BGBl. I S. 2782) geändert worden ist, in der jeweils geltenden Fassung, wenn und soweit die Steuer nicht gestundet wird. ⁶Sätze 1 bis 5 gelten entsprechend, wenn die übernehmende Gesellschaft die eingebrachten Anteile ihrerseits durch einen Vorgang nach Absatz 1 Satz 6 Nr. 1 bis 5 weiter überträgt und für diese die Voraussetzungen nach § 1 Abs. 4 nicht mehr erfüllt sind. ⁷Absatz 1 Satz 7 ist entsprechend anzuwenden.

(3) ¹Der Einbringende hat in den dem Einbringungszeitpunkt folgenden sieben Jahren jährlich spätestens bis zum 31. Mai den Nachweis darüber zu erbringen, wem mit Ablauf des Tages, der dem maßgebenden Einbringungszeitpunkt entspricht,
1. in den Fällen des Absatzes 1 die erhaltenen Anteile und die auf diesen Anteilen beruhenden Anteile und
2. in den Fällen des Absatzes 2 die eingebrachten Anteile und die auf diesen Anteilen beruhenden Anteile

zuzurechnen sind. ²Erbringt er den Nachweis nicht, gelten die Anteile im Sinne des Absatzes 1 oder des Absatzes 2 an dem Tag, der dem Einbringungszeitpunkt folgt oder der in den Folgejahren diesem Kalendertag entspricht, als veräußert.

(4) Ist der Veräußerer von Anteilen nach Absatz 1
1. eine juristische Person des öffentlichen Rechts, gilt in den Fällen des Absatzes 1 der Gewinn aus der Veräußerung der erhaltenen Anteile als in einem Betrieb gewerblicher Art dieser Körperschaft entstanden,
2. von der Körperschaftsteuer befreit, gilt in den Fällen des Absatzes 1 der Gewinn aus der Veräußerung der erhaltenen Anteile als in einem wirtschaftlichen Geschäftsbetrieb dieser Körperschaft entstanden.

(5) Das für den Einbringenden zuständige Finanzamt bescheinigt der übernehmenden Gesellschaft auf deren Antrag die Höhe des in versteuerten Einbringungsgewinns, die darauf entfallende festgesetzte Steuer und den darauf entrichteten Betrag; nachträgliche Minderungen des versteuerten Einbringungsgewinns sowie die darauf entfallende festgesetzte Steuer und der darauf entrichtete Betrag sind dem für die übernehmende Gesellschaft zuständigen Finanzamt von Amts wegen mitzuteilen.

(6) In den Fällen der unentgeltlichen Rechtsnachfolge gilt der Rechtsnachfolger des Einbringenden als Einbringender im Sinne der Absätze 1 bis 5 und der Rechtsnachfolger der übernehmenden Gesellschaft als übernehmende Gesellschaft im Sinne des Absatzes 2.

(7) Werden in den Fällen einer Sacheinlage (§ 20 Abs. 1) oder eines Anteilstauschs (§ 21 Abs. 1) unter dem gemeinen Wert stille Reserven auf Grund einer Gesellschaftsgründung oder Kapitalerhöhung von den erhaltenen oder eingebrachten Anteilen oder von auf diesen Anteilen beruhenden Anteilen auf andere Anteile verlagert, gelten diese Anteile insoweit auch als erhaltene oder eingebrachte Anteile oder als auf diesen Anteilen beruhende Anteile im Sinne des Absatzes 1 oder 2 (Mitverstrickung von Anteilen).

(8)[15] ¹Absatz 1 Satz 6 Nummer 6 und Absatz 2 Satz 6 sind mit der Maßgabe anzuwenden, dass allein der Austritt des Vereinigten Königreichs Großbritannien und Nordirland aus der Europäischen Union nicht dazu führt, dass die Voraussetzungen des § 1 Absatz 4 nicht mehr erfüllt sind. ²Satz 1 gilt nur für Einbringungen, bei denen in den Fällen der Gesamtrechtsnachfolge der Umwandlungsbeschluss vor dem Zeitpunkt, ab dem das Vereinigte Königreich Großbritannien und Nordirland nicht

---

[15] § 22 Abs. 8 angef. durch G v. 25.3.2019 (BGBl. I S. 357).

mehr Mitgliedstaat der Europäischen Union ist und auch nicht wie ein solcher zu behandeln ist, erfolgt oder in den anderen Fällen, in denen die Einbringung nicht im Wege der Gesamtrechtsnachfolge erfolgt, der Einbringungsvertrag vor diesem Zeitpunkt geschlossen worden ist.

§ 23 Auswirkungen bei der übernehmenden Gesellschaft

(1)[16] Setzt die übernehmende Gesellschaft das eingebrachte Betriebsvermögen mit einem unter dem gemeinen Wert liegenden Wert (§ 20 Abs. 2 Satz 2, § 21 Abs. 1 Satz 2) an, gelten § 4 Abs. 2 Satz 3 und § 12 Abs. 3 erster Halbsatz entsprechend.

(2) ¹In den Fällen des § 22 Abs. 1 kann die übernehmende Gesellschaft auf Antrag den versteuerten Einbringungsgewinn im Wirtschaftsjahr der Veräußerung der Anteile oder eines gleichgestellten Ereignisses (§ 22 Abs. 1 Satz 1 und Satz 6 Nr. 1 bis 6) als Erhöhungsbetrag ansetzen, soweit der Einbringende die auf den Einbringungsgewinn entfallende Steuer entrichtet hat und dies durch Vorlage einer Bescheinigung des zuständigen Finanzamts im Sinne von § 22 Abs. 5 nachgewiesen wurde; der Ansatz des Erhöhungsbetrags bleibt ohne Auswirkung auf den Gewinn. ²Satz 1 ist nur anzuwenden, soweit das eingebrachte Betriebsvermögen in den Fällen des § 22 Abs. 1 noch zum Betriebsvermögen der übernehmenden Gesellschaft gehört, es sei denn, dieses wurde zum gemeinen Wert übertragen. ³Wurden die veräußerten Anteile auf Grund einer Einbringung von Anteilen nach § 20 Abs. 1 oder § 21 Abs. 1 (§ 22 Abs. 2) erworben, erhöhen sich die Anschaffungskosten der eingebrachten Anteile in Höhe des versteuerten Einbringungsgewinns, soweit der Einbringende die auf den Einbringungsgewinn entfallende Steuer entrichtet hat; Satz 1 und § 22 Abs. 1 Satz 7 gelten entsprechend.

(3) ¹Setzt die übernehmende Gesellschaft das eingebrachte Betriebsvermögen mit einem über dem Buchwert, aber unter dem gemeinen Wert liegenden Wert an, gilt § 12 Abs. 3 erster Halbsatz entsprechend mit der folgenden Maßgabe:
1. Die Absetzungen für Abnutzung oder Substanzverringerung nach § 7 Abs. 1, 4, 5 und 6 des Einkommensteuergesetzes sind vom Zeitpunkt der Einbringung an nach den Anschaffungs- oder Herstellungskosten des Einbringenden, vermehrt um den Unterschiedsbetrag zwischen dem Buchwert der einzelnen Wirtschaftsgüter und dem Wert, mit dem die Kapitalgesellschaft die Wirtschaftsgüter ansetzt, zu bemessen.
2. Bei den Absetzungen für Abnutzung nach § 7 Abs. 2 des Einkommensteuergesetzes tritt im Zeitpunkt der Einbringung an die Stelle des Buchwerts der einzelnen Wirtschaftsgüter der Wert, mit dem die Kapitalgesellschaft die Wirtschaftsgüter ansetzt.

²Bei einer Erhöhung der Anschaffungskosten oder Herstellungskosten auf Grund rückwirkender Besteuerung des Einbringungsgewinns (Absatz 2) gilt dies mit der Maßgabe, dass an die Stelle des Zeitpunkts der Einbringung der Beginn des Wirtschaftsjahrs tritt, in welches das die Besteuerung des Einbringungsgewinns auslösende Ereignis fällt.

(4) Setzt die übernehmende Gesellschaft das eingebrachte Betriebsvermögen mit dem gemeinen Wert an, gelten die eingebrachten Wirtschaftsgüter als im Zeitpunkt der Einbringung von der Kapitalgesellschaft angeschafft, wenn die Einbringung des Betriebsvermögens im Wege der Einzelrechtsnachfolge erfolgt; erfolgt die Einbringung des Betriebsvermögens im Wege der Gesamtrechtsnachfolge nach den Vorschriften des Umwandlungsgesetzes, gilt Absatz 3 entsprechend.

---

[16] § 23 Abs. 1 geänd. durch G v. 19.12.2008 (BGBl. I S. 2794).

Siebter Teil. Einbringung eines Betriebs § 24 UmwStG

(5) Der maßgebende Gewerbeertrag der übernehmenden Gesellschaft kann nicht um die vortragsfähigen Fehlbeträge des Einbringenden im Sinne des § 10a des Gewerbesteuergesetzes gekürzt werden.

(6) § 6 Abs. 1 und 3 gilt entsprechend.

Siebter Teil. Einbringung eines Betriebs, Teilbetriebs oder Mitunternehmeranteils in eine Personengesellschaft

§ 24 Einbringung von Betriebsvermögen in eine Personengesellschaft

(1) Wird ein Betrieb oder Teilbetrieb oder ein Mitunternehmeranteil in eine Personengesellschaft eingebracht und wird der Einbringende Mitunternehmer der Gesellschaft, gelten für die Bewertung des eingebrachten Betriebsvermögens die Absätze 2 bis 4.

(2) ¹Die Personengesellschaft hat das eingebrachte Betriebsvermögen in ihrer Bilanz einschließlich der Ergänzungsbilanzen für ihre Gesellschafter mit dem gemeinen Wert anzusetzen; für die Bewertung von Pensionsrückstellungen gilt § 6a des Einkommensteuergesetzes. ²Abweichend von Satz 1 kann das übernommene Betriebsvermögen auf Antrag mit dem Buchwert oder einem höheren Wert, höchstens jedoch mit dem Wert im Sinne des Satzes 1, angesetzt werden, soweit
1. das Recht der Bundesrepublik Deutschland hinsichtlich der Besteuerung des eingebrachten Betriebsvermögens nicht ausgeschlossen oder beschränkt wird und
2. der gemeine Wert von sonstigen Gegenleistungen, die neben den neuen Gesellschaftsanteilen gewährt werden, nicht mehr beträgt als
   a) 25 Prozent des Buchwerts des eingebrachten Betriebsvermögens oder
   b) 500 000 Euro, höchstens jedoch den Buchwert des eingebrachten Betriebsvermögens.

³§ 20 Abs. 2 Satz 3 gilt entsprechend. ⁴Erhält der Einbringende neben den neuen Gesellschaftsanteilen auch sonstige Gegenleistungen, ist das eingebrachte Betriebsvermögen abweichend von Satz 2 mindestens mit dem gemeinen Wert der sonstigen Gegenleistungen anzusetzen, wenn dieser den sich nach Satz 2 ergebenden Wert übersteigt.

(3) ¹Der Wert, mit dem das eingebrachte Betriebsvermögen in der Bilanz der Personengesellschaft einschließlich der Ergänzungsbilanzen für ihre Gesellschafter angesetzt wird, gilt für den Einbringenden als Veräußerungspreis. ²§ 16 Abs. 4 des Einkommensteuergesetzes ist nur anzuwenden, wenn das eingebrachte Betriebsvermögen mit dem gemeinen Wert angesetzt wird und es sich nicht um die Einbringung von Teilen eines Mitunternehmeranteils handelt; in diesen Fällen ist § 34 Abs. 1 und 3 des Einkommensteuergesetzes anzuwenden, soweit der Veräußerungsgewinn nicht nach § 3 Nr. 40 Satz 1 Buchstabe b in Verbindung mit § 3c Abs. 2 des Einkommensteuergesetzes teilweise steuerbefreit ist. ³In den Fällen des Satzes 2 gilt § 16 Abs. 2 Satz 3 des Einkommensteuergesetzes entsprechend.

(4) § 23 Abs. 1, 3, 4 und 6 gilt entsprechend; in den Fällen der Einbringung in eine Personengesellschaft im Wege der Gesamtrechtsnachfolge gilt auch § 20 Abs. 5 und 6 entsprechend.

(5)¹⁷ Soweit im Rahmen einer Einbringung nach Absatz 1 unter dem gemeinen Wert eingebrachte Anteile an einer Körperschaft, Personenvereinigung oder Vermögensmasse innerhalb eines Zeitraums von sieben Jahren nach dem Einbringungszeitpunkt durch die übernehmende Personengesellschaft veräußert oder durch einen

---

¹⁷ § 24 Abs. 5 geänd. durch G v. 21.3.2013 (BGBl. I S. 561).

Vorgang nach § 22 Absatz 1 Satz 6 Nummer 1 bis 5 weiter übertragen werden und soweit beim Einbringenden der Gewinn aus der Veräußerung dieser Anteile im Einbringungszeitpunkt nicht nach § 8b Absatz 2 des Körperschaftsteuergesetzes steuerfrei gewesen wäre, ist § 22 Absatz 2, 3 und 5 bis 7 insoweit entsprechend anzuwenden, als der Gewinn aus der Veräußerung der eingebrachten Anteile auf einen Mitunternehmer entfällt, für den insoweit § 8b Absatz 2 des Körperschaftsteuergesetzes Anwendung findet.

(6) § 20 Abs. 9 gilt entsprechend.

Achter Teil. Formwechsel einer Personengesellschaft in eine Kapitalgesellschaft oder Genossenschaft

§ 25 Entsprechende Anwendung des Sechsten Teils

[1]In den Fällen des Formwechsels einer Personengesellschaft in eine Kapitalgesellschaft oder Genossenschaft im Sinne des § 190 des Umwandlungsgesetzes vom 28. Oktober 1994 (BGBl. I S. 3210, 1995 I S. 428), das zuletzt durch Artikel 10 des Gesetzes vom 9. Dezember 2004 (BGBl. I S. 3214) geändert worden ist, in der jeweils geltenden Fassung oder auf Grund vergleichbarer ausländischer Vorgänge gelten §§ 20 bis 23 entsprechend. [2]§ 9 Satz 2 und 3 ist entsprechend anzuwenden.

Neunter Teil. Verhinderung von Missbräuchen

§ 26 *(weggefallen)*

Zehnter Teil. Anwendungsvorschriften und Ermächtigung

§ 27 Anwendungsvorschriften

(1) [1]Diese Fassung des Gesetzes ist erstmals auf Umwandlungen und Einbringungen anzuwenden, bei denen die Anmeldung zur Eintragung in das für die Wirksamkeit des jeweiligen Vorgangs maßgebende öffentliche Register nach dem 12. Dezember 2006 erfolgt ist. [2]Für Einbringungen, deren Wirksamkeit keine Eintragung in ein öffentliches Register voraussetzt, ist diese Fassung des Gesetzes erstmals anzuwenden, wenn das wirtschaftliche Eigentum an den eingebrachten Wirtschaftsgütern nach dem 12. Dezember 2006 übergegangen ist.

(2) [1]Das Umwandlungssteuergesetz in der Fassung der Bekanntmachung vom 15. Oktober 2002 (BGBl. I S. 4133, 2003 I S. 738), geändert durch Artikel 3 des Gesetzes vom 16. Mai 2003 (BGBl. I S. 660), ist letztmals auf Umwandlungen und Einbringungen anzuwenden, bei denen die Anmeldung zur Eintragung in das für die Wirksamkeit des jeweiligen Vorgangs maßgebende öffentliche Register bis zum 12. Dezember 2006 erfolgt ist. [2]Für Einbringungen, deren Wirksamkeit keine Eintragung in ein öffentliches Register voraussetzt, ist diese Fassung letztmals anzuwenden, wenn das wirtschaftliche Eigentum an den eingebrachten Wirtschaftsgütern bis zum 12. Dezember 2006 übergegangen ist.

(3) Abweichend von Absatz 2 ist
1. § 5 Abs. 4 für einbringungsgeborene Anteile im Sinne von § 21 Abs. 1 mit der Maßgabe weiterhin anzuwenden, dass die Anteile zu dem Wert im Sinne von

Zehnter Teil. Anwendungsvorschriften **§ 27 UmwStG**

§ 5 Abs. 2 oder Abs. 3 in der Fassung des Absatzes 1 als zum steuerlichen Übertragungsstichtag in das Betriebsvermögen des übernehmenden Rechtsträgers überführt gelten,
2. § 20 Abs. 6 in der am 21. Mai 2003 geltenden Fassung für die Fälle des Ausschlusses des Besteuerungsrechts (§ 20 Abs. 3) weiterhin anwendbar, wenn auf die Einbringung Absatz 2 anzuwenden war,
3. [18]§ 21 in der am 21. Mai 2003 geltenden Fassung für einbringungsgeborene Anteile im Sinne von § 21 Absatz 1, die auf einem Einbringungsvorgang beruhen, auf den Absatz 2 anwendbar war, weiterhin anzuwenden. ²Für § 21 Absatz 2 Satz 1 Nummer 2 in der am 21. Mai 2003 geltenden Fassung gilt dies mit der Maßgabe, dass
a) eine Stundung der Steuer gemäß § 6 Absatz 5 des Außensteuergesetzes in der Fassung des Gesetzes vom 7. Dezember 2006 (BGBl. I S. 2782) erfolgt, wenn die Einkommensteuer noch nicht bestandskräftig festgesetzt ist und das die Besteuerung auslösende Ereignis vor dem 1. Januar 2022 eingetreten ist; § 6 Absatz 6 und 7 des Außensteuergesetzes in der bis zum 30. Juni 2021 geltenden Fassung und § 21 Absatz 3 Satz 2 des Außensteuergesetzes sind entsprechend anzuwenden;
b) eine Stundung oder ein Entfallen der Steuer gemäß § 6 Absatz 3 und 4 des Außensteuergesetzes in der ab dem 1. Juli 2021 geltenden Fassung auf Antrag des Steuerpflichtigen erfolgt, wenn das die Besteuerung auslösende Ereignis nach dem 31. Dezember 2021 eintritt; § 6 Absatz 5 des Außensteuergesetzes ist entsprechend anzuwenden.

(4) Abweichend von Absatz 1 sind §§ 22, 23 und 24 Abs. 5 nicht anzuwenden, soweit hinsichtlich des Gewinns aus der Veräußerung der Anteile oder einem gleichgestellten Ereignis im Sinne von § 22 Abs. 1 die Steuerfreistellung nach § 8b Abs. 4 des Körperschaftsteuergesetzes in der am 12. Dezember 2006 geltenden Fassung oder nach § 3 Nr. 40 Satz 3 und 4 des Einkommensteuergesetzes in der am 12. Dezember 2006 geltenden Fassung ausgeschlossen ist.

(5)[19] ¹§ 4 Abs. 2 Satz 2, § 15 Abs. 3, § 20 Abs. 9 und § 24 Abs. 6 in der Fassung des Artikels 5 des Gesetzes vom 14. August 2007 (BGBl. I S. 1912) sind erstmals auf Umwandlungen und Einbringungen anzuwenden, bei denen die Anmeldung zur Eintragung in das für die Wirksamkeit des jeweiligen Vorgangs maßgebende öffentliche Register nach dem 31. Dezember 2007 erfolgt ist. ²Für Einbringungen, deren Wirksamkeit keine Eintragung in ein öffentliches Register voraussetzt, ist diese Fassung des Gesetzes erstmals anzuwenden, wenn das wirtschaftliche Eigentum an den eingebrachten Wirtschaftsgütern nach dem 31. Dezember 2007 übergegangen ist.

(6)[20] ¹§ 10 ist letztmals auf Umwandlungen anzuwenden, bei denen der steuerliche Übertragungsstichtag vor dem 1. Januar 2007 liegt. ²§ 10 ist abweichend von Satz 1 weiter anzuwenden in den Fällen, in denen ein Antrag nach § 34 Abs. 16 des Körperschaftsteuergesetzes in der Fassung des Artikels 3 des Gesetzes vom 20. Dezember 2007 (BGBl. I S. 3150) gestellt wurde.

(7)[21] § 18 Abs. 3 Satz 1 in der Fassung des Artikels 4 des Gesetzes vom 20. Dezember 2007 (BGBl. I S. 3150) ist erstmals auf Umwandlungen anzuwenden, bei denen

---

[18] § 27 Abs. 3 Nr. 3 neu gef. durch G v. 16.12.2022 (BGBl. I S. 2294); Nr. 3 Satz 2 Buchst. a geänd. durch G v. 21.12.2023 (BGBl. 2023 I Nr. 397).
[19] § 27 Abs. 5 angef. durch G v. 14.8.2007 (BGBl. I S. 1912).
[20] § 27 Abs. 6 als Abs. 5 angef. durch G v. 20.12.2007 (BGBl. I S. 3150); Absatzzählung geänd. durch G v. 19.12.2008 (BGBl. I S. 2794).
[21] § 27 Abs. 7 als Abs. 6 angef. durch G v. 20.12.2007 (BGBl. I S. 3150); Absatzzählung geänd. durch G v. 19.12.2008 (BGBl. I S. 2794).

UmwStG § 27

die Anmeldung zur Eintragung in das für die Wirksamkeit der Umwandlung maßgebende öffentliche Register nach dem 31. Dezember 2007 erfolgt ist.

(8) § 4 Abs. 6 Satz 4 bis 6 sowie § 4 Abs. 7 Satz 2 in der Fassung des Artikels 6 des Gesetzes vom 19. Dezember 2008 (BGBl. I S. 2794) sind erstmals auf Umwandlungen anzuwenden, bei denen § 3 Nr. 40 des Einkommensteuergesetzes in der durch Artikel 1 Nr. 3 des Gesetzes vom 14. August 2007 (BGBl. I S. 1912) geänderten Fassung für die Bezüge im Sinne des § 7 anzuwenden ist.

(9)[22] [1]§ 2 Abs. 4 und § 20 Abs. 6 Satz 4 in der Fassung des Artikels 6 des Gesetzes vom 19. Dezember 2008 (BGBl. I S. 2794) sind erstmals auf Umwandlungen und Einbringungen anzuwenden, bei denen der schädliche Beteiligungserwerb oder ein anderes die Verlustnutzung ausschließendes Ereignis nach dem 28. November 2008 eintritt. [2]§ 2 Abs. 4 und § 20 Abs. 6 Satz 4 in der Fassung des Artikels 6 des Gesetzes vom 19. Dezember 2008 (BGBl. I S. 2794) gelten nicht, wenn sich der Veräußerer und der Erwerber am 28. November 2008 über den später vollzogenen schädlichen Beteiligungserwerb oder ein anderes die Verlustnutzung ausschließendes Ereignis einig sind, der übernehmende Rechtsträger dies anhand schriftlicher Unterlagen nachweist und die Anmeldung zur Eintragung in das für die Wirksamkeit des Vorgangs maßgebende öffentliche Register bzw. bei Einbringungen der Übergang des wirtschaftlichen Eigentums bis zum 31. Dezember 2009 erfolgt.

(10)[23] § 2 Absatz 4 Satz 1, § 4 Absatz 2 Satz 2, § 9 Satz 3, § 15 Absatz 3 und § 20 Absatz 9 in der Fassung des Artikels 4 des Gesetzes vom 22. Dezember 2009 (BGBl. I S. 3950) sind erstmals auf Umwandlungen und Einbringungen anzuwenden, deren steuerlicher Übertragungsstichtag in einem Wirtschaftsjahr liegt, für das § 4h Absatz 1, 4 Satz 1 und Absatz 5 Satz 1 und 2 des Einkommensteuergesetzes in der Fassung des Artikels 1 des Gesetzes vom 22. Dezember 2009 (BGBl. I S. 3950) erstmals anzuwenden ist.

(11)[24] Für Bezüge im Sinne des § 8b Absatz 1 des Körperschaftsteuergesetzes aufgrund einer Umwandlung ist § 8b Absatz 4 des Körperschaftsteuergesetzes in der Fassung des Artikels 1 des Gesetzes vom 21. März 2013 (BGBl. I S. 561) abweichend von § 34 Absatz 7a Satz 2 des Körperschaftsteuergesetzes bereits erstmals vor dem 1. März 2013 anzuwenden, wenn die Anmeldung zur Eintragung in das für die Wirksamkeit des jeweiligen Vorgangs maßgebende öffentliche Register nach dem 28. Februar 2013 erfolgt.

(12)[25] [1]§ 2 Absatz 4 Satz 3 bis 6 in der Fassung des Artikels 9 des Gesetzes vom 26. Juni 2013 (BGBl. I S. 1809) ist erstmals auf Umwandlungen und Einbringungen anzuwenden, bei denen die Anmeldung zur Eintragung in das für die Wirksamkeit des jeweiligen Vorgangs maßgebende öffentliche Register nach dem 6. Juni 2013 erfolgt. [2]Für Einbringungen, deren Wirksamkeit keine Eintragung in ein öffentliches Register voraussetzt, ist § 2 in der Fassung des Artikels 9 des Gesetzes vom 26. Juni 2013 (BGBl. I S. 1809) erstmals anzuwenden, wenn das wirtschaftliche Eigentum an den eingebrachten Wirtschaftsgütern nach dem 6. Juni 2013 übergegangen ist.

(13)[26] § 20 Absatz 8 in der am 31. Juli 2014 geltenden Fassung ist erstmals bei steuerlichen Übertragungsstichtagen nach dem 31. Dezember 2013 anzuwenden.

(14)[27] § 20 Absatz 2, § 21 Absatz 1, § 22 Absatz 1 Satz 6 Nummer 2, 4 und 5 sowie § 24 Absatz 2 in der am 6. November 2015 geltenden Fassung sind erstmals

---

[22] § 27 Abs. 9 angef. durch G v. 19.12.2008 (BGBl. I S. 2794).
[23] § 27 Abs. 10 angef. durch G v. 22.12.2009 (BGBl. I S. 3950).
[24] § 27 Abs. 11 angef. durch G v. 21.3.2013 (BGBl. I S. 561).
[25] § 27 Abs. 12 angef. durch G v. 26.6.2013 (BGBl. I S. 1809); Sätze 1 und 2 geänd. durch G v. 25.7.2014 (BGBl. I S. 1266).
[26] § 27 Abs. 13 angef. durch G v. 25.7.2014 (BGBl. I S. 1266).
[27] § 27 Abs. 14 angef. durch G v. 2.11.2015 (BGBl. I S. 1834).

Zehnter Teil. Anwendungsvorschriften **§ 28 UmwStG**

auf Einbringungen anzuwenden, wenn in den Fällen der Gesamtrechtsnachfolge der Umwandlungsbeschluss nach dem 31. Dezember 2014 erfolgt ist oder in den anderen Fällen der Einbringungsvertrag nach dem 31. Dezember 2014 geschlossen worden ist.

(15)[28] [1]§ 9 Satz 3 sowie § 20 Absatz 6 Satz 1 und 3 sind mit der Maßgabe anzuwenden, dass an die Stelle des Zeitraums von acht Monaten ein Zeitraum von zwölf Monaten tritt, wenn die Anmeldung zur Eintragung oder der Abschluss des Einbringungsvertrags im Jahr 2020 erfolgt. [2]Erlässt das Bundesministerium der Justiz und für Verbraucherschutz eine Rechtsverordnung auf Grundlage des § 8 in Verbindung mit § 4 des Gesetzes über Maßnahmen im Gesellschafts-, Genossenschafts-, Vereins-, Stiftungs- und Wohnungseigentumsrecht zur Bekämpfung der Auswirkungen der COVID-19-Pandemie vom 27. März 2020 (BGBl. I S. 569, 570), wird das Bundesministerium der Finanzen ermächtigt, durch Rechtsverordnung mit Zustimmung des Bundesrates die Geltung des Satzes 1 für Anmeldungen zur Eintragung und Einbringungsvertragsabschlüsse zu verlängern, die bis zu dem Tag erfolgen, der in der Rechtsverordnung des Bundesministeriums der Justiz und für Verbraucherschutz festgelegt wurde.

(16)[29] [1]§ 2 Absatz 5, § 9 Satz 3 zweiter Halbsatz und § 20 Absatz 6 Satz 4 in der Fassung des Artikels 4 des Gesetzes vom 2. Juni 2021 (BGBl. I S. 1259) sind erstmals auf Umwandlungen und Einbringungen anzuwenden, bei denen der Anmeldung zur Eintragung in das für die Wirksamkeit des Vorgangs maßgebende öffentliche Register beziehungsweise bei Einbringungen der Übergang des wirtschaftlichen Eigentums nach dem 20. November 2020 erfolgt. [2]Abweichend von Satz 1 sind § 2 Absatz 5, § 9 Satz 3 zweiter Halbsatz und § 20 Absatz 6 Satz 4 in der Fassung des Artikels 4 des Gesetzes vom 2. Juni 2021 (BGBl. I S. 1259) auch in anderen offenen Fällen anzuwenden, in denen die äußeren Umstände darauf schließen lassen, dass die Verrechnung übergehender stiller Lasten wesentlicher Zweck der Umwandlung oder Einbringung war und der Steuerpflichtige dies nicht widerlegen kann.

(17)[30] § 4 Absatz 5 Satz 1 in der am 8. Juni 2021 geltenden Fassung ist weiterhin anzuwenden, soweit die Anteile an der übertragenden Körperschaft am steuerlichen Übertragungsstichtag zum Betriebsvermögen des übernehmenden Rechtsträgers gehören und mit einem Sperrbetrag im Sinne des § 50c des Einkommensteuergesetzes in der Fassung des Gesetzes vom 24. März 1999 (BGBl. I S. 402) behaftet sind.

(18)[31] § 1 in der Fassung des Artikels 3 des Gesetzes vom 25. Juni 2021 (BGBl. I S. 2050) ist erstmals auf Umwandlungen und Einbringungen anzuwenden, deren steuerlicher Übertragungsstichtag nach dem 31. Dezember 2021 liegt.

§ 28 Bekanntmachungserlaubnis

Das Bundesministerium der Finanzen wird ermächtigt, den Wortlaut dieses Gesetzes und der zu diesem Gesetz erlassenen Rechtsverordnungen in der jeweils geltenden Fassung satzweise nummeriert mit neuem Datum und in neuer Paragraphenfolge bekannt zu machen und dabei Unstimmigkeiten im Wortlaut zu beseitigen.

---

[28] § 27 Abs. 15 angef. durch G v. 19.6.2020 (BGBl. I S. 1385).
[29] § 27 Abs. 16 angef. durch G v. 2.6.2021 (BGBl. I S. 1259).
[30] § 27 Abs. 17 angef. durch G v. 2.6.2021 (BGBl. I S. 1259).
[31] § 27 Abs. 18 angef. durch G v. 25.6.2021 (BGBl. I S. 2050).

Richtlinie 2009/133/EG des Rates vom 19. Oktober 2009 über das gemeinsame Steuersystem für Fusionen, Spaltungen, Abspaltungen, die Einbringung von Unternehmensteilen und den Austausch von Anteilen, die Gesellschaften verschiedener Mitgliedstaaten betreffen, sowie für die Verlegung des Sitzes einer Europäischen Gesellschaft oder einer Europäischen Genossenschaft von einem Mitgliedstaat in einen anderen Mitgliedstaat

(ABl. 2009 L 310, 34),
geändert durch Art. 1 ÄndRL 2013/13/EU vom 13. Mai 2013 (ABl. 2013 L 141, 30)

Der Rat der Euroäischen Union –
gestützt auf den Vertrag zur Gründung der Europäischen Gemeinschaft, insbesondere auf Artikel 94,
auf Vorschlag der Kommission,
nach Stellungnahme des Europäischen Parlaments,[1]
nach Stellungnahme des Europäischen Wirtschafts- und Sozialausschusses,[2]
in Erwägung nachstehender Gründe:
(1) Die Richtlinie 90/434/EWG des Rates vom 23. Juli 1990 über das gemeinsame Steuersystem für Fusionen, Spaltungen, Abspaltungen, die Einbringung von Unternehmensteilen und den Austausch von Anteilen, die Gesellschaften verschiedener Mitgliedstaaten betreffen, sowie für die Verlegung des Sitzes einer Europäischen Gesellschaft oder einer Europäischen Genossenschaft von einem Mitgliedstaat in einen anderen Mitgliedstaat[3] wurde mehrfach und erheblich geändert.[4] Aus Gründen der Klarheit und der Übersichtlichkeit empfiehlt es sich, die genannte Richtlinie zu kodifizieren.
(2) Fusionen, Spaltungen, Abspaltungen, die Einbringung von Unternehmensteilen und der Austausch von Anteilen, die Gesellschaften verschiedener Mitgliedstaaten betreffen, können notwendig sein, um binnenmarktähnliche Verhältnisse in der Gemeinschaft zu schaffen und damit das Funktionieren eines solchen Binnenmarktes zu gewährleisten. Sie sollten nicht durch besondere Beschränkungen, Benachteiligungen oder Verfälschungen aufgrund von steuerlichen Vorschriften der Mitgliedstaaten behindert werden. Demzufolge müssen wettbewerbsneutrale steuerliche Regelungen für diese Vorgänge geschaffen werden, um die Anpassung von Unternehmen an die Erfordernisse des Binnenmarktes, eine Erhöhung ihrer Produktivität und eine Stärkung ihrer Wettbewerbsfähigkeit auf internationaler Ebene zu ermöglichen.
(3) Gegenwärtig werden diese Vorgänge im Vergleich zu entsprechenden Vorgängen bei Gesellschaften desselben Mitgliedstaats durch Bestimmungen steuerlicher Art benachteiligt. Diese Benachteiligung muss beseitigt werden.

---

[1] **[Amtl. Anm.:]** Stellungnahme vom 13. Januar 2009 (noch nicht im Amtsblatt veröffentlicht).
[2] **[Amtl. Anm.:]** ABl. C 100 vom 30.4.2009, S. 153.
[3] **[Amtl. Anm.:]** ABl. L 225 vom 20.8.1990, S. 1.
[4] **[Amtl. Anm.:]** Siehe Anhang II Teil A.

(4) Dieses Ziel lässt sich nicht dadurch erreichen, dass man die in den einzelnen Mitgliedstaaten geltenden nationalen Systeme auf Gemeinschaftsebene ausdehnt, da die Unterschiede zwischen diesen Systemen Wettbewerbsverzerrungen verursachen können. Nur eine gemeinsame steuerliche Regelung kann deshalb eine befriedigende Lösung darstellen.

(5) Die gemeinsame steuerliche Regelung sollte eine Besteuerung anlässlich einer Fusion, Spaltung, Abspaltung, Einbringung von Unternehmensteilen oder eines Austauschs von Anteilen vermeiden, unter gleichzeitiger Wahrung der finanziellen Interessen des Mitgliedstaats der einbringenden oder erworbenen Gesellschaft.

(6) Soweit es sich um Fusionen, Spaltungen oder die Einbringung von Unternehmensteilen handelt, haben diese Vorgänge in der Regel entweder die Umwandlung der einbringenden Gesellschaft in eine Betriebsstätte der übernehmenden Gesellschaft oder die Zurechnung des übertragenen Vermögens zu einer Betriebsstätte der übernehmenden Gesellschaft zur Folge.

(7) Wird auf die einer solchen Betriebsstätte zugewiesenen Vermögenswerte das Verfahren des Aufschubs der Besteuerung des Wertzuwachses eingebrachter Vermögenswerte bis zu deren tatsächlicher Realisierung angewendet, so lässt sich dadurch die Besteuerung des entsprechenden Wertzuwachses vermeiden und zugleich seine spätere Besteuerung durch den Mitgliedstaat der einbringenden Gesellschaft im Zeitpunkt der Realisierung sicherstellen.

(8) Die in Anhang I Teil A aufgeführten Gesellschaften sind in ihrem Ansässigkeitsmitgliedstaat körperschaftsteuerpflichtig, aber einige können jedoch von anderen Mitgliedstaaten als steuerlich transparent angesehen werden. Damit die Wirksamkeit der vorliegenden Richtlinie aufrechterhalten bleibt, sollten die Mitgliedstaaten, die gebietsfremde körperschaftsteuerpflichtige Gesellschaften als steuerlich transparent ansehen, diesen die Vorteile der vorliegenden Richtlinie gewähren. Jedoch sollte es den Mitgliedstaaten frei stehen, die diesbezüglichen Bestimmungen der vorliegenden Richtlinie bei der Besteuerung eines mittelbaren oder unmittelbaren Gesellschafters dieser steuerpflichtigen Gesellschaften nicht anzuwenden.

(9) Für bestimmte Rücklagen, Rückstellungen und Verluste der einbringenden Gesellschaft ist es erforderlich, die anzuwendenden steuerlichen Regelungen festzulegen und die steuerlichen Probleme zu lösen, die auftreten, wenn eine der beiden Gesellschaften eine Beteiligung am Kapital der anderen besitzt.

(10) Die Zuteilung von Anteilen an der übernehmenden oder erwerbenden Gesellschaft an die Gesellschafter der einbringenden Gesellschaft sollte für sich allein keine Besteuerung in der Person der Gesellschafter auslösen.

(11) Eine von einer Europäischen Gesellschaft (SE) oder Europäischen Genossenschaft (SCE) beschlossene Umstrukturierung durch Sitzverlegung sollte nicht durch diskriminierende steuerliche Vorschriften oder durch Beschränkungen, Nachteile und Verzerrungen, die sich aus dem Gemeinschaftsrecht zuwiderlaufenden Steuervorschriften der Mitgliedstaaten ergeben, behindert werden. Die Verlegung oder ein mit dieser Verlegung zusammenhängender Vorgang kann zu einer Besteuerung in dem Mitgliedstaat führen, in dem die Gesellschaft vorher ihren Sitz hatte. Bleiben die Wirtschaftsgüter der SE bzw. der SCE weiter einer ihrer Betriebsstätten in dem Mitgliedstaat zugerechnet, in dem die SE bzw. die SCE vorher ihren Sitz hatte, so sollten für diese Betriebsstätte ähnliche Vorteile gelten, wie sie in den Artikeln 4, 5 und 6 vorgesehen sind. Außerdem sollte eine Besteuerung der Gesellschafter anlässlich der Sitzverlegung ausgeschlossen werden.

(12) Die vorliegende Richtlinie befasst sich nicht mit den Verlusten einer Betriebsstätte in einem anderen Mitgliedstaat, die in dem Mitgliedstaat, in dem die SE oder SCE ihren Sitz hat, berücksichtigt werden. Insbesondere hindert die Tatsache, dass der Sitz einer SE oder einer SCE in einen anderen Mitgliedstaat verlegt wurde, den Mitgliedstaat, in dem diese SE oder SCE vorher ihren Steuersitz hatte, nicht daran, die Verluste der Betriebsstätte zu gegebener Zeit hinzuzurechnen.

(13) Wenn eine Fusion, Spaltung, Abspaltung, Einbringung von Unternehmensteilen, ein Austausch von Anteilen oder die Verlegung des Sitzes einer SE oder SCE als Beweggrund die Steuerhinterziehung oder -umgehung hat oder dazu führt, dass eine an dem Vorgang beteiligte Gesellschaft oder eine an dem Vorgang nicht beteiligte Gesellschaft die Voraussetzungen für die Vertretung der Arbeitnehmer in den Organen der Gesellschaft nicht mehr erfüllt, sollten die Mitgliedstaaten die Anwendung dieser Richtlinie versagen können.

(14) Mit der vorliegenden Richtlinie wird u.a. bezweckt, Hindernisse für das Funktionieren des Binnenmarkts – wie die Doppelbesteuerung – zu beseitigen. Soweit dieses Ziel mit der vorliegenden Richtlinie nicht vollständig erreicht werden kann, sollten die Mitgliedstaaten die hierfür erforderlichen Maßnahmen treffen.

(15) Diese Richtlinie sollte die Verpflichtung der Mitgliedstaaten hinsichtlich der Fristen für die Umsetzung in innerstaatliches Recht und für die Anwendung der in Anhang II Teil B aufgeführten Richtlinien unberührt lassen –

HAT FOLGENDE RICHTLINIE ERLASSEN:

Kapitel I. Allgemeine Vorschriften

Art. 1 [Anwendungsbereich]

Jeder Mitgliedstaat wendet diese Richtlinie auf folgende Vorgänge an:
a) Fusionen, Spaltungen, Abspaltungen, die Einbringung von Unternehmensteilen und den Austausch von Anteilen, wenn daran Gesellschaften aus zwei oder mehr Mitgliedstaaten beteiligt sind;
b) Verlegungen des Sitzes einer Europäischen Gesellschaft (Societas Europaea – SE) im Sinne der Verordnung (EG) Nr. 2157/2001 des Rates vom 8. Oktober 2001 über das Statut der Europäischen Gesellschaft (SE)[5] oder einer Europäischen Genossenschaft (SCE) im Sinne der Verordnung (EG) Nr. 1435/2003 des Rates vom 22. Juli 2003 über das Statut der Europäischen Genossenschaft (SCE)[6] von einem Mitgliedstaat in einen anderen.

Art. 2 [Begriffsbestimmungen]

Im Sinne dieser Richtlinie ist
a) „Fusion" der Vorgang, durch den
   i) eine oder mehrere Gesellschaften zum Zeitpunkt ihrer Auflösung ohne Abwicklung ihr gesamtes Aktiv- und Passivvermögen auf eine bereits bestehende Gesellschaft gegen Gewährung von Anteilen am Gesellschaftskapital der anderen Gesellschaft an ihre eigenen Gesellschafter und gegebenenfalls einer baren Zuzahlung übertragen; letztere darf 10% des Nennwerts oder – bei Fehlen eines solchen – des rechnerischen Werts dieser Anteile nicht überschreiten;
   ii) zwei oder mehrere Gesellschaften zum Zeitpunkt ihrer Auflösung ohne Abwicklung ihr gesamtes Aktiv- und Passivvermögen auf eine von ihnen gegründete Gesellschaft gegen Gewährung von Anteilen am Gesellschaftskapital der neuen Gesellschaft an ihre eigenen Gesellschafter und gegebenenfalls einer baren Zuzahlung übertragen; letztere darf 10% des Nennwerts oder – bei Fehlen eines solchen – des rechnerischen Werts dieser Anteile nicht überschreiten;

---

[5] [Amtl. Anm.:] ABl. L 294 vom 10.11.2001, S. 1.
[6] [Amtl. Anm.:] ABl. L 207 vom 18.8.2003, S. 1.

iii) eine Gesellschaft zum Zeitpunkt ihrer Auflösung ohne Abwicklung ihr gesamtes Aktiv- und Passivvermögen auf die Gesellschaft überträgt, die sämtliche Anteile an ihrem Gesellschaftskapital besitzt;
b) „Spaltung" der Vorgang, durch den eine Gesellschaft zum Zeitpunkt ihrer Auflösung ohne Abwicklung ihr gesamtes Aktiv- und Passivvermögen auf zwei oder mehr bereits bestehende oder neu gegründete Gesellschaften gegen Gewährung von Anteilen am Gesellschaftskapital der übernehmenden Gesellschaften an ihre eigenen Gesellschafter, und gegebenenfalls einer baren Zuzahlung, anteilig überträgt; letztere darf 10% des Nennwerts oder – bei Fehlen eines solchen – des rechnerischen Werts dieser Anteile nicht überschreiten;
c) „Abspaltung" der Vorgang, durch den eine Gesellschaft, ohne sich aufzulösen, einen oder mehrere Teilbetriebe auf eine oder mehr bereits bestehende oder neu gegründete Gesellschaften gegen Gewährung von Anteilen am Gesellschaftskapital der übernehmenden Gesellschaften an ihre eigenen Gesellschafter, und gegebenenfalls einer baren Zuzahlung, anteilig überträgt, wobei mindestens ein Teilbetrieb in der einbringenden Gesellschaft verbleiben muss; die Zuzahlung darf 10% des Nennwerts oder – bei Fehlen eines solchen – des rechnerischen Werts dieser Anteile nicht überschreiten;
d) „Einbringung von Unternehmensteilen" der Vorgang, durch den eine Gesellschaft, ohne aufgelöst zu werden, ihren Betrieb insgesamt oder einen oder mehrere Teilbetriebe in eine andere Gesellschaft gegen Gewährung von Anteilen am Gesellschaftskapital der übernehmenden Gesellschaft einbringt;
e) „Austausch von Anteilen" der Vorgang, durch den eine Gesellschaft am Gesellschaftskapital einer anderen Gesellschaft eine Beteiligung, die ihr die Mehrheit der Stimmrechte verleiht, oder – sofern sie die Mehrheit der Stimmrechte bereits hält – eine weitere Beteiligung dadurch erwirbt, dass die Gesellschafter der anderen Gesellschaft im Austausch für ihre Anteile Anteile am Gesellschaftskapital der erwerbenden Gesellschaft und gegebenenfalls eine bare Zuzahlung erhalten; letztere darf 10% des Nennwerts oder – bei Fehlen eines Nennwerts – des rechnerischen Werts der im Zuge des Austauschs ausgegebenen Anteile nicht überschreiten;
f) „einbringende Gesellschaft" die Gesellschaft, die ihr Aktiv- und Passivvermögen überträgt oder einen oder mehrere Teilbetriebe einbringt;
g) „übernehmende Gesellschaft" die Gesellschaft, die das Aktiv- und Passivvermögen oder einen oder mehrere Teilbetriebe von der einbringenden Gesellschaft übernimmt;
h) „erworbene Gesellschaft" die Gesellschaft, an der beim Austausch von Anteilen eine Beteilung erworben wurde;
ii) „erwerbende Gesellschaft" die Gesellschaft, die beim Austausch von Anteilen eine Beteiligung erwirbt;
j) „Teilbetrieb" die Gesamtheit der in einem Unternehmensteil einer Gesellschaft vorhandenen aktiven und passiven Wirtschaftsgüter, die in organisatorischer Hinsicht einen selbständigen Betrieb, d.h. eine aus eigenen Mitteln funktionsfähige Einheit, darstellen;
k) „Sitzverlegung" der Vorgang, durch den eine SE oder eine SCE ihren Sitz von einem Mitgliedstaat in einen anderen Mitgliedstaat verlegt, ohne dass dies zu ihrer Auflösung oder zur Gründung einer neuen juristischen Person führt.

Art. 3 [Definition der Gesellschaft]

Im Sinne dieser Richtlinie ist eine „Gesellschaft eines Mitgliedstaats" jede Gesellschaft,

a) die eine der in Anhang I Teil A aufgeführten Formen aufweist;
b) die nach dem Steuerrecht eines Mitgliedstaats als in diesem Mitgliedstaate ansässig und nicht aufgrund eines Doppelbesteuerungsabkommens mit einem Drittstaat als außerhalb der Gemeinschaft ansässig angesehen wird; und
c) die ferner ohne Wahlmöglichkeit einer der in Anhang I Teil B aufgeführten Steuern oder irgendeiner Steuer, die eine dieser Steuern ersetzt, unterliegt, ohne davon befreit zu sein.

Kapitel II. Regeln für Fusionen, Spaltungen, Abspaltungen, die Einbringung von Unternehmensteilen und den Austausch von Anteilen

Art. 4 [Auslösen der Besteuerung des Veräußerungsgewinns]

(1) Die Fusion, Spaltung oder Abspaltung darf keine Besteuerung des Veräußerungsgewinns auslösen, der sich aus dem Unterschied zwischen dem tatsächlichen Wert des übertragenen Aktiv- und Passivvermögens und dessen steuerlichem Wert ergibt.

(2) Für die Zwecke dieses Artikels gilt als
a) „steuerlicher Wert" der Wert, auf dessen Grundlage ein etwaiger Gewinn oder Verlust für die Zwecke der Besteuerung des Veräußerungsgewinns der einbringenden Gesellschaft ermittelt worden wäre, wenn das Aktiv- und Passivvermögen gleichzeitig mit der Fusion, Spaltung oder Abspaltung, aber unabhängig davon, veräußert worden wäre;
b) „übertragenes Aktiv- und Passivvermögen" das Aktiv- und Passivvermögen der einbringenden Gesellschaft, das nach der Fusion, Spaltung oder Abspaltung tatsächlich einer Betriebsstätte der übernehmenden Gesellschaft im Mitgliedstaat der einbringenden Gesellschaft zugerechnet wird und zur Erzielung des steuerlich zu berücksichtigenden Ergebnisses dieser Betriebsstätte beiträgt.

(3) Findet Absatz 1 Anwendung und betrachtet ein Mitgliedstaat eine gebietsfremde einbringende Gesellschaft aufgrund seiner Beurteilung ihrer juristischen Merkmale, die sich aus dem Recht, nach dem sie gegründet wurde, ergeben, als steuerlich transparent und besteuert daher die Gesellschafter nach ihrem Anteil an den ihnen zuzurechnenden Gewinnen der einbringenden Gesellschaft im Zeitpunkt der Zurechnung, so besteuert dieser Mitgliedstaat Veräußerungsgewinne, die sich aus der Differenz zwischen dem tatsächlichen Wert des eingebrachten Aktiv- und Passivvermögens und dessen steuerlichem Wert ergeben, nicht.

(4) Die Absätze 1 und 3 finden nur dann Anwendung, wenn die übernehmende Gesellschaft neue Abschreibungen und spätere Wertsteigerungen oder Wertminderungen des übertragenen Aktiv- und Passivvermögens so berechnet, wie die einbringende Gesellschaft sie ohne die Fusion, Spaltung oder Abspaltung berechnet hätte.

(5) Darf die übernehmende Gesellschaft nach dem Recht des Mitgliedstaats der einbringenden Gesellschaft neue Abschreibungen und spätere Wertsteigerungen oder Wertminderungen des übertragenen Aktiv- und Passivvermögens abweichend von Absatz 4 berechnen, so findet Absatz 1 keine Anwendung auf das Vermögen, für das die übernehmende Gesellschaft von diesem Recht Gebrauch macht.

Art. 5 [Ausweisen der Rückstellungen]

Die Mitgliedstaaten treffen die notwendigen Regelungen, damit die von der einbringenden Gesellschaft unter völliger oder teilweiser Steuerbefreiung zulässigerweise gebildeten Rückstellungen oder Rücklagen – soweit sie nicht von Betriebsstätten im Ausland stammen – unter den gleichen Voraussetzungen von den im Mitgliedstaat der einbringenden Gesellschaft gelegenen Betriebsstätten der übernehmenden Gesellschaft ausgewiesen werden können, wobei die übernehmende Gesellschaft in die Rechte und Pflichten der einbringenden Gesellschaft eintritt.

Art. 6 [Übernahme von Verlusten]

Wenden die Mitgliedstaaten für den Fall, dass die in Artikel 1 Buchstabe a genannten Vorgänge zwischen Gesellschaften des Mitgliedstaats der einbringenden Gesellschaft erfolgen, Vorschriften an, die die Übernahme der bei der einbringenden Gesellschaft steuerlich noch nicht berücksichtigten Verluste durch die übernehmende Gesellschaft gestatten, so dehnen sie diese Vorschriften auf die Übernahme der bei der einbringenden Gesellschaft steuerlich noch nicht berücksichtigten Verluste durch die in ihrem Hoheitsgebiet gelegenen Betriebsstätten der übernehmenden Gesellschaft aus.

Art. 7 [Besteuerung der Wertsteigerungen]

(1) Wenn die übernehmende Gesellschaft am Kapital der einbringenden Gesellschaft eine Beteiligung besitzt, so unterliegen die bei der übernehmenden Gesellschaft möglicherweise entstehenden Wertsteigerungen beim Untergang ihrer Beteiligung am Kapital der einbringenden Gesellschaft keiner Besteuerung.

(2) Die Mitgliedstaaten können von Absatz 1 abweichen, wenn der Anteil der übernehmenden Gesellschaft am Kapital der einbringenden Gesellschaft weniger als 15% beträgt.

Ab 1. Januar 2009 beträgt der Mindestanteil 10%.

Art. 8 [Besteuerung des einbringenden Gesellschafters]

(1) Die Zuteilung von Anteilen am Gesellschaftskapital der übernehmenden oder erwerbenden Gesellschaft an einen Gesellschafter der einbringenden oder erworbenen Gesellschaft gegen Anteile an deren Gesellschaftskapital aufgrund einer Fusion, einer Spaltung oder des Austauschs von Anteilen darf für sich allein keine Besteuerung des Veräußerungsgewinns dieses Gesellschafters auslösen.

(2) Die Zuteilung von Anteilen am Gesellschaftskapital der übernehmenden Gesellschaft an einen Gesellschafter der einbringenden Gesellschaft aufgrund einer Abspaltung darf für sich allein keine Besteuerung des Veräußerungsgewinns dieses Gesellschafters auslösen.

(3) Betrachtet ein Mitgliedstaat einen Gesellschafter aufgrund seiner Beurteilung von dessen juristischen Merkmalen, die sich aus dem Recht, nach dem dieser gegründet wurde, ergeben, als steuerlich transparent und besteuert daher die an diesem Gesellschafter beteiligten Personen nach ihrem Anteil an den ihnen zuzurechnenden Gewinnen des Gesellschafters im Zeitpunkt der Zurechnung, so besteuert dieser Mitgliedstaat den Veräußerungsgewinn dieser Personen aus der Zuteilung von Anteilen am Gesellschaftskapital der übernehmenden oder erwerbenden Gesellschaft an den Gesellschafter nicht.

(4) Die Absätze 1 und 3 finden nur dann Anwendung, wenn der Gesellschafter den erworbenen Anteilen keinen höheren steuerlichen Wert beimisst, als den in Tausch gegebenen Anteilen unmittelbar vor der Fusion, der Spaltung oder dem Austausch der Anteile beigemessen war.

(5) Die Absätze 2 und 3 finden nur dann Anwendung, wenn der Gesellschafter der Summe der erworbenen Anteile und seiner Anteile an der einbringenden Gesellschaft keinen höheren steuerlichen Wert beimisst, als den Anteilen an der einbringenden Gesellschaft unmittelbar vor der Abspaltung beigemessen war.

(6) Die Anwendung der Absätze 1, 2 und 3 hindert die Mitgliedstaaten nicht, den Gewinn aus einer späteren Veräußerung der erworbenen Anteile in gleicher Weise zu besteuern wie den Gewinn aus einer Veräußerung der vor dem Erwerb vorhandenen Anteile.

(7) Für die Zwecke dieses Artikels ist der „steuerliche Wert" der Wert, auf dessen Grundlage ein etwaiger Gewinn oder Verlust für die Zwecke der Besteuerung des Veräußerungsgewinns eines Gesellschafters ermittelt würde.

(8) Darf ein Gesellschafter nach dem Recht seines Wohnsitzstaats oder Sitzstaats eine von den Absätzen 4 und 5 abweichende steuerliche Behandlung wählen, so finden die Absätze 1, 2 und 3 keine Anwendung auf die Anteile, für die der Gesellschafter von diesem Recht Gebrauch macht.

(9) Die Absätze 1, 2 und 3 hindern die Mitgliedstaaten nicht, eine bare Zuzahlung aufgrund einer Fusion, einer Spaltung, einer Abspaltung oder eines Austausches von Anteilen an die Gesellschafter zu besteuern.

Art. 9 [Einbringung von Unternehmensteilen]

Die Artikel 4, 5 und 6 gelten entsprechend für die Einbringung von Unternehmensteilen.

Kapitel III. Sonderfall der Einbringung einer Betriebsstätte

Art. 10 [Einbringung einer Betriebsstätte]

(1) Wenn sich unter den bei einer Fusion, Spaltung, Abspaltung oder Einbringung von Unternehmensteilen eingebrachten Wirtschaftsgütern eine in einem anderen Mitgliedstaat als dem der einbringenden Gesellschaft liegende Betriebsstätte befindet, so verzichtet der Mitgliedstaat der einbringenden Gesellschaft endgültig auf seine Rechte zur Besteuerung dieser Betriebsstätte.

Der Mitgliedstaat der einbringenden Gesellschaft kann bei der Ermittlung des steuerbaren Gewinns dieser Gesellschaft frühere Verluste dieser Betriebsstätte, die von den in diesem Mitgliedstaat steuerbaren Gewinn der Gesellschaft abgezogen wurden und noch nicht ausgeglichen worden sind, hinzurechnen.

Der Mitgliedstaat, in dem sich die Betriebsstätte befindet, und der Mitgliedstaat der übernehmenden Gesellschaft wenden auf diese Einbringung die Bestimmungen dieser Richtlinie an, als ob der Mitgliedstaat der Betriebsstätte mit dem Mitgliedstaat der einbringenden Gesellschaft identisch wäre.

Dieser Absatz gilt auch für den Fall, dass die Betriebsstätte in dem Mitgliedstaat gelegen ist, in dem die übernehmende Gesellschaft ansässig ist.

(2) Abweichend von Absatz 1 ist der Mitgliedstaat der einbringenden Gesellschaft, sofern er ein System der Weltgewinnbesteuerung anwendet, berechtigt, die durch die Fusion, Spaltung, Abspaltung oder Einbringung von Unternehmensteilen entstehenden Veräußerungsgewinne der Betriebsstätte zu besteuern, vorausgesetzt, er rechnet die Steuer, die ohne die Bestimmungen dieser Richtlinie auf diese Veräußerungsgewinne im Staat der Betriebsstätte erhoben worden wäre, in gleicher Weise und mit dem gleichen Betrag an, wie wenn diese Steuer tatsächlich erhoben worden wäre.

Kapitel IV. Sonderfall steuerlich transparenter Gesellschaften

Art. 11 [Steuerlich transparente Gesellschaften]

(1) Betrachtet ein Mitgliedstaat eine gebietsfremde einbringende oder erworbene Gesellschaft aufgrund seiner Beurteilung ihrer juristischen Merkmale, die sich aus dem Recht, nach dem sie gegründet wurde, ergeben, als steuerlich transparent, so ist er berechtigt, die Bestimmungen dieser Richtlinie bei der Besteuerung der Veräußerungsgewinne eines unmittelbaren oder mittelbaren Gesellschafters dieser Gesellschaft nicht anzuwenden.

(2) Macht ein Mitgliedstaat von seinem Recht gemäß Absatz 1 Gebrauch, so rechnet er die Steuer, die ohne die Bestimmungen dieser Richtlinie auf die Veräußerungsgewinne der steuerlich transparenten Gesellschaft erhoben worden wäre, in gleicher Weise und mit dem gleichen Betrag an, wie wenn diese Steuer tatsächlich erhoben worden wäre.

(3) Betrachtet ein Mitgliedstaat eine gebietsfremde übernehmende oder erwerbende Gesellschaft aufgrund seiner Beurteilung ihrer juristischen Merkmale, die sich aus dem Recht, nach dem sie gegründet wurde, ergeben, als steuerlich transparent, so ist er berechtigt, Artikel 8 Absätze 1, 2 und 3 nicht anzuwenden.

(4) Betrachtet ein Mitgliedstaat eine gebietsfremde übernehmende Gesellschaft aufgrund seiner Beurteilung ihrer juristischen Merkmale, die sich aus dem Recht, nach dem sie gegründet wurde, ergeben, als steuerlich transparent, so kann er jedem unmittelbaren oder mittelbaren Gesellschafter die gleiche steuerliche Behandlung zuteil werden lassen, wie wenn die übernehmende Gesellschaft in seinem Gebiet ansässig wäre.

Kapitel V. Regeln für die Sitzverlegung einer SE oder einer SCE

Art. 12 [Besteuerung bei Sitzverlegung]

(1) Wenn
a) eine SE oder SCE ihren Sitz von einem Mitgliedstaat in einen anderen verlegt, oder
b) eine SE oder SCE, die in einem Mitgliedstaat ansässig ist, infolge der Verlegung ihres Sitzes von diesem Mitgliedstaat in einen anderen Mitgliedstaat ihren Steuersitz in diesem Mitgliedstaat aufgibt und in einem anderen Mitgliedstaat ansässig wird,

darf diese Verlegung des Sitzes oder die Aufgabe des Steuersitzes in dem Mitgliedstaat, aus dem der Sitz verlegt wurde, keine Besteuerung des nach Artikel 4 Absatz 1 berechneten Veräußerungsgewinns aus dem Aktiv- und Passivvermögen einer SE oder SCE auslösen, das in der Folge tatsächlich einer Betriebsstätte der SE bzw. der SCE in dem Mitgliedstaat, von dem der Sitz verlegt wurde, zugerechnet bleibt, und das zur Erzielung des steuerlich zu berücksichtigenden Ergebnisses beiträgt.

(2) Absatz 1 findet nur dann Anwendung, wenn die SE bzw. die SCE neue Abschreibungen und spätere Wertsteigerungen oder Wertminderungen des Aktiv- und Passivvermögens, das tatsächlich dieser Betriebsstätte zugerechnet bleibt, so

Fusionsrichtlinie Art. 13–15 RL 2009/133/EG

berechnet, als habe keine Sitzverlegung stattgefunden, oder als habe die SE oder SCE ihren steuerlichen Sitz nicht aufgegeben.

(3) Darf die SE bzw. die SCE nach dem Recht des Mitgliedstaats, aus dem der Sitz verlegt wurde, neue Abschreibungen oder spätere Wertsteigerungen oder Wertminderungen des in jenem Mitgliedstaat verbleibenden Aktiv- und Passivvermögens abweichend von Absatz 2 berechnen, so findet Absatz 1 keine Anwendung auf das Vermögen, für das die Gesellschaft von diesem Recht Gebrauch macht.

Art. 13 [Rückstellungen bei Sitzverlegung]

(1) Wenn
a) eine SE oder SCE ihren Sitz von einem Mitgliedstaat in einen anderen verlegt oder
b) eine SE oder SCE, die in einem Mitgliedstaat ansässig ist, infolge der Verlegung ihres Sitzes von diesem Mitgliedstaat in einen anderen Mitgliedstaat ihren Steuersitz in diesem Mitgliedstaat aufgibt und in einem anderen Mitgliedstaat ansässig wird,

treffen die Mitgliedstaaten die erforderlichen Maßnahmen, um sicherzustellen, dass Rückstellungen und Rücklagen, die von der SE oder SCE vor der Verlegung des Sitzes ordnungsgemäß gebildet wurden und ganz oder teilweise steuerbefreit sind sowie nicht aus Betriebsstätten im Ausland stammen, von einer Betriebsstätte der SE oder SCE im Hoheitsgebiet des Mitgliedstaats, von dem der Sitz verlegt wurde, mit der gleichen Steuerbefreiung übernommen werden können.

(2) Insofern als eine Gesellschaft, die ihren Sitz innerhalb des Hoheitsgebietes eines Mitgliedstaats verlegt, das Recht hätte, steuerlich noch nicht berücksichtigte Verluste vor- oder rückzutragen, gestattet der betreffende Mitgliedstaat auch der in seinem Hoheitsgebiet gelegenen Betriebsstätte der SE oder SCE, die ihren Sitz verlegt, die Übernahme der steuerlich noch nicht berücksichtigten Verluste der SE bzw. der SCE, vorausgesetzt, die Vor- oder Rücküberprüfung der Verluste wäre für ein Unternehmen, das weiterhin seinen Sitz oder seinen steuerlichen Sitz in diesem Mitgliedstaat hat, zu vergleichbaren Bedingungen möglich gewesen.

Art. 14 [Gesellschafterbesteuerung bei Sitzverlegung]

(1) Die Verlegung des Sitzes einer SE bzw. einer SCE darf für sich allein keine Besteuerung des Veräußerungsgewinns der Gesellschafter auslösen.

(2) Die Anwendung des Absatzes 1 hindert die Mitgliedstaaten nicht, den Gewinn aus einer späteren Veräußerung der Anteile am Gesellschaftskapital der ihren Sitz verlegenden SE bzw. SCE zu besteuern.

Kapitel VI. Schlussbestimmungen

Art. 15 [Anwendungsvorbehalte]

(1) Ein Mitgliedstaat kann die Anwendung der Artikel 4 bis 14 ganz oder teilweise versagen oder rückgängig machen, wenn einer der in Artikel 1 genannten Vorgänge
a) als hauptsächlichen Beweggrund oder als einen der hauptsächlichen Beweggründe die Steuerhinterziehung oder -umgehung hat; vom Vorliegen eines solchen Beweggrundes kann ausgegangen werden, wenn der Vorgang nicht auf vernünftigen wirtschaftlichen Gründen – insbesondere der Umstrukturierung oder der Rationalisierung der beteiligten Gesellschaften – beruht;

b) dazu führt, dass eine an dem Vorgang beteiligte Gesellschaft oder eine an dem Vorgang nicht beteiligte Gesellschaft die Voraussetzungen für die bis zu dem Vorgang bestehende Vertretung der Arbeitnehmer in den Organen der Gesellschaft nicht mehr erfüllt.

(2) Absatz 1 Buchstabe b ist so lange und so weit anwendbar, wie auf die von dieser Richtlinie erfassten Gesellschaften keine Vorschriften des Gemeinschaftsrechts anwendbar sind, die gleichwertige Bestimmungen über die Vertretung der Arbeitnehmer in den Gesellschaftsorganen enthalten.

Art. 16 [Bericht der Mitgliedstaaten]

Die Mitgliedstaaten teilen der Kommission den Wortlaut der wichtigsten innerstaatlichen Vorschriften mit, die sie auf dem unter diese Richtlinie fallenden Gebiet erlassen.

Art. 17 [Aufhebung der Richtlinie 90/434/EWG; Bezugnahmen]

Die Richtlinie 90/434/EWG, in der Fassung der in Anhang II Teil A aufgeführten Rechtsakte, wird unbeschadet der Verpflichtung der Mitgliedstaaten hinsichtlich der in Anhang II Teil B genannten Fristen für die Umsetzung in innerstaatliches Recht und für die Anwendung aufgehoben.

Bezugnahmen auf die aufgehobene Richtlinie gelten als Bezugnahmen auf die vorliegende Richtlinie und sind nach Maßgabe der Entsprechungstabelle in Anhang III zu lesen.

Art. 18 [Inkrafttreten]

Diese Richtlinie tritt am zwanzigsten Tag nach ihrer Veröffentlichung[7] im *Amtsblatt der Europäischen Union* in Kraft.

Art. 19 [Adressaten]

Diese Richtlinie ist an die Mitgliedstaaten gerichtet.

---

[7] Veröffentlicht am 25.11.2009.

Anhang I.[1] [Gesellschaftsarten; Steuerarten]

Teil A. Liste der Gesellschaften im Sinne von Artikel 3 Buchstabe a

a) Die gemäß der Verordnung (EG) Nr. 2157/2001 und der Richtlinie 2001/86/EG des Rates vom 8. Oktober 2001 zur Ergänzung des Statuts der Europäischen Gesellschaft hinsichtlich der Beteiligung der Arbeitnehmer[8] gegründeten Gesellschaften (SE) sowie die gemäß der Verordnung (EG) Nr. 1435/2003 und der Richtlinie 2003/72/EG des Rates vom 22. Juli 2003 zur Ergänzung des Statuts der Europäischen Genossenschaft hinsichtlich der Beteiligung der Arbeitnehmer[9] gegründeten Genossenschaften (SCE);
b) die Gesellschaften belgischen Rechts mit der Bezeichnung „société anonyme"/ „naamloze vennootschap", „société en commandite par actions"/„commanditaire vennootschap op aandelen", „société privée à responsabilité limitée"/ „besloten vennootschap met beperkte aansprakelijkheid", „société coopérative à responsabilité limitée"/„coöperatieve vennootschap met beperkte aansprakelijkheid", „société coopérative à responsabilité illimitée"/„coöperatieve vennootschap met onbeperkte aansprakelijkheid", „société en nom collectif"/„vennootschap onder firma", „société en commandite simple"/„gewone commanditaire vennootschap", öffentliche Unternehmen, die eine der genannten Rechtsformen angenommen haben und andere nach belgischem Recht gegründete Gesellschaften, die der belgischen Körperschaftsteuer unterliegen;
c) Gesellschaften bulgarischen Rechts mit der Bezeichnung: „събирателното дружество", „командитното дружество", „дружеството с ограничена отговорност", „акционерното дружество", „командитното дружество с акции", „кооперации", „кооперативни съюзи" und „държавни предприятия", die nach bulgarischem Recht gegründet wurden und gewerbliche Tätigkeiten ausüben;
d) die Gesellschaften tschechischen Rechts mit der Bezeichnung „akciová společnost" und „společnost s ručením omezeným";
e) die Gesellschaften dänischen Rechts mit der Bezeichnung „aktieselskab" und „anpartsselskab"; weitere nach dem Körperschaftsteuergesetz steuerpflichtige Unternehmen, soweit ihr steuerbarer Gewinn nach den allgemeinen steuerrechtlichen Bestimmungen für „aktieselskaber" ermittelt und besteuert wird;
f) die Gesellschaften deutschen Rechts mit der Bezeichnung „Aktiengesellschaft", „Kommanditgesellschaft auf Aktien", „Gesellschaft mit beschränkter Haftung", „Versicherungsverein auf Gegenseitigkeit", „Erwerbs- und Wirtschaftsgenossenschaft", „Betriebe gewerblicher Art von juristischen Personen des öffentlichen Rechts" und andere nach deutschem Recht gegründete Gesellschaften, die der deutschen Körperschaftsteuer unterliegen;
g) die Gesellschaften estnischen Rechts mit der Bezeichnung „täisühing", „usaldusühing", „osaühing", „aktsiaselts" und „tulundusühistu";
h) nach irischem Recht gegründete oder eingetragene Gesellschaften, gemäß dem Industrial and Provident Societies Act eingetragene Körperschaften, gemäß dem Building Societies ACTS gegründete „building societies" und „trustee savings banks" im Sinne des Trustee Savings Banks Act von 1989;

---

[1] Anh. I geänd. mWv 1.7.2013 durch RL 2013/13/EU v. 13.5.2013 (ABl. 2013 L 141, 30).
[8] **[Amtl. Anm.:]** ABl. L 294 vom 10.11.2001, S. 22.
[9] **[Amtl. Anm.:]** ABl. L 207 vom 18.8.2003, S. 25.

RL 2009/133/EG Anhang I   Fusionsrichtlinie

i) die Gesellschaften griechischen Rechts mit der Bezeichnung „ανώνυμη εταιρεία" und „εταιρεία περιορισμένησφ ευθύνησφ (Ε.Π.Ε.)";

j) die Gesellschaften spanischen Rechts mit der Bezeichnung „sociedad anónima", „sociedad comanditaria por acciones" und „sociedad de responsabilidad limitada" sowie die öffentlich-rechtlichen Körperschaften, deren Tätigkeit unter das Privatrecht fällt;

k) die Gesellschaften französischen Rechts mit der Bezeichnung „société anonyme", „société en commandite par actions" und „société à responsabilité limitée", „sociétés par actions simplifiées", „sociétés d'assurances mutuelles", „caisses d'épargne et de prévoyance", „sociétés civiles", die automatisch der Körperschaftsteuer unterliegen, „coopératives", „unions de coopératives", die öffentlichen Industrie- und Handelsbetriebe und -unternehmen und andere nach französischem Recht gegründete Gesellschaften, die der französischen Körperschaftsteuer unterliegen;

ka) die Gesellschaften kroatischen Rechts mit der Bezeichnung „dioničko društvo" oder „društvo s ograničenom odgovornošću" und andere nach kroatischem Recht gegründete Gesellschaften, die der kroatischen Gewinnsteuer unterliegen;

l) die Gesellschaften italienischen Rechts mit der Bezeichnung „società per azioni", „società in accomandita per azioni", „società a responsabilità limitata", „società cooperative", „società di mutua assicurazione" sowie öffentliche und private Körperschaften, deren Tätigkeit ganz oder überwiegend handelsgewerblicher Art ist;

m) die nach zyprischem Recht gegründeten Gesellschaften: „εταιρείεσφ" gemäß der Begriffsbestimmung in den Einkommensteuergesetzen;

n) die Gesellschaften lettischen Rechts mit der Bezeichnung „akciju sabiedrība" und „sabiedrība ar ierobežotu atbildību";

o) die nach litauischem Recht gegründeten Gesellschaften;

p) die Gesellschaften luxemburgischen Rechts mit der Bezeichnung „société anonyme", „société en commandite par actions", „société à responsabilité limitée", „société coopérative", „société coopérative organisée comme une société anonyme", „association d'assurances mutuelles", „association d'épargnepension", „entreprise de nature commerciale, industrielle ou minière de l'État, des communes, des syndicats de communes, des établissements publics et des autres personnes morales de droit public" sowie andere nach luxemburgischem Recht gegründete Gesellschaften, die der luxemburgischen Körperschaftsteuer unterliegen;

q) die Gesellschaften ungarischen Rechts mit der Bezeichnung „közkereseti társaság", „betéti társaság", „közös vállalat", „korlátolt felelősségű társaság", „részvénytársaság", „egyesülés", „közhasznú társaság" und „szövetkezet";

r) die Gesellschaften maltesischen Rechts mit der Bezeichnung „Kumpaniji ta' Responsabilita Limitata" und „Soċjetajiet en commandite li l-kapital tagħhom maqsum f'azzjonijiet";

s) die Gesellschaften niederländischen Rechts mit der Bezeichnung „naamloze vennnootschap", „besloten vennootschap met beperkte aansprakelijkheid", „open commanditaire vennootschap", „coöperatie", „onderlinge waarborgmaatschappij", „fonds voor gemene rekening", „vereniging op coöperatieve grondslag" und „vereniging welke op onderlinge grondslag als verzekeraar of kredietinstelling optreedt" sowie andere nach niederländischem Recht gegründete Gesellschaften, die der niederländischen Körperschaftsteuer unterliegen;

t) die Gesellschaften österreichischen Rechts mit der Bezeichnung „Aktiengesellschaft", „Gesellschaft mit beschränkter Haftung" und „Erwerbs- und Wirtschaftsgenossenschaft";

Fusionsrichtlinie **Anhang I RL 2009/133/EG**

u) die Gesellschaften polnischen Rechts mit der Bezeichnung „spółka akcyjna" und „spółka z ograniczoną odpowiedzialnością";
v) die nach portugiesischem Recht gegründeten Handelsgesellschaften und zivilrechtlichen Handelsgesellschaften sowie andere nach portugiesischem Recht gegründete juristische Personen, die Industrie- oder Handelsunternehmen sind;
w) Gesellschaften rumänischen Rechts mit der Bezeichnung: „societăţi pe acţiuni", „societăţi în comandită pe acţiuni" und „societăţi cu răspundere limitată";
x) die Gesellschaften slowenischen Rechts mit der Bezeichnung „delniška družba", „komanditna družba" und „družba z omejeno odgovornostjo";
y) die Gesellschaften slowakischen Rechts mit der Bezeichnung „akciová spoločnosť" „spoločnosť s ručením obmedzeným" und „komanditná spoločnosť";
z) die Gesellschaften finnischen Rechts mit der Bezeichnung „osakeyhtiö"/„aktiebolag", „osuuskunta"/„andelslag", „säästöpankki"/„sparbank" und „vakuutusyhtiö"/„försäkringsbolag";
aa) die Gesellschaften schwedischen Rechts mit der Bezeichnung „aktiebolag", „bankaktiebolag", „försäkringsaktiebolag", „ekonomiska föreningar", „sparbanker" und „ömsesidiga försäkringsbolag";
ab) die nach dem Recht des Vereinigten Königreichs gegründeten Gesellschaften.

Teil B. Liste der Steuern im Sinne von Artikel 3 Buchstabe c

- vennootschapsbelasting/impôt des sociétés in Belgien,
- корпоративен данък in Bulgarien,
- daň z příjmů právnických osob in der Tschechischen Republik,
- selskabsskat in Dänemark,
- Körperschaftsteuer in Deutschland,
- tulumaks in Estland,
- corporation tax in Irland,
- φόρος εισοδήματος νομικών προσώπων κερδοκοπικού χαρακτήρα in Griechenland,
- impuesto sobre sociedades in Spanien,
- impôt sur les sociétés in Frankreich,
- porez na dobit in Kroatien,
- imposta sul reddito delle società in Italien,
- φόρος εισοδήματος in Zypern,
- uzņēmumu ienākuma nodoklis in Lettland,
- pelno mokestis in Litauen,
- impôt sur le revenu des collectivités in Luxemburg,
- társasági adó in Ungarn,
- taxxa fuq l-income in Malta,
- vennootschapsbelasting in den Niederlanden,
- Körperschaftsteuer in Österreich,
- podatek dochodowy od osób prawnych in Polen,
- imposto sobre o rendimento das pessoas colectivas in Portugal,
- impozit pe profit in Rumänien,
- davek od dobička pravnih oseb in Slowenien,
- daň z príjmov právnických osôb in der Slowakei,
- yhteisöjen tulovero/inkomstskatten för samfund in Finnland,
- statlig inkomstskatt in Schweden,
- corporation tax im Vereinigten Königreich.

Anhang II. [Aufhebungen; Fristen]

Teil A. Aufgehobene Richtlinie mit Liste ihrer nachfolgenden Änderungen (gemäß Artikel 17)

Richtlinie 90/434/EWG des Rates
(ABl. L 225 vom 20.8.1990, S. 1).
    Beitrittsakte von 1994 Anhang I Nr. XI.B.I.2
    (ABl. C 241 vom 29.8.1994, S. 196).
    Beitrittsakte von 2003 Anhang II Nr. 9.7
    (ABl. L 236 vom 23.9.2003, S. 559).
Richtlinie 2005/19/EG des Rates
(ABl. L 58 vom 4.3.2005, S. 19).
Richtlinie 2006/98/EG des Rates   nur Nummer 6 des
(ABl. L 363 vom 20.12.2006, S. 129).   Anhangs

Teil B. Fristen für die Umsetzung in innerstaatliches Recht und für die Anwendung (gemäß Artikel 17)

Richtlinie	Umsetzungsfrist	Datum der Anwendung
90/434/EWG	1. Januar 1992	1. Januar 1993[10]
2005/19/EG	1. Januar 2006[11]	–
	1. Januar 2007[12]	
2006/98/EG	1. Januar 2007	–

---

[10] **[Amtl. Anm.:]** Betrifft ausschließlich die Portugiesische Republik.

[11] **[Amtl. Anm.:]** Bezüglich der in Artikel 2 Absatz 1 der Richtlinie genannten Bestimmungen.

[12] **[Amtl. Anm.:]** Bezüglich der in Artikel 2 Absatz 2 der Richtlinie genannten Bestimmungen.

Anhang III. Entsprechungstabelle

Richtlinie 90/434/EWG	Vorliegende Richtlinie
Artikel 1	Artikel 1
Artikel 2 Buchstabe a erster Gedankenstrich	Artikel 2 Buchstabe a Ziffer i
Artikel 2 Buchstabe a zweiter Gedankenstrich	Artikel 2 Buchstabe a Ziffer ii
Artikel 2 Buchstabe a dritter Gedankenstrich	Artikel 2 Buchstabe a Ziffer iii
Artikel 2 Buchstabe b	Artikel 2 Buchstabe b
Artikel 2 Buchstabe ba	Artikel 2 Buchstabe c
Artikel 2 Buchstabe c	Artikel 2 Buchstabe d
Artikel 2 Buchstabe d	Artikel 2 Buchstabe e
Artikel 2 Buchstabe e	Artikel 2 Buchstabe f
Artikel 2 Buchstabe f	Artikel 2 Buchstabe g
Artikel 2 Buchstabe g	Artikel 2 Buchstabe h
Artikel 2 Buchstabe h	Artikel 2 Buchstabe i
Artikel 2 Buchstabe i	Artikel 2 Buchstabe j
Artikel 2 Buchstabe j	Artikel 2 Buchstabe k
Artikel 3 Buchstabe a	Artikel 3 Buchstabe a
Artikel 3 Buchstabe b	Artikel 3 Buchstabe b
Artikel 3 Buchstabe c einleitender Satz zu Absätzen 1 und 2	Artikel 3 Buchstabe c
Artikel 3 Buchstabe c Absatz 1 erster bis siebenundzwanzigster Gedankenstrich	Anhang I Teil B
Artikel 4 Absatz 1 Unterabsatz 1	Artikel 4 Absatz 1
Artikel 4 Absatz 1 Unterabsatz 2	Artikel 4 Absatz 2
Artikel 4 Absatz 2	Artikel 4 Absatz 3
Artikel 4 Absatz 3	Artikel 4 Absatz 4
Artikel 4 Absatz 4	Artikel 4 Absatz 5
Artikel 5 und 6	Artikel 5 und 6
Artikel 7 Absatz 1	Artikel 7 Absatz 1
Artikel 7 Absatz 2 Unterabsatz 1	Artikel 7 Absatz 2 Unterabsatz 1
Artikel 7 Absatz 2 Unterabsatz 2 Satz 1	–
Artikel 7 Absatz 2 Unterabsatz 2 Satz 2	Artikel 7 Absatz 2 Unterabsatz 2
Artikel 8, 9 und 10	Artikel 8, 9 und 10
Artikel 10a	Artikel 11
Artikel 10b	Artikel 12
Artikel 10c	Artikel 13
Artikel 10d	Artikel 14
Artikel 11	Artikel 15
Artikel 12 Absatz 1	–
Artikel 12 Absatz 2	–
Artikel 12 Absatz 3	Artikel 16
–	Artikel 17
–	Artikel 18
Artikel 13	Artikel 19
Anhang	Anhang I Teil A
–	Anhang II
–	Anhang III

Kommentar

A. Umwandlungsgesetz

vom 28. Oktober 1994 (BGBl. 1994 I 3210, ber. BGBl. 1995 I 428),
zuletzt geändert durch Gesetz vom 22. Dezember 2023 (BGBl. 2023 I Nr. 411)

I. Einführung

Übersicht

	Rn.
1. Historische Entwicklung	1
2. Reform des Umwandlungsrechts	5
a) Diskussionsentwurf des Justizministeriums 1988	5
b) Referentenentwurf zum Umwandlungsrecht 1992	6
c) Gesetzgebungsverfahren 1994	7
3. Umwandlungsgesetz 1995	9
a) Fälle der Verschmelzung	11
b) Frühere Fälle der übertragenden Umwandlung	12
c) Frühere Fälle der formwechselnden Umwandlung	13
d) Fälle der Verschmelzung	15
e) Spaltung	16
f) Vermögensübertragung	17
g) Formwechsel	18
4. Gesetzesänderungen von 1998 bis 2022	22
5. Europarechtliche Vorgaben	39
6. Änderungen zum 1.3.2023 durch das UmRUG	43
7. Änderungen zum 1.1.2024 durch das MoPeG	50

1. Historische Entwicklung

Eine gesetzliche Regelung der Umw erfolgte erstmals in der Novelle des ADHGB **1** von 1884 (Art. 206a betrifft Umw einer KGaA in eine AG; zur Entwicklung des UmwR eingehend Vossius FS D. Mayer, 2020, 87). Die modernen Umwandlungsregelungen haben ihren Ursprung in §§ 80, 81 GmbHG 1892 (übertragende Umw einer AG in eine GmbH) und §§ 263 ff. AktG 1937 (formwechselnde Umw von KapGes in andere KapGes).

Umwandlungsmöglichkeiten zwischen KapGes und PersGes sowie Einzel- **2** kaufleuten wurden erstmals durch das Gesetz über die Umw von KapGes von 1934 eröffnet (zur Unvollkommenheit dieses gesetzgeberischen Ansatzes vgl. K. Schmidt FS Heinsius, 1991, 715) und im Gesetz über die Umw von KapGes und bergrechtlichen Gewerkschaften von 1956 erweitert. Beide Gesetzeswerke regelten nur die übertragende Umw von KapGes und bergrechtlichen Gewerkschaften auf eine PersGes oder einen Gesellschafter; der umgekehrte Fall, die Umw durch Übertragung von einer PersGes oder einem Einzelkaufmann auf eine KapGes, blieb ungeregelt.

Erst mit dem **UmwG 1969** (dazu Meyer-Ladewig DB 1969, 1005; Knur DNotZ **3** 1971, 10; ausf. Schneider/Schlaus DB 1969, 2213 mit Fortsetzung in DB 1969, 2261;

1970, 237; 1970, 621) wurden die noch verbliebenen gesetzlichen Lücken ausgefüllt. Neben dem UmwG 1969 fanden sich Vorschriften über die Verschm und den Formwechsel auch in §§ 339 ff. AktG, §§ 19 ff. KapErhG, §§ 63e ff., 93a ff. GenG und §§ 44a ff., 53a VAG. Dieser Rechtszustand war unübersichtlich und für die Betroffenen unbefriedigend, weil allg. Grdse der Umw von Unternehmen gesetzlich nicht formuliert waren (Begr. RegE, BR-Drs. 75/94 zu Allg. Begr.; einen Überblick der früheren Regelungen zu den einzelnen Rechtsformen gibt Widmann/Mayer/Fronhöfer § 2 Rn. 5 ff.; Kölner Komm UmwG/Dauner-Lieb Einl. A Rn. 7); außerdem waren die Regelungen lückenhaft, weil zum einen die in Betracht kommenden Rechtsträger nur unzulänglich berücksichtigt wurden und zum anderen die Spaltung nicht erfasst war (Begr. RegE, BR-Drs. 75/94 zu Allg. Begr.; Lutter/Bayer Rn. 7).

4 Der Beitritt der fünf neuen Bundesländer machte die Umstrukturierung ehemaliger DDR-Betriebe durch eine gesetzlich normierte Umw erforderlich. Deshalb wurde nach dem Vorbild des DiskE für das Gesetz zur Bereinigung des UmwR sowohl die Aufspaltung in Form der Teilung landwirtschaftlicher Produktionsgenossenschaften in §§ 4–12 **LwAnpG** (BGBl. 1991 I 14 (18)), als auch die Aufspaltung bzw. Abspaltung zu großen Wirtschaftseinheiten nach dem Gesetz über die Spaltung der von der Treuhandanstalt verwalteten Unternehmen, **SpTrUG** v. 5.4.1991 (BGBl. 1991 I 894), statuiert. Vgl. iE beim angegebenen Schrifttum sowie Heußner StBp 1995, 149 (180 und 204); 1996, 12. Zur UmwV DDR und zu §§ 11 ff. TreuhG vgl. BGH NZG 1998, 150; Ebbing NZG 1998, 132.

2. Reform des Umwandlungsrechts

5 **a) Diskussionsentwurf des Justizministeriums 1988.** Ausgangspunkt des umfangreichen Gesetzgebungsverfahrens war eine Anregung des BT-RA zur GmbH-Novelle 1980 in BT-Drs. 8/3908, 77 zu Art. 1 Nr. 27 GmbHGÄndG: „... der Rechtsausschuss hält es außerdem für erforderlich, die Verschmelzung und Umwandlung aller in Betracht kommenden Unternehmensformen in einem Gesetz zu regeln und bei dieser Gelegenheit inhaltlich und formal zu überprüfen". Am 3.8.1988 legte das BMJ den **DiskE** eines Gesetzes zur Bereinigung des UmwR (Beil. Nr. 214a zum BAnz. 1988 Nr. 214) vor. Ziel des nun längeren, umfangreichen Vorbereitungsarbeiten entstandenen DiskE war es, Vorschläge zur Rechtsbereinigung sowie zur Schließung bislang bestehender Lücken in den gesetzlichen Regelungen des gesamten UmwR anzubieten und damit dt. Unternehmen neue Möglichkeiten zu eröffnen, ihre rechtlichen Strukturen jew. den veränderten Umständen des Wirtschaftslebens anzupassen. Auch der Schutz von Anlegern, insbes. von Minderheitsbeteiligten, und von Gläubigern sollte in angemessener Weise Berücksichtigung finden. Der DiskE wurde umfassend besprochen (ausf. Nachw. bei Engelmeyer, Die Spaltung von AG nach dem neuen UmwR, 1995, Fn. 2; Zöllner ZGR 1993, 334; K. Schmidt ZGR 1990, 580; Ganske DB 1992, 125; Niederleitinger DStR 1991, 879).

6 **b) Referentenentwurf zum Umwandlungsrecht 1992.** Mit einer durch die dt. Wiedervereinigung bedingten Verzögerung (zu §§ 4 ff. LwAnpG und zum SpTrUG → Rn. 4) wurde am 15.4.1992 der RefE eines Gesetzes zur Bereinigung des UmwR vorgelegt (Beil. Nr. 112a zum BAnz. 1992 Nr. 112; dazu instruktiv Zöllner ZGR 1993, 334 ff.). Der **UmwG-RefE** war in Aufbau und Struktur mit dem später in Kraft getretenen UmwBerG bereits vglbar:
– die Spaltung (oder Realteilung) von KapGes wurde in § 123 UmwG-RefE unterteilt in Aufspaltung (als Spiegelbild der Verschm), Abspaltung (in Form der Abspaltung zur Aufnahme bei Sonderrechtsnachfolge durch einen bereits bestehenden Rechtsträger oder der Abspaltung zur Neugründung als Sonderrechtsnachfolge auf einen neu gegründeten Rechtsträger) und schließlich Ausgliederung (ebenfalls ausgestaltet als Ausgliederung zur Aufnahme oder Ausgliederung zur Neugründung),

Einführung   7–12   **Einf. UmwG A**

– der Formwechsel (§ 189 UmwG-RefE) sah die Umw von KapGes in PersGes vor;
– des Weiteren sah der UmwG-RefE eine Vielzahl neuer Umwandlungsmöglichkeiten vor, die die rechtlichen Rahmenbedingungen für die Tätigkeit dt. Unternehmen entscheidend verbessern sollten.

c) Gesetzgebungsverfahren 1994. Das eigentliche Gesetzgebungsverfahren 7
wurde zum Schluss der Legislaturperiode des 12. Dt. Bundestages im Jahre 1994 durchgeführt. Im Einzelnen:
– am 26.1.1994 wurde ein gemeinsamer Entwurf der BReg. und der Regierungskoalition als „**Regierungsentwurf** eines Gesetzes zur Bereinigung des Umwandlungsrechts" (BT-Drs. 12/6699 = BR-Drs. 75/94) vorgelegt (dazu Neye ZIP 1994, 165; Neye ZIP 1994, 917; Neye DB 1994, 2069);
– am 13.6.1994 erging die Beschlussempfehlung und der Bericht des BT-RA (BT-Drs. 12/7850);
– am 16.6.1994 wurde der RegE vom 12. Dt. Bundestag in 2. und 3. Lesung angenommen (vgl. BR-Drs. 599/94);
– am 8.7.1994 verweigerte der BR wegen fehlender Einbeziehung von § 613a BGB und von Vorschriften über die Mitbestimmung der ArbN die Zustimmung;
– nach umfangreichen und kontroversen Diskussionen im Vermittlungsausschuss wurde am 6.9.1994 der geringfügig überarbeitete Entwurf vom BT verabschiedet, der BR stimmte am 23.9.1994 zu (BR-Drs. 843/94);
– am 28.10.1994 wurde das Gesetz zur Bereinigung des UmwR v. 28.10.1994 im BGBl. 1994 I 3210) verkündet.
Zum Ganzen s. Lutter/Bayer Rn. 8 ff., 13 ff.; Widmann/Mayer/Mayer Rn. 1, 2. 8

3. Umwandlungsgesetz 1995

Die Umwandlungsrechtsreform verfolgte im Wesentlichen **drei Ziele.** 9

Erstens sollten bereits bestehende Möglichkeiten der Umstrukturierung und 10
Reorganisation von Unternehmen (zuvor nur unzulänglich, unübersichtlich und unvollständig in fünf Gesetzeswerken geregelt, → Rn. 3) **zusammengefasst und systematisiert** werden (vgl. Widmann/Mayer/Mayer Rn. 4). Dieses Vorhaben ist gelungen. Der Aufbau des UmwG ist systematisch (ausf. → § 1 Rn. 9 ff.); die nach altem Recht gegebenen Umwandlungsmöglichkeiten wurden fortgeführt, was die nachfolgenden (auszugsweisen, ohne eG, genossenschaftlichen Prüfungsverband, VVaG) Übersichten belegen:

a) Fälle der Verschmelzung.

von:	in:	bis 31.12.1994	ab 1.1.1995			geregelt als:	11
GmbH	GmbH	§§ 19 ff. KapErhG	§§ 2–38	§§ 46–59		Verschm	
GmbH	AG	§ 355 AktG	§§ 2–38	§§ 46–59	§§ 60–77	Verschm	
GmbH	KGaA	§ 356 AktG	§§ 2–38	§§ 46–59	§ 78	Verschm	
AG	AG	§§ 339 ff. AktG	§§ 2–38	§§ 60–77		Verschm	
AG	GmbH	§ 33 KapErhG	§§ 2–38	§§ 60–77	§§ 46–59	Verschm	
AG	KGaA	§ 354 AktG	§§ 2–38	§§ 60–77	§ 78	Verschm	
KGaA	GmbH	§ 34 KapErhG	§§ 2–38	§ 78	§§ 46–59	Verschm	
KGaA	AG	§ 354 AktG	§§ 2–38	§ 78	§§ 60–77	Verschm	
KGaA	KGaA	§ 354 AktG	§§ 2–38	§ 78		Verschm	

b) Frühere Fälle der übertragenden Umwandlung.

von:	in:	bis 31.12.1994	ab 1.1.1995			geregelt als:	12
AG	OHG	§§ 3–14, 16–19 UmwG	§§ 2–38 §§ 190–213	§§ 60–77 §§ 226–237	§§ 39–45	Verschm Formwechsel	

von:	in:	bis 31.12.1994	ab 1.1.1995			geregelt als:
AG	KG	§ 20 UmwG	§§ 2–38 §§ 190–213	§§ 60–77 §§ 226–237	§§ 39–45	Verschm Formwechsel
AG	Allein-G'ter	§ 15 UmwG	natürl. Person	§§ 2–38	§§ 60–77	§§ 120–122	Verschm
			eV		§§ 60–77	§§ 99–104	Verschm
			eG		§§ 60–77	§§ 79–98	Verschm
			VVaG		§§ 60–77	§§ 109–119	Verschm
			eG	§§ 190–213	§§ 226 f.	§§ 215–257	Formwechsel
AG	GbR	§§ 21–22 UmwG	§§ 190–213	§§ 226–237		Formwechsel
GmbH	OHG	§ 24 UmwG	§§ 2–38 §§ 190–213	§§ 46–59 §§ 226–237	§§ 39–45	Verschm Formwechsel
GmbH	KG	§ 24 UmwG	§§ 2–38 §§ 190–213	§§ 46–59 §§ 226–237	§§ 39–45	Verschm Formwechsel
GmbH	GbR	§§ 21, 22 UmwG	§§ 190–213	§§ 226–237		Formwechsel
GmbH	Allein-G'ter	§§ 24, 15 UmwG	natürl. Person	§§ 2–38	§§ 46–59	§§ 120–122	Verschm
			eV		§§ 46–59	§§ 99–104	Verschm
			eG		§§ 46–59	§§ 79–98	Verschm
			VVaG		§§ 46–59	§§ 109–119	Verschm
			eG	§§ 190–213	§§ 226 f.	§§ 215–257	Formwechsel
KGaA	OHG	§ 23 UmwG	§§ 2–38 §§ 190–213	§ 78 §§ 226–237	§§ 39–45	Verschm Formwechsel
KGaA	KG	§ 23 UmwG	§§ 2–38 §§ 190–213	§ 78 §§ 226–237	§§ 39–45	Verschm Formwechsel
KGaA	GbR	§ 23 UmwG	§§ 190–213	§§ 226–237		Formwechsel
KGaA	Allein-G'ter	§§ 23, 15 UmwG	natürl. Person	§§ 2–38	§ 78	§§ 120–122	Verschm
			eV		§ 78	§§ 99–104	Verschm
			eG		§ 78	§§ 79–98	Verschm
			VVaG		§ 78	§§ 109–119	Verschm
			eG	§§ 190–213	§§ 226 f.	§§ 215–257	Formwechsel
OHG	AG	§§ 40–45 UmwG	§§ 2–38 §§ 190–213	§§ 39–45 §§ 214–235	§§ 60–77	Verschm Formwechsel
OHG	GmbH	§§ 46–49 UmwG	§§ 2–38 §§ 190–213	§§ 39–45 §§ 214–235	§§ 46–59	Verschm Formwechsel
KG	AG	§§ 40–45 UmwG	§§ 2–38 §§ 190–213	§§ 39–45 §§ 214–235	§§ 60–77	Verschm Formwechsel
KG	GmbH	§§ 46–49 UmwG	§§ 2–38 §§ 190–213	§§ 39–45 §§ 214–235	§§ 46–59	Verschm Formwechsel
Einzelkaufmann	AG	§§ 50–56 UmwG	§§ 123–137	§§ 152–160		Ausgliederung
Einzelkaufmann	GmbH	§§ 56a–56f UmwG	§§ 123–137	§§ 152–160		Ausgliederung

c) Frühere Fälle der formwechselnden Umwandlung.

von:	in:	bis 31.12.1994	ab 1.1.1995			geregelt als:
AG	KGaA	§§ 362–365 AktG	§§ 190–213	§§ 226 f.	§§ 238–250	Formwechsel
KGaG	AG	§§ 366–368 AktG	§§ 190–213	§§ 226 f.	§§ 230–250	Formwechsel
AG	GmbH	§§ 369–375 AktG	§§ 190–213	§§ 226 f.	§§ 230–250	Formwechsel
GmbH	AG	§§ 376–383 AktG	§§ 190–213	§§ 226 f.	§§ 230–250	Formwechsel
VVaG	AG	§§ 385d–385l AktG	§§ 190–213	§§ 291–300	§§ 291–300	Formwechsel

Einführung   14, 15   **Einf. UmwG A**

von:	in:	bis 31.12.1994	ab 1.1.1995			geregelt als:
eG	AG	§§ 385m–385q AktG	§§ 190–213	§§ 258–271		Formwechsel
KGaA	GmbH	§§ 386–388 AktG	§§ 190–213	§§ 226 f.	§§ 230–250	Formwechsel
GmbH	KGaA	§§ 389–392 AktG	§§ 190–213	§§ 226 f.	§§ 230–250	Formwechsel

14 Das **zweite Ziel** war die Schließung von vorhandenen Lücken des früheren UmwR. Sämtlichen Rechtsträgern dt. Unternehmen sollten die Umstrukturierungsmöglichkeiten eröffnet werden, die zur Aufrechterhaltung oder Verbesserung der Rahmenbedingungen für die werbende wirtschaftliche Tätigkeit notwendig sind. Die Schließung von Lücken wurde dadurch erreicht, dass zu den früher schon bestehenden 44 Möglichkeiten der Umw weitere 75 neue Möglichkeiten hinzukamen (Begr. RegE, BR-Drs. 75/94, Einleitung); diff. man dabei noch die Umwandlungsvorgänge durch/zur Aufnahme und durch/zur Neugründung besonders, eröffneten sich insges. 271 neue Umwandlungsvorgänge (Schwarz DStR 1994, 1694 Fn. 33). Die zwischenzeitlichen Änderungen des UmwG haben diese Zahl noch vergrößert, weil 1998 zunächst die PartGes (→ Rn. 23) und zum 1.1.2024 auch die eGbR (→ Rn. 50 f.) als umwandlungsfähige Rechtsträger zugelassen wurden (Überblick zur Verschm Semler/Stengel/Leonard/Stengel § 3 Rn. 57 f.; Widmann/Mayer/Fronhöfer § 3 Rn. 88 f.; zur Spaltung Semler/Stengel/Leonard/Schwanna § 124 Rn. 10; zum Formwechsel Semler/Stengel/Leonard/Schwanna § 191 Rn. 15; Kölner Komm UmwG/Dauner-Lieb Einl. A Rn. 23). Im Einzelnen:

d) Fälle der Verschmelzung.

15

von:	auf:	anzuwendende Normen		
GmbH	AG	§§ 2–38	§§ 46–59	§§ 60–76
	KGaA	§§ 2–38	§§ 46–59	§ 78
	GmbH	§§ 2–38	§§ 46–59	
	eGbR	§§ 2–38	§§ 39–39f	§§ 46–59
	PhG	§§ 2–38	§§ 40–42	§§ 46–59
	PartGes	§§ 2–38	§§ 45a–45e	§§ 46–59
	eV	nein (§ 99 II)		
	eG	§§ 2–38	§§ 46–59	§§ 79–98
	gen PrV	nein (§ 105)		
	VVaG	nein (§ 109)		
	natürl. Person	§§ 2–38	§§ 46–59	§§ 120–122
AG	AG	§§ 2–38	§§ 60–76	
	KGaA	§§ 2–38	§§ 60–76	§ 78
	GmbH	§§ 2–38	§§ 46–59	§§ 60–76
	eGbR	§§ 2–38	§§ 39–39f	§§ 60–76
	PhG	§§ 2–38	§§ 40–42	§§ 60–76
	PartGes	§§ 2–38	§§ 45a–45e	§§ 60–76
	eV	nein (§ 99 II)		
	eG	§§ 2–38	§§ 60–76	§§ 79–98
	gen PrV	nein (§ 105)		
	VVaG	nein (§ 109)		
	natürl. Person	§§ 2–38	§§ 60–76	§§ 120–122
KGaA	AG	§§ 2–38	§§ 60–76	§ 78
	KGaA	§§ 2–38	§ 78	
	GmbH	§§ 2–38	§§ 46–59	§ 78
	eGbR	§§ 2–38	§§ 39–39f	§ 78
	PhG	§§ 2–38	§§ 40–42	§ 78
	PartGes	§§ 2–38	§§ 45a–45e	§ 78
	eV	nein (§ 99 II)		
	eG	§§ 2–38	§ 78	§§ 79–98
	gen PrV	nein (§ 105)		
	VVaG	nein (§ 109)		
	natürl. Person	§§ 2–38	§ 78	§§ 120–122

A UmwG Einf. 15

von:	auf:	anzuwendende Normen		
eGbR	AG	§§ 2–38	§§ 39–39f	§§ 60–76
	KGaA	§§ 2–38	§§ 39–39f	§ 78
	GmbH	§§ 2–38	§§ 39–39f	§§ 46–59
	eGbR	§§ 2–38	§§ 39–39f	
	PhG	§§ 2–38	§§ 39–39f	§§ 40–42
	PartGes	§§ 2–38	§§ 39–39f	§§ 45a–45e
	eV	nein (§ 99 II)		
	eG	§§ 2–38	§§ 39–39f	
	gen PrV	nein (§ 105)		
	VVaG	nein (§ 109)		
	natürl. Person	nein (§ 33 II 2)		
PhG	AG	§§ 2–38	§§ 40–42	§§ 60–76
	KGaA	§§ 2–38	§§ 40–42	§ 78
	GmbH	§§ 2–38	§§ 40–42	§§ 46–59
	eGbR	§§ 2–38	§§ 39–39f	§§ 40–42
	PhG	§§ 2–38	§§ 40–42	
	PartGes	§§ 2–38	§§ 40–42	§§ 45a–45e
	eV	nein (§ 99 II)		
	eG	§§ 2–38	§§ 40–42	§§ 79–98
	gen PrV	nein (§ 105)		
	VVaG	nein (§ 109)		
	natürl. Person	nein (§ 33 II 2)		
PartGes	AG	§§ 2–38	§§ 45a–45e	§§ 60–76
	KGaA	§§ 2–38	§§ 45a–45e	§ 78
	GmbH	§§ 2–38	§§ 45a–45e	§§ 46–59
	eGbR	§§ 2–38	§§ 39–39f	§§ 45a–45e
	PhG	§§ 2–38	§§ 40–42	§§ 45a–45e
	PartGes	§§ 2–38	§§ 45a–45e	
	eV	nein (§ 99 II)		
	eG	§§ 2–38	§§ 45a–45e	§§ 79–98
	gen PrV	nein (§ 105)		
	VVaG	nein (§ 109)		
	natürl. Person	nein (§ 3 II 2)	§ 78	
eG	AG	§§ 2–38	§§ 60–76	§§ 79–98
	KGaA	§§ 2–38	§ 78	§§ 79–98
	GmbH	§§ 2–38	§§ 46–59	§§ 79–98
	eGbR	§§ 2–38	§§ 39–39f	§§ 79–98
	PhG	§§ 2–38	§§ 40–42	§§ 79–98
	PartGes	§§ 2–38	§§ 45a–45e	§§ 79–98
	eV	nein (§ 99 II)		
	eG	§§ 2–38	§§ 79–98	
	gen PrV	nein (§ 105)		
	VVaG	nein (§ 109)		
	natürl. Person	nein (§ 3 II 2)		
eV	eV	§§ 2–38	§§ 99–104a	
	gen PrV	nein (§ 105)		
	VVaG	nein (§ 109)		
	AG	§§ 2–38	§§ 60–76	§§ 99–104a
	GmbH	§§ 2–38	§§ 56–59	§§ 99–104a
	KGaA	§§ 2–38	§ 78	§§ 99–104a
	eGbR	§§ 2–38	§§ 39–39f	§§ 99–104a
	PhG	§§ 2–38	§§ 40–42	§§ 99–104a
	PartGes	§§ 2–38	§§ 45a–45e	§§ 99–104a
	eG	§§ 2–38	§§ 79–98	§§ 99–104a
gen PrV	AG	nein (§ 105)		
	KGaA	nein (§ 105)		
	GmbH	nein (§ 105)		
	eGbR	nein (§ 105)		
	PhG	nein (§ 105)		

von:	auf:	anzuwendende Normen			
	PartGes	nein (§ 105)			
	eV	nein (§ 105)			
	eG	nein (§ 105)			
	gen PrV	nur Aufnahme:	§§ 2–38	§§ 105–108	
	VVaG	nein (§ 105)			
VVaG	AG	nein (§ 109)			
	KGaA	nein (§ 109)			
	GmbH	nein (§ 109)			
	eGbR	nein (§ 109)			
	PhG	nein (§ 109)			
	PartGes	nein (§ 109)			
	eV	nein (§ 109)			
	eG	nein (§ 109)			
	gen PrV	nein (§ 109)			
	VVaG	§§ 2–38	§§ 109–113		
	VersAG	nur Aufnahme:	§§ 2–38	§§ 60–76	§§ 109–113
Wirt-schaftl. Verein	AG	§§ 2–38	§§ 60–76		
	KGaA	§§ 2–38	§ 78		
	GmbH	§§ 2–38	§§ 46–59		
	eGbR	§§ 2–38	§§ 39–39f		
	PhG	§§ 2–38	§§ 40–42		
	PartGes	§§ 2–38	§§ 45a–45e		
	eV	nein (§ 99 II)			
	eG	§§ 2–38	§§ 79–98		
	gen PrV	nein (§ 105)			
	VVaG	nein (§ 109)			

e) Spaltung.

von:	auf:	anzuwendende Normen			
AG	AG	§§ 123–137	§§ 141–146		
	KGaA	§§ 123–137	§§ 141–146		
	GmbH	§§ 123–137	§§ 138–140	§§ 141–146	
	eGbR	§§ 123–137	§§ 141–146		
	PhG	§§ 123–137	§§ 141–146		
	PartGes	§§ 123–137	§§ 141–146		
	eV	nein (§ 149 II)			
	eG	§§ 123–137	§§ 141–146	§§ 147 f.	
	gen PrV	§§ 123–137			
	VVaG	nein (§ 151)			
KGaA	AG	§§ 123–137	§§ 141–146		
	KGaA	§§ 123–137	§§ 141–146		
	GmbH	§§ 123–137	§§ 138–140	§§ 141–146	
	eGbR	§§ 123–137	§§ 141–146		
	PhG	§§ 123–137	§§ 141–146		
	PartGes	§§ 123–137	§§ 141–146		
	eV	nein (§ 149 II)			
	eG	§§ 123–137	§§ 141–146	§§ 147 f.	
	gen PrV	§§ 123–137			
	VVaG	nein (§ 151)			
GmbH	AG	§§ 123–137	§§ 138–140	§§ 141–146	
	KGaA	§§ 123–137	§§ 138–140	§§ 141–146	
	GmbH	§§ 123–137	§§ 138–140		
	eGbR	§§ 123–137	§§ 138–140		
	PhG	§§ 123–137	§§ 138–140		
	PartGes	§§ 123–137	§§ 138–140		
	eV	nein (§ 149 II)			
	eG	§§ 123–137	§§ 138–140	§§ 147 f.	
	gen PrV	§§ 123–137	§§ 138–140		

A UmwG Einf. 16

von:	auf:	anzuwendende Normen			
	VVaG	nein (§ 151)			
eGbR	AG	§§ 123–137	§§ 141–146		
	KGaA	§§ 123–137	§§ 141–146		
	GmbH	§§ 123–137	§§ 138–140		
	eGbR	§§ 123–137			
	PhG	§§ 123–137			
	PartGes	§§ 123–137			
	eV	nein (§ 149 II)			
	eG	§§ 123–137	§§ 147 f.		
	gen PrV	§§ 123–137			
	VVaG	nein (§ 151)			
PhG	AG	§§ 123–137	§§ 141–146		
	KGaA	§§ 123–137	§§ 141–146		
	GmbH	§§ 123–137	§§ 138–140		
	eGbR	§§ 123–137			
	PhG	§§ 123–137			
	PartGes	§§ 123–137			
	eV	nein (§ 149 II)			
	eG	§§ 123–137	§§ 147 f.		
	gen PrV	§§ 123–137			
	VVaG	nein (§ 151)			
eV	AG	§§ 123–137	§§ 141–146		
	KGaA	§§ 123–137	§§ 141–146		
	GmbH	§§ 123–137	§§ 138–140		
	eGbR	§§ 123–137	§ 149		
	PhG	§§ 123–137	§ 149		
	eV	§§ 123–137	§ 149		
	PartGes	§§ 123–137			
	eG	§§ 123–137	§§ 147 f.	§ 149	
	gen PrV	§§ 123–137	§ 149	§ 149	
	VVaG	nein (§ 154)	§ 149	§ 149	
eG	AG	§§ 123–137	§§ 141–146	§§ 147 f.	
	KGaA	§§ 123–137	§§ 141–146	§§ 147 f.	
	GmbH	§§ 123–137	§§ 138–140	§§ 147 f.	
	eGbR	§§ 123–137	§§ 147 f.		
	PhG	§§ 123–137	§§ 147 f.		
	PartGes	§§ 123–137	§§ 147 f.		
	eV	nein (§ 149 II)			
	eG	§§ 123–137	§§ 147 f.		
	gen PrV	§§ 123–137	§§ 147 f.		
	VVaG	nein (§ 154)			
gen PrV	AG	nur Ausgliederung	§§ 123–137	§§ 141–146	
	KGaA	nur Ausgliederung	§§ 123–137	§§ 141–146	
	GmbH	nur Ausgliederung	§§ 123–137	§§ 138–140	
	gen PrV	§§ 123–137			
	eGbR	nein (§ 150)			
	PhG	nein (§ 150)			
	PartGes	nein (§ 150)			
	eV	nein (§ 150)			
	eG	nein (§ 150)			
	VVaG	nein (§ 150)			
VVaG	AG	nein (§ 151)			
	KGaA	nein (§ 151)			
	GmbH	nur Ausgliederung	§§ 123–137	§§ 138–140	§ 151
	eGbR	nein (§ 151)			
	PhG	nein (§ 151)			
	PartGes	nein (§ 151)			
	eV	nein (§ 151)			

Einführung   17 **Einf. UmwG A**

von:	auf:	anzuwendende Normen			
	eG	nein (§ 151)			
	gen PrV	nein (§ 151)	§§ 123–137	§ 151	
	VVaG	nur (Auf-/Abspaltung)	§§ 120–137	§§ 141–146	§ 151
	VersAG	nur (Auf-/Abspaltung)			
Wirt-schaftl. Verein	AG		§§ 123–137	§§ 141–146	
	KGaA		§§ 123–137	§§ 141–146	
	GmbH		§§ 123–137	§§ 138–140	
	eGbR		§§ 123–137		
	PhG		§§ 123–137		
	PartGes		§§ 123–137		
	eV		nein (§ 149 II)		
	eG		§§ 123–137	§§ 147 f.	
	gen PrV		§§ 123–137	§§ 138–140	
	VVaG	nein (§ 151)			
Einzel-kaufmann	AG	nur Ausgliederung	§§ 123–137	§§ 141–146	§§ 152–160
	KGaA	nur Ausgliederung	§§ 123–137	§§ 141–146	§§ 152–160
	GmbH	nur Ausgliederung	§§ 123–137	§§ 138–140	§§ 152–160
	eGbR	nein (§ 152)			
	PhG	nur Ausgliederung	§§ 123–137	§§ 152–160	
	PartGes	nein (§ 152)			
	eG	nur Ausgliederung	§§ 123–137	§§ 147 f.	§§ 152–160
	eV	nein (§ 152)			
	gen PrV	nein (§ 152)			
	VVaG	nein (§ 152)			
Stiftun-gen	AG	nur Ausgliederung	§§ 123–137	§§ 141–146	§§ 161–167
	KGaA	nur Ausgliederung	§§ 123–137	§§ 141–146	§§ 161–167
	GmbH	nur Ausgliederung	§§ 123–137	§§ 138–140	§§ 161–167
	eGbR	nein (§ 161)			
	PhG	nur Ausgliederung	§§ 123–137	§§ 161–167	
	PartGes	nein (§ 161)			
	eV	nein (§ 161)			
	eG	nein (§ 161)			
	gen PrV	nein (§ 161)			
	VVaG	nein (§ 161)			
Gebiets-körper-schaften	AG	nur Ausgliederung	§§ 123–137	§§ 141–146	§§ 168–173
	KGaA	nur Ausgliederung	§§ 123–137	§§ 141–146	§§ 168–173
	GmbH	nur Ausgliederung	§§ 123–137	§§ 138–140	§§ 168–173
	eGbR	nein (§ 168)			
	PhG	nur Ausgliederung	§§ 123–137	§§ 168–173	
	PartGes	nein (§ 168)			
	eG	nur Ausgliederung	§§ 123–137	§§ 147 f.	§§ 168–173
	eV	nein (§ 168)			
	gen PrV	nein (§ 168)			
	VVaG	nein (§ 168)			

f) Vermögensübertragung.

von:	auf:	anzuwendende Normen	
AG	öffentl. Hand	§§ 174–177	
KGaA	öffentl. Hand	§§ 174–177	
GmbH	öffentl. Hand	§§ 174–177	
VersAG	VVaG	§§ 174 f.	§§ 178 f.
	öffentl.-rechtl. VersU	§§ 174 f.	§§ 178 f.
VVaG	VersAG	§§ 174 f.	§§ 180–187
	öffentl.-rechtl. VersU	§§ 174 f.	§§ 180–187

17

von:	auf:	anwendende Normen	
Öffentl.- rechtl. VersU	VersAG VVaG	§§ 174 f. §§ 174 f.	§§ 188 f. §§ 188 f.

g) Formwechsel.

18

von:	in:	anwendende Normen	
AG	KGaA	§§ 190–213	§§ 238–250
	GmbH	§§ 190–213	§§ 238–250
	eGbR	§§ 190–213	§§ 228–237
	PhG	§§ 190–213	§§ 228–237
	PartGes	§§ 190–213	§§ 228–237
	eG	§§ 190–213	§§ 251–257
KGaA	AG	§§ 190–213	§§ 238–250
	GmbH	§§ 190–213	§§ 238–250
	eGbR	§§ 190–213	§§ 228–237
	PhG	§§ 190–213	§§ 228–237
	PartGes	§§ 190–213	§§ 228–237
	eG	§§ 190–213	§§ 251–257
GmbH	AG	§§ 190–213	§§ 238–250
	KGaA	§§ 190–213	§§ 238–250
	eGbR	§§ 190–213	§§ 228–237
	PhG	§§ 190–213	§§ 228–237
	PartGes	§§ 190–213	§§ 228–237
	eG	§§ 190–213	§§ 251–257
eGbR	AG	§§ 190–213	§§ 214–225
	KGaA	§§ 190–213	§§ 214–225
	GmbH	§§ 190–213	§§ 214–225
	eG	§§ 190–213	§§ 214–225
PhG	AG	§§ 190–213	§§ 214–225
	KGaA	§§ 190–213	§§ 214–225
	GmbH	§§ 190–213	§§ 214–225
	eG	§§ 190–213	§§ 214–225
PartGes	AG	§§ 190–213	§§ 225a–225c
	KGaA	§§ 190–213	§§ 225a–225c
	GmbH	§§ 190–213	§§ 225a–225c
	eG	§§ 190–213	§§ 225a–225c
eV	AG	§§ 190–213	§§ 272–282
	KGaA	§§ 190–213	§§ 272–282
	GmbH	§§ 190–213	§§ 272–282
	eG	§§ 190–213	§§ 283–290
eG	AG	§§ 190–213	§§ 258–271
	KGaA	§§ 190–213	§§ 258–271
	GmbH	§§ 190–213	§§ 258–271
VVaG	AG	§§ 190–213	§§ 291–300
Wirtschaftl. Verein	AG KGaA GmbH eG	§§ 190–213 §§ 190–213 §§ 190–213 §§ 190–213	§§ 272–282 §§ 272–282 §§ 272–282 §§ 283–289
Öffentl.-rechtl. Körperschaften/Anstalten	AG KGaA GmbH	§§ 190–213 §§ 190–213 §§ 190–213	§§ 301–304 §§ 301–304 §§ 301–304

19 Schließlich wurde als **drittes Ziel** die angemessene Berücksichtigung des Schutzes von Anlegern, Gläubigern und ArbN verfolgt. Auch dieses Ziel wurde weitgehend erreicht (vgl. Widmann/Mayer/Mayer Rn. 5). Das UmwG 1995 verstärkt zum einen den Schutz der Anteilsinhaber durch verbesserte Informationsrechte vor und bei der Beschlussfassung, durch die Prüfung des Anteilstauschs bzw. der Anteilsveränderung durch unabhängige Sachverständige – und zwar auch nachträglich im Gerichtsverfahren – und durch ein Austrittsrecht gegen Barabfindung sowie durch die Haftung der Organmitglieder. Des Weiteren wird die Rechtssicherheit dadurch erhöht, dass die einmal getroffene Umwandlungsentscheidung nur eingeschränkt anfechtbar ist. Nichtstimmberechtigte Inhaber von Sonderrechten erhalten zudem einen Anspruch auf Einräumung eines wirtschaftlichen gleichwertigen Rechts (sog. Verwässerungsschutz).

Für Forderungen Dritter, deren Ansprüche vor der Umw entstanden sind, greifen Gläubigerschutzmechanismen; für Forderungen Dritter, deren Ansprüche erst nach der Umw entstehen – und zugunsten des allg. Rechtsverkehrs – greifen Kapitalschutzmechanismen zur Sicherstellung der Aufbringung des Stamm- bzw. Grundkapitals von GmbH und AG/KGaA.

Der Schutz der ArbN wird einerseits durch den Übergang der ArbVerh (früher § 324, heute § 35a II iVm § 613a I, IV BGB), andererseits durch das Verschlechterungsverbot (früher § 323, heute § 132) und das Übergangsmandat des Betriebsrats (früher § 321; heute § 21a BetrVG) sowie durch die Mitbestimmungsbeibehaltung (früher § 325, heute § 132a) erreicht.

4. Gesetzesänderungen von 1998 bis 2022

Das UmwG hat sich im Wesentlichen bewährt (Überblicksaufsätze bei Timm ZGR 1996, 247; Trölitzsch WiB 1997, 795; Trölitzsch DStR 1999, 764; Bayer ZIP 1997, 1613; Heckschen DB 1998, 1385).

Eine erste bedeutende Änderung des UmwG enthält das Gesetz zur Änderung des UmwG, des PartGG und anderer Gesetze v. 22.7.1998 (BGBl. 1998 I 1878). Auch die **PartGes** ist seitdem umwandlungsfähiger Rechtsträger; grds. hat die PartGes die gleichen Möglichkeiten zur Umstrukturierung wie eine PhG (vgl. Erl. zu §§ 45a–45e); Einschränkungen ergeben sich, weil Gesellschafter der PartGes nur Freiberufler sein können (vgl. § 1 I PartGG). Die PartGes wird seitdem als verschmelzungsfähiger Rechtsträger in § 3 I Nr. 1 (für die Spaltung iVm § 124 I) genannt, spezielle Vorschriften finden sich in §§ 45a ff.; gem. § 191 I Nr. 1, II Nr. 2 können PartGes auch formwechselnde Rechtsträger und Rechtsträger neuer Rechtsform sein, Näheres ist in §§ 225a ff. geregelt. Die Aufnahme der PartGes hat der Gesetzgeber zugleich zum Anlass genommen, einige weitere Vorschriften (klarstellend) zu ändern, so insbes. § 29 I 2, § 33, § 43 II 2, § 211, § 217 I 3 (zum Ganzen ausf. Neye DB 1998, 1649).

Durch das **Handelsrechtsreformgesetz** (BGBl. 1998 I 1474; dazu auch Hörtnagl INF 1998, 750; Schaefer DB 1998, 1269; Patt DStZ 1999, 5; zum Entwurf Gustavus GmbHR 1998, 17; Kögel BB 1997, 793) wurde das Firmenrecht auch für das UmwG liberalisiert; § 122 wurde „klarstellend" geändert. Das **Euro-EinführungsG** (BGBl. 1998 I 1242) und das **StückAG** (BGBl. 1998 I 590) führten zur Änderung von Mindestnennbeträgen und zur Anpassung des UmwG an die Zulassung nennwertloser Aktien. § 316 I 2 wurde durch das **NaStraG** (BGBl. 2001 I 123; Überblick bei Goedecke/Heuser BB 2001, 369) geändert. Das **SchRModG** v. 26.11.2001 (BGBl. 2001 I 3138) hatte nur geringe (unmittelbare) Auswirkungen auf das UmwG, inhaltlich geändert wurden wegen des neuen Verjährungsrechts die Nachhaftungsvorschriften (§§ 45, 133, 157, 224, vgl. Erl. dort), iÜ wurde in einigen Vorschriften Schriftform durch Textform ersetzt (zB § 89 II, § 216, § 230). Auch das **Betriebsverfassungsreformg** v. 23.7.2001 (BGBl. 2001 I 1852), mit dem § 321 aufgehoben und § 322 aF geändert wurde, hat inhaltlich nichts wesentlich Neues gebracht; für das Übergangsmandat des Betriebsrats gilt jetzt § 21a BetrVG (vgl. dazu Rieble/Gutzeit ZIP 2004, 693 mwN). Der Reform von § 613a BGB durch Gesetz v. 23.3.2002 (BGBl. 2002 I 1163) wurde durch entsprechende Ergänzung des Verweises in § 324 aF Rechnung getragen.

25 Wesentliche weitere Änderungen hat das **SpruchverfahrensneuordnungsG** v. 12.6.2003 (BGBl. 2003 I 838) gebracht. §§ 305–312 wurden aufgehoben und durch das SpruchG ersetzt (dazu Teil B; vgl. auch Bungert/Mennicke BB 2003, 2021; DAV NZG 2003, 316; Neye BB 2003, 1245), die Verweisungsvorschriften wurden entsprechend geändert (§ 15 I 2, § 34 S. 1, § 196 S. 2, § 212 S. 1, vgl. die Erläuterung dort) und die Vorschriften zur Bestellung der Verschmelzungsprüfer so gefasst, dass jetzt nur noch eine gerichtliche Bestellung möglich ist (vgl. dazu ausf. Komm. zu § 10, die Sonderregelungen zur AG in § 60 II, III aF sind wegen der Neufassung von § 10 gestrichen worden).

26 Das Gesetz zur Einführung der Europäischen Genossenschaft und zur Änderung des **Genossenschaftsrechts** v. 14.8.2006 (BGBl. 2006 I 1911) hat für das UmwG selbst im Wesentlichen nur terminologische Änderungen bewirkt (→ Vor § 79 Rn. 6); die eG hat jetzt eine Satzung, nicht mehr ein Statut und ihre Mitglieder heißen jetzt so und nicht mehr Genossen. Die Europäische Genossenschaft (SCE) findet ihre Rechtsgrundlage vor allem in der SCE-VO (ABl. 2003 L 207), die für SCE mit Sitz in Deutschland durch das SCE-AusführungsG ergänzt wird (zum Ganzen Schaffland/Korte NZG 2006, 253; Hirte DStR 2007, 2215; Semler/Stengel/Leonard/Drinhausen Einl. C Rn. 64 ff. je mwN). Das Gesetz über elektronische Handelsregister und Genossenschaftsregister sowie das Unternehmensregister – **EHUG** – v. 10.11.2006 (BGBl. 2006 I 2553) führte im UmwG zu entsprechenden Änderungen der registerrechtlichen Vorschriften, zB § 19 II 2, III 1. Eine bedeutende Gesetzesänderung in der jüngeren Vergangenheit geschah durch das Zweite Gesetz zur Änderung des UmwG – **2. UmwÄndG** – v. 19.4.2007 (BGBl. 2007 I 542); dazu Heckschen NotZ 2007, 444; Heckschen DStR 2007, 1442; Mayer/Weiler MittBayNot 2007, 368; Mayer/Weiler DB 2007, 1235 (Teil I), 1291 (Teil II); Stellungnahme der Centrale für GmbH zum RefE GmbHR 2006, 418; Drinhausen BB 2006, 2313; Bayer/Schmidt NZG 2006, 841; HRA des DAV, Stellungnahme zum RegE eines zweiten Gesetzes zur Änderung des UmwG, NZG 2006, 737. Mit dem 2. UmwÄndG wurden zunächst auf Anregung der Praxis verschiedene Klarstellungen und Erleichterungen vorgenommen, das Freigabeverfahren von § 16 III wurde beschleunigt, das parallele Eintragungsverfahren bei der Verschm am gleichen Tag gem. § 19 I 2 erleichtert, die Barabfindung von § 29 auf das kalte Delisting erstreckt, die Verschmelzungsprüfung nach §§ 44, 48 einer Wochenfrist unterworfen etc. Prominent sind die Änderungen von § 54 I, § 68 I, die nun die KapErh bei einer übernehmenden GmbH oder AG entbehrlich machen, wenn alle Anteilsinhaber eines übertragenden Rechtsträgers notariell auf die KapErh verzichten. Dies erleichtert insbes. Umstrukturierungen im Konzern, zB die Verschm von SchwesterGes. Die mit Abstand wichtigste Reform, die das 2. UmwÄndG umsetzt, ist die **grenzüberschreitende Verschm.** Die RL 2005/56/EG v. 26.10.2005 über die Verschm von KapGes aus verschiedenen Mitgliedstaaten war am 25.11.2005 im ABl. 2005 L 310, 1 veröffentlicht worden (jetzt neu kodifiziert in RL (EU) 2017/1132 v. 14.6.2017). Sie regelt die grenzüberschreitende Verschm von KapGes unterschiedlichen Rechts und unterschiedlicher Rechtsform in der EU und war bis zum Dezember 2007 in nat. Recht umzusetzen. Das Zweite Buch zur Verschm wurde durch das 2. UmwÄndG um einen Zehnten Abschnitt zur grenzüberschreitenden Verschm von KapGes erweitert (§§ 122a ff. aF, heute **§§ 305 ff.**), hierzu Winter Der Konzern 2007, 24; Krause/Kulpa ZHR 171 (2007), 38; Müller ZIP 2007, 1081; Neye/Timm GmbHR 2007, 561; Kiem WM 2006, 1091; Vetter AG 2006, 613; Louven ZIP 2006, 2021 je mwN. Dort wurden alle Regelungen, die dt. KapGes bei transnationalen Verschm zu beachten haben, zusammengefasst.

27 Mit dem **FGG-Reformgesetz** (FGG-RG) v. 17.12.2008 (BGBl. 2008 I 2586) wurde insbes. das Recht über die Angelegenheiten der freiwilligen Gerichtsbarkeit neu geordnet. Schwerpunkt der Reform war die Ablösung des FGG durch das FamFG, welches am 1.9.2009 in Kraft getreten ist. Diese Aufl. enthält nur noch

Einführung 28, 29 Einf. UmwG A

die Gesetzestexte nach Inkrafttreten des FGG-RG. Vgl. zur Rechtslage davor die
→ 5. Aufl. 2009. Das FamFG enthält ein geändertes Rechtsmittelrecht. Die sofortige Beschwerde nach § 22 FGG wurde abgeschafft. Stattdessen findet die (normale) Beschwerde nach §§ 58 ff. FamFG statt. Die Frist für die Einlegung der Beschwerde verlängert sich dadurch von zwei Wochen auf einen Monat (vgl. § 63 I FamFG). Über die Beschwerde entscheidet wie früher (vgl. § 10 VI 1 aF) das Oberlandesgericht gem. § 119 I Nr. 2 GVG. Die weitere Beschwerde nach § 27 FGG wurde durch die Rechtsbeschwerde gem. §§ 70 ff. FamFG ersetzt. Auf Grund dessen erfolgten Änderungen in § 10 und § 26, die mit Art. 73 FGG-RG ebenso am 1.9.2009 in Kraft getreten sind. Der Verweis in § 10 III wurde entsprechend angepasst. § 10 IV und VI wurden aufgehoben. Der frühere § 10 V wurde IV. Der ehemalige § 10 VII wurde V. Die früher in § 10 IV enthaltene Konzentrationsermächtigung der Landesregierung für die erste Instanz findet sich nun in § 71 IV GVG. IÜ sind die Änderungen aber nicht nur redaktioneller Natur. Der Ausschluss der weiteren Beschwerde in § 10 VI 2 aF wurde nicht übernommen. Nach der Begr. des FGG-RG (BT-Drs. 16/6308) sei der Ausschluss der Rechtsbeschwerde in § 10 IV nF nicht (mehr) nötig, da diese ohnehin nur auf Zulassung erfolge (vgl. § 70 I FamFG). Im Gegensatz zur alten Rechtslage ist damit nun eine dritte Instanz möglich, obgleich die Zulassungsvoraussetzungen (§ 70 II FamFG) selten gegeben sein dürften. In § 26 I und IV wurden lediglich die Begrifflichkeiten angepasst. Inhaltliche Änderungen hat der Gesetzgeber hier nicht vorgenommen. Insbes. wurde der in § 26 IV 4 Hs. 2 aF enthaltene Ausschluss der weiteren Beschwerde übernommen. Gem. § 26 IV 4 Hs. 2 nF ist die Rechtsbeschwerde – anders als in § 10 IV nF – hier ausdrücklich ausgeschlossen. Zur Begründung führt der Gesetzgeber an, dass Fragen über die angemessene Vergütung und den Ersatz barer Auslagen eines gerichtlich bestellten Vertreters keiner höchstrichterlichen Klärung bedürften (BT-Drs. 16/6308). Vgl. iE die Komm. zu den geänderten Vorschriften des UmwG. Vgl. allg. zum FamFG die Kommentarlit. zur ZPO.

Wesentliche Änderungen des GmbHG und des UmwG bewirkte das Gesetz zur 28 Modernisierung des GmbH-Rechts und zur Bekämpfung von Missbräuchen (MoMiG) v. 23.10.2008 (Zusammenfassung der Änderungen und umfangr. Literaturnachw. bei Wälzholz GmbHR 2008, 841). Das MoMiG wurde vom Bundesrat am 19.9.2008 endgültig beschlossen (BR-Drs. 615/08). Dabei wurde das vom Bundestag am 26.6.2008 verabschiedete Gesetz (BT-Drs. 16/9737 und 16/6140) unverändert belassen. Art. 17 **MoMiG** bewirkt zahlreiche Änderungen im UmwG. Geändert wurden die speziellen Vorschriften zur Umw unter Beteiligung einer GmbH in § 46 I 3, § 51 II, § 54 II 1, § 55 I 2, § 241 I 2, § 242, § 243 III 2, § 246 III, § 258 II und § 273. Die Änderungen des UmwG waren notwendig, weil das GmbHG in seiner nF nach dem MoMiG jetzt nur noch vorsieht, dass der Nennbetrag jedes Geschäftsanteils auf volle Euro lauten muss. Ein Gesellschafter kann bei Errichtung der Ges mehrere Geschäftsanteile übernehmen (§ 5 II GmbHG). Nach dem alten Recht musste die Stammeinlage mindestens 100 Euro betragen, außerdem musste der Betrag der Stammeinlage durch 50 teilbar sein (§ 5 I, III 2 GmbHG aF). Durch das MoMiG wurden deshalb die Regelungen des UmwG, die sich mit der Ausgestaltung der Geschäftsanteile beim Zielrechtsträger GmbH befassen, erheblich vereinfacht. Vgl. iE die Komm. Zu den geänderten Vorschriften des UmwG.

Mit dem vom Bundestag am 16.6.2005 beschlossenen und vom Bundesrat am 29 8.7.2005 gebilligten Gesetz zur Unternehmensintegrität und Modernisierung des Anfechtungsrechts **(UMAG)** v. 22.9.2005 (BGBl. 2005 I 2802) wurde die aktienrechtliche Beschlusskontrolle umfassend reformiert (dazu Veil AG 2005, 567; zur Vereinbarkeit mit dem GG vgl. OLG Frankfurt a. M. NZG 2010, 785). Allerdings hat das am 1.11.2005 in Kraft getretene (und im Vorfeld iRv Freigabeverfahren schon zu berücksichtigende, OLG Hamm DB 2005, 1956, sowie auch auf zuvor anhängige Verfahren uneingeschränkt anwendbare, vgl. OLG Düsseldorf Der Konzern 2006, 768; OLG Frankfurt a. M. AG 2006, 249; LG Frankfurt a. M. AG 2007, 48; zum Ganzen Schwab NZG 2007, 521) UMAG nicht zur vollständigen Umsetzung der Beschlüsse des 63. DJT (DB 2000, 2108; dazu auch Schindler/Witzel NZG 2001, 577) geführt. Dort wurde dem Gesetzgeber angetragen, dem verbreiteten Missbrauch im Anfechtungsrecht durch Mindestbesitzquoten, Mindestbesitzzeiten, Kausalitäts- und Verhältnismäßigkeitsprüfungen entgegenzuwirken; das UMAG lässt diese Bereiche aber weitgehend unangetastet und überantwortet die Rechtsfortbildung insoweit im Wesentlichen der Rspr. (dazu ausf. Schütz DB 2004, 419 mit umfangr. Nachw.; vgl. zum UMAG iU Veil AG 2005, 567; Seibert/Schütz ZIP 2004, 252; Wilsing ZIP 2004, 1082; ZIP-Dokumentation 2004, 1230; zusammenfassend Tielemann WM 2007, 1686; Winter FG Happ, 2006, 363 je mwN). Nicht zuletzt die sehr lesenswerte empirische Studie von Baums/Keinath/Gajek ZIP 2007, 1629 hat gezeigt, dass der Gesetzgeber mehr tun muss.

30   Das Gesetz zur Umsetzung der Aktionärsrechterichtlinie **(ARUG)** v. 30.7.2009 (BGBl. 2009 I 2479) änderte das UmwG an zahlreichen Stellen. Durch das ARUG soll die Aktionärsrichtlinie in dt. Recht umgesetzt werden. Es ging dabei um die Verbesserung der Aktionärsinformation bei börsennotierten Ges sowie um die Erleichterung der grenzüberschreitenden Ausübung von Aktionärsrechten. Das ARUG wurde zugleich zum Anlass genommen, das Aktienrecht zu modernisieren, deregulieren und flexibilisieren. Ein weiteres Ziel war die Eindämmung missbräuchlicher Aktionärsklagen. Im Ergebnis wurden die Transparenzanforderungen im Vorfeld der Hauptversammlung modernisiert und der Zugang zu Informationen für den Aktionär verbessert. Zudem wurden insbes. im Interesse gebietsfremder Aktionäre Erleichterungen für die Wahrnehmung der Rechte in Bezug auf die HV vorgesehen. **Geändert wurden** im UmwG ua § **15 II** (Zinssatz jetzt fünf statt zwei Prozentpunkten über Basiszins, entsprechende allg. Regelungen über Verzugs- und Prozesszinsen von § 288 I 2 BGB, § 291 S. 2 BGB; die Erhöhung der Verzinsung im Aktiengesetz, im UmwG, im SEAG sowie im SCEAG soll dazu beitragen, dass das Spruchverfahren unter finanziellen Gesichtspunkten nicht übermäßig verzögert wird), § **16 III** (Fortsetzung der Aktienreform nach UMAG, zB Quorum für Anteile von nominal mindestens 1.000 Euro, § 16 III 3 Nr. 2 und Freigabebeschluss, wenn das alsbaldige Wirksamwerden des Umwandlungsbeschlusses vorrangig erscheint, weil die vom Antragsteller dargelegten wesentlichen Nachteile für Rechtsträger und Anteilsinhaber nach freier Überzeugung des Gerichts die Nachteile für den Antragsgegner überwiegen, es sei denn, es liegt eine besondere Schwere des Rechtsverstoßes vor, § 16 III 3 Nr. 3, Entscheidung nicht mehr durch Gericht der Hauptsache, sondern durch OLG), **§§ 62–64** (Erleichterungen für Formalien in HV wegen Internet, entsprechende Änderung auch in §§ 230, 232, 239, 251, 260, 274, 283, 292), iU gab es redaktionelle Anpassungen.

31   Das **3. UmwÄndG** (BGBl. 2011 I 1338) setzte die Vorgaben der RL 2009/109/EG (ÄndRL) über Berichts- und Dokumentationspflichten bei Verschm und Spaltungen von Ges um mit dem Ziel, die Verwaltungslasten der Unternehmen zu reduzieren. § 52 II aF wurde aufgehoben, weil seit dem MoMiG § 40 II GmbHG den bei der Umw mitwirkenden Notar (vgl. §§ 6, 13 III 1) zur Einreichung der Gesellschafterliste verpflichtet. Inhaltlich regelt das 3. UmwÄndG vor allem für die von der Änderungsrichtlinie unmittelbar betroffene Rechtsform AG, Ansätze im Gesetzgebungsverfahren; die Regelungen teilw. Rechtsformübergreifend auszugestalten, wurden fallengelassen. Von besonderer Bedeutung sind insoweit: **§ 62** wurde umfassend geändert. Durch Art. 2 Nr. 9 RL 2009/109/EG wurde Art. 25 RL 78/855/EWG zu einer für die Mitgliedstaaten verbindlichen Vorschrift umgestaltet. Danach darf bei der Verschm einer 100%igen TochterGes auf ihre MutterGes auch von den Gesellschaftern des übertragenden Unternehmens kein Zustimmungsbeschluss mehr verlangt werden. Entsprechend wurde § 62 IV gefasst. Neu ist auch der umwandlungsrechtliche Squeeze-out für AG in § 62 V. Art. 2 Nr. 11 RL 2009/

109/EG hat Art. 28 RL 78/855/EWG zu einer für die Mitgliedstaaten an sich zwingenden Vorschrift umgestaltet, um Konzernverschmelzungen zu vereinfachen. Bei der Verschm einer mindestens 90%igen TochterGes auf ihre MutterGes dürfen ein Verschmelzungsbericht (§ 8), eine Verschmelzungsprüfung (§§ 9–12) und die Bereitstellung von Unterlagen für die Aktionäre danach nicht mehr verlangt werden. Der dt. Gesetzgeber hat jedoch von der Option in Art. 28 II RL 78/855/EWG Gebrauch gemacht und verweist den Konzern auf den Squeeze-out. Anders als beim aktien- und übernahmerechtlichen Squeeze-out liegt die Beteiligungsschwelle von § 62 V nicht bei 95%, sondern nur bei 90%. Nach der Vorstellung des dt. Gesetzgebers handelt es sich beim umwandlungsrechtlichen Squeeze-out um eine eigentumsentziehende Inhaltsbestimmung, die den Anforderungen der Verhältnismäßigkeit entspricht und damit die verfassungsrechtlichen Vorgaben (zB BVerfG ZIP 2007, 2121; NJW 2001, 279) erfüllt. Der von § 62 V betroffene Minderheitsaktionär werde allein aus einer bestimmten Art der Kapitalanlage verdrängt, sein Vermögensinteresse aber angemessen abgefunden (§ 327b AktG), die Barabfindung verzinst und ggf. gerichtlich überprüft (§ 327f S. 2 AktG, § 1 Nr. 3 SpruchG). Auch **§ 63** wurde erheblich geändert, um Art. 2 Nr. 5 lit. a RL 2009/109/EG betreffend Art. 11 II UAbs. 2 RL 78/855/EWG umzusetzen. Die Aktionäre können jetzt auf eine Zwischenbilanz verzichten, auch kann die Zwischenbilanz durch einen Halbjahresfinanzbericht ersetzt werden; dafür sieht § 64 jetzt eine erweiterte Unterrichtungspflicht des Vorstands in der HV vor.

Weitere Änderungen des UmwG waren technisch bedingt und wenig spekta- **32** kulär. Das Bilanzrechtsmodernisierungsgesetz **(BilMoG)** v. 25.5.2009 (BGBl. 2009 I 1102) hat im UmwG ausschließlich § 11 geändert. In die dortige Verweiskette wurde die neue Regelung von § 319b I HGB (Netzwerk) eingefügt. Das Gesetz zur Erleichterung elektronischer Anmeldungen zum Vereinsregister und andere vereinsrechtlichen Änderungen v. 24.9.2009 (BGBl. 2009 I 3145) hat § 103 und § 275 II geändert, es kommt jetzt auf die abgegebenen Stimmen und nicht mehr auf die erschienenen Stimmen/Mitglieder an (vgl. Komm. dort). Die Änderung steht im Zusammenhang mit den Änderungen von §§ 32, 33 BGB und § 41 BGB. Das Gesetz zur Änderung von Vorschriften über Verkündung und Bekanntmachungen v. 22.12.2011 (BGBl. 2011 I 3044), dessen Änderungen am 1.4.2012 in Kraft traten, änderte folgende Paragrafen des UmwG: §§ 26, 31, 104, 118, 119, 186, 187, 188, 209 und 231. Jeweils wird dort das Wort „elektronischen" vor dem Wort „Bundesanzeiger" gestrichen. Bisher gab es die Möglichkeit, den Bundesanzeiger in gedruckter und elektronischer Fassung zu beziehen. Weil die gedruckte Fassung nur von wenigen Abonnenten bezogen wurde, wurde sie abgeschafft und durch eine dauerhaft verfügbare elektronische Veröffentlichung ersetzt.

Durch das Gesetz zur Modernisierung der Finanzaufsicht über Versicherungen v. **33** 1.4.2015 (BGBl. 2015 I 434) wurden Verweise in §§ 118, 291, 315 korrigiert. §§ 118, 291 UmwG verweisen nunmehr auf § 210 VAG (kleinere Vereine, zuvor in § 53 VAG). Der Verweis in § 315 auf § 138 VAG wurde ersatzlos gestrichen, was auf den Wegfall von § 138 VAG zur Verletzung der Geheimhaltungspflicht zurückzuführen ist. Das Gesetz für die gleichberechtigte Teilhabe von Frauen und Männern an Führungspositionen in der Privatwirtschaft und im öffentlichen Dienst (FüPoG) v. 24.4.2015 (BGBl. 2015 I 642) änderte § 76 II 3. Dieser verweist nun im Fall der Verschm auf eine übertragende Aktiengesellschaft auf § 124 II 3 AktG. Die Verweisungskorrektur ist jedoch rein technischer Art und auf eine Änderung von § 124 II AktG zurückzuführen. Inhaltlich bedeutend war nun die Einführung des GnotKG durch das 2. KostRMoG mit Änderungen zu Gerichts- und Notargebühren auch im Zusammenhang mit Umw (dazu insbes. → § 4 Rn. 22, → § 6 Rn. 19, → § 19 Rn. 39 ff. je mwN).

Marginal geändert wurde das UmwG durch Art. 24 Abs. 15 Gesetz v. 23.6.2017 **34** (BGBl. 2017 I 1693) mWv 3.1.2018 – § 63 II 6 verweist seitdem auf § 115 WpHG –

und durch das Gesetz zum Bürokratieabbau und zur Förderung der Transparenz bei Genossenschaften v. 17.7.2017 (BGBl. 2017 I 2434; dazu allg. Fein/Vielwerth DStR 2017, 1881) – § 82 wurde ein Abs. 3 angefügt, außerdem wurden § 105 und § 260 geändert.

35 Die nächste Änderung erfolgte durch das **Vierte Gesetz zur Änderung des Umwandlungsgesetzes** v. 19.12.2018 (BGBl. 2018 I 2694; dazu Cramer DStR 2018, 2435; DAV NZG 2018, 1223; Klett NZG 2019, 292; Lieder/Bialluch NJW 2019, 805; Luy DNotZ 2019, 484; Punte/Klemens GWR 2019, 41; Rubner/Leuering NJW-Spezial 2019, 335; Schröder BB 2018, 2755). Hierbei wurden die §§ 122a ff. aF (heute §§ 305 ff.) um Vorschriften über die Hereinverschmelzung von EU/EWR-Kapitalgesellschaften auf deutsche Personenhandelsgesellschaften ergänzt. Gem. § 122b I Nr. 2 aF konnte übernehmender Rechtsträger nunmehr auch eine deutsche PersGes mit in der Regel nicht mehr als 500 Arbeitnehmern sein. Dies sollte insbesondere vom Brexit betroffenen, kapitalschwächeren Unternehmen eine Umwandlung auch in eine deutsche GmbH & Co. KG oder UG (haftungsbeschränkt) & Co. KG ermöglichen. Gemäß § 122e aF S. 3 iVm § 8 III konnte in diesem Fall ein Verschmelzungsbericht entbehrlich sein. § 122m aF enthielt eine Brexit-spezifische Übergangsregelung für den Fall, dass der Verschmelzungsplan nach § 122c IV aF vor dem Ablauf des dem Ausscheiden Großbritanniens aus der EU per 31.1.2020 folgenden Übergangszeitraums zumindest notariell beurkundet wurde.

36 Damit Umwandlungsmaßnahmen während der **COVID-19-Pandemie** nicht an fehlenden Versammlungsmöglichkeiten scheiterten, genügte es abweichend von § 17 II 4 für die Zulässigkeit der Eintragung, wenn die Bilanz auf einen höchstens zwölf Monate vor der Anmeldung liegenden Stichtag aufgestellt worden war. Diese Verlängerung der umwandlungsrechtlichen Rückwirkungsmöglichkeit von acht auf zwölf Monate galt zunächst nur für 2020, konnte jedoch durch das BMJ bis höchstens zum 31.12.2021 verlängert werden (§§ 4, 7 IV und 8 COVMG v. 27.3.2020, BGBl. 2020 I 569, 570). Von dieser Ermächtigung machte das BMJ mit Verordnung v. 20.10.2020 Gebrauch (BGBl. 2020 I 2258). Zur Verlängerung der steuerlichen Rückwirkungsfristen s. Corona-SteuerhilfeG, BT-Drs. 19/19150; Bron DStR 2020, 1009; Horst DStR 2021, 403. Passend dazu hat der Gesetzgeber vorübergehend auch virtuelle Gesellschafterversammlungen gestattet und mussten bspw. Hauptversammlungen nicht mehr innerhalb der ersten acht Monate des Geschäftsjahres (so § 175 I 2 AktG), sondern lediglich innerhalb ihres Geschäftsjahres stattfinden (§ 1 V).

37 Durch das Finanzmarktintegritätsstärkungsgesetz **(FISG)** v. 3.6.2021 (BGBl. 2021 I 1534) wurde § 319a HGB aufgehoben. Daher wurde bzgl. der Stellung und Verantwortlichkeit der Verschmelzungsprüfer der Verweis auf diese Vorschrift aus § 11 I 1 gestrichen und ein neuer S. 2 eingefügt. In § 321 fand sich hierzu eine Übergangsvorschrift.

38 Mit Wirkung zum 1.8.2022 ist das Gesetz zur Umsetzung der Digitalisierungsrichtlinie **(DiRUG)** v. 5.7.2021 (BGBl. 2021 I 3338) in Kraft getreten. Durch dieses wurde insbesondere § 10 HGB neu gefasst. Handelsregistereintragungen werden nach § 10 I HGB nF nicht mehr separat, sondern durch ihre erstmalige Abrufbarkeit über das nach § 9 I HGB bestimmte elektronische Informations- und Kommunikationssystem bekannt gemacht. Insoweit haben die Bundesländer unter der Domain **www.handelsregister.de** ein einheitliches Zugriffsportal geschaffen (§ 9 I 4 HGB). Daher sind Abweichungen zwischen Handelsregistereintragung und Bekanntmachung nicht mehr möglich. Folglich konnten die Klarstellungen, wonach die Eintragung einer Verschmelzung unter Hinweis auf eines Formwechsels „ihrem ganzen Inhalt nach" bekanntzumachen waren (§ 19 III aF, § 201 aF, jew. aE), gestrichen werden.

38a Aufgrund der Parallelität von Eintragung und Bekanntmachung war auch die Regelung, nach der die bei einer Spaltung gesetzlich vorgesehenen Bekanntmachungen über die Eintragung der neuen Rechtsträger erst nach Eintragung der Spaltung zulässig waren (§ 137 III 3 aE), zu streichen. Dies hat zur Folge, dass die Bekanntmachung vor der Entstehung des neuen Rechtsträgers (durch Eintragung der Spaltung in das Register des übertragenden Rechtsträgers, § 135 I iVm § 131 I) erfolgt. Da die Eintragung mit dem Vermerk eines Wirksamkeitsvorbehalts erfolgt (§ 135 I iVm § 131 I), ist dies unproblematisch und führt insbesondere nicht zur Anwendbarkeit des § 15 HGB.

Neben den Bekanntmachungen der Handelsregistereintragungen gibt es nunmehr sog. **Registerbekanntmachungen** (§ 10 III HGB nF): Das Registergericht kann in den gesetzlich bestimmten Fällen in dem nach § 9 I bestimmten elektronischen Informations- und Kommunikationssystem sonstige oder zusätzliche Tatsachen bekannt machen. Vor der Änderung des § 10 HGB war der Hinweis auf den Gläubigerschutz bei der Verschm in der Bekanntmachung der Handelsregistereintragung bekanntzumachen. Da diese Bekanntmachung aber nun durch die Handelsregistereintragung erfolgt, bedarf es keiner zusätzlichen Registerbekanntmachung. Deshalb spricht § 22 S. 3 nF nicht mehr von „der" Bekanntmachung der Eintragung, sondern von „einer" Bekanntmachung „zu" der Eintragung. **38b**

5. Europarechtliche Vorgaben

Vgl. zur Rechtslage bis 2001 → 3. Aufl. 2001, Einf. Rn. 5, 6 mwN. Vgl. jetzt → § 1 Rn. 23 ff.; Heckschen/Knaier GmbHR 2022, 501 Rn. 2 ff.; und Lutter/Bayer Rn. 26 ff., jew. mwN. **39**

Am 1.5.2004 trat die VO (EG) 139/2004 des Rates v. 20.1.2004 über die Kontrolle von Unternehmenszusammenschlüssen **(Fusionskontrollverordnung – FKVO)** (ABl. 2004 L 24, 1) in Kraft. Zum Inhalt s. Staebe/Stenzel EWS 2004, 194; Rosenthal EuZW 2004, 327). Danach wurden vom dt. Gesetzgeber weitere europäische RL auch durch Änderung des UmwG umgesetzt: die RL 2003/72/EG zur Europäischen Genossenschaft, die RL 2003/58/EG zur Änderung der RL 68/151/EWG in Bezug auf die Offenlegungspflichten von Gesellschaften bestimmter Rechtsformen, die RL 2004/109/EG und vor allem die RL 2005/56/EG über die Verschmelzung von Kapitalgesellschaften aus verschiedenen Mitgliedstaaten. Folgende weitere europäische RL waren zuvor bereits umgesetzt: **40**

– Publizitäts-RL v. 9.3.1968 (Erste RL 68/151/EWG, ABl. 1968 L 65, 8),
– Kapital-RL v. 13.12.1976 (Zweite RL 77/191/EWG des Rates, ABl. 1977 L 26, 1),
– Verschmelzungs-RL v. 9.10.1978 (Dritte RL 78/855/EWG des Rates, ABl. 1978 L 295, 36),
– Jahresabschluss-RL v. 25.7.1978 (Vierte RL 78/660/EWG des Rates, ABl. 1978 L 222, 1),
– Spaltungs-RL v. 17.12.1982 (Sechste RL 82/891/EWG des Rates, ABl. 1982 L 378, 47),
– Richtlinie über den konsolidierten Abschluss v. 13.6.1983 (Siebte RL 83/349/EWG des Rates, ABl. 1983 L 193, 1),
– Prüferbefähigungs-RL v. 10.4.1984 (Achte RL 84/253/EWG des Rates, ABl. 1984 L 126, 20),
– Zweigniederlassungs-RL v. 22.12.1989 (Elfte RL 89/666/EWG des Rates, ABl. 1989 L 395, 36),
– Einpersonen-GmbH-RL v. 22.12.1989 (Zwölfte RL 89/667/EWG des Rates, ABl. 1989 L 395, 40, Berichtigung ABl. 1999 L 232).

Die vorgenannten RL 2005/56/EG (Grenzüberschreitende Verschmelzungen), RL 78/855/EWG (Verschmelzungen), RL 82/891/EWG (Spaltungen) und RL 89/666/EWG (Zweigniederlassungen) wurden nach mehrfachen Änderungen in der RL (EU) 2017/1132 des Europäischen Parlaments und des Rates über bestimmte Aspekte des Gesellschaftsrechts **(GesR-RL)** v. 14.6.2017 (ABl. 2017 L 169, 46) neu kodifiziert. **41**

42 Am 1.1.2020 ist die **RL (EU) 2019/2121** vom 27.11.2019 zur Änderung der RL (EU) 2017/1132 in Bezug auf **grenzüberschreitende Umwandlungen, Verschmelzungen und Spaltungen** in Kraft getreten (ABl. 2019 L 321, 1 – Company Law Package; dazu Bayer/Hoffmann AG 2019, R40; Bayer/Schmidt BB 2019, 1922; Bormann/Stelmaszczyk ZIP 2019, 353; Brehm/Schümmer NZG 2020, 538; Davies et al. ECFR 2019, 196; Jochum/Hemmelrath IStR 2019, 517; Kraft BB 2019, 1864; Luy GmbHR 2019, 1105; Luy NJW 2019, 1905; Mörsdorf EuWZ 2019, 141; Noack AG 2019, 665; Schmidt ECFR 2019, 222; Schmidt ZEuP 2020, 565; Schollmeyer AG 2019, 541; Schurr EuZW 2019, 539; Teichmann NZG 2019, 241; Wicke DStR 2018, 2703). Während die GesR-RL die grenzüberschreitende Verschmelzung von KapGes bereits regelte, fehlte bisher ein harmonisierter Rechtsrahmen für grenzüberschreitende Formwechsel („Umwandlungen") und grenzüberschreitende Spaltungen. Nunmehr regeln die Art. 86a ff. GesR-RL die grenzüberschreitende Umwandlung von KapGes, die Art. 118 ff. GesR-RL (mit einzelnen Änderungen) weiterhin die grenzüberschreitende Verschmelzung von KapGes und die Art. 160a ff. GesR-RL die grenzüberschreitende Spaltung von KapGes. „Spaltung" meint in diesem grenzüberschreitenden Kontext neben der Aufspaltung und der Abspaltung erstmals auch die **Ausgliederung**, aber **jeweils nur zur Neugründung** der begünstigten KapGes. Nicht geregelt sind grenzüberschreitende Spaltungen zur Aufnahme durch bereits bestehende Rechtsträger, da diese Fälle als „sehr komplex" angesehen wurden. Für Umwandlung, Verschmelzung und Formwechsel muss das Leitungs- oder Verwaltungsorgan jeweils einen Plan mit den wichtigsten Informationen erstellen und offenlegen. Zur Information der Gesellschafter und Arbeitnehmer ist ein Bericht zu erstellen (näher Schollmeyer AG 2019, 541). Der Plan für das grenzüberschreitende Vorhaben, das Angebot einer Barabfindung durch die Gesellschaft für diejenigen Gesellschafter, die aus der Gesellschaft austreten wollen (dazu Luy GmbHR 2019, 1105), und ggf. das Umtauschverhältnis sind durch einen unabhängigen Sachverständigen zu prüfen. Die Gesellschafterversammlung der Gesellschaft(en) entscheidet sodann, ob sie dem Plan zustimmt. Gläubiger können Sicherheiten beantragen. Um zu verhindern, dass Mitbestimmungsrechte durch ein grenzüberschreitendes Vorhaben umgangen werden, sollen Gesellschaften aus einem Mitgliedstaat, der Mitbestimmungsrechte für Arbeitnehmer vorsieht, zuvor mit den Arbeitnehmern verhandeln müssen, wenn die durchschnittliche Zahl der von der Gesellschaft beschäftigten Arbeitnehmer 4/5 des nationalen Schwellenwerts für eine Arbeitnehmermitbestimmung entspricht. Bei der zuständigen Behörde des Wegzugsmitgliedstaates ist zunächst eine Vorabbescheinigung über die Rechtmäßigkeit des Vorhabens einzuholen, bevor die Behörde des Zuzugsmitgliedstaates das Verfahren abschließt. Die Mitgliedstaaten hatten bis zum 31.1.2023 Zeit, um die Regelungen in nationales Recht umzusetzen. Deutschland hat die RL durch das zum 1.3.2023 in Kraft getretene UmRUG umgesetzt (→ Rn. 43 ff.). Während der Übergangszeit wurde eine „Vorwirkung" der RL diskutiert (Schulte GmbHR 2020, 139; aA Heckschen/Knaier GmbHR 2022, 501 Rn. 37 ff.): Obwohl sich die RL unmittelbar nur an die Mitgliedstaaten richtet, nahm das AG Charlottenburg eine solche „Vorwirkung" an mit der Folge, dass Gerichte die noch nicht transformierten RL bereits bei der Auslegung des bestehenden Rechts zu beachten hatten, wenn auch nur als „grobe Richtschnur".

6. Änderungen zum 1.3.2023 durch das UmRUG

43 Am 1.3.2023 ist das Gesetz zur Umsetzung der Umwandlungsrichtlinie und zur Änderung weiterer Gesetze **(UmRUG)** v. 22.2.2023 (BGBl. 2023 I Nr. 51) in Kraft getreten (zur Entwicklung vor dem Gesetzgebungsverfahren Dürwell jurisPR-ArbR 39/2022 Anm. 1 unter II.). Es setzt die RL (EU) 2019/2121 (→ Rn. 42) in nationales Recht um. Hierzu wurde ein neues Sechstes Buch (§§ 305–355 nF) geschaffen, das unter der Überschrift **„Grenzüberschreitende Umwandlung"** in einem Ersten

Teil (§§ 305–319 nF) ersetzt den bisherigen Zehnten Abschnitt des Zweiten Buchs, §§ 122a ff. aF) die grenzüberschreitende Verschm, in einem Zweiten Teil (§§ 320–332 nF) die grenzüberschreitende Spaltung und in einem Dritten Teil den grenzüberschreitenden Formwechsel (§§ 333–345 nF) regelt. Grundsätze und Systematik des dt. UmwR wurden möglichst beibehalten; zur von der RL abweichenden Regelungstechnik Schmidt NZG 2022, 579. Näher zum neuen Sechsten Buch Brandi/Schmidt AG 2023, 297; Herzog/Gebhard AG 2023, 310; Löbbe ZHR 187 (2023), 498; Noack MDR 2023, 465; Schmidt NJW 2023, 1241; Stelmaszczyk DNotZ 2023, 752; Stelmaszczyk DNotZ 2023, 804; Suchan/Holfter WPg 2023, 708; Thomale/Schmid NotBZ 2023, 91; Thomale/Schmid NotBZ 2023, 125. Das bisherige Sechste Buch wurde zum Siebten und das bisher Siebte zum Achten Buch des UmwG. Daneben soll das Spruchverfahren beschleunigt werden (s. hierzu Schmidt NZG 2022, 635 (642); Wollin AG 2022, 474; Wollin ZIP 2022, 989 (993)). Vereinzelte Verweisfehler in § 305 II 2 nF und § 311 I 1 nF wurden nachfolgend durch das **Kreditzweitmarktförderungsgesetz** v. 22.12.2023 (BGBl. 2023 I Nr. 411) korrigiert.

Neben der Schaffung des Sechsten Buchs hat das UmRUG folgende **Änderungen** vorgenommen: **44**
– In § 8 I 1 wurde die Reichweite der Berichtspflichten präzisiert (→ § 8 Rn. 4, → § 8 Rn. 22). Zudem beschränkt sich Abs. 3 in S. 1 und 2 nunmehr auf die Ausnahme von der Berichtspflicht bei notariell beurkundeter Verzichtserklärung (→ § 8 Rn. 37); Ausnahmen für Konzernkonstellationen sind in S. 3 geregelt (→ § 8 Rn. 39).
– Der bisherige § 9 II wurde gestrichen. Er beinhaltete eine (nicht gut mit § 9 III abgestimmte) Ausnahme von der Prüfungspflicht für die Konzernverschmelzung, bei der sich alle Anteile eines übertragenden Rechtsträgers in der Hand des übernehmenden Rechtsträgers befinden. Diese findet sich nun in § 8 III 3 Nr. 1 lit. a, auf den § 9 II (früher Abs. 3) verweist.
– Nach § 12 II 2 nF ist in der abschließenden Erklärung nun, „falls in den an der Verschmelzung beteiligten Rechtsträgern unterschiedliche Methoden verwendet worden sind", auch anzugeben, ob die Verwendung unterschiedlicher Methoden gerechtfertigt war (Nr. 3 nF). Um die Übersichtlichkeit zu wahren, wurde die bislang ebenfalls in Nr. 3 aufgeführten Schwierigkeiten bei der Bewertung der Rechtsträger in eine eigene Nr. 4 verschoben (→ § 12 Rn. 15).
– Nach § 14 II nF ist die bisherige Einschränkung des Anwendungsbereichs des Klageausschlusses auf Klagen gegen den Verschmelzungsbeschluss des übertragenden Rechtsträgers aufgehoben worden. Nunmehr sind Klagen gegen den Verschmelzungsbeschluss des übernehmenden Rechtsträgers gleichermaßen ausgeschlossen. Als Kompensation wurde den Anteilsinhabern des übernehmenden Rechtsträgers gemäß § 15 I 1 nF ebenfalls die Möglichkeit eröffnet, einen Ausgleich durch bare Zuzahlung im Wege des Spruchverfahrens geltend zu machen (→ § 14 Rn. 30, → § 15 Rn. 2).
– Der neue Wortlaut des § 29 I 1 stellt klar, dass die Pflicht, im Verschmelzungsvertrag ein Barabfindungsangebot zu unterbreiten, den übertragenden Rechtsträger trifft. Aufgrund der Gesamtrechtsnachfolge bleibt es aber dabei, dass der Abfindungsanspruch durch den übernehmenden Rechtsträger zu erfüllen ist (→ § 29 Rn. 1a).
– Entsprechend der bisherigen hM wurde in § 33 klargestellt, dass nur Anteilsinhaber, die nach § 29 Adressat des Abfindungsangebots sind, begünstigt sind. Aufgrund der bisherigen Kritik an der möglichen Länge der Frist verweist die Vorschrift jetzt zudem nur noch auf § 31 S. 2 (→ § 33 Rn. 3).

Von **den Besonderen Vorschriften zur Verschm** wurden in Bezug auf die **45** GmbH **§ 48** (Übersendungsfrist für Prüfungsbericht) und **§ 55 III** (Klageausschluss betr. Kapitalerhöhungsbeschluss) geändert. In Bezug auf die AG wurden geändert **§ 60** (Verzicht auf Prüfung durch alle Anteilsinhaber aller Rechtsträger), **§ 61**

(Monatsfrist nach Bekanntmachung für Verschmelzungsbeschluss), **§ 62 IV** (Konzernverschmelzung), **§§ 63, 64** (Auslegungs- und Unterrichtungspflichten), **§ 69 III** (Klageausschluss betr. Kapitalerhöhungsbeschluss), **§§ 72a, 72b** (Gewährung zusätzlicher Aktien anstelle barer Zuzahlung) und **§§ 73, 76** (Nachgründung bei Verschm durch Neugründung). **§ 85** betrifft Verschm von Genossenschaften, **§ 116** Verschm von VVaG. Die Vorschriften zur grenzüberschreitenden Verschm (**§§ 122a ff. aF**) wurden insgesamt aufgehoben und finden sich jetzt im Ersten Teil des Sechsten Buchs (§§ 305 ff. nF).

46 Für die **Spaltung** differenziert § 125 nF genauer die (nicht) anzuwendenden Vorschriften des Verschmelzungsrechts. Wegen der Beschränkung von § 125 I 1 Nr. 2 auf die Aufspaltung gelten die Verfahrenserleichterungen (Konzernprivileg) der § 8 III, § 9 II, § 12 III nunmehr auch für die Aufwärtsabspaltung auf den einzigen Anteilsinhaber. Nr. 4 erlaubt Ausgliederungen nunmehr auch ohne Kapitalerhöhung bei dem aufnehmenden Rechtsträger: Die ausgliedernde Ges kann als designierter Empfänger gem. § 54 I 3 bzw. § 68 I 3 auf die Gewährung von Anteilen verzichten. Hat die übernehmende Ges eigene Anteile, können diese gem. § 54 I 2 Nr. 1 bzw. § 68 I 2 Nr. 1 für die Anteilsgewährung verwendet werden und ist daneben eine Kapitalerhöhung entbehrlich. § 127 nF enthält redaktionelle Folgeänderungen zu § 8. § 133 III 2 beschränkt die gesamtschuldnerische Haftung beteiligter Rechtsträger für einem anderen Rechtsträger zugewiesene Verbindlichkeiten jetzt auf den Wert des ihnen zugeteilten Nettoaktivvermögens. Gem. § 135 III ist ein Ausgliederungsbericht bei der Ausgliederung zur Neugründung entbehrlich. § 142 I erklärt § 183a AktG für anwendbar. § 142a ergänzt § 72a für den Fall, dass die aus einer Verschmelzung hervorgehende Ges gespalten wird.

47 Die arbeits- und mitbestimmungsrechtlichen Bestimmungen des UmwG waren bislang systematisch fehlerhaft in den Übergangs- und Schlussvorschriften zu finden (§§ 322–325 aF) und wurden daher in die §§ 35a, 132, 132a nF überführt (zust. Wollin ZIP 2022, 989 (990); Dürwell jurisPR-ArbR 39/2022 Anm. 1 unter V.3.).

48 In den Vorschriften zum **Formwechsel** (§§ 192 ff.) wurde die Terminologie geändert: Da die „Umw" der Oberbegriff aller Umwandlungsarten ist, spricht das Gesetz nicht mehr vom „Umwandlungsbeschluss" oder „Umwandlungsbericht", sondern vom „Formwechselbeschluss" bzw. „Formwechselbericht". Anstelle der Formulierung „zu niedrig" bemessenen" tritt auch hier „nicht angemessenen". Diese sprachlichen Anpassungen haben keine inhaltlichen Auswirkungen. Zusätzlich wird nun in § 207 I 1 Hs. 2 die Anordnung der Nichtigkeit des schuldrechtlichen Geschäfts über einen verbotswidrigen Erwerb nach § 33 II 3 GmbHG für nicht anwendbar erklärt (→ § 207 Rn. 7). Des Weiteren wurde § 211 entsprechend § 33 nF und mit der gleichen Begründung neugefasst. Neu eingefügt wurde § 248a. Danach ist die mit § 72a nF für Verschm auf eine AG oder KGaA eingeführte Möglichkeit, statt eines Ausgleichs durch bare Zahlung nach § 196 zusätzliche Aktien zu gewähren, entsprechend anwendbar; zudem können Aktien im Wege einer Kapitalerhöhung gegen Einlage der Forderung der anspruchsberechtigten Aktionäre nach § 72b geschaffen werden.

49 § 355 nF enthält Übergangsvorschriften bezüglich der Anwendung der durch das UmRUG geänderten/eingefügten Vorschriften. Damit berücksichtigt der Gesetzgeber, dass sich hinsichtlich bereits zuvor eingeleiteter Umw mit Inkrafttreten des Gesetzes die einzuhaltenden Verfahrensbestimmungen ändern könnten.

7. Änderungen zum 1.1.2024 durch das MoPeG

50 Zum 1.1.2024 wurde das Gesellschaftsrecht durch das Personengesellschaftsrechtsmodernisierungsgesetz **(MoPeG)** v. 10.8.2021 (BGBl. 2021 I 3436) umfassend reformiert. Durch die Änderungen des UmwR sollen Umw mit Beteiligungen von GbR ermöglicht werden, ohne aufgrund der (bisher) fehlenden Registerpublizität

Einführung 51 **Einf. UmwG A**

der GbR Transparenzlücken zu schaffen. Dies wird möglich aufgrund der umfassenden Neufassung der §§ 705 ff. BGB. Danach kann eine GbR nunmehr zur Eintragung in das neue Gesellschaftsregister angemeldet werden (§ 707 I BGB). Es ist damit zwischen eingetragenen („**eGbR**", § 707a II 1 BGB) und nicht eingetragenen GbR zu unterscheiden. Auf dieser Grundlage ist hinsichtlich der Umwandlungsfähigkeit der GbR zu differenzieren: die eGbR wird verschmelzungs-, spaltungs- und formwechselfähig; die nicht eingetragene GbR ist nicht (mehr) umwandlungsfähig. Der Gesetzgeber hat (ua) hierdurch bewusst einen Anreiz zur Eintragung geschaffen („mittelbarer Zwang zur Registrierung").

Im Einzelnen gilt Folgendes: **51**
- Die GbR war zuvor nicht verschmelzungsfähig (zu Kritik hieran → § 3 Rn. 14). Dies wurde durch Aufnahme der eGbR in den Katalog der verschmelzungsfähigen Rechtsträger geändert (§ 3 I 1 Nr. 1; → § 3 Rn. 16a). Eine **Verschm** mit Beteiligung einer eGbR ist nunmehr (auch) zur Eintragung in das Gesellschaftsregister anzumelden (§ 16 I 1 nF; → § 16 Rn. 9a). Der Gesetzgeber sah hingegen ausdrücklich von einer Änderung des § 18 ab, sodass ein übernehmenden Rechtsträger die Firma einer übertragenden eGbR nicht fortführen darf (→ § 18 Rn. 12). Die besonderen Voraussetzungen unter Beteiligung einer eGbR wurden in §§ 39–39f geregelt; bei Beteiligung einer PhG sind die §§ 40–42 anzuwenden. Aufgrund der Verschmelzungsfähigkeit der eGbR wurde zudem in den § 51 I 2, § 52 S. 1, § 69 I 1 jeweils der Begriff der rechtsfähigen Personengesellschaft eingeführt, der neben der eGbR die zuvor explizit genannten PhG und die PartGes erfasst.
- Auch an **Spaltungen** konnte sich eine GbR bislang nicht beteiligen (→ § 124 Rn. 3). Da § 124 auf § 3 verweist, ist die eGbR hingegen spaltungsfähig.
- Im Rahmen eines **Formwechsels** konnte eine GbR bereits nach bisheriger Rechtslage ZielGes sein (§ 191 II Nr. 1). Die eGbR kann dagegen sowohl Ausgangs- als auch ZielGes sein (§ 191 I Nr. 1, II Nr. 1 nF). Damit entfällt für die nicht eingetragene GbR die Möglichkeit, ZielGes eines Formwechsels zu sein. Dies soll eine liquidationslose Löschung eines in Vermögensverfall geratenen Rechtsträgers verhindern (→ § 191 Rn. 33a; zur neuen Nummerierung in § 191 II → § 191 Rn. 31a). Für den Formwechsel von eGbR und phG gelten dieselben Vorschriften. Daher hat § 214 ff. eine neue Unterabschnittsüberschrift (Formwechsel von GbR und PhG) erhalten und wird in § 214 I neben den PhG nun auch die GbR genannt. Durch § 228 III wird klargestellt, dass ein Formwechsel in eine (e)GbR nur möglich ist, wenn die Gesellschaft kein Handelsgewerbe (§ 1 II HGB) betreibt. Der bisherige § 235 I schuf im Falle eines Formwechsels in eine GbR aufgrund der zuvor bislang fehlender Registerpublizität eine alternative Transparenz. Da künftig nur noch die eGbR ZielGes sein kann, wurde die Sonderregelung gestrichen. § 235 wird daher nur noch den früheren Abs. 2 enthalten.
- Zudem wurde § 234 Nr. 3 S. 2 UmwG aufgehoben. Danach waren bei einem Formwechsel in eine PartGes die Erleichterungen der §§ 213, 35 nicht anzuwenden. Mit dieser Regelung sollte ursprünglich sichergestellt werden, dass die Ges, also die künftigen Partner, bekannt sind. Dies war aber nicht notwendig, da der Umwandlungsbeschluss nach § 233 I ohnehin die Zustimmung aller Anteilsinhaber bedarf. Der Gesetzgeber sah daher in § 234 Nr. 3 S. 2 nur noch eine Klarstellung, derer es aber nicht bedürfe.
- Im Übrigen wurden die Verweisungen in § 157 I 2, § 224 I, § 228 I an die durch das MoPeG vorgenommene Verschiebungen im HGB angepasst bzw. zusätzliche Verweisungen auf das BGB eingefügt. Nicht umgesetzt wurde die Forderung (vgl. etwa Schmidt NZG 2022, 579 (580) mwN) nach einer Regelung zur grenzüberschreitenden Hinausverschmelzung von Personengesellschaften. Der Gesetzgeber befürchtete, andernfalls Rechtsunsicherheit auszulösen. Es müssten nämlich Vorabbescheinigungen deutscher Registergerichte ausgestellt werden, deren Bin-

Winter

dungswirkung im Zuzugsmitgliedstaat zweifelhaft sein könnte, da die durch sie bescheinigten Verfahrensschritte außerhalb des Anwendungsbereichs der GesR-RL liegen würden.

Erstes Buch. Möglichkeiten von Umwandlungen

§ 1 Arten der Umwandlung; gesetzliche Beschränkungen

(1) Rechtsträger mit Sitz im Inland können umgewandelt werden
1. durch Verschmelzung;
2. durch Spaltung (Aufspaltung, Abspaltung, Ausgliederung);
3. durch Vermögensübertragung;
4. durch Formwechsel.

(2) Eine Umwandlung im Sinne des Absatzes 1 ist außer in den in diesem Gesetz geregelten Fällen nur möglich, wenn sie durch ein anderes Bundesgesetz oder ein Landesgesetz ausdrücklich vorgesehen ist.

(3) [1]Von den Vorschriften dieses Gesetzes kann nur abgewichen werden, wenn dies ausdrücklich zugelassen ist. [2]Ergänzende Bestimmungen in Verträgen, Satzungen oder Willenserklärungen sind zulässig, es sei denn, daß dieses Gesetz eine abschließende Regelung enthält.

Übersicht

	Rn.
1. Arten der Umwandlung (Abs. 1)	1
a) Begriff der Umwandlung	1
b) Begriff des Rechtsträgers	2
c) Aufbau und Systematik des UmwG 1995	3
aa) Aufbau	3
bb) Verschmelzung (Abs. 1 Nr. 1)	11
cc) Spaltung (Abs. 1 Nr. 2)	14
dd) Vermögensübertragung (Abs. 1 Nr. 3)	17
ee) Formwechsel (Abs. 1 Nr. 4)	19
ff) Gesamtrechtsnachfolge	22
2. Sitz im Inland (Abs. 1)	23
a) Bedeutung, verbleibende Fragen	23
b) Beteiligtenfähigkeit	32
aa) Grundsatz	32
bb) Ausländischer Rechtsträger mit Verwaltungssitz im Inland	35
cc) Inländischer Rechtsträger mit Satzungssitz im Ausland	38
dd) Inländischer Rechtsträger mit Verwaltungssitz im Ausland	40
c) Grenzüberschreitende Umwandlungen	45
aa) Offene Fragen	45
bb) Kein Verbot	47
cc) Hineinumwandlung	49
dd) Hinausumwandlung	54
ee) Durchführung der Umwandlung	57
3. Beschränkung der Umwandlungsfälle (Abs. 2)	62
a) Numerus clausus	62
b) Analogieverbot, Ausstrahlungswirkung	68
4. Umwandlungsgesetz als zwingendes Recht (Abs. 3)	72

1. Arten der Umwandlung (Abs. 1)

a) Begriff der Umwandlung. Der Begriff der Umw ist im UmwG nicht definiert. Abs. 1 enthält nur mittelbar eine Aufzählung der möglichen Arten der Umw, **1**

für die das UmwG gilt. Dies sind die Verschm, die Spaltung, die Vermögensübertragung und der Formwechsel. Die grenzüberschreitenden Umw – seit dem UmRUG in den Formen Verschm (§§ 305–319), Spaltung (§§ 320–332) und Formwechsel (§§ 333–345) – sind trotz ihrer Verankerung im Sechsten Buch keine eigenständigen Arten der Umw, was auch daran zu erkennen ist, dass Abs. 1 nicht geändert wurde. Im Übrigen gelten über die generellen Verweisungsnormen (§ 305 II, § 320 II und § 333 II) für die grenzüberschreitenden Umw ergänzend jeweils die Vorschriften der innerstaatl. Umwandlungsformen. Die bereits seit 2007 im UmwG geregelte grenzüberschreitende Verschm (§§ 122a–122m aF) war zunächst ohnehin Teil des Zweiten Buches. Den ersten drei Umwandlungsarten ist gemeinsam, dass mindestens ein Rechtsträger Vermögen durch Gesamtrechtsnachfolge auf andere Rechtsträger überträgt. Als Gegenleistung erhalten die Anteilsinhaber der übertragenden Rechtsträger oder diese selbst im Regelfall eine Beteiligung am übernehmenden Rechtsträger (Verschm, Spaltung) oder eine sonstige Leistung (Vermögensübertragung). Beim Formwechsel ändert der Rechtsträger lediglich seine Rechtsform, damit ändert sich allerdings auch die Rechtsqualität der Anteilsinhaberschaft. Vermögen wird indes nicht übertragen, der Rechtsträger bleibt identisch. Abs. 1 zählt damit **abschließend** (dazu auch → Rn. 62 ff.) alle Rechtsgestaltungen auf, die unter den einheitlichen Begriff der Umw iSd UmwG zu subsumieren sind. Zu den einzelnen Arten näher → Rn. 3 ff.

2   **b) Begriff des Rechtsträgers.** Abs. 1 verwendet zur Benennung der Umwandlungsobjekte nicht den Begriff des „Unternehmens", sondern den des „Rechtsträgers". Dies geschieht deshalb, weil es in nahezu allen Fällen der Umw nicht darauf ankommen soll, ob ein Rechtsträger ein Unternehmen im betriebswirtschaftlichen oder im rechtlichen Sinne betreibt (vgl. Begr. RegE, BR-Drs. 75/1994, Teil A). Entscheidend ist demnach, ob eine im Rechtsverkehr auftretende jur. Einheit an einem Umwandlungsvorgang beteiligt ist. Unter **Rechtsträger** wird jeder Vollinhaber eines Rechts (Begr. RegE, BR-Drs. 75/1994, Teil A), jede im Rechtsverkehr auftretende und an einem Umwandlungsvorgang beteiligte jur. Einheit (Dehmer WiB 1994, 307 (308)) bzw. jede Rechtseinheit, die Träger von Rechten und Pflichten sein kann, gleich ob rechtlich verselbstständigt oder nicht (Schwarz DStR 1994, 1695), verstanden. Wer bei einem konkreten Umwandlungsvorgang iSv Abs. 1 Nr. 1–4 übertragender, übernehmender oder formwechselnder Rechtsträger sein kann, wird im Zweiten bis Sechsten Buch jew. ausdrücklich bestimmt (iE → § 3 Rn. 6 ff., → § 124 Rn. 2 ff., → § 175 Rn. 3 ff., → § 191 Rn. 4 ff., → § 306 Rn. 4 ff.; → § 321 Rn. 2 ff.; → § 334 Rn. 2 ff.). Materielle Bedeutung hat Abs. 1 hierfür nicht. Zur Beteiligung von aufgelösten Rechtsträgern → § 3 Rn. 46, → § 124 Rn. 53 und → § 191 Rn. 34. Zur Beschränkung auf Rechtsträgern mit **Sitz im Inland** → Rn. 23 ff. Abw. hiervon verwendet der Gesetzgeber in den **§§ 305 ff.** meistens den Begriff der beteiligten Ges. Hintergrund hierfür ist, dass an grenzüberschreitenden Umw nur inl. oder EU-/EWR-ausl. KapGes und neuerdings auch inl. PhG beteiligt sein können (vgl. näher §§ 306, 321 und 334).

3   **c) Aufbau und Systematik des UmwG 1995. aa) Aufbau.** Die vier Möglichkeiten der innerstaatl. Umw sind jew. in einem eigenen Buch normiert, und zwar
– im Zweiten Buch (§§ 2–122) die Verschmelzung,
– im Dritten Buch (§§ 123–173) die Spaltung,
– im Vierten Buch (§§ 174–189) die Vermögensübertragung,
– im Fünften Buch (§§ 190–304) der Formwechsel.
Die grenzüberschreitenden Umw sind seit den Änderungen durch das UmRUG im Sechsten Buch (§§ 305–345) zusammengefasst.

4   Das Zweite, Dritte und Fünfte Buch sind jew. unterteilt in einen Allgemeinen und einen Besonderen Teil, wodurch rechtsformunabhängige Vorschriften „vor die Klammer" gezogen werden. Darüber hinaus enthalten das Siebte Buch (§§ 346–

Arten der Umwandlung 5–8 § 1 UmwG A

350) Strafvorschriften und Regelungen zum Zwangsgeld und das Achte Buch (§§ 351–355) schließlich Übergangs- und Schlussvorschriften. Die anfangs noch im UmwG integrierten Vorschriften zum Spruchverfahren (§§ 305–312 aF) sind seit 2003 einheitlich – über die durch das UmwG veranlassten Verfahren hinaus – im **SpruchG** geregelt ist (vgl. B. SpruchG).

Die Vorschriften über die Spaltung nehmen Bezug auf §§ 2–122 (vgl. insbes. 5 § 125), im Vierten Buch über die Vermögensübertragung werden die Vorschriften des Zweiten Buches (für die Vollübertragung) bzw. des Dritten Buches (für die Teilübertragung) weitgehend für entsprechend anwendbar erklärt. **Besondere Bedeutung** haben die allg. Vorschriften zur Verschm in §§ **2–38**, denn sie enthalten einen „versteckten **Allgemeinen Teil**" nicht nur für das Zweite, sondern auch für das Dritte und Vierte Buch (Dörrie WiB 1995, 2; → Vor § 2 Rn. 5) sowie zwischenzeitlich auch Teile des Sechsten Buches. Der Formwechsel ist in §§ 190–304 ausf. und eigenständig geregelt (näher → Vor § 190 Rn. 3), weil diese Art der Umw wesenstypische Unterschiede (keine Vermögensübertragung, kein Anteilstausch) zu den anderen Arten der Umw aufweist.

Das Zweite bis Fünfte Buch sind jeweils so aufgebaut, dass zunächst die Möglich- 6 keiten der Umw unter Benennung der Umwandlungsarten und der umwandlungsfähigen Rechtsträger geregelt werden, danach wird das einzuhaltende Verfahren festgelegt, anschl. werden die Besonderheiten für die jew. konkrete Rechtsform geregelt. Innerhalb der einzelnen Bücher (mit Ausnahme des Vierten Buches) sind in einem Ersten Teil rechtsformunabhängige allg. Bestimmungen aufgeführt; danach folgen besondere Vorschriften, abhängig von der jew. Rechtsform. Eine tw. andere Systematik besteht im Sechsten Buch im Zusammenhang mit grenzüberschreitenden Umw. Die rechtsformspezifischen Besonderheiten ergeben sich dort aus den Verweisungen in das Zweite, Dritte und Fünfte Buch (§ 305 II, § 320 II und § 333 II). Das Umwandlungsverfahren wird bei allen Umwandlungsvarianten in drei Entwicklungsphasen aufgeteilt („**Dreitakt**", vgl. auch Widmann/Mayer/Mayer Einf. Rn. 127; zum Dreitakt bei der Verschm → Vor § 2 Rn. 2):

Vorbereitungsphase. Bei allen Umwandlungsvarianten ist – nach dem Vorbild 7 des Verschmelzungsberichts in § 340a AktG aF – die Entscheidungsfindung der Anteilsinhaber durch einen von den Leitungsorganen der Rechtsträger zu verfassenden **Bericht** vorzubereiten, der die näheren Umstände – auch die Beteiligungsveränderungen – rechtlich und wirtschaftlich erläutert und begründet. Bei den grenzüberschreitenden Umw ist der Bericht auch im Interesse der Arbeitnehmer zu verfassen (vgl. etwa § 309). In allen Fällen der vermögensübertragenden Umw (also bei Verschm, Spaltung und Vermögensübertragung) ist grds. der Abschluss eines **Vertrags in notarieller Form** mit einem bestimmten Mindestinhalt erforderlich; ausgenommen hiervon ist die Spaltung durch Neugründung (Spaltungsplan, vgl. § 136), da es dort keinen „Vertragspartner" gibt. Auch bei grenzüberschreitenden Umw spricht das Gesetz in Anlehnung an die GesR-RL von einem **Verschmelzungsplan** (§ 307) und einem **Spaltungsplan** (§ 322), über dessen Inhalt aber ebenfalls Einigkeit zwischen den Ges erzielt werden muss (vgl. näher zur Rechtsnatur → § 307 Rn. 4). Beim Formwechsel muss der **Formwechselbeschluss** einen Mindestinhalt haben (vgl. § 194), der in der grenzüberschreitenden Variante ebenfalls als Formwechselplan bezeichnet wird (§ 335). Bei den vermögensübertragenden Umw hat des Weiteren im Grds. die **Prüfung** der Umw und der Beteiligungsveränderung durch unabhängige Sachverständige zu erfolgen, wobei deren Notwendigkeit je nach Unternehmensnähe der Anteilsinhaber unterschiedlich geregelt ist (vgl. §§ 43, 48, 60), während ein Verzicht der Zustimmung aller Anteilsinhaber bedarf (§ 9 III). Beim Formwechsel wird nur die Barabfindung geprüft. Für die grenzüberschreitenden Umw vgl. §§ 311, 325 und 338.

Beschlussphase. Zwingende Voraussetzung ist bei allen Umwandlungsformen 8 die Beschlussfassung der Anteilsinhaber über die Umwandlung. Um die Entschei-

Hörtnagl 173

dungsfindung zu erleichtern, sind ihnen die dafür bedeutsamen Unterlagen (Vertrag, Bericht der Leitungsorgane und ggf. Bericht der Umwandlungsprüfer, Jahresabschlüsse und Lageberichte) zu übersenden bzw. sind derartige beschlussvorbereitende Unterlagen zugänglich zu machen. Weitere Erläuterungspflichten bestehen ggf. während der beschlussfassenden **Anteilsinhaberversammlung** (vgl. etwa § 64 I). Der Beschluss und uU die erforderlichen Zustimmungserklärungen der Anteilsinhaber sind notariell zu beurkunden. Die Wirksamkeit des Umwandlungsbeschlusses kann bei allen Umwandlungsvarianten gerichtlich überprüft werden (einheitliche Klagefrist: ein Monat). Die **Unwirksamkeitsklage** kann aber nicht auf ein fehlerhaftes Umtauschverhältnis oder ein unzureichendes oder gar fehlendes Barabfindungsangebot gestützt werden. Der Anteilsinhaber kann die Angemessenheit des Umtauschverhältnisses bzw. der Barabfindung nur im Wege des **gerichtlichen Spruchverfahrens** überprüfen lassen (vgl. B. SpruchG). Zwischenzeitlich kann ein unangemessenes Umtauschverhältnis bei (übernehmenden) AG/SE/KGaA durch zusätzlich zu gewährende Aktien, deren Umfang ebenfalls im Spruchverfahren (§ 10a SpruchG) festgelegt wird, kompensiert werden (§§ 72a, 72b, 248a; vgl. zum Anwendungsbereich → § 72a Rn. 5). Missbräuchlichen Unwirksamkeitsklagen, die zunächst eine Registersperre bewirken (§ 16 II, § 198 II), wird durch ein besonderes Freigabeverfahren entgegengewirkt (§ 16 III).

9 **Vollzugsphase.** Je nach Umwandlungsvariante sind Anmeldung, Eintragung und Bekanntmachung – auch in Bezug auf ihre Reihenfolge – unterschiedlich geregelt. Die Anmeldung muss alle Erklärungen und – als Anlagen – sämtliche Unterlagen enthalten, anhand derer das Registergericht die Ordnungsmäßigkeit der Umw prüfen kann. Hierzu zählt bei der Anmeldung zum Register des übertragenden Rechtsträgers auch eine handelsrechtliche Schlussbilanz (§ 17 II). Die Umw wird durch **Eintragung** in das zuständige Handels-, Partnerschafts-, Genossenschafts- oder Vereinsregister wirksam, Mängel werden durch die Registereintragung unbeachtlich (§ 20, § 131, § 202). Die Eintragung bewirkt
– bei Verschm, Spaltungen und Vermögensübertragungen den Übergang des ganzen Vermögens bzw. eines Vermögensteils im Wege der Gesamtrechts- bzw. Sonderrechtsnachfolge auf den übernehmenden/neuen Rechtsträger;
– bei Verschm, Aufspaltungen und Vermögensübertragungen (Vollübertragungen) des Weiteren das Erlöschen des übertragenden Rechtsträgers sowie den Wechsel der Anteilsinhaber zum übernehmenden/neuen Rechtsträger, bei Ausgliederungen die Beteiligung des übertragenden Rumpfunternehmens am übernehmenden/neuen Rechtsträger;
– beim Formwechsel die Änderung der Rechtsform und damit der Qualität der Beteiligung der Anteilsinhaber unter Aufrechterhaltung des formwechselnden Rechtsträgers (Identität).

10 Besonderheiten bestehen bei **grenzüberschreitenden Umw.** Hierfür sieht die GesR-RL ein zweistufiges Eintragungsverfahren vor, das national in §§ 315–318, 329–331 und §§ 342–345 umgesetzt wurde. Aufgrund der Beteiligung von Ges aus verschiedenen Staaten wird die Erfüllung der Voraussetzungen von den zuständigen Stellen der jew. Staaten geprüft und in einer Bescheinigung (§§ 316, 329, 343) bestätigt. Grenzüberschreitende Verschm werden bei Beteiligungen von inl. (übernehmenden oder neuen) Ges ebenfalls mit der Eintragung in deren Register wirksam. Unterliegt die übernehmende oder neue Ges einer ausl. Rechtsordnung, richten sich der Zeitpunkt des Wirksamwerdens und die einzelnen Rechtswirkungen nach dem ausl. Recht.

11 **bb) Verschmelzung (Abs. 1 Nr. 1).** Bei der Verschm geht das gesamte Vermögen von einem oder mehreren Rechtsträgern im Wege der Gesamtrechtsnachfolge auf einen anderen, bereits bestehenden (Verschm durch Aufnahme) oder neu gegründeten (Verschm durch Neugründung) Rechtsträger unter Auflösung ohne

Arten der Umwandlung 12–15 § 1 UmwG A

Abwicklung über. Die Anteilsinhaber (Gesellschafter, Partner, Aktionäre, Gen, Mitglieder, → § 2 Rn. 3) der übertragenden Rechtsträger werden im Regelfall durch Anteilstausch am übernehmenden bzw. neu gegründeten Rechtsträger beteiligt (→ § 2 Rn. 15 f.).

Die Verschm ist nach Maßgabe von § 3 I für PhG und PartGes, KapGes, eG, eV, **12** genossenschaftliche Prüfungsverbände, VVaG, wirtschaftliche Vereine und Alleingesellschafter einer KapGes möglich (näher → § 3 Rn. 6 ff.; zur Beteiligung von ausl. Rechtsträgern → Rn. 35 f.). **Ab dem 1.1.2024** sind auch **eingetragene GbR** beteiligtenfähig. Erstmalig durch das UmwG 1995 wurde die Verschm von eG mit Vereinen oder Ges anderer Rechtsform möglich; der Gesetzgeber kam damit dem praktischen Bedürfnis nach, die Umw auch von rechtsfähigen Vereinen (zB Postsparvereinen) und von früheren Idealvereinen, die sich mittlerweile zu wirtschaftlichen Vereinen entwickelt haben (zB Fußballvereinen; dazu Lettl DB 2000, 1449; Mayer FS Widmann, 2000, 67; Balzer ZIP 2001, 175; zur Sanierung eines insolventen Vereins durch Umw vgl. Streck/Mack/Schwedhelm AG 1998, 230), zuzulassen. Klargestellt wurde auch eine wichtige Streitfrage des früheren Verschmelzungsrechts: Es können gleichzeitig mehrere Rechtsträger auf einen Übernehmer verschmelzen (→ § 2 Rn. 9).

Mit Gesetz v. 19.4.2007 (BGBl. 2007 I 542) wurden ferner mit den §§ 122a ff. **13** aF die Voraussetzungen für **grenzüberschreitende Verschm von europäischen KapGes** geschaffen. Mit diesen Normen wurde erstmals die GesR-RL (ursprünglich RL 2005/56/EG) umgesetzt. Mit dem UmRUG wurden die Änderungen der GesR-RL durch die UmwR-RL nachvollzogen und mit dem Sechsten Buch neben der grenzüberschreitenden Verschmelzung (§§ 305–319) auch die grenzüberschreitende Spaltung (§§ 320–322) und der grenzüberschreitende Formwechsel (§§ 333–345) geregelt. Diese Vorschriften entfalten indes nur für die beteiligten inl. Ges rechtliche Wirkungen (→ § 305 Rn. 15). Zu den beteiligtenfähigen Gesellschaften vgl. § 306.

cc) **Spaltung (Abs. 1 Nr. 2).** Die Spaltung eines Rechtsträgers wird in drei **14** Formen – als Aufspaltung, Abspaltung und als Ausgliederung – zugelassen (§ 123). Bei der **Aufspaltung,** dem Spiegelbild zur Verschm, wird das gesamte Vermögen des Rechtsträgers ohne Abwicklung übertragen. Die Vermögensteile gehen als Gesamtheit im Wege der Sonderrechtsnachfolge (partiellen Universalsukzession) auf mindestens zwei andere, bereits bestehende (Aufspaltung zur Aufnahme) oder neu gegründete (Aufspaltung zur Neugründung) Rechtsträger über. Die Anteilsinhaber des sich aufspaltenden Rechtsträgers werden an den übernehmenden oder neuen Rechtsträgern mit ggf. abw. Beteiligungsverhältnissen (§ 128) beteiligt (§ 123 I). Möglich sind bei Abspaltungen auch Veränderungen der Anteilsverhältnisse beim übertragenden Rechtsträger (→ § 128 Rn. 4). Bei der **Abspaltung** bleibt der alte Rechtsträger bestehen und überträgt im Wege der Sonderrechtsnachfolge Vermögensteile auf einen oder mehrere andere, bereits bestehende (Abspaltung zur Aufnahme) oder neu gegründete (Abspaltung zur Neugründung) Rechtsträger; hinsichtlich der Beteiligung der Anteilsinhaber gilt das zur Aufspaltung Gesagte (§ 123 II) mit der Maßgabe, dass auch Veränderungen beim übertragenden Rechtsträger eintreten können. Bei der **Ausgliederung** werden ebenfalls Vermögensteile durch Sonderrechtsnachfolge übertragen, die Anteile an den übernehmenden (Ausgliederung zur Aufnahme) oder an den neu gegründeten (Ausgliederung zur Neugründung) Rechtsträger erhält allerdings der übertragende Rechtsträger selbst; es entsteht dabei also ein Mutter-Tochter-Verhältnis. Bei grenzüberschreitenden Spaltungen (§§ 320–332) bestehen insoweit keine Besonderheiten.

Der Kreis der **spaltungsfähigen Rechtsträger** entspricht grds. demjenigen bei **15** Verschm (vgl. §§ 3, 124), die Ausgliederung ist darüber hinaus grds. auch für Einzelkaufleute, Stiftungen, Gebietskörperschaften sowie deren Zusammenschlüsse, die nicht Gebietskörperschaften sind, als übertragende Rechtsträger zulässig (§ 124 I).

Wirtschaftliche Vereine werden generell nur als übertragende Rechtsträger zugelassen (vgl. näher § 124). Zu den beteiligtenfähigen Ges bei grenzüberschreitenden Spaltungen vgl. § 321. Ab dem 1.1.2024 sind auch eingetragene GbR beteiligtenfähig.

16 Die Spaltung durch Sonderrechtsnachfolge wurde erstmals im UmwG 1995 geregelt. Begleitend wurden mit §§ 15, 16 UmwStG 1995 die Voraussetzungen für **steuerneutrale Auf-/Abspaltungen** von Körperschaften geschaffen. Zuvor mussten komplizierte Hilfskonstruktionen gewählt werden, die stl. bestenfalls die Billigung der FVerw fanden. Die **Ausgliederung** ist stl. ein Einbringungsfall, der von den §§ 20, 21, 24 UmwStG erfasst ist. Ebenso sind Auf-/Abspaltungen von PhG – wenn überhaupt – von §§ 20 ff. UmwStG erfasst.

17 **dd) Vermögensübertragung (Abs. 1 Nr. 3).** Die Vermögensübertragung kann als Vollübertragung (§ 174 I, vglbar der Verschm) oder als Teilübertragung (§ 174 II, vergleichbar der Spaltung) erfolgen; im Gegensatz zur Verschm bzw. Spaltung werden die Anteilsinhaber jedoch nicht an den übernehmenden bzw. neu gegründeten Rechtsträgern beteiligt, sie erhalten vielmehr eine **Gegenleistung anderer Art,** regelmäßig eine Barleistung.

18 Die Vermögensübertragung kann nur von einer KapGes auf die öffentliche Hand durchgeführt werden bzw. unter Versicherungsunternehmen dann erfolgen, wenn sie in der Rechtsform der AG, VVaG oder des öffentlich-rechtlichen Versicherungsunternehmens geführt werden (§ 175).

19 **ee) Formwechsel (Abs. 1 Nr. 4).** Mit dem Formwechsel (§§ 190–304) wurde die früher bestehende Möglichkeit der formwechselnden Umw fortgeschrieben. Die Identität des Rechtsträgers als Verband bleibt unberührt, allein seine äußere Form ändert sich (→ § 190 Rn. 5 ff.). Da beim Formwechsel als formwechselnder Rechtsträger (§ 191 I) PhG (auch KapGes & Co., Stiftung & Co.; zu Letzterem Nietzer/Stadie NJW 2000, 3457) und PartGes, KapGes, eG, rechtsfähige Vereine, VVaG, Körperschaften und Anstalten des öffentlichen Rechts beteiligt sein können und zulässige neue Rechtsformen (§ 191 II) GbR, PhG und PartGes, KapGes und eG sind, ist auch ein Formwechsel von KapGes in PersGes und umgekehrt zulässig. Ab dem 1.1.2024 ist die eingetragene GbR auch als Ausgangsrechtsform formwechselfähig. Mit dem UmRUG wurde mit Aufnahme der §§ 333–345 in Umsetzung der GesR-RL der grenzüberschreitende Formwechsel von EU/EWR-KapGes positivrechtlich geregelt.

20 Stl. ist zu beachten, dass der Formwechsel von einer Körperschaft in eine PersGes oder umgekehrt einen **Wechsel der Besteuerungssysteme** bewirkt. Trotz der zivilrechtlichen Identität (kein zivilrechtlicher Vermögensübergang) wird stl. daher in diesen Fällen ein **Vermögensübergang fingiert.** Vgl. näher §§ 9, 25 UmwStG.

21 Neu eingeführt wurde durch das UmwG 1995 auch die generelle Möglichkeit der Beteiligung eines rechtsfähigen Vereins als formwechselnder Rechtsträger; nach § 62 S. 1 UmwG 1969 konnten wirtschaftliche Vereine nur dann die Möglichkeit zur Umw in eine AG nutzen, wenn sie ein in übertragbare Anteile zerlegbares Vermögen hatten und ihnen vor Inkrafttreten des BGB die Rechtsfähigkeit verliehen wurde. Des Weiteren wurde im UmwG 1995 erstmals der Formwechsel zur Umw in eine eG zugelassen.

22 **ff) Gesamtrechtsnachfolge.** Die Besonderheit der Umw im Wege der Verschm, der Spaltung und der Vermögensübertragung besteht darin, dass das Vermögen der übertragenden Rechtsträger (oder Teile hiervon) in einem Akt im Ganzen (uno actu) auf den übernehmenden Rechtsträger übergeht. Das UmwG enthält damit Sonderregelungen zum allg. Rechtsgrundsatz des dt. Zivilrechts, dass Rechte und Verbindlichkeiten nur im Wege der Einzelrechtsnachfolge von einem Rechtsträger auf den anderen übergehen können (vgl. zB §§ 398 ff., 873, 925, 929 ff. BGB).

Ein praktisch bedeutsamer Unterschied zwischen Einzel- und Gesamtrechts- bzw. Sonderrechtsnachfolge ist etwa, dass bei der Einzelrechtsnachfolge der Übergang von Verbindlichkeiten jew. die Zustimmung aller betroffenen Gläubiger erfordert (vgl. §§ 414 ff. BGB), bei der Gesamtrechtsnachfolge nicht. Zur Gesamtrechtsnachfolge ausf. → § 20 Rn. 23 ff., zur Sonderrechtsnachfolge → § 131 Rn. 4 ff.

2. Sitz im Inland (Abs. 1)

a) Bedeutung, verbleibende Fragen. Abs. 1 ist nicht nur ein den Regelungsgegenstand des UmwG beschreibender Einleitungssatz ohne eigenständigen materiellen Gehalt (zum Begriff Rechtsträger → Rn. 2, zu den genannten Umwandlungsformen → Rn. 11 ff.). Denn er legt fest, dass **nur Rechtsträger mit Sitz im Inland** umgewandelt werden können. Die Einordnung dieser Einschränkung und ihre konkreten Auswirkungen bereiteten anfangs Schwierigkeiten. Die Vorgängervorschriften zum UmwG – etwa §§ 339 ff. AktG aF, §§ 19 ff. KapErhG aF – enthielten eine derartige ausdrückliche Festlegung des Gesetzgebers auf Rechtsträger mit Sitz im Inland nicht. Die Frage war daher ausschließlich nach dem dt. Internationalen GesR, das hinsichtlich des Personalstatuts derzeit ebenfalls noch nicht kodifiziert ist (vgl. etwa Grüneberg/Thorn EGBGB Anh. Art. 12 Rn. 1; vgl. aber RefE Gesetz zum IPR der Gesellschaften, Vereine und jur. Personen), zu lösen. Und sie war wie das gesamte dt. Internationale GesR umstritten (näher Lutter/Lutter/Drygala, 4. Aufl. 2009, Rn. 4). Der Begr. RegE UmwG 1995 ist zu entnehmen, dass eine Regelung grenzüberschreitender Vorgänge, insbes. der int. Fusion, angesichts der Bemühungen der europäischen Gemeinschaften um eine derartige Regelung zurückgestellt werden sollte (BR-Drs. 75/94 zu § 1). Vgl. nun aber §§ 305 ff. und bereits seit 2007 §§ 122a ff. aF und → Rn. 45 ff.

Trotz der scheinbar klaren Aussage – Rechtsträger mit Sitz im Inland können umgewandelt werden – bereitet das **Verständnis** der Vorschrift **verschiedene Probleme.** Teilw. wurde früher darin ein **Verbot der grenzüberschreitenden Umw** gesehen (vgl. etwa Kallmeyer ZIP 1994, 1746 (1752); anders allerdings später Kallmeyer ZIP 1996, 536; Schaumburg GmbHR 1996, 501 (502); Kloster, Grenzüberschreitende Zusammenschlüsse, 2004, S. 303; vgl. auch die ausf. Darstellung der historischen Entwicklung bei Widmann/Mayer/Heckschen Rn. 92 ff.). Nach diesem Verständnis enthielte Abs. 1 die Aussage, Rechtsträger mit Sitz im Inland können an einer grenzüberschreitenden Umw (Verschm oder Spaltung) nach dem UmwG nicht beteiligt sein. Dies wäre eine materielle, sachrechtliche Bestimmung des Gesetzgebers für Umw mit int. Bezug, zugleich aber auch eine kollisionsrechtliche Bestimmung für dt. Rechtsträger. Diese Ansicht lässt sich spätestens nach Einfügung der §§ 122a ff. aF im Jahr 2007 unter keinen Umständen mehr vertreten (vgl. auch Lutter/Drygala Rn. 5). Nach **zutr. Ansicht** enthält Abs. 1 – unabhängig von einer möglichen Überlagerung durch europäisches Unionsrecht (→ Rn. 47) – **kein Verbot** einer grenzüberschreitenden Umw für Rechtsträger mit Sitz im Inland. Die Vorschrift **begrenzt** lediglich die **Anwendung des UmwG** auf Rechtsträger mit Sitz im Inland (Lutter/Drygala Rn. 31; Semler/Stengel/Leonard/Drinhausen Einl. C Rn. 5, 23, 33; Kallmeyer/Marsch-Barner Vor §§ 122a–122l Rn. 8; Kallmeyer/Kallmeyer/Marsch-Barner Rn. 4; Henssler/Strohn/Decker Rn. 9; Triebel/v. Hase BB 2003, 2409 (2416); Door/Stuckenborg DB 2003, 647; Kronke ZGR 1994, 26 (35); Wenglorz BB 2004, 1061 (1062 f.); Kraft/Bron RIW 2005, 641; aA etwa MüKoBGB/Kindler IntGesR Rn. 861 ff.; diff. nach EU- und Drittstaatenfällen BeckOGK/Drinhausen/Keinath Rn. 21 ff.; vgl. zu Drittstaatenfällen → Rn. 48, → Rn. 53). Mehr lässt sich weder aus dem Wortlaut, der erkennbar nur auf das UmwG Bezug nimmt, noch aus der Begr. RegE (→ Rn. 23) ableiten. Selbst wenn der Gesetzgeber ein generelles Verbot grenzüberschreitender Umw gewollt hätte, wäre dies in EU- und diesen gleichgestellten Fällen ein Verstoß gegen die europarechtlich garantierte Niederlassungsfreiheit (näher → Rn. 47) und gegen die Vorgaben der GesR-RL. Abs. 1 wäre dann europarechtskonform einschränkend auszulegen (vgl. auch Semler/Stengel/Leonard/Drinhausen Einl. C Rn. 5, 23, 33). Seit dem Jahr 2007 ist natürlich zu berücksichtigen, dass das UmwG in Umsetzung der GesR-RL (ursprünglich RL 2005/56/EG) in den §§ 122a ff. aF Regelungen für die grenzüberschreitende Verschm von EU-/EWR-KapGes enthielt, die im Jahr 2023 im Sechsten Buch um Regelungen zu grenzüberschreitenden Spaltungen und einem grenzüberschreitenden Formwechsel ergänzt wurden (§§ 305–345). Die Frage beschränkt sich damit darauf, ob darüber hinaus grenzüberschreitende Umw unter Beteiligung von Rechtsträgern anderer Rechtsform möglich sind (ebenso Lutter/Drygala Rn. 10 ff.; → Rn. 45 ff.). Aber gerade die Einfügung der §§ 122a ff. aF und der §§ 305 ff. bei unverändertem Wortlaut von § 1 I zeigt auch, dass der Gesetzgeber das vorstehende Verständnis teilt. Denn anderenfalls hätte es einer Klarstellung bei § 1 I bedurft, dass in von §§ 305 nicht erfassten Fällen das UmwG nur anwendbar ist, wenn ausschließlich inl. Rechtsträger beteiligt sind (vgl. auch Lutter/Drygala Rn. 5; Kölner Komm UmwG/Dauner-Lieb Rn. 27; aA MüKoBGB/Kindler IntGesR Rn. 861 ff.).

25 Damit besagt die Beschränkung auf Rechtsträger mit Sitz im Inland aber nichts, was nicht auch ohne diesen Zusatz gelten würde. Denn das UmwG kann grds. keine gesellschaftsrechtlichen Regelungen für Rechtsträger treffen, die nicht der inl. Rechtsordnung unterliegen. Dies gilt auch für grenzüberschreitende Umw nach §§ 305 ff. Diese Normen wie auch die nach § 305 II, § 320 II und § 333 II entsprechend anwendbaren Vorschriften des innerstaatlichen Verschmelzungsrechts gelten nur für die der inl. Rechtsordnung unterliegenden Ges (Begr. RegE, BT-Drs. 16/2919 zu § 122a II aF). Freilich ist damit auch nicht positiv festgestellt, dass grenzüberschreitende Umw unter Beteiligung von dt. Rechtsträgern über die von §§ 305 erfassten Fälle hinaus möglich sind. Nicht ausgeschlossen ist es aber, das UmwG bei grenzüberschreitenden Umw nur auf die Rechtsträger mit Sitz im Inland anzuwenden, während sich die Voraussetzungen und Rechtsfolgen für die ausl. Rechtsträger nach deren Rechtsordnung richten. Indes wirft dies, soweit Regelungen fehlen, die die Kompatibilität zwischen den Rechtsordnungen herstellen, verschiedene Probleme auf (näher → Rn. 57 ff.). Im Ergebnis bedeutet dies, dass Abs. 1 für die Frage, ob über die §§ 305 ff. hinaus grenzüberschreitende Umw möglich sind, keine Aussage trifft. Auch der Gesetzgeber schien von Anfang nicht von einer Unanwendbarkeit des UmwG auf sonstige grenzüberschreitende Vorgänge auszugehen, sah aber die Notwendigkeit einer kollisionsrechtlichen Lösung (Begr. RegE UmwÄndG 2007 Allg. Teil, BT-Drs. 16/2919; vgl. indes auch BeckOGK/Drinhausen/Keinath Rn. 22).

26 Ebenso war von Anfang an umstritten, **welcher Sitz,** der Satzungssitz oder der tatsächliche Verwaltungssitz, gemeint ist (vgl. auch → Rn. 43). Dies könnte – so scheint es zunächst – Einfluss auf die Beteiligtenfähigkeit von Rechtsträgern, also auf die Frage, welche Rechtsträger eine Umw nach dem UmwG durchführen können, haben. Denn am tatsächlichen Verwaltungssitz orientiert sich ggf. das Personalstatut, also das auf den Rechtsträger anwendbare GesR. Folgt man der in Deutschland bislang herrschenden und insbes. von der Rspr. vertretenen **Sitztheorie** (vgl. etwa BGH NJW 2003, 1607; für Ges aus Drittstaaten – hier Schweiz, Singapur und Bahamas – bestätigt durch BGH NJW 2009, 289; GmbHR 2010, 211 und BGH NZG 2017, 347; vgl. auch BGH NZG 2011, 1114 und BGH NZG 2016, 1187; OLG München NZG 2021, 1518; LG Berlin NZG 2023, 706; vgl. aber auch → Rn. 40), könnte es nur auf den tatsächlichen Verwaltungssitz ankommen. Denn ein Auseinanderfallen von Satzungs- und Verwaltungssitz ist nach diesem Verständnis nicht denkbar (Paefgen GmbHR 2004, 463 (465)), weil sich eine in Deutschland gegründete Ges mit statutarischem Sitz in Deutschland auflösen würde, sobald sie den tatsächlichen Verwaltungssitz ins Ausland verlegt hätte (näher → Rn. 40; zur

Verlegung des Satzungssitzes → Rn. 38). Umgekehrt richtet sich nach der Sitztheorie das Personalstatut für ausl. Rechtsträger nach dem Verwaltungssitz.

Folgt man hingegen der sog. **Gründungstheorie,** könnte es in der Tat auf die 27 Frage ankommen, welcher Sitz – tatsächlicher Verwaltungssitz oder statutarischer Sitz – in Abs. 1 gemeint ist, da ein Auseinanderfallen nicht den Verlust der Rechtsfähigkeit und auch nicht einen Wechsel des Personalstatuts des Rechtsträgers bewirken würde. Indes bestimmt sich die Beteiligtenfähigkeit nicht nach Abs. 1, sondern nach den Vorschriften für die einzelnen Umwandlungsarten, insbes. nach §§ 3, 124, 175 und 191. Die Lösung leitet sich aus diesen Vorschriften ab, ohne dass es eines Rückgriffs auf Abs. 1 bedarf (iE → Rn. 38 ff.). Auch insofern läuft die Beschränkung in Abs. 1 auf Rechtsträger im Inland im Wesentlichen leer.

Bei der Auslegung von Abs. 1 und damit bei der Frage nach der Anwendbarkeit 28 des UmwG auf ausl. Rechtsträger und auf grenzüberschreitende Vorgänge sind zudem die **europarechtlichen Rahmenbedingungen** zu beachten. Diese überlagern auch einen ggf. abw. historischen Willen des Gesetzgebers des UmwG 1995 (Semler/Stengel/Leonard/Drinhausen Einl. C Rn. 24; aA BeckOGK/Drinhausen/ Keinath Rn. 21). Zwischenzeitlich sind verschiedene Arten von grenzüberschreitenden Umw positivrechtlich geregelt. Hierzu zählen die auf unmittelbar geltenden europäischen Sekundärrecht beruhenden Umw nach der **SE-VO** (vgl. hierzu iE C. SE-VO) und nach der **SCE-VO**. Außerdem wurden mit Gesetz v. 19.4.2007 (BGBl. 2007 I 542) die **§§ 122a aF ff.** eingefügt und damit Regelungen für die grenzüberschreitende Verschm von **EU-/EWR-KapGes** geschaffen. Mit diesen Normen wurde die GesR-RL (ursprünglich RL 2005/56/EG) umgesetzt. Mit dem UmRUG erfolgte mit Wirkung ab dem 1.3.2023 nun die umfassende Umsetzung der durch die UmwR-RL geänderten GesR-RL in den §§ 305 ff. durch Regelungen zu grenzüberschreitenden Verschm grenzüberschreitenden Spaltungen und zum grenzüberschreitenden Formwechsel. Diese Vorschriften entfalten indes nur für die beteiligten inl. Ges unmittelbare rechtliche Wirkungen. Andererseits sind diese Regelungen für die von ihnen erfassten Fallgruppen abschl. und stellen eine Konkretisierung der Niederlassungsfreiheit dar (vgl. auch Lutter/Drygala Rn. 10).

Einen wesentlichen Einfluss hat ferner die Rspr. des **EuGH** (die Entwicklung 29 zusammenfassend Bayer/Schmidt ZIP 2017, 2225; Knaier GmbHR 2018, 607; Limmer Unternehmensumwandlungs-HdB/Limmer/Knaier Teil 6 Rn. 15 ff.). Mit den Urteilen Centros (NJW 1999, 2027), Überseering (NJW 2002, 3614) und Inspire Art (NJW 2003, 3331) hat der EuGH nicht nur den Umfang der Grundfreiheiten, insbes. der Niederlassungsfreiheit, von Ges innerhalb der EU weiter geklärt, die Urteile beeinflussen wenigstens für das Verhältnis zu Staaten des EU-Raums und zu gleichgestellten Staaten (EWR: Liechtenstein, Island, Norwegen; vgl. auch dt.-amerikanischen Freundschaftsvertrag; dazu BGH NJW 2003, 1607) unmittelbar **elementare Fragen des jeweiligen Internationalen GesR,** die auch bei der Anwendung des UmwG zu berücksichtigen sind. Unmittelbar mit der Frage der Zulässigkeit grenzüberschreitender Umw befasst sich der EuGH in dem Urteil Sevic (NJW 2006, 425). Danach ist es mit der Niederlassungsfreiheit nicht zu vereinbaren, wenn die Eintragung einer grenzüberschreitenden Hineinverschmelzung generell verweigert wird, während eine innerstaatliche Verschm möglich ist (näher → Rn. 49). Ebenso muss der Zuzugsstaat anlässlich einer Verlegung des Satzungssitzes einen grenzüberschreitenden Formwechsel ermöglichen, wenn inl. Rechtsträger die Möglichkeit einer derartigen Umw haben (EuGH NZG 2012, 871 – Vale; näher → Rn. 52). Andererseits hat der EuGH zwischenzeitlich dem Wegzugsstaat auch festgestellt, die Niederlassungsfreiheit stehe nicht Rechtsvorschriften entgegen, die es einer nach dem nat. Recht dieses Mitgliedstaats gegründeten Ges verwehren, ihren Sitz in einen anderen Mitgliedstaat zu verlegen und dabei ihre Eigenschaft als Ges des nat. Rechts des Mitgliedstaats, nach dessen Recht sie gegründet wurde, zu behalten (EuGH NJW 2009, 569 – Cartesio). Diese unterschiedlichen Anforderungen im Zuzugs- und Wegzugsstaat können zu schwierigen Konstellationen führen. Jedenfalls ist die Gründungstheorie gemeinschaftsrechtlich nicht geboten (EuGH NZG 2017, 1308 Rn. 34 – Polbud; Sethe/Winzer WM 2009, 536; Teichmann DB 2012, 2085 (2086)).

30 Grenzüberschreitende Vorgänge haben regelmäßig auch **stl. Auswirkungen.** Auch insoweit hat der Gesetzgeber reagiert und im Jahr 2006 mit dem **SEStEG** Regelungen für grenzüberschreitende Sachverhalte eingeführt. Insbes. wurde das UmwStG neu gefasst und sein Anwendungsbereich auf EU-/EWR-Rechtsträger sowie auf grenzüberschreitende und vglbare ausl. Vorgänge erweitert (iE → UmwStG § 1 Rn. 31 ff.).

31 Vor diesem Hintergrund stellen sich für die **Praxis** momentan noch folgende **Fragen:**
- Sind nach einer **ausl. Rechtsordnung gegründete Rechtsträger** mit **Verwaltungssitz im Inland** Rechtsträger iSd UmwG und damit **fähig,** an einer **Umw nach dem UmwG teilzunehmen?** Muss insofern zwischen EU-/EWR-Rechtsträgern und Rechtsträgern aus Drittstaaten unterschieden werden? Dazu → Rn. 35 ff.
- Sind nach inl. Recht gegründete Rechtsträger mit tatsächlichem **Verwaltungssitz** und/oder **Satzungssitz** im EU- oder sonstigen **Ausland** beteiligtenfähig iSd UmwG? Dazu → Rn. 38 ff.
- Kann ein Rechtsträger mit Sitz im Ausland auf einen Rechtsträger mit Sitz im Inland außerhalb des Anwendungsbereichs der §§ 305 ff. umgewandelt werden **(Hineinumwandlung)?** Dazu → Rn. 49 ff.
- Kann ein Rechtsträger mit Sitz im Inland auf einen Rechtsträger mit Sitz im Ausland außerhalb des Anwendungsbereichs der §§ 305 ff. umgewandelt werden **(Hinausumwandlung)?** Dazu → Rn. 54 ff.

32 **b) Beteiligtenfähigkeit. aa) Grundsatz.** Die Fähigkeit eines Rechtsträgers (zum Begriff des Rechtsträgers → Rn. 2), an einer Umw nach dem UmwG beteiligt zu sein (Beteiligtenfähigkeit), folgt nicht aus Abs. 1. Hierfür enthält das UmwG in § 3 I, II, § 124 I, § 175, § 191, § 306, § 321 und § 334 besondere Vorschriften, die die Beteiligtenfähigkeit der Rechtsträger verschiedener Rechtsformen regeln. Die danach möglichen Kombinationen werden teilw. noch durch Vorschriften in den rechtsformspezifischen besonderen Teilen des UmwG eingeschränkt. Vgl. iE die Komm. zu den genannten Vorschriften.

33 Danach sind – neben natürlichen Personen – ausschließlich Ges/Körperschaften beteiligtenfähig, die dem **dt. Gesellschaftsstatut** unterstehen. Die Beschränkung in Abs. 1 auf Rechtsträger mit Sitz im Inland führt insoweit zu keinen anderen Ergebnissen.

34 Eine scheinbare Ausnahme besteht nach §§ 306, 321, 333 für grenzüberschreitende Umw iSv §§ 305 ff. Neben inl. KapGes (AG/SE/KGaA/GmbH) und tw. inl. PhG sind an einer derartigen Verschm auch **EU-/EWR-KapGes** beteiligtenfähig (iE → § 306 Rn. 8). Hierbei ist aber zu beachten, dass die §§ 305 ff. unmittelbare Rechtswirkungen nur für die an der grenzüberschreitenden beteiligten inl. Ges entfalten (auch → Rn. 24, → § 305 Rn. 15, → § 305 Rn. 21). §§ 306, 321, 333 sind damit keine Regelungen der Beteiligtenfähigkeit der Ges, sondern Tatbestandsvoraussetzung für die Anwendung der §§ 305 ff. auf die inl. Ges.

35 **bb) Ausländischer Rechtsträger mit Verwaltungssitz im Inland.** Ein nach ausl. Recht gegründeter Rechtsträger mit tatsächlichem Verwaltungssitz im Inland ist nicht iSd UmwG beteiligtenfähig. Derartige Ges (etwa niederl. B. V., franz. SA, engl. Ltd.) sind in §§ 3, 124, 175, 191 nicht aufgezählt. Eine Verlegung des Verwaltungssitzes in das Inland ändert an der Beteiligtenfähigkeit nichts, und zwar unabhängig davon, ob die Ges nach dem Recht eines EU-Mitgliedstaates, eines gleichgestellten Staates (EWR, Staatsvertrag) oder eines Drittlandes gegründet wor-

Arten der Umwandlung **36 § 1 UmwG A**

den ist. Denn auch eine wirksam nach dem Recht eines EU-/EWR-Mitgliedstaats gegründete Ges ist nach der Verlegung des tatsächlichen Verwaltungssitzes in einen anderen Mitgliedstaat von der Rechtsordnung dieses Staats **als Rechtsträger der ausl. Rechtsform** (also als B. V., SA, Ltd. usw) anzuerkennen und nach diesem **Gesellschaftsstatut** zu behandeln. Dies ist die Kernaussage der „Überseering"-Entscheidung des EuGH (NJW 2002, 3614; BGH NJW 2003, 1461). In diesen EU- und gleichgestellten Fällen (zum dt.-amerikanischen Freundschaftsvertrag vgl. BGH NJW 2003, 1607; zum EWR vgl. BGH NJW 2005, 3351; zu weiteren Staaten, mit denen bilaterale Verträge bestehen, vgl. Widmann/Mayer/Heckschen Rn. 185; zu britischen Ges vgl. → § 306 Rn. 8, → § 306 Rn. 10) ist das Personalstatut nach der **Gründungstheorie** zu bestimmen (BGH NZG 2016, 1187; 2011, 1114; NJW 2003, 1607; BFH BStBl. II 2004, 1043; OLG Naumburg GmbHR 2003, 533; KG NJW-RR 2004, 331; aA LG Frankenthal NJW 2003, 762). Nach der Entscheidung des EuGH in der Rechtssache Polbud (NZG 2017, 1308) reichen wohl auch Briefkastengründungen (dazu näher Lutter/Drygala Rn. 7 ff.). Jedenfalls genügt eine wirtschaftliche Aktivität im Zuzugsstaat (EuGH NZG 2012, 871 Rn. 34 – Vale; Schaper ZIP 2014, 810 (814); Drygala EuZW 2013, 569 (570); Forsthoff EuZW 2015, 248 (251); vgl. auch Schön ZGR 2013, 333 (353); Lutter/Drygala Rn. 7 ff.). Diese vom Gemeinschaftsrecht vorausgesetzte Anerkennung eines Rechtsträgers ausl. Rechtsform bedeutet aber gerade, dass auf diesen Rechtsträger unabhängig von der Verlegung des tatsächlichen Verwaltungssitzes in kooperationsrechtlichen Fragen weiterhin das **Recht des Gründungsstaates Anwendung** findet (BGH DStR 2005, 839: zur unzulässigen Anwendung von § 11 II GmbHG; MüKoBGB/Kindler IntGesR Rn. 155, 427; Widmann/Mayer/Heckschen Rn. 184; Lutter BB 2003, 7 (8); Paefgen GmbHR 2004, 466; Horn NJW 2004, 893 (897); Geyrhalter/Gänßler NZG 2003, 409 (410); Behme NZG 2012, 937). Das Gemeinschaftsrecht verlangt mithin zwar die Anerkennung der Rechtsfähigkeit und der ausl. Rechtsform, gebietet aber nicht, auf einen derartigen Rechtsträger auch die gesellschaftsrechtlichen Normen (entsprechend) anzuwenden, die für inl. Rechtsträger gelten. Im Gegenteil: Die **Niederlassungsfreiheit gewährleistet** gerade, dass dieser Rechtsträger **weiterhin** dem **Gesellschaftsstatut** unterliegt, nachdem er gegründet worden ist (EuGH NJW 2002, 3614; BGH NJW 2003, 1461; bestätigt durch BGH NZG 2016, 1187; 2011, 1114; zweifelnd, wenn der Gründungsstaat der Sitztheorie folgt, Horn NJW 2004, 893 (897); ebenso Kallmeyer DB 2002, 2521; dagegen Triebel/v. Hase BB 2003, 2409 (2412)). Ein Statutenwechsel tritt nicht ein. Das dt. GesR darf – von gerechtfertigten Eingriffen in die Grundfreiheiten abgesehen – gesellschaftsrechtliche Regelungen für diesen Rechtsträger nicht aufstellen (BGH DStR 2005, 839). Der ausl. Rechtsträger darf zwar nicht behindert werden, er muss aber auch akzeptieren, dass er sich in einem Rechtskreis bewegt, der ein anderes Gesellschaftsstatut als dasjenige seiner Gründung hat.

Im Ergebnis nichts anderes gilt für Rechtsträger, die nach dem Recht eines **Dritt- 36 staates** gegründet worden sind. Folgt man auch in diesen Fällen der Gründungstheorie (vgl. etwa OLG Hamm ZIP 2006, 1822 zu nach dem Recht der Schweiz gegründeten AG; dagegen aber BGH NJW 2009, 289; GmbHR 2010, 211; 2017, 347; vgl. auch BGH NZG 2011, 1114; 2016, 1187; OLG München NZG 2021, 1518; LG Berlin NZG 2023, 706), fehlt es wiederum an der Beteiligtenfähigkeit nach §§ 3, 124, 175, 191, da die ausl. Rechtsform nicht erwähnt ist (→ Rn. 35). Behandelt man Drittstaaten-Fälle weiterhin nach der Sitztheorie, ist ein derartiger Rechtsträger zwar partei- und rechtsfähig (BGH NJW 2009, 289; OLG Hamburg NZG 2007, 799; BGH DStR 2002, 1678), er ist jedoch dann als OHG oder GbR, die keiner Eintragung im HR bedürfen, oder ggf. als Einzelkaufmann zu behandeln (BGH NZG 2017, 347; NJW 2009, 289 (291); OLG München NZG 2021, 1518; LG Berlin NZG 2023, 706). Ob ein Staat der Gründungs- oder der Sitztheorie folgt, kann auch innerhalb der EU jeder Mitgliedstaat selbst bestimmen (EuGH

NZG 2017, 1308 Rn. 34 – Polbud). Zwar kann auch ohne Eintragung im HR eine OHG entstehen (§ 105 I HGB), die Umwandlungsfähigkeit setzt aber die tatsächliche Eintragung im HR voraus. Nach Verlegung des Satzungssitzes ins Inland **und** Eintragung im HR wäre eine Neugründung anzunehmen (vgl. BGH NJW 2009, 289 (290)). In diesem Fall könnte der Rechtsträger dann als OHG eine Umw nach dem UmwG durchführen (Lutter/Lutter/Drygalla, 3. Aufl. 2004, Rn. 9; MHdB GesR VIII/Lieder § 5 Rn. 23; vgl. auch Meilicke GmbHR 2003, 793 (800 f.)). Auch als eingetragene GbR wäre er ab dem 1.1.2024 nach dem UmwG beteiligtenfähig, aber eben erst nach Eintragung.

37 Ein ausl. Rechtsträger mit Verwaltungssitz im Inland kann aber als **Rechtsträger dieser Rechtsform an** einer **grenzüberschreitenden Umw beteiligt** sein. An einer grenzüberschreitenden Umw nach §§ 305 ff. können an §§ 306, 321 und 334 KapGes beteiligt sein, die nach dem Recht eines EU-/EWR-Staats gegründet worden sind und ihren satzungsmäßigen Sitz, ihre Hauptverwaltung oder ihre Hauptniederlassung in einem Mitgliedstaat haben. Hierbei müssen der Gründungsstaat und der Staat, in dem die Hauptverwaltung ist, nicht identisch sein. Demzufolge war etwa die Verschm einer englischen Ltd. mit Verwaltungssitz in Deutschland auf eine inl. GmbH eine grenzüberschreitende Verschm iSd §§ 122a aFff. (→ § 306 Rn. 11). Entsprechendes gilt für grenzüberschreitende Umw **außerhalb** der §§ 305 ff. (→ Rn. 45 ff.).

38 **cc) Inländischer Rechtsträger mit Satzungssitz im Ausland.** Eine Verlegung des Satzungssitzes in einen EU-Mitgliedstaat oder in einen Drittstaat führt derzeit noch nach inl. Grundsätzen des IPR zum Verlust der Rechtspersönlichkeit dieses Rechtsträgers, indem er sich auflöst (OLG München GmbHR 2007, 1273; OLG Düsseldorf BB 2001, 901; OLG Hamm NJW 2001, 2183; BayObLG NJW-RR 1993, 43; vgl. auch Weller DStR 2004, 1218). Teilw. wird auch die Nichtigkeit des Beschlusses angenommen (MüKoBGB/Kindler IntGesR Rn. 839; Koch AktG § 5 Rn. 13; Noack/Servatius/Haas/Servatius GmbHG § 4a Rn. 9; Hoffmann ZIP 2007, 1581 (1582); Triebel/v. Hase BB 2003, 2409 (2415); offengelassen BayObLG DStR 2004, 1224). Denn die Verlegung des Satzungssitzes ist ein Statutenwechsel, also eine grenzüberschreitende formwechselnde Umw (OLG Nürnberg NZG 2012, 468 (469); Lutter/Hommelhoff/Bayer GmbHG § 4a Rn. 16). Auch wenn der Rechtsträger diesen Statutenwechsel identitätswahrend durchführen kann (→ Rn. 52, → Rn. 55), hat er jedenfalls dann keine in § 3 I, II, § 124 I, § 175 und § 191 vorausgesetzte inl. Rechtsform mehr. Mangels Beteiligtenfähigkeit nach dem UmwG kann er an einer Umw nicht teilnehmen (zur Beteiligung aufgelöster Rechtsträger → § 3 Rn. 46). Diese Konsequenzen folgen nicht aus der Gründungs- oder Sitztheorie, die sich in dieser Frage nicht unterscheiden. Denn ein Satzungssitz im Inland ist eine Anforderung des inl. Sachrechts (etwa § 4a GmbHG, § 5 AktG; BayObLG DStR 2004, 1224; Noack/Servatius/Haas/Servatius GmbHG § 4a Rn. 9; Schaumburg FS Wassermeyer, 2005, 417; Triebel/v. Hase BB 2003, 2409 (2415); Weller DStR 2004, 1218). Auch im Zusammenhang mit den Änderungen durch das MoMiG sind nur die Rechtsfolgen der Verlegung des Verwaltungssitzes und nicht des Satzungssitzes geändert worden (OLG Nürnberg NZG 2012, 468 (469); Hoffmann ZIP 2007, 1581 (1582); Noack/Servatius/Haas/Servatius GmbHG § 4a Rn. 10). Im Gegenteil: Der Gesetzgeber hielt an einem Satzungssitz im Inland (vgl. § 4a GmbHG, § 5 AktG: Ort im Inland) ausdrücklich fest. Vgl. auch OLG Frankfurt a. M. NZG 2017, 423 (425). Einen grundsätzlich denkbaren rechtsformbeibehaltenden Wechsel des Satzungssitzes ins Ausland gestattet derzeit wohl kein Mitgliedstaat (Teichmann NZG 2019, 241 (242) Fn. 8 mwN).

39 Diese Konsequenz bei Verlegung des Satzungssitzes verstößt auch nicht gegen Gemeinschaftsrecht (EuGH NJW 2009, 569 – Cartesio; BayObLG DStR 2004, 1224 (1226); Noack/Servatius/Haas/Servatius GmbHG § 4a Rn. 9; Widmann/

Mayer/Heckschen Rn. 192 ff.; Leible ZGR 2004, 531 (535); Behrens IPRax 2000, 384; Triebel/v. Hase BB 2003, 2409 (2413 f.); aA AG Heidelberg NZG 2000, 927). Denn der EuGH hat festgestellt, dass sich die Möglichkeiten für eine nach dem Recht eines Mitgliedstaats gegründete Ges, ihren Satzungssitz oder ihren Verwaltungssitz in einen anderen Mitgliedstaat zu verlegen, ohne hierbei die durch den Gründungsstaat zuerkannte Rechtspersönlichkeit zu verlieren, und ggf. die Modalitäten dieser Verlegung nach den Rechtsvorschriften des Gründungsstaats richten (EuGH NJW 2009, 569 Rn. 104 ff. – Cartesio; idS auch schon EuGH NJW 2002, 3614 Rn. 70 – Überseering; NJW 1989, 2186 – Daily Mail; bestätigt durch EuGH DStR 2011, 2334 Rn. 27 – National Grid Indus; NZG 2012, 871 Rn. 27 ff. – Vale; NZG 2017, 1308 Rn. 43 – Polbud). Damit entscheidet auch das nat. Recht als Vorfrage, ob sich ein Rechtsträger, der eine derartige Sitzverlegung vornimmt, überhaupt als Ges anzusehen ist, die sich auf die Niederlassungsfreiheit (Art. 54 AEUV iVm Art. 49 AEUV) berufen kann (EuGH NJW 2009, 569 Rn. 109 f. – Cartesio; NZG 2012, 871 Rn. 28 – Vale). Dies ist allerdings der Fall, wenn ein Staat der Gründungstheorie folgt (EuGH DStR 2011, 2334 Rn. 32 – National Grid Indus; krit. hierzu etwa Schall/Barth NZG 2012, 414 (418)). Eine davon **zu unterscheidende Frage** ist, ob die Niederlassungsfreiheit einen grenzüberschreitenden **Formwechsel** gebietet (→ Rn. 52, → Rn. 55).

dd) Inländischer Rechtsträger mit Verwaltungssitz im Ausland. Zwischenzeitlich für dt. Rechtsträger (wenigstens in der Rechtsform der GmbH, AG und KGaA) geklärt ist die Umw eines nach der inl. Rechtsordnung gegründeten Rechtsträgers mit Verwaltungssitz im Ausland. Nach der früher vorherrschenden und von der Rspr. angewandten Sitztheorie hatte auch die Verlegung des tatsächlichen Verwaltungssitzes (zum Satzungssitz → Rn. 38) die Auflösung zur Folge (BGHZ 25, 134 (144)). Dies ist auch mit den europäischen Grundfreiheiten vereinbar, da die Niederlassungsfreiheit (Art. 54 AEUV iVm Art. 49 AEUV) es nicht verbietet, dass der Wegzugsstaat selbst mit der Verlegung (nur) des Verwaltungssitzes (zur Verlegung des Satzungssitzes → Rn. 39) die Konsequenz der Auflösung verknüpft. Die Überseering-Entscheidung des EuGH (NJW 2002, 3614) hatte ebenso wie Centros (NJW 1999, 2027) und Inspire Art (NJW 2003, 3331) – die letztgenannten Urteile hinsichtlich Zweigniederlassungen – Beschränkungen des Zuzugs zum Gegenstand. Einen Wegzugsfall betraf Daily Mail (EuGH NJW 1989, 2186). Das Gericht stellte damals ausdrücklich fest, dass die Niederlassungsfreiheit einer Ges kein Recht gewähre, den Sitz ihrer Geschäftsleitung unter Bewahrung ihrer Eigenschaft als Ges des Mitgliedstaates ihrer Gründung zu verlegen. Davon rückte der Gerichtshof in Überseering und in Centros nicht ab, sondern stellte nur fest, dass die Aussagen in Daily Mail wenigstens in Zuzugsfällen nicht dahin verstanden werden dürfen, dass der Zuzugsstaat die Anerkennung des Rechtsträgers von der Beachtung des eigenen nat. GesR abhängig machen könne (EuGH NJW 2002, 3614 Rn. 72 – Überseering). Knapper stellte er in der nachfolgenden Inspire Art-Entscheidung (NJW 2003, 3331 Rn. 102 f.) fest, dass Aussagen aus Daily Mail auf Zuzugsfälle nicht übertragbar seien. Zwischenzeitlich hat der EuGH (NJW 2009, 569 – Cartesio) seine mit der Daily Mail-Entscheidung entwickelte Auffassung bestätigt und festgestellt, dass sich die Möglichkeiten für eine nach dem Recht eines Mitgliedstaates gegründete Ges, ihren Satzungssitz **oder ihren Verwaltungssitz** in einen anderen Mitgliedstaat zu verlegen, ohne hierbei die durch den Gründungsstaat zuerkannte Rechtspersönlichkeit zu verlieren, und ggf. die Modalitäten dieser Verlegung ausschließlich nach den Rechtsvorschriften des Gründungsstaats richten (EuGH NJW 2009, 569 Rn. 107 – Cartesio; ergänzend → Rn. 39).

Diese Bestätigung des EuGH mag bedauert werden (vgl. etwa Hennrichs/Pöschke/von der Laage/Klavina WM 2009, 2009; vgl. aber etwa Zimmer/Naendrup NJW 2009, 545; Teichmann ZIP 2009, 393; zuvor EuGH-GA NZG 2008, 498;

Koppensteiner Der Konzern 2006, 40; Bayer BB 2004, 1 (4); Paefgen GmbHR 2004, 463 (466 f.); Maul/Schmidt BB 2003, 2297 (2300); Ziemonis ZIP 2003, 1913 (1919); Großerichter DStR 2003, 159 (164); aA wohl Kallmeyer DB 2002, 2522). Denn umfassend ist die Niederlassungsfreiheit wenigstens in Staaten, die der Sitztheorie folgen (Daily Mail betraf eine britische Ges; in Großbritannien gilt die Gründungstheorie, weswegen eine Auflösung durch den Wegzug nicht in Frage stand), nur dann gewährleistet, wenn auch der Wegzug ohne Auflösung der Ges gewährleistet ist (so auch Begr. RegE MoMiG, BT-Drs. 16/6140, 29; Koppensteiner Der Konzern 2006, 40 (41 f.)). In anderem Zusammenhang hat der EuGH zunächst klargestellt, dass die Niederlassungsfreiheit natürlicher Personen den Wegzug ohne Beschränkungen gewährleistet (DStR 2004, 551 Rn. 42 – Hughes de Lasteyrie du Saillant), dies aber zwischenzeitlich relativiert (EuGH IStR 2017, 69 – Kommission/ Portugal). Zwar unterliegen natürliche Personen anders als Ges nicht einem Personalstatut (vgl. auch Triebel/v. Hase BB 2003, 2409 (2410)), hinsichtlich der durch die Sitztheorie vermittelten Wegzugsbeschränkung scheint eine derart unterschiedliche Behandlung von natürlichen Personen und Ges aber nicht gerechtfertigt (vgl. allerdings auch EuGH DStR 2011, 2334 – National Grid Indus BV; DStR 2015, 1166 – Verder LabTec einerseits und die Weiterentwicklung von EuGH DStR 2004, 551 – Hughes de Lasteyrie du Saillant durch EuGH IStR 2017, 69 – Kommission/ Portugal). Abgemildert wird dieser Befund aber durch die Möglichkeit eines grenzüberschreitenden Formwechsels (→ Rn. 52, → Rn. 55).

42 Jedenfalls wurde für nach **dt. Recht gegründete** GmbHG und AG/KGaA durch Streichung von § 4a II GmbHG und § 5 II AktG die Möglichkeit eingeräumt, sich mit der Hauptverwaltung an einem Ort unabhängig von dem in der Satzung oder im Gesellschaftsvertrag gewählten Sitz niederzulassen, um gleiche Ausgangsbedingungen gegenüber vglbaren Auslandsgesellschaften zu schaffen (Begr. RegE MoMiG, BT-Drs. 16/6140, 29; vgl. dazu etwa Franz BB 2009, 1250 (1251) mwN; Leitzen NZG 2009, 728; zur Behandlung von Altfällen Behme BB 2010, 1679; zu praktischen Fragen im Verhältnis zu Luxemburg vgl. Wiehe/Thies BB 2012, 1891). Nichts anderes kann für PhG gelten (die Cartesio-Entscheidung betraf eine PersGes; dazu auch Leible/Hoffmann BB 2009, 58; Teichmann ZIP 2009, 393 (402)). Eine Unterscheidung zwischen Mitglieds- und Drittstaaten erfolgt hierbei nicht. Der nat. Gesetzgeber verlangt auch nicht die Ausübung einer wirtschaftlichen Aktivität im Staat des künftigen Verwaltungssitzes (vgl. dazu noch EuGH NZG 2012, 871 Rn. 34 – Vale; vgl. aber EuGH NZG 2017, 1308 Rn. 44 – Polbud), zumal die Ansässigkeit der Geschäftsleitung idR auch ausreichen müsste (vgl. etwa Drygala EuZW 2013, 569 (570)). Ob damit eine generelle Abkehr von der Sitztheorie verbunden ist (dazu Schaper ZIP 2014, 810 (815); Kindler AG 2007, 721; Franz BB 2009, 1250 (1251) mwN; zur kollisionsrechtlichen Bedeutung auch Noack/ Servatius/Haas/Servatius GmbHG § 4a Rn. 10 mwN), kann hier offenbleiben. Da Deutschland nunmehr mit der Verlegung des Verwaltungssitzes nicht mehr die Auflösung verbindet, können sich wegziehende Ges auch auf die Grundfreiheiten berufen (EuGH DStR 2011, 2334 Rn. 32 – National Grid Indus). Bestrebungen, de lege ferenda die Gründungstheorie gesetzlich festzuschreiben, sind nicht vorangekommen. Der RefE v. 7.1.2008 eines Gesetzes zum IPR der Gesellschaften, Vereine und jur. Personen sah folgende Regelung vor: „Gesellschaften, Vereine und jur. Personen des Privatrechts unterliegen dem Recht des Staates, in dem sie in ein öffentliches Register eingetragen sind. Sind sie nicht oder noch nicht in ein öffentliches Register eingetragen, unterliegen sie dem Recht des Staates, nach dem sie organisiert sind" (Art. 10 I EGBGB-E; dazu auch Kußmaul/Richter/Ruiner DB 2008, 451). Dabei wurde nicht zwischen einer Verlegung des Verwaltungssitzes in einen EU-/EWR-Mitgliedstaats oder einen Drittstaat unterschieden. Das Vorhaben ist nie weiterbetrieben worden.

Bei einer Verlegung des Verwaltungssitzes eines nach dt. Recht gegründeten **43** Rechtsträgers in einen EU-/EWR-Staat haben damit sowohl der Zuzugs- (→ Rn. 35) als auch der Wegzugsstaat den Rechtsträger mit dem aufgrund seiner Gründung und Registereintragung maßgeblichen Gesellschaftsstatut anzuerkennen. Ein derartiger Rechtsträger, der zu den in §§ 3, 124, 175, 191, 306, 321, 334 genannten Rechtsformen zählt, ist daher auch mit einem ausl. Verwaltungssitz fähig, an einer Umw nach dem UmwG teilzunehmen. **Sitz iSv Abs. 1 bedeutet** in diesen Fällen **Satzungssitz** (Semler/Stengel/Leonard/Drinhausen Einl. C Rn. 20; Kallmeyer/Kallmeyer/Marsch-Barner Rn. 2; Widmann/Mayer/Heckschen Rn. 105; BeckOGK/Drinhausen/Keinath Rn. 18; MüKoBGB/Kindler IntGesR Rn. 869; Henssler/Strohn/Decker Rn. 9; Leitzen NZG 2009, 728 (729); Triebel/v. Hase BB 2003, 2409 (2416)).

Anderes kann in **Drittstaatenfällen** gelten. Zwar unterscheidet das dt. Sachrecht **44** nicht zwischen einer Verlegung des Verwaltungssitzes in einen EU/EWR-Staat oder in einen Drittstaat (→ Rn. 42). Zusätzliche Voraussetzung für eine sichere Rechtsanwendung ist in diesem Fall aber, dass auch der Zuzugsstaat den Rechtsträger als dt. Rechtsträger anerkennt, also der Gründungstheorie folgt (vgl. etwa Noack/Servatius/Haas/Servatius GmbHG § 4a Rn. 11; Franz BB 2009, 1250 (1252)).

c) Grenzüberschreitende Umwandlungen. aa) Offene Fragen. Mit Gesetz **45** v. 19.4.2007 (BGBl. 2007 I 542) wurden die §§ 122a–122l aF eingefügt (und später um § 122m aF ergänzt). Sie regelten die grenzüberschreitende Verschm von EU-/EWR-KapGes und setzten damit die GesR-RL (ursprünglich RL 2005/56/EG) um. Damit wurde ein praktisch wichtiger Bereich der grenzüberschreitenden Umw positivrechtlich und aufgrund der Vorgaben durch die RL europaweit harmonisiert geregelt. Die neu eingefügten Normen befassten sich aber nur mit Verschm von EU-/EWR-KapGes, waren also sowohl hinsichtlich des persönlichen als auch des sachlichen Anwendungsbereichs beschränkt. Positivrechtlich geregelt – allerdings außerhalb des UmwG – sind ferner die grenzüberschreitenden Umw nach Maßgabe der **SE-VO** und der **SCE-VO** sowie der jew. nat. Ausführungsgesetze (vgl. iE Komm. zur SE-VO). Zu weiteren Initiativen der EU vgl. → Rn. 46. Eine große Weiterentwicklung trat durch die durch die UmwR-RL veranlasste Änderung der GesR-RL und deren nationale Umsetzung durch das **UmRUG** ein. Seit dem 1.3.2023 bestehen neben den an die Stelle der §§ 122a aF ff. getretenen §§ 305–319 mit den §§ 320–322 Vorschriften für grenzüberschreitende Spaltungen und mit den §§ 323–345 Vorschriften für einen grenzüberschreitenden Formwechsel.

Demnach **fehlen** aktuell insbes. Regelungen zu grenzüberschreitenden Verschm **46** von Rechtsträgern anderer Rechtsform (insbes. **PersGes;** vgl. allerdings die Erweiterung um inl. PhG in § 306 und zuvor schon (§ 122b aF; → § 306 Rn. 14). Von der sofortigen Umsetzung über die §§ 122a aF ff. hinausgehenden gesetzlichen Regelungen zu grenzüberschreitenden Umw hatte der Gesetzgeber zunächst trotz Kenntnis der Vorgaben durch die Rspr. des EuGH (→ Rn. 49) bewusst abgesehen (Begr. RegE UmwÄndG, BT-Drs. 16/2919, 11). Da europarechtliche Harmonisierungsregelungen gefehlt hätten und eine unüberschaubar große Anzahl von Kombinationsmöglichkeiten bestünden, hätte aus damaliger Sicht eine Kodifizierung in der bisher vom UmwG bekannten Regelungstiefe nicht erfolgen können. Daher sollte nach dem Vorbild ausl. Rechtsordnungen ein kollisionsrechtlicher Ansatz gewählt werden. Dieser sollte möglichst in einer EU-VO aufgenommen werden, andernfalls soll das dt. Internationale Privatrecht ergänzt werden (Begr. RegE UmwÄndG, BT-Drs. 16/2919, 11). Dies änderte sich durch die UmwR-RL, die neben Anpassungen der Regelungen der GesR-RL für grenzüberschreitende Verschmelzungen von EU-KapGes auch die Aufnahme von Bestimmungen zu **grenzüberschreitenden Spaltungen und zu einem grenzüberschreitenden Formwechsel** von EU-KapGes in die GesR-RL bewirkte. Diese RL ist am 1.1.2020 in

Kraft getreten und muss von den Mitgliedstaaten bis zum 31.1.2023 umgesetzt werden. Deutschland ist dem leicht verspätet mit dem UmRUG und der Einfügung der §§ 320–345 mit Regelungen zu grenzüberschreitenden Spaltungen und einem grenzüberschreitenden Formwechsel neben den nunmehr in den §§ 305–319 enthaltenen Vorschriften zu grenzüberschreitenden Verschm nachgekommen. Das Regelungsanliegen der RL ist die Umsetzung der vom EuGH (NZG 2012, 871 Rn. 37, 44 – Vale) erkannten Notwendigkeit der sukzessiven Anwendung der beteiligten Rechtsordnungen (Teichmann NZG 2019, 241 (242)). Unverändert fehlen aber EU-Vorgaben für PersGes. Zu der RL vgl. etwa Teichmann NZG 2019, 241; Stelmaszczyk GmbHR 2020, 61; Suchan/Albrecht Wpg 2019, 1181; Bayer/Schmidt BB 2019, 1922 (1925); Kraft BB 2019, 1864; Bormann/Stelmaszczyk ZIP 2019, 300 und ZIP 2019, 353; Luy NJW 2019, 1905; Mörsdorf EuZW 2019, 141; Schurr EuZW 2019, 539; Knaier GmbHR 2018, 607; Wicke DStR 2018, 2642, 2703.

47   **bb) Kein Verbot.** Die Beschränkung auf Rechtsträger **mit Sitz im Inland** hat auf die Zulässigkeit von grenzüberschreitenden Umw keinen Einfluss. Dieser Zusatz verbietet sie nicht (→ Rn. 24 ff.). Seine Bedeutung beschränkt sich auf die an sich überflüssige Feststellung, dass das UmwG bei derartigen grenzüberschreitenden Umw Rechtswirkungen nur für die beteiligten Rechtsträger mit Sitz im Inland entfaltet, da nur sie dem inl. Gesellschaftsstatut unterliegen (Lutter/Drygala Rn. 31; Semler/Stengel/Leonard/Drinhausen Einl. C Rn. 5, 23, 33: bei Beteiligung von Rechtsträgern aus der EU; ebenso BeckOGK/Drinhausen/Keinath Rn. 22; ebenso wohl Kölner Komm UmwG/Dauner-Lieb Rn. 28 f. und Kölner Komm UmwG/Simon/Rubner Vor §§ 122a ff. Rn. 39 f.; Henssler/Strohn/Decker Rn. 12; NK-UmwR/Böttcher Rn. 17; Leible/Hoffmann RIW 2006, 161 (164)). Rechtswirkungen für nicht der inl. Rechtsordnung unterliegende Rechtsträger, etwa deren Auflösung als Folge der Umw (§ 20 I Nr. 1, § 131 I Nr. 1), kann das UmwG nicht festlegen. Wer beteiligtenfähig ist, bestimmt nicht Abs. 1, sondern bestimmen § 3 I, II, § 124 I, § 191, § 306, § 321 und § 334 (näher → Rn. 35).

48   Ein genereller **Verbot** der Beteiligung inl. Rechtsträger an grenzüberschreitenden Verschm und Spaltungen wäre iÜ in EU-/EWR-Fällen bei Hineinumwandlungen (→ Rn. 49 f.) ein **Verstoß gegen die europarechtliche Niederlassungsfreiheit** nach Art. 54 AEUV iVm Art. 49 AEUV (vormals Art. 43, 48 EGV; EuGH NJW 2006, 425 – Sevic; Lutter/Drygala Rn. 12 ff., 20; Semler/Stengel/Leonard/Drinhausen Einl. C Rn. 32; Kallmeyer/Kallmeyer/Marsch-Barner Rn. 4; Henssler/Strohn/Decker Rn. 12; BeckOGK/Drinhausen/Keinath Rn. 24 ff.; Kallmeyer/Kappes AG 2006, 224; Drygala ZIP 2005, 1995 (1996); Koppensteiner Der Konzern 2006, 42; Bayer/Schmidt ZIP 2006, 210 (212); Geyrhalter/Weber DStR 2006, 146 (149); Meilicke/Rabback GmbHR 2006, 123 (124); näher → Rn. 49 ff.). Ob darüber hinaus – **Drittstaatenfälle** – trotz der zwischenzeitlichen Entwicklungen, insbes. der Aufweichung der Sitztheorie, von einem gewandelten Verständnis auszugehen ist, ist unklar (vgl. auch Lutter/Drygala Rn. 27 ff.; Semler/Stengel/Leonard/Drinhausen Einl. C Rn. 32; Kölner Komm UmwG/Dauner-Lieb Rn. 28 f. und Kölner Komm UmwG/Simon/Rubner Vor §§ 122a ff. Rn. 39 f.; BeckOGK/Drinhausen/Keinath Rn. 23). Nach den gesetzgeberischen Entscheidungen bei der Anpassung von § 4a GmbHG, § 5 AktG (→ Rn. 42), den Äußerungen des Gesetzgebers im Rahmen der Einführung der §§ 122a ff. (→ Rn. 25) und den anfänglichen Bestrebungen zur Kodifizierung einer kollisionsrechtlichen Lösung (→ Rn. 25) ist derzeit eher ein Stillstand eingetreten. Vgl. auch → Rn. 53.

49   **cc) Hineinumwandlung.** Es stellt einen Verstoß gegen die Niederlassungsfreiheit (Art. 54, 49 AEUV, vormals Art. 43, 48 EGV) dar, wenn in einem Mitgliedstaat die Eintragung einer Verschm durch Auflösung ohne Abwicklung einer Ges und durch Übertragung ihres Vermögens als Ganzes auf eine andere Ges in das nat. Handelsregister generell verweigert wird, wenn eine der beiden Ges ihren Sitz in einem anderen Mitgliedstaat hat, während eine solche Eintragung, sofern bestimmte Voraussetzungen erfüllt sind, möglich ist, wenn beide an der Verschm beteiligten Ges ihren Sitz im erstgenannten Mitgliedstaat haben (EuGH NJW 2006, 425 – Sevic). Denn nach Ansicht des EuGH stellt eine Verschm ein wirksames Mittel zur Umw von Ges dar, das es im Rahmen eines einzigen Vorgangs ermöglicht, eine bestimmte Tätigkeit in neuer Form und ohne Unterbrechung auszuüben, sodass Komplikationen sowie Zeit- und Kostenaufwand verringert werden. Umw gehören damit zu den wirtschaftlichen Tätigkeiten, bei denen die Mitgliedstaaten die Niederlassungsfreiheit beachten müssen (vgl. auch EuGH NZG 2012, 871 Rn. 24 – Vale). Wenn ein Mitgliedstaat die Möglichkeit der innerstaatlichen Verschm vorsieht, die Beteiligung von Ges aus anderen Mitgliedstaaten aber nicht zulässt, ist diese unterschiedliche Behandlung geeignet, Ges davon abzuhalten, von der Niederlassungsfreiheit Gebrauch zu machen (EuGH NJW 2006, 425 Rn. 21 f. – Sevic). Das Bestehen von gemeinschaftlichen Harmonisierungsvorschriften wäre zwar hilfreich, sei jedoch keine Vorbedingung für die Durchführung der Niederlassungsfreiheit. Zwingende Gründe des Allgemeininteresses, wie der Schutz der Interessen von Gläubigern, Minderheitsgesellschaftern und Arbeitnehmern sowie die Wahrung der Wirksamkeit der Steueraufsicht und der Lauterkeit des Handelsverkehrs, können unter bestimmten Umständen eine die Niederlassungsfreiheit beschränkende Maßnahme rechtfertigen, dies erlaube aber keine generelle Verweigerung einer grenzüberschreitenden Verschm (EuGH NJW 2006, 425 Rn. 28 ff. – Sevic; vgl. auch EuGH NZG 2012, 871 Rn. 34 ff. – Vale; NZG 2017, 1308 Rn. 43, 54 ff. – Polbud).

Mit diesem nicht unerwarteten (vgl. bereits GA beim EuGH BeckRS 2005, 18329 = DB 2005, 1510) Urteil des EuGH (in der Begr. bestätigt durch EuGH NZG 2012, 871 – Vale; vgl. auch EuGH NZG 2017, 1308 Rn. 43 – Polbud) ist klargestellt, dass Abs. 1 wenigstens für die Fälle einer **Hinein-Verschmelzung** unter Beteiligung von PersGes oder eines anderen, aktuell nicht von § 306 (→ § 306 Rn. 11) erfassten Rechtsträgers **aus einem anderen EU-/EWR-Mitgliedstaat** und auf andere Rechtsträger iSv § 3 kein Verbot einer grenzüberschreitenden Verschm beinhalten darf (Semler/Stengel/Leonard/Drinhausen Einl. C Rn. 26 f.; Lutter/Drygala Rn. 12; Kallmeyer/Kallmeyer/Marsch-Barner Rn. 4; Kallmeyer/Marsch-Barner Vor §§ 122a–122l Rn. 9; Widmann/Mayer/Heckschen Rn. 251, 261.1; Kölner Komm UmwG/Simon/Rubner Vor §§ 122a ff. Rn. 47; NK-UmwR/Böttcher Rn. 21; BeckOGK/Drinhausen/Keinath Rn. 24 f.; Henssler/Strohn/Decker Rn. 12; Kallmeyer/Kappes AG 2006, 224; Drygala ZIP 2005, 1995 (1996); Koppensteiner Der Konzern 2006, 42; Bayer/Schmidt ZIP 2006, 210 (212); Geyrhalter/Weber DStR 2006, 146 (149); Meilicke/Rabback GmbHR 2006, 123 (124)). Auch eine analoge Anwendung der Vorschriften des UmwG darf nicht an Abs. 2 (dazu → Rn. 62 ff.) scheitern. Dem Sevic-Urteil des EuGH lassen sich ferner keine Beschränkungen auf KapGes entnehmen. Auf die Niederlassungsfreiheit können sich nach Art. 49 AEUV (vormals Art. 43 EGV) alle Ges iSv Art. 54 AEUV (vormals Art. 48 EGV), zu denen unzweifelhaft auch inl. **PhG** zählen (→ UmwStG § 1 Rn. 57), berufen. Demzufolge muss auch die Hineinverschmelzung von anderen Ges iSv Art. 54 AEUV wie auch auf andere, nach dem UmwG beteiligtenfähige Rechtsträger (§ 3) möglich sein (Lutter/Drygala Rn. 12; Semler/Stengel/Leonard/Drinhausen Einl. C Rn. 27; Kallmeyer/Marsch-Barner Vor §§ 122a–122l Rn. 10; Henssler/Strohn/Decker Rn. 12; BeckOGK/Drinhausen/Keinath Rn. 24; MHdB GesR VIII/Lieder § 5 Rn. 15; Thümmel/Hack Der Konzern 2009, 1; Sinewe DB 2005, 2061; Spahlinger/Wegen NZG 2006, 721 (727); Geyrhalter/Weber DStR 2006, 146 (149); Stöber ZIP 2012, 1273 (1275)). Fraglich ist allenfalls, ob im Einzelfall das Erfordernis einer tatsächlichen wirtschaftlichen Aktivität, das der EuGH in seiner Vale-Entscheidung (NZG 2012, 871 Rn. 34) als Voraussetzung für das Eingreifen der Niederlassungsfreiheit (insoweit aA Drygala EuZW 2013, 569 (570) mwN: Rechtfertigung) postuliert hat, der Zulassung entgegenstehen kann. Nach der Entscheidung des EuGH in der Sache Polbud (NZG 2017, 1308 Rn. 41 – Polbud) ist aber geklärt, dass der tatsächliche Verwaltungssitz im Grundsatz nicht verlagert werden muss (dazu auch Bayer/Schmidt ZIP 2017, 2225). In Fällen der Hereinumwandlung kann dies aus inl. Sicht indes bereits deswegen kein Argument sein, weil nach nat. Verständnis eine wirtschaftliche Aktivität der beteiligten Rechtsträger nicht erforderlich ist; dann können aufgrund des Diskriminierungsverbots an grenzüberschreitende Hineinumwandlungen keine strengeren Anforderungen gestellt werden (so zutr. Lutter/Drygala Rn. 13).

51 Die Entscheidungsgründe des EuGH in dem Sevic-Verfahren lassen ferner erkennen, dass auch grenzüberschreitende **Hinein-Spaltungen** zulässig sein müssen. Dies ist für den Bereich der EU/EWR-KapGes aufgrund der durch die UmwR-RL veränderten GesR-RL EU/EWR-weit harmonisiert und in Deutschland seit dem 1.3.2023 in den §§ 320–332 umgesetzt. Aber auch Hinein-Spaltungen von anderen EU/EWR-Rechtsträgern (→ Rn. 50) und auf andere Rechtsträger iSv § 124 müssen möglich sein (Semler/Stengel/Leonard/Drinhausen Einl. C Rn. 28; Lutter/Drygala Rn. 19; Kallmeyer/Marsch-Barner Vor §§ 122a–122l Rn. 11; Kölner Komm UmwG/Simon/Rubner Vor §§ 122a ff. Rn. 53 f.; NK-UmwR/Böttcher Rn. 22; BeckOGK/Drinhausen/Keinath Rn. 25; Henssler/Strohn/Decker Rn. 12; MHdB GesR VIII/Lieder § 5 Rn. 16; Bungert/Tobias de Raet DB 2014, 761 (765); Kallmeyer/Kappes AG 2006, 224 (234); Bungert BB 2006, 53 (55); Sinewe DB 2005, 2061; Spahlinger/Wegen NZG 2006, 721 (725); Geyrhalter/Weber DStR 2006, 146 (150); Meilicke/Rabback GmbHR 2006, 123 (126); Leible/Hoffmann RIW 2006, 161 (165); Stöber ZIP 2012, 1273 (1275); Ege/Klett DStR 2012, 2442 (2446)). Denn inl. Rechtsträger iSv § 124 können innerstaatliche Spaltungen als wirksames Mittel der Umw nutzen. Ebenso wie bei Verschm stellt der Ausschluss von EU-Rechtsträgern bei Spaltungen eine Ungleichbehandlung dar, die geeignet ist, die Niederlassungsfreiheit zu beschränken (→ Rn. 49). Zwar können bei Spaltungen die Interessen von Minderheitsgesellschaftern, aber insbes. von Gläubigern und ArbN im stärkeren Maße als bei Verschm betroffen sein (vgl. etwa die besonderen Schutzvorschriften für Spaltungen in § 128 – nichtverhältniswahrende Spaltung –, § 133 – gesamtschuldnerische Haftung –, § 134 – besonderer Schutz bei Betriebsaufspaltungen – und die Arbeitnehmerschutzvorschriften bei Spaltungen nach § 35a (iVm § 125), § 132). Aber auch dies rechtfertigt keine generelle Unzulässigkeit. Schließlich ist auch das Fehlen harmonisierter Regelungen über Spaltungen unter Beteiligung von anderen Rechtsträgern als EU/EWR-KapGes keine Rechtfertigung, die Niederlassungsfreiheit einzuschränken (EuGH NJW 2006, 425 Rn. 26 – Sevic; NZG 2012, 871 Rn. 38 – Vale; NZG 2017, 1308 Rn. 43, 54 ff. – Polbud).

52 Nach Ansicht des EuGH gebietet es die Niederlassungsfreiheit (Art. 54 AEUV iVm Art. 49 AEUV) ferner, einen identitätswahrenden grenzüberschreitenden **Hinein-Formwechsel**, also eine Verlegung des Satzungssitzes ins Inland bei gleichzeitiger Annahme einer inl. Rechtsform zu ermöglichen, wenn – wie in Deutschland – für inl. Ges diese Möglichkeit der Umw besteht (EuGH NZG 2012, 871 – **Vale;** anders noch OLG Nürnberg NZG 2012, 468; infolge der Vale-Entscheidung dann OLG Nürnberg NZG 2014, 369; OLG Düsseldorf DStR 2017, 2345; KG NZG 2016, 834; vgl. auch Lutter/Drygala Rn. 20; Habersack/Wicke/Drinhausen/Keinath Rn. 26; BeckOGK/Drinhausen/Keinath Rn. 26; Seibold ZIP 2017, 456; Winter/Marx/De Decker DStR 2016, 1997; Lutter/Drygala Rn. 21 ff.; Behme NZG 2012, 936; Bayer/Schmidt ZIP 2012, 1481; Hushahn RNotZ 2014, 137; Krebs GWR 2014, 144; Schaper ZIP 2014, 810 (811); Heckschen ZIP 2015, 2049). Zwar ließ sich aus der Sevic-Entscheidung des EuGH (NJW 2006, 425) noch nicht ableiten, dass ein Mitgliedstaat (Zuzugstaat) verpflichtet sei, auf einen Rechtsträger aus einem anderen Mitgliedstaat das inl. Sachrecht anzuwenden. Der EuGH verlangt im Gegenteil grds. vom Zuzugstaat, den Rechtsträger als Rechtsträger der ausl. Rechtsform (also als B. V., SA, Ltd. usw) anzuerkennen und nach diesem Gesell-

Arten der Umwandlung 52 § 1 UmwG A

schaftsstatut zu behandeln (→ Rn. 35; ebenso OLG Nürnberg NZG 2012, 468 (470); aA etwa Teichmann ZIP 2009, 393 (402); Otte/Rietschel GmbHR 2009, 983 (984 f.); Frobenius DStR 2009, 487 (490 f.)). Gegenstand der Sevic-Entscheidung war daher die Frage, ob das dt. GesR eine grenzüberschreitende Verschm auf einen inl. Rechtsträger, für den unstreitig das inl. Sachrecht gilt, verweigern kann, wenn zugleich für inl. Rechtsträger diese Möglichkeit besteht. Das bedeutete aber nicht, dass ein Mitgliedstaat ohne einen (schon vorhandenen) Bezug zum Inland verpflichtet wäre, außerhalb des eigenen Rechts eine weitere Variante der Gründung einer inl. Ges zuzulassen (vgl. auch den Vortrag verschiedener Regierungen in EuGH NZG 2012, 871 Rn. 25 – Vale). Bereits im Cartesio-Urteil des EuGH, das einen Wegzugsfall betraf, stellte indes der EuGH die weitere Erwägung (obiter dictum) an, die Niederlassungsfreiheit würde es gebieten, dass eine Ges aus einem Mitgliedstaat ihren (Satzungs-)Sitz in einen anderen Mitgliedstaat unter Änderung des anwendbaren nat. Rechts verlege und sich dabei in eine dem nat. Recht des zweiten Mitgliedstaats unterliegende Gesellschaftsform umwandle, soweit dies nach dem Recht des Zuzugsstaats möglich ist (EuGH NJW 2009, 569 Rn. 111 f. – Cartesio). Den Vorbehalt „soweit dies nach diesem Recht möglich ist" präzisierte der EuGH nunmehr dahingehend, dass (nur) die Bedingungen, die die nat. Regelungen für die Gründung vorsehen, erfüllt sein müssen (EuGH NZG 2012, 871 Rn. 32 – Vale; vgl. zu diesen Bedingungen auch OLG Nürnberg NZG 2012, 468 (471); vgl. auch Bayer/Schmidt ZIP 2012, 1481 (1485)). Dies betrifft etwa die Bestimmungen zur (Mindest-)Kapitalausstattung. Diese Regelungen des Zuzugsstaats sind aber nicht von vornherein dem Grds. der Niederlassungsfreiheit entzogen (EuGH NZG 2012, 871 Rn. 32 – Vale). Wenn demzufolge nat. Rechtsvorschriften nur die Umw einer Ges vorsehen, die ihren Sitz schon im betreffenden Mitgliedstaat hat, begründet diese Regelung eine unterschiedliche Behandlung, die geeignet ist, Ges mit Sitz in anderen Mitgliedstaaten davon abzuhalten, von der Niederlassungsfreiheit Gebrauch zu machen (EuGH NZG 2012, 871 Rn. 36 – Vale; vgl. auch Teichmann DB 2012, 2085 (2089)). Weder das Fehlen koordinierter EU-Vorschriften noch die Interessen der Gläubiger, Minderheitsgesellschafter oder ArbN noch fiskalische Interessen rechtfertigen eine generelle Verweigerung eines Hinein-Formwechsels (EuGH NZG 2012, 871 Rn. 38 ff. – Vale; NZG 2017, 1308 Rn. 43, 54 ff. – Polbud). Allerdings bestimmt der Zuzugsstaat, welche Anforderung er an die Anknüpfung (Sitz- oder Gründungstheorie) an seine Rechtsordnung stellt (EuGH NZG 2017, 1308 Rn. 34, 43 – Polbud; dazu auch Stelmaszczyk EuZW 2017, 890 (892)). Den Umstand, dass die Ges in der Vale-Entscheidung (eine italienische KapGes) auf der Grundlage der GesR-RL (ursprünglich RL 2005/56/EG) eine grenzüberschreitende Verschm vornehmen hätte können, erwähnt das Gericht nicht; es scheint ihm für die Frage der Rechtfertigung einer Beschränkung der Niederlassungsfreiheit keine Bedeutung beizumessen. Der Zuzugsstaat ist danach zwar befugt, das für einen solchen Vorgang maßgebende innerstaatliche Recht und damit die Anforderungen an die Umw und die damit verbundene Gründung der Ges als Rechtsträger einer Rechtsform seiner nat. Rechtsordnung festzulegen, diese Erfordernisse dürfen jedoch nicht ungünstiger als bei nat. Umw sein (Äquivalenzprinzip) und die Ausübung der Niederlassungsfreiheit nicht praktisch unmöglich machen oder übermäßig erschweren (EuGH NZG 2012, 871 Rn. 48 – Vale). Schließlich lässt der Umstand, dass anlässlich des grenzüberschreitenden Formwechsels nur der Satzungssitz, nicht jedoch der tatsächliche Verwaltungssitz verlegt werden soll (isolierte Satzungssitzverlegung), den Schutz durch die Niederlassungsfreiheit unberührt (EuGH NZG 2017, 1308 Rn. 41 – Polbud). Nachdem in Deutschland inl. Rechtsträgern ein identitätswahrender Formwechsel ermöglicht ist (§§ 190 ff.), muss dieser im Grds. damit auch EU-/EWR-ausl. Rechtsträgern offenstehen (vgl. auch Behme NZG 2012, 936 (938)). Zur praktischen Umsetzung → Rn. 57 ff. Aufgrund des Diskriminierungsverbots kann die Anerkennung eines Hinein-Formwechsels nach nat. Verständnis

Hörtnagl

weder davon abhängig sein, dass eine tatsächliche wirtschaftliche Aktivität (vgl. EuGH NZG 2012, 871 Rn. 34 – Vale) ausgeübt wird, noch dass der Verwaltungssitz ebenfalls ins Inland verlegt wird, da inl. Rechtsträger beide Erfordernisse beim Formwechsel nicht erfüllen müssen (zutr. Lutter/Drygala Rn. 23; Schaper ZIP 2014, 810 (813)). Aufgrund der durch die UmwR-RL veränderten GesR-RL liegen nunmehr EU/EWR-weit harmonisierte Bestimmungen für einen **grenzüberschreitenden Formwechsel von EU/EWR-KapGes** vor, die in Deutschland mWv 1.3.2023 in §§ 333–345 umgesetzt worden sind. Aber auch ein Hinein-Formwechsel von anderen EU/EWR-Rechtsträgern (→ Rn. 50) und auf andere Rechtsträger iSv § 191 I muss möglich sein.

53 Hineinumwandlungen von Rechtsträgern aus **Drittstaaten** genießen hingegen nicht den Schutz der Niederlassungsfreiheit. Allerdings ist im Einzelfall aufgrund völkerrechtlicher Abkommen eine Gleichstellung mit EU-/EWR-Staaten vorzunehmen (vgl. zum dt.-amerikanischen Freundschaftsvertrag BGH NJW 2003, 1607; Semler/Stengel/Leonard/Drinhausen Einl. C Rn. 32; BeckOGK/Klett § 122b Rn. 37; aA Kölner Komm UmwG/Simon/Rubner Vor §§ 122a ff. Rn. 41). Deren Zulässigkeit hängt davon ab, ob und welche Rechtsordnung die hierfür notwendigen Regelungen bereitstellt. Eine positivrechtliche Regelung existiert in Deutschland hierfür derzeit noch nicht. Abs. 1 verbietet sie nicht (→ Rn. 47 f.). Der RefE v. 7.1.2008 eines Gesetzes zum Internationalen Privatrecht der Gesellschaften, Vereine und jur. Personen sah in Art. 10a EGBGB-E den kollisionsrechtlichen Ansatz vor, dass sich die Voraussetzungen, das Verfahren und die Wirkungen einer Umw im Wege der Verschm, Spaltung, Vermögensübertragung oder des Formwechsels nach dem Recht, dem der jew. Rechtsträger unterliegt, richten soll. Dies entspricht aber letztlich den Vorgaben der sog. Vereinigungstheorie (→ Rn. 57 ff.). Die Initiative wurde aber nicht weiterverfolgt (auch → Rn. 42).

54 dd) Hinausumwandlung. Die Hinausumwandlung auf einen Rechtsträger eines **EU-/EWR-Mitgliedstaates** ist grds. ebenfalls von der Niederlassungsfreiheit gedeckt (OLG Frankfurt a. M. NZG 2017, 423; Semler/Stengel/Leonard/Drinhausen Einl. C Rn. 29 ff.; Lutter/Drygala Rn. 15 ff.; HK-UmwG/Becker/Uxa Vor § 122a Rn. 24; Kallmeyer/Marsch-Barner Vor §§ 122a–122l Rn. 10; Kölner Komm UmwG/Simon/Rubner Vor §§ 122a ff. Rn. 50 f.; Widmann/Mayer/Heckschen Rn. 251, 261.1; NK-UmwR/Böttcher Rn. 26; BeckOGK/Drinhausen/Keinath Rn. 29 f.; Winter/Marx/De Decker DStR 2017, 1664 (1665); Bungert BB 2006, 53 (56); Teichmann ZIP 2006, 355 (358); Spahlinger/Wegen NZG 2006, 721 (724); Geyrhalter/Weber DStR 2006, 146 (149 f.); Meilicke/Rabback GmbHR 2006, 123 (125); zweifelnd Leible/Hoffmann RIW 2006, 161 (166)). Zwar hatten die Sevic-Entscheidung (NJW 2006, 425) und die Vale-Entscheidung des EuGH (NZG 2012, 871) die Behandlung der Umw im Zuzugsstaat zum Gegenstand (→ Rn. 49 ff.). Aus der Cartesio-Entscheidung (EuGH NJW 2009, 569 – Cartesio) lässt sich aber ableiten, dass auch der Wegzugsstaat eine grenzüberschreitende Umw ermöglichen muss (ebenso Semler/Stengel/Leonard/Drinhausen Einl. C Rn. 29 f.; Kallmeyer/Marsch-Barner Vor §§ 122a–122l Rn. 10; Kölner Komm UmwG/Simon/Rubner Vor §§ 122a ff. Rn. 50 f.; Leible/Hoffmann BB 2009, 58 (62); BeckOGK/Drinhausen/Keinath Rn. 30; ausf. Schindler in Beck/Osterloh-Konrad, Unternehmensnachfolge, 2009, S. 101 (121); vgl. nun auch EuGH NZG 2017, 1308 – Polbud). In der Cartesio-Entscheidung stellt der EuGH einerseits fest, die Niederlassungsfreiheit gebiete es nicht, dass der Wegzugsstaat einem nach seiner Rechtsordnung gegründeten Rechtsträger die Verlegung des Satzungs- oder Verwaltungssitzes unter Beibehaltung der durch die Gründung erworbenen Rechtsform ermögliche (EuGH NJW 2009, 569 Rn. 107 – Cartesio; vgl. auch EuGH DStR 2011, 2334 Rn. 27 – National Grid Indus BV). Denn allein nat. Recht entscheide, ob und unter welchen Voraussetzungen eine Ges iSv Art. 54 AEUV (vormals Art. 48 EGV) entstehe und als Rechtsträger dieser Rechtsform fortbestehe (EuGH NJW 2009, 569 Rn. 109 f. – Cartesio). Anderseits unterscheidet der EuGH davon ausdrücklich den Fall, dass sich eine Ges in eine Ges nach dem Recht eines anderen Mitgliedstaates umwandelt (EuGH NJW 2009, 569 Rn. 111 ff. – Cartesio). Ein Hemmnis für eine solche tatsächliche Umw, ohne vorherige Auflösung und Liquidation, stelle im Grds. eine Beschränkung der Niederlassungsfreiheit dar, wenn sie nicht zwingenden Gründen des Allgemeininteresses entspreche (EuGH NJW 2009, 569 Rn. 113 – Cartesio; NZG 2017, 1308 Rn. 43, 54 ff. – Polbud). In diesem Fall stelle sich auch nicht die nach nat. Recht zu beurteilende Vorfrage, ob eine Ges iSv Art. 54 AEUV (vormals Art. 48 EGV) vorliege, sondern nur die Frage, ob die unstreitig bestehende Ges in der Ausübung ihres Rechts auf Niederlassung in einem anderen Staat beschränkt werde (EuGH NJW 2009, 569 Rn. 121 ff. – Cartesio unter Auseinandersetzung mit EuGH NJW 2006, 425 – Sevic). Wenngleich der EuGH in diesem obiter dictum auf einen grenzüberschreitenden Formwechsel abzielt, gelten die tragenden Gründe auch für andere Hinausumwandlungen. Ergänzend hat der EuGH nun klargestellt, dass auch eine isolierte **Satzungssitzverlegung** in einen anderen EU-Staat bei unveränderter Fortführung des tatsächlichen Verwaltungssitzes im Gründungsstaat vom Schutz durch die Niederlassungsfreiheit gedeckt ist, soweit im Zuzugsstaat die Kriterien für die Verbundenheit mit der Rechtsordnung erfüllt sind (EuGH NZG 2017, 1308 Rn. 35, 41 – Polbud; dazu auch BeckOGK/Drinhausen/Keinath Rn. 29; Bayer/ Schmidt ZIP 2017, 2225; Stelmaszczyk EuZW 2017, 890; Stiegler AG 2017, 846; Teichmann/Knaier GmbHR 2017, 1314; Sparfeld WPg 2018, 55; Kieninger NJW 2017, 3624; Hushahn RNotZ 2018, 23: Kindler NZG 2018, 1; Bärwaldt/Hoefling DB 2017, 3051; Mörsdorf ZIP 2017, 2381; Kovács ZIP 2018, 253). Der Wegzugsstaat könne in diesem Fall keine Liquidation verlangen (EuGH NZG 2017, 1308 Rn. 51 – Polbud). Denn auch in den Fällen des Hinaus-Formwechsels begehrt die Ges nicht den Fortbestand als Rechtsträger der bisherigen, durch Gründung erlangten Rechtsform trotz des Wegzugs, sondern die Fortführung der bisherigen Tätigkeit als Rechtsträger in der Rechtsform eines anderen Mitgliedstaates. Dass der Umstand des Untergangs des übertragenden Rechtsträgers keinen Einfluss auf seine Niederlassungsfreiheit hat, hat der EuGH bereits in seinem Sevic-Urteil (NJW 2006, 425) klargestellt. Ergänzend wird zutr. darauf hingewiesen, ein Verbot der Hinausumwandlung sei auch eine Diskriminierung des übernehmenden Rechtsträgers, weil er wegen dessen ausl. Rechtsform nicht durch Umw dessen Vermögen erwerben könne (Geyrhalter/Weber DStR 2006, 146 (150)). Demzufolge sind in EU/EWR-Fällen über den Anwendungsbereich von §§ 305 ff. hinaus auch Hinausverschmelzungen von **PhG, PartG** und ab dem 1.1.2024 auch **eingetragenen GbR**, die bei innerstaatlicher Verschm nach § 3 beteiligtenfähig sind, grds. zulässig. Entsprechendes gilt – wie bei Hineinspaltungen (→ Rn. 51) – über den Anwendungsbereich von §§ 320 ff. hinaus für grenzüberschreitende **Hinausspaltungen** der vorgenannten PersGes (Lutter/Drygala Rn. 19; Semler/Stengel/Leonard/Drinhausen Einl. C Rn. 30; Kallmeyer/Marsch-Barner Vor §§ 122a–122l Rn. 11; Widmann/Mayer/ Heckschen Rn. 261.1; Kölner Komm UmwG/Simon/Rubner Vor §§ 122a ff. Rn. 39; BeckOGK/Drinhausen/Keinath Rn. 30; Stelmaszczyk GmbHR 2020, 61 (64)). Das Erfordernis einer tatsächlichen wirtschaftlichen Aktivität, die der EuGH möglicherweise als Voraussetzung für eine Berufung auf die Niederlassungsfreiheit (insoweit aA Drygala EuZW 2013, 569 (570) mwN: Rechtfertigung) ansieht (vgl. EuGH NZG 2012, 871 Rn. 34 – Vale), setzt wenigstens nicht voraus, dass auch der tatsächliche Verwaltungssitz verlegt wird (EuGH NZG 2017, 1308 Rn. 41 – Polbud). Einem wegziehenden inl. Rechtsträger kann dies ohnehin nicht entgegengehalten werden, da für inl. Rechtsträger bei nat. Umw ein derartiger Aktivitätsvorbehalt nicht existiert (→ Rn. 50, → Rn. 52). Nach zutr. Ansicht ist dies aber im Zuzugs- und nicht im Wegzugsstaat zu prüfen (Drygala EuZW 2013, 569 (570) mwN). Dort verlangt es der EuGH indes nicht (EuGH NZG 2017, 1308 Rn. 41 –

Polbud). Es ist auch kein Missbrauch, wenn die isolierte Satzungssitzverlegung (ohne Verlegung des tatsächlichen Verwaltungssitzes) erfolgt, um in den Genuss günstiger Rechtsvorschriften zu kommen (EuGH NZG 2017, 1308 Rn. 40, 62 – Polbud).

55 Ein grenzüberschreitender **Hinaus-Formwechsel** ist von einer bloßen Verlegung des Satzungssitzes ins Ausland ohne Rechtsformwechsel abzugrenzen. Anders als im Zusammenhang mit der Verlegung des Satzungssitzes (→ Rn. 38 f.) gebietet es die Niederlassungsfreiheit (Art. 54 AEUV iVm Art. 49 AEUV), einer Ges aus einem Mitgliedstaat die Verlegung ihre (Satzungs-)Sitzes in einen anderen Mitgliedstaat unter Änderung des anwendbaren nat. Rechts durch Umw in eine dem nat. Recht des zweiten Mitgliedstaats unterliegende Gesellschaftsform zu ermöglichen, soweit dies nach dem Recht des Zuzugsstaats möglich ist (EuGH NJW 2009, 569 Rn. 111 f. – Cartesio). Damit muss innerhalb der EU (EWR) sowohl der Wegzugsals auch der Zuzugsstaat (→ Rn. 52) einen grenzüberschreitenden Formwechsel ermöglichen (OLG Frankfurt a. M. NZG 2017, 423; OLG Nürnberg NZG 2014, 349; OLG Düsseldorf DStR 2017, 2345; KG NZG 2016, 834; Semler/Stengel/Leonard/Drinhausen Einl. C Rn. 29; Lutter/Drygala Rn. 20 ff.; Lutter/Bayer Einl. I Rn. 48; Habersack/Wicke/Drinhausen/Keinath Rn. 29; BeckOGK/Drinhausen/Keinath Rn. 29; Hushahn RNotZ 2014, 137; Krebs GWR 2014, 144 (146); Schaper ZIP 2014, 810 (811)). Zum Aktivitätsvorbehalt → Rn. 54. Aufgrund der durch die UmwR-RL veränderten GesR-RL liegen nunmehr EU/EWR-weit harmonisierte Bestimmungen für einen **grenzüberschreitenden Formwechsel von EU/EWR-KapGes** vor, die in Deutschland mit Wirkung seit dem 1.3.2023 in den §§ 333–345 umgesetzt worden sind. Aber auch Hinaus-Formwechsel von anderen Rechtsträgern iSv § 191 I und auf andere EU/EWR-Rechtsträgern (→ Rn. 50) muss möglich sein.

56 Die Hinausumwandlung auf einen Rechtsträger einer Rechtsordnung eines **Drittstaates** ist nicht von der Niederlassungsfreiheit gedeckt (vgl. aber zum dt.-amerikanischen Freundschaftsvertrag BGH NJW 2003, 1607; Lutter/Drygala Rn. 27; insoweit zweifelnd Semler/Stengel/Leonard/Drinhausen Einl. C Rn. 32). Ob sie auf der kollisionsrechtlichen Grundlage der Vereinigungstheorie (→ Rn. 57) ebenso wie Hineinumwandlungen (→ Rn. 53) zulässig ist, ist ungeklärt. Aus Abs. 1 kann nichts abgeleitet werden (→ Rn. 47; s. auch → Rn. 53; aA Kölner Komm UmwG/Simon/Rubner Vor §§ 122a ff. Rn. 40). IÜ fehlt es an einer klaren Entscheidung des Gesetzgebers (auch → Rn. 48).

57 **ee) Durchführung der Umwandlung.** Die eigentliche Problematik bei **Hinein- und Hinausumwandlungen** ist, dass außerhalb der §§ 305 ff. die entsprechenden Regelungen für grenzüberschreitende Verschm und Spaltungen wie auch für einen grenzüberschreitenden Formwechsel aktuell noch fehlen. Das UmwG enthält nur Regelungen für Rechtsträger mit Satzungssitz im Inland. Dies folgt nicht aus Abs. 1, sondern aus §§ 3, 124, 175, 191, 306, 321 und 334 (→ Rn. 35 ff.; vgl. auch OLG Nürnberg NZG 2012, 468 (469)). Rechtswirkungen für den ausl. Rechtsträger kann das UmwG nicht entfalten, da der ausl. Rechtsträger nicht der inl. Rechtsordnung unterliegt (vgl. aber Paefgen GmbHR 2004, 463 (469)). Entsprechendes gilt für die ausl. Rechtsordnung, die keine Rechtswirkungen für den inl. Rechtsträger anordnen kann. Der Gesetzgeber musste aber wegen der durch die UmwR-RL geänderten GesR-RL ebenso wie die anderen Mitgliedstaaten neben den §§ 122a aF ff. weitere Vorschriften für **grenzüberschreitende Spaltungen und für einen grenzüberschreitenden Formwechsel** von **EU-KapGes** enthält. Diese RL ist am 1.1.2020 in Kraft getreten und musste von den Mitgliedstaaten bis zum 31.1.2023 umgesetzt werden. Deutschland hat diese Vorgaben mit leichter Verzögerung durch die mit dem UmRUG eingeführten, umfassenden Regelungen zu grenzüberschreitenden Verschm, Spaltungen und dem grenzüberschreitenden Formwechsel in den §§ 305–345 erfüllt. Unverändert fehlen aber EU-Vorga-

Arten der Umwandlung **58–60 § 1 UmwG A**

ben für PersGes. Vgl. zur RL auch Teichmann NZG 2019, 241; Stelmaszczyk GmbHR 2020, 61; Suchan/Albrecht Wpg 2019, 1181; Bayer/Schmidt BB 2019, 1922 (1925); Kraft BB 2019, 1864; Bormann/Stelmaszczyk ZIP 2019, 300 und ZIP 2019, 353; Luy NJW 2019, 1905; Mörsdorf EuZW 2019, 141; Schurr EuZW 2019, 539; Knaier GmbHR 2018, 607; Wicke DStR 2018, 2642 (2703). Zu Vorwirkungen der RL vgl. Schulte GmbHR 2020, 139.

Demnach setzen derartige grenzüberschreitende Verschm/Spaltungen voraus, dass **58** sich die Umw für den inl. Rechtsträger nach dem UmwG richtet, während für den übernehmenden ausl. Rechtsträger zugleich (!) dessen nat. UmwR gilt (sog. **Vereinigungstheorie;** vgl. hierzu auch Widmann/Mayer/Heckschen Rn. 264 ff.). Davon geht im Grds. auch der EuGH aus (EuGH NZG 2012, 871 Rn. 43 – Vale). An dem **Analogieverbot** (Abs. 2; → Rn. 62) darf eine derartige Umw wenigstens in EU-Fällen nicht scheitern (ebenso OLG Frankfurt a. M. NZG 2017, 423 (427); Semler/Stengel/Leonard/Drinhausen Einl. C Rn. 34).

Indes ist zweifelhaft, ob selbst bei vglbaren und innerhalb der EU sogar für AG **59** harmonisierten Regelungen der jew. nat. Umwandlungsnormen eine ausreichende **Kompatibilität** herrscht (so aber grds. Kallmeyer/Marsch-Barner Vor §§ 122a– 122l Rn. 12; Kallmeyer ZIP 1996, 535; Lutter/Drygala Rn. 32 ff.; Picot/Land DB 1998, 1601 (1606 f.); Door/Stuckenborg DB 2003, 647; Wenglorz BB 2004, 1061; Doralt NZG 2004, 396 (398 ff.); Paefgen GmbHR 2004, 463; Triebel/v. Hase BB 2003, 2409 (2416); Horn NJW 2004, 893 (898); Behrens ZGR 1994, 1; zweifelnd auch Kloster GmbHR 2003, 1413 (1416); Kloster, Grenzüberschreitende Unternehmenszusammenschlüsse, 2004, S. 303 ff.; Halász/Kloster DStR 2004, 1324 (1326)). Denn das UmwG ist ebenso wie die Bestimmungen der jew. ausl. Rechtsordnungen ein in sich geschlossenes, aufeinander abgestimmtes System, das die Tatbestandsvoraussetzungen wie auch die Rechtsfolgen sowohl für die übertragenden als auch die übernehmenden Rechtsträger festlegt. Beleuchtet man die in der Praxis bekannt gewordenen Fälle (Door/Stuckenborg DB 2003, 647; Wenglorz BB 2004, 1061; zum grenzüberschreitenden Formwechsel → Rn. 60) näher, so wurde bei ihnen von den beteiligten Gerichten angesichts der scheinbaren oder auch tatsächlich vorhandenen Ähnlichkeit sowohl der Umwandlungsvoraussetzungen als auch der Umwandlungswirkungen in den jew. nat. Gesetzen unterstellt, dass das jew. UmwG auch Wirkungen für den anderen, nicht dieser Rechtsordnung unterliegenden Rechtsträger entfaltet. Diese Regelung der rechtlichen Verknüpfung fehlt indes. Der vom öOGH (ZIP 2003, 1086) entschiedene Fall (Hineinumwandlung) weist zudem die Besonderheit auf, dass Gegenstand der Entscheidung eine verschmelzende Umw nach §§ 2 ff. öUmwG war. Bei dieser Umwandlungsart bedarf es nach österr. Recht keines Organisationsaktes beim übernehmenden (dort: dt.) Rechtsträger. Der öOGH unterstellte daher, dass es weiterer Rechtshandlungen nach dem (dt.) UmwG und auch eines Registervollzugs in Deutschland nicht bedarf (krit. Doralt NZG 2004, 396; Lutter/Drygala Rn. 44 Fn. 182; vgl. auch Schenk/Scheibeck RIW 2004, 673).

Indes würde in EU-/EWR die Niederlassungsfreiheit und die daraus resultierende **60** umfassende Zulässigkeit der grenzüberschreitenden Verschm/Spaltung mit anderen Rechtsträgern als KapGes (→ Rn. 49 ff.) ins Leere laufen (vgl. auch OLG Frankfurt a. M. NZG 2017, 423 (425); OLG Düsseldorf DStR 2017, 2345; KG NZG 2016, 834; Lutter/Drygala Rn. 34). Daher ist derzeit noch der kollisionsrechtlichen Lösung der **Vereinigungstheorie** der Vorzug einzuräumen (OLG Frankfurt a. M. NZG 2017, 423 (426); Habersack/Wicke/Drinhausen/Keinath Rn. 35 f., 45, 46; BeckOGK/Drinhausen/Keinath Rn. 35 f., 45, 46). Unter deren Voraussetzungen (Zulässigkeit der Umw nach der jew. Rechtsordnung, Beteiligtenfähigkeit des jew. Rechtsträgers nach seiner Rechtsordnung, Anwendung des jew. Personalstatuts beim Verfahren, Anwendung der jew. strengeren Regelung; vgl. hierzu näher Lutter/ Drygala Rn. 32 ff.; MüKoBGB/Kindler IntGesR Rn. 799 ff.; Door/Stuckenborg

DB 2003, 647; Wenglorz BB 2004, 1061; Teichmann ZIP 355, 361; Koppensteiner Der Konzern 2006, 40 (43); Gesell/Krömker DB 2006, 2558 (2560)) müssen daher in **EU/EWR-Fällen** über die positivrechtlich geregelten Fälle der §§ 305–345 hinaus grenzüberschreitende Umw durchführbar sein (vgl. auch OLG Düsseldorf DStR 2017, 2345: sukzessive Anwendung von zwei nat. Rechtsordnungen). Ferner dürfen in diesen Fällen keine höheren Anforderungen als in vglbaren nat. Fällen aufgestellt werden; die Anforderungen dürfen die Umw nicht praktisch unmöglich machen oder diese unnötig erschweren (EuGH NZG 2012, 871 Rn. 48 – Vale; NZG 2017, 1308 Rn. 43 – Polbud). Für **Verschm, Spaltungen** und den **grenzüberschreitenden Formwechsel** unter Beteiligung von Rechtsträgern anderer Rechtsform wird regelmäßig auch eine entsprechende Anwendung der §§ 305 ff. und den in den anderen Staaten auf Grund der GesR-RL damit vglbaren Vorschriften möglich sein (Lutter/Drygala Rn. 35; Kallmeyer/Marsch-Barner Vor §§ 122a–122l Rn. 12; BeckOGK/Drinhausen/Keinath Rn. 45, 46; vgl. auch Thümmel/Hack Der Konzern 2009, 1; Kallmeyer/Kappes AG 2006, 224 (231 ff.): Anwendung der RL 2005/56/EG; krit. insoweit Semler/Stengel/Leonard/Drinhausen Einl. C Rn. 40). Der ausl. Rechtsträger muss zudem die Voraussetzungen nach seiner Rechtsordnung, also des für ihn geltenden Umwandlungsrechts, erfüllen (Kallmeyer/Marsch-Barner Vor §§ 122a–122l Rn. 12). Vgl. hierzu auch Limmer Unternehmensumwandlungs-HdB/Limmer/Knaier Teil 6 Rn. 230 ff. und 310 ff.

61 Bei grenzüberschreitenden Vorgängen mit **Drittstaaten** ist hingegen im Einzelfall zu prüfen, ob gerade auch im Hinblick auf die Schutzrechte von Minderheitsgesellschaftern, Gläubigern und Arbeitnehmern und den Grundprinzipien eine ausreichende Übereinstimmung zwischen den Rechtsordnungen besteht (hierzu aber → Rn. 48, → Rn. 53, → Rn. 56).

3. Beschränkung der Umwandlungsfälle (Abs. 2)

62 a) **Numerus clausus.** Nach **Abs. 2** ist eine Umw iSv Abs. 1 außer in den im UmwG geregelten Fällen nur dann möglich, wenn sie durch ein anderes Bundes- oder Landesgesetz ausdrücklich vorgesehen ist. Damit wird zunächst klargestellt, dass die in Abs. 1 vorgesehenen Umwandlungsmöglichkeiten einen **numerus clausus** darstellen. Diese Umw (also Verschm, Spaltung, Vermögensübertragung, Formwechsel) können außer nach dem UmwG nur dann durchgeführt werden, wenn dies ausdrücklich in einer bundes- oder landesgesetzlichen Regelung vorgesehen ist (zB § 6b VermG oder landesgesetzliche Regelungen zur Umstrukturierung von Sparkassen, Begr. RegE, BR-Drs. 75/94 zu § 1 II). Bedeutung hat dies insbes. für Rechtsträger, die generell oder für bestimmte Umwandlungsarten bzw. Umwandlungskombinationen nicht nach dem UmwG beteiligtenfähig sind, §§ 3, 124, 175, 191. Diese können nicht die in Abs. 1 genannten Umw durchführen, im Ergebnis also nicht die Gesamtrechtsnachfolge nutzen bzw. identitätswahrend die Rechtsform wechseln. Insofern ist der numerus clausus eng mit dem ebenfalls aus Abs. 2 ableitbaren Analogieverbot (→ Rn. 68) verknüpft (zutr. Lutter/Drygala Rn. 59), da die analoge Anwendung einzelner oder aller Vorschriften des UmwG bei diesen Rechtsträgern ausscheidet.

63 Der numerus clausus hatte zunächst etwa die Umw (iSv Abs. 1) von **PartGes** ausgeschlossen. Erst durch deren Aufnahme in den Kreis der beteiligtenfähigen Rechtsträger (§§ 3, 191) wurde diese praktisch bedeutsame Lücke gesetzlich geschlossen (näher → § 3 Rn. 12). Entsprechendes gilt für die eingetragene GbR, die erst seit dem 1.1.2024 beteiligtenfähig ist. Die **EWIV** gilt hingegen als Handels-Ges (§ 1 EWIV-G) und ist daher auch ohne ausdrückliche Nennung beteiligungsfähig (→ § 3 Rn. 11). Entsprechendes gilt für die **SE,** die nach nat. Rechtsordnungen wie eine AG zu behandeln ist (Art. 10 SE-VO; → § 124 Rn. 10).

Arten der Umwandlung 64–69 § 1 UmwG A

Demgegenüber ist die UG eine GmbH und als solche umwandlungsfähig (etwa → § 124 Rn. 14)).

Der numerus clausus untersagt jedoch nicht, **innerhalb des UmwG** einzelne 64 Normen entsprechend anzuwenden (Semler/Stengel/Leonard/Stengel Rn. 62; Widmann/Mayer/Heckschen Rn. 406; Henssler/Strohn/Decker Rn. 28; BeckOGK/Drinhausen/Keinath Rn. 49; → Rn. 69).

Aus Abs. 2 lässt sich darüber hinaus das **Verbot** ableiten, die in Abs. 1 aufgezählten 65 **Umwandlungsmöglichkeiten** zu **modifizieren,** etwa dadurch, dass verschiedene Umwandlungsarten oder innerhalb einer Umwandlungsart verschiedene Umwandlungsvarianten miteinander kombiniert werden **(Typenzwang,** etwa → § 123 Rn. 17; grds. auch Semler/Stengel/Leonard/Stengel Rn. 69; Goutier/Knopf/Tulloch/Bermel Rn. 64 ff.; aA Kallmeyer/Kallmeyer/Marsch-Barner Rn. 21; Kallmeyer/Kallmeyer/Sickinger § 123 Rn. 13; Kallmeyer DB 1995, 81; Schnorbus DB 2001, 1654 (1657)). Unzulässig sind danach Kombinationen von Umw iSv Abs. 1, die sich nicht auf die jew. Grundform zurückführen lassen. Dies wird hauptsächlich bei der Spaltung diskutiert (näher → § 123 Rn. 14 ff.). Selbstverständlich erfasst der numerus clausus nicht vom Gesetz ausdrücklich vorgesehene Kombinationen, etwa die gleichzeitige Verschm mehrerer Rechtsträger oder die Beteiligung von Rechtsträgern unterschiedlicher Rechtsformen (§ 3 III, IV).

Abs. 2 nimmt ausdrücklich auf Abs. 1 Bezug. Umstrukturierungen, die den dort 66 genannten Umwandlungsarten nicht entsprechen, sind damit nicht ausgeschlossen (LG Hamburg AG 1997, 238; Semler/Stengel/Leonard/Stengel Rn. 59; Lutter/Drygala Rn. 51; Bayer ZIP 1997, 1613 (1625)). Dies sind insbes. alle Umw, bei denen die Vermögensübertragung und ggf. auch die Gewährung der Gegenleistung durch **Einzelrechtsnachfolge** stattfinden, selbst wenn die Umw wirtschaftlich einer Umw nach dem UmwG entspricht (etwa Ausgliederung durch Einzelrechtsnachfolge anlässlich einer Sachkapitalerhöhung). Ebenso lässt das UmwG alle Formen der **Anwachsung** (§ 738 BGB) unberührt (Lutter/Drygala Rn. 51). Sie ermöglichen Vermögensübertragungen auf einen Gesellschafter und können stl. privilegiert sein. Insbes. bei der Umw von Körperschaften muss die Praxis aber vielfach die Möglichkeiten nach dem UmwG nutzen, da nur diese stl. privilegiert sind (→ UmwStG § 1 Rn. 12). Lediglich die von §§ 20–24 UmwStG erfassten Einbringungen unterscheiden nicht zwischen Umw nach UmwG und mittels Einzelrechtsnachfolge (→ UmwStG § 1 Rn. 78). Zur entsprechenden Anwendung von Vorschriften des UmwG → Rn. 69.

Umw iSv Abs. 1, die so im UmwG nicht vorgesehen sind und damit gegen den 67 numerus clausus verstoßen, sind **nicht eintragungsfähig.** Werden sie dennoch eingetragen, ist fraglich, ob die Normen des UmwG gelten, die die Unumkehrbarkeit des UmwG anordnen (§ 20 II, § 131 II, § 202 III). Einerseits greifen die Normen des UmwG für diese Umw nicht, andererseits sollen diese Vorschriften gerade Unsicherheiten über die Wirksamkeit trotz Mängel der Umw vermeiden (näher → § 20 Rn. 108 ff., → § 131 Rn. 112 ff. und → § 202 Rn. 11 f.).

b) Analogieverbot, Ausstrahlungswirkung. Vielfach wird aus Abs. 2 neben 68 dem numerus clausus (→ Rn. 55) ein Analogieverbot abgeleitet (vgl. Semler/Stengel/Leonard/Stengel Rn. 61). Bereits der numerus clausus beinhaltet ein Analogieverbot idS, dass etwa die Vorschriften des UmwG nicht entsprechend auf Umw (iSv Abs. 1) von Rechtsträgern, die nach UmwG nicht beteiligtenfähig sind, angewendet werden können (ähnl. Lutter/Drygala Rn. 59). Ebenso verhindert bereits die Festlegung des numerus clausus die Entwicklung von Mischformen (→ Rn. 65). Eine eigenständige Aussagekraft eines derartigen Analogieverbots (nach Lutter/Drygala Rn. 59: ieS) verbleibt wohl nicht (ebenso wohl Lutter/Drygala Rn. 59).

Weitgehend Einigkeit besteht, dass Abs. 2 die analoge Anwendung von Vorschriften des UmwG **innerhalb des UmwG** nicht unterbindet (Semler/Stengel/Leonard/Semler Rn. 62; Widmann/Mayer/Heckschen Rn. 406; Henssler/Strohn/ Decker Rn. 28; BeckOGK/Drinhausen/Keinath Rn. 49; → Rn. 64). Dies richtet sich nach den allgemeinen Grundsätzen, setzt also insbes. eine planwidrige Regelungslücke voraus. In eine andere Richtung und auch losgelöst von Abs. 2 geht die Frage, ob Vorschriften des UmwG bei Strukturmaßnahmen außerhalb des UmwG entsprechend angewendet werden können. Die Thematik wird sehr anschaulich mit dem Begriff der **Ausstrahlungswirkung** des UmwG umschrieben. Ob die Problematik tatsächlich besteht ist, erscheint indes zweifelhaft (so aber etwa Semler/Stengel/Leonard/Stengel Rn. 63; Bungert NZG 1998, 367 (368); Heckschen DB 1998, 1385 (1386); wie hier Lutter/Drygala Rn. 60). Der Aussagegehalt von Abs. 2 wird überstrapaziert, wenn man daraus ableiten will, dass Vorschriften des UmwG generell nicht analogietauglich sind. Ein derartiges „Eiland des GesR" (OLG Frankfurt a. M. DB 1999, 1004 (1005); Lutter/Drygala Rn. 60; NK-UmwR/Böttcher Rn. 46) war vom Gesetzgeber weder gewollt, noch besteht hierfür ein Bedürfnis. Die Problematik lässt sich bereits mit den gewohnten Instrumentarien der Rechtsanwendung lösen. Es ist mithin immer zu fragen, ob die Einzelgesetze eine planwidrige Lücke (LG München ZIP 2006, 2036) haben und diese durch die isolierte Anwendung einzelner Normen des UmwG angemessen geschlossen werden kann (BayObLG DB 1998, 2356 (2357 f.)).

70 Hierbei ist nicht zu verkennen, dass das UmwG ein in sich geschlossenes System ist und vielfach auch auf europarechtlichen Vorgaben beruht. Daraus kann nicht geschlossen werden, dass das Fehlen entsprechender Gesellschafter- und Gläubigerschutzvorschriften in anderen Gesetzen bereits eine Regelungslücke darstellt. Die Instanzrechtsprechung bejahte dies verschiedentlich vorschnell und mit fehlerhafter Begründung. Soweit das LG Karlsruhe (NJW-RR 1999, 182 – Badenwerk; dagegen LG München ZIP 2006, 2036 – Infineon) bereits aus Art. 3 GG eine Anwendung der Vorschriften des UmwG auf eine wirtschaftliche Ausgliederung durch Einzelrechtsübertragung verlangte, wird aus der wirtschaftlichen Vergleichbarkeit eine Pflicht zur Gleichbehandlung abgeleitet. Dies allein rechtfertigt aber noch keine Annahme der Willkür (ebenso LG München ZIP 2006, 2036; Priester ZHR 163 (1999), 187 (191 f.)). IÜ bestehen strukturelle Unterschiede zwischen einer Ausgliederung durch Einzelrechtsübertragung und nach dem UmwG (LG München ZIP 2006, 2036). Vgl. auch OLG Frankfurt a. M. zur analogen Anwendung von §§ 63, 64 bei Verträgen, die dem Vorstand der Aktiengesellschaft der HV zur Zustimmung unterbreitet (BB 1999, 1928). Hier ist zu beachten, dass das Gesetz keinen generellen Schutz vor den mit einer Auflösung einer Ges verbundenen wirtschaftlichen Schäden bietet (OLG Stuttgart ZIP 1997, 362; vgl. auch LG Hamburg AG 1997, 238; ArbG Frankfurt NZA-RR 1998, 129; ArbG Freiburg NZA-RR 1997, 179; Aha AG 1997, 356; Bungert NZG 1998, 367; Veil ZIP 1998, 366; Trölitzsch DStR 1999, 764).

71 Auch bei Strukturmaßnahmen iSv § 179a AktG bedarf es nicht ergänzend der Heranziehung von Vorschriften des UmwG (BayObLG DB 1998, 2356; OLG Stuttgart 1997, 362; Lutter/Leinekugel ZIP 1999, 261). Wesentliche Fragen hat das **BVerfG** mit Beschl. v. 23.8.2000 (AG 2001, 42) geklärt. Eine analoge Anwendung von Verfahrensvorschriften auf eine „übertragende Auflösung" ist verfassungsrechtlich nicht geboten. In Bezug auf das mitgliedschaftliche Bestandsinteresse bestehen keine verfassungsrechtlichen Bedenken. Das Grundrecht aus Art. 14 I GG erfordert allerdings, dass (Minderheits-)Gesellschafter, die gegen ihren Willen aus der Ges gedrängt werden, wirtschaftlich voll entschädigt werden. **Verfassungsrechtlich geboten** sind demnach Schutzvorrichtungen, die verhindern, dass ein zum Ausscheiden gezwungener Anteilsinhaber übervorteilt wird. Das BVerfG überlässt es den Fachgerichten, ob sie den notwendigen Schutz der Anteilsinhaber durch analoge Anwendung des (aktienrechtlichen) Spruchverfahrens oder durch anderweitige gerichtliche Kontrolle, etwa im Rahmen einer aktienrechtlichen Anfechtungsklage, darstellen. Damit bestätigt die Entscheidung des BVerfG (BB 2000, 2011) die stRspr zur Tragweite von Art. 14 I GG im Wirtschaftsrecht (vgl. BVerfGE 100, 289; 90, 25 je mwN). Ein verfassungsrechtlicher „Zwang zur Analogie" besteht nicht; die schutzwürdigen Eigentumsbelange der Anteilsinhaber müssen aber stets hinreichend gewahrt werden, wenn nicht durch Analogie, dann durch extensive Anwendung vorhandener Instrumentarien oder notfalls dadurch, dass die Maßnahme gänzlich unterbunden wird (BVerfG BB 2000, 2013). Am ehesten trifft die Formel von Kallmeyer zu (FS Lutter, 2000, 1245 (1260)): für Strukturentscheidungen außerhalb des UmwG sind einzelfallbezogene diff. Lösungen zu entwickeln, die es dem Vertretungsorgan erlauben, den Minderheitenschutz unternehmensspezifisch zu gestalten. Auch wenn eine entsprechende Anwendung der Vorschriften des UmwG für die Beteiligten einer Umstrukturierung außerhalb des UmwG vorteilhaft wäre, kommt sie grds. nicht in Betracht, zumindest dann nicht, wenn dadurch ein im UmwG gerade nicht zugelassener Vorgang doch vollziehbar würde. Unabhängig davon verbleibt es bei den umgeschriebenen Hauptversammlungszuständigkeiten, die von der Rspr. mit der Holzmüller-Entscheidung (BGHZ 83, 122) begründet worden sind. Zwischenzeitlich hatte der BGH allerdings Gelegenheit, die Aussagen zu präzisieren (BGH NJW 2004, 1860). Im Ergebnis wurde die Leitungsbefugnis des Vorstandes klar herausgestellt (vgl. auch LG München ZIP 2006, 2036). Der BGH sieht in der Entscheidung keine Notwendigkeit, auf eine analoge Anwendung der Vorschriften des UmwG abzustellen. Entsprechendes galt für die Fälle des Delisting (BGH ZIP 2003, 387). Soweit hierbei (BGH ZIP 2003, 387) wie auch in den Fällen des „Kalten Delisting" (OLG Düsseldorf ZIP 2005, 300) eine Überprüfung im Spruchverfahren möglich sein musste, war dies angesichts der zwischenzeitlichen Schaffung des SpruchG keinesfalls vom Analogieverbot umfasst. Nach der Frosta-Entscheidung des BGH (NJW 2014, 146) stellt sich die Frage ohnehin nicht mehr.

4. Umwandlungsgesetz als zwingendes Recht (Abs. 3)

In Anlehnung an den Wortlaut von § 23 V AktG stellt **Abs. 3** klar, dass die 72 Vorschriften des UmwG zwingendes Recht enthalten. Von ihnen darf nur abgewichen werden, wenn dies im Gesetz ausdrücklich zugelassen ist. Ergänzungen sind nur möglich, wenn die gesetzlichen Vorschriften eine abschl. Regelung nicht enthalten.

Abs. 3 verbietet damit parteiautonome Regelungen (insbes. in Verträgen, aber 73 auch im Organisationsstatut eines beteiligten Rechtsträgers), wenn und soweit dadurch der Regelungsgehalt einer Norm verändert wird. Damit ergänzt die Vorschrift Abs. 2, der den gesetzlichen Anwendungsbereich begrenzt. In diesem Fall liegt nämlich eine **Abweichung** vor; dies ist grds. nicht erlaubt, §§ 1 ff. sind nicht dispositiv. Anderes gilt dann, wenn eine spezielle Norm selbst eine „Öffnungsklausel" enthält, dh dann, wenn eine vom Gesetz abw. Regelung **ausdrücklich zugelassen** ist. Gerade bei den Vorschriften, die sich mit den notwendigen Beschlussmehrheiten befassen, ist von dieser Ausnahme Gebrauch gemacht worden (zB § 50 I 2, § 65, § 84 S. 2; die Befugnis zur abw. Regelung im Organisationsstatut des jew. Rechtsträgers gilt dort aber nur für verschärfende Klauseln). Zwingend sind insbes. die Regelungen zum Minderheits- und Gläubigerschutz (Semler/Stengel/Leonard/Stengel Rn. 82; Henssler/Strohn/Decker Rn. 30).

Abs. 3 darf aber nicht dahin missverstanden werden, jede parteiautonome Vereinba- 74 rung sei ausgeschlossen. Unschädlich sind Regelungen zwischen den Beteiligten, die lediglich **Ergänzungen** zu den zwingenden gesetzlichen Regelungen enthalten (etwa → § 307 Rn. 5 zu ergänzenden Regelungen zum Verschmelzungsplan). Die Abgrenzung zwischen (erlaubter) Ergänzung und (verbotenem) Eingriff in den zwingenden Regelungsgehalt einer Vorschrift kann im Einzelfall Schwierigkeiten bereiten. Man wird davon ausgehen dürfen, dass solche Vorschriften, die dem Schutz von Anlegern, insbes. von Minderheitsbeteiligten, und dem Schutz von Gläubigern dienen, jedenfalls insoweit abschl. sind, als sie einen Mindeststandard garantieren, von dem nur „nach oben" abgewichen werden darf (vgl. Lutter/Drygala Rn. 61 ff.; Semler/Stengel/Leonard/Stengel Rn. 82). Gleiches gilt für arbeitsrechtliche Regelungen. Aus dem Schweigen des Gesetzes allein (keine Öffnungsklausel) kann nicht in jedem Fall auf die Unzulässigkeit einer Parteidisposition geschlossen werden (aA Semler/Stengel/Leonard/Stengel Rn. 82). Immer dann, wenn die rechtlichen oder wirtschaftlichen Rahmenbedingungen für die Beteiligten ohne Eingriff in die geschützten Positionen Dritter verbessert oder sinnvoll dem Einzelfall angepasst werden können, ist eine ergänzende Regelung zulässig, die ihrerseits die gesetzliche Regelung nicht grds. verändern, sondern nur sinnvoll „fortdenken" darf (Lutter/Drygala Rn. 64).

75   Vgl. iÜ Rspr. und Lit. zu § 23 V AktG.

Zweites Buch. Verschmelzung

Erster Teil. Allgemeine Vorschriften

Vorbemerkung

1. Allgemeines

Der Erste Teil des Zweiten Buches enthält die **allgemeinen Vorschriften** zur 1
Umw durch Verschm. In §§ 2 f. sind die Möglichkeiten der Verschm dargestellt, §§ 4–35a regeln allg. die Verschm durch Aufnahme, §§ 36–38 befassen sich mit der Verschm durch Neugründung. Besondere Bedeutung kommt §§ 4–35 zu. Zum einen wird auch bei der Verschm durch Neugründung auf die Anwendung dieser Vorschriften verwiesen (§ 36 I); zum anderen gelten §§ 4–35 für jede Form der Verschm, unabhängig davon, welcher Rechtsträger an der konkreten Umstrukturierungsmaßnahme beteiligt ist. Die besonderen Vorschriften im Zweiten Teil des Zweiten Buches (§§ 39–122) ergänzen lediglich die Regelungen in §§ 4–35a, erst dort ist die Frage nach den jew. beteiligten Rechtsträgern von Bedeutung.. Durch das FGG-RG wurden die § 10 und § 26 geändert. Zum FGG-RG allg. → Einf. Rn. 27. Durch das **UmRUG** wurden zum 1.3.2023 die Regelungen zur grenzüberschreitenden Verschm von KapGes aus den §§ 122a–122l aF in den Ersten Teil des Sechsten Buchs (§§ 305–319) verschoben und von den allg. Vorschriften die §§ 8, 9, 12, 14 II, 15, 17, 29, 32, 33, 34 geändert; § 35a (zuvor § 323 II, § 324 aF) wurde neu eingefügt. Zum UmRUG allg. → Einf. Rn. 43 ff. Durch das **MoPeG** wurde zum 1.1.2024 die in das Gesellschaftsregister eingetragene GbR (**„eGbR"**) in § 3 Abs. 1 Nr. 1 für verschmelzungsfähig erklärt und in den Besonderen Vorschriften zur Verschm mit den §§ 39–39f ein Unterabschnitt zur Verschmelzung unter Beteiligung von eGbR eingefügt. Weitere (Folge-)Änderungen betreffen die §§ 41 ff., indem insbes. für die Verschmelzung unter Beteiligung von PhG und PartGes jeweils auf die §§ 39–39f als neuen Grundfall verwiesen und der Begriff der rechtsfähigen Personengesellschaft als Oberbegriff für eGbR, PhG und PartGes genutzt wird. Zum MoPeG allg. → Einf. Rn. 50 f.

Die allg. Regelungen zur Verschm durch Aufnahme sind weitgehend aus dem 2
früheren Recht übernommen worden. Der Gesetzgeber der Umwandlungsreform hat sich an die bewährten Regeln des AktG (§§ 339–358a AktG aF), des KapErhG (§§ 19–35 KapErhG aF) und des VAG (§§ 44a–44c VAG aF) sowie des GenG (§§ 63e–63i, 93a–93s GenG aF) angelehnt. Die Reihenfolge der gesetzlichen Vorschriften entspricht weitgehend dem Ablauf des **Verschmelzungsverfahrens** (vgl. Dehmer WiB 1994, 307; K. Schmidt ZGR 1990, 580 (583); K. Schmidt, Reform des UmwR, IDW 1992, 40; Ganske WM 1993, 1117 (1121); Neye ZIP 1994, 165 (166); Neye DB 1994, 2069 (2071); zum „Dreitakt" → § 1 Rn. 6 ff. mwN; praxisorientiert Semler/Stengel/Leonard/Stengel § 2 Rn. 55 ff., der zu Recht darauf hinweist, dass rechtstatsächlich viele Formalien eine geringe Rolle spielen, weil von den vielfältigen Verzichtsmöglichkeiten des UmwG oft Gebrauch gemacht wird).

Zunächst wird der Verschmelzungsvertrag behandelt (§§ 4–7), danach der Ver- 3
schmelzungsbericht (§ 8), dann die Prüfung der Verschm (§§ 9–11) sowie der Prüfungsbericht (§ 12), anschließend der Verschmelzungsbeschluss (§§ 13 f.), schließlich die Anmeldung der Verschm (§§ 16 f.) und deren Eintragung (§§ 19 ff.). Die genannten Vorschriften werden ergänzt durch Regelungen über das Umtauschverhältnis (§ 15), das Firmenrecht (§ 18), den Gläubigerschutz (§ 22), die Organhaftung (§§ 25–27) und die Barabfindung (§ 29 ff.). Vgl. zum Ablauf einer Verschm in ihren

verschiedenen Phasen – Vorbereitung, Beschluss und Durchführung – Widmann/Mayer/Frohnhöfer § 2 Rn. 60 ff.

4 Die weitgehende Übernahme der Verschmelzungsvorschriften des AktG hat zur Folge, dass in teilw. Abweichung zu den früheren Regelungen, insbes. des KapErhG, eine größere **Formenstrenge** und gesteigerte Anforderungen an die Durchführung einer Verschm für alle in Frage kommenden Rechtsformen festgeschrieben wurden. Denn der Reformgesetzgeber hat sich nicht unreflektiert an das frühere Recht angelehnt, sondern bewusst die **strengen Vorschriften des AktG** zum **Leitbild des neuen allgemeinen Teils** erkoren (→ Vor § 60 Rn. 3; Begr. RegE, BR-Drs. 75/94 zu § 2; Schöne GmbHR 1995, 325; zur richtlinienkonformen Auslegung Lutter/Drygala § 2 Rn. 9, 10 mwN). Dies hat zB zur Folge, dass – anders als noch im KapErhG – bei Verschm unter Beteiligung von zwei GmbH ein Verschmelzungsbericht zu verfassen und uU eine Verschmelzungsprüfung durchzuführen ist. Bei der Auslegung der jew. Tb-Merkmale von §§ 4 ff. können rechtsformspezifische Besonderheiten berücksichtigt werden (Schöne GmbHR 1995, 325 ff. mwN; Widmann/Mayer/Mayer Einf. zum handelsr. Teil Rn. 103, 104).

2. Gesetzessystematik

5 Besondere Bedeutung erhalten §§ 4–35a durch die **Verweisungstechnik** des UmwG (→ § 1 Rn. 9 ff.). §§ 4–35a regeln nicht nur Allgemeines zur Umw im Wege der Verschm, sie stellen gleichsam auch einen vor die Klammer gezogenen **allgemeinen Teil** des Zweiten, Dritten und Vierten Buches des UmwG dar. Lediglich bei den im Fünften Buch enthaltenen Vorschriften zum Formwechsel wird auf eine allg. Verweisung auf §§ 4–35a verzichtet; iÜ folgt die Bedeutung von §§ 4–35 auch maßgeblich aus den Verweisungsvorschriften in §§ 125, 176, 177 (Spaltung, Vermögensübertragung) sowie ferner in § 305 II, § 320 II (grenzüberschreitende Verschm, grenzüberschreitende Spaltung).

Erster Abschnitt. Möglichkeit der Verschmelzung

§ 2 Arten der Verschmelzung

Rechtsträger können unter Auflösung ohne Abwicklung verschmolzen werden
1. **im Wege der Aufnahme durch Übertragung des Vermögens eines Rechtsträgers oder mehrerer Rechtsträger (übertragende Rechtsträger) als Ganzes auf einen anderen bestehenden Rechtsträger (übernehmender Rechtsträger) oder**
2. **im Wege der Neugründung durch Übertragung der Vermögen zweier oder mehrerer Rechtsträger (übertragende Rechtsträger) jeweils als Ganzes auf einen neuen, von ihnen dadurch gegründeten Rechtsträger gegen Gewährung von Anteilen oder Mitgliedschaften des übernehmenden oder neuen Rechtsträgers an die Anteilsinhaber (Gesellschafter, Partner, Aktionäre oder Mitglieder) der übertragenden Rechtsträger.**

Übersicht

	Rn.
1. Allgemeines	1
2. Definition und Wesen der Verschmelzung	3
3. Übertragende Rechtsträger	9
4. Übernehmender Rechtsträger	10

	Rn.
5. Verschmelzung durch Aufnahme (Nr. 1)	11
6. Verschmelzung durch Neugründung (Nr. 2)	14
7. Gewährung von Anteilen am übernehmenden Rechtsträger	15
8. Verschmelzung von vertikal verbundenen Rechtsträgern	17
9. Verschmelzung von Schwestergesellschaften	21
10. Kartellrechtliche Verschmelzungskontrolle	25

1. Allgemeines

§ 2 übernimmt weitgehend früher geltendes Recht, die Formulierung von Nr. 2 **1** wurde sprachlich an Art. 4 RL 2005/56/EG (heute Art. 88 ff. GesR-RL; zur Entwicklung der RL Widmann/Mayer/Fronhöfer Fn. 1) angelehnt. Die Änderung des GenG (→ Einf. Rn. 26) führte zum Wegfall der früheren Bezeichnung der Mitglieder als Genossen.

Die Gliederung von § 2 setzt sich fort in §§ 4–35a für die Verschm durch Auf- **2** nahme und in §§ 36–38 für die Verschm durch Neugründung.

2. Definition und Wesen der Verschmelzung

Als **Verschmelzung** bezeichnet man die Vereinigung der Vermögen mehrerer **3** Rechtsträger durch Gesamtrechtsnachfolge (→ Rn. 6, ausf. → § 20 Rn. 23 ff.) auf rechtsgeschäftlicher Grundlage, nämlich auf Basis eines zwischen den beteiligten Rechtsträgern zu schließenden Verschmelzungsvertrages, unter Ausschluss der Liquidation (vgl. allg. Hügel, Verschmelzung und Einbringung, 1993, S. 28 ff.; Gerold MittRhNotK 1997, 205; vgl. zur Abgrenzung von fusionsähnlichen Verbindungen – etwa Holding, Eingliederung, Organschaftsvertrag – und Teilfusionen Lutter/Drygala Rn. 39 ff.; Semler/Stengel/Leonard/Stengel Rn. 43 ff.; Widmann/Mayer/Fronhöfer Rn. 47 ff.; zur Möglichkeit, als Alt. zur Verschm eine übertragende Auflösung gem. § 179a AktG durchzuführen, BVerfG DB 2000, 1905; zur Einbringung OLG Frankfurt a. M. DB 2003, 2327). Mit der nachfolgenden Eintragung der Verschm im Register geht das Vermögen des oder der übertragenden Rechtsträger(s) auf den übernehmenden bzw. neuen Rechtsträger über (§ 20 I Nr. 1). Dabei erlischt mindestens ein Rechtsträger (übertragender Rechtsträger, § 20 I Nr. 2). Als Gegenleistung für die Vermögensübertragung werden den Anteilsinhabern (Legaldefinition: Gesellschafter, Partner, Aktionäre oder Mitglieder; Übersicht bei Widmann/Mayer/Fronhöfer Rn. 78; zu Rechtsträgern ohne Anteilsinhaber Widmann/Mayer/Fronhöfer Rn. 79) des übertragenden Rechtsträgers Anteile oder Mitgliedschaften des übernehmenden oder neuen Rechtsträgers gewährt (§ 20 I Nr. 3; ausf. → § 20 Rn. 109 ff.). In Erweiterung des Wortlauts von § 2 kommt auch eine Barabfindung iSv §§ 29 ff. in Betracht. Um Wertunterschiede auszugleichen, kann neben den Anteilen am übernehmenden Rechtsträger eine bare Zuzahlung nach § 15 gewährt werden.

Auf diese wesenstypischen Merkmale einer Verschm **kann nicht verzichtet** wer- **4** den (vgl. KG DB 1998, 2511; Semler/Stengel/Leonard/Stengel Rn. 40 ff. mwN; zur Aufwärtsverschmelzung allerdings → Rn. 17 ff., zur Verschm von SchwesterGes → Rn. 21 ff.; grundlegende Kritik an der sonst allg. anerkannten Dogmatik üben Beuthien/Helios NZG 2006, 369, die die Verschm als „totalen gesellschaftsrechtlichen Umorganisationsakt" und als „transaktionslose Rechtsträgertransformation" begreifen; krit. zur Anteilsgewährung als wesenstypisches Merkmal einer Verschm Heckschen DB 2008, 1363 mwN).

Zur stl. Behandlung der Verschm, von Barabfindungen und baren Zuzahlungen **5** vgl. Komm. zu § 4 UmwStG und § 20 UmwStG (→ UmwStG § 4 Rn. 1 ff., → UmwStG § 20 Rn. 1 ff.).

6 Der **sachenrechtliche Spezialitätsgrundsatz** (dazu Feuerborn ZIP 2001, 600; Grüneberg/Herrler BGB § 930 Rn. 2 ff. mwN) findet bei der Gesamtrechtsnachfolge keine Anwendung, eine Einzelübertragung der Vermögensgegenstände des oder der übertragenden Rechtsträger(s) findet nicht statt (§ 20 I Nr. 1). „Vermögen" umfasst hierbei sowohl die Aktiven als auch die Passiven. Mit Eintragung der Verschm in das Register des Sitzes des **übernehmenden** Rechtsträgers (Ausnahme: § 122 II; → § 122 Rn. 2) tritt dieser in die Rechtsposition ein, die der übertragende Rechtsträger zu diesem Zeitpunkt innehatte. Dies geschieht ohne weitere Handlungen und unabhängig von der Kenntnis (über die Tatsache der Eintragung oder über die Zusammensetzung des Vermögens) und vom Willen der Beteiligten (zur Gesamtrechtsnachfolge ausf. → § 20 Rn. 23 ff.).

7 Nach Abschluss des Verschmelzungsvorgangs erlöschen der/die übertragende(n) Rechtsträger ohne Weiteres (§ 20 I Nr. 2). § 2 stellt klar, dass dies ohne Abwicklung erfolgt; das Erlöschen der übertragenden Rechtsträger gehört – wie früher – zu den zwingenden Merkmalen einer Verschm (OLG Celle WM 1988, 1375; BeckOGK/Drinhausen/Keinath Rn. 15; Semler/Stengel/Leonard/Stengel Rn. 37; Kallmeyer/Marsch-Barner/Oppenhoff Rn. 10, 11; Hügel, Verschmelzung und Einbringung, 1993, S. 28 ff.).

8 Das ändert aber nichts daran, dass Rechte und Pflichten aus dem bisherigen Verhältnis der Anteilsinhaber zum übertragenden Rechtsträger sich auf das neue Anteilsinhaberverhältnis auswirken, etwa hinsichtlich noch bestehender Einzahlungsverpflichtungen (vgl. Lutter/Drygala Rn. 30 ff. mwN; auch → § 20 Rn. 16 f.).

3. Übertragende Rechtsträger

9 Der Kreis der verschmelzungsfähigen Rechtsträger ist in § 3 I, II umschrieben. Der früher in Rspr. und Lit. ausgetragene Streit (→ 1. Aufl. 1994, KapErhG § 19 Anm. 4 mwN; Lutter/Drygala Rn. 23 Fn. 5), ob bei einer Verschm durch Aufnahme auch **mehrere übertragende Rechtsträger** beteiligt sein können, wurde durch die klare gesetzliche Regelung entschieden. In Übereinstimmung mit dem VerschmRiLiG von 1982 (BGBl. 1982 I 1425) und § 339 AktG aF, jedoch in Abweichung zu § 19 I Nr. 1 KapErhG aF, regelt § 2 Nr. 1 die Möglichkeit der Verschm im Wege der Aufnahme durch Übertragung des Vermögens eines oder **mehrerer** Rechtsträger. Eine Mehrfachverschmelzung ist möglich entweder als Gesamtverschmelzung, bei der die einzelnen Verschm auf denselben Rechtsträger nur als Einheit gewollt sind und daher auch nur gemeinsam wirksam werden können, oder als Kombination mehrerer Einzelverschmelzungen, die ggf. jeweils auch isoliert wirksam werden können und sollen (näher Kölner Komm UmwG/Simon Rn. 180 ff.). Die Gesamtverschmelzung erfordert einen einheitlichen Verschmelzungsvertrag aller Beteiligten. Mehrere Einzelverschm sind dagegen in getrennten Verschmelzungsverträgen zu vereinbaren (die durchaus in derselben Notarurkunde enthalten sein dürfen). Diese mehreren Verschm können bei Bedarf durch Bedingungen (vgl. § 7) miteinander koordiniert werden. Relevant wird die Unterscheidung zwischen Gesamtverschmelzung und mehreren Einzelverschmelzungen, sobald eine der Verschm zB durch eine Anfechtungsklage aufgehalten wird oder sich sonst ein Eintragungshindernis ergibt.

4. Übernehmender Rechtsträger

10 Das durch Verschm übertragene Vermögen muss auf **einen** bereits bestehenden oder auf einen durch die Vermögensübertragung neu gegründeten Rechtsträger übergehen. Zum Kreis der in Frage kommenden Rechtsträger → § 3 Rn. 6 ff. Der Rechtsträger muss seinen Sitz im Inland haben (§ 1 I), vorbehaltlich der Regelungen zur grenzüberschreitenden Verschm (→ § 1 Rn. 23 ff. und §§ 305–319).

5. Verschmelzung durch Aufnahme (Nr. 1)

Die Verschm durch Aufnahme erfolgt durch Übertragung des Vermögens eines oder mehrerer Rechtsträger auf einen anderen, **bereits bestehenden** Rechtsträger gegen Gewährung von Anteilen an diesem Rechtsträger. Der jew. Übertragende Rechtsträger hört mit Abschluss des Verschmelzungsvorgangs auf zu existieren (§ 20 I Nr. 2), während der übernehmende Rechtsträger als Gesamtrechtsnachfolger Träger aller Rechte und Pflichten des übertragenden Rechtsträgers wird (§ 20 I Nr. 1).

Die Verschm durch Aufnahme ist als **Grundfall der Verschm** geregelt, auf §§ 4– 35a wird bei der Verschm durch Neugründung weitgehend verwiesen (§ 36 I). Das gesetzliche Grundmuster setzt zunächst den Abschluss eines notariell beurkundeten Verschmelzungsvertrages (bzw. zumindest die Aufstellung eines entsprechenden Entwurfs, § 4 II) voraus, dem die Anteilsinhaberversammlungen der jew. Beteiligten Rechtsträger zustimmen müssen, wobei im Einzelfall qualifizierte Mehrheiten ausreichen können.

Erforderlichenfalls ist beim übernehmenden Rechtsträger auch ein **KapErhB** zu fassen (§§ 54 f., 68 f.). In diesem Fall sind KapErh und Verschm beim jew. Zuständigen Register anzumelden. Die Verschm ihrerseits darf erst nach **Eintragung der KapErh** eingetragen werden (§§ 53, 66; zur Wirksamkeitsverknüpfung → § 55 Rn. 36 mwN, → § 20 Rn. 133 ff.), wobei die **Eintragung der Verschm** in das Register am Sitz des übernehmenden Rechtsträgers konstitutiv wirkt (Ausnahme: § 122 II).

6. Verschmelzung durch Neugründung (Nr. 2)

Als zweite Variante stellt das Gesetz die (regelmäßig aufwändigere und mit höheren Kosten verbundene (→ § 14 Rn. 33, → Vor § 36 Rn. 7 je mwN; BeckOGK/Drinhausen/Keinath Rn. 18; Widmann/Mayer/Mayer § 36 Rn. 115 ff.; Martens AG 2000, 307) Möglichkeit der Verschm durch Neugründung zur Verfügung. Hierbei wird das gesamte Vermögen von **mindestens zwei** bereits bestehenden Rechtsträgern gegen Gewährung von Anteilen oder Mitgliedschaften auf einen **neu gegründeten Rechtsträger** übertragen. Näheres regeln §§ 36–38 und die rechtsformspezifischen Vorschriften des Besonderen Teils der Verschm in §§ 39 ff., zB §§ 56 ff. für die GmbH. Der Unterschied zur Verschm durch Aufnahme liegt also darin, dass der endgültige Rechtsträger der vereinigten Vermögen noch gebildet werden muss. Bei Durchführung einer solchen Verschm ist jeder der bestehenden Rechtsträger als übertragender Rechtsträger anzusehen. Neben den auch bei der Verschm durch Aufnahme notwendigen Schritten (→ Rn. 11 ff.) muss zusätzlich der Gesellschaftsvertrag (PartVertrag/Satzung) des neuen Rechtsträgers unter Beachtung der jew. Gültigen **Gründungsvorschriften** (§ 36 II) abgeschlossen werden, dem die Anteilsinhaber der übertragenden Rechtsträger ebenfalls zustimmen müssen (zB § 59 S. 1, § 76 II 1). Anbieten kann sich eine Verschm durch Neugründung zur Dokumentation eines „Merger of Equals", dh eines Zusammenschlusses gleichberechtigter Unternehmen anstelle einer „Übernahme" des einen Unternehmens durch das andere. Gegen eine Verschm durch Neugründung spricht oftmals, dass die Vermögen aller bestehenden Rechtsträger bewegt werden müssen, häufig mit steuerlichen Nachteilen (GrESt) oder jedenfalls Risiken.

7. Gewährung von Anteilen am übernehmenden Rechtsträger

Den Anteilsinhabern der übertragenden Rechtsträger müssen Anteile am übernehmenden Rechtsträger (Verschm durch Aufnahme) bzw. Anteile am neu gebildeten Rechtsträger (Verschm durch Neugründung) gewährt werden. Dies ist grds. zwingendes (aber → Rn. 18, → Rn. 21 ff. und §§ 54, 68; M. Winter FS Lutter, 2000, 1279 ff.) **Wesensmerkmal** der Verschm (→ Rn. 3; zu den Konsequenzen

KG DB 1998, 2511; OLG Frankfurt a. M. DB 1998, 917; vgl. zum Anteilstausch iÜ → § 20 Rn. 109 ff.; möglicherweise kann für den Komplementär ohne Kapitalbeteiligung einer übertragenden GmbH & Co. KG auf eine Anteilsgewährung verzichtet werden, vgl. LG Saarbrücken DNotI-Report 1999, 163, das sollte aber mit dem Registergericht vorab geklärt werden). Bei der Verschm zur Neugründung sind die zu gewährenden Anteile stets neue Anteile. In den Fällen der Verschm durch Aufnahme kann es sich sowohl um neue Anteile (bei KapErh) als auch um bereits vorhandene Anteile (eigene Anteile des übernehmenden Rechtsträgers bzw. Anteile am übernehmenden Rechtsträger, die der übertragende Rechtsträger hält, zB § 54 I, II) handeln.

16 Die **Gegenleistung** kann nicht in Form von Anteilen an anderen Unternehmen oder durch Entschädigung in Geld oder in sonstiger Weise erbracht werden (Semler/Stengel/Leonard/Stengel Rn. 41; Lutter/Drygala Rn. 30 mwN). Hierdurch unterscheidet sich die Verschm von der nur bestimmten Rechtsträgern offenstehenden, kaum praxisrelevanten Vermögensübertragung (§ 174 I). Lediglich ausnahmsweise können **statt** der Anteilsgewährung **Barabfindungen** (§§ 29 ff.) oder **neben** der Anteilsgewährung **bare Zuzahlungen** (§ 15) geleistet werden. Diese Zuzahlungen dürfen jedoch keinen Ersatz für die Anteilsgewährung darstellen (ausf. Heckschen DB 2008, 1363 mwN). Vgl. zur Anteilsgewährung auch → § 5 Rn. 5 ff., → § 20 Rn. 109 ff.

8. Verschmelzung von vertikal verbundenen Rechtsträgern

17 **Verbundene Unternehmen** iSv §§ 15 ff. AktG können als Rechtsträger miteinander verschmolzen werden. Verschm im Konzern sind möglich und praktisch die Regel (Semler/Stengel/Leonard/Stengel Rn. 20). Eine Verschm liegt zwar grds. nur dann vor, wenn den Anteilsinhabern der übertragenden Rechtsträger als Ausgleich für die Vermögensübertragung Anteile oder Mitgliedschaften am übernehmenden Rechtsträger gewährt werden (→ Rn. 3).

18 Eine Ausnahme hiervon besteht allerdings zunächst bei der Verschm einer **100%igen TochterGes** auf ihre MutterGes, § 20 I Nr. 3 S. 1 (**Aufwärtsverschmelzung**). Denn ist der übernehmende Rechtsträger zu 100% am übertragenden Rechtsträger beteiligt, müsste er sich eigene Anteile gewähren. Eine damit einhergehende KapErh anlässlich der Verschm ist aber verboten (vgl. für die GmbH § 54 I 1 Nr. 1, für die AG § 68 I 1 Nr. 1); eine Gewährung von Anteilen/Mitgliedschaften ist nicht erforderlich, **soweit** außenstehende Anteilsinhaber des übertragenden Rechtsträgers nicht vorhanden sind (so für die frühere Rechtslage bereits BayObLG DB 1983, 2675; 1984, 285; Heckschen, Verschmelzung von Kapitalgesellschaften, 1989, S. 52; Scholz/Priester GmbHG, 7. Aufl. 1988, Anh. Umw KapErhG § 19 Rn. 5). IÜ bestünde bei der Verschm der TochterGes mit der MutterGes schon nach allg. zivilrechtlichen Grundsätzen **keine Anteilsgewährungspflicht.** In der Person des übernehmenden Rechtsträgers vereinigt sich mit der Verschm die Pflicht mit dem Recht (als Anteilsinhaber) auf Anteilsgewährung. Dadurch erlischt das Schuldverhältnis durch Konfusion (BayObLG DB 1984, 285 f.).

19 Entsprechend ist zu verfahren, wenn und soweit der Anteil des übernehmenden am übertragenden Rechtsträger **unter 100%** liegt. Neue Anteile werden im Regelfall nur den restlichen Anteilsinhabern des übertragenden Rechtsträgers gewährt, iÜ gilt das KapErhVerbot (zB § 54 I 1: „die übernehmende Gesellschaft darf zur Durchführung der Verschmelzung ihr Stammkapital nicht erhöhen, **soweit** … ").

20 Bei der **Abwärtsverschmelzung** besteht demgegenüber keine Ausnahme von der Pflicht zur Anteilsgewährung; die bisherigen Anteilsinhaber der MutterGes werden Anteilsinhaber der TochterGes (§ 20 I Nr. 3). Die Besonderheit bei der Abwärtsverschmelzung besteht darin, dass die zu gewährenden Anteile nicht erst über eine KapErh bei der TochterGes beschafft werden müssen, sondern alternativ die bisher von der MutterGes gehaltenen Anteile den Anteilsinhabern der MutterGes neu zugeordnet werden können (zB § 54 I 2 Nr. 2: „die übernehmende Gesellschaft **braucht** ihr Stammkapital nicht zu erhöhen, soweit ein übertragender Rechtsträger Geschäftsanteile dieser Gesellschaft innehat ... ").

9. Verschmelzung von Schwestergesellschaften

Die Notwendigkeit einer **KapErh bei Verschm von SchwesterGes** war ein 21 Standardproblem des UmwR (zusammenfassender Überblick zur alten Rechtslage → 4. Aufl. 2006, Rn. 19 ff.; vgl. auch Maier-Reimer GmbHR 2004, 1128; Baumann DB 1998, 2321).

SchwesterGes idS sind Rechtsträger, an denen dieselben Anteilsinhaber mit jew. 22 identischer Quote beteiligt sind. Hier greifen die erwähnten KapErhVerbote nicht, die Bildung eines neuen Geschäftsanteils ist grds. möglich. In der rechtsgestaltenden Praxis besteht jedoch ein Bedürfnis, **bloße Förmelei** zu vermeiden und deshalb auf die KapErh und die Anteilsgewährung zu verzichten, weil sich die Beteiligungsverhältnisse der einzelnen Anteilsinhaber vor und nach Durchführung der Verschm ohnehin entsprechen.

Der Gesetzgeber ist diesem Bedürfnis durch das 2. UmwÄndG (→ Einf. Rn. 26) 23 nachgekommen. Seit 2007 lassen **§ 54 I 3, § 68 I 3** den notariellen Verzicht der Anteilsinhaber des übertragenden Rechtsträgers auf die Gewährung von Geschäftsanteilen bzw. Aktien zu (vgl. → § 54 Rn. 1 ff., → § 68 Rn. 1 ff.). Damit haben es die Anteilsinhaber von SchwesterGes selbst in der Hand, ob sie beim übernehmenden Rechtsträger neue Anteile schaffen oder nicht (Krumm GmbHR 2010, 24 mwN; Drinhausen BB 2006, 2313; HRA des DAV NZG 2006, 802; ausf. Heckschen DNotZ 2007, 449 ff., der zu Recht die systematische Stellung der Neuregelungen im Zweiten Teil des Zweiten Buches kritisiert; grds. krit. mit zT guten Argumenten Mayer/Weiler DB 2005, 1235, die auch europarechtliche Bedenken wegen eines Verstoßes von § 68 gegen Art. 19 RL 78/855/EWG (jetzt Art. 105 GesR-RL) haben. Dies ermöglicht ggf. auch die Seitwärtsverschmelzung einer überschuldeten Kapitalgesellschaft (Leuering/Rubner NJW-Spezial 2012, 719). Nach ihrer systematischen Stellung sind die §§ 54, 68 bei der Verschm auf eine PhG nicht anwendbar; die Literatur korrigiert dieses gesetzgeberische Versäumnis verbreitet durch einen „Erst-recht"-Schluss (Heckschen DB 2008, 1367; Lutter/Grunewald § 20 Rn. 70; großzügig auch schon LG Saarbrücken DNotI-Report 1999, 163 für die Verschm zweier GmbH & Co. KG; hierzu auch Farian/Furs GmbHR 2016, 1298).

Die Minderheitsgesellschafter des übertragenden Rechtsträgers sind vor Miss- 24 brauch geschützt, weil ein Verzicht durch alle, jedenfalls die benachteiligten Anteilsinhaber gefordert ist (näher Simon FS Schaumburg, 2009, 1341). Die Minderheitsgesellschafter des übernehmenden Rechtsträgers und die Gläubiger können aber Nachteile erleiden, wenn und soweit der übertragende Rechtsträger per Saldo negatives Vermögen überträgt (dazu Heckschen DNotZ 2007, 450; Mayer/Weiler DB 2007, 1238).

10. Kartellrechtliche Verschmelzungskontrolle

Vgl. zum nat. und zum EU-KartellR BeckOGK/Drinhausen/Keinath Rn. 31 ff.; 25 Semler/Stengel/Leonard/Stengel Rn. 69 ff.; Lutter/Drygala Rn. 16 ff.; Widmann/ Mayer/Fronhöfer Rn. 64 ff.; ausf. BeckMandatsHdB Unternehmenskauf/Neuhaus § 10 Rn. 1 ff.

§ 3 Verschmelzungsfähige Rechtsträger

(1) **An Verschmelzungen können als übertragende, übernehmende oder neue Rechtsträger beteiligt sein:**

1. eingetragene Gesellschaften bürgerlichen Rechts, Personenhandelsgesellschaften (offene Handelsgesellschaften, Kommanditgesellschaften) und Partnerschaftsgesellschaften;
2. Kapitalgesellschaften (Gesellschaften mit beschränkter Haftung, Aktiengesellschaften, Kommanditgesellschaften auf Aktien);
3. eingetragene Genossenschaften;
4. eingetragene Vereine (§ 21 des Bürgerlichen Gesetzbuchs);
5. genossenschaftliche Prüfungsverbände;
6. Versicherungsvereine auf Gegenseitigkeit.

(2) An einer Verschmelzung können ferner beteiligt sein:
1. wirtschaftliche Vereine (§ 22 des Bürgerlichen Gesetzbuchs), soweit sie übertragender Rechtsträger sind;
2. natürliche Personen, die als Alleingesellschafter einer Kapitalgesellschaft deren Vermögen übernehmen.

(3) **An der Verschmelzung können als übertragende Rechtsträger auch aufgelöste Rechtsträger beteiligt sein, wenn die Fortsetzung dieser Rechtsträger beschlossen werden könnte.**

(4) **Die Verschmelzung kann sowohl unter gleichzeitiger Beteiligung von Rechtsträgern derselben Rechtsform als auch von Rechtsträgern unterschiedlicher Rechtsform erfolgen, soweit nicht etwas anderes bestimmt ist.**

Übersicht

	Rn.
1. Allgemeines	1
2. Umfassend verschmelzungsfähige Rechtsträger (Abs. 1)	5
a) eGbR	6
b) Personenhandelsgesellschaften	8
c) EWIV	11
d) Partnerschaftsgesellschaften	12
e) Kapitalgesellschaften	13
f) Eingetragene Genossenschaften	23
g) Eingetragene Vereine	25
h) Genossenschaftliche Prüfungsverbände	28
i) Versicherungsvereine auf Gegenseitigkeit	31
3. Eingeschränkt verschmelzungsfähige Rechtsträger (Abs. 2)	33
a) Wirtschaftliche Vereine	33
b) Natürliche Personen	37
4. Aufgelöste Rechtsträger (Abs. 3)	40
a) Keine Vermögensverteilung	45
b) Auflösung durch Kündigung	50
c) Auflösung durch Insolvenz	51
5. Verschmelzung unter gleichzeitiger Beteiligung verschiedener Rechtsträger (Abs. 4)	52

1. Allgemeines

1 **Abs. 1** führt Rechtsträger auf, die zugleich als **übertragende und** als **übernehmende oder neue Rechtsträger** an einer Verschm beteiligt sein können. **Abs. 2 Nr. 1** lässt den wirtschaftlichen Verein nur als übertragenden Rechtsträger zu, **Abs. 2 Nr. 2** führt die früher in §§ 15, 24 UmwG 1969 gegebene Möglichkeit der Verschm des Vermögens einer KapGes auf eine natürliche Person fort. Abs. 1, 2 bewirken eine wesentliche Erweiterung der früher zulässigen Verschmelzungsmöglichkeiten: Durch das UmwG 1995 erstmals zugelassen wurden insbes. die Verschm

von PhG untereinander, von PhG mit KapGes, eG und mit eV, von GmbH mit eV sowie wirtschaftlichen Verein; Entsprechendes gilt für die anderen KapGes, also AG und KGaA; eG können mit PhG, mit KapGes und mit eV sowie wirtschaftlichen Vereinen verschmolzen werden. Zu den insoweit möglichen Verschmelzungsvorgängen → Einf. Rn. 17 ff. Die erhebliche Erweiterung der zulässigen Verschm sollte interessierten Rechtsträgern wirtschaftlich erforderliche Neustrukturierungen der verschiedensten Arten ermöglichen (Begr. RegE, BR-Drs. 75/94 zu § 3). Seit dem 1.1.2024 können sich aufgrund das MoPeG (→ Einf. Rn. 50 f.) auch **eGbR** an Verschm beteiligen; die eGbR wurde in der Aufzählung des § 3 I Nr. 1 den übrigen PersGes vorangestellt (näher → Rn. 7). In **Abs. 3** wird – wie früher – die Verschm auch eines **aufgelösten Rechtsträgers** als zulässig bestimmt. Schließlich stellt **Abs. 4** die erhöhte Flexibilität des reformierten Rechts nochmals ausdrücklich klar: Verschm können sowohl unter gleichzeitiger Beteiligung von Rechtsträgern derselben Rechtsform als auch von Rechtsträgern unterschiedlicher Rechtsform **(Mischverschmelzung)** erfolgen, soweit nicht etwas anderes bestimmt ist.

Besondere Bedeutung erhält § 3, der unmittelbar nur für die Verschm durch 2 Aufnahme gilt, durch Verweise in § 36 (Verschm durch Neugründung) und in § 124 (Spaltung, dort wird der in § 3 festgelegte Kreis der Rechtsträger zusätzlich noch erweitert).

Die historische Beschränkung des UmwG auf in §§ 3, 124, 175, 191 jeweils 3 abschließend aufgezählte **Rechtsträger mit Satzungssitz im Inland** (§ 1 I) ist heute durch die §§ 305 ff. aufgebrochen. Diese erlauben ausdrücklich auch Verschm dt. KapGes mit KapGes anderer EU/EWR-Staaten (→ Einf. Rn. 26, → Einf. Rn. 43 ff.; zu den insoweit verschmelzungsfähigen Ges s. § 306 und → § 306 Rn. 1 ff.). Deswegen und wegen der EuGH-Rechtsprechung zur Niederlassungsfreiheit hat sich heute eine europarechtskonforme Auslegung des § 1 durchgesetzt. Danach sind Umwandlungen ausländischer Rechtsträger aus dem EU/EWR-Raum nicht verboten, sondern nur nicht vollständig positiv geregelt und nach Maßgabe der Niederlassungsfreiheit möglich.

Im Übrigen ist die allg. Regelung von **§ 1 II** zu beachten, wonach die in § 3 4 dargebotenen und durch die besonderen Vorschriften in §§ 39–122 genau festgelegten Möglichkeiten der Verschm als abschl. zu verstehen sind, wenn und soweit nicht ausnahmsweise durch Bundesgesetz oder Landesgesetz ausdrücklich etwas anderes vorgesehen ist (→ § 1 Rn. 62 ff.; zu Gestaltungsmöglichkeiten bei der im UmwG nicht vorgesehenen „Verschm" von **Stiftungen** durch Zusammenlegung und Zulegung durch Organbeschluss Hoffmann-Grambow DZWiR 2015, 301 mwN).

2. Umfassend verschmelzungsfähige Rechtsträger (Abs. 1)

Die in **Abs. 1 Nr. 1–6** aufgeführten Rechtsträger können nicht nur als übertra- 5 gende und übernehmende Rechtsträger an einem Verschmelzungsvorgang beteiligt sein, sie können auch kraft ausdrücklicher Regelung als neue Rechtsträger fungieren. Abs. 1 darf nicht dahin missverstanden werden, dass jeder der in Nr. 1–6 aufgeführten Rechtsträger in beliebiger Weise mit anderen Rechtsträgern verschmolzen werden könnte; diese Frage beantworten jew. abschließend die Vorschriften des Zweiten Buches, vgl. zB §§ 105, 109 für genossenschaftliche Prüfungsverbände und VVaG.

a) eGbR. Vor dem 1.1.2024 zählte § 3 aF die **GbR** nicht als verschmelzungsfähi- 6 gen Rechtsträger auf, während die GbR gem. § 191 Abs. 2 Nr. 1 immerhin mögliche Zielrechtsträger eines Formwechsels (aus einer KapGes, § 226) sein konnte. Die Abgrenzung zwischen OHG und GbR war damit von wesentlicher Bedeutung. Ob diese gesetzgeberische Entscheidung den Bedürfnissen der Praxis gerecht wurde, wurde mit guten Gründen bezweifelt (vgl. Lutter ZGR 1990, 392 (399 f.) mit zutr. Hinweis auf Art. 1844-4 Code Civile Frankreich, der die Société Civile in alle

Formen der Umw, auch der Fusion, einbezieht; weiter krit. zur gesetzgeberischen Entscheidung K. Schmidt ZGR 1990, 580 (591); vgl. iÜ Heckschen DB 1998, 1385; Priester DStR 2005, 788). Dies auch vor dem Hintergrund, dass der Gesetzgeber selbst durch das PartGG v. 25.7.1994 (BGBl. 1994 I 1744) und durch das HRRefG (BGBl. 1998 I 1474) deutlich gemacht hatte, dass der „Abstand" zwischen GbR und PhG in der Rechtspraxis geringer geworden war. Aufgrund des Gesetzeswortlauts und des eindeutig geäußerten Willens des historischen Gesetzgebers war eine Beteiligung von GbR an Verschmelzungsvorgängen – etwa im Wege der analogen Anwendung von § 3 I Nr. 1 – jedoch nicht möglich

7 Durch das MoPeG hat der Gesetzgeber ua die § 705 ff. BGB mWv 1.1.2024 umfassend überarbeitet. Seitdem kann eine GbR zur Eintragung in das neue Gesellschaftsregister angemeldet werden (§ 707 I BGB nF); näher John NZG 2022, 243; Luy/Sorg DNotZ 2023, 657. Die Gesellschaft muss dann den Namenszusatz „eingetragene Gesellschaft bürgerlichen Rechts" oder „eGbR" führen (§ 707a II 1 BGB nF). Im Zuge dieser Reform hat der Gesetzgeber auch auf die Kritik an der bisherigen Ausgestaltung des § 3 (→ Rn. 6) reagiert: Gem. **Abs. 1 Nr. 1** sind jetzt auch **eGbR** – nicht aber nicht eingetragene GbR – verschmelzungsfähige Rechtsträger. Wegen der Verweisung des § 124 auf § 3 können sie sich auch an einer Spaltung beteiligen. Die Begrenzung des Anwendungsbereichs auf eGbR soll Bedenken bezüglich der Umwandlungsfähigkeit einer Ges ohne Registerpublizität begegnen. Wird in dem zeitlich gestreckten Verschmelzungsverfahren die GbR erst nach Abschluss des Verschmelzungsvertrags in das Gesellschaftsregister eingetragen, ist davon auszugehen, dass durch diese Eintragung zu beseitigendes Vollzugshindernis entgegensteht (Begr. RegE zu § 3, BT-Drs. 19/27635, 264).

8 **b) Personenhandelsgesellschaften. Abs. 1 Nr. 1** erklärt darüber hinaus die PhG, damit die **OHG** (§§ 105 ff. HGB) und die **KG** (§§ 161 ff. HGB), für verschmelzungsfähig. Für deren rechtliche Qualifikation entscheiden allein **objektive Kriterien** (BGHZ 32, 310 = NJW 1960, 1664; BGHZ 10, 95 für die Abgrenzung OHG/GbR). Es kommt damit nicht auf den Willen der Beteiligten an. Die Abgrenzung zur GbR hatte besondere Bedeutung, da die GbR urspr. nicht zum Kreis der verschmelzungsfähigen Rechtsträger gehörte. Gem. § 59b Abs. 2 Nr. 1 BRAO stehen Anwälten seit Inkrafttreten der BRAO-Reform am 1.8.2022 alle Ges deutschen Rechts einschl. der Handelsgesellschaften als Berufsausübungsgesellschaft offen. Damit können sich Anwaltskanzleien seit dem 1.8.2022 erstmals in der Rechtsform der GmbH & Co. KG organisieren.

9 Auch **PublikumsGes** und die **KapGes & Co. KG** gelten ohne Einschränkung als PhG (aA für GmbH & Co. KG Kallmeyer GmbHR 2000, 418; Kallmeyer GmbHR 2000, 541; wie hier hM, vgl. Lutter/Drygala Rn. 3 f. mwN; auch Kallmeyer/Marsch-Barner/Oppenhoff Rn. 3). Zur (Familien)Stiftung & Co. KG s. Nietzer/Stadie NJW 2000, 3457. Besonderheiten gelten bei der **Einpersonen-GmbH & Co. KG.** Dort ist str., ob eine „In-sich-Verschm", also die Verschmelzung der Komplementär-GmbH auf die KG mit dem UmwG vereinbar ist (→ § 40 Rn. 5 mwN).

10 Eine **fehlerhafte Ges** kann Beteiligte einer Verschm sein. Die fehlerhafte Ges ist nach innen und außen voll wirksam und wird nicht nur kraft Rechtsscheins als wirksame Ges behandelt (MüKoHGB/Fleischer HGB § 105 Rn. 505 ff.; K. Schmidt ZGR 1991, 373; Hopt/Roth HGB § 105 Rn. 85 ff. mwN; Semler/Stengel/Leonard/Stengel Rn. 17).

11 **c) EWIV.** Die Europäische Wirtschaftliche Interessenvereinigung (EWIV) hat gem. Art. 3 I EWIV-VO den Zweck, die wirtschaftliche Tätigkeit ihrer Mitglieder zu erleichtern oder zu entwickeln; sie hat nicht den Zweck, Gewinn für sich selbst zu erzielen. Ihre Tätigkeit muss im Zusammenhang mit der wirtschaftlichen Tätigkeit ihrer Mitglieder stehen und darf nur eine Hilfstätigkeit hierzu bilden. Die

Mitglieder müssen das Mehrstaatlichkeitserfordernis gem. Art. 4 II EWIV-VO erfüllen. Eines der wenigen prominenten Beispiele für eine (allerdings französische) EWIV ist der Sender Arte mit Sitz in Straßburg. In Deutschland verweist § 1 EWIVAG (BGBl. 1988 I 514) auf das sinngemäß anzuwendende OHG-Recht („OHG mit Fremdgeschäftsführung"). Die EWIV ist damit wie die OHG zu behandeln (LG Frankfurt BB 1991, 496) und kann gem. **Abs. 1 Nr. 1** an Verschm beteiligt sein. Das Analogieverbot von § 1 II steht dem nicht entgegen. Die Möglichkeiten des UmwG werden für die EWIV nicht entsprechend angewendet, vielmehr ist die EWIV kraft Gesetz gleich einer OHG zu behandeln (Semler/Stengel/Leonard/Stengel Rn. 4, 14; Lutter/Drygala Rn. 4 mwN; K. Schmidt NJW 1995, 1 (7); Wertenbruch ZIP 1995, 712 f.; ebenso Lutter/Karollus/Schmidt/Decher, Kölner Umwandlungsrechtstage 1995, 68, 164, 204; Lutter/Schmidt § 39 Rn. 12; Widmann/Mayer/Fronhöfer Rn. 12; aA für den Formwechsel Widmann/Mayer/Vossius § 191 Rn. 9, 10).

d) Partnerschaftsgesellschaften. Seit dem Gesetz zur Änderung des UmwG, **12** des PartGG und anderer Gesetze v. 22.7.1998 (BGBl. 1998 I 1878) lässt **Abs. 1 Nr. 1** auch die **PartGes** als umwandlungsfähiger Rechtsträger zu (→ Einf. Rn. 23). Als vollwertige PartGes idS gilt auch die PartGmbB (dazu zB Binnewies/Wollweber AnwBl 2014, 9; Sommer/Treptow NJW 2013, 3269; zum RefE Posegga DStR 2012, 611 und zur Initiative für die Haftungsbegrenzung als Alt. Zur LLP Hellwig AnwBl 2012, 345; wie hier Lutter/Schmidt § 45a Rn. 3 mwN). Vgl. zur Rechtsnatur der PartGes iÜ K. Schmidt NJW 1995, 1 ff.; Michalski ZIP 1993, 1210; Seibert, Die Partnerschaft, eine neue Rechtsform für die freien Berufe, 1994, jew. mwN; zu den Motiven des Gesetzgebers des am 1.7.1995 in Kraft getretenen PartGG (BGBl. 1994 I 1744 (1747)) Neye DB 1998, 1649.

e) Kapitalgesellschaften. Gem. **Abs. 1 Nr. 2** kann eine deutsche KapGes **13** **(GmbH, AG, KGaA)** als übertragender, übernehmender oder neuer Rechtsträger an einer Verschm beteiligt sein. Die Europäische AG **(SE)** ist durch Art. 10 SE-VO der nat. AG gleichgestellt und ist damit ebenfalls verschmelzungsfähig, obwohl in § 3 nicht genannt. Zwar sind auf die Gründung einer SE (die ua durch Verschm möglich ist) die vorrangigen Vorschriften der SE-VO anzuwenden (ausf. Teil C). Die bestehende SE kann jedoch wie eine deutsche AG an Umwandlungen nach dem UmwG teilnehmen, bspw. als übertragender Rechtsträger auf eine GmbH verschmolzen werden oder umgekehrt als übernehmender Rechtsträger eine GmbH aufnehmen.

Mit Inkrafttreten des **MoMiG** (allg. → Einf. Rn. 28) wurde die **Unternehmer-** **14** **Ges – UG (haftungsbeschränkt)** – eingeführt (§ 5a GmbHG). Vgl. dazu allg. Tettinger Der Konzern 2008, 75; zu umwandlungsrechtlichen Fragestellungen und der Rspr. zum Volleinzahlungsgebot vgl. Lutz notar 2014, 210 mwN; Junker GmbH-Steuerpraxis 1/2015, 9. Die UG ist keine eigenständige Gesellschaftsform, sondern nur eine **Variante der GmbH** mit geringerem Stammkapital, für die iÜ das GmbHG und alle anderen die GmbH betreffenden Vorschriften unmittelbar gelten (Begr. RegE, BT-Drs. 16/6140, 75; allgM vgl. Berninger GmbHR 2010, 63 mwN; Hirte NZG 2008, 761; Meister NZG 2008, 767; Kallmeyer/Marsch-Barner/Oppenhoff Rn. 9; Kölner Komm UmwG/Simon Rn. 21). Die UG kann damit unproblematisch **übertragender Rechtsträger** sein. Im Weiteren ist zu differenzieren:

Soll die UG als **übernehmender Rechtsträger einer Verschm durch Auf-** **15** **nahme** fungieren, ist das **Sacheinlageverbot** von § 5a II 2 GmbHG zu beachten. Ein Verstoß dagegen liegt **nicht** vor, wenn in den Fällen von § 54 I UmwG eine Kapitalerhöhung nicht erforderlich ist oder das StK auf das Mindeststammkapital einer GmbH (25.000 EUR, § 5 I GmbHG) erhöht wird (Junker GmbH-Steuerpraxis 1/2015, 9; Lutz notar 2014, 210 auch zu BGH ZIP 2011, 955; Berninger

GmbHR 2010, 63 (66); Meister NZG 2008, 767 (768); Kölner Komm UmwG/ Simon Rn. 21). Im letzteren Fall wird die UG gem. § 5a V Hs. 1 GmbHG automatisch zu einer GmbH, sodass § 5a II 2 GmbHG nicht mehr greift. Dies gilt auch, wenn die KapErh durch eine Sacheinlage erfolgt (Kallmeyer/Marsch-Barner/ Oppenhoff Rn. 9; Heinemann NZG 2008, 820 (821)). Andernfalls wäre die UG schlechter gestellt als eine normale GmbH, die ihr StK grds. mit Sacheinlagen aufbringen kann (§ 5 IV GmbHG; vgl. BGH ZIP 2011, 955; Semler/Stengel/Leonard/Stengel Rn. 20a mwN).

16 Bei einer **Verschm durch Neugründung** kann die UG nicht als neuer Rechtsträger beteiligt sein. Diese Umw ist **Sachgründung** (→ § 56 Rn. 5), sodass § 5a II 2 GmbHG entgegensteht, der gem. § 36 II 1 anzuwenden ist (Lutz notar 2014, 210 mwN; Schreiber DZWiR 2009, 492; HK-UmwG/Maulbetsch/ Rebel Rn. 7; Kallmeyer/Marsch-Barner/Oppenhoff Rn. 9; Lutter/Drygala Rn. 12; vgl. auch OLG Frankfurt GmbHR 2010, 920 zur Unvereinbarkeit von § 5a II 2 GmbHG mit der Neugründung einer UG durch Abspaltung).

17 Wie jede andere KGaA auch kann die **GmbH & Co. KGaA** als übertragender, übernehmender oder formwechselnder Rechtsträger an einer Umw beteiligt sein. Die Ges gilt uneingeschränkt als KapGes (BGH DB 1997, 1219; vgl. auch Halasz/ Kloster/Kloster GmbHR 2002, 310 (359)).

18 Den **Beginn der Umwandlungsfähigkeit** markiert die Eintragung in das HR (so auch Kallmeyer/Marsch-Barner/Oppenhoff Rn. 10; Semler/Stengel/Leonard/ Stengel Rn. 22; Kölner Komm UmwG/Simon § 3 Rn. 22). Eine KapGes besteht kraft ausdrücklicher gesetzlicher Regelung vor der Eintragung in das HR noch nicht, vgl. § 41 I 1 AktG für die AG, § 278 III iVm § 41 I 1 AktG für die KGaA und § 11 I GmbHG für die GmbH. Die Eintragung in das HR wirkt in allen Fällen konstitutiv. Da in Abs. 1 Nr. 2 eine **KapGes** als solche vorausgesetzt wird, beginnt die Fähigkeit zur Beteiligung an einem Verschmelzungsvorgang erst mit der **Eintragung in das HR** (aA Goutier/Knopf/Tulloch/Bermel Rn. 12 f., der bis zur Eintragung der KapGes von einem schwebend unwirksamen Verschmelzungsbeschluss ausgehen will; Bayer ZIP 1997, 1613 verlangt die Eintragung der KapGes zumindest eine logische Sekunde vor Eintragung der Verschm). Maßgeblich sind damit weder der Zeitpunkt der Errichtung der Ges noch derjenige der Bekanntmachung der Eintragung.

19 Der Streit über die Rechtsnatur der **VorGes** (vgl. K. Schmidt GesR § 11 IV 2 mwN; Noack/Servatius/Haas/Servatius GmbHG § 11 Rn. 6 ff.) ist für die Verschmelzungsfähigkeit als KapGes ohne Belang (vgl. K. Schmidt ZGR 1990, 580 (592) mwN; die VorGes selbst ist nicht als KapGes verschmelzungsfähig, sie kann aber im Hinblick auf die spätere Eintragung nach hM den Verschmelzungsvertrag schließen, vgl. Kallmeyer/Marsch-Barner/Oppenhoff Rn. 10 mwN; Widmann/ Mayer/Fronhöfer Rn. 75; für den Formwechsel Kallmeyer/Meister/Klöcker/Berger § 191 Rn. 22); möglich ist auch die unmittelbare Beteiligung der VorGes an einer Verschm als PhG, sofern die weiteren Voraussetzungen als OHG oder KG vorliegen (→ Rn. 7 ff.), was aber selten sein wird, weil die VorGes zunehmend als eigenständige körperschaftliche Organisation wahrgenommen wird (umfangr. Nachw. bei Grüneberg/Sprau BGB § 705 Rn. 5).

20 Eine KapGes erlangt ihre Rechtsfähigkeit – und damit die Möglichkeit, an einer Verschm beteiligt zu sein – nach hM auch dann, wenn sie **nicht ordnungsgemäß errichtet** oder angemeldet, aber eingetragen ist (vgl. Noack/Servatius/Haas/Servatius GmbHG § 9c Rn. 9; Scholz/Veil GmbHG § 10 Rn. 21 ff. für die GmbH; GroßkommAktG/Wiedemann AktG § 275 Rn. 8 f.; Koch AktG § 275 Rn. 3 für die AG; Baumbach/Hueck AktG § 278 Rn. 8, 9 für die KGaA). Das gilt selbst dann, wenn die Mängel so schwerwiegend sind, dass sie zur **Nichtigkeit** der Ges führen (§ 275 AktG; § 75 GmbHG). Ist eine solche KapGes eingetragen, kann sie auch umgewandelt werden (so auch Semler/Stengel/Leonard/Stengel Rn. 22 mwN).

Auf den Zeitpunkt der **Beendigung der KapGes,** dh der Eintragung der 21 Löschung im HR (dazu K. Schmidt GesR § 11 V 3b; Noack/Servatius/Haas/Haas GmbHG § 60 Rn. 3 ff. mwN), kommt es für das UmwG nicht an, weil § 3 III insoweit eine Sonderregelung trifft (→ Rn. 40 ff.).

Gem. § 1 I können grds. nur Rechtsträger mit Sitz im Inland umgewandelt wer- 22 den (näher → § 1 Rn. 21 ff.). Die Umw einer englischen **Limited** nach den für eine dt. KapGes geltenden Regeln ist nicht möglich, auch dann nicht, wenn diese Ltd. eine im dt. HR eingetragene Zweigniederlassung unterhält (vgl. BayObLG RNotZ 2006, 290; OLG München GmbHR 2006, 600; zur Ltd. Allg. Heckschen NotBZ 2005, 24; Müller BB 2006, 837; Drygala EwiR 2007, 435). Möglich ist jedoch die grenzüberschreitende Verschm einer EU/EWR-ausländischen KapGes, und zwar auch einer solchen mit dt. Verwaltungssitz (§§ 305 ff.; Tebben/Tebben DB 2007, 2355; Leible/Galneder/Wißling RIW 2017, 718 (722)).

f) Eingetragene Genossenschaften. Gem. **Abs. 1 Nr. 3** können eG an einer 23 Verschm als übertragender, übernehmender oder neue Rechtsträger beteiligt sein. Der **Begriff der Gen** ist abschl. in § 1 GenG bestimmt. Die genossenschaftlichen Zusammenschlüsse nach dem Recht der ehemaligen DDR fallen nicht darunter (vgl. → 5. Aufl. 2009, Rn. 28). Zur Europäischen Genossenschaft (**SCE**) → Einf. Rn. 26. Sie ist im Bereich des UmwG wie eine dt. eG zu behandeln (Lutter/Drygala Rn. 22 mwN; NK-UmwR/Böttcher Rn. 12, dort auch jew. zur zweijährigen Sperrfrist von Art. 76 SCE-VO). Auch die Formvorschrift von § 6 zur notariellen Beurkundung gilt für die SCE uneingeschränkt (vgl. Widmann/Mayer/Heckschen § 6 Rn. 88.1 ff.).

Vor der Eintragung in das Genossenschaftsregister ihres Sitzes hat die Gen die 24 Rechte einer eG nicht (§ 13 GenG); da Abs. 1 Nr. 3 nur die eingetragene Gen erwähnt, ist die Registereintragung also – ähnlich wie bei den KapGes – konstitutiv auch für die Verschmelzungsfähigkeit der eG (Beuthien/Beuthien UmwG §§ 2 ff. Rn. 4; Widmann/Mayer/Fronhöfer Rn. 75; Widmann/Mayer/Fronhöfer § 79 Rn. 14). Für den Fall der Auflösung der eG durch Beschluss der Generalversammlung oder durch Zeitablauf (§§ 78, 79 GenG) greift die Sonderregelung in Abs. 3, die das Ende der Verschmelzungsfähigkeit auch für eG bestimmt.

g) Eingetragene Vereine. Abs. 1 Nr. 4 bestimmt die Verschmelzungsfähigkeit 25 eines eV iSv § 21 BGB als übertragender, übernehmender oder neuer Rechtsträger.

Die jur. Person eV erlangt durch die **Normativbestimmung von § 21 BGB** 26 ihre Rechtsfähigkeit durch Eintragung in das Vereinsregister des zuständigen AG. **Wirtschaftliche Vereine** iSv § 22 BGB (→ Rn. 33 ff.) können hingegen an einer Verschm nur eingeschränkt, nämlich als übertragender Rechtsträger, beteiligt sein. Der eV ist kraft gesetzlicher Regelung als nichtwirtschaftlicher Verein oder sog. Idealverein ausgestaltet. Maßgebende Bedeutung für die Zuordnung als eV oder wirtschaftlichen Verein hat demnach das Vorliegen eines **wirtschaftlichen Geschäftsbetriebs,** nach hM eine nach außen gerichtete, dauernde entgeltliche Tätigkeit, gleichgültig, ob die Vorteile dem Verein oder unmittelbar den Mitgliedern zufließen; es kommt auf die unternehmergleiche Teilnahme am Wirtschafts- und Rechtsverkehr an (statt aller Grüneberg/Ellenberger BGB § 21 Rn. 2 mwN; vgl. auch Neumayer/Schulz DStR 1996, 872; zur Umstrukturierung früherer Idealvereine, die sich mittlerweile zu wirtschaftlichen Vereinen entwickelt haben, → § 1 Rn. 11 mwN; zur Verschm von Sportvereinen und ähnlichen Gestaltungen Schneider/May SpuRt 2013, 99 ff.; Schneider/May SpuRt 2013, 149 ff. mwN).

Die Verschmelzungsfähigkeit ist an die **konstitutiv wirkende Eintragung** 27 gebunden (so auch Lutter/Hennrichs § 99 Rn. 15; Widmann/Mayer/Vossius § 99 Rn. 19 je mwN), für den Fall der Auflösung nach § 41 BGB gilt Abs. 3. War der

Verein entgegen den in → Rn. 30 genannten Kriterien fälschlicherweise eingetragen worden, wirkt diese Eintragung auch für die Beurteilung der Verschmelzungsfähigkeit fort; bis zur Amtslöschung gilt der Verein unabhängig vom Vorliegen eines wirtschaftlichen Geschäftsbetriebs als eV.

28 **h) Genossenschaftliche Prüfungsverbände.** Gem. **Abs. 1 Nr. 5** können genossenschaftliche Prüfungsverbände, die in erster Linie gem. §§ 53 ff. GenG zur Prüfung von Jahresabschluss, Buchführung und Lagebericht von eG gem. §§ 316 f. HGB berufen sind, selbst als übertragende, übernehmende oder neue Rechtsträger an Verschm beteiligt sein. Nach früherem Recht war insoweit nur eine Verschm durch Aufnahme möglich (→ 4. Aufl. 2006, Rn. 33). Anregungen aus der Praxis folgend (HRA des DAV NZG 2000, 802, Vorschlag Nr. 2) hat der Gesetzgeber mit der Neufassung von § 105 durch das 2. UmwÄndG (→ Einf. Rn. 26) für Prüfungsverbände auch die Verschm zur Neugründung zugelassen (vgl. BT-Drs. 16/2919, 14; HRA des DAV NZG 2006, 740; Mayer/Weiler MittBayNot 2007, 372; Mayer/ Weiler DB 2007, 1240).

29 Die Aufnahme des genossenschaftlichen Prüfungsverbandes in den Katalog der verschmelzungsfähigen Rechtsträger ist in kontinuierlicher Fortsetzung von §§ 63e ff. GenG aF zu sehen, wäre aber an sich nicht notwendig gewesen, weil der genossenschaftliche Prüfungsverband gem. § 63b GenG **eingetragener Verein** sein soll; deswegen hätte die Fähigkeit für diese Rechtsform, an Verschm beteiligt zu sein, bereits wegen Abs. 1 Nr. 4 bestanden (auch → § 124 Rn. 17 f.).

30 Hat der genossenschaftliche Prüfungsverband die Rechtsform des eV iSv § 21 BGB, kommt es für den **Beginn der Verschmelzungsfähigkeit** nicht allein auf die konstitutive Eintragung (→ Rn. 26 zum eV), sondern auch auf die Verleihung des **Prüfungsrechts** iSv § 63 GenG an: Erst mit Verleihung des Prüfungsrechts durch die zuständige Landesbehörde wird der Anwendungsbereich von Abs. 1 Nr. 5 eröffnet. Allerdings kann der genossenschaftliche Prüfungsverband seit dem 2. UmwÄndG (→ Rn. 32 mN) jetzt auch einen eV aufnehmen, wenn dessen Mitglieder Gen oder genossenschaftsnahe Unternehmen sind.

31 **i) Versicherungsvereine auf Gegenseitigkeit.** Gem. **Abs. 1 Nr. 6** können VVaG iSv §§ 15 ff. VAG in umfassendem Sinne als übertragende, übernehmende oder neue Rechtsträger an einer Verschm beteiligt sein (aA Hersch NZG 2016, 611). Abs. 1 Nr. 6 unterscheidet dabei nicht zwischen **großen VVaG** und **kleineren VVaG** iSv § 210 VAG; dies wird nochmals in §§ 118 f. verdeutlicht. Obgleich die Formulierung von Abs. 1 Nr. 6 auf umfassende Teilnahme von VVaG an beliebigen Verschmelzungsvorgängen deutet, ist die tatsächliche Möglichkeit eines VVaG, Beteiligter von Verschm zu sein, erheblich eingeschränkt. Gem. § 109 können VVaG grds. **nur miteinander** verschmolzen werden, ausnahmsweise ist auch die Verschm mit einer besonderen AG, nämlich der VersicherungsAG, zulässig (sog. Mischverschmelzung, auch § 3 IV).

32 Hinweis auf § 14 VAG, wonach jede Umwandlung eines Erstversicherungsunternehmens nach den §§ 1, 305, 320 und 333 der Genehmigung der Aufsichtsbehörde bedarf.

3. Eingeschränkt verschmelzungsfähige Rechtsträger (Abs. 2)

33 **a) Wirtschaftliche Vereine. Abs. 2 Nr. 1** eröffnet wirtschaftlichen Vereinen iSv § 22 BGB die Möglichkeit, als **übertragende Rechtsträger** an einer Verschm beteiligt zu sein. Mit dieser Regelung wird also der Weg aus dem wirtschaftlichen Verein eröffnet, er kann hingegen nicht ZielGes einer Verschm sein.

34 Grund für diese **eingeschränkte Rolle** des wirtschaftlichen Vereins ist die Vorstellung des Gesetzgebers, dass der Verein als Träger eines Unternehmens nur ausnahmsweise geeignet sei und seine Vergrößerung oder Neugründung im Wege der

Verschm daher verhindert werden solle (vgl. Begr. RegE, BR-Drs. 75/94 zu § 3; zur Umstrukturierung großer Sportvereine → § 1 Rn. 17 mwN; vgl. auch Schneider/May SpuRt 2013, 99 ff.; Schneider/May SpuRt 2013, 149 ff.). Die mangelnde Fähigkeit des Vereins, dauerhaft Träger eines Unternehmens zu sein, wird aus vier Argumenten abgeleitet, nämlich der weitgehenden Freiheit des Vereins von der Pflicht zur Rechnungslegung, dem Fehlen von Kapitalaufbringungs- und Erhaltungsvorschriften, der mangelnden Kontrolle des Vereinsvorstandes durch die Mitglieder des Vereins und schließlich der fehlenden Mitbestimmung der ArbN.

Der wirtschaftliche Verein setzt das Vorliegen eines **wirtschaftlichen Geschäfts-** 35 **betriebs** voraus (dazu und zur Abgrenzung zum nichtwirtschaftlichen eV → Rn. 26).

Abs. 2 Nr. 1 betrifft den wirtschaftlichen Verein iSv § 22 BGB, mithin einen 36 **rechtsfähigen Verein;** die Rechtsfähigkeit wird durch staatlichen Akt (als Konzession) verliehen. Da wirtschaftliche Vereine als übertragende Rechtsträger an einer Verschm beteiligt sein dürfen, gilt für das Ende der Umwandlungsfähigkeit wiederum die Sonderregelung von Abs. 3.

b) Natürliche Personen. Gem. **Abs. 2 Nr. 2** können natürliche Personen an 37 einer Verschm als Übernehmer beteiligt sein, indem sieals **Alleingesellschafter einer KapGes** deren Vermögen übernehmen. Mit dieser eingeschränkten Aufnahme natürlicher Personen als verschmelzungsfähige Rechtsträger hat der Reformgesetzgeber die in § 15 UmwG 1969 eröffnete Möglichkeit der verschmelzenden Umw auf einen Haupt- oder Alleingesellschafter fortgesetzt; auf die Handelsregistereintragung kommt es nicht an. Auch die Eintragungsfähigkeit nach Vollzug der Verschm ist im Ergebnis ohne Belang (→ § 122 Rn. 3 f. zu § 122 II).

Voraussetzung ist zunächst, dass die natürliche Person **Alleingesellschafter** der 38 KapGes ist. Eine überwiegende Mehrheitsbeteiligung reicht also nicht aus. Die Gesellschafterstellung der natürlichen Personen muss sich auf eine **KapGes** iSv Abs. 1 Nr. 2 (GmbH, AG, KGaA) beziehen, andere jur. Person kommen nicht in Betracht.

Es ist unerheblich, ob die natürliche Person vor der Verschm **Kaufmann** iSv § 1 39 HGB ist oder nicht. Auch auf die dt. Staatsangehörigkeit oder auf den Aufenthalt im Inland kommt es nicht an (statt aller NK-UmwR/Böttcher Rn. 17 mwN). Nach inzwischen ganz hM dürfte wegen der Rspr. des EuGH auch das Kriterium von § 1 I – Sitz im Inland – für die natürliche Person iSv § 120 nicht (mehr) entscheidend sein (vgl. Lutter/Karollus § 120 Rn. 25 mwN insbes. zu öOGH ZIP 2003, 1086; BeckOGK/Drinhausen/Keinath Rn. 21 mwN; Semler/Stengel/Leonard/Seulen § 120 Rn. 21 f. mwN; ausf. Widmann/Mayer/Heckschen § 120 Rn. 14 ff. mwN).

4. Aufgelöste Rechtsträger (Abs. 3)

Gem. **Abs. 3** können an der Verschm als übertragende Rechtsträger auch **aufge-** 40 **löste Rechtsträger** beteiligt sein, wenn die Fortsetzung dieser Rechtsträger (dazu auch → § 124 Rn. 55 ff.) beschlossen werden könnte. Diese bereits aus den früheren Recht bekannte Regelung (vgl. § 339 II AktG aF; § 19 II KapErhG aF; § 2 UmwG 1969; § 93a II GenG aF; § 44a III VAG aF, § 4 VAG aF) bezieht sich nur auf den übertragenden Rechtsträger. Nach Eintragung der Verschm ist eine fehlerhafte Anwendung von Abs. 3 unbeachtlich (BGH ZIP 2001, 2006).

Damit hat der Gesetzgeber den Streit, ob eine Verschm durch Aufnahme auch 41 dann möglich ist, wenn **der übernehmende** Rechtsträger aufgelöst ist, seine Fortsetzung jedoch beschlossen werden könnte, nicht geschlichtet (vgl. Widmann/Mayer/Fronhöfer Rn. 70 ff. mwN; Lutter/Drygala Rn. 31 mwN; Kölner Komm UmwG/Simon Rn. 58). Aus dem Schweigen des Gesetzgebers lässt sich – da in der Gesetzesbegründung auf dieses Problem auch nicht eingegangen wurde – kein Rückschluss ziehen (so wohl auch Widmann/Mayer/Fronhöfer Rn. 71, 72; aA

Semler/Stengel/Leonard/Stengel Rn. 46; Lutter/Drygala Rn. 31 je mwN). Gegen eine **entsprechende Anwendung** von Abs. 3 auch für **übernehmende Rechtsträger** hat sich das OLG Naumburg (NJW-RR 1998, 178 m. Bespr. Bayer EWiR 1997, 807) entschieden. Eine Verschm auf einen aufgelösten Rechtsträger sei – auch zum Zwecke der gemeinsamen Liquidation – nicht zulässig, der Verschmelzungsvertrag daher unwirksam. Das Registergericht habe die Befugnis, die Verschmelzungsfähigkeit aller beteiligten Rechtsträger von Amts wegen zu prüfen. Ähnlich hatte zuvor bereits das AG Erfurt (Rpfleger 1996, 163) entschieden. Abs. 3 wolle nur Sanierungsfusionen erleichtern, nicht aber Abwicklungsfusionen ermöglichen (OLG Brandenburg GmbHR 2015, 588; so auch die hM, vgl. Lutter/Drygala Rn. 31; Semler/Stengel/Leonard/Stengel Rn. 46, 47 mit Verweis auf die Verschmelzungsrichtlinie; Trölitzsch WiB 1997, 797 (798); teilw. aA Bayer ZIP 1997, 1614; überzeugend gegen die hM Heckschen DB 1998, 1385 (1387); Beuthien/Wolff UmwG §§ 2 ff. Rn. 4a mwN).

42 Auf den nahe liegenden Gedanken, dass zumindest der Verschmelzungsbeschluss gleichzeitig als Fortsetzungsbeschluss für den aufgelösten übernehmenden Rechtsträger zu qualifizieren ist (so zutr. Lutter/Schmidt, Kölner Umwandlungsrechtstage 1995, 59, 68 f.; vgl. auch DNotI DNotI-Report 2014, 11), geht die hM nicht ein. Aus Vorsichtsgründen ist es deshalb für den aufgelösten übernehmenden Rechtsträger zu empfehlen, die Fortsetzung unmittelbar vor der Verschm tatsächlich zu beschließen (Widmann/Mayer/Fronhöfer Rn. 73; Kallmeyer/Marsch-Barner/Oppenhoff Rn. 26).

43 Das KG (DB 1998, 2409) hat eine GmbH, die nach früherem § 1 I 1 LöschG (heute § 60 I Nr. 4, 5 GmbHG) aufgelöst ist und ihre Fortsetzung nicht mehr beschließen kann, von der Beteiligung an einer Verschm als übernehmenden Rechtsträger ausgeschlossen. Die Zurückweisung eines Insolvenzantrags mangels Masse ist nach Ansicht des KG auch während des registerrechtlichen Verfahrens vom Rechtsbeschwerdegericht als neue Tatsache zu beachten. IÜ lässt das KG offen, ob ein aufgelöster übernehmender Rechtsträger vor der Verschm seine Fortsetzung beschlossen haben muss oder ob es ausreicht, wenn er seine Fortsetzung als werbendes Unternehmen noch beschließen könnte (so zutr. Heckschen DB 1998, 1387 mwN).

44 Unabhängig von der Auflösung stellt sich die Frage, ob ein **überschuldeter Rechtsträger** an einer Verschm teilnehmen kann (vgl. Schwetlik GmbHR 2011, 130). Dies ist grds. der Fall. Bei einer Verschm einer GmbH auf den Alleingesellschafter kommt es auf die Überschuldung nicht an (OLG Stuttgart DB 2005, 2681 mAnm Wälzholz DStR 2006, 383 und Heckschen EWiR 2005, 839). Auch im Konzern steht die Überschuldung des übertragenden Rechtsträgers einer Verschm grds. nicht entgegen (vgl. LG Leipzig DB 2006, 885 mAnm Scheunemann). Ist im Zusammenhang mit der Verschm eine KapErh nicht notwendig, ist eine Prüfung durch das Registergericht dahin, ob eine verbotene Unterpariemission vorliegt, nicht möglich. Insbes. beim Verzicht auf eine KapErh nach § 54 I 3 (→ § 54 Rn. 12 ff.) und beim Downstream-Merger (→ § 55 Rn. 29 mwN) besteht deswegen **Missbrauchsgefahr.** Die allg. Grundsätze zum existenzvernichtenden Eingriff sind anwendbar, die Anwendung von zB §§ 30 ff. GmbHG ist hingegen umstritten (vgl. Heckschen DB 2005, 2283; Heckschen DB 2005, 2675; Wälzholz AG 2006, 469 und die in → § 55 Rn. 29 genannten Autoren).

45 **a) Keine Vermögensverteilung.** Anders als zB in § 2 I UmwG 1969 hat der Gesetzgeber auf eine Regelung in Abs. 3 idS, dass noch nicht mit der **Verteilung des Vermögens** an die Anteilsinhaber begonnen worden sein darf, verzichtet (vgl. aber Begr. RegE, BR-Drs. 75/94 zu § 3 III). Das Vermögensverteilungsverbot folgt jedoch mittelbar aus § 274 I 1, III 2 AktG, der auch entsprechend für die GmbH gilt (Lutter/Drygala Rn. 28; Semler/Stengel/Leonard/Stengel Rn. 38 je auch mit

Verweis auf Art. 3 II RL 78/855/EWG; Widmann/Mayer/Fronhöfer Rn. 48 je mwN); danach ist die Fortsetzung von KapGes, eG und VVaG nur möglich, solange noch nicht mit der Verteilung des Vermögens unter die Anteilsinhaber begonnen ist (weiter Lutter/Drygala Rn. 28; Lutter/Schmidt § 39 Rn. 11 mwN: Vermögensverteilungsverbot auch für PersGes; ausf. → § 39 Rn. 2 f.). Vgl. iÜ Speziallit. zu § 274 AktG; § 79a I 1 GenG; § 49a I 1 VAG.

Sofern mit der Vermögensverteilung noch nicht begonnen worden ist, richtet 46 sich die Umwandlungsfähigkeit des übertragenden Rechtsträgers danach, ob seine Fortsetzung beschlossen werden könnte. Einen **ausdrücklichen Fortsetzungsbeschluss** setzt § 3 III jedoch nicht voraus, dieser wird durch den Umwandlungsbeschluss ersetzt (Kallmeyer/Marsch-Barner/Oppenhoff Rn. 24; Semler/Stengel/ Leonard/Stengel Rn. 43; Lutter/Drygala Rn. 26; NK-UmwR/Böttcher Rn. 19).

Nach hM darf eine aufgelöste KapGes zu diesem Zeitpunkt jedoch **nicht über-** 47 **schuldet** sein (Semler/Stengel/Leonard/Stengel Rn. 44 mwN; diff. Kallmeyer/ Marsch-Barner/Oppenhoff Rn. 22). Zu weit ging die Forderung des RG (RGZ 118, 337), das Nominalkapital der KapGes müsse unversehrt sein oder – soweit schon ausgezahlt – vor der Umw wieder hereingebracht werden. Auch die bis zur → 2. Aufl. vertretene Ansicht, das Gesellschaftsvermögen müsse iHd gesetzlichen Mindestkapitals vorhanden sein (so auch KG DR 1941, 1543; OLG Düsseldorf GmbHR 1979, 227), ist zu eng. Es reicht vielmehr aus, dass eine Überschuldung der KapGes nicht vorliegt (so für die GmbH BayObLG ZIP 1998, 739; Hachenburg/ Ulmer GmbHG § 60 Rn. 86). Die Entscheidung des BayObLG ist allerdings unter dem Vorbehalt zu sehen, dass im Streitfall die Verschm einer GmbH auf ihren Alleingesellschafter in Rede stand. Bei Umw, die als Zielrechtsträger eine KapGes haben, steht der Grds. des Verbots der materiellen Unterpariemission nicht einer Fortsetzung des aufgelösten übertragenden Rechtsträgers, wohl aber der Zulässigkeit der Umw entgegen, wenn die notwendige KapErh nicht dargestellt werden kann; greifen die in → Rn. 48 dargestellten Ausnahmen, ist also eine KapErh nicht notwendig, kann Verstoß gegen Treuepflicht vorliegen (Kallmeyer/Marsch-Barner/ Oppenhoff Rn. 22 mwN).

Vgl. zur Fortsetzungsfähigkeit für PhG § 39 und → § 124 Rn. 59 f. 48

Die Möglichkeit der Fortsetzung – und damit der Verschm gem. § 3 III – besteht 49 ua bei folgendem Fall (zu anderen Fällen ausf. Überblick bei Widmann/Mayer/ Fronhöfer Rn. 59 ff.): Die **Nichtigerklärung einer KapGes** wegen eines Satzungsmangels (§ 275 AktG; § 75 GmbHG) führt zur Auflösung der Ges (§ 277 AktG; § 77 GmbHG; dazu Koch AktG § 277 Rn. 2 mwN). Umw oder Fortsetzung der Ges ist nur möglich, wenn durch einen Satzungsänderungsbeschluss nach § 274 AktG (der auch entsprechend für die GmbH gilt) der Mangel beseitigt (OLG Düsseldorf GmbHR 1979, 276 (277); GroßkommAktG/Wiedemann AktG § 277 Anm. 4; Hachenburg/Ulmer GmbHG § 60 Rn. 108) und der Beschluss im HR eingetragen wird (§ 274 IV AktG).

b) Auflösung durch Kündigung. Eine KapGes kann bei entsprechender Sat- 50 zungsregelung auch durch die (in der Satzung bzw. im Gesellschaftsvertrag vorgesehene) **Kündigung** eines Aktionärs/Gesellschafters aufgelöst werden. Die Umw der Ges ist grds. nur mit dessen Zustimmung möglich.

c) Auflösung durch Insolvenz. Die Eröffnung des Insolvenzverfahrens führt 51 zur Auflösung der AG (§ 262 I Nr. 3 AktG), der KGaA (§ 289 I AktG iVm §§ 161, 138 Abs. 1 Nr. 2 HGB, § 289 II Nr. 1 AktG), der GmbH (§ 60 I Nr. 4, 5 GmbHG), der eG (§ 101 GenG), des VVaG (§ 42 Nr. 3 VAG) und der PhG (§ 138 Abs. 1 Nr. 2 HGB, früher: § 131 I Nr. 3, II HGB aF, § 161 II HGB). Sinn und Zweck des Insolvenzverfahrens gebieten es jedoch, die Fortsetzung einer aufgelösten Ges zuzulassen, wenn das Insolvenzverfahren auf Antrag des Schuldners eingestellt oder nach der Bestätigung eines Insolvenzplans, der den Fortbestand der Ges vorsieht, aufgehoben wird (zB § 274 II Nr. 1 AktG; § 60 I Nr. 4 GmbHG; wie hier Semler/ Stengel/Leonard/Stengel Rn. 44; vgl. zu Umstrukturierungsmaßnahmen nach Stellung des Insolvenzantrags ausf. Heckschen DB 2005, 2675; vgl. Heckschen DB 2005, 2283 zu Umwandlungsmaßnahmen vor dem Insolvenzeröffnungsantrag). Vgl. iÜ → § 124 Rn. 57 mN zur Rechtslage bei der Spaltung, die insoweit mit der Verschm vergleichbar ist. Die Verschm auf einen insolventen Rechtsträger ist hingegen nach hM nicht zulässig (→ Rn. 45). Vgl. zum Ganzen Brünkmans ZInsO 2014, 2533; DNotI DNotI-Report 2014, 11; Simon/Brünkmans ZIP 2014, 657; Madaus ZIP 2012, 2133; Simon/Merkelbach NZG 2012, 121; Becker ZInsO 2013, 1885 je mwN, zu Umwandlungsmaßnahmen in Insolvenzplänen Kallmeyer/Kocher Anh. II; Greif-Werner, Umwandlungen im Insolvenzplanverfahren, 2018.

5. Verschmelzung unter gleichzeitiger Beteiligung verschiedener Rechtsträger (Abs. 4)

52   **Abs. 4** lässt nach dem Vorbild von § 358a AktG aF sowohl die Verschm unter gleichzeitiger Beteiligung von Rechtsträgern derselben Rechtsform als auch von Rechtsträgern unterschiedlicher Rechtsform zu. Etwas anderes gilt nur, wenn es ausdrücklich gesetzlich bestimmt ist (zB §§ 105, 109; → Rn. 6; Überblick bei Lutter/Drygala Rn. 34 ff.). Ziel war, eine möglichst große Bewegungsfreiheit bei Umstrukturierungsvorgängen zu erreichen (vgl. Begr. RegE, BR-Drs. 75/94 zu § 3 IV).

53   Da § 3 sowohl für die Verschm durch Aufnahme als auch für die Verschm durch Neugründung gilt, ist bspw. eine Verschm einer AG mit einer GmbH durch Neugründung auf eine OHG ohne Weiteres möglich. Die jew. einschlägigen besonderen Vorschriften des Zweiten Teils des Zweiten Buches (§§ 39–122) sind entsprechend der Beteiligung der jew. Rechtsträger zu beachten; im Beispielsfall wären also neben §§ 4–35a und §§ 36–38 (Verschm durch Neugründung) noch §§ 46–55 (für die GmbH), §§ 60–72 (für die AG) und §§ 39–45 (für die OHG) anzuwenden; bei den PhG gibt es – anders als zB bei den KapGes – keine Sondervorschrift zur Verschm durch Neugründung.

Zweiter Abschnitt. Verschmelzung durch Aufnahme

§ 4 Verschmelzungsvertrag

(1) ¹**Die Vertretungsorgane der an der Verschmelzung beteiligten Rechtsträger schließen einen Verschmelzungsvertrag.** ²**§ 311b Abs. 2 des Bürgerlichen Gesetzbuchs gilt für ihn nicht.**

(2) **Soll der Vertrag nach einem der nach § 13 erforderlichen Beschlüsse geschlossen werden, so ist vor diesem Beschluß ein schriftlicher Entwurf des Vertrags aufzustellen.**

Übersicht

	Rn.
1. Allgemeines	1
2. Rechtsnatur des Verschmelzungsvertrages	4
3. Abschlusskompetenz	13
4. Mängel des Verschmelzungsvertrages	16
5. Kosten des Verschmelzungsvertrages	22
6. Vertragsentwurf (Abs. 2)	23

1. Allgemeines

Für sämtliche nat. Verschmelzungsvorgänge fordert **Abs. 1 S. 1** den Abschluss 1
eines (auslegungsfähigen, vgl. KG AG 2005, 400; → Rn. 10) **Verschmelzungsvertrages**. Die Vorschrift führt die in § 340 I AktG aF; § 21 I, IV KapErhG aF; § 44 III VAG aF enthaltenen Regelungen fort, inhaltlich hat sich nichts geändert. Für grenzüberschreitende Verschm gilt die eigenständige Regelung in § 307 zum Verschmelzungsplan.

Abs. 1 S. 2 übernahm zunächst unverändert § 341 I 2 AktG aF, § 21 IV KapErhG 2
aF. Die bei der Schuldrechtsmodernisierung notwendige Änderung der Bezugnahme von § 310 BGB aF auf den inhaltsgleichen § 311b II BGB wurde zunächst vergessen, aber durch das 2. UmwÄndG (→ Einf. Rn. 26) nachgeholt.

Abs. 2 stellt klar, dass bei Fassung der Verschmelzungsbeschlüsse nach § 13 nicht 3
notwendig bereits der abgeschlossene und notariell beurkundete (§ 6) Vertrag vorzuliegen hat; es genügt vielmehr ein **schriftlicher Entwurf**. Auch diese Regelung ist dem früheren § 340 I AktG entlehnt und soll dem Schutz der Anteilsinhaber dienen (vgl. Begr. RegE, BR-Drs. 75/94 zu § 4 II).

2. Rechtsnatur des Verschmelzungsvertrages

Der Verschmelzungsvertrag bestimmt das Rechtsverhältnis zwischen den an der 4
Verschm beteiligten Rechtsträgern. Er gestaltet also das **Außenverhältnis**, das durch Beschlüsse der Anteilsinhaber (Definition: § 2) nach § 13 auf das Innenverhältnis des jew. Rechtsträgers transformiert wird. Der Verschmelzungsvertrag bestimmt im Wesentlichen die Übertragung des Vermögens der übertragenden Rechtsträger gegen Gewährung von Anteilen/Mitgliedschaften am übernehmenden Rechtsträger ohne Liquidation der übertragenden Rechtsträger. Sein **Mindestinhalt** wird durch § 5 vorgegeben.

Nach **§ 311b II BGB** ist ein Vertrag, der die Verpflichtung zur Übertragung 5
künftigen Vermögens enthält, unwirksam. Diese Norm würde beim Abschluss eines Verschmelzungsvertrags Schwierigkeiten bereiten, da zum Zeitpunkt seines Abschlusses noch nicht eindeutig feststeht, welche Vermögensgegenstände mit Wirksamwerden der Verschm tatsächlich übergehen. Zur Klarstellung schließt **Abs. 1 S. 2** die Anwendung von § 311b II BGB aus, was insbes. bei Abschluss des Verschmelzungsvertrags unter einer Bedingung (§ 7 S. 1; → § 7 Rn. 4 ff. mwN) unnötige Probleme vermeidet.

Verschmelzungsvertrag und Verschmelzungsbeschluss (dazu § 13) stehen in enger 6
Abhängigkeit zueinander. Der Verschmelzungsvertrag wird nur **wirksam**, wenn alle Verschmelzungsbeschlüsse rechtsverbindlich gefasst werden (§ 13 I 1). Auf die etwa notwendige Zustimmung eines Aufsichtsorgans des jew. Rechtsträgers kommt es hingegen im Außenverhältnis nicht an (Lutter/Drygala Rn. 13 mwN; BeckOGK/Wicke Rn. 16; Kölner Komm UmwG/Simon Rn. 3). Umgekehrt muss zum Zeitpunkt der Beschlussfassung der Verschmelzungsvertrag wenigstens als Entwurf (Abs. 2) vorliegen. Der Entwurf ist inhaltlich verbindlich, d. h. es können nach Beschlussfassung keine inhaltlichen Änderungen mehr vorgenommen werden (→ Rn. 23 ff., → § 13 Rn. 8 ff., → § 13 Rn. 19), ohne dass es erneuter Beschlussfassung bedürfte.

Die **Rechtsnatur des Verschmelzungsvertrages** ist nach wie vor nicht eindeu- 7
tig zu bestimmen. Nach heute herrschender und zutr. Ansicht ist er in erster Linie gesellschaftsrechtlicher Organisationsakt, daneben schuldrechtlicher Vertrag (Widmann/Mayer/Mayer Rn. 23; Lutter/Drygala Rn. 4 ff.; Semler/Stengel/Leonard/Schröer/Greitemann Rn. 3 ff. je mwN; Goutier/Knopf/Tulloch/Bermel Rn. 9 ff.). Nur in dieser zweistufigen Sichtweise kommt zum Ausdruck, dass der Verschmelzungsvertrag Bestandteil des gesamten Verschmelzungsvorgangs ist und für die

Rechtsverhältnisse der an der Verschm Beteiligten gestaltende Wirkung hat. Die darüber hinaus notwendigen Verschmelzungsbeschlüsse ändern an der im Verschmelzungsvertrag getroffenen inhaltlichen Festlegung der zukünftigen Rechtsverhältnisse nichts mehr. Gleichzeitig werden die Verschmelzungsbeschlüsse wieder durch den Verschmelzungsvertrag umgesetzt (vgl. Hügel, Verschmelzung und Einbringung, 1993, S. 159 ff.; so zum früheren Recht bereits Scholz/Priester GmbHG, 7. Aufl. 1986, Anh. Umw § 21 KapErhG Rn. 1).

8   **Dingliche Wirkungen** entfaltet der Verschmelzungsvertrag **nicht**. Erst die Eintragung der Verschm führt die in § 20 aufgeführten Rechtsfolgen herbei. Der Verschmelzungsvertrag ist also nur schuldrechtlich Voraussetzung der dinglichen Rechtsänderung, hat aber selbst noch keine verfügende Wirkung (so auch BeckOGK/Wicke Rn. 7; Widmann/Mayer/Mayer Rn. 23, 26; Lutter/Drygala Rn. 6; Semler/Stengel/Leonard/Schröer/Greitemann Rn. 6; NK-UmwR/Böttcher Rn. 9). Demgegenüber sieht Limmer in Peter/Crezelius, Gesellschaftsverträge und Unternehmensformen, 6. Aufl. 1995, Rn. 2429 auch eine unmittelbare Wirkung des Verschmelzungsvertrages für die Vermögensübertragung – wenn auch durch die Eintragung in das entsprechende Register bedingt. Dies geht zu weit, der Verschmelzungsvertrag bewirkt die Gesamtrechtsnachfolge gerade nicht, diese folgt vielmehr aus dem Gesetz (§ 20 I Nr. 1). Wäre es anders, könnte der Verschmelzungsvertrag ja auch gewisse Vermögensgegenstände aus der Gesamtrechtsnachfolge herausnehmen, was gerade nicht der Fall ist.

9   Mit der Einstufung als gesellschaftsrechtlicher Organisationsakt ist allerdings für die praktische Rechtsanwendung nicht viel gewonnen. Hilfreicher ist die Feststellung, dass der Verschmelzungsvertrag zugleich auch **schuldrechtliche Wirkungen** auslöst. Dies ist allg. anerkannt (Lutter/Drygala Rn. 5 mwN; Kölner Komm UmwG/Simon Rn. 5). Als (auch) schuldrechtlicher Vertrag kann der Verschmelzungsvertrag gewertet werden, weil er die Verpflichtung enthält, Vermögen gegen Gewährung von Anteilen zu übertragen und außerdem gegenseitige Pflichten der am Vertragsschluss beteiligten Rechtsträger festlegt. Die Anteilsinhaber selbst sollen aus dem Verschmelzungsvertrag nur im Einzelfall klagbare Ansprüche ableiten können (vgl. OLG München BB 1993, 2040; zur Bindung der Vertretungsorgane → Rn. 25; Lutter/Drygala Rn. 38 f. mwN; zur Vorwirkung von Verschmelzungen Austmann/Frost ZHR 169 (2005), 431).

10 Damit sind die **allg. Regeln des Bürgerlichen Rechts** auf den Verschmelzungsvertrag anzuwenden (vgl. auch § 7; Körner/Rodewald BB 1999, 853). So kann der Vertrag nach allg. Grundsätzen nichtig oder anfechtbar sein (vgl. zum idR fehlenden Interesse an einer Anfechtung nach Eintragung der Verschm → § 26 Rn. 14 mwN), bei Wirksamkeit kann auf seine Erfüllung geklagt (→ Rn. 11) werden. Auch können Schadensersatzansprüche wegen Verzug oder wegen Haftung aus § 311 II, III BGB (cic) entstehen. Die Auslegung des Verschmelzungsvertrags richtet sich nach den allg. Vorschriften von §§ 133, 157 BGB. Nach BGH ZIP 2008, 600 (dazu auch → § 126 Rn. 81) ist ein Spaltungs- und Übernahmevertrag (§ 126) subjektiv auszulegen, dh es ist auf den **tatsächlichen Willen** der Vertragsparteien abzustellen. Dies ist nach Grunewald ZGR 2009, 647 (660) auch auf den Verschmelzungsvertrag übertragbar. Für eine objektive Auslegung des Verschmelzungsvertrages aus Sicht eines verständigen Dritten Lutter/Drygala § 5 Rn. 4 mwN, allerdings mit Ausnahmen bei Missachtung des wahren Parteiwillens, geboten sei korrigierende Einzelfallbetrachtung (vgl. Lutter/Drygala § 5 Rn. 5, 6; ähnlich Kallmeyer/Marsch-Barner/Oppenhoff Rn. 10; Widmann/Mayer/Mayer Rn. 10; vgl. auch KG AG 2005, 400; anders noch → 5. Aufl. 2009, Rn. 10). Die Auslegung kann sich auch darauf beziehen, ob überhaupt ein Verschmelzungsvertrag abgeschlossen wurde (vgl. KG AG 2005, 400).

11 Aus dem wirksamen Verschmelzungsvertrag kann jeder Rechtsträger auf **Erfüllung** klagen. Als klagbare Ansprüche kommen hier ua die Durchführung der

Verschm als solche, der KapErh oder einer Änderung von Gesellschaftsvertrag oder Satzung, aber auch die Herausgabe von Urkunden, die Abgabe der Negativerklärung nach § 16 II 1 oder die Errichtung der Schlussbilanz iSv § 17 II in Betracht (Widmann/Mayer/Mayer Rn. 60 f.; Lutter/Drygala Rn. 36, die zutr. darauf hinweisen, dass für eine Klage des übernehmenden Rechtsträgers gegen einen übertragenden Rechtsträger auf Durchführung der Anmeldung wegen § 16 I 2 im Einzelfall das Rechtsschutzbedürfnis fehlen kann). Zudem sind Regelungen denkbar, die es dem übertragenden Rechtsträger erlauben, auch nach Wirksamwerden der Verschm auf die Geschäftspolitik des übernehmenden Rechtsträgers Einfluss zu nehmen (Blasche/Söntgerath BB 2009, 1432; → § 25 Rn. 29, → § 26 Rn. 9).

Die Vollstreckung erfolgt je nach Art des Titels gem. §§ 894, 888 ZPO. **12**

3. Abschlusskompetenz

Der Verschmelzungsvertrag ist ein Vertrag zwischen den an der Verschm beteiligten Rechtsträgern, also ein Vertrag im Außenverhältnis. Nach allg. Regeln handeln für die jew. Rechtsträger deren **Vertretungsorgane** (Geschäftsführer, Vorstände, vertretungsberechtigte Gesellschafter, Partner) in jew. erforderlichen Anzahl (ausf. zur Vertretungsberechtigung Widmann/Mayer/Mayer Rn. 32 ff. mwN). **13**

Soweit Gesellschaftsvertrag oder Satzung Erleichterungen der Vertretungsberechtigung vorsehen, genügt auch die Unterzeichnung durch einen einzelnen Geschäftsführer/ein einzelnes Vorstandsmitglied; im Falle **unechter Gesamtvertretung** ist auch die Mitwirkung von Prokuristen möglich. Keinesfalls genügt aber die alleinige Vertretung durch einen **Prokuristen**, da der Abschluss eines Verschmelzungsvertrages nicht zu den Geschäften oder Rechtshandlungen gehört, die der Betrieb eines Handelsgewerbes mit sich bringt (§ 49 I HGB; § 42 I GenG). **14**

Möglich ist die Erteilung einer (nach hM gem. § 167 Abs. 2 BGB grds. formlosen, vgl. Lutter/Drygala Rn. 9; Semler/Stengel/Leonard/Schröer/Greitemann Rn. 9) **Spezial- oder Generalvollmacht** (Widmann/Mayer/Mayer Rn. 32 ff., 39 ff.; Lutter/Drygala Rn. 9; Semler/Stengel/Leonard/Schröer/Greitemann Rn. 9; BeckOGK/Wicke Rn. 13; zum früheren Recht bereits Scholz/Priester GmbHG, 7. Aufl. 1988, Anh. Umw KapErhG § 21 Rn. 2). Zum möglichen Abschluss des Verschmelzungsvertrages durch einen vollmachtlosen Vertreter vgl. ausf. Lutter/Drygala Rn. 10 mwN; Kölner Komm UmwG/Simon § 4 Rn. 17. Zur Befugnis eines Testamentsvollstreckers LG Mannheim ZEV 1999, 443. Zu Haftungsgefahren für die Organe Pöllath/Philipp DB 2005, 1503 mwN. **15**

4. Mängel des Verschmelzungsvertrages

Ein Verschmelzungsvertrag, der die Mindestanforderungen von §§ 5, 6 nicht erfüllt, kann vom Registergericht zurückgewiesen werden. Sofern der Verschmelzungsvertrag unwirksame Elemente enthält, ist **§ 139 BGB** zu beachten (→ § 6 Rn. 5). Der Verschmelzungsvertrag unterliegt den allg. Regelungen des BGB (→ Rn. 10). Deswegen können einzelne Vertragsbestandteile wegen Verstoßes gegen ein gesetzliches Verbot nach **§ 134 BGB** nichtig sein (zB Verstoß gegen § 72 iVm § 57 II StGB, § 4 Nr. 1 StGB, vgl. OLG Hamm WiB 1997, 363 mAnm Berg; Verstoß gegen das Gebot des Anteilstauschs, vgl. OLG Frankfurt a. M. DB 2003, 31; OLG Karlsruhe ZIP 2003, 78 mAnm Kowalski EWiR 2003, 181). Auch kann Nichtigkeit nach **§ 138 BGB** vorliegen (vgl. LG Mühlhausen DB 1996, 1967; generell sind Fälle der Sittenwidrigkeit oder des Wuchers aber schwer vorstellbar). **16**

Ein **Verstoß gegen die DS-GVO** wegen Übermittlung von Kundendaten kommt hingegen nach Eintragung der Verschmelzung nicht in Betracht, von der Bussche/Voigt/Plath, Konzerndatenschutz, 2. Aufl. 2019, Teil 6 Rn. 67; zum BDSG aF ebenso LG München WM 2007, 1277 (auch zum Bankgeheimnis); Lüttge NJW **17**

2000, 2463; Teichmann/Kiessling ZGR 2001, 33; Schaffland NJW 2002, 1539 gegen G. Wengert/Widmann/K. Wengert NJW 2000, 1289; diff. Lutter/ Teichmann, 5. Aufl. 2014, § 131 Rn. 115 ff. mwN, der § 131 – und wohl auch § 20 – als gesetzliche Erlaubnisnorm iSv § 4 BDSG 2003 (aF) bewertet (wie hier Lutter/Grunewald § 20 Rn. 42 mwN; ähnlich Widmann/Mayer/Vossius § 20 Rn. 177.2 ff. mwN). Auch iÜ sind Abstimmungen von Geschäftsführungsmaßnahmen zwischen den beteiligten Rechtsträgern und der Austausch von Geschäftsgeheimnissen bereits vor Wirksamwerden der Verschm grds. denkbar (vgl. Austmann/ Frost ZHR 169 (2005), 466 f.). Sie können aber sehr gefährlich sein, wenn und soweit sie gegen das kartellrechtliche Vollzugsverbot (ausf. BeckMandatsHdB Unternehmenskauf/Neuhaus § 10 Rn. 40 f.) verstoßen. Aus datenschutzrechtlicher Sicht ist vor Vollzug der Verschmelzung zu prüfen, ob eine Erlaubnisnorm der DS-GVO einschlägig ist, von der Bussche/Voigt/Plath Konzerndatenschutz, 2. Aufl. 2019, Teil 6 Rn. 67. Regelmäßig wird man sich hier auf überwiegende berechtigte Interessen nach Art. 6 I 1 lit. f DS-GVO stützen können. Zu beachten ist jedoch, dass bei besonderen Kategorien von personenbezogenen Daten nach Art. 9 I DS-GVO (zB bestimmte personenbezogene Daten von Arbeitnehmern, Gesundheitsdaten) nur die in Abs. 2 explizit genannten Erlaubnistatbestände in Betracht kommen und ein Rückgriff auf überwiegende berechtigte Interessen nach Art. 6 I 1 lit. f DS-GVO unzulässig ist (vgl. von der Bussche/Voigt/Plath Konzerndatenschutz, 2. Aufl. 2019, Teil 6 Rn. 72).

18 Willensmängel bei Abschluss des Vertrages können gem. §§ 119, 123 BGB zur **Anfechtung** berechtigen; insoweit bestehen keine Besonderheiten zum allg. Zivilrecht. Zu Ansprüchen aus cic ausf. Lutter/Drygala Rn. 42 ff. mwN.

19 Nach den allg. Regeln des Zivilrechts kommt auch eine **Anpassung** des Verschmelzungsvertrags nach den Grundsätzen zum **Wegfall der Geschäftsgrundlage** (→ § 7 Rn. 25 ff.) in Betracht. Der Verschmelzungsvertrag kann des Weiteren jederzeit zwischen den Parteien einvernehmlich wieder aufgehoben werden, Kündigung und Rücktritt sind möglich (ausf. → § 7 Rn. 4 ff.; Lutter/Drygala Rn. 26 ff.; Körner/Rodewald BB 1999, 853).

20 Nach überwiegender Ansicht ist **§ 323 BGB** auf den Verschmelzungsvertrag anwendbar (Lutter/Drygala Rn. 40 mwN; für analoge Anwendung vor Zustimmung nach § 13 Austmann/Frost ZHR 169 (2005), 443). Dies ist auch zutr. Zwar schuldet der übertragende Rechtsträger aus dem Verschmelzungsvertrag nicht die Übertragung von Vermögensgegenständen, da diese Folge schon kraft Gesetzes mit Eintragung der Verschm eintritt (§ 20 I Nr. 1; auch → Rn. 8); die Vertragspartner schulden sich aber gegenseitig die Durchführung aller für die Verschm notwendigen Mitwirkungshandlungen. Diese Verpflichtungen stehen in einem Synallagma.

21 Liegen die Voraussetzungen d § 323 BGB vor, kann insbes. der **Rücktritt** vom Verschmelzungsvertrag erklärt werden. Für die erforderlichen Erklärungen bedarf das jew. Vertretungsorgan nicht der Zustimmung durch die Anteilsinhaber (wie hier Lutter/Drygala Rn. 40 mwN; einschr. Widmann/Mayer/Mayer Rn. 66: nur bis zur Beschlussfassung; ausf. Begr. dazu bei Widmann/Mayer/Heckschen § 7 Rn. 42 ff. mwN; diff. nach dem Maß der Freiheit in der Willensentschließung Semler/Stengel/ Leonard/Schröer/Greitemann Rn. 56).

5. Kosten des Verschmelzungsvertrages

22 Die **Beurkundung** des Verschmelzungsvertrages löst eine doppelte Gebühr (2,0-Gebühr) nach § 3 II GNotKG iVm KV 21100 GNotKG aus. Der Geschäftswert richtet sich nach dem in der Schlussbilanz ausgewiesenen Aktivvermögen des übertragenden Rechtsträgers ohne Schuldenabzug (§§ 38, 97 I, III GNotKG) oder, wenn der Wert der Gegenleistung höher ist, nach diesem Wert (ausf. dazu Widmann/ Mayer/Fronhöfer § 2 Rn. 83 ff.). Der Geschäftswert ist auf 10 Mio. Euro begrenzt

(§ 107 I GNotKG; damit Vorteil gegenüber Umstrukturierung durch Einzelrechtsnachfolge, vgl. BayObLG DB 1998, 2410). Werden mehrere Verschmelzungsverträge in einer Urkunde beurkundet, liegen stets verschiedene Beurkundungsgegenstände vor (vgl. § 86 II GNotKG, ausf. Widmann/Mayer/Fronhöfer § 2 Rn. 91 ff.; Korintenberg/Diehn GNotKG § 109 Rn. 226), sodass die Begrenzung des Geschäftswerts mehrfach Anwendung findet; gem. § 35 II GNotKG gilt für die Summe aller Geschäftswerte der Höchstwert von 60 Mio. EUR. Etwaige notarielle Verzichtserklärungen (zB § 8 III, § 9 II) sind gegenstandsgleich iSv § 109 I GNotKG (OLG Hamm DB 2002, 1314; Widmann/Mayer/Mayer § 8 Rn. 63). Vgl. iÜ zu Notar- und Gerichtskosten ausf. → § 6 Rn. 19 ff., → § 13 Rn. 77 ff., → § 19 Rn. 40 ff. Als weitere Kosten kommen insbes. die anwaltlichen Beratungskosten und die Kosten für einen Wirtschaftsprüfer, der die Ges bewertet, sowie für den Verschmelzungsprüfer (§§ 9–12) in Betracht.

6. Vertragsentwurf (Abs. 2)

Abs. 2 schreibt infolge der Rspr. des BGH (BGHZ 82, 188 = NJW 1982, 933) 23 und wie schon in § 340 I AktG aF generell fest, dass die Vorlage lediglich eines **schriftlichen Entwurfes des Verschmelzungsvertrages** bei der nach § 13 erforderlichen Beschlussfassung ausreicht. Die Regelung dient dazu, **unnötige Beurkundungskosten** zu vermeiden, wenn das Verschmelzungsvorhaben in den Versammlungen der Anteilsinhaber nicht die erforderlichen Mehrheiten finden sollte (Lutter/Drygala Rn. 16; zur notariellen Beurkundung des Verschmelzungsvertrages § 6). Der Entwurf muss von den Vertretungsorganen (→ Rn. 13 ff.) **„aufgestellt"**, damit am besten beschlossen, unterzeichnet oder paraphiert werden. Zwingend ist dies jedoch nicht, da es nur um die schriftliche Fixierung des Inhalts geht (BeckOGK/Wicke Rn. 19; Kallmeyer/Marsch-Barner/Oppenhoff Rn. 8).

Abs. 2 darf aber nicht dahingehend missverstanden werden, dass eine **Rohversion** 24 des späteren Vertrages zum Gegenstand der Beschlussfassung gemacht werden kann. Entwurf iSv Abs. 2 und späterer Verschmelzungsvertrag müssen **identisch** sein, anderenfalls fehlt es an der notwendigen Transformation des Inhalts des Verschmelzungsvertrags durch die jew. Beschlüsse (BGHZ 82, 188 = NJW 1982, 933; Kallmeyer/Marsch-Barner/Oppenhoff Rn. 9). Etwas anderes darf nur im Zusammenhang mit der Vorlage des Verschmelzungsvertrags gegenüber außenstehenden Dritten gelten. So schaden geringfügige Änderungen des Verschmelzungsvertrages oder seines Entwurfs im Zusammenhang mit der **Zuleitung an den Betriebsrat** (§ 5 III) nicht, es wird keine erneute Zuleitungsverpflichtung ausgelöst (vgl. Bericht BT-RA zu § 5 III; → § 5 Rn. 116 ff.). Das gilt aber nicht, wenn die Anteilsinhaberversammlung über Alternativentwürfe (dazu Semler/Stengel/Leonard/Schröer/Greitemann Rn. 19) abstimmt, die der Betriebsrat nicht kennt.

Zur **Bindungswirkung** der Beschlussfassung auf Basis eines Entwurfs → § 13 25 Rn. 8 ff. mwN. Zu Verschmelzungsbericht und -prüfung bei Änderung des Entwurfs OLG Hamm AG 2005, 361.

Nach Ansicht des LG Paderborn (NZG 2000, 899) kann eine Vertragsstrafenrege- 26 lung in einem auf die Durchführung einer späteren Verschm gerichteten „Letter of intent" wirksam nur bei notarieller Beurkundung vereinbart werden (allg. zu sog. Break-Fee-Vereinbarungen Sieger/Hasselbach BB 2000, 625). Denn die Vertragsstrafe führe faktisch zur Verpflichtung der Anteilsinhaber, die Beschlüsse gem. § 13 zu fassen; ein solcher „Vorvertrag" sei im Hinblick auf § 13 III formbedürftig (LG Paderborn NZG 2000, 899 (900)). Gegen diese Argumentation Semler/Stengel/Leonard/Gehling § 13 Rn. 51 mwN. Ausf. zu weiteren Deal-Protection-Klauseln Drygala WM 2004, 1413 (1457 ff.) mwN; vgl. auch Austmann/Frost ZHR 169 (2005), 450 f. Auch die in der Praxis verbreitete Verstärkung der Bindungswirkung eines Vertragsentwurfs durch **Business Combination Agreements** hilft oft nicht weiter (vgl. Lutter/Drygala Rn. 17 ff.; Lutter/Drygala § 13 Rn. 59 je mwN; Paschos NZG 2012, 1142).

§ 5 Inhalt des Verschmelzungsvertrags

(1) **Der Vertrag oder sein Entwurf muß mindestens folgende Angaben enthalten:**
1. den Namen oder die Firma und den Sitz der an der Verschmelzung beteiligten Rechtsträger;
2. die Vereinbarung über die Übertragung des Vermögens jedes übertragenden Rechtsträgers als Ganzes gegen Gewährung von Anteilen oder Mitgliedschaften an dem übernehmenden Rechtsträger;
3. das Umtauschverhältnis der Anteile und gegebenenfalls die Höhe der baren Zuzahlung oder Angaben über die Mitgliedschaft bei dem übernehmenden Rechtsträger;
4. die Einzelheiten für die Übertragung der Anteile des übernehmenden Rechtsträgers oder über den Erwerb der Mitgliedschaft bei dem übernehmenden Rechtsträger;
5. den Zeitpunkt, von dem an diese Anteile oder die Mitgliedschaften einen Anspruch auf einen Anteil am Bilanzgewinn gewähren, sowie alle Besonderheiten in bezug auf diesen Anspruch;
6. den Zeitpunkt, von dem an die Handlungen der übertragenden Rechtsträger als für Rechnung des übernehmenden Rechtsträgers vorgenommen gelten (Verschmelzungsstichtag);
7. die Rechte, die der übernehmende Rechtsträger einzelnen Anteilsinhabern sowie den Inhabern besonderer Rechte wie Anteile ohne Stimmrecht, Vorzugsaktien, Mehrstimmrechtsaktien, Schuldverschreibungen und Genußrechte gewährt, oder die für diese Personen vorgesehenen Maßnahmen;
8. jeden besonderen Vorteil, der einem Mitglied eines Vertretungsorgans oder eines Aufsichtsorgans der an der Verschmelzung beteiligten Rechtsträger, einem geschäftsführenden Gesellschafter, einem Partner, einem Abschlußprüfer oder einem Verschmelzungsprüfer gewährt wird;
9. die Folgen der Verschmelzung für die Arbeitnehmer und ihre Vertretungen sowie die insoweit vorgesehenen Maßnahmen.

(2) Befinden sich alle Anteile eines übertragenden Rechtsträgers in der Hand des übernehmenden Rechtsträgers, so entfallen die Angaben über den Umtausch der Anteile (Absatz 1 Nr. 2 bis 5), soweit sie die Aufnahme dieses Rechtsträgers betreffen.

(3) Der Vertrag oder sein Entwurf ist spätestens einen Monat vor dem Tage der Versammlung der Anteilsinhaber jedes beteiligten Rechtsträgers, die gemäß § 13 Abs. 1 über die Zustimmung zum Verschmelzungsvertrag beschließen soll, dem zuständigen Betriebsrat dieses Rechtsträgers zuzuleiten.

Übersicht

	Rn.
1. Allgemeines	1
2. Inhalt des Verschmelzungsvertrages (Abs. 1)	3
a) Name, Firma und Sitz (Abs. 1 Nr. 1)	3
b) Vermögensübertragung (Abs. 1 Nr. 2)	4
c) Umtauschverhältnis und bare Zuzahlung (Abs. 1 Nr. 3)	5

	Rn.
aa) Angabe des Umtauschverhältnisses	5
bb) Ausnahme bei Aufwärtsverschmelzung (Abs. 2)	9
cc) Unternehmensbewertung	10
dd) Wertrelation	61
ee) Form der Festlegung	64
ff) Bare Zuzahlungen	65
gg) Barabfindung	67
d) Übertragung der Anteile/Erwerb der Mitgliedschaft (Abs. 1 Nr. 4)	68
e) Zeitpunkt der Gewinnberechtigung (Abs. 1 Nr. 5)	69
f) Verschmelzungsstichtag (Abs. 1 Nr. 6)	73
g) Sonderrechte (Abs. 1 Nr. 7)	81
h) Vorteile für sonstige Beteiligte (Abs. 1 Nr. 8)	83
i) Folgen der Verschmelzung für die ArbN und ihre Vertretungen (Abs. 1 Nr. 9)	87
j) Sonstige Vorschriften	115
3. Zuleitung an den Betriebsrat (Abs. 3)	116

1. Allgemeines

Abs. 1 schreibt für Verschm unter Beteiligung aller in § 3 genannten Rechtsträger 1 in Übereinstimmung mit Art. 91 GesR-RL zwingend den **Mindestinhalt des Verschmelzungsvertrages** fest. Darüber hinaus können gem. § 29 ein Barabfindungsangebot (→ Rn. 67) und bestimmte rechtsformspezifische Angaben erforderlich werden (§ 35, § 40 I, §§ 45b, 46, 71, 80); bei der Verschm durch Neugründung muss der Verschmelzungsvertrag schließlich auch den Gesellschaftsvertrag des neuen Rechtsträgers enthalten (§ 37). Durch die Umwandlungsreform 1995 neu eingefügt wurde nur Abs. 1 Nr. 9, der die Vertretungsorgane der beteiligten Rechtsträger veranlasst, die Folgen der Verschm für die ArbN und ihre Vertretungen sowie die insoweit vorgesehenen Maßnahmen als unmittelbaren Inhalt des Verschmelzungsvertrages aufzunehmen. In Zusammenhang mit der Regelung in **Abs. 3** ergibt sich ein geschlossenes Bild über die Informationsrechte der ArbN bei Umw nach dem UmwG (zu grenzüberschreitenden Verschm → § 307 Rn. 19, → § 307 Rn. 41, → § 308 Rn. 17 ff., → § 309 Rn. 10 ff., → § 309 Rn. 16, → § 310 Rn. 2 ff., → § 310 Rn. 8 ff.); die Vorschriften des BetrVG bleiben unberührt.

Gem. **Abs. 2** entfallen die umtauschbezogenen Angaben bei der reinen Aufwärts- 2 verschmelzung (→ Rn. 9, → § 2 Rn. 17 ff.). Die Regelung entspricht § 352b II AktG aF.

2. Inhalt des Verschmelzungsvertrages (Abs. 1)

a) Name, Firma und Sitz (Abs. 1 Nr. 1). Die Aufnahme des Namens/der 3 Firma und des Sitzes aller an der Verschm beteiligten Rechtsträger ist eine Selbstverständlichkeit. Wie in jedem Vertrag müssen die Vertragsparteien hinreichend bestimmt sein. Probleme können sich bei einer Kettenverschmelzung ergeben, vgl. OLG Hamm GmbHR 2006, 225 mwN mAnm Weiler MittBayNot 2006, 377; zur Kettenumwandlung mit Verschm, aufschiebend bedingtem Formwechsel und nachfolgender zweiter Verschm DNotI DNotI-Report 2012, 124 mwN; → § 7 Rn. 5. Die jew. Anforderungen an die Bezeichnung lassen sich den Spezialgesetzen entnehmen (zB §§ 4, 5 AktG; § 3 I GmbHG; § 707a Abs. 2 BGB; § 19 HGB; § 3 GenG). Zur möglichen Firmierung nach der Verschm vgl. § 18.

b) Vermögensübertragung (Abs. 1 Nr. 2). Der Vertrag muss klarstellen, dass 4 es sich um eine Verschm iSd UmwG handelt. Die **Wesensmerkmale der**

Verschm, also die Übertragung des Vermögens jedes übertragenden Rechtsträgers als Ganzes (= Gesamtrechtsnachfolge) ohne Abwicklung und gegen Gewährung von Anteilen/Mitgliedschaften am übernehmenden Rechtsträger, müssen im Vertragswerk niedergelegt werden (ausf. → § 2 Rn. 3 ff.). Hierbei sollte der Klarheit und Einfachheit halber eine möglichst weitgehende Orientierung am Gesetzestext (§ 2) erfolgen. Da stets das **„Vermögen als Ganzes"** übertragen wird, entfällt – im Gegensatz zur Spaltung und zur Einzelrechtsnachfolge – bei der Verschm die Notwendigkeit einer näheren Spezifizierung. Dies bedeutet umgekehrt, dass einzelne Vermögensgegenstände bei der Verschm auch nicht zurückbehalten werden können; wo dies gewünscht ist, sind sie entweder vorab zu entnehmen oder ist anstelle der Verschm eine Spaltung oder Einzelrechtsnachfolge (Asset Deal) zu wählen. Einzelheiten zur Gewährung von Anteilen oder Mitgliedschaften am übernehmenden Rechtsträger bei Widmann/Mayer/Mayer Rn. 15 ff.; Lutter/Drygala Rn. 18 ff.; Semler/Stengel/Leonard/Schröer/Greitemann Rn. 9 ff.; BeckOGK/Wicke Rn. 11 je mwN.

5 **c) Umtauschverhältnis und bare Zuzahlung (Abs. 1 Nr. 3). aa) Angabe des Umtauschverhältnisses. Abs. 1 Nr. 3** verlangt Angaben über das **Umtauschverhältnis der Anteile** und die Höhe einer etwaigen **baren Zuzahlung.** Das Umtauschverhältnis berührt aus Sicht der Anteilsinhaber der beteiligten Rechtsträger den „wirtschaftlichen Kern" der Verschmelzung. Demgemäß stellt die Bestimmung des Umtauschverhältnisses auch meist das **Zentralproblem** der Verhandlungen dar. Im Verschmelzungsvertrag wird es idR als Quote angegeben, zumindest bei Publikumsgesellschaften („für jede Stammaktie der A werden drei Stammaktien der B gewährt"). Wegen seiner Bedeutung enthält das UmwG weitere flankierende Regelungen zum Umtauschverhältnis: Es ist im Verschmelzungsbericht rechtlich und wirtschaftlich zu erläutern und zu begründen (§ 8 I 1), der Prüfungsbericht ist mit einer Erklärung darüber abzuschließen, ob das Umtauschverhältnis angemessen ist und wie es berechnet wurde (§ 12 II). Die Anteilsinhaber der beteiligten Rechtsträger können bei einem nicht angemessenen Umtauschverhältnis Ausgleich durch bare Zuzahlung verlangen (§ 15 I); ihnen steht das Spruchverfahren offen, bei dem das zuständige Gericht von Amts wegen die Höhe der baren Zuzahlung mit Wirkung für und gegen alle festlegt (vgl. B. SpruchG).

6 Für die **Bestimmung des Umtauschverhältnisses** kommt es auf die **Wertrelation** zwischen übertragenden und übernehmenden Rechtsträgern an (vgl. zur rechnerischen Darstellung des Umtauschverhältnisses ausf. Widmann/Mayer/Mayer Rn. 113 ff. mwN; Kölner Komm UmwG/Simon Rn. 10, 11). Der wahre innere Wert des einzelnen Anteils entspricht dem jew. Bruchteil des Unternehmenswertes, der dem konkreten Anteil zuzuordnen ist. Ein Aufschlag für bestimmte Anteilsgrößen (etwa 50% + eine Stimme) ist nicht vorzunehmen.

7 Das Umtauschverhältnis ist stets dann richtig bemessen, wenn kein Anteilsinhaber durch die Verschm eine Vermögenseinbuße erleidet (Idealbild ist also ein wirtschaftliches **Nullsummenspiel;** vgl. BVerfG AG 1999, 566; BVerfGE 14, 263; BGHZ 71, 40 = NJW 1978, 1316; BayObLG WM 1995, 1580; AG 1996, 127; OLG Hamburg AG 1980, 163; wN bei Semler/Stengel/Leonard/Schröer/Greitemann Rn. 17 Fn. 42). **Art. 14 I GG** gebietet stets einen vollen Wertausgleich (BVerfG AG 2007, 697 mwN; 2000, 2011 zur Entschädigung ausscheidender Anteilsinhaber bei der übertragenden Auflösung nach § 179a AktG; zu Abfindungsberechtigung bei Strukturveränderungen Bayer/Schmidt ZHR 178 (2014), 150 mwN; vgl. auch BVerfG DB 2000, 611). Der innere Wert der jew. Anteile am untergehenden übertragenden Rechtsträger muss dem inneren Wert der Anteile entsprechen, die als Gegenleistung vom übernehmenden Rechtsträger gewährt werden. Wenn bspw. A auf B verschmolzen wird und laut Unternehmensbewertung jede Aktie an A 40 Euro, jede Aktie an B 30 Euro wert ist, dann sind für je drei Aktien an A (im Wert von 120 Euro) vier Aktien an B (im Wert von ebenfalls 120 Euro) zu gewähren. Unter Außerachtlassung von positiven und negativen Verbundeffekten wird dann auch die **Vermögensintegrität der Anteilsinhaber** des übernehmenden Rechtsträgers gewahrt.

Bei Einverständnis aller Anteilsinhaber aller beteiligten Rechtsträger darf von **8** dieser Wertneutralität abgewichen, also bewusst ein unangemessenes Umtauschverhältnis gewählt werden **(nichtverhältniswahrende Verschm)**. Eine nichtverhältniswahrende Spaltung ist ausdrücklich anerkannt (§ 128). Auch beim Formwechsel lässt sich mit guten Gründen die Möglichkeit zur freiwilligen Wertveränderung der Anteile vertreten (→ § 192 Rn. 14; Lutter/Hoger § 194 Rn. 13). Bei der Verschm gibt es ebenfalls keinen Grund, den Anteilsinhabern eine **freiwillige Verschiebung der Wertrelationen** von vornherein zu untersagen (vgl. Lutter/Drygala Rn. 27 mwN; vgl. BFH GmbHR 2011, 266 zu den stl. Konsequenzen einer – anerkannten, vgl. BFH GmbHR 2011, 268 – nichtverhältniswahrenden Verschm). Argumente hierfür sind § 8 III, § 9 II, § 12 III und § 54 I 3, § 68 I 3. Insbes. bei konzerninternen Verschm oder bei beteiligungsidentischen Schwesterverschmelzungen lässt sich so ggf. eine aufwändige Unternehmensbewertung (→ Rn. 10 ff.) vermeiden oder jedenfalls die Anteilsgewährung begrenzen. Der Anteilstausch als solcher ist – außer in den gesetzlichen vorgegebenen Ausnahmefällen, zB die durch das 2. UmwÄndG eingefügten § 54 I 3, § 68 I 3 (zur Verschm von SchwersterGes allg. → § 2 Rn. 21 ff. mwN) – Wesensmerkmal der Verschm. Insoweit gebietet der Schutz des Rechtsverkehrs, insbes. der Gläubiger, die Kontrolle der Kapitalerhaltung, sodass es nicht ohne Weiteres angeht, den Anteilsinhabern durch autonome Entscheidung die Übertragung negativen Vermögens zu ermöglichen (Nachw. → 4. Aufl. 2006, Rn. 8; zur Verschm überschuldeter Rechtsträger → § 3 Rn. 48, 51 mwN). Dieser Grds. ist mittlerweile in erheblichem Maße aufgeweicht (ausf. → § 54 Rn. 12 ff. mwN).

bb) Ausnahme bei Aufwärtsverschmelzung (Abs. 2). Die Angaben über den **9** Umtausch der Anteile entfallen, soweit sich (Konzernverschmelzung, Aufwärtsverschmelzung bzw. Upstream-Merger; Abs. 2 gilt nicht für den Downstream-Merger, statt aller NK-UmwR/Böttcher Rn. 112 mwN) alle Anteile eines übertragenden Rechtsträgers in der Hand des übernehmenden Rechtsträgers befinden und es um die Gegenleistung für diese Aufnahme geht **(Abs. 2)**. Denn wirtschaftlich ersetzt bei der Aufwärtsverschmelzung das übernommene Vermögen die bisherige Beteiligung an der Tochtergesellschaft (im Sinne eines „Aktivtauschs"). § 20 I Nr. 3 S. 1 Hs. 2 untersagt deshalb für diesen Fall die Anteilsgewährung. Mangels Anteilsgewährung unterbleibt auch eine verschmelzungsbedingte Kapitalerhöhung (§ 54 I 1 Nr. 1, § 68 I 1 Nr. 1).

cc) Unternehmensbewertung.[1] Zur Bestimmung des Umtauschverhältnisses **10** sind bei den beteiligten Rechtsträgern regelmäßig Unternehmensbewertungen durchzuführen. Anderes gilt, wenn die Anteilsinhaber der beteiligten Rechtsträger durch autonome und nicht missbräuchliche Entscheidung das Umtauschverhältnis einverständlich festlegen (→ Rn. 8).

Für die Unternehmensbewertungen bieten sich verschiedene in der Betriebswirt- **11** schaftslehre entwickelte Modelle an (ausf. Ballwieser/Hachmeister, Unternehmensbewertung S. 9 ff.). Seit langem haben sich Rspr. und Lit. umfassend mit den Grundsätzen der „richtigen Unternehmensbewertung" auseinandergesetzt (für einen Überblick der Rspr. s. Peemöller Unternehmensbewertung-HdB/Hannes/König, 8. Aufl. 2023, 4. Kap. C. III). Nach der hM ist weiterhin die **Ertragswertmethode** maßgeblich (ausf. → Rn. 16 ff.). Die Anwendung **anderer Methoden** ist aber

---

[1] Der Verf. dankt Herrn Jan König, StB/Certified Valuation Analyst, für seine Unterstützung.

nicht ausgeschlossen (→ Rn. 47 f.). In der Rechtsprechung gewinnt der **Börsenkurs** zunehmend an Bedeutung (nicht nur als Untergrenze) (ausf. → Rn. 49 ff.).

12 Noch nicht geklärt ist allerdings, was bei grenzüberschreitenden Umw an Bewertungsmethoden zulässig ist (zur Unternehmensbewertung unter dem Einfluss des Rechnungslegungsstandards IAS vgl. Moser/Doleczik/Granget/Marmann BB 2003, 1664; zum **IFRS** OLG Düsseldorf DB 2006, 2223 mAnm Zetzsche EWiR 2007, 89; OLG Hamburg DB 2004, 2805 mAnm Hentzen DB 2005, 1891; zur Ermittlung des Umtauschverhältnisses bei grenzüberschreitender Verschm ausf. Kiem ZGR 2007, 543; Großfeld NZG 2002, 353 mwN; allg. zu Länderrisiken in der Planungsrechnung und ihren Auswirkungen auf die Unternehmensbewertung Ihlau/Duscha/Köllen BB 2015, 1323 mwN). Im Zuge der Vorbereitung einer Verschm ist insbes. den **Organen der jew. beteiligten Rechtsträger** dringend zu empfehlen, sich mit den nachfolgenden Grundsätzen vertraut zu machen (es drohen SE-Ansprüche gem. §§ 25, 27; vgl. zu den Anforderungen an ein pflichtgemäßes Verhalten der jew. Organe im Vorfeld von Umstrukturierungen zB Kau/Kukat BB 2000, 1045; Clemm/Dürrschmidt FS Widmann, 2000, 3 (10 ff.); Kiethe NZG 1999, 976; Holzapfel/Pöllath, Unternehmenskauf in Recht und Praxis, 2010, Rn. 17a ff. mwN; Pöllath/Philipp DB 2005, 1503 und ausf. Austmann/Frost ZHR 169 (2005), 431 mwN; vgl. iÜ zur möglichen Gewährleistungshaftung bei falscher Planungsrechnung von Bernuth DB 1999, 1689; zur Due Diligence BeckMandatsHdB Unternehmenskauf/Hörtnagl § 2 Rn. 47 ff. mwN insbes. zu den Anforderungen der Business Judgment Rule; Müller NJW 2000, 3452; Turiaux/Knigge BB 1999, 913; zur Verhandlungsführung BeckMandatsHdB Unternehmenskauf/Stratz § 1 Rn. 82 ff.; Rosenbaum DB 1999, 1613; zu feindlichen Übernahmen Hopt FS Lutter, 2000, 1361; Kort FS Lutter, 2000, 1421).

12a Die Organe der an einer Umw beteiligten Rechtsträger können sich auch nicht lediglich auf das sog. **„Verhandlungsmodell"** (dazu ausf. mit historischer Darstellung Fleischer/Bong NZG 2013, 881 mwN) stützen. Das BVerfG hat im Fall Daimler/Chrysler (OLG Stuttgart AG 2011, 149) auf die Verfassungsbeschwerde zweier Berufskläger entschieden, dass auch bei einer Verschm voneinander unabhängiger und in etwa gleich mächtiger Rechtsträger allein der Verhandlungsprozess nicht zu einem angemessenen Umtauschverhältnis führe. Vgl. zum Ganzen BVerfG NJW 2012, 3020; krit. Anm. Luttermann EWiR 2012, 571; ähnlich Drygala WuB II P. § 15 UmwG 1.13; ausf. Klöhn/Verse AG 2013, 2; Fleischer/Bong NZG 2013, 881 je mwN; Lutter/Drygala Rn. 38 ff., der beim merger of equals der Privatautonomie Vorrang gibt.

13 Durch das Spruchverfahren nach dem SpruchG wird den Anteilsinhabern des übertragenden Rechtsträgers die Möglichkeit gegeben, das Umtauschverhältnis gerichtlich überprüfen zu lassen (die Anteilsinhaber des übernehmenden Rechtsträgers sind auf die Unwirksamkeitsklage verwiesen, → § 14 Rn. 30 ff.). In diesem Fall wird die Unternehmensbewertung zur **Rechtsfrage** (sehr weitgehend OLG Stuttgart ZIP 2004, 43; stark gekürzt und sehr lesenswert OLG Stuttgart ZIP 2010, 274 = BeckRS 2010, 00900; stark gekürzte Grundsatzentscheidung des OLG Stuttgart AG 2010, 510 = BeckRS 2010, 09848; OLG Frankfurt ZIP 2010, 729; OLG Düsseldorf WM 2009, 2220: Schätzung nach § 287 ZPO), das Gericht darf alle Bewertungsansätze und -maßstäbe in vollem Umfang überprüfen und ggf. durch eigene Entscheidung ersetzen. Die Instanzgerichte haben dies in letzter Zeit aber in zT angreifbarer Weise zum Anlass genommen, sich selbst als Sachverständige zu gerieren.

14 Komplexe fachspezifische Fragen der Unternehmensbewertung darf der Tatrichter grds. nicht ohne vorherige Einholung eines gerichtlichen **Sachverständigengutachtens** entscheiden (BGH AG 2007, 625; ausf. mwN OLG Stuttgart BeckRS 2011, 23676; einen Ausnahmefall nimmt OLG Düsseldorf AG 2012, 797 an, wenn im Spruchverfahren der Antragsgegner insolvent wird und bereits früheres Bewer-

Inhalt des Verschmelzungsvertrags 15–17 § 5 UmwG A

tungsgutachten vorliegt). Die Unternehmensbewertung ist kein wissenschaftlich statischer Vorgang, ihre Grundsätze werden lfd. weiterentwickelt (eine hervorragende Zusammenfassung enthält der vom IDW herausgegebene Themenband „Bewertung und Transaktionsberatung", 2018, zuvor WP-HdB Bd. II A, 14. Aufl. 2014; dort ist je nach Auflage nicht nur die Weiterentwicklung des Bewertungsstandards IDW S 1 v. 18.10.2005 [WPg 2005, 1303] berücksichtigt, sondern bereits der Entwurf einer Neufassung IDW ES 1 v. 5.9.2007 [WPg Supplement 3/2007]). Dieser Entwurf wurde mit unwesentlichen redaktionellen Änderungen von dem Hauptfachausschuss des IDW 29./30.5.2008 als **IDW S 1 2008** gebilligt und in Kraft gesetzt. Der Standard ist in Heft 7 der IDW Fachnachrichten 2008 und im WPg Supplement 3/2008 veröffentlicht und spätestens seither als Arbeitsgrundlage umfassend anerkannt (→ Rn. 20).

Die Instanzgerichte sind gehalten, auf den betriebswirtschaftlichen Sachverstand **15** und das aktualisierte Wissen der Gutachter zurückzugreifen, denn die Folgen der für und gegen alle geltenden gerichtlichen Entscheidungen (§ 13 S. 2 SpruchG; § 311 S. 2 aF) können wirtschaftlich erheblich sein, wie zB die vielbeachtete „Paulaner"-Entscheidung des BayObLG (AG 1996, 127) gezeigt hat (ältere empirische Daten bei Dörfler/Gahler/Unterstraßer/Wirichs BB 1994, 156).

(1) Ertragswertmethode. Von der heute hM wird zur Ermittlung des Unter- **16** nehmenswerts und somit zur Feststellung eines angemessenen Umtauschverhältnisses und etwa zu leistenden Barabfindung in erster Linie die sog. **Ertragswertmethode** herangezogen (gegen diese Methode bestehen verfassungsrechtlich keine Bedenken, BVerfG AG 2007, 697; vgl. iÜ Nachw. der Rspr. → Rn. 21; Lutter/ Drygala Rn. 52; Koch AktG § 305 Rn. 21 ff. mwN insbes. zur Rspr. der Instanzgerichte; Semler/Stengel/Leonard/Gehling § 8 Rn. 23 ff.; Widmann/Mayer/Mayer Rn. 102 ff.; BeckOGK/Wicke Rn. 36; Hülsmann ZIP 2001, 450; Bender/Lorson BuW 1996, 1; Lorson BuW 1996, 650; Bellinger/Vahl, Unternehmensbewertung in Theorie und Praxis, 1992, S. 145 ff., 285 ff.; IDW BT Kap. A Rn. 130 ff.; Engelmeyer, Die Spaltung von Aktiengesellschaften nach dem neuen Umwandlungsrecht, 1995, S. 108 ff.; Piltz, Die Unternehmensbewertung in der Rechtsprechung, 3. Aufl. 1994, S. 16 ff.; Seetzen WM 1999, 570; Seetzen WM 1994, 47 f.; Heurung WPg 1998, 204; Heurung DStR 1997, 1302 (1341) zur Spaltung je mwN aus Rspr. und Schrifttum; neuere Zusammenfassungen ua bei den im Schrifttum zur → 6. Aufl. 2013 aufgeführten betriebswirtschaftlichen Standardwerken Drukarczyk/Schüler Unternehmensbewertung; Peemöller Unternehmensbewertung-HdB; BeckMandatsHdB Unternehmenskauf/Zwirner/Mugler § 4; vgl. auch Wagner/Jonas/Ballwieser/Tschöpel WPg 2006, 1005; Wagner/Saur/Willershausen WPg 2008, 731. Die Ertragswertmethode ist auch geeignet zur Berechnung des Umtauschverhältnisses bei **Kreditinstituten** (OLG Düsseldorf AG 2001, 189; zur Bewertung einer ertraglosen Bank LG Dortmund AG 2003, 50; zur Bewertung von **Versicherungsunternehmen** OLG Düsseldorf BeckRS 2009, 05038; ferner AG 2006, 287; NZG 2004, 429; zur Bewertung von **Bausparkassen** OLG Stuttgart WM 2010, 173). Die Unternehmensbewertung von **vermögensverwaltenden** und **Immobiliengesellschaften** erfolgt unter besonderer Berücksichtigung des Net Asset Value (OLG München AG 2020, 56).

Die Ertragswertmethode geht davon aus, dass der Wert eines Unternehmens in **17** seinen entnehmbaren Gewinnen bzw. seinen Einnahmeüberschüssen zum Ausdruck kommt. Der Nachteil der Ertragswertmethode besteht insbes. darin, dass die Ermittlung des zukünftigen Ertrags notwendigen prognostischen Charakter haben muss; die – bereinigten – Ergebnisse der Vergangenheit sind lediglich Orientierungshilfen für die Beurteilung zukünftiger Ergebniserwartungen, über die vermutete betriebliche Entwicklung und über die gesamtwirtschaftlichen Einflüsse lässt sich im Endeffekt aber nur spekulieren.

Winter

18 Die **Zukunftsprognose** über die wirtschaftliche Entwicklung der beteiligten Rechtsträger kann **gerichtlich nur eingeschränkt überprüft** werden (OLG Stuttgart AG 2010, 510); bei Plausibilität und Nachvollziehbarkeit, insbes. auch bei Schlüssigkeit in Ansehung der Vergangenheitsergebnisse, ist sie deshalb der Kernbereich des unternehmerischen Beurteilungsspielraums. Die Überprüfung hat sich darauf zu beschränken, ob die in der Planung enthaltenen Ansätze auf zutreffenden Informationen (Tatsachengrundlagen) und realistischen Annahmen fußen; diese dürfen zudem nicht in sich widersprüchlich sein (OLG Düsseldorf AG 2016, 330). Um ein gerechtes Umtauschverhältnis zu erhalten, müssen aber alle beteiligten Rechtsträger grds. vergleichbare Annahmen zu allg. Marktentwicklungen treffen (→ Rn. 62 aE). Prognosen, die der gerichtlich bestellte Bewertungsbegutachter anpasst, kann sich das Organ des betreffenden Rechtsträgers zu eigen machen (vgl. LG Frankfurt BeckRS 2014, 12643).

19 Die **Berechnung des Ertragswerts** richtet sich in der Praxis in erster Linie nach den Grundsätzen, die das Institut der Wirtschaftsprüfer (IDW) aufgestellt hat. Maßgeblich waren ursprünglich die Grundsätze zur Durchführung von Unternehmensbewertungen des Hauptfachausschusses (HFA 2/83, WPg 1983, 468).

20 Die **neueren Grundsätze zur Unternehmensbewertung** wurden erstmals als IDW S 1 am 28.6.2000 beschlossen (IDW-Fachnachrichten 2000, 415; dazu auch Hayn DB 2000, 1346; Hommel/Braun/Schmotz DB 2001, 341). Seitdem wurden die Grundsätze mehrfach geändert (vgl. → 5. Aufl. 2009, Rn. 16). Zurzeit enthält der **IDW S 1 2008** (WPg Supplement 3/2008; letztmalig aktualisiert 2016, IDW Life 8/2016; vgl. auch → Rn. 14) die Bewertungsvorgaben, an die sich ein Sachverständiger lege artis halten kann. Darin wurde die Unternehmenssteuerreform 2008 berücksichtigt. Zu berücksichtigen sind ferner insbes. der Wechsel von der Vollausschüttungshypothese zum Unternehmenskonzept sowie der marktüblichen Ausschüttung, der Wechsel bei der Ermittlung des Basiszinses (hier insbes. die Berücksichtigung der Zinsstrukturkurve der Deutschen Bundesbank) sowie schließlich die veränderte Ableitung des Risikozuschlags, die jetzt marktgestützt nach dem Capital Asset Pricing Modell (CAPM) erfolgt (zum Ganzen → Rn. 22 ff.; ausf. IDW BT Kap A Rn. 348 ff.). Der Tatrichter muss deshalb bei Bewertungsfragen immer auf dem aktuellen Stand sein und darf seinen Entscheidungen nicht das zugrunde legen, was früher einmal Stand der Wissenschaft war (vorbildlich insoweit OLG Frankfurt AG 2017, 626; OLG Stuttgart AG 2007, 705; BeckRS 2011, 24586; 2011, 23676; 2010, 09848; 2010, 00900).

21 Die **Rspr.** hat sich zur Ertragswertmethode ebenfalls umfassend geäußert, wobei die grundlegenden Entscheidungen vom BGH (AG 2016, 135; 2007, 625; BGHZ 138, 136 = NJW-RR 1998, 965; BGHZ 71, 40 = NJW 1978, 1316; BGH WM 1993, 1412; NJW 1985, 192), vom BayObLG (BayObLGZ 1998, 231; AG 1996, 127; 1996, 176; WM 1995, 1580), vom OLG Düsseldorf (AG 2019, 928, 1984, 216; WM 1988, 1052; AG 1990, 397; 1990, 490; 1991, 106; 1992, 200; WM 1995, 756; 1998, 2058; 2009, 2220; AG 2009, 873), vom OLG Frankfurt (AG 2017, 626; 2017, 790) und vom OLG Stuttgart (AG 2018, 255, 2014, 291, 2006, 421; 2007, 705; 2008, 510; ZIP 2008, 883; NJW-Spezial 2010, 305; ZIP 2010, 274; zusammenfassend BeckRS 2011, 24586; 2011, 23676) stammen. Mittlerweile sind insbes. die Entscheidungen der OLG zur Unternehmensbewertung so umfangreich, dass sie in den Zeitschriften nur noch stark verkürzt wiedergegeben werden. Insbes. die jüngeren Entscheidungen, zB des OLG Stuttgart, enthalten in der elektronischen Vollversion sehr gute Zusammenfassungen der einschlägigen Themenbereiche.

22 **Grundsatz der Bewertung künftiger finanzieller Überschüsse:** Ausgangspunkt der Überlegung zum tatsächlichen (Ertrags-)Wert eines Unternehmens ist die Frage, welche künftigen Überschüsse ein Anteilsinhaber erwartet, wenn er umgekehrt einen bestimmten Zahlbetrag als Kaufpreis/Tauschwert für das Unternehmen aufwenden muss. Dabei spielt es grds. keine Rolle, welche Vorteile das Unternehmen seinen Eigentümern in der Vergangenheit gebracht hat. Bisher erzielte finanzielle Überschüsse sind nur in Bezug auf die Plausibilität der Zukunftsprognose von Bedeutung. Für die Bewertung kommt es allein auf die Ermittlung **künftiger Zahlungsströme** zwischen Rechtsträger und Anteilsinhaber an. Der Barwert künftiger Ausschüttungen wird unter Zugrundelegung des going-concern-Prinzips in der letzten Phase nach der **Formel der ewigen Rente** berechnet. Die Grundlagen zur Ermittlung finanzieller Überschüsse bei der Bewertung des betriebsnotwendigen Vermögens sind in IDW BT Kap. A Rn. 84 ff. dargestellt. Zu fragen ist, was bei Fortführung des Unternehmens auf Basis des dokumentierten Unternehmenskonzepts und unter Einbeziehung aller realistischen Zukunftserwartungen iRd gegebenen Marktchancen und -risiken ausgeschüttet werden kann. Das bilanzielle Vorsichtsprinzip spielt dabei keine Rolle (IDW BT Kap. A Rn. 101 f.).

Da der tatsächliche Zahlungsfluss zum Anteilsinhaber maßgeblich ist, sind nicht allein die Nettoauszahlungen aus dem Unternehmen (also die Ausschüttungen abzgl. der erforderlichen Kapitaleinlagen bzw. etwaiger Kapitalrückzahlungen) zu ermitteln. Bedeutung haben darüber hinaus auch die mit dem Eigentum am Unternehmen verbundenen Zahlungsstromveränderungen, insbes. die **persönlichen Steuern der Anteilsinhaber** (IDW BT Kap. A Rn. 263 ff.; zur Nachsteuerbetrachtung zusammenfassend mwN OLG Stuttgart NZG 2016, 228, 2007, 302; AG 2019, 255; 2008, 510; ZIP 2008, 883). Persönliche ErtrSt sind generell und unabhängig vom Bewertungsanlass iRd Ermittlung objektiver Unternehmenswerte zu berücksichtigen. Die Rspr. hat die Einbeziehung der persönlichen ErtrSt übernommen, zB OLG Düsseldorf WM 2019, 2319; LG Bremen AG 2003, 214). Bei der Bewertung von KapGes ist bis VZ 2008 das Halbeinkünfteverfahren mit der Folge eines typisierten Steuersatzes von 17,5% auf die ausgeschütteten Gewinne, ab dem VZ 2009 ist eine definitive Steuerbelastung von 25% zzgl. SolZ zu berücksichtigen (IDW BT Kap. A Rn. 292). Die persönliche Steuerbelastung des Anteilsinhabers ist nicht nur bei der Prognose der Ausschüttungen von Bedeutung, sondern auch bei der Ermittlung des Kapitalisierungszinssatzes.

Hingegen werden die **Betriebssteuern** unmittelbar iRd betriebsbezogenen Renditeprognose berücksichtigt. Betriebssteuern sind zB die **Grundsteuer** und die **Kfz-Steuer** (WP-HdB, 14. Aufl. 2014, Bd. II A Rn. 276). Aber auch die Ertragsteuern können auf Unternehmensebene eine Rolle spielen. Die **GewSt** wird unabhängig von der Rechtsform bei allen Unternehmen von den Vorsteuerergebnissen der Planungsrechnung abgesetzt (WP-HdB, 14. Aufl. 2014, Bd. II A Rn. 74). Bei Körperschaften, insbes. bei KapGes, ist des Weiteren die **Körperschaftsteuer** als Definitivbelastung anzusetzen und ebenfalls vom Vorsteuerergebnis abzuziehen. Der Körperschaftsteuersatz beträgt derzeit 15% zzgl. SolZ (zum Ganzen WP-HdB, 14. Aufl. 2014, Bd. II A Rn. 75 mwN). **Verlustvorträge** mindern (unter Beachtung der Mindestbesteuerung und bei Annahme, dass die Gesellschafter nicht wechseln) die stl. Belastung der zukünftigen finanziellen Überschüsse und können deshalb ebenfalls Einfluss auf den Unternehmenswert haben (vgl. auch OLG Frankfurt AG 2014, 822; OLG Düsseldorf NZG 2000, 1079; OLG Stuttgart AG 2010, 510).

Künftige Ertragsüberschüsse lösen nur dann einen Zahlungsfluss aus, wenn sie ausgeschüttet werden. Bei der Prüfung, ob eine solche **Ausschüttung** möglich ist, ist die künftig zu erwartende Liquiditätssituation des Unternehmens ebenso zu berücksichtigen wie die handels- und gesellschaftsrechtliche Möglichkeit einer Ausschüttung (zu den Planungsphasen IDW BT Kap. A Rn. 247 ff.). Anders als früher wird der Prognoserechnung nicht mehr die Vollausschüttungshypothese zugrunde gelegt. Vielmehr ist bei der objektivierten Unternehmensbewertung jetzt von den Ausschüttungen auszugehen, die nach Berücksichtigung des zum Bewertungsstichtag dokumentierten Unternehmenskonzepts und absehbarer rechtlichen Restriktionen zu erwarten sind (IDW BT Kap. A Rn. 272). Für die Detailplanungsphase kommt es dabei auf das individuelle Unternehmenskonzept unter Berücksichtigung der bisherigen und geplanten Ausschüttungspolitik an. Für die Prognosephase der ewigen Rente ist hingegen regelmäßig auf das **Ausschüttungsverhalten der Alternativanlage** (→ Rn. 35) abzustellen. Damit scheidet die Annahme einer Vollausschüttung faktisch aus. Da es für die Bewertung aber auf die Ermittlung ausschließlich der zu erwartenden Zahlungsströme ankommt (→ Rn. 22), würde der Unternehmenswert verzerrt, wenn die thesaurierten Überschüsse nicht berücksichtigt würden. Insofern sind auch die Wertbeiträge aus Thesaurierung zu berücksichtigen.

26 Das komplexe Zusammenspiel zwischen künftig zu erwartenden handelsrechtlichen Erfolgen, daraus folgenden stl. Belastungen, notwendige Investitionen, Finanzbedarfsanalysen etc lässt sich seriös nur mit einer **integrierten Finanzplanung**, also mit **aufeinander abgestimmten Planbilanzen, Plan-GuV sowie Finanzbedarfsrechnungen** darstellen. Die dieser Planung zugrunde liegende Prognose ist Sache des Managements des zu bewertenden Unternehmens; sie kann vom gerichtlichen Sachverständigen auf Plausibilität überprüft und ggf. korrigiert werden (fragwürdig deshalb OLG Düsseldorf AG 2008, 498, das den gerichtlichen Gutachter selbst die Prognose erstellen lässt; zutr. LG Frankfurt BeckRS 2014, 12643). Sofern das Management auf Grundlage nachvollziehbarer, widerspruchsfreier und vertretbarer Ansätze vernünftigerweise annehmen kann, dass seine Planung realistisch ist, darf diese Planung grundsätzlich nicht durch andere – letztlich ebenfalls nur vertretbare – Annahmen des Sachverständigen oder des Gerichts ersetzt werden (OLG München AG 2019, 401). Insgesamt ist eine Planung dann plausibel, wenn sie sowohl rechnerisch richtig und auf Grundlage eines geeigneten Planungsprozesses erstellt ist als auch schlüssig an die Ist-Lage des Bewertungsobjekts anknüpft, bestehende Abweichungen zur vergangenen Entwicklung schlüssig erklärbar sind, und die Planung die erwartete Entwicklung des Bewertungsobjekts widerspiegelt (OLG Düsseldorf AG 2020, 595). „Sonderplanungen", die ausschließlich zu Bewertungszwecken außerhalb des Planungsprozesses erstellt werden, werden von der Rechtsprechung regelmäßig als kritisch angesehen (OLG Düsseldorf AG 2020, 593). Bei der Prognose des künftigen Investitions-, Finanzierung- und Ausschüttungsverhaltens ist entweder der Grds. der Nettosubstanzerhaltung zu beachten oder die Änderung der Kapitalstruktur beim Unternehmensrisiko zu berücksichtigen. Für die Ermittlung des Ertragswertes eines Unternehmens ist deshalb grds. nicht die Höhe der tatsächlichen Abschreibungen, sondern der Abschreibungen bzw. Reinvestitionen auf Basis der Wiederbeschaffungskosten zum Zeitwert maßgebend, die erforderlich sind, um die Ertragskraft des Unternehmens auch in Zukunft zu sichern (so auch OLG Düsseldorf DB 2000, 82; LG Berlin AG 2000, 285).

27 Der Ertragsbewertung ist ein konkreter **Stichtag** zugrunde zu legen (IDW BT Kap. A Rn. 73 ff.). Denn die Erwartung des künftigen Unternehmenserfolges ist zeitgebunden, Veränderungen der Informationen zum Unternehmen und zu Umwelteinflüssen können die Prognose beeinflussen. Bei späterer Überprüfung der Unternehmensbewertung, etwa durch das Gericht im Spruchverfahren, ist in einer ex-ante-Betrachtung der Umfang der Informationen zugrunde zu legen, der am Stichtag objektiv erreichbar war (→ Rn. 25 zur Wurzeltheorie; OLG Stuttgart NZG 2007, 115; 2007, 478; BayObLG NZG 2001, 1138; vgl. aber auch OLG Düsseldorf AG 2000, 327). Die nach dem Bewertungsstichtag (→ Rn. 27 ff.) zwischenzeitlich eingetretene tatsächliche Entwicklung darf bei der Ermittlung der zukünftigen Ertragslage mit berücksichtigt werden, soweit sie in den Verhältnissen zum Bewertungsstichtag wurzelt (**Wurzeltheorie**, vgl. IDW BT Kap. A Rn. 76 mwN; BGH DB 1973, 563; WM 1998, 869 m. Bespr. Hennrichs ZGR 1999, 837; OLG Düsseldorf ZIP 2004, 1503 mAnm Luttermann EWiR 2004, 263; OLG Düsseldorf AG 1989, 442; LG Berlin AG 2000, 285; LG Nürnberg-Fürth AG 2000, 90; ausf. und mwN OLG Stuttgart BeckRS 2011, 23676; ausf. zur Wurzeltheorie Meyer AG 2015, 16 mwN, dort auch Abgrenzung zwischen veränderter tatsächli-

cher Entwicklung und erst nachträglich erlangter Informationen über die am Stichtag zu erwartende tatsächliche Entwicklung). Nach der Grundsatzentscheidung des BGH (AG 2016, 135) wird das Stichtagsprinzip durch die Anwendung einer neuen Berechnungsweise, die erst nach dem Bewertungsstichtag entwickelt wurde, nicht verletzt, solange diese nicht eine Reaktion auf nach dem Stichtag eingetretene und zuvor nicht angelegte wirtschaftliche oder rechtliche Veränderungen ist (zur Frage der rückwirkenden Anwendung von Bewertungsstandards s. Peemöller Unternehmensbewertung-HdB/Hannes/König S. 1690).

Welcher konkrete **Stichtag** für die Unternehmensbewertung anlässlich der **28** Verschm zugrunde zu legen ist, ist abschließend nicht geklärt. Das Ziel, ein einheitliches Umtauschverhältnis zu ermitteln, bringt es mit sich, dass die zu verschmelzenden Unternehmen auf denselben Stichtag zu bewerten sind. In Betracht kommen hierfür der Stichtag der Schlussbilanzen (§ 17 II) bzw. der Verschmelzungsstichtag (Abs. 1 Nr. 6), der Zeitpunkt des Abschlusses des Umwandlungsvertrages (§ 4) und der Zeitpunkt des Umwandlungsbeschlusses eines jeden Rechtsträgers (§ 13). In einer echten Verhandlungssituation werden voneinander unabhängige Gesellschaften den Stichtag frei wählen dürfen; sie können sich dann zB so stellen, als ob die Verschm bereits am Verschmelzungsstichtag wirksam geworden wäre. In Konzernkonstellationen mit außenstehenden Gesellschaftern dürfte diese Lösung hingegen nicht richtig sein. Denn die Unternehmensbewertung mag technisch auf die Schlussbilanz aufsetzen; diese ist bei Beschlussfassung aber bis zu acht Monate alt (§ 17 II 4). Die auf diesen **technischen Bewertungsstichtag** ermittelten Unternehmenswerte sind daher auf den **rechtlichen Bewertungsstichtag** aufzuzinsen. Da zumindest für die Barabfindung „die Verhältnisse des übertragenden Rechtsträgers im Zeitpunkt der Beschlussfassung" zu berücksichtigen sind (§ 30 I 1), sollte im Interesse eines Gleichlaufs des § 15 (bare Zuzahlung) und § 30 insgesamt auf die Beschlussfassung bei dem übertragenden Rechtsträger abgestellt werden (vgl. OLG Stuttgart AG 2011, 49 insbes. Rn. 269; Widmann/Mayer/Mayer Rn. 131; BeckOGK/Wicke Rn. 49; Kölner Komm UmwG/Simon Rn. 23 f.: Tag des zeitlich ersten Verschmelzungsbeschlusses). Idealiter sollte das festgelegte Umtauschverhältnis im Zeitpunkt der Beschlussfassungen sämtlicher beteiligter Rechtsträger zutreffend sein, was sich dann erreichen lässt, wenn die Beschlüsse am gleichen Tag oder doch zeitnah nacheinander erfolgen.

Den Zeitpunkt der jew. Anteilsinhaberversammlung sehen zutr. als maßgeblich **29** an OLG Düsseldorf WM 1995, 756; Aha BB 1996, 2569; Heckschen DB 1998, 1385; Seetzen WM 1999, 569 mwN; Kölner Komm UmwG/Simon Rn. 23 f.; Widmann/Mayer/Mayer Rn. 131 f. Den Verschmelzungsstichtag iSv § 5 I Nr. 6 auch als Bewertungsstichtag für die Ermittlung des Umtauschverhältnisses präferiert Lutter/Drygala Rn. 32 mwN. Bei der Ermittlung der **Barabfindung** ist der Zeitpunkt des Verschmelzungsbeschlusses maßgeblich (§ 30 I 1), nicht wie beim Beherrschungsvertrag derjenige der tatsächlichen Umsetzung des Rechtsakts (zu Letzterem BGH WM 1998, 867 mAnm v. Gerkan ZIP 1998, 690; dagegen OLG Düsseldorf ZIP 2004, 1503; OLG Stuttgart ZIP 2004, 712; LG Berlin AG 2000, 285).

Bei der Zukunftsprognose ist vom Fall des **„stand-alone"** auszugehen (Lutter/ **30** Drygala Rn. 55 mwN; zur Berücksichtigung von Entwicklungen im Konzern vgl. OLG München NZG 2005, 181). Fraglich ist, ob positive und negative Verbundeffekte (**Synergien** und Desynergien) zu berücksichtigen sind (ausf. Seetzen WM 1999, 572 mwN aus Rspr. und Lit.; IDW BT Kap. A Rn. 268 ff.). Es ist zu diff.: Scheidet ein Anteilsinhaber gegen **Barabfindung** (§§ 29 ff.) endgültig aus dem Unternehmen aus, hat er Anspruch auf den vollen Gegenwert seines Anteils zum Zeitpunkt des Verschmelzungsbeschlusses (→ Rn. 29). Dieser Wert kann den durch die Verschm bewirkten Verbund gerade noch nicht berücksichtigen.

Dies bedeutet zunächst, dass die konkreten Verbundeffekte mit den Rechtsträ- **31** gern, die an der Verschm beteiligt sind („echte Synergien"), außer Acht gelassen werden müssen. Zu nennen sind in diesem Zusammenhang ein ins Auge gefasster konkreter Know-how-Transfer oder die Ergänzung der jew. Produktportfolios. Unabhängig von der Verschm kann der Rechtsträger aber bereits mögliche Verbundeffekte bzw. Chancen hierauf realisiert und damit an Wert zugenommen haben. Dies dann, wenn das zu bewertende Unternehmen mit einer nahezu beliebigen Vielzahl von Partnern jederzeit Verbundeffekte aufrufen könnte, etwa durch Ausnutzung von Größeneffekten, verbessertes Cashmanagement, Kostenreduktion etc. Diese sog. „unechten Verbundeffekte" sind aber nur ausnahmsweise dann zu berücksichtigen, wenn und soweit die erforderlichen Maßnahmen bereits eingeleitet wurden (Wurzeltheorie, → Rn. 25; ähnlich Widmann/Mayer/Mayer Rn. 107 mwN).

32 Geht es bei der Frage der Unternehmensbewertung aber nicht um die Barabfindung als Gegenleistung für das vollständige Ausscheiden des Anteilsinhabers anlässlich der Verschm, sondern um eine **bare Zuzahlung** des nach der Verschm eigentlich zu gering beteiligten Anteilsinhabers, dürfen die mit der Verschm verbundenen konkreten Verbundeffekte gerade nicht außer Betracht gelassen werden. Es geht in diesem Falle nicht darum, dem Anteilsinhaber den Verkehrswert seines Anteils zum Zeitpunkt der Verschm abzugelten, vielmehr sind durch die bare Zuzahlung die Nachteile auszugleichen, die ihm künftig durch die zu geringe Beteiligung am übernehmenden Rechtsträger entstehen. Der Grds. der Integrität des Vermögens jedes Anteilsinhabers verlangt nur vordergründig die Wertidentität zwischen seinen Anteilen vor und nach der Verschm. Tatsächlich geht es darum, auch eine relative Wertidentität zwischen den jew. Anteilsinhabern des übernehmenden Rechtsträgers nach der Verschm zu schaffen. Wird das Umtauschverhältnis falsch berechnet, muss die bare Zuzahlung demnach das ausgleichen, was die anderen Anteilsinhaber zu viel bekommen haben. Der innere Wert der Anteile am übernehmenden Rechtsträger nach der Verschm bemisst sich aber gerade auch nach den realisierten Verbundeffekten, sodass kein Grund besteht, diese Verbundeffekte bei der Berechnung der baren Zuzahlung außen vor zu lassen (vgl. auch Ossadnik DB 1997, 885; Großfeld, Unternehmens- und Anteilsbewertung im Gesellschaftsrecht, 3. Aufl. 1994, S. 119; **aA hM;** OLG Düsseldorf seit WM 1984, 732; Seetzen WM 1999, 572). Die Ausführungen des BGH (WM 1998, 869) zur Unzulässigkeit der Berücksichtigung von Verbundeffekten bei der Bemessung von Ausgleich oder Abfindung nach §§ 304, 305 AktG können für die Verschm nicht herangezogen werden, da beim Beherrschungsvertrag weiter zwei Unternehmen bestehen bleiben, bei denen es vom Parteiwillen abhängt, in welcher Ges sich Verbundeffekte niederschlagen, hingegen sich bei der Verschm die Rechtsträger gerade vereinen.

33 **Kapitalisierung der künftigen finanziellen Überschüsse:** Der Unternehmenswert wird durch Diskontierung der künftigen finanziellen Überschüsse (Zahlungsströme) auf den Bewertungsstichtag ermittelt. Nur bei konkreten Anhaltspunkten darf eine begrenzte Lebensdauer des zu bewertenden Unternehmens unterstellt werden, iÜ ist von einer unbegrenzten Lebensdauer auszugehen (IDW BT Kap. A Rn. 220; krit. dazu Blaufus DB 2002, 1517 mwN zum Problem des „ewig thesaurierenden Unternehmens"). Es gilt dementsprechend die Formel der **ewigen Rente,** wobei jedoch die **verschiedenen Prognosephasen** getrennt berechnet werden sollen (iE IDW BT Kap. A Rn. 247 ff.; Detailplanungsphase von nur zwei Jahren muss nicht zu kurz sein, OLG Stuttgart NZG 2007, 478; Phase der ewigen Rente muss nachhaltigem Beharrungszustand entsprechen, ähnlich OLG München OLGR 2008, 446). Ein Beharrungszustand der Vermögens-, Finanz- und Ertragslage des Unternehmens ist anzunehmen, wenn sich die zu kapitalisierenden Ergebnisse nicht mehr wesentlich bzw. nur mit einer konstanten Rate, welcher mit dem Wachstumsabschlag im Kapitalisierungszins Rechnung getragen wird, verändern (OLG München AG 2018, 755). In dieser Formel steht der Kapitalisierungszinsfuß im Nenner. Deshalb wird der Unternehmenswert umso höher, je niedriger der Kapitalisierungszins ist.

Der **Kapitalisierungszins** setzt sich aus **drei Elementen** zusammen: Dem Basiszins, einem Zuschlag für das Unternehmerrisiko (Risikozuschlag) und einem Wachstumsabschlag. Zur Ermittlung des Kapitalisierungszinses nach der früher hM ausf. → 4. Aufl. 2006, Rn. 31 ff. Anhand eines Opportunitätsgedankens wird danach gefragt, welche alternative Rendite der Anteilsinhaber erhalten würde, wenn er sein Geld nicht in das Unternehmen, sondern in seine beste alternative Geldanlage investiert. Diese Rendite gibt an, welche Mindestverzinsung aus dem Unternehmen erzielt werden muss, um erwartungsgemäß nicht schlechter zu stehen als bei einer Anlage in die nächstbeste Form. Der Vergleich der beiden Alternativen liefert nur dann einen sinnvollen Wertmaßstab, wenn die Alternativen gleichwertig („äquivalent") sind. Die Gleichwertigkeit bezieht sich insbes. auf die Laufzeit, das Risiko und die Besteuerung ihrer finanziellen Überschüsse. 34

Die erste Komponente beim Kapitalisierungszinssatz ist der **Basiszinssatz**. Dieser repräsentiert eine (quasi-)risikofreie und zum Zahlungsstrom aus dem zu bewertenden Unternehmen laufzeitäquivalente Kapitalmarktanlage. Die Investition in den Basiszinssatz stellt somit einen für jeden Investor erreichbaren Mindestzins dar (IDW BT Kap. A Rn. 375). 35

Früher wurde der **Basiszins** wegen des Rückgriffs auf die langjährige durchschnittliche Rendite öffentlicher Anleihen mit 4,5% pa bis ca. 8% pa bemessen (vgl. Nachw. → 4. Aufl. 2006, Rn. 32). Heute ist nach richtiger Ansicht die **Zinsstrukturkurve** für hypothetische Zerobonds nach der Methodik der Deutschen Bundesbank maßgeblich (ausf. Lutter/Drygala Rn. 60 mwN; Gerber/König BB 2010, 348). IdR wird aus der Zinsstrukturkurve ein für alle Perioden einheitlicher Basiszinssatz ermittelt. Zur Gewährleistung einer nachvollziehbaren Glättung kurzfristiger Marktschwankungen sowie möglicher Schätzfehler wird zudem auf einen Durchschnittswert der letzten drei Monate vor dem Bewertungsstichtag zurückgegriffen, welcher auf einen Viertelprozentpunkt gerundet wird. Bei einem Zinssatz von weniger als 1,0% wird eine Rundung auf 1/10%-Punkte vorgenommen. Für das Jahr 2006 führte dies noch zu Basiszinssätzen für Unternehmen mit einer zeitlich unbegrenzten Lebensdauer um 4% pa (näher IDW BT Kap. A Rn. 375 ff.; sehr hoch OLG Stuttgart AG 2007, 706 f.: 5,7–6,5%). Zum 31.12.2016 betrug der Basiszins nur noch 1,0% pa, zum 31.12.2019 gerade einmal 0,2% pa. Zum 30.6.2023 lag dieser wieder bei 2,5 %. 36

Die Bereitschaft zur Anlage in ein Unternehmen ist beim (quasi-)risikolosen Basiszins noch nicht gegeben. Erst dann, wenn das im Einzelfall zu ermittelnde **Unternehmerrisiko** durch einen entsprechenden **Risikozuschlag** abgegolten wird, wird der Anleger bereit sein, in das konkrete Unternehmen zu investieren. Die Ermittlung des Risikozuschlags ist mit geeigneten Verfahren vorzunehmen (**CAPM** bzw. Tax-CAPM, dazu mN aus der Rspr. Lutter/Drygala Rn. 60; trotz gelegentlich geäußerter Bedenken wird das CAPM nach mittlerweile gefestigter obergerichtlicher Rechtsprechung als maßgeblich angesehen OLG Düsseldorf AG 2017, 709; OLG Frankfurt AG 2017, 790; OLG Karlsruhe ZIP 2018, 122; OLG Stuttgart AG 2019, 255; „auch nach Einführung der Abgeltungssteuer" OLG Stuttgart vom 15.10.2013 sowie bereits OLG Frankfurt vom 29.4.2011 vgl. OLG Düsseldorf WM 2009, 2220, **„state of the art";** ausf. Herleitung OLG Stuttgart BeckRS 2011, 24586 mwN). Nach dem CAPM wird die aus der langjährigen Differenz zwischen der Rendite von Aktien und (quasi) risikofreien öffentlichen Anleihen ermittelte durchschnittliche Risikoprämie (Marktrisikoprämie) mit dem unternehmensspezifischen Risikofaktor, der als Betafaktor bezeichnet wird, multipliziert (zum Ganzen IDW BT Kap. A Rn. 248 ff. mwN). 37

Die Ermittlung des Risikozuschlags ist schwierig. Zu berücksichtigen sind insbes. das operative Risiko des zu bewertenden Unternehmens, aber auch dessen Kapitalstrukturrisiko, das insbes. vom Verschuldungsgrad abhängt. Anders als früher ist das **Risiko nur noch bei der Ermittlung des Kapitalisierungszinssatzes** zu 38 berücksichtigen und nicht (ein zweites Mal) auch bei der Prognose der abzuzinsenden Ergebnisse des Unternehmens (anders die frühere Rspr., vgl. → 4. Aufl. 2006, Rn. 33). Im Rahmen der Risikobetrachtung kann auch die Verwertbarkeit der Unternehmensanteile von Bedeutung sein (zum Einfluss der Fungibilität auf die Unternehmensbewertung zB Barthel DB 2003, 1181; im Rahmen einer objektivierten Bewertung dürfen zusätzliche Risikozuschläge indes nicht angesetzt werden (vgl. IDW Praxishinweis 1/2014, Tz. 51, WPg Supplement 2/2014, 28 ff.; neben Erwägungen zur Fungibilität sind auch erhebliche Kursschwankungen der Vergangenheit, Vinkulierungen, Unterschiede zwischen Namens- und Inhaberaktien etc von Bedeutung, vgl. → 4. Aufl. 2006, Rn. 34 mwN).

39 In aller Deutlichkeit ist nochmals darauf hinzuweisen, dass ein **höherer Risikozuschlag zu einem niedrigeren Unternehmenswert** führt. Die Rspr. hat in der Vergangenheit den früher sog. „Risikozuschlag", der als in Prozentpunkten bemessener Aufschlag auf den Basiszins ausgedrückt wurde, sehr niedrig angesetzt (Nachw. → 4. Aufl. 2006, Rn. 36). Deshalb kam es vor allem in Spruchverfahren zu zT erheblichen Wertaufschlägen mit der Konsequenz hoher barer Zuzahlungen iSv § 15 I.

40 Ohne Berücksichtigung spezifischer Risiken der Peer Group oder des zu bewertenden Unternehmens – **Beta-Faktor** – kann für die Zwecke der Unternehmensbewertung derzeit auf Grundlage von empirischen dt. Kapitalmarktdaten, langfristigen realen Aktienrenditen und unter Berücksichtigung zukunftsorientierter impliziter Aktienmarktrenditen eine **Marktrisikoprämie** vor persönlichen Einkommensteuern zwischen 6%-Punkten und 8%-Punkten bzw. von einer Marktrisikoprämie nach persönlichen Einkommensteuern in einer Größenordnung von 5%-Punkten bis 6,5%-Punkten ausgegangen werden (vgl. OLG Frankfurt a. M. BeckRS 2012, 02278: 5,5%-Punkte für Mitte 2007). Früher von der Rspr. angenommene Risikozuschläge von unter 4%-Punkten, die die Regel waren (Nachw. → 4. Aufl. 2006, Rn. 36; ähnlich auch noch OLG München OLGR 2008, 446), sind deswegen kaum mehr vertretbar.

41 Der **Beta-Faktor** berücksichtigt, dass die Investition in Anteile des zu bewertenden Unternehmens regelmäßig eine andere Risikosituation aufweist als die Investition in den Gesamtmarkt, und gibt an, wie sich die Rendite der Aktien des zu bewertenden Unternehmens im Vergleich zu der Rendite des Marktportfolios verhält. Der Beta-Faktor ist zukunftsbezogen zu schätzen. Als Ausgangsgröße für die Prognose dienen Vergangenheitsdaten. Mangels Eignung des eigenen Beta-Faktors wird dieser idR über eine Gruppe vergleichbarer börsennotierter Unternehmen (Peer-Group) abgeleitet (OLG Frankfurt AG 2017, 790; OLG Stuttgart AG 2014, 208; nach Auffassung des OLG Zweibrücken AG 2018, 476 ist jedoch nicht unumstritten, ob der Betafaktor eines an der Börse notierten Unternehmens vorrangig aus eigenen historischen Werten zu ermitteln ist oder ob die Verwendung einer sog. Peer Group von vornherein geeigneter ist). Durch einen hohen Beta-Faktor kann der Risikozuschlag deutlich ansteigen, bei Unternehmen mit hoher Verschuldung ohne Weiteres um das 1,5- bis 2-fache.

42 Früher wurde der maßgebliche Kapitalisierungszins aus dem Basiszins, dem Risikozuschlag und dem sog. Geldentwertungsabschlag errechnet. Dieser Geldentwertungsabschlag sollte ausdrücken, in welcher Weise das zu bewertende Unternehmen in der Lage war, die durchschnittliche Geldentwertung durch übermäßige Steigerung des nominalen Unternehmensergebnisses auszugleichen (→ 4. Aufl. 2006, Rn. 37–39 mwN). Ein solcher Geldentwertungsabschlag ist heute nicht mehr zu bilden. Stattdessen ist nach den neuen Bewertungsgrundsätzen der Kapitalisierungszinssatz nun mit einem **Wachstumsabschlag** zu versehen (vgl. IDW BT Kap. C Rn. 127).

43 Zur Ermittlung des konkreten Wachstumsabschlags ist zunächst nach den Bewertungsphasen zu unterscheiden. Für die Detailplanungsphase, also den überschaubaren ersten Zeitraum der Prognose von etwa drei bis fünf Jahren, wird ein Wachstumsabschlag regelmäßig nicht berücksichtigt. Es stehen iRd integrierten Finanzplanung (→ Rn. 26) konkrete Planzahlen zur Verfügung, in denen das Wachstum des Unternehmens bereits abgebildet ist. Für die danach folgenden Planungsjahre im sog. Beharrungszustand gilt dies nicht mehr. In der **zweiten Phase, der ewigen Rente**, ist deshalb ein **inflations- und mengenbedingtes Wachstum** zu berücksichtigen. Der Wachstumsabschlag ist stets einzelfallbezogen zu ermitteln (vgl. auch OLG Stuttgart BeckRS 2011, 23676 mwN).

Die Ertragswertmethode geht davon aus, dass das Unternehmen in der Zukunft **44** einen bestimmten Ertrag erwirtschaften wird. Alle Gegenstände des Anlage- und Umlaufvermögens, die zur Erzielung dieses Ertrages unentbehrlich sind, werden als betriebsnotwendiges Vermögen bezeichnet. Der Wert dieses betriebsnotwendigen Vermögens spiegelt sich also gerade im Ertragswert wider. Viele Unternehmen verfügen jedoch auch über Gegenstände, die ausgesondert werden können, ohne die eigentliche Ertragskraft spürbar zu schwächen. Dieses sog. **nicht betriebsnotwendige Vermögen** beeinflusst den Ertragswert demnach nicht, es ist **gesondert zu bewerten** (IDW BT Kap. C Rn. 121 f. mwN; teilw. abw. für §§ 304 ff. AktG OLG Stuttgart ZIP 2004, 712).

Allg. anerkannt ist, dass das nicht betriebsnotwendige Vermögen mit dem **Ver- 45 kehrswert,** also dem vermeintlich am Markt zu erzielenden Kaufpreis, anzusetzen ist. Auch Barmittel können zum nicht betriebsnotwendigen Vermögen gehören, wenn sie zur Erreichung des Unternehmenszwecks mehr als nur vorübergehend nicht erforderlich sind, etwa bei Unternehmen mit langjährig prall gefüllter „Portokasse". Der Gesamtwert des nicht betriebsnotwendigen Vermögens (nach teilw. vertretener Ansicht abzgl. Veräußerungskosten und latenter ErtrSt, OLG Düsseldorf DB 2000, 82; einschränkend BGH BB 1982, 887: Veräußerungskosten nur ansatzfähig, wenn Verkauf bereits konkret geplant) ist mit dem Ertragswert des betriebsnotwendigen Vermögens zu addieren, die Summe entspricht dem vor der Barabfindung, für die Berechnung des Umtauschverhältnisses und für die Berechnung der baren Zuzahlung relevanten Unternehmenswert.

In der grundlegenden „Paulaner"-Entscheidung hat das BayObLG zutr. zum **46** Ausdruck gebracht, dass die Entscheidung über das Vorliegen von nicht betriebsnotwendigem Vermögen **Rechtsfrage** ist. Das Gericht kann also **in wertender Beurteilung** bestimmen, ob die vorhandene Vermögensmasse des Unternehmens tatsächlich notwendig ist, um den prognostizierten Ertrag zu erwirtschaften. In der „Paulaner"-Entscheidung hat sich das BayObLG (AG 1996, 127) konkret die Freiheit genommen, Brauereigrundstücke – anders als der Unternehmer! – als nicht betriebsnotwendig anzusehen, weil diese nur lfd. Geschäftsbetrieben nur eine geringe Rendite erwirtschaften, während eine Aussonderung und ein Verkauf dieser Grundstücke zum Verkehrswert den Anteilsinhabern einen weit größeren finanziellen Nutzen gebracht hätten (zur funktionalen Abgrenzung auch IDW S 1 Rn. 64). Ob die durch das Gericht als nicht betriebsnotwendig erkannten Gegenstände tatsächlich zum Verkehrswert veräußert werden oder nicht, spielte für die Unternehmensbewertung keine Rolle (wesentlich zurückhaltender hingegen OLG Düsseldorf DB 2002, 781, das grds. Bedenken zur gesonderten Bewertung des nicht betriebsnotwendigen Vermögens auf Basis funktionaler Betrachtung hat, die Frage im Streitfall aber im Ergebnis offenlässt).

Neben der ausf. in → Rn. 10 ff. dargestellten Ertragswertmethode kann die **47** Unternehmensbewertung iRd Ermittlung des Umtauschverhältnisses auch nach **anderen Methoden** erfolgen, was schon § 12 II Nr. 1 zeigt. Dabei gibt es grds. geeignete Möglichkeiten, wie zB das **DCF-Verfahren** (dazu IDW BT Kap. A Rn. 136 ff.; Kruschwitz/Löffler DB 2003, 1401; ausf. BeckMandatsHdB Unternehmenskauf/Zwirner/Mugler § 4 Rn. 87 ff., die auch zu Recht darauf hinweisen, dass das Ertragswertverfahren und das DCF-Verfahren trotz unterschiedlicher Bewertungsansätze bei gleichen Annahmen zum gleichen Bewertungsergebnis führen); grds. ungeeignet sind hingegen das Substanzwertverfahren, das Stuttgarter Verfahren oder Bewertungen, die die BW des jew. bilanzierten Vermögens zugrunde legen (vgl. iE → 2. Aufl. 1996, Rn. 11 ff.; Koch AktG § 305 Rn. 28; Seetzen WM 1999, 570 ff.; Widmann/Mayer/Mayer Rn. 98 ff. je mit umfangr. Nachw. auch aus der Rspr.). In dafür geeigneten Fällen kann hingegen die Bewertung mit dem Multiplikatorverfahren (BeckMandatsHdB Unternehmenskauf/Zwirner/Mugler § 4 Rn. 118 ff.; Schmidbauer BB 2004, 148 mwN) geeignet sein, das Bewertungsergebnis zu finden (Ausnahme) oder zu plausibilisieren (Regelfall; so auch OLG Düsseldorf AG 2019, 309, nachdem Multiplikatorverfahren wegen der Ungenauigkeit und der fehlenden Subjektivität lediglich zur Beurteilung der Plausibilität anderer Bewertungsverfahren in Betracht kommen). Die Unternehmensbewertung von **vermögensverwaltenden** und **Immobiliengesellschaften** erfolgt unter besonderer Berücksichtigung des Net Asset Value (OLG München AG 2020, 56). Im Einzelfall kann der Wert des Anteils einer Garantiedividende bei der Verschm aus vorangegangenem Ergebnisabführungsvertrag errechnet werden (KG NZG 2003, 644). Insoweit kommt es nicht darauf an, ob diese Garantiedividende seinerzeit richtig berechnet wurde oder nicht (BVerfG ZIP 2003, 2114).

48 Grds. gilt, dass nur solche Methoden **angemessen** sind, die den gegen Barabfindung ausscheidenden Anteilsinhabern einen vollen Wertausgleich ermöglichen, die also insbes. auch alle immateriellen WG der Unternehmen und die jew. Zukunftsaussichten angemessen berücksichtigen. Wenn der Liquidationswert den Ertragswert übersteigt, ist grds. vom **Liquidationswert** auszugehen (BayObLG NJW-RR 1997, 314; LG Dortmund AG 2000, 84; einschr. OLG Düsseldorf DB 2002, 781: Liquidationswert nur, wenn Unternehmen ertraglos; noch enger OLG Düsseldorf ZIP 2004, 753: nur wenn Liquidation beabsichtigt oder Weiterführung des Unternehmens unvertretbar; ähnlich OLG Düsseldorf WM 2009, 2220: nur wenn Unternehmensfortführung nicht lohnt). Dabei dürfen allerdings Wirtschaftsgüter, die nur einem lebenden Unternehmen wirtschaftliche Vorteile vermitteln, nicht bewertet werden (LG Dortmund AG 2000, 84 für die Zuckerquote einer stillgelegten Zuckerfabrik). Liquidationskosten einschlich Steuern sind wertmindernd zu berücksichtigen (BGH NJW-RR 2005, 155; OLG Stuttgart ZIP 2008, 883).

49 **(2) Börsenkurs.** Früher war umstritten, ob der **Börsenkurs** zumindest bei größeren börsennotierten Ges zur Wertermittlung herangezogen werden kann. Die früher hM hat dies abgelehnt (vgl. → 2. Aufl. 1996, Rn. 24; Seetzen WM 1999, 571; Koch AktG § 305 Rn. 29; je mwN; aus der Rspr. BGH AG 1967, 264; BayObLG AG 1995, 509; OLG Düsseldorf AG 1995, 85; OLG Celle AG 1999, 128). Mit einer weiteren Entscheidung des BayObLG (BayObLGZ 1998, 231 (237 ff.) = DB 1998, 2315 mAnm Rodloff DB 1999, 1149; vgl. auch Seetzen WM 1999, 565; Ammon FGPrax 1998, 121; Luttermann ZIP 1999, 45 je mwN) kam jedoch Bewegung in die Diskussion. Das BayObLG hatte einen Fall zu entscheiden, bei dem kein Sachverständiger bereit war, nach der Vergütung von § 7 ZSEG (aF) ein Bewertungsgutachten zu erstellen. Deshalb zog das Gericht den Börsenkurs der Aktie als Bemessungsgrundlage heran, weil er den Marktwert des Unternehmens nach Ansicht des BayObLG nicht offensichtlich unrichtig wiedergab. Ausdrücklich offengelassen wurde, ob der Börsenkurs am Stichtag allg. mit der geschuldeten Mindestbarabfindung gleichzusetzen ist (vgl. auch Seetzen WM 1999, 565; Koch AktG § 305 Rn. 29).

50 Über den vom BayObLG (dessen Begr. in Bezug auf die finanziellen Nöte bei Einholung eines Sachverständigengutachtens im Hinblick auf die Rechtsschutzgarantie von Art. 19 IV GG mehr als fragwürdig ist, vgl. auch BVerfG AG 2007, 697 und BB 2000, 2011 zur Reichweite von Art. 14 I GG sowie BGH AG 2007, 625 zur gebotenen Sachaufklärung durch den Tatrichter und allg. → 3. Aufl. 2001,

§ 307 Rn. 10) entschiedenen Einzelfall hinaus hat das **BVerfG** mit Beschl. v. 27.4.1999 – ebenfalls im Rahmen eines aktienrechtlichen Spruchstellenverfahrens nach § 306 AktG – allg. zur Bedeutung des Börsenwerts bei Unternehmensbewertungen ausgeführt (BVerfG ZIP 1999, 1436 mAnm Wilken ZIP 1999, 1443; AG 1999, 566 mAnm Vetter; NZG 1999, 931 mAnm Behnke NZG 1999, 934; weitere Anm. Riegger DB 1999, 1889 und Neye EWiR 1999, 751, vgl. auch Wilm NZG 2000, 234; LG Nürnberg-Fürth AG 2000, 89; ausf. Piltz ZGR 2001, 185).

Nach Ansicht des BVerfG ist es mit Art. 14 I GG unvereinbar, bei der Bestimmung **51** der Abfindung oder des Ausgleichs für außenstehende oder ausgeschiedene Aktionäre nach §§ 304, 305, 320b AktG den Börsenkurs der Aktien außer Betracht zu lassen. Grundlage der Entscheidung war eine Verfassungsbeschwerde eines Minderheitsaktionärs gegen die Beschlüsse des OLG Düsseldorf v. 2.8.1994 (AG 1995, 84; 1995, 85). In Anlehnung an die „Feldmühle"-Entscheidung (BVerfGE 14, 263) vertritt das BVerfG die Ansicht, dass die ausscheidenden Aktionäre durch die Abfindung „nicht weniger erhalten dürfen, als sie bei einer **freien Deinvestitionsentscheidung** zum Zeitpunkt des Unternehmensvertrags oder der Eingliederung erlangt hätten".

Es war längere Zeit umstritten, ob diese Vorgaben des BVerfG auch **für Umw** **52** **entsprechend** gelten (vgl. zunächst ausf. Lutter/Drygala Rn. 34 ff. mwN). Das BVerfG selbst lässt die Frage offen (AG 2007, 698). Insbes. hat das BayObLG (ZIP 2003, 253 mAnm Wilhelm EWiR 2003, 583, dazu auch Weiler/Meyer NZG 2003, 909; Puszkajler BB 2003, 1692; Paschos ZIP 2003, 1017; Bungert BB 2003, 699 je mwN) sich für den Fall einer Verschm außerhalb eines Konzerns und unter etwa gleich großen Unternehmen (merger of equals) gegen die Berücksichtigung des Börsenkurses ausgesprochen; vor allem sei eine Meistbegünstigung (der insbes. Martens AG 2003, 593 das Wort redet, ähnlich LG Mannheim AG 2003, 216) nicht geboten. Das OLG Düsseldorf hat zuletzt für eine Verschm durch Neugründung zweier voneinander unabhängiger Unternehmen (merger of equals) allein das anhand der Ertragswertrelation ermittelte Umtauschverhältnis für maßgeblich gehalten; auf die (je nach Referenzzeiträumen) unterschiedliche Börsenwertrelation komme es nicht an (OLG Düsseldorf NZG 2017, 186).

Insges. sprechen trotz gewichtiger Bedenken (ausf. Lutter/Drygala Rn. 34 ff. **53** mwN) mE die besseren Argumente **für die Berücksichtigung** des Börsenkurses als Untergrenze des Unternehmenswertes auch bei der Umw, denn dem betreffenden Anteilsinhaber steht – wie zB §§ 29 ff. zeigen – auch hier das Recht zu, sich auf den Opportunitätsgedanken der freien Deinvestitionsentscheidung zu berufen (vgl. KG 2007, 76; iErg ebenso Semler/Stengel/Leonard/Gehling § 8 Rn. 26; Brandi/Wilhelm NZG 2009, 1408; Weiler/Meyer NZG 2003, 669; Puszkajler BB 2003, 1692 mwN; Kallmeyer/Marsch-Barner/Oppenhoff § 8 Rn. 14a; zur Berücksichtigung und zur Ermittlung des Börsenwertes bei Strukturmaßnahmen vgl. auch Bungert/Wettich ZIP 2012, 449 insbes. zu BGH ZIP 2010, 1487). So wie Weiler/Meyer ZIP 2001, 2153 aus BGH ZIP 2001, 734, die Maßgeblichkeit des Börsenkurses für Verschm mittelbar ableiten, ist mE BVerfG ZIP 2003, 2114 entsprechend zu würdigen, denn das BVerfG hätte dort Gelegenheit gehabt, zur fehlenden Relevanz des Börsenkurses bei Verschm Stellung zu nehmen, was aber gerade nicht geschehen ist.

Jedenfalls hat das BVerfG in AG 2007, 697 zum Verhältnis von Börsenwert und **54** Unternehmensbewertung bei der Verschm von AG ausgeführt. Auch bei der Verschm geht es darum, dass „die Entschädigung" (also die eingetauschten Anteile und ggf. die bare Zuzahlung iSv § 15 I) den „wirklichen" oder „wahren" Wert des Anteilseigentums widerspiegeln muss. Der Schutz der Minderheitsaktionäre gebietet, dass sie auch beim Vermögenstransfer iRd **Verschm nicht weniger erhalten, als sie bei einer freien Deinvestitionsentscheidung zum Zeitpunkt der unternehmensrechtlichen Maßnahme erhalten hätten.** Daher darf ein existierender

Börsenkurs nicht unberücksichtigt bleiben. Das BVerfG (AG 2007, 697) hat aber ausdrücklich offengelassen, ob bei Verschm von nicht im Konzern verbundenen AG, bei denen nur eine börsennotiert ist, die verfassungsrechtlichen Grundsätze zur Berücksichtigung des Börsenkurses ebenso anzuwenden sind wie in den entschiedenen Fällen BVerfG AG 2003, 624; 2001, 42; 1999, 566. Auf die Frage kam es im entschiedenen Fall nicht an; das OLG Stuttgart hatte in der durch Verfassungsbeschwerde angegriffenen Entscheidung (AG 2006, 420) nämlich das Ertragswertverfahren angewendet und nur im Rahmen einer Hilfsbegründung dargelegt, dass die Antragsteller auch bei Berücksichtigung des Börsenkurses kein günstigeres Umtauschverhältnis hätten erlangen können.

55 Der **Börsenwert war bisher allerdings grds. nur die Untergrenze** einer möglichen Abfindung (OLG Düsseldorf AG 2009, 873 mwN; ausf. und mit einer Begr., die den gesamten Komplex Börsenwert unter Berücksichtigung der Rspr. insbes. des BVerfG und der Zivilgerichte darstellt, OLG Stuttgart AG 2007, 705 mit umfangr. Nachw.; bestätigender Nichtannahmebeschluss durch BVerfG AG 2011, 128), ähnlich wie der Liquidationswert eines Unternehmens ohne Ertragsaussichten (→ Rn. 48; BayObLG NJW-RR 1997, 314; OLG Düsseldorf ZIP 2004, 753; LG Dortmund AG 2000, 84; vgl. auch Hommel/Braun/Schmotz DB 2001, 341; Piltz ZGR 2001, 185; Busse v. Colbe FS Lutter, 2000, 1053; Schwark FS Lutter, 2000, 1541). Dies gilt aber nicht absolut; eine Überschreitung des Börsenwerts ist verfassungsrechtlich unbedenklich, es kann aber auch verfassungsrechtlich beachtliche Gründe geben, ihn zu unterschreiten: „Da Art 14 I GG keine Entschädigung zum Börsenkurs, sondern zum wahren Wert, mindestens aber zum Verkehrswert verlangt, kommt eine Unterschreitung dann in Betracht, wenn der Börsenkurs ausnahmsweise nicht den Verkehrswert der Aktie widerspiegelt" (BVerfG ZIP 1999, 1436). Einen ähnlichen Ansatz hatte zuvor bereits das LG Nürnberg-Fürth (AG 2000, 89) gewählt. Eine **kurzfristige Höherbewertung von Aktien** (zu den Börsenkursen von Internetunternehmen etwa Luttermann AG 2000, 459) habe mit einer marktgerechten Bewertung nichts mehr zu tun und scheide daher als Bewertungsmaßstab aus; auch eine Schlechterstellung von Vorzugs- gegenüber Stammaktionären kann unzutreffend sein (OLG Karlsruhe AG 2006, 463; OLG Frankfurt a. M. BeckRS 2010, 04682 Ls.; Kurzwiedergabe der Gründe in GWR 2010, 138; OLG Frankfurt a. M. ZIP 2010, 729: keine Berücksichtigung des Börsenkurses bei Marktenge; vgl. iÜ ausf. Lutter/Drygala Rn. 34 ff. mwN; Vollrath FS Widmann, 2000, 121 ff.).

56 Mittlerweile wird der Börsenkurs bei Verschmelzungen **zunehmend als eine geeignete und vertretbare Schätzmethode anerkannt** und nicht nur als Wertuntergrenze (jüngst BGH BeckRS 2023, 6362; OLG München AG 2022, 503; OLG Frankfurt a. M. BeckRS 2021, 10278). Nach Ansicht des **BGH** kann der Börsenwert einer Ges geeignet sein, sowohl deren bisherige Ertragslage als auch deren künftige Ertragsaussichten im Einzelfall hinreichend abzubilden und daher Grundlage für den zu bestimmenden angemessenen festen Ausgleich sein. Dies gilt jedoch nicht, wenn ein funktionierender Kapitalmarkt nicht gegeben ist, also über einen längeren Zeitraum mit Aktien der Ges praktisch kein Handel stattgefunden hat bzw. eine Marktenge vorliegt. Anhaltspunkte hierfür können geringe Handelsvolumina, ein Handel nur an wenigen Börsentagen oder ein geringer Streubesitz der Aktien sein. An hinreichender Aussagekraft mangelt es Börsenkursen nach Ansicht des BGH zudem, wenn unerklärliche Kursausschläge oder Kursmanipulationen vorliegen oder wenn kapitalmarktrechtliche Veröffentlichungspflichten nicht eingehalten wurden (BGH BeckRS 2023, 6362). Auch in erstinstanzlichen Urteilen (LG Frankfurt ZIP 2009, 1322 mAnm Korsten jurisPR-HaGesR 9/2009 Anm. 3; dazu auch Brandi/Wilhelm NZG 2009, 1408; LG Köln AG 2009, 835) ist die Auffassung zu finden, dass der Börsenwert generell der Ertragswertmethode vorzuziehen sei. Der unter üblichen Marktbedingungen gebildete Börsenwert zeige den Unternehmenswert besser als die mit zahlreichen fiktiven Annahmen arbeitende Ertragswertmethode. Auch die Oberlandesgerichte sprechen sich mittlerweile vereinzelt für eine stärkere Gewichtung des Börsenwertes aus. So kann nach dem OLG Stuttgart Grundlage der Schätzung sowohl eine Wertermittlung nach dem Ertragswertverfahren als auch eine auf marktorientierten Methoden basierende Orientierung am Börsenkurs sein (OLG Stuttgart AG 2019, 255).

Eine alleinige Maßgeblichkeit des Börsenwertes ist krit. zu sehen und deckt sich **57** auch nicht mit der Rspr. des BVerfG (→ Rn. 47 ff.). Danach ist der „wahre" Unternehmenswert maßgeblich und der Börsenwert ist idR nur dessen Untergrenze. Sollte der Börsenwert unter dem Unternehmenswert nach der Ertragswertmethode liegen, ist die **Ertragswertmethode vorzuziehen.** Die Entscheidung des BGH erging zu börsennotierten Immobiliengesellschaften, deren Verkehrswerte der wesentlichen Vermögensgegenstände (Immobilienwerte nach IFRS) öffentlich bekannt waren. Zudem lagen die Aktien der beherrschten Ges bis kurz vor Bekanntmachung des Unternehmensvertrages in breitem Streubesitz. Zuletzt war auch die verwendete Relation der Börsenkurse mit der Relation der gutachtlich ermittelten Ertragswerte nahezu identisch. Die Entscheidung ist somit nur bedingt auf andere Fälle übertragbar, da wertrelevante unternehmensinterne Informationen wie Unternehmensplanungen der Öffentlichkeit idR nicht bekannt sind und es regelmäßig auf die Angemessenheit eines absoluten Werts ankommt.

Umstritten war in den ersten instanzgerichtlichen Entscheidungen zur Maßgeb- **58** lichkeit des Börsenwertes noch, ob auf einen **Durchschnittskurs** (OLG Stuttgart NZG 2000, 744; Luttermann AG 2000, 459; ähnlich LG München I AG 2001, 99) oder auf den **Stichtagskurs** (so OLG Düsseldorf im Vorlagebeschluss NZG 2000, 1075) abzustellen sei (dazu auch Wilm NZG 2000, 1070; Busse von Colbe FS Lutter, 2000, 1063). Diese Frage ist mittlerweile entschieden. Maßgeblich ist grds. der Durchschnittskurs der letzten drei Monate vor dem Stichtag (grdl. BGH DB 2001, 969 mAnm Meilicke/Heidel, die sehr lesenswert ist; dem folgend die Instanzgerichte, zB OLG Düsseldorf ZIP 2003, 1247; DB 2003, 1941; OLG Stuttgart OLGR 2004, 6; AG 2007, 710; OLG Karlsruhe AG 2005, 45; OLG München ZIP 2006, 1722; LG Mannheim AG 2003, 216; LG Frankfurt a. M. AG 2005, 930; 2006, 757; NZG 2006, 868; bestätigt wurde die Rspr. zum Dreimonatszeitraum durch BGH AG 2010, 629, allerdings mit dem Hinweis, dass im Einzelfall Ausnahmen möglich sein müssen, dazu ausf. Bungert/Wettich ZIP 2012, 449; → Rn. 60). Zur Berechnung des Durchschnittskurses anhand der von der BaFin veröffentlichten umsatzgewichteten Kurse vgl. Lutter/Drygala Rn. 45 mwN.

Umstritten war ferner die Frage, welcher **Stichtag** das Ende des dreimonatigen **59** Referenzzeitraums markiert. Der BGH rechnete in seiner ersten Entscheidung vom Hauptversammlungsbeschluss drei Monate zurück (BGH DB 2001, 969; NJW 2003, 3272). In Rspr. und Lit. wurde indes auch vertreten, es komme auf den nach Umsätzen gewichteten durchschnittlichen Börsenkurs im Referenzzeitraum von drei Monaten vor Bekanntgabe der Umwandlungsmaßnahme an (dazu mit ausf. Begr. OLG Stuttgart NZG 2007, 302, das diese Rechtsfrage gem. § 28 II FGG aF vorgelegt hat; vgl. auch OLG Stuttgart AG 2007, 710; Winter EWiR 2007, 27 zu KG ZIP 2007, 75).

Der BGH (AG 2010, 629; Vorinstanz OLG Düsseldorf AG 2010, 35; ihm folgend **60** OLG Frankfurt a. M. BeckRS 2012, 02278) ist der Kritik gefolgt und hat entschieden, dass der maßgebliche Stichtag für das Ende der Referenzperiode der **Tag der Bekanntmachung** der Strukturmaßnahme ist. Maßgeblicher Grund für die Entscheidung war, dass der Börsenwert vor dem alten Stichtag (Hauptversammlungsbeschluss) wesentlich von den erwarteten Abfindungswerten bestimmt wurde. Diese spekulative (werterhöhende) Kursbildung ist zu Recht nicht auf den Unternehmenswert zu übertragen, da den berechtigten Anteilsinhabern nur das zu gewähren ist, was sie ohne die Strukturmaßnahme bei einem Verkauf erlangt hätten. Sollte zwischen der Bekanntgabe und dem Beschlusstag ein längerer Zeitraum verstreichen, ist der Börsenwert nach der allg. oder branchentypischen Wertentwicklung unter Berücksichtigung der seitherigen Kursentwicklung **hochzurechnen,** wenn die Kursentwicklung dies gebietet. Dadurch soll einer Fixierung des maßgeblichen Börsenwertes über einen langen Zeitraum entgegengewirkt werden. Vgl. iÜ Bunger/Wettich ZIP 2012, 449 mwN.

60a Zahlreiche OLG-Entscheidungen äußern sich auch zu der Frage, wann der Börsenkurs den Verkehrswert der Aktien aus besonderen Gründen nicht widerspiegelt. Ein solcher Ausnahmefall kann nach der Rspr. des BVerfG (NZG 1999, 931 – **DAT/Altana**) vorliegen, wenn über einen längeren Zeitraum mit Aktien der Gesellschaft praktisch kein Handel stattgefunden hat, aufgrund einer **Marktenge** der einzelne außenstehende Aktionär nicht in der Lage ist, seine Aktien zum Börsenpreis zu veräußern oder der Börsenpreis manipuliert worden ist. Selbst wenn aufgrund einer Marktenge 95 % der Aktien unverkäuflich sind und es daher ungewiss sei, ob der Minderheitsaktionär seine Aktien tatsächlich zum Börsenkurs hätte verkaufen können, fehlt nach Auffassung des BVerfG dem Börsenkurs jedoch nicht jede Eignung zur Feststellung des Werts der Unternehmensbeteiligung, solange die Aktien an der Börse gehandelt werden. Nach OLG München AG 2007, 247 ist selbst ein Streubesitz von nur 0,45 % der Aktien (OLG Stuttgart BeckRS 2011, 11195: 2,4 %) nicht geeignet, um die Unbeachtlichkeit der Kurse für die Ermittlung des Börsenwerts festzustellen. Auch nach OLG Karlsruhe BeckRS 2017, 124895 ist im Hinblick darauf, dass bei einem Squeeze-out der Streubesitz typischerweise nur gering ist, allein die verbliebene geringe Zahl der frei handelbaren Aktien nicht zur Feststellung der Unbeachtlichkeit des Börsenwertes geeignet. Verschiedene OLG-Entscheidungen (OLG Karlsruhe BeckRS 2017, 124895; OLG Frankfurt BeckRS 2017, 111151; OLG München NZG 2014, 1230) verweisen bei der Ermittlung der Marktenge ua auf die Vorgaben in § 5 IV WpÜG-AV. Hiernach ist von einer Unbeachtlichkeit des Börsenkurses auszugehen, sofern kumulativ während der letzten drei Monate vor dem Stichtag an weniger als einem Drittel der Börsentage Börsenkurse festgestellt wurden und mehrere nacheinander festgestellte Börsenkurse um mehr als 5 % voneinander abgewichen sind (nach OLG Frankfurt BeckRS 2017, 111151 ist jedoch allein die Verneinung einer Marktenge nach den Kriterien der WpÜG-AV nicht ausreichend für eine Ablehnung des Börsenkurses als Schätzgrundlage).

61 **dd) Wertrelation.** Entscheidend für die korrekte Bestimmung des Umtauschverhältnisses ist nicht die exakte Berechnung der einzelnen Unternehmenswerte, sondern vielmehr das Verhältnis der jew. Unternehmenswerte zueinander (→ Rn. 6). Deshalb erscheint es zunächst zwingend, bei allen beteiligten Rechtsträgern dieselbe Wertermittlungsmethode (OLG Düsseldorf AG 2009, 873) auf denselben Bewertungsstichtag anzuwenden.

62 An der Praxis vorbei geht jedoch die Annahme, dass zB die jew. Anwendung der Ertragswertmethode bei allen beteiligten Rechtsträgern auch dann zum richtigen Umtauschverhältnis führt, wenn innerhalb der Wertermittlung jew. die gleichen „Fehler" gemacht werden. Denn die Fehler haben je nach konkret bewertetem Unternehmen unterschiedliche Auswirkungen auf den Unternehmenswert. Weiter haben die Anteilsinhaber, die gegen **Barabfindung** (§§ 29 ff.) ausscheiden, ohnehin Anspruch auf vollen Wertersatz, sodass Wertermittlungsmethoden, die nicht den Verkehrswert ermitteln, ungeeignet sind. Schließlich ist auch bei Anwendung der gleichen Methoden jew. streng darauf zu achten, dass die allg. Parameter (wie zB die angenommene Entwicklung in einem Markt, die volkswirtschaftliche Gesamtentwicklung von Preisen oder Löhnen etc) von allen beteiligten Rechtsträgern in gleicher Höhe zugrunde gelegt werden; ebenso müssen die Rechtsträger bei der Prognose ihres künftigen Erfolgs eine vergleichbare Planungsphilosophie vertreten.

63 Die Bewertung von **HoldingGes** ist bislang noch nicht endgültig geklärt, insbes. nicht die Frage, ob die Beteiligungen gesondert oder lediglich über die pauschale

ee) Form der Festlegung. Im Verschmelzungsvertrag wird nur das Verhältnis 64
der Unternehmenswerte zueinander festgelegt. Dies geschieht durch **Angabe eines
Umtauschverhältnisses** (→ Rn. 6), bezogen auf die jew. Nennwerte der Anteile/
Mitgliedschaften. Dies gilt zumindest bei Publikumsgesellschaften (zB „für jede
Stammaktie der A werden drei Stammaktien der B gewährt"). Bei einer übernehmenden GmbH oder PhG genügt es, gem. § 40 I, § 46 die Geschäftsanteile bzw. die
Gesellschafterstellungen und Einlagen namentlich zuzuweisen (Widmann/Mayer/
Mayer Rn. 94; Widmann/Mayer/Mayer § 46 Rn. 8 ff.). In anderen Fällen ist eine solche Zuordnung der den bisherigen Anteilsinhabern der übertragenden Rechtsträger nunmehr zustehenden Anteile/Mitgliedschaften dagegen nicht notwendig (vgl. Semler/Stengel/Leonard/Schröer/Greitemann Rn. 27 mwN auch zur aA). Unstatthaft ist es, im Verschmelzungsvertrag Zu- oder Abschläge für Mehrheits- bzw. Minderheitsbeteiligungen festzulegen, da das Umtauschverhältnis lediglich durch die Relation der Unternehmenswerte bestimmt wird.

ff) Bare Zuzahlungen. Des Weiteren muss bereits im Verschmelzungsvertrag 65
die Höhe von ggf. zu leistenden baren Zuzahlungen festgelegt werden. Bare Zuzahlungen dienen in erster Linie dem Zweck, durch einen **Spitzenausgleich in Geld**
praktikable Umtauschverhältnis zu schaffen (näher → § 15 Rn. 13 ff.). Wurde bspw. bewerterisch ein angemessenes Umtauschverhältnis von 10:31 ermittelt, kann ein Umtauschverhältnis von 1:3 erreicht werden, indem für jede Aktie des übertragenden Rechtsträgers zusätzlich zu drei Aktien des übernehmenden Rechtsträgers jeweils noch „eine bare Zuzahlung von x Euro" gewährt wird. Diese Festlegung der Zuzahlungen bereits im Verschmelzungsvertrag ist notwendig, da sich nur aus der Berücksichtigung von Umtauschverhältnissen und Zuzahlungen die Angemessenheit der Gegenleistung als solche beurteilen lässt. Die Zuzahlungen dürfen den 10. Teil des Gesamtnennbetrags der gewährten Anteile/Mitgliedschaften nicht übersteigen (vgl. § 54 IV, § 68 III, § 87 II); anders bei der Verbesserung des Umtauschverhältnisses durch gerichtliche Entscheidung (vgl. § 15 I Hs. 2) und bei PersGes. Zur Begrenzung des Kapitalbedarfs kann es sich anbieten, nicht schon das Umtauschverhältnis als solches zu glätten, sondern erst das Ergebnis: Bei einem – zulässigen – nichtganzzahligen Umtauschverhältnis von 1:3,1 wären dann für 15 Aktien 46 Aktien zu gewähren und das nicht gewährte Teilrecht von 0,5 durch bare Zuzahlung abzugelten (vgl. Kölner Komm UmwG/Simon § 2 Rn. 127 ff.; BGH AG 2010, 910 zur Aktiengewährung bei einem Umtauschverhältnis „13:3").

Ein Ausgleich durch **Sachleistung** oder in Anteilen kann nicht aufgezwungen 66
werden, erscheint indes bei allseitigem Einverständnis zulässig (→ § 15 Rn. 22; **aA
hM** – nur Barzahlung zulässig – Widmann/Mayer/Mayer Rn. 65 ff.; Lutter/Vetter § 54 Rn. 130 mit Hinweis, dass die hM nicht problematisiert wird; wie hier Kallmeyer/Lanfermann Rn. 22; BeckOGK/Wicke Rn. 34; NK-UmwR/Böttcher Rn. 39). Durch das UmRUG neu eingefügt wurden §§ 72a, 72b, wonach bei einer Verschm unter Beteiligung von AGs die beteiligten Rechtsträger im Verschmelzungsvertrag erklären können, dass anstelle einer baren Zuzahlung (§ 15) zusätzlich Aktien der übernehmenden Gesellschaft gewährt werden. Umgekehrt kann auch nicht verlangt werden, dass ein Gesellschafter einen Spitzenausgleich leistet (MHdB I GesR/Hoffmann-Becking Form. IX. 2 Rn. 19).

gg) Barabfindung. Gem. § 29 I ist unter den dort geregelten Voraussetzungen 67
auch das Barabfindungsangebot in den Verschmelzungsvertrag oder dessen Entwurf aufzunehmen. Dies betrifft die Fälle der Mischverschmelzung (auf bzw. zu einem Rechtsträger anderer Rechtsform), des Verlusts der Börsennotierung (sog. kaltes Delisting) und der Vinkulierung der zu gewährenden Anteile. Die Barabfindung ist

nach Grund und Höhe konkret zu bezeichnen. Insoweit ist allerdings str., ob weitere Angaben zu den Unterschieden der Anteile vor und nach Verschm in den Verschmelzungsvertrag oder in den Verschmelzungsbericht gehören (vgl. Semler/Stengel/Leonard/Schröer/Greitemann Rn. 41 mwN).

68 **d) Übertragung der Anteile/Erwerb der Mitgliedschaft (Abs. 1 Nr. 4).** Gem. **Abs. 1 Nr. 4** ist im Verschmelzungsvertrag zu den Einzelheiten für die Übertragung der Anteile des übernehmenden Rechtsträgers oder zu denen des Erwerbs der Mitgliedschaft beim übernehmenden Rechtsträger auszuführen (vorbehaltlich Abs. 2). Praktische Bedeutung hat dies vor allem für den Fall der Einschaltung eines **Treuhänders,** § 71, und den mit seiner Hilfe auszuführenden Anteilstausch iSv § 72. Bedeutsam ist weiter die Frage, wer die Kosten der Anteilsübertragung zu tragen hat und die Höhe dieser Kosten. Ob diese Angaben allerdings in den Verschmelzungsvertrag gehören, ist str. (Nachw. bei Semler/Stengel/Leonard/Schröer/Greitemann Rn. 35).

69 **e) Zeitpunkt der Gewinnberechtigung (Abs. 1 Nr. 5). Abs. 1 Nr. 5** verpflichtet zur Angabe des Zeitpunktes, von dem an die für die Verschm zu gewährenden Anteile/Mitgliedschaften gewinnberechtigt sind. Dieser Zeitpunkt kann **frei festgelegt** werden (Lutter/Drygala Rn. 68; Begr. RegE, BR-Drs. 75/94 zu § 5 I Nr. 5, 6).

70 Im Außenverhältnis wird die Verschm erst am Tag der Eintragung in das Register am Sitz des übernehmenden Rechtsträgers wirksam (§ 20 I).

71 Im Einzelfall kann es sich anbieten, davon im Innenverhältnis abzuweichen, zumal die Dauer des Eintragungsverfahrens ungewiss ist. Dadurch wird die Möglichkeit geschaffen, Veränderungen während des Verschmelzungsvorgangs zu neutralisieren und somit eine feste Basis für die Berechnung des Umtauschverhältnisses und damit letztlich für die Vermögensübertragung zu schaffen. Insbes. kann eine Gleichschaltung des Stichtages nach Abs. 1 Nr. 5 mit dem Verschmelzungsstichtag (Abs. 1 Nr. 6, → Rn. 73) empfehlenswert sein. Wenn alle beteiligten Rechtsträger ein kalenderjahrgleiches Geschäftsjahr haben und die Schlussbilanz des übertragenden Rechtsträgers (§ 17 II) bspw. auf den 31.12.2023 datiert, wird man den Beginn der Gewinnberechtigung (und ebenso den Verschmelzungsstichtag) auf den 1.1.2024 legen. Dies vermeidet beim übernehmenden Rechtsträger eine unterjährige Gewinnabgrenzung; für die Anteilsinhaber des übertragenden Rechtsträgers setzt sich die Gewinnberechtigung nahtlos fort. Der Stichtag iSv Abs. 1 Nr. 5 kann unproblematisch als **variabler Stichtag** ausgestaltet werden (BeckOGK/Wicke Rn. 57 ff.; Semler/Stengel/Leonard/Schröer/Greitemann Rn. 47 mwN; Lutter/Drygala Rn. 68 ff. mwN und Formulierungsvorschlag in Fn. 252; auch → Rn. 79 insbes. zu BGH WM 2013, 525). Bei erheblichen Verzögerungen (zB aufgrund von Anfechtungsklagen) kann der Beginn der Gewinnberechtigung so ggf. in das Folgejahr verschoben werden; sinnvoll ist dies insbes., wenn beim übernehmenden Rechtsträger über die Gewinnverwendung zu beschließen ist, die Verschm aber noch nicht wirksam geworden ist.

72 Bei der reinen Aufwärtsverschmelzung entfallen mangels Anteilsgewährung die umtauschbezogenen Angaben (Abs. 2), damit auch die Angabe eines Zeitpunkts der Gewinnberechtigung nach Nr. 5.

73 **f) Verschmelzungsstichtag (Abs. 1 Nr. 6). Abs. 1 Nr. 6** enthält zunächst die Definition des Verschmelzungsstichtags: Es ist dies der Zeitpunkt, von dem an die Handlungen der übertragenden Rechtsträger als für Rechnung des übernehmenden Rechtsträgers vorgenommen gelten. Auch diesen Stichtag dürfen die Beteiligten **frei bestimmen** (vgl. Begr. RegE, BR-Drs. 75/94 zu § 5 I Nr. 5, 6 UmwG). Während der Stichtag in Abs. 1 Nr. 5 (→ Rn. 69 ff.) das **Innenverhältnis der Anteilsinhaber** der jew. beteiligten Rechtsträger betrifft, hat der Verschmelzungsstichtag das **Innenverhältnis der beteiligten Rechtsträger** zum Gegenstand. Beide Stichtage müssen nicht zwingend zusammenfallen. Da die Festlegung des Verschmelzungsstichtags auch (mittelbar, dazu sogleich) nach außen wirkt, kann das Privileg von Abs. 2 für die Angabe des Verschmelzungsstichtages nicht genutzt werden. Der zivilrechtliche Vermögensübergang erfolgt erst am Tag der Eintragung der Umw (§ 20 I Nr. 1).

Verschmelzungsstichtag kann jeder in einen Tag fallende **Zeitpunkt** sein. Der 74 Verschmelzungs-„Stichtag" muss damit nicht auf den Beginn eines Tages gelegt werden, sondern kann bei Bedarf, etwa im Rahmen von Kettenverschmelzungen, auch sekunden- oder minutengenau innerhalb eines Tages gewählt werden (zB 1.1.2024, 0.05 Uhr). Er darf aus Sicht der Vertragsschließenden und der Versammlungen der Anteilsinhaber auch in der Zukunft liegen (Lutter/Drygala Rn. 74 mwN; dies gilt ohne Einschränkung auch für eG, vgl. LG Kassel Rpfleger 2008, 668). Darauf, ob der übernehmende Rechtsträger am Verschmelzungsstichtag bereits rechtlich existent war oder nicht, kommt es nicht an (zutr. Ulrich/Böhle GmbHR 2006, 644 mwN).

Der **Stichtag der handelsrechtlichen Schlussbilanz** (§ 17 II) liegt unmittelbar 75 vor dem Verschmelzungsstichtag (wie hier Semler/Stengel/Leonard/Schröer/Greitemann Rn. 54 mwN; OLG Frankfurt a. M. GmbHR 2006, 382; aA Widmann/Mayer/Mayer Rn. 159). Wird als Verschmelzungsstichtag zB der 1.1.2024, 0.00 Uhr, vereinbart, so werden die Geschäfte ab diesem Zeitpunkt für Rechnung des übernehmenden Rechtsträgers geführt; die handelsrechtliche Schlussbilanz ist daher auf den 31.12.2023, 24.00 Uhr, aufzustellen. Der Stichtag der Schlussbilanz determiniert zugleich den steuerlichen Übertragungsstichtag iSd § 2 I 1 UmwStG, § 20 VI UmwStG: Steuerlicher Übertragungsstichtag ist der Tag, auf den der übertragende Rechtsträger die handelsrechtliche Schlussbilanz aufzustellen hat. Begrenzt wird die handelsbilanzielle und stl. Rückwirkung durch § 17 II 4; danach darf die Schlussbilanz bei Anmeldung der Verschm nicht älter als **acht Monate** sein.

Ab dem Verschmelzungsstichtag führt der übertragende Rechtsträger die 76 Geschäfte zwar auf Rechnung des übernehmenden Rechtsträgers, er existiert allerdings bis zur Eintragung der Umw in das Register fort. Bis zu diesem Zeitpunkt ist er gesetzlich verpflichtet, Bücher zu führen und Jahresabschlüsse zu erstellen (§§ 238, 242 HGB). Der Verschmelzungsvertrag führt nicht zum Übergang der **Buchführungsverpflichtung**, da diese gesetzliche Pflicht vertraglich nicht übertragen werden kann. Die Finanzbuchhaltungen der an der Umw beteiligten Rechtsträger sind demnach bis zur Eintragung der Umw in das Register zunächst getrennt weiterzuführen. Der übernehmende Rechtsträger hat also bis zur Eintragung der Umw handelsrechtlich ohne Berücksichtigung des künftigen Vermögensübergangs Rechnung zu legen. An sich wären mit der Eintragung der Umw (nach IDW HFA 1/97 Rn. 22 zum Zeitpunkt des Übergangs des wirtschaftlichen Eigentums) alle Geschäftsvorfälle seit dem Verschmelzungsstichtag nachzubuchen. Da die übertragenden Rechtsträger aber ohnehin alle Geschäftsvorfälle erfassen, ist es nicht zu beanstanden, wenn die Buchung der Jahresverkehrszahlen in einem Akt erfolgt. Diese **Saldenbuchungen** können aber idR nicht unverändert übernommen werden. So sind zB **Innengeschäfte** der beteiligten Rechtsträger zu eliminieren, auch die Abschreibungen können durch etwaige Buchwertaufstockung andere Werte erhalten. Eine Zusammenführung der Buchhaltungen der jew. Rechtsträger vor Wirksamwerden der Verschm ist nicht zulässig (iÜ → § 17 Rn. 67 ff.).

Auch ustl. ist es notwendig, die getrennten Rechnungsausweise bis zur zivilrechtli- 77 chen Wirksamkeit der Umw aufrechtzuerhalten. Erhebliche Bedeutung kommt dem Verschmelzungsstichtag schließlich für die **stl. Behandlung der Verschm** zu. Gem. § 2 I UmwStG ist der Bilanzstichtag stl. maßgebend (→ Rn. 75).

Erfolgt die Eintragung in das Register nicht bis zum jew. GjEnde, so haben die 78 übertragenden Rechtsträger jew. einen Jahresabschluss aufzustellen. Ausnahmsweise wird man den übertragenden Rechtsträger (wie bei wertaufhellenden Tatsachen) zugestehen dürfen, auf die Erstellung eines weiteren Jahresabschlusses zu verzichten, wenn die Eintragung unmittelbar nach dem GjEnde erfolgt.

79 Die Erstellung von Jahresabschlüssen in der Interimszeit kann iÜ allenfalls (mit guten Gründen krit. Widmann/Mayer/Heckschen § 7 Rn. 15) durch die Vereinbarung eines **variablen Verschmelzungsstichtags** (zB MVHdB I GesR/Hoffmann-Becking Form. XI. 1 § 8; Widmann/Mayer/Mayer Rn. 164 f.; Kallmeyer/Lanfermann Rn. 36; Lutter/Drygala Rn. 75; Semler/Stengel/Leonard/Schröer/Greitemann Rn. 62, 63) umgangen werden. Der BGH hat diese Gestaltung ausdrücklich anerkannt; eine variable Gewinnbezugsregelung (Abs. 1 Nr. 5; dazu auch → Rn. 71) verstößt auch nicht gegen ein gesetzliches Verbot, vgl. BGH WM 2013, 325 = ZIP 2013, 358 mAnm Bungert/Wansleben DB 2013, 979; Hoffmann-Theinert EWiR 2013, 223; Witt WuB II P. § 5 UmwG 1.13; Vossius NotBZ 2013, 133 je mwN. Ideal ist es, bei variablem Stichtag sowohl den Verschmelzungsstichtag gem. Abs. 1 Nr. 6 als auch den Beginn der Gewinnberechtigung gem. Abs. 1 Nr. 5 zwar beweglich festzulegen, aber aneinander zu koppeln (vgl. Vossius NotBZ 2013, 133; Witt WuB II P. § 5 UmwG 1.13). Wenn der Verschmelzungsstichtag allerdings (→ Rn. 39) als Stichtag für die Berechnung des Umtauschverhältnisses angesehen wird oder eine solche Regelung im Verschmelzungsvertrag enthalten ist, darf ein variabler Verschmelzungsstichtag nicht gewählt werden (so wohl auch Kiem ZIP 1999, 179 f.; überzeugend Schütz/Fett DB 2002, 2696 mwN; nach BGH WM 2013, 325 kann das Umtauschverhältnis bei variablen Stichtagen uU konserviert werden, dazu ausf. Bungert/Wansleben DB 2013, 979). Außerdem ist gem. § 17 II die Schlussbilanz Bestandteil der ordnungsgemäßen Anmeldung zum Register, sie darf gem. § 17 II 4 auf einen höchstens acht Monate vor der Anmeldung liegenden Stichtag aufgestellt werden (→ § 17 Rn. 35 ff., → § 17 Rn. 40; Semler/Stengel/Leonard/Schröer/Greitemann Rn. 63 kommt deshalb zu variablen Schlussbilanzstichtagen). Bei der Verschm insolventer Gesellschaften, die durch aufeinander abgestimmte Insolvenzpläne geregelt wird, reicht anstelle einer konkreten datumsmäßigen Benennung die Bestimmbarkeit des Verschmelzungsstichtages aus, zB durch eine Bezugnahme auf den Beschluss des Insolvenzgerichts nach § 258 InsO (OLG Bremen ZIP 2016, 1480).

80 Fraglich ist, ob bei Beteiligung **mehrerer übertragender Rechtsträger** zwingend ein **einheitlicher Verschmelzungsstichtag** zu wählen ist. Der Wortlaut von Abs. 1 Nr. 6 legt dies nahe **(den Zeitpunkt).** Die Gesetzesbegründung gibt keinen Anhalt. Richtigerweise wird man bei der Beteiligung mehrerer übertragender Rechtsträger die Bestimmung abw. Verschmelzungsstichtags als zulässig anzusehen haben (so auch Widmann/Mayer/Mayer Rn. 166; Kallmeyer/Lanfermann Rn. 37). Außer den damit verbundenen praktischen Schwierigkeiten ist kein Grund ersichtlich, der gegen ein solches Vorgehen spricht. Vielmehr kann es im Interesse der beteiligten Rechtsträger liegen, über eine abw. Festsetzung der jew. Verschmelzungsstichtage die vorhandene Jahresbilanz als Schlussbilanz iSv § 17 II auch dann zu verwenden, wenn die übertragenden Rechtsträger abw. Gj. gewählt haben (so Widmann/Mayer/Mayer Rn. 166; Kallmeyer/Lanfermann Rn. 37; wohl auch Lutter/Drygala Rn. 75 Fn. 274).

81 **g) Sonderrechte (Abs. 1 Nr. 7).** Soweit der übernehmende Rechtsträger einzelnen Anteilsinhabern **Sonderrechte** einräumt, müssen diese bereits im Verschmelzungsvertrag bestimmt und offengelegt werden **(Abs. 1 Nr. 7;** vgl. auch § 23). Negativerklärung ist nicht erforderlich (zutr. OLG Frankfurt a. M. AG 2011, 793 mAnm Pluskat/Wiegand EWiR 2012, 125). Praktisch wird dieser Fall hauptsächlich bei der AG werden, der Gesetzestext zählt in nicht abschließender Form **Anteile ohne Stimmrecht, Vorzugsaktien, Mehrstimmrechtsaktien** (zur Entschädigungspflicht LG München I ZIP 2001, 1959), **Schuldverschreibungen und**

Genussrechte auf. Auch das Delisting kann hierzu zählen (vgl. LG Hanau DB 2002, 2261). Vgl. zu gewinnbezogenen Schuldtiteln und § 5 I Nr. 7 auch Schürnbrand ZHR 173 (2009), 689 (704 f.). Zur Abfindungszahlung für entfallende Aktienoptionsrechte des Vorstands einer AG OLG Hamburg ZIP 2004, 906. Gewinnbezogene Schuldtitel wie zB Tantiemen werden nicht erfasst (anders Schürnbrand ZHR 2009, 689; → § 23 Rn. 8). Es ist nicht erforderlich, dass diese Rechte anlässlich der Verschm „neu" gewährt werden; zu nennen sind auch besondere Rechte, die beim übernehmenden Rechtsträger lediglich **fortbestehen** (Lutter/Drygala Rn. 76).

Die Regelung dient – wie früher bereits § 340 II Nr. 7 AktG aF – dem Schutz 82 der Anteilsinhaber, weil die nicht begünstigten Anteilsinhaber erst dadurch in die Lage versetzt werden, die Einhaltung des gesellschaftsrechtlichen **Gleichbehandlungsgrundsatzes** (der zB in § 53a AktG seine Ausprägung gefunden hat, dazu ausf. K. Schmidt GesR § 16 II 4b mwN; Kölner Komm UmwG/Simon Rn. 111) zu überprüfen. Vorteile, die allen Anteilsinhabern in gleichem Umfang gewährt werden sollen, müssen hingegen nicht aufgeführt werden. Vgl. iÜ ausf. Lutter/Drygala Rn. 79 ff.; Semler/Stengel/Leonard/Schröer/Greitemann Rn. 65 ff.; Widmann/Mayer/Mayer Rn. 167 ff.; Hüffer FS Lutter, 2000, 1227 ff.

h) Vorteile für sonstige Beteiligte (Abs. 1 Nr. 8). Abs. 1 Nr. 8 übernimmt 83 im Wesentlichen die Regelung von § 340 II Nr. 8 AktG aF; fordert darüber hinaus aber auch eine Erwähnung von besonderen Vorteilen für **Abschlussprüfer**. Die Begr. RegE (BR-Drs. 75/94 zu § 5 I Nr. 8) hat die Bedeutung der Aufnahme dieses zusätzlichen Erfordernisses jedoch gleich wieder selbst durch den Hinweis relativiert, dass aufgrund berufsrechtlicher Regelungen nur selten mit einer Entschädigung für Abschlussprüfer zu rechnen sei. Übliche Prüfungshonorare sind nicht anzugeben, da es sich insoweit nicht um einen besonderen Vorteil, sondern um Entgelt handelt (Lutter/Drygala Rn. 80). Zu den Rechtsfolgen eines Verstoßes gegen § 5 I Nr. 8 ausf. Graef GmbHR 2005, 908 mwN. Wenn – Regelfall – keine besonderen Vorteile gewährt werden, ist eine Negativerklärung nicht erforderlich (OLG Frankfurt a. M. AG 2011, 793 mAnm Pluskat/Wiegand EWiR 2012, 125).

Falls sonst im Zusammenhang mit der Verschm **Organmitgliedern** besondere 84 Vorteile gewährt werden sollen, muss auch dies im Verschmelzungsvertrag festgehalten werden. Die Vereinbarung derartiger Sondervorteile ist grds. nicht außergewöhnlich, da durch die Verschm bei den übertragenden Rechtsträgern die Organfunktionen mit dem Erlöschen der Ges wegfallen (zu den Anstellungsverträgen → § 20 Rn. 9, → § 20 Rn. 45 ff.). Oftmals wird ein Ausgleich für den Verlust der entsprechenden Stellung vereinbart (zu den in der Praxis insoweit häufigen Business Combination Agreements → § 4 Rn. 26 mwN; zur Interessenlage der Organmitglieder Klöhn/Verse AG 2013, 2). Praktisch besonders bedeutsam wird dies in den Fällen werden, in denen mehrere übertragende Rechtsträger auf einen anderen Rechtsträger verschmelzen, weil dies naturgemäß zu einem Überangebot an potenziellen Organmitgliedern führt. Wird § 5 I Nr. 8 nicht beachtet, soll der Begünstigte die Leistung nicht verlangen können (LAG Nürnberg ZIP 2005, 398 mwN, mAnm Graef/Fandrich EWiR 2005, 441), was aber bei entsprechend vertraglichem Anspruch nicht richtig sein dürfte (so wie hier BeckOGK/Wicke Rn. 84).

Unwirksam sind hingegen **Zusagen gegenüber Organmitgliedern** über die 85 Übernahme von Organfunktionen bei der übernehmenden Ges, wenn über die jew. Besetzung der Organe ausschließlich und vertraglich nicht abdingbar die jew. gesetzlich vorgeschriebenen Entscheidungsträger bei der übernehmenden Ges zu entscheiden haben; eine gleichwohl aufgenommene Zusage im Verschmelzungsvertrag wäre für den übernehmenden Rechtsträger deswegen auch nicht verbindlich (Lutter/Drygala Rn. 81; BeckOGK/Wicke Rn. 82 mwN; unklar Widmann/Mayer/Mayer Rn. 172; auf die „moralisch verpflichtende Zusage" rekurriert Semler/Stengel/Leonard/Schröer/Greitemann Rn. 73; Kölner Komm UmwG/Simon Rn. 130).

86 Die Vorschrift dient schließlich dem **Gläubigerschutz** (Anknüpfung der Organhaftung gem. § 25; aA hM, vgl. Widmann/Mayer/Mayer Rn. 171 aE mwN) und dem Schutz der Anteilsinhaber der jew. beteiligten Rechtsträger. Diese sollen selbst beurteilen können, ob den an der Verschm maßgeblich beteiligten Personen Vorteile gewährt wurden, die Zweifel an deren Objektivität begründen (Widmann/Mayer/Mayer Rn. 171; ein Verstoß gegen Abs. 1 Nr. 8 kann die Anfechtbarkeit des jew. Verschmelzungsbeschlusses begründen, statt aller NK-UmwR/Böttcher Rn. 70 mwN). Dies dürfte in verstärktem Maße auf die Verschmelzungsprüfer zutreffen. Keiner Erwähnung bedürfen hingegen die **üblichen Sachverständigen- und Verschmelzungsprüfungskosten,** da sie keinen besonderen Vorteil darstellen.

87 **i) Folgen der Verschmelzung für die ArbN und ihre Vertretungen (Abs. 1 Nr. 9).** Gem. **Abs. 1 Nr. 9** muss der Verschmelzungsvertrag oder sein Entwurf auch Angaben zu den **Folgen der Verschm für die ArbN und ihre Vertretungen** sowie **die insoweit vorgesehenen Maßnahmen** enthalten. Diese erstmals mit der Umwandlungsreform eingefügte Vorschrift (die nicht systemgerecht ist, zutr. HRA des DAV NZG 2000, 803 f.; Willemsen NZA 1996, 791) soll die frühzeitige Information der Arbeitnehmervertretungen, denen der Verschmelzungsvertrag oder sein Entwurf gem. Abs. 3 (→ Rn. 116 ff.) zuzuleiten ist, gewährleisten. Dadurch soll es möglich sein, bereits im Vorfeld des Verschmelzungsvorgangs eine möglichst sozialverträgliche Durchführung der Verschm zu erleichtern und damit den sozialen Frieden zu befördern (Begr. RegE, BR-Drs. 75/94 zu § 5 I Nr. 9).

88 Auf Abs. 1 Nr. 9 wird in § 176 (Vollübertragung) verwiesen, entsprechende Regelungen finden sich in § 126 I Nr. 11 für die Spaltung und § 194 I Nr. 7 für den Formwechsel. Zum Verhältnis von Abs. 1 Nr. 9 zur grenzüberschreitenden Verschm §§ 308, 309 (vgl. die Komm. dort, → § 308 Rn. 1 ff., → § 309 Rn. 1 ff.).

89 Die Formulierung von Abs. 1 Nr. 9 ist nicht gelungen. Für die Praxis stellt sich das Problem, wie umfangreich die **Folgen der Verschm für die ArbN, ihre Vertretungen** sowie **die insoweit vorgesehenen Maßnahmen** im Verschmelzungsvertrag anzugeben sind. Wenig hilfreich ist in diesem Zusammenhang die Erläuterung des Gesetzgebers, dass „die durch die Verschmelzung eintretenden individual- und kollektivarbeitsrechtlichen Änderungen im Verschmelzungsvertrag aufzuzeigen" sind. Dies könnte dafür sprechen, dass **sämtliche Auswirkungen der Umstrukturierung** sowohl für die einzelnen ArbN als auch für ihre Vertreter so ausf. als möglich darzustellen sind (mindestens jede unmittelbare Änderung: OLG Düsseldorf NZA 1998, 766; weiter Bachner NJW 1995, 2881; Däubler RdA 1995, 136; Wlotzke DB 1995, 45; Blechmann NZA 2005, 1143; sehr weit Fitting BetrVG § 1 Rn. 252 mit der Forderung, auch alle mittelbaren Folgen zu erfassen).

90 Dies wäre in hohem Maße **unpraktikabel:** Durch die Gesamtrechtsnachfolge, durch § 35a Abs. 2 (§ 324 aF) iVm § 613a BGB, durch die besonderen Vorschriften von § 35a Abs. 1, § 132 Abs. 1 und 2 sowie § 132a, bei etwaigen Veränderungen betrieblicher Strukturen oder Auswirkungen auf Arbeitnehmervertretungen etc und durch viele andere mit dem Arbeitsrecht zumindest zusammenhängende Fragestellungen eröffnet sich ein derart großes Spektrum, dass eine sinnvolle und verständliche Darstellung all dieser „Folgen der Verschmelzung für die Arbeitnehmer und deren Vertretungen sowie die insoweit vorgesehenen Maßnahmen" den Rahmen eines Verschmelzungsvertrages sprengen würde. Es ginge jedenfalls zu weit, wenn die Anteilsinhaber mittelbar über Abs. 1 Nr. 9 dazu bewogen werden sollen, sämtliche Motive der Umstrukturierung (zB Rationalisierung, Arbeitsplatzabbau) offenzulegen.

91 **Sinn der Vorschrift** ist – neben der Information der Anteilsinhaber (zu deren Anfechtungsrecht → Rn. 110) – insbes. die rechtzeitige Information des Betriebs-

rats, um diesen in die Lage zu versetzen, bei Vorliegen der Voraussetzungen ggf. seine **Beteiligungsrechte nach dem BetrVG** (insbes. §§ 111 ff. BetrVG sowie §§ 99, 102 BetrVG bei Individualmaßnamen) wahrzunehmen, um eine möglichst sozialverträgliche Durchführung der Umw zu erleichtern. Dies setzt sich bei der Zuleitung nach Abs. 3 fort (zutr. LG Essen BeckRS 9998, 42660 mAnm Kiem EWiR 2002, 637). Hingegen geht es nicht darum, dem Betriebsrat ein neues Beteiligungsrecht eigener Art zu eröffnen (vgl. Kallmeyer/Willemsen Rn. 48; Willemsen NZA 1996, 791; Willemsen RdA 1998, 23 (29 ff.); Dzida/Schramm NZG 2008, 522; aA Bachner NJW 1995, 2881). Es darf nicht übersehen werden, dass die Vorschriften im UmwG mit arbeitsrechtlichen Bezügen das Arbeitsrecht iÜ nur rudimentär ergänzen. Die Angaben nach Abs. 1 Nr. 9 begründen daher weder für die ArbN noch für deren Vertretungen – über die bloße Zuleitung des Umwandlungsvertrages nach Abs. 3 hinaus – zusätzliche Individual- oder Beteiligungsrechte (Kallmeyer/Willemsen Rn. 48; Joost ZIP 1995, 976). Zwischen Arbeits- und Umwandlungsrecht sowie zwischen **Betriebs- und Unternehmensebene** ist insoweit strikt zu **trennen** (zum fehlenden Anfechtungsrecht des Betriebsrats → Rn. 108). Die Verschm bleibt ein rein gesellschaftsrechtlicher Vorgang, der Auswirkungen auf die betrieblichen Strukturen haben kann, aber nicht muss.

Unberührt bleibt neben den §§ 111 ff. BetrVG damit zunächst **§ 106 Abs. 3 Nr. 8** **92** **BetrVG,** der als wirtschaftliche Angelegenheit den Zusammenschluss (= Verschm) oder die Spaltung von Unternehmen oder Betrieben erwähnt. Gem. § 106 Abs. 2 BetrVG hat der Unternehmer den **Wirtschaftsausschuss** (bei Unternehmen mit mehr als 100 ArbN zwingend) **rechtzeitig** und **umfassend** über die wirtschaftlichen Angelegenheiten des Unternehmens unter Vorlage der erforderlichen Unterlagen zu unterrichten und die sich daraus ergebenden Auswirkungen auf die Personalplanung darzustellen. Dies gilt nicht im Tendenzbetrieb (§ 118 Abs. 1 BetrVG; Fitting BetrVG § 118 Rn. 43).

Rechtzeitige Unterrichtung verlangt die Information an den Wirtschaftsaus- **93** schuss – noch vor dem Betriebsrat – bereits unmittelbar, nachdem die Planung einer Umstrukturierung iSv § 106 Abs. 3 Nr. 8 BetrVG ins Auge gefasst wird (Entschluss zur Planung reicht, Vorüberlegungen nicht). Diese Vorverlagerung der Unterrichtung ist erforderlich, damit der Wirtschaftsausschuss hierzu mit dem Unternehmen beraten und den Betriebsrat über die Beratung informieren kann (Fitting BetrVG § 106 Rn. 31). Rechtzeitig bedeutet, dass der Wirtschaftsausschuss nicht vor vollendete Tatsachen gestellt werden darf und noch Einfluss auf die Planungen und Willensbildung des Unternehmens nehmen können muss (BAG NZA 1991, 649; ErfK/Kania BetrVG § 106 Rn. 4 mwN).

Dies ist vor allem bei der **Erstellung von Aufsichtsratsbeschlüssen** zu beach- **94** ten, da bei Verletzung der gesetzlichen Pflichten sonst eine Haftung der Vertretungsorgane droht. Der Wirtschaftsausschuss ist dann schon in die weitere Planung der Umstrukturierung einzubeziehen; Ziele und Wege der begehrten Änderung sind im Wirtschaftsausschuss zur Diskussion zu stellen.

Umfassend ist die Unterrichtung nur dann, wenn der Wirtschaftsausschuss alle **95** Informationen erhält, die für eine sinnvolle Beratung der Angelegenheit erforderlich sind. Zur umfassenden Information gehören auch Glaubwürdigkeit und Verständlichkeit der dargelegten Planungen; der Wirtschaftsausschuss muss in die Lage versetzt werden, eigene Vorschläge zu unterbreiten, wobei er sich nur in Ausnahmefällen nach Maßgabe von § 108 Abs. 2 3 BetrVG, § 80 Abs. 3 BetrVG eines Sachverständigen bedienen kann (zutr. BAG AP BetrVG 1972 § 108 Nr. 1; zu den weiteren Anforderungen hinsichtlich Beschluss und Vereinbarung LAG Bln-Bbg BeckRS 2015, 67407).

Der Betriebsrat kann bei Streit über den Umfang der Unterrichtungspflicht des **96** Wirtschaftsausschusses und den Zeitpunkt der Unterrichtung für den Wirtschaftsausschuss gem. § 109 S. 2 BetrVG die **Einigungsstelle** anrufen; Sanktionen nach

§ 121 BetrVG (einschränkend OLG Karlsruhe NZA 1985, 570) sind möglich. Einer einstweiligen Verfügung des Arbeitsgerichts auf Einsicht in Unterlagen vor Entscheidung der Einigungsstelle fehlt es am Verfügungsanspruch (zutr. ArbG Wetzlar NZA 1989, 443; Fitting BetrVG § 109 Rn. 5).

97 Des Weiteren sind §§ 111 ff. BetrVG bei etwaigen Betriebsänderungen zu beachten (dazu Gaul ArbR der Umstrukturierung/Ludwig/A. Otto § 25 Rn. 1 ff.; WHSS Umstrukturierung/Willemsen/Schweibert C Rn. 1 ff.). Insbes. die Verschm und Spaltung (BAG NZA 1997, 898) können – auf betrieblicher Ebene – mit einer **Betriebsänderung gem. § 111 S. 3 Nr. 3 BetrVG** (Zusammenschluss mit anderen Betrieben oder die Spaltung von Betrieben) verbunden sein. Nach § 111 S. 1 BetrVG hat in Unternehmen mit in der Regel mehr als 20 wahlberechtigten Arbeitnehmern der Unternehmer den Betriebsrat über geplante Betriebsänderungen, die wesentliche Nachteile für die Belegschaft oder erhebliche Teile der Belegschaft zur Folge haben können (idR bei Erreichen der Schwellenwerte des § 17 Abs. 1 KSchG, BAG NZA 2011, 466), rechtzeitig und umfassend zu unterrichten und die geplanten Betriebsänderungen mit dem Betriebsrat zu beraten. Vorgänge, die sich allein auf der Unternehmensebene auswirken und die betrieblichen Strukturen unberührt lassen, lösen als solche keine Beteiligungsrechte des Betriebsrates aus (Fitting BetrVG § 111 Rn. 46).

98 Der Unternehmer hat den zuständigen Betriebsrat **rechtzeitig** (= Art und Umfang der Betriebsänderung sind bekannt und konkretisiert, vgl. BAG NZA 2002, 992) und **umfassend** zu unterrichten und die geplante Betriebsänderung mit ihm zu beraten (§ 111 S. 1 BetrVG). Der Betriebsrat darf nicht vor vollendete Tatsachen gestellt werden, sondern auf das Ob und Wie der Betriebsänderung noch Einfluss nehmen können (BAG NZA 2015, 1147; Fitting BetrVG § 111 Rn. 107). Die Unterrichtung ist nicht mehr rechtzeitig, wenn der Unternehmer mit der Umsetzung der Betriebsänderung bereits begonnen hat (BAG NZA 2006, 112; zur Abgrenzung zwischen Vorbereitungshandlung und Umsetzung einer Betriebsänderung Langner/Widhammer NZA 2011, 430). Hier ist der Praxis zu empfehlen, eher zu viel als zu wenig zu unterrichten. Eine zu zögerliche (Erst-)Information provoziert Rückfragen, die Zuziehung weiterer Sachverständiger (§ 111 S. 2 BetrVG, § 80 Abs. 3 BetrVG), insgesamt eine Verlängerung der Informationsphase und Verzögerung der weiteren Umsetzung, insbes. den Beginn der Verhandlungen über einen Interessenausgleich und ggf. Sozialplan. Im Tendenzbetrieb nur Sozialplan (vgl. § 118 Abs. 1 S. 2 BetrVG).

99 Vor Durchführung einer Betriebsänderung muss der Arbeitgeber **ernsthafte Verhandlungen** über einen **Interessenausgleich** und **Sozialplan** führen; Letzterer ist erzwingbar (§ 112 Abs. 4 BetrVG). Kommt eine Einigung nicht zustande, kann der Betriebsrat (aber auch der Unternehmer) die **Einigungsstelle** anrufen (§ 112 Abs. 2 S. 2 BetrVG). Der Betriebsrat kann die Betriebsänderung weder verhindern, noch eine andere Durchführung erzwingen (Fitting BetrVG § 111 Rn. 102), aber die **Umsetzung verzögern.** Etwaige Verzögerungen auf betrieblicher Ebene haben aber keinen Einfluss auf die Umw selbst (→ Rn. 91).

100 Ob der Betriebsrat bei Verstößen gegen die Beteiligungsrechte aus §§ 111 ff. BetrVG die **Unterlassung der Betriebsänderung** – nicht der Umw (Lutter/Drygala Rn. 111 f.; Semler/Stengel/Leonard/Schröer/Greitemann Rn. 100 mwN; → Rn. 91) – **durch einstweilige Verfügung** durchsetzen kann, ist umstritten (ErfK/Kania BetrVG § 111 Rn. 27 f. mwN zur uneinheitlichen Rspr.), iE aber abzulehnen, da die Verletzung der Beteiligungsrechte ausreichend anderweitig sanktioniert ist: **Nachteilsausgleich** gem. § 113 Abs. 3 BetrVG; **Ordnungswidrigkeit** gem. § 121 BetrVG.

101 Da das BetrVG dem Betriebsrat somit umfassende Mitwirkungsmöglichkeiten einräumt, ist es verfehlt, Abs. 1 Nr. 9 zu überdehnen. Nicht zuletzt wegen dadurch möglicher Überschreitung des im Mitbestimmungsurteil des BVerfG (AP MitbestG

§ 1 Nr. 1) gezogenen Rahmens des für die Kapitaleignerseite Zumutbaren sollte der ohnehin systemfremde **Abs. 1 Nr. 9 restriktiv ausgelegt** werden.

Der **Umfang der nach Abs. 1 Nr. 9 notwendigen Angaben** ist insges. noch nicht geklärt, insbes. nicht, ob die Angaben sich auf unmittelbare oder mittelbare sowie nur auf rechtliche oder auch auf faktische Änderungen beziehen müssen (vgl. Widmann/Mayer/Mayer Rn. 176 ff.; Lutter/Drygala Rn. 87 ff., 103 ff.; Semler/Stengel/Leonard/Schröer/Greitemann Rn. 81 ff.; Goutier/Knopf/Tulloch/Bermel/Hannappel Rn. 65 ff.; Kölner Komm UmwG/Hohenstatt/Schramm Rn. 139 ff.; NK-UmwR/Böttcher Rn. 78 ff.; Fitting BetrVG § 1 Rn. 252; Gaul DB 1995, 2265; Joost ZIP 1995, 976; Wlotzke DB 1995, 45; Bachner NJW 1995, 2881; Willemsen NZA 1996, 791; Willemsen RdA 1998, 23; Willemsen EWiR 1998, 855; Drygalla ZIP 1996, 1365; Bungert DB 1997, 2209; Hjort NJW 1999, 750; Dzida/Schramm NZG 2008, 521; ausf. Hausch RNotZ 2007, 319 ff. mit umfassenden Nachw.). Zumindest ist zu fordern, dass eine ergebnisorientierte Aufzählung der **wesentlichen konkreten Auswirkungen** der Verschm **für den Einzelfall** zur Erfüllung der in Abs. 1 Nr. 9 festgelegten Pflicht genügt; darüber hinausgehende allg. Ausführungen zu den Wirkungen der Verschm auf individual- oder kollektivarbeitsrechtlicher Ebene sind nicht notwendig.

Anzugeben sind danach
- die Folgen für die Arbeitsverträge der jew. ArbN aller beteiligten Rechtsträger (Darstellung der Wirkung der Gesamtrechtsnachfolge: insbes. Übergang der Arbeitsverhältnisse und etwaiger Versorgungsanwartschaften (aktive ArbN und kraft Gesamtrechtsnachfolge auch bereits ausgeschiedene ArbN; einschl. geplante Anpassungen bestehender Versorgungssysteme), Kündigungsschutz und Kündigungsverbot wegen Verschm § 35a Abs. 2 (§ 324 aF) iVm § 613a Abs. 1, 4–6 BGB, → Vor § 35a Rn. 2 ff.);
- die Wirkung der Verschm auf die Anwendbarkeit von Tarifverträgen (Angaben zur Tarifbindung, Mitgliedschaften in tarifschließenden Arbeitgeberverbänden, Inbezugnahmen etc), → Vor § 35a Rn. 85, → Vor § 35a Rn. 16 ff.;
- die Folgen der Verschm für geschlossene Betriebs- und Sprecherausschussvereinbarungen (Angaben zur Situation beim übernehmenden und übertragenden Rechtsträger, Wahrung oder Aufgabe der betrieblichen Identität, Rechtsfolgen nach § 35a Abs. 2 (§ 324 aF) iVm § 613a Abs. 1 S. 2–4 BGB, → Vor § 35a Rn. 78, → Vor § 35a Rn. 16 ff.);
- die konkreten Auswirkungen der Verschm für den Fortbestand von Arbeitnehmervertretungen (Betriebsräte, Gesamt- und Konzernbetriebsräte, Sprecher- und Konzernsprecherausschüsse, ggf. Mitarbeiter- und Gesamtmitarbeitervertretungen im kirchlichen Arbeitsrecht, Jugend- und Auszubildendenvertretung, Wirtschaftsausschuss, Europäischer Betriebsrat, sonstige Arbeitnehmervertretungen gem. § 3 BetrVG etc (→ Vor § 35a Rn. 37 ff.);
- die Wirkung der Verschm für die Unternehmensmitbestimmung (→ Vor § 35a Rn. 92 ff.);
- Haftungsfragen, §§ 20, 22, 35a Abs. 2 iVm § 613a Abs. 3 BGB (→ Vor § 35a Rn. 22, → Vor § 35a Rn. 98 ff.);
- die hinsichtlich der ArbN und ihrer Vertretungen in Aussicht genommenen Maßnahmen (die künftige Organisation des übernehmenden Rechtsträgers (insbes. Betriebsstruktur, Darstellung welche Betriebe oder Betriebsteile der übertragenden Rechtsträger unverändert auf den übernehmenden Rechtsträger übergehen oder ggf. als betriebliche Einheit verändert oder aufgelöst werden), etwa vorhandene Pläne für Umstrukturierungen und Betriebsänderungen, einschl. etwaiger Individualmaßnahmen, insbes. Personalabbau, Versetzungen oder Umgruppierungen als unmittelbare Folge der Umstrukturierung.

Zu notwendigen Angaben bei **Kettenverschmelzungen** (kurze Darstellung zum Endergebnis sämtlicher Verschm) und verschmelzungsbedingter **Anwachsung** s.

Kölner Komm UmwG/Hohenstatt/Schramm Rn. 206 ff.; BeckOGK/Wicke Rn. 108 f. mwN.

104 Anzugeben sind **„die Folgen"**, also nicht nur Nachteile für die Arbeitnehmer (OLG Düsseldorf NZA 1998, 766). Hat die Verschm keine Folgen für die Arbeitnehmer oder ihre Vertretungen, ist dies anzugeben (OLG Düsseldorf NZA 1998, 766). Hat ein Rechtsträger keine Arbeitnehmer, ist auch dies im Verschmelzungsvertrag anzugeben (Semler/Stengel/Schröer/Greitemann Rn. 92). Anzugeben sind ferner nur Folgen für Arbeitnehmer eines innerstaatlichen Betriebs; umwandlungsbedingte Folgen für im **Ausland** beschäftigte oder tätige Arbeitnehmer und ihre Vertretungen sind von der Darstellungspflicht nicht erfasst (Bungert/Leyendecker-Langner ZIP 2014, 1112).

105 Wenn der Verschmelzungsvertrag den Anforderungen aus Abs. 1 Nr. 9 nicht genügt, wird man dem **Registergericht,** demgegenüber die rechtzeitige Zuleitung des Verschmelzungsvertrages gem. § 17 Abs. 1 ohnehin nachzuweisen ist, eine Prüfung des Verschmelzungsvertrages auf die Einhaltung von Abs. 1 Nr. 9 und eine etwaige Beanstandung zuzugestehen haben, schlimmstenfalls kann die Eintragung verweigert werden (OLG Düsseldorf NZA 1998, 766). Dem Registergericht ist eine inhaltliche Überprüfung der Angaben iSv Abs. 1 Nr. 9 jedoch nicht gestattet (nur **formelles,** jedoch **kein materielles Prüfungsrecht** → Rn. 106). Die Prüfung beschränkt sich auf eine Plausibilitätskontrolle, ob die Darstellung der arbeitsrechtlichen Folgen völlig fehlt oder wesentliche Teilbereiche fehlen und ob die Angaben im Übrigen nachvollziehbar sind (vgl. OLG Düsseldorf NZA 1998, 766).

106 Ein etwaiger **Verstoß gegen Abs. 1 Nr. 9** führt keinesfalls zur Nichtigkeit gem. § 134 BGB (ebenso Widmann/Mayer/Mayer Rn. 204; Kölner Komm UmwG/Hohenstatt/Schramm Rn. 219 ff. mwN). Ebenfalls strikt abzulehnen ist eine Nichtigkeit gem. § 241 Nr. 3 AktG (so auch Lutter/Grunewald, Kölner Umwandlungsrechtstage 1995, 20 (23)). Dem Registergericht ist eine inhaltliche (materielle) Überprüfung der Angaben iSv Abs. 1 Nr. 9 nicht gestattet (aA Gaul ArbR der Umstrukturierung/Gaul/Otto § 26 Rn. 132 ff.; offengelassen von OLG Düsseldorf NZA 1998, 766; wie hier die hM, Engelmeyer DB 1996, 2542; Lutter/Decher/Hoger § 194 Rn. 32; Semler/Stengel/Leonard/Schröer/Greitemann Rn. 95 f.; Kallmeyer/Willemsen Rn. 58; Willemsen NZA 1996, 791; Goutier/Knopf/Tulloch/Bermel/Hannappel Rn. 109; Dzida/Schramm NZG 2008, 524; in Fällen offenbarer Unrichtigkeit soll nach Priester DNotZ 1995, 435; Joost ZIP 1995, 986; Bungert DB 1997, 2209; Hausch RNotZ 2007, 408 die Eintragung aber verweigert werden dürfen).

107 Entgegen der Ansicht des LG Stuttgart (DNotZ 1996, 701; WiB 1996, 994) muss Abs. 1 Nr. 9 auch für den Fall beachtet werden, dass **keiner der an der Umw beteiligten Rechtsträger über einen Betriebsrat verfügt.** Der Argumentation des LG Stuttgart, dass Abs. 1 Nr. 9 nur im Zusammenhang mit Abs. 3, der Zuleitung an den zuständigen Betriebsrat, zu lesen sei, steht der klare Wortlaut des Eingangssatzes von Abs. 1 (der Vertrag oder sein Entwurf **muss** mindestens folgende Angaben enthalten) entgegen (vgl. auch Pfaff BB 2002, 1604 mwN; Trölitzsch WiB 1997, 32; Semler/Stengel/Leonard/Schröer/Greitemann Rn. 93; Kallmeyer/Willemsen Rn. 79; Widmann/Mayer/Mayer Rn. 202; Dzida/Schramm NZG 2008, 524; aA Joost ZIP 1995, 976 mwN). Auch zeigt Abs. 2, dass Ausnahmen vom zwingenden Inhalt des Umwandlungsvertrages ausdrücklich gesetzlich geregelt sind. **Angaben gem. Abs. 1 Nr. 9 sind** nur **entbehrlich,** wenn bei allen an der Verschm beteiligten Rechtsträgern **ArbN nicht vorhanden sind** (aA LG Stuttgart DNotZ 1996, 701: entbehrlich bereits bei fehlenden ArbN beim übertragenen Rechtsträger); dann wären die Angaben nach Abs. 1 Nr. 9 in der Tat bloße Förmelei (anderes kann allerdings für HoldingGes gelten, insbes. wenn dort Änderungen für Arbeitnehmervertreter eintreten können; in diesen Fällen ist eine Einzelfallbetrachtung unter Berücksichtigung des Schutzzwecks von Abs. 1 Nr. 9 angezeigt). Das Fehlen von

ArbN ist allerdings im Verschmelzungsvertrag zu erwähnen (Negativerklärung) und gegenüber dem Registergericht ggf. nachzuweisen.

Nach allgM steht dem **Betriebsrat** bei Missachtung von Abs. 1 Nr. 9, Abs. 3 ein **108** eigenes **Anfechtungsrecht** nicht zu (OLG Naumburg NZA-RR 1997, 177 mAnm Trölitzsch WiB 1997, 868; Widmann/Mayer/Mayer Rn. 203; Hausch RNotZ 2007, 396 (406 f.) mwN). Die Interessen der ArbN werden allein durch die registerrechtliche Prüfung der Umw (→ Rn. 105) und durch die Sondervorschriften des BetrVG (→ Rn. 91 ff.) gewahrt.

Der Betriebsrat kann allein bei Verletzung seiner betriebsverfassungsrechtlichen **109** Rechte die Eintragung der Verschm weder verhindern noch verzögern; ein **Unterlassungsanspruch** besteht nicht, auch nicht bei noch lfd. Verhandlungen über einen Interessenausgleich (Semler/Stengel/Leonard/Schröer/Greitemann Rn. 100 mwN; aA Bachner NJW 1995, 2881). Allerdings hat der Betriebsrat die Möglichkeit, das Registergericht auf fehlerhafte oder fehlende Angaben in dem Vertragsentwurf durch **formlose Gegendarstellung** hinzuweisen, mit der möglichen Folge der Verzögerung der Eintragung (vgl. Semler/Stengel/Leonard/Schröer/Greitemann Rn. 100).

Häufig übersehen wird jedoch, dass **Anteilsinhaber** sich zum Sachverwalter der **110** Interessen der ArbN machen können. **§§ 241 ff. AktG,** die die Anfechtbarkeit von Hauptversammlungsbeschlüssen regeln, gelten entsprechend für alle Unwirksamkeitsklagen (§§ 14, 15) in Bezug auf gefasste Umwandlungsbeschlüsse. Sie dienen nicht nur der Wahrung subjektiver Rechte der Antragsteller, sondern nach gefestigter Rspr. auch der **objektiven Rechtskontrolle.** Damit kann jeder Anteilsinhaber grds. auch einen Verstoß gegen § 5 im Wege der Unwirksamkeitsklage geltend machen, wenn es sich um einen gravierenden und offensichtlichen Rechtsverstoß handelt (näher Lutter/Grunewald, Kölner Umwandlungsrechtstage 1995, 22 (24); Hausch RNotZ 2007, 396 (406 f.) mwN; die Frage ist str., die hL lehnt ein Anfechtungsrecht der Anteilsinhaber ab, vgl. Widmann/Mayer/Mayer Rn. 203 mwN; Kallmeyer/Willemsen Rn. 57). Dieses Rechtsmittel ist unabhängig von der Entscheidung des Registergerichts und hindert die Vertretungsorgane, die Negativerklärung gem. § 16 Abs. 2 S. 1 abzugeben. Folge ist die Registersperre.

Auf eine entsprechende Zwischenverfügung durch das Registergericht hin muss **111** es den Leitungsorganen der an der Verschm beteiligten Rechtsträger (jedoch möglich sein, ohne erneute Beschlussfassung durch die Anteilsinhaber (§ 13) den **Verschmelzungsvertrag** nach Maßgabe von Abs. 1 Nr. 9 entsprechend zu **ergänzen.** Entgegenstehende Interessen der Anteilsinhaber sind nicht ersichtlich, weil die Darstellung der Folgen der Verschm nach Abs. 1 Nr. 9 lediglich einen Zustand dokumentiert, ihn aber nicht gestaltet (zum Berichtscharakter von Abs. 1 Nr. 9 auch Semler/Stengel/Leonard/Simon Rn. 76 ff.).

Falls – was nach Abs. 3 zulässig ist – den zuständigen Betriebsräten nur ein Entwurf **112** des Verschmelzungsvertrags iSv § 4 Abs. 2 vorgelegt wurde und dieser nicht den Anforderungen von Abs. 1 Nr. 9 genügt, dürfte es ausnahmsweise zulässig sein, den Grundsatz strenger Identität zwischen Entwurf und Verschmelzungsvertrag (→ § 4 Rn. 24) zu durchbrechen; demnach ist auch in diesem Fall den Vertretungsorganen die Abweichung vom Entwurf ohne erneute Beschlussfassung der Anteilsinhaber zu gestatten.

Nichtigkeit des gesamten Verschmelzungsvertrags gem. §§ 134, 139 BGB ist bei **113** Missachtung von Abs. 1 Nr. 9 keinesfalls anzunehmen (anders nur bei Fehlen der Angaben zu Abs. 1 Nr. 1–3 OLG Frankfurt DNotZ 1999, 154). Die Vorschrift hat nicht den Charakter eines gesetzlichen Verbots iSv § 134 BGB (→ Rn. 106).

Durch **Eintragung der Verschm** wird ein etwa vorliegender Verstoß gegen **114** Abs. 1 Nr. 9 unbeachtlich. Den ArbN der beteiligten Rechtsträger steht kein Recht zu, gegen die Verschm oder deren Eintragung gerichtlich vorzugehen. Ein **Anspruch auf Schadensersatz** ist zwar denkbar, dürfte aber praktisch mangels

Kausalität und Schaden ausscheiden, da die Angaben nach Abs. 1 Nr. 9 mangels Regelungscharakter keine eigenen Rechte begründen (→ Rn. 91), sondern die ArbN lediglich informieren (Gaul DB 1995, 2265; Bungert DB 1997, 2209; Dzida/Schramm NZG 2008, 521 (524); Semler/Stengel/Leonard/Schröer/Greitemann Rn. 99 mwN).

115 **j) Sonstige Vorschriften.** Außer durch § 5 und durch § 29 Abs. 1 wird der Inhalt des Verschmelzungsvertrags durch **Vorschriften im Zweiten Teil** des Zweiten Buches bestimmt, (vgl. §§ 40, 46, 80, 110 und Komm. dort; Lutter/Drygala Rn. 121 ff. mwN).

3. Zuleitung an den Betriebsrat (Abs. 3)

116 Gem. **Abs. 3** ist der Verschmelzungsvertrag oder sein Entwurf spätestens einen Monat vor dem Tag der Anteilsinhaberversammlung eines jeden an der Verschm beteiligten Rechtsträgers dem zuständigen Betriebsrat dieses Rechtsträgers zuzuleiten (idR der Gesamtbetriebsrat, → Rn. 121). Entsprechendes gilt gem. § 126 Abs. 3, § 194 Abs. 2 für Spaltung und Formwechsel.

117 Die Erfüllung dieser Pflicht durch jeden Rechtsträger ist gem. § 17 Abs. 1 dem Registergericht gegenüber nachzuweisen (dazu ausf. Widmann/Mayer/Mayer Rn. 258 f.), der **Nachw.** ist notwendige Anlage der Anmeldung (vgl. zum Nachw. bei Weiterleitung durch E-Mail Nießen Der Konzern 2009, 321 (326)). Zuzuleiten ist der **vollständige** Verschmelzungsvertrag oder sein Entwurf nebst sämtlichen Anlagen und nicht lediglich die Anlagen, die für die Arbeitnehmervertretungen ggf. relevant sein können (OLG Naumburg NZG 2004, 734; Kölner Komm UmwG/Hohenstatt/Schramm Rn. 248; Henssler/Strohn/Heidinger Rn. 39; Kallmeyer/Willemsen Rn. 74; aA Semler/Stengel/Leonard/Schröer/Greitemann Rn. 141; Blechmann NZA 2005, 1143 (1148); großzügiger im Fall einer Spaltung LG Essen NZG 2002, 736; Widmann/Mayer/Mayer Rn. 251). Bei der Verschm durch Neugründung schließt dies wegen § 37 auch den Gesellschaftsvertrag ein (Semler/Stengel/Leonard/Schröer/Greitemann Rn. 141; Kallmeyer/Willemsen Rn. 74).

118 Hat ein Rechtsträger keinen Betriebsrat, sondern einen **Personalrat,** kommt eine entsprechende Anwendung von Abs. 3 in Betracht (Widmann/Mayer/Mayer Rn. 255; Hausch RNotZ 2007, 315; BeckOGK/Wicke Rn. 148). Gleiches gilt für **Mitarbeitervertretungen nach kirchlichem Arbeitsrecht** gelten (so auch MHdB GesR VIII/Lakenberg § 56 Rn. 68; MHdB GesR V/Gottschald/Knoop § 110 Rn. 17. Der Gesetzgeber differenziert nicht zwischen Betriebsrat, Personalrat und Mitarbeitervertretung nach kirchlichem Arbeitsrecht, sondern spricht allg. von Arbeitnehmervertretungen (BR-Drs. 75/94, 82).

119 Hat der jew. gem. Abs. 3 verpflichtete Rechtsträger **keinen Betriebsrat, entfällt die Pflicht zur Zuleitung.** Sinnvollerweise sollte das Vorhandensein bzw. Nichtvorhandensein eines Betriebsrats bereits im Umwandlungsvertrag erwähnt werden. Überzogen ist die Ansicht des AG Duisburg (GmbHR 1996, 372), nach der eine eigene registergerichtliche Überprüfung zum Bestehen eines Betriebsrats nur entfallen könne, wenn die Vertretungsorgane des Rechtsträgers durch eidesstattliche Versicherung glaubhaft machen, dass kein Betriebsrat besteht (wie hier Semler/Stengel/Leonard/Schröer/Greitemann Rn. 148 mwN, wonach eine einfache schriftliche Erklärung genügt).

120 Praktisch bedeutsam ist die Frage, was zu geschehen hat, wenn der **Umwandlungsvertrag** nach erfolgter Zuleitung **geändert** wird bzw. wenn dem Betriebsrat zulässig nur der Entwurf des Umwandlungsvertrags zugeleitet wurde und dieser mit dem endgültig abgeschlossenen Vertrag nicht vollständig übereinstimmt. Nur für den Fall einer auf die ArbN wirkenden Änderung ist eine erneute Zuleitung an den Betriebsrat erforderlich, iÜ ist Abs. 3 eine **Formvorschrift mit Ordnungscharakter** (OLG Naumburg NZA-RR 1997, 177 mAnm Trölitzsch WiB 1997, 866; grds.

zust. Semler/Stengel/Leonard/Schröer/Greitemann Rn. 147 mwN; Müller DB 1997, 713 (714); Willemsen RdA 1998, 22 (33); Goutier/Knopf/Tulloch/Bermel/ Hannappel Rn. 131; vgl. auch LG Essen ZIP 2002, 893 mAnm Kiem EWiR 2002, 638 zum Zweck der Zuleitung). Änderung des Vertrags oder des Entwurfs, die vornehmlich die Interessen der Anteilsinhaber berühren, lösen damit keine erneute Zuleitungspflicht aus (Semler/Stengel/Leonard/Schröer/Greitemann Rn. 147 mwN; diff. Dzida FS Willemsen, 2018, 101). Die Abgrenzung kann in der Praxis schwierig sein, sodass vorsorglich erneute Zuleitung empfehlenswert ist. Falls vorsorglich erneut zugeleitet wird, sollte ein Verzicht des Betriebsrats auf die Einhaltung der Monatsfrist erwogen werden (→ Rn. 125; Dzida GmbHR 2009, 459 (464)).

Zuzuleiten ist der Vertrag gem. Abs. 3 an den **zuständigen Betriebsrat** jedes 121 an der Verschm beteiligten Rechtsträgers. Welcher Betriebsrat hiermit konkret gemeint ist, ist im UmwG nicht geregelt, sondern bestimmt sich nach den allgemeinen Grundsätzen des **BetrVG** (Gaul ArbR der Umstrukturierung/Gaul/Otto § 26 Rn. 89; ausf. zum zuständigen Betriebsrat Hausch RNotZ 2007, 312 ff.; Dzida GmbHR 2009, 459; Seiwerth/Surges Rpfleger 2014, 345). IdR wird ausschließlich der **Gesamtbetriebsrat** richtiger Adressat sein (vgl. Bericht BT-RA mit zutr. Verweis auf §§ 50, 58 BetrVG, BT-Drs. 12/7850). Gem. § 50 Abs. 1 S. 1 BetrVG ist der Gesamtbetriebsrat zuständig für die Behandlung von Angelegenheiten, die das Gesamtunternehmen oder mehrere Betriebe betreffen und nicht durch die einzelnen Betriebsräte innerhalb ihrer Betriebe geregelt werden können. Danach ist der Gesamtbetriebsrat ausschließlich zuständig, denn die auf das ganze Unternehmen bezogene Umw kann diesem Gremium gegenüber einheitlich und abschließend dargestellt werden; eine gleichzeitige Zuleitung des Verschmelzungsvertrags oder seines Entwurfs auch an alle Einzelbetriebsräte des Unternehmens ist entbehrlich (Widmann/Mayer/Mayer Rn. 252 mwN; aA Wlotzke DB 1995, 40 (45), der die Einbeziehung auch der Einzelbetriebsräte im Interesse der Transparenz und des sozialen Friedens im Unternehmen für geboten hält). Der Gesetzestext („dem") ist insoweit eindeutig. Allerdings ist wegen des mit einer falschen Auswahl des zuständigen Betriebsrats verbundenen Risikos eine **vorsorgliche Zuleitung an alle Betriebsräte** (lokale Betriebsräte, Gesamtbetriebsräte, Konzernbetriebsrat) im Zweifel durchaus der sichere Weg und der Praxis empfohlen (so auch Semler/ Stengel/Leonard/Schröer/Greitemann Rn. 143; Kallmeyer/Willemsen Rn. 76; Widmann/Mayer/Mayer Rn. 253 mwN). Zur Zuleitung bei Kettenverschmelzungen Gaul ArbR der Umstrukturierung/Gaul/Otto § 26 Rn. 105.

Umstritten ist die Frage, ob bei **Konzernunternehmen** auch oder allein der 122 Konzernbetriebsrat zu unterrichten ist. Im Regelfall ist dies zu verneinen (mit zutr. Argument ausf. Müller DB 1997, 713 (715) mwN; vgl. iÜ WHSS Umstrukturierung/Willemsen C Rn. 440 mwN; Semler/Stengel/Leonard/Schröer/Greitemann Rn. 142; Melchior GmbHR 1996, 833; Joost ZIP 1995, 985; Dzida GmbHR 2009, 461; Nießen Der Konzern 2009, 321 (324)). Auch insoweit ist vorsorglich die Zuleitung an alle Betriebsräte zu erwägen (nicht aber **SE-Betriebsrat** oder **Europäischer Betriebsrat** nach dem EBRG, jedenfalls nicht bei innerstaatlichen Verschmelzungen vgl. Bungert/Leyendecker-Langner ZIP 2014, 1112; Kallmeyer/Willemsen Rn. 76; Widmann/Mayer/Mayer Rn. 253 mwN).

Der Rechtsträger trägt das **Risiko der falschen Auswahl** des zuständigen 123 Betriebsrats: Wird ohne Vorabstimmung (Beweislast beim Rechtsträger) der falsche Betriebsrat beteiligt, ist die Zuleitung fehlerhaft (Semler/Stengel/Leonard/Schröer/ Greitemann Rn. 143). Das Registergericht kann durch Verweigerung der Eintragung und die Anteilsinhaber können durch Anfechtung (→ Rn. 110) die Umw blockieren. Umgekehrt fehlt dem Betriebsrat in einem Verfahren auf Feststellung der Unwirksamkeit eines Umwandlungsbeschlusses bereits die Parteifähigkeit, seine Klage (vor den Zivil- und vor den Arbeitsgerichten) ist ohne Weiteres unzulässig

(OLG Naumburg NZA-RR 1997, 177). Der Betriebsrat hat weder ein Anfechtungsrecht noch einen Unterlassungsanspruch (→ Rn. 108 f.).

124 Existiert in einem Unternehmen mit mehreren Betrieben **kein Gesamtbetriebsrat**, wohl aber mehrere (Einzel-)Betriebsräte, so muss die Zuleitung nicht gegenüber **allen Betriebsräten** erfolgen (so noch → 9. Aufl. 2020, Rn. 124). Die Zuleitungsverpflichtung entfällt nach zutreffender Auffassung in diesen Fällen vollständig (Dzida FS Willemsen, 2018, 98; Dzida GmbHR 2009, 461: Wegfall der Zuleitungspflicht bei gesetzeswidrig nicht gebildeten Gesamtbetriebsrat; Gaul ArbR der Umstrukturierung/Gaul/Otto § 26 Rn. 95; Semler/Stengel/Schröer/Greitemann Rn. 142). Eine Auffangzuständigkeit besteht nicht (so allg. für das BetrVG Fitting BetrVG § 50 Rn. 10 mwN). Vorsorglich empfiehlt sich für die Praxis aber eine Zuleitung an die (Einzel-) Betriebsräte (so auch Semler/Stengel/Schröer/Greitemann Rn. 142). Die Pflicht zur Zuleitung entfällt ferner, wenn bei keinem der an der Verschm beteiligten Rechtsträger ein Betriebsrat vorhanden ist (→ Rn. 119) oder ein Betriebsrat sich erst innerhalb der Monatsfrist des Abs. 3 konstituiert (Widmann/Mayer/Mayer Rn. 263; BeckOGK/Wicke Rn. 149).

125 Die Zuleitung des Verschmelzungsvertrags ist spätestens **einen Monat** vor der jew. Anteilsinhaberversammlung zu bewirken. Der zuständige Betriebsrat kann auf die Einhaltung der Monatsfrist **verzichten** (LG Gießen Der Konzern 2004, 622; OLG Naumburg NZG 2004, 734; LG Stuttgart GmbHR 2000, 622; ausf. Semler/Stengel/Leonard/Schröer/Greitemann Rn. 145, 146 mwN). Ein vollständiger Verzicht des Betriebsrats als Normadressat ist nicht rechtswirksam möglich (OLG Naumburg NZG 2004, 734; Melchior GmbHR 1996, 833; Willemsen RdA 1998, 23; Pfaff DB 2002, 686; Hausch RNotZ 2007, 308 (314); Gaul ArbR der Umstrukturierung/Gaul/Otto § 26 Rn. 127; Kallmeyer/Willemsen Rn. 77b; Lutter/Drygala Rn. 148; WHSS/Schweibert C 444; aA Semler/Stengel/Leonard/Schröer/Greitemann Rn. 146; → 9. Aufl. 2020, Rn. 125). Die Praxis sollte etwaige Unwägbarkeiten indes durch Verzicht des Betriebsrats auf die Einhaltung der Monatsfrist (ggf. auf bis zu 24 Stunden, Dzida GmbHR 2009, 459 (464) mwN) umgehen. Der Verzicht des Betriebsrats sollte in Urschrift oder einfacher Abschrift eingereicht werden (→ § 17 Rn. 6).

126 Die **Fristberechnung** richtet sich nach § 187 I BGB, § 188 II BGB. Da gem. Abs. 3 „spätestens einen Monat **vor** dem Tage der Versammlung der Anteilsinhaber" zuzuleiten ist, muss ausgehend vom Tag der Anteilsinhaberversammlung bei der Fristberechnung um einen Monat **und einen Tag** zurückgerechnet werden (wie hier Semler/Stengel/Leonard/Schröer/Greitemann Rn. 144; Kallmeyer/Willemsen Rn. 77; Widmann/Mayer/Mayer Rn. 256 mwN; auch Müller DB 1997, 713 (716 f.); Krause NJW 1999, 1448). Somit ist der Tag der Anteilsinhaberversammlung nicht mitzuzählen (§ 187 I BGB).

Beispiel:

127 Bei einer Anteilsinhaberversammlung, die am 15.12. stattfindet, ist die Frist von Abs. 3 noch gewahrt, wenn die Zuleitung spätestens am 14.11. bewirkt wird. Fiele dieser Tag auf einen Sonnabend, Sonn- oder Feiertag, muss die Zuleitung am davor liegenden Werktag geschehen (wie hier Semler/Stengel/Leonard/Schröer/Greitemann Rn. 144 mwN; iE auch Widmann/Mayer/Mayer Rn. 256 mwN).

128 Bei Verletzung der Zuleitungspflicht durch auch nur einen der an der Verschm beteiligten Rechtsträger ist das Wirksamwerden der Verschm gefährdet; gem. § 17 Abs. 1 ist die rechtzeitige Erfüllung der in Abs. 3 festgelegten Pflicht durch alle Rechtsträger nachzuweisen, gelingt dies nicht, wird das Registergericht die Eintragung der Verschm ablehnen. Gleiches gilt, wenn der Entwurf des Verschmelzungsvertrags nach Zuleitung an den zuständigen Betriebsrat erheblich (also auf die

ArbN wirkend, → Rn. 120 mwN) geändert und keine erneute Zuleitung nach Abs. 3 veranlasst wurde.

§ 6 Form des Verschmelzungsvertrags

Der Verschmelzungsvertrag muß notariell beurkundet werden.

Übersicht

	Rn.
1. Allgemeines	1
2. Notarielle Beurkundung	3
3. Gesellschafterliste	7
4. Auslandsbeurkundung	13
5. Kosten der Beurkundung	19

1. Allgemeines

Die Pflicht zur **notariellen Beurkundung des Verschmelzungsvertrages** 1 wurde aus dem früheren Recht übernommen (vgl. § 341 I 1 AktG aF; § 21 IV 1 KapErhG aF; § 44 IIIa VAG aF); die frühere Sonderrolle der Verschm von eG bzw. genossenschaftlichen Prüfungsverbänden (§ 93c GenG, § 63e II GenG, danach genügte jew. Schriftform) ist entfallen; dies verkennt das LG Kiel (DB 1997, 1223), wenn es für die Zulässigkeit einer Auslandsbeurkundung bei eG darauf abstellt, dass eG bei Verschm nach altem Recht nur die Schriftform zu beachten hatten; auch die gesetzliche Prüfungspflicht von eG (§§ 53ff. GenG) und die Begutachtung der Verschm durch den Prüfungsverband (§ 81) rechtfertigen **keine Sonderbehandlung der eG** (so aber LG Kiel DB 1997, 1223; wie hier allgM, vgl. Widmann/Mayer/Heckschen Rn. 8 mwN).

Das generelle Erfordernis der notariellen Beurkundung wurde festgeschrieben, 2 um bei Beteiligung beliebiger Rechtsträger an einer Verschm gleichartige Voraussetzungen zu schaffen; des Weiteren soll eine Umgehung von zwingenden Formvorschriften des Bürgerlichen Rechts bei der Einzelübertragung von Vermögenswerten – vor allem bei Spaltung – verhindert werden (vgl. Begr. RegE, BR-Drs. 75/94 zu § 6; zur Funktion der Beurkundung grds. Widmann/Mayer/Heckschen Rn. 1 ff.; Semler/Stengel/Leonard/Schröer/Greitemann Rn. 2; zu den Mitteilungspflichten Lieder NZG 2020, 1081; BeckOGK/Wicke Rn. 3 f.). Ob ein Verschmelzungsvertrag im Rahmen eines Insolvenzplanverfahrens oder eines Restrukturierungsplanverfahrens der Form des § 6 genügen muss, ist umstritten (vgl. zum Meinungsstand BeckOGK/Wicke Rn. 6.1 mwN).

2. Notarielle Beurkundung

Der Verschmelzungsvertrag bedarf zu seiner Wirksamkeit der notariellen Beur- 3 kundung. § 128 BGB findet Anwendung (zur Sukzessivbeurkundung Widmann/Mayer/Heckschen Rn. 47 f.). Das Beurkundungserfordernis bezieht sich nur auf den **endgültig abgeschlossenen Verschmelzungsvertrag**, nicht hingegen auf den Entwurf iSv § 4 II, hierfür ist einfache Schriftform ausreichend (BGH NJW 1982, 933; Lutter/Drygala Rn. 3; zur Wirksamkeit eines Vertragsstrafeversprechens für den Fall des Scheiterns der Verschm → § 4 Rn. 26 ua zu LG Paderborn NZG 2000, 899).

Entsprechend der zu § 311b Abs. 1, III BGB entwickelten Grundsätze (vgl. zu 4 diesen Grüneberg/Grüneberg BGB § 311b Rn. 25 ff.) sind neben dem Verschmelzungsvertrag selbst auch alle ggf. bestehenden **Nebenabreden,** die nach dem Willen der Parteien mit dem Verschmelzungsvertrag ein untrennbares Ganzes darstellen, mit ihm also „stehen und fallen" sollen, formbedürftig (BGH ZIP 2021, 738 Rn. 73 f.; ausf. zum Beurkundungsumfang Widmann/Mayer/Heckschen Rn. 19 ff.; Kölner Komm UmwG/Simon Rn. 2; BeckOGK/Wicke Rn. 7 ff.; zur Mitbeurkundung eines Optionsvertrages OLG Düsseldorf AG 2017, 900 (908)).

5 Wenn im Verschmelzungsvertrag nicht alle Vereinbarungen aufgenommen worden sind, die nach dem Willen der beteiligten Rechtsträger eine untrennbare Einheit darstellen (vgl. zu diesem Merkmal BGHZ 101, 396 = NJW 1988, 132), ist wegen der Auslegungsvorschrift von § 139 BGB regelmäßig die Nichtigkeit des gesamten Verschmelzungsvertrages gem. § 125 S. 1 BGB anzunehmen. **Heilung** ist jedoch möglich (§ 20 I Nr. 4; → § 20 Rn. 120).

6 **Beurkundungsgegenstand** ist der Verschmelzungsvertrag, anwendbar sind demgemäß die Vorschriften in §§ 8 ff. BeurkG über die Beurkundung von Willenserklärungen (ausf. zum Beurkundungsverfahren Widmann/Mayer/Heckschen Rn. 38 ff.).

3. Gesellschafterliste

7 Ist eine GmbH übernehmender Rechtsträger einer Verschm, wirkt der Notar durch die Beurkundung des Verschmelzungsvertrages **unmittelbar** an der Änderung der Gesellschafterstruktur dieser Ges iSv **§ 40 II GmbHG** mit (OLG Hamm ZIP 2010, 128 mAnm Heckschen NotBZ 2010, 151; Herrler ZIP 2010, 129; Ising DNotZ 2010, 216; Omlor EWiR 2010, 251; Ries NZG 2010, 135; Wachter GmbHR 2010, 206). Immer dann, wenn der Notar die Urkunde, die die Veränderung hervorruft, beurkundet oder entworfen und anschl. die Unterschrift unter die Handelsregisteranmeldung beglaubigt hat, wirkt er unmittelbar iSv § 40 II GmbHG mit (vgl. OLG Hamm ZIP 2010, 128).

8 Der Notar ist damit verpflichtet, unverzüglich nach Wirksamwerden der Veränderung (Eintragung der Verschm, § 20 I) und ohne Rücksicht auf später eintretende Unwirksamkeitsgründe eine aktualisierte **Gesellschafterliste** zu unterschreiben und zum HR einzureichen (§ 40 II 1 GmbHG). Ferner hat er eine Notarbescheinigung beizufügen (§ 40 II 2 GmbHG). Vgl. zu diesen Anforderungen und zum Prüfungsrecht des Registergerichts OLG München MittBayNot 2010, 64 mAnm Omlor MittBayNot 2010, 65; OLG Frankfurt GmbHR 2011, 823. Zur Übergangsproblematik bei Altfällen vor Inkrafttreten des MoMiG Berninger GmbHR 2009, 679.

9 § 40 II GmbHG wurde durch das **MoMiG** neu gefasst, um die Legitimationswirkung der Gesellschafterliste zu stärken (Gottschalk DZWiR 2009, 45 mwN). Vgl. zum MoMiG → Einf. Rn. 28. Daraufhin wurde verstärkt diskutiert, ob die Mitwirkung des Notars **unmittelbar** oder nur **mittelbar** sein müsse (Omlor EWiR 2010, 251 mit umfassenden Nachw.). Unter einer bloß mittelbaren Mitwirkung versteht die hM alle Handlungen des Notars, die nicht final auf eine Veränderung in der Person des Gesellschafters bzw. des Umfangs seiner Beteiligung gerichtet sind (Heilmeier NZG 2012, 217). Obergerichtlich ist dieses Problem noch nicht entschieden.

10 Das OLG Hamm (ZIP 2010, 128; → Rn. 7) hat eine **mittelbare** Mitwirkung für ausreichend erachtet und so die Pflicht des Notars nach § 40 II GmbHG bejaht. Der Entscheidung lag der Fall zu Grunde, dass zum Vermögen des übertragenden Rechtsträgers einer Verschm auch die Beteiligung an einer „dritten" GmbH gehörte, was der Notar positiv wusste. Die Änderung der Gesellschafterstruktur dieser Dritt-GmbH führte zu der Pflicht des Notars nach § 40 II GmbHG. Die Entscheidung ist überwiegend auf Zustimmung gestoßen (Ries NZG 2010, 135; Herrler GmbHR 2010, 432; Ising DNotZ 2010, 217; Wachter GmbHR 2010, 206; Omlor EWiR 2010, 251; iE wohl auch Heckschen NotBZ 2010, 152), uE zu Recht. Denn wesentlich prominenter als bei solchen sorgfältig vorzubereitenden Umwandlungsmaßnahmen kann ein Notar kaum „mitwirken" (Gehrlein/Born/Simon/Winter

GmbHG § 40 Rn. 35). Ein anderer Senat des OLG Hamm hat hingegen entschieden, dass ein Notar, der eine Firmenänderung einer Mutter-GmbH beurkundete, nicht für die Folgeaktualisierung der Gesellschafterlisten in den GmbH-Beteiligungen der umfirmierten Mutter zuständig ist (OLG Hamm NZG 2011, 1395). Der Senat geht ausdrücklich von einer mittelbaren Mitwirkung aus und verneint entgegen der Entscheidung aus 2009 die Pflicht iSv § 40 II GmbHG.

Die Rechtsfrage ist gegenwärtig noch nicht abschließend geklärt (vgl. Heckschen 11 NotBZ 2010, 152). Insbes. ist str., ob die Pflicht von § 40 II GmbHG objektiv greift oder nur gilt, wenn der Notar die Beteiligung an der Dritt-GmbH kennt oder kennen muss (Herrler GmbHR 2010, 431 mit umfassenden Nachw.). Jedenfalls um Haftungsfälle (§ 19 BNotO) zu vermeiden, wird der Notar sich Kenntnis davon verschaffen müssen, ob zu dem Vermögen der beteiligten Rechtsträger GmbH-Anteile gehören (Gehrlein/Born/Simon/Winter GmbHG § 40 Rn. 35; Herrler GmbHR 2010, 432; Ising DNotZ 2010, 218; Omlor EWiR 2010, 252; aA Ries NZG 2010, 136; Wachter GmbHR 2010, 207). Ganz ähnl. müssen sich Notare schließlich auch nach ggf. übergehendem Grundbesitz erkundigen, um ihre Anzeigepflicht gegenüber dem Finanzamt nach § 18 GrEStG erfüllen zu können.

Der damit aufgekommene Konflikt mit § 52 II (dazu auch Flick NZG 2010, 170; 12 Meister NZG 2008, 770) wurde durch den Reformgesetzgeber des 3. UmwÄndG gesehen (→ Einf. Rn. 31). **§ 52 II wurde gestrichen.** Dies ist konsequent, da neben der – praktisch immer bestehenden – Pflicht des Notars eine weitere Pflicht der Geschäftsführer überflüssig ist.

4. Auslandsbeurkundung

Seit BGHZ 80, 76 war für die Rechtspraxis für längere Zeit klar, dass die Beur- 13 kundung bei **Gleichwertigkeit** mit einer inl. Beurkundung auch im Ausland durch einen ausl. Notar stattfinden darf (zur praktischen Abwicklung bei der Registeranmeldung hilfreich Schaub NZG 2000, 956 ff.). Von Gleichwertigkeit war auszugehen, wenn die ausl. Urkundsperson nach Vorbild und Stellung im Rechtsleben eine der Tätigkeit des dt. Notars entsprechende Funktion ausübte und ein Verfahrensrecht zu beachten hatte, das den tragenden Grundsätzen des dt. Beurkundungsrechts entsprach (vgl. schon RGZ 88, 227; LG Nürnberg-Fürth AG 1992, 241; LG Köln DB 1989, 2214; Koch AktG § 23 Rn. 11 mwN, dort auch zur Beurkundung durch einen dt. Konsul; Noack/Servatius/Haas Servatius GmbHG § 2 Rn. 9 mwN; Schaffland DB 1997, 863).

In einem Aufsatz des damaligen RiBGH Goette (FS Boujong, 1996, 131), der 14 sich der vor allem durch die Vertreter des Notarstandes vertretenen Meinung zur grds. **Unzulässigkeit der Auslandsbeurkundung** angeschlossen hat, ist die langjährige Rechtspraxis hinterfragt worden (vgl. zum damaligen Meinungsstand in der Lit. ausf. Reuter BB 1998, 116; van Randenborgh/Kallmeyer GmbHR 1996, 908; Heckschen DB 1998, 1385; Widmann/Mayer/Heckschen Rn. 56 ff.; Lutter/Drygala Rn. 8 ff.; Sick/Schwarz NZG 1998, 540; Hellwig in RWS-Forum 10 (1997), 285 (291 ff.) je mwN; Kölner Komm UmwG/Simon Rn. 10 ff.).

Das **LG Augsburg** hat in einer **viel beachteten Entscheidung** (DB 1996, 15 1666) die Auslandsbeurkundung eines Verschmelzungsvertrags durch einen Schweizer Notar als nicht ausreichend angesehen. Zur Begr. wird angeführt, die Ortsform iSv Art. 11 I Hs. 2 EGBGB sei bei der Auslandsbeurkundung von Verschmelzungsverträgen nicht ausreichend. Auch der BGH habe (zB BGHZ 105, 338 = NJW 1989, 295) die Notwendigkeit der materiellen Richtigkeitsgewähr mittlerweile in den Vordergrund gestellt; Entsprechendes gelte für Beweissicherungs- und Rechtssicherheitsgründe. Das LG Kiel (DB 1997, 1223) hat für die Verschm von eG die Zulässigkeit einer in Österreich vorgenommenen Auslandsbeurkundung hingegen bestätigt. Die (unzutr. → Rn. 1) Entscheidung ist allerdings nicht allgemein tragend, weil sie zu Unrecht darauf abhebt, dass nach früherem Recht für die Verschm von eG die Schriftform als ausreichend angesehen wurde. Genossenschaften unterlägen gem. §§ 53 ff. GenG der gesetzlichen Prüfungspflicht, zudem habe der Prüfungsverband kraft Gesetzes ein Gutachten zur Verschm abzugeben. Die sonst dem Notar obliegende Rechtmäßigkeitskontrolle sei damit durch die Mitwirkung des genossenschaftlichen Prüfungsverbandes gewahrt (zust. Stange DB 1997, 1223; vgl. auch Schaffland DB 1997, 863).

16 Das **OLG München** hat durch rkr. Urt. (BB 1998, 119) die Beurkundung eines Unternehmenskaufvertrages durch einen **Notar in Basel-Stadt** als ordnungsgemäß iSv § 15 IV GmbHG bestätigt. Diese Auslandsbeurkundung sei einer dt. Beurkundung gleichwertig, weil dort tätige Urkundspersonen nach Vorbildung und Stellung im Rechtsleben eine der Tätigkeit des dt. Notars entsprechende Funktion ausübten. In Basel-Stadt seien in erster Linie freiberufliche (Anwalts-)Notare tätig. Erforderlich für die Bestellung sei eine abgeschlossene jur. Hochschulausbildung und ein mehrmonatiges Notariatspraktikum. Schließlich entspreche das Beurkundungsverfahren im Wesentlichen dem dt. Recht. Die gesetzlich vorgeschriebene Form beziehe sich auf alle Tatsachen- und Willenserklärungen, die Urkundsperson müsse persönlich mitwirken, sie habe die Pflicht zur Ermittlung der Identität der beteiligten Personen, eine Beratungspflicht und schließlich die Pflicht, sich unparteiisch zu verhalten.

16a Nach einem Beschluss des **KG** (NZG 2018, 1195) erfüllt die „Beurkundung eines Umwandlungsvorgangs zwischen zwei deutschen GmbHs durch einen Schweizer Notar mit Amtssitz im Kanton Basel (…) jedenfalls dann die Anforderungen nach §§ 6, 13 UmwG (…), wenn die Niederschrift in Gegenwart des Notars den Beteiligten vorgelesen, von ihnen genehmigt und eigenhändig unterschrieben worden ist". Zwar genüge für die Beurkundung dieser Vorgänge nicht die Einhaltung der Ortsform nach Art. 11 I Fall 2 EGBGB. Die Anwendbarkeit des Wirkungsstatuts nach Art. 11 I Fall 1 EGBGB schließe eine Beurkundung durch ausländische Notare indes nicht generell aus, da diese Vorschrift – anders als Art. 13 IV 1, 17 II EGBGB – nicht die Einhaltung der inländischen Formalien verlange. Da § 51 EStG keine Beschränkung von Art. 11 I EGBGB vorsehe, ergebe sich ein anderes Ergebnis auch nicht aus § 54 EStDV. Ebenso habe § 18 GrEStG keinen Vorrang vor der allgemeinen Regelung des Art. 11 EGBGB. Die Zulässigkeit eine Ersetzung der notariellen Beurkundung iSd §§ 6, 13 II 1 UmwG durch eine Auslandsbeurkundung sei mithin „von einer unter Berücksichtigung von Sinn und Zweck der Beurkundung zu ermittelnden Gleichwertigkeit der ausländischen Beurkundung" abhängig. Diese sei für das **Kanton Basel-Stadt** in Hinblick auf Vorbildung und Stellung im Rechtsleben sowie das Beurkundungsverfahren im vorliegenden Fall zu bejahen. Auch das Ziel der materiellen Richtigkeitsgewähr und die Gewährleistung einer Prüfungs- und Belehrungsfunktion stünden einer Auslandsbeurkundung nicht entgegen. Ein entgegenstehendes Ergebnis könne nicht auf § 17 I 1 BeurkG gestützt werden, der lediglich eine Sollvorschrift darstelle. Zudem finde die „eigentliche Prüfung" der Richtigkeit durch das Registergericht statt. Dessen Prüfungsrecht und -pflicht ließen auch § 378 III 1 FamFG; § 9c GmbHG unberührt. Die Vermutung der materiellen Richtigkeit einer durch einen deutschen Notar vorgenommenen Beurkundung sei daher lediglich ein „wünschenswerter Reflex". Dieser Beschluss ist in der Lit. auf – zT heftige – Kritik gestoßen (Stelmaszczyk RNotZ 2019, 177; Lieder EWiR 2018, 743; Tebben GmbHR 2018, 1190; Diehn DNotZ 2019, 146; Heinze DStR 2018, 2536; Danninger MittBayNot 2019, 292; Heckschen GWR 2018, 393).

17 Aufgrund dieser Entscheidungen wird die Zulässigkeit der Auslandsbeurkundung wieder verstärkt diskutiert (umfangr. Nachw. bei BeckOGK/Wicke Rn. 18 ff.; Lutter/Drygala Rn. 10 ff.; Widmann/Mayer/Heckschen Rn. 57 ff.). Eine einheitliche Rechtsprechungslinie ist dabei nicht ersichtlich (Grundsatzurt. des BGH zur generellen Akzeptanz der Auslandsbeurkundung: BGHZ 80, 76; unter Bezugnahme darauf BGH NJW 2014, 2026 zur Einreichung der geänderten Gesellschafterliste durch Schweizer Notar; DStR 2015, 131 zur Protokollierung der HV einer AG; OLG Düsseldorf RNotZ 2011, 251; dagegen jedoch OLG Hamburg NJW-RR 1993, 1317; LG Augsburg DB 1996, 1666; OLG München DStR 2013, 822). Auch nach der neueren Rspr. des BGH ist die Beurkundung einer Anteilsübertragung einer GmbH nach § 15 III GmbHG durch einen Notar mit Sitz in Basel/Schweiz zulässig, sofern die ausl. Beurkundung der dt. gleichwertig ist (BGH NJW 2014, 2026). Somit bleibt es bei dem Grds., für die Akzeptanz einer Auslandsbeurkundung auf die Funktions- und Verfahrensäquivalenz mit einer inl. Beurkundung abzustellen (zur Untersuchung der Gleichwertigkeit in ausgewählten Schweizer Kantonen Müller NJW 2014, 1994; MüKoGmbHG/Weller/Reichert GmbHG § 15 Rn. 148 ff.; mit erheblichen Bedenken gegen das Beurkundungswesen in der Schweiz Widmann/Mayer/Heckschen Rn. 66). Der höchstrichterlichen Rspr. folgend dürfte der Gleichwertigkeit schweizerischer Beurkundung **bei Anteilsübertragungen** also nichts entgegenstehen (so OLG Düsseldorf NJW 2011, 1370; Gehrlein/Born/Simon/Winter/Schümmer GmbHG § 15 Rn. 79; Noack/Servatius/Haas/Servatius GmbHG § 15 Rn. 22a f.; BeckOK GmbHG/Wilhelmi § 15 Rn. 94 ff.; Henssler/Strohn/Verse GmbHG § 15 Rn. 46a; MüKoGmbHG/Weller/Reichert GmbHG § 15 Rn. 144 ff.; Altmeppen GmbHG § 15 Rn. 92; Vossius DB 2007, 2299 (2304)). Sofern ein Teil der Lit. die Kompetenz des ausl. Notars zur **Einreichung der Gesellschafterliste** nach § 40 II GmbHG anzweifelt (zum Meinungsstand Löbbe GmbHR 2012, 7 mwN; lediglich die Einreichungspflicht des ausl. Notars verneinen Noack/Servatius/Haas/Servatius GmbHG § 40 Rn. 69; Henssler/Strohn/Oetker GmbHG § 40 Rn. 31; MüKoGmbHG/Heidinger GmbHG § 40 Rn. 225, Altmeppen GmbHG § 40 Rn. 41 f. mwN; vgl. aber OLG München ZIP 2013, 458 mAnm Hasselmann NZG 2013, 325), beeinträchtigt dies nicht die grds. akzeptierte Wirksamkeit des Beurkundungsvorgangs (Gehrlein/Born/Simon/Winter/Schümmer GmbHG § 15 Rn. 79). Außerdem stellt sich dieses Thema im Anwendungsbereich des UmwG gar nicht (zutr. Lutter/Drygala Rn. 10a unter Verweis auf § 16 I 1 und die dort geregelte Anmeldung durch die Vertretungsorgane der Rechtsträger). Ebenfalls zulässig ist die notarielle Niederschrift iSv § 130 I AktG durch einen ausl. Notar (BGH DStR 2015, 131; zust. Hölters/Weber/Drinhausen AktG § 130 Rn. 13; Koch AktG § 121 Rn. 16 mwN; MüKoAktG/Kubis AktG § 130 Rn. 12; krit. BeckOGK/Wicke AktG § 130 Rn. 22; Anm. Hüren zu BGH DNotZ 2015, 207 (217)).

Damit bleibt die Frage, ob wegen gesteigerter Bedeutung des materiellen Rechts **18** (dessen Einhaltung durch die Beurkundung gewährleistet werden soll, vgl. BGHZ 105, 324 = NJW 1989, 295) bei **gesellschaftsrechtlichen Strukturmaßnahmen** anderes gelten soll als für die zuvor (→ Rn. 17) dargestellten Fälle. Als Argument dafür wird vor allem angeführt, die materielle Richtigkeitsgewähr sei für Strukturmaßnahmen insbes. des UmwG deshalb besonders wichtig, weil vielfältige Interessen von nicht an der Beurkundung beteiligten Dritten (zB Arbeitnehmer, Gläubiger) geschützt werden müssten (Hüren DNotZ 2015, 207; Lutter/Drygala Rn. 9; Widmann/Mayer/Heckschen Rn. 67; BeckOGK/Wicke Rn. 20). Das mag so sein, wobei gerade der Schutz von Arbeitnehmern (zB § 5 I Nr. 9, III), von Gläubigern (zB § 20 I Nr. 3 S. 2, § 22) und von Minderheitsgesellschaftern zentrale Anliegen des Gesetzes sind und dieser Schutz bei einfacher Rechtsanwendung effektiv ist. Jedenfalls sollte eine Auslandsbeurkundung dann, wenn sie der Beurkundung in Deutschland gegenüber gleichwertig ist, bei **Strukturmaßnahmen nach dem UmwG** zulässig sein. Die Gegenauffassung überträgt die Argumentation in BGH NJW 2020, 1670 Rn. 12 ff. zur Notwendigkeit der Anwesenheit eines im Inland bestellten Notars im Rahmen einer Auflassung nach § 925 I 2 BGB auf die hier in Rede stehenden Maßnahmen (ausf. Lieder NZG 2020, 1081; BeckOGK/Wicke, Rn. 22). Es wäre jedoch schwer nachvollziehbar, warum in der heutigen Zeit andererseits die Umstrukturierung in Europa über die Grenzen hinweg möglich (zur grenzüberschreitenden Umw → §§ 305 ff.) und wegen der GesR-RL dazu auch weitgehend harmonisiert ist, andererseits per se das lateinische Notariat im Ausland von der Beurkundung nach § 6 ausgeschlossen sein soll, obwohl auch dort vergleichbares materielles Recht gilt. Vielleicht hat die Diskussion in der Vergangenheit über die Beurkundung in der Schweiz zu sehr den Blick verzerrt; die Frage der Zulässigkeit der Auslandsbeurkundung stellt sich aber nicht nur für die Notariate dort, sondern auch für die Notariate in Mitgliedsländern der EU. Für Österreich wird sie in der Praxis zumeist positiv beantwortet, auch von den Registergerichten. KG NZG 2018, 304 hat die Beurkundung einer GmbH-Gründung durch einen Berner Notar zugelassen (krit. Heckschen DB 2018, 685). Jedenfalls ist der Praktiker bis zur endgültigen Klärung der Frage gut beraten, sich vor Durchführung einer Auslandsbeurkundung mit den **zuständigen Registergerichten abzustimmen**. In Bezug auf die in Beraterkreisen bekannten ausl. Notare, die das dt. Recht bestens kennen und die viel Routine haben, gibt es dann erfahrungsgemäß wenig Probleme.

5. Kosten der Beurkundung

19 Mit Inkrafttreten des 2. KostRMoG (BGBl. 2013 I 2586) und der Einführung des GNotKG zum 1.8.2013 wurden die Bestimmungen der KostO abgelöst, was teilw. zu erheblichen wirtschaftlichen Mehrbelastungen für die an der Verschm beteiligten Personen führt (→ § 19 Rn. 39 mwN). Die neuen Regelungen sind gem. § 136 I Nr. 4 GNotKG für alle Umwandlungsvorgänge anwendbar, für die ein Auftrag an den Notar ab dem 1.8.2013 (Stichtag) erteilt worden ist.

19a Gem. § 3 II GNotKG iVm KV 21100 GNotKG wird für die **Beurkundung** von Verträgen eine doppelte Geschäftsgebühr erhoben (zur Beurkundung mehrerer Vorgänge BeckOGK/Wicke Rn. 25). Der Anfall dieser 2,0-Gebühr ist nicht verhandelbar, weil es dt. Notaren gem. § 125 GNotKG untersagt ist, vom Gesetz abw. Vereinbarungen über die Höhe der Notarkosten zu schließen. Dieses Verbot gilt auch bzgl. Vereinbarungen über den Geschäftswert. Gerade diese Vorschrift wird auch weiterhin die Auslandsbeurkundung (→ Rn. 13 ff.) interessant erscheinen lassen, weil den dt. Notaren gleichwertige ausl. Notare (zB in Österreich, Schweiz und den Ländern des sog. lateinischen Notariats, vor allem Frankreich, Belgien, Spanien, Italien und Niederlande) eine den rechtlichen und wirtschaftlichen Gegebenheiten entsprechende Vereinbarung der Gebühren nicht generell untersagt ist (vgl. auch Pfeiffer NZG 2013, 244). Die Wertbeschränkung (→ Rn. 20) macht die Auslandsbeurkundung nicht unnötig (so aber wohl Lutter/Drygala Rn. 14, 49; Semler/Stengel/Leonard/Schröer/Greitemann Rn. 15).

20 Bei Beurkundung von Plänen und Verträgen nach dem UmwG ist der **Geschäftswert** gem. § 107 I GNotKG auf **höchstens 10 Mio. Euro** beschränkt, wobei sich die Höchstgrenze durch die Einführung des GNotKG gegenüber § 39 V KostO aF verdoppelt hat (die Wertbeschränkung gilt nicht für Umstrukturierungen durch Einzelrechtsnachfolge, BayObLG DB 1998, 2410). Für die getrennte Beurkundung von Angebot und Annahme fallen nunmehr im Ergebnis höhere Gebühren an, der Anbietende trägt gem. KV 21100 GNotKG die volle 2,0-Gebühr, der Annehmende gem. KV 21101 GNotKG wie bisher eine 0,5-Gebühr (Widmann/Mayer/Heckschen Rn. 142).

21 Zu den Gebühren für die Beurkundung des Verschmelzungsvertrages kommen noch Gebühren für die **Anmeldung** (→ § 19 Rn. 40 ff.), für die **Eintragung** und Gebühren für etwa notwendig werdende **Zustimmungsbeschlüsse** (→ § 13 Rn. 77 ff.) hinzu. Zur Berechnung des Geschäftswerts → § 4 Rn. 22; Widmann/Mayer/Heckschen Rn. 100 ff. mwN.

§ 7 Kündigung des Verschmelzungsvertrags

¹**Ist der Verschmelzungsvertrag unter einer Bedingung geschlossen worden und ist diese binnen fünf Jahren nach Abschluß des Vertrags nicht**

eingetreten, so kann jeder Teil den Vertrag nach fünf Jahren mit halbjähriger Frist kündigen; im Verschmelzungsvertrag kann eine kürzere Zeit als fünf Jahre vereinbart werden. ²Die Kündigung kann stets nur für den Schluß des Geschäftsjahres des Rechtsträgers, dem gegenüber sie erklärt wird, ausgesprochen werden.

Übersicht

	Rn.
1. Allgemeines	1
2. Zulässigkeit von Bedingungen und Befristungen	4
3. Kündigung	7
4. Sonstige Veränderungen des Verschmelzungsvertrages	13
a) Aufhebung des Verschmelzungsvertrages	14
b) Abänderung des Verschmelzungsvertrages	20
c) Anfechtung und Nichtigkeit	22
d) Wegfall der Geschäftsgrundlage	25
e) Rücktritt	28

1. Allgemeines

Die Regelung führt die schon früher in § 341 II AktG aF, § 21 V KapErhG aF, § 44a III VAG aF gegebenen Möglichkeiten der **Kündigung des Verschmelzungsvertrages** fort. Ersatzlos entfallen ist allerdings die vormalige Möglichkeit, den Vertrag nach Ablauf einer Zehnjahresfrist zu kündigen, sofern dessen Wirkungen erst mit diesem Zeitpunkt eintreten; für die Weiterführung einer derartigen Vorschrift bestand kein praktisches Bedürfnis (vgl. Begr. RegE, BR-Drs. 75/94 zu § 7). 1

Weiterhin wurde die früher gleichmäßig geltende Sperrfrist für den Ausspruch der Kündigung von zehn auf fünf Jahre verkürzt. Schließlich ist durch § 7 S. 1 Hs. 2 klargestellt worden, dass die Dauer der Kündigungsfrist durch einvernehmliche Regelung verkürzt werden kann. 2

Die Kündigung ist nur eine Möglichkeit zur Herbeiführung der Auflösung des Verschmelzungsvertrages. Daneben bestehen die im UmwG nicht ausdrücklich aufgeführten Möglichkeiten der Inhaltsveränderung oder der Auflösung des Verschmelzungsvertrages aus anderen, dem allg. Zivilrecht entstammenden Rechtsinstituten (→ Rn. 13 ff.). 3

2. Zulässigkeit von Bedingungen und Befristungen

Bedeutsam ist § 7 zunächst deshalb, weil die Vorschrift erkennen lässt, dass Verschmelzungsverträge auch unter Vereinbarung von aufschiebenden Bedingungen und Befristungen geschlossen werden können. Problematisch ist hingegen die Vereinbarung einer **auflösenden Befristung bzw. Bedingung.** Eine derartige Vertragsklausel kann nur bis zum Wirksamwerden der Verschm (§ 20 I) gelten; danach besteht der übertragende Rechtsträger nicht mehr, er kann nicht nachträglich wieder entstehen (Verbot der sog. „Entschmelzung", wie hier Körner/Rodewald BB 1999, 853 mwN; Widmann/Mayer/Heckschen Rn. 18; BeckOGK/Wicke Rn. 9; diff. Lutter/Drygala § 4 Rn. 28 mwN; vgl. zu § 20 II, der § 352a AktG aF ersetzt hat, → § 20 Rn. 94 ff.; Lutter/Grunewald § 20 Rn. 77 ff. je mwN). Bis zum Wirksamwerden der Verschm ist die Vereinbarung einer auflösenden Bedingung bzw. Befristung jedoch gültig (wie hier Körner/Rodewald BB 1999, 856 mwN auch zu abw. Ansichten). 4

Bei Vereinbarung einer **aufschiebenden Bedingung** (zB bei einer Kettenverschmelzung, vgl. OLG Hamm GmbHR 2006, 255 mwN; → § 5 Rn. 3) ist nicht 5 geregelt, ob der Nachweis über den Eintritt der Bedingung gegenüber dem Registergericht im Rahmen der Frist des § 17 Abs. 2 S. 4 erfolgen muss. Nach hM (OLG Hamm MittBayNot 2006, 436 (438); Weiler MittBayNot 2006, 377 (383); Kiem ZIP 1999, 173 (177 f.); Widmann/Mayer/Heckschen Rn. 19; BeckOGK/Wicke Rn. 6; BeckOGK/Rieckers/Cloppenburg § 17 Rn. 51, 93) ist die Anmeldung gem. § 17 grds. nur wirksam, wenn die Bedingung innerhalb des Achtmonatszeitraums von § 17 II 4 eingetreten ist. Entscheidend sei, dass das Handelsregister grundsätzlich in der Lage sein müsse, einzutragen; erleichternd soll lediglich der Nachw. über den Eintritt der Bedingung nach Ablauf des Achtmonatszeitraums nachgereicht werden können. Um zu sachgerechten Ergebnissen zu gelangen, wird dieser rigide Grundsatz in zwei für die Praxis wesentlichen Fällen durchbrochen: Zum einen ist es anerkanntermaßen unschädlich, wenn (bspw. bei einer Kettenumwandlung) die Bedingung noch von einem Registervollzug bei dem Registergericht selber oder einem anderen Registergericht abhängt; zum anderen ist auch eine fehlende Negativerklärung (im Fall von Beschlussmängelklagen) unschädlich. Ggf. darüber hinausgehend hält Lutter/Decher § 17 Rn. 13, 18 auch Verzögerungen wegen einer etwa noch ausstehenden Kartellfreigabe für unschädlich.

6 Weitergehend lässt sich argumentieren, dass das bedingte Rechtsgeschäft tatbestandlich vollendet und voll gültig ist und nur seine Rechtswirkungen bis zum Eintritt der Bedingung in der Schwebe sind (BGH NJW 1994, 3228; vgl. auch Körner/Rodewald BB 1999, 856 mwN). So kommt es auch für die Fragen der Geschäftsfähigkeit, der Verfügungsbefugnis, der etwaigen Sittenwidrigkeit und aller sonstigen Gültigkeitsvoraussetzungen nicht auf den Zeitpunkt des Bedingungseintritts, sondern auf den Zeitpunkt der Vornahme des Rechtsgeschäfts an (vgl. statt aller Grüneberg/Ellenberger BGB Einf. vor § 158 Rn. 8). Wenn der Verschmelzungsvertrag vor Eintritt der aufschiebenden Bedingung damit nicht unwirksam ist, kommt es auf § 17 II 4 nicht an. Es genügt, wenn der Bedingungseintritt auf Anforderung des Registergerichts nachgewiesen wird.

3. Kündigung

7 Die Kündigungsmöglichkeit nach § 7 setzt voraus, dass der Verschmelzungsvertrag unter einer (aufschiebenden) Bedingung geschlossen wurde und diese Bedingung innerhalb eines Zeitraums von mehr als fünf Jahren nicht eingetreten ist. Hintergrund dieses **besonderen Kündigungsrechts** ist, dass sich in einem Zeitraum von fünf Jahren die Rahmendaten (Kapitalausstattung, wirtschaftliche Entwicklung, Zahl und Zusammensetzung von Anteilsinhabern) so grundlegend verändern können, dass das Umtauschverhältnis nicht mehr den tatsächlichen Gegebenheiten entspricht (wie hier Lutter/Drygala Rn. 1).

8 Die **Fünfjahresfrist beginnt** kraft ausdrücklicher gesetzlicher Regelung **mit Abschluss des Verschmelzungsvertrages.** Damit wurde der früher hM (vgl. Nachw. → 1. Aufl. 1994, AktG § 341 Rn. 10 mwN) eine Absage erteilt (Begr. RegE, BR-Drs. 75/94 zu § 7). Es erschien dem Gesetzgeber nicht mehr sachgerecht, auf das Vorliegen der notwendigen Zustimmungsbeschlüsse zu rekurrieren, weil bei Verschm unter Beteiligung von mehr als zwei Rechtsträgern eher Umstände eintreten können, die den Eintritt der Bindungswirkung des Verschmelzungsvertrages hinauszögern und damit die sachlich gebotene Kündigungsmöglichkeit einengen, obwohl sich die Verhältnisse, die das Umtauschverhältnis der Anteile bestimmt, in demselben Maße geändert haben können (Begr. RegE, BR-Drs. 75/94 zu § 7). Dieser Ansatz ist insoweit nicht korrekt, als auch nach früherer Rechtslage eine Verschm unter Beteiligung mehrerer Rechtsträger möglich war, die Interessenlage sich also nicht geändert hat (zu Unklarheiten der gesetzlichen Regelung auch Widmann/Mayer/Heckschen Rn. 7). Gleichwohl ist der eindeutige gesetzliche Wortlaut zu respektieren.

Im Verschmelzungsvertrag kann eine kürzere Zeit als fünf Jahre vereinbart werden 9
(§ 7 **S. 1 Hs. 2)**. Damit wird – was früher ebenfalls anerkannt war – klargestellt, dass die Sonderkündigungsmöglichkeit nach § 7 sowohl hinsichtlich der maßgeblichen Frist als auch bezüglich der Anwendbarkeit der Kündigungsbestimmung als solcher **dispositiv** ist. Kommen die beteiligten Rechtsträger überein, § 7 vollständig abzubedingen (aA hM, vgl. Lutter/Drygala Rn. 7; Kallmeyer/Marsch-Barner/Oppenhoff Rn. 3 je mwN; Kölner Komm UmwG/Simon Rn. 16), stellt sich die Frage nach der Existenz von Kündigungsmöglichkeiten aus anderen als den in § 7 aufgeführten Gründen.

Den beteiligten Rechtsträgern steht – bei Vorliegen der sonstigen Voraussetzun- 10
gen – zumindest ein **Kündigungsrecht aus wichtigem Grund** zu. Nach dem ursprünglich von der Rspr. aus §§ 543, 626, 723 BGB, § 92 HGB allg. entwickelten und heute in **§ 314 BGB** niedergelegten Grds., dass Dauerschuldverhältnisse stets aus wichtigem Grund gekündigt werden können, ist auch für den Verschmelzungsvertrag ein solches allg. Kündigungsrecht abzuleiten. Zwar begründet der Verschmelzungsvertrag kein Dauerschuldverhältnis im klassischen Sinne (Lutter/Drygala § 4 Rn. 40 Fn. 3; für die Gleichstellung mit Dauerschuldverhältnis Semler/Stengel/Leonard/Schröer/Greitemann § 4 Rn. 59), die herausragende Bedeutung für die beteiligten Rechtsträger und die erhebliche Zeitdauer zwischen Abschluss des Verschmelzungsvertrags und Umsetzung der in ihm festgeschriebenen Wirkungen durch die Eintragung der Verschm gebieten jedoch diesen Parallelschluss (allgM, vgl. Lutter/Drygala § 4 Rn. 40 mwN; zur Argumentation mit dem Rechtsinstitut Wegfall der Geschäftsgrundlage Widmann/Mayer/Heckschen Rn. 35).

Die **Kündigungsfrist** beträgt ein halbes Jahr zum Ende des Gj. (krit. Widmann/ 11
Mayer/Heckschen Rn. 6, 56) des die Kündigung empfangenden Rechtsträgers (§ 7 **S. 1 Hs. 1, S. 2)**. Wie allg. endet das Vertragsverhältnis erst mit Ablauf der Frist; in der Zwischenzeit kann die Verschm noch wirksam (§ 20 I), die Kündigung also gegenstandslos werden (Semler/Stengel/Leonard/Schröer/Greitemann Rn. 9 mwN).

Die **Kündigungserklärung** wird durch die jew. Vertretungsorgane des erklären- 12
den Rechtsträgers abgegeben, eine **Zustimmung der Anteilsinhaber** (quasi als actus contrarius zu § 13 I) ist nicht notwendig (teilw. abl. Widmann/Mayer/Heckschen Rn. 42 ff., der danach differenziert, ob die Anteilsinhaberversammlung dem Verschmelzungsvertrag bereits zugestimmt hat oder nicht; wie hier BeckOGK/Wicke Rn. 12; Semler/Stengel/Leonard/Schröer/Greitemann Rn. 10; Lutter/Drygala Rn. 6).

4. Sonstige Veränderungen des Verschmelzungsvertrages

Der **Verschmelzungsvertrag ist** Organisationsakt, zugleich aber auch **schuld-** 13
rechtlicher Vertrag. Insoweit gelten die allg. Regelungen des materiellen Zivilrechts (→ § 4 Rn. 7 ff., → Rn. 16 ff.). Die beteiligten Rechtsträger können das zwischen ihnen bestehende und durch den Verschmelzungsvertrag definierte Rechtsverhältnis durch Aufhebung, Änderung oder Anfechtung des Verschmelzungsvertrages modifizieren.

a) Aufhebung des Verschmelzungsvertrages. Mit Eintragung der Verschm in 14
das Register des Sitzes des übernehmenden Rechtsträgers wird die Verschm wirksam (§ 20 I). Nach diesem Zeitpunkt kann die Verschm nicht mehr rückgängig gemacht oder aufgehoben werden (allg. **Verbot der Entschmelzung**, vgl. auch § 20 II; dazu → § 20 Rn. 121 ff.; OLG Frankfurt a. M. NZG 2003, 236). Die Änderung des Verschmelzungsvertrages muss noch früher, nämlich spätestens bis zur ersten Eintragung bei einem übertragenden Rechtsträger iSv § 19 I 2, erfolgen, da bereits das dafür zuständige Registergericht die endgültige Vereinbarung prüfen

Winter

muss (ähnlich Semler/Stengel/Leonard/Schröer/Greitemann Rn. 37: Antrag auf Löschung der ersten Eintragung notwendig).

15 **Vor der Eintragung** der Verschm kann der Verschmelzungsvertrag einvernehmlich aufgehoben werden. Bei den Voraussetzungen für eine Aufhebung des Verschmelzungsvertrages ist zu diff.: Wurde ein Zustimmungsbeschluss (§ 13) noch nicht gefasst, so können die jew. zum Vertragsabschluss berufenen Vertretungsorgane der beteiligten Rechtsträger den bereits abgeschlossenen Verschmelzungsvertrag ohne Weiteres wieder aufheben (allgM, vgl. Lutter/Drygala § 4 Rn. 26 mwN).

16 Entsprechendes gilt, falls noch mindestens ein Zustimmungsbeschluss eines beteiligten Rechtsträgers fehlt. Die Vertretungsorgane derjenigen Rechtsträger, deren Anteilsinhaberversammlungen dem Verschmelzungsvertrag bereits zugestimmt haben, verstoßen hierbei zwar gegen ihre **interne Bindung,** im **Außenverhältnis** ist die Aufhebung des Verschmelzungsvertrages jedoch wirksam.

17 Sofern allerdings alle notwendigen Zustimmungsbeschlüsse auf Seiten aller beteiligten Rechtsträger gefasst sind, bedarf eine wirksame Aufhebung des Verschmelzungsvertrages sowohl des Abschlusses einer Aufhebungsvereinbarung als auch der **Zustimmung** der jew. Anteilsinhaberversammlung (actus contrarius zu § 13 I, Lutter/Drygala § 4 Rn. 26 mwN; Widmann/Mayer/Heckschen § 6 Rn. 52, der notarielle Beurkundung fordert; Semler/Stengel/Leonard/Schröer/Greitemann § 4 Rn. 27 ff. mwN, der bei Zustimmung der Anteilsinhaberversammlung nur eines Rechtsträgers bereits eine Wirkung auf das Außenverhältnis befürwortet; die Entscheidung OLG Karlsruhe DB 1994, 1462 zum Zustimmungserfordernis bei Aufhebung eines Beherrschungs- und Gewinnabführungsvertrages – keine Zustimmung erforderlich – ist auf die Aufhebung des Verschmelzungsvertrages nicht anwendbar, da dieser noch wesentlich weiter in die Rechtsposition der Beteiligten eingreift).

18 Für den actus contrarius wird man die gleichen **Mehrheitserfordernisse** verlangen müssen wie für den eigentlichen Zustimmungsbeschluss (→ § 13 Rn. 29; Widmann/Mayer/Heckschen § 13 Rn. 66 mwN; aA Lutter/Drygala § 4 Rn. 27 mwN; Semler/Stengel/Leonard/Schröer/Greitemann § 4 Rn. 32; für Formbedürftigkeit dieses Beschlusses Widmann/Mayer/Heckschen § 13 Rn. 163.32; Widmann/Mayer/Vossius § 43 Rn. 166).

19 Die Vertragsaufhebung selbst kann jedoch formlos erfolgen, § 6 gilt insoweit nicht (wie hier Semler/Stengel/Leonard/Schröer/Greitemann § 6 Rn. 10; BeckOGK/Wicke § 4 Rn. 44; aA Widmann/Mayer/Mayer § 4 Rn. 63; Widmann/Mayer/Heckschen § 6 Rn. 52).

20 **b) Abänderung des Verschmelzungsvertrages.** Auch bei einvernehmlicher Änderung – zum spätesten Zeitpunkt → Rn. 14 – ist in zeitlicher Hinsicht zu diff. Solange ein Zustimmungsbeschluss noch nicht vorliegt, können die jew. Vertretungsorgane der beteiligten Rechtsträger den Verschmelzungsvertrag jederzeit einvernehmlich ändern.

21 Liegt hingegen schon ein Zustimmungsbeschluss vor, so muss die **Versammlung der Anteilsinhaber,** welche die Zustimmung bereits erteilt hat, nach allgM über den veränderten Verschmelzungsvertrag (die Änderung müssen von den insoweit zuständigen Vertretungsorganen in den Vertrag eingearbeitet werden, zutr. Widmann/Mayer/Heckschen § 13 Rn. 64 mwN) erneut abstimmen, weil sonst die Voraussetzungen von § 13 I nicht eingehalten sind. Da auch der Beschluss über eine Vertragsänderung als Beschluss iSv § 13 I anzusehen ist, gelten die allg. Mehrheitserfordernisse. Auch bedarf der geänderte Vertrag der **notariellen Beurkundung** nach § 6, ggf. ist eine erneute Zuleitung des geänderten Vertrages gem. § 5 III notwendig (→ § 5 Rn. 106 ff.).

22 **c) Anfechtung und Nichtigkeit.** Der Verschmelzungsvertrag ist trotz seines organisationsrechtlichen Charakters auch schuldrechtlicher Vertrag, die **allg. Regeln des Zivilrechts über Anfechtung und Nichtigkeit** finden daher Anwendung. Praktische Bedeutung kann die Anfechtung aber regelmäßig erst nach Fassung der Zustimmungsbeschlüsse (§ 13) erlangen, da der Verschmelzungsvertrag zuvor ohnehin noch nicht wirksam ist und keine Bindungswirkung entfaltet (Kallmeyer/ Marsch-Barner/Oppenhoff § 4 Rn. 14).

Als **Anfechtungsgrund** wird neben der arglistigen Täuschung insbes. der Irrtum 23 über eine verkehrswesentliche Eigenschaft eines beteiligten Rechtsträgers in Betracht kommen (§ 119 II BGB). Die **Nichtigkeit** des Verschmelzungsvertrages kann aus §§ 134, 138 BGB folgen; § 311b II BGB ist hingegen nicht anwendbar (§ 4 I 2; → § 4 Rn. 5; Körner/Rodewald BB 1999, 854).

Nach Eintragung der Verschm scheidet sowohl eine Anfechtung des Verschmel- 24 zungsvertrages nach §§ 119, 123 BGB (aA Widmann/Mayer/Heckschen Rn. 38) als auch eine Berufung auf dessen Nichtigkeit aus (§ 20 II; ausf. → § 20 Rn. 121 ff., auch → § 26 Rn. 14 mwN).

d) **Wegfall der Geschäftsgrundlage.** Grds. sind auf den Verschmelzungsvertrag 25 auch die Regeln über die Störung der Geschäftsgrundlage (§ 313 BGB) anwendbar. Die Anwendung des Grundsatzes vom Wegfall der Geschäftsgrundlage wird insbes. in Betracht kommen, wenn bei einem der beteiligten Rechtsträger nach Wirksamwerden des Verschmelzungsvertrags eine wesentliche und nicht voraussehbare **Veränderung der Vermögenslage** eintritt (Semler/Stengel/Leonard/Schröer/Greitemann § 4 Rn. 58 mwN).

Rechtsfolge des Instituts der Störung der Geschäftsgrundlage ist regelmäßig nicht 26 die Auflösung des Vertrages, sondern vielmehr eine **Anpassung** an die veränderten Umstände. Eine Kündigung kommt nur in Betracht, wenn ein Festhalten am Vertrag für den anderen Vertragspartner schlichtweg unzumutbar ist, wenn also ein wichtiger Grund vorliegt (Lutter/Drygala § 4 Rn. 41; Widmann/Mayer/Heckschen Rn. 35 f. und allg. Lit. zu § 313 III BGB). Dies wird zB bei einem nach der Veränderung der Vermögenslage eines der beteiligten Rechtsträger völlig unzutr. Umtauschverhältnis regelmäßig zu bejahen sein.

Eine Anpassung des Umtauschverhältnisses nach den Regeln über die Störung 27 der Geschäftsgrundlage kommt nur dann in Frage, wenn die Vorschriften über den allg. Schutz der Anteilsinhaber (Verschmelzungsbericht, Verschmelzungsprüfung, Prüfungsbericht etc) beachtet und weiterhin die Zustimmungen der Anteilsinhaberversammlungen (entsprechend § 13) erteilt werden; anderes dürfte bei gerichtlicher Festsetzung gelten. Sonderregelung zu § 313 BGB ist § 21 über die Wirkung der Umw auf gegenseitige Verträge mit Dritten.

e) **Rücktritt.** Nach überw. Ansicht ist **§ 323 BGB** auch auf den Verschmelzungs- 28 vertrag anwendbar (→ § 4 Rn. 20). Diese Ansicht ist zutr. Zwar schulden die übertragenden Rechtsträger aus dem Verschmelzungsvertrag nicht die Übertragung von Vermögensgegenständen, da diese Folge schon kraft Gesetzes mit Eintragung der Verschm eintritt (§ 20 I 1); die Vertragspartner schulden sich aber gegenseitig die Durchführung der für die Verschm notwendigen Mitwirkungshandlungen. Diese Verpflichtungen stehen in einem **Synallagma.**

Liegen die Voraussetzungen von §§ 323 ff. BGB vor, kann insbes. der **Rücktritt** 29 **vom Verschmelzungsvertrag** erklärt werden. Für die erforderlichen Erklärungen bedarf das jew. Vertretungsorgan des handelnden Rechtsträger nicht der Zustimmung seiner Anteilsinhaberversammlung, weil die Ausübung dieses Gestaltungsrechts – anders als zB die Vertragsänderung – nicht der Zuständigkeit dieses Gremiums zugewiesen ist (so früher schon Lutter/Drygala § 4 Rn. 40 mwN; aA Widmann/Mayer/Heckschen Rn. 41 ff., die für die Ausübung gesetzlicher und vertraglicher Rücktrittsrechte jew. die Zustimmung der Anteilsinhaberversammlung[en] fordert, wenn und soweit diese der Verschm bereits zugestimmt haben). Das Rechtsschutzbedürfnis für eine bereits erhobene Unwirksamkeitsklage iSv § 14 soll nach LG Hanau DB 2002, 2261 durch den Rücktritt nicht entfallen.

§ 8 Verschmelzungsbericht

(1) ¹Die Vertretungsorgane jedes der an der Verschmelzung beteiligten Rechtsträger haben einen ausführlichen schriftlichen Bericht (Verschmelzungsbericht) zu erstatten, in dem Folgendes rechtlich und wirtschaftlich erläutert und begründet wird:
1. die Verschmelzung,
2. der Verschmelzungsvertrag oder sein Entwurf im Einzelnen, insbesondere
   a) das Umtauschverhältnis der Anteile einschließlich der zu seiner Ermittlung gewählten Bewertungsmethoden oder die Angaben über die Mitgliedschaft bei dem übernehmenden Rechtsträger sowie
   b) die Höhe einer anzubietenden Barabfindung einschließlich der zu ihrer Ermittlung gewählten Bewertungsmethoden.

²Der Verschmelzungsbericht kann von den Vertretungsorganen auch gemeinsam erstattet werden. ³Auf besondere Schwierigkeiten bei der Bewertung der Rechtsträger sowie auf die Folgen für die Beteiligung der Anteilsinhaber ist hinzuweisen. ⁴Ist ein an der Verschmelzung beteiligter Rechtsträger ein verbundenes Unternehmen im Sinne des § 15 des Aktiengesetzes, so sind in dem Bericht auch Angaben über alle für die Verschmelzung wesentlichen Angelegenheiten der anderen verbundenen Unternehmen zu machen. ⁵Auskunftspflichten der Vertretungsorgane erstrecken sich auch auf diese Angelegenheiten.

(2) ¹In den Bericht brauchen Tatsachen nicht aufgenommen zu werden, deren Bekanntwerden geeignet ist, einem der beteiligten Rechtsträger oder einem verbundenen Unternehmen einen nicht unerheblichen Nachteil zuzufügen. ²In diesem Falle sind in dem Bericht die Gründe, aus denen die Tatsachen nicht aufgenommen worden sind, darzulegen.

(3) ¹Der Bericht ist nicht erforderlich, wenn alle Anteilsinhaber des beteiligten Rechtsträgers auf seine Erstattung verzichten. ²Die Verzichtserklärungen sind notariell zu beurkunden. ³Der Bericht ist ferner nicht erforderlich
1. für den übertragenden und den übernehmenden Rechtsträger, wenn
   a) sich alle Anteile des übertragenden Rechtsträgers in der Hand des übernehmenden Rechtsträgers befinden oder
   b) sich alle Anteile des übertragenden und des übernehmenden Rechtsträgers in der Hand desselben Rechtsträgers befinden, sowie
2. für denjenigen an der Verschmelzung beteiligten Rechtsträger, der nur einen Anteilsinhaber hat.

Übersicht

	Rn.
1. Allgemeines	1
2. Schuldner der Berichtspflicht	6
3. Gemeinsamer Bericht	9
4. Umfang der Berichtspflicht	11
a) Allgemeines	11
b) Erläuterungen zur Verschmelzung	14
c) Erläuterungen zum Verschmelzungsvertrag	15
d) Erläuterungen zum Umtauschverhältnis	19
e) Erläuterungen zur Barabfindung	24
f) Schwierigkeiten bei der Bewertung	25
5. Verbundene Unternehmen	27

	Rn.
6. Geheimnisschutz (Abs. 2)	29
7. Verzicht (Abs. 3 S. 1 und 2)	36
8. Ausnahmen für Konzernkonstellationen (Abs. 3 S. 3)	39
9. Rechtsfolge mangelhafter Berichte	40

1. Allgemeines

Der nach § 8 vorgesehene **Verschmelzungsbericht** (Strafbewehrung: § 346 I **1**
Nr. 1) dient ausschließlich der Information und dem **Schutz der Anteilsinhaber** (Lutter/Drygala Rn. 3 mwN; Kölner Komm UmwG/Simon Rn. 3; BeckOGK/Fromholzer Rn. 2), die nach § 13 über die Verschm beschließen sollen. Er ist mittelbare Grundlage auch für die Durchführung der Verschmelzungsprüfung nach §§ 9–12. Während früher ein Verschmelzungsbericht lediglich für die Verschm von AG, KGaA oder bei entsprechender Beteiligung von GmbH erforderlich war (vgl. § 340a, § 340b IV 5, § 354 II, § 355 II, § 356 II AktG aF, dazu Priester NJW 1983, 1459), unterscheidet § 8 nicht nach den beteiligten Rechtsträgern. An einer ausf. Vorabinformation haben die Anteilsinhaber eines jeden Rechtsträgers ohne Rücksicht auf dessen Rechtsform ein berechtigtes Interesse (vgl. Begr. RegE, BR-Drs. 75/94 zu § 8; ein GmbH-Gesellschafter kann aber wegen § 51a GmbHG gegenüber § 8 II privilegiert sein, vgl. Lutter/Drygala Rn. 51).

Durch die Umwandlungsreform 1995 geändert wurde auch die Verpflichtung **2**
der Vertretungsorgane der jew. beteiligten Rechtsträger, zu den **rechtlichen und wirtschaftlichen Gründen** der Verschm an sich (und nicht nur des Verschmelzungsvertrags) Stellung zu nehmen. Anknüpfungspunkt waren die Vorschriften von § 186 IV 2 AktG (Begr. RegE, BR-Drs. 75/94 zu § 8) und Art. 9 RL 78/855 EWG (jetzt Art. 95 GesR-RL). Die Berichtspflicht erstreckt sich auch auf eine etwa anzubietende **Barabfindung,** da dieses Institut bei einer Vielzahl von Verschm einschlägig sein kann.

Abs. 2 und 3 sehen Ausnahmen von der Berichtspflicht vor. Durch das **3**
3. UmwÄndG (→ Einf. Rn. 31) sollte ursprünglich in einem neuen Abs. 3 die Informationspflicht der Vertretungsorgane gegenüber den Anteilsinhabern über wesentliche Vermögensveränderungen zwischen Abschluss des Verschmelzungsvertrages und Verschmelzungspflicht geregelt werden. In der endgültigen gesetzlichen Regelung wurde indes auf eine Änderung des für alle Rechtsnormen geltenden § 8 verzichtet und stattdessen ausschließlich für die AG § 64 I neu gefasst, vgl. Komm. dort.

Das **UmRUG** (→ Einf. Rn. 43 ff.) hat in Abs. 1 S. 1 die Reichweite der **4**
Berichtspflichten präzisiert und klargestellt, dass auch die jeweils zur Ermittlung des Umtauschverhältnisses und einer Barabfindung gewählten **Bewertungsmethoden** rechtlich und wirtschaftlich erläutert und begründet werden müssen. Diese Angaben werden durch Art. 124 Abs. 3 GesR-RL für die grenzüberschreitende Verschm und durch Art. 160e Abs. 3 GesR-RL für die grenzüberschreitende Spaltung gefordert. Der Gesetzgeber hat diese Vorgaben überschießend (vgl. Art. 95 GesR-RL für nat. Verschm von AG) in § 8 umgesetzt, so dass sie auch für nat. Umw gelten (und über die Verweise in § 309 IV, § 324 I 2 auch für grenzüberschreitende Umw). **Abs. 3** beschränkt sich in S. 1 und 2 nunmehr auf die Ausnahme von der Berichtspflicht bei notariell beurkundeter Verzichtserklärung; Ausnahmen für Konzernkonstellationen sind in S. 3 geregelt.

§ 8 ist zum Schutz der Anteilsinhaber notwendig, weil der Verschmelzungsvertrag **5**
als solcher für die an den Verhandlungen nicht beteiligten Anteilsinhaber nicht genügend Informationen enthält; er schreibt nur das Ergebnis der Verhandlungen fest. Die Anteilsinhaber der jew. Rechtsträger als die eigentlichen Entscheidungs- und Vermögensträger sollen aber in die Lage versetzt werden, ihre Zustimmung zur

oder Ablehnung der Verschm in **Kenntnis aller wesentlichen Umstände** abgeben zu können (so bereits BGH WM 1990, 2073 (2074); BGHZ 107, 296 (304 ff.) = NJW 1989, 2689 – Kochs-Adler; treffend Hommelhoff ZGR 1993, 463: „Präziser könnte der Gesetzgeber im Moment auch nicht lösen"; Mertens AG 1990, 20). Dieser **Normzweck** (vgl. ergänzend Widmann/Mayer/Mayer Rn. 5 ff.; Lutter/Drygala Rn. 3 ff.; BeckOGK/Fromholzer Rn. 2 ff.) ist bei der Auslegung von § 8 stets ausreichend zu berücksichtigen.

2. Schuldner der Berichtspflicht

6 **Abs. 1 S. 1** weist den jew. Vertretungsorganen (Geschäftsführer, Vorstände, vertretungsberechtigte Gesellschafter, Partner) jedes der an der Verschm beteiligten Rechtsträger die Pflicht zur Abfassung eines ausführlichen Verschmelzungsberichts zu. Die jew. Organmitglieder sind auch aufgrund ihres Dienstvertrages zur Erstattung des Verschmelzungsberichts verpflichtet (Semler/Stengel/Leonard/Gehling Rn. 5, dort auch zur Verantwortung innerhalb Ressort- und Gesamtzuständigkeit).

7 Formwirksam erstattet ist der Verschmelzungsbericht bereits dann, wenn er von Mitgliedern des Vertretungsorgans in **vertretungsberechtigter Anzahl** unterzeichnet ist. Der BGH sieht das Schriftformerfordernis von Abs. 1 S. 1 gewahrt, wenn nicht alle, sondern nur so viele Organmitglieder handeln, wie es zur regulären gesellschaftsrechtlichen Vertretung notwendig ist (BGH AG 2007, 625 = BB 2007, 1977 m. zust. Anm. v. Rechenberg; ebenso Linnerz EWiR 2005, 135 zu KG DB 2004, 2746; vgl. auch OLG Stuttgart ZIP 2003, 2363). Wird der Verschmelzungsbericht gedruckt, kann die Unterschrift durch Faksimile ersetzt werden.

8 Eine **Vertretung** der Vertretungsorgane ist unzulässig, da der Verschmelzungsbericht eine Wissens- und keine Willenserklärung darstellt (Lutter/Drygala Rn. 7; BeckOGK/Fromholzer Rn. 14; Semler/Stengel/Leonard/Gehling Rn. 5; Widmann/Mayer/Mayer Rn. 14 aE; aA Hüffer FS Claussen, 2004, 183 f.).

3. Gemeinsamer Bericht

9 **Abs. 1 S. 2** schreibt fest, dass der Bericht von den Vertretungsorganen aller beteiligten Rechtsträger auch **gemeinsam** erstattet werden kann. Dieses Vorgehen ist empfehlenswert, weil die wirtschaftliche und rechtliche Erläuterung und Begr. zur Verschm, zum Verschmelzungsvertrag bzw. zu dessen Entwurf und zum Umtauschverhältnis nicht ohne ein Eingehen auf jew. alle an der Verschm beteiligten Rechtsträger möglich sind.

10 Der Verschmelzungsbericht fasst letztlich nur die Verhandlungen über den Verschmelzungsvertrag unter Offenlegung der jew. Verhandlungsansätze und Zielsetzungen der Rechtsträger zusammen. Zum Schriftformerfordernis → Rn. 7.

4. Umfang der Berichtspflicht

11 **a) Allgemeines.** Der ausf. schriftliche Bericht hat **rechtliche und wirtschaftliche Erläuterungen und Begr.** zur Verschm an sich, zum Verschmelzungsvertrag oder dessen Entwurf, zum Umtauschverhältnis und zur Höhe einer etwa anzubietenden Barabfindung, jeweils einschließlich der zur Ermittlung gewählten Bewertungsmethoden, zu enthalten **(Abs. 1 S. 1;** krit. zu der weiten Formulierung von Abs. 1 S. 1 HRA des DAV WM Sonderbeil. 2/1993 Rn. 31 ff.; sehr weitgehende Freiheiten werden den Berichtspflichtigen durch OLG Düsseldorf ZIP 1999, 793 und OLG Hamm ZIP 1999, 798 zugestanden; dagegen zu Recht Heermann ZIP 1999, 1861). Der Normzweck (→ Rn. 5) gebietet es, den jew. Anteilsinhabern einen möglichst umfassenden Einblick zu gewähren, weswegen auch LG Essen AG 1999, 329 (331) nicht recht verständlich ist, soweit dort allg. behauptet wird, Meinungen von Organen anderer an der Verschm beteiligter Rechtsträger seien nicht erwähnenswert.

Richtig aber OLG Hamm DB 1999, 1156: Angaben zur Höhe möglicher Zahlungen im Spruchverfahren interessieren nicht. Der Bericht sollte etwaige Gestaltungsalternativen benennen, sonst droht ggf. Anfechtbarkeit; vgl. LG Mannheim ZIP 2014, 970 zum Formwechsel mAnm Rahlmeyer/v. Eiff EWiR 2014, 317 und Wardenbach GWR 2014, 283. Grenze der Berichtspflicht ist § 8 II, der sich an § 131 III 1 AktG anlehnt (→ Rn. 29 ff.).

Der **Umfang der Berichtspflicht** ist **nicht** deswegen **eingeschränkt,** weil **12** §§ 9–12 eine **Verschmelzungsprüfung** durch Sachverständige vorsehen (vgl. auch OLG Köln AG 1989, 101 (102); in diese Richtung argumentierend aber Lutter/Drygala Rn. 12). Auch der Umstand, dass der einzelne Anteilsinhaber wegen eines zu gering bemessenen Umtauschverhältnisses keine Unwirksamkeitsklage erheben kann, sondern auf das **Spruchverfahren** angewiesen ist, führt nicht zu einer Beschränkung der Berichtspflicht (OLG Karlsruhe WM 1989, 1134 (1136 ff.)). Ein Bericht, in dem lediglich der Verschmelzungsvertrag mit einem anderen Wortlaut referiert wird, wird den gesetzlichen Anforderungen ebenso wenig gerecht wie allg. Erwägungen zur Sinnhaftigkeit eines Umstrukturierungsvorgangs.

Auf der anderen Seite verlangt Abs. 1 nicht, die jew. Anteilsinhaber derart umfas- **13** send mit Datenmaterial zu versorgen, dass diese – ggf. unter Hinzuziehung von Sachverständigen – in der Lage wären, die rechtlichen und wirtschaftlichen Hintergründe der Verschm, des Verschmelzungsvertrages etc selbst abschließend zu beurteilen. Es ist also insbes. **nicht notwendig,** dass der einzelne **Anteilsinhaber** mit Hilfe der im Verschmelzungsbericht genannten Daten die dem Verschmelzungsvertrag zugrunde liegenden **Unternehmensbewertungen selbst erstellen** könnte (OLG Saarbrücken ZIP 2011, 469; OLG Düsseldorf DB 2002, 781; so schon OLG Hamm DB 1989, 1616 (1617)). Ausreichend ist es vielmehr, wenn die Anteilsinhaber aufgrund des Verschmelzungsberichts eine **Plausibilitätskontrolle** durchführen können (allgM, Lutter/Drygala Rn. 12; Kallmeyer/Marsch-Barner/Oppenhoff Rn. 6; Semler/Stengel/Leonard/Gehling Rn. 11 ff.; BeckOGK/Fromholzer Rn. 34 je mwN; ausf. Widmann/Mayer/Mayer Rn. 19 ff.).

b) Erläuterungen zur Verschmelzung. Gegenstand des Verschmelzungsbe- **14** richts sind zunächst wirtschaftliche und rechtliche **Erläuterungen und Begr. zur Verschm an sich (Abs. 1 S. 1 Nr. 1).** Dieses Erfordernis ist durch das UmwG 1995 neu eingeführt worden. Vorbild war § 186 IV 2 AktG über die Berichtspflicht im Zusammenhang mit dem Bezugsrechtsausschluss. Die Leitungsorgane haben demnach **schlüssig und nachvollziehbar** darzulegen, warum gerade eine Umstrukturierung im allg. und eine Verschm im Besonderen das **geeignete Mittel** (vgl. zu anderen Möglichkeiten Widmann/Mayer/Mayer Rn. 20; Kölner Komm UmwG/Simon Rn. 24) zur Verfolgung des Unternehmenszwecks des jew. beteiligten Rechtsträgers sein soll (so auch LG München I AG 2000, 88; zur Benennung von Gestaltungsalternativen im Bericht → Rn. 11 aE mwN). In diesem Zusammenhang kann bspw. auf Synergieeffekte, marktspezifische Besonderheiten, stl. Vorteile durch oder infolge der Verschm, Haftungsgesichtspunkte, Publizitäts- und Mitbestimmungspflichten etc eingegangen werden. Eine allg. Bezugnahme auf generelle Motive von Verschm ohne konkrete „Subsumtion" ist nicht opportun (vgl. auch LG Essen AG 1999, 331).

c) Erläuterungen zum Verschmelzungsvertrag. Rechtlich und wirt- **15** schaftlich zu erläutern und zu begründen ist der **Verschmelzungsvertrag** bzw. sein Entwurf **(Abs. 1 S. 1 Nr. 2).** Damit ist die Erläuterung der Bestimmungen des Verschmelzungsvertrages im Einzelnen gefordert. Der technische Vorgang der Verschm ist den Anteilsinhabern zur Vorbereitung der Beschlussfassung (§ 13) rechtlich darzulegen, die Wirkungen der vollzogenen Verschm (für die jew. Betriebe der einzelnen Unternehmen, für Verträge mit Dritten, für die ArbN, das

Mitbestimmungsstatut, dazu Kiem/Uhrig NZG 2001, 680 etc) sind ebenfalls zu erläutern.

16 Anhaltspunkte für die vollständige Abfassung des Berichts bieten die in § 5 I, §§ 20 ff. aufgeführten Tatbestände. Die **wirtschaftlichen Erläuterungen** müssen auf Tatsachen basieren (OLG Frankfurt a. M. ZIP 2000, 1928) und haben vor allem eine Komm. der rechtlichen Erläuterungen aus bilanzieller, stl. und betriebswirtschaftlicher Sicht zum Gegenstand (vgl. Ossadnik DB 1995, 105; Semler/Stengel/Leonard/Gehling Rn. 17 ff.; zu eng auf rechtliche Gesichtspunkte beschränkt sich Widmann/Mayer/Mayer Rn. 23; wie hier wohl Kallmeyer/Marsch-Barner/Oppenhoff Rn. 9 und Lutter/Drygala Rn. 17). Auch die wirtschaftliche Zweckmäßigkeit der Verschm an sich ist Berichtsgegenstand (OLG Jena NJW-RR 2009, 182; OLG Düsseldorf DB 2006, 2223).

17 Wenn rechtlich das Schicksal gegenseitiger Verträge iSv § 21 erläutert wird, sollte auch darauf eingegangen werden, welche wirtschaftlichen Konsequenzen dies zB für den Bilanzansatz beim übernehmenden Rechtsträger, für die beleihende Bank etc hat. Nur so wird dem Gesetzeswortlaut („ausführlichen Bericht …, in dem der Verschmelzungsvertrag oder sein Entwurf im Einzelnen … rechtlich und wirtschaftlich erläutert und begründet werden") ausreichend Rechnung getragen. Es gibt eine Vielzahl von Vertragsklauseln, die unter „rechtlichen Gesichtspunkten" (Widmann/Mayer/Mayer Rn. 23) nicht erklärungsbedürftig sind, die aber unmittelbar wirtschaftliche Auswirkungen haben können; genannt seien zB Vereinbarungen über die Kostenverteilung, die sich stl. auswirken können oder Vereinbarungen zu einem variablen Verschmelzungsstichtag (→ § 5 Rn. 71, → § 5 Rn. 79), die das Umtauschverhältnis ändern oder schlimmstenfalls die ganze Verschm verhindern können.

18 Auf die Abfassung des Verschmelzungsberichts ist – auch was die Erläuterung des Verschmelzungsvertrages oder seines Entwurfs betrifft – große **Sorgfalt** zu verwenden. Gleichwohl darf der Bogen nicht überspannt werden; den jew. Anteilsinhabern soll ein **geschlossenes Bild der rechtlichen und wirtschaftlichen Bedeutung und Wirkung des Verschmelzungsvertrags** vermittelt werden, eine wissenschaftliche Abhandlung zu allen mit dem Verschmelzungsvertrag und seinen Wirkungen zusammenhängenden Fragen ist nicht gefordert. Selbstverständlichkeiten brauchen keine Darstellung (Lutter/Drygala Rn. 17; BeckOGK/Fromholzer Rn. 53; Widmann/Mayer/Mayer Rn. 23 aE).

19 **d) Erläuterungen zum Umtauschverhältnis.** Gegenstand der wirtschaftlichen und rechtlichen Begr. und Erläuterung ist insbes. das **Umtauschverhältnis** der Anteile einschließlich der zu seiner Ermittlung gewählten Bewertungsmethoden oder die Angaben über die Mitgliedschaft bei dem übernehmenden Rechtsträger (lit. a). Bereits durch die Gesetzesfassung („insbes.") wird klargestellt, dass dieser Teil des Verschmelzungsberichts als **Schwerpunkt** angesehen wird, er wird naturgemäß auch auf das größte Interesse der Anteilsinhaber treffen (vgl. Schöne GmbHR 1995, 325 (330 f.) mwN). Da die Berichterstattung zum Umtauschverhältnis recht komplex ist, werden in der Praxis idR externe Gutachter beauftragt, deren Gutachten die berichtspflichtigen Vertretungsorgane wiedergeben und sich zu eigen machen können.

20 Die noch zu § 340a AktG aF ergangenen Gerichtsentscheidungen, die sich mit der Berichtspflicht in Zusammenhang mit der Berechnung des Umtauschverhältnisses befassen, gelten weiterhin uneingeschränkt (vgl. etwa BGH WM 1990, 2073; 1990, 140; DB 1989, 1664; OLG Hamm AG 1989, 31; OLG Karlsruhe DB 1989, 1616; LG Frankenthal WM 1989, 1854). Diese Entscheidungen lassen indessen noch keine sichere Festlegung zu, was in den Verschmelzungsbericht aufgenommen werden muss.

Schon bisher reichte es nicht aus, nur die Grundsätze zu erläutern, nach denen 21 Unternehmenswerte und Umtauschverhältnisse bestimmt worden sind (BGH WM 1990, 2073 (2074)). In dem Bericht konnten sich die Vertretungsorgane der Rechtsträger also **nicht auf die Mitteilung der angewandten Bewertungsmethode und einzelner Rechenansätze** beschränken (OLG Köln AG 1989, 101 (102)). Ungenügend war und ist es auch, lediglich die Wertrelation der beteiligten Rechtsträger anzugeben (OLG Karlsruhe DB 1989, 1616) oder sich auf nicht näher begründete Erläuterungen von Wirtschaftsprüfern bzgl. der Angemessenheit des Umtauschverhältnisses zu berufen (Hügel, Verschmelzung und Einbringung, 1993, 146 ff.; ausf. zu den geforderten Erläuterungen Lutter/Drygala Rn. 18 ff.; Semler/Stengel/Leonard/Gehling Rn. 22 ff.; BeckOGK/Fromholzer Rn. 59 ff.; Widmann/Mayer/Mayer Rn. 24 ff. je mwN).

Das UmRUG hat Abs. 1 nunmehr dahingehend präzisiert, dass auch die zur 22 Ermittlung des Umtauschverhältnisses gewählten Bewertungsmethoden rechtlich und wirtschaftlich erläutert und begründet werden müssen. Mit dieser Neuregelung (vgl. auch § 127 S. 1, § 192 I 1 nF) hat der Gesetzgeber die entsprechenden unionalen Vorgaben für grenzüberschreitende Umw überschießend auch für innerstaatliche Sachverhalte umgesetzt (Schmidt NZG 2022, 635 (640)). Auf dieser Basis müssen die **ermittelten Unternehmenswerte** und die für die Ermittlung erforderlichen **Einzelfaktoren** angegeben werden, da die angenommenen Unternehmenswerte das Umtauschverhältnis bestimmen. Jeder Anteilsinhaber eines jeden Rechtsträgers muss in die Lage versetzt werden, in Form einer **Plausibilitätskontrolle** die Korrektheit der einzelnen **Unternehmensbewertungen nachvollziehen** zu können und bei Zweifeln hieran ein Spruchverfahren zu erwägen (vgl. auch OLG Hamm ZIP 1999, 798). Sofern die Bewertung mit Hilfe der Ertragswertmethode (oder eines anderen Zukunftserfolgsverfahrens, zB DCF-Bewertungen) durchgeführt wurden, müssen die **wesentlichen Kennzahlen der Zukunftsprognose** dargestellt werden. Zu erläutern ist ebenfalls der **Kapitalisierungszinsfuß** (s. vorstehende Lit.). Angaben zum Liquidationswert sind nur ausnahmsweise in geeigneten Einzelfällen (→ § 5 Rn. 48) gefordert (vgl. LG Stuttgart NZG 2013, 342; Lutter/Drygala Rn. 21).

Angaben über die Mitgliedschaft beim übernehmenden Rechtsträger sind immer 23 dann sehr sorgfältig abzufassen (vgl. Schöne GmbHR 1995, 325 (330 f.); zutr. Differenzierung bei Lutter/Drygala Rn. 33 mwN, die auch Angaben zur Beteiligungsquote fordern), wenn die **ZielGes eine andere Rechtsform** als der jew. übertragende Rechtsträger hat, des Weiteren, wenn bei Rechtsformidentität von übertragenden Rechtsträgern und ZielGes eine andere Stellung der Anteilsinhaber (etwa durch Vinkulierung, Stimmrechtsausschluss etc) zu verzeichnen ist (vgl. auch § 29 I, II).

e) Erläuterungen zur Barabfindung. Eine etwa anzubietende **Barabfindung** 24 ist ebenfalls zu erläutern (zB in den Fällen → Rn. 23, vgl. § 29) und zu begründen, wiederum einschließlich der zu ihrer Ermittlung gewählten Bewertungsmethode (lit. b). Bzgl. der **Angemessenheit** der Barabfindung gilt das in → Rn. 19–22 zur Angemessenheit des Umtauschverhältnisses Gesagte entsprechend (Lutter/Drygala Rn. 28 mwN). IÜ haben die Vertretungsorgane darzustellen, weswegen ein Abfindungsangebot nach §§ 29 ff. zu unterbreiten war (aA Semler/Stengel/Leonard/Gehling Rn. 49 aE), denn Abs. 1 S. 1 Nr. 2 lit. b) dient der Information der Anteilsinhaber, die nach dem gesetzlichen Leitbild von § 29 selbst entscheiden sollen, wodurch ihren Interessen am besten genügt wird; dabei ist insbes. auf die Voraussetzungen von § 29 I, II einzugehen. Ebenfalls in die rechtliche Erläuterung einzubeziehen ist die Regelung von § 31, sinnvollerweise sollten die gesetzlichen **Ausschlussfristen** noch einmal klarstellend mitgeteilt werden (Widmann/Mayer/Mayer Rn. 28; Kallmeyer/Marsch-Barner/Oppenhoff Rn. 22).

25 **f) Schwierigkeiten bei der Bewertung.** Auf **besondere Schwierigkeiten bei der Bewertung der Rechtsträger** sowie auf die Folgen für die Beteiligung der Anteilsinhaber muss hingewiesen werden **(Abs. 1 S. 3).** Damit sind jedoch nicht die Schwierigkeiten einer jeden Unternehmensbewertung gemeint (vgl. bereits Kölner Komm AktG/Kraft AktG § 340a Rn. 18), sondern vielmehr Umstände, die gerade eine **konkret** im Zusammenhang mit dieser Verschm vorzunehmende Bewertung erschwert haben.

26 Bspw. ist zu erläutern, warum und in welchem Ausmaß außergewöhnliche Schwierigkeiten bei der Unternehmensbewertung eines Rechtsträgers aufgetreten sind, bei dem die üblichen Bewertungsmethoden (→ § 5 Rn. 11 ff.) nicht oder nicht auf Anhieb zu einem verlässlichen Ergebnis geführt haben. Auch die praktisch sehr wichtige Frage nach Vorhandensein und Umfang von nicht betriebsnotwendigem Vermögen (funktionale Betrachtung, → § 5 Rn. 44 ff.) sollte schlüssig beantwortet werden; besondere Schwierigkeiten können sich ebenfalls bei der Bewertung von HoldingGes (→ § 5 Rn. 63) und in Sondersituationen (Sanierung, junges Unternehmen, absehbare politische Veränderungen wie Liberalisierung von Märkten bei Telekom, Strom, Wasser etc oder Verbot von Kernkraftwerken, Beispiel nach Lutter/Drygala Rn. 32 aE; zweifelnd Semler/Stengel/Leonard/Gehling Rn. 51 Fn. 157, dessen Ansicht durch das praktisch gewordene Beispiel des Atomausstiegs mit seinen erheblichen wirtschaftlichen Auswirkungen der Energiewende für die betroffenen Unternehmen widerlegt sein dürfte) ergeben.

5. Verbundene Unternehmen

27 Ist ein an der Verschm beteiligter Rechtsträger ein verbundenes Unternehmen iSv § 15 AktG, so sind im Verschmelzungsbericht auch Angaben über alle für die Verschm wesentlichen Angelegenheiten **der anderen verbundenen Unternehmen** zu machen **(Abs. 1 S. 4).**

28 **Abs. 1 S. 5** stellt darüber hinaus klar, dass die erweiterten Berichtspflichten von Abs. 1 S. 4 auch mit entsprechenden **Auskunftspflichten** der jew. Vertretungsorgane in den Versammlungen der Anteilsinhaber anlässlich der Beschlussfassung korrespondieren. Diese Regelung ist vor dem Hintergrund zu verstehen, dass Konzernverhältnisse iSv §§ 15 ff. AktG, insbes. Unternehmensverträge, auch nach Wirksamwerden der Verschm aktuell bleiben können (ausf. → § 20 Rn. 55 ff.; Vossius FS Widmann, 2000, 133). Deswegen soll den Anteilsinhabern der jew. beteiligten Rechtsträger bereits vor Beschlussfassung die Möglichkeit gegeben werden, sich auch über diejenigen Angelegenheiten verbundener Rechtsträger zu unterrichten, die für die Verschm wesentlich sind (vgl. Begr. RegE, BR-Drs. 75/94 zu § 8 I 3, 4; vgl. iÜ ausf. Lutter/Drygala Rn. 43 ff.; BeckOGK/Fromholzer Rn. 122 ff.; Semler/Stengel/Leonard/Gehling Rn. 58 ff.).

6. Geheimnisschutz (Abs. 2)

29 **Abs. 2** normiert ausdrücklich die **Grenze der Berichtspflicht** bei Geheimnisschutz. In Anlehnung an § 131 III Nr. 1 AktG und in Fortsetzung der höchstrichterlichen Rspr. (die Begr. RegE bezieht sich auf BGHZ 107, 296 (305 f.) = NJW 1989, 2689; BGH ZIP 1990, 168 (169); 1990, 1560 (1561)) darf die Mitteilung von Tatsachen verweigert werden, deren Bekanntwerden geeignet ist, einem der beteiligten Rechtsträger oder einem verbundenen Unternehmen einen **nicht unerheblichen Nachteil** zuzufügen (ausf. Ebenroth/Koos BB-Beil. 8/1995, 2). Abs. 2 gilt für alle Rechtsformen einheitlich, obwohl die rechtsformspezifischen Gesetze durchaus unterschiedliche Wertungen zum Informationsinteresse der Anteilsinhaber enthalten (vgl. Lutter/Drygala Rn. 50, 51 mwN; vgl. auch Widmann/Mayer/Mayer Rn. 51 mwN zur Frage, ob § 51a GmbHG die betreffenden Gesellschafter insoweit privilegiert).

Das Informationsbedürfnis der Anteilsinhaber findet seine Grenze beim **wohlver-** 30 **standenen Geheimhaltungsinteresse** der beteiligten Rechtsträger. Die jew. Rechtsträger stehen im Wettbewerb mit anderen Unternehmen, die aus den internen Daten wertvolle Informationen ableiten könnten. Insbes. die für die Berechnung des Umtauschverhältnisses notwendigen Prognosen und Planungen dürften für Konkurrenzunternehmen von erheblichem Interesse sein. Das Geheimhaltungsinteresse ist umso höher zu bewerten, als zum Zeitpunkt der Aufstellung des Verschmelzungsberichts die Durchführung der Verschm gerade noch nicht als sicher unterstellt werden kann. Umgekehrt sind die Anteilsinhaber bei ihrer Entscheidung, ob sie der Verschm zustimmen wollen, auf **gehaltvolle Informationen** – die auf Tatsachen und nicht nur auf Wertungen der Leitungsorgane beruhen – angewiesen; auch im Spruchverfahren (dazu Teil B) kann das Gericht nur auf Basis prüfbarer Tatsachen beurteilen, ob ein Sachverständiger beizuziehen ist oder nicht.

Die zu § 131 III 1 AktG entwickelten Grundsätze sind in vollem Umfang 31 auf § 8 II 1 zu übertragen, auf die aktienrechtliche Speziallit. (zB Koch AktG § 131 Rn. 54 ff. mwN) wird verwiesen. Danach steht es im Ermessen des Vertretungsorgans, ob Auskunft gewährt wird. Es handelt sich nicht um eine freie Ermessensentscheidung, maßgebend ist die vernünftige kaufmännische Beurteilung als objektiv verstandener, **voller richterlicher Nachprüfung** zugänglicher Maßstab (hM, Nachw. bei Koch AktG § 131 Rn. 54).

Beispiele für Umstände, die das Geheimhaltungsinteresse des Rechtsträgers über- 32 wiegen lassen können (Einzelfallabwägung!): Fragen nach stl. Wertansätzen und Höhe einzelner Steuern, Fragen nach stillen Rücklagen, Fragen nach über den Jahresabschluss hinausgehenden Verlusten, Ausforschung. Eigene Interessen des Leitungsorgans sind unbeachtlich, es kommt nur auf die Beachtung der Unternehmensinteressen an (vgl. Ebenroth/Koos BB-Beil. 8/1995, 10). Zur Pflicht des Vertretungsorgans, sich in einschlägigen Fällen auf den Geheimnisschutz zu berufen, vgl. Semler/Stengel/Leonard/Gehling Rn. 67.

Abs. 2 S. 1 wird seinerseits wieder **eingeschränkt** durch die Pflicht der jew. 33 Vertretungsorgane, die Gründe, aus denen heraus Tatsachen nicht aufgenommen worden sind, im Bericht darzulegen. Damit wird der **pauschale Hinweis auf das Geheimhaltungsinteresse abgeschnitten** und die von der Rspr. geforderte **Transparenz** (zB BGH WM 1990, 2073 (2075)) gewährleistet. Im Verschmelzungsbericht selbst – und nicht erst in der Anteilsinhaberversammlung gem. § 13 – müssen die Umstände **konkret** dargelegt werden, weswegen eine weitergehende Erläuterung in rechtlicher oder wirtschaftlicher Hinsicht schädliche Auswirkungen hätte. Die Darlegung der Gründe für das Geheimhaltungsinteresse muss wiederum zumindest einer **Plausibilitätskontrolle** standhalten (BGH WM 1990, 2073; 1990, 140 (142); Lutter/Drygala Rn. 52; Kölner Komm UmwG/Simon Rn. 76).

Ab wann sich ein Rechtsträger bzw. dessen Vertretungsorgan auf den Geheimnis- 34 schutz iSv § 8 II berufen kann, lässt sich nicht abstrakt und generell beantworten, dies ist vielmehr stets eine Frage des **Einzelfalls**. Bei der Bewertung wird auch zu berücksichtigen sein, inwieweit der jew. Rechtsträger allg. (auch → Rn. 29; zu § 51a GmbHG etwa → § 49 Rn. 7; zu § 131 III AktG → § 64 Rn. 7 ff.) oder durch sonstige verbindliche Rechtsvorschriften (zB Publizitätspflichten) zu einer verstärkten Preisgabe von Informationen verpflichtet ist.

Auch kann es nicht angehen, durch Abs. 2 Unternehmen zu privilegieren, die 35 die Öffentlichkeit oder Analysten bei anderer Gelegenheit (zB im Zusammenhang mit shareholder value) umfassend informieren. Geschützt werden nur **Geheimnisse des Unternehmens,** also der (auch begrenzten) Öffentlichkeit bisher verborgene Informationen. Dass hier gerade in den letzten Jahren umfassende Entwicklungen stattgefunden haben, muss auch bei der konkreten Entscheidung im Einzelfall berücksichtigt werden.

7. Verzicht (Abs. 3 S. 1 und 2)

36 Abs. 3 S. 1 lässt die Pflicht zur Abfassung eines Verschmelzungsberichts für einen beteiligten Rechtsträger dann entfallen, wenn **alle Anteilsinhaber** des betreffenden Rechtsträgers auf seine Erstattung in notarieller Urkunde (S. 2) verzichten (dies kann nicht auf Vorrat, etwa im Gesellschaftsvertrag, geschehen, zutr. Semler/Stengel/Leonard/Gehling Rn. 68; §§ 8 ff. BeurkG sind einzuhalten, zutr. Widmann/Mayer/Heckschen § 13 Rn. 9.10). Nicht ausreichend ist die notarielle Beurkundung eines entsprechenden, einstimmigen Beschlusses einer Anteilsinhaberversammlung; allerdings muss das Registergericht die Verschmelzung in einem solchen Fall gleichwohl ohne Verschmelzungsbericht eintragen (BeckOGK/Fromholzer Rn. 162 mwN). Durch die eindeutige Gesetzesformulierung wird klar, dass ein Verschmelzungsbericht selbst dann zu fertigen ist, wenn nur ein einziger von mehreren Anteilsinhabern auf seiner Abfassung besteht.

37 Abs. 3 S. 1 idF des UmRUG verlangt nicht mehr, dass „alle Anteilsinhaber **aller** beteiligten **Rechtsträger**" auf den Bericht verzichten. Vielmehr entfällt die Berichtspflicht für einen Rechtsträger bereits dann, wenn alle Anteilsinhaber dieses Rechtsträgers den Verzicht erklären. Andere Rechtsträger, deren Anteilsinhaber nicht verzichten, müssen in diesem Fall weiterhin berichten. Das trägt dem Umstand Rechnung, dass der Bericht des jeweiligen Rechtsträgers der Information und der Vorbereitung der Entscheidungen ausschließlich der an ihm beteiligten Anteilsinhaber dient. Auch insoweit hat der Gesetzgeber die unionalen Vorgaben für grenzüberschreitende Umw auch auf innerstaatliche Umw erstreckt (begrüßend Schmidt NZG 2022, 635 (640 f.), die auch eine entsprechende Erweiterung der RL fordert).

38 Die Pflicht zur **notariellen Beurkundung** (Abs. 3 S. 2) ist nicht disponibel, die Warnfunktion der notariellen Form wurde bewusst fruchtbar gemacht, außerdem soll dem Registergericht (vgl. § 17 I) die sichere Nachprüfung ermöglicht werden (Begr. RegE, BR-Drs. 75/94 zu § 8 III). Vgl. zur Heilung § 20 I Nr. 4; vgl. zu den Notarkosten und zum Zeitpunkt der Verzichtserklärung Widmann/Mayer/Mayer Rn. 62 ff.

8. Ausnahmen für Konzernkonstellationen (Abs. 3 S. 3)

39 Bereits bisher enthielt Abs. 3 S. 1 eine Alt. 2, wonach der Bericht auch dann entbehrlich ist, wenn sich alle Anteile des übertragenden Rechtsträgers in der Hand des übernehmenden Rechtsträgers befinden. Diese Erleichterung für die Konzernverschmelzung galt nicht für die Verschm von SchwesterGes (OLG Frankfurt AG 2012, 414 und Lutter/Drygala Rn. 57; krit. Pluskat/Wiegand EWiR 2013, 91). Durch das UmRUG wurden die Ausnahmen von der Berichtspflicht – auch insoweit in überschießender Umsetzung der RL (EU) 2019/2121 (Schmidt NZG 2022, 635 (641)) – für Konzernkonstellationen ausgeweitet und in Abs. 3 S. 3 ausdifferenziert. Nach **Nr. 1 lit. a)** entfallen Berichte (wie schon bisher) insgesamt, dh sowohl für den übertragenden als auch für den übernehmenden Rechtsträger, wenn der übernehmende Rechtsträger alle Anteile an dem übertragenden Rechtsträger hält (**Konzernverschmelzung** einer 100%igen Tochter- auf ihre Muttergesellschaft). Für diesen Fall schließt § 20 I Nr. 3 S. 1 Hs. 2 eine Anteilsgewährung aus (anderenfalls würde die Mutter als Gesellschafterin des übertragenden Rechtsträgers eigene Anteile an sich selbst erhalten). Die Frage der Angemessenheit des Umtauschverhältnisses oder einer Barabfindung stellt sich daher nicht. Die Berichtspflicht entfällt für den übernehmenden Rechtsträger auch dann, wenn an ihm mehrere Anteilsinhaber beteiligt sind. **Nr. 1 lit. b** enthält eine neue Ausnahme für die **Verschm von Schwestergesellschaften:** Ist am übertragenden und am übernehmenden Rechtsträger ein und derselbe Anteilsinhaber beteiligt, kann die Verschmelzung nur mit dessen Zustimmung vollzogen werden und scheidet eine Benachteiligung aufgrund eines nicht angemessenen Umtauschverhältnisses ebenso aus wie eine Barabfindung. Damit entfällt die Berichtspflicht für beide Schwestergesellschaften. Über die Fälle des Nr. 1 hinaus befreit **Nr. 2** jeden beteiligten Rechtsträger, der nur einen Anteilsinhaber hat, von der Berichtspflicht. Dieser Auffangtatbestand erfasst bspw. die Abwärtsverschmelzung einer Mutter- auf ihre 100%ige Tochtergesellschaft; entbehrlich wird dadurch jedoch nur der Bericht für die Tochtergesellschaft, nicht auch für die Mutter, wenn diese selbst mehrere Anteilsinhaber hat und letztere nicht gemäß S. 1 und 2 auf den Bericht verzichten. Unter Nr. 2 fällt auch die Aufwärtsverschmelzung einer 100%igen Enkel- auf die Muttergesellschaft.

9. Rechtsfolge mangelhafter Berichte

Erfüllt der Verschmelzungsbericht nicht die oben dargestellten Anforderungen, 40 so ist ein dennoch gefasster Zustimmungsbeschluss grds. nach § 243 I AktG **anfechtbar** (bzw. allg. Unwirksamkeitsklage, → § 14 Rn. 5 ff.; aber auch → § 192 Rn. 15 zu BGH ZIP 2001, 199; GmbHR 2001, 247; vgl. insbes. den durch das UMAG eingeführten § 243 IV 2 AktG zu den besonderen Anforderungen für die Relevanz (→ Rn. 42) von Informationen ausschließlich in der Anteilsinhaberversammlung, die im Rahmen des Spruchverfahrens Bewertungsrügen begründen, dazu Semler/Stengel/Leonard/Gehling Rn. 81; Koch AktG § 243 Rn. 47b, 47c je mwN). Auch das vollständige Fehlen des Verschmelzungsberichts begründet die Anfechtbarkeit (bei KapGes, eG und VVaG keine Nichtigkeit, zutr. Widmann/Mayer/Mayer Rn. 68; bei PersGes und Vereinen nach allg. Grundsätzen **Nichtigkeit,** vgl. Semler/Stengel/Leonard/Bärwaldt § 192 Rn. 33 mwN; Lutter/Drygala Rn. 63 mwN; für Verein OLG Bamberg NZG 2012, 1269 mAnm Gräwe ZStV 2012, 225; Terner EWiR 2012, 807).

Soweit die Vertretungsorgane in der Anteilsinhaberversammlung ihren Anteilsinhabern zusätzliche Informationen zukommen lassen, kann das den fehlerhaften Verschmelzungsbericht nicht heilen (BGH WM 1990, 2073; LG München I AG 2000, 88; Widmann/Mayer/Mayer Rn. 73 ff. mwN; Widmann/Mayer/Heckschen § 13 Rn. 163; Kölner Komm UmwG/Simon Rn. 74; Semler/Stengel/Leonard/Bärwaldt § 192 Rn. 37; aA Mertens AG 1990, 90). Es kommt auch nicht darauf an, ob der Anteilsinhaber in der Versammlung iSv § 13 I zusätzliche Informationen verlangt oder ob er überhaupt Einsicht in den Verschmelzungsbericht genommen hat. Der schriftliche Verschmelzungsbericht soll sicherstellen, dass sich der Anteilsinhaber auf die Versammlung iSv 13 I vorbereiten kann. Wenn man die Relevanz des Verstoßes gegen die Berichtspflicht beseitigen würde, liefen die gesetzlichen Bestimmungen zu den Informationsmöglichkeiten der Anteilsinhaber leer (LG München I AG 2000, 87 (88)). Der BGH (ZIP 2001, 199; GmbHR 2001, 247) höhlt die bisher strengen Grundsätze allerdings zunehmend aus (→ § 192 Rn. 15, dort auch zur Frage, ob diese Rspr. zum Formwechsel auf die Verschm oder Spaltung übertragen werden kann). 41

Ein fehlerhafter Verschmelzungsbericht allein rechtfertigt jedoch noch nicht die 42 Unwirksamkeitsklage. Vielmehr muss auch ein **Ursachenzusammenhang** zwischen dem fehlerhaften Verschmelzungsbericht und dem Abstimmungsverhalten in der Anteilsinhaberversammlung bestehen. Erforderlich ist eine am Zweck der verletzten Norm orientierte wertende Betrachtung (Relevanz, vgl. BGH WM 2007, 1932 mwN zur Rspr. des BGH und zusammenfassend Koch AktG § 243 Rn. 12 ff. mwN).

Vgl. iÜ → § 14 Rn. 28 ff. 43

Bei Verstößen gegen die Berichtspflicht kann die **Strafvorschrift von § 346 I** 44 **Nr. 1** einschlägig sein.

Vorbemerkung

1 In §§ 9–11 ist die **Verschmelzungsprüfung,** in § 12 die Abfassung des Verschmelzungsprüfungs**berichts** geregelt. Wie bereits beim Verschmelzungsbericht (§ 8) hat sich der Gesetzgeber dazu entschlossen, das früher nur im AktG enthaltene Institut der Verschmelzungsprüfung (vgl. § 340b I, § 352b II, § 355 II 1, 2 AktG aF, dazu die im Schrifttum zu § 9 aufgeführte Lit. in der → 3. Aufl. 2001) generell im UmwG zu verankern.

2 Die Vorschriften dienen dem **Schutz der Anteilsinhaber** (Ganske WPg 1994, 159) und sollen eine sachverständige und neutrale Überprüfung des festgelegten Anteils- und Umtauschverhältnisses bzw. der etwaig anzubietenden Barabfindung gewährleisten.

3 §§ 9–11 regeln die Verschmelzungsprüfung nur als **Institut;** zur Anwendung dieser Vorschriften für einen einzelnen Verschmelzungsvorgang ist stets noch ein **Prüfungsbefehl** im Besonderen Teil (§§ 39–122; Tabelle bei Widmann/Mayer/ Mayer § 9 Rn. 44) erforderlich. Solche Prüfungsbefehle finden sich bspw. für die AG und die KGaA in § 60 (notwendige Prüfung), für die GmbH in § 48 (Prüfung auf Verlangen eines Gesellschafters), für die grenzüberschreitenden Umw in § 311 (Verschm), § 325 (Spaltung) und § 338 (Formwechsel), für die rechtsfähige PersGes in § 39e (Prüfung auf Verlangen eines Gesellschafters im Fall der Mehrheitsumwandlung), für Vereine in § 100 (Prüfung bei wirtschaftlichen Vereinen stets erforderlich, bei eV auf schriftliches Verlangen von 10% der Mitglieder); bei der Verschm unter Beteiligung von **eG** gilt die **Sondervorschrift in § 81,** dort wird die Verschmelzungsprüfung durch eine gutachtliche Äußerung des Prüfungsverbandes ersetzt (beachte auch § 81 II betr. AG und GmbH, die im Mehrheitsbesitz einer eG sind, → § 81 Rn. 11).

4 Wenn eine **Barabfindung** (§§ 29 ff.) in Rede steht, ist deren Angemessenheit rechtsformunabhängig stets zu prüfen (§ 30 II 1; → § 30 Rn. 13 f.).

5 **§ 9** stellt die Systematik des Gesetzes (Zusammenspiel von Prüfung als Institut und Prüfungsbefehl) nochmals klar. Die Norm verweist – idF des UmRUG (→ Einf. Rn. 43 ff.) – in Abs. 2 für die Prüfungspflicht auf die Ausnahmen des § 8 III auch für den Fall, dass in den besonderen Vorschriften ein Prüfungsbefehl enthalten ist. **§ 10** behandelt die Bestellung der Verschmelzungsprüfer, wobei § 10 I 1, 2, III durch das Spruchverfahrensneuordnungsgesetz v. 12.6.2003 (BGBl. 2003 I 838) neu gefasst und § 10 IV–VII angefügt wurden (→ § 10 Rn. 1; Neye NZG 2002, 23 (24)). Ferner wurde § 10 durch das **FGG-RG** geändert (auch → Einf. Rn. 29). **§ 11,** der durch das **BilMoG** v. 25.5.2009 (BGBl. 2009 I 1102) geändert wurde, regelt die Stellung und die Verantwortlichkeit der Verschmelzungsprüfer und die Anforderungen an die Qualifikation der Prüfenden. **§ 12** schließlich gibt Anhaltspunkte für den Inhalt des schriftlichen Prüfungsberichts. Durch das **UmRUG** wurde der bisherige § 9 II gestrichen und § 12 III neu gefasst.

§ 9 Prüfung der Verschmelzung

(1) **Soweit in diesem Gesetz vorgeschrieben, ist der Verschmelzungsvertrag oder sein Entwurf durch einen oder mehrere sachverständige Prüfer (Verschmelzungsprüfer) zu prüfen.**

(2) **§ 8 Abs. 3 ist entsprechend anzuwenden.**

1. Allgemeines

1 Die Regelung in **Abs. 1** entspricht weitgehend § 340b I AktG aF. Mit der Prüfung des Verschmelzungsvertrages oder seines Entwurfs (nicht: der Verschm oder

des Verschmelzungsberichts) soll durch bessere Information ein **Präventivschutz** für die von der Verschm in ihren Vermögensinteressen berührten Anteilsinhaber statuiert werden (vgl. Begr. RegE, BR-Drs. 75/94 zu § 9 I). Für Verschm unter Beteiligung von AG war die Verschmelzungsprüfung bereits früher zwingendes Recht (vgl. auch Art. 10 I RL 78/855/EWG und BT-Drs. 9/1065, 14 f.; Ganske DB 1981, 1551); heute kann das Institut der Verschmelzungsprüfung für alle Verschmelzungsvorgänge aktuell werden (→ Vor § 9 Rn. 2; zur richtlinienkonformen Auslegung bei anderen Rechtsträgern als AG vgl. Lutter/Drygala Rn. 3; Lutter/Bayer Einl. I Rn. 26 ff. mwN; vgl. auch Semler/Stengel/Leonard/Gehling § 8 Rn. 3 mwN).

Mit der Formulierung „soweit in diesem Gesetz vorgeschrieben" in Abs. 1 wird klargestellt, dass eine Verschmelzungsprüfung nur dann durchzuführen ist, wenn in den besonderen Vorschriften ein **Prüfungsbefehl** für den konkreten Fall einschlägig ist (→ Vor § 9 Rn. 3).

Abs. 2 (vor dem UmRUG: Abs. 3) erklärt § 8 III für entsprechend anwendbar. Die Prüfung ist damit grds. unter denselben Voraussetzungen entbehrlich, in denen auch ein Verschmelzungsbericht entfällt, damit bei Abgabe notarieller Verzichtserklärungen und in bestimmten Konzernkonstellationen.

Der durch das UmRUG (→ Einf. Rn. 43 ff.) entfallene **Abs. 2 aF** sah eine spezifische Ausnahme von der Prüfungspflicht für die Konzernverschmelzung vor, bei der sich alle Anteile eines übertragenden Rechtsträgers in der Hand des übernehmenden Rechtsträgers befinden. Diese Ausnahme folgt bereits aus dem allgemeinen Verweis auf § 8 III, dort S. 3 Nr. 1 lit. a) und konnte damit als überflüssig entfallen.

2. Gegenstand der Verschmelzungsprüfung (Abs. 1)

Gegenstand der Prüfung ist der **Verschmelzungsvertrag** bzw. dessen Entwurf (Abs. 1). Nach dem klaren Wortlaut des Gesetzes erstreckt sich die Verschmelzungsprüfung nicht auf den nach § 8 von den Vertretungsorganen der beteiligten Rechtsträger zu erstellenden Verschmelzungsbericht (zust. Widmann/Mayer/Mayer Rn. 18; Lutter/Drygala Rn. 13; Semler/Stengel/Leonard/Zeidler Rn. 18; BeckOGK/Fromholzer Rn. 39; vgl. schon früher zu § 340b I AktG aF Stellungnahme des IDW (HFA) 6/88 WPg 1989, 42 f.; aA Bayer ZIP 1997, 1613 (1621); Priester NJW 1983, 1459 (1462) Fn. 66; Ganske DB 1981, 1551 (1553); Becker AG 1988, 223 (225)).

Verschmelzungsbericht und Verschmelzungsprüfung stehen als eigenständige Mechanismen zum Schutz der Anteilsinhaber nebeneinander. Auch das Sanktionensystem ist unterschiedlich ausgestaltet: Für die Verantwortlichkeit der Verschmelzungsprüfer ist § 11 II maßgebend, für diejenige der Vertretungsorgane sind es §§ 25 ff. Selbstverständlich sind für die Verschmelzungsprüfer die Verschmelzungsberichte der jew. Vertretungsorgane der beteiligten Rechtsträger wichtige Erkenntnisquellen, die im Regelfall auszuwerten und zu berücksichtigen sind.

Nach wohl einhelliger Ansicht beschränkt sich die Verschmelzungsprüfung – unter besonderer Berücksichtigung der Angemessenheit des Umtauschverhältnisses, vgl. § 12 II – auf die **Rechtmäßigkeit des Verschmelzungsvertrags** (Lutter/Drygala Rn. 9 ff., 12; Widmann/Mayer/Mayer Rn. 17 ff., 22; Kölner Komm UmwG/Simon Rn. 10; BeckOGK/Fromholzer Rn. 36; krit. Priester in IDW, Reform des Umwandlungsrechts, 1993, 207 f., der nur die betriebswirtschaftlichen Fragen als durch Verschmelzungsprüfer beurteilenswert ansieht), selbstverständlich in der zum Zeitpunkt der Prüfung aktuellen Fassung (Semler/Stengel/Leonard/Zeidler Rn. 24). Der Prüfungsbericht muss deshalb **nicht** auf die Frage eingehen, ob die Verschm aus wirtschaftlicher Sicht sinnvoll oder gar geboten ist (wohl aber der Verschmelzungsbericht, vgl. OLG Jena NJW-RR 2009, 182). Das müssen – auf der Grundlage von Verschmelzungsvertrag, Verschmelzungsbericht und Prüfungsbericht – die Anteilsinhaber selbst beurteilen. Die Verschmelzungsprüfung ist **Rechtmäßigkeits-, nicht Zweckmäßigkeitskontrolle** (Nachw. bei Lutter/Drygala Rn. 12 Fn. 7; BeckOGK/Fromholzer Rn. 36).

3. Entbehrlichkeit der Verschmelzungsprüfung (Abs. 2)

8 Wenn die in §§ 9–11 vorgesehene Verschmelzungsprüfung kraft Prüfungsbefehl im Besonderen Teil (zB §§ 39e, 48, 60, 100) durchzuführen ist, kann § 9 II gleichwohl eine Befreiung vorsehen.

9 Gem. **Abs. 2** ist § 8 III entsprechend anzuwenden mit der Folge, dass unter den in § 8 III geregelten Voraussetzungen (→ § 8 Rn. 36 ff.), dh bei Abgabe notarieller Verzichtserklärungen und in bestimmten Konzernkonstellationen, auch eine Verschmelzungsprüfung entfällt.

10 So ist, da die Verschmelzungsprüfung ausschließlich dem Schutz der Anteilsinhaber dient (vgl. Ganske WPg 1994, 157 (159)), zunächst ein **Verzicht** dieser Personen auf die durch die Verschmelzungsprüfung vermittelte Schutzwirkung zulässig (§ 8 III 1 und 2). Dies gilt auch für die kleine **AG,** europäisches Recht steht dem nicht entgegen (näher Lutter/Drygala Rn. 20; Widmann/Mayer/Mayer Rn. 37, 38; Kölner Komm UmwG/Simon Rn. 34). Art. 96 IV GesR-RL, Art. 142 II GesR-RL erlauben heute sowohl für die Verschm als auch für die Spaltung von AG den Verzicht aller Aktionäre auf eine Prüfung. In der Praxis wird sich generell der Versuch anbieten, die Anteilsinhaber zur Abgabe einer entsprechenden Erklärung zu bewegen, um das langwierige und kostenintensive (hier hilft uU auch der eingeschränkte Verzicht von § 12 III) Prüfungsverfahren zu umgehen. Allerdings ist darauf zu achten, dass anlässlich der erforderlichen notariellen Beurkundung die Grundsätze von § 17 BeurkG genauestens befolgt werden; nur auf diese Weise ist die **Warnfunktion** der Beurkundung in ausreichendem Maße gewahrt. Bei Nichtbeachtung und entsprechender Kausalität steht eine Schadensersatzpflicht auch des Notars in Rede.

11 Die Verweisung auf Abs. 2 umfasst daneben auch die in § 8 III 3 angesprochenen **Konzernkonstellationen,** dh die Konzernverschmelzung (Aufwärtsverschmelzung einer 100%igen Tochtergesellschaft auf ihre Muttergesellschaft, Nr. 1 lit. a), die Verschm zweier Schwestergesellschaften mit demselben Anteilsinhaber (Nr. 1 lit. b) und weitere Konzernkonstellationen, bei denen der betreffende Rechtsträger nur einen Anteilsinhaber hat (bspw. Abwärtsverschmelzung einer Mutter auf ihre 100%ige Tochtergesellschaft oder Aufwärtsverschmelzung einer 100%igen Enkel- auf die Muttergesellschaft, jeweils Nr. 2). Durch diesen Verweis hat der Gesetzgeber entsprechende Vorgaben, welche die RL (EU) 2019/2121 für grenzüberschreitende Umw aufstellt, auch für innerstaatliche Umw umgesetzt (Schmidt NZG 2022, 635 (641)).

§ 10 Bestellung der Verschmelzungsprüfer

(1) ¹**Die Verschmelzungsprüfer werden auf Antrag des Vertretungsorgans vom Gericht ausgewählt und bestellt.** ²**Sie können auf gemeinsamen Antrag der Vertretungsorgane für mehrere oder alle beteiligten Rechtsträger gemeinsam bestellt werden.** ³**Für den Ersatz von Auslagen und für die Vergütung der vom Gericht bestellten Prüfer gilt § 318 Abs. 5 des Handelsgesetzbuchs.**

(2) ¹**Zuständig ist jedes Landgericht, in dessen Bezirk ein übertragender Rechtsträger seinen Sitz hat.** ²**Ist bei dem Landgericht eine Kammer für Handelssachen gebildet, so entscheidet deren Vorsitzender an Stelle der Zivilkammer.**

(3) **Auf das Verfahren ist das Gesetz über das Verfahren in Familiensachen und in den Angelegenheiten der freiwilligen Gerichtsbarkeit anzuwenden, soweit in den folgenden Absätzen nichts anderes bestimmt ist.**

(4) **¹Gegen die Entscheidung findet die Beschwerde statt. ²Sie kann nur durch Einreichung einer von einem Rechtsanwalt unterzeichneten Beschwerdeschrift eingelegt werden.**

(5) **¹Die Landesregierung kann die Entscheidung über die Beschwerde durch Rechtsverordnung für die Bezirke mehrerer Oberlandesgerichte einem der Oberlandesgerichte oder dem Obersten Landesgericht übertragen, wenn dies der Sicherung einer einheitlichen Rechtsprechung dient. ²Die Landesregierung kann die Ermächtigung auf die Landesjustizverwaltung übertragen.**

Übersicht

	Rn.
1. Allgemeines	1
2. Bestellung und Auswahl der Verschmelzungsprüfer (Abs. 1)	6
3. Gemeinsame Bestellung	10
4. Zuständiges Gericht (Abs. 2)	11
5. Anwendbare Vorschriften des FamFG (Abs. 3)	14
a) Örtliche Zuständigkeit, §§ 2, 5 FamFG	15
b) Ausschließung und Ablehnung von Richtern, § 6 FamFG	16
c) Anwendung des GVG	17
d) Form der Antragstellung, §§ 23, 25 FamFG	18
e) Amtsermittlung und Beweisgrundsätze, § 26 FamFG	21
f) Bekanntmachung des Beschlusses, §§ 40, 41 FamFG	23
6. Übertragung der Zuständigkeit durch Rechtsverordnung	24
7. Beschwerde (Abs. 4)	26
a) Statthaftigkeit, Form und Frist	27
b) Beschwerdeberechtigung	28
c) Zuständigkeit (Abs. 5)	30
8. Vergütung der Verschmelzungsprüfer	33

1. Allgemeines

§ 10 wurde zunächst durch das Spruchverfahrensneuordnungsgesetz v. 12.6.2003 **1** (BGBl. 2003 I 838) mWv 1.9.2003 erheblich geändert (zum Spruchverfahren Teil B; das frühere Sechste Buch §§ 305–312 wurde durch das SpruchG ersetzt). Umfassend wurde § 10 auch mit dem FGG-RG geändert; → Einf. Rn. 27. Die Bestellung und jetzt auch uneingeschränkt die Auswahl der Verschmelzungsprüfer obliegen dem Gericht, Abs. 1, und nicht mehr wie früher grds. den Vertretungsorganen der beteiligten Rechtsträger (dazu auch Widmann/Mayer/Fronhöfer Rn. 1.1; Lutter/Drygala Rn. 3; Neye NZG 2002, 23 (24)). Zweck der Regelung ist neben der Herstellung der Rechtseinheitlichkeit mit dem AktG (Widmann/Mayer/Fronhöfer Rn. 1.1 mwN) die größere Akzeptanz des Prüfungsergebnisses und damit verbunden die Hoffnung, dass es künftig weniger Spruchverfahren geben werde (was bisher so nicht der Fall ist, vgl. Noack ZRP 2015, 81 mwN). Auch sollen die Verschmelzungsprüfer, deren Unabhängigkeit durch die gerichtliche Bestellung gesichert sein soll, grds. als sachverständige Zeugen im Spruchverfahren eingesetzt werden können, was dieses Verfahren zumindest verkürzen soll (zum Ganzen BT-Drs. 15/371; Simon/Winter SpruchG Vor § 7 Rn. 58 ff.; Neye NZG 2002, 23; Lutter/Drygala Rn. 3 mwN; Widmann/Mayer/Fronhöfer Rn. 1.1; BeckOGK/Fromholzer Rn. 3.1; vgl. auch Noack ZRP 2015, 81 mit Verweisen auf empirische Untersuchungen, die weiteren Reformbedarf nahe legen). Mit der Streichung von §§ 305–312 hat sich auch die ursprüngliche Verweisung in § 10 III aF auf § 306 III aF, § 307 I aF, § 309 aF erledigt, weswegen diese Verweisungsvorschrift (Widmann/Mayer/Fronhöfer Rn. 1.2; Kölner Komm UmwG/Simon Rn. 2) als neue Abs. 3–7 angefügt wurden (Abs. 3 entspricht § 307 I aF, Abs. 4 entspricht § 306 III aF, Abs. 5–7 entspricht § 309 I–III aF). Mit Wirkung ab 1.9.2009 hat das FamFG das frühere FGG ersetzt. In der Folge sind § 10 Abs. 4 und 6 wieder entfallen, da die Zuständigkeitskonzentration seitdem in § 71 IV GVG, die Beschwerde in §§ 58 ff. FamFG, geregelt ist.

2   **Abs. 1** legt die Zuständigkeit für die Bestellung und die Auswahl der Verschmelzungsprüfer fest. Sie liegt ausschließlich beim Gericht. Gleichzeitig wird eine gemeinsame Bestellung – wiederum nur durch das Gericht – zugelassen (Abs. 1 S. 2). Abs. 1 S. 3 wurde aus der früheren Regelung von § 340b II 4 AktG aF übernommen.

3   **Abs. 2** erklärt für die Bestellung und die Auswahl der Verschmelzungsprüfer dasjenige LG für zuständig, das auch später zur Entscheidung in einem etwaigen Spruchverfahren (§ 15 UmwG; §§ 1 ff. SpruchG) berufen ist. Die sachliche Zuständigkeit der Landgerichte folgt zusätzlich aus § 71 II Nr. 4 lit. d GVG idF des FGG-RG. Mit dieser Regelung wird – in Zusammenspiel mit Abs. 3 ff. – eine **Verfahrensökonomie** erreicht, die insbes. gewährleisten soll, dass die Bestellung eines „Obergutachters" im späteren Spruchverfahren obsolet wird (so schon Begr. RegE, BR-Drs. 75/94 zu § 10 II; zum Begriff des Obergutachters zu Recht krit. Lutter/Drygala Rn. 18). Zu beachten ist, dass die durch Abs. 2 grds. vorgegebene örtliche Zuständigkeit (Landgericht, in dessen Bezirk ein übertragender Rechtsträger seinen Sitz) in der Praxis häufig durch eine **Zuständigkeitskonzentration** überlagert wird: § 71 IV GVG ermächtigt die Landesregierungen, durch Rechtsverordnung die Entscheidungen in Verfahren nach § 10 einem Landgericht für die Bezirke mehrerer Landgerichte zu übertragen, wenn dies der Sicherung einer einheitlichen Rechtsprechung dient. Diese Möglichkeit wurde vielfach genutzt (→ Rn. 24 f.).

4   Ob allerdings der Prüfungsbericht eines gerichtlich bestellten Verschmelzungsprüfers wie ein Beweissicherungsgutachten iSv § 485 ZPO verwertet werden kann (so Seetzen WM 1999, 567; vgl. auch Altmeppen ZIP 1998, 1853; OLG Düsseldorf EWiR 2002, 543; LG Mannheim DB 2002, 889; LG Frankfurt a. M. NZG 2002, 395), scheint mehr als fraglich. Der Gegenstand der Verschmelzungsprüfung (→ § 12 Rn. 5 ff.) erreicht nicht den Umfang der vom Gericht iRd Spruchverfahrens verlangten Überprüfung. Die von Seetzen (WM 1999, 567) ins Feld geführten Kostenvorteile für die Verfahrensbeteiligten oder gar die unzureichenden Gebühren des vormaligen ZSEG (jetzt: JVEG; zum richtigen Umgang mit dem ZSEG beim Spruchverfahren OLG Stuttgart AG 2001, 603: Erhöhung der Stundensätze durch gerichtliche Entscheidung) haben mit dem Recht der Anteilsinhaber auf eine angemessene Gegenleistung für die hingegebenen Anteile ersichtlich nichts zu tun. Daran ändert auch das pragmatische Handeln einiger Instanzgerichte (zB LG Köln AG 1997, 187; BayObLG ZIP 1998, 1872; OLG Düsseldorf AG 1998, 37) nichts (so auch überzeugend Lutter/Drygala Rn. 18 mwN).

5   **Abs. 3** regelt, dass sich das Bestellungsverfahren grds. nach dem FamFG richtet, soweit nicht aus Abs. 4 und 5 anderes folgt. Die vor Inkrafttreten des FGG-RG in Abs. 4 aF enthaltene Konzentrationsermächtigung der Landesregierung für die Rspr. erster Instanz findet sich nun in § 71 IV GVG. **Abs. 5** (früher Abs. 7) enthält eine Konzentrationsermächtigung für die zweite Instanz.

2. Bestellung und Auswahl der Verschmelzungsprüfer (Abs. 1)

6   Nach dem gesetzlichen Leitbild vor dem Spruchverfahrensneuordnungsgesetz (→ Rn. 1) oblag die Bestellung und die Auswahl der Verschmelzungsprüfer primär

den Vertretungsorganen der jew. Rechtsträger (→ 3. Aufl. 2001, § 10 Rn. 6, 7). Heute ist das Gericht nicht mehr ergänzend zuständig, es hat vielmehr eine **Alleinzuständigkeit**. Diese erstreckt sich nicht nur auf die Bestellung, sondern auch auf die Auswahl der Verschmelzungsprüfer. Verkennen die beteiligten Rechtsträger die ausschließliche Zuständigkeit des Gerichts und bestellen entgegen Abs. 1 S. 1 die Verschmelzungsprüfer wie früher selbst, ist die Verschmelzungsprüfung nicht durchgeführt, was das Registergericht beanstanden muss (→ § 19 Rn. 17 ff., Rechtsfolge ist die Verweigerung der Eintragung; in diesem Fall ist auch eine Anfechtungsklage möglich, weil eine freiwillige Prüfung bei hier vorgeschriebener gerichtlicher Bestellung wegen der statusbegründenden Entscheidung ausgeschlossen ist, zutr. Baßler AG 2006, 487; unklar insoweit Kallmeyer/Lanfermann Rn. 23). Die Nachholung eines gerichtlichen Bestellungsverfahrens (Heilung) ist in Grenzen möglich, nach Eintragung der Verschm gilt § 20 II (zum Ganzen Lutter/Drygala Rn. 16). Die geschilderten Fehler können durchaus eintreten, denn das Gericht wird nicht von Amts wegen tätig, sondern gem. Abs. 1 S. 1 nur auf entsprechenden Antrag der Vertretungsorgane (→ Rn. 18 ff.).

Das Gericht darf nur einen Verschmelzungsprüfer bestellen, der über die **Qualifikation** iSv § 11 I verfügt. Verkennt es die dortigen Anforderungen, ist die Verschmelzungsprüfung ebenfalls fehlerhaft und hindert die Eintragung (wie → Rn. 6). Obwohl § 11 I 1 von der „Auswahl" der Verschmelzungsprüfer spricht, meint Abs. 1 S. 1 etwas anderes, wenn er dem Gericht die Möglichkeit gibt, die Verschmelzungsprüfer auszuwählen. Maßgeblicher Hintergrund der Gesetzesänderung war es, dem Institut der Verschmelzungsprüfung, vor allem aber der Person des Verschmelzungsprüfers selbst, größere Akzeptanz zu geben (→ Rn. 1). Nur in diesem Fall ist es überhaupt möglich, dem Verschmelzungsprüfer im etwaigen späteren Spruchverfahren eine wirklich unabhängige Rolle als sachverständiger Zeuge (allerdings in den seltensten Fällen als Sachverständiger, zutr. Lutter/Drygala, 3. Aufl. 2004, Rn. 21 aE; Simon/Winter SpruchG Vor § 7 Rn. 63) zuzuordnen. Im Allg. ist diese Doppelfunktion unglücklich. Der Verschmelzungsprüfer hat die Angemessenheit des Umtauschverhältnisses geprüft und im Prüfungsbericht bestätigt. Inwieweit er als Zeuge in einem Spruchverfahren von seinen eigenen Ergebnissen abweichen wird, erscheint fraglich (auch → § 12 Rn. 14). Fronhöfer empfiehlt den an der Verschm beteiligten Rechtsträgern, im Antrag zur gerichtlichen Bestellung auf einen **konkreten Vorschlag** zur Person des Verschmelzungsprüfers zu verzichten (Widmann/Mayer/Fronhöfer Rn. 2.1, 11.5). An einen entsprechenden Vorschlag ist das Gericht bei seiner Auswahl, die nach freiem Ermessen erfolgt, selbstverständlich nicht gebunden (Widmann/Mayer/Fronhöfer Rn. 11.5; BeckOGK/Fromholzer Rn. 26; Semler/Stengel/Leonard/Zeidler Rn. 8; Kallmeyer/Lanfermann Rn. 13; will man einen konkreten Vorschlag unterbreiten, sollte dem Gericht eine Liste mehrerer geeigneter Prüfer übergeben werden; das Ermessen des Gerichts wird aber selbst durch den Vorschlag nur eines Prüfers auch in praxi nicht unzulässig verkürzt, vgl. OLG Hamm AG 2005, 854; OLG Düsseldorf AG 2005, 293; OLG Hamburg AG 2005, 253; OLG Hamm AG 2005, 361). Das Gericht wird idR kritisch prüfen, ob es einem Vorschlag der beteiligten Rechtsträger für die Auswahl eines bestimmten Verschmelzungsprüfers folgt (Lutter/Drygala Rn. 10). Denn mit der Empfehlung der beteiligten Rechtsträger ist ein Indiz verbunden, das die vom Gericht zu sichernde Unabhängigkeit des Prüfers, insbes. unter dem Gesichtspunkt von Beratungstätigkeiten des Benannten für einen der beteiligten Rechtsträger oder innerhalb der Konzerne, denen diese Rechtsträger angehören, in Frage stellt. Folgt das Gericht einem Vorschlag der beteiligten Rechtsträger, rechtfertigt dies eine spätere **Unwirksamkeitsklage** gegen den Verschmelzungsbeschluss nicht, denn die Prüferbestellung bindet als statusbegründende Entscheidung iRd FamFG das Gericht der Unwirksamkeitsklage nach § 14 oder des Freigabeverfahrens nach § 16 III (zutr. Baßler AG 2006, 487 mwN).

8 Nach OLG Düsseldorf AG 2016, 142 (krit. Drygala EWiR 2016, 233) kann das bestellende Gericht dem Prüfer **keine** bindenden **Anweisungen** in Bezug auf die Erstattung des Prüfungsberichts erteilen, vielmehr sind nur unverbindliche Anregungen möglich.

9 Praktisch von Bedeutung ist in diesem Zusammenhang auch die Frage, ob der von einem an der Verschm beteiligten Rechtsträger beauftragte Ersteller eines oder mehrerer Bewertungsgutachten **gleichzeitig** mit dem gerichtlichen Verschmelzungsprüfer tätig sein und sich mit diesem ggf. abstimmen darf. Der BGH (ZIP 2006, 2080 (2082)) hat bzgl. eines Squeeze-out die Prüfung der Angemessenheit der Barabfindung gem. § 327c II 2 AktG durch den gerichtlich bestellten Prüfer während der Unternehmensbewertung durch den Hauptaktionär (sog. **Parallelprüfung**) für zulässig und sinnvoll befunden. Die Unabhängigkeit des gerichtlich bestellten Prüfers sei nicht in Frage gestellt. Vielmehr diene die Parallelprüfung der frühzeitigen Fehlerkorrektur. Der BGH hat dies mittlerweile bestätigt (ZIP 2009, 908). Die Entscheidung ist auf die Verschmelzungsprüfung übertragbar (so auch Kallmeyer/Lanfermann Rn. 28). Der BGH ist damit der Tendenz mehrerer Obergerichte gefolgt (OLG Stuttgart NZG 2004, 146; OLG Hamm AG 2005, 361; OLG Düsseldorf NZG 2004, 328 (332f.); vgl. auch OLG Stuttgart AG 2010, 510; OLG Frankfurt NZG 2010, 389; ZIP 2008, 1966. Für eine Parallelprüfung auch Leuering NZG 2004, 606 mwN; zweifelnd Puszkajler ZIP 2003, 518 mwN). Zur Frage, ob ein **Abschlussprüfer** eines an der Verschm Beteiligten zum Verschmelzungsprüfer bestellt werden darf, → § 11 Rn. 16 ff. Zur **Gründungsprüfung** einer AG durch den Verschmelzungsprüfer vgl. § 75 I 2. Zur Sacheinlageprüfung Semler/Stengel/Leonard/Zeidler § 9 Rn. 4.

3. Gemeinsame Bestellung

10 Gem. **Abs. 1 S. 2** können für mehrere oder für alle beteiligten Rechtsträger gemeinsame Verschmelzungsprüfer bestellt werden (für Anträge bei verschiedenen Gerichten gilt § 2 I FamFG entsprechend, vgl. zur Vorgängervorschrift § 4 FGG HRA des DAV NZG 2000, 804 und zum Parallelproblem im Spruchverfahren § 2 I 2 SpruchG). Die gemeinsame Bestellung obliegt jedenfalls ausschließlich dem zuständigen Gericht. Die gemeinsame Prüfung ist allerdings nur insoweit möglich, wie sie sich aus dem Gesetz ergibt; damit scheidet die Teilnahme einer eG an einer gemeinsamen Prüfung aus (Widmann/Mayer/Fronhöfer Rn. 3.1 ff. mit Beispiel zu § 81). Nach früherem Recht stand es im Ermessen der Vertretungsorgane der beteiligten Rechtsträger, ob sie einen oder mehrere Prüfer bestellen wollten. Das Entschließungsermessen ist ihnen auch nach Neufassung von § 10 verblieben, denn gem. Abs. 1 S. 2 kommt eine gemeinsame Bestellung nur in Betracht, wenn die Rechtsträger zuvor einen darauf gerichteten gemeinsamen Antrag gestellt haben (abw. Kallmeyer/Lanfermann Rn. 20; wie hier Semler/Stengel/Leonard/Zeidler Rn. 7). Das Entscheidungsermessen hat jetzt aber allein das Gericht. Es ist befugt, den Antrag auf Bestellung eines gemeinsamen Prüfers abzuweisen und jew. gesonderte Prüfer zu bestellen (zutr. Widmann/Mayer/Fronhöfer Rn. 4). Dies dürfte insbes. für Verschm unter Beteiligung von AG gelten, bei der auch nach früherem Recht zwar gem. § 60 III aF eine gemeinsame gerichtliche Bestellung möglich war (→ 3. Aufl. 2001, § 60 Rn. 4), das gesetzliche Leitbild aber eine getrennte Verschmelzungsprüfung vorsah (§ 60 II 1 aF). Folgt das Gericht dem **gemeinsamen Antrag** der beteiligten Rechtsträger iSv Abs. 1 S. 2 nicht, steht den Rechtsträgern eine Beschwerdemöglichkeit nicht zu.

4. Zuständiges Gericht (Abs. 2)

11 **Zuständig ist** nach Abs. 2 und § 71 II Nr. 4 lit. d GVG jedes **LG,** in dessen Bezirk ein übertragender Rechtsträger seinen Sitz (Verwaltungssitz, zutr. Widmann/

Mayer/Fronhöfer Rn. 6.1) hat. Die Zuständigkeit kann jedoch gem. § 71 IV GVG innerhalb eines Bundeslandes wiederum **konzentriert** sein (→ Rn. 24 f.). Sofern mehrere übertragende Rechtsträger vorhanden sind und es um die Bestellung eines oder mehrerer gemeinsamer Verschmelzungsprüfer geht, besteht ein **Wahlrecht bzgl. der örtlichen Zuständigkeit** (zutr. mit ausf. Begr. Widmann/Mayer/Fronhöfer Rn. 6; teilw. aA Bungert BB 1995, 1399: Vorgriffszuständigkeit iSv § 2 I FamFG ist maßgeblich).

Gem. **Abs. 2 S. 2** ist – so vorhanden – die Kammer für Handelssachen zuständig, die Entscheidung ist dem Vorsitzenden alleine zugewiesen. Die Zuständigkeit des **Vorsitzenden der KfH** ist auf die Initiative des BR zurückzuführen (vgl. Stellungnahme des BR, BR-Drs. 132/94 zu § 10 II 2 UmwG), der richtig erkannt hatte, dass im früheren FGG-Verfahren § 349 ZPO nicht galt, die Zuständigkeit des Vorsitzenden also durch Sonderregelung gesetzlich zu begründen war. Des Weiteren wird damit eine den Zielen des Gesetzgebers konforme einheitliche Zuständigkeit erreicht (vgl. den Katalog in § 2 III SpruchG). 12

Sollte ausnahmsweise bei einem zuständigen LG **keine Kammer für Handelssachen** gebildet sein, ist die Zuständigkeit der Zivilkammer gegeben. Der eindeutige Wortlaut von Abs. 2 begründet nicht die Zuständigkeit des Vorsitzenden einer „normalen" Zivilkammer. 13

5. Anwendbare Vorschriften des FamFG (Abs. 3)

Gem. Abs. 3, der der früheren Vorschrift von § 307 I aF entspricht, ist auf das Bestellungsverfahren nach Abs. 1 vorbehaltlich speziellerer Regelungen in Abs. 4 und 5 das FamFG anzuwenden. Vgl. allg. zum FamFG die in → Einf. Rn. 29 aE zitierte Kommentarliteratur. Für dieses nicht streitige Antragsverfahren (Widmann/Mayer/Fronhöfer Rn. 9) gelten damit insbes. die folgenden Vorschriften: 14

a) Örtliche Zuständigkeit, §§ 2, 5 FamFG. §§ 2 und 5 FamFG sind hinsichtlich der **örtlichen Zuständigkeit** anwendbar. § 2 I FamFG kann bedeutsam werden, wenn ein **Doppelsitz** vorliegt oder mehrere übertragende Rechtsträger beteiligt sind (→ SpruchG § 2 Rn. 5). Das Verfahren nach § 5 FamFG ist durchzuführen, wenn die örtliche Zuständigkeit str. oder ungewiss ist (ausf. MüKoFamFG/Pabst FamFG § 5 Rn. 1 ff.). Bei erst nachträglich festgestellter örtlicher Unzuständigkeit greift ergänzend § 2 III FamFG ein, wonach allein die örtliche Unzuständigkeit des Gerichts keinen Einfluss auf die Wirksamkeit der gerichtlichen Handlungen hat. 15

b) Ausschließung und Ablehnung von Richtern, § 6 FamFG. § 6 FamFG ist anwendbar. § 6 I 1 FamFG verweist auf §§ 41–49 ZPO. Damit ist die Ausschließung und Ablehnung von Richtern im Bestellungsverfahren auch wegen **Befangenheit** möglich. Hinsichtlich der Einzelheiten wird auf MüKoFamFG/Pabst FamFG § 6 und die Spezialliteratur zur ZPO verwiesen. Vgl. zur Rechtslage vor Inkrafttreten des FGG-RG → 5. Aufl. 2009, Rn. 14. 16

c) Anwendung des GVG. Die früheren Regelungen von §§ 8 und 9 FGG haben keine Entsprechung im FamFG gefunden. Trotz § 2 EGGVG, der nur von der ordentlichen streitigen Gerichtsbarkeit spricht, gilt das GVG auch für FamFG-Sachen (Anders/Gehle/Vogt-Beheim GVG Vor § 1 Rn. 3). 17

d) Form der Antragstellung, §§ 23, 25 FamFG. Das Gericht wird sowohl im Fall von Abs. 1 S. 1 als auch im Fall von Abs. 1 S. 2 nur auf **Antrag** (§ 23 FamFG) tätig (Muster für einen solchen Antrag bei Widmann/Mayer/Fronhöfer Rn. 19). Für diese Anträge gilt § 25 FamFG, sodass der Antrag entweder **schriftlich einzureichen** oder zu Protokoll der Geschäftsstelle des zuständigen Landgerichts oder eines beliebigen Amtsgerichts zu erklären ist (Lutter/Drygala Rn. 9). Anwaltszwang besteht nicht (Widmann/Mayer/Fronhöfer Rn. 11.2; Kölner Komm UmwG/ 18

Simon Rn. 8). Antragsberechtigt ist jew. das Vertretungsorgan des beteiligten Rechtsträgers, mithin genügt Handeln in vertretungsberechtigter Zahl.

19 § 23 FamFG enthält formelle Anhaltspunkte, die in praxi betrachtet werden sollten (vgl. Zöller/Feskorn ZPO § 23 FamFG und ausf. MüKoFamFG/Ulrici FamFG § 23). Danach soll der Antrag **begründet** und sollen die zur Begründung dienenden Tatsachen und Beweismittel angegeben werden. In Bezug genommene Urkunden sollen in Urschrift oder Abschrift beigefügt werden. Nach § 23 I 5 FamFG soll der Antrag von dem Antragsteller oder seinem Bevollmächtigten unterschrieben werden. Trotz der Formulierung „soll" ist eine Unterzeichnung dringend zu empfehlen. Zwingend notwendig ist diese aber nicht (Lutter/Drygala Rn. 10 aE mwN; handschriftliche Unterzeichnung ist üblich, Kallmeyer/Lanfermann Rn. 10; Kölner Komm UmwG/Simon Rn. 8). Der Antrag soll dem Gericht die Notwendigkeit der Bestellung eines oder mehrerer Verschmelzungsprüfer für bestimmte an der Verschm beteiligte Rechtsträger aufzeigen. Es obliegt deshalb den Vertretungsorganen, deutlich zu machen, ob sie eine **gemeinsame Verschmelzungsprüfung** beantragen, welche Rechtsträger Prüfungsgegenstand sein sollen, woraus sich die Notwendigkeit der Prüfung ergibt (Prüfungsbefehl, → Vor § 9 Rn. 3) etc. Neben der kurzen Schilderung des zugrunde liegenden Sachverhalts sind deshalb die Urkunden beizufügen, die dem Gericht die selbstständige Nachprüfung der Angaben der Antragsteller ermöglicht, insbes. also der Verschmelzungsvertrag und etwaige Prüfungsverlangen von Anteilsinhabern (zum Ganzen Lutter/Drygala Rn. 10; Widmann/Mayer/Fronhöfer Rn. 11 ff.; Kallmeyer/Lanfermann Rn. 9 ff.; Semler/Stengel/Leonard/Zeidler Rn. 6 ff.).

20 Eine **Antragsfrist** gibt es nicht, jedoch liegt es im eigenen Interesse der beteiligten Rechtsträger, den Antrag unverzüglich nach Erkennen der Notwendigkeit einer Verschmelzungsprüfung zu stellen, denn sonst ist ihnen eine ordnungsgemäße Vorbereitung des Beschlusses ihrer Anteilsinhaberversammlung iSv § 13 I nicht möglich (vgl. zB § 63 I Nr. 5). In der Praxis führt insbes. die Achtmonatsfrist von § 17 II 4 dazu, dass die an einer Verschm beteiligten Rechtsträger bestrebt sind, jede Vorbereitungshandlung für die Verschm zügig durchzuführen. Auf dieses offensichtliche Interesse der beteiligten Rechtsträger hat auch das Gericht Rücksicht zu nehmen, die zügige Prüfung und Bearbeitung des Antrags ist geboten.

21 **e) Amtsermittlung und Beweisgrundsätze, § 26 FamFG. § 26 FamFG** ist im Bestellungsverfahren anwendbar. Dem Gericht obliegt danach die **Pflicht zur Amtsermittlung**, die umso weiter geht, je weniger Substanz die Schilderung des Sachverhalts in den Anträgen hat. Die Amtsermittlungspflicht ist auf dasjenige begrenzt, was das Gericht für entscheidungserheblich hält.

22 Die Antragsteller müssen die ihrem Antrag zugrunde liegenden Tatsachen nicht glaubhaft machen oder gar beweisen. Vielmehr hat das Gericht **von Amts wegen** den Sachverhalt zu erforschen. Flankierend dazu regelt § 27 I FamFG, dass die Beteiligten bei der Ermittlung des Sachverhalts mitwirken sollen. Dadurch ändert sich zwar nichts an der grds. Pflicht des Gerichts zur Amtsermittlung. In ihrem eigenen Interesse sollten die Antragsteller aber das Gericht bestmöglich unterstützen und zügig von allen entscheidungserheblichen Umständen in Kenntnis setzen. Vgl. ausf. zur **Mitwirkungslast** der Antragsteller MüKoFamFG/Ulrici FamFG § 27 Rn. 3 ff. Praktisch werden die Antragsteller also wie in → Rn. 18 beschrieben vorgehen.

23 **f) Bekanntmachung des Beschlusses, §§ 40, 41 FamFG.** Gem. § 40 I FamFG wird der Beschluss mit der Bekanntmachung an denjenigen, für welchen sie ihrem Inhalt nach bestimmt sind, wirksam. **Adressaten des Beschlusses** über die Bestellung der Verschmelzungsprüfer sind damit nicht nur die antragstellenden Rechtsträger, sondern auch der oder die bestellten Verschmelzungsprüfer (Widmann/Mayer/Fronhöfer Rn. 15, 15.1). Die Form der Bekanntmachung richtet sich nach § 41 FamFG, sodass nur bei ablehnenden Beschlüssen wegen Unzulässigkeit förmlich zugestellt werden muss. IÜ genügt formlose Übersendung des Beschlusses (Lutter/Drygala Rn. 12; Widmann/Mayer/Fronhöfer Rn. 15.2).

6. Übertragung der Zuständigkeit durch Rechtsverordnung

Die früher in Abs. 4 enthaltene Konzentrationsermächtigung ist seit Inkrafttreten des FGG-RG in § 71 IV GVG enthalten. Die Ermächtigung für die Landesregierung bzw. die jew. Landesjustizverwaltung, durch Rechtsverordnung die Zuständigkeit für mehrere LG-Bezirke einem LG zu übertragen, dient der Sicherung einer einheitlichen Rspr. 24

Von dieser **Konzentrationsermächtigung** haben auf Basis der entsprechenden Verordnungsermächtigung von § 306 III aF die Bundesländer Baden-Württemberg (LG Mannheim für den OLG-Bezirk Karlsruhe, LG Stuttgart für den OLG-Bezirk Stuttgart), Bayern (LG München I für den OLG-Bezirk München, LG Nürnberg für die OLG-Bezirke Nürnberg und Bamberg), Hessen (LG Frankfurt a. M.), Mecklenburg-Vorpommern (LG Rostock), Niedersachsen (LG Hannover), Nordrhein-Westfalen (LG Dortmund für den OLG-Bezirk Hamm, LG Düsseldorf für den OLG-Bezirk Düsseldorf und LG Köln für den OLG-Bezirk Köln) und Sachsen (LG Leipzig) Gebrauch gemacht (Nachw. bei Lutter/Drygala Rn. 7). Die entsprechenden Rechtsverordnungen müssen dem neuen Recht nicht angepasst werden. Sie gelten auch für § 71 IV GVG unverändert fort (zutr. Lutter/Drygala Rn. 7). 25

7. Beschwerde (Abs. 4)

Gem. Abs. 4 findet gegen die Entscheidung des Gerichts die Beschwerde statt. Diese richtet sich nach §§ 58 ff. FamFG (Abs. 3). Die praktische Bedeutung ist gering, denn der Kreis der beschwerdeberechtigten Personen ist eingeschränkt (→ Rn. 28). Gegen die Beschwerdeentscheidung findet seit Inkrafttreten des FGG-RG die Rechtsbeschwerde statt (→ Rn. 31). Vgl. zur alten Rechtslage → 5. Aufl. 2009, Rn. 24. Zu den Änderungen durch das FGG-RG → Einf. Rn. 29. Zur Beschwerde allg. MüKoFamFG/Koritz FamFG §§ 58 ff.; Zöller/Feskorn ZPO §§ 58 ff. FamFG. 26

a) Statthaftigkeit, Form und Frist. Statthaftes Rechtsmittel gegen die Endentscheidung des LG ist die **Beschwerde** (Abs. 4). Sie ist innerhalb einer **Frist von einem Monat** einzulegen (§ 63 I FamFG). Die Frist beginnt jew. mit der schriftlichen Bekanntgabe (→ Rn. 23) an die Beteiligten (§ 63 III FamFG). Die Beschwerde kann nur mittels einer von einem Rechtsanwalt unterzeichneten Beschwerdeschrift eingelegt werden (Abs. 4 S. 2). Für die weiteren Verfahrenshandlungen besteht kein Anwaltszwang. Die Beschwerde ist bei dem Gericht einzulegen, dessen Beschluss angefochten wird (§ 64 I FamFG), und soll begründet werden (§ 65 I FamFG). Ein Verstoß gegen die Begründungspflicht führt nicht zur Unzulässigkeit der Beschwerde (Zöller/Feskorn ZPO § 65 Rn. 2 FamFG). §§ 26, 27 FamFG gelten auch im Beschwerdeverfahren (→ Rn. 21 f.). Eine Begründung ist aber im eigenen Interesse der Beschwerdeführer dringend zu empfehlen. 27

b) Beschwerdeberechtigung. Die Beschwerde ist nur zulässig, wenn sie von einer beschwerdeberechtigten Person eingelegt wird. Gem. § 59 I FamFG sind das die Personen, die in ihren Rechten beeinträchtigt sind, im Ergebnis also die Antragsteller. Die notwendige Beschwer besteht aber nur, wenn der Antrag als unzulässig zurückgewiesen wurde (vgl. Lutter/Drygala Rn. 8; Widmann/Mayer/Fronhöfer Rn. 17 ff.) oder wenn das Gericht die Prüferbefähigung iSv § 11 I verkennt und eine nicht mit der dort vorgeschriebenen Qualifikation ausgestattete Person oder Institution bestellt. Grund dieser Einschränkung ist, dass die Antragsteller keinen Anspruch auf die Bestellung eines bestimmten Verschmelzungsprüfers haben (Kallmeyer/Lanfermann Rn. 25). 28

29 Die nicht-antragstellenden Rechtsträger sind von vornherein nicht beschwerdebefugt (zutr. Widmann/Mayer/Fronhöfer Rn. 17.2; BeckOGK/Fromholzer Rn. 41). Entsprechendes gilt für die Anteilsinhaber (zutr. Baßler AG 2006, 490; BeckOGK/Fromholzer Rn. 41) und für den bestellten Verschmelzungsprüfer. Letzterer ist nicht auf eine Beschwerde gegen die gerichtliche Entscheidung angewiesen. Er hat es selbst in der Hand, den Auftrag anzunehmen oder abzulehnen (Widmann/Mayer/Fronhöfer Rn. 16.1, 17.3; BeckOGK/Fromholzer Rn. 41). Schließlich kann die Beschwerde nicht darauf gestützt werden, dass das Gericht seine Zuständigkeit zu Unrecht angenommen hat (§ 65 IV FamFG).

30 **c) Zuständigkeit (Abs. 5).** Über die Beschwerde entscheidet das **OLG.** Gem. **Abs. 5** kann die Landesregierung bzw. die Landesjustizverwaltung durch **Rechtsverordnung** die Konzentration auf ein OLG vornehmen, dessen Zuständigkeit sich dann über mehrere OLG-Bezirke erstreckt. Davon haben die Länder Bayern (OLG München), Nordrhein-Westfalen (OLG Düsseldorf) und Rheinland-Pfalz (OLG Zweibrücken) schon zum früheren § 309 III aF Gebrauch gemacht. Diese Konzentrationsverordnungen sind weiter gültig (Lutter/Drygala Rn. 21; Kallmeyer/Lanfermann Rn. 26 mwN).

31 Seit Inkrafttreten des FGG-RG findet gegen die Beschwerdeentscheidung des OLG die **Rechtsbeschwerde** nach §§ 70 ff. FamFG statt. Der frühere Ausschluss der weiteren Beschwerde in § 10 VI 2 aF wurde nicht übernommen. Allg. zum FGG-RG → Einf. Rn. 29. Die Rechtsbeschwerde muss durch das OLG zugelassen werden (§ 70 I FamFG). Die Rechtsbeschwerde ist zuzulassen, wenn die Rechtssache grds. Bedeutung hat oder die Fortbildung des Rechts oder die Sicherung einer einheitlichen Rspr. eine Entscheidung des Rechtsbeschwerdegerichts erfordert (§ 70 II FamFG). Diese Voraussetzungen dürften selten vorliegen. Vgl. allg. zur Rechtsbeschwerde MüKoFamFG/Koritz FamFG §§ 70 ff.; Zöller/Feskorn FamFG §§ 70 ff.

32 Mit Einwilligung aller Beteiligten ist es auch möglich, unter Übergehung der Beschwerdeinstanz die **Sprungrechtsbeschwerde** einzulegen (§ 75 I FamFG). Hierbei ist zu beachten, dass gem. § 75 I 2 FamFG der Antrag auf Zulassung der Sprungrechtsbeschwerde und die Erklärung der Einwilligung als Verzicht auf das Rechtsmittel der Beschwerde gelten. Wird der Zulassungsantrag abgelehnt, steht das Rechtsmittel der Beschwerde nicht mehr zur Verfügung (MüKoFamFG/Koritz FamFG § 75 Rn. 2).

8. Vergütung der Verschmelzungsprüfer

33 Gem. **Abs. 1 S. 3** gilt **§ 318 V HGB** für den Ersatz von Auslagen und für die Vergütung der vom Gericht bestellten Prüfer entsprechend. Damit ist § 340b II 4 AktG aF unverändert übernommen worden. Die Verschmelzungsprüfer haben Anspruch auf Ersatz barer Auslagen und auf eine **angemessene Vergütung,** die vom **Gericht** festgesetzt wird und die mit der Beschwerde überprüft werden kann (§ 318 V 3 HGB). Die rkr. Entscheidung über die Festsetzung der Vergütung ist gleichzeitig Vollstreckungstitel für den Verschmelzungsprüfer (§ 318 V 4 HGB).

34 Zu beachten ist allerdings, dass der Verweis auf § 318 V HGB für die von der gerichtlichen Entscheidung Betroffenen, also die beteiligten Rechtsträger und den/die Verschmelzungsprüfer, unbefriedigend ist. Die gerichtliche Bestellung ersetzt zwar die sonst zur Bestellung eines Prüfers notwendige Willenserklärung des Rechtsträgers, sie begründet aber gerade keinen Auftrag des Gerichts, wie dies bei der Bestellung eines Sachverständigen etwa im normalen Zivilprozess der Fall ist (Widmann/Mayer/Fronhöfer Rn. 16.2). Vielmehr entsteht durch die gerichtliche Entscheidung und die nachfolgende unverzügliche Annahmeerklärung durch den Verschmelzungsprüfer (die ihm freisteht, dazu Widmann/Mayer/Fronhöfer Rn. 16.1; er muss unverzüglich reagieren, wenn er den Auftrag ablehnt, Semler/Stengel/

Leonard/Zeidler Rn. 10) ein **werkvertragsähnliches gesetzliches Schuldverhältnis** zwischen dem Verschmelzungsprüfer und dem von ihm zu prüfenden Rechtsträger (BeckOGK/Fromholzer Rn. 33; Lutter/Drygala Rn. 14; Widmann/Mayer/Fronhöfer Rn. 16.2).

Gerade weil es in der Praxis häufig Schwierigkeiten im Zusammenhang mit der Vergütung von Verschmelzungsprüfern und von iRd Spruchverfahrens bestellten Sachverständigen gibt, sollte das Gericht vor der Festsetzung der Vergütung versuchen, eine Einigung zwischen den Parteien des gesetzlichen Schuldverhältnisses über die Höhe der Vergütung zu erzielen, die anschl. der gerichtlichen Entscheidung iRv § 318 V HGB zugrunde gelegt wird (solche Einigungen sind gängige Praxis, vgl. Semler/Stengel/Leonard/Zeidler Rn. 16; zur Abweichung von den Sätzen des JVEG (früher ZSEG) → Rn. 4). 35

Das darf allerdings nicht dazu führen, dass die Bereitschaft der beteiligten Rechtsträger zu einer großzügigen Vergütung eine Loyalität des Verschmelzungsprüfers diesen Rechtsträgern gegenüber begründet (auch dies lässt sich in der Praxis beobachten). 36

Gem. § 318 V 3 HGB ist die Entscheidung des Gerichts über die Vergütung des Verschmelzungsprüfers mit der Beschwerde angreifbar. Ebenso wie vor dem FGG-RG die weitere Beschwerde ist nun die Rechtsbeschwerde ausgeschlossen (§ 318 V 3 Hs. 2 HGB). Beschwerdeberechtigt sind sowohl der Prüfer als auch die beteiligten Rechtsträger, und zwar jew. in dem Umfang, in dem sie durch die Entscheidung beschwert sind (Widmann/Mayer/Fronhöfer Rn. 16.3.3; iÜ wird auf die Speziallit. zu § 318 HGB verwiesen). 37

§ 11 Stellung und Verantwortlichkeit der Verschmelzungsprüfer

(1) ¹Für die Auswahl und das Auskunftsrecht der Verschmelzungsprüfer gelten § 319 Abs. 1 bis 4, § 319b Abs. 1, § 320 Abs. 1 Satz 2 und Abs. 2 Satz 1 und 2 des Handelsgesetzbuchs entsprechend. ²Soweit Rechtsträger betroffen sind, die Unternehmen von öffentlichem Interesse nach § 316a Satz 2 des Handelsgesetzbuchs sind, gilt für die Auswahl der Verschmelzungsprüfer neben Satz 1 auch Artikel 5 Absatz 1 der Verordnung (EU) Nr. 537/2014 des Europäischen Parlaments und des Rates vom 16. April 2014 über spezifische Anforderungen an die Abschlussprüfung bei Unternehmen von öffentlichem Interesse und zur Aufhebung des Beschlusses 2005/909/EG der Kommission (ABl. L 158 vom 27.5.2014, S. 77; L 170 vom 11.6.2014, S. 66) entsprechend mit der Maßgabe, dass an die Stelle der in Artikel 5 Absatz 1 Unterabsatz 1 Buchstabe a und b der Verordnung (EU) Nr. 537/2014 genannten Zeiträume der Zeitraum zwischen dem Beginn des Geschäftsjahres, welches dem Geschäftsjahr vorausgeht, in dem der Verschmelzungsvertrag geschlossen wurde, und dem Zeitpunkt, in dem der Verschmelzungsprüfer den Prüfungsbericht nach § 12 erstattet hat, tritt. ³Soweit Rechtsträger betroffen sind, für die keine Pflicht zur Prüfung des Jahresabschlusses besteht, gilt Satz 1 entsprechend. ⁴Dabei findet § 267 Abs. 1 bis 3 des Handelsgesetzbuchs für die Umschreibung der Größenklassen entsprechende Anwendung. ⁵Das Auskunftsrecht besteht gegenüber allen an der Verschmelzung beteiligten Rechtsträgern und gegenüber einem Konzernunternehmen sowie einem abhängigen und einem herrschenden Unternehmen.

(2) ¹Für die Verantwortlichkeit der Verschmelzungsprüfer, ihrer Gehilfen und der bei der Prüfung mitwirkenden gesetzlichen Vertreter einer Prüfungsgesellschaft gilt § 323 des Handelsgesetzbuchs entsprechend. ²Die Ver-

antwortlichkeit besteht gegenüber den an der Verschmelzung beteiligten Rechtsträgern und deren Anteilsinhabern.

Übersicht

	Rn.
1. Allgemeines	1
2. Auswahl der Prüfer	4
a) Befähigter Personenkreis	4
b) Ausschlussgründe	11
3. Auskunftsrecht	19
4. Verantwortlichkeit der Verschmelzungsprüfer	23

1. Allgemeines

1   **Abs. 1,** der § 340b II AktG aF nur eingeschränkt fortführt, verweist weitestgehend auf die Vorschriften des HGB zur Auswahl und zum Auskunftsrecht der Abschlussprüfer (§§ 319 ff. HGB). Das **Gericht** (§ 10 I) hat diese Vorschriften bei der Auswahl der Verschmelzungsprüfer entsprechend zu beachten. Abs. 1 S. 4 übernimmt § 340b III 2 AktG aF und ergänzt diese Vorschriften noch.

2   Durch das **BilMoG** v. 25.5.2009 (BGBl. 2009 I 1102) wurde zur Umsetzung der Abschlussprüfer-RL (RL 2006/43/EG) **§ 319b HGB** neu eingeführt. Gleichzeitig wurde die Verweisung in Abs. 1 entsprechend ergänzt.

2a   Durch das Finanzmarktintegritätsstärkungsgesetz **(FISG)** v. 3.6.2021 (BGBl. 2021 I 1534) wurde als Reaktion auf den sog. Wirecard-Skandal (BeckOK HGB/Poll HGB § 319a vor Rn. 1) § 319a HGB aufgehoben. Daher wurde bzgl. der Stellung und Verantwortlichkeit des Verschmelzungsprüfer der Verweis auf den Abs. 1 dieser Vorschrift aus § 11 I 1 gestrichen und ein neuer S. 2 eingefügt. In § 354 IV (§ 321 IV aF) findet sich hierzu eine Übergangsvorschrift. Bisherige Abs. 1 S. 2–4 wurden Abs. 1 S. 3–5.

3   **Abs. 2** regelt die Verantwortlichkeit der Verschmelzungsprüfer und verweist dafür auf § 323 HGB. Die Vorschrift entspricht § 340b V AktG aF.

2. Auswahl der Prüfer

4   **a) Befähigter Personenkreis.** Welche Person als Verschmelzungsprüfer in Frage kommt, richtet sich nach der **Rechtsform** des betroffenen Rechtsträgers.

5   Gem. **Abs. 1 S. 1** iVm § 319 I 1 HGB wird zunächst klargestellt, dass die Verschmelzungsprüfung, soweit sie **AG** als beteiligte Rechtsträger betrifft, **ausschließlich von Wirtschaftsprüfern oder WirtschaftsprüfungsGes** durchgeführt werden kann. Vereidigte Buchprüfer bzw. BuchprüfungsGes scheiden bei einer **AG, KGaA** aus (§ 319 I 2 HGB; zur kleinen AG jedoch → Rn. 7). Gleiches gilt für **große GmbH** iSv § 267 III HGB. Zur Ausnahme bei Beteiligung einer **eG** → Rn. 10.

6   Bei allen **anderen Rechtsträgern** (zB Verein, PhG; zur eG → Rn. 10) sind die Voraussetzungen von **Abs. 1 S. 3, 4** zu prüfen. Durch die entsprechende Anwendung von § 319 I 2 HGB (in Abs. 1 S. 1 festgeschrieben) wird klargestellt, dass für kleine und mittelgroße Rechtsträger iSv § 267 I, II HGB der Kreis der möglichen Verschmelzungsprüfer auch auf **vereidigte Buchprüfer und BuchprüfungsGes** ausgedehnt wird. Da es sich bei den an der Verschm beteiligten Rechtsträgern iSv § 3 I nicht notwendig um KapGes handeln muss, war die entsprechende Anwendung von § 267 I, II HGB in Abs. 1 S. 4 geboten.

7   Zusammengefasst ergibt sich folgende Zuständigkeit:

8   – **Wirtschaftsprüfer und WirtschaftsprüfungsGes** können **stets** (außer bei eG → Rn. 10) Verschmelzungsprüfer sein, für AG (nicht jedoch für die „kleine AG",

Widmann/Mayer/Mayer Rn. 7; Kölner Komm UmwG/Simon Rn. 3; Semler/ Stengel/Leonard/Zeidler Rn. 3; BeckOGK/Fromholzer Rn. 7; wohl auch Kallmeyer/Lanfermann Rn. 2; aA Lutter/Drygala Rn. 3) und KGaA ist ihre Zuständigkeit exklusiv begründet (Abs. 1 S. 1 iVm § 319 I 1 HGB), ebenso für große KapGes (Abs. 1 S. 1 iVm § 319 I 1, 2 HGB) und sonstige Rechtsträger, die entsprechend § 267 III HGB als große Ges einzustufen sind (Abs. 1 S. 2, 3 iVm § 267 III HGB).

– IÜ konkurrieren Wirtschaftsprüfer und WirtschaftsprüfungsGes mit **vereidigten** 9 **Buchprüfern und BuchprüfungsGes**. Diese können die Verschmelzungsprüfung bei der kleinen AG und bei kleinen und mittelgroßen GmbH (Abs. 1 S. 1 iVm § 319 I 2 HGB; zu der ursprünglich anderen Intention des Gesetzgebers für die Zuständigkeit bei der Prüfung mittelgroßer GmbH iRv § 11 vgl. Ganske WPg 1994, 159 f. mwN) und iÜ bei allen Rechtsträgern, die nicht KapGes sind und unter die Größenklassenmerkmale von § 267 I, II HGB fallen, vornehmen (Abs. 1 S. 3, 4 iVm § 267 I, II HGB).

– Jew. von der Prüfungstätigkeit ausgeschlossen sind Wirtschaftsprüfer, Wirtschafts- 10 prüfungsGes, vereidigte Buchprüfer und BuchprüfungsGes bei **Beteiligung von eG** und deren Tochterunternehmen, insoweit gilt die **Sonderregelung** von § 81 (vgl. Begr. RegE, BR-Drs. 75/94 zu § 11 I; Semler/Stengel/Leonard/Zeidler Rn. 4; Widmann/Mayer/Mayer Rn. 9).

b) Ausschlussgründe. Gem. Abs. 1 S. 1 gelten für die Auswahl der Verschmel- 11 zungsprüfer die Ausschlussgründe von § 319 II, III, IV HGB und § 319b I HGB entsprechend. Früher erstreckte sich der Verweis auch auf § 319a I HGB aF, der jedoch durch das FISG v. 3.6.2021 (BGBl. 2021 I 1534) aufgehoben und daher durch einen neuen Abs. 1 S. 2 ersetzt wurde (Übergangsregelung in § 354 IV = § 321 IV aF). Das **Gericht**, welches die Verschmelzungsprüfer allein bestellt (§ 10 I), hat diese Vorschriften zu beachten. Sie dienen der **Unabhängigkeit** der Prüfer.

§ 319 II HGB legt den Grundsatz fest und regelt allg. den Ausschluss eines Prüfers 12 wegen der Besorgnis der **Befangenheit**. Diese kann auf Grund geschäftlicher, finanzieller oder persönlicher Umstände vorliegen.

§ 319 III und IV HGB zählen umfassend, aber nicht abschl. einzelne Konstellati- 13 onen auf, bei denen die Besorgnis der Befangenheit als begründet angesehen wird. Wegen der Einzelheiten wird auf BeBiKo/Schmidt/Nagel HGB § 319 Rn. 20 ff. verwiesen.

Bes. Ausschlussgründe bestehen gem. Abs. 1 S. 2 iVm **Art. 5 I VO (EU) 537/** 14 **2014** (Abschlussprüfer-VO), soweit Rechtsträger betroffen sind, die **Unternehmen von öffentlichem Interesse** (§ 316a S. 2 HGB) sind. Dies umfasst kapitalmarktorientierte Rechtsträger, bestimmte CRR-Kreditinstitute gem. KWG und bestimmte Versicherungsunternehmen. Hier kann ein Prüfer oder eine Prüfungsgesellschaft als Verschmelzungsprüfer ausgeschlossen sein, wenn dieser in dem in Abs. 1 S. 2 präzisierten Zeitraum im Katalog des Art. 5 I Abschlussprüfer-VO genannte Nichtprüfungsleistungen erbracht hat. Hinsichtlich der Einzelheiten wird auf BeckOK HGB/Poll Abschlussprüfungs-VO Art. 5 Rn. 1 ff. verwiesen.

Durch das **BilMoG** v. 25.5.2009 (BGBl. 2009 I 1102) wurde der „Netzwerktat- 15 bestand" (Kallmeyer/Lanfermann Rn. 5) in **§ 319b HGB** neu eingeführt. Gleichzeitig wurde Abs. 1 um diesen Tatbestand ergänzt. Die zu beachtenden Ausschlussgründe wurden dadurch nochmals erweitert. Nach **§ 319b I 1 HGB** ist ein Prüfer ausgeschlossen, wenn ein Mitglied seines **Netzwerks** bestimmte Ausschlussgründe nach § 319 II–IV HGB erfüllt, es sei denn, dass das Netzwerkmitglied keinen Einfluss auf das Ergebnis der Prüfung nehmen kann (§ 319b I 1 Hs. 2 HGB). **§ 319 I 2 HGB** normiert absolute Ausschlussgründe ohne Möglichkeit, die Besorgnis der Befangenheit zu entkräften. Ein Netzwerk liegt gem. § 319b I 3 HGB vor, wenn Personen bei ihrer Berufsausübung zur Verfolgung **gemeinsamer** wirtschaftlicher Interessen für eine gewisse Dauer zusammenwirken. Kriterien für ein Netzwerk sind bspw. eine Gewinn- und Kostenteilung, gemeinsames Eigentum und die gemeinsame Kontrolle bzw. Geschäftsführung, Qualitätssicherung, Geschäftsstrategie, Marke und Nutzung fachlicher Ressourcen (Begr. RegE, BT-Drs. 16/10067, 90).

16 Zur Frage, ob eine **Bestellung des Abschlussprüfers zum Verschmelzungsprüfer** gegen § 319 II Nr. 5, III Nr. 4 HGB aF verstößt, hat das LG München I (ZIP 1999, 2154) bereits früh zu Recht darauf hingewiesen, dass beide Tätigkeiten sich funktional und konzeptionell grds. unterscheiden. Auch die RL 84/253/EWG aF (heute RL 2006/43/EG) betreffend die Befähigung der Prüfer stehe einer solchen Auslegung nicht entgegen, ebenso wenig die Entscheidung des BGH zur Abgrenzung zwischen zulässiger Beratung und unzulässiger Mitwirkung an der Erstellung des Abschlusses (BGH ZIP 1997, 1162 mAnm Heni EWiR 1998, 67). Ähnlich für Sonderprüfung OLG München AG 2001, 193. Vgl. auch Lutter/Drygala Rn. 4, der zutr. auch auf den Ausschlusstatbestand von § 319 III Nr. 6 HGB hinweist.

17 Anlässlich der Fusion zur HypoVereinsbank hat der BGH (DB 2003, 383) umfassend zur Anwendung von §§ 318, 319 HGB ausgeführt. Als Abschlussprüfer darf danach grds. auch tätig sein, wer zuvor bei der Verschm als Bewerter (nicht Gegenstand der BGH-Entscheidung: als Verschmelzungsprüfer) tätig war (ausf. mwN Marx DB 2003, 431). § 318 III HGB kann der Tätigkeit im Einzelfall entgegenstehen (BGH DB 2003, 383). Für die Frage, ob der Verschmelzungsprüfer wegen früherer Tätigkeiten als Abschlussprüfer ungeeignet ist, kommt es deshalb iE auf die Würdigung des konkreten Einzelfalls an (zu an einer amerikanischen Börse notierten Rechtsträgern Semler/Stengel/Leonard/Zeidler Rn. 7).

18 Im Ergebnis darf der Abschlussprüfer zwar als Verschmelzungsprüfer tätig werden, dann aber ggf. nicht mehr bei nachfolgenden Abschlussprüfungen. Das Problem dürfte sich in der Praxis nur noch ausnahmsweise stellen, denn nach der Änderung von § 10 – nur noch gerichtliche Bestellung des Verschmelzungsprüfers – wird das Gericht zumindest bei Publikumsgesellschaften regelmäßig nicht die Abschlussprüfer bestellen (→ § 10 Rn. 6 f.). Eine Tätigkeit als Gründungsprüfer ist zulässig (→ § 10 Rn. 9 aE).

3. Auskunftsrecht

19 **Abs. 1 S. 5** ergänzt die Verweisung auf § 320 I 2, II 1, 2 HGB in Abs. 1 S. 1. Diese **Duldungspflicht** besteht gegenüber allen Verschmelzungsprüfern, auch gegenüber Verschmelzungsprüfern anderer Rechtsträger in Zusammenhang mit dem einheitlichen Verschmelzungsvorgang (näher Lutter/Drygala Rn. 6 mwN). § 320 I 2 HGB ist iRv Abs. 1 S. 5 aber nicht anzuwenden (zutr. Kallmeyer/Lanfermann Rn. 12 mwN).

20 Ebenso besteht für alle Abschlussprüfer das Recht, von allen Leitungsorganen aller beteiligten Rechtsträger sämtliche **Aufklärungen und Nachw.** zu verlangen, die für eine sorgfältige Prüfung notwendig sind (§ 320 II 1 HGB).

21 Abs. 1 S. 5 stellt schließlich klar, dass die beschriebenen Pflichten und Rechte auch gegenüber **verbundenen Unternehmen iSv § 15 AktG** bestehen; damit wird eine Gleichschaltung mit der gewünschten Ausführlichkeit des Verschmelzungsberichts gem. § 8 I 4 erreicht. Außerdem kann nur auf diese Weise der Prüfungsgegenstand „Verschmelzungsvertrag" abschl. beurteilt werden, weil auch im Verschmelzungsbericht auf die rechtlichen und wirtschaftlichen Verhältnisse bei verbundenen Unternehmen einzugehen ist (→ § 8 Rn. 27 f.).

22 **Unrichtige Angaben** gegenüber dem Verschmelzungsprüfer sind strafrechtlich sanktioniert (vgl. § 346 I Nr. 2).

4. Verantwortlichkeit der Verschmelzungsprüfer

Abs. 2 S. 1 verweist in vollem Umfang auf § 323 HGB. In Übereinstimmung mit Abs. 1 S. 5, der den Verschmelzungsprüfern Rechte gegenüber allen an der Verschm beteiligten Rechtsträgern gewährt, schreibt **Abs. 2 S. 2** zusätzlich die Verantwortlichkeit der Verschmelzungsprüfer gegenüber allen beteiligten Rechtsträgern und deren Anteilsinhabern fest. 23

Gefordert wird eine **gewissenhafte und unparteiische Prüfung,** die unbefugte Verwendung oder Offenbarung von Geschäfts- und Betriebsgeheimnissen ist untersagt. Eine Verantwortlichkeit gegenüber verbundenen Unternehmen (zum Prüfungsgegenstand → Rn. 20 f.) besteht gem. Abs. 2 S. 2 wohl nicht, weil insoweit § 323 I 3 HGB verdrängt wird (krit. dazu Lutter/Drygala Rn. 8; Kölner Komm UmwG/Simon Rn. 19); Entsprechendes gilt in Bezug auf die Gläubiger der Rechtsträger (Widmann/Mayer/Mayer Rn. 33). 24

Eine schuldhafte Verletzung der Pflichten aus § 323 I 1, 2 HGB führt zum **Schadensersatz** (Abs. 2 iVm § 323 I 3 HGB). Die gesamtschuldnerische Haftung ist bei einfach fahrlässigen Pflichtverstößen, auch bei mehreren schadensbegründenden Handlungen, grds. auf 1,5 Mio. Euro begrenzt (§ 323 II 1 Nr. 3 HGB). Die Änderung auf Euro erfolgte durch Art. 1 EuroBilG v. 10.12.2001 (BGBl. 2001 I 3414); vor Inkrafttreten (§ 46 EGHGB) des **KonTraG** v. 27.4.1998 (BGBl. 1998 I 786) lautete der Höchstbetrag auf 500.000 DM. Bei Unternehmen von öffentlichen Interesse und bei grober Fahrlässigkeit gelten seit dem 1.7.2021 jeweils höhere Haftungsbegrenzungen. Der Schadensersatzanspruch kann nicht abbedungen werden. Er **verjährt** in drei Jahren (§ 195 BGB, nach Wegfall des § 323 V HGB aF). 25

Vgl. zur Strafbarkeit der Verschmelzungsprüfer § 347. 26

§ 12 Prüfungsbericht

(1) ¹Die Verschmelzungsprüfer haben über das Ergebnis der Prüfung schriftlich zu berichten. ²Der Prüfungsbericht kann auch gemeinsam erstattet werden.

(2) ¹Der Prüfungsbericht ist mit einer Erklärung darüber abzuschließen, ob das vorgeschlagene Umtauschverhältnis der Anteile, gegebenenfalls die Höhe der baren Zuzahlung oder die Mitgliedschaft bei dem übernehmenden Rechtsträger als Gegenwert angemessen ist. ²Dabei ist anzugeben,
1. nach welchen Methoden das vorgeschlagene Umtauschverhältnis ermittelt worden ist;
2. aus welchen Gründen die Anwendung dieser Methoden angemessen ist;
3. welches Umtauschverhältnis oder welcher Gegenwert sich bei der Anwendung verschiedener Methoden, sofern mehrere angewandt worden sind, jeweils ergeben würde; zugleich ist darzulegen, welches Gewicht den verschiedenen Methoden bei der Bestimmung des vorgeschlagenen Umtauschverhältnisses oder des Gegenwerts und der ihnen zugrundeliegenden Werte beigemessen worden ist und, falls in den an der Verschmelzung beteiligten Rechtsträgern unterschiedliche Methoden verwendet worden sind, ob die Verwendung unterschiedlicher Methoden gerechtfertigt war;
4. welche besonderen Schwierigkeiten bei der Bewertung der Rechtsträger aufgetreten sind.

(3) § 8 Abs. 2 und 3 ist entsprechend anzuwenden.

Übersicht

	Rn.
1. Allgemeines	1
2. Form des Berichts (Abs. 1)	2
3. Gegenstand der Verschmelzungsprüfung	4
4. Aufbau und Inhalt des Berichts (Abs. 2)	7
5. Geheimnisschutz (Abs. 3 iVm § 8 II)	24
6. Verzicht durch die Anteilsinhaber (Abs. 3 iVm § 8 III)	26
7. Bedeutung der Prüfung	29

1. Allgemeines

1 **Abs. 1** wurde wörtlich aus § 340b IV 1, 2 AktG aF übernommen. Die Verschmelzungsprüfer haben einen schriftlichen, ggf. gemeinsamen **Bericht** über das Ergebnis der von ihnen vorgenommenen Prüfung zu erstatten (vgl. zur Strafbarkeit § 347). In **Abs. 2** wurde zum Schutz der Anteilsinhaber der notwendige **Mindestinhalt** des Prüfungsberichts in Fortsetzung und teilw. Erweiterung zu § 340 IV 2 ff. AktG aF festgelegt. Durch das UmRUG (Einf. → Rn. 43 ff.) wurden die nach Abs. 2 S. 2 Nr. 3 erforderlichen Angaben erweitert und zum Teil in eine neue Nr. 4 verschoben (→ Rn. 15). Gem. **Abs. 3** gelten § 8 II, III für den Geheimnisschutz und die Entbehrlichkeit des Verschmelzungsprüfungsberichts entsprechend.

2. Form des Berichts (Abs. 1)

2 Vgl. zum Ganzen IDW BT Kap. C Rn. 59 ff. Der Prüfungsbericht muss **schriftlich** abgefasst sein, **Abs. 1 S. 1**. Grds. hat jeder Prüfer einen eigenen Bericht zu verfassen; soweit eine **gemeinsame Bestellung** erfolgt ist (vgl. § 10 I 2), gibt es nur einen **einheitlichen Prüfungsbericht** (aA Kallmeyer/Lanfermann Rn. 2; Kölner Komm UmwG/Simon Rn. 4).

3 Darüber hinaus eröffnet **Abs. 1 S. 2** auch dann die Möglichkeit zur Erstellung eines einzigen gemeinsamen Berichts, wenn für jeden beteiligten Rechtsträger verschiedene Verschmelzungsprüfer bestellt wurden. Ob von der Möglichkeit von Abs. 1 S. 2 Gebrauch gemacht wird, liegt grds. **im freien Ermessen** der Verschmelzungsprüfer (Lutter/Drygala Rn. 2; Semler/Stengel/Leonard/Zeidler Rn. 5; Kölner Komm UmwG/Simon Rn. 5; BeckOGK/Fromholzer Rn. 7); die von Abs. 2 und dem Sinn und Zweck von § 12 (Anteilsinhaberschutz) geforderte Transparenz darf dadurch allerdings nicht beeinträchtigt werden.

3. Gegenstand der Verschmelzungsprüfung

4 Zu prüfen ist der **Verschmelzungsvertrag** oder sein Entwurf (§ 9 I), und zwar auf Vollständigkeit hins. der vorgeschriebenen Mindestangaben, auf inhaltliche Richtigkeit und – vor allem – die Angemessenheit des Umtauschverhältnisses sowie einer etwaigen Barabfindung (BGHZ 107, 296 (303) = NJW 1989, 2689). Der Verschmelzungsbericht ist kein Prüfungsgegenstand.

5 Damit erstreckt sich die Prüfung zunächst darauf, ob der – zum Zeitpunkt der Prüfung aktuelle (vgl. Semler/Stengel/Leonard/Zeidler Rn. 21 mit Verweis auf OLG Hamm AG 2005, 361; LG München AG 2010, 419) – Verschmelzungsvertrag bzw. dessen Entwurf den Anforderungen von § 5 I entspricht (vgl. auch Ganske WPg 1994, 157 (161); Lutter/Drygala § 9 Rn. 9 mwN). Wesentliches Element ist weiter die Begutachtung der **Angemessenheit des vorgeschlagenen Umtauschverhältnisses** der Anteile (→ Rn. 11 ff.; vgl. aber OLG Düsseldorf AG 2017, 900 (909) zum Prüfbericht bei der verhältniswahrenden Spaltung); ggf. ist auch das

Ergebnis der Prüfung einer zu gewährenden baren Zuzahlung oder der Wert der Mitgliedschaft beim übernehmenden Rechtsträger mitzuteilen. Der Verschmelzungsprüfer ist aber nicht gehalten, das Umtauschverhältnis zu errechnen und den so ermittelten Wert mit dem im Verschmelzungsvertrag angegebenen Umtauschverhältnis zu vergleichen. Der **Verschmelzungsprüfer bestimmt nicht das Umtauschverhältnis,** er überprüft lediglich das ihm vorgegebene Ergebnis (Lutter/Drygala § 9 Rn. 11 mwN; Semler/Stengel/Leonard/Zeidler § 9 Rn. 30; BeckOGK/Fromholzer § 9 Rn. 59 Kallmeyer/Lanfermann § 9 Rn. 23 mit zutr. Verweis auf IDW [HFA] 6/88; zum früheren Recht schon Kölner Komm AktG/Kraft AktG § 340 Rn. 8). Der wesentliche Unterschied besteht darin, dass der Verschmelzungsprüfer nicht alle zur Bewertung notwendigen Daten erneut ermitteln muss (so bereits Stellungnahme des IDW [HFA] 6/88 WPg 1989, 42 (43); Meyer zu Lösebeck WPg 1989, 499; BeckOGK/Fromholzer § 9 Rn. 59).

Dies schließt nicht aus, dass der Verschmelzungsprüfer ggf. **Kontrollrechnungen** 6 durchzuführen hat; er muss sich auch das konkrete Zahlenmaterial vorlegen lassen, wozu ihn § 320 I 2, II 1 HGB im Zusammenhang mit § 11 I 1, 4 ermächtigen. Auf der Grundlage dieser Daten hat der Verschmelzungsprüfer die ihm vorgelegten Unternehmensbewertungen und die diesen zugrunde liegenden Überlegungen dahingehend zu überprüfen, ob sie **nachvollziehbar und vertretbar** sind und ob sie den Grundsätzen ordnungsgemäßer Unternehmensbewertung (→ § 5 Rn. 10 ff.) entsprechen (Lutter/Drygala § 9 Rn. 10, 11; BeckOGK/Fromholzer § 9 Rn. 60 mwN; Meyer zu Lösebeck WPg 1989, 499). Seine Aufgabe besteht also kurz gefasst darin, die vorgegebenen Unternehmenswertgutachten und die diesen zugrunde liegenden Überlegungen seinerseits zu begutachten. Nach OLG Düsseldorf AG 2016, 142 (krit. Drygala EWiR 2016, 233) kann das bestellte Gericht dem Prüfer **keine** bindenden **Anweisungen** in Bezug auf die Erstattung des Prüfungsberichts erteilen, vielmehr sind nur unverbindliche Anregungen möglich.

4. Aufbau und Inhalt des Berichts (Abs. 2)

Ein fester **Aufbau und Inhalt des Prüfungsberichts** ist gesetzlich nicht vorge- 7 schrieben (vgl. Beispiel aus der Praxis in ZIP 1990, 270: Verschm zweier Hypothekenbanken; vgl. auch Mertens AG 1990, 20; Rodewald BB 1992, 237). Das Institut der Wirtschaftsprüfer (IDW) hat jedoch Empfehlungen veröffentlicht, um gewisse Vereinheitlichungen zu gewährleisten; diese Stellungnahme (IDW [HFA] 6/88 WPg 1989, 42 (43)) ist immer noch aktuell, da sich durch die Umwandlungsreform gegenüber den früheren aktienrechtlichen Regelungen inhaltlich und sachlich nichts geändert hat.

Der zuständige Hauptfachausschuss (HFA) empfiehlt darin, in einer einleitenden 8 Klausel darauf hinzuweisen, dass die Vollständigkeit und Richtigkeit des **Verschmelzungsberichts** nicht Gegenstand der Verschmelzungsprüfung war. Dies ist nicht zwingend, mag aber sinnvoll sein, um den Anteilsinhabern nochmals den (eingeschränkten) Prüfungsauftrag zu verdeutlichen.

Der Prüfungsbericht sollte weitere Ausführungen darüber enthalten, ob der Ver- 9 schmelzungsvertrag den gesetzlichen Anforderungen (§ 5 I) entspricht. Dies kann, sofern keine Beanstandungen festzustellen waren, in der gebotenen Kürze erfolgen (Rechtsprechungsübersicht bis 1990 bei Kallmeyer/Lanfermann Rn. 5; vgl. iÜ Widmann/Mayer/Mayer Rn. 10 ff.).

Insoweit sollte auch auf die Einhaltung von **§ 5 I Nr. 9, III** (→ § 5 Rn. 87 ff., 10 → § 5 Rn. 106 ff.) eingegangen werden (so auch Lutter/Drygala § 9 Rn. 9; Widmann/Mayer/Mayer § 9 Rn. 32 fordert eine Plausibilitätsprüfung, bei der die Angaben des Verschmelzungsvertrags mit den Aussagen des Verschmelzungsberichts und der Prüfungsunterlagen verglichen werden).

Im **Mittelpunkt der Prüfung** hat entsprechend der Gesetzesfassung die Erklä- 11 rung über die **Angemessenheit des Umtauschverhältnisses,** ggf. der baren

Zuzahlung oder den Wert der Mitgliedschaft beim übernehmenden Rechtsträger, zu stehen. Der Prüfungsbericht ist Ergebnisbericht (→ Rn. 18 ff. mwN), über den Verlauf der Prüfung ist nicht zu berichten (zutr. Semler/Stengel/Leonard/Zeidler Rn. 7; BeckOGK/Fromholzer Rn. 12; BGH ZIP 1990, 168; OLG Frankfurt a. M. ZIP 2000, 1932; wN zum Mindestinhalt des Prüfungsberichts bei Kallmeyer/Lanfermann Rn. 5, 6).

12 In diesem Zusammenhang hat der Prüfungsbericht Angaben darüber zu enthalten, nach welchen Methoden das im Verschmelzungsvertrag vorgeschlagene Umtauschverhältnis ermittelt worden ist **(Abs. 2 S. 2 Nr. 1).** Der Umfang der Ausführungen hierzu hängt im Einzelfall davon ab, welche Methode der Unternehmensbewertung angewandt wurde. Erfolgte die Berechnung des Umtauschverhältnisses auf der Grundlage der Ertragswertmethode (→ § 5 Rn. 11 ff.) unter Berücksichtigung des Standards S 1 zur Durchführung von Unternehmensbewertungen des IDW, so braucht dieses Verfahren nicht näher erläutert zu werden (Nachw. zum Meinungsstand bei Lutter/Drygala Rn. 4 Fn. 9; so auch Widmann/Mayer/Mayer Rn. 18, 22).

13 Aufgabe des Prüfungsberichts ist es nicht, den Anteilsinhabern die betriebswirtschaftlichen Methoden als solche näherzubringen. Etwas anderes gilt jedoch dann, wenn nicht ein Standardverfahren zur Anwendung kam, weil **Besonderheiten** zu berücksichtigen waren (vgl. auch Abs. 2 S. 2 Nr. 3 aE; zu anderen Bewertungsmethoden → § 5 Rn. 47 f.). Dann ist auch die **Bewertungsmethode zu erläutern,** damit sich die Anteilsinhaber – ggf. unter Hinzuziehung eigener Sachverständiger – ein klares Bild machen können.

14 Der Prüfungsbericht muss auch Erläuterung enthalten, warum die angewandte Methode der Unternehmensbewertung im konkreten Fall **angemessen** ist **(Abs. 2 S. 2 Nr. 2).** Auch insofern wird von Fall zu Fall der Umfang der Berichtspflicht schwanken. Sofern ein Standardverfahren gewählt wurde und dieses angemessen ist, wird im Regelfall der Hinweis genügen, dass bei den vorgenommenen Unternehmensbewertungen keine Besonderheiten zu berücksichtigen waren.

15 Wenn die Berechnung des Umtauschverhältnisses auf Unternehmenswerten beruht, die durch verschiedene Methoden ermittelt wurden, verlangt **Abs. 2 S. 2 Nr. 3** weitergehende Angaben. Eine derartige **Kombination von Bewertungsmethoden** wird nur in Betracht kommen, wenn besondere Schwierigkeiten aufgetreten sind (zum **Börsenkurs** → § 5 Rn. 49 ff.). Diese sind im Bericht zu erwähnen (diese Vorgabe findet sich idF des UmRUG aus Gründen der Übersichtlichkeit nicht mehr in der erweiterten Nr. 3, sondern in einer eigenen Nr. 4). Des Weiteren ist die Gewichtung der einzelnen Methoden anzugeben, sodass der Anteilsinhaber wiederum in die Lage versetzt wird, das konkret benutzte Verfahren nachzuvollziehen. Zudem sollen die Ergebnisse der Einzelbewertungen angegeben werden, damit der Anteilsinhaber erkennen kann, innerhalb welcher Bandbreite die konkrete Festsetzung des Unternehmenswerts erfolgt ist. Infolge des UmRUG ist nunmehr, falls in den an der Verschmelzung beteiligten Rechtsträgern unterschiedliche Methoden verwendet worden sind, auch anzugeben, ob die Verwendung unterschiedlicher Methoden gerechtfertigt war (Nr. 3). Damit hat der Gesetzgeber die entsprechende Vorgabe der RL (EU) 2019/2121 für grenzüberschreitende Umw auch für innerstaatliche Sachverhalte umgesetzt (Schmidt NZG 2022, 635 (641); Heckschen/Knaier GmbHR 2022, 501 Rn. 49).

16 Die alternative Berechnung einzelner Wertansätze **innerhalb** einer Bewertungsmethode wird jedoch vom Gesetz nicht verlangt, da dies keine Kombination von Methoden darstellt (aA Kölner Komm AktG/Kraft AktG § 340b Rn. 13). Ausführungen hierzu können aber nach Abs. 2 S. 2 Nr. 1 geboten sein.

17 Innerhalb des gesetzlich vorgegebenen Rahmens war der **Umfang der Berichtspflicht** bereits zum AktG aF umstritten. Teilw. wurde gefordert, der Prüfungsbericht dürfe sich nicht auf die Mitteilung der Ergebnisse beschränken, es müsse vielmehr im Einzelnen dargelegt werden, aufgrund welcher tatsächlich von den Prüfern getroffenen Feststellungen sie zu der Überzeugung gelangt seien, dass das Umtauschverhältnis angemessen sei (OLG Karlsruhe WM 1989, 1134 (1139); dagegen LG Frankfurt WM 1990, 593 (594)). Diese Ansicht wurde ua auf einen Umkehrschluss aus der Regelung über den Geheimnisschutz gestützt, die bereits in § 340b IV 5 AktG aF vorgeschrieben war und nun gem. Abs. 3 iVm § 8 II allg. gilt. Aus der Zulässigkeit der Geheimhaltung nur weniger, nach dem Gesetzestext bestimmbarer Daten wurde gefolgert, dass bei Nichtvorliegen dieses Ausnahmefalls die konkreten Daten anzugeben sind.

Dieser zu weitgehenden Auffassung war und ist zu widersprechen (eine noch vertretbare Differenzierung nimmt Kallmeyer/Lanfermann Rn. 6 vor). Nach dem Wortlaut von Abs. 1 S. 1 haben die Prüfer gerade **nur über das Ergebnis der Prüfung zu berichten**, sie müssen die Prüfung selbst nicht darstellen (aA OLG Frankfurt a. M. ZIP 2000, 1928; wie hier Lutter/Drygala Rn. 7; Widmann/Mayer/Mayer Rn. 14; IDW BT Kap. C Rn. 65; unklar Semler/Stengel/Leonard/Zeidler Rn. 7; Kölner Komm UmwG/Simon Rn. 7; zur internen Führung von Arbeitspapieren durch den Prüfer Kallmeyer/Lanfermann Rn. 8). 18

Auch die Konkretisierungen in **Abs. 2 S. 2 Nr. 1–4** zeigen, dass der Gesetzgeber eine **Beschränkung auf das Ergebnis** im Sinn hatte. Es geht nicht darum, die in einem strengen Verfahren ausgewählten und mit hohem Sachverstand versehenen, ihrerseits unabhängigen Verschmelzungsprüfer – die Unabhängigkeit wird durch die Neufassung von § 10 I jetzt noch gestärkt, vgl. Erläuterung dort – wiederum zu kontrollieren (vgl. auch OLG Frankfurt AG 2010, 368; so bereits Kölner Komm AktG/Kraft AktG § 340b Rn. 14); auch ist der Verschmelzungsprüfer nicht abschl. dazu berufen, die Angemessenheit des Umtauschverhältnisses zu beurteilen, schließlich gibt es noch die Möglichkeit eines Spruchverfahrens nach dem SpruchG (dort kann es allerdings zu einer unglücklichen Doppelfunktion des Verschmelzungsprüfers kommen, → § 10 Rn. 4, → § 10 Rn. 7 mwN; Lutter/Drygala § 10 Rn. 18). 19

Ferner rechtfertigt der Geheimnisschutz keinen Umkehrschluss, weil selbst bei der Beschränkung auf das Prüfungsergebnis die Gefahr der Offenbarung geheimhaltungsbedürftiger Daten bestehen kann und deswegen der Verweis in Abs. 3 auf die entsprechende Anwendung von § 8 II durchaus sinnvoll ist (vgl. OLG Hamm WM 1988, 1164 (1168); Stellungnahme des IDW [HFA] 2/83). 20

Weiterhin dürfen die Anteilsinhaber davon ausgehen, dass die im **Verschmelzungsbericht** (§ 8) enthaltenen Tatsachen auch der Verschmelzungsprüfung zugrunde gelegen haben. Zwar ist eigentlicher Prüfungsgegenstand nur der Verschmelzungsvertrag, eine Verschmelzungsprüfung lege artis wird jedoch auf den Inhalt des Verschmelzungsberichts zumindest mittelbar einzugehen haben (wobei es aber nicht darum geht, dass der Verschmelzungsprüfer Fehler des Verschmelzungsberichts korrigiert; aA LG München I AG 2000, 86). Die Verschmelzungsprüfung stellt nur eine von mehreren Sicherungsmaßnahmen für die Anteilsinhaber dar, sie muss nicht die gleiche inhaltliche Vielschichtigkeit aufweisen wie der Verschmelzungsbericht der Vertretungsorgane einerseits und die abschließende Überprüfung im Spruchverfahren andererseits (so auch Lutter/Drygala § 9 Rn. 10 ff. – Verschmelzungsbericht und Verschmelzungsprüfung als ineinander greifendes System). 21

Der Prüfungsbericht ist mit einer Erklärung (krit. zum Begriff Testat – zB NK-UmwR/Böttcher Rn. 9 – zu Recht Kallmeyer/Lanfermann Rn. 11; besser: „**Schlusserklärung**") darüber abzuschließen, ob das vorgeschlagene Umtauschverhältnis der Anteile, ggf. die Höhe der baren Zuzahlung oder die Mitgliedschaft bei dem übernehmenden Rechtsträger als Gegenwert angemessen ist **(Abs. 2 S. 1).** 22

Eine feste Formulierung der Erklärung ist nicht vorgeschrieben. Das **IDW** hatte insofern lediglich eine **Empfehlung** ausgesprochen (vgl. WPg 1989, 42 (44)), die im vom IDW hrsg. WP-HdB, 14. Aufl. 2014, Bd. II F Rn. 272 fortgeschrieben ist: 23

„Nach meinen/unseren Feststellungen ist aus den dargelegten Gründen das vorgeschlagene Umtauschverhältnis, nach dem die Gesellschafter der ... für ... Anteile ihre Gesellschaft im Nennbetrag von (zum geringsten Ausgabebetrag von) Euro ... Anteile der ... im Nennbetrag von (zum geringsten Ausgabebetrag von) Euro ... erhalten, auf der Grundlage der Verschmelzungswertrelation zum ... angemessen. Bare Zuzahlungen wurden (nicht) gewährt". In die gleiche Richtung geht der Formulierungsvorschlag bei Widmann/Mayer/Mayer Rn. 26; BeckOGK/Fromholzer Rn. 41. Kallmeyer/Lanfermann Rn. 11 geht hingegen davon aus, dass die vom IDW vorgeschlagene Schlusserklärung nur bei einfach gelagerten Fällen ausreichend sei. Solange das IDW als für den Stand der Technik zuständige Institution keine neue Empfehlung gibt, dürfte die in der Praxis übliche Übernahme (mit Anpassung auf den Einzelfall) der Schlusserklärung aus dem WP-HdB indes uneingeschränkt zu empfehlen sein, falls der Prüfer die Angemessenheit des Umtauschverhältnisses bestätigt.

5. Geheimnisschutz (Abs. 3 iVm § 8 II)

24 **Abs. 3** verweist auf **§ 8 II,** die Komm. dort ist in vollem Umfang einschlägig (→ § 8 Rn. 29 ff.). Durch die Entscheidung der Vertretungsorgane bei Abfassung des Verschmelzungsberichts, welche Tatsachen dem Geheimnisschutz unterliegen sollen, sind die **Verschmelzungsprüfer nicht gebunden** (Lutter/Drygala Rn. 10; Semler/Stengel/Leonard/Zeidler Rn. 12; Widmann/Mayer/Mayer Rn. 29; BeckOGK/Fromholzer Rn. 51). Die Beurteilung der Nachteilszufügungsmöglichkeit steht allein in ihrem **pflichtgemäßen Ermessen.**

25 Aufgrund der Regelung in § 11 II über die Verantwortlichkeit der Verschmelzungsprüfer ist jedoch dazu zu raten, nur bei genügender Tragfähigkeit der Beurteilungsgrundlage von den Vorgaben der Vertretungsorgane abzuweichen (Lutter/Drygala Rn. 10 mN; Kölner Komm UmwG/Simon Rn. 23; BeckOGK/Fromholzer Rn. 51). Umgekehrt droht für den Fall, dass die Angaben der Vertretungsorgane „blind übernommen" werden, eine eigenständige Haftung der Verschmelzungsprüfer gem. § 11 II gegenüber den Anteilsinhabern oder den beteiligten Rechtsträgern, sofern der Pflichtverstoß für entsprechende Schäden kausal ist.

6. Verzicht durch die Anteilsinhaber (Abs. 3 iVm § 8 III)

26 Gem. **Abs. 3 iVm § 8 III** kommen zwei Möglichkeiten in Betracht, nach denen ein Prüfungsbericht entbehrlich ist: Zum einen bei Vorliegen notarieller Verzichtserklärungen aller Anteilsinhaber des beteiligten Rechtsträgers (§ 8 III 1, 2 idF des UmRUG), zum anderen bei bestimmten Konzernsachverhalten (§ 8 III 3 nF; → § 8 Rn. 36 ff.).

27 Wie bei § 8 III, § 9 II gilt: Die Pflicht zur Abfassung des Prüfungsberichts dient ausschließlich dem Schutz der Anteilsinhaber, auf die Gewährung dieses Schutzes kann verzichtet werden. Da der Prüfungsbericht die Durchführung einer Verschmelzungsprüfung nach §§ 9–11 voraussetzt und § 9 II seinerseits bereits den Verzicht auf die Durchführung der Prüfung ermöglicht, ist der Anwendungsbereich der Verzichtsmöglichkeit von Abs. 3 eingeschränkt.

28 Gleichwohl erfolgt die Wiederholung nicht in überflüssiger Weise; gedacht wurde vielmehr an den Fall, dass die Anteilsinhaber nach Durchführung der Prüfung deren Ergebnis nach mündlicher Erörterung bereits für richtig halten und deswegen auf den häufig **kostenintensiven Bericht** verzichten (vgl. Begr. RegE, BR-Drs. 75/94 zu § 12 III; Lutter/Drygala Rn. 12, der aber zu Recht darauf hinweist, dass die notariellen Verzichtserklärungen ihrerseits wieder Kosten verursachen, wobei diese Kosten durch die Ersparnis regelmäßig überkompensiert werden dürften).

7. Bedeutung der Prüfung

Nach Vorlage eines Verschmelzungsprüfungsberichts, der zu dem Ergebnis 29 kommt, dass das **Umtauschverhältnis nicht angemessen** sei, wird im Regelfall die Zustimmung zum Verschmelzungsvertrag (§ 13) verweigert werden. Rechtlich zwingend ist dies jedoch nicht, die Anteilsinhaberversammlungen können mit der jew. notwendigen Mehrheit dem Verschmelzungsvertrag gleichwohl zustimmen, sodass dieser wirksam wird (so auch Widmann/Mayer/Mayer § 9 Rn. 34; Lutter/Drygala Rn. 14).

Insoweit bleibt nur die Möglichkeit der **gerichtlichen Nachprüfung** im Spruch- 30 verfahren nach dem SpruchG (für eine Anfechtungsmöglichkeit Lutter/Drygala Rn. 14 mit Hinweis auf OLG Bremen ZIP 2013, 460 zu § 327 AktG). In diesem Zusammenhang wird man zu überlegen haben, ob der Anteilsinhaber, der trotz Kenntnis von der Unangemessenheit der Gegenleistung für die Verschm gestimmt hat, überhaupt noch Begünstigter des Spruchverfahrens sein darf (zur grds. Antragsberechtigung → § 15 Rn. 12 mwN); letztlich wird der Einwand des treuwidrigen Verhaltens aber auch in diesem Fall nicht ergiebig sein, weil die Intention des Gesetzes allein auf einen **objektiven Wertausgleich** gerichtet ist (aber → § 5 Rn. 8 zur nichtverhältniswahrenden Verschm).

Der Verschmelzungsbeschluss der Anteilsinhaberversammlung, der auf der 31 Grundlage eines **den Anforderungen von § 12 nicht entsprechenden Verschmelzungsprüfungsberichts** gefasst wurde, ist anfechtbar (OLG Frankfurt a. M. AG 2010, 368). Insofern bestehen keine Unterschiede zu den Rechtsfolgen, die ein fehlerhafter Verschmelzungsbericht auslöst (→ § 8 Rn. 40 ff.; Lutter/Drygala Rn. 15; Widmann/Mayer/Mayer Rn. 34).

§ 13 Beschlüsse über den Verschmelzungsvertrag

(1) ¹**Der Verschmelzungsvertrag wird nur wirksam, wenn die Anteilsinhaber der beteiligten Rechtsträger ihm durch Beschluß (Verschmelzungsbeschluß) zustimmen.** ²**Der Beschluß kann nur in einer Versammlung der Anteilsinhaber gefaßt werden.**

(2) **Ist die Abtretung der Anteile eines übertragenden Rechtsträgers von der Genehmigung bestimmter einzelner Anteilsinhaber abhängig, so bedarf der Verschmelzungsbeschluß dieses Rechtsträgers zu seiner Wirksamkeit ihrer Zustimmung.**

(3) ¹**Der Verschmelzungsbeschluß und die nach diesem Gesetz erforderlichen Zustimmungserklärungen einzelner Anteilsinhaber einschließlich der erforderlichen Zustimmungserklärungen nicht erschienener Anteilsinhaber müssen notariell beurkundet werden.** ²**Der Vertrag oder sein Entwurf ist dem Beschluß als Anlage beizufügen.** ³**Auf Verlangen hat der Rechtsträger jedem Anteilsinhaber auf dessen Kosten unverzüglich eine Abschrift des Vertrags oder seines Entwurfs und der Niederschrift des Beschlusses zu erteilen.**

Übersicht

	Rn.
1. Allgemeines	1
2. Verschmelzungsbeschluss	4
a) Rechtsnatur	4
b) Bindungswirkung	8
c) Zuständigkeit	14
d) Zeitpunkt der Beschlussfassung	17

	Rn.
e) Inhalt des Beschlusses	25
f) Mehrheitsverhältnisse	30
g) Stellvertretung	45
3. Mangelhaftigkeit des Beschlusses	55
4. Minderheitenschutz	58
5. Wirksamwerden der Verschmelzung	59
6. Zustimmungserfordernis (Abs. 2)	60
a) Allgemeines	60
b) Vinkulierung	62
c) Zustimmung	65
d) Wirksamkeit des Verschmelzungsbeschlusses	66
7. Formelle Wirksamkeitserfordernisse (Abs. 3)	69
8. Entbehrlichkeit des Verschmelzungsbeschlusses	74
9. Kosten	77

1. Allgemeines

1 § 13 übernimmt im Wesentlichen bereits früher geltendes Recht. Der Verschmelzungsvertrag wird nur wirksam, wenn die Anteilsinhaber aller beteiligten Rechtsträger ihm durch **Beschluss** zustimmen (vgl. auch § 340c I AktG aF, § 20 I KapErhG aF, § 93b I 1 GenG aF, § 44a II VAG aF). Der Verschmelzungsbeschluss muss notariell beurkundet werden (Abs. 3 S. 1).

2 **Abs. 1 S. 2** bestimmt für alle Fälle der Verschm und für alle beteiligten Rechtsträger, dass der Verschmelzungsbeschluss nur in einer **Versammlung** der Anteilsinhaber gefasst werden kann; damit wurde insbes. der Meinungsstreit zu § 20 I KapErhG aF (→ 1. Aufl. 1994, KapErhG § 20 Anm. 4e) entschieden. Der umwandlungsrechtliche Versammlungszwang wurde anlässlich der Umsetzung der Aktionärsrechte-RL (RL 2007/36/EG) durch das ARUG (→ Einf. Rn. 32) nicht unmittelbar geändert, für AG können aber die Änderungen von § 118 AktG auch iRv Abs. 1 S. 2 Bedeutung haben (vgl. Schöne/Arens WM 2012, 381 mwN insbes. zur elektronischen Kommunikation; dazu auch Lutter/Drygala Rn. 10 ff. mwN, der in Rn. 13 auch zutr. ausführt, dass der dt. Gesetzgeber die Aktionärsrechterichtlinie auch für nicht börsennotierte AG umgesetzt hat).

3 Das Zustimmungserfordernis in **Abs. 2** (vgl. § 376 II 2 AktG aF als Vorgängerregelung für die nach altem AktG mögliche formwechselnde Umw) soll eine Beeinträchtigung von vorhandenen Sonderrechten einzelner Anteilsinhaber anlässlich einer Umstrukturierung vermeiden.

2. Verschmelzungsbeschluss

4 **a) Rechtsnatur.** Während der als gesellschaftsrechtlicher Organisationsakt und schuldrechtlicher Vertrag ausgestaltete **Verschmelzungsvertrag** von den jew. Leitungsorganen der beteiligten Rechtsträger geschlossen wird und das **Außenverhältnis** bestimmt (→ § 4 Rn. 4, → § 4 Rn. 9), ist die Entscheidung über den Verschmelzungsbeschluss allein den Anteilsinhabern zugeordnet. Der **Verschmelzungsbeschluss ist Transformationsakt und Voraussetzung für die Wirksamkeit des Verschmelzungsvertrages (Abs. 1 S. 1).** Ausnahmen vom Beschlusserfordernis bestehen für die Konzernverschmelzung auf eine AG (§ 62), für die grenzüberschreitende Konzernverschmelzung von KapGes (§ 312 II, § 307 III) und für die Verschm auf eine natürliche Person als Alleingesellschafter (§ 120; → § 121 Rn. 1). Mit Vorhandensein des letzten Verschmelzungsbeschlusses tritt somit die **Bindungswirkung zwischen den beteiligten Rechtsträgern** (→ Rn. 8 ff.) ein, die Entscheidung der Anteilsinhaber bindet die jew. Leitungsorgane.

Die Mitwirkung des jew. Anteilsinhabers bei Abfassung des Verschmelzungsbe- **5** schlusses ist seine zentrale Aufgabe beim gesamten Umstrukturierungsvorgang. Verschmelzungsbericht (§ 8) und Verschmelzungsprüfung (§§ 9–12) sowie die rechtsformspezifische Vorbereitung der Anteilsinhaberversammlung (zB §§ 63, 64) befördern die Willensbildung.

Die **Durchführung der Anteilsinhaberversammlung** ist rechtsformabhängig **6** im Besonderen Teil (§§ 39 ff.) geregelt, vgl. zB §§ 64, 83; dort finden sich auch Regelungen zu den notwendigen Mehrheiten (→ Rn. 30 ff.). § 312 enthält eine Sonderregelung für die grenzüberschreitende Verschm von KapGes. Einen ausf. Überblick über die Beschlussvorbereitung bei den einzelnen Rechtsformen gibt Widmann/Mayer/Heckschen Rn. 8.

Abs. 1 stellt klar, dass **ausschließlich die Anteilsinhaber** über die Durchführung **7** einer Verschm entscheiden. Hintergrund dieser gesetzlichen Anordnung sind die Rechtsfolgen der Verschm, nämlich die Übertragung des Vermögens durch Gesamtrechtsnachfolge, das Erlöschen der übertragenden Rechtsträger, der Anteilstausch und ggf. die Ausweitung des Kreises der Anteilsinhaber beim übernehmenden Rechtsträger (§ 20 I). Dadurch werden die originären Interessen der Anteilsinhaber aller Rechtsträger unmittelbar berührt.

b) Bindungswirkung. Der Verschmelzungsbeschluss ist die Billigung des Ver- **8** schmelzungsvertrages auf Ebene der Anteilsinhaber. Mit der Beschlussfassung tritt eine Bindung ein, und zwar in zweifacher Hinsicht: Zum einen ist der Beschluss für die **Anteilsinhaber der jew. Rechtsträger** untereinander bindend, zum anderen enthält der Beschluss jew. eine **Weisung an die Leitungsorgane**, die Verschm durchzuführen. Es steht nicht im Ermessen der Leitungsorgane, ob sie die Verschm vollenden; weigern sie sich, können sie sich schadensersatzpflichtig machen (Lutter/Drygala Rn. 24 mwN; ausf. zu Vorwirkungen von Verschm Austmann/Frost ZHR 169 (2005), 431).

Bis zum vollständigen Vorliegen aller notwendigen Verschmelzungsbeschlüsse ist **9** ein schon geschlossener Verschmelzungsvertrag **schwebend unwirksam**. Die Leitungsorgane haften in diesem Fall jedoch nicht nach § 179 BGB, da sie nicht als Vertreter ohne Vertretungsmacht gehandelt, sondern die ihnen vom Gesetz zugeordnete Aufgabe erfüllt haben und eine darüber hinausgehende Vertretungsmacht überhaupt nicht möglich wäre (→ Rn. 15, → Rn. 45 ff.).

Liegt zum Zeitpunkt der Zustimmungsbeschlüsse lediglich ein **Entwurf** eines **10** Verschmelzungsvertrages vor (vgl. § 4 II), so resultiert aus den Beschlussfassungen noch **keine Bindungswirkung gegenüber dem Vertragspartner,** der Schwebezustand dauert an. Derjenige Rechtsträger, der den Verschmelzungsbeschluss bereits gefasst und alle etwa notwendigen Zustimmungen herbeigeführt hat, ist in diesem Fall jedoch bereits an den Verschmelzungsvertrag gebunden. Sofern im Verschmelzungsvertrag keine Befristungen vorgesehen sind, kann er sich von dem Vertrag nur in analoger Anwendung von § 108 II BGB, § 177 II BGB wieder lösen (vgl. Kallmeyer/Zimmermann Rn. 18; aA Semler/Stengel/Leonard/Gehling Rn. 68; BeckOGK/Rieckers/Cloppenburg Rn. 34).

Der Vertragspartner muss also unter **Fristsetzung** zur Herbeiführung der Zustim- **11** mungsbeschlüsse aufgefordert werden. Bei der Fristsetzung ist darauf zu achten, dass die notwendigen Zustimmungsbeschlüsse in einer Anteilsinhaberversammlung gefasst werden müssen, die Frist also nicht zu knapp bemessen werden darf.

Nach Wirksamwerden des Verschmelzungsvertrages iSv Abs. 1 S. 1 bleibt für die **12** beteiligten Rechtsträger bis zur Eintragung der Verschm in das Register des Sitzes des übernehmenden Rechtsträgers, dem Zeitpunkt der Wirksamkeit der Verschm (§ 20 I), noch Zeit, durch **Kündigung** oder sonstige (einvernehmliche) Änderung **des Verschmelzungsvertrages** die Bindungswirkung zu beseitigen (ausf. → § 7 Rn. 4 ff.).

13 Schließlich kann der Eintritt der Rechtswirkungen von § 20 I durch **Unterlassen** der Anmeldung der Verschm nach § 16 verhindert werden, gem. § 316 II ist eine Erzwingung der Anmeldung durch Festsetzung von Zwangsgeld nicht möglich. Allerdings berechtigt § 16 I 2 das Vertretungsorgan des übernehmenden Rechtsträgers dazu, die Verschm auch zur Eintragung in das Register des/der übertragenden Rechtsträger(s) anzumelden (→ § 16 Rn. 10 ff.).

14 c) **Zuständigkeit. Abs. 1 S. 2** bestimmt, dass der Verschmelzungsbeschluss nur in einer **Versammlung der Anteilsinhaber** gefasst werden darf. Damit wurde insbes. die bei § 20 KapErhG aF umstrittene Frage, ob eine Beschlussfassung auch im schriftlichen Abstimmungsverfahren möglich ist, entschieden (vgl. Begr. RegE, BR-Drs. 75/94 zu § 13 I 2). Für AG ist seit der Einf. von § 118 I 2 AktG durch das ARUG eine elektronische Kommunikation denkbar (vgl. Schöne/Arens WM 2012, 381; → Rn. 2; zur Zulässigkeit und Ausgestaltung einer „virtuellen" Hauptversammlung eingehend BeckOGK/Rieckers/Cloppenburg Rn. 42 ff.).

15 Die **Kompetenzzuweisung an die Anteilsinhaber ist zwingend;** von ihr kann auch nicht durch Gesellschaftsvertrag oder Satzung abgewichen werden (Widmann/Mayer/Heckschen Rn. 42; Lutter/Drygala Rn. 4; Semler/Stengel/Leonard/ Gehling Rn. 10). Auch eine Delegation der Befugnisse der Anteilsinhaberversammlung auf Leitungs- oder Aufsichtsorgane der jew. Rechtsträger durch Beschluss der Anteilsinhaberversammlung selbst ist nicht zulässig (zust. Lutter/Drygala Rn. 23 mit Verweis auch auf LG Frankfurt a. M. WM 1990, 237; Kallmeyer/Zimmermann Rn. 3; zur Stellvertretung → Rn. 45 ff.). Zustimmungsvorbehalte für sonstige Gremien (Aufsichtsrat, Beirat etc) entfalten keine Außenwirkung (zutr. Semler/Stengel/ Leonard/Schröer/Greitemann § 4 Rn. 23).

16 Die Einzelheiten zur Vorbereitung und Durchführung der Anteilsinhaberversammlung (ausf. Widmann/Mayer/Heckschen Rn. 9 ff., 14 ff. mit umfangr. Nachw.) bestimmen sich nach den für die jew. Rechtsträger einschlägigen Vorschriften; vgl. für GmbH §§ 48 ff. GmbHG, für AG und KGaA §§ 118 ff. AktG (zu den Verpflichtungen des Gesamtvorstandes insoweit ausf. BGH ZIP 2002, 216; DB 2002, 216), für eG § 43 ff. GenG, für VVaG § 36 VAG iVm §§ 118 ff. AktG und jew. die besonderen Vorschriften von §§ 39–122. OLG Brandenburg GmbHR 2018, 523 = BeckRS 2018, 4269 hat für die Ausgliederung aus dem Vermögen eines Einzelkaufmanns auf eine GmbH & Co. KG (§§ 152 ff.) einen **konkludenten Zustimmungsbeschluss** – durch Teilnahme an der Beurkundung des Angliederungsplans – genügen lassen.

17 d) **Zeitpunkt der Beschlussfassung.** Der Zustimmungsbeschluss kann sowohl als (vorherige) **Einwilligung** als auch als (nachträgliche) **Genehmigung** gefasst werden (§§ 183, 184 BGB entsprechend; Semler/Stengel/Leonard/Gehling Rn. 11 mwN). Die Einwilligung ist dann notwendig, wenn der Anteilsinhaberversammlung lediglich der Vertragsentwurf vorliegt. Durch § 4 II ist die Möglichkeit der Beschlussfassung zu einem Vertragsentwurf ausdrücklich geregelt (ausf. → § 4 Rn. 23 ff.); klargestellt wird dies nochmals in **Abs. 3 S. 2**, wonach dem Beschluss der Vertrag oder sein Entwurf als Anlage beizufügen ist.

18 Voraussetzung für eine wirksame Einwilligung ist aber, dass wirklich ein Vertragsentwurf vorliegt und dieser **ohne inhaltliche Änderung** später rechtsverbindlich wird. Unzulässig ist es hingegen, den Inhalt des Verschmelzungsvertrages zur Disposition anderer zu stellen, zB durch Ermächtigung an Leitungs- oder Aufsichtsorgane, den Vertragsinhalt nach Ermessen zu gestalten (vgl. ausf. Widmann/Mayer/Heckschen Rn. 53.4; Lutter/Drygala Rn. 23; BeckOGK/Rieckers/Cloppenburg Rn. 11 je mwN).

19 Der der Beschlussfassung zugrunde liegende **Vertragsentwurf** muss mit dem später abgeschlossenen Vertrag nicht nur inhaltlich übereinstimmen, er muss – bis auf wenige Ausnahmen – vielmehr **wortgleich übernommen werden** (näher

→ § 4 Rn. 23 ff.; ebenso Widmann/Mayer/Heckschen Rn. 53.7; Widmann/ Mayer/Heckschen § 4 Rn. 10 f. mwN; Kallmeyer/Zimmermann Rn. 7). Nur so ist gewährleistet, dass die in Abs. 1 S. 1 statuierte Alleinentscheidungsgewalt der Anteilsinhaberversammlung vollständig umgesetzt wird. Selbst bei geringfügigen Abweichungen zwischen Verschmelzungsbeschluss und später abgeschlossenem Verschmelzungsvertrag wird der Vertrag nicht wirksam.

§ 139 BGB findet keine, auch keine entsprechende Anwendung, da aus der 20 Diktion des Gesetzes ersichtlich wird, dass allein der Wille der Anteilsinhaber und nicht der Wille der Vertragspartner maßgeblich sein soll (einschr. – Vertrag lediglich gegenstandslos, bei späterer Zustimmung aber wirksam – Lutter/Drygala Rn. 25; Kölner Komm UmwG/Simon Rn. 33).

Aus dem Erfordernis der Letztentscheidung durch die Anteilsinhaberversammlung 21 folgt auch, dass diese dem Verschmelzungsvertrag lediglich zustimmen oder ihn ablehnen kann; sie kann ihn jedoch grds. nicht **mit Änderungen beschließen.** Ein geänderter Vertrag muss nach Abstimmung mit dem Vertragspartner erneut zur Beschlussfassung vorgelegt werden (→ Rn. 28, → § 7 Rn. 21 ff.; aA Kölner Komm UmwG/Simon Rn. 37 ff.); uU möglich ist das von Lutter/Drygala Rn. 25 beschriebene Vorgehen: Vertragsänderungen durch Anteilsinhaberversammlung, danach Vertragsschluss; grds. werden in diesem Fall aber die Voraussetzungen einer wirksamen Beschlussankündigung nicht vorliegen (auch → Rn. 18; vgl. auch Widmann/ Mayer/Heckschen Rn. 64 mwN; Semler/Stengel/Leonard/Gehling Rn. 28a mwN).

Auch bei nachträglich erfolgter Zustimmung (Genehmigung), also bei Vorliegen 22 eines schwebend unwirksamen Verschmelzungsvertrages zum Zeitpunkt der Beschlussfassung, kann der Verschmelzungsvertrag grds. nicht mehr – Ausnahme § 7 – verändert werden. Erforderlichenfalls ist eine **erneute** Beschlussfassung herbeizuführen.

Eine auf die Erteilung einer verbindlichen Auskunft der Finanzverwaltung gerich- 23 tete **auflösende Bedingung** im Umwandlungsbeschluss ist zulässig (zutr. LG Hamburg AG 1999, 240).

Denkbar ist auch die Beschlussfassung über **alternative Verschmelzungsver-** 24 **tragsentwürfe.** Dafür besteht nur selten ein praktisches Bedürfnis. Die Formalien – zB jew. Zuleitung an den BR, detaillierte und konkret auf das jeweilige Vertragswerk bezogene vollständige Information etc – müssen dabei **streng** beachtet werden (zum Ganzen Widmann/Mayer/Heckschen Rn. 53.3 ff. mwN).

e) Inhalt des Beschlusses. Die Beschlussfassung muss den **gesamten Ver-** 25 **schmelzungsvertrag** (oder dessen Entwurf) umfassen. Sollten neben dem in § 5 I festgelegten Mindestinhalt zwischen den Vertragspartnern weitere die Verschm. betreffende Vereinbarungen getroffen worden sein, müssen auch diese Gegenstand der Beschlussfassung sein. Dies gilt selbstverständlich auch, wenn sie in einer getrennten Urkunde aufgenommen wurden (ausf. zum Beschlussgegenstand Widmann/Mayer/Heckschen Rn. 53 ff.; BeckOGK/Rieckers/Cloppenburg Rn. 15 ff.).

Ein Zustimmungsbeschluss, dem ein **nicht ordnungsgemäßer Verschmel-** 26 **zungsvertrag** zugrunde lag (etwa weil Nebenabreden nicht beurkundet wurden, → § 6 Rn. 4), ist seinerseits mit Mängeln behaftet und daher anfechtbar. Zur Fassung eines sog. Bestätigungsbeschlusses vgl. OLG München DB 1997, 1912 mAnm Karollus EWiR 1997, 867.

Beschlussgegenstand ist nicht die Verschm an sich, sondern der **Verschmel-** 27 **zungsvertrag** (Abs. 1 S. 1). Dieser muss noch nicht abgeschlossen sein, vielmehr können die Anteilsinhaber auch einem ihnen vorgelegten **Entwurf** zustimmen (Abs. 3 S. 2, § 4 II; → Rn. 17 f.); Inhalt und Wortlaut des Vertragsentwurfs sind bindend (→ Rn. 19 f.). Der Verschmelzungsbeschluss darf wegen dieser Bindungswirkung lediglich einen vollumfänglich zustimmenden Inhalt haben.

28 Eine **Veränderung des Vertragsinhalts durch Beschluss** ist grds. nicht möglich (→ Rn. 21 ff., → § 7 Rn. 21); für den Fall, dass die Anteilsinhaberversammlung dem Verschmelzungsvertrag nur eingeschränkt zuzustimmen bereit ist, müssen die Leitungsorgane der beteiligten Rechtsträger zunächst einen neuen Vertrag abschließen oder entsprechend einen neuen, allen Anteilsinhaberversammlungen vorzulegenden Entwurf erstellen. Allenfalls zulässig könnte die Einfügung einer **Bedingung** idS sein, dass die Zustimmung zum vorliegenden Verschmelzungsvertrag nur als erteilt gelten soll, wenn die im Beschluss konkret bezeichneten Änderungen zum Vertragsinhalt geworden sind (in diese Richtung Lutter/Drygala Rn. 25).

29 Der Beschluss darf mit einer **aufschiebenden Bedingung** versehen, zB bei einer Kettenumwandlung von dem Wirksamwerden der vorgeschalteten Umwandlung abhängig gemacht werden (Widmann/Mayer/Mayer § 5 Rn. 235.10 ff.; Semler/Stengel/Leonard/Gehling Rn. 32; BeckOGK/Rieckers/Cloppenburg Rn. 22; vgl. Oppermann/v. Bonin/Berthold ZIP 2017, 2338). Alternativ darf die Versammlung die Geschäftsführung auch im Sinne einer unechten Bedingung anweisen, die Verschm erst nach Bedingungseintritt (zB der Erteilung einer verbindlichen Auskunft) zum Register anzumelden. Das Register hat den Eintritt dieser unechten Bedingung sodann nicht zu prüfen, da sie nur das Innenverhältnis betrifft (vgl. Scholz/Priester/Tebben GmbHG § 53 Rn. 186).

30 **f) Mehrheitsverhältnisse.** Der Zustimmungsbeschluss in der Anteilsinhaberversammlung muss mit der **vom UmwG vorgeschriebenen Mehrheit** gefasst werden. Die für die jew. beteiligten Rechtsträger einschlägigen Vorschriften finden sich im Zweiten Teil des Zweiten Buches (zu den Beschlussmehrheiten ausf. Widmann/Mayer/Heckschen Rn. 70 ff.; Kölner Komm UmwG/Simon Rn. 22 ff.; BeckOGK/Rieckers/Cloppenburg Rn. 64 ff.). Im Einzelnen gilt:

31 – Bei **rechtsfähigen GbR** ist grds. die Zustimmung aller erschienenen Gesellschafter und gesondert auch der nicht erschienenen Gesellschafter erforderlich (§ 39c I), jedoch kann der Gesellschaftsvertrag eine Mehrheitsentscheidung der Gesellschafter mit mindestens drei Vierteln der abgegebenen Stimmen vorsehen (§ 39c II 1, 2). Bei **PhG** gilt § 39c gem. § 42 entsprechend.

32 – Bei **PartGes** regelt § 45d entsprechend.

33 – Bei **GmbH** bedarf der Verschmelzungsbeschluss der Gesellschafterversammlung einer Mehrheit von mindestens drei Vierteln der abgegebenen Stimmen, der Gesellschaftsvertrag kann eine größere Mehrheit vorsehen (§ 50 I).

34 – Bei **AG** und **KGaA** ist – mit Ausnahme der Entbehrlichkeit des Verschmelzungsbeschlusses nach § 62 I (→ Rn. 74, → Rn. 75) – eine Mehrheit von mindestens drei Vierteln des bei der Beschlussfassung vertretenen Grundkapitals und zusätzlich die einfache Mehrheit der abgegebenen Stimmen notwendig (§ 65 I 1), wobei eine sog. Blockabstimmung in einem Sammelbeschlussverfahren grds. möglich ist, wenn bei Einwänden der Aktionäre die Einzelabstimmung erreichbar bleibt (BGH DStR 2003, 2031 mAnm Radlmayr EWiR 2003, 1113; KG ZIP 2002, 890); die Satzung kann eine größere Kapitalmehrheit bestimmen. Bei **KGaA** ist zusätzlich § 78 S. 3 (notwendige Zustimmung der phG) zu beachten.

35 – Bei **eG** ist eine Mehrheit von drei Vierteln der abgegebenen Stimmen notwendig, die Satzung kann eine größere Mehrheit vorsehen (§ 84).

36 – Bei **rechtsfähigen Vereinen** bedarf der Verschmelzungsbeschluss vorbehaltlich einer strengeren Satzungsregelung der Mehrheit von drei Vierteln der erschienenen Mitglieder.

37 – Bei **VVaG** bedarf der Verschmelzungsbeschluss der obersten Vertretung einer Mehrheit von drei Vierteln der abgegebenen Stimmen, die Satzung kann eine größere Mehrheit bestimmen (§ 112 III).

38 Eine **Verminderung** der notwendigen Mehrheiten durch Gesellschaftsvertrag oder Satzung ist nicht möglich.

Zulässig sind aber **Stimmbindungsverträge** in Form von Konsortialverträgen, 39
Stimmrechtskonsortien oder Stimmenpools (BGH ZIP 2009, 216 mwN). Stimmenrechtskonsortien bestehen regelmäßig als Innen-GbR (BGHZ 126, 226 (234) = NJW 1994, 2536 – Schutzgemeinschaftsvertrag I). Im Gesellschaftsvertrag der Innen-GbR kann vereinbart werden, dass die Gesellschafter ihr Stimmrecht in der Inhaberversammlung des betreffenden Rechtsträgers so auszuüben haben, wie zuvor mit **einfacher Mehrheit** in der Innen-GbR beschlossen wurde (sog. „Mehrheitsklausel").

Die **qualifizierten** Mehrheitserfordernisse des Aktien- und UmwR 40
(→ Rn. 30 ff.) schlagen nicht auf die Ebene des Konsortialvertrages durch, da zwischen der schuldrechtlichen und korporationsrechtlichen Ebene zu unterscheiden ist (BGH ZIP 2009, 216 – Schutzgemeinschaftsvertrag II).

Die **Abstimmung in der Anteilsinhaberversammlung** richtet sich nach den 41
allg. Grundsätzen des für den jew. Rechtsträger anwendbaren Rechts. Zu den Einzelheiten vgl. die Komm. der in → Rn. 30 ff. zit. Vorschriften. Werden die notwendigen Mehrheiten erreicht, kann der Verschmelzungsbeschluss auch dann gefasst werden, wenn eine überstimmte Minderheit dadurch Nachteile erleidet. Zu beachten sind aber uU **Mitwirkungsrechte Dritter,** zB Pfändungsgläubiger, Nießbrauchsberechtigte, Ehegatten (ausf. Widmann/Mayer/Heckschen Rn. 121 ff. mwN).

Minderheitenschutz wird durch besondere Zustimmungserfordernisse 42
(→ Rn. 60 ff.) gewährt, nicht aber durch eine **materielle Beschlusskontrolle** (vgl. dazu BGHZ 70, 117 = NJW 1978, 540; BGHZ 71, 40 = NJW 1978, 1316; BGHZ 80, 69 = NJW 1981, 1512; BGHZ 83, 319 = NJW 1982, 2444; BGH ZIP 1995, 819 m. Bespr. Lutter JZ 1995, 1053 und Bungert DB 1995, 1749; OLG Frankfurt AG 2012, 414; OLG Jena NJW-RR 2009, 182; OLG Düsseldorf ZIP 2003, 1749; OLG Naumburg DB 1998, 251; LG Hamburg AG 1999, 239; LG Arnsberg ZIP 1994, 536; LG Dresden ZIP 1995, 1596) im Hinblick darauf, ob der Beschluss im Interesse des Rechtsträgers liegt, zur Verfolgung des Unternehmensgegenstands erforderlich ist und das angemessene Mittel hierzu darstellt (vgl. Begr. RegE, BR-Drs. 75/94 zu § 13 II).

Ausf. Darstellungen zur **sachlichen Rechtfertigung** finden sich bei Lutter/Dry- 43
gala Rn. 38 ff., der nicht an die Begr. RegE anknüpft, sondern materiell-rechtlich arg., und bei Widmann/Mayer/Heckschen Rn. 163.11 ff., der bei der materiellen Beschlusskontrolle zwischen dem übertragenden und dem übernehmenden Rechtsträger unterscheidet, im Ergebnis eine sachliche Rechtfertigung des Verschmelzungsbeschlusses aber ebenfalls nicht für nötig erachtet; gegen eine materielle Beschlusskontrolle auch Goutier/Knopf/Tulloch/Bermel Rn. 17 ff.; Semler/Stengel/Leonard/Gehling Rn. 23, 24 und Kallmeyer/Zimmermann Rn. 12; vgl. auch Wiedemann ZGR 1999, 876 ff.; Binnewies GmbHR 1997, 727 mwN sowie die auch für das dt. Recht übertragbare Entscheidung des öOGH AG 1999, 142, nach der die sachliche Rechtfertigung bereits im Mehrheitsbeschluss selbst liege; Rechtsmissbrauch sei ausnahmsweise nur dann anzunehmen, wenn das unlautere Motiv der Rechtsausübung das lautere Motiv eindeutig überwiege, wenn also der Schädigungszweck augenscheinlich im Vordergrund stehe (ähnlich für die Verschm Wälzholz DStR 2006, 240; zur allg. Missbrauchskontrolle auch Nachw. bei → § 54 Rn. 14).

In diese Richtung geht der Fall des OLG Dresden WiB 1997, 358 – Sachsenmilch 44
zur notwendigen sachlichen Rechtfertigung einer vereinfachten Kapitalherabsetzung im Verhältnis 750 : 1, wenn kein qualifiziertes Sanierungskonzept vorliegt. Doch auch hier hat der BGH (BGHZ 138, 71 (76 ff.) = NJW 1998, 2054) der sachlichen Beschlusskontrolle grds. eine Absage erteilt. Entsprechendes gilt in Bezug auf das Argument, der Mehrheitsgesellschafter wolle unlauter die Verschm als Vorbereitungshandlung für einen Squeeze-out durchsetzen (vgl. OLG Hamburg BB 2008, 2199). Zu den Möglichkeiten eines überstimmten Anteilsinhabers, den Austritt zu erklären oder Barabfindung zu verlangen, → Rn. 58 und § 29.

45 **g) Stellvertretung.** Von der Stellvertretung zu unterscheiden ist die Situation, dass die Anteilsinhaber des Rechtsträgers nicht vollständig bekannt sind und deshalb bei der Beschlussfassung nicht mitwirken können; eine Beschlussfassung kann dann gleichwohl erfolgen, was schon § 35 belegt, uU muss aber gem. § 1884 BGB ein Pfleger bestellt werden (vgl. für die GmbH OLG Bremen BB 2003, 1525; Pappmehl MittBayNot 2003, 28 (30)). Zur Ergänzungspflegschaft für den Fall, dass der Testamentsvollstrecker zugleich gesetzlicher Vertreter des Erben ist, vgl. OLG Nürnberg MittBayNot 2002, 403.

46 **Stellvertretung bei der Beschlussfassung** ist grds. zulässig, sofern das für die jew. Rechtsträger einschlägige Recht nicht etwas anderes vorsieht (anders als bei KapGes können sich insbes. bei PhG und PartGes Schwierigkeiten ergeben, vgl. den ausf. Überblick bei Widmann/Mayer/Heckschen Rn. 96 ff.; ausf. zu Vollmachten bei Umw auch Melchior GmbHR 1999, 520).

47 Für die Vollmacht genügt jedenfalls **Textform** (vgl. § 47 III GmbHG; § 134 III 3 AktG iVm § 126b BGB; → Rn. 48 ff.). Eine notarielle Beglaubigung für die Vollmachten ist grds. nicht notwendig; gem. § 167 II BGB bedarf die Erklärung nicht der Form, welche für das eigentliche Rechtsgeschäft bestimmt ist. Demgegenüber verweist Widmann/Mayer/Heckschen Rn. 106 ff. gegen Kallmeyer/Zimmermann Rn. 13 auf die analoge Anwendung von § 2 II GmbHG bei Verschm mit KapErh bei der übernehmenden GmbH sowie auf § 13 III 1 in den Fällen, bei denen bestimmte Anteilsinhaber ausdrücklich zustimmen müssen (zB Abs. 2, § 40 II 2, § 50 II, § 51). Bergjan/Klotz ZIP 2016, 2300 (2303 f.) verlangen bei Unwiderruflichkeit der Vollmacht deren notarielle Beurkundung. Bei Vereinen kann eine Vertretung an § 38 S. 2 BGB scheitern.

48 In jüngerer Zeit sind Klagen gegen Hauptversammlungsbeschlüsse von AG (§§ 241 ff. AktG; allg. → § 14 Rn. 5 ff.) vermehrt auf fehlerhafte Einladungen zur HV in Bezug auf die Form von **Stimmrechtsvollmachten** gestützt worden (zum Ganzen Schulte/Bode AG 2008, 730). Nach § 121 III 3 AktG ist bei börsennotierten AG bereits in der Einladung zur HV auf die Voraussetzungen für die Ausübung des Stimmrechts hinzuweisen. § 134 III 3 AktG in der Fassung des **ARUG** (→ Einf. Rn. 32) sieht für die **Vollmacht** zur Ausübung des Stimmrechts **Textform** (§ 126b BGB) vor. § 135 I 2 AktG verlangt für die Vollmacht zu Gunsten eines Kreditinstitutes hingegen nur, dass diese **„nachprüfbar festzuhalten"** ist.

49 Auf diese Differenzierung ist in der **Einladung** genau zu achten, um Klagen gegen den Hauptversammlungsbeschluss keinen Vorschub zu leisten. Sollte die Einladung für die Vollmacht zu Gunsten eines Kreditinstituts entgegen § 135 I 2 AktG ausdrücklich **„Textform"** verlangen, begründet dies einen **Gesetzesverstoß**, da ein „nachprüfbares Festhalten" iSv § 135 I 2 AktG nF auch ohne Einhaltung der Textform gewährleistet werden kann (zB durch Telefonaufzeichnung; BT-Drs. 14/4051, 16).

50 Zum alten § 134 III 2 AktG, der noch „Schriftform" vorsah, haben OLG München (BB 2008, 2366 mAnm Hollstein jurisPR-HaGesR 6/2008 Anm. 2) und KG (AG 2010, 163) zwar entschieden, dass die Erstreckung des Formerfordernisses auf § 135 AktG auf Grund der Wertung von § 135 VI AktG aF (jetzt § 135 VII AktG nF) keinen **Ladungsfehler** begründe, der zur Anfechtbarkeit des Beschlusses führen könne. Diese Entscheidungen sind aber krit. zu sehen, da § 135 VII AktG nF meines Erachtens nur Verstöße für unbeachtlich erklären will, die iS eines „Weniger" hinter den Anforderungen von § 135 II AktG zurückbleiben. Wird aber ein über § 135 II AktG hinausgehendes „Mehr" an Formerfordernis verlangt, kann dieser Verstoß nicht gem. § 135 VII AktG unbeachtlich sein, da der Gesetzgeber bei § 135 I AktG gerade Formerleichterungen im Sinn hatte (BT-Drs. 14/4051, 15). Für eine Anfechtbarkeit in vergleichbaren Fällen Schulte/Bode AG 2008, 732; OLG Bremen (AG 2009, 412) und OLG Frankfurt (ZIP 2008, 1722), das sogar zu einer Nichtigkeit (§ 241 Nr. 1 AktG) tendiert.

Da der Verschmelzungsbeschluss das Verhältnis der Anteilsinhaber untereinander 51
beeinflusst, ist das **Selbstkontrahierungsverbot von § 181 BGB** (zumindest in
analoger Anwendung) zu beachten (hM, vgl. BGH GmbHR 1988, 337 (338);
BeckOGK/Rieckers/Cloppenburg Rn. 60; Scholz/Schmidt GmbHG § 47
Rn. 180; Kölner Komm UmwG/Simon Rn. 21; Kallmeyer/Zimmermann Rn. 14;
Widmann/Mayer/Heckschen Rn. 100 ff., dort auch zur Zulässigkeit der Stellvertretung eines Gesellschafters durch einen vollmachtlosen Vertreter; Kirstgen GmbHR
1989, 406; vgl. auch ausf. Lutter/Göthel § 233 Rn. 39 ff. mwN; Lutter/Hommelhoff/Bayer GmbHG § 47 Rn. 23, 31, 33 mwN). Ein Anteilsinhaber kann also bei
der Stimmabgabe den anderen nur dann vertreten, wenn ihm eine entsprechende
Befreiung erteilt worden ist; diese kann allerdings in der Vollmachtserteilung konkludent enthalten sein (so auch Goutier/Knopf/Tulloch/Bermel § 50 Rn. 12; diff.
Melchior GmbHR 1999, 524).

Gesetzliche Vertreter von **minderjährigen Anteilsinhabern** haben die 52
Beschränkungen nach § 1629 II 1 BGB, § 1824 I Nr. 1, II BGB, § 181 BGB zu
beachten mit der Folge, dass sie ggf. an der Vertretung ihres Kindes gehindert
sind; in diesem Fall ist gem. § 1809 BGB ein Ergänzungspfleger zu bestellen. Eine
Genehmigung des Familiengerichts gem. § 1643 BGB kann iVm § 1852 Nr. 1 BGB
erforderlich werden.

Bei einer **Verschm durch Neugründung** folgt die Genehmigungsbedürftigkeit 53
aus § 1852 Nr. 2 BGB (vgl. § 59 S. 1; Widmann/Mayer/Heckschen Rn. 141 f.
mwN). Wenn dem minderjährigen Anteilsinhaber bei PhG die persönliche Haftung
oder bei KapGes eine Differenzhaftung droht, sowie auch beim übernehmenden
Rechtsträger die Einlageverpflichtungen nicht voll bewirkt sind, beschränkt § 1629a
BGB die Haftung des Minderjährigen auf den Bestand des bei Eintritt der Volljährigkeit vorhandenen Vermögens, es sei denn, die Ermächtigung zum selbstständigen
Betrieb eines Erwerbsgeschäfts wurde durch das FamG genehmigt (§ 1629a II Alt. 1
BGB).

Zum **Testamentsvollstrecker** OLG Nürnberg MittBayNot 2002, 403; LG 54
Mannheim ZEV 1999, 443; Widmann/Mayer/Heckschen Rn. 142 ff. Zur Zustimmung von **Ehegatten** Semler/Stengel/Leonard/Gehling Rn. 25a, 25b mwN.

3. Mangelhaftigkeit des Beschlusses

Der Verschmelzungsbeschluss ist hinsichtlich seiner Wirksamkeit, insbes. bzgl. 55
Anfechtbarkeit und Nichtigkeit, wie ein normaler Anteilsinhaberbeschluss des
Rechtsträgers zu beurteilen. **Mängel der Verschm** lassen die Wirkungen der Eintragung im jew. Register aber unberührt (**§ 20 II**); durch diese § 352a AktG aF
nachgebildete Regelung ist für alle Fälle der Irreversibilität der Verschm festgeschrieben, eine Entschmelzung findet nicht statt (ausf. → § 20 Rn. 121 ff.).

Im Anschluss an RGZ 164, 220 ist für den Bereich des UmwG davon auszugehen, 56
dass Mängel des Verschmelzungsbeschlusses der Nachprüfung gem. §§ 241 ff. AktG
(der entsprechend für die GmbH gilt, vgl. Scholz/Schmidt/Bochmann GmbHG
§ 45 Rn. 45 mwN auch zur dogmatischen Einordnung von Anfechtungs- und Nichtigkeitsfeststellungsklage), § 51 GenG unterliegen. Vgl. allg. zur Klage gegen die
Wirksamkeit des Verschmelzungsbeschlusses → § 14 Rn. 5 ff.; zur Registersperre
→ § 16 Rn. 25.

Zum Spezialproblem der Form einer Stimmrechtsvollmacht bei der AG 57
→ Rn. 48 ff.

4. Minderheitenschutz

Für überstimmte Gesellschafter sehen **§§ 29 ff.** umfassende Möglichkeiten vor, 58
gegen angemessene Barabfindung auszuscheiden. Darüber hinaus besteht kein Aus-

trittsrecht aus wichtigem Grund (zum früheren Recht → 1. Aufl. 1994, KapErhG § 20 Anm. 5a mwN), §§ 29 ff. sind abschließend (vgl. Komm. dort; ausf. zum Minderheitenschutz auch Vollrath FS Widmann, 2000, 117).

5. Wirksamwerden der Verschmelzung

59 Mit Fassung aller notwendigen Verschmelzungs- (Abs. 1) und Zustimmungsbeschlüsse (Abs. 2) wird zwar der Verschmelzungsvertrag wirksam, die **Wirkungen der Verschm** als solche treten jedoch erst mit der **Eintragung** der Verschm in das Register des Sitzes des übernehmenden Rechtsträgers ein (§ 20 I). Allein die Fassung der Verschmelzungsbeschlüsse führt also weder zur Vermögensübertragung noch zur Auflösung der übertragenden Rechtsträger (allerdings kann § 613a BGB schon wirken, vgl. BAG ZIP 2000, 1630 mAnm Bauer/Mengel; zur Vorwirkung von Verschm ausf. Austmann/Frost ZHR 169 (2005), 431).

6. Zustimmungserfordernis (Abs. 2)

60 **a) Allgemeines.** Die Regelung in **Abs. 2** ist für das Verschmelzungsrecht neu, das Zustimmungserfordernis eines einzelnen Anteilsinhabers war früher nur für die formwechselnde Umw in § 376 II 2 AktG aF bekannt. Der Gesetzgeber hat sich ausf. mit dieser Vorschrift zum Schutz der Sonderrechte eines Anteilsinhabers befasst (vgl. Begr. RegE, BR-Drs. 75/94 zu § 13 II), er hat die generelle Einführung des Zustimmungserfordernisses auch in Ansehung von § 23 als notwendig angesehen. Abs. 2 ist Ausdruck des allg. Rechtsgedankens, dass **Sonderrechte eines Anteilsinhabers** nicht ohne dessen Zustimmung beeinträchtigt werden dürfen (vgl. § 35 BGB; Begr. RegE, BR-Drs. 75/94 zu § 13 II). Die **Zustimmung** des jew. Anteilsinhabers ist **Wirksamkeitserfordernis** für den Verschmelzungsbeschluss (→ Rn. 66).

61 Auf eine Übernahme auch von § 376 II 3 AktG aF, der beim Wegfall von Nebenleistungspflichten ein eigenes Zustimmungserfordernis der hiervon betroffenen Aktionäre vorsah (→ 1. Aufl. 1994, AktG § 376 Anm. 7), hat der Gesetzgeber verzichtet. Jedoch können **rechtsformspezifisch weitere Zustimmungserfordernisse** bestehen: Bei einer übertragenden PersGes müssen bei Geltung des Einstimmigkeitsprinzips auch die nicht erschienenen Gesellschafter gesondert zustimmen (§ 39c, § 45d). Bei einer übertragenden GmbH müssen Sonderrechtsinhaber zustimmen, wenn ihre gesellschaftsvertraglichen Minderheits- oder Geschäftsführungssonderrechte durch die Verschm beeinträchtigt werden (§ 50 II). Bei Beteiligung einer GmbH mit offenen Einlagen bestehen Zustimmungserfordernisse im Hinblick auf die Ausfallhaftung (§ 51 I, § 24 GmbHG). Bei einer AG/KGaA werden zusätzlich Sonderbeschlüsse erforderlich, sofern mehrere Aktiengattungen bestehen (§ 65 II). Zustimmungspflichtig ist es auch, wenn einem Aktionär bei der Verschm auf eine GmbH durch abweichende Nennbeträge ein Beteiligungsverlust entsteht (§ 51 II). Bei der KGaA bedarf der Verschmelzungsbeschluss schließlich auch der Zustimmung der phG (§ 78 S. 3).

62 **b) Vinkulierung.** Abs. 2 hat zunächst nichts mit der Frage zu tun, ob der Umwandlungsbeschluss selbst zu einem Verfügungsverbot führt (was selbstverständlich nicht der Fall ist, vgl. BayObLG DB 2003, 1377). Das Zustimmungserfordernis in Abs. 2 betrifft nur den Fall, dass die Abtretung der Anteile eines **übertragenden** Rechtsträgers unter Genehmigungsvorbehalt steht. Der Gesellschaftsvertrag bzw. die Satzung muss die **Zustimmung einzelner Anteilsinhaber** – geknüpft entweder an deren Person oder an die von diesen gehaltenen Anteilen – des übertragenden Rechtsträgers vorsehen. Für AG ist dies nicht möglich (Semler/Stengel/Leonard/Gehling Rn. 35; BeckOGK/Rieckers/Cloppenburg Rn. 98 je mwN). Die Notwendigkeit der Zustimmung durch die Versammlung der Anteilsinhaber oder den

Rechtsträger als solchen oder eines seiner Organe führt nicht zur Anwendung von Abs. 2, weswegen die Frage nach dem Vorliegen unentziehbarer Sonderrechte einzelner Anteilsinhaber (dazu OLG Hamm ZIP 2001, 1915) sich insoweit nicht stellt (dazu krit. Lutter/Drygala Rn. 30 mwN, der zu Recht auf die häufig synonyme Gestaltung in der Rechtspraxis hinweist, die jedoch den eindeutigen Gesetzeswortlaut ebenfalls anerkennt).

Wird – wie in der Praxis häufig (vgl. Priester ZGR 1990, 420 (440) mwN) – **63** die Zustimmung aller Anteilsinhaber (nicht: der Anteilsinhaberversammlung) zur Abtretung eines Anteils verlangt, müssen der Verschm **alle Anteilsinhaber** des übertragenden Rechtsträgers **ausdrücklich zustimmen**; in diesem Fall werden die Regelungen des UmwG über die für die Beschlussfassung notwendigen Mehrheitsverhältnisse (→ Rn. 30 ff.) faktisch gegenstandslos. Demgemäß empfiehlt es sich, mit solchen Regelungen bei Abfassung der Satzungen „sparsam" umzugehen. Zum Ganzen ausf. Reichert GmbHR 1995, 176 ff. mwN; Widmann/Mayer/Heckschen Rn. 165 ff.

Ebenfalls findet **Abs. 2 keine – auch keine analoge – Anwendung** auf Fälle **64** eines statutarischen Ausschlusses der Abtretbarkeit oder auf solche Satzungsbestimmungen, die als echte oder unechte Satzungsbestandteile ein Vorkaufs- oder Vorerwerbsrecht für einzelne oder für alle Anteilsinhaber vorsehen (so auch Reichert GmbHR 1995, 176 (180 f.); Widmann/Mayer/Heckschen Rn. 172, 174; teilw. aA Lutter/Drygala Rn. 33).

c) Zustimmung. Nach §§ 182 ff. BGB kann die Zustimmung als (vorherige) **65 Einwilligung** und (nachträgliche) **Genehmigung** ausgesprochen werden. Demnach kommt es nicht darauf an, ob der Verschmelzungsbeschluss iSv Abs. 1 S. 1 zum Zeitpunkt der Zustimmung bereits vorliegt oder nicht. Die Zustimmungserklärung des berechtigten Anteilsinhabers bedarf der notariellen Beurkundung (→ Rn. 69 ff.; zur Heilung § 20 I Nr. 4).

d) Wirksamkeit des Verschmelzungsbeschlusses. Ohne die nach Abs. 2 not- **66** wendige Zustimmung ist der Verschmelzungsbeschluss – und damit letztlich der Verschmelzungsvertrag – **schwebend unwirksam**. Wird die Zustimmung auch nur von einem der Zustimmungsberechtigten verweigert, führt dies zur **endgültigen Unwirksamkeit** des Beschlusses (vgl. BeckOGK/Rieckers/Cloppenburg Rn. 105; Widmann/Mayer/Heckschen Rn. 207; Kallmeyer/Zimmermann Rn. 30; Lutter/Drygala Rn. 29 mwN). Durch Eintragung der Verschm in das maßgebliche Register wird dieser Mangel nicht geheilt; gem. **§ 20 II** bleibt der Mangel der Verschm bzgl. der Wirkungen der Eintragung jedoch ohne Folgen, eine Entschmelzung findet nicht statt. Nach Sinn und Zweck von § 20 II können deswegen letztlich nur die im Verschmelzungsvertrag aufgenommenen und im Verschmelzungsbeschluss – wenn auch ohne notwendige Zustimmungserklärungen – transformierten Vereinbarungen maßgebend sein (→ § 20 Rn. 121 ff.).

Für die von dieser Rechtsfolge belasteten zustimmungsberechtigten Anteilsinha- **67** ber bleibt grds. nur die Berufung auf den **Schadensersatzanspruch** nach §§ 25 ff., eine analoge Anwendung von § 23 kommt demgegenüber wohl nicht in Betracht (vgl. auch Reichert GmbHR 1995, 176 (184)). Umso wichtiger ist es für die Leitungsorgane der an der Verschm beteiligten Rechtsträger und für das Registergericht (insoweit kann § 839 BGB Schadensersatzansprüche begründen), die als notwendige Anlage zur Anmeldung gem. § 17 I beizufügenden Zustimmungserklärungen einzelner Anteilsinhaber auf formelle Richtigkeit und Vollständigkeit zu prüfen.

Sonstige Zustimmungserfordernisse finden sich zB für die Verschm unter **68** Beteiligung von GmbH in § 50 II, § 51, des Weiteren für die Verschm unter Beteiligung von KGaA in § 78 S. 3 (ausf. Überblick bei Widmann/Mayer/Heckschen Rn. 175 ff.).

7. Formelle Wirksamkeitserfordernisse (Abs. 3)

69 Der Verschmelzungsbeschluss und alle ihn betreffenden Zustimmungserklärungen müssen **notariell beurkundet** werden **(Abs. 3 S. 1)**. Dies dient insbesondere der materiellen Richtigkeitsgewähr (Keller/Schümmer NZG 2021, 573 (578)). Bei der Beurkundung sind §§ 36 ff. BeurkG zu beachten. Auslandsbeurkundung (→ § 6 Rn. 13 ff.) ist möglich und zulässig (str.). Auch in diesem Fall kann das Ziel der in Abs. 3 S. 1 vorgesehenen notariellen Beurkundung – Rechtssicherheit durch die Kontrolle des Notars, der die Verantwortung dafür übernimmt, dass die Versammlung der Anteilsinhaber ordnungsgemäß abgewickelt wird (vgl. Begr. RegE, BR-Drs. 75/94 zu § 13 III 1) – erreicht werden.

70 Nach LG Paderborn (NZG 2000, 900) soll Abs. 3 bereits auf die Form eines **letter of intent** wirken können (→ § 4 Rn. 26). Vgl. zu sonstigen Vorfeldvereinbarungen Drygala WM 2004, 1413 ff. (1457 ff.) mwN; Nachw. → § 4 Rn. 26 insbes. zu Business Combination Agreements.

71 Bei einer AG kann nach OLG Düsseldorf AG 2003, 510 die Wirksamkeit der notariellen Beurkundung des Beschlusses der HV nicht mit dem Argument angegriffen werden, eine Überwachung der **Stimmenauszählung** sei nicht durch den Notar, sondern nur durch den Versammlungsleiter erfolgt; es komme insoweit nur auf den Inhalt des vom Notar gefertigten Protokolls an.

72 Gem. **Abs. 3 S. 2** ist der **Verschmelzungsvertrag** bzw. dessen **Entwurf** dem Beschluss **als Anlage beizufügen** (sofern nicht Vertrag und Beschluss ohnehin Teil derselben Urkunde sind). Zweck der Vorschrift ist, dem Registergericht die Überprüfung zu ermöglichen, ob der Verschmelzungsbeschluss sich auch tatsächlich auf den endgültig abgeschlossenen Verschmelzungsvertrag bezogen hat; von Interesse ist diese Frage insbes. für den Fall, dass dem Verschmelzungsbeschluss nur ein Entwurf iSv § 4 II zugrunde lag (Identitätserfordernis, → § 4 Rn. 24; zu Änderungen → Rn. 21 ff., → Rn. 28). Fehlt die Anlage, hat dies keinen Einfluss auf die Wirksamkeit des Beschlusses, sofern der Nachweis anders geführt wird (zB durch Hinweis auf die UVZ-Nr. des Notars, Kallmeyer/Zimmermann Rn. 39).

73 Auf Kosten des Anteilsinhabers ist diesem unverzüglich (ohne schuldhaftes Zögern, § 121 I 1 BGB) eine **Abschrift des Vertrages** und der **Niederschrift des Beschlusses** zu erteilen **(Abs. 3 S. 3)**. Dieser Anspruch dient letztlich dem Schutz der Anteilsinhaber, weil auch auf diesem Wege eine vollständige Kontrolle des Verschmelzungsvorgangs bewirkt und in diesem Zusammenhang eine Prüfung der Frage nach einer Klage gegen die Wirksamkeit des Verschmelzungsbeschlusses oder auf Verbesserung des Umtauschverhältnisses (vgl. §§ 14, 15) durchgeführt werden kann.

8. Entbehrlichkeit des Verschmelzungsbeschlusses

74 Befinden sich bei der **Verschm einer KapGes auf eine AG** mindestens neun Zehntel des Stamm- oder Grundkapitals der übertragenden KapGes in der Hand der übernehmenden AG, ist ausnahmsweise ein Verschmelzungsbeschluss der **übernehmenden AG** nicht erforderlich **(§ 62 I 1)**, es sei denn, Aktionäre mit mindestens 5% des Grundkapitals (oder bei entsprechender Satzungsbestimmung weniger) verlangen die Durchführung einer HV und einen Verschmelzungsbeschluss. Damit wurde § 352b I AktG aF übernommen (vgl. Priester ZGR 1990, 420 (435)).

75 Die so festgeschriebene Ausnahme von der Notwendigkeit der Fassung eines Verschmelzungsbeschlusses gilt ausschließlich für den Fall, dass übernehmender Rechtsträger eine AG ist, eine **Analogie** auch für andere Rechtsformen kommt nicht in Betracht.

76 § 62 wurde durch das **3. UmwÄndG** (→ Einf. Rn. 31) geändert. Nach § 62 IV nF ist ein Verschmelzungsbeschluss auch seitens des **übertragenden Rechtsträgers**

Befristung und Ausschluß von Klagen **§ 14 UmwG A**

entbehrlich, wenn sich das gesamte Stamm- oder Grundkapital einer übertragenden KapGes in der Hand der übernehmenden AG befindet. Die Entbehrlichkeit des Verschmelzungsbeschlusses eines übertragenden Rechtsträgers kann auch in Folge des neu eingeführten **verschmelzungsspezifischen Squeeze-out** nach § 62 V nF erreicht werden. Vgl. die Komm. zu § 62 (→ § 62 Rn. 1 ff.). Entbehrlich ist ein Verschmelzungsbeschluss ferner auch bei der grenzüberschreitenden Konzernverschmelzung (§ 312 II, § 307 III) und bei der Verschm auf einen Alleingesellschafter (§ 120) für diesen selbst.

9. Kosten

Die Beurkundung eines jeden Verschmelzungsbeschlusses durch den Notar löst 77 eine **doppelte Gebühr** nach § 3 II GNotKG iVm KV 21100 GNotKG aus. Für den **Geschäftswert** gilt § 108 GNotKG, gem. dessen Abs. 3 das Aktivvermögen der übertragenden Rechtsträger maßgeblich ist. § 38 GNotKG findet Anwendung. Gem. § 108 V GNotKG wird der Geschäftswert auf höchstens 5 Mio. Euro begrenzt (so auch Widmann/Mayer/Heckschen Rn. 244.1; BeckOGK/Rieckers/Cloppenburg Rn. 129; unklar Lutter/Drygala Rn. 18). Vgl. zur Rechtslage bis 31.7.2013 → 6. Aufl. 2013, § 13 Rn. 77 ff., zur Rechtslage bis 31.12.2004 → 5. Aufl. 2009, § 13 Rn. 46.

Der Wegfall von Forderungen des übertragenden gegen den übernehmenden 78 Rechtsträger bei Kettenverschmelzung (→ § 5 Rn. 3, → § 7 Rn. 5 f.) reduziert den Geschäftswert nicht (OLG Düsseldorf DB 1998, 2004). Werden die Verschmelzungsbeschlüsse gemeinsam beurkundet, sind sie nach § 109 II Nr. 4 lit. g GNotKG **gegenstandsgleich.** Hingegen sind die Zustimmungsbeschlüsse der beteiligten Rechtsträger und der Verschmelzungsvertrag ebenso wie mit dem Verschmelzungsbeschluss erklärte Verzichte auf Verschmelzungsbericht, Verschmelzungsprüfung oder Prüfungsbericht gem. § 110 Nr. 1 GNotKG stets **verschiedene Beurkundungsgegenstände** und daher separat zu bewerten (Widmann/Mayer/Heckschen Rn. 246; Widmann/Mayer/Mayer § 8 Rn. 63; Korintenberg/Tiedtke GNotKG § 107 Rn. 45; Bormann/Diehn/Sommerfeldt/Bormann GNotKG § 107 Rn. 37).

Werden **besondere Zustimmungen einzelner Gesellschafter** beurkundet, so 79 fällt eine 1,0-Gebühr gem. § 3 II GNotKG iVm KV 21200 GNotKG an. Der Geschäftswert für die Beurkundung einer Zustimmungserklärung entspricht gem. § 98 I GNotKG grds. der Hälfte des Geschäftswertes, auf das sich die Zustimmungserklärung bezieht. Für die Zustimmungserklärung einzelner Anteilsinhaber ermäßigt sich dieser Geschäftswert gem. § 98 II 2 GNotKG auf die Hälfte des Bruchteils, der dem Anteil der Mitberechtigung entspricht. Nach § 98 IV GNotKG ist der Geschäftswert auf höchstens 1 Mio. Euro begrenzt. Werden die Zustimmungserklärungen und der Verschmelzungsvertrag gemeinsam beurkundet, sind sie nach § 109 I GNotKG gegenstandsgleich. Hingegen stellen die Zustimmungserklärungen und der Verschmelzungsbeschluss gem. § 110 Nr. 1 GNotKG stets verschiedene Beurkundungsgegenstände dar (→ Rn. 78; Widmann/Mayer/Heckschen Rn. 248). Die Kosten der Beurkundung trägt der Rechtsträger, nicht der zustimmende Anteilsinhaber (Widmann/Mayer/Heckschen Rn. 250). Die GesSt-RL (→ § 19 Rn. 44) ist bei Amtsnotaren zu beachten (zutr. OLG Karlsruhe GmbHR 2002, 1248).

§ 14 Befristung und Ausschluß von Klagen gegen den Verschmelzungsbeschluß

(1) **Eine Klage gegen die Wirksamkeit eines Verschmelzungsbeschlusses muß binnen eines Monats nach der Beschlußfassung erhoben werden.**

(2) **Eine Klage gegen die Wirksamkeit des Verschmelzungsbeschlusses kann nicht darauf gestützt werden, dass das Umtauschverhältnis der Anteile**

nicht angemessen ist oder dass die Mitgliedschaft bei dem übernehmenden Rechtsträger kein angemessener Gegenwert für die Anteile oder die Mitgliedschaft bei dem übertragenden Rechtsträger ist.

Übersicht

	Rn.
1. Allgemeines	1
2. Klagen gegen die Wirksamkeit des Verschmelzungsbeschlusses (Abs. 1)	5
a) Bei der AG	11
b) Bei der KGaA	18
c) Bei der GmbH	19
d) Bei Personengesellschaften	23
e) Bei Vereinen	25
f) Bei Genossenschaften	26
g) Beim Versicherungsverein auf Gegenseitigkeit	27
3. Ausschluss von Klagen gegen den Verschmelzungsbeschluss (Abs. 2)	28
a) Allgemeines	28
b) Aktienrechtliche Beschränkungen	35

1. Allgemeines

1   Die Vorschrift bestimmt in **Abs. 1 für alle Klagen** gegen die Wirksamkeit eines Verschmelzungsbeschlusses eines Rechtsträgers die **Klagefrist** einheitlich auf einen Monat. Diese Monatsfrist ist keine prozessuale, sondern eine materiell-rechtliche Ausschlussfrist (→ § 195 Rn. 4 aE). Materiell-rechtliche Regelungen zur Frage, in welchem Fall und mit welcher Klageart (Anfechtungs-, Nichtigkeits-, allgemeine Feststellungsklage; → Rn. 10 ff.) der Verschmelzungsbeschluss durch einen Anteilsinhaber der gerichtlichen Überprüfung zugeführt werden kann, enthält § 14 nicht; insoweit ist das jew. für den betroffenen Rechtsträger geltende materielle Recht ausschlaggebend.

2   Die fristgemäß erhobene Unwirksamkeitsklage führt grds. (sofort, vgl. OLG Hamm NZG 2006, 274) zur **Registersperre** iSv § 16 II 2: Ohne die erforderliche Erklärung der Vertretungsorgane, dass eine Klage gegen die Wirksamkeit nicht oder nicht fristgemäß erhoben oder jedenfalls rechtskräftig abgewiesen oder zurückgenommen wurde, darf das Registergericht die Verschm nicht eintragen. Der Kläger sollte daher die anmeldenden Organe und vor allem das Registergericht bösgläubig machen (zutr. Widmann/Mayer/Heckschen Rn. 48; vgl. auch BVerfG DB 2005, 1373).

3   **Abs. 2** übernimmt den allg. Gedanken des Verschmelzungsrechts, dass eine Klage gegen die Wirksamkeit des Beschlusses über die Verschm nicht auf eine zu niedrige Bemessung der Abfindung gestützt werden kann (vgl. auch § 352c I 1 AktG aF; §§ 12, 13, 15, 30 UmwG 1969). Ein **falsch bemessenes Umtauschverhältnis** kann durch einen wirtschaftlichen Ausgleich nachträglich kompensiert werden. Es rechtfertigt daher lediglich die Durchführung des Spruchverfahrens nach dem SpruchG. Entsprechendes gilt gem. §§ 32, 34 für den Fall, dass ein Barabfindungsangebot nach § 29 nicht angemessen ist, nicht ordnungsgemäß ist oder sogar fehlt.

4   Vor dem UmRUG (→ Einf. Rn. 43 ff.) galt Abs. 2 nur für Unwirksamkeitsklagen gegen Beschlüsse der **übertragenden Rechtsträger**. Die Anteilsinhaber des **übernehmenden Rechtsträgers** konnten ihre Unwirksamkeitsklagen deswegen auch gerade darauf stützen, das Umtauschverhältnis sei falsch ermittelt worden. Der

Gesetzgeber hat die damit verbundenen Rechtsprobleme erkannt und durch das UmRUG Abs. 2 auch auf die Anteilsinhaber des übernehmenden Rechtsträgers ausgedehnt. Auch diese Anteilsinhaber können damit den Vollzug der Verschm nicht mehr wegen eines unangemessenen Umtauschverhältnisses suspendieren, sondern werden darauf verwiesen, einen Ausgleich durch bare Zuzahlung im Wege des Spruchverfahrens geltend zu machen (zu den spruchverfahrensrechtlichen Folgeänderungen Habrich AG 2022, 567 (569 f.); Hommelhoff NZG 2022, 683 (684); Bungert/Reidt DB 2022, 1369 (1373 f.)). Hierdurch hat der Gesetzgeber auf die erhebliche Kritik an der bisherigen Beschränkung des Anwendungsbereichs (→ Rn. 29) reagiert und zugleich die GesR-RL, die für grenzüberschreitende Umwandlungen einen Ausschluss der Anfechtung und eine Verweisung auf ein gesondertes Verfahren zwingend vorgibt (Art. 126 IV lit. a GesR-RL, Art. 126a VI GesR-RL), überschießend umgesetzt (Habrich AG 2022, 567 (569); Hommelhoff NZG 2022, 683 (683); Lieder/Hilser ZIP 2022, 2521; Wollin ZIP 2022, 989 (991)).

2. Klagen gegen die Wirksamkeit des Verschmelzungsbeschlusses (Abs. 1)

Abs. 1 erfasst Klagen gegen die Wirksamkeit eines Verschmelzungsbeschlusses 5 sowohl beim übertragenden als auch beim übernehmenden Rechtsträger. Der Gesetzgeber hat bewusst einen offenen Wortlaut gewählt, um alle möglichen Fälle der Nichtigkeit, der Unwirksamkeit oder der Anfechtbarkeit eines Beschlusses der Anteilsinhaber zu erfassen, „denn eine Beschränkung auf Anfechtungsklagen würde beim gegenwärtigen Stand der Meinungen PhG und Vereine nicht erfassen" (Begr. RegE, BR-Drs. 75/94 zu § 14 I).

Einziger Gegenstand der Regelung von **Abs. 1** ist die Festlegung der **Monatsfrist** 6 zur Klageerhebung. Die Monatsfrist gilt unabhängig vom Grund der angeblichen Unwirksamkeit und unabhängig vom materiellen Recht des betroffenen Rechtsträgers **für alle Klagen einheitlich**. Die Formulierung folgt § 246 I AktG, Rspr. und Lit. zur Fristberechnung können insoweit übernommen werden.

Die **Frist beginnt** nach dem Tag, an dem der Verschmelzungsbeschluss gefasst 7 wurde (§ 187 I BGB), und **endet** mit Ablauf des Tages, der durch seine Zahl dem Tag des Verschmelzungsbeschlusses entspricht (§ 188 II BGB): Die Unwirksamkeitsklage gegen einen am 20.5. gefassten Verschmelzungsbeschluss ist also spätestens am 20.6. zu erheben. Sofern das Fristende jedoch auf einen Samstag, Sonntag oder Feiertag fallen würde, endet die Frist erst am nächsten Werktag (§ 193 BGB). Zur Fristberechnung und zu geeigneten Maßnahmen für die Fristwahrung ausf. BeckOGK/Rieckers/Cloppenburg Rn. 6 ff.; Lutter/Decher Rn. 9 ff., dort Rn. 11 auch zur Fristwahrung durch PKH-Antrag; zum PKH-Antrag auch Widmann/Mayer/Heckschen Rn. 34 mwN; fristwahrend ist eine Klage auch dann erhoben, wenn sie erst dem übernehmenden Rechtsträger nach Eintragung der Verschm zugestellt werden konnte, OLG Hamburg ZIP 2004, 906 gegen LG Hamburg DB 2003, 930; es gilt § 167 ZPO, die Zustellung „demnächst" genügt, wenn die Klage selbst rechtzeitig eingereicht wurde, LG München I WM 2007, 1276; vgl. iÜ Lit. zu § 246 AktG, zB Koch AktG § 246 Rn. 20 ff., 23 mwN. Die Klagefrist gilt auch bei schweren Fehlern, also zB Nichtigkeitsgründen, erheblichen Einberufungsmängeln und sogar bei Manipulationen, zB „Geheimbeschlüssen" (krit. Bork ZGR 1993, 343 (355); Schöne DB 1995, 317; K. Schmidt DB 1995, 1849; Goutier/Knopf/Tulloch/Bermel Rn. 7).

Eine **unzulässige** Klage kann die Frist uU wahren (vgl. OLG Stuttgart ZIP 2004, 8 2232). Fristwahrung ist auch bei Klageerhebung vor unzuständigem Gericht möglich (Widmann/Mayer/Heckschen Rn. 34 und BeckOGK/Rieckers/Cloppenburg Rn. 8 mit jew. mwN). Die Einhaltung der Frist durch einen Streitgenossen wirkt nach LG Bonn EWiR 2001, 445 aber nicht zugunsten eines säumigen Klägers.

9   Die Gründe, auf die der Kläger die Unwirksamkeitsklage stützt, müssen innerhalb der Klagefrist durch gerichtlichen Vortrag wenigstens umrissen werden, der jew. Lebenssachverhalt ist in seinem wesentlichen sachlichen Kern darzulegen; insoweit ist ein späteres **Nachschieben von Gründen** idR ausgeschlossen (vgl. Koch AktG § 246 Rn. 26 mwN; BGH WM 2006, 1151; LG München I WM 2007, 1281; OLG Frankfurt a. M. DB 2003, 872). Zum Rechtsschutzbedürfnis für die Unwirksamkeitsklage nach Wirksamwerden der Verschm → § 20 Rn. 40; bei Rücktritt vom Verschmelzungsvertrag LG Hanau DB 2002, 2261; bei vorangegangenem Freigabeverfahren → § 16 Rn. 91 ff.

10   IÜ kommt es auf das materielle Recht des jew. von der Unwirksamkeitsklage betroffenen Rechtsträgers an. Anhand des Katalogs der zugelassenen Rechtsträger in § 3 I gelten folgende Grundsätze:

11   **a) Bei der AG. §§ 241 ff. AktG** (zum Beschlussmängelrecht bei der SE vgl. Götz ZGR 2008, 593 ff. mwN) unterscheiden zwischen Nichtigkeit (§§ 241, 242 AktG) und Anfechtbarkeit (§§ 243–246 AktG). Die Monatsfrist von Abs. 1 gilt auch für die Fälle der Nichtigkeit (auch dann richtet sich die Klage gegen die „Wirksamkeit" des Verschmelzungsbeschlusses), längere Fristen des AktG (zB § 242 II AktG, vgl. Reformvorhaben anlässlich der Aktienrechtsnovelle 2013 Lutter/Decher Rn. 4 mwN; vgl. auch Koch BB Die erste Seite 2015, Nr. 5; Schmidt-Bendun DB 2015, 419 je mwN) haben keine Bedeutung (Kallmeyer/Marsch-Barner/Oppenhoff Rn. 9). Nachgeschobene Nichtigkeitsklagen sind nicht möglich, Schockenhoff ZIP 2008, 1948. Zur **Nichtigkeit** führen in erster Linie die in §§ 271, 250, 253 AktG genannten schwerwiegenden Normverstöße. Häufig wird Nichtigkeit im Zusammenhang mit Verstößen gegen Einberufungsvorschriften von § 121 II–IV AktG relevant, dazu Koch AktG § 241 Rn. 8 ff. mwN. Die Verletzung anderer Einberufungsvorschriften als derjenigen von § 121 II–IV AktG begründen lediglich die **Anfechtbarkeit** des Beschlusses, nicht aber seine Nichtigkeit. Zum Spezialproblem der Form der **Stimmrechtsvollmacht** → § 13 Rn. 47 ff.

12   Nichtig ist gem. § 241 Nr. 2 AktG ein Verschmelzungsbeschluss, der überhaupt nicht (§ 130 I AktG) oder inhaltlich unzureichend (§ 130 II AktG; Baumbach/Hueck AktG § 130 Rn. 5, 6; BayObLG NJW 1973, 250 f.) **beurkundet** ist bzw. bei dessen Niederschrift die Unterschrift des Notars fehlt (§ 130 IV AktG). Die Verletzung anderer Vorschriften über die Form und den Inhalt der Niederschrift führt nicht zur Nichtigkeit und auch nicht zur Anfechtbarkeit (Koch AktG § 241 Rn. 13b). Weitere Nichtigkeitsgründe enthalten § 241 Nr. 3–6 AktG.

13   Eine **Heilung** kommt in den Fällen von § 242 AktG in Betracht. Die Nichtigkeit kann gem. § 249 AktG bis zum Ausschluss grds. durch Klage eines Aktionärs, des Vorstands oder des AR festgestellt werden. Für die Verschm wird die Dreijahresfrist von § 242 II AktG durch Abs. 1 überlagert (krit. hierzu Bork ZGR 1993, 343 (355); Schöne DB 1995, 1317 (1319 ff.); aA K. Schmidt DB 1995, 1849).

14   Bei der **Anfechtung** ist die Klagefrist von § 246 I AktG (ein Monat nach Beschlussfassung) zu beachten, für den Bereich des UmwG gilt jedoch der inhaltsgleiche § 14 I (→ Rn. 5 ff.). Ein anfechtbarer Verschmelzungsbeschluss ist grds. wirksam, erst durch rkr. Urt. iSv § 248 I AktG wird der Beschluss endgültig mit Wirkung für und gegen alle Aktionäre und Organe für nichtig erklärt.

15   Nichtigkeits- und Anfechtungsklage verfolgen mit der richterlichen Klärung der Nichtigkeit von Gesellschaftsbeschlüssen mit Wirkung für und gegen jedermann dasselbe materielle Ziel (Streitgegenstand ist das mit der Klage verfolgte prozessuale Ziel, die richterliche Klärung der Nichtigkeit eines Hauptversammlungsbeschlusses herbeizuführen, BGH ZIP 2002, 1684; vgl. bereits BGH ZIP 1997, 732; anders noch BGHZ 32, 322). Der Nichtigkeitsantrag schließt den Anfechtungsantrag ein und umgekehrt (Koch AktG § 246 Rn. 12 ff. mwN).

Haben **mehrere Aktionäre** sowohl Nichtigkeits- als auch Anfechtungsklage 16
gegen einen Hauptversammlungsbeschluss erhoben, ist ein Teilurteil, das sich auf
die Nichtigkeitsklage bzw. die Anfechtungsklage oder auf einen Teil der Kläger
beschränkt, unzulässig (BGH DB 1999, 890; vgl. auch BGH DB 1997, 865; zum
Ganzen ausf. Bayer NJW 2000, 2609; Zöllner AG 2000, 145; Kindl ZGR 2000,
166; vgl. auch Henze BB 2000, 2055; Kurzwelly AG 2000, 337 f.; umfassend zu
Verschm, Spruchverfahren und Anfechtungsklage Martens AG 2000, 301).

Zur Anfechtbarkeit führen neben Gesetzesverstößen (soweit sie nicht unter § 241 17
AktG fallen, zB Verstöße gegen die sorgfältige und vollständige Abfassung des Verschmelzungsberichts) auch **Satzungsverstöße,** vgl. auch Semler/Stengel/Leonard/
Gehling Rn. 6 ff. mwN zu den Standardrügen („Kanon der Anfechtungsrügen").
Ein Anfechtungsgrund kann zB bei Nichtbeachtung von §§ 61, 62 III gegeben sein.
In engem Rahmen ist auch eine Anfechtung wegen sittenwidrigen Missbrauchs
von Mehrheitsbefugnissen oder einer Verletzung des Gleichbehandlungsgrundsatzes
möglich (jedoch → § 13 Rn. 43 mwN zur materiellen Beschlusskontrolle).

b) Bei der KGaA. Es gilt das oben zur AG Ausgeführte entsprechend (§ 278 III 18
AktG).

c) Bei der GmbH. In Rspr. und Lit. herrscht seit langem Einigkeit darüber, 19
dass die aktienrechtlichen Vorschriften über die Anfechtbarkeit und Nichtigkeit
(§§ 241 ff. AktG) für GmbH-Gesellschafter-Beschlüsse und damit auch für den
Verschmelzungsbeschluss **entsprechend Anwendung** finden, soweit nicht Besonderheiten der GmbH entgegenstehen (BGH NJW 2003, 2314; 2000, 2819;
BGHZ 51, 209 (210 f.) = NJW 1969, 841; Scholz/K. Schmidt/Bochmann GmbHG
§ 45 Rn. 35 ff., 45 ff.; Habersack/Casper/Löbbe/Hüffer/Schäfer GmbHG § 47
Rn. 29 je mwN; teilw. zweifelnd Lutter/Hommelhoff/Bayer GmbHG Anh. § 47
Rn. 1 ff. mwN). Es gilt das oben zur AG Gesagte entsprechend (→ Rn. 11 ff.).

Anfechtungsgründe können demgemäß zB aus Verstößen gegen gesetzliche 20
oder satzungsmäßige Vorschriften oder aus der unberechtigten Verweigerung von
Auskünften gegenüber den GmbH-Gesellschaftern hergeleitet werden. Auch bei
der Verschm können der Grds. der Gleichbehandlung der Gesellschafter und Verstöße gegen Treuebindungen besondere Bedeutung erlangen (vgl. Noack/Servatius/
Haas/Noack GmbHG Anh. § 47 Rn. 91 ff. und 98 ff.; Lutter/Hommelhoff/Bayer
GmbHG Anh. § 47 Rn. 54 ff. mwN).

Die frühere Unsicherheit bzgl. der **Anfechtungsfrist** (vgl. noch BGH ZIP 1990, 21
784: Die Einmonatsfrist von § 246 I AktG ist auf die GmbH nicht entsprechend
anwendbar, ihr kommt lediglich Leitbildfunktion zu; auch OLG Brandenburg DB
1995, 1022 (Ls.): 10 Wochen sind zu lang; seit BGH NZG 2005, 551 (553) aber:
Monatsfrist von § 246 I AktG ist von eng begrenzten Ausnahmen abgesehen für
GmbH-Beschlussanfechtung verbindlich, vgl. auch BGH NZG 2005, 479 mwN)
bei der entsprechenden Anwendung von §§ 241 ff. AktG auf die GmbH wurde für
den Bereich des UmwG durch § 14 I beseitigt. Klagen gegen die Wirksamkeit des
Verschmelzungsbeschlusses der GmbH müssen binnen Monatsfrist erhoben werden
(Schöne DB 1995, 1317 ff.).

Zur durch Gesellschaftsvertrag begründeten Zuständigkeit eines **Schiedsgerichts** 22
vgl. OLG Karlsruhe DB 1995, 721; zur Schiedsklausel beim Spruchstellenverfahren
vgl. OLG Düsseldorf DB 1995, 260.

d) Bei Personengesellschaften. Bis zum MoPeG (→ Einf. Rn. 50 f.) hat die 23
hM (vgl. Hopt/Roth HGB § 119 Rn. 31 mwN) bei der PersGes nicht zwischen
anfechtbaren und nichtigen Beschlüssen unterschieden, §§ 241 ff. AktG waren nicht
entsprechend anwendbar (ganz hM, vgl. BGH WM 2007, 1932 mwN; aA
K. Schmidt FS Stimpel, 1985, 217 ff.; K. Schmidt GesR § 21 V 2, § 15 II 3 mwN;
K. Schmidt ZGR 2008, 1). Fehlerhafte Beschlüsse der Gesellschafterversammlung

in der PersGes waren grds. nach §§ 134, 138 BGB nichtig, sofern der Verstoß gegen Gesetz oder Gesellschaftsvertrag nicht nur eine bloße Ordnungsvorschrift betraf (Hommelhoff ZGR 1990, 447 (460) mwN). Der Gesetzgeber wollte durch die **offene Formulierung in § 14** gerade nicht in den Streit um die Zulässigkeit von Anfechtungs- und Nichtigkeitsklagen auch im Bereich des PersGes- oder Vereinsrechts eingreifen (Begr. RegE, BR-Drs. 75/94 zu § 14; ausf. zur Wirkung von § 14 bei PersGes Timm ZGR 1996, 247 (254)). Materiell-rechtlich bestimmt Abs. 1 lediglich, dass die **Klagefrist** stets, damit auch bei PersGes, einen Monat seit Beschlussfassung beträgt.

24 Das **MoPeG** hat die gerichtliche Geltendmachung von Beschlussmängeln bei **PhG** in Anlehnung an das aktienrechtliche Anfechtungsmodell in §§ 110–115 HGB neu normiert. § 110 HGB differenziert seitdem zwischen anfechtbaren und nichtigen Gesellschafterbeschlüssen. § 113 HGB sieht bei anfechtbaren Beschlüssen die Anfechtungsklage, § 114 HGB bei nichtigen Beschlüssen die Nichtigkeitsklage vor. Die allg. Feststellungsklage gem. § 256 Abs. 1 ZPO kann entweder isoliert oder gem. § 115 HGB in Kombination mit einer Anfechtungsklage erhoben werden. Für die **GbR** und die **PartGes** bleibt es dagegen bei der bisherigen Rechtslage, die nicht zwischen anfechtbaren und nichtigen Beschlüssen unterscheidet (→ Rn. 23). Für sie gilt weiterhin das Feststellungsmodell, soweit nicht der Gesellschaftsvertrag gem. § 708 BGB etwas anderes bestimmt ("Opt-In"). Damit ist der Gesellschafter in prozessualer Hinsicht auf die allg. Feststellungsklage gem. § 256 Abs. 1 ZPO beschränkt, um die Nichtigkeit des Beschlusses gerichtlich feststellen zu lassen (näher zum Ganzen Schäfer Neues PersGesR § 5 und Komm. zu §§ 110 ff. HGB).

25 e) **Bei Vereinen.** Im Wesentlichen gilt das → Rn. 23, → Rn. 24 zu GbR und PartGes Ausgeführte entsprechend, die Unwirksamkeit fehlerhafter Beschlüsse richtet sich **nicht nach §§ 241 ff. AktG** (vgl. BGHZ 59, 369 (371 f.) = NJW 1973, 235; Grüneberg/Ellenberger BGB § 32 Rn. 9 ff. mwN). Die Unwirksamkeitsklage ist bei fehlerhaften Beschlüssen der Mitgliederversammlung **gegen den Verein** selbst zu führen, Klageart ist die **allg. Feststellungsklage** iSv § 256 ZPO (BGH NJW-RR 1992, 1209); nach Ablauf der Monatsfrist verbleibt auch keine Beschwerdemöglichkeit im Registerverfahren (KG Rpfleger 2005, 441). Vgl. iÜ zur Wirkung von Abs. 1 auf das Beschlussmängelsystem von Vereinen Timm ZGR 1996, 254 mwN.

26 f) **Bei Genossenschaften.** Für die **Anfechtung** von Beschlüssen der Generalversammlung enthält **§ 51 GenG** eine eigenständige Regelung, iÜ ist die **Nichtigkeitsklage** bei der eG seit RGZ 170, 83 (88 f.) allg. anerkannt (vgl. BGHZ 32, 318 (323 f.) = NJW 1960, 1447; Beispiele für Nichtigkeit bei Lang/Weidmüller/Holthaus/Lehnhoff GenG § 51 Rn. 12). Die Klage ist gegen die eG zu richten, § 51 III 1 GenG, auf die Monatsfrist von § 51 I 2 GenG kommt es im Bereich des Verschm wegen § 14 I UmwG nicht an. Materiell-rechtlich gilt für Anfechtbarkeit und Nichtigkeit eines Beschlusses der Generalversammlung der eG das zur AG Gesagte weitgehend entsprechend. Der anfechtbare Beschluss ist bis zum rkr. Urt. als voll wirksam, danach als nichtig anzusehen (§ 51 V 1 GenG).

27 g) **Beim Versicherungsverein auf Gegenseitigkeit.** Gem. § 36 S. 1 VAG gelten **§§ 241–253 AktG** für Beschlüsse der obersten Vertretung **entsprechend,** auf die Ausführungen zur Anfechtung und Nichtigkeit von Hauptversammlungsbeschlüssen bei der AG wird verwiesen.

3. Ausschluss von Klagen gegen den Verschmelzungsbeschluss (Abs. 2)

28 a) **Allgemeines.** In inhaltlicher Fortführung von § 352c I 1 AktG aF, § 31a I 1 KapErhG aF, § 13 I UmwG 1969 bestimmte **Abs. 2** bis zu seiner Änderung durch das UmRUG (→ Einf. Rn. 43 ff.), dass die Klage gegen die Wirksamkeit des Verschmelzungsbeschlusses **des übertragenden Rechtsträgers** weder auf ein zu niedrig bemessenes Umtauschverhältnis noch auf die Unangemessenheit der Mitgliedschaft beim übernehmenden Rechtsträger gestützt werden konnte. Solche Klagen sollen nicht den Vollzug der Verschmelzung suspendieren. Das Begehr einer angemessenen Beteiligung am übernehmenden Rechtsträger ist primär wirtschaftlicher Natur und kann deshalb durch einen wirtschaftlichen Ausgleich kompensiert werden. Die Anteilsinhaber werden daher auf einen Anspruch auf bare Zuzahlung gem. § 15 und die **Durchführung des Spruchverfahrens** nach dem SpruchG verwiesen. Damit ist gewährleistet, dass die benachteiligten Anteilsinhaber die Möglichkeit haben, gegen ein unangemessenes Umtauschverhältnis vorzugehen, ohne die Verschm an sich unwirksam zu machen oder deren Eintragung zu verhindern (vgl. § 16 II 2, Registersperre nur bei Unwirksamkeitsklage). Das Spruchverfahren ist zeitlich nachgelagert und steht daher dem Wirksamwerden der Verschm nicht entgegen. Die Durchführung des Spruchverfahrens setzt nicht voraus, dass der Antragsteller in der Anteilsinhaberversammlung, die gem. § 13 I über die Zustimmung zum Verschmelzungsvertrag zu beschließen hat, seinen Widerspruch zum Ausdruck bringt (vgl. Bork ZGR 1993, 343 (354) mwN).

Während somit die Anteilsinhaber der übertragenden Rechtsträger bei Bewertungsstreitigkeiten iSv Abs. 2 ausschließlich auf das Spruchverfahren nach dem SpruchG verwiesen werden, waren die **Anteilsinhaber des übernehmenden Rechtsträgers** auf die allg. Klagemöglichkeiten gegen den bei ihrem Rechtsträger gefassten Verschmelzungsbeschluss beschränkt, das kostengünstige Spruchverfahren war ihnen verschlossen. Diese Entscheidung des Gesetzgebers war **schwer nachzuvollziehen,** weil offensichtlich alle Anteilsinhaber der an einer Verschm beteiligten Rechtsträger grds. durch ein fehlerhaftes Umtauschverhältnis betroffen sein können, während gleichzeitig die Zielrichtung der Verschm, also die Entscheidung, wer übernehmender Rechtsträger sein soll, nicht vorgegeben, sondern von den Umständen des Einzelfalls abhängig ist (zu krit. Stimmen bereits während des Gesetzgebungsverfahrens vgl. Bork ZGR 1993, 354 mwN; ausf. Hüffer ZHR 172 (2008), 8 ff. mwN; HRA des DAV NZG 2007, 497; Martens AG 2000, 301 ff. mwN; vgl. auch HRA des DAV NZG 2000, 803; → 3. Aufl. 2001, Rn. 20; aus neuerer Zeit Grigoleit AG 2018, 645 (660); Lieder NZG 2018, 1321 (1327)). Die Konsequenzen der Beschränkung des Abs. 2 nur auf den übertragenden Rechtsträger könnten weitreichend sein, Blockaden waren damit trotz § 16 III möglich (zutr. Widmann/Mayer/Heckschen Rn. 61, durch die Änderung von § 16 III iRv UMAG und ARUG sind die Erfolgschancen für die Rechtsträger aber deutlich gestiegen). Sollte das Risiko von auf Bewertungsstreitigkeiten iSv Abs. 2 gestützten Unwirksamkeitsklagen vollständig vermieden werden, blieb den Rechtsträgern nur die Gestaltung der Umw als **Verschm durch Neugründung** (§ 2 Nr. 2, §§ 36 ff.; dazu Martens AG 2000, 302 f.). Indes ist die Verschm durch Neugründung regelmäßig teurer als die Verschm durch Aufnahme (→ Vor § 36 Rn. 7 mwN), je nach Umfang des bei den Rechtsträgern vorhandenen Immobilienvermögens kann auch die GrESt die Verschm durch Neugründung unattraktiv machen (vgl. Schwerin RNotZ 2003, 479; Gärtner DB 2000, 401). Alternativ konnten die Beteiligten im geeigneten Einzelfall die **Zielrichtung** einer Verschm zur Aufnahme entsprechend steuern, um Unwirksamkeitsklagen wegen Bewertungsfragen zumindest seitens der Anteilsinhaber des passend gewählten übertragenden Rechtsträgers zu vermeiden.

Durch das **UmRUG** wurde die bisherige **Einschränkung** des Anwendungsbereichs des Klageausschlusses auf Klagen gegen den Verschmelzungsbeschluss des übertragenden Rechtsträgers – in überschießender Umsetzung der GesR-RL – **aufgehoben.** Nunmehr sind Klagen gegen den Verschmelzungsbeschluss des übernehmenden Rechtsträgers gleichermaßen ausgeschlossen (begrüßend Schmidt NZG 2022, 579 (584 f.); Schmidt BB 2022, 1859 (1867); Habrich AG 2022, 567 (568 f.);

Hommelhoff NZG 2022, 683 (683); Bungert/Reidt DB 2022, 1369 (1372 f.); Bungert/Strothotte BB 2022, 1411 (1416); Lieder/Hilser ZIP 2022, 2521; Deutscher Notarverein Stellungnahme zum RefE v. 17.5.2022 (unter B.II.) AG 2022, 567 (569)). Als Kompensation wurde den Anteilsinhabern des übernehmenden Rechtsträgers ebenfalls die Möglichkeit eröffnet, einen Ausgleich durch bare Zuzahlung im Wege des Spruchverfahrens geltend zu machen. Denn je nach Einzelfall kann das festgelegte Umtauschverhältnis entweder für die Anteilsinhaber des übertragenden Rechtsträgers oder für die Anteilsinhaber des übernehmenden Rechtsträgers nachteilig sein. Auch wenn sich die Beteiligung der Anteilsinhaber des übernehmenden Rechtsträgers durch die Verschmelzung nicht unmittelbar verändert, besteht doch die Gefahr einer „Verwässerung" dieser Beteiligung durch ein unangemessen hohes Umtauschverhältnis zugunsten der Anteilsinhaber des übertragenden Rechtsträgers (vgl. dazu ausf. Habrich AG 2022, 567 (567 f.)).

31 Dieser Ausschluss der Unwirksamkeitsklage ist nur auf Fälle beschränkt, bei denen ein nicht angemessenes (aus Sicht der Anteilsinhaber der übertragenden Rechtsträger also zu niedrig bemessenes, aus Sicht der Anteilsinhaber des übernehmenden Rechtsträgers hingegen zu hoch bemessenes) Umtauschverhältnis oder eine entsprechende Wertdifferenz zwischen der Mitgliedschaft beim übertragenden Rechtsträger und den gewährten Anteilen beim übernehmenden Rechtsträger gerügt wird. Daraus folgt im Gegenzug, dass Abs. 2 für **sonstige Klagen** keine Sperre darstellt.

32 Allg. Unwirksamkeitsklagen gegen den Verschmelzungsbeschluss sind statthaft (vgl. etwa OLG Karlsruhe WM 1989, 1134 zu § 352c AktG aF; so auch Kallmeyer/Marsch-Barner/Oppenhoff Rn. 14; OLG Frankfurt ZIP 2000, 1928 mAnm Keil EWiR 2000, 1125; Vorsicht aber wegen BGH ZIP 2001, 199; → § 192 Rn. 15). Anders als bei der allg. Vorschrift von § 243 IV 2 AktG unterliegt das gesamte Berichtswesen vor und außerhalb der Anteilsinhaberversammlung jedoch dem Ausschluss der Unwirksamkeitsklage nach Abs. 2; deshalb haben die iU problematischen Abgrenzungen (vgl. Koch AktG § 243 Rn. 47c mwN) für das UmwG keine Bedeutung.

33 **Eine Unwirksamkeitsklage, die auf ein unzutr. Umtauschverhältnis gestützt wird,** wird ausnahmsweise dann für statthaft zu erachten sein, wenn die mangelhafte Berechnung auf ein kollusives Zusammenwirken der jew. Organe zurückzuführen ist und daher **§ 826 BGB** eingreift (OLG Düsseldorf ZIP 1999, 793; aA Kallmeyer/Marsch-Barner/Oppenhoff Rn. 13 teilw. gegen Kallmeyer/Meister/Klöcker/Berger § 195 Rn. 24). Denn Abs. 2 soll nur für „normale" Fälle auf das Spruchverfahren verweisen, nicht aber einen **bewussten Rechtsmissbrauch** befördern (zu dem Sonderfall der grenzüberschreitenden Verschm → § 122h Rn. 7 ff.).

34 Bei den auch in Ansehung von Abs. 2 zulässigen Klagen gegen die Wirksamkeit des Verschmelzungsbeschlusses ist stets die Möglichkeit eines Freigabeverfahrens nach **§ 16 III** zu bedenken. Durch dieses summarische Verfahren kann die Registersperre überwunden werden (→ § 16 Rn. 28 ff.).

35 **b) Aktienrechtliche Beschränkungen.** Neben Abs. 2 sehen insbes. **§§ 241 ff. AktG** Beschränkungen des Klagerechts gegen Hauptversammlungsbeschlüsse vor (zur analogen Anwendbarkeit der §§ 241 ff. AktG auf Gesellschafterbeschlüsse einer GmbH → Rn. 19). Das aktienrechtliche Beschlussmängelrecht unterliegt einer stetigen Reform durch den Gesetzgeber („Aktienrechtsreform in Permanenz" Zöllner AG 1994, 336). Allg. zur rechtspolitischen Geschichte und Dogmatik des Beschlussmängelrechts K. Schmidt AG 2009, 248. Jüngere Reformen wurden durch das UMAG (allg. → Einf. Rn. 29) und das ARUG (dazu allg. → Einf. Rn. 30) durchgeführt. Ziel war dabei ua den durchaus verbreiteten **Missbrauch** im Anfechtungsrecht einzudämmen (Verse NZG 2009, 1127).

36 Das **UMAG** (zur Historie und zur Unzulänglichkeit dieser Reform → Einf. Rn. 29) enthält zwei Regelungsgegenstände, die hier von besonderem Interesse sind.

Mit § 243 IV 1 AktG wird die Rspr. des BGH zur Relevanz (→ § 8 Rn. 41 mwN) aufgenommen. Erforderlich ist nach inzwischen gefestigter Rspr. eine am Zweck der verletzten Norm orientierte wertende Betrachtung aus Sicht des objektiv urteilenden Aktionärs (vgl. – auch zur früheren potenziellen Kausalitätsbetrachtung – Koch AktG § 243 Rn. 12 f. mwN). Des Weiteren sind gem. **§ 243 IV 2 AktG** Anfechtungsklagen wegen Informationspflichtverletzungen in der Hauptversammlung ausgeschlossen, wenn sich diese auf Fragen beziehen, für deren Aufklärung gesetzlich ein Spruchverfahren vorgesehen ist (OLG Frankfurt AG 2010, 368; Schütz DB 2004, 420 mwN). Damit greift das UMAG die umstrittene BGH-Rspr. zum Formwechsel (ZIP 2001, 199; GmbHR 2001, 247; → § 192 Rn. 15 mwN) für Umw von AG auf, lässt die Unwirksamkeitsklage aber – anders als der BGH in den zitierten Entscheidungen zum Formwechsel – bei der Totalverweigerung von Informationen zu (Begr. RegE, BT-Drs. 15/5092, 57; die Frage, ob eine Totalverweigerung gegeben ist, ist formal zu beantworten, zum Ganzen ausf. Koch AktG § 243 Rn. 47b, 47c mwN; iÜ → § 192 Rn. 15 aE zur Frage, ob die BGH-Rspr. zum Formwechsel auf die Verschm übertragen werden kann).

Für das UmwG ist noch darauf hinzuweisen, dass das UMAG **ausschließlich** 37 **AG und KGaA** betrifft, womit eine allg. Anwendbarkeit auf die anderen Rechtsträger iSv → Rn. 19 ff. gesetzlich nicht gewährleistet ist. Aufgrund der besonderen Normierung der Informationsrechte der Aktionäre dürften die Regelungen auch nicht auf den Verein und die GmbH übertragen werden können (so auch Widmann/Mayer/Mayer § 8 Rn. 69.2).

Die hier interessanten Änderungen durch das **ARUG** beziehen sich im Wesentli- 38 chen auf das reformierte **Freigabeverfahren**. § 16 III und die Parallelvorschrift(en) in § 246a AktG wurden geändert, um die Zahl missbräuchlicher Unwirksamkeitsklagen zu verringern. Vgl. dazu umfassend die Komm. zu § 16 III (→ § 16 Rn. 1 ff.).

§ 15 Verbesserung des Umtauschverhältnisses

(1) ¹Ist das Umtauschverhältnis der Anteile nicht angemessen oder ist die Mitgliedschaft bei dem übernehmenden Rechtsträger kein angemessener Gegenwert für den Anteil oder für die Mitgliedschaft bei einem übertragenden Rechtsträger, so kann jeder Anteilsinhaber, dessen Recht, gegen die Wirksamkeit des Verschmelzungsbeschlusses Klage zu erheben, nach § 14 Absatz 2 ausgeschlossen ist, von dem übernehmenden Rechtsträger einen Ausgleich durch bare Zuzahlung verlangen; die Zuzahlungen können den zehnten Teil des auf die gewährten Anteile entfallenden Betrags des Grund- oder Stammkapitals übersteigen. ²Die angemessene Zuzahlung wird auf Antrag durch das Gericht nach den Vorschriften des Spruchverfahrensgesetzes bestimmt.

(2) ¹Die bare Zuzahlung ist nach Ablauf des Tages, an dem die Eintragung der Verschmelzung in das Register des Sitzes des übernehmenden Rechtsträgers nach § 19 Abs. 3 bekannt gemacht worden ist, mit jährlich 5 Prozentpunkten über dem jeweiligen Basiszinssatz nach § 247 des Bürgerlichen Gesetzbuchs zu verzinsen. ²Die Geltendmachung eines weiteren Schadens ist nicht ausgeschlossen.

Übersicht

	Rn.
1. Allgemeines	1
2. Antragsberechtigung im Spruchverfahren	5
3. Ausgleich durch bare Zuzahlung	13
4. Zuzahlungsverlangen	24

	Rn.
5. Höhe der baren Zuzahlung	28
6. Zinsen und weiterer Schaden (Abs. 2)	31

1. Allgemeines

1 § 15 ergänzt die Regelung des § 14 II, die Klagen der Anteilsinhaber gegen die Wirksamkeit des Verschmelzungsbeschlusses ausschließt, welche auf ein unangemessenes Umtauschverhältnis gestützt werden sollen. § 15 verweist diese Anteilsinhaber auf das **Spruchverfahren,** das der Eintragung der Verschm im Handelsregister zeitlich nachgelagert ist (vgl. § 4 I 1 Nr. 4 SpruchG) und somit ihrem Wirksamwerden nicht entgegen steht. Bis zum 31.8.2003 war das Spruchverfahren in §§ 305–312 UmwG aF geregelt; seit dem 1.9.2003 ist es im SpruchG geregelt (Komm. hier in B. SpruchG; zur Evaluierung des SpruchG Noack ZRP 2015, 81 mwN; zu den Änderungen durch das UmRUG Wollin AG 2022, 474). Zur Klarstellung wurde Abs. 1 S. 2 angefügt.

2 Der **Klageausschluss des § 14 Abs. 2** galt lange Zeit nur für Klagen der **Anteilsinhaber eines übertragenden Rechtsträgers.** Durch das UmRUG (→ Einf. Rn. 43 ff.) wurde der Klageausschluss auf die **Anteilsinhaber des übernehmenden Rechtsträgers** ausgedehnt (zum Hintergrund → § 14 Rn. 4). Als Kompensation wird ihnen ebenfalls die Möglichkeit eröffnet, einen Ausgleich durch bare Zuzahlung im Wege des Spruchverfahrens geltend machen zu können (begrüßend Hommelhoff NZG 2022, 683 f.). § 15 I 1 wurde redaktionell entsprechend verallgemeinert: Das Umtauschverhältnis muss nicht mehr „zu niedrig" sein, sondern „nicht angemessen"; jeder Anteilsinhaber, nicht nur solche des übertragenden Rechtsträgers, kann ggf. einen Ausgleich durch bare Zuzahlung verlangen.

3 Betroffene Anteilsinhaber haben Anspruch auf wirtschaftlichen **Ausgleich durch bare Zuzahlung** (nach dem Vorbild von § 352c AktG aF, § 31a KapErhG § 12 UmwG 1969). Die Höhe der baren Zuzahlung ist nicht begrenzt (Abs. 1 S. 1 Hs. 2). Es besteht hingegen grds. kein Anspruch auf „Verbesserung des Umtauschverhältnisses" durch Gewährung weiterer Anteile bzw. Mitgliedschaftsrechte. Eine Ausnahme gilt seit dem UmRUG im Fall einer übernehmenden **AG, KGaA oder SE,** sofern die beteiligten Rechtsträger gem. § 72a im Verschmelzungvertrag (zur Vermeidung von Liquiditätsabflüssen) erklären, dass anstelle einer baren Zuzahlung **zusätzliche Aktien** gewährt werden. Hierbei können die zusätzlichen Aktien gem. § 72b durch eine Kapitalerhöhung gegen Sacheinlage geschaffen werden; Gegenstand der Sacheinlage ist der im Spruchverfahren (durch Entscheidung oder Vergleich) festgestellte Anspruch der anspruchsberechtigten Aktionäre auf Gewährung zusätzlicher Aktien. Bei der Verschm von eG wird § 15 durch § 85 eingeschränkt, um eine Beteiligung dissentierender Mitglieder an den Rücklagen der eG zu vermeiden.

4 Die bare Zuzahlung ist **zu verzinsen. Abs. 2 S. 1** legt den Mindestanspruch fest, die Geltendmachung eines weiteren Schadens ist nicht ausgeschlossen **(Abs. 2 S. 2).** Durch das ARUG (→ Einf. Rn. 30) wurde der Mindestzinsanspruch von 2 Prozentpunkten auf 5 Prozentpunkte über dem jew. Basiszinssatz (§ 247 BGB) erhöht.

2. Antragsberechtigung im Spruchverfahren

5 Das Spruchverfahren kann nur mittels **Antrags binnen drei Monaten** nach dem Tag der Eintragung der Verschm in das Register des Sitzes des übernehmenden Rechtsträgers (§ 20 I) eingeleitet werden (§ 1 Nr. 5 SpruchG, § 4 I 1 Nr. 5 SpruchG). Der Antrag ist substantiiert zu begründen (§ 4 II SpruchG). Vgl. zur **Begründungspflicht** die Komm. dort (→ SpruchG § 4 Rn. 1 ff.; KG ZIP 2009, 1714).

Jeder Anteilsinhaber eines übertragenden oder übernehmenden Rechtsträgers 6 kann, sofern die Voraussetzungen von § 14 II vorliegen, Ausgleich seiner wirtschaftlichen Schlechterstellung durch bare Zahlung verlangen. Für Anteilsinhaber des übernehmenden Rechtsträgers ergibt sich eine solche Schlechterstellung zwar nicht aus einer unmittelbaren Veränderung ihrer Beteiligung am übernehmenden Rechtsträger. Auch für sie besteht jedoch die Gefahr einer **„Verwässerung"** durch ein unangemessen hohes Umtauschverhältnis für die Anteilsinhaber eines übertragenden Rechtsträgers (vgl. dazu ausf. Habrich AG 2022, 567 (567 f.)).

Notwendig ist stets, dass **alle Voraussetzungen** für eine Klage gegen die Wirk- 7 samkeit des Verschmelzungsbeschlusses vorliegen, dass der Klage also nur wegen § 14 II kein Erfolg beschieden sein kann. Somit steht denjenigen, die lediglich ein dingliches Recht am betroffenen Anteil oder der Mitgliedschaft bei einem beteiligten Rechtsträger haben, keine Antragsberechtigung iSv Abs. 1 zu.

Insolvenzverwalter und Testamentsvollstrecker hingegen sind als Parteien 8 kraft Amtes antragsberechtigt.

Antragsberechtigt für das Spruchverfahren ist gem. § 3 S. 1 Nr. 4 SpruchG jeder 9 in § 15 bezeichnete Anteilsinhaber (§ 1 Nr. 5 SpruchG). Gem. § 3 S. 2 SpruchG ist die Antragsberechtigung nur gegeben, wenn der Antragsteller zum Zeitpunkt der Antragstellung Anteilsinhaber ist (→ SpruchG § 3 Rn. 5 mwN; dazu krit. – unter Verweis auf BGH AG 2008, 659 – Semler/Stengel/Leonard/Gehling Rn. 23c). Vor dem Wirksamwerden der Verschm muss der Abfindungsanspruch nicht selbständig übertragen werden. Nach der auch auf § 15 übertragbaren Rspr. des BGH (ZIP 2006, 1393) erlangt der Erwerber des Anteils beim übertragenden Rechtsträger die Abfindungsberechtigung originär „ad personam" (ähnlich Semler/Stengel/Leonard/Gehling Rn. 13; missverständlich Widmann/Mayer/Heckschen Rn. 86 f., der bei Übertragungen nach Beschlussfassung und bis zur Eintragung der Verschm eine Abtretung des Anspruchs auf bare Zuzahlung gem. § 398 BGB fordert). **Anteilsveräußerungen beim übertragenden Rechtsträger** lassen damit ohne gesonderten Übertragungsakt die Antragsberechtigung mit übergehen, wenn sie vor dem Wirksamwerden der Verschm stattfinden (zutr. Widmann/Mayer/Heckschen Rn. 83; Semler/Stengel/Leonard/Gehling Rn. 13 je mwN).

Mit dem Wirksamwerden der Verschm (spätestens mit dem vollzogenen Anteils- 10 tausch, vgl. zur Megede BB 2007, 340) kommt es zur Zäsur. Ab diesem Zeitpunkt ist nach heute hM der Abfindungsanspruch vom Anteil getrennt und selbständig **verkehrsfähig** (BGH ZIP 2006, 1392 zum Abfindungsanspruch nach § 305 AktG gegen OLG Jena AG 2005, 619; OLG Düsseldorf ZIP 2006, 2382 f. zum Abfindungsanspruch beim Squeeze-out nach § 327a AktG; OLG München AG 2007, 702; Widmann/Mayer/Heckschen Rn. 88; Semler/Stengel/Leonard/Gehling Rn. 10; zur Megede BB 2007, 337 je mwN). Der Abfindungsanspruch geht damit nur auf den Erwerber des Anteils am übernehmenden Rechtsträger über, wenn er gem. § 398 BGB gesondert abgetreten wird.

Der Erwerber tritt iÜ nur in die Stellung ein, die der Veräußerer innehatte (zur 11 objektiven Darlegungslast im FamFG-Verfahren → § 10 Rn. 22; Schulenberg AG 1998, 81, der dem Anteilsinhaber zu Recht die Pflicht zur Vorlage geeigneter Beweise auferlegt, wobei gem. § 3 S. 3 SpruchG Urkundenbeweis notwendig sein kann). Vgl. aber auch → § 20 Rn. 42 zu BVerfG ZIP 1999, 532 und BVerfG AG 1999, 217, bestätigt durch BVerfG ZIP 2003, 2114.

In Abweichung von § 352c AktG aF, § 31a KapErhG aF ist der Ausgleichsanspruch 12 nicht mehr auf diejenigen Anteilsinhaber beschränkt, die sich der Verschm widersetzt haben (vgl. auch OLG Düsseldorf DB 1994, 419 mwN; Hoffmann-Becking ZGR 1990, 482 (487); Lutter/Decher Rn. 3; Semler/Stengel/Leonard/Gehling Rn. 12; Widmann/Mayer/Heckschen Rn. 41 je mwN). Damit soll verhindert werden, dass Anteilsinhaber, die an sich die Verschm befürworten, gegen die Verschm nur deshalb

Widerspruch erklären, um sich ihren Nachbesserungsanspruch zu sichern (vgl. Begr. RegE, BR-Drs. 75/94 zu § 15).

3. Ausgleich durch bare Zuzahlung

13 Leitbild des Gesetzes ist die vollkommene **wirtschaftliche Identität** der Anteilsinhaberschaft beim übertragenden und später beim übernehmenden Rechtsträger. Jede Abweichung zu Ungunsten der Anteilsinhaber des übertragenden Rechtsträgers kann zur Festlegung einer baren Zuzahlung führen. Auch verfassungsrechtlich ist diese Wertidentität geboten (vgl. BVerfGE 14, 263 ff. – Feldmühle-Entscheidung, noch für den Fall des vollständigen Ausscheidens eines Minderheitsgesellschafters; vgl. auch BVerfG AG 1999, 566 zum Börsenwert; BB 2000, 2011 zu § 179a AktG; wN bei → § 5 Rn. 7). Für Anteilinhaber des übernehmenden Rechtsträgers besteht die Gefahr einer „**Verwässerung**" durch ein unangemessen hohes Umtauschverhältnis zugunsten der Anteilsinhaber des übertragenden Rechtsträgers.

14 In der Rspr. (OLG Düsseldorf BeckRS 2009, 05038; OLG Frankfurt ZIP 2010, 729; OLG Stuttgart AG 2010, 42) ist die Formel verbreitet, dass das Umtauschverhältnis bereits angemessen sei, wenn es unter Berücksichtigung der Interessen aller Anteilsinhaber sowohl des übertragenden als auch des übernehmenden Rechtsträgers so bemessen ist, dass sich über die Beteiligungsquote aller Anteilsinhaber am vereinigten Unternehmen die bisherige Investition nach der Verschm **„im Wesentlichen"** fortsetzt. Trotz dieser etwas schwammigen Formulierung sollte stets versucht werden, sich dem verfassungsrechtlich gebotenen Grds. der Wertidentität soweit wie möglich anzunähern.

15 Aus praktischen Gründen können aber Unterschiede im **Bagatellbereich** unberücksichtigt bleiben. Die genaue Höhe der Bagatellgrenze steht indes nicht fest. Das OLG München AG 2007, 701 hat diese Frage offengelassen, aber das Unterschreiten der Bagatellgrenze jedenfalls bei einer Abweichung des Umtauschverhältnisses von 1,5% angenommen. Das LG Köln AG 2009, 835 hält eine Abweichung von 1–2% für vertretbar. Eine weiter gehende Ansicht in Rspr. und Lit. zieht die Bagatellgrenze bei 10% (Friese-Dormann/Rothenfußer AG 2008, 247 mwN; Kallmeyer/Marsch-Barner/Oppenhoff Rn. 8). Dies dürfte im Hinblick auf den Grundsatz der Wertidentität zu weitreichend sein.

16 Zur **Errechnung der baren Zuzahlung** ist zunächst der Wert des Anteils am übertragenden Rechtsträger festzustellen. Maßgeblich ist der (Fortsetzung unterstellt) wirkliche Wert des Unternehmens einschl. des inneren Werts (Goodwill, Firmenwert, Warenzeichen, gewerbliche Schutzrechte etc) unter Einbeziehung aller stillen Reserven. Maßgeblich ist somit im Allg. die dem Anteil entsprechende Quote aus dem Preis, der bei einem möglichst vorteilhaften Verkauf des Unternehmens als Einheit erzielt würde **(Verkehrswert;** zur Ermittlung des Verkehrswertes durch Unternehmensbewertung ausf. → § 5 Rn. 10 ff. mwN; in der Rspr. auch des BVerfG wird dem betriebswirtschaftlichen Unterschied von Wert und Preis nicht die gebotene Beachtung geschenkt; der isolierte Wert des Anteils soll maßgeblich sein, wenn der Anteilsinhaber unter Verkehrswert aus dem Rechtsträger gedrängt werden kann, zB OLG Jena OLG-NL 2005, 179, dies ist aber bedenklich und kann nur im dafür geeigneten Einzelfall in Betracht kommen).

17 Der für die Berechnung der Höhe der baren Zuzahlungen maßgebliche Unternehmenswert wird mit Hilfe betriebswirtschaftlicher Verfahren ermittelt. Betriebswirtschaftliche **Gutachten** über den Unternehmenswert sind im gerichtlichen Verfahren jedoch lediglich Entscheidungshilfen (zu entscheiden ist vom Gericht über eine Rechtsfrage, → § 5 Rn. 12, deshalb darf diese Entscheidung nicht faktisch auf Sachverständige delegiert werden; dieses Verständnis prägt wohl auch die Entscheidungen OLG Düsseldorf DB 2000, 1116; LG Frankfurt a. M. DB 2001, 1980; klarstellend BGH AG 2007, 625, der zutr. darauf hinweist, dass eine Bewertung ohne

Zuhilfenahme eines vorgelagerten Sachverständigengutachtens idR rechtsfehlerhaft ist).

Sodann ist der Unternehmenswert des übernehmenden Rechtsträgers zu ermitteln und mit der neuen Beteiligungsquote des Anteilsinhabers an diesem Rechtsträger nach der Verschm zu vergleichen. Wegen der Gesamtrechtsnachfolge (§ 20 I) kann der für den übertragenden Rechtsträger gefundene Wert in diese Berechnung mit einfließen, zu addieren ist regelmäßig nur noch der übrige Wert des Vermögens des übernehmenden Rechtsträgers. Anderes gilt, wenn durch besondere Aspekte des Verschmelzungsvorgangs (zB Untergang von gegenseitigen Forderungen der Rechtsträger, Synergieeffekte, Marktmacht etc) Wertkorrekturen zu erfolgen haben. 18

Ist der Wert des Anteils/der Mitgliedschaft vor und nach der Verschm auf diese Weise ermittelt worden, ist der Anspruch auf bare Zuzahlung nach Abs. 1 in der Höhe gegeben, in der der **ursprüngliche Anteil** am beteiligten Rechtsträger **wertvoller als der neue bzw. „verwässerte" Anteil** am übernehmenden Rechtsträger nach der Verschm. 19

Die Zuzahlung ist durch den übernehmenden Rechtsträger zu leisten, Abs. 1. Da die ausgleichsberechtigten Anteilsinhaber Anteilsinhaber des übernehmenden Rechtsträgers werden (§ 20 I Nr. 3) bzw. bleiben, finanzieren sie ihren Ausgleich anteilig selbst. Für eine Neutralisierung dieses sog. **„Selbstfinanzierungseffekts"** besteht keine gesetzliche Grundlage (Kallmeyer/Marsch-Barner/Oppenhoff Rn. 2; ausf. Friese-Dormann/Rothenfußer AG 2008, 243 mwN). 20

Ein **Bewertungsstichtag** ist gesetzlich nicht benannt (zunächst → § 5 Rn. 27 ff.). Man könnte davon ausgehen, dass Stichtag für die Bewertung der Rechtsträger und somit für die Bemessung der baren Zuzahlung der Zeitpunkt der Eintragung der Verschm in das Register des Sitzes im übernehmenden Rechtsträgers ist (so noch die in der → 2. Aufl. vertretene Ansicht). Erst zu diesem Zeitpunkt erlischt der Anteil am übertragenden Rechtsträger, erst dann findet der Vermögensübergang statt (vgl. § 20 I). Die **hM** (BayObLG DB 2003, 436; LG Dortmund DB 1997, 1915; 1996, 2221; LG Düsseldorf AG 1989, 136; Widmann/Mayer/Heckschen Rn. 63; Kallmeyer/Marsch-Barner/Oppenhoff Rn. 2; BeckOGK/Rieckers/Cloppenburg Rn. 16) erachtet den Zeitpunkt der Beschlussfassung beim übern. Rechtsträger als maßgebend. Dem ist zwar entgegenzuhalten, dass erst die Eintragung der Verschm den Bezugspunkt der baren Zuzahlung schafft, nämlich den neuen bzw. „verwässerten" Anteil; andererseits führt diese Ansicht zur Übereinstimmung mit dem Bewertungsstichtag von § 30 I 1, was wesentliche praktische Vorteile mit sich bringt. BVerfG ZIP 2003, 2114 belegt, dass bei der Wahl des Bewertungsstichtags vor allem entscheidend ist, ob der betreffende Anteilsinhaber den wirklichen Wert seines nach Art. 14 GG geschützten Eigentums ersetzt erhält, weswegen zumindest bei einer erheblichen Verzögerung der Eintragung die Frage nach dem richtigen Bewertungsstichtag Bedeutung erlangt. Zum Stichtag bei Zugrundelegung des **Börsenkurses** → § 5 Rn. 60. 21

Die bare Zuzahlung ist grds. **in Geld** geschuldet. Eine andere Art der Abfindung kann grds. weder verlangt noch aufgezwungen werden (krit. hierzu HRA des DAV NZG 2000, 803; zu Reformüberlegungen vgl. auch Lutter/Decher Rn. 7). Gem. § 364 I BGB dürfte es jedoch möglich sein, den damit einverstandenen Anteilsinhabern auch Sachwerte oder Anteile als Abfindung anzutragen (aA die hM, → § 5 Rn. 66 mwN). **§ 72a** idF des UmRUG ermöglicht den beteiligten Rechtsträgern die Möglichkeit, (zur Vermeidung von Liquiditätsabflüssen) im Verschmelzungsvertrag zu erklären, dass anstelle einer baren Zuzahlung **zusätzliche Aktien** der übernehmenden Ges gewährt werden. 22

Die bare Zuzahlung ist nicht iSd **EStG** steuerbar, da sich diese bei wirtschaftlicher Betrachtung nicht als Leistung auf Grund des Gesellschaftsverhältnisses, sondern als schuldrechtliche Leistung darstellt; insbes. ist § 20 I Nr. 1 S. 2, II Nr. 1 EStG nicht 23 einschlägig (FG München BeckRS 2009, 26028870; Nichtzulassungsbeschwerde unbegründet, BFH/NV 2010, 890).

4. Zuzahlungsverlangen

24 **Abs. 1 S. 1** gibt den betroffenen Anteilsinhabern das Recht, vom übernehmenden Rechtsträger **bare Zuzahlung iHd Wertdifferenz** (→ Rn. 16 ff.) zu verlangen. Der Anspruch entsteht mit Wirksamwerden der Verschm, gem. § 20 I also mit Eintragung der Verschm in das Register des Sitzes des übernehmenden Rechtsträgers. Kommt der übernehmende Rechtsträger dem Anspruch nicht freiwillig nach, ist gem. § 4 SpruchG **Antrag auf gerichtliche Entscheidung im Spruchverfahren** zu stellen. Zu beachten ist die **Ausschlussfrist von drei Monaten,** die mit der Eintragung iSv § 19 I, III beginnt.

25 Hingegen haben die betroffenen Anteilsinhaber der beteiligten Rechtsträger **keinen Auskunftsanspruch** zur Überprüfung der Angemessenheit der Abfindung (vgl. BGH NJW 1967, 45). Zum einen findet sich für einen solchen Auskunftsanspruch im materiellen Recht (zB § 131 AktG) keine Stütze; zum anderen ist jeder betroffene Anteilsinhaber in der Lage, das Spruchverfahren selbst einzuleiten. Da dieses Verfahren für ihn idR **kostenfrei** ist (gem. § 15 IV SpruchG besteht ein Anspruch auf den Ersatz der eigenen Kosten des Antragstellers allerdings nur noch bei gesonderter gerichtlicher Anordnung), ist nicht einzusehen, warum ein Bedürfnis für einen gesonderten Auskunftsanspruch anerkannt werden soll.

26 Der Anteilsinhaber kann unmittelbar Festsetzung der Abfindung beantragen; er muss in seiner Antragsbegründung gem. § 4 II Nr. 5 SpruchG **konkrete Einwendungen** gegen die angebotene Zuzahlung erheben, die Ermittlung des richtigen Betrages erfolgt dann aber von Amts wegen (§ 4 II SpruchG, § 26 FamFG). Nach KG ZIP 2009, 1714 mwN sind die Anforderungen an die konkrete Bewertungsrüge auf Grund der gesetzgeberischen Zielsetzung (Verfahrensbeschleunigung; Begr. RegE, BT-Drs. 15/371, 13) **generell hoch.** Vgl. dazu die Komm. zu § 4 II SpruchG.

27 Aus der Formulierung von Abs. 1 S. 2 ist nicht zu schließen, dass das Verlangen gegenüber dem beteiligten Rechtsträger notwendige **Voraussetzung für die Zulässigkeit** eines gerichtlichen Antrags sein soll. Die Möglichkeit, bare Zuzahlung zunächst außerhalb des gerichtlichen Verfahrens zu verlangen, ist eine weitere Option für den Anteilsinhaber, keine Obliegenheit oder Pflicht.

5. Höhe der baren Zuzahlung

28 Die bare Zuzahlung soll die Wertdifferenz zwischen dem alten und dem neuen bzw. „verwässerten" Anteil ausgleichen (→ Rn. 13 ff.). Abfindungsanspruch und -streitigkeiten im Zusammenhang mit früher geschlossenen Unternehmensverträgen bleiben dabei außer Betracht, BVerfG ZIP 2003, 2114. Zwischenzeitlich geleistete Zahlungen sind nach einer auch für das UmwG vertretbaren Ansicht anzurechnen, vgl. BGH ZIP 2003, 1600; OLG Hamburg ZIP 2002, 754 zur Abfindung beim Unternehmensvertrag.

29 Der Anspruch ist auf eine Geldleistung gerichtet. Die Aufstockung des Anteils/ der Mitgliedschaft beim übernehmenden Rechtsträger kann – vorbehaltlich der §§ 72a, 72b im Fall einer übernehmenden AG, KGaA oder SE (→ Rn. 3) – nicht verlangt werden (auch → § 20 Rn. 121 ff.). Der Anspruch auf bare Zuzahlung ist der **Höhe** nach **nicht begrenzt,** auch nicht durch Kapitalschutz- (zB § 33 IV GmbHG) oder Erhaltungsvorschriften **(Abs. 1 S. 1 Hs. 2**; wie hier NK-UmwR/ Böttcher Rn. 8; Kölner Komm UmwG/Simon Rn. 13 ff.; vgl. auch Begr. RegE, BR-Drs. 75/94 zu § 54 IV; aA Semler/Stengel/Leonard/Gehling Rn. 23 ff., der dem Gläubigerschutz Vorrang gibt, den Anspruch auf bare Zuzahlung aber nicht

Anmeldung der Verschmelzung § 16 UmwG A

auf das im Zeitpunkt der letzten mündlichen Verhandlung im Spruchverfahren beim übernehmenden Rechtsträger vorhandene freie Vermögen beschränkt, sondern auch künftig entstehendes freies Vermögen einsetzen will, so jetzt auch Lutter/Decher Rn. 9; BeckOGK/Rieckers/Cloppenburg Rn. 19; Widmann/Mayer/Heckschen Rn. 107 stellt die Ausgleichsberechtigten iSv § 15 mit den anderen Gläubigern des übernehmenden Rechtsträgers gleich).

Dies kann durchaus zu für den übernehmenden Rechtsträger gefährlichen wirtschaftlichen Situationen führen (ausf. Philipp AG 1998, 264; zur Sicherung der Kapitalaufbringung auch Ihrig GmbHR 1995, 622 (632); Ihrig ZHR 1996, 317 (336)). 30

6. Zinsen und weiterer Schaden (Abs. 2)

Abs. 2 S. 1 legt den Beginn der Verzinsungspflicht und die Höhe der Zinsen fest. Nach Ablauf des Tages, an dem die entscheidende Eintragung der Verschm in das Register des Sitzes des übernehmenden Rechtsträgers nach § 19 III bekannt gemacht worden ist (Änderung durch das EHUG, → Einf. Rn. 26), ist der Anspruch auf bare Zuzahlung zwingend zu verzinsen (vgl. auch OLG Düsseldorf ZIP 2004, 1503 mAnm Luttermann EWiR 2004, 263). Auf weitere Erfordernisse (zB Verzugseintritt) kommt es nicht an. Dadurch soll gewährleistet werden, dass das Spruchverfahren von dem zur baren Zuzahlung verpflichteten Rechtsträger nicht verzögert wird (vgl. Begr. RegE, BR-Drs. 75/94 zu § 15 II). Die Zinsen sind demgemäß auch dann **rückwirkend** zu bezahlen, wenn der Antrag auf gerichtliche Entscheidung erst kurz vor Ablauf der Drei-Monats-Frist gestellt wird. Umgekehrt **erlischt** der Zinsanspruch als Nebenanspruch mit Ablauf der **Ausschlussfrist** von drei Monaten nach Wirksamwerden der Verschm. 31

Die **Höhe der Zinsen** ist variabel gestellt (vgl. Begr. RegE, BR-Drs. 75/94 zu § 15 II; krit. zur Zinsregelung und besonders zur damaligen Höhe der Zinsen Philipp AG 1998, 264). Maßgeblich ist der jew. Basiszins nach § 247 BGB, die nach Abs. 2 S. 1 mindestens geschuldeten Zinsen liegen heute (Neufassung durch das ARUG, → Einf. Rn. 31 mwN) 5 Prozentpunkte höher als dieser Wert. Eine **Beschränkung der Verzinsungspflicht wegen teleologischer Reduktion von Abs. 2 S. 1** (so Kallmeyer/Zimmermann Rn. 9 aE; Kallmeyer/Marsch-Barner/Oppenhoff § 29 Rn. 22 mwN) ist abzulehnen (wie hier Semler/Stengel/Leonard/Gehling Rn. 29; Widmann/Mayer/Heckschen Rn. 155 Fn. 2; Kölner Komm UmwG/ Simon Rn. 38; NK-UmwR/Böttcher Rn. 19). 32

Der Anspruch auf Verzinsung schließt die Geltendmachung eines **weiteren Schadens** (zB aus Verzug durch Verzögerung der Auszahlung der baren Zuzahlung) gem. **Abs. 2 S. 2** nicht aus. Der betroffene Anteilsinhaber trägt die Darlegungs- und Beweislast für einen derartigen Schaden (BayObLG DB 1983, 333). 33

Ein solcher **weiter gehender Schaden** ist **nicht im Spruchverfahren**, sondern im gewöhnlichen Zivilprozess geltend zu machen, weil § 1 Nr. 4 SpruchG eine abschließende Aufzählung enthält; dort wird auf § 15 verwiesen, die Geltendmachung eines weiteren Schadens beruht aber gerade nicht auf dieser Vorschrift (so auch Lutter/Decher Rn. 12; Kölner Komm UmwG/Simon Rn. 39). § 16 SpruchG (dazu Meilicke NZG 2004, 547) ändert daran nichts. Ebenso wenig der Rspr. des BVerfG zum Vorrang der Rechtssicherheit nach Abschluss des Spruchverfahrens (BVerfG ZIP 2003, 2114). Aus der gesetzlichen Formulierung darf nicht gefolgert werden, dass Abs. 2 insges. den Charakter einer Schadenersatznorm hat. Insbes. ist § 287 ZPO bei der Bemessung der baren Zuzahlung nicht unmittelbar anzuwenden. 34

§ 16 Anmeldung der Verschmelzung

(1) ¹**Die Vertretungsorgane jedes der an der Verschmelzung beteiligten Rechtsträger haben die Verschmelzung zur Eintragung in das Register**

(Handelsregister, Genossenschaftsregister, Gesellschaftsregister, Partnerschaftsregister oder Vereinsregister) des Sitzes ihres Rechtsträgers anzumelden. ²Das Vertretungsorgan des übernehmenden Rechtsträgers ist berechtigt, die Verschmelzung auch zur Eintragung in das Register des Sitzes jedes der übertragenden Rechtsträger anzumelden.

(2) ¹Bei der Anmeldung haben die Vertretungsorgane zu erklären, daß eine Klage gegen die Wirksamkeit eines Verschmelzungsbeschlusses nicht oder nicht fristgemäß erhoben oder eine solche Klage rechtskräftig abgewiesen oder zurückgenommen worden ist; hierüber haben die Vertretungsorgane dem Registergericht auch nach der Anmeldung Mitteilung zu machen. ²Liegt die Erklärung nicht vor, so darf die Verschmelzung nicht eingetragen werden, es sei denn, daß die klageberechtigten Anteilsinhaber durch notariell beurkundete Verzichtserklärung auf die Klage gegen die Wirksamkeit des Verschmelzungsbeschlusses verzichten.

(3) ¹Der Erklärung nach Absatz 2 Satz 1 steht es gleich, wenn nach Erhebung einer Klage gegen die Wirksamkeit eines Verschmelzungsbeschlusses das Gericht auf Antrag des Rechtsträgers, gegen dessen Verschmelzungsbeschluß sich die Klage richtet, durch Beschluß festgestellt hat, daß die Erhebung der Klage der Eintragung nicht entgegensteht. ²Auf das Verfahren sind § 247 des Aktiengesetzes, die §§ 82, 83 Abs. 1 und § 84 der Zivilprozessordnung sowie die im ersten Rechtszug für das Verfahren vor den Landgerichten geltenden Vorschriften der Zivilprozessordnung entsprechend anzuwenden, soweit nichts Abweichendes bestimmt ist. ³Ein Beschluss nach Satz 1 ergeht, wenn
1. die Klage unzulässig oder offensichtlich unbegründet ist oder
2. der Kläger nicht binnen einer Woche nach Zustellung des Antrags durch Urkunden nachgewiesen hat, dass er seit Bekanntmachung der Einberufung einen anteiligen Betrag von mindestens 1 000 Euro hält oder
3. das alsbaldige Wirksamwerden der Verschmelzung vorrangig erscheint, weil die vom Antragsteller dargelegten wesentlichen Nachteile für die an der Verschmelzung beteiligten Rechtsträger und ihre Anteilsinhaber nach freier Überzeugung des Gerichts die Nachteile für den Antragsgegner überwiegen, es sei denn, es liegt eine besondere Schwere des Rechtsverstoßes vor.

⁴Der Beschluß kann in dringenden Fällen ohne mündliche Verhandlung ergehen. ⁵Der Beschluss soll spätestens drei Monate nach Antragstellung ergehen; Verzögerungen der Entscheidung sind durch unanfechtbaren Beschluss zu begründen. ⁶Die vorgebrachten Tatsachen, auf Grund derer der Beschluß nach Satz 3 ergehen kann, sind glaubhaft zu machen. ⁷Über den Antrag entscheidet ein Senat des Oberlandesgerichts, in dessen Bezirk die Gesellschaft ihren Sitz hat. ⁸Eine Übertragung auf den Einzelrichter ist ausgeschlossen; einer Güteverhandlung bedarf es nicht. ⁹Der Beschluss ist unanfechtbar. ¹⁰Erweist sich die Klage als begründet, so ist der Rechtsträger, der den Beschluß erwirkt hat, verpflichtet, dem Antragsgegner den Schaden zu ersetzen, der ihm aus einer auf dem Beschluß beruhenden Eintragung der Verschmelzung entstanden ist; als Ersatz des Schadens kann nicht die Beseitigung der Wirkungen der Eintragung der Verschmelzung im Register des Sitzes des übernehmenden Rechtsträgers verlangt werden.

Übersicht

	Rn.
1. Allgemeines	1
2. Anmeldung (Abs. 1)	6

	Rn.
a) Anmeldeberechtigte Personen	6
b) Fremdanmeldung und Anmeldepflicht	10
c) Reihenfolge	15
d) Inhalt	17
3. Negativerklärung (Abs. 2)	20
4. Freigabeverfahren (Abs. 3)	28
a) Allgemeines	28
b) Prozessuales	36
c) Wirkung der gerichtlichen Entscheidung (Abs. 3 S. 1)	48
d) Voraussetzungen einer stattgebenden Entscheidung (Abs. 3 S. 3)	50
aa) Unzulässigkeit oder offensichtliche Unbegründetheit (Abs. 3 S. 3 Nr. 1)	54
bb) Bagatellquorum (Abs. 3 S. 3 Nr. 2)	61
cc) Interessenabwägung (Abs. 3 S. 3 Nr. 3)	77
e) Zügige Gerichtsentscheidung (Abs. 3 S. 5)	89
f) Unanfechtbarkeit (Abs. 3 S. 9)	90
g) Schadensersatzanspruch (Abs. 3 S. 10)	91

1. Allgemeines

Die Vorschrift regelt in **Abs. 1 S. 1** zunächst die Pflicht der Vertretungsorgane, die Verschm jew. zur Eintragung in das Register ihres Rechtsträgers **anzumelden**. Der **Inhalt der Anmeldung** ergibt sich maßgeblich aus den in § 17 aufgeführten Anlagen, der Zweite Teil des Zweiten Buches enthält teilw. ergänzende Vorschriften (vgl. zB §§ 52, 86). Die Anmeldung ist als Verfahrenshandlung grds. so auszulegen, dass sie im Ergebnis Erfolg haben kann (BayObLG DB 2000, 811; näher → § 17 Rn. 7). In Anknüpfung an § 345 I 2 AktG aF wird das Vertretungsorgan des übernehmenden Rechtsträgers darüber hinaus berechtigt, die Verschm auch zur Eintragung in die jew. Register der übertragenden Rechtsträger anzumelden **(Abs. 1 S. 2)**. Durch das MoPeG (→ Einf. Rn. 50 f.) wurde die Klammerdefinition des **„Registers"** in Abs. 1 S. 1 ab dem 1.1.2024 um das Gesellschaftsregister, in welches die eGbR eingetragen werden kann, erweitert. 1

Abs. 2 und 3 befassen sich mit etwaigen Klagen gegen die Wirksamkeit eines der gefassten Verschmelzungsbeschlüsse. Zunächst muss das jew. Vertretungsorgan eine Erklärung darüber abgeben, ob zum Zeitpunkt der Anmeldung eine Unwirksamkeitsklage bzgl. des Verschmelzungsbeschlusses eines Rechtsträgers noch anhängig ist (sog. **Negativerklärung**). Abs. 2 S. 1 Hs. 2 statuiert eine lfd. Mitteilungspflicht über das Vorliegen einer Unwirksamkeitsklage (zB im Fall verspäteter Zustellung, die auch das Registergericht bei seiner Prüfung einkalkulieren muss, vgl. BGH DB 2006, 2563; OLG Hamm NZG 2006, 274; OLG Hamburg NZG 2003, 981; OLG Karlsruhe DB 2001, 1483; LG Dortmund DB 2002, 783; Büchel ZIP 2006, 2289; Lutter/Decher Rn. 23). Abs. 2 S. 2 stellt klar, dass die Negativerklärung grds. Eintragsvoraussetzung ist, jedoch durch einen (in der Praxis häufigen) **notariellen Klageverzicht** aller Anteilsinhaber ersetzt werden kann (→ Rn. 26). 2

Abs. 3 sieht ein gerichtliches Verfahren sui generis **(Freigabeverfahren)** vor; ob gegen die Registersperre darüber hinaus auch mit einer einstweiligen Verfügung vorgegangen werden kann, ist fraglich (dazu Geißler GmbHR 2008, 128 mwN), aber praktisch kaum von Bedeutung (vgl. Koch AktG § 246a Rn. 27). Das Verfahren nach Abs. 3 ist ein **summarisches Verfahren**, eine mündliche Verhandlung ist nicht zwingend vorgesehen; die Prüfung durch das Gericht weist Parallelen zum Verfahren der einstweiligen Verfügung nach § 935 ZPO auf; auch droht die Möglichkeit der verschuldensunabhängigen Schadensersatzpflicht, wenn sich im späteren Hauptsacheverfahren erweist, dass die Unwirksamkeitsklage doch begründet ist. Da 3 die Regelungen der ZPO Anwendung finden, ist etwa auch ein Anerkenntnis möglich (so zu § 319 VI 2 AktG KG BeckRS 2021, 5518 Rn. 8; die Entscheidung lässt sich auf das hiesige Verfahren übertragen, BeckOGK/Simons Rn. 54).

4 Durch das ARUG (allg. → Einf. Rn. 30) wurde Abs. 3 mit Wirkung ab dem 1.9.2009 umfassend geändert. Die Entscheidung, ob die Registereintragung trotz einer anhängigen Klage erfolgen soll (vgl. dazu die grundlegende Entscheidung zur missbräuchlichen Anfechtungsklage, BGHZ 112, 9 = NJW 1990, 2747), obliegt nun in erster und letzter Instanz dem **OLG,** in dem der antragstellende Rechtsträger seinen Sitz hat. Damit wurde die frühere Zuständigkeit des Prozessgerichts, welches auch über die Unwirksamkeitsklage entscheidet, aufgegeben. Vgl. zur alten Rechtslage → 5. Aufl. 2009, Rn. 1 ff. Um missbräuchliche Unwirksamkeitsklagen weiter einzuschränken, wurden ferner erleichterte **Zustellungsmöglichkeiten** ausdrücklich geregelt, ein **Bagatellquorum** eingeführt und die Anforderungen an eine Freigabe im Rahmen der **Interessenabwägung** modifiziert.

5 Freigabeverfahren sind auch in **§ 246a AktG, § 319 VI AktG** vorgesehen. Diese durch das ARUG ebenfalls geänderten Vorschriften sind **im Wesentlichen inhaltsgleich**. Lit. und Rspr. können insoweit zur Auslegung von Abs. 3 herangezogen werden (→ Rn. 33).

2. Anmeldung (Abs. 1)

6 a) **Anmeldeberechtigte Personen.** Die Anmeldung muss gem. **Abs. 1 S. 1** grds. von dem **Vertretungsorgan** (ausf. → § 25 Rn. 6; Schöne GmbHR 1995, 325 (332 f.); eine Vertretung ist nicht ausgeschlossen, BayObLG BB 2000, 811) des betreffenden Rechtsträgers vorgenommen werden. Sie muss für alle beteiligten Rechtsträger jew. gesondert erfolgen (Lutter/Decher Rn. 2 mwN). Zum Registerverfahren für ausl. HandelsGes ausf. B. Schaub NZG 2000, 954. Zur einstweiligen Verfügung, die die Anmeldung unterbinden kann, BVerfG DB 2005, 1373; Kort NZG 2007, 171. Läuft das Freigabeverfahren, ist der Verfügungsantrag unzulässig (Koch AktG § 246a Rn. 27).

7 Bei der **AG** hat der Vorstand die Anmeldung in der zur Vertretung berechtigenden Zahl (§ 78 II AktG) vorzunehmen; unechte Gesamtvertretung iSv § 78 III AktG ist möglich. Auch eine Vertretung des Vorstands durch Bevollmächtigte ist unschädlich, sofern eine öffentlich beglaubigte Vollmacht erteilt wurde (§ 12 II HGB, § 129 BGB; dazu ausf. Melchior GmbHR 1999, 520 und BayObLG DB 2000, 812). Bei der Vollmacht kommt Einzel- oder Generalbevollmächtigung in Betracht, Prokura oder Handlungsvollmacht alleine genügen nicht. Wird mit der Verschm zugleich eine **KapErh** angemeldet, obliegt die Anmeldung Vorstand und Vorsitzendem des Aufsichtsrats gemeinsam (§ 188 I AktG). Bei der **KGaA** gilt gem. § 278 II der phG als zur Geschäftsführung berufen, die Kommanditaktionäre sind nicht zur Anmeldung berechtigt (§ 278 II AktG, § 164 HGB).

8 Bei der **GmbH** haben die Geschäftsführer in vertretungsberechtigter Zahl zu handeln. Hat ein Geschäftsführer Alleinvertretungsmacht, so kann er die Anmeldung ohne Mitwirkung der anderen Geschäftsführer durchführen (Lutter/Decher Rn. 5 mwN). Falls im Zusammenhang mit der Verschm bei der übernehmenden Ges eine **KapErh** durchzuführen ist, müssen alle Geschäftsführer bei der Anmeldung des KapErhB mitwirken (§ 78 GmbHG; ob die KapErh, die gem. § 53 (AG: § 66) voreintragungspflichtig ist, auch spätestens mit der Anmeldung der Verschm anzumelden ist, ist str., → Rn. 15; Semler/Stengel/Leonard/Schwanna Rn. 3 mwN; jedenfalls sind der Anmeldung der KapErh der Verschmelzungsvertrag und die Verschmelzungsbeschlüsse beizufügen, § 55 II (AG: § 69 II)). Prokuristen oder sonstige Handlungsbevollmächtigte können die Anmeldung in unechter Gesamtvertretung nur bei entsprechender Satzungsgrundlage oder Spezialvollmacht durchführen.

Bei der **KG** genügt die Anmeldung durch den phG (abw. von § 108 HGB). Ein 9
etwaiger Beitritt weiterer Gesellschafter oder eine Erhöhung von Haftsummen sind
bei der übernehmenden KG als Folge der Verschm bereits von Amts wegen einzutragen, also nicht notwendig gesondert anzumelden (vgl. Semler/Stengel/Leonard/
Ihrig § 40 Rn. 28 f.). Bei der **OHG** sind vorbehaltlich einer abw. Bestimmung im
Gesellschaftsvertrag alle Gesellschafter gem. §§ 114, 115 HGB – jeder für sich – zur
Vornahme der Anmeldung in der Lage. Entsprechendes gilt bei der **PartGes,** (§ 6 III
PartGG). Zu gesellschaftsvertraglichen Vollmachten vgl. Bandehzadeh DB 2003,
1663. Für den **Verein** handelt der Vorstand, für die **eG** (§ 24 GenG) und den **VVaG**
(§ 34 VAG) ebenfalls.

Gemäß § 3 I Nr. 1 idF des MoPeG ist ab dem 1.1.2024 auch die **eGbR** ver- 9a
schmelzungsfähiger Rechtsträger (→ § 3 Rn. 16a). Dementsprechend ist eine
Verschm mit Beteiligung einer eGbR zur Eintragung in das Gesellschaftsregister
(§ 707 BGB) anzumelden. Nach § 707 I BGB werden die Ges grds. gesamtvertretungsbefugt sein, sodass die Anmeldung in einem solchen Fall durch alle Ges
vorzunehmen sein wird.

b) Fremdanmeldung und Anmeldepflicht. Abs. 1 S. 2 eröffnet für alle Ver- 10
schmelzungsvorgänge die Möglichkeit der **Fremdanmeldung.** Das **Vertretungsorgan des übernehmenden Rechtsträgers** ist berechtigt, die Verschm in das
Register des Sitzes jedes der übertragenden Rechtsträger zur Eintragung anzumelden.

Diese subsidiär ausgestaltete Anmeldeberechtigung korrespondiert wiederum mit 11
einer **Pflicht** des betroffenen Vertretungsorgans. Die Pflicht besteht einmal gegenüber den Anteilsinhabern des eigenen Rechtsträgers, des Weiteren aber auch gegenüber den anderen Rechtsträgern und deren Anteilsinhabern (insoweit anders bei
Verweigerung der Anmeldung durch Organe des übertragenden Rechtsträgers,
→ Rn. 14), sie folgt unmittelbar aus dem Verschmelzungsvertrag. Verweigert ein
Vertretungsorgan eines übertragenden Rechtsträgers die Anmeldung der Verschm
beim für ihn zuständigen Register, so hat das Vertretungsorgan des übernehmenden
Rechtsträgers zunächst die Wahl, die Verpflichtung zur Anmeldung der Verschm
gerichtlich durchzusetzen oder die Anmeldung selbst vorzunehmen.

Die Möglichkeit der Fremdanmeldung dient der Beschleunigung und Vereinfa- 12
chung, weniger der „Konfliktlösung". Im Konfliktfall kann die Möglichkeit der
„Ersatzvornahme" ein stumpfes Schwert sein, da das Vertretungsorgan des übernehmenden Rechtsträgers in aller Regel nicht sämtliche Anlagen der Anmeldung (vgl.
§ 17) in Besitz hat; im Fall eines Streites wird die Herausgabe dieser Unterlagen
durch das Vertretungsorgan des übernehmenden Rechtsträgers wohl genauso verweigert werden wie die Vornahme der Anmeldung selbst (zum Ganzen auch Lutter/
Decher Rn. 11 mwN).

Die **Vertretungsorgane der übertragenden Rechtsträger** haben keine der 13
Regelung von Abs. 1 S. 2 vergleichbare Befugnis. Verweigert demnach das Vertretungsorgan des übernehmenden Rechtsträgers die Anmeldung, verbleibt nur die
Durchsetzung im Klageweg. Dies gilt insbes. auch für die Anmeldung einer ggf.
notwendigen KapErh, deren Eintragung Voraussetzung für die Eintragung der
Verschm ist (vgl. §§ 53, 66).

Ihren Rechtsträgern bzw. ihren Anteilsinhabern gegenüber sind die Vertretungs- 14
organe zur Vornahme der unverzüglichen (Semler/Stengel/Leonard/Schwanna
Rn. 4) Registeranmeldung verpflichtet. Demgegenüber kann das Registergericht
selbst die Anmeldung der Verschm nicht erzwingen; **§ 350 II** lässt eine **Festsetzung
von Zwangsgeld** zur Bewirkung der Registeranmeldung nicht zu. Widersetzen
sich die Leitungsorgane entgegen dem Willen der Anteilsinhaber ihres jew. Rechtsträgers der Pflicht zur Anmeldung, kann dies zur Abberufung aus wichtigem Grund
und zur Schadensersatzpflicht der Organe führen (Lutter/Decher Rn. 8 mwN;

Winter

Kölner Komm UmwG/Simon Rn. 13; aA BeckOGK/Rieckers/Cloppenburg Rn. 16, die eine Schadensersatzpflicht gegenüber den Anteilseignern ablehnen). Der übernehmende Rechtsträger kann säumige Organe der übertragenden Rechtsträger nicht mit einem Schadensersatzanspruch belangen, weil Abs. 1 S. 2 jederzeit eine unmittelbare Anmeldung durch die Leitungsorgane des übernehmenden Rechtsträgers auch für die Registereintragung der anderen Rechtsträger ermöglicht. Anderes gilt nur für den Fall der Vorenthaltung von notwendigen Anmeldungsunterlagen (→ Rn. 12).

15 c) **Reihenfolge.** Die **Reihenfolge der Anmeldung** ist nicht vorgeschrieben. Dies gilt nicht nur für die einzelnen Anmeldungen im Gesamtrahmen der Verschm, sondern auch für die Anmeldung etwa notwendiger KapErhB. Entscheidend für die Wirksamkeit der angemeldeten Vorgänge ist eben nicht deren Anmeldung, sondern deren Eintragung. Lediglich dabei muss die gesetzlich vorgeschriebene Reihenfolge eingehalten werden (vgl. § 19; so auch Lutter/Decher Rn. 4; Semler/Stengel/Leonard/Schwanna Rn. 6; NK-UmwR/Schulte Rn. 5).

16 Unabhängig davon empfiehlt sich die **gleichzeitige Anmeldung** von KapErh und Verschm sowie die zeitliche Abstimmung der Vornahme der Anmeldung zwischen den beteiligten Rechtsträgern (zum Zusammenhang zwischen KapErh und Verschm ausf. → § 55 Rn. 36). Von der Möglichkeit in Abs. 1 S. 2 kann dergestalt Gebrauch gemacht werden, dass das Vertretungsorgan des übernehmenden Rechtsträgers im Verschmelzungsvertrag grds. die Pflicht zur Vornahme **aller Anmeldungen** überantwortet bekommt. Hilfreich ist auch die Einschaltung des Notars. Der die Verschm insges. beurkundende Notar – Regelfall zB bei Konzernverschmelzung – fertigt und beglaubigt die Anmeldungen und reicht diese in eigener Regie ein (vgl. § 378 II FamFG; Semler/Stengel/Leonard/Schwanna Rn. 10).

17 d) **Inhalt. Gegenstand der Anmeldung** ist die Verschm an sich, also nicht der Verschmelzungsvertrag und auch nicht die Verschmelzungsbeschlüsse. Die Anmeldung muss daher erkennen lassen, dass das Vermögen der übertragenden Rechtsträger ohne Abwicklung auf den übernehmenden Rechtsträger im Wege der Gesamtrechtsnachfolge gegen Gewährung von Anteilen/Mitgliedschaften des übernehmenden Rechtsträgers übertragen wird (vgl. § 2). Im Fall der Anmeldung einer **Verschm durch Neugründung** sollte zum Ausdruck kommen, dass das Vermögen jedes Rechtsträgers gegen Gewährung von Anteilen/Mitgliedschaften am neuen Rechtsträger übertragen wird. Zwingend ist eine Anlehnung an den Gesetzestext jedoch nicht.

18 Darüber hinausgehende Angaben zum Verschmelzungsvertrag und den Verschmelzungsbeschlüssen sind zwar zweckmäßig, jedoch grds. nicht notwendig (aA NK-UmwR/Schulte Rn. 3; Kölner Komm UmwG/Simon Rn. 15). Diese Angaben stehen dem Registergericht ohnehin zur Verfügung, da der Anmeldung der Verschmelzungsvertrag und die Niederschriften der Verschmelzungsbeschlüsse beizufügen sind (§ 17 I). Wurde der Verschmelzungsvertrag unter einer aufschiebenden Bedingung (wie häufig bei Kettenumwandlungen; zur Zulässigkeit → § 7 Rn. 5) geschlossen, sollte in der Anmeldung auch der Eintritt der Bedingung nachgewiesen werden, da dies Voraussetzung für die Eintragung der Verschm ist. Zum Nachweis der Zuleitung an den Betriebsrat → § 17 Rn. 6.

19 Die Anmeldung muss gem. § 12 I HGB (§ 77 BGB, § 157 GenG) elektronisch in **öffentlich beglaubigter Form** beim zuständigen Register (HR, Partnerschaftsregister, Genossenschaftsregister oder Vereinsregister, seit dem 1.1.2024 auch Gesellschaftsregister) eingereicht werden. Handeln die Vertretungsorgane nicht selbst, ist die entsprechende **Vollmacht** ebenfalls in öffentlich beglaubigter Form erforderlich, § 12 I 2 HGB (vgl. Lutter/Decher Rn. 10 mwN).

3. Negativerklärung (Abs. 2)

Abs. 2 S. 1 verlangt eine „**Negativerklärung**". Das jew. Vertretungsorgan – 20 handelnd in vertretungsberechtigter Zahl (Lutter/Decher Rn. 5) – hat bei Vornahme der Anmeldung gegenüber dem Registergericht zu erklären, dass eine Klage gegen die Wirksamkeit eines Verschmelzungsbeschlusses (nicht auch: gegen den Verschmelzungsvertrag, KapErhB etc, vgl. Semler/Stengel/Leonard/Schwanna Rn. 14, 15; Kölner Komm UmwG/Simon Rn. 25) nicht oder nicht fristgemäß erhoben oder eine solche Klage rkr. abgewiesen oder zurückgenommen worden ist. Eine rechtsgeschäftliche **Vertretung** (bei der Anmeldung nach Abs. 1 zulässig, → Rn. 16, → Rn. 19) ist bei der Abgabe der Negativerklärung **nicht statthaft** (Semler/Stengel/Leonard/Schwanna Rn. 7 aE; Kölner Komm UmwG/Simon Rn. 22 mwN; BeckOGK/Rieckers/Cloppenburg Rn. 27).

Ohne eine solche Erklärung darf das Registergericht nicht eintragen (**Register-** 21 **sperre in Abs. 2 S. 2**, die in Fortführung der Entscheidung BGHZ 112, 9 = NJW 1990, 2747 ausdrücklich in den Gesetzestext aufgenommen worden ist). Die Negativerklärung bezieht sich nur auf Unwirksamkeitsklagen iSv § 14 I, andere Klagen brauchen nicht offenbart zu werden (zutr. Lutter/Decher Rn. 16 mwN). Vgl. zur Registersperre → Rn. 25 ff.

Die Vertretungsorgane haben auch ihr Wissen über Klagen gegen die Wirksamkeit 22 von Verschmelzungsbeschlüssen anderer Rechtsträger zu offenbaren. Nach Wortlaut („eines") sowie Sinn und Zweck der Vorschriften muss die Negativerklärung die Verschmelzungsbeschlüsse **aller** beteiligten **Rechtsträger** umfassen. Abzugeben ist die Negativerklärung allerdings immer nur von den Vertretungsorganen des die jew. Anmeldung vornehmenden Rechtsträgers (zum Ganzen auch Lutter/Decher Rn. 21 mwN).

Unproblematisch ist die Erklärung, wenn eine Klage gegen die Wirksamkeit eines 23 Verschmelzungsbeschlusses bereits rkr. abgewiesen oder zurückgenommen wurde. Die Regelung in § 14 I zur Monatsfrist ermöglicht eine klare Aussage, ob eine Klage **nicht fristgemäß** erhoben wurde (wobei allerdings die Zeit für die Zustellung der Klage mit zu berücksichtigen ist, OLG Hamburg NZG 2003, 981).

Zu beachten ist die Verpflichtung der Vertretungsorgane, **auch nach Vornahme** 24 **der Anmeldung** über die Erhebung einer etwaigen Klage zu unterrichten. Durch diese Pflicht wird gewährleistet, dass eine Registereintragung außerhalb des Verfahrens von Abs. 3 nicht erfolgt, damit wird die Stellung etwaiger Kläger gestärkt (vgl. Begr. RegE, BR-Drs. 75/94 zu § 16 II; zur Zustellung „demnächst" und zur Aktualisierungspflicht bzgl. der Negativerklärung vgl. Semler/Stengel/Leonard/Schwanna Rn. 15 mwN; Kort AG 2010, 230).

Wird die Negativerklärung nicht abgegeben, darf die Verschm **nicht eingetragen** 25 werden (**Registersperre**). Erfolgt die Eintragung dennoch, kommt eine **Amtslöschung** nicht in Betracht, OLG Frankfurt a. M. DB 2003, 1725, weil § 16 II 2 verfahrensrechtliche Vorschrift ist; OLG Hamburg NZG 2003, 981; OLG Karlsruhe DB 2001, 1483 mit zutr. Verweis auf Gesetzeszweck; OLG Hamm ZIP 2001, 569; zur versehentlichen Amtslöschung Custodis GmbHR 2006, 904; in einer weiteren Entscheidung hat der 8. Senat des OLG Hamm gem. § 148 ZPO ausgesetzt, bis das BVerfG über die Verfassungsmäßigkeit von § 20 II entschied, OLG Hamm DB 2002, 1431, was durch Nichtannahme der Verfassungsbeschwerde geschehen ist, BVerfG DB 2005, 1373, weil der Anteilsinhaber dem Registergericht gegenüber selbst den Grund für die Registersperre hätte mitteilen können; anders noch Horsch Rpfleger 2005, 577; iÜ → § 19 Rn. 31, → § 20 Rn. 121 ff.

Die Registersperre entfällt außer im Fall von Abs. 3 nur, wenn alle klageberechtig- 26 ten Anteilsinhaber durch notariell beurkundete Erklärung auf die Klage gegen die Wirksamkeit des Verschmelzungsbeschlusses **verzichtet** haben (**Abs. 2 S. 2**), wobei durch diesen Verzicht bei der AG das Anfechtungsrecht von Vorstand und AR ausgehebelt werden kann, vgl. Lutter/Decher Rn. 27. Hinsichtlich der Verzichtserklärung ist Stellvertretung zulässig (Kablitz GmbHR 2022, 721 Rn. 65; BeckOGK/ Simons § 198 Rn. 48). Ähnlich wie bei den Verzichtserklärungen nach § 8 III, § 9 II, § 12 III empfiehlt sich die Aufnahme eines weit reichenden Klageverzichts bereits bei Vornahme der notwendigen Organisationsakte anlässlich der Verschm, hier bei der Beschlussfassung (vgl. dazu LG München I GmbHR 1986, 193 und Heckschen, Verschmelzung von Kapitalgesellschaften, 1989, 3). Lutter/Decher Rn. 28 stellt dem Verzicht aller Anteilsinhaber den Fall allseits einstimmiger Verschmelzungsbeschlüsse gleich (so auch Semler/Stengel/Leonard/Schwanna Rn. 20; Widmann/Mayer/ Fronhöfer Rn. 91; BeckOGK/Rieckers/Cloppenburg Rn. 38; zurückhaltend Kölner Komm UmwG/Simon Rn. 43). Dies ist mE zumindest in der praktischen Umsetzung gefährlich, denn auch dann kann Unwirksamkeitsklage erhoben werden, Abs. 2 S. 2 gilt nicht unmittelbar; § 245 Nr. 1–3 AktG gelten für GmbH nicht entsprechend.

27 Die **Negativerklärung** muss nicht zwingend bei der Anmeldung abgegeben werden; es handelt sich um einen **behebbaren Mangel,** für dessen Beseitigung vom Registergericht eine Frist gesetzt werden kann (BGH WM 1990, 1372 (1373); Widmann/Mayer/Fronhöfer Rn. 96 mwN). Dies bedeutet, dass die Anmeldung innerhalb der Klagefrist von § 14 I erfolgen kann und dass lediglich die Eintragung der Verschm innerhalb dieses Zeitraums (zzgl. der üblichen Zustellungszeit, → Rn. 2, → Rn. 23, → Rn. 24) zurückgestellt werden muss. Trägt das Registergericht zu Unrecht vorzeitig ein, kommen **Amtshaftungsansprüche** in Betracht (vgl. BGH DB 2006, 2563; OLG Hamm AG 2014, 861; OLG Hamm NZG 2006, 274; OLG Hamburg NZG 2003, 981; OLG Frankfurt a. M. DB 2003, 1725; LG Dortmund DB 2002, 783; zusammenfassende Darstellung Büchel ZIP 2006, 2289), selbst dann, wenn die Eintragung auch bei pflichtgemäßem und rechtmäßigem Vorgehen des Registergerichts erfolgt wäre (OLG Hamm DB 2002, 1431 mAnm Meilicke).

4. Freigabeverfahren (Abs. 3)

28 a) **Allgemeines.** Abs. 3 wurde erstmals durch das UmwG 1995 eingeführt und markierte damals mit dem gleichzeitig eingeführten § 319 VI AktG den ersten gesetzlichen Meilenstein bei der Rechtsentwicklung zum Themenkreis „**rechtsmissbräuchliche (räuberische) Anfechtungsklage**" (dazu etwa Timm DB 1990, 1221; Bokelmann DB 1994, 1341; Bork Kölner Umwandlungsrechtstage 1995, 261 ff.; → 1. Aufl. 1994, KapErhG § 24 Anm. 6, AktG § 345 Anm. 7, jew. mit umfangr. Nachw.).

29 Der BGH hatte bereits bei der alten Gesetzeslage mit Billigung der damals wohl hL in den Grundsatzentscheidungen BGHZ 107, 296 = NJW 1989, 2689; BGHZ 112, 9 = NJW 1990, 2747 dem Registergericht die Möglichkeit zugesprochen, die Eintragung der Verschm in bestimmten Ausnahmefällen (etwa offensichtliche Unzulässigkeit oder Unbegründetheit der Klage) trotz einer anhängigen Anfechtungsklage vorzunehmen (zu Einzelheiten in → Rn. 28 genannten Fundstellen, insbes. Bokelmann DB 1994, 1341; zu rechtspolitischen Erwägungen Wilhelm DB 2000, 520; verfassungsrechtliche Bedenken gegen das summarische Verfahren, wie vom LG Wuppertal AG 2004, 161 geäußert, sind unbegründet, OLG Düsseldorf DB 2004, 590; es ist auch nicht per se rechtsmissbräuchlich, wenn ein Rechtsträger die Verschm insbes. deshalb wählt, weil es dort das Unbedenklichkeitsverfahren gibt, OLG Frankfurt a. M. DB 2003, 872).

30 Parallel zu Abs. 3 wurde **§ 319 VI AktG** eingefügt, der das Freigabeverfahren für die Eingliederung eröffnet. Auf ihn verweist seit der gesetzlichen Regelung des Squeeze-out § 327e I AktG. Lit. und Rspr. sind übertragbar.

Durch das **UMAG** v. 22.9.2005 (BGBl. 2005 I 2802; → Einf. Rn. 29) wurde **31** das Freigabeverfahren als Teil der allg. Anfechtungs- und Nichtigkeitsvorschriften von §§ 241 ff. AktG in § 246a AktG geregelt. § 246a AktG bezweckt die Durchsetzung der Registereintragung bei Kapitalmaßnahmen und Unternehmensverträgen.

Durch das **ARUG** v. 30.7.2009 (BGBl. 2009 I 2479; allg. → Einf. Rn. 30) wur- **32** den die in Abs. 3 und §§ 246a, 319 VI AktG geregelten Freigabeverfahren mit Wirkung zum 1.9.2009 gleichförmig neu systematisiert und inhaltlich geändert (vgl. Lutter/Decher Rn. 32 mwN). Nach dem Willen des Gesetzgebers wurde dadurch nach dem UMAG ein weiterer Schritt zur Bekämpfung missbräuchlicher Aktionärsklagen unternommen (Begr. RegE, BT-Drs. 16/11642; Seibert ZIP 2008, 910; die Umsetzung ist im Wesentlichen geglückt, vgl. die empirische Studie Bayer/Hoffmann/Sawada ZIP 2012, 897 mwN; Lutter/Decher Rn. 33 mwN; weitere Reformen sind denkbar, dazu Bayer/Friebelkorn ZIP 2012, 2181; BeckOGK/Rieckers/Cloppenburg Rn. 11; Bayer FS Hoffmann-Becking, 2013, 91; Lutter/Decher Rn. 34 mwN zum ARUG als „Zwischenschritt zu einem stimmigen Gesamtsystem").

Die umfangr. Lit. und Rspr. zu § 246a AktG ist voll inhaltlich auf Abs. 3 übertrag- **33** bar. Die Vorschriften entsprechen einander inhaltlich, auch wenn sie sich vom Aufbau und Wortlaut nicht so vollständig gleichen wie § 16 III UmwG und § 319 VI AktG. § 246a I 1 AktG entspricht funktionell Abs. 3 S. 1, § 246a I 2 AktG entspricht Abs. 3 S. 2. Die Zuständigkeit des OLG folgt aus § 246a I 3 AktG bzw. Abs. 3 S. 7. Der neu gefasste Katalog in § 246a II AktG entspricht Abs. 3 S. 3. § 246a III 1 AktG entspricht Abs. 3 S. 8, § 246a III 2 AktG entspricht inhaltlich Abs. 3 S. 4, § 246a III 3 entspricht Abs. 3 S. 6, § 246a III 4 entspricht Abs. 3 S. 9, § 246a III 6 entspricht Abs. 3 S. 5 und § 246a IV entspricht Abs. 3 S. 10.

Durch das ARUG wurden erleichterte Zustellungsmöglichkeiten nun ausdrück- **34** lich geregelt (Abs. 3 S. 2); die Alleinzuständigkeit des OLG (Abs. 3 S. 7), die Unanfechtbarkeit des Beschlusses (Abs. 3 S. 9) und ein Bagatellquorum (Abs. 3 S. 3 Nr. 2) wurden **neu eingeführt.** Die Anforderungen an die bereits vor dem ARUG vorgesehene Interessenabwägung (Abs. 3 S. 2 Alt. 2 aF) wurden zu Gunsten der antragstellenden Ges **abgesenkt.**

Die Gesetzesbegründung zur ursprünglichen Fassung von Abs. 3 ist in der **35** → 4. Aufl. 2006, Rn. 26 ff. abgedruckt. Zu den Änderungen von Abs. 3 durch das **2. UmwÄndG** (→ Einf. Rn. 26) vgl. die → 5. Aufl. 2009, Rn. 27.

b) Prozessuales. Bei **Abs. 3** handelt es sich um einen **eigenständigen Rechts-** **36** **behelf** (Hermann ZIP 1999, 1861), der als **summarisches Verfahren** neben dem eigentlichen Hauptsacheverfahren (das ist die Unwirksamkeitsklage iSv § 14 I) auf entsprechenden Antrag Rechtsschutz für den durch die Unwirksamkeitsklage belasteten Rechtsträger bietet. Für das Freigabeverfahren sind die Rechtsanwaltsgebühren und die Gerichtskosten speziell geregelt (§ 13 RVG iVm VV 3325 RVG, § 247 AktG, KV 1640 GKG. Der Streitwert bestimmt sich nunmehr nach § 247 AktG. Mit dem ARUG wurde ein entsprechender Verweis in Abs. 3 S. 2 eingeführt. Die frühere Streitwertregelung in § 53 I Nr. 5 GKG aF ist damit entfallen; vgl. zu den Kosten Widmann/Mayer/Fronhöfer Rn. 203; Lutter/Decher Rn. 118; BeckOGK/Rieckers/Cloppenburg Rn. 73 f.; vgl. auch Semler/Stengel/Leonard/Schwanna Rn. 43).

Statthaft ist das Freigabeverfahren nach OLG Frankfurt NZG 2012, 351 und **36a** OLG Düsseldorf BeckRS 2017, 136416 nur mit Blick auf Unwirksamkeitsklagen, die sich unmittelbar **gegen den Verschmelzungsbeschluss** richten. Klagen, die sich stattdessen gegen einen gefassten Sonderbeschluss der Vorzugsaktionäre oder auf Feststellung der Unwirksamkeit des Umwandlungsvertrages richten, sollen nicht dem Freigabeverfahren unterliegen. Zwar besteht insoweit rechtlich keine Registersperre, weil derartige Klagen nicht in die Negativerklärung nach Abs. 2 S. 2 aufzunehmen sind (→ Rn. 20); es kann jedoch im Einzelfall zu einer faktischen Registersperre kommen (zum Ganzen Meul/Ritter AG 2017, 841).

37 **Sachlich zuständig** ist nach Abs. 3 S. 7 nunmehr einzig ein Senat des örtlich zuständigen **OLG**. Eine weitere Instanz ist nicht vorgesehen (dagegen gibt es auch keine verfassungsrechtlichen Bedenken, vgl. Lutter/Decher Rn. 47 mwN zur entsprechenden Rspr. mehrerer OLG sowie BeckOGK/Rieckers/Cloppenburg Rn. 45, die unter Bezugnahme auf das BVerfG hinweisen, dass es im Ermessen des Gesetzgebers stehe, ob und in welcher Länge ein Instanzenzug eröffnet werde). Die Regelung dient vor allem der Beschleunigung des Freigabeverfahrens (Beschlussempfehlung RA, BT-Drs. 16/13098; der ursprüngliche RegE des ARUG sah noch die Zuständigkeit des LG vor, BT-Drs. 16/11642, 13; vgl. auch Verse NZG 2009, 1128). Die frühere Eingangszuständigkeit des LG, das über die eigentliche Unwirksamkeitsklage entscheidet, wurde bewusst aufgegeben. Nach zutr. Einschätzung des Gesetzgebers wurden das Freigabeverfahren und die Unwirksamkeitsklage letztlich ohnehin in zweiter Instanz vor dem OLG verhandelt, sodass ein Gleichlauf faktisch immer noch besteht. In zeitlicher Hinsicht wird aber das OLG über die Freigabe früher als das LG über die Unwirksamkeit entscheiden. Insofern überzeugt die Begr. des Gesetzgebers nicht vollständig (krit. zum Auseinanderfallen von Hauptsache- und Freigabeverfahren auch Arbeitskreis Beschlussmängelrecht AG 2008, 625). Konsequenter wäre es, gem. dem Gesetzentwurf des BR zur Einführung erstinstanzlicher Zuständigkeiten des OLG in aktienrechtlichen Streitigkeiten (BR-Drs. 901/07; BT-Drs. 16/9020; vgl. auch BR-Stellungnahme zum RegE, BT-Drs. 16/11642, 53) die erstinstanzliche Zuständigkeit generell dem OLG zuzuweisen (so auch Koch AktG § 246a Rn. 10 mwN).

38 Die **örtliche Zuständigkeit** richtet sich nach dem Sitz des von der Unwirksamkeitsklage gegen den Verschmelzungsbeschluss betroffenen Rechtsträgers. Bei Doppelsitz besteht Wahlmöglichkeit (allg. zu Doppelsitzen bei KapGes König AG 2000, 18; Katschinski WiB 1997; 620; die Zuständigkeit bei Vorliegen eines Doppelsitzes ist umstr., einige kommen zur Zuständigkeit mehrerer Gerichte, zB KG AG 1996, 421; LG Berlin AG 1995, 41; Koch AktG § 246 Rn. 37 mwN; andere stellen auf den tatsächlich inl. Verwaltungssitz ab, MüKoAktG/Schäfer AktG § 246 Rn. 72 mwN; die im Zusammenhang mit dem Spruchverfahren diskutierte entsprechende Anwendung von § 4 FGG aF (jetzt § 2 I FamFG; dazu → SpruchG § 2 Rn. 5), kommt nicht in Betracht, da das Freigabeverfahren sich nach der ZPO und nicht nach dem FamFG richtet, zudem besteht nicht die Notwendigkeit einer einheitlichen Entscheidung).

39 **Mehrere Unwirksamkeitsklagen** gegen den Verschmelzungsbeschluss iSv §§ 13, 14 eines Rechtsträgers können, auch wenn die gerügten Fehler bei der Beschlussfassung unterschiedlich sein sollten, durch ein einheitliches Freigabeverfahren angegangen werden. Werden von mehreren an der Verschm. beteiligten Rechtsträgern Verfahren nach Abs. 3 angestrengt, kann die Eintragung erst nach der letzten stattgebenden Entscheidung erfolgen. Bis dahin wirkt die Registersperre (zum Ganzen auch Widmann/Mayer/Fronhöfer Rn. 121, der zutr. darauf hinweist, dass sich das Freigabeverfahren auf alle anhängigen Unwirksamkeitsklagen beziehen muss, weil dem Antrag nach Abs. 3 sonst das Rechtsschutzbedürfnis fehlt).

40 Neben Abs. 3 gelten die Verfahrensvorschriften der **ZPO,** nicht die des FamFG (so schon die Gesetzesbegr., vgl. → 4. Aufl. 2006, Rn. 42; vgl. iÜ ausf. Widmann/Mayer/Fronhöfer Rn. 110 ff.; Lutter/Decher Rn. 103 ff.; Kölner Komm UmwG/Simon Rn. 49; BeckOGK/Rieckers/Cloppenburg Rn. 66 ff.). Durch das ARUG wurde dieses durch den Verweis in Abs. 3 S. 2 ausdrücklich klargestellt.

41 Die Durchführung einer **mündlichen Verhandlung** steht im Ermessen des Gerichts (§ 128 IV ZPO; OLG München ZIP 2005, 615). Dieses Ermessen wird aber durch Abs. 3 S. 4 eingeschränkt: Der Beschluss darf nur in **dringenden Fällen** ohne mündliche Verhandlung ergehen. Die Dringlichkeit kann zB wegen des Zeit-

aufwands für eine notwendige Auslandszustellung bejaht werden (LG Münster AG 2007, 378.

Das Gericht wird nur auf **Antrag** tätig (Abs. 3 S. 1). Wie bereits zuvor vereinzelt 42 in der Rspr. vertreten (LG Münster AG 2007, 378) stellt der mit dem ARUG eingeführte Verweis in Abs. 3 S. 2 auf **§ 82 ZPO, § 83 I ZPO und § 84 ZPO** nun klar, dass die Antragsschrift dem Prozessbevollmächtigten zugestellt werden kann, den der Antragsgegner in der Hauptsache bestellt hat. Dadurch soll wiederum eine Beschleunigung des Verfahrens erreicht werden (Begr. RegE, BT-Drs. 16/11642, 40). Die gesetzliche Klarstellung sorgt für Rechtssicherheit und ist zu begrüßen (Schall/Habbe/Wiegand NJW 2010, 1790; Verse NZG 2009, 1128; Paschos/Goslar AG 2008, 615; Waclawik ZIP 2008, 1142). § 269 I ZPO findet keine Anwendung (BeckOGK/Rieckers/Cloppenburg Rn. 66).

Antragsbefugt ist nur der Rechtsträger, gegen dessen Verschmelzungsbeschluss 43 sich die anhängige Unwirksamkeitsklage richtet (Widmann/Mayer/Fronhöfer Rn. 119 mwN; Kölner Komm UmwG/Simon Rn. 50). Für die Antragsschrift selbst gilt **§ 253 II ZPO** (Widmann/Mayer/Fronhöfer Rn. 120). Der Antrag darf erst gestellt werden, wenn die Unwirksamkeitsklage in der Hauptsache anhängig ist, wobei es auf die wirksame Zustellung nicht ankommt – sonst öffnete man taktischen Winkelzügen räuberischer Aktionäre (dazu Wagner BB 2013, 1363) Tür und Tor –, sondern es genügt, wenn Rechtshängigkeit der Hauptsache spätestens im Zeitpunkt der Entscheidung über das Freigabeverfahren gegeben ist (vgl. OLG München ZIP 2013, 931 mAnm Ruppert EWiR 2013, 563; Wagner BB 2013, 1363). Er kann auch nach Abweisung **wiederholt** werden, sofern neue Tatsachen vorgetragen und glaubhaft gemacht werden können, die die Überwindung der Registersperre rechtfertigen (vgl. Lutter/Decher Rn. 111 aE mwN). Zur eingeschränkten Rechtskraftwirkung abweisender Beschlüsse im Freigabeverfahren OLG Frankfurt BB 2008, 239; Rieckers BB 2008, 514; aA wohl Semler/Stengel/Leonard/Schwanna Rn. 47 und Kölner Komm UmwG/Simon Rn. 61.

Das Verfahren selbst ist als summarisches Erkenntnisverfahren ausgestaltet. Es 44 herrscht der **Beibringungsgrundsatz**, nicht der Amtsermittlungsgrundsatz von § 12 FamFG.

Die für den Beschluss des Gerichts erforderlichen Tatsachen sind **glaubhaft** 45 **(§ 294 ZPO)** zu machen (Abs. 3 S. 6). Das Freigabeverfahren ist der **einstweiligen Verfügung** (§§ 935, 940 ZPO) nachgebildet. Alle iRd einstweiligen Verfügung zulässigen Beweismittel stehen auch im Freigabeverfahren zur Verfügung, sofern sie in der mündlichen Verhandlung **präsent** sind. Zulässig ist insbes. Auch die Glaubhaftmachung durch **eidesstattliche Versicherung** (vgl. Riegger FS Bechtold, 2006, 382 f.; Fassbender AG 2006, 875; Koch AktG § 246a Rn. 24). Eine Beweisaufnahme, die nicht sofort erfolgen kann, ist unstatthaft (§ 294 II ZPO). Deshalb besteht im Tatsachenbereich insoweit Raum für eine kursorische Prüfung. Der unterschiedliche Beweiswert der Glaubhaftmachung im Vergleich zum Vollbeweis kann berücksichtigt werden, iÜ wird auf die Speziallit. zu § 294 ZPO verwiesen.

Im Gegensatz zur Grundregel bei der einstweiligen Verfügung. Wird im Freigabe- 46 verfahren bei stattgebender Entscheidung die **Hauptsache vorweggenommen.** Gem. Abs. 3 S. 8 Hs. 2 ist eine Naturalrestitution ausgeschlossen, nach Eintragung der Verschm ist eine Entschmelzung nicht mehr möglich (gleicher Rechtsgedanke wie bei § 20 II; → § 20 Rn. 121 ff. mwN).

Die **gerichtliche Entscheidung** (Widmann/Mayer/Fronhöfer Rn. 133 ff.) 47 ergeht – idR nach mündlicher Verhandlung, Abs. 3 S. 4, allerdings ohne obligatorische Güteverhandlung (Abs. 3 S. 8 Hs. 2) – als Beschluss, eine Präjudizierung des Hauptsacheverfahrens ist damit weder in tatsächlicher noch in rechtlicher Hinsicht verbunden. Die Entscheidung ergeht nach hM **ohne Auflagen** (aA Heermann ZIP 1999, 1861). Der Beschluss ist **unanfechtbar.** Die Rechtskraft und damit die

Wirkung von Abs. 3 S. 1 tritt damit sofort mit Verkündung des Beschlusses ein (→ Rn. 90). Die **Kosten** des Verfahrens trägt der Unterliegende, wobei str. ist, ob der unterliegende Anteilsinhaber für den Fall seines späteren Obsiegens in der Hauptsache iRv Abs. 3 S. 10 auch diese Kosten als Schaden geltend machen kann (vgl. Lutter/Decher Rn. 125 mwN).

48 c) **Wirkung der gerichtlichen Entscheidung (Abs. 3 S. 1).** Der Beschluss des Gerichts **ersetzt die Erklärung** der Vertretungsorgane **nach Abs. 2 S. 1** und führt damit zur Eintragbarkeit der Verschm trotz anhängiger Unwirksamkeitsklage.

49 Die **Entscheidung des Prozessgerichts** ist insoweit (iU bleibt es bei der umfassenden Prüfungspflicht des Registergerichts, dazu ausf. Lutter/Decher Rn. 119, 120; Semler/Stengel/Leonard/Schwanna Rn. 44 ff. mwN) **bindend** (ausf. Bork, Kölner Umwandlungsrechtstage 1995, 261, 265 f.); eine nochmalige eigenständige Überprüfung der Sach- und Rechtslage durch das Registergericht ist ebenso wenig statthaft wie eine eigenmächtige Eintragung trotz anhängiger Unwirksamkeitsklage, wenn der belastete Rechtsträger keinen Antrag iSv Abs. 3 S. 1 gestellt hat (so auch NK-UmwR/Schulte Rn. 44).

50 d) **Voraussetzungen einer stattgebenden Entscheidung (Abs. 3 S. 3).** Durch das ARUG wurde der früher in Abs. 3 S. 2 aF enthaltene eigentliche **Kern der Regelung in Abs. 3 S. 3** neu systematisiert und inhaltlich erweitert. Abs. 3 S. 3 regelt, unter welchen Voraussetzungen ein Freigabebeschluss ergehen kann. In Abs. 3 S. 3 Nr. 1 findet sich die bereits in Abs. 3 S. 2 Alt. 1 aF enthaltene Möglichkeit der Freigabe, falls die Unwirksamkeitsklage **unzulässig oder offensichtlich unbegründet** ist (→ Rn. 54 ff.). Neu hinzugekommen ist als **Bagatellquorum,** Abs. 3 S. 3 Nr. 2 (→ Rn. 61 ff.). Die vor dem ARUG nach Abs. 3 S. 2 Alt. 2 aF ermöglichte **Interessenabwägung** findet sich nun mit geänderter Formulierung in Abs. 3 S. 3 Nr. 3 (→ Rn. 77 ff.).

51 Die **vier Varianten** in Abs. 3 S. 3 Nr. 1–3 ermöglichen auf Grund der **alternativen** Aufzählung jew. für sich die Freigabeentscheidung. In der Praxis dürfte die Prüfung der Zulässigkeit zuerst erfolgen. Danach bietet sich die Prüfung des Bagatellquorums an. Sollte die Klage zulässig und das Quorum gewahrt sein, hat die Prüfung der offensichtlichen Unbegründetheit zu folgen. Erst wenn dieser Freigabegrund auch nicht greift, wird das Gericht die Interessenabwägung vornehmen.

52 Der Antragsgegner ist durch seinen (rechtzeitigen) Vortrag in der Unwirksamkeitsklage **präkludiert.** Er kann grds. keine weiteren Gründe nachschieben, um die Freigabe zu verhindern (→ § 14 Rn. 9).

53 Die einschlägige Rspr. ist kaum überschaubar, Abs. 3 ist einer der praktischen Schwerpunkte bei der Anwendung des UmwG (umfangr. Nachw. bei Widmann/Mayer/Fronhöfer Rn. 133 ff.; Lutter/Decher Rn. 48 ff.; Semler/Stengel/Leonard/Schwanna Rn. 27 ff.; Kölner Komm UmwG/Simon Rn. 68 ff.; BeckOGK/Rieckers/Cloppenburg Rn. 46 ff.; Koch AktG § 246a Rn. 14 ff.).

54 aa) **Unzulässigkeit oder offensichtliche Unbegründetheit (Abs. 3 S. 3 Nr. 1).** Für die **Zulässigkeit** der Umwirksamkeitsklage gelten die allg. Regeln. Das Prozessgericht hat mit allen ihm aktuell zu Gebote stehenden Mitteln die Zulässigkeitskriterien erschöpfend zu prüfen, auf Offensichtlichkeit kommt es nur bei Prüfung der Begründetheit an.

55 Nach dem Willen des Gesetzgebers des UmwG sollte die Entscheidung, wann eine Klage **offensichtlich unbegründet** ist, der weiteren Rspr. überlassen bleiben. Ernstliche Zweifel (vgl. etwa § 80 IV 3 VwGO) genügen nicht. Auch die Ansätze in Lit. und Rspr., durch verschiedene Umschreibungen auf Evidenz abzustellen, sind verfehlt (Evidenz verlangt LG Wuppertal AG 2004, 161, aufgehoben durch OLG Düsseldorf DB 2004, 590; Kiem AG 1992, 432 spricht von „auf den ersten Blick erkennbarer" Unbegründetheit; das LG Hanau in ZIP 1995, 1820 davon, dass der Klage „die Erfolglosigkeit sozusagen auf die Stirn geschrieben" sein müsse). Ebenfalls verfehlt ist die Formel des LG Freiburg (AG 1998, 536), das verlangt, die Erfolglosigkeit der Klage müsse ohne Weiteres offen zu Tage liegen und dürfe nicht von schwierigen Rechts- oder Tatfragen abhängen (ähnlich OLG Frankfurt a. M. ZIP 2000, 1928; LG Wiesbaden AG 1997, 274).

Offensichtlich unbegründet ist eine Klage regelmäßig dann, wenn das 56 Gericht auf der Grundlage der unstreitigen oder der entsprechend glaubhaft gemachten Tatsachen (zu weitgehend wohl OLG Köln AG 2004, 39, das im Ergebnis umfassende Sachverhaltsermittlung fordert; auch OLG Hamburg DB 2004, 2805 verlangt Prüfung aller tatsächlichen Fragen; ähnlich OLG Düsseldorf AG 2004, 207 mAnm Gustmann EWiR 2004, 467) **ohne weitere tatsächliche Ermittlung** zu der Überzeugung kommt, dass die Klage **zweifelsfrei unbegründet** ist (so auch die Begr. Zum UMAG, vgl. BT-Drs. 15/5029, 29; vgl. iU zB OLG Bremen ZIP 2013, 460; OLG Düsseldorf AG 2004, 207; OLG Frankfurt a. M. AG 2006, 249; 2003, 573; 1998, 428; OLG Hamburg NZG 2005, 86; AG 2003, 696; 2003, 441; OLG Hamm AG 2009, 791; 2005, 361; OLG Jena AG 2009, 582; 2007, 31; OLG Karlsruhe ZIP 2007, 270; OLG Köln AG 2004, 39; OLG Stuttgart AG 2009, 204; 2004, 105; 2003, 456; OLG München AG 2012, 45; 2012, 290; wN bei Lutter/Decher Rn. 50).

Sinn des Merkmals „offensichtlich" bei Abs. 3 S. 3 Nr. 1 ist es, Fälle abzugrenzen, 57 bei denen die Interessen des Anfechtenden ohne Vornahme einer Interessenabwägung zurückstehen müssen, was nur dann gerechtfertigt ist, wenn „**ein Erfolg der Anfechtung gewiss nicht zu erwarten** ist" (OLG Frankfurt a. M. AG 1998, 428 m. zust. Anm. Bayer EWiR 1998, 665). Diese Formel des OLG Frankfurt a. M. verträgt sich am besten mit der Rspr. des BGH (BGHZ 112, 9), der in dieser Grundsatzentscheidung zur Behandlung von Unwirksamkeitsklagen räuberischer Aktionäre ausgeführt hatte: „Hängt die Entscheidung über die Begründetheit der schwebenden Anfechtungsklage von nicht zweifelsfrei zu beantwortenden Rechtsfragen ab, die bei der **gebotenen zurückhaltenden Betrachtung** unterschiedlicher Würdigung zugänglich sind, so hat die Eintragung bis zur rechtskräftigen Entscheidung des Rechtsstreits zu unterbleiben, selbst wenn damit für die beteiligten Unternehmen nicht unbeträchtliche wirtschaftliche Nachteile verbunden sind".

Zu warnen ist vor einer oberflächlichen Rechtsprüfung; für **rechtliche Zweifel** 58 ist nur bei schwierigen, höchstrichterlich noch nicht entschiedenen Rechtsfragen Raum (anders Goutier/Knopf/Tulloch/Bermel Rn. 40, der die bei einer Verschm anfallenden Rechtsfragen als regelmäßig von so komplexer Natur ansieht, dass sich die offensichtliche Unbegründetheit nicht ohne Weiteres offenbare; wie hier die in → Rn. 55 f. zitierten OLG-Entscheidungen und die mittlerweile ganz hM, zB HRA des DAV NZG 2005, 393; Riegger FS Bechtold, 2006, 380 f.; Widmann/Mayer/Fronhöfer Rn. 153; Semler/Stengel/Leonard/Schwanna Rn. 31; Koch AktG § 246a Rn. 16 ff. je mwN). Es kommt also nicht darauf an, wie zeitsparend das Gericht bei oberflächlicher Sicht eine Unbegründetheit erkennt, sondern wie zweifelsfrei eine gefundene Wertung der Sach- und Rechtslage ist (so schon Bayer RWS-Forum Gesellschaftsrecht 1997, 133 (136); Timm ZGR 1996, 247 (259); instruktiv für eine zu oberflächliche Prüfung durch das OLG Hamm AG 2011, 624 die Anm. Hommelhoff AG 2012, 194). Der Prüfungsaufwand des Gerichts spielt keine Rolle, es ist der gesamte Streitstoff in rechtlicher Hinsicht vollständig durchzuarbeiten (OLG Jena AG 2009, 582; ähnlich OLG Stuttgart AG 2009, 204). Vom BGH bereits entschiedene Rechtsfragen sind dabei als zweifelsfrei geklärt anzusehen, der Umkehrschluss ist nicht gestattet (zutr. Koch AktG § 246a Rn. 17; OLG Karlsruhe AG 2007, 270; OLG Hamburg AG 2012, 640; vgl. auch Riegger FS Bechtold, 2006, 381).

Offensichtlich unbegründet kann eine Unwirksamkeitsklage nach hM auch dann 59 sein, wenn sie rechtsmissbräuchlich erhoben wurde (allg. Riegger/Schockenhoff

ZIP 1997, 2105 (2108); Decher AG 1997, 388 (389)). Die Unbegründetheit der Klage ergibt sich aus dem spezifischen GesR; in diesem Fall kann auch eine an sich begründete Klage wegen **Rechtsmissbrauchs** unbegründet sein (BGHZ 107, 296; OLG Frankfurt AG 2009, 200; OLG Köln ZIP 2004, 760; OLG Frankfurt a. M. ZIP 1996, 379 mAnm Bork EWiR 1996, 187; Bokelmann DB 1994, 1348 mwN; Bayer NJW 2000, 2613 mwN; zum Rechtsmissbrauch wegen Kostenübernahme durch Aktionärsvereinigung, spätem Anteilserwerb und Befangenheitsantrag wegen Vergleichsbemühungen des Gerichts OLG Stuttgart DB 2001, 321).

60   Der Annahme von Rechtsmissbrauch sind aber **enge Grenzen** gesetzt. Der EuGH (AG 2000, 470) geht davon aus, dass einem Aktionär eine missbräuchliche Ausübung seines Rechts nicht deshalb zur Last gelegt werden darf, weil er Minderheitsaktionär ist, weil ihm die Sanierung der einer Sanierungsregelung unterliegenden Ges zugute gekommen ist, weil er sein Bezugsrecht nicht ausgeübt hat, weil er zu den Aktionären gehört, die die Unterstellung der Ges unter die für Ges in ernsten Schwierigkeiten geltende Regelungen beantragt haben, oder weil er (in den Grenzen von § 14) vor Klageerhebung eine gewisse Zeit hat verstreichen lassen.

61   **bb) Bagatellquorum (Abs. 3 S. 3 Nr. 2).** Mit dem ARUG wurde ein **neuer Freigabegrund** in Form eines Bagatellquorums eingeführt (ausf. mwN Koch AktG § 264a Rn. 19 ff.). Nach Abs. 3 S. 3 Nr. 2 ergeht ein Freigabebeschluss (ohne Prüfung der Sach- und Interessenlage iÜ; Noack NZG 2008, 446) auch, wenn der Kläger (in der Hauptsache) nicht binnen **einer Woche** nach **Zustellung** des Antrags (im Freigabeverfahren) durch Urkunden nachgewiesen hat, dass er **seit Bekanntmachung der Einberufung** (der Anteilsinhaberversammlung, in welcher der angegriffene Verschmelzungsbeschluss gefasst wurde) einen **anteiligen Betrag** (des gezeichneten Kapitals, also Nominalbetrag maßgeblich, auf Verkehrswert des Anteils kommt es nicht an, → Rn. 65) von **mindestens 1.000 Euro** hält.

62   Das Bagatellquorum dient wiederum dem Ziel des Gesetzgebers, missbräuchliche Aktionärsklagen einzuschränken. Anteilsinhaber mit Kleinstbeteiligungen ohne wirtschaftliche Bedeutung sollen nicht im Stande sein, die Verschm zu blockieren. Dabei geht der Gesetzgeber selbst davon aus, dass ein Bagatellquorum nicht in der Lage ist, das Problem missbräuchlicher Aktionärsklagen durch professionelle Opponenten (diese können bei börsennotierten Ges über Hedge Fonds oder mittels Wertpapierleihe das Quorum leicht überspringen, Sauter ZIP 2008, 1712) im Kern zu beantworten. Jedenfalls soll aber vermieden werden, dass die Freigabeverfahren durch Trittbrettfahrer, die sich mit sehr geringem Eigenanteil ohne eigenständigen Vortrag an andere Kläger anschließen, zahlenmäßig aufgebläht und allein deshalb **verzögert** werden (vgl. zum Ganzen Beschlussempfehlung RA, BT-Drs. 16/13098, 41). Krit zum Bagatellquorum allg. Sauter ZIP 2008, 1712 mit Verweis auf die Stellungnahme der BRAK Nr. 39/2008.

63   Das zunächst in Höhe von 100 Euro vorgeschlagene Bagatellquorum (Seibert ZIP 2008, 910) wurde im Gesetzgebungsverfahren auf **1.000 Euro** erhöht. Dies ist zu begrüßen, da sonst die Schwelle des Quorums allzu leicht zu erreichen gewesen wäre (Paschos/Goslar AG 2008, 616; Waclawik ZIP 2008, 1143; Kölner Komm UmwG/Simon Rn. 105). Der Gesetzgeber stellt bzgl. einer börsennotierten AG darauf ab, dass ein Eigenanteil am Grundkapital von 1.000 Euro bei Börsenwerten im Mittelmaß etwa einem Anlagevolumen von 10.000 Euro bis 20.000 Euro entspreche. Diese Größenordnung stelle ein aus sich heraus ökonomisch sinnvolles Investment dar, welches ein ernsthaftes Interesse an der nachhaltigen Entwicklung des Unternehmens vermuten lasse. Somit sei es auch erst ab Erreichen dieser Schwelle gerechtfertigt, die Durchführung einer unternehmerischen Maßnahme blockieren zu können (Beschlussempfehlung RA, BT-Drs. 16/13098, 41).

64   Ob die Höhe des Quorums ausreicht, bleibt abzuwarten, vgl. insbes. Schall/Habbe/Wiegand NJW 2010, 1791 zu den großen DAX-Unternehmen.

Der **„anteilige Betrag"** ergibt sich bei **Stückaktien** aus der Division des Grund- 65
kapitals durch die Anzahl der Aktien und bei **Nennbetragsaktien** aus dem Nennbetrag (vgl. Verse NZG 2009, 1129).

Im Falle mehrerer Kläger (in der Praxis die Regel) kann das Verfahren bzgl. 66
derjenigen, welche das Quorum unterschreiten, **ausgesetzt** werden, § 148 ZPO
(Beschlussempfehlung RA, BT-Drs. 16/13098, 41; Kallmeyer/Marsch-Barner/
Oppenhoff Rn. 41a).

Der Anteilsbesitz der einzelnen Kläger ist **nicht zu addieren,** da sonst der Zweck 67
des Quorums unterlaufen würde (OLG Bremen ZIP 2013, 460; OLG Hamburg
AG 2010, 215; OLG Frankfurt ZIP 2010, 986, jew. zur Parallelvorschrift zu § 246a
II Nr. 2 AktG; Schall/Habbe/Wiegand NJW 2010, 1791; Leuering NJW-Spezial
2009, 543; Verse NZG 2009, 1129; Drinhausen/Keinath BB 2008, 2081; Kallmeyer/Marsch-Barner/Oppenhoff Rn. 41b; Kölner Komm UmwG/Simon
Rn. 104; BeckOGK/Rieckers/Cloppenburg Rn. 52; Lutter/Decher Rn. 65, der zu
Recht darauf hinweist, dass eine Zusammenrechnung bei Rechtsgemeinschaften,
zB GbR, möglich ist).

Auf Grund der gebotenen **Einzelbetrachtung** der Unwirksamkeitsklagen muss 68
auch eine im Ergebnis durchdringende Begr. eines Klägers unberücksichtigt bleiben,
wenn dieser das Quorum nicht erreicht. Seine Begr. kommt den anderen Klägern
nicht zu Gute, obwohl die Kläger nach § 62 I Alt. 1 ZPO **notwendige Streitgenossen** sind (OLG Hamburg AG 2010, 215 zu § 246a II Nr. 2 AktG; Leuering
NJW-Spezial 2009, 544).

Verse NZG 2009, 1129 schlägt (ohne nähere Begr.) vor, dass das Quorum nach 69
Sinn und Zweck auch für den **Nebenintervenienten** gelten müsse (aA Gärtner/
Thiel BB 2008, 2092, die verkennen, dass es nicht um die Wirksamkeit der Nebenintervention im Hauptsacheverfahren, sondern um die Beachtlichkeit des Vortrags des
Nebenintervenienten im Rahmen der Freigabeentscheidung geht). Die Frage ist in
Lit. und Rspr. noch nicht näher thematisiert.

Das Quorum muss im Zeitraum zwischen der Bekanntmachung der Einberufung 70
und einer Woche nach Zustellung des Antrags **ununterbrochen** gehalten werden.
Wird der Kapitalanteil von 1.000 Euro erst nach Bekanntmachung erreicht oder
sinkt er bis eine Woche nach der Zustellung des Antrags ab, ist das Quorum nicht
erfüllt. Ab einer Woche nach der Zustellung muss der Anteil aber nicht mehr
gehalten werden (vgl. zum Ganzen Kallmeyer/Marsch-Barner/Oppenhoff
Rn. 41b); die zu § 142 II AktG ergangene Rspr. ist auf § 16 III Nr. 2 nicht ohne
Weiteres zu übertragen, zutr. OLG Saarbrücken ZIP 2011, 470.

Das Quorum ist als **formelle Voraussetzung** für eine Freigabe ausgestaltet. Auf 71
die Schwere des mit der Unwirksamkeitsklage gerügten Verstoßes kommt es nicht
an (Verse NZG 2009, 1129; Noack NZG 2008, 446). Erreicht ein Kläger das
Quorum nicht, bleibt seine Klage im Freigabeverfahren außer Betracht.

Ob das Quorum von den Parteien rechtswirksam unstreitig gestellt werden kann, 72
ist str. (vgl. OLG Frankfurt ZIP 2012, 766 mAnm Pluskat/Wiegand EWiR 2013,
91 gegen KG ZIP 2011, 172; die hM anerkennt einen Verzicht auf das Bagatellquorum durch Parteidisposition zu Recht nicht an, vgl. Lutter/Decher Rn. 72 mwN).
Dem dürfte Abs. 3 S. 3 Nr. 2 formal entgegenstehen, zutr. OLG Hamm AG 2011,
826 zu § 246a II Nr. 2 AktG m. krit. Anm. Pluszkat/Rozsa EWIR 2012, 67.

Im Übrigen hat das nicht erreichte Quorum auf die Unwirksamkeitsklage **keinen** 73
Einfluss. Erreicht werden kann mit ihr aber letztlich nur noch **Schadensersatz**
nach Abs. 3 S. 10 (Hollstein jurisPR-HaGesR 8/2009 Anm. 4, S. 5; → Rn. 91).
Auch redliche Aktionäre sind davon betroffen (Verse NZG 2009, 1129). Dies ist
im Hinblick auf Art. 14 GG unbedenklich (OLG Hamburg AG 2010, 215 zur
Parallelvorschrift § 246a IV AktG mit Verweis auf BVerfG ZIP 2007, 1261).

Das Bagatellquorum ist auf die **AG** und die dort anzutreffenden Kleinaktionäre 74
zugeschnitten. Dies folgt bereits daraus, dass der Gesetzgeber seine Überlegungen

zur Einführung des Quorums auf § 246a II Nr. 2 AktG beschränkt und das gefundene Ergebnis nur auf Abs. 3 S. 3 Nr. 2 übertragen hat (Beschlussempfehlung RA, BT-Drs. 16/13098, 43 zu Art. 4 Nr. 2). Dabei wurde nicht genügend berücksichtigt, dass Abs. 3 S. 3 auch andere Rechtsträger erfasst. Bzgl. **KGaA** und **SE** macht das Quorum Sinn. Auf die **GmbH** und andere **börsenferne Rechtsformen** passt der Freigabegrund eher nicht. Dementsprechend schlägt Kallmeyer/Marsch-Barner/Oppenhoff Rn. 41a eine Einschränkung des Anwendungsbereichs vor. Wegen des eindeutigen Gesetzeswortlauts ist dies iE aber nicht möglich, für eine teleologische Reduktion dürfte angesichts der Transparenz im Gesetzgebungsverfahren kein Raum sein.

75 In einer ersten Entscheidung (OLG Hamburg 2010, 215 mAnm Kläsener AG 2010, 202; vgl. auch KG ZIP 2010, 180) zum parallel in § 246a II Nr. 2 AktG eingeführten Bagatellquorum wurde dieses für **verfassungsrechtlich unbedenklich** gehalten. Das Bagatellquorum sei weder willkürlich noch zu unbestimmt. Dieser Entscheidung haben sich die meisten OLG angeschlossen (Nachw. bei Lutter/Decher Rn. 63 aE).

76 Das Bagatellquorum in Abs. 3 S. 3 Nr. 2 ist gem. der **Übergangsvorschrift** in § 321 II auf Freigabeverfahren anwendbar, die ab dem 1.9.2009 anhängig geworden sind. Eine vorherige Anhängigkeit der Hauptsache ist ohne Belang (OLG Hamburg AG 2010, 215).

77 **cc) Interessenabwägung (Abs. 3 S. 3 Nr. 3).** Durch das **ARUG** wurde die früher in Abs. 3 S. 2 Variante 3 aF vorgesehene Interessenabwägung (die im RefE des UmwG 1994 noch nicht enthalten war und erst nach Kritik – dazu Bork ZGR 1993, 363 mwN – im Gesetzgebungsverfahren aufgenommen wurde) **neu formuliert**. Dadurch sollen bisweilen bestehende Unklarheiten beseitigt werden, die trotz der amtl. Begr. des UMAG zur Parallelvorschrift in § 246a II AktG aF bestanden haben (Begr. RegE, BT-Drs. 16/11642, 41). Nach Verse NZG 2009, 1129 solle jetzt das gelten, was schon nach dem UMAG hätte gelten sollen. Im Ergebnis bewirkt die Klarstellung eine **Absenkung** der Freigabevoraussetzungen. Vgl. zur alten Rechtslage → 5. Aufl. 2009, Rn. 46 ff.

78 Die aktuelle Gesetzesfassung gibt eine klar strukturierte **zweistufige Prüfung** vor. In der **ersten Stufe** sind die wesentlichen Nachteile der Registersperre für die an der Verschm beteiligten Rechtsträger und ihre Anteilsinhaber gegen die Nachteile der Registereintragung für den Antragsgegner abzuwägen. Dabei sind nur die **wirtschaftlichen** Auswirkungen für die Beteiligten zu gewichten (Beschlussempfehlung RA, BT-Drs. 16/13098, 42). Die Erfolgsaussichten der Klage und die Schwere des Rechtsverstoßes sind hierbei – anders als nach dem Wortlaut vor dem ARUG – auszublenden (Verse NZG 2009, 1130; aA noch → 5. Aufl. 2009, Rn. 48).

79 Zu Gunsten des **Antragstellers** (Vollzugsinteresse) sind die **wesentlichen wirtschaftlichen Nachteile** der Registersperre für **alle** beteiligten Rechtsträger und deren Anteilsinhaber **zusammenfassend** zu würdigen. Sie sind nicht erst bei drohender Insolvenz oder ähnlicher extremer Szenarien anzunehmen. In die Abwägung sind alle **nicht vernachlässigbaren** wirtschaftlichen Nachteile einzubeziehen, auch die Kosten der Wiederholung einer HV, Zinseffekte etc (Beschlussempfehlung RA, BT-Drs. 16/13098, 42; teilw. aA noch → 5. Aufl. 2009, Rn. 49). Dadurch will der Rspr. ein deutliches Signal gegeben, das Merkmal des wesentlichen Nachteils nicht zu eng auszulegen (Verse NZG 2009, 1130 mwN; dieses Signal wird in der Praxis eher überinterpretiert, vgl. zB OLG Hamm NZG 2014, 581 m. unkrit. Anm. Lochner EWiR 2014, 77, in der zu Recht kritisiert wird, das Gericht verkenne die Darlegungs- und Glaubhaftmachungslast, wenn es pauschal vom Rechtsträger behauptete Nachteile durch freie Schätzung berücksichtige). Nach dem Willen des Gesetzgebers verliert das einschränkende Merkmal „wesentlich" somit deutlich an

Bedeutung. Entgegen Kallmeyer/Marsch-Barner/Oppenhoff Rn. 45 ist das Merkmal aber nicht gestrichen worden.

In der Rspr. zu Abs. 3 S. 2 Var. 3 aF waren als wesentliche Nachteile bspw. 80 anerkannt: Verlust angestrebter Synergie- und Rationalisierungseffekte (OLG Düsseldorf ZIP 1999, 793), stl. Nachteile (OLG Düsseldorf ZIP 2001, 1717), Verlust von Geschäftschancen (OLG Frankfurt ZIP 2003, 1654), Verunsicherung der Geschäftspartner (OLG Stuttgart ZIP 1997, 75), Abwanderung von qualifiziertem Personal (OLG Hamm Der Konzern 2005, 374). Auch die Marktsituation der beteiligten Rechtsträger kann berücksichtigt werden (LG Frankfurt DB 1999, 2304).

Der neu gefasste Wortlaut stellt überdies klar, dass es auf Seiten des **Antragsgeg-** 81 **ners** (Aufschubinteresse) ausschließlich auf seine **eigenen** wirtschaftlichen Nachteile ankommt (so iE auch Paschos/Goslar AG 2008, 616). Nachteile anderer Anteilsinhaber werden ihm nicht zugerechnet (Beschlussempfehlung RA, BT-Drs. 16/13098, 42; Verse NZG 2009, 1130). Maßgeblich sind also die wirtschaftlichen Auswirkungen der Registereintragung auf die Investition des Antragsgegners. Nach der Vorstellung des Gesetzgebers werden diese Auswirkungen insbes. bei Anteilsinhabern mit geringer Beteiligung im Rahmen der Abwägung **„schwerlich"** überwiegen (Beschlussempfehlung RA, BT-Drs. 16/13098, 42; so auch Drinhausen/Keinath BB 2008, 2082).

Die Abwägung erfolgt nach der **freien Überzeugung des Gerichts** (Überzeu- 82 gung muss gewonnen werden, frei ist nur der Weg, der zur Überzeugung führt, zutr. Lutter/Bork, 4. Aufl. 2009, Rn. 23; freie Überzeugung eröffnet größtmögliche Entscheidungsfreiheit mit weitem Beurteilungsspielraum, vgl. Semler/Stengel/Leonard/Schwanna Rn. 41). Da die seitens des Antragstellers vorgetragenen Tatsachen nur glaubhaft zu machen sind (Abs. 3 S. 6), genügt es, wenn das Gericht sie für überwiegend wahrscheinlich hält (Kallmeyer/Marsch-Barner/Oppenhoff Rn. 46 mwN).

Auf Grund dessen wird es in der Praxis bei gründlichem Vorgehen des Antragstel- 83 lers regelmäßig auf die **zweite Stufe** der Prüfung ankommen. Auf dieser Stufe ist die **besondere Schwere des Rechtsverstoßes** relevant. Anders als vor dem ARUG trifft auf Grund der Formulierung „es sei denn" die **Darlegungslast** insoweit den Antragsgegner. Dieser hat die Umstände, die einen besonders schweren Rechtsverstoß begründen, zur **freien Überzeugung** des Gerichts **glaubhaft** zu machen. Anders als früher wird der Vortrag des Antragsgegners insoweit nicht mehr als begründet unterstellt (ausf. Lutter/Decher Rn. 89 ff.; vgl. auch Kallmeyer/Marsch-Barner/Oppenhoff Rn. 46a; widersprüchlich Kölner Komm UmwG/Simon Rn. 92, 94).

Um einen besonders schweren Rechtsverstoß festzustellen, müssen die Bedeutung 84 der Norm sowie Art und Umfang des Verstoßes im konkreten Einzelfall bewertet werden. Dabei gibt der Gesetzgeber eine **restriktive** Linie vor (Verse NZG 2009, 1130). Eine besondere Schwere des Rechtsverstoßes liegt danach nur in gravierenden Fällen vor, in denen die Registereintragung für die Rechtsordnung **„unerträglich"** wäre (Beschlussempfehlung RA, BT-Drs. 16/13098, 42; in der Begr. RegE, BT-Drs. 16/11642, 41 findet sich die Formulierung „krass rechtswidrig"). Dies sei gegeben, wenn **elementare Rechte** des Antragsgegners verletzt würden, die nicht angemessen durch Schadenersatz kompensiert werden könnten (hier wird – insofern inkonsequent – der wirtschaftliche Nachteil des Antragsgegners, der denknotwendig bereits auf Stufe 1 zurücktreten musste, zur Bestimmung des besonders schweren Rechtsverstoßes wieder herangezogen).

Allg. lässt sich eine Differenzierung anhand des Unterschieds zwischen Anfech- 85 tungs- und Nichtigkeitsgründen nicht sicher vornehmen. Nichtigkeitsgründe wegen „kleiner formeller Fehler" führen in der Regel nicht zu einer besonderen Schwere des Verstoßes (Begr. RegE, BT-Drs. 16/11642, 41). Erst recht nicht, wenn diese von professionellen Klägern provoziert worden sind (Beschlussempfehlung RA, BT-

Drs. 16/13098, 42). Vorsätzliche oder besonders grobe Verstöße können besonders schwer sein, auch wenn sie nur zur Anfechtbarkeit führen.

86 **Beispielhaft** zählt die Gesetzesbegründung als besonders schweren Verstoß auf (Beschlussempfehlung RA, BT-Drs. 16/13098, 42): Bewusstes Veranstalten einer Geheimversammlung ohne ordnungsgemäße Einberufung, absichtliche Verstöße gegen das Gleichbehandlungsgebot und die Treuepflicht mit schweren Folgen, völliges Fehlen der notariellen Beurkundung oder die Herabsetzung des Grundkapitals einer AG endgültig auf einen Nennbetrag unter fünfzigtausend Euro. Die beharrliche Verfolgung eigener wirtschaftlicher Interessen durch den Hauptgesellschafter ohne Rücksicht auf die Mitgesellschafter kann einen besonders groben Verstoß bewirken, wobei es auch in diesen Fällen stets auf die Abwägung im Einzelfall ankommt (vgl. zB OLG Frankfurt AG 2012, 414; Hommelhoff AG 2012, 194).

87 Nach diesen Vorgaben des Gesetzgebers dürfte Abs. 3 S. 3 Nr. 3 – außer in sehr begrenzten Ausnahmefällen – **regelmäßig eine Freigabe ermöglichen.** Damit kann die unumkehrbare Wirkung der Registereintragung (§ 20 II) idR eintreten, auch wenn das die Freigabe erteilende Gericht von der Begründetheit der Unwirksamkeitsklage ausgehen sollte. Dementsprechend wurde in der Lit. kritisiert, dass das ARUG faktisch zu einem verdeckten (Teil-) Ausschluss des Anfechtungsrechtes geführt habe, da die Rechtsfolge der Anfechtbarkeit oder Nichtigkeit oftmals nicht mehr durchsetzbar sei (Verse NZG 2009, 1130 mwN; Arbeitskreis Beschlussmängelrecht AG 2008, 619; Noack NZG 2008, 446 mwN). Letztlich sind die Reformen im Bereich der umwandlungsrechtlichen und aktienrechtlichen Freigabeverfahren so deutlich ausgefallen, weil es über Jahre nicht gelungen ist, die „Berufskläger" und „räuberischen Aktionäre" anders zu zügeln. Selbst die Aussicht auf Schadenersatz (→ Rn. 91 ff.) hatte wenig Abschreckungspotential. Deshalb ist die Neufassung von § 16 III iE zu begrüßen.

88 Nach OLG München ZIP 2010, 84 kann das Interesse an einer Freigabe entfallen, wenn der Antragsteller das Verfahren selbst nicht **zügig** betreibt. Der Entscheidung lag der Fall zu Grunde, dass zwischen der Zustellung der Unwirksamkeitsklage und dem Freigabeantrag 4½ Monate verstrichen sind. Das Gericht hat deshalb die (als Voraussetzung einer Freigabe angesehene) **Eilbedürftigkeit** verneint und den Antrag abgelehnt. Anders OLG Frankfurt ZIP 2010, 986: das Freigabeinteresse könne nach Zuwarten des Antragstellers sogar noch ansteigen. Die Frage ist – soweit ersichtlich – noch nicht hinreichend diskutiert. In der Praxis wird aber regelmäßig der Antragsteller an einer schnellstmöglichen Verfahrenseinleitung interessiert sein, um die Nachteile der Verzögerung zu minimieren.

89 **e) Zügige Gerichtsentscheidung (Abs. 3 S. 5).** Durch das 2. UmwÄndG neu eingefügt wurde Abs. 3 S. 4 aF, (jetzt Abs. 3 S. 5), nachdem der Beschluss spätestens drei Monate nach Antragstellung ergehen soll (das wird in der Praxis meist beachtet, vgl. Lutter/Decher Rn. 116 und BeckOGK/Rieckers/Cloppenburg Rn. 72 mN zu entsprechenden empirischen Studien). Ist dies nicht möglich, hat das Gericht die Verzögerung der Entscheidung durch unanfechtbaren Beschluss zu begründen. Bei besonderen Schwierigkeiten rechtlicher oder tatsächlicher Art kann die Drei-Monats-Frist angemessen verlängert werden. Die Vorschrift war im Gesetzgebungsverfahren umstritten (dazu Mayer/Weiler DB 2007, 1235 mwN). Die grundlose Überschreitung der Frist durch das Gericht bleibt **prozessual sanktionslos.** Theoretisch möglich sind aber Staatshaftungsansprüche, wenn dem begründeten Freigabeverfahren der sonst mögliche rasche Erfolg wegen willkürlicher Fristüberschreitung durch das Gericht für längere Zeit versagt bleibt und es dadurch zu wirtschaftlichen Nachteilen der an der Verschm beteiligten Rechtsträger kommt.

90 **f) Unanfechtbarkeit (Abs. 3 S. 9).** Der Freigabebeschluss des OLG ist **unanfechtbar** (Abs. 3 S. 9). Die früher in Abs. 3 S. 6 aF vorgesehene sofortige Beschwerde nach § 577 ZPO wurde für das Freigabeverfahren mit dem ARUG

konsequenterweise – Zuständigkeit des OLG gem. Abs. 3 S. 7 – abgeschafft. Ziel des Gesetzgebers war es, das Freigabeverfahren weiter zu **beschleunigen** (Begr. RegE, BT-Drs. 16/11642, 42, der nur eine Beschränkung der Anfechtbarkeit vorsah; der völlige Ausschluss erfolgte erst auf Empfehlung des Rechtsausschusses, BT-Drs. 16/13098, 41). Dies begegnet keinen verfassungsrechtlichen Bedenken, da Art. 19 IV GG keinen Instanzenzug fordert (OLG Frankfurt ZIP 2009, 271; Schall/Habbe/Wiegand NJW 2010, 1789; wN → Rn. 75). Ein einmal ergangener Freigabebeschluss beseitigt die Registersperre endgültig; daran ändern auch etwaige weitere Nichtigkeitsklagen nichts, zutr. Schockenhoff ZIP 2008, 1945.

g) Schadensersatzanspruch (Abs. 3 S. 10). Da eine Entschmelzung gesetzlich 91 ausgeschlossen ist (Abs. 3 S. 10 Hs. 2), kommt nur der **Ersatz des tatsächlich entstandenen Schadens** (regelmäßig) in Geld in Betracht (krit. Heermann ZIP 1999, 1681; Lutter/Decher Rn. 124: da Schaden fast nie substantiiert werden könne, liefe Anspruch praktisch leer; ausf. Fischbach ZHR 180 (2016), 658). Der Antragsgegner ist von seinen Vermögensverhältnissen her so zu stellen, als sei die Eintragung nicht erfolgt, die Verschm also nicht wirksam geworden. Der Schaden kann nach Maßgabe von **§ 287 ZPO** auch geschätzt werden (so auch NK-UmwR/Schulte Rn. 49). **Verschulden** des Antragstellers ist nicht erforderlich (Zöller/Vollkommer ZPO § 945 Rn. 13 mwN).

Nach **Freigabe** der Eintragung kann die Unwirksamkeitsklage als „eine Art Fort- 92 setzungsfeststellungsklage nach dem Muster von § 113 I 4 VwGO" (HRA des DAV NZG 2000, 804; für fortbestehendes Rechtsschutzbedürfnis bei der Unwirksamkeitsklage nach § 14 I zutr. OLG Hamburg ZIP 2004, 906; OLG Stuttgart ZIP 2004, 1145; OLG Düsseldorf ZIP 2001, 1717; Lutter/Decher Rn. 122; aA LG München I DB 1999, 628) fortgeführt werden.

Wegen des Schadensersatzanspruchs nach Abs. 3 S. 10 bleibt das **Rechtsschutz-** 93 **bedürfnis** für eine gegen den Verschmelzungsbeschluss gerichtete Unwirksamkeitsklage auch nach Wirksamwerden der Verschm bestehen. Entsprechendes gilt, wenn die Unwirksamkeitsklage sich nicht nur gegen die Verschm selbst, sondern auch gegen die mit der Verschm einhergehende **KapErh** (zB § 53) richtet (BGH AG 2007, 625 = NZG 2007, 714).

§ 17 Anlagen der Anmeldung

(1) **Der Anmeldung sind in Ausfertigung oder öffentlich beglaubigter Abschrift oder, soweit sie nicht notariell zu beurkunden sind, in Urschrift oder Abschrift der Verschmelzungsvertrag, die Niederschriften der Verschmelzungsbeschlüsse, die nach diesem Gesetz erforderlichen Zustimmungserklärungen einzelner Anteilsinhaber einschließlich der Zustimmungserklärungen nicht erschienener Anteilsinhaber, der Verschmelzungsbericht, der Prüfungsbericht oder die Verzichtserklärungen nach § 8 Abs. 3, § 9 Absatz 2, § 12 Abs. 3, § 54 Abs. 1 Satz 3 oder § 68 Abs. 1 Satz 3, ein Nachweis über die rechtzeitige Zuleitung des Verschmelzungsvertrages oder seines Entwurfs an den zuständigen Betriebsrat beizufügen.**

(2) ¹**Der Anmeldung zum Register des Sitzes jedes der übertragenden Rechtsträger ist ferner eine Bilanz dieses Rechtsträgers beizufügen (Schlußbilanz).** ²**Für diese Bilanz gelten die Vorschriften über die Jahresbilanz und deren Prüfung entsprechend.** ³**Sie braucht nicht bekanntgemacht zu werden.** ⁴**Das Registergericht darf die Verschmelzung nur eintragen, wenn die Bilanz auf einen höchstens acht Monate vor der Anmeldung liegenden Stichtag aufgestellt worden ist.**

A UmwG § 17

Übersicht

	Rn.
1. Allgemeines	1
2. Anlagen	4
3. Schlussbilanz der übertragenden Rechtsträger	8
a) Wesen und Zweck der Schlussbilanz	8
b) Formelle Anforderungen an die Schlussbilanz	14
aa) Nur Bilanz	14
bb) Anmeldung des übertragenden Rechtsträgers	15
cc) Keine eigenständige Bilanzierungspflicht	17
dd) Aufstellung und Feststellung	18
ee) Inventur	19
ff) Prüfung der Schlussbilanz	20
c) Entsprechende Anwendung der Ansatzvorschriften	25
aa) Allgemeines	25
bb) Aktivseite	26
cc) Immaterielle Vermögensgegenstände	27
dd) Passivseite	28
d) Entsprechende Anwendung der Bewertungsvorschriften	31
aa) Fortentwicklung der Anschaffungskosten	31
bb) Allgemeine Bewertungsgrundsätze	32
e) Besonderheiten bei eigenständiger Schlussbilanz	34
f) Achtmonatsfrist	35
aa) Allgemeines	35
bb) Beliebiger Stichtag	36
cc) Abhängigkeit vom Umwandlungsstichtag	37
dd) Variabler Stichtag	40
ee) Rechnungslegungspflicht	41
ff) Steuerlicher Übertragungsstichtag	42
gg) Fristberechnung	43
hh) Rechtzeitige Einreichung der Unterlagen	44
4. Besonderheiten bei der Spaltung	49
a) Entsprechende Anwendung von Abs. 2	49
b) Gesamt- oder Teilbilanz	50
c) Bilanzierung beim fortbestehenden Rechtsträger	53
aa) Allgemeines	53
bb) Erfassung des Vermögensabganges	54
cc) Erfolgsmäßige Verbuchung bei der Abspaltung	55
dd) Erfolgsmäßige Verbuchung bei der Ausgliederung	59
d) Berücksichtigung von Haftungsverbindlichkeiten	63
5. Verhältnis zum Steuerrecht	64
a) Steuerliche Schlussbilanzen	64
b) Keine Maßgeblichkeit	66
6. Rechnungslegung und Bilanzierung in der Interimszeit	67
a) Verpflichtung zur Rechnungslegung	67
b) Aufstellung von Jahresabschlüssen	72
c) Vermögenszuordnung	73
d) Ergebniszuordnung	77
e) Überleitung im Rechnungswesen	83
7. Bilanzierung beim Formwechsel	84
8. Zwischenbilanz nach § 63	88

Anlagen der Anmeldung 1–4 § 17 UmwG A

1. Allgemeines

In **Abs. 1** sind die **Anlagen der Anmeldung einer Verschm, Spaltung und Vermögensübertragung** (für den Formwechsel vgl. § 199) aufgeführt. Ergänzend sind § 86 (eG) und §§ 315, 318, 329, 331 (grenzüberschreitende Umw) zu beachten. Diese Dokumente sind jew. in Ausfertigung oder öffentlich beglaubigter Abschrift (soweit sie notariell zu beurkunden sind) bzw. in Urschrift oder Abschrift einzureichen. Ohne Einreichung der notwendigen Anlagen wird das Registergericht – ggf. nach einer Zwischenverfügung – den Antrag auf Eintragung der Verschm (§ 19 I) zurückweisen; dies bedingt den Nichteintritt der Wirkungen der Umw (vgl. §§ 20, 131). 1

Bereits nach früherem Recht waren der Anmeldung umfangreiche Unterlagen beizufügen (vgl. → 1. Aufl. 1994, UmwG § 4 Rn. 3, KapErhG § 24 Anm. 8–10, AktG § 345 Rn. 8). Um dem Registergericht die Prüfung, ob alle Voraussetzungen für die Eintragungen erfüllt sind, zu erleichtern, wird nun ausdrücklich auch die Vorlage aller **Zustimmungserklärungen** sowie der etwa nach § 8 III, § 9 II, § 12 III, § 54 I 3 oder § 68 I 3 abgegebenen **Verzichtserklärungen** gefordert. Damit sollte auch der Schutz der Anteilsinhaber verstärkt werden (vgl. Begr. RegE, BR-Drs. 75/94 zu § 17 I). 2

Abs. 2 enthält Bestimmungen zur **Schlussbilanz,** die im Wesentlichen dem früheren Recht entsprechen (vgl. § 345 III AktG aF, § 24 III KapErhG aF, § 44a III VAG aF iVm § 345 AktG aF). Abw. von § 93d III GenG aF, § 4 II UmwG 1969 darf der Stichtag der Bilanz nicht länger als **acht Monate vor der Anmeldung** zum Register zurückliegen. Die Vorschrift ist zwingend und nicht mehr Sollvorschrift, wie dies § 4 II UmwG 1969 war. Die Schlussbilanz ist va bedeutsam für die bilanzielle Erfassung des übergehenden Vermögens beim übernehmenden Rechtsträger (§ 24); vgl. näher → Rn. 8 ff. Der Stichtag der Schlussbilanz bestimmt ferner den stl. Übertragungsstichtag (§ 2 I UmwStG, § 20 VI UmwStG, § 24 IV UmwStG; → Rn. 42). 3

2. Anlagen

Der eigentlichen Anmeldung (→ § 16 Rn. 17) nebst Negativattest nach § 16 II 1 sind die in Abs. 1 aufgeführten Anlagen (Rechtsträger aller Rechtsformen) beizufügen. § 62 III 4, § 69 II und § 86 ergänzen den Katalog für AG/SE/KGaA und eG. Bei grenzüberschreitenden Umw vgl. ergänzend §§ 315, 318, 329, 331. Trotz des Begriffs „beifügen" müssen nicht alle Anlagen gleichzeitig mit der Anmeldung vorgelegt werden (→ Rn. 44 ff.); praktisch bedeutsam ist insbes. die Nachreichung der Schlussbilanz (→ Rn. 46). Die Vorschrift gilt für Verschm (bei **grenzüberschreitenden Verschm** für eine inl. **übertragende** KapGes → § 305 Rn. 12 ff., → § 315 Rn. 7), Spaltungen (§ 125) (bei **grenzüberschreitenden Spaltungen** für eine inl. **übertragende** KapGes → § 329 Rn. 4) und für Vermögensübertragungen (§ 176) entsprechend. Bei grenzüberschreitenden Umw enthalten §§ 318 I, 331 für inl. **übernehmende** Ges eigenständige Regelungen (→ § 318 Rn. 6 ff., → § 331 Rn. 2 ff.). Für den Formwechsel vgl. § 199 und für den grenzüberschreitenden Formwechsel vgl. § 342. Mit dem ARUG (BGBl. 2009 II 2497) wurde die Verpflichtung, eine ggf. erforderliche **Genehmigungsurkunde** beizufügen, gestrichen. Demzufolge hängt die Registereintragung nicht mehr von der Erteilung der Genehmigung ab; die Verfahren können nebeneinander geführt werden (Semler/Stengel/Leonard/Schwanna Rn. 3; MHdB GesR VIII/Schwab § 12 Rn. 29). Zur Ausnahme für Bankgeschäfte und Finanzdienstleistungen vgl. § 43 I KWG. Weitere Anlagenerfordernisse folgen bei einer Umw zur **Neugründung** aus dem jew. Gründungsrecht (vgl. etwa Semler/Stengel/Leonard/Schwanna Rn. 5 ff.). 4

5 In **Ausfertigung** (§§ 47, 49 BeurkG) oder **beglaubigter Abschrift** (§ 42 BeurkG) sind von den jew. anmeldenden Rechtsträgern in elektronischer Form (§ 39a BeurkG, § 12 II 2 Alt. 1 HGB) vorzulegen
- der **Verschmelzungsvertrag** (§ 4 I), der **Spaltungsvertrag** (Spaltungsplan) (§§ 126, 136) oder Übertragungsvertrag in der endgültig abgeschlossenen Form; der Umwandlungsvertrag oder sein Entwurf ist bereits dem Umwandlungsbeschluss als Anlage beigefügt (§ 13 III 2). Einer gesonderten Beifügung des Umwandlungsvertrags bedarf es daher nur bei einer Beschlussfassung über einen Entwurf, da die Verbindung des Umwandlungsvertrags mit der Ausfertigung/ beglaubigten Abschrift des Verschmelzungsbeschlusses in der gebotenen Form auch als beglaubigte Abschrift des Verschmelzungsvertrags gilt (OLG Karlsruhe NJW-RR 1998, 903: durch Schnur und Prägesiegel verbunden; Widmann/ Mayer/Fronhöfer Rn. 9; Kallmeyer/Zimmermann Rn. 2; BeckOGK/Rieckers/ Cloppenburg Rn. 7);
- die Niederschriften der **Verschmelzungsbeschlüsse** jedes an der Verschm beteiligten Rechtsträgers, weil nur so die Wirksamkeit des Verschmelzungsvertrags nachgewiesen wird (→ § 13 Rn. 4); Entsprechendes gilt für die Spaltungsbeschlüsse (§§ 125, 135) und die Beschlüsse zur Vermögensübertragung; in der Praxis werden vielfach der Umwandlungsvertrag und die (gemeinsamen) Umwandlungsbeschlüsse in einer Urkunde zusammengefasst; dann genügt die Vorlage dieser Urkunde;
- die notwendigen **Zustimmungserklärungen** einzelner – erschienener oder nicht erschienener – Anteilsinhaber (zB § 13 II, § 43 I Hs. 2, § 50 II, § 51 I 2, § 51 II);
- etwa abgegebene **Verzichtserklärungen** in Bezug auf den Verschmelzungsbericht (§ 8 III), die Verschmelzungsprüfung (§ 9 II, § 311, 325), den Verschmelzungsprüfungsbericht (§ 12 III) oder die Gewährung von Anteilen (§ 54 I 3, § 68 I 3). Zum Verzicht auf den Verschmelzungsbericht bei grenzüberschreitenden Verschm vgl. → § 309 Rn. 15.

6 Die übrigen in Abs. 1 aufgeführten Anlagen sind keine notariellen Urkunden, deshalb genügt eine Einreichung (Übermittlung einer elektronischen Aufzeichnung, § 12 II 2 HGB) in **Urschrift** oder (einfacher) **Abschrift.** Auf diese Weise sind beizufügen:
- der **Verschmelzungsbericht** iSv § 8 oder Spaltungsbericht (§ 127); wurde ein gemeinsamer Bericht erstattet (§ 8 I Hs. 2), so ist dieser beizufügen;
- der (ggf. gemeinsam erstattete) **Prüfungsbericht** iSv § 12;
- der Nachw. **über** die rechtzeitige **Zuleitung** des Verschmelzungsvertrags oder seines Entwurfs (bzw. des Spaltungsvertrags/-plans) **an den zuständigen Betriebsrat.** Wie der erforderliche Nachw. zu führen ist, hat der Gesetzgeber bewusst offengelassen (vgl. Begr. RegE, BR-Drs. 75/94 zu § 17 I). Die Erfordernisse an den Nachw. sollen der Praxis überlassen bleiben, in Betracht komme etwa die Vorlage des Übersendungsschreibens oder die Empfangsbestätigung des Vorsitzenden des jew. Betriebsrats (Begr. RegE, 75/94 zu § 17 I). Richtigerweise wird man die zum Nachw. der Anhörung des Betriebs- oder Personalrats im Zusammenhang mit einer Kündigung entwickelten Grundsätze entsprechend anwenden. Eine Empfangsbestätigung des Betriebsratsvorsitzenden (als empfangsberechtigtem Vertreter des Betriebsrats) oder bei entsprechender Verhinderung dessen Stellvertreters genügt, um dem Registergericht die Prüfung der Einhaltung von § 5 III zu ermöglichen. Ob das Übersendungsschreiben ausreicht, ist fraglich (Kallmeyer/Zimmermann Rn. 3; BeckOGK/Rieckers/Cloppenburg Rn. 22). Hat der Rechtsträger **keinen Betriebsrat,** ist dies von den Anmeldern durch Versicherung anlässlich der Anmeldung oder durch ein gesondertes Schreiben kundzugeben; das Registergericht kann insoweit eigene Nachforschungen anstellen (§ 26 FamFG), nicht aber – da unverhältnismäßig – Glaubhaftmachung durch

eidesstattliche Versicherung verlangen (aA AG Duisburg GmbHR 1996, 372; wie hier Trölitzsch WiB 1997, 797; Lutter/Decher Rn. 4; Limmer Unternehmensumwandlungs-HdB/Limmer Teil 2 Rn. 673; Henssler/Strohn/Heidinger Rn. 8; zweifelnd Semler/Stengel/Leonard/Schwanna Rn. 10; vgl. auch NK-UmwR/Schulte Rn. 6). Soweit der Betriebsrat auf die Einhaltung der Frist oder die Zuleitung an sich verzichtet hat (→ § 5 Rn. 125), ist auch dies nachzuweisen (BeckOGK/Rieckers/Cloppenburg Rn. 24);
- für beteiligte AG/SE/KGaA: Nachweis der Bekanntmachung, § 62 III 4;
- für eG die Prüfungsgutachten nach § 86;
- die Schlussbilanz (iE → Rn. 8 ff.).

Die aufgeführten Anlagen sind **gleichzeitig** mit der Anmeldung beim Registergericht einzureichen; geschieht dies nicht, kann der Mangel regelmäßig (bei fehlenden Angaben zur Anteilsgewährung und KapErh vgl. aber OLG Hamm GmbHR 2004, 1533; KG DB 1998, 2511) noch behoben werden (Henssler/Strohn/Heidinger Rn. 4; BeckOGK/Rieckers/Cloppenburg Rn. 3, 51). Das Registergericht hat unter Fristsetzung zur Nachreichung aufzufordern (Lutter/Decher Rn. 6; auch → Rn. 46 f.). Dabei hat es stets zu beachten, dass die Anmeldung als Verfahrenshandlung so auszulegen ist, dass sie im Ergebnis Erfolg haben kann (BayObLG DB 2000, 811; zuvor schon BayObLG DB 1999, 474; falsch deshalb LG Dresden NotBZ 1997, 138; vgl. als Negativbeispiel OLG Hamm GmbHR 2004, 1533 und KG DB 1998, 2511; wohl zu weitgehend hingegen OLG Jena NZG 2003, 43, das für rechtzeitige Anmeldung keine Form verlangt; → Rn. 45). Vgl. auch OLG Schleswig DNotZ 2007, 957 zur Heilung einer verspäteten Anmeldung.

3. Schlussbilanz der übertragenden Rechtsträger

a) **Wesen und Zweck der Schlussbilanz.** Nach Abs. 2 S. 1 ist als weitere Anlage der Anmeldung zum Register des Sitzes jedes der übertragenden Rechtsträger eine gesetzlich so definierte Schlussbilanz einzureichen. Dies gilt auch für **grenzüberschreitende Umw** nach §§ 305 ff. und Umw nach der SE-VO, soweit der übertragende Rechtsträger der dt. Rechtsordnung unterliegt (vgl. zur früheren Rechtslage Kallmeyer/Lanfermann Rn. 43; Sagasser/Bula/Brünger Umwandlungen/Bula/Thees § 15 Rn. 2; BeckOGK/Rieckers/Cloppenburg Rn. 58; Limmer Unternehmensumwandlungs-HdB/Bilitewski Teil 7 Rn. 700; Empt NZG 2010, 1013; Henckel DStR 2005, 1785; W. Müller FS Raupach, 2006, 261 (264, 267 f.); IDW RS HFA 42 Rn. 84; IDW Assurance/Oser Kap. E Rn. 239). Bei einer Hereinverschmelzung muss weder der ausl. übertragende noch der inl. übernehmende Rechtsträger nach Maßgabe von Abs. 2 eine Schlussbilanz beifügen; für den ausl. übertragenden Rechtsträger richten sich die Anforderungen an die Beifügung einer Bilanz nach der für ihn maßgeblichen Rechtsordnung (näher Empt NZG 2010, 1013; vgl. auch IDW RS HFA 42 Rn. 87). Hinsichtlich der Schlussbilanz ist lediglich geregelt, dass die Vorschriften über die Jahresbilanz und deren Prüfung entsprechend gelten **(Abs. 2 S. 2)**, sie nicht bekannt gemacht werden muss **(Abs. 2 S. 3)** und die Verschm nur eingetragen werden darf, wenn der Stichtag dieser Bilanz höchstens acht Monate vor dem Zeitpunkt der Anmeldung liegt **(Abs. 2 S. 4)**. Für die weitere Auslegung und insbes. für die entsprechende Anwendung der Vorschriften über die Jahresbilanz (dieser Begriff existiert weder im HGB noch in anderen handelsrechtlichen Rechnungslegungsvorschriften), bedarf es Klarheit über das Wesen und den Zweck der Schlussbilanz.

Die Schlussbilanz ist dem **Wesen** nach eine Bilanz iSd §§ 242 ff. HGB, die wiederum nach den handelsbilanziellen Vorschriften Bestandteil des JA ist (§ 242 III HGB). Die Schlussbilanz ist nicht ein Vermögensstatus und auch nicht eine Vermögensaufstellung, die etwa § 192 II aF für den Formwechsel als Bestandteil des Formwechselberichts gefordert hatte. Dies folgt unmissverständlich aus der entsprechenden Anwendung der Vorschriften über die „Jahresbilanz" nach Abs. 2 S. 2 (ebenso Henckel DStR 2005, 1785 (1788); Widmann/Mayer/Fronhöfer Rn. 67; Lutter/ Decher Rn. 8; Goutier/Knopf/Tulloch/Bermel Rn. 16).

10 Die Schlussbilanz hat verschiedene **Zwecke.** Auch nach Wegfall der bis 1994 zwingenden Buchwertverknüpfung (heute Wahlrecht, → § 24 Rn. 1, → § 24 Rn. 85) bei der Übernahme der WG durch den übernehmenden Rechtsträger dient die Schlussbilanz der Ermöglichung der **Bilanzkontinuität** (Semler/Stengel/Leonard/Schwanna Rn. 13; Lutter/Decher Rn. 7; Widmann/Mayer/Fronhöfer Rn. 62; Widmann/Mayer/Budde § 24 Rn. 75; Limmer Unternehmensumwandlungs-HdB/Limmer Teil 2 Rn. 676; Henssler/Strohn/Heidinger Rn. 14; BeckOGK/Rieckers/Cloppenburg Rn. 54; MHdB GesR VIII/Schwab § 12 Rn. 30; IDW Assurance/Oser Kap. F Rn. 20; auch noch IDW HFA 2/97 Ziff. 111). Denn nach § 24 kann der übernehmende Rechtsträger das übergehende Vermögen auch mit den in der Schlussbilanz angesetzten Werten ansetzen. Dieser Zweck der Schlussbilanz bedingt, dass der Stichtag der Schlussbilanz nicht frei bestimmt werden kann, da eine Abhängigkeit zum Umwandlungsstichtag (§ 5 I Nr. 6, § 126 I Nr. 6) besteht (→ Rn. 37 ff.).

11 Die Bilanzkontinuität rechtfertigt allerdings nicht die Einreichung zum HR. Bestandteil der Anmeldeunterlagen ist die Schlussbilanz auch deshalb, weil sie – durch Einsichtnahme im HR (§ 9 HGB, § 10 HRV; eine **Bekanntmachung** erfolgt nicht, Abs. 2 S. 3) – den **Gläubigern** die Prüfung ermöglicht, ob sie Sicherheitsleistung nach § 22 verlangen sollen (OLG Köln MittBayNot 2020, 606; OLG Hamm NZG 2007, 914; Widmann/Mayer/Budde § 24 Rn. 76; Lutter/Decher Rn. 7; Kallmeyer/Lanfermann Rn. 11; Semler/Stengel/Leonard/Schwanna Rn. 13; DFS Sonderbilanzen/Deubert/Henckel H Rn. 90; IDW Assurance/Oser Kap. F Rn. 20). Dies ist insbes. für die Gläubiger der anderen beteiligten Rechtsträger (der anderen übertragenden Rechtsträger und des übernehmenden Rechtsträgers) von Bedeutung, sofern sie mit dem übertragenden Rechtsträger bislang nicht in Kontakt standen.

12 Oftmals wird darauf hingewiesen, dass die Schlussbilanz auch der **KapErhKontrolle** dient (etwa Widmann/Mayer/Budde § 24 Rn. 74; Widmann/Mayer/Fronhöfer Rn. 65; Lutter/Decher Rn. 7; Kallmeyer/Lanfermann Rn. 11; Semler/Stengel/Leonard/Schwanna Rn. 13; Goutier/Knopf/Tulloch/Bermel Rn. 11; MHdB GesR VIII/Schwab § 12 Rn. 30, jew. mwN). Dies kann sie allerdings nur in eingeschränktem Maße leisten. Zunächst wird die Schlussbilanz bei dem für den übernehmenden Rechtsträger zuständigen HR, das die KapErhKontrolle (Deckung der KapErh durch das übergehende Vermögen) durchzuführen hat, nicht eingereicht. Darüber hinaus sind für die Prüfung, ob keine Unterpariemission vorliegt, nicht die BW, sondern ausschließlich die tatsächlichen Zeitwerte maßgebend (Sagasser/Bula/Brünger Umwandlungen/Bula/Thees § 10 Rn. 28; auch → § 126 Rn. 30). Sie ist – sofern sich das Registergericht des übernehmenden Rechtsträgers die Schlussbilanz vorlegen lässt – ein Anhaltspunkt, ob eine weitergehende Prüfung notwendig ist. Wenn das übergehende Nettovermögen (Aktiva abzgl. Passiva ohne EK) nach BW lt. Schlussbilanz bereits die KapErh deckt, werden sich weitere Nachforschungen oftmals erübrigen, soweit Anhaltspunkte für eine Überbewertung nicht bestehen (vgl. auch DFS Sonderbilanzen/Deubert/Henckel H Rn. 91 f.). Hiervon ist auszugehen, wenn die Schlussbilanz geprüft und mit einem uneingeschränkten Bestätigungsvermerk des Jahresabschlussprüfers versehen ist (Widmann/Mayer/Fronhöfer Rn. 65). Die Schlussbilanz ist auch nicht geeignet, die Höhe einer ggf. notwendigen **Kapitalherabsetzung** bei einer Abspaltung (§§ 139, 145) zu bestimmen (aA IDW Assurance/Oser Kap. F Rn. 20), da hierfür der Zeitpunkt des Wirksamwerdens der Spaltung maßgeblich ist (→ § 139 Rn. 7).

13 Schließlich dient die Schlussbilanz der **Ergebnisabgrenzung** (Kölner Komm UmwG/Simon Rn. 28: primäre Zielsetzung; Winnefeld Bilanz-HdB N Rn. 229;

Sagassa/Bula/Brünger Umwandlungen/Bula/Thees § 10 Rn. 30: vorrangiger Zweck; IDW RS HFA 42 Rn. 10; IDW Assurance/Oser Kap. F Rn. 20: Semler/Stengel/Leonard/Schwanna Rn. 13; Widmann/Mayer/Fronhöfer Rn. 62; Widmann/Mayer/Budde § 24 Rn. 75; Henssler/Strohn/Heidinger Rn. 14; DFS Sonderbilanzen/Deubert/Henckel H Rn. 90; BeckOGK/Rieckers/Cloppenburg Rn. 54; MHdB GesR VIII/Schwab § 12 Rn. 30). Denn zwingender Bestandteil des Umwandlungsvertrags ist die Festlegung des Umwandlungsstichtags (§ 5 I Nr. 6, § 126 I Nr. 6). Demzufolge bedarf es einer Abgrenzung des noch für eigene Rechnung erwirtschafteten und des – ab dem Umwandlungsstichtag – bereits für fremde Rechnung erwirtschafteten Ergebnis, da bis zum Umwandlungsstichtag grds. die Gesellschafter des übertragenden Rechtsträgers gewinnberechtigt sind (so grds. auch Kallmeyer/Lanfermann Rn. 11). Kommt es noch vor dem Wirksamwerden der Umw, aber nach dem Umwandlungsstichtag zu einer Gewinnausschüttung, ist zu prüfen, ob dies das Umtauschverhältnis beeinflusst. Auch dieser Zweck bedingt eine Abhängigkeit des Stichtags der Schlussbilanz vom Umwandlungsstichtag (→ Rn. 37 ff.).

b) Formelle Anforderungen an die Schlussbilanz. aa) Nur Bilanz. Nach **14** dem klaren Wortlaut von Abs. 2 S. 1 ist als Anlage der Anmeldung lediglich eine **Bilanz** beizufügen. Auch aus sonstigen Umständen und dem Sinn und Zweck der §§ 17, 24 lässt sich nicht ableiten, dass ein JA, mithin auch eine GuV-Rechnung und ggf. ein Anhang (§ 242 III HGB, § 264 I 1 HGB) einzureichen sind (wie hier LG Stuttgart DNotZ 1996, 701; LG Dresden GmbHR 1998, 1086; Lutter/Decher Rn. 8; Lutter/Priester/Hennrichs § 24 Rn. 13; Goutier/Knopf/Tulloch/Bermel Rn. 17; Kallmeyer/Lanfermann Rn. 20; Widmann/Mayer/Fronhöfer Rn. 68 f.; Widmann/Mayer/Budde § 24 Rn. 80; NK-UmwR/Schulte Rn. 10; BeckOGK/Rieckers/Cloppenburg Rn. 55; MHdB GesR VIII/Schwab § 12 Rn. 32; Bilitewski/Roß/Weiser WPg 2014, 13 (15); IDW RS HFA 42 Rn. 7; DFS Sonderbilanzen/Deubert/Henckel H Rn. 82; aA Sagasser/Bula/Brünger Umwandlungen/Bula/Thees § 10 Rn. 35: auch GuV und Anhang; Aha BB 1996, 2995: auch Anh.). Dies gilt selbst dann, wenn als Schlussbilanz die Bilanz des regulären JA verwendet wird. Die freiwillige Einreichung des gesamten JA ist allerdings unschädlich (Kallmeyer/Lanfermann Rn. 20; MHdB GesR VIII/Schwab § 12 Rn. 32; IDW RS HFA 42 Rn. 8: dann keine gesonderte Prüfung; ebenso IDW PH 9.490.1 Rn. 7). **Wahlpflichtangaben,** die entweder im Anhang oder in der Bilanz erfolgen können, sind bei Nichteinreichung eines Anhangs zwingend in der Bilanz oder in einer Anlage zur Bilanz aufzunehmen (Kallmeyer/Lanfermann Rn. 20; Lutter/Priester § 24 Rn. 13; DFS Sonderbilanzen/Deubert/Henckel H Rn. 83: differenzierend nach Art der Angaben; Kölner Komm UmwG/Simon Rn. 32; NK-UmwR/Böttcher § 24 Rn. 8; BeckOGK/Rieckers/Cloppenburg Rn. 55; MHdB GesR VIII/Link § 58 Rn. 4; Limmer Unternehmensumwandlungs-HdB/Bilitewski Teil 7 Rn. 668; Bertram WPg 2014, 410 (411); IDW RS HFA 42 Rn. 7: oder in einer Anlage zur Bilanz; ebenso Widmann/Mayer/Budde § 24 Rn. 81; Oser StuB 2021, 717 (719)). Unter den Voraussetzungen von § 264 III HGB, § 264b HGB (ua Einbeziehung in Konzernabschluss) müssen KapGes bzw. KapCoGes die strengeren Vorschriften der §§ 264 ff. HGB und damit die Verpflichtung zur Erstellung eines Anhangs nicht einhalten. Dies gilt auch für die Schlussbilanz, da Abs. 2 keine über die Bilanzierungsregeln hinausgehenden Anforderungen schafft (näher Scheunemann DB 2006, 797; Widmann/Mayer/Budde § 24 Rn. 81; DFS Sonderbilanzen/Deubert/Henckel H Rn. 85; Oser StuB 2021, 717 (718); Hargarten/Seidler BB 2016, 2795 (2798): selbst bei abweichendem Stichtag; aA Petersen Wpg 2018, 1216 (1217)). Die Erleichterungen greifen allerdings nicht, wenn der Stichtag der Schlussbilanz vom Stichtag des JA/Konzern-JA abweicht (DFS Sonderbilanzen/Deubert/Henckel H Rn. 85). Für Energieversorgungsunternehmen ist § 6b I EnWG zu beachten. Einer

Angabe der **Vorjahreszahlen** bedarf es nicht (IDW RS HFA 42 Rn. 16; Kallmeyer/Lanfermann Rn. 19).

15 **bb) Anmeldung des übertragenden Rechtsträgers.** Nach dem unmissverständlichen Wortlaut sind nur die übertragenden Rechtsträger verpflichtet, „ihre" Schlussbilanz „ihrer" Anmeldung beizufügen (BayObLG GmbHR 1999, 295; LG Frankfurt a. M. GmbHR 1996, 542 (543); Lutter/Decher Rn. 7; Lutter/Priester/Hennrichs § 24 Rn. 13; Kallmeyer/Lanfermann Rn. 13; Germann GmbHR 1999, 591; Henssler/Strohn/Heidinger Rn. 13; Limmer Unternehmensumwandlungs-HdB/Bilitewski Teil 7 Rn. 665; BeckOGK/Rieckers/Cloppenburg Rn. 56).

16 Demgemäß sind weder die Schlussbilanz anderer übertragender Rechtsträger bei der eigenen Anmeldung noch die Schlussbilanz der übertragenden Rechtsträger bei der Anmeldung beim Register des übernehmenden Rechtsträgers beizufügen. Dies schließt nicht aus, dass das für den übernehmenden Rechtsträger zuständige Registergericht aufgrund Amtsermittlung die Vorlage der Schlussbilanz verlangt (BayObLG GmbHR 1999, 295). Eine Ausnahme regelt § 104 II. Die Einreichung kann auch sinnvoll sein, um die Deckung einer Kapitalerhöhung darzulegen (→ Rn. 12). Zur Situation bei grenzüberschreitenden Verschm → Rn. 8.

17 **cc) Keine eigenständige Bilanzierungspflicht.** Die Pflicht zur Einreichung einer Schlussbilanz nach Abs. 2 ist rechtsformunabhängig. Dennoch besteht keine Verpflichtung zur Aufstellung und Einreichung einer Schlussbilanz, wenn der übertragende Rechtsträger nicht abschlusspflichtig ist; Abs. 2 schafft keine eigenständige Bilanzierungspflicht (Semler/Stengel/Leonard/Schwanna Rn. 15; Lutter/Decher Rn. 9; Lutter/Priester/Hennrichs § 24 Rn. 13; Kallmeyer/Lanfermann Rn. 12; Widmann/Mayer/Budde § 24 Rn. 114; Henssler/Strohn/Heidinger Rn. 19; BeckOGK/Rieckers/Cloppenburg Rn. 57; IDW HFA 2/97 Ziff. 11; Oser StuB 2021, 717 (718); Wachter npoR 2020, 283 (286); Scheunemann DB 2006, 797; aA OLG Köln MittBayNot 2020, 606). Denkbar ist dies zB bei eingetragenen Vereinen (s. aber OLG Köln MittBayNot 2020, 606). Auch aus § 104 II lässt sich eine Aufstellungsverpflichtung nicht ableiten (Kallmeyer/Lanfermann Rn. 12; aA etwa Lutter/Priester/Hennrichs § 24 Rn. 13). In diesen Fällen sind die bisherigen Rechnungsunterlagen der Anmeldung zum Register beizufügen (Kallmeyer/Lanfermann Rn. 12; Lutter/Decher Rn. 9; Henssler/Strohn/Heidinger Rn. 19; Bilitewski/Roß/Weiser WPg 2014, 13 (15); IDW HFA 2/97 Ziff. 11). Zur Verschm von Vereinen (Fallgruppen) vgl. Wachter npoR 2020, 283.

18 **dd) Aufstellung und Feststellung.** Aus der Verweisung auf die Vorschriften über die „Jahresbilanz" folgt, dass die Schlussbilanz von den für den regulären JA zuständigen Personen **aufzustellen** und **festzustellen** ist (wie hier LG Kempten Rpfleger 2001, 433; Widmann/Mayer/Fronhöfer Rn. 74; Lutter/Priester/Hennrichs § 24 Rn. 13; Semler/Stengel/Leonard/Schwanna Rn. 18; Henssler/Strohn/Heidinger Rn. 21; aA Sagasser/Bula/Brünger Umwandlungen/Bula/Thees § 10 Rn. 58; Kallmeyer/Lanfermann Rn. 19; IDW RS HFA 42 Rn. 13; IDW PH 9.490.1 Rn. 3; Bilitewski/Roß/Weiser WPg 2014, 13 (15); DFS Sonderbilanzen/Deubert/Henckel H Rn. 125; BeckOGK/Rieckers/Cloppenburg Rn. 73; MHdB GesR VIII/Link § 58 Rn. 8; Widmann/Mayer/Budde § 24 Rn. 119; offengelassen von Gassner FS Widmann, 2000, 343 (346 f.)). Das Argument von Lanfermann (Kallmeyer/Lanfermann Rn. 19), dies hätte einer Bestimmung im Besonderen Teil des UmwG bedurft, überzeugt nicht. Abs. 2 S. 2 ordnet vielmehr die entsprechende Geltung der Vorschriften über die „Jahresbilanz" (lies: JA) an. Hierzu zählen auch die rechtsformunterschiedlichen Regelungen über die Aufstellung und Feststellung. Dies gilt umso mehr, als die Schlussbilanz der Ergebnisabgrenzung dient (→ Rn. 13). Dann bedarf es der Feststellung, damit sie für den Rechtsträger und die Anteilsinhaber verbindlich wird (Henssler/Strohn/Heidinger Rn. 21; vgl. auch

Widmann/Mayer/Fronhöfer Rn. 74). Ebenso ist die Schlussbilanz entsprechend § 245 HGB zu **unterzeichnen** (alle phG, alle Vorstände, alle GmbH-GF; vgl. OLG Schleswig DNotZ 2007, 957 (958); BeBiKo/Justenhoven/Meyer HGB § 245 Rn. 2; IDW Assurance/Oser Kap. F Rn. 22; IDW PH 9.490.1 Rn. 1; BeckOGK/Rieckers/Cloppenburg Rn. 72; MHdB GesR VIII/Link § 58 Rn. 8). Praktisch bedeutsam wird der Streit selten, da regelmäßig als Schlussbilanz die letzte reguläre Jahresbilanz als Teil des JA verwendet wird. IÜ kann die Feststellung im Rahmen des Umwandlungsbeschlusses stattfinden. Kraft ausdrücklicher Anordnung in Abs. 2 S. 3 ist die Schlussbilanz nicht bekannt zu machen **(Offenlegung).**

ee) Inventur. Der Verweis in Abs. 2 S. 2 bezieht sich auch auf §§ 240 f. HGB. Demzufolge ist eine **Inventur** durchzuführen und ein Inventar auf den Stichtag der Schlussbilanz aufzustellen (wie hier Widmann/Mayer/Budde § 24 Rn. 83 ff.; Widmann/Mayer/Fronhöfer Rn. 75; Gassner FS Widmann, 2000, 345; DFS Sonderbilanzen/Deubert/Henckel H Rn. 86; Kallmeyer/Lanfermann Rn. 18; BeckOGK/Rieckers/Cloppenburg Rn. 74). Dies folgt auch aus § 63 II 2, da dort ausdrücklich geregelt ist, dass für die Aufstellung der Zwischenbilanz nach § 63 I Nr. 3 eine körperliche Bestandsaufnahme nicht erforderlich ist (Widmann/Mayer/Fronhöfer Rn. 75; BeckOGK/Rieckers/Cloppenburg Rn. 74). Bedeutsam ist dies ohnehin nur, wenn als Schlussbilanz nicht die Bilanz des letzten regulären JA verwendet wird. Die Vereinfachungen nach §§ 240 f. HGB gelten. Weitergehend kann nach Ansicht des IDW auf eine Inventur verzichtet werden, wenn gesichert ist, dass der Bestand der Vermögensgegenstände nach Art, Menge und Wert auch ohne körperliche Bestandsaufnahme festgestellt werden kann (IDW RS HFA 42 Rn. 14; Kallmeyer/Lanfermann Rn. 18; DFS Sonderbilanzen/Deubert/Henckel H Rn. 86; BeckOGK/Rieckers/Cloppenburg Rn. 75; Limmer Unternehmensumwandlungs-HdB/Bilitewski Teil 7 Rn. 673; Widmann/Mayer/Budde § 24 Rn. 85).

ff) Prüfung der Schlussbilanz. Nach Abs. 2 S. 2 gelten für die Schlussbilanz die Vorschriften über die **Prüfung** der „Jahresbilanz" (lies: JA) entsprechend. Hierdurch wird keine eigenständige Prüfungspflicht begründet. Die Schlussbilanz ist nur dann zu prüfen, wenn auch für die Jahresbilanz (JA) Prüfungspflicht besteht (Lutter/Decher Rn. 9; Semler/Stengel/Leonard/Schwanna Rn. 15; Kallmeyer/Lanfermann Rn. 36; Sagasser/Bula/Brünger Umwandlungen/Bula/Thees § 10 Rn. 57; Goutier/Knopf/Tulloch/Bermel Rn. 24; Widmann/Mayer/Budde § 24 Rn. 118; Widmann/Mayer/Fronhöfer Rn. 76; IDW RS HFA 42 Rn. 7, 13; IDW Assurance/Oser Kap. F Rn. 373; BeckOGK/Rieckers/Cloppenburg Rn. 77; MHdB GesR VIII/Link § 58 Rn. 6). Dies richtet sich nach § 316 I HGB (ggf. iVm § 264a HGB), § 53 II GenG, §§ 340k, 341k HGB, § 6b EnWG und nach §§ 1, 6 PublG. Eine lediglich im Gesellschaftsvertrag oder der Satzung festgelegte Prüfungspflicht gilt mangels gesetzlicher Anordnung für die Schlussbilanz nicht (Sagasser/Bula/Brünger Umwandlungen/Bula/Thees § 10 Rn. 54; NK-UmwR/Schulte Rn. 22; vgl. auch IDW RS HFA 42 Rn. 13: kraft Gesetzes; IDW PH 9.490.1 Rn. 13; BeckOGK/Rieckers/Cloppenburg Rn. 77; DFS Sonderbilanzen/Deubert/Henckel H Rn. 134). Ebenso bedarf es keiner Prüfung der Schlussbilanz, sofern eine Bilanz verwendet wird, die Bestandteil eines regulären JA ist, für den nach § 264 III HGB, § 264b HGB, § 5 VI PublG aufgrund (ua) der Einbeziehung in einen Konzernabschluss weder eine gesonderte Prüfung noch ein gesonderter Prüfungsbericht noch ein eigener Bestätigungsvermerk erforderlich ist (näher Scheunemann DB 2006, 797; Bertram WPg 2014, 410 (412); IDW Assurance/Oser Kap. F Rn. 375; Oser StuB 2021, 717 (722); offengelassen von IDW PH 9.490.1 Rn. 14; BeckOGK/Rieckers/Cloppenburg Rn. 78; Widmann/Mayer/Budde § 24 Rn. 120: Empfehlung zur Abstimmung mit dem Registergericht; aA DFS Sonderbilanzen/Deubert/Henckel H Rn. 137; Petersen Wpg 2018, 1216 (1217)). Dies gilt allerdings nicht, wenn der Stichtag der Schlussbilanz vom Stichtag des JA/Konzern-JA abweicht

(IDW PH 9.490.1 Rn. 14; Bertram WPg 2014, 410 (412); Widmann/Mayer/Budde § 24 Rn. 120). Für die Prüfung der **Größenmerkmale** gilt der Schlussbilanzstichtag als zweiter Abschlussstichtag iSv § 267 IV HGB, auch wenn er vor dem regulären Abschlussstichtag liegt (zutr. und näher DFS Sonderbilanzen/Deubert/Henckel H Rn. 135); er gilt aber auch als weiterer Abschlussstichtag, wenn er nach dem regulären Stichtag liegt (Roß DB 2014, 1822 (1823); Bilitewski/Roß/Weiser WPg 2014, 13 (15) Fn. 13; vgl. auch Widmann/Mayer/Budde § 24 Rn. 96; aA Bertram WPg 2014, 410 (412)). Die **Qualifizierung** der **Prüfer** richtet sich nach den jew. einschlägigen Bestimmungen (Kallmeyer/Lanfermann Rn. 37; Sagasser/Bula/Brünger Umwandlungen/Bula/Thees § 10 Rn. 55; IDW Assurance/Oser Kap. F Rn. 262); für ausl. Prüfer einer inl. Ges. gilt – auch bei grenzüberschreitenden Verschm – § 131k WPO (Kallmeyer/Lanfermann Rn. 37; BeckOGK/Rieckers/Cloppenburg Rn. 79). Auch die **Bestellung** der Prüfer bestimmt sich nach den jew. allg. Vorschriften (Kallmeyer/Lanfermann Rn. 38; BeckOGK/Rieckers/Cloppenburg Rn. 80; Bertram WPg 2014, 410 (413)). Zuständig ist dasjenige Organ, das auch den Jahresabschlussprüfer bestellt, regelmäßig also die Gesellschafter, wenn der Gesellschaftsvertrag nicht zulässigerweise eine andere Zuständigkeit bestimmt (§ 318 I 1, 2 HGB, § 6 PublG). Einer gesonderten Bestellung bedarf es nur, wenn als Schlussbilanz nicht die Bilanz des regulären JA verwendet wird; der Prüfer des regulären JA ist in diesem Fall nicht bereits konkludent bestellt (Kölner Komm UmwG/Simon Rn. 35; Kallmeyer/Lanfermann Rn. 38; BeckOGK/Rieckers/Cloppenburg Rn. 80; MHdB GesR VIII/Link § 58 Rn. 7; Lutter/Decher Rn. 10; Bertram WPg 2014, 410 (412); IDW Assurance/Oser Kap. F Rn. 378; IDW PH 9.490.1 Rn. 17). Dies kann auch eine andere Person sein (Bertram WPg 2014, 410 (413); IDW Assurance/Oser Kap. F Rn. 378). Unter den Voraussetzungen von § 318 IV HGB kann auch eine gerichtliche Bestellung erfolgen (Kallmeyer/Lanfermann Rn. 35). Eine **Prüfung** durch den **Aufsichtsrat** (§ 171 I 1 AktG) ist nicht notwendig (Widmann/Mayer/Budde § 24 Rn. 119; Sagasser/Bula/Brünger Umwandlungen/Bula/Thees § 10 Rn. 55; Kallmeyer/Lanfermann Rn. 19; Henssler/Strohn/Heidinger Rn. 20; Lutter/Decher Rn. 10; BeckOGK/Rieckers/Cloppenburg Rn. 73, 78; IDW RS HFA 42 Rn. 13; IDW PH 9.490.1 Rn. 3). Für Energieversorgungsunternehmen ist § 6b I EnWG zu beachten.

21 Soweit die Jahresbilanz (als Bestandteil des regulären JA) mit der Schlussbilanz übereinstimmt, bedarf es keiner isolierten Prüfung der Schlussbilanz (Sagasser/Bula/Brünger Umwandlungen/Bula/Thees § 10 Rn. 54; DFS Sonderbilanzen/Deubert/Henckel H Rn. 136; Widmann/Mayer/Budde § 24 Rn. 119; Widmann/Mayer/Fronhöfer Rn. 77; Lutter/Decher Rn. 9; BeckOGK/Rieckers/Cloppenburg Rn. 78; Bertram WPg 2014, 410 (411); vgl. aber IDW RS HFA 42 Rn. 8: keine gesonderte Prüfung, wenn JA mit Bestätigungsvermerk eingereicht wird; vgl. auch IDW PH 9.490.1 Rn. 8 zur Formulierung des Bestätigungsvermerks). Eine Prüfung ist indes notwendig, wenn die Schlussbilanz trotz übereinstimmenden Stichtags – etwa wegen anderer Ausübung von Wahlrechten oder umwandlungsbedingten Rückstellungen (bspw. Kosten oder Steuern aufgrund der Umw) – von der regulären Jahresbilanz abweicht (Lutter/Decher Rn. 9; BeckOGK/Rieckers/Cloppenburg Rn. 78; Widmann/Mayer/Budde § 24 Rn. 119; Bertram WPg 2014, 410 (411); IDW Assurance/Oser Kap. F Rn. 379; IDW PH 9.490.1 Rn. 9). Insoweit besteht auch ein anderer Wertaufhellungszeitraum (IDW PH 9.490.1 Rn. 9). Ferner bedarf es einer getrennten Prüfung bei einer Schlussbilanz auf einen vom regulären Jahresabschlussstichtag abw. Stichtag (Widmann/Mayer/Budde § 24 Rn. 119; Bertram WPg 2014, 410 (412); IDW Assurance/Oser Kap. F Rn. 379; IDW PH 9.490.1 Rn. 10).

22 Über das Ergebnis der Prüfung ist entsprechend § 321 HGB schriftlich zu berichten (vgl. hierzu IDW PH 9.490.1 Rn. 21; IDW Assurance/Oser Kap. F Rn. 380), sofern nicht ohnehin über die reguläre Jahresabschlussprüfung berichtet wird (IDW PH 9.490.1 Rn. 7). Ferner ist ein **Bestätigungsvermerk** entsprechend § 322 HGB zu erteilen. Für Unternehmen von öffentlichem Interesse ist zusätzlich Art. 10 Abschlussprüfungs-VO zu beachten (dazu BeBiKo/Justenhoven/Küster/Bernhardt HGB § 322 Rn. 130 ff.). Unter den Voraussetzungen von § 264 III HGB bzw. § 264b HGB und § 5 VI PublG (→ Rn. 14, → Rn. 20) bedarf es mangels Prüfungspflicht weder eines Prüfungsberichts noch eines Bestätigungsvermerks (Scheunemann DB 2006, 797 (798); Hargarten/Seidler BB 2016, 2795 (2798): selbst bei abweichendem Stichtag; offengelassen von IDW PH 9.490.1 Rn. 14; aA DFS Sonderbilanzen/Deubert/Henckel H Rn. 137; Petersen Wpg 2018, 1216 (1217)). Zur Einbeziehung von Risikofrüherkennungssystemen in die Prüfung vgl. Widmann/Mayer/Budde § 24 Rn. 124; Der Bestätigungsvermerk ist bei der isolierten Prüfung einer vom JA abw. Schlussbilanz auf die Bilanz zu beschränken (vgl. auch IDW PH 9.490.1 Rn. 22). Sofern die reguläre Jahresbilanz als Schlussbilanz verwendet wird, bedarf es selbst dann keines auf die Bilanz beschränkten Bestätigungsvermerks, wenn nur die Jahresbilanz und nicht der gesamte JA beim Registergericht eingereicht wird (wie hier BeckOGK/Rieckers/Cloppenburg Rn. 82; Aha BB 1996, 2559; aA IDW HFA RS 42 Rn. 8; IDW PH 9.490.1 Rn. 8; DFS Sonderbilanzen/Deubert/Henckel H Rn. 139; Widmann/Mayer/Fronhöfer Rn. 77). Es besteht **Siegelpflicht,** da die Prüfung der Schlussbilanz eine Vorbehaltsaufgabe für WP ist (→ Rn. 20; IDW PH 9.490.1 Rn. 20; Widmann/Mayer/Budde § 24 Rn. 121).

Str. ist, welche rechtlichen Folgerungen aus dem **Fehlen** oder aus der **Einschränkung/Versagung** eines **Bestätigungsvermerks** zu ziehen sind. Fehlt der Bestätigungsvermerk, weil die erforderliche Prüfung nicht stattgefunden hat, ist die Eintragung abzulehnen (Kallmeyer/Lanfermann Rn. 39; Sagasser/Bula/Brünger Umwandlungen/Bula/Thees § 10 Rn. 56; DFS Sonderbilanzen/Deubert/Henckel H Rn. 139; Lutter/Decher Rn. 9; BeckOGK/Rieckers/Cloppenburg Rn. 83; MHdB GesR VIII/Link § 58 Rn. 7). Entsprechendes gilt, wenn der Bestätigungsvermerk von einem nicht qualifizierten Prüfer erteilt worden ist (Kallmeyer/Lanfermann Rn. 39; BeckOGK/Rieckers/Cloppenburg Rn. 83). Enthält lediglich das beim Register eingereichte Exemplar der Schlussbilanz keinen Bestätigungsvermerk, kann dies nachgeholt werden (aA LG Hagen GmbHR 1994, 714; Goutier/Knopf/Tulloch/Bermel Rn. 24: Beibringung des Bestätigungsvermerks sei nicht vorgeschrieben). Ein eingeschränkter Bestätigungsvermerk oder ein Vermerk mit Ergänzungen begründet alleine keine Ablehnung (wie hier Kallmeyer/Lanfermann Rn. 39; Lutter/Decher Rn. 9; Semler/Stengel/Leonard/Schwanna Rn. 15, Fn. 79; DFS Sonderbilanzen/Deubert/Henckel H Rn. 139; BeckOGK/Rieckers/Cloppenburg Rn. 83; einschränkend Sagasser/Bula/Brünger Umwandlungen/Bula/Thees § 10 Rn. 56: können unschädlich sein). Selbst auf einen Versagungsvermerk (§ 322 II 2 HGB) kann die Eintragungsablehnung nicht gestützt sein (wie hier Kallmeyer/Lanfermann Rn. 39; Semler/Stengel/Leonard/Schwanna Rn. 15 Fn. 78; BeckOGK/Rieckers/Cloppenburg Rn. 83; Lutter/Decher Rn. 9). Hierfür fehlt eine Rechtsgrundlage. Abs. 2 S. 2 verlangt nur eine geprüfte, nicht eine richtige Schlussbilanz. Eine Regelung wie etwa § 209 I, III AktG oder § 57f II GmbHG fehlt im UmwG. Darin ist auch keine unbewusste Regelungslücke zu erblicken, da die Schlussbilanz anderen Zwecken dient (→ Rn. 10 ff.). Aus anderen Vorschriften des UmwG lässt sich nicht ableiten, dass eine ordnungsgemäße Bilanz Voraussetzung für die Umwandlungsfähigkeit ist. Die Durchführung der Prüfung wird durch den eingeschränkten Bestätigungs- wie auch durch den Versagungsvermerk dokumentiert. Auch außerhalb des UmwR kommt der Einschränkung oder der Versagung des Bestätigungsvermerks eine unmittelbare rechtliche Wirkung nicht zu (etwa für die Wirksamkeit der Feststellung und des Gewinnverwendungsbeschlusses; vgl. BeBiKo/Justenhoven/Küster/Bernhardt HGB § 322 Rn. 13).

Die Einschränkung oder die Versagung des Bestätigungsvermerks wird allerdings für die **Gläubiger** Anlass sein, Sicherheit nach § 22 zu verlangen. Auch wird das Registergericht besonders krit. prüfen. Dies gilt im Besonderen bei der Voreintragung einer umwandlungsbedingten KapErh. Sofern das für den übernehmenden Rechtsträger und damit für die Eintragung der KapErh zuständige Registergericht von der Einschränkung oder Versagung des Bestätigungsvermerks Kenntnis erlangt (etwa aufgrund Amtsermittlung oder weil die Schlussbilanz als Wertnachweis eingereicht worden ist), wird es regelmäßig auf weitere Wertnachweise bestehen.

25 **c) Entsprechende Anwendung der Ansatzvorschriften. aa) Allgemeines.** Nach Abs. 2 S. 2 gelten für die Schlussbilanz die Vorschriften über die Jahresbilanz (lies: JA) entsprechend. Demzufolge ist die Schlussbilanz so zu erstellen, als wäre sie Bestandteil eines regulären handelsrechtlichen HGB-Einzelabschlusses (unstr.; vgl. etwa Sagasser/Bula/Brünger Umwandlungen/Bula/Thees § 10 Rn. 37; DFS Sonderbilanzen/Deubert/Henckel H Rn. 104; IDW RS HFA 15; IDW Assurance/Oser Kap. F Rn. 31; Limmer Unternehmensumwandlungs-HdB/Bilitewski Teil 7 Rn. 677; Oser StuB 2014, 631 (633)). Daher gelten die für die Jahresbilanz (JA) maßgeblichen **Ansatzvorschriften** (§§ 246–251, 274 HGB). Die Erleichterungen nach § 264 III HGB bzw. § 264b HGB können in Anspruch genommen werden, wenn der Stichtag der Schlussbilanz mit dem Stichtag des in den Konzernabschluss einbezogenen JA übereinstimmt (DFS Sonderbilanzen/Deubert/Henckel H Rn. 104, 85; Oser StuB 2021, 717, 720; weitergehend Hargarten/Seidler BB 2016, 2795 (2798): auch bei abweichendem Stichtag; aA Petersen Wpg 2018, 1216 (1217); vgl. auch → Rn. 14). Bei **Kettenumwandlungen** auf den gleichen Stichtag (→ Rn. 39) erfasst dennoch jeder Rechtsträger nur sein am Stichtag vorhandenes Vermögen, auch wenn der übernehmende Rechtsträger der vorrangigen Umw in der Folge als übertragender Rechtsträger beteiligt ist (IDW RS HFA 42 Rn. 21). Die Änderungen durch das **BilMoG** waren erstmals in der Schlussbilanz zu beachten, wenn der übertragende Rechtsträger die geänderten Vorschriften bei einem regulären JA am Schlussbilanzstichtag berücksichtigen müsste. Er konnte hierbei die Wahlrechte nach Art. 67 EGHGB ausüben. Für Energieversorgungsunternehmen ist § 6b I EnWG zu beachten (unabhängig von der Rechtsform wie KapGes). Die Anwendung Internationaler Rechnungslegungsstandards **(IAS/IFRS)** genügt den Anforderungen nicht (vgl. § 325 IIa HGB: nur für Offenlegung; IDW Assurance/Oser Kap. F Rn. 32; Kallmeyer/Lanfermann Rn. 28; BeckOGK/Rieckers/Cloppenburg Rn. 62; Oser StuB 2014, 631 (633); Bilitewski/Roß/Weiser WPg 2014, 13 (15)). Im Einzelnen:

26 **bb) Aktivseite.** Neben sämtlichen **Vermögensgegenständen** (§ 246 I HGB) muss (Aktivierungsgebote) bzw. kann (Aktivierungswahlrechte) der übertragende Rechtsträger in seiner Schlussbilanz entsprechend den Vorschriften über die Jahresbilanz (JA) aktive **RAP** (§ 250 I 1 HGB), ein **Disagio** gem. § 250 III HGB, aktive latente Steuern gem. § 274 I 2 HGB und einen entgeltlich erworbenen **Geschäfts- oder Firmenwert** nach § 246 I 4 HGB (auch → Rn. 27) aktivieren. Anzusetzen sind auch Forderungen gegenüber dem übernehmenden Rechtsträger, da die **Konfusion** erst mit dem Vermögensübergang infolge der Umw eintritt (Sagasser/Bula/Brünger Umwandlungen/Bula/Thees § 10 Rn. 41; Lutter/Priester/Hennrichs § 24 Rn. 15; DFS Sonderbilanzen/Deubert/Henckel H Rn. 107; Goutier/Knopf/Tulloch/Bermel Rn. 20; IDW Assurance/Oser Kap. F Rn. 35; BeckOGK/Rieckers/Cloppenburg Rn. 66). **Steuerforderungen**, die erst durch die Umw entstehen (früher etwa KSt-Minderung nach § 10 UmwStG aF; § 37 KStG aF) sind zu berücksichtigen. **Aktive latente Steuern** können in der Schlussbilanz nur angesetzt oder beibehalten werden, wenn und soweit die Steuerentlastung auch beim übernehmenden Rechtsträger eintritt (Kallmeyer/Lanfermann Rn. 30; Sagasser/Bula/Brünger Umwandlungen/Bula/Thees § 10 Rn. 38; diff. Simlacher DStR 2011, 1868 (1870); ebenso BeckOGK/Rieckers/Cloppenburg Rn. 67). Dies ist aufgrund des umwandlungsbedingten Untergangs von Verlust- und Zinsvorträgen vielfach gerade nicht der Fall (vgl. etwa § 4 II 2 UmwStG, § 12 III UmwStG; IDW Assurance/Oser

Kap. F Rn. 35). **Anteile** des übertragenden Rechtsträgers **am übernehmenden Rechtsträger** sind in der Schlussbilanz noch zu aktivieren. Sie werden erst mit Wirksamwerden der Umw beim übernehmenden Rechtsträger eigene Anteile, soweit sie nicht zur Anteilsgewährung verwendet werden; erst der übernehmende Rechtsträger erfasst diese nach § 272 Ia HGB (DFS Sonderbilanzen/Deubert/Henckel H Rn. 108; Winnefeld Bilanz-HdB N Rn. 232; Goutier/Knopf/Tulloch/Bermel Rn. 20; BeckOGK/Rieckers/Cloppenburg Rn. 66; MHdB GesR VIII/Link § 58 Rn. 11; Limmer Unternehmensumwandlungs-HdB/Bilitewski Teil 7 Rn. 682). **Eigene Anteile** des übertragenden Rechtsträgers sind seit den Änderungen durch das BilMoG auch in der Schlussbilanz nach § 272 Ia HGB offen vom Gezeichneten Kapital und den frei verfügbaren Rücklagen abzusetzen (Kallmeyer/Lanfermann Rn. 30; BeckOGK/Rieckers/Cloppenburg Rn. 66; MHdB GesR VIII/Link § 58 Rn. 11; Limmer Unternehmensumwandlungs-HdB/Bilitewski Teil 7 Rn. 681; IDW Assurance/Oser Kap. F Rn. 35). Aktivierungswahlrechte und Ansatzmethoden sind nach dem Grds. der **Ansatzstetigkeit** (§ 246 III 1 HGB) wie im vorhergehenden JA auszuüben. Hiervon kann nur unter den engen Voraussetzungen des § 252 II HGB (begründeter Ausnahmefall) abgewichen werden (§ 246 III 3 HGB), etwa wenn bei beabsichtigter Buchwertverknüpfung nach § 24 eine Anpassung an die Bilanzierungsgrundsätze beim übernehmenden Rechtsträger erfolgen soll (IDW RS HFA 42 Rn. 17; Kallmeyer/Lanfermann Rn. 30; BeckOGK/Rieckers/Cloppenburg Rn. 65; MHdB GesR VIII/Link § 58 Rn. 12; Limmer Unternehmensumwandlungs-HdB/Bilitewski Teil 7 Rn. 697; Widmann/Mayer/Budde § 24 Rn. 89; zur Buchwertverknüpfung vgl. aber → Rn. 33.

cc) Immaterielle Vermögensgegenstände. Selbst geschaffene immaterielle 27 Vermögensgegenstände des Anlagevermögens dürfen (Wahlrecht) seit den Änderungen durch das BilMoG unter den Voraussetzungen von § 248 II HGB angesetzt werden. Dies gilt auch für die Schlussbilanz, allerdings ist der Grds. der Ansatzstetigkeit zu beachten (→ Rn. 26). Eine erstmalige Aktivierung in der Schlussbilanz wird nur unter engen Voraussetzungen (etwa Anpassung an Bilanzierungsgrundsätze beim übernehmenden Rechtsträger → Rn. 26) in Betracht kommen (Kallmeyer/Lanfermann Rn. 30; BeckOGK/Rieckers/Cloppenburg Rn. 67). Zur Aktivierung beim übernehmenden Rechtsträger → § 24 Rn. 26, → § 24 Rn. 64.

dd) Passivseite. Auf der Passivseite der Schlussbilanz sind sämtliche Verbindlich- 28 keiten anzusetzen und RSt (einschl. Drohverlustrückstellungen) entsprechend den für den JA geltenden Vorschriften (insbes. § 249 HGB) zu bilden. Das Passivierungsverbot und die Regelung zur Auflösung von Rückstellungen nach § 249 II HGB sind auch in der Schlussbilanz zu beachten. Verbindlichkeiten gegenüber dem übernehmenden Rechtsträger sind ebenso wie Forderungen (→ Rn. 26) in der Schlussbilanz noch auszuweisen (IDW Assurance/Oser Kap. F Rn. 35). Passive RAP nach § 250 II HGB sind anzusetzen (Sagasser/Bula/Brünger Umwandlungen/Bula/Thees § 10 Rn. 40; BeckOGK/Rieckers/Cloppenburg Rn. 68). Das Passivierungswahlrecht nach Art. 28 EGHGB ist wie in den vorherigen Abschlüssen auszuüben, soweit kein begründeter Ausnahmefall vorliegt, etwa wegen Anpassung an die Bilanzierungsgrundsätze beim übernehmenden Rechtsträger (→ Rn. 26, 33).

Die **Kosten** der Verschm sind, soweit sie vom übertragenden Rechtsträger zu 29 tragen sind, in der Schlussbilanz zurückzustellen (Kallmeyer/Lanfermann Rn. 30; IDW Assurance/Oser Kap. F Rn. 35; DFS Sonderbilanzen/Deubert/Henckel H Rn. 113; BeckOGK/Rieckers/Cloppenburg Rn. 68). Dies gilt selbst dann, wenn mit Verschmelzungshandlungen vor dem Stichtag der Schlussbilanz noch nicht begonnen worden ist oder vor diesem Zeitpunkt die Absicht zur Verschm noch nicht bestand. Denn in der Schlussbilanz sind letztmalig unabhängig von den allg. Grundsätzen alle noch dem übertragenden Rechtsträger zuzuordnenden Aufwendungen zu erfassen (vgl. aber Sagasser/Bula/Brünger Umwandlungen/Bula/Thees

§ 10 Rn. 42: Beschluss der Verschm vor dem Stichtag). Anzusetzen sind auch die **Steuerverbindlichkeiten,** die aufgrund der Umw entstehen (Kallmeyer/Lanfermann Rn. 41; W. Müller FS Raupach, 2006, 261 (270); aA DFS Sonderbilanzen/ Deubert/Henckel H Rn. 109; IDW RS HFA 42 Rn. 20; IDW Assurance/Oser Kap. F Rn. 35; BeckOGK/Rieckers/Cloppenburg Rn. 68: Minderung erst des übergebenden Vermögens; diff. auch Limmer Unternehmensumwandlungs-HdB/ Bilitewski Teil 7 Rn. 690). Dies ist insbes. die KSt- und GewSt-Belastung aufgrund einer Aufstockung der BW in der stl. Schlussbilanz des übertragenden Rechtsträgers (§§ 3, 11, 15, 16 UmwStG). Zur möglichen Kompensation mit aktiven latenten Steuern vgl. W. Müller FS Raupach, 2006, 261 (270). Da der Antrag auf stl. Buchwertfortführung spätestens (und in der Praxis vielfach erst) bis zur Abgabe der Steuerbilanz des übertragenden Rechtsträgers – vom übernehmenden Rechtsträger als Rechtsnachfolger – gestellt wird (vgl. etwa § 3 II 2 UmwStG), ist auf den Kenntnisstand (Absicht; ggf. Regelung im Umwandlungsvertrag; vgl. Kallmeyer/ Lanfermann Rn. 41) zum Zeitpunkt der Aufstellung der Schlussbilanz abzustellen; wird hiervon später abgewichen, lässt dies die Wirksamkeit der Schlussbilanz unberührt. Stl. Folgen der Umw bei den Gesellschaftern bleiben unberücksichtigt (etwa ESt/KSt bei der Umw einer PersGes). Nicht erfasst werden durch die Umw ausgelöste Verkehrsteuern, die nicht der stl. Rückwirkung unterliegen (→ UmwStG § 2 Rn. 35, → UmwStG § 2 Rn. 39). Beide Fälle (Passivierung von Kosten und Steuerverbindlichkeiten) bewirken regelmäßig eine Abweichung von der Jahresbilanz auf den gleichen Stichtag mit allen daraus resultierenden Folgen (insbes. eigenständige Prüfung; → Rn. 21).

30 § 268 I HGB gilt (Kallmeyer/Lanfermann Rn. 30; DFS Sonderbilanzen/ Deubert/Henckel H Rn. 112; Goutier/Knopf/Tulloch/Bermel Rn. 21; BeckOGK/Rieckers/Cloppenburg Rn. 68). Danach kann die Schlussbilanz einer übertragenden KapGes unter Berücksichtigung der vollständigen oder teilw. **Verwendung** des Jahresergebnisses aufgestellt werden. Anderenfalls wirken sich nach dem Stichtag beschlossene **Gewinnausschüttungen,** die noch an die Anteilsinhaber des übertragenden Rechtsträgers ausbezahlt werden, nicht auf die Schlussbilanz aus (IDW RS HFA 42 Rn. 18; IDW Assurance/Oser Kap. F Rn. 39; Widmann/ Mayer/Budde § 24 Rn. 94; Hargarten/Claßen BB 2021, 1259). Ebenso wenig sind in der Schlussbilanz nach deren Stichtag beschlossene **Kapitalerhöhungen** zu erfassen (IDW RS HFA 42 Rn. 19; IDW Assurance/Oser Kap. F Rn. 39; Widmann/ Mayer/Budde § 24 Rn. 94). Sowohl diese Gewinnausschüttungen als auch die Kapitalzuführungen sind erst beim übernehmenden Rechtsträger zu berücksichtigen (IDW RS HFA 42 Rn. 18 f.).

31 **d) Entsprechende Anwendung der Bewertungsvorschriften. aa) Fortentwicklung der Anschaffungskosten.** Die entsprechende Anwendung der Vorschriften für die Jahresbilanz (lies: JA) nach Abs. 2 S. 2 (zu **IAS/IFRS** → Rn. 25) bedeutet für die **Bewertung,** dass die Schlussbilanz unter Berücksichtigung zwischenzeitlicher Geschäftsvorfälle nach den handelsrechtlichen Vorschriften einschl. den Grundsätzen ordnungsgemäßer Buchführung aus der letzten Jahresbilanz zu entwickeln ist (IDW RS HFA 42 Rn. 15; MHdB GesR VIII/Link § 58 Rn. 10). Eine Realisation durch den umwandlungsbedingten Vermögensübergang ist nicht zu berücksichtigen. Ein Bewertungswahlrecht besteht anders als ggf. für die Steuerbilanz (vgl. §§ 3, 11 UmwStG) nicht. Trotz des Untergangs des übertragenden Rechtsträgers ist grds. nach **Fortführungsgesichtspunkten** zu bilanzieren (DFS Sonderbilanzen/Deubert/Henckel H Rn. 116; Sagasser/Bula/Brünger Umwandlungen/Bula/Thees § 10 Rn. 48; IDW RS HFA 42 Rn. 15; IDW Assurance/Oser Kap. F Rn. 36; BeckOGK/Rieckers/Cloppenburg Rn. 69; MHdB GesR VIII/Link § 58 Rn. 11; Widmann/Mayer/Budde § 24 Rn. 86; auch → Rn. 32). Wertobergrenze sind die AK oder HK vermindert um die zwischenzeitlichen Abschreibungen

(Kallmeyer/Lanfermann Rn. 31; Sagasser/Bula/Brünger Umwandlungen/Bula/ Thees § 10 Rn. 46; Goutier/Knopf/Tulloch/Bermel Rn. 22; Limmer Unternehmensumwandlungs-HdB/Bilitewski Teil 7 Rn. 698; Lutter/Priester/Hennrichs § 24 Rn. 16; BeckOGK/Rieckers/Cloppenburg Rn. 70; IDW Assurance/Oser Kap. F Rn. 36). Zuschreibungen sind nach den allg., auch für den regulären JA geltenden Vorschriften (§ 253 V HGB) vorzunehmen (ganz hM; etwa IDW RS HFA 42 Rn. 15; IDW Assurance/Oser Kap. F Rn. 36; Widmann/Mayer/Budde § 24 Rn. 91; Goutier/Knopf/Tulloch/Bermel Rn. 22; Lutter/Priester/Hennrichs § 24 Rn. 16; BeckOGK/Rieckers/Cloppenburg Rn. 70; Gassner FS Widmann, 2000, 346; Sagasser/Bula/Brünger Umwandlungen/Bula/Thees § 10 Rn. 48; Kallmeyer/Lanfermann Rn. 33; DFS Sonderbilanzen/Deubert/Henckel H Rn. 117; Winnefeld Bilanz-HdB N Rn. 232; insges. aA Müller-Gatermann WPg 1996, 868 (869): Auflösung der stillen Reserven bis zu ihrem Zeitwert). Ein Aufstockungswahlrecht lässt sich keinesfalls aus dem Umstand ableiten, dass stl. (vgl. §§ 3, 11 UmwStG) die WG grds. mit dem gemeinen Wert anzusetzen sind und nur unter gewissen Voraussetzungen das Wahlrecht zur Fortführung der bisherigen BW oder zur Bewertung mit einem ZW besteht (ebenso Kallmeyer/Lanfermann Rn. 32; so aber Müller-Gatermann WPg 1996, 868 (869)). Der Grds. der **Maßgeblichkeit** gilt bei Umw nicht (→ Rn. 66; → § 24 Rn. 108).

bb) Allgemeine Bewertungsgrundsätze. § 252 HGB gilt im Grds. ohne Einschränkungen (Kallmeyer/Lanfermann Rn. 33). Damit ist bei der Bewertung insbes. nach § 252 I Nr. 2 HGB von der Fortführung der Unternehmenstätigkeit auszugehen (schon → Rn. 31; Sagasser/Bula/Brünger Umwandlungen/Bula/Thees § 10 Rn. 48; Widmann/Mayer/Budde § 24 Rn. 86; Gassner FS Widmann, 2000, 346; Kallmeyer/Lanfermann Rn. 33; DFS Sonderbilanzen/Deubert/Henckel H Rn. 117; BeckOGK/Rieckers/Cloppenburg Rn. 69; IDW RS HFA 42 Rn. 15; IDW Assurance/Oser Kap. F Rn. 36). **32**

Die Umw kann allerdings ein begründeter Ausnahmefall iSv § 252 II HGB sein, um von den Grundsätzen der Ansatz-, Bewertungs- und Darstellungsstetigkeit nach § 246 III 1 HGB, § 252 I HGB – etwa zur Anpassung an die Bewertungsgrundsätze beim übernehmenden Rechtsträger – abzuweichen (im Grds. ganz hM; vgl. etwa IDW RS HFA 42 Rn. 17; Kallmeyer/Lanfermann Rn. 33; Sagasser/Bula/Brünger Umwandlungen/Bula/Thees § 10 Rn. 49; Lutter/Priester/Hennrichs § 24 Rn. 16 ff.; Goutier/Knopf/Tulloch/Bermel Rn. 22; Widmann/Mayer/Budde § 24 Rn. 89; BeckOGK/Rieckers/Cloppenburg Rn. 71; Gassner FS Widmann, 2000, 346; DFS Sonderbilanzen/Deubert/Henckel H Rn. 117 f.; IDW RS Assurance/Oser Kap. F Rn. 38; auch → Rn. 26). Dies hängt nicht davon ab, ob der übernehmende Rechtsträger nach § 24 die BW fortführt (so aber Sagasser/Bula/Brünger Umwandlungen/Bula/Thees § 10 Rn. 49; Lutter/Priester/Hennrichs § 24 Rn. 17 f.; DFS Sonderbilanzen/Deubert/Henckel H Rn. 117 f.; MHdB GesR VIII/Link § 58 Rn. 12; vgl. aber IDW RS HFA 42 Rn. 17: insbes. bei vorgesehener Buchwertverknüpfung; ebenso Widmann/Mayer/Budde § 24 Rn. 89). Diese Differenzierung überzeugt nicht. Das Wahlrecht nach § 24 wird ausschließlich durch den übernehmenden Rechtsträger und erst – frühestens – im ersten regulären JA nach dem Umwandlungsstichtag ausgeübt. Dies kann keinen Einfluss auf die Schlussbilanz nehmen. Eine Anpassung der Bewertungsmethoden an diejenigen des übernehmenden Rechtsträgers kann daher auch erfolgen, wenn der übernehmende Rechtsträger zunächst beabsichtigt, die BW fortzuführen oder hierüber noch keine Klarheit herrscht (so wohl auch BeckOGK/Rieckers/Cloppenburg Rn. 71). Die Wahlrechte können auch abw. von einem auf den gleichen Stichtag bereits aufgestellten und geprüften JA ausgeübt werden. Dann ist eine eigenständige Schlussbilanz aufzustellen und erneut zu prüfen (Kallmeyer/Lanfermann Rn. 35; Widmann/Mayer/Budde § 24 Rn. 90; IDW Assurance/Oser Kap. F Rn. 40; → Rn. 21). Eine Änderung des **33** regulären JA ist nicht notwendig (IDW Assurance/Oser Kap. F Rn. 40; diff. DFS Sonderbilanzen/Deubert/Henckel H Rn. 119). Anderes gilt, wenn aufgrund der Ergebnisbeeinflussung durch die Wahlrechtsausübung eine bereits beschlossene Gewinnausschüttung nicht mehr zulässig wäre.

34 e) Besonderheiten bei eigenständiger Schlussbilanz. In der Praxis wird als Schlussbilanz meist die Jahresbilanz des letzten regulären JA verwendet. Zwingend ist dies indes nicht. Wird die Schlussbilanz auf einen nicht mit dem GjEnde zusammenfallenden Stichtag aufgestellt, entsteht kein RumpfGj (Kallmeyer/Lanfermann Rn. 18; Widmann/Mayer/Budde § 24 Rn. 83; Lutter/Priester/Hennrichs § 24 Rn. 14; Henssler/Strohn/Heidinger Rn. 18; BeckOGK/Rieckers/Cloppenburg Rn. 60; Bilitewski/Roß/Weiser WPg 2014, 13 (16)). Es bedarf demzufolge keiner Satzungsänderung zur Anpassung des Gj. Eine derartige Schlussbilanz kann nicht Grundlage für Gewinnausschüttungen sein (Kallmeyer/Lanfermann Rn. 18; Widmann/Mayer/Budde § 24 Rn. 131; Widmann/Mayer/Fronhöfer Rn. 72). IÜ bestehen aber aufgrund des vom GjEnde abw. Stichtags keine Besonderheiten. Grds. ist eine Inventur durchzuführen (→ Rn. 19; Winnefeld Bilanz-HdB N Rn. 230). Auch eine derartige Schlussbilanz ist festzustellen (→ Rn. 18) und gesondert zu prüfen (→ Rn. 20 ff.).

35 f) Achtmonatsfrist. aa) Allgemeines. Nach Abs. 2 S. 4 darf der Stichtag der Schlussbilanz höchstens acht Monate vor der Anmeldung liegen. Vgl. ergänzend § 118 S. 2 für VVaG. Hierdurch soll die Aktualität gewährleistet werden (Lutter/Decher Rn. 11; Widmann/Mayer/Fronhöfer Rn. 88; BeckOGK/Rieckers/Cloppenburg Rn. 85). Mit Art. 2 §§ 4, 7 COVFAG vom 27.3.2020 (BGBl. 2020 I 564) = §§ 4, 7 COVMG wurde die Frist auf zwölf Monate verlängert, wenn die Anmeldung im Jahr 2020 erfolgte. Gemäß VO des BMJV vom 20.10.2020 galt die verlängerte Frist auch im Jahr 2021 (BGBl. 2020 I 2258). Innerhalb des von Abs. 2 S. 4 vorgegebenen Zeitrahmens kann jeder beliebige Stichtag gewählt werden, es besteht indes eine Abhängigkeit zum Umwandlungsstichtag (§ 5 I Nr. 6, § 126 I Nr. 6; → Rn. 37).

36 bb) Beliebiger Stichtag. Der Stichtag der Schlussbilanz muss nicht mit dem Stichtag des letzten regulären Jahresabschlusses übereinstimmen (allgM; vgl. etwa IDW Assurance/Oser Kap. F Rn. 40). Dann muss lediglich eine eigenständige Schlussbilanz aufgestellt und ggf. geprüft werden (auch → Rn. 34). Grds. kann jeder beliebige Stichtag innerhalb der von Abs. 2 S. 4 vorgegebenen Zeitrahmens (Rückrechnung vom Zeitpunkt der Anmeldung) gewählt werden. Eine unmittelbare Abhängigkeit vom Zeitpunkt gewisser, für die Umw notwendiger Rechtshandlungen (Abschluss des Umwandlungsvertrags, Fassung erforderlicher Zustimmungsbeschlüsse etc) besteht nicht. Der Stichtag der Schlussbilanz (und damit auch der Umwandlungsstichtag; → Rn. 37) kann auch nach dem Zeitpunkt des Abschlusses des Verschmelzungsvertrags und/oder der Fassung des Verschmelzungsbeschlusses liegen (Kölner Komm UmwG/Simon § 5 Rn. 94; Lutter/Drygala § 5 Rn. 74). Er muss aber vor dem Tag der Anmeldung liegen (Widmann/Mayer/Budde § 24 Rn. 115). Denn unabhängig davon, ob die Schlussbilanz nachgereicht werden kann (→ Rn. 46), ordnet Abs. 2 S. 1 die Beifügung der Schlussbilanz an (MHdB GesR VIII/Link § 58 Rn. 16). Nach der gesetzlichen Systematik existiert sie mithin zum Zeitpunkt der Anmeldung. Sie kann aber – wie jede Bilanz – nicht auf einen künftigen Stichtag aufgestellt sein (Kölner Komm UmwG/Simon § 5 Rn. 93). Unzweifelhaft muss der Stichtag vor dem Zeitpunkt des Wirksamwerdens der Umw (etwa § 20 I Nr. 2) liegen (Kallmeyer/Lanfermann Rn. 14; DFS Sonderbilanzen/Deubert/Henckel H Rn. 51).

37 cc) Abhängigkeit vom Umwandlungsstichtag. Der Stichtag der Schlussbilanz ist aber abhängig vom **Umwandlungsstichtag,** also von dem Zeitpunkt, von

Anlagen der Anmeldung 38, 39 § 17 UmwG A

dem an die Handlungen des übertragenden Rechtsträgers als bereits für den übernehmenden Rechtsträger vorgenommen gelten (§ 5 I Nr. 6, § 126 I Nr. 6). Denn der Stichtag der Schlussbilanz geht **zwingend** dem im Umwandlungsvertrag (Spaltungsplan) bestimmten Umwandlungsstichtag unmittelbar voraus (hM; FG Köln DStRE 2005, 890; offengelassen von BFH DStR 2010, 1517 und NdsFG EFG 2008, 263; Sagasser/Bula/Brünger Umwandlungen/Bula/Thees § 10 Rn. 13; DFS Sonderbilanzen/Deubert/Henckel H Rn. 97; Winnefeld Bilanz-HdB N Rn. 228; Lutter/Priester/Hennrichs § 24 Rn. 14; Goutier/Knopf/Tulloch/Bermel Rn. 13; IDW RS HFA 42 Rn. 11: idR; Semler/Stengel/Leonard/Schröer § 5 Rn. 54; Kölner Komm UmwG/Simon § 5 Rn. 79; Widmann/Mayer/Budde § 24 Rn. 115: idR; aA Kallmeyer/Lanfermann Rn. 14 f. und insbes. § 5 Rn. 34 f.: bei nat. Umw sinnvoll, zwingend aber nur bei Buchwertfortführung; ebenso BeckOGK/Rieckers/Cloppenburg Rn. 86; BFH DStR 1999, 1983: meist identisch; Semler/Stengel/Leonard/Moszka § 24 Rn. 12; Widmann/Mayer/Mayer § 5 Rn. 159: sinnvoll, aber nicht zwingend; Heidtkamp NZG 2013, 852; Suchanek/Hesse Der Konzern 2015, 245 (246)). Dies folgt aus den Zwecken der Schlussbilanz und wird von § 24 vorausgesetzt.

Denn die Schlussbilanz dient (→ Rn. 8 ff.) in erster Linie der Ermöglichung der 38 Bilanzkontinuität und der Ergebnisabgrenzung (vgl. auch FG Köln DStRE 2005, 890; Sagasser/Bula/Brünger Umwandlungen/Bula/Thees § 10 Rn. 13; DFS Sonderbilanzen/Deubert/Henckel H Rn. 97). Die Ergebnisabgrenzung kann die Schlussbilanz nur leisten, wenn ihr Stichtag unmittelbar vor dem Zeitpunkt liegt, von dem an die Handlungen bereits dem übernehmenden Rechtsträger zugerechnet werden. Nachdem die Ergebnisermittlung insges. lückenlos sein muss, kann der Stichtag der Schlussbilanz dem Umwandlungsstichtag nur unmittelbar vorangehen, denn § 24 räumt für die Übernahme des übergehenden Vermögens das Wahlrecht ein, es „auch" mit den Werten der Schlussbilanz anzusetzen. In diesem Fall sind die lückenlose Ergebnisermittlung und die Bilanzkontinuität nur bei einem unmittelbaren Aufeinanderfolgen von Stichtag der Schlussbilanz und Umwandlungsstichtag gewährleistet (dies räumen auch Kallmeyer/Lanfermann Rn. 15 und Semler/Stengel/Leonard/Moszka § 24 Rn. 12 ein). Das Verhältnis von Stichtag der Schlussbilanz und Umwandlungsstichtag kann aber nicht von der Ausübung des Wahlrechts nach § 24 abhängen. Denn dieses Wahlrecht wird erst zeitlich später, frühestens im auf den Umwandlungsstichtag folgenden nächsten regulären JA und zudem autonom durch den übernehmenden Rechtsträger ausgeübt. Dieses Ergebnis wird durch § 80 II nicht entkräftet (so aber Widmann/Mayer/Widmann, Stand November 2020, § 24 Rn. 64; vgl. auch Widmann/Mayer/Fronhöfer Rn. 83). Soweit danach bei Beteiligung von eG der Stichtag der Schlussbilanz im Verschmelzungsvertrag anzugeben ist, hängt dies mit der besonderen Bedeutung der Schlussbilanz für die Bestimmung des Umtauschverhältnisses bei eG zusammen. Denn damit wird zugleich der Stichtag der Bewertung festgelegt. Dieser Regelung hätte es – insofern ist Widmann zuzustimmen – allerdings nicht bedurft.

Weder aus der rechtlichen Systematik des UmwG noch aus Bilanzierungsgrund- 39 sätzen lässt sich ableiten, dass der Umwandlungsstichtag am Beginn eines Tages (und damit der Stichtag der Schlussbilanz am Ende des vorausgehenden Tages) sein muss (ebenso Kölner Komm UmwG/Simon § 5 Rn. 97 f.; BeckOGK/Rieckers/Cloppenburg Rn. 85; aA DFS Sonderbilanzen/Deubert/Henckel H Rn. 98: handelsrechtliche Konvention). Bedeutung hat dies bei hintereinander vollzogenen Umw **(Kettenumwandlungen).** Aus handelsbilanzieller Sicht können bei Kettenumwandlungen auch identische Stichtage für die Schlussbilanz gewählt werden (IDW RS HFA 42 Rn. 12; BeckOGK/Rieckers/Cloppenburg Rn. 76; Lutter/Priester/Hennrichs § 24 Rn. 14; MHdB GesR VIII/Link § 58 Rn. 20). Vielfach ist aber eine Reihenfolge hinsichtlich der stl. Übertragungsstichtage gewünscht (→ Rn. 42; → UmwStG § 2 Rn. 27). Hier würde sich die Festlegung von Zeitpunkten innerhalb eines Tages anbieten (Beispiel: Verschmelzungsstichtag 1.1., 00:01 Uhr). Die FVerw erkennt dies indes nicht an (BMF 11.11.2011, BStBl. I 2011, 1314 Rn. 02.02; näher → UmwStG § 2 Rn. 24). Die Praxis sollte daher Tagesschritte wählen.

40   **dd) Variabler Stichtag.** Die Abhängigkeit zwischen Stichtag der Schlussbilanz und Umwandlungsstichtag bedingt darüber hinaus, dass bei einem **variablen Umwandlungsstichtag** (vgl. etwa BGH NZG 2013, 233; str.; → § 5 Rn. 79) eine neue, dem späteren Umwandlungsstichtag angepasste Schlussbilanz aufgestellt und nachgereicht werden muss (zutr. Sagasser/Bula/Brünger Umwandlungen/Bula/Thees § 10 Rn. 17; Lutter/Priester/Hennrichs § 24 Rn. 14; MHdB GesR VIII/Link § 58 Rn. 21; BeckOGK/Rieckers/Cloppenburg Rn. 94; IDW RS HFA 42 Rn. 26). Hierbei ist zu beachten, dass die Schlussbilanz auch das Ergebnis feststellt, das noch dem übertragenden Rechtsträger zuzurechnen ist (→ Rn. 13). Mit dem Umwandlungsstichtag wird fiktiv der Übergang des Geschäftsbetriebs auf den übernehmenden Rechtsträger festgelegt; ab dem Umwandlungsstichtag soll das wirtschaftliche Ergebnis bereits dem übernehmenden Rechtsträger und damit auch dessen Anteilsinhaber zustehen. Ein variabler Umwandlungsstichtag bedingt daher regelmäßig auch einen variablen Stichtag der Gewinnbeteiligung (§ 5 I Nr. 5, § 126 I Nr. 5; dazu BGH NZG 2013, 233). Zum Einfluss auf das Umtauschverhältnis vgl. BGH NZG 2013, 233.

41   **ee) Rechnungslegungspflicht.** Der Stichtag der Schlussbilanz markiert allerdings nicht die Beendigung der Rechnungslegungspflicht des übertragenden Rechtsträgers (Kallmeyer/Lanfermann Rn. 16; IDW Assurance/Oser Kap. F Rn. 30; anders ggf. Lutter/Drygala § 5 Rn. 74). Diese endet erst mit Wirksamwerden der Verschm (→ Rn. 67 ff.

42   **ff) Steuerlicher Übertragungsstichtag.** Der Stichtag der Schlussbilanz bestimmt zugleich auch den stl. Übertragungsstichtag nach § 2 I 1, § 20 VIII 1, 2 UmwStG. Denn die Bilanz, die dem Vermögensübergang zugrunde liegt (vgl. § 2 I 1 UmwStG) ist die Schlussbilanz iSv § 17 II (BFH DStR 2018, 1011; BMF 11.11.2011, BStBl. I 2011, 1314 Rn. 02.02; Kallmeyer/Lanfermann Rn. 14; weiter → UmwStG § 2 Rn. 18 ff.).

43   **gg) Fristberechnung.** Für die **Berechnung** der Fristen gelten §§ 186 ff. BGB entsprechend (BFH DStR 1999, 1983; Semler/Stengel/Leonard/Schwanna Rn. 17; Widmann/Mayer/Fronhöfer Rn. 88; Kallmeyer/Lanfermann Rn. 27; Lutter/Decher Rn. 12; NK-UmwR/Schulte Rn. 16). Es ist allerdings eine Rückrechnung vorzunehmen. § 193 BGB ist nicht anwendbar (Semler/Stengel/Leonard/Schwanna Rn. 17; Kölner Komm UmwG/Simon Rn. 41; Henssler/Strohn/Heidinger Rn. 24; Widmann/Mayer/Fronhöfer Rn. 89; BeckOGK/Rieckers/Cloppenburg Rn. 87; MHdB GesR VIII/Link § 58 Rn. 18). Weder kann ein früherer Stichtag gewählt werden, wenn die Rückrechnung vom Tag der Anmeldung dazu führt, dass der früheste Stichtag der Schlussbilanz auf einen Samstag oder einen Sonn- oder Feiertag fällt (MHdB GesR VIII/Link § 58 Rn. 18), noch kann die Anmeldung später durchgeführt werden, wenn die Achtmonatsfrist – vom Stichtag der Schlussbilanz gerechnet – an einem Samstag oder an einem Sonn- oder Feiertag enden würde (Semler/Stengel/Leonard/Schwanna Rn. 17; MHdB GesR VIII/Link § 58 Rn. 18; Widmann/Mayer/Fronhöfer Rn. 89). Denn Abs. 2 S. 4 legt keine Anmeldefrist fest, sondern den frühesten Stichtag der Schlussbilanz. Aufgrund der **Rückrechnung** ist für den Fristbeginn der Anmeldetag entscheidend. Demzufolge entspricht der zeitlich gerade noch zulässige Bilanzstichtag dem Tag des achten Monats vor der Anmeldung, der zahlenmäßig dem Anmeldetag entspricht (§ 187 I BGB, § 188 II BGB). Hierbei ist auch **§ 188 III BGB** analog zu beachten. Ist bspw. Bilanzstichtag der 28.2. (alternativ: 30.4), kann die Anmeldung bis zum 31.10. (31.12) (und nicht bis zum 28.10. bzw. 30.12.) erfolgen (Semler/Stengel/Leonard/Schwanna Rn. 17;

Kölner Komm UmwG/Simon Rn. 40; Widmann/Mayer/Fronhöfer Rn. 89; NK-UmwR/Schulte Rn. 16; DNotI-Report 2014, 34; BeckOGK/Rieckers/Cloppenburg Rn. 87; aA OLG Köln GmbHR 1998, 1085). Die Achtmonatsfrist ist **zwingend**. Selbst geringfügige Fristüberschreitungen sind schädlich (OLG Köln GmbHR 1998, 1095 (1096); Kallmeyer/Lanfermann Rn. 26; Lutter/Decher Rn. 11; DFS Sonderbilanzen/Deubert/Henckel H Rn. 101; BeckOGK/Rieckers/Cloppenburg Rn. 88; aA LG Frankfurt a. M. GmbHR 1998, 379; dazu → Rn. 48). Wird dennoch eingetragen, ist die Umw gem. § 20 II, § 131 II wirksam (Lutter/Decher Rn. 11; Kallmeyer/Lanfermann Rn. 26;). In diesem Fall ist trotz der Fristüberschreitung der Stichtag der Schlussbilanz für den stl. Übertragungsstichtag (§ 2 I UmwStG, § 20 VIII UmwStG) maßgeblich (wie hier Widmann/Mayer/Widmann, Stand November 2020, § 24 Rn. 80; Nachw. → UmwStG § 2 Rn. 20).

hh) Rechtzeitige Einreichung der Unterlagen. Die jew. Schlussbilanz der 44 übertragenden Rechtsträger ist nur deren eigener Anmeldung beizufügen (→ Rn. 15 f.). Abs. 2 S. 4 legt keine Anmeldefrist fest, sondern bewirkt eine Abhängigkeit zwischen dem Zeitpunkt der Anmeldung und dem Stichtag der Schlussbilanz (auch → Rn. 37 f.). Dies bedeutet nicht, dass alle Unterlagen zugleich mit der Anmeldung eingereicht werden müssen.

Unzweifelhaft muss innerhalb der Achtmonatsfrist die Anmeldung **an sich** erfol- 45 gen. Auch eine nicht formgerechte Anmeldung (vgl. § 12 HGB) soll die Frist wahren, wenn der Formmangel im weiteren Verfahren behoben wird (OLG Jena NZG 2003, 43: Zugang der Anmeldung per Telefax; dagegen allerdings OLG Schleswig DNotZ 2007, 957 (958); wie OLG Jena Lutter/Decher Rn. 15; Widmann/Mayer/Fronhöfer Rn. 99; BeckOGK/Rieckers/Cloppenburg Rn. 91; zweifelhaft, → Rn. 7). Vgl. auch OLG Schleswig DNotZ 2007, 957 zur Heilung einer verspäteten Anmeldung. Der Nachweis einer Vollmacht zur Registeranmeldung kann indes nachgereicht werden (Widmann/Mayer/Fronhöfer Rn. 99; Lutter/Decher Rn. 15). Zur Anmeldung beim unzuständigen Gericht → Rn. 48. Weitere Voraussetzung ist, dass zum Zeitpunkt der Anmeldung (nicht lediglich bis zum Fristablauf!) auch der Umwandlungsvertrag wirksam (notarielle Beurkundung) geschlossen und die Umwandlungsbeschlüsse nebst den notwendigen sonstigen Zustimmungserklärungen wirksam (notarielle Beurkundung) gefasst sind (Kallmeyer/Lanfermann Rn. 26; Lutter/Decher Rn. 13; Widmann/Mayer/Fronhöfer Rn. 92; BeckOGK/Rieckers/Cloppenburg Rn. 88, 52). Denn eine vorsorgliche Anmeldung wäre wegen des Fehlens einer einzutragenden Tatsache unverzüglich zurückzuweisen. Umwandlungsvertrag, Umwandlungsbeschlüsse und sonstige Zustimmungserklärungen einzelner Anteilsinhaber müssen damit bis zur Anmeldung formwirksam vorliegen (Lutter/Decher Rn. 13; Kallmeyer/Zimmermann Rn. 8; Kallmeyer/Lanfermann Rn. 26; Heckschen DB 1998, 1385 (1393); Kölner Komm UmwG/Simon Rn. 43; BeckOGK/Rieckers/Cloppenburg Rn. 88, 52). Zu Nachholung von Verzichtserklärungen nach § 54 I 3, § 68 I 3 und fehlerhaften Kapitalerhöhungen vgl. Heinze RNotZ 2017, 87. Dabei muss sich wenigstens durch Auslegung ermitteln lassen, dass ein Umwandlungsvertrag geschlossen worden ist (KG AG 2005, 400). Die Anmeldung kann aber auch erfolgen, wenn eine zulässige Bedingung noch nicht eingetreten ist, insbes. ein weiterer Umwandlungsvorgang **(Kettenverschmelzung)** noch nicht wirksam geworden ist (OLG Hamm NZG 2007, 914; Mayer FS Spiegelberger, 2009, 833 (839)).

Diese Unterlagen müssen nicht nur existieren, sondern müssen regelmäßig 46 zugleich mit der Anmeldung und damit spätestens bis zum Fristablauf beim Registergericht eingereicht werden, damit dieses prüfen kann, ob eine eintragungsfähige Tatsache angemeldet wurde (Kölner Komm UmwG/Simon Rn. 43; MHdB GesR VIII/Link § 58 Rn. 16). Wurde ihre Beifügung versehentlich unterlassen, kann dies kurzfristig nachgeholt werden (auch → Rn. 7). Der Umwandlungsvertrag und die

Zustimmungsbeschlüsse dürfen auch nicht an wesentlichen Mängeln leiden; insbes. müssen die Mindestvoraussetzungen von § 5 I, § 126 I erfüllt sein (KG NJW-RR 1999, 186 (187 f.); Widmann/Mayer/Fronhöfer Rn. 94; anders wohl Heckschen DB 1998, 1385 (1393): wenn auch möglicherweise fehlerhaft). Die Erklärungen hinsichtlich des Verzichts auf eine Anteilgewährung (§ 54 I 3, § 68 I 3) gehören nicht dazu und können nachgeholt und nachgereicht werden (Heinze RNotZ 2017, 87). Auch **weitere Unterlagen** können nach Fristablauf **nachgereicht** werden (Lutter/Decher Rn. 13; Kallmeyer/Zimmermann Rn. 7 f.; Kallmeyer/Lanfermann Rn. 26; Kölner Komm UmwG/Simon Rn. 43; BeckOGK/Rieckers/Cloppenburg Rn. 88; Heckschen DB 1998, 1385 (1393); Goutier/Knopf/Tulloch/Bermel Rn. 12). Auch die **Schlussbilanz** kann nachgereicht werden (OLG Jena NJW-RR 2003, 1999; OLG Zweibrücken RNotZ 2002, 516; LG Frankfurt a. M. NZG 1998, 269; Lutter/Decher Rn. 14; Semler/Stengel/Leonard/Schwanna Rn. 20; Kallmeyer/Lanfermann Rn. 26; Kallmeyer/Zimmermann Rn. 8; Kölner Komm UmwG/Simon Rn. 44; BeckOGK/Rieckers/Cloppenburg Rn. 89; Widmann/Mayer/Fronhöfer Rn. 95; Heckschen Rpfleger 1999, 357 (363); diff. Henssler/Strohn/Heidinger Rn. 28; aA LG Kempten Rpfleger 2001, 433). Ggf. ist sie durch Zwischenverfügung (→ Rn. 47) anzufordern (Semler/Stengel/Leonard/Schwanna Rn. 20; Kallmeyer/Lanfermann Rn. 26). Sie ist allerdings zeitnah nachzureichen (→ Rn. 47). Die Zwecke der Schlussbilanz (→ Rn. 8 ff.) rechtfertigen keine Unterscheidung danach, ob die nachgereichte Schlussbilanz zum Zeitpunkt der Anmeldung bereits aufgestellt war (so aber LG Frankfurt a. M. NZG 1998, 269; Kallmeyer/Lanfermann Rn. 26: aufgestellt, Bestätigungsvermerk kann nachgereicht werden; Henssler/Strohn/Heidinger Rn. 28; NK-UmwR/Schulte Rn. 20; wie hier BeckOGK/Rieckers/Cloppenburg Rn. 89). Denn die Schlussbilanz muss nicht etwa bei Fassung der Verschmelzungsbeschlüsse bereits vorliegen (für eG → § 80 Rn. 10; offengelassen von LG Kempten Rpfleger 2001, 433). Auch die Prüfung muss nicht bis zur Anmeldung (oder bis zum Ablauf der Achtmonatsfrist) abgeschlossen sein. Der Bestätigungsvermerk kann nachgereicht werden (Semler/Stengel/Leonard/Schwanna Rn. 20; Kallmeyer/Lanfermann Rn. 26; Lutter/Decher Rn. 14; BeckOGK/Rieckers/Cloppenburg Rn. 89; aA NK-UmwR/Schulte Rn. 24). Auch die Unterzeichnung und Feststellung der Schlussbilanz (→ Rn. 18) kann nachgeholt werden (Widmann/Mayer/Fronhöfer Rn. 97).

47 In all diesen Fällen, in denen **behebbare Mängel** vorliegen, hat das Registergericht durch Zwischenverfügung (§ 382 IV 1 FamFG) zur Vorlage der fehlenden Unterlagen **unverzüglich** nach Eingang der Anmeldung (§ 25 I 3 HRV) aufzufordern (LG Frankfurt a. M. GmbHR 1998, 380 (381); Kallmeyer/Zimmermann Rn. 7; Lutter/Decher Rn. 6, 11). Bei der vom Registergericht einzuräumenden Frist für die Nachreichung der Unterlagen ist der Informationszweck für die Gläubiger (→ Rn. 11) und die vom Gesetzgeber mit den letzten Gesetzesänderungen beabsichtigte Beschleunigung des Registerverfahrens zu beachten (§ 382 IV 1 FamFG: angemessen). Sie wird daher regelmäßig kurz zu bemessen sein. Nach Ablauf dieser Frist zur Nachreichung ist die Anmeldung zurückzuweisen (AG Duisburg GmbHR 1996, 372: keine Nachbesserung innerhalb von drei Monaten seit Zugang der Zwischenverfügung). Dies gilt allerdings nicht, wenn die Eintragung wegen Umständen, die außerhalb der Einflusssphäre des Anmeldenden liegen (etwa ein schwebender Anfechtungsprozess; noch lfd. Freigabeverfahren nach § 16 III), ohnehin nicht erfolgen kann. Dann kann das Registergericht weder eine aktualisierte Schlussbilanz verlangen (Lutter/Decher Rn. 18) noch die Eintragung zurückweisen, wenn die Schlussbilanz zwar verspätet, aber noch vor Wegfall des Eintragungshindernisses eingereicht worden ist.

48 Die Anmeldung beim **unzuständigen Gericht** ist ausreichend, wenn dieses den Antrag nicht zurückweist, sondern von Amts wegen – auch nach Fristablauf – an das zuständige Gericht abgibt (Lutter/Decher Rn. 17; Henssler/Strohn/Heidinger

Rn. 23; BeckOGK/Rieckers/Cloppenburg Rn. 92; offengelassen von BayObLG DStR 1999, 680). Zu weitgehend ist die Ansicht des LG Frankfurt a. M. (GmbHR 1998, 379), bei einer Verschm mit KapErh sei eine nach Fristablauf erfolgte Anmeldung anzuerkennen, wenn die Eintragung der KapErh zu lange gedauert habe (Lutter/Decher Rn. 17; krit. auch Heckschen DB 1998, 1385 (1393)). Nicht fristwahrend ist es, wenn die Schlussbilanz gemeinsam mit der Anmeldung einer verschmelzungsbedingten KapErh beim übernehmenden Rechtsträger eingereicht wurde und sodann nach Eintragung der Kapitalerhöhung eine Abgabe von Amts wegen an das für den übertragenden Rechtsträger zuständige Gericht erfolgt (Lutter/Decher Rn. 17; Henssler/Strohn/Heidinger Rn. 23).

4. Besonderheiten bei der Spaltung

a) Entsprechende Anwendung von Abs. 2. Das Dritte Buch des UmwG 49 (Spaltung) enthält keine besonderen Vorschriften für die handelsbilanzielle Behandlung der Spaltung. Maßgeblich ist zunächst § 125, der die entsprechende Anwendung von § 17 II, § 24 anordnet. Daneben sind die allg. handelsbilanziellen Regelungen und Grundsätze zu beachten (Lutter/Priester/Hennrichs Anh. § 134 Rn. 1). Demzufolge gelten die vorstehenden Ausführungen auch für die Schlussbilanz eines übertragenden Rechtsträgers bei einer Spaltung (vgl. auch IDW RS HFA 43 Rn. 5: Verweis auf RS HFA 42). Einige **Besonderheiten** werden nachfolgend behandelt.

b) Gesamt- oder Teilbilanz. § 125 S. 1 ordnet eine **entsprechende** Anwen- 50 dung der Verschmelzungsvorschriften an. Hieraus wird teilw. abgeleitet, dass bei Spaltungen nur eine **Teilschlussbilanz** aufzustellen sei (so Widmann/Mayer/Widmann, Stand November 2020, § 24 Rn. 163). In dieser Teilbilanz sei das zu übertragende Vermögen auszuweisen; bei der Übertragung verschiedener Vermögensteile auf unterschiedliche übernehmende Rechtsträger seien jew. getrennte Teilschlussbilanzen zu erstellen (Widmann/Mayer/Widmann, Stand November 2020, § 24 Rn. 163). Nach aA können derartige Teilschlussbilanzen zusätzlich erstellt werden, sie sind aber weder ausreichend noch erforderlich (Sagasser/Bula/Brünger Umwandlungen/Bula/Thees § 19 Rn. 16 ff.). Das **IDW** (RS HFA 43 Rn. 7 f.) ist grds. der Ansicht, eine Gesamtbilanz sei erforderlich, Teilbilanzen könnten nicht zusätzlich gefordert werden (IDW Assurance/Oser Kap. F Rn. 144; Winnefeld Bilanz-HdB N Rn. 340; Kallmeyer/Sickinger § 125 Rn. 23). Bei einer **Auf- oder Abspaltung** könnten allerdings anstelle einer Gesamtbilanz geprüfte Teilbilanzen für das jew. zu übertragende bzw. das zu übertragende und das verbleibende Vermögen beigefügt werden (IDW RS HFA 43 Rn. 8; IDW Assurance/Oser Kap. F Rn. 135; Winnefeld Bilanz-HdB N Rn. 340a; Kallmeyer/Lanfermann § 125 Rn. 35a; BeckOGK/Rieckers/Cloppenburg Rn. 96; Oser StuB 2014, 631 (633); vgl. auch Heidtkamp NZG 2013, 852). Sei bei Abspaltungen das zu übertragende Vermögen unwesentlich im Verhältnis zum Gesamtvermögen des übertragenden Rechtsträgers, genüge auch eine „geprüfte" Teilbilanz für das zu übertragende Vermögen (zust. BeckOGK/Rieckers/Cloppenburg Rn. 96, Kallmeyer/Sickinger § 125 Rn. 23; DFS Sonderbilanzen/Klingberg I Rn. 108). Bei **Ausgliederungen** könne anstelle einer Gesamtbilanz auch eine Teilbilanz für das zu übertragende Vermögen eingereicht werden, da das Vermögen des übertragenden Rechtsträgers nicht gemindert werde (IDW ERS HFA 43 Rn. 9; BeckOGK/Rieckers/Cloppenburg Rn. 96; Kallmeyer/Lanfermann § 125 Rn. 35a; Winnefeld Bilanz-HdB N Rn. 340a; Schmidt/Heinz DB 2008, 2696: zwingend Teilbilanz).

Tatsächlich wird **nur** eine **Gesamtbilanz** dem Sinn und Zweck der Schlussbilanz 51 (→ Rn. 8 ff.) gerecht (so auch Lutter/Priester/Hennrichs Anh. § 134 Rn. 2; Widmann/Mayer/Fronhöfer Rn. 111). Dass eine Gesamtbilanz ausreichend ist, folgt aus der Gesetzesbegr. (Begr. RegE, BR-Drs. 75/94 zu § 17), wonach die Achtmonatsfrist gewählt wurde, um dem übertragenden Rechtsträger die Möglichkeit einzuräumen, seine reguläre Jahresbilanz (JA) als Schlussbilanz zu verwenden (so auch Kallmeyer/Sickinger § 125 Rn. 23; BeckOGK/Rieckers/Cloppenburg Rn. 95; Widmann/Mayer/Fronhöfer Rn. 109; vgl. auch MHdB GesR VIII/Link § 59 Rn. 5, 58). Sollte dies für die Spaltung nicht gelten, hätte man eine entsprechende Einschränkung bei § 125 erwarten können. Allein aus der dort angeordneten „entsprechenden" Anwendung (hierzu auch → § 125 Rn. 10) lässt sich dies nicht ableiten (so aber Widmann/Mayer/Widmann, Stand November 2020, § 24 Rn. 163). Entsprechende Anwendung bedeutet nur, dass spaltungsspezifische Notwendigkeiten zu berücksichtigen sind. Dies ist gerade nicht der Fall. Denn dem Zweck der Information der Gläubiger, ob sie Sicherheitsleistung nach §§ 125, 22 verlangen sollen (→ Rn. 11), wird nur eine Gesamtschlussbilanz gerecht. Aufgrund der gesamtschuldnerischen Haftung nach § 133 I bedarf es hierzu einer Information über das gesamte Vermögen des übertragenden Rechtsträgers. Auch die Ergebnisabgrenzung (→ Rn. 13) kann nur eine Gesamtbilanz leisten. Aus § 126 II 3 lässt sich nichts ableiten, da diese Vorschrift nur Erleichterungen für die Bezeichnung des übergehenden Vermögens schaffen soll (Sagasser/Bula/Brünger Umwandlungen/Bula/Thees § 19 Rn. 17, auch → § 126 Rn. 77). Daher ist auch bei einer Spaltung die Schlussbilanz **zwingend** eine **Gesamtbilanz.**

52 Eine **Teilbilanz** kann **zusätzlich** aufgestellt und auch eingereicht werden; notwendig ist sie nicht (Lutter/Priester/Hennrichs Anh. § 134 Rn. 2; Kallmeyer/Sickinger § 125 Rn. 23; BeckOGK/Rieckers/Cloppenburg Rn. 97; Sagasser/Bula/Brünger Umwandlungen/Bula/Thees § 19 Rn. 19; IDW Assurance/Oser Kap. F Rn. 134; IDW RS HFA 43 Rn. 7). Für die Festlegung des übergehenden Vermögens kommt es ausschließlich auf die Bestimmungen im Spaltungsvertrag an (§ 126 I Nr. 9; iE → § 126 Rn. 60 ff.; vgl. auch IDW RS HFA 43 Rn. 7). Insoweit kann eine Teilbilanz hilfreich sein (Lutter/Priester/Hennrichs Anh. § 134 Rn. 5). Der Nachw. der Kapitaldeckung bei Durchführung einer KapErh beim übernehmenden Rechtsträger kann auch mittels anderer Unterlagen erbracht werden, da es insoweit ohnehin auf die tatsächlichen Werte ankommt. Auch die Bilanzkontinuität (→ Rn. 10) wird durch eine Gesamtbilanz ermöglicht, da der übernehmende Rechtsträger bei Buchwertfortführung (vgl. § 24) die entsprechenden Werte aus dem der Gesamtbilanz zugrunde liegenden Rechnungswesen (BW der einzelnen übergehenden Vermögensgegenstände) ableiten kann.

53 **c) Bilanzierung beim fortbestehenden Rechtsträger. aa) Allgemeines.** Bei der **Aufspaltung** treten Besonderheiten im Vergleich zur Verschm nicht auf, weil der übertragende Rechtsträger ebenfalls infolge der Umw erlischt (IDW RS HFA 43 Rn. 10). Anderes gilt für die Abspaltung und die Ausgliederung, bei denen der übertragende Rechtsträger auch nach Wirksamwerden fortbesteht. Hier ist zu klären, wie der Vermögensabgang erfolgsmäßig und bilanziell beim übertragenden Rechtsträger (zur Behandlung beim übernehmenden Rechtsträger vgl. § 24) zu erfassen ist. Es ist zwischen den Auswirkungen einer **Abspaltung** und denjenigen einer **Ausgliederung** zu unterscheiden.

54 **bb) Erfassung des Vermögensabganges.** Der **Vermögensabgang** (Abspaltung, Ausgliederung) ist nicht in der Schlussbilanz, sondern erst in dem ersten auf das Wirksamwerden der Spaltung folgenden JA zu erfassen (IDW RS HFA 43 Rn. 17; IDW Assurance/Oser Kap. F Rn. 140; DFS Sonderbilanzen/Klingberg I Rn. 330). Denn der Stichtag der Schlussbilanz ist zwingend unmittelbar vor dem Spaltungsstichtag (→ Rn. 37 ff.). Bis zu diesem Zeitpunkt werden sämtliche Vermögensgegenstände noch dem übertragenden Rechtsträger zugeordnet. Die übergehenden Vermögensgegenstände des Anlagevermögens sind im **Anhang** (§ 284 III HGB) nach Übergang des (wirtschaftlichen) Eigentums (→ Rn. 83) mit Wirkung ab dem Umwandlungsstichtag als Abgang zu erfassen.

cc) Erfolgsmäßige Verbuchung bei der Abspaltung. Bei der **Abspaltung** 55
kommt es zu einer Vermögensänderung auf der Ebene des übertragenden Rechtsträgers. Denn die Gegenleistung für die Übertragung des Vermögens wird – anders als
bei der Ausgliederung – nicht dem übertragenden Rechtsträger selbst, sondern
dessen Anteilsinhaber gewährt. Die Vermögensänderung kann nach tatsächlichen
und/oder nach BW eine Vermögensmehrung oder Vermögensminderung sein.
Zivilrechtlich besteht keine Bindung, Vermögensgesamtheiten, insbes. einen (stl.)
Teilbetrieb zu übertragen; denkbar ist selbst die bloße Übertragung von Verbindlichkeiten (→ § 126 Rn. 64). Die Übertragung eines Teilbetriebs ist lediglich Voraussetzung, damit die Abspaltung ohne Aufdeckung stiller Reserven (steuerneutral) erfolgen kann (vgl. insbes. § 15 I UmwStG, aber auch §§ 20, 21, 24 UmwStG). Auch bei
der Abspaltung auf eine KapGes ist die Übertragung eines negativen Buchvermögens
möglich, wenn nach tatsächlichen Werten das (gewährte) Kapital gedeckt ist.

Für die erfolgsmäßige Verbuchung und für die bilanzielle Behandlung der Abspaltung 56
beim übertragenden Rechtsträger ist zunächst zu beachten, dass die Abspaltung – ebenso wie die Verschm – ein **Anschaffungs- und Veräußerungsgeschäft**
ist. Denn die Übertragung des Vermögens erfolgt zur Erfüllung der diesbzgl. gegenüber dem übernehmenden Rechtsträger übernommenen Verpflichtung durch den
Umwandlungsvertrag. Die Gegenleistung besteht in der Gewährung von Gesellschaftsrechten an die Anteilsinhaber des übertragenden Rechtsträgers (ausf. → § 24
Rn. 10 ff.). Obwohl aus der Sicht des übertragenden Rechtsträgers damit ein Veräußerungsgeschäft vorliegt, ist die mit dem Vermögensabgang verbundene Vermögensmehrung oder -minderung nicht als Ertrag oder Aufwand in der GuV-Rechnung
des übertragenden Rechtsträgers zu erfassen. Denn der Grund für die Vermögensminderung/-mehrung liegt im Gesellschaftsverhältnis begründet; es ist ein Akt der
Vermögensverwendung (wie hier Sagasser/Bula/Brünger Umwandlungen/Bula/
Thees § 19 Rn. 46 f.; Lutter/Priester/Henrichs Anh. § 134 Rn. 7; Kallmeyer/Lanfermann § 125 Rn. 35c; Müller WPg 1996, 857 (886); ADS HGB § 272 Rn. 51;
IDW RS HFA 43 Rn. 11; DFS Sonderbilanzen/Klingberg I Rn. 331; IDW Assurance/Oser Kap. E Rn. 145; aA Widmann/Mayer/Widmann, Stand November
2020, § 24 Rn. 167; Deubert/Lewe BB 2015, 2347 (2348)).

Demzufolge ist eine **Vermögensminderung** (Abgang eines positiven Netto- 57
buchvermögens) bei einer **AG** als Ergebnisverwendung in Ergänzung der GuV-Rechnung entsprechend § 158 I 1 AktG nach dem Posten „Jahresüberschuss/Jahresfehlbetrag" gesondert als „Vermögensminderung durch Abspaltung" auszuweisen (IDW RS HFA 43 Rn. 17; IDW Assurance/Oser Kap. E Rn. 143; DFS Sonderbilanzen/Klingberg I Rn. 331; Lutter/Priester/Henrichs Anh. § 134 Rn. 7a).
Ein entsprechender Ausweis ist auch für **andere Rechtsformen** als AG sinnvoll
(IDW RS HFA 43 Rn. 18; IDW Assurance/Oser Kap. E Rn. 143; DFS Sonderbilanzen/Klingberg I Rn. 331; Sagasser/Bula/Brünger Umwandlungen/Bula/Thees
§ 19 Rn. 47; MHdB GesR VIII/Link § 59 Rn. 67). Soweit die Vermögensminderung nicht durch den Gewinnvortrag (vgl. § 158 I 1 Nr. 1 AktG) gedeckt ist, sind
Rücklagen aufzulösen (ausf. hierzu Zeidler WPg 2004, 324). Hierbei sind bei
AG vor einer Auflösung der gesetzlichen Rücklage und der Kapitalrücklage nach
§ 272 II Nr. 1–3 HGB zunächst andere verfügbare Rücklagen aufzulösen (IDW
RS HFA 43 Rn. 14; Sagasser/Bula/Brünger Umwandlungen/Bula/Thees § 19
Rn. 53; Kallmeyer/Lanfermann § 125 Rn. 35c; ausf. Zeidler WPg 2004, 324;
entsprechende Anwendung von § 150 III Nr. 1, IV Nr. 2 AktG). Dies ist wiederum nach § 158 I AktG, § 240 AktG nach dem Posten „Jahresüberschuss/Jahresfehlbetrag" gesondert auszuweisen (IDW RS HFA 43 Rn. 17). Auch bei einer
GmbH sind zunächst in den Grenzen von § 58a II GmbHG ein Gewinnvortrag
und die Kapital- und Gewinnrücklagen aufzulösen (IDW RS HFA 43 Rn. 14;
Kallmeyer/Lanfermann § 125 Rn. 35c; Sagasser/Bula/Brünger Umwandlungen/
Bula/Thees § 19 Rn. 53). Nicht aufzulösen war die gesetzliche **Rücklage** für

eigene Anteile (vgl. nunmehr § 272 Ia HGB) und sind Rücklagen für Anteile an herrschenden oder mehrheitlich beteiligten Unternehmen nach **§ 272 IV HGB** sowie Rücklagenanteile, die nach **§ 268 VIII HGB** einer Ausschüttungssperre unterliegen, soweit die Gründe für deren Bildung nach der Abspaltung (Ausgliederung) beim übertragenden Rechtsträger unverändert bestehen bleiben (IDW RS HFA 43 Rn. 14; Sagasser/Bula/Brünger Umwandlungen/Bula/Thees § 19 Rn. 53; Kallmeyer/Lanfermann § 125 Rn. 35c). Entsprechendes gilt für eine Kapitalrücklage für Nachschusskapital nach § 42 II 3 GmbHG (Kölner Komm UmwG/Simon/Nießen § 139 Rn. 15). Soweit nach der Auflösung der Rücklagen die Vermögensminderung noch nicht ausgeglichen ist, muss nach Maßgabe von § 139 (GmbH) bzw. § 145 (AG) eine **Kapitalherabsetzung** (in vereinfachter Form) erfolgen (→ § 139 Rn. 5 ff., → § 145 Rn. 2 ff.). Der hieraus gewonnene Ertrag ist nach § 240 AktG (unmittelbar oder entsprechend) als „Ertrag aus der Kapitalherabsetzung" gesondert auszuweisen (Sagasser/Bula/Brünger Umwandlungen/Bula/Thees § 19 Rn. 55; wohl auch IDW RS HFA 43 Rn. 17). Im **Anhang** ist zu erläutern, inwieweit er zum Ausgleich der abspaltungsbedingten Wertminderung verwendet wurde (§ 240 S. 3 AktG).

58 Der Abgang eines negativen Buchvermögens **(Vermögensmehrung)** ist demgegenüber erfolgsneutral als andere Zuzahlung nach § 272 II Nr. 4 HGB in die Kapitalrücklage einzustellen (IDW RS HFA 43 Rn. 19; Sagasser/Bula/Brünger Umwandlungen/Bula/Thees § 19 Rn. 58 f.; DFS Sonderbilanzen/Klingberg I Rn. 332; Kallmeyer/Lanfermann § 125 Rn. 35c; Lutter/Priester/Hennrichs Anh. § 134 Rn. 7b; MHdB GesR VIII/Link § 59 Rn. 68). Denn andere Zuzahlungen idS sind Beiträge der Gesellschafter an ihre Ges (Gesellschafterleistungen), die ihre Ursache im Gesellschaftsverhältnis haben. Dies setzt allerdings voraus, dass die Gesellschafter den Willen zur Leistung in das EK hatten (vgl. dazu etwa BeBiKo/Störk/Kliem/ Meyer HGB § 272 Rn. 196). Demzufolge können die Gesellschafter auch bestimmen, dass die Vermögensmehrung als sonstige betriebliche Erträge über die GuV-Rechnung zu erfassen ist (gewillkürter Erfolgsbeitrag oder Erfolgszuschuss; BeBiKo/ Störk/Kliem/Meyer HGB § 272 Rn. 196).

59 **dd) Erfolgsmäßige Verbuchung bei der Ausgliederung.** Anders als bei der Abspaltung (→ Rn. 55 ff.) erhält bei der Ausgliederung der übertragende Rechtsträger selbst die Gegenleistung für die Vermögensübertragung. Mit dem Anschaffungsgeschäft auf Seiten des übernehmenden Rechtsträgers (ausf. → § 24 Rn. 10 ff.) korrespondiert ein Veräußerungsgeschäft auf der Ebene des übertragenden Rechtsträgers; die übergehenden Vermögensgegenstände werden gegen die gewährte Anteile **getauscht** (vgl. etwa Lutter/Priester/Hennrichs Anh. § 134 Rn. 8; DFS Sonderbilanzen/Klingberg I Rn. 335; IDW RS HFA 43 Rn. 21; IDW Assurance/ Oser Kap. F Rn. 148; Winnefeld Bilanz-HdB N Rn. 340f; Oser StuB 2014, 631 (635); wohl aA Sagasser/Bula/Brünger Umwandlungen/Bula/Thees § 19 Rn. 64: es fehle am Umsatzakt). Anders als bei der Abspaltung beruht die Vermögensänderung nicht auf dem Gesellschaftsverhältnis (→ Rn. 56). Demzufolge ist die Übertragung des Vermögens bei der Ausgliederung **zwingend erfolgswirksam,** also über die GuV-Rechnung zu erfassen (Lutter/Priester/Hennrichs Anh. § 134 Rn. 8; IDW RS HFA 43 Rn. 21; Winnefeld Bilanz-HdB N Rn. 340 f.; DFS Sonderbilanzen/ Klingberg I Rn. 335: grds).

60 Die dem übertragenden Rechtsträger anlässlich der Ausgliederung **gewährten Anteile** können handelsbilanziell nur mit dem **Zeitwert** angesetzt werden. Dies ist die zwingende Konsequenz aus dem Umstand, dass die Ausgliederung ein Tauschgeschäft ist. Der übernehmende Rechtsträger muss die übergehenden WG mit dem Zeitwert ansetzen, da sie zur Erfüllung der Einlageverpflichtung geleistet werden (ausf. → § 24 Rn. 29 ff.). Nichts anderes gilt für den übertragenden Rechtsträger. Er hat – für eine logische Sekunde; vgl. insoweit BFH DStR 1998, 366 – die

als Gegenleistung zu gewährende Beteiligung am übernehmenden Rechtsträger als Forderung zu erfassen (BFH DStR 1998, 366). Diese Forderung ist mit dem Zeitwert des zu gewährenden Anteils zu bewerten. Mit der Anteilsgewährung erfolgt eine Erfüllung der Forderung; der Anteil ist mithin ebenso mit dem Zeitwert anzusetzen (aA Widmann/Mayer/Widmann, Stand November 2020, § 24 Rn. 169: mit dem BW der hingegebenen WG, mit dem Zeitwert der hingegebenen WG oder mit einem dazwischen liegenden Wert; Sagasser/Bula/Brünger Umwandlungen/Bula/Thees § 19 Rn. 64: mangels Umsatzakt mit dem BW des ausgegliederten Vermögens; IDW RS HFA 43 Rn. 21: BW des ausgegliederten Vermögens, Zeitwert oder erfolgsneutraler ZW; DFS Sonderbilanzen/Klingberg I Rn. 335: BW des ausgegliederten Vermögens, dessen Zeitwert sowie zum BW zzgl. der durch den Tausch ausgelösten Ertragsteuerbelastung; Kallmeyer/Lanfermann § 125 Rn. 35d: BW, Zeitwert oder ZW).

Ein durch den Ansatz des Zeitwertes entstehender **Gewinn** ist als sonstige betriebliche Erträge über die GuV-Rechnung zu erfassen. **61**

Nach der hier vertretenen Ansicht ist der gewährte Anteil auch dann zwingend mit dem Zeitwert anzusetzen, wenn ein **negatives Buchvermögen** übertragen wird (so im Grds. auch DFS Sonderbilanzen/Klingberg I Rn. 336; anders IDW RS HFA 43 Rn. 21: Ansatz mit einem Merkposten; ähnlich Sagasser/Bula/Brünger Umwandlungen/Bula/Thees § 19 Rn. 66; Widmann/Mayer/Widmann, Stand November 2020, § 24 Rn. 169; Winnefeld Bilanz-HdB N Rn. 340 f.). Der Zeitwert des **gewährten Anteils** ist auch maßgeblich, wenn tatsächlich kein **negatives** Vermögen übertragen werden würde (denkbar bei einer Ausgliederung auf eine PersGes). Dass in diesem Fall überhaupt ein Anteil gewährt wird, kann auf Umstände außerhalb des Umwandlungsvorgangs zurückzuführen sein. **62**

d) Berücksichtigung von Haftungsverbindlichkeiten. Zur bilanziellen Berücksichtigung von Haftungsverbindlichkeiten aufgrund der für alle beteiligten Rechtsträger eintretenden gesamtschuldnerischen Haftung nach § 133 I vgl. → § 133 Rn. 40 f. **63**

5. Verhältnis zum Steuerrecht

a) Steuerliche Schlussbilanzen. Der übertragende Rechtsträger muss bzw. wird regelmäßig auch für stl. Zwecke eine Schlussbilanz erstellen (vgl. §§ 3, 11, 15, 16 UmwStG). In den Fällen der §§ 3–19 UmwStG (also Verschm von KapGes auf PhG oder auf ihren Alleingesellschafter, Verschm von KapGes untereinander, Auf- und Abspaltung von KapGes auf KapGes und auf PhG) übt der übertragende Rechtsträger in der stl. Schlussbilanz die stl. Wahlrechte hinsichtlich des Ansatzes und der Bewertung der übergehenden WG aus (grds. Bewertung mit dem gemeinen Wert, unter gewissen Voraussetzungen auf Antrag Bewertung mit dem BW oder einem ZW). In den von §§ 20 ff. UmwStG erfassten Fallgruppen stehen hingegen dem übernehmenden Rechtsträger diese Wahlrechte zu (vgl. § 20 II UmwStG, § 21 I, II UmwStG, § 24 II UmwStG). **64**

In den Fällen der §§ 3–19 UmwStG entspricht der **Stichtag** der handelsbilanziellen Schlussbilanz nach Abs. 2 auch demjenigen der stl. Schlussbilanz, da durch den handelsbilanziellen Schlussbilanzstichtag der stl. Übertragungsstichtag festgelegt wird, § 2 I UmwStG (→ UmwStG § 2 Rn. 19 f.). Entsprechendes gilt in den Fällen der §§ 20 ff. UmwStG, soweit die Wahlrechte auf stl. Rückwirkung (vgl. § 20 V, VI UmwStG, § 24 IV UmwStG) ausgeübt werden (können). **65**

b) Keine Maßgeblichkeit. Für die stl. Schlussbilanz gelten eigene Vorschriften (→ Rn. 64), die nur teilw. an die handelsrechtlichen Vorschriften anknüpfen. Von besonderer Bedeutung ist, dass der Grundsatz der Maßgeblichkeit nicht gilt (Widmann/Mayer/Budde § 24 Rn. 128). Der Grundsatz der umgekehrten Maßgeblich- **66**

keit (§ 5 I 2 EStG aF – Ausübung stl. Wahlrechte in Übereinstimmung mit der handelsrechtlichen Bilanz) ist nach den Änderungen durch das BilMoG ohnehin weggefallen (§ 5 I 1 EStG). IÜ fehlt es an **korrespondierenden Wahlrechten**, da handelsrechtlich nach Abs. 2 zwingend entsprechend den für den JA geltenden Vorschriften zu bilanzieren ist (also Fortentwicklung der bisherigen BW; ausf. → Rn. 25 ff.), während der übertragende Rechtsträger die übergehenden WG einschl. nicht entgeltlich erworbener und selbst geschaffener immaterieller WG nach § 3 I UmwStG (Verschm Körperschaft auf PersGes oder auf ihren Alleingesellschafter), nach § 11 I UmwStG (Verschm Körperschaft auf Körperschaft), nach § 15 UmwStG (Auf- und Abspaltung einer Körperschaft auf eine Körperschaft) und nach § 16 UmwStG (Auf- oder Abspaltung einer Körperschaft auf eine PhG) in der stl. Schlussbilanz im Grundsatz mit dem gemeinen Wert anzusetzen hat. Nur unter gewissen Voraussetzungen besteht auf Antrag das vom übertragenden Rechtsträger auszuübende Wahlrecht, die übergehenden WG mit dem bisherigen BW oder einem ZW anzusetzen und zu bewerten (vgl. iE die Komm. der genannten Vorschriften). Die zum früheren UmwStG vertretene Auffassung der FVerw, die stl. Wahlrechte nach §§ 3, 11, 15, 16 UmwStG aF könnten wegen des Grundsatzes der Maßgeblichkeit nicht ausgeübt werden (vgl. BMF 25.3.1998, BStBl. I 1998, 268 Rn. 03.01), war fehlerhaft (BFH DStR 2007, 1767). Anlässlich der Änderungen durch das SEStEG wurde auch vom Gesetzgeber klargestellt, dass bei Umw der Grundsätze der Maßgeblichkeit nicht gilt (Begr. RegE, BT-Drs. 16/2710 zum Ersten bis Fünften Teil). Dem folgt nun auch die FVerw (vgl. BMF 11.11.2011, BStBl. I 2011, 1314 Rn. 03.10, 03.25, 11.05, 20.20, 21.07, 21.11). Ebenso wenig kommt es zu einer phasenverschobenen Wertaufholung, wenn handelsrechtlich nicht die BW fortgeführt werden (dazu Behrens BB 2009, 318).

6. Rechnungslegung und Bilanzierung in der Interimszeit

a) Verpflichtung zur Rechnungslegung. Die Wirkungen der Verschm (Spaltung) treten mit Eintragung der Verschm (Spaltung) im Register des übernehmenden (übertragenden) Rechtsträgers ein, § 20 I, § 131 I. Erst in diesem Moment erlischt (bei der Verschm und bei der Aufspaltung) der übertragende Rechtsträger, § 20 I Nr. 2, § 131 I Nr. 2. Bis zu diesem Zeitpunkt besteht die handelsrechtliche **Rechnungslegungsverpflichtung** (§§ 238 ff., 242 ff. HGB) des übertragenden Rechtsträgers fort (ganz hM; Kallmeyer/Lanfermann Rn. 21 f.; Sagasser/Bula/Brünger Umwandlungen/Bula/Thees § 10 Rn. 61 ff.; Lutter/Priester/Hennrichs § 24 Rn. 27; Widmann/Mayer/Budde § 24 Rn. 19; Widmann/Mayer/Mayer § 5 Rn. 153; NK-UmwR/Schulte § 24 Rn. 13; IDW RS HFA 42 Rn. 22; Gassner FS Widmann, 2000, 343 (355); DFS Sonderbilanzen/Deubert/Henckel H Rn. 61; MHdB GesR VIII/Link § 58 Rn. 27). Der Abschluss des Verschmelzungsvertrags (Spaltungsvertrags) mit der Vereinbarung eines Umwandlungsstichtags (§ 5 I Nr. 6, § 126 I Nr. 6) lässt die Verpflichtung zur Rechnungslegung unberührt. Ab diesem Zeitpunkt gelten zwar die Handlungen des übertragenden Rechtsträgers als für Rechnung des übernehmenden Rechtsträgers vorgenommen, diese Zuordnung setzt aber eine wirksam gewordene und damit eine eingetragene Umw (Verschm, Spaltung, Vermögensübertragung) voraus. Wird die Umw wirksam, ist sie im Rechnungswesen des übernehmenden Rechtsträgers so abzubilden, als wäre das Vermögen bereits mit dem Umwandlungsstichtag übergegangen und wären die Geschäfte des übertragenden Rechtsträgers bereits im Namen und für Rechnung des übernehmenden Rechtsträgers geführt worden. Nur idS ist es zutr., dass der Umwandlungsstichtag den Zeitpunkt des Wechsels der Rechnungslegung festlegt (so Lutter/Drygala § 5 Rn. 74). Davon zu unterscheiden ist der Zeitpunkt des Vermögensübergangs (→ Rn. 73 ff.) und das Ende der Verpflichtung, (noch) einen Jahresabschluss aufzustellen (→ Rn. 72).

Das Fortbestehen einer nur den übertragenden Rechtsträger erfassenden Rech- 68
nungslegung ist bereits notwendig, um die **stl. Verpflichtungen** des übertragenden
Rechtsträgers erfüllen zu können. Zwar tritt regelmäßig (vgl. §§ 2, 20 V, VI
UmwStG, § 24 IV UmwStG) auch eine stl. Rückwirkung auf den Stichtag der
Schlussbilanz (und damit auf den Zeitpunkt unmittelbar vor dem Umwandlungsstichtag, → Rn. 37 ff.) ein, diese wirkt allerdings nur für Ertragsteuern (BMF
11.11.2011, BStBl. I 2011, 1314 Rn. 01.01). Für **Verkehrsteuern**, insbes. für die
USt, gilt sie nicht (→ UmwStG § 2 Rn. 35, 39). Der übertragende Rechtsträger
bleibt bis zum Wirksamwerden der Umw Unternehmer iSd UStG. Demzufolge
muss der übertragende Rechtsträger bis zu seinem Erlöschen Voranmeldungen und
ggf. Jahreserklärungen abgeben, was eine entsprechende Buchführung voraussetzt
(dazu auch → UmwStG § 2 Rn. 39; vgl. auch Semler/Stengel/Leonard/Moszka
§ 24 Rn. 17).

Die in der Person des übertragenden Rechtsträgers fortbestehende Rechnungsle- 69
gungsverpflichtung kann aber bereits vor dem Wirksamwerden der Umw **durch
den übernehmenden Rechtsträger** erfüllt werden. In diesem Fall führt er die
Bücher des übertragenden Rechtsträgers im Auftrag des übernehmenden Rechtsträgers, etwa indem er einen eigenständigen Buchungskreis einrichtet (DFS Sonderbi-
lanzen/Deubert/Henckel H Rn. 61; Kallmeyer/Lanfermann Rn. 21). Dies ändert
nichts an der originären Verantwortlichkeit des übertragenden Rechtsträgers (DFS
Sonderbilanzen/Deubert/Henckel H Rn. 61).

Soweit vor Wirksamwerden der Eintragung ein regulärer JA für den übertragen- 70
den Rechtsträger aufzustellen ist (→ Rn. 72), muss dieser auch **festgestellt** und –
bei Vorliegen der Voraussetzungen – **geprüft** und **offengelegt** werden (wie hier
Kallmeyer/Lanfermann Rn. 22; IDW RS HFA 42 Rn. 22).

Bereits erstellte JA werden mit Wirksamwerden der Umw nicht nachträglich 71
unrichtig. Eine Verpflichtung zur **Änderung** der JA besteht nicht (Lutter/Priester/
Hennrichs § 24 Rn. 31).

b) Aufstellung von Jahresabschlüssen. Aufgrund der fortbestehenden Ver- 72
pflichtung zur Rechnungslegung (→ Rn. 67) muss der übertragende Rechtsträger
grds. auch eigene JA aufstellen, wenn zum Stichtag eines regulären JA (§ 242 HGB)
die Umw noch nicht eingetragen ist (Kallmeyer/Lanfermann Rn. 22; DFS Sonder-
bilanzen/Deubert/Henckel H Rn. 65; Lutter/Priester/Hennrichs § 24 Rn. 28;
Widmann/Mayer/Budde § 24 Rn. 19; Widmann/Mayer/Mayer § 5 Rn. 153;
Sagasser/Bula/Brünger Umwandlungen/Bula/Thees § 10 Rn. 62; MHdB GesR
VIII/Link § 58 Rn. 29; Gassner FS Widmann, 2000, 343 (355); IDW RS HFA 42
Rn. 22; Kiem ZIP 1999, 173 (177)). Entsprechendes gilt für die Pflicht zur Prüfung
und Offenlegung dieses Abschlusses (→ Rn. 70). Dieser JA ist für das gesamte Gj.
und nicht etwa für den Zeitraum ab dem Stichtag der Schlussbilanz zu erstellen, da
durch die Aufstellung der Schlussbilanz ein RumpfGj. nicht gebildet wird
(→ Rn. 34; Sagasser/Bula/Brünger Umwandlungen/Bula/Thees § 10 Rn. 62).
Maßgeblich für die Verpflichtung ist der Zeitpunkt der **Aufstellung** und nicht der
Stichtag des JA. Wird die Umw zwar nicht bis zum GjEnde, aber bis zur Aufstellung
des JA durch Eintragung wirksam, entfällt diese originär die Organe des übertragen-
den Rechtsträgers treffende Verpflichtung mit dessen Erlöschen (wie hier Kallmeyer/
Lanfermann Rn. 22; Sagasser/Bula/Brünger Umwandlungen/Bula/Thees § 10
Rn. 62; DFS Sonderbilanzen/Deubert/Henckel H Rn. 65; MHdB GesR VIII/Link
§ 58 Rn. 28; Widmann/Mayer/Budde § 24 Rn. 20; Limmer Unternehmensum-
wandlungs-HdB/Bilitewski Teil 7 Rn. 652; IDW RS HFA 42 Rn. 23). Denn mit
Wirksamwerden der Umw sind das Vermögen und die Geschäfte des übertragenden
Rechtsträgers vereinbarungsgemäß ab dem Umwandlungsstichtag (vgl. § 5 I Nr. 6)
beim übernehmenden Rechtsträger zu erfassen. Demzufolge könnte der übertragende Rechtsträger in dem JA nichts mehr ausweisen; die entsprechende Verpflich-

73 **c) Vermögenszuordnung.** Für JA, die der übertragende Rechtsträger vor Wirksamwerden der Verschm noch aufzustellen hat, gelten zunächst die allg. Vorschriften (insbes. §§ 242 ff. HGB) und die allg. Grundsätze. Danach hat nicht der zivilrechtliche Eigentümer, sondern – bei Auseinanderfallen – der **wirtschaftliche Eigentümer** die Vermögensgegenstände anzusetzen (§ 246 I 2 Hs. 2 HGB; dazu etwa BeBiKo/Justenhoven/Meyer HGB § 246 Rn. 5 ff.). Dieser Grundsatz gilt uneingeschränkt auch bei Umw. Bei einer schwebenden Umw ist daher bei der Aufstellung eines JA für den übertragenden Rechtsträger zu prüfen, ob vor dem Wirksamwerden der Umw das wirtschaftliche Eigentum bereits auf den übernehmenden Rechtsträger übergegangen ist (Kallmeyer/Lanfermann Rn. 23; Gassner FS Widmann, 2000, 343 (355); Sagasser/Bula/Brünger Umwandlungen/Bula/Thees § 10 Rn. 64 f.; DFS Sonderbilanzen/Deubert/Henckel H Rn. 62; Kiem ZIP 1999, 175 (179); IDW RS HFA 42 Rn. 27; Lutter/Priester/Hennrichs § 24 Rn. 29; MHdB GesR VIII/Link § 58 Rn. 30; Tischer WPg 1996, 745; Widmann/Mayer/Mayer § 5 Rn. 154; Widmann/Mayer/Budde § 24 Rn. 25). Der Übergang des wirtschaftlichen Eigentums kann nicht rückwirkend begründet werden (Kallmeyer/Lanfermann Rn. 23).

74 Nach der für die Praxis bedeutsamen Auffassung des **IDW** (RS HFA 42 Rn. 29), der die Lit. zutr. größtenteils zustimmt (etwa Sagasser/Bula/Brünger Umwandlungen/Bula/Thees § 10 Rn. 65; DFS Sonderbilanzen/Deubert/Henckel H Rn. 62; Kallmeyer/Lanfermann Rn. 23; Lutter/Priester/Hennrichs § 24 Rn. 30; Widmann/Mayer/Mayer § 5 Rn. 154; MHdB GesR VIII/Link § 58 Rn. 30) ist von einem **Übergang** des **wirtschaftlichen Eigentums** auf den übernehmenden Rechtsträger auszugehen, wenn **kumulativ** folgende **Voraussetzungen** zum Umwandlungsstichtag erfüllt sind:
– Der Umwandlungsvertrag muss formwirksam abgeschlossen sein und die Umwandlungsbeschlüsse sowie ggf. weitere Zustimmungserklärungen der Anteilsinhaber müssen vorliegen.
– Der vereinbarte Umwandlungsstichtag muss vor dem Abschlussstichtag liegen oder mit diesem zusammenfallen.
– Die Umw muss bis zur Beendigung der Aufstellung des JA eingetragen sein oder mit an Sicherheit grenzender Wahrscheinlichkeit eingetragen werden.
– Es muss faktisch oder durch eine entsprechende Regelung im Umwandlungsvertrag sichergestellt sein, dass der übertragende Rechtsträger nur im Rahmen eines ordnungsmäßigen Geschäftsgangs oder mit Einwilligung des übernehmenden Rechtsträgers über die Vermögensgegenstände verfügen kann.

75 Wenn das wirtschaftliche Eigentum am Aktivvermögen aufgrund der vorgenannten Umstände bereits beim übernehmenden Rechtsträger liegt, hat er auch die **Verbindlichkeiten** entweder unmittelbar oder als Ausgleichsverpflichtung zu passivieren (IDW RS HFA 42 Rn. 30; IDW Assurance/Oser Kap. F Rn. 47; Sagasser/Bula/Brünger Umwandlungen/Bula/Thees § 10 Rn. 68; DFS Sonderbilanzen/Deubert/Henckel H Rn. 62; MHdB GesR VIII/Link § 58 Rn. 31). Der **übertragende** Rechtsträger kann in diesem Fall von der Passivierung nur absehen, wenn der übernehmende Rechtsträger vor dem Abschlussstichtag aufgrund ausdrücklicher Vereinbarung (regelmäßig wohl im Umwandlungsvertrag) die gesamtschuldnerische Mithaftung für die Verbindlichkeiten übernommen hat (Widmann/Mayer/Mayer § 5 Rn. 155; aA IDW RS HFA 42 Rn. 30: vertragliche Schuldübernahme nicht erforderlich; Kallmeyer/Lanfermann Rn. 23: keine Passivierung ab Übergang des wirtschaftlichen Eigentums; Widmann/Mayer/Budde § 24 Rn. 29). Dann genügt beim übertragenden Rechtsträger eine Angabe als Haftungsverhältnis iSv § 251 HGB unter der Bilanz. Solange der übertragende Rechtsträger die Verbindlichkeiten

selbst noch bilanziert, hat er ggf. auf der Aktivseite einen Ausgleichsposten einzustellen.

Solange das **wirtschaftliche Eigentum** zum Abschlussstichtag noch **nicht** auf den übernehmenden Rechtsträger übergegangen ist, hat der übertragende Rechtsträger sämtliche Vermögensgegenstände und sämtliche Schulden nach den allg. Grundsätzen zu erfassen. Auf die künftigen Auswirkungen des geschlossenen Umwandlungsvertrags ist im Anhang hinzuweisen. **76**

d) Ergebniszuordnung. Es sind zwei Zeitpunkte zu beachten. Der Umwandlungsstichtag bestimmt den Zeitpunkt, von dem die Handlungen des übertragenden Rechtsträgers als für Rechnung des übernehmenden Rechtsträgers vorgenommen gelten (§ 5 I Nr. 6, § 126 I Nr. 6). Demzufolge ist das vom übertragenden Rechtsträger ab dem Umwandlungsstichtag erwirtschaftete Ergebnis bereits dem übernehmenden Rechtsträger zuzurechnen. **77**

Davon zu unterscheiden ist der Zeitpunkt, ab dem der übernehmende Rechtsträger mit dem übergehenden Vermögen ein originär eigenes Ergebnis erwirtschaftet. Obwohl der zivilrechtliche Übergang der Aktiva und Passiva erst mit Wirksamwerden der Umw erfolgt, ist auch insoweit während einer schwebenden Umw bereits auf den Übergang des **wirtschaftlichen Eigentums** abzustellen (auch → Rn. 73 ff.). Denn mit Übergang des wirtschaftlichen Eigentums hat der übernehmende Rechtsträger aufgrund der ihm zugeordneten Vermögensgegenstände und Verbindlichkeiten eigene Erträge und Aufwendungen; korrespondierend hat der übertragende Rechtsträger ab diesem Zeitpunkt keine originären Aufwendungen und Erträge mehr (IDW RS HFA 42 Rn. 31; Sagasser/Bula/Brünger Umwandlungen/Bula/Thees § 10 Rn. 75; Gassner FS Widmann, 2000, 343 (356); Lutter/Priester/Hennrichs § 24 Rn. 29; Kallmeyer/Lanfermann Rn. 23; IDW Assurance/Oser Kap. F Rn. 50; MHdB GesR VIII/Link § 58 Rn. 33). Regelmäßig wird in diesem Zeitpunkt die Überleitung der Geschäftsvorfälle seit dem Umwandlungsstichtag erfolgen (→ Rn. 83). **78**

Solange das **wirtschaftliche Eigentum** nicht übergegangen ist, hat der übertragende Rechtsträger noch originäre Aufwendungen und Erträge. Der übertragende Rechtsträger hat sich aber mit Abschluss des Umwandlungsvertrags, der mit Fassung aller notwendigen Zustimmungsbeschlüsse für die Parteien bindend wurde, verpflichtet, ab dem Umwandlungsstichtag alle Handlungen für Rechnung des übernehmenden Rechtsträgers vorzunehmen (§ 5 I Nr. 6, § 126 I Nr. 6). Daher kann ein in der Zeit ab dem Umwandlungsstichtag erwirtschafteter Gewinn nicht mehr für **Ausschüttungen** an die Anteilsinhaber des übertragenden Rechtsträgers verwendet werden. Das Handeln für Rechnung des übernehmenden Rechtsträgers muss in dem JA des übertragenden Rechtsträgers unabhängig vom Übergang des wirtschaftlichen Eigentums vermerkt werden. Eine entsprechende Erläuterung kann etwa im Anhang erfolgen (Sagasser/Bula/Brünger Umwandlungen/Bula/Thees § 10 Rn. 84; Gassner FS Widmann, 2000, 343 (356); IDW RS HFA 42 Rn. 31: im JA; ebenso IDW Assurance/Oser Kap. F Rn. 52). **79**

Eine bilanzielle Ausschüttungssperre, die rechtlich aber wegen des Abschlusses des Umwandlungsvertrags regelmäßig besteht, tritt hierdurch jedoch nicht ein. Daher ist es vorzugswürdig, einen seit dem Umwandlungsstichtag erwirtschafteten **Gewinn** als RSt (Verbindlichkeitenrückstellung) zu passivieren. Der Aufwand ist in der GuV-Rechnung gesondert vor dem Jahresergebnis als „für fremde Rechnung erwirtschaftetes Ergebnis" auszuweisen (Kallmeyer/Lanfermann Rn. 24; Lutter/Priester § 24 Rn. 28; NK-UmwR/Böttcher § 24 Rn. 14; MHdB GesR VIII/Link § 58 Rn. 34; Gassner FS Widmann, 2000, 343 (356); aA IDW RS HFA 42 Rn. 31; IDW Assurance/**Oser** Kap. F Rn. 52; Widmann/Mayer/Budde § 24 Rn. 27). **80**

Die hiergegen erhobenen Bedenken, es fehle an den Voraussetzungen für eine Rückstellungsbildung (so Sagasser/Bula/Brünger Umwandlungen/Bula/Thees § 10 **81**

Rn. 79; vgl. auch IDW RS HFA 42 Rn. 31: der nach dem Abschlussstichtag gefasste Verschmelzungsbeschluss sei ein wertbegründendes Ereignis; ebenso IDW Assurance/Oser Kap. F Rn. 52), überzeugen nicht. Die im Umwandlungsvertrag getroffene Vereinbarung eines Umwandlungsstichtags ist eine ausreichende rechtliche Verpflichtung für eine Verbindlichkeitenrückstellung iSv § 259 I 1 HGB. Die Ungewissheit vor der Eintragung der Umw ist der Grund, warum eine RSt und nicht eine Verbindlichkeit auszuweisen ist.

82 Der **übernehmende Rechtsträger** kann einen korrespondierenden Ertrag vor der Eintragung der Umw noch nicht ausweisen; dies wäre ein Verstoß gegen das Realisationsprinzip nach § 252 I Nr. 4 HGB (IDW RS HFA 42 Rn. 31; Sagasser/Bula/Brünger Umwandlungen/Bula/Thees § 10 Rn. 85). Ebenso wenig kann der **übertragende** Rechtsträger bei Entstehen eines **Verlustes** seit dem Umwandlungsstichtag wegen § 252 I Nr. 4 HGB einen Anspruch auf Ausgleich der Vermögensminderung einstellen (Kallmeyer/Lanfermann Rn. 24; MHdB GesR VIII/Link § 58 Rn. 34; IDW Assurance/Oser Kap. F Rn. 52). Der **übernehmende** Rechtsträger muss einen beim übertragenden Rechtsträger seit dem Umwandlungsstichtag eingetretenen **Verlust** bereits durch eine entsprechende RSt erfassen (so auch MHdB GesR VIII/Link § 58 Rn. 39; aA IDW RS HFA 42 Rn. 31; wohl auch Kallmeyer/Lanfermann Rn. 24); der Aufwand ist in der GuV-Rechnung gesondert als letzter Posten vor dem Ergebnis der gewöhnlichen Geschäftstätigkeit auszuweisen. Zur Behandlung eines **GAV** in der Interimsphase vgl. ausf. DFS Sonderbilanzen/Deubert/Henckel H Rn. 68 ff. und insbes. Gelhausen/Heinz NZG 2005, 775; vgl. auch IDW Assurance/Oser Kap. F Rn. 55.

83 **e) Überleitung im Rechnungswesen.** Spätestens mit Wirksamwerden der Umw (zur Maßgeblichkeit des Übergangs des wirtschaftlichen Eigentums → Rn. 73 ff. und 77 ff.) sind die übergehenden Vermögensgegenstände und Verbindlichkeiten und die Geschäftsvorfälle seit dem Umwandlungsstichtag endgültig beim übernehmenden Rechtsträger so zu erfassen, als ob die Umw zum Umwandlungsstichtag wirksam geworden wäre. Die Geschäftsvorfälle seit dem Umwandlungsstichtag sind in der GuV des übernehmenden Rechtsträgers zu erfassen (IDW RS HFA 42 Rn. 33; Kallmeyer/Lanfermann § 24 Rn. 55; MHdB GesR VIII/Link § 58 Rn. 38). Zum Ansatz und zur Bewertung des übergehenden Vermögens beim übernehmenden Rechtsträger → § 24 Rn. 20 ff., 62 ff. Die Überleitung kann durch entsprechende Saldenbuchungen oder durch eine Nachbuchung beim übernehmenden Rechtsträger erfolgen (IDW RS HFA 42 Rn. 33; Semler/Stengel/Leonard/Moszka § 24 Rn. 16; Kallmeyer/Lanfermann § 24 Rn. 55; MHdB GesR VIII/Link § 58 Rn. 38). Allerdings sind **Insich-Geschäfte** zwischen den beteiligten Rechtsträgern zu eliminieren; dies ist die zwingende Konsequenz aus dem Umstand, dass nach § 5 I Nr. 6, § 126 I Nr. 6 Rechtsgeschäfte des übertragenden Rechtsträgers als rechts für Rechnung des übernehmenden Rechtsträgers vorgenommen gelten (→ Rn. 13). Anderenfalls würde dem übernehmenden Rechtsträger ein von ihm noch nicht realisierter Erfolg zugerechnet werden (wie hier Bilitewski/Roß/Weiser WPg 2014, 13 (18); aA Perwein GmbHR 2011, 977: erst ab dem Übergang des wirtschaftlichen Eigentums). Ebenso müssen Gewinnausschüttungen des übertragenden Rechtsträgers an den übernehmenden Rechtsträger korrigiert werden (dazu Hargarten/Claßen BB 2021, 1259). Eine **Abschlussbilanz,** die zwingend ein Nullvermögen ausweisen müsste, muss der übertragende Rechtsträger bzw. der übernehmende Rechtsträger für den übertragenden Rechtsträger nicht aufstellen (IDW RS HFA 42 Rn. 42). IÜ zur **Erfassung des Vermögensübergangs** → § 24 Rn. 4.

7. Bilanzierung beim Formwechsel

84 Im Gegensatz zur bis 1994 geltenden Rechtslage ist der Formwechsel nach §§ 194 ff. **identitätswahrend.** Eine Vermögensübertragung findet nicht statt. Dem-

zufolge ist es konsequent, dass die §§ 190 ff. weder auf §§ 17, 24 verweisen noch eigene Regelungen für eine Schlussbilanz und/oder eine Eröffnungsbilanz enthalten. Mangels Vermögensübertragung lässt sich auch aus den allg. Vorschriften und den allg. Grundsätzen eine Verpflichtung zur Aufstellung derartiger Bilanzen nicht ableiten (wie hier Sagasser/Bula/Brünger Umwandlungen/Bula/Thees § 27 Rn. 4 f.; DFS Sonderbilanzen/Deubert/Meyer L Rn. 30; IDW RS HFA 41 Rn. 3, 22; BeBiKo/Schubert/Hutzler HGB § 255 Rn. 40 f.; Limmer Unternehmensumwandlungs-HdB/Bilitewski Teil 7 Rn. 902; aA Priester DB 1995, 911 (915 ff.); Müller-Gattermann WPg 1996, 868 (870)). Dies ist ein wesentlicher Unterschied zur **stl. Situation,** denn nach §§ 9, 25 UmwStG muss beim „kreuzenden" Formwechsel (von Körperschaft in PersGes und umgekehrt) zu stl. Zwecken eine Schlussbilanz und eine Eröffnungsbilanz erstellt werden. Hintergrund ist, dass wegen des Wechsels der Besteuerungssysteme stl. ein Vermögensübergang fingiert wird. Vgl. hierzu näher § 9 UmwStG und § 25 UmwStG.

Mangels Vermögensübertragung (Identität des Rechtsträgers) müssen im **nächsten JA** des Rechtsträgers neuer Rechtsform die fortentwickelten BW zwingend fortgeführt werden (IDW RS HFA 41 Rn. 5, 23, 29; IDW RS HFA 43 Rn. 174; IDW Assurance/Oser Kap. F Rn. 212; Sagasser/Bula/Brünger Umwandlungen/Bula/Thees § 27 Rn. 8; DFS Sonderbilanzen/Deubert/Hoffmann L Rn. 30; Limmer Unternehmensumwandlungs-HdB/Bilitewski Teil 7 Rn. 904; Breuninger FS Widmann, 2000, 203 (210)). Der Rechtsträger in neuer Rechtsform führt vollumfänglich die Rechtsstellung fort (Sagasser/Bula/Brünger Umwandlungen/Bula/Thees § 27 Rn. 8). Mangels Anschaffung besteht daher etwa eine Wertaufholungsverpflichtung (§ 253 VI HGB) fort (Limmer Unternehmensumwandlungs-HdB/Bilitewski Teil 7 Rn. 905). Eine Durchbrechung der Ansatz- und Bewertungsstetigkeit ist nur aufgrund zwingender Anforderungen für die neue Rechtsform gerechtfertigt (IDW RS HFA 41 Rn. 23). Eine Rückbeziehung tritt nicht ein (IDW RS HFA 41 Rn. 3; Sagasser/Bula/Brünger Umwandlungen/Bula/Thees § 27 Rn. 10). Ab Wirksamwerden des Formwechsels sind die für die neue Rechtsform geltenden Vorschriften (etwa §§ 264 ff. HGB für KapGes) zu beachten. Wird der Formwechsel vor Aufstellung, aber nach dem Bilanzstichtag wirksam, gelten für diesen JA noch die Vorschriften der Rechtsform alter Form (IDW RS HFA 41 Rn. 24 mit weiteren Hinweisen; Sagasser/Bula/Brünger Umwandlungen/Bula/Thees § 27 Rn. 12; IDW Assurance/Oser Kap. F Rn. 213). Eine zum Abschlussstichtag bestehende **Prüfungspflicht** und **Konzernrechnungslegungspflicht** bleibt unberührt (IDW RS HFA 41 Rn. 25 f.).

Auch auf der Ebene der **Anteilsinhaber** ist die Identität des Rechtsträgers zu beachten. Die Beteiligung an dem formgewechselten Rechtsträger wird fortgesetzt, ein Anteilstausch erfolgt nicht. Eine Neubewertung der Beteiligung kann mangels Anschaffungsgeschäft nicht erfolgen (IDW RS HFA 41 Rn. 63).

Beim Formwechsel einer **PhG in eine KapGes** wird das EK der PersGes ohne individuelle Zuordnung (Kapitalkonten) EK der KapGes (IDW RS HFA 41 Rn. 7). Übersteigt das EK der PhG den Betrag des Nennkapitals, ist der übersteigende Betrag in die Kapitalrücklage nach § 272 II Nr. 4 HGB einzustellen (IDW RS HFA 41 Rn. 7). Im Formwechselbeschluss kann indes eine Einstellung in die Kapitalrücklage nach § 272 II Nr. 1 HGB festgelegt werden (IDW RS HFA 41 Rn. 7; Sagasser/Bula/Brünger Umwandlungen/Bula/Thees § 27 Rn. 29). Thesaurierte Gewinne, auch solche, die gesellschaftsvertraglich einer gesamthänderisch gebundenen RL zugeführt wurden, können auch anderen Gewinn-RL (§ 272 III HGB) zugeführt werden (IDW RS HFA 41 Rn. 7). Zur **Kapitaldeckung** beim Formwechsel in eine KapGes vgl. § 220. Deckt das EK nach BW nicht das festgesetzte Festkapital, ist der Unterschiedsbetrag als Verlustvortrag oder als Abzugsposten innerhalb des bilanziellen EK auszuweisen (vgl. iE IDW RS HFA 41 Rn. 13). Zum Formwechsel einer **KapGes in eine PhG** vgl. IDW RS HFA 41 Rn. 35 ff.

87a Zu Rechnungslegungsfragen beim **grenzüberschreitenden Formwechsel** vgl. IDW ERS HFA 41 Rn. 44 ff., 73. Auch insoweit ist zu beachten, dass eine Vermögensübertragung nicht stattfindet. Deswegen bedarf es auch in diesen Fällen aus rechtlicher Sicht keiner Schluss- oder Eröffnungsbilanz (IDW ERS HFA 41 Rn. 47, 63), wenngleich ein Überleitungsstatus sinnvoll sein kann (IDW ERS HFA 41 Rn. 47). Auch das Geschäftsjahr bleibt durch das Wirksamwerden des Formwechsels unberührt (IDW ERS HFA 41 Rn. 46). Im Grundsatz sind mangels Vermögensübertragung (Identität des Rechtsträgers) auch beim grenzüberschreitenden Formwechsel die Buchwerte der Vermögensgegenstände, Schulden und RAP fortzuführen (IDW ERS HFA 41 Rn. 48).

87b Die Besonderheit beim **Hereinformwechsel** besteht indes darin, dass eine Überleitung des ausl. Bilanzstatuts auf das deutsche Bilanzstatut (HGB) erfolgen muss. Soweit bislang bilanzierte Vermögensgegenstände nach inl. Bilanzstatut bereits dem Grunde nach nicht angesetzt werden dürfen, sind sie auszubuchen (IDW ERS HFA 41 Rn. 48). Bislang nach dem ausl. Bilanzstatut nicht angesetzte selbstgeschaffene immaterielle Vermögensgegenstände des AV (Aktivierungsverbot oder nicht ausgenutztes Aktivierungswahlrecht) können nach inl. Bilanzstatut anlässlich des Formwechsels nach § 248 II 1 HGB angesetzt werden (IDW ERS HFA 41 Rn. 48). Unterschiedliche Ansätze bei Verbindlichkeiten und Rückstellungen sind an die Vorgaben des HGB (§ 253 I 2, II HGB) anzugleichen (IDW ERS HFA 41 Rn. 50 f.). Ggf. sind auch aktivierte oder passierte latente Steuern anzupassen (IDW ERS HFA 41 Rn. 52). Der Saldo aller Anpassungen kann entweder erfolgswirksam über die Gewinn- und Verlustrechnung oder erfolgsneutral zulasten oder zugunsten frei verfügbarer Eigenkapitalteile erfasst werden (IDW ERS HFA 41 Rn. 54). Ausschüttungssperren (§ 253 VI 2 HGB, § 268 VIII HGB) sind ab Wirksamwerden des Formwechsels zu beachten (IDW ERS HFA 41 Rn. 59). Barabfindungsansprüche von anlässlich des Hereinformwechsels ausscheidenden Gesellschaftern sind erfolgsneutral vom EK abzuziehen (IDW ERS HFA 41 Rn. 62). Das EK des Rechtsträgers inl. Rechtsform wird sodann auf der Grundlage des HGB-Statuts als Unterschiedsbetrag zwischen Aktiva und Passiva neu ermittelt und den inl. Unterposten des EK zugeordnet (IDW ERS HFA 41 Rn. 49). Die Restnutzungsdauer von Vermögensgegenständen ist nach inl. Maßstäben neu zu berechnen (IDW ERS HFA 41 Rn. 55). Devisenumrechnungen erfolgen mit dem Devisenkassamittelkurs am Tag des Wirksamwerdens des Formwechsels (IDW ERS HFA 41 Rn. 58). Zur Prüfung und Offenlegung in der Interimsphase vgl. IDW ERS HFA 41 Rn. 60 f.

87c Beim **Hinausformwechsel** endet mit Wirksamwerden des Formwechsels die Anwendung des HGB-Statuts. Die Rechnungslegung richtet sich fortan nach dem Bilanzstatut des Zuzugsstaates (IDW ERS HFA 41 Rn. 57). Für die Prüfungspflicht nach inl. Recht ist maßgebend, ob die Pflichten des letzten Jahresabschlusses vor dem Wirksamwerden des Formwechsels bereits erfüllt sind. Vgl. iE IDW ERS HFA 41 Rn. 65 ff.). Zu den Auswirkungen auf die Bilanzierung bei den **Anteilsinhaber** vgl. IDW ERS HFA 41 Rn. 73.

8. Zwischenbilanz nach § 63

88 Neben der Schlussbilanz kann nach § 63 I Nr. 3 bei Beteiligung von AG eine **Zwischenbilanz** erforderlich werden (vgl. auch § 82 I, § 101 I, § 106, § 112 I für eG, eV, genossenschaftliche Prüfungsverbände und VVaG; vgl. auch § 143). Voraussetzung dafür ist, dass sich der letzte JA auf ein Gj. bezieht, das mehr als sechs Monate vor dem Abschluss des Verschmelzungsvertrags oder der Aufstellung des Entwurfs abgelaufen ist. Die Zwischenbilanz muss dann auf einen Stichtag aufgestellt sein, der nicht vor dem ersten Tag des dritten Monats liegt, dem der Abschluss oder der Aufstellung des Verschmelzungsvertrags vorausgeht. Die Zwischenbilanz ist grds.

nach den Vorschriften aufzustellen, die auf den letzten JA angewendet worden sind, nach § 63 II 2–4 gelten aber einige Vereinfachungen.

Die Zwischenbilanz muss nicht geprüft und nicht bekannt gemacht werden (Widmann/Mayer/Budde § 24 Rn. 71; Lutter/Decher Rn. 10; iÜ → § 63 Rn. 4 ff.). 89

§ 18 Firma oder Name des übernehmenden Rechtsträgers

(1) **Der übernehmende Rechtsträger darf die Firma eines der übertragenden Rechtsträger, dessen Handelsgeschäft er durch die Verschmelzung erwirbt, mit oder ohne Beifügung eines das Nachfolgeverhältnis andeutenden Zusatzes fortführen.**

(2) **Ist an einem der übertragenden Rechtsträger eine natürliche Person beteiligt, die an dem übernehmenden Rechtsträger nicht beteiligt wird, so darf der übernehmende Rechtsträger den Namen dieses Anteilsinhabers nur dann in der nach Absatz 1 fortgeführten oder in der neu gebildeten Firma verwenden, wenn der betroffene Anteilsinhaber oder dessen Erben ausdrücklich in die Verwendung einwilligen.**

(3) **¹Ist eine Partnerschaftsgesellschaft an der Verschmelzung beteiligt, gelten für die Fortführung der Firma oder des Namens die Absätze 1 und 2 entsprechend. ²Eine Firma darf als Name einer Partnerschaftsgesellschaft nur unter den Voraussetzungen des § 2 Abs. 1 des Partnerschaftsgesellschaftsgesetzes fortgeführt werden. ³§ 1 Abs. 3 und § 11 des Partnerschaftsgesellschaftsgesetzes sind entsprechend anzuwenden.**

Übersicht

	Rn.
1. Allgemeines	1
2. Grundsatz: Firmenfortführung	7
a) Gestaltung	7
b) Voraussetzungen	12
3. Ausgeschiedene natürliche Personen (Abs. 2)	16
4. Beteiligung einer Partnerschaftsgesellschaft (Abs. 3)	23

1. Allgemeines

Im früheren Verschmelzungsrecht gab es keine firmenrechtlichen Regelungen. 1 Es war nicht möglich, die Firma eines übertragenden Rechtsträgers bei Fortführung des von diesem betriebenen Handelsgeschäfts weiter zu verwenden. Die erste Fassung von § 18 UmwG 1995 ermöglichte zwar eine flexible Firmenbildung. Nach dem Vorbild von § 6 II UmwG 1969 wurde die **Firmenfortführung** bei Verschm zugelassen; § 18 I 2, 3 aF schränkten die Firmenfortführung für PhG wegen des grds. Verbots der Sachfirma und für eG wegen des grds. Verbots der Personenfirma allerdings ein. Abs. 2 aF gestattete in Fortführung von § 6 III UmwG 1969 die Aufnahme des Namens einer natürlichen Person in die Firma einer PhG, auch wenn der Namensträger nicht Gesellschafter der PhG wurde.

Durch das **HRefG** v. 22.7.1998 (BGBl. 1998 I 1474; dazu Hörtnagl INF 1998, 2 750; Schaefer DB 1998, 1269; Patt DStZ 1999, 5) wurde das Firmenrecht im HGB umfassend liberalisiert (dazu Begr. RefE ZIP 1996, 1445; Bokelmann GmbHR 1998, 57; Busch Rpfleger 1998, 178; Bydlinski ZIP 1998, 1169; Fezer ZHR 161 (1997), 52; Gustavus GmbHR 1998, 17; Jung ZIP 1998, 677; Kögel BB 1998, 1645; Scheibe BB 1997, 1489).

Zweck der **Liberalisierung** war die Angleichung an andere europäische Rechts- 3 ordnungen, um die durch das ehemals strenge dt. Firmenrecht bestehenden Wettbewerbsnachteile zu eliminieren (vgl. Begr. RegE, BT-Drs. 13/8444, 35 ff.). Durch die **umfassende Änderung von §§ 17 ff. HGB** und der gesellschaftsrechtlichen Sondergesetze wurde grds. allen Unternehmen die Möglichkeit eröffnet, ihre Firma nach unternehmerischen Bedürfnissen als **Personen-, Sach- oder Phantasiefirma** zu wählen (vgl. aber OLG Celle GmbHR 1999, 412; Hopt/Merkt HGB § 19 Rn. 10 zur Verwendung von reinen Buchstabenzusammenstellungen; umfassender Überblick für den Praktiker bei Heckschen NotBZ 2006, 346 mwN).

4   Um dem Rechtsverkehr den ausreichenden Rückschluss auf die Rechtsform zu ermöglichen, schreibt § 19 I HGB die Zufügung eines **Rechtsformzusatzes als Firmenbestandteil** auch der Einzelfirma und der PhG vor. Zur Vermeidung von Irreführungen sieht § 19 II HGB des Weiteren den **Ausweis der Haftungsbeschränkung** für solche HandelsGes vor, bei denen keine natürliche Person persönlich haftet (vgl. zur Firmierung nach Umw einer typischen GmbH & Co. KG in eine atypische GmbH & Co. KG Bartlitz/Bohnert ZIP 2022, 1244). Die firmenrechtlichen Neuerungen der Handelsrechtsreform führten auch zur Änderung spezialgesetzlicher Firmenregelungen. §§ 4, 279 AktG, § 4 GmbHG und § 3 GenG wurden geändert; die firmenrechtlichen Regelungen im UmwG (§§ 18, 200) ebenfalls.

5   § 18 regelt **zur Firma oder zum Namen** des übernehmenden Rechtsträgers. Abs. 1 S. 1 blieb unverändert, Abs. 1 S. 2, 3 aF wurden ebenso ersatzlos gestrichen wie § 18 II aF. Abs. 3 aF ist nun Abs. 2. Sämtliche dieser Änderungen resultieren daraus, dass PhG und eG nun grds. Personen, Sach- und Phantasiefirmen zugeordnet werden dürfen.

6   **Abs. 3,** der zur Beteiligung einer **PartGes** an der Verschm regelt, wurde durch Art. 1 Nr. 6b Gesetz zur Änderung des UmwG, des PartGG und anderer Gesetze v. 22.7.1998 (BGBl. 1998 I 1878) eingefügt. Bei Beteiligung einer PartGes als übertragender Rechtsträger gelten die normalen firmenrechtlichen Regelungen entsprechend (Abs. 3 S. 1). Wenn die PartGes übernehmender Rechtsträger ist, muss ihr Name gem. Abs. 3 S. 2, 3 den speziellen Namensregelungen des PartGG entsprechen (zur PartGes mbB → § 3 Rn. 12 mwN). Zur eGbR → Rn. 12.

2. Grundsatz: Firmenfortführung

7   **a) Gestaltung. Abs. 1** gibt dem übernehmenden Rechtsträger zwar die umfassende Möglichkeit, anstelle seiner Firma die (berechtigte, Widmann/Mayer/Vollrath Rn. 14; Lutter/Decher Rn. 4, 5; nicht bei der Verschm auf Alleingesellschafter, wenn Vorname fehlt, OLG Düsseldorf DB 1997, 2526; bei akademischem Titel in der Firma des übertragenden Rechtsträgers ist Nachfolgezusatz erforderlich, BGH WM 1998, 1094 mAnm Klaka EWiR 1998, 325) Firma eines der übertragenden Rechtsträger fortzuführen. Dabei handelt es sich aber nicht um eine „Weiterführung" iSv § 38 I EGHGB, sondern um die Bildung einer **Neufirma,** sodass die Übergangsregelung bis zum 31.3.2003 nicht einschlägig war (GK-HGB/Nickel HGB § 19 Rn. 7; zum Altersrang → Rn. 10).

8   Unzulässig ist auch nach der Handelsrechtsreform eine **Kombination von Firmenbestandteilen** mehrerer übertragender Rechtsträger in der neuen Firma des übernehmenden Rechtsträgers. Für einen solchen Verstoß gegen den Grds. der Firmenwahrheit besteht kein Bedürfnis. Abs. 1 soll nur die Möglichkeit der Fortführung eines traditionsreichen Firmennamens gewährleisten (vgl. Begr. RegE, BR-Drs. 75/94 zu § 18 I aF). Eine beliebige Kombination von Firmenbestandteilen wird vom Sinn der Norm nicht gedeckt (wie hier NK-UmwR/Schulte Rn. 5; Kallmeyer/Marsch-Barner/Oppenhoff Rn. 6; aA Semler/Stengel/Leonard/Schwanna Rn. 2 mwN; Widmann/Mayer/Vossius Vor §§ 39 ff. Rn. 71.1).

9   Die Firmenfortführung kann mit oder ohne Beifügung eines das Nachfolgeverhältnis andeutenden Zusatzes erfolgen. Soweit die Firma eines übertragenden Rechtsträgers mit einem **Nachfolgezusatz** fortgeführt wird, muss klargestellt wer-

den, dass der übernehmende Rechtsträger Nachfolger des erloschenen übertragenden Rechtsträgers ist und nicht umgekehrt (zB übertragender Rechtsträger: Max Müller, Freiburger Farbwerke AG, übernehmender Rechtsträger: Anna Mayer & Co. OHG; zulässige Firmierung: Max Müller, Freiburger Farbwerke, Nachfolger [Inhaber] Anna Mayer & Co. OHG). Unabhängig davon, ob von dieser Möglichkeit Gebrauch gemacht wird, behält die übernommene Firma ihren **Altersrang nach dem Prioritätsprinzip** (Lutter/Decher Rn. 5: echte Firmenfortführung; zur Bedeutung des Prioritätsprinzips für die Firma als Marke vgl. BeckMandatsHdB Unternehmenskauf/Hug/Gaugenrieder § 7 Rn. 111 ff.). Daher enthält § 18 eine Privilegierung gegenüber § 30 I HGB, wonach am selben Ort eine Firma nur einmal bestehen darf (BeckOGK/Rieckers/Cloppenburg Rn. 3).

Der Rechtsformzusatz in der Firma des übertragenden Rechtsträgers entfällt (→ Rn. 14). **10**

Abw. vom Verbot der Kombination von Firmenbestandteilen mehrerer übertragender Rechtsträger (→ Rn. 8) ist auch eine **Firmenvereinigung** der bisherigen Firma des übernehmenden Rechtsträgers und der Firma eines übertragenden Rechtsträgers möglich (neue Firma, vgl. Lutter/Decher Rn. 3); bereits vor der Einführung von § 18 I 1 aF durch das UmwG 1995 war die Zulässigkeit einer Firmenvereinigung bei der Verschm allg. anerkannt (Nachw. → 2. Aufl. 1996, § 18 Rn. 4). **11**

b) Voraussetzungen. Nach dem für alle Rechtsträger geltenden Abs. 1 ist die Firmenfortführung nur für den Fall zulässig, dass das **Handelsgeschäft** des übertragenden Rechtsträgers **durch Verschm erworben** wird. Der Begriff Handelsgeschäft ist § 22 I HGB entlehnt und unabhängig von der Rechtsform des übertragenden Rechtsträgers nach §§ 1 ff. HGB zu bestimmen (Staub/Burgard HGB § 22 Rn. 1, 2 mwN; Lutter/Decher Rn. 4; Kölner Komm UmwG/Simon Rn. 12). Durch die Verschm wird ein noch bestehendes Handelsgeschäft des übertragenden Rechtsträgers stets erworben, § 20 I Nr. 1. Da eine **GbR** kein Handelsgeschäft betreibt, findet die Regelung keine Anwendung, wenn eine GbR übertragender Rechtsträger ist. Auch zum 1.1.2024 wurde keine diese vermeintliche „Lücke" ausfüllende Regelung eingeführt. Dies mag auf den ersten Blick verwundern, da eGbR nach § 3 I Nr. 1 idF des MoPeG verschmelzungsfähige Rechtsträger ist. Der Gesetzgeber entschied sich jedoch ausdrücklich gegen eine dies berücksichtigende Änderung des § 18. Denn § 18 sei eine Spezialvorschrift gegenüber § 22 HGB, der auf die eGbR keine Anwendung finde (§ 707b Nr. 1 BGB). Zwar enthalte § 18 auch eine Privilegierung gegenüber dem nach § 707b Nr. 1 BGB auf die eGbR anwendbaren § 30 I HGB (→ Rn. 9). Dies rechtfertige jedoch keine verschmelzungsrechtliche Spezialregelung. **12**

Bei der **Spaltung** (§§ 123 ff.) und bei der Teilübertragung (§ 177) ist entscheidend, ob das Handelsgeschäft als solches Gegenstand der partiellen Gesamtrechtsnachfolge ist oder nicht. Obwohl § 125 S. 1 Nr. 3 für Abspaltung und Ausgliederung nicht auf § 18 verweist, ist eine Firmenfortführung auch in diesen Spaltungsfällen zulässig (ebenso wie bei der Aufspaltung), wenn der übertragende Rechtsträger seine bisherige Firma aufgibt (Kallmeyer/Sickinger § 125 Rn. 29). Abw. von § 22 I HGB ist die Zustimmung des übertragenden Rechtsträgers zumindest bei der Verschm nicht notwendig (Lutter/Decher Rn. 4 mwN). Anderes gilt gem. Abs. 2 für anlässlich der Verschm ausscheidende natürliche Personen, deren Name in der Firma des übernehmenden Rechtsträgers verwendet werden soll (→ Rn. 16 ff.). **13**

Abw. vom früheren Recht (→ 2. Aufl. 1996, § 18 Rn. 12) muss der **Rechtsformzusatz** in der Firma **des übertragenden Rechtsträgers** stets entfallen, um Täuschungen im Rechtsverkehr zu vermeiden. Durch die Neufassung von § 19 I HGB hat der Gesetzgeber deutlich gemacht, dass die Firma Informationsträger über Rechts- bzw. Gesellschaftsform und Haftungsverhältnis zu sein hat (Minimalfunktion der Firma, vgl. Begr. RegE, BT-Drs. 13/8444, 37). Die Fortführung eines nicht **14** mehr aktuellen Rechtsformzusatzes aus der Firma des übertragenden Rechtsträgers würde auch bei Beifügung eines eindeutigen Nachfolgezusatzes zur **Irreführung** beitragen.

15 Ebenfalls in Abweichung zum früheren Recht muss der **übernehmende Rechtsträger** seine **Rechtsform** durch einen geeigneten **Zusatz** in der Firma zum Ausdruck bringen, denn § 19 I HGB hat das Privileg für die PhG beseitigt und schreibt entsprechend §§ 4, 279 AktG, § 4 GmbHG, § 3 GenG die Bezeichnung der Rechtsform oder die Aufnahme einer sinnvollen Abkürzung vor.

3. Ausgeschiedene natürliche Personen (Abs. 2)

16 **Abs. 2** entspricht Abs. 3 aF. Die an sich zulässige Firmenfortführung oder Firmenneubildung steht unter dem umfassenden **Einwilligungsvorbehalt zugunsten einer natürlichen Person,** deren Name Firmenbestandteil eines übertragenden Rechtsträgers ist.

17 Voraussetzung ist zunächst die ursprüngliche Beteiligung einer natürlichen Person am übertragenden Rechtsträger, weiterhin die Verwendung des Namens dieser natürlichen Person im Rahmen einer Firmierung nach Abs. 1 und schließlich das **Ausscheiden** des namensgebenden Anteilsinhabers **im Zusammenhang mit der Verschm** (zum Ausscheiden gegen Barabfindung → § 200 Rn. 10). Nach dem neuen Firmenrecht kommt es nicht mehr darauf an, ob übertragender Rechtsträger eine KapGes oder eine PhG ist (GK-HGB/Nickel HGB § 22 Rn. 24a mwN).

18 Die Verwendung des Namens dieser natürlichen Person ist nur für den Fall ihrer **ausdrücklichen Einwilligung** in die Verwendung des Namens möglich (zur PartGes aber → Rn. 23). Nach dem Tod der natürlichen Person geht diese Rechtsmacht auf die **Erben** über, sofern der Erblasser keine gegenteilige Verfügung getroffen hat (dazu Staub/Burgard HGB § 22 Rn. 35; GK-HGB/Nickel HGB § 22 Rn. 25 je mwN). Str. ist die Befugnis des **Insolvenzverwalters** zur Erteilung der Einwilligung (dagegen Semler/Stengel/Leonard/Schwanna Rn. 8; Kallmeyer/Marsch-Barner/Oppenhoff Rn. 12; diff. und mwN zum Meinungsstand Heckschen Kölner Schrift zur InsO, 2009, 1067 ff.).

19 An die Ausdrücklichkeit der Einwilligung sind keine allzu hohen Anforderungen zu stellen. Es genügt, wenn der Wille, die Firmenfortführung zu gestatten, zweifelsfrei zum Ausdruck kommt (BGH NJW 1994, 2025). Auch eine **stillschweigende Einwilligung** ist möglich, die bloße Duldung der Firmenfortführung genügt jedoch nicht (MüKoHGB/Heidinger HGB § 22 Rn. 34; Kallmeyer/Marsch-Barner/Oppenhoff Rn. 13; aA Semler/Stengel/Leonard/Schwanna Rn. 8; wohl auch LG München I NJW-RR 1997, 1188).

20 Die Einwilligung kann auch bedingt oder befristet erteilt werden (RGZ 76, 263; Hopt/Merkt HGB § 22 Rn. 11); sie kann auch auf eine bestimmte Rechtsform beschränkt werden (BayObLG NZG 1998, 148).

21 Die Einwilligung muss nicht gleichzeitig, aber **in unmittelbarem Zusammenhang mit der Eintragung der Verschm** erklärt werden (vgl. Staub/Burgard HGB § 22 Rn. 32). Zumindest muss die Einwilligung im Zeitpunkt der tatsächlichen Firmenfortführung vorliegen.

22 Ein **Widerruf der Einwilligung** ist grds. ausgeschlossen, es sei denn, dass der übernehmende Rechtsträger die Firma zu unlauteren Geschäften missbraucht (MüKoHGB/Heidinger HGB § 22 Rn. 46; Semler/Stengel/Leonard/Schwanna Rn. 8).

4. Beteiligung einer Partnerschaftsgesellschaft (Abs. 3)

23 **Abs. 3** wurde notwendig, weil § 3 I Nr. 1 die Verschm seit 1998 (→ Rn. 3) auch für **PartGes** eröffnet. Die PartGes hat keine Firma, sondern einen **Namen**

Eintragung und Bekanntmachung der Verschm **§ 19 UmwG A**

(§ 2 PartGG). Zur PartGes mbB → § 3 Rn. 12 mwN. Ist die **PartGes übertragender Rechtsträger** und ein Rechtsträger anderer Rechtsform übernehmender Rechtsträger, können Abs. 1 und 2 somit nicht unmittelbar angewendet werden. **Abs. 3 S. 1** beseitigt dieses Hindernis. Auch für den umgekehrten Fall, dass die PartGes übernehmender Rechtsträger ist, kann sie grds. eine bisherige Firma eines übernehmenden Rechtsträgers als Namen fortführen; Abs. 1, 2 gelten entsprechend.

Abs. 3 S. 2, 3 haben Bedeutung, wenn die **PartGes übernehmender Rechts-** 24 **träger** ist. Die Liberalisierung des Firmenrechts ließ die strengen Voraussetzungen an die Namensbildung einer PartGes unberührt. Gem. § 2 I PartGG muss der Name der Partnerschaft mindestens den **Namen eines Partners**, den **Zusatz** „und Partner" oder „Partnerschaft" (der für andere Rechtsformen verschlossen ist, BGH DStR 1997, 1051; OLG Karlsruhe NZG 1998, 269; zweifelhaft LG München I MittBayNot 1998, 270) sowie die **Berufsbezeichnungen** aller in der Partnerschaft vertretenen Berufe enthalten.

Die Namen **anderer Personen** als der Partner dürfen unabhängig von einer 25 etwaigen Einwilligung gem. Abs. 2 nicht in den Namen der Partnerschaft aufgenommen werden (§ 2 I 3 PartGG). Anders ist dies gem. § 2 II Hs. 2 PartGG iVm § 24 II HGB bei einer Umwandlung in eine GbR (OLG Celle BeckRS 2021, 13127 Rn. 5 mwN; zust. Schiller GWR 2021, 313 mit Praxishinweisen). In diesem Fall kann die Einwilligung bereits im Gesellschaftsvertrag erklärt werden (BayObLG DB 1998, 253; vgl. auch OLG Frankfurt a. M. GmbHR 1999, 411 zum Formwechsel OHG in GmbH). Reine **Sach- oder Phantasiefirmen** sind unzulässig, Mischformen aber möglich (Lutter/Decher Rn. 9).

Der Verweis in Abs. 3 S. 2 auf § 1 PartGG ist nur sinnvoll, wenn übertragender 26 Rechtsträger nicht selbst eine PartGes ist. Da die Übergangsfrist von § 11 I 2 PartGG zwischenzeitlich abgelaufen ist, kommt die Firmenfortführung mit der Bezeichnung „Partnerschaft" oder „und Partner" durch einen Rechtsträger anderer Rechtsform nur dann in Betracht, wenn ein eindeutiger Hinweis auf die andere Rechtsform hinzugefügt wird, § 11 I 3 PartGG (vgl. dazu auch OLG Stuttgart BB 2000, 1001; BGH NJW 1997, 1854; OLG Frankfurt a. M. BB 1999, 554 mit Bespr. Seibert EWiR 1999, 417). Da seit der Handelsrechtsreform die Aufnahme des Rechtsformzusatzes ohnehin für alle Rechtsformen vorgeschrieben ist (→ Rn. 4), hat die Verweisung auf § 11 PartGG keine eigenständige Bedeutung.

§ 19 Eintragung und Bekanntmachung der Verschmelzung

(1) ¹Die Verschmelzung darf in das Register des Sitzes des übernehmenden Rechtsträgers erst eingetragen werden, nachdem sie im Register des Sitzes jedes der übertragenden Rechtsträger eingetragen worden ist. ²Die Eintragung im Register des Sitzes jedes der übertragenden Rechtsträger ist mit dem Vermerk zu versehen, daß die Verschmelzung erst mit der Eintragung im Register des Sitzes des übernehmenden Rechtsträgers wirksam wird, sofern die Eintragungen in den Registern aller beteiligten Rechtsträger nicht am selben Tag erfolgen.

(2) ¹Das Gericht des Sitzes des übernehmenden Rechtsträgers hat von Amts wegen dem Gericht des Sitzes jedes der übertragenden Rechtsträger den Tag der Eintragung der Verschmelzung mitzuteilen. ²Nach Eingang der Mitteilung hat das Gericht des Sitzes jedes der übertragenden Rechtsträger von Amts wegen den Tag der Eintragung der Verschmelzung im Register des Sitzes des übernehmenden Rechtsträgers im Register des Sitzes des übertragenden Rechtsträgers zu vermerken und die bei ihm aufbe-

wahrten Dokumente dem Gericht des Sitzes des übernehmenden Rechtsträgers zur Aufbewahrung zu übermitteln.

(3) **Das Gericht des Sitzes jedes der an der Verschmelzung beteiligten Rechtsträger hat jeweils die von ihm vorgenommene Eintragung der Verschmelzung von Amts wegen nach § 10 des Handelsgesetzbuchs bekanntzumachen.**

Übersicht

	Rn.
1. Allgemeines	1
2. Eintragungsreihenfolge (Abs. 1)	4
3. Informationspflicht (Abs. 2)	11
4. Zuständigkeit	13
5. Prüfungsrecht des Registergerichts	17
6. Rechtsmittel	25
7. Bekanntmachung (Abs. 3)	33
8. Kosten	39
a) Allgemeines	39
b) Anmeldung	40
c) Eintragung	43
d) Rechtsmittel bzw. -behelfe gegen die Kostenentscheidungen	46
aa) Notarkosten	46
bb) Gerichtskosten	52

1. Allgemeines

1 **Abs. 1 und 2** legen die **Reihenfolge der notwendigen Registereintragungen** fest. Abs. 1 aF hatte die früheren Regelungen von § 346 I 1, 3 AktG aF wörtlich übernommen; diese Vorschrift war im Gegensatz zu den anderen Eintragungsregelungen (§ 25 KapErhG aF; § 93e IV GenG aF; § 44a III VAG aF) durch das VerschmRiLiG geändert und entsprechend den Erfordernissen bei der Verschm unter Beteiligung mehrerer übertragender Rechtsträger formuliert worden. Durch das **2. UmwÄndG** (→ Einf. Rn. 28) wurde Abs. 1 S. 2 ergänzt (→ Rn. 5).

2 Entscheidende Bedeutung für den Vermögensübergang iSv § 20 I Nr. 1 hat die **Eintragung in das Register des** Sitzes des **übernehmenden Rechtsträgers;** dadurch wird bei der Beteiligung mehrerer übertragender Rechtsträger (dazu auch Tillmann BB 2004, 673) notwendig ein zeitlicher Gleichlauf der Übertragungsvorgänge (zum Innenverhältnis der Rechtsträger: → § 5 Rn. 73 ff.) gewährleistet. Die Eintragung kann ggf. durch eine einstweilige Verfügung unterbunden werden (→ Rn. 31). Zur Negativerklärung § 16 II, zum Freigabeverfahren § 16 III und Komm. dort (→ § 16 Rn. 1 ff.). Wenn im Ausnahmefall von **§ 122 II** eine Eintragung beim übernehmenden Rechtsträger nicht möglich ist, wirkt diejenige beim übertragenden Rechtsträger konstitutiv (→ § 122 Rn. 4; BGH DB 1998, 1607; OLG Celle FGPrax 1998, 69); wenn keine Registereintragung möglich ist, wird diese durch die Bekanntmachung ersetzt, vgl. § 104 für den wirtschaftlichen Verein und § 119 für den kleineren VVaG.

3 **Abs. 3** enthält eine für die ersten vier Bücher des UmwG einschlägige Vorschrift zur **Bekanntmachung** der jew. Eintragung. Für den Formwechsel gilt § 201. Mit der Aufnahme von Abs. 3 in seiner ursprünglichen Fassung sollte eine Verweisung auf ein anderes Gesetz – § 10 HGB – vermieden werden (vgl. Begr. RegE, BR-Drs. 75/94 zu § 19 III). Außerdem war nach der Vorstellung des Gesetzgebers für eG und Vereine eine Rechtsgrundverweisung auf § 10 HGB nicht möglich, dort ist nur die Bekanntmachung der Eintragung in das HR geregelt. Durch das EHUG

(→ Einf. Rn. 26) wurde Abs. 3 geändert, jetzt gibt es den Verweis auf § 10 HGB (→ Rn. 35). Durch das **DiRUG** (→ Einf. Rn. 38) wurde in Abs. 3 die Klarstellung, wonach die Bekanntmachung den ganzen Inhalt der Eintragung enthalten musste, gestrichen. Dies ist eine Anpassung an § 10 I HGB nF. Nach diesem gibt es keine gesonderten Bekanntmachungen mehr. Vielmehr erfolgt die Bekanntmachung nun durch die erstmalige Abrufbarkeit der Eintragung. Eine Abweichung zwischen Eintragung und Bekanntmachung ist daher nicht mehr möglich.

2. Eintragungsreihenfolge (Abs. 1)

Die **Reihenfolge** der einzelnen Eintragungen (zur Reihenfolge der Anmeldung 4 → § 16 Rn. 15; zur Voreintragung einer KapErh auch bei Sitzverlegung OLG Frankfurt a. M. DB 2005, 154) ist nicht von den Parteien oder vom Registergericht frei bestimmbar, sondern gesetzlich **zwingend angeordnet.** Die Festlegung der Eintragungsreihenfolge dient dem Schutz der Anteilsinhaber und hat – da erst die Eintragung bei den übertragenden Rechtsträgern vorzunehmen ist – Warnfunktion für alle anderen Betroffenen (vgl. zB für die Gläubiger § 22, für den Verjährungsbeginn beim Schadensersatzanspruch § 25 III, § 27, für die Barabfindung § 31; Lutter/Decher Rn. 2 aE; NK-UmwR/Schulte Rn. 7).

Die **konstitutive Eintragung** (vgl. § 20 I) in das Register des Sitzes des überneh- 5 menden Rechtsträgers (Ausnahme: § 122 II) darf gem. Abs. 1 S. 1 erst vorgenommen werden, nachdem die Verschm bereits in den jew. Registern am Sitz eines jeden übertragenden Rechtsträgers eingetragen worden ist. Da diese Eintragungen den tatsächlichen Verhältnissen vorgreifen, muss dort auf Antrag eines Vermerks darauf hingewiesen werden, dass die Verschm erst mit Eintragung im Register am Sitz des übernehmenden Rechtsträgers wirksam wird (Abs. 1 S. 2 Hs. 1).

Eines solchen Vermerks bedarf es nicht, sofern die Eintragungen in den Registern 6 aller beteiligten Rechtsträger **am selben Tag** erfolgen (Abs. 1 S. 2 Hs. 2). Diese Norm wurde durch das 2. UmwÄndG ergänzt. Die einem praktischen Bedürfnis folgende und kostengünstige (Begr. RegE, BT-Drs. 16/2919, 13, 19) Regelung ist zu begrüßen. Sie ermöglicht insbes. Absprachen mit den zuständigen Registergerichten, bei den übertragenden Rechtsträgern können Veröffentlichungskosten eingespart werden. Die taggleiche Registereintragung ist auch möglich, wenn mehrere Registergerichte zuständig sind.

Nicht geklärt ist, was gilt, wenn mehrere übertragende Rechtsträger an der 7 Verschm beteiligt sind und bei einem dieser Rechtsträger eine **zeitlich frühere Voreintragung** erfolgt. Beispiel: Rechtsträger A und Rechtsträger B verschmelzen zur Aufnahme auf Rechtsträger C. Die Voreintragung gem. Abs. 1 S. 1 findet beim Rechtsträger A am 1.10.2023 statt, die Voreintragung beim Rechtsträger B am 3.10.2023. Ebenfalls am 3.10.2023 kommt es zur Eintragung beim übernehmenden Rechtsträger C. Nach dem Wortlaut von Abs. 1 S. 2 müsste dann auch beim Rechtsträger B der Vermerk eingetragen werden. Dies wäre indes unnötige Förmelei, gegen den Wortlaut von Abs. 1 S. 2 ist beim Rechtsträger B der Vermerk deshalb entbehrlich.

Bei Verschm zur Aufnahme durch eine **KapGes** ist zur Sicherung der Anteilsinha- 8 ber der Eintragung des übertragenden Rechtsträgers vor Eintragung der Verschm in das Register am Sitz des übernehmenden Rechtsträgers idR ein weiterer Zwischenschritt erforderlich: Gem. § 53 darf die Verschm (am Sitz des übernehmenden Rechtsträgers, hier einer GmbH) erst eingetragen werden, nachdem die **Erhöhung des StK im HR eingetragen** worden ist; Gleiches gilt gem. § 66 für die Erhöhung des Grundkapitals bei der AG. Damit ist gewährleistet, dass die Wirkungen der Verschm erst zu einem Zeitpunkt eintreten können, zu dem das zur Gewährung der neuen Geschäftsanteile/Aktien notwendige Stamm-/Grundkapital bei der übernehmenden

Winter

KapGes geschaffen worden ist (zum Zusammenhang zwischen Verschm und KapErh → § 55 Rn. 28 mwN).

9 Für die Registereintragung bei den übertragenden Rechtsträgern ist es ohne Belang, ob die KapErh bereits eingetragen ist oder nicht (Lutter/Decher Rn. 2; Semler/Stengel/Leonard/Schwanna Rn. 9; Goutier/Knopf/Tulloch/Bermel Rn. 8; aA Widmann/Mayer/Fronhöfer Rn. 21, der auf den Wortlaut von §§ 53, 66 verweist; wegen der konstitutiven Wirkung der Eintragung erst im Register des übernehmenden Rechtsträgers ist diese Argumentation zu formal).

10 Die durch Abs. 1 festgeschriebene **Eintragungsreihenfolge ist zwingend. Verstöße** gegen die Eintragungsreihenfolge haben allerdings nach Eintragung der Verschm in das Register des übernehmenden Rechtsträgers keine Auswirkungen (§ 20 II; → § 20 Rn. 121 ff.). Wird die Verschm zuerst im Register des übernehmenden Rechtsträgers eingetragen, so löst bereits diese Eintragung die Verschmelzungswirkungen aus. Die dennoch durchzuführenden Eintragungen in den Registern der übertragenden Rechtsträger haben auch in diesem Fall nur deklaratorische Bedeutung (Lutter/Grunewald § 20 Rn. 3 mwN; Kölner Komm UmwG/Simon § 20 Rn. 2; Semler/Stengel/Leonard/Schwanna Rn. 10; BeckOGK/Rieckers/Cloppenburg Rn. 13).

3. Informationspflicht (Abs. 2)

11 Das Registergericht am Sitz des übernehmenden Rechtsträgers **informiert** die anderen beteiligten Registergerichte **von Amts wegen** über die erfolgte Eintragung der Verschm **(Abs. 2 S. 1).** Dieser für die Veränderung der Rechtslage gem. § 20 I entscheidende Zeitpunkt wird von Amts wegen im zuständigen Register jedes der übertragenden Rechtsträger vermerkt.

12 Da der übernehmende Rechtsträger aufgrund der Gesamtrechtsnachfolge künftig für alle Angelegenheiten der erloschenen übertragenden Rechtsträger zuständig ist, werden anschl. **alle** die übertragenden Rechtsträger betreffenden Dokumente mit Ausnahme des Registerblattes dem jetzt allein zuständigen Registergericht am Sitz des übernehmenden Rechtsträgers von Amts wegen zur Aufbewahrung und zum dauerhaften Verbleib übermittelt **(Abs. 2 S. 2)**, wobei nach Lutter/Decher Rn. 13 gem. § 8 II HRV beglaubigte Abschriften zurückbehalten werden sollen. § 8 II HRV behandelt aber nur die Rückgabe von Urkunden, nicht die Übersendung an ein anderes Registergericht.

4. Zuständigkeit

13 **Zuständig** für die Eintragung ist bei KapGes und VVaG der **Richter** (§ 17 Nr. 1 lit. c RPflG), in den übrigen Fällen der **Rechtspfleger** (Widmann/Mayer/Fronhöfer § 16 Rn. 19; Kallmeyer/Zimmermann Rn. 2; BeckOGK/Rieckers/Cloppenburg Rn. 2). Soweit keine Eintragungshindernisse vorliegen, hat er die Eintragung vorzunehmen; iÜ kann er eigene Ermittlungen anstellen (§ 26 FamFG; zu Prüfungsrecht und -pflicht des Registergerichts → Rn. 17 ff.).

14 Bei Vorliegen behebbarer Eintragungsmängel wird das Registergericht eine **Zwischenverfügung** erlassen. Wird der Mangel innerhalb der gesetzten Frist nicht behoben oder ist er nicht behebbar, wird die Eintragung abgelehnt (beachte aber BayObLG DB 2000, 811, wonach die Maßnahmen des Registergerichts auf die Herbeiführung des Eintragungserfolgs gerichtet sein sollen; dazu gehört auch die Pflicht, Erklärungen eintragungsfreundlich auszulegen, KG DB 2004, 2096; zur Aussetzung bei anhängigem oder bevorstehendem Rechtsstreit vgl. Semler/Stengel/Leonard/Schwanna Rn. 6).

15 Trotz der Eigenständigkeit der beteiligten Registerrichter am jew. Sitz des/der übertragenden Rechtsträger/s und des übernehmenden Rechtsträgers ist die **gegen-**

Eintragung und Bekanntmachung der Verschm   16–21   § 19 UmwG A

seitige Abstimmung zulässig und auch oft erforderlich. Zur Mitteilung von Mängeln sind die Registerrichter nicht nur gegenseitig berechtigt, sondern auch verpflichtet (vgl. auch Lutter/Decher § 16 Rn. 5 ff.). Dies ändert allerdings nichts daran, dass jedes Registergericht **ein umfassendes und autonomes Prüfungsrecht** (→ Rn. 17 ff.) hat (Widmann/Mayer/Fronhöfer Rn. 12; Lutter/Decher Rn. 3; BeckOGK/Rieckers/Cloppenburg Rn. 2; OLG Naumburg NJW-RR 1998, 178; durchaus vertretbar ist es, dem Registergericht beim übertragenden Rechtsträger eine geringere Prüfungsdichte nachzulassen, vgl. OLG Hamm BB 1996, 975).

Zur Eintragungszuständigkeit bei einer Sitzverlegung mit gleichzeitiger Verschm **16**
OLG Oldenburg GmbHR 1997, 657; zur Begr. eines Doppelsitzes durch entsprechende Gestaltung einer Verschm König AG 2000, 18; Katschinski ZIP 1997, 620.

5. Prüfungsrecht des Registergerichts

Jeder Registerrichter hat zunächst die **Einhaltung der Formalien** der bei ihm **17**
eingereichten Anmeldung zu prüfen (vgl. Semler/Stengel/Leonard/Schwanna Rn. 4), insbes., ob die Anmeldung an sich den Anforderungen entspricht, ob also die nach § 17 einzureichenden Unterlagen und die nach § 16 II abzugebenden Erklärungen vorliegen (zur Amtshaftung bei voreiliger Eintragung → § 16 Rn. 27 mwN).

Der **Verschmelzungsvertrag** ist inhaltlich auf die **Einhaltung der gesetzlichen Mindestanforderungen** (insbes. § 5) zu überprüfen (zu weitgehend in Bezug **18**
auf § 5 I Nr. 9 aber OLG Düsseldorf DB 1998, 1399, das nach einer „nachvollziehbaren Darstellung" forschen lassen will, dazu → § 5 Rn. 89 ff. mwN; zutr. KG DB 2004, 2096, das gewissenhafte Auslegung der rechtsgeschäftlichen Erklärungen fordert; zur zielorientierten Auslegung eines Ausgliederungsvertrages BGH AG 2004, 98; zur Auslegung von Verschmelzungsverträgen ausf. Grunewald ZGR 2009, 647 (660 ff.) mwN).

Besonderes Augenmerk hat das Registergericht auf die Einhaltung von Normen **19**
zu richten, die dem Schutz **öffentlicher Interessen** dienen; insoweit kann es sogar zum Konflikt mit der Bindungswirkung einer Entscheidung iRv § 16 III kommen, vgl. Lutter/Decher § 16 Rn. 36 f.

Ebenso erstreckt sich die Prüfung auf die **Ordnungsmäßigkeit der Verschmelzungsbeschlüsse** **20**
(§ 13) und die Beachtung der dafür notwendigen **Beschlussmehrheiten**. Auch ist darauf zu achten, ob eine etwa notwendige **KapErh** ordnungsgemäß und unter Beachtung etwaiger Sacheinlagevorschriften (vgl. dazu OLG Düsseldorf DB 1995, 1392 f.; → § 36 Rn. 28) erfolgen wird (zum Ganzen ausf. Widmann/Mayer/Fronhöfer Rn. 13 ff.).

Eine Kontrolle der Unversehrtheit des Nominalkapitals des übernehmenden **21**
Rechtsträgers ist nach der BGH-Rspr. (dazu Gronstedt BB 2003, 860; Kallmeyer DB 2003, 2583; Meilicke BB 2003, 857; Nolting ZIP 2003, 651 je mwN und ausf. Heckschen/Heidinger GmbH in Gestaltungspraxis/Heckschen § 3 Rn. 113 ff. mwN) geboten, wenn dieser vor der Verschm nur **Mantel- oder Vorrats-GmbH** war. Der Erwerb eines leeren GmbH-Mantels stellte bereits nach Ansicht des OLG Frankfurt a. M. (NJW-RR 1999, 476; so auch OLG Brandenburg DB 2002, 1600 mAnm Keil EWiR 2002, 875; LG Düsseldorf ZIP 2002, 2215) eine Umgehung der Gründungsvorschriften mit der Folge dar, dass insbes. die Vorschriften über die Kapitalaufbringung bei der GmbH entsprechend anzuwenden seien (zust. Anm. Börner GmbHR 1999, 34). Gegen diese Ansicht argumentierte insbes. das BayObLG (DB 1999, 955 im Anschluss an Bärwaldt/Schabacker GmbHR 1998, 1008 ff. mwN; zum Ganzen auch Mayer NJW 2000, 175). Bei der Verwertung einer Mantel- oder VorratsGes habe zumindest eine registergerichtliche Kontrolle des StK nicht zu erfolgen. Insbes. sei die analoge Anwendung der im Fall einer Neugründung maßgeblichen Vorschriften mangels planwidriger Gesetzeslücke und Vergleichbar-

keit der Sach- und Rechtslage nicht gerechtfertigt. Auch sei die Verwertung von Mantel- oder VorratsGes dazu geeignet, das als berechtigt anerkannte Motiv der Zeitersparnis zu erfüllen (dazu auch BGH DB 1992, 1230).

22 Durch die beiden Entscheidungen BGH ZIP 2003, 1698 und ZIP 2003, 251 wurden die bis dahin diskutierten Fragen höchstrichterlich entschieden. Die Tatsache der Wiederverwendung eines Gesellschaftsmantels ist dem Registergericht offenzulegen, gem. § 8 II GmbHG ist die Unversehrtheit des StK zu versichern; vorsorglich greifen die Instrumente der Differenzhaftung (Unterbilanzhaftung) und der Handelndenhaftung (BGH ZIP 2003, 1698 mwN; vgl. auch Meilicke BB 2003, 857; Kallmeyer DB 2003, 2583; ausf. Heckschen/Heidinger GmbH in Gestaltungspraxis/Heckschen § 3 Rn. 112 ff. mwN).

23 In jüngerer Zeit wird das Prüfungsrecht des Registergerichts auch im Zusammenhang mit der aktualisierten **Gesellschafterliste** diskutiert, die gem. § 40 II GmbHG idF des MoMiG (dazu → Einf. Rn. 30) nach dem Wirksamwerden der Verschm einzureichen ist (zur Gesellschafterliste ausf. → § 6 Rn. 7 ff.). Teilw. wird ein Prüfungsrecht gänzlich abgelehnt (vgl. die Anm. zu OLG Hamm ZIP 2010, 128 von Wachter GmbHR 2010, 206 und Heckschen NotBZ 2010, 151 mwN). Nach zutr. Ansicht des OLG München MittBayNot 2010, 64 hat das Registergericht zu prüfen, ob die für die Gesellschafterliste geltenden **Formalien** vorliegen. Auch das OLG Hamm ZIP 2010, 128 hat eine formelle Prüfungspflicht unterstellt. Ein **materielles** Prüfungsrecht besteht bzgl. der Gesellschafterliste grds. nicht. Nur bei offenkundigen Fehlern kann das Registergericht die Gesellschafterliste zurückweisen (OLG München MittBayNot 2010, 64).

24 Bzgl. der **wirtschaftlichen Zweckmäßigkeit** der Verschm darf das Registergericht **nicht** prüfen. Das Prüfungsrecht erstreckt sich ebenfalls nicht auf die **Angemessenheit des Umtauschverhältnisses** (Kallmeyer/Zimmermann Rn. 5 aE; Widmann/Mayer/Fronhöfer Rn. 26; Semler/Stengel/Leonard/Schwanna Rn. 5; BeckOGK/Rieckers/Cloppenburg Rn. 10). Die Entscheidung über die korrekte Wertrelation soll dem LG im Spruchverfahren nach dem SpruchG vorbehalten bleiben. Zur Bindungswirkung einer Entscheidung nach § 16 III für das Registergericht → § 16 Rn. 48 f.

6. Rechtsmittel

25 Weder die deklaratorischen Eintragungen in die Register der übertragenden Rechtsträger noch die konstitutive Eintragung in das Register am Sitz des übernehmenden Rechtsträgers können mit Rechtsmitteln angegriffen werden, § 383 III FamFG (vgl. Bumiller/Harders/Schwamb/Harders FamFG § 383 Rn. 4; Keidel/Meyer-Holz FamFG § 58 Rn. 59; Staub/Koch HGB § 8 Rn. 133 mwN). In Betracht kommt lediglich eine **Amtslöschung** nach §§ 395 ff. FamFG (früher §§ 142, 143 FGG), die aber beim übernehmenden Rechtsträger wegen § 20 II nicht möglich ist, → § 16 Rn. 25 mwN, zu etwaigen Amtshaftungsansprüchen → § 16 Rn. 27 mwN. Zum Verhältnis von § 16 II und § 142 II FGG aF vgl. OLG Hamm DB 2001, 85; allg. zum FGG-RG → Einf. Rn. 29.

26 Gegen die **Verfügung** des Rechtspflegers ist gem. § 11 RPflG **Erinnerung** möglich, gegen die Verfügung des Registerrichters findet gem. § 58 FamFG (früher § 19 I FGG) die **Beschwerde** statt. Verfügung idS ist dabei jede sachliche Entscheidung des Gerichts, die nicht nur den internen Geschäftsablauf betrifft, sondern auf eine Feststellung oder Änderung der Sach- oder Rechtslage abzielt. Mit der Beschwerde anfechtbar sind daher zB förmliche **Beanstandungen** der Anmeldung, **Zwischenverfügungen** oder die endgültige **Zurückweisung** der Anmeldung.

27 Nicht anfechtbar sind dagegen die Eintragungsverfügung, die Eintragung als solche (ist lediglich gerichtsinterner Vorgang) oder bloße Meinungsäußerungen des Registerrichters (Keidel/Meyer-Holz FamFG § 58 Rn. 42). Die **Eintragungsver-**

fügung ist ausnahmsweise aber dann mit der Beschwerde anfechtbar, wenn sie schon bekannt gemacht, aber noch nicht vollzogen ist (OLG Stuttgart Rpfleger 1970, 283; Bumiller/Harders/Schwamb/Bumiller FamFG § 58 Rn. 11). Insoweit kann ggf. auch eine einstweilige Verfügung erwirkt werden (→ Rn. 31).

Ist gegen die Eintragung selbst Beschwerde eingelegt worden, so ist zu prüfen, ob sie nicht in eine Anregung zur Einleitung eines Amtslöschungsverfahrens (§ 395 FamFG), uU verbunden mit dem Antrag auf eine Neueintragung, umgedeutet werden kann (Bumiller/Harders/Schwamb/Harders FamFG § 395 Rn. 2; übertragbar sind die zu § 142 FGG ergangenen Entscheidungen BayObLGZ 56, 303; OLG Hamm OLGZ 67, 471; vgl. auch Widmann/Mayer/Fronhöfer Rn. 40). 28

Meinungsäußerungen des Registerrichters (→ Rn. 27) sind auch dann nicht anfechtbar, wenn er sich dahingehend äußert, ein Antrag solle zur Vermeidung der Zurückweisung zurückgenommen oder geändert werden (OLG Hamm Rpfleger 1973, 172 f.; BayObLG Rpfleger 1975, 349; Keidel/Meyer-Holz FamFG § 58 Rn. 42). Anders verhält es sich jedoch, wenn der Richter die Antragsänderung anordnet. 29

Die **Beschwerdeberechtigung** und die Form der Einlegung richten sich nach §§ **58 ff. FamFG**. Das Registergericht kann der **Beschwerde** abhelfen; andernfalls legt es die Beschwerde dem OLG (§ 68 I FamFG) zur Entscheidung vor. Infolge des FGG-RG ist nicht mehr das LG, sondern das **OLG** Beschwerdegericht (§ 119 I Nr. 1 lit. b GVG). Hat sich die IHK im Verfahren erster Instanz gegen die Eintragung ausgesprochen, so muss sie auch im Beschwerdeverfahren gehört werden (OLG Frankfurt a. M. NJW 1969, 330). Gegen die Beschwerdeentscheidung des OLG ist die **Rechtsbeschwerde** gem. §§ 70 ff. FamFG unter den engen Voraussetzungen von § 70 II 1 FamFG (→ § 10 Rn. 31) zum **BGH** (§ 133 GVG) zulässig, der die Entscheidung dann nur noch in rechtlicher Hinsicht überprüft (zur **Sprungrechtsbeschwerde** → § 10 Rn. 32). 30

Zum Schutz gegen eine angemeldete, aber noch nicht vollzogene Eintragung kann nach LG Heilbronn (AG 1971, 372) ein mit der Umw nicht einverstandener Minderheitsgesellschafter auch eine **einstweilige Verfügung** erwirken (§ 16 II HGB, § 940 ZPO). Dies ist grds. zutr. (vgl. BVerfG DB 2005, 1373; Semler/Stengel/Leonard/Schwanna Rn. 12; Meilicke DB 2001, 1235). Wenn allerdings − fast immer − eine Unwirksamkeitsklage (vgl. § 14) möglich ist oder war, fehlt hierfür das **Rechtsschutzbedürfnis**, die Registersperre (§ 16 II 2) genügt. Der Kläger kann das Registergericht von sich aus über die durch die Unwirksamkeitsklage eingetretene Registersperre informieren (→ § 16 Rn. 24 mwN). 31

Unklar ist der Kreis der zur Beschwerde Berechtigten. Nach Ansicht des BayObLG (BayObLGZ 87, 314) sind es die Anmelder, während der BGH (WM 1988, 1819 für eine Satzungsänderung) den Rechtsträger selbst als **beschwerdeberechtigt** ansieht. Das FGG-RG brachte zu dieser Frage nichts Neues, die Vorschriften zur Beschwerdeberechtigung (§ 20 I, II FGG) wurden wortgleich in § 59 I, II FamFG übernommen. 32

7. Bekanntmachung (Abs. 3)

Die Bekanntmachung erfolgt nach dem durch das EHUG und das DiRUG (→ Einf. Rn. 26, → Einf. Rn. 38) jew. neu gefassten Abs. 3 gem. § 10 HGB. Am Folgetag beginnt die **Frist iSv § 187 II BGB** ua für den Gläubigerschutz (§ 22 I), für die Schadensersatzpflicht der Verwaltungsträger (§§ 25 III, 27), für die Annahme des Angebots auf Barabfindung (§ 31 S. 1), für die Nachhaftung (zB § 45 II), für die Auszahlung des Geschäftsguthabens an das Mitglied der eG (§ 87 II 1) und für die fortdauernde Nachschusspflicht solcher Mitglieder (§ 95 II; vgl. auch Semler/Stengel/Leonard/Schwanna Rn. 19). 33

34 Die **Wirkungen der Eintragung** (§ 20 I) treten mit Eintragung der Verschm ein, auf die Bekanntmachung kommt es nicht an (Kallmeyer/Zimmermann Rn. 17; Kölner Komm UmwG/Simon Rn. 28; NK-UmwR/Schulte Rn. 19; BeckOGK/ Rieckers/Cloppenburg Rn. 22; vgl. aber §§ 104, 119 für wirtschaftlichen Verein und kleineren VVaG). Ohnehin werden Handelsregistereintragungen seit Inkrafttreten des DiRUG (→ Einf. Rn. 38) nicht mehr separat, sondern durch die erstmalige Abrufbarkeit bekannt gemacht.

35 Abs. 3 aF verwies früher nicht auf § 10 HGB, weil von einer solchen Verweisung insbes. eG und Vereine nicht erfasst gewesen wären (→ Rn. 3). Deshalb ist es nicht nachvollziehbar, dass Abs. 3 in der durch das EHUG geänderten Fassung (nur) auf § 10 HGB verweist, der sich auf das HR und nicht auf das Unternehmensregister iSv § 8b HGB bezieht. Die Genossenschaftsregisterverordnung wird nicht erwähnt. § 10 HGB gilt für die Verschm unter Beteiligung von eG nicht ohne Weiteres entsprechend, statt dem HR ist das Genossenschaftsregister iSv § 10 GenG anzusprechen. IÜ ist der Gesetzesbefehl von **§ 10 HGB** aber rechtsformübergreifend anzuwenden.

36 Gem. § 10 Abs. 1 S. 1 HGB (idF des DiRUG) werden die Eintragungen in das Handelsregister durch ihre erstmalige Abrufbarkeit über das nach § 9 Abs. 1 HGB bestimmte elektronische Informations- und Kommunikationssystem bekannt gemacht. Bei dem in Bezug genommenen System handelt es sich um das von den Bundesländern gem. § 9 I 4 HGB unter der Domain **www.handelsregister.de** geschaffene einheitliche Zugriffsportal (BeckOGK/Beurskens HGB § 9 Rn. 39). Damit ist ein separates Bekanntmachungsportal (www.handelsregisterbekanntmachungen.de) nicht mehr erforderlich. Bereits zuvor war die früher notwendige Bekanntmachung im BAnz. und in einem weiteren Blatt entfallen.

37 In einer Bekanntmachung zu der jew. Eintragung sind die **Gläubiger** der an der Verschm beteiligten Rechtsträger auf ihr Recht zur **Sicherheitsleistung** nach § 22 hinzuweisen (§ 22 I 3). Wird dieser Hinweis unterlassen, kann dies Amtshaftungsansprüche auslösen.

38 IÜ ist nach **§ 383 I FamFG, § 7 I FamFG** (entspricht § 130 II 1 FGG) jede Eintragung demjenigen gegenüber, der sie beantragt hat, bekannt zu machen. Wie früher (§ 130 II 2 FGG) kann auf diese Bekanntgabe verzichtet werden (§ 383 I Hs. 2 FamFG).

8. Kosten

39 **a) Allgemeines.** Mit Einführung des **GNotKG** und der damit verbundenen Ablösung der KostO im Zuge des 2. KostRMoG (BGBl. 2013 I 2586) wurden die Kostenregelungen im Jahr 2013 umfassend **reformiert** (Überblick bei Heinze NotBZ 5/2015, 161 (Teil 1); Heinze NotBZ 6/2015, 201 (Teil 2); Diehn DNotZ 2013, 406; Sikora MittBayNot 2013, 446). Die neuen Regelungen sind gem. § 136 I Nr. 4 GNotKG für alle Umwandlungsvorgänge anwendbar, für die ein Auftrag an den Notar ab dem 1.8.2013 (Stichtag) erteilt worden ist. Grundlage der HRegGebV, deren Vorschriften bzgl. der Registereintragungskosten unverändert geblieben sind, ist nunmehr die Verordnungsermächtigung in § 58 GNotKG.

40 **b) Anmeldung.** Für die notarielle **Beurkundung der Anmeldung** zum jew. zuständigen Register fällt gem. § 3 I GNotKG iVm KV 21201 Nr. 5 GNotKG bei jedem anmeldenden Rechtsträger eine halbe Gebühr an. Hat der Notar – wie in der Praxis öfter der Fall – einen vollständigen Entwurf erstellt, erhält er gem. § 92 II GNotKG iVm KV 24102 GNotKG ebenfalls eine 0,5-Gebühr. Neben der Beurkundungs- bzw. Entwurfsgebühr entsteht eine 0,3-fache Gebühr nach KV 22114 GNotKG (höchstens 250 Euro) für die Erzeugung der XML-Strukturdatendatei, welche für Anmeldungen zum elektronisch geführten Handels- oder Vereinsregister

Eintragung und Bekanntmachung der Verschm   41–44   § 19 UmwG A

nötig ist. Fertigt der Notar keinen Entwurf, sondern beglaubigt lediglich die Unterschriften, ermäßigt sich die Gebühr iRv KV 25100 GNotKG auf eine 0,2-Gebühr (höchstens 70 Euro; Widmann/Mayer/Vossius § 198 Rn. 48). Allerdings entsteht in diesem Fall eine erhöhte XML-Strukturdatengebühr gem. KV 22125 GNotKG (0,5-Gebühr, höchstens jedoch 250 Euro), was zur Folge hat, dass auch ohne Entwurf zusammen 0,7-Gebühren ausgelöst werden (vgl. Bormann/Diehn/Sommerfeldt/Diehn GNotKG KV 22125 Rn. 4); zudem erhält der Notar für die Einreichung der Anmeldung eine Vollzugsgebühr von 20 Euro (KV 22124 GNotKG) sowie ggf. eine Gebühr für die elektronisch beglaubigte Abschrift der Fremdurkunde (KV 25102 GNotKG).

Für den **Geschäftswert** bei Anmeldung zur Eintragung ins HR, Partnerschafts- 41 Genossenschafts- oder – ab dem 1.1.2024 – Gesellschaftsregister ist § 105 GNotKG maßgeblich. Bei der Berechnung des Geschäftswerts für eine **Verschm durch Aufnahme** gilt § 105 II, IV GNotKG, der nach der Rechtsform des Rechtsträgers unterscheidet. Handelt es sich um eine **Verschm durch Neugründung,** sind auf die erste Anmeldung des neu gegründeten Rechtsträgers je nach Rechtsform § 105 I oder III GNotKG anzuwenden. Mehrere Registeranmeldungen bilden im Verhältnis zueinander stets verschiedene Beurkundungsgegenstände (§ 111 Nr. 3 GNotKG). Gem. § 106 GNotKG beträgt der Höchstwert für die Registeranmeldungen 1 Mio. Euro, der auch dann gilt, wenn mehrere Anmeldungen in einem Beurkundungsverfahren bzw. einem Entwurf zusammengefasst werden.

Ist die Anmeldung der Verschm zum **Vereinsregister** anzumelden, ermittelt sich 42 der Geschäftswert nach den allg. Wertvorschriften in § 36 GNotKG (Korintenberg/Tiedke GNotKG § 105 Rn. 102, 108; Bormann/Diehn/Sommerfeldt/Diehn GNotKG § 36 Rn. 46).

c) Eintragung. Die Eintragung der Verschm in das jew. Register durch das 43 Registergericht löst weitere Gebühren aus. Für das **HR, das Partnerschaftsregister** und das **Genossenschaftsregister** regelt dies § 58 GNotKG einheitlich. Die Einzelheiten ergeben sich aus der zu § 58 II GNotKG erlassenen HRegGebV (BGBl. 2004 I 2562; abgedruckt bei Toussaint GNotKG Kap. 3 IV.2a). Die HRegGebV enthält nur noch Festgebühren; eine Ermittlung des Geschäftswerts muss nicht mehr vorgenommen werden (zu den einzelnen Gebühren Widmann/Mayer/Fronhöfer § 2 Rn. 117 f.). Die Eintragung der Verschm in das **Vereinsregister** löst gem. § 3 II GNotKG iVm KV 13101 GNotKG eine Gebühr von 50 Euro aus; für die Eintragung der Verschm zur Neugründung eines Vereins fällt gem. KV 13100 GNotKG eine Gebühr von 75 Euro an (vgl. Korintenberg/Klüsener GNotKG KV 13100 Rn. 10; Korintenberg/Klüsener GNotKG KV 13101 Rn. 7; Toussaint/Benner GNotKG KV 13100, 13101 Rn. 2 f.). Werden iRd Verschm **Grundstücke** übertragen, kommt eine Gebühr für die Grundbuchberichtigung hinzu, vgl. Lutter/Decher Rn. 19; Widmann/Mayer/Fronhöfer § 2 Rn. 119 ff.

Anders als der Notargebühren, die nicht unmittelbar dem Staat zugutekommen 44 (Ausnahme bei reinen Gebührennotaren, vgl. EuGH DB 2002, 834; OLG Karlsruhe GmbHR 2002, 1248 mAnm Mennicke EWiR 2003, 129; OLG Karlsruhe GmbHR 2004, 670; die Grundsätze für den badischen Amtsnotar gelten auch für die beamteten Notare in Württemberg, EuGH DStRE 2005, 980; zu den Änderungen des Gebührensystems im Bereich des Beamtennotariats Widmann/Mayer/Heckschen § 6 Rn. 135 ff. mwN; allerdings wurden im Zuge der Notariatsreform zum Stichtag 1.1.2018 die staatlichen Notariate aufgelöst und werden ab diesem Zeitpunkt die notariellen Aufgaben in Baden-Württemberg von freien, nicht beamteten Notaren zur hauptberuflichen Amtsausübung wahrgenommen, vgl. BGBl. 2009 I 1798 und GBl. 2010, 555), unterliegt die HRegGebV den Vorgaben des EuGH zur Auslegung der **GesSt-RL,** nach der Eintragungsgebühren verboten sind, die den erforderlichen Aufwand übersteigen (vgl. EuGH ZIP 1998, 206; 2000, 1891); die gem. Erlass v.

23.8.2007 festgelegte pauschale Aufwandsentschädigung für die Staatskasse von 15% soll nach OLG Karlsruhe ZIP 2011, 279 keine Steuer iSd GesSt-RL sein. Durch die **Festgebühren der HRegGebV** soll dem Rechnung getragen werden, da die Kosten pauschal erhoben werden und sich nicht mehr im Verhältnis zum eingetragenen Nennkapital errechnen (zum alten Recht BayObLG NJW 1999, 653; KG NJOZ 2002, 2713; Klinke ZGR 2002, 163 (192); ausf. Meininger/Gänzle BB 2000, 840 mwN; Fabis ZIP 1999, 1041; Mathias JurBüro 1998, 566; Gustavus ZIP 1998, 502; zur Kettenverschmelzung → 3. Aufl. 2001, Rn. 22; OLG Hamm MittBayNot 2004, 68; Braunfels RNotZ 2002, 291; Tillmann BB 2004, 673).

45 Durch das im Zuge der Verschm eintretende Erlöschen des übertragenden Rechtsträgers ist eine entsprechende registerrechtliche Behandlung **(Löschung)** erforderlich. Nach hM ist dieser rein registertechnische Vorgang **kostenfrei** (vgl. OLG Karlsruhe JurBüro 1974, 1422). Daran hat auch die HRegGebV nichts geändert; diese kennt keine Löschungsgebühren (Widmann/Mayer/Fronhöfer § 2 Rn. 118; Korintenberg/Thamke GNotKG § 58 Rn. 26).

46 **d) Rechtsmittel bzw. -behelfe gegen die Kostenentscheidungen. aa) Notarkosten.** Die **Kostenrechnung des Notars** (§ 19 GNotKG) kann der Kostenschuldner (auch der noch nicht in Anspruch genommene Gesamtschuldner, KG MDR 1998, 62) gegenüber dem Notar **beanstanden** (§ 127 I 2 GNotKG). Der Notar kann dem beanstandeten Mangel abhelfen oder die Sache dem LG seines Bezirks vorlegen. Nach früherer Rechtslage galt als Antragsteller dann der Kostenschuldner. Nach der neuen Regelung in § 127 I 2 GNotKG ist nunmehr davon auszugehen, dass dem Notar in diesem Fall ein eigenes Antragsrecht zusteht (ebenso Korintenberg/Sikora GNotKG § 127 Rn. 68; Toussaint/Uhl GNotKG § 127 Rn. 31).

47 Statt einer Beanstandung kann der Kostenschuldner auch direkt die **Entscheidung des Landgerichts** beantragen (§ 127 I 2 GNotKG). Das Verfahren richtet sich nach den Vorschriften des FamFG (§ 130 III 1 GNotKG), soweit in §§ 127–131 GNotKG nichts Besonderes geregelt ist. Insbes. gilt der Amtsermittlungsgrundsatz von § 26 FamFG (Toussaint/Uhl GNotKG § 127 Rn. 49; Korintenberg/Sikora GNotKG § 127 Rn. 33).

48 Eine bestimmte Gebührenhöhe ist weder bei der Beanstandung noch für den Antrag auf Entscheidung des Gerichts Zulässigkeitsvoraussetzung (Korintenberg/Sikora GNotKG § 127 Rn. 21; Toussaint/Uhl GNotKG § 127 Rn. 30). Voraussetzung ist nur die allg. Beschwer.

49 Die Beanstandung oder der Antrag auf Entscheidung des Gerichts können sich zB gegen einen unrichtigen Geschäftswert, gegen eine falsche Rechnung, gegen die Inanspruchnahme als Kostenschuldner oder gegen die rechtsfehlerhafte Erteilung der Vollstreckungsklausel richten (Auflistung möglicher Einwendungen bei Toussaint/Uhl GNotKG § 127 Rn. 19).

50 Zu beachten ist, dass nach **Ablauf des Kalenderjahres,** das auf das Jahr folgt, in dem die vollstreckbare Ausfertigung der Kostenberechnung **zugestellt** ist, neue Anträge nach § 127 II 1 GNotKG (Beanstandung und Antrag auf Entscheidung des Gerichts) nicht mehr gestellt werden können, soweit die tragenden Umstände auf Gründen beruhen, die vor der Zustellung entstanden sind (§ 127 II 2 GNotKG; vgl. dazu Toussaint/Uhl GNotKG § 127 Rn. 40).

51 Gegen die Entscheidung des LG findet binnen einer Frist von einem Monat die **Beschwerde zum OLG** statt. Auf den Wert des Beschwerdegegenstandes kommt es nicht an (§ 129 I GNotKG). Gegen die Entscheidung des OLG findet die **Rechtsbeschwerde zum BGH** (§ 133 GVG) statt, die aber gem. § 130 III GNotKG iVm § 70 II FamFG zulassungsbedürftig ist (→ § 10 Rn. 31).

52 **bb) Gerichtskosten.** Gegen den **Gerichtskostenansatz** können der Kostenschuldner und die Staatskasse **Erinnerung** beim AG einlegen (§ 81 I GNotKG).

Über die Erinnerung entscheidet der Richter oder – sofern für die Eintragung zuständig, → Rn. 13 – der Rpfleger (hM, vgl. Toussaint/Zivier GNotKG § 81 Rn. 18 mwN; Korintenberg/Fackelmann GNotKG § 81 Rn. 71 f.). Die mit der Erinnerung geltend gemachten Einwendungen können sich gegen einen unrichtigen Geschäftswert (§ 3 I GNotKG, §§ 35 ff. GNotKG), gegen die Inanspruchnahme als Gebührenschuldner (vgl. § 23 Nr. 8 GNotKG) oder gegen die Höhe der Gebührenrechnung auf der Grundlage von § 58 GNotKG iVm HRegGebV richten (vgl. auch Korintenberg/Fackelmann GNotKG § 81 Rn. 41 ff.).

Gegen die Entscheidung des AG ist **Beschwerde zum LG** zulässig; gegen die 53 Entscheidung des LG findet die **weitere Beschwerde zum OLG** statt, wenn das Beschwerdegericht wegen der grds. Bedeutung der Rechtsfrage dies zulässt (§ 81 IV GNotKG). Eine **Nichtzulassungsbeschwerde** ist idR wegen des Verweises in § 81 IV 4 GNotKG auf III 4 unzulässig (hM; Toussaint/Zivier GNotKG § 81 Rn. 35 mwN; Korintenberg/Fackelmann GNotKG § 81 Rn. 188; OLG Frankfurt BeckRS 2003, 09671).

Eine Änderung des Kostenansatzes zum Nachteil des Erinnerungs- bzw. 54 Beschwerdeführers **(reformatio in peius)** ist weder im Erinnerungs- noch im Beschwerdeverfahren zulässig. Dies folgt aus dem Wegfall von § 14 II 2 KostO aF durch die Novelle 1975 (so Begr. RegE, BT-Drs. 7/2016, 111, 68; Korintenberg/Fackelmann GNotKG § 81 Rn. 98, 162).

§ 20 Wirkungen der Eintragung

(1) **Die Eintragung der Verschmelzung in das Register des Sitzes des übernehmenden Rechtsträgers hat folgende Wirkungen:**
1. **Das Vermögen der übertragenden Rechtsträger geht einschließlich der Verbindlichkeiten auf den übernehmenden Rechtsträger über.**
2. **¹Die übertragenden Rechtsträger erlöschen. ²Einer besonderen Löschung bedarf es nicht.**
3. **¹Die Anteilsinhaber der übertragenden Rechtsträger werden Anteilsinhaber des übernehmenden Rechtsträgers; dies gilt nicht, soweit der übernehmende Rechtsträger oder ein Dritter, der im eigenen Namen, jedoch für Rechnung dieses Rechtsträgers handelt, Anteilsinhaber des übertragenden Rechtsträgers ist oder der übertragende Rechtsträger eigene Anteile innehat oder ein Dritter, der im eigenen Namen, jedoch für Rechnung dieses Rechtsträgers handelt, dessen Anteilsinhaber ist. ²Rechte Dritter an den Anteilen oder Mitgliedschaften der übertragenden Rechtsträger bestehen an den an ihre Stelle tretenden Anteilen oder Mitgliedschaften des übernehmenden Rechtsträgers weiter.**
4. **Der Mangel der notariellen Beurkundung des Verschmelzungsvertrags und gegebenenfalls erforderlicher Zustimmungs- oder Verzichtserklärungen einzelner Anteilsinhaber wird geheilt.**

(2) **Mängel der Verschmelzung lassen die Wirkungen der Eintragung nach Absatz 1 unberührt.**

Übersicht

	Rn.
1. Allgemeines	1
2. Erlöschen der übertragenden Rechtsträger (Abs. 1 Nr. 2)	7
a) Vollbeendigung der übertragenden Rechtsträger	7
b) Erlöschen von Organstellungen, Prokuren und Handlungsvollmachten	8
c) Arbeitnehmervertretungen	11

	Rn.
d) Erlöschen der Gesellschafterstellung	16
e) Dingliche Surrogation	19
3. Gesamtrechtsnachfolge (Abs. 1 Nr. 1)	23
a) Wesen der Gesamtrechtsnachfolge	23
aa) Allgemeines	23
bb) Umfang der Gesamtrechtsnachfolge	27
cc) Keine Einzelübertragung	31
dd) Kein gutgläubiger Erwerb	32
ee) Ausländisches Vermögen	33
ff) Rechte und Pflichten aus Schuldverhältnissen	35
gg) Prozesse	38
hh) Anfechtung im Rahmen eines Insolvenzverfahrens	43
ii) Firma und Gläubigerschutz	44
b) Einzelfälle (Forderungen und Verträge)	45
aa) Anstellungsverträge der Vorstände bzw. Geschäftsführer	45
bb) Vergütung der Aufsichtsratsmitglieder	49
cc) Gewinnbeteiligungen	50
dd) Genussrechte und Gewinnschuldverschreibungen	51
ee) Wandelschuldverschreibungen	52
ff) Gegenseitige Forderungen der beteiligten Rechtsträger	53
gg) Unvereinbare Verpflichtungen	54
hh) Unternehmensverträge	55
ii) Wettbewerbs- und Kartellverpflichtungen, Lizenzverträge uÄ	60
jj) Beteiligungen an anderen Gesellschaften	63
kk) Bürgschaften und Kredite	71
ll) Forderungen und Wertpapiere	73
mm) Schuldrechtliches Vorkaufsrecht	75
c) Einzelfälle (Rechte und Pflichten)	76
aa) Rechte Dritter an Anteilen eines übertragenden Rechtsträgers	76
bb) Immobiliareigentum	77
cc) Beschränkt dingliche Rechte	81
dd) Besitz	83
ee) Höchstpersönliche Rechte	84
ff) Gewerbliche Schutzrechte und Lizenzen	87
gg) Öffentlich-rechtliche Befugnisse	88
hh) Öffentlich-rechtliche Verpflichtungen	92
d) Arbeitsrecht	95
4. Anteilstausch (Abs. 1 Nr. 3)	96
5. Heilung von Beurkundungsmängeln (Abs. 1 Nr. 4)	107
6. Mängel der Verschmelzung (Abs. 2)	108

1. Allgemeines

1   § 20 behandelt die **Wirkungen der Eintragung** in das Register des Sitzes des übernehmenden Rechtsträgers (§ 19). Inhaltlich knüpft die Vorschrift an § 5 UmwG 1969, § 25 KapErhG aF, § 346 AktG aF an.

2   Die Vorschrift ist für das UmwG **von zentraler Bedeutung**. Die **Gesamtrechtsnachfolge** von **Abs. 1 Nr. 1** ist Wesensmerkmal einer jeden Verschm, Spaltung oder Vermögensübertragung. Bei der Verschm und der Vollübertragung geht das gesamte Vermögen auf den übernehmenden Rechtsträger über, bei der Spaltung und der Teilübertragung gilt das Prinzip der partiellen Gesamtrechtsnachfolge. Ein-

zig der Formwechsel (§§ 190–304) führt (da identitätswahrend) nicht zum Vermögensübergang auf einen anderen Rechtsträger.

Die Wirkungen von § 20 sind **unabdingbar**, eine abw. Regelung im Verschmelzungsvertrag oder in einem Verschmelzungsbeschluss, zB dass die dinglichen Umwandlungswirkungen bereits vor oder erst nach der Eintragung der Verschm in das Register des Sitzes des übernehmenden Rechtsträgers eintreten sollen, ist nicht möglich. Anderes gilt für die schuldrechtliche Abrede im Innenverhältnis, die aus der Vereinbarung eines Verschmelzungsstichtages folgt (→ § 5 Rn. 73 ff., → § 17 Rn. 37 ff.; Lutter/Grunewald Rn. 4; Semler/Stengel/Leonard/Leonard/Simon Rn. 6; BeckOGK/Rieckers/Cloppenburg Rn. 4). Auch § 613a BGB kann schon vor Eintragung wirken (BAG ZIP 2000, 1630 mAnm Bauer/Mengel; Zerres ZIP 2001, 359. Für die GrESt kommt eine Vorwirkung nicht in Betracht (BFH BB 2006, 86). Vgl. zu anderen Vorwirkungen der Verschm Austmann/Frost ZHR 169 (2005), 431. 3

Folge der durch Abs. 1 Nr. 1 angeordneten Gesamtrechtsnachfolge ist ua die **unbeschränkte Haftung des übernehmenden Rechtsträgers** für die Schulden jedes übertragenden Rechtsträgers. Der übernehmende Rechtsträger haftet mit seinem ganzen Vermögen (dh mit dem durch die Verschm übernommenen Vermögen des/der übertragenden Rechtsträger(s) und mit dem bisherigen Vermögen des übernehmenden Rechtsträgers) unbeschränkt. 4

Eine **Beschränkung der Haftung** wie im früheren § 419 II BGB (bis 31.12.1998) oder § 25 II HGB kennt das UmwG nicht. Auch persönlich haftende Anteilsinhaber beim übernehmenden Rechtsträger werden nicht privilegiert; so haften etwa die Gesellschafter des übernehmenden Rechtsträgers, der OHG ist, gem. § 126 HGB (bis 31.12.2023: § 128 HGB aF) persönlich, unbeschränkt, unmittelbar und primär auf das Ganze mit ihrem PV, wobei mehrere Gesellschafter Gesamtschuldner iSv § 421 BGB sind. Für Komplementäre einer KG oder KGaA und Partner gilt Entsprechendes. Zur **Haftung des ausgeschiedenen Gesellschafters** vgl. Hopt/Roth HGB § 128 Rn. 28 ff.; MüKoHGB/K. Schmidt/Drescher HGB § 128 Rn. 41 ff. je mwN; zur **Nachhaftung** bei Wegfall der persönlichen Haftung durch Verschm vgl. zB § 45. 5

Voraussetzung für den Eintritt der Rechtsfolgen von Abs. 1 ist die **Eintragung der Verschm** in das Register des Sitzes des übernehmenden Rechtsträgers (Ausnahme: **§ 122 II**, §§ 104, 119). Gem. §§ 16, 17, 19 wird nur eingetragen, wenn ein wirksamer Verschmelzungsvertrag und wirksame Verschmelzungsbeschlüsse vorliegen. **Mängel der Verschm** lassen die Wirkungen der Eintragung nach Abs. 1 jedoch unberührt **(Abs. 2)**, sodass der durch Anwendung von Abs. 1 herbeigeführte Rechtszustand nicht mehr zu ändern ist (keine „Entschmelzung"). 6

2. Erlöschen der übertragenden Rechtsträger (Abs. 1 Nr. 2)

a) Vollbeendigung der übertragenden Rechtsträger. Gem. Abs. 1 Nr. 2 **erlöschen** die übertragenden Rechtsträger mit **Eintragung** der Verschm in das Register des Sitzes des übernehmenden Rechtsträgers ohne Weiteres. Einer besonderen Löschung bedarf es nicht, was in der Praxis wegen des damit verbundenen Entfalls oftmals langwieriger Liquidationsverfahren von erheblichem Vorteil ist. Mit Erlöschen sind die übertragenden Rechtsträger als Rechtssubjekt nicht mehr existent (vgl. BayObLG DB 1974, 962 f.; vgl. aber auch die Fiktion in § 25 II, → § 25 Rn. 26 ff.). Das kann für PersGes bei finanzgerichtlichen Streitigkeiten im Zusammenhang mit § 180 AO von erheblicher Bedeutung sein, eine vollbeendete PersGes kann nicht Beteiligte des Verfahrens sein, die Klagebefugnis besteht nur für die ehemaligen Gesellschafter, vgl. BFH/NV 2009, 588. Die spezialgesetzlichen Vorschriften über die Auflösung eines Rechtsträgers (vgl. zB §§ 262, 263 AktG; §§ 60 ff. 7

GmbHG; §§ 78 ff. GenG) sind nicht anwendbar. Auch ist eine Eintragung des Erlöschens nicht notwendig.

8 **b) Erlöschen von Organstellungen, Prokuren und Handlungsvollmachten.** Die Ämter der Mitglieder von Leitungsorganen sind an die Existenz des jew. übertragenden Rechtsträgers gekoppelt, mit deren Erlöschen **endet** auch **die Organstellung** (Lutter/Grunewald Rn. 27; Semler/Stengel/Leonard/Leonard/Simon Rn. 20; Widmann/Mayer/Vossius Rn. 330; Kölner Komm UmwG/Simon Rn. 6; BeckOGK/Rieckers/Cloppenburg Rn. 115). Ist der übertragende Rechtsträger eine KapGes, kommt eine **Entlastung** der Organmitglieder auch nach Eintragung der Verschm in Betracht (Kallmeyer/Marsch-Barner/Oppenhoff Rn. 17 mwN; Semler/Stengel/Leonard/Leonard/Simon Rn. 20; Widmann/Mayer/Vossius Rn. 330; aA OLG München DB 2001, 524; Lutter/Grunewald Rn. 30). Übernehmen die Organe nach Wirksamwerden der Verschm vergleichbare Ämter, kann die Durchführung der Verschm für dortige Entlastungen von Bedeutung sein, BGH DB 2004, 2803. Zur Wirkung des Erlöschens auf die **Anstellungsverhältnisse** der Organmitglieder → Rn. 45 ff.

9 Dies gilt auch für den mitbestimmten AR. § 132a ändert daran nichts, dort wird lediglich die Aufrechterhaltung der Mitbestimmung geregelt, nicht aber der Fortbestand des Organs als solches (anders beim Formwechsel, § 203). Mit Eintragung der Verschm endet deshalb auch ein Statusverfahren nach §§ 97, 98 AktG (BGH AG 2015, 348).

10 Ebenso erlöschen **Prokuren** (§ 53 II HGB gilt nicht; aA Lutter/Grunewald Rn. 25; Semler/Stengel/Leonard/Leonard/Simon Rn. 17; BeckOGK/Rieckers/Cloppenburg Rn. 115; wie hier die hM) und **Handlungsvollmachten** (vgl. Köhler BB 1979, 912 ff.).

11–15 **c) Arbeitnehmervertretungen.** Zu Auswirkungen auf Arbeitnehmervertretungen (**Betriebsrat,** Gesamtbetriebsrat, Konzernbetriebsrat, Wirtschaftsausschuss, Sprecherausschuss, EBR) → Vor § 35a Rn. 37 ff.

16 **d) Erlöschen der Gesellschafterstellung.** Mit Eintragung der Verschm **erlischt die gesellschaftsrechtliche Stellung der Anteilsinhaber** der übertragende Rechtsträger, dh die Mitgliedschaft bzw. die Anteile am jew. Übertragenden Rechtsträger gehen unter, da dieser ab Eintragung der Verschm nicht mehr existiert. Als Ersatz für die ursprüngliche Rechtsstellung gewähren § 20 I Nr. 3, §§ 29 ff. neue Anteile am übernehmenden Rechtsträger bzw. eine Barabfindung (zur dinglichen Surrogation → Rn. 19 ff.). Mit Wegfall des Anteils erlöschen auch die sich hieraus ergebenden Rechte (zB Gewinnanspruch), sodass eine Änderung gefasster Beschlüsse nach Eintragung der Verschm nicht mehr möglich ist, auch nicht mehr durch die Anteilsinhaber des übernehmenden Rechtsträgers (so auch Widmann/Mayer/Vossius Rn. 333 ff.; OLG Frankfurt a. M. NZG 2003, 236; iÜ → Rn. 50).

17 Zur Entlastung → Rn. 8; zu ausstehenden Einlagen → UmwStG § 3 Rn. 116; zum Forderungsverzicht gegen Besserungsschein → UmwStG § 3 Rn. 124; zu Pensionsrückstellungen → UmwStG § 3 Rn. 132.

18 Ein etwaiges **Anfechtungsrecht** des Anteilsinhabers geht nicht unbedingt verloren (→ Rn. 40; teilw. abw. zum Auskunftserzwingungsverfahren nach §§ 131, 132 AktG LG München I DB 1999, 629 m. Bspr. Kort EWiR 1999, 241; zum Wegfall des Anfechtungsrechts in einer weiteren Entscheidung vom gleichen Tage LG München I DB 1999, 628; krit. Bspr. beider Urteile von Mayrhofer/Dohm DB 2000, 961 mwN).

19 **e) Dingliche Surrogation.** Gem. **Abs. 1 Nr. 3 S. 2** bestehen Rechte Dritter an den untergegangenen Anteilen oder Mitgliedschaften eines übertragenden Rechtsträgers an den als Äquivalent gewährten Anteilen oder Mitgliedschaften des übernehmenden Rechtsträgers weiter. Durch diese **dingliche Surrogation**

(§§ 1075, 1287 BGB) werden **Pfand- und Nießbrauchsberechtigte** (dazu Rieder/Ziegler ZIP 2004, 481; Teichmann FS Lutter, 2000, 1275 ff.; Heckschen/Weitbrecht ZIP 2019, 1189) umfassend geschützt. Eine Ausnahme gilt allerdings für eigene Anteile des übertragenden Rechtsträgers oder Anteile des übernehmenden Rechtsträgers an einem übertragenden Rechtsträger; diese erlöschen ersatzlos (vgl. Abs. 1 Nr. 3), was ebenfalls zum Erlöschen dinglicher Rechte Dritter führt. Eine Surrogation findet nicht statt (Lutter/Grunewald Rn. 72 mwN).

Auf den Anteil bezogene rein **schuldrechtliche Absprachen** (zB Vorkaufsrecht, 20 Treuhand, Unterbeteiligung; ausf. → Rn. 114 ff.) gehen nicht kraft Gesetzes über; durch Auslegung (ausf. Grunewald ZGR 2009, 658) ist der jew. Parteiwille im Einzelfall zu ermitteln (Kallmeyer/Marsch-Barner/Oppenhoff Rn. 31; Semler/Stengel/Leonard/Leonard/Simon Rn. 81; Lutter/Grunewald Rn. 73, die davon ausgeht, dass im Zweifel ein Übergang nicht anzunehmen ist; vgl. auch LG Frankfurt a. M. AG 1985, 226).

Eine **Testamentsvollstreckung** kann sich am getauschten Anteil fortsetzen (vgl. 21 Widmann/Mayer/Vossius Rn. 363 ff. mwN; Reimann ZEV 2000, 381; Dörrie GmbHR 1996, 245; vgl. auch Lüdicke ZEV 1995, 132). Bei der **Verwaltungstreuhand** kommt es auf die Auslegung des Treuhandvertrages an (ausf. Grage RnotZ 2005, 251 (272 ff.); auch → Rn. 85).

Eine bei Eintragung der Verschm nicht oder nicht vollständig erfüllte **Einlageforderung** 22 des übertragenden Rechtsträgers gegen seine Anteilsinhaber (zB § 19 GmbHG) erlischt nicht (→ UmwStG § 3 Rn. 116; Lutter/Grunewald Rn. 48 je mwN). Diese Forderung geht auf den übernehmenden Rechtsträger im Wege der Gesamtrechtsnachfolge über. Zur Frage, inwieweit die Anteilsinhaber des übertragenden und des übernehmenden Rechtsträgers haften, → § 51 Rn. 7 ff.; zur Differenzhaftung bei einer KapErh anlässlich der Verschm → § 55 Rn. 5 f. für die GmbH und davon abw. → § 69 Rn. 29 für die AG.

3. Gesamtrechtsnachfolge (Abs. 1 Nr. 1)

a) Wesen der Gesamtrechtsnachfolge. aa) Allgemeines. Bei der **Einzel-** 23 **rechtsnachfolge** werden Gegenstände jeweils einzeln nach den für sie geltenden Übertragungsregeln übertragen: bewegliche Sachen durch Einigung und Übergabe (§ 929 BGB), Grundstücke durch Einigung und Eintragung im Grundbuch (§ 873 BGB), Forderungen durch Abtretung (§ 398 BGB) und Verbindlichkeiten durch – nur mit Einverständnis des Gläubigers mögliche – befreiende Schuldübernahme (§§ 414 f. BGB). Die **Gesamtrechtsnachfolge** ist demgegenüber wesentliches Merkmal der Verschm (näher Heckschen GmbHR 2017, 953). Sie ist nicht kraft freier Vereinbarung, sondern nur aufgrund gesetzlicher Regelung möglich. Regelungsvorbild ist § 1922 BGB, wonach „mit dem Tod einer Person (Erbfall) ... deren Vermögen (Erbschaft) als Ganzes auf eine oder mehrere andere Personen (Erben)" übergeht. Entsprechend geht bei der Verschm das Vermögen als Gesamtheit auf den übernehmenden bzw. neuen Rechtsträger über, ohne dass es besonderer Übertragungsakte bedarf. Falls zu dem Vermögen bspw. Ein Grundstück gehört, geht es bereits mit dem Wirksamwerden der Verschm (durch Registereintragung) über, unabhängig von der nachfolgenden Umschreibung im Grundbuch; letzte ist nur Berichtigung und wirkt deklaratorisch, nicht konstitutiv (→ Rn. 31). Für die Praxis noch wichtiger ist, dass die Gesamtrechtsnachfolge auch die Überleitung von Verbindlichkeiten und ganzen Verträgen ermöglicht, und zwar **ohne die Zustimmung** des jeweiligen Gläubigers bzw. Vertragspartners. Im Gegensatz zum Formwechsel (§§ 190–304) findet tatsächlich ein umfassender Rechtsübergang von einem (erlöschenden) Rechtsträger auf den übernehmenden Rechtsträger statt (dagegen grdl. Beuthien/Helios NZG 2006, 369, die Verschm nicht als Fall der Gesamtrechtsnachfolge ansehen, sondern gegen allgM als „totalen gesellschaftsrechtlichen Umorganisationsakt").

24 Die Gesamtrechtsnachfolge kann durch den Verschmelzungsvertrag **nicht ausgeschlossen** werden (→ Rn. 3). Sollen einzelne Vermögensgegenstände an ihr nicht teilhaben, so müssen sie vorher – oft mit erheblichen stl. Belastungen – aus dem Vermögen des übertragenden Rechtsträgers herausgenommen werden (zu damit einhergehenden Haftungsrisiken für den Steuerberater OLG Koblenz DStR 2015, 1991). Umgekehrt nimmt bei PersGes **Sonderbetriebsvermögen** einzelner Gesellschafter nur dann an der Gesamtrechtsnachfolge teil, wenn es vor der Verschm dem Rechtsträger durch Rechtsgeschäft übertragen wurde (dazu auch → UmwStG § 24 Rn. 98, → UmwStG § 24 Rn. 102, → UmwStG § 20 Rn. 77).

25 Durch die Gesamtrechtsnachfolge ist ein **gutgläubiger Erwerb** ausgeschlossen (→ Rn. 32). Dieser ist nur bei einem rechtsgeschäftlichen Erwerbsvorgang möglich. Der übernehmende Rechtsträger kann lediglich in die Rechtsstellung eintreten, die der übertragende Rechtsträger seinerseits innehatte (jedoch für beschränkt dingliche Rechte → Rn. 81, → Rn. 82, → Rn. 111, → Rn. 112).

26 Die zwingende Anordnung der Gesamtrechtsnachfolge hindert dagegen nicht, mit Dritten Vereinbarungen über den Bestand von Forderungen und Verbindlichkeiten nach Durchführung der Verschm zu treffen (vgl. auch Lutter/Grunewald Rn. 7, die der Vereinbarung aber wohl auch dingliche Wirkung zukommen lassen will, was dem Wesen der Gesamtrechtsnachfolge widerspricht; → Rn. 3).

27 **bb) Umfang der Gesamtrechtsnachfolge.** Mit Eintragung der Verschm gehen **alle Aktiven und Passiven,** die zu diesem Zeitpunkt beim jew. Übertragenden Rechtsträger vorhanden sind, im Wege der Gesamtrechtsnachfolge kraft Gesetzes auf den übernehmenden Rechtsträger über. Zu diesen Aktiven und Passiven gehören auch **die nicht bilanzierten Vermögensgegenstände.**

28 Die Gläubiger von übernehmenden und übertragenden Rechtsträgern sind gem. § 22 umfassend geschützt; iÜ können sie den Vermögensübergang nicht verhindern, ihre Zustimmung ist nicht erforderlich. Auch entfallen idR die bei Einzelrechtsnachfolge notwendigen **öffentlich-rechtlichen Genehmigungen** (Widmann/Mayer/Vossius Rn. 247; Gaiser DB 2000, 361 mwN; LG Ellwangen BWNotZ 1996, 125; vgl. aber zu entsprechenden Anzeigepflichten Hilf/Roth DB 2005, 1951).

29 Umgekehrt können aber auch bestimmte Teile des Aktiv- und Passivvermögens nicht von der Gesamtrechtsnachfolge ausgenommen werden (Lutter/Grunewald Rn. 7 mwN). Entsprechende Vorbehalte im Verschmelzungsvertrag oder einem Verschmelzungsbeschluss sind unwirksam. Dagegen erfasst die Gesamtrechtsnachfolge bei **Spaltung und Teilübertragung** nur die jew. Aufgeführten oder durch Auslegung ermittelbaren Vermögensgegenstände (partielle Gesamtrechtsnachfolge, ausf. → § 131 Rn. 4 ff.).

30 Der übernehmende Rechtsträger tritt ohne Weiteres in die Rechte und Pflichten des übertragenden Rechtsträgers ein mit Ausnahme derjenigen, deren Erlöschen ausdrücklich bestimmt ist oder die ihrer Natur nach nicht auf einen Gesamtrechtsnachfolger übergehen (RGZ 136, 313; → Rn. 81, → Rn. 89 ff.). Soweit übernehmender Rechtsträger eine PhG oder PartGes ist, wird das übernommene Vermögen zum Gesamthandsvermögen.

31 **cc) Keine Einzelübertragung.** Wirkung der Gesamtrechtsnachfolge ist, dass eine gesonderte Einzelübertragung bestimmter Vermögensgegenstände grds. Nicht erforderlich ist (anders uU bei ausl. Vermögen eines übertragenden Rechtsträgers, → Rn. 33, → Rn. 34). Daher bedarf es zB für eine **Grundstücksübertragung** keiner Auflassung, für die Übertragung **beweglicher Sachen** keiner Einigung und Übergabe; das Eigentum geht vielmehr kraft Gesetzes auf den übernehmenden Rechtsträger über. Bei Grundstücken ist lediglich eine Grundbuchberichtigung iSv § 894 BGB erforderlich (→ Rn. 77).

dd) Kein gutgläubiger Erwerb. Gutgläubiger Erwerb von Grundstücken und **32** Sachen durch den übernehmenden Rechtsträger ist konsequenterweise ausgeschlossen: Die Vorschriften über den Erwerb vom Nichtberechtigten (§§ 892, 932 BGB) setzen stets einen rechtsgeschäftlichen Erwerb und nicht – wie im Fall der Verschm (aA Rieble ZIP 1997, 303 mwN in Fn. 19) – eine gesetzlich angeordnete umfassende Rechtsnachfolge im Wege der Universalsukzession voraus (Grüneberg/Herrler BGB § 892 Rn. 3 mwN; K. Schmidt AcP 191 (1991), 446 (517 ff.); Lutter/Grunewald Rn. 9 mwN; Semler/Stengel/Leonard/Leonard/Simon Rn. 9; BeckOGK/Rieckers/Cloppenburg Rn. 13).

ee) Ausländisches Vermögen. Ob die Gesamtrechtsnachfolge auch das im Ausland **33** befindliche Vermögen eines übertragenden Rechtsträgers erfasst, richtet sich nach der lex rei sitae (ausf. Racky DB 2003, 923; Reithmann NZG 2005, 873; Kusserow/Prüm WM 2005, 633; Kollmorgen/Feldhaus BB 2007, 2189; Fisch NZG 2016, 448; Widmann/Mayer/Vossius Rn. 33 ff.; BeckOGK/Rieckers/Cloppenburg Rn. 14 ff. je mwN; vgl. iÜ Lutter/Grunewald Rn. 10; Semler/Stengel/Leonard/Leonard/Simon Rn. 10; Kallmeyer/Marsch-Barner/Oppenhoff Rn. 5). Wenn der ausl. Staat den Übergang des Vermögens im Wege der Gesamtrechtsnachfolge nicht anerkennt, ist es empfehlenswert, dass übertragender und übernehmender Rechtsträger einen gesonderten, dem ausl. Recht genügenden **Übertragungsvertrag** schließen und auch sonst sämtliche dort geltenden formellen Erfordernisse (zB Registereintragungen; vgl. Reithmann NZG 2005, 873) einhalten. Nach Wirksamwerden der Verschm ist dies grds. nicht mehr möglich, der übertragende Rechtsträger ist erloschen (Lutter/Grunewald Rn. 10; zur Nachtragsliquidation vgl. Racky DB 2003, 923; zur Bestellung eines besonderen Vertreters → § 26 Rn. 8, zur nachträglichen Geltendmachung von Erfüllungsansprüchen gegen den übertragenden Rechtsträger → § 25 Rn. 36).

Dies gilt unabhängig davon, dass nach richtiger Ansicht das internationale Privat- **34** recht für das GesR die zwingende **Anerkennung der Gesamtrechtsnachfolge** auch **durch den ausl. Staat** gebietet (so überzeugend Widmann/Mayer/Vossius Rn. 41; Kusserow/Prüm WM 2005, 633; dies gilt insbes. für die EU-Staaten, da diese durch die GesR-RL entsprechend gebunden sind, vgl. Semler/Stengel/Leonard/Leonard/Simon Rn. 10 mwN); allein bereits Gründe der Praktikabilität und vor allem der **Rechtssicherheit** lassen es empfehlenswert erscheinen, zumindest in den Ländern, deren Rechtsvorschriften nicht mit denen der Bundesrepublik vergleichbar sind, die Einzelrechtsnachfolge nach dortigen Vorschriften herbeizuführen (vgl. auch Racky DB 2003, 923). Stl. Darf den Rechtsträgern hieraus kein Nachteil erwachsen (aber → UmwStG § 3 Rn. 84 ff.), das ausl. Vermögen muss auch bei vorzeitiger Übertragung im Ausland grds. als anlässlich der Verschm übergegangen angesehen werden (näher → UmwStG § 3 Rn. 113 ff.).

ff) Rechte und Pflichten aus Schuldverhältnissen. Mit Eintragung der **35** Verschm gehen idR sämtliche Rechte und Pflichten der übertragenden Rechtsträger aus von ihnen geschlossenen oder zu schließenden Schuldverhältnissen auf den übernehmenden Rechtsträger über. **Vertragsangebote,** die dem übertragenden Rechtsträger unterbreitet wurden, gelten in entsprechender Anwendung von § 130 II BGB, § 153 BGB als dem übernehmenden Rechtsträger zugegangen, sofern nicht gerade die Person (möglicherweise auch die Rechtsform) des übertragenden Rechtsträgers der entscheidende Grund für die Abgabe des Angebots war (Einzelheiten bei Mutter/Stehle GmbHR 2003, 290 mwN).

Entsprechendes gilt für die dem übertragenden Rechtsträger erteilte **Vollmacht** **36** (§ 168 BGB; Lutter/Grunewald Rn. 25 mwN; LG Koblenz MittRhNotK 1997, 321; Kölner Komm UmwG/Simon Rn. 5), auch umgekehrt für eine durch den übertragenden Rechtsträger erteilte Vollmacht (für Prozessvollmacht ausdrücklich BGH NJW 2004, 1528).

37 Auch in bereits **bestehende vertragliche Schuldverhältnisse** tritt der übernehmende Rechtsträger regelmäßig ein, ohne dass es einer Vertragsänderung bedarf; in den normalen Leistungsaustauschverträgen wird es der anderen Partei regelmäßig nicht auf die Person des Vertragspartners, sondern vielmehr auf dessen Fähigkeit und Bereitschaft zur Erfüllung der vertraglichen Verpflichtung ankommen (zB für Mietverträge Drasdo NJW-Spezial 2013, 353 mwN). **§§ 414, 415 BGB** sind für den Fall der Gesamtrechtsnachfolge ebenso wenig anwendbar wie die Grundsätze über die gewillkürte Vertragsübernahme (dazu MüKoBGB/HeinemeyerBGB Vor § 414 Rn. 27), weswegen eine Mitwirkung des anderen Vertragspartners nicht notwendig ist. Jedoch gelten die **allg. Vorschriften von §§ 157, 242, 275, 326, 313 ff. BGB;** bei Dauerschuldverhältnissen kann aus §§ 313, 314 BGB ein Anpassungsanspruch oder ein außerordentliches Kündigungsrecht des Vertragspartners hergeleitet werden, sofern die Fähigkeit zur Erbringung der versprochenen Leistung durch die Verschm gefährdet erscheint oder eine bestehende Vertrauensgrundlage weggefallen ist (für die Landpacht BGH DB 2002, 1598; vgl. iÜ ausf. Lutter/Grunewald Rn. 53 ff. mwN; zum Sukzessionsschutz bei der Gesamtrechtsnachfolge nach dem UmwG Rieble ZIP 1997, 301; vgl. iÜ auch → § 21 Rn. 1 ff.).

38 **gg) Prozesse.** Für schwebende Prozesse des übertragenden Rechtsträgers gelten **§ 246 ggf. iVm § 239 ZPO entsprechend,** es kann also auch zur Unterbrechung des Verfahrens kommen (BGH NJW 2004, 1528; vgl. auch BGH ZIP 2005, 854 zur Anwachsung; BFH/NV 2010, 370 zum gesetzlichen Beteiligtenwechsel bei Gesamtrechtsnachfolge durch Verschm; wie hier NK-UmwR/Schulte Rn. 18 mwN; Widmann/Mayer/Vossius Rn. 258; Zöller/Greger ZPO § 239 Rn. 6; aA Lutter/Grunewald Rn. 44 mwN und ihr folgend Semler/Stengel/Leonard/Leonard/Simon Rn. 66; aber auch → Rn. 93 zur Fiktion der Partei- und Prozessfähigkeit des übertragenden Rechtsträgers im Steuerverfahren). Bei PersGes als übertragender Rechtsträger kann deren Beteiligtenfähigkeit entfallen, → Rn. 7 zu BFH/NV 2009, 588. Der BGH (DB 2002, 2208) hat die Anwendung von § 270 III ZPO offengelassen, wenn die Klage nach Wirksamwerden der Verschm gegen den übertragenden Rechtsträger gerichtet wird, weil Verjährung zumindest dann nicht eintritt, wenn der Kläger von der Klage gegen den richtigen Schuldner abgehalten wird. Vgl. LG Frankfurt a. M. NZG 2007, 120 zur örtlichen Zuständigkeit, wenn die Klage gegen den übertragenden Rechtsträger erst nach Wirksamwerden der Verschm anhängig wird, sowie Bassen NZG 2017, 613 zum Gerichtsstand des § 32b I ZPO. Vgl. zu den Auswirkungen einer Umw auf den Zivilprozess ausf. Stöber NZG 2006, 574.

39 Die gleichen Grundsätze gelten für das **Mahnverfahren** (BGH NJW 1974, 493; Widmann/Mayer/Vossius Rn. 238), solange noch kein Vollstreckungsbescheid erteilt ist. Der übernehmende Rechtsträger ist nach Vollzug der Verschm verpflichtet, den durch die Umw gem. § 239 ZPO unterbrochenen Prozess fortzuführen (BFH NJW 1988, 2760 Ls.).

40 Auch **schwebende Anfechtungs- und Nichtigkeitsprozesse** gegen den übertragenden Rechtsträger werden uU gem. § 246 ZPO fortgesetzt. Dies ist zunächst bei der Frage der Zustellung der Klage zu beachten, die nach Wirksamwerden der Verschm auch noch fristwahrend gegenüber dem übernehmenden Rechtsträger erfolgen kann, zutr. OLG Hamburg ZIP 2004, 906 gegen LG Hamburg DB 2003, 930; vgl. aber auch BGH DB 2002, 2208; → Rn. 38; LG Frankfurt a. M. NZG 2007, 120 zum Wechsel der örtlichen Zuständigkeit. Es kommt allerdings darauf an, ob der angefochtene Beschluss des übertragenden Rechtsträgers sich beim übernehmenden Rechtsträger fortsetzt, dort also noch Wirkungen entfaltet (das ist beim Beschluss über die Entlastung von Organmitgliedern nicht der Fall, vgl. LG Bonn ZIP 2008, 235 m. zust. Anm. Lutter ZIP 2008, 837; vgl. auch OLG Schleswig GWR 2009, 396, das für die Entlastung wie LG Bonn ZIP 2008, 235 entscheidet, für den Gewinnverwendungsbeschluss aber eine Fortwirkung und damit fortwährendes Rechtsschutzbedürfnis bejaht). Ob nach der Fortsetzung die Erledigung der Hauptsache zu erklären ist, ist str. (vgl. auch Mayrhofer/Dohm DB 2000, 961). Soweit ein Anteilsinhaber **Unwirksamkeitsklage gegen den Umwandlungsbeschluss selbst** erhoben hat, bleibt sein Anfechtungsrecht jedenfalls bestehen (OLG Stuttgart DB 2004, 749 in einer Entscheidung zur Ausgliederung mit dem zutr. Ergebnis, dass das Rechtsschutzbedürfnis in diesem Fall schon allein wegen § 16 III 10 weiter besteht; auch → § 16 Rn. 93). Bei der Spaltung kommt es nicht stets zur Rechtsnachfolge im Prozess; BGH ZIP 2001, 305 lässt bei der Ausgliederung nach § 123 III nur Nebenintervention zu. Eine „umgekehrte" Rechtsnachfolge des übertragenden Rechtsträgers gibt es insoweit nicht (vgl. BGH BB 2006, 2038).

Rkr. Entscheidungen für und gegen den übertragenden Rechtsträger wirken 41 auch für und gegen den übernehmenden Rechtsträger, § 325 ZPO (vgl. auch BGH BB 2006, 2038). Etwaige **Titel** sind auf den übernehmenden Rechtsträger umzuschreiben (§ 727 ZPO; vgl. für die Aufspaltung OLG Frankfurt a. M. BB 2000, 1000; zum Anspruch auf Erteilung der Rechtsnachfolgeklausel OLG Jena BeckRS 2012, 11468; vgl. iÜ Lutter/Grunewald Rn. 44 mwN; Kölner Komm UmwG/ Simon Rn. 33; zur Urteilsberichtigung nach § 319 ZPO BGH NJW 2004, 1528; zur Klauselberichtigung bei Umstrukturierungen ohne Rechtsnachfolge, zB beim Formwechsel, Lindemeier RNotZ 2002, 41). Zum Nachw. Der Rechtsnachfolge genügt die Vorlage eines beglaubigten Registerauszugs bzw. seitens der Gläubiger die Bezugnahme auf die Registerakten. Bei Zwangsvollstreckung aus notarieller Urkunde muss die vollstreckbare Ausfertigung die Rechtsnachfolge unmittelbar mitteilen, andere Nachw. Genügen nicht (BGH 8.11.2012 – V B 124/12, nv). Ist dem übernehmenden Rechtsträger als Gesamtrechtsnachfolger eine **vollstreckbare Ausfertigung** erteilt worden, darf die Zwangsvollstreckung nur erfolgen, wenn dem Schuldner ein Auszug aus dem Register zugestellt wird, der den Registerinhalt im Zeitpunkt der Klauselerteilung wiedergibt (BGH DNotZ 2013, 190). Diese BGH-Rspr. hat in der Praxis zu großer Unsicherheit geführt (vgl. schon Anm. Wolfsteiner DnotZ 2013, 193), die nach zutr. Ansicht aber nicht zur Annahme **massenhafter Vollstreckungsmängel** führt (ausf. Alff Rpfleger 2013, 183).

Anhängige Spruchverfahren sollten sich nach Ansicht des LG Mannheim (DB 42 1994, 1463 mAnm Koppensteiner EWiR 1994, 839) und des OLG Karlsruhe (WiB 1995, 206 mAnm Jäger) mit Auflösung des Anspruchsgegners, dem übertragenden Rechtsträger, erledigen, das Recht auf Abfindung erlöschen. Zu Recht hat das **BVerfG** (ZIP 1999, 532 mAnm Neye EWiR 1999, 459; Schwab BB 2000, 527) diese Entscheidung aufgehoben: Art. 14 I 1 GG verlangt eine wirtschaftlich umfassende Entschädigung; für **formale Argumente** ist insoweit kein Platz (vgl. dazu auch BGHZ 135, 374 = ZIP 1997, 1193 mAnm Hüffer EWiR 1997, 769 auf Vorlage von OLG Düsseldorf FGPrax 1996, 230; vgl. auch Naraschewski DB 1997, 1653). Entsprechend arg. Der 1. Senat des BVerfG in der zweiten Entscheidung v. 27.1.1999 (AG 1999, 217), mit der die Entscheidung des OLG Zweibrücken (AG 1994, 563) zur Beendigung des aktienrechtlichen Spruchverfahrens bei Auflösung des Unternehmensvertrags aufgehoben wird (zust. Lutter/Grunewald Rn. 40). Vgl. auch OLG Frankfurt a. M. NZG 2006, 556 zur Weiterführung des Spruchverfahrens bei Insolvenz des übernehmenden Rechtsträgers.

hh) Anfechtung im Rahmen eines Insolvenzverfahrens. Rechtshandlun- 43 gen, die ein Dritter vor oder nach Eröffnung eines Insolvenzverfahrens gegen den übertragenden Rechtsträger vorgenommen hat, sind nach Eintragung der Verschm gem. §§ 81, 129 ff. InsO, die auch im Fall der Umw Anwendung finden, gegenüber dem übernehmenden Rechtsträger anfechtbar, soweit bereits ein Anfechtungsrecht gegenüber dem übertragenden Rechtsträger begründet war (Uhlenbruck/Hirte/ Borries InsO § 145 Rn. 7 mwN; vgl. iÜ ausf. Heckschen FS Widmann, 2000,

31). Zur Anfechtung trotz Erlöschens des Rechtsvorgängers und Verteilung der Vermögenswerte auf die Gläubiger, zu denen auch der übernehmende Rechtsträger gehören kann, vgl. BGH NJW 1978, 1525.

44 **ii) Firma und Gläubigerschutz.** Die Möglichkeiten der Firmenfortführung bzw. Firmenneubildung sind in **§ 18,** der Gläubigerschutz ist in **§ 22** ausf. geregelt. Auf die Komm. dort wird verwiesen (→ § 18 Rn. 1 ff., → § 22 Rn. 1 ff.).

45 **b) Einzelfälle (Forderungen und Verträge). aa) Anstellungsverträge der Vorstände bzw. Geschäftsführer.** Mit der Vollbeendigung der übertragenden Rechtsträger erlöschen auch die Ämter ihrer Leitungsorgane (→ Rn. 8 f.). Der diesen Organstellungen zugrunde liegende **Anstellungsvertrag** bleibt von der Verschm jedoch unberührt (vgl. BAG NJW 2003, 2473; BGH NJW 1989, 1928 mwN; OLG Hamm NJW-RR 1995, 1317; ausf. zu den Auswirkungen der Umw von Ges auf die Rechtsstellung ihrer Organpersonen Buchner/Schlobach GmbHR 2004, 1 mwN; vgl. auch NK-UmwR/Schulte Rn. 33 mwN; der Übergang erfolgt mangels ArbVerh nicht gem. § 613a BGB, wobei diese Norm jedoch für ein ruhendes ArbVerh des Organmitglieds Anwendung findet, vgl. Semler/Stengel/Leonard/Simon Rn. 56 ff.; Semler/Stengel/Leonard/Simon § 324 Rn. 16 mwN). Die Vorstände bzw. Geschäftsführer behalten vorbehaltlich entgegenstehender Vertragsabreden ihren **Vergütungsanspruch** aus diesen Verträgen bis zu deren Beendigung durch Zeitablauf, Kündigung oder Aufhebung (zu den gesellschaftsrechtlichen Besonderheiten vgl. Bauer/Krets DB 2003, 811; zur Sozialversicherung Diller AG 2009, 817). Der Anspruch richtet sich gegen den übernehmenden Rechtsträger (BGH NJW 1978, 1435; Hueck DB 1957, 1259). Die Entscheidung des BGH v. 12.5.1997 (BGH DStR 1997, 932 mAnm Goette = WiB 1997 mAnm Deckert) steht dem nicht entgegen. Dort wird nicht die Wirkung der Gesamtrechtsnachfolge auf den Anstellungsvertrag problematisiert, sondern die Frage, ob § 84 I 5 AktG auch nach Übergang des Vorstands-Anstellungsvertrags in einen GmbH-Geschäftsführer-Anstellungsvertrag wirkt.

46 Die Weitergeltung des Anstellungsvertrags nach Beendigung der Organstellung ist jedoch nicht zwingend. Im Anstellungsvertrag kann eine vertragliche **Vereinbarung über die Koppelung des Bestellungsvertrages mit dem Anstellungsvertrag** getroffen werden (vgl. Röder/Lingemann DB 1993, 1341 (1343 ff.); Semler/Stengel/Leonard/Simon Rn. 56; zur Zulässigkeit von Change-of-Control-Klauseln in Anstellungsverträgen von Organmitgliedern ausf. Korts BB 2009, 1876 mwN). Zu beachten ist ferner, dass bei Fortbestand des Anstellungsverhältnisses zwar eine Vergütung geschuldet wird, der Anspruch auf Weiterzahlung einer (erfolgsabhängigen) **Tantieme** aber diff. zu beurteilen ist. Hier darf nicht schematisch auf die Fortführung bisher geleisteten Tantiemen bestanden werden (so aber Lutter/Grunewald Rn. 27), es ist vielmehr zu fragen, ob nicht eine **ergänzende Auslegung** des Anstellungsvertrages oder die Grundsätze über die Störung der Geschäftsgrundlage zumindest zu einer Verminderung der Tantieme führen (vgl. dazu Hockemeier, Die Auswirkung der Verschmelzung von Kapitalgesellschaften auf die Anstellungsverhältnisse der Geschäftsleiter, 1990, mit Rezensionsabhandlung von Baums ZHR 1992, 248 (252) und Eckardt, Die Beendigung der Vorstands- und Geschäftsführerstellung in Kapitalgesellschaften, 1989). Mit dem Fortbestand des Anstellungsverhältnisses gehen auch etwaige Verpflichtungen aus Pensionszusagen auf den übernehmenden Rechtsträger über (Einzelheiten bei Widmann/Mayer/Vossius Rn. 105 ff.; zu den stl. Besonderheiten vgl. Fuhrmann DStZ 2015, 425 mwN; Neumann GmbHR 2002, 996; → UmwStG § 3 Rn. 132).

47 Nach Hueck (DB 1957, 1259 (1260 ff.); ebenso Buchner/Schlobach GmbHR 2004, 1 (17) und Kölner Komm AktG/Kraft AktG § 346 Rn. 28) ist die Umw grds. kein wichtiger Grund zur **außerordentlichen Kündigung des Anstellungsvertrages.** Dem ehem. Vorstandsmitglied bzw. Geschäftsführer könne zugemutet werden, in einer vergleichbaren leitenden Stellung (zB als Prokurist) beim übernehmenden Rechtsträger tätig zu werden. Ein Rechtsanspruch hierauf bestehe jedoch nicht (Hueck DB 1957, 1261 f.). Sei er nicht bereit, eine solche ihm **zumutbare Stellung** zu übernehmen, verliere er seinen Vergütungsanspruch (§ 615 S. 2 BGB), habe dann aber die Möglichkeit, den Anstellungsvertrag seinerseits durch außerordentliche Kündigung zu beenden (so auch Röder/Lingemann DB 1993, 1341 (1345 ff.) mwN).

Auch hier ist zu diff.: Der übernehmende Rechtsträger kann den Anstellungsvertrag grds. **nicht kündigen** (WHSS Umstrukturierung/Willemsen/Sittard H Rn. 160a). Nicht jedes Organ eines übertragenden Rechtsträgers ist jedoch verpflichtet, beim übernehmenden Rechtsträger in einer vglbaren leitenden Stellung (Hockemeier, Die Auswirkung der Verschmelzung von KapGes auf die Anstellungsverhältnisse der Geschäftsleiter, 1990, spricht unzutr. von Diensten eines leitenden Angestellten iSv § 5 III BetrVG) seinen ursprünglichen Anstellungsvertrag zu erfüllen. Es kommt vielmehr auf den **Inhalt des Anstellungsvertrages** bzw. dessen Auslegung an: Der Geschäftsleiter, der nach seinem Anstellungsvertrag vor vornherein ausschließlich eine Tätigkeit als Vorstandsmitglied oder Geschäftsführer schuldete, kann sich im Gegensatz zu einem früheren Angestellten, der zum Geschäftsführer aufgestiegen ist, auf die Unmöglichkeit der Vertragserfüllung und auf die Unzumutbarkeit einer anderen Beschäftigung berufen (so zutr. Baums ZHR 1992, 248 (253 f.) und WHSS Umstrukturierung/Willemsen/Sittard H Rn. 159 ff.; ähnlich Semler/Stengel/Leonard/Simon Rn. 58 mwN). Zu beachten ist stets **§ 615 S. 2 BGB** (dazu Röder/Lingemann DB 1993, 1341 (1346 f.) mwN) und § 628 II BGB, der dem Organ im Fall einer berechtigten Eigenkündigung des Anstellungsvertrags uU einen – erheblichen – Schadensersatzanspruch eröffnet (allerdings hat das BAG NZA 2008, 815 die Anwendung von § 628 II BGB mangels vertragswidrigen Verhaltens verneint; diese Entscheidung gilt für ArbN, auf Anstellungsverträge von Organmitgliedern ist sie nicht übertragbar; aA Semler/Stengel/Leonard/Simon Rn. 59). Es besteht jedoch die Tendenz in der Rspr., zumindest Fremdgeschäftsführer wie ArbN zu behandeln (EuGH NJW 2011, 2343 – Danosa; NZA 2015, 861 – Balkaya; krit. zum unionsrechtlichen Arbeitnehmerbegriff Lunk NZA 2015, 917; zur Zuständigkeit der Arbeitsgerichte BAG NZA 2015, 60; zum Ganzen Geck/Fiedler BB 2015, 107; Lunk NJW 2015, 528).

bb) Vergütung der Aufsichtsratsmitglieder. Mit dem Erlöschen ihres Amtes verlieren Mitglieder von Aufsichtsorganen ihren Anspruch auf eine Vergütung (vgl. zB § 113 AktG sowie RGZ 81, 153; Lutter/Grunewald Rn. 27 aE mwN; Semler/Stengel/Leonard/Leonard/Simon Rn. 20; BeckOGK/Rieckers/Cloppenburg Rn. 84; Kallmeyer/Marsch-Barner/Oppenhoff Rn. 16 auch für den unüblichen Fall eines dienstvertraglichen Anspruchs). Wurde den Aufsichtsratsmitgliedern als Vergütung ein Anteil am Jahresgewinn des übertragenden Rechtsträgers gewährt (§ 113 III AktG), so entfällt dieser Anspruch mit dem Erlöschen ihres Amtes, da sie nur während ihrer Amtszeit Anspruch auf eine Vergütung haben. Nach Hachenburg/Schilling GmbHG Anh. § 77 UmwG § 5 Rn. 2 soll der Anspruch der Aufsichtsratsmitglieder auf eine **Gewinnbeteiligung** aber dann bestehen bleiben, wenn vor der Eintragung des Verschmelzungsbeschlusses ein Abschluss bei der Übertragerin festgestellt worden ist, der einen Gewinn ausweist.

cc) Gewinnbeteiligungen. Nach Eintragung der Verschm sind die übertragenden Rechtsträger erloschen und ist die Rechtsstellung ihrer Anteilsinhaber als solche beendet. Daraus folgt ua, dass nach diesem Zeitpunkt ein **Gewinnverteilungsbeschluss** für den übertragenden Rechtsträger nicht mehr gefasst werden kann. Auch bei vollständiger Personenidentität von Anteilsinhabern bei übertragendem und übernehmendem Rechtsträger ist ein nachträglicher Gewinnverteilungsbeschluss ausgeschlossen, da das Beschlussrecht auch in diesem Fall nicht auf die Anteilsinhaber des übernehmenden Rechtsträgers übergeht (Widmann/Mayer/Vossius Rn. 333 ff.; BFH BB 1975, 23 f.).

51 **dd) Genussrechte und Gewinnschuldverschreibungen.** Zum Übergang der Verpflichtungen eines übertragenden Rechtsträgers aus Genussrechten und Gewinnschuldverschreibungen → § 23 Rn. 13.

52 **ee) Wandelschuldverschreibungen.** Zum Übergang von Wandelschuldverschreibungen eines übertragenden Rechtsträgers → § 23 Rn. 11.

53 **ff) Gegenseitige Forderungen der beteiligten Rechtsträger.** Forderungen zwischen den beteiligten Rechtsträgern erlöschen durch Konfusion. Dies mindert nicht den Geschäftswert des Aktivvermögens → § 4 Rn. 22 bei der notariellen Beurkundung (OLG Düsseldorf DB 1998, 2004). Vgl. zur Besteuerung → UmwStG § 6 Rn. 9 ff.; zu Unternehmensverträgen → Rn. 55 ff.

54 **gg) Unvereinbare Verpflichtungen.** Treffen Abnahme-, Lieferungs- oder ähnliche Verpflichtungen aus gegenseitigen Verträgen, die zwischen den beteiligten Rechtsträgern und Dritten bestehen, zusammen und sind diese Verpflichtungen miteinander unvereinbar (zB Alleinvertriebsverträge von Konkurrenten für dasselbe Gebiet) oder bedeutet es eine schwere Unbilligkeit für den übernehmenden Rechtsträger, beide Verträge zu erfüllen, so hat der übernehmende Rechtsträger uU einen entsprechenden **Anpassungsanspruch** gegen den oder die Vertragspartner ähnlich den Regeln zur Störung der Geschäftsgrundlage (zu Einzelheiten → § 21 Rn. 1 ff.). Eine ergänzende Anwendung von § 313 BGB ist nicht ausgeschlossen; der übernehmende Rechtsträger wird freilich regelmäßig mit dem Einwand konfrontiert sein, die Änderung liege in seiner Sphäre, Lutter/Grunewald Rn. 56.

55 **hh) Unternehmensverträge.** Unternehmensverträge iSv § 291 AktG (Beherrschungs- und Gewinnabführungsverträge) sind gesellschaftsrechtlicher Natur, deswegen hängen sie im besonderen Maße von der Identität der Vertragspartner ab. Insges. ist die Materie für das UmwR noch nicht ausreichend durchdacht, dazu ausf. Vossius FS Widmann, 2000, 133; Widmann/Mayer/Vossius Rn. 287 ff.; vgl. auch Fichtelmann GmbHR 2010, 576 (582 ff.); wesentliche Bedeutung hat auch immer die konkrete Auslegung der Unternehmensverträge im Einzelfall, vgl. Grunewald ZGR 2009, 647 mwN. Zu Unternehmensverträgen iSv § 292 AktG → § 131 Rn. 79; zu grenzüberschreitenden Unternehmensverträgen Winter/Marx DStR 2011, 1101; Bärwaldt/Schabacker AG 1998, 182.

56 Bei **Verschm von herrschendem und abhängigem Unternehmen** erlischt der Unternehmensvertrag wegen Konfusion (OLG Hamm DB 1988, 1842; Müller BB 2002, 157). Ein gegenüber dem abhängigen Unternehmen vor der Verschm bestehender konzernrechtlicher **Abfindungsanspruch eines außenstehenden Aktionärs** ist jedoch durch Art. 14 GG geschützt und erlischt nicht (BVerfG ZIP 1999, 532 mAnm Neye EWiR 1999, 459; → Rn. 42; vgl. auch Naraschewski DB 1997, 1653; Schubert DB 1998, 761; Schwab BB 2000, 527). Der gesetzlich gewährleistete Schutz des Eigentums des außenstehenden Aktionärs darf auf der Rechtsanwendungsebene nicht durch formale Argumentation unterlaufen werden. Der Vertragskonzern und die Verschm sind rechtlich und wirtschaftlich durchaus vergleichbare Instrumente, die nicht selten denselben wirtschaftlichen Zielen dienen (vgl. Begr. RegE, BR-Drs. 75/94, 178; Altmeppen ZIP 1998, 1853; Altmeppen DB 1999, 2453).

57 Ist die **abhängige Ges** als übertragender Rechtsträger an einer Verschm auf einen dritten Rechtsträger beteiligt, so endet der Unternehmensvertrag nach hM (Kallmeyer/Marsch-Barner/Oppenhoff Rn. 21 mwN). Wird ein dritter Rechtsträger auf die abhängige Ges verschmolzen, besteht der Vertrag vorbehaltlich § 307 AktG fort (BayObLG AG 2004, 99). Sofern bei einer wertenden Betrachtung des

Einzelfalls die Wirkungen des Unternehmensvertrages für die Beteiligten nicht zumutbar sind, kann der betreffenden Vertragspartei ein außerordentliches Kündigungsrecht zustehen (so Lutter/Grunewald Rn. 34 mwN in Bezug auf den übernehmenden Rechtsträger; diff. Kölner Komm UmwG/Simon Rn. 25). Ausf. zu Unternehmensvertrag und Umw Vossius FS Widmann, 2000, 133 (insbes. 139 ff.); Müller BB 2002, 157; speziell zu Ergebnisabführungsvertrag Gelhausen/Heinz NZG 2005, 775; Fichtelmann GmbHR 2010, 576; zur stl. Organschaft bei Anwachsung auf den letzten Gesellschafter einer PersGes Orth DStR 2005, 1629.

Ist der übertragende Rechtsträger **herrschendes Unternehmen,** gehen die **58** Rechte und Pflichten aus dem Unternehmensvertrag mit einer dritten Ges (§§ 291 ff. AktG) auf den übernehmenden Rechtsträger über (hM, vgl. OLG Köln ZIP 2010, 519; Lutter/Grunewald Rn. 40 mwN; Semler/Stengel/Leonard/Leonard/Simon Rn. 30; BeckOGK/Rieckers/Cloppenburg Rn. 77; Widmann/Mayer/Vossius Rn. 293 f.; Vossius FS Widmann, 2000, 133; Priester ZIP 1992, 293; aA Bayer ZGR 1993, 599, der § 295 AktG anwenden will, und LG Frankfurt a. M. DB 1999, 271 für den Fall des Verkaufs; zur Umw LG Bonn GmbHR 1996, 774; GroßkommAktG/Würdinger AktG § 291 Anm. 11, 22, 24 und 47, der den Unternehmensvertrag als zur Rechtsgrundlage des übertragenden und durch die Verschm erlöschenden Rechtsträgers zugehörig ansieht). Die hM ist zutr., am einmal statuierten Abhängigkeitsverhältnis zwischen übertragendem Rechtsträger und beherrschten Dritten ändert sich durch die Vermögensübertragung nichts (vgl. auch BGH DStR 1998, 898 mAnm Goette zum Beitritt eines Unternehmens auf Seiten des herrschenden Unternehmens, dazu ausf. Kort ZGR 1999, 402; Kurzwelly AG 2000, 339 f.). Freilich kann der abhängigen Ges ein Recht zur Kündigung aus wichtigem Grund (NK-UmwR/Schulte Rn. 25) unter den Voraussetzungen von § 297 I AktG zustehen. Der Übergang des Unternehmensvertrages ist im Falle der Verschm des herrschenden Unternehmens als übertragender Rechtsträger zum Handelsregister der abhängigen Ges anzumelden (Zilles GmbHR 2001, 21).

Gleiches wie → Rn. 58 muss für den Fall gelten, dass der **übernehmende 59 Rechtsträger herrschendes Unternehmen in Bezug auf eine dritte Ges** ist, auch hier steht nur ein für das Schicksal des Unternehmensvertrages unerheblichen Vermögenszuwachs des herrschenden Unternehmens in Rede (Semler/Stengel/Leonard/Simon Rn. 29). Hat der Wechsel der Vertragspartei ausnahmsweise für die abhängige Ges **unzumutbare Folgen,** steht ihr ein außerordentliches Kündigungsrecht zu (Lutter/Grunewald Rn. 37 unter Verweis auf K. Müller BB 2002, 157; zum früheren Recht bereits Hachenburg/Schilling GmbHG Anh. § 77 UmwG § 5 Rn. 3); die Kündigung wirkt allerdings nur ex nunc.

ii) Wettbewerbs- und Kartellverpflichtungen, Lizenzverträge uÄ. Wettbe- **60** werbs- und Kartellverpflichtungen gehen im Grds. auf den übernehmenden Rechtsträger über (zutr. Lutter/Grunewald Rn. 41 mwN). Es ist aber sehr genau zu diff., die Rspr. hat sich in der letzten Zeit mehrfach mit relevanten Einzelfragen befasst. Bereits entstandene Schadenersatzverpflichtungen sind Gegenstand der Gesamtrechtsnachfolge (zutr. BGH DB 2007, 2089). Eine bußgeldrechtliche Verantwortlichkeit des übernehmenden Rechtsträgers für Taten, die vom übertragenden Rechtsträger vor der Verschm begangen wurden, hat der BGH noch 2012 verneint (BGH wistra 2012, 152 zu Geldbußen nach § 1 GWB; vgl. auch ausf. Löbbe ZHR 177 (2013), 518 mwN). Dies bewog den Gesetzgeber zur Einfügung von **§ 30 IIa OWiG,** wonach gerade eine Geldbuße möglich ist, allerdings begrenzt auf den Wert des übernommenen Vermögens und unter Berücksichtigung der Verhältnisse beim übertragenden Rechtsträger vor der Verschm. Umstritten ist der Umgang mit Altfällen. Der Kartellsenat erklärte die Norm zunächst im Jahr 2014 unter Verweis auf Art. 103 II GG für nicht anwendbar, wenn sowohl die Tatbeendigung als auch die Rechtsnachfolge vor dem Inkrafttreten des § 30 IIa OWiG lag (BGHSt

60, 121). In einem Beschluss vom 8.3.2021 konkretisierte er seine Rechtsprechung dahingehend, dass § 30a IIa OWiG nur dann Anwendung finde, wenn sowohl die Tatbeendigung als auch die Rechtsnachfolge nach ihrem Inkrafttreten eingetreten sind (BGH ZIP 2021, 1133; zust. Dorn ZWH 2021, 373; Pelz jurisPR-Compl 3/2021 Anm. 2; Janssen jurisPR-StrafR 11/2021 Anm. 2; iE wohl auch Sartorius NZWiSt 2022, 24). Der 6. Strafsenat entschied hingegen am 23.3.2021 – wohl noch in Unkenntnis des vorbenannten Beschlusses –, dass die Norm jedenfalls dann anwendbar sei, wenn sie zum Zeitpunkt der Rechtsnachfolge in Kraft war, da sie „eine bloße Überleitungsnorm [...] mit haftungsrechtlichem Charakter" sei (BGHSt 66, 60; zust. Kuhn EWiR 2021, 616 Kunkel/Kunkel jurisPR-Compl 3/2021 Anm. 3; im Grundsatz auch Mansdörfer ZWH 2021, 369; krit. Reichling NJW 2021, 1607; Dorn ZWH 2021, 373; Bülte wistra 2021, 287–290). Die Regelung ist **richtlinienkonform,** denn Art. 105 I RL (EU) 2017/1132 (Verschm durch Aufnahme) ist dahin auszulegen, dass der übernehmende Rechtsträger verpflichtet bleibt (EuGH AG 2015, 312 mAnm Kessler GWR 2015, 139). Vor diesem Hintergrund besonders interessant und noch nicht abgeschlossen ist die Diskussion um den Umgang mit Kartellbußen (dazu auch Löbbe ZHR 177 (2013), 518 mwN), die von den übertragenden Rechtsträgern verwirkt wurden (Anlass ist die Umstrukturierung zweier Kartellanten, die nach vorgeschaltetem Asset-Deal und anschließender Umwandlung in ein einzelkaufmännisches Unternehmen vom Bußgeld verschont bleiben wollen, vgl. Herbers Fleischwirtschaft 2015, 10). Es wird sich zeigen, ob diese Gestaltungen ihr Ziel erreichen, das zumindest in seinem Ergebnis der bisherigen Rspr. vor Gesetzesänderung (zuletzt OLG Düsseldorf BeckRS 2014, 21756 mAnm Dos Santos Goncalves GWR 2015, 15) und jetzt § 30 IIa OWiG entgegensteht. Die Rechtsnachfolge erstreckt sich nicht auf die Tatbestände der Erstbegehungs- oder Wiederholungsgefahr iSd **UWG.** Insoweit ist es nur möglich, dass nach der Verschm und unter der Voraussetzung der Betriebsfortführung eine Erstbegehungsgefahr durch besondere Umstände, die zu der früher begangenen Zuwiderhandlung hinzutreten, neu begründet wird (BGH DB 2007, 2088; bestätigt in BGH NJW-RR 2009, 536; OLG Hamburg Der Konzern 2010, 73 Ls.; OLG Hamburg DB 2007, 2033; vgl. Mels/Franzen GRUR 2008, 968 mwN; vgl. zu den sich daraus für ein Bestrafungsverfahren nach eV ergebenden Konsequenzen – keine Vollstreckungsmaßnahmen iSv § 890 ZPO – OLG Köln NZG 2009, 477). Der BGH hat seine Rspr. mittlerweile nochmals bestätigt (dazu K. Schmidt FS H. Köhler, 2014, 631 ff.). Die für einen **Unterlassungsanspruch aus § 1 UKlaG** erforderliche Wiederholungsgefahr wird nicht durch die Verschm als solche beim übernehmenden Rechtsträger begründet (BGH NJW 2013, 593 unter Berufung auch auf BGH NJW-RR 2010, 1053 und mzN zur Lit.; Lutter/Grunewald Rn. 41 mwN; zust. Anm. Just/Ropel EWiR 2013, 185; Wille GWR 2013, 46). Allerdings sind an die Begr. einer Erstbegehungsgefahr hinsichtlich des Sich-Berufens auf **wirksame AGB-Klauseln,** die der übertragende Rechtsträger verwendet hat, wegen der Gesamtrechtsnachfolge keine allzu strengen Anforderungen zu stellen (BGH NJW 2013, 593; zum wettbewerblichen Unterlassungsanspruch → § 131 Rn. 80 aE).

61 Unterliegt der übertragende Rechtsträger einem **vertraglichen Wettbewerbsverbot,** so geht auch dieses grds. iRd Gesamtrechtsnachfolge über. Soweit damit der aufnehmende Rechtsträger in einem Gebiet, auf dem er schon tätig ist, betroffen wäre, ist im Einzelfall eine **Anpassung gem. § 313 BGB, § 21** zu prüfen (zB Lutter/Grunewald Rn. 41: Beschränkung des Wettbewerbsverbots auf die übernommenen Betriebsstätten).

62 Der umgekehrte Interessenkonflikt könnte eintreten, wenn der übertragende Rechtsträger Lizenznehmer eines Schutzrechts war, das der übernehmende Rechtsträger wegen seiner Konkurrenzsituation mit der Lizenzgeberin niemals erhalten hätte. Hier kommt entweder eine Kündigung aus wichtigem Grund oder eine Anpassung nach § 313 BGB in Betracht (vgl. auch § 21).

jj) Beteiligungen an anderen Gesellschaften. Soweit der übertragende 63 Rechtsträger **an einer KapGes beteiligt** ist, gehen deren Anteile im Wege der Gesamtrechtsnachfolge gem. Abs. 1 Nr. 1 auf den übernehmenden Rechtsträger über. Gem. § 124 I HGB kann eine übernehmende PhG ebenfalls Inhaberin solcher Anteile sein. Eine **Vinkulierung** hindert den Rechtsübergang nicht (Lutter/Grunewald Rn. 16 mwN; Semler/Stengel/Leonard/Leonard/Simon Rn. 22; Kölner Komm UmwG/Simon Rn. 19; vgl. ausf. Burg/Marx NZG 2013, 127). Ob bestehende **Mitteilungspflichten** gem. §§ 21 ff. WpHG übergehen, ist str. (Widder BB 2005, 1979 mwN; Klein/Theusinger NZG 2009, 250; Widder NZG 2010, 455 mwN).

Die Folgen der Verschm sind umstr., wenn der übertragende Rechtsträger **an** 64 **einer PersGes beteiligt** ist. Insoweit wird zumeist danach diff., ob Anteile an der PersGes nach dem Gesetz oder dem Gesellschaftsvertrag beim Tod des Anteilsinhabers auf dessen Erben übergehen oder nicht. Nach Rspr. des RG (RGZ 150, 289 (291)) ist das Erlöschen einer KapGes dem Tod eines Gesellschafters gleichzusetzen. Dies hatte gem. § 131 Nr. 4 HGB aF zur Folge, dass mit dem Erlöschen zB einer übertragenden KapGes (§ 20 I Nr. 2) auch die PhG, an der die KapGes beteiligt war, aufgelöst wurde (Ausnahme: Tod eines Kommanditisten, § 177 HGB; zur früheren Rechtslage → 3. Aufl. 2001, Rn. 51 mwN). Seit dem HRefG (BGBl. 1998 I 1474; → Einf. Rn. 26 mwN) ist der Tod eines Gesellschafters kein Auflösungsgrund mehr. Es kommt gem. § 131 III 1 Nr. 1 HGB zum Ausscheiden des betreffenden Gesellschafters, die Ges bleibt grds. bestehen (vgl. Hopt/Roth HGB § 131 Rn. 18 ff., 34 ff. mwN; Lutter/Grunewald Rn. 19). Eine Rechtsnachfolge in die Gesellschafterstellung durch den übernehmenden Rechtsträger wäre dann nicht mehr möglich.

Soweit der **Gesellschaftsvertrag** der PhG, an der der übertragende Rechtsträger 65 beteiligt ist, eine Fortsetzung der Ges vorsieht, muss im Wege der Auslegung ermittelt werden, ob die Klausel eine Fortsetzung mit oder ohne den übernehmenden Rechtsträger nach Verschm vorsieht (vgl. OLG Nürnberg MittBayNot 2017, 413 zum Übergang einer Komplementärstellung). Ergibt die **Auslegung** ausnahmsweise, dass die Ges ohne den übernehmenden Rechtsträger fortgesetzt werden soll, geht auf diesen mit der Eintragung der Verschm nur der entsprechende Abfindungsanspruch über (Lutter/Grunewald Rn. 19 mwN; Kölner Komm UmwG/Simon Rn. 23 ff. mwN). Grds. ist zum Schutz der Gesamtrechtsnachfolge großzügig auszulegen. Denn PhG, an denen verschmelzungsfähige Rechtsträger iSd § 3 beteiligt sind, sind regelmäßig nicht derart personalistisch strukturiert, dass die Verschm eines solchen Anteilsinhabers dem Tod einer natürlichen Person gleichzustellen wäre. Daher sollte auch der Übergang von Personengesellschaftsanteilen grds. zugelassen und den übrigen Gesellschaftern ggf. ein Recht zur Kündigung aus wichtigem Grund zugestanden werden.

Zur **alten Rechtslage** vor dem HRefG vgl. → 3. Aufl. 2001, Rn. 51. 66

Schließt hingegen der **Gesellschaftsvertrag** oder die Satzung der Ges, an der 67 der übertragende Rechtsträger beteiligt ist, den Übergang oder die Übertragung der Beteiligung **ausdrücklich aus,** so ist im Einzelfall durch Auslegung zu ermitteln, ob davon auch der Übergang durch Umw (Verschm) erfasst werden soll. Bei eindeutigem Auslegungsergebnis gegen einen Übergang der Beteiligung als Folge der Umw scheidet der übertragende Rechtsträger aus der Ges aus.

Die gleichen Grundsätze gelten für die **stille Ges** (Definition und Lit. zur stillen 68 Ges bei → UmwStG § 20 Rn. 158; vgl. auch Richter/Dümichen Ubg 2012, 748; Suchanek Ubg 2012, 431 je zur atypisch stillen Ges; vgl. iÜ Mertens AG 2000, 32), soweit der übertragende Rechtsträger sie als Geschäftsinhaber eingegangen ist (ausf. Jung ZIP 1996, 1734; vgl. auch Kallmeyer/Marsch-Barner/Oppenhoff Rn. 7). Ist der übertragende Rechtsträger selbst stiller Gesellschafter, so tritt der übernehmende Rechtsträger ohne Weiteres an seine Stelle (§ 234 II HGB analog, zutr. Kallmeyer/ Marsch-Barner/Oppenhoff Rn. 7; Lutter/Grunewald Rn. 20; zur Beteiligung an der stillen Ges s. auch Felix BB 1987, 1265 (1267 f.)). Ein **vertragliches Zustimmungserfordernis** hat für die Gesamtrechtsnachfolge kraft Gesetzes keine Geltung (zum Ganzen auch → § 23 Rn. 8).

69 Anderes gilt für den Fall, dass ein übertragender Rechtsträger **Mitglied einer eG** war. Wegen der ausdrücklichen Regelung in §§ 77, 77a GenG – insbes. in § 77a S. 2 GenG – endet die Mitgliedschaft nach Eintragung der Verschm zum Schluss des Gj. der eG (OLG Stuttgart BB 1989, 1148; Semler/Stengel/Leonard/Leonard/ Simon Rn. 28; Lutter/Grunewald Rn. 22); es sei denn, die Satzung sieht anderes vor (str.).

70 Die Mitgliedschaft im **Verein** ist grds. höchstpersönlich (§ 38 BGB). Deshalb scheidet eine Gesamtrechtsnachfolge aus, vgl. Semler/Stengel/Leonard/Leonard/ Simon Rn. 27; Lutter/Grunewald Rn. 21 mwN). Rechtsnachfolgefähig ist hingegen die Rolle des **Stifters**, dessen Wille die Stiftungsaufsicht im Rahmen der jew. Landes-Stiftungsgesetze zu berücksichtigen hat.

71 **kk) Bürgschaften und Kredite.** Zum Ganzen Bitter ZHR 173 (2009), 379 ff. mwN auch zum Datenschutz respektive dem „Bankgeheimnis"; H. P. Westermann FS Rowedder, 1994, 529 ff.; Lutter/Grunewald Rn. 33 ff. mwN. Zu den Auswirkungen einer grenzüberschreitenden Verschm auf Anleiheverträge EuGH IPRax 2016, 589; dazu Hübner IPRax 2016, 553. Bei der Verschm zweier Kreditinstitute ist eine Darlehenskündigung durch die Kunden nicht ausgeschlossen (OLG Karlsruhe DB 2001, 1548). Ist dem übertragenden Rechtsträger ein Kredit eingeräumt worden oder hat ein Dritter Bürgschaften auch für künftige Schulden von ihm übernommen, so ist **im Zweifel** davon auszugehen, dass eine Erweiterung dieser Pflichten (Kreditgewährung auch an den übernehmenden Rechtsträger oder Bürgenhaftung auch für künftige Schulden dieses Rechtsträgers) **nicht gewollt** ist (vgl. BGH NJW 1993, 1917 für die Anwachsung; zur Immobilienfinanzierung auch → Rn. 79).

72 Wenn allerdings vorgeschlagen wird, Rechte und Pflichten aus einer Bürgschaft überhaupt nicht übergehen zu lassen (etwa GroßkommAktG/Schilling AktG § 346 Anm. 26), so wird übersehen, dass sich der Bürge oder Kreditgeber durch die Umw und den vollständigen Entfall des Bürgenrisikos besser stellen würde, als dies zuvor der Fall war. Auch dogmatisch gibt es für diesen Ansatz keine Begr., die Verschm würde bei Lösung der Verpflichtung aus der Bürgschaft auf einen Vertrag zwischen zwei an der Verschm völlig unbeteiligte Personen (Bürge und Gläubiger) wirken. **§ 418 BGB** findet keine Anwendung. Allenfalls eine **entsprechende Anwendung von § 775 BGB** ist denkbar.

73 **ll) Forderungen und Wertpapiere. Wertpapiere** gehen wie die in ihnen verbrieften Forderungen und Rechte **ohne Abtretung oder Indossament** auf den übernehmenden Rechtsträger über (Widmann/Mayer/Vossius Rn. 314 ff.). Soweit die Indossierung zur Weiterleitung des Rechts erforderlich ist, kann sie der übernehmende Rechtsträger als Rechtsnachfolger ohne Weiteres vornehmen. Zur Geltendmachung des Anspruchs, auch im Wechselprozess, genügt es, wenn die Rechtsnachfolge durch einen aktuellen Registerauszug über die Eintragung der Verschm nachgewiesen wird.

74 **Forderungen** können allerdings im Einzelfall erlöschen (§§ 400 ff. BGB). **§ 399 BGB** gilt bei der Verschm nicht (BGH NJW 2017, 71; dazu Fuchs/Thilo WUB 2017, 206; Kissi DB 2017, 115; OLG Düsseldorf NZG 2015, 561 mit Darstellung des Streitstands, Anm. Ulrich GmbHR 2015, R132 und Lieder/Scholz ZIP 2015, 1705), sodass eine Forderung trotz eines Abtretungsverbots übergeht (ähnlich Lutter/ Grunewald Rn. 32 mwN, die im Einzelfall ein Kündigungsrecht zugesteht; Widmann/Mayer/Vossius Rn. 196 unter zutr. Verweis auf Art. 105 III GesR-RL; Kallmeyer/Marsch-Barner/Oppenhoff Rn. 8; Semler/Stengel/Leonard/Leonard/ Simon Rn. 13 mit Hinweis auf LG Hamburg AfP 2002, 70, wonach der Anspruch auf Gegendarstellung untergeht; vgl. auch die allg. Einschränkung des Abtretungsverbots bei Handelsgeschäften, § 354a HGB; dazu Henseler BB 1995, 5). Vgl. bei der **Spaltung** → § 131 Rn. 31 ff.

mm) Schuldrechtliches Vorkaufsrecht. Kraft Gesamtrechtsnachfolge gehen schuldrechtliche Ansprüche auf den Nachfolger über, soweit nichts Gegenteiliges bestimmt ist. Beim schuldrechtlichen Vorkaufsrecht greift jedoch **§ 473 BGB**, der die Übertragbarkeit des schuldrechtlichen Vorkaufsrechts bei der Umw grds. Ausschließt (wie hier MüKoBGB/Westermann BGB § 473 Rn. 3; BeckOGK/Rieckers/Cloppenburg Rn. 51; jetzt wohl auch Widmann/Mayer/Vossius Rn. 309; abw. Soergel/Huber BGB § 514 aF Rn. 4; ihm folgend Erman/Grunewald BGB § 473 Rn. 2, die aber mE den Wegfall von § 514 BGB nicht berücksichtigt), andere Vereinbarungen aber zulässt.

c) Einzelfälle (Rechte und Pflichten). aa) Rechte Dritter an Anteilen eines übertragenden Rechtsträgers. Da mit Eintragung der Verschm die übertragenden Rechtsträger und damit auch die an ihnen bestehenden Anteile erlöschen, ordnet Abs. 1 Nr. 3 S. 2 eine **dingliche Surrogation** an: die Rechte Dritter (zB Pfandrecht, Nießbrauch, → Rn. 19) bestehen – ohne einen besonderen Übertragungsakt – an den die alte Rechtsposition der Anteilsinhaber ersetzenden Anteilen oder Mitgliedschaften am neuen Rechtsträger fort. Damit ist der Gesetzgeber einer weitverbreiteten Ansicht in der Lit. (→ 1. Aufl. 1994, § 5 Anm. 8a; Widmann/ Mayer 28. EL Rn. 91) gefolgt.

bb) Immobiliareigentum. Die Übernehmerin wird ohne jeden weiteren Übertragungsakt Eigentümerin der Grundstücke der übertragenden Rechtsträger. Ihre Eintragung im Grundbuch erfolgt nur noch im Wege der **Grundbuchberichtigung** nach § 894 BGB, § 22 GBO. Diese ist gebührenpflichtig (→ § 19 Rn. 43 aE). Sie erfolgt jedoch nur auf **Antrag** der Übernehmerin. Die nach § 22 II GBO erforderliche **Zustimmung** ist entbehrlich, wenn die Unrichtigkeit des Grundbuchs durch Vorlage eines Registerauszugs über die Umw nachgewiesen wird. Vgl. iÜ ausf. Gärtner DB 2000, 409.

Zur Eintragung der Verschm iSv Abs. 1 als maßgeblichen Zeitpunkt für die GrESt BFH BB 2006, 85; vgl. auch Götz GmbHR 2001, 277; zum möglichen Charakter von § 60 KostO (aF) als Besitzwechselsteuer iSd GesSt-RL LG Freiburg NZG 2003, 490; zum Grundbuchberichtigungsverfahren Gärtner DB 2000, 409. Vgl. zur etwaigen Genehmigung einer Grundstücksteilung bei Spaltung gem. § 19 BauGB, § 9 LBO (BW) LG Ellwangen BWNotZ 1996, 125. Vgl. zur Sanierungsverantwortlichkeit nach § BbodSchG VG Hannover IBR 2010, 238 Ls., Kurzwiedergabe; Giesberts/Frank DB 2000, 505 und zu den entsprechenden Informationspflichten Hilf/ Roth DB 2005, 1951.

Sieht ein **Hypothekendarlehen** vor, dass die Fälligkeit der Rückzahlungsverpflichtung im Fall der Veräußerung des Grundstücks sofort eintreten soll **(Veräußerungsklausel)**, so ergibt die Auslegung idR, dass die Klausel Fälle der Umw nicht erfasst, da in diesem Fall die wirtschaftliche Kontinuität gewahrt bleibt. Eine entsprechende Anwendung der zu Bürgschaften und Krediten entwickelten Grundsätze (→ Rn. 71 f.) scheint wegen der dinglichen Absicherung der Forderung nicht angemessen.

Die einem übertragenden Rechtsträger bereits erteilte **Eintragungsbewilligung** (§§ 19, 20 GBO) geht ebenso wie die geschützte Rechtsposition nach **§ 883 BGB** auf die Übernehmerin über. An von übertragenden Rechtsträgern erteilte **Bewilli-**

gungen ist die Übernehmerin im Fall von § 873 II BGB gebunden (Widmann/Mayer/Vossius Rn. 190).

81 **cc) Beschränkt dingliche Rechte.** Ein **Nießbrauch,** eine beschränkt persönliche Dienstbarkeit oder ein **dingliches Vorkaufsrecht** in der Rechtsinhaberschrift eines übertragenden Rechtsträgers geht nach Maßgabe von § 1059a I Nr. 1, II BGB, § 1092 II BGB bzw. 1098 III BGB auf den übernehmenden Rechtsträger über (§ 1059a II BGB stellt OHG, KG, PartGes und EWIV den jur. Person von § 1059a I BGB gleich, Bassenge NJW 1996, 2777). Der Übergang kann allerdings bei Bestellung des Rechts **ausgeschlossen** werden. Eine zugunsten einer natürlichen Person bestellte beschränkte persönliche Dienstbarkeit geht gem. § 1092 I BGB hingegen nicht über (OLG Sachsen-Anhalt GmbHR 2019, 1010 m. abl. Anm. Wachter). Vgl. ausf. Teichmann FS Lutter, 2000, 1261 ff.; vgl. auch Semler/Stengel/Leonard/Leonard/Simon Rn. 33 und BeckOGK/Rieckers/Cloppenburg Rn. 35 jew. mwN.

82 **Hypotheken, Grund- und Rentenschulden** gehen ohne Weiteres über. Sofern ein **Brief** über sie ausgestellt ist, bedarf es seiner Übergabe nicht. Die Umschreibung im Grundbuch ist lediglich Berichtigung. Soweit die Übernehmerin die Hypothek oder Grundschuld weiter übertragen will, ist analog § 40 I GBO eine **Voreintragung** nicht erforderlich.

83 **dd) Besitz.** Der Besitz an den Sachen der Übertragerin geht **analog § 857 BGB** auf die Übernehmerin über. Eine besondere Besitzergreifung ist nicht erforderlich (Grüneberg/Herrler BGB § 857 Rn. 1; MüKoBGB/Schäfer BGB § 857 Rn. 14). **Mietverhältnisse** gehen ebenfalls grds. über (vgl. Dasdro NJW-Spezial 2013, 353; BeckOGK/Rieckers/Cloppenburg Rn. 46 jew. mwN).

84 **ee) Höchstpersönliche Rechte.** Rechte, die nur mit Rücksicht auf eine bestimmte Person eingeräumt werden (zB persönliches Wohnrecht, Wegerecht nach § 69 III TKG 2004, vgl. ausf. VG Köln CR 2009, 714; vgl. auch NK-UmwR/Schulte Rn. 12), **gehen grds. nicht** auf den Rechtsnachfolger **über;** iÜ wird man durch **Auslegung** des jew. Rechtsverhältnisses mit persönlichem Einschlag ermitteln müssen, ob der Übergang auf einen Rechtsnachfolger gewollt ist oder nicht. Dabei ist zu berücksichtigen, dass bei Übertragung derartiger Rechte auf eine jur. Person die **persönliche Beziehung** idR nicht im Vordergrund steht.

85 Funktionen wie **Treuhänder,** Vermögensverwalter, Testamentsvollstrecker (dazu aA Reimann ZEV 2000, 381), Berater oder Bevollmächtigter werden vielmehr häufig deshalb auf eine jur. Person übertragen, weil in ihrer Organisation eine Gewähr für fachmännische Ausführung und Kontinuität gesehen wird. Die Person des Ausführenden, Geschäftsführers oder Vorstandsmitglieds tritt demgegenüber in den Hintergrund. Soweit der übertragende Rechtsträger und der übernehmende Rechtsträger eine jur. Person ist, wird die Auslegung daher idR ergeben, dass nach dem Parteiwillen die Rechte und Pflichten aus derartigen Rechtsverhältnissen übergehen sollen (ausf. Heckschen GmbHR 2014, 626; Lutter/Grunewald Rn. 24 mwN; Goutier/Knopf/Tulloch/Bermel Rn. 21 aE; Semler/Stengel/Leonard/Leonard/Simon Rn. 18; Kallmeyer/Marsch-Barner/Oppenhoff Rn. 23). Eine andere Frage ist, ob sich die Verwaltungstreuhand an Anteilen eines umgewandelten Rechtsträgers fortsetzt (Auslegung notwendig, → Rn. 21).

86 Nach LG Koblenz (MittRhNotK 1997, 321) gelten diese Grundsätze auch für die rechtsgeschäftliche Vollmacht. Das OLG Karlsruhe (DB 2001, 1548) ordnet dem Kreditverhältnis höchstpersönliche Elemente zu, weswegen die außerordentliche Kündigung eines Darlehens durch den Kunden bei Bankenfusion nicht ausgeschlossen sein soll. Nach BayObLG (MDR 1987, 588 (589); offengelassen Rpfleger 2002, 305) sollte ein Verwalteramt einer Wohnungseigentümergemeinschaft auch dann nicht auf den Gesamtrechtsnachfolger übergehen, wenn der **Wohnungseigen-**

tumsverwalter eine jur. Person ist. Dieser Entscheidung hat sich auch das LG Frankfurt (NZG 2012, 1107) ohne überzeugende Begründung angeschlossen. Im Hinblick auf den übergehenden Verwaltervertrag bestünde dann faktisch Handlungsunfähigkeit des Verwalters. Es ist daher interessengerecht, auch von dem Übergang des Verwalteramtes auszugehen und die Eigentümergemeinschaft auf ein Kündigungsrecht aus wichtigem Grund zu verweisen (so schon bisher Widmann/Mayer/ Vossius Rn. 322 f.; Gutachten DNotI-Report 2005, 59 mwN). Durch eine viel beachtete Entscheidung des BGH wurde dieser Streit zutr. entschieden: Bei der Verschm einer zur Verwalterin einer Wohnungseigentumsanlage bestellten jur. Person auf eine andere jur. Person gehen die Organstellung und der Verwaltervertrag im Weg der Gesamtrechtsnachfolge über; eine vorzeitige Kündigung ist nicht möglich, an sie sind keine hohen Anforderungen zu stellen (BGH ZIP 2014, 776 mAnm Armbrüster/Greis ZflR 2014, 330; Elzer MietRB 2014, 142; Heckschen GmbHR 2014, 626; Kopp ZWE 2014, 244; Krebs GWR 2014, 194; Lietzke DNotZ 2014, 519; Sommer ZWE 2017, 203; Vossius NotBZ 2014, 250; Wachter EWiR 2014, 343). Nunmehr hat der BGH entschieden, dass dies „in aller Regel" auch bei einer Spaltung, insbesondere bei einer Ausgliederung eines einzelkaufmännischen Unternehmens zur Neugründung einer Kapitalgesellschaft gelte. Denn die Auswahl einer natürlichen Person bedeute nicht, dass es den Wohnungseigentümern auf die höchstpersönliche Wahrnehmung der Aufgaben ankomme. Zudem seien die Wohnungseigentümer nach der Umwandlung durch das Recht zur Abberufung sowie zur außerordentlichen Kündigung vor einem Wechsel in der Geschäftsführung oder dem Gesellschafterbestand der neuen KapGes ausreichend geschützt (BGH ZIP 2021, 1965; zust. Lieder ZWE 2021, 410; Seulen EWiR 2021, 709; wohl auch Kittner GWR 2021, 384; Drasdo NJW-Spezial 2021, 642). Diese Argumentation lässt sich auf alle Spaltungsvorgänge und Formwechsel, identitätswahrende Umwandlungen von Personengesellschaften und Anwachsungen nach § 738 Abs. 1 BGB übertragen (Lieder ZWE 2021, 410; Letzner ZWE 2022, 160). Ebenso gilt nichts anderes, wenn der Verwalter eine Personenhandelsgesellschaft ist (Lieder ZWE 2021, 410). Zwar hat der BGH durch die Einschränkung „in aller Regel" ausgedrückt, dass die Höchstpersönlichkeit in Ausnahmekonstellationen zu bejahen sein könnte. Entsprechende Fallkonstellationen werden in der Literatur allerdings für wenig wahrscheinlich gehalten (Lieder ZWE 2021, 410; Kittner GWR 2021, 384; BeckOK/Rieckers/Cloppenburg Rn. 20). Offen ließ der BGH, ob ein vertraglicher Ausschluss des Übergangs der Verwalterstellung möglich ist (abl. Lieder ZWE 2021, 410). Zu Nießbrauch und beschränkt persönlicher Dienstbarkeit → Rn. 81, zu Kredit- und Bürgschaftsverträgen → Rn. 71 f.

ff) Gewerbliche Schutzrechte und Lizenzen. Patentrechte (§ 15 PatG), **87 Geschmacksmuster** bzw. (seit dem 1.1.2024) **eingetragene Designs** (§ 29 DesignG) und **Marken** (§ 27 MarkenG) gehen automatisch mit der Eintragung der Verschm auf die Übernehmerin über. Die Eintragung (§ 27 III MarkenG; § 29 III DesignG) ist nicht konstitutiv, aber zu empfehlen (zur Bedeutung der Registereintragung von gewerblichem SchutzR ausf. in BeckMandatsHdB Unternehmenskauf/ Hug/Gaugenrieder § 7 Rn. 52 ff.). Gem. § 27 II MarkenG, § 29 II DesignG wird der Übergang der Rechte mit dem Geschäftsbetrieb vermutet. Zum Markenwert bei Unternehmensübernahmen Franzen DStR 1994, 1625. Ebenso verhält es sich mit Lizenzrechten für derartige Rechte (ausf. zu gewerblichen Schutzrechten BeckMandatsHdB Unternehmenskauf/Hug/Gaugenrieder § 7 Rn. 1 ff.). Im Einzelfall ist dem Lizenznehmer aber nicht das Recht eingeräumt, seinen Betrieb durch eine Umw zu erweitern. Vgl. zum **Urheberrecht** Widmann/Mayer/Vossius Rn. 207, 208. **Wettbewerbsrechtliche Unterlassungsansprüche** gehen nicht über. Die Erstbegehungsgefahr oder Wiederholungsgefahr muss auch bei Fortführung des

Betriebs bezogen auf die Verhältnisse des übernehmenden Rechtsträgers positiv festgestellt werden (ausf. → Rn. 60 mwN).

88 **gg) Öffentlich-rechtliche Befugnisse.** Grds. gehen auch **öffentlich-rechtliche Rechtspositionen** der übertragenden Rechtsträger auf die Übernehmerin über (vgl. auch Bremer GmbHR 2000, 865; Gaiser DB 2000, 361 und ausf. Heckschen ZIP 2014, 1605 sowie Lieder/Koch GmbHR 2022, 389 jew. mwN; vgl. zur Frage, ob eine Verschmelzung zu einem Halterwechsel in Bezug auf Kfz führt, Horn/Olgemöller NZG 2020, 1021).

89 Zu beachten ist allerdings, dass eine Vielzahl öffentlich-rechtlicher Erlaubnisse **höchstpersönlicher Art** sind, sodass sie mit dem Ende der Existenz des Berechtigten erlöschen (Odenthal GewArch 2005, 132; Lutter/Grunewald Rn. 13 mwN; NK-UmwR/Schulte Rn. 20; Widmann/Mayer/Vossius Rn. 249 ff.; BeckOGK/Rieckers/Cloppenburg Rn. 105; zweifelnd Widmann/Mayer/Heckschen § 168 Rn. 221 ff.; ausf. Heckschen ZIP 2014, 1605 sowie Lieder/Koch GmbHR 2022, 389 mit einem Regelungsvorschlag). Auch gibt es Erlaubnisse, die nur Unternehmen mit einer bestimmten Rechtsform erteilt werden können und die deshalb zB mit der Verschm von einer KapGes auf eine PersGes erlöschen. Wechselt anlässlich der Verschm die Rechtsform, kann auch ein Widerruf von Erlaubnissen in Rede stehen (zB BGH DB 2005, 1050 zum Widerruf der Anwaltszulassung beim Weg von der GmbH in die AG).

90 Nach Maßgabe des zuvor Gesagten sind dabei insbes. zu beachten: **Luftfahrt** (§ 20 LuftVG), **Personenbeförderung** (§§ 2, 9, 13 PBefG), **Güterkraftverkehr** (§§ 10, 81 GüKG), **Gaststätten** (§§ 2, 3 GastG), **Handwerk** (§ 7 HwO), **Bewachungsgewerbe** (§ 34a GewO), **Spielhalle** (§ 33i GewO), **Makler, Bauträger, Baubetreuer** (§ 34c GewO), **Versicherung** (§§ 5, 7 VAG), **Versteigerungsgewerbe** (§ 34b GewO), **Kreditinstitut** (§ 32 KWG), **Privatkrankenanstalt** (§ 30 GewO), **Apotheke** (§ 2 ApoG), **Gentechnische Anlagen** (§§ 8, 11 GenTG), **Kernbrennstoffe** (§ 7 AtG), **Bodenschätze** (§§ 6, 11, 22 BBergG), **BImSchG-Anlagen** (§ 4 BImSchG). Die nach § 9 III **StromStG** erteilte Erlaubnis zur steuerbegünstigten Verwendung von Strom geht bei der Verschm unter (BFH/NV 2012, 344). Im **Vergabeverfahren** kann eine schädliche inhaltliche Änderung des Angebots vorkommen, allerdings nicht, wenn die Verschm dem eingereichten Angebot nachfolgt (OLG Düsseldorf IBR 2011, 661; zum Vergabeverfahren auch OLG Düsseldorf VergabeR 2007, 92 und Semler/Stengel/Leonard/Simon Rn. 72). Die **Arbeitnehmerüberlassungserlaubnis** gem. § 1 I 1 AÜG erlischt mit der Verschm (LAG Düsseldorf EzAÜG § 2 AÜG Erlöschungsgründe Nr. 3). Auch die Berechtigung nach § 95 I 1 SGB V ist höchstpersönlich, weswegen zB **Medizinische Versorgungszentren** durch Verschm die Zulassung verlieren (vgl. § 95 VII 2 SGB V; dazu ausf. Rehborn MedR 2010, 290; Meschke MedR 2009, 263 je mwN; vgl. auch Semler/Stengel/Leonard/Leonard/Simon Rn. 70 zu rechtsformgebundenen Erlaubnissen, zB Investmentgeschäft, Versicherungen etc). Auch die Erlaubnis zum Betrieb einer Krankenhausapotheke gem. §§ 2 ff. ApoG geht nicht kraft Gesetzes über (OVG Münster GesundheitsR 2014, 38).

91 Es empfiehlt sich daher, vor Abfassung des Verschmelzungsbeschlusses bereits – iRd rechtlich Möglichen – für einen **Neuerwerb der entsprechenden Erlaubnisse** durch die Übernehmerin zu sorgen.

92 **hh) Öffentlich-rechtliche Verpflichtungen.** Öffentlich-rechtliche Verbindlichkeiten und Handlungs- bzw. Unterlassungspflichten gehen – soweit sie nicht höchstpersönlicher Natur sind – regelmäßig auf die Übernehmerin über. Dies gilt insbes. für **Steuerschulden** (BFH GmbHR 2004, 263). Die Übernehmerin tritt gem. § 45 AO materiell- und verfahrensrechtlich in die abgabenrechtliche Stellung der Übertragerin ein (Klein/Ratschow AO § 45 Rn. 2; allg. zur stl. Rechtsnachfolge → UmwStG § 4 Rn. 53 ff. mwN).

Ein Steuerbescheid gegen einen bereits erloschenen übertragenden Rechtsträger 93
ist unzulässig. Wird dennoch ein Steuerbescheid erlassen, ist er allerdings für das
Verfahren zur Beseitigung des Bescheids partei- und prozessfähig (BFH GmbHR
1966, 196).

Bei **ordnungsrechtlicher Verfügung** ist danach zu unterscheiden, ob die gefor- 94
derte Handlung vertretbar oder unvertretbar ist. Bei vertretbaren Handlungen geht
die Verpflichtung im Wege der Gesamtrechtsnachfolge über (zB VG Köln BeckRS
2015, 43285). Bei unvertretbaren Handlungen muss man wohl zumindest die Erstellung eines neuen Inanspruchnahmebescheids verlangen, da der ursprüngliche Adressat der höchstpersönlichen Handlungspflicht erloschen ist. Unter Berücksichtigung
der Rspr. des BVerfG zur verfassungsunmittelbaren Begrenzung der Inanspruchnahme eines Störers bei der Gesamtrechtsnachfolge (dazu Knopp DÖV 2001, 441;
BVerfG NJW 2000, 2573) ist eine Einzelfallbetrachtung geboten; bei einem Upstream-Merger oder der Verschm mit dem Vermögen des Alleingesellschafters kann
die verursachungsbezogene Haftung idR transformiert werden (vgl. VGH BW ZUR
2008, 325 mwN). Nach EuGH ZIP 2015, 776 geht die Verpflichtung zur Zahlung
einer Geldbuße bei einer Verschm auf den übernehmenden Rechtsträger zumindest
dann über, wenn sie nach der Eintragung der Verschm für früheres ordnungswidriges
Verhalten eines übertragenden Rechtsträgers verhängt wird. Zur Sanierungsverantwortung nach § 4 III BBodSchG → Rn. 78; zum Übergang öffentlich-rechtlicher
Pflichten vgl. Schall/Horn ZIP 2003, 327; zu umweltrechtlichen Informationspflichten Hilf/Roth DB 2005, 1951. Zum **Datenschutz** → § 4 Rn. 17 mwN.

d) Arbeitsrecht. Es gilt auch hier der Grds. der **Gesamtrechtsnachfolge.** Mit 95
der Eintragung der Verschm gehen nach Abs. 1 Nr. 1 die beim übertragenden
Rechtsträger bestehenden Arbeitsverhältnisse auf den übernehmenden Rechtsträger
über (BAG NZA 2003, 449). Über § 35a II findet § 613a BGB zwar auch bei der
Verschm Anwendung. Abs. 1 Nr. 1 ist gegenüber § 613a BGB aber insoweit vorrangig (BAG NZA 2008, 815; anders noch BAG NZA 2000, 1115 für den Fall einer
Spaltung). Deshalb gehen bei der Verschm sämtliche Arbeitsverhältnisse auch dann
über, wenn die Voraussetzungen von § 613a BGB ausnahmsweise nicht vorliegen
(zutr. Semler/Stengel/Leonard/Simon Rn. 37 mwN; auch Anstellungsverhältnisse
der Organmitglieder BAG NZA 2003, 552; → Rn. 45 ff. mwN). IdR sind jedoch
auch die Voraussetzungen des § 613a BGB erfüllt. Zur Übertragung von Pensionsverpflichtungen Schulenburg/Lüder DB 2017, 1157; Schulenburg/Lüder DB 2017,
1217. Nach BAG NZA 2017, 326 gilt ein Firmentarifvertrag des übertragenden
Rechtsträgers nach einer Verschm aufgrund Gesamtrechtsnachfolge kollektivrechtlich weiter, und zwar grds. auch im Hinblick auf die bereits bei dem übernehmenden, tariflosen Rechtsträger bestehenden tarifgebundenen Arbeitsverhältnisse (offengelassen von BAG NZA 2008, 307). Die Lit. nahm dies aufgrund einer teleologisch
einschränkenden Auslegung des Geltungsbereichs nur für die übergehenden Arbeitsverhältnisse des übertragenden Rechtsträgers an. Die Mitgliedschaft in einem Arbeitgeberverband geht dagegen, da höchstpersönlich, nicht über. IÜ zum **Arbeitsrecht**
§ 35a mwN.

4. Anteilstausch (Abs. 1 Nr. 3)

Gem. **Abs. 1 Nr. 3 S. 1 Hs. 1** werden die Anteilsinhaber der übertragenden 96
Rechtsträger kraft Gesetzes Anteilsinhaber des übernehmenden Rechtsträgers. Deshalb ist die Verschm auch nicht das Allheilmittel bei Problemen mit der Chain of
Title (ausf. Schniepp/Hensel NZG 2014, 857 mwN; Westermann/Hornung
GmbHR 2017, 626). Entsprechende Willenserklärungen sind ebenso wenig notwendig wie – bei einer AG als Übernehmerin – etwa die Übertragung von Aktienurkunden. Vgl. zur Pflicht zur Anteilsgewährung im UmwR auch Heckschen
DB 2008, 1363 mwN.

97 **Abs. 1 Nr. 3 S. 1 Hs. 2** übernimmt (rechtsformneutral) § 346 IV 2 Hs. 2 AktG aF. Mit dieser Regelung soll das grds. verbotene (AG) oder zumindest unerwünschte (GmbH) **Entstehen eigener Anteile** unterbunden werden (vgl. Begr. RegE, BR-Drs. 75/94 zu § 20 I Nr. 3 S. 1 Hs. 2; vgl. aber zum zulässigen Entstehen eigener Anteile durch Übergang einer Put-Option Lutter/Grunewald Rn. 16 aE; Weiss AG 2004, 127; siehe zu den Ausnahmen von der Anteilsgewähr eingehend Heckschen GmbHR 2021, 8 ff.).

98 **Rechte Dritter** an den ursprünglichen Anteilen bestehen kraft **dinglicher Surrogation** (→ Rn. 19 ff.) an den neuen Anteilen fort (Abs. 1 Nr. 3 S. 2).

99 Der **Nießbrauch** am Gesellschaftsanteil (zum Begriff → UmwStG § 20 Rn. 167; ausf. zum Nießbrauch an Gesellschaftsanteilen bei Verschm, Spaltung und Formwechsel Sandhaus, Der Nießbrauch an Gesellschaftsanteilen bei Verschmelzung, Spaltung und Formwechsel, 2007; dazu auch Wälzholz MittBayNot 2009, 129) ist auf verschiedene Weise möglich, zB durch Einräumung nur des Gewinnbezugsrechts, durch treuhänderisch beschränkte Übertragung des Anteils oder durch Übertragung bestimmter Mitwirkungsrechte (vgl. ausf. dazu K. Schmidt GesR § 61 II; BGH NJW 1999, 571). Der Nießbrauch muss sich nicht auf die Nutzung an den vermögensrechtlichen Bezügen beschränken, er kann sich auch auf die Ausübung der vollen Gesellschafterrechte erstrecken. Üblicherweise beschränkt sich jedoch das Fruchtziehungsrecht auf die entnahmefähigen Erträge (BGHZ 58, 316 = NJW 1972, 1755). Der Nießbrauch nimmt an der dinglichen Surrogation teil, wenn aber ein Anteilstausch nicht stattfindet, zB gem. § 54 I 1, geht er unter (zutr. Lutter/Grunewald Rn. 72; vgl. auch Semler/Stengel/Leonard/Leonard/Simon Rn. 80 f.).

100 Ist im Gesellschaftsvertrag vereinbart, dass die Anteile veräußert werden dürfen, so kann ein Nießbrauch wirksam eingeräumt werden. Beim Nießbrauch an Gesellschaftsanteilen handelt es sich um einen sog. Rechtsnießbrauch iSv § 1068 BGB (allg. für Anteile an KapGes Grüneberg/Herrler BGB § 1068 Rn. 3; für Anteile an PersGes Grüneberg/Herrler BGB § 1068 Rn. 4 je mwN). Umstritten ist, ob dem Nießbraucher, der nach erfolgter Umw Anspruch auf den Gewinnanteil hat, zugleich ein **Bezugsrecht**, etwa nach § 186 AktG, zusteht. Die hM ordnet das Bezugsrecht dem Anteilsinhaber zu (Grüneberg/Herrler BGB § 1068 Rn. 3).

101 Bei der gesetzlich nicht geregelten **Unterbeteiligung** handelt es sich um eine atypische GbR iS einer InnenGes ohne Gesamthandsvermögen (→ UmwStG § 20 Rn. 161 mwN; Thomsen, Die Unterbeteiligung an einem Personengesellschaftsanteil, 1978, 21 mwN) oder um eine (untechnisch) stille Beteiligung an einem Gesellschaftsanteil (K. Schmidt GesR § 63 I 1).

102 **Im Außenverhältnis** wird der Hauptbeteiligte durch das Vorhandensein der Unterbeteiligung nicht in der Ausübung seines Stimmrechts beschränkt (Thomsen, Die Unterbeteiligung an einem Personengesellschaftsanteil, 1978, 38). Der Unterbeteiligte muss daher der **Umw nicht zustimmen** (anders bei der stillen Ges, → Rn. 68, die aber nicht mit der „stillen Beteiligung an einem Gesellschaftsanteil" iSv → Rn. 114 verwechselt werden darf).

103 Davon zu unterscheiden sind jedoch die **Auswirkungen im Innenverhältnis**, die sich nach der Abrede zwischen dem Hauptbeteiligten und dem Unterbeteiligten richten (Auftrags- oder Gesellschaftsrecht, vgl. BGH NJW 1994, 2886). Hat sich der Hauptbeteiligte verpflichtet, das Stimmrecht nur in bestimmtem Sinn oder nach Weisung des Unterbeteiligten auszuüben, so ist der Hauptbeteiligte dem Unterbeteiligten zum **Schadensersatz** verpflichtet, wenn er ohne Rücksprache oder entgegen getroffener Abreden seine Stimme abgibt. Dies gilt auch für die Zustimmung zur Umw.

104 Die Verpflichtung, Schadensersatz zu leisten, hängt in diesen Fällen davon ab, ob die Zustimmung zur Verschm von der Geschäftsführungsbefugnis getragen wurde, ob sie für den Schaden des Unterbeteiligten kausal war und schließlich davon, ob der Hauptbeteiligte wegen seiner Treuepflicht den Anteilsinhabern der HauptGes gegenüber zur Zustimmung verpflichtet war (Schmidt-Diemitz DB 1978, 2398).

An einem Schaden fehlt es, wenn sich die Unterbeteiligung am neu errichteten Rechtsträger fortsetzt. Ob sich die Unterbeteiligung fortsetzt, ist umstr. Böttcher/Hennerkes DB 1970, 2393 vertreten die Auffassung, durch die Umw werde das Unterbeteiligungsverhältnis beendet. Demgegenüber meint Schmidt-Diemitz DB 1978, 2398, dass die Unterbeteiligung an dem neuen Anteil fortbesteht. Der Grundgedanke von § 281 BGB aF (jetzt § 285 BGB) gebiete die Fortsetzung der Unterbeteiligung (so auch Schulze zur Wiesche DB 1980, 1189 (1190)). Dies trifft zu. **§ 285 BGB** regelt einen Fall der „schuldrechtlichen Surrogation" und ist gleichsam ein „gesetzlich geregelter Fall ergänzender Vertragsauslegung" (Grüneberg/Grüneberg BGB § 285 Rn. 2 mwN). Deshalb ist im Zweifel vom übereinstimmenden Parteiwillen zur Fortsetzung der Unterbeteiligung auszugehen (aA wohl Lutter/Grunewald Rn. 73 mwN). 105

Auch nach Blaurock, Unterbeteiligung und Treuhand an Gesellschaftsanteilen, 1981, 970 wird durch eine Umw der HauptGes die UnterbeteiligungsGes in ihrem Bestand nicht berührt. Die rechtliche Veränderung des Hauptgesellschaftsanteils als Gegenstand der UnterbeteiligungsGes wirke aber auch auf diese ein. Blaurock gewährt daher dem Unterbeteiligten ein Recht zur Kündigung aus wichtigem Grund, wenn infolge der Umw auch das Risiko des Unterbeteiligten erhöht wird (etwa bei Verlustbeteiligung eines Unterbeteiligten und Änderung der Stellung des Hauptgesellschafters vom Kommanditisten zum phG oder wenn sich Veränderungen im Hinblick auf die Erträge des Anteils ergeben). 106

5. Heilung von Beurkundungsmängeln (Abs. 1 Nr. 4)

Abs. 1 Nr. 4 ordnet die **Heilung von Mängeln der notariellen Beurkundung** des Verschmelzungsvertrages und etwaiger Zustimmungs- und Verzichtserklärungen an. Es wird wegen der Prüfung durch das Registergericht selten vorkommen, dass auf Basis eines überhaupt nicht beurkundeten Verschmelzungsvertrages eingetragen wird. Die Bedeutung der Vorschrift liegt vielmehr darin, dass **nicht beurkundete Nebenabreden** mit der Eintragung rechtswirksam werden (→ § 6 Rn. 4 f.). Eine verschwiegene Sonderabrede iSv § 5 I Nr. 8 wird nicht geheilt (LAG Nürnberg ZIP 2005, 398). 107

6. Mängel der Verschmelzung (Abs. 2)

Abs. 2 setzt die bereits in § 352a AktG aF enthaltene Regelung zum Ausschluss der „Entschmelzung" bei der Verschm von AG fort und erweitert den Anwendungsbereich auf **alle Verschmelzungsfälle.** Entsprechende Regelungen finden sich in § 131 II für die Spaltung und § 202 III für den Formwechsel (ausf. Kreuznacht, Wirkungen der Eintragung fehlerhafter Verschmelzungen von AG und GmbH nach § 20 II UmwG, 1998; Kort AG 2010, 230 mwN). Für die notwendige einheitliche Auslegung dieser Vorschrift des UmwG können die zu § 37 II LwAnpG 1990 und § 34 III LwAnpG 1991 ergangenen zahlreichen Entscheidungen nur bedingt herangezogen werden (→ Rn. 128). Die Verfassungsmäßigkeit der Norm (vgl. OLG Hamm DB 2002, 1431, das aber nur nach § 148 ZPO ausgesetzt hat) wurde vom BVerfG (DB 2005, 1373) wegen nicht ausgeschöpften Rechtswegs durch den Beschwerdeführer – einstweiliger Verfügung gegen Registereintragung – materiell nicht geprüft, dürfte tatsächlich aber auch nicht ernsthaft in Frage stehen. 108

Sobald die Verschm in das Register des Sitzes des übernehmenden Rechtsträgers eingetragen ist, soll sie **unabhängig von Mängeln,** die im Verschmelzungsverfahren aufgetreten sind, wirksam sein und bleiben. Es kommt nicht darauf an, welche Rechtshandlung iRd Umwandlungsverfahrens mit Mängeln behaftet ist und **wie** 109 schwer der Mangel wiegt (Begr. RegE, BT-Drs. 9/1065 zu § 352a AktG; OLG Frankfurt a. M. AG 2012, 461; BayObLG DB 1999, 2504; BGH NZG 1999, 785 mwN zu § 34 III LwAnpG 1991; LG Hamburg AG 2006, 512; Lutter/Grunewald Rn. 78 mwN), es sei denn, es handelt sich gar nicht um eine Umw iSv § 1 oder es beteiligen sich Rechtsträger, die nicht in § 3 zugelassen sind (BGH ZIP 2001, 2006). Auch eine „freiwillige" Entschmelzung durch Aufhebung von Umwandlungsvertrag oder Umwandlungsbeschluss kommt nicht in Betracht (OLG Frankfurt a. M. NZG 2003, 236). Die eingetragene Verschm unterliegt auch nicht der Insolvenzanfechtung, vgl. Keller/Klett DB 2010, 1223.

110 Hintergrund der „Konstitutivwirkung" von Abs. 2 ist zunächst, dass die Rückgängigmachung einer Verschm in der Praxis große Schwierigkeiten bereitet, und zwar nicht nur in rechtlicher, sondern auch in praktischer Hinsicht (Begr. RegE, BT-Drs. 9/1065 zu § 352a AktG). **Normzweck** der Bestimmung ist demgemäß, die Wirksamkeit der Umw nach der Eintragung außer Streit zu stellen (BGH ZIP 1995, 422; K. Schmidt ZIP 1998, 187; K. Schmidt ZGR 1991, 380).

111 Der Gesetzgeber beabsichtigte aber **nicht,** mit § 352a AktG aF eine **Heilungsvorschrift** für fehlerhafte Rechtshandlungen einzuführen. Die Eintragung in das Register soll lediglich unabhängig von Beschluss- und Verfahrensmängeln stets konstitutiv wirken. Eine Heilung, wie sie zB vom BayObLG (AG 2000, 130), von Semler/Stengel/Leonard/Leonard/Simon Rn. 86 und von Kallmeyer/Marsch-Barner/Oppenhoff Rn. 33 – anders aber wohl in Rn. 38 – vertreten wird, hätte zu weitgehende Rechtsfolgen (missverständlich Lutter/Grunewald Rn. 79; wie hier Widmann/Mayer/Vossius Rn. 373 ff.).

112 Abs. 2 normiert nur die **dingliche Bestandskraft** der eingetragenen Umw, auch eine **Amtslöschung** kommt nach hM nicht in Betracht (OLG Frankfurt a. M. ZIP 2003, 1607; NZG 2003, 236; OLG Hamburg AG 2004, 619; NZG 2003, 981; BayObLG AG 2000, 130; OLG Hamm ZIP 2001, 569; LG Hamburg AG 2006, 512; K. Schmidt ZIP 1998, 187; Lutter/Grunewald Rn. 80). Eine Amtslöschung kann aber angezeigt sein, wenn und soweit ein falscher Anteilsinhaber im Register eingetragen wurde (BayObLG DB 2003, 1377 zur Eintragung eines Kommanditisten, der seinen Anteil – im Entscheidungsfall Aktien – vor Wirksamwerden der Umw veräußert hatte und deshalb an der Umw nicht mehr teilnahm). Unberührt bleiben aber Ansprüche, die aus der Mangelhaftigkeit der einzelnen Rechtshandlung resultieren (Begr. RegE, BT-Drs. 9/1065 zu § 352a AktG). In diesem Zusammenhang sind insbes. **Schadensersatzansprüche** gem. § 16 III 8, § 25 zu nennen. Eine aus den Regeln der fehlerhaften Ges abgeleitete Möglichkeit zur **Entschmelzung** mit Wirkung ex nunc (vertreten von K. Schmidt ZIP 1998, 187; K. Schmidt ZGR 1991, 373; Schmid ZGR 1997, 514 ff.; Engelmeyer, Die Spaltung von Aktiengesellschaften nach dem neuen Umwandlungsrecht, 1995, 370 ff.; Veil ZIP 1996, 1068) ist grds. nicht wünschenswert und auch in **Extremfällen** (andauernde Verletzung verfassungsrechtlich geschützter subjektiver Rechte, K. Schmidt ZGR 1991, 373) als Inhalt eines auf Naturalrestitution gerichteten Schadensersatzanspruchs ausgeschlossen (richtig diejenigen, die ex nunc faktisch die Wirkungen einer ordnungsgemäßen Verschm herstellen oder im Innenverhältnis einen schuldrechtlichen Anspruch auf Ausgleich zubilligen, vgl. OLG Rostock ZIP 1994, 1062; Henze BB 1999, 2208; Goutier/Knopf/Tulloch/Laumann § 202 Rn. 29; Lutter/Hoger § 202 Rn. 59; Widmann/Mayer/Vossius Rn. 376; offengelassen von BGH ZIP 1996, 225 mAnm Grunewald EWiR 1996, 267).

113 Zwar schließt § 16 III 10 Hs. 2 die Beseitigung der Eintragungswirkungen iRd Schadensersatzes aus, damit ist aber noch nichts über einen **schuldrechtlichen Anspruch im Innenverhältnis** gesagt. Verhindert werden muss aus Gründen der Rechtssicherheit eine förmliche Entschmelzung iSd Trennung verbundener Vermögensmassen, wie Lutter/Grunewald Rn. 72 richtig ausführt. Bei andauernder schwerer Verletzung verfassungsrechtlich geschützter Positionen durch die Konstitutivwir-

kung der Eintragung muss es dem Betroffenen aber grds. möglich sein, **für die Zukunft** einen bestmöglichen Schadensausgleich zu erreichen. Wurde zB ein Anteilsinhaber eines übertragenden Rechtsträgers überhaupt nicht mit einem Anteil am übernehmenden Rechtsträger bedacht, ist somit ein Anspruch auf künftige Teilhabe am umgewandelten Verband denkbar (Hommelhoff/Schubel ZIP 1998, 537 (544, 546)). Durch einen solchen Anspruch würden die Interessen der Gläubiger (dazu Henze BB 1999, 2208 (2209)) nicht beeinträchtigt. Zu Mängeln im Organisationsvertrag des übernehmenden Rechtsträgers → § 131 Rn. 114.

Damit bleibt festzuhalten, dass nach Eintragung der Verschm in das Register **114** des Sitzes des übernehmenden Rechtsträgers eine **Entschmelzung ausnahmslos ausscheidet.** Denkbar sind allein **Schadensersatzansprüche** übergangener Anteilsinhaber dahin, künftig am Erfolg des übernehmenden Rechtsträgers umfassender teilzuhaben, als dies nach den (mangelhaften) Abreden im Umwandlungsvertrag vorgesehen war.

Die zu **§ 37 II LwAnpG 1990 und § 34 III LwAnpG 1991** ergangenen Ent- **115** scheidungen (BGH NZG 1999, 900; DB 1999, 2207; NZG 1999, 785; ZIP 1997, 2134 mAnm Lohlein EWiR 1998, 135; wN bei K. Schmidt ZIP 1998, 181; Hommelhoff/Schubel ZIP 1998, 537) **schränken die Eintragungswirkungen** der umwandlungsrechtlichen Vorschriften (§ 20 II, § 131 II, § 202 III) entgegen dem ersten Eindruck (vgl. K. Schmidt ZIP 1998, 181) **nicht ein.** Soweit dort aus dem numerus clausus der Umw Mindestanforderungen an das Umwandlungsverfahren und den Inhalt des Umwandlungsbeschlusses abgeleitet werden, handelt es sich nicht um allg. tragende Erwägungen zum UmwR, sondern um die **Berücksichtigung einer Sondersituation** (so zutr. das damalige Mitglied des II. Zivilsenats des BGH Henze BB 1999, 2208 (2210)). Anders als bei Umw nach dem UmwG findet die Umw von LPG ihre Legitimation nicht in einer frei getroffenen und vom Willen der Anteilsinhaber getragenen Entscheidung (ausf. Wenzel AgrarR 1998, 139 ff.).

Ein Mangel der Verschm lässt die Wirksamkeit der Verschm unberührt, sofern **116** sie in das Register des Sitzes des übernehmenden Rechtsträgers eingetragen wird. Dies ist die Kernaussage von Abs. 2. Damit ist jedoch noch nicht festgelegt, **zu welchen Bedingungen die Verschm durchgeführt wird.**

Abs. 2 bewirkt zB, dass nach Eintragung der Verschm ein mangelhafter Verschmel- **117** zungsvertrag keinen Einfluss mehr auf die Wirksamkeit der Verschm an sich hat. Anders als bei Vorliegen eines mangelhaften Zustimmungsbeschlusses taucht hier jedoch die Frage auf, ob die im Verschmelzungsvertrag festgelegten Bedingungen noch maßgebend sind. Der Sinn und Zweck von Abs. 2 verlangt nicht, den **Verschmelzungsvertrag mit den abgeschlossenen Bedingungen** durchzuführen. Es wird lediglich keine Entschmelzung durchgeführt. Durch einen mangelhaften Verschmelzungsvertrag werden zudem die Interessen aller beteiligten Rechtsträger berührt. Insofern besteht ein Unterschied zu der Situation bei Vorliegen eines mangelhaften Zustimmungsbeschlusses.

Unter Aufrechterhaltung der Verschm an sich muss daher eine **ergänzende Ver- 118 tragsauslegung** vorgenommen werden (Lutter/Grunewald Rn. 90 mwN; Goutier/Knopf/Tulloch/Bermel Rn. 58; Kallmeyer/Marsch-Barner/Oppenhoff Rn. 40; Semler/Stengel/Leonard/Leonard/Simon Rn. 99). Hierbei kann der Wille der Vertragsparteien nur insoweit von Bedeutung sein, als dessen Berücksichtigung den Abschluss des Verschmelzungsvertrages an sich nicht in Frage stellt. Nur so wird die Vertragsauslegung der gesetzlich angeordneten Wirksamkeit der Verschm gerecht.

Die ergänzende Vertragsauslegung wird aber nur bei den wesentlichen Elementen **119** des Verschmelzungsvertrages in Betracht kommen. Sofern sich die Mangelhaftigkeit auf **Nebenabreden** beschränkt, werden diese im Zweifel keine Wirkung entfalten (so wohl auch Lutter/Grunewald Rn. 90).

Auch ein **mangelhafter KapErhB** lässt die Wirksamkeit der Verschm unberührt **120** (zur konditionalen Verknüpfung von Verschm und KapErh → § 55 Rn. 28 mwN).

Dies gilt selbst dann, wenn die KapErh zum Zeitpunkt der Eintragung der Verschm in das HR am Sitz der übernehmenden Ges noch nicht eingetragen ist, also ein Verstoß gegen §§ 53, 66 vorliegt (so auch Goutier/Knopf/Tulloch/Bermel Rn. 59; Kallmeyer/Marsch-Barner/Oppenhoff Rn. 45; Lutter/Grunewald Rn. 92; Semler/ Stengel/Leonard/Leonard/Simon Rn. 95). Die **KapErh** muss in diesem Fall **nachträglich eingetragen** werden (aA Widmann/Mayer/Vossius Rn. 378, der die nochmalige Eintragung der Verschm fordert). Die entsprechende Verpflichtung der übernehmenden Ges folgt aus dem Verschmelzungsvertrag. Nur diese Ansicht wird dem mit Abs. 2 verfolgten Zweck, die Wirksamkeit der Verschm zu gewährleisten, gerecht. Entsprechendes kann auch für **Kapitalherabsetzung** gelten (vgl. OLG Frankfurt ZIP 2012, 826 mAnm von der Linden GWR 2012, 205; Grunewald EWiR 2012, 331). Ausf. zum Verhältnis von Verschm und KapErh → § 55 Rn. 28.

121 Entsprechend ist zu verfahren, wenn der **KapErhB** gänzlich **fehlt**. Auch dann bleibt nach Sinn und Zweck von Abs. 2 die Wirksamkeit der Verschm an sich unberührt; es muss lediglich der **KapErhB nachgeholt** werden (Lutter/Grunewald Rn. 92). Der Verschmelzungsvertrag vermittelt in diesem Fall sowohl den übertragenden Rechtsträger (§ 26 entsprechend) als auch deren Anteilsinhabern einen unmittelbaren Anspruch auf die Durchführung der KapErh (teilw. abw. die hM, zB Kallmeyer/Marsch-Barner/Oppenhoff Rn. 44; Semler/Stengel/Leonard/Leonard/ Simon Rn. 96: KapErh ist im Allg. nicht erzwingbar; mE lässt sich in den meisten Fällen ein hinreichend bestimmter Anspruch geltend machen, die Vollstreckung ist gem. § 894 I ZPO möglich). Entsprechendes gilt, wenn die KapErh nicht in ausreichendem Maße durchgeführt wurde. Zur Schaffung der noch benötigten Anteile muss sie dann nachgeholt werden.

122 Eine Nachholung der KapErh kann ausnahmsweise dann nicht verlangt werden, wenn sie zu einer **verbotenen Unterpariemission** führen würde. In diesem Fall sind schutzwürdige Gläubigerinteressen tangiert. Die betroffenen Anteilsinhaber können dann nur Schadensersatz verlangen.

123 Die Wirkung der Eintragung bleibt ebenfalls iSv Abs. 2 unberührt, wenn sich im Nachhinein herausstellt, dass zum Zeitpunkt der Verschm ein Vertragspartner Schein-KG war, was nach der Neufassung des HGB durch das HRefG kaum mehr der Fall sein wird. Entsprechendes gilt für eine KapGes mit Sitz im Ausland (ausf. → § 1 Rn. 23 ff.).

124 Die endgültige Wirkung der Eintragung in das Register ist bei weitem nicht nur von Vorteil. In der Praxis geschieht es häufig, dass erst nach Durchführung einer Umw überhaupt bemerkt wird, welche **negativen Folgen,** insbes. stl. Folgen, sich ergeben. Dann ist es für Korrekturen – zumindest nach Überschreitung des stl. Rückwirkungszeitraums – zu spät. Wenn zB bei einer Spaltung kein Teilbetrieb übertragen wird oder wenn bei der Umw einer PersGes (Mitunternehmerschaft) die Übertragung auch von im Eigentum der Anteilsinhaber stehendem Sonderbetriebsvermögen (→ Rn. 24) vergessen wird, ist der **Steuerschaden** mit der Eintragung endgültig entstanden. Instruktiv ist die Entscheidung des BGH zur Schadensersatzpflicht des Steuerberaters für falsche Beratung bei Verschm von KapGes (BGH ZIP 1997, 322; vgl. auch OLG Koblenz BeckRS 2015, 10368).

125 Ist die **Umw fehlerhaft** und wird dieser Fehler noch vom Registergericht bemerkt, wird es nicht zur Eintragung kommen. Da umgekehrt die beteiligten Rechtsträger bereits unmittelbar nach Abschluss der Umwandlungsverträge die erwartete rechtliche Umstrukturierung oft **tatsächlich vorab vollziehen,** ergibt sich die Frage, ob dieses faktische Verhalten bereits zu **Haftungsfolgen** führen kann. Dem ist der II. Zivilsenat des BGH in seinem Urt. v. 18.12.1995 (noch zu §§ 25, 31 KapErhG, DB 1996, 417 m. zust. Anm. K. Schmidt DB 1996, 1859; Goette DStR 1996, 1057 sowie von Grunewald EWiR 1996, 267) entgegengetreten. Nach Ansicht des BGH sind bei organisatorischer Umsetzung der Verschm im Vorgriff zur Eintragung idR die **Grundsätze über die Behandlung fehlerhafter gesell-**

schaftsrechtlicher Akte ebenso wenig anwendbar wie die Rspr. zum qualifiziert faktischen Konzern. Rein formal arg. der BGH damit, für das Kapitalgesellschaftsrecht seien die Anwendungen der Grundsätze über die Behandlung fehlerhafter gesellschaftsrechtlicher Akte ausschließlich unter der Prämisse zu erörtern, dass eine Eintragung in das HR überhaupt stattgefunden habe. Einer subsidiären Haftung des in Aussicht genommenen übernehmenden Rechtsträgers nach § 419 BGB, der bis zum 31.12.1998 galt, stehe der Wille der beteiligten Anteilsinhaber entgegen (zur etwaigen Vorwirkung einer Verschm → Rn. 3).

§ 21 Wirkung auf gegenseitige Verträge

Treffen bei einer Verschmelzung aus gegenseitigen Verträgen, die zur Zeit der Verschmelzung von keiner Seite vollständig erfüllt sind, Abnahme-, Lieferungs- oder ähnliche Verpflichtungen zusammen, die miteinander unvereinbar sind oder die beide zu erfüllen eine schwere Unbilligkeit für den übernehmenden Rechtsträger bedeuten würde, so bestimmt sich der Umfang der Verpflichtungen nach Billigkeit unter Würdigung der vertraglichen Rechte aller Beteiligten.

1. Allgemeines

Die Vorschrift entspricht § 346 III 2 AktG aF, § 25 II 2 KapErhG aF. Sie regelt **1** das Vorgehen bei **Zusammentreffen** von **miteinander unvereinbaren Verpflichtungen aus gegenseitigen Verträgen**. Der Regelungsgegenstand hat nur bei oberflächlichem Hinsehen mit den allg. Grundsätzen des Wegfalls der Geschäftsgrundlage im Zusammenhang mit der Gesamtrechtsnachfolge (→ § 20 Rn. 37) zu tun (die Norm ist auch nicht abschließend, vgl. Lutter/Grunewald Rn. 9); in Wahrheit geht § 21 über die Rechtswirkungen dieses Instituts hinaus und privilegiert die Verschm (vgl. Widmann/Mayer/Vossius Rn. 2; BeckOGK/Rieckers/Cloppenburg Rn. 1; GroßkommAktG/Schilling AktG § 346 Anm. 30), weil insbes. die Zuordnung zur Risikosphäre der an der Verschm beteiligten Rechtsträger unterbleibt.

§ 21 regelt nicht den Fall, dass übertragende und übernehmende Rechtsträger **2** miteinander einen gegenseitigen Vertrag geschlossen haben (hierfür gelten die Grundsätze der **Konfusion**; → § 20 Rn. 53). Die Vorschrift ist vielmehr erst dann anwendbar, wenn übertragender und übernehmender Rechtsträger jew. **mit Dritten** gegenseitige Verträge geschlossen haben, die nach Vollzug der Verschm und infolge der eingetretenen Universalsukzession beeinträchtigt werden. Auf den Wegfall der Geschäftsgrundlage könnte sich der übernehmende Rechtsträger regelmäßig nicht berufen, weil er durch seine freiwillige Teilnahme an der Verschm die Ursache für die Unvereinbarkeit der in seiner Person zusammenfallenden Vertragspflichten gegenüber Dritten selbst zu vertreten hat. Hierfür bietet § 242 BGB an sich keinen Ausweg, weil der Eintritt des Ereignisses, das die Störung der Geschäftsgrundlage ausmacht (Verschm), als solches der Abhilfe begehrenden Partei (dem übernehmenden Rechtsträger) zuzurechnen ist (Risikosphäre, Ulmer AcP 174 (1974), 185; BGH ZIP 1993, 234).

2. Tatbestandsvoraussetzungen

a) Gegenseitige Verträge. Sowohl ein übertragender als auch der übernehmende Rechtsträger müssen einen **gegenseitigen Vertrag mit einem Dritten** geschlossen haben. Dies ist zunächst ein Vertrag, in dem jeder Vertragsteil dem anderen eine Leistung verspricht und die beiderseitigen Leistungen sich gegenseitig bedingen, wenn also jeder Vertragsteil in der Leistung des anderen Teils das Äquivalent für seine eigene Leistung finden will (RGZ 65, 46 (47)). Rspr. und Lit. zum

„zweiseitigen Vertrag" iSv § 103 InsO können uneingeschränkt übernommen werden. Die Gesetzesfassung ist bewusst offengehalten, eine **Beschränkung auf bestimmte Vertragstypen** oder nur auf Dauerverträge ist **nicht** ersichtlich (Lutter/Grunewald Rn. 4; Kallmeyer/Marsch-Barner/Oppenhoff Rn. 4; vgl. auch Kölner Komm AktG/Kraft AktG § 346 Rn. 36). Betroffen können demnach Kauf- und Tauschverträge, Werk- und Werklieferungsverträge, Mietverträge, Dienstverträge etc sein. **Hauptanwendungsbereich** von § 21 sind vertragliche Wettbewerbsverbote und Wettbewerbsabreden sowie Exklusiv-Bezugs- oder Vertriebsrechte (Verpflichtung eines übertragenden Rechtsträgers, eine bestimmte Gruppe von Waren nur vom Lieferanten A zu beziehen, während der übernehmende Rechtsträger eine identische Verpflichtung gegenüber dem Lieferanten B eingegangen ist; change-of-control-Klauseln etc).

4 **b) Keine Erfüllung.** § 21 setzt – wieder vergleichbar mit § 103 InsO – voraus, dass noch keiner der beiden Vertragsteile vollständig erfüllt hat. Mit **vollständiger Erfüllung** aller Vertragspflichten **auch nur durch eine Partei** und auch nur in Bezug auf einen der beiden miteinander unvereinbaren Verträge kann § 21 nicht mehr angewendet werden (vgl. auch BGH NJW 1980, 226); dann bleibt nur der Rückgriff auf § 242 BGB.

5 Für die vollständige Erfüllung ist der **Leistungserfolg** maßgebend (näher MüKo-InsO/Huber InsO § 103 Rn. 122 mwN), eine bloß mangelhafte Erfüllung der Vertragspflichten genügt regelmäßig nicht.

6 **c) Vertragsverpflichtungen.** Das Gesetz zählt als miteinander unvereinbare oder nur unter schwer unbilligen Umständen zu erfüllende Vertragspflichten „Abnahme-, Lieferungs- oder ähnliche Verpflichtungen" auf. Mit diesem **offenen Wortlaut** wird zunächst eine unnötige Beschränkung auf gewisse Typen von gegenseitigen Verträgen vermieden, des Weiteren ist aus den „ähnlichen Verpflichtungen" zu lesen, dass es **nicht notwendige Hauptpflichten** der gegenseitigen Verträge sein müssen, die noch nicht vollständig erfüllt sind (BGHZ 58, 246 = NJW 1972, 875; MüKo-InsO/Huber InsO § 103 Rn. 123) oder die die Unvereinbarkeit bzw. schwere Unbilligkeit bewirken. Jede vertragliche Verpflichtung **von nicht ganz untergeordneter Bedeutung** (dazu BGHZ 58, 246 (249) = NJW 1972, 875) ist grds. dazu geeignet, den Anwendungsbereich von § 21 zu eröffnen (für weite Auslegung des Tb-Merkmals auch Widmann/Mayer/Vossius Rn. 9; Lutter/Grunewald Rn. 4 mwN; Semler/Stengel/Leonard/Leonard Rn. 4).

7 **d) Unvereinbarkeit, schwere Unbilligkeit.** Die jew. übernommenen vertraglichen Verpflichtungen des übertragenden und des übernehmenden Rechtsträgers gegenüber Dritten müssen entweder **miteinander unvereinbar** sein oder für den übernehmenden Rechtsträger durch Zusammenfallen beider Vertragspflichten in seiner Person eine **schwere Unbilligkeit** darstellen.

8 **Unvereinbarkeit** idS liegt vor, wenn die Erfüllung des einen Vertrages gerade die Erfüllung des anderen Vertrages vereitelt, so zB bei Kollision von Alleinvertriebsverträgen verschiedener Lieferanten von vergleichbaren Produkten. Hier kann zum gleichen Zeitpunkt nur eine Vertragspflicht erfüllt werden, die Erfüllung eines Vertrages bedeutet automatisch die Verletzung der entsprechenden Vertragspflicht des anderen Vertrages. Die Unvereinbarkeit kann auch durch vertragliche Vorfeldvereinbarungen herbeigeführt werden, insbes. durch inzwischen weit verbreitete change-of-control-Klauseln (vgl. Widmann/Mayer/Vossius Rn. 21 f.).

9 **Schwere Unbilligkeit** ist darüber hinaus gegeben, wenn die Vertragspflichten aus den kollidierenden Verträgen zwar ohne zwangsläufige Vertragsverletzung des jew. anderen Vertrages erfüllt werden könnten, wenn die Erfüllung beider Verpflichtungen (objektiv betrachtet, zutr. Semler/Stengel/Leonard/Leonard Rn. 6) aber die wirtschaftliche Lage des übernehmenden Rechtsträgers erheblich beeinträchtigt (**aA**

die hM, etwa Lutter/Grunewald Rn. 5; Kallmeyer/Marsch-Barner/Oppenhoff Rn. 5: ausreichend ist nicht mehr hinnehmbare Belastung von erheblicher wirtschaftlicher Bedeutung; Widmann/Mayer/Vossius Rn. 17 fordert einen spürbaren Nachteil; unklar Semler/Stengel/Leonard/Leonard Rn. 6; die Unterschiede zur hier vertretenen Definition dürften aber nicht wesentlich sein, vgl. auch Widmann/ Mayer/Vossius Rn. 18; GroßkommAktG/Schilling AktG § 346 Anm. 30 aE). Maßstab für die Beurteilung, ob „schwere Unbilligkeit" vorliegt, sollte die **vergleichbare Wertung in § 319 I BGB** – „offenbare Unbilligkeit" – sein. Sie ist anzunehmen, wenn für einen unbefangenen, aber sachverständigen Beurteiler ein unbezweifelbarer und sicherer **Verstoß gegen die Einzelfallgerechtigkeit** vorliegt, der ins Auge springt (RGZ 96, 57 (62); 99, 106; BGH NJW 1991, 2761; wN bei Grüneberg/Grüneberg BGB § 319 Rn. 3). Die Feststellung der schweren Unbilligkeit ist stets Frage des Einzelfalls, sie ist unter Berücksichtigung aller anerkennenswerten Interessen der jew. Vertragsparteien vorzunehmen; lediglich aus der Durchführung der Verschm als solcher darf dem übernehmenden Rechtsträger nach Sinn und Zweck von § 21 kein Vorwurf gemacht werden (die Initiative des Rechtsträgers wird schon bei der Auslegung des Tb-Merkmals „schwere Unbilligkeit" berücksichtigt, Widmann/Mayer/Vossius Rn. 18). Für das Vorliegen der schweren Unbilligkeit ist der übernehmende Rechtsträger **beweisbelastet** (vgl. Soergel/Wolf BGB § 319 Rn. 13 mwN).

3. Rechtsfolge

Der Umfang der Verpflichtungen aus § 21 bestimmt sich nach Billigkeit unter Würdigung der vertraglichen Rechte aller Beteiligten. Es ist demnach möglich, beide kollidierenden Verträge so abzuändern, dass die Unvereinbarkeit oder schwere Unbilligkeit entfällt; eine Lösung des Konflikts kann aber auch durch Änderung (oder uU Wegfall) nur eines Vertrages erreicht werden. Sinn und Zweck von § 21 verlangen ein **pragmatisches Vorgehen unter Berücksichtigung aller Umstände des Einzelfalls** sowie unter Würdigung der vormaligen Rechtsposition aller Beteiligten. Die iRv §§ 242, 315 BGB erarbeiteten Grundsätze für eine interessengerechte Konfliktlösung sind auch für die Rechtsfolge von § 21 anzuwenden. Auch wird man dem übernehmenden Rechtsträger (§ 21 soll die Verschm schützen, → Rn. 1) die Möglichkeit von **§ 315 II, III BGB** (sinngemäße Anwendung, vgl. Kallmeyer/Marsch-Barner/Oppenhoff Rn. 7; Kölner Komm AktG/Kraft AktG § 346 Rn. 38 mwN; NK-UmwR/Schulte Rn. 11; aA Widmann/Mayer/Vossius Rn. 20 mwN) zugestehen müssen: Durch **Erklärung des übernehmenden Rechtsträgers** gegenüber dem jew. anderen Vertragsteil wird der zukünftige Umfang der Verpflichtungen aus dem geschlossenen gegenseitigen Vertrag modifiziert; verkennt der übernehmende Rechtsträger dabei die Interessen und die vertraglichen Rechte seiner Vertragspartner, haben diese die Möglichkeit, eine der Billigkeit entsprechende Änderung des Vertrages durch **gerichtliche Bestimmung** zu erwirken.

§ 22 Gläubigerschutz

(1) [1]**Den Gläubigern der an der Verschmelzung beteiligten Rechtsträger ist, wenn sie binnen sechs Monaten nach dem Tag, an dem die Eintragung der Verschmelzung in das Register des Sitzes desjenigen Rechtsträgers, dessen Gläubiger sie sind, nach § 19 Abs. 3 bekannt gemacht worden ist, ihren Anspruch nach Grund und Höhe schriftlich anmelden, Sicherheit zu leisten, soweit sie nicht Befriedigung verlangen können.** [2]**Dieses Recht steht den Gläubigern jedoch nur zu, wenn sie glaubhaft machen, daß durch die Verschmelzung die Erfüllung ihrer Forderung gefährdet wird.** [3]**Die Gläubi-**

ger sind in einer Bekanntmachung zu der jeweiligen Eintragung auf dieses Recht hinzuweisen.

(2) **Das Recht, Sicherheitsleistung zu verlangen, steht Gläubigern nicht zu, die im Falle der Insolvenz ein Recht auf vorzugsweise Befriedigung aus einer Deckungsmasse haben, die nach gesetzlicher Vorschrift zu ihrem Schutz errichtet und staatlich überwacht ist.**

Übersicht

	Rn.
1. Allgemeines	1
2. Anspruch auf Sicherheitsleistung (Abs. 1)	4
a) Anspruchsinhaber	4
b) Art der Forderung	5
c) Entstehungszeitpunkt	6
d) Geltendmachung	8
aa) Schriftliche Anmeldung	8
bb) Hinweispflicht (Abs. 1 S. 3)	10
cc) Ausschlussfrist	11
dd) Glaubhaftmachung	13
ee) Gerichtliche Durchsetzung	14
3. Anspruchsausschluss	16
a) Wegen Fälligkeit	16
b) Gem. Abs. 2	18
c) Bereits gesicherte Forderungen	19
4. Leistung der Sicherheit	20
5. Schadensersatzanspruch	22

1. Allgemeines

1 Die Vorschrift regelt iRd **Gläubigerschutzes** bei Verschm das **Recht auf Sicherheitsleistung.** Daneben können den Gläubigern Schadensersatzansprüche nach §§ 25 ff. zustehen. Zum Gläubigerschutz durch Sicherung der Kapitalaufbringung Überblick bei Ihrig GmbHR 1995, 622; ausf. Darstellung bei Petersen, Der Gläubigerschutz im Umwandlungsrecht, 2001, S. 74 ff. Zum Gläubigerschutz bei grenzüberschreitender Verschm Leydecker, Gläubigerschutz bei grenzüberschreitenden Umwandlungen, 2021; Passarge/Stark GmbHR 2007, 803. Da die Gläubiger der übertragenden und des übernehmenden Rechtsträgers am Verschmelzungsvorgang nicht beteiligt sind, können durch die Verschm Risiken entstehen, auf die sie keinen Einfluss haben. Insbes. konkurrieren die Gläubiger der übertragenden Rechtsträger nach der Verschm mit den Gläubigern des übernehmenden Rechtsträgers, eine **Trennung der Vermögensmassen** (im früheren Recht etwa § 8 UmwG 1969) ist **nicht** vorgesehen. Die Vorschrift knüpft an die Regelungen von § 347 AktG aF, § 26 KapErhG aF, §§ 93 f. GenG aF, § 44a III VAG aF, §§ 7, 8 UmwG 1969 an. In der Praxis hat das Sicherheitsverlangen bei inländischen Verschm keine große Bedeutung (Heckschen/Knaier GmbHR 2022, 501 Rn. 22; Bungert/Strothotte BB 2022, 1411 (1417)). Zudem läuft es leer, wenn der Zielrechtsträger eine Sicherheit nicht zu leisten vermag (Heckschen/Knaier GmbHR 2022, 501 Rn. 22).

2 **Abs. 1 S. 1** weist den **Anspruch auf Sicherheitsleistung** sowohl den Gläubigern der übertragenden als auch denen des übernehmenden Rechtsträgers zu (anders noch zB § 26 I 1 KapErhG aF, dort wurden nur die Gläubiger der übertragenden Ges privilegiert). Die Einbeziehung auch der Gläubiger des übernehmenden Rechtsträgers ist sinnvoll, weil es häufig von nicht zu kontrollierenden Erwägungen abhängt, welcher der beteiligten Rechtsträger welche Rolle bei einer Verschm übernimmt (vgl. Begr. RegE, BR-Drs. 75/94 zu § 22 I 1; Lutter/Grunewald Rn. 4; vgl. auch BGH ZIP 1997, 322). Die **Gefährdung der Forderungserfüllung** braucht im Gegensatz zum früheren Recht nicht mehr nachgewiesen, sondern gem. **Abs. 1 S. 2** nur noch **glaubhaft** gemacht werden, allerdings gilt diese Verpflichtung in Abweichung zu § 347 I 2 AktG aF sowohl für die Gläubiger der übertragenden als auch für die Gläubiger des übernehmenden Rechtsträgers.

Die Hinweispflicht nach **Abs. 1 S. 3** wurde durch das DiRUG (→ Einf. Rn. 38) sprachlich an den ebenfalls geänderten § 10 I HGB angepasst („in einer Bekanntmachung zu" statt „in der Bekanntmachung"). Gesonderte Bekanntmachungen der Handelsregistereintragungen, in denen früher der Hinweis zu erfolgen hatte, gibt es nicht mehr. Daher bedarf es nunmehr einer eigenständigen Bekanntmachung (BeckOGK/Simons § 204 Rn. 39.1). Diese erfolgt zeitgleich zur Eintragung der Verschm (§ 10 III HGB idF des DiRUG) in Untermenüs zu den Registernummern der beteiligten Rechtsträger und ist unter www.handelsregister.de abrufbar (Widmann/Mayer/Vossius Rn. 2.3 f., 62.1, 74 f. mit Formulierungsvorschlägen).

Gläubiger, die bereits anderweitig ausreichend gesichert sind, sind nach **Abs. 2** vom Gläubigerschutz durch Entrichtung einer Sicherheitsleistung ausgeschlossen.

2. Anspruch auf Sicherheitsleistung (Abs. 1)

a) Anspruchsinhaber. Sicherheitsleistung können **grds. alle Gläubiger** aller an der Verschm beteiligten Rechtsträger (also eines **übertragenden und** des **übernehmenden** Rechtsträgers) verlangen (Abs. 1 S. 1). Die **Rechtsträger selbst** sind nicht in den Schutzbereich von Abs. 1 S. 1 einbezogen, ihre **Anteilsinhaber** können jedoch sicherungsberechtigte Gläubiger sein, sofern der Anspruch nicht gesellschaftsrechtlicher Natur ist. Entsprechendes gilt für Ansprüche der **Organe.**

b) Art der Forderung. Sicherheitsleistung können nur **Gläubiger eines obligatorischen Anspruchs** (Übersicht über die erfassten Ansprüche bei Semler/Stengel/Leonard/Seulen Rn. 15 ff.; BeckOGK/Rieder Rn. 16 ff. je mwN; zu Anleihegläubigern Bertus BB 2016, 2755) verlangen. § 22 erfasst **keine dinglichen Ansprüche,** insoweit stellt schon der Gegenstand des dinglichen Rechts die Sicherheit dar (so auch Goutier/Knopf/Tulloch/Bermel Rn. 10; Kallmeyer/Marsch-Barner/Oppenhoff Rn. 2; NK-UmwR/Schulte Rn. 5; Widmann/Mayer/Vossius Rn. 17; BeckOGK/Rieder Rn. 21; Darstellung des Meinungsstandes bei Semler/Stengel/Leonard/Seulen Rn. 7 und ausf. bei Soldiérer, Die Höhe der Sicherheitsleistung im Umwandlungsgesetz, 2004, 32 ff., der einen generellen Ausschluss von dinglichen Rechten iRv § 22 mit vertretbarer Argumentation ablehnt). IÜ kommt es auf den Rechtsgrund des zu schützenden schuldrechtlichen Anspruchs nicht an, er kann sich **aus Vertrag oder unmittelbar aus Gesetz** ergeben (etwa Ansprüche aus unerlaubter Handlung oder Bereicherungsrecht, vgl. Semler/Stengel/Leonard/Seulen Rn. 15 ff.). Auch der **Inhalt der Forderung** ist unerheblich, sie muss lediglich einen Vermögenswert darstellen (Baumbach/Hueck AktG Anh. § 393, § 7 Rn. 3). Der zu sichernde Anspruch muss also nicht notwendig unmittelbar auf Geld gerichtet sein, vielmehr besteht aus einem Anspruch auf Lieferung von Sachen oder sonstigen Leistungen ein Sicherungsbedürfnis hinsichtlich eines später evtl. daraus resultierenden Schadensersatzanspruchs (vgl. Kölner Komm AktG/Kraft AktG § 346 Rn. 5).

c) Entstehungszeitpunkt. Aus § 22 begünstigt sind Gläubiger aller beteiligten Rechtsträger. Gläubiger ist zunächst derjenige Vertragspartner, dessen **Anspruch entstanden** ist. Beruht er auf Rechtsgeschäft, muss dieses wirksam zustande gekommen sein; beruht er auf Gesetz, müssen die entsprechenden Tatbestandsvoraussetzungen erfüllt sein (zB §§ 823 ff. BGB). Von den auf einmalige Leistung gerichteten Schuldverhältnissen unterscheidet sich das **Dauerschuldverhältnis** dadurch, dass aus ihm während seiner Laufzeit ständig neue Leistungs-, Neben- und Schutzpflichten entstehen (Grüneberg/Grüneberg BGB Einl. vor § 241 Rn. 3). Diese Ansprüche sind bereits mit Abschluss des Dauerschuldverhältnisses **begründet** (vgl. BGHZ 142, 324 = NJW 2000, 208 mwN; auch → § 133 Rn. 11). Für die Gläubigerstellung iRv § 22 reicht dieser Begründungstatbestand aus, sodass in Zukunft fällig werdende Teilansprüche iRv Dauerschuldverhältnissen einen Anspruch auf Sicherheitsleistung auslösen können (wie hier Lutter/Grunewald Rn. 7; Widmann/Mayer/Vossius Rn. 20; Semler/Stengel/Leonard/Seulen Rn. 19 mit Einschränkung in → Rn. 46 f.; Kallmeyer/Marsch-Barner/Oppenhoff Rn. 3; umfassende Darstellung bei Soldierer, Die Höhe der Sicherheitsleistung im Umwandlungsgesetz, 2004, S. 44 ff. mwN). Früher war umstritten, ob der maßgebliche Zeitpunkt für die Beurteilung des Schuldverhältnisses die **Eintragung der Verschm** (so die Vorauflage; Lutter/Grunewald Rn. 7; Goutier/Knopf/Tulloch/Bermel Rn. 11) oder die Hinweisbekanntmachung (so Kallmeyer/Marsch-Barner/Oppenhoff Rn. 3; Semler/Stengel/Leonard/Seulen Rn. 12 f.) war. Da Eintragung und Hinweisbekanntmachung nunmehr zeitgleich erfolgen (§ 10 III HGB idF des DiRUG), hat sich diese Frage erledigt (Widmann/Mayer/Vossius Rn. 2.4, 19). Die Gläubiger des übernehmenden Rechtsträgers haben nur für solche Forderungen einen Anspruch auf Sicherheitsleistung, die ihrerseits vor Eintritt der Verschmelzungswirkungen begründet wurden (zu Steuerforderungen vgl. Widmann/Mayer/Vossius Rn. 21 ff.); für später begründete Forderungen ergibt sich, da die Vermögensmassen zu diesem Zeitpunkt bereits vereinigt sind, keine Erhöhung des bereits vorgegebenen Gefährdungspotenzials (Soldierer, Die Höhe der Sicherheitsleistung im Umwandlungsgesetz, 2004, S. 52 ff., 54 erkennt in Übereinstimmung mit Semler/Stengel/Leonard/Seulen Rn. 12 indes wegen der Fiktion von § 15 I HGB ein besonderes Schutzbedürfnis für die Gläubiger, die von der Verschm keine Kenntnis hatten).

7   Sicherungsfähig sind auch **befristete und auflösend bedingte** (aA Schröer DB 1999, 319; Kölner Komm UmwG/Simon Rn. 22) **Forderungen**, da sie zum Zeitpunkt der Verschm bereits bestehen. Entsprechendes gilt für **betagte oder von einer Gegenleistung abhängige Forderungen** (Lutter/Grunewald Rn. 7; Semler/Stengel/Leonard/Seulen Rn. 16, je mwN). Keinen Anspruch auf Sicherheitsleistung gewähren hingegen **aufschiebend bedingte Ansprüche** (wie hier Rowedder/Zimmermann, 2. Aufl. 1990, GmbHG Anh. § 77 Rn. 443; Kölner Komm AktG/Kraft AktG § 346 Rn. 5 mwN; aA Lutter/Grunewald Rn. 7 und jetzt auch Widmann/Mayer/Vossius Rn. 20; diff. Semler/Stengel/Leonard/Seulen Rn. 16 und Kallmeyer/Marsch-Barner/Oppenhoff Rn. 3: es kommt auf die Wahrscheinlichkeit des Bedingungseintritts an). Derartige Forderungen entstehen erst mit Eintritt der Bedingung, zuvor begründen sie nur ein Anwartschaftsrecht (Grüneberg/Ellenberger BGB Einf. vor § 158 Rn. 8, 9 mwN). Praktisch relevant wird dies insbes. für die **Versorgungsanwartschaft nach dem BetrAVG.** Auch wenn die Voraussetzungen von § 1 BetrAVG erfüllt sind und die Versorgungsanwartschaft somit unverfallbar geworden ist, hat der Anwartschaftsinhaber noch kein Vollrecht erworben, sodass ein Anspruch auf Sicherheitsleistung ausscheidet (Krieger FS Nirk 1992, 556; **aA BAG** ZIP 1997, 289, das der dort nachgewiesenen hM zur Einbeziehung gesicherter Anwartschaften wegen des Schutzzwecks von § 22 folgt; ebenso Lutter/Grunewald Rn. 8; Semler/Stengel/Leonard/Seulen Rn. 72 je mwN; Soldierer, Die Höhe der Sicherheitsleistung im Umwandlungsgesetz, 2004, S. 39 ff.).

8   **d) Geltendmachung. aa) Schriftliche Anmeldung.** Die berechtigten Gläubiger haben gem. Abs. 1 S. 1 binnen einer **sechsmonatigen Ausschlussfrist** ihren Anspruch nach Grund und Höhe schriftlich anzumelden. Ausnahmsweise kann Sicherheit auch dann verlangt werden, wenn eine Forderung nur dem Grunde und nicht ihrer Höhe nach festliegt, wie dies zB bei Schadensersatzansprüchen der Fall sein kann (aA Semler/Stengel/Leonard/Seulen Rn. 17, die vor Eintritt des Schadens

die Entstehung des Anspruchs als nicht hinreichend wahrscheinlich ansehen; krit. auch Kallmeyer/Meister/Klöcker/Berger § 204 Rn. 8). Die so festgeschriebene Präzisierung der Forderung erschien dem Gesetzgeber notwendig, um dem betroffenen Leitungsorgan des übernehmenden Rechtsträgers die weitere wirtschaftliche Behandlung zu erleichtern (vgl. Begr. RegE, BR-Drs. 75/94 zu § 22 I Nr. 1). Die Anmeldung ist nicht notwendig an den übernehmenden Rechtsträger zu adressieren, aus praktischen Gründen ist dies jedoch zu empfehlen (wenn die Verschm bereits wirksam geworden ist, kann der Anspruch nur noch gegen den übernehmenden Rechtsträger gerichtet sein; auch in diesem Fall schadet eine etwaige Falschbezeichnung wegen Adressierung an einen übertragenden Rechtsträger nicht, zutr. Lutter/Grunewald Rn. 18 mwN). Das **Recht auf Sicherheitsleistung entsteht** mit Beginn der Ausschlussfrist, also nach Eintragung der Verschm in das Register des Sitzes desjenigen Rechtsträgers, dessen Gläubiger den Anspruch geltend macht, Abs. 1 S. 1 (aA Semler/Stengel/Leonard/Seulen Rn. 42); da die Registeranmeldung beim übertragenden Rechtsträger nur Warnfunktion hat (→ § 19 Rn. 4), dieser Rechtsträger also noch nicht nach § 20 I Nr. 2 erloschen ist, kann er durchaus selbst für die Sicherheitsleistung sorgen. Mit Eintragung der Verschm in das Register am Sitz des übernehmenden Rechtsträgers geht die Anspruchsverpflichtung durch Gesamtrechtsnachfolge auf diesen über (aA die hM; vgl. Semler/Stengel/Leonard/Seulen Rn. 45 mwN).

Sicherheitsleistung muss nicht ausdrücklich verlangt werden, es genügt, 9 wenn das Anspruchsbegehren dem Inhalt der schriftlichen Anmeldung insges. entnommen werden kann. Notwendig ist aber eine so **genaue Beschreibung** (Widmann/Mayer/Vossius Rn. 51) der dem Anspruch zugrunde liegenden Forderung, dass eine **Individualisierung ohne weitere Nachforschungen** möglich ist (Konkretisierung des Anspruchsgrunds; wird die Höhe des Anspruchs zu niedrig angemeldet, beschränkt sich die Pflicht zur Sicherheitsleistung auf diesen Betrag), weshalb in begründeten Fällen die Höhe zunächst offengelassen werden kann (→ Rn. 8; str.).

bb) Hinweispflicht (Abs. 1 S. 3). Die Gläubiger sind in einer Bekanntmachung 10 zu der jew. Eintragung auf das Recht zur Geltendmachung der Sicherheitsleistung hinzuweisen (Abs. 1 S. 3; auch → Rn. 2a, → § 19 Rn. 37). Eine Missachtung dieser Vorschrift durch das Registergericht kann Amtshaftungsanspruch auslösen (Widmann/Mayer/Vossius Rn. 62.1), iÜ macht die Formulierung deutlich, dass **§ 22 als Schutzgesetz iSv § 823 II BGB** anzusehen ist (→ Rn. 22; str.). Darüber hinaus begründet die Missachtung der Hinweispflicht einen eigenständigen **Schadensersatzanspruch iSv § 25 I** unmittelbar gegen die Verwaltungsträger der übertragenden Rechtsträger (aA insbes. Lutter/Grunewald Rn. 31 aE mwN), sofern die Gläubiger durch die Missachtung von Abs. 1 S. 3 einen Schaden erleiden und die Verwaltungsträger – was schwer vorstellbar ist – an der Unterlassung der Bekanntmachung ein Verschulden trifft. Hätte dem Gläubiger die Verschm aufgrund der Eintragung bekannt sein müssen und hat er sich gleichwohl über deren Rechtsfolgen schuldhaft nicht informiert, liegt ein Mitverschulden (§ 254 BGB) vor (Widmann/Mayer/Vossius Rn. 62.1).

cc) Ausschlussfrist. Die Sicherheitsleistung kann bereits **vor Fristbeginn** (Lut- 11 ter/Grunewald Rn. 20; Kölner Komm UmwG/Simon Rn. 45; BeckOGK/Rieder Rn. 39), muss aber **spätestens sechs Monate nach Bekanntmachung der Eintragung** in das Register desjenigen Rechtsträgers, dessen Gläubiger Sicherheit begehrt, gefordert werden (Abs. 1 S. 1). Die Frist beginnt gem. **§ 19 III** mit der Bekanntmachung der Eintragung der Verschm im Register desjenigen Rechtsträgers, der Schuldner des Anspruchs ist (Semler/Stengel/Leonard/Seulen Rn. 38). Ein Fehlen des obligatorischen Hinweises nach Abs. 1 S. 3 auf die Möglichkeit, Sicherheitsleistung zu verlangen, hindert den Fristbeginn nicht; in diesem Fall können aber Amtshaftungsansprüche gegen das Registergericht und Schadensersatzanspruch gegen die Verwaltungsträger begründet sein (→ Rn. 10, → Rn. 22).

12 Die Frist ist eine **materiell-rechtliche Ausschlussfrist**. Nach Fristablauf geht der Anspruch unter; eine **Wiedereinsetzung in den vorigen Stand** kommt nicht in Betracht (Kallmeyer/Marsch-Barner/Oppenhoff Rn. 5; Semler/Stengel/Leonard/Seulen Rn. 39; Kölner Komm UmwG/Simon Rn. 47). Die Frist läuft auch **unabhängig von Kenntnis und Wissen** der jew. anspruchsberechtigten Gläubiger um die Bekanntmachung der Verschm. Nach Fristablauf ohne entsprechenden Anspruch geleistete Sicherheiten sind kondizierbar, soweit nicht § 814 BGB entgegensteht (Lutter/Grunewald Rn. 21). Die **Frist** kann **weder abgekürzt noch verlängert** werden (Semler/Stengel/Leonard/Seulen Rn. 39; aA für Verlängerung Kallmeyer/Marsch-Barner/Oppenhoff Rn. 5; Kallmeyer/Meister/Klöcker/Berger § 204 Rn. 2; NK-UmwR/Schulte Rn. 14, 15; ähnlich Lutter/Grunewald Rn. 19); hiergegen verstoßende Bestimmungen im Verschmelzungsvertrag oder im Verschmelzungsbeschluss sind nichtig (nach Semler/Stengel/Leonard/Seulen Rn. 39 ist eine Verlängerungsvereinbarung als Vertrag zugunsten Dritter möglich, aber idR aus Sicht der handelnden Organe pflichtwidrig). Eine Verlängerung der Ausschlussfrist kommt selbst dann nicht in Betracht, wenn die zu sichernde Forderung erst nach Fristbeginn entsteht, was wegen des Auseinanderfallens der maßgeblichen Zeitpunkte (→ Rn. 6) durchaus möglich ist.

13 **dd) Glaubhaftmachung.** In Abweichung zum früheren Recht wird nicht mehr der Nachw., sondern nur noch die **Glaubhaftmachung der Gefährdung ihres Anspruchs** durch die Gläubiger verlangt, weil der Nachw. der Gefährdung häufig unzumutbar schwer zu führen ist (Begr. RegE, BR-Drs. 75/94 zu § 22 I Nr. 2). Die Glaubhaftmachung ist eine gegenüber dem Nachw. erleichterte Beweisführung, bei der ein **geringerer Grad von Wahrscheinlichkeit** ausreicht (Vollbeweis ist allerdings bzgl. der Forderung notwendig, → Rn. 14). Ihre Besonderheiten bestehen zum einen darin, dass **jedes Beweismittel** (im Prozess etwa auch die uneidliche Parteivernehmung iSv § 452 ZPO und vor allem die Versicherung an Eides Statt, § 294 I ZPO) zulässig ist; zum anderen, dass die **Beweisaufnahme sofort möglich** sein muss (§ 294 II ZPO, „Präsente Beweismittel"). Im Zusammenhang mit Abs. 1 S. 2 bedeutet dies für den jew. anspruchsverpflichteten Rechtsträger zunächst, dass er die überwiegende Wahrscheinlichkeit für die Gefährdung genügen lassen muss. Die Erfüllung der Forderung wird durch die Verschm etwa dann gefährdet, wenn das übertragene Passivvermögen das übertragene Aktivvermögen übersteigt, wenn also eine **Unterpariemission** vorliegt; notwendig ist in diesem Zusammenhang aber eine **Gesamtbetrachtung,** dh die einheitliche Bewertung des von allen übertragenen Rechtsträgern auf den übernehmenden Rechtsträger verschmolzenen Vermögens (ausf. → § 46 Rn. 8). Auch genügt es für eine Gefährdung der Gläubiger, wenn durch die Verschm die **Liquidität beeinträchtigt** wird (zumindest, wenn der Liquiditätsengpass in Richtung drohender Zahlungsunfähigkeit tendiert, zutr. Soldierer, Die Höhe der Sicherheitsleistung im Umwandlungsgesetz, 2004, S. 71 mwN; wie hier Lutter/Grunewald Rn. 14; Widmann/Mayer/Vossius Rn. 33.2; Priester NJW 1983, 1459 ff.). Eine Liquiditätsgefährdung idS kann etwa daraus resultieren, dass die übertragenden Rechtsträger mit kurzfristigen Verbindlichkeiten belastet sind, während ihr Aktivvermögen überwiegend langfristig gebunden ist. Auch eine vor der Verschm nachgewiesenermaßen angespannte wirtschaftliche Situation des übernehmenden Rechtsträgers kann einen Anspruch auf Sicherheitsleistung für die Gläubiger der übertragenden Rechtsträger begründen, sofern zu besorgen ist, dass die eingebrachten Vermögensmassen die wirtschaftliche Lage des übernehmenden Rechtsträgers nachhaltig nicht entscheidend verbessern. Die **Gefährdung** der Gläubiger muss sich durch die Verschm aber **objektiv erhöhen,** was nicht der Fall ist, wenn bereits ihr bisheriger Schuldner marode war (Lutter/

Grunewald Rn. 13; zu Sachverhalten, bei denen die Gefährdung einer Forderung zu bejahen ist, ausf. und mwN Semler/Stengel/Leonard/Seulen Rn. 20 ff.; Soldierer, Die Höhe der Sicherheitsleistung im Umwandlungsgesetz, 2004, S. 63 ff.).

ee) Gerichtliche Durchsetzung. Sofern der rechtzeitig angemeldete Sicherungsanspruch vom betroffenen Rechtsträger nicht freiwillig erfüllt wird, kann ihn der Gläubiger gerichtlich durchsetzen. Wird in dem Verfahren die zu sichernde Forderung selbst bestritten, ist deren Bestehen vom Gläubiger nach allg. Grundsätzen zu beweisen **(Vollbeweis,** hier hat die Glaubhaftmachung keine Bedeutung; Lutter/Grunewald Rn. 15). Das **Bestehen der Forderung** ist Tb-Merkmal des Sicherungsanspruchs. Nach allg. zivilprozessualen Grundsätzen muss der Kläger im Bestreitensfall alle für ihn günstigen Umstände beweisen. Anhaltspunkte für eine Abkehr von diesem Grundsatz sind in § 22 nicht enthalten (vgl. auch OLG Celle BB 1989, 868). 14

In Bezug auf die mutmaßliche Gefährdung der Erfüllung der Forderung muss der Gläubiger zunächst einen Grund vortragen, der die **Anspruchsgefährdung schlüssig** erscheinen lässt (auch dabei kann es noch zu erheblichen Problemen kommen, weil der Gläubiger idR nicht genügend Informationen über alle an der Verschm beteiligten Rechtsträger haben wird, zutr. Widmann/Mayer/Vossius Rn. 36.1, der deshalb dafür plädiert, die Anforderungen an die Glaubhaftmachung nicht zu überspannen). Insoweit ist der Gläubiger vom Erfordernis des Vollbeweises entbunden; es genügt die **Glaubhaftmachung iSv § 294 ZPO** (→ Rn. 13). 15

3. Anspruchsausschluss

a) Wegen Fälligkeit. Sofern der Gläubiger bereits **Befriedigung verlangen** kann, besteht kein Sicherungsanspruch (Abs. 1 S. 1). Mit Eintritt der Fälligkeit muss der Gläubiger also Erfüllung verlangen, er hat **kein Wahlrecht** zwischen Sicherheitsleistung und Erfüllung. Dies gilt auch dann, wenn der anspruchsverpflichtete Rechtsträger den Anspruch bestreitet. Der Gläubiger muss in diesem Fall die Forderung auf normalem Wege gerichtlich durchsetzen (vgl. OLG Celle BB 1989, 868; ähnlich Lutter/Grunewald Rn. 11). 16

Der Ausschluss des Sicherungsanspruchs wegen eingetretener Fälligkeit (Durchsetzbarkeit) ist schon dann anzunehmen, wenn er **gegenüber einem** neben dem anspruchsverpflichteten Rechtsträger haftenden **Gesamtschuldner fällig** ist (aA Lutter/Grunewald Rn. 9; Semler/Stengel/Leonard/Seulen Rn. 36; wie hier Widmann/Mayer/Vossius Rn. 37; HK-UmwG/Maulbetsch Rn. 35; Kölner Komm UmwG/Simon Rn. 36). Entsprechendes gilt bei einer **Bürgenhaftung** des in Anspruch zu nehmenden Rechtsträgers, wenn die gesicherte Hauptforderung fällig ist. Auch das Bestehen eines **Zurückbehaltungsrechts** oder das Vorliegen einer Forderung, die nur **Zug um Zug** zu erfüllen ist, hindert den Anspruch auf Sicherheitsleistung (Goutier/Knopf/Tulloch/Bermel Rn. 8; Lutter/Grunewald Rn. 9; Semler/Stengel/Leonard/Seulen Rn. 36), weil dies an der Fälligkeit der Forderung nichts ändert. 17

b) Gem. Abs. 2. Der **Anspruch auf Sicherheitsleistung** nach Abs. 1 ist ebenfalls dann **ausgeschlossen,** wenn die Gläubiger im Fall der Insolvenz ein **Recht auf vorzugsweise Befriedigung** aus einer Deckungsmasse haben, die nach gesetzlichen Vorschriften in ihrem Schutz errichtet und staatlich überwacht ist **(Abs. 2).** Diese Vorzugsstellung haben die **Inhaber von Pfandbriefen** einer Hypothekenbank, von Schiffspfandbriefen und die Gläubiger von Ansprüchen aus **Lebens-, Unfall- und Krankenversicherungen** gegen VersicherungsGes (§§ 77, 79 VAG) inne. **Versorgungsanwartschaften** nach § 1 BetrAVG unterfallen dem Anwendungsbereich von Abs. 2 nicht, weil bei ihnen schon eine Anspruchsbegründung nach Abs. 1 ausscheidet (→ Rn. 7 aE, wie hier Kölner Komm AktG/Kraft AktG 18

§ 347 Rn. 6; aA BAG ZIP 1997, 289, das Ansprüche nach Abs. 1 grds. bejaht und deshalb auf den Insolvenzschutz nach § 7 BetrAVG verweist; auch → Rn. 19).

19 **c) Bereits gesicherte Forderungen. Zweck von § 22** ist die Verminderung des Insolvenzrisikos für die Gläubiger der jew. an der Verschm beteiligten Rechtsträger. Sicherheitsleistung kann daher nicht verlangt werden, wenn vor dem Zeitpunkt der Verschm bereits eine **ausreichende Sicherheit** gewährt wurde (allgM). Von besonderer praktischer Bedeutung ist dies insbes. für Rentenansprüche aus einer betreffenden Altersversorgung (zur Sicherung von bloßen Anwartschaften → Rn. 7 aE). Nach zutr. hA besteht kein Raum für eine weitere Sicherheit, wenn die Voraussetzungen von **§§ 7 ff. BetrAVG** vorliegen, wenn also im Insolvenzfall der Pensionssicherungsverein einzutreten hat (BAG ZIP 1997, 289; BeckOGK/Rieder Rn. 44; Lutter/Grunewald Rn. 26 mwN, die zutr. darauf hinweist, dass der Pensionssicherungsverein selbst nicht Gläubiger iSv § 22 ist, dazu ausf. Soldirer, Die Höhe der Sicherheitsleistung im Umwandlungsgesetz, 2004, S. 155 f. mwN; vgl. auch Wessels ZIP 2010, 1417 (1419) insbes. gegen ein faktisches Zustimmungsrecht des Pensionssicherungsvereins auch bei künftigen Maßnahmen).

4. Leistung der Sicherheit

20 Die **Tauglichkeit der Sicherungsmittel** richtet sich nach **§§ 232 ff. BGB.** Die Auswahl erfolgt nach Wahl des anspruchsverpflichteten Rechtsträger. Erst im Stadium der **Zwangsvollstreckung** geht das Wahlrecht entsprechend § 264 BGB auf den Gläubiger über (Grüneberg/Ellenberger BGB § 232 Rn. 1). Subsidiär zur eigentlichen Sicherheitsleistung kann auch ein Bürge gestellt werden (§ 232 II BGB iVm § 239 BGB), allerdings muss es sich um eine selbstschuldnerische Bürgschaft handeln.

21 Die **Höhe der zu leistenden Sicherheit** richtet sich nach der Höhe der zu sichernden Forderung (ausf. Schröer DB 1999, 320 ff.; umfassend Soldirer, Die Höhe der Sicherheitsleistung im Umwandlungsgesetz, 2004, S. 112 ff.). Instruktiv ist die Entscheidung des II. Zivilsenat des **BGH** v. 18.3.1996 noch zu § 26 KapErhG (AG 1996, 321 m. Bespr. Jaeger DB 1996, 1069), die auf das neue Recht übertragen werden kann (einschr. Soldirer, Die Höhe der Sicherheitsleistung im Umwandlungsgesetz, 2004, S. 128 ff.). Danach ist bei einem **Dauerschuldverhältnis** die zu leistende Sicherheit nicht schlechthin nach den während der Restlaufzeit des Vertrages fällig werdenden Ansprüchen zu bemessen, sondern nach dem konkret zu bestimmenden Sicherungsinteresse des Gläubigers. Bei der **Prüfung des Einzelfalls** sind alle maßgebenden Umstände zu würdigen, in der Entscheidung des BGH (langjähriger Mietvertrag) etwa das Insolvenzrisiko, die Schwierigkeiten einer Räumungsvollstreckung, die mögliche Pfändung von Mietzinsforderungen gegen einen Untermieter, der Preisverfall auf dem Vermietungsmarkt und die Chance zeitnaher Wiedervermietung (BGH AG 1996, 321 (322)). Für eine **zeitliche Begrenzung entsprechend § 160 HGB** (so Jaeger DB 1996, 1071) ist kein Raum (Schröer DB 1999, 317). Bei der Bemessung der Sicherheit für eine auflösend bedingte Forderung kann auch die **Wahrscheinlichkeit des Bedingungseintritts** Berücksichtigung finden (GroßkommAktG/Schilling AktG § 225 Anm. 14). IÜ ist Maßstab für den Umfang der Sicherheitsleistung die **Sichtweise eines vernünftigen Kaufmanns.**

5. Schadensersatzanspruch

22 **§ 22 ist ein Schutzgesetz iSv § 823 II BGB** (→ Rn. 10; Kallmeyer/Marsch-Barner/Oppenhoff Rn. 13; Widmann/Mayer/Vossius Rn. 4 ff.; **aA die hM,** vgl. Schröer DB 1999, 323; Lutter/Grunewald Rn. 31; Semler/Stengel/Leonard/Seulen Rn. 67; BeckOGK/Rieder Rn. 59, je mwN zum Meinungsstand; Kölner Komm UmwG/Simon Rn. 62). Die Leitungsorgane des anspruchsverpflichteten Rechtsträgers haben die Pflicht, den angemeldeten Anspruch auf Sicherheitsleistung sorgfältig zu prüfen und ggf. eine taugliche und die Höhe des Risikos (das nicht mit dem Wert der Forderung identisch sein muss, → Rn. 21) abdeckende Sicherheit zu stellen. Verletzen sie schuldhaft diese Pflichten, so sind sie zum Ersatz des daraus dem Gläubiger entstehenden Schadens verpflichtet. Der **Schadensersatzanspruch** besteht nach Wirksamwerden der Verschm ohne Weiteres **gegen den übernehmenden Rechtsträger**.

§ 23 Schutz der Inhaber von Sonderrechten

Den Inhabern von Rechten in einem übertragenden Rechtsträger, die kein Stimmrecht gewähren, insbesondere den Inhabern von Anteilen ohne Stimmrecht, von Wandelschuldverschreibungen, von Gewinnschuldverschreibungen und von Genußrechten, sind gleichwertige Rechte in dem übernehmenden Rechtsträger zu gewähren.

1. Allgemeines

Mit § 23 wurde der **Verwässerungsschutz**, der früher in § 347a AktG aF eingeschränkt enthalten war, jetzt in § 216 III AktG, § 304 AktG, § 57m III GmbHG vergleichbare (dazu Schürnbrand ZHR 173 (2009), 689 ff.) Regelungen hat und der dem allg. Grundgedanken von § 35 BGB entspricht, für die Verschm von Rechtsträgern aller Rechtsformen eingeführt (Begr. RegE, BR-Drs. 75/94 zu § 23). Der Schutz durch die allg. Regelung in § 23 ist zutr. als erforderlich angesehen worden, weil die Rechtsstellung der Inhaber von Rechten in einem übertragenden Rechtsträger qualitativ über die schuldrechtliche Gläubigereigenschaft hinausgeht, andererseits aber diesen Inhabern von Rechten in einem übertragenden Rechtsträger die Möglichkeit fehlt, durch Ausübung von Stimmrechten (seien sie von vornherein nicht vorhanden oder aber ausgeschlossen; der Anschluss muss jedoch grds. Natur sein, ein vorübergehendes Stimmverbot genügt nicht, Widmann/Mayer/Vossius Rn. 12) auf die Verschm Einfluss zu nehmen (so auch Begr. RegE, BR-Drs. 75/94 zu § 23). Mit der **für alle Rechtsformen** anzuwendenden Regelung wurde den Festlegungen der Dritten gesellschaftsrechtlichen RL (RL 78/855/EWG; heute Art. 87 ff. GesR-RL) zum Schutz der Inhaber von Sonderrechten in AG Folge geleistet.

Nach Ansicht der Begr. RegE (BR-Drs. 75/94 zu § 23) ist die Fassung von § 23 gegenüber § 347a AktG aF vereinfacht worden. Tatsächlich ist durch die Eingangsformulierung „Inhaber von Rechten in einem übertragenden Rechtsträger" der Anwendungsbereich erweitert, und gleichzeitig sind durch die Bezugnahme auf stimmrechtslose Anteile bzw. Mitgliedschaften neue Probleme geschaffen worden. Das gilt nicht zuletzt auch für die (amtl.) Überschrift zu § 23 mit dem Begriff der „Inhaber von **Sonderrechten**".

§ 23 gewährleistet den teilw. Verwässerungsschutz nicht nur bei AG, sondern auch bei allen anderen verschmelzungsfähigen Rechtsträgern (Begr. RegE, BR-Drs. 75/94 zu § 23). Die institutionelle Absicherung des Verwässerungsschutzes (die Verwässerung ergäbe sich aus der Vereinigung unterschiedlicher Vermögensmassen beim übernehmenden Rechtsträger) in § 23 ist für die betroffenen Sonderrechtsinhaber auch notwendig, ohne diese Vorschriften hätten sie – da kein Einfluss auf die eigentliche Verschm Entscheidung besteht – außerhalb des Anwendungsbereichs von § 35 BGB keine geschützte Rechtsposition. Soweit Inhaber von Wandelschuldverschreibungen, Gewinnschuldverschreibungen und von Genussrechten betroffen sind, lässt sich der Verwässerungsschutz in § 23 als **besondere Ausgestaltung des allg. Gläubigerschutzes** von § 22 verstehen.

2. Inhaber von Rechten in einem übertragenden Rechtsträger

4 Rechtsinhaber ist nicht der Inhaber von Rechten **an** einem übertragenden Rechtsträger, sondern der Inhaber von Rechten **in** einem solchen. Die Vorschrift bezieht damit, wie sich auch aus der beispielhaften Aufzählung erkennen lässt, nicht nur **Inhaber von Mitgliedschaftsrechten** (Aktionäre, GmbH-Anteilsinhaber, Inhaber von Anteilen an PersGes, Genossen) in den Kreis der Berechtigten ein, sie begünstigt vielmehr auch solche, die nicht als Anteilsinhaber zu beurteilen sind. Gemeinsam ist allen Berechtigten lediglich, dass der Gesetzgeber eine Rechtsstellung begünstigen will, die **über die schuldrechtliche Gläubigereigenschaft hinausgeht**, andererseits aber mangels Stimmrecht von der Mitwirkung bei der Verschm ausgeschlossen ist. Damit sind „normale" Gläubiger (eines Darlehens, eines Anspruchs aus Lieferung und Leistung, aus Dauerschuldverhältnis, aus Vorkaufsrechten etc) ausgeschlossen. Gegenüber der früheren Regelung in § 347a AktG aF, die eine abschließende Aufzählung der geschützten Rechte (Wandelschuldverschreibungen, Gewinnschuldverschreibungen, Genussscheine) enthielt, ist § 23 aber nicht abschließend, wie sich aus der Verwendung des Wortes „insbesondere" ergibt. **Insbes.** beschränkt sich nicht auf die Inhaber von Anteilen ohne Stimmrecht, sondern bezieht sich auch auf Inhaber von Wandelschuldverschreibungen, von Gewinnschuldverschreibungen und von Genussrechten.

5 Wesensmerkmal von **Wandelschuldverschreibungen und Optionsanleihen** ist, dass vor Ausübung des Wandel- oder Bezugsrechts ein Mitgliedschaftsrecht am übertragenden Rechtsträger gerade nicht besteht; die Wertpapiere verkörpern vielmehr in erster Linie (schuldrechtlich, nicht korporationsrechtlich) Ansprüche auf Geld („Finanzierungsinstrumente zur Fremdkapitalbeschaffung", Koch AktG § 221 Rn. 2) und nur subsidiär die rechtliche Möglichkeit, anstelle oder in Ergänzung der durch die Wertpapiere vermittelten Gläubigerstellung eine mitgliedschaftliche Beteiligung zu erwerben. Entsprechendes gilt für **Gewinnschuldverschreibungen und Genussscheine,** da auch hier die Rechtsinhaber nur als Gläubiger des Rechtsträgers anzusehen sind. Allerdings ist – insbes. durch die uneingeschränkte Einbeziehung von Gewinnschuldverschreibungen und von Genussrechten – der Anwendungsbereich von § 23 nicht dahin einzuschränken, dass nur solche Rechte erfasst sein sollen, die – abhängig von Willenserklärungen des Rechtsinhabers und/oder des übertragenden Rechtsträgers – zu einer Mitgliedschaft führen. Deshalb erstreckt sich § 23 zB auch auf die **stille Ges** eines Dritten mit dem übertragenden Rechtsträger (→ Rn. 8, → § 20 Rn. 68).

3. Rechte ohne Stimmrecht

6 Die Rechte **in** einem übertragenden Rechtsträger dürfen **kein Stimmrecht gewähren,** da sonst für einen besonderen Schutz der Rechtsinhaber kein Anlass besteht. Das Gesetz selbst nennt insbes. den Inhaber von **Anteilen ohne Stimmrecht.** Solche stimmrechtslosen Anteile sind zB für die AG die stimmrechtslosen Vorzugsaktien (§ 12 I 2 AktG; zweifelnd Kallmeyer/Marsch-Barner/Oppenhoff Rn. 4; krit. auch Kiem ZIP 1997, 1630 ff.; abl. Hüffer FS Lutter, 2000, 1231; Semler/Stengel/Leonard/Kalss Rn. 10, 11; wie hier Lutter/Grunewald Rn. 10; Widmann/Mayer/Vossius Rn. 11; BeckOGK/Rieder Rn. 8; offengelassen von BGH NZG 2021, 782 Rn. 60), bei der GmbH die durch Satzung stimmrechtslos gestellten Geschäftsanteile (Noack/Servatius/Haas/Fastrich GmbHG § 14 Rn. 15; Lutter/Hommelhoff/Bayer GmbHG § 3 Rn. 73). Für die PhG ist der Stimmrechtsausschluss durch Gesellschaftsvertrag (vgl. für die KG: BGHZ 20, 363 = NJW 1956, 1198; RGZ 167, 65 (73); BGHZ 14, 264 (269) = NJW 1954, 1563; BGH WM 1985, 256; Einzelheiten sind str.), für den Verein ist Stimmrechtsentzug durch die Satzung möglich (MüKoBGB/Leuschner BGB § 32 Rn. 33; Soergel/Hadding BGB

§ 32 Rn. 22). Stets ist erforderlich, dass die stimmrechtslosen Anteile vor der Verschm mit **Sondervorteilen** verbunden waren (Hüffer FS Lutter, 2000, 1231).

Nach § 141 I AktG bedarf ein Beschluss, durch den der Vorzug aufgehoben oder beschränkt wird, zu seiner Wirksamkeit der Zustimmung der Vorzugsaktionäre. Diese Schutzvorschrift wird durch § 23, der lediglich einen schuldrechtlichen Anspruch begründet, nicht verdrängt (BGH NZG 2021, 782 Rn. 60 mAnm Hitzel und Stöber BB 2021, 1107; Serke GWR 2021, 244; Leuering/Rubner NJW-Spezial 2021, 432; Heckschen EWiR 2021, 323).   6a

Als weitere Beispiele für Rechte in einem übertragenden Rechtsträger nennt § 23   7
insbes. Inhaber von **Wandelschuldverschreibungen,** von **Gewinnschuldverschreibungen** und von **Genussrechten;** damit wird erkennbar auf **§ 221 AktG** Bezug genommen. Die Inhaber dieser Rechte sind nicht Mitglieder des übertragenden Rechtsträgers, die Rechte verkörpern lediglich **schuldrechtlichen Geldanspruch,** ohne den Rechtsinhabern aus dem Recht selbst Stimmrechte bei der Entscheidung des übertragenden Rechtsträgers über die Teilnahme an einer Verschm einzuräumen. Zu den Einzelheiten vgl. die Spezialilt. zu § 221 AktG und → Rn. 11 ff.

Rechte in einem Rechtsträger vermittelt auch die (typische oder atypische) **stille**   8
Beteiligung (§§ 230 ff. HGB). Der Stille ist als solcher nicht Inhaber eines Mitgliedschaftsrechts am übertragenden Rechtsträger, seine (gesellschaftsrechtlichen) Rechtsbeziehungen bestehen ausschließlich zum übertragenden Rechtsträger selbst (Innen-Ges). Ein erheblicher Teil der Lit. (Widmann/Mayer/Vossius Rn. 1; Kallmeyer/Marsch-Barner/Oppenhoff Rn. 3; Hüffer FS Lutter, 2000, 1236 f.; Feddersen/Kiem ZIP 1994, 1082) will dem Stillen nur eine allg. Gläubigerposition zuordnen. Die wohl hM (wie hier Goutier/Knopf/Tulloch/Bermel Rn. 10; Lutter/Grunewald Rn. 19 mwN; Semler/Stengel/Leonard/Kalss Rn. 7; Suchanek Ubg 2012, 431; Jung ZIP 1996, 1738; Rümker WM-Sonderheft 4/1994, 77; wohl auch HRA des DAV NZG 2000, 804; umfassende Nachw. bei Schürnbrand ZHR 173 (2009), 696 ff.) sieht dies anders. Die Rechtsstellung zumindest des **atypisch stillen Beteiligten** ist erheblich stärker als zB die eines Inhabers von Genussrechten, da der Stille je nach Ausgestaltung des Gesellschaftsvertrags weitgehende Mitwirkungsrechte bei für den übertragenden Rechtsträger wesentlichen Entscheidungen besitzt. Anders als im Fall, dass der übertragende Rechtsträger selbst stiller Gesellschafter ist (→ § 20 Rn. 68), muss dann, wenn der **übertragende Rechtsträger als Geschäftsinhaber** fungiert, danach gefragt werden, welche Ausgestaltung die stille Ges nach der Verschm haben soll, wenn der übernehmende Rechtsträger die Vermögensmassen bei sich vereinigt. Genau dieser Fragestellung widmet sich § 23. Die stille Ges ist auch nicht mit rein gewinnabhängigen Ansprüchen zu vergleichen, weswegen zB eine **Tantieme nicht** durch § 23 geschützt ist (aA Goutier/Knopf/Tulloch/Bermel Rn. 10; wie hier Lutter/Grunewald Rn. 20; ausf. Darstellung des Meinungsstreits bei Schürnbrand ZHR 173 (2009), 695 f.).

4. Gleichwertige Rechte

Als **Rechtsfolge** schreibt § 23 die Pflicht des übernehmenden Rechtsträgers vor,   9
den zu schützenden Inhabern von Sonderrechten **gleichwertige Rechte beim übernehmenden Rechtsträger** zu gewähren. Die Ausgestaltung dieser neuen Rechtsposition muss gem. § 5 I Nr. 7 im Verschmelzungsvertrag bzw. dessen Entwurf beschrieben werden. Nach Möglichkeit sollen Rechte gleicher Art gewährt werden (Lutter/Grunewald Rn. 5; Widmann/Mayer/Vossius Rn. 27), auf jeden Fall ist auf **wirtschaftliche Gleichwertigkeit** zu achten (Kölner Komm AktG/Kraft AktG § 347a Rn. 6; Hüffer FS Lutter, 2000, 1239; vgl. auch Feddersen/Kiem ZIP 1994, 1078 (1082); Kiem ZIP 1997, 1632). Der Anspruch kann auch durch Gewährung eines höherwertigen Rechts erfüllt werden (Begr. RegE, BR-Drs. 75/94 zu

§ 23; dies ist jedoch str.); nicht ausreichend wäre es somit, den Inhabern von Wandelschuldverschreibungen eines übertragenden Rechtsträgers im Austausch Gewinnschuldverschreibungen des übernehmenden Rechtsträgers zu gewähren oder umgekehrt, da diese Beteiligungsformen in ihrer wirtschaftlichen Zielsetzung unbeschadet des durch sie repräsentierten Geldwerts nicht vergleichbar und damit nicht gleichwertig sind (Kölner Komm AktG/Kraft AktG § 347a Rn. 7). Im Einzelnen gilt:

10 **a) Stimmrechtslose Anteile.** Die mit den stimmrechtslosen Anteilen an einem übertragenden Rechtsträger verknüpften Sonderrechte sind in möglichst gleicher Form beim übernehmenden Rechtsträger wieder zu gewähren. Die **Beibehaltung der Stimmrechtslosigkeit** des Anteils ist allerdings nicht notwendig, eine Besserstellung des Anteilsinhabers iRv § 23 schadet insoweit zumindest nicht (Kallmeyer/Marsch-Barner/Oppenhoff Rn. 8 fordert Gesamtbetrachtung; wie hier Lutter/Grunewald Rn. 6; Semler/Stengel/Leonard/Kalss Rn. 12; Kiem ZIP 1997, 1632). § 23 darf aber nicht dazu führen, dass **zwingende gesetzliche Regelungen für die Rechtsform** des übernehmenden Rechtsträgers oder für die Ausgestaltung der Anteilsinhaberschaft missachtet werden.

11 **b) Wandelanleihen. Wandelanleihen** sind Schuldverschreibungen, bei denen den Gläubigern das Recht eingeräumt wird, anstelle der Rückzahlung der verbrieften Forderung Aktien der Ges zu verlangen (§ 221 I 1 AktG; Koch AktG § 221 Rn. 4). Mit Wirksamwerden der Verschm können keine Aktien der übertragenden Ges mehr gewährt werden. Das Bezugsrecht hat bei Verschm ebenfalls auf eine AG von diesem Zeitpunkt an Aktien der übernehmenden Ges zum Inhalt. Die in den **Anleihebedingungen** vereinbarten Maßgaben für das Bezugsrecht, insbes. die Höhe des Bezugsrechts, müssen so angepasst werden, dass **wirtschaftliche Gleichwertigkeit** eintritt. Im Regelfall wird daher die Umw des Bezugsrechts entsprechend dem im Verschmelzungsvertrag festgelegten **Umtauschverhältnis für Aktien** erfolgen (Lutter/Grunewald Rn. 15; Kallmeyer/Marsch-Barner/Oppenhoff Rn. 8). Die Umtauschbedingungen müssen bereits im Verschmelzungsvertrag festgelegt werden. Das Umtauschverhältnis wird regelmäßig durch die Relation von Ertragswerten ausgedrückt (→ § 5 Rn. 10 ff.). Da der Ertragswert jew. die künftige Ertragserwartung des jew. Rechtsträgers ausdrückt, ist die **Übertragung des Umtauschverhältnisses** auch dazu geeignet, die Sonderrechtsinhaber vor der Entwertung ihres Rechts (Verwässerungsschutz) zu schützen. Wandelanleihen sind auch **in anderen Gesellschaftsformen als AG** denkbar (Widmann/Mayer/Vossius Rn. 16; zu § 55a GmbHG Bormann/Trautmann GmbHR 2016, 37). Soweit dies irgend möglich ist, gibt damit § 23 einen Anspruch auf gleichartigen Umtausch in Wandelanleihen auch für solche Verschm, bei denen übertragender und übernehmender Rechtsträger unterschiedliche Rechtsformen haben. Sofern eine vergleichbare Sicherung nicht erreicht werden kann, ist ein wirtschaftlich vergleichbares Recht zu gewähren, wobei ein unbedingter Anspruch zum sofortigen Umtausch bzw. Bezug nicht das einzige Mittel der Wahl ist (so aber Lutter/Grunewald Rn. 16, 17).

12 **c) Optionsanleihen.** Optionsanleihe ist eine Schuldverschreibung, bei der dem Gläubiger neben dem Recht auf Rückzahlung das Recht eingeräumt wird, Aktien der Ges zu einem bereits bestimmten Preis zu erwerben (Bezugsrecht; Koch AktG § 221 Rn. 3, 6 mwN). Dieses Optionsrecht bezieht sich nach der Verschm auf Anteile des übernehmenden Rechtsträgers, muss jedoch zur Erreichung der wirtschaftlichen Gleichwertigkeit angepasst werden (insoweit → Rn. 11).

13 **d) Gewinnschuldverschreibungen.** Die aus Gewinnschuldverschreibungen resultierenden Forderungen sind von den Gewinnanteilen der Aktionäre abhängig (§ 221 I 1 AktG; Koch AktG § 221 Rn. 8). Diese Abhängigkeit muss für die Zeit nach der Verschm bereits im Verschmelzungsvertrag neu festgelegt werden (§ 5 I

Nr. 7; Schürnbrand ZHR 173 (2009), 702 mwN). Regelmäßig wird man auch hier die **Anpassung anhand des im Verschmelzungsvertrag festgelegten Umtauschverhältnisses** vornehmen müssen (Widmann/Mayer/Vossius Rn. 17), wobei Gewinnschuldverschreibungen **nicht an die Rechtsform AG gebunden** sind. Die Rechte aus Gewinnschuldverschreibungen bestimmen sich also nach der Verschm nach dem Gewinnanteil der Anteilsinhaber der übernehmenden Ges unter Berücksichtigung des Umtauschverhältnisses (Berechnungsbeispiel bei Widmann/Mayer/Vossius Rn. 30, 31).

e) Genussrechte. Mit Genussrechten (ausf. Driver BB 2014, 195 auch zu BGH **14** BB 2013, 2511) werden Forderungen verbrieft, die verschiedenen Inhalt haben können; sie sehen jedoch oftmals eine Beteiligung am Gewinn sowie ein Umtauschbzw. Optionsrecht vor. Genussrechte sind **nicht an eine bestimmte Rechtsform gebunden** (Widmann/Mayer/Vossius Rn. 19 ff.; zur GmbH zB Lutter/Hommelhoff/Bayer GmbHG § 55 Rn. 53 mwN). Sofern eine Gewinnbeteiligung verbrieft wurde, muss diese anhand des **Umtauschverhältnisses** angepasst werden. Insoweit gelten die Ausführungen (→ Rn. 11). Bei sonstigen **gewinnunabhängigen Vermögensrechten** ist ein vergleichbar gerechtes Werterhaltungskriterium zu finden.

5. Zwangsweise Durchsetzung

§ 23 kann im Verschmelzungsvertrag **nicht abbedungen** werden. Dies folgt **15** zwingend aus § 5 I Nr. 7 und daraus, dass die Sonderrechtsinhaber gerade keinen Einfluss auf die Verschm haben. Hingegen kann in den **Anleihebedingungen** abw. vereinbart werden (aA Lutter/Grunewald Rn. 24; zweifelnd auch Semler/Stengel/Leonard/Kalss Rn. 3; wie hier Kallmeyer/Marsch-Barner/Oppenhoff Rn. 9; Widmann/Mayer/Vossius Rn. 2, 46 ff.); die allg. zivilrechtlichen (zB Wegfall der Geschäftsgrundlage, vgl. BGH BB 2014, 195; BGHZ 191, 139 = NJW 2012, 373) Grenzen sind dabei zu beachten.

Rechtsfolge von § 23 ist der Anspruch des Berechtigten auf rechtsgeschäftliche **16** Gewährung gleichwertiger Rechte (Hüffer FS Lutter, 2000, 1238; BeckOGK/Rieder Rn. 25). § 23 schafft ein **klagbares Recht.** Regelmäßig wird eine **Leistungsklage**, etwa gerichtet auf einen höheren Gewinnanteil, in Betracht kommen (vgl. ausf. Schürnbrand ZHR 173 (2009), 703 mwN; Driver BB 2014, 195). **Schuldner des Anspruchs** ist der übernehmende Rechtsträger, etwaige Vorbereitungshandlungen (zB Schaffung eines bedingten Kapitals) sind vom Anspruch nach § 23 mit umfasst (Widmann/Mayer/Vossius Rn. 44; Hüffer FS Lutter, 2000, 1240; aA wohl Semler/Stengel/Leonard/Kalss Rn. 17).

§ 24 Wertansätze des übernehmenden Rechtsträgers

In den Jahresbilanzen des übernehmenden Rechtsträgers können als Anschaffungskosten im Sinne des § 253 Abs. 1 des Handelsgesetzbuchs auch die in der Schlußbilanz eines übertragenden Rechtsträgers angesetzten Werte angesetzt werden.

Übersicht

	Rn.
1. Allgemeines	1
2. Erfassung des Vermögensübergangs	4
a) Umwandlung zur Aufnahme	4
b) Umwandlung zur Neugründung	7
3. Umwandlung als entgeltliche Anschaffung	10
a) Anschaffungsvorgang	10

	Rn.
b) Konsequenzen	14
c) Durchbrechung des Anschaffungswertprinzips	18
4. Bilanzierung nach allgemeinen Grundsätzen	20
a) Geltung der allgemeinen Grundsätze	20
b) Ansatz der übergehenden Vermögensgegenstände	21
aa) Vollständigkeitsgebot	21
bb) Bilanzierungshilfen, Geschäftswert beim übertragenden Rechtsträger	23
cc) Latente Steuern	25
dd) GWG, immaterielle Vermögensgegenstände, Geschäftswert	26
ee) Verbindlichkeiten	27
ff) Konfusion, eigene Anteile	28
c) Bewertung bei Kapitalerhöhung	29
aa) Allgemeines	29
bb) Bewertungswahlrecht nach herrschender Meinung	30
cc) Zwingende Bewertung mit Zeitwert	31
dd) Erfolgsauswirkungen, Kapitalrücklage	34
d) Bewertung bei der Gewährung bestehender Anteile	36
aa) Allgemeines	36
bb) Tauschgrundsätze	37
cc) Zwingende Bewertung mit Zeitwert	38
dd) Erfolgsauswirkungen	41
e) Bewertung bei Untergang der Anteile (Upstream-Merger)	42
aa) Allgemeines	42
bb) Tauschgrundsätze	43
cc) Zwingende Bewertung mit Zeitwert	44
dd) Erfolgsauswirkungen	46
f) Bewertung bei Umwandlung der Mutter auf die Tochter (Downstream-Merger)	47
aa) Allgemeines	47
bb) Wahlrecht nach hM	49
cc) Zwingende Bewertung mit Zeitwert	50
dd) Erfolgsauswirkungen	51
g) Bewertung bei Verzicht auf Anteilsgewährung (Sidestream-Merger)	53
aa) Allgemeines	53
bb) Bewertung	54
cc) Erfolgsauswirkungen	55
h) Behandlung von Mischfällen	56
aa) Allgemeines	56
bb) Ansatz und Bewertung	57
cc) Erfolgsverbuchung	58
i) Bare Zuzahlungen, Anschaffungsnebenkosten	59
j) Sonstiges	61
5. Bilanzierung bei Buchwertverknüpfung	62
a) Durchbrechung des Anschaffungswertprinzips	62
b) Ansatz der übergehenden Vermögensgegenstände und Schulden	65
aa) Ansatzwahlrecht nach § 24	65
bb) Fortführung der Ansätze	67
c) Bewertung des übergehenden Vermögens und der übergehenden Verbindlichkeiten	71
aa) Allgemeines	71
bb) Eigene Anschaffungskosten	72

		Rn.
cc) Kosten der Umwandlung, Anschaffungsnebenkosten		73
dd) Formelle Unterpariemission		74
ee) Erfolgsauswirkungen		75
d) Bare Zuzahlungen		83
e) Sonstiges		84
6. Ausübung des Wahlrechts		85
a) Einheitliche Ausübung		85
b) Ausübung des Wahlrechts		86
c) Beschränkungen der Wahlrechtsausübung		87
aa) Allgemeines		87
bb) Bindung durch Vereinbarungen		88
cc) Formelle Unterpariemission, Kapitalerhaltung		89
dd) Beschränkungen nach allgemeinen Grundsätzen		90
7. Besonderheiten bei der Spaltung		93
a) Entsprechende Anwendung von § 24		93
b) Mutter-Tochter-Verhältnis		94
aa) Allgemeines		94
bb) Bewertung		95
cc) Erfolgsauswirkungen		96
c) Aktivierung eines Geschäfts- und Firmenwerts		97
d) Ausübung des Wahlrecht		98
8. Bilanzierung beim Anteilsinhaber		99
9. Auswirkungen auf den Konzernabschluss		103
a) Bewertung im Konzernabschluss		103
b) Bilanzierung konzerninterner Verschmelzungen		104
10. Steuerrechtliche Erfassung des Vermögensübergangs		105
a) Steuerrechtliche Wahlrechte		105
b) Maßgeblichkeit		108
c) Steuerliche Situation bei den Anteilsinhabern		109
11. Größenkriterien		110
12. Grenzüberschreitende Umwandlungen		112

1. Allgemeines

Im Gegensatz zu den bis 1994 geltenden Regelungen in § 348 AktG aF, § 27 I **1** KapErhG aF, § 93g GenG und § 44a III VAG, die eine zwingende Verknüpfung hinsichtlich Bewertung und Ansatz der übergehenden Vermögensgegenstände in der HB des übernehmenden Rechtsträgers mit der Schlussbilanz des übertragenden Rechtsträgers vorsahen, bestimmt § 24 ein **Wahlrecht** zwischen dem Anschaffungswertprinzip und der Buchwertverknüpfung. Hintergrund war die Erkenntnis, dass durch die gesetzlich angeordnete zwingende Abweichung von der Anschaffungskostenregelung in § 253 HGB beim übernehmenden Rechtsträger trotz stiller Reserven Buchverluste entstehen konnten, die den Wert der Anteile der bisherigen Gesellschafter des übernehmenden Rechtsträgers minderten, obwohl wirtschaftlich eine Veränderung nicht eingetreten war. Ferner konnten hierdurch wirtschaftlich nicht begründete Ausschüttungssperren entstehen. Die Bilanzierungshilfen nach § 27 II KapErhG aF bzw. § 348 II AktG aF – aufzulösen innerhalb von fünf Jahren – konnten diese Problematik von Verschmelzungsverlusten (Buchverlusten) nicht, zumindest nicht befriedigend beseitigen (vgl. zur früheren Rechtslage → 1. Aufl. 1994, KapErhG § 27 Anm. 6 ff., AktG § 348 Rn. 5 ff.; auch → Rn. 16).

Rechtstechnisch hat sich der Gesetzgeber darauf beschränkt, in § 24 „auch" die **2** Fortführung der BW aus der Schlussbilanz des übertragenden Rechtsträgers zuzulassen. Eine weitere Klarstellung dahin, ob iÜ das Anschaffungswertprinzip gelten solle und ob ein davon unabhängiges Ansatzwahlrecht möglich sein soll, wurde offenbar für entbehrlich angesehen; die Begr. RegE (BR-Drs. 75/94 zu § 24) enthält allerdings ausdrücklich den Hinweis, dass mit Zulassung der Fortführung der BW auch zugleich die Geltung des Grundsatzes in § 253 I HGB (Anschaffungswertprinzip) hergestellt werde (näher → Rn. 10 ff.).

3 Die Vorschrift ist im **Zusammenhang mit § 17** zu sehen, der für die Schlussbilanz den Ansatz der bisherigen BW unter Beachtung der Bilanzkontinuität verlangt (→ § 17 Rn. 25 ff.). Eine **Buchwertverknüpfung** zwischen der Schlussbilanz des übertragenden und den Jahresbilanzen des übernehmenden Rechtsträgers ist danach zwar noch **möglich**, aber **nicht mehr zwingend** vorgeschrieben. Die Norm gilt – wie auch § 17 II (→ § 17 Rn. 8) – auch für Verschm und Spaltungen nach **§§ 305 ff.** und Verschm nach der **SE-VO**, soweit der übernehmende Rechtsträger der dt. Rechtsordnung unterliegt (Sagasser/Bula/Brünger Umwandlungen/Bula/Thees § 15 Rn. 4; Kallmeyer/Lanfermann Rn. 62; IDW RS HFA 42 Rn. 32; IDW Assurance/Oser Kap. F Rn. 242: analog; Lutter/Priester/Hennrichs Rn. 92; BeckOGK/Rieder Rn. 52; Henckel DStR 2005, 1785; W. Müller FS Raupach, 2006, 261 (268 f., 271); näher → Rn. 112 ff.). In diesen Fall ist bei BW-Fortführung im Grundsatz an die ausländische „Schlussbilanz" anzuknüpfen. Dennoch sind ggf. notwendige Korrekturen vorzunehmen, um die Anforderungen des HGB zu erfüllen (vgl. auch BeckOGK/Rieder Rn. 52; IDW Assurance/Oser Kap. F Rn. 242). Notwendige Anpassungen sind erfolgsneutral zu erfassen (IDW Assurance/Oser Kap. F Rn. 242). Die Vorschrift bezieht sich ausschließlich auf einen HGB-Einzelabschluss des übernehmenden Rechtsträgers iSv § 242 HGB. Auf nach anderen Rechnungslegungsstandards aufgestellte Abschlüsse **(IAS/IFRS)** ist sie nicht anwendbar (Kallmeyer/Lanfermann Rn. 61; Lutter/Priester/Hennrichs Rn. 90; BeckOGK/Rieder Rn. 6). Zur Abbildung in einem IFRS-Abschluss etwa Dutzi/Leuveld/Rausch BB 2015, 2219; vgl. auch → Rn. 103.

2. Erfassung des Vermögensübergangs

4 **a) Umwandlung zur Aufnahme.** Weder das UmwG noch die allg. Vorschriften sehen vor, dass der übernehmende Rechtsträger bei einer Umw (Verschm, Spaltung, Vermögensübertragung) zur Aufnahme (für die Umw zur Neugründung → Rn. 7 ff.) eine **Übernahmebilanz** aufstellt. Aus der Sicht des übernehmenden Rechtsträgers stellt die Umw zur Aufnahme einen **lfd. Geschäftsvorfall** dar (wohl allgM; vgl. etwa Kallmeyer/Lanfermann Rn. 5; Semler/Stengel/Leonard/Moszka Rn. 19; Widmann/Mayer/Budde Rn. 145; Lutter/Priester/Hennrichs Rn. 21; Sagasser/Bula/Brünger Umwandlungen/Bula/Thees § 10 Rn. 86; Deubert/Förschle/Störk Sonderbilanzen/Deubert/Hoffmann K Rn. 1; NK-UmwR/Böttcher Rn. 20; BeckOGK/Rieder Rn. 13; MHdB GesR VIII/Link § 58 Rn. 36; IDW RS HFA 42 Rn. 32; BFH BStBl. II 2008, 916). Die Umw wird damit im nächsten regulären JA des übernehmenden Rechtsträgers abgebildet. Maßgeblich ist, ob vor dem Stichtag des JA (GjEnde des übernehmenden Rechtsträgers) das **wirtschaftliche Eigentum** an den Vermögensgegenständen bereits übergegangen ist; der umwandlungsbedingte Vermögensübergang ist spätestens in dem JA darzustellen, der das Gj. abschließt, in dem die Umw wirksam geworden ist (§ 20 I, § 131 I; IDW RS HFA 42 Rn. 32, 28 ff.; näher → § 17 Rn. 73 ff.).

5 Unabhängig vom Zeitpunkt der erstmaligen Erfassung ist der Vermögensübergang beim übernehmenden Rechtsträger so zu erfassen, als wäre er bereits am Umwandlungsstichtag (§ 5 I Nr. 6, § 126 I Nr. 6) wirksam geworden (Semler/Stengel/Leonard/Moszka Rn. 16; IDW RS HFA 42 Rn. 33; vgl. auch Lutter/Priester/Hennrichs Rn. 24; MHdB GesR VIII/Link § 58 Rn. 36; Rödder/Herlinghaus/van Lishaut/Rödder Anh. 2 Rn. 20). Zu den Konsequenzen → § 17 Rn. 83. Im **Anlagespiegel (Anhangangabe,** § 284 III HGB) sind die übergehenden Vermögensge-

genstände des Anlagevermögens als Zugang mit Wirkung ab dem Umwandlungsstichtag zu erfassen.

Wird dennoch eine Übernahmebilanz erstellt, dient sie ausschließlich internen 6
Dokumentations- und Hilfszwecken (Lutter/Priester/Hennrichs Rn. 21). Eine handels- oder steuerrechtliche Relevanz hat sie nicht. Sie muss weder unterzeichnet noch festgestellt noch geprüft werden (Lutter/Priester/Hennrichs Rn. 21; NK-UmwR/Böttcher Rn. 20). Sie kann nicht Grundlage von Gewinnverwendungsbeschlüssen sein und hat auch keinen Einfluss auf die Ausübung von steuerrechtlichen Wahlrechten, insbes. gilt der Maßgeblichkeitsgrundsatz nicht (→ § 17 Rn. 66, → § 17 Rn. 108).

b) Umwandlung zur Neugründung. Bei einer Umw zur Neugründung (etwa 7
§ 2 Nr. 2, § 123 I–III, jew. Nr. 2) hat der übernehmende Rechtsträger eine Übernahmebilanz in Form einer **Eröffnungsbilanz** aufzustellen, § 242 I 1 HGB (Lutter/Priester/Hennrichs Rn. 22; IDW RS HFA 42 Rn. 40; Sagasser/Bula/Brünger Umwandlungen/Bula/Thees § 10 Rn. 86; Semler/Stengel/Leonard/Moszka Rn. 18; BeckOGK/Rieder Rn. 14; Widmann/Mayer/Budde Rn. 145). Entsprechendes gilt, wenn der übernehmende Rechtsträger – etwa bei der Verschm auf den Alleingesellschafter – erstmals durch die Umw abschlusspflichtig wird (Lutter/Priester/Hennrichs Rn. 22; Sagasser/Bula/Brünger Umwandlungen/Bula/Thees § 10 Rn. 86; NK-UmwR/Böttcher Rn. 21).

Stichtag der Eröffnungsbilanz ist der Umwandlungsstichtag gem. § 5 I Nr. 6, 8
§ 126 I Nr. 6 (wie hier Lutter/Priester/Hennrichs Rn. 22; Semler/Stengel/Leonard/Moszka Rn. 18; NK-UmwR/Böttcher Rn. 21 f.; Gassner FS Widmann, 2000, 343 (349); BeckOGK/Rieder Rn. 14; im Grundsatz auch MHdB GesR VIII/Link § 58 Rn. 37; einschränkend Sagasser/Bula/Brünger Umwandlungen/Bula/Thees § 10 Rn. 92: wenn auch das wirtschaftliche Eigentum zu diesem Stichtag übergeht; aA Deubert/Förschle/Störk Sonderbilanzen/Deubert/Hoffmann K Rn. 13: Aufnahme der Tätigkeit der VorGes; Kallmeyer/Lanfermann Rn. 56: Übergang des wirtschaftlichen Eigentums auf Vorgesellschaft; wohl auch IDW RS HFA 42 Rn. 40: auf den Beginn des Handelsgewerbes; indes soll das Mengengerüst aus der Schlussbilanz übernommen werden; Kölner Komm UmwG/Simon Rn. 26: Wirksamwerden der Umw). Es ist zwischen der Verpflichtung zur Aufstellung und dem Stichtag zu unterscheiden. Die Eröffnungsbilanz muss von den Organen des übernehmenden Rechtsträgers erst aufgestellt werden, wenn der Rechtsträger mit Wirksamwerden der Umw entstanden ist (Ausnahme: Wenn die VorGes bereits Geschäftstätigkeiten entfaltet hat, was bei Umw zur Neugründung selten sein dürfte). Der Stichtag der Eröffnungsbilanz ist dann zwingend der Umwandlungsstichtag. Dies folgt aus dem Wesen des Umwandlungsstichtags und aus §§ 17, 24. Da die Vereinbarung des Umwandlungsstichtags (vgl. § 5 I Nr. 6, § 126 I Nr. 6) bedeutet, dass von diesem Zeitpunkt an die Handlungen des übertragenden Rechtsträgers als für Rechnung des übernehmenden Rechtsträgers vorgenommen gelten, muss dieser Zeitpunkt – fiktiv – als Beginn der Geschäftstätigkeit des neuen Rechtsträgers angesehen werden. Die von §§ 17, 24 ermöglichte Bilanzkontinuität zeigt zudem, dass zu bilanziellen Zwecken vom Vermögensübergang zu diesem Zeitpunkt auszugehen ist (vgl. auch BeckOGK/Rieder Rn. 14). Sind mehrere übertragende Rechtsträger mit **unterschiedlichen Umwandlungsstichtagen** beteiligt, ist der zeitlich früheste Umwandlungsstichtag für den Stichtag der Eröffnungsbilanz maßgeblich (Lutter/Priester/Hennrichs Rn. 22; NK-UmwR/Böttcher Rn. 21).

In der Eröffnungsbilanz sind der Vermögensübergang und die daraus resultierenden 9
Ergebnisauswirkungen (→ Rn. 34 f., → Rn. 41, → Rn. 46, → Rn. 51, → Rn. 55, → Rn. 75 ff.) zu erfassen (so auch IDW RS HFA 42 Rn. 40). Demzufolge ist auch eine GuV-Rechnung zu erstellen. Eine **Ergebnisverwendung** kann auf die Eröffnungsbilanz nicht gestützt werden. Zu einem Vergleich der Verschm

zur Aufnahme mit einer Verschm zur Neugründung aus bilanzieller Sicht vgl. Roos StuB 2103, 652.

3. Umwandlung als entgeltliche Anschaffung

10 **a) Anschaffungsvorgang.** Für die bilanzielle Behandlung des umwandlungsbedingten Vermögensübergangs ist von entscheidender Bedeutung, ob ein **entgeltliches Anschaffungsgeschäft** (und damit korrespondierend beim übertragenden Rechtsträger ein Veräußerungsgeschäft) vorliegt. Die heute ganz hM nimmt dies an (Lutter/Priester/Hennrichs Rn. 42; Semler/Stengel/Leonard/Moszka Rn. 21; Rödder/Herlinghaus/van Lishaut/Rödder Anh. 2 Rn. 19; Widmann/Mayer/ Budde Rn. 145; BeckOGK/Rieder Rn. 15; Sagasser/Bula/Brünger Umwandlungen/Bula/Thees § 10 Rn. 110: gleichgestellt; Kallmeyer/Lanfermann Rn. 7, 23: anschaffungsähnlich; Gassner FS Widmann, 2000, 343 (349); MHdB GesR VIII/ Link § 58 Rn. 35; Petersen/Zwirner/Brösel/Richter/Künkele/Zwirner HGB § 255 Rn. 75; Schulze-Osterloh ZGR 1993, 420 (429); IDW RS HFA 42 Rn. 3; vgl. auch BFH BStBl. II 2000, 230; BMF 11.11.2011, BStBl. I 2011, 1314 Rn. 00.02; vgl. auch BFH BStBl. II 2004, 686: tauschähnlich).

11 Dies ist zutr., denn **Anschaffung bedeutet** zunächst nur den Erwerb eines bereits bestehenden Vermögensgegenstandes, der aus einer fremden in die eigene wirtschaftliche Verfügungsmacht überführt wird (statt vieler Petersen/Zwirner/Brösel/Richter/Künkele/Zwirner HGB § 255 Rn. 16; BeBiKo/Schubert/Hutzler HGB § 255 Rn. 10). Dies folgt bereits aus dem Wortlaut des § 255 I 1 HGB, wonach AK die Aufwendungen sind, die geleistet werden, **um** einen Vermögensgegenstand zu **erwerben.** Das Anschaffungsgeschäft bei einer Umw ist zudem im Grundsatz **entgeltlich,** denn der übernehmende Rechtsträger erbringt idR eine Gegenleistung durch Gewährung von neuen bzw. bestehenden Anteilen oder durch die Aufgabe einer Beteiligung (auch → Rn. 32f., → Rn. 38f., → Rn. 44, → Rn. 50). Zur Behandlung von Umw mit Verzicht auf eine Anteilsgewährung → Rn. 53 ff. Auch der Gesetzgeber schien bei Verschm, Spaltungen und Vermögensübertragungen von einem Anschaffungsvorgang auszugehen. Denn in der Begr. für die Neuregelung von § 24 (Begr. RegE, BR-Drs. 75/94 zu § 24; zur früheren Rechtslage → Rn. 1) wird betont, dass die Einführung des Wahlrechts dazu diene, auch bei Umw nach dem grds. geltenden Anschaffungswertprinzip zu bilanzieren.

12 Ein (entgeltlicher) Anschaffungsvorgang ist nicht deswegen abzulehnen, weil der Vermögensübergang durch (partielle) **Gesamtrechtsnachfolge** erfolgt (ausf. Schmitt/Hülsmann BB 2000, 1563). Denn die Vermögensübertragung durch Einzelrechtsübertragung (außerhalb des UmwG) und durch Gesamtrechtsnachfolge unterscheiden sich nur auf sachenrechtlicher Ebene. Für die Qualifikation des zugrunde liegenden Rechtsgeschäfts (Verschm, Spaltung, Vermögensübertragung) als entgeltliche Anschaffung ist die Art der Vermögensübertragung bedeutungslos. Auf welcher Rechtsgrundlage ein Vermögensgegenstand übertragen wird und im Besonderen, ob eine Gegenleistung hierfür erbracht wird, entscheidet sich ausschließlich auf der schuldrechtlichen und nicht auf der sachenrechtlichen Ebene (Lutter/Priester/Hennrichs Rn. 42). Das Prinzip der Gesamtrechtsnachfolge ist allerdings die Rechtfertigung für die wahlweise Zulassung der Buchwertfortführung. Wegen der Gesamtrechtsnachfolge soll dem übernehmenden Rechtsträger die Möglichkeit eingeräumt werden, auch die bisherige Bilanzierung fortzuführen (Schulze-Osterloh ZGR 1993, 420 (425); Sagasser/Bula/Brünger Umwandlungen/Bula/ Thees § 10 Rn. 221).

13 Ein Anschaffungsvorgang ist iÜ nicht deswegen zu verneinen, weil die Vermögensübertragung durch den übertragenden Rechtsträger erfolgt, während die Gegenleistung – wenigstens bei Anteilsgewährung – die Anteilsinhaber des übertragenden Rechtsträgers erhalten (Ausnahme: Ausgliederung). Denn insofern erfolgt

die Vermögensübertragung für Rechnung der Anteilsinhaber (Schulze-Osterloh ZGR 1993, 420 (428); Lutter/Priester/Hennrichs Rn. 44; Sagasser/Bula/Brünger Umwandlungen/Bula/Thees § 10 Rn. 126: mittelbar).

b) Konsequenzen. Die Einstufung der Verschm, Spaltung und Vermögensübertragung als „normale" Anschaffung hat verschiedene Konsequenzen. Bei der Erfassung des Vermögensübergangs sind sämtliche Vorschriften anzuwenden, die einen Anschaffungsvorgang voraussetzen oder hieraus Folgerungen ableiten. Für den **Ansatz** bedeutet dies, dass sämtliche Vermögensgegenstände vom übernehmenden Rechtsträger neu angeschafft und sämtliche Verbindlichkeiten bei ihm neu begründet worden sind. Demzufolge hat er bspw. vom übertragenden Rechtsträger originär erstellte immaterielle Vermögensgegenstände derivativ erworben. Zu den Auswirkungen für den Ansatz iE → Rn. 21 ff.

Die Qualifikation als entgeltliches Anschaffungsgeschäft bedeutet weiter, dass der übernehmende Rechtsträger die Vermögensgegenstände nach der Grundregel des § 253 I 1 HGB **mit** den **AK** und die Verbindlichkeiten mit ihrem Erfüllungsbetrag sowie RSt in Höhe des nach vernünftiger kaufmännischer Beurteilung notwendigen Erfüllungsbetrags anzusetzen hat. Daher muss bei Verschm, Spaltungen und Vermögensübertragungen die Höhe der AK, also die Aufwendungen, die geleistet werden, um die Vermögensgegenstände zu erwerben (§ 255 I 1 HGB), festgestellt werden. Diese bestimmen sich nach den übernommenen Verbindlichkeiten/Rückstellungen und der Gegenleistung für die Vermögensübertragung (iE → Rn. 29 ff.). Entsprechend muss der übernehmende Rechtsträger selbstständig ohne Bindung an die Bilanzierung beim übertragenden Rechtsträger hinsichtlich der übernommenen Verbindlichkeiten/Rückstellungen den **Erfüllungsbetrag** ermitteln.

Da die Verschm, Spaltung oder Vermögensübertragung ein entgeltlicher Anschaffungsvorgang ist, ist auch gewährleistet, dass er grds. **ergebnisneutral** ist (allerdings → Rn. 34 f., → Rn. 41, → Rn. 46, → Rn. 51, → Rn. 55). Denn Anschaffungsvorgänge sind grds. ergebnisneutrale Vermögensumschichtungen (vgl. etwa BeBiKo/Schubert/Hutzler HGB § 255 Rn. 10; Limmer Unternehmensumwandlungs-HdB/Bilitewski Teil 7 Rn. 707). Dies war ein wesentlicher Grund, von der im früheren Recht geltenden zwingenden Bilanzkontinuität abzurücken (Begr. RegE, BR-Drs. 75/94 zu § 24; → Rn. 1). Bei **Buchwertfortführung** hat die Umw regelmäßig **Ergebnisauswirkungen,** indem ein Umwandlungsgewinn oder -verlust entsteht (iE → Rn. 75 ff.). Dem konnte nach früherem Recht nur eingeschränkt mit Bilanzierungshilfen begegnet werden. Der Ausweis eines Umwandlungsergebnisses ist oftmals nicht gerechtfertigt. Er kann zu einem unerwünschten Kapitalabfluss (Ausschüttungen) oder einer nicht notwendigen Ausschüttungssperre führen. Dies entspricht weder den Interessen des Unternehmens noch denjenigen der Anteilsinhaber (→ Rn. 1; zu den Schranken der Wahlrechtsausübung → Rn. 87 ff.).

Die Qualifizierung der Umw als entgeltliches Anschaffungsgeschäft und damit verbunden die Bewertung zu AK hat über die HB hinaus Bedeutung. Insbes. ist dies ein wesentlicher Grund, weswegen bei Umw generell der Grunds. der **Maßgeblichkeit** nicht gilt (→ § 17 Rn. 66, → § 17 Rn. 108).

c) Durchbrechung des Anschaffungswertprinzips. § 24 ordnet an, dass der übernehmende Rechtsträger als AK iSv § 253 I HGB „auch" die in der Schlussbilanz des übertragenden Rechtsträgers angesetzten Werte übernehmen kann. Bereits der Wortlaut legt nahe, dass die Übernahme der BW die Ausnahme sein soll („auch"). Nicht bestimmt wird, welche Werte anzusetzen sind, falls die Buchwertfortführung nicht gewählt wird. Dieser Regelung bedurfte es auch nicht. Denn nach den allg. Grundsätzen und nach § 255 I HGB bestimmt sich die Bewertung von erworbenen Vermögensgegenständen (entgeltliches Anschaffungsgeschäft) nach den AK. Damit schafft § 24 eine Ausnahme, nämlich eine Durchbrechung des ansonsten zwingenden **Anschaffungswertprinzips.**

19 Darin erschöpft sich die Bedeutung von § 24 nicht. Trotz des nur auf die AK abstellenden Wortlauts räumt die Vorschrift nicht nur ein **Bewertungs-,** sondern **auch** ein **Ansatzwahlrecht** ein. Denn der übernehmende Rechtsträger kann zur Erreichung der Bilanzkontinuität die Ansätze und die Bewertung des übertragenden Rechtsträgers fortführen (iE → Rn. 62 ff.).

4. Bilanzierung nach allgemeinen Grundsätzen

20 **a) Geltung der allgemeinen Grundsätze.** Nach § 24 kann der übernehmende Rechtsträger hinsichtlich des übergehenden Vermögens auch die Bilanzierung des übertragenden Rechtsträgers fortsetzen. Übt er dieses Wahlrecht nicht aus, gelten die allg. Grundsätze für entgeltliche Anschaffungsgeschäfte (→ Rn. 10 ff.). Dies gilt sowohl für den **Ansatz** wie auch für die **Bewertung** der Vermögensgegenstände. Rückstellungen und Verbindlichkeiten hat der übernehmende Rechtsträger so zu erfassen, als wären sie mit dem Umwandlungsstichtag (§ 5 I Nr. 6, § 126 I Nr. 6) erstmals begründet worden (→ Rn. 5). Maßgeblich sind also insbes. die §§ 246 ff. HGB.

21 **b) Ansatz der übergehenden Vermögensgegenstände. aa) Vollständigkeitsgebot.** Zunächst gilt das Vollständigkeitsgebot nach § 246 I 1 HGB (Semler/Stengel/Leonard/Moszka Rn. 20; Kallmeyer/Lanfermann Rn. 6; Sagasser/Bula/Brünger Umwandlungen/Bula/Thees § 10 Rn. 112; BeckOGK/Rieder Rn. 17; Lutter/Priester/Hennrichs Rn. 32; IDW RS HFA 42 Rn. 36; IDW Assurance/Oser Kap. F Rn. 77). Danach hat der übernehmende Rechtsträger **sämtliche** übergehenden Vermögensgegenstände, Schulden und RAP unabhängig von der bisherigen Bilanzierung beim übertragenden Rechtsträger in seinem JA zu erfassen. Dies gilt auch für ungewisse Verbindlichkeiten und drohende Verluste (RSt), die kraft Gesamtrechtsnachfolge auf den übernehmenden Rechtsträger übergehen. Den **Rückstellungsbedarf** nach § 249 HGB hat der übernehmende Rechtsträger in eigener Verantwortlichkeit dem Grunde und der Höhe nach festzustellen (MHdB GesR VIII/Link § 58 Rn. 42; Rödder/Herlinghaus/van Lishaut/Rödder Anh. 2 Rn. 25). An die Ansätze (und die Bewertung) beim übernehmenden Rechtsträger ist er nicht gebunden. Er hat ggf. neue RSt zu bilden und bestehende aufzulösen. Die Gesamtrechtsnachfolge bewirkt nur den Übergang der ungewissen Verbindlichkeiten, bindet den übernehmenden Rechtsträger aber nicht hinsichtlich deren Einschätzung (Bewertung; auch → Rn. 15). **Rückstellungswahlrechte** (vor den Änderungen durch das BilMoG) konnte der übernehmende Rechtsträger abw. Vom übertragenden Rechtsträger ausüben (Goutier/Knopf/Tulloch/Hannappel Rn. 42).

22 Der übernehmende Rechtsträger hat **aktive und passive RAP** nach § 250 HGB zu bilden, soweit entsprechende Ausgaben und Einnahmen beim übertragenden Rechtsträger vorlagen. Sie sind ebenfalls neu zu bewerten (Kölner Komm UmwG/Simon Rn. 51; Lutter/Priester/Hennrichs Rn. 35; Deubert/Förschle/Störk Sonderbilanzen/Deubert/Hoffmann K Rn. 27, 32; MHdB GesR VIII/Link § 58 Rn. 42; BeckOGK/Rieder Rn. 19; Limmer Unternehmensumwandlungs-HdB/Bilitewski Teil 7 Rn. 738; IDW HFA 2/1997 Ziff. 3211; Kallmeyer/Lanfermann Rn. 6: aus der Natur der Gesamtrechtsnachfolge; Semler/Stengel/Leonard/Moszka Rn. 25). Die Anpassungen durch das **BilMoG** nahm der übernehmende Rechtsträger originär vor, wenn er die gesetzlichen Änderungen in dem ersten JA nach dem Vermögensübergang zu beachten hatte. Dies gilt unabhängig davon, ob der übertragende Rechtsträger die Umstellungen bereits durchgeführt hatte (etwa Schlussbilanz auf den 31.12.2009) oder welche Wahlrechte er für den Übergang (Art. 67 EGHGB) ausgeübt hatte. Da der übernehmende Rechtsträger die übergehenden Aktiva und Passiva anschafft (→ Rn. 10 ff.), hatte er eigenständig die geän-

derten Ansatz- und Bewertungsvorschriften zu beachten. Dadurch ausgelöste Ergebnisauswirkungen entstanden erstmals beim übernehmenden Rechtsträger; das Wahlrecht nach Art. 67 I EGHGB bei einer **Neubewertung von Pensionsverpflichtungen** und die sonstigen Wahlrechte nach Art. 67 EGHGB standen ihm nicht zu. Vielmehr musste er die übernommenen Pensionsrückstellungen mit dem nach § 253 HGB anzusetzenden Wert bilanzieren (vgl. auch Kallmeyer/Lanfermann Rn. 6).

bb) Bilanzierungshilfen, Geschäftswert beim übertragenden Rechtsträ- 23 **ger.** Eine Bilanzierungshilfe nach § 269 HGB aF (Ingangsetzungskosten) konnte beim übernehmenden Rechtsträger nicht angesetzt werden, auch wenn der übertragende Rechtsträger sie gebildet hatte (vgl. → 5. Aufl. 2009, Rn. 23). Dies gilt auch für vom übertragenden Rechtsträger fortgeführte (Art. 67 V 1 EGHGB) Ingangsetzungskosten. Eine **Neubildung** ist für ab dem 1.1.2010 beginnende Gj. ohnehin nicht möglich.

Ein beim übertragenden Rechtsträger angesetzter **Geschäftswert** nach § 255 IV 24 HGB aF bzw. § 246 I 4 HGB nF kann nicht übernommen werden (wie hier IDW RS HFA 42 Rn. 36; Semler/Stengel/Leonard/Moszka Rn. 24; Lutter/Priester/ Hennrichs Rn. 33; Deubert/Förschle/Störk Sonderbilanzen/Deubert/Hoffmann K Rn. 20; Kallmeyer/Lanfermann Rn. 6; Widmann/Mayer/Budde Rn. 170; MHdB GesR VIII/Link § 58 Rn. 42). Dieser geht in einem eigenen Geschäftswert des übernommenen Vermögens (§ 246 I 4 HGB), der ggf. angesetzt werden muss (→ Rn. 26), auf, da die Umw aus Sicht des übernehmenden Rechtsträgers eine Anschaffung (→ Rn. 10 ff.) ist (IDW RS HFA 42 Rn. 36; Deubert/Förschle/Störk Sonderbilanzen/Deubert/Hoffmann K Rn. 20; Lutter/Priester/Hennrichs Rn. 33; Semler/Stengel/Leonard/Moszka Rn. 24; Kallmeyer/Lanfermann Rn. 6; MHdB GesR VIII/Link § 58 Rn. 42; Rödder/Herlinghaus/van Lishaut/Rödder Anh. 2 Rn. 25). Zu **Verschmelzungsmehrwerten** nach § 348 II AktG aF, § 27 II KapErhG aF vgl. → 5. Aufl. 2009, Rn. 24.

cc) Latente Steuern. Vom übertragenden Rechtsträger angesetzte aktive und 25 passive Steuerabgrenzungsposten gehen nicht auf den übernehmenden Rechtsträger über (IDW RS HFA 42 Rn. 39; Kallmeyer/Lanfermann Rn. 9; Henssler/Strohn/ Ca. Müller Rn. 10; MHdB GesR VIII/Link § 58 Rn. 42; BeckOGK/Rieder Rn. 20; Widmann/Mayer/Budde Rn. 178; aA Simlacher DStR 2011, 1868 (1872 f.)). Der übernehmende Rechtsträger hat selbstständig zu prüfen, ob bei ihm hinsichtlich des übernommenen Vermögens – unter Berücksichtigung der Umw, insbes. Aufgrund der Ausübung von stl. Wahlrechten nach dem UmwStG und ggf. des Untergangs von Verlustvorträgen – die Voraussetzungen für die Bildung passiver (Gebot) oder aktiver (Wahlrecht) latenter Steuern (§ 274 HGB) bestehen. Diese sind erfolgsneutral zugunsten oder zulasten des Geschäfts- und Firmenwerts bzw. des Eks zu erfassen, soweit die Umw an sich erfolgsneutral ist (IDW RS HFA 42 Rn. 39; Rödder/Herlinghaus/van Lishaut/Rödder Anh. 2 Rn. 25; Simlacher DStR 2011, 1868 (1872 f.); vgl. hierzu aber Meyer BB 2013, 683). Vgl. auch IDW RS HFA 42 Rn. 59 zur Behandlung temporärer Differenzen zwischen dem handelsrechtlichen und steuerlichen Wertansatz eines Geschäftswerts bei der Ermittlung latenter Steuern. Zu Effekten aus dem Übergang durch das **BilMoG** vgl. Zwirner DB 2010, 737. Zu beachten ist allerdings, dass dieser zukünftig höhere Steueraufwand regelmäßig bei der Bewertung des übernommenen Vermögens (Bestimmung des Umtauschverhältnisses) berücksichtigt worden ist. Dies beeinflusst wiederum die handelsbilanzielle Bewertung und damit die Höhe der Steuerlatenz. IÜ ist die Werthaltigkeit von originären aktiven latenten Steuern des übernehmenden Rechtsträgers aufgrund der Einflüsse durch die Umw zu prüfen (vgl. dazu Simlacher DStR 2011, 1871).

dd) GWG, immaterielle Vermögensgegenstände, Geschäftswert. Der 26 übernehmende Rechtsträger hat nach dem Vollständigkeitsgebot (§ 246 I 1 HGB) auch **GWG** des Anlagevermögens anzusetzen. Er kann sie jedoch sogleich wieder vollständig abschreiben (Deubert/Förschle/Störk Sonderbilanzen/Deubert/Hoffmann K Rn. 24; Lutter/Priester/Hennrichs Rn. 35; Semler/Stengel/Leonard/Moszka Rn. 23). Da die Verschm aus der Sicht des übernehmenden Rechtsträgers eine entgeltliche Anschaffung ist (→ Rn. 10 ff.), gilt für ihn weder das Aktivierungsverbot nach § 248 II 2 HGB noch das Aktivierungswahlrecht nach § 248 II 1 HGB. Demzufolge muss (Ansatzpflicht, § 246 I HGB) der übernehmende Rechtsträger die vom übertragenden Rechtsträger selbst erstellten (oder unentgeltlich erworbenen) **immateriellen Vermögensgegenstände,** die auf ihn übergehen, ansetzen (Lutter/Priester/Hennrichs Rn. 35; Sagasser/Bula/Brünger Umwandlungen/Bula/Thees § 10 Rn. 114 ff.; Kallmeyer/Lanfermann Rn. 6; Rödder/Herlinghaus/van Lishaut/Rödder Anh. 2 Rn. 25; Deubert/Förschle/Störk Sonderbilanzen/Deubert/Hoffmann K Rn. 22; Widmann/Mayer/Budde Rn. 171; Henssler/Strohn/Ca. Müller Rn. 10; BeckOGK/Rieder Rn. 19; MHdB GesR VIII/Schwab § 12 Rn. 42; Gassner FS Widmann, 2000, 343 (349 f.); IDW RS HFA 42 Rn. 36). Eine Aktivierungspflicht (Petersen/Zwirner/Brösel/Tanski HGB § 246 Rn. 61) besteht für den übernehmenden Rechtsträger hinsichtlich eines – aufgrund der verschmelzungsbedingten Anschaffung (→ Rn. 10 ff.) von ihm entgeltlich erworbenen – **Geschäfts- und Firmenwerts** nach § 246 I 4 HGB, soweit nach Ansatz aller Vermögensgegenstände (zum Zeitwert) und aller Schulden ein darüber hinausgehender Wert des übernommenen Vermögens besteht (IDW RS HFA 42 Rn. 36, 58; Sagasser/Bula/Brünger Umwandlungen/Bula/Thees § 10 Rn. 116; Semler/Stengel/Leonard/Moszka Rn. 22; Deubert/Förschle/Störk Sonderbilanzen/Deubert/Hoffmann K Rn. 21; Kallmeyer/Lanfermann Rn. 6; Lutter/Priester/Hennrichs Rn. 37; NK-UmwR/Böttcher Rn. 41; MHdB GesR VIII/Link § 58 Rn. 44; Bilitewski/Roß/Weiser WPg 2014, 13 (15); Gassner FS Widmann, 2000, 343 (350 f.); Aha BB 1996, 2559 (2561); Knop/Küting BB 1995, 1023 (1024)). Ob und in welcher Höhe ein Geschäfts- und Firmenwert entsteht, hängt von der Bewertung der übrigen Wirtschaftsgüter (iE → Rn. 29 ff.) und dem Gesamtwert des übertragenden Rechtsträgers ab. Maßgeblich ist regelmäßig der Unternehmenswert des übertragenden Rechtsträgers, der der Bestimmung des Umtauschverhältnisses zugrunde gelegt worden ist. Ein Geschäfts- und Firmenwert kann auch bei einer **konzerninternen Umw** angesetzt werden. Hier fehlt es zwar an einem echten Interessengegensatz, dennoch liegt ein entgeltliches Anschaffungsgeschäft vor. Mangels „Markttestes" ist jedoch vorsichtig zu bewerten (Kallmeyer/Lanfermann Rn. 8; Lutter/Priester/Hennrichs Rn. 37).

27   ee) **Verbindlichkeiten.** Das Vollständigkeitsgebot (§ 246 I HGB) bedingt, dass der übernehmende Rechtsträger alle auf ihn übergehenden Verbindlichkeiten und Rückstellungen, die ihn wirtschaftlich belasten, zu passivieren hat (→ Rn. 21). Dies gilt unabhängig davon, ob der übertragende Rechtsträger bereits eine entsprechende Passivierung dem Grunde und der Höhe nach vorgenommen hatte (auch → Rn. 21, → Rn. 15). **Passivierungswahlrechte,** insbes. Aufwandsrückstellungen nach § 249 II HGB aF (vor den Änderungen durch das BilMoG), konnte der übernehmende Rechtsträger unabhängig von einem Ansatz beim übertragenden Rechtsträger ausüben. Das Passivierungswahlrecht nach **Art. 28 EGHGB** (Pensionsaltverpflichtungen) steht dem übernehmenden Rechtsträger unabhängig von dessen Ausübung beim übertragenden Rechtsträger insoweit zu, denn die kraft Gesamtrechtsnachfolge auf ihn übergegangenen Verpflichtungen sind beim übernehmenden Rechtsträger neu begründet (Lutter/Priester/Hennrichs Rn. 35; Kallmeyer/Lanfermann Rn. 10; Deubert/Förschle/Störk Sonderbilanzen/Deubert/Hoffmann K Rn. 28; Sagasser/Bula/Brünger Umwandlungen/Bula/Thees § 10 Rn. 118; NK-UmwR/Böttcher Rn. 38; BeckOGK/Rieder Rn. 19; Widmann/Mayer/Budde Rn. 177; MHdB GesR VIII/Link § 58 Rn. 42; IDW RS HFA 42 Rn. 37). Außerdem ist die Übernahme der Pensionsverpflichtungen eine Gegenleistung für die Übernahme der Vermögensgegenstände (IDW RS HFA 42 Rn. 37; vgl. auch BFH DStR 2013, 570; zur stl. Behandlung vgl. nun § 5 VII EStG). **Drohverlustrückstellungen** des übertragenden Rechtsträgers (§ 249 I 2 HGB) sind auch beim übernehmenden Rechtsträger als Rückstellungen (oder im Einzelfall als Verbindlichkeiten) zu passivieren; da die Übernahme der Verpflichtung Teil der Gegenleistung ist, verlieren sie den Charakter eines drohenden Verlustes aus einem schwebenden Geschäft (BFH DStR 2010, 265; 2012, 452). Zu den Anpassungen durch das **BilMoG** → Rn. 22.

ff) Konfusion, eigene Anteile. Nicht anzusetzen sind Vermögensgegenstände, 28 die anlässlich der Umw untergehen bzw. erlöschen. Dies gilt insbes. Für gegenseitige Forderungen und Verbindlichkeiten der beteiligten Rechtsträger, die wegen **Konfusion** erlöschen. Insofern kann ein Konfusionsgewinn entstehen, wenn zuvor ein Rechtsträger die Forderung wertberichtigt hatte (Sagasser/Bula/Brünger Umwandlungen/Bula/Thees § 10 Rn. 121; Lutter/Priester/Hennrichs Rn. 36; Rödder/Herlinghaus/van Lishaut/Rödder Anh. 2 Rn. 25; zur stl. Situation vgl. § 6 UmwStG). **Eigene Anteile** des übertragenden Rechtsträgers gehen mit der Umw unter und können daher beim übernehmenden Rechtsträger nicht mehr angesetzt werden (Kallmeyer/Lanfermann Rn. 11; Henssler/Strohn/Ca. Müller Rn. 10; BeckOGK/Rieder Rn. 20; Widmann/Mayer/Budde Rn. 175). Zur Situation beim übertragenden Rechtsträger → § 17 Rn. 26.

c) Bewertung bei Kapitalerhöhung. aa) Allgemeines. Soweit die Umw 29 gegen Gewährung neuer, durch KapErh geschaffener Anteile erfolgt, ist sie bilanziell wie eine **Sacheinlage** der Gesellschafter zu behandeln. Gleiches gilt bei einer Umw zur Neugründung. Hierüber besteht im Wesentlichen Einigkeit (IDW RS HFA 42 Rn. 41; Lutter/Priester/Hennrichs Rn. 44; MHdB GesR VIII/Link § 58 Rn. 51; Rödder/Herlinghaus/van Lishaut/Rödder Anh. 2 Rn. 28; Limmer Unternehmensumwandlungs-HdB/Bilitewski Teil 7 Rn. 753; BeckOGK/Rieder Rn. 27; Sagasser/Bula/Brünger Umwandlungen/Bula/Thees § 10 Rn. 126; Deubert/Förschle/Störk Sonderbilanzen/Deubert/Hoffmann K Rn. 41; Widmann/Mayer/Budde Rn. 179; Schulze-Osterloh ZGR 1993, 420 (428); IDW Assurance/Oser Kap. F Rn. 81; Schmitt/Hülsmann BB 2000, 1563 (1568); Angermayer DB 1998, 145 (148)). Die Vermögensübertragung durch den übertragenden Rechtsträger steht einer Sacheinlage nicht entgegen, da dies für Rechnung der Anteilsinhaber des übertragenden Rechtsträgers geschieht (Lutter/Priester/Hennrichs Rn. 44; Schulze-Osterloh ZGR 1993, 420 (428); Sagasser/Bula/Brünger Umwandlungen/Bula/Thees § 10 Rn. 126: mittelbar; → Rn. 13). **Str.** ist allerdings, **wie** die übergehenden Vermögensgegenstände **bei** einer **Sacheinlage zu bewerten** sind.

bb) Bewertungswahlrecht nach herrschender Meinung. Nach der wohl 30 herrschenden und – für die Praxis besonders bedeutsam – vom HFA des IDW geteilten Ansicht bestimmen sich die AK nach dem (vereinbarten) Ausgabebetrag der gewährten Anteile. Hintergrund dieser Ansicht ist, dass die Parteien die AK durch Vereinbarung bestimmen können (Kallmeyer/Lanfermann Rn. 23 f.; ADS HGB § 255 Rn. 97; Henssler/Strohn/Ca. Müller Rn. 13). Im Ergebnis besteht damit bei Sacheinlagen ein **Bewertungswahlrecht** (IDW RS HFA 42 Rn. 43; Kallmeyer/Lanfermann Rn. 24; Lutter/Priester/Hennrichs Rn. 45 f.; Deubert/Förschle/Störk Sonderbilanzen/Deubert/Hoffmann K Rn. 44 f.; Kölner Komm UmwG/Simon Rn. 64 f.; MHdB GesR VIII/Link § 58 Rn. 51; BeckOGK/Rieder Rn. 28; Widmann/Mayer/Budde Rn. 180; Rödder DStR 1997, 1353 (1355); IDW Assurance/Oser Kap. F Rn. 81). Danach gilt:
– Obergrenze ist der Zeitwert.

- Wird bei der KapErh ein beziffertes Agio festgesetzt, sind die AK durch den Ausgabebetrag bestimmt; bei PersGes sind die vereinbarten Kapitalkonten maßgeblich.
- Wird bestimmt, dass eine Diff. Zwischen dem Zeitwert des übernommenen Vermögens und der NominalKapErh in die Kapitalrücklage eingestellt werden kann, bilden die NominalKapErh und die entsprechende Rücklagendotierung (restlicher Betrag bis zum Zeitwert) die AK.
- Wird im KapErhB nur der Betrag der NominalKapErh festgelegt, ist durch Auslegung zu ermitteln, ob die AK durch den Nominalbetrag bestimmt sind (Untergrenze) oder ob ein Agio bis zur Höhe des Zeitwerts der Sacheinlage mit der Folge höherer AK in die Kapitalrücklage eingestellt werden darf.

30a Damit steht es zur Disposition der Parteien, als Anschaffungskosten einen Wert zwischen dem Nominalbetrag der KapErh bzw. – bei Umw zur Neugründung – des festgelegten Nominalkapitals (Untergrenze) und dem Zeitwert der übergehenden Vermögensgegenstände zu bestimmen. Die **Verteilung** der **Gesamt-AK** (Grundsatz der Einzelbewertung, § 252 I Nr. 3 HGB) erfolgt regelmäßig nach dem Verhältnis der Zeitwerte; im Einzelfall ist aber auch eine andere, nicht willkürliche Aufteilung denkbar (Kallmeyer/Lanfermann Rn. 29, 37; Kölner Komm UmwG/Simon Rn. 70; Lutter/Priester/Hennrichs Rn. 51; vgl. näher etwa Petersen/Zwirner/Brösel/Richter/Künkele/Zwirner HGB § 255 Rn. 46 ff.; Deubert/Förschle/Störk Sonderbilanzen/Deubert/Hoffmann K Rn. 47; Sagasser/Bula/Brünger Umwandlungen/Bula/Thees § 10 Rn. 174 ff.; IDW RS HFA 42 Rn. 56). Die Verteilung ist im Anhang (§ 284 II Nr. 1 HGB) zu erläutern (IDW RS HFA 42 Rn. 56; Lutter/Priester/Hennrichs Rn. 52; Kallmeyer/Lanfermann Rn. 37). Im **Anlagespiegel (Anhangangabe,** § 284 III HGB) sind die übernommenen Vermögensgegenstände des Anlagevermögens als Zugang mit den eigenen (nicht den historischen) AK zu erfassen (IDW RS HFA 42 Rn. 56; Lutter/Priester/Hennrichs Rn. 52; Kallmeyer/Lanfermann Rn. 38; auch → Rn. 61). Ein über die Zeitwerte aller materiellen und immateriellen Vermögensgegenstände hinausgehender Betrag ist als **Geschäftsoder Firmenwert** (§ 246 I 4 HGB) zu aktivieren (IDW RS HFA 42 Rn. 58, Kallmeyer/Lanfermann Rn. 37; Deubert/Förschle/Störk Sonderbilanzen/Deubert/Hoffmann K Rn. 48; vgl. → Rn. 26).

31 **cc) Zwingende Bewertung mit Zeitwert.** Tatsächlich besteht ein derartiges **Wahlrecht nicht.** Die Vermögensgegenstände sind **zwingend** mit ihrem **Zeitwert** anzusetzen (iErg wie hier Sagasser/Bula/Brünger Umwandlungen/Bula/Thees § 10 Rn. 129 ff.; Schulze-Osterloh ZGR 1993, 420 (428 ff.); Widmann/Mayer/Widmann, Stand November 2020, Rn. 289 ff.: es sei denn, eine steuerrechtliche Regelung gebe die Möglichkeit eines niedrigeren Ansatzes und diese Wahlrechtsausübung sei vom Ansatz in der HB abhängig; Schmitt/Hülsmann BB 2000, 1563 (1568 f.); Haritz FS Spiegelberger, 2009, 674 (675); BFH BStBl. II 2000, 230; FG Bln-Bbg EFG 2008, 1167; vgl. auch den Grundsatz nach § 3 I UmwStG, § 11 I UmwStG, § 20 II UmwStG, § 21 I UmwStG, § 24 II UmwStG). Zur Bestimmung des Zeitwerts → Rn. 33.

32 Der zwingende Ansatz der Vermögensgegenstände zum Zeitwert folgt daraus, dass die „normale" Sacheinlage wie auch die Sacheinlage in Form der Verschm, Spaltung oder Vermögensübertragung in Erfüllung der übernommenen Sacheinlageverpflichtung erfolgt. Aus der Sicht des übernehmenden Rechtsträgers macht es keines Unterschied, ob eine Sacheinlage im eigentlichen Sinne oder eine Sachübernahme vereinbart worden ist (BFH BStBl. II 2000, 230). Der übernehmende Rechtsträger und seine Anteilsinhaber waren zu der vereinbarten Umw und insbes. zur Gewährung der vereinbarten Anteile nur unter der Voraussetzung bereit, dass die iRd Bestimmung des Umtauschverhältnisses bewerteten Vermögensgegenstände auf ihn übergehen. Demzufolge wurde bei ihm eine Einlageforderung begründet, für die als Gegenleistung die neuen Anteile gewährt werden. Diese Einlageforderung kann nur mit ihrem Nennwert, also dem Zeitwert der Vermögensgegenstände abzgl. Der ebenfalls übernommenen Schulden bewertet werden. Dies folgt bereits daraus, dass anstelle des Gegenstands ein entsprechender Geldbetrag geleistet werden müsste. Der Vermögensübergang durch Wirksamwerden der Umw ist sodann nur die Erfüllung der Einlageverpflichtung, die mit der Einlageforderung verrechnet wird (BFH BStBl. II 2000, 230; vgl. auch Deubert/Förschle/Störk Sonderbilanzen/Störk/ Schellhorn D Rn. 192; aA Kallmeyer/Lanfermann Rn. 23: werde der Natur der Verschm nicht gerecht). Bilanziell bedeutet dies den Ansatz der Vermögensgegenstände mit dem Zeitwert und der Schulden mit dem Rückzahlungsbetrag.

IÜ entspricht nur der Ansatz zum Zeitwert den AK iSv § 255 I HGB. Vermögens- **33** gegenstände dürfen nach § 253 I 1 HGB höchstens mit den AK angesetzt werden. Diese bilden – vermindert um Abschreibungen – auch die **Wertuntergrenze** (ADS HGB § 253 Rn. 35 ff.). AK sind nach § 255 I 1 HGB die Aufwendungen, die geleistet werden, um den Vermögensgegenstand (hier: das Vermögen, also die übergehenden Aktiva abzgl. Schulden) zu erwerben. Bei der Umw gegen Gewährung von Gesellschaftsrechten (mit KapErh oder Neugründung) stellen die an die Anteilsinhaber des übertragenden Rechtsträgers gewährten **Anteile** und die übernommenen **Verbindlichkeiten** die **Gegenleistung** dar. Damit entsprechen die AK dem Wert der gewährten Anteile, und zwar deren Zeitwert (so zutr. Semler/Stengel/Leonard/ Moszka Rn. 36 f.). Diese entsprechen wertmäßig bei korrekter Bestimmung des Umtauschverhältnisses dem Zeitwert des übergehenden Vermögens (Aktiva abzgl. Schulden). Daher sind die Vermögensgegenstände mit dem Zeitwert und die Schulden mit dem Rückzahlungsbetrag zu bewerten. Zugleich ist dadurch bestimmt, **wie** der **Zeitwert** der Vermögensgegenstände **zu ermitteln** ist. Maßgeblich sind nicht die Einzelveräußerungspreise, sondern der **Unternehmenswert des übertragenden Rechtsträgers** (zutr. Semler/Stengel/Leonard/Moszka Rn. 36 f.). Regelmäßig wird auf die Bewertung anlässlich der Ermittlung des Umtauschverhältnisses zurückzugreifen sein. Dieser Wert ist auf die Aktiva – ggf. einschl. eines Geschäftswerts (→ Rn. 26) – unter Berücksichtigung der übernommenen Verbindlichkeiten zu verteilen (→ Rn. 30). Ein Ansatz unterhalb des Zeitwerts würde schließlich den Einblick in die Vermögens-, Ertrags- und Finanzlage erschweren (vgl. auch Sagasser/ Bula/Brünger Umwandlungen/Bula/Thees § 10 Rn. 136).

dd) Erfolgsauswirkungen, Kapitalrücklage. Das zu Zeitwerten (aber **34** → Rn. 30) angesetzte übergehende Vermögen (Vermögensgegenstände abzgl. Schulden) ist zunächst mit dem Nominalbetrag der gewährten Anteile (KapErh) zu verrechnen. Ein überschießender Betrag ist bei **KapGes** gem. § 272 II **Nr. 1** HGB als **Agio** (Aufgeld) in die Kapitalrücklage einzustellen (Lutter/Priester/Hennrichs Rn. 47; Goutier/Knopf/Tulloch/Hannappel Rn. 29; Deubert/Förschle/Störk Sonderbilanzen/Deubert/Hoffmann K Rn. 44; IDW RS HFA 42 Rn. 43; Kallmeyer/ Lanfermann Rn. 27; Widmann/Mayer/Budde Rn. 180; Schulze-Osterloh ZGR 1993, 420 (431 f.); Rödder/Herlinghaus/van Lishaut/Rödder Anh. 2 Rn. 31; Kölner Komm UmwG/Simon Rn. 67; BeckOGK/Rieder Rn. 28; aA Sagasser/Bula/ Brünger Umwandlungen/Bula/Thees § 10 Rn. 137: § 272 II Nr. 4 HGB). Dies folgt aus dem Charakter der Umw mit KapErh als Sacheinlage. Insofern liegt eine über dem Nennbetrag der gewährten Anteile hinausgehende Leistung der Gesellschafter vor. Eine Verbuchung über die GuV-Rechnung erfolgt nicht (Schmitt/ Hülsmann BB 2000, 1563 (1569)). Bei **PersGes** sind die gesellschaftsvertraglichen Regelungen und die anlässlich der Umw getroffenen Abreden maßgeblich. Vielfach erfolgt die Verbuchung auf dem für die Beteiligungsverhältnisse maßgeblichen Festkapitalkonto und darüber hinaus auf einer gesamthänderisch gebundenen Kapitalrücklage (IDW RS HFA 42 Rn. 44: Rücklagen iSv § 264c II 1 Ziff. II HGB; Widmann/Mayer/Budde Rn. 181). Es kann aber auch eine Verbuchung auf anderen

Kapital- und Darlehenskonten der Gesellschafter vereinbart werden (Kölner Komm UmwG/Simon Rn. 68; Lutter/Priester/Hennrichs Rn. 49; zur stl. Einordnung der Kapitalkonten für die Frage der Entgeltlichkeit vgl. aber BFH BStBl. II 2016, 593; BStBl. II 2016, 607; BMF 26.7.2016, BStBl. I 2016, 684), wobei die Verbuchung auf als Fremdkapital zu wertende Darlehenskonten aus stl. Gründen (ggf. Veräußerungsentgelt) regelmäßig vermieden wird (zur stl. Bedeutung der Verbuchung auf einem Kapitalkonto II vgl. BFH BStBl. II 2016, 593; BFH BStBl. II 2016, 607; BMF 26.7.2016, BStBl. I 2016, 684). Eine Erfassung als Verschmelzungsgewinn erfolgt nicht, da Anschaffungsvorgänge **erfolgsneutral** sind (aA Kallmeyer/Lanfermann Rn. 26; vgl. auch Lutter/Priester/Hennrichs Rn. 49: ausschüttbar; vgl. auch BeckOGK/Rieder Rn. 29: Verschmelzungsgewinn; ebenso MHdB GesR VIII/ Link § 58 Rn. 54). Bei Rechtsträgern, bei denen die Mitglieder nicht am Nominalkapital beteiligt sind (insbes. eV), ist der Vermögenszugang unmittelbar im EK zu erfassen (NK-UmwR/Böttcher Rn. 50). Da mit der Sacheinlage keine Vermögensbeteiligung der Mitglieder verbunden ist (→ Rn. 32), kann hier die Bewertung der Einlageforderung und damit auch der übergehenden Vermögensgegenstände bis zur Höhe des Zeitwerts (hM; zur Maßgeblichkeit des Zeitwerts → Rn. 31 ff.) gewählt werden (Kölner Komm UmwG/Simon Rn. 68 Rn. 69; Kallmeyer/Lanfermann Rn. 30; Lutter/Priester/Hennrichs Rn. 50).

35 Ein **Verschmelzungsverlust** (das übergehende Vermögen zu Zeitwerten ist geringer als der Nennbetrag der gewährten Anteile) wäre nur bei einer **Unterpariemission** denkbar. Diese ist bei KapGes unzulässig und verhindert die Eintragung. Bleibt sie zunächst unentdeckt, wird der Verschmelzungsverlust durch die Aktivierung einer Ausgleichsforderung gegen die Anteilsinhaber des übertragenden Rechtsträgers ausgeglichen (Kallmeyer/Lanfermann Rn. 28; vgl. auch Sagasser/Bula/Brünger Umwandlungen/Bula/Thees § 10 Rn. 134). Entsprechendes wird regelmäßig bei **PersGes** gelten, wenn das gewährte Kapital als Pflichteinlage zu verstehen ist. Sofern es auch der Hafteinlage entspricht, ist die Einlageverpflichtung nicht erfüllt (§ 171 I HGB).

36 **d) Bewertung bei der Gewährung bestehender Anteile. aa) Allgemeines.** Die Anteilsgewährungspflicht kann auch durch die Übertragung bislang **eigener Anteile** des übernehmenden Rechtsträgers an die Anteilsinhaber des übertragenden Rechtsträgers erfüllt werden. Bei KapGes besteht insoweit ein KapErhWahlrecht (§ 54 I 2 Nr. 1, § 68 I 2 Nr. 1). In diesen Fällen liegt ebenfalls ein entgeltliches Anschaffungsgeschäft vor. Die Hingabe eigener Anteile als Gegenleistung für die Übernahme des Vermögens ist ein **Tauschvorgang;** der übernehmende Rechtsträger veräußert seine eigenen Anteile (ganz hM; vgl. etwa Lutter/Priester/Hennrichs Rn. 53; Goutier/Knopf/Tulloch/Hannappel Rn. 31; Sagasser/Bula/Brünger Umwandlungen/Bula/Thees § 10 Rn. 150; Deubert/Förschle/Störk Sonderbilanzen/Deubert/Hoffmann K Rn. 44; BeckOGK/Rieder Rn. 32; MHdB GesR VIII/ Link § 58 Rn. 55; Gassner FS Widmann, 2000, 343 (351); Schulze-Osterloh ZGR 1993, 420 (435)). Seit den Änderungen durch das BilMoG ist auch zu beachten, dass (der Erwerb und) die Veräußerung eigener Anteile auch bilanziell als Kapitalmaßnahme dargestellt wird (§ 272 Ia/Ib HGB). Daher ist der Vorgang „ähnlich" einer KapErh zu erfassen (IDW RS HFA 42 Rn. 53; Kallmeyer/Lanfermann Rn. 35; Deubert/Förschle/Störk Sonderbilanzen/Deubert/Hoffmann K Rn. 44).

37 **bb) Tauschgrundsätze.** Die wohl hM wendet bei einer Umw gegen Hingabe eigener Anteile die **Tauschgrundsätze** an. Danach bestehe das Wahlrecht, das übernommene Vermögen entweder mit dem BW der hingegebenen Anteile (seit den Änderungen durch das BilMoG also wohl der Nennwert der eigenen Anteile zzgl. Des Betrags, der mit frei verfügbaren Rücklagen verrechnet wurde, § 272 Ia HGB), deren Zeitwert oder einem erfolgsneutralen ZW (zur Erfolgsneutralität idS vgl. Deubert/Förschle/Störk Sonderbilanzen/Deubert/Hoffmann K Rn. 60) anzu-

setzen (so etwa Lutter/Priester/Hennrichs Rn. 54; Kallmeyer/Lanfermann Rn. 31; Kölner Komm UmwG/Simon Rn. 71; BeckOGK/Rieder Rn. 32; MHdB GesR VIII/Link § 58 Rn. 55; Gassner FS Widmann, 2000, 343 (351); vgl. auch IDW RS HFA 42 Rn. 53: maximal der vorsichtig geschätzte Zeitwert des übergehenden Reinvermögens). Andere ZW seien nicht zulässig (Lutter/Priester/Hennrichs Rn. 54; Kallmeyer/Lanfermann Rn. 31; Kölner Komm UmwG/Simon Rn. 71). Die Art der Ausübung ist im Anhang anzugeben. Zur **Verteilung** der **Gesamt-AK** → Rn. 30.

cc) Zwingende Bewertung mit Zeitwert. Der hM ist nicht zuzustimmen. **38** Bei der Umw gegen Gewährung bestehender eigener Anteile durch den übernehmenden Rechtsträger sind die Vermögensgegenstände wie bei der Umw mit KapErh (→ Rn. 29 ff.) **zwingend** mit dem **Zeitwert** anzusetzen (ebenso iErg Sagasser/Bula/Brünger Umwandlungen/Bula/Thees § 10 Rn. 152; Deubert/Förschle/Störk Sonderbilanzen/Deubert/Hoffmann K Rn. 44; Semler/Stengel/Leonard/Moszka Rn. 41; Schulze-Osterloh ZGR 1993, 420 (436)). Die Erwägungen zur Sacheinlage (→ Rn. 31 ff.) gelten hier entsprechend. Auch bei der Verschm gegen Hingabe bestehender eigener Anteile entsteht eine Verpflichtung des übertragenden Rechtsträgers zur Vermögensübertragung. Die damit korrespondierende Forderung des übernehmenden Rechtsträgers kann nur mit dem Zeitwert des übergehenden Vermögens (Aktiva abzgl. Schulden) bewertet werden. Demzufolge sind die an die Stelle der Forderung tretenden Vermögensgegenstände ebenfalls zwingend mit dem Zeitwert und die Schulden mit dem Rückzahlungsbetrag anzusetzen.

Die Bewertung mit dem Zeitwert entspricht auch den Aufwendungen iSv **39** § 255 I 1 HGB. Der übernehmende Rechtsträger wendet nicht den BW der eigenen Anteile auf, er verliert deren Zeitwert (so auch Semler/Stengel/Leonard/Moszka Rn. 41). Dieser muss bei einem korrekt bestimmten Umtauschverhältnis dem Wert des übergehenden Vermögens (Aktiva abzgl. Schulden) entsprechen (→ Rn. 33).

Eine unterschiedliche Behandlung der Umw mit Kapitalerhöhung und durch **40** Hingabe eigener Anteile ist iÜ nicht gerechtfertigt. In beiden Fällen handelt es sich um die Einbringung von Vermögensgegenständen durch Gesellschafter (Schulze-Osterloh ZGR 1993, 420 (436); Semler/Stengel/Leonard/Moszka Rn. 41). Es macht wirtschaftlich keinen Unterschied, ob als Gegenleistung durch KapErh geschaffene oder bereits bestehende eigene Anteile gewährt werden (Sagasser/Bula/Brünger Umwandlungen/Bula/Thees § 10 Rn. 151).

dd) Erfolgsauswirkungen. Aus Sicht des übernehmenden Rechtsträgers veräu- **41** ßert er seine eigenen Anteile (Semler/Stengel/Leonard/Moszka Rn. 41). Der Reinvermögenssaldo des übergehenden Vermögens ist zunächst mit dem für die eigenen Anteile abgesetzten Nennbetrag und den übrigen anlässlich des Erwerbs der eigenen Anteile verrechneten frei verfügbaren Rücklagen auszugleichen (§ 272 Ib HGB; Lutter/Priester/Hennrichs Rn. 54a). In dieser Höhe werden das Nennkapital und die verrechneten Rücklagen wieder aufgefüllt. Übersteigt der Ansatz des übernommenen Vermögens zu Zeitwerten (Aktiva abzgl. Schulden) den – so verstandenen (auch → Rn. 37) – BW der als Gegenleistung gewährten Anteile, ist dieser „Umwandlungsgewinn" bei KapGes aufgrund der ausdrücklichen gesetzlichen Anordnung in § 272 Ib 3 HGB in die Kapitalrücklage iSv § 272 II Nr. 1 HGB einzustellen (Lutter/Priester/Hennrichs Rn. 54a; IDW Assurance/Oser Kap. F Rn. 84; Henssler/Strohn/Ca. Müller Rn. 14; Sagasser/Bula/Brünger Umwandlungen/Bula/Thees § 10 Rn. 150; Kallmeyer/Lanfermann Rn. 35; anders noch zur Rechtslage vor BilMoG → 5. Aufl. 2009, Rn. 41: Kapitalrücklage nach § 272 II Nr. 4 HGB; so auch BeckOGK/Rieder Rn. 32). Zwar sind Tauschgeschäfte (als Veräußerung) grds. erfolgswirksam und damit über die GuV-Rechnung zu erfassen, bei der Gewährung eigener Anteile ist aber zu berücksichtigen, dass eine Leistung der Gesellschafter gegeben ist. Dies spricht für eine Dotierung der Kapitalrücklage wie bei der Sacheinlage. Außerdem ist die Situation ähnlich derjenigen beim Erwerb eines Vermögensgegenstands durch die Ges vom Gesellschafter unterhalb des Verkehrswerts (Schulze-Osterloh ZGR 1993, 420 (436)).

42 **e) Bewertung bei Untergang der Anteile (Upstream-Merger). aa) Allgemeines.** Soweit der übernehmende Rechtsträger am übertragenden Rechtsträger beteiligt ist, gehen diese Anteile mit Wirksamwerden der Umw infolge des Erlöschens des übertragenden Rechtsträgers unter. Neue Anteile werden nicht gewährt. Bei KapGes besteht ein KapErhVerbot (§ 54 I 1 Nr. 1, § 68 I 1 Nr. 1). Demzufolge kommt es bei der Verschm der 100%igen TochterGes auf die MutterGes (Upstream-Merger) zu keiner Anteilsgewährung.

43 **bb) Tauschgrundsätze.** Auch in diesem Fall geht die hM zu Recht von einem **entgeltlichen Anschaffungsgeschäft** aus. Das übergehende Vermögen (Aktiva abzgl. Schulden) tritt an die Stelle der untergehenden Beteiligung, sodass wiederum ein tauschähnlicher Vorgang vorliegt (Kußmaul/Richter GmbHR 2004, 701 (704); Kallmeyer/Lanfermann Rn. 25, 31; Lutter/Priester/Hennrichs Rn. 55; Kölner Komm UmwG/Simon Rn. 74; Widmann/Mayer/Budde Rn. 184; BeckOGK/Rieder Rn. 33; MHdB GesR VIII/Link § 58 Rn. 57; Gassner FS Widmann, 2000, 343 (351); Rödder/Herlinghaus/van Lishaut/Rödder Anh. 2 Rn. 34; Deubert/Förschle/Störk Sonderbilanzen/Deubert/Hoffmann K Rn. 53; IDW RS HFA 42 Rn. 46). Folgerichtig besteht nach hM das Bewertungswahlrecht entsprechend den Tauschgrundsätzen (BW der untergehenden Anteile, deren Zeitwert oder ein erfolgsneutraler ZW, → Rn. 37). Zur **Verteilung** der Gesamt-AK → Rn. 30. Nach aA kann der Ansatz mangels eines Umsatzgeschäfts zwingend nur mit dem BW der untergehenden Anteile erfolgen (Schulze-Osterloh ZGR 1993, 439: wenigstens, wenn die übernehmende Ges bei der übertragenden Ges mindestens über eine Dreiviertelmehrheit verfügt; Sagasser/Bula/Brünger Umwandlungen/Bula/Thees § 10 Rn. 145 ff.).

44 **cc) Zwingende Bewertung mit Zeitwert.** Trotz der Bedenken, dass ein echter „Markttest" wenigstens bei einer beherrschenden Beteiligung der übernehmenden Ges an der übertragenden Ges fehlt (Sagasser/Bula/Brünger Umwandlungen/Bula/Thees § 10 Rn. 148), kann auch in diesem Fall das übergehende Vermögen nur mit dem Zeitwert angesetzt werden. Es gelten die in → Rn. 31 ff. dargestellten Erwägungen entsprechend. Auch beim Untergang eigener Anteile erfolgt der Vermögensübergang in Erfüllung des Anspruchs des übernehmenden Rechtsträgers auf das Vermögen. Diese Forderung kann nur mit dem Zeitwert des übergehenden Vermögens (Aktiva abzgl. Schulden) bewertet werden (→ Rn. 32). Demzufolge müssen die an die Stelle der Forderung tretenden Vermögensgegenstände ebenfalls mit dem Zeitwert bewertet werden. Der Zeitwert der Vermögensgegenstände entspricht auch den Aufwendungen, die der übernehmende Rechtsträger für die Vermögensübertragung hat (vgl. § 255 I 1 HGB). Denn der Wert der untergehenden Anteile entspricht dem (anteiligen) Wert des übergehenden Vermögens. Die untergehenden Anteile und die übernommenen Verbindlichkeiten sind die Gegenleistung, da der übernehmende Rechtsträger nach dem übereinstimmenden Willen aller Beteiligten die Anteile aufgibt, um das Vermögen zu erhalten (vgl. Semler/Stengel/Leonard/Moszka Rn. 44 ff.; vgl. auch Dutzi/Leufeld/Rausch BB 2015, 2219 (2221)).

45 Der aus dem fehlenden Interessengegensatz resultierenden Gefahr ist durch eine **vorsichtige Bewertung** zu begegnen. Sie ändert nichts daran, dass rechtlich ein Umsatzgeschäft vorliegt (ebenso Lutter/Priester/Hennrichs Rn. 56 ff.; Semler/Stengel/Leonard/Moszka Rn. 47; Kölner Komm UmwG/Simon Rn. 77; BeckOGK/Rieder Rn. 33).

dd) Erfolgsauswirkungen. Übersteigt der Ansatz des übergehenden Vermögens 46 (Aktiva abzgl. Passiva) zu Zeitwerten den bisherigen Ansatz der Beteiligung am übertragenden Rechtsträger, entsteht ein **Umwandlungsgewinn.** Anders als bei der Umw gegen Gewährung neuer Anteile oder gegen Gewährung eigener Anteile des übernehmenden Rechtsträgers (→ Rn. 34, → Rn. 41) liegt in diesem Fall eine Leistung der Gesellschafter des übertragenden Rechtsträgers nicht vor. Eine Einstellung des übersteigenden Betrags in die Kapitalrücklage scheidet damit aus, vielmehr erfolgt eine ergebniswirksame Erfassung (Schmitt/Hülsmann BB 2000, 1563 (1569); Kölner Komm UmwG/Simon Rn. 76; Goutier/Knopf/Tulloch/Hannappel Rn. 17; Kallmeyer/Lanfermann Rn. 33; IDW RS HFA 42 Rn. 46; Henssler/Strohn/Ca. Müller Rn. 15; BeckOGK/Rieder Rn. 33; Rödder/Herlinghaus/van Lishaut/Rödder Anh. 2 Rn. 35; MHdB GesR VIII/Link § 58 Rn. 57; Dutzi/Leufeld/Rausch BB 2015, 2219 (2221); wohl auch Lutter/Priester/Hennrichs Rn. 57). Der Verschmelzungsgewinn ist über die **GuV-Rechnung** zu erfassen und als sonstige betriebliche Erträge auszuweisen (grds. krit. zur Gewinnrealisierung durch Ansatz höherer Werte Lutter/Priester/Hennrichs Rn. 57 f.). Er steht für Ausschüttungen an die Anteilsinhaber zur Verfügung (Kölner Komm UmwG/Simon Rn. 76; BeckOGK/Rieder Rn. 33).

f) Bewertung bei Umwandlung der Mutter auf die Tochter (Down- 47 **stream-Merger). aa) Allgemeines.** Bei der Verschm der MutterGes auf ihre TochterGes (Beteiligung des übertragenden Rechtsträgers am übernehmenden Rechtsträger) besteht bei KapGes ein Wahlrecht zur KapErh, wenn die Einlagen in voller Höhe bewirkt sind (§ 54 I 2 Nr. 2, § 68 I 2 Nr. 2). Soweit die KapErh nicht durchgeführt wird, werden den Anteilsinhabern des übertragenden Rechtsträgers (MutterGes) die vom übertragenden Rechtsträger gehaltenen Anteile am übernehmenden Rechtsträger (TochterGes) gewährt. Nach heute ganz hM (etwa Lutter/Grunewald § 20 Rn. 61 mwN) vollzieht sich diese Anteilsübertragung ohne Durchgangserwerb (Begr. Eigener Anteile) beim übertragenden Rechtsträger. Auf den übernehmenden Rechtsträger geht nur das Restvermögen (ohne die Anteile am übernehmenden Rechtsträger) über.

Auch in diesem Fall liegt ein entgeltliches Anschaffungsgeschäft vor. Wirtschaft- 48 lich betrachtet wendet der übernehmende Rechtsträger als Gegenleistung die zuvor vom übertragenden Rechtsträger gehaltenen Anteile an sich auf, die anderenfalls eigene Anteil geworden wären (vgl. auch Deubert/Förschle/Störk Sonderbilanzen/Deubert/Hoffmann K Rn. 67: ein Teil der Leistung ist die Gegenleistung; ebenso Widmann/Mayer/Budde Rn. 190; ähnlich auch Sagasser/Bula/Brünger Umwandlungen/Bula/Thees § 10 Rn. 166). Korrespondierend liegt aus der Sicht der Anteilsinhaber des übertragenden Rechtsträgers ebenfalls ein Anschaffungsgeschäft vor. Denn der Wert der untergehenden Anteile an der MutterGes entspricht dem Wert der als Gegenleistung gewährten Anteile an der TochterGes (bezogen auf das Vermögen der TochterGes nach Verschm). Bei der Verschm auf eine 100%ige TochterGes ist dies offensichtlich. Aus der Sicht der Anteilsinhaber der MutterGes war vor der Verschm das Vermögen lediglich auf zwei Rechtsträger aufgeteilt. Dies gilt aber auch in Fällen mit einer geringeren Beteiligung. Denn die Wertidentität zwischen den untergehenden Anteilen an der MutterGes und den ihren Anteilsinhabern gewährten Anteilen an der übernehmenden Ges folgt aus einem korrekt berechneten Umtauschverhältnis. Nach anderer Ansicht liegt bei Übergang eines positiven Reinvermögens eine unentgeltliche Gesellschafterleistung und bei negativen Reinvermögen eine Sachentnahme vor (IDW RS HFA 42 Rn. 47, 49).

bb) Wahlrecht nach hM. Die wohl hM räumt dem übernehmenden Rechtsträ- 49 ger (TochterGes) hinsichtlich der Bewertung des übernommenen Vermögens ein Wahlrecht ein. Die übernommenen Vermögensgegenstände seien mindestens mit dem Zeitwert der übernommenen Verbindlichkeiten anzusetzen, soweit der Zeitwert der Vermögensgegenstände nicht überschritten werde. Alternativ könne das übernommene Vermögen auch zum Zeitwert angesetzt werden (Lutter/Priester/Hennrichs Rn. 61; Kölner Komm UmwG/Simon Rn. 79; Sagasser/Bula/Brünger Umwandlungen/Bula/Thees § 10 Rn. 166; BeckOGK/Rieder Rn. 34). Nach aA bestimmen sich die AK nur nach dem Wert der übernommenen Verbindlichkeiten (Semler/Stengel/Leonard/Moszka Rn. 50 f.; Kallmeyer/Lanfermann Rn. 39; Henssler/Strohn/Ca. Müller Rn. 16) bzw. nur nach dem vorsichtig geschätzten Zeitwert (IDW RS HFA 42 Rn. 47; IDW Assurance/Oser Kap. F Rn. 91). Zur **Verteilung** der **Gesamt-AK** → Rn. 30a.

50 **cc) Zwingende Bewertung mit Zeitwert.** Zutr. ist es, auch bei der Verschm der Mutter- auf die TochterGes die übergehenden Vermögensgegenstände ohne die Anteile am übertragenden Rechtsträger (diese werde nicht gebucht; Lutter/Priester/Hennrichs Rn. 61; Kallmeyer/Lanfermann Rn. 39; Sagasser/Bula/Brünger Umwandlungen/Bula/Thees § 10 Rn. 165) **zwingend** mit dem **Zeitwert** anzusetzen (MHdB GesR VIII/Link § 58 Rn. 59; iErg auch IDW RS HFA 42 Rn. 47; IDW Assurance/Oser Kap. F Rn. 91; so auch bei Übertragung eines nach Zeitwerten negativen Vermögens Wegener DB 2018, 2071 (2073)). Auch dieser Verschm liegt die Vereinbarung zugrunde, das Vermögen der MutterGes auf die TochterGes zu übertragen. Die TochterGes kann diese Forderung nur mit dem Zeitwert des übergehenden Vermögens (ohne Anteile am übertragenden Rechtsträger) bewerten (→ Rn. 32). Der Vermögensübergang erfolgt sodann in Erfüllung dieser Forderung, weswegen die Vermögensgegenstände mit dem Zeitwert und die Schulden mit dem Rückzahlungsbetrag anzusetzen sind.

51 **dd) Erfolgsauswirkungen.** Der Ansatz der Vermögensgegenstände zum Zeitwert führt vielfach zu einem **Umwandlungsgewinn.** Dieser ist als sonstige Zuzahlung iSv § 272 II Nr. 4 HGB in die Kapitalrücklage einzustellen, da er wirtschaftlich betrachtet auf eine Leistung der Gesellschafter des übertragenden Rechtsträgers zurückzuführen ist (IDW RS HFA 42 Rn. 48; Deubert/Förschle/Störk Sonderbilanzen/Deubert/Hoffmann K Rn. 67; Lutter/Priester/Hennrichs Rn. 61; MHdB GesR VIII/Link § 58 Rn. 60; Wegener DB 2018, 2071 (2073); aA – ergebniswirksam – Kallmeyer/Lanfermann Rn. 39; Kölner Komm UmwG/Simon Rn. 79). Die Situation ist vergleichbar mit derjenigen bei Gewährung bestehender eigener Anteile (→ Rn. 41).

52 Problematisch ist die Übertragung eines zu Zeitwerten **negativen Vermögens.** Dazu kommt es insbes. Dann, wenn die Anteile an der TochterGes fremdfinanziert waren und die MutterGes kein nennenswertes sonstiges Vermögen besitzt. In diesem Fall gehen die Verbindlichkeiten aus der Anteilsfinanzierung auf den übernehmenden Rechtsträger über, während die Anteile an die Anteilsinhaber des übertragenden Rechtsträgers ausgekehrt werden. Wirtschaftlich betrachtet finanziert der übernehmende Rechtsträger damit sein EK mit Fremdmitteln (so zutr. Kallmeyer/Lanfermann Rn. 40). Es entsteht ein erfolgswirksam zu erfassender Verlust (Deubert/Förschle/Störk Sonderbilanzen/Deubert/Hoffmann K Rn. 67: vorrangig zulässige Entnahme; aA IDW RS HFA 42 Rn. 49: unmittelbar ohne Berührung der GuV-Rechnung mit dem EK zu verrechnen; so auch MHdB GesR VIII/Link § 58 Rn. 61; Lutter/Priester/Hennrichs Rn. 62; diff. Wegener DB 2018, 2071 (2073 f.)). Der Ansatz eines Firmenwerts scheidet aus (so aber Enneking/Heckschen DB 2006, 1099), da nicht erworbene, sondern – ohne Anschaffung – die beim übernehmenden Rechtsträger vorhandenen stillen Reserven aufgedeckt werden würden (zutr. Deubert/Förschle/Störk Sonderbilanzen/Deubert/Hoffmann K Rn. 67; Lutter/Priester/Hennrichs Rn. 62). Bei KapGes als übernehmender Rechtsträger ist die Verschm der Mutter- auf die TochterGes demnach nur zulässig, soweit sie nicht einen Verstoß gegen die KapErhGrundsätze darstellt. Bei einer GmbH muss eine Verrechnung mit ungebundenen Eigenkapitalanteilen (§ 30 GmbHG) möglich sein

(Kallmeyer/Lanfermann Rn. 40; Lutter/Priester/Hennrichs Rn. 62; Priester FS Spiegelberger, 2009, 890 (892 ff.); Deubert/Förschle/Störk Sonderbilanzen/Deubert/Hoffmann K Rn. 68; NK-UmwR/Böttcher Rn. 57; MHdB GesR VIII/Link § 58 Rn. 61; BeckOGK/Rieder Rn. 35; Sagasser/Bula/Brünger Umwandlungen/Bula/Thees § 10 Rn. 167; IDW Assurance/Oser Kap. F Rn. 93; Wegener DB 2018, 2071 (2073); aA Enneking/Heckschen DB 2006, 1099: ggf. existenzvernichtender Eingriff). Bei einer AG als übernehmender Rechtsträger ist die Übertragung eines negativen Vermögens eine unzulässige Einlagenrückgewähr iSv § 57 AktG (wie hier IDW RS HFA 42 Rn. 49; Deubert/Förschle/Störk Sonderbilanzen/Deubert/Hoffmann K Rn. 68; Wegener DB 2018, 2071 (2073); vgl. auch Kallmeyer/Lanfermann Rn. 40: ggf. existenzvernichtender Eingriff). Zu Aspekten aus Sicht des Abschlussprüfers vgl. Kronner/Seidler BB 2018, 1899.

g) Bewertung bei Verzicht auf Anteilsgewährung (Sidestream-Merger). 53
aa) Allgemeines. Mit Gesetz v. 19.4.2007 (BGBl. 2007 I 542) wurden § 54 I 3, § 68 I 3 eingefügt. Danach darf die übernehmende Ges von der Gewährung von Gesellschaftsanteilen absehen, wenn alle Anteilsinhaber eines übertragenden Rechtsträgers darauf verzichten (vgl. iE §§ 54, 68). Der praktisch wichtigste Fall ist die Verschm von (meist 100%igen) SchwesterGes (Sidestream-Merger) bzw. Umw innerhalb eines Konzerns. Entsprechendes gilt für Auf- oder Abspaltungen auf (100%ige) SchwesterGes (→ § 126 Rn. 49) oder innerhalb eines Konzerns. Die Umw ist in diesem Fall **kein Anschaffungsvorgang.** Der übernehmende Rechtsträger wendet, anders als in den Fällen der Hingabe eigener Anteile (→ Rn. 36), beim Upstream-Merger (→ Rn. 42) oder beim Downstream-Merger (→ Rn. 47) aus seinem Vermögen nichts auf; ebenso erhalten die Anteilsinhaber des übertragenden Rechtsträgers keine Gegenleistung für die Vermögensübertragung. Die Wertveränderung der Anteile am übernehmenden Rechtsträger ist ein bloßer wirtschaftlicher Reflex. Derartige Umw stellen aus wirtschaftlicher Sicht eine verdeckte Einlage dar (ebenso Kallmeyer/Lanfermann Rn. 7; wohl auch IDW RS HFA 42 Rn. 50 iVm 47; IDW Assurance/Oser Kap. F Rn. 91; Kölner Komm UmwG/Simon Rn. 82; Bahns Ubg 2010, 414 (417): auch zur Downstream-Abspaltung; wohl auch Roß/Drögemüller DB 2009, 580; vgl. auch BeckOGK/Rieder Rn. 37: unentgeltlich; Lutter/Priester/Hennrichs Rn. 63a: keine Gegenleistung; Widmann/Mayer/Budde Rn. 146: durch das Gesellschaftsverhältnis veranlasster Vorgang; vgl. hingegen Rödder/Herlinghaus/van Lishaut/Rödder Anh. 2 Rn. 38: Gedankliche Zerlegung in eine Einbringung der Beteiligung der gemeinsamen Mutter an der Übertragerin in die Übernehmerin und anschließender Upstream-Merger; ebenso Sagasser/Bula/Brünger Umwandlungen/Bula/Thees § 10 Rn. 168). Soweit – etwa in Konzernfällen – keine unmittelbare Beteiligungsidentität am übertragenden und übernehmenden Rechtsträger besteht, kann die Umw zugleich eine Vermögensauskehrung aus dem übertragenden Rechtsträger an dessen unmittelbaren oder mittelbaren Anteilsinhaber darstellen (IDW RS HFA 42 Rn. 51). Insoweit ist ferner zu prüfen, ob ein Verstoß gegen die KapErhGrundsätze (§ 30 GmbHG, § 57 AktG) vorliegt (IDW RS HFA 42 Rn. 52). Auch aus **stl. Sicht** ist ggf. der Vorrang der Grundsätze der verdeckten Einlage bzw. verdeckten Gewinnausschüttung zu beachten (BFH BStBl. II 2011, 799; BMF 11.11.2011, BStBl. I 2011, 1314 Rn. 13.03, 15.44).

bb) Bewertung. Mangels Anschaffungsgeschäft (→ Rn. 53) kommt eine 54 Bewertung nach Tauschgrundsätzen (→ Rn. 36 f., → Rn. 42 f.) nicht in Betracht. Die verdeckte Sacheinlage ist gerade dadurch gekennzeichnet, dass sie nicht aufgrund gesellschaftsrechtlicher Verpflichtung und ohne Hingabe eigener Vermögensgegenstände als Gegenleistung erfolgt. Nach den effektiven AK müssten die vom übertragenden Rechtsträger übergehenden WG daher mit dem Wert der übernommenen Verbindlichkeiten (im Saldo also mit Null) angesetzt werden (vgl. BeBiKo/Störk/Taetzner HGB § 272 Rn. 415; vgl. auch Kölner Komm UmwG/Simon Rn. 83;

Henssler/Strohn/Ca. Müller Rn. 17). Die hM lässt jedoch aufgrund der GoB einen Ansatz der unentgeltlich erworbenen Vermögensgegenstände mit den Kosten, die bei entgeltlichen Erwerb für sie aufgewendet hätten werden müssen, zu (vgl. BeBiKo/Störk/Taetzner HGB § 272 Rn. 415; Winnefeld Bilanz-HdB C Rn. 421; Kölner Komm UmwG/Simon Rn. 83). Demzufolge kommt nur eine Bewertung mit dem (mangels Markttest vorsichtig geschätzten) Zeitwert in Betracht, da andernfalls der Einblick in die Vermögens- und Ertragslage nicht gewährleistet wäre (Kallmeyer/Lanfermann Rn. 7; Winnefeld Bilanz-HdB C Rn. 421; Widmann/Mayer/ Budde Rn. 146; iErg auch IDW RS HFA 42 Rn. 50 iVm 47; IDW Assurance/ Oser Kap. F Rn. 91; Bahns Ubg 2010, 414 (418): BW oder Zeitwert; vgl. auch Lutter/Priester/Hennrichs Rn. 63b; vgl. allg. auch Lüdenbach StuB 2010, 709). Der Ansatz immaterieller WG einschl. eines Geschäfts- oder Firmenwerts erfolgt mangels entgeltlicher Anschaffung nicht (§ 246 I 4 HGB). Zur **Verteilung** der **Gesamt-AK** → Rn. 30.

55 cc) **Erfolgsauswirkungen.** Der Ansatz und die Bewertung des übergehenden Vermögens (ohne immaterielle WG und eines Geschäfts- oder Firmenwerts; → Rn. 54) zum vorsichtig geschätzten Zeitwert (→ Rn. 54) führt idR zu einem Umwandlungsgewinn beim übernehmenden Rechtsträger. Dieser ist als sonstige Zuzahlung nach § 272 II Nr. 4 HGB auf die Passivseite in der Kapitalrücklage zu erfassen (Kallmeyer/Lanfermann Rn. 7; IDW RS HFA 42 Rn. 50 iVm 48; IDW Assurance/Oser Kap. F Rn. 91; BeBiKo/Störk/Taetzner HGB § 272 Rn. 415; Lutter/Priester/Hennrichs Rn. 63b; Kölner Komm UmwG/Simon Rn. 85: bei Gesellschaftergleichheit Wahlrecht, auch erfolgswirksam zu vereinnahmen; ebenfalls diff. BeckOGK/Rieder Rn. 37: erfolgswirksam, bei Gesellschaftergleichheit auch Dotierung der Kapitalrücklage nach § 272 II Nr. 4 HGB). Bei **PersGes** sind die Festlegungen im Gesellschaftsvertrag oder anlässlich der Umw maßgeblich (regelmäßig auf gesamthänderisch gebundenem Kapitalrücklagenkonto oder sonstigem Kapitalkonto). Bei der Übertragung eines zu Zeitwerten **negativen Vermögens** treten ähnliche Fragen wie beim Downstream-Merger auf (→ Rn. 52). Soweit die Umw danach (→ Rn. 52) gesellschaftsrechtlich zulässig ist, ist ein Umwandlungsverlust ergebniswirksam zu erfassen.

56 h) **Behandlung von Mischfällen. aa) Allgemeines.** Bei Umw treten auch Mischfälle auf, indem etwa teilw. durch KapErh neu geschaffene Anteile und/oder bestehende eigene Anteile gewährt werden sowie teilw. – soweit der übernehmende Rechtsträger am übertragenden Rechtsträger beteiligt ist – Anteile am übertragenden Rechtsträger durch die Umw untergehen. Die bilanzielle Erfassung richtet sich in diesen Mischfällen nach einer Kombination der vorstehenden (→ Rn. 29 ff.) Grundsätze (IDW RS HFA 42 Rn. 55; IDW Assurance/Oser Kap. F Rn. 97).

57 bb) **Ansatz und Bewertung.** Hinsichtlich des **Ansatzes** der übergehenden Vermögensgegenstände ergeben sich keine Besonderheiten, da in allen Fällen entgeltliche Anschaffungsgeschäfte vorliegen. Nach hier vertretener Auffassung ist auch eine Aufteilung der AK nicht vorzunehmen (iErg ebenso Semler/Stengel/Leonard/ Moszka Rn. 52), da die **Bewertung** immer zu Zeitwerten (→ Rn. 29 ff.) erfolgt (aA vor dem Hintergrund unterschiedlicher AK Lutter/Priester/Hennrichs Rn. 60; Kallmeyer/Lanfermann Rn. 36; Deubert/Förschle/Störk Sonderbilanzen/Deubert/ Hoffmann K Rn. 65 f.). Folgt man der aA, sind die ggf. unterschiedlichen AK auf die einzelnen Vermögensgegenstände aufzuteilen (Lutter/Priester/Hennrichs Rn. 60; Kallmeyer/Lanfermann Rn. 36; MHdB GesR VIII/Link § 58 Rn. 65; BeckOGK/ Rieder Rn. 38; ausf. Deubert/Lewe/Roland BB 2017, 554). Aufteilungsmaßstab sei der Verkehrswert der jew. Gegenleistung (Kallmeyer/Lanfermann Rn. 36).

58 cc) **Erfolgsverbuchung.** Eine **Aufteilung** hat hinsichtlich eines Umwandlungsergebnisses zu erfolgen. Soweit für den Vermögensübergang neu geschaffene oder

bereits bestehende eigene Anteile gewährt werden, ist ein **Umwandlungsgewinn** in der Kapitalrücklage zu erfassen (→ Rn. 34, → Rn. 41); der Teil des Verschmelzungsgewinns, der auf den Untergang von Anteilen entfällt, ist erfolgswirksam als sonstige betriebliche Erträge über die GuV-Rechnung zu buchen (→ Rn. 46). **Maßstab** für die Aufteilung ist, inwieweit der Vermögensübergang anteilig auf die jew. Gegenleistung zurückgeht. Dies bestimmt sich nach den ursprünglichen Beteiligungsverhältnissen am übertragenden Rechtsträger. Ein **Umwandlungsverlust** ist immer (ggf. teilw.) erfolgswirksam über die GuV-Rechnung zu erfassen.

i) Bare Zuzahlungen, Anschaffungsnebenkosten. Bare Zuzahlungen iSv 59 § 5 I Nr. 3, § 126 I Nr. 3 zählen zur Gegenleistung und sind damit grds. Bestandteil der AK (Kallmeyer/Lanfermann Rn. 57; Lutter/Priester/Hennrichs Rn. 48; IDW RS HFA 42 Rn. 43; IDW Assurance/Oser Kap. F Rn. 81; Semler/Stengel/Leonard/Moszka Rn. 42; NK-UmwR/Böttcher Rn. 49; MHdB GesR VIII/Link § 58 Rn. 53; Widmann/Mayer/Budde Rn. 181). Aufgrund eines Spruchverfahrens festgesetzte bare Zuzahlungen sind nachträgliche AK (Lutter/Priester/Hennrichs Rn. 48; Kallmeyer/Lanfermann Rn. 58; MHdB GesR VIII/Link § 58 Rn. 53). Für die Bewertung des übergehenden Vermögens haben die baren Zuzahlungen nach hier vertretener Auffassung keine Bedeutung, da zwingend ein Ansatz zum Zeitwert der Vermögensgegenstände erfolgt (→ Rn. 29 ff.). Sie reduzieren als weitere Gegenleistung aber einen Umwandlungsgewinn bzw. erhöhen einen Umwandlungsverlust. **Barabfindungen** an ausscheidende Anteilsinhaber (§§ 29 ff.) beeinflussen hingegen die AK nicht; diese werden nicht als Gegenleistung für die Vermögensübertragung, sondern als Entgelt für das Ausscheiden des Anteilsinhabers geleistet (Semler/Stengel/Leonard/Moszka Rn. 43; Lutter/Priester/Hennrichs Rn. 48; MHdB GesR VIII/Link § 58 Rn. 53).

Entsprechendes gilt für **Anschaffungsnebenkosten.** Sie werden indes nicht 60 zusätzlich zum Zeitwert der Vermögensgegenstände (Höchstwert) aktiviert, sondern mindern den Umwandlungsgewinn bzw. erhöhen den Umwandlungsverlust. Dies gilt allerdings nur für den **objektbezogenen Aufwand,** also Aufwendungen, die konkret einzelnen Vermögensgegenständen zugeordnet werden können (insbes. GrESt). Sonstige Anschaffungsnebenkosten, die die Umw an sich betreffen (Kosten der Umw), sind hingegen aufwandswirksam und mindern den Jahresüberschuss bzw. erhöhen den Jahresfehlbetrag (ebenso Widmann/Mayer/Budde Rn. 225; Sagasser/Bula/Brünger Umwandlungen/Bula/Thees § 10 Rn. 173; vgl. auch Deubert/Förschle/Störk Sonderbilanzen/Deubert/Hoffmann K Rn. 43: nicht aktivierungsfähige Aufwendungen für die Beschaffung von EK; aA Kallmeyer/Lanfermann Rn. 12; NK-UmwR/Böttcher Rn. 44; MHdB GesR VIII/Link § 58 Rn. 53; vgl. auch Lutter/Priester/Hennrichs Rn. 48 Fn. 79).

j) Sonstiges. Im **Anlagespiegel (Anhangangabe,** § 284 III HGB) sind die 61 übergehenden Vermögensgegenstände des Anlagevermögens mit den der Bilanzierung zugrunde liegenden (Zeit-)Werten als Zugänge zum Zeitpunkt des Umwandlungsstichtags aufzunehmen (IDW RS HFA 42 Rn. 56). Die historischen AK, ggf. auch die BW der Schlussbilanz, können aus informatorischen Zwecken zusätzlich angegeben werden (Kallmeyer/Lanfermann Rn. 38; Lutter/Priester/Hennrichs Rn. 52; IDW Assurance/Oser Kap. F Rn. 99). Zur **Ausübung des Wahlrechts** → Rn. 85.

5. Bilanzierung bei Buchwertverknüpfung

a) Durchbrechung des Anschaffungswertprinzips. Verschm, Spaltung und 62 Vermögensübertragungen sind für den übernehmenden Rechtsträger entgeltliche Anschaffungsgeschäfte (→ Rn. 10 ff.). Nach allg. Grundsätzen käme damit eine Fortführung der BW des übertragenden Rechtsträgers nicht in Betracht, denn die

AK richten sich nach den Aufwendungen, die der übernehmende Rechtsträger selbst getragen hat (§ 255 I HGB). Die Einräumung des Wahlrechts, auch die BW des übertragenden Rechtsträgers fortzuführen, ist demnach eine Durchbrechung des Anschaffungswertprinzips. Neben der historischen Entwicklung (→ Rn. 1) beruht die Möglichkeit der Buchwertfortführung auf dem Gedanken, den Vermögensübergang durch Gesamtrechtsnachfolge wahlweise mittels Bilanzkontinuität abbilden zu können (→ Rn. 12).

63 Dennoch tritt **keine Gesamtrechtsnachfolge in** die **Bilanzpositionen** des übertragenden Rechtsträgers ein (ausf. Schmitt/Hülsmann BB 2000, 1563; Lutter/Priester/Hennrichs Rn. 66; aA Sagasser/Bula/Brünger Umwandlungen/Bula/Thees § 10 Rn. 225). § 24 bestimmt lediglich, dass **als AK** des übernehmenden Rechtsträgers auch die BW des übernehmenden Rechtsträgers übernommen werden können. Der übernehmende Rechtsträger hat damit kraft der Umw eigene AK und übernimmt damit weder die historischen AK (oder HK) des übertragenden Rechtsträgers noch die Bilanzpositionen in der Schlussbilanz. Bedeutung hat dies für Vorschriften, bei denen auf die historischen AK (etwa **Wertaufholung;** nach Umw nur bis zu den Werten der Schlussbilanz) abgestellt wird (Lutter/Priester/Hennrichs Rn. 66; Kallmeyer/Lanfermann Rn. 44; Kölner Komm UmwG/Simon Rn. 87; Deubert/Förschle/Störk Sonderbilanzen/Deubert/Hoffmann K Rn. 86; Sagasser/Bula/Brünger Umwandlungen/Bula/Thees § 10 Rn. 228; MHdB GesR VIII/Link § 58 Rn. 72; BeckOGK/Rieder Rn. 40; Rödder/Herlinghaus/van Lishaut/Rödder Anh. 2 Rn. 45; IDW RS HFA 42 Rn. 64; vgl. auch → Rn. 72).

64 Da der übernehmende Rechtsträger bei der Umw zur Aufnahme eine Übernahmebilanz nicht erstellt (→ Rn. 4 ff.), bedeutet die von § 24 zugelassene Übernahme der Schlussbilanzwerte des übertragenden Rechtsträgers, dass diese Werte auf den Stichtag des ersten JA, in dem der übernehmende Rechtsträger das übergehende Vermögen zu erfassen hat (→ § 17 Rn. 73 ff.), **fortzuentwickeln** sind (Lutter/Priester/Hennrichs Rn. 67; Kallmeyer/Lanfermann Rn. 43; IDW Assurance/Oser Kap. F Rn. 68).

65 **b) Ansatz der übergehenden Vermögensgegenstände und Schulden. aa) Ansatzwahlrecht nach § 24.** Ausdrücklich ist in § 24 nur die Bewertung der übergehenden Vermögensgegenstände (AK) angesprochen. § 24 gewährt aber nicht nur ein Bewertungs-, sondern auch ein Ansatzwahlrecht. Entscheidet sich der übernehmende Rechtsträger für die **Buchwertverknüpfung,** ist er **auch an** die **bilanziellen Ansätze** des übertragenden Rechtsträgers **gebunden** (ganz hM; vgl. etwa Kallmeyer/Lanfermann Rn. 13 f.; Lutter/Priester/Hennrichs Rn. 38; Sagasser/Bula/Brünger Umwandlungen/Bula/Thees § 10 Rn. 237; Goutier/Knopf/Tulloch/Hannappel Rn. 12; Semler/Stengel/Leonard/Moszka Rn. 20; IDW RS HFA 42 Rn. 60; Rödder/Herlinghaus/van Lishaut/Rödder Anh. 2 Rn. 43; MHdB GesR VIII/Link § 58 Rn. 45; BeckOGK/Rieder Rn. 21; Kölner Komm UmwG/Simon Rn. 86; Widmann/Mayer/Budde Rn. 213). Dies ist unabhängig davon, ob der übernehmende Rechtsträger kraft seiner Rechtsform entsprechende Wahlrechte gehabt hätte (IDW RS HFA 42 Rn. 60; NK-UmwR/Böttcher Rn. 42; BeckOGK/Rieder Rn. 21; auch → Rn. 71).

66 Dies folgt zum einen aus der historischen Entwicklung. Denn die früher allein zulässige Buchwertverknüpfung im Sinne einer Bilanzkontinuität (→ Rn. 1) sollte wahlweise zulässig bleiben (Kallmeyer/Lanfermann Rn. 14; Lutter/Priester/Hennrichs Rn. 38). Zum anderen kann nur bei diesem Verständnis das angestrebte Ziel der Bilanzkontinuität als Ausdruck der Gesamtrechtsnachfolge (dazu Schulze-Osterloh ZGR 1993, 420 (425)) erreicht werden. Schließlich müssten bislang nicht angesetzte WG und Schulden mangels eines BW in der Schlussbilanz mit dem Wert Null erfasst werden (Kallmeyer/Lanfermann Rn. 14). Im Ergebnis bedeutet dies für die **Ansatzebene,** dass der übernehmende Rechtsträger das übergehende Vermögen

(Aktiva und Passiva ohne EK) so zu bilanzieren hat, als läge kein Anschaffungsgeschäft vor (aber → Rn. 62 ff.).

bb) Fortführung der Ansätze. Demzufolge ist der übernehmende Rechtsträger 67 bei **Ansatzwahlrechten** an die Ausübung durch den übertragenden Rechtsträger in seiner Schlussbilanz gebunden (zur Durchbrechung der Bewertungsstetigkeit in der Schlussbilanz des übertragenden Rechtsträgers → § 17 Rn. 33). Dies gilt für Aktivierungs- wie auch für Passivierungswahlrechte (insbes. vor den Änderungen durch das BilMoG) und unabhängig davon, ob der übernehmende Rechtsträger kraft seiner Rechtsform die Wahlrechte hätte (Kallmeyer/Lanfermann Rn. 13, 44; Semler/Stengel/Leonard/Moszka Rn. 26; IDW RS HFA 42 Rn. 60; Rödder/Herlinghaus/van Lishaut/Rödder Anh. 2 Rn. 43; BeckOGK/Rieder Rn. 21). **Bilanzierungshilfen** (insbes. § 269 HGB aF) und vom übertragenden Rechtsträger nach § 255 IV HGB aF, § 246 I 4 HGB aktivierte **Geschäftswerte** sind vom übernehmenden Rechtsträger fortzuführen (Kallmeyer/Lanfermann Rn. 45; Deubert/Förschle/Störk Sonderbilanzen/Deubert/Hoffmann K Rn. 72; BeckOGK/Rieder Rn. 22; Widmann/Mayer/Budde Rn. 213; Gassner FS Widmann, 2000, 343 (352)). Vom übertragenden Rechtsträger selbst erstellte **immaterielle Vermögensgegenstände** des Anlagevermögens können vom übernehmenden Rechtsträger nur übernommen werden, wenn der übertragende Rechtsträger sie bereits angesetzt hatte (§ 248 II HGB); das Wahlrecht nach § 248 II 1 HGB kann nicht erneut ausgeübt werden (IDW RS HFA 42 Rn. 65; IDW Assurance/Oser Kap. F Rn. 70; Lutter/Priester/Hennrichs Rn. 39; BeckOGK/Rieder Rn. 22; MHdB GesR VIII/Link § 58 Rn. 46; NK-UmwR/Böttcher Rn. 42; Widmann/Mayer/Budde Rn. 214). Ebenso wenig kann ein **originärer Geschäftswert** des übertragenden Rechtsträgers angesetzt werden. Insoweit wirkt das Aktivierungsverbot nach § 248 II HGB, das für die Schlussbilanz des übertragenden Rechtsträgers gilt, auch beim übernehmenden Rechtsträger fort (Kallmeyer/Lanfermann Rn. 45; Sagasser/Bula/Brünger Umwandlungen/Bula/Thees § 10 Rn. 226; Lutter/Priester/Hennrichs Rn. 39 f.; Deubert/Förschle/Störk Sonderbilanzen/Deubert/Hoffmann K Rn. 72; Rödder/Herlinghaus/van Lishaut/Rödder Anh. 2 Rn. 44; IDW RS HFA 42 Rn. 65; IDW Assurance/Oser Kap. F Rn. 70; Kölner Komm UmwG/Simon Rn. 57). Die Nichtausübung der Wahlrechte des übertragenden Rechtsträgers im Zusammenhang mit der Umstellung durch das **BilMoG** (Art. 67 EGHGB) ist vom übernehmenden Rechtsträger fortzuführen. Hat der übernehmende Rechtsträger das übernommene Vermögen erstmals in dem JA zu erfassen, in dem er die Änderung durch das BilMoG zu beachten hat, kann er diese Wahlrechte dann ausüben, wenn der übertragende Rechtsträger dies in der Schlussbilanz noch nicht berücksichtigt hat (auch → § 17 Rn. 25). Eine erfolgsneutrale Einstellung in die Gewinnrücklage scheidet bei ihm aber aus. Die Höhe der jährlichen Zuführungen nach Art. 67 I 1 EGHGB bestimmt der übernehmende Rechtsträger künftig selbstständig.

Der übernehmende Rechtsträger ist an die Ausübung des Passivierungswahlrechts 68 nach **Art. 28 EGHGB** durch den übertragenden Rechtsträger gebunden. Bislang nicht angesetzte Pensionsverpflichtungen darf er nicht passivieren (Semler/Stengel/Leonard/Moszka Rn. 26; Lutter/Priester/Hennrichs Rn. 39; Sagasser/Bula/Brünger Umwandlungen/Bula/Thees § 10 Rn. 226; IDW RS HFA 42 Rn. 60; aA Deubert/Förschle/Störk Sonderbilanzen/Deubert/Hoffmann K Rn. 77). Zu Ausnahmen → Rn. 81.

Grds. sind vom übertragenden Rechtsträger gebildete aktive und passive **latente** 69 **Steuern** nach § 274 HGB vom übernehmenden Rechtsträger zu übernehmen. Es ist aber zu prüfen, ob die dafür nötigen Voraussetzungen in der Zukunft vom übernehmenden Rechtsträger noch erfüllt werden können (ebenso IDW RS HFA 42 Rn. 61; IDW Assurance/Oser Kap. F Rn. 70; Kallmeyer/Lanfermann Rn. 45; Lutter/Priester/Hennrichs Rn. 39, 65; Deubert/Förschle/Störk Sonderbilanzen/

Deubert/Hoffmann K Rn. 80; MHdB GesR VIII/Link § 58 Rn. 46; Widmann/ Mayer/Budde Rn. 219).

70 Nicht zu übernehmen sind Vermögensgegenstände und Schulden, die anlässlich der Verschm untergehen. Dies betrifft insbes. Zwischen den Rechtsträgern bestehende Forderungen und Verbindlichkeiten, die durch **Konfusion** erlöschen (Sagasser/Bula/Brünger Umwandlungen/Bula/Thees § 10 Rn. 227; IDW Assurance/ Oser Kap. F Rn. 70; Widmann/Mayer/Budde Rn. 215). **Eigene Anteile** des übertragenden Rechtsträgers sind nach den Änderungen durch das BilMoG ohnehin in der Schlussbilanz nicht mehr aktivisch erfasst (→ § 17 Rn. 26). Eine Absetzung vom Nennkapital und Verrechnung mit den frei verfügbaren Rücklagen entfällt beim übernehmenden Rechtsträger (vgl. auch Kallmeyer/Lanfermann Rn. 15; IDW Assurance/Oser Kap. F Rn. 70; Widmann/Mayer/Budde Rn. 216).

71 **c) Bewertung des übergehenden Vermögens und der übergehenden Verbindlichkeiten. aa) Allgemeines.** Der übernehmende Rechtsträger hat das übergehende Vermögen mit den BW der Schlussbilanz, die auf den Zeitpunkt des ersten JA des übernehmenden Rechtsträgers, in dem der Vermögensübergang erfasst wird, **fortzuentwickeln** sind, zu bewerten (→ Rn. 65). Die Wertansätze sind auch bindend, wenn sie der übernehmende Rechtsträger kraft seiner Rechtsform nicht ansetzen dürfte (IDW RS HFA 42 Rn. 60; MHdB GesR VIII/Link § 58 Rn. 70; Kallmeyer/Lanfermann Rn. 13, 44; Deubert/Förschle/Störk Sonderbilanzen/Deubert/ Hoffmann K Rn. 85; Widmann/Mayer/Budde Rn. 222). Fehlerhafte Wertansätze sind indes zu korrigieren (Lutter/Priester/Hennrichs Rn. 65; MHdB GesR VIII/ Link § 58 Rn. 70; IDW Assurance/Oser Kap. F Rn. 67; vgl. auch Widmann/ Mayer/Budde Rn. 212, 226).

72 **bb) Eigene Anschaffungskosten.** Die Verschm mit Buchwertfortführung ist aber dennoch für den übernehmenden Rechtsträger ein entgeltliches Anschaffungsgeschäft (auch → Rn. 63). Die fortgeführten BW stellen die eigenen AK des übernehmenden Rechtsträgers dar. **Wertaufholungen** kann er nur bis zu diesen BW, nicht aber bis zu den historischen AK des übertragenden Rechtsträgers berücksichtigen (wie hier Kallmeyer/Lanfermann Rn. 44; Lutter/Priester/Hennrichs Rn. 66; Kölner Komm UmwG/Simon Rn. 87; Deubert/Förschle/Störk Sonderbilanzen/ Deubert/Hoffmann K Rn. 86; Rödder/Herlinghaus/van Lishaut/Rödder Anh. 2 Rn. 45; Semler/Stengel/Leonard/Moszka Rn. 56; IDW RS HFA 42 Rn. 64; Sagasser/Bula/Brünger Umwandlungen/Bula/Thees § 10 Rn. 228; BeckOGK/Rieder Rn. 40; Widmann/Mayer/Budde Rn. 223; IDW Assurance/Oser Kap. F Rn. 71; Limmer Unternehmensumwandlungs-HdB/Bilitewski Teil 7 Rn. 827; auch → Rn. 63). Wegen des Vorliegens eines entgeltlichen Anschaffungsgeschäftes gilt für den übernehmenden Rechtsträger nicht der Grds. der **Bewertungsstetigkeit** nach § 246 III 1 HGB, § 252 I Nr. 6 HGB. Er ist bei künftigen JA nicht an die Bewertungsmethoden des übertragenden Rechtsträgers gebunden (ebenso Kallmeyer/Lanfermann Rn. 44; Lutter/Priester/Hennrichs Rn. 66; Semler/Stengel/ Leonard/Moszka Rn. 57; IDW RS HFA 42 Rn. 60; BeckOGK/Rieder Rn. 40; MHdB GesR VIII/Link § 58 Rn. 72; Widmann/Mayer/Budde Rn. 211, 225; anders Sagasser/Bula/Brünger Umwandlungen/Bula/Thees § 10 Rn. 39: in der Praxis würde der übertragende Rechtsträger bereits nach § 252 II HGB abweichen). Zur Durchbrechung der Bewertungsstetigkeit in der Schlussbilanz → § 17 Rn. 33. Für die Bemessung der künftigen Abschreibungen ist die (Rest-)Nutzungsdauer neu festzulegen (Deubert/Förschle/Störk Sonderbilanzen/Deubert/Hoffmann K Rn. 86; Lutter/Priester/Hennrichs Rn. 66; Kölner Komm UmwG/Simon Rn. 87).

73 **cc) Kosten der Umwandlung, Anschaffungsnebenkosten.** Aufgrund der Fortführung der BW der Schlussbilanz kann der übernehmende Rechtsträger **Anschaffungsnebenkosten** (etwa Kosten der Umw) nicht aktivieren. Sie sind aufwandswirksam zu erfassen (Kallmeyer/Lanfermann Rn. 16, 45; Lutter/Priester/ Hennrichs Rn. 66; Deubert/Förschle/Störk Sonderbilanzen/Deubert/Hoffmann K Rn. 86; MHdB GesR VIII/Link § 58 Rn. 73; BeckOGK/Rieder Rn. 40; Widmann/Mayer/Budde Rn. 225; IDW RS HFA 42 Rn. 62; IDW Assurance/Oser Kap. F Rn. 70; Dutzi/Leufeld/Rausch BB 2015, 2219 (2220)). Dies gilt auch für objektbezogene Anschaffungsnebenkosten (insbes. **GrESt**); zur stl. Behandlung vgl. BMF 18.1.2010, BStBl. I 2010, 70; BMF 11.11.2011, BStBl. I 2011, 1314 Rn. 03.05.

dd) Formelle Unterpariemission. Die Bindung an die BW gilt auch, wenn 74 auf eine KapGes gegen Gewährung neuer Gesellschaftsrechte verschmolzen wird und das übertragene Nettobuchvermögen geringer als die KapErh ist. Für die Kapitaldeckung sind die tatsächlichen Werte ausschlaggebend. Ein Verbot einer nominellen Unterpariemission existiert nicht (wie hier Lutter/Priester/Hennrichs Rn. 83 ff.; Deubert/Förschle/Störk Sonderbilanzen/Deubert/Hoffmann K Rn. 91; Mujkanovic BB 1995, 1735; Sagasser/Bula/Brünger Umwandlungen/Bula/Thees § 10 Rn. 234; Kölner Komm UmwG/Simon Rn. 43; IDW RS HFA 42 Rn. 70; NK-UmwR/Böttcher Rn. 34 f.; Heeb WPg 2014, 189 (194); BeckOGK/Rieder Rn. 49; Henssler/Strohn/Ca. Müller Rn. 5; Priester AG 2019, 640 (643); aA Kallmeyer/Lanfermann Rn. 18, 52: allenfalls unmittelbare Verrechnung mit Rücklagen; auch → Rn. 89).

ee) Erfolgsauswirkungen. Bei Buchwertfortführung wird regelmäßig ein 75 Umwandlungsgewinn oder -verlust als Unterschiedsbetrag zwischen dem übergehenden Nettobuchvermögen und der Gegenleistung (Gewährung neuer oder bereits bestehender Anteile, Untergang von Anteilen) entstehen. Dabei handelt es sich um **Buchgewinne bzw. Buchverluste,** da der übernehmende Rechtsträger eine Bewertung mit „seinen" AK gerade nicht vornimmt. Denn die Höhe der Gegenleistung (Gewährung neuer oder bestehender Anteile) hängt vom Umtauschverhältnis und damit von den tatsächlichen Werten und nicht von den BW des übergehenden Vermögens ab. Auch beim Untergang von Beteiligungen (Upstream-Merger) ist das Entstehen eines Umwandlungsergebnisses nicht von den tatsächlichen Wertverhältnissen, sondern vom BW der Beteiligung (vielfach historische AK) einerseits und dem übergehenden Nettobuchvermögen andererseits abhängig. Diese vielmals willkürlichen Erfolgsauswirkungen der Umw waren der wesentliche Grund, warum die Buchwertverknüpfung entgegen der früheren Rechtslage nur noch als Wahlrecht ausgestaltet ist (→ Rn. 1).

Das Entstehen eines **Umwandlungsverlusts** kann anders als nach der bis 1994 76 geltenden Rechtslage (vgl. § 27 II KapErhG aF; § 348 II AktG aF) **nicht** durch die **Aktivierung** eines **Verschmelzungsmehrwerts** oder eines Geschäftswerts vermieden werden (wohl unstr.; ebenso Lutter/Priester/Hennrichs Rn. 70; Kölner Komm UmwG/Simon Rn. 91; IDW RS HFA 42 Rn. 70; BeckOGK/Rieder Rn. 41; MHdB GesR VIII/Link § 58 Rn. 77; Rödder/Herlinghaus/van Lishaut/ Rödder Anh. 2 Rn. 49; Widmann/Mayer/Budde Rn. 235; IDW Assurance/Oser Kap. F Rn. 74). Ebenso wenig kann der negative Differenzbetrag unmittelbar mit Rücklagen verrechnet werden (IDW RS HFA 42 Rn. 70; Kölner Komm UmwG/ Simon Rn. 91; Lutter/Priester/Hennrichs Rn. 70; Widmann/Mayer/Budde Rn. 235; IDW Assurance/Oser Kap. F Rn. 74; aA Kallmeyer/Lanfermann Rn. 52). Ist das übergehende Nettobuchvermögen betragsmäßig geringer als die Gegenleistung (gewährte neue oder bestehende Anteile, untergehende Anteile; zur Zulässigkeit → Rn. 74), ist dieser Differenzbetrag (Umwandlungsverlust) vielmehr als sonstige betriebliche Aufwendungen (BeBiKo/Justenhoven/Kliem/Müller HGB § 275 Rn. 156) über die GuV-Rechnung zu erfassen (Sagasser/Bula/Brünger Umwandlungen/Bula/Thees § 10 Rn. 233; Lutter/Priester/Hennrichs Rn. 70; Kölner Komm UmwG/Simon Rn. 91; Widmann/Mayer/Budde Rn. 235; Kallmeyer/Lanfermann Rn. 21, 47; Deubert/Förschle/Störk Sonderbilanzen/Deubert/Hoffmann K Rn. 91; NK-UmwR/Böttcher Rn. 43, 61; Rödder/Herlinghaus/van Lishaut/ Rödder Anh. 2 Rn. 49; MHdB GesR VIII/Link § 58 Rn. 77; BeckOGK/Rieder Rn. 41; Goutier/Knopf/Tulloch/Hannappel Rn. 17 f.; IDW RS HFA 42 Rn. 70; aber → Rn. 74 f. zum Downstream-/Sidestream-Merger). Zur Anhangangabe vgl. § 285 Nr. 31 HGB. Will der übernehmende Rechtsträger das Entstehen eines Umwandlungsverlusts vermeiden, darf er das Wahlrecht zur Buchwertverknüpfung nicht ausüben und muss die Umw nach den allg. Grundsätzen der Anschaffung abbilden (→ Rn. 20 ff.). Die Wahlrechtsausübung ist selbst bei einer formellen Unterpariemission indes nicht eingeschränkt (→ Rn. 74, → Rn. 89).

77 Bei **Umwandlungsgewinnen** ist – ebenso wie bei der Bilanzierung nach allg. Grundsätzen (→ Rn. 34, → Rn. 41, → Rn. 46, → Rn. 51) – nach der Gegenleistung zu diff. Erfolgt die Umw gegen Gewährung neuer, durch **KapErh** geschaffener Anteile, ist der den Nennwert übersteigende Betrag (abzgl. barer Zuzahlungen; dazu → Rn. 83) nach § 272 II Nr. 1 HGB in die Kapitalrücklage einzustellen. Auch bei Buchwertverknüpfung ist die Umw wie eine Sacheinlage zu behandeln. Der Betrag des Verschmelzungsgewinns stellt das Aufgeld (Agio) dar (Semler/Stengel/Leonard/ Moszka Rn. 62; Deubert/Förschle/Störk Sonderbilanzen/Deubert/Hoffmann K Rn. 90; Goutier/Knopf/Tulloch/Hannappel Rn. 18; Lutter/Priester/Hennrichs Rn. 71; Sagasser/Bula/Brünger Umwandlungen/Bula/Thees § 10 Rn. 235; Schulze-Osterloh ZGR 1993, 420 (427); Kallmeyer/Lanfermann Rn. 47; IDW RS HFA 42 Rn. 68; IDW Assurance/Oser Kap. F Rn. 73; BeckOGK/Rieder Rn. 42; MHdB GesR VIII/Link § 58 Rn. 76; Widmann/Mayer/Budde Rn. 231; Limmer Unternehmensumwandlungs-HdB/Bilitewski Teil 7 Rn. 832). Bei **PersGes** sollte der Umwandlungsvertrag eine Regelung über die Erfassung eines Umwandlungsgewinns enthalten (Kallmeyer/Lanfermann Rn. 47; Rödder/Herlinghaus/van Lishaut/Rödder Anh. 2 Rn. 48). Ist nichts bestimmt, ist der Unterschiedsbetrag anteilig auf den Kapitalkonten der Gesellschafter (Lutter/Priester/Hennrichs Rn. 71; Kallmeyer/Lanfermann Rn. 47; BeckOGK/Rieder Rn. 42; Widmann/Mayer/Budde Rn. 233; IDW Assurance/Oser Kap. F Rn. 73) oder auf einer gesamthänderisch gebundenen Rücklage zu erfassen (vgl. IDW RS HFA 42 Rn. 69: Rücklage nach § 264c II 1 II. HGB; ebenso IDW Assurance/Oser Kap. F Rn. 73; so auch für Personengesellschaften nach § 264a HGB Kallmeyer/Lanfermann Rn. 47; weitergehend Kölner Komm UmwG/Simon Rn. 93: auch erfolgswirksame Erfassung möglich; vgl. auch Limmer Unternehmensumwandlungs-HdB/Bilitewski Teil 7 Rn. 833). Eine anteilige Verbuchung auf Darlehenskonten scheidet meist schon aus stl. Gründen aus, da hierdurch (Entgelt) die Steuerneutralität nach § 24 UmwStG ggf. entfällt (→ UmwStG § 24 Rn. 131, 140). Zur stl. Bedeutung der Verbuchung auf einem Kapitalkonto II vgl. BFH BStBl. II 2016, 593; BFH BStBl. II 2016, 607; BMF 26.7.2016, BStBl. I 2016, 684; → UmwStG § 24 Rn. 131. Bei **Vereinen** geht der Mehrbetrag in das Vereinsvermögen (Kallmeyer/Lanfermann Rn. 47; Lutter/ Priester/Hennrichs Rn. 71; Kölner Komm UmwG/Simon Rn. 93) über.

78 Bei der Umw gegen Hingabe bestehender **eigener Anteile** und bei der Umw der Mutter auf die Tochter **(Downstream-Merger)** gelten die Ausführungen zur Behandlung eines **Umwandlungsgewinns** bei Bilanzierung nach allg. Grundsätzen (→ Rn. 41, → Rn. 51) entsprechend. In diesen Fällen erfolgt eine Verbuchung in der Kapitalrücklage als sonstige Zuzahlung iSv § 272 II Nr. 4 HGB (Semler/Stengel/ Leonard/Moszka Rn. 62; Deubert/Förschle/Störk Sonderbilanzen/Deubert/Hoffmann K Rn. 95; Widmann/Mayer/Budde Rn. 242 zum Downstream-Merger; Rödder/Herlinghaus/van Lishaut/Rödder Anh. 2 Rn. 51 zum Downstream-Merger; IDW RS HFA 42 Rn. 74 zum Downstream-Merger; IDW Assurance/Oser Kap. F Rn. 76 zum Downstream-Merger; diff. Kölner Komm UmwG/Simon Rn. 78: bei Hingabe eigener Anteile § 272 II Nr. 4 HGB, beim Downstream-Merger erfolgswirksame Verbuchung; diff. Lutter/Priester/Hennrichs Rn. 71: § 272

II Nr. 1 HGB bei Hingabe eigener Anteile; ebenso Sagasser/Bula/Brünger Umwandlungen/Bula/Thees § 10 Rn. 262, 266; aA Kallmeyer/Lanfermann Rn. 48: erfolgswirksame Verbuchung über die GuV-Rechnung beim Downstream-Merger). Ein **Umwandlungsverlust** (übergehendes Vermögen zu BW geringer als BW der eigenen Anteile/der untergehenden Anteile am übernehmenden Rechtsträger) ist stets erfolgswirksam als sonstige betriebliche Aufwendungen (BeBiKo/Justenhoven/Kliem/Müller HGB § 275 Rn. 156) zu erfassen (Kallmeyer/Lanfermann Rn. 47; Kölner Komm UmwG/Simon Rn. 78; Lutter/Priester/Hennrichs Rn. 70; aA IDW ERS HFA 42 Rn. 74: unmittelbare Verrechnung mit frei verfügbaren Eigenkapitalteilen; so auch Sagasser/Bula/Brünger Umwandlungen/Bula/Thees § 10 Rn. 266; Widmann/Mayer/Budde Rn. 242 für Downstream-Merger; vgl. auch → Rn. 76). Zur Anhangangabe vgl. § 285 Nr. 31 HGB, § 314 Abs. 2 Nr. 23 HGB.

Anderes gilt, soweit der übernehmende Rechtsträger am übertragenden Rechtsträger beteiligt ist **(Upstream-Merger).** In diesen Fällen ist die Gegenleistung für den Vermögensübergang der Untergang der Beteiligung. Eine Leistung der Gesellschafter ist nicht gegeben (→ Rn. 46). Demzufolge ist der **Umwandlungsgewinn** als sonstige betriebliche Erträge über die GuV-Rechnung zu erfassen (Lutter/Priester/Hennrichs Rn. 71; Kallmeyer/Lanfermann Rn. 48; Deubert/Förschle/Störk Sonderbilanzen/Deubert/Hoffmann K Rn. 92; Sagasser/Bula/Brünger Umwandlungen/Bula/Thees § 10 Rn. 250; Kölner Komm UmwG/Simon Rn. 93; Semler/Stengel/Leonard/Moszka Rn. 62; MHdB GesR VIII/Link § 58 Rn. 82; IDW RS HFA 42 Rn. 72; IDW Assurance/Oser Kap. F Rn. 75; Widmann/Mayer/Budde Rn. 238). Ein **Umwandlungsverlust** ist entsprechend als sonstige betriebliche Aufwendungen (BeBiKo/Justenhoven/Kliem/Müller HGB § 275 Rn. 156; IDW Assurance/Oser Kap. F Rn. 75) zu erfassen (Sagasser/Bula/Brünger Umwandlungen/Bula/Thees § 10 Rn. 252; Kölner Komm UmwG/Simon Rn. 93; IDW RS HFA 42 Rn. 72; IDW Assurance/Oser Kap. F Rn. 75; MHdB GesR VIII/Link § 58 Rn. 82). Zur Anhangangabe vgl. § 285 Nr. 31 HGB, § 314 Abs. 2 Nr. 23 HGB.

Bei der Umw ohne Anteilsgewährung **(Sidestream-Merger;** → Rn. 53) liegt ein Anschaffungsgeschäft nicht vor; es gelten die Grundsätze der verdeckten Einlage (→ Rn. 54). Ein zu BW übergehendes positives Vermögen ist bei **KapGes** als sonstige Zuzahlung iSv § 272 II Nr. 4 HGB zu erfassen (IDW RS HFA 42 Rn. 75 iVm 74; IDW Assurance/Oser Kap. F Rn. 76; MHdB GesR VIII/Link § 58 Rn. 86; Widmann/Mayer/Budde Rn. 242). Bei **PersGes** sind die Festlegungen im Gesellschaftsvertrag oder anlässlich der Umw maßgeblich. Regelmäßig wird eine Erfassung auf einem gesamthänderisch gebundenen Kapitalrücklagenkonto oder auf einem sonstigen Kapitalkonto erfolgen. Die Verbuchung auf einem Darlehenskonto wäre ggf. steuerschädlich (→ UmwStG § 24 Rn. 131, 140). Zur stl. Bedeutung der Verbuchung auf einem Kapitalkonto II vgl. BFH BStBl. II 2016, 593; BStBl. II 2016, 607; BMF 26.7.2016, BStBl. I 2016, 684. Ist das übergehende Vermögen nach BW negativ **(Umwandlungsverlust),** ist der Unterschiedsbetrag als sonstige betriebliche Aufwendungen (BeBiKo/Justenhoven/Kliem/Müller HGB § 275 Rn. 156) ergebniswirksam zu verbuchen (aA IDW ERS HFA 42 Rn. 75 iVm Rn. 74: unmittelbare Verrechnung mit frei verfügbaren Eigenkapitalteilen; ebenso IDW Assurance/Oser Kap. F Rn. 76; Widmann/Mayer/Budde Rn. 244). Zur Anhangangabe vgl. § 285 Nr. 31 HGB, § 314 Abs. 2 Nr. 23 HGB.

Ist der **BW** des übergehenden Vermögens **höher als** sein **Zeitwert,** etwa weil der übertragende Rechtsträger nach Art. 28 EGHGB Pensionsverpflichtungen nicht bilanziert hatte (zur Bindung des übernehmenden Rechtsträgers → Rn. 68), und die Verpflichtung durch stille Reserven nicht ausgeglichen wird, ist eine entsprechende Verbindlichkeit beim übernehmenden Rechtsträger zu passivieren (Deubert/Förschle/Störk Sonderbilanzen/Deubert/Hoffmann K Rn. 89; Lutter/

Priester/Hennrichs Rn. 72). Die Pensionsverpflichtung verringert den Verschmelzungsgewinn bzw. erhöht den Verschmelzungsverlust.

82 Für **Mischfälle** gelten die Ausführungen in → Rn. 56 entsprechend (IDW RS HFA 42 Rn. 76). Die erfolgsmäßige Erfassung des Verschmelzungsgewinns anteilig über die Kapitalrücklage und anteilig über die GuV-Rechnung erfolgt entsprechend dem Verhältnis der jew. Gegenleistungen.

83 **d) Bare Zuzahlungen.** Bare Zuzahlungen mindern einen Umwandlungsgewinn und erhöhen einen Umwandlungsverlust. Sie sind damit – je nach Fallgruppe (→ Rn. 75 ff.) – aufwandswirksam oder verringern damit auch das Agio (Aufgeld) bzw. die sonstige Zuzahlung, das/die in die Kapitalrücklage eingestellt wird (Kallmeyer/Lanfermann Rn. 57; MHdB GesR VIII/Link § 58 Rn. 74; IDW Assurance/Oser Kap. F Rn. 73). Die Verpflichtung ist – falls noch nicht bezahlt – als Verbindlichkeit auszuweisen (IDW Assurance/Oser Kap. F Rn. 73). Dies gilt auch bei nachträglich in einem Spruchverfahren festgesetzten Zuzahlungen (Kallmeyer/Lanfermann Rn. 58; Kölner Komm UmwG/Simon Rn. 89). Barabfindungen (§§ 29 ff.) haben keinen Einfluss auf die AK (→ Rn. 59).

84 **e) Sonstiges.** Die Fortführung der BW ist im **Anhang** anzugeben (§ 284 II Nr. 1 HGB). Weitere Erläuterungen im Anhang sind notwendig, soweit die Fortführung der BW die Darstellung der Vermögens- und Ertragslage erheblich beeinflusst (Kallmeyer/Lanfermann Rn. 21, 50; ausf. zu den Anhangangaben Deubert/Förschle/Störk Sonderbilanzen/Deubert/Hoffmann K Rn. 96 ff.; auch → Rn. 91. Im **Anlagespiegel** (Anhangangabe nach § 284 III HGB) des übernehmenden Rechtsträgers sind die fortgeführten BW des Anlagevermögens als Zugangswerte zu erfassen (IDW RS HFA 42 Rn. 64; Sagasser/Bula/Brünger Umwandlungen/Bula/Thees § 10 Rn. 228). Die historischen AK des übertragenden Rechtsträgers und die bei ihm angefallenen kumulierten Abschreibungen können zu informatorischen Zwecken zusätzlich angegeben werden. Notwendig ist aber eine klare Darstellung (IDW RS HFA 42 Rn. 64: Sonderspalte). Umwandlungsgewinne und -verluste sind regelmäßig nach § 285 Nr. 31 HGB, § 314 Abs. 2 Nr. 23 HGB im Anhang anzugeben (Widmann/Mayer/Budde Rn. 259).

6. Ausübung des Wahlrechts

85 **a) Einheitliche Ausübung.** Nach dem Wortlaut von § 24 („können auch") hat der übernehmende Rechtsträger (→ Rn. 86) ein **Wahlrecht** bei der bilanziellen Erfassung des Vermögensübergangs. Dem übernehmenden Rechtsträger sollte neben der nach der bis 1994 geltenden Rechtslage einzig zulässigen Buchwertverknüpfung die Möglichkeit eingeräumt werden, zur Vermeidung von Umwandlungsverlusten den Vermögensübergang nach allg. Bilanzierungsgrundsätzen zu erfassen (Begr. RegE, BR-Drs. 75/1994 zu § 24; → Rn. 1). Dieses Wahlrecht kann nur **einheitlich** für das gesamte Vermögen des übertragenden Rechtsträgers ausgeübt werden. Eine Buchwertübernahme bei nur einzelnen Vermögensgegenständen scheidet aus (allgM; vgl. etwa Kallmeyer/Lanfermann Rn. 17; Lutter/Priester/Hennrichs Rn. 76; Sagasser/Bula/Brünger Umwandlungen/Bula/Thees § 10 Rn. 93; Semler/Stengel/Leonard/Moszka Rn. 74; IDW RS HFA 42 Rn. 35; BeckOGK/Rieder Rn. 45; NK-UmwR/Böttcher Rn. 25; Kölner Komm UmwG/Simon Rn. 34; Widmann/Mayer/Budde Rn. 201, 212; Bilitewski/Roß/Weiser WPg 2014, 73 (79)). Dies gilt auch für **Mischfälle,** bei denen teilw. neu geschaffene und/oder bestehende eigene Anteile gewährt werden und teilw. Beteiligungen untergehen (Lutter/Priester/Hennrichs Rn. 76; Widmann/Mayer/Budde Rn. 201). Bei der Beteiligung **mehrerer** übertragender Rechtsträger kann das Wahlrecht indes hinsichtlich des Vermögens jedes Rechtsträgers unterschiedlich ausgeübt werden (IDW RS HFA 42 Rn. 35; Lutter/Priester/Hennrichs Rn. 76; Kallmeyer/Lanfermann

Rn. 17; Kölner Komm UmwG/Simon Rn. 35; NK-UmwR/Böttcher Rn. 25; BeckOGK/Rieder Rn. 45; Oser StuB 2014, 631 (637)).

b) Ausübung des Wahlrechts. Das Wahlrecht nach § 24 steht dem übernehmenden Rechtsträger zu. Er übt es in dem ersten JA aus, in dem er den Vermögensübergang zu erfassen hat (→ § 17 Rn. 73 ff.; Kallmeyer/Lanfermann Rn. 17; Kölner Komm UmwG/Simon Rn. 31; IDW RS HFA 42 Rn. 32 f.; Lutter/Priester/Hennrichs Rn. 77; Priester AG 2019, 640). **Zuständig** ist das für die Feststellung des JA berufene Organ (Semler/Stengel/Leonard/Moszka Rn. 66 ff.; Kallmeyer/Lanfermann Rn. 17, 50; Henssler/Strohn/Ca. Müller Rn. 4; Lutter/Priester/Hennrichs Rn. 77; BeckOGK/Rieder Rn. 46; IDW RS HFA 42 Rn. 35: im Rahmen der Auf- und Feststellung; aA Kölner Komm UmwG/Simon Rn. 36: Aufstellungsorgan; vgl. auch BeckOGK/Rieder Rn. 46: zumindest auch die Anteilsinhaber anlässlich Zustimmung zur Verschmelzung; vgl. → Rn. 88). Dies ist rechtsformabhängig und richtet sich nach den allg. Vorschriften. Bei der **AG** ist daher im Regelfall der Vorstand und der AR (§ 172 AktG) zuständig (zutr. Semler/Stengel/Leonard/Moszka Rn. 68 ff.; Lutter/Priester/Hennrichs Rn. 77; aA NK-UmwR/Böttcher Rn. 27: Annexkompetenz der HV; ebenso Priester AG 2019, 640 (642); vgl. auch BeckOGK/Rieder Rn. 46: Zustimmung mit Umwandlungsbeschluss). Eine **Änderung** der Wahlrechtsausübung ist nach Bilanzfeststellung nur unter den engen Voraussetzungen einer zulässigen Bilanzänderung möglich. 86

c) Beschränkungen der Wahlrechtsausübung. aa) Allgemeines. Grundsätzlich ist das für die Feststellung des JA des übernehmenden Rechtsträgers zuständige Organ (→ Rn. 86) in der Wahlrechtsausübung frei (Kallmeyer/Lanfermann Rn. 50; Sagasser/Bula/Brünger Umwandlungen/Bula/Thees § 10 Rn. 94). Beschränkungen können sich jedoch aus Vereinbarungen anlässlich der Umw und aus allg. Grundsätzen ergeben. 87

bb) Bindung durch Vereinbarungen. Da die Ausübung des Wahlrechts unmittelbaren Einfluss auf die künftige Kapitalstruktur, auf die künftigen Ergebnisse (Abschreibungsvolumen) und auf das künftige Ausschüttungsvolumen hat, werden im Umwandlungsvertrag oftmals **Vereinbarungen** über die Wahlrechtsausübung getroffen; sie stellen aber noch nicht selbst die Wahlrechtsausübung dar (Kölner Komm UmwG/Simon Rn. 32; Henssler/Strohn/Ca. Müller Rn. 4; Lutter/Priester/Hennrichs Rn. 78; aA BeckOGK/Rieder Rn. 46; vgl. auch Kallmeyer/Lanfermann Rn. 17 f.). Wird die Vereinbarung nicht eingehalten, ist der JA dennoch wirksam. Ggf. ist der Feststellungsbeschluss gesellschaftsrechtlich angreifbar oder es werden Schadensersatzansprüche begründet (Kölner Komm UmwG/Simon Rn. 32; Henssler/Strohn/Ca. Müller Rn. 4; Lutter/Priester/Hennrichs Rn. 78; aA Priester AG 2019, 640 (641): Änderung des Umwandlungsvertrags notwendig). 88

cc) Formelle Unterpariemission, Kapitalerhaltung. Keine Verpflichtung zur Bilanzierung nach den allg. Grundsätzen besteht, auch wenn bei einer Umw auf eine KapGes bei Buchwertfortführung die durch KapErh geschaffenen Anteile nicht durch das Nettobuchvermögen gedeckt sind. Das Verbot einer nur formellen Unterpariemission existiert nicht (str.; → Rn. 74, → Rn. 76). Teilweise wird angenommen, dass bei einem Downstream-Merger mit nach Zeitwerten negativem Vermögen die Buchwertfortführung ausscheidet und zwingend Zeitwerte angesetzt werden müssen (Wegener DB 2018, 2071 (2073)). 89

dd) Beschränkungen nach allgemeinen Grundsätzen. Darüber hinaus kann die Wahlrechtsausübung nach **allgemeinen Grundsätzen** allenfalls unter sehr engen Voraussetzungen beschränkt sein. Grds. ist die mit der Einräumung des Wahlrechts getroffene Entscheidung des Gesetzgebers zu respektieren (so zutr. Lutter/Priester/Hennrichs Rn. 81). Die Einschränkung mittels unbestimmter Rechtsbe- 90 griffe wie Willkürfreiheit oder Rechtsmissbräuchlichkeit (vgl. etwa Kallmeyer/Lanfermann Rn. 50) muss Extremfällen vorbehalten bleiben.

91 Das Gebot der Darstellung eines zutr. Einblicks in die Vermögens-, Finanz- und Ertragslage nach § 264 II HGB beschränkt die Wahlrechtsausübung nicht generell (Lutter/Priester/Hennrichs Rn. 79 ff.; Sagasser/Bula/Brünger Umwandlungen/Bula/Thees § 10 Rn. 94; Kölner Komm UmwG/Simon Rn. 46; Henssler/Strohn/Ca. Müller Rn. 5; BeckOGK/Rieder Rn. 50). Vielmehr ist das Wahlrecht nach § 24 vorrangig (Lutter/Priester/Hennrichs Rn. 81: lex specialis; ebenso BeckOGK/Rieder Rn. 50). Dies verlangt nur einen gesonderten Ausweis in der GuV-Rechnung und/oder eine Erläuterung im **Anhang,** weswegen die Darstellung der Vermögens- und Ertragslage durch die konkrete Wahlrechtsausübung beeinflusst ist (BeckOGK/Rieder Rn. 50).

92 Unter **Minderheitsschutzgesichtspunkten** kann aufgrund gesellschaftsrechtlicher Treuepflichten im Einzelfall eine Ermessensreduzierung gegen eine Buchwertfortführung eintreten, wenn wegen eines hohen Verschmelzungsverlusts das künftige Ausschüttungsvolumen erheblich beeinträchtigt wird (Kallmeyer/Lanfermann Rn. 51; Kölner Komm UmwG/Simon Rn. 40; aA Semler/Stengel/Leonard/Moszka Rn. 80: Ausschüttungsinteressen unbeachtlich; ebenso BeckOGK/Rieder Rn. 48; Lutter/Priester/Hennrichs Rn. 82). Allein das Auftreten eines Verschmelzungsverlusts rechtfertigt keinesfalls eine Versagung des Wahlrechts.

7. Besonderheiten bei der Spaltung

93 **a) Entsprechende Anwendung von § 24.** Kraft der Verweisung in § 125 ist § 24 auch bei Spaltungen anwendbar. Der Vermögensübergang bei der Spaltung ist aus der Sicht des übernehmenden Rechtsträgers ebenfalls ein **entgeltliches Anschaffungsgeschäft.** Demzufolge kann er das übergehende Vermögen nach den allg. Grundsätzen oder aufgrund des Wahlrechts nach § 24 unter Berücksichtigung der bisherigen BW bilanziell erfassen. Als Gegenleistung werden auch bei der Spaltung neu geschaffene oder bestehende Anteile gewährt (zur Spaltung von Vermögen der TochterGes auf die MutterGes → Rn. 94). Die bilanzielle Erfassung des Vermögensübergangs bei der Spaltung entspricht daher im Wesentlichen derjenigen bei der Verschm (Kallmeyer/Lanfermann § 125 Rn. 35e; Lutter/Priester/Hennrichs Anh. § 134 Rn. 9; Semler/Stengel/Leonard/Moszka Rn. 84; IDW RS HFA 43 Rn. 24 f.). Vgl. zur Aufwärtsspaltung Deubert/Lewe BB 2015, 2347.

94 **b) Mutter-Tochter-Verhältnis. aa) Allgemeines.** Besonderheiten treten bei der Abspaltung von Vermögen der TochterGes auf ihre MutterGes (Aufwärtsspaltung) auf (vgl. auch Deubert/Lewe BB 2015, 2347). In diesem Fall werden Anteile als Gegenleistung nicht gewährt, da der übernehmende Rechtsträger am übertragenden Rechtsträger beteiligt ist (für KapGes vgl. § 54 I 1 Nr. 1, § 68 I 1 Nr. 1: KapErhVerbot). Anders als bei der Verschm (→ Rn. 42 ff.) gehen die Anteile am übertragenden Rechtsträger jedoch nicht unter, da der übertragende Rechtsträger bei der Abspaltung fortbesteht. Die Anteile am übertragenden Rechtsträger sind indes infolge des (positiven) Vermögensabgangs meist weniger wert. Ob deswegen eine Abschreibung auf den Beteiligungsansatz stattzufinden hat, hängt von der Größe des verbleibenden Vermögens und vom bisherigen Beteiligungsansatz (regelmäßig den historischen AK) ab. Eine Abschreibung scheidet aus, soweit der Wert der Beteiligung am übertragenden Rechtsträger auch unter Berücksichtigung des abgehenden Vermögens den Bilanzansatz nicht unterschreitet. Eine Kapitalherabsetzung beim übertragenden Rechtsträger erfolgt nicht zwingend. Dies hängt von den Kapitalverhältnissen und der Höhe des verbleibenden Vermögens ab (→ § 139 Rn. 5 ff.). Näher zur Bilanzierung beim übertragenden Rechtsträger → § 17 Rn. 53 ff. Zum umgekehrten Fall der Downstream-Abspaltung ausf. Bahns Ubg 2010, 414.

bb) Bewertung. Teilw. wird die Ansicht vertreten, neben den sonstigen Möglichkeiten nach § 24 könne das übergehende Vermögen mit dem Betrag der erforderlichen Beteiligungswertberichtigung angesetzt werden (Kallmeyer/Lanfermann § 125 Rn. 35f; Müller WPg 1996, 857 (866); Wegener in Lutter, Verschmelzung Spaltung Formwechsel, 1995, 105; Deubert/Lewe BB 2015, 2347 (2348)). Tatsächlich ist auch in diesem Fall das übergehende Vermögen mit dem **Zeitwert** anzusetzen, sofern nicht Buchwertfortführung gewählt wird. Es liegt aus der Sicht des übernehmenden Rechtsträgers ein entgeltliches Anschaffungsgeschäft vor. Die Gegenleistung besteht in dem Verlust der Werthaltigkeit der Beteiligung (aA Sagasser/Bula/Brünger Umwandlungen/Bula/Thees § 19 Rn. 85: zwar Anschaffungsvorgang, Untergang der Beteiligung aber kein Umsatzakt). Dies ist dem Erlöschen der Beteiligung bei der Verschm gleichzustellen (→ Rn. 42 ff.). Auch wäre es nicht verständlich, weswegen eine Aufspaltung (Untergang der Beteiligung) und eine Abspaltung auf einen Rechtsträger, der am übertragenden Rechtsträger beteiligt ist, unterschiedlich zu behandeln sind. Für die Bewertung ist entscheidend, dass der Abspaltung die Vereinbarung zugrunde liegt, Vermögen auf den übernehmenden Rechtsträger zu übertragen. Diesen Anspruch kann der übernehmende Rechtsträger nur mit dem Zeitwert des übergehenden Vermögens bewerten. Der Vermögensübergang selbst tritt dann an die Stelle dieser Forderung (→ Rn. 44).

cc) Erfolgsauswirkungen. Der Übergang des Vermögens ist ebenso wie bei der Verschm mit Untergang der Beteiligung nicht auf eine Leistung der Gesellschafter zurückzuführen. Eine Vermögensmehrung **(Spaltungsgewinn)** kann daher nicht unmittelbar in die Kapitalrücklage eingestellt werden; sie ist wie bei der Verschm (→ Rn. 46) als sonstige betriebliche Erträge über die GuV-Rechnung zu verbuchen (Kallmeyer/Lanfermann § 125 Rn. 35f; Sagasser/Bula/Brünger Umwandlungen/Bula/Thees § 19 Rn. 84). Korrespondierend ist eine Wertberichtigung des Beteiligungsansatzes als sonstige betriebliche Aufwendungen (BeBiKo/Justenhoven/Kliem/Müller HGB § 275 Rn. 171) zu erfassen. Entsprechendes gilt bei einem – bei Buchwertfortführung evtl. eintretenden – Spaltungsverlust.

c) Aktivierung eines Geschäfts- und Firmenwerts. Umw sind Anschaffungsgeschäfte (→ Rn. 10 ff.). Demzufolge kann der übernehmende Rechtsträger nicht nur beim übertragenden Rechtsträger bislang nicht bilanzierte immaterielle Vermögensgegenstände (§ 248 II HGB), sondern auch einen Geschäfts- und Firmenwert ansetzen (§ 246 I 4 HGB bzw. § 255 IV HGB aF; → Rn. 26), sofern er nicht Buchwertfortführung wählt (→ Rn. 62 ff.). Bei der Spaltung gilt allerdings die Besonderheit, dass eine Aktivierung eines Geschäfts- oder Firmenwerts (Wahlrecht) nur in Betracht kommt, wenn ein Betrieb oder Teilbetrieb übertragen wird, für den ein Geschäfts- oder Firmenwert feststellbar ist (Sagasser/Bula/Brünger Umwandlungen/Bula/Thees § 19 Rn. 75).

d) Ausübung des Wahlrechts. Zur Ausübung des Wahlrechts → Rn. 85 ff. Hinsichtlich des jew. übertragenen Vermögens kann das Wahlrecht nur einheitlich ausgeübt werden (→ Rn. 85). Verschiedene übernehmende Rechtsträger können das Wahlrecht jew. unterschiedlich wahrnehmen.

8. Bilanzierung beim Anteilsinhaber

Als Gegenleistung für die Vermögensübertragung werden den Anteilsinhabern des übertragenden Rechtsträgers Anteile am übernehmenden Rechtsträger gewährt, soweit nicht der übernehmende Rechtsträger am übertragenden Rechtsträger beteiligt ist (Mutter-Tochter-Verhältnis) oder auf die Gewährung von Anteilen verzichtet wird (etwa bei Umw von SchwesterGes; für KapGes vgl. § 54 I 3, § 68 I 3; → Rn. 53). Aus der Sicht der Anteilsinhaber des übertragenden Rechtsträgers ist die Verschm oder Spaltung ein **entgeltliches Veräußerungs- und Anschaffungs-**

geschäft. An die Stelle der untergehenden Anteile am übertragenden Rechtsträger (bei Abspaltung: der wertgeminderten Anteile) treten die Anteile am übernehmenden Rechtsträger. Es handelt sich um ein tauschähnliches Geschäft, bei dem die Grundsätze der Bilanzierung von Tauschgeschäften anzuwenden sind (IDW RS HFA 42 Rn. 77; IDW RS HFA 43 Rn. 32; IDW Assurance/Oser Kap. F Rn. 155; Sagasser/Bula/Brünger Umwandlungen/Bula/Thees § 10 Rn. 300; Rödder/Herlinghaus/van Lishaut/Rödder Anh. 2 Rn. 54; MHdB GesR VIII/Link § 58 Rn. 91; Widmann/Mayer/Budde Rn. 321). Dies gilt auch für die Abspaltung (Deubert/Förschle/Störk Sonderbilanzen/Klingberg I Rn. 360).

100 Beim Tausch besteht nach hM ein Wahlrecht. Die Beteiligung am übernehmenden Rechtsträger kann danach mit dem BW der untergehenden Beteiligung am übertragenden Rechtsträger oder mit dem Zeitwert angesetzt werden; möglich ist auch ein Ansatz des BW zzgl. der durch den Tausch ausgelösten Ertragsteuerbelastung (vgl. etwa Rödder/Herlinghaus/van Lishaut/Rödder Anh. 2 Rn. 54; MHdB GesR VIII/Link § 58 Rn. 93; IDW RS HFA 42 Rn. 77 iVm 46; IDW RS HFA 43 Rn. 32, 34: BW, Zeitwert oder erfolgsneutraler ZW). Dem ist nicht zuzustimmen. Maßgeblich ist der **Zeitwert.** Auch hier greift die Überlegung, dass die Anteilsinhaber des übertragenden Rechtsträgers zur Verschm nur bereit sind, weil sie hierfür einen Anteil am übernehmenden Rechtsträger bekommen. Dieser Anspruch auf Anteilsgewährung kann nur mit dem Zeitwert der Anteile am übernehmenden Rechtsträger bewertet werden. Die Anteilsgewährung erfolgt sodann in Erfüllung dieser Verpflichtung. Demzufolge sind auch die gewährten Anteile mit dem Wert des Anspruchs, also mit dem Zeitwert, anzusetzen (näher → Rn. 31 ff.). Bei der **Abspaltung** ist zudem zu prüfen, ob der Ansatz der Beteiligung am übertragenden Rechtsträger durch den verbleibenden Wert noch gedeckt ist (aA IDW RS HFA 43 Rn. 33: sachgerecht, einen mengenmäßigen Abgang im Verhältnis zu buchen; ebenso IDW Assurance/Oser Kap. F Rn. 155; Oser StuB 2014, 631 (637)). Zur Erhöhung des inneren Werts der Beteiligung am übertragenden Rechtsträger (Abgang eines negativen Vermögens) vgl. IDW RS HFA 43 Rn. 36.

101 Die Bewertung der gewährten Anteile mit dem Zeitwert ist unabhängig davon, ob der übernehmende Rechtsträger das Wahlrecht zur Buchwertfortführung nach § 24 ausübt. Einen Grds. der korrespondierenden Bilanzierung beim übernehmenden Rechtsträger und beim Anteilsinhaber gibt es nicht. Zur **stl. Situation** → Rn. 109.

102 Anders ist der Fall der Umw von **SchwesterGes** (oder sonstigen KonzernGes) **ohne Anteilsgewährung** (Sidestream-Merger; § 54 I 3) zu beurteilen. Es liegt insoweit eine verdeckte Einlage der Anteilsinhaber des übertragenden Rechtsträgers in den übernehmenden Rechtsträger vor (→ Rn. 53). Auch auf der Ebene des Gesellschafters ist bei einer verdeckten Einlage eine Anschaffung nicht anzunehmen. Ein Wertzuwachs im Anteil am übernehmenden Rechtsträger ist ein Reflex der verdeckten Einlage. In dieser Höhe liegen im eigentlichen Sinne weder AK nach § 255 I 1 HGB noch nach § 255 I 2 HGB vor (BeBiKo/Schubert/Hutzler HGB § 255 Rn. 146; Petersen/Zwirner/Brösel/Richter/Künkele/Zwirner HGB § 255 Rn. 111; vgl. auch Roß/Drögemüller DB 2009, 580 (581)). Entsprechendes gilt bei einer Downstream-Abspaltung ohne Kapitalerhöhung (zutr. Bahns Ubg 2010, 414 (415 f.)). Zum StR vgl. hingegen etwa § 6 VI 2 EStG: bei verdeckter Einlage in KapGes Erhöhung der AK der Beteiligung an der KapGes um den TW des eingelegten WG. Die durch die verdeckte Einlage entstehenden Aufwendungen (Untergang/Wertminderung der Beteiligung am übertragenden Rechtsträger) stehen damit nicht unmittelbar mit dem Erwerb eines Vermögensgegenstands in Zusammenhang (s. auch BeBiKo/Schubert/Hutzler HGB § 255 Rn. 146). Demzufolge besteht keine Verpflichtung, den BW der Beteiligung am übernehmenden Rechtsträger um (etwa) den BW der Beteiligung am übertragenden Rechtsträger zu erhöhen. Eine Hinzuaktivierung um den Betrag des BW der untergehenden

Beteiligung am übertragenden Rechtsträger kann jedoch unter dem Gesichtspunkt der nachhaltigen Wertsteigerung der Beteiligung erfolgen (BeBiKo/Schubert/Hutzler HGB § 255 Rn. 146; ebenso Petersen/Zwirner/Brösel/Richter/Künkele/Zwirner HGB § 255 Rn. 11; vgl. hingegen IDW RS HFA 42 Rn. 78: wirtschaftlich ein Tausch, daher Anwendung der Tauschgrundsätze; ebenso IDW RS HFA 43 Rn. 35; Roß/Drögemüller DB 2009, 580 (582); vgl. auch Bahns Ubg 2010, 414 (415 f.) zur insoweit vglbaren Situation für den übertragenden Rechtsträger bei einer Downstream-Abspaltung: Buchwert oder Zeitwert). Andernfalls liegt im Untergang der Beteiligung am übertragenden Rechtsträger ein unter sonstige betriebliche Aufwendungen (BeBiKo/Justenhoven/Kliem/Müller HGB § 275 Rn. 156) zu erfassender Vorgang vor. Bei der Übertragung eines nach Zeitwerten negativen Vermögens auf den übernehmenden Rechtsträger ist zudem der Wertansatz der Beteiligung am übernehmenden Rechtsträger zu prüfen.

9. Auswirkungen auf den Konzernabschluss

a) Bewertung im Konzernabschluss. Nach DRS 23 Tz. 3 wird die Anwendung von DRS 23 „Kapitalkonsolidierung (Einbeziehung von Tochterunternehmen in den Konzernabschluss)" auch auf den Erwerb eines Unternehmens durch vermögensübertragende Umw empfohlen. Der übernehmende Rechtsträger hat in seinem Konzernabschluss das erworbene Unternehmen mit den AK zu bewerten (DRS 23 Tz. 21). Die AK bestimmen sich nach der Gegenleistung und damit nach dem Zeitwert der hingegebenen Vermögenswerte oder Anteile zzgl. Anschaffungsnebenkosten und einschl. sonstiger direkt dem Erwerb zurechenbarer Leistungen (DRS 23 Tz. 26, 24). Demzufolge ist das durch die Verschm übergehende Vermögen im Konzernabschluss des übernehmenden Rechtsträgers unabhängig von der Bewertung im Einzelabschluss (→ Rn. 20 ff.) und unabhängig von der Art der Gegenleistung (KapErh oder Gründung, Hingabe eigener Anteile oder Untergang einer bestehenden Beteiligung) mit den zum Erwerbszeitpunkt geltenden beizulegenden Zeitwerten anzusetzen. Zu Interdependenzen mit dem IFRS-Konzernabschluss vgl. Baur/Burkhardt-Böck IRZ 2020, 27. Vgl. auch IDW Assurance/Oser Kap. F Rn. 122 ff. Zu Interdependenzen mit dem IFRS-Konzernabschluss vgl. Baur/Burkhardt-Böck IRZ 2020, 27. **103**

b) Bilanzierung konzerninterner Verschmelzungen. Auswirkungen konzerninterner Verschm müssen im Zuge der Aufstellung des Konzernabschlusses eliminiert werden. Aus Konzernsicht liegt ein Anschaffungsvorgang nicht vor; das Konzernvermögen hat sich nicht verändert (DRS 23 Tz. 170; vgl. weiter IDW Assurance/Oser Kap. F Rn. 125 ff.; Deubert/Förschle/Störk Sonderbilanzen/Deubert/Hoffmann K Rn. 101 ff.). Besonderheiten sind zu beachten, wenn durch einen Downstream-Merger beim übernehmenden Rechtsträger erstmals Konzernrechnungslegungspflicht eintritt (hierzu Oser StuB 2021, 230). **104**

10. Steuerrechtliche Erfassung des Vermögensübergangs

a) Steuerrechtliche Wahlrechte. Die stl. Wahlrechte stimmen mit den handelsrechtlichen nicht überein. Die Verschm einer **Körperschaft auf eine PersGes** oder auf den einzigen Anteilsinhaber wird stl. von §§ 3–10 UmwStG erfasst. Danach hat der übertragende Rechtsträger in seiner stl. Schlussbilanz die übergehenden WG grds. mit dem gemeinen Wert anzusetzen. Unter gewissen, in Inlandsfällen regelmäßig erfüllten Bedingungen kann der übertragende Rechtsträger indes auch die bisherigen BW fortführen oder einen beliebigen ZW wählen (§ 3 UmwStG). Der übernehmende Rechtsträger ist nach § 4 I UmwStG an die Ansätze des übertragenden Rechtsträgers gebunden. Es besteht also eine im Vgl. zum Handelsrecht genau **spiegelbildliche Situation**. **105**

106 Entsprechendes gilt für die Verschm einer **Körperschaft auf** eine andere **Körperschaft.** Hier bestimmt § 11 I UmwStG die grds. Bewertung der übergehenden WG mit dem gemeinen Wert, § 11 II UmwStG eröffnet aber unter gewissen Voraussetzungen das Wahlrecht zur Buchwertfortführung oder zur Bewertung mit einem ZW. An die vom übertragenden Rechtsträger getroffene Wahl ist der übernehmende Rechtsträger nach § 12 I 1 UmwStG gebunden. Entsprechendes gilt für die Auf- und Abspaltung einer Körperschaft auf eine KapGes oder auf eine PersGes (§§ 15, 16 UmwStG).

107 Die **Verschm** einer **PersGes auf** eine **KapGes** und die **Ausgliederung auf** eine **KapGes** erfassen §§ 20, 21 UmwStG. Danach hat der übernehmende Rechtsträger das übergehende Vermögen mit dem gemeinen Wert anzusetzen, unter gewissen Voraussetzungen besteht aber das Wahlrecht zur Übernahme der BW oder zum Ansatz mit einem ZW (§ 20 II, § 21 UmwStG). Entsprechendes gilt für die Verschm/Spaltung einer **PersGes auf** eine **PersGes** bzw. für die Ausgliederung aus dem Vermögen einer Körperschaft auf eine PersGes. Diese Umw gehören stl. zu den von § 24 UmwStG erfassten Sachverhalten. Auch hier kann der übernehmende Rechtsträger das übergehende Vermögen in der Gesamthandsbilanz einschl. der Ergänzungsbilanzen unter gewissen Voraussetzungen mit den bisherigen BW, mit dem gemeinen Wert oder mit jedem ZW erfassen. Aber auch bei den in §§ 20–24 UmwStG geregelten Umw bestehen korrespondierende Wahlrechte nicht. Handelsrechtlich hat der übernehmende Rechtsträger nach der hier vertretenen Auffassung das übergehende Vermögen zwingend mit dem Zeitwert anzusetzen, wenn er nicht die Buchwertfortführung nach § 24 wählt.

108 **b) Maßgeblichkeit.** Der Grds. der Maßgeblichkeit gilt in Umwandlungsfällen nicht (näher → § 17 Rn. 66). Dies folgt daraus, dass korrespondierende Wahlrechte nicht existieren. Die steuerrechtlichen Wahlrechte der übertragenden Rechtsträger nach §§ 3, 11, 15, 16 UmwStG bestehen handelsbilanziell nicht, da § 17 zwingend die Fortentwicklung der bisherigen BW vorschreibt. Aber auch soweit der übernehmende Rechtsträger ein stl. Wahlrecht hat (§§ 20 ff. UmwStG), stimmen die Wahlrechte nicht überein. Der Grds. der umgekehrten Maßgeblichkeit (§ 5 I 2 EStG aF – Ausübung stl. Wahlrechte in Übereinstimmung mit der handelsrechtlichen Bilanz) ist nach den Änderungen durch das BilMoG ohnehin weggefallen (§ 5 I 1 EStG). Ebenso wenig kommt es zu einer phasenverschobenen Wertaufholung, wenn handelsrechtlich nicht die BW fortgeführt werden (dazu Behrens BB 2009, 318).

109 **c) Steuerliche Situation bei den Anteilsinhabern.** Hinsichtlich der stl. Situation bei den Anteilsinhabern ist zwischen den Fallgruppen des UmwStG zu unterscheiden. Bei der von **§§ 3–10 UmwStG** erfassten Verschm einer Körperschaft auf eine PersGes oder auf eine natürliche Person und der Auf- oder Abspaltung einer Körperschaft auf eine PersGes (**§ 16 UmwStG**) sind auf der Ebene der Anteilsinhaber nach § 4 UmwStG ein Umwandlungsergebnis und Bezüge nach § 7 UmwStG zu ermitteln. Bei der Verschm einer Körperschaft auf eine Körperschaft (**§§ 11–13 UmwStG**) bestimmt § 13 UmwStG, dass unter gewissen Voraussetzungen ein steuerneutraler Anteilstausch stattfindet. Die BW/AK der Anteile am übertragenden Rechtsträger werden dann bei den Anteilen am übernehmenden Rechtsträger fortgeführt. Anderenfalls werden eine Veräußerung und Anschaffung zum gemeinen Wert fingiert. Entsprechendes gilt für Auf- und Abspaltung auf eine Körperschaft (**§ 15 UmwStG**). Für die von § 20 UmwStG erfassten Fallgruppen bestimmt § 20 III UmwStG, dass der Wert, mit dem die übernehmende KapGes das eingebrachte BV ansetzt, für den Einbringenden als Veräußerungspreis und als AK der Anteile am übernehmenden Rechtsträger gilt. Entsprechendes gilt nach § 24 III UmwStG für Verschm und Spaltung, die eine Einbringung in eine PersGes darstellen.

11. Größenkriterien

Für die Einstufung des übernehmenden Rechtsträgers am nächsten Abschluss- **110** stichtag in die Größenkriterien nach § 267 HGB ist die Besonderheit nach § 267 IV 2 HGB zu beachten. Danach treten in den Fällen der Umw oder Neugründung die jew. Rechtsfolgen bereits ein, wenn die Voraussetzungen hinsichtlich Bilanzsumme, Umsatzerlösen und ArbN am nächsten Abschlussstichtag nach der Umw oder Neugründung vorliegen (vgl. aber zum Formwechsel § 267 IV 3 HGB). Unproblematisch festzustellen ist das für das statische Kriterium der Bilanzsumme. Nach herrschender Ansicht werden für die zeitraumbezogenen Kriterien der Umsatzerlöse und der Anzahl der ArbN die Werte der übernehmenden und übertragenden Rechtsträger der letzten zwölf Monate vor dem Bilanzstichtag zusammengezählt (Deubert/Förschle/Störk Sonderbilanzen/Deubert/Hoffmann K Rn. 10; IDW Assurance/Oser Kap. F Rn. 114; Joswig BB 2007, 763). Innenumsätze der beteiligten Rechtsträger sind nach Sinn und Zweck herauszurechnen (Theile StuB 2013, 411 (414)). Bei Spaltungen sind nur die anteilig übergehenden Umsatzerlöse (die seit dem Spaltungsstichtag mit dem übergehenden Vermögen erwirtschafteten Umsatzerlöse) und ArbN zu berücksichtigen (Deubert/Förschle/Störk Sonderbilanzen/Deubert/Hoffmann K Rn. 10; IDW Assurance/Oser Kap. F Rn. 114).

Bei Umw zur Neugründung ist ebenfalls der erste Abschlussstichtag maßgeblich **111** (§ 267 IV 2 HGB). Auch hier sind nach Sinn und Zweck von § 267 HGB die Umsatzerlöse und die ArbN der übertragenden Rechtsträgers (bei Spaltungen: des übertragenen Vermögensteils) zu berücksichtigen. Die Umsatzerlöse sind auf 12 Monate hochzurechnen, wenn das erste Gj. der neuen Ges weniger als zwölf Monate hat (Deubert/Förschle/Störk Sonderbilanzen/Deubert/Hoffmann K Rn. 9; vgl. auch IDW Assurance/Oser Kap. F Rn. 70: kein Muss).

12. Grenzüberschreitende Umwandlungen

§ 24 ist ebenso wie § 17 (→ § 17 Rn. 8) auf inl. Rechtsträger anwendbar, die **112** an einer grenzüberschreitenden Verschm oder Spaltung (§§ 305 ff.) beteiligt sind (Kallmeyer/Lanfermann Rn. 62; Lutter/Priester/Hennrichs Rn. 92; Sagasser/Bula/ Brünger Umwandlungen/Bula/Thees § 15 Rn. 4; NK-UmwR/Böttcher Rn. 67; Rödder/Herlinghaus/van Lishaut/Rödder Anh. 2 Rn. 61; IDW RS HFA 42 Rn. 2, 87; IDW Assurance/Oser Kap. F Rn. 242). Erfasst der inl. übernehmende Rechtsträger die auf ihn übergehenden Aktiva und Passiva nach dem Anschaffungskostenprinzip (→ Rn. 20 ff.), treten Besonderheiten nicht auf, da sich sowohl der Ansatz als auch die Bewertung nach der inl. Rechtsordnung (HGB, GoB) bestimmt (IDW RS HFA 42 Rn. 88). Dem inl. übernehmenden Rechtsträger steht aber auch das Wahlrecht zur Buchwertverknüpfung zu (Kallmeyer/Lanfermann Rn. 62; Lutter/ Priester/Hennrichs Rn. 93; Rödder/Herlinghaus/van Lishaut/Rödder Anh. 2 Rn. 62; vgl. auch IDW RS HFA 42 Rn. 87; IDW Assurance/Oser Kap. F Rn. 242; Widmann/Mayer/Budde Rn. 335). § 305 II und § 320 II enthalten diesbzgl. keine Einschränkung. Ebenso verweist Art. 18 SE-VO uneingeschränkt auf § 24 (Lutter/ Priester/Hennrichs Rn. 92; Sagasser/Bula/Brünger Umwandlungen/Bula/Thees § 15 Rn. 4). Zu berücksichtigen ist indes, dass die Buchwertverknüpfung eine Schlussbilanz des übertragenden Rechtsträgers voraussetzt. Für einen ausl. übertragenden Rechtsträger bestimmt sich dann die Notwendigkeit wie auch die dafür geltenden Grundsätze nach dessen Rechtsordnung (für inl. übertragende Rechtsträger → § 17 Rn. 8; → § 315 Rn. 8). Soweit eine derartige Schlussbilanz des übertragenden Rechtsträgers auf einen Bilanzstichtag unmittelbar vor dem Umwandlungsstichtag (→ § 17 Rn. 37 ff. – anderenfalls wäre die lückenlose Ergebniserfassung nicht gewährleistet) nicht vorgesehen ist und eine solche Schlussbilanz auch nicht freiwillig oder aufgrund einer Vereinbarung im Verschmelzungsplan auch nicht aufgestellt wird, besteht das Wahlrecht nicht (Lutter/Priester/Hennrichs Rn. 93; Rödder/Herlinghaus/van Lishaut/Rödder Anh. 2 Rn. 62; IDW RS HFA 42 Rn. 87; vgl. Widmann/Mayer/Budde Rn. 335).

113 Die Schlussbilanz des ausl. übertragenden Rechtsträgers muss nicht nach den inl. Regeln (HGB, GoB) erstellt sein. Nur so kommt die uneingeschränkte Verweisung in § 305 II, § 320 II, Art. 18 SE-VO europarechtskonform zur Geltung (Kallmeyer/Lanfermann Rn. 63; Rödder/Herlinghaus/van Lishaut/Rödder Anh. 2 Rn. 64; IDW RS HFA 42 Rn. 89). Die notwendigen Anpassungen an zwingende inl. Vorgaben hat der inl. übernehmende Rechtsträger im Rahmen der Übernahme vorzunehmen (Kallmeyer/Lanfermann Rn. 64; Lutter/Priester/Hennrichs Rn. 93; Sagasser/Bula/Brünger Umwandlungen/Bula/Thees § 15 Rn. 3; vgl. auch IDW RS HFA 42 Rn. 90; IDW Assurance/Oser Kap. F Rn. 242). Diese Anpassungen sind erfolgsneutral vorzunehmen (Lutter/Priester/Hennrichs Rn. 93; Rödder/Herlinghaus/van Lishaut/Rödder Anh. 2 Rn. 66; Widmann/Mayer/Budde Rn. 337).

§ 25 Schadenersatzpflicht der Verwaltungsträger der übertragenden Rechtsträger

(1) ¹Die Mitglieder des Vertretungsorgans und, wenn ein Aufsichtsorgan vorhanden ist, des Aufsichtsorgans eines übertragenden Rechtsträgers sind als Gesamtschuldner zum Ersatz des Schadens verpflichtet, den dieser Rechtsträger, seine Anteilsinhaber oder seine Gläubiger durch die Verschmelzung erleiden. ²Mitglieder der Organe, die bei der Prüfung der Vermögenslage der Rechtsträger und beim Abschluß des Verschmelzungsvertrags ihre Sorgfaltspflicht beobachtet haben, sind von der Ersatzpflicht befreit.

(2) ¹Für diese Ansprüche sowie weitere Ansprüche, die sich für und gegen den übertragenden Rechtsträger nach den allgemeinen Vorschriften auf Grund der Verschmelzung ergeben, gilt dieser Rechtsträger als fortbestehend. ²Forderungen und Verbindlichkeiten vereinigen sich insoweit durch die Verschmelzung nicht.

(3) Die Ansprüche aus Absatz 1 verjähren in fünf Jahren seit dem Tage, an dem die Eintragung der Verschmelzung in das Register des Sitzes des übernehmenden Rechtsträgers nach § 19 Abs. 3 bekannt gemacht worden ist.

Übersicht

	Rn.
1. Allgemeines	1
2. Schadenersatzanspruch nach Abs. 1 S. 1	6
a) Schuldner des Anspruchs	6
b) Gläubiger des Anspruchs	12
c) Schaden	13
d) Kausalität	17
aa) Schäden der Gläubiger	18
bb) Schäden der Anteilsinhaber eines übertragenden Rechtsträgers	19
cc) Schäden eines übertragenden Rechtsträgers	21
e) Verschulden	22
f) Exkulpation (Abs. 1 S. 2)	24
g) Haftungsausschluss	29
h) Verjährung (Abs. 3)	32

Schadenersatzpflicht der Verwaltungsträger 1–7 **§ 25 UmwG A**

	Rn.
i) Anspruchskonkurrenz	33
3. Weitere Ansprüche (Abs. 2)	34
a) Des übertragenden Rechtsträgers	34
b) Gegenüber dem übertragenden Rechtsträger	36
c) Verjährung	37
4. Fiktion des Fortbestehens (Abs. 2)	38

1. Allgemeines

Regelungsgegenstand von § 25 sind **Schadensersatzansprüche gegen die Ver-** 1
waltungsträger der übertragenden **Rechtsträger,** die aus der Verschm resultieren
können (zu Schadensersatzansprüchen gegen Verwaltungsträger des übernehmenden
Rechtsträgers vgl. § 27).

Abs. 1 S. 1 enthält eine **eigenständige Anspruchsgrundlage** gegenüber den 2
Mitgliedern des **Vertretungsorgans** und – soweit vorhanden – des **Aufsichtsorgans** eines jeden übertragenden Rechtsträgers. Der Anspruch ist auf die Zahlung
von Geld gerichtet. Naturalrestitution iSe „Entschmelzung" kann nicht verlangt
werden (§ 20 II; → § 20 Rn. 121 ff.; Lutter/Grunewald Rn. 17 mwN). Anspruchsberechtigte sind nicht nur der übertragende Rechtsträger selbst, sondern auch unmittelbar dessen Anteilsinhaber und Gläubiger. Nach Abs. 1 S. 2 wird das Verschulden der Organmitglieder vermutet. Die Vorschrift ist insges. – bis auf eine
technische Abweichung in Abs. 3 – inhaltsgleich mit § 349 AktG aF; § 28 KapErhG
aF.

Für den Anspruch nach Abs. 1 S. 1 und für weitere Ansprüche ordnet Abs. 2 S. 1 3
die Fiktion des Fortbestehens an. Abs. 2 S. 2 stellt klar, dass insoweit keine Konfusion
eintritt.

Abs. 3 enthält schließlich eine **Verjährungsvorschrift** für den in Abs. 1 geregel- 4
ten Anspruch. Die durch das EHUG (→ Einf. Rn. 26) geänderte Verweisung auf
§ 19 III entspricht den früheren Verweisungen auf § 10 HGB (Begr. RegE, BR-Drs. 75/94 zu § 25).

Die Vorschrift steht in engem **Zusammenhang mit § 26.** Dort ist das **spezielle** 5
Verfahren geregelt, in dem Ansprüche nach Abs. 1 und Abs. 2 geltend gemacht
werden müssen; auch diese Vorschrift ist weitgehend aus dem früheren Recht (§ 350
AktG aF; § 29 KapErhG aF) übernommen, wurde aber zwischenzeitlich reformiert
(→ § 26 Rn. 1).

2. Schadenersatzanspruch nach Abs. 1 S. 1

a) Schuldner des Anspruchs. Schuldner des Anspruchs nach Abs. 1 sind die 6
Mitglieder des Vertretungsorgans eines jeden übertragenden Rechtsträgers und
weiter die Mitglieder eines evtl. bestehenden Aufsichtsorgans unabhängig davon, ob
sie einem obligatorischen oder einem fakultativen Aufsichtsorgan angehören.

Vertretungsorgane sind bei 7
– **eGbR** alle Gesellschafter gemeinsam, es sei denn, der Gesellschaftsvertrag
  bestimmt etwas anderes (§ 720 BGB);
– **PhG:** Jeder Gesellschafter bei der OHG, wenn er nicht durch den Gesellschaftsvertrag von der Vertretung ausgeschlossen ist (§ 125 I HGB); bei der KG der/die
  Komplementäre (§ 170 HGB), nicht aber die ggf. geschäftsführenden Kommanditisten (Lutter/Hoger § 205 Rn. 2 mwN);
– **PartGes:** Wie bei der OHG (§ 7 III PartGG iVm § 125 I HGB) die Partner,
  soweit sie nicht von der Vertretung ausgeschlossen sind;
– **AG** der Vorstand (§ 78 I AktG);
– **GmbH** die Geschäftsführer (§ 35 I GmbHG);

Winter 463

- **KGaA** die phG (§ 278 AktG; §§ 161 ff. HGB; aA Lutter/Grunewald Rn. 3; Widmann/Mayer/Vossius Rn. 15; wie hier Semler/Stengel/Leonard/Leonard Rn. 4: es kommt nicht allein auf die Vertretungsmacht an, Zweck von § 25 gebietet Einbeziehung der geschäftsführenden Gesellschafter);
- **eG** der Vorstand (§ 24 I GenG);
- **eV** der Vorstand (§ 26 II BGB);
- **genossenschaftlichen Prüfungsverbänden** der Vorstand (§ 63b I GenG iVm § 26 II BGB; § 63b V 1 GenG);
- **VVaG** der Vorstand, § 34 VAG iVm § 78 I AktG;
- **mitbestimmten Unternehmen** auch die **Arbeitsdirektoren** (zB § 13 I MontanMitbestG; § 33 I MitbestG).

8   **Mitglieder eines Aufsichtsorgans** haften ebenfalls nach Abs. 1 S. 1. Ob das Aufsichtsorgan obligatorisch oder fakultativ ist (dazu sogleich), ist nicht entscheidend; allerdings muss es sich um ein **echtes Aufsichtsorgan** mindestens mit Kontrollaufgaben gegenüber dem Vertretungsorgan und nicht lediglich um einen beratenden Beirat handeln (so auch Lutter/Hoger § 205 Rn. 4; Kallmeyer/Marsch-Barner/ Oppenhoff Rn. 4; Semler/Stengel/Leonard/Leonard Rn. 5; aA Lutter/Grunewald Rn. 4, 9 ff.; BeckOGK/Rieder Rn. 20). Der Anwendungsbereich von Abs. 1 S. 1 erstreckt sich sonach insbes. auf folgende **Aufsichtsorgane:**
- Gesetzlich zwingend vorgesehene und durch die Rechtsform bedingter AR bei **AG, KGaA, eG und VVaG;**
- aufgrund von **§ 1 MitbestG** vorgeschriebener AR bei AG/GmbH mit idR mehr als 2.000 ArbN;
- aufgrund von **§§ 1 ff. MontanMitbestG** vorgeschriebener AR bei AG/GmbH mit idR mehr als 1.000 ArbN oder sog. „Einheitsgesellschaften" sowie gem. **§ 1 MontanMitbestErgG** bei beherrschenden Gesellschaft gleicher Rechtsform;
- aufgrund des DrittelbG vorgeschriebener AR bei Rechtsträgern mit mehr als 500 ArbN in Deutschland;
- aufgrund von **Gesellschaftsvertrag/Satzung** vorgesehener AR (vgl. zB § 52 GmbHG; dazu auch Vetter GmbHR 2011, 449 mwN), soweit es sich nicht lediglich um einen rein beratenden Funktionsträger ohne Kontrollaufgaben gegenüber dem Vertretungsorgan handelt.

9   **ArbN,** die einem nach Maßgabe von § 4 DrittelbG, § 1 MitbestG, § 3 MontanMitbestG oder § 5 MontanMitbestErgG gebildeten AR angehören, **haften grds. in gleicher Weise** nach Abs. 1 S. 1 wie die sonstigen Mitglieder des Aufsichtsorgans.

10 Die Haftung eines Organmitglieds kann auch dann eintreten, wenn es noch vor dem Erlöschen des übertragenden Rechtsträgers **aus** seinem **Amt ausgeschieden** ist. Sein Verhalten muss sich lediglich noch **kausal** auf den Verschmelzungsschaden ausgewirkt haben (Lutter/Grunewald Rn. 5 mwN; Lutter/Hoger § 205 Rn. 3; Goutier/Knopf/Tulloch/Laumann § 205 Rn. 8; Widmann/Mayer/Vossius Rn. 15; BeckOGK/Rieder Rn. 17). **Mehrere Anspruchsverpflichtete** haften als **Gesamtschuldner** iSv §§ 421 ff. BGB, Abs. 1 S. 1.

11 Der Anspruch richtet sich grds. nicht gegen den übertragenden Rechtsträger selbst. Soweit er allerdings nach den allg. Vorschriften für das Handeln seiner Organe einzustehen hat **(§ 31 BGB),** können auch Ansprüche ihm gegenüber bestanden haben (Lutter/Grunewald Rn. 6 mwN; aA BeckOGK/Rieder Rn. 21). Derartige Ansprüche sind im Wege der Gesamtrechtsnachfolge (§ 20 I Nr. 1) auf den übernehmenden Rechtsträger als Verbindlichkeiten übergegangen, sodass sie diesem gegenüber geltend gemacht werden müssen. Soweit es sich allerdings um Ansprüche iSv Abs. 1 oder Abs. 2 S. 1 handelt, tritt die Fiktion des Fortbestehens ein (→ Rn. 26 ff.).

12 **b) Gläubiger des Anspruchs. Anspruchsberechtigt** sind nicht nur der übertragende Rechtsträger selbst, sondern auch dessen Anteilsinhaber und Gläubiger.

c) Schaden. Bei Durchführung einer Verschm bestehen für Gläubiger und 13
Anteilsinhaber erhebliche Gefahren, die ihnen zustehenden Rechte zu verlieren
oder entwertet zu bekommen. So kann ein **Schaden für die Gläubiger** zB dadurch
entstehen, dass der vor Verschm hoch verschuldete übernehmende Rechtsträger den
Wert der ursprünglich gegen den übertragenden Rechtsträger gerichteten Forderung vermindert; die Durchsetzung der Forderung kann aufgrund der Konkurrenz
zu den Gläubigern des übernehmenden Rechtsträgers vereitelt werden. Der **Vorrang von § 22** ist zu beachten (Schadensminderungspflicht, → Rn. 16 aE). Die
Anteilsinhaber eines übertragenden Rechtsträgers können entweder durch die
Vereinbarung eines zu niedrig bemessenen Umtauschverhältnisses (insoweit stellt
sich allerdings das Problem des „Reflexschadens", dazu Lutter/Grunewald Rn. 13,
15 mwN; anders die hier vertretene Ansicht, → Rn. 17) oder zB durch Verschweigen von Sondervorteilen gegenüber Mitgliedern eines Vertretungs- oder Aufsichtsorgans etc (vgl. § 5 I Nr. 8) geschädigt werden.

Ein **Schaden des übertragenden Rechtsträgers selbst** ist bei wirksamer 14
Verschm kaum denkbar (Kallmeyer/Marsch-Barner/Oppenhoff Rn. 9 mwN; auch
→ Rn. 18), er ist aber durch die Ansprüche auch der Anteilsinhaber bzw. der
Gläubiger eines übertragenden Rechtsträgers nicht von vornherein ausgeschlossen
(so aber zum früheren Recht Rowedder/Schmidt-Leithoff/Zimmermann GmbHG,
4. Aufl. 2002, GmbHG Anh. § 77 Rn. 449; Scholz/Priester GmbHG, 7. Aufl. 1988,
Anh. Umw KapErhG § 28 Rn. 1; Kölner Komm AktG/Kraft AktG § 349 Rn. 6
mwN).

Als **ersatzfähiger Verschmelzungsschaden** ist nach Abs. 1 S. 1 jeder Vermö- 15
gensnachteil anzusehen, der sich für die Anspruchsberechtigten aus dem **Vermögensvergleich vor und nach der Verschm** ergibt („Schaden durch die Verschm",
so schon zum alten Recht Scholz/Priester GmbHG, 7. Aufl. 1988, Anh. Umw
KapErhG § 28 Rn. 1; aA Widmann/Mayer/Vossius Rn. 20, der mE die Sondervorschriften von § 20 II zum Ausschluss der Naturalrestitution nicht hinreichend
berücksichtigt, dazu auch Schnorbus ZHR 167 (2003), 666 (691)).

Die Ersatzpflicht besteht für Schäden, die „durch" die Verschm entstanden sind. 16
Damit wird nicht nur dem Erfordernis der Kausalität Ausdruck verliehen, sondern
auch klargestellt, dass **Schadensersatz nur bei Vorliegen einer wirksamen
Verschm** (vgl. auch § 20 II; wie hier Widmann/Mayer/Vossius Rn. 18) verlangt
werden kann. Der Anspruch scheidet also aus, wenn die Nichtigkeit einer Verschm
vor Eintragung aufgrund einer **Unwirksamkeitsklage** festgestellt wird (so zum
alten Recht bereits Rowedder/Schmidt-Leithoff/Zimmermann GmbHG, 4. Aufl.
2002, GmbHG Anh. § 77 Rn. 450). In diesem Fall bestehen gegenüber den Vertretungs- und Aufsichtsorganen nur Ansprüche aus der allg. Vorschriften (zB §§ 43,
52 GmbHG; §§ 93, 116 AktG).

d) Kausalität. Kausalität zwischen Pflichtverletzung und Schaden ist erforderlich. 17
Ersatzfähig ist mithin nur der Schaden, der auf der Pflichtverletzung beruht (Lutter/
Grunewald Rn. 17; Kallmeyer/Marsch-Barner/Oppenhoff Rn. 8; Widmann/
Mayer/Vossius Rn. 23 ff.; BeckOGK/Rieder Rn. 28). Die Tatsache der Verschm
und des Erlöschens des übertragenden Rechtsträgers allein begründet keinen kausalen Schaden (Widmann/Mayer/Vossius Rn. 19; NK-UmwR/Burg Rn. 9;
BeckOGK/Rieder Rn. 30). Das Erlöschen des übertragenden Rechtsträgers und
der Vermögensübergang sind nicht Folge pflichtwidrigen Handels.

aa) Schäden der Gläubiger. Für die **Gläubiger** des übertragenden Rechtsträ- 18
gers entsteht ein durch die Verschm bedingter Schaden nur dann, wenn der übernehmende Rechtsträger aufgrund seiner Vermögenssituation den dem Gläubiger zustehenden Anspruch bzw. dessen Durchsetzung **erschwert oder gefährdet**. Durch
die Verschm erhalten die Gläubiger des übernehmenden Rechtsträgers eine neue
Haftungsmasse, die zuvor nur den Gläubigern des übertragenden Rechtsträgers zur

Vfg. stand. Hierdurch können die Gläubiger des übertragenden Rechtsträgers mit ihren Forderungen leichter ausfallen (vgl. Lutter/Grunewald Rn. 16 mwN; Widmann/Mayer/Vossius Rn. 24; GroßkommAktG/Schilling AktG § 349 Anm. 4; unklar Semler/Stengel/Leonard/Leonard Rn. 16, der auf den Schutzzweck von § 22 verweist). Ein **ungünstiges Umtauschverhältnis** führt im Regelfall nicht zu einem Schaden der Gläubiger, da dies auf die für die Haftung zur Vfg. stehende Vermögensmasse keinen Einfluss hat. Ein Schaden der Gläubiger kann insoweit nur entstehen, wenn bei einer **ordnungsgemäßen Überprüfung der Vermögenslagen** eine Verschm ganz unterblieben wäre (Lutter/Grunewald Rn. 16 mwN). Macht ein Gläubiger von seinem **Recht aus § 22** keinen Gebrauch, kann ihm **Mitverschulden** iSv § 254 BGB entgegengehalten werden (Widmann/Mayer/Vossius Rn. 24).

19   bb) **Schäden der Anteilsinhaber eines übertragenden Rechtsträgers.** Für die **Anteilsinhaber des übertragenden Rechtsträgers** entsteht ein kausal durch die Verschm verursachter Schaden in erster Linie durch ein **falsches Umtauschverhältnis** (Lutter/Grunewald Rn. 15; Kallmeyer/Marsch-Barner/Oppenhoff Rn. 9; Widmann/Mayer/Vossius Rn. 25, 26; BeckOGK/Rieder Rn. 24). Hierbei ist aber zu beachten, dass das **SpruchG ein gesondertes und vorrangiges Verfahren** ermöglicht, durch das das mangelhafte Umtauschverhältnis ausgeglichen und die Perpetuierung des Schadens vermieden werden kann. Ein Verschmelzungsschaden liegt erst dann vor, wenn diese Möglichkeit (schuldlos) nicht realisiert werden kann (so iErg wohl auch Semler/Stengel/Leonard/Leonard Rn. 14, 23; Lutter/Grunewald Rn. 15, weil das dort jew. berücksichtigte Mitverschulden des Anteilsinhabers so überwiegend sein dürfte, dass Schadensersatzanspruch letztlich entfällt). Beruht das ungünstige Umtauschverhältnis auf einem durch das Verschmelzungsverfahren bedingten Wertverlust (nicht nur auf einem falsch berechneten Umtauschverhältnis, näher → Rn. 18), entsteht ein Schaden beim übertragenden Rechtsträger selbst **und** bei dessen Anteilsinhabern (ebenso Kölner Komm AktG/Kraft AktG § 349 Rn. 6; Clemm/Dürrschmidt FS Widmann, 2000, 7; aA Lutter/Grunewald Rn. 13: Schaden nur des übertragenden Rechtsträgers).

20   **Gläubiger der Anteilsinhaber** (zB solche Dritte, die ein Recht an den Anteilen oder Mitgliedschaften haben, vgl. § 20 I Nr. 3 S. 2), werden durch Abs. 1 S. 1 nicht geschützt (so auch Lutter/Grunewald Rn. 16). Eine etwa eingetretene Verminderung des Anteilswerts durch ein zu gering bemessenes Umtauschverhältnis stellt zwar einen Schaden für diese Person dar, der Schadensersatzanspruch könnte durch den Anteilsinhaber selbst im Wege der **Drittschadensliquidation** geltend gemacht werden. Der Anspruchsinhaber dürfte dafür aber selbst keinen Schaden haben. Da die Drittrechte an den Anteilen der Sicherung von Verbindlichkeiten dienen, erleidet der Anteilsinhaber aber dadurch einen Schaden, dass er im Sicherungsfall die Tilgung seiner Schuld in der Höhe des zu gering bestimmten Umtauschverhältnisses nicht mehr erreichen kann. Vgl. zur Problematik Kölner Komm UmwG/Simon § 25 Rn. 20.

21   cc) **Schäden eines übertragenden Rechtsträgers.** Ein Schaden eines **übertragenden Rechtsträgers selbst** wird nur in seltenen Fällen eintreten. Ein **falsch berechnetes Umtauschverhältnis** stellt keinen Schaden des Rechtsträgers, sondern seiner Anteilsinhaber dar (so auch Widmann/Mayer/Vossius Rn. 27; Lutter/Grunewald Rn. 15; BeckOGK/Rieder Rn. 23). Wirtschaftlich betrachtet haben die Anteilsinhaber und nicht der Rechtsträger das Vermögen übertragen. Ein Schaden auch des übertragenden Rechtsträgers, der selbstständig neben einem Schaden seiner Anteilsinhaber auftreten kann, wird nur anzunehmen sein, wenn im Verlauf des Verschmelzungsverfahrens durch pflichtwidriges Handeln ein **Wertverlust des übertragenden Rechtsträgers** herbeigeführt wurde (etwa Verminderung des Unternehmenswertes, Goodwill, → Rn. 17; wie hier Widmann/Mayer/Vossius Rn. 28 mwN).

e) Verschulden. Die Haftung nach Abs. 1 setzt ein **Verschulden der Organ-** 22
mitglieder voraus. Sie müssen also **pflichtwidrig und vorwerfbar** gehandelt
haben. Abs. 1 S. 2 gibt einen Anhaltspunkt dafür, welche Pflichten den Organen
und ihren Mitgliedern obliegen. Sie müssen demnach **sorgfältig** die Vermögenslage
der beteiligten Rechtsträger prüfen und auf die Einhaltung aller den Verschmelzungsvertrag betreffenden Vorschriften achten. Damit haben sie insbes. die Berechnung eines angemessenen Umtauschverhältnisses sorgfältig zu überwachen. Die
Prüfungspflicht der Organmitglieder erstreckt sich aber nicht nur auf die rechtliche, sondern auch auf die wirtschaftliche Überwachung der Verschm (dazu gehört
auch die Möglichkeit der bilanziellen Darstellung eines Anteilserwerbs nach Barabfindung, § 272 IV HGB; → § 29 Rn. 12 f.). Auf den Verwaltungsträgern lastet
damit zwar nicht das wirtschaftliche Risiko der Verschm, sie müssen aber dafür
Sorge tragen, dass von Anfang an **unzweckmäßige Verschm** unterbleiben (so
auch Widmann/Mayer/Vossius Rn. 21; zum alten Recht bereits Scholz/Priester
GmbHG, 7. Aufl. 1988, Anh. Umw KapErhG § 28 Rn. 5).

Darüber hinaus sind die Verwaltungsträger, insbes. die Vertretungsorgane, für die 23
Einhaltung der formellen Anforderungen der Verschm verantwortlich. Auch
diese Pflichten stehen im Zusammenhang mit der Verschm. Soweit ein Verstoß –
was gesondert zu prüfen ist – zu einem Verschmelzungsschaden führt, besteht die
Haftung nach Abs. 1 S. 1. Neben der **Exkulpation** (→ Rn. 20) ist der Einwand
des **Mitverschuldens** (zB → Rn. 16 aE) oder ein etwaiger **Haftungsausschluss**
(→ Rn. 23) möglich.

f) Exkulpation (Abs. 1 S. 2). Die Verwaltungsträger haften nach allg. zivilrecht- 24
lichen Regelungen schon für **leichte Fahrlässigkeit.** Zudem ordnet Abs. 1 S. 2
eine **Beweislastumkehr** an: Der Anspruchsteller hat lediglich das Vorliegen eines
Schadens und die Kausalität mit der Verschm nachzuweisen. Das **Verschulden**
der Verwaltungsträger wird dann **vermutet.** Die Mitglieder des Vertretungs- oder
Aufsichtsorgans können sich lediglich exkulpieren, indem sie den Nachw. der Einhaltung aller möglichen und zumutbaren Sorgfaltspflichten erbringen. Die Anforderungen an die Exkulpation werden nicht zu niedrig zu bemessen sein (aA Widmann/
Mayer/Vossius Rn. 31; zu einer für die Verwaltungsträger großzügigen Betrachtung
rät auch Lutter/Grunewald Rn. 8 ff., die damit die nicht systemkonforme Norm –
direkte Ansprüche Dritter gegen Organe – beschränken will; gerade die strenge
Betrachtung der Organpflichten außerhalb von § 25, insbes. in der Grundsatzentscheidung BGH NJW 2003, 358 zur Beweislast iRv § 43 GmbHG, zeigt aber, dass
Organe mit Großzügigkeit nicht rechnen dürfen).

Insbes. ist eine **Berufung auf mangelnde Sachkunde** nicht opportun. Soweit 25
es um die Bewertung des übernehmenden Rechtsträgers und die Angemessenheit
des Umtauschverhältnisses geht, ist auch die Berufung darauf, dass vom übernehm-
menden Rechtsträger nur unzureichende Unterlagen zur Vfg. gestellt worden seien,
ausgeschlossen. Bei Vorliegen eines solchen Sachverhalts muss das verantwortliche
Aufsichts- oder Vertretungsorgan notfalls die Verschm verweigern (Widmann/
Mayer/Vossius Rn. 33; zum alten Recht bereits Scholz/Priester GmbHG, 7. Aufl.
1988, Anh. Umw KapErhG § 28 Rn. 5 mwN). Im Regelfall wird man für die
Bewertung auch die **Hinzuziehung von sachverständigen Dritten** verlangen
müssen.

Rechtstechnisch handelt es sich bei der Möglichkeit von Abs. 1 S. 2 um einen 26
Entlastungsbeweis **(Vollbeweis)** durch Widerlegung der Verschuldensvermutung.
Das jew. Organmitglied muss behaupten und vollumfänglich beweisen, dass es seiner
Sorgfaltspflicht nachgekommen ist. Auf eine **Kompetenzverteilung innerhalb**
des Organs (zB Behauptung der Alleinzuständigkeit des kaufmännischen Geschäfts-
führers/Vorstands für die Verschm) kann sich das Organmitglied nur eingeschränkt
berufen; die gesamtschuldnerische Haftung bedingt grds. ein Einstehenmüssen auch

für Fehlleistungen der anderen Organmitglieder in solchen Angelegenheiten, die für den übertragenden Rechtsträger **wesentliche Bedeutung** haben (stRspr, vgl. nur BGH DB 1977, 1248; Lutter ZIP 1986, 1188 (1196) und Lit. zu § 43 GmbHG, § 93 AktG, § 34 GenG), hierzu zählen zweifellos alle wesentlichen Abreden im Zusammenhang mit der Verschm (vgl. auch BGH DB 2002, 196 und BGH ZIP 2002, 216 zur Gesamtverantwortung des Vorstands einer AG bereits bei der Einberufung einer HV).

27   Die Kompetenzverteilung hat gleichwohl Bedeutung insoweit, als der Maßstab für die Sorgfaltspflichten des „zuständigen" Organmitglieds höher anzusetzen ist als für seine Kollegen. Eine ähnl. **wertende Betrachtung** muss auch dazu führen, dass die Intensität der Sorgfaltspflichten der Mitglieder eines Aufsichtsorgans geringer anzusetzen ist als diejenige der Mitglieder des Vertretungsorgans.

28   Über die Formulierung von Abs. 1 S. 2 hinaus ist den Leitungsorganen in Übernahme des **Rechtsgedankens von § 831 I 2 BGB aE** die Möglichkeit einzuräumen, den Entlastungsbeweis durch **Widerlegung der Ursächlichkeitsvermutung** (Pflichtwidrigkeitszusammenhang) zu führen. Wenn nachgewiesen werden kann, dass der Schaden auch bei Anwendung der gebotenen Sorgfalt durch das jew. Organmitglied in gleicher Weise entstanden wäre, liegt zwar ein individuelles Fehlverhalten vor, eine Grundlage für die persönliche Haftung ist aber nicht gegeben.

29   **g) Haftungsausschluss.** Die Haftung gegenüber dem übertragenden Rechtsträger selbst und seinen Anteilsinhabern ist nicht dadurch ausgeschlossen, dass die Anteilsinhaber durch ihren Verschmelzungsbeschluss der Verschm zugestimmt haben (allgM). Da ein Verschmelzungsbeschluss stets Voraussetzung für eine wirksame Verschm ist, die von § 25 wiederum vorausgesetzt wird, würde der Schadensersatzanspruch der Anteilsinhaber in unzumutbarem Maße beschnitten.

30   Der **Ausschluss der Haftung** gegenüber den Anteilsinhabern kann sich jedoch daraus ergeben, dass die Verwaltungsträger aufgrund einer **ausdrücklichen Weisung** in Form eines gesonderten Beschlusses der Anteilsinhaber gehandelt haben, wobei fraglich ist, ob dieser Einwand bei Mehrheitsbeschluss auch den überstimmten Anteilsinhabern entgegengehalten werden kann (vgl. Widmann/Mayer/Vossius Rn. 40; BeckOGK/Rieder Rn. 32; NK-UmwR/Burg Rn. 14; grds. krit. Semler/Stengel/Leonard/Leonard Rn. 18 ff.). Die **Freistellung** erfolgt hier **nur im Verhältnis zu den Anteilsinhabern,** selbstverständlich nicht gegenüber den Gläubigern des übertragenden Rechtsträgers (Widmann/Mayer/Vossius Rn. 38 mN).

31   Die Anwendung von **§ 254 BGB** (Einwand des Mitverschuldens des Anspruchsberechtigten) kann zu einer quotalen Beschränkung des Schadensersatzanspruchs und im Einzelfall sogar zum vollständigen Anspruchsausschluss führen.

32   **h) Verjährung (Abs. 3).** Ansprüche iSv Abs. 1 verjähren in **fünf Jahren** nach Wirksamwerden der Verschm **(Abs. 3). Fristbeginn** ist der Tag der Bekanntmachung der Eintragung der Verschm in das Register des Sitzes des übernehmenden Rechtsträgers nach § 19 III (Ausnahme: Fall von § 122 II). Es kommt mithin auf die Bekanntmachung gem. § 10 HGB in das HR an, nicht auf das **Entstehen des Anspruchs** als solchem oder auf die **Kenntnis der Beteiligten** vom schädigenden Ereignis oder vom Schadenseintritt (allgM, vgl. Lutter/Grunewald Rn. 22; Semler/Stengel/Leonard/Leonard Rn. 31; BeckOGK/Rieder Rn. 35; zum früheren Recht schon Hachenburg/Schilling/Zutt GmbHG § 77 Anh. II KapErhG §§ 28, 29 Rn. 9; Scholz/Priester GmbHG, 7. Aufl. 1988, Anh. Umw KapErhG § 28 Rn. 11). IÜ gelten die allg. Vorschriften des BGB **(§§ 187 ff. BGB).** Vgl. auch → § 27 Rn. 10 ff. Auf **konkurrierende deliktische Ansprüche** (→ Rn. 25) ist Abs. 3 nicht anzuwenden, hierfür gilt die **allg. Verjährungsvorschrift** von § 195 BGB.

33   **i) Anspruchskonkurrenz.** Die Ansprüche aus Abs. 1 S. 1 können in Konkurrenz zu **Schadensersatzansprüchen aus Delikt** treten. Oftmals wird der Sorgfalts-

verstoß in der Nichtbeachtung eines Schutzgesetzes iSv § 823 II BGB liegen, auch unmittelbare Ansprüche nach § 823 I BGB oder – in eingeschränktem Maße – nach § 826 BGB sind möglich (Kölner Komm AktG/Kraft AktG § 349 Rn. 14 mwN; vgl. etwa zur Haftung von Vorstand und AR nach allg. Recht Kau/Kukat BB 2000, 1045).

3. Weitere Ansprüche (Abs. 2)

a) Des übertragenden Rechtsträgers. Als Ansprüche eines übertragenden Rechtsträgers im Anwendungsbereich von Abs. 2 S. 1 kommen zunächst **Gestaltungsrechte** in Bezug auf den Verschmelzungsvertrag in Betracht (etwa §§ 119 ff., 123 BGB). Bei einer darauf gestützten Feststellungsklage ist der Rechtsträger als fortbestehend anzusehen. Auch Ansprüche des übertragenden Rechtsträgers gegen den übernehmenden Rechtsträger selbst werden von Abs. 2 S. 1 erfasst. Bspw. können **Schadensersatzansprüche** aus einer Verletzung des Verschmelzungsvertrages **(positive Vertragsverletzung)** entstehen und geltend gemacht werden (Lutter/Grunewald Rn. 23 mwN). 34

Eine Beschränkung allein auf Schadensersatzansprüche ist nicht geboten, die Geltendmachung von **Erfüllungsansprüchen** ist ebenfalls denkbar (OLG Frankfurt a. M. ZIP 2007, 331). Dabei dürfte auch möglich sein, im Verschmelzungsvertrag Regelungen aufzunehmen, die es dem übertragenden Rechtsträger erlauben, auf die Geschäftspolitik des übernehmenden Rechtsträgers Einfluss zu nehmen (Blasche/Söntgerath BB 2009, 1432). Zur modifizierten Anwendung von § 26 bei der Durchsetzung von Erfüllungsansprüchen → § 26 Rn. 9. Auch **Ansprüche gegen Dritte** sind von Abs. 2 S. 1 erfasst. Denkbar sind zB unmittelbar Schadensersatzansprüche gegen die Verwaltungsträger des übernehmenden Rechtsträgers iRv § 27 aufgrund deliktischer Haftung (NK-UmwR/Burg Rn. 31). 35

b) Gegenüber dem übertragenden Rechtsträger. Die Fiktion des Fortbestehens ist auch bei Ansprüchen gegen einen übertragenden Rechtsträger anzuwenden. Hier sind insbes. mögliche **Ansprüche des übernehmenden Rechtsträgers** zu erwähnen. Neben Gestaltungs- oder Anfechtungsrechten in Bezug auf den Verschmelzungsvertrag kommen auch hier **Schadensersatzansprüche** etwa aus cic (Verschulden bei Vertragsschluss, § 311 II, III BGB) oder pVV (positive Vertragsverletzung, § 280 I BGB) in Betracht. Letztere sind trotz des Vermögensübergangs von Interesse, falls dem übertragenden Rechtsträger selbst Ansprüche zustehen, denen gegenüber **aufgerechnet** werden kann (vgl. Rowedder/Schmidt-Leithoff/Zimmermann GmbHG, 4. Aufl. 2002, GmbHG Anh. § 77 Rn. 452). An einer Anfechtung des Verschmelzungsvertrags besteht aber wegen § 20 II idR kein Interesse, da die Anfechtung die Wirksamkeit der eingetragenen Verschm nicht mehr berührt (→ § 26 Rn. 14 mwN). In Betracht kommen ferner **Ansprüche der Anteilsinhaber und Gläubiger des übernehmenden Rechtsträgers**, die im Zusammenhang mit der Verschm einen Schaden (etwa aus verbotener Unterpariemission) erlitten haben (daneben besteht auch ein Anspruch gegen den übernehmenden Rechtsträger, vgl. Kölner Komm UmwG/Simon Rn. 37 mwN). 36

c) Verjährung. Die Verjährung der weiteren Ansprüche richtet sich nach den jew. einschlägigen allg. Vorschriften. Abs. 3 ist nicht anwendbar. 37

4. Fiktion des Fortbestehens (Abs. 2)

Die übertragenden Rechtsträger erlöschen mit Eintragung der Verschm in das Register des Sitzes des übernehmenden Rechtsträgers (§ 20 I Nr. 2). Ihr Vermögen geht im Zuge der Gesamtrechtsnachfolge auf den übernehmenden Rechtsträger über (§ 20 I Nr. 1). Andererseits können ihnen auch nach der Verschm noch Ansprü- 38 che zustehen. Diese können aus Abs. 1 folgen, aber auch aus den allg. Vorschriften (weitere Ansprüche) (Abs. 2 S. 1). Zur Lösung der daraus resultierenden Probleme ordnet **Abs. 2 S. 1** an, dass der betroffene **übertragende Rechtsträger als fortbestehend gilt.** Ergänzend wird in Abs. 2 S. 2 festgelegt, dass Forderungen zwischen den sich vereinigenden Rechtsträgern insoweit nicht durch Konfusion untergehen.

39 Die Bedeutung der Vorschrift beschränkt sich nicht nur darauf, den betroffenen übertragenden Rechtsträgern die **aktive und passive Prozessfähigkeit** einzuräumen (so Scholz/Priester GmbHG, 7. Aufl. 1988, Anh. Umw KapErhG § 28 Rn. 7), vielmehr wird das Bestehen des übertragenden Rechtsträgers als Rechtspersönlichkeit fingiert (zu den Wirkungen der Fiktion ausf. Widmann/Mayer/Vossius Rn. 44 ff.; Kölner Komm UmwG/Simon Rn. 42). Im Ergebnis führt die Fiktion dazu, dass in bestimmtem Umfang eine **Abwicklung des übertragenden Rechtsträgers** durchgeführt werden kann (Hachenburg/Schilling/Zutt GmbHG § 77 Anh. II KapErhG §§ 28, 29 Rn. 10).

40 Die Fiktion beschränkt sich auf das Wiederaufleben der Rechtspersönlichkeit, sonstige Wirkungen sind damit nicht verbunden. Insbes. erlangen durch die Fiktion die früheren Organe nicht wieder ihre Stellung. Der fiktive Rechtsträger erhält vielmehr einen **gesondert zu bestellenden Vertreter** nach Maßgabe von **§ 26.**

41 Die **Fiktion des Fortbestehens tritt nicht ein,** soweit es sich um Ansprüche des übertragenden Rechtsträgers gegen Dritte handelt, die **in keinem Zusammenhang mit der Verschm** stehen. Solche Ansprüche sind kraft Gesamtrechtsnachfolge auf den übernehmenden Rechtsträger übergegangen (→ § 20 Rn. 23 ff.; → Rn. 74) und müssen auch von diesem durchgesetzt werden. Abs. 2 ist des Weiteren – trotz Zusammenhang mit der Verschm – nicht auf einen **Anspruch gegen einen Steuerberater** anwendbar, der einen infolge ungünstiger Vertragsgestaltung bei der Verschm begründeten Steuerschaden zu ersetzen hat; insoweit reicht die Geltendmachung durch den übernehmenden Rechtsträger (BGH WiB 1997, 435 noch zu § 28 II KapErhG aF).

42 Die Fiktion hat zur Folge, dass die Forderungen, die im Zusammenhang mit der Verschm stehen, nicht dem übernehmenden, sondern dem jew. übertragenden Rechtsträger zugerechnet werden müssen. Sie stehen damit **nicht zur Disposition des übernehmenden Rechtsträgers,** er kann insbes. nicht auf diese Ansprüche verzichten. Auf der anderen Seite wird der übernehmende Rechtsträger aber auch nicht Schuldner dieser Ansprüche. Dies ist insbes. auch bei einer **Aufrechnung** zu beachten; mit Ansprüchen, die kraft Fiktion gegenüber einem übertragenden Rechtsträger bestehen, kann nicht gegen Forderungen des übernehmenden Rechtsträgers aufgerechnet werden.

§ 26 Geltendmachung des Schadenersatzanspruchs

(1) ¹**Die Ansprüche nach § 25 Abs. 1 und 2 können nur durch einen besonderen Vertreter geltend gemacht werden.** ²**Das Gericht des Sitzes eines übertragenden Rechtsträgers hat einen solchen Vertreter auf Antrag eines Anteilsinhabers oder eines Gläubigers dieses Rechtsträgers zu bestellen.** ³**Gläubiger sind nur antragsberechtigt, wenn sie von dem übernehmenden Rechtsträger keine Befriedigung erlangen können.** ⁴**Gegen die Entscheidung findet die Beschwerde statt.**

(2) ¹**Der Vertreter hat unter Hinweis auf den Zweck seiner Bestellung die Anteilsinhaber und Gläubiger des betroffenen übertragenden Rechtsträgers aufzufordern, die Ansprüche nach § 25 Abs. 1 und 2 binnen einer angemessenen Frist, die mindestens einen Monat betragen soll, anzumelden.** ²**Die Aufforderung ist im Bundesanzeiger und, wenn der Gesellschaftsvertrag, der Partnerschaftsvertrag oder die Satzung andere Blätter für die öffentli-**

chen Bekanntmachungen des übertragenden Rechtsträgers bestimmt hatte, auch in diesen Blättern bekanntzumachen.

(3) ¹Der Vertreter hat den Betrag, der aus der Geltendmachung der Ansprüche eines übertragenden Rechtsträgers erzielt wird, zur Befriedigung der Gläubiger dieses Rechtsträgers zu verwenden, soweit die Gläubiger nicht durch den übernehmenden Rechtsträger befriedigt oder sichergestellt sind. ²Für die Verteilung gelten die Vorschriften über die Verteilung, die im Falle der Abwicklung eines Rechtsträgers in der Rechtsform des übertragenden Rechtsträgers anzuwenden sind, entsprechend. ³Gläubiger und Anteilsinhaber, die sich nicht fristgemäß gemeldet haben, werden bei der Verteilung nicht berücksichtigt.

(4) ¹Der Vertreter hat Anspruch auf Ersatz angemessener barer Auslagen und auf Vergütung für seine Tätigkeit. ²Die Auslagen und die Vergütung setzt das Gericht fest. ³Es bestimmt nach den gesamten Verhältnissen des einzelnen Falles nach freiem Ermessen, in welchem Umfange die Auslagen und die Vergütung von beteiligten Anteilsinhabern und Gläubigern zu tragen sind. ⁴Gegen die Entscheidung findet die Beschwerde statt; die Rechtsbeschwerde ist ausgeschlossen. ⁵Aus der rechtskräftigen Entscheidung findet die Zwangsvollstreckung nach der Zivilprozeßordnung statt.

Übersicht

	Rn.
1. Allgemeines	1
2. Geltendmachung von Ansprüchen (Abs. 1 S. 1)	8
a) Ansprüche nach § 25 I	8
b) Ansprüche des übertragenden Rechtsträgers nach § 25 II	9
c) Ansprüche gegen den übertragenden Rechtsträger nach § 25 II	10
3. Bestellung des besonderen Vertreters	12
a) Zuständigkeit	12
b) Antragsberechtigung (Abs. 1 S. 2, 3)	13
c) Bestellungsverfahren	18
4. Durchsetzung der Ansprüche	19
a) Anmeldeverfahren (Abs. 2)	19
b) Geltendmachung der Ansprüche und Erlösverteilung (Abs. 3)	23
5. Ansprüche für und gegen den besonderen Vertreter	25
a) Vergütung und Auslagenersatz (Abs. 4)	25
b) Haftung des besonderen Vertreters	27

1. Allgemeines

Die Vorschrift über die **Geltendmachung von Schadensersatzansprüchen** 1 wurde zunächst vollständig aus § 350 AktG aF, § 29 KapErhG aF übernommen. Lediglich in Abs. 3 S. 2 wurde abw. formuliert, um der Ausdehnung des Schutzbereichs der Norm gerecht zu werden. Geringfügige Änderungen gab es nach der Umwandlungsreform 1994 noch durch das PartG (→ Rn. 17 aE) sowie durch das EHUG und das neue GenG (→ Einf. Rn. 26) bei Abs. 2 S. 2. Durch das FGG-RG wurden redaktionelle Anpassungen vorgenommen. Mit dem Gesetz zur Änderung von Vorschriften über Verkündung und Bekanntmachungen wurde in Abs. 2 S. 2 das Wort „elektronischen" vor dem Wort „Bundesanzeiger" gestrichen.

§ 26 ergänzt § 25 durch ein **spezielles Verfahren** (zum normalen Vorgehen 2 nach allg. Recht etwa Kau/Kukat BB 2000, 1045 für AG), in welchem die Ansprüche nach § 25 I, II geltend zu machen sind. Die Verfahrensvorschrift ist notwendig, um zu verhindern, dass die Verwaltungsträger des übertragenden Rechtsträgers mit zahlreichen Prozessen überzogen werden, in denen **voneinander abw. Entscheidungen** über ihr Verschulden ergehen könnten; außerdem soll durch die Konzentration auf ein Verfahren ein **Wettlauf der Berechtigten** mit der Folge unterschiedlicher Befriedigung vermieden werden (Begr. RegE, BR-Drs. 75/94 zu § 26). Die selbstständige Klage eines Beteiligten unter Umgehung von § 26 ist unzulässig (→ Rn. 8, → Rn. 19; dem steht die Entscheidung BGH ZIP 1998, 508 zur Vertretung einer übernehmenden eG ausschließlich durch ihren AR bei Schadensersatzprozessen gegen ehemalige Vorstände von übertragenden eG nicht entgegen, denn dort ging es um Pflichtwidrigkeiten außerhalb der Verschm).

3 **Zweck der Vorschrift** ist damit zum einen, dem betroffenen übertragenden Rechtsträger für die Phase des fiktiven Fortbestehens iSv § 25 II einen Vertreter zu bestellen, nachdem die ursprünglich vorhandenen Organe zur Vertretung nicht mehr in der Lage sind. Zum anderen sollen die verschiedenen Ansprüche von einer Entscheidung erfasst werden, um Divergenzen zu vermeiden. Wenn Ansprüche nach § 25 I, II von mehreren übertragenden Rechtsträgern geltend gemacht werden sollen, ist die **gemeinsame Bestellung eines besonderen Vertreters** gesetzlich nicht vorgesehen. Aus Zweckmäßigkeitsgründen kann eine solche gemeinsame Bestellung jedoch geboten sein, wenn der Anspruch gegen die Verwaltungsträger verschiedener übertragender Rechtsträger auf einem einheitlichen Pflichtverstoß basiert. Zulässig ist auch die **Bestellung mehrerer Vertreter** (Lutter/Grunewald Rn. 13; Kallmeyer/Marsch-Barner/Oppenhoff Rn. 4). Ein praktisches Bedürfnis besteht schließlich dahin, eine **Sozietät** von Rechtsanwälten insges. als besonderen Vertreter zu bestellen; zumindest die Bestellung von PartGes und KapGes dürfte möglich sein, da nirgends bestimmt ist, dass der besondere Vertreter natürliche Person sein muss (aA hM beim SpruchG, → SpruchG § 6 Rn. 6).

4 Das **Verfahren** unterteilt sich in **drei Abschnitte.** Zunächst muss in der **ersten Stufe** ein besonderer Vertreter für den zwar als fortbestehend geltenden (§ 25 II 1), aber nicht mehr handlungsfähigen übertragenden Rechtsträger bestellt werden. Dies ordnet **Abs. 1** S. 1 an. Abs. 1 S. 2, 3 befassen sich mit der Antragsbefugnis, während Abs. 1 S. 4 das in diesem Stadium statthafte Rechtsmittel (Beschwerde) festlegt.

5 **Abs. 2** regelt die **zweite Stufe** des Verfahrens. Ansprüche iSv § 25 I, II müssen bei dem besonderen Vertreter angemeldet werden. Damit die potenziell Anspruchsberechtigten hiervon Kenntnis erlangen, ist eine Aufforderung im BAnz. und ggf. in anderen Bekanntmachungsblättern des übertragenden Rechtsträgers zu veröffentlichen. Sodann hat der besondere Vertreter die gesammelten Ansprüche, notfalls gerichtlich, geltend zu machen.

6 **Abs. 3** legt als dritte Stufe die **Reihenfolge der Verteilung des Erlöses** fest. Die Gläubiger des übertragenden Rechtsträgers gehen deren (ehemaligen) Anteilsinhabern vor. Abs. 3 S. 4 enthält einen **Ausschluss** für diejenigen Gläubiger und Anteilsinhaber, die sich nicht fristgemäß gemeldet haben.

7 **Abs. 4** schließlich regelt die **Vergütungs- und Auslagenersatzansprüche des besonderen Vertreters.** Gem. Abs. 4 S. 5 ist die gerichtliche Festsetzung der Vergütung ohne weitere Zwischenschritte vollstreckbar.

2. Geltendmachung von Ansprüchen (Abs. 1 S. 1)

8 a) **Ansprüche nach § 25 I.** Ansprüche nach § 25 I können nur einem übertragenden Rechtsträger selbst, seinen Anteilsinhabern oder seinen Gläubigern zustehen. Da § 25 I nur Ansprüche regelt, die sich nicht gegen den übertragenden Rechtsträger richten können, tritt der **besondere Vertreter stets als Anspruchsteller** auf (Ausnahme: → Rn. 9 aE). Er allein ist zur Geltendmachung der Ansprüche berechtigt, auch ist ausschließlich er klageberechtigt; im Prozess ist er **Partei kraft Amtes** (→ Rn. 16; str.). Die **Klage eines Anteilsinhabers oder eines Gläubigers** in eigener Regie unter Umgehung von § 26 ist als **unzulässig** abzuwei-

hältnis zwischen dem Vertreter und dem Staat (Hachenburg/Schilling/Zutt GmbHG § 77 Anh. II KapErhG § 29 Rn. 27; Kölner Komm AktG/Kraft AktG § 350 Rn. 21). Es entsteht hingegen **kein Vertragsverhältnis** mit den Anspruchsberechtigten selbst. Der besondere Vertreter ist insbes. **an Weisungen** des von ihm vertretenen Personenkreises **nicht gebunden.** Seine Vorgehensweise bestimmt er nach pflichtgemäßem Ermessen in eigener Verantwortung und Zuständigkeit. In einem Prozess tritt er nicht als gesetzlicher Vertreter, sondern als **Partei kraft Amtes** auf (hM, Nachw. bei Lutter/Grunewald Rn. 15 mwN; aA mit ausf. Begr. Widmann/Mayer/Vossius Rn. 42 unter Verweis auf den Wortlaut von Abs. 1 S. 1 und auf § 327 ZPO). Die Bestellung und deren Ablehnung kann mit der **Beschwerde** (Abs. 1 S. 4) angefochten werden (§§ 58 ff. FamFG; ausf. zur Beschwerde → § 10 Rn. 26 ff.). Gegen die Beschwerdeentscheidung ist die Rechtsbeschwerde nach §§ 70 ff. FamFG (ausf. zur Rechtsbeschwerde → § 10 Rn. 31) statthaft.

4. Durchsetzung der Ansprüche

a) Anmeldeverfahren (Abs. 2). Die **erste Aufgabe** des besonderen Vertreters ist es im Regelfall (zur Ausnahme → Rn. 9), das **Anmeldeverfahren** in Gang zu setzen. Er hat zu diesem Zweck die potenziell Anspruchsberechtigten, also die Anteilsinhaber und Gläubiger des betroffenen übertragenden Rechtsträgers, **aufzufordern,** ihre Ansprüche innerhalb einer angemessenen Frist anzumelden. Die **Frist** soll mindestens einen Monat betragen, Abs. 2 S. 1, sie muss stets den Umständen des Einzelfalls angepasst werden (in Ausnahmefällen – „soll" – kann auch eine kürzere Frist angemessen sein, zutr. Lutter/Grunewald Rn. 22; NK-UmwR/Burg Rn. 19; jetzt auch Widmann/Mayer/Vossius Rn. 32). Die Angemessenheit der Frist bestimmt sich nach den Schwierigkeiten bei der Sammlung des Prozessmaterials und nach den auftauchenden Rechtsproblemen (vgl. etwa Scholz/Priester GmbHG, 7. Aufl. 1988, Anh. Umw KapErhG § 29 Rn. 5); str. ist, ob eine unangemessen kurze Frist die Aufforderung unwirksam macht (so zB Kallmeyer/Marsch-Barner/Oppenhoff Rn. 16; BeckOGK/Rieder Rn. 16) oder nur durch eine angemessene Frist ersetzt wird (so in Übereinstimmung mit anderen Rechtsgebieten zu Recht die hM, Widmann/Mayer/Vossius Rn. 33; Semler/Stengel/Leonard/Leonard Rn. 12 aE; Lutter/Grunewald Rn. 22).

Die Aufforderung muss auf jeden Fall im **BAnz.** und, wenn Gesellschaftsvertrag/PartVertrag/Satzung noch weitere Blätter bestimmt hatten, auch in diesen bekannt gemacht werden (**Abs. 2 S. 2** nF; → Rn. 1). Sinnvollerweise sollte auf die Folgen der Fristversäumnis hingewiesen werden, wenngleich dies nicht vorgeschrieben ist (Widmann/Mayer/Vossius Rn. 34; BeckOGK/Rieder Rn. 19). Die Einbeziehung der PartGes in den Kreis der Rechtsträger von § 3 I führte auch zur Änderung von Abs. 2 S. 2 (vgl. Art. 1 Nr. 7 Gesetz zur Änderung des UmwG, BGBl. 1998 I 1878).

Anspruchsberechtigte müssen sich innerhalb der angemessenen (Semler/Stengel/Leonard/Leonard Rn. 12 aE) Frist beim besonderen Vertreter **melden.** Dies kann, sollte aus Beweisgründen aber nicht formlos geschehen. Als Mindestanforderung ist zu verlangen, dass der Gläubiger seinen Anspruch hinsichtlich Sachverhalt und Anspruchsgrund kurz beschreibt und entsprechend § 22 I 1 die Höhe des **Anspruchs genau bezeichnet.** Eine Hinzufügung von Beweismitteln bereits bei der Anmeldung ist nicht erforderlich.

Die **Folgen der Fristversäumnis** bestimmen sich nach **Abs. 3 S. 4;** Gläubiger und Anteilsinhaber, die ihre Ansprüche nicht rechtzeitig angemeldet haben, werden **bei der Verteilung** eines vom besonderen Vertreter erzielten **Erlöses nicht berücksichtigt.** Die Überschreitung der Anmeldefrist führt zum materiell-rechtlichen Anspruchsausschluss, eine Klage im eigenen Namen ist unzulässig, eine erneute Durchführung des Verfahrens nach § 26 nicht möglich. Missachtet der besondere Vertreter bei der Verteilung des erzielten Erlöses den durch Fristversäumnis bedingten Anspruchsausschluss, entsteht ein Kondiktionsanspruch gegen den zu Unrecht Bereicherten, darüber hinaus stehen Schadensersatzansprüche (→ Rn. 27) gegen den besonderen Vertreter in Rede (Kölner Komm AktG/Kraft AktG § 350 Rn. 22 mwN).

23 **b) Geltendmachung der Ansprüche und Erlösverteilung (Abs. 3).** Die **Geltendmachung der Ansprüche** erfolgt **ausschließlich durch den besonderen Vertreter.** Dies gilt sowohl für außergerichtliche als auch für gerichtliche Maßnahmen. Ihm allein obliegt die Entscheidung hinsichtlich der Vorgehensweise; er ist auch ausschließlich zuständig für die Einlegung oder Rücknahme von **Rechtsmitteln** oder den Abschluss von **Vergleichen,** an Weisungen der von ihm Vertretenen ist er nicht gebunden.

24 Der vom besonderen Vertreter erzielte **Erlös** wird – idR nach Abzug von Vergütung und Auslagen (→ Rn. 22 f.) – **zunächst** zur Befriedigung der **Gläubiger** des übertragenden Rechtsträgers verwendet. Reicht er hierfür nicht aus, hat – vorbehaltlich entgegenstehender Vereinbarungen oder Nachrangigkeit einzelner Ansprüche (zutr. Widmann/Mayer/Vossius Rn. 38; Lutter/Grunewald Rn. 26, 27) – eine **verhältnismäßige Verteilung** stattzufinden. An der Verteilung werden Gläubiger nicht beteiligt, die von dem übernehmenden Rechtsträger befriedigt wurden bzw. denen nach § 22 Sicherheit in ausreichender Höhe geleistet wurde. Ein **darüber hinausgehender Erlös** wird auf die **Anteilsinhaber** des übertragenden Rechtsträgers verteilt. Abs. 3 S. 2 verweist insoweit auf die rechtsformspezifischen Vorschriften über die Verteilung des Vermögens im Falle der Abwicklung eines Rechtsträgers.

5. Ansprüche für und gegen den besonderen Vertreter

25 **a) Vergütung und Auslagenersatz (Abs. 4).** Nach **Abs. 4 S. 1** hat der besondere Vertreter Anspruch auf **Ersatz seiner Auslagen** und auf **Vergütung** seiner Tätigkeit. Der Umfang der erstattungsfähigen Auslagen und die Vergütung werden **vom Gericht festgesetzt** (Abs. 4 S. 2). Das Gericht bestimmt dabei auch die **verhältnismäßige Umlegung auf die einzelnen Anspruchsteller** (Abs. 4 S. 3). Diese Verteilung erfolgt nur soweit, als die Kosten nicht ohnehin von der Gegenseite erstattet werden. Die Festlegung der Auslagenerstattungspflicht bedeutet nun aber nicht, dass der besondere Vertreter immer zur Vorlage verpflichtet ist. Er ist vielmehr auch berechtigt, von den Anspruchstellern im Einzelfall **Vorschüsse** einzufordern, etwa für seinerseits von ihm zu erbringende Gerichtskostenvorschüsse oder Vorschüsse nach § 9 RVG **(aA hM,** Widmann/Mayer/Vossius Rn. 45; Lutter/Grunewald Rn. 17; Kallmeyer/Marsch-Barner/Oppenhoff Rn. 13; BeckOGK/Rieder Rn. 25; Semler/Stengel/Leonard/Leonard Rn. 10 verlangen wegen Wortlaut von Abs. 4 S. 3 gerichtliche Festsetzung). Der **Staat** als Partei des gesetzlichen Schuldverhältnisses (→ Rn. 18) ist nur **subsidiär** für den Fall einstandspflichtig, dass der besondere Vertreter weder aus dem Erlös iSv Abs. 3 S. 1 noch durch Leistungen der von ihm Vertretenen Befriedigung erlangt.

26 Wird ein **Rechtsanwalt** als besonderer Vertreter bestellt, so bestimmt sich seine Vergütung grds. nach den Gebührensätzen des **RVG** (bzw. früher der BRAGO, vgl. OLG Düsseldorf DB 1984, 2188). Die gerichtlich festgesetzten Auslagen und die Vergütung kann der besondere Vertreter grds. **vom Erlös einbehalten** (Lutter/Grunewald Rn. 18 mwN; Kallmeyer/Marsch-Barner/Oppenhoff Rn. 14; Widmann/Mayer/Vossius Rn. 38), womit aber nicht gesagt ist, dass die Kosten immer dem Erlös zu entnehmen sind (so aber wohl Lutter/Grunewald Rn. 18 mwN, die eine Kostentragung nur annimmt, wenn der Erlös nicht ausreicht). **Abs. 4 S. 3** gibt dem Gericht durchaus die Möglichkeit, einzelnen Anteilsinhabern oder Gläubigern **nach freiem Ermessen** über deren Erlösanteil hinausgehende Kosten aufzuerlegen, etwa wenn deren schließlich unbegründete Ansprüche die Verfahrenskosten in die Höhe getrieben haben. IÜ kann aus der rkr. gerichtlichen Festsetzung der dem

besonderen Vertreter zustehenden Forderung die **Zwangsvollstreckung** betrieben werden (Abs. 4 S. 4). Die Entscheidung über die Festsetzung der Vergütung und der ersatzfähigen Auslagen kann durch die hiervon Betroffenen mit **Beschwerde** angefochten werden (§ 58 FamFG; ausf. zur Beschwerde → § 10 Rn. 26 ff.). Die Rechtsbeschwerde nach §§ 70 ff. FamFG ist ausgeschlossen (Abs. 4 S. 4 Hs. 2). Allg. zum FGG-RG → Einf. Rn. 29.

b) Haftung des besonderen Vertreters. Der besondere Vertreter steht mit den Anspruchsberechtigten nicht in einem unmittelbaren Vertragsverhältnis; **vertragliche Schadensersatzansprüche** scheiden daher aus. Da er als Vertreter für den übertragenden (und als fortbestehend geltenden) Rechtsträger bestellt wird, können die rechtsformspezifischen **Vorschriften über die Haftung der Vertretungsorgane analog** herangezogen werden (aA Widmann/Mayer/Vossius Rn. 46 mwN; Semler/Stengel/Leonard/Leonard Rn. 11 plädiert für Anwendung der Haftungsgrundsätze für Liquidatoren, was im Ergebnis der hier vertretenen Ansicht entspricht; ebenso Kallmeyer/Marsch-Barner/Oppenhoff Rn. 11; Lutter/Grunewald Rn. 16 bildet Rechtsanalogie zu §§ 1794, 1813 I BGB, § 1826 BGB, § 60 InsO; so wie hier BeckOGK/Rieder Rn. 28). Schadensersatzansprüche für die Anspruchsberechtigten können sich aus **unerlaubter Handlung** ergeben. Da es regelmäßig an einer Rechtsgutsverletzung iSv § 823 I BGB fehlen dürfte, können hier praktisch nur Ansprüche nach **§ 823 II BGB, § 826 BGB** relevant werden. IÜ können **Vorschriften des Auftragsrechts entsprechend** angewendet werden (aA Lutter/Grunewald Rn. 16; wie hier Widmann/Mayer/Vossius Rn. 47; Kallmeyer/Marsch-Barner/Oppenhoff Rn. 12). So ist der besondere Vertreter in entsprechender Anwendung von § 666 BGB auskunfts- und rechenschaftspflichtig. Auch können die Anspruchsberechtigten in entsprechender Anwendung von § 667 BGB die Herausgabe des Erlöses verlangen; derartige Ansprüche können **von jedem Berechtigten einzeln** gegenüber dem besonderen Vertreter geltend gemacht werden, die Einschränkungen für die Verteilung des Erlöses durch Abs. 3 (→ Rn. 24) sind dabei zu beachten.

§ 27 Schadenersatzpflicht der Verwaltungsträger des übernehmenden Rechtsträgers

Ansprüche auf Schadenersatz, die sich auf Grund der Verschmelzung gegen ein Mitglied des Vertretungsorgans oder, wenn ein Aufsichtsorgan vorhanden ist, des Aufsichtsorgans des übernehmenden Rechtsträgers ergeben, verjähren in fünf Jahren seit dem Tage, an dem die Eintragung der Verschmelzung in das Register des Sitzes des übernehmenden Rechtsträgers nach § 19 Abs. 3 bekannt gemacht worden ist.

1. Allgemeines

Die Norm enthält – anders als § 25 – **keine eigenständige Anspruchsgrundlage** für Schadensersatzansprüche gegen die Verwaltungsorgane des übernehmenden Rechtsträgers. **Regelungsgegenstand** ist einzig der **Beginn der Verjährung** von Schadensersatzansprüchen, in Übereinstimmung mit § 25 III ist die **Verjährungsfrist auf fünf Jahre** festgeschrieben (ob das auch für Vertretungsorgane von Vereinen und PersGes gilt, ist fraglich, im Ergebnis aber zu bejahen (vgl. Lutter/Grunewald Rn. 2, 3). Früher wäre die Anwendung der Regelverjährung von 30 Jahren sonst für diese Organe eine Belastung gewesen (vgl. dazu Semler/Stengel/Leonard/Leonard Rn. 4), heute entgeht ihnen wegen § 27 das Privileg der neuen Regelfrist von drei Jahren (§ 195 BGB; vgl. dazu auch Widmann/Mayer/Vossius Rn. 1 Fn. 3; Kölner Komm UmwG/Simon Rn. 4). Abw. von § 199 I BGB beginnt die Verjährung mit der Eintragung der Verschm in das Register am Sitz des übernehmenden Rechtsträgers nach § 19 III, also mit Wirksamwerden der Verschm (vgl. § 20 I, Ausnahme: § 122 II).

2 Die Vorschrift knüpft an § 30 KapErhG aF, § 351 AktG aF, § 93o GenG aF an. Anders als diese Vorschriften führt § 27 die rechtlichen Grundlagen der gegen die Verwaltungsträger des übernehmenden Rechtsträgers gerichteten Schadensersatzansprüche nicht mehr auf. Zur Gesellschafterhaftung (§ 826 BGB) bei Verschm mit einer insolventen, übertragenden Gesellschaft Weiß GmbHR 2017, 1017.

2. Ansprüche auf Schadensersatz

3 Die fünfjährige Verjährungsfrist bezieht sich auf **alle Ansprüche auf Schadensersatz,** die sich **aufgrund der Verschm** gegen ein Mitglied eines Vertretungs- oder Aufsichtsorgans (zum Bestehen und zur Zusammensetzung dieser Organe → § 25 Rn. 6 f.) bestehen. Die Verwaltungsträger des übernehmenden Rechtsträgers haften grds. auch für die Schäden, die aufgrund der Verschm entstehen, nur nach den allg. Vorschriften; ein spezieller, § 25 entsprechender, Haftungstatbestand fehlt für die Mitglieder des Vertretungs- bzw. Aufsichtsorgans des übernehmenden Rechtsträgers.

4 Aufgrund der Verschm ergeben sich **Schadensersatzansprüche nach den allg. Vorschriften** bereits dann, wenn das die Ersatzpflicht auslösende Verhalten in irgendeinem **Zusammenhang mit der Verschm** steht (Lutter/Grunewald Rn. 6; diff. Kölner Komm UmwG/Simon Rn. 7, zumindest ein sachlicher Zusammenhang muss bestehen), wenn also der vorgeworfene Pflichtverletzung eines Organmitglieds im Zusammenhang mit einer von ihm geforderten Tätigkeit anlässlich der Verschm steht. Zur Haftung aus Delikt → Rn. 10.

5 Mitglieder eines Verwaltungsorgans haben zunächst die **Sorgfalt eines ordentlichen und gewissenhaften Geschäftsleiters** zu beachten (§ 93 I AktG für den Vorstand einer AG; gem. § 34 VAG gilt diese Pflicht entsprechend für den Vorstand eines VVaG; § 116 AktG für die Mitglieder des AR einer AG; für den AR einer VVaG gilt gem. § 35 VAG entsprechend; für die phG einer KGaA gilt gem. § 283 Nr. 3 AktG die Sorgfaltspflicht und Verantwortlichkeit des Vorstands einer AG gem. § 93 I AktG; § 43 I GmbHG für die Geschäftsführer einer GmbH, § 52 GmbHG iVm §§ 116, 93 I AktG für den AR einer GmbH; § 34 I 1 GenG für den Vorstand einer eG; §§ 41, 34 I 1 GenG für die Aufsichtsratsmitglieder einer eG).

6 Zu den Pflichten der Vertretungs-, aber auch der Aufsichtsorgane des übernehmenden Rechtsträgers bei Durchführung der Verschm gehören insbes. umfassende Nachforschungen über den Vermögensbestand aller übertragenden Rechtsträger. Sie haben Einsicht in das Zahlenmaterial zu nehmen, insbes. aber im Rahmen ihrer (objektiven) Möglichkeiten auf eine zutr. Berechnung des tatsächlichen Wertes der übertragenden Rechtsträger zu achten. Im Regelfall müssen sie sich dafür eines Sachverständigen bedienen, dieser ist entsprechend der gegebenen Möglichkeiten zu überwachen. Besonderheiten können sich auch ergeben, wenn die Verschm im Rahmen eines Management-Buy-Out erfolgt (dazu Wittkowski GmbHR 1990, 544).

7 Damit kann zB eine fehlerhafte Abfassung des **Verschmelzungsberichts** nach § 8 zur Haftung der Mitglieder des Vertretungsorgans führen; das Vorliegen eines **Schadens,** die entsprechende **Kausalität** und ein **Verschulden** der Organmitglieder muss gegeben sein, wobei nach allg. spezialgesetzlichen Regelungen die Beweislast in wesentlichen Teilen bei den Organmitgliedern liegt; auch eine fehlerhafte Abfassung des **Verschmelzungsvertrages** (zB durch Nichtbeachtung von § 5 oder durch falsche Gestaltung des Umtauschverhältnisses) kann zur Schadensersatzpflicht führen.

8 Sofern der übernehmende Rechtsträger in einem **Konzernverhältnis** gem. §§ 15 ff. AktG steht, können sich Ersatzansprüche auch aus §§ 309, 310, 317 und

318 AktG ergeben. Die Verschm von Konzernunternehmen ist zwar grds. zulässig und führt daher als solche nicht zur Ersatzpflicht der Verwaltungsträger, eine Weisung zum Abschluss eines nachteiligen Verschmelzungsvertrages ist jedoch von § 308 AktG nicht gedeckt (Widmann/Mayer/Vossius Rn. 6; GroßkommAktG/Schilling AktG § 351 Anm. 4). §§ 309, 317 AktG finden Anwendung, wenn eine Verschm des abhängigen Rechtsträgers auf das herrschende Unternehmen durchgeführt wird. Handelt es sich dagegen beim übernehmenden Rechtsträger selbst um die abhängige Ges, die einen nachteiligen Verschmelzungsvertrag aufgrund einer Weisung des Vertretungsorgans des herrschenden Rechtsträgers abschließt, können die Verwaltungsträger des übernehmenden Rechtsträgers nach §§ 310, 318 ersatzpflichtig werden. Zum Schicksal von Unternehmensverträgen bei der Verschm → § 20 Rn. 55 ff. mwN.

Neben den unter → Rn. 5 genannten Ansprüchen erfasst § 27 auch allg. Schadensersatzansprüche vertraglicher Natur, etwa aus Vertragsverletzung gem. § 280 I BGB zB eines übertragenden Rechtsträgers (→ § 25 Rn. 34), die dann durch den besonderen Vertreter iSv § 26 (→ § 26 Rn. 23 ff.) geltend gemacht werden.

Soweit sich die **Ansprüche** gegen die Verwaltungsträger des übernehmenden Rechtsträgers jedoch **aus Delikt** ergeben, gilt die **dreijährige Verjährungsfrist** von **§ 195 BGB**. Durch die weite Formulierung von § 27, der seinem Wortlaut nach alle Ansprüche auf Schadensersatz erfasst, sind grds. auch Ansprüche auf deliktischer Grundlage in den Regelungsgegenstand dieser Norm einbezogen. Von den Vorgängerregelungen in § 351 AktG aF, § 30 KapErhG aF, § 93o GenG aF waren deliktische Ansprüche jedoch gerade nicht erfasst. Da der Gesetzgeber sachlich an der Dauer der Verjährung nichts ändern wollte (vgl. Begr. RegE, BR-Drs. 75/94 zu § 27) und er den Anwendungsbereich von § 27 auch auf deliktische Ansprüche nur als „Nebeneffekt" der allg. Formulierung der Norm eröffnet hat, ist davon auszugehen, dass die Regelverjährung von § 195 BGB (vormals Sondervorschrift in § 852 I BGB) **nicht geändert** werden sollte (so auch Widmann/Mayer/Vossius Rn. 10; Kallmeyer/Marsch-Barner/Oppenhoff Rn. 4; aA BeckOGK/Rieder Rn. 6). Diese Lösung verträgt sich auch am besten mit dem früher für § 852 I BGB allg. anerkannten dogmatischen Ansatz, dass beim Zusammentreffen von Delikts- und Vertragshaftung grds. **echte Anspruchskonkurrenz** vorliegt und die abw. Verjährungsfristen sich gegenseitig nicht beeinflussen (vgl. BGH NJW 1998, 2282; NJW-RR 1993, 793, 1113; BGHZ 116, 297 = NJW 1992, 1679; BGHZ 66, 315 = NJW 1976, 1505, jew. mwN). Auch hat der BGH (BGHZ 100, 190 (201) = NJW 1987, 2008) gerade für das Verhältnis von § 43 GmbHG, §§ 34, 41 GenG, §§ 93, 116 AktG zu deliktischen Ansprüchen in dogmatisch überzeugender Weise festgestellt, dass eine Gesetzeskonkurrenz zwischen den genannten Anspruchsgrundlagen nicht vorliege (BGHZ 100, 190 = NJW 1987, 2008 unter 3b) bb)); es gibt keine Anhaltspunkte dafür, dass der Gesetzgeber des UmwG 1995 hier ändernd eingreifen wollte. Auch die umfassende Reform des Verjährungsrechts durch das SMG hat daran nichts geändert; bei der Anspruchsgrundlagenkonkurrenz wird grds. jeder Anspruch für sich betrachtet (vgl. etwa BGH ZIP 2004, 1810; allg. Grüneberg/Ellenberger BGB § 195 Rn. 17, 18; aA für § 27 Lutter/Grunewald Rn. 4).

3. Anspruchsberechtigte

Die Verjährungsvorschrift von § 27 gilt für alle Ansprüche auf Schadensersatz, die sich aufgrund der Verschm gegen Mitglieder eines Verwaltungsorgans des übernehmenden Rechtsträgers ergeben; diese Ansprüche können demzufolge die übertragenden Rechtsträger, der übernehmende Rechtsträger selbst sowie Gläubiger bzw. Anteilsinhaber aller beteiligten Rechtsträger innehaben.

4. Durchsetzung der Ansprüche

12   Da der übernehmende Rechtsträger durch die Verschm nicht erlischt, bedarf es – anders als für die Ansprüche nach § 25 – **keines besonderen Verfahrens** für die Durchsetzung der Ansprüche. Es gelten die **allg. Vorschriften,** jeder Anspruchsberechtigte kann seinen eigenen Anspruch selbst verfolgen und nötigenfalls im Zivilprozess geltend machen. Einzig für den Fall, dass ein übertragender Rechtsträger (der gem. § 25 II dann als fortbestehend gilt) einen Schadensersatzanspruch gegen die Verwaltungsträger des übernehmenden Rechtsträgers geltend macht, ist die Einschaltung des besonderen Vertreters iSv § 26 zwingend notwendig (→ § 26 Rn. 8).

5. Verjährung

13   Die **Verjährung beginnt** mit dem Tage, an dem die Eintragung der Verschm in das Register des Sitzes des übernehmenden Rechtsträgers (Ausnahme: § 122 II) nach § 19 III bekannt gemacht worden ist, also mit Ablauf des Tages, an dem die Bekanntmachung gem. § 10 HGB in das elektronische HR erfolgt ist. Im Regelfall wird dies zu einem späteren Verjährungsbeginn als nach § 199 I BGB führen, § 27 greift jedoch auch dann, wenn ausnahmsweise die Verjährung nach § 199 I BGB erst zu einem späteren Zeitpunkt zu laufen begonnen hätte.

14   Für die **Dauer der Verjährung** von fünf Jahren ergibt sich sachlich gegenüber dem geltenden Recht kein Unterschied (Begr. RegE, BR-Drs. 75/94 zu § 27), vgl. § 43 IV GmbHG, § 93 VI AktG, § 116 iVm § 93 VI AktG, § 52 III GmbHG, § 34 VI GenG, § 41 GenG, § 34 VAG iVm § 93 VI AktG, § 35 III VAG iVm §§ 116, 93 VI AktG.

§ 28 Unwirksamkeit des Verschmelzungsbeschlusses eines übertragenden Rechtsträgers

Nach Eintragung der Verschmelzung in das Register des Sitzes des übernehmenden Rechtsträgers ist eine Klage gegen die Wirksamkeit des Verschmelzungsbeschlusses eines übertragenden Rechtsträgers gegen den übernehmenden Rechtsträger zu richten.

1. Allgemeines

1   § 28 übernimmt inhaltlich die Regelungen von § 352 AktG aF, § 31 KapErhG aF, § 93q GenG aF. Die Norm erfasst ihrem Wortlaut nach nur eine prozessuale Einzelfrage, nämlich die der **Passivlegitimation bei Unwirksamkeitsklagen** gegen den Verschmelzungsbeschluss durch Anteilsinhaber eines übertragenden Rechtsträgers nach Abschluss des Verschmelzungsvorgangs, also nach Eintragung der Verschm, in das Register am Sitz des übernehmenden Rechtsträgers (§ 20 I; Ausnahme: § 122 II). Diese Klagen sind gegen den übernehmenden Rechtsträger zu richten. Notwendig ist die Regelung, weil mit Eintragung der Verschm der übertragende Rechtsträger erlischt (aber → § 20 Rn. 38 ff.). Wie früher ist die Vorschrift aber **über den Wortlaut hinaus** auch auf solche Klagen entsprechend anwendbar, die bereits vor Eintragung der Verschm erhoben wurden (→ Rn. 6).

2. Anwendungsbereich

2   **a) Klagen nach Eintragung der Verschmelzung.** Die Vorschrift ist unmittelbar anwendbar auf **gegen den Verschmelzungsbeschluss eines übertragenden Rechtsträgers gerichtete Unwirksamkeitsklagen,** die **nach** Wirksamwerden der Verschm iSv § 20 I erhoben werden. Erfassten die Vorgängerregelungen aus-

drücklich nur Nichtigkeitsklagen, so gilt wegen des erweiterten Wortlauts § 28 auch für alle anderen Unwirksamkeitsklagen iSv § 14 (→ § 14 Rn. 5 ff.), insbes. auch für Anfechtungsklagen (vgl. Begr. RegE, BR-Drs. 75/94 zu § 28).

Entsprechend anwendbar ist die Vorschrift darüber hinaus bei **Unwirksam-** 3 **keitsklagen gegen sonstige Beschlüsse** der Anteilsinhaber eines übertragenden Rechtsträgers. Die hM (Döss, Die Auswirkung von Mängeln einer Verschmelzung durch Aufnahme auf die rechtliche Stellung einer übertragenden Gesellschaft und ihrer Aktionäre, 1990, S. 40; Lutter/Grunewald Rn. 4, 7; Kallmeyer/Marsch-Barner/Oppenhoff Rn. 4; Widmann/Mayer/Vossius Rn. 16 mwN; zum alten Recht bereits Kölner Komm AktG/Kraft AktG § 352 Rn. 6; Scholz/Priester GmbHG, 7. Aufl. 1988, Anh. Umw KapErhG § 31 Rn. 2, jew. mwN) geht davon aus, dass Beschlüsse der Anteilsinhaber eines übertragenden Rechtsträgers grds. auch **nach** Wirksamwerden der Verschm noch angefochten werden können (auch → § 20 Rn. 18, → § 20 Rn. 40). Aus § 28 kann nichts Gegenteiliges abgeleitet werden, da die Norm keinen materiellen Regelungsgehalt hat. Auch die Anteilsinhaberschaft am übertragenden Rechtsträger ist nicht ersatzlos weggefallen, sie findet beim übernehmenden Rechtsträger ihre Fortsetzung (§ 20 I Nr. 3).

Die eigentliche Problematik dieser Klagen liegt aber beim **Rechtsschutzbedürf-** 4 **nis** (so auch Lutter/Grunewald Rn. 4 mwN). Dessen Vorliegen trotz Verschm muss im Einzelfall sehr sorgfältig geprüft werden. Nach dem OLG Schleswig GWR 2009, 396 (Kurzwiedergabe) liegt das Rechtsschutzbedürfnis nur vor, wenn die angefochtenen Beschlüsse der übertragenden Rechtsträger in der neuen Gesellschaft **fortwirken**. Dies ist zB gegeben, wenn der Ausgang des Verfahrens **präjudiziell** für die Ansprüche des Anteilsinhabers ist (iÜ → § 20 Rn. 40 mwN).

§ 16 II steht der Möglichkeit von Klagen iSv § 28 nicht notwendig entgegen. 5 Zunächst bedarf es auch einer Regelung der Passivlegitimation bei unzulässigen, weil erst nach Ablauf der in § 14 I einheitlich auf einen Monat bestimmten Frist erhobenen Unwirksamkeitsklagen. Darüber hinaus besteht die Möglichkeit, dass die Verschm bereits vor Ablauf der Frist nach § 14 I angemeldet und eingetragen wurde, weil zunächst alle Berechtigten auf ihr Anfechtungsrecht verzichtet hatten (→ § 16 Rn. 26), dieser Verzicht jedoch später angefochten wurde (§§ 119, 123) oder weil das Registergericht schlicht seine Prüfungspflicht (→ § 19 Rn. 17 ff.) missachtet hat. Ferner kann die Eintragung erfolgt sein, weil die Vorstände eine unrichtige Erklärung iSv § 16 II 1 abgegeben oder ihrer Informationspflicht nach § 16 II 1 Hs. 2 nicht nachgekommen sind. Schließlich ist an die praktisch häufig vorkommenden **Fälle von § 16 III** zu denken, bei denen die (begründete) Unwirksamkeitsklage der Eintragung nicht entgegensteht.

b) Klagen vor Eintragung der Verschmelzung. Eine Unwirksamkeitsklage 6 gegen den Verschmelzungsbeschluss eines übertragenden Rechtsträgers ist vor **Eintragung der Verschm** nach allg. Grundsätzen gegen den übertragenden Rechtsträger zu richten. Wegen § 16 II wird bei rechtshängiger Unwirksamkeitsklage ohne Anwendung von § 16 III eine Eintragung der Verschm nicht erfolgen. Wird trotz rechtshängiger Unwirksamkeitsklage eingetragen, wird der Prozess mit Eintragung der Verschm nicht unterbrochen, § 246 ZPO findet aber entsprechende Anwendung (str., → § 20 Rn. 38). Die Wiederaufnahme bzw. Fortsetzung erfolgt dann in entsprechender Anwendung von § 28 durch den übernehmenden Rechtsträger (Lutter/Grunewald Rn. 2; Kallmeyer/Marsch-Barner/Oppenhoff Rn. 2; NK-UmwR/Burg Rn. 8). Zutr. gilt eine Unwirksamkeitsklage nach OLG Hamburg ZIP 2004, 906 als fristgerecht erhoben, wenn sie vor Wirksamwerden der Verschm eingereicht, aber erst danach und dann an den übernehmenden Rechtsträger zugestellt wird (NK-UmwR/Burg Rn. 5; anders noch LG Hamburg DB 2003, 930).

3. Prozessuales

7 Die Klage ist zwar gegen den übernehmenden Rechtsträger zu richten, **örtlich zuständig für die Unwirksamkeitsklage** ist aber das LG am Sitz des jew. übertragenden Rechtsträgers (allgM, vgl. OLG Düsseldorf AG 1957, 279; Widmann/Mayer/Vossius Rn. 20 mwN). Damit wird dem Umstand Rechnung getragen, dass der Streit materiell den übertragenden Rechtsträger betrifft.

8 Wegen des Verbots der Entschmelzung (§ 20 II) kann die Unwirksamkeitsklage materiell keinen Erfolg zeitigen (→ Rn. 9). Gleichwohl dürfte für bereits anhängige Unwirksamkeitsklagen das **Rechtsschutzbedürfnis des Anteilsinhabers** zu bejahen sein. Dafür spricht zum einen § 16 III 10, der ein solches Rechtsschutzbedürfnis als gegeben voraussetzt (zum Rechtsschutzbedürfnis für die Unwirksamkeitsklage → § 20 Rn. 40, → § 16 Rn. 93), zum anderen die Überlegung, dass das der Klage stattgebende Urteil neben dem Anspruch aus § 16 III 10 präjudiziell auch für Schadensersatzansprüche gegen die Personen sein kann, die die Mängel der Beschlüsse zu vertreten haben (etwa gem. §§ 25, 27).

4. Materielle Rechtsfolgen bei erfolgreicher Klage

9 Mängel der Verschm lassen die Wirkungen der Eintragung nach § 20 I unberührt **(§ 20 II)**. Erfolgreiche Klagen gegen die Wirksamkeit des Verschmelzungsbeschlusses eines übertragenden Rechtsträgers führen also **nicht zur sog. Entschmelzung.** Diese gesetzgeberische Entscheidung basiert auf der Tatsache, dass die Rückübertragung von verschmolzenen und idR tatsächlich bereits vermischten Vermögensmassen der einzelnen Rechtsträger auf große praktische und rechtliche Schwierigkeiten stößt (vgl. BT-Drs. 9/1065, 19 f.; krit. Paschke ZHR 155 (1991), 1 (14); wN → § 20 Rn. 121 ff.).

10 Der Anteilsinhaber, der die erfolgreiche Unwirksamkeitsklage geführt hat, ist auf die **Geltendmachung von Schadensersatzansprüchen** beschränkt; als Ersatz des Schadens kann nicht die Beseitigung der Wirkungen der Eintragung der Verschm im Register des Sitzes des übernehmenden Rechtsträgers verlangt werden (§ 16 III 10); zu Änderung mit Wirkung ex nunc → § 20 Rn. 122. Der ersatzfähige Schaden ist durch eine Gegenüberstellung des Vermögens des betroffenen Anteilsinhabers vor und nach Wirksamwerden der Verschm zu ermitteln; etwa entstandene Aufwendungen (zB für eine Begutachtung des Wertes der neuen Anteile) sind ersatzfähige Schadenspositionen.

Vorbemerkung

1. Angemessene Barabfindung

1 §§ 29–34 gewähren einen **Anspruch** des überstimmten Anteilsinhabers eines übertragenden Rechtsträgers auf Anteilsübertragung oder Ausscheiden gegen **angemessene Barabfindung.** Auf die übertragende Auflösung sind §§ 29 ff. nicht entsprechend anzuwenden (BayObLG ZIP 1998, 2002), beim Delisting (zur Vereinbarkeit mit Art. 14 GG BVerfG AG 2012, 57) hat der Gesetzgeber für den Anwendungsbereich des UmwG durch Ergänzung von § 29 I 1 durch das 2. UmwÄndG Klarheit geschaffen (→ § 29 Rn. 9). Voraussetzung für das Barabfindungsangebot ist zum einen die Strukturänderung des Anteils iSv § 29 I 1, 2, zum anderen der Widerspruch des betroffenen Anteilsinhabers; dem Widerspruch steht es gleich, wenn ein Anteilsinhaber an der Mitwirkung bei der Beschlussfassung gehindert worden ist (§ 29 II). Die angemessene **Barabfindung dient als Äquivalent** für den nicht nachhaltig erfolgten Anteiltausch und muss die wirtschaftlichen

Verhältnisse des übertragenden Rechtsträgers zum Zeitpunkt der Beschlussfassung über die Umw berücksichtigen (§ 30 I 1). Der Gesetzgeber hat es bewusst vermieden, den Begriff „angemessene Barabfindung" weiter zu konkretisieren, vgl. Stellungnahme des BR zu § 29 I und Gegenäußerung der BReg. hierzu, BR-Drs. 132/94; BR-Drs. 75/94 zu § 30 I und BT-Drs. 12/7263 (ausf. und krit. Schöne GmbHR 1995, 325 (328 f.) mwN). Als Gegenleistung für die rechtsgeschäftlich vorzunehmende Anteilsübertragung bzw. das freiwillige Ausscheiden soll der Anteilsinhaber das erhalten, was seine Beteiligung an dem weiterarbeitenden übertragenden Rechtsträgern tatsächlich wert wäre. Dies ist verfassungsrechtlich geboten (Nachw. zur Rspr. des BVerfG bei → § 5 Rn. 7, auch → § 20 Rn. 42). Grds. ist der **Anspruch auf Leistung in Geld gerichtet**, eine andere Art der Abfindung – zB durch Anteile an einer anderen Gesellschaft – kann aber im Einvernehmen der Parteien vereinbart werden.

§§ 29–34 sind auf die Mitglieder einer übertragenden **eG nicht anzuwenden** 2 (§ 90 I), es gelten dort spezielle Vorschriften zur Ausschlagung (§§ 90 ff.). Vgl. zum Ausschluss der Barabfindung bei **gemeinnützigen Vereinen** § **104a**. Gem. § 78 S. 4 gelten AG und KGaA im Verhältnis zueinander nicht als Rechtsträger anderer Rechtsform iSv §§ 29, 34; insoweit ist § 29 I 1 nicht anwendbar.

2. Gesetzesaufbau

§ 29 verpflichtet – idF seit dem UmRUG (→ Einf. Rn. 43 ff.) – den übertragen- 3 den Rechtsträger, im Verschmelzungsvertrag oder dessen Entwurf unter gewissen Voraussetzungen Barabfindungen entweder für die Übertragung seines Anteils oder für das freiwillige Ausscheiden des betroffenen Anteilsinhabers anzubieten. **§ 30 I** regelt den Inhalt des Anspruchs auf Barabfindung und gibt eine Bewertungshilfe, weiter schreibt § 30 II den Zwang zur Prüfung der Angemessenheit der Barabfindung durch die Verschmelzungsprüfer fest. **§ 31** in der durch das EHUG (→ Einf. Rn. 26) geänderten Fassung enthält in Fortführung des früher geltenden Rechts eine materielle Ausschlussfrist von zwei Monaten, in der das Angebot auf Anteilsübertragung oder Ausscheiden gegen Barabfindung angenommen werden kann. **§§ 32, 34** übernehmen den Regelungsinhalt von §§ 14, 15; die Unwirksamkeitsklage gegen den Verschmelzungsbeschluss eines übertragenden Rechtsträgers kann nicht darauf gestützt werden, dass die angebotene Barabfindung nicht angemessen ist. Der betroffene Anteilsinhaber ist vielmehr auf die Durchführung des Spruchverfahrens nach dem SpruchG angewiesen. Schließlich ermöglicht der durch Gesetzesänderung v. 22.7.1998 (BGBl. 1998 I 1878) konkretisierte § 33 die Umgehung der Anteilsübertragung gegen Barabfindung auf den übernehmenden Rechtsträger. Dem Anteilsinhaber, der ab Fassung des Verschmelzungsbeschlusses bis zum Ablauf der Ausschlussfrist von § 31 aus dem übertragenden Rechtsträger oder – nach Wirksamwerden der Verschm – aus dem übernehmenden Rechtsträger auszuscheiden gedenkt, bleibt nach § 33 die Möglichkeit unbenommen, seinen Anteil an Dritte zu veräußern. Etwa bestehende Verfügungsbeschränkungen der beteiligten Rechtsträger stehen dem nicht entgegen. Diese Möglichkeit steht nur jenen Anteilsinhabern offen, die gem. § 29 zum Austritt gegen Barabfindung berechtigt sind. Dies wurde durch das UmRUG klargestellt.

§ 29 Abfindungsangebot im Verschmelzungsvertrag

(1) **¹Bei der Verschmelzung eines Rechtsträgers im Wege der Aufnahme durch einen Rechtsträger anderer Rechtsform oder bei der Verschmelzung einer börsennotierten Aktiengesellschaft auf eine nicht börsennotierte Aktiengesellschaft hat der übertragende Rechtsträger im Verschmelzungsvertrag oder in seinem Entwurf jedem Anteilsinhaber, der gegen den Ver-**

schmelzungsbeschluß des übertragenden Rechtsträgers Widerspruch zur Niederschrift erklärt, den Erwerb seiner Anteile oder Mitgliedschaften gegen eine angemessene Barabfindung anzubieten; § 71 Abs. 4 Satz 2 des Aktiengesetzes und § 33 Abs. 2 Satz 3 zweiter Halbsatz erste Alternative des Gesetzes betreffend die Gesellschaften mit beschränkter Haftung sind insoweit nicht anzuwenden. ²Das gleiche gilt, wenn bei einer Verschmelzung von Rechtsträgern derselben Rechtsform die Anteile oder Mitgliedschaften an dem übernehmenden Rechtsträger Verfügungsbeschränkungen unterworfen sind. ³Kann der übernehmende Rechtsträger auf Grund seiner Rechtsform eigene Anteile oder Mitgliedschaften nicht erwerben, so ist die Barabfindung für den Fall anzubieten, daß der Anteilsinhaber sein Ausscheiden aus dem Rechtsträger erklärt. ⁴Eine erforderliche Bekanntmachung des Verschmelzungsvertrags oder seines Entwurfs als Gegenstand der Beschlußfassung muß den Wortlaut dieses Angebots enthalten. ⁵Der übernehmende Rechtsträger hat die Kosten für eine Übertragung zu tragen.

(2) **Dem Widerspruch zur Niederschrift im Sinne des Absatzes 1 steht es gleich, wenn ein nicht erschienener Anteilsinhaber zu der Versammlung der Anteilsinhaber zu Unrecht nicht zugelassen worden ist oder die Versammlung nicht ordnungsgemäß einberufen oder der Gegenstand der Beschlußfassung nicht ordnungsgemäß bekanntgemacht worden ist.**

Übersicht

	Rn.
1. Allgemeines	1
2. Mischverschmelzung (Abs. 1 S. 1 Alt. 1)	7
3. Kaltes Delisting (Abs. 1 S. 1 Alt. 2)	9
4. Verfügungsbeschränkung (Abs. 1 S. 2)	10
5. Erwerb eigener Anteile durch übernehmenden Rechtsträger	12
6. Ausscheiden des Anteilsinhabers (Abs. 1 S. 3)	14
7. Widerspruch des Anteilsinhabers	15
a) Pflicht zum Widerspruch	15
b) Ausnahme gem. Abs. 2	17
8. Entstehung und Schuldner des Anspruchs	18
9. Bekanntmachung des Verschmelzungsvertrages (Abs. 1 S. 4)	20
10. Kosten der Anteilsübertragung	22

1. Allgemeines

1   In den in § 29 bestimmten Fällen ist den Anteilsinhabern des übertragenden Rechtsträgers, die mit der Verschm nicht einverstanden sind, der Erwerb ihrer Anteile bzw. ein Ausscheiden gegen angemessene Barabfindung anzubieten. Damit erklärt § 29 die (früher in § 33 III KapErhG aF iVm § 369 IV AktG aF, § 375 I 1, II 1 AktG aF für die Verschm nur ausnahmsweise vorgesehene) Möglichkeit des Ausscheidens gegen **Barabfindung** (zu Erfüllungssurrogaten BeckOGK/Rieder Rn. 17) als **für alle Verschmelzungsvorgänge** verbindlich, bei denen – gleich unter Beteiligung welcher Rechtsträger – die Voraussetzungen von Abs. 1 S. 1, 2 vorliegen. Auch in § 12 UmwG 1969 war eine Regelung über die Gewährung einer angemessenen Barabfindung anlässlich eines Umwandlungsvorgangs enthalten. Im Gegensatz zu § 12 UmwG 1969 wird die Barabfindung in § 29 aber nicht als Gegenleistung für das Ausscheiden anlässlich der Umw, das bei der Mehrheitsumwandlung gem. § 9 UmwG 1969 auch gegen den Willen des Gesellschafters erfolgte, gewährt; der dissentierende (Minderheits-)Gesellschafter hat heute vielmehr ein **Wahlrecht** dahingehend, ob er den durch die Verschm erhaltenen Anteil am übernehmenden

Rechtsträger behalten möchte oder ob er diesen gegen angemessene Barabfindung an den übernehmenden Rechtsträger veräußert bzw. aus diesem ausscheidet (vgl. allg. Klöhn, System der aktien- und umwandlungsrechtlichen Abfindungsansprüche, 2009). Ein Recht auf Mischung von Anteilstausch und Barabfindung sieht das UmwG nicht vor (OLG München BeckRS 2021, 12103; zust. Brehm/Schümmer EWiR 2022, 207 Anm. 3: kein „Rosinenpicken").

Durch das UmRUG (→ Einf. Rn. 43 ff.) wurde in Abs. 1 S. 1 das Wort „übernehmende" durch „übertragende" ersetzt. Damit trifft die **Pflicht**, im Verschmelzungsvertrag ein Barabfindungsangebot zu unterbreiten, dogmatisch zunächst den **übertragenden Rechtsträger** (zust. Schmidt NZG 2022, 635 (641); zur Angebotsformulierung Widmann/Mayer/Wälzholz Rn. 49.1). Mit dem Vollzug des Verschmelzungsvertrages wird der übernehmende Rechtsträger jedoch Gesamtrechtsnachfolger des übertragenden Rechtsträgers und damit Adressat der Annahmeerklärung. Der Abfindungsanspruch ist damit weiterhin (und ungeachtet dieser dogmatischen Korrektur) vom übernehmenden Rechtsträger zu erfüllen. Dementsprechend wird die Änderung auch durch die Gesetzesbegründung als Klarstellung bezeichnet. **1a**

Abs. 1 S. 1, 2 legen die **Voraussetzungen für die Entstehung des Anspruchs** auf angemessene Barabfindung fest. Sie können durch das Organisationsstatut des betreffenden Rechtsträgers, also zB durch seinen Gesellschaftsvertrag, grds. nicht modifiziert werden (vgl. OLG Frankfurt a. M. DB 2003, 31; OLG Karlsruhe ZIP 2003, 78 mAnm Kowalski EWiR 2003, 181). Allein die Tatsache, dass ein Minderheitsgesellschafter gegen den Verschmelzungsbeschluss seines Rechtsträgers gestimmt und Widerspruch zur Niederschrift erklärt hat, berechtigt ihn noch nicht zur Entgegennahme der Barabfindung. Vielmehr hat der Gesetzgeber **drei Fälle** benannt, bei denen abstrakt – und damit unwiderleglich und ohne Prüfung des Einzelfalls – davon auszugehen ist, dass die Strukturänderung mit Nachteilen für die Anteilsinhaber einhergehen kann: **die Mischverschmelzung, das kalte Delisting und Verfügungsbeschränkungen** bei dem übernehmenden Rechtsträger. **2**

Gem. **Abs. 1 S. 1 Hs. 1 Alt. 1** ist das Ausscheiden gegen Barabfindung stets möglich, wenn der übernehmende Rechtsträger eine andere Rechtsform hat als der übertragende Rechtsträger, an dem der betreffende Anteilsinhaber vor der Verschm beteiligt ist **(Mischverschmelzung)**. Die Vorschrift gilt unmittelbar nur für Verschm durch Aufnahme (§ 2 Nr. 1), gem. § 36 I 1 gilt sie für die Verschm durch Neugründung (§ 2 Nr. 2) aber entsprechend. Der Ansatz des Gesetzgebers ist leicht nachzuvollziehen: Bei Änderung der Rechtsform erfährt der Anteilsinhaber eine Veränderung seiner Rechtsposition. Die Wertung, ob dies zu seinen Gunsten oder zu seinen Ungunsten erfolgt, soll ihm überlassen bleiben (deswegen kennt auch der Formwechsel das Institut der Barabfindung, §§ 207–212); ein Anspruch auf bare Zuzahlung gem. §§ 15, 196 folgt aus der Veränderung der Ausgestaltung der Mitgliedschaft jedoch nur in besonderen Fällen, vgl. OLG Stuttgart AG 2008, 510. Lediglich **AG und KGaA** sind einander so ähnlich, dass Abs. 1 S. 1 nicht anzuwenden ist **(§ 78 S. 4)**. Entsprechendes gilt für AG und inl. SE (Art. 10 SE-VO; Kölner Komm UmwG/Simon Rn. 14). Bei der Verschm von einer OHG auf eine KG bleibt Abs. 1 S. 1 Hs. 1 hingegen anwendbar (Schaub NZG 1998, 626; Lutter/Grunewald Rn. 2 mwN; NK-UmwR/Burg Rn. 16; Semler/Stengel/Leonard/Kalss Rn. 6). Im umgekehrten Fall der Verschm von einer KG auf eine OHG steht eine Barabfindung von vornherein nicht in Rede, weil diese Verschm nur mit Zustimmung aller Anteilsinhaber der übertragenden KG durchgeführt werden kann. Nicht zu folgen ist Goutier/Knopf/Tulloch/Bermel Rn. 7, der Abs. 1 S. 1 Hs. 1 gegen den klaren Gesetzeswortlaut nicht anwenden will, soweit die Stellung eines persönlich haftenden Anteilsinhabers umgewandelt wird. Dem mag die Vorstellung zugrunde liegen, dass solche Anteilsinhaber nicht schutzwürdig seien, weil sie beim übertra- **3** genden Rechtsträger bereits persönlich haften. Dabei wird aber übersehen, dass es einen großen Unterschied machen kann, in welchem Rechtsträger die persönliche Haftung übernommen wird. Auch wenn der Kreis der Anteilsinhaber nach der Verschm identisch sein sollte, bleibt es dem Anteilsinhaber grds. unbenommen, zu entscheiden, ob er das Risiko der persönlichen Haftung auch im übernehmenden Rechtsträger eingehen möchte. Selbst dann, wenn der Anteilsinhaber der Verschm widerspricht und ihm gem. § 41 Hs. 1 die Stellung eines Kommanditisten gewährt wird, kann es in seinem Interesse liegen, gegen Barabfindung auszuscheiden, denn mit der dann völlig anderen Rechtsstellung muss er sich nicht gegen seinen Willen zufriedengeben (Lutter/Grunewald Rn. 2).

3a Lange wurde kritisiert, dass die Barabfindung nicht unmittelbar für das **kalte Delisting** galt (zB HRA des DAV NZG 2000, 804). Deshalb wurde Abs. 1 S. 1 durch das 2. UmwÄndG v. 19.4.2007 (→ Einf. Rn. 26) um eine **Alt. 2** erweitert, dass eine börsennotierte AG auf eine nicht börsennotierte AG verschmilzt. Damit sollte die Rechtslage dem Fall des regulären Delisting angepasst werden, was durch die jüngste Rspr. zumindest zwischenzeitlich (vgl. zu den bereits damals erwarteten Reaktionen des Gesetzgebers auf die „Frosta"-Entscheidung des BGH Auer JZ 2015, 71; Bayer/Hoffmann AG 2015, R55-R59; Buckel/Glindemann/ Vogel AG 2015, 373; Bungert DB 25/2015, S. M5; Stöber BB 2014, 9 je mwN) nicht der Fall war. Am 1.10.2015 hat der BT das Gesetz zur Umsetzung der Änderung der Transparenz-RL (Änderungsrichtlinie v. 22.10.2013 – RL 2013/50/EU) verabschiedet, es ist seit dem 26.11.2015 in Kraft. Mit der Regelung des Börsenrückzugs in § 39 BörsG hat sich der Gesetzgeber dabei der sog. „kapitalmarktrechtlichen Lösung" angeschlossen, die den Rückzug von der Börse nicht als gesellschaftsrechtliche Strukturveränderung einordnet (BT-Drs. 18/6220, 84). Einleitend stand die Prüfbitte des BR in seiner Stellungnahme zum RegE der Aktienrechtsnovelle 2014 am 6.3.2015 (BT-Drs. 18/4349, 42 f.). Darauf folgten die ersten Formulierungsvorschläge im RA und diverse Änderungsanträge der Fraktionen CDU/CSU und SPD (BT-Drs. 18/6220, 80 f.). Formulierungsvorschläge des BMF konnten wegen massiver Kritik von Anlegerschutzverbänden, des DAV und des IDW nicht durchgesetzt werden (Bayer NZG 2015, 1169 (1171 f.) mwN). Am Ende stand dann die vom BT-Finanzausschuss am 30.9.2015 formulierte und am 1.10.2015 vom BT als Gesetz zur Umsetzung der Transparenzrichtlinie-Änderungsrichtlinie beschlossene Version (BT-Drs. 482/15, 1). Ein vollständiger Widerruf der Börsenzulassung ist nach **§ 39 II 3 Nr. 1 BörsG** jetzt grds. nur zulässig, wenn bei Antragsstellung unter Hinweis auf den Antrag ein **Erwerbsangebot** bzgl. aller bislang börsennotierter Aktien veröffentlicht wurde, Ausnahmen finden sich ua in § 39 II 3 Nr. 2 lit. a, lit. b BörsG. Gem. § 39 III 2 BörsG gilt § 31 WpÜG mit der Maßgabe entsprechend, dass die Gegenleistung in einer Geldleistung in Euro bestehen und mindestens dem gewichteten durchschnittlichen inl. Börsenkurs der Wertpapiere während der letzten sechs Monate vor der Veröffentlichung nach § 10 I 1 WpÜG oder § 35 I 1 WpÜG entsprechen muss. Zur Überprüfung der Angemessenheit des Angebots werden die Anleger gem. § 1 I Nr. 3 KapMuG für Zuzahlungsansprüche auf das Kapitalanlage-Musterverfahrensgesetz verwiesen. Ein Spruchverfahren ist wegen § 39 III 2 BörsG iVm § 31 WpÜG nicht statthaft. Gem. § 52 IX BörsG sind die neuen Schutzvorschriften **rückwirkend** auf Delisting-Anträge, die nach dem 7.9.2015 gestellt wurden, anzuwenden. Abs. 1 S. 1 gilt jedenfalls unabhängig von dieser Entwicklung (→ Rn. 9).

4 Schließlich ermöglicht **Abs. 1 S. 2** ein Ausscheiden gegen Barabfindung auch dann, wenn die Rechtsform und eine etwaige Börsennotierung beibehalten werden, jedoch die Anteile oder Mitgliedschaften am übernehmenden Rechtsträger **Verfügungsbeschränkungen** unterworfen sind. Abs. 1 S. 2 wurde durch Art. 1 Nr. 8 Gesetz zur Änderung des UmwG, des PartGG und anderer Gesetze v. 22.7.1998 (BGBl. 1998 I 1878) neu gefasst (dazu auch Schaub NZG 1998, 626; Neye DB

1998, 1649). Inhaltlich hat sich dadurch eine wesentliche Änderung ergeben: Wenn eine PersGes Zielrechtsform ist, liegt grds. eine Verfügungsbeschränkung vor; während früher nur vertragliche Beschränkungen erfasst waren, eröffnet die gesetzliche Neuregelung den Abfindungsanspruch auch stets für den Fall gesetzlicher Verfügungsbeschränkungen. Damit wird jede Mehrheitsumwandlung in eine PersGes zum Anwendungsfall von Abs. 1 S. 2, wenn nicht der Gesellschaftsvertrag abw. vom HGB eine Verfügung uneingeschränkt erlaubt (vgl. BT-Drs. 13/8808, 11; Neye DB 1998, 1651; Lutter/Grunewald Rn. 8; Widmann/Mayer/Wälzholz Rn. 21.1). In der Sache keine Änderung zieht insoweit der durch das MoPeG (→ Einf. Rn. 50 f.) mit Wirkung zum 1.1.2024 eingeführte § 711 I 1 BGB nach sich, denn die Verfügungsbeschränkung des § 717 BGB konnte bereits zuvor durch Zustimmung aller Gesellschafter überwunden werden (vgl. Widmann/Mayer/Wälzholz § 33 Fn. 39). Wenn der neue Anteil beim übernehmenden Rechtsträger Verfügungsbeschränkungen unterliegt, kann sich der betreffende Anteilsinhaber je nach Einzelfall wirtschaftlich und tatsächlich schlechter stellen, als dies vor der Verschm der Fall war. Bis auf wenige Ausnahmen (→ Rn. 10) soll es wiederum nur der Bewertung durch den Anteilsinhaber überlassen bleiben, ob in der neuen Verfügungsbeschränkung eine Position mit so viel Gewicht gesehen wird, dass es zum Ausscheiden gegen Barabfindung kommt. Ob der Anteilsinhaber ähnlich oder sogar gleichen Verfügungsbeschränkungen bereits beim übertragenden Rechtsträger unterworfen war, ist nach dem Wortlaut der Norm irrelevant und rechtfertigt nach hM auch keine einschränkende Auslegung (näher → Rn. 10).

Anders als § 15 verlangt § 29 ausdrücklich den **Widerspruch des betroffenen** 5 **Anteilsinhabers gegen den Verschmelzungsbeschluss** seines (übertragenden) Rechtsträgers (→ Rn. 15 f.). Eine durch den Grds. der Gleichbehandlung bedingte **Ausnahme** sieht lediglich **Abs. 2** für den Fall vor, dass der Anteilsinhaber unverschuldet an der Stimmabgabe gehindert war. Das Privileg von § 29 soll nach Sinn und Zweck der Vorschrift nur den Anteilsinhabern zugutekommen, die nicht nur Widerspruch erklärt, sondern auch tatsächlich gegen die Verschm gestimmt haben (hM). Die Barabfindung führt regelmäßig zu einer wirtschaftlichen Schwächung des übernehmenden Rechtsträgers, der aus seiner Vermögensmasse eine auf den tatsächlichen Verkehrswert des gesamten Anteils berechnete Barabfindung zu erbringen hat. Zur Kapitalerhaltung → Rn. 12 f. Dazu soll er nur gezwungen werden, wenn ein Minderheitsgesellschafter nicht mit der Verschm einverstanden ist. Geht es dem Anteilsinhaber lediglich um seine wirtschaftliche Integrität, ist er aber iÜ mit der Durchführung der Verschm einverstanden oder ist ihm diese gleichgültig, verbleibt ihm die Möglichkeit, die Angemessenheit des Umtauschverhältnisses gem. § 15 nach den Regelungen des SpruchG (dazu Vetter ZHR 2004, 8; Büchel NZG 2003, 793; weitere Lit. zu § 15 s. Schrifttum in → 6. Aufl. 2013) zu überprüfen. Auch wenn keine Barabfindung angeboten wird, ist dies nicht mit einer Anfechtungsklage gegen den Umwandlungsbeschluss, sondern im Spruchverfahren geltend zu machen (OLG Brandenburg NZG 2022, 863 Rn. 21 ff.; zust. Müller-Michaels BB 2022, 1409; Widmann/Mayer/Wälzholz Rn. 5, 59).

Abs. 1 S. 4, 5 enthalten **Verfahrensregelungen.** Der Wortlaut des Angebots 6 auf angemessene Barabfindung muss in der Bekanntmachung des Verschmelzungsvertrags oder dessen Entwurf enthalten sein (zum Zugang des Angebots Widmann/Mayer/Wälzholz Rn. 48, 49); die Kosten einer etwa notwendigen Anteilsübertragung hat der übernehmende Rechtsträger zu tragen.

2. Mischverschmelzung (Abs. 1 S. 1 Alt. 1)

Voraussetzung für den Anspruch auf Gewährung einer angemessenen Barabfin- 7 dung als Gegenleistung für die Anteilsübertragung oder das Ausscheiden aus dem übernehmenden Rechtsträger ist die **Abweichung der Zielrechtsform von der**

Ausgangsrechtsform; wenn der übertragende Rechtsträger also die gleiche Rechtsform wie der übernehmende Rechtsträger hat, ist ein Anspruch auf angemessene Barabfindung nur für das kalte Delisting (→ Rn. 9) oder für den Fall von Abs. 1 S. 2 (Verfügungsbeschränkungen) denkbar. Durch den Rechtsformwechsel können dem Anteilsinhaber diverse Nachteile entstehen. So kann die personalistische Struktur der GmbH bei Verschm auf eine AG beeinträchtigt werden, im umgekehrten Fall ist zB die Beschränkung der Fungibilität des ursprünglich innegehabten Anteils nachteilhaft (zur Berücksichtigung der Fungibilität bei der Unternehmensbewertung Barthel DB 2003, 1181 mwN). Beim Wechsel aus einer KapGes in eine PersGes kann die persönliche Haftung des Anteilsinhabers eröffnet werden (dieser Fall bleibt theoretisch, weil ausdrücklich Zustimmung jedes betroffenen Anteilsinhabers erforderlich ist), im umgekehrten Fall (zB Verschm einer OHG auf eine GmbH) kann sich die Beschränkung der Geschäftsführungs- und Vertretungsbefugnisse der Anteilsinhaber nachteilig auswirken. Für jede Rechtsform lassen sich sowohl in handelsrechtlicher als auch vor allem in steuerrechtlicher Hinsicht Vor- und Nachteile finden. Abs. 1 S. 1 überantwortet dem betroffenen Anteilsinhaber die Entscheidung, ob er den durch die Verschm hervorgerufenen Wechsel der Rechtsform gutheißt oder nicht. Damit wird Rechtseinheit mit den Barabfindungsregelungen beim Formwechsel (§§ 207–212) geschaffen.

8   Die **Rechtsformabweichung ist objektive Anspruchsvoraussetzung.** Es kommt nicht darauf an, ob rechtstatsächlich eine konkrete Abweichung zwischen Ausgangs- und Zielrechtsform gegeben ist oder nicht. Der Anteilsinhaber braucht seine Entscheidung **nicht zu begründen;** eine Kontrolle – sei es auch nur auf Willkür – der so getroffenen Entscheidung findet nicht statt. Im Verhältnis zueinander gelten **AG und KGaA** nicht als Rechtsträger anderer Rechtsform; **Abs. 1 S. 1** ist insoweit **nicht anwendbar (§ 78 S. 4).** Entsprechendes gilt für AG und inl. SE (Art. 10 SE-VO; Kölner Komm UmwG/Simon Rn. 14). Für den Wechsel der Rechtsform von OHG zu KG bleibt Abs. 1 S. 1 Hs. 1 hingegen anwendbar (→ Rn. 3). Für die grenzüberschreitende Hinausverschmelzung gilt § 313, für die Hinausspaltung iVm § 327.

3. Kaltes Delisting (Abs. 1 S. 1 Alt. 2)

9   Der BGH hat in seiner „Macrotron"-Entscheidung für die Fälle des regulären Delisting bereits Ende 2002 entschieden, dass die Minderheitsaktionäre durch Abgabe eines Pflichtangebots zu schützen sind. Dies wurde überwiegend begrüßt. Durch die „Frosta"-Entscheidung kam es dann zu einer unerwarteten Änderung dieser Rspr.: bei einem Widerruf der Zulassung der Aktie zum Handel im regulierten Markt auf Veranlassung der Gesellschaft hatten die Aktionäre danach keinen Anspruch auf Barabfindung (BGH NJW 2014, 146; ausf. → § 195 Rn. 3 mwN). Diese Änderung der Rspr., die ohnehin durch die neuen Entwicklungen überholt ist (→ Rn. 3a mwN), spielt für die Anwendung von Abs. 1 S. 1 keine Rolle, denn hier gibt es heute einen eindeutigen Gesetzesbefehl. Das reguläre Delisting hat mit dem UmwR unmittelbar nichts zu tun, es handelt sich um einen einfachen Hauptversammlungsbeschluss bei der AG. Daneben gab es für eine AG jedoch auch einen zweiten Weg, die Präsenz am Kapitalmarkt zu beenden, nämlich das sog. **„kalte Delisting"** durch Umw auf einen Rechtsträger, der selbst nicht börsennotiert war (gefordert war in sog. „going-private-merger", vgl. OLG Stuttgart AG 2006, 420). Hatte dieser Rechtsträger selbst nicht die Rechtsform einer AG oder KGaA, handelte es sich um eine sog. Mischverschmelzung, für die Abs. 1 S. 1 Hs. 1 aF die Pflicht zur Abgabe eines Barabfindungsangebots normierte. Anderes galt jedoch für die Fälle, in der der übernehmende Rechtsträger die Rechtsform der AG oder der KGaA (§ 78 S. 4) hatte. Schon frühzeitig wurde deshalb gefordert, die Fälle des kalten Delisting tatbestandlich in § 29 abzubilden (Nachw. bei Mayer/

Weiler DB 2007, 1236; Heckschen DNotZ 2007, 448). Dies ist durch das
2. UmwÄndG (→ Einf. Rn. 26) geschehen. In der Begr. RegE heißt es: „Bei der
Verschmelzung einer börsennotierten AG auf einen nicht börsenfähigen Rechtsträger anderer Rechtsform haben die widersprechenden Aktionäre dieser Gesellschaft das Recht, gegen Barabfindung auszuscheiden. Gleichgestellt werden soll der Fall der Verschmelzung auf eine nicht börsennotierte AG. Der Verlust der Börsennotierung erschwert zwar nicht rechtlich, aber faktisch die Veräußerungsmöglichkeit der Anteile, sodass die Anwendbarkeit des § 29 sachlich gerechtfertigt erscheint" (BT-Drs. 16/2919, 13). Diese – ex nunc wirkende – **Änderung** ist grds. zu begrüßen (Mayer/Weiler DB 2007, 1236; Widmann/Mayer/Wälzholz Rn. 13 ff.; HRA des DAV NZG 2006, 738; vgl. OLG Düsseldorf BB 2016, 974 zur angeblich fehlenden Übertragbarkeit der Frosta-Rechtsprechung auf Altfälle des kalten Delisting; zu Recht krit. Wittgens/Fischer EWiR 2016, 461; zuvor schon Winter/Keßler Der Konzern 2014, 69). Wie mehrfach im 2. UmwÄndG hat der Gesetzgeber aber einen zu regulierenden Tatbestand übersehen. Abs. 1 S. 1 ist wegen einer planwidrigen Regelungslücke und iÜ offensichtlich vergleichbarer Rechts- und Interessenlage entsprechend auch auf die Fälle anwendbar, bei denen eine **KGaA** als übertragender und/oder übernehmender Rechtsträger beteiligt ist (zutr. Mayer/Weiler DB 2007, 1236; Widmann/Mayer/Wälzholz Rn. 13.2; daran ändert auch die „Frosta"-Entscheidung des BGH NJW 2014, 146 wohl nichts, denn für das UmwG hat sich der Gesetzgeber mit Abs. 1 S. 1 für eine Barabfindung entschieden – auch wenn das verfassungsrechtlich nicht geboten ist, BVerfG NJW 2012, 3081, ist das dennoch erlaubt – und dabei planwidrig die KGaA vergessen, damit steht die Analogie mE der Entscheidung durch den Gesetzgeber gleich). Entsprechendes gilt bei Beteiligung einer **SE** (Art. 9 Abs. 1 lit. c Ziff. ii SE-VO; Kallmeyer/Marsch-Barner/Oppenhoff Rn. 4a). Da die gesetzliche Neuregelung zum kalten Delisting dem Schutz der Minderheitsaktionäre dient, ist **maßgeblicher Zeitpunkt** zur Beurteilung, ob die übertragende AG börsennotiert ist, nicht der Tag der Anteilsinhaberversammlung nach § 13 I, sondern der Tag des Wirksamwerdens der Verschm iSv § 20 I (zutr. Widmann/Mayer/Wälzholz Rn. 15). Drinhausen (BB 2006, 2314) hat zurecht die Frage aufgeworfen, was gelten soll, wenn die Aktien der aufnehmenden AG (KGaA, SE) zwar zum Zeitpunkt des Wirksamwerdens der Verschm noch nicht börsennotiert sind, ihre Börsennotierung jedoch im Zuge der Verschm geplant ist. Hier ist zu differenzieren. Verlieren die Anteilsinhaber des übertragenden Rechtsträgers nur für sehr kurze Zeit die Möglichkeit der freien Handelbarkeit ihrer Aktien, weil der aufnehmende Rechtsträger erst im Zuge der Verschm an der Börse notiert werden soll, liegt kein Fall des kalten Delisting vor und ist Abs. 1 S. 1 entsprechend teleologisch zu reduzieren (Drinhausen BB 2006, 2314; ihm folgend Mayer/Weiler DB 2007, 1236). Die vorübergehend fehlende Börsennotierung darf aber allein technisch bedingt sein („unverzügliche Börsennotierung nach Verschmelzung", vgl. OLG Stuttgart AG 2006, 428). Ist hingegen die Börsennotierung nur geplant, hat die aufnehmende AG (KGaA, SE) aber noch nicht alle dafür notwendigen Schritte in die Wege geleitet, muss ein Barabfindungsangebot abgegeben werden (zutr. Widmann/Mayer/Wälzholz Rn. 14 gegen Drinhausen BB 2006, 2314). Vgl. zum Ganzen Simon/Burg Der Konzern 2009, 214 mwN.

4. Verfügungsbeschränkung (Abs. 1 S. 2)

Abs. 1 S. 2 ist durch das Gesetz zur Änderung des UmwG, des PartGG und anderer Gesetze v. 22.7.1998 (BStBl. I 1998, 1878) neu gefasst worden. Sofern die durch die Verschm erworbenen Anteile am übernehmenden Rechtsträger **Verfügungsbeschränkungen** unterworfen sind, kann der betreffende Anteilsinhaber Barabfindung verlangen (insbes. → Rn. 4 aE). Nach dem Wortlaut des Gesetzes kommt es nicht darauf an, ob der Anteilsinhaber auch **bereits beim übertragenden**

Rechtsträger Verfügungsbeschränkungen unterworfen war oder nicht. Man könnte Abs. 1 S. 2 dahin auslegen, ein Austrittsrecht gegen Barabfindung bestünde nur dann, wenn der Anteilsinhaber durch die Verschm erstmals mit einer Verfügungsbeschränkung konfrontiert wird. Denn Abs. 1 S. 2 findet grds. nur Anwendung, wenn die Rechtsform bei Ausgangs- und Zielrechtsträger identisch ist („Rechtsträger derselben Rechtsform"). Damit wäre bei rechtlicher Identität der Verfügungsbeschränkung vor und nach der Verschm scheinbar eine Verschlechterung für den Anteilsinhaber nicht zu befürchten (so noch → 2. Aufl. 1996, Rn. 8; auch die Begr. RegE zu Abs. 1 S. 2 (BT-Drs. 12/6699, 94) kann für eine solche Auslegung fruchtbar gemacht werden, weil die Verpflichtung zur Barabfindung dort als notwendig angesehen wird, wenn aus einem frei veräußerbaren Anteil ein vinkulierter Anteil wird). Die **hM** gewährt das Recht zur Barabfindung jedoch zu Recht auch dann, wenn die **bisherigen Anteile Verfügungsbeschränkungen** unterworfen waren (Kallmeyer/Marsch-Barner/Oppenhoff Rn. 9; Widmann/Mayer/Wälzholz Rn. 18; Lutter/Grunewald Rn. 9; Semler/Stengel/Leonard/Kalss Rn. 11; BeckOGK/Rieder Rn. 12; Kölner Komm UmwG/Simon Rn. 23; Goutier/Knopf/Tulloch/Bermel Rn. 16; Reichert GmbHR 1995, 187; Schaub NZG 1998, 627; vgl. auch Begr. RegE 1. UmwÄndG, BT-Drs. 13/8808, 11). Nur **in Extremfällen** gilt etwas anderes. Stellt sich der Anteilsinhaber durch die nach Wirksamwerden der Verschm geltende Verfügungsbeschränkung weder rechtlich noch tatsächlich irgendwie schlechter als vor der Verschm, ist ihm der Austritt gegen Barabfindung zu verweigern (zutr. Lutter/Grunewald Rn. 10 für identische Verfügungsbeschränkungen im Fall der Seitwärtsverschmelzung). Ob man dieses Ergebnis über teleologische Reduktion von Abs. 1 S. 2 (Semler/Stengel/Leonard/Kalss Rn. 12; wohl auch Kölner Komm UmwG/Simon Rn. 23) oder durch Anwendung der Grundsätze zur missbräuchlichen oder treuwidrigen Rechtsausübung (so Kallmeyer/Marsch-Barner/Oppenhoff Rn. 10; Widmann/Mayer/Wälzholz Rn. 18; Reichert GmbHR 1995, 188) erreicht, kann dahinstehen.

11 Unter **Verfügungsbeschränkungen iSv Abs. 1 S. 2** sind all diejenigen Regelungen **im Gesetz** (Zusammenstellung bei Widmann/Mayer/Wälzholz Rn. 21 ff.) oder **in Gesellschaftsvertrag bzw. Satzung** zu verstehen, die eine Beschränkung, eine Erschwerung oder ein (auch zeitlich befristetes) Verbot der Anteilsübertragung festschreiben. Hierbei ist es ohne Belang, wie die Verfügungsbeschränkung ausgestaltet ist, ob also die Übertragbarkeit bereits von Gesetzes wegen ausgeschlossen bzw. eingeschränkt ist oder ob für die wirksame Anteilsübertragung die Zustimmung des übernehmenden Rechtsträgers selbst oder/und einzelner bzw. aller übrigen Anteilsinhaber oder/und von Dritten (zB Aufsichtsorgan) erforderlich ist. Verfügungsbeschränkungen sind zB möglich nach § 15 V GmbHG (dazu Lutter/Hommelhoff/Bayer GmbHG § 15 Rn. 41 ff.), § 68 AktG (dazu Koch AktG § 68 Rn. 10 ff.), §§ 105 ff., 161 ff. HGB (Hopt/Roth HGB § 105 Rn. 70), § 76 I 2, II GenG (Lang/Weidmüller/Holthaus/Lehnhoff GenG § 76 Rn. 4, 9 f.). Ob **schuldrechtliche Vereinbarungen** (Vorkaufsrechte, Optionen) den Anwendungsbereich von Abs. 1 S. 2 eröffnen, ist str. (vgl. Lutter/Grunewald Rn. 6 mwN; Widmann/Mayer/Wälzholz Rn. 19, 20 mwN; Kölner Komm UmwG/Simon Rn. 17).

5. Erwerb eigener Anteile durch übernehmenden Rechtsträger

12 Grds. soll der belastete Anteilsinhaber seinen durch die Verschm erworbenen Anteil am übernehmenden Rechtsträger an diesen übertragen. Gesellschaftsvertragliche Modifikationen, zB vorzeitiges Ausscheiden ohne Teilnahme an der Verschm, sind nicht möglich (vgl. OLG Frankfurt a. M. DB 2003, 31; OLG Karlsruhe ZIP 2003, 78 mAnm Kowalski EWiR 2003, 181). Aus **Kapitalerhaltungsvorschriften** folgende Verbote des Erwerbs eigener Anteile finden keine Anwendung. Für § 33 GmbHG folgt dies aus § 33 III GmbHG und (nach Ergänzung durch das

2. UmwÄndG) unmittelbar aus Abs. 1 S. 1 Hs. 2 (redaktionelle Klarstellung, vgl. Begr. RegE, BT-Drs. 16/2919, 13; vgl. ausf. Widmann/Mayer/Wälzholz Rn. 39). Die Vorschriften des AktG werden in modifizierter Form angewendet. § 71 IV 2 AktG gilt nämlich gem. Abs. 1 S. 1 Hs. 2 nicht, sodass die eigenen Anteile einer AG durch den Anteilserwerb im Zusammenhang mit Gewährung der Barabfindung auch zur Überschreitung der in § 71 II AktG geregelten **10%-Grenze** führen dürfen. Der Grds. der Kapitalerhaltung steht hier ausnahmsweise hinter den Interessen der Anteilsinhaber zurück. Durch diese Vorschriften sollen Verschm erleichtert werden (Begr. RegE, BR-Drs. 75/94 zu § 29 I 1 Hs. 2). Der nachhaltigen Kapitalerhaltung und Einhaltung der 10%-Grenze wird durch § 71c AktG Genüge getan. Die Aktien, die unter Verstoß gegen § 71 I Nr. 3, II AktG erworben wurden, sind innerhalb eines Jahres zu veräußern (ähnlich. Widmann/Mayer/Wälzholz Rn. 37). Die Dreijahresfrist von § 71c II AktG kann ebenfalls einschlägig sein, weil § 71 I Nr. 3 AktG die Barabfindung als Grundlage des Erwerbstatbestandes erfasst (anders noch → 4. Aufl. 2006, Rn. 12; wie hier Widmann/Mayer/Wälzholz Rn. 37; Kallmeyer/Marsch-Barner/Oppenhoff Rn. 26). Die **hM** (Nachw. bei Lutter/Grunewald Rn. 25 ff.; Semler/Stengel/Leonard/Kalss Rn. 33) hält den Verschmelzungsbeschluss bei vorheriger Erkennbarkeit der Verletzung der 10%-Grenze für rechtswidrig. Dies widerspricht der im Begr. RegE zum Ausdruck gekommenen Zielsetzung des Gesetzgebers. Nach dem gesetzlichen Grundmuster ist es durchaus möglich, dass bis zu 25% des Kapitals gegen die Verschm stimmen. Sämtliche dissentierenden Anteilsinhaber können grds. Barabfindung verlangen. Die ausdrückliche Suspendierung von § 71 IV 2 AktG durch Abs. 1 S. 1 Hs. 2 ist nur sinnvoll, wenn der Erwerb eigener Anteile aufgrund einer zu gewährenden Barabfindung unabhängig von der 10%-Grenze erlaubt sein soll (wie hier wohl Widmann/Mayer/Wälzholz Rn. 37; Kallmeyer/Marsch-Barner/Oppenhoff Rn. 26). Die dauerhafte Kapitalsicherung wird durch § 71c AktG gewährleistet.

Hat der übernehmende Rechtsträger nicht genügend freies Vermögen, 13 um den Erwerb der eigenen Anteile darzustellen, und bleibt er länger als eine jur. Sekunde Inhaber der Anteile, droht unmittelbar Überschuldung, denn § 272 Ia HGB zwingt zur Absetzung eigener Anteile vom EK-Posten „Gezeichnetes Kapital" und zur Verrechnung eines Unterschiedsbetrages mit den freien Rücklagen (nach Semler/Stengel/Leonard/Kalss Rn. 33 ist die Einhaltung von § 272 IV HGB Zulässigkeitsvoraussetzung des Erwerbs iRv § 29; vgl. iÜ zur Darstellung eigener Anteile BeBiKo/Schubert/Waubke HGB § 266 Rn. 185; BeBiKo/Grottel HGB § 314 Rn. 120 ff.). Ist eine solche Entwicklung – also der Verstoß zB gegen § 33 III GmbHG – bereits bei Fassung des Verschmelzungsbeschlusses abzusehen, ist die Umw rechtswidrig, sie darf nicht eingetragen werden (Kallmeyer/Marsch-Barner/Oppenhoff Rn. 27; Lutter/Grunewald Rn. 31 mwN; dies ist vom Registergericht iRd Eintragungsverfahrens zu prüfen, → § 19 Rn. 17 ff., gegen ein Prüfungsrecht Widmann/Mayer/Wälzholz Rn. 46; vgl. auch Hoger AG 2008, 149; Geißler GmbHR 2008, 1018). Erfolgt die Eintragung der Verschm dennoch, ist das Verpflichtungsgeschäft wirksam. Abs. 1 S. 1 Hs. 1 verhindert die Anwendung von § 33 II 3 Hs. 2 GmbHG. Deshalb geht das Austrittsrecht den Kapitalerhaltungsregeln vor, die Barabfindung ist auszuzahlen (Widmann/Mayer/Wälzholz Rn. 39 mwN).

6. Ausscheiden des Anteilsinhabers (Abs. 1 S. 3)

Sofern eine Übernahme eigener Anteile (→ Rn. 12) wegen der Rechtsform des 14 übernehmenden Rechtsträgers nicht möglich ist (zB bei PersGes, Vereinen und eG), ist der die Barabfindung begehrende Anteilsinhaber zum **Austritt aus dem übernehmenden Rechtsträger verpflichtet.** Durch den Austritt erlischt der ursprünglich innegehabte Anteil, die quotale Beteiligung der übrigen Anteilsinhaber am Rechtsträger wächst – soweit gesetzlich zulässig – entsprechend an (etwa § 712 Abs. 1 BGB; Semler/Stengel/Leonard/Kalss Rn. 36).

7. Widerspruch des Anteilsinhabers

15 **a) Pflicht zum Widerspruch.** Grds. ist nur derjenige Anteilsinhaber anspruchsberechtigt, der gegen den Verschmelzungsbeschluss seines (übertragenden) Rechtsträgers gestimmt und darüber hinaus **Widerspruch zur Niederschrift** erklärt hat. Die Möglichkeit des Ausscheidens oder der Anteilsübertragung im Zusammenhang mit der Verschm soll nur denjenigen Minderheitsgesellschaftern gewährt werden, die durch ihr Verhalten das Nichteinverstandensein mit dem Verschmelzungsvorgang dokumentiert haben (→ Rn. 5). Durch diese Beschränkung wird im Zusammenspiel mit den für wirksame Verschmelzungsbeschlüsse erforderlichen Mehrheitsverhältnissen (→ § 13 Rn. 29 ff.) insbes. vermieden, dass der übernehmende Rechtsträger mit quantitativ zu hohen Barabfindungsansprüchen belastet und damit in seiner Existenz gefährdet wird.

16 Mit dem Widerspruch bringt der Anteilsinhaber zum Ausdruck, dass er nicht (dauerhaft) Anteilsinhaber des übernehmenden Rechtsträgers zu werden wünscht und er sich die Geltendmachung des ihm kraft Gesetzes zustehenden Abfindungsanspruchs vorbehält (vgl. BGH NJW 1989, 2693 mwN). Der Widerspruch zur Niederschrift setzt zunächst voraus, dass der Anteilsinhaber selbst oder ein autorisierter Vertreter an der Versammlung der Anteilsinhaber des übertragenden Rechtsträgers teilgenommen und **gegen die Verschm gestimmt hat** (→ Rn. 5, → Rn. 15; hM, vgl. Lutter/Grunewald Rn. 11; Goutier/Knopf/Tulloch/Bermel Rn. 18; Widmann/Mayer/Wälzholz Rn. 30; NK-UmwR/Burg Rn. 26; Semler/Stengel/Leonard/Kalss Rn. 22; Bayer/Schmidt ZHR 178 (2014), 150; Thoelke AG 2014, 137; Weiler notar 2014, 406; Schaub NZG 1998, 628; Zimmermann FS Brandner, 1996, 179; aA und damit gegen die Notwendigkeit einer Fundamentalopposition Kallmeyer/Marsch-Barner/Oppenhoff Rn. 13; Kallmeyer/Meister/Klöcker § 207 Rn. 15; Veil, Umwandlung einer AG in eine GmbH, 1996, S. 214 ff.; nun offengelassen von Lutter/Hoger § 207 Rn. 8 je mwN). Sofern insbes. bei PublikumsGes das Stimmverhalten des einzelnen Gesellschafters nicht protokolliert wird, wird es genügen, dass der Anteilsinhaber der Verschmelzung jedenfalls nicht nachweislich zugestimmt hat. Ein **nachträglicher Widerspruch** (also ein Widerspruch nach Beendigung der Anteilsinhaberversammlung) ist nicht ausreichend. Der Anteilsinhaber muss zur Niederschrift (des Notars) in der Versammlung der Anteilsinhaber eindeutig erklären, dass er mit dem gefassten Beschluss nicht einverstanden ist. Auf die Wortwahl kommt es – sofern der Wille eindeutig zum Ausdruck gebracht wird – nicht an (MüKoAktG/Schäfer AktG § 245 Rn. 38 mwN); eine **Begr. des Widerspruchs** ist ebenso wenig notwendig wie die **tatsächliche Aufnahme der Erklärung** des Anteilsinhabers in der Niederschrift (Kallmeyer/Marsch-Barner/Oppenhoff Rn. 12; Koch AktG § 245 Rn. 15; BeckOGK/Rieder Rn. 19).

17 **b) Ausnahme gem. Abs. 2.** Die Entscheidung BGH NJW 1989, 2693, in der ausdrücklich offengelassen wurde, ob § 375 AktG aF auch auf solche Aktionäre anwendbar ist, die der Umw mangels rechtzeitiger Kenntnis nicht zustimmen konnten, hat den Gesetzgeber dazu bewogen, in **Abs. 2** eine **Ausnahme von der Widerspruchspflicht** zu verankern; dies entspricht zudem einem allg. Grundsatz des Anfechtungsrechts (vgl. Begr. RegE, BR-Drs. 75/94 zu § 29 II). Abs. 2 zählt Fälle auf, bei denen der Anteilsinhaber **unverschuldet** an der Erklärung des Widerspruchs zur Niederschrift in der Anteilsinhaberversammlung gehindert ist, also bei nicht ordnungsgemäßer Einberufung der Anteilsinhaberversammlung, bei Verletzung der Mitteilungspflicht bzgl. des Gegenstands der Beschlussfassung oder bei Nichtzulassung zur Abstimmung. Hatte der Anteilsinhaber hingegen vor oder nach der Beschlussfassung, aber noch innerhalb der Anteilsinhaberversammlung, die

Möglichkeit, seinen Widerspruch zu erklären, findet Abs. 2 keine Anwendung (Lutter/Grunewald Rn. 15). Ob die Anteilsinhaberversammlung ordnungsgemäß einberufen und der Gegenstand der Beschlussfassung ordnungsgemäß bekannt gemacht worden ist, richtet sich nach den besonderen Vorschriften im Zweiten Teil des Zweiten Buches (§§ 39–122l) und nach den für die jew. Rechtsform einschlägigen allg. Vorschriften. **Abs. 2** ist **entsprechend anzuwenden** oder erweiternd auszulegen für die Fälle, die vom Gesetzeswortlaut nicht eindeutig erfasst sind, inhaltlich aber gleich schwer wiegen (zweifelnd OLG München ZIP 2010, 326, wenn Anteilsinhaber erschienen ist). **Täuscht** etwa **der Versammlungsleiter** über die Notwendigkeit des Widerspruchs, können die Anteilsinhaber, die gegen den Beschluss gestimmt haben, trotz Fehlens eines förmlichen Widerspruchs Barabfindung verlangen (Schaub NZG 1998, 628; BeckOGK/Rieder Rn. 20; Lutter/Grunewald Rn. 16, die zutr. danach fragt, in wessen Sphäre der Grund für den fehlenden Widerspruch liegt, ähnlich Kölner Komm UmwG/Simon Rn. 31; NK-UmwR/Burg Rn. 29; Erklärungen des beurkundenden Notars sind dieser Sphäre nicht zuzuordnen, zutr. OLG München ZIP 2010, 329; ausf. LG München I BeckRS 2009, 28119).

8. Entstehung und Schuldner des Anspruchs

Mit Eintragung der Verschm im Register des übernehmenden Rechtsträgers **18 und nach Annahme des Angebots** durch den jew. Anteilsinhaber entsteht der verkehrsfähige (vgl. OLG Jena AG 2005, 619) Abfindungsanspruch (zum abw. Beginn der Möglichkeit einer anderweitigen Veräußerung vgl. § 33). Vor Wirksamwerden der Verschm kann der Anteilsinhaber zwar bereits die Annahme des Angebots erklären, diese ist aber bedingt durch das Wirksamwerden der Verschm, erst zu diesem Zeitpunkt erlöschen die alten Anteile am übertragenden Rechtsträger (§ 20 I Nr. 2; → § 20 Rn. 7) und entstehen im Gegenzug Anteile am übernehmenden Rechtsträger (§ 20 I Nr. 3), die gegen Gewährung der Barabfindung zu übertragen sind. Mit **Zugang der Annahmeerklärung** wird der **Anspruch** auf Barabfindung Zug um Zug gegen die Übertragung der Anteile **fällig.** In der **Zeit bis zur Annahme** des Angebots stehen dem Anteilsinhaber seine normalen Rechte in vollem Umfang zu. Auch **nach Annahme** des Angebots verbleiben ihm bis zu dem Zeitpunkt, zu dem die Gegenleistung in vollem Umfang bewirkt ist, je nach Einzelfall Rechte als Gesellschafter. Es kann nichts anderes gelten als bei der Einziehung eines Anteils gegen Abfindung, wo der BGH (wie von Goette FS Lutter, 2000, 410 mwN angekündigt) die sofortige Wirksamkeit der Einziehung eines GmbH-Geschäftsanteils zugelassen hat, wenn dies im Gesellschaftsvertrag entsprechend geregelt ist (BGH GmbHR 2003, 1062 mAnm Blöse/Kleinert). Damit kommt es im Einzelfall auf das Vorhandensein gesellschaftsvertraglicher Regelungen und deren Auslegung an. Die Mitgliedschaftsrechte sind für den Fall einer fehlenden gesellschaftsvertraglichen Sonderregelung jedoch nur beschränkt ausübbar. Zur für die Anteilsinhaber sehr wesentlichen **stl. Behandlung der Abfindung** → UmwStG § 5 Rn. 18 ff.

Nach dem UmRUG ist das Abfindungsangebot im Verschmelzungsvertrag nicht **19** mehr durch den übernehmenden, sondern durch den übertragenden Rechtsträger abzugeben. Mit Vollzug der Verschmelzung tritt der übernehmende Rechtsträger als Gesamtrechtsnachfolger in die Rechtsstellung des anbietenden übertragenden Rechtsträgers ein. Er ist anschließend Adressat der Annahmeerklärung und **Schuldner des** mit der Annahme des Abfindungsangebots entstehenden **Abfindungsanspruchs.** Der übernehmende Rechtsträger kann den Anteilsinhaber nicht auf die anderweitige Veräußerung nach § 33 oder auf einen sonstigen Erwerbsinteressenten verweisen; eine freiwillige Vereinbarung nach Wirksamwerden der Verschm ist jedoch möglich. Der übernehmende Rechtsträger schuldet neben der Kostenübernahme, Abs. 1 S. 5, die **Mitwirkung an der Formulierung und Durchführung des Erwerbsvorgangs,** die hierzu notwendigen Willenserklärungen können vom berechtigten Anteilsinhaber eingeklagt und gem. § 894 ZPO vollstreckt werden. Die Pflicht zur Gewährung der Abfindung ist bereits durch das nach § 29 geschuldete Abfindungsangebot als notwendiger Bestandteil des Verschmelzungsvertrages (Entwurfs) begründet worden, die Annahme des Angebots unterliegt der Ausschlussfrist von § 31.

9. Bekanntmachung des Verschmelzungsvertrages (Abs. 1 S. 4)

20   **Abs. 1 S. 4 ist nur einschlägig,** wenn die für die betreffende Rechtsform geltenden Vorschriften eine Bekanntmachung des Beschlussgegenstandes vorsehen (**erforderliche** Bekanntmachung, vgl. Begr. RegE, BR-Drs. 75/94 zu § 29 I 4). Dies ist zunächst für AG und KGaA gem. § 124 II 3 AktG (§ 278 III AktG) der Fall, für eG gilt § 46 II 1 GenG (vgl. aber § 90 I zum Ausschluss der Barabfindung bei eG), iÜ kann durch Gesellschaftsvertrag oder Satzung eine Bekanntmachungspflicht gegeben sein (vgl. für Verein LG Bremen Rpfleger 1992, 304; für GmbH [„Ankündigung"] Scholz/Seibt GmbHG § 51 Rn. 19 ff.; aA Lutter/Grunewald Rn. 21; für VVaG § 183 VAG). Bei den PhG ist die Aufnahme von Bekanntmachungspflichten in den Gesellschaftsvertrag nur mit erheblichen Einschränkungen möglich (vgl. MüKoHGB/Enzinger HGB § 119 Rn. 6 ff.). Gleiches gilt für PartGes. Auch die durch Satzung/Gesellschaftsvertrag vorgesehene Bekanntmachung ist eine „erforderliche" Bekanntmachung iSv Abs. 1 S. 4 (wie hier Widmann/Mayer/Wälzholz Rn. 35; aA Lutter/Grunewald Rn. 21).

21   **Regelungsgegenstand von Abs. 1 S. 4** ist die Pflicht des Einberufenden, in der erforderlichen Bekanntmachung des Verschmelzungsvertrages oder dessen Entwurf als Beschlussgegenstand den **Wortlaut des Angebots zur Barabfindung** anzugeben. Das Angebot muss die Höhe der Abfindung konkret bezeichnen (anders noch § 369 IV AktG aF). Eine Erhöhung des Angebots anlässlich der Beschlussfassung kann zur Anfechtbarkeit führen (vgl. OLG München AG 2010, 84 m. Bespr. Kläsener AG 2010, 202; vgl. auch Vorinstanz LG München I AG 2010, 419). Auch das Argument, dass wegen der frühzeitigen Einladung zur Anteilsinhaberversammlung die Höhe der Barabfindung zu dieser Zeit oft noch nicht bestimmbar ist, vermag daran nichts zu ändern; gem. § 30 II haben die Verschmelzungsprüfer die angebotene Barabfindung auf ihre Angemessenheit hin zu überprüfen, das Prüfungsergebnis ist bereits in der Anteilsinhaberversammlung zu eröffnen. Ohne die Festlegung auch der Höhe der anzubietenden Barabfindung bereits im Vorfeld der Anteilsinhaberversammlung könnte eine solche Prüfung nicht durchgeführt werden. Auch in Anbetracht von § 31 ist eine frühzeitige Festlegung der Höhe der Barabfindung geboten. Sollte dem Rechtsträger gestattet werden, diese erst nach der Beschlussfassung iSv § 13 festzulegen, droht – wenn die Eintragung zügig vorgenommen wird – eine unbillige Verkürzung der zweimonatigen Ausschlussfrist. Schließlich darf nicht verkannt werden, dass der Anteilsinhaber, der das Angebot zur Barabfindung annehmen möchte, gehalten ist, in der Anteilsinhaberversammlung Widerspruch zur Niederschrift zu erklären; die von ihm geforderte Entscheidung, ob er für oder gegen den Verschmelzungsvertrag votieren möchte, hängt für ihn – unbeschadet der Möglichkeit zur gerichtlichen Nachprüfung der Abfindung nach § 34 – maßgeblich von der Höhe der angebotenen Barabfindung ab.

10. Kosten der Anteilsübertragung

22   Der widersprechende Anteilsinhaber hat gem. Abs. 1 S. 1 Hs. 1 einen Anspruch gegen den übernehmenden Rechtsträger (als Rechtsnachfolger des übertragenden Rechtsträgers), der darauf gerichtet ist, dass dieser seinen Anteil gegen eine angemes-

sene Barabfindung erwirbt. Der früher zu § 375 AktG aF hM (Kölner Komm AktG/ Zöllner AktG § 375 Rn. 19; aA GroßkommAktG/Meyer-Landrut AktG § 375 Anm. 3), dass derjenige Anteilsinhaber, der anlässlich der Verschm mehrere Anteile erlangt hat, sein **Barabfindungsverlangen auf einzelne dieser Anteile** beschränken kann, ist auch iRv § 29 zu folgen (OLG Düsseldorf ZIP 2001, 158; Lutter/ Hoger § 209 Rn. 5 mwN; Semler/Stengel/Leonard/Kalss Rn. 29; einschr. Widmann/Mayer/Wälzholz§ 31 Rn. 6: nach Maßgabe des Angebots; aA Goutier/ Knopf/Tulloch/Bermel Rn. 35, der aber nicht auf den Fall eingeht, dass ein Anteilsinhaber mehrere Anteile hat; abl. auch Kallmeyer/Meister/Klöcker § 209 Rn. 7 gegen Kallmeyer/Marsch-Barner/Oppenhoff Rn. 19).

Der Erwerb der Anteile oder Mitgliedschaften durch den übernehmenden Rechtsträger wird regelmäßig durch einen **Anteilsübertragungsvertrag** geschehen (zur klagweisen Geltendmachung und Vollstreckung → Rn. 19). Gem. **Abs. 1 S. 5** hat der übernehmende Rechtsträger die **Kosten für die Übertragung des Anteils/der Mitgliedschaft** zu tragen. Hierunter fallen die Kosten des Erwerbsvertrags selbst sowie alle sonstigen notwendigen Kosten des eigentlichen Übertragungsvorgangs, nicht aber zB Beratungskosten des Anteilsinhabers. 23

§ 30 Inhalt des Anspruchs auf Barabfindung und Prüfung der Barabfindung

(1) ¹**Die Barabfindung muß die Verhältnisse des übertragenden Rechtsträgers im Zeitpunkt der Beschlußfassung über die Verschmelzung berücksichtigen.** ²§ 15 Abs. 2 ist auf die Barabfindung entsprechend anzuwenden.

(2) ¹**Die Angemessenheit einer anzubietenden Barabfindung ist stets durch Verschmelzungsprüfer zu prüfen.** ²**Die §§ 10 bis 12 sind entsprechend anzuwenden.** ³**Die Berechtigten können auf die Prüfung oder den Prüfungsbericht verzichten; die Verzichtserklärungen sind notariell zu beurkunden.**

1. Allgemeines

§ 30 behandelt die **Angemessenheit der** nach § 29 I 1, 2 anzubietenden **Barabfindung.** Die Regelung führt im Wesentlichen § 375 I 1 AktG aF, § 12 I 2 UmwG 1969 fort. Die Verzinsung ist gem. Abs. 1 S. 2 durch Verweis auf § 15 II wie diejenige der baren Zuzahlung ausgestaltet. 1

Anders als bei § 320b AktG (dazu OLG Hamm AG 1993, 93) sieht **Abs. 2** die **Pflicht zur Prüfung** der Angemessenheit der Barabfindung vor, allerdings können die Berechtigten auf die Prüfung selbst oder zumindest auf den Prüfungsbericht verzichten. 2

Nach dem BVerfG ist es **verfassungsrechtlich geboten,** dass der ausscheidende (Minderheits-)Anteilsinhaber für den Verlust seiner Rechtsposition **wirtschaftlich voll entschädigt** wird (BVerfGE 14, 263 = NJW 1962, 1667 – Feldmühle; ZIP 1999, 1436 mAnm Wilken – Börsenkurs; BB 2000, 2011: „§ 179a AktG", ausf. mwN → § 5 Rn. 7, → § 5 Rn. 49ff., auch → § 20 Rn. 42). Der Ausscheidende soll das erhalten, was seine Beteiligung an dem weiterarbeitenden Unternehmen wert war, dh es ist die Vermögens- und Ertragslage des übertragenden Rechtsträgers am Stichtag (Abs. 1 S. 1) zu berücksichtigen. Bei börsennotierten AG kann insoweit dem Börsenkurs maßgebliche Bedeutung zukommen (vgl. Bücker NZG 2010, 967; Bungert BB 2010, 2227; Decker ZIP 2010, 1673; Semler/Stengel/Leonard/Zeidler Rn. 7 ff.; vgl. zum Börsenkurs beim Umtauschverhältnis → § 5 Rn. 49 ff.). Etwas verwirrend scheint in diesem Zusammenhang BVerfG NJW 2012, 3081, weil dort der Schutzbereich von Art. 14 I GG beim Delisting nur auf die Substanz, nicht aber auf den Vermögenswert des Aktieneigentums bezogen wird. Dies ändert aber nichts 3 daran, dass auch beim kalten Delisting (→ § 29 Rn. 9) die Barabfindung auf den vollen Wert der Beteiligung bemessen werden muss.

2. Höhe der Barabfindung, Bewertungszeitpunkt (Abs. 1 S. 1)

4 **a) Inhalt des Anspruchs.** Mit Eintragung der Verschm erlischt jeder übertragende Rechtsträger (§ 20 I Nr. 2), die Anteilsinhaber erhalten gem. § 20 I Nr. 3 Anteile am übernehmenden Rechtsträger; das Umtauschverhältnis der Anteile darf nicht unangemessen sein, den Anteilsinhabern ist nach § 15 iVm dem SpruchG die gerichtliche Nachprüfung der Angemessenheit des Umtauschverhältnisses möglich. Sofern die Voraussetzungen von § 29 I vorliegen, bleibt es dem jew. Anteilsinhaber unbenommen, den durch Eintragung der Verschm erworbenen Anteil am übernehmenden Rechtsträger gegen angemessene Barabfindung auf den übernehmenden Rechtsträger zu übertragen oder aus diesem auszuscheiden. Um den verfassungsrechtlichen Vorgaben (→ Rn. 3) zu genügen, ist es notwendig, die **Barabfindung so zu bemessen, dass sie vollwertiges Äquivalent für die ursprüngliche Beteiligung** am übertragenden Rechtsträger ist. Stl. Vorteile, die sich anlässlich der Verschm nur für die ausscheidenden Anteilsinhaber oder nur für die verbleibenden Anteilsinhaber, nicht aber für die Rechtsträger selbst ergeben, bleiben außer Betracht (OLG Düsseldorf ZIP 1990, 1474). Der gegen Barabfindung ausscheidende Anteilsinhaber wird stl. so gestellt, als sei er noch aus dem übertragenden Rechtsträger ausgeschieden (ausf. → UmwStG § 5 Rn. 18 ff.).

5 Die Abfindung nach § 30 ist **grds. in Geld** geschuldet (Barabfindung). Eine andere Art der Abfindung kann weder verlangt noch aufgezwungen werden. Gem. § 364 I BGB ist es jedoch möglich, den damit einverstandenen Anteilsinhaber mit Sachwerten oder Anteilen an einer anderen Gesellschaft abzufinden. Das Einverständnis kann nicht pauschal im Vorfeld einer Verschm erklärt werden, vielmehr muss die Bereitschaft des Anteilsinhabers anlässlich des konkreten Verschmelzungsvorgangs vorhanden sein und gegenüber dem übernehmenden Rechtsträger erklärt werden.

6 **b) Bewertungszeitpunkt.** Die Barabfindung muss die Verhältnisse des übertragenden Rechtsträgers **im Zeitpunkt der Beschlussfassung** über die Verschm berücksichtigen **(Abs. 1 S. 1).** Die spontane Erhöhung der Barabfindung anlässlich der Beschlussfassung macht den Beschluss insgesamt anfechtbar (vgl. OLG München AG 2010, 84 m. Bespr. Kläsener AG 2010, 202; vgl. auch Vorinstanz LG München I AG 2010, 419). § 30 schreibt nicht vor, wie die angemessene Barabfindung ihrer Höhe nach zu berechnen ist, insbes. werden **keine Bewertungsmethoden** vorgegeben (vgl. Begr. RegE, BR-Drs. 75/94 zu § 30 I). Zur Berechnung der Barabfindung → Rn. 9 ff.

7 **c) Zwingendes Recht.** § 30 ist **nicht abdingbar,** weder durch Gesellschaftsvertrag bzw. Satzung noch durch Beschluss der Anteilsinhaber kann der Abfindungsanspruch zu Lasten der austretenden (Minderheits-)Anteilsinhaber beschränkt werden. Auch eine **Beschränkung des Abfindungsanspruchs** bspw. auf Abfindung zu BW ist nicht zulässig. Unbenommen bleibt es den berechtigten Anteilsinhabern allerdings, auf die Gewährung einer Barabfindung zu verzichten.

8 **d) Kein Auskunftsanspruch.** Dem berechtigten Anteilsinhaber steht nach hM **kein Auskunftsanspruch** zur Überprüfung der Angemessenheit der Abfindung zu (BGH NJW 1967, 45; GroßkommAktG/Meyer-Landrut UmwG Anh. § 393 § 12 Anm. 4 mwN). Einem etwa auf § 131 AktG gestützten gerichtlichen Auskunftsanspruch lässt sich die Berechtigung des Anteilsinhabers zur gerichtlichen Nachprüfung der Abfindung nach § 34 iVm dem SpruchG entgegenhalten (vgl. auch die entsprechende Argumente des BGH zur Auskunftspflichtverletzung, ZIP 2001, 199; aA LG Frankfurt a. M. DB 2003, 1726). Da dieses Verfahren für ihn idR kostenfrei

ist (gem. § 15 IV SpruchG besteht ein Anspruch auf den Ersatz der eigenen Kosten des Antragstellers allerdings nur noch bei gesonderter gerichtlicher Anordnung), ist nicht einzusehen, warum zunächst ein Bedürfnis für einen gesonderten Auskunftsanspruch anerkannt werden soll. Der Anteilsinhaber kann gleich Zahlung bzw. **Festsetzung der Abfindung** im Spruchverfahren verlangen.

e) Berechnung des Abfindungsanspruchs. Für die Berechnung der **Höhe der angemessenen Barabfindung** sind die Verhältnisse des übertragenden Rechtsträgers im Zeitpunkt der Beschlussfassung über die Verschm (§ 13) zu berücksichtigen, Abs. 1 S. 1 (Stichtag, → § 5 Rn. 29). Der berechtigte Anteilsinhaber soll das erhalten, was seine Beteiligung am (weiterarbeitenden) übertragenden Rechtsträger wert war, maßgeblich ist somit die **Vermögens- und Ertragslage des übertragenden Rechtsträgers am Stichtag.** Wird für die Berechnung der Wertrelation beim Umtauschverhältnis ein anderer Stichtag gewählt (→ § 5 Rn. 27 ff.), kann grds. fortgeschrieben werden (Kallmeyer/Lanfermann Rn. 11; Semler/Stengel/Leonard/Zeidler Rn. 19; BeckOGK/Rieder Rn. 7). 9

Die Berücksichtigung bestimmter Bewertungsmethoden zur Berechnung der Barabfindung ist nicht vorgeschrieben. Es ist diejenige **Bewertungsmethode** zu wählen, die **im Einzelfall** den Wert des übertragenden Rechtsträgers und des betroffenen Anteils am besten aufzeigt. Grds. wird dies die **Ertragswertmethode** (→ § 5 Rn. 10 ff.) sein, uU kann der **Börsenkurs** herangezogen werden (→ Rn. 3, → § 5 Rn. 49 ff.); andere Methoden sind idR nicht geeignet (→ § 5 Rn. 47). Unabhängig von der konkret angewandten Bewertungsmethode ist der Abfindungsanspruch auf der Grundlage des wirklichen Werts des fortgeführten Unternehmens einschl. des inneren Werts (Goodwill, Firmenwert, Warenzeichen, gewerbliche Schutzrechte etc) unter Einbeziehung aller stillen Reserven zu berechnen. Maßgebend dürfte im Allg. der Preis sein, der bei einem möglichen vorteilhaften Verkauf des Unternehmens als Einheit erzielt würde. Das **nicht betriebsnotwendige Vermögen** des übertragenden Rechtsträgers ist mittels funktionaler Betrachtung zu ermitteln und gesondert mit dem tatsächlichen Verkehrswert zu bewerten (→ § 5 Rn. 44 ff.; aA für die Ermittlung der angemessenen Ausgleichs OLG Stuttgart ZIP 2004, 712, das für die Barabfindung das nicht betriebsnotwendige Vermögen aber berücksichtigt). 10

Alle **schwebenden Geschäfte** des übertragenden Rechtsträgers, die wegen der Gesamtrechtsnachfolge künftig durch den übernehmenden Rechtsträger weitergeführt werden, sind in die Bewertung miteinzubeziehen (für Schadensersatzansprüche nach §§ 117, 317 AktG OLG Düsseldorf ZIP 1990, 1474), weil diese Vermögenswerte des übertragenden Rechtsträgers auch anteilig dem die Barabfindung begehrenden Anteilsinhaber zustehen. Dies ist aber keine Besonderheit, sondern Ausfluss der iRd Unternehmensbewertung allg. anerkannten „Wurzeltheorie" (→ § 5 Rn. 25 mwN; dazu auch Widmann/Mayer/Wälzholz Rn. 9 mwN; Kölner Komm UmwG/Simon Rn. 16). Eine Minderung des Anspruchs auf Barabfindung mit der Begr., dass die Wahl der Barabfindung willkürlich sei und den übernehmenden Rechtsträger über Gebühr beeinträchtigen würde, kommt nicht in Betracht (iÜ ausf. → § 5 Rn. 10 ff. und Spezialit. zu §§ 305, 320b AktG, § 320 V 5 AktG aF). 11

3. Verzinsung (Abs. 1 S. 2)

§ 15 II ist auf die Barabfindung **entsprechend** anzuwenden (**Abs. 1 S. 2**). Mit Ablauf des Tages, an dem die Eintragung der Verschm in das HR des übernehmenden Rechtsträgers gem. § 10 HGB bekannt gemacht worden ist (hierfür genügt seit dem DiRUG die Abrufbarkeit der Eintragung unter www.handelsregister.de), ist der ermittelte Betrag der Barabfindung oder hilfsweise die durch das Gericht festgelegte angemessene Barabfindung variabel mit jährlich **5%-Punkten über dem jew. Basiszins** der Deutschen Bundesbank zu verzinsen (Neufassung von § 15 II 1 durch 12 das ARUG, → § 15 Rn. 4, → § 15 Rn. 31, → § 15 Rn. 34). Gem. § 15 II 2 ist die Geltendmachung eines **weiteren Schadens** im Zivilprozess nicht ausgeschlossen, die Norm ist aber nicht selbst Anspruchsgrundlage (Lutter/Grunewald Rn. 4; BeckOGK/Rieder Rn. 11). Auf → § 15 Rn. 32 f. wird verwiesen.

4. Prüfung (Abs. 2)

13   a) **Prüfungsbefehl (Abs. 2 S. 1). Abs. 2 S. 1** schreibt die **Prüfung der Angemessenheit** der anzubietenden Barabfindung durch **Verschmelzungsprüfer** fest; die Prüfung ist – mit Ausnahme des Verzichts nach Abs. 2 S. 2 – stets erforderlich. Sie muss rechtzeitig vor dem Verschmelzungsbeschluss abgeschlossen sein (Kallmeyer/Lanfermann Rn. 18; Lutter/Grunewald Rn. 6; BeckOGK/Rieder Rn. 13). Für die Durchführung der Prüfung gelten die allg. Grundsätze (vgl. §§ 9–12). Die Verschmelzungsprüfer haben demnach zunächst zu beurteilen, ob die betriebswirtschaftlich angewandten Berechnungsmethoden und die tragenden Bewertungselemente des konkreten Einzelfalls zu einer angemessenen Abfindung führen. Neben einer in die Einzelheiten gehenden Überprüfung der Bewertungsparameter ist stets zu fragen, ob die gewählte Bewertungsmethode auch lege artis angewandt wurde. Den Verschmelzungsprüfern ist es wie auch sonst versagt, selbst die Höhe der angemessenen Abfindung festzulegen, hierfür ist ausschließlich das Gericht iRd Spruchverfahrens zuständig. Kommen die Verschmelzungsprüfer demzufolge zum Ergebnis, dass die angebotene Barabfindung als nicht angemessen anzusehen ist, haben sie dies dem Rechtsträger und den berechtigten Anteilsinhabern gegenüber zum Ausdruck zu bringen. Damit ist die Verschmelzungsprüfung in diesem Fall abgeschlossen.

14   b) **Verzicht (Abs. 2 S. 3).** Ebenso wie § 9 II, § 12 III ermöglicht **Abs. 2 S. 3** den **Verzicht** auf die Durchführung der **Prüfung** selbst oder auf die Abfassung des **Prüfungsberichts**. Obwohl Abs. 2 auf §§ 10–12 und damit auf § 12 III verweist, war eine besondere Aufnahme der Verzichtsmöglichkeit geboten. Die Möglichkeit zum Ausspruch der Verzichtserklärung nach Abs. 2 S. 3 ist ausschließlich den **Berechtigten,** also denjenigen Anteilsinhabern, die von ihrem Recht nach § 29 I 1, 2 Gebrauch machen wollen, zugewiesen (vgl. Begr. RegE, BR-Drs. 75/94 zu § 30 II 3; krit. Lutter/Grunewald Rn. 8, 11; Semler/Stengel/Leonard/Zeidler Rn. 28; Kallmeyer/Lanfermann Rn. 20, die jew. zu Recht darauf hinweisen, dass zum Zeitpunkt der Prüfung gerade noch nicht bekannt ist, wer Berechtigter iSv Abs. 2 S. 3 Hs. 1 ist; vgl. auch Kölner Komm UmwG/Simon Rn. 28). Die Berechtigten können auf die Durchführung der Prüfung insges. oder nur auf die Abfassung des Prüfungsberichts verzichten. Die Verzichtserklärungen sind notariell zu beurkunden (Abs. 2 S. 3 Hs. 2).

§ 31 Annahme des Angebots

¹**Das Angebot nach § 29 kann nur binnen zwei Monaten nach dem Tage angenommen werden, an dem die Eintragung der Verschmelzung in das Register des Sitzes des übernehmenden Rechtsträgers nach § 19 Abs. 3 bekannt gemacht worden ist.** ²**Ist nach § 34 ein Antrag auf Bestimmung der Barabfindung durch das Gericht gestellt worden, so kann das Angebot binnen zwei Monaten nach dem Tage angenommen werden, an dem die Entscheidung im Bundesanzeiger bekanntgemacht worden ist.**

1. Allgemeines

1   Die Vorschrift schreibt eine **zweimonatige materielle Ausschlussfrist** fest. Diese Frist läuft uU **zweimal,** stets vom Wirksamwerden der Verschm an (§ 31

S. 1), und nochmals, wenn, wie dies häufig der Fall ist, nach § 34 ein Antrag auf gerichtliche Bestimmung der Barabfindung nach dem SpruchG gestellt worden ist (§ 31 S. 2). Die Vorschrift entspricht damit auch nach den redaktionellen Änderungen durch das EHUG (→ Einf. Rn. 26) inhaltlich § 375 I 2, 3 AktG aF. Sie ist nicht zum Nachteil des Anteilsinhabers abdingbar (OLG Frankfurt a. M. DB 2003, 31).

2. Ausschlussfrist (S. 1)

Das Angebot auf Barabfindung gegen Übertragung der Anteile am übernehmen- 2 den Rechtsträger (§ 29 I 1, 2) oder bei Ausscheiden aus dem übernehmenden Rechtsträger (§ 29 I 3) kann nur binnen einer **Frist von zwei Monaten** angenommen werden. **Fristbeginn** ist gem. § 31 S. 1 iVm § 19 III der Folgetag nach dem Tag, an dem die Eintragung des Verschm in das Register des übernehmenden Rechtsträgers gem. § 10 HGB bekannt gemacht wurde (hierfür genügt seit dem DiRUG die Abrufbarkeit der Eintragung unter www.handelsregister.de). Die Fristberechnung erfolgt dann nach § 187 II 1 BGB, § 188 II letzte Alt. BGB (Semler/Stengel/Leonard/Kalss Rn. 2).

Bei der Frist handelt es sich um eine **Ausschlussfrist;** wird sie versäumt, steht 3 dem Anteilsinhaber **keine Wiedereinsetzungsmöglichkeit** und kein sonstiger Rechtsbehelf zur Vfg. (Lutter/Grunewald Rn. 2 mit Verweis auf OLG Frankfurt AG 2010, 332; NK-UmwR/Burg Rn. 6; Semler/Stengel/Leonard/Kalss Rn. 2; Goutier/Knopf/Tulloch/Bermel Rn. 6; Kallmeyer/Marsch-Barner/Oppenhoff Rn. 3; BeckOGK/Rieder Rn. 3; für das frühere Recht bereits Kölner Komm AktG/Zöllner AktG § 375 Rn. 10; v. Godin/Wilhelmi AktG § 375 Anm. 4; allenfalls kann versucht werden, das Vorliegen eines wirksamen Angebots zu bestreiten, vgl. BGHZ 131, 262 und Lutter/Hoger § 209 Rn. 3, oder mit § 149 BGB zu argumentieren, → Rn. 4 aE; vgl. zur Verwirkung Kölner Komm UmwG/Simon Rn. 9).

Das im Verschmelzungsvertrag enthaltene Barabfindungsangebot muss vom 4 berechtigten Anteilsinhaber fristgemäß angenommen werden; **§ 151 S. 1 BGB** findet keine Anwendung. Die **Annahmeerklärung** bedarf keiner Form, auch dann nicht, wenn im Zuge der Barabfindung eine Anteilsübertragung iSv § 29 I 1 durchzuführen ist. Das gilt nach bisher hM auch im Fall einer GmbH, für die § 15 IV GmbHG die notarielle Form auch in Bezug auf das Verpflichtungsgeschäft vorschreibt (Lutter/Grunewald Rn. 3; Semler/Stengel/Leonard/Kalss Rn. 5; Kallmeyer/Marsch-Barner/Oppenhoff Rn. 4; BeckOGK/Rieder Rn. 5; unklar Goutier/Knopf/Tulloch/Bermel Rn. 8; Kölner Komm UmwG/Simon Rn. 3; aA Widmann/Mayer/Wälzholz Rn. 3). Ob hieran mit Blick auf die neue gesetzgeberische Vorgabe in § 313 Abs. 3 S. 4 für die grenzüberschreitende Hinausverschmelzung einer GmbH, insbes. wegen der konstruktiven Unterschiede im Detail, festgehalten werden kann, bleibt abzuwarten. Die **Anteilsübertragung selbst** ist nur Umsetzung der Barabfindungsabrede, erst sie bedarf uU der **notariellen Beurkundung** (vgl. zB § 15 III GmbHG). Die Annahme durch den berechtigten Anteilsinhaber ist **Willenserklärung** iSv §§ 133, 157 BGB. Bei der Auslegung ist der Empfängerhorizont maßgebend. Demgemäß muss sich die Annahmeerklärung nicht notwendig auf das Abfindungsangebot beziehen; es genügt, wenn der übernehmende Rechtsträger als Adressat der Willenserklärung erkennen kann, dass der berechtigte Anteilsinhaber von seinem Recht nach § 29 I 1–3 Gebrauch machen möchte. Das Barabfindungsverlangen muss dem übernehmenden Rechtsträger vor Ablauf der Zwei-Monats-Frist zugehen, die allg. Vorschriften des BGB zum **Zugang von Willenserklärungen** – auch § 149 BGB – finden Anwendung.

3. Nochmalige Ausschlussfrist (S. 2)

5 In Ergänzung von § 31 S. 1 beginnt die Ausschlussfrist von zwei Monaten gem. **§ 31 S. 2** für den praktisch bedeutsamen Fall, dass ein **Antrag auf gerichtliche Bestimmung** der Barabfindung gestellt worden ist, erneut mit dem Tag, an dem die **gerichtliche Entscheidung im BAnz. bekannt gemacht** worden ist (vgl. § 14 SpruchG).

6 Entscheidend ist, dass bei Durchführung des Spruchverfahrens die Ausschlussfrist generell erneut zu laufen beginnt. Auch die Anteilsinhaber, die das Abfindungsangebot bereits innerhalb der ersten Frist angenommen haben, profitieren von einer etwaigen **Aufstockung der Barabfindung,** so ausdrücklich § 13 S. 2 SpruchG, der die früher hM (→ 3. Aufl. 2001, § 31 Rn. 6 mwN; dagegen zuletzt OLG Düsseldorf ZIP 2001, 158) abbildet. Es kommt auch nicht darauf an, ob der widersprechende Anteilsinhaber, der nach § 29 I 1–3 vorgehen will, selbst das gerichtliche Verfahren – allein oder mit anderen – betrieben hat (missverständlich OLG Frankfurt a. M. NZG 2010, 307 zum regulären Delisting unter Bezugnahme auf § 31); allein maßgebend ist für § 31 S. 2 die Tatsache, dass überhaupt ein **Antrag auf Bestimmung der angemessenen Barabfindung** (nicht ausreichend: alleiniger Antrag auf Verbesserung der Umtauschverhältnisses iSv § 15) beim zuständigen Gericht gestellt wurde. Die Entscheidung des Gerichts wirkt für und gegen alle, § 13 S. 2 SpruchG; deshalb haben auch nicht am Spruchverfahren beteiligte Anteilsinhaber ein berechtigtes Interesse daran, erneut über die Geltendmachung der Barabfindung zu entscheiden. Auf den **Inhalt der gerichtlichen Entscheidung** kommt es nicht an; die Ausschlussfrist nach § 31 S. 2 läuft selbst dann, wenn das Gericht im Spruchverfahren die ursprünglich angebotene Barabfindung als angemessen ansieht. Werden gem. § 12 SpruchG **Rechtsmittel** eingelegt, verlagert sich der Beginn der Ausschlussfrist nach § 31 S. 2 entsprechend, denn § 13 S. 1 SpruchG, § 14 SpruchG verlangen Rechtskraft der Entscheidung.

7 Problematisch ist der **Sonderfall,** dass das Spruchverfahren nicht durch gerichtliche Entscheidung, sondern durch **Vergleich** beendet wird (dazu § 11 II, IV SpruchG; zum Teilvergleich § 13 S. 3 SpruchG). § 31 S. 2 lässt von seinem Wortlaut her die nochmalige Annahme des Abfindungsangebots nur zu, wenn dem „die Entscheidung" vorausgegangen und im BAnz. bekannt gemacht worden ist. Mit dem Wortlaut von § 31 S. 2 lässt sich damit zunächst die Auslegung vereinbaren, dass nicht nur eine Sachentscheidung des Gerichts erneut zum Fristlauf führt, sondern auch eine Abweisung der Anträge als unzulässig oder unbegründet. Aus § 14 SpruchG kann demgegenüber geschlossen werden, dass ein Vergleich nicht gemeint ist, denn Gegenstand der Bekanntmachung ist nur die rkr. Entscheidung des Gerichts (so auch Lutter/Mennicke SpruchG Anh. II § 14 Rn. 3 mwN). Ein solcher gerichtlicher oder außergerichtlicher Vergleich wirkt auch nicht für und gegen alle, wie dies für die gerichtliche Entscheidung angeordnet ist, sondern nur zwischen den Vergleichsparteien (zutr. Lutter/Mennicke SpruchG Anh. II § 11 Rn. 7 mwN; NK-UmwR/Burg Rn. 12). Wenn alle Antragsteller mit einem Vergleich einverstanden waren und anschl. ihre Anträge zurücknehmen, können ursprünglich Barabfindungsberechtigte nur noch darauf hoffen, dass der gemeinsam bestellte Vertreter das Verfahren weiterführt oder die Wirkungen des Vergleichs durch einen Vertrag zugunsten Dritter auf sie erstreckt (Lutter/Mennicke SpruchG Anh. II § 11 Rn. 7 mwN). Schließt auch der gemeinsame Vertreter einen Vergleich, wird man **§ 31 S. 2 entsprechend** anwenden müssen, weil diese Art der Verfahrensbeendigung gerade den Sinn hat, den außenstehenden Barabfindungsberechtigten einen über die ursprünglich angebotene Barabfindung hinausgehenden Vorteil zukommen zu lassen. Die **Ausschlussfrist** sollte dann **vom Zeitpunkt des Vergleichsabschlusses** an berechnet werden, sofern nicht ebenfalls eine Bekanntmachung im BAnz. erfolgt (wie hier Semler/Stengel/Leonard/Kalss Rn. 3; ähnlich Lutter/Grunewald

Rn. 2; BeckOGK/Rieder Rn. 9; Kallmeyer/Marsch-Barner/Oppenhoff Rn. 9, die jew. eine Bekanntmachungspflicht erkennen, was aber unzutr. ist, statt aller Lutter/ Mennicke SpruchG Anh. II § 14 Rn. 3 mwN; generell Fristlauf erst ab Zustellung des Vergleichs Widmann/Mayer/Wälzholz Rn. 8.2; Kölner Komm UmwG/Simon Rn. 12).

Für den widersprechenden Anteilsinhaber gilt für den Lauf der Ausschlussfrist **8** somit: Mit dem Ablauf des Tages, an dem die Bekanntmachung nach § 19 III erfolgt ist, beginnt die Frist; sie dauert zwei Monate an. Nach Ablauf der gem. § 187 II BGB, § 188 II BGB berechneten Frist ist der widersprechende Anteilsinhaber mit seinem Anspruch nach § 29 I 1–3 ausgeschlossen, es sei denn, dass zwischenzeitlich ein gerichtliches Spruchverfahren eingeleitet wurde. Für diesen Fall beginnt erneut eine zweimonatige Ausschlussfrist zu laufen, sobald die das Verfahren abschl. gerichtliche Entscheidung im BAnz. bekannt gemacht oder durch den gemeinsamen Vertreter ein Vergleich geschlossen worden ist. Je nach Dauer des gerichtlichen Verfahrens (dazu Bilda NZG 2000, 296; durch das SpruchG sollte eine Verkürzung der Verfahrensdauer erreicht werden, was in der Praxis auch beobachtet werden kann, insbes. weil zwischenzeitlich fast alle Fragen zur Unternehmensbewertung gerichtlich fundiert geklärt wurden, → § 5 Rn. 21) kann es also durchaus sein, dass die **zweite Ausschlussfrist erst Jahre nach Ablauf der in § 31 S. 1 bestimmten Frist tatsächlich endet.** Um sicherzugehen, sollte der widersprechende Anteilsinhaber demgemäß entweder binnen zwei Monaten nach Wirksamwerden der Verschm seinen Anspruch gegen den übernehmenden Rechtsträger aus § 31 S. 1 geltend machen (wenn er auf jeden Fall unabhängig von einer etwaigen Verbesserung der Barabfindung ausscheiden möchte, ist dies stets zu empfehlen, → Rn. 6; der Anteilsinhaber wird dabei nicht präkludiert, § 13 S. 1 SpruchG) oder aber gem. § 31 S. 2 eine gerichtliche Entscheidung über die Höhe der angemessenen Barabfindung anstrengen und erst nach Bekanntmachung dieser Entscheidung im BAnz. – wiederum binnen zwei Monaten – seinen Anspruch aus § 29 I durch Annahme des Barabfindungsangebots (ggf. modifiziert durch die gerichtliche Festlegung) verfolgen.

§ 32 Ausschluß von Klagen gegen den Verschmelzungsbeschluß

Eine Klage gegen die Wirksamkeit des Verschmelzungsbeschlusses eines übertragenden Rechtsträgers kann nicht darauf gestützt werden, daß das Angebot nach § 29 nicht angemessen ist oder daß die Barabfindung im Verschmelzungsvertrag nicht oder nicht ordnungsgemäß angeboten worden ist.

1. Allgemeines

Parallel zu § 14 II soll § 32 **Unwirksamkeitsklagen** gegen die jew. Beschlüsse **1** der Anteilsinhaberversammlung der übertragenden Rechtsträger nach § 13 (→ § 14 Rn. 5 ff.) gestützt auf die Begr., dass die angebotene Barabfindung nicht angemessen sei, **verhindern.** Einer Umgehung dieser Vorschrift, etwa durch die Behauptung, dass die Informationen zur Berechnung der Barabfindung in der Anteilsinhaberversammlung unzureichend oder falsch gewesen seien, steht die Rspr. des BGH (ZIP 2001, 199; auch → § 192 Rn. 15; Vetter FS Wiedemann, 2002, 1323; H. Schmidt FS Ulmer, 2003, 543; Widmann/Mayer/Wälzholz Rn. 5 je mwN; vgl. auch OLG München AG 2010, 170 mAnm Kläsener AG 2010, 202) und § 243 IV 2 AktG entgegen.

Die Vorschrift übernimmt § 375 II 1 AktG aF vollständig und § 375 II 3 AktG **2** aF in eingeschränktem Umfang. Die dort für möglich gehaltene Unwirksamkeitsklage mit der Begr., dass die Barabfindung im Verschmelzungsvertrag überhaupt nicht oder nicht ordnungsgemäß angeboten worden sei, ist heute als generell **unzulässig** anzusehen; gem. **§ 34 S. 2** ist der betroffene Anteilsinhaber auf die Durchführung des Spruchverfahrens nach dem SpruchG festgelegt. Durch das UmRUG (→ Einf. Rn. 43 ff.) wurde die erste Variante des § 32 sprachlich an den geänderten § 14 II angepasst („nicht angemessen" statt „zu niedrig bemessen").

2. Ausschluss von Unwirksamkeitsklagen

3   Ein hiervon betroffener Anteilsinhaber – § 29 I 1–3 eröffnet nur dem widersprechenden Anteilsinhaber den Anspruch auf Barabfindung – kann gegen die Wirksamkeit des Verschmelzungsbeschlusses „seines" übertragenden Rechtsträgers nicht mit der Unwirksamkeitsklage vorgehen, wenn das Angebot auf Barabfindung nach § 29 zu niedrig bemessen ist oder die Barabfindung im Verschmelzungsvertrag überhaupt nicht oder nicht ordnungsgemäß angeboten wurde. Eine dennoch erhobene **Unwirksamkeitsklage** ist **unzulässig,** das Begehren des Anteilsinhabers darf nur im Spruchverfahren geltend gemacht werden.

4   Damit ist gewährleistet, dass die benachteiligten Anteilsinhaber die Möglichkeit haben, gegen ein unangemessenes Barabfindungsangebot vorzugehen, ohne die Verschm an sich unwirksam zu machen. § 32 schließt – weiterhin – nur Klagen gegen die Wirksamkeit des Verschmelzungsbeschlusses eines **übertragenden Rechtsträgers** aus. Für die Anteilsinhaber des **übernehmenden Rechtsträgers,** die durch das Fehlen eines (ordnungsgemäßen) Barabfindungsangebots nicht beschwert wären, wohl aber durch ein zu hohes Barabfindungsangebot einen Schaden erleiden können, ergibt sich der Klageausschluss aus § 14 II idF des UmRUG.

5   IÜ wird auf die Komm. zu → § 14 Rn. 30 f. verwiesen.

6   **Antragsberechtigt** ist nur der Anteilsinhaber, dem auch der **materielle Anspruch auf Barabfindung** nach § 29 I 1–3 zustehen kann (§ 1 Nr. 5 SpruchG). Ein weiter gehendes **Rechtsschutzbedürfnis** ist nicht notwendig (Meyer-Landrut FS Schilling, 1973, 235 (245)). **Nach Ablauf der Ausschlussfrist** von § 31 S. 1 steht dem betroffenen Anteilsinhaber keine Barabfindung mehr zu, ein Spruchverfahren wäre unzulässig. Auch in diesem Fall greift § 32, der Verschmelzungsbeschluss kann nicht durch Unwirksamkeitsklage angegriffen werden.

§ 33 Anderweitige Veräußerung

Einer anderweitigen Veräußerung des Anteils durch einen Anteilsinhaber, der nach § 29 Adressat des Abfindungsangebots ist, stehen nach Fassung des Verschmelzungsbeschlusses bis zum Ablauf der in § 31 Satz 1 bestimmten Frist Verfügungsbeschränkungen bei den beteiligten Rechtsträgern nicht entgegen.

1. Allgemeines

1   Die Vorschrift soll dem Anteilsinhaber, der Adressat eines Barabfindungsangebots nach § 29 ist, mit der anderweitigen Veräußerung seines Anteils eine **Alternative zur Barabfindung** eröffnen. Damit wird der Anteilsinhaber in die Lage versetzt, den tatsächlichen Verkehrswert seines durch Verschm erworbenen Anteils am übernehmenden Rechtsträger zu realisieren, ohne durch eine Verfügungsbeschränkung **(Vinkulierung)** bei den beteiligten Rechtsträgern an der Veräußerung gehindert zu sein. Für eine solche Veräußerung verbleibt ihm nach Wirksamwerden der Verschm die in § 31 S. 1 genannte Frist von zwei Monaten.

2   In ihrer ursprünglichen Fassung sollte die Vorschrift die in § 375 IV AktG aF, § 388 AktG aF vorgesehenen Möglichkeiten der **Vfg. über einen vinkulierten Anteil** für alle betroffenen Rechtsformen weiterführen. Dabei wurde allerdings

übersehen, dass diese Regelungen die formwechselnde Umw (einer AG in eine GmbH bzw. einer KGaA in eine GmbH) betrafen, dass also die Vinkulierung vor und nach Durchführung der Umw gegeben war. Bei der Verschm erlischt hingegen der jew. übertragende Rechtsträger (§ 20 I Nr. 2) und damit auch die Anteile an diesem Rechtsträger sowie alle hierfür etwa geltenden Vinkulierungsvorschriften. Da die erste Gesetzesfassung nur auf Vinkulierungsvorschriften beim übertragenden Rechtsträger Bezug nahm, wurde § 33 durch das Gesetz zur Änderung des UmwG, PartGG und anderer Gesetze v. 22.7.1998 (BGBl. 1998 I 1878) neu gefasst (dazu auch Neye DB 1998, 1649). Seitdem kommt es nicht mehr darauf an, bei welchem der beteiligten Rechtsträger eine Verfügungsbeschränkung (zum Begriff → Rn. 6, → § 29 Rn. 4, → § 29 Rn. 9) besteht; anders als früher erfasst § 33 darüber hinaus nicht mehr nur vertragliche, sondern auch gesetzliche Verfügungsbeschränkungen (→ § 29 Rn. 4).

Durch das **UmRUG** (→ Einf. Rn. 43 ff.) wurde – der schon bisher hM folgend – 3 klargestellt, dass nur Anteilsinhaber, die nach § 29 Adressat des Abfindungsangebots sind, begünstigt sind. Entsprechend der Kritik, dass sich die Frist von zwei Monaten bei Durchführung des Spruchverfahrens gemäß § 31 S. 2 erheblich verlängern konnte (→ § 31 Rn. 5 ff.), verweist § 33 nunmehr nur noch auf § 31 S. 1 (hierzu jew. mwN Schmidt NZG 2022, 635 (641); Widmann/Mayer/Wälzholz Rn. 2.1, 22).

2. Adressierte Anteilsinhaber

§ 33 gibt (nur) den Anteilsinhabern, die Adressaten des Barabfindungsangebots 4 nach § 29 sind, bis zur Annahme dieses Angebots die Möglichkeit, ihre Anteile ohne Rücksicht auf bestehende Verfügungsbeschränkungen freihändig zu veräußern. § 29 I 1 adressiert „jeden Anteilsinhaber, der gegen den Verschmelzungsbeschluß des übertragenden Rechtsträgers Widerspruch zur Niederschrift erklärt". Damit steht die Möglichkeit zur anderweitigen Veräußerung nur denjenigen Anteilsinhabern des übertragenden Rechtsträgers zu, die in der Anteilsinhaberversammlung gegen den Verschmelzungsbeschluss gestimmt und ausdrücklich Widerspruch (→ § 29 Rn. 5, → § 29 Rn. 15 f.) erklärt haben (so NK-UmwR/Burg Rn. 3; Lutter/Grunewald Rn. 5, 6; Semler/Stengel/Leonard/Kalss Rn. 12, 13; teilw. abw. Kallmeyer/Marsch-Barner Rn. 5). Zugleich verbietet sich eine erweiternde Auslegung von § 33 dahin, dass auch die Anteilsinhaber des übernehmenden Rechtsträgers ihre Anteile ohne Vinkulierung veräußern dürften.

3. Temporäre Aussetzung von Verfügungsbeschränkungen

Bis zur Annahme des Barabfindungsangebots besteht die Möglichkeit zur freihän- 5 digen Anteilsveräußerung, und zwar ohne Rücksicht auf bestehende Verfügungsbeschränkungen. „**Veräußerung**" meint nicht notwendig ein entgeltliches Geschäft. Welche Art von schuldrechtlichem Geschäft der privilegierten Vfg. zugrunde liegt, ist vielmehr unbeachtlich (zutr. Lutter/Grunewald Rn. 7).

Verfügungsbeschränkungen finden sich vielfach **in Gesellschaftsvertrag** 6 **bzw. Satzung.** Die Anteilsinhaber sollen durch Vinkulierungsvorschriften an der freien Vfg. über ihre Anteile gehindert werden. Die Ausprägung der Vinkulierungsvorschriften sind vielgestaltig, die Zulässigkeit der Abtretung wird mit Zustimmungen des Rechtsträgers selbst, der Vertretungs- oder Aufsichtsorgane von einzelnen oder allen übrigen Anteilsinhabern abhängig gemacht (vgl. Reichert GmbHR 1995, 176 mwN sowie die Spezialliteratur zu den jew. in § 3 I aufgezählten Rechtsformen). Trotz der Regelung des § 717 S. 1 BGB aF sind Vfg. über Gesellschaftsanteile bei Zustimmung aller Gesellschafter zulässig, dies wird seit dem 1.1.2024 auch im Wortlaut des § 711 I 1 BGB idF des MoPeG (→ Einf. Rn. 50 f.)

zum Ausdruck gebracht (vgl. Widmann/Mayer/Wälholz Fn. 39). § 33 erfasst auch **gesetzliche Verfügungsbeschränkungen** (→ § 29 Rn. 4). Bei nicht übertragbaren Mitgliedschaften findet § 33 keine Anwendung (Semler/Stengel/Leonard/Kalss Rn. 7; Lutter/Grunewald Rn. 3).

7   **Zeitlich** besteht diese Dispositionsmöglichkeit **ab der Fassung des Verschmelzungsbeschlusses.** Von mehreren Verschmelzungsbeschlüssen ist der zeitlich letzte maßgeblich, weil erst durch diesen der Verschmelzungsvertrag wirksam wird (Lutter/Grunewald Rn. 8; Semler/Stengel/Leonard/Kalss Rn. 11). Schwer nachvollziehbar ist, weswegen das Gesetz eine **Anteilsveräußerung noch vor Eintragung der Verschm** zulässt. Die freie Anteilsveräußerung nach § 33 soll eine Alt. zur Anteilsübertragung nach § 29 I 1 darstellen. Dieses Angebot ist nach § 29 I 1 idF des UmRUG zwar durch den übertragenden Rechtsträger abgegeben, der Abfindungsanspruch ist aber erst nach dem Vollzug der Verschm durch den übernehmenden Rechtsträger (als Gesamtrechtsnachfolger) zu erfüllen. Außerdem ist Ursache für die Anteilsveräußerung anstelle der Barabfindung gerade das Wirksamwerden der Verschm, dh die Unzufriedenheit des betreffenden Anteilsinhabers mit der Strukturveränderung seines Anteils (→ § 29 Rn. 16). Es ist nicht einzusehen, weshalb entgegen den an sich festgeschriebenen Verfügungsbeschränkungen zu einem Zeitpunkt verfügt werden darf, zu dem noch nicht einmal die endgültige Durchführung der Verschm als sicher angesehen werden kann; das endgültige Wirksamwerden der Verschm hängt von der Eintragung in das Register des übernehmenden Rechtsträgers ab (§ 19 I, § 20 I Nr. 4, § 20 II). Diese Kritik war dem Gesetzgeber zum Zeitpunkt der Gesetzesänderungen (→ Rn. 2, → Rn. 3) bekannt (vgl. insbes. Neye DB 1998, 1652), sodass eine **vom Wortlaut abw. Auslegung** nicht in Betracht kommt.

8   Mit der Beschränkung des Verweises auf **§ 31 S. 1** durch das UmRUG wurde die Aussetzung der Verfügungsbeschränkungen auf die Dauer der originären Annahmefrist gemäß § 31 S. 1 beschränkt. Damit besteht die Möglichkeit der freihändigen Anteilsveräußerung bis zu **zwei Monate nach** dem Tag, an dem die **Eintragung der Verschm** in das Handelsregister des übernehmenden Rechtsträgers bekannt gemacht worden ist. Diese Eintragung der Verschm kann sich verzögern, wenn es zu Schwierigkeiten beim registerrechtlichen Verfahren (zum Prüfungsrecht des Registergerichts → § 19 Rn. 17 ff.) kommt oder wenn eine Unwirksamkeitsklage (§ 14) zur Registersperre (§ 16 II 2; → § 16 Rn. 20 ff.) führt, wenn es nicht gelingt, das Freigabeverfahren nach § 16 III (→ Rn. 28 ff.) erfolgreich zu führen.

9   Vor dem UmRUG umfasste der allgemeine Verweis auf § 31 auch dessen **S. 2,** wonach das Angebot im Fall eines Spruchverfahrens noch binnen zwei Monaten nach dem Tage angenommen werden kann, an dem die Entscheidung im Bundesanzeiger bekanntgemacht worden ist. Dieser Zeitraum konnte Jahre umfassen, wenn ein **gerichtliches Spruchverfahren** (zu dessen möglicher Dauer → § 31 Rn. 8) die Möglichkeit zur Annahme des Barabfindungsangebots auf Jahre offen hielt. Die damit verbundenen Unwägbarkeiten konnten die Interessen der nicht zum Austritt gegen Barabfindung berechtigten Anteilsinhaber beeinträchtigen, die nach Maßgabe der gesellschaftsvertraglichen Ausrichtung des Rechtsträgers gerade keine beliebigen Anteilsinhaber in ihren Verbund aufnehmen wollten. Hinzu kam, dass Anteilsveräußerungen, die nach Ablauf der originären Annahmefrist (§ 31 S. 1) aber vor Einleitung eines Spruchverfahrens (§ 31 S. 2) vorgenommen werden, zunächst schwebend unwirksam waren, wobei der Eintritt der Wirksamkeit – die Einleitung des Spruchverfahrens – zum Zeitpunkt der Veräußerung ungewiss war. Nach der Beschränkung des Verweises auf die originäre Annahmefrist des § 31 S. 1 durch das UmRUG verbleibt Anteilsinhabern nach deren Ablauf weiterhin die Möglichkeit, sich ihrer Anteile durch Veräußerung an den übernehmenden Rechtsträger gegen die angebotene oder gerichtlich festgesetzte Barabfindung zu entledigen.

4. Eintritt fremder Dritter

Rechtspolitisch ist § 33 – auch nach den Gesetzesänderungen (→ Rn. 2 f.) – **10** fragwürdig. Dem dissentierenden Anteilsinhaber wird durch die Vorschrift die Möglichkeit eröffnet, Verfügungsbeschränkungen zu unterlaufen. Da der übernehmende Rechtsträger für den Fall der anderweitigen Veräußerung kein Vorerwerbsrecht hat, ist der **Eintritt von fremden Dritten** – auch von ungeliebten Konkurrenten – leicht möglich. Wägt man das Interesse des betroffenen Anteilsinhabers, über seine Anteile trotz Abfindungsangebot verfügen zu können, gegen die möglichen Gefahren für die Rechtsträger ab, rechtfertigt das gesetzgeberische Ziel derartige Eingriffe im Ergebnis nicht (Reichert GmbHR 1995, 190; HRA des DAV NZG 2000, 804).

Gleichwohl ist der gesetzgeberische Wille zu respektieren. § 33 ist eine weitere **11** Ausprägung des Minderheitenschutzes und kann **nicht** – auch nicht durch Gesellschaftsvertrag oder Satzung – **abbedungen** werden, weil eine solche Regelung selbst wieder Verfügungsbeschränkung iSv § 33 wäre. Als mittelbare Umgehung dürfte auch eine Klausel des Inhalts, dass der im Wege von § 33 durch einen Dritten erworbene Anteil eingezogen werden kann (so Reichert GmbHR 1995, 190), unwirksam sein. Demzufolge scheint es nach wie vor angeraten, § 33 dahin abzuändern, dass künftig ein Vorerwerbsrecht des übernehmenden Rechtsträgers – ebenfalls mit dem Privileg beim Erwerb eigener Anteile (→ § 29 Rn. 12, 13) – zugelassen wird.

§ 34 Gerichtliche Nachprüfung der Abfindung

¹**Macht ein Anteilsinhaber geltend, daß eine im Verschmelzungsvertrag oder in seinem Entwurf bestimmte Barabfindung, die ihm nach § 29 anzubieten war, nicht angemessen sei, so hat auf seinen Antrag das Gericht nach den Vorschriften des Spruchverfahrensgesetzes die angemessene Barabfindung zu bestimmen.** ²**Das gleiche gilt, wenn die Barabfindung nicht oder nicht ordnungsgemäß angeboten worden ist.**

§ 34 ist Verbindungsvorschrift zum SpruchG, das heute in Nachfolge von §§ 305– **1** 312 aF das gerichtliche Spruchverfahren regelt. Da dem berechtigten Anteilsinhaber iSv § 29 I 1–3 die Möglichkeit zur Erhebung der Unwirksamkeitsklage gegen den Verschmelzungsbeschluss seines (übertragenden) Rechtsträgers gem. § 32 genommen ist, ist er für den Fall, dass die angebotene **Barabfindung nicht angemessen** ist oder entgegen den gesetzlichen Bestimmungen ein (ordnungsgemäßes) Barabfindungsgebot überhaupt nicht in den Vertrag aufgenommen wurde, auf die **gerichtliche Festsetzung der angemessenen Barabfindung** angewiesen. Entsprechendes gilt bzgl. möglicher **anderer Verfahrensmängel** (→ § 32 Rn. 1). Die Vorschrift greift zurück auf § 33 III KapErhG aF iVm § 375 I 3, II 3 AktG aF. Da der Anspruch auf Barabfindung gem. § 31 S. 1 einer zweimonatigen Ausschlussfrist unterliegt, musste der Antrag auf gerichtliche Nachprüfung der Abfindung nach § 34 früher vor Ablauf dieser Ausschlussfrist gestellt werden (§ 305 aF; Begr. RegE, BR-Drs. 75/94 zu § 34). Durch das SpruchG wurde dies geändert, heute gilt eine Antragsfrist von drei Monaten, § 4 I 1 Nr. 5 SpruchG, innerhalb derer der Antrag allerdings konkret begründet werden muss (§ 4 II SpruchG).

Das Gericht kann lediglich zur **Höhe des Anspruchs** auf angemessene Barabfin- **2** dung eine Entscheidung treffen. Dabei sollen betriebswirtschaftliche Gutachten über den Unternehmenswert erhoben werden. Etwaige Gutachten stellen jedoch nur eine Entscheidungshilfe dar, die eigentliche Entscheidung steht allein im Ermessen des nach § 2 SpruchG zuständigen LG. **Verweigert der Rechtsträger** trotz Entscheidung über die Höhe der angemessenen Barabfindung **die Zahlung**, ist der Anteilsinhaber zur Durchsetzung seines Rechts auf den ordentlichen Zivilrechtsweg angewiesen. Die festgestellte Abfindungshöhe ist allerdings für den Zivilrichter bindend. Vgl. zum Ganzen auch die Erläuterung zum SpruchG (Teil B).

§ 35 Bezeichnung unbekannter Aktionäre; Ruhen des Stimmrechts

¹Unbekannte Aktionäre einer übertragenden Aktiengesellschaft oder Kommanditgesellschaft auf Aktien sind im Verschmelzungsvertrag, bei Anmeldungen zur Eintragung in ein Register oder bei der Eintragung in eine Liste von Anteilsinhabern durch die Angabe des insgesamt auf sie entfallenden Teils des Grundkapitals der Gesellschaft und der auf sie nach der Verschmelzung entfallenden Anteile zu bezeichnen, soweit eine Benennung der Anteilsinhaber für den übernehmenden Rechtsträger gesetzlich vorgeschrieben ist; eine Bezeichnung in dieser Form ist nur zulässig für Anteilsinhaber, deren Anteile zusammen den zwanzigsten Teil des Grundkapitals der übertragenden Gesellschaft nicht überschreiten. ²Werden solche Anteilsinhaber später bekannt, so sind Register oder Listen von Amts wegen zu berichtigen. ³Bis zu diesem Zeitpunkt kann das Stimmrecht aus den betreffenden Anteilen in dem übernehmenden Rechtsträger nicht ausgeübt werden.

1. Erleichterte Bezeichnung unbekannter Aktionäre (S. 1)

1 § 35 ist durch das **2. UmwÄndG** v. 19.4.2007 (→ Einf. Rn. 26) umfassend reformiert worden. Die alte Gesetzesfassung, die weitgehend die frühere Regelung von § 33 II 3 KapErhG aF fortgeschrieben hat, bereitete in der Praxis große Schwierigkeiten (→ 4. Aufl. 2006, Rn. 3, 4). Anders als früher enthält § 35 heute nicht nur formale Erleichterungen, sondern mit dem Stimmrechtsausschluss von § 35 S. 3 auch die materielle **Regelung der Rechtsfolge** (Widmann/Mayer/Wälzholz Rn. 1). Die Neufassung von § 35 fand sich im Wortlaut der späteren Gesetzesfassung bereits in der Begr. RegE, die Gesetzgebungsorgane selbst haben die Vorschrift nicht näher erörtert (Widmann/Mayer/Wälzholz Rn. 1 aE mwN). Die Neufassung von § 35 durch das 2. UmwÄndG ist nicht uneingeschränkt zu begrüßen (so aber HRA des DAV NZG 2006, 739), denn sie geht nicht weit genug. Rechtspolitisch sinnvoll und rechtssystematisch konsequent wäre es gewesen, den Anwendungsbereich von § 35 auch auf Vereine und Publikums-KG zu strecken (zutr. Widmann/Mayer/Wälzholz Rn. 5 mwN). Auch bei diesen Rechtsformen können Anteilsinhaber unbekannt sein. Da der Gesetzgeber aber – bewusst – nur die Rechtsformen der AG und KGaA privilegieren wollte (damit heute auch die SE, Art. 10 SE-VO), kommt eine **analoge Anwendung** nicht in Betracht (so auch Kallmeyer/Marsch-Barner/Oppenhoff Rn. 1; Semler/Stengel/Leonard/Schwanna Rn. 2). Deshalb wäre es konsequent gewesen, § 35 zu streichen und eine entsprechende Regelung bei §§ 60 ff. in den Sondervorschriften zur Verschm von AG einzufügen.

2 Die Aktie als Mitgliedschaft in der AG grds. frei veräußerlich und vererblich. Die Veräußerung der Mitgliedschaft erfolgt, sofern sie nicht als Wertpapier verbrieft wurde, nach Zessionsrecht (§§ 398 ff., 413 BGB). Die Abtretung und der zugrunde liegende Verpflichtungsvertrag sind im Gegensatz zu § 15 III, IV GmbHG nicht an eine bestimmte Form gebunden. Personalien und Zusammensetzung der jeweiligen Aktionäre sind demgemäß für die AG nicht zu jedem Zeitpunkt nachvollziehbar. Wurden ausschließlich Namensaktien ausgegeben, beeinträchtigt dies die AG im Ergebnis nicht. Denn gem. § 67 II AktG gilt im Verhältnis zur AG als Aktionär nur derjenige, der als solcher im Aktienregister eingetragen ist. Wurden hingegen **Inhaberaktien** ausgegeben, kann die AG ihre Aktionäre nicht sicher identifizieren. Insoweit hat zunächst das NaStraG v. 18.1.2001 (BGBl. 2001 I 123; dazu Seibert ZIP 2001, 53; Noack ZIP 2001, 57) mit § 128 I, V AktG, § 129 IV AktG, § 130 III

AktG, § 135 I 1 AktG Verfahrensregeln gebracht, die eine Identifizierung auch von Inhaberaktionären erleichtern, Sicherheit über den Bestand ihrer Aktionäre hat die AG dadurch aber nicht. Zum einen befinden sich Aktien häufig in der Giro-Sammelverwahrung ohne Einzelverbriefung oder es ist von vornherein gem. § 10 V AktG der Verbriefungsanspruch rechtmäßig ausgeschlossen. Zum anderen kommt es erst mit dem Wirksamwerden der Verschm zum Anteilstausch gem. § 20 I Nr. 3. Übertragungen von Inhaberaktien zwischen der Beschlussfassung über die Umw und dem Wirksamwerden der Umw können deshalb dazu führen, dass statt des bei der Beschlussfassung noch bekannten Aktionärs nun der Erwerber als unbekannter Aktionär berechtigt ist. Durch die Aktienrechtsnovelle 2016 (BGBl. 2015 I 2565) wurde die Inhaberaktie weiter zurückgedrängt: Neu gegründete, nichtbörsennotierte Gesellschaften dürfen Inhaberaktien heute nur noch dann ausgeben, wenn das Recht der Aktionäre auf Einzelverbriefung ihrer Aktien ausgeschlossen wird und die Inhaberaktien in einer Sammelurkunde verbrieft sind, die bei einer Wertpapiersammelbank oder einem Zentralverwahrer hinterlegt wird. Solange keine Sammelurkunde hinterlegt ist, muss die Gesellschaft entsprechend § 67 AktG ein Aktienregister führen (§ 10 Abs. 1 AktG).

Die Bezeichnung nach **§ 35 S. 1 Hs. 1** im Verschmelzungsvertrag, bei der Anmeldung zur Eintragung in ein Register oder bei der Eintragung in eine Liste von Anteilsinhabern betrifft nur die Fälle der Verschm, bei denen der unbekannte Aktionär beim übernehmenden Rechtsträger in seiner Haftung beschränkt ist. Denn bei **unbeschränkter Haftung** beim übernehmenden Rechtsträger ist eine Verschm ohne ausdrückliche Zustimmung des zukünftig persönlich Haftenden gar nicht möglich (zutr. Widmann/Mayer/Wälzholz Rn. 3 aE). § 35 ist damit nur anwendbar bei einer Verschm auf eine GmbH (ausf. zum Formwechsel in eine GmbH Wied GmbHR 2016, 15) oder auf eine eG sowie auf eine KG, sofern der unbekannte Aktionär die Stellung eines Kommanditisten erhalten soll (Semler/Stengel/Leonard/Schwanna Rn. 3–5; ausf. Widmann/Mayer/Wälzholz Rn. 9 ff., der in → Rn. 12, 12.1 mwN zutr. ausführt, dass es insoweit nicht darauf ankommt, ob der Kommanditist seine Einlage beim übernehmenden Rechtsträger durch die Verschm vollständig geleistet hat oder nicht). Der Partner einer PartGes hat eine gegenständlich begrenzte unbeschränkte Haftung zu übernehmen; konsequent schließt deshalb § 45b II die Anwendung von § 35 für Verschm von AG auf PartGes aus. 3

Von der erleichterten Bezeichnung nach Abs. 1 S. 1 darf die AG nur Gebrauch machen, wenn die Anteile der unbekannten Aktionäre zusammen **5 % ihres Grundkapitals** nicht überschreiten **(Abs. 1 S. 1 Hs. 2).** Auf die Beteiligungsquote der unbekannten Aktionäre beim übernehmenden Rechtsträger zum Wirksamwerden der Verschm kommt es nicht an (Widmann/Mayer/Wälzholz Rn. 22). Die Beteiligung des Komplementärs der KGaA ist für die 5%-Grenze ohne Belang (Widmann/Mayer/Wälzholz Rn. 22). Abs. 1 S. 1 Hs. 2 dient nach dem Willen des Gesetzgebers der Verhinderung von Rechtsmissbrauch. Dies bedeutet aber im Umkehrschluss nicht, dass die AG ohne weitere Ermittlungen die 5%-Grenze ausnutzen darf. Denn gem. S. 3 können die betroffenen Anteilsinhaber im übernehmenden Rechtsträger ihr Stimmrecht so lange nicht ausüben, bis die Register oder Listen iSv § 35 S. 2 berichtigt sind. Deshalb bleibt das Urteil des BayObLG (ZIP 1996, 1467 mAnm Neye EWiR 1996, 761) auch nach der Reform von § 35 in Teilen aktuell. Die AG ist gehalten, bereits in ihrer Einladung zur beschlussfassenden HV ihre Aktionäre aufzufordern, der Gesellschaft den Aktienbesitz unter Namensnennung anzuzeigen. Weiter hat sie das Verzeichnis der bei der HV erschienenen oder vertretenen Aktionäre auszuwerten. Soweit dies geschieht und eine Namensnennung erfolgt, darf die AG von einem bekannten Aktionär ausgehen, auch wenn zwischen Beschlussfassung und Wirksamwerden der Verschm noch Aktienübertragungen möglich sind. Insoweit ist der AG zu empfehlen, im Vorfeld oder spätestens anlässlich der HV die Aktionäre darauf hinzuweisen, dass künftig stattfin- 4 dende Aktienübertragungen angezeigt werden sollen. Hat die AG solche Maßnahmen veranlasst, kann sie im Rahmen der 5%-Grenze von der Erleichterung des § 35 S. 1 Hs. 1 Gebrauch machen. Weitere ernsthafte Ermittlungsmaßnahmen muss sie nicht darlegen (zutr. Schöne EWiR 1996, 619 gegen LG Augsburg ZIP 1996, 1011; ausf. → 4. Aufl. 2006, Rn. 3; vgl. auch Widmann/Mayer/Wälzholz Rn. 27–29; Kölner Komm UmwG/Simon Rn. 34, 35).

5 Der von § 35 S. 1 Hs. 1 vorgesehene **Sammelvermerk** (Formulierungsbeispiel bei Widmann/Mayer/Wälzholz Rn. 21) hat aufzuführen, wie viel Grundkapital auf die unbekannten Aktionäre entfällt. Das Grundkapital ist insoweit als absoluter Betrag und als relativer Wert in Prozent des gesamten Grundkapitals zu bezeichnen. Kommt es zwischen Anmeldung der Verschm und ihrem Wirksamwerden zu Kapitalmaßnahmen, kann bereits in der Anmeldung das künftige Grundkapital als Bezugsgröße gewählt werden, wenn zum Zeitpunkt der Anmeldung die Durchführung der Kapitalmaßnahme gesichert ist. Denn den Anforderungen von § 35 ist Genüge getan, wenn zum Zeitpunkt des Wirksamwerdens der Verschm nach § 20 die 5%-Grenze eingehalten ist (zutr. Widmann/Mayer/Wälzholz Rn. 22). Dies kann in der Anmeldung bereits antizipiert werden. Im Sammelvermerk nach § 35 S. 1 Hs. 1 sind des Weiteren die auf die unbekannten Aktionäre insgesamt nach Anteilstausch iSv § 20 I 3 entfallenden Anteile am übernehmenden Rechtsträger zu bezeichnen, soweit das Gesetz eine Benennung der Anteilsinhaber für den übernehmenden Rechtsträger vorschreibt. Diese Bezeichnung von § 35 S. 1 Hs. 2 wird bei der Bekanntmachung der Eintragung im Register übernommen (Widmann/Mayer/Wälzholz Rn. 23). Eine zusätzliche Bezeichnung der unbekannten Aktionäre durch die Angabe von Aktienurkunden ist nicht mehr notwendig (Semler/Stengel/Leonard/Schwanna Rn. 8; BeckOGK/Rieder Rn. 8).

6 Der Sammelvermerk ist nicht nur bei der Anmeldung zur Eintragung in ein Register oder bei der Eintragung in eine Liste von Anteilsinhabern zu berücksichtigen, sondern auch in den **Verschmelzungsvertrag** aufzunehmen (Formulierungsbeispiel bei Widmann/Mayer/Wälzholz Rn. 26).

2. Berichtigung (S. 2)

7 Werden die bis dato unbekannten Aktionäre nach Wirksamwerden der Verschm bekannt, so sind Register oder Listen **von Amts wegen zu berichtigen (§ 35 S. 2).** Die Geschäftsführer der übernehmenden GmbH können durch Zwangsgeld nach § 14 HGB dazu angehalten werden, die ehemals unbekannten Aktionäre in die Gesellschafterliste aufzunehmen und zum HR einzureichen, § 79 II GmbHG entbindet hiervon nicht (aA Widmann/Mayer/Wälzholz Rn. 24; die Thematik hat sich entspannt, weil jetzt der Notar die Gesellschafterliste einreicht, vgl. → § 52 Rn. 1 ff.). Der Vorstand der eG hat gem. § 30 GenG eine Mitgliederliste zu führen. Diese Verpflichtung unterliegt der Aufsicht des Registergerichts, das Gericht hat jedoch nicht die Befugnis, sich regelmäßig die Mitgliederliste vorlegen zu lassen. Allerdings sind die Mitglieder des Vorstands von dem zur Führung des Registers zuständigen Gericht (§ 10 II GenG) zur Befolgung der in § 30 GenG enthaltenen Verpflichtung durch Festsetzung von Zwangsgeld anzuhalten; überdies ist § 30 GenG gem. § 147 II Nr. 1 GenG strafbewehrt. Der Vorstand des eV hat dem Registergericht auf dessen Verlangen jederzeit eine von ihm vollzogene Bescheinigung über die Zahl der Vereinsmitglieder einzureichen (§ 72 BGB). Die Erfüllung dieser Pflicht kann wiederum mit Zwangsgeld erzwungen werden (§ 78 I BGB).

3. Stimmrechtsausschluss (S. 3)

8 Bis zum Zeitpunkt der Berichtigung nach § 35 S. 2 sind die durch Anteilstausch iSv von § 20 I Nr. 3 erworbenen Anteile der beim übertragenden Rechtsträger

unbekannten Aktionäre vom Stimmrecht ausgeschlossen. Sinn und Zweck von § 35 S. 3 ist es, beim übernehmenden Rechtsträger von Anfang an die Voraussetzungen für das Fassen **wirksamer Gesellschafterbeschlüsse** zu schaffen. Deshalb ist Rechtssicherheit erforderlich, die nach der Vorstellung des Gesetzgebers gerade nur gegeben sein soll, wenn der ehemals unbekannte Aktionär bekannt geworden ist und diese Tatsache von Amts wegen durch entsprechende Eintragung nach § 35 S. 2 berücksichtigt wurde. Kommt es bei der Berichtigung nach § 35 S. 2 zu Verzögerungen, ist die damit verbundene Beschränkung der Gesellschafterrechte des ehemals unbekannten Anteilsinhabers hinzunehmen (aA Widmann/Mayer/Wälzholz Rn. 30 aE). Das Wiederaufleben des Stimmrechts für einen unbekannten Anteilsinhaber ist aber allein von seiner Eintragung nach § 35 S. 2 abhängig, auf die Eintragung aller unbekannten Aktionäre kommt es nicht an. Allerdings hat der übernehmende Rechtsträger bis zur vollständigen Berichtigung in Bezug auf alle Anteilsinhaber iSv § 35 S. 2 Probleme mit den für die jew. Rechtsform des übernehmenden Rechtsträgers geltenden Ladungsvorschriften zu gewärtigen. Denn der Ausschluss des Stimmrechts sagt nichts über das **Teilnahmerecht** an Anteilsinhaberversammlungen. Das Problem ist pragmatisch zu lösen, eine Ladung der noch immer unbekannten Anteilsinhaber kann ebenso unterbleiben wie die Bestellung von Pflegern (ausf. Widmann/Mayer/Wälzholz Rn. 31, 32). Auch die etwaige Mitwirkung an der Handelsregisteranmeldung ist so lange und soweit suspendiert, wie die Berichtigung nach § 35 S. 2 noch aussteht (zutr. Widmann/Mayer/Wälzholz Rn. 33).

Vorbemerkung Vor § 35a Arbeitsrecht

Schrifttum: Altenburg/Leister, Der Widerspruch des Arbeitnehmers beim umwandlungsbedingten Betriebsübergang und seine Folgen, NZA 2005, 15; Baeck/Winzer, Auswirkungen umwandlungsrechtlicher Vorgänge auf Tarifverträge, NZG 2013, 655; Besgen/Langner, Zum Übergangsmandat bei der privatisierenden Umwandlung, NZA 2003, 1239; Boecken, Der Übergang von Arbeitsverhältnissen bei Spaltung nach dem neuen Umwandlungsrecht, ZIP 1994, 1087; Boecken, Unternehmensumwandlungen und Arbeitsrecht, 1996; Bonanni, Der gemeinsame Betrieb mehrerer Unternehmen, 2003; Däubler, Das Arbeitsrecht im neuen Umwandlungsgesetz, RdA 1995, 136; Dzida/Hohenstatt, Errichtung und Zusammensetzung eines Konzernbetriebsrats bei ausländischer Konzernspitze, NZA 2007, 945; Fuhlrott/Oltmanns, Das Schicksal von Betriebsräten bei Betriebs(teil)übergängen, BB 2015, 1013; Gaul, Arbeitsrecht der Umstrukturierung, 2. Aufl. 2022; Gaul, Das Schicksal von Tarifverträgen und Betriebsvereinbarungen bei der Umwandlung von Unternehmen, NZA 1995, 717; Gaul, Neue und tradierte Ansätze im Vergleich, ArbRB 2015, 181; Gaul, Betriebsübergang: Grenzen der Unterrichtungspflicht in Bezug auf Tarifverträge und Betriebsvereinbarungen, RdA 2015, 206; Gaul/Ludwig, Wird § 613a BGB jetzt uferlos?, DB 2011, 298; Gaul/Mückl, Vereinbarte Betriebsverfassung – Was ist möglich, was sinnvoll?, NZA 2011, 657; Gaul/Otto, Unterrichtsanspruch und Widerspruchsrecht bei Betriebsübergang und Umwandlung, DB 2002, 634; Gaul/Otto, Rechtsfolgen einer fehlenden oder fehlerhaften Unterrichtung bei Betriebsübergang und Umwandlung, DB 2005, 2465; Gaul/Otto, Konsequenzen einer Spaltung nach § 123 UmwG für Firmentarifverträge, BB 2014, 500; Grau/Flockenhaus, Aktuelle Entwicklungen in der Rechtsprechung zum Betriebsübergang, NZA-RR 2019, 289; Habersack, Die Mobilitätsrichtlinie und das nationale Umwandlungsrecht, ZHR 2022, 1; Hauck, Neueste Entwicklungen der Rechtsprechung zu § 613a BGB, NZA-Sonderbeil. 18/2004, 17; Hausch, Arbeitsrechtliche Pflichtangaben nach dem Umwandlungsgesetz, RNotZ 2007, 308 (Teil I) und RNotZ 2007, 396 (Teil II); Heckschen/Knaier, Die größte Reform des Umwandlungsrechts: Endlich in Kraft!, GmbHR 2023, 317; Heinze, Arbeitsrechtliche Probleme bei der Umstrukturierung von Unternehmen, DB 1998, 1861; Hohenstatt/Kröpelin/Bertke, Die Novellierung des Gesetzes über Europäische Betriebsräte (EBRG): Handlungsbedarf bei freiwilligen Vereinbarungen?, NZA 2011, 1313; Hohenstatt/Schramm, Der Gemeinschaftsbetrieb im Recht der Unternehmensmitbestimmung, NZA 2010, 846; Kania, Tarifbindung bei Ausgliederung und Aufspaltung eines Betriebs, DB 1995, 625; Kauffmann-Lauven/Lenze, Auswirkungen der Verschmelzung auf den mitbestimmten Aufsichtsrat, AG 2010, 532; Klumpp, Widerspruch bei Betriebsübergang und Sperrzeit nach § 144 I 2 Nr. 1 SGB III, NZA 2009, 354; Lambrich/Reinhard, Schwellenwerte bei der Unternehmensmitbestimmung – Wann beginnt die Mitbestimmung?, NJW 2014, 2229; Langner, Betriebsübergang: Form und Sprache der Unterrichtung gem. § 613a Abs. 5 BGB, DB 2008, 2082; Langner/Jöris, Das „doppelte Lottchen" beim Betriebsübergang – wie stehen Nachweispflicht und Unterrichtung zueinander?, DStR 2022, 2060; Lembke/Oberwinter, Unterrichtungspflicht und Widerspruchsrecht beim Betriebsübergang, ZIP 2007, 310; Moll/Katerndahl, Unterrichtung und Widerspruchsrecht der Arbeitnehmer bei mehreren Betriebsübergängen, RdA 2017, 324; Mückl/Götte, Gestaltungsmöglichkeiten bei der Übertragung von Arbeitsverhältnissen nach dem UmwG, DB 2017, 966; Müller-Bonanni/Jenner, Unternehmensmitbestimmung bei grenzüberschreitenden Umwandlungen, Spaltungen und Verschmelzungen, AG 2022, 457; Müller-Bonanni/Mehrens, Auswirkungen von Umstrukturierungen auf die Tarifsituation, ZIP 2012, 1217; Otto/Mückl, Aufspaltung, Verschmelzung, Anwachsung – Schadensersatz bei unzureichender Unterrichtung trotz Erlöschen des übertragenden Rechtsträgers?, BB 2011, 1978; Pils, Der Verzicht auf das Widerspruchsrecht nach § 613a Abs. 6 BGB, BB 2014, 185; Rieble, Das Übergangsmandat nach § 21a BetrVG, NZA 2002, 233; Sauerbrey, Der Mitbestimmungsschutz bei grenzüberschreitenden Umwandlungen nach dem UmRUGMitbestG GmbHR 2023, 5; Simon/Weninger, Betriebsübergang und Gesamtrechtsnachfolge: Kein Widerspruch – keine Unterrichtung?, BB 2010, 117; Teicke, Herausforderungen bei Planung und Umsetzung einer grenzüberschreitenden Verschmelzung, DB 2012, 2675; Trebeck/Kania, Betriebsspaltungen nach §§ 111, 112 BetrVG im Geltungsbereich eines Strukturtarifvertrages nach § 3 BetrVG, BB 2014, 1595; Willemsen, Erosion des Arbeitgeberbegriffs nach der Albron-Entscheidung des EuGH?, NJW 2011, 1546; Willemsen/Grau, Zurück in die Zukunft – Das europäische Aus für dynamische Bezugnahmen nach Betriebsübergang?, NZA 2014, 12. Weiterführende und ältere Lit. → 9. Aufl. 2020.

Übersicht

	Rn.
1. Allgemeines	1
2. Auswirkungen auf das ArbVerh	2
a) Übergang der ArbVerh	2
b) Fortgeltung von Tarifverträgen und Betriebsvereinbarungen	16
c) Haftung	22
d) Kündigungsverbot	23
e) Unterrichtung der ArbN	24
f) Widerspruchsrecht	27
g) Versorgungsansprüche	32
h) Besonderheiten beim Formwechsel	35
3. Auswirkungen auf Arbeitnehmervertretungen	37
a) Betriebsrat	37
aa) Allgemeines	38
bb) Übergangsmandat	40
b) Gesamtbetriebsrat	61
c) Konzernbetriebsrat	63
d) Wirtschaftsausschuss	66
e) Sprecherausschuss	70
f) Europäischer Betriebsrat	73
g) Vereinbarungen nach § 3 BetrVG	75

	Rn.
h) Besonderheiten beim Formwechsel	76
4. Auswirkungen auf Kollektivverträge	78
a) Betriebsvereinbarungen	78
b) Tarifverträge	85
c) Besonderheiten beim Formwechsel	91
5. Auswirkungen auf die Unternehmensmitbestimmung	92
6. Haftung	98
7. Auswirkungen auf Organe	101
a) Bestellung	101
b) Anstellung	102

1. Allgemeines

Umw haben vielfältige arbeitsrechtliche Auswirkungen. Eine geschlossene Systematik arbeitsrechtlicher Regelungen im Umwandlungsrecht fehlt (Kallmeyer/Willemsen Vor § 322 Rn. 1); vereinzelt bestehen Regelungen arbeitsrechtlicher Natur (§ 5 Abs. 1 Nr. 9, § 5 Abs. 3, § 20 Abs. 1 Nr. 1, § 35a Abs. 1 und 2, § 126 Abs. 1 Nr. 11, § 126 Abs. 3, § 131, § 132 Abs. 1 und 2, § 132a, § 134, § 194 Abs. 1 Nr. 7, § 194 Abs. 2); zu grenzüberschreitenden Verschm s. §§ 305–319 (zu den gesetzlichen Neuregelungen im Zuge der Umsetzung der RL (EU) 2019/2121 und RL (EU) 2017/1132 vgl. Habersack ZHR 2022, 1; Müller-Bonanni/Jenner AG 2022, 457). Die arbeitsrechtlichen Regelungen finden sich nun in § 35a Abs. 1 (Interessenausgleich: vormals § 323 Abs. 2 aF), § 35a Abs. 2 (Betriebsübergang: vormals § 324 aF), § 132 Abs. 1 (Gemeinsamer Betrieb: vormals § 322 aF), § 132 Abs. 2 (Kündigungsschutz: § 323 Abs. 1 aF) und § 132a (Mitbestimmung: vormals § 325 aF). Zentral ist die Anwendbarkeit von § 613a BGB über § 35a Abs. 2 bei übertragenden (nationalen) Umw. Nach seinem Wortlaut ist der Anwendungsbereich zwar auf die Verschm beschränkt, ist aber wegen § 176 Abs. 1 und § 177 Abs. 1 auch auf Voll- und Teilübertragungen und wegen § 125 Abs. 1 auch auf Spaltungen anwendbar und damit deckungsgleich mit § 324 aF (s. Begr. RegE, BR-Drs. 371/22; ErfK/Oetker § 324 Rn. 11). Daher ist im Hinblick auf einen etwaigen **Betriebs- oder Betriebsteilübergang** unverändert zwischen übertragenden (Verschm, Spaltung, Vermögensübertragung) und formwechselnden Umw hinsichtlich der arbeitsrechtlichen Auswirkungen zu unterscheiden. Bei übertragenden Umw erfolgt eine Übertragung von Aktiva und Passiva (Gesamtrechtsnachfolge), was zu einem Wechsel des Rechtsträgers führt; beim Formwechsel bleibt der Arbeitgeber bestehen (keine Vermögensübertragung, kein Rechtsträgerwechsel). Auch das Schicksal des übertragenden Rechtsträgers hat maßgeblichen Einfluss auf die arbeitsrechtlichen Folgen (Untergang des übertragenden Rechtsträgers bei Verschm, Aufspaltung und Vermögensvollübertragung oder Fortbestand des übertragenden Rechtsträgers bei Abspaltung, Ausgliederung und Vermögensteilübertragung). Geht der übertragende Rechtsträger unter, gehen die ArbVerh zwingend auf den übernehmenden Rechtsträger über (bei der Aufspaltung mit der gesonderten Prüfung, auf welchen der übernehmenden Rechtsträger); in allen anderen Fällen der übertragenden Umw ist § 613a BGB gesondert zu prüfen (zB Ausgliederung und Abspaltung). Bei Untergang des übertragenden Rechtsträgers besteht zB kein Widerspruchsrecht hinsichtlich des Übergangs des ArbVerh gem. § 613a Abs. 6 BGB (BAG NZA 2008, 815; BT-Drs. 14/7760, 20); der übernehmende Rechtsträger ist auch nicht derselbe Arbeitgeber iSv § 14 Abs. 2 TzBfG wie der übertragende Rechtsträger (BAG NZA 2005, 514). Ebenso wichtig ist die Trennung zwischen Unternehmens- und Betriebsebene (→ § 5 Rn. 91); auf betrieblicher Ebene vor allem dann, wenn die Umw zum **Verlust der Identität des Betriebes** führt.

2. Auswirkungen auf das ArbVerh

2 **a) Übergang der ArbVerh.** Die beim übertragenden Rechtsträger bestehenden **ArbVerh gehen** (idR aber nicht stets) mit der Eintragung einer übertragenden Umw (Verschm, Spaltung, Vermögensübertragung) auf den übernehmenden Rechtsträger **kraft Gesetzes über** (zum Betriebsübergang vor Eintragung → Rn. 5). Der übernehmende Rechtsträger tritt in sämtliche zum Zeitpunkt des Übergangs bestehende Rechte und Pflichten aus den von der Umw erfassten ArbVerh ein, einschl. etwaiger Ansprüche aus betrieblicher Altersversorgung (→ Rn. 32 ff.); ob unmittelbar kraft (partieller) Gesamtrechtsnachfolge oder gem. § 35a Abs. 2 UmwG iVm § 613a BGB ist nicht abschließend geklärt. Der neue Rechtsträger erhält die volle Arbeitgeberstellung und der bisherige Arbeitgeber scheidet aus dem ArbVerh als Vertragspartei aus (Semler/Stengel/Leonard/Simon § 324 Rn. 17; Lutter/Sagan § 324 Rn. 14). Damit wird Kontinuität im ArbVerh, vor allem aber die Aufrechterhaltung erworbener Rechte und Anwartschaften gewährleistet, insbes. hinsichtlich der Betriebszugehörigkeit (zB iRd Kündigungsschutzes, des Urlaubsrechts und der betrieblichen Altersversorgung). Zur Berechnung von Kündigungsfristen (EuGH NJW 2017, 2179). Dies kann auch zum anteiligen Übergang auf mehrere Arbeitgeber und zur Aufspaltung des übergehenden Arbeitsverhältnisses führen (EuGH NZA 2020, 503 – ISS Facility Services; zur berechtigten Kritik vgl. Semler/Stengel/Leonard/Simon § 323 Rn. 26 mwN). Zum Eintritt in Aktienoptionspläne vgl. BAG NZA 2008, 836; 2008, 1066; 2003, 487.

3 Die **Zuordnung des Betriebs oder Betriebsteils** ist Gegenstand der vertraglichen Vereinbarung in den Umwandlungsverträgen, unterliegt also der Privatautonomie der Parteien (Semler/Stengel/Leonard/Simon § 324 Rn. 6; Lutter/Sagan § 324 Rn. 13). Diese Zuordnung ist bei Verschm und Vermögensvollübertragung meist unproblematisch, da die Voraussetzungen für einen Betriebsübergang regelmäßig vorliegen. Anders bei der Spaltung; dort muss im Spaltungsvertrag gem. § 126 Abs. 1 Nr. 9 angegeben werden, welche Betriebe oder Betriebsteile übergehen sollen und welchem Rechtsträger diese zugeordnet sein sollen; zu den Grenzen der Gestaltungsfreiheit → Rn. 7.

4 Bei der **Verschm** und **Vermögensvollübertragung** (§ 174 Abs. 1) erfolgt der Übergang bereits kraft Gesamtrechtsnachfolge gem. § 20 Abs. 1 Nr. 1 (bei der Vermögensvollübertragung iVm § 176 Abs. 3), der insoweit spezieller als § 613a Abs. 1 S. 1 BGB ist, sodass die Anwendbarkeit von § 613a BGB meist dahinstehen kann (so BAG NZA 2003, 449).

5 Maßgeblich für den **Zeitpunkt des Betriebsübergangs** sind die tatsächlichen Umstände, nämlich die Übernahme der betrieblichen Leitungsmacht durch einen neuen Betriebs- oder Betriebsteilinhaber. IdR fallen Betriebsübergang und Eintragung der Verschm ins HR zusammen; maßgeblich ist also nicht der Verschmelzungsstichtag gem. § 5 Abs. 1 Nr. 6. Eigenständige Bedeutung hat § 613a BGB aber dann, wenn der Betriebsübergang schon **vor der Eintragung** der Umw ins HR vollzogen wird (BAG NZA 2000, 1115; Semler/Stengel/Leonard/Simon § 20 Rn. 35; → § 35a Rn. 3), regelmäßig durch Betriebs- oder Betriebsteilinhaberwechsel (Übernahme der faktischen Leitungsmacht, zB durch Nutzungsüberlassung). Der Betriebsinhaberwechsel setzt voraus, dass der neue Rechtsträger die als wirtschaftliche Einheit organisierten materiellen, immateriellen und personellen Mittel tatsächlich im eigenen Namen nutzt (BAG NZA 2000, 1115; 2018, 933). In solchen Fällen zeigt sich die Relevanz der Trennung zwischen Unternehmens- und Betriebsebene. Zu Gestaltungsmöglichkeiten → Rn. 8.

6 Bei der **Spaltung** und **Vermögensteilübertragung** (§ 174 Abs. 2, § 177) ist zu prüfen, ob ein Betrieb(steil) übernommen oder lediglich einzelne Vermögensgegenstände übertragen werden (Semler/Stengel/Leonard/Simon § 324 Rn. 5; Kallmeyer/Willemsen § 324 Rn. 11). § 131 Abs. 1 Nr. 1 ist gegenüber § 613a BGB

subsidiär (→ § 35a Rn. 2; die Einzelheiten sind umstr.; zum Betriebs- und Betriebsteilbegriff → § 126 Rn. 70 ff.).

Bei der **Spaltung** richtet sich der Übergang der Rechte und Pflichten aus dem ArbVerh somit grds. nach § 613a I 1 BGB, insbes. hinsichtlich der **Zuordnung der ArbN** zu einzelnen Betrieben und Betriebsteilen (→ § 132 Rn. 17). Es ist stets erforderlich, dass der ArbN in den übertragenden Betriebsteil tatsächlich eingegliedert war, sodass es insbes. nicht ausreicht, dass er Tätigkeiten für den übertragenden Teil verrichtet hat, ohne in dessen Struktur eingegliedert gewesen zu sein (BAG NZA-RR 2014, 175; LAG MV BeckRS 2017, 139700; bei befristeten Einsätzen jedenfalls sechs Monate für Eingliederung ausreichend, LAG Köln BeckRS 2018, 38284). Die beteiligten Rechtsträger können eine (ggf. abweichende) einvernehmliche Zuordnung zu Betrieben oder Betriebsteilen gem. § 126 Abs. 1 Nr. 9 **im Spaltungs- oder Teilübertragungsvertrag** vornehmen, sich aber nicht über die zwingenden Vorgaben von § 613a BGB hinwegsetzen (zu Gestaltungsmöglichkeiten in einem Interessenausgleich vgl. § 35a Abs. 1; → § 35a Rn. 15 ff., → § 126 Rn. 112). In der Praxis bleibt daher nur Gestaltungsspielraum in Zweifelsfällen (→ § 35a Rn. 17 ff. mwN, → § 126 Rn. 112); mit (vorheriger oder nachträglicher) Zustimmung der ArbN kann allerdings außerhalb des Anwendungsbereiches von § 613a BGB ein rein umwandlungsrechtlicher Übergang von ArbVerh bewirkt werden (zB durch Zuweisung von ArbVerh im Spaltungsvertrag, Boecken ZIP 1994, 1087; Kallmeyer/Willemsen § 324 Rn. 57). Steht die Zuordnung nicht im Einklang mit § 613a BGB (keine beliebige Zuordnung zum Spaltprodukt), scheidet ein Betriebsübergang aus; für einen Übergang des ArbVerh nach § 131 Abs. 1 Nr. 1 (partielle Gesamtrechtsnachfolge) ist die Zustimmung des ArbN erforderlich. Liegt die erforderliche Zustimmung des ArbN nicht vor, hat dieser ein Wahlrecht, mit welchem der übernehmenden Rechtsträger das Arbeitsverhältnis fortgesetzt wird (BAG NZA 2018, 370). Rechte und Pflichten aus beendeten ArbVerh (zB aus einem nachvertraglichen Wettbewerbsverbot oder betrieblicher Altersversorgung, → Rn. 32 ff.) unterliegen bei der Spaltung der (partiellen) Gesamtrechtsnachfolge und können im Spaltungsplan frei zugeordnet werden (Semler/Stengel/Leonard/Simon § 131 Rn. 46).

Auch bei der Spaltung kann der Betriebsübergang schon **vor Eintragung** der Umw in das HR vollzogen sein, wenn sich die Betriebs- oder Betriebsteilinhaberschaft ändert (vgl. BAG NZA 2000, 1115; Kallmeyer/Willemsen § 324 Rn. 14). Soll ein Auseinanderfallen von Vermögens- und Betriebsübergang vermieden werden, darf der übernehmende Rechtsträger die betriebliche Leitungsmacht erst ab Eintragung der Umw in das HR wahrnehmen oder bis zur Eintragung der Umw in das HR den Betrieb oder Betriebsteil im Namen und für Rechnung des übertragenden Rechtsträgers führen und dies auch im Verhältnis zu den betroffenen ArbN klarstellen (dann lediglich sog. **echter Betriebsführungsvertrag,** der nicht die Rechtsfolgen des § 613a BGB auslöst, BAG BeckRS 2018, 2098; → Rn. 14), hierzu und zur Bedeutung als Gestaltungsmittel Kallmeyer/Willemsen § 324 Rn. 15 f.; WHSS Umstrukturierung/Willemsen G Rn. 77 ff.

Mit Recht wendet die hM § 613a BGB unmittelbar auf den Übergang von ArbVerh bei Verschm, Spaltung und Vermögensübertragung an (BAG NZA 2000, 1115; Semler/Stengel/Leonard/Simon § 324 Rn. 1 ff.; Lutter/Sagan § 324 Rn. 3 ff. je mwN, auch wenn das BAG im Falle der Verschm wegen § 20 Abs. 1 Nr. 1 die Anwendbarkeit von § 613a BGB dahinstehen lässt (BAG NZA 2003, 449). Das bestätigt § 35a Abs. 2, wonach § 613a I, IV BGB durch die Wirkungen der Eintragung einer Spaltung unberührt bleibt. Dies bedeutet, dass die **Voraussetzungen des § 613a BGB** auch im Umwandlungsfall **selbstständig zu prüfen** sind (BAG NZA 2000, 1115; ErfK/Oetker § 324 Rn. 2 mwN; → § 35a Rn. 2). Sind die Voraussetzungen nicht erfüllt, kommt § 613a BGB auch nicht über § 35a Abs. 2 zur Anwendung (BAG NZA 2006, 990; → Rn. 7). Für die unmittelbare Anwendung von § 613a BGB sprechen neben der Willensäußerung des Gesetzgebers va europarechtliche Vorgaben. Das UmwG diente ursprünglich ua der Umsetzung der Dritten (ABl. EG 1978 L 295, 36) und Sechsten (ABl. EG 1982 L 378, 47) gesellschaftsrechtlichen RL in nat. Recht. Diese RL nehmen wiederum Bezug auf die RL 77/187/EWG (heute RL 2001/23/EG), die nicht zwischen Einzel- und Gesamtrechtsnachfolge unterscheidet (zur Auslegung der RL ausf. EuGH AG 2000, 358 (360 f.); ZIP 2001, 258). Eine richtlinienkonforme Auslegung von § 35a Abs. 2 führt somit zur Anwendbarkeit von § 613a BGB. Damit wären insbes. bei Verschm innerhalb eines Konzerns und bei Verschm von KonzernGes auf dritte Unternehmen auch die beim übertragenden Rechtsträger tätigen Leiharbeitnehmer zu berücksichtigen (EuGH NJW 2011, 439 – Albron; dazu Gaul/Ludwig DB 2011, 298; Willemsen NJW 2011, 1546).

10 Da es sich bei § 35a Abs. 2 um eine **Rechtsgrundverweisung** handelt (unstr.; → § 35a Rn. 11 mwN), müssen die Voraussetzungen von § 613a BGB im Einzelfall erfüllt sein. Erforderlich ist zunächst ein **Wechsel des Betriebsinhabers** (BAG NZA 2018, 933), der über die arbeitsrechtliche Organisations- und Leitungsmacht verfügt (BAG DB 1985, 2411; NZA 2015, 167), ohne dass allerdings ein besonderer Übertragungsakt vorliegen muss (BAG NZA 1999, 310; Müller-Glöge NZA 1999, 449). Das ist regelmäßig derjenige, der den Betrieb im eigenen Namen führt (BAG NZA 2018, 933). Ein Betriebs- oder Betriebsteilübergang iSv § 613a I BGB und iSd RL 2001/23/EG liegt vor, wenn ein **neuer Rechtsträger eine bestehende wirtschaftliche Einheit unter Wahrung ihrer Identität fortführt** (vgl. EuGH NZA 2014, 423 – Amatori; BAG NZA 2014, 1095; zur Anwendbarkeit der RL 2001/23/EG bei Übertragung auf eine jur. Person des öffentlichen Rechts EuGH NZA 2016, 31; 2017, 1175). Dabei muss es um eine auf Dauer angelegte Einheit gehen, deren Tätigkeit nicht auf die Ausführung eines bestimmten Vorhabens beschränkt ist. Um eine solche Einheit handelt es sich bei jeder hinreichend strukturierten und selbstständigen Gesamtheit von Personen und/oder Sachen zur Ausübung einer wirtschaftlichen Tätigkeit mit eigenem Zweck (EuGH NZA 2014, 423 – Amatori; BAG AP ArbGG 1979 § 72a Nr. 99). Erforderlich ist eine ausreichende funktionelle Autonomie, wobei sich der Begriff Autonomie auf die Befugnisse bezieht, die der Leitung der betreffenden Gruppe von ArbN eingeräumt sind, um die Arbeit dieser Gruppe relativ frei und unabhängig zu organisieren und insbesondere Weisungen zu erteilen und Aufgaben auf die zu dieser Gruppe gehörenden untergeordneten ArbN zu verteilen, ohne dass andere Organisationsstrukturen des Arbeitgebers dabei dazwischengeschaltet sind (EuGH NZA 2014, 423 – Amatori; BAG AP ArbGG 1979 § 72a Nr. 99; LAG Berlin-Brandenburg BeckRS 2019, 24724). Den für das Vorliegen eines Übergangs maßgebenden Kriterien kommt je nach der ausgeübten Tätigkeit und je nach den Produktions- oder Betriebsmethoden unterschiedliches Gewicht zu (EuGH NZA 2017, 1379 – Securitas; NZA 2006, 29 – Güney-Görres; BAG DB 2014, 848 mwN).

11 Bei der Prüfung, ob eine solche Einheit ihre Identität bewahrt, müssen **sämtliche** den betreffenden Vorgang kennzeichnenden **Tatsachen berücksichtigt** werden. Dazu gehören namentlich die (1.) Art des Unternehmens oder Betriebs, (2.) der etwaige Übergang der materiellen Betriebsmittel wie Gebäude und bewegliche Güter, (3.) der Wert der immateriellen Aktiva im Zeitpunkt des Übergangs, (4.) die etwaige Übernahme der Hauptbelegschaft durch den neuen Inhaber, (5.) der etwaige Übergang der Kundschaft sowie (6.) der Grad der Ähnlichkeit zwischen der vor und nach dem Übergang verrichteten Tätigkeiten und (7.) die Dauer einer eventuellen Unterbrechung dieser Tätigkeiten (sog. **„7-Punkte-Katalog"**). Diese Umstände sind jedoch nur Teilaspekte der vorzunehmenden **Gesamtbewertung** und dürfen deshalb nicht isoliert betrachtet werden (EuGH NZA 2017, 1379 – Securitas; NZA 1997, 433 – Ayse Süzen; NZA 2011, 148 – CLECE; BAG NZG 2016, 35; EuGH NZA 2020, 443 – Grafe; BeckRS 2019, 7896 – Dodič).

Ferner ist zwischen **betriebsmittelarmen** und **betriebsmittelgeprägten Einheiten** zu unterscheiden. Kommt es im Wesentlichen auf die menschliche Arbeitskraft an, kann eine strukturierte Gesamtheit von ArbN trotz des Fehlens nennenswerter materieller oder immaterieller Vermögenswerte eine wirtschaftliche Einheit darstellen. Wenn eine Einheit ohne nennenswerte Vermögenswerte funktioniert, kann die Wahrung ihrer Identität nach ihrer Übernahme nicht von der Übernahme derartiger Vermögenswerte abhängen. Die Wahrung der Identität der wirtschaftlichen Einheit ist in diesem Fall anzunehmen, wenn der neue Betriebsinhaber nicht nur die betreffende Tätigkeit weiterführt, sondern auch einen **nach Zahl und Sachkunde wesentlichen Teil des Personals** übernimmt (EuGH NZA 2011, 1077 – Scattolon; BAG NZA-RR 2017, 123; NZG 2016, 35; EuGH NZA 2018, 1053 – Somoza Hermo). Kommt es bei sog. betriebsmittelgeprägten Einheiten im Wesentlichen auf die **Betriebsmittel** wie etwa das Inventar an, dann kann ein Übergang einer ihre Identität bewahrenden Einheit auch ohne Übernahme von Personal vorliegen (EuGH NZA 2003, 1385 – Abler; BAG DB 2014, 848; EuGH NZA 2017, 1379 – Securitas; anders neuerdings EuGH NZA 2020, 443 – Grafe: Übernahme eines wesentlichen Teils der Belegschaft und die Fortsetzung der Tätigkeit ohne Unterbrechung kann auch bei betriebsmittelintensiven Betrieben einen Betriebsübergang auslösen, selbst wenn keine Betriebsmittel übernommen werden). Die Betriebsmittel müssen im Übrigen unabdingbar (EuGH NZA 2017, 1379 – Securitas) bzw. unverzichtbar sein (BAG NZA-RR 2017, 123). Ohne Bedeutung ist, ob das Eigentum an den eingesetzten Betriebsmitteln übertragen werden ist (EuGH NZA 2011, 1077 – Scattolon; die bloße Einräumung der Nutzungsmöglichkeit reicht aus (BAG NZA 2006, 597; NZA-RR 2008, 367). Der Begriff „durch Rechtsgeschäft" des § 613a BGB ist wie der Begriff „durch vertragliche Übertragung" in Art. 1 I lit. a RL 2001/23/EG weit auszulegen, um dem Zweck der RL – dem Schutz der ArbN bei einer Übertragung ihres Unternehmens – gerecht zu werden (BAG NZA 2015, 167). So ist es nicht erforderlich, dass zwischen Veräußerer und Erwerber unmittelbar vertragliche Beziehungen bestehen; die Übertragung kann auch unter Einschaltung eines Dritten, wie zB des Eigentümers oder des Verpächters, erfolgen (EuGH NZA 2011, 1077 – Scattolon).

Dem Übergang eines gesamten Betriebs steht, soweit die Voraussetzungen des 13 § 613a BGB erfüllt sind, der Übergang eines Betriebsteils gleich. Dies ist unabhängig davon, ob die übergegangene wirtschaftliche Einheit ihre Selbstständigkeit innerhalb der Struktur des Erwerbers bewahrt oder nicht (EuGH NZA 2014, 423 – Amatori; NZA 2009, 251 – Klarenberg; BAG NZA 2014, 1095; 2014, 1335); es genügt, wenn die **funktionelle Verknüpfung zwischen den übertragenen Produktionsfaktoren beibehalten** und es dem Erwerber erlaubt ermöglicht wird, diese Faktoren zu nutzen, um derselben oder einer gleichartigen wirtschaftlichen Tätigkeit nachzugehen (erstmals EuGH NZA 2009, 251 – Klarenberg; BAG NZA 2011, 1231; EuGH NZA 2017, 1175 – Piscarreta Ricardo).

Hingegen stellt die bloße Fortführung der Tätigkeit durch einen anderen **(Funk-** 14 **tionsnachfolge)** ebenso wenig einen Betriebsübergang dar, wie die **reine Auftragsnachfolge** (EuGH NZA 2011, 148 – CLECE; BAG BeckRS 2013, 72336; NZA 2011, 197). Deshalb genügen der bloße Erwerb von Anteilen an einer Ges und die Ausübung von Herrschaftsmacht über diese Ges durch eine andere Ges weder für die Annahme eines Übergangs von Unternehmen, Betrieben oder Unternehmens- und Betriebsteilen im Sinne der RL 2001/23/EG noch für die Annahme eines Betriebsübergangs iSv § 613a BGB (BAG NZA 2017, 981). Gleiches gilt bei sog. **echten Betriebsführungsverträgen,** wenn der bisherige Betriebsinhaber die Verantwortung für den Betrieb nicht abgegeben hat, sondern der vermeintliche Betriebsübernehmer nach außen gegenüber Kunden und Lieferanten nicht als Betriebsinhaber (im fremden Namen) auftritt (BAG NZA 2018, 933). Die Bewertung der maßgeblichen Tatsachen ist nach Unionsrecht Sache der nat. Gerichte

(EuGH NZA 2006, 29 – Güney-Görres) und im dt. Arbeitsrecht Sache der Tatsacheninstanzen, die dabei einen **Beurteilungsspielraum** haben (BAG NZA 2012, 152; 2015, 167; EuGH BeckRS 2019, 7896 – Dodič). Zur missbräuchlichen Gestaltung der Übertragung auf eine Tochtergesellschaft, die später abgewickelt werden soll (EuGH NZA 2019, 889 – Nafpigeia).

15 Ist mit der Umw oder im Zusammenhang mit der Umw ein Betriebs- oder Betriebsteilübergang verbunden, treten die **Rechtsfolgen** eines Betriebsübergangs gem. **§ 613a Abs. 1–6 BGB** ein. Dies bedeutet neben dem Eintritt des übernehmenden Rechtsträgers in die Rechte und Pflichten aus den im Zeitpunkt des Übergangs bestehenden ArbVerh des übertragenden Rechtsträgers (§ 613a Abs. 1 S. 1 BGB) insbes. die **Fortgeltung von Tarifverträgen und Betriebsvereinbarungen** gem. § 613a Abs. 1 S. 2–4 BGB, die **Haftung** gem. § 613a Abs. 2 und 3 BGB, das **Kündigungsverbot** gem. § 613a Abs. 4 BGB, die **Unterrichtungspflicht** (§ 613a Abs. 5 BGB) sowie – im Falle des Fortbestehens des übertragenden Rechtsträgers bei Ausgliederung, Abspaltung und Vermögensteilübertragung – das **Widerspruchsrecht** des ArbN gem. § 613a Abs. 5 und 6 BGB (dazu ausf. Gaul/Otto DB 2005, 2465; Hausch RNotZ 2007, 308; zum fehlenden Widerspruchsrecht bei Untergang des übertragenden Rechtsträgers bei Verschm, Aufspaltung und Vermögensvollübertragung → Rn. 29). Zur Unterrichtung der ArbN im Einzelnen und den inhaltlichen und formellen Anforderungen → Rn. 24 ff.; vertiefend ErfK/Preis BGB § 613a Rn. 85 ff. mwN; Gaul/Otto DB 2002, 634; Gaul/Otto DB 2005, 2465; Langner DB 2008, 2082; Meyer NZA 2017,960; Moll/Katerndahl RdA 2017, 324.

16 **b) Fortgeltung von Tarifverträgen und Betriebsvereinbarungen.** Weitere Folge der Anwendung von § 613a BGB ist, dass bei Vorliegen der Voraussetzungen eines Betriebsübergangs nach § 613a Abs. 1 S. 2–4 BGB Rechte und Pflichten aus **Tarifverträgen** und **Betriebsvereinbarungen** im Arbeitsverhältnis fortgelten (§ 613a Abs. 1 S. 2 BGB), sofern nicht ohnehin die beim übertragenden Rechtsträger geltenden Tarifverträge und Betriebsvereinbarungen beim übernehmenden Rechtsträger normativ fortgelten oder eine Ablösung durch beim übernehmenden Rechtsträger normativ geltende Kollektivvereinbarungen zum gleichen Regelungsgegenstand erfolgt (§ 613a Abs. 1 S. 3 BGB; näher Semler/Stengel/Leonard/Simon § 324 Rn. 20 ff.; Boecken Unternehmensumwandlungen Rn. 165 ff.; Heinze DB 1998, 1861; Kania DB 1995, 625).

17 Die **kollektiv-rechtliche Fortgeltung** hat grds. **Vorrang** (§ 613a Abs. 1 S. 3 BGB; vgl. auch BAG ZIP 2015, 1748; LAG Berlin-Brandenburg BeckRS 2018, 13194); bei Umw wird dies insbes. bei Fortgeltung eines Firmentarifvertrages relevant (zur Spaltung BAG NZA 2013, 512; zur Verschm BAG NZA 2017, 326; vertiefend → Rn. 79 ff., → Rn. 85 ff.). Die normative Fortgeltung wie auch Ablösung erfordern kongruente Tarifgebundenheit (dh durch Arbeitgeber und ArbN gem. § 3 Abs. 1 TVG oder § 613a Abs. 1 S. 4 BGB); BAG NZA 2019, 922. Ablösung setzt zudem Identität der Regelungsgegenstände (zumindest gleicher Sachzusammenhang; Sachgruppenvergleich) voraus; die Anforderungen sind hoch (BAG NZA 1994, 1140; 2019, 922; WHSS Umstrukturierung/Hohenstatt E Rn. 147 ff.). Die Ablösung erfolgt grundsätzlich unabhängig davon, ob sich für die übergegangenen Arbeitsverhältnisse die Arbeitsbedingungen verbessern oder verschlechtern; aus der Entscheidung des EuGH in der Rechtssache „Scattolon" (EuGH NZA 2011, 1077) folgt kein allgemeines Verschlechterungsverbot (BAG NZA 2019, 922). Die Ablösung einer Betriebsvereinbarung nach § 613a Abs. 1 S. 3 BGB setzt voraus, dass die beim Betriebserwerber und Veräußerer geltenden Betriebsvereinbarungen inhaltlich denselben Gegenstand regeln und die übernommenen ArbN in den Geltungsbereich der beim Erwerber geltenden Betriebsvereinbarung fallen (BAG NZA 2019, 1203). Die Ablösung transformierter Tarifnormen durch eine Betriebsvereinbarung des

übernehmenden Rechtsträgers scheidet aber aus (keine „Über-Kreuz-Ablösung"; BAG NZA-RR 2014, 80; NZA 2008, 542). Zu Ansprüchen aus betrieblicher Altersversorgung → Rn. 32.

Scheidet eine kollektive Fortgeltung oder Ablösung aus, greift die Fortgeltung 18 im Arbeitsverhältnis (nicht Arbeitsvertrag, vgl. BAG NZA 2010, 41; 2020, 297) gem. § 613a Abs. 1 S. 2 BGB („**Transformation**"). Die transformierten Normen behalten aber ihren kollektiven Charakter (BAG NZA 2021, 512; dies gilt auch bei nachfolgenden Betriebsübergängen (BAG NZA 2019, 1203). Nur im Falle der Transformation greift die **einjährige Veränderungssperre** gem. § 613a Abs. 1 S. 2 BGB aE, dh die in das ArbVerh transformierten Tarifnormen (oder Normen einer Betriebsvereinbarung) dürfen nicht vor Ablauf eines Jahres zum Nachteil der ArbN geändert werden (es sei denn, der Tarifvertrag war bereits zum Zeitpunkt des Betriebsübergangs in der Nachwirkung nach § 4 Abs. 5 TVG (BAG NZA 2010, 41) oder der Tarifvertrag gilt nicht mehr (§ 613a Abs. 1 S. 4 Alt. 1 BGB) oder im Falle fehlender kongruenter Tarifbindung wird zwischen übernehmendem Rechtsträger und ArbN im Geltungsbereich eines anderen Tarifvertrages dessen Anwendung vereinbart, § 613a Abs. 1 S. 4 Alt. 2 BGB). Der Ablauf der Jahresfrist in § 613a Abs. 1 S. 2 BGB erlaubt lediglich, dass Inhalt des Arbeitsverhältnisses gewordene normative Regelungen geändert werden können. Sie laufen nicht automatisch aus. Sollen sie durch eine individuelle Abrede geändert werden, muss diese sich auf eine bestimmte kollektive Regelung in Anbetracht des anstehenden oder erfolgten Ablaufs der Jahresfrist beziehen (BAG NZA 2022, 852). Inhaltsnormen einer teilmitbestimmten Betriebsvereinbarung, die in das Arbeitsverhältnis transformiert wurden, sind aber gegenüber dem Betriebsrat des Erwerberbetriebes kündbar, wenn der Betriebserwerber deren finanzielle Leistungen vollständig und ersatzlos einstellen will (BAG NZA 2020, 297). Die Fortgeltung ins ArbVerh „transformierter" kollektiver Regelungen gem. § 613a Abs. 1 S. 2 BGB wirkt iÜ statisch, die ArbN nehmen nach dem Betriebsübergang nicht an der tariflichen Weiterentwicklung teil (BAG NZA 2020, 49; 2021, 512).

Besonderheiten gelten bei **individual-vertraglicher Inbezugnahme von** 19 **Tarifverträgen,** die dann auch nicht-organisierte ArbN erfasst (sog. „Außenseiter"). Losgelöst von einer etwaigen kollektiv-rechtlichen Geltung von Tarifverträgen greift für die einzelvertraglich vereinbarte Anwendbarkeit von Tarifverträgen die allg. Regelung des § 613a Abs. 1 S. 1 BGB; dh diese Regelungen gehen als „Vertragsrecht" über (BAG NZA 2018, 1489); auch bei Anwendung eines Tarifwerkes kraft betrieblicher Übung (BAG NZA 2007, 1439; 2018,1630). Gleiches gilt für **kirchliche AVR** (BAG NZA-RR 2019, 590; NZA 2018, 1413; 2018, 311 – Diakonie; BeckRS 2017, 139329 – Caritas), auch wenn diese keine Tarifverträge iSd § 613a Abs. 1 S. 2–4 BGB sind (BAG NZA 2002, 1402; 2006, 611; ErfK/Preis BGB § 611 Rn. 127). Bezugnahmen auf Tarifverträge sind auch in Formulararbeitsverträgen und auch kurz vor einem Betriebsübergang zulässig (BAG AP TVG § 1 Bezugnahme auf Tarifvertrag Nr. 150). Die Rechtsfolgen hängen iÜ von der Art der Bezugnahmeklausel ab. Es wird grds. zwischen statischer („Tarifvertrag in der Fassung vom"), kleiner („Tarifvertrag in seiner jeweiligen Fassung") und großer dynamischer Bezugnahmeklausel oder sog. Tarifwechselklausel („jeweils einschlägigen Tarifverträge in ihrer jeweiligen Fassung") unterschieden, sodass es iE auf den **Wortlaut** der Verweisungsklausel ankommt (BAG NZA 2018, 255; NZA 2018, 47; Kallmeyer/Willemsen § 324 Rn. 27; Semler/Stengel/Leonard/Simon § 324 Rn. 26 ff. mwN).

Bei sog. kleinen dynamischen Verweisungsklauseln aus der Zeit vor Inkrafttreten 20 des Schuldrechtsmodernisierungsgesetzes (1.1.2002) ist der Betriebserwerber gem. § 613a Abs. 1 S. 2 BGB und damit nur **statisch** gebunden (sog. „Gleichstellungsabrede": BAG NZA 2003, 390). Bei sog. Neuverträgen (ab 1.1.2002) führen solche Bezugnahmeklauseln hingegen zur **dynamischen Weitergeltung** der in Bezug genommenen Tarifverträge; dh künftige Tarifentwicklungen muss der Erwerber weitergeben, BAG NZA 2006, 607 (mit dem Risiko einer „Ewigkeitsbindung"). Bei Auslegungszweifeln greift dynamische Weitergeltung, statische Weitergeltung nur bei eindeutigen Hinweisen (LAG MV BeckRS 2019, 35975). Der EuGH bezweifelte eine dynamische Wirkung der Bezugnahmeklausel, wenn der Erwerber in diesem Fall nicht die Möglichkeit habe, an den Verhandlungen über die nach einem Betriebsübergang abgeschlossenen Kollektivverträge teilzunehmen (EuGH NZA 2013, 835 – Alemo-Herron; dazu Willemsen/Grau NZA 2014, 12). Auf Vorlage des BAG (BAG BeckRS 2016, 66970) entschied der EuGH nun, dass der dynamischen Fortgeltung europarechtliche Vorschriften nicht entgegenstehen, sofern das nat. Recht sowohl einvernehmliche als auch einseitige Anpassungsmöglichkeiten für den Erwerber vorsehe (EuGH NZA 2017, 571 – Asklepios). Daraufhin entschied das BAG im Ausgangsverfahren (BAG NZA 2018, 255), dass eine dynamische Bezugnahmeklausel regelmäßig nach § 613a Abs. 1 S. 1 BGB unter Aufrechterhaltung der Dynamik auch gegenüber dem Betriebserwerber gelte (BAG NZA 2018, 255), da der Erwerber die erforderlichen Anpassungen sowohl einvernehmlich im Wege des Änderungsvertrags als auch einseitig durch Erklärung einer (sozial gerechtfertigten) Änderungskündigung vornehmen könne (BAG NZA 2018, 255). Dies gilt auch für kirchliche Arbeitsrechtsregelungen (BAG NZA 2018, 1413). Gleichstellungsabreden bei sog. Neuverträgen (ab 1.1.2002) erfordern indes einen ausdrücklichen Hinweis (zB dass die Anwendbarkeit der Tarifverträge von der Tarifgebundenheit des Arbeitgebers abhängig sei), wenn Dynamik ausgeschlossen werden soll (BAG NZA 2018, 47). Zur zeitdynamischen Bezugnahme auf einen unwirksamen Tarifvertrag (BAG ZIP 2018, 397) oder auf den BAT („und die ihn ablösenden Tarifverträge") (BAG BeckRS 2010, 70836; NZA 2012, 1171; LAG Hamm BeckRS 2017, 127476).

21 Bei **Betriebsvereinbarungen** (einschl. Gesamt- und Konzernbetriebsvereinbarungen) und **Sprecherausschussvereinbarungen** (Semler/Stengel/Leonard/Simon § 324 Rn. 29; Lutter/Sagan § 324 Rn. 34 ff.) gelten die gleichen Grundsätze. Eine Gesamtbetriebsvereinbarung gilt kollektiv-rechtlich weiter, wenn der Betrieb seine Identität wahrt oder ein übernommener Betriebsteil als selbständiger Betrieb weitergeführt wird (BAG NZA-RR 2016, 366; NZA 2020, 49). Anders bei spezifisch unternehmensbezogenen Gesamtbetriebsvereinbarungen (zB zur Unternehmensstruktur), maßgeblich ist stets der Regelungsgegenstand (BAG NZA-RR 2017, 413). Gilt die Betriebsvereinbarung nicht kollektiv-rechtlich weiter (zB weil der Betrieb seine Identität verliert → Rn. 81), greift § 613a Abs. 1 S. 2 BGB (Transformation, BAG NZA-RR 2016, 366; NZA 2020, 297). Die Regelungen behalten aber ihren kollektiven Charakter (BAG NZA 2019, 1203). Dies gilt auch für gem. § 77 Abs. 6 BetrVG nachwirkende Betriebsvereinbarungen (Semler/Stengel/Leonard/Simon § 324 Rn. 29). Inhaltsnormen einer teilmitbestimmten Betriebsvereinbarung, die in das Arbeitsverhältnis transformiert wurden, sind aber gegenüber dem Betriebsrat des Erwerberbetriebes kündbar, wenn der Betriebserwerber deren finanzielle Leistungen vollständig und ersatzlos einstellen will (BAG NZA 2020, 297). Ablösung durch neue (auch verschlechternde) Betriebsvereinbarung mit gleichem Regelungsgegenstand beim Erwerber gem. § 613a Abs. 1 S. 3 BGB ist möglich; es gilt dann das Ablösungsprinzip, nicht das Günstigkeitsprinzip (BAG NZA 2002, 276; 2019, 1203; Lutter/Sagan § 324 Rn. 30; zur betrieblichen Altersversorgung und „Drei-Stufen-Prüfung" BAG NZA 2002, 520; 2015, 1198; BeckRS 2019, 36369; Gaul ArbRB 2015, 181; → Rn. 32). Dies eröffnet der Praxis wichtige Gestaltungsmöglichkeiten. Zu den Besonderheiten bei Konzern- und Gesamtbetriebsvereinbarungen, vgl. Gaul NZA 1995, 717; Lutter/Sagan § 324 Rn. 34 ff.

22 **c) Haftung.** Hinsichtlich der **Haftung** kollidiert § 613a Abs. 1–3 BGB mit den umwandlungsrechtlichen Haftungsregelungen der §§ 22, 133, 134. Grds. haftet der

Arbeitsrecht **23, 24 Vor § 35a UmwG A**

übernehmende Rechtsträger nach § 613a Abs. 1 BGB sowohl für die vor dem Betriebsübergang entstandenen als auch erst nach dem Betriebsübergang entstehenden Ansprüche der ArbN. Der **übertragende Rechtsträger** haftet nach Maßgabe von § 613a Abs. 2 BGB mit dem übernehmenden Rechtsträger als Gesamtschuldner und gem. § 613a Abs. 3 gar nicht, wenn er durch Umw erlischt (also bei Verschm, Aufspaltung und Vermögensvollübertragung). Das Verhältnis zwischen § 613a Abs. 2, 3 BGB und §§ 133, 134 ist unklar, denn § 35a Abs. 2 (vormals: § 324 aF) nimmt lediglich Bezug auf § 613a Abs. 1, 4–6 BGB, nicht jedoch auf § 613a Abs. 2, 3 BGB (auch wenn § 613a Abs. 3 BGB den Fall des Erlöschens einer jur. Person oder einer PhG durch Umw erwähnt). Die umwandlungsrechtlichen Vorschriften der **§§ 22, 133, 134** sind jedoch **spezieller** (für die ArbN bei Fortbestehen des übertragenden Rechtsträgers auch günstiger) und genießen insoweit Vorrang (hM; Semler/Stengel/Leonard/Simon § 324 Rn. 38; Lutter/Sagan § 324 Rn. 40; Kallmeyer/Willemsen § 324 Rn. 22; **aA** Däubler RdA 1995, 136; Boecken Unternehmensumwandlungen Rn. 228 ff.; auch → § 133 Rn. 1 ff. mwN). Dies folgt aus dem Schutzzweck von § 613a Abs. 2 BGB, der eine haftungsrechtliche Benachteiligung der ArbN verhindern soll. Zur Trennung zwischen Betriebs- und Anlagegesellschaft (sog. **Betriebsaufspaltung**) → § 134 Rn. 1 ff.

d) Kündigungsverbot. Schließlich sind **Kündigungen,** die ausschließlich auf 23 den Betriebsübergang anlässlich der Umw gestützt werden, unwirksam (§ 613a Abs. 4 BGB). Das Kündigungsverbot gilt sowohl für den übertragenden als auch für den übernehmenden Rechtsträger sowie vor und nach einem mit der Umw verbundenen Betriebsübergang. Die Vorschrift soll auch Umgehungen durch missbräuchliche Gestaltungen verhindern (zB durch Aufhebungsvertrag von veranlasster Eigenkündigung und Neubegründung eines ArbV mit dem übernehmenden Rechtsträger; vgl. BAG NZA 2013, 961 und BAG NZA 2012, 152). Das Recht zur Kündigung des ArbVerh aus anderen, etwa betriebsbedingten Gründen bleibt hiervon unberührt (§ 613a Abs. 4 BGB). Dies gilt auch, wenn der betriebsbedingte Grund eine Folge der Umw ist. Macht der ArbN bei Umw, die nicht zum Untergang des übertragenden Rechtsträgers führen (Ausgliederung, Abspaltung und Vermögensteilübertragung; vgl. BAG NZA 2008, 815; → Rn. 1), von seinem Widerspruchsrecht Gebrauch, hindert § 613a Abs. 4 BGB allerdings eine Kündigung durch den übertragenden Rechtsträger aus betriebsbedingten Gründen nicht, wenn bei diesem tatsächlich keine sinnvolle Weiterbeschäftigung möglich ist (§ 613a Abs. 4 S. 2 BGB).

e) Unterrichtung der ArbN. Die ArbN sind vor Wirksamwerden eines 24 (umwandlungsbedingten) Betriebsübergangs gem. **§ 613a Abs. 5 BGB** umfassend in Textform zu **unterrichten.** Adressaten der Unterrichtung sind die ArbN, die dem übertragenden Betrieb(steil) angehören (Kölner Komm UmwG/Hohenstatt/Schramm § 324 Rn. 77 mwN). Die Verpflichtung trifft den übertragenden und übernehmenden Rechtsträger als Gesamtschuldner (§ 421 BGB); beide sollen sich untereinander verständigen, in welcher Weise sie ihre Informationspflicht erfüllen (BT-Drs. 14/7760, 19), wobei in der Praxis vertragliche Regelungen zur Verteilung der Informationspflicht, gegenseitigen Auskunftserteilung und etwaigen Haftung für fehlerhafte oder verspätete Auskünfte empfehlenswert sind. Die Informationspflicht nach § 613a Abs. 5 BGB gilt unabhängig vom Bestehen einer ArbN-Vertretung oder der Betriebsgröße (BT-Drs. 14/7760, 19) oder den Pflichtangaben nach § 5 Abs. 1 Nr. 9, § 126 Abs. 1 Nr. 11 (→ § 5 Rn. 87 ff., → § 126 Rn. 110). Dies ist unstr. (Semler/Stengel/Leonard/Simon § 324 Rn. 39; Kallmeyer/Willemsen § 324 Rn. 30; NK-UmwR/Röger § 324 Rn. 53; Kölner Komm UmwG/Hohenstatt/Schramm § 324 Rn. 77; Lutter/Sagan § 324 Rn. 45). Information (§ 613a Abs. 5 BGB) und Widerspruchsrecht (§ 613 Abs. 6 BGB) stehen in einem engen Zusammenhang. Bei **Untergang des übertragenden Rechtsträgers** (Verschm, Aufspaltung, Vermögensvollübertragung) besteht **kein Widerspruchsrecht** (BAG NZA 2008, 815: auch für den Fall der Anwachsung), aber ein Recht zur außerordentlichen Kündigung der betroffenen ArbN (→ Rn. 29). Daher ist str., ob in diesen Fällen auch die **Unterrichtung entfallen** kann (so Semler/Stengel/Leonard/Simon § 324 Rn. 39; Simon/Weninger BB 2010, 117; **aA** Kallmeyer/Willemsen § 324 Rn. 30; Lutter/Sagan § 324 Rn. 49; NK-UmwR/Röger § 324 Rn. 51; Otto/Mückl BB 2011, 1978). Der Gegenauffassung ist zuzustimmen; ohne Unterrichtung kann der ArbN nicht über das ihm zustehende Kündigungsrecht entscheiden, es bedarf letztlich derselben informationellen Grundlage wie in den Fällen, in denen er über die Ausübung seines Widerspruchsrechts entscheiden muss (zutr. Otto/Mückl BB 2011, 1978). Die Unterrichtungspflicht besteht daher unabhängig vom Schicksal des übertragenden Rechtsträgers.

25   Die Unterrichtung bedarf der **Textform** (§ 613a Abs. 5 BGB, § 126b BGB). Hierbei muss die Erklärung so abgegeben werden, dass sie in Schriftzeichen lesbar, die Person des Erklärenden angegeben und der Abschluss der Erklärung erkennbar gemacht ist (zB durch Namensnennung des Erklärenden oder dessen eingescannte Unterschrift; BT-Drs. 14/7760, 19). Damit scheidet mündliche Unterrichtung (zB bei einer Betriebsversammlung) aus; E-Mail ist möglich, aber aus Beweisgründen nicht empfehlenswert. Denn nur die ordnungsgemäße Unterrichtung (vollständig, inhaltlich richtig, formgerecht) setzt die **einmonatige Widerspruchsfrist** des § 613a Abs. 6 S. 1 BGB in Gang); das Widerspruchsrecht kann dann bis zur Grenze der Verwirkung noch ausgeübt werden (→ Rn. 31), was zu einer erheblichen **Planungsunsicherheit** führt. § 613a Abs. 5 S. 1 BGB verlangt zwar Unterrichtung „vor" dem Übergang, dies schließt jedoch weder eine erneute (zur Korrektur festgestellter Mängel) noch eine erstmalige (verspätete) Unterrichtung aus, um die Widerspruchsfrist bei Vorliegen der übrigen Voraussetzungen in Gang zu setzen (Semler/Stengel/Leonard/Simon § 324 Rn. 44 mwN; WHSS Umstrukturierung/Willemsen G Rn. 226). In der Praxis empfiehlt sich dennoch sorgfältige Unterrichtung (zur Planungssicherheit: ein Monat) **vor** Wirksamwerden der Umw (aus Beweis- und Dokumentationsgründen: gegen Empfangsquittung). **Mängel,** wie unrichtige, unterbliebene, unvollständige oder verspätete Unterrichtung können grds. **Schadenersatzansprüche** auslösen (BAG NZA 2005, 1302; NJW 2007, 246; NZA 2008, 1354), auch wenn der Darlegung der Voraussetzungen (Grund, Kausalität und Höhe) durch den insoweit darlegungs- und beweisbelasteten ArbN selten gelingen dürfte (vgl. BAG NZA 2008, 642; 2008, 1297; Einzelheiten bei Bauer/v. Steinau-Steinrück ZIP 2002, 457; Willemsen/Lembke NJW 2002, 1159; Otto/Mückl BB 2011, 1978; ausf. WHSS Umstrukturierung/Willemsen G Rn. 228 ff.). Zu Form und **Sprache** der Unterrichtung Langner DB 2008, 2082.

26   Die Anforderungen der Rspr. an den **Inhalt der Unterrichtung** sind sehr hoch (ErfK/Preis BGB § 613a Rn. 84 ff.; WHSS Umstrukturierung/Willemsen G Rn. 215 ff. mwN). Durch die Unterrichtung soll den betroffenen ArbN eine sachgerechte Entscheidung über die Ausübung des Widerspruchs ermöglicht werden (BT-Drs. 14/7760, 19; BAG NZA 2006, 1273). Die betroffenen ArbN sind über den **Zeitpunkt** oder **geplanten Zeitpunkt des Übergangs** (§ 613a Abs. 5 Nr. 1 BGB) ihrer ArbVerh zu unterrichten (Übernahme der Leitungsmacht durch neuen Betriebsinhaber, → Rn. 5); der Zeitpunkt der Eintragung ins HR ist oft ungewiss, sodass auf die Maßgeblichkeit der HR-Eintragung (wenn der Übergang nicht vorher stattfindet, → Rn. 5, → Rn. 8) und den voraussichtlichen oder geplanten Zeitpunkt hinzuweisen ist (Semler/Stengel/Leonard/Simon § 324 Rn. 40; Lutter/Sagan § 324 Rn. 51; Gaul ArbR der Umstrukturierung/Gaul/Otto § 11 Rn. 23; Bonanni ArbRB 2002, 19; Lembke/Oberwinter ZIP 2007, 310). Ferner ist die **genaue und vollständige Bezeichnung des übernehmenden Rechtsträgers** (Name, Rechtsform und Sitz der Ges, HR-Nummer, vollständiger Name der vertretungsberechtigten Organe bzw. gesetzlicher Vertreter, ggf. Stellung im Konzern) und die

Angabe des Grundes (§ 613a Abs. 5 Nr. 2 BGB) für den Übergang der ArbVerh erforderlich. Dies schließt die zum Übergang führenden unternehmerischen Erwägungen, soweit sie sich auf den Arbeitsplatz auswirken können, mit ein; diese sind zumindest schlagwortartig anzugeben (BAG NZA 2006, 1268). Damit sind auch der Kontext der Umw (zB Umstrukturierung oder Unternehmenstransaktion) und das zugrunde liegende Rechtsgeschäft anzugeben. Die Unterrichtung umfasst insbes. die **Darstellung der rechtlichen, wirtschaftlichen und sozialen Folgen** (§ 613a Abs. 5 Nr. 3 BGB, insbes. § 613a Abs. 1–4 BGB, → Rn. 2 ff.) und die **hinsichtlich der ArbN in Aussicht genommenen Maßnahmen** (§ 613a Abs. 5 Nr. 4 BGB). Dabei ist auf den konkreten Planungs- und Kenntnisstand des Arbeitgebers bzw. neuen Inhabers im Zeitpunkt der Unterrichtung abzustellen (BAG NZA 2006, 1268; Semler/Stengel/Leonard/Simon § 324 Rn. 41; Lutter/Sagan § 324 Rn. 48). Dies schließt auch die Einzelheiten zum (ggf. nicht bestehenden) Widerspruchsrecht und die Monatsfrist mit ein (BAG NZA 2008, 1354; 2006, 1268). Gleiches gilt für den Fall, wenn beim übernehmenden Rechtsträger das Sozialplanprivileg nach § 112a Abs. 2 S. 1 BetrVG gilt (BAG NZA 2017, 783). Die Darstellung des Gesetzestextes reicht nicht aus; vgl. iÜ die arbeitsrechtliche Spezialliteratur (ErfK/Preis BGB § 613a Rn. 84 ff.; WHSS Umstrukturierung/Willemsen G Rn. 215 ff.; Henssler/Willemsen/Kalb/Willemsen BGB § 613a Rn. 315 ff.). Damit ist die Unterrichtung iRv § 613a Abs. 5 BGB vergleichbar mit den Pflichtangaben zu den Folgen der Umw für die ArbN und ihrer Vertretungen sowie die insoweit vorgesehenen Maßnahmen nach § 5 Abs. 1 Nr. 9, § 126 Abs. 1 Nr. 11 (→ § 5 Rn. 102 ff.). Die Folgen müssen nicht individuell für jeden einzelnen ArbN dargestellt werden; es reichen ein kollektiver Bezug **(Standardschreiben)** und ggf. Hinweise auf Besonderheiten einzelner ArbV (zB Sonderkündigungsschutz) aus. Die Ausführungen müssen **sachlich richtig**, für einen Laien **verständlich**, dennoch **präzise** und die schwierigen Rechtsfragen zumindest vertretbar sein (BAG NZA 2015, 866; 2006, 1273). Eine umfassende Rechtsberatung jedes einzelnen ArbN kann nicht verlangt werden. Die Unterrichtung nach § 613a Abs. 5 BGB dient nicht dazu, den ArbN über alle ihn möglicherweise treffenden individuellen Folgen des Betriebsübergangs zu informieren. Sie soll ihn lediglich in die Lage versetzen, sich auf ihrer Grundlage gegebenenfalls weitergehend zu informieren oder beraten zu lassen (NZA 2015, 866). Die Einzelheiten sind nicht abschließend geklärt und waren zuletzt ständigen Verschärfungen der Rspr. unterworfen (neuerdings etwas milder: BAG BeckRS 2021, 26399 (Rn. 22); in der Praxis ist daher **besondere Sorgfalt** erforderlich (vgl. ErfK/Preis BGB § 613a Rn. 84 ff.; WHSS Umstrukturierung/Willemsen G Rn. 217 ff.; Gaul RdA 2015, 206; Grau/Schraut NZA 2018, 216; Grau/Flockenhaus NZA-RR 2019, 289).

f) Widerspruchsrecht. Der betroffene ArbN kann nach § 613a Abs. 6 S. 1 BGB dem Übergang seines ArbVerh **innerhalb eines Monats nach Zugang der Unterrichtung** schriftlich **widersprechen** (zum historischen Hintergrund BT-Drs. 14/7760, 20). Das Widerspruchsrecht gilt auch bei einem Betriebsübergang durch Umw (§ 35a Abs. 2, vormals § 324 aF) und kann grds. gegenüber dem übertragenden Rechtsträger (bisheriger Arbeitgeber) oder dem übernehmenden Rechtsträger (neuer Arbeitgeber) ausgeübt werden (§ 613a Abs. 6 S. 2 BGB). **Schriftform** ist erforderlich (§ 126 BGB), aber keine Begründung (BAG NZA 2009, 1095). Der Widerspruch muss innerhalb eines Monats nach Zugang der vollständigen Unterrichtung beim Adressaten zugehen; für die Fristberechnung gelten die §§ 187 ff. BGB (Kölner Komm UmwG/Hohenstatt/Schramm § 324 Rn. 93). Zum Widerspruchsrecht bei Kettenumwandlungen mit mehreren Betriebsübergangen (BAG NZA 2023, 352; 2016, 647; Kallmeyer/Willemsen § 324 Rn. 45a mwN).

Bei einer **Abspaltung** oder **Ausgliederung** hat ein Widerspruch zur Folge, dass das **ArbVerh** unverändert mit dem übertragenden Rechtsträger **fortbesteht**. Hat der Betriebsübergang bereits stattgefunden, wirkt der Widerspruch auf diesen Zeitpunkt zurück (BAG NZA 2006, 1406). Ob der übertragende Rechtsträger dann das ArbVerh – etwa wegen Wegfall der Beschäftigungsmöglichkeit – kündigen kann, richtet sich nach den allg. arbeitsrechtrechtlichen Vorschriften (vgl. etwa Lutter/Sagan § 324 Rn. 64; Kallmeyer/Willemsen § 324 Rn. 48; zu Weiterbeschäftigungsmöglichkeiten im Betrieb des übertragenden Rechtsträgers BAG NZA 2003, 430). Befindet sich der Arbeitgeber nach dem Widerspruch des ArbN gegen den Übergang des Arbeitsverhältnisses im **Annahmeverzug,** muss sich der ArbN nach § 615 S. 2 BGB böswillig unterlassenen anderweitigen Erwerb anrechnen lassen, wenn er das Angebot des Arbeitgebers, bei dem Erwerber im Wege der befristeten Arbeitnehmerüberlassung die bisherige Tätigkeit zu im Übrigen unveränderten Arbeitsbedingungen fortzusetzen, nicht annimmt (BAG NZA 2021, 1324). Das Kündigungsverbot des § 613a Abs. 4 S. 1 BGB gilt dann nicht (BAG NZA 1998, 750); auch eine mangelhafte Unterrichtung nach § 613a Abs. 5 BGB führt nicht allein deshalb zur Unwirksamkeit einer betriebsbedingten Kündigung durch den übertragenden Rechtsträger (BAG NZA 2005, 2472; vgl. zum Ganzen WHSS Umstrukturierung/Willemsen G Rn. 161 ff.). Zu den sozialversicherungsrechtlichen Folgen eines Widerspruches BSG NJW 2010, 2459; Klumpp NZA 2009, 354: keine Sperrzeit nach § 159 Abs. 1 S. 1 Nr. 1 SGB III.

29 Für Fälle des Erlöschens des übertragenden Rechtsträgers bei **Verschm, Aufspaltung, Vermögensvollübertragung** besteht **kein Widerspruchsrecht** (BAG NZA 2008, 815: gesellschaftsrechtliche Gesamtrechtsnachfolge, einschl. Anwachsung). Stattdessen steht dem ArbN das Recht zur außerordentlichen Kündigung zu. Denn den ArbN darf auch infolge einer (partiellen) Universalsukzession kein neuer Arbeitgeber aufgezwungen werden (Kölner Komm UmwG/Hohenstatt/Schramm § 324 Rn. 92; ErfK/Oetker § 324 Rn. 8). Die Zweiwochenfrist beginnt ab Kenntnis vom Wirksamwerden der Umw (idR Eintragung ins HR). Die Widerspruchserklärung kann nicht in eine Kündigung umgedeutet werden (BAG NZA 2008, 815). Der Widerspruch geht somit ins Leere und bewirkt nicht das automatische Erlöschen des ArbVerh (BAG NZA 2008, 815; so auch Kallmeyer/Willemsen § 324 Rn. 44; Semler/Stengel/Leonard/Simon § 324 Rn. 51; Lutter/Sagan § 324 Rn. 57; **aA** ArbG Münster NZA-RR 2000, 467; Bauer/Lingemann NZA 1994, 1057 (1061); Boecken ZIP 1994, 1087; Altenburg/Leister NZA 2005, 15). Der ArbN müsste gesondert (fristlos) kündigen.

30 Der ArbN kann auf sein gesetzliches Widerspruchsrecht grds. **verzichten.** Bei der Auslegung einer Erklärung als Verzicht des ArbN auf sein Widerspruchsrecht nach § 613a Abs. 6 BGB als solches oder als lediglich zeitweiliger Verzicht auf dessen Ausübung ist die hohe Bedeutung des Widerspruchsrechts für den ArbN zu beachten. Ein Verzicht muss daher eindeutig und zweifelsfrei zum Ausdruck gebracht werden (BeckRS 2019, 16663). Ob ein wirksamer Verzicht auf das Widerspruchsrecht als solches bzw. auf dessen Ausübung eine ordnungsgemäße Unterrichtung iSv § 613a Abs. 5 BGB voraussetzt, ist umstr. (offengelassen BAG BeckRS 2019, 16663; verneinend ErfK/Preis BGB § 613a Rn. 104; Kallmeyer/Willemsen § 324 Rn. 50; Henssler/Willemsen/Kalb/Willemsen/Bonanni BGB § 613a Rn. 362 mwN; Bauer/v. Steinau-Steinrück ZIP 2002, 457; **aA** Hauck NZA-Sonderbeil. 18/2004, 17; Semler/Stengel/Leonard/Simon § 324 Rn. 59; Pils BB 2014, 185). Bislang offen ist auch, ob durch Arbeitsvertrag ein kompensationsloser Verzicht auf das Widerspruchsrecht bzw. auf dessen Ausübung erklärt werden kann; dies wird abzulehnen sein (ErfK/Preis BGB § 613a Rn. 104 mwN; Semler/Stengel/Leonard/Simon § 324 Rn. 59). Der ArbN kann sich aber in einer Individualvereinbarung oder einer (vorformulierten) Erklärung verpflichten, keinen Widerspruch zu erklären. Diese kann aber als AGB der Inhaltskontrolle unterliegen (BAG BeckRS 2019, 16663). Hält die Vereinbarung der AGB-Kontrolle stand, ist der gleichwohl ausgesprochene Widerspruch nicht nur vertragswidrig, sondern auch unwirksam und unbeachtlich. Dasselbe gilt, wenn der ArbN mit dem bisherigen Arbeitgeber oder mit dem neuen Arbeitgeber den Übergang des ArbVerh vereinbart hat oder die Fortführung des ArbVerh beim übernehmenden Rechtsträger schriftlich bestätigt (unter Bezugnahme auf § 144 BGB: LAG Düsseldorf BeckRS 2009, 53377; Kallmeyer/Willemsen § 324 Rn. 50). Die Anforderungen sind aber hoch (BAG BeckRS 2019, 16663).

Das Widerspruchsrecht kann auch verwirken, dies erfordert Zeit- und Umstandsmoment (stRspr, BAG NJW 2021, 3345; vgl. auch ErfK/Preis BGB § 613a Rn. 101a ff.). Es gibt keine Höchst- oder Mindestfrist für die Verwirkung. Entscheidend sind die konkreten Umstände des Einzelfalls, wobei die Merkmale „Zeitmoment" und „Umstandsmoment" zu betrachten und die gegenläufigen Interessen der Parteien in einer abschließenden Gesamtbewertung unter Zumutbarkeitsgesichtspunkten zu berücksichtigen sind (BAG NJW 2021, 3345). Allein die widerspruchslose Weiterarbeit des ArbN beim Betriebserwerber verwirklicht noch nicht das Umstandsmoment (BAG BeckRS 2019, 16663). Gleiches gilt für eine allgemeine Einverständniserklärung des ArbN hinsichtlich des Übergangs seines Arbeitsverhältnisses auf den Erwerber (BAG BeckRS 2019, 16663). Wurde der ArbN jedoch über den mit dem Betriebsübergang verbundenen Übergang seines Arbeitsverhältnisses unter Mitteilung des Zeitpunkts oder des geplanten Zeitpunkts sowie des Gegenstands des Betriebsübergangs und des Betriebsübernehmers (grundlegende Informationen) in Textform in Kenntnis gesetzt und über sein Widerspruchsrecht nach § 613a Abs. 6 BGB belehrt, führt eine widerspruchslose Weiterarbeit bei dem neuen Inhaber über einen Zeitraum von sieben Jahren regelmäßig zur Verwirkung des Widerspruchsrechts (BAG NZA 2018, 168; BeckRS 2018, 23438). Das für die Annahme einer Verwirkung erforderliche Umstandsmoment kann vorliegen, wenn sich der ArbN gegen eine vom Betriebserwerber ausgesprochene Kündigung seines ArbVerh weder gerichtlich noch außergerichtlich zur Wehr gesetzt hat und wenn dies dem Betriebsveräußerer bekannt geworden ist (BAG NZA-RR 2010, 74; NZA 2010, 761). Zum grds. möglichen Massenwiderspruch und dessen Grenzen bei Rechtsmissbrauch vgl. BAG NZA 2005, 43; 2008, 46; 2010, 89; Semler/Stengel/Leonard/Simon § 324 Rn. 60; Kallmeyer/Willemsen § 324 Rn. 46; ErfK/Preis BGB § 613a Rn. 110 f.).

g) Versorgungsansprüche. Versorgungsansprüche **aktiver ArbN** (dh noch nicht ausgeschiedener) des übertragenden Rechtsträgers gehen einschl. verfallbarer wie unverfallbarer Anwartschaften auf den übernehmenden Rechtsträger über (BAG NJW 1977, 1791; DB 1978, 1795; NJW 1979, 2533). Auf Wartezeiten ist die Dienstzeit beim übertragenden Rechtsträger anzurechnen; dies folgt bereits aus § 613a Abs. 1 S. 1 BGB (→ Rn. 2). Eine Ablösung der beim Veräußerer geltenden Betriebsvereinbarungen durch die Betriebsvereinbarungen des Erwerbers nach § 613a Abs. 1 S. 3 BGB gilt für betriebsrentenrechtliche Versorgungswerke nur, wenn die dadurch bewirkte Änderung der Versorgungszusage den Anforderungen des Dreistufenschemas genügt (BAG BeckRS 2019, 36369). Der übertragende Rechtsträger haftet darüber hinaus gesamtschuldnerisch für bereits bestehende Versorgungsverpflichtungen gegenüber den aktiven ArbN nach § 133 und ggf. auch nach § 134 (Semler/Stengel/Leonard/Simon § 131 Rn. 47; auch → § 134 Rn. 42 ff.).

Auf Versorgungsansprüche bereits **ausgeschiedener ArbN** (Renten, unverfallbare Ansprüche) ist § 613a BGB nicht anwendbar (Lutter/Sagan § 324 Rn. 12; BAG NZA 1987, 559; 2005, 639). Diese Versorgungsansprüche und Ansprüche von ArbN, bei denen der Versorgungsfall bereits vor Eintragung der Umw eingetreten ist, gehen automatisch im Wege der Gesamtrechtsnachfolge über (§ 20 Abs. 1 Nr. 1, nicht § 613a Abs. 1 BGB; BAG NZA 2005, 639).

34 Im Fall der **Spaltung** gehen die Verpflichtungen aus unverfallbaren Versorgungszusagen gegenüber nicht mehr beschäftigten ArbN ebenso wie bereits zu erfüllende Pensionsverpflichtungen **nach Maßgabe der Festsetzungen im Spaltungsvertrag** auf den übernehmenden Rechtsträger über; die Zuweisung von Pensionsverpflichtungen ist also frei möglich (BAG NZA 2009, 790; 2005, 639; Kallmeyer/Willemsen § 324 Rn. 64; Semler/Stengel/Leonard/Simon § 131 Rn. 49). § 4 BetrAVG gilt nicht; es bedarf weder der Zustimmung der ArbN noch des Pensionssicherungsvereins (BAG NZA 2005, 639; Kallmeyer/Willemsen § 324 Rn. 64; ausf. hierzu WHSS Umstrukturierung/Schnitker J Rn. 559 ff.). Missbräuchliche Gestaltungen (vgl. LG Hamburg ZIP 2005, 2331) werden einerseits durch die Neufassung von § 133 Abs. 3 S. 2 (Verlängerung der Enthaftungsfrist) erschwert, anderseits kann ihnen auch mit den allg. gesellschaftsrechtlichen Instrumentarien begegnet werden (Louren/Weng BB 2006, 619). Den übertragenden Rechtsträger trifft ferner grds. die arbeitsvertragliche Nebenpflicht, den übernehmenden Rechtsträger so auszustatten, dass er nicht nur die lfd. Betriebsrenten zahlen kann, sondern auch zu den gesetzlich vorgesehenen Anpassungen in der Lage ist (dazu etwa Höfer/Küpper DB 2009, 118). Eine unangemessene Kapitalausstattung des übernehmenden Rechtsträgers kann daher zu Schadenersatzansprüchen gegen den übertragenden Rechtsträger führen, lässt aber die Wirksamkeit der Ausgliederung unberührt (BAG NZA 2009, 790; vgl. auch Kölner Komm UmwG/Priester § 126 Rn. 69a; → § 126 Rn. 113).

35 **h) Besonderheiten beim Formwechsel.** § 613a BGB ist auf den Formwechsel (§ 190) nicht anwendbar. Es findet **kein** Rechtsträger- bzw. **Arbeitgeberwechsel** statt; § 35a Abs. 2 (vormals § 324 aF) nennt den Formwechsel folglich nicht. Der bisherige Arbeitgeber bleibt erhalten (§ 202 Abs. 1), auch ein Betriebsinhaberwechsel findet nicht statt. Aus diesem Grund entfallen auch Unterrichtung und Widerspruchsrecht; der Arbeitgeber hat die ArbN aber nach § 2 Abs. 1 S. 2 Nr. 1 NachwG iVm § 3 S. 1 NachwG zu informieren (zur Abgrenzung zw Unterrichtung und Nachweis Langner/Jöris DStR 2022, 2060). Eine Verletzung dieser gesetzlichen Pflicht kann ein Bußgeld auslösen (vgl. § 4 NachwG nF).

36 Die **Organstellung** endet mit Eintragung des Formwechsels in das HR (Neubestellung erforderlich, § 246 Abs. 2); das Anstellungsverhältnis der Organmitglieder besteht indes fort und kann nur ausnahmsweise fristlos gekündigt werden (BGH NZG 2007, 590; Kallmeyer/Willemsen Rn. 13; diff. Lutter/Hoger § 202 Rn. 40 mwN).

3. Auswirkungen auf Arbeitnehmervertretungen

37 **a) Betriebsrat.** Das UmwG statuiert lediglich Informationsrechte, keine Mitbestimmungsrechte des Betriebsrats. Bei organisatorischen Änderungen auf Betriebsebene kommen Beteiligungsrechte nach dem BetrVG in Betracht. Dies gilt auch für etwaige Veränderungen für das Betriebsratsmandat selbst. Zwischen Arbeits- und Umwandlungsrecht sowie zwischen Betriebs- und Unternehmensebene, folglich auch zwischen umwandlungsrechtlichen und betriebsverfassungsrechtlichen Beteiligungsrechten der ArbN-Vertreter ist zu **trennen**; diese stehen **kumulativ** nebeneinander (→ § 5 Rn. 91 ff.; Kallmeyer/Willemsen Rn. 15).

38 **aa) Allgemeines.** Anknüpfungspunkt für das BetrVG und damit auch für die Stellung der Betriebsräte ist der **Begriff des Betriebs** als „organisatorische Einheit, innerhalb derer ein Arbeitgeber allein oder mit seinen ArbN mit Hilfe von technischen und immateriellen Mitteln bestimmte arbeitstechnische Zwecke fortgesetzt verfolgt, die sich nicht in der Befriedigung von Eigenbedarf erschöpfen" (BAG NZA 1988, 838; Fitting BetrVG § 1 Rn. 93; ErfK/Preis BGB § 613a Rn. 5 jew. mwN). Demzufolge ist hinsichtlich der Auswirkungen einer Umw auf den Betriebsrat (Mandat und Mitgliedschaft) zunächst zu prüfen, ob sich die **Identität des Betriebes** ändert; es ist daher zwischen Betriebs- und Unternehmensspaltung zu unterscheiden (→ Rn. 37; vertiefend Fuhlrott/Oltmanns BB 2015, 1013).

Der Betrieb als arbeitstechnische Einheit wird vom Umwandlungsvorgang (auf 39 Unternehmensebene) und dessen Rechtsfolgen oft nicht berührt. Lässt der mit einer Umw verbundene Betriebsinhaberwechsel die betriebsverfassungsrechtliche **Identität** des Betriebes **unberührt**, bleibt der **Betriebsrat** demzufolge **im Amt** (MüKoBGB/Müller-Glöge BGB § 613a Rn. 71 ff.; Hausch RNotZ 2007, 396 ff. mwN). Identitätswahrung besteht nur bei Aufrechterhaltung des räumlichen und funktionalen Zusammenhangs mit dem Ursprungsbetrieb (BAG NZA 2013, 277; 2004, 435). Identitätswahrung gilt zB bei bloßer Änderung des Betriebszwecks; Verlegung des Betriebes, vollständiger Betriebsübergang (1:1) nach § 613a BGB (BAG NZA 2015, 889); Gesellschafterwechsel, Formwechsel, (meist, aber nicht stets) Verschm oder Gemeinschaftsbetrieb nach § 1 Abs. 2 Nr. 2 BetrVG bzw. § 132 Abs. 1 (vormals 322 aF; ErfK/Koch BetrVG § 21a Rn. 1). In den Fällen der Unternehmensspaltung ist zu differenzieren, soweit mit der Unternehmensspaltung auch eine Betriebsspaltung (Abspaltung oder Aufspaltung; dann Fortbestehen als eigener Betrieb oder Eingliederung in fremden Betrieb) einhergeht. Zu den Gestaltungsmöglichkeiten Mückl/Götte DB 2017, 966.

bb) Übergangsmandat. Wenn der Betrieb bei der Umw unter **Verlust seiner** 40 betriebsverfassungsrechtlichen **Identität** als selbstständiger Betrieb untergeht (zB durch Stilllegung, Spaltung, vollständige oder teilw. Eingliederung, Zusammenlegung mit anderen Betrieben), gilt **§ 21a BetrVG**, der Art. 6 RL 2001/23/EG v. 12.3.2001 umsetzte (dazu BAG NZA 2000, 1350; Rieble/Gutzeit ZIP 2004, 693; Fitting BetrVG § 21a Rn. 1 ff. je mwN). Dies wird durch § 21a Abs. 3 BetrVG bestätigt. Danach gelten dessen Abs. 1 und 2 auch für den Fall, dass die Betriebsspaltung oder Zusammenlegung mit einer Umw nach UmwG erfolgt, dh **infolge** einer **Spaltung** (§§ 123–173), einer **Vermögensübertragung** (§§ 174–189) oder einer **Verschm** (§§ 2–122m), unter der Voraussetzung einer **Organisationsänderung** (daher Rechtsgrundverweisung).

§ 21a BetrVG Übergangsmandat 41

(1) ¹Wird ein Betrieb gespalten, so bleibt dessen Betriebsrat im Amt und führt die Geschäfte für die ihm bislang zugeordneten Betriebsteile weiter, soweit sie die Voraussetzungen des § 1 Abs. 1 Satz 1 erfüllen und nicht in einen Betrieb eingegliedert werden, in dem ein Betriebsrat besteht (Übergangsmandat). ²Der Betriebsrat hat insbesondere unverzüglich Wahlvorstände zu bestellen. ³Das Übergangsmandat endet, sobald in den Betriebsteilen ein neuer Betriebsrat gewählt und das Wahlergebnis bekanntgegeben ist, spätestens jedoch sechs Monate nach Wirksamwerden der Spaltung. ⁴Durch Tarifvertrag oder Betriebsvereinbarung kann das Übergangsmandat um weitere sechs Monate verlängert werden.

(2) ¹Werden Betriebe oder Betriebsteile zu einem Betrieb zusammengefasst, so nimmt der Betriebsrat des nach der Zahl der wahlberechtigten Arbeitnehmer größten Betriebs oder Betriebsteils das Übergangsmandat wahr. ²Absatz 1 gilt entsprechend.

(3) Die Absätze 1 und 2 gelten auch, wenn die Spaltung oder Zusammenlegung von Betrieben und Betriebsteilen im Zusammenhang mit einer Betriebsveräußerung oder einer Umwandlung nach dem Umwandlungsgesetz erfolgt.

§ 21b BetrVG Restmandat

Geht ein Betrieb durch Stilllegung, Spaltung oder Zusammenlegung unter, so bleibt dessen Betriebsrat so lange im Amt, wie dies zur Wahrnehmung der damit im Zusammenhang stehenden Mitwirkungs- und Mitbestimmungsrechte erforderlich ist.

42 § 21a BetrVG regelt das Entstehen, die Aufgaben, Dauer und Beendigung eines Übergangsmandats des Betriebsrats. Das **Übergangsmandat entsteht in drei Fällen:** Bei jeder Form der Spaltung **eines Betriebes** in einzelne Betriebteile **(Abs. 1 S. 1),** bei der **Zusammenfassung einzelner Betriebe** zu einem neuen Betrieb **(Abs. 2 S. 1 Alt. 1)** und bei der **Zusammenfassung einzelner Betriebsteile** zu einem neuen Betrieb **(Abs. 2 S. 1 Alt. 2).**

43 Durch das Übergangsmandat soll verhindert werden, dass die von der Spaltung (Abs. 1) oder Zusammenfassung (Abs. 2) betroffenen ArbN in der besonders kritischen Übergangsphase nach einer betrieblichen Umstrukturierung ohne den durch das Bestehen eines Betriebsrats vermittelten Schutz sind (Begr. RegE, BR-Drs. 75/94 zu § 321; Begr. RegE, BT-Drs. 14/5741, 39 zu § 21a BetrVG; s. auch Fitting BetrVG § 21a Rn. 6). Die hingegen schon in § 321 aF sprachlich unpräzise Wortwahl von „Zusammenfassung" von Betrieben wurde in § 21a BetrVG fortgeführt und in Abs. 2 um „Zusammenlegung" von Betrieben erweitert; als actus contrarius zu der in Abs. 1 geregelten Spaltung einer Organisationseinheit kann in Abs. 2 nur die Zusammenfassung derselben gemeint sein (Rieble NZA 2002, 233 (237): Betriebsverschmelzung).

44 § 21a BetrVG greift folglich nur bei betrieblichen Organisationsänderungen ein (BAG NZA 2013, 277). Es besteht dann ein – zeitlich beschränkt betriebsübergreifendes – **Übergangsmandat des Betriebsrats** des bisherigen Betriebes des übertragenden Rechtsträgers (ErfK/Koch BetrVG § 21a Rn. 1). Das Übergangsmandat wird daher gegenüber der Leitung der neu entstandenen Einheiten ausgeübt (es bezieht sich also auf den abgespaltenen Betriebsteil und nicht auf den abspaltenden Betrieb). Hinsichtlich des abspaltenden Betriebes richtet sich die Notwendigkeit von Neuwahlen dann nach § 13 Abs. 2 BetrVG. Für die Dauer des Übergangsmandates hat der Betriebsrat des übertragenden Rechtsträgers eine Doppelfunktion: reguläres „Hauptmandat" für den abspaltenden Betrieb und Übergangsmandat für den abgespaltenen Betrieb oder Betriebsteil; Ausnahme: Verlust der Identität des abspaltenden Betriebes, zB bei „Atomisierung" (Kallmeyer/Willemsen Rn. 26). Das **Restmandat nach § 21b BetrVG** wird hingegen gegenüber der Leitung des Ursprungsbetriebes ausgeübt.

45 **(1) Betriebsspaltung.** Das unter den Voraussetzungen von **§ 21a Abs. 1 S. 1** BetrVG legal definierte **Übergangsmandat setzt zunächst** voraus, dass ein bisher einheitlicher **Betrieb** gespalten wird. Die Spaltung **eines Betriebes** muss Auswirkungen auf die **betriebliche Organisationseinheit** haben (ErfK/Koch BetrVG § 21a Rn. 2; Fitting BetrVG § 21a Rn. 9), sodass die **Identität** des bisherigen Betriebs **verloren geht** (Aufspaltung in zwei eigenständige Betriebe oder Abspaltung, → Rn. 39). Es kann aber auch die tiefgreifende Neuorganisation des Einsatzes der ArbN und Betriebsmittel zum Wegfall der Betriebsidentität führen (Rieble NZA 2002, 233 (234)).

46 Die **Anwendung von** § 21a BetrVG ist **für jeden** entstandenen **Betriebsteil einzeln zu prüfen.** Das Übergangsmandat setzt nicht voraus, dass die durch die Betriebsspaltung entstehenden Teile künftig eigenständige Betriebe sind. Sie müssen lediglich betriebsratsfähig (geworden) sein (Thüsing DB 2004, 2774). Das Übergangsmandat gilt folglich grds. nicht für **Kleinstbetriebe** iSv § 4 Abs. 1 BetrVG, hingegen sind diese gem. Abs. 2 dem Hauptbetrieb zuzuordnen, von dem sie abgespalten werden (dann bleibt der bisherige Betriebsrat auch für den ihm bislang zugeordneten Betriebsteil zuständig).

47 Das Übergangsmandat entsteht nicht, wenn der durch die Betriebsspaltung **entstandene Betriebsteil in einen anderen Betrieb, für den ein Betriebsrat existiert, eingegliedert** wird (→ Rn. 48). In diesem Fall ist das Übergangsmandat entbehrlich, da sich die Zuständigkeit des Betriebsrats des aufnehmenden Betriebs (in den die Eingliederung erfolgt) ohne Weiteres auch auf die von der Abspaltung betroffenen ArbN erstreckt.

(2) Betriebsratsfähigkeit und Eingliederung. Neben der Wahrung oder dem 48 Verlust der Betriebsidentität kommt es sowohl in den Fällen der Betriebsspaltung (§ 21a Abs. 1 BetrVG) als auch in den Fällen der Zusammenfassung von Betrieben oder Betriebsteilen (§ 21a Abs. 2 BetrVG) auf die **Betriebsratsfähigkeit** (iSd § 1 Abs. 1 S. 1 BetrVG) **des abgespaltenen Betriebsteils** (§ 21a Abs. 1 S. 1 Hs. 2 Alt. 1 BetrVG) und einer etwaigen **Eingliederung des abgespaltenen Betriebsteils in einen Betrieb mit** einem (anderen, dort bereits bestehenden) **Betriebsrat** an (§ 21a Abs. 1 S. 1 Hs. 2 Alt. 2 BetrVG), weil dieser von Anfang an auch für die eingegliederte Belegschaft zuständig ist (ErfK/Koch BetrVG § 21a Rn. 3; Fitting BetrVG § 21a Rn. 12). Bei Zusammenfassung von Betrieben oder Betriebsteilen zu einem Betrieb nimmt der (nach Zahl der wahlberechtigten ArbN) Betriebsrat des „größeren" Betriebs oder Betriebsteils das Übergangsmandat wahr (§ 21a Abs. 2 BetrVG; → Rn. 49).

Das Übergangsmandat kann sich nur auf Einheiten erstrecken, die ihrerseits 49 **betriebsratsfähig** sind, also die Voraussetzungen von § 1 Abs. 1 S. 1 BetrVG erfüllen. Dort müssen mindestens fünf ständig wahlberechtigte ArbN (§ 7 BetrVG) beschäftigt sein, von denen mindestens drei wählbar (§ 8 BetrVG) sind. Sonst liefen Sinn und Zweck des Übergangsmandates ins Leere (Fitting BetrVG § 21a Rn. 14).

Wird der abgespaltene Betrieb oder Betriebsteil in einen **Betrieb mit Betriebs-** 50 **rat eingegliedert,** entsteht kein Übergangsmandat, wenn dieser (aufnehmende) Betrieb seine Identität hierdurch nicht verliert. Dann bleibt der dort bestehende Betriebsrat unverändert im Amt (dieser Fall ist von der Zusammenfassung nach § 21 Abs. 2 BetrVG zu unterscheiden). Dieser Betriebsrat vertritt daher im regulären Vollmandat auch die ArbN des abgespaltenen Betriebes oder Betriebsteils. Die Notwendigkeit einer etwaigen Neuwahl richtet sich unabhängig davon nach § 13 Abs. 2 BetrVG (→ Rn. 44). Bei Verlust der Betriebsidentität dürfte ein Fall von § 21a Abs. 2 BetrVG vorliegen (→ Rn. 51). Wird hingegen der abgespaltene Betrieb oder Betriebsteil in einen anderen Betrieb eingegliedert, für den **kein Betriebsrat** existiert, so **entsteht das Übergangsmandat** sowohl **hinsichtlich der ArbN des abgespaltenen Betriebs oder Betriebsteils** als auch **hinsichtlich der ArbN des aufnehmenden, bisher betriebsratslosen Betriebes** (str., vgl. WHSS Umstrukturierung/Hohenstatt D Rn. 82 ff.; HessLAG BeckRS 2010, 75262; Fitting BetrVG § 21a Rn. 11a und 23; Henssler/Willemsen/Kalb/Reichold BetrVG § 21a Rn. 7; ErfK/Koch BetrVG § 21a Rn. 7; diff. Richardi/Thüsing BetrVG § 21a Rn. 13 mwN zum Streitstand).

(3) Zusammenfassung von Betrieben oder Betriebsteilen. § 21a Abs. 2 51 **S. 1 BetrVG** (Zusammenfassung von Betrieben oder Betriebsteilen) enthält weitere Fälle, in denen ein Übergangsmandat entsteht und verweist iÜ in Bezug auf Betriebsratsfähigkeit, Kompetenzen des zuständigen Betriebsrats und Beginn und Beendigung des Übergangsmandats auf Abs. 1.

Ein Übergangsmandat entsteht **gem. Abs. 2,** wenn – unabhängig, ob im Rah- 52 men der Gesamt- oder Einzelrechtsnachfolge – Betrieb oder Betriebsteile von bislang verschiedenen Betrieben **zu einem neuen Betrieb zusammengefasst** werden, also zwei oder mehrere bisher selbstständige organisatorische Einheiten so zusammengefasst werden, dass eine neue Organisationseinheit entsteht. Das Übergangsmandat steht dann dem Betriebsrat des **nach der Zahl der wahlberechtigten ArbN größten Betriebs oder Betriebsteils** zu. Ob dabei auf den Zeitpunkt der vorangegangenen Wahl oder den der Umw abzustellen ist, ist umstritten (WHSS Umstrukturierung/Hohenstatt D Rn. 81; Rieble NZA 2002, 233: Zeitpunkt der tatsächlichen Zusammenfassung; **aA** Fitting BetrVG § 21a Rn. 18: Zeitpunkt der letzten BR-Wahl). Richtigerweise ist auf die aktuellen Verhältnisse abzustellen; dies folgt schon aus dem Rechtsgedanken des § 13 Abs. 2 BetrVG.

53 War einer der beteiligten Betriebe oder Betriebsteile bislang **betriebsratslos**, ist auch hier fraglich, ob dies mit dem betriebsverfassungsrechtlichen Repräsentationsgedanken und dem Freiwilligkeitsprinzip vereinbar ist, wenn sich das Übergangsmandat auf betriebsverfassungsrechtlich bislang nicht geschützte ArbN erstreckt (Richardi/Thüsing BetrVG § 21a Rn. 12 mwN). Da es sich um eine „neue" Einheit handelt, dürfte auch ein betriebsverfassungsrechtlicher „Neuanfang" gerechtfertigt sein, sodass sich das **Übergangsmandat auf den gesamten Betrieb erstreckt** (ErfK/Koch BetrVG § 21a Rn. 4; Richardi/Thüsing BetrVG § 21a Rn. 14; Gaul ArbR der Umstrukturierung/Leder/Lunk § 24 Rn. 47 ff.; Fitting BetrVG § 21a Rn. 11a, 23; diff. Kallmeyer/Willemsen Rn. 28 ff.).

54 **(4) Dauer.** Das **Übergangsmandat beginnt mit** dem **Übergang der Leitungsmacht** auf den neuen Betriebsinhaber (BAG NZA 2000, 1350), nicht schon mit Beginn der Durchführung der Betriebsspaltung. Für die betriebliche Struktur sind nicht rechtliche, sondern tatsächliche Veränderungen maßgebend (ErfK/Koch BetrVG § 21a Rn. 6; Fitting BetrVG § 21a Rn. 24). Dann muss auch beim Übergangsmandat hierauf abgestellt werden. Das Übergangsmandat kann daher bereits vor Wirksamwerden der Spaltung beginnen, denn betriebliche Veränderungen werden im Hinblick auf den Spaltungsstichtag (vgl. § 126 Abs. 1 Nr. 6, § 177 Abs. 1) von den beteiligten Rechtsträgern oftmals bereits vor der nur bedingt beeinflussbaren Eintragung der Spaltung vorgenommen (vgl. auch BAG ZIP 2000, 1630 mAnm Bauer/Mengel zur vorgelagerten Wirkung von § 613a BGB bei Umw).

55 Das **Übergangsmandat** ist nach § 21a Abs. 1 S. 3 BetrVG befristet. Es **endet** für die jew. betroffene Einheit mit der Bekanntgabe des Ergebnisses der **Wahl** des neuen Betriebsrats in den Betriebsteilen. **Bekannt gemacht** ist das Wahlergebnis, sobald es vom Wahlvorstand im Betrieb ausgehängt wird. Beim Aushang an mehreren Stellen innerhalb des Betriebs ist der Tag des letzten Aushangs maßgebend. Da bereits mit der Bekanntmachung und nicht erst am Tage nach der Bekanntmachung des Wahlergebnisses das Amt des neuen Betriebsrats beginnt (hM; Fitting BetrVG § 21a Rn. 25), endet das Übergangsmandat ebenfalls am Tag der Bekanntmachung.

56 Das Übergangsmandat endet **unabhängig von einer Betriebsratswahl** spätestens nach Ablauf von **sechs Monaten** nach Wirksamwerden der Umw des Rechtsträgers (Abs. 1 S. 3). Maßgebend ist die Eintragung der Umw in das HR des übertragenden Rechtsträgers (§ 131 Abs. 1, § 176 Abs. 3), nicht deren Bekanntmachung (für die Teilübertragung des Vermögens eines öffentlich-rechtlichen Versicherungsunternehmens vgl. § 189 Abs. 2, § 188 Abs. 3). Das Fristende berechnet sich nach § 187 Abs. 1 BGB, § 188 Abs. 2 BGB. **Beispiel:** Eintragung am 15.1., Beendigung des Übergangsmandats spätestens mit Ablauf des 15.7.

57 Das Übergangsmandat kann nach § 21a Abs. 1 S. 4 vor Ablauf der ersten Sechs-Monats-Frist durch (Verbands- oder Haus-)Tarifvertrag um weitere sechs Monate verlängert werden (Löwisch/Schmidt-Kessel BB 2001, 2162 mwN; ErfK/Koch BetrVG § 21a Rn. 6; Fitting BetrVG § 21a Rn. 26).

58 **(5) Aufgaben und Zusammensetzung.** Die **Aufgaben und die Kompetenzen des Betriebsrats** während des Übergangsmandats sind nicht beschränkt; es handelt sich um ein zeitlich befristetes **Vollmandat** (Fitting BetrVG § 21a Rn. 20 f.; Kallmeyer/Willemsen Rn. 36 f.). Der zuständige Betriebsrat hat für die von der Betriebsspaltung betroffenen ArbN **alle betriebsverfassungsrechtlichen Mitbestimmungsrechte** wahrzunehmen. So ist er bspw. vor einer Kündigung zu hören (§ 102 Abs. 1 BetrVG; vgl. aber BAG NZA 2015, 889 für den Fall einer Kündigung nach Widerspruch des ArbN). Darüber hinaus hat er nach § 21a Abs. 1 S. 2 BetrVG unverzüglich (ohne schuldhaftes Zögern, § 121 BGB) die Wahl eines neuen Betriebsrats für die gesamte betriebliche Einheit durch **Bestel-**

lung der Wahlvorstände vorzubereiten, ohne die in §§ 16, 17a BetrVG geregelten Fristen abwarten zu müssen (Löwisch/Schmidt-Kessel BB 2001, 2162; Fitting BetrVG § 21a Rn. 21 ff.).

Das Übergangsmandat wird vom Betriebsrat in seiner bisherigen **personellen Zusammensetzung** wahrgenommen, auch wenn einzelne Betriebsratsmitglieder nicht mehr der bisherigen Einheit angehören (ErfK/Koch BetrVG § 21a Rn. 7; Fitting BetrVG § 21a Rn. 16 mwN). Das Nachrücken von Ersatzmitgliedern ist nur in engen Grenzen geboten (ErfK/Koch BetrVG § 21a Rn. 7; Gaul ArbR der Umstrukturierung/Leder/Lunk § 24 Rn. 68; Kallmeyer/Willemsen Rn. 37 mwN). 59

(6) Analoge Anwendung auf sonstige Gremien. § 21a BetrVG gilt **nur** für den **Betriebsrat** und nicht für den Gesamtbetriebsrat (§§ 47 ff. BetrVG) oder Konzernbetriebsrat (§§ 54 ff. BetrVG), die Jugend- und Auszubildendenvertretung (§§ 60 ff. BetrVG) sowie den Wirtschaftsausschuss (§§ 106 ff.) oder den Sprecherausschuss (§§ 1 ff. SprAuG). Eine **analoge Anwendung** von § 21a BetrVG auf diese Gremien sowie auf Personalrat, Mitarbeitervertretungen nach kirchlichem Arbeitsrecht (MAVO, MVG.EKD) und sonstige ArbN-Vertretungen **scheidet aus** (Richardi/Thüsing BetrVG § 21a Rn. 33; Rieble NZA 2002, 240; LAG Köln NZA-RR 2001, 87; LAG Düsseldorf BeckRS 2012, 66471; Besgen/Langner NZA 2003, 1239; Schmitz ZMV 2000, 6). Neben § 21a BetrVG kommt ein Übergangsmandat des Betriebsrates bzw. des Personalrates daher nur in den gesetzlich geregelten Sonderfällen in Betracht: § 6b IX VermG, § 13 SpTrUG (Betriebsrat) und § 15 DBGrG, § 14 DG-BankUmwG (Personalrat). 60

b) Gesamtbetriebsrat. Die Regelung des § 21a BetrVG gilt nur für den lokalen Betriebsrat, nicht für den Gesamtbetriebsrat. Der Gesamtbetriebsrat ist auf **Unternehmensebene** gebildet (§ 47 BetrVG). Auch hier ist zwischen Fortbestand und Untergang des übertragenden Rechtsträgers zu unterscheiden. Bei Aufspaltung, Verschm und Vermögensvollübertragung entfällt ein bestehender **Gesamtbetriebsrat** mit Wirksamwerden der Umw automatisch (BAG NZA 2003, 336), da dieser vom Bestand des Unternehmens (und nicht des Betriebs) abhängig ist (vgl. aber Fitting BetrVG § 47 Rn. 17 für den Sonderfall, dass der übernehmende Rechtsträger vor der Umw keinen eigenen Betrieb hatte, sämtliche (!) Betriebe übernommen werden und die Betriebsstruktur erhalten bleibt, dann ist Übergang des Gesamtbetriebsrates denkbar). Ein beim übernehmenden Rechtsträger bestehender Gesamtbetriebsrat bleibt bestehen, die (bei Wahrung der Betriebsidentität) übergehenden Betriebsräte können Mitglieder entsenden (Fitting BetrVG § 47 Rn. 17 mwN). 61

Zu den **Beteiligungsrechten** aus § 5 Abs. 3, § 126 Abs. 3, § 194 Abs. 2 (Zuleitung des Umwandlungsvertrages) und zur **Zuständigkeit** s. die Komm. dort (→ § 5 Rn. 116 ff., → § 126 Rn. 114, → § 194 Rn. 11). Neben der originären Zuständigkeit kommt auch die sog. Auftragszuständigkeit gem. § 50 Abs. 2 BetrVG in Betracht (Kallmeyer/Willemsen Rn. 41 mwN). 62

c) Konzernbetriebsrat. Der Konzernbetriebsrat (§§ 54 ff. BetrVG) ist eine Dauereinrichtung, keiner Amtszeit unterworfen und **erlischt, wenn** ein **Konzern nicht mehr besteht** (BAG NZA 2011, 866; Kallmeyer/Willemsen VRn. 49) oder **in einen anderen Konzern eingegliedert** wird (Richardi/Annuß BetrVG § 54 Rn. 52) oder die **Voraussetzungen für seine Errichtung entfallen** (BAG NZA 2007, 768: zB weil das herrschende Unternehmen seinen beherrschenden Einfluss verloren hat; Dzida/Hohenstatt NZA 2007, 945: nicht mindestens zwei Unternehmen mit Gesamtbetriebsrat/Betriebsrat mehr bestehen). Die Rspr. bejaht indes die Möglichkeit mehrerer Konzernbetriebsräte **("Konzern im Konzern"),** wenn jeweils ein betriebsverfassungsrechtlich relevanter Spielraum für die beim jew. Konzernbetriebsrat und für die von ihm abhängigen Unternehmen zu treffenden Ent- 63 scheidungen verbleibt (BAG NZA 2007, 999; zust. Fitting BetrVG § 54 Rn. 32 mwN; **aA** Richardi/Annuß BetrVG § 54 Rn. 10 ff., 52).

64 Es kommt damit maßgeblich darauf an, welche Auswirkungen die Umw auf die Konzernstruktur hat und ob diese zum Wegfall des Konzerns bzw. der Voraussetzungen für die Errichtung eines Konzernbetriebsrates führen (zu den Einzelheiten WHSS Umstrukturierung/Hohenstatt D Rn. 133 ff. Soweit nur **einzelne Unternehmen** durch Umw aus dem Konzern ausscheiden, bleibt der Konzern iÜ aber bestehen, ändert dies nichts am Mandat des Konzernbetriebsrates (lediglich die ausscheidenden Konzernbetriebsratsmitglieder verlieren ihr Amt, soweit sie dem Übergang ihrer ArbVerh nicht nach § 613a Abs. 6 BGB widersprechen; Fitting BetrVG § 57 Rn. 7, 13). Dies ist mit der Rechtslage beim Gesamtbetriebsrat vglbar (→ Rn. 61). Wird indes der **gesamte Konzern** auf einen (bislang betriebsratslosen) Rechtsträger **übertragen,** ist fraglich, ob der Konzernbetriebsrat fortbesteht oder wegen Wechsels der Konzernobergesellschaft erlischt (hierzu WHSS Umstrukturierung/Hohenstatt D Rn. 136 mit Verweis auf BAG NZA 2003, 336).

65 Zu den **Beteiligungsrechten** aus § 5 Abs. 3, § 126 Abs. 3, § 194 Abs. 2 (Zuleitung des Umwandlungsvertrages) und zur Zuständigkeit s. die Komm. dort. Auch hier kommt neben originärer **Zuständigkeit** auch die sog. Auftragszuständigkeit gem. § 58 Abs. 2 BetrVG in Betracht (Kallmeyer/Willemsen Rn. 47 mwN). Originäre Zuständigkeit des Konzernbetriebsrates ist selten und kommt nur bei (notwendig) konzerneinheitlichen Umstrukturierungen in Betracht; sonst verbleibt es idR bei der originären Zuständigkeit des Gesamtbetriebsrates (WHSS Umstrukturierung/Schweibert C Rn. 440 mwN). Davon losgelöst empfiehlt sich in der Praxis die vorsorgliche Zuleitung auch an den Konzernbetriebsrat.

66 **d) Wirtschaftsausschuss.** Gem. § 106 Abs. 1 S. 1 BetrVG ist in allen **Unternehmen** mit in der Regel **mehr als einhundert** ständig beschäftigten **ArbN** ein Wirtschaftsausschuss zu bilden (zu den Begriffen „in der Regel" und „ständig beschäftigt" vgl. Fitting BetrVG § 1 Rn. 360 und 367). Vorübergehende Schwankungen der Anzahl der ArbN bleiben insoweit außer Betracht (BAG NZA 2005, 311). Anknüpfungspunkt ist das Unternehmen, weder der Betrieb noch der Konzern (BAG NZA 1990, 863). ArbN ausl. Betriebe des Unternehmens bleiben außer Betracht (Fitting BetrVG § 106 Rn. 19; Richardi/Annuß BetrVG § 106 Rn. 13).

67 Betreiben mehrere Unternehmen gemeinsam einen einheitlichen Betrieb **(Gemeinschaftsbetrieb)** mit in der Regel mehr als einhundert ständig beschäftigten ArbN, so soll ein Wirtschaftsausschuss auch dann zu bilden sein, wenn keines der beteiligten Unternehmen für sich allein diese Beschäftigtenzahl erreicht (BAG NZA 1991, 643; Fitting BetrVG § 106 Rn. 18; **aA** Richardi/Annuß BetrVG § 106 Rn. 8 mit Verweis auf BAG NZA 2007, 825). Dies überzeugt nicht. Betriebs- und Unternehmensebene sind zu trennen. Sonst bliebe unklar, bei welchem Trägerunternehmen der Wirtschaftsausschuss zu bilden wäre und welche Zuständigkeit dieser im Einzelnen hätte (zutr. Richardi/Annuß BetrVG § 106 Rn. 8). Führen zwei Unternehmen, die jeweils für sich genommen die Voraussetzungen von § 106 Abs. 1 BetrVG erfüllen, gemeinsam einen Betrieb, erfolgt die Bildung eines Wirtschaftsausschusses grundsätzlich unternehmensbezogen, nicht betriebsbezogen (BAG NZA 2020, 960). Genießt eines der Unternehmen Tendenzschutz iSd § 118 Abs. 1 S. 1 Nr. 1 BetrVG, kann der Betriebsrat des Gemeinschaftsbetriebs einen Wirtschaftsausschuss bilden, wenn das andere Unternehmen tendenzfrei ist. Dem Wirtschaftsausschuss stehen jedoch gegenüber dem Tendenzunternehmen keine Rechte zu (BAG NZA 2020, 960). Zu Recht lehnt das BAG auch einen unternehmensübergreifenden Gesamtbetriebsrat ab (BAG NZA 2007, 825). Etwas anderes gilt dann, wenn eines der Trägerunternehmen den Schwellen erreicht (dort wäre ein Wirtschaftsausschuss zu bilden). Konsequenterweise wären dann nur die ArbN des jew. Trägerunternehmens zu berücksichtigen und nicht alle ArbN des Gemeinschaftsbetriebes

(Richardi/Annuß BetrVG § 106 Rn. 9 mwN; **aA** Fitting BetrVG § 106 Rn. 18). Führen ein Tendenzunternehmen sowie ein tendenzfreies Unternehmen einen Gemeinschaftsbetrieb und verfügt nur das Tendenzunternehmen in der Regel über mehr als 100 ständig beschäftigte Arbeitnehmer, kommt die Errichtung eines Wirtschaftsausschusses in analoger Anwendung von § 106 BetrVG nach § 118 Abs. 1 S. 2 BetrVG nicht in Betracht, wenn die an dem Gemeinschaftsbetrieb beteiligten Unternehmen in dem Betrieb überwiegend tendenzgeschützte Zwecke verfolgen (BAG BeckRS 2019, 40563).

Eine Umw kann unmittelbaren Einfluss auf die Schwellenwerte des § 106 BetrVG **68** haben. Die Anzahl der zu berücksichtigenden ArbN kann **durch** die **Umw** (erstmals) **überschritten** oder (dauerhaft) **unterschritten** werden. Wird der Schwellenwert durch die Umw unterschritten, **endet** das Amt des Wirtschaftsausschusses **automatisch** (BAG NZA 2005, 311). Dies gilt unabhängig davon, ob die Amtszeit des ihn bestellenden Betriebs- oder Gesamtbetriebsrat noch andauert (Fitting BetrVG § 106 Rn. 14). Vorübergehende Schwankungen der Anzahl der ArbN bleiben insoweit außer Betracht (BAG NZA 2005, 311). Wird der Schwellenwert durch die Umw erstmals überschritten, ist durch den Betriebs- oder Gesamtbetriebsrat ein Wirtschaftsausschuss zu bestimmen. Bei **Untergang des übertragenden Rechtsträgers** bei Aufspaltung, Verschm und Vermögensvollübertragung **entfällt** ein bestehender **Wirtschaftsausschuss** mit Wirksamwerden der Umw **automatisch,** da dieser vom Bestand des Unternehmens abhängig ist.

Der Wirtschaftsausschuss ist **rechtzeitig** und **umfassend** (§ 106 Abs. 2 S. 1 **69** BetrVG) über das Umwandlungsvorhaben unter Vorlage der erforderlichen Unterlagen **zu unterrichten,** § 106 Abs. 3 Nr. 8 BetrVG; regelmäßig vor (!) der Zuleitung des Umwandlungsvertrages bzw. seines Entwurfes an den Betriebsrat gem. § 5 Abs. 3, § 126 Abs. 3 (Kallmeyer/Willemsen Rn. 52). Dies gilt gem. § 106 Abs. 3 Nr. 8 BetrVG auch für einen Wirtschaftsausschuss beim übernehmenden Rechtsträger. Der Wirtschaftsausschuss (sowohl des übertragenden als auch des übernehmenden Rechtsträgers) hat insoweit auch ein **Beratungsrecht,** § 106 Abs. 1 S. 2 BetrVG.

e) Sprecherausschuss. Sprecherausschüsse (§ 1 Abs. 1 SprAuG) sind im **70 Betrieb** gebildet und bleiben bei **Identität des Betriebs** im Amt; iÜ gelten die gleichen Grundsätze wie beim Betriebsrat (→ Rn. 37 ff.). Der **Gesamtsprecherausschuss** (§ 16 SprAuG) bzw. **Unternehmenssprecherausschuss** (§ 20 SprAuG) ist auf Unternehmensebene gebildet, teilen aber nicht notwendigerweise das Schicksal des übertragenden Rechtsträgers; zB Fortbestehen, wenn alle Betriebe identitätswahrend werden; iÜ gelten die gleichen Grundsätze wie beim Gesamtbetriebsrat (→ Rn. 61; ausf. hierzu WHSS Umstrukturierung/Hohenstatt D Rn. 205 ff.).

Auch hier kann eine Umw unmittelbaren Einfluss auf den Schwellenwert („in **71** Betrieben mit in der Regel mindestens zehn leitenden Angestellten") haben; die Anzahl der zu berücksichtigenden leitenden Angestellten kann **durch** die **Umw** (erstmals) **überschritten** werden, sodass ein Sprecherausschuss gebildet werden kann (§ 7 Abs. 2 SprAuG), nicht muss. Bei Eingliederung in einen Betrieb mit bestehendem Sprecherausschuss, ist dieser auch für die leitenden Angestellten des eingegliederten Betriebs oder Betriebsteils zuständig (Kallmeyer/Willemsen Rn. 56 mwN). Ein Übergangsmandat kennt das SprAuG nicht; analoge Anwendung von § 21a BetrVG scheidet aus (→ Rn. 60; Rieble NZA 2002, 233; Richardi/Thüsing BetrVG § 21a Rn. 33 mwN).

Der Sprecherausschuss ist mindestens einmal im Kalenderhalbjahr über wirtschaft- **72** liche Angelegenheiten (einschl. etwaige Umwandlungsvorhaben) **zu unterrichten** (§ 32 Abs. 1 S. 1 SprAuG iVm § 106 Abs. 3 Nr. 8 BetrVG); dh regelmäßig vor (!) der Zuleitung des Umwandlungsvertrages bzw. seines Entwurfes an den Betriebsrat gem. § 5 Abs. 3, § 126 Abs. 3 (→ Rn. 69). Dies gilt auch für einen Sprecherausschuss beim übernehmenden Rechtsträger. Nur in Tendenzunternehmen gilt die Unterrichtungspflicht nicht (§ 32 Abs. 1 S. 2 SprAuG). Der Sprecherausschuss hat **kein Beratungsrecht,** § 32 Abs. 1 S. 1 SprAuG verweist nicht auf § 106 Abs. 1 S. 2 BetrVG.

73 **f) Europäischer Betriebsrat.** Die Anwendbarkeit des Europäischen Betriebsräte-Gesetzes (EBRG) hängt gem. § 3 Abs. 1 EBRG davon ab, ob das **Unternehmen** gemeinschaftsweit tätig ist. Dies ist der Fall, wenn es mindestens 1000 ArbN in den Mitgliedstaaten und davon jew. mindestens 150 ArbN in mindestens zwei Mitgliedstaaten beschäftigt. Für Unternehmensgruppen gelten vergleichbare Voraussetzungen, § 3 Abs. 2 EBRG. Diese **Schwellenwerte** können sich sowohl mit einer nat. Umw als auch mit einer grenzüberschreitenden Umw verändern, dh die Voraussetzungen können erstmals erfüllt sein oder entfallen (vertiefend WHSS Umstrukturierung/Hohenstatt D Rn. 243 ff.). Zu den Besonderheiten bei der Umw in eine SE, vgl. Kallmeyer/Willemsen Rn. 63.

74 **Pflicht zur Zuleitung** der Umwandlungsverträge bzw. deren Entwürfe nach § 5 Abs. 3, § 126 Abs. 3, § 194 Abs. 2 **besteht nicht;** Analogie scheidet aus. Zu den **Beteiligungsrechten** iU, insbes. nach dem EBRG bei grenzüberschreitenden Umw (nur Informations- und Anhörungsrechte, keine Mitbestimmung), vgl. Kallmeyer/Willemsen Rn. 59 ff.; Hohenstatt/Kröpelin/Bertke NZA 2011, 1313; Teicke DB 2012, 267). § 29 Abs. 2 Nr. 8 EBRG erwähnt ausdrücklich den Zusammenschluss und die Spaltung von Unternehmen. Eine Verletzung dieser Unterrichtungs- und Anhörungsrechte begründet **keinen Unterlassungsanspruch** bzgl. der Durchführung der beabsichtigten Maßnahme, LAG Köln ZIP 2011, 2121; zust. Kallmeyer/Willemsen Rn. 61. Zur grenzüberschreitenden Verschm (§§ 305–319), Spaltung (§§ 320–332) und Formwechsel (§§ 333–345) s. jew. Komm. dort.

75 **g) Vereinbarungen nach § 3 BetrVG.** Gem. § 3 BetrVG können **durch Betriebsvereinbarung** oder **Tarifvertrag** vom Betriebsbegriff des BetrVG (§§ 1, 4 BetrVG) **abweichende Betriebs(-rats)strukturen** geschaffen werden (hierzu Fitting BetrVG § 3 Rn. 1 ff.; Annuß NZA 2002, 290; Gaul/Mückl NZA 2011, 657; Trebeck/Kania BB 2014, 1595). Vor jeder Umw ist daher zu prüfen, ob Tarifverträge oder Betriebsvereinbarungen nach § 3 BetrVG bestehen (Kallmeyer/Willemsen Rn. 51) und welche Auswirkungen die Umw auf die (vereinbarten) Betriebsstrukturen und Betriebsräte haben können; zB bei Bestehen eines **unternehmenseinheitlichen Betriebsrates** gem. § 3 Abs. 1 Nr. 1 lit. a BetrVG und eines **einheitlichen Betriebes** gem. § 3 Abs. 5 BetrVG. Umstritten ist die Fortgeltung von Tarifverträgen und Betriebsvereinbarungen iSd § 3 BetrVG; es gelten die **allg. Grundsätze** zur **Fortgeltung von Kollektivvereinbarungen;** → Rn. 16 ff., → Rn. 78 ff. mwN. Gesamtrechtsnachfolge tritt danach nur in Ausnahmefällen ein (zB Firmentarifvertrag, Mitgliedschaft im tarifschließenden Arbeitgeberverband oder Anerkennungstarifvertrag; vertiefend Fitting BetrVG § 3 Rn. 87 ff.; Kallmeyer/Willemsen Rn. 51; WHSS Umstrukturierung/Hohenstatt D Rn. 149 ff.).

76 **h) Besonderheiten beim Formwechsel.** Der Formwechsel selbst hat auf das Amt des Betriebsrates, Gesamt- oder Konzernbetriebsrates, Wirtschaftsausschusses, Europäischen Betriebsrates, Sprecherausschusses, Jugend- und Auszubildendenvertretung idR **keine Auswirkungen** (zu den Besonderheiten bei der Umw in eine SE, vgl. Kallmeyer/Willemsen Rn. 63). Der Formwechsel selbst lässt die **betriebliche Identität** unberührt; der Rechtsträger bleibt erhalten. Die betriebsverfassungsrechtliche Organisation ist an keine bestimmte Rechtsform geknüpft (Fitting BetrVG § 21 Rn. 35; Richardi/Thüsing BetrVG § 21 Rn. 31). Lediglich durch den Formwechsel bedingte Änderungen der Belegschaftsstärke oder im Zusammenhang mit einem

Formwechsel vorgenommene organisatorische Änderungen können zu Auswirkungen auf die ArbN-Vertretungen führen.

Dem zuständigen Betriebsrat (→ § 5 Rn. 121) ist gem. § 194 Abs. 2 der **Entwurf** 77 **des Umwandlungsbeschlusses** spätestens einen Monat vor dem Tage der Versammlung der Anteilsinhaber, die den Formwechsel beschließen soll, **zuzuleiten** (→ § 194 Rn. 11 ff.). Dies ist idR der **Gesamtbetriebsrat** (§ 50 Abs. 1 S. 1 BetrVG). Darüber hinaus bestehen keine Beteiligungsrechte des Betriebsrates (mangels organisatorischer Änderungen auf betrieblicher Ebene → Rn. 76). Der Wirtschaftsausschuss ist über den Formwechsel gem. § 106 Abs. 2, 3 Nr. 10 BetrVG zu informieren.

4. Auswirkungen auf Kollektivverträge

a) Betriebsvereinbarungen. Anknüpfungspunkt ist der Betrieb (zum Begriff 78 → Rn. 38 f.). Entscheidend ist, ob der **Betrieb** durch die Umw seine **Identität bewahrt** und ob es sich um eine (lokale) **Betriebsvereinbarung** (→ Rn. 79 ff.), eine **Gesamt-** (→ Rn. 82) oder **Konzernbetriebsvereinbarung** (→ Rn. 83) handelt.

Bewahrt der Betrieb seine **Identität**, gehen **Betriebsvereinbarungen** kraft 79 Gesamtrechtsnachfolge ohne Weiteres auch für den übernehmenden Rechtsträger als Arbeitgeber über und **gelten kollektiv-rechtlich** gem. § 77 Abs. 4 S. 1 BetrVG **weiter** (BAG NZA 2020, 875; 2020, 49). Dies gilt bei allen übertragenden Umw. Der Auffangregelung des § 613a Abs. 1 BGB bedarf es in diesen Fällen nicht (Kallmeyer/Willemsen Rn. 71). Zu der vorgelagerten Frage, unter welchen Voraussetzungen die bisher in der übergehenden Einheit bestehenden Kollektivverträge ihren normativen Charakter behalten, verhält sich § 613a Abs. 1 BGB nicht (BAG NZA 2015, 1331; 2020, 49). Dies gilt nicht nur bei Gesamtrechtsnachfolge, sondern auch bei Einzelrechtsnachfolge gem. § 613a BGB (zB bei einem Asset Deal).

Anders als bei Tarifverträgen (→ Rn. 85) kommt es bei der Spaltung nicht darauf 80 an, ob die Betriebsvereinbarung ausdrücklich durch Aufnahme im Spaltungsvertrag (§ 126 Abs. 1 Nr. 9) übertragen wird. Denn ein bloßer Betriebsinhaberwechsel lässt auch in Fällen der Einzelrechtsübertragung die Wirksamkeit von Betriebsvereinbarungen unberührt (ausf. Heinze DB 1998, 1861). Nichts anderes kann bei der partiellen Sonderrechtsnachfolge gelten. Wird der Betrieb ohne Veränderung der organisatorischen Einheit auf verschiedene Rechtsträger übertragen, kann ein gemeinsamer Betrieb iSv § 132 Abs. 1 (vormals § 322 aF) entstehen. Auch in diesem Fall gelten Betriebsvereinbarungen weiter.

Bewahrt der Betrieb seine **Identität nicht** (zB bei Betriebsspaltung gem. 81 § 21a Abs. 1, § 111 S. 3 Nr. 3 BetrVG oder Zusammenfassung von Betrieben gem. § 21a Abs. 2, § 111 S. 3 Nr. 3 BetrVG), **scheidet** eine betriebsverfassungsrechtliche **Weitergeltung aus.** Eine Ausnahme gilt aber dann, wenn der abgespaltene Betriebsteil vom übernehmenden Rechtsträger als selbstständiger Betrieb fortgeführt wird (BAG NZA 2020, 875; 2020, 49; Fitting BetrVG § 77 Rn. 174 mwN; **aA** WHSS Umstrukturierung/Hohenstatt E Rn. 20). Die normative Weitergeltung einer Betriebsvereinbarung nach einem Betriebsübergang scheidet mangels Wahrung der Betriebsidentität aus, wenn der übernommene Betrieb in den Betrieb des Erwerbers eingegliedert wird (BAG NZA 2020,875; 2019, 1203). Es bleibt dann bei der Transformation in das Arbeitsverhältnis (§ 613a Abs. 1 S. 2 BGB). Eine Ablösung nach § 613a Abs. 1 S. 3 BGB setzt voraus, dass die beim Betriebserwerber und Veräußerer geltenden Betriebsvereinbarungen inhaltlich denselben Gegenstand regeln und die übernommenen ArbN in den Geltungsbereich der beim Erwerber geltenden Betriebsvereinbarung fallen (BAG NZA 2019, 1203; zum Ganzen auch WHSS Umstrukturierung/Hohenstatt E Rn. 6 ff. mwN). Gilt die Betriebsvereinbarung bei Verlust der Betriebsidentität nicht normativ fort, greifen daher die Regelungen des § 613a Abs. 1 S. 2–4 BGB (BAG NZA 2020, 49; zur Transformation und ggf. Ablösung durch Kollektivverträge beim übernehmenden Rechtsträger → Rn. 18, → Rn. 21).

82 Bei **Gesamtbetriebsvereinbarungen** gelten im Wesentlichen die gleichen Grundsätze (keine Angelegenheit „des Unternehmens", sondern Bezugsobjekt sind allein die einzelnen Betriebe). Entscheidend für die normative Weitergeltung einer Gesamtbetriebsvereinbarung nach einer Umw ist die **Wahrung der** jew. **Identität** der übernommenen Betriebe (BAG NZA 2003, 670). Geht ein **einzelner Betrieb** des übertragenden Rechtsträgers auf einen übernehmenden Rechtsträger über (zB im Wege der Abspaltung oder Ausgliederung), der bis dahin keinen Betrieb führte, so bleiben die in ihm geltenden Gesamtbetriebsvereinbarungen **als Einzelbetriebsvereinbarungen** bestehen. Gehen **alle oder mehrere Betriebe** über, so **bleiben** die in ihnen geltenden **Gesamtbetriebsvereinbarungen** als solche **bestehen** (BAG NZA 2003, 670; anders BAG NZA-RR 2017, 413 bei unternehmensspezifischem Regelungsgegenstand). Dies gilt auch dann, wenn nur Betriebsteile übernommen werden, aber vom übernehmenden Rechtsträger als eigene Betriebe geführt werden (→ Rn. 81). Sobald im Erwerberunternehmen nach § 47 BetrVG ein neuer Gesamtbetriebsrat errichtet ist, kommt nur dieser als Adressat für eine Kündigung der fortgeltenden Gesamtbetriebsvereinbarungen in Frage (BAG NZA 2003, 670). Wird die Identität nicht gewahrt, verbleibt es mangels kollektiv-rechtlicher Fortgeltung bei den Rechtsfolgen gem. § 613 Abs. 1 S. 2–4 BGB (Transformation oder Ablösung, → Rn. 18, → Rn. 21).

83 **Konzernbetriebsvereinbarungen** gelten kollektiv-rechtlich weiter, wenn sowohl der übertragende als auch der übernehmende Rechtsträger demselben Konzern angehören (§ 613a Abs. 1 BGB bedarf es dann nicht; Gaul ArbR der Umstrukturierung/Steffan § 22 Rn. 50; Gaul NZA 1995, 717; WHSS Umstrukturierung/Hohenstatt E Rn. 61). Scheidet hingegen der übertragende Rechtsträger aus dem Konzern aus, findet § 613a Abs. 1 S. 2–4 BGB Anwendung (Transformation oder Ablösung). Wahrt der Betrieb oder Betriebsteil seine Identität, gelten die gleichen Grundsätze wie bei einer Gesamtbetriebsvereinbarung (→ Rn. 82); es kommt dann je nach Struktur der übertragenen Einheiten die Weitergeltung als Einzelbetriebsvereinbarung oder ggf. als Gesamtbetriebsvereinbarung in Betracht (zutr. Gaul ArbR der Umstrukturierung/Steffan § 22 Rn. 51; WHSS Umstrukturierung/Hohenstatt E Rn. 61; Fitting BetrVG § 77 Rn. 170 mwN).

84 Bei **Sprecherausschussvereinbarungen** gelten die gleichen Grundsätze wie bei Betriebsvereinbarungen; es kommt auf die Wahrung der Betriebsidentität an (weiterführend Kallmeyer/Willemsen Rn. 78 mwN). Entsprechendes gilt für **Gesamtsprecherausschussvereinbarungen** und **Unternehmenssprecherausschussvereinbarungen** (entsprechend Gesamtbetriebsvereinbarungen).

85 **b) Tarifverträge.** Tarifverträge gehen nicht automatisch durch Gesamtrechtsnachfolge über. Dies ergibt sich zum einen daraus, dass Tarifverträge idR Tarifgebundenheit des Arbeitgebers voraussetzen, was im Fall der Umw nicht notwendig gewährleistet ist; zum anderen ist bei Verbandstarifverträgen idR die Mitgliedschaft im Arbeitgeberverband Voraussetzung. Diese ist aber höchstpersönlicher Natur und unterliegt grds. nicht der Gesamtrechtsnachfolge (BAG NZA 1998, 1346). Es ist daher zwischen **Verbandstarifvertrag** und **Firmen- bzw. Haustarifvertrag** einerseits sowie zwischen **Verschm** und **Spaltung** (dort auch zwischen Aufspaltung und Abspaltung/Ausgliederung) andererseits zu unterscheiden. Der **Formwechsel** bleibt nahezu folgenlos, da sich der Rechtsträger nicht ändert (zum denkbaren Herauswachsen aus dem Anwendungsbereich eines Tarifvertrages → Rn. 91; zur **Vermögensübertragung** → Rn. 90).

86 Ein **Firmentarifvertrag** geht bei **Verschm** gem. § 20 Abs. 1 Nr. 1 und 2 auf den übernehmenden Rechtsträger über (BAG NZA 1998, 1346; 2008, 307; 2010,

51; 2017, 326). Anders als Verbands- oder Flächentarifverträge kann der Firmentarifvertrag kollektiv-rechtlich auch beim übernehmenden Rechtsträger wirken. Der Auffangregelung des § 613a Abs. 1 BGB bedarf es insoweit nicht. Dies ist unproblematisch bei Verschm durch Neugründung gem. § 2 Nr. 2 oder wenn der aufnehmende Rechtsträger bislang keine ArbN beschäftigte. Beschäftigt der aufnehmende Rechtsträger ebenfalls ArbN, erfasst der Firmentarifvertrag neben den übergehenden tarifgebundenen ArbN und Betrieben auch die Betriebe und die tarifgebundenen ArbN des aufnehmenden Rechtsträgers (BAG NZA 2017, 326; Gaul ArbR der Umstrukturierung/Gaul/Mengel § 21 Rn. 108 ff. (verneinend nur für den Fall, dass auf einen bestehenden Rechtsträger aufgespalten wird); **aA** Lutter/Sagan § 324 Rn. 23; WHSS Umstrukturierung/Hohenstatt E Rn. 114 mwN; Kallmeyer/Willemsen § 324 Rn. 24; Baeck/Winzer NZG 2013, 655). Die Universalsukzession ist die gesetzlich angeordnete Rechtsfolge der Verschm, sodass sich etwaige zeitliche, örtliche oder betriebliche Einschränkungen nur aus dem Wortlaut des Firmentarifvertrages ergeben können (BAG NZA 2017, 326). Besteht beim aufnehmenden Rechtsträger ein Firmentarifvertrag, beim übertragenden Rechtsträger aber nicht, so kann der Firmentarifvertrag des übernehmenden Rechtsträgers auch die übernommenen Einheiten erfassen (WHSS Umstrukturierung/Hohenstatt E Rn. 115 mit Verweis auf BAG NZA 2000, 1167). Denkbar ist auch die Kollision zwischen einem Firmentarifvertrag beim übertragenden Rechtsträger und einem Verbandstarifvertrag beim übernehmenden Rechtsträger. Ist die tarifschließende Gewerkschaft jeweils identisch, tritt für die ArbN des übertragenden Rechtsträgers Tarifkonkurrenz ein (WHSS Umstrukturierung/Hohenstatt E Rn. 127 ff.; Baeck/Winzer NZG 2013, 655); der Firmentarifvertrag ist dann aber spezieller (BAG NZA 2001, 1085; WHSS Umstrukturierung/Hohenstatt E Rn. 127 ff. mwN).

Bei **Abspaltung** und **Ausgliederung** bleibt die Tarifgebundenheit des übertragenden Rechtsträgers erhalten (BAG NZA 2013, 512); beim übernehmenden Rechtsträger gilt der Firmentarifvertrag nicht und für die ArbN, deren ArbVerh auf den übernehmenden Rechtsträger übergeht, gelten die Rechte und Pflichten dieses Tarifvertrages damit (nur) nach § 613a Abs. 1 S. 2–4 BGB iVm § 35a (vormals § 324 aF) fort (Gaul ArbR der Umstrukturierung/Gaul/Mengel § 21 Rn. 118; WHSS Umstrukturierung/Hohenstatt E Rn. 129). Eine kollektiv-rechtliche Fortgeltung von Firmentarifverträgen für den übertragenden und die übernehmenden Rechtsträger ist ohne entsprechende Vereinbarung im Spaltungs- und Übernahmevertrag abzulehnen (zutr. Gaul ArbR der Umstrukturierung/Gaul/Mengel § 21 Rn. 117; Semler/Stengel/Leonard/Simon § 131 Rn. 51; aA Gaul/Otto BB 2014, 500 mwN). Der Firmentarifvertrag kann im Spaltungs- und Übernahmevertrag aber gem. § 126 I Nr. 9 zugewiesen werden (BAG NZA 2013, 512; zur mehrfachen Zuordnung vgl. Gaul/Otto BB 2014, 500). Ist dies der übernehmende Rechtsträger, gilt der Firmentarifvertrag beim übertragenden Rechtsträger nur gem. § 3 Abs. 3 TVG analog (Boecken Unternehmensumwandlungen Rn. 208; WHSS Umstrukturierung/Hohenstatt E Rn. 129; **aA** Semler/Stengel/Leonard/Simon § 131 Rn. 53: Nachwirkung gem. § 4 V TVG). Fehlt eine Zuweisung, bleibt der übertragende Rechtsträger tarifgebunden (BAG NZA 2013, 512; Semler/Stengel/Leonard/Simon § 131 Rn. 51 mwN).

Bei der **Aufspaltung** (§ 123 Abs. 1) geht der übertragende Rechtsträger unter, sodass der Spaltungs- oder Übernahmevertrag regeln muss, wer in den Firmentarifvertrag eintritt (WHSS Umstrukturierung/Hohenstatt E Rn. 130; Kallmeyer/Willemsen Rn. 81). Fehlt eine Zuordnung, gelten individualrechtlich die Regelungen des § 613a Abs. 1 S. 2–4 BGB, dh Transformation oder Ablösung (Gaul ArbR der Umstrukturierung/Gaul/Mengel § 21 Rn. 119; WHSS Umstrukturierung/Hohenstatt E Rn. 129 ff. mwN; **aA** Semler/Stengel/Leonard/Simon § 131 Rn. 52: kollektiv-rechtliche Fortgeltung in allen übernehmenden Rechtsträgern).

89 Ein **Verbandstarifvertrag** des übertragenden Rechtsträgers gilt für den übernehmenden Rechtsträger nur dann, wenn auch er dem Verband angehört oder der Tarifvertrag allgemeinverbindlich ist (Lutter/Sagan § 324 Rn. 22; Kallmeyer/Willemsen § 324 Rn. 24; Semler/Stengel/Leonard/Simon § 131 Rn. 50; WHSS Umstrukturierung/Hohenstatt E Rn. 112, 100; Müller-Bonanni/Mehrens ZIP 2012, 1217; Baeck/Winzer NZG 2013, 655). Dies ist aber bei **Verschm** und **Spaltung** nicht notwendig gewährleistet. Der übernehmende Rechtsträger wird nicht etwa durch die Sonderrechtsnachfolge automatisch Mitglied in diesem Verband, da die Verbandsmitgliedschaft eine höchstpersönliche Rechtsposition ist (BAG NZA 1995, 479; 1998, 1346; Semler/Stengel/Leonard/Simon § 131 Rn. 50; Lutter/Sagan § 324 Rn. 22; Kallmeyer/Willemsen § 324 Rn. 24). Es verbleibt dann mangels kollektiv-rechtlicher Fortgeltung bei den Rechtsfolgen gem. § 613 Abs. 1 S. 2–4 BGB (Transformation oder Ablösung).

90 Bei der **Vermögensvollübertragung** (§ 174 Abs. 1) gelten die für die Verschm geltenden Grundsätze. Für die **Vermögensteilübertragung** (§ 174 Abs. 2) gelten indes die für die Spaltung geltenden Grundsätze entsprechend (Gaul NZA 1995, 717; WHSS Umstrukturierung/Hohenstatt E Rn. 131).

91 **c) Besonderheiten beim Formwechsel.** Der Formwechsel hat wegen seiner fehlenden Auswirkungen auf die betrieblichen Strukturen **kaum Einfluss** auf bestehende Betriebsvereinbarungen oder Tarifverträge. Ein Wechsel des Rechtsträgers findet beim Formwechsel nicht statt. Denkbar ist lediglich das Herauswachsen aus dem Geltungsbereich eines Tarifvertrages (vgl. Kallmeyer/Willemsen Rn. 85 mit dem Beispiel der Umw einer Körperschaft öffentlichen Rechts in eine GmbH).

5. Auswirkungen auf die Unternehmensmitbestimmung

92 Naturgemäß können Umw erhebliche Auswirkungen auf die Unternehmensmitbestimmung haben, da bereits geringfügige **Änderungen der Belegschaftsstärke** ein **anderes Mitbestimmungsstatut** auslösen können. Auf Unternehmensebene ist daher zu prüfen, welches Mitbestimmungsstatut derzeit gilt (ggf. unterliegt der übertragende oder übernehmende Rechtsträger bislang auch gar nicht einem besonderen Mitbestimmungsstatut) und ob mit der Umw ggf. ein anderes Mitbestimmungsstatut zu Anwendung käme, ggf. auch erstmalig.

93 Bei Änderungen des Mitbestimmungsstatutes ist ein **Statusverfahren gem. §§ 97 ff. AktG** durchzuführen (WHSS Umstrukturierung/Seibt F Rn. 190 f.; Kallmeyer/Willemsen Rn. 87; Kauffmann-Lauven/Lenze AG 2010, 532; zum Risiko von Mehrfachzurechnungen bei Gemeinschaftsbetrieben Hohenstatt/Schramm NZA 2010, 846). Ein Statusverfahren ist aber mit der Verschm der betroffenen Ges auf eine andere Ges erledigt (BGH NJW 2015, 1449). Dies dürfte ebenfalls für Aufspaltung und Vermögensvollübertragung gelten. Maßgeblich sind die Schwellenwerte nach dem **DrittelbG** (idR mehr als 500 ArbN), dem **MitbestG** (idR mehr als 2.000 ArbN), dem **MontanMitbestG** und dem **MitbestErgG** (idR mehr als 1.000 ArbN); auch → § 325 Rn. 4 ff. Die Mitbestimmung der ArbN in den AR ist jew. nur in den im DrittelbG, MitbestG und MontanMitbestG aufgezählten Rechtsformen vorgesehen, die dem deutschen Gesellschaftsstatut unterliegen; auf Rechtsformen ausl. Rechts sind die vorgenannten Mitbestimmungsgesetze weder unmittelbar noch analog anwendbar (MHdB ArbR/Oetker § 11 Rn. 132 f.).

94 Es kommt jew. auf die **„in der Regel" beschäftigten ArbN** an (§ 1 Abs. 1 DrittelbG, § 1 Abs. 1 MitbestG), sodass eine Stichtagsbetrachtung ausscheidet (LG Nürnberg-Fürth BB 1982, 1625); erforderlich ist neben einer vergangenheitsbezogenen Betrachtung auch eine Prognose (ErfK/Oetker MitbestG § 1 Rn. 14). Eine Berücksichtigung der Unternehmensplanung über 17–20 Monate ist nach OLG Düsseldorf (DB 1995, 277) erforderlich und ausreichend (zur Berücksichtigung von **Leiharbeitnehmern** (BAG NZA 2016, 559; LG Nürnberg-Fürth DB 1983, 2675;

LG Düsseldorf BeckRS 2011, 22399; OLG Hamburg NZG 2014, 787). Sinkt die ArbN-Zahl nur vorübergehend unter 2000, führt dies ebenso wenig zur Beendigung der Mitbestimmung nach dem MitbestG (OLG Frankfurt EWiR 1985, 607; OLG Hamburg NZG 2014, 787) wie das erstmalige Überschreiten des Schwellenwerts die Anwendung des MitbestG erzwingt (ErfK/Oetker MitbestG § 1 Rn. 14; Lambrich/Reinhard NJW 2014, 2229 mwN). Praktisch bedeutsam ist die **Zurechnung von ArbN** bei Konzernstrukturen gem. §§ 3, 5 I MitbestG bzw. § 2 DrittelbG (dort enger). **ArbN im Ausland** zählen nicht mit und sind auch nicht aktiv oder passiv wahlberechtigt (EuGH NJW 2017, 2603 – Erzberger). Zur befristeten **Beibehaltung der Unternehmensmitbestimmung** beim übertragenden Rechtsträger bei **Abspaltung** oder **Ausgliederung** gem. § 325 und die Komm. dort mwN.

Bei (unmittelbar und überwiegend) **konfessionellen** oder **caritativen Unternehmen** ist gem. § 1 II 1 Nr. 2 lit. a, S. 2 DrittelbG und § 1 IV 1 Nr. 1, S. 2 MitbestG kein mitbestimmter AR zu bilden, was bei Umw unter Beteiligung konfessioneller Unternehmen (sowie Religionsgemeinschaften und ihre caritativen Einrichtungen) und bei Transaktionen im **Gesundheitswesen** große Bedeutung haben kann. **95**

Bei **Untergang des übertragenden Rechtsträgers** (Verschm, Aufspaltung und Vermögensvollübertragung) enden auch die Organstellungen der Mitglieder eines (mitbestimmten) AR (BGH NJW 2015, 1449; Lutter/Grunewald § 20 Rn. 27; → § 20 Rn. 9). Bei Fortbestehen des übertragenden Rechtsträgers kommt es für das anzuwendende Mitbestimmungsstatut auf die Belegschaftsstärke nach der Umw an (zB Verkleinerung des AR trotz unveränderter Mitbestimmung nach dem MitbestG gem. § 7 Abs. 1 MitbestG). **96**

Zum Mitbestimmungsstatut im Zusammenhang mit grenzüberschreitenden Umw nach dem **MgVG** (grenzüberschreitende Verschm, §§ 305–319) und nach dem **MgFSG** (grenzüberschreitende Spaltung, §§ 320–332 und grenzüberschreitender Formwechsel, §§ 333–345) s. jew. Komm. dort (vertiefend Heckschen/Knaier GmbHR 2023, 317; Müller-Bonanni/Jenner AG 2022, 457; Sauerbrey GmbHR 2023, 5). Praktische Bedeutung haben die Regelungen für nationale Umwandlungsvorgänge hinsichtlich des Mitbestimmungsstatuts über § 30 Abs. 1 MgVG (grenzüberschreitende Verschm) und § 32 Abs. 1 MgFSG (grenzüberschreit Spaltung und Formwechsel), wenn innerhalb von vier Jahren nach Wirksamwerden des grenzüberschreitenden Vorhabens eine nachfolgende nationale Umw stattfindet. Dann sind zur Sicherung des bisherigen Mitbestimmungsstatuts die für die vorherige grenzüberschreitende Umwandlung angewendeten Regelungen entsprechend anwendbar, vgl. auch die wechselseitigen Verweisungen in § 32 Abs. 2 MgFSG (zu nachfolgender Verschm) und § 30 Abs. 2 MgVG (zu nachfolgender Spaltung oder Formwechsel). **97**

Zum Mitbestimmungsstatut nach dem **SEBG** bei Gründung einer SE durch Formwechsel oder Verschm → SE-VO Vor Art. 1 Rn. 9 mwN (Kallmeyer/Marsch-Barner/Wilk Anh. Rn. 67 ff.). **97a**

6. Haftung

Es kollidieren die § 613a Abs. 1–3 BGB mit den umwandlungsrechtlichen Haftungsregelungen der §§ 22, 133, 134. Grds. haftet der **übernehmende Rechtsträger** nach § 613a Abs. 1 BGB sowohl für die vor dem Betriebsübergang entstandenen als auch erst nach dem Betriebsübergang entstehenden Ansprüche der ArbN. Der **übertragende Rechtsträger** haftet nach Maßgabe von § 613a Abs. 2 BGB mit dem übernehmenden Rechtsträger als Gesamtschuldner (dh zeitlich beschränkt) und gem. § 613a Abs. 3 gar nicht, wenn er durch Umw erlischt (also bei Verschm, Aufspaltung und Vermögensvollübertragung). **98**

Die umwandlungsrechtlichen Haftungsregelungen sind strenger. Besteht der übertragende Rechtsträger nach der Umw fort (Abspaltung, Ausgliederung und Vermö- **99** gensteilübertragung), haftet dieser gem. § 133 Abs. 1, 3–5 für die **vor dem Wirksamwerden der Spaltung** begründeten Ansprüche (mit dem übernehmenden Rechtsträger als Gesamtschuldner), wenn sie vor Ablauf von fünf bzw. zehn Jahren nach der Spaltung fällig und Ansprüche hieraus gerichtlich geltend gemacht werden. Zu den Einzelheiten → § 133 Rn. 2 ff. mwN. Zur Haftung des übertragenden Rechtsträgers nach dem Wirksamwerden der Spaltung → § 134 Rn. 7 ff. mwN.

100 Das Verhältnis zwischen § 613a Abs. 2, 3 BGB und §§ 133, 134 ist unklar, denn § 35a Abs. 2 (vormals § 324 aF) nimmt lediglich Bezug auf § 613a Abs. 1, 4–6 BGB, nicht jedoch auf § 613a Abs. 2, 3 BGB (auch wenn § 613a Abs. 3 BGB den Fall des Erlöschens einer jur. Person oder einer PhG durch Umw erwähnt). Die umwandlungsrechtlichen Vorschriften der **§§ 22, 133, 134** sind jedoch **spezieller** (für die ArbN bei Fortbestehen des übertragenden Rechtsträgers auch günstiger) und genießen insoweit Vorrang (hM; Semler/Stengel/Leonard/Simon § 324 Rn. 38; Lutter/Sagan § 324 Rn. 40; Kallmeyer/Willemsen § 324 Rn. 22; **aA** Däubler RdA 1995, 136; Boecken Unternehmensumwandlungen Rn. 228 ff.; auch → § 133 Rn. 1 ff. mwN). Dies folgt aus dem Schutzzweck von § 613a Abs. 2 BGB, der eine haftungsrechtliche Benachteiligung der ArbN verhindern soll. Zur Trennung zwischen Betriebs- und Anlagegesellschaft (sog. **Betriebsaufspaltung**) → § 134 Rn. 1 ff.

7. Auswirkungen auf Organe

101 **a) Bestellung.** Mit **Untergang der übertragenden Rechtsträger** (also bei Verschm, Aufspaltung und Vermögensvollübertragung) erlöschen auch die Ämter ihrer Leitungsorgane (Vorstand, Geschäftsführer, Aufsichtsrat, aber auch Prokura und Handlungsvollmacht); damit endet auch die organschaftliche Vertretungsmacht. **Entlastung** kann dann nur der übernehmende Rechtsträger erteilen (OLG Hamburg AG 2005, 355; Semler/Stengel/Leonard/Leonard/Simon § 20 Rn. 20; Kallmeyer/Marsch-Barner/Oppenhoff § 20 Rn. 17; → § 20 Rn. 10 mwN; **aA** OLG München AG 2001, 197; Lutter/Grunewald § 20 Rn. 30 mwN). **Abspaltungen** und **Ausgliederungen** lassen die Organstellung beim übertragenden Rechtsträger unberührt (Kallmeyer/Sickinger § 131 Rn. 12). In diesen Fällen richtet sich die **Beendigung** von Organbestellungen beim übertragenden Rechtsträger bzw. die **Neubegründung** bei den übernehmenden Rechtsträgern nach den allg. gesellschaftsrechtlichen Vorschriften. Gleiches gilt für die Leitungsorgane des übernehmenden Rechtsträgers.

102 **b) Anstellung.** Die den Organbestellungen zugrunde liegenden **Anstellungsverhältnisse** (oder sonstigen schuldrechtlichen Vereinbarungen) sind zunächst vom Schicksal der Organstellung unabhängig **(„Trennungsprinzip"). § 613a BGB gilt nicht** (BAG NJW 2003, 2473). Es besteht jedoch die Tendenz in der Rspr., zumindest Fremdgeschäftsführer wie ArbN zu behandeln (EuGH NJW 2011, 2343 – Danosa; zuletzt EuGH NZA 2015, 861 – Balkaya).

103 Bei **Ausgliederung** und **Abspaltung** bleiben die Anstellungsverhältnisse mit dem übertragenden Rechtsträger bestehen. Ohne Zustimmung des Organmitglieds kann das Anstellungsverhältnis daher im Zweifel nicht auf einen anderen Rechtsträger übertragen werden (zutr. Semler/Stengel/Leonard/Simon § 131 Rn. 57: dies gelte auch für die Zuordnung von Dienstverträgen zu einem der übernehmenden Rechtsträger im Fall der Aufspaltung).

104 Bei **Gesamtrechtsnachfolge** iU gehen die Dienstverträge unabhängig von § 613a BGB auf den übernehmenden Rechtsträger über, es sei denn, deren Beendigung ist für diese Fälle ausdrücklich vereinbart. Wegen § 613 S. 2 BGB kann das Organ aber kündigen oder eine Anpassung (Semler/Stengel/Leonard/Schröer/Greitemann § 131 Rn. 23; Buchner/Schlobach GmbHR 2004, 1), nicht jedoch Schadenersatz nach § 628 Abs. 2 BGB verlangen (vgl. BAG NZA 2008, 815; Semler/Stengel/Leonard/Simon § 20 Rn. 59). Im Ergebnis kommt es auf den vereinbarten

Tätigkeitsumfang im Anstellungsvertrag an; fehlt es an ausdrücklichen Regelungen, kann das Organ weder eine andere Tätigkeit (zB als leitender Angestellter) verlangen oder ist dazu verpflichtet (vgl. BGH GmbHR 2011, 82). Der übernehmende Rechtsträger kann wegen der Umw allerdings nicht aus wichtigem Grund kündigen (→ § 20 Rn. 47; Kallmeyer/Marsch-Barner/Oppenhoff § 20 Rn. 14); das Recht zur ordentlichen Kündigung bleibt aber unberührt. Zur Fortgeltung von Organbestellungen und Anstellungsverträgen mit Organen bei Übertragungen im Wege der Gesamtrechtsnachfolge weitergehend → § 20 Rn. 45 ff.

§ 35a Interessenausgleich und Betriebsübergang

(1) Kommt ein Interessenausgleich nach § 112 des Betriebsverfassungsgesetzes zustande, in dem diejenigen Arbeitnehmer namentlich bezeichnet werden, die nach der Verschmelzung einem bestimmten Betrieb oder Betriebsteil zugeordnet werden, so kann die Zuordnung der Arbeitnehmer durch das Arbeitsgericht nur auf grobe Fehlerhaftigkeit überprüft werden.

(2) § 613a Absatz 1 und 4 bis 6 des Bürgerlichen Gesetzbuchs bleibt durch die Wirkungen der Eintragung einer Verschmelzung unberührt.

1. Allgemeines

Die Vorschrift ersetzt deckungsgleich § 323 II aF (Abs. 1) und § 324 aF (Abs. 2) **1** im Zuge der Umsetzung der RL (EU) 2019/2121 und RL (EU) 2017/1132 (Gesetz v. 28.2.2023, BGBl. 2023 I Nr. 51). Nach seinem Wortlaut ist der Anwendungsbereich zwar auf die Verschm beschränkt, ist aber über § 176 I und § 177 I auch auf Voll- und Teilübertragungen und über § 125 I auf Spaltungen anwendbar und damit deckungsgleich mit § 324 aF (s. Begr. RegE, BR-Drs. 371/22; ErfK/Oetker § 324 Rn. 11; ErfK/Oetker § 323 Rn. 13).

Abs. 1 bestimmt, dass bei der **Zuordnung von ArbN** zu bestimmten Betrieben **2** oder Betriebsteilen bei einer Verschm (und Spaltung oder Vermögensübertragung) in einem **Interessenausgleich** die gerichtliche Kontrolle eingeschränkt ist (Prüfung nur auf grobe Fehlerhaftigkeit; zum Begriff → Rn. 11). Der Gesetzgeber schien wie selbstverständlich davon auszugehen, dass eine Zuordnung von ArbN in einem Interessenausgleich möglich ist. Dennoch sind viele Fragen zum Verhältnis zwischen Interessenausgleich, Übergang von ArbVerh nach § 613a BGB und der Zuordnung von ArbVerh in einem Spaltungs- oder Teilübertragungsvertrag nicht eindeutig geklärt. Die analoge Anwendung dieser Vorschrift bei Übertragungsvorgängen außerhalb des UmwG ist ausgeschlossen (BAG NZA 2007, 739; Gaul ArbR der Umstrukturierung/Niklas § 17 Rn. 104 ff. mwN). Die kündigungsrechtliche Stellung des ArbN ist bei Übertragungsvorgängen außerhalb des UmwG in § 613a I, IV BGB abschließend geregelt (Gaul ArbR der Umstrukturierung/Niklas § 17 Rn. 104 ff.).

Abs. 2 ersetzt die Regelung in § 324 aF und führt zur Anwendbarkeit der **3** § 613a I und IV–VI BGB auf die (partielle) Gesamtrechtsnachfolge bei übertragenden Umw (dh Verschm, Spaltung, Vermögensübertragung) (→ Rn. 1).

2. Voraussetzungen eines Interessenausgleichs

a) Notwendigkeit einer Betriebsänderung. Abs. 2 schränkt die gerichtliche **3a** Nachprüfbarkeit der Zuordnung von ArbN iRe Interessenausgleichs ein, ohne selbst die Voraussetzungen für den Abschluss eines Interessenausgleichs zu benennen. Maßgeblich ist daher zunächst **§ 112 BetrVG**. Der Abschluss eines Interessenausgleichs setzt eine **Betriebsänderung iSv § 111 BetrVG** voraus (Lutter/Sagan § 323 Rn. 18; Kölner Komm UmwG/Hohenstatt/Schramm § 323 Rn. 39; Kallmeyer/

Willemsen § 323 Rn. 58 mwN; Semler/Stengel/Leonard/Simon § 323 Rn. 20). Die Zuordnung in einem **freiwilligen Interessenausgleich** ist zwar möglich, diese kann aber nicht die Vermutungswirkung nach Abs. 2 entfalten, sondern unterliegt der vollen gerichtlichen Kontrolle. Als Betriebsänderung gelten ua der Zusammenschluss mit anderen Betrieben oder die Spaltung von Betrieben (§ 111 S. 3 Nr. 3 BetrVG). Aber nicht jede Verschm, Spaltung oder Vermögensübertragung ist zugleich mit einer Betriebsänderung iSv § 111 BetrVG verbunden (→ § 5 Rn. 97 f.).

4 **b) Voraussetzungen einer Betriebsänderung.** Eine Betriebsänderung iSv § 111 BetrVG ist ua der Zusammenschluss mit anderen Betrieben oder die Spaltung von Betrieben (§ 111 S. 3 Nr. 3 BetrVG). Zum Betriebsbegriff → § 132 Rn. 1. Der Zusammenschluss kann dadurch erfolgen, dass sich zwei oder mehrere Betriebe zu einer neuen Einheit vereinigen oder dass ein Betrieb in einen anderen Betrieb eingegliedert wird (ErfK/Kania BetrVG § 111 Rn. 15 mwN), sodass der aufnehmende Betrieb bestehen bleibt und der aufgenommene Betrieb untergeht. Wird ein ganzer Betrieb aus einem Unternehmen ausgegliedert und in ein anderes Unternehmen eingegliedert, liegt darin kein Zusammenschluss iSv § 111 S. 3 Nr. 3 BetrVG, sondern ein Betriebsinhaberwechsel, der als solcher keine Betriebsänderung ist (Richardi/Annuß BetrVG § 111 Rn. 99). Der Zusammenschluss von Betriebsteilen unterfällt dann § 111 S. 3 Nr. 3 BetrVG, wenn die beteiligten Betriebsteile gem. § 4 BetrVG als selbstständige Betriebe gelten. Der **Zusammenschluss** muss Folge einer Verschm, Spaltung oder Vermögensübertragung sein („**bei** einer Verschm, Spaltung oder Vermögensübertragung"). Es ist zu beachten, dass allein die Tatsache des (rechtlichen) Wirksamwerdens der Umw (vgl. § 20 I, § 131 I, § 176 III, § 177 II) nicht zu Veränderungen der betrieblichen Struktur führt (Trennung zwischen betrieblicher und gesellschaftsrechtlicher Struktur; → § 5 Rn. 91). Die Kausalität zwischen Umw und Zusammenschluss von Betrieben muss daher idS verstanden werden, dass der Zusammenschluss die **unmittelbare tatsächliche Folge** der durch die Umw veränderten rechtlichen Situation ist (Semler/Stengel/Leonard/Simon § 323 Rn. 21).

5 Betriebsänderung iSv § 111 kann auch die **Spaltung von Betrieben** sein (§ 111 S. 3 Nr. 3 BetrVG). Dies kann die unternehmensinterne Betriebsaufspaltung durch Änderung der Organisationsstrukturen als auch die unternehmensübergreifende Betriebsaufspaltung durch Übertragung eines Betriebsteils auf einen anderen Inhaber sein (ErfK/Kania BetrVG § 111 Rn. 16 mwN). Denkbar ist hier sowohl die Gestaltung, dass der bislang einheitliche Betrieb unter Verlust der bisherigen Betriebsidentität in zwei oder mehrere selbstständige neue Betriebe aufgeteilt wird oder die Spaltprodukte in neue Betriebe eingegliedert werden (Richardi/Annuß BetrVG § 111 Rn. 101). Ebenso möglich ist, dass von dem fortbestehenden bisherigen Betrieb ein kleinerer Teil oder mehrere kleinere Teile abgespalten und verselbstständigt oder in neue Betriebe eingegliedert werden. Eine solche Spaltung kann auch in der Auflösung eines gemeinsamen Betriebs zu erblicken sein (→ § 132 Rn. 18). Auch dies kann jew. nicht unmittelbar rechtliche Folge der Umw sein. Entscheidend ist die durch die Rechtsfolgen der Umw bewirkte **tatsächliche Trennung** eines bislang einheitlichen Betriebs in mindestens zwei Teile.

3. Zuordnung von Arbeitsverhältnissen

6 Ein von Abs. 2 erfasster Interessenausgleich muss die **namentliche Zuordnung von ArbN zu bestimmten Betrieben oder Betriebsteilen** enthalten. Eine derartige Zuordnung von ArbVerh kann **auch bei einer Verschm** oder einer Vollübertragung erfolgen (Kölner Komm UmwG/Hohenstatt/Schramm § 323 Rn. 29; Semler/Stengel/Leonard/Simon § 323 Rn. 19; zweifelnd insoweit Kreßel BB 1995, 928). Zwar findet hier im Zusammenhang mit der Umw keine Zuord-

nung der ArbVerh zu einem Rechtsträger statt, weil alle ArbVerh auf den übernehmenden oder neuen Rechtsträger übergehen; es kann sich aber infolge einer anschl. oder gleichzeitig stattfindenden Betriebsänderung die Notwendigkeit von Versetzungen ergeben. Diese Zuordnung von ArbN zu Betrieben oder Betriebsteilen ist entscheidend. Abs. 2 meint nicht den Rechtsträger (also idR das Unternehmen), sondern die arbeitstechnische Einheit „Betrieb". Die Zuordnung erfolgt meist durch eine **Namensliste**, die auch als Anlage zum Interessenausgleich genommen werden kann, wenn Namensliste und Interessenausgleich eine einheitliche Urkunde bilden, die insgesamt dem Schriftformerfordernis der §§ 125, 126 BGB genügt (BAG NZA 2011, 114; 2013, 333; zum Ganzen ErfK/Oetker KSchG § 1 Rn. 361 mwN). Die Namensliste kann grds. auch nachträglich (zeitnah, unbedenklich sind binnen sechs Wochen: BAG NZA 2009, 1151) als Anlage zum Interessenausgleich genommen werden, es ist dann aber entweder ein klarer, wechselseitiger Bezug in den Dokumenten oder die feste körperliche Verbindung erforderlich (BAG NZA 2013, 86). Der Praxis sei daher empfohlen, die Namensliste vorsorglich erst nach körperlicher Verbindung mit dem Interessenausgleich zu unterzeichnen bzw. bei fehlender fester körperlicher Verbindung den wechselseitigen Bezug präzise zu formulieren und die Namensliste von den Betriebsparteien unterzeichnen zu lassen.

Das Verhältnis zwischen einem Interessenausgleich iSv Abs. 2, den Wirkungen 7 von § 613a BGB und den Bestimmungen im Spaltungsvertrag hinsichtlich des Übergangs von ArbVerh bedürfen einer Klärung, insbes. zur Reichweite der jew. Zuordnung und deren Wirkung iRv § 613a BGB (Lutter/Sagan § 323 Rn. 22; Kölner Komm UmwG/Hohenstatt/Schramm § 323 Rn. 32 mwN).

Maßgeblich ist zunächst der **Inhalt des Spaltungs- oder Teilübertragungsver-** 8 **trags** bzw. des Spaltungsplans (§§ 126, 136, 177, 176 II). Anhand der dort geregelten **Vermögensaufteilung** bestimmt sich, ob Betriebe oder Betriebsteile iSv § 613a BGB übertragen werden. Ist dies der Fall, so gehen die diesen Betrieben oder Betriebsteilen eindeutig zuordenbaren ArbVerh gem. § 613a I 1 BGB auf diejenigen Rechtsträger über, denen die Betriebe oder Betriebsteile im Spaltungsvertrag zugeordnet worden sind (→ Vor § 35a Rn. 7 ff.). Dies ist nur dann der Fall, wenn die jew. ArbN in und nicht lediglich für den jew. Betrieb oder Betriebsteil tätig waren (BAG NZA 2013, 669). Entscheidend ist daher, in welchem Betriebsteil der jew. ArbN überwiegend, dh im Schwerpunkt, tätig war (BAG NZA-RR 2014, 175). Sind Betriebe oder Betriebsteile nicht Gegenstand der Vermögensübertragung, bestimmt sich der Übergang von ArbVerh nach § 35a Abs. 2 UmwG iVm § 613a I 1 BGB. Entsprechendes gilt trotz der Übertragung von Betrieben oder Betriebsteilen hinsichtlich solcher ArbVerh, die **keinem Betrieb oder Betriebsteil eindeutig zugeordnet** werden können. Dies ist insbes. bei **zentralen Unternehmensbereichen** (Rechnungswesen, Personal, Rechtsabteilung, Buchhaltung etc) der Fall, die nur dann objektiv zugeordnet werden können, wenn deren Tätigkeit ausschließlich oder wesentlich dem übertragenen Betrieb oder Betriebsteil zugutekam (ErfK/Preis BGB § 613a Rn. 72).

Stimmen hingegen die Festlegungen im Spaltungsvertrag oder im Teilübertra- 9 gungsvertrag mit den sich aus § 613a I 1 BGB ergebenden Rechtsfolgen nicht überein, so entfaltet die Zuordnung im Spaltungsvertrag keine Wirkung **(Priorität von § 613a BGB;** BAG BeckRS 2013, 65579). Bleibt die Zuordnung dann iE unklar, steht den betroffenen ArbVerh, in Anlehnung an ihr Widerspruchsrecht nach § 613a V BGB ein **Wahlrecht** zu, welchem Betrieb(steil) sie zugeordnet werden wollen (ErfK/Preis BGB § 613a Rn. 72; ThürLAG BeckRS 2016, 66425). Für die Praxis ist daher empfehlenswert, bei Zweifelsfällen möglichst frühzeitig eine **einvernehmliche Zuordnung** mit der jew. ArbN zu erreichen oder die **Zuordnung** zuvor **mittels Ausübung des arbeitgeberseitigen Direktionsrechts** sicherzustellen (vgl. BAG NZA 2013, 617; so auch Semler/Stengel/Leonard/Simon

§ 323 Rn. 26; zu den Gestaltungsoptionen in der Praxis Gaul/Jares AuA 2014, 220; Elking NZA 2014, 295; Niklas/Ittmann ArbRB 2013, 347).

10 Im **Interessenausgleich** können ArbVerh grds. Betrieben oder Betriebsteilen zugeordnet werden, deren **Zuordnung** aufgrund ihrer Tätigkeit zu einem bestimmten Betrieb oder Betriebsteil **nicht zweifelsfrei** ist (so auch Kallmeyer/ Willemsen § 324 Rn. 59; vgl. auch BAG NZA 2013, 793; aA Lutter/Sagan § 323 Rn. 25). Dies betrifft insbes. ArbN zentraler oder übergreifender Unternehmensbereiche und sog. „Springer" (Gaul ArbR der Umstrukturierung/Mückl/Richter § 10 Rn. 184; Semler/Stengel/Leonard/Simon § 323 Rn. 26). So kann ein Unternehmen mit einem einheitlichen Betrieb ohne Betriebsteile nach Geschäftsprozessen **aufgespalten** werden, die sich daran orientieren, welche davon der Arbeitgeber weiterhin in einem Betrieb durch eigenes Personal erledigen will und welche er künftige durch Fremdfirmen erledigen lassen möchte; die Betriebsparteien können nur im Rahmen von § 322 II und in den Grenzen von § 613a BGB in einem Interessenausgleich die namentliche Zuordnung der Arbeitnehmer zu den neu geschaffenen betrieblichen Einheiten vornehmen, die Zuordnung der Arbeitnehmer kann dann nur durch das Arbeitsgericht nur auf grobe Fehlerhaftigkeit überprüft werden (BAG BeckRS 2018, 20180; 2018, 20236; 2018, 20238, zu den weiteren Gestaltungsmöglichkeiten Mückl/Götte DB 2017, 966). Steht diese Zuordnung nicht im Einklang mit § 613a BGB (keine beliebige Zuordnung zum Spaltprodukt), scheidet ein Betriebsübergang aus; für einen Übergang des ArbVerh nach § 131 I 1 UmwG (partielle Gesamtrechtsnachfolge) ist die **Zustimmung des ArbN** erforderlich (BAG BeckRS 2018, 20180). Liegt die erforderliche Zustimmung des ArbN nicht vor, hat dieser ein Wahlrecht, mit welchem der übernehmenden Rechtsträger das Arbeitsverhältnis fortgesetzt wird (BAG BeckRS 2017, 142368; 2018, 20180). Die Vertragsparteien dürfen die Wertungen des § 613a BGB nicht unberücksichtigt lassen (reine Zweckmäßigkeitserwägungen reichen nicht; die Zuordnungsentscheidung muss nachvollziehbar und schlüssig sein). Die Grenze ist dann grobe Fehlerhaftigkeit (→ Rn. 11). Die nicht eindeutige Zuordnung ist damit der einzige Anwendungsfall, wo einem Interessenausgleich bei der Übertragung eines ArbVerh auf einen anderen Rechtsträger konstitutive Wirkung zukommen kann, der gerichtlich dann nur auf grobe Fehlerhaftigkeit überprüft werden kann. Das ist kein Widerspruch zu § 613a Abs. 1 S. 1 BGB, der zwar Vorrang genießt, aber dort an seine Grenzen stößt, wo eine klare Zuordnung nicht möglich ist. Da die Zuordnung der ArbVerh im Interessenausgleich gegenüber der Zuordnung im Spaltungs- oder Teilübertragungsvertrag insoweit **vorrangig** ist, sollte der Interessenausgleich möglichst vor oder zeitgleich mit dem Umwandlungsbeschluss der Anteilseigner abgeschlossen werden (Semler/Stengel/Leonard/ Simon § 323 Rn. 40; Kallmeyer/Willemsen § 324 Rn. 62).

4. Eingeschränkte Überprüfung

11 Ein Interessenausgleich, der namentlich bezeichnete ArbN bestimmten Betrieben oder Betriebsteilen zuordnet, ist nach **Abs. 2** durch das Arbeitsgericht nur auf grobe Fehlerhaftigkeit zu überprüfen. **Grob fehlerhaft** ist die Zuordnung, wenn sie sich unter keinem Gesichtspunkt sachlich rechtfertigen lässt (Kölner Komm UmwG/ Hohenstatt/Schramm § 323 Rn. 43; Gaul ArbR der Umstrukturierung/Mückl/ Richter § 10 Rn. 208 ff. mwN). Maßstab hierfür ist zunächst § 613a BGB. Dies folgt bereits aus den europarechtlichen Vorgaben durch die Betriebsübergangs-RL (Kallmeyer/Willemsen § 324 Rn. 59; Bauer/Lingemann NZA 1994, 1061). Da im Interessenausgleich jedoch nicht wirksam von den nach § 613a BGB eintretenden Rechtsfolgen abgewichen werden kann, beschränkt sich die Bedeutung darauf, dass eine Zuordnung von ArbVerh, die einem Betrieb oder Betriebsteil nicht eindeutig zugeordnet sind, dann grob fehlerhaft ist, wenn die aus § 613a BGB folgenden gesetzlichen Wertungen **grob oder vollständig missachtet** worden sind oder die Zuordnung **willkürlich** erfolgte. Bei Zweifelsfällen kann die Zuordnung im Interessenausgleich iÜ zwar fehlerhaft, grds. aber nicht grob fehlerhaft sein (Semler/ Stengel/Leonard/Simon § 323 Rn. 28 mit Verweis auf oft abw. Einschätzungen zum Tätigkeitsschwerpunkt). Grob fehlerhaft wäre zB, wenn ein ArbN, der für zwei Betriebe tätig war, einem dritten Betrieb, der mit der bisherigen Tätigkeit in keinem Zusammenhang steht, zugeordnet werden würde oder es bereits an einer übergangsfähigen wirtschaftlichen Einheit mangelt (BAG NZA 2018, 370). Entsprechendes müsste man wohl annehmen, wenn ein ArbVerh einem Betrieb zugeordnet wird, in dem (nicht lediglich für den) der ArbN bislang nur völlig untergeordnet tätig war.

Die **Beweislast** für die grobe Fehlerhaftigkeit obliegt, da es sich um eine Abweichung von § 35a Abs. 1 handelt, grds. dem ArbN (Lutter/Sagan § 323 Rn. 30; Kölner Komm UmwG/Hohenstatt/Schramm § 323 Rn. 45; Semler/Stengel/Leonard/Simon § 323 Rn. 30). Es gelten iÜ die Grundsätze der abgestuften Darlegungs- und Beweislast (Semler/Stengel/Leonard/Simon § 323 Rn. 30; Gaul ArbR der Umstrukturierung/Mückl/Richter § 10 Rn. 228). Der ArbN hat dies in entsprechender Anwendung von § 613a Abs. 6 BGB **innerhalb eines Monats** seit Kenntnis der Zuordnung geltend zu machen (Kölner Komm UmwG/Hohenstatt/ Schramm § 323 Rn. 45; aA Lutter/Sagan § 323 Rn. 30); mangels Rspr. sollte im Interessenausgleich eine **Ausschlussfrist** vereinbart werden und der Interessenausgleich im Betrieb (vgl. Semler/Stengel/Leonard/Simon § 323 Rn. 31 mwN) oder den jew. ArbN gegenüber bekannt gemacht werden, um die Frist in Gang zu setzen. Dies erfolgt aber meist iRd Unterrichtung nach § 613a V BGB. Die auf diese Weise zugeordneten ArbN können gem. § 613a VI BGB nur dem Übergang ihres ArbVerh (sofern der bisheriger Arbeitgeber nicht erlischt), nicht aber der Zuordnung **widersprechen** (Kölner Komm UmwG/Hohenstatt/Schramm § 323 Rn. 46). 12

5. Individualrechtliche Auswirkungen

Der Interessenausgleich selbst bewirkt keine unmittelbare individualrechtliche Änderung der Arbeitsbedingungen, insbes. keinen Übergang des ArbVerh auf einen anderen Rechtsträger (der Übergang erfolgt iRv § 35a II nF (ehem. § 324 aF) iVm § 613a I 1 BGB). Aber auch bei einer bloß betrieblichen Zuordnung ohne Veränderung des Rechtsträgers bedarf es der **individualrechtlichen Umsetzung der im Interessenausgleich vereinbarten Maßnahmen.** Soweit die Zuordnung zu einem Betriebsteil individualrechtlich eine Versetzung darstellt, muss – soweit nicht vom Direktionsrecht gedeckt – eine Änderungsvereinbarung mit dem ArbN getroffen, ggf. eine Änderungskündigung ausgesprochen werden. Wehrt sich der ArbN gegen die individualrechtlichen Maßnahmen, so ist die inzidente gerichtliche Prüfung auf grobe Fehlerhaftigkeit beschränkt. Die Mitbestimmungsrechte des Betriebsrates nach § 99 BetrVG sind insoweit „verbraucht"; der Betriebsrat kann seine Zustimmung insbes. nicht gem. § 99 II Nr. 1 BetrVG wegen grober Fehlerhaftigkeit der Zuordnung verweigern (unstr., vgl. Semler/Stengel/Leonard/Simon § 323 Rn. 37; Kallmeyer/Willemsen § 323 Rn. 63). 13

6. Betriebsübergang

Die gesetzliche Anordnung in § 35a Abs. 2 (ehemals § 324 aF), führt zur Anwendbarkeit der **§ 613a I und IV–VI BGB** auf die (partielle) Gesamtrechtsnachfolge bei übertragenden Umw (dh Verschm, Spaltung, Vermögensübertragung). Die **Anwendbarkeit von § 613a BGB bei Umw** ist von der Rspr. (BAG ZIP 2000, 1630) und der Lit. (Lutter/Sagan § 324 Rn. 2; Semler/Stengel/Leonard/Simon 14

§ 324 Rn. 1; Kölner Komm UmwG/Hohenstatt/Schramm § 324 Rn. 4, je mwN; Heinze DB 1998, 1861) **anerkannt,** wobei das Verhältnis zwischen § 613a BGB und den umwandlungsrechtlichen Vorschriften noch nicht abschließend geklärt scheint (Semler/Stengel/Leonard/Simon § 324 Rn. 2 zur divergierenden Rspr. des BAG). § 324 ist keine Rechtsfolgen-, sondern **Rechtsgrundverweisung** (unstr.; BAG NZA 2006, 990; ErfK/Oetker Rn. 2; Kallmeyer/Willemsen § 324 Rn. 2; Kölner Komm UmwG/Hohenstatt/Schramm § 324 Rn. 4; Semler/Stengel/Leonard/ Simon § 324 Rn. 3). § 613a BGB findet daher nur Anwendung, wenn die Voraussetzungen der Norm erfüllt sind; dies muss gesondert geprüft werden. Erforderlich ist, dass es infolge der Verschm, Spaltung oder Vermögensübertragung hinsichtlich des Betriebs- bzw. Betriebsteils zu einem **Rechtsträgerwechsel** kommt (ErfK/Oetker Rn. 2; hierzu und zu den Rechtsfolgen näher → Vor § 35a Rn. 10 ff.). Neben § 613a I BGB (Übergang der Arbeitsverhältnisse sowie Fortgeltung, Transformation in das ArbVerh oder Ablösung von Kollektivverträgen), sind insbes. § 613a IV BGB (Kündigungsverbot), § 613a V BGB (Unterrichtung) und § 613a VI BGB (Widerspruchsrecht) im Zusammenhang mit übertragenden Umw praxisrelevant. Besonderheiten bestehen insbes. zur Haftung bei Untergang des übertragenden Rechtsträgers gem. § 613a III BGB und zum fehlenden Widerspruchsrecht (→ Vor § 35a Rn. 29).

15 § 613a BGB ist grds. bei allen Umw mit Rechtsträgerwechsel zu beachten. Bei einer **Verschm** gehen die ArbVerh zwar bereits kraft Gesamtrechtsnachfolge über (§ 20 I Nr. 1), sodass die Anwendbarkeit von § 613a BGB dahinstehen kann (so BAG NZA 2003, 449). Bei **Spaltungen** (dort insbes. die Frage der Zuordnung von Betrieben und Betriebsteilen im Spaltungsvertrag) oder **Vermögensübertragungen** ist das jedoch anders (iE → Vor § 35a Rn. 6 ff.). Bei diesen Umwandlungsformen kommt ergänzend hinzu, dass ein Übergang von ArbVerh auf verschiedene Rechtsträger erfolgen kann. Auch insoweit ist § 613a BGB zu beachten. Zweifelhaft ist das Verhältnis zu dem von § 35a Abs. 1 vorausgesetzten Interessenausgleich. Beim **Formwechsel** bleibt (auch arbeitsrechtlich) die Identität des Rechtsträgers erhalten (§ 202 I Nr. 1); § 613a BGB ist dann nicht anwendbar, sodass die Vorschrift den Formwechsel auch nicht nennt. Anders bei der **Anwachsung,** die vom UmwG zwar nicht erfasst ist, aber einen Betriebsübergang auslösen kann (BAG NZA 2008, 815; Simon/Weninger BB 2010, 117; Otto/Mückl BB 2011, 1978; Vogt/Oltmanns NZA 2012, 1190).

16 Die Vorschrift setzt die **Eintragung** einer Verschm (§ 20), Spaltung (§ 131) oder Vermögensübertragung (§ 176 III) **in das HR** voraus, was im Regelfall (jedoch nicht zwingend) den **maßgeblichen Zeitpunkt** für den Betriebsübergang markiert; nicht hingegen der Verschmelzungs- oder Spaltungsstichtag (Semler/Stengel/ Leonard/Simon § 324 Rn. 13; Kallmeyer/Willemsen Rn. 13), was in der Praxis oft verwechselt wird. Es kommt iRd § 613a BGB daher auf die tatsächlichen Umstände (Übertragung der betrieblichen Leitungsmacht iS eines Betriebsinhaberwechsels) und nicht auf etwaige Rückwirkungen in den Umwandlungsverträgen an. Eintragung in das HR und Betriebsübergang können zeitlich auseinanderfallen (Semler/ Stengel/Leonard/Simon § 324 Rn. 13; Lutter/Sagan Rn. 11); dies kann auch vermieden und gestaltet werden (zB durch **echten Betriebsführungsvertrag;** hierzu BAG BeckRS 2018, 2098; vgl. auch Kallmeyer/Willemsen § 324 Rn. 15 f.; NK-UmwR/Röger § 324 Rn. 17; Hey/Simon BB 2010, 2957). Bei sog. **"Kettenumwandlungen"** liegen die Voraussetzungen für einen Betriebsübergang idR nicht bei jeder Umw vor, da es an der tatsächlichen Übernahme der betrieblichen Leitungsmacht mangelt (Betriebsübergang nur auf letztes Glied; höchstrichterlich ungeklärt, aber hM WHSS Umstrukturierung/Willemsen G Rn. 117; Kallmeyer/Willemsen § 324 Rn. 28; NK-UmwR/Röger § 324 Rn. 19; Hey/Simon BB 2010, 2957).

Dritter Abschnitt. Verschmelzung durch Neugründung

Vorbemerkung

1. Verschmelzung durch Neugründung

§§ 36–38 regeln allg. die **Verschm durch Neugründung** iSv § 2 Nr. 2. Der 1
wesentliche Unterschied zur Verschm durch Aufnahme besteht darin, dass bei der Verschm durch Neugründung die sich vereinigenden Vermögensmassen auf einen Rechtsträger übergehen, der erst im Zusammenhang mit der Verschm gegründet wird. Im Mittelpunkt der Vorschrift steht demzufolge nicht die Behandlung des Verschmelzungsvorgangs als solcher – hier verweist § 36 I umfassend auf §§ 4–35a –, sondern die Anforderungen, die an die Gründung des neuen Rechtsträgers zu stellen sind.

Auch bei der Verschm durch Neugründung muss ein **Verschmelzungsvertrag** 2
abgeschlossen werden. Vertragspartner sind die übertragenden Rechtsträger. Der Verschmelzungsvertrag bedarf der Zustimmung in einer Anteilsinhaberversammlung der jew. beteiligten übertragenden Rechtsträger. Zusätzlich muss eine Einigung über den Inhalt des Gesellschaftsvertrags/PartVertrags/der Satzung des neuen Rechtsträgers erzielt werden; das Organisationsstatut ist notwendiger Inhalt des Verschmelzungsvertrages (§ 37). Mit **Eintragung des neuen Rechtsträgers** in das Register an dem für diesen Rechtsträger gewählten Sitz treten die Verschmelzungswirkungen ein (§ 36 I 2). Die Vermögen der übertragenden Rechtsträger gehen auf den neuen Rechtsträger über, während die übertragenden Rechtsträger selbst erlöschen. In diesem Augenblick werden die Anteilsinhaber der übertragenden Rechtsträger zu Anteilsinhabern des neuen Rechtsträgers. Die Anmeldung **der Verschm** in das jew. Register für übertragenden Rechtsträger nach § 38 ist nur deklaratorisch.

An einer Verschm durch Neugründung können als ZielGes, dh als neuer Rechts- 3
träger, grds. alle in § 3 I aufgeführten Rechtsträger beteiligt sein.

2. Verweisungstechnik

Zunächst enthält **§ 36 I** eine **Generalverweisung** auf §§ 4–35a. Für § 16 I trifft 4
§ 38 eine Sonderregelung, die Anwendung von § 27 ergäbe für die Verschm durch Neugründung keinen Sinn. Damit schreibt § 36 I die Durchführung des normalen Verschmelzungsverfahrens auch für die Verschm durch Neugründung fest. Der Verzicht auf eine ähnl. komplizierte Verweisungstechnik wie in den Vorgängerregelungen von § 353 AktG aF, § 32 KapErhG aF, § 93s GenG aF, die letztlich auch keine höhere Regelungsdichte bewirkten, ist sinnvoll; die Generalverweisung erleichtert den praktischen Umgang mit dem Regelungsgebilde „Verschm durch Neugründung" erheblich.

Rechtsformspezifische Anforderungen an die Durchführung der Verschm 5
durch Neugründung finden sich im Zweiten Teil des Zweiten Buches, für GmbH in §§ 57–59, für AG und KGaA in §§ 73–77 (§ 78), für eG in §§ 96–98 und schließlich für VVaG in §§ 114–117. Auch die besonderen Vorschriften enthalten Verweisungen; die Regelungen zur Verschm durch Neugründung für die einzelnen Rechtsformen greifen zunächst grds. auf die rechtsformspezifischen Bestimmungen zur Verschm durch Aufnahme zurück.

Die Verweisungstechnik des Gesetzgebers sei am Beispiel der Verschm durch 6
Neugründung unter Beteiligung einer AG als ZielGes beschrieben: Zunächst schreibt § 36 I die entsprechende Anwendung von §§ 4–35a mit Ausnahme von § 16 I, § 27 fest; ergänzend bestimmt § 37, dass die Satzung der neu zu gründenden AG bereits im Verschmelzungsvertrag enthalten sein muss, § 38 regelt die Anmel-

dung der Verschm. Im Zweiten Teil des Zweiten Buches sind zunächst §§ 73–77 maßgebend, auf die Verschm durch Neugründung sind weiter §§ 60–72 mit Ausnahme von §§ 66, 67, § 68 I, II und § 69 entsprechend anzuwenden, § 73; dieser Verweis ist für den hier unterstellten Fall, dass die AG übernehmender und damit neu zu gründender Rechtsträger sein soll, allerdings ohne Bedeutung. Es bleibt sonach die Pflicht zur besonderen Ausgestaltung der Satzung nach § 74, zur speziellen Abfassung des Gründungsberichts gem. § 75 I, zum Verschmelzungsbeschluss gem. § 76 II 1, 2 und zur Bekanntmachung der Eintragung der neuen Gesellschaft gem. § 77.

3. Beachtung der Gründungsvorschriften

7   Zentrale Bedeutung hat **§ 36 II,** der die Beachtung der rechtsformspezifischen Gründungsvorschriften für den neu zu gründenden Rechtsträger bestimmt (dazu ausf. Röhricht, Die Anwendung der gesellschaftsrechtlichen Gründungsvorschriften bei Umwandlungen, 2009). Falls der übernehmende Rechtsträger die Rechtsform einer AG, einer KGaA, einer GmbH, eines VVaG oder einer eG hat, kommt § 36 II entscheidende Bedeutung für die Durchführung der Verschm, die hierbei zu beachtenden Formalien und nicht zuletzt für die anlässlich der Verschm aufzuwendenden Kosten zu. Gerade die bei der Verschm durch Neugründung regelmäßig höheren Kosten (die seit Einführung des GNotKG, → § 19 Rn. 39 mwN, allerdings weniger ins Gewicht fallen, → § 56 Rn. 24) bewirken die nur eingeschränkte Bedeutung dieser Umstrukturierungsvariante (vgl. Lutter/Drygala § 2 Rn. 27; NK-UmwR/Burg Rn. 3; Kölner Komm UmwG/Simon/Nießen § 36 Rn. 5 ff.; Widmann/Mayer/Mayer § 36 Rn. 115 ff. zu Notar- und Gerichtskosten; Martens AG 2000, 302 f.).

§ 36 Anzuwendende Vorschriften

(1) ¹**Auf die Verschmelzung durch Neugründung sind die Vorschriften des Zweiten Abschnitts mit Ausnahme des § 16 Abs. 1 und des § 27 entsprechend anzuwenden.** ²**An die Stelle des übernehmenden Rechtsträgers tritt der neue Rechtsträger, an die Stelle der Eintragung der Verschmelzung in das Register des Sitzes des übernehmenden Rechtsträgers tritt die Eintragung des neuen Rechtsträgers in das Register.**

(2) ¹**Auf die Gründung des neuen Rechtsträgers sind die für dessen Rechtsform geltenden Gründungsvorschriften anzuwenden, soweit sich aus diesem Buch nichts anderes ergibt.** ²**Den Gründern stehen die übertragenden Rechtsträger gleich.** ³**Vorschriften, die für die Gründung eine Mindestzahl der Gründer vorschreiben, sind nicht anzuwenden.**

Übersicht

	Rn.
1. Allgemeines	1
2. Generalverweisung (Abs. 1)	3
3. Verschmelzungsvertrag	6
4. Gründungsvorschriften (Abs. 2 S. 1)	13
a) Gründung einer AG	17
b) Gründung einer KGaA	19
c) Gründung einer GmbH	20
d) Gründung einer eG	30
e) Gründung eines VVaG	34
5. Gründer, Mindestzahl der Gründer (Abs. 2 S. 2, 3)	35

1. Allgemeines

§ 36 ist Grundnorm für die Verschm durch Neugründung, §§ 37, 38 betreffen 1
nur die Technik, sie enthalten selbst keine materiell-rechtlichen Regelungen. Der
Gesetzgeber hat die noch in § 353 AktG aF, § 32 KapErhG aF, § 93s GenG aF
gewählte eingeschränkte Verweisung aufgegeben. **Abs. 1 S. 1** verweist heute generell auf die entsprechende Anwendung der Vorschriften zur Verschm durch Aufnahme in §§ 4–35a, lediglich § 16 I, § 27 sind aus dieser Verweisung ausgenommen.
An die Stelle des übernehmenden Rechtsträgers tritt der neue Rechtsträger; maßgebender Zeitpunkt für das Wirksamwerden der Verschm ist die Eintragung in das
Register am gewählten Sitz des neuen Rechtsträgers **(Abs. 1 S. 2)**. Die Generalverweisung in Abs. 1 wird rechtsformspezifisch ergänzt durch die Vorschriften im Zweiten Teil des Zweiten Buches (→ Vor § 36 Rn. 5).

Von zentraler Bedeutung für das Recht der Verschm durch Neugründung ist 2
Abs. 2 S. 1, der die Beachtung der rechtsformbezogenen Gründungsvorschriften
(dazu Röhricht, Die Anwendung der gesellschaftsrechtlichen Gründungsvorschriften für Umwandlungen, 2009) festschreibt. Außer für die Fälle, in denen eine PersGes oder ein eV (für den wirtschaftlichen Verein gilt die Beschränkung von § 3
II 1) als übernehmender Rechtsträger gewählt wird, bringt Abs. 2 S. 1 die Pflicht
zur Beachtung strenger Gründungsvorschriften mit sich. **Abs. 2 S. 2, 3** sind aus
sich heraus verständlich.

2. Generalverweisung (Abs. 1)

§§ 4–35a finden auch bei der Verschm durch Neugründung **entsprechende** 3
Anwendung. Für die Anmeldung der Verschm wird § 16 I durch § 38 ersetzt; § 27
über die Schadensersatzpflicht der Verwaltungsträger des übernehmenden Rechtsträgers ist von der Verweisung ausgenommen, weil die Leitungs- und Aufsichtsorgane
des übernehmenden Rechtsträgers per definitionem nicht an der Verschm beteiligt
sein können.

Zwei oder mehrere (§ 2 Nr. 2) übertragende Rechtsträger iSv § 3 I, II 1 können 4
ihr Vermögen im Wege der Gesamtrechtsnachfolge auf einen neuen, von ihnen
dadurch gegründeten Rechtsträger unter Auflösung ohne Abwicklung übertragen.
Notwendig ist der Abschluss eines **Verschmelzungsvertrages,** dessen Inhalt § 5 I
genügen muss und der außerdem gem. § 37 den **Gesellschaftsvertrag,** den PartVertrag oder die Satzung des neuen Rechtsträgers zu enthalten hat. Der Verschmelzungsvertrag muss seinem gesamten Inhalt nach **notariell beurkundet** werden, dies
gilt auch stets für das Organisationsstatut des neuen Rechtsträgers (damit ist zB der
Gesellschaftsvertrag einer PhG zwingend notariell zu beurkunden, so auch Lutter/
Grunewald § 37 Rn. 4; Semler/Stengel/Leonard/Bärwaldt Rn. 21, 28; BeckOGK/
Weiß Rn. 26). Die Vertretungsorgane jedes übertragenden Rechtsträgers haben
einen **Verschmelzungsbericht** iSv § 8 zu fertigen. Der Verschmelzungsvertrag
oder dessen Entwurf ist, sofern ein Prüfungsbefehl dies vorschreibt, durch unabhängige Verschmelzungsprüfer zu prüfen, gem. § 12 ist über das Ergebnis dieser **Prüfung** zu berichten. Der zwischen den übertragenden Rechtsträgern geschlossene
Verschmelzungsvertrag bzw. dessen Entwurf bedarf der **Zustimmung** in den jew.
Anteilsinhaberversammlungen mit den entsprechenden Mehrheiten (→ § 13
Rn. 29 ff.); die Zustimmung muss sich auch auf Gesellschaftsvertrag/PartVertrag/
Satzung beziehen (vgl. zB § 59 S. 1, § 76 II 1).

Die Verbesserung des Umtauschverhältnisses der Anteile bzw. einer etwa anzubie- 5
tenden Barabfindung kann gem. §§ 15, 34 durch das **Spruchverfahren** nach dem
SpruchG erreicht werden (eine Unwirksamkeitsklage ist insoweit nicht möglich,
was die Verschm zur Neugründung zur interessanten Alt. machen kann, → § 14
Rn. 33, 34; Kölner Komm UmwG/Simon/Nießen Rn. 8; Martens AG 2000,

302 f.). In Abs. 1 S. 1 ist § 16 I von der Generalverweisung ausgenommen, § 16 II über die notwendigen Negativerklärungen bei der Anmeldung und vor allem § 16 III über die Möglichkeit der Eintragung der Verschm trotz anhängiger Unwirksamkeitsklage finden hingegen uneingeschränkt Anwendung. Den durch die Vertretungsorgane der übertragenden Rechtsträger gem. § 38 vorzunehmenden Registeranmeldungen sind die in § 17 aufgeführten Anlagen beizufügen; eine Erweiterung dieser Vorschriften war nicht notwendig, weil Gesellschaftsvertrag/PartVertrag/Satzung des neuen Rechtsträgers als Bestandteil des Verschmelzungsvertrages bereits nach § 17 I Anlage der Anmeldung sein muss (vgl. auch OLG Karlsruhe DB 1998, 714). Die **Firma** des übernehmenden Rechtsträgers wird durch Verweis auf die Gründungsvorschriften in § 36 II bestimmt, § 18 lässt darüber hinaus eine Firmenfortführung mit und ohne Beifügung eines Nachfolgezusatzes zu. Die **Wirkungen der Eintragung** bestimmen sich nach § 20, die Vermögen der übertragenden Rechtsträger vereinigen sich durch Gesamtrechtsnachfolge beim übernehmenden Rechtsträger, die übertragenden Rechtsträger erlöschen. **Maßgeblicher Zeitpunkt** für den Eintritt der Verschmelzungswirkungen ist gem. **Abs. 1 S. 2** die Eintragung der Verschm in das Register am gewählten Sitz des neuen Rechtsträgers.

3. Verschmelzungsvertrag

6 Der Verschmelzungsvertrag wird durch die sich vereinigenden übertragenden Rechtsträger geschlossen; der neue Rechtsträger kann daran noch nicht beteiligt sein. Der Abschluss erfolgt durch die Vertretungsorgane.

7 Die Verweisung in Abs. 1 S. 1 bedingt, dass zum notwendigen Inhalt des Verschmelzungsvertrages auch die Angabe über die **Gewährung von Anteilen** oder Mitgliedschaften **am neuen Rechtsträger** iSv § 5 I Nr. 2 gehört (zur Währungsumstellung auf Euro § 352 II 2 UmwG, § 86 GmbHG; auch Nachw. bei → § 46 Rn. 13). Dies sei in den folgenden Rn. an einem **Beispiel** verdeutlicht: Die GmbH A mit einem tatsächlichen Wert von 100 (Gesellschafter: A 1 mit 25%, A 2 mit 75%), die GmbH B mit einem tatsächlichen Wert von 150 (Alleingesellschafter B) und die GmbH C mit einem tatsächlichen Wert von 250 (Gesellschafter: C 1 mit 10%, C 2 mit 90%) beabsichtigen die Vereinigung ihrer Vermögensmassen durch Neugründung der GmbH N mit einem StK von 300.

8 Die Angabe der einzelnen Nennbeträge bedingt, dass schon im Verschmelzungsvertrag das **StK** der neu zu gründenden Gesellschaft **festgelegt** werden muss. Bei der Festlegung der Höhe des StK besteht wie bei der sonstigen Gründung einer GmbH ein gewisser **Spielraum.** Das StK der neu zu gründenden Gesellschaft muss nicht der Summe der Stammkapitalien der übertragenden Gesellschaft entsprechen (ausf. Widmann/Mayer/Mayer Rn. 58 ff. mwN). Umgekehrt darf die Neugründung nicht zu einer **Unterpariemission** führen. Die Verschm durch Neugründung ist vereinfachte Sachgründung. Die Sacheinlagen müssen daher das StK decken (vgl. § 9 GmbHG). Das Verbot der materiellen Unterpariemission folgt aus Abs. 2 S. 1, der auf die Gründungsvorschriften von §§ 5, 8, 9–9c GmbHG verweist. Das StK der neu zu gründenden Gesellschaft darf damit nicht höher sein als die Summe der **tatsächlichen Werte,** die von den an der Verschm beteiligten Rechtsträger eingebracht werden (zum Prüfungsrecht des Registergerichts hierbei OLG Düsseldorf DB 1995, 1392 f.; zur Beteiligung vermögensloser übertragender Rechtsträger Tillmann BB 2004, 673 mwN). Andernfalls tritt die Differenzhaftung für die Gesellschafter ein (→ Rn. 28). Maßgeblich ist der Zeitpunkt der Anmeldung iSv § 38 I (Widmann/Mayer/Mayer Rn. 29 m. zutr. Hinweis auf § 9 I GmbHG).

9 Eine Unterpariemission liegt hingegen nicht vor, wenn das StK durch den tatsächlichen Wert des Vermögens der sich vereinigenden Gesellschaft gedeckt ist und lediglich einzelne Gesellschafter einer untergehenden Gesellschaft neue Geschäftsanteile in Höhe eines Nennbetrags erhalten, der über dem Wert des ihnen zuzurechnenden Vermögensteils liegt. In diesem Fall ist das Umtauschverhältnis zwar nicht korrekt berechnet worden, die belasteten Gesellschafter sind auf die Durchführung des Spruchverfahrens nach § 15 iVm dem SpruchG angewiesen (aA Widmann/Mayer/Mayer § 5 Rn. 56.18); die eigentliche Kapitalausstattung des übernehmenden Rechtsträgers ist aber auch in diesem Fall gesichert (**Saldierung,** → § 46 Rn. 8 mwN). Ebenfalls keine Unterpariemission stellt die Verschm durch Neugründung von Gesellschaft dar, die jede für sich einen geringeren tatsächlichen Wert als ihr bisheriges nominelles StK aufweisen. Das StK der neu zu gründenden Gesellschaft darf sich in diesem Fall nur nicht an dem bisherigen StK der einzelnen Gesellschaft ausrichten, sondern an der Summe der tatsächlich eingebrachten Werte, die nicht überschritten werden darf.

Der **Betrag der einzelnen Geschäftsanteile,** der im Verschmelzungsvertrag festgelegt werden muss, ergibt sich nach der Bestimmung der Stammkapitalhöhe einerseits aus dem Umtauschverhältnis, andererseits aus dem jew. Anteilsverhältnis der Gesellschafter der bisherigen Gesellschaft untereinander. Anhand des in → Rn. 7 geschilderten Beispiels errechnet sich das Umtauschverhältnis wie folgt: **10**

GmbH A: tatsächlicher Wert = 100;   = 25%, Ges A 2   = 75% **11**
Ges A 1
GmbH B: tatsächlicher Wert = 150;   = 100%
Ges B
GmbH C: tatsächlicher Wert = 250;   = 10%, Ges C 2   = 90%
Ges C 1
GmbH N (Neugründung)
StK: 300   Ges A 1   15 ⎱
                Ges A 2   45 ⎰ 60
                Ges B   90   90
                Ges C 1   15 ⎱
                Ges C 2 135 ⎰ 150
                         ───   ───
                         300   300

Probe: Wert Anteil A 1 vor Verschm: 100 × 0,25 = 25

Probe: Wert Anteil A 1 nach Verschm: $500 \times \frac{15}{300} = 25$.

Zum notwendigen Inhalt des Verschmelzungsvertrages gehört außer den in § 5 I aufgeführten Gegenständen auch der Gesellschaftsvertrag der neu gegründeten GmbH N. In den Gesellschaftsvertrag sind außerdem Festsetzungen über Sondervorteile, Gründungsaufwand, Sacheinlagen und Sachübernahmen, die in den Gesellschaftsverträgen der übertragenden Rechtsträger von A bis C enthalten waren, zu übernehmen. **12**

4. Gründungsvorschriften (Abs. 2 S. 1)

Auf die Gründung des neuen Rechtsträgers sind grds. die für dessen Rechtsform geltenden **Gründungsvorschriften anzuwenden (Abs. 2 S. 1).** Die Vorschrift bezieht sich auf die in § 3 I bezeichneten Rechtsträger. **13**

Die **Neugründung einer GmbH & Co. KG** durch Verschm trifft auf das Problem, dass durch die Verschm selbst nur die KG, nicht auch die künftige Komplementär-GmbH neu gegründet werden kann. Diese muss daher zusätzlich gegründet oder erworben werden und im Rahmen der Verschm der neuen KG beitreten, entsprechend der nur für die KGaA bestehenden Sonderregelung in § 221. Die Zulässigkeit eines solchen Beitritts ist allerdings nach wie vor nicht ganz unstreitig (dafür zB Kallmeyer GmbHR 1996, 80; Heckschen GmbHR 2021, 8 und Kallmeyer/Marsch-Barner/Oppenhoff Rn. 14; abl. etwa Widmann/Mayer/Mayer Rn. 219; Weiler GmbHR 2021, 473). Alternativ kann man die Komplementär- **14**

GmbH bereits vorab (treuhänderisch) an einem übertragenden Rechtsträger beteiligen, sodass sie regulär an der Verschm teilnimmt. Vgl. zur Frage nach der Zulässigkeit eines Austritts im Zuge der Verschm BeckOGK/Weiß Rn. 83 mwN).

15 Im Übrigen führt die durch Abs. 2 S. 1 festgeschriebene Beachtung von Gründungsvorschriften bei **eV** und **PersGes** nur zu geringem Mehraufwand. Für den eV ist in erster Linie die Satzung nach § 25 BGB, die ohnehin gem. § 37 in den Verschmelzungsvertrag aufzunehmen ist, maßgeblich; auch die konstitutive Registereintragung findet durch § 38 eine Entsprechung. Für PhG gilt gem. §§ 105, 106, 161 HGB Entsprechendes. Die besonderen Vorschriften im Zweiten Teil des Zweiten Buches enthalten bis auf § 40 I für PhG ebenfalls keine zusätzlichen Anforderungen. Für PartGes enthalten §§ 45a, 45b berufsspezifische Beschränkungen (→ §§ 45a ff. Rn. 3 ff.).

16 Sofern für die ZielGes jedoch eine andere Rechtsform (AG, KGaA, GmbH, VVaG oder eG) gewählt wird, erhält der Verweis von Abs. 2 S. 1 weitreichende Bedeutung. Im Einzelnen gilt:

17 **a) Gründung einer AG.** In Abweichung von der „normalen" Gründung einer AG sind bei einer Verschm durch Neugründung die **Gründer und die Erstaktionäre nicht personenidentisch.** Die Gründung der AG erfolgt durch die sich vereinigenden Rechtsträger, während die Aktien von den bisherigen Anteilsinhabern der übertragenden Rechtsträger übernommen werden. An der neu zu gründenden AG können sich Aktionäre nur unmittelbar beteiligen, wenn sie zuvor Anteilsinhaber der sich vereinigenden Rechtsträger waren. Eine **übertragende AG oder KGaA**, die noch keine zwei Jahre besteht, durfte sich bis zum UmRUG nicht an einer Verschm durch Neugründung beteiligen (§ 76 I aF), vor dem Hintergrund der ebenfalls zwei Jahre geltenden Nachgründungsvorschriften (§§ 52 f. AktG). Dieses absolute Verschmelzungsverbot ist durch das UmRUG zugunsten einer entsprechenden Anwendung von § 67 auf die Verschm durch Neugründung (iVm § 73) entfallen.

18 **Gründungsvorschriften** iSv § 36 II 1 sind insbes. (Widmann/Mayer/Mayer Rn. 135; Kölner Komm UmwG/Simon/Nießen Rn. 53) in **§§ 23 ff. AktG** enthalten. Der notwendige Inhalt der festzustellenden Satzung folgt aus **§ 23 AktG**, die Aufnahme von Sondervorteilen, Gründungsaufwand, Sacheinlagen und Sachübernahmen richtet sich nach **§ 74 UmwG iVm § 26 AktG.** Dass Abs. 2 S. 1 vornehmlich dem Umgehungsschutz dient, wird anhand der Verweisung auch auf **§ 27 AktG** deutlich. Durch die sinngemäße Anwendung dieser Vorschrift soll verhindert werden, dass über den Umweg der Verschm eine AG entsteht, die – wäre von vornherein eine AG gegründet worden – so nicht zur Eintragung gekommen wäre. Das der AG anlässlich der Verschm übertragene Vermögen muss, soweit es als auf das Grundkapital geleistet gilt, in der Satzung ebenso wie die dafür gewährten Aktien festgesetzt werden. Sacheinlagen idS können nur Vermögensgegenstände sein, deren wirtschaftlicher Wert feststellbar ist **(§ 27 II AktG).** Ohne die eben beschriebene Festsetzung ist die Sacheinlage unwirksam **(§ 27 III AktG).** Der nach **§ 32 AktG** (auch → § 197 Rn. 23) notwendige Gründungsbericht hat gem. § 75 I auch den Geschäftsverlauf und die Lage der übertragenden Rechtsträger darzustellen. Gem. **§§ 33 ff. AktG** ist eine Gründungsprüfung (ausf. → § 197 Rn. 25 ff.) durchzuführen. Gem. § 75 II sind Gründungsbericht und Gründungsprüfung jedoch entbehrlich, soweit eine KapGes oder eine eG übertragender Rechtsträger ist. Hintergrund dieser Norm ist der Umstand, dass bei diesen Rechtsformen durch die ähnl. strengen Vorschriften zur Kapitalaufbringung und -erhaltung ein Gläubigerschutz bereits gewährleistet ist. Die Sacheinlagen sind gem. **§ 36a II AktG** aber auf jeden Fall vollständig zu leisten, eine nur anteilige Erfüllung der Einlagepflicht ist nicht opportun. Der gesamte Gründungsvorgang unterliegt gem. **§ 38 I** der gerichtlichen Prüfung, womit auch der Umfang der Prüfungspflicht des Registergerichts bei der Verschm (allg. → § 19 Rn. 17 ff.) konkretisiert wird.

b) Gründung einer KGaA. Für die **Gründung einer KGaA** gilt das zur AG 19
Gesagte im Wesentlichen entsprechend (vgl. § 278 III AktG, § 78 S. 1). An die Stelle
der AG und ihres Vorstands treten die KGaA und die zu ihrer Vertretung ermächtigten phG. Die Festlegungen von **§§ 279 ff. AktG,** insbes. zur Feststellung der Satzung
(§ 280 AktG) und zum Inhalt der Satzung (§ 281 AktG) sind zu beachten. Zur
GmbH & Co. KGaA → Rn. 14, → § 3 Rn. 21.

c) Gründung einer GmbH. Die Gründung erfolgt durch die sich vereinigenden 20
Rechtsträger, nicht durch deren Anteilsinhaber. Die Geschäftsanteile an der neu
zu gründenden Gesellschaft erhalten allerdings mit Eintragung der Verschm die
Anteilsinhaber der erloschenen übertragenden Rechtsträger. Die Verschm durch
Neugründung einer **UG** ist nicht zulässig, → § 3 Rn. 20 mwN; Semler/Stengel/
Leonard/Bärwaldt Rn. 43a mwN; BeckOGK/Weiß Rn. 46 mwN.

Von **§ 2 I 2 GmbHG** wird abgewichen, weil Gründer und (spätere) Gesellschafter 21
nicht personenidentisch sind; der Abschluss des Gesellschaftsvertrags ist als Bestandteil des Verschmelzungsvertrags (§ 37) den Vertretungsorganen der übertragenden
Rechtsträger zugewiesen.

Der Verweis in Abs. 2 erfasst die **Gründungsvorschriften** von **§§ 1–12** 22
GmbHG, von besonderer Bedeutung sind der Sachgründungsbericht nach § 5 IV
GmbHG und die Vorschriften zur Kapitalaufbringung nach §§ 9–9c GmbHG. Im
Sachgründungsbericht nach **§ 5 IV GmbHG** sind die für die Angemessenheit der
Leistungen für Sacheinlagen wesentlichen Umstände darzulegen; wegen der Gesamtrechtsnachfolge sind die Jahresergebnisse der beiden letzten Gj. für die jew. übergegangenen Unternehmen anzugeben (auch § 58). Im Gesellschaftsvertrag der neu
gegründeten GmbH ist das Vermögen der übertragenden Rechtsträger als Gegenstand der Sacheinlage anzugeben, ebenso ist der Betrag der dafür gewährten Stammeinlage zu benennen. Die Stammeinlagen der Anteilsinhaber müssen nicht dem
Verhältnis der ursprünglichen Einlagen ihrer Rechtsträger oder dem Wertverhältnis
der Rechtsträger untereinander entsprechen.

Die **Bewertung der Sacheinlage** ergibt sich nicht unmittelbar aus der Schlussbi- 23
lanz iSv § 17 II. Ist eine Bewertung notwendig, muss ggf. eine Vermögensbilanz
zum Verschmelzungsstichtag aufgestellt werden. Aufzunehmen sind dabei auch die
bisher nicht bilanzierten Vermögensgegenstände, zB originäre immaterielle WG.
Die Bewertung ist nicht an diejenigen Ansätze gebunden, die der Jahresbilanz
zugrunde liegen (Lutter/Hommelhoff/Bayer GmbHG § 5 Rn. 24 ff.). Aus der
Garantiefunktion des StK resultiert die Verpflichtung, dass die Sacheinlage der
Gesellschafter mindestens dem Nennwert der Anteile entsprechen muss (zur Saldierung → Rn. 9). Die tatsächlichen (wirklichen) Werte dürfen nicht überschritten
werden, da sonst eine unzulässige Unterpariemission vorliegt (Scholz/Veil GmbHG
§ 5 Rn. 60 f.). Die Überbewertung der Sacheinlagen führt zu einem Eintragungshindernis (§ 9c I 2 GmbHG), aber nicht zur Nichtigkeit der Vereinbarung über die
Sacheinlage (Lutter/Hommelhoff/Bayer GmbHG § 5 Rn. 32; Noack/Servatius/
Haas/Servatius GmbHG § 5 Rn. 35; zur Unmöglichkeit oder Unvermögen bzgl.
der Sacheinlage vgl. BGH GmbHR 1997, 545 mwN; zum Ganzen ausf. mwN
Heckschen/Heidinger GmbH in Gestaltungspraxis/Heidinger § 11 Rn. 117 ff.).

Zum Ansatz und zur Bewertung in der Eröffnungsbilanz → § 24 Rn. 7 ff. 24

Die **Sacheinlage** ist nicht nur in Verschmelzungsvertrag, sondern auch **im** 25
Gesellschaftsvertrag festzusetzen (arg. § 46 I), dabei sind der Gegenstand der
Sacheinlage und der Wert, mit dem die Sacheinlage auf die Stammeinlage angerechnet wird, anzugeben (Widmann/Mayer/Mayer Rn. 78; Semler/Stengel/Leonard/
Bärwaldt Rn. 35; aA Sudhoff/Sudhoff NJW 1982, 129 (131) noch für § 47 UmwG
1969). Entsprechende Festsetzungen in Gesellschaftsvertrag/PartVertrag/Satzung der
übertragenden Rechtsträger sind zu übernehmen, § 57.

26 Der **Sachgründungsbericht** (nicht erforderlich im Fall von § 58 II) nach **§ 5 IV 2 GmbHG** hat die wesentlichen Umstände, die für die Angemessenheit der Einlageleistung maßgebend sind, darzulegen. Darüber hinaus sind auch der Geschäftsverlauf und die Lage der übertragenden Rechtsträger darzulegen (§ 58 I) und in Sonderheit gem. § 5 IV 2 GmbHG die Jahresergebnisse der beiden letzten Gj. mitzuteilen. In den Fällen, in denen ein übertragender Rechtsträger noch nicht zwei Jahre bestanden hat, ist ein diesbzgl. Vermerk im Sachgründungsbericht anzubringen. Im Sachgründungsbericht sind die wesentlichen Positionen der Umwandlungsbilanz und ihre Bewertung zu erörtern. Der Sachgründungsbericht dient der Erleichterung der Prüfung durch das Registergericht nach § 9c GmbHG (→ Rn. 18 aE). Er ist schriftlich zu verfassen, von allen (vgl. Semler/Stengel/Leonard/Reichert § 58 Rn. 4 mwN) Vertretungsorganen aller (vgl. Lutter/Hommelhoff/Bayer GmbHG § 5 Rn. 34) übertragenden Rechtsträger zu unterschreiben (einer besonderen Form bedarf es nicht) und mit der Anmeldung nach § 8 I Nr. 4 GmbHG vorzulegen.

27 Ein **Sachgründungsbericht** ist **nicht erforderlich,** soweit eine KapGes oder eine eG übertragender Rechtsträger ist, **§ 58 II.** In diesem Fall ist dem Gläubigerschutz bereits durch Kapitalaufbringungs- und Erhaltungsvorschriften des jew. Rechts Genüge getan worden, es besteht die Gewähr der Kapitalerhaltung.

28 Nach § 5 I GmbHG muss das **StK der GmbH** mindestens 25.000 Euro betragen. Es muss durch das Reinvermögen der an der Verschm beteiligten übertragenden Rechtsträger gedeckt sein, sofern nicht der Differenzbetrag – was als zulässig anzusehen ist – durch **zusätzliche Bar- oder Sacheinlagen** ausgeglichen wird. Eine Prüfung dieser Sachgründung durch unabhängige Dritte darf das Registergericht nicht generell, sondern nur bei berechtigten Zweifeln im Einzelfall verlangen (OLG Düsseldorf DB 1995, 1392; teilw. abw. BayObLG NJW 1995, 1971: Auf Aufforderung des Registergerichts ist als Nachw. für den Wert der Sacheinlage regelmäßig ein Sachverständigengutachten vorzulegen; vgl. auch BayObLG ZIP 1999, 968 zur Unschädlichkeit einer Überschreitung der Achtmonatsfrist von § 17 II und zur Pflicht des Registergerichts, eine Zwischenverfügung zu erlassen). Übersteigt das EK aller übertragender Rechtsträger das vorgeschriebene Mindeststammkapital der GmbH, so besteht keine Verpflichtung, das gesamte EK als StK der GmbH zu binden, denn der Gesetzgeber hat nicht vorgesehen, dass Identität zwischen der Nominalkapitalausstattung der übertragenden Rechtsträger und der zu gründenden GmbH bestehen muss (→ Rn. 8 f.). Möglich ist es auch, einem übertragenden Rechtsträger gewährte werthaltige Darlehen durch **Verzicht auf** die **Darlehensrückzahlung** in Einlagen und damit in EK des übertragenden Rechtsträgers vor oder anlässlich der Verschm umzuwandeln. Über das Nominalkapital hinausgehende Werte sind alt als Kapitalrücklage iSv § 272 II Nr. 1 HGB oder als Darlehen, stille Beteiligung oder ähnl. der jew. berechtigten Anteilsinhaber zu behandeln, die Einzelheiten sind im Verschmelzungsvertrag festzulegen.

29 Den Anteilsinhabern der übertragenden Rechtsträger steht es frei, das Verhältnis der Stammeinlagen bei der zu errichtenden GmbH ohne Bindung an die bisherigen Beteiligungsverhältnisse und den Wert der eingebrachten Vermögensgegenstände zu bemessen **(nichtverhältniswahrende Verschm,** → § 5 Rn. 8). Abw. Beteiligungsquoten bedürfen jedoch der Zustimmung der Betroffenen, andernfalls droht das gerichtliche Spruchverfahren nach § 15 iVm SpruchG. IdR wird die Verteilung und Festlegung der einzelnen Stammeinlagen daran anknüpfen, was die Anteilsinhaber bei ihrem Ausscheiden oder im Falle einer Liquidation erhalten würden (Beispiel → Rn. 7 ff., → Rn. 11). Erforderlich ist stets, dass sich jeder Anteilsinhaber der übertragenden Rechtsträger am Kapital der neu gegründeten GmbH beteiligt, indem er eine Stammeinlage gleich welcher Höhe übernimmt (§ 3 I Nr. 4 GmbHG, § 5 III GmbHG). Wird diesem Erfordernis nicht Genüge getan, wird der entsprechende Anteilsinhaber nicht Gesellschafter der GmbH, selbst wenn er im Verschmelzungsvertrag oder im Gesellschaftsvertrag als solcher ausgewiesen wurde. Str. ist, ob anlässlich der Verschm durch Neugründung auch bisher nicht Beteiligte beitreten dürfen (Nachw. zum Streitstand bei Lutter/Grunewald Rn. 15). Bei vom Wert der bisherigen Beteiligung abw. Beteiligungswerten an der GmbH kann eine Schenkung vorliegen. Zur Bestellung und Haftung der ersten Organe → § 56 Rn. 18 ff.

d) Gründung einer eG. Wenn die ZielGes bei der Verschm durch Neugründung eine eG ist, sind §§ **1–16 GenG** zu beachten. Auch hier sind die Gründer iSv Abs. 2 S. 2 nicht identisch mit den späteren Mitgliedern der eG (→ Rn. 21). **§ 4 GenG**, der die Mindestzahl der Genossen mit mindestens drei bestimmt, ist gem. Abs. 2 S. 3 während der Gründungsphase nicht anzuwenden (§ 80 GenG; → Rn. 35 f.). 30

Die eG kann nur einen zulässigen **Zweck** haben: die Förderung der Mitglieder oder deren Belange (= genossenschaftlicher Grundauftrag, Förderungsauftrag, vgl. Lang/Weidmüller/Holthaus/Lehnhoff GenG § 1 Rn. 26). Demgemäß ist die eG grds. auch als Zielrechtsform für die Verschm durch Neugründung unter Beteiligung von übertragenden Rechtsträgern beliebiger Rechtsform geeignet. Zentrale Bedeutung innerhalb der Gründungsvorschriften haben **§§ 6, 7 GenG** über dem notwendigen Inhalt der Satzung; **§ 5 GenG**, der für die Abfassung der Satzung nur Schriftform festschreibt, findet wegen §§ 37, 6 bei der Verschm durch Neugründung keine Anwendung (Semler/Stengel/Leonard/Bärwaldt Rn. 60). 31

Die neu zu gründende eG wird entscheidend durch die Festlegung nach **§ 6 Nr. 3 GenG** geprägt; die Satzung muss notwendig eine Bestimmung darüber enthalten, ob die Mitglieder für den Fall, dass der Gläubiger im Insolvenzverfahren nicht befriedigt werden, Nachschüsse zur Insolvenzmasse unbeschränkt, beschränkt auf eine bestimmte Haftsumme oder überhaupt nicht zu leisten haben. Zentrale Bedeutung hat auch **§ 7 Nr. 1 GenG,** der den Betrag des Geschäftsanteils sowie die Verpflichtung zur Einzahlung auf den Geschäftsanteil betrifft, gem. **§ 7a GenG** können diese Festsetzungen ergänzt werden. Die Satzung der neuen eG ist durch sämtliche Mitglieder der Vertretungsorgans jedes der übertragenden Rechtsträger aufzustellen und zu unterzeichnen, § 97 I. Vorstand und AR, **§ 9 GenG**, sind durch die Vertretungsorgane aller übertragenden Rechtsträger zu bestellen (§ 97 II), die Bestellung wird nur nach entsprechender Zustimmung der Anteilsinhaberversammlungen wirksam (§ 98 S. 2). 32

Die Geschäftsanteile und das Geschäftsguthaben sind nach Maßgabe von §§ 96, 88 festzusetzen. Bedeutung für die Gründung der eG hat **§ 11a GenG** über die Gründungsprüfung durch das Gericht, die sich auch auf die Vermögenslage der eG erstrecken kann. Dadurch wird auch der Umfang der Prüfungspflicht des Registergerichts bei der Verschm (allg. → § 19 Rn. 17 ff.) konkretisiert. Eine Gefährdung der Belange der eG oder der Gläubiger der eG iSv § 11a II GenG ist allerdings nur dann zu besorgen, wenn konkrete Sachverhalte die ernsthafte Erwartung rechtfertigen, dass die eG wegen der persönlichen oder wirtschaftlichen Verhältnisse zu einer Gefährdung der Interessen der Mitglieder und der Gläubiger führen würde (Beuthien/Beuthien GenG § 11a Rn. 5). Eigene Nachprüfungen des Gerichts anlässlich der Gründungsprüfung – wozu es nach §§ 378 ff., 26 FamFG jederzeit berechtigt ist – erübrigen sich idR dann, wenn die übertragenden Rechtsträger KapGes sind, weil diese strengen Kapitalaufbringungs- und -erhaltungsvorschriften unterliegen. Auf die Ausführungen zu §§ 79 ff. wird verwiesen. 33

e) Gründung eines VVaG. Für die Verschm durch Neugründung eines VVaG gelten §§ 114 ff. iVm §§ 110 ff. Dort werden die Gründungsvorschriften von §§ 17–33 VAG ergänzt. 34

5. Gründer, Mindestzahl der Gründer (Abs. 2 S. 2, 3)

35 Gem. **Abs. 2 S. 2** stehen den Gründern die übertragenden Rechtsträger gleich, dh, dass die rechtsformspezifischen Regelungen (zB § 2 AktG, § 280 III AktG) für den Fall der Verschm durch Neugründung auf die übertragenden Rechtsträger als Gründer anzuwenden sind. Dadurch kommt es zur Inkongruenz von Gründern und Anteilsinhabern am neu gebildeten Rechtsträger (→ Rn. 20 ff.). Bedeutung hat dies vor allem im Zusammenhang mit den Vorschriften, die rechtsformbezogen eine **Mindestzahl von Gründern** vorsehen (vgl. § 4 GenG; § 56 BGB). § 2 AktG, der ursprünglich eine Gründerzahl von mindestens fünf Personen festlegte, ist durch „Kleine AG"-Gesetz v. 2.8.1994 (BGBl. 1994 I 1961), geändert worden und lässt heute die „Einmann-AG" zu. Entsprechendes gilt für die KGaA (UMAG v. 1.11.2005, BGBl. 2005 I 2802). Eine gleichzeitige Beteiligung von mehr als zwei übertragenden Rechtsträgern ist bei der Verschm durch Neugründung zwar ohne weiteres möglich, die nach § 56 BGB erforderliche Gründerzahl dürfte aber idR nicht zu erreichen sein.

36 Bedeutung erlangt die Frage, ob die Suspendierung der Vorschrift bzgl. der notwendigen Gründerzahl in Abs. 2 S. 3 sich auch auf die künftige Existenz des übernehmenden Rechtsträgers erstreckt. Dies ist nicht der Fall: Die Gründer iSv Abs. 2 S. 2 werden gerade nicht Anteilsinhaber des neuen Rechtsträgers, diese Position erlangen gem. § 36 I, § 20 II Nr. 3 die Anteilsinhaber der übertragenden Rechtsträger. Wenn nun in § 80 GenG bei nachhaltigem Unterschreiten der Mindestzahl von § 4 GenG (drei Mitglieder) das Registergericht die Auflösung der eG von Amts wegen auszusprechen hat, bezieht sich diese Regelung auch auf eine eG, die durch eine Verschm neu gegründet wurde. Anderenfalls könnte der vom Gesetzgeber nicht gewollte Zustand eintreten, dass eine die Rechtsform prägende Vorschrift auf Dauer unterlaufen wird. Dazu besteht kein Anlass, das Privileg von Abs. 2 S. 2 für die übertragenden Rechtsträger als Gründer der eG bezieht sich nicht auf die künftigen Mitglieder (wie hier Beuthien/Wolff UmwG Anh. §§ 2 ff. Rn. 137). Entsprechendes gilt gem. § 73 BGB für den Fall, dass die Zahl der Vereinsmitglieder nachhaltig unter drei herabsinkt. Damit ist festzuhalten: Das Privileg von Abs. 2 S. 2 ist nur vorübergehender Natur; erreicht die Zahl der Anteilsinhaber der übertragenden Rechtsträger nicht die in § 80 GenG, § 73 BGB festgelegte Mindestzahl, oder wird nicht zeitnah nach Durchführung der Verschm durch Aufnahme weiterer Mitglieder diese Mindestzahl erreicht, gefährdet die durchgeführte Umstrukturierung den dauerhaften Bestand des wirtschaftlichen Zusammenschlusses der Anteilsinhaber (Semler/Stengel/Leonard/Bärwaldt Rn. 69).

§ 37 Inhalt des Verschmelzungsvertrags

In dem Verschmelzungsvertrag muß der Gesellschaftsvertrag, der Partnerschaftsvertrag oder die Satzung des neuen Rechtsträgers enthalten sein oder festgestellt werden.

1 In den früheren Vorschriften zur Verschm durch Neugründung (§ 32 KapErhG aF, § 353 AktG aF, § 93s GenG aF) war eine Verpflichtung zur Aufnahme von Gesellschaftsvertrag bzw. Satzung des neuen Rechtsträgers bereits im Verschmelzungsvertrag nicht vorgesehen. Demzufolge war früher auch streitig, ob die Verfassung des neuen Rechtsträgers nicht notwendiger Bestandteil des Verschmelzungsvertrages sein muss; die wohl hM hat dies verneint. In der Praxis spielte der Meinungsstreit keine Rolle; dort hatte es sich eingebürgert, die Verfassung des neuen Rechtsträgers als Anlage zur notariellen Urkunde des Verschmelzungsvertrages aufzunehmen (vgl. Begr. RegE, BR-Drs. 75/94 zu § 37).

§ 37 beendet den rechtstheoretischen Streit und bestimmt, dass der Gesellschafts- 2
vertrag, der PartVertrag oder die Satzung des neuen Rechtsträgers zwingend im
Verschmelzungsvertrag enthalten sein oder festgestellt werden muss. Damit **ergänzt**
die Vorschrift den Katalog von **§ 5 I**, die Aufnahme der Verfassung des neuen
Rechtsträgers ist notwendiger Inhalt des Verschmelzungsvertrages; unter Feststellung
der Satzung ist der Abschluss des Gesellschaftsvertrags zu verstehen (vgl. § 2 AktG;
Koch AktG § 23 Rn. 6).

Eine unmittelbare Aufnahme von Gesellschaftsvertrag/PartVertrag (Gesetzesände- 3
rung durch Art. 1 Nr. 10 v. 22.7.1998, BGBl. 1998 I 1878)/Satzung in den Verschmelzungsvertrag selbst ist nicht notwendig. Gem. § 9 I 2 BeurkG gelten Erklärungen in einem Schriftstück, auf das in der notariellen Niederschrift (hier: des
Verschmelzungsvertrages) verwiesen und das dieser beigefügt wird, als in der Niederschrift selbst enthalten. Das **Verweisen auf die Anlagen** muss unter Wahrung der
beurkundungsrechtlichen Förmlichkeiten geschehen (ausf. Widmann/Mayer/Mayer
Rn. 26 ff.; BeckOGK/Weiß Rn. 6 ff. mit Formulierungsvorschlägen), weil den in
der Anlage enthaltenen Willenserklärungen die Rechtswirkungen der Beurkundung
zuteilwerden; verwiesen wird darum in Form einer rechtsgeschäftlichen Erklärung
(vgl. OLG Hamm OLGZ 81, 270 (274)). Ein Vermerk auf der Anlage selbst reicht
nicht aus (BGH DNotZ 1982, 228). Wird die Verfassung des neuen Rechtsträgers
mit der Niederschrift vorgelesen, genehmigt und ihr beigefügt, wird sie selbst Teil
der notariellen Urkunde (vgl. § 13 BeurkG). Durch das Zusammenspiel von § 37,
§ 36 I, § 6 bedarf damit der Gesellschaftsvertrag, der PartVertrag oder die Satzung
des neuen Rechtsträgers zwingend auch in den Fällen der **notariellen Beurkundung,** in denen der Abschluss des Vertrages an sich nicht an diese Form gebunden
wäre (zB bei PersGes, eG und bei Vereinen). Das Formerfordernis bezieht sich
jedoch nur auf die Erstfassung des Organisationsstatuts, **spätere Änderungen** können – vorbehaltlich anderer Festsetzungen durch die Anteilsinhaber – nach den jew.
einschlägigen rechtsformspezifischen Festlegungen vorgenommen werden (wie hier
Lutter/Grunewald Rn. 4; NK-UmwR/Burg Rn. 5 Fn. 8; Kallmeyer/Marsch-Bar-
ner/Oppenhoff Rn. 2; Semler/Stengel/Leonard/Schröer/Greitemann Rn. 4;
BeckOGK/Weiß Rn. 16).

§ 38 Anmeldung der Verschmelzung und des neuen Rechtsträgers

(1) **Die Vertretungsorgane jedes der übertragenden Rechtsträger haben
die Verschmelzung zur Eintragung in das Register des Sitzes ihres Rechtsträgers anzumelden.**

(2) **Die Vertretungsorgane aller übertragenden Rechtsträger haben den
neuen Rechtsträger bei dem Gericht, in dessen Bezirk er seinen Sitz haben
soll, zur Eintragung in das Register anzumelden.**

Gem. § 36 I sind auf die Verschm durch Neugründung auch die in §§ 16, 17 1
und 19 enthaltenen Vorschriften anzuwenden; von der Verweisung nimmt **§ 36 I**
allerdings die Vorschrift von **§ 16 I** aus, die **Anmeldung der Verschm und des
neuen Rechtsträgers** wird eigenständig in § 38 geregelt. In Abweichung zu den
früheren Regelungen (vgl. zB § 353 V 1, VIII 1 AktG aF) ermöglicht **Abs. 1** den
Vertretungsorganen der übertragenden Rechtsträger die Vornahme der Anmeldung
für ihren Rechtsträger, ein Handeln der Organe des neuen Rechtsträgers ist insoweit
nicht mehr erforderlich.

IÜ wurde das frühere Recht übernommen (vgl. § 353 V 1 AktG aF; § 32 IV 1 2
KapErhG aF; § 92s III 1 GenG aF); die Vertretungsorgane aller übertragenden
Rechtsträger haben den neuen Rechtsträger bei dem Gericht, in dessen Bezirk er
seinen Sitz haben soll, zur Eintragung in das Register anzumelden **(Abs. 2).** Die
Vertretungsorgane der übertragenden Rechtsträger haben die **Negativerklärung**

nach § 36 I, § 16 II abzugeben und der Anmeldung die in § 17 bestimmten Anlagen beizufügen; der Gesellschaftsvertrag, der PartVertrag oder die Satzung des neuen Rechtsträger ist gem. § 37 in der Niederschrift über den Verschmelzungsvertrag enthalten. Einer Negativerklärung iSv § 16 II bedarf es im Hinblick auf die Zustimmungsbeschlüsse zur Satzung des neuen Rechtsträgers (vgl. § 59, § 76 II 1, § 98 S. 1) nicht.

3 Die **Eintragungsreihenfolge** in § 19 bleibt unverändert; der neue Rechtsträger darf gem. § 36 I, § 19 I 1 erst eingetragen werden, nachdem die Verschm im Register des Sitzes jedes der übertragenden Rechtsträger eingetragen worden ist. Die Eintragung des neuen (übernehmenden) Rechtsträgers wirkt **konstitutiv** iSv § 36 I, § 20 I (Kölner Komm UmwG/Simon/Nießen Rn. 21). IÜ wird auf die Komm. zu §§ 16, 17 und § 19 verwiesen.

Zweiter Teil. Besondere Vorschriften

Erster Abschnitt. Verschmelzung unter Beteiligung von Personengesellschaften

Vorbemerkung

1. Regelungsgegenstand von §§ 39–122

1 Der **Zweite Teil des Zweiten Buches** enthält die **besonderen Vorschriften zur Verschm** durch Aufnahme und zur Verschm durch Neugründung. In Ergänzung zu den allg. Regelungen von §§ 4–38 werden in §§ 39–122 **rechtsformspezifische Einzelheiten** festgelegt, die bei Durchführung der Verschm zu beachten sind. Für die Spaltung und die Vermögensübertragung verweisen die §§ 125, 176 und § 178 jew. auf besonderen Vorschriften zur Verschm.

2 Der **Aufbau innerhalb der einzelnen Abschnitte** entspricht dem der §§ 4–38; bei den speziellen Regelungen zu den einzelnen Rechtsformen wird grds. zunächst die Verschm durch Aufnahme und daran anschl. die Verschm durch Neugründung geregelt, dort wird wiederum weitgehend auf die vorangestellten Vorschriften zur Verschm durch Aufnahme verwiesen. Weiterhin lehnt sich die Reihenfolge der Regelungen an den Gang des Verschmelzungsverfahrens an, die einzelnen Abschnitte enthalten zusätzliche Anforderungen an den Verschmelzungsvertrag, den Verschmelzungsbericht, die Verschmelzungsprüfung und den Verschmelzungsbeschluss, jew. grds. in dieser Reihenfolge. Sonderregelungen für die Verschm von bestimmten Investmentvermögen enthält das KAGB, ua in § 1 XIX Nr. 37 KAGB, §§ 181 ff. KAGB.

2. Aufbau von §§ 39–122

3 Innerhalb des Zweiten Teils des Zweiten Buches wird der Aufbau eingehalten, dem schon das BiRiLiG folgte: Es wird mit der Verschm einfach strukturierter Rechtsträger wie (ab dem 1.1.2024) **eGbR, OHG, KG und PartGes** 1. Abschnitt) begonnen, die weniger strenge Regeln erfordern als die Verschm von **GmbH** (2. Abschnitt), **AG** (3. Abschnitt) und **KGaA** (4. Abschnitt) sowie **eG** (5. Abschnitt), **rechtsfähigen Vereinen** (6. Abschnitt), genossenschaftlichen **Prüfungsverbänden** (7. Abschnitt) und **VVaG** (8. Abschnitt), vgl. Begr. RegE, BR-Drs. 75/94 zum Zweiten Teil des Zweiten Buches. Im 9. Abschnitt (§§ 120–122) ist die Verschm von KapGes mit dem Vermögen eines **Alleingesellschafters** geregelt. Der 10. Abschnitt

Vorbemerkung 4–6 **Vor § 39 UmwG A**

regelte die **grenzüberschreitende Verschm** von KapGes und ist mit dem **UmRUG** entfallen (zur grenzüberschreitenden Verschm s. nun §§ 305–319; iÜ s. ua → Vor § 46 Rn. 8, → Vor § 60 Rn. 11, → Vor § 79 Rn. 8).

Im Einzelfall (→ Einf. Rn. 11 ff.) ist demnach zu überprüfen, welche Rechtsträ- 4
ger – als übertragender, übernehmender oder neu gegründeter Rechtsträger – an der Verschm beteiligt sind; davon ist es abhängig, welche der jew. Vorschriften von §§ 39–122 neben den allg. Regelungen in §§ 4–35 (§§ 36–38) zu berücksichtigen sind. Wegen der besonderen Bedeutung für die Praxis wird in der Komm. auf die Darstellung von §§ 46–59 (Verschm unter Beteiligung einer GmbH) verstärkt Gewicht gelegt.

3. Verschmelzung unter Beteiligung von, Gesellschaften des bürgerlichen Rechts, Personenhandelsgesellschaften und Partnerschaftsgesellschaften (§§ 39–45e)

Die Verschm unter Beteiligung von PhG wurde für das dt. Recht durch die 5
Umwandlungsreform neu geschaffen, der Gesetzgeber konnte dabei aber auf die Regelungen zur verschmelzenden Umw im UmwG 1969 (insbes. §§ 40 ff. UmwG 1969) zurückgreifen. Zu den auch weiterhin bestehenden Alt. vgl. Priester DStR 2005, 788. Durch das Gesetz zur Änderung des UmwG, des PartGG und anderer Gesetze v. 22.7.1998 (BGBl. 1998 I 1878; → Einf. Rn. 23; Neye DB 1998, 1649) ist der Erste Abschnitt der besonderen Vorschriften erweitert worden. In einem neuen Zweiten Unterabschnitt wird in §§ 45a–45e seitdem die Verschm unter Beteiligung von PartGes geregelt. Die praktische Bedeutung ist nicht unerheblich, denn die PartGes hat als Rechtsform für die freien Berufe Akzeptanz gefunden. §§ 45a, 45b stellen klar, dass die Verschm auf eine PartGes nur bei Einhaltung der berufsrechtlichen Vorgaben von §§ 1, 3 PartGG in Betracht kommt. § 45c konkretisiert §§ 41, 42 für den Fall, dass ein einzelner Partner gem. § 6 II PartGG von der Führung sonstiger Geschäfte ausgeschlossen ist. § 45d entspricht § 43 I, II 1, 2 aF. § 45e schreibt schließlich die entsprechende Anwendung von §§ 39, 39f und für den Fall der Mehrheitsentscheidung von § 39e vor. Vgl. zum Ganzen (vor MoPeG) auch Neye DB 1998, 1649 (1651); Römermann NZG 1998, 675 und Lutter/Schmidt § 45a Rn. 1 ff.

Durch das Gesetz zur Modernisierung des Personengesellschaftsrechts (Personen- 6
gesellschaftsrechtsmodernisierungsgesetz **(MoPeG)** v. 10.8.2021 (BGBl. 2021 I 3436) erfährt auch das UmwG mWv 1.1.2024 einige Änderungen (→ Rn. 7 ff.). Die Änderungen des MoPeG zielen ausweislich Begr. RegE, BT-Drs. 19/27635, 263 in erster Linie darauf ab, „innerstaatliche Umwandlungen unter Beteiligung einer Gesellschaft bürgerlichen Rechts zu ermöglichen und gleichzeitig einen angemessenen Ausgleich mit den schutzwürdigen Belangen der Beteiligten, insbesondere mit Blick auf eine Transparenz der Umwandlung und einen Schutz vor unbilliger Haftungsvermehrung, zu gewährleisten". Bis zum In Kraft treten des MoPeG am 1.1.2024 gilt noch § 3, der festlegt, dass nur die dort bezeichneten Gesellschaftsformen als übertragende oder übernehmender Rechtsträger an einer Umw, dh einer Verschm, Spaltung oder einem Formwechsel beteiligt sein können. Die GbR war bisher in § 3 nicht genannt. Zudem war die **GbR** im Rechtsverkehr mit einigen rechtlichen Unsicherheiten behaftet. So gab es kein Register, in welchem die GbR und deren Gesellschafter einzutragen waren. Mit den Neuerungen des MoPeG wird nun auch die (eingetragene) GbR als umwandlungsfähiger Rechtsträger aufgenommen. Hiermit ist der Gesetzgeber langjährigen Forderungen aus Wissenschaft und Praxis (ua → 8. Aufl. 2018, § 3 Rn. 13, 15) gefolgt, Unternehmensumstrukturierungen unter Beteiligung einer GbR flexibler zu gestalten (vgl. Begr. RegE, BT-Drs. 19/27635, 264). Zudem kann die GbR nun in das neu zu schaffende **Gesell-**

schaftsregister eingetragen werden. Diese Eintragung hat bereits vor Abschluss eines Verschm- oder Spaltungsvertrages zu erfolgen.

7 Zusammenfassend werden die besonderen Vorschriften für die Verschm unter Beteiligung der GbR (und durch Verweisung gemäß § 124 auf § 3 auch für die Spaltung) künftig in den neuen **§§ 39–39f** geregelt werden. Die besonderen Vorschriften für PhG gemäß des Zweiten Unterabschnitts werden dann teilweise durch Verweisung auf die neuen Vorschriften des Ersten Unterabschnitts zur Verschm unter Beteiligung der GbR geregelt (**§ 42**). **§ 41** übernimmt den bisher geltenden § 43 II 3. Auch der Formwechsel einer im Gesellschaftsregister eingetragenen GbR wird durch eine Neufassung von § 214 ermöglicht.

8 Inhaltlich bleiben die Regelungen zum Ausschluss der Versch (**§ 39**) dem Verschmelzungsbericht (**§ 39a**), der Unterrichtung der Gesellschafter (**§ 39b**), der Beschlussfassung der Gesellschafterversammlung (**§ 39c**), der Prüfung der Verschm (**§ 39e**) sowie der zeitlichen Beschränkung der Haftung persönlich haftender Gesellschafter (**§ 39f**) bis auf redaktionelle Anpassungen unverändert.

9 Neu geregelt wurde das Widerspruchsrecht gegen den Beschluss der Gesellschafterversammlung sowohl des übernehmenden als auch des übertragenden Rechtsträgers gem. **§ 39d**. Widerspricht ein Gesellschafter einer übernehmenden Gesellschaft bürgerlichen Rechts der Verschmelzung, hat sie zu unterbleiben (S. 1). Das Gleiche gilt, wenn der Anteilsinhaber eines übertragenden Rechtsträgers der Verschmelzung auf eine Gesellschaft bürgerlichen Rechts widerspricht (S. 2). **§ 39d S. 1** führt dazu, dass sich der Gesellschafter des übernehmenden Rechtsträgers vor einer Haftung für Verbindlichkeiten des übertragenden Rechtsträgers, die im Wege der Gesamtrechtsnachfolge auf die übernehmende GbR übergehen, schützen kann (vgl. Begr. RegE, BT-Drs. 19/27635, 265). Das Widerspruchsrecht des Anteilsinhabers des übertragenden Rechtsträgers gemäß **§ 39d S. 2** dient ebenfalls zum Schutz des Gesellschafters vor einer Haftungsmehrung für Verbindlichkeiten des übernehmenden Rechtsträgers, (vgl. Begr. RegE, BT-Drs. 19/27635, 266).

10 Die Nachhaftung der Ges der GbR für Verbindlichkeiten der Gesellschaft beträgt wie bei der PhG gemäß **§ 39f** fünf Jahre.

11 In internationaler Hinsicht wurden durch die Regelungen des **MoPeG** keine grenzüberschreitenden Verschm von deutschen PhG in das europäische Ausland ermöglicht, da die Umwandlungsrichtline nur auf Kap- und nicht auf PhG erweitert worden ist (vgl. Begr. RegE, BT-Drs. 19/27635, 264). Bei der Hineinverschm steht es dem Gesetzgeber frei, ob der die vom Wegzugsstaat jeweils erteilte Vorabbescheinigung über KapGes auch für weitere Gesellschaftsformen anerkennt (vgl. Begr. RegE, BT-Drs. 19/27635, 264). Somit würden im Fall einer grenzüberschreitenden Verschm deutscher PhG die deutschen Registergerichte Vorabbescheinigungen erteilen, die im Zuzugsstaat keine Bindungswirkung haben. Die Vorabbescheinigung würde damit Verfahrensschritte bescheinigen, die außerhalb des Anwendungsbereichs der Verschmelzungsrichtlinie liegen. Es ist dem Gesetzgeber (vgl. Begr. RegE, BT-Drs. 19/27635, 264) zuzustimmen, dass dies zu einer erheblichen Rechtsunsicherheit führen würde.

12 **§§ 40–45** regeln die Verschm unter Beteiligung von **PhG** ab dem 1.1.2024 neu und unterscheiden wie bisher nicht zwischen OHG und KG. Auch gibt es keine Sonderregelung für bestimmte Sonderrechtsgestaltungen der Praxis (GmbH & Co. KG, Publikums-KG; vgl. Begr. RegE, BR-Drs. 75/94 zu §§ 39–45). Schließlich wird in Abweichung zu den meisten anderen Abschnitten in §§ 39–122 bei den PhG auf eine Differenzierung zwischen Verschm durch Aufnahme und Verschm durch Neugründung verzichtet.

13 **§ 40** beinhaltet nach wie vor in Ergänzung zu § 5 I zusätzliche Anforderungen an den Inhalt des Verschmelzungsvertrages; **§ 41** enthält eine Regelung zum Widerspruch gegen den Beschluss der Gesellschafterversammlung. **§ 42** regelt, dass die §§ 39, 39a, 39b, 39c, 39e und 39f über die Verschm unter Beteiligung von GbR auf die Verschm unter Beteiligung von PhG entsprechend anzuwenden sind. **§§ 43–45** wurden aufgehoben.

Erster Unterabschnitt. Verschmelzung unter Beteiligung von Gesellschaften bürgerlichen Rechts

§ 39 Ausschluss der Verschmelzung

Eine aufgelöste Gesellschaft bürgerlichen Rechts kann sich nicht als übertragender Rechtsträger an einer Verschmelzung beteiligen, wenn die Gesellschafter eine andere Art der Auseinandersetzung als die Abwicklung durch Liquidation oder als die Verschmelzung vereinbart haben.

An der Verschm können **als übertragender Rechtsträger auch aufgelöste Rechtsträger** beteiligt sein, wenn deren Fortsetzung beschlossen werden könnte **(§ 3 III)**. Diese Vorschrift wird für die aufgelöste eGbR (die eGbR ist ab dem 1.1.2024 gem. § 3 I Nr. 1 verschmelzungsfähiger Rechtsträger, bzw. gem. § 42 entsprechend auch für die OHG, KG, vgl. § 3 I Nr. 1, zur EWIV → § 3 Rn. 13, zur PartGes § 45e S. 1), **ergänzt durch § 39**, der ein Verschmelzungsverbot für die aufgelöste eGbR für den Fall festschreibt, dass die Gesellschafter (für die GbR nach § 735 II BGB, für die PhG nach § 143 II 1 HGB, für PartGes gem. § 10 I PartGG anwendbar) eine **andere Art der Auseinandersetzung** als die Abwicklung oder als die Verschm vereinbart haben. Mit dem in Kraft treten des MoPeG ab dem 1.1.2024 sind die bisherigen Regelungen des § 145 HGB aF in **§ 143 HGB** geregelt. **§ 143 I, II HGB** entsprechen inhaltlich dem bis 1.1.2024 geltenden § 145 I und III HGB aF (Begr. RegE, BT-Drs. 19/27635, 247). **§ 143 II 2 HGB** entspricht im Wesentlichen inhaltlich dem bis 1.1.2024 geltenden § 145 II HGB; **§ 143 III HGB** ist neu und legt die auf die Liquidation anwendbaren Vorschriften fest (Begr. RegE, BT-Drs. 19/27635, 247). Bei einem Verstoß gegen § 39 durch Beteiligung eines nicht verschmelzungsfähigen Rechtsträgers sind Verschmelzungsbeschluss und Verschmelzungsvertrag nichtig (zur früheren Rechtslage Habersack/Wicke/Temme Rn. 21; BeckOGK/Temme Rn. 21) und die Verschm darf vom Registergericht nicht eingetragen werden (OLG Naumburg NJW-RR 1998, 179). Eine dennoch eingetragene Verschm ist unumkehrbar (§ 20 II; zur früheren Rechtslage Henssler/Strohn/Decker Rn. 3; Kallmeyer/Kocher Rn. 8). 1

In Fortführung von § 40 II UmwG 1969, § 46 II UmwG 1969 soll damit erreicht werden, dass nicht mehr verschmolzen werden kann, **wenn den Gesellschaftern das Vermögen** der aufgelösten Ges (zu den Auflösungsgründen der GbR §§ 729, 730 BGB; vgl. Lit. zu § 138 HGB für die PhG (vor MoPeG § 131 HGB), wobei § 138 III HGB nun klarstellt, dass auch weitere Auflösungsgründe vereinbart werden können, § 9 PartGG zur PartGes; zur früheren Rechtlage Widmann/Mayer/Vossius Rn. 9 ff.) aufgrund der anderen Art der Auseinandersetzung **zufließen soll** (vgl. Begr. RegE, BR-Drs. 75/94 zu § 39; aA zur früheren Rechtslage Lutter/Schmidt Rn. 11 mwN, der dies bereits aus § 3 III ableitet). Als **andere Art der Auseinandersetzung bei der PhG iSv § 143 HGB** kommt ua die **Einbringung** (dazu OLG Frankfurt a. M. DB 2003, 2327) in eine KapGes, die **Realteilung** oder die **Übernahme** des gesamten Handelsgeschäfts durch einen Gesellschafter in Betracht (vgl. zur früheren Rechtslage Hopt/Roth § 145 Rn. 10 mwN, jetzt § 143 HGB; s. hierzu auch Begr. RegE, BT-Drs. 19/27635, 182 zur § 735 I 2 dem bisher geltenden § 145 III HGB nachgebildet ist) Die andere Art der Auseinandersetzung muss nicht bereits im Gesellschaftsvertrag angelegt sein, es genügt auch die (ggf. einstimmige) **Ad-hoc-Entschließung** der Gesellschafter bei Auflösung der GbR (Begr. RegE, BT-Drs. 19/27635, 182). Umgekehrt enthält zumindest der einstimmig gefasste Verschmelzungsbeschluss zugleich die Änderung 2 einer der Verschm an sich entgegenstehenden Vertragsklausel (allgM, vgl. zur früheren Rechtslage Lutter/Schmidt Rn. 15 mwN). Wird eine andere Art der Auseinandersetzung beschlossen, ist es zweckmäßig, bereits im Rahmen des Auflösungsbeschlusses eine Verschmelzungsermächtigung des jeweiligen Liquidators vorzusehen.

3   Abw. von § 40 II UmwG 1969 wird nicht mehr verlangt, dass eine **Liquidation** stattfindet, dh eine Abwicklung stattgefunden hat, und dass nur noch die Verteilung des nach der Berichtigung der Verbindlichkeiten verbleibenden Vermögen an die Gesellschafter aussteht. Dies ist nicht erforderlich, denn die Gläubiger der übertragenden eGbR werden durch die Haftung des übernehmenden Rechtsträgers einerseits und durch die fünfjährige Nachhaftung der Gesellschafter der übertragenden eGbR andererseits (vgl. § 39f bzw. § 45e für die PartGG) hinreichend geschützt (vgl. auch Begr. RegE, BR-Drs. 75/94 zu § 214). **Grund für das Verschmelzungsverbot** in § 39 ist unter anderem, sicherzustellen, dass das Vermögen der aufgelösten eGbR im Zeitpunkt des Verschmelzungsbeschlusses noch in vollem Umfang vorhanden ist (so auch zur früheren Rechtslage zur PhG Lutter/Schmidt Rn. 8; Semler/Stengel/Leonard/Ihrig Rn. 1; Kölner Komm UmwG/Dauner-Lieb/Tettinger Rn. 2; auf den Schutz der Minderheitsgesellschafter stellt Kallmeyer/Kocher Rn. 7 ab, auf die Kapitalgrundlage des übernehmenden Rechtsträgers Widmann/Mayer/Vossius Rn. 2).

§ 39a Verschmelzungsbericht

Ein Verschmelzungsbericht ist für eine an der Verschmelzung beteiligte Gesellschaft bürgerlichen Rechts nicht erforderlich, wenn alle Gesellschafter dieser Gesellschaft zur Geschäftsführung berechtigt sind.

1   Mit Inkrafttreten des **MoPeG** und der Aufnahme der **eGbR** (→ § 3 I Nr. 1) als umwandlungsfähiger Rechtsträger (näher → § 3 Rn. 7) zum 1.1.2024 wurde § 39a eingeführt, der wortgleich § 41 aF übernimmt (Begr. RegE, BT-Drs. 19/27635, 265). § 39a gilt für Verschm, die nach dem 31.12.2023 in das Register des übernehmenden Rechtsträgers eingetragen werden. Bei Beteiligung einer eGbR (nur die eingetragene GbR ist umwandlungsfähiger Rechtsträger) an einer Verschm als übertragender oder übernehmender Rechtsträger sieht § 39a eine **Ausnahme von der Pflicht zur Abfassung des Verschmelzungsberichts nach § 8** vor: Ein Verschmelzungsbericht ist dann nicht erforderlich, wenn alle Gesellschafter der eGbR zur Geschäftsführung berechtigt sind. Für die PhG gilt Entsprechendes nach § 42 und für die PartGes, wenn nicht von § 6 II PartGG Gebrauch gemacht wurde (§ 45c S. 1).

2   Der Verschmelzungsbericht nach § 8 soll diejenigen Anteilsinhaber, die selbst nicht an den Verhandlungen zum Abschluss des Verschmelzungsvertrages und an den entsprechenden Sachverhaltserkundungen im Vorfeld des Vertragsabschlusses beteiligt waren, über die rechtlichen und wirtschaftlichen Hintergründe der Verschm umfassend informieren (näher → § 8 Rn. 14 ff.). § 717 BGB kommt auch in Umwandlungsfällen zur Anwendung (vgl. Widmann/Mayer/Vossius Rn. 2). Es wäre jedoch **unnötiger Formalismus,** auch für den Fall einen Verschmelzungsbericht zu verlangen, dass sämtliche Gesellschafter der **eGbR** (dies gilt auch für die PhG) ohnehin über die durch den Verschmelzungsbericht zu vermittelnden Informationen verfügen, weil sie selbst jederzeit die Möglichkeit haben, sich umfassende Kenntnis zu verschaffen (Begr. RegE, BR-Drs. 75/94 zu § 41 gilt für den inhaltsgleichen § 39a entsprechend).

3   Maßgebend ist die **Befugnis aller Gesellschafter zur Geschäftsführung.** Dies entspricht dem gesetzlichen Leitbild der **GbR,** § 715 I BGB und der **OHG** (§ 116 I HGB; über die Verweisung des **§ 42** gilt § 39a auch für PhG); für die Anwendung von § 39a ist aber stets auf etwaige **andere Vereinbarungen im Gesellschaftsver-**

trag (§ 715 II, IV BGB, § 116 III, IV HGB) zu achten (zur früheren Rechtslage allgM, vgl. Lutter/Schmidt § 41 Rn. 4 mwN; Kölner Komm UmwG/Dauner-Lieb/Tettinger § 41 Rn. 6). Wenn von der allseitigen Geschäftsführungsbefugnis abgewichen wird, ist ein Verschmelzungsbericht erforderlich, es sei denn der betroffene Gesellschafter verzichtet hierauf (vgl. Widmann/Mayer/Vossius Rn. 11 mwN). Das gesetzliche Leitbild der **KG** sieht gerade umgekehrt den grds. Ausschluss der Kommanditisten von der Führung der Geschäfte der Ges vor. § 164 HGB ist jedoch dispositiv, der Gesellschaftsvertrag kann einzelnen oder allen Kommanditisten entsprechend § 116 HGB Geschäftsführungsbefugnis verleihen (zur früheren Rechtslage Hopt/Roth HGB § 164 Rn. 7 mwN). Folglich ist ein Verschmelzungsbericht nach § 39a erforderlich, soweit keine Verzichtserklärungen vorliegen. Die Einräumung von Geschäftsführungsbefugnissen (nicht zwingend auch Vertretungsbefugnis, vgl. zur früheren Rechtslage zur Unterscheidung Oetker/Lieder HGB § 114 Rn. 5) ist insbes. bei vermögensverwaltenden GmbH & Co. KGs vor dem Hintergrund des § 15 III Nr. 2 EStG häufig anzutreffen. Im letzteren Fall ist § 39a über den Verweis des § 42 einschlägig. §§ 39a, 42 sind nach zutr. Meinung angesichts des eindeutigen Wortlauts nicht einschlägig, wenn die Kommanditisten einer **GmbH & Co. KG** sämtlich als Geschäftsführer der Komplementär-GmbH lediglich mittelbar geschäftsführungsbefugt sind (zur früheren Rechtslage Lutter/Schmidt § 41 Rn. 5; Kallmeyer/Kocher § 41 Rn. 2; Widmann/Mayer/Vossius § 41 Rn. 27 hält in diesem Fall einen konkludenten Verzicht im dann zu beurkundenden Verschmelzungsbeschluss iSv jetzt § 8 III S. 1 für möglich; aA von früheren Rechtlage Semler/Stengel/Leonard/Ihrig § 41 Rn. 10, der allerdings die Vorabstimmung mit dem HR empfiehlt und die bei → § 215 Rn. 1 zit. Autoren, OLG Rostock NJW-RR 2021, 490 (492)). Den Gesellschaftern bleibt in der Praxis der Verzicht nach § 8 III 1 ohnehin unbenommen.

Die Entbindung von der Abfassung eines Verschmelzungsberichts nach § 39a 4 bezieht sich nur auf die eGbR selbst, die **anderen beteiligten Rechtsträger** haben, sofern das Gesetz nichts anderes vorschreibt, einen Verschmelzungsbericht zu erstellen. Die freiwillige Erstattung eines Verschmelzungsberichts ist nicht ausgeschlossen; in der Praxis wird sich ein solches Vorgehen aber allenfalls im Fall von § 8 I 2, bei der Abfassung eines gemeinsamen Berichts, anbieten. Durch § 39a bleiben die **sonstigen Möglichkeiten des Verzichts** auf die Abfassung eines Verschmelzungsberichts – § 8 II, III – unberührt, wobei die Anwendungsvoraussetzungen von § 8 III 1 iE str. sind (→ § 215 Rn. 2 mwN).

§ 39b Unterrichtung der Gesellschafter

Der Verschmelzungsvertrag oder sein Entwurf und der Verschmelzungsbericht sind den Gesellschaftern, die von der Befugnis zur Geschäftsführung ausgeschlossen sind, spätestens zusammen mit der Einberufung der Gesellschafterversammlung, die gemäß § 13 Absatz 1 über die Zustimmung zum Verschmelzungsvertrag beschließen soll, zu übersenden.

1. Allgemeines

Mit Inkrafttreten des **MoPeG** und der Aufnahme der **eGbR** als umwandlungsfä- 1 higer Rechtsträger (→ § 3 Rn. 7) zum 1.1.2024 wird § 39b eingeführt, der wortgleich § 42 aF übernimmt (Begr. RegE, BT-Drs. 19/27635, 265). § 39b gilt für Verschm, die nach dem 31.12.2023 in das Register des übernehmenden Rechtsträgers eingetragen werden. **§§ 39b, 39c** enthalten **Sonderregelungen für die Einladung zur bzw. Durchführung der Gesellschafterversammlung,** die den Verschmelzungsbeschluss iSv § 13 I zu fassen hat. Die Gesellschafterversammlung als Beschlussorgan ist dem geltenden Recht der GbR wie der PhG als gesetzlich vorgesehene Institution vor den Regelungen durch das MoPeG eher fremd gewesen (BGH NJW-RR 1990, 798; zur früheren Rechtslage MüKoHGB/Enzinger HGB § 119 Rn. 5 ff. mwN; K. Schmidt ZGR 2008, 1 ff., siehe zur Ausgestaltung nach dem MoPeG → Rn. 2). Bei der GbR waren Geschäftsführung und Beschlussfassung nach den bisher geltenden §§ 709–711 BGB aF eng verbunden (Begr. RegE, BT-Drs. 19/27635, 149). Zur Versammlung der Anteilsinhaber im UmwR nach § 13 I 2 → § 13 Rn. 14 ff. Der Gesetzgeber hat es aber unterlassen, die sonstigen Formalien (Form, Frist etc) der Gesellschafterversammlung im UmwG zu regeln (Begr. RegE, BR-Drs. 75/94 zu § 42 aF entsprechend für den inhaltsgleichen § 39b); im Gegensatz zum früheren Recht (§§ 40 ff. UmwG 1969) sieht § 39b nun aber zumindest eine **Pflicht zur Vorabinformation** der von der Geschäftsführung ausgeschlossenen Gesellschafter vor. Gemäß § 717 I BGB hat jeder Gesellschafter einer GbR entsprechende Informations- und Kontrollrechte inne. Über § 105 III HGB, § 161 II HGB gilt dies auch für die OHG und KG bzw. über § 9 I PartGG für die PartGes (vgl. Widmann/Mayer/Vossius Rn. 1). Erleichterungen durch elektronische Kommunikation oder via Internet gab es dabei bisher nicht (arg. ex § 63 III 2, IV; zur virtuellen Versammlung → Rn. 3a). Das konnte unter anderem für die Publikums-KG mit teilw. mehreren tausend Anteilsinhabern hinderlich sein.

2. Einberufung der Gesellschafterversammlung

2   Der Verschmelzungsbeschluss ist nach §§ 39c, 13 in einer **Gesellschafterversammlung** zu fassen. Zur Gesellschafterversammlung der **GbR** ist durch das **MoPeG** nun in § 714 BGB geregelt, dass Gesellschafterbeschlüsse der Zustimmung aller stimmberechtigten Gesellschafter bedürfen. § 109 HGB wurde durch das **MoPeG** neu gefasst und regelt nun in Abgrenzung zur Geschäftsführung die Grundlagen der Gesellschaftsinternen Willensbildung durch Beschlussfassung der Gesellschafter (Begr. RegE, BT-Drs. 19/27635, 225; → Rn. 3a zur virtuellen Versammlung). Die Vorschrift findet über § 161 II HGB auch für die **KG** entsprechende Anwendung. Sofern im **Gesellschaftsvertrag** Vorschriften über die Organisation der Gesellschafterversammlung und deren Einberufung enthalten sind, sind diese Regularien zwingend auch für die Gesellschafterversammlung iSv § 13 I 1 zu beachten.

3   Regelungen zur **Einberufung** der Gesellschafterversammlung finden sich für die PhG in § 109 II HGB. § 109 II HGB sieht vor, dass die Gesellschafter unter Ankündigung des Zwecks der Versammlung in angemessener Frist einzuladen sind. Der Gesetzgeber hat sich hier nicht festgelegt und weist darauf hin, dass sowohl die Ausführungen der Tagesordnung als auch die Dauer der einzuhaltenden Frist vom Beschlussgegenstand abhängig ist (vgl. Begr. RegE, BT-Drs. 19/27635, 226). **Orientierungshilfe** boten schon vor der Regelung in § 109 II HGB die Regelungen zur Einberufung der Gesellschafterversammlung der **GmbH** bzw. (insbes. bei Publikumsgesellschaften) der Hauptversammlung der **AG** (zur früheren Rechtslage MüKoHGB/Enzinger HGB § 119 Rn. 48 ff.; Röhricht/Graf v. Westphalen/Haas/Haas HGB § 119 Rn. 4 ff.). Die **dreißigtägige Frist** des § 123 I AktG kann angemessen verkürzt werden. Die verkürzte Frist muss aber ausreichen, um allen Gesellschaftern die Teilnahme zu ermöglichen und Überrumpelungen auszuschließen (vgl. zur früheren Rechtslage Hopt/Roth HGB § 119 Rn. 29 mwN); die **Wochenfrist** von § 51 I 2 GmbHG darf dabei keinesfalls unterschritten werden (zur früheren Rechtslage Lutter/Schmidt § 42 Rn. 7 aE; ähnlich Semler/Stengel/Leonard/Ihrig § 42 Rn. 12 mwN; Habersack/Wicke/Temme § 42 Rn. 9; BeckOGK/Temme § 42 Rn. 9). Allgemein sollte die Frist im Regelfall großzügiger bemessen werden, um den Gesellschaftern eine angemessene Vorbereitung unter Berücksichtigung des Umfangs der nach § 39b zu übermittelnden Unterlagen zu ermöglichen. Vorbehaltlich einer anders lautenden Regelung im Gesellschaftsvertrag

kann die **Einberufung formlos** erfolgen (aA Widmann/Mayer/Vossius Rn. 13). § 39b setzt die Einberufung – wohl durch die vertretungsberechtigten Gesellschafter, nach allgM ist mangels anders lautender Regelung im Gesellschaftsvertrag jeder Gesellschafter zur Einberufung berechtigt – voraus (vgl. zur Einberufungsbefugnis zur früheren Rechtslage iÜ OLG Köln ZIP 1987, 1120; Hopt/Roth HGB § 119 Rn. 29; MüKoHGB/Enzinger HGB § 119 Rn. 49). Der **Verschmelzungsvertrag** oder sein Entwurf **und** der **Verschmelzungsbericht** sind „mit" (→ Rn. 4) der Einberufung zu übersenden. Mindestinhalt der Einberufung ist die Mitteilung von Zeit und Ort der Gesellschafterversammlung sowie der Tagesordnung (vgl. § 121 AktG; § 50 GmbHG).

Gemäß **§ 714 BGB** bedürfen Gesellschafterbeschlüsse einer **GbR** der Zustimmung aller stimmberechtigten Gesellschafter. Auch nach den Änderungen durch das MoPeG sind in den §§ 705 ff. BGB keine Vorgaben im Hinblick auf Einberufung und Durchführung von Gesellschafterversammlungen enthalten. Folglich kann die Versammlungsform mit der Zustimmung aller stimmberechtigten Gesellschafter festgelegt werden, sofern sich nicht anderslautende Vorgabeaus dem Gesellschaftsvertrag ergeben (vgl. Wertenbruch GmbHR 2023, 157 (168)). **§ 109 I HGB** sieht vor, dass Gesellschafter ihre Beschlüsse in **Versammlungen** fassen. Nach dem Willen des Gesetzgebers liegt eine Versammlung dann vor, wenn mehrere Personen zu einem Zweck aber nicht notwendigerweise an einem Ort zusammenkommen. Es ist daher zulässig, dass Beschlüsse sowohl in einer Präsenzversammlung als auch in einer **virtuellen Versammlung** gefasst werden (Begr. RegE, BT-Drs. 19/27635, 226), obwohl im Tatbestand des **§ 109 HGB** die virtuelle oder hybride Versammlung als Versammlungsart nicht ausdrücklich genannt wird (siehe hierzu auch Wertenbruch GmbHR 2023, 157 (165) mwN). Dies sollte dann auch für die Unterrichtung der Gesellschafter durch elektronische Kommunikation oder via Internet gelten, wenn die Gesellschafter dies vereinbaren.

3. Beizufügende Unterlagen

Spätestens mit der Einberufung der Gesellschafterversammlung sind den von der Geschäftsführung ausgeschlossenen Gesellschaftern (→ § 39a Rn. 3) der **eGbR** der Verschmelzungsvertrag oder sein Entwurf und der Verschmelzungsbericht zu übersenden (die Form der Übersendung ist str., → § 39b Rn. 1; zur früheren Rechtslage vgl. Lutter/Schmidt § 42 Rn. 8 mwN; zur Handelsregisteranmeldung § 42 Rn. 11; Kölner Komm UmwG/Dauner-Lieb/Tettinger § 42 Rn. 11). Da § 39b eine bestimmte Form für die Übersendung nicht vorschreibt, kann sie auch per Telefax (zur früheren Rechtslage Lutter/Schmidt § 42 Rn. 8; Widmann/Mayer/Vossius § 42 Rn. 13) oder zB als pdf-Dokument im Anhang einer E-Mail erfolgen (zur früheren Rechtslage Lutter/Schmidt § 42 Rn. 8; einschr. Widmann/Mayer/Vossius Rn. 13; NK-UmwR/Burg Rn. 10). In Ausprägung des allg. Anteilsinhaberschutzes wird damit den Auskunfts- und Informationsrechten dieser Gesellschafter Genüge getan (Begr. RegE, BR-Drs. 75/94 zu § 42; zu den Anpassungen des Informationsrechts des Kommanditisten durch das MoPeG s. Begr. RegE, BT-Drs. 19/27635, 253 f.). Für den Fall der Gruppenvertretung sind alle vertretenen Gesellschafter zu informieren (zur früheren Rechtslage zutr. Semler/Stengel/Leonard/Ihrig § 42 Rn. 9; NK-UmwR/Burg § 42 Rn. 8; aA Lutter/Schmidt § 42 Rn. 6). Eine **Übersendung weiterer Unterlagen** ist grds. nicht erforderlich. **Maßstab für die Auskunftspflicht** der vertretungsberechtigten Gesellschafter **sind §§ 63, 64** (insbes. → § 64 Rn. 3 ff.; vgl. auch zur früheren Rechtslage Hommelhoff ZGR 1993, 452 (462) Fn. 23, 24; Lutter/Schmidt § 42 Rn. 12 mwN; Semler/Stengel/Leonard/Ihrig § 42 Rn. 17). Die in § 39b genannten Unterlagen können bereits im Vorfeld der Einberufung der Gesellschafterversammlung übersandt werden. Wird eine **Verschmelzungsprüfung** nach § 39e durchgeführt, ist ein etwa vorliegender Prüfungsbericht

Missio

beizufügen (zur früheren Rechtslage Hommelhoff ZGR 1993, 452 (462); Lutter/Schmidt § 42 Rn. 5 mwN; das zur GmbH → § 47 Rn. 1 Ausgeführte gilt entsprechend).

4. Unwirksamkeitsklage

5 Kommen die vertretungsberechtigten Gesellschafter ihrer Pflicht nach § 39b nicht oder nicht rechtzeitig nach, ist der **Beschluss** – Kausalität vorausgesetzt – ipso iure **unwirksam** und nichtig (zur früheren Rechtslage hM, vgl. K. Schmidt GesR § 47 V 2c mwN; Staub/Fischer HGB § 119 Rn. 18 mwN; Heymann/Emmerich HGB § 119 Rn. 10 ff. mwN); § 39b schützt konkrete Gesellschafterinteressen und ist **nicht nur bloße Ordnungsvorschrift** (zur früheren Rechtlage MüKoHGB/Enzinger HGB § 119 Rn. 11, 94 ff. mwN. Die Unwirksamkeitsklage muss **binnen eines Monats** nach der Beschlussfassung erhoben werden **(§ 14 I)**. § 110 HGB regelt nun die grundlegende Unterscheidung zwischen der Anfechtbarkeit und der Nichtigkeit von Gesellschafterbeschlüssen und stellt gemeinsam mit den §§ 111-115 HGB das Beschlussmängelrecht der Personenhandelsgesellschaften im Wege der Anfechtung dar (vgl. Begr. RegE, BT-Drs. 19/27635, 227).

§ 39c Beschluss der Gesellschafterversammlung

(1) **Der Verschmelzungsbeschluss der Gesellschafterversammlung bedarf der Zustimmung aller anwesenden Gesellschafter; ihm müssen auch die nicht erschienenen Gesellschafter zustimmen.**

(2) ¹**Der Gesellschaftsvertrag kann eine Mehrheitsentscheidung der Gesellschafter vorsehen.** ²**Die Mehrheit muss mindestens drei Viertel der abgegebenen Stimmen betragen.**

1. Allgemeines

1 Mit Inkrafttreten des **MoPeG** und der Aufnahme der **eGbR** als umwandlungsfähiger Rechtsträger (→ § 3 Rn. 7) zum 1.1.2024 wird § 39c eingeführt, wobei § 39c I wortgleich § 43 I aF übernimmt und § 39c II wortgleich § 43 II S. 1, 2 aF übernimmt. (RegEBegr. BT-Drs. 19/27635, 265). § 39c gilt für Verschm, die nach dem 31.12.2023 in das Register des übernehmenden Rechtsträgers eingetragen werden. Die Vorschrift legt die **für den Verschmelzungsbeschluss** iSv § 13 I **notwendige Mehrheit** fest (→ § 13 Rn. 30 ff.). Sie gilt für alle an der Verschm beteiligten eGbRs (für PhG über § 42, für PartGes § 45d) unabhängig davon, ob diese als übertragende oder übernehmende Rechtsträger fungieren (arg. §§ 39d, 41). Wie bei allen grundlegenden Beschlüssen im Recht der GbR und der PhG (für die GbR siehe §§ 708, 714 BGB und für die PhG § 109 III HGB) sieht **Abs. 1 Einstimmigkeit** vor, auch die nicht erschienenen Gesellschafter müssen ihre Zustimmung ausdrücklich erklären (Abs. 1 Hs. 2).

2 Im Gegensatz zu den Vorgängerregelungen in §§ 42, 48 UmwG 1969 (vgl. 1. Aufl. 1994, § 42 Anm. 3, 4 mwN) bestimmt **Abs. 2 S. 1, 2** die Zulässigkeit der durch Gesellschaftsvertrag vorgesehenen **Mehrheitsumwandlungen.** Auch für PartGes kann der Partnerschaftsvertrag die Mehrheitsumwandlung zulassen, § 45d II.

3 Das in § 43 **Abs. 2 S. 3 Hs. 1, 2** aF enthaltene Widerspruchrecht für die phG wird nun in § 41 geregelt (→ § 41 Rn. 1 ff.).

2. Gesellschafterversammlung

4 Vgl. zunächst → § 39b Rn. 2, 3. Durch die notwendige Beschlussfassung in einer Gesellschafterversammlung (§ 13 I 2) wird gewährleistet, dass sämtliche Gesellschaf-

Beschluss der Gesellschafterversammlung 4a–7 § 39c UmwG A

ter über die Verschm in der – auch bei Fehlen entsprechender Normen notwendigen – Einladung rechtzeitig informiert werden und die Möglichkeit zur Diskussion zwischen den Gesellschaftern besteht. Die förmliche Beschlussfassung dient weiter der Unifizierung des UmwR (RegEBegr. BT-Drs. 19/27635, 265). **An der Gesellschafterversammlung müssen nicht alle Gesellschafter teilnehmen.** Nach hM genügt es bereits, wenn lediglich ein Gesellschafter den Beschluss fasst, die anderen können ihre Zustimmung auch außerhalb der Gesellschafterversammlung erteilen, Abs. 1 Hs. 2 (zur früheren Rechtslage Semler/Stengel/Leonard/Ihrig 43 Rn. 30; Widmann/Mayer/Vossius § 43 Rn. 17; Kölner Komm UmwG/Dauner-Lieb/Tettinger § 43 Rn. 17). Sofern der **Gesellschaftsvertrag** der eGbR jedoch für die Beschlussfähigkeit eine Mindestzahl von Gesellschaftern festlegt, ist diese Regelung auch beim Verschmelzungsbeschluss zu beachten.

Vgl. zu den Änderungen durch das MoPeG zu virtuellen Versammlungen von 4a GbR und PhG → § 39b Rn. 3a. Im Hinblick auf den Versammlungszwang des § 13 I 2 ist auch hier die Beschlussfassung im Rahmen des virtuellen Formats daran zu messen sein, dass diese nicht nur nach dem Gesetz oder der Satzung des jeweiligen Rechtsträgers zulässig ist, sondern dass auch die Möglichkeiten der Anteilsinhaber zum Meinungsaustausch mit den Gesellschaftsorganen und untereinander mit einer physischen Versammlung vergleichbar sind (BGH NZG 2021, 1562 (1563 f.); DNotZ 2022, 754 (757) (mAnm Knaier)) und die Beurkundungserfordernisse gewahrt werden (BGH NZG 2021, 1562 (1563 f.); DNotZ 2022, 754 (758) (m. Anm. Knaier)). Zur Frage der Erfüllung des Beurkundungserfordernisses nach § 13 III 1 → § 50 Rn. 2.

3. Zustimmung aller Gesellschafter

Abs. 1 Hs. 1 verlangt als Regelfall die Zustimmung aller Gesellschafter. Zustim- 5 men müssen auch die nach dem Gesellschaftsvertrag **im Stimmrecht eingeschränkten oder vom Stimmrecht ausgeschlossenen Gesellschafter** (zur früheren Rechtslage Semler/Stengel/Leonard/Ihrig § 43 Rn. 17; Lutter/Schmidt § 43 Rn. 11 mwN); der Entzug des Stimmrechts ist idR die Konsequenz aus dem Umstand, dass der Anleger nur an der Kapitalrendite und nicht an der Mitverwaltung interessiert ist (zB bei Publikums-KG). Bei der Entscheidung über die Durchführung einer Verschm geht es jedoch gerade nicht um einen reinen Akt der Mitverwaltung, sondern um das künftige Schicksal des investierten Kapitals. Mit Vollzug der Verschm verändert sich auch der Charakter der ursprünglichen Investition. Ein solch weitreichender Eingriff bedarf grds. der **Zustimmung sämtlicher Gesellschafter** (zur früheren Rechtslage so auch Lutter/Schmidt § 43 Rn. 11 mwN; Semler/Stengel/Leonard/Ihrig § 43 Rn. 16, 17; zur abw. Rechtslage bei stimmrechtslosen GmbH-Anteilen und Aktien → § 50 Rn. 4 und → § 65 Rn. 4). Bei der **GmbH & Co. KG** wird die Zustimmung der GmbH für entbehrlich gehalten, wenn alle Kommanditisten identisch an der GmbH beteiligt sind (Lutter/Joost/Hoger § 217 Rn. 4 mwN; Kallmeyer GmbHR 1996, 80 (82), der aber die beteiligungsidentische GmbH & Co. KG als Rechtsträger sui generis behandeln möchte, vgl. GmbHR 2000, 418 (419)).

Die **Zustimmung** kann auch **außerhalb der Gesellschafterversammlung** – 6 vor und nach Beschlussfassung (hM, → § 13 Rn. 65; zur früheren Rechtslage Widmann/Mayer/Vossius § 43 Rn. 62 ff.) – erklärt werden, **Abs. 1 Hs. 2.** Die Zustimmungserklärungen bedürfen der **notariellen Beurkundung,** § 13 III 1.

Grds. kann kein Gesellschafter gezwungen werden, der Verschm zuzustimmen. 7 Sofern kein **Stimmbindungsvertrag** besteht, der eine Klage auf Zustimmung zur Verschm ermöglicht (zur früheren Rechtslage vgl. etwa BGHZ 48, 163 = NJW 1967, 1963; Widmann/Mayer/Vossius § 43 Rn. 65 ff. mwN; Lutter/Joost/Hoger § 217 Rn. 8 mwN), kann die positive Stimmpflicht allenfalls in besonders gelagerten

Missio

Fällen aus der **allg. gesellschaftsrechtlichen Treuepflicht** hergeleitet werden (zur früheren Rechtslage so auch Lutter/Joost/Hoger § 217 Rn. 7 mwN; Semler/Stengel/Leonard/Ihrig § 43 Rn. 21, wenn nämlich eine Interessenabwägung ergibt, dass die Vorteile für die Ges die Nachteile des (widersprechenden) Gesellschafters so stark überwiegen, dass die Verweigerung der Zustimmung rechtsmissbräuchlich wäre. In extremen Fällen können sich damit auch die übrigen Gesellschafter auf die Treuepflicht (dazu BGH ZIP 2011, 768; 2009, 2289; BGHZ 44, 40 (41) = NJW 1965, 1960; BGHZ 64, 253 (257) = NJW 1975, 1410; BGH NJW 1985, 974; zur früheren Rechtslage MüKoBGB/Schäfer BGB § 705 Rn. 228 ff. mwN) des Minderheitsgesellschafters berufen (zur Treuepflicht insbes. in Sanierungssituationen zur früheren Rechtslage ausf. EBJS/Wertenbruch HGB § 105 Rn. 103 ff. mwN; Oetker/Lieder HGB § 119 Rn. 32; zum umgekehrten Fall, der Treupflicht des Mehrheitsgesellschafters, ausf. Lutter/Drygala § 13 Rn. 54, 55 mwN). In einem solchen Ausnahmefall kommt zudem (aA zur früheren Rechtslage Semler/Stengel/Leonard/Ihrig 43 Rn. 21) der **Ausschluss des widersprechenden Gesellschafters** aus wichtigem Grund (§ 134 HGB) in Betracht (vgl. aber BGH ZIP 2011, 768 mwN). Ein wichtiger Grund iSv §§ 139, 134 HGB (zuvor §§ 133, 140 I HGB) ist nur dann gegeben, wenn eine Fortsetzung der Ges ohne Durchführung der Verschm unzumutbar ist; das Verhalten des widersprechenden Gesellschafters muss – auch in Ansehung seiner eigenen schützenswerten Position – grob gesellschaftsschädlich sein. Die Grds. der Verhältnismäßigkeit und der Billigkeit fordern zwingend die Berücksichtigung der persönlichen und wirtschaftlichen Folgen für den Auszuschließenden (zur früheren Rechtslage vgl. MüKoHGB/Schmidt/Fleischer HGB § 140 Rn. 18 ff. mwN).

8 Die Gesellschafter der eGbR und der PhG können sich bei der Beschlussfassung in der Gesellschafterversammlung **vertreten** lassen, sofern der Gesellschaftsvertrag dies vorsieht oder wenn alle Gesellschafter dem zustimmen (§ 109 III HGB, vgl. zur PhG zur früheren Rechtslage Hopt/Roth HGB § 119 Rn. 21 mwN; allg. zur Vertretung bei Umw Melchior GmbHR 1999, 520). Vorbehaltlich abw. Regelungen des Gesellschaftsvertrages sind für die Vollmacht keine besonderen Formerfordernisse zu beachten, vgl. § 167 II BGB (→ § 13 Rn. 45 ff. und → § 193 Rn. 8; Melchior GmbHR 1999, 520 (521); zur früheren Rechtslage Lutter/Schmidt 43 Rn. 8; Semler/Stengel/Leonard/Ihrig § 43 Rn. 13; Kallmeyer/Zimmermann § 43 Rn. 17; Widmann/Mayer/Vossius § 43 Rn. 32). Eine danach mögliche mündliche Vollmacht ist indes im Rahmen des Registerverfahren nicht praktikabel (vgl. Widmann/Mayer/Vossius Rn. 36, 37 vor MoPeG). In Anlehnung an § 134 III AktG sollte wenigstens Textform verlangt werden. Im Falle einer gesetzlichen Vertretung übt der gesetzliche Vertreter das Stimmrecht in der Gesellschafterversammlung aus. Bei der **Beteiligung Minderjähriger** an der eGbR empfiehlt sich die Einholung der Genehmigung des Familiengerichts (die Genehmigungspflicht nach § 1643 I BGB iVm § 1852 Nr. 2 BGB, § 1854 Nr. 4 und 5 BGB ist hinsichtlich erwerbstätiger Ausrichtung str., vgl. Jürgens/Trautmann Betreuungsrecht BGB § 1852 Rn. 8 ff.; § 1854 Rn. 5 ff.). Unter den Voraussetzungen nach § 1365 BGB ist die **Zustimmung des Ehegatten** eines Gesellschafters erforderlich (zur früheren Rechtslage Widmann/Mayer/Vossius § 43 Rn. 91 ff. mwN; für den Formwechsel ist die Anwendung von § 1365 BGB hingegen str., vgl. zur früheren Rechtslage Lutter/Joost/Hoger§ 217 Rn. 10 gegen Lutter/Göthel § 233 Rn. 48 jew. mwN). Ist Verwaltungstestamentsvollstreckung angeordnet, so erstreckt sich diese auch auf den Nachlass enthaltenen Anteil mit der Folge, dass den **Testamentsvollstrecker** als Alleinverfügungsberechtigter der Verschm zustimmen muss (§§ 2209, 2211 BGB). Ist ein Geschäftsanteil des übertragenden Rechtsträgers **verpfändet**, ist die Zustimmung (wie bei der sonstigen Willensbildung mangels Stimmrechts, Grüneberg/Wicke BGB § 1276 Rn. 4, § 1274 Rn. 7) des Pfandgläubigers nach **§ 1276 BGB** nicht erforderlich, jedoch aufgrund der fehlenden höchstrichterlichen Rechtsprechung empfehlenswert (zur früheren Rechtslage Widmann/Mayer/Vossius § 43

Rn. 85; Habersack/Wicke/Temme § 43 Rn. 38; BeckOGK/Temme Rn. 38). Gleiches gilt aufgrund § 1276 II BGB im Falle der Verpfändung eines Geschäftsanteils des übernehmenden Rechtsträgers (zur früheren Rechtslage Widmann/Mayer/Vossius § 43 Rn. 86; Habersack/Wicke/Temme § 43 Rn. 38; BeckOGK/Temme § 43 Rn. 38). Allgemein ablehnend gegen Vetorechte als Schutzinstrumente der Sicherungsgläubiger, die zu einer Schwächung von Umstrukturierungen führen, Heckschen/Weitbrecht ZIP 2019, 1189 (1194). Zur dinglichen Surrogation → § 20 Rn. 19. Zur Bindung an eine einmal erklärte Zustimmung und zur Möglichkeit der **Anfechtung nach §§ 119 ff. BGB** vgl. MüKoHGB/Enzinger HGB § 119 Rn. 11 mwN; Hopt/Roth HGB § 119 Rn. 5, 24.

4. Mehrheitsumwandlung, Abs. 2 S. 1, 2

Abs. 2 S. 1, 2 (und für PartGes § 45d II) enthalten eine **Öffnungsklausel** für 9 die durch Gesellschaftsvertrag zugelassene **Mehrheitsumwandlung**. Hinsichtlich des bisherigen § 43 II 2 aF musste sich die Klausel im **Gesellschaftsvertrag ausdrücklich** auf den Beschluss über die Verschm beziehen (RegEBegr. BR-Drs. 75/94 zu § 43 II 2). Dies ist für den wortlautgleichen § 39c ebenfalls der Fall (RegEBegr. BT-Drs. 19/27635, 265, der Gesetzgeber weist hierbei für die **GbR** auf den im UmwG gegebenen Minderheitenschutz für abweichende Anforderungen im Vergleich zu §§ 708, 714 BGB hin)). Demgegenüber wurde der bis dahin auf Gesellschafterbeschlüsse über Grundlagen der Gesellschaft oder die Rechtsposition der Gesellschafter anwendbare Bestimmtheitsgrundsatz (vgl. BGH ZIP 2007, 475 – Otto; K. Schmidt ZGR 2008, 1 (8 ff.)) mit BGH-Urt. v. 21.10.2014 (BGH NZG 2014, 1296)) verworfen. Mehrheitsklauseln in Personengesellschaftsverträgen sind nun nach dem **Zweistufenmodell** zu beurteilen, wobei auf der zweiten Stufe ein Verstoß gegen gesellschaftsrechtliche Treuepflichten zu prüfen ist (vgl. BGH NZG 2014, 1296; Altmeppen NJW 2015, 2065; Seidel/Wolf BB 2015, 2563, jew. mwN). Aufgrund den Gesetzesbegründungen zu § 43 aF jetzt § 39c ist für die Kautelarpraxis auch nach der BGH-Entsch. v. 21.10.2014 (NZG 2014, 1296) dringend zu empfehlen, die Verschm bzw. Umw als Gegenstand eines mit qualifizierter Mehrheit zu fassenden Beschlusses ausdrücklich zu nennen. Die vorgenannte BGH-Entscheidung bezog sich gerade nicht auf einen Fall des § 43 aF bzw. jetzt § 39c und überdies ist die exemplarische Nennung der Verschm zum Zwecke der Konkretisierung der unter dem Begriff „Kernbereichslehre" zusammengefassten, auch nach neuerer BGH-Rechtsprechung maßgeblichen, Treuepflichten sinnvoll (vgl. Wicke MittBayNot 2017, 125 (127); Risse/Höfling NZG 2017, 1131 (1135)). Das gilt nicht zuletzt deshalb, weil Gesellschaftsverträge auch bei PhG (ua bei Publikumspersonengesellschaften) im Einzelfall objektiv auszulegen sind (zur früheren Rechtslage vgl. Oetker/Lieder HGB § 105 Rn. 97). Eine qualifizierte Mehrheitsklausel ohne entsprechende Regelbeispiele wie zB die Verschm lässt eine am Wortlaut orientierte objektivierte Auslegung kaum zu. Schließlich ist die ausdrückliche Nennung der Verschm auch nach der neueren BGH-Rechtsprechung für die Beweislastverteilung von Bedeutung (vgl. BGH NZG 2014, 1296 Rn. 12 aE). Dabei reicht es wie bisher aus, wenn der Gesellschaftsvertrag als Gegenstand des qualifizierten Mehrheitsbeschlusses die **Umw** nennt, denn wegen der Legaldefinition in § 1 I ist dann auch die Verschm möglicher Beschlussgegenstand (wie hier zur früheren Rechtslage Lutter/Schmidt § 43 Rn. 14, 15; Semler/Stengel/Leonard/Ihrig § 43 Rn. 31 jew. mwN). Werden Umw demgegenüber nicht in der jew. qualifizierten Mehrheitsklausel genannt, ist durch **Auslegung** anhand gesellschaftlicher Treuepflichten im Einzelfall zu ermitteln, ob die Verschm von der jew. Mehrheitsklausel erfasst ist. Die Auslegung hat ua die Struktur der jew. Gesellschaft zu berücksichtigen (BGH NZG 2014, 1296 (1300) Rn. 19; vgl. zu Auslegungskriterien auch Seidel/Wolf BB 2015, 2563 (2566) mwN). Bei personalistisch strukturierten PhG ist gegenüber allgemeinen, die Umw nicht ausdrücklich nennenden Mehrheitsklauseln Zurückhaltung geboten (so auch zur früheren Rechtslage Semler/Stengel/Leonard/Ihrig § 43 Rn. 33 f.; Lutter/Schmidt § 43 Rn. 15; aA Kallmeyer/Zimmermann § 43 Rn. 15). Zweifel ist bei diesen ein Verstoß gegen die gesellschaftliche Treuepflicht anzunehmen (zur Beweislast vgl. BGH NZG 2014, 1296 Rn. 12 aE).

10 Der **Gesellschaftsvertrag** muss nicht die **Dreiviertelmehrheit** von Abs. 2 S. 2 vorsehen, diese ist nur eine **Mindestgrenze.** Wegen der einschneidenden Wirkungen der Verschm ist die einfache Mehrheit nicht ausreichend. Enthält der Gesellschaftsvertrag eine Klausel über die generelle Zulässigkeit der Mehrheitsumwandlung, schreibt er aber eine geringere als die Dreiviertelmehrheit von Abs. 2 S. 2 fest, ist Nichtigkeit iSv § 134 BGB anzunehmen (vgl. auch § 1 III); wegen § 139 verbietet sich im Zweifel eine „geltungserhaltende Reduktion" (aA zur früheren Rechtslage Kallmeyer/Zimmermann § 43 Rn. 10) mit der Folge, dass in diesem Fall eine Mehrheitsumwandlung nicht möglich ist.

11 Die **Mehrheit muss mindestens drei Viertel der abgegebenen** (so ausdrücklich der Gesetzeswortlaut von Abs. 2 S. 2; dazu auch zur früheren Rechtslage Lutter/Schmidt § 43 Rn. 5 und Rn. 13 mwN zum früheren Streitstand) **Stimmen der Gesellschafter betragen.** Stimmenthaltungen werden nicht mitgezählt; maßgeblich sind lediglich die abgegebenen gültigen Ja- und Nein-Stimmen (BGH ZIP 1987, 635 (636); zur früheren Rechtslage Semler/Stengel/Leonard/Ihrig § 43 Rn. 29 lässt Abweichung durch Gesellschaftsvertrag zu). Ein **vertraglicher Stimmrechtsausschluss** entfaltet keine Wirkung (vgl. zur früheren Rechtslage Hopt/Roth HGB § 119 Rn. 13, 36 mwN und → Rn. 5, 9 aE; zu Stimmrechtsausschlüssen nach den Änderungen durch das MoPeG siehe Widmann/Mayer/Vossius Rn. 80). Nach Abs. 2 S. 2 ist die Mehrheit der Stimmen der Gesellschafter in der Anteilsinhaberversammlung (so auch die hM zur früheren Rechtslage, vgl. Lutter/Schmidt § 43 Rn. 6 mwN) maßgeblich. Die Mehrheit ist im Zweifel (vgl. zur früheren Rechtslage auch Widmann/Mayer/Vossius § 43 Rn. 129) nach der Zahl der Gesellschafter **(Mehrheit nach Köpfen)** zu berechnen, wirksame **Mehrstimmrechte** sind zu beachten (zur früheren Rechtslage Lutter/Joost/Hoger § 217 Rn. 18; Semler/Stengel/Leonard/Ihrig § 43 Rn. 29). Gem. § 109 IV HGB und vorbehaltlich einer anderslautenden Bestimmung des Gesellschaftsvertrags ist die Gesellschafterversammlung beschlussfähig, wenn die anwesenden Gesellschafter oder ihre Vertreter ohne Rücksicht auf ihre Stimmberechtigung die für die Beschlussfassung erforderlichen Stimmen haben.

§ 39d Widerspruch gegen den Beschluss der Gesellschafterversammlung

¹**Widerspricht ein Gesellschafter einer übernehmenden Gesellschaft bürgerlichen Rechts der Verschmelzung, hat sie zu unterbleiben.** ²**Das Gleiche gilt, wenn der Anteilsinhaber eines übertragenden Rechtsträgers der Verschmelzung auf eine Gesellschaft bürgerlichen Rechts widerspricht.**

1 In § 39d wurde mit dem **MoPeG** das **Widerspruchsrecht** gegen den Beschluss der Gesellschafterversammlung sowohl des übernehmenden als auch des übertragenden Rechtsträgers neu geregelt. Eine ähnliche Regelung gab es bereits im bisherigen § 43 II 3 Hs. 1, 2 für die Verschm unter Beteiligung von PhG. Demzufolge musste bei einer Verschm unter Beteiligung einer PhG dem widersprechenden Gesellschafter die Position eines Kommanditisten gewährt werden. Dies ist bei einer Verschm auf eine eGbR nicht möglich, so dass die Regelung des § 39d erforderlich ist (Begr. RegE, BT Drs. 19/27635, 266). § 39d gilt für Verschm, die nach dem 31.12.2023 in das Register des übernehmenden Rechtsträgers eingetragen werden. § 39d gibt den Gesellschaftern der an der Verschm beteiligten Ges (S. 1 für der Gesellschafter der übernehmenden eGbR und S. 2 für den Gesellschafter des übertragenden

Widerspruch gegen den Beschluss 2–6 § 39d UmwG A

Rechtsträgers bei Verschm auf eine eGbR) die Möglichkeit, die Verschm durch den Widerspruch gegen den Verschmelzungsbeschluss in der übernehmenden (oder bei Verschm durch Neugründung in der neuen) eGbR abzuwenden. Bei der PartGes bleibt insoweit nur das Austrittsrecht nach § 29 oder das Veräußerungsrecht nach § 33 (Neye DB 1998, 1649 (1651); zur Haftung des neu eintretenden Partners für Altverbindlichkeiten Mazza BB 1997, 746).

Die Regelung des **§ 39d S. 1** dient dem Schutz des die Verschm ablehnenden 2 Anteilsinhabers vor einer Haftungsmehrung für Verbindlichkeiten des übertragenden Rechtsträgers (vgl. Begr. RegE, BT-Drs. 19/27635, 265). Flankierend hierzu besteht der Schutz des Gesellschafters nach § 39c II, der vorsieht, dass der Verschmelzungsbeschluss in einer eGbR mit einer Mehrheit von mindestens drei Viertel der abgegebenen Stimmen gefasst sein muss, sofern im Gesellschaftsvertrag eine Regelung zur Mehrheitsentscheidung vorgesehen ist (vgl. Begr. RegE, BT-Drs. 19/27635, 265).

Wenn der Anteilsinhaber des übertragenden Rechtsträgers der Verschm auf eine 3 eGbR widerspricht, gilt **§ 39d S. 2.** Auch hier soll der Anteilsinhaber vor einer Haftungsmehrung für die Verbindlichkeiten der übernehmenden eGbR bewahrt werden. Dies soll auch der Fall sein, wenn der Anteilsinhaber für die Verbindlichkeiten des übertragenden Rechtsträgers nicht uneingeschränkt persönlich haftet (vgl. Begr. RegE, BT-Drs. 19/27635, 266).

Der Wortlaut des § 39d sieht vor, dass das Widerspruchsrecht bei jeder Art von 4 Verschm unter Beteiligung einer GbR besteht und die Verschm im Fall des Widerspruchs zu unterbleiben hat. Im Fall von § 43 II aF hatte die Verschm im Fall des Widerspruchs nicht zu unterbleiben, sondern dem widersprechenden Gesellschafter wurde die Position eines Kommanditisten eingeräumt. Soweit mit der Verschm jeweils keine ungewollte uneingeschränkte persönliche Haftung für die Verbindlichkeiten des übertragenden bzw. des übernehmenden Rechtsträgers verbunden ist, soll der Wortlaut des § 39d entsprechend eingeschränkt werden (vgl. mit entsprechenden Einzelfällen Widmann/Mayer/Vossius Rn. 20 ff.).

Im Fall eines Widerspruchs hat die Verschm (bezüglich des bereits gefassten Ver- 5 schmelzungsbeschlusses) zu unterbleiben. Eine Neufassung des Verschmelzungsvertrages bzw. der Zustimmungsbeschlüsse ist im Falle des Widerspruchs nach hM unentbehrlich; im Fall des bereits beurkundeten Verschmelzungsvertrages ist ein entsprechender Nachtrag zu beurkunden (zur früheren Rechtslage Semler/Stengel/Leonard/Ihrig § 43 Rn. 41 mwN; Lutter/Schmidt § 43 Rn. 19; aA Widmann/Mayer/Vossius Rn. 52). § 29 II, der es der Erhebung des Widerspruchs gleichstellt, wenn ein nicht erschienener Anteilsinhaber zu der Versammlung der Anteilsinhaber zu Unrecht nicht zugelassen worden ist oder die Versammlung nicht ordnungsgemäß einberufen oder der Gegenstand der Beschlussfassung nicht ordnungsgemäß bekannt gemacht worden ist, kann iRv § 39d nicht entsprechend angewendet werden (→ § 41 Rn. 2 bei der Verschm unter Beteiligung von PhG). Das Widerspruchsrecht muss angesichts des eindeutigen Wortlauts des § 39 S. 1 und 2 aktiv ausgeübt werden und der Ges wird nicht bereits dadurch geschützt, dass er an der den Verschmelzungsbeschluss treffenden Gesellschafterversammlung nicht teilnimmt (vgl. Begr. RegE, BT-Drs. 19/27635, 265, 266). Dem Schutzbedürfnis des betroffenen Anteilsinhabers wird durch die Möglichkeit der Unwirksamkeitsklage des Gesellschafterbeschlusses in ausreichender Weise genügt. Der den Widerspruch nach § 39d ausübende Gesellschafter hat einen Anspruch auf Unterlassung der Durchführung des Verschmelzungsbeschlusses und der Eintragung im zuständigen Register (vgl. Widmann/Mayer/Vossius Rn. 53).

Auf das Widerspruchsrecht nach § 39d kann nicht generell, sondern nur im Hin- 6 blick auf einen bestehenden Entwurf eines Verschmelzungsvertrages **verzichtet** werden (so auch Widmann/Mayer/Vossius Rn. 49). Die Ausübung des Widerspruchsrechts sowie der Verzicht unterliegen keinen **Formvorschriften,** wobei außerhalb einer Gesellschafterversammlung aus Gründen der Nachweisbarkeit die

Missio

Schriftform gewählt werden sollte (zu früheren Rechtlage Semler/Stengel/Leonard/ Ihrig § 43 Rn. 38; s. auch Widmann/Mayer/Vossius Rn. 46).

§ 39e Prüfung der Verschmelzung

¹Im Fall des § 39c Absatz 2 ist der Verschmelzungsvertrag oder sein Entwurf für eine Gesellschaft bürgerlichen Rechts nach den §§ 9 bis 12 zu prüfen, wenn dies einer ihrer Gesellschafter innerhalb einer Frist von einer Woche verlangt, nachdem er die in § 39b genannten Unterlagen erhalten hat. ²Die Kosten der Prüfung trägt die Gesellschaft.

1   Mit Inkrafttreten des **MoPeG** und der Aufnahme der **eGbR** als umwandlungsfähiger Rechtsträger (→ § 3 Rn. 7) zum 1.1.2024 wird § 39e eingeführt, wobei § 39e wortgleich § 44 übernimmt (RegEBegr. BT-Drs. 19/27635, 266). § 39e gilt für Verschm, die nach dem 31.12.2023 in das Register des übernehmenden Rechtsträgers eingetragen werden. § 39e enthält einen **Prüfungsbefehl** (→ vor § 9 Rn. 3) für eine Verschm unter Beteiligung einer eGbR als übertragender oder übernehmender Rechtsträger. Für PhG verweist § 42 und für **PartGes** verweist § 45e S. 2 in den Fällen des § 45d II auf § 39e. Der Verschmelzungsvertrag oder sein Entwurf ist im Fall der Mehrheitsumwandlung (§ 39c II) auf Verlangen auch nur eines Gesellschafters der eGbR zu prüfen. Die iRd 2. UmwÄndG (→ Einf. Rn. 26) im Wortlaut des § 44 S. 1 aF aufgenommene Ergänzung einer Wochenfrist wurde auch im inhaltsgleichen § 39e nF beibehalten (→ Rn. 4). In S. 2 wurde klargestellt, dass die Ges die Kosten der Prüfung, nicht aber die durch das Verlangen ggf. entstehenden Kosten, trägt. Zur materiell-rechtlichen Durchführung der Verschmelzungsprüfung wird in § 39e nichts ausgeführt, auf §§ 9–12 wird pauschal verwiesen.

2   § 39e gibt für den Fall der **Mehrheitsumwandlung** (die im Gegensatz zu § 39c I Nachteile für den Minderheitsgesellschafter zur Folge haben kann) jedem Gesellschafter (auch den zur Geschäftsführung Berechtigten iSv § 39a und den vom Stimmrecht normalerweise Ausgeschlossenen, → § 39c Rn. 5) das nicht abdingbare (zur früheren Rechtslage Lutter/Schmidt § 44 Rn. 1 aE; Kallmeyer/Lanfermann § 44 Rn. 3) Recht, die Durchführung der Verschmelzungsprüfung zu verlangen. **Auf das Abstimmungsverhalten kommt es nicht an** (siehe auch Widmann/ Mayer/Vossius Rn. 23). Ratio legis ist allerdings der Schutz von Minderheitsgesellschaftern (RegEBegr. BR-Drs. 75/94 zu § 44 gilt hier entsprechend). Die (nicht dispositive, zur früheren Rechtslage Kallmeyer/Lanfermann § 44 Rn. 15; NK-UmwR/Burg § 44 Rn. 8, auch nicht durch entsprechende Anwendung der SpruchG überwindbare, zur früheren Rechtslage Semler/Stengel/Leonard/Ihrig 44 Rn. 20) Kostenregelung in § 39e S. 2 soll dazu beitragen, dass schon bei der Vorbereitung der Verschm durch den Verschmelzungsbericht möglichst umfassende und überzeugende Informationen gegeben werden, die eine Verschmelzungsprüfung überflüssig machen (vgl. RegEBegr. BR-Drs. 75/94 zu § 48).

3   Der Gesellschafter muss die Prüfung nach §§ 9–12 **verlangen.** Die dafür erforderliche Willenserklärung ist ggü. der Ges (also mindestens ggü. einem vertretungsberechtigten Gesellschafter, zur früheren Rechtslage Kallmeyer/Lanfermann § 44 Rn. 7 mwN) in eindeutiger Art und Weise abzugeben. Auf die Wortwahl kommt es nicht an. Aus der Erklärung des Gesellschafters muss aber deutlich werden, dass er die sachverständige Überprüfung der im Verschmelzungsvertrag enthaltenen Angaben durch einen gesellschaftsfremden Dritten wünscht (zur früheren Rechtslage Lutter/Schmidt § 44 Rn. 5 mwN). Das Recht, eine Verschmelzungsprüfung zu verlangen, erlischt durch Abgabe einer **notariellen Verzichtserklärung** nach § 8 III 1, 2 (§ 9 II) unabhängig davon, ob alle anderen Anteilsinhaber ebenfalls auf die Durchführung der Verschmelzungsprüfung verzichtet haben; damit ist zwar insges. kein wirksamer Verzicht ausgesprochen worden, dem betroffenen Gesellschafter

Zeitliche Begrenzung der Haftung **§ 39f UmwG A**

ggü. lässt sich aber zumindest der **Einwand unzulässiger Rechtsausübung** erheben, weil er durch seinen Verzicht dokumentiert hat, dass er an der Durchführung der Verschmelzungsprüfung kein Interesse hat. Die **Rücknahme** des Prüfungsverlangens ist zulässig (zur früheren Rechtlage vgl. Lutter/Schmidt § 44 Rn. 5a mwN).

Das Verlangen entfaltet nur dann Rechtswirkungen, wenn es innerhalb einer 4 **Frist von einer Woche** nach Erhalt (nicht: Übersendung) der in § 39b genannten Unterlagen geltend gemacht wird. Ein Verlangen noch in der Gesellschafterversammlung, die den Verschmelzungsbeschluss fasst, ist damit grds. ausgeschlossen. Die Fristberechnung richtet sich nach § 187 I BGB, § 188 II BGB (zur früheren Rechtlage Semler/Stengel/Leonard/Ihrig § 44 Rn. 13). Ein Prüfungsverlangen kann bereits vor dem Erhalt der Verschmelzungsunterlagen gestellt werden (zutr. zur früheren Rechtlage Semler/Stengel/Leonard/Ihrig § 44 Rn. 13). Es dürfte deshalb im Interesse des jew. Rechtsträgers liegen, die ordnungsgemäße Unterrichtung nach § 39b zu dokumentieren. Mit der Dokumentation allein der Übersendung der Unterlagen kann der Beweis, dass und wann diese tatsächlich zugegangen sind, nicht geführt werden. Deshalb empfiehlt sich in der Praxis die Übersendung durch Boten oder gegen Empfangsnachweis. Der Lauf der Wochenfrist gem. § 39e S. 1 ist nicht davon abhängig, dass in der Einladung auf die Notwendigkeit eines fristgerechten Prüfungsverlangens hingewiesen wird (Heckschen DNotZ 2007, 444 (448)). Wurde § 39b missachtet und hat der betroffene Gesellschafter deswegen Unterlagen nicht erhalten, beginnt die Wochenfrist von § 39e S. 1 nicht zu laufen. Als Rechtsfolge wird man die Unwirksamkeitsklage gegen den Verschmelzungsbeschluss zulassen müssen, wenn man nicht alternativ dem betroffenen Anteilsinhaber das Recht zugesteht, das Verlangen noch in der Gesellschafterversammlung zu formulieren (gegen Letzteres zur früheren Rechtlage Semler/Stengel/Leonard/Ihrig § 44 Rn. 14 mwN). Wird § 39b hingegen Folge geleistet und verlangt ein Gesellschafter innerhalb der Wochenfrist die Prüfung gem. §§ 9–12, muss die Beschlussfassung vertagt werden, bis die Prüfung durchgeführt ist und ggf. der Prüfungsbericht vorliegt (zur früheren Rechtlage Semler/Stengel/Leonard/Ihrig § 44 Rn. 15). Die Fristenregelung in § 39e fördert die Rechtssicherheit und beschleunigt das Umwandlungsverfahren. Zutr. kritisieren zur früheren Rechtslage Heckschen DNotZ 2007, 444 (448 f.) und Mayer/Weiler DB 2007, 1235 (1236 f.) aber die Gesetzessystematik: Während § 39e eine Parallelregelung in § 48 findet, gibt es eine solche zur Prüfung der Verschm. beim Verein (§ 100) nicht, obwohl dort ein entsprechend praktisches Bedürfnis vorhanden ist. Wegen der partiellen Regelung durch den Gesetzgeber dürfte nun beim Verein sogar die in der Praxis verbreitete Fristsetzung durch den Rechtsträger unzulässig sein (zutr. Heckschen DNotZ 2007, 444 (449)). Systematisch richtig wäre deshalb eine Fristenregelung in § 9 UmwG (Heckschen DNotZ 2007, 444 (448); Mayer/Weiler DB 2007, 1235 (1237)).

§ 39f Zeitliche Begrenzung der Haftung persönlich haftender Gesellschafter

(1) **Überträgt eine Gesellschaft bürgerlichen Rechts ihr Vermögen durch Verschmelzung auf einen Rechtsträger anderer Rechtsform, dessen Anteilsinhaber für die Verbindlichkeiten dieses Rechtsträgers nicht unbeschränkt haften, haftet ein Gesellschafter der Gesellschaft bürgerlichen Rechts für deren Verbindlichkeiten, wenn sie vor Ablauf von fünf Jahren nach der Verschmelzung fällig und daraus Ansprüche gegen ihn in einer in § 197 Absatz 1 Nummer 3 bis 5 des Bürgerlichen Gesetzbuchs bezeichneten Art festgestellt sind oder eine gerichtliche oder behördliche Vollstreckungshandlung vorgenommen oder beantragt wird; bei öffentlich-rechtlichen Verbindlichkeiten genügt der Erlass eines Verwaltungsakts.**

Missio

(2) ¹Die Frist beginnt mit dem Tag, an dem die Eintragung der Verschmelzung in das Register des Sitzes des übernehmenden Rechtsträgers nach § 19 Absatz 3 bekannt gemacht worden ist. ²Die §§ 204, 206, 210, 211 und 212 Absatz 2 und 3 des Bürgerlichen Gesetzbuchs sind entsprechend anzuwenden.

(3) Einer Feststellung in einer in § 197 Absatz 1 Nummer 3 bis 5 des Bürgerlichen Gesetzbuchs bezeichneten Art bedarf es nicht, soweit der Gesellschafter den Anspruch schriftlich anerkannt hat.

(4) Die Absätze 1 bis 3 sind auch anzuwenden, wenn der Gesellschafter in dem Rechtsträger anderer Rechtsform geschäftsführend tätig wird.

1. Allgemeines

1   Mit Inkrafttreten des **MoPeG** und der Aufnahme der **eGbR** als umwandlungsfähiger Rechtsträger (→ § 3 Rn. 7) zum 1.1.2024 wird § 39f eingeführt, wobei § 39f wortgleich § 45 übernimmt (RegEBegr. BT-Drs. 19/27635, 266). § 39f gilt für Verschm, die nach dem 31.12.2023 in das Register des übernehmenden Rechtsträgers eingetragen werden. § 39f begrenzt die **Nachhaftung der (persönlich haftenden) Gesellschafter** einer übertragenden eGbR bzw. PhG für zum Zeitpunkt des Wirksamwerdens der Verschm (§ 20 I) bereits bestehende Verbindlichkeiten. Die Vorschrift findet im Falle der Verschm einer eGbR oder einer PhG (über § 42 UmwG) auf einen Rechtsträger anderer Rechtsform, bei der nicht alle Gesellschafter persönlich haften, Anwendung. Für **PartGes** schreibt § 45e S. 1 die entsprechende Anwendung von § 39f vor. Sofern die Gesellschafter als Anteilsinhaber des übernehmenden/neuen Rechtsträgers für dessen Verbindlichkeiten nicht mehr persönlich haften, sollen sie nur noch für begrenzte Zeit für die im Wege der Gesamtrechtsnachfolge übergegangenen Verbindlichkeiten des übertragenden Rechtsträgers in Anspruch genommen werden können **(Abs. 1).** Hintergrund der Regelung ist ursprünglich der durch das **Nachhaftungsbegrenzungsgesetz** (BGBl. 1994 I 560; dazu Reichold NJW 1994, 1617; Steinbeck WM 1996, 2041; Langohr-Plato MDR 1996, 325; Leverenz ZHR 160 (1996), 75 jew. mwN) umgesetzte Gedanke, dass eine (wenigstens theoretische) Endloshaftung des phG einer PhG unbillig sei gewesen (vgl. Ulmer/Wiesner ZHR 144 (1980), 393 (400 f.)).

2   § 45aF (jetzt § 39f) ist durch das **SMG** v. 26.11.2001 (BGBl. 2001 I 3138) mit Wirkung zum 1.1.2002 **umfassend geändert** worden. Während Abs. 1 Hs. 1 früher nur die nicht näher konkretisierte gerichtliche Geltendmachung forderte, wird hinsichtlich der gerichtlichen Geltendmachung konkret auf § 197 I Nr. 3–5 BGB verwiesen, weiter wird die Beantragung oder die Vornahme von gerichtlichen oder behördlichen Vollstreckungshandlungen als Tatbestand der Inanspruchnahme benannt. In Abs. 2 S. 2 wird auf die Verjährungsvorschriften des BGB verwiesen. In Abs. 3 wurde die gerichtliche Geltendmachung wiederum durch den Verweis auf § 197 I Nr. 3–5 BGB ersetzt.

2. Fortdauernde Haftung

3   Bei einer **PhG** als übertragender Rechtsträger haftet vor Wirksamwerden der Verschm wenigstens ein Gesellschafter unmittelbar und unbegrenzt persönlich für die Gesellschaftsverbindlichkeiten (§ 126 HGB, zuvor: § 128 HGB). Für die **GbR** ergibt sich die persönliche Haftung der Gesellschafter aus § 721 BGB. Für **PartGes** gilt § 8 PartGG (dazu Niebling AnwBl 1996, 20; Sotiropoulos ZIP 1995, 1879; Ulmer/Habersack FS Brandner, 1996, 151 und ausf. Michalski/Römermann PartGG § 8 Rn. 14 ff.); von diesem gesetzlichen Leitbild kann jetzt teilw. (Berufshaftung) abgewichen werden, vgl. zur PartGmbB → § 3 Rn. 12 mwN). An dieser **persönlichen Haftung** ändert der Übergang der Verbindlichkeiten im Wege der

Gesamtrechtsnachfolge nichts, denn der Übergang erfasst nur die Ges-, nicht hingegen die Gesellschafterverbindlichkeiten. Die fortdauernde Haftung für die Gesellschafterverbindlichkeiten (→ Rn. 4 ff.) trifft nicht nur den OHG-Gesellschafter oder Komplementär (§§ 126, 161 II HGB), sondern unter den Voraussetzungen von §§ 171, 172, 176 HGB auch den Kommanditisten (vgl. auch zur früheren Rechtlage Lutter/Schmidt § 45 Rn. 12, 13 mwN).

3. Verbindlichkeiten der übertragenden Gesellschaft

Die fortdauernde persönliche Haftung besteht für die **Verbindlichkeiten der** 4 **übertragenden eGbR sowie der PhG.** Da diese mit Wirksamwerden der Verschm erlischt (§ 20 I Nr. 2), muss die Verbindlichkeit ggü. der übertragenden eGbR bzw. PhG noch vor dem Wirksamwerden der Verschm begründet (so auch zur früheren Rechtlage Lutter/Schmidt § 45 Rn. 14; Widmann/Mayer/Vossius § 45 Rn. 22, 23; Semler/Stengel/Leonard/Ihrig § 45 Rn. 27; Habersack/Wicke/Temme § 45 Rn. 14; BeckOGK/Temme, § 45 Rn. 14) worden sein.

Begründet ist eine Verbindlichkeit, sobald die Rechtsgrundlage für sie gelegt 5 worden ist (§ 721 BGB für die GbR; zur früheren Rechtlage zu § 128 HGB jetzt § 126 HGB MüKoHGB/Schmidt/Drescher HGB § 128 Rn. 50 mwN). Bei **rechtsgeschäftlichen Verbindlichkeiten** (zu gesetzlichen Ansprüchen → Rn. 9) ist dies mit Abschluss des Vertrages (bei der GbR durch Handlungen der vertretungsberechtigten Gesellschafter, § 720 BGB) der Fall, sofern hieraus ohne Hinzutreten weiterer Abreden die Verpflichtung entstanden ist (zur früheren Rechtlage MüKoHGB/Schmidt/Drescher HGB § 128 Rn. 51 m. ausf. Nachw). Besondere Bedeutung hat dies bei **Dauerschuldverhältnissen**. Denn mit Abschluss des Vertrages ist bereits jede Einzelverbindlichkeit, die aus dem Dauerschuldverhältnis resultiert, begründet (die „Kündigungstheorie" gilt nicht, vgl. BGH ZIP 1999, 1967 (1969) und zur früheren Rechtlage Lutter/Schmidt § 45 Rn. 9 mwN). Damit tritt für im Wege der Gesamtrechtsnachfolge übertragene Miet- oder Leasingverträge die persönliche Haftung auch für Mietzinsforderungen oder Leasingraten ein, die Zeiträume nach dem Wirksamwerden der Verschm betreffen (BGHZ 36, 224 (228) = NJW 1962, 536; BGH NJW 1985, 1899). Vgl. zur Nachhaftung im Zusammenhang mit der betreffenden Altersversorgung Langohr-Plato MDR 1996, 325. Nicht umfasst vom Anspruch nach § 39f sind Erstattungsansprüche gegen die GbR nach § 716 BGB (vgl. Widmann/Mayer/Vossius Rn. 62).

Ob die Verbindlichkeit zum Zeitpunkt des Wirksamwerdens der Verschm bereits 6 **fällig** war, ist unbedeutend. Ebenso wenig wird die Haftung davon beeinflusst, ob eine **aufschiebende Bedingung** zu diesem Zeitpunkt bereits eingetreten oder ob die Höhe der Verbindlichkeit zum Zeitpunkt des Wirksamwerdens der Verschm bereits abzusehen war (zum Ganzen auch zur früheren Rechtlage Widmann/Mayer/Vossius § 45 Rn. 48, 75 ff.). Für Einwendungen und Einreden gegen die Verbindlichkeit gilt § 721b BGB bzw. § 128 HGB für die PhG.

Bei **Kreditgewährungen** ist maßgeblich, ob die Auszahlung vor dem Wirksam- 7 werden der Verschm erfolgte (zur früheren Rechtlage zu § 128 HGB jetzt § 126 HGB Hopt/Roth HGB § 128 Rn. 30, Semler/Stengel/Leonard/Ihrig § 45, Rn. 28; aA – Kreditzusage reicht – Widmann/Mayer/Vossius § 45 Rn. 44,). Für **Kontokorrentverbindlichkeiten** (§§ 355 ff. HGB) dauert die Haftung in Höhe des Saldos zum Zeitpunkt des Wirksamwerdens der Verschm an, jedoch nicht über den niedrigsten späteren Rechnungsabschlusssaldo hinaus. Ergibt sich zu irgendeinem Zeitpunkt nach Wirksamwerden der Verschm ein positiver Rechnungsabschlusssaldo, endet die Haftung (BGH WM 1972, 284; OLG Köln DB 2002, 35; zur früheren Rechtlage Semler/Stengel/Leonard/Ihrig § 45 Rn. 28; die Einzelheiten sind str., vgl. auch Widmann/Mayer/Vossius § 45 Rn. 38 ff.).

8 Überdies erstreckt sich die fortdauernde Haftung nicht nur auf die vor dem Wirksamwerden der Verschm begründeten Primärverbindlichkeiten, sondern auch auf die an deren Stelle tretenden oder kumulativ hinzutretenden **Sekundärverpflichtungen** (BGHZ 36, 224 (226) = NJW 1962, 536; BGHZ 48, 203 f. = NJW 1967, 2203; zur früheren Rechtlage zu § 128 HGB jetzt § 126 HGB MüKoHGB/Schmidt/Drescher HGB § 128 Rn. 51; Widmann/Mayer/Vossius § 45 Rn. 25; NK-UmwR/Burg § 45, Rn. 10). Bedeutung hat dies etwa für Ansprüche auf Schadensersatz statt der Leistung wegen Nicht- (vgl. etwa BGHZ 48, 203 = NJW 1967, 2203) oder Schlechterfüllung und für Ansprüche aus cic (§ 280 I BGB, § 311 II BGB, § 241 II BGB), aber etwa auch für Vertragsstrafeversprechen. Wandelt sich das Schuldverhältnis durch **Rücktritt** in ein Rückgewährschuldverhältnis, erfasst die gesamtschuldnerische Haftung auch die sich hieraus ergebenden Ansprüche (zur früheren Rechtlage zu § 128 HGB jetzt § 126 HGB MüKoHGB/Schmidt/Drescher HGB § 128 Rn. 51). Die fortdauernde Haftung umfasst auch einen erst nach Wirksamwerden der Verschm entstehenden **Aufwendungsersatzanspruch,** der aus einem bereits von der übertragenden PhG abgeschlossenen Vertrag resultiert (BGH NJW 1986, 1690).

9 **Ansprüche aus gesetzlichen Schuldverhältnissen sind begründet,** sobald die jew. Tatbestandsmerkmale erfüllt ist. Das gilt insbesondere für Steueransprüche, auf die Festsetzung der jeweiligen Steuer kommt es nicht an, vgl. § 38 AO. Beim Aufwendungsersatzanspruch nach einer Geschäftsführung ohne Auftrag (§§ 670, 677, 683 BGB) ist maßgeblich die Übernahme der Geschäftsführung (BGH NJW 1986, 1690). Ansprüche aus Delikt sind mit Vollendung der Verletzungshandlung begründet (zur früheren Rechtlage zu § 128 HGB jetzt 126 HGB MüKoHGB/Schmidt/Drescher HGB § 128 Rn. 57).

4. Voraussetzungen der Nachhaftungsbegrenzung

10 **a) Keine Übernahme der persönlichen Haftung.** Die Nachhaftungsbegrenzung tritt nur ein, wenn der Gesellschafter für Verbindlichkeiten der übertragenden eGbR bzw. PhG haftende Gesellschafter für die Verbindlichkeiten des übernehmenden/neuen Rechtsträgers (und damit auch für die übernommenen Verbindlichkeiten) **nicht persönlich haftet.** Dies ist immer der Fall, wenn der **übernehmende/neue Rechtsträger** die Rechtsform einer **KapGes** (AG: § 1 I 2 AktG; GmbH: § 13 II GmbHG; KGaA: § 278 III AktG, § 1 I 2 AktG) oder einer **eG** (§ 2 GenG, Ausnahme: § 6 Nr. 3 GenG) hat. Die Nachhaftungsbegrenzung entsteht aber auch, wenn der übernehmende/neue Rechtsträger eine **KG** ist und der bislang phG die Stellung eines Kommanditisten einnimmt, sofern die Voraussetzungen von § 171 I Hs. 2 HGB erfüllt sind (Leistung der Hafteinlage; durch die Änderungen des MoPeG wird nun klargestellt, dass es sich bei der Einlage nach § 171 Hs. 1 HGB um die Haftsumme und bei der Einlage nach § 171 Hs. 2 HGB um die Pflichteinlage handelt,vgl. RegEBegr. BT-Drs. 19/27635, 256). Ein Wiederaufleben der persönlichen Haftung des Kommanditisten nach Wirksamwerden der Verschm gem. § 172 IV HGB lässt die Nachhaftungsbegrenzung unberührt. Unter den Voraussetzungen von § 172 IV HGB haftet der betroffene Gesellschafter allerdings als Kommanditist der übernehmenden/neuen KG (vgl. auch § 137 III 3 HGB, zuvor: § 160 III 3 HGB).

11 **b) Geschäftsführende Tätigkeit beim übernehmenden Rechtsträger, Abs. 4.** Der Eintritt der **Nachhaftungsbegrenzung ist unabhängig davon,** ob der Gesellschafter bzw. der phG des übertragenden Rechtsträgers in dem übernehmenden/neuen Rechtsträger **geschäftsführend tätig** wird **(Abs. 4).** Die Norm ist an sich überflüssig, weil sich die Erstreckung der Enthaftungsregelung auch auf den weiterhin geschäftsführend tätigen Gesellschafter bereits aus Abs. 1 ergibt (Stellungnahme des BR, BR-Drs. 132/94 zu § 26). Hintergrund der dennoch erfolgten ausdrücklichen Regelung ist, dass eine inhaltlich von § 137 III 2 HGB (zuvor:

§ 160 III 2 HGB) abw. Bestimmung vermieden werden sollte, um einem denkbaren Umkehrschluss zu begegnen (Gegenäußerung der BReg. BR-Drs. 75/94 zu § 45). Eine Wiederholung der Rspr., die vor Inkrafttreten des Nachhaftungsbegrenzungsgesetzes (BGBl. 1994 I 560) die auf der Grundlage von § 159 HGB aF entwickelte Nachhaftungsbegrenzung nicht anwandte, sofern der ausscheidende phG weiterhin geschäftsführend in der Ges. oder in dem Rechtsnachfolger tätig war (vgl. dazu etwa BGH NJW 1983, 2256), ist damit ausgeschlossen.

c) Fälligwerden. Voraussetzung für die andauernde Haftung ist ferner, dass die **Verbindlichkeit vor Ablauf von fünf Jahren nach der Verschm** (→ Rn. 18, 19) **fällig ist.** Unter **Fälligkeit** versteht man den Zeitpunkt, von dem ab der Gläubiger die Leistung verlangen kann (Grüneberg/Grüneberg BGB § 271 Rn. 1). Für die Enthaftung ist es ohne Bedeutung, ob die Verbindlichkeit bereits vor dem Wirksamwerden der Verschm fällig war oder erst später fällig wird. Die Fälligkeit einer Verbindlichkeit kann sich unmittelbar aus dem Gesetz (zB § 551 II BGB, § 608 I BGB, §§ 609, 614, 641 I, II BGB) oder aus einer rechtsgeschäftlichen Festlegung ergeben (zu Einzelheiten MüKoBGB/Krüger § 271 Rn. 7 ff. mwN). Eine **gestundete Verbindlichkeit** ist nicht fällig (Grüneberg/Grüneberg BGB § 271 Rn. 12; aA zur früheren Rechtlage Widmann/Mayer/Vossius § 45 Rn. 49, 77, da die Stundung nur die Verjährung hemmt

d) Feststellung des Anspruchs. Nach Abs. 1 Hs. 1 (zu vglbaren Regelungen wie §§ 26, 137 HGB vgl. zur früheren Rechtlage Hopt/Merkt HGB § 26 Rn. 6 ff. mwN) kommt es für die Vermeidung der Enthaftung auf die Feststellung des Anspruchs nach § 197 I Nr. 3–5 BGB an, damit also auf seine Titulierung. Durch den Verweis in Abs. 2 auch auf § 204 BGB reicht jedoch bereits die Klageerhebung (§ 204 I Nr. 1 BGB; auch die Feststellungsklage ist möglich, dazu → 3. Aufl. 2001, § 45 Rn. 13 und zur früheren Rechtlage Lutter/Schmidt § 45 Rn. 21), die Zustellung eines Mahnbescheids (§ 204 I Nr. 3 BGB), die Aufrechnung im Prozess (§ 204 I Nr. 5 BGB) etc. Vgl. zum Ganzen ausf. zur früheren Rechtlage Widmann/Mayer/Vossius § 45 Rn. 90 ff.

Auch gerichtliche oder behördliche Vollstreckungshandlungen können nach Abs. 1 Hs. 1 die Enthaftung verhindern; diesen Tatbeständen kommt keine selbstständige Bedeutung zu, denn die fristwahrende Geltendmachung wird bereits durch den Titel bewirkt, der der Vollstreckung zugrunde liegt (zutr. zur früheren Rechtlage Lutter/Schmidt § 45 Rn. 22; NK-UmwR/Burg § 45 Rn. 25; Semler/Stengel/Leonard/Ihrig § 45 Rn. 46

e) Erlass eines Verwaltungsaktes. Zum Ausschluss der Enthaftung bei öffentlich-rechtlichen Verpflichtungen genügt der **Erlass eines Verwaltungsaktes** (Abs. 1 Hs. 2). Nach hM (zur früheren Rechtlage Hopt/Roth HGB § 160 Rn. 4; NK-UmwR/Burg § 45 Rn. 26; Lutter/Schmidt § 45 Rn. 23 mwN, kommt es für die Fristwahrung auf die **Bekanntgabe** ggü. dem Betroffenen und nicht auf die Aufgabe des Schriftstücks zur Post an. Ein schriftliches Anerkenntnis (→ Rn. 16) kann den Erlass eines VA entbehrlich machen (Lutter/Schmidt§ 45 Rn. 24 mwN).

f) Schriftliches Anerkenntnis, Abs. 3. Erkennt der Gesellschafter den Anspruch schriftlich an, ist eine gerichtliche Geltendmachung überflüssig. Das **Anerkenntnis** muss kein konstitutives Schuldanerkenntnis iSv § 781 BGB sein. Denn dieses schafft eine neue selbstständige Verpflichtung (statt aller Grüneberg/Sprau BGB § 781 Rn. 2 mwN), für die die Nachhaftungsbegrenzung ohnehin nicht eingreift. Ausreichend ist ein **deklaratorisches Schuldanerkenntnis** (zum Begriff etwa Grüneberg/Sprau BGB § 781 Rn. 3) mit dem Inhalt, dass auf die künftige Einwendung des Eintritts der (noch nicht eingetretenen, zur früheren Rechtlage Lutter/Schmidt§ 45 Rn. 24) Enthaftung verzichtet werde. Ob dies in der Erklärung zum Ausdruck kommt, ist durch **Auslegung** zu ermitteln (BGH NJW 1983, 1903 f.).

17 Obwohl deklaratorische Schuldanerkenntnisse grds. formlos möglich sind, verlangt Abs. 3 **Schriftform**. Die Anforderungen hieran richten sich nach § 126 BGB (so auch zur früheren Rechtlage Lutter/Schmidt § 45 Rn. 25; Semler/Stengel/Leonard/Ihrig § 45 Rn. 53).

18 **g) 5-Jahres-Frist.** Die Maßnahmen iSv Abs. 1 verhindern die Enthaftung nur dann, wenn sie **innerhalb von fünf Jahren** nach der Verschm erfolgen. Ebenso muss der Anspruch innerhalb dieser Frist fällig sein (vgl. zur früheren Rechtlage Lutter/Schmidt § 45 Rn. 18 mit Verweis auf BAG v. 16.5.2013; vgl. auch Widmann/Mayer/Vossius, § 45 Rn. 75 ff. mwN). Eine Verlängerung der 5-Jahres-Frist durch Parteivereinbarung ist nach hM nicht möglich (zur früheren Rechtlage Lutter/Schmidt § 45 Rn. 28; Semler/Stengel/Leonard/Ihrig § 45 Rn. 60 jew. mwN). **Die Frist beginnt** mit dem Tage, an dem die (konstitutive, deshalb sind die Gedanken von Altmeppen NJW 2000, 2529 zu § 160 HGB (jetzt 137 HGB – nicht auf das UmwR übertragbar) Eintragung der Verschm in das Register des Sitzes des übernehmenden Rechtsträgers bekannt gemacht worden ist (Änderung von Abs. 2 S. 1 durch das EHUG, vgl. § 19 III und → Einf. Rn. 28). Der Tag der Bekanntmachung iSv § 10 HGB wird nicht mitgerechnet (zutr. zur früheren Rechtlage Semler/Stengel/Leonard/Ihrig § 45 Rn. 35, 36 mwN; Habersack/Wicke/Temme § 45 Rn. 33; BeckOGK/Temme § 45 Rn. 33). Erfolgt die Bekanntmachung zB am 15.1.2003, endet die Enthaftungsfrist am 15.1.2008, § 187 I BGB, § 188 II BGB. Auch nach der Neufassung von § 19 III durch das EHUG kommt es auf den Zeitpunkt der tatsächlichen Eintragung nicht an (zutr. zur früheren Rechtlage Semler/Stengel/Leonard/Ihrig § 45 Rn. 36).

19 Der **Fristlauf** kann in entsprechender Anwendung von §§ 204, 206, 210, 211 BGB gehemmt sein, Abs. 2 S. 2. Eine Unterbrechung der Verjährung gibt es seit dem SMG nicht mehr, der Neubeginn der Verjährung ist jetzt nur noch in § 212 BGB geregelt, dessen Abs. 2 und 3 auch iRv § 39f entsprechend anzuwenden sind. Die Wirkung der Hemmung gem. § 209 BGB kann der Gläubiger kraft ausdrücklicher Verweisung in Abs. 2 S. 2 nur beanspruchen, wenn die dort enumerativ aufgezählten Normen des BGB einschlägig sind, sodass insbes. Verhandlungen iSv § 203 BGB nicht zu einer Hemmung der 5-Jahres-Frist führen (dazu krit. zur früheren Rechtlage Lutter/Schmidt § 45 Rn. 27 mwN).

5. Wirkung der Frist

20 Die Frist nach Abs. 1 stellt eine Ausschluss-, keine Verjährungsfrist dar (allgM zu den durch das Nachhaftungsbegrenzungsgesetz (BGBl. 1994 I 560) eingefügten Regelungen; etwa zur früheren Rechtlage Hopt/Roth HGB § 160 Rn. 3; Widmann/Mayer/Vossius § 45 Rn. 157 mwN). Der Gesellschafter muss also nicht die Einrede der Enthaftung erheben, es handelt sich um eine von Amts wegen im gerichtlichen Verfahren zu berücksichtigende Einwendung.

Zweiter Unterabschnitt. Verschmelzung unter Beteiligung von Personenhandelsgesellschaften

§ 40 Inhalt des Verschmelzungsvertrags

(1) ¹**Der Verschmelzungsvertrag oder sein Entwurf hat zusätzlich für jeden Anteilsinhaber eines übertragenden Rechtsträgers zu bestimmen, ob ihm in der übernehmenden oder der neuen Personenhandelsgesellschaft die Stellung eines persönlich haftenden Gesellschafters oder eines Kom-**

manditisten gewährt wird. ²Dabei ist der Betrag der Einlage jedes Gesellschafters festzusetzen.

(2) ¹Anteilsinhabern eines übertragenden Rechtsträgers, die für dessen Verbindlichkeiten nicht als Gesamtschuldner persönlich unbeschränkt haften, ist die Stellung eines Kommanditisten zu gewähren. ²Abweichende Bestimmungen sind nur wirksam, wenn die betroffenen Anteilsinhaber dem Verschmelzungsbeschluß des übertragenden Rechtsträgers zustimmen.

1. Allgemeines

§ 40 (iVm § 5) hat für die Verschm unter Beteiligung von PhG **zentrale Bedeutung**; bei PartGes gibt es eine dem Kommanditisten vergleichbare Gesellschafterstellung nicht, insoweit helfen ausschließlich das Austrittsrecht nach § 29 und das Veräußerungsrecht nach § 33 (vgl. auch Neye DB 1998, 1649 (1651)). 1

Abs. 1 S. 1 gilt für Verschmelzungskonstellationen, bei denen eine **KG übernehmender** (Verschm durch Aufnahme) **oder neuer** (Verschm durch Neugründung) **Rechtsträger** ist. Abs. 1 S. 1 verlangt eine **Festsetzung im Verschmelzungsvertrag** oder dessen Entwurf darüber, welche Anteilsinhaber bei der übernehmenden KG die Stellung eines phG innehaben und welche Anteilsinhaber lediglich Kommanditisten werden sollen. Für die Nennung jedes Anteilsinhabers genügt die gattungsmäßige Bezeichnung (zB alle Aktionäre) unter Beifügung einer entsprechenden Anlage (Lutter/Schmidt Rn. 6; Semler/Stengel/Leonard/Ihrig Rn. 7; aA Priester DStR 2005, 788 (789); Habersack/Wicke/Temme Rn. 5; BeckOGK/Temme Rn. 5). Sind Aktionäre einer übertragenden AG oder KGaA unbekannt, greift § 35. Der **Betrag der Einlage jedes Gesellschafters** (also bei KG der Kommanditisten und der Komplementäre, bei OHG aller Gesellschafter; Kallmeyer/Kocher Rn. 3) ist im Verschmelzungsvertrag festzusetzen **(Abs. 1 S. 2)**. Gem. § 162 I 1 HGB wird für den Kommanditisten ab dem 1.1.2024 mit den Änderungen des **MoPeG** klargestellt, dass die im Handelsregister eingetragene „Haftsumme" für die Außenhaftung maßgeblich ist. Einlage iSd Abs. 1 S. 2 meint den Beitrag iSd § 709 I BGB, § 105 II HGB, § 161 II HGB handelt (zur Pflichteinlage → Rn. 6; vgl. Widmann/Mayer/Vossius Rn. 1; Lutter/Schmidt Rn. 17). 2

Abs. 2 behandelt den Sonderfall, dass an der Verschm unter Beteiligung einer PhG als übernehmender Rechtsträger ein übertragender Rechtsträger beteiligt ist, dessen Anteilsinhaber für die Verbindlichkeiten dieses Rechtsträgers nicht als Gesamtschuldner persönlich unbeschränkt haften (zB Kommanditisten, KapGes, eG ohne Nachschusspflicht, Verein). Die Grundregel von **Abs. 2 S. 1** besagt, dass die Anteilsinhaber dieses übertragenden Rechtsträgers auch künftig der persönlichen Haftung gem. §§ 126, 127 HGB nach MoPeG nicht ausgesetzt werden sollen; anderes gilt nur dann, wenn die betroffenen Anteilsinhaber dem Verschmelzungsbeschluss des übertragenden Rechtsträgers in notarieller Form (§ 13 III 1) **ausdrücklich zustimmen (Abs. 2 S. 2)**. 3

2. Bestimmungsrecht (Abs. 1)

Ein echtes **Wahlrecht** eröffnet Abs. 1 nur für den Fall, dass **übernehmender oder neuer Rechtsträger eine KG** ist. Für die OHG schreibt § 126 S. 2 HGB nach MoPeG zwingend fest, dass eine Haftungsbeschränkung gegenüber Dritten unwirksam ist; die persönliche, unbeschränkte, unmittelbare und primär aufs Ganze gerichtete Haftung der OHG-Gesellschafter nach außen ist konstitutives Merkmal dieser Rechtsform (vgl. zur früheren Rechtslage Hopt/Roth HGB § 105 Rn. 6, 7). Durch die Formulierung von Abs. 1 S. 1 – „Stellung eines Kommanditisten" – wird 4

Missio

deutlich, dass es auf eine etwa vorhandene Haftungsbeschränkung im Innenverhältnis der OHG (diese kann iRv § 108 HGB nach MoPeG willkürlich festgelegt werden) oder auf eine Beschränkung der Vertretungsmacht der geschäftsführenden Gesellschafter (dazu zur früheren Rechtslage Schlegelberger/Schmidt HGB § 128 Rn. 13) nicht ankommt.

5 Der phG (Komplementär) einer KG haftet gleich einem OHG-Gesellschafter nach §§ 126, 127 HGB nach MoPeG. Allerdings ist bei der Verschm nach dem UmwG 1995 die Möglichkeit gegeben, als einzig phG der KG eine KapGes (insbes. **GmbH & Co. KG,** dazu auch Kallmeyer/Kocher Rn. 5) zu benennen. Schwierigkeiten kann die Rechtsform der GmbH & Co. KG zum einen bereiten, wenn zwei GmbH & Co. KG miteinander verschmolzen werden und die Frage zu beantworten ist, wie dem Grundsatz der Anteilsgewährungspflicht im Hinblick auf die Komplementär-GmbH des übertragenden Rechtsträgers, die üblicherweise keine Kapitalanteile innehat, entsprochen werden kann (dazu Hegemann GmbHR 2009, 702 mwN). Zum anderen stellt sich die Frage, ob die Komplementär-GmbH selbst auf die KG, in der die GmbH die Komplementärfunktion wahrnimmt, verschmolzen werden kann. Dies verneint das OLG Hamm (NZG 2010, 1309 m. abl. Anm. Schlüter EWiR 2010, 799; zust. Lutter/Schmidt § 39 Rn. 19 mwN) mit der Begründung, die übernehmende KG erlösche kraft Gesetzes im Augenblick des Wirksamwerdens der Verschm. Diese Art des Downstream-Mergers ist bei konzerninternen Verschm eine nicht selten gewählte Gestaltung (vgl. Neließen NZG 2010, 1291). Neließen empfiehlt aus Vorsichtsgründen zu Recht den sicheren Weg der Verschm auf den (alleinigen) Kommanditisten oder die Modelle der einfachen bzw. erweiterten Anwachsung (dazu auch OLG München ZIP 2010, 2147).

6 Die Haftung des Kommanditisten in der übernehmenden KG richtet sich nach §§ 171 ff. HGB; im Verhältnis zu den Gläubigern der Ges haftet der Kommanditist unmittelbar nur bis zur Höhe seiner Haftsumme. Diese wird mit dem in der HR-Eintragung angegebenen Betrag bestimmt (§ 171 I HS 1 HGB, § 172 I HGB). Aus diesem Grunde ist der **Betrag der Einlage** (seit 1.1.2024 wird klargestellt, dass es sich hierbei um den Beitrag des Gesellschafters iSv § 709 I BGB, § 105 II HGB, § 161 II HGB handelt; Lutter/Schmidt Rn. 15 ff., 19 mwN; Semler/Stengel/Leonard/Ihrig Rn. 9; Widmann/Mayer/Vossius Rn. 1, 10; Goutier/Knopf/Tulloch/Bermel Rn. 19) **jedes Gesellschafters im Verschmelzungsvertrag festzusetzen;** eine Haftung über den Einlagebetrag hinaus ist ausgeschlossen. Die festzusetzende **Höhe der Haftsumme** ist in das Belieben der Vertragsschließenden gestellt. Es sollte jedoch darauf geachtet werden, dass der Wert des iRv § 20 I Nr. 1 übertragenen Vermögens zum Haftungsausschluss nach § 171 I Hs. 2 HGB führt (tatsächliche Wertzuführung, Kapitalaufbringungsprinzip, vgl. BGHZ 109, 334 = NJW 1990, 1109 mwN), da sonst die **Nachschusspflicht in bar** bis zur Höhe der Einlage droht (ausf. Widmann/Mayer/Vossius Rn. 14 ff.; zur Anwendung von Abs. 2 hierbei → Rn. 8 aE).

3. Privilegierte Anteilsinhaber (Abs. 2)

7 Sofern Anteilsinhaber eines übertragenden Rechtsträgers für dessen Verbindlichkeiten nicht als Gesamtschuldner vergleichbar zu §§ 126, 127 HGB nach MoPeG persönlich unbeschränkt haften (zB Gesellschafter einer KapGes, Gen ohne Verpflichtung zum Nachschuss, Mitglieder von Vereinen, Kommanditisten einer übertragenden KG), ist diesen Anteilsinhabern in der übernehmenden KG gem. **Abs. 2 S. 1** die Stellung eines **Kommanditisten** zu gewähren. Damit wird zum einen die künftige unbeschränkte Haftung für die Verbindlichkeiten des bzw. der übertragenden Rechtsträger selbst, zum anderen die künftige unbeschränkte Haftung für Verbindlichkeiten des übernehmenden Rechtsträgers und – im Fall der Verschm durch Aufnahme – für Altverbindlichkeiten des übernehmenden Rechtsträgers ausgeschlossen. Ist kein Gesellschafter zur Übernahme der persönlichen Haftung bereit, bleibt nur der **Beitritt eines Dritten** (dazu Kallmeyer/Kocher Rn. 13; ausf. Semler/Stengel/Leonard/Ihrig Rn. 18, 19 mwN; allg. → § 226 Rn. 3; Kölner Komm UmwG/Dauner-Lieb/Tettinger Rn. 39).

Eine von Abs. 2 S. 1 **abw. Vereinbarung im Verschmelzungsvertrag** wird **8** nur wirksam, wenn die betreffenden Anteilsinhaber dem Verschmelzungsbeschluss iSv §§ 13, 43 ausdrücklich zustimmen. Die **Zustimmung** bedarf stets der notariellen Form (§ 13 III 1). Sie kann konkludent dadurch erteilt werden, dass der Anteilsinhaber bei der Abstimmung zum Verschmelzungsbeschluss mit „Ja" stimmt (zutr. Lutter/Schmidt Rn. 11; Priester DStR 2005, 788 (790); aA Widmann/Mayer/Vossius Rn. 50; Semler/Stengel/Leonard/Ihrig Rn. 21 mit dem Argument, Adressat der Zustimmungserklärung als empfangsbedürftige Willenserklärung sei das Vertretungsorgan des übertragenden Rechtsträgers). Das zwingende Zustimmungserfordernis kann aber nicht gegen den Willen des Betroffenen durch Gestaltung nach Abs. 1 iVm einem Mehrheitsbeschluss nach § 39c II umgangen werden. Sinn und Zweck von Abs. 2 gebieten es weiter, eine ausdrückliche Zustimmung auch für den Fall zu fordern, dass zwar gem. Abs. 2 S. 1 die Stellung eines **Kommanditisten** eingeräumt wird, die festgesetzte Hafteinlage (Haftsumme nach § 161 I HGB idF des MoPeG) durch die Verschm von vornherein erkennbar aber **nicht oder nicht in voller Höhe erbracht** werden kann, weil die Haftsumme größer ist als der anteilige Vermögenswert des übertragenden Rechtsträgers, der dem künftigen Kommanditisten zugeordnet werden kann. Es wäre in diesem Fall unbillig, allein formal mit dem Wortlaut von Abs. 2 S. 2 zu argumentieren (so aber Lutter/Schmidt Rn. 10; wie hier Semler/Stengel/Leonard/Ihrig Rn. 15; Widmann/Mayer/Vossius Rn. 46 f.; Goutier/Knopf/Tulloch/Bermel Rn. 13). Die Zustimmungserklärungen nach Abs. 2 S. 2 sind der Registeranmeldung beizufügen (Henssler/Strohn/Decker Rn. 6; → § 17 Rn. 5).

§ 41 Widerspruch gegen den Beschluss der Gesellschafterversammlung

Widerspricht ein Anteilsinhaber eines übertragenden Rechtsträgers, der für dessen Verbindlichkeiten persönlich unbeschränkt haftet, der Verschmelzung, ist ihm in der übernehmenden oder der neuen Personenhandelsgesellschaft die Stellung eines Kommanditisten zu gewähren; das Gleiche gilt für einen Anteilsinhaber der übernehmenden Personenhandelsgesellschaft, der für deren Verbindlichkeiten persönlich unbeschränkt haftet, wenn er der Verschmelzung widerspricht.

Mit Inkrafttreten des **MoPeG** und der Aufnahme der **eGbR** als umwandlungs- **1** fähiger Rechtsträger (→ § 3 Rn. 7) zum 1.1.2024 wurde § 41 neu gefasst, wobei wortgleich § 43 II 3 aF übernommen wird (Begr. RegE, BT-Drs. 19/27635, 266). **§ 41** gibt den phG der an der Verschm beteiligten PhG die Möglichkeit, durch den **Widerspruch** gegen den Verschmelzungsbeschluss in der übernehmenden (oder bei Verschm durch Neugründung in der neuen) PhG die **Stellung eines Kommanditisten** zu erhalten. Durch diese Haftungsbeschränkung soll das persönliche Risiko des die Verschm ablehnenden Anteilsinhabers reduziert werden (vgl. zur früheren Rechtslage Begr. RegE, BR-Drs. 75/94 zu § 43 II 3); die Haftung des Kommanditisten wird regelmäßig (zu Ausnahmen Widmann/Mayer/Vossius § 40 Rn. 14 ff., 23 ff.; dann wird man auf die ausdrückliche Zustimmung des Betroffenen bestehen müssen, → § 40 Rn. 7 aE mwN) nach § 171 I Hs. 2 HGB (durch die Änderungen des MoPeG wird nun deutlich gemacht, dass es sich bei der Einlage gem. § 171 Hs. 1 HGB um die Haftsumme und bei der Einlage gem. § 171 Hs. 2 HGB um die Pflichteinlage handeln soll, vgl. Begr. RegE, BT-Drs. 19/27635, 256) ausgeschlossen sein, weil die Einlage im Fall von § 41 Hs. 1 (vor dem MoPeG: § 43 Abs. 2 S. 3 Hs. 1) entweder durch die Vermögensübertragung (dazu BGHZ 109, 334 = NJW 1990, 1109; BGHZ 95, 188 (197) = NJW 1985, 2947) oder durch Umbuchung der bereits vorhandenen PhG-Beteiligung (Fall von § 41 Hs. 2 (bzw. nach MoPeG: § 43 II 3 Hs. 2), dazu BGHZ 101, 123 (126) = NJW 1987, 3184; zu der Behandlung der Kapitalkonten allg. zur früheren Rechtslage Lutter/Schmidt § 40 Rn. 15 ff.) geleistet ist.

2 **PhG** iSv Abs. 2 S. 3 Hs. 1 kann jeder OHG-Gesellschafter, ein Komplementär einer KG oder der phG einer KGaA oder EWIV sein. Eine Neufassung des Verschmelzungsvertrages bzw. der Zustimmungsbeschlüsse ist im Falle des Widerspruchs nach hM aber unentbehrlich (zur früheren Rechtslage Semler/Stengel/Leonard/Ihrig § 43 Rn. 41 mwN; Lutter/Schmidt § 43 Rn. 19). Die **Rechtsfolge von § 41 ist zwingend,** allerdings kann der betroffene Anteilsinhaber auf den Schutz dieser Norm **verzichten.** Zur Notwendigkeit des Widerspruchs → § 29 Rn. 15 ff. Nach Lutter/Schmidt § 43 Rn. 23 und Kallmeyer/Zimmermann § 43 Rn. 24 (zur früheren Rechtslage) reicht es aus, wenn der Gesellschafter gegen die Verschm gestimmt hat; dies entspricht dem Sinn von § 41; aA zur früheren Rechtslage Widmann/Mayer/Vossius § 43 Rn. 135). § 29 II, der es der Erhebung des Widerspruchs gleichstellt, wenn ein nicht erschienener Anteilsinhaber zu der Versammlung der Anteilsinhaber zu Unrecht nicht zugelassen worden ist oder die Versammlung nicht ordnungsgemäß einberufen oder der Gegenstand der Beschlussfassung nicht ordnungsgemäß bekannt gemacht worden ist, kann iRv § 41 **nicht entsprechend** angewendet werden. Zum einen fehlt es wohl an der planwidrigen Regelungslücke, zum anderen ist die Sach- und Interessenlage nicht vergleichbar. Der Anteilsinhaber, der nach § 29 I Barabfindung verlangt, kann sich auf einen Mangel des Verschmelzungsbeschlusses berufen, ohne diesen anzufechten (Wertung auch von § 14 II). Bei § 41 ist der Widerspruch (der nachträglich erklärt werden kann, zur früheren Rechtslage Semler/Stengel/Leonard/Ihrig § 43 Rn. 39 aE mwN) nicht ersetzbar; bei der Anmeldung der Verschm nach §§ 16, 17 muss klar sein, welcher Anteilsinhaber in der übernehmenden oder neuen PhG die Stellung eines phG oder eines Kommanditisten innehat (vgl. auch § 40 I 1). Dies wäre bei einer entsprechenden Anwendung von § 29 II nicht gewährleistet. Dem Schutzbedürfnis des betroffenen Anteilsinhabers wird durch die **Möglichkeit der Unwirksamkeitsklage** in ausreichender Weise genügt.

3 Ist der widersprechende phG als **einziger Komplementär** der übernehmenden oder neu zu gründenden KG vorgesehen, scheitert uU wegen § 41 die gesamte Verschm. Eine PhG ohne phG kennt das geltende Recht nicht. Zum Beitritt eines Dritten in dieser Situation zur früheren Rechtslage Kallmeyer/Kocher § 40 Rn. 13; Semler/Stengel/Leonard/Ihrig § 40 Rn. 18, 19, jew. mwN.

§ 42 Entsprechend anzuwendende Vorschriften

Die §§ 39, 39a, 39b, 39c, 39e und 39f sind entsprechend anzuwenden.

1 Mit Inkrafttreten des **MoPeG** wurde die Vorschrift des § 42 neu gefasst und erklärt, dass die jeweiligen neuen Vorschriften des Ersten Unterabschnitts über die Verschm unter Beteiligung von GbR auf die Verschm unter Beteiligung von PhG entsprechend anzuwenden sind (Begr. RegE, BT Drs. 19/27635, 266). Auf die jeweiligen Kommentierungen über die Verschm unter Beteiligung von GbR wird verwiesen.

§§ 43–45 *(aufgehoben)*

Dritter Unterabschnitt. Verschmelzung unter Beteiligung von Partnerschaftsgesellschaften

§ 45a Möglichkeit der Verschmelzung

¹Eine Verschmelzung auf eine Partnerschaftsgesellschaft ist nur möglich, wenn im Zeitpunkt ihres Wirksamwerdens alle Anteilsinhaber übertragender Rechtsträger natürliche Personen sind, die einen Freien Beruf ausüben (§ 1 Abs. 1 und 2 des Partnerschaftsgesellschaftsgesetzes). ²§ 1 Abs. 3 des Partnerschaftsgesellschaftsgesetzes bleibt unberührt.

1. Allgemeines

Bei der Umwandlungsreform wurde die **PartGes** zunächst nicht berücksichtigt (→ 2. Aufl. 1996, § 3 Rn. 11 mwN). Zur Beteiligung von PartGes an Umw wurde 1997 ein RefE verfasst (Auszüge bei Neye ZIP 1997, 722 (725)) und mit dem Gesetz zur Änderung des UmwG, des PartGG und anderer Gesetze v. 22.7.1998 unverändert übernommen (→ Einf. Rn. 23, → Vor § 39 Rn. 8). Seit dem 1.8.1998 ist die PartGes damit **umfassend beteiligungsfähiger Rechtsträger** iSv § 3 I Nr. 1. Dies gilt auch für die neuerdings zulässige PartGmbB (→ § 3 Rn. 12 mwN), bei der die Berufshaftung beschränkt ist. Mit Inkrafttreten des **MoPeG** wird die Vorschrift des § 45e angepasst und einige der Vorschriften des Ersten Unterabschnitts über die Verschm unter Beteiligung von eGbR auf die Verschm unter Beteiligung von PartGes für entsprechend anwendbar erklärt. (Begr. RegE, BT Drs. 19/27635, 267). 1

Die PartGes wird den PhG weitgehend gleichgestellt § 106 HGB. **Abweichungen** ergeben sich aus dem **besonderen Charakter der PartGes als Berufsausübungsges** (vgl. Begr. RegE, PartGG BT-Drs. 12/6152, 8). Anders als beim Formwechsel aus der PartGes (dazu §§ 225a–225c) war in §§ 45a ff. (und beim Formwechsel in die PartGes gem. § 228 III, § 234 Nr. 3) sicherzustellen, dass die spezifischen Rechtsformbegrenzungen des PartGG und des ergänzenden Berufsrechts (§ 45a S. 2) beachtet werden. §§ 45a, 45b gelten nur für die aufnehmende, § 45e S. 1 nur für die übertragende PartGes und §§ 45c, 45d sowie § 45e S. 2 in allen Fällen der Verschm unter Beteiligung einer PartGes. 2

2. Möglichkeit der Verschmelzung (§ 45a)

§ 45a eröffnet die Anwendung der zentralen Bestimmung (Michalski/Römermann PartGG § 1 Rn. 1) **von § 1 PartGG**. § 45a S. 1 übernimmt hierbei den Inhalt von § 1 I, II PartGG, § 45a S. 2 verweist auf den Berufsrechtsvorbehalt von § 1 III PartGG. 3

Die PartGes als BerufsausübungsGes steht und fällt mit der **Ausübung des freien Berufs.** Streitig ist hierbei, ob der Beruf aktiv iS einer tatsächlichen Mitarbeit ausgeübt werden muss (ausf. Michalski/Römermann PartGG § 1 Rn. 5ff. mwN). Unabhängig davon, ob man mit der wohl hM die aktive Berufsausübung verlangt oder nicht, ist zumindest zu fordern, dass im Moment des Abschlusses des Partnerschaftsvertrages oder des Aufnahmevertrages mit einem neuen Partner das **Ziel einer gemeinsamen Berufsausübung** besteht (Michalski/Römermann PartGG § 1 Rn. 9, 13; Kölner Komm UmwG/Dauner-Lieb/Tettinger Rn. 7), wofür grds. Kraft Berufszugehörigkeit die Möglichkeit (besteht auch bei vorübergehender Verhinderung, Semler/Stengel/Leonard/Ihrig § 45a Rn. 9) der Berufsausübung genügt. Für die Verschm bedeutet dies, dass alle Anteilsinhaber des übertragenden Rechtsträgers einen **Katalogberuf** oder einen **ähnlichen Beruf** iSv § 1 II PartGG ausüben dür- 4 fen und in der übernehmenden PartGes auch ausüben **wollen** (zum Ganzen ausf. Lutter/Schmidt § 45a Rn. 11 mwN; vgl. zu den von § 1 II PartGG erfassten Berufen die Speziallit. zum PartGG und zu § 18 I EStG; zum maßgeblichen Zeitpunkt → Rn. 7).

5 Kraft ausdrücklicher Regelung in § 45a S. 1 müssen die Anteilsinhaber der übertragenden Rechtsträger **natürliche Personen** sein). Die entsprechende Regelung in § 1 I 3 PartGG wurde trotz der in der Lit. geübten Kritik (vgl. K. Schmidt ZIP 1993, 633 (639); K. Schmidt NJW 1995, 1 (3); Michalski/Römermann PartGG § 1 Rn. 25 ff.) damit inhaltsgleich übernommen.

6 § 45a S. 2 lässt § 1 III PartGG unberührt. Diese Vorschrift enthält einen **Berufsrechtsvorbehalt** der Art, dass die Berufsausübung in der Partnerschaft berufsrechtlich ausgeschlossen oder von weiteren Voraussetzungen abhängig gemacht werden kann. Bei sich widersprechenden Regelungen im PartGG und in den berufsrechtlichen Normen gilt damit jew. die strengere Vorschrift (Prinzip des kleinsten gemeinsamen Nenners; vgl. Begr. RegE PartGG, BT-Drs. 12/6152, 11; Michalski/Römermann PartGG § 1 Rn. 100 mwN). Bislang ist noch für keinen freien Beruf die Berufsausübung in der Partnerschaft gesetzlich ausgeschlossen worden, Apotheker und Nur-Notare wurden aber schon gar nicht im Katalog von § 1 II 2 PartGG erwähnt (vgl. Lutter/Schmidt § 45a Rn. 13 mwN). Das Berufsrecht wirkt durchaus beschränkend, insbes. im Hinblick auf die Möglichkeit der Zusammenarbeit mit anderen Berufsträgern (ausf. Überblick bei Michalski/Römermann PartGG § 1 Rn. 117 ff. mwN).

7 Eine Verschm ist nur dann zulässig, wenn sämtliche Voraussetzungen von § 45a **zum Zeitpunkt des Wirksamwerdens der Verschm,** also der Eintragung im Partnerschaftsregister, vorliegen (§ 45a S. 1, der vom Sinn und Zweck der Vorschrift auch für § 45a S. 2 Beachtung finden muss). Der Verschmelzungsvertrag und der Verschmelzungsbeschluss sind dann mit einem rechtlichen Mangel behaftet, jedoch nicht nichtig (Widmann/Mayer/Vossius § 45a Rn. 71; aA Habersack/Wicke/ Temme § 45a Rn. 12; BeckOGK/Temme § 45a Rn. 12). Auf den Abschluss des Verschmelzungsvertrages kommt es insoweit nicht an, der Wortlaut von § 45a S. 1 ist eindeutig (zutr. NK-UmwR/Jaspers § 45a Rn. 6; Semler/Stengel/Leonard/Ihrig § 45a Rn. 10; Kölner Komm UmwG/Dauner-Lieb/Tettinger Rn. 10; Lutter/ Schmidt § 45a Rn. 18).

3. Inhalt des Verschmelzungsvertrages (§ 45b)

8 **§ 45b I wiederholt § 3 II Nr. 2 PartGG.** Name, Vorname, ausgeübter Beruf und Wohnort gehören zum **Mindestinhalt des Partnerschaftsvertrages.** Gleiches gilt für den Gegenstand der Partnerschaft (§ 3 II Nr. 3 PartGG), der in § 45b I aber nicht zu erwähnen war, weil er bei der Verschm durch Aufnahme bereits beschrieben und bei der Verschm durch Neugründung gem. § 36 II, § 37 ohnehin aufzuführen ist. Name und Sitz der Partnerschaft (§ 3 II Nr. 1 PartGG) werden als allg. Inhalt des Verschmelzungsvertrages von § 5 I Nr. 1, der von § 45b I nur ergänzt wird, erfasst.

9 § 45b II schließt die Anwendung von § 35 über die **Bezeichnung unbekannter Aktionäre** aus. Besondere Erschwernisse ergeben sich dadurch für die Praxis aber nicht, weil bei einer übertragenden Freiberufler-AG oder Freiberufler-KGaA (nur diese kommen wegen § 45a als übertragender Rechtsträger in Betracht) ohnehin alle Aktionäre bekannt sind (Lutter/Schmidt § 45b Rn. 4).

4. Vorbereitung und Durchführung der Gesellschafterversammlung

10 a) **Verschmelzungsbericht und Unterrichtung der Partner (§ 45c).** Anders als bei der normalen PhG (→ § 39a Rn. 3) kann ein Partner nicht grds. von der

Führung der Geschäfte ausgeschlossen werden. Für seine **Berufsausübung** ist er immer nach außen verantwortlich und vertretungsbefugt. Folgerichtig zieht § 45c S. 1 eine Parallele zu § 39a für den Fall, dass ein einzelner Partner im Partnerschaftsvertrag zulässig von der Führung der **sonstigen Geschäfte** der PartGes ausgeschlossen ist (zu diesem Tb-Merkmal ausf. Michalski/Römermann PartGG § 6 Rn. 11 ff. mwN). IÜ gelten die Ausführungen zu → § 39a Rn. 1 ff. entsprechend.

Gem. § 45e S. 1, § 39b muss den von der Geschäftsführung ausgeschlossenen **11** Gesellschaftern spätestens zusammen mit der Einberufung der Gesellschafterversammlung der Verschmelzungsvertrag bzw. dessen Entwurf und der Verschmelzungsbericht übersendet werden. Für den Fall der Prüfung (§ 45e S. 2 iVm § 39e) gilt Entsprechendes (→ § 39b Rn. 4 aE). **§ 45c S. 2** befiehlt die **entsprechende Anwendung von § 39b** in Bezug auf die Partner, die gem. § 6 II PartGG von der Geschäftsführung partiell ausgeschlossen sind.

b) Gesellschafterbeschluss (§ 45d). § 45d I, II 1, 2 entspricht **§ 39c I, II 1,** **12** **2.** Auf die Komm. dort wird verwiesen. § 39d findet für die PartGes keine Anwendung; dies gilt auch für § 41, einem widersprechenden Gesellschafter kann keine Kommanditistenstellung in der übernehmenden PartGes gewährt werden, weil ein solches Institut dort unbekannt ist. Der **Minderheitenschutz** wird insoweit durch das Austrittsrecht nach § 29 und durch das Veräußerungsrecht nach § 33 gewährleistet (vgl. Neye DB 1998, 1649 (1651); Lutter/Schmidt § 45d Rn. 7 mit Verweis auf die Gesetzesbegr.).

5. Verweisung auf Gesellschaft bürgerlichen Rechts

a) Aufgelöste Partnerschaftsgesellschaft (§ 45e S. 1). Der Verweis auf § 39 **13** betrifft die **aufgelöste PartGes als übertragender Rechtsträger** (Lutter/Schmidt § 45e Rn. 3). Gem. § 10 I PartGG sind die Vorschriften über die Liquidation der OHG auch für die PartGes maßgebend, sodass der Verweis in § 45e S. 1 vollumfänglich wirkt.

b) Nachhaftung (§ 45e S. 1). Gem. § 10 II PartGG bestimmt sich die **Haftung** **14** **der Partner** für Verbindlichkeiten der Partnerschaft **nach dem Ausscheiden** eines Partners an sich nach § 137 HGB (zuvor: § 160 HGB aF). Für den Fall der Verschm ist die nahezu inhaltsgleiche Vorschrift von § 39f lex specialis. Für PartGes richtet sich die Haftung der Gesellschafter nach § 8 PartGG (dazu Niebling AnwBl 1996, 20; Sotiropoulos ZIP 1995, 1879; Ulmer/Habersack FS Brandner, 1996, 151; ausf. Michalski/Römermann PartGG § 8 Rn. 14 ff., insbes. zur Neufassung von § 8 II PartGG durch Gesetz v. 22.7.1998, BGBl. 1998 I 1881; vgl. zur Haftung der PartGes selbst BGH WM 2010, 1946 mwN; zur PartGmbB, bei der die Berufshaftung beschränkt ist, Nachw. → § 3 Rn. 12) Diese Haftung wird durch die Ausschlussfrist von § 39f zeitlich **auf die Dauer von fünf Jahren begrenzt** (vgl. → § 39f Rn. 1 ff.). Vgl. zur Haftung des neu eintretenden Partners für Altverbindlichkeiten ausf. Mazza BB 1997, 746; BGH WM 2010, 1946. Für den Fall des Ausscheidens gegen Barabfindung ist eine etwaige Kundenschutzklausel zu beachten (vgl. BGH NJW 2000, 2584 zur geltungserhaltenden Reduktion).

c) Prüfung (§ 45e S. 2). Lässt der Partnerschaftsvertrag die **Mehrheitsum-** **15** **wandlung** zu (§ 45d II), können Minderheitsgesellschafter die Verschm nicht durch Ausübung ihres Stimmrechts verhindern. In diesem Fall findet gem. § 45e S. 2 deshalb § 39e Anwendung, der bei entsprechendem **Verlangen** zur Durchführung der **Verschmelzungsprüfung** nach §§ 9–12 zwingt. Vgl. iÜ → § 39e Rn. 1 ff.

§ 45b Inhalt des Verschmelzungsvertrages

(1) **Der Verschmelzungsvertrag oder sein Entwurf hat zusätzlich für jeden Anteilsinhaber eines übertragenden Rechtsträgers den Namen und den Vor-**

namen sowie den in der übernehmenden Partnerschaftsgesellschaft ausgeübten Beruf und den Wohnort jedes Partners zu enthalten.

(2) § 35 ist nicht anzuwenden.

1   Zur Kommentierung → § 45a Rn. 1 ff.

§ 45c Verschmelzungsbericht und Unterrichtung der Partner

¹Ein Verschmelzungsbericht ist für eine an der Verschmelzung beteiligte Partnerschaftsgesellschaft nur erforderlich, wenn ein Partner gemäß § 6 Abs. 2 des Partnerschaftsgesellschaftsgesetzes von der Geschäftsführung ausgeschlossen ist. ²Von der Geschäftsführung ausgeschlossene Partner sind entsprechend § 39b zu unterrichten.

1   Zur Kommentierung → § 45a Rn. 1 ff.

§ 45d Beschluß der Gesellschafterversammlung

(1) Der Verschmelzungsbeschluß der Gesellschafterversammlung bedarf der Zustimmung aller anwesenden Partner; ihm müssen auch die nicht erschienenen Partner zustimmen.

(2) ¹Der Partnerschaftsvertrag kann eine Mehrheitsentscheidung der Partner vorsehen. ²Die Mehrheit muß mindestens drei Viertel der abgegebenen Stimmen betragen.

1   Zur Kommentierung → § 45a Rn. 1 ff.

§ 45e Anzuwendende Vorschriften

¹Die §§ 39 und 39f sind entsprechend anzuwenden. ²In den Fällen des § 45d Abs. 2 ist auch § 39e entsprechend anzuwenden.

1   Zur Kommentierung → § 45a Rn. 1 ff.

Zweiter Abschnitt. Verschmelzung unter Beteiligung von Gesellschaften mit beschränkter Haftung

Vorbemerkung

1. Historie

1   Mit der Aufhebung des KapErhG (Art. 5 UmwBerG) wurden auch §§ 19–35 KapErhG aF über die **Verschm unter Beteiligung einer GmbH** gegenstandslos; die dortigen Regelungen finden sich jetzt im Wesentlichen in §§ 46–59 (→ § 46 Rn. 1, → § 49 Rn. 1, → § 50 Rn. 1, → § 59 Rn. 1).
2   Wie früher und in Umsetzung der allg. Regelungstechnik des UmwG 1995 wird zwischen der **Verschm durch Aufnahme** (Erster Unterabschnitt, §§ 46–55) und der **Verschm durch Neugründung** (Zweiter Unterabschnitt, §§ 56–59) unterschieden.

2. Anwendbarkeit von §§ 46–59

Die Vorschriften im Zweiten Abschnitt des Zweiten Buches sind stets dann anzuwenden, wenn eine **GmbH an einer Verschm beteiligt** ist, gleichgültig, ob es sich um eine reine Verschm unter GmbH oder um eine Mischverschmelzung unter Beteiligung von Rechtsträgern anderer Rechtsform handelt. §§ 46–55 unterscheiden dabei grds. nicht danach, ob die **GmbH als übertragender oder als übernehmender Rechtsträger** fungiert (anders allerdings §§ 46, 51–55, die nur bei Beteiligung einer GmbH als übernehmender Rechtsträger Anwendung finden). 3

§§ 56–59 regeln den Fall, dass bei einer Verschm durch Neugründung der übernehmende und damit der neu zu gründende Rechtsträger GmbH sein soll. 4

3. Gesetzesänderungen

Neben einigen eher unbedeutenden Änderungen gegenüber den früheren für die Verschm unter Beteiligung von GmbH geltenden Vorschriften des KapErhG, des UmwG 1969 und des AktG (zB Wegfall des Zustimmungserfordernisses bei abw. Festsetzung des Nennbetrags der Geschäftsanteile, § 46 I 2, 3) sowie zT gut gelungener redaktioneller Vereinfachungen (zB § 54 über KapErhVerbote und -Wahlrechte) enthalten §§ 48, 49 II bedeutsame **Schutzvorschriften für Minderheitsgesellschafter.** Durch § 49 II, der die Auslage der drei letzten Jahresabschlüsse der jew. an der Verschm beteiligten anderen Rechtsträger festschreibt, erhalten die Gesellschafter in Erweiterung des allg. Auskunfts- und Einsichtsrechts nach § 51a GmbHG mehr Transparenz. Vor allem aber § 48, der einen Befehl zur (für den Gesellschafter kostenlosen) Durchführung der Verschmelzungsprüfung nach §§ 9–12 auf Verlangen nur eines Gesellschafters enthält, führt zu einer deutlich anderen „Kräfteverteilung" als früher (zB aufgrund der vielfältig gegebenen Möglichkeiten der Beschlussanfechtung wegen mangelhafter Verschmelzungsprüfung). 5

Wesentliche Änderungen von §§ 46 ff. wurden durch das **2. UmwÄndG** v. 19.4.2007 (BGBl. 2007 I 542) bewirkt. Hervorragende Zusammenfassungen zu dieser Reform bei Heckschen DNotZ 2007, 444; Mayer/Weiler DB 2007, 1235; Mayer/Weiler MittBayNot 2007, 368; vgl. auch Stellungnahme der Centrale für GmbH GmbHR 2006, 418; HRA des DAV NZG 2006, 737; Bayer/Schmidt NZG 2006, 841; Drinhausen BB 2006, 2313. In § 48 S. 1 wird für das Verlangen nach einer Umwandlungsprüfung eine Frist von einer Woche gesetzt. § 51 I 3 wurde geändert. Früher gab es eine verunglückte und mehrdeutige Verweisung auf § 51 I 1, 2. § 51 I 3 formuliert nun eindeutig: Wird eine übertragende GmbH, auf deren Geschäftsanteile nicht alle zu leistenden Einlagen in vollem Umfang bewirkt sind, von einer anderen GmbH durch Verschm aufgenommen, müssen dieser Verschm alle Gesellschafter der übernehmenden GmbH zustimmen. Die Zustimmung ist geboten, weil die Gesellschafter der übernehmenden GmbH das Risiko der Ausfallhaftung nach § 24 GmbHG tragen (dazu Mayer/Weiler MittBayNot 2007, 368 (370) mwN). Die Vertretungsorgane der an der Verschm beteiligten Rechtsträger haben bei der Anmeldung zu erklären, dass die entsprechenden Zustimmungen vorliegen (§ 52 S. 2). Sehr wichtig war die Einfügung von § 54 I 3. Danach darf die übernehmende Ges von der Gewährung von Geschäftsanteilen absehen, wenn alle Anteilsinhaber eines übertragenden Rechtsträgers darauf verzichten; die Verzichtserklärungen sind notariell zu beurkunden. Anlass für die Neuregelung war der Streit um die Notwendigkeit der KapErh bei der Verschm von SchwesterGes, insbes. im Konzern (→ § 2 Rn. 21 mwN). Die Regelung ist indes systematisch nicht geglückt und greift – verbunden mit erheblichen Gefahren – weiter, als auf den ersten Blick erkennbar (ausf. → § 54 Rn. 12 ff.; Heckschen DNotZ 2007, 444 (449 ff.); Mayer/Weiler MittBayNot 2007, 368 (370 ff.)). Schließlich wird in § 59 S. 2 klargestellt, dass die Anteilsinhaber der übertragenden Rechtsträger durch Beschluss nicht nur 6 der Bestellung der Mitglieder des AR, sondern auch der Bestellung der Geschäftsführer der neuen GmbH zustimmen müssen.

7 Weitere Änderungen hat das **MoMiG** bewirkt (→ Einf. Rn. 28; Komm. zu § 46 I 3, § 51 II, § 54 III 1 und § 55 I 2). Die Gesellschafterliste ist Angelegenheit des Notars (§ 40 II GmbHG), weswegen § 52 II durch das **3. UmwÄndG** gestrichen wurde (→ § 6 Rn. 7 ff., → § 6 Rn. 12 mwN). Im Reflex wurde der Verweis in § 56 geändert.

8 Am 1.3.2023 ist das Gesetz zur Umsetzung der EU-Umwandlungsrichtlinie (**UmRUG**) (BGBl. 2023 I Nr. 51) in Kraft getreten. Durch das UmRUG (→ Einf. Rn. 43 ff.) wird im Zweiten Abschnitt des Zweiten Teils (§§ 46–59) nach § 48 S. 1 mit einem neuen § 48 S. 2 die Verpflichtung eingefügt, dass den Gesellschaftern der Prüfbericht innerhalb der zur Einberufung der Gesellschafterversammlung geltenden Fristen zu übersenden ist, wenn ein fristgerechtes Verlangen nach § 48 S. 1 vorliegt.

Erster Unterabschnitt. Verschmelzung durch Aufnahme

§ 46 Inhalt des Verschmelzungsvertrags

(1) ¹**Der Verschmelzungsvertrag oder sein Entwurf hat zusätzlich für jeden Anteilsinhaber eines übertragenden Rechtsträgers den Nennbetrag des Geschäftsanteils zu bestimmen, den die übernehmende Gesellschaft mit beschränkter Haftung ihm zu gewähren hat.** ²**Der Nennbetrag kann abweichend von dem Betrag festgesetzt werden, der auf die Aktien einer übertragenden Aktiengesellschaft oder Kommanditgesellschaft auf Aktien als anteiliger Betrag ihres Grundkapitals entfällt.** ³**Er muss auf volle Euro lauten.**

(2) **Sollen die zu gewährenden Geschäftsanteile im Wege der Kapitalerhöhung geschaffen und mit anderen Rechten und Pflichten als sonstige Geschäftsanteile der übernehmenden Gesellschaft mit beschränkter Haftung ausgestattet werden, so sind auch die Abweichungen im Verschmelzungsvertrag oder in seinem Entwurf festzusetzen.**

(3) **Sollen Anteilsinhaber eines übertragenden Rechtsträgers schon vorhandene Geschäftsanteile der übernehmenden Gesellschaft erhalten, so müssen die Anteilsinhaber und die Nennbeträge der Geschäftsanteile, die sie erhalten sollen, im Verschmelzungsvertrag oder in seinem Entwurf besonders bestimmt werden.**

1. Allgemeines

1 Die Vorschrift regelt in Ergänzung zu §§ 4, 5 den **Inhalt des Verschmelzungsvertrages** bei Verschm unter Beteiligung einer GmbH als übernehmender Rechtsträger. § 46 knüpft im Wesentlichen an das frühere Recht an; **Abs. 1 S. 1** entspricht § 21 I KapErhG aF, Abs. 2 und Abs. 3 stimmen inhaltlich mit § 21 II, III KapErhG aF überein. Sie wurden durch Art. 2 Nr. 2 StückAG v. 25.3.1998 (BGBl. 1998 I 590) und Art. 3 § 4 Nr. 1 EuroEG v. 9.6.1998 (BGBl. 1998 I 1242; vgl. auch § 318 II) an die aktuelle Rechtslage angepasst. Abs. 1 S. 3 wurde durch das **MoMiG** geändert (→ Einf. Rn. 28, → Rn. 12). Für den Sonderfall, dass übertragender Rechtsträger eine AG oder KGaA ist, schreibt **Abs. 1 S. 2, 3** die Regelung von § 33 III KapErhG, § 369 VI 1, 2 AktG aF fort, allerdings ist die früher notwendige Zustimmung der Aktionäre, die sich nicht dem anteiligen Betrag ihrer Aktien am Grundkapital der AG entsprechend beteiligen können (vgl. § 369 VI 3–5 AktG aF), nicht mehr erforderlich (Begr. RegE, BR-Drs. 75/94 zu § 46 I 2, 3).

2 **Durch § 46 wird der Katalog von § 5 I Nr. 1–9 erweitert,** die geregelten Festsetzungen sind zwingend. Bei Missachtung gelten die allg. Grds., dh bis zur

Eintragung der Verschm (§ 20 II) ist der Verschmelzungsvertrag unwirksam, das Registergericht kann die Eintragung iSv § 19 verweigern; des Weiteren können die Anteilsinhaber Klage gegen die Wirksamkeit des Verschmelzungsbeschlusses ihres Rechtsträgers binnen der in § 14 I bestimmten Frist erheben.

2. Bestimmung des Nennbetrages (Abs. 1 S. 1)

Gem. § 20 I Nr. 3 ist die Gewährung von Geschäftsanteilen der aufnehmenden 3 GmbH Wesensmerkmal der Verschm. Als zwingende inhaltliche Voraussetzung des Verschmelzungsvertrages bestimmt **Abs. 1 S. 1** daher, dass der **Nennbetrag des Geschäftsanteils** an der übernehmenden GmbH, den jeder Anteilsinhaber der übertragenden Rechtsträger erhält, **im Verschmelzungsvertrag festzulegen** ist. Die bloße Angabe des Umtauschverhältnisses (§ 5 I Nr. 3) reicht nicht aus. Der Wortlaut der Vorschrift legt es nahe, eine (für die Gesellschafterliste nach § 40 I GmbHG ohnehin erforderliche) **namentliche Zuordnung** zu verlangen, also unter konkreter Bezeichnung jedes Anteilsinhabers eines übertragenden Rechtsträgers den diesem zuzuordnenden Geschäftsanteil zu bestimmen (allgM, vgl. Lutter/Vetter Rn. 19 f.; Semler/Stengel/Leonard/Reichert Rn. 2, 3; Widmann/Mayer/Mayer Rn. 9 ff., jew. mwN). Eine genaue Bezeichnung der durch die KapErh geschaffenen Geschäftsanteile mittels Angabe der laufenden Nummer in der Gesellschafterliste ist zwar empfehlenswert, aber nicht notwendig. Eine Differenzhaftung trifft die Anteilsinhaber ohnehin nicht, (BGH NZG 2019, 187; s. auch Lutter/Vetter Rn. 48). Bei Beteiligung von **AG oder KGaA** als übertragender Rechtsträger ermöglicht **§ 35** die Erfüllung der in Abs. 1 S. 1 bestimmten Pflicht auch im Hinblick auf unbekannte Aktionäre (Lutter/Vetter Rn. 20 aE mwN). Abs. 1 S. 1 spricht auch nach Änderung von § 5 II 2 GmbHG durch das MoMiG vom Geschäftsanteil im Singular. Dies steht einer kleinteiligeren Stückelung der GmbH-Geschäftsanteile zB mit der Mindestgröße von 1 Euro nicht entgegen (auch → Rn. 7, → Rn. 12).

Unklar ist, ob der **Verschmelzungsvertrag** eine **KapErh zur Schaffung neuer** 4 **Geschäftsanteile** erwähnen muss. Ausdrücklich wird dies nicht angeordnet; Abs. 2 regelt nur einen Sonderfall (→ Rn. 13 ff.). Üblicherweise wird die Angabe schon deshalb erfolgen, um die Verpflichtung der Gesellschafter der übernehmenden GmbH, einen KapErhB durchzuführen, klarzustellen. Sie wird nur auf diese Weise klar, wer Übernehmer der neuen Anteile ist; denn § 55 I 1 verzichtet auf eine Übernahmeerklärung nach § 55 I GmbHG (so ausdrücklich OLG Hamm DB 2002, 1314: der Übernahmeerklärung kommt keine rechtsgeschäftliche Bedeutung zu, die über die in dem Verschmelzungsvertrag getroffenen Vereinbarungen hinausgeht). Zwingend ist die Angabe hingegen nicht, da die Notwendigkeit der KapErh sich auch bei Schweigen des Verschmelzungsvertrages vorbehaltlich des § 54 aus dem Gesetz ergibt (aA Lutter/Vetter Rn. 48 f.; Widmann/Mayer/Mayer Rn. 23.1; Habersack/Wicke/v. Hinden Rn. 35.1; BeckOGK/von Hinden Rn. 35.1; wie hier NK-UmwR/Kleindiek Rn. 33; Kallmeyer/Kocher Rn. 3; Goutier/Knopf/Tulloch/Bermel Rn. 8; Semler/Stengel/Leonard/Reichert Rn. 16; Streck/Mack/Schwedhelm GmbHR 1995, 161 (163)). In der Kautelarpraxis ist ein Hinweis auf die KapErh bzw. deren Entbehrlichkeit nach § 54 jedenfalls zweckmäßig.

Die **Höhe der Nennbeträge** der zu gewährenden Geschäftsanteile ergibt sich 5 aus der Wertrelation von übertragendem(n) und übernehmendem Rechtsträger(n). Das Vermögen der betroffenen Anteilsinhaber darf durch die Verschm grds. nicht verändert werden (Nullsummenspiel, ausf. → § 5 Rn. 7); der Wert der gewährten Geschäftsanteile muss dem Wert der untergehenden Anteile am übertragenden Rechtsträger entsprechen. Das ist der Fall, wenn das Verhältnis zwischen zu gewährenden Geschäftsanteilen und allen Geschäftsanteilen dem Verhältnis zwischen der Summe der eingebrachten Vermögen und dem Gesamtvermögen der GmbH nach der Verschm entsprechen. Die zu gewährenden Geschäftsanteile werden auf die

Missio

Anteilsinhaber der übertragenden Rechtsträger **entsprechend ihrer bisherigen Beteiligung** verteilt. Zur Berechnung der Wertverhältnisse bei Durchführung einer KapErh → § 55 Rn. 15 ff.

6 Die Festlegung der Nennbeträge muss dem Grds. der **Gleichbehandlung aller Gesellschafter** entsprechen. Dies gilt sowohl im Hinblick auf das Verhältnis der Anteilsinhaber der übertragenden Rechtsträger untereinander als auch in Bezug auf das Verhältnis zwischen den Gesellschaftern der übernehmenden GmbH und den Anteilsinhabern der übertragenden Rechtsträger (Ausnahme: einvernehmlich nichtverhältniswahrende Verschm, → § 5 Rn. 8). So wäre etwa ein Verstoß gegen den Gleichbehandlungsgrundsatz anzunehmen, wenn das Verhältnis der zu gewährenden Geschäftsanteile nicht der bisherigen Beteiligung der Anteilsinhaber der übertragenden Rechtsträger an diesen Rechtsträger entsprechen würde (auf die Zahl der zu gewährenden Geschäftsanteile hat dies indes keinen Einfluss, zutr. Semler/Stengel/Leonard/Reichert Rn. 3 gegen OLG Frankfurt a. M. ZIP 1998, 1191; auch → Rn. 8). Insbes. muss das Verhältnis der Geschäftsanteile am übernehmenden Rechtsträger der Relation der jew. Unternehmenswerte entsprechen (→ § 5 Rn. 6 ff.; Ihrig ZHR 160 (1996), 317 (324 f.); Kallmeyer/Kocher Rn. 7). Ein Ausgleich **durch bare Zuzahlungen** ist nur in beschränktem Umfang möglich, vgl. § 54 IV.

7 Bei der Festlegung der Nennbeträge müssen **Besonderheiten bei den übertragenden Rechtsträgern** beachtet werden. Hat zB ein Gesellschafter einer übertragenden GmbH **mehrere Geschäftsanteile** inne, so müssen ihm auch mehrere Geschäftsanteile an der übernehmenden GmbH übertragen werden, es sei denn, er verzichtet auf diesen Vorteil (Lutter/Vetter Rn. 43; Kallmeyer/Kocher Rn. 6; Widmann/Mayer/Mayer Rn. 11; NK-UmwR/Kleindiek Rn. 13; Semler/Stengel/Leonard/Reichert Rn. 9 ff.; Streck/Mack/Schwedhelm GmbHR 1995, 161 (163)). Die Aufhebung von § 17 aF GmbHG durch das MoMiG ändert an diesem Grds. nichts. **§ 5 II GmbHG** in seiner Fassung vor dem MoMiG war bereits nach altem Recht nicht anzuwenden (allgM; vgl. die Nachw. bei Lutter/Vetter Rn. 43; Semler/Stengel/Leonard/Reichert § 56 Rn. 14). Deshalb konnte ein GmbH-Gesellschafter in Zusammenhang mit der Verschm mehrere Geschäftsanteile innehaben. Zur Rechtslage seit dem MoMiG → Rn. 12. Hält ein Anteilsinhaber eines übertragenden Rechtsträgers bereits vor Durchführung der Verschm einen Geschäftsanteil an der übernehmenden GmbH, so kann statt der Ausgabe neuer Geschäftsanteile mit seiner Zustimmung die Anteilsgewährung auch durch eine entsprechende **Nennwertaufstockung** erfolgen (Lutter/Vetter Rn. 34; Kallmeyer/Kocher Rn. 6; vgl. zur Nennwertaufstockung allg. Scholz/Priester GmbHG § 55 Rn. 25 ff.).

8 Auch bei einer **Mehrfachverschmelzung,** also bei Teilnahme mehrerer übertragender Rechtsträger an der Verschm, bleibt es allein den an der Verschm Beteiligten überlassen, ob sie Anteilsinhabern, die an mehreren übertragenden Rechtsträgern beteiligt waren (zur Verschm von SchwesterGes allg. → § 2 Rn. 21 ff.), einen oder mehrere Geschäftsanteile zuordnen. Die hiervon abw. Entscheidung des OLG Frankfurt a. M. (DB 1998, 917) trägt nicht. Es ist möglich, den anteiligen Wert des übertragenen Vermögens eines Anteilsinhabers zu saldieren. Wird ihm beim übernehmenden Rechtsträger nur ein Geschäftsanteil zugeordnet, kommt es nicht darauf an, ob bei isolierter Betrachtung nur eines (zB notleidenden) Rechtsträgers eine Unterpariemission vorläge oder nicht. Allein die **Gesamtbetrachtung** wird der Tatsache gerecht, dass die Mehrfachverschmelzung als einheitlicher Vorgang zu werten ist. Die gegenteilige Entscheidung des OLG Frankfurt a. M. ist zu Recht auf allg. Ablehnung gestoßen (ausf. Semler/Stengel/Leonard/Reichert Rn. 3; Lutter/Vetter Rn. 22, 23; Widmann/Mayer/Mayer Rn. 9.1; Mayer DB 1998, 913; Heckschen DB 1998, 1385 (1389); Trölitzsch DStR 1999, 764 (767); Neye EWiR 1998, 517).

3. Abweichende Festsetzung bei AG, KGaA (Abs. 1 S. 2, 3)

Die Festlegung des Nennbetrages der zu gewährenden Geschäftsanteile muss not- **9** wendigerweise dann unterbleiben, wenn **keine Anteilsgewährungspflicht** besteht, also zB bei der Verschm von Mutter- und TochterGes (vgl. § 54 I, § 20 I Nr. 3; zur Verschm von SchwesterGes → § 2 Rn. 21 mwN). Kommt es nach Abschluss des Verschmelzungsvertrages zu Veränderungen (etwa durch **Anteilsveräußerung,** Einziehung etc), genügt die Einreichung einer aktuellen Gesellschafterliste (zur Neufassung von § 40 GmbHG durch das Gesetz zur Umsetzung der Vierten EU-Geldwäsche-RL zum 26.6.2017 vgl. Wegener notar 2017, 299; zur Gesellschafterliste bei Verschm → § 6 Rn. 7 ff.) bei der Anmeldung iSv § 17 I bzw. danach die unverzügliche Änderungsanzeige (Lutter/Vetter Rn. 25 ff.; Widmann/Mayer/Mayer § 5 Rn. 91, 92).

Abs. 1 S. 2 wurde durch Art. 2 Nr. 2 StückAG v. 25.3.1998 (BGBl. 1998 I 590) **10** geändert. Auch AG, die **Stückaktien** ausgegeben haben, werden von der Regelung erfasst. Stückaktien sind Anteile am Grundkapital, die durch dessen Zerlegung entstehen, notwendigerweise den gleichen Umfang haben und deshalb auf quantitative Unterscheidungsmerkmale verzichten (näher Koch AktG § 8 Rn. 17). Gem. Abs. 1 S. 2 ist **Identität zwischen** dem **Nennbetrag der gewährten Geschäftsanteile** an der übernehmenden GmbH und dem **Grundkapital** einer übertragenden AG bzw. KGaA (Entsprechendes gilt ohne Weiteres auch für eine übertragende GmbH) **nicht erforderlich.** Dies gilt sowohl für die Gesamtbetrachtung beim übertragenden Rechtsträger als auch für die individuellen Verhältnisse jedes Aktionärs. **Maßgebend** für die Bemessung des Geschäftsanteils an der übernehmenden GmbH ist allein das **Wertverhältnis** des eingebrachten Vermögens zum späteren Gesamtvermögen (→ Rn. 5, → Rn. 6, → § 55 Rn. 15 ff.; Semler/Stengel/Leonard/Reichert Rn. 10 mwN).

Korrespondierend zu § 5 I 1 GmbHG muss der Nennbetrag jedes Geschäftsanteils **11** nach Abs. 1 S. 3 auf volle Euro lauten; die Mindeststückelung ist damit 1 Euro. Die Regelung führt insoweit zu einer Gleichbehandlung von GmbH-Geschäftsanteilen und Nennbetragsaktien iSv § 8 II 1 AktG (vgl. statt aller Wälzholz GmbHR 2008, 841 (844) mwN). Im Zuge des Anteilstauschs ist es möglich, den Anteilsinhabern der übertragenden Rechtsträger mehrere Geschäftsanteile an der übernehmenden GmbH zu gewähren.

Früheres Recht: Vor dem MoMiG bestimmte sich die Mindesthöhe eines **12** GmbH-Geschäftsanteils gem. § 14 aF GmbHG nach dem Betrag der übernommenen Stammeinlage. In Abweichung von § 5 III 2 GmbHG aF wurde der Mindestnennbetrag in der ursprünglichen Gesetzesfassung zunächst auf DM 50 festgesetzt. Durch Art. 3 § 4 Nr. 1 EuroEG v. 9.6.1998 (BGBl. 1998 I 1242) wurde Abs. 1 S. 3 der Währungsumstellung angepasst. Der Nennbetrag eines jeden gewährten Geschäftsanteils musste mindestens 50 Euro betragen und durch 10 teilbar sein. Damit wurde die Stückelung der Anteile gegenüber der gesetzlichen Grundregel von § 5 I, III aF GmbHG (Mindesteinlage 100 Euro, Teilbarkeit durch 50) erleichtert. Bis zum 31.12.2001 war die Währungsumstellung fakultativ, es sei denn, die übernehmende GmbH hatte bereits vor der Verschm ihr Kapital auf Euro umgestellt und die Nennbeträge geglättet (vgl. § 318 II; Schneider NJW 1998, 3158; Lutter/Winter, 2. Aufl. 2000, Rn. 9, 10). Bei der Verschm durch Neugründung galt § 318 II 2, der bei Anmeldung des neuen Rechtsträgers zur Eintragung in das HR nach dem 31.12.1998 grds. zum Ausweis in Euro zwang (vgl. Neye DB 1998, 1649 (1655); Schneider NJW 1998, 3158 (3160); Lutter/Vetter § 56 Rn. 34; wN bei Widmann/Mayer/Mayer § 36 Rn. 67). Seit dem 1.1.2002 galt für alle seither angemeldeten Verschm die Pflicht zur Angabe des Nennbetrags der gewährten Geschäftsanteile in Euro, gleich ob die Verschm durch Aufnahme oder durch Neugründung erfolgt und gleich, ob neue oder bereits vorhandene Anteile gewährt werden, vgl.

Missio

statt aller Lutter/Vetter Rn. 31. Der Nennbetrag war so festzulegen, dass sich möglichst alle Aktionäre ihrem Anteil an der übertragenden AG/KGaA entsprechend in vollem Umfang an der übernehmenden GmbH beteiligen konnten (Widmann/Mayer/Mayer Rn. 19, der zu Recht darauf hinweist, dass bei einer gegen den Verhältnismäßigkeits- und Gleichheitsgrundsatz verstoßenden willkürlichen Festsetzung der Anteilsgröße eine Unwirksamkeitsklage iSv § 14 möglich ist, vgl. auch BGH ZIP 1999, 1444). Da Nennbetragsaktien gem. § 8 II 1 AktG lediglich auf mindestens einen Euro lauten müssen, war es bei Kleinstaktionären durchaus möglich, dass auch bei der Mindeststückelung iSv Abs. 1 S. 3 aF die Hürde für eine Beteiligung am übernehmenden Rechtsträger zu hoch war. In diesem Fall war mehreren Kleinstaktionären die Möglichkeit der Mitberechtigung an einem Geschäftsanteil gem. § 18 GmbHG zu eröffnen. Verweigerten sie die hierzu notwendige Zustimmung, schieden sie gegen Barabfindung aus (anders noch → 2. Aufl. 1996, § 54 Rn. 17; ähnlich wie hier Winter FS Lutter, 2000, 1279 (1285 ff.), der keine Notwendigkeit zum Angebot auf Bildung gemeinschaftlicher Anteile sieht; Widmann/Mayer/Mayer § 50 Rn. 117, 118; Lutter/Vetter § 54 Rn. 135, 136; Semler/Stengel/Leonard/Reichert § 54 Rn. 44, 45; Semler/Stengel/Leonard/Reichert § 51 Rn. 28, jew. mwN). Auch § 51 II aF sprach für diese Auslegung. Mit Inkrafttreten des MoMiG (→ Rn. 12) haben sich diese Probleme sämtlich erledigt.

4. Kapitalerhöhung und Sonderstatus (Abs. 2)

13 Eine besondere Festsetzung im Verschmelzungsvertrag fordert **Abs. 2** für den Fall, dass die zu gewährenden Geschäftsanteile an der übernehmenden GmbH durch KapErh (vgl. § 55) geschaffen werden **und** die Geschäftsanteile, die die Anteilsinhaber der übertragenden Rechtsträger erhalten, mit anderen Rechten und Pflichten als sonstige Geschäftsanteile der Übernehmerin ausgestattet werden sollen. Aus der gesetzlichen Bestimmung folgt zunächst, dass allein die Schaffung der neuen Geschäftsanteile im Wege der KapErh im Verschmelzungsvertrag nicht angegeben werden muss (str., → Rn. 4).

14 Sollen die durch KapErh geschaffenen und zu übertragenden Geschäftsanteile mit **Sonderrechten bzw. -pflichten** (zB Bennungsrechte für Organbesetzung, Zustimmungsvorbehalte gem. § 15 V GmbHG, Vorkaufs- und Vorerwerbsrechte, vgl. Kallmeyer/Kocher Rn. 9; zu denken ist weiterhin an Drag-Along/Tag-Along-Klauseln und vergleichbare Regelungen in Gesellschaftervereinbarungen) ausgestattet werden, so müssen diese Abweichungen **ausdrücklich im Verschmelzungsvertrag festgesetzt** werden. Sie werden zwar erst mit der Satzungsänderung bei der übernehmenden GmbH wirksam, diese KapErh muss aber zum Schutz aller Anteilsinhaber bereits durch Aufnahme in den Verschmelzungsvertrag vereinbart sein (Schutz- und Warnfunktion, Widmann/Mayer/Mayer Rn. 22; NK-UmwR/Kleindiek Rn. 27; Lutter/Vetter Rn. 57). Notwendig ist eine derartige Regelung, da Sonderrechte und -pflichten bei den übertragenden Rechtsträgern mit dem Erlöschen des jew. Anteils untergehen; weiterhin, um die Gesellschafter der Übernehmerin vor etwa von ihrer Rechtsstellung abw. – günstigen – Sonderrechten der neuen Gesellschafter zu warnen (dazu Semler/Stengel/Leonard/Reichert Rn. 22). Die Einräumung von Sonderrechten an die Anteilsinhaber der übertragenden Rechtsträger kann insbes. im Fall von **§ 23** (bei der GmbH ua stille Beteiligungen, vgl. Semler/Stengel/Leonard/Kalss § 23 Rn. 7; str., vgl. Kallmeyer/Marsch-Barner § 23 Rn. 3; → § 23 Rn. 8) **geboten** sein. **Abs. 2 gilt entsprechend,** wenn die Anteilsinhaber des übertragenden Rechtsträgers bereits bestehende Geschäftsanteile der übernehmenden Rechtsträger erhalten (vgl. Abs. 3), die mit Sonderrechten verbunden sind (allgM, vgl. Widmann/Mayer/Mayer Rn. 22; Semler/Stengel/Leonard/Reichert Rn. 19; Lutter/Vetter Rn. 61; Kallmeyer/Kocher Rn. 10; NK-UmwR/Kleindiek Rn. 28).

Zweifelhaft ist die rechtstechnische Einordnung derartiger Festsetzungen im Ver- 15
schmelzungsvertrag. Zumeist wird ihre Durchführung – durch KapErhB und entsprechende Satzungsänderung bei der übernehmenden GmbH – als aufschiebende
Bedingung für die Wirksamkeit des Verschmelzungsvertrages angesehen (Widmann/
Mayer/Mayer Rn. 28; Widmann/Mayer/Mayer § 5 Rn. 219; Lutter/Vetter Rn. 63
mwN; Kallmeyer/Kocher Rn. 15). Denkbar ist es aber auch, die mit der Festsetzung
verbundene Einräumung von Sonderrechten als eine schlicht klagbare (actio pro
socio) Verpflichtung anzusehen. Für die Einordnung als aufschiebende Bedingung
spricht, dass **alle** Gesellschafter der übernehmenden GmbH der Einräumung von
Sonderrechten zustimmen müssen (vgl. Kallmeyer/Kocher Rn. 11) und deren
Zustimmung zur Verschm nach § 13 nicht zwingend mit dem Beschluss über die
entsprechende Satzungsänderung verbunden ist (wie hier Lutter/Vetter Rn. 63).
Die Vereinbarung aufschiebender Bedingungen ist grds. zulässig (→ § 7 Rn. 5 f.). Die
Satzungsänderung muss spätestens bei Eintragung der Verschm erfolgt sein (arg.
§ 53; wie hier Lutter/Vetter Rn. 64).

Abs. 2 betrifft auch den Fall, dass mit einigen oder allen **(alten) Geschäftsantei-** 16
len der übernehmenden GmbH Sonderrechte verbunden sind. Diese bleiben
durch die Verschm zunächst unberührt. Die Festsetzung dieser Sondervorteile für
die Anteilsinhaber der übernehmenden GmbH bereits im Verschmelzungsvertrag
verhindert die Geltendmachung eines aus dem gesellschaftsrechtlichen Gleichbehandlungsgrundsatz folgenden Anpassungsanspruch der neuen GmbH-Gesellschafter (wie hier Kallmeyer/Kocher Rn. 10; Widmann/Mayer/Mayer Rn. 22 aE; Semler/Stengel/Leonard/Reichert Rn. 19).

5. Gewährung schon vorhandener Geschäftsanteile (Abs. 3)

Gem. **Abs. 3** ist eine konkrete Festlegung im Verschmelzungsvertrag auch dann 17
notwendig, wenn den Anteilsinhabern der übertragenden Rechtsträger **bereits vorhandene Geschäftsanteile** gewährt werden. In diesem Fall ist der Nennbetrag
und der Anteilsinhaber, der den Geschäftsanteil übernimmt, anzugeben. § 35 bleibt
unberührt. Ist dieser Anteil mit Sonderrechten ausgestattet oder sollen solche
geschaffen werden, gilt Abs. 2 entsprechend, da auch hier die Schutz- und Warnfunktion der Aufnahme von Sondervorteilen oder besonderen Pflichten notwendig
ist (→ Rn. 15 aE).

Der Angabe des Nennbetrags und der übernehmenden Gesellschafter im Ver- 18
schmelzungsvertrag (→ Rn. 3; Formulierungsbeispiel bei Kallmeyer/Kocher
Rn. 13) bedarf iU auch dann, wenn **bestehende Anteile Dritter** gewährt werden sollen (Lutter/Vetter Rn. 51 aE; Semler/Stengel/Leonard/Reichert Rn. 25;
Widmann/Mayer/Mayer Rn. 14).

§ 47 Unterrichtung der Gesellschafter

Der Verschmelzungsvertrag oder sein Entwurf und der Verschmelzungsbericht sind den Gesellschaftern spätestens zusammen mit der Einberufung der Gesellschafterversammlung, die gemäß § 13 Abs. 1 über die Zustimmung beschließen soll, zu übersenden.

Die für die konkrete Verschm durch entsprechende Verzichtserklärungen **disposi-** 1
tive (Lutter/Vetter Rn. 6 f.; zum Verzicht auf Form- und Fristerfordernisse der
Anteilsinhaberversammlung nach § 13 I Semler/Stengel/Leonard/Reichert Rn. 5;
Lutter/Drygala § 13 Rn. 6 mwN) Vorschrift konkretisiert in Anlehnung an § 24 II
UmwG 1969 das allg. Auskunfts- und Einsichtsrecht des GmbH-Gesellschafters (vgl.
§ 51a GmbHG) für den Vorgang der Verschm (Begr. RegE, BR-Drs. 75/94 zu
§ 47). Um den Beschlussgegenstand zu bestimmen, sind die einberufenden

A UmwG § 48

Geschäftsführer (§ 49 I GmbHG) gehalten, **allen Gesellschaftern** (auch den nicht stimmberechtigten Gesellschaftern, Lutter/Vetter Rn. 11 mwN; NK-UmwR/ Kleindiek Rn. 6) den Verschmelzungsvertrag oder dessen Entwurf und den Verschmelzungsbericht zu übersenden. Es ist die Form der Einberufung zu wahren (Lutter/Vetter Rn. 16; aA Habersack/Wicke/v. Hinden Rn. 14; BeckOGK/v. Hinden Rn. 14; Widmann/Mayer/Mayer Rn. 8, der mwN darauf verweist, dass Übermittlung der Unterlagen mit Hilfe von elektronischen Kommunikationsmitteln grundsätzlich zulässig sei, die Ges jedoch beweispflichtig sei, ob eine wirksame Unterrichtung der Gesellschafter erfolgt sei.). Erleichterungen durch elektronische Kommunikation oder via Internet gibt es dabei bisher nicht (arg. ex § 63 III 2, IV). Daran änderten bei der GmbH auch die Vorgaben durch das europäische GesR (dazu Schöne/Arens WM 2012, 381 mwN) nichts. Die Änderungen des Gesetzgebers zur Durchführung von virtuellen Gesellschafterversammlungen (→ § 50 Rn. 2) sollten insofern Anlass zu einer Klarstellung des Gesetzgebers sein, wenn die Satzung die Übermittlung der Unterlagen mit Hilfe von elektronischen Kommunikationsmitteln zulässt oder alle Gesellschafter ihr Einverständnis erklärt haben. Wurde eine **Prüfung** durchgeführt (§ 48, §§ 9–12), gilt **§ 47 entsprechend** auch für die Übersendung des Prüfungsberichts (hM, vgl. Zimmermann FS Brandner, 1996, 167 (176); Semler/ Stengel/Leonard/Reichert Rn. 8; Lutter/Vetter Rn. 10, jew. mwN; NK-UmwR/ Kleindiek Rn. 6; aA Widmann/Mayer/Mayer Rn. 4, der auf das allg. Auskunftsrecht nach § 51a GmbHG verweist, dort muss allerdings der Anteilsinhaber initiativ werden). Die Übersendung muss nicht notwendig gemeinsam („spätestens zusammen") mit der Einladung nach § 51 I 1 GmbHG erfolgen, allerdings gibt mit der gemeinsamen Versendung der für die Ingangsetzung der Frist des § 48 bedeutsame Zugangsnachweis einher, sodass diese auch über allg. Praktikabilitätserwägungen hinaus nahe liegt. Die **Wochenfrist** von § 51 I 2 GmbHG (oder eine in der Satzung bestimmte, längere Frist) ist jedenfalls zwingend zu beachten (vgl. Begr. RegE, BR-Drs. 75/ 94 § 47). Damit gelten auch die für § 51 I 2 GmbHG entwickelten Grundsätzen, wonach die Frist mit dem Tag beginnt, an dem bei normaler postalischer Beförderung (→ Rn. 2) mit Zugang beim letzten Gesellschafter zu rechnen wäre (BGHZ 100, 264 = NJW 1987, 2580; BGH ZIP 1994, 1523 (1525); Lutter/Hommelhoff/ Bayer GmbHG § 51 Rn. 13 ff. mwN; Michalski/Römermann GmbHG § 51 Rn. 40 ff. mwN; zum verhinderten Gesellschafter vgl. OLG Brandenburg NZG 1999, 828 (832); Lutter/Vetter Rn. 22 mwN).

2   Die Einladung zur Gesellschafterversammlung setzt **nicht den Zugang** bei den Gesellschaftern voraus (BGHZ 100, 264 (267 ff.) = NJW 1987, 2580; Michalski/ Heidinger/Leible/Schmidt/Römermann GmbHG § 51 Rn. 44), denn die Einberufung ist nicht rechtsgeschäftliche Willenserklärung (Scholz/Seibt GmbHG § 51 Rn. 8 mwN; BGH ZIP 1994, 1523 (1525)). Entsprechend genügt für die „Übersendung" iSv § 47 demnach unabhängig vom Zugang bereits die Aufgabe des letzten (Lutter/Vetter Rn. 22; NK-UmwR/Kleindiek Rn. 10) den Verschmelzungsvertrag bzw. seinen Entwurf und den Verschmelzungsbericht enthaltenden Schreibens zur Post zzgl. der für die Postbeförderung notwendigen Zeit innerhalb der Bundesrepublik von zwei und innerhalb Westeuropas von vier Tagen. Bei der Einberufung der Gesellschafterversammlung selbst ist § 49 I zu beachten.

§ 48 Prüfung der Verschmelzung

¹**Der Verschmelzungsvertrag oder sein Entwurf ist für eine Gesellschaft mit beschränkter Haftung nach den §§ 9 bis 12 zu prüfen, wenn dies einer ihrer Gesellschafter innerhalb einer Frist von einer Woche verlangt, nachdem er die in § 47 genannten Unterlagen erhalten hat.** ²**Liegt ein fristgerechtes Verlangen nach Satz 1 vor, so ist der Prüfungsbericht den Gesellschaftern innerhalb der zur Einberufung der Gesellschafterversammlung**

geltenden Frist zu übersenden. ³Die Kosten der Prüfung trägt die Gesellschaft.

§ 48 enthält einen **Prüfungsbefehl** (→ Vor § 9 Rn. 3) für eine Verschm unter 1
Beteiligung einer GmbH. Der Verschmelzungsvertrag oder sein Entwurf ist für die
GmbH **auf Verlangen eines ihrer Gesellschafter** (auch der nicht stimmberechtigten, Lutter/Vetter Rn. 11 mwN; Habersack/Wicke/v. Hinden Rn. 7; BeckOGK/
v. Hinden Rn. 7; Kölner Komm UmwG/Simon/Nießen Rn. 8) zu prüfen. Die
Vorschrift ist nicht dispositiv (→ § 39e Rn. 2 mwN). Zur materiell-rechtlichen
Durchführung der Verschmelzungsprüfung wird in § 48 nichts ausgeführt, auf §§ 9–
12 wird pauschal verwiesen.

Jeder Gesellschafter der GmbH ist in der Entscheidung frei, ob er – **auf Kosten** 2
der Ges (§ 48 S. 2) – auf die Durchführung einer Verschmelzungsprüfung besteht.
Damit soll unabhängig vom Interesse der anderen Gesellschafter ein Schutz von
Minderheitsgesellschaftern bzw. – bei einer Publikums-GmbH – von reinen Kapitalanlegern bewirkt werden (Begr. RegE, BR-Drs. 75/94 zu § 48). Die Kostenregelung in § 48 S. 3 (bisher S. 2) soll dazu beitragen, dass schon bei der Vorbereitung
der Verschm durch den Verschmelzungsbericht der Geschäftsführer der GmbH (§ 8)
möglichst umfassende und überzeugende Informationen gegeben werden, die eine
Verschmelzungsprüfung überflüssig machen (Begr. RegE, BR-Drs. 75/94 zu § 48).

Der Gesellschafter muss die Prüfung nach §§ 9–12 **verlangen.** Die dafür erforder- 3
liche **Willenserklärung** ist gegenüber der Ges, vertreten durch ihre Geschäftsführer,
in eindeutiger Art und Weise abzugeben. Nicht notwendig ist zwar die Verwendung
der Begriffe „Verschmelzungsprüfung" oder „Prüfung"; aus der Erklärung des
Gesellschafters muss aber deutlich werden, dass er die sachverständige Überprüfung
der im Verschmelzungsvertrag und im Verschmelzungsbericht enthaltenen Angaben,
insbes. zum Umtauschverhältnis, durch einen sachverständigen Dritten wünscht.
Das Recht, eine Verschmelzungsprüfung zu verlangen, erlischt durch Abgabe einer
notariellen Verzichtserklärung nach § 8 III (§ 9 II) unabhängig davon, ob alle
anderen Anteilsinhaber **des beteiligten Rechtsträgers** (s. Begr. RegE, BT-
Drs. 20/3822, 69, zur Änderung durch das **UmRUG** in § 8 III 1, dass sich der
Verzicht nun auf den jeweils beteiligten Rechtsträger, dessen Anteilsinhaber den
Verzicht erklärt, beschränkt) ebenfalls auf die Durchführung der Verschmelzungsprüfung verzichtet haben; damit ist zwar insges. kein wirksamer Verzicht ausgesprochen
worden, dem betroffenen Gesellschafter gegenüber lässt sich aber zumindest der
Einwand unzulässiger Rechtsausübung erheben, weil er durch seinen Verzicht dokumentiert hat, dass er an der Durchführung der Verschmelzungsprüfung kein Interesse
hat.

§ 48 S. 1 ist durch das 2. UmwÄndG (→ Einf. Rn. 26) ergänzt worden. Das 4
Verlangen nach einer Prüfung ist nun **fristgebunden.** § 48 S. 1 ist in Bezug auf die
Wochenfrist, ihre Berechnung und ihre Auswirkungen inhaltsgleich mit § 44 S. 1
(vgl. deshalb → § 39e Rn. 4 mwN). Durch die Änderungen des **UmRUG** wird
nach § 48 S. 1 mit einem neuen S. 2 die Verpflichtung eingefügt, dass den Gesellschaftern der Prüfbericht innerhalb der zur Einberufung der Gesellschafterversammlung geltenden **Fristen** zu übersenden ist, wenn ein fristgerechtes Verlangen nach
S. 1 vorliegt. Hierdurch soll ausweislich der Gesetzesbegründung (Begr. RegE, BT-
Drs. 20/3822, 72) klargestellt werden, dass bei einem rechtzeitigen Prüfungsverlangen auch eine Übersendung an alle Gesellschafter, und nicht nur an den Gesellschafter, der die Prüfung verlangt hat, ist. Dies folge bereits aus der Verweis auf § 12
und dem Sinn und Zweck des Prüfungsverlangens die Gesellschafter zu informieren.
Auch die Frist zur Zusendung des Prüfungsberichts an die Gesellschafter wurde
konkretisiert. Für die Einberufung der Gesellschafterversammlung nach § 47
GmbHG bedeutet dies, dass diese rechtzeitig erfolgen muss, so dass den Gesellschaftern nach erfolgter Prüfung noch ein Prüfbericht übersandt werden kann. Maßgeb-

lich ist hierbei die Einschätzung der Geschäftsführung, ob ein Gesellschafter die Prüfung nach § 48 verlangen könnte (Begr. RegE, BT-Drs. 20/3822, 72). In der Praxis werden sich durch die Ergänzung keine wesentlichen Änderungen ergeben (s. auch BeckOGK/v. Hinden Rn. 30 mit dem zutreffenden Hinweis, dass die Übersendungspflicht des S. 2 an die Gesellschafter dem Normzweck entspricht). Falls nicht sichergestellt ist, dass kein Gesellschafter die Prüfung verlangt, wird man vorsorglich die Prüfung veranlassen, um hierfür eine realistische Zeitspanne zu haben.

§ 49 Vorbereitung der Gesellschafterversammlung

(1) **Die Geschäftsführer haben in der Einberufung der Gesellschafterversammlung, die gemäß § 13 Abs. 1 über die Zustimmung zum Verschmelzungsvertrag beschließen soll, die Verschmelzung als Gegenstand der Beschlußfassung anzukündigen.**

(2) **Von der Einberufung an sind in dem Geschäftsraum der Gesellschaft die Jahresabschlüsse und die Lageberichte der an der Verschmelzung beteiligten Rechtsträger für die letzten drei Geschäftsjahre zur Einsicht durch die Gesellschafter auszulegen.**

(3) **Die Geschäftsführer haben jedem Gesellschafter auf Verlangen jederzeit Auskunft auch über alle für die Verschmelzung wesentlichen Angelegenheiten der anderen beteiligten Rechtsträger zu geben.**

1. Allgemeines

1   **Abs. 1** schreibt für die Geschäftsführer in Ergänzung zu § 51 II GmbHG vor, dass die Verschm als Gegenstand der Beschlussfassung anzukündigen ist. Im Zusammenspiel mit § 47 dient Abs. 1 somit dazu, den Gesellschaftern bereits im Vorfeld der Anteilsinhaberversammlung nach § 13 I Klarheit über Tragweite und Umfang des Beschlussgegenstandes zu vermitteln, wie dies für Grundlagenbeschlüsse geboten ist (vgl. Hachenburg/Hüffer GmbHG § 51 Rn. 24 f.; Lutter/Vetter § 47 Rn. 2; Kölner Komm UmwG/Simon/Nießen Rn. 1, 4). Auf die Frist für das Verlangen nach einer Umwandlungsprüfung (§ 48 S. 1; → § 48 Rn. 4) muss in der Einladung nicht hingewiesen werden (Heckschen DNotZ 2007, 444 (448)).

2   **Abs. 2** legt fest, dass sämtliche Jahresabschlüsse und Lageberichte der an der Verschm beteiligten Rechtsträger für die letzten drei Gj. zur Einsicht durch die Gesellschafter in den Geschäftsräumen der GmbH auszulegen sind. Die Veröffentlichung im Internet genügt nicht (arg. ex § 63 IV). Die Frage der Zulässigkeit der Auslage der Unterlagen auf der **Internetseite** der an der Verschm beteiligten Rechtsträger sollte jedoch durch den Gesetzgeber eindeutig im Gesetz festgelegt werden und wäre zu begrüßen; dies gilt auch im Hinblick auf § 63 IV. Zur virtuellen Gesellschafterversammlung → § 50 Rn. 2; damit erweitert Abs. 2 das allg. Auskunfts- und Einsichtsrecht der GmbH-Gesellschafter nach § 51a GmbHG.

3   **Abs. 3** regelt einen speziellen Auskunftsanspruch hinsichtlich der übrigen an der Verschm beteiligten Rechtsträger und soll dem naturgemäß großen Informationsbedürfnis der Gesellschafter im Vorfeld der Verschm Genüge tun. Zur **Strafbarkeit falscher Angaben** vgl. § 313 I Nr. 1.

2. Verschmelzung als Gegenstand der Beschlussfassung (Abs. 1)

4   Spätestens **eine Woche** (§ 51 I 2 GmbHG; Zustellungsfrist und Dispositionsfrist sind zusammenzurechnen, BGHZ 100, 264 = NJW 1987, 2580; → § 47 Rn. 1 aE; § 51 IV GmbHG gilt nicht) vor Durchführung der Anteilsinhaberversammlung nach § 13 I muss die **Verschm als Gegenstand der Beschlussfassung angekündigt werden** (Abs. 1). Auf die Wochenfrist von § 48 S. 1 muss nicht hingewiesen werden

Vorbereitung der Gesellschafterversammlung 5, 6 § 49 UmwG A

(→ Rn. 1). Die Ankündigung hat in der Einberufung der Gesellschafterversammlung iSv § 51 I 1 GmbHG zu erfolgen (eingeschriebener Brief; Einwurfeinschreiben genügt, BGH DNotZ 2017, 286); verpflichtet sind damit die Geschäftsführer der GmbH (vgl. auch § 49 I GmbHG; iÜ → § 47 Rn. 1, 2). **Sonstige satzungsmäßige Anforderungen** an die Ordnungsmäßigkeit der Einberufung der Gesellschafterversammlung sind zu beachten, sodass sich insbes. die Einberufungsfrist von § 51 I GmbHG verlängern kann, wobei dies uU Auswirkungen für die Zustellungsaufschlag (dh die Zeit des regelmäßigen Postlaufs) hat (OLG Brandenburg NZG 1999, 828 (832)).

Die Ankündigung der Zustimmung zum Verschmelzungsvertrag als Gegenstand 5 der Anteilsinhaberversammlung nach § 13 I hat notwendig **in der Einberufung** der Gesellschafterversammlung zu erfolgen, eine anderweitige Information – etwa durch separates Schreiben – genügt anders als iRv § 47 nicht (Lutter/Vetter Rn. 9; NK-UmwR/Kleindiek Rn. 5; Semler/Stengel/Leonard/Reichert Rn. 5; Widmann/Mayer/Mayer Rn. 8; Goutier/Knopf/Tulloch/Bermel Rn. 6; Kölner Komm UmwG/Simon/Nießen Rn. 8). Die **Angaben in der Tagesordnung** müssen grds. so genau sein, dass die Gesellschafter erkennen können, worüber verhandelt und ein Beschluss gefasst werden soll, sodass sie zu einer ausreichenden Vorbereitung auf die Gesellschafterversammlung im Stande sind. Unverzichtbar dürfte mithin die Verwendung des Begriffs „Verschmelzung" sein; wegen § 47 ist ein Aufführen der an der Verschm beteiligten Rechtsträger nicht zwingend notwendig, durch die Übersendung des Verschmelzungsvertrages wird genügend Transparenz vermittelt. Zum übrigen Inhalt der Einberufung und zur Folge von Verstößen gegen die ordnungsgemäße Mitteilung des Beschlussgegenstandes wird auf die Komm. zu § 51 GmbHG verwiesen. Bei einer **Universalversammlung** (Vollversammlung aller Gesellschafter) kann ein etwaiger Verstoß gegen §§ 47, 49 I **geheilt** werden, vgl. Lutter/Hommelhoff/Bayer GmbHG § 51 Rn. 31 ff.; ein ausdrücklicher Verzicht (so wohl Lutter/Vetter Rn. 10, 6) ist dabei nicht stets erforderlich, da für § 51 III GmbHG auch konkludent erklärtes Einvernehmen ausreicht (zB BGH GmbHR 1998, 287 (288) mAnm Goette DStR 1998, 349; Noack/Servatius/Haas/Noack GmbHG § 51 Rn. 31).

3. Auslegungspflicht (Abs. 2)

Von der Einberufung der Gesellschafterversammlung an sind im Geschäftsraum 6 der GmbH die **Jahresabschlüsse** (gemeint ist der Einzelabschluss, nicht auch die Konzernabschlüsse, zutr. Lutter/Vetter Rn. 18; Habersack/Wicke/v. Hinden Rn. 18; BeckOGK/v. Hinden Rn. 18 mwN insbes. zu den Parallelvorschriften und des § 293f AktG und des § 327c III AktG) und des Lageberichte **aller** an der Verschm beteiligten **Rechtsträger** für die **letzten drei Gj.** (dazu Kocher/Thomssen DStR 2015, 1057 (1059) mwN) zur Einsicht durch die Gesellschafter auszulegen. Sind keine Jahresabschlüsse vorhanden (zB Verein) oder besteht ein Rechtsträger weniger als drei Jahre, wird nur das ausgelegt, was vorhanden ist; die **nachträgliche Erstellung** von Lageberichten etwa für kleine KapGes oder die vorfristige Aufstellung eines Jahresabschlusses ist nicht gefordert (zutr. OLG Hamburg DB 2003, 1498 (1499) gegen LG Hamburg DB 2002, 2478; wie hier Kallmeyer/Kocher Rn. 3; Lutter/Vetter Rn. 24 ff. mwN; Widmann/Mayer/Mayer Rn. 14; Semler/Stengel/ Leonard/Reichert Rn. 7 mwN; Kölner Komm UmwG/Simon/Nießen Rn. 15). Vgl. zum Ganzen Kocher/Thomssen DStR 2015, 1057 mwN. Jedem Gesellschafter der GmbH ist es gestattet, während der üblichen Geschäftszeiten **Einsicht** in diese Unterlagen zu nehmen. Ein Anspruch auf die kostenlose Überlassung von **Kopien** besteht (bei der GmbH; anders § 63 III 1 für die AG) nicht. Entgegen der noch in der 7. Aufl. 2016 vertretenen Auffassung ist es jedem Gesellschafter vor dem Hintergrund der hM zu § 51a GmbHG indes gestattet, auf eigene Kosten Kopien zu fertigen (Lutter/Vetter Rn. 42; Widmann/Mayer/Mayer Rn. 16.1; Semler/Stengel/ Leonard/Reichert Rn. 8 aE; Goutier/Knopf/Tulloch/Bermel Rn. 8). Ein Widerspruch zum (eingeschränkten) Auskunftsrecht nach § 49 III besteht insoweit nicht, als § 49 II auf die Jahresabschlüsse beschränkt ist (die nicht zuletzt ohnehin nach § 325 HGB offenzulegen sind).

4. Auskunftsanspruch (Abs. 3)

7   a) **Angelegenheiten der eigenen Gesellschaft.** **§ 51a GmbHG** wird durch Abs. 3 ergänzt und begründet nicht nur den Anspruch auf Auskunft, sondern auch auf Erläuterung. Die Erläuterungspflicht umfasst nicht nur die Grundsätze, nach denen das Umtauschverhältnis berechnet wurde, sondern vielmehr auch die Vorgehensweise bei der Wertermittlung. Nur so können die Gesellschafter nachvollziehen, ob ihnen durch den Vollzug der Verschm ein Schaden entsteht. Die auskunftspflichtigen Geschäftsführer können sich auf den Inhalt des Verschmelzungsberichts nach § 8 beziehen. Die Auskunftspflicht bzgl. des eigenen Rechtsträgers findet ihre **Grenze** in **§ 51a II GmbHG**, der restriktiv ausgelegt wird (vgl. Lutter/Hommelhoff/Bayer GmbHG § 51a Rn. 34 ff.; wN bei Lutter/Vetter Rn. 48). Bzgl. der anderen an der Verschm beteiligten Rechtsträger muss der Geheimnisschutz von § 8 II (→ § 8 Rn. 29 ff.), beachtet werden (Lutter/Vetter Rn. 56; Semler/Stengel/Leonard/Reichert Rn. 17).

8   b) **Angelegenheiten der anderen Rechtsträger. Abs. 3** erweitert den Auskunftsanspruch über die Belange der eigenen Ges hinaus auch auf die **Angelegenheiten aller anderen Rechtsträger,** mit denen die Verschm durchgeführt werden soll. Die Vorschrift erklärt sich aus dem Umstand, dass sämtliche Rechtsträger in Zukunft ein gemeinsames Schicksal teilen sollen. Daher besteht für die Gesellschafter der GmbH ein entsprechendes Informationsbedürfnis, das im Interesse der anderen Rechtsträger aber **durch § 8 II beschränkt** wird (→ Rn. 7 aE, → Rn. 10). Inhaltlich richtet sich der Anspruch auf Auskunft auf die gesellschaftsrechtlichen (etwa Zahl der Anteilsinhaber und deren Beteiligung, aber auch die eingerichteten Risiko- und Compliance Management-Systeme, näher Lutter/Vetter Rn. 51) und wirtschaftlichen Angelegenheiten der anderen Rechtsträger. Als Minimalanforderung ist die Auskunft darüber geboten, wie sich die wirtschaftliche Lage der anderen Rechtsträger aktuell darstellt und welche konkreten Zukunftsaussichten in den jew. Geschäftsbereichen bestehen (Semler/Stengel/Leonard/Reichert Rn. 14 mwN). Auch hier kann auf den Verschmelzungsbericht, wenn er in der gebotenen Ausführlichkeit abgefasst wurde, größtenteils verwiesen werden.

9   Der **Anspruch** besteht nicht gegenüber den anderen Rechtsträgern, sondern **nur gegenüber den eigenen Geschäftsführern.** Diese haben, soweit nötig, die Informationen bei den anderen Rechtsträgern einzuholen, deren Vertretungsorgane dann Hilfspersonen der originär auskunftspflichtigen Geschäftsführer sind (Lutter/Vetter Rn. 53 mwN). Der **Anspruch** (zu dessen Umfang → § 64 Rn. 7) **der Geschäftsführer gegenüber den jew. anderen Rechtsträgern** ist im Gesetz zwar nicht geregelt, er folgt aber aus dem Schuldverhältnis zwischen den beteiligten Rechtsträgern, das durch die angebahnten Vertragsbeziehungen (Entwurf des Verschmelzungsvertrages) entstanden ist (wie hier NK-UmwR/Kleindiek Rn. 21; Lutter/Vetter Rn. 54; ähnlich Widmann/Mayer/Mayer Rn. 30); ist der Verschmelzungsvertrag schon abgeschlossen, folgt der Auskunftsanspruch aus ihm. Deshalb gilt auch § 275 BGB, sodass bei Unmöglichkeit der Informationserlangung die Geschäftsführer von ihrer Auskunftspflicht befreit werden (Semler/Stengel/Leonard/Reichert Rn. 16 mwN zu § 293g III AktG).

10   Besondere Bedeutung kann in diesem Zusammenhang auch **den Grenzen der Informationspflicht** zukommen, etwa dann, wenn eine geplante Verschm von Konkurrenzunternehmen scheitert. Eine gesetzliche Regelung fehlt. Als Maßstab ist

hier § 8 II heranzuziehen. Außerdem ist stets das – strafbewehrte – kartellrechtliche Vollzugsverbot (dazu BeckMandatsHdB Unternehmenskauf/Neuhaus § 10 Rn. 97 ff. mwN) zu beachten. Der Umfang der zu erteilenden Informationen wird im Einzelfall davon abhängen, in welchem Stadium sich der Verschmelzungsvorgang befindet. Der Praxis ist eine detaillierte Regelung bereits in der jew. vorab zu schließenden Vertraulichkeitsvereinbarung (NDA) zu empfehlen. Nach dem Wortlaut von Abs. 3 besteht der Anspruch zwar grds. auch schon vor Abschluss des Verschmelzungsvertrages. Die den Anteilsinhaber privilegierende Regelung von § 51a II GmbHG überlagert § 8 II aber frühestens nach endgültigem Wirksamwerden des Verschmelzungsvertrages, mithin erst nach Beschlussfassung. Abs. 3 ist restriktiv auszulegen. Die Auskunftspflicht entsteht grds. nur auf **Verlangen** eines Gesellschafters, eine aktive Berichtspflicht – etwa vergleichbar § 64 I – besteht nicht (so auch Widmann/Mayer/Mayer Rn. 27, 28; Semler/Stengel/Leonard/Reichert Rn. 15 mwN). Im Einzelfall kann sich aus der **Treuepflicht der Geschäftsführer** aber die Verpflichtung ergeben, Informationen ohne direkte Aufforderung dann zu erteilen, wenn aus dem Verlangen des Gesellschafters erkennbar ist, dass eine Information, die er nicht direkt begehrt hat, für seine Willensentschließung unentbehrlich ist.

Die **Verletzung** der in § 49 insges. festgelegten Pflichten (zutr. Semler/Stengel/ **11** Leonard/Reichert Rn. 18) eröffnet – vorbehaltlich möglicher Einschränkungen bei wertbezogenen Informationsmängeln (dazu Lutter/Vetter Rn. 58, 60 mwN zu § 243 IV 2 AktG) – die Möglichkeit der Anfechtung des Verschmelzungsbeschlusses.

§ 50 Beschluß der Gesellschafterversammlung

(1) ¹**Der Verschmelzungsbeschluß der Gesellschafterversammlung bedarf einer Mehrheit von mindestens drei Vierteln der abgegebenen Stimmen.** ²**Der Gesellschaftsvertrag kann eine größere Mehrheit und weitere Erfordernisse bestimmen.**

(2) **Werden durch die Verschmelzung auf dem Gesellschaftsvertrag beruhende Minderheitsrechte eines einzelnen Gesellschafters einer übertragenden Gesellschaft oder die einzelnen Gesellschaftern einer solchen Gesellschaft nach dem Gesellschaftsvertrag zustehenden besonderen Rechte in der Geschäftsführung der Gesellschaft, bei der Bestellung der Geschäftsführer oder hinsichtlich eines Vorschlagsrechts für die Geschäftsführung beeinträchtigt, so bedarf der Verschmelzungsbeschluß dieser übertragenden Gesellschaft der Zustimmung dieser Gesellschafter.**

1. Allgemeines

Die Vorschrift regelt in inhaltlicher Übereinstimmung mit § 20 II 1, 2 KapErhG **1** aF die **für den Verschmelzungsbeschluss** einer GmbH **notwendige Mehrheit** unabhängig davon, ob die GmbH als übertragender oder übernehmender Rechtsträger fungiert. Der Verschmelzungsbeschluss bedarf mindestens einer **Mehrheit von drei Vierteln** der in der Gesellschafterversammlung abgegebenen Stimmen (Abs. 1 S. 1); durch **Gesellschaftsvertrag** kann diese Mehrheit bis hin zur Einstimmigkeit verschärft werden. In Ergänzung zu § 23 schützt **Abs. 2** bestimmte einzelne Gesellschafter einer übertragenden GmbH, deren Rechtsstellung durch eine Verschm besonders beeinträchtigt werden kann, durch ein **individuelles Zustimmungserfordernis** (vgl. Begr. RegE, BR-Drs. 75/94 zu § 50 II); die Zustimmung bedarf gem. § 13 III 1 der notariellen Beurkundung.

2. Beschlussfassung

Die **Beschlussfassung** richtet sich nach den allg. Regeln des GmbH-Rechts. **2** Das Erfordernis eines Gesellschafterbeschlusses ist zwingend. Auch **der Gesell-**

schaftsvertrag kann hiervon keine Ausnahmen gestatten. Ferner kann die Beschlussfassung keinem anderen Organ (Geschäftsführung, AR; zutr. Lutter/Vetter Rn. 34; Semler/Stengel/Leonard/Reichert Rn. 4; Kölner Komm UmwG/Simon/ Nießen Rn. 9) übertragen werden. Zur Verfahrensweise bei Ersetzung der Stimme eines Gesellschafters durch Urteil gem. § 894 ZPO vgl. BGH ZIP 1989, 1261. Der Verschmelzungsbeschluss muss in einer Gesellschafterversammlung gefasst werden (vgl. § 13 I 2, → § 13 Rn. 2 mwN). Die Gesellschaftsversammlung, in der der Verschmelzungsbeschluss gefasst wird, kann auch **virtuell** durchgeführt werden, wenn dies nach der Satzung des GmbH zulässig und sichergestellt ist, dass der Meinungsaustausch der Anteilsinhaber mit den Organen der Ges mit einer physischen Versammlung vergleichbar ist; § 13 I 2 verlangt keine physische Anwesenheit der Gesellschafter (BGH NZG 2021, 1562 (1563 f.) zur eG; BeckOGK/v. Hinden Rn. 9; Wertenbruch GmbHR 2023, 157 (164)). Mit Einführung des Gesetzes zur Ergänzung der Regelungen zur Umsetzung der Digitalisierungsrichtlinie **(DiREG)** v. 15.7.2022 (BGBl. 2022 I 1146) hat der Gesetzgeber seit dem 1.8.2022 in § 48 Abs. 1 S. 2 GmbHG geregelt, dass Gesellschafterversammlungen auch fernmündlich oder mittels Videokommunikation abgehalten werden können, wenn sämtliche Gesellschafter sich damit in Textform einverstanden erklären. Damit ist grundsätzlich auch der Weg eröffnet, Verschmelzungsbeschlüsse in virtuellen Versammlungen zu fassen. Problematisch könnte nur die Erfüllung des Beurkundungserfordernisses nach § 13 III 1 sein. Für die notariell zu beurkundenden Satzungsänderungen hat sich der Gesetzgeber im Rahmen der DiREG zwar dafür entschieden, dass eine Beurkundung mittels Videokommunikation nur dann zulässig ist, wenn der Beschluss einstimmig gefasst wird und keine sonstigen Formvorschriften entgegenstehen (§ 53 Abs. 3 GmbHG nF, in Kraft seit dem 1.8.2023). Eine ausdrückliche Regelung für Verschmelzungsbeschlüsse (Verweis in § 13 III auf §§ 16a–16e BeurkG) fehlt. Demzufolge verbliebe nur die **Beurkundung mittels** Tatsachenprotokoll (§§ 36 ff. BeurkG), was bei eG möglich ist (BGH NZG 2021, 1562 (1564); → § 84 Rn. 8). Für Präsenzversammlungen ist die Beurkundung eines Verschmelzungsbeschlusses nach § 36 BeurkG auch bei einer GmbH anerkannt (→ § 13 Rn. 69). Es ist kein Grund ersichtlich, weswegen dies nicht bei einer virtuellen Gesellschafterversammlung einer GmbH gelten soll. Da sich der Gesetzgeber indes im Zusammenhang mit der Online-Beurkundung satzungsändernder wie sonstiger Beschlüsse auch unter Berücksichtigung des Beschlusses des BGH (BGH NZG 2021, 1561 (1564)) gegen eine Beurkundung als Tatsachenprotokoll ausgesprochen hat (Begr. RegE, BT-Drs. 20/1672, 25) sollte die **Praxis** bis zu einer gesetzgeberischen Klarstellung entweder vorsichtshalber darauf verzichten, in einer virtuellen HV einen Verschmelzungsbeschluss online zu fassen und zu beurkunden, bzw. auf jeden Fall vorab eine Abstimmung mit dem HR vornehmen. Sonstige Willenserklärungen, insbesondere Zustimmungserklärungen einzelner Anteilsinhaber und Verzichtserklärungen, müssen indes nach §§ 8 ff. BeurkG beurkundet werden (Widmann/Mayer/Heckschen § 13 Rn. 223), weswegen mangels Verweises auf die §§ 16a–16e BeurkG eine Online-Beurkundung ausscheidet. Die ordnungsgemäße Einberufung der Gesellschafterversammlung setzt die Ankündigung der Verschm als Gegenstand der Beschlussfassung (§ 49 I) ebenso voraus wie die Übersendung der in § 47 bezeichneten Unterlagen. Die Unwirksamkeit des Beschlusses kann in **entsprechender Anwendung von §§ 241 ff. AktG** (stRspr seit BGHZ 51, 209 (210) = NJW 1969, 841; ausf. Darstellung bei Lutter/Hommelhoff/Bayer GmbHG Anh. § 47 Rn. 1 ff.) binnen eines Monats nach der Beschlussfassung (§ 14 I) geltend gemacht werden; die Klage darf sich nicht darauf stützen, dass das Umtauschverhältnis der Anteile oder das Barabfindungsangebot zu niedrig bemessen sei (§ 14 II, § 32). Seit der Einfügung von § 243 IV 2 AktG ist für die Verschm geklärt, dass beschlussvorbereitende Informationsmängel die Anfechtung begründen können (→ § 8 Rn. 40), Informationsdefizite in der Anteilsinhaberversammlung hingegen nicht.

3. Mehrheitsverhältnisse

Der auf den Verschmelzungsvertrag bezogene Zustimmungsbeschluss kommt 3 einer Satzungsänderung der an der Verschm beteiligten GmbH gleich. Deshalb schreibt **Abs. 1 S. 1** in Übereinstimmung mit § 53 II GmbHG vor, dass der Zustimmungsbeschluss mit einer **Mehrheit von drei Vierteln der abgegebenen Stimmen** gefasst werden muss. Die Dreiviertelmehrheit ist Mindestvoraussetzung; auch die Satzung kann keine geringeren Mehrheiten gestatten. Sonstige **satzungsmäßige Erfordernisse** sind hingegen zu beachten (Abs. 1 S. 2). So kann die Satzung ein Quorum, eine höhere Mehrheit, Einstimmigkeit oder die Zustimmung eines bestimmten Gesellschafters verlangen (→ Rn. 6).

Die Abstimmung richtet sich nach den allg. Grundsätzen des GmbH-Rechts (zur 4 Beachtung von § 181 BGB bei Vertretung eines Gesellschafters durch einen anderen Gesellschafter vgl. Lutter/Vetter Rn. 26, 27; Melchior GmbHR 1999, 520 (525)). Berechnungsgrundlage sind nur die **abgegebenen Stimmen.** Auf die Höhe des anwesenden Kapitals kommt es nicht an, falls nicht die Satzung ein Mindestkapital verlangt. **Stimmenthaltungen** werden nicht mitgezählt; maßgeblich sind lediglich die abgegebenen gültigen Ja- und Nein-Stimmen (BGHZ 83, 35 = NJW 1982, 1585; BGH ZIP 1987, 635 (636)). Die Mehrheit bestimmt sich nicht nach Köpfen, sondern nach dem Nominalbetrag der Geschäftsanteile; andere Regelungen im Gesellschaftsvertrag sind allerdings möglich (vgl. Lutter/Hommelhoff/Bayer GmbHG § 47 Rn. 7 mwN; Mayer GmbHR 1990, 61). **Mehrstimmrechte** sind zu beachten; die Zustimmung von Inhabern **stimmrechtsloser Geschäftsanteile** innerhalb oder außerhalb der Gesellschafterversammlung ist dagegen nicht notwendig. § 23 gewährleistet den Schutz von Inhabern stimmrechtsloser Geschäftsanteile auch für die Zeit nach Wirksamwerden der Verschm; weiterhin zeigt § 65 (→ § 65 Rn. 4), dass der Gesetzgeber den Stimmrechtsausschluss auch bei der Beschlussfassung über die Verschm wirken lassen will.

Zweifelhaft ist, ob beim Verschmelzungsbeschluss **§ 47 IV 2 GmbHG** Anwen- 5 dung findet, vor allem dann, wenn die verschmelzenden Rechtsträger untereinander beteiligt sind. Mit der hM ist davon auszugehen, dass das **Stimmverbot** nicht besteht (so auch Habersack/Wicke/v. Hinden Rn. 37; BeckOGK/v. Hinden Rn. 37. Der von § 47 IV 2 GmbHG geregelte Interessenkonflikt kann zwar auch bei der Verschm auftreten, gegen die Anwendung spricht aber die besondere Natur des Verschmelzungsvertrages als Organisationsakt. Hier bietet sich an, eine Parallele zur Zustimmung bei Unternehmensverträgen zu ziehen, bei denen § 47 IV 2 GmbHG ebenfalls keine Anwendung findet (Scholz/Schmidt GmbHG § 47 Rn. 100, 114 f.). IÜ gilt nach der Rspr. der Stimmrechtsausschluss nicht bei Beschlüssen zu innergesellschaftlichen Angelegenheiten. Dies sind Angelegenheiten, bei denen jeder Gesellschafter aufgrund seines Mitgliedschaftsrechts von der Sache her zur Mitwirkung berufen ist (BGH GmbHR 1977, 81 (82); anders aber bei generell stimmrechtslosen Geschäftsanteilen, → Rn. 4). Der Verschmelzungsbeschluss gehört wegen seiner existenziellen Bedeutung zu dieser Gruppe (für Unternehmensvertrag offengelassen von BGH WM 1990, 1820 (1821 ff.)). Gegen den Stimmrechtsausschluss spricht ferner, dass trotz verschiedener Novellierungen (GmbH-Novelle 1980, VerschmRiLiG 1982, MoMiG) in Kenntnis der Problematik eine entsprechende Gesetzesänderung nicht erfolgte (zum Ganzen ausf. Lutter/Winter Kölner Umwandlungsrechtstage 1995, 38 f. mwN; Lutter/Vetter Rn. 24, 25 mwN; Semler/Stengel/Leonard/Reichert Rn. 15 mwN; aA MHLS/Römermann GmbHG § 47 Rn. 287).

Der **Gesellschaftsvertrag kann eine größere Mehrheit und weitere Erfor-** 6 **dernisse bestimmen (Abs. 1 S. 2).** Die Verschärfung des Mehrheitserfordernisses kann bis zur Einstimmigkeit erfolgen, weiterhin kann der Gesellschaftsvertrag für mehrere Gesellschaftsstämme deren jew. gemeinschaftliche und einheitliche Stimmabgabe zwingend vorsehen (vgl. BGH GmbHR 1990, 75). Auch bei scheinbarer Beibehaltung der Dreiviertelmehrheit im Gesellschaftsvertrag ist darauf zu achten, ob nicht dennoch eine Änderung des Mehrheitserfordernisses gegeben ist, etwa durch die Anordnung einer Dreiviertelmehrheit in Bezug auf das bei der Beschlussfassung vertretene StK oder das Bestehen einer Vinkulierungsklausel (vgl. Widmann/Mayer/Mayer Rn. 51). Aufgrund der eindeutigen Bezugnahme auf den Gesellschaftsvertrag in § 50 ist eine Regelung in einer Gesellschaftervereinbarung nicht ausreichend.

7   Die Satzungsbestimmung iSv Abs. 1 S. 2 muss **nicht notwendig ausdrücklich** den Fall der Umw (§ 1 I) oder der Verschm behandeln. Der Zustimmungsbeschluss nach §§ 13, 50 kommt wegen seiner Bedeutung (Strukturänderung der Ges; bei der übertragenden GmbH Erlöschen der Ges) einem Satzungsänderungsbeschluss gleich. Deshalb sind die besonderen Anforderungen, die die Satzung einer an der Verschm beteiligten GmbH nach § 53 II 2 GmbHG für den allg. Fall der Satzungsänderung aufstellt, auch iRd Verschm zu beachten (Lutter/Vetter Rn. 35 mwN; Semler/Stengel/Leonard/Reichert Rn. 10 mwN; Widmann/Mayer/Mayer Rn. 42 mwN).

4. Zustimmungserfordernis (Abs. 2)

8   **Abs. 2 ergänzt § 23,** der den Schutz von Sonderrechten bewirkt. **Sonderrechte** können grds. nur mit Zustimmung des Berechtigten entzogen werden (§ 35 BGB). Abs. 2 berücksichtigt aus diesem Grund zwei Gruppen von schützenswerten Sonderrechten: Einmal auf dem Gesellschaftsvertrag beruhende Minderheitsrechte (Alt. 1) und zum anderen Geschäftsführungssonderrechte sowie Bestellungsrechte und Vorschlagsrechte für die Geschäftsführung aufgrund des Gesellschaftsvertrags (Alt. 2, vgl. Begr. RegE, BR-Drs. 75/94 zu § 50 II).

9   **Minderheitsrechte iSv Alt. 1** können beliebige Vorzugs- oder Sonderrechte sein (zB Sperrminorität, besondere Informationsrechte etc). Das Erfordernis der Zustimmung eines Sonderrechtsinhabers bei der übertragenden GmbH folgt daraus, dass mit Wirksamwerden der Verschm die übertragende GmbH erlischt, damit also auch die (besonderen) Gesellschaftsrechte untergehen (→ § 20 Rn. 16; Lutter/Vetter Rn. 40 mwN: funktionale äquivalente Rechte). Die Abgrenzung dieser Individualrechte zu Beteiligungselementen, die bei der Bemessung des Umtauschverhältnisses zu berücksichtigen sind, wie zB Gewinnvorzüge, soll nach der Vorstellung des Gesetzgebers (Begr. RegE, BR-Drs. 75/94 zu § 50 II) im Einzelnen der Rspr. überlassen bleiben.

10 Das **Zustimmungserfordernis des Sonderrechtsinhabers entfällt** nur in bestimmten Ausnahmefällen. Es ist entbehrlich, wenn unabhängig von der Verschm ein **wichtiger Grund für die Entziehung des Sonderrechts** vorliegt (vgl. Noack/Servatius/Haas/Fastrich GmbHG § 14 Rn. 18 f.), ferner, wenn die **Satzung** des übernehmenden Rechtsträgers dem betroffenen Gesellschafter **gleichwertige Rechte** einräumt (Widmann/Mayer/Mayer Rn. 92; Lutter/Vetter Rn. 59 mwN; Semler/Stengel/Leonard/Reichert Rn. 40; Reichert GmbHR 1995, 176 (181)).

11 **Abs. 2 Alt. 2** betrifft bestimmte Sonderrechte eines einzelnen Gesellschafters der übertragenden GmbH in der Geschäftsführung der Ges, bei der Bestellung der Geschäftsführer oder hinsichtlich eines Vorschlagsrechts für die Geschäftsführung. Abs. 2 Alt. 2 schreibt nicht vor, dass diese Rechte anlässlich der Verschm entfallen müssen (vgl. auch § 46 II), die Vorschrift regelt nur die Notwendigkeit der Zustimmung bei deren Beeinträchtigung dieser Sonderrechte.

12 Die in Abs. 2 aufgeführten Rechtspositionen müssen **einzelnen Gesellschaftern** zustehen. Damit ist gesichert, dass nur **Individualrechte** in ihrem Bestand geschützt werden, nicht aber Rechte, die sich, wie zB bei § 50 GmbHG, erst aus einer bestimmten Beteiligungsquote ergeben (Begr. RegE, BR-Drs. 75/94 zu § 50 II; Lutter/Winter, Kölner Umwandlungsrechtstage 1995, 43; Lutter/Vetter Rn. 44 ff.

mit zutr. Hinweis darauf, dass die Rechte originär dem Gesellschaftsvertrag entstammen müssen, rein schuldrechtliche Vereinbarungen genügen nicht). Es kommt nicht darauf an, ob die **Sonderrechte mit dem Geschäftsanteil verbunden** sind oder ob der einzelne Gesellschafter namentlich in der Satzung erwähnt ist. Um Individualrechte iSv Abs. 2 handelt es sich auch dann, wenn die Rechte iSv Abs. 2 nicht einem einzelnen Gesellschafter, sondern einer **Gruppe von Gesellschaftern** zugewiesen sind.

Die **Zustimmung nach Abs. 2** kann als (vorherige) **Einwilligung** oder (nachträgliche) **Genehmigung** erteilt werden (allg. → § 13 Rn. 60 ff.). Sie kann innerhalb oder außerhalb der Gesellschafterversammlung abgegeben werden, stets bedarf sie gem. § 13 III 1 der **notariellen Beurkundung**. Die Kosten hierfür trägt die Ges. Bei fehlender notarieller Beurkundung ist Heilung nach § 20 I Nr. 4 möglich. 13

Als **Willenserklärung** unterliegt die Zustimmung (die auch in einer die Verschm billigenden Stimmabgabe in der Anteilsinhaberversammlung liegen kann, Lutter/Vetter Rn. 66; Semler/Stengel/Leonard/Reichert Rn. 47) grds. den allg. Regeln, sodass etwa Anfechtungs- oder Nichtigkeitsgründe eingreifen können. Wird eine erforderliche Zustimmungserklärung nicht erteilt, ist der Verschmelzungsbeschluss **schwebend unwirksam** (Widmann/Mayer/Mayer Rn. 72; Lutter/Vetter Rn. 79), die Verschm darf bei endgültiger Zustimmungsverweigerung nicht eingetragen werden; geschieht dies dennoch, gilt § 20 II (→ § 13 Rn. 66). 14

§ 51 Zustimmungserfordernisse in Sonderfällen

(1) ¹Ist an der Verschmelzung eine Gesellschaft mit beschränkter Haftung, auf deren Geschäftsanteile nicht alle zu leistenden Einlagen in voller Höhe bewirkt sind, als übernehmender Rechtsträger beteiligt, so bedarf der Verschmelzungsbeschluß eines übertragenden Rechtsträgers der Zustimmung der bei der Beschlußfassung anwesenden Anteilsinhaber dieses Rechtsträgers. ²Ist der übertragende Rechtsträger eine rechtsfähige Personengesellschaft oder eine Gesellschaft mit beschränkter Haftung, so bedarf der Verschmelzungsbeschluß auch der Zustimmung der nicht erschienenen Gesellschafter. ³Wird eine Gesellschaft mit beschränkter Haftung, auf deren Geschäftsanteile nicht alle zu leistenden Einlagen in voller Höhe bewirkt sind, von einer Gesellschaft mit beschränkter Haftung durch Verschmelzung aufgenommen, bedarf der Verschmelzungsbeschluss der Zustimmung aller Gesellschafter der übernehmenden Gesellschaft.

(2) Wird der Nennbetrag der Geschäftsanteile nach § 46 Abs. 1 Satz 2 abweichend vom Betrag der Aktien festgesetzt, so muss der Festsetzung jeder Aktionär zustimmen, der sich nicht mit seinem gesamten Anteil beteiligen kann.

1. Allgemeines

In Abweichung zu § 50 I 1 schreibt § 51 I, der durch seine enge Fassung rechtspolitisch bedenklich ist (vgl. Lutter/Vetter Rn. 38 ff. mwN), **Einstimmigkeit** bei der Beschlussfassung in zwei Fällen vor: Zum einen bei Beteiligung einer GmbH als übernehmender Rechtsträger einer Verschm, wenn auf deren Geschäftsanteile noch nicht alle zu leistenden Einlagen in voller Höhe bewirkt sind **(Abs. 1 S. 1);** zum anderen bei einer Verschm von GmbH, wenn auf die Geschäftsanteile der übertragenden GmbH noch nicht alle zu leistenden Einlagen in voller Höhe bewirkt sind **(Abs. 1 S. 3).** Abs. 1 S. 3 wurde durch das 2. UmwÄndG (→ Einf. Rn. 26, → Vor § 46 Rn. 6) geändert (→ Rn. 7 f.). Durch die Änderungen des **MoPeG** wurden in Abs. 1 S. 2 mWv 1.1.2024 die Wörter „Personenhandelsgesellschaft" und „Partnerschaftsgesellschaft" durch die Wörter „rechtsfähige Personengesellschaft" ersetzt und 1

A UmwG § 51 2–6 Umwandlungsgesetz

damit die Aufnahme der **eGbR** als umwandlungsfähiger Rechtsträger (→ § 3 Rn. 7) berücksichtigt.

2 Die Zustimmung nur der betroffenen Aktionäre verlangt **Abs. 2** in seiner durch das MoMiG (→ Einf. Rn. 28) bewirkten Neufassung für den Fall der Verschm einer AG auf eine GmbH dann, wenn der Aktionär sich nicht mit seinem gesamten Anteil beteiligen kann (→ Rn. 11 f.).

2. GmbH als übernehmender Rechtsträger (Abs. 1 S. 1)

3 **Abs. 1 S. 1** regelt den Fall, dass an der Verschm eine **GmbH als übernehmender Rechtsträger** beteiligt ist und bei dieser GmbH noch nicht **die zu leistenden Einlagen** auf deren Geschäftsanteile **in voller Höhe** bewirkt sind (Nachschusspflichten iSv § 26 GmbHG eröffnen den Anwendungsbereich von Abs. 1 S. 1 hingegen nur ausnahmsweise, zutr. Wälzholz DStR 2006, 236 mwN). Ein Ausweis als ausstehende Einlage in der Bilanz der übertragenden GmbH ist nicht erforderlich, denn Abs. 1 S. 1 und 3 erfassen auch die verschleierte Einlage (Kallmeyer/Zimmermann Rn. 8; Semler/Stengel/Leonard/Reichert Rn. 11). Rechtsfolge dieser Konstellation – Darlegungs- und Beweislast hierfür liegt beim Anteilsinhaber, der sich auf Abs. 1 S. 1 beruft (ähnlich Lutter/Vetter Rn. 20 mwN; Semler/Stengel/Leonard/Reichert Rn. 11) – ist das Erfordernis der **Zustimmung aller** bei Beschlussfassung **anwesenden Anteilsinhaber** (zur virtuellen Gesellschafterversammlung → § 50 Rn. 2) jedes der übertragenden Rechtsträger, auf dessen Rechtsform es nicht ankommt. Damit verdrängt die Vorschrift in diesem Fall die für die übertragenden Rechtsträger sonst festgeschriebenen Mehrheitserfordernisse (Begr. RegE, BR-Drs. 75/94 zu § 51 I). Letztlich wird Einstimmigkeit des Verschmelzungsbeschlusses bei jedem der übertragenden Rechtsträger gefordert, allerdings mit der Einschränkung, dass sich Abs. 1 S. 1 nur auf die bei der Fassung des Verschmelzungsbeschlusses **anwesenden** Anteilsinhaber dieses Rechtsträgers bezieht (anders bei PhG, PartGes und GmbH, Abs. 1 S. 2; → Rn. 6).

4 Die Einstimmigkeit als Wirksamkeitsvoraussetzung der Beschlussfassung folgt aus **§ 24 GmbHG,** der eine Ausfallhaftung der übrigen GmbH-Gesellschafter festschreibt. Da die Verschm zu einer Gesellschafterstellung der bisherigen Anteilsinhaber der übertragenden Rechtsträger führt, droht diesen in Zukunft auch ein Einstehenmüssen für nicht erbrachte Einlagen bei der übernehmenden GmbH.

5 Unter „Zustimmung" iSv Abs. 1 S. 1 ist **nicht eine Zustimmung iSv § 13 III** zu verstehen. Durch die Beschränkung des Zustimmungserfordernisses auf die anwesenden Anteilsinhaber wird deutlich, dass **Einstimmigkeit** bei der Beschlussfassung durch einheitliche Abstimmung mit „Ja" (Stimmenthaltungen wirken damit wie „Nein"-Stimmen, Kallmeyer/Zimmermann Rn. 2; NK-UmwR/Kleindiek Rn. 13; Henssler/Strohn/Haeder Rn. 3) gefordert wird.

6 Ist der **übertragende Rechtsträger** eine **PhG,** eine **PartGes** (Änderung von Abs. 1 S. 2 durch Gesetz v. 22.7.1998, BGBl. 1998 I 1878, → Einf. Rn. 23 und Neye DB 1998, 1649) oder eine **GmbH,** so bedarf für den Verschmelzungsbeschluss **neben der** in Abs. 1 S. 1 geforderten **Einstimmigkeit** bei der Beschlussfassung der Zustimmung der nicht erschienenen Gesellschafter – und zwar auch der nicht stimmberechtigten Gesellschafter (Widmann/Mayer/Mayer Rn. 13; Lutter/Vetter Rn. 22 mwN) – **Abs. 1 S. 2.** Dies gilt durch die Aufnahme der **eGbR** als umwandlungsfähiger Rechtsträger in § 3 I Nr. 1 (→ § 3 Rn. 7; → Rn. 1) und die Einführung der Regelungen der §§ 39a ff. durch das **MoPeG** auch für die eGbR. Hierbei handelt es sich um **echte Zustimmungserklärungen iSv § 13 III,** notarielle Beurkundung ist zwingend erforderlich (zur virtuellen Gesellschafterversammlung → § 50 Rn. 2). Die Privilegierung der Anteilsinhaber von eGbR, PhG, PartGes und GmbH gegenüber den sonstigen Anteilsinhabern von übertragenden Rechtsträgern (zB Mitgliedern einer eG, Aktionären) lässt sich sachlich nur durch die idR

geringere Zahl der Anteilsinhaber bei diesen Rechtsformen und die Tatsache, dass es unbekannte Aktionäre geben kann (vgl. § 35, anders § 16 I GmbHG), rechtfertigen (Lutter/Vetter Rn. 25; Semler/Stengel/Leonard/Reichert Rn. 14). Bis zum Vorliegen aller danach notwendigen Zustimmungserklärungen ist der Verschmelzungsbeschluss **schwebend unwirksam** (→ § 50 Rn. 14).

3. GmbH als übertragender Rechtsträger (Abs. 1 S. 3)

Ursprünglich hatte **Abs. 1 S. 3** einen anderen Wortlaut. Er ordnete die „entsprechende" Anwendung von Abs. 1 S. 1, 2 an, wenn bei einer übertragenden GmbH zum Zeitpunkt der Verschm nicht alle zu leistenden Einlagen in voller Höhe bewirkt waren. Abs. 1 S. 3 aF war widersprüchlich formuliert, über seine Auslegung bestand Streit (→ 4. Aufl. 2006, Rn. 7–10).

Abs. 1 S. 3 wurde durch das **2. UmwÄndG** (→ Einf. Rn. 26, → Vor § 46 Rn. 6) neu gefasst. Das Gesetz stellt jetzt eindeutig klar, dass eine **übertragende GmbH**, auf deren Geschäftsanteile nicht alle zu leistenden Einlagen in voller Höhe bewirkt sind, nur wirksam von einer anderen GmbH im Wege der Verschm aufgenommen werden kann, wenn **alle Anteilsinhaber der übernehmenden GmbH** dem Verschmelzungsbeschluss zustimmen. In der Begr. RegE (BT-Drs. 16/2919, 13) heißt es dazu: „Die angeordnete entsprechende Anwendung der S. 1 und 2 im bisherigen Text des § 51 Abs. 1 S. 3 hat für den dort angesprochenen Fall in der Praxis Anlass zu Missverständnissen hinsichtlich der Beschlussmehrheit gegeben. Durch die neue Formulierung wird ausdrücklich klargestellt, dass dem Verschmelzungsbeschluss alle Gesellschafter der übernehmenden Gesellschaft zustimmen müssen." Will man das Zustimmungserfordernis vermeiden, so ist vor der Verschm eine volle Einzahlung auf die ausstehenden Einlagen beim übertragenden Rechtsträger vorzunehmen (vgl. Heckschen DNotZ 2007, 444 (449)).

Alle in der Gesellschafterversammlung der übernehmenden GmbH anwesenden Gesellschafter müssen der Verschm zustimmen. **Stimmenthaltungen** wirken damit faktisch wie Neinstimmen. Auf etwaige entgegenstehende Satzungsregelungen kommt es nicht an. Weiter ist die Zustimmung aller Inhaber **stimmrechtsloser Anteile** und die Zustimmung aller Gesellschafter, die in der Anteilsinhaberversammlung nach § 13 I 2 **nicht anwesend** waren, erforderlich (Semler/Stengel/Leonard/Reichert Rn. 21 mwN). Anders als im Fall vor Abs. 1 S. 1 (→ Rn. 5) sind die insoweit geforderten Zustimmungserklärungen solche iSv § 13 III. Sie bedürfen deshalb der **notariellen Beurkundung.**

Auch nach der Neufassung von Abs. 1 S. 3 ist nicht geklärt, wie zu verfahren ist, wenn der übertragende Rechtsträger mit noch offenen Einlageverpflichtungen nicht GmbH ist, sondern eine andere Rechtsform hat **(Mischverschmelzung).** Eine analoge Anwendung von Abs. 1 S. 3 auf den Fall der Mischverschmelzung ist nicht ausgeschlossen (ausf. Semler/Stengel/Leonard/Reichert Rn. 22, 23; gegen eine Analogie die hM, zB Lutter/Vetter Rn. 36 f. (insbes. Rn. 37 aE) mwN sowie Habersack/Wicke/v. Hinden Rn. 32; BeckOGK/v. Hinden Rn. 32). Eine Analogie wäre nach altem Recht wegen des Verbots der **Unterpariemission** und der damit verbundenen Sicherung der realen Kapitalaufbringung abzulehnen gewesen. Durch die Einfügung von § 54 I 3 durch das 2. UmwÄndG kann es jetzt aber passieren, dass auch außerhalb der Sonderfälle von § 54 I 1, 2 per Saldo negatives Vermögen übertragen wird (dazu insbes. Mayer/Weiler MittBayNot 2007, 368 (370 f.); auch → § 54 Rn. 12 ff.). Da es keinen Vorrang der Insolvenzordnung vor dem UmwG gibt, kann auch ein Rechtsträger, der überschuldet ist, verschmolzen werden (Heckschen DNotZ 2007, 444 (450); OLG Stuttgart ZIP 2005, 2066; LG Leipzig DB 2006, 885; vgl. auch Schwetlik GmbHR 2011, 130; ausf. Keller/Klett DB 2010, 1220 mwN; zur Umwandlungsfähigkeit insolventer Rechtsträger allg. vgl. Kallmeyer/Kocher Anh. II Rn. 14 ff.). Eine Kontrolle durch das Registergericht findet nur statt, wenn als Gegenleistung für die Verschm Anteile an der übernehmenden GmbH gewährt werden. Soweit dies nicht der Fall ist, können insbes. überstimmte Minderheitsgesellschafter schutzlos dastehen. Eine **analoge Anwendung** von Abs. 1 S. 3 auch für den Fall der Mischverschmelzung würde diese Gefahr zumindest für den Fall beseitigen, dass beim überschuldeten übertragenden Rechtsträger Einlagen ausstehen; sie ist deswegen zum Schutz der Minderheitsgesellschafter bei der übernehmenden GmbH **geboten.**

4. Zustimmung eines Aktionärs (Abs. 2)

11   Durch das MoMiG wurde § 5 II 1 GmbHG geändert. Der Mindestnennbetrag eines GmbH-Geschäftsanteils beträgt jetzt 1 Euro. Entsprechend wurde § 46 I 3 gefasst (→ § 46 Rn. 1, → § 46 Rn. 3, → § 46 Rn. 11). Machen die Beteiligten der Verschm von den neuen Möglichkeiten der Mindeststückelung Gebrauch, kommt es deswegen – anders als nach früherem Recht, → § 46 Rn. 12 – nicht dazu, dass ein Aktionär einer übertragenden AG wegen zu hoher Mindeststückelung der GmbH-Geschäftsanteile Beteiligungsmöglichkeiten an der übernehmenden GmbH einbüßt. Im Regelfall werden deshalb die zu gewährenden GmbH-Geschäftsanteile entsprechend dem Betrag der Aktien festgesetzt. Wählen die Beteiligten einen höheren Nennbetrag für die gewährten GmbH-Geschäftsanteile, ist dies zwar zulässig, hat aber uU die Anwendung von Abs. 2 zur Konsequenz. Wenn wegen der abw. Festsetzung ein Aktionär sich an der übernehmenden GmbH nicht mit seinem gesamten Anteil beteiligen kann, hängt die gesamte Verschm auch von seiner notariell zu beurkundenden (§ 13 III 1) ausdrücklichen Zustimmung ab. Die Zustimmung kann vor oder nach der Beschlussfassung und innerhalb oder außerhalb der Gesellschafterversammlung erklärt werden (→ § 50 Rn. 13 f.).

12   Mit der Neuregelung von § 46 I 3 durch das MoMiG (→ Rn. 11, → § 46 Rn. 7 ff.) ist die Rechtsanwendung deutlich erleichtert worden.

§ 52 Anmeldung der Verschmelzung

¹Bei der Anmeldung der Verschmelzung zur Eintragung in das Register haben die Vertretungsorgane der an der Verschmelzung beteiligten Rechtsträger im Falle des § 51 Abs. 1 auch zu erklären, daß dem Verschmelzungsbeschluß jedes der übertragenden Rechtsträger alle bei der Beschlußfassung anwesenden Anteilsinhaber dieses Rechtsträgers und, sofern der übertragende Rechtsträger eine rechtsfähige Personengesellschaft oder eine Gesellschaft mit beschränkter Haftung ist, auch die nicht erschienenen Gesellschafter dieser Gesellschaft zugestimmt haben. ²Wird eine Gesellschaft mit beschränkter Haftung, auf deren Geschäftsanteile nicht alle zu leistenden Einlagen in voller Höhe bewirkt sind, von einer Gesellschaft mit beschränkter Haftung durch Verschmelzung aufgenommen, so ist auch zu erklären, dass alle Gesellschafter dieser Gesellschaft dem Verschmelzungsbeschluss zugestimmt haben.

1   Die Vorschrift knüpfte früher inhaltlich vollständig an § 24 II 2, IV KapErhG aF an und verpflichtete die Vertretungsorgane der an der Verschm beteiligten Rechtsträger in Ergänzung zu §§ 16, 17 zur **Abgabe von besonderen Erklärungen bei der Anmeldung** (Abs. 1 aF) sowie zur Einreichung einer berichtigten Gesellschafterliste (Abs. 2 aF). Durch das 3. UmwÄndG (→ Einf. Rn. 31) wurde Abs. 2 aF ersatzlos gestrichen. Durch die Änderungen des **MoPeG** wurden in S. 1 mWv 1.1.2024 die Wörter „Personenhandelsgesellschaft" und „Partnerschaftsgesellschaft" durch die Wörter „rechtsfähige Personengesellschaft" ersetzt und damit die Aufnahme der **eGbR** als umwandlungsfähiger Rechtsträger (→ § 3 Rn. 7) berücksichtigt.

1 Soweit nach § 51 I 1 Einstimmigkeit bei der Fassung des Verschmelzungsbeschlusses der übertragenden Rechtsträger notwendig ist, müssen **alle Vertretungsorgane** (Widmann/Mayer/Mayer Rn. 4; Kallmeyer/Zimmermann Rn. 5; Goutier/Knopf/Tulloch/Bermel Rn. 6; Lutter/Vetter Rn. 14; NK-UmwR/Kleindiek Rn. 9; Kölner Komm UmwG/Simon/Nießen Rn. 8) der an der Verschm beteiligten Rechtsträger bei der jew. durch sie vorzunehmenden Anmeldung dem Registergericht gegenüber höchstpersönlich (Semler/Stengel/Leonard Rn. 6) die Beachtung der Einstimmigkeit bei diesem Rechtsträger erklären (§ 52 S. 1). Das Erfordernis der Höchstpersönlichkeit der Erklärung ergibt sich bereits aus der Tatsache, dass falsche Erklärungen strafbewehrt sind (§ 346 II; so auch Habersack/Wicke/v. Hinden Rn. 10; BeckOGK/v. Hinden Rn. 10). Eine Stellvertretung scheidet aus (Semler/Stengel/Leonard/Reichert Rn. 6).

2 Die Erklärungspflicht nach § 52 S. 1 bezieht sich für den Fall von § 51 I 2 auch auf die **Zustimmungserklärungen der nicht erschienenen Gesellschafter.** Auch diese Zustimmungserklärungen sind der Anmeldung gem. § 17 I in Ausfertigung oder öffentlich beglaubigter Abschrift der notariellen Urkunde beizufügen.

3 Der durch das 2. UmwÄndG neu eingefügte **§ 52 S. 2** ist zusammen mit der neu gefassten Vorschrift von § 51 I 3 zu lesen. Nach § 51 I 3 ist bei einer reinen GmbH-Verschm die Zustimmung aller Gesellschafter der übernehmenden GmbH erforderlich, wenn auf die Geschäftsanteile der übertragenden GmbH nicht alle zu leistenden Einlagen in voller Höhe bewirkt sind. In diesem Fall ist bei der Anmeldung der Verschm zu erklären, dass alle notwendigen Zustimmungen vorliegen. Zur Abgabe der Erklärung verpflichtet sind **alle Vertretungsorgane** aller beteiligten Rechtsträger (→ Rn. 2; Semler/Stengel/Leonard/Reichert Rn. 6). Wendet man insoweit § 51 I 3 analog auf den Fall der Mischverschmelzung an (→ § 51 Rn. 10 mwN), ist auch § 52 S. 2 analog anzuwenden. Dies gilt selbstverständlich nicht für die Strafnorm § 313 II, die nur die aufgrund von Art. 103 II GG unmittelbar durch Gesetz angeordnete Konstellation der reinen GmbH-Verschmelzung erfassen kann.

§ 53 Eintragung bei Erhöhung des Stammkapitals

Erhöht die übernehmende Gesellschaft zur Durchführung der Verschmelzung ihr Stammkapital, so darf die Verschmelzung erst eingetragen werden, nachdem die Erhöhung des Stammkapitals im Register eingetragen worden ist.

1 Die Vorschrift übernimmt § 25 I 2 KapErhG aF und ergänzt § 19 für den Fall, dass an der Verschm eine GmbH als übernehmender Rechtsträger beteiligt und im Zuge der Verschm eine **KapErh nach § 55 notwendig** ist. Für diesen Fall gilt eine von § 19 abw. Eintragungsreihenfolge: Die Verschm darf erst eingetragen werden, nachdem die Erhöhung des StK im Register (gemeint ist: am Sitz der übernehmenden Ges; bei einer Sitzverlegung ist KapErh voreinzutragen, OLG Frankfurt a. M. DB 2005, 154) eingetragen worden ist. Damit ist sichergestellt, dass zum Zeitpunkt des Wirksamwerdens der Verschm (§ 20 I) die Geschäftsanteile, die übertragen werden sollen, auch tatsächlich bestehen. Entscheidender Zeitpunkt für das Wirksamwerden der Verschm bleibt zwar weiterhin die Eintragung der Verschm in das HR am Sitz der übernehmenden GmbH als solcher; das Registergericht ist jedoch gehalten, diese Eintragung erst nach (konstitutiver) Eintragung der StKErhöhung zu veranlassen. **KapErh und Verschm sind „konditional verknüpft"** (Lutter/Vetter Rn. 19 mwN; allg. → § 55 Rn. 28), sodass bei **Scheitern der Verschm** die eingetragene KapErh von Amts wegen zu löschen ist (§ 398 FamFG; Widmann/Mayer/Mayer § 53 Rn. 6; Widmann/Mayer/Mayer § 55 Rn. 110 ff. mwN).

§ 54 Verschmelzung ohne Kapitalerhöhung

(1) ¹Die übernehmende Gesellschaft darf zur Durchführung der Verschmelzung ihr Stammkapital nicht erhöhen, soweit
1. sie Anteile eines übertragenden Rechtsträgers innehat;
2. ein übertragender Rechtsträger eigene Anteile innehat oder
3. ein übertragender Rechtsträger Geschäftsanteile dieser Gesellschaft innehat, auf welche die Einlagen nicht in voller Höhe bewirkt sind.

²Die übernehmende Gesellschaft braucht ihr Stammkapital nicht zu erhöhen, soweit
1. sie eigene Geschäftsanteile innehat oder
2. ein übertragender Rechtsträger Geschäftsanteile dieser Gesellschaft innehat, auf welche die Einlagen bereits in voller Höhe bewirkt sind.

³Die übernehmende Gesellschaft darf von der Gewährung von Geschäftsanteilen absehen, wenn alle Anteilsinhaber eines übertragenden Rechtsträgers darauf verzichten; die Verzichtserklärungen sind notariell zu beurkunden.

(2) Absatz 1 gilt entsprechend, wenn Inhaber der dort bezeichneten Anteile ein Dritter ist, der im eigenen Namen, jedoch in einem Fall des Absatzes 1 Satz 1 Nr. 1 oder des Absatzes 1 Satz 2 Nr. 1 für Rechnung der übernehmenden Gesellschaft oder in einem der anderen Fälle des Absatzes 1 für Rechnung des übertragenden Rechtsträgers handelt.

(3) ¹Soweit zur Durchführung der Verschmelzung Geschäftsanteile der übernehmenden Gesellschaft, die sie selbst oder ein übertragender Rechtsträger innehat, geteilt werden müssen, um sie den Anteilsinhabern eines übertragenden Rechtsträgers gewähren zu können, sind Bestimmungen des Gesellschaftsvertrags, welche die Teilung der Geschäftsanteile der übernehmenden Gesellschaft ausschließen oder erschweren, nicht anzuwenden; jedoch muss der Nennbetrag jedes Teils der Geschäftsanteile auf volle Euro lauten. ²Satz 1 gilt entsprechend, wenn Inhaber der Geschäftsanteile ein Dritter ist, der im eigenen Namen, jedoch für Rechnung der übernehmenden Gesellschaft oder eines übertragenden Rechtsträgers handelt.

(4) Im Verschmelzungsvertrag festgesetzte bare Zuzahlungen dürfen nicht den zehnten Teil des Gesamtnennbetrags der gewährten Geschäftsanteile der übernehmenden Gesellschaft übersteigen.

Übersicht

	Rn.
1. Allgemeines	1
2. Kapitalerhöhungsverbote (Abs. 1 S. 1)	3
a) Übernehmerin hält Anteile am übertragenden Rechtsträger (Abs. 1 S. 1 Nr. 1)	3
b) Übertragender Rechtsträger hält eigene Anteile (Abs. 1 S. 1) Nr. 2	4
c) Übertragender Rechtsträger hält nicht voll einbezahlte Anteile an der Übernehmerin (Abs. 1 S. 1 Nr. 3)	5
d) Berechnung der Kapitalerhöhung	6
3. Kapitalerhöhungswahlrechte (Abs. 1 S. 2)	10
a) Übernehmender Rechtsträger hält eigene Geschäftsanteile (Abs. 1 S. 2 Nr. 1)	10
b) Übertragender Rechtsträger hält voll einbezahlte Anteile an der Übernehmerin (Abs. 1 S. 2 Nr. 2)	11
4. Verzicht auf Kapitalerhöhung (Abs. 1 S. 3)	12

Verschmelzung ohne Kapitalerhöhung 1–5 § 54 UmwG A

Rn.
5. Entsprechende Anwendung der Kapitalerhöhungsverbote und -wahl-
rechte (Abs. 2) 16
6. Kapitalerhöhung bei Schwester-Fusion 17
7. Teilungserleichterung (Abs. 3) 18
8. Bare Zuzahlungen (Abs. 4) 20
9. Rechtsfolge bei Verstößen 26

1. Allgemeines

§ 54 entspricht im Wesentlichen § 23 KapErhG aF, § 344 AktG aF; die Parallelvor- 1
schrift für die Verschm unter Beteiligung von AG findet sich in § 68. Ratio legis
ist die Verhinderung bzw. die Erschwerung des Entstehens eigener Geschäftsanteile;
die Norm unterstützt damit § 33 GmbHG und dient allg. dem **Kapitalschutz**.
Abs. 1 S. 1 enthält in abschl. Aufzählung die **KapErhVerbote**, **Abs. 1 S. 2** 2
fügt die **KapErhWahlrechte** an. Mit dem 2. UmwÄndG (→ Einf. Rn. 26) neu
eingefügt wurde Abs. 1 S. 3 (→ Vor § 46 Rn. 6), der eine KapErh entbehrlich
macht, wenn alle Anteilsinhaber eines übertragenden Rechtsträgers notariell auf
eine Anteilsgewährung verzichten. **Abs. 3, 4** übernehmen früheres Recht (§ 23 II,
III KapErhG aF), Abs. 3 S. 1 wurde durch das MoMiG (→ Einf. Rn. 28) allerdings
neu gefasst (→ Rn. 18). **Abs. 2** wurde durch die Umwandlungsreform 1994 für
die Verschm unter Beteiligung von GmbH neu geschaffen.

2. Kapitalerhöhungsverbote (Abs. 1 S. 1)

a) Übernehmerin hält Anteile am übertragenden Rechtsträger (Abs. 1 3
S. 1 Nr. 1). Nach **Abs. 1 S. 1 Nr. 1** darf eine KapErh nicht durchgeführt
werden, **soweit** die übernehmende GmbH selbst **Anteile an einem der übertragenden Rechtsträger** innehat (häufige Konstellation insbes. bei Konzernverschmelzungen, vgl. Semler/Stengel/Leonard/Reichert Rn. 6 mwN). Durch die
Fassung von § 20 I Nr. 3 S. 1 Hs. 2 wird ein Gleichlauf der Vorschriften erreicht,
die Anteilsinhaber des betreffenden übertragenden Rechtsträgers haben keinen
Anspruch auf Anteilstausch.

b) Übertragender Rechtsträger hält eigene Anteile (Abs. 1 S. 1) Nr. 2. 4
Unzulässig ist die KapErh im Zusammenhang mit der Verschm auch insoweit, als
ein **übertragender Rechtsträger eigene Anteile** hält. Dies würde iRd Verschm
dazu führen, dass die übernehmende GmbH durch die Gesamtrechtsnachfolge
eigene – und zwar neu geschaffene – Geschäftsanteile erhielte, da sie in die Stellung
des übertragenden Rechtsträgers eintritt. Im Ergebnis läge also ein Verstoß gegen
das Verbot vor, eigene Geschäftsanteile durch KapErh zu schaffen (vgl. allg. Noack/
Servatius/Haas/Servatius GmbHG § 55 Rn. 19 mwN). Das Verbot gilt unabhängig
davon, ob evtl. zu leistende Einlagen auf die eigenen Anteile voll erbracht sind
oder nicht (Lutter/Vetter Rn. 24; NK-UmwR/Kleindiek Rn. 12; Semler/Stengel/
Leonard/Reichert Rn. 7). Eine bloße **Mitberechtigung des übertragenden
Rechtsträgers** bspw. nach § 18 GmbHG reicht aber für das Eingreifen des
KapErhVerbotes nicht aus (Lutter/Vetter Rn. 114 mwN). Auch regelt Abs. 1 S. 1
Nr. 2 nicht den Fall, dass lediglich eine TochterGes des übertragenden Rechtsträgers
Anteile an diesem Rechtsträger innehat, vgl. Widmann/Mayer/Mayer Rn. 20. Die
Fallgruppe von Nr. 2 findet eine Entsprechung in § 20 I Nr. 3 S. 1 Hs. 2, eine
Anteilsgewährungspflicht besteht nicht.

c) Übertragender Rechtsträger hält nicht voll einbezahlte Anteile an der 5
Übernehmerin (Abs. 1 S. 1 Nr. 3). Unzulässig ist eine KapErh auch, soweit ein
übertragender Rechtsträger Geschäftsanteile an der übernehmenden

GmbH besitzt, deren **Einlagen noch nicht vollständig geleistet** sind. Diese Vorschrift findet in § 20 I Nr. 3 S. 1 Hs. 2 keine Entsprechung. Hintergrund der Regelung ist, dass die übernehmende GmbH aufgrund der Gesamtrechtsnachfolge die Anteile des übertragenden Rechtsträgers erhalten würde, sie in der Folge also eigene Anteile hätte, auf die die Einlage nicht vollständig bewirkt wäre (Lutter/Vetter Rn. 25 ff. mwN). Die Einlageforderung ginge durch Konfusion unter, im Ergebnis würde ein Verstoß gegen § 33 I GmbHG, also gegen zwingendes Recht, vorliegen (Widmann/Mayer/Mayer Rn. 23; Semler/Stengel/Leonard/Reichert Rn. 11; zum Ganzen auch Priester ZIP 2016, 57). Soweit auch in Höhe dieser Anteile eine KapErh durchgeführt werden soll, muss entweder die Einlage noch vollständig erbracht oder der Geschäftsanteil an einen Dritten veräußert werden (Kallmeyer/Kocher Rn. 9; Semler/Stengel/Leonard/Reichert Rn. 10 jew. mwN). **Wird die Einlage** noch rechtzeitig in voller Höhe **bewirkt,** hat die übernehmende GmbH ein **KapErhWahlrecht** iSv Abs. 1 S. 2 Nr. 2. Zum **Downstream-Merger** auch → Rn. 11 und Nachw. bei → § 55 Rn. 22.

6   **d) Berechnung der Kapitalerhöhung.** Der Wortlaut von Abs. 1 S. 1 („soweit") und die gesetzgeberische Wertung müssen auch bei der **Berechnung der KapErh** berücksichtigt werden. Sie darf nicht dazu führen, dass die Gesellschafter der übernehmenden GmbH einen nominell höheren Geschäftsanteil erhalten.

7   Zur Verdeutlichung folgendes **Beispiel:**

X	: KapErh
Wert der übertragenden Ges	: 150
Wert der übernehmenden Ges	: 450
StK der übernehmenden Ges	: 75
Beteiligung an übernehmender Ges	: A = 50%, B = 50%
Beteiligung an übertragender Ges	: C = 50%, übernehmende GmbH = 50%

$$\frac{X}{75 + X} = \frac{75 \text{ (Wert des Anteils von C)}}{525 \text{ (Gesamtwert ohne Beteiligung)}}$$

$$525\,X = 5625 + 75\,X$$
$$450\,X = 5625$$
$$X = 12{,}5$$

Probe: Wert Anteil C vor Verschm: 75

Wert Anteil C nach Verschm: $\dfrac{12{,}5 \text{ (Geschäftsanteil: C)}}{87{,}5 \text{ (StK)}} \times 525 = 75$

8   Bei diesem Beispielfall müsste also eine KapErh um 12,5 auf 87,5 erfolgen. Diesen neuen Geschäftsanteil erhält ausschließlich der Gesellschafter C der übertragenden Ges, während die Geschäftsanteile der Gesellschafter A und B nominell unverändert bleiben.

9   Falsch wäre es, auch die Geschäftsanteile der Gesellschafter der übernehmenden GmbH nominell zu erhöhen. Dann könnte zwar das Verhältnis der Beteiligungen untereinander gewahrt bleiben, die Methode verstieße aber gegen Abs. 1 S. 1 (Widmann/Mayer/Mayer § 5 Rn. 30; so zu § 23 KapErhG aF auch schon Hachenburg/Schilling/Zutt GmbHG § 77 Anh. II KapErhG § 23 Rn. 5 mit einem Beispiel). Denn es würde eine KapErh durchgeführt, die zur Erfüllung der Anteilsgewährungspflicht nicht notwendig und rechtlich **nicht zulässig** ist.

3. Kapitalerhöhungswahlrechte (Abs. 1 S. 2)

10 **a) Übernehmender Rechtsträger hält eigene Geschäftsanteile (Abs. 1 S. 2 Nr. 1).** Im Zuge der Verschm muss den Anteilsinhabern der übertragenden Rechts-

träger als Ausgleich für die Übertragung des Vermögens ein Geschäftsanteil an der übernehmenden GmbH gewährt werden, § 20 I Nr. 3. Soweit zu diesem Zweck **bereits Geschäftsanteile zur Verfügung stehen,** kann von einer KapErh abgesehen werden. Man kann also insbes. auf eigene Geschäftsanteile der übernehmenden GmbH zurückgreifen. Diese können (müssen aber nicht) zur Erfüllung der Anteilsgewährungspflicht herangezogen werden **(Wahlrecht grds. nach freiem Ermessen,** Lutter/Vetter Rn. 47, 48, die zutr. Ermessensreduzierung dann annehmen, wenn die bereits bestehenden Anteile nicht lastenfrei sind; Semler/Stengel/Leonard/Reichert Rn. 12). Ebenfalls zulässig ist es, dass der übernehmenden GmbH eigene **Geschäftsanteile von dritter Seite** für die Anteilsgewährung zur Verfügung gestellt werden (Lutter/Vetter Rn. 61; Widmann/Mayer/Mayer Rn. 46; vgl. zu den Voraussetzungen Kallmeyer/Kocher Rn. 17; Semler/Stengel/Leonard/Reichert Rn. 18); nach hM soll es genügen, wenn zwischen der übernehmenden Gesellschaft und dem Dritten ein Treuhandverhältnis vereinbart wird oder die Anteile – aufschiebend bedingt durch die Eintragung der Verschm – unmittelbar auf die Anteilsinhaber der übertragenden Rechtsträger übertragen werden (Lutter/Vetter Rn. 62; Kallmeyer/Kocher Rn. 17; Semler/Stengel/Leonard/Reichert Rn. 18; Henssler/Strohn/Haeder Rn. 3; vgl. zur rechtstechnischen Gestaltung Kallmeyer/Kocher Rn. 17a).

b) Übertragender Rechtsträger hält voll einbezahlte Anteile an der Übernehmerin (Abs. 1 S. 2 Nr. 2). In Abweichung zu Abs. 1 S. 1 Nr. 3 (→ Rn. 5) besteht für den Fall, dass ein übertragender Rechtsträger Geschäftsanteile der übernehmenden GmbH innehat, auf welche die **Einlagen bereits in voller Höhe bewirkt** sind, ein KapErhWahlrecht. Im Zuge der Verschm würde die übernehmende GmbH als Gesamtrechtsnachfolger des übertragenden Rechtsträgers eigene Geschäftsanteile erwerben, es entstünde eine mit Abs. 1 S. 2 Nr. 1 vergleichbare Situation. Diese Anteile stehen damit ebenfalls zur Vfg., um sie den Anteilsinhabern der übertragenden Rechtsträgern nach § 20 I Nr. 3 zu gewähren (und zwar unmittelbar **ohne Durchgangserwerb** der übernehmenden GmbH, es kommt nicht zur „Kein-Mann-GmbH": Lutter/Vetter Rn. 52, 54; Semler/Stengel/Leonard/Reichert Rn. 15, 16 mwN). Den Beteiligten der Verschm steht es frei, ob sie vom Wahlrecht Gebrauch machen. §§ 30 ff. GmbHG stehen der Ausübung des Wahlrechts nicht entgegen. Auch bei 100%iger Beteiligung der Mutter- an der Tochter-Ges ist nach zutr. Ansicht ein Verstoß gegen § 30 I GmbHG nicht anzunehmen, es gelten allerdings die Rechtsprechungsgrundsätze von § 22 und zum existenzvernichtenden Eingriff (näher Enneking/Heckschen DB 2006, 1099, die Behandlung des Downstream-Merger ist aber str., Nachw. bei → § 55 Rn. 29). **Soweit die bestehenden Anteile nicht ausreichen,** muss die KapErh durchgeführt werden.

4. Verzicht auf Kapitalerhöhung (Abs. 1 S. 3)

Mit der Änderung von §§ 54, 68 wollte der Gesetzgeber des 2. UmwÄndG die **Verschm von SchwesterGes** (→ § 2 Rn. 21 ff.; zur Bilanzierung Roß/Drögemüller DB 2009, 580) erleichtern. In der Begr. RegE (BT-Drs. 16/2919, 13) heißt es dazu: „Von der grundsätzlich nach § 2 UmwG bestehenden Anteilsgewährungspflicht soll eine Ausnahme möglich sein, wenn alle Anteilsinhaber eines übertragenden Rechtsträgers, denen die Anteile zu gewähren wären, in notariell beurkundeter Form darauf verzichten. Bedeutung hat dies insbes. bei der Verschmelzung von Schwestergesellschaften innerhalb eines Konzerns, deren sämtliche Anteile von der Muttergesellschaft gehalten werden. Der Verzicht auf die grundsätzlichen Erfordernisse des Verschmelzungsberichts und einer Prüfung durch Sachverständige, die in diesem Fall keinen Sinn machen, ist bereits nach geltendem Recht (§§ 8 und 9 UmwG) möglich. Im Übrigen findet bei einer GmbH gem. § 48 eine Prüfung ohnehin nur auf Verlangen eines Gesellschafters statt. Bei der Verschmelzung im

Konzern ist ein solches Verlangen der Muttergesellschaft nicht denkbar." Die grds. sinnvolle Initiative des Gesetzgebers zur Erleichterung von Umstrukturierungen im Konzern führt durch die **rechtlich und systematisch unglückliche Fassung von Abs. 1 S. 3** indes dazu, dass bei der Verschm die Anteilsinhaber des privilegierten übertragenden Rechtsträgers Missbrauch betreiben können (ausf. Keller/Klett DB 2010, 1220 mwN). Abs. 1 S. 3 eröffnet ihnen die Möglichkeit, durch Übertragung negativen Vermögens die Vermögenssphäre von Minderheitsgesellschaftern anderer übertragender Rechtsträger und des übernehmenden Rechtsträgers zu beeinträchtigen.

13 Deshalb ist die Neuregelung von Abs. 1 S. 3 nicht durchweg zu begrüßen (zutr. Weiler NZG 2008, 527 mwN; anders Semler/Stengel/Leonard/Reichert Rn. 24, 25; aA Lutter/Vetter Rn. 76 ff., die in Rn. 83 im Anschluss an Schwetlik GmbHR 2011, 130 als Korrektiv aber auch auf die Lehre vom existenzvernichtenden Eingriff und in Rn. 85 in Bezug auf Minderheitsgesellschafter auf die gesellschaftsrechtliche Treuepflicht zurückgreifen müssen). Zunächst wäre es naheliegender, den Verzicht auf die KapErh bei der Verschm von SchwesterGes in §§ 2, 4 oder 20 zu regeln (zutr. Heckschen DNotZ 2007, 444 (450); Mayer/Weiler DB 2007, 1235 (1238 f.)). Andere Rechtsträger als die GmbH und die AG (dazu § 68 I 3) werden nicht privilegiert (str., vgl. Nachw. bei Heckschen/Gassen GWR 2010, 101 (102)). Außerdem verbleibt es systemwidrig für die Fälle der **Ausgliederung** bei der Pflicht zur Anteilsgewährung, weil § 125 S. 1 nicht auf §§ 54, 68 verweist (Mayer/Weiler DB 2007, 1235 (1239); dagegen zutr. → § 126 Rn. 47). Auch stl. können sich Nachteile ergeben (Weiler NZG 2008, 527 (529) mwN; vgl. aber Heckschen/Gassen GWR 2010, 101 (103 ff.) mwN; Krumm GmbHR 2010, 24 mwN; zum Ganzen → § 126 Rn. 47 mwN, → UmwStG § 13 Rn. 9, → UmwStG § 13 Rn. 13). Zur insolvenzrechtlichen Anfechtbarkeit des Verzichts vgl. Keller/Klett DB 2010, 1220. Zu Gestaltungsmaßnahmen im Zusammenhang mit Problemen mit der Chain of Title beim übertragenden Rechtsträger ausf. Schniepp/Hensel NZG 2014, 857 mwN.

14 Vor allem eröffnet Abs. 1 S. 3 in seiner weiten Fassung nun erhebliche **Missbrauchsmöglichkeiten.** Auch ein Rechtsträger, der überschuldet oder zahlungsunfähig ist, darf verschmolzen werden (vgl. OLG Stuttgart ZIP 2005, 2066; LG Leipzig DB 2006, 885; Keller/Klett DB 2010, 1220; Weiler NZG 2008, 527). Verhindert werden kann eine solche Verschm nur, wenn im Rahmen der Verschm neue Anteile gewährt werden, denn dann prüft das Registergericht, ob der Nominalbetrag der hingegebenen Anteile durch das übertragende Vermögen gedeckt ist oder ob es sich um eine verbotene Unterpariemission handelt. Semler/Stengel/Leonard/Reichert Rn. 24 ist zwar zuzugeben, dass die Gläubiger unabhängig von einer KapErh durch § 22 geschützt sind (so auch Keller/Klett DB 2010, 1220 (1222); anders wohl Widmann/Mayer/Mayer Rn. 10.2). Nicht geschützt sind aber die **MinderheitsGes** der übernehmenden GmbH, soweit sie in zulässiger Weise gem. § 50 I beim Verschmelzungsbeschluss überstimmt werden (vgl. Weiler NZG 2008, 527 (529 ff.)). Im Konzern stellt sich die Problematik nicht. Abs. 1 S. 3 gilt aber auch, wenn die Anteilsinhaber des übertragenden Rechtsträgers nicht oder (die Konstellation der Praxis) nur überwiegend an der übernehmenden GmbH beteiligt sind (vgl. Widmann/Mayer/Mayer Rn. 10.2). Abs. 1 S. 3 ermöglicht ebenfalls den Eingriff in die wirtschaftliche Integrität von MinderheitsGes eines anderen übertragenden Rechtsträgers, bei dem ein Verzicht nicht ausgesprochen wird, es zum Anteilstausch kommt und die Verschm mit Dreiviertelmehrheit iSv § 50 I beschlossen werden kann. Deswegen besteht die Missbrauchsgefahr, die Abs. 1 S. 3 eröffnet, nicht nur bei der Verschm durch Aufnahme iSv § 2 Nr. 1, sondern auch bei der Verschm durch Neugründung (vgl. zu den Gefahren für die MinderheitsGes auch Mayer/Weiler DB 2007, 1235 (1239)). Durch die weite Fassung von Abs. 1 S. 3 wird schließlich den so genannten „Firmenbestattern" ein Instrument an die Hand gegeben, um durch **Verschm überschuldeter Rechtsträger** Spuren zu verwischen (vgl. Mayer/Weiler MittBayNot 2007, 368 (370); Mayer/Weiler DB 2007, 1235 (1238); dagegen Keller/Klett DB 2010, 1220 (1223)). Die Entscheidung des Gesetzgebers kann im Einzelfall möglicherweise durch die allg. Missbrauchskontrolle korrigiert werden (Mayer/Weiler MittBayNot 2007, 368 (371) mwN in Fn. 28). Anders als bei § 68 (→ § 68 Rn. 13) dürfte es auf die Vereinbarkeit von § 54 mit der Verschmelzungsrichtlinie nicht ankommen.

Die notariell zu beurkundenden Verzichtserklärungen sind von **allen** Anteilsinhabern des übertragenden Rechtsträgers, bei dem auf Anteilstausch verzichtet wird, zur Warnung vor einem Anteilsverlust und dem Schutz von Minderheitsgesellschaftern explizit (zum Sonderfall des konkludenten Verzichts bei zwei Schwestergesellschaften, deren alleiniger Gesellschafter und Geschäftsführer dieselbe Person ist, OLG Köln DNotZ 2020, 871) abzugeben. Verzichten müssen deshalb zunächst alle Anteilsinhaber, die am Verschmelzungsbeschluss teilgenommen haben. Verzichten müssen weiter alle Inhaber stimmrechtsloser Anteile und schließlich die Anteilsinhaber, die in der Anteilsinhaberversammlung nach § 13 I 2 nicht anwesend waren.

5. Entsprechende Anwendung der Kapitalerhöhungsverbote und -wahlrechte (Abs. 2)

Abs. 2 wurde mit der Umwandlungsreform 1994 für die Verschm unter Beteiligung einer GmbH als übernehmender Rechtsträger neu geschaffen; die **Gleichstellung der verdeckten Anteilsinhaberschaft** mit der offenen war früher nur in § 344 I 4 AktG aF geregelt. Für Rechnung der übernehmenden Ges (in den Fällen von Abs. 1 S. 1 Nr. 1, Abs. 1 S. 2 Nr. 1) bzw. eines übertragenden Rechtsträgers (Abs. 1 S. 1 Nr. 2, 3, Abs. 2 Nr. 2) handelt, wer als **Treuhänder** (Ermächtigungs-, Vollmachts- und Vollrechtstreuhand, vgl. K. Schmidt GesR § 61 III 1b mwN) oder **mittelbarer Stellvertreter** (vgl. Koch AktG § 71a Rn. 7 mwN) anzusehen ist. Der verdeckten Anteilsinhaberschaft iSv Abs. 2 steht der Besitz von Geschäftsanteilen der übernehmenden GmbH durch ein **abhängiges oder ein im Mehrheitsbesitz der GmbH stehendes Unternehmen** nicht gleich, dies kann wie bei § 344 I 4 AktG aF aus dem Schweigen des Gesetzgebers und der anders lautenden Vorschrift von § 71d S. 2 AktG geschlossen werden (Semler/Stengel/Leonard/Reichert Rn. 34 f.; Widmann/Mayer/Mayer Rn. 70; NK-UmwR/Kleindiek Rn. 9; Henssler/Strohn/Haeder Rn. 5; Lutter/Vetter Rn. 110 ff. mwN). Auch der **Nießbrauch** gehört nicht zu den Fallgruppen von Abs. 2 (so auch Habersack/Wicke/v. Hinden Rn. 71; BeckOGK/v. Hinden Rn. 71, hier handelt der Dritte für eigene Rechnung (Henssler/Strohn/Haeder Rn. 5).

6. Kapitalerhöhung bei Schwester-Fusion

Durch die Neufassung von Abs. 1 S. 3 ist die Verschm von SchwesterGes (allg. → § 2 Rn. 21) jetzt unproblematisch auch ohne KapErh möglich (→ Rn. 12 ff.). Insoweit ist die Neuregelung uneingeschränkt zu begrüßen. Gläubiger können sich iRv § 22 gegen die Übertragung negativen Vermögens schützen (→ Rn. 14; Semler/Stengel/Leonard/Reichert Rn. 24).

7. Teilungserleichterung (Abs. 3)

§ 17 aF GmbHG wurde durch das MoMiG vollständig aufgehoben. Nach dem gesetzlichen Leitbild ist damit eine Teilung von Geschäftsanteilen ohne Weiteres möglich, die Entscheidung darüber obliegt gem. § 46 Nr. 4 GmbHG der Gesellschafterversammlung (vgl. Wälzholz GmbHR 2008, 841 (844) mwN). Wegen der Satzungsautonomie bei der GmbH ist es aber möglich, vom gesetzlichen Leitbild abzuweichen und die Teilung von Geschäftsanteilen auszuschließen oder über § 46

Nr. 4 GmbHG hinaus zu erschweren Heckschen in Heckschen/Heidinger, GmbH in Gestaltungspraxis, 3. Aufl. 2013, § 4 Rn. 292 ff. mwN).

19 Soweit von dem Wahlrecht nach Abs. 1 S. 2 Gebrauch gemacht wird, ermöglicht **Abs. 3 Erleichterungen bei der Teilung.** Bestimmungen des Gesellschaftsvertrages, welche die Teilung der Geschäftsanteile der übernehmenden Ges ausschließen oder erschweren, finden keine Anwendung. Die Vorschrift steht auch **mittelbaren Teilungserschwerungen** entgegen (Semler/Stengel/Leonard/Reichert Rn. 37; Lutter/Vetter Rn. 119; Henssler/Strohn/Haeder Rn. 6; abw. Kölner Komm UmwG/Simon/Nießen Rn. 66, die Abs. 3 S. 1 nicht auf Regelungen anwenden wollen, die neben der Teilungserschwerung noch weitere Funktionen haben) und ist über den Wortlaut von Abs. 3 S. 1 hinaus anwendbar, wenn **Dritte** (→ Rn. 10) Anteile am übernehmenden Rechtsträger zur Verfügung stellen (Kallmeyer/Kocher Rn. 26; Lutter/Vetter Rn. 123; Semler/Stengel/Leonard/Reichert Rn. 39; Henssler/Strohn/Haeder Rn. 6). Abs. 3 S. 1 wurde durch das MoMiG (→ Einf. Rn. 28) neu gefasst. Die Mindeststückelung von GmbH-Geschäftsanteilen lautet nunmehr auf 1,00 Euro, jeder höhere Nennbetrag der gewährten Anteile muss auf volle Euro lauten (iÜ → § 46 Rn. 11, → § 51 Rn. 11).

8. Bare Zuzahlungen (Abs. 4)

20 Nach **Abs. 4** sind in gewissen Grenzen bei der Verschm auch **bare Zuzahlungen** der übernehmenden GmbH an die Anteilsinhaber der übertragenden Rechtsträger zulässig. Aus der Stellung der Vorschrift im unmittelbaren Anschluss an die Regelung der KapErhVerbote bzw. -Wahlrechte wird ersichtlich, dass bare Zuzahlungen bei diesen Fallgruppen möglich sind. Nach allgM können bare Zuzahlungen darüber hinaus aber **auch bei regulären Anteilsgewährungen** erfolgen (Lutter/Vetter Rn. 126 ff. mwN). Die baren Zuzahlungen dienen dem Zweck, einen **rechnerisch exakten Ausgleich** für die Übertragung der Vermögenswerte zu ermöglichen. Soweit also trotz der flexiblen Stückelungsmöglichkeiten noch eine Ungleichbehandlung vorliegen würde, kann der Ausgleich über die baren Zuzahlungen erfolgen.

21 Bare Zuzahlungen sollen nur **neben** einer Anteilsgewährung erfolgen. Der Wortlaut der Vorschrift lässt insoweit keinen Interpretationsspielraum.

22 Abs. 4 gilt nur für bare Zuzahlungen, die schon **im Verschmelzungsvertrag festgesetzt** sind, also nicht für spätere Erhöhungen oder Neufestsetzungen durch das Gericht aufgrund von **§ 15** (vgl. Begr. RegE, BR-Drs. 75/94 zu § 54 IV; → § 15 Rn. 13 ff.). Der Gesamtbetrag der Zuzahlungen darf bei Abs. 4 im Gegensatz zu § 15 I 1 Hs. 2 **nicht höher sein als 10% des Gesamtnennbetrags der gewährten Geschäftsanteile** (→ § 15 Rn. 28 ff.; krit. Priester ZIP 2013, 2033 mwN). Unerheblich ist insofern, woher die gewährten Geschäftsanteile stammen. In den Nenner sind also sowohl die durch KapErh geschaffenen als auch die schon vorhandenen Geschäftsanteile aufzunehmen (Lutter/Vetter Rn. 128; Semler/Stengel/Leonard/Reichert Rn. 42, jew. mwN). Berechnungsgrundlage sind nur die gewährten Geschäftsanteile, also nicht Geschäftsanteile der übernehmenden Ges an einem übertragenden Rechtsträger oder eigene Anteile eines übertragenden Rechtsträgers (Widmann/Mayer/Mayer Rn. 61; Habersack/Wicke/v. Hinden Rn. 81; BeckOGK/v. Hinden Rn. 81).

23 Die baren Zuzahlungen stellen **zusätzliche Leistungen** der übernehmenden Ges an die Anteilsinhaber der übertragenden Rechtsträger als Ausgleich für die Vermögensübertragung dar. Sie werden rechnerisch also dem Wert der gewährten Geschäftsanteile zugeschlagen. Zu beachten ist dabei, dass die baren Zuzahlungen keinesfalls zu einer **verdeckten Unterpariemission** führen dürfen (Widmann/Mayer/Mayer Rn. 66, 67; Widmann/Mayer/Mayer § 36 Rn. 165; Widmann/Mayer/Rieger § 68 Rn. 44 ff.; Semler/Stengel/Leonard/Reichert Rn. 43; NK-

Verschmelzung mit Kapitalerhöhung § 55 UmwG A

UmwR/Kleindiek Rn. 47; Hensler/Strohn/Haeder Rn. 7; zum früheren Recht bereits Lutter/Hommelhoff GmbHG, 13. Aufl. 1991, Anh. Verschm KapErhG § 23 Rn. 5; Hachenburg/Schilling/Zutt GmbHG, 7. Aufl. 1975, Anh. II § 77 KapErhG § 23 Rn. 15).

Beispiel für eine unzulässige Unterpariemission: 24

Tatsächlicher Wert der übertragenden Gesellschaft	1,0 Mio. Euro
Nominalbetrag des erhaltenen Geschäftsanteils an der Übernehmerin:	0,8 Mio. Euro
Bare Zuzahlung durch Übernehmerin:	0,3 Mio. Euro

Nachdem eine Differenzhaftung nicht eintritt (→ § 55 Rn. 5), müssen die baren 25 Zuzahlungen an den gewährten Geschäftsanteilen ausgekehrt werden. Die Grundsätze des existenzvernichtenden Eingriffs bleiben unberührt.

9. Rechtsfolge bei Verstößen

Bei **Verstößen gegen die KapErhVerbote** von Abs. 1 S. 1 liegt ein **Eintra-** 26 **gungshindernis** für die Eintragung der Erhöhung des StK iSv § 53 und im Reflex auch für die Verschm als solche vor. Zur Wirkung von § 20 II bei gleichwohl erfolgter Eintragung → § 20 Rn. 108 ff.

Bei einem **Verstoß** gegen das in **Abs. 1 S. 1 Nr. 1–3** enthaltene KapErhVerbot 27 ist der **KapErhB** analog § 241 Nr. 3 AktG nichtig. Dies entspricht jetzt der allgA (Lutter/Vetter Rn. 149 mwN; Widmann/Mayer/Mayer Rn. 71, 72; Semler/Stengel/Leonard/Reichert Rn. 46, jew. mwN; für die AG kann Beschluss uU nur anfechtbar sein, vgl. Kallmeyer/Marsch-Barner § 68 Rn. 19 und Widmann/Mayer/Rieger § 68 Rn. 54). Da der Verschmelzungsvertrag nach § 46 die Festsetzung der zu gewährenden Geschäftsanteile enthalten muss, führt ein Verstoß gegen Abs. 1 S. 1 über § 134 BGB auch zur **Unwirksamkeit des Verschmelzungsvertrages.** Werden KapErh und Verschm dennoch ins HR eingetragen, wirkt § 20 II für beide Maßnahmen, denn sie sind konditional verknüpft (→ § 55 Rn. 28; Kölner Komm UmwG/Simon/Nießen Rn. 79). Die entstehenden eigenen Anteile bei der übernehmenden GmbH sind nach hM unverzüglich zu veräußern (vgl. Widmann/Mayer/Mayer Rn. 73 mwN).

Die Stückelung der zu übertragenden Geschäftsanteile und evtl. zu gewährender 28 barer Zuzahlungen wird im Verschmelzungsvertrag geregelt. Ein **Verstoß gegen Abs. 3, 4** wirkt sich daher auf diesen aus. Nach allgA sind die entsprechenden Bestimmungen gem. **§ 134 BGB** nichtig (Widmann/Mayer/Mayer Rn. 74, 75 mwN). Gem. **§ 139 BGB** ist im Zweifel damit der gesamte Verschmelzungsvertrag nichtig.

§ 55 Verschmelzung mit Kapitalerhöhung

(1) **Erhöht die übernehmende Gesellschaft zur Durchführung der Verschmelzung ihr Stammkapital, so sind § 55 Abs. 1, §§ 56a, 57 Abs. 2, Abs. 3 Nr. 1 des Gesetzes betreffend die Gesellschaften mit beschränkter Haftung nicht anzuwenden.**

(2) **Der Anmeldung der Kapitalerhöhung zum Register sind außer den in § 57 Abs. 3 Nr. 2 und 3 des Gesetzes betreffend die Gesellschaften mit beschränkter Haftung bezeichneten Schriftstücken der Verschmelzungsvertrag und die Niederschriften der Verschmelzungsbeschlüsse in Ausfertigung oder öffentlich beglaubigter Abschrift beizufügen.**

(3) **Für den Beschluss über die Kapitalerhöhung nach Absatz 1 gilt § 14 Absatz 2 entsprechend.**

Übersicht

Rn.

I. Allgemeines 1
  1. Regelungsgehalt 1
  2. Notwendigkeit der Kapitalerhöhung 2
  3. Besonderheiten 3
II. Anwendbare Vorschriften aus dem GmbHG 4
  1. Kapitalerhöhungsbeschluss 4
  2. Differenzhaftung 5
  3. Weitere Vorschriften 7
III. Nicht anwendbare Vorschriften des GmbHG 8
  1. Keine Erklärung des Übernehmers (§ 55 I GmbHG) 8
  2. Leistung der Einlage (§ 56a GmbHG) 9
  3. Stückelung der neuen Anteile 10
  4. Sonstige unanwendbare Vorschriften 11
IV. Durchführung der Kapitalerhöhung 12
  1. Inhalt des Beschlusses 12
  2. Berechnung der notwendigen Kapitalerhöhung 14
    a) Grundsätzliches Ziel 14
    b) Bewertung der Rechtsträger 15
    c) Berechnung im Einzelnen 18
    d) Grenzen der Kapitalerhöhung 20
  3. Verteilung der neuen Anteile 23
  4. Zeitpunkt der Kapitalerhöhung 24
  5. Anmeldung beim Handelsregister 25
  6. Prüfung durch das Registergericht 26
V. Wirksamkeit und Mängel 28
  1. Verhältnis von Kapitalerhöhung und Verschmelzung 28
  2. Sonstige Mängel 29
VI. Kosten der Kapitalerhöhung 31
  1. Kosten des Erhöhungsbeschlusses 31
  2. Beurkundung der Anmeldung 32
  3. Gerichtskosten 33

I. Allgemeines

1. Regelungsgehalt

1 § 55 bestimmt die Modalitäten einer im Zuge der Verschm durchzuführenden **Erhöhung des StK bei der übernehmenden GmbH.** Regelungsinhalt sind im Wesentlichen Abweichungen der KapErh im Rahmen einer Verschm von §§ 55 ff. GmbHG. § 69 enthält die Parallelvorschrift für die AG. Naturgemäß ist die Norm auf **Verschm durch Neugründung** nicht anwendbar. § 55 muss immer im Zusammenhang mit § 54 gelesen werden, da dort festgelegt ist, wann eine KapErh nicht durchgeführt werden darf oder muss.

2. Notwendigkeit der Kapitalerhöhung

2 Wesenstypisch für die Verschm ist die Gewährung von Geschäftsanteilen an der übernehmenden Ges. Diese müssen, falls sie nicht schon vorhanden sind (§ 54), vor der Verschm im Wege der KapErh geschaffen werden. Im Regelfall muss also das StK erhöht werden. Hiervon kann nur in beschränktem Umfang, insbes. in den in

§ 54 geregelten Fällen, abgewichen werden. Durch § 54 I 3 ist insbes. eine Verschm von SchwesterGes (→ § 2 Rn. 21) ohne KapErh möglich, die Regelung stellt aber auch iÜ die Notwendigkeit einer Anteilsgewährung in das Belieben der Anteilsinhaber der übertragenden Rechtsträger (→ § 54 Rn. 10 ff.).

3. Besonderheiten

Bei der KapErh nach § 55 handelt es sich immer um eine **KapErh gegen Sacheinlage**. Die Einlagepflicht wird durch die Übertragung des Gesamtvermögens der übertragenden Rechtsträger erfüllt. Die KapErh iSv § 55 kann nur im Zusammenhang mit der Verschm durchgeführt werden (→ Rn. 28). Ihr ist ein **Bezugsrechtsausschluss** immanent (Lutter/Vetter Rn. 58 mwN). Da wegen der Gesamtrechtsnachfolge hierbei gesichert ist, dass die Einlagepflicht erfüllt wird, und weil auch die Übernahme der neuen Geschäftsanteile bereits im Verschmelzungsvertrag (vgl. § 46) vereinbart ist, kann für diese Erhöhung des StK ein **vereinfachtes Verfahren** zur Verfügung gestellt werden. Unzulässig ist hingegen die KapErh nach § 55, wenn und soweit auch den Gesellschaftern der übernehmenden Ges neue Anteile übertragen werden sollen (Lutter/Vetter Rn. 12; Widmann/Mayer/Mayer Rn. 11). Das Verfahren nach § 55 kann allerdings mit einer **KapErh nach allg. Grundsätzen**, §§ 55 ff. GmbHG, **verbunden** werden; in diesem Fall ist jede KapErh allein nach den für sie geltenden Vorschriften zu behandeln (dazu Widmann/Mayer/Mayer Rn. 115 ff.). Die „reguläre" KapErh ist unabhängig von derjenigen nach § 55, von einer Zusammenfassung in einem einheitlichen Beschluss wird deshalb abgeraten (Lutter/Vetter Rn. 13 mwN).

II. Anwendbare Vorschriften aus dem GmbHG

1. Kapitalerhöhungsbeschluss

Die **KapErh ist** zunächst eine **Satzungsänderung** bei der übernehmenden Ges. § 53 GmbHG findet daher Anwendung. Der Beschluss bedarf mindestens der **Mehrheit von drei Vierteln der abgegebenen Stimmen**. Besondere Bestimmungen in der Satzung der übernehmenden Ges sind zu beachten. Der Beschluss muss **notariell beurkundet** werden (§ 53 II 1 GmbHG). Er ist nicht schon im Zustimmungsbeschluss nach § 13 enthalten, auch wenn der Verschmelzungsvertrag die KapErh festlegt (→ § 46 Rn. 4). Vielmehr ist immer ein **gesonderter Beschluss zur KapErh notwendig** (Widmann/Mayer/Mayer Rn. 21 mwN; Kölner Komm UmwG/Simon/Nießen Rn. 6).

2. Differenzhaftung

Der BGH hat zwischenzeitlich entschieden, dass die Gesellschafter der beteiligten Rechtsträger bei der Verschm von GmbHs im Wege der Aufnahme mit KapErh beim übernehmenden Rechtsträger im Fall der Überbewertung des Vermögens des übertragenden Rechtsträgers keine Differenzhaftung trifft (BGH NZG 2019, 187). Für die aktienrechtliche Verschm hatte dies der BGH schon 2007 ausgesprochen (BGH NZG 2007, 513; NJW-RR 2007, 1487). Die Anteilsinhaber des übertragenden Rechtsträgers kommen als Adressaten einer Differenzhaftung nur dann in Betracht, wenn diese auf Grund einer rechtsgeschäftlichen Kapitaldeckungszusage für den Wert des übertragenden Rechtsträger einzustehen haben. Maßgeblich sei, dass es (wie bei der AG) an der Kapitaldeckungszusage fehle. Eine solche lasse sich weder aus dem Verschmelzungsvertrag noch aus dem Verschmelzungsbeschluss ableiten. Der Senat hält aber eine Haftung gemäß § 826 BGB unter dem Gesichtspunkt der Existenzvernichtungshaftung für möglich (ausführlich zur Argumentation des BGH Lutter/Vetter Rn. 41 ff. mwN; aA Priester ZIP 2019, 646 ff., der der

Entscheidung des BGH zur Differenzhaftung widerspricht und darauf verweist, dass die Differenzhaftung als verschuldensunabhängige Kapitalaufbringungshaftung der verschuldensabhängigen Existenzvernichtungshaftung überlegen sei, sowie Wachter DB 2019, 175 (176), mit der Begründung, dass die Auffassung des BGH den Kapitalschutz schwäche und die Gesellschafter der übernehmenden Ges nicht ausreichend von einer Überbewertung geschützt seien). Die Auffassung des BGH überzeugt. Die noch in der Vorauflage vertretene Gegenauffassung wird aufgegeben.

6   Eine davon zu trennende Frage ist es, ob die Anteilsinhaber Einfluss auf die Bewertung haben (zur bilanziellen Behandlung der KapErh Naraschewski GmbHR 1998, 356 (357)). Dies führt im Ergebnis aber lediglich dazu, dass daneben auch die anmeldenden Geschäftsführer und ein evtl. Prüfer zur Haftung herangezogen werden können (so auch Ihrig GmbH 1995, 622 (635); Kallmeyer/Kocher Rn. 18).

3. Weitere Vorschriften

7   Zur Anwendbarkeit von § 57 I, III Nr. 2 und 3 GmbHG, § 57a GmbHG → Rn. 25 ff.

III. Nicht anwendbare Vorschriften des GmbHG

1. Keine Erklärung des Übernehmers (§ 55 I GmbHG)

8   Ausdrücklich ausgeschlossen ist die Anwendbarkeit von **§ 55 I GmbHG.** Es bedarf also keiner ausdrücklichen **Erklärung des Übernehmers** der neuen Geschäftsanteile. Hintergrund dieser Regelung ist, dass die Zuordnung der neuen Geschäftsanteile bereits im Verschmelzungsvertrag erfolgt und dass damit der Zustimmungsbeschluss das **Einverständnis der Anteilsübernehmer** (bei zulässiger Mehrheitsentscheidung auch derjenigen, die überstimmt wurden) enthält (§§ 13, 46; OLG Hamm DB 2002, 1314; Lutter/Vetter Rn. 50; Semler/Stengel/Leonard/Reichert Rn. 14; Habersack/Wicke/v. Hinden Rn. 11; BeckOGK/v. Hinden Rn. 11; Widmann/Mayer/Mayer Rn. 41; Kölner Komm UmwG/Simon/Nießen Rn. 11).

2. Leistung der Einlage (§ 56a GmbHG)

9   Gesetzlich ausgeschlossen ist weiter die Anwendung von **§ 56a GmbHG.** Auch dies rechtfertigt sich aus der Besonderheit der KapErh im Zusammenhang mit der Verschm. Da die Einlage als Sacheinlage und mittels Übertragung des Vermögens der übertragenden Rechtsträger durch Gesamtrechtsnachfolge auf die übernehmende GmbH erbracht wird, mithin die **Bewirkung der Sacheinlage sichergestellt** ist, konnten hier Vereinfachungen eingeführt werden. Daraus folgt zugleich, dass die **Versicherung gem. § 57 II GmbHG** ebenfalls wegfällt, die Einlagen seien bei Antragstellung bewirkt und der Gegenstand der Sacheinlage befinde sich endgültig in der freien Verfügung der Geschäftsführer der Übernehmerin. Der Ausschluss von § 57 III Nr. 1 GmbHG ergibt sich schon aus der Nichtanwendung von § 55 I GmbHG.

3. Stückelung der neuen Anteile

10   Früher sah Abs. 1 S. 2 aF für die neuen Geschäftsanteile einen Mindestbetrag von 50 Euro und einen Teiler von 10 vor. Durch das **MoMiG** (→ Einf. Rn. 28) wurde § 46 I 3 geändert (→ § 46 Rn. 3, → § 46 Rn. 11). Die Mindeststückelung beträgt jetzt 1,00 Euro, der Teiler lautet auf volle Euro. Damit konnte Abs. 1 S. 2 aF durch das MoMiG ebenfalls aufgehoben werden. Enthält der Gesellschaftsvertrag der Übernehmerin Bestimmungen, die die **Teilung der Geschäftsanteile** erschweren oder

ausschließen, gelten diese bei der KapErh iRd Verschm nicht (§ 54 III; → § 54 Rn. 18 f.).

4. Sonstige unanwendbare Vorschriften

Naturgemäß gilt bei der KapErh im Zusammenhang mit der Verschm **§ 55 II** 11
GmbHG nur mit der Maßgabe, dass die neuen Geschäftsanteile lediglich den Anteilsinhabern der übertragenden Rechtsträger gewährt werden dürfen (→ Rn. 3; vgl. zur teilw. Unvollständigkeit von Abs. 1 iÜ Widmann/Mayer/Mayer Rn. 49 ff.).

IV. Durchführung der Kapitalerhöhung

1. Inhalt des Beschlusses

Zentraler Gegenstand des KapErhB ist der Betrag, um den das StK der überneh- 12
menden GmbH erhöht werden soll (Semler/Stengel/Leonard/Reichert Rn. 4). Auch bei der KapErh anlässlich der Verschm ist es nach jetzt einhelliger Auffassung möglich, den genauen Betrag der KapErh vorübergehend offenzulassen. Es gelten die allg. Vorschriften zur KapErh mit Sacheinlagen iSv § 56 GmbHG, sodass es genügt, das StK der übernehmenden GmbH zunächst bis zu einer **bestimmten Höchstziffer** zu erhöhen (ausf. Begr. bei Widmann/Mayer/Mayer Rn. 32; Semler/Stengel/Leonard/Reichert Rn. 5, jew. mwN). Spätestens zum Zeitpunkt der Anmeldung der Verschm bei der übernehmenden GmbH muss dann die endgültige Bezifferung des Erhöhungsbetrages erfolgen (Widmann/Mayer/Mayer Rn. 32).

Keiner Angabe bedarf es hingegen hinsichtlich der **Höhe der einzelnen neuen** 13
Stammeinlagen und der **Namen der Gesellschafter,** denen die neuen Geschäftsanteile übertragen werden (so auch Widmann/Mayer/Mayer Rn. 33), da diese Daten im Verschmelzungsvertrag genau bezeichnet sind (§ 46 I 1; auch → Rn. 25). Aus der Anwendbarkeit von § 56 GmbHG folgt die Notwendigkeit der Angabe, dass die Leistungen auf die Sacheinlage durch die Übertragung des Vermögens der übertragenden Rechtsträger erbracht werden.

Durch das **UmRUG** wurde in § 55 ein **neuer Abs. 3** (→ § 69 Rn. 30) ergänzt, 13a
der vorsieht, dass im Rahmen des Beschlusses über die Kapitalerhöhung nach Abs. 1 § 14 II entsprechend gilt, so dass eine Bewertungsrüge (dass das Umtauschverhältnis der Anteile nicht angemessen ist oder dass die Mitgliedschaft bei dem übernehmenden Rechtsträger kein angemessener Gegenwert für die Anteile oder die Mitgliedschaft bei dem übertragenden Rechtsträger ist) als Anfechtungs- oder Nichtigkeitsgrund für eine Klage gegen den Kapitalerhöhungsbeschluss nicht in Betracht kommt und für entsprechende Mängel das Spruchverfahren eröffnet ist (→ Rn. 29; BeckOGK/Rieckers/Cloppenburg § 14 Rn. 1; BeckOGK/v. Hinden Rn. 53). Zuvor war dies nur für die Anteilsinhaber des übertragenden Rechtsträgers verwehrt.

2. Berechnung der notwendigen Kapitalerhöhung

a) Grundsätzliches Ziel. Die KapErh nach § 55 erfolgt zum Zweck der 14
Verschm. Soweit sie überhaupt durchgeführt werden darf oder muss (→ Rn. 2), lässt sich der **Erhöhungsbetrag** abstrakt leicht beschreiben. Die KapErh muss im Ergebnis dazu führen, dass Geschäftsanteile gewährt werden, die **wertmäßig dem Vermögen der übertragenden Rechtsträger** entsprechen. Denn die Geschäftsanteile (evtl. zzgl. barer Zuzahlung), die die Anteilsinhaber der übertragenden Rechtsträger erhalten, müssen einen **vollen Wertausgleich** darstellen für die Anteile, die sie an dem übertragenden Rechtsträger verlieren (ausf. → § 5 Rn. 6 ff.). Die Höhe der neuen Geschäftsanteile und damit die Höhe der KapErh hängt also vom Verhält-

Missio

nis des Wertes der übertragenden Rechtsträger zum Wert der übernehmenden GmbH nach der Verschm ab (iE → Rn. 18 ff.).

15 **b) Bewertung der Rechtsträger.** Aus der Abhängigkeit der notwendigen KapErh vom Wert der zu verschmelzenden Rechtsträger folgt, dass deren Wert vor der Verschm ermittelt werden muss. Maßgebend hierfür ist der **wahre Wert** (→ § 5 Rn. 6).

16 Zur Wertermittlung idR nach der **Ertragswertmethode** ausf. → § 5 Rn. 10 ff.; zur etwaigen **Maßgeblichkeit des Börsenkurses** → § 5 Rn. 49 ff.

17 Im Regelfall wird eine **Bewertung durch Sachverständige,** also insbes. durch Wirtschaftsprüfer, notwendig sein. Auch unter Beachtung der Grds. der Gleichbehandlung aller Gesellschafter besteht aber nach der Berechnung des Umtauschverhältnisses noch ein gewisser **Verhandlungsspielraum,** mit dem in engen Grenzen solchen strategischen Interessen der beteiligten Rechtsträger (zB durch die Globalisierung bedingter Zwang zu schnellen Zusammenschlüssen, etwa LG Frankfurt a. M. DB 1999, 2304) genügt wird, die bei der Berechnung der jew. Unternehmenswerte nicht fassbar waren. Die teilw. in der Praxis spürbare Überbetonung dieser strategischen Ansätze durch die Leitungsorgane der Rechtsträger dürften bei Verschm allerdings mit den geschützten Interessen der Anteilsinhaber, die insbes. das BVerfG stark betont (→ § 5 Rn. 7, 49 ff.), nicht in Einklang stehen. Vgl. zum Ganzen auch Clemm/Dürrschmidt FS Widmann, 2000, 3 (10 ff.); Kiethe NZG 1999, 976; Müller NJW 2000, 3452; v. Bernuth DB 1999, 1689 jew. mwN.

18 **c) Berechnung im Einzelnen.** Die **Berechnung der KapErh** lässt sich auf die allg. Formel bringen, dass das Verhältnis des Werts der übertragenden Rechtsträger zum Gesamtwert aller Rechtsträger dem Verhältnis der KapErh zum StK nach der Verschm entsprechen muss. Als mathematische Gleichung am einfachen **Beispiel** der Verschm einer GmbH auf eine GmbH ausgedrückt:

X   = Kapitalerhöhung
GmbH Ü = Übertragende Ges
GmbH A = Aufnehmende Ges

$$\frac{X}{StK\ GmbH\ A + X} = \frac{Wert\ GmbH\ Ü}{Wert\ GmbH\ Ü + GmbH\ A}$$

19 **Beispiel:**

Wert übertragende Ges : 150
Wert aufnehmende Ges : 450
Bisheriges StK der aufnehmenden Ges : 75

$$\frac{X}{75 + X} = \frac{150}{600}$$
$$600\,X = 11.250 + 150\,X$$
$$450\,X = 11.250$$
$$X = 25$$

Es muss also eine KapErh um 25 auf den Gesamtwert 100 erfolgen.
Die Richtigkeit des Ergebnisses kann mit einer einfachen **Probe** nachgewiesen werden:
Wert der Geschäftsanteile an übertragender GmbH: 150
Wert der übertragenden Geschäftsanteile an aufnehmender GmbH:

$$\frac{25\ (neue\ Geschäftsanteile)}{100\ (neues\ StK)} \times 600\ (Gesamtwert) = 150$$

d) Grenzen der Kapitalerhöhung. Neben dem KapErhVerbot nach § 54 ist 20 auch das **Verbot** der sog. **Unterpariemission** zu beachten (ausf. Lutter/Vetter Rn. 26 ff. mwN; zur fragwürdigen Entscheidung des OLG Frankfurt a. M. DB 1998, 917 → § 46 Rn. 8 zur Saldierung bei mehreren übertragenden Rechtsträgern). Damit wird zum Ausdruck gebracht, dass die **Erhöhung des StK mindestens durch den tatsächlichen Wert des zu übertragenden Vermögens gedeckt** sein muss, da anderenfalls die Sacheinlage nicht vollständig bewirkt ist. Dies unterliegt gem. § 57a GmbHG iVm § 9c GmbHG der Prüfung durch das Registergericht. Eine Unterpariemission entsteht, wenn der Wert der übernehmenden Ges geringer als der ihres nominellen StK ist.

Dazu folgendes **Beispiel:** 21

X   = Kapitalerhöhung
Wert der GmbH Y   = 150
StK GmbH Y   = 100
Wert der GmbH Z   = 200
StK GmbH Z   = 300

1. Variante: Z nimmt Y auf

$$X = \frac{150}{200} \times 300 = 225$$

dh, das StK der GmbH Z müsste um 225 erhöht werden, während ihr nur Vermögenswerte iHv 150 zufließen: verbotene Unterpariemission.

2. Variante: Y nimmt Z auf

$$X = \frac{200}{150} \times 100 = 133{,}33$$

dh, das StK der GmbH Y müsste um 133,33 erhöht werden. Diese Erhöhung ist durch zu übertragende Vermögenswerte iHv 200 gedeckt: zulässige Verschm.

Zur Durchführung von **Sanierungsfusionen** unter Beteiligung eines oder meh- 22 rerer überschuldeter Rechtsträger als Übertrager oder Übernehmer → § 3 Rn. 48, → § 3 Rn. 56, → § 46 Rn. 8, → § 54 Rn. 14; Heckschen DB 2005, 2283, 2675; ausf. Widmann/Mayer/Mayer Rn. 83.1 ff.; Schwetlik GmbHR 2011, 130; Limmer Kölner Schrift zur InsO, 1997, 929 ff. Zum **Downstream-Merger** → § 54 Rn. 5, → § 54 Rn. 11; Bock GmbHR 2005, 1023; Mertens AG 2005, 785; Rodewald GmbHR 2005, 515; Middendorf/Stegemann DStR 2005, 1082; Enneking/Heckschen DB 2006, 1099; Klein/Stephanblome ZGR 2007, 351). § 30 I GmbHG steht dem Downstream-Merger nach zutr. Ansicht nicht entgegen. Die Frage ist jedoch auch nach Neufassung von § 30 I GmbHG durch das MoMiG str.

3. Verteilung der neuen Anteile

Die durch die KapErh geschaffenen Anteile werden als Ausgleich für die Vermö- 23 gensübertragung **den Anteilsinhabern der übertragenden Rechtsträger** gewährt. Innerhalb dieses Gesellschafterkreises erfolgt die Verteilung außer im Fall der nichtverhältniswahrenden Verschm (→ § 5 Rn. 8) **entsprechend dem bisherigen Beteiligungsverhältnis** der Anteilsinhaber an den jew. übertragenden Rechtsträgern und unter Beachtung der Werte der jew. übertragenden Rechtsträger. Dadurch ist gewährleistet, dass auch dem einzelnen Anteilsinhaber der entsprechende Vermögenswert erhalten bleibt.

4. Zeitpunkt der Kapitalerhöhung

24 Die KapErh kann erst nach Abschluss des Verschmelzungsvertrages und dem Vorliegen der Zustimmungsbeschlüsse **durchgeführt** werden. Dies ergibt sich aus Abs. 2, da der Anmeldung der KapErh der Verschmelzungsvertrag (nicht nur dessen Entwurf) und die Verschmelzungsbeschlüsse beizufügen sind. Der **KapErhB** kann hingegen **schon vorher gefasst** werden (→ Rn. 12; wie hier Semler/Stengel/Leonard/Reichert Rn. 3, jew. mwN; Lutter/Vetter Rn. 11 weisen zutr. darauf hin, dass idR KapErhB und der Beschluss iSv § 13 bei der übernehmenden GmbH gemeinsam beurkundet werden). Ein vor der Verschm gefasster KapErhB wäre wirkungslos, falls die Verschm scheitert, und ist im Falle der bereits erfolgten Eintragung von Amts wegen zu löschen.

5. Anmeldung beim Handelsregister

25 Nach Abschluss des Verschmelzungsvertrages und dem Vorliegen der Verschmelzungsbeschlüsse (Abs. 2) ist die **KapErh beim HR** der Übernehmerin **anzumelden**. § 57 II GmbHG findet keine Anwendung (Abs. 1 S. 1), da die Bewirkung der Einlage durch die Gesamtrechtsnachfolge gesichert ist. Soweit die Übernehmer der neuen Geschäftsanteile im Verschmelzungsvertrag namentlich genannt sind, erübrigt sich die Beifügung einer gesonderten Übernehmerliste (aA Kallmeyer/Kocher Rn. 9; Widmann/Mayer/Mayer Rn. 90; Kölner Komm UmwG/Simon/Nießen Rn. 32; Henssler/Strohn/Haeder Rn. 10; wie hier Semler/Stengel/Leonard/Reichert Rn. 22; Lutter/Vetter Rn. 24, 50, 63, 64). Die in § 57 III Nr. 3 GmbHG genannten **Festsetzungsverträge** gibt es nach allgM bei einer Verschm nicht (Lutter/Vetter Rn. 65; Widmann/Mayer/Mayer Rn. 92; Semler/Stengel/Leonard/Reichert Rn. 22; Henssler/Strohn/Haeder Rn. 10).

6. Prüfung durch das Registergericht

26 Gem. § 57a GmbHG iVm § 9c GmbHG obliegt dem **Registergericht** die **Prüfung der KapErh**. Daraus folgt die Notwendigkeit, der Anmeldung auch Unterlagen beizufügen, die eine Prüfung ermöglichen. Als geeignete Unterlagen kommen etwa die **Schlussbilanz** des übertragenden Rechtsträgers in Betracht, die dem Registergericht iRd Verschm ohnehin vorzulegen ist (§ 17 II). Feste Richtlinien können aber nicht aufgestellt werden, da gem. § 26 FamFG der **Amtsermittlungsgrundsatz** eingreift, dem Richter also ein weiter Ermessensspielraum zusteht (Lutter/Vetter § 53 Rn. 8 ff.; Lutter/Vetter Rn. 68 ff.; Widmann/Mayer/Mayer Rn. 75 ff.). Ein Sacheinlagebericht ist nicht erforderlich (LG München I DB 2005, 1731 zu § 126 I Nr. 9). Bei mittleren und großen GmbH (vgl. § 267 HGB) ist ein **geprüfter Abschluss** zu verlangen (so auch Widmann/Mayer/Mayer Rn. 78). Eine intensive Prüfung wird dann angebracht sein, wenn die **KapErh höher als das EK nach BW** der übertragenden Rechtsträger ist (wie hier Lutter/Vetter Rn. 71; Semler/Stengel/Leonard/Reichert Rn. 25; Henssler/Strohn/Haeder Rn. 9; ähnlich Widmann/Mayer/Mayer Rn. 77 ff.: Detailprüfung nur, wenn Wertdeckung tatsächlich zweifelhaft), da in diesem Fall zum Nachw. der Deckung stille Reserven oder entsprechende Werthaltigkeit des nicht bilanzierten Vermögens aufgezeigt werden müssen. Eine. **Differenzhaftung** der Gesellschafter besteht nicht (→ Rn. 5). Zur Möglichkeit des „freiwilligen Nachschusses" bei entsprechender Zwischenverfügung des Registergerichts vgl. Widmann/Mayer/Mayer Rn. 79.1 mwN.

27 Die Prüfung des Registergerichts erstreckt sich im Wesentlichen darauf, ob die KapErh im Zusammenhang mit einer Verschm erfolgt und ob das zu übertragende Nettovermögen die angemeldete KapErh deckt. Nur wenn insoweit keine Bedenken bestehen, darf die Eintragung erfolgen.

V. Wirksamkeit und Mängel

1. Verhältnis von Kapitalerhöhung und Verschmelzung

Die **Eintragung der KapErh** ist gem. § 53 **Voraussetzung für die Eintragung** 28 **der Verschm.** Verschm und KapErh nach § 55 **bedingen einander gegenseitig** („gegenseitige Wirksamkeitsverknüpfung", Kallmeyer/Kocher Rn. 2; „konditionale Verbindung", Lutter/Vetter Rn. 8 ff. mwN; Goutier/Knopf/Tulloch/Bermel Rn. 32 verknüpft über aufschiebende Bedingung; auch BGH AG 2007, 625 zur KapErh als „Annex" der Verschm; vgl. zu mit der Verschm und der dortigen KapErh eng verknüpften Kapitalherabsetzungen OLG Frankfurt a. M. ZIP 2012, 826 m. zust. Anm. Grunewald EWiR 2012, 331). Soweit eine KapErh erfolgen muss, ist der **KapErhB Wirksamkeitsvoraussetzung für den Verschmelzungsvertrag** (allgM, statt aller Widmann/Mayer/Mayer Rn. 108). Die Eintragung der Verschm selbst erfolgt erst nach Eintragung der KapErh (§ 53; auch eine etwaige Sitzverlegung ist vorrangig, vgl. OLG Frankfurt a. M. MittBayNot 2005, 327). Umgekehrt ist der **KapErhB nur wirksam, wenn die Verschm** auch **durchgeführt wird** (allgM, Lutter/Vetter Rn. 11 mwN; Widmann/Mayer/Mayer Rn. 110 ff.). **Eine (zu hoch) eingetragene KapErh** ist bei Fehlen des Wirksamkeitserfordernisses „zur Durchführung der Verschm" aus § 53 **von Amts wegen zu löschen,** eine Umdeutung kommt regelmäßig nicht in Betracht (Widmann/Mayer/Mayer Rn. 111, 112).

2. Sonstige Mängel

Durch das **UmRUG** wurde in § 14 II, der gemäß dem neu eingefügten Abs. III 29 auf Beschlüsse nach Abs. 1 entsprechend anzuwenden ist (→ Rn. 13a), geregelt, dass eine Anfechtung des Verschmelzungsbeschlusses nun auch von Anteilsinhabern des **übernehmenden Rechtsträgers** nicht auf Mängeln des Umtauschverhältnisses beruhen kann. Nach § 14 II aF konnte ein falsches Umtauschverhältnis nur seitens der Gesellschafter des übertragenden Rechtsträgers in einem besonderen Verfahren nach dem SpruchG, nicht hingegen durch Anfechtung des Zustimmungsbeschlusses, geltend gemacht werden (zur bisherigen Rechtslage zuletzt → 9. Aufl. 2020, Rn. 29). Für den Anteilsinhaber des übernehmenden Rechtsträgers war dies nicht unumstritten. Nach hier bisher vertretener Auffassung (zur bisherigen Rechtslage zuletzt → 9. Aufl. 2020, Rn. 29) konnten die Anteilsinhaber des übernehmenden Rechtsträgers gegen ein nach ihrer Ansicht nachteiliges Umtauschverhältnis ausschließlich gegen den Verschmelzungsbeschluss vorgehen. Nun werden die Anteilsinhaber des übertragenden und des übernehmenden Rechtsträgers für den Einwand des unangemessenen Umtauschverhältnisses auf einen Anspruch auf bare Zuzahlung gem. § 15 und die Durchführung des Spruchverfahrens nach dem SpruchG verwiesen und Mängel des Umtauschverhältnisses können weder gegen den Verschmelzungsbeschluss noch gegen den Kapitalerhöhungsbeschluss vorgebracht werden (→ § 14 Rn. 28 ff.; BeckOGK/v. Hinden Rn. 53). Auf diese Art und Weise kann ein unangemessenes Umtauschverhältnis geltend gemacht werden, ohne die Verschm an sich unwirksam zu machen oder deren Eintragung zu verhindern (§ 16 II S. 2; zur bisherigen Rechtslage → § 14 Rn. 29). Der **KapErhB** kann darüber hinaus an **eigenen Mängeln** leiden. So ist etwa an eine Beschlussfassung ohne die erforderliche satzungsmäßige **Mehrheit** zu denken.

Sonstige Mängel des KapErhB führen nicht automatisch zur **Nichtigkeit.** Nich- 30 tigkeit ist bei einem Verstoß gegen das Verbot der **Unterpariemission** bzw. bei einem **Verstoß gegen § 33 I GmbHG** (§ 54 I 1 Nr. 3) anzunehmen. IdR liegt nur **Anfechtbarkeit** des Beschlusses vor. **Nach Eintragung der Verschm wirkt** § 20 II auch für die KapErh („Bestandskraft", OLG Frankfurt a. M. ZIP 2012, 826 mwN m. zust. Anm. Grunewald EWiR 2012, 331; Goutier/Knopf/Tulloch/

A UmwG § 56

Bermel Rn. 33; Lutter/Vetter Rn. 82 mwN; Widmann/Mayer/Mayer Rn. 108; Semler/Stengel/Leonard/Reichert Rn. 29, der insoweit allerdings von Heilung spricht) und für im Zusammenhang mit der Verschm beschlossene **Kapitalherabsetzungen** (OLG Frankfurt a. M. ZIP 2012, 826 m. zust. Anm. Grunewald EWiR 2012, 331).

VI. Kosten der Kapitalerhöhung

1. Kosten des Erhöhungsbeschlusses

31   Die **Beurkundung des KapErhB** löst eine 2,0-Gebühr gem. § 3 II GNotKG (allg. → § 19 Rn. 39 mwN) iVm KV 21100 GNotKG aus. Wird gleichzeitig der Zustimmungsbeschluss zur Verschm beurkundet, so fällt die Gebühr dann nur einmal an, wenn beide Beschlüsse in derselben Verhandlung beurkundet werden (vgl. Widmann/Mayer/Mayer Rn. 122). Der Nennbetrag der KapErh ist dem Geschäftswert des Verschmelzungsbeschlusses hinzuzurechnen, da gem. § 86 II GNotKG verschiedene Beurkundungsgegenstände vorliegen (Widmann/Mayer/Mayer Rn. 121; Korintenberg/Tiedtke GNotKG § 108 Rn. 85; Tiedtke MittBayNot 1997, 209 (212)). Der Höchstwert für die Beschlüsse beträgt 5 Mio. Euro (§ 108 V GNotKG).

2. Beurkundung der Anmeldung

32   Die Beurkundung der Anmeldung der KapErh löst nach § 3 II GNotKG iVm KV 21201 Nr. 5 GNotKG eine **0,5-Gebühr** aus. Der **Geschäftswert** entspricht dem Nennbetrag der KapErh, mindestens jedoch 30.000 Euro und höchstens 1 Mio. Euro (§ 105 I Nr. 3, S. 2 GNotKG, § 106 GNotKG). Für die Erzeugung der XML-Strukturdatendatei wird eine 0,3-Gebühr nach KV 22114 GNotKG aus dem Wert der Registeranmeldung erhoben (höchstens 250 Euro).

3. Gerichtskosten

33   Auch nach Ablösung der KostO durch das GNotKG richten sich die Handelsregistergebühren weiterhin nach der **HRegGebV**. Gem. § 58 GNotKG iVm GV 2401 HRegGebV entsteht für die Erhöhung des StK nach dem UmwG eine Gebühr von 210 Euro. Damit wird den Anforderungen der GesSt-RL genügt.

34   Zu Rechtsmitteln und Rechtsbehelfen gegen Kostenentscheidungen → § 19 Rn. 46 ff.

Zweiter Unterabschnitt. Verschmelzung durch Neugründung

§ 56 Anzuwendende Vorschriften

Auf die Verschmelzung durch Neugründung sind die Vorschriften des Ersten Unterabschnitts mit Ausnahme der §§ 51 bis 53, 54 Absatz 1 bis 3 sowie des § 55 entsprechend anzuwenden.

Übersicht

	Rn.
1. Allgemeines	1
2. Verschmelzungsvertrag	4
3. Gesellschaftsvertrag	11
4. Organbestellung	18
5. Zustimmungsbeschlüsse	22
6. Kosten	24

	Rn.
a) Notarkosten	24
b) Gerichtskosten	25

1. Allgemeines

Regelungsgegenstand von § 56 ist die **Verschm durch Neugründung**. Hierbei vereinigen sich zwei oder mehrere Rechtsträger zu einer GmbH (nicht UG, → § 3 Rn. 16 mwN), die vorher nicht bestand, sondern erst im Zusammenhang mit der Verschm gegründet wird (allg. → § 2 Rn. 14, → § 36 Rn. 1 ff.). Die sich vereinigenden Rechtsträger erlöschen daraufhin. 1

Für die Verschm durch Neugründung müssen folgende Schritte durchgeführt werden: Die sich vereinigenden Rechtsträger schließen einen **Verschmelzungsvertrag** unter Beachtung von § 5, § 46 I, § 57 (§ 46 II (Sonderrechte bzw. -pflichten) findet für die Verschm durch Neugründung keine Anwendung, obwohl die Vorschrift in § 56 nicht ausdrücklich genannt wird; aA Lutter/Vetter Rn. 15 und ihm folgend Semler/Stengel/Leonard/Reichert Rn. 8: sinngemäße Anwendung von § 46 II; Kölner Komm UmwG/Simon/Nießen Rn. 10; jedenfalls ins Leere geht der Verweis auf § 46 III), dem die Anteilsinhaber jedes Rechtsträgers durch **Beschluss** (§ 13; § 50 gilt iRv §§ 56 ff. nur bei Beteiligung einer GmbH als übertragender Rechtsträger) zustimmen müssen. Daneben muss aber auch ein **Gesellschaftsvertrag** für die neu zu gründende GmbH abgeschlossen werden, der wiederum der **Zustimmung der jew. Gesellschafter** durch Beschluss (§ 59) bedarf. Die neue GmbH muss sodann **ins HR eingetragen werden**, was als konstitutiver Akt die Wirkungen der Verschm auslöst (§ 36 I 2, §§ 38, 20 I). Die zuvor erfolgte Eintragung der Verschm in das Register am Sitz der übertragenden Rechtsträger (§ 19 I 2) ist rein deklaratorisch. 2

Regelungstechnisch erfolgt die Behandlung der Verschm durch Neugründung durch Verweisung auf die Vorschriften über die Verschm durch Aufnahme (Vorschriften des Ersten Unterabschnitts) unter Nennung der nicht anzuwendenden Normen. **§§ 57–59** enthalten speziell auf die Verschm durch Neugründung einer GmbH zugeschnittene Sonderregelungen. 3

2. Verschmelzungsvertrag

Der Verschmelzungsvertrag wird durch die sich vereinigenden Rechtsträger geschlossen; die **neu zu gründende GmbH** ist daran noch **nicht beteiligt**. Der Abschluss erfolgt durch die jew. vertretungsberechtigten Organe, gegenüber dem Abschluss des Verschmelzungsvertrages bei der Verschm durch Aufnahme bestehen keine Besonderheiten. 4

Wegen der **Generalverweisung in § 56** ist für den Inhalt des Verschmelzungsvertrages neben § 5 auch § 46 I maßgeblich. § 46 III kann hingegen nicht angewandt werden, er setzt eine bereits bestehende Übernehmerin voraus (zu § 46 II kann man das in Bezug auf Sonderrechte und -pflichten einzelner Gesellschafter anders sehen; → Rn. 2). Zum notwendigen **Inhalt des Verschmelzungsvertrages** gehört damit die Angabe der Nennbeträge der Geschäftsanteile, welche die Anteilsinhaber der sich vereinigenden Rechtsträger am StK der übernehmenden GmbH erhalten. Bei der Festlegung der **Höhe des StK** besteht wie bei der sonstigen Gründung einer GmbH ein gewisser Spielraum. Bei der Verschm von KapGes muss das StK der neu zu gründenden GmbH nicht der Summe des Stamm- oder Grundkapitals der übertragenden Ges entsprechen (Widmann/Mayer/Mayer § 36 Rn. 28 ff.). Umgekehrt darf die Neugründung nicht eine **unzulässige Unterpariemission** darstellen (→ § 55 Rn. 20). Bei der Verschm durch Neugründung handelt es sich um eine (vereinfachte) **Sachgründung**. Sie ist bei der UG deshalb nicht möglich (→ § 3 5

Rn. 16 mwN). Die Sacheinlagen müssen das StK decken (§ 9 GmbHG). Das Verbot der Unterpariemission folgt bereits aus dem Verweis auf die Gründungsvorschriften des GmbHG in § 36 II, hier aus einem Verweis auf §§ 5, 8, 9–9c GmbHG. Das StK der neu zu gründenden GmbH darf nicht höher sein als die Summe der tatsächlichen Werte, die von den an der Verschm beteiligten Rechtsträgern eingebracht werden. Eine Unterpariemission liegt hingegen nicht vor, wenn das StK durch den tatsächlichen Wert des Vermögens der sich vereinigenden (übertragenden) Rechtsträger gedeckt ist und lediglich einzelne Anteilsinhaber eines untergehenden Rechtsträgers neue Geschäftsanteile in Höhe eines Nennbetrages erhalten, der über dem Wert ihres bisherigen Anteils liegt. In diesem Fall ist lediglich das Umtauschverhältnis nicht korrekt, die anderen Anteilsinhaber werden entsprechend benachteiligt (zum Gleichbehandlungsgrundsatz → § 46 Rn. 6; zur nichtwertniswahrenden Verschm → § 5 Rn. 8); auf die Kapitalausstattung der übernehmenden GmbH hat dies bei der notwendigen Gesamtbetrachtung aber keine Auswirkung. Entsprechendes gilt nach zutr. hM im Fall der **Mehrfachverschmelzung**, wenn das **saldierte Vermögen** die Kapitalaufbringung sichert (→ § 46 Rn. 8).

6 Ebenfalls keine Unterpariemission und damit zulässig ist die Verschm von KapGes, die jede für sich einen geringeren tatsächlichen Wert als ihr bisheriges nominelles Stamm- oder Grundkapital aufweisen **(Unterbilanz)**. Das StK der neu zu gründenden GmbH hat sich gerade nicht an den bisherigen Nominalkapitalien der übertragenden Rechtsträger auszurichten, sondern an der Summe der eingebrachten tatsächlichen Werte, die es nicht überschreiten darf.

7 Der **Betrag der einzelnen Geschäftsanteile**, der im Verschmelzungsvertrag gem. § 46 I festgelegt werden muss, ergibt sich aus der Höhe des gewählten StK der neuen GmbH, aus dem Umtauschverhältnis und aus dem jew. Verhältnis der Anteilsinhaber der bisherigen Rechtsträger untereinander sowie aus dem Wertverhältnis der übertragenden Rechtsträger zueinander (vgl. auch Widmann/Mayer/Mayer § 36 Rn. 32 ff.).

8 Zur Verdeutlichung folgendes **Beispiel:**

GmbH A: tatsächl. Wert = 100; Gesellschafter A 1 = 25%, Gesellschafter A 2 = 75%
GmbH B: tatsächl. Wert = 150; Gesellschafter B = 100%
GmbH C: tatsächl. Wert = 250; Gesellschafter C 1 = 10%, Gesellschafter C 2 = 90%
GmbH N (Neugründung)

StK:	Gesellschafter A 1	15	60
	Gesellschafter A 2	45	
	Gesellschafter B	90	90
	Gesellschafter C 1	15	150
	Gesellschafter C 2	135	
		300	300

Probe: Wert Anteil A 1 vor Verschm: $100 \times 0{,}25 = 25$

Wert Anteil A 1 nach Verschm: $500 \times \dfrac{15}{300} = 25$

9 Bei der Festlegung der Geschäftsanteile an der neuen GmbH kann von den Privilegien in **§ 46 I 2, 3** Gebrauch gemacht werden. Da § 56 nur die Anwendung von § 54 I–III ausschließt, sind **bare Zuzahlungen** erlaubt, solange sie nicht 10% des Gesamtnennbetrags der gewährten Geschäftsanteile übersteigen (vgl. auch Lutter/Vetter Rn. 17; zum Begriff der „gewährten" Geschäftsanteile → § 54 Rn. 22 mwN; ausf. Kölner Komm UmwG/Simon/Nießen Rn. 12 mwN).

10 Schließlich muss der Verschmelzungsvertrag gem. § 37 den **Gesellschaftsvertrag der neuen GmbH** enthalten; dabei ist § 57 zu berücksichtigen.

3. Gesellschaftsvertrag

Vgl. zunächst → § 36 Rn. 20 ff. Die Gründung der zu errichtenden GmbH 11
erfolgt im Wege der Sachgründung, wobei das Vermögen der übertragenden Rechtsträger durch Gesamtrechtsnachfolge (→ § 20 Rn. 23 ff.) auf die GmbH übertragen wird. **Gegenstand der Sachgründung** sind die von den übertragenden Rechtsträgern bisher betriebenen Unternehmen. Nicht notwendig ist, dass die GmbH diese Unternehmen unverändert fortführt; entscheidend ist allein die Übertragung des Vermögens. Gem. § 58 I findet **§ 5 IV GmbHG** – allerdings nur unter Vorbehalt der praktisch wichtigen Ausnahmen von § 58 II – Anwendung mit der Folge, dass im Gesellschaftsvertrag der GmbH das Vermögen der übertragenden Rechtsträger als Gegenstand der Sacheinlage angegeben werden muss. Grds. sind neben der Sacheinlage auch **zusätzliche Bareinlagen** und weitere Sacheinlagen möglich. Auf die zusätzlichen Einlagen sind die allg. Vorschriften (§ 7 II, III GmbHG, § 8 II GmbHG) gem. § 36 II unmittelbar anzuwenden. Ferner besteht die Möglichkeit, etwaige **Darlehen der Anteilsinhaber der übertragenden Rechtsträger** in Einlagen der neu gegründeten GmbH umzuwandeln, um so die vorgeschriebene Höhe des StK zu erreichen. Ertragstl. Konsequenzen sind zu beachten. Die Verschm mit Gesamtrechtsnachfolge kann nicht zur Annahme einer **verdeckten oder verschleierten Sacheinlage** führen. Gem. § 5 I GmbHG muss das **StK** der GmbH mindestens **25.000 Euro** betragen, die Mindeststückelung lautet auf 1 Euro.

Der Sicherung der Kapitalaufbringung dient die **Gründerhaftung, §§ 9, 9a und** 12
9b GmbHG. Diese Vorschriften gelten ebenfalls über die Verweisung in § 36 II (aA in Bezug auf die Anteilsinhaber der übertragenden Rechtsträger die **hM,** vgl. Lutter/Vetter Rn. 52 mwN). Dass die Anteilsinhaber der übertragenden Rechtsträger selbst nicht Gründer sind und auch nicht unmittelbar ihr Vermögen einbringen, ändert daran nichts. Ebenfalls kommt es nach hM auf das Abstimmungsverhalten des einzelnen Anteilsinhaber iRd Verschmelzungsbeschluss nicht an (→ § 55 Rn. 6).

Zur **Differenzhaftung** → § 55 Rn. 5. 13

§ 9a GmbHG sieht eine **Haftung** der Gesellschafter und der Geschäftsführer 14
der GmbH vor, wenn zum Zwecke der Errichtung der Ges **falsche Angaben** gemacht wurden. In diesen Fällen hat der genannte Personenkreis **fehlende Einzahlungen gesamtschuldnerisch** zu leisten; Vergütungen, die nicht unter den Gründungsaufwand aufgenommen wurden, sind ebenso wie der sonst entstehende Schaden zu ersetzen. Im Fall der Verschm kommt es auf diejenigen Angaben an, auf denen die Umwandlungsbilanz basiert (OLG Karlsruhe BB 1974, 1039). **§ 9b GmbHG** trifft Regelungen zum Verzicht und zur Verjährung.

Auch **§ 11 GmbHG** findet nach Maßgabe von § 36 II Anwendung (ausf. Lutter/ 15
Vetter Rn. 55 mwN). Die **Handelndenhaftung** nach § 11 II GmbHG bezieht sich auf Handlungen, die zwischen dem Verschmelzungsbeschluss und der Eintragung der GmbH für die GmbH und in deren Namen vorgenommen werden. Hierzu zählen aber nicht diejenigen Geschäfte, die für die übertragenden Rechtsträger, welche als solche bis zur Eintragung der Verschm noch bestehen, getätigt werden, sofern sie namens dieser Rechtsträger abgeschlossen werden. Die Handelndenhaftung nach § 11 II GmbHG erfordert, dass ausdrücklich oder für den Geschäftspartner zumindest erkennbar für die zu gründende GmbH gehandelt wird, dass also, vglbar einem Geschäftsführer der GmbH, nach außen aufgetreten wird. Es muss ein rechtsgeschäftliches Handeln vorliegen (Scholz/Schmidt GmbHG § 11 Rn. 106).

Als Handelnde iSv § 11 GmbHG kommen sowohl **die übertragenden Rechts-** 16
träger als auch deren **Leitungsorgane** in Betracht. Die Frage, ob vor Eintragung der Verschm ins Register der übernehmenden GmbH eine **VorGes** besteht (hM, dazu Lutter/Vetter Rn. 7 mwN), ist in diesem Zusammenhang nicht von Bedeutung (vgl. Scholz/Schmidt GmbHG § 11 Rn. 61, 107).

Missio

17 Zu weiteren Anforderungen an die Gestaltung des Gesellschaftsvertrags der neu zu gründenden GmbH vgl. § 57 (→ § 57 Rn. 1 ff.).

4. Organbestellung

18 Nach **§ 6 I GmbHG** muss die GmbH einen oder mehrere **Geschäftsführer** haben. Die Bestellung der Geschäftsführer erfolgt stets vor Wirksamwerden der Verschm (Lutter/Vetter Rn. 42; Lutter/Vetter § 59 Rn. 11) entweder im Gesellschaftsvertrag oder durch gesonderten Gesellschafterbeschluss (§ 6 III 2 GmbHG). Im Regelfall wird der Geschäftsführer durch separaten Beschluss bestellt, der mit dem Verschmelzungsbeschluss verbunden werden kann (vgl. Widmann/Mayer/Mayer § 36 Rn. 77; Widmann/Mayer/Mayer § 59 Rn. 12). Die **Ausschlussgründe von § 6 II GmbHG** sind zu beachten (zur Bestellung der Geschäftsführer ausf. Kölner Komm UmwG/Simon/Nießen § 59 Rn. 9 ff. mwN).

19 Die Unternehmen der übertragenden Rechtsträger werden in der Zeit zwischen Verschmelzungsbeschluss und Eintragung der Verschm nicht von der Vor-GmbH, sondern von den Leitungsorganen dieser Rechtsträger geführt.

20 Für den Fall, dass für die neu gegründete Ges ein **fakultativer AR** vorgesehen ist und dessen Mitglieder schon vor der Verschm gewählt werden sollen, ist **§ 52 GmbHG** zu beachten (die Verweisung in § 36 II erstreckt sich auch auf diese Gründungsvorschrift, vgl. Begr. RegE, BR-Drs. 75/94 zu § 56). § 52 GmbHG verweist auf entsprechende Regelungen des AktG, die zur Anwendung kommen, soweit nicht gesellschaftsvertragliche Regelungen bestehen. Nach § 52 II GmbHG können die Mitglieder des AR vor der Eintragung der GmbH in das HR oder erst danach bestellt werden.

21 Bei **mitbestimmten Unternehmen** ist ein AR zu bilden (§§ 1 ff. DrittelbG, § 1 MitbestG). Auch hier ist die Bestellung der Aufsichtsratsmitglieder im Verschmelzungsbeschluss nicht erforderlich (Widmann/Mayer/Mayer § 59 Rn. 17 ff.; nach Semler/Stengel/Leonard/Reichert § 59 Rn. 8 und Lutter/Vetter § 59 Rn. 18 ff., 22 ist Bestellung wegen der Notwendigkeit zur Durchführung des Statusverfahrens erst nach Eintragung der neuen GmbH möglich; diff. Kölner Komm UmwG/Simon/Nießen § 59 Rn. 19 ff. mwN).

5. Zustimmungsbeschlüsse

22 Bei der Verschm durch Neugründung ist **§ 13 I** anwendbar. Der Verschmelzungsvertrag bedarf daher zur Wirksamkeit der **Zustimmung der Anteilsinhaber** jedes der übertragenden Rechtsträger; die übernehmende GmbH selbst kann, da sie in diesem Moment noch nicht gegründet ist, keinen **Verschmelzungsbeschluss** fassen. Deswegen hat § 50, obwohl er in § 56 nicht ausdrücklich genannt ist, für die Verschm durch Neugründung für die übernehmende GmbH ebenfalls seine Bedeutung. Entsprechendes gilt für §§ 47–49 (Kölner Komm UmwG/Simon/Nießen Rn. 14). In Bezug auf die Zustimmungsbeschlüsse der übertragenden Rechtsträger treten keine Besonderheiten auf; auf die Komm. zu § 13 wird verwiesen.

23 **§ 59** stellt klar, dass der Verschmelzungsbeschluss sich auch auf den Gesellschaftsvertrag der neuen GmbH zu beziehen hat (vgl. auch § 37). Entsprechendes gilt für die Bestellung der Mitglieder des AR der neuen GmbH, soweit sie von den Anteilsinhabern der übertragenden Rechtsträger zu wählen sind (§ 59 S. 2).

6. Kosten

24 **a) Notarkosten.** Vgl. zunächst → Vor § 36 Rn. 7. Bei der Verschm durch Neugründung ist der Gesellschaftsvertrag der neu zu gründenden Ges zwingender Bestandteil des Verschmelzungsvertrages und kostenrechtlich nicht gesondert zu bewerten. Die **Beurkundung des Gesellschaftsvertrages** ist gegenstandsgleich

mit der des Verschmelzungsvertrages, sodass gem. § 109 I GNotKG keine gesonderte Gebühr anfällt (vgl. Widmann/Mayer/Mayer § 36 Rn. 120; Korintenberg/Tiedtke GNotKG § 108 Rn. 82; zur Anwendung von § 109 GNotKG auch bzgl. Verzicht auf Verschmelzungsbericht, Verschmelzungsprüfung etc → § 4 Rn. 22). Der Geschäftswert für die Beurkundung des Verschmelzungsvertrages richtet sich nach dem Aktivvermögen **aller** sich vereinigender Rechtsträger ohne Schuldenabzug (vgl. Widmann/Mayer/Mayer § 36 Rn. 116; Lutter/Drygala § 2 Rn. 49); § 35 II GNotKG bestimmen einen **Höchstwert** von 60 Mio. Euro. Die Verschm durch Neugründung löst somit **höhere Kosten** aus, als wenn nur ein Rechtsträger auf einen anderen Rechtsträger zur Aufnahme verschmolzen wird. Zudem müssen die **Zustimmungsbeschlüsse** zum Gesellschaftsvertrag (§ 59 S. 1) beurkundet werden. Nach § 3 II GNotKG iVm KV 21100 GNotKG fällt dabei eine 2,0-Gebühr an. Für den Geschäftswert gilt § 108 III GNotKG und die Höchstwertgrenze von 5 Mio. Euro (§ 108 V GNotKG). Die Zustimmung zum Verschmelzungsvertrag und die Zustimmungsbeschlüsse zum Gesellschaftsvertrag sind identisch (→ § 59 Rn. 1; Lutter/Vetter § 59 Rn. 5), sodass auch hier keine gesonderte Gebühr entsteht (vgl. Widmann/Mayer/Mayer § 36 Rn. 122). Für die **Beurkundung der Anmeldung** der neu einzutragenden GmbH zum zuständigen Register fällt schließlich gem. § 3 II GNotKG iVm KV 21201 Nr. 5 GNotKG eine halbe Gebühr an. Wird die Registeranmeldung – wie in der Praxis häufig – vom Notar entworfen, entsteht ebenfalls nach § 92 II GNotKG iVm KV 24102 GNotKG eine 0,5-Gebühr. Der Geschäftswert ergibt sich aus § 105 I Nr. 1 GNotKG (iÜ → § 19 Rn. 40 ff.).

b) Gerichtskosten. Die **Eintragung** der neu gegründeten GmbH in das HR löst gem. § 58 GNotKG iVm GV 2104 HRegGebV eine Gebühr von 260 Euro aus (Widmann/Mayer/Mayer § 36 Rn. 127; iÜ → § 19 Rn. 43 ff., → § 55 Rn. 33). 25

§ 57 Inhalt des Gesellschaftsvertrags

In den Gesellschaftsvertrag sind Festsetzungen über Sondervorteile, Gründungsaufwand, Sacheinlagen und Sachübernahmen, die in den Gesellschaftsverträgen, Partnerschaftsverträgen oder Satzungen übertragender Rechtsträger enthalten waren, zu übernehmen.

Für die Verschm durch Neugründung einer GmbH ergänzt § 57 in der durch Art. 1 Nr. 17 Gesetz v. 22.7.1998 (BGBl. 1998 I 1878; → Einf. Rn. 23) und durch das GenG (→ Einf. Rn. 26) geänderten Fassung die allg. Festlegungen des GmbHG (→ § 56 Rn. 11 ff., → § 36 Rn. 20 ff.). In den Gesellschaftsvertrag der neu zu gründenden GmbH sind die im Einzelnen benannten **Festsetzungen**, die bereits in den Gesellschaftsverträgen, PartVerträgen und Satzungen der übertragenden Rechtsträger enthalten waren, **zu übernehmen.** 1

Ein **Verstoß gegen § 57** verhindert die Eintragung der neuen GmbH ins HR und mithin das Wirksamwerden der Verschm. Übersieht das Registergericht den Fehler, gehen die ursprünglich bei den übertragenden Rechtsträgern geregelten **Sondervorteile** unter (Semler/Stengel/Leonard/Reichert Rn. 12; Lutter/Vetter Rn. 21; Henssler/Strohn/Haeder Rn. 9; Habersack/Wicke/Weiß Rn. 20; BeckOGK/Benz/Weiß Rn. 20, die darauf hinweisen, dass der Untergang der Sondervorteile ex nunc erfolgt). Die bei GmbH für zehn Jahre und bei AG für 30 Jahre (Kallmeyer/Kocher Rn. 2, 3; Semler/Stengel/Leonard/Reichert Rn. 6, 9) aufzuführenden **Festsetzungen über den Gründungsaufwand** begründen bei fehlender Übernahme nur eine Haftung der Anteilsinhaber, soweit die Gründungskosten nicht bereits vollständig erbracht sind. Entsprechendes gilt für erledigte Sacheinlagen und Sachübernahmen, wenn diese bereits vollständig erbracht wurden (wie hier Widmann/Mayer/Mayer Rn. 20; ausf. Lutter/Vetter Rn. 22, 23 mwN). Die Beibe- 2

Missio

haltungsfristen laufen nach der Verschm nicht neu, sodass ua eine Übernahme von Festsetzungen überflüssig ist, soweit die Frist bei einem übertragenden Rechtsträger bereits vor der Verschm abgelaufen ist (Lutter/Vetter Rn. 18; Semler/Stengel/Leonard/Reichert Rn. 4, 9; Kallmeyer/Kocher Rn. 3).

§ 58 Sachgründungsbericht

(1) In dem Sachgründungsbericht (§ 5 Abs. 4 des Gesetzes betreffend die Gesellschaften mit beschränkter Haftung) sind auch der Geschäftsverlauf und die Lage der übertragenden Rechtsträger darzulegen.

(2) Ein Sachgründungsbericht ist nicht erforderlich, soweit eine Kapitalgesellschaft oder eine eingetragene Genossenschaft übertragender Rechtsträger ist.

1   Die Vorschrift befasst sich mit dem **Sachgründungsbericht für die neu gegründete GmbH** (§ 5 IV GmbHG, ausf. → § 36 Rn. 26 ff.). **Abs. 1** sieht in **Erweiterung von § 5 IV GmbHG** vor, dass auch der Geschäftsverlauf und die Lage der übertragenden Rechtsträger darzulegen ist. **Abs. 2** entbindet von der Pflicht zur Abfassung eines Sachgründungsberichts insoweit, als eine KapGes oder eine eG als übertragender Rechtsträger an der Verschm beteiligt ist. Damit wird die Anwendung von § 5 IV GmbHG in der Praxis erheblich eingeschränkt.

2   Nach § 36 II iVm § 5 IV 2 GmbHG haben die **Vertretungsorgane der übertragenden Rechtsträger** (vgl. § 36 II 2; → § 36 Rn. 26) einen Sachgründungsbericht zu erstatten. Der Sachgründungsbericht hat die wesentlichen Umstände, die für die **Angemessenheit der Einlageleistungen** maßgebend sind, darzulegen. Darüber hinaus sind die Jahresergebnisse der beiden letzten Gj. (Semler/Stengel/Leonard/Reichert Rn. 8 mwN; so auch Habersack/Wicke/Weiß Rn. 11; BeckOGK/Benz/Weiß Rn. 11) anzugeben und gem. Abs. 1 Angaben über den **Geschäftsverlauf und über die Lage der übertragenden Rechtsträger** zu machen. Unter den beiden letzten Gj. sind die dem Verschmelzungsstichtag vorangegangenen bzw. mit ihm abgeschlossenen vollen Gj. zu verstehen. In den Fällen, in denen die übertragenden Rechtsträger noch nicht zwei Jahre bestanden haben, ist ein diesbzgl. Vermerk im Sachgründungsbericht anzubringen. Eine **übertragende AG** darf die Verschm allerdings erst beschließen, wenn sie bereits zwei Jahre im Register eingetragen ist (§ 76 I). Im Sachgründungsbericht sind die wesentlichen Positionen der Umwandlungsbilanz und ihrer Bewertung zu erörtern. Der Sachgründungsbericht dient der Erleichterung der Prüfung durch das Registergericht nach § 9c GmbHG. Er ist **schriftlich** zu verfassen, von allen (Lutter/Vetter Rn. 6; Kölner Komm UmwG/Simon/Nießen Rn. 5) Vertretungsorganen der übertragenden Rechtsträger zu unterschreiben und mit der Anmeldung nach § 8 I Nr. 4 GmbHG vorzulegen. Ob Abs. 2 die Vertretungsorgane der dort privilegierten Rechtsträger auch von der Berichtspflicht für das von anderen Rechtsträgern anlässlich der Verschm übertragene Vermögen befreit, erscheint wegen der Zielrichtung des Sachgründungsberichts (er soll plausibel machen, welche Überlegungen für den Einlagewert bei der neuen GmbH sprechen, vgl. Lutter/Hommelhoff/Bayer GmbHG § 5 Rn. 33) fraglich (zum Ganzen Kölner Komm UmwG/Simon/Nießen Rn. 16 f. mwN).

§ 59 Verschmelzungsbeschlüsse

¹**Der Gesellschaftsvertrag der neuen Gesellschaft wird nur wirksam, wenn ihm die Anteilsinhaber jedes der übertragenden Rechtsträger durch Verschmelzungsbeschluß zustimmen.** ²**Dies gilt entsprechend für die Bestellung der Geschäftsführer und der Mitglieder des Aufsichtsrats der neuen**

Vorbemerkung 1–4 **Vor § 60 UmwG A**

Gesellschaft, soweit sie von den Anteilsinhabern der übertragenden Rechtsträger zu wählen sind.

§ 59 knüpft an § 32 II KapErhG aF an, **§ 59 S. 1** ist wegen § 37 allerdings überflüssig. Der Gesellschaftsvertrag der neu zu gründenden GmbH muss zwangsläufig Bestandteil des Verschmelzungsvertrages sein, der Verschmelzungsbeschluss nach § 13 I bezieht sich auf den gesamten Inhalt des Verschmelzungsvertrages.

§ 59 S. 2 trägt ua dem Umstand Rechnung, dass die **Wahl der Aufsichtsratsmitglieder** normalerweise der Gesellschafterversammlung der (neuen) GmbH obliegt. Wird von der Möglichkeit von § 52 II GmbHG (der gem. § 36 II Anwendung findet) Gebrauch gemacht, stellt sich die Frage, ob die Gründer (dh die übertragenden Rechtsträger) selbst oder die Anteilsinhaber der übertragenden Rechtsträger für die Bestellung der Mitglieder des AR zuständig sind. Um sicherzustellen, dass die späteren Gesellschafter auch Einfluss auf die Zusammensetzung des AR haben, ordnet § 59 S. 2 an, dass sie noch in ihrer Eigenschaft als Anteilsinhaber der übertragenden Rechtsträger der Bestellung durch Beschluss zustimmen müssen. Für diesen Beschluss gelten die Mehrheiten und Formalien von § 13 entsprechend (iÜ → § 56 Rn. 20). Solange der nach § 59 S. 2 notwendige Beschluss auch zur Bestellung der Geschäftsführer nicht vorliegt, darf die neue Ges nicht eingetragen werden (Semler/Stengel/Leonard/Reichert Rn. 10; NK-UmwR/Kleindiek Rn. 9).

Dritter Abschnitt. Verschmelzung unter Beteiligung von Aktiengesellschaften

Vorbemerkung

1. Verschmelzung unter Beteiligung von AG

Der Dritte Abschnitt des Zweiten Teils des Zweiten Buches (§§ 60–77) regelt die 1 **Verschm unter Beteiligung von AG.** Die Vorgängerregelungen von §§ 339–358 AktG aF wurden durch Art. 6 UmwBerG aufgehoben.

Wie früher und in Umsetzung der allg. Regelungstechnik des UmwG 1995 wird 2 zwischen der **Verschm durch Aufnahme** (Erster Unterabschnitt, §§ 60–72) und der **Verschm durch Neugründung** (Zweiter Unterabschnitt, §§ 73–77) unterschieden.

2. Leitbildfunktion

Das UmwG 1995 verfolgt ua das Ziel der Rechtsbereinigung. Durch Harmonisie- 3 rung der für die verschiedenen Rechtsformen früher geltenden Einzelvorschriften sollten die allg. Grds. eines einheitlichen Verschmelzungsrechts bindend festgelegt werden. Hierbei hat der Gesetzgeber die in §§ 339 ff. AktG aF enthaltenen Regelungen als **gesetzliches Leitbild** herangezogen (vgl. Schöne GmbHR 1995, 325).

Da mithin der „Allgemeine Teil" des Verschmelzungsrechts (§§ 2–38) ohnehin 4 vom Leitbild der AG geprägt wurde, finden sich in §§ 60 ff. nur noch solche Regelungen, die wegen der **besonderen organisationsrechtlichen Struktur der AG** auf die anderen Rechtsformen nicht übertragbar sind (zB § 61 über die Bekanntmachung des Verschmelzungsvertrags, § 63, 64 über die Vorbereitung und die Durchführung der HV, §§ 71, 72 über die Bestellung eines Treuhänders und den Umtausch von Aktien sowie § 75 über den bei Neugründung einer AG notwendigen Gründungsbericht und die Gründungsprüfung). Die in den europäischen RL für die Rechtsform AG vorgegebenen Institute des Verschmelzungsberichts (§ 8), der Verschmelzungsprüfung (§§ 9–12) sowie die Vorschriften zum Schutz der Inhaber von

Missio

Sonderrechten (§ 23) wurden demgegenüber bereits in den „Allgemeinen Teil" des Verschmelzungsrechts aufgenommen.

3. Anwendbarkeit von §§ 60–77

5 Die Vorschriften im Dritten Abschnitt des Zweiten Buches sind stets dann anzuwenden, wenn eine **AG an einer Verschm beteiligt** ist, gleich, ob es sich um eine reine Verschm unter AG oder um eine **Mischverschmelzung** unter Beteiligung von Rechtsträgern anderer Rechtsform handelt. §§ 60–72 unterscheiden dabei grds. nicht danach, ob die **AG als übertragender oder als übernehmender Rechtsträger** fungiert (anders allerdings §§ 62, 66–69, die nur bei Beteiligung einer AG als übernehmender Rechtsträger Anwendung finden sowie § 72, der nur den Umtausch von Aktien einer übertragenden AG regelt).

4. Regelungsgegenstand

6 In Fortsetzung der Gesetzesfolge von §§ 2–38 (→ Vor § 2 Rn. 2) regeln §§ 60 ff. zunächst Besonderheiten zur **Verschmelzungsprüfung (§ 60)**, anschl. zum **Verschmelzungsbeschluss (§§ 61–65)**, ferner zur **KapErh (§§ 66–69)** und schließlich Besonderheiten zum **Anteilstausch (§§ 71, 72)** sowie zum **Schadenersatzanspruch nach § 26 (§ 70)**. Für die Verschm durch Neugründung wird in § 73 grds. auf die Anwendung von §§ 60–72 verwiesen, iÜ enthalten §§ 74–76 klarstellende Ergänzungen zu §§ 36–38.

5. Historie

7 Sachlich unverändert wurden aus §§ 339 ff. AktG aF übernommen: §§ 61, 63, 64, 66–68, 70–72, 73–77. § 60 wurde bis zur Gesetzesänderung (→ Rn. 8) ebenfalls aus dem früheren Recht übernommen. Die Konzernverschmelzung (§ 62, früher § 352b I AktG aF) wurde bzgl. des Informationsrechts der Aktionäre der Konzernmutter durch Neufassung von § 62 III richtlinienkonform gestaltet; iÜ bestimmt § 65 in teilw. Abweichung vom früheren Recht (§ 33 III KapErhG aF iVm § 369 II, III AktG aF) einheitlich die notwendige Dreiviertelmehrheit für die Abfassung des Verschmelzungsbeschlusses. Schließlich wurde § 343 AktG aF durch § 69 I 1 Hs. 2 über die Notwendigkeit einer Sacheinlageprüfung über den Fall hinaus erweitert, dass das Gericht Zweifel am Wert der Sacheinlage hat. Diese Ergänzung des früheren Rechts wurde insbes. wegen § 24 und dem darin enthaltenen Ansatzwahlrecht notwendig.

8 Nach der Umwandlungsreform von 1994 wurden einzelne Vorschriften durch das **StückAG** v. 25.3.1998 (BGBl. 1998 I 590) und durch das **EuroEG** v. 9.6.1998 (BGBl. 1998 I 1242; dazu Schürmann NJW 1998, 3162; Ihrig/Streit NZG 1998, 201) geändert. Auf die Komm. zu § 67 I 2, § 68 I 1 Nr. 3, S. 2 Nr. 2, § 68 III, § 60 I 1 für das StückAG und zu § 73 für das EuroEG (zur Behandlung von Altfällen auch Koch AktG § 6 Rn. 4; vgl. auch § 352) wird verwiesen. Ferner wurden § 69 I 1 und § 74 S. 1 durch das Gesetz zur Änderung des UmwG, des **PartGG** und anderer Gesetze v. 22.7.1998 (BGBl. 1998 I 1878; → Einf. Rn. 23) redaktionell angepasst, weil gem. § 3 I Nr. 1 auch PartGes an Verschm beteiligt sein können. Durch das SpruchverfahrensneuordnungsG v. 12.6.2003 (BGBl. 2003 I 838) wurde § 60 II, III über die Bestellung der Verschmelzungsprüfer gestrichen, es gelten jetzt auch für AG uneingeschränkt §§ 9–12.

9 Die Neufassung des GenG (→ Einf. Rn. 26) hatte lediglich eine unwesentliche sprachliche Änderung von § 74 zur Folge. Auch die eG hat jetzt eine Satzung und nicht mehr ein Statut. Wesentliche Änderung von §§ 60 ff. wurden durch das **2. UmwÄndG** v. 19.4.2007 (BGBl. 2007 I 542) bewirkt. Übersichtsaufsätze zu dieser Reform bei Heckschen DNotZ 2007, 444; Mayer/Weiler DB 2007, 1235;

Mayer/Weiler MittBayNot 2007, 368; vgl. auch Bayer/Schmidt NZG 2006, 841; Drinhausen BB 2006, 2313. Nach der Neufassung von § 67 S. 1 ist nach der Nachgründung jetzt auch § 52 VI anzuwenden. Gem. § 67 S. 2 ist eine Nachgründung beim Formwechsel von der GmbH in die AG nicht anzunehmen, wenn die GmbH seit mindestens zwei Jahren im HR eingetragen war. Wichtig ist die Einfügung von § 68 I 3. Danach darf die übernehmende Ges von der Gewährung von Aktien absehen, wenn alle Anteilsinhaber eines übertragenden Rechtsträgers darauf verzichten; die Verzichtserklärungen sind notariell zu beurkunden. Anlass für die Neuregelung war der Streit um die Notwendigkeit der KapErh bei der Verschm von SchwesterGes, insbes. im Konzern (→ § 2 Rn. 21 mwN). Die Regelung ist indes systematisch nicht geglückt und greift – verbunden mit erheblichen Gefahren – weiter als auf den ersten Blick erkennbar. Außerdem ist die Vereinbarkeit mit der Verschmelzungsrichtlinie fraglich (→ § 68 Rn. 13 mwN).

Weitere Änderungen gab es durch das ARUG und das 3. UmwÄndG (→ Einf. **10** Rn. 31 f.). Im Mittelpunkt stand dabei die Konzernverschmelzung iSv § 62 sowie die Modernisierung des Verfahrens zur Vorbereitung und Durchführung der HV (§§ 63, 64). Vgl. Komm. dort.

Durch das **UmRUG** erfolgen im Rahmen der Prüfung der Verschm, der **11** Bekanntmachung des Verschmelzungsvertrages, den Konzernverschmelzungen, der Vorbereitung und Durchführung der HV und der Verschm mit Kapitalerhöhung (§§ 60, 61, 62, 63, 64, 69) Klarstellungen und (Folge)-änderungen. Neu eingefügt wurden § 72a zur Gewährung zusätzlicher Aktien und § 72b mit Regelungen zur Kapitalerhöhung zur Gewährung zusätzlicher Aktien. § 72a regelt die Möglichkeit, dass bei Umw unter Beteiligung von AG, SE und KGaA als übernehmende Rechtsträger oder als Zielrechtsform, bei einem in einem Spruchverfahren festgestellten nicht angemessenen Umtauschverhältnis künftig anstelle barer Zuzahlungen zusätzliche Anteile an dem übernehmenden Rechtsträger gewährt werden können. Die für die Gewährung zusätzlicher Aktien erforderlichen Anteile können gem. der Neuregelung des § 72b im Wege einer Kapitalerhöhung gegen Sacheinlage unter Einbringung des Anspruchs der Anteilsinhaber auf Gewährung zusätzlicher Aktien geschaffen werden. Die Ges sollen durch die Gewährung von zusätzlichen Aktien vor einem ungewissen Liquiditätsabfluss bewahrt werden. Soweit ein derartiger Liquiditätsschutz beabsichtigt ist, ist dies von den beteiligten Rechtsträgern im Umwandlungsplan bzw. -vertrag vorzusehen. Zudem erfolgten Änderungen in § 73 und § 76. Mit der Aufhebung von § 76 I ist nun eine Verschmelzung durch Neugründung im Nachgründungsstadium möglich. § 73 wird infolgedessen dahingehend geändert, dass § 67 künftig auch für die Verschm durch Neugründung Anwendung findet. Vgl. ferner zu den Änderungen durch das **UmRUG** Komm. dort.

Durch die Änderungen des **MoPeG** werden mWv 1.1.2024 in § 69 die Wörter **12** „Personenhandelsgesellschaft" und „Partnerschaftsgesellschaft" durch die Wörter „rechtsfähige Personengesellschaft" ersetzt.

Erster Unterabschnitt. Verschmelzung durch Aufnahme

§ 60 Prüfung der Verschmelzung; Bestellung der Verschmelzungsprüfer

¹Der Verschmelzungsvertrag oder sein Entwurf ist für jede Aktiengesellschaft nach den §§ 9 bis 12 zu prüfen. ²§ 9 Absatz 2 und § 12 Absatz 3 in Verbindung mit § 8 Absatz 3 Satz 1 und 2 gelten mit der Maßgabe, dass der Verzicht aller Anteilsinhaber aller beteiligten Rechtsträger erforderlich ist.

Die Vorschriften über die Verschmelzungsprüfung sind jew. nur bei Vorliegen **1** eines Prüfungsbefehls anzuwenden (→ Vor § 9 Rn. 3). **§ 60 enthält einen** solchen **Prüfungsbefehl.** Danach ist der Verschmelzungsvertrag oder sein Entwurf für jede an der Verschm beteiligte AG nach §§ 9–12 zu prüfen. Auf die **Willensrichtung**

der Aktionäre kommt es hierbei nicht an, der Prüfungsbefehl setzt kein entsprechendes Verlangen (vgl. zB § 48) einzelner Aktionäre voraus.

2 Durch das **UmRUG** wurde § 60 S. 2 eingefügt, der den umfassenden Verweis der § 9 II und § 12 III (Begr. RegE, BT-Drs. 20/3822 zu §§ 9, 12) auf § 8 III 1 und 2 einschränkt, da Verschmelzungsprüfung und Prüfungsbericht gem. Art. 96 IV GesR-RL nur entbehrlich sind, wenn **alle Anteilsinhaber aller beteiligten Rechtsträger** dem Verzicht zugestimmt haben (Begr. RegE, BT-Drs. 20/3822, 73). Dies stellt eine Abweichung zur Neufassung des § 8 III 1 durch das **UmRUG** dar, da hiernach nur erforderlich ist, dass alle Anteilsinhaber des **beteiligten Rechtsträgers** auf die Erstattung des Prüfungsberichts verzichten (s. auch BeckOGK/Habersack Rn. 9 ff. mwN und mit dem Hinweis, dass von Art. 96 IV GesR-RL nur Verschm, an denen ausschließlich AGs beteiligt sind, erfasst seien und der Anwendungsbereich von § 60 S. 2 insoweit teleologisch hierauf zu reduzieren sei). Nicht erfasst von der Einschränkung des § 60 S. 2 sind die Verweise des § 60 S. 1 auf § 9 II und § 12 III und damit auch auf § 8 III 3 (vgl. BeckOGK/Habersack Rn. 11 auch zu § 62 und Konzernverschmelzungen; iE → § 9 Rn. 8 ff., → § 8 Rn. 39 ff.), zumal hier nur der **Verzicht** auf Verschmelzungsprüfung und Prüfungsbericht geregelt ist.

§ 61 Bekanntmachung des Verschmelzungsvertrags

¹Der Verschmelzungsvertrag oder sein Entwurf ist vor der Hauptversammlung, die gemäß § 13 Abs. 1 über die Zustimmung beschließen soll, zum Register einzureichen. ²Das Gericht hat in der Bekanntmachung nach § 10 des Handelsgesetzbuchs einen Hinweis darauf bekanntzumachen, daß der Vertrag oder sein Entwurf beim Handelsregister eingereicht worden ist. ³Die Hauptversammlung darf erst einen Monat nach der Bekanntmachung über die Zustimmung zum Verschmelzungsvertrag gemäß § 13 beschließen.

1. Einreichung beim Handelsregister (S. 1)

1 Der Verschmelzungsvertrag bzw. dessen Entwurf ist bereits vor der HV, die gem. § 13 I, § 65 über die Zustimmung zum Verschmelzungsvertrag beschließen soll, zum HR einzureichen. Aufgrund des öffentlichen Zugangs zum HR (§ 9 HGB) ist es also nicht nur den Aktionären, sondern jedem Interessierten möglich, Einsicht in den Vertragstext zu nehmen. Der Vorstand kann im Verweigerungsfall durch **Zwangsgeld** zur Einreichung angehalten werden (Widmann/Mayer/Rieger Rn. 14 mwN: Pflicht gem. § 14 HGB).

2 Aus dem Gesetzestext ließ sich bisher entnehmen, wie lange „vor der Einberufung der Hauptversammlung" der Verschmelzungsvertrag oder sein Entwurf einzureichen ist. In S. 1 wurden nun durch die Regelungen des **UmRUG** (→ Rn. 4) die Worte „der Einberufung" gestrichen, so dass die Einreichung nicht mehr an die Einberufung der HV geknüpft ist. Der Gesetzgeber hat offengelassen, ob auf das Erfordernis, der Einreichung der Unterlagen im Falle einer Vollversammlung nach § 121 VI AktG verzichtet werden kann. Der mit § 61 bezweckte Schutz der Aktionäre wird im Fall der Vollversammlung durch die Möglichkeiten des Widerspruchs gegen den gefassten Beschluss sowie die Informationspflicht nach § 64 sichergestellt, so dass ein Verzicht entsprechend § 121 VI AktG möglich sein sollte (so auch BeckOGK/Habersack Rn. 13 mwN).

2. Bekanntmachung (S. 2)

3 Der Zeitpunkt der Einberufung der HV ist gem. § 121 IV 1 AktG der Zeitpunkt der Bekanntmachung in den GesBl. (Änderung durch das ARUG, vgl. Koch AktG

§ 121 Rn. 8a). Ergänzend hierzu sieht der durch das 2. UmwÄndG in Bezug auf § 10 HGB geänderte **§ 61 S. 2** nunmehr die nach den EG-RL einfachste Form (Widmann/Mayer/Rieger Rn. 11) der Bekanntmachung über die Einreichung des Verschmelzungsvertrags bzw. dessen Entwurfs beim Register durch einen Hinweis des Gerichts im von der jew. Landesjustizverwaltung bestimmten **elektronischen Informations- und Kommunikationssystem** vor. Durch die **Bekanntmachung** soll der Rechtsverkehr darüber informiert werden, dass der Text des Verschmelzungsvertrages oder des Entwurfs beim HR eingesehen werden kann. Gegenstand der Bekanntmachung ist nicht der Text des Verschmelzungsvertrags oder des Entwurfs als solcher, § 61 S. 2 verlangt lediglich einen Hinweis auf die Einreichung dieser Unterlagen beim Registergericht (Semler/Stengel/Leonard/Diekmann Rn. 18). Aus § 10 S. 2 HGB, der die Pflicht zur Veröffentlichung der Eintragung ihrem ganzen Inhalt nach festschreibt, kann nichts anderes gefolgert werden, ebenso wenig aus der Überschrift von § 61.

3. Beschluss der Hauptversammlung (S. 3)

Noch im Begr. RegE (BT-Drs. 20/3822 zu § 61) war vorgesehen, dass der Verschmelzungsvertrag spätestens einen Monat vor dem Tag der den Zustimmungsbeschluss fassenden HV zum Register einzureichen ist, so dass die Frist für die Einreichung rückwärts berechnet werden sollte. In S. 3 wird nun durch das **UmRUG** nun auf Beschlussempfehlung des Rechtsausschusses (Beschlussempfehlung RA zum UmRUG, BT-Drs. 20/4806, 87) geregelt, dass die Hauptversammlung erst einen Monat nach der Bekanntmachung (die nach S. 2 einen Hinweis enthält, dass der Vertrag oder sein Entwurf beim Handelsregister eingereicht worden ist) über die Zustimmung zum Verschmelzungsvertrag gemäß § 13 beschließen darf. Dies entspricht den Vorgaben von Art. 92 Abs. 1 GesR-RL (so auch BeckOGK/Habersack Rn. 5, 11). Nach bisheriger Rechtslage galt folgendes: Da die Einberufungsfrist für die HV mindestens dreißig Tage beträgt (§ 123 I AktG) und demnach bei Beachtung von § 61 S. 1 aF für die Begünstigten dieser Regelung jedenfalls dieser Zeitraum zur Verfügung stand, wurde § 61 S. 1 restriktiv ausgelegt: Es genügte eine **„ganz kurze Zeitspanne"** zwischen dem Einreichen der Unterlagen und der Einberufung der HV, bereits wenige Stunden waren ausreichend (zur früheren Rechtslage so auch Lutter/Grunewald, Kölner Umwandlungsrechtstage 1995, 51; Lutter/Grunewald Rn. 3; Semler/Stengel/Leonard/Diekmann Rn. 14; Habersack/Wicke/Habersack Rn. 11; BeckOGK/Habersack Rn. 11 mwN; Kallmeyer/Marsch-Barner/Oppenhoff Rn. 2; Widmann/Mayer/Rieger Rn. 7; Kölner Komm UmwG/Simon Rn. 13, 14; NK-UmwR/Habighorst Rn. 6). Allerdings war auch bereits nach bisheriger Rechtslage aufgrund Art. 92 I GesR-RL der Verschmelzungsvertrag grundsätzlich spätestens einen Monat vor dem Tag der beschlussfassenden HV offenzulegen, so dass § 61 S. 1 und § 123 I AktG ohnehin richtlinienkonform auszulegen waren (Begr. RegE, BT-Drs. 20/3822, 73). Die Einreichung auch im Falle einer Vollversammlung iSd § 121 VI AktG (insbes. bei Konzernverschmelzungen häufig) entsprach der registergerichtlichen Praxis. In diesem Fall genügte die Einreichung vor (auch wenige Stunden vor) der jew. HV (Semler/Stengel/Leonard/Diekmann Rn. 15; aA – keine Einreichung erforderlich – Lutter/Grunewald Rn. 61).

4. Anfechtung wegen verspäteter Einreichung

Wurde der Verschmelzungsvertrag entgegen § 61 S. 1 nicht oder **verspätet** beim HR eingereicht oder der Hinweis vom Gericht nicht rechtzeitig oder nicht ordnungsgemäß iSv → Rn. 3 bekannt gemacht, rechtfertigt dies zwar grds. die **Anfechtung des Zustimmungsbeschlusses** (Widmann/Mayer/Rieger Rn. 15). Der Beschluss wird aber regelmäßig nicht auf diesem Mangel beruhen (vgl. § 243

IV 1 AktG), sofern der Verschmelzungsvertrag bzw. dessen Entwurf gem. § 63 I in den Geschäftsräumen zur Einsicht auslag bzw. nach § 63 IV zugänglich war (Lutter/ Grunewald Rn. 8 mwN; NK-UmwR/Habighorst Rn. 10; Semler/Stengel/Leonard/Diekmann Rn. 19 ff.; Widmann/Mayer/Rieger Rn. 15; Henssler/Strohn/ Junker Rn. 5).

§ 62 Konzernverschmelzungen

(1) [1]Befinden sich mindestens neun Zehntel des Stammkapitals oder des Grundkapitals einer übertragenden Kapitalgesellschaft in der Hand einer übernehmenden Aktiengesellschaft, so ist ein Verschmelzungsbeschluß der übernehmenden Aktiengesellschaft zur Aufnahme dieser übertragenden Gesellschaft nicht erforderlich. [2]Eigene Anteile der übertragenden Gesellschaft und Anteile, die einem anderen für Rechnung dieser Gesellschaft gehören, sind vom Stammkapital oder Grundkapital abzusetzen.

(2) [1]Absatz 1 gilt nicht, wenn Aktionäre der übernehmenden Gesellschaft, deren Anteile zusammen den zwanzigsten Teil des Grundkapitals dieser Gesellschaft erreichen, die Einberufung einer Hauptversammlung verlangen, in der über die Zustimmung zu der Verschmelzung beschlossen wird. [2]Die Satzung kann das Recht, die Einberufung der Hauptversammlung zu verlangen, an den Besitz eines geringeren Teils am Grundkapital der übernehmenden Gesellschaft knüpfen.

(3) [1]Einen Monat vor dem Tage der Gesellschafterversammlung oder der Hauptversammlung der übertragenden Gesellschaft, die gemäß § 13 Abs. 1 über die Zustimmung zum Verschmelzungsvertrag beschließen soll, sind in dem Geschäftsraum der übernehmenden Gesellschaft zur Einsicht der Aktionäre die in § 63 Abs. 1 bezeichneten Unterlagen auszulegen. [2]Gleichzeitig hat der Vorstand der übernehmenden Gesellschaft einen Hinweis auf die bevorstehende Verschmelzung in den Gesellschaftsblättern der übernehmenden Gesellschaft bekanntzumachen und den Verschmelzungsvertrag oder seinen Entwurf zum Register der übernehmenden Gesellschaft einzureichen; § 61 Satz 2 ist entsprechend anzuwenden. [3]Die Aktionäre sind in der Bekanntmachung nach Satz 2 erster Halbsatz auf ihr Recht nach Absatz 2 hinzuweisen. [4]Der Anmeldung der Verschmelzung zur Eintragung in das Handelsregister ist der Nachweis der Bekanntmachung beizufügen. [5]Der Vorstand hat bei der Anmeldung zu erklären, ob ein Antrag nach Absatz 2 gestellt worden ist. [6]Auf Verlangen ist jedem Aktionär der übernehmenden Gesellschaft unverzüglich und kostenlos eine Abschrift der in Satz 1 bezeichneten Unterlagen zu erteilen. [7]Die Unterlagen können dem Aktionär mit dessen Einwilligung auf dem Wege elektronischer Kommunikation übermittelt werden. [8]Die Verpflichtungen nach den Sätzen 1 und 6 entfallen, wenn die in Satz 1 bezeichneten Unterlagen für denselben Zeitraum über die Internetseite der Gesellschaft zugänglich sind.

(4) [1]Befindet sich das gesamte Stamm- oder Grundkapital einer übertragenden Kapitalgesellschaft in der Hand einer übernehmenden Aktiengesellschaft, so ist ein Verschmelzungsbeschluss des Anteilsinhabers der übertragenden Kapitalgesellschaft nicht erforderlich. [2]Ein solcher Beschluss ist auch nicht erforderlich in Fällen, in denen nach Absatz 5 Satz 1 ein Übertragungsbeschluss gefasst und mit einem Vermerk nach Absatz 5 Satz 7 in das Handelsregister eingetragen wurde. [3]Die §§ 47, 49, 61 und 63 Absatz 1 Nummer 1 bis 3 sind auf die übertragende Kapitalgesellschaft nicht anzuwenden. [4]Absatz 3 gilt mit der Maßgabe, dass die dort genannten Verpflichtungen spätestens einen Monat vor dem Tag der Eintragung der Verschmel-

zung in das Register des übernehmenden Rechtsträgers zu erfüllen sind. ⁵Spätestens bis zu diesem Zeitpunkt ist auch die in § 5 Absatz 3 genannte Zuleitungsverpflichtung zu erfüllen.

(5) ¹In Fällen des Absatzes 1 kann die Hauptversammlung einer übertragenden Aktiengesellschaft innerhalb von drei Monaten nach Abschluss des Verschmelzungsvertrages einen Beschluss nach § 327a Absatz 1 Satz 1 des Aktiengesetzes fassen, wenn der übernehmenden Gesellschaft (Hauptaktionär) Aktien in Höhe von neun Zehnteln des Grundkapitals gehören. ²Der Verschmelzungsvertrag oder sein Entwurf muss die Angabe enthalten, dass im Zusammenhang mit der Verschmelzung ein Ausschluss der Minderheitsaktionäre der übertragenden Gesellschaft erfolgen soll. ³Absatz 3 gilt mit der Maßgabe, dass die dort genannten Verpflichtungen nach Abschluss des Verschmelzungsvertrages für die Dauer eines Monats zu erfüllen sind. ⁴Spätestens bei Beginn dieser Frist ist die in § 5 Absatz 3 genannte Zuleitungsverpflichtung zu erfüllen. ⁵Der Verschmelzungsvertrag oder sein Entwurf ist gemäß § 327c Absatz 3 des Aktiengesetzes zur Einsicht der Aktionäre auszulegen. ⁶Der Anmeldung des Übertragungsbeschlusses (§ 327e Absatz 1 des Aktiengesetzes) ist der Verschmelzungsvertrag in Ausfertigung oder öffentlich beglaubigter Abschrift oder sein Entwurf beizufügen. ⁷Die Eintragung des Übertragungsbeschlusses ist mit dem Vermerk zu versehen, dass er erst gleichzeitig mit der Eintragung der Verschmelzung im Register des Sitzes der übernehmenden Aktiengesellschaft wirksam wird. ⁸Im Übrigen bleiben die §§ 327a bis 327f des Aktiengesetzes unberührt.

Übersicht

	Rn.
1. Allgemeines	1
2. Berechnung der Mehrheitsverhältnisse (Abs. 1)	4
3. Einberufung der Hauptversammlung durch die Minderheit (Abs. 2)	8
4. Rechtsfolge	10
5. Hinweis- und Bekanntmachungspflichten (Abs. 3)	11
6. Entbehrlichkeit des Verschmelzungsbeschlusses der übertragenden Gesellschaft (Abs. 4)	15
7. Verschmelzungsrechtlicher Squeeze-out (Abs. 5)	18

1. Allgemeines

Ein **Verschmelzungsbeschluss** nach §§ 13, 65 ist **grds. entbehrlich,** sofern 1 die übernehmende AG mindestens neun Zehntel des Stamm- oder Grundkapitals einer übertragenden KapGes innehat **(Abs. 1).** Anderes gilt nach **Abs. 2,** wenn Aktionäre der übernehmenden AG, die gemeinsam eine Beteiligung am Grundkapital der übernehmenden AG von **mindestens 5%** innehaben, die Einberufung einer HV **verlangen;** das Recht, die Einberufung der HV zu verlangen, ist weiterhin **satzungsdispositiv,** sofern eine für die Minderheit günstigere Regelung geschaffen wird.

Von entscheidender Bedeutung ist **Abs. 3.** Unter Berücksichtigung des **Holz-** 2 **müller**-Urteils (BGHZ 83, 122 = NJW 1982, 1703; zur Weiterentwicklung der Holzmüller-Grundsätze durch die Gelatine-Rspr. BGHZ 159, 30 = NJW 2004, 1860; ausf. Koch AktG § 119 Rn. 16 ff.; K. Schmidt/Lutter/Spindler AktG § 119 Rn. 26 ff., jew. mwN) hat der Gesetzgeber den Schutz der Anteilsinhaber im Konzern durch (richtlinienkonforme) Aufnahme umfassender Informations- und Mitteilungsrechte erweitert. **Abs. 3 S. 3–5** sollen das Recht der Aktionäre auf Einberufung der HV verfahrensrechtlich absichern (Begr. RegE, BR-Drs. 75/94 zu § 62).

3 Nach **Abs. 4** ist insbes. bei der Verschm einer 100%igen TochterGes auf ihre MutterGes auch kein Zustimmungsbeschluss des **übertragenden** Rechtsträgers, wenn dieser KapGes ist, mehr erforderlich. Es besteht danach bei Vorliegen der Voraussetzungen der Abs. 1 und 4 die Möglichkeit, dass Verschmelzungsbeschlüsse insgesamt entbehrlich sind, sodass insgesamt weniger Gebühren anfallen (dazu Vossius notar 2014, 63). **Abs. 5** enthält – in Ergänzung des aktienrechtlichen (§§ 327a ff. AktG) sowie des übernahmerechtlichen Squeeze-out (§§ 39a ff. WpÜG) – die Möglichkeit eines Zwangsausschlusses von Minderheitsgesellschaftern im Zusammenhang mit einer Konzernverschmelzung von AG (sog. **„verschmelzungsrechtlicher Squeeze-out"**). Gesetzestechnisch verweist die Regelung des verschmelzungsrechtlichen Squeeze-out im Wesentlichen auf die Vorschriften des aktienrechtlichen Squeeze-out.

2. Berechnung der Mehrheitsverhältnisse (Abs. 1)

4 Die Erleichterungen nach **Abs. 1** finden nur Anwendung, wenn die übernehmende AG eine Beteiligung am Stamm- oder Grundkapital der übertragenden KapGes von **mindestens 90%** hält (Abs. 1 S. 1). Die übernehmende Ges muss selbst (Lutter/Grunewald Rn. 4 mwN; NK-UmwR/Habighorst Rn. 12; Henssler/Strohn/Junker Rn. 4) **Inhaberin der Anteile** in der genannten Höhe sein.

5 Bei der Ermittlung des für die Bestimmung des Mehrheitsverhältnisses maßgeblichen Grundkapitals sind **eigene Anteile** der übertragenden Ges und Anteile, die ein Treuhänder im eigenen Namen, aber für Rechnung der übertragenden Ges hält, nicht zu berücksichtigen (Abs. 1 S. 2). Eine Beteiligung der übernehmenden Ges zB iHv 81% (= 9/10 von 90%) reicht danach aus, wenn die übertragende Ges eigene Anteile iHv 10% des Grundkapitals besitzt. Der Grund für diese Einschränkung liegt darin, dass eigene Anteile der übertragenden KapGes die beherrschende Stellung der übernehmenden AG nicht beeinflussen (Lutter/Grunewald Rn. 4, 5; Widmann/Mayer/Rieger Rn. 8 ff.). Anteile der übertragenden Ges, die im Besitz eines von der übertragenden Ges **abhängigen oder im Mehrheitsbesitz der übertragenden Ges stehenden Unternehmens** oder im Besitz eines für ein derartiges Unternehmen tätigen **Treuhänders** stehen (zB § 71d AktG), werden hingegen beim maßgeblichen Stamm- bzw. Grundkapital berücksichtigt (Semler/Stengel/Leonard/Diekmann Rn. 10; Kallmeyer/Marsch-Barner/Oppenhoff Rn. 11; Henssler/Strohn/Junker Rn. 3; Lutter/Grunewald Rn. 5 mwN; krit. HRA des DAV NZG 2000, 802 (803)).

6 Abs. 1 befreit bei einer Verschm unter Beteiligung mehrerer übertragender Rechtsträger dem Wortlaut nach („ist ein Verschmelzungsbeschluss zur Aufnahme **dieser** übertragenden Gesellschaft nicht erforderlich") **nur insoweit** vom Erfordernis der Beschlussfassung nach §§ 13, 65, als die Aufnahme des die Voraussetzungen dieser Vorschriften erfüllenden Rechtsträgers in Rede steht. Rein praktisch ist die Aufteilung einer einheitlichen Verschm mehrerer Rechtsträger indes nicht möglich. Entsprechend ist § 62 bei Mehrfachverschmelzungen nur anwendbar, wenn **alle** beteiligten Rechtsträger dessen Voraussetzungen erfüllen (**hM;** vgl. Widmann/Mayer/Rieger Rn. 16, 17; Kallmeyer/Marsch-Barner/Oppenhoff Rn. 12; Lutter/Grunewald Rn. 10; Semler/Stengel/Leonard/Diekmann Rn. 13).

7 Die nach Abs. 1 berechneten Mehrheitsverhältnisse müssen zu dem Zeitpunkt bestehen, zu dem bei der übertragenden KapGes der **Zustimmungsbeschluss** zum Verschmelzungsvertrag gefasst wird (str.; idS OLG Karlsruhe WM 1991, 1759; LG Mannheim ZIP 1990, 992; aA Henze AG 1993, 341 und ihm folgend Kallmeyer/Marsch-Barner/Oppenhoff Rn. 9; NK-UmwR/Habighorst Rn. 14; Habersack FS Horn, 2006, 337 (345): maßgeblich ist Zeitpunkt der Anmeldung zum HR; aA

wiederum Kölner Komm UmwG/Simon Rn. 23; Semler/Stengel/Leonard/Diekmann Rn. 20; Henssler/Strohn/Junker Rn. 6; Widmann/Mayer § 5 Rn. 213; Widmann/Mayer/Rieger Rn. 23 ff.: maßgeblich ist Zeitpunkt des Wirksamwerdens der Verschm; wie hier Lutter/Grunewald Rn. 8 mit überzeugender Begr.). Der **Zeitpunkt des Erwerbs der Mehrheit** ist iÜ **unerheblich.** Die Aktien können auch kurz vor der Anteilsinhaberversammlung nach § 13 I und nur zu dem Zweck, die Erleichterungen nach Abs. 1 zu ermöglichen, angeschafft worden sein (so zutr. Lutter/Grunewald Rn. 6 mwN; aA für den Sonderfall, dass die Mehrheitsbeteiligung kurz zuvor im Wege der Sacheinlage erworben wurde, OLG Karlsruhe WM 1991, 1759; dagegen zu Recht Widmann/Mayer/Rieger Rn. 21; vgl. allg. zu Aktienrückkaufprogrammen und Umw Bungert/Hentzen DB 1999, 2501).

3. Einberufung der Hauptversammlung durch die Minderheit (Abs. 2)

Liegen die Voraussetzungen von Abs. 1 vor, kann zwar grds. von einem Zustimmungsbeschluss zur Verschm bei der übernehmenden Ges abgesehen werden. **Aktionäre, die zusammen mit mindestens 5%** am Grundkapital der übernehmenden AG beteiligt sind, können jedoch die **Einberufung einer HV verlangen** (zum Begriff des Verlangens → § 48 Rn. 3, zu den Voraussetzungen → Rn. 9 und Lutter/Grunewald Rn. 17 ff. mwN; Kölner Komm UmwG/Simon Rn. 27), in der über die Zustimmung zur Verschm beschlossen wird **(Abs. 2 S. 1).** Damit wird berücksichtigt, dass die Verschm eine Grundlagenentscheidung ist und derartige Entscheidungen grds. den Aktionären vorbehalten sind. Die Informationspflichten nach Abs. 3 stellen sicher, dass die Minderheitsaktionäre Kenntnis von der Verschm erlangen können. Das beseitigt bei stark zersplittertem Aktionärskreis freilich nicht die praktischen Schwierigkeiten, das erforderliche Quorum zu erfüllen.

Nach **Abs. 2 S. 2** kann die **Satzung** auch vorsehen, dass ein Anteilsbesitz von **weniger als 5%** ausreicht, um die Einberufung der HV zu verlangen. Die Satzung kann jedoch **keine erschwerenden Forderungen** aufstellen, das Einberufungsverlangen insbes. nicht von einem höheren Anteilsbesitz abhängig machen. IÜ bedarf das Einberufungsverlangen keiner besonderen Form und muss dem Wortlaut nach auch nicht begründet werden (Lutter/Grunewald Rn. 20; Semler/Stengel/Leonard/Diekmann Rn. 30; Henssler/Strohn/Junker Rn. 8; Habersack/Wicke/Habersack Rn. 20; BeckOGK/Habersack Rn. 20, der aus Beweisgründen die Einhaltung der Schriftform empfiehlt). Insofern bestehen Unterschiede zum Einberufungsverlangen nach § 122 I 1 AktG (Widmann/Mayer/Rieger Rn. 30), der die Begründung explizit aufführt. **§ 122 III AktG** kann jedoch **entsprechend** angewendet werden, sofern das Einberufungsverlangen missachtet wird (allgM, vgl. Lutter/Grunewald Rn. 22 mwN). Im Rahmen des § 122 III AktG hat das Gericht in Ausübung richterlichen Ermessens zu prüfen, ob das Einberufungsverlangen **ausnahmsweise rechtsmissbräuchlich** ist (dazu Koch AktG § 122 Rn. 6 mwN). Vor diesem Hintergrund und zur Beschleunigung des ohnehin idR zeitlich engen fG-Verfahrens nach § 122 III AktG, liegt es in der Praxis nahe, auch den Antrag nach Abs. 2 mit einer knappen Begründung zu versehen. Eine Begründungspflicht besteht freilich nicht.

4. Rechtsfolge

Liegen die Voraussetzungen von Abs. 1 vor und erfolgt kein Verlangen nach Abs. 2, ist für den Verschmelzungsvertrag die Zustimmung der HV der **übernehmenden** AG nicht notwendig. Die **übertragende KapGes** hat – vorbehaltlich der Entbehrlichkeit des Verschmelzungsbeschlusses nach Abs. 4 (→ Rn. 15 ff.) – hingegen nach § 13 iVm §§ 50, 65 (oder § 78) Beschluss zu fassen.

5. Hinweis- und Bekanntmachungspflichten (Abs. 3)

11 Das Vorliegen der Voraussetzungen von Abs. 1 entbindet gem. **Abs. 3 S. 1** vorbehaltlich Abs. 3 S. 8 (→ Rn. 14) nicht von der Pflicht, die in § 63 I bezeichneten **Unterlagen** in den Geschäftsräumen der übernehmenden AG **zur Einsicht auszulegen** (ausf. Widmann/Mayer/Rieger Rn. 35 mwN). Maßgeblicher Zeitpunkt für den Beginn der Auslagepflicht ist, da zu diesem Zeitpunkt die Notwendigkeit der Beschlussfassung durch die übernehmende AG noch nicht feststeht, der Tag, der **einen Monat** vor dem Tag der Gesellschafter- oder HV **der übertragenden KapGes** liegt (zur Fristberechnung ausf. Kraft/Redenius-Hövermann ZIP 2013, 961 mwN). Um die tatsächliche Information der Aktionäre der übernehmenden AG zu gewährleisten, sehen **Abs. 3 S. 2, 3** die Pflicht des Vorstands der übernehmenden AG vor, einen **Hinweis** auf die bevorstehende Verschm **in den GesBl.** dieses Rechtsträgers bekannt zu machen (dazu ausf. Widmann/Mayer/Rieger Rn. 36 ff. mwN) und den Verschmelzungsvertrag bzw. dessen Entwurf **zum HR einzureichen** sowie die Aktionäre auf ihr Recht zum Erwirken der Beschlussfassung nach Abs. 2 **hinzuweisen**. § 61 S. 2 über die besondere Hinweispflicht des Gerichts ist iRv Abs. 3 S. 2 Hs. 2 entsprechend anzuwenden.

12 **Abs. 3 S. 4, 5** sichern verfahrensrechtlich die Beachtung der in Abs. 3 S. 1–3 enthaltenen Pflichten ab. Ohne die Einreichung des Nachweises der Bekanntmachung nach Abs. 3 S. 2 iRd Anmeldung nach §§ 16, 17 und ohne die Erklärung, dass ein Minderheitsverlangen nach Abs. 2 nicht gestellt worden ist, darf die **Verschm nicht eingetragen** werden (Semler/Stengel/Leonard/Diekmann Rn. 36; Widmann/Mayer/Rieger Rn. 50; Habersack/Wicke/Habersack Rn. 29; BeckOGK/Habersack Rn. 29). Der **Nachw. der Bekanntmachung** ist in Ergänzung zu § 17 als Anlage der Anmeldung möglichst durch Vorlage der GesBl zu erbringen.

13 **Abs. 3 S. 6** enthält schließlich ein Äquivalent zu § 63 III. Der Anspruch auf **kostenlose Erteilung von Abschriften** der in § 63 I bezeichneten Unterlagen besteht vorbehaltlich Abs. 3 S. 8 (→ Rn. 14) unabhängig davon, ob ein Minderheitsverlangen nach Abs. 2 ausgesprochen wurde oder nicht. Nach **Abs. 3 S. 7** können die Unterlagen dem Aktionär mit dessen Einwilligung auf dem Wege **elektronischer Kommunikation** übermittelt werden. Die Vorschrift, die durch das 3. UmwÄndG (→ Einf. Rn. 31) in Umsetzung der Änderungsrichtlinie (RL 2009/109/EG) v. 16.9.2009 zur Verschmelzungsrichtlinie eingefügt wurde, erlaubt den Verzicht auf eine Versendung in Papierform, insbes. durch Versendung einer E-Mail mit Dateianhängen in druckfähigem Format (vgl. Begr. RegE, BT-Drs. 17/3122 zu § 62). Die Art und Weise, in der die Einwilligung (§ 183 BGB) erklärt wird, ist gesetzlich nicht näher bestimmt worden. Jedoch kann die Satzung der Ges hierzu Regelungen treffen, bspw. zur Mitteilung der E-Mail-Adresse durch den Aktionär (vgl. Begr. RegE, BT-Drs. 17/3122 zu § 62). Von einer Einwilligung des Aktionärs ist grds. auszugehen, wenn dieser die Unterlagen nach Abs. 3 S. 1 per E-Mail anfordert (Semler/Stengel/Leonard/Diekmann Rn. 25; krit. dazu Widmann/Mayer/Rieger Rn. 45.0).

14 Nach **Abs. 3 S. 8** entfällt die Verpflichtung zur Auslage (Abs. 3 S. 1) sowie zur Abschriftserteilung (Abs. 3 S. 6), wenn die in Abs. 3 S. 1 bezeichneten Unterlagen für denselben Zeitraum **über die Internetseite der Ges zugänglich** sind. Gesetzgeberische Intention der durch das ARUG (→ Einf. Rn. 32) eingefügten Möglichkeit der Internetveröffentlichung der Unterlagen war, den **Bürokratieaufwand** der Ges zu verringern und zugleich den Zugang zu der Information vor allem für ortsfremde oder sogar im Ausland ansässige Aktionäre zu vereinfachen (vgl. Begr. RegE, BT-Drs. 16/11642 zu § 52 AktG; DNotI DNotI-Report 2012, 200 mwN; krit. J. Schmidt NZG 2008, 734 (735); Sandhaus NZG 2009, 41 (44)). Zugänglich sind die Unterlagen, wenn sie der Aktionär auf Grundlage einer elektronischen

Ressource kostenlos in Textform zur Kenntnis nehmen, herunterladen und ausdrucken kann (vgl. Begr. RegE, BT-Drs. 17/3122, 11; zur elektronischen Teilnahme an HV börsennotierter AG Schöne/Arens WM 2012, 381).

6. Entbehrlichkeit des Verschmelzungsbeschlusses der übertragenden Gesellschaft (Abs. 4)

Während unter den Voraussetzungen von **Abs. 1** nur ein Verschmelzungsbeschluss der **übernehmenden AG** entbehrlich ist, ist nach **Abs. 4** S. 1 im Falle der Verschm einer 100%igen TochterGes auf die MutterGes auch ein Verschmelzungsbeschluss der **übertragenden KapGes** entbehrlich. Danach darf bei der **Verschm einer 100%igen TochterGes auf ihre MutterGes** auch von den Gesellschaftern des übertragenden Unternehmens kein Zustimmungsbeschluss mehr verlangt werden. Auch wenn ein Verschmelzungsbeschluss danach gesetzlich nicht mehr vorgeschrieben ist, bleibt gleichwohl die Möglichkeit bestehen, eine Gesellschafter- bzw. HV bei dem 100%igen Tochterunternehmen durchzuführen und damit der im dt. GesR bisher üblichen Kompetenzverteilung bei wichtigen Strukturmaßnahmen zu entsprechen. In diesen Fällen gehört die Niederschrift des Verschmelzungsbeschlusses zu den nach § 17 notwendigen Anlagen für die Anmeldung zum HR (vgl. Begr. RegE, BT-Drs. 17/3122 zu § 62 IV). 15

Nach **Abs. 4 S. 2** ist der Zustimmungsbeschluss einer übertragenden AG auch dann entbehrlich, wenn zwar noch keine 100%ige Beteiligung des – mindestens zu 90% beteiligten (Abs. 5 S. 1, Abs. 1) – Hauptaktionärs an dieser Ges besteht, wenn aber der Squeeze-out unter den besonderen Voraussetzungen von Abs. 5 (→ Rn. 18 ff.) bereits beschlossen und der Übertragungsbeschluss mit einem Hinweisvermerk nach Abs. 5 S. 7 im HR eingetragen wurde. 16

Der durch das **UmRUG** neu eingefügte **Abs. 4 S. 3**, dient der Klarstellung, denn wenn kein Verschmelzungsbeschluss der übertragenden Ges notwendig ist, erledigen sich ausweislich der Gesetzesbegründung auch die vorbereitenden Unterrichtungs- und Informationspflichten (Begr. RegE, BTBT-Drs. 20/3822, 73), so dass §§ 47, 49, 61 I–III auf die **übertragene KapGes** nicht anzuwenden sind (für die nach § 63 I Nr. 4 und 5 erforderlichen Berichte gelten § 8 III 3 Nr. 1 lit. a, § 12 III). In den ebenfalls durch das **UmRUG** neu gefassten **Abs. 4 S. 4 und 5** verändert sich der zeitliche Anknüpfungspunkt zur Fristberechnung bezüglich der Informationspflichten betreffend den Zustimmungsbeschluss der Anteilsinhaber des übernehmenden Rechtsträgers. Während die Verpflichtungen bisher nach Abschluss des Verschmelzungsvertrages für die Dauer eines Monats zu erfüllen waren, sollen künftig der Monatszeitraum, in welchem die Informationspflichten nach Abs. 3 zu erfüllen sind, ab der Eintragung in das Register des übernehmenden Rechtsträgers rückwärts zu berechnen sein, beginnend mit dem Tag der Eintragung der Verschm in das Register des übernehmenden Rechtsträgers (vgl. Begr. RegE, BT-Drs. 20/3822, 73; s. auch BeckOGK/Habersack Rn. 38 mwN). Zum Schutz der Interessen der Anteilsinhaber des übernehmenden Rechtsträgers ist notwendig, dass bei der Eintragung der Verschm die Monatsfrist ohne Einberufungsverlangen der Anteilsinhaber verstrichen ist. Der nun im Gesetz neu eingefügten Rückwärtsberechnung der Frist soll auch nicht entgegenstehen, dass den Gesellschaftern bei der Anmeldung der Tag der Eintragung nicht bekannt ist (vgl. Begr. RegE, BT-Drs. 20/3822, 73). Der Gesetzgeber löst diesen Konflikt der Anmeldung der Verschm vor Fristablauf dahingehend, dass die Verschm zunächst nicht eingetragen werden kann (vgl. Begr. RegE, BT-Drs. 20/3822, 73). Im Einzelfall kann sich die Eintragung jedoch auch verzögern. Die Erklärung nach Abs. 3 S. 5 hat der Vorstand beim Registergericht nachzureichen (s. Begr. RegE, BT-Drs. 20/3822, 73). Ist die Monatsfrist ohne Einberufungsverlangen verstrichen, kann das Registergericht die Verschm eintragen (vgl. Begr. RegE, BTBT-Drs. 20/3822, 73). **Abs. 4 S. 5** stellt sicher, dass die Pflicht 17 zur Zuleitung des Verschmelzungsvertrags gem. § 5 III auch dann fristgerecht erfüllt wird und die **Betriebsräte** der beteiligten Rechtsträger (siehe auch BeckOGK/ Habersack Rn. 40 mwN) rechtzeitig Kenntnis erlangen Auch für die Zuleitung der Unterlagen an den Betriebsrat gelten die vorstehenden Ausführungen zur Rückwärtsberechnung der Frist (s. auch BeckOGK/Habersack Rn. 40).

7. Verschmelzungsrechtlicher Squeeze-out (Abs. 5)

18 Durch das 3. UmwÄndG (→ Einf. Rn. 31) ist in **Abs. 5** − zusätzlich zu dem aktienrechtlichen (§§ 327a ff. AktG) und dem übernahmerechtlichen Squeeze-out (§§ 39a ff. WpÜG; vgl. zu dessen geringer Bedeutung Hentzen/Rieckers DB 2013, 1159 mit Bespr. des Urteils BGH DB 2013, 338) − ein **verschmelzungsrechtlicher Squeeze-out** eingefügt worden (vgl. zum RefE HRA des DAV NZG 2010, 614; Bayer/Schmidt ZIP 2010, 953; Diekmann NZG 2010, 489; zum RegE BT-Drs. 17/ 3122 Heckschen NZG 2010, 1041; Neye/Jäckel AG 2010, 237; Wagner DStR 2010, 1629; Überblick über Regelung und Verfahren § 62 V bei Widmann/ Mayer/Rieger Rn. 120 ff.; Schockenhoff/Lumpp ZIP 2013, 749; Hofmeister NZG 2012, 688; Mayer NZG 2012, 561, jew. mwN; verfassungsrechtliche Bedenken bestehen nicht, Lutter/Grunewald Rn. 31 mwN; OLG Hamburg NZG 2012, 944). Abw. von den aktienrechtlichen und übernahmerechtlichen Bestimmungen, die jew. einen Schwellenwert von 95% vorsehen, ist danach ein Ausschluss von Minderheitsaktionären bereits dann möglich, wenn dem Hauptaktionär **90%** der Aktien gehören − dies allerdings nur als vorbereitende Maßnahme für eine anschließende Konzernverschmelzung unter **ausschließlicher Beteiligung von AG** (bzw. KGaA oder SE; vgl. Semler/Stengel/Leonard/Diekmann Rn. 32e). Der zur Ermöglichung eines verschmelzungsrechtlichen Squeeze-out durchgeführte **Formwechsel** in eine AG ist **nicht als rechtsmissbräuchlich** anzusehen (vgl. OLG Hamburg ZIP 2012, 1347 (1350 f.) mAnm Schockenhoff/Lumpp ZIP 2013, 749; Drinhausen BB 2012, 2077; Seulen EWiR 2012, 503; Stephanblome AG 2012, 814; teilw. zweifelnd Lutter/Grunewald Rn. 51). Auch die **Beschaffung der erforderlichen Kapitalmehrheit** durch ergänzende Wertpapierdarlehen ist grds. möglich (BGH ZIP 2009, 908; Lutter/Grunewald Rn. 51; Rieder ZGR 2009, 981 mwN; zweifelnd Widmann AG 2014, 189 mwN, der zur Alternative der zweistufigen Konzernverschmelzung rät, dazu Widmann/Mayer/Rieger Rn. 18); vgl. zur etwaigen **Rechtsmissbräuchlichkeit sonstiger Gestaltungen** (etwa vorgelagerte Einbringung der Aktien in bestehende Holding oder neue Gesellschaft, zB Stephanblome AG 2012, 814 (815)) Schockenhoff/Lumpp ZIP 2013, 749; Mayer NZG 2012, 561 (563 f.); Schröder/ Wirsch ZGR 2012, 660; Austmann NZG 2011, 684 (690); Bungert/Wettich DB 2011, 1500 (1501); Kiefner/Brügel AG 2011, 525 (533 ff.); Packi ZGR 2011, 776; Simon/Merkelbach DB 2011, 1317 (1322); Bungert/Wettich DB 2010, 2545 (2549 f.); Wagner DStR 2010, 1629 (1634). Die Diskussion um die Rechtsmissbräuchlichkeit von Maßnahmen zur Vorbereitung eines verschmelzungsrechtlichen Squeeze-outs wird zunehmend auch im Lichte des **unionsrechtlichen Missbrauchsverbots** geführt (grdl. Florstedt NZG 2015, 1212; vgl. auch Kallmeyer/ Marsch-Barner/Oppenhoff Rn. 36). Zum grenzüberschreitenden Squeeze-out Widmann/Mayer/Rieger Rn. 112; Mayer NZG 2012, 561 (564).

19 Nach Abs. 5 S. 1 kann die HV einer übertragenden AG auch in den Fällen von Abs. 1 innerhalb von drei Monaten nach Abschluss des Verschmelzungsvertrags einen Beschluss nach § 327a I 1 AktG fassen, wenn der übernehmenden AG (Hauptaktionär) Aktien in Höhe von 9/10 des Grundkapitals der übertragenden AG gehören (vgl. zum Verfahren ausf. Widmann/Mayer/Rieger Rn. 120 ff.; Mayer NZG 2012, 561 (564 ff.); Austmann NZG 2011, 684 (687 f.); Bungert/Wettich DB 2011, 1500 (1501 ff.); Schockenhoff/Lumpp ZIP 2013, 749 (750)). Gesetzestechnisch modifiziert der verschmelzungsrechtliche Squeeze-out damit lediglich die Vorschrif-

ten des aktienrechtlichen Squeeze-out: Ein Schwellenwert von 90% soll für den Ausschluss nach § 327a I AktG nur dann gelten, wenn der **Squeeze out in sachlichem und zeitlichem Zusammenhang mit der Verschm der TochterAG auf die MutterAG** (dh nur im Falle einer „Upstream"-Verschm; vgl. Austmann NZG 2011, 684 (687); Bungert/Wettich DB 2011, 1500) vollzogen wird. Der erforderliche **zeitliche Zusammenhang** von Verschm und Minderheitenausschluss wird durch die in Abs. 5 S. 1 vorgesehene Dreimonatsfrist, die sich an § 39a IV WpÜG orientiert, sichergestellt. Der **sachliche Zusammenhang** ist im Verschmelzungsvertrag zum Ausdruck zu bringen (Widmann/Mayer/Rieger Rn. 173). Nach **Abs. 5 S. 2** muss der Verschmelzungsvertrag oder sein Entwurf über die Angaben nach § 5 (mit Ausnahme der Angaben nach § 5 I Nr. 2–5, vgl. § 5 II) hinaus die Angabe enthalten, dass im Zusammenhang mit der Verschm ein Ausschluss der Minderheitsaktionäre der übertragenden AG erfolgen soll.

Wie in den Fällen einer von Anfang an bestehenden 100%igen Beteiligung bleiben **20** auch im Falle von Abs. 5, Abs. 4 S. 2 die Bekanntmachungspflicht nach § 61, das Informationsrecht der Aktionäre der übernehmenden AG nach Abs. 3 und das Minderheitsrecht nach Abs. 2 unberührt. **Abs. 5 S. 3, 4** stellen entsprechend sicher, dass die Aktionäre der übernehmenden AG und die **Betriebsräte** der beteiligten Rechtsträger rechtzeitig informiert werden (auch → Rn. 16 zur Parallelregelung in Abs. 4).

Mit Blick auf den sachlichen Zusammenhang zwischen Squeeze-out und Verschm **21** bestimmt **Abs. 5 S. 5**, dass der **Verschmelzungsvertrag** bzw. sein Entwurf zur Vorbereitung der HV, die über den Ausschluss der Minderheitsaktionäre entscheiden soll, neben den in § 327c III AktG genannten Unterlagen **auszulegen** oder über die Internetseite der übertragenden Ges **zugänglich zu machen** (§ 327c V AktG) ist. Zwar enthält Abs. 5 S. 5 keine Abs. 3 S. 8, § 327c V AktG entsprechende Regelung, aufgrund der Verweisung in Abs. 5 S. 8 genügt aber auch hier die Zugänglichmachung über die Internetseite. Weiterhin ist **§ 124 III 3 AktG** zu beachten, dh der wesentliche Inhalt des Verschmelzungsvertrages (bzw. seines Entwurfs) ist in der Einladung bekannt zu machen (wie hier Mayer NZG 2012, 561 (569)). Um dem HR die Kontrolle der besonderen Voraussetzungen von Abs. 5 – insbes. die Einhaltung der Dreimonatsfrist – zu ermöglichen, ist nach Abs. 5 S. 6 außerdem der Verschmelzungsvertrag bei der Anmeldung des Squeeze-out nach § 327e I AktG in Ausfertigung, öffentlich beglaubigter Abschrift oder im Entwurf vorzulegen.

Die Eintragung des Übertragungsbeschlusses in das HR ist nach **Abs. 5 S. 7** mit **22** dem Vermerk zu versehen, dass er **erst gleichzeitig mit** der **Eintragung der Verschm im Register** des Sitzes **der übernehmenden AG wirksam** wird. Mit dieser auf Veranlassung des Rechtsausschusses spät im Gesetzgebungsverfahren (vgl. Widmann/Mayer/Rieger Rn. 85, 86, 184) eingefügten Regelung wird der erforderliche sachliche und zeitliche Zusammenhang zwischen dem verschmelzungsrechtlichen Squeeze-out von Abs. 5 S. 1 und der nachfolgenden Verschm verstärkt. Um zu verhindern, dass nach dem Ausschluss von Minderheitsaktionären unter den erleichterten Voraussetzungen nach Abs. 5 S. 1 die geplante Konzernverschmelzung nicht vollzogen wird, ist die Eintragung des Übertragungsbeschlusses zwingend mit dem Vermerk zu versehen, dass der Übergang der Aktien auf den Hauptaktionär erst mit der Eintragung der Verschm im Register des Sitzes der übernehmenden AG wirksam wird. Ist der Ausschluss der Minderheitsaktionäre nach § 327a I 1 AktG beschlossen und mit dem in Abs. 5 S. 7 vorgesehenen Vermerk eingetragen, kann die Verschm durch die Aufnahme der TochterGes vollendet werden. Eines Beschlusses der HV der TochterGes bedarf es aufgrund der Regelung in **Abs. 4 S. 2** nicht, wenngleich nach dem Gesetz gewordenen Wortlaut (krit. → Rn. 23) zu diesem Zeitpunkt der Squeeze-out noch nicht wirksam ist und daher noch außenstehende Aktionäre vorhanden sind (vgl. Beschlussempfehlung und Bericht RA, BT-Drs. 17/5930 zu § 62 V; vgl. auch Bungert/Wettich DB 2011, 1500).

A UmwG § 63

Umwandlungsgesetz

23 Das Tb-Merkmal „**gleichzeitig**" in Abs. 5 S. 7 sorgt allerdings für erhebliche **Verwirrung in der Praxis** hinsichtlich der Nutzung der **Konzernprivilegien** der § 5 II, § 8 III, § 9 III, § 307 III, § 312 II iR eines verschmelzungsrechtlichen Squeeze-outs. Einer Empfehlung aus Vorsichtsgründen (vgl. Mayer NZG 2012, 561 (573 f.)) folgend werden die Konzernprivilegien deshalb nicht voll genutzt, vgl. zB Terlau/Strese AG 2014, R78-R79 zur „rein vorsorglichen" Erstellung von **Verschmelzungsbericht** und Durchführung der Verschmelzungsprüfung (für die entsprechende Anwendung von § 8 III, § 9 II, § 12 III zu Recht Hofmeister NZG 2012, 688 (692 ff.); Mayer NZG 2012, 561 (573 f.); Kiefner/Brügel AG 2011, 525 (528); Bungert/Wettich DB 2010, 2545 (2546); vgl. auch Begr. RegE, BT-Drs. 17/3122, 12, 13). Besonders augenfällig wird das Problem, das der Rechtsausschuss (→ Rn. 22) mit der unglücklichen Formulierung von Abs. 5 S. 7 bewirkt hat, wenn man die Diskussion um die **Behandlung von Options- und Wandelrechten** beim verschmelzungsrechtlichen Squeeze-out näher analysiert: Eigentlich dürfte es kein Problem sein, die Optionsberechtigten wie bei §§ 327a ff. AktG (→ Rn. 24) einfach nur abzufinden (so Süßmann AG 2013, 158 mwN). Dogmatisch ist des wegen der „gleichzeitigen" Wirksamkeit von Verschm und Squeeze-out aber sehr problematisch, denn bei **Auslegung im Wortsinn** kommt man zur Anwendung von § 23 und damit zum Übergang der bedingten Aktienbezugsrechte (→ § 23 Rn. 11 ff. mwN), dann wirkend gegen die übernehmende AG (vgl. Arens WM 2014, 682 mwN). Die Thematik ist kaum über eine **Analogie** zu lösen (zutr. Arens WM 2014, 682 (685 ff.)). Als Gestaltungsmittel hilft begrenzt die Aufnahme einer **aufschiebenden Bedingung** im Verschmelzungsvertrag (dazu Mayer NZG 2012, 561 (567); Widmann/Mayer/Rieger Rn. 176). Vor allem aus dem Verweis auf §§ 327a ff. AktG in Abs. 5 S. 8 (→ Rn. 24) wird klar, dass die Minderheitsaktionäre beim Squeeze-out durch das AktG genauso geschützt sind, wie sie es durch das UmwG sonst auch wären. Sie erhalten eine Barabfindung zum Verkehrswert (§ 327b I 1 AktG; dazu auch LG Frankfurt a. M. NZG 2015, 1028 mAnm König jurisPR-HaGesR 8/2014 Anm. 5; zu möglichen Börsenpublikationen Burger NZG 2012, 281; vgl. auch Bungert/Wettich ZIP 2012, 449 zu BGH ZIP 2010, 1487), einen Bericht zur Angemessenheit der Barabfindung (§ 327c II 1 AktG), die Angemessenheit der Barabfindung wird geprüft (§ 327c II 2 AktG etc). Dann sollte man den verschmelzungsrechtlichen Squeeze-out auch als solchen begreifen, also die **Verschmals reine Konzernverschmelzung** mit den in Abs. 5 S. 1–4 festgelegten Modifikationen behandeln und andererseits die **Minderheitsgesellschafter** und die **Inhaber von Options- und Wandelanleihen** ausschließlich nach §§ 327a ff. AktG, insoweit allerdings mit den Modifikationen von Abs. 5 S. 5, 6. Das dürfte dem wirklichen Willen des Gesetzgebers, jedenfalls aber dem Sinn und Zweck des verschmelzungsrechtlichen Squeeze-out entsprechen (ähnlich Widmann/Mayer/Rieger Rn. 186; aA Kallmeyer/Marsch-Barner/Oppenhoff Rn. 46). Eine Klarstellung durch den Gesetzgeber oder durch höchstrichterliche Rspr. wäre aber zu begrüßen.

24 **Abs. 5 S. 8** stellt abschließend klar, dass **§§ 327a ff. AktG iÜ unberührt** bleiben, insoweit unterscheiden sich der verschmelzungsrechtliche und der aktienrechtliche Squeeze-out nicht (zur Vorbereitung, Einberufung und Durchführung der Squeeze-out-HV Mayer NZG 2012, 561 (562, 567) mwN; Widmann/Mayer/Rieger Rn. 120 ff.).

§ 63 Vorbereitung der Hauptversammlung

(1) **Von der Einberufung der Hauptversammlung an, die gemäß § 13 Abs. 1 über die Zustimmung zum Verschmelzungsvertrag beschließen soll, spätestens aber ab einem Monat vor dem Tag der Hauptversammlung,**

sind in dem Geschäftsraum der Gesellschaft zur Einsicht der Aktionäre auszulegen
1. der Verschmelzungsvertrag oder sein Entwurf;
2. die Jahresabschlüsse und die Lageberichte der an der Verschmelzung beteiligten Rechtsträger für die letzten drei Geschäftsjahre;
3. falls sich der letzte Jahresabschluß auf ein Geschäftsjahr bezieht, das mehr als sechs Monate vor dem Abschluß des Verschmelzungsvertrags oder der Aufstellung des Entwurfs abgelaufen ist, eine Bilanz auf einen Stichtag, der nicht vor dem ersten Tag des dritten Monats liegt, der dem Abschluß oder der Aufstellung vorausgeht (Zwischenbilanz);
4. die nach § 8 erstatteten Verschmelzungsberichte;
5. die nach § 60 in Verbindung mit § 12 erstatteten Prüfungsberichte.

(2) ¹Die Zwischenbilanz (Absatz 1 Nr. 3) ist nach den Vorschriften aufzustellen, die auf die letzte Jahresbilanz des Rechtsträgers angewendet worden sind. ²Eine körperliche Bestandsaufnahme ist nicht erforderlich. ³Die Wertansätze der letzten Jahresbilanz dürfen übernommen werden. ⁴Dabei sind jedoch Abschreibungen, Wertberichtigungen und Rückstellungen sowie wesentliche, aus den Büchern nicht ersichtliche Veränderungen der wirklichen Werte von Vermögensgegenständen bis zum Stichtag der Zwischenbilanz zu berücksichtigen. ⁵§ 8 Absatz 3 Satz 1 und Satz 2 ist entsprechend anzuwenden. ⁶Die Zwischenbilanz muss auch dann nicht aufgestellt werden, wenn die Gesellschaft seit dem letzten Jahresabschluss einen Halbjahresfinanzbericht gemäß § 115 des Wertpapierhandelsgesetzes veröffentlicht hat. ⁷Der Halbjahresfinanzbericht tritt zum Zwecke der Vorbereitung der Hauptversammlung an die Stelle der Zwischenbilanz.

(3) ¹Auf Verlangen ist jedem Aktionär unverzüglich und kostenlos eine Abschrift der in Absatz 1 bezeichneten Unterlagen zu erteilen. ²Die Unterlagen können dem Aktionär mit dessen Einwilligung auf dem Wege elektronischer Kommunikation übermittelt werden.

(4) Die Verpflichtungen nach den Absätzen 1 und 3 entfallen, wenn die in Absatz 1 bezeichneten Unterlagen für denselben Zeitraum über die Internetseite der Gesellschaft zugänglich sind.

1. Allgemeines

Die mehrfach geänderte Vorschrift befasst sich mit der **Vorbereitung der HV**, auf der der Zustimmungsbeschluss iSv § 13 I gefasst werden soll. Durch die durch das **UmRUG** eingeführten Ergänzung sind die in **Abs. 1** aufgeführten Unterlagen spätestens ab einem Monat vor dem Tag der den Zustimmungsbeschluss zum Verschmelzungsvertrag fassenden HV in den Geschäftsräumen der Ges zur Einsicht auszulegen. Zudem wurde durch das **UmRUG** in **Abs. 2 S. 5** der Verweis auf § 8 III S. 1 und 2 angepasst. Jeder Aktionär hat das Recht, von diesen Unterlagen eine Abschrift zu verlangen, wobei die Unterlagen dem Aktionär mit dessen Einwilligung auch auf dem Wege elektronischer Kommunikation übermittelt werden können **(Abs. 3)**. Überdies sind die in Abs. 1 bezeichneten Unterlagen während der HV auszulegen **(§ 64 I 1)**. In Übereinstimmung mit Art. 11 RL 78/855/EWG (heute Art. 97 I GesR-RL) wird den Aktionären somit **umfassende Transparenz** geboten, die sie in die Lage versetzt, ihre Stimmabgabe gründlich vorzubereiten. Zur Auslegung weiterer Unterlagen (Verkaufs-/Börsenzulassungsprospekt) außerhalb von § 63 vgl. Semler/Stengel/Leonard/Diekmann Rn. 29, 30. Die Verpflichtung zur Auslegung der Unterlagen und zur Abschriftserteilung entfällt, wenn die in Abs. 1 aufgeführten Unterlagen für denselben Zeitraum **über die Internetseite der Ges zugänglich** sind **(Abs. 4)**.

2. Bekanntmachung der Tagesordnung

2 Mit der Einberufung der HV ist die **Tagesordnung** anzugeben (§ 121 III 2 AktG). Da der Verschmelzungsvertrag nur mit Zustimmung der HV wirksam wird (§ 13 I), ist bei der Bekanntmachung nach § 121 IV 1 AktG auch der **wesentliche Inhalt des Vertrags anzuführen**. Eine nur zusammenfassende Bekanntmachung ist allerdings mit erheblichen Anfechtungsrisiken verbunden, sodass die Praxis oftmals eine **wörtliche Wiedergabe** des Vertrags vornimmt (Widmann/Mayer/Rieger Rn. 7; Kallmeyer/Marsch-Barner/Oppenhoff Rn. 17; vgl. LG Hanau ZIP 1996, 422; LG Wiesbaden NZG 1999, 177). Aufzunehmen ist in jedem Fall, dass über eine Verschm durch Aufnahme/Neugründung unter Ausschluss der Abwicklung gegen Gewährung von Aktien beschlossen werden soll. Ferner müssen eine geplante KapErh und die nach § 5 I Nr. 1–3 und 5 notwendigen Angaben des Verschmelzungsvertrags bzw. dessen Entwurf bekannt gemacht werden. Auch Bedingungen und Befristungen zählen zum wesentlichen Inhalt. Entsprechendes gilt für nicht völlig unerhebliche Nebenabreden (zum Ganzen Widmann/Mayer/Rieger Rn. 7 mwN).

3. Auslage der Unterlagen (Abs. 1)

3 In **Abs. 1** wird durch das **UmRUG** nun klargestellt, dass die benannten Unterlagen spätestens einen Montag vor dem Tag der den Zustimmungsbeschluss fassenden HV in dem Geschäftsraum der Ges **zur Einsicht der Aktionäre ausliegen müssen**. Da gemäß Art. 97 Abs. 1 GesR-RL die Auslegung spätestens ab einem Monat vor dem Datum der beschlussfassenden HV zu erfolgen hat, sind Abs. 1 iVm § 123 AktG nach Auffassung des Gesetzgebers bereits nach der bisherigen Rechtslage richtlinienkonform auszulegen gewesen (vgl. Begr. RegE, BT-Drs. 20/3822, 73), so dass hiermit im Ergebnis keine Änderung verbunden ist (so auch BeckOGK/Habersack Rn. 6). Bei vorzeitiger Einberufung der HV soll die Auslegung der Unterlagen nach dem Willen des Gesetzgebers (Begr. RegE, BT-Drs. 20/3822, 73) jedoch bereits ab dem Zeitpunkt der Einberufung erfolgen. Zu den auszulegenden Dokumenten zählen der **Verschmelzungsvertrag** oder dessen Entwurf (Abs. 1 Nr. 1), die **Jahresabschlüsse** und die Lageberichte **aller** (soweit sie Jahresabschlüsse und Lageberichte bilanzrechtlich zu erstellen haben, Lutter/Grunewald Rn. 5; Kallmeyer/Marsch-Barner/Oppenhoff Rn. 3; Kölner Komm UmwG/Simon Rn. 7) an der Verschm beteiligten Rechtsträger **der letzten drei Gj.** (Abs. 1 Nr. 2; dazu ausf. Widmann/Mayer/Rieger Rn. 11), ferner die nach § 8 von den Vertretungsorganen erstatteten **Verschmelzungsberichte aller** beteiligten Rechtsträger sowie die **Verschmelzungsprüfungsberichte** nach § 60 iVm § 12 (Abs. 1 Nr. 4 und 5). Ggf. ist auch eine **Zwischenbilanz** zur Einsicht der Aktionäre auszulegen (Abs. 1 Nr. 3; → Rn. 4 ff.). Zur **Entbehrlichkeit** der Auslage nach Abs. 4 → Rn. 9.

4. Zwischenbilanz (Abs. 2)

4 Sofern zwischen dem Stichtag des letzten Jahresabschlusses und dem Zeitpunkt des Abschlusses des Verschmelzungsvertrags bzw. der Aufstellung des Entwurfs **mehr als sechs Monate** (zur Fristberechnung Widmann/Mayer/Rieger Rn. 17; Kölner Komm UmwG/Simon Rn. 17) verstrichen sind, muss eine **Zwischenbilanz** aufgestellt werden, deren Stichtag nicht vor dem ersten Tag des dritten Monats liegen darf, welcher dem Abschluss oder der Aufstellung vorausgeht **(Abs. 1 Nr. 3).** Die Zwischenbilanz ist also ausdrücklich auch dann entbehrlich, wenn innerhalb von sechs Monaten nach dem Stichtag des letzten Jahresabschlusses ein Entwurf des Verschmelzungsvertrags aufgestellt wurde. Während der Abschluss des Verschmelzungsvertrags leicht bestimmt werden kann, kann die **Festlegung des Zeitpunkts der Aufstellung des Entwurfs** Schwierigkeiten bereiten. Man wird auf den Tag

abstellen müssen, an dem die Vertretungsorgane der betreffenden Rechtsträger eine **Einigung** darüber erzielten, dass der ausgehandelte Entwurf Grundlage der Verschm sein soll (Lutter/Grunewald Rn. 6; Kallmeyer/Lanfermann Rn. 6 verlangen Paraphierung, Semler/Stengel/Leonard/Diekmann Rn. 14 rät zur Paraphierung mit Datumsangabe).

Sinn der Zwischenbilanz ist es, den Aktionären einen möglichst zeitnahen 5 Einblick in die Vermögensverhältnisse zu ermöglichen. Sie sollen bei ihrer Entscheidung auch Entwicklungen der jüngsten Vergangenheit berücksichtigen können (Begr. RegE, BT-Drs. 9/1065 zu § 340d AktG aF). Die Zwischenbilanz ist entsprechend den bei der letzten Jahresbilanz angewendeten Vorschriften aufzustellen **(Abs. 2 S. 1).** Sie hat also insbes. den Vorschriften der §§ 242 ff. HGB zu entsprechen. Das Gesetz fordert in Abs. 1 Nr. 3 lediglich die Aufstellung einer Zwischenbilanz; eine **GuV-Rechnung** sowie ein **Lagebericht** können daher unterbleiben (allgM, vgl. nur Henssler/Strohn/Junker Rn. 5). Entsprechendes gilt für den **Anhang** (zutr. Kallmeyer/Lanfermann Rn. 7; NK-UmwR/Habighorst Rn. 14; Widmann/Mayer/Rieger Rn. 18; Henssler/Strohn/Junker Rn. 5; iErg jetzt auch Lutter/Grunewald Rn. 8).

Für die **Aufstellung der Zwischenbilanz** gelten einige **Erleichterungen.** Eine 6 **körperliche Bestandsaufnahme** kann unterbleiben **(Abs. 2 S. 2).** Die **Wertansätze** der letzten Jahresbilanz dürfen übernommen werden. Sie müssen jedoch aktualisiert werden; es sind also die zwischenzeitlichen Abschreibungen und Wertberichtigungen sowie etwaige RSt und wesentliche Veränderungen der wirklichen Werte von Vermögensgegenständen zu berücksichtigen **(Abs. 2 S. 4).**

Mit Abs. 2 S. 5, eingefügt durch das 3. UmwÄndG (→ Einf. Rn. 31), hat der 7 Gesetzgeber von der in der RL 78/855/EWG (idF der Änderungs-RL 2009/109/EG v. 16.9.2009) vorgesehenen Option für die Mitgliedstaaten Gebrauch gemacht, einen Verzicht der Aktionäre auf die Zwischenbilanz zu erlauben (vgl. Begr. RegE, BT-Drs. 17/3122 zu § 63). Die Änderung von Abs. 2 S. 5 durch das **UmRUG** ist eine Folgeänderung zur Änderung von § 8 III 1, 2 (→ § 64 Rn. 7). Die **Aufstellung einer Zwischenbilanz** ist nach **Abs. 2 S. 5 entbehrlich,** wenn die Anteilsinhaber **eines an der Verschmelzung beteiligten Rechtsträgers** (und nicht nur der AG, wie hier Widmann/Mayer/Rieger Rn. 20.1; Semler/Stengel/Leonard/Diekmann Rn. 18a; Kallmeyer/Lanfermann Rn. 12; aA BeckOK/Habersack Rn. 16; Lutter/Grunewald Rn. 13) durch notariell beurkundete Erklärung hierauf verzichten. Ein Verzicht der Anteilsinhaber aller beteiligten Rechtsträger wird nicht mehr verlangt. Hierdurch entfallen die Informationspflichten in dem den Verzicht erklärenden Rechtsträger. Ebenfalls durch das 3. UmwÄndG eingefügt wurden **Abs. 2 S. 6, 7.** Danach ist die Zwischenbilanz auch im Falle der Veröffentlichung eines **Halbjahresfinanzberichts gem. § 115 WpHG** entbehrlich. Der Halbjahresfinanzbericht tritt zum Zwecke der Vorbereitung der HV an die Stelle der Zwischenbilanz. Es muss sich mithin um einen – iSv Abs. 1 Nr. 3 – aktuellen Halbjahresfinanzbericht handeln, dh das Ende des Berichtszeitraums darf zum Zeitpunkt des Abschlusses des Verschmelzungsvertrags oder der Aufstellung des Entwurfs nicht mehr als sechs Monate (zur Fristberechnung nach § 187 I BGB, § 188 II BGB Semler/Stengel/Leonard/Diekmann Rn. 14) zurückliegen (dagegen krit. mit guter Argumentation Widmann/Mayer/Rieger Rn. 20.4–20.6). Wenn die Ges von dieser Vereinfachungsmöglichkeit Gebrauch macht, ist der Halbjahresfinanzbericht den Aktionären in der gleichen Weise zur Verfügung zu stellen wie die übrigen in Abs. 1 genannten Unterlagen (vgl. Begr. RegE, BT-Drs. 17/3122 zu § 63).

5. Abschriftserteilung (Abs. 3)

Nach **Abs. 3** haben alle Aktionäre einen Anspruch, von den nach Abs. 1 in den 8 Geschäftsräumen zur Einsicht ausliegenden Unterlagen unverzüglich (§ 121 I BGB) und kostenlos eine **Abschrift** zu erhalten. Die Unterlagen können dem Aktionär mit dessen Einwilligung auf dem Wege elektronischer Kommunikation übermittelt werden (→ § 62 Rn. 13). Zur **Entbehrlichkeit** der Abschriftserteilung nach Abs. 4 → Rn. 9.

6. Zugänglichmachen über die Internetseite (Abs. 4)

9   Nach Abs. 4, der durch das ARUG (→ Einf. Rn. 30) eingefügt wurde, entfällt die Verpflichtung zur Auslage (Abs. 1) sowie zur Abschriftserteilung (Abs. 3), wenn die in Abs. 1 bezeichneten Unterlagen für denselben Zeitraum über die Internetseite der Ges zugänglich sind (→ § 62 Rn. 14). Zur Auslage von Unterlagen in der virtuellen HV → § 64 Rn. 3.

7. Anfechtung wegen verspäteter oder unterbliebener Auslegung oder Zugänglichmachung

10 Wurden die in Abs. 1 genannten Unterlagen in den Geschäftsräumen nicht ausgelegt oder erfolgte dies verspätet und wurden die Unterlagen auch nicht über die Internetseite zugänglich gemacht, so ist der **Zustimmungsbeschluss anfechtbar**. Wegen § 243 IV 1 AktG ist Kausalität erforderlich (zutr. Semler/Stengel/Leonard/Diekmann Rn. 26; Widmann/Mayer/Rieger Rn. 34, jew. mwN so auch Habersack/Wicke/Habersack Rn. 19; BeckOGK/Habersack Rn. 19). Bzgl. der nicht unverzüglichen Erteilung von Abschriften gilt Entsprechendes; wegen der individuellen Betroffenheit idR nur weniger Aktionäre wird es aber oft an der Relevanz des Gesetzesverstoßes fehlen (Semler/Stengel/Leonard/Diekmann Rn. 28; Widmann/Mayer/Rieger Rn. 35; vgl. auch Henssler/Strohn/Junker Rn. 8; dagegen mit beachtlichen Argumenten Kölner Komm UmwG/Simon Rn. 41; zum Ganzen Koch AktG § 243 Rn. 13 ff. mwN).

§ 64 Durchführung der Hauptversammlung

(1) ¹**In der Hauptversammlung sind die in § 63 Absatz 1 bezeichneten Unterlagen zugänglich zu machen.** ²**Der Vorstand hat den Verschmelzungsvertrag oder seinen Entwurf zu Beginn der Verhandlung mündlich zu erläutern und über jede wesentliche Veränderung des Vermögens der Gesellschaft zu unterrichten, die seit dem Abschluss des Verschmelzungsvertrages oder der Aufstellung des Entwurfs eingetreten ist.** ³**Der Vorstand hat über solche Veränderungen auch die Vertretungsorgane der anderen beteiligten Rechtsträger zu unterrichten; diese haben ihrerseits die Anteilsinhaber des von ihnen vertretenen Rechtsträgers vor der Beschlussfassung zu unterrichten.** ⁴**§ 8 Absatz 3 Satz 1 und Satz 2 ist entsprechend anzuwenden.**

(2) **Jedem Aktionär ist auf Verlangen in der Hauptversammlung Auskunft auch über alle für die Verschmelzung wesentlichen Angelegenheiten der anderen beteiligten Rechtsträger zu geben.**

1. Allgemeines

1   Die Vorschrift trifft ergänzende Regelungen zur **Durchführung der HV** anlässlich der Beschlussfassung nach § 13 I und enthält keine ausdrückliche Regelung zur elektronischen Teilnahme an HV. Jedoch ist am 27.7.2022 das Gesetz zur Einführung virtueller Hauptversammlungen von Aktiengesellschaften und Änderung genossenschafts- sowie insolvenz- und restrukturierungsrechtlicher Vorschriften in Kraft getreten, BGBl. 2022 I 1166. § 118a AktG ist die zentrale Vorschrift und regelt nun die Durchführung der virtuellen HV im Falle des Vorliegens einer entsprechenden

Durchführung der Hauptversammlung 2, 3 **§ 64 UmwG A**

Satzungsermächtigung (s. BeckOGK/Paschos AktG § 118a Rn. 19 ff.; Koch AktG § 118a Rn. 14 ff. sowie zur Beschlussfassung von Struktur- und Kapitalmaßnahmen und Beschlüssen in einer virtuellen HV, die nach dem UmwG eine Beschlussfassung „in einer Versammlung" verlangen (Begr. RegE, BT-Drs. 20/1738, 22; → § 65 Rn. 2). Bereits zuvor wurde aus § 118 I 2 AktG idF des ARUG iVm dem nach § 13 I 2 bestehenden Versammlungszwang geschlossen, dass die elektronische Teilnahme an der HV jedenfalls dann möglich ist, wenn die konkrete Ausgestaltung eine umfassend aktive Mitwirkung der elektronisch zugeschalteten Aktionäre sicherstellt. § 118 I 2 AktG ermöglicht grds. auch eine Privilegierung der Präsenzgegenüber der elektronischen Teilnahme, indem zB im Falle der elektronischen Teilnahme nur bestimmte Aktionärsrechte ausgeübt werden können (Koch AktG § 118 Rn. 12; Beck RNotZ 2014, 160 (161)). Solche Fälle genügen dem Versammlungszwang nicht (str., wie hier Lutter/Drygala § 13 Rn. 10 f. mwN; zur elektronischen Teilnahme allg. Beck RNotZ 2014, 160).

Abs. 1 wurde durch das 3. UmwÄndG (→ Einf. Rn. 31) neu gefasst, der Pflichtenkreis des Vorstands wurde deutlich erweitert. Neben der Pflicht zur Auslage der in § 63 I bezeichneten Unterlagen während der HV obliegt dem Vorstand nach Abs. 1 die Pflicht, den Verschmelzungsvertrag oder seinen Entwurf **mündlich zu erläutern und über jede wesentliche Veränderung** des Vermögens der Ges **zu unterrichten,** die seit dem Abschluss des Verschmelzungsvertrags oder der Aufstellung des Entwurfs eingetreten ist. Hierüber hat der Vorstand auch die Vertretungsorgane der anderen beteiligten Rechtsträger zu unterrichten, die ihrerseits die Anteilsinhaber des von ihnen vertretenen Rechtsträgers zu unterrichten haben. Auf **Verlangen** eines Aktionärs sind auch Auskünfte über die anderen an der Verschm beteiligten Rechtsträger zu geben (Abs. 2); das Recht zur Auskunftsverweigerung nach § 131 III AktG bleibt unberührt (vgl. Begr. RegE, BR-Drs. 75/94 zu § 64). Zudem wurde durch das **UmRUG** in **Abs. 1 S. 4** der Verweis auf § 8 III 1 und 2 angepasst. 2

2. Zugänglichmachen der Unterlagen (Abs. 1 S. 1)

Auch **während der HV** sind die in § 63 I genannten **Unterlagen zur Einsicht** der Aktionäre (Semler/Stengel/Leonard/Diekmann Rn. 4; Kölner Komm UmwG/Simon Rn. 9; so jetzt auch Lutter/Grunewald Rn. 2 und Kallmeyer/Marsch-Barner/Oppenhoff Rn. 1) **zugänglich zu machen.** Die Aktionäre sollen während der gesamten HV in die Lage versetzt werden, sich eingehend zu unterrichten. Während dieses Zeitraums sind **Abschriften iSv § 63 III** zur Einsicht bereitzuhalten, und zwar **mehrere Einsichtsexemplare** (Widmann/Mayer/Rieger Rn. 4; Lutter/Grunewald Rn. 2; Semler/Stengel/Leonard/Diekmann Rn. 14 f., jew. mwN). Ein Anspruch auf Erstellung und Erteilung einer Abschrift während der HV besteht demgegenüber nicht (wie hier Lutter/Grunewald Rn. 4; aA Semler/Stengel/Leonard/Diekmann Rn. 5). Die Gesellschaft kann die Unterlagen auch in elektronischer Form zugänglich machen, etwa mittels im Präsenzbereich der HV aufgestellter Computerbildschirme. Wird die HV nicht als virtuelle Versammlung durchgeführt, ist die bloße Veröffentlichung im Internet insoweit nicht ausreichend (J. Schmidt NZG 2008, 734 (735); Semler/Stengel/Leonard/Diekmann Rn. 5). Die Unterlagen müssen nicht aktualisiert werden, insoweit genügt die mündliche Erläuterung und Unterrichtung durch den Vorstand (→ Rn. 4; wie hier Lutter/Grunewald Rn. 2; Kölner Komm UmwG/Simon Rn. 10). Sofern die HV **als virtuelle HV** durchgeführt wird, genügt es, die Unterlagen den der HV elektronisch zugeschalteten Aktionären während des Zeitraums der Versammlung über die **Internetseite der Ges** oder eine **über diese zugängliche Internetseite eines Dritten** zugänglich zu machen, § 118a VI AktG (siehe hierzu Begr. RegE, BT-Drs. 20/1738, 27; BeckOGK/Paschos AktG § 118a Rn. 66; Koch AktG § 118a Rn. 49). Ausweislich 3

Missio

der Gesetzesbegründung können in der Praxis auch bereits von der Einberufung an auf der Internetseite der Ges veröffentlichte Unterlagen während der Dauer der Versammlung weiterhin dort zugänglich sein (vgl. Begr. RegE, BT-Drs. 20/1738, 27). Die Bereitstellung von Unterlagen in elektronischer Form am Ort der Hauptversammlung (etwa über Monitore) ist im Rahmen der virtuellen HV nicht zulässig (vgl. Begr. RegE, BT-Drs. 20/1738, 27; BeckOGK/Paschos AktG § 118a Rn. 66).

3. Mündliche Erläuterung und Unterrichtung durch den Vorstand (Abs. 1 S. 2)

4   Nach **Abs. 1 S. 2** hat der Vorstand den Verschmelzungsvertrag bzw. dessen Entwurf zu Beginn der Verhandlung mündlich zu erläutern. Der eigentliche **Sinn** dieser **mündlichen Erläuterungsverpflichtung** liegt seit jeher darin, die im schriftlichen Verschmelzungsbericht (§ 8) enthaltenen Ausführungen zu **aktualisieren.** Dies wird mit der durch das 3. UmwÄndG (→ Einf. Rn. 3) zusätzlich eingefügten Pflicht des Vorstands, die Anteilsinhaber über wesentliche Vermögensveränderungen seit dem Abschluss des Verschmelzungsvertrags oder der Aufstellung des Entwurfs zu unterrichten, nunmehr ausdrücklich klargestellt.

5   Die Pflicht besteht für den Vorstand jeder an der Verschm beteiligten AG. Sie besteht zunächst gegenüber den Anteilsinhabern der jew. AG selbst (Abs. 1 S. 2), aber **auch gegenüber den Vertretungsorganen der anderen beteiligten Rechtsträger** (Abs. 1 S. 3 Hs. 1), die ihrerseits wiederum verpflichtet sind, die Informationen an die Anteilsinhaber der von ihnen vertretenen Rechtsträger weiterzugeben (Abs. 1 S. 3 Hs. 2). Diese Änderung von Abs. 1 dient der Umsetzung der Änderungs-RL 2009/109/EG v. 16.9.2009, die die Unterrichtungspflicht durch Änderung der Verschmelzungsrichtlinie auch für die Verschm einer AG einführte. Die Unterschiede zwischen der Verschmelzungsrichtlinie und der RL 82/891/EWG wurden insoweit harmonisiert (Bayer/J. Schmidt ZIP 2010, 953). Der dt. Gesetzgeber hätte sich bei der Erweiterung der Unterrichtungspflicht nicht auf Fälle der Verschm unter Beteiligung einer AG beschränken müssen (→ 5. Aufl. 2009, § 64 Rn. 3 und → § 143 Rn. 12; vgl. auch Lutter/Schwab § 143 Rn. 4; Sandhaus NZG 2009, 41 (42)); er hat sich aber bewusst dafür entschieden. Diese Entscheidung ist – auch im Rahmen der Auslegung von § 8 – zu respektieren.

6   Nach Abs. 1 S. 2 muss sich der Vorstand insbes. dazu äußern, ob durch zwischenzeitliche Veränderungen das Umtauschverhältnis unzutr. geworden oder die Verschm nunmehr wirtschaftlich oder rechtlich anders zu beurteilen ist (Widmann/Mayer/Rieger Rn. 17; Lutter/Grunewald Rn. 6; Semler/Stengel/Leonard/Diekmann Rn. 10 f.; Kallmeyer/Marsch-Barner/Oppenhoff Rn. 5, 6; Henssler/Strohn/Junker Rn. 4; Habersack/Wicke/Habersack Rn. 10, 11; BeckOGK/Habersack Rn. 10, 11; vgl. auch Mayer NZG 2012, 561 (574)). IÜ kann und wird sich der Vorstand regelmäßig auf eine **mündliche Zusammenfassung des Verschmelzungsberichts** beschränken. Neben der Erläuterung des Umtauschverhältnisses, die in abstrakterer Form als im Verschmelzungsbericht erfolgen kann, muss der mündliche Bericht auch die rechtlichen und wirtschaftlichen Hintergründe der Verschm beleuchten. Dies alles ist im Wesentlichen unstreitig (vgl. Lutter/Grunewald Rn. 5; Kallmeyer/Marsch-Barner/Oppenhoff Rn. 3; Widmann/Mayer/Rieger Rn. 16 f.; Semler/Stengel/Leonard/Diekmann Rn. 9 jew. mwN). Vgl. zur **Strafbarkeit** bei unzutr. Erläuterung § 346 I Nr. 1.

7   Durch das **UmRUG** wurde in wurden in Abs. 1 Satz 4 die Verweisung auf § 8 III S. 1 und S. 2 angepasst. Es handelt sich hierbei um eine Folgeänderung (→ § 63 Rn. 7). Nach **Abs. 1 S. 4** ist die **Auslegung** der Dokumente (Abs. 1 S. 1), die Erläuterung des Verschmelzungsvertrags (Abs. 1 S. 2) und/oder die Unterrichtung über wesentliche Veränderungen (Abs. 1 S. 2) **entbehrlich,** wenn die Anteilsinhaber **eines an der Verschmelzung beteiligten Rechtsträgers** hierauf durch notariell

zu beurkundende Erklärungen verzichten. Hierdurch entfallen die Informationspflichten in dem den Verzicht erklärenden Rechtsträger (vgl. BeckOGK/Habersack Rn. 15). Ein Verzicht der Anteilsinhaber aller beteiligten Rechtsträger wird nicht mehr verlangt. Die Verzichtserklärungen sind notariell zu beurkunden. Der Verzicht auf den Verschmelzungsbericht und/oder die weitergehende Erläuterung und Unterrichtung ist sowohl alternativ als auch kumulativ möglich (vgl. Begr. RegE, BT-Drs. 17/3122 zu § 8 IV).

4. Auskunftsrecht der Aktionäre (Abs. 2)

Abs. 2 erweitert das nach § 131 AktG jedem Aktionär ohnehin hinsichtlich der 8 eigenen Ges zustehende **Auskunftsrecht auch** auf die **wesentlichen Angelegenheiten der anderen beteiligten Rechtsträger.** Damit wird einem legitimen Interesse der Aktionäre entsprochen, da sie ihre Entscheidung sachgerecht nur in Kenntnis der Verhältnisse bei allen beteiligten Rechtsträgern treffen können. Auf den Auskunftsanspruch sind **§§ 131, 132 AktG entsprechend** anwendbar (Kallmeyer/Marsch-Barner/Oppenhoff Rn. 12; Lutter/Grunewald Rn. 13 mwN; Semler/Stengel/Leonard/Diekmann Rn. 15; Kölner Komm UmwG/Simon Rn. 24; Engelmeyer BB 1998, 330 (335) mit Verweis auf Begr. RegE, BR-Drs. 75/94 zu § 64; aA Hirte ZHR 167 (2003), 8 (14 ff.), der auf den europarechtlichen Hintergrund der besonderen Informationsrechte bei Umw verweist).

Das Auskunftsrecht besteht aber nur **gegenüber dem Vorstand der eigenen** 9 **Ges** (→ § 49 Rn. 8 f.). Dies ist insofern problematisch, als dem Vorstand oftmals selbst die Kenntnisse fehlen, um die Fragen sachgerecht zu beantworten. Aus diesem Grund bietet es sich an, dass die **Vertretungsorgane der jew. anderen Rechtsträger** bei der HV **als Hilfspersonen** des originär auskunftspflichtigen Vorstands präsent sind. Grds. muss sich der Vorstand einer AG darauf einstellen, auch auf Fragen zu solchen Gegenständen der Tagesordnung zu antworten, die einer Vorbereitung bedürfen. Zu diesen Zwecken müssen in der HV Personal- und Hilfsmittel zur Verfügung stehen, um sich kurzfristig sachkundig machen zu können. Ob der Vorstand seinerseits einen Anspruch auf Auskunft gegenüber den anderen beteiligten Rechtsträgern hat, muss diff. betrachtet werden. Grds. folgt der **Anspruch** des Vorstands **auf Auskunft** aus dem vorvertraglichen Schuldverhältnis (→ § 49 Rn. 9). Bei der Verschm von Konzernunternehmen ist die Informationsbeschaffung regelmäßig unproblematisch. IÜ ist eine generelle Auskunftspflicht von Vertretungsorganen der anderen an der Verschm beteiligten Rechtsträger abzulehnen. In jedem **Einzelfall** sind die berechtigten Interessen der AG, ihrer Aktionäre nach Abs. 2 und der anderen Rechtsträger gegeneinander abzuwägen; stets ist die Grenze des Auskunftsrechts nach § 131 III AktG, die für die Vertretungsorgane anderer Rechtsträger durch § 8 II eine Erweiterung erfährt (→ § 49 Rn. 10), zu beachten. Zu berücksichtigen sind auch Strafbarkeitsrisiken aus § 404 AktG. In der Einzelfallabwägung, die wegen der immanenten **Ermessensentscheidung** des Vorstands nur eingeschränkt justitiabel ist, sind alle berechtigten Interessen zu berücksichtigen. Es kommt insbes. darauf an, ob die Informationen für die AG und deren Aktionäre von besonderer Bedeutung sind, weil sich aus ihnen die Zweckmäßigkeit der Verschm erschließt. Sofern kein gemeinsamer Verschmelzungsbericht (§ 8 I 2) erstattet wurde, besteht ohne Weiteres ein Auskunftsanspruch bzgl. des Inhalts des Verschmelzungsberichts der anderen Rechtsträger. Schließlich verbietet die rechtliche Wertung, die in Abs. 2 zum Ausdruck kommt, das willkürliche Vorenthalten von Informationen, die spontan und ohne weitere Recherche verlässlich gegeben werden können; anders als der Vorstand der AG selbst (→ Rn. 4 ff.) sind die Vertretungsorgane der anderen Rechtsträger aber nicht dazu gehalten, sich auf etwaige Fragen umfassend vorzubereiten. Nach allem wird sich die geforderte Ermessensentscheidung im Einzelfall damit an den **Grundsätzen. von Treu und Glauben** (§ 242 BGB) orientieren.

Missio

Gesichert ist die Auslegung von Abs. 2 aber noch lange nicht (vgl. zum Ganzen auch Lutter/Grunewald Rn. 12; Widmann/Mayer/Rieger Rn. 26; Semler/Stengel/Leonard/Diekmann Rn. 15 ff., dort Rn. 17 auch zum Auskunftsanspruch bzgl. einer im Vorfeld der Verschm durchgeführten Due Diligence; zu den Sorgfaltspflichten bei der Due Diligence im Rahmen einer Verschm auch Pöllath/Philipp DB 2005, 1503 (1505 f.); dazu und zur Wahrung von Verschwiegenheits- und Publizitätspflichten ausf. Austmann/Frost ZHR 169 (2005), 431).

5. Anfechtung wegen ungenügender Erläuterung und Unterrichtung

10 Sofern die nach Abs. 1 S. 2, 3 vorgeschriebene mündliche Erläuterung und Unterrichtung des Vorstands ungenügend ausfällt oder der Auskunftsanspruch nach Abs. 2 nicht befriedigt wird, ist der **Zustimmungsbeschluss anfechtbar** (vgl. Henssler/Strohn/Junker Rn. 9; Habersack/Wicke/Habersack Rn. 10, 19; BeckOGK/Habersack Rn. 10, 19). Es kommt nicht darauf an, ob der Zustimmungsbeschluss auch bei einer makellosen Erläuterung gefasst worden wäre, vielmehr gelten die zu §§ 131, 132 und § 243 IV AktG entwickelten Grundsätze (zur Kausalität insbes. BGH DB 2002, 196; vgl. iÜ Kölner Komm UmwG/Simon Rn. 25 ff.; Widmann/Mayer/Rieger Rn. 53; ausf. zum Auskunftsergänzungsverfahren und zur Beschlussanfechtung MüKoAktG/Kubis AktG § 131 Rn. 150 ff.; MüKoAktG/Kubis AktG § 132 Rn. 7 ff. mwN). Eine fehlerhafte mündliche Erläuterung und Unterrichtung ist nicht anders als ein mangelhafter schriftlicher Verschmelzungsbericht zu behandeln (→ § 8 Rn. 40 ff.). Die **Verpflichtung nach § 64 ist** gegenüber der Pflicht zur Abfassung eines Verschmelzungsberichts **eigenständig**, weswegen sich der Vorstand bei falscher mündlicher Auskunft nicht darauf berufen kann, im Verschmelzungsbericht sei alles richtig dargestellt; zu beachten ist allerdings, dass der Vorstand, sofern sich das Vermögen der Ges seit Abschluss des Verschmelzungsvertrags oder Aufstellung des Entwurfs nicht wesentlich verändert hat, grds. nur eine Zusammenfassung des Verschmelzungsberichts zu geben hat (→ Rn. 6), weswegen eine Anfechtung wegen lückenhafter Erläuterung grds. schwierig zu begründen ist.

§ 65 Beschluß der Hauptversammlung

(1) ¹**Der Verschmelzungsbeschluß der Hauptversammlung bedarf einer Mehrheit, die mindestens drei Viertel des bei der Beschlußfassung vertretenen Grundkapitals umfaßt.** ²**Die Satzung kann eine größere Kapitalmehrheit und weitere Erfordernisse bestimmen.**

(2) ¹**Sind mehrere Gattungen von Aktien vorhanden, so bedarf der Beschluß der Hauptversammlung zu seiner Wirksamkeit der Zustimmung der stimmberechtigten Aktionäre jeder Gattung.** ²**Über die Zustimmung haben die Aktionäre jeder Gattung einen Sonderbeschluß zu fassen.** ³**Für diesen gilt Absatz 1.**

1. Allgemeines

1 Die Vorschrift regelt die für den **Verschmelzungsbeschluss** einer AG (§ 13) **notwendige Mehrheit** unabhängig davon, ob die AG als übertragender oder übernehmender Rechtsträger fungiert. Vorbehaltlich einer strengeren Satzungsbestimmung bedarf der Verschmelzungsbeschluss einer Mehrheit von **mindestens drei Vierteln des** bei der Beschlussfassung **vertretenen Grundkapitals (Abs. 1 S. 1).** Der Zustimmungsbeschluss der HV der AG ist Voraussetzung für die Wirksamkeit des Verschmelzungsvertrages, anderes gilt nur im Anwendungsbereich von § 62. **Abs. 2** sieht bei Vorliegen verschiedener Aktiengattungen zwingend die Fassung von

Beschluß der Hauptversammlung **2, 3 § 65 UmwG A**

Sonderbeschlüssen vor. Zu weiteren Zustimmungserfordernissen Semler/Stengel/Leonard/Diekmann Rn. 28 ff.

2. Beschlussfassung

Die Beschlussfassung richtet sich nach den **allg. Regeln des Aktienrechts**. Das 2 Erfordernis eines Beschlusses der HV ist zwingend, weil es sich bei der Frage der Zustimmung zum Verschmelzungsvertrag nach §§ 13, 65 stets um eine Grundlagenentscheidung handelt (→ § 62 Rn. 8). Die **Satzung der AG** kann weder die Beschlussfassung für verzichtbar erklären, noch ist die Übertragung der Entscheidungskompetenz etwa auf den AR oder den Vorstand möglich (Lutter/Grunewald Rn. 4; vgl. auch § 13 I 2 und § 1 III 1). Der Verschmelzungsbeschluss hat notwendig **in der HV** (zur Normenkollision mit Art. 12 Aktionärsrechte-RL bei börsennotierten AG vgl. Schöne/Arens WM 2012, 381; zur **virtuellen HV** (→ § 64 Rn. 1) stattzufinden, bei Vorbereitung und Durchführung der HV sind §§ 61, 63, 64 zu beachten. Der Gesetzgeber hat eindeutig festgelegt, dass die virtuelle Versammlung im Verhältnis zur Präsenzversammlung eine vollwertige Versammlungsform darstellt. Dies wird durch die detaillierten Vorgaben bezüglich der Aktionärsrechte in der virtuellen HV gewährleistet (Begr. RegE, BT-Drs. 20/1738, 22 zu § 118a AktG). Folglich können in der virtuellen HV sämtlich Gegenstände beschlossen werden, die auch in einer Präsenzversammlung Beschlussgegenstand sein können, also insbesondere auch Strukturmaßnahmen wie Veränderungen des Kapitals. Dies gilt nur dann nicht, wenn die Satzung entsprechende Einschränkungen enthält (Begr. RegE, BT-Drs. 20/1738, 22 zu § 118a AktG). Eine virtuelle HV kann damit ausdrücklich auch solche Beschlüsse fassen, die nach dem UmwG eine Beschlussfassung „in einer Versammlung" verlangen. Dies gilt auch für **§ 13 I 2** (Begr. RegE, BT-Drs. 20/1738, 22 zu § 118a AktG). Die virtuelle HV findet nach § 118a II AktG an einem physischen Ort statt, an dem die Mitglieder des Vorstands, der Versammlungsleiter, der Aufsichtsrat, wenn kein Fall des § 118 III 2 AktG vorliegt, und ggf. Abschlussprüfer und Stimmrechtsvertreter anwesend sind. § 130 Ia AktG verlangt, dass auch der **Notar** anwesend sein muss, um seine Wahrnehmungen über den Gang der HV am physischen Versammlungsort zu machen (s. hierzu Walch/Häuslmeier DNotZ 2023, 106 (123)) Andernfalls ist der Beschluss nach § 241 Nr. 2 AktG nichtig. (Zu einer Ausübungssperre für das Stimmrecht des Mehrheitsaktionärs kann es bei Verletzung der **Mitteilungspflichten nach §§ 20, 21 AktG** kommen (vgl. Koch AktG § 20 Rn. 12 ff.; zu den strengen Anforderungen an die Erfüllung der Mitteilungspflichten BGH NZG 2016, 1182; vgl. auch § 328 AktG). Die Unwirksamkeit des Beschlusses kann gem. § 241 ff. AktG binnen eines Monats nach der Beschlussfassung (§ 14 I) geltend gemacht werden; die Klage darf sich beim übertragenden Rechtsträger nicht darauf stützen, dass das Umtauschverhältnis der Anteile oder das Barabfindungsangebot zu niedrig bemessen ist (§ 14 II, § 32); auch Informationsmängel stehen insoweit einer Anfechtung entgegen (§ 243 IV 2 AktG).

3. Mehrheitsverhältnisse (Abs. 1)

Voraussetzung eines gültigen Verschmelzungsbeschlusses ist gem. **Abs. 1 S. 1** die 3 **relative Dreiviertelmehrheit.** Bei der Berechnung kommt es allein auf das bei der Beschlussfassung vertretene Grundkapital an, die Bezugsgröße ist also nicht 100 % des gesamten Grundkapitals. Abs. 1 S. 1 steht unter dem **Satzungsvorbehalt von Abs. 1 S. 2,** die Satzung kann eine größere Kapitalmehrheit (bis hin zur Einstimmigkeit) und weitere Erfordernisse (etwa geheime Stimmabgabe, Quorum) bestimmen (Semler/Stengel/Leonard/Diekmann Rn. 13; allg. MüKoAktG/Stein AktG § 179 Rn. 88 ff. mwN). Die Formulierung von Abs. 1 S. 2 entspricht denen für Grundlagenentscheidungen einer AG (zB § 179 II AktG), sodass **kumulativ die**

Dreiviertelmehrheit des bei der Beschlussfassung vertretenen Kapitals und die einfache Stimmenmehrheit von § 133 I AktG (vgl. Koch AktG § 179 Rn. 14 mwN) erreicht werden müssen (allgM, vgl. Lutter/Grunewald Rn. 2, 3; Kallmeyer/Zimmermann Rn. 5; Widmann/Mayer/Rieger Rn. 4, 5, jew. mwN; Semler/Stengel/Leonard/Diekmann Rn. 11; Henssler/Strohn/Junker Rn. 2).

4 **a) Stimmrechtslose Aktien.** Das AktG gestattet, **Aktien ohne Stimmrecht** auszugeben. Sofern diese Aktien zum Ausgleich für den Stimmrechtsentzug mit einem Vorzug bei der Verteilung des Gewinns ausgestattet sind, spricht man von Vorzugsaktien ohne Stimmrecht (§ 12 I 2 AktG, §§ 139 ff. AktG). Der Gesetzgeber hat durch Einfügung des Wortes „stimmberechtigten" in **Abs. 2 S. 1** den früher bestehenden Streit darüber, ob bei der Berechnung der relativen Kapitalmehrheit stimmrechtslose Aktien mitzuzählen sind oder nicht, entschieden: Die Ergänzung in Abs. 2 dient der Klarstellung, dass **Inhabern von Vorzugsaktien ohne Stimmrecht** auch **bei der Beschlussfassung** über eine Verschm **kein Stimmrecht** zusteht (Bericht BT-RA zu § 65 II). Ob im Falle von § 140 II 1 AktG das Stimmrecht uneingeschränkt auch für die Umw auflebt, ist str. (vgl. OLG Schleswig AG 2008, 39 mwN; Widmann/Mayer/Rieger Rn. 16 ff. mwN).

5 **b) Mehrstimmrechtsaktien.** Für die auch in Anbetracht von **§ 12 II AktG, § 5 I 1 EGAktG** noch vorhandenen Mehrstimmrechtsaktien gilt: Die Inhaber dieser Aktien sind privilegiert; durch Ausübung ihres Mehrstimmrechts können sie sich in der HV einen Einfluss verschaffen, der über das Maß ihrer Kapitalbeteiligung hinausgeht (statt aller Raiser/Veil KapGesR § 9 Rn. 8).

6 Nach zutr. Ansicht sind **Mehrstimmrechte** bei der Berechnung der **Stimmenmehrheit** zu berücksichtigen, bei der Berechnung der **Kapitalmehrheit** hingegen nicht (Widmann/Mayer/Rieger Rn. 11.1 mwN). Die vom Gesetz geforderte zweifache Zählung bei der Abstimmung hat gerade dort Sinn, wo das Stimmgewicht nicht dem Nennbetrag oder bei Stückaktien ihrer Zahl entspricht (Koch AktG § 179 Rn. 14 aE).

c) Stimmenthaltungen, ungültige Stimmen.

Beispiel:

7 In der HV sind A (15% des Grundkapitals), B (20%) und C (5%) anwesend. Bei der Abstimmung gem. § 65 I 1, § 13 I stimmt A für die Verschm, C dagegen und B enthält sich der Stimme.

8 Zunächst ist festzustellen, dass ein Verschmelzungsbeschluss trotz Präsenz von nur 40 % des Grundkapitals in der HV möglich ist (nach der Formulierung von Abs. 1 S. 1 ist gerade kein Quorum erforderlich, arg. § 52 V 2 AktG). Das Erreichen der relativen Dreiviertelkapitalmehrheit hängt im Beispielfall davon ab, ob B mit berücksichtigt wird oder nicht: Abs. 1 S. 1 verlangt eine Dreiviertelmehrheit des bei der Beschlussfassung **„vertretenen"** Grundkapitals. Nach hM werden **Stimmenthaltungen** oder unberechtigt abgegebene nicht oder ungültige Stimmen **nicht** in das vertretene Grundkapital eingerechnet (Kölner Komm AktG/Tröger AktG § 133 Rn. 98 f., 120; Koch AktG § 133 Rn. 12; Widmann/Mayer/Rieger Rn. 3; Semler/Stengel/Leonard/Diekmann Rn. 11). Nur diese Ansicht gewährleistet eine Gleichstellung mit der Zählweise bei § 262 I Nr. 2 AktG (dazu MüKoAktG/Koch AktG § 262 Rn. 42). Entsprechend ist B aufgrund seiner Enthaltung nicht zu berücksichtigen.

9 **d) Einfache Stimmenmehrheit in der Hauptversammlung.** Unabhängig davon, ob bestimmte höhere Mehrheiten vorgesehen sind, bedarf jeder HV-Beschluss der **einfachen Mehrheit der abgegebenen Stimmen** (§ 133 I AktG; → Rn. 3).

4. Andere Satzungsbestimmung (Abs. 1 S. 2)

Das gesetzliche Mehrheitserfordernis von Abs. 1 S. 1 stellt die Mindestanforde- 10
rung dar. Die **Satzung** kann gem. **Abs. 1 S. 2** die Notwendigkeit einer größeren Kapitalmehrheit und weitere Erfordernisse bestimmen. Derartige weitere Erfordernisse können etwa die Festlegung einer bestimmten Kapitalquote **(Quorum)**, die vertreten sein muss, oder die Anordnung einer **mehrfachen Beschlussfassung** sein (→ Rn. 3 mwN).

Ein gänzlicher **Ausschluss der Verschm** kann in der Satzung hingegen zulässi- 11
gerweise nicht vereinbart werden. Eine entsprechende Klausel ist **nichtig**, da dies eine unzulässige Selbstbeschränkung der HV wäre (Lutter/Grunewald Rn. 7 mwN unter Hinweis auf § 23 V AktG). In einer derartigen Bestimmung kann jedoch im Wege der **Umdeutung** (§ 140 BGB) das Erfordernis der einstimmigen Beschlussfassung angenommen werden (Lutter/Grunewald Rn. 7; Semler/Stengel/Leonard/Diekmann Rn. 16; Kölner Komm UmwG/Simon Rn. 13).

Sofern die Satzung für eine **Satzungsänderung erhöhte Anforderungen** an 12
die Mehrheitsverhältnisse aufstellt, gelten diese grds. **auch für den Verschmelzungsbeschluss** (→ § 50 Rn. 7; wie hier Widmann/Mayer/Rieger Rn. 10; Kallmeyer/Zimmermann Rn. 7; Semler/Stengel/Leonard/Diekmann Rn. 14; Goutier/Knopf/Tulloch/Bermel Rn. 15; Habersack/Wicke/Habersack Rn. 8; BeckOGK/Habersack Rn. 8; jetzt auch Lutter/Grunewald Rn. 6). Sieht die Satzung für die **Auflösung** der AG größere Mehrheiten oder weitere Erfordernisse (→ Rn. 10) vor, sind diese anwendbar (ähnlich Lutter/Grunewald Rn. 6; gegen eine generelle Anwendung Widmann/Mayer/Rieger Rn. 10 mwN; aA Semler/Stengel/Leonard/Diekmann Rn. 15: Satzungsbestimmungen über die Auflösung sind per se nicht anwendbar).

5. Sonderbeschlüsse (Abs. 2)

Sofern bei der AG **Aktien verschiedener Gattung** bestehen, bestimmt **Abs. 2**, 13
dass neben dem Gesamtbeschluss auch **Sonderbeschlüsse der Aktionäre jeder Gattung** notwendig sind. Zustimmungsbeschlüsse der Inhaber mehrerer Aktiengattungen sind gegenstandslos, wenn es an einem Beschluss der HV fehlt (so für die Aufspaltung LG Hamburg AG 1996, 281). Jeder Sonderbeschluss bedarf der doppelten Mehrheit von Abs. 1 (→ Rn. 3), Abs. 2 S. 3 (zur vglbaren Beschlussfassung nach § 179 III 2, 3 AktG vgl. Koch AktG § 179 Rn. 47 mwN); **stimmrechtslose Vorzugsaktien** werden nicht berücksichtigt (→ Rn. 4; zur Nichterforderlichkeit eines Sonderbeschlusses nach § 65 II, wenn es neben den stimmberechtigten Stammaktien als weitere Gattung nur stimmrechtslose Vorzugsaktien gibt BGH DNotZ 2021, 779 (784 ff.)). Vgl. zur Aufhebung oder Beschränkung des Vorzugs nach § 141 AktG ausf. Widmann/Mayer/Rieger Rn. 17 ff. mwN. Der BGH hat sich der Ansicht angeschlossen, dass § 140 f. AktG und § 65 II nebeneinander anzuwendende, einander ergänzende Regelungen sind (ausf. BGH DNotZ 2021, 779 (787)). Für die Sonderbeschlüsse ist **§ 138 AktG** zu beachten (Koch AktG § 179 Rn. 46). Bei Vorliegen der Voraussetzungen von § 138 **S. 3** AktG muss daher eine **gesonderte Versammlung** durchgeführt werden, andernfalls genügt eine gesonderte Abstimmung. Im Fall der Durchführung einer gesonderten Versammlung müssen die **Formalien von §§ 63, 64** nicht ein weiteres Mal eingehalten werden. Der Schutzzweck gebietet eine Wiederholung dieser Förmlichkeiten nicht (wie hier Lutter/Grunewald Rn. 10 mwN; aA Kallmeyer/Zimmermann Rn. 24; aA in Bezug auf § 64 Widmann/Mayer/Rieger Rn. 67). Der Gegenansicht ist zwar zuzugestehen, dass § 138 **S. 2** AktG für die Einberufung der gesonderten Versammlung und die Teilnahme an ihr sowie für das Auskunftsrecht die Bestimmungen über die HV für entsprechend anwendbar erklärt, weswegen die Anwendung von § 64 (nicht aber

von §§ 61, 63, wie dies Kallmeyer/Zimmermann Rn. 24 vertritt) in der Tat erwogen werden kann (so Widmann/Mayer/Rieger Rn. 67). Indes behandeln die Sonderbeschlüsse von Abs. 2 nur die Zustimmung durch Sonderbeschlüsse, dh die ordnungsgemäße Durchführung der HV unter Beachtung von §§ 63, 64 bleibt stets gewahrt (vgl. auch LG Hamburg AG 1996, 281). Die entsprechende Anwendung zumindest von § 64 I wäre reine Förmelei; anderes kann in Bezug auf **§ 64 II** gelten, weil iRd Sonderbeschlüsse durchaus Fragen an den Vorstand von Bedeutung sein können, die in der HV nicht thematisiert wurden. Der Rechtssicherheit dient die entsprechende Anwendung von § 64 II aber nicht.

6. Anfechtbarkeit

14   Die **Zustimmungsbeschlüsse** nach § 65 sind wie alle Hauptversammlungsbeschlüsse **grds. anfechtbar.** Die Anfechtung kann beim übertragenden Rechtsträger jedoch nicht darauf gestützt werden, das Umtauschverhältnis der Anteile sei zu niedrig bemessen (§ 14 für die übertragenden Rechtsträger; → § 14 Rn. 4 zu wertbezogenen Unwirksamkeitsklagen beim übernehmenden Rechtsträger). Nach hM bedarf der Zustimmungsbeschluss weder bei der übertragenden noch bei der übernehmenden AG einer **sachlichen Rechtfertigung** (allg. → § 13 Rn. 42 ff.; vgl. auch BGHZ 103, 184 = NJW 1988, 1579). Eine richterliche Kontrolle der Erforderlichkeit und der Verhältnismäßigkeit scheidet daher aus (Koch AktG § 243 Rn. 27; Lutter/Drygala § 13 Rn. 31 ff. mwN).

15   Jew. **unabhängig voneinander** zu beurteilen sind der **Zustimmungsbeschluss** nach § 65 und ein evtl. notwendiger **KapErhB** (§§ 69, 66; zum Verhältnis dieser beiden Beschlüsse → § 55 Rn. 28). Sollte der KapErhB nicht angefochten worden sein, hindert dies eine Anfechtung des Zustimmungsbeschlusses nach §§ 65, 13 nicht (OLG Hamm WM 1988, 1164 (1169); allg. → § 55 Rn. 28 ff.).

§ 66 Eintragung bei Erhöhung des Grundkapitals

Erhöht die übernehmende Gesellschaft zur Durchführung der Verschmelzung ihr Grundkapital, so darf die Verschmelzung erst eingetragen werden, nachdem die Durchführung der Erhöhung des Grundkapitals im Register eingetragen worden ist.

1   Die Vorschrift ist **Parallelvorschrift zu § 53** bei der Verschm auf eine GmbH.
2   Zur Sicherung der Anteilsinhaber der übertragenden Rechtsträger darf die Verschm erst eingetragen werden, wenn eine **ggf. durchzuführende KapErh** (dazu §§ 68, 69) bei der übernehmenden AG im HR eingetragen worden, mithin die **KapErh wirksam** geworden ist (§ 189 AktG). Damit ist gewährleistet, dass die Wirkungen der Verschm erst dann eintreten können, wenn das zur Gewährung der neuen Aktien notwendige Grundkapital bei der übernehmenden AG geschaffen wurde. Die Regelung bringt damit nochmals die **Abhängigkeit von KapErh und Verschm** zum Ausdruck (ausf. → § 55 Rn. 28 ff.; Kölner Komm UmwG/Simon Rn. 5, 6; Habersack/Wicke/Habersack Rn. 5; BeckOGK/Habersack Rn. 5), weswegen bei Scheitern der Verschm die eingetragene KapErh von Amts wegen zu löschen ist (Widmann/Mayer/Mayer § 55 Rn. 110 ff.; Semler/Stengel/Leonard/Diekmann Rn. 11). § 66 greift unabhängig davon ein, ob für die KapErh die Erleichterungen nach § 69 in Anspruch genommen werden oder nicht.
3   Von dem Erfordernis der Voreintragung der KapErh im HR kann lediglich im Fall der **bedingten KapErh** abgesehen werden, da diese KapErh noch gleichzeitig mit Eintragung der Verschm wirksam wird. Die Eintragung der Durchführung der KapErh ist hierfür nicht Voraussetzung (§ 200 AktG), wohl aber die Eintragung des Erhöhungsbeschlusses (§ 195 AktG; Semler/Stengel/Leonard/Diekmann Rn. 13).

Die Voreintragung der KapErh ist Voraussetzung für die Eintragung im Register des übernehmenden Rechtsträgers iSv § 20 I. Ein **Verstoß gegen die Eintragungsreihenfolge** hat aber nach Eintragung der Verschm im HR am Sitz der übernehmenden AG keine Auswirkungen mehr (§ 20 II; Semler/Stengel/Leonard/Diekmann Rn. 14; Kallmeyer/Zimmermann Rn. 20; Widmann/Mayer/Rieger Rn. 12). 4

§ 67 Anwendung der Vorschriften über die Nachgründung

[1]Wird der Verschmelzungsvertrag in den ersten zwei Jahren seit Eintragung der übernehmenden Gesellschaft in das Register geschlossen, so ist § 52 Abs. 3, 4, 6 bis 9 des Aktiengesetzes über die Nachgründung entsprechend anzuwenden. [2]Dies gilt nicht, wenn auf die zu gewährenden Aktien nicht mehr als der zehnte Teil des Grundkapitals dieser Gesellschaft entfällt oder wenn diese Gesellschaft ihre Rechtsform durch Formwechsel einer Gesellschaft mit beschränkter Haftung erlangt hat, die zuvor bereits seit mindestens zwei Jahren im Handelsregister eingetragen war. [3]Wird zur Durchführung der Verschmelzung das Grundkapital erhöht, so ist der Berechnung das erhöhte Grundkapital zugrunde zu legen.

1. Allgemeines

§ 67 erklärt unter bestimmten Voraussetzungen einige **Vorschriften über die Nachgründung** (§ 52 AktG) bei der Verschm für anwendbar. Die von § 67 S. 1 in Bezug genommenen Verweisungsvorschriften wurden durch das EHUG und das ARUG teilw. geändert (dazu Lieder ZIP 2010, 964). **Zweck** der – rechtspolitisch umstrittenen (dazu HRA des DAV NZG 2000, 802 (805, 808); Lutter/Grunewald Rn. 1; Bröcker ZIP 1999, 1029; Witte/Wunderlich BB 2000, 2213 (2217 f.), dort auch zur Vorrats-AG) – Vorschrift ist es, eine Umgehung der Nachgründungsvorschriften auszuschließen (Semler/Stengel/Leonard/Diekmann Rn. 1 mwN). Die Verschm ist eine Form der Sacheinlage, da Aktien der Übernehmerin gegen Übertragung des Vermögens der übertragenden Rechtsträger gewährt werden. Die besonderen Vorschriften für die Sacheinlage und die Nachgründungsvorschriften könnten mithin umgangen werden, wenn nicht bei der „Sacheinlage mittels Verschmelzung" entsprechende Schutzvorschriften zu beachten wären. 1

§ 67 S. 2 wurde durch das 2. UmwÄndG ergänzt. Die Nachgründungsvorschriften sind wie bisher erst ab einem Mindestvolumen zu gewährender Aktien anzuwenden; sie dürfen nicht angewendet werden, wenn die übernehmende AG diese Rechtsform zwar erst kurze Zeit hat, sie aber nach einem Formwechsel gem. §§ 190 ff. identisch mit einer GmbH ist, die zuvor bereits seit mindestens zwei Jahren im HR eingetragen war. Dem liegt die Überlegung zugrunde, dass die Kapitalaufbringung bei der GmbH nach ähnl. Regeln wie bei der AG erfolgt, sodass eine Behandlung als Nachgründung entbehrlich erscheint (Begr. RegE, BT-Drs. 16/2919, 13 f.). Die Regelung gilt entsprechend für den Fall, dass die AG durch Formwechsel einer mindestens zwei Jahre bestehenden KGaA entstanden ist (vgl. Mayer/Weiler MittBayNot 2007, 368 (372) = DB 2007, 1235 (1240) mwN). 2

2. Zwei-Jahres-Frist

Die Nachgründungsvorschriften finden nur sinngemäß Anwendung, wenn der **Verschmelzungsvertrag innerhalb von zwei Jahren seit Eintragung der übernehmenden AG** in das HR geschlossen wurde **(§ 67 S. 1).** Es kommt also ausschließlich auf den Zeitraum an, der seit Eintragung der übernehmenden Gesell- 3 schaft – ggf. vor dem Formwechsel als GmbH oder KGaA (→ Rn. 2) – verstrichen ist. Der Zeitpunkt **der Eintragung der übertragenden Rechtsträger** ist ohne Belang (Kallmeyer/Marsch-Barner/Oppenhoff Rn. 2). Nach dem eindeutigen Wortlaut kommt es auf den **Abschluss des Verschmelzungsvertrages** an; der Zeitpunkt der Aufstellung des Entwurfs oder der Fassung der Zustimmungsbeschlüsse hat keine Bedeutung (Lutter/Grunewald Rn. 4; Semler/Stengel/Leonard/Diekmann Rn. 7 jew. mwN; Kölner Komm UmwG/Simon Rn. 6). Entscheidend ist also der **Tag der notariellen Beurkundung** des Verschmelzungsvertrages (§ 6) (Habersack/Wicke/Habersack Rn. 6; BeckOGK/Habersack Rn. 6).

3. Zu gewährendes Aktienvolumen

4   Die Nachgründungsvorschriften sind nur anzuwenden, wenn das Volumen der zu gewährenden Aktien den **zehnten Teil des Grundkapitals** der übernehmenden Ges übersteigt **(§ 67 S. 2).** Dies entspricht inhaltlich den von § 52 I AktG aF aufgestellten Voraussetzungen. Bis zu dieser Grenze ist eine Gefährdung der übernehmenden AG und der Gläubiger dieser Ges im Regelfall ausgeschlossen, ein Verzicht auf die mit der Beachtung der Nachgründungsvorschriften verbundenen Erschwerungen der Verschm daher interessengerecht.

5   Bei der Berechnung ist das **gesamte Grundkapital** der Übernehmerin zu berücksichtigen. Der maßgebliche Zeitpunkt für die Berechnung des Grundkapitals ist die Eintragung der Verschm (allgM, vgl. Lutter/Grunewald Rn. 8 mwN; Kölner Komm UmwG/Simon Rn. 12; NK-UmwR/Habighorst Rn. 5; aA die hM zu § 52 AktG, vgl. MüKoAktG/Pentz AktG § 52 Rn. 21 mwN). Wird zur Durchführung der Verschm das Grundkapital erhöht (§ 69), muss die Berechnung auf der **Basis des erhöhten Grundkapitals** durchgeführt werden **(§ 67 S. 3).** Auch genehmigtes und bedingtes Kapital ist, sofern es bis zur Eintragung der Verschm ausgenutzt wird, bei der Quotenermittlung hinzuzurechnen (Semler/Stengel/Leonard/Diekmann Rn. 10; Lutter/Grunewald Rn. 7; Henssler/Strohn/Junker Rn. 3).

6   Für die Berechnung des auf die zu gewährenden Aktien entfallenden Teils des Grundkapitals ist es ohne Belang, in wessen Besitz sich die Aktien bislang befinden. Es werden also auch **eigene Aktien** der Übernehmerin berücksichtigt (Kölner Komm UmwG/Simon Rn. 16); ebenso Aktien im Besitz der übertragenden Rechtsträger, die deren Anteilsinhabern im Zuge der Verschm gewährt werden sollen.

7   Hält die Übernehmerin Anteile der übertragenden Rechtsträger, so beeinflusst dies die 10%-Grenze von § 67 S. 2 nur mittelbar. Für diese **im Besitz der Übernehmerin befindlichen Anteile** werden keine Aktien der Übernehmerin gewährt, das Volumen der zu gewährenden Aktien verringert sich dadurch. Durch ein Aufkaufen von Anteilen der übertragenden Rechtsträger kann also im Einzelfall ein Überschreiten der 10%-Grenze vermieden werden. In einem derartigen Ankauf im Vorfeld der Verschm wird auch im Regelfall keine Umgehung zu erblicken sein. Es handelt sich vielmehr um zwei selbstständige Erwerbsakte, die getrennt unter dem Gesichtspunkt der Nachgründung einer Prüfung unterzogen werden müssen (so die hM, vgl. Semler/Stengel/Leonard/Diekmann Rn. 12; Goutier/Knopf/Tulloch/Bermel Rn. 5; NK-UmwR/Habighorst Rn. 7; Kölner Komm UmwG/Simon Rn. 16 f.; Henssler/Strohn/Junker Rn. 3; Habersack/Wicke/Habersack Rn. 11; BeckOGK/Habersack Rn. 11; Widmann/Mayer/Rieger Rn. 14, der ein Umgehungsgeschäft nur annimmt, wenn mehrere Ankäufe in einem engen zeitlichen Zusammenhang erfolgen, auf die Zeitspanne bis zur nachfolgenden Verschm soll es aber nicht ankommen; aA Lutter/Grunewald Rn. 10, die bei unmittelbarem zeitlichem Zusammenhang zwischen Ankauf und Verschm ein Umgehungsgeschäft annimmt, wenn der Kauf nicht auf anderen Gründen beruht).

4. Zum Unternehmensgegenstand gehörende Geschäfte (§ 52 IX AktG)

Gem. **§ 52 IX AktG**, der entsprechend Anwendung findet (§ 67 S. 1), sind die 8
Nachgründungsvorschriften nicht zu beachten, wenn der Erwerb der Vermögensgegenstände iRd lfd. Geschäfte der Ges, in der Zwangsvollstreckung oder an der Börse erfolgt. Der Erwerb in der Zwangsvollstreckung ist bei der Verschm belanglos. Die Verschm stellt auch keinen börslichen Erwerb dar, sodass **nur die Fallgruppe des lfd. Geschäfts** eingreift (Lutter/Grunewald Rn. 11; aA Henssler/Strohn/Junker Rn. 10). Die Neufassung ist weiter als § 52 IX AktG aF, der den Erwerb von Vermögensgegenständen nur dann privilegierte, wenn er den Unternehmensgegenstand bildete. Nunmehr dürften auch, wie von der Lit. gefordert, die **Hilfsgeschäfte** erfasst sein. **Für das UmwR bedeutet das im Ergebnis keine Änderung,** sodass die Ausnahme nur dann eingreift, wenn der Erwerb von Unternehmen oder von solchen Vermögensgegenständen, aus denen sich das durch Verschm zu übernehmende Vermögen nahezu ausschließlich zusammensetzt (Lutter/Grunewald Rn. 11; Widmann/Mayer/Rieger Rn. 17; Semler/Stengel/Leonard/Diekmann Rn. 27), zum Unternehmensgegenstand der übernehmenden AG gehört (aA insoweit Lutter/Grunewald Rn. 11). Will man dieses Ergebnis nicht hinnehmen, muss im geeigneten Einzelfall der „börsliche Erwerb" entsprechend ausgelegt werden.

5. Nachgründungsbericht des Aufsichtsrats (§ 52 III AktG)

§ 52 III AktG findet sinngemäß Anwendung. Danach hat der AR der übernehmenden Ges den Verschmelzungsvertrag zu prüfen und einen schriftlichen Bericht 9
(Nachgründungsbericht) zu erstatten. In den Bericht müssen die wesentlichen Umstände aufgenommen werden, welche die Angemessenheit des Umtauschverhältnisses bestimmen (§ 52 III 2 AktG, § 32 II 1 AktG). Vorausgegangene Rechtsgeschäfte sowie die Erträge der übertragenden Rechtsträger in den letzten beiden Gj. sind ebenfalls darzulegen (§ 52 III AktG iVm § 32 II AktG). Entsprechendes gilt für Sondervorteile, die Mitgliedern des Vorstands oder des AR der übernehmenden AG gewährt werden (§ 52 III AktG iVm § 32 III AktG; Widmann/Mayer/Mayer Rn. 22 mwN).

Die Eigenständigkeit des Nachgründungsberichts bedeutet nicht, dass er nicht **auf** 10
den Verschmelzungsbericht Bezug nehmen darf (Kallmeyer/Marsch-Barner/ Oppenhoff Rn. 7 mwN), zumal ein ordnungsgemäßer Verschmelzungsbericht die für den Nachgründungsbericht notwendigen Angaben ebenfalls enthalten muss (Semler/Stengel/Leonard/Diekmann Rn. 21). Die Bedeutung des Nachgründungsberichts liegt also in erster Linie in der Prüfung durch den AR, während er lediglich in Ausnahmefällen die Quelle weiterer Erkenntnisse für die Aktionäre sein dürfte.

Berichterstattung und Prüfung erfolgen **vor der Beschlussfassung** der HV der 11
übernehmenden Ges (Henssler/Strohn/Junker Rn. 7).

6. Nachgründungsprüfung (§ 52 IV AktG)

§ 67 S. 1 verweist auch auf **§ 52 IV AktG**. Danach muss – vor der Beschlussfas- 12
sung der HV der übernehmenden Ges – auch eine **Nachgründungsprüfung** durchgeführt werden. § 52 IV AktG verweist insofern auf § 33 III–V AktG, §§ 34, 35 AktG. Danach werden die order des Prüfer durch das Gericht bestellt (§ 33 III AktG; ausf. Widmann/Mayer/Rieger Rn. 32 ff.). Es bestehen keine Bedenken, die **Verschmelzungsprüfer** mit der Durchführung der Nachgründungsprüfung zu beauftragen (Lutter/Grunewald Rn. 14; NK-UmwR/Habighorst Rn. 12; Semler/ Stengel/Leonard/Diekmann Rn. 19 mwN; zu Parallelprüfungen im UmwR auch → § 10 Rn. 9 mwN, → § 11 Rn. 16 f.). Mitglieder der Leitungsorgane aller beteiligten Rechtsträger können dagegen nicht zum Nachgründungsprüfer bestellt wer-

den (§ 33 V AktG, § 143 II AktG iVm § 319 II HGB; Widmann/Mayer/Rieger Rn. 29). Der **Umfang** der Nachgründungsprüfung bestimmt sich nach § 34 AktG; danach muss in erster Linie überprüft werden, ob das saldierte zu übertragende Vermögen den geringsten Ausgabebetrag erreicht, dh ob das **Verbot der materiellen Unterpariemission** beachtet wird (Lutter/Grunewald Rn. 13; Widmann/Mayer/Rieger Rn. 30; Semler/Stengel/Leonard/Diekmann Rn. 21; Henssler/Strohn/Junker Rn. 8).

13 Eine negativ ausfallende Nachgründungsprüfung hindert nicht die Wirksamkeit eines dennoch gefassten Zustimmungsbeschlusses (Widmann/Mayer/Rieger Rn. 33 m. zutr. Hinweis auf § 52 VII AktG). Insoweit bestehen keine Unterschiede zur Verschmelzungsprüfung (→ § 12 Rn. 29 ff.).

7. Eintragung in das Handelsregister (§ 52 VI–VIII AktG)

14 Normalerweise wird der Verschmelzungsvertrag nicht in das HR eingetragen. § 67 S. 1 verweist aber auch auf **§ 52 VI AktG** (→ Rn. 2), was nur konsequent ist, weil die Eintragung, die Anmeldung und die gerichtliche Prüfung das Vorliegen der Unterlagen voraussetzt. Das Gericht prüft nicht nur die Erfüllung der formellen Voraussetzungen, sondern auch die Angemessenheit der Gegenleistung (§ 52 VII AktG; → Rn. 13). Es lehnt die Eintragung ab, wenn es zu der Überzeugung gelangt, dass das **Umtauschverhältnis für die Übernehmerin ungünstig** ist (vgl. ausf. Widmann/Mayer/Rieger Rn. 39, 40), nicht nur bei materieller Unterpariemission. Insoweit kommt es ausschließlich auf die Ansicht des Registergerichts an, wenngleich es im Regelfall auf die Erkenntnisse aus dem Nachgründungsprüfungsbericht angewiesen ist (Lutter/Grunewald Rn. 16 mwN).

15 Aus Sinn und Zweck der Eintragung des Verschmelzungsvertrages in das HR folgt, dass die Eintragung nach § 52 VIII AktG **zeitlich vor der Eintragung der Verschm** selbst in das HR erfolgen muss (Widmann/Mayer/Rieger Rn. 42; Semler/Stengel/Leonard/Diekmann Rn. 26). Die inhaltlichen Anforderungen an die Bekanntmachungen ergeben sich aus § 52 VIII AktG.

8. Verstoß gegen Nachgründungsvorschriften

16 Die **Rechtsfolgen von Verstößen** gegen die gem. § 67 S. 1 notwendige Anwendung der Nachgründungsvorschriften sind unterschiedlich. Fand eine Nachgründungsprüfung (auf den Bericht kommt es insoweit nicht an, zutr. Semler/Stengel/Leonard/Diekmann Rn. 22) nicht statt, so ist der **Verschmelzungsbeschluss nichtig**, da dann bei der übernehmenden AG eine dem Schutz der Gläubiger dienende Vorschrift verletzt wurde (§ 241 Nr. 3 AktG; so auch Lutter/Grunewald Rn. 18 mwN; Kallmeyer/Marsch-Barner/Oppenhoff Rn. 10; Semler/Stengel/Leonard/Diekmann Rn. 28; aA Widmann/Mayer/Rieger Rn. 34; Kölner Komm UmwG/Simon Rn. 28; Henssler/Strohn/Junker Rn. 11: Anfechtbarkeit; vgl. auch Koch AktG § 52 Rn. 14; Habersack/Wicke/Habersack Rn. 19; BeckOGK/Habersack Rn. 19). **Sonstige Mängel**, etwa das Fehlen des Berichts des AR, führen hingegen lediglich zur **Anfechtbarkeit** (Lutter/Grunewald Rn. 18 mwN; NK-UmwR/Habighorst Rn. 18; Semler/Stengel/Leonard/Diekmann Rn. 28). Nach Ablauf der Anfechtungsfrist oder nach Eintragung der Verschm in das HR (vgl. § 20 II) haben diese Mängel keine Auswirkungen mehr.

17 Die **fehlende Voreintragung des Verschmelzungsvertrages** in das HR hindert zwar die Eintragung der Verschm, führt aber nicht zur Nichtigkeit des Verschmelzungsvertrages (Lutter/Grunewald Rn. 19; Semler/Stengel/Leonard/Diekmann Rn. 29; Widmann/Mayer/Rieger Rn. 45, jew. mit Hinweis auf die fehlende Verweisung auf § 52 I 1 AktG). Wird die Verschm dennoch eingetragen, bleibt deren Wirksamkeit unberührt. Die fehlende Eintragung des Verschmelzungsvertrages im

HR kann auch keine Anfechtung des Zustimmungsbeschlusses rechtfertigen, da dieser bereits vor der Eintragung gefasst wird.

§ 68 Verschmelzung ohne Kapitalerhöhung

(1) ¹Die übernehmende Gesellschaft darf zur Durchführung der Verschmelzung ihr Grundkapital nicht erhöhen, soweit
1. sie Anteile eines übertragenden Rechtsträgers innehat;
2. ein übertragender Rechtsträger eigene Anteile innehat oder
3. ein übertragender Rechtsträger Aktien dieser Gesellschaft besitzt, auf die der Ausgabebetrag nicht voll geleistet ist.

²Die übernehmende Gesellschaft braucht ihr Grundkapital nicht zu erhöhen, soweit
1. sie eigene Aktien besitzt oder
2. ein übertragender Rechtsträger Aktien dieser Gesellschaft besitzt, auf die der Ausgabebetrag bereits voll geleistet ist.

³Die übernehmende Gesellschaft darf von der Gewährung von Aktien absehen, wenn alle Anteilsinhaber eines übertragenden Rechtsträgers darauf verzichten; die Verzichtserklärungen sind notariell zu beurkunden.

(2) Absatz 1 gilt entsprechend, wenn Inhaber der dort bezeichneten Anteile ein Dritter ist, der im eigenen Namen, jedoch in einem Fall des Absatzes 1 Satz 1 Nr. 1 oder des Absatzes 1 Satz 2 Nr. 1 für Rechnung der übernehmenden Gesellschaft oder in einem der anderen Fälle des Absatzes 1 für Rechnung des übertragenden Rechtsträgers handelt.

(3) Im Verschmelzungsvertrag festgesetzte bare Zuzahlungen dürfen nicht den zehnten Teil des auf die gewährten Aktien der übernehmenden Gesellschaft entfallenden anteiligen Betrags ihres Grundkapitals übersteigen.

1. Allgemeines

Die Vorschrift ist **Parallelvorschrift zu § 54** bei Verschm auf eine GmbH. Die KapErh im Zusammenhang mit einer Verschm dient lediglich dem Zweck, die als Ausgleich für die Anteilsinhaber der übertragenden Rechtsträger benötigten Aktien (§ 20 I Nr. 3) zu schaffen. Wenn dies nicht notwendig ist, soll eine KapErh vermieden werden. Das **Entstehen eigener Aktien** soll verhindert und der Abbau bereits vorhandener eigener Aktienbestände gefördert werden (Kallmeyer/Marsch-Barner/Oppenhoff Rn. 1; amtl. Begr. zu § 344 AktG aF, BT-Drs. 9/1065, 18; vgl. aber auch Bungert/Hentzen DB 1999, 2501 zum Rückkauf eigener Aktien vor Verschm). 1

Abs. 1 S. 1 enthält zwingende **KapErhVerbote, Abs. 1 S. 2** gewährt ein **KapErhWahlrecht.** Seit 2007 gilt **Abs. 1 S. 3,** der durch das 2. UmwÄndG (→ Rn. 26) eingefügt wurde (→ Rn. 13). 2

Abs. 2 entspricht im Wesentlichen § 344 I 4 AktG aF; anders als bei der Verschm auf eine GmbH (§ 54 II; → § 54 Rn. 16) ist die entsprechende Anwendung der KapErhVerbote und -Wahlrechte für die Verschm auf eine AG nicht erst durch die Umwandlungsreform 1994 geschaffen worden. 3

Insbes. zur Ermöglichung eines **Spitzenausgleichs** lässt **Abs. 3** die Möglichkeit zu, **bare Zuzahlungen** bis zur Höhe von 10% des anteiligen Betrags der gewährten Aktien an die Anteilsinhaber der übertragenden Rechtsträger zu leisten. Abs. 1 S. 1 Nr. 3, Abs. 1 S. 2 Nr. 2 und Abs. 3 wurden durch Art. 2 Nr. 5 **StückAG** v. 25.3.1998 (BGBl. 1998 I 590) geändert. 4

2. Kapitalerhöhungsverbote (Abs. 1 S. 1)

5 **a) Übernehmerin besitzt Anteile an der Übertragerin (Abs. 1 S. 1 Nr. 1).** Die KapErh ist **unzulässig**, soweit die übernehmende AG Anteile eines übertragenden Rechtsträgers innehat **(Abs. 1 S. 1 Nr. 1)**. Dieses Verbot korrespondiert mit der Regelung in § 20 I Nr. 3 Hs. 2 Alt. 1. Die Gewährung von Aktien auch in diesem Fall würde zum Entstehen eigener Aktien bei der übernehmenden AG führen; dies ist nach § 56 AktG nicht zulässig (iÜ → § 54 Rn. 3; Kölner Komm UmwG/Simon Rn. 17).

6 **b) Übertragender Rechtsträger hält eigene Anteile (Abs. 1 S. 1 Nr. 2).** Ebenfalls unzulässig ist eine KapErh, soweit ein **übertragender Rechtsträger eigene Anteile** innehat, **Abs. 1 S. 1 Nr. 2** (korrespondierend: § 20 I Nr. 3 Hs. 2 Alt. 2). Ohne dieses KapErhVerbot würde die übernehmende AG durch die Gesamtrechtsnachfolge eigene – und zwar neu geschaffene – Aktien erhalten, da sie in die Stellung des jew. übertragenden Rechtsträgers eintritt (iÜ → § 54 Rn. 4).

7 **c) Übertragender Rechtsträger hält nicht voll einbezahlte Anteile an der Übernehmerin (Abs. 1 S. 1 Nr. 3).** Das KapErhVerbot greift auch ein, wenn und soweit ein **übertragender Rechtsträger Aktien der übernehmenden AG** besitzt, auf die der **Ausgabebetrag nicht voll eingeleistet ist (Abs. 1 S. 1 Nr. 3).**

8 Auch in diesem Fall besteht keine Anteilsgewährungspflicht, da für die Aktien des übernehmenden Rechtsträgers keine neuen Aktien gewährt werden, beim nach § 20 I Nr. 3 notwendigen Anteilstausch stehen diese Aktien den Anteilsinhabern der übertragenden Rechtsträger zur Vfg. Der Anteilstausch erfolgt in zwei Schritten: Durch die Gesamtrechtsnachfolge werden die Aktien der übernehmenden AG, die die übernehmende Rechtsträger innehaben, eigene Aktien der übernehmenden AG. Dies ist – anders als im Recht der GmbH (§ 33 I GmbHG) – auch zulässig, wenn die Aktien nicht voll einbezahlt sind. Das KapErhVerbot in Abs. 1 S. 1 Nr. 3 kann nur dahingehend verstanden werden, dass derartige nicht voll eingezahlte Aktien der übernehmenden AG zur Erfüllung der Anteilsgewährungspflicht verwendet werden müssen, aber nicht stattdessen eine KapErh durchgeführt werden kann. Zur Durchführung des Umtauschs ist der **rückständige Einlagebetrag in vollem Umfang zu leisten** (Lutter/Grunewald Rn. 4 aE; aA Semler/Stengel/Leonard/Diekmann Rn. 10, der Umtausch nur gegen nicht voll einbezahlte Anteile der übertragenden Rechtsträger zulassen will, eine Pflicht zur Leistung der rückständigen Einlage aber ablehnt; ähnl. Kallmeyer/Marsch-Barner/Oppenhoff Rn. 9). Wird der Einlagebetrag noch vor Durchführung der Verschm durch den übertragenden Rechtsträger geleistet, tritt an die Stelle des KapErhVerbots von Abs. 1 S. 1 Nr. 3 das KapErhWahlrecht von Abs. 1 S. 2 Nr. 2 (→ Rn. 11). Widmann/Mayer/Rieger Rn. 19 ff. mwN lehnt eine Anwendung von Abs. 1 S. 1 Nr. 3 bei vollständiger Nachzahlung grds. ab, er differenziert insoweit hinsichtlich des Zeitpunkts der Einlage nicht. Da er auch zutr. den Umtausch nicht voll eingezahlter Anteile als unzulässig ansieht, kommt Rieger (Widmann/Mayer) dazu, Abs. 1 S. 1 Nr. 3 sei in den meisten SV-Konstellationen und vom Gesetzgeber so gewünscht ein Verschmelzungshindernis.

9 **d) Berechnung der Kapitalerhöhung.** Zur **Berechnung der KapErh** → § 54 Rn. 6 ff.

3. Kapitalerhöhungswahlrechte (Abs. 1 S. 2)

10 **a) Übernehmende AG besitzt eigene Aktien (Abs. 1 S. 2 Nr. 1).** Die KapErh im Zusammenhang mit der Verschm dient ausschließlich dem Zweck, die Aktien zu schaffen, die den Anteilsinhabern der übertragenden Rechtsträger gewährt werden müssen (§ 20 I Nr. 3). Von einer KapErh kann daher abgesehen werden,

soweit entsprechende Aktien bereits vorhanden sind. Daher räumt **Abs. 1 S. 2 Nr. 1** die Möglichkeit ein, von einer Grundkapitalerhöhung abzusehen, soweit die **übernehmende AG bereits eigene Aktien besitzt,** diese also den Anteilsinhabern der übertragenden Rechtsträger gewähren kann. Abs. 1 S. 2 gewährt ein **echtes Wahlrecht** nach freiem Ermessen (Lutter/Vetter § 54 Rn. 10; Kölner Komm UmwG/Simon Rn. 28), die entsprechende Festlegung sollte allerdings im Verschmelzungsvertrag bereits getroffen sein (§ 5 I Nr. 3, 4). Zum Erwerb eigener Anteile vor Verschm vgl. auch HRA des DAV NZG 2000, 802 (805 f.); Bungert/Hentzen DB 1999, 2501.

b) Übertragender Rechtsträger besitzt voll einbezahlte Aktien der übernehmenden AG (Abs. 1 S. 2 Nr. 2). Die Notwendigkeit der KapErh fehlt auch, soweit ein **übertragender Rechtsträger voll einbezahlte Aktien der übernehmenden AG besitzt** (zum KapErhVerbot bei nicht voll geleistetem Nennbetrag oder Ausgabebetrag → Rn. 8). Die übernehmende AG erhält diese Aktien im Wege der Gesamtrechtsnachfolge als eigene Aktien und kann sie zur Erfüllung der Anteilsgewährungspflicht nach § 20 I Nr. 3 verwenden, wobei es **nicht zum Durchgangserwerb kommt** (→ § 54 Rn. 11). Wiederum handelt es sich um ein **Wahlrecht,** die Aktien können auch als Eigenbestand behalten werden, wenn zur Schaffung neuer Aktien eine KapErh durchgeführt wird. Zum **Downstream-Merger** auch Nachw. bei → § 55 Rn. 22. 11

c) Gewährung von Aktien der übernehmenden AG aus Drittbesitz. Mangels entgegenstehender Äußerung des Gesetzgebers dürfte nach wie vor die Aufzählung der **KapErhWahlrechte nicht abschl.** sein (ausf. Widmann/Mayer/Rieger Rn. 29 ff.). Da die KapErh im Zusammenhang mit einer Verschm lediglich dem Zweck dient, die zur Erfüllung der Anteilsgewährungspflicht notwendigen Aktien zu schaffen, kann von ihr abgesehen werden, wenn und soweit bereits vorhandene Aktien zur Vfg. stehen. Dies ist auch dann der Fall, wenn ein **Aktionär der übernehmenden AG** hierfür (unentgeltlich, vgl. § 71 I Nr. 4 AktG; Semler/Stengel/Leonard/Diekmann Rn. 19) **freiwillig Aktien zur Verfügung stellt.** Voraussetzung ist jedoch, dass die Übertragung der Aktien sichergestellt ist, da bei Aktien in Drittbesitz ein automatischer Übergang der Aktionärsstellung iSv § 20 I Nr. 3 nicht stattfindet. Die Aktien müssen daher vor Wirksamwerden der Verschm der übernehmenden AG oder einem übertragenden Rechtsträger übereignet werden, sodass letztlich wieder ein Fall von Abs. 1 S. 2 Nr. 1 oder 2 gegeben ist (Widmann/Mayer/Rieger Rn. 30). Zur **Verschm von SchwesterGes** → § 54 Rn. 12 ff., → § 2 Rn. 21. 12

4. Verzicht auf Anteilsgewährung (Abs. 1 S. 3)

Mit der Änderung von **Abs. 1 S. 3** wollte der Gesetzgeber die Verschm von SchwesterGes erleichtern. Die Parallelregelung findet sich in § 54 I 3 (deshalb → § 54 Rn. 12 ff., dort auch zu den durch die weite Formulierung eröffneten Missbrauchsmöglichkeiten). Im Gegensatz zu § 54 I 3 stellt sich im Rahmen von § 68 noch ein weiteres Problem. Die RL 78/855/EWG (bzw. heute die **GesR-RL**) sieht den Verzicht auf die Anteilsgewährung auf Basis einer Willensentschließung aller Anteilsinhaber eines übertragenden Rechtsträgers nicht vor (Heckschen DNotZ 2007, 444 (451)). Vor allem Mayer/Weiler (DB 2007, 1235 (1239) = MittBayNot 2007, 368 (371)) haben deshalb erhebliche Zweifel an der richtlinienkonformen Umsetzung. Die RL 78/855/EWG (heute die GesR-RL) enthalte keine Ermächtigung für die Mitgliedstaaten, eine Anteilsgewährung bei Verzicht bestimmter Anteilsinhaber einzuräumen. Die Anteilsgewährungspflicht gehöre gerade zu den Strukturmerkmalen einer in der RL 78/855/EWG (heute die GesR-RL) geregelten Verschm, sodass die jetzt im dt. Recht geregelte weitere 13

Ausnahme von der Anteilsgewährungspflicht weder richtlinienkonform sei noch richtlinienkonform ausgelegt werden könne (die hM geht davon aus, Abs. 1 S. 3 sei richtlinienkonform, vgl. Widmann/Mayer/Rieger Rn. 34; Lutter/Grunewald Rn. 5; Kallmeyer/Marsch-Barner/Oppenhoff Rn. 16; Habersack/Wicke/Habersack Rn. 19; BeckOGK/Habersack Rn. 19).

5. Entsprechende Anwendung der Kapitalerhöhungsverbote und -wahlrechte (Abs. 2)

14 Für Rechnung der übernehmenden AG handelt ein Dritter dann, wenn die Voraussetzungen von **§ 71d S. 1 AktG** vorliegen (iÜ → § 54 Rn. 16). Aktienbesitz durch ein abhängiges oder ein im Mehrheitsbesitz eines der beteiligten Rechtsträger stehenden Unternehmens begründet die Anwendung von Abs. 2 regelmäßig nicht (→ § 54 Rn. 16).

6. Kapitalerhöhung bei Schwesterfusion

15 Vgl. → § 54 Rn. 17, → § 2 Rn. 21.

7. Bare Zuzahlungen (Abs. 3)

16 Vgl. zunächst → § 54 Rn. 20 ff.

17 Die **Höhe der baren Zuzahlung** muss im Verschmelzungsvertrag angegeben sein (§ 5 I Nr. 3). Die Gesamtsumme darf den **zehnten Teil des** auf die **gewährten** Aktien entfallenden **anteiligen** Betrags ihres **Grundkapitals** nicht übersteigen. Sofern gegen **Abs. 3** verstoßen wird (zur Berechnung Semler/Stengel/Leonard/Diekmann Rn. 23 mwN), ist die entsprechende Regelung im Verschmelzungsvertrag nach § 134 BGB wegen Verstoßes gegen ein gesetzliches Verbot **nichtig** (Habersack/Wicke/Habersack Rn. 26, 27; BeckOGK/Habersack Rn. 26, 27). Im Zweifel wird dies die Nichtigkeit des gesamten Verschmelzungsvertrages zur Folge haben (§ 139 BGB; → § 54 Rn. 28; Semler/Stengel/Leonard/Diekmann Rn. 28). Ein **Zustimmungsbeschluss** nach § 13 I, der sich auf den nichtigen Verschmelzungsvertrag bezieht, ist seinerseits gem. § 14 angreifbar. Wird die Verschm dennoch in das HR eingetragen, treten die Verschmelzungswirkungen ein (§ 20 II).

8. Verstoß gegen Kapitalerhöhungsverbote

18 Bei Verstößen gegen die KapErhVerbote von Abs. 1 S. 1 liegt für die Eintragung der Erhöhung des Grundkapitals iSv § 66 ein **Eintragungshindernis** vor (iÜ → § 54 Rn. 26 f.).

§ 69 Verschmelzung mit Kapitalerhöhung

(1) ¹**Erhöht die übernehmende Gesellschaft zur Durchführung der Verschmelzung ihr Grundkapital, so sind § 182 Abs. 4, § 184 Abs. 1 Satz 2, §§ 185, 186, 187 Abs. 1, § 188 Abs. 2 und 3 Nr. 1 des Aktiengesetzes nicht anzuwenden; eine Prüfung der Sacheinlage nach § 183 Abs. 3 des Aktiengesetzes findet nur statt, soweit übertragende Rechtsträger die Rechtsform einer rechtsfähigen Personengesellschaft oder eines rechtsfähigen Vereins haben, wenn Vermögensgegenstände in der Schlußbilanz eines übertragenden Rechtsträgers höher bewertet worden sind als in dessen letzter Jahresbilanz, wenn die in einer Schlußbilanz angesetzten Werte nicht als Anschaffungskosten in den Jahresbilanzen der übernehmenden Gesellschaft angesetzt werden oder wenn das Gericht Zweifel hat, ob der Wert der**

Verschmelzung mit Kapitalerhöhung 1–3 § 69 UmwG A

Sacheinlage den geringsten Ausgabebetrag der dafür zu gewährenden Aktien erreicht. ²Dies gilt auch dann, wenn das Grundkapital durch Ausgabe neuer Aktien auf Grund der Ermächtigung nach § 202 des Aktiengesetzes erhöht wird. ³In diesem Fall ist außerdem § 203 Abs. 3 des Aktiengesetzes nicht anzuwenden. ⁴Zum Prüfer kann der Verschmelzungsprüfer bestellt werden.

(2) Der Anmeldung der Kapitalerhöhung zum Register sind außer den in § 188 Abs. 3 Nr. 2 und 3 des Aktiengesetzes bezeichneten Schriftstücken der Verschmelzungsvertrag und die Niederschriften der Verschmelzungsbeschlüsse in Ausfertigung oder öffentlich beglaubigter Abschrift beizufügen.

(3) Für den Beschluss über die Kapitalerhöhung nach Absatz 1 gilt § 14 Absatz 2 entsprechend.

Übersicht

Rn.

1. Allgemeines 1
2. Voraussetzungen der Anwendung von § 69 4
3. Nichtanwendbare Vorschriften (Abs. 1 S. 1 Hs. 1) 7
   a) § 182 IV AktG, § 184 I 2 AktG 7
   b) §§ 185, 186 AktG, § 187 I AktG, § 188 III Nr. 1 AktG ... 9
   c) § 188 II AktG 11
4. Prüfung der Sacheinlage (Abs. 1 S. 1 Hs. 2) 12
5. Genehmigtes Kapital (Abs. 1 S. 2, 3) 19
6. Beschlussfassung 21
7. Anmeldung des Kapitalerhöhungsbeschlusses zum Handelsregister (Abs. 2) 24
8. Bedingte Kapitalerhöhung 27
9. Kapitalerhöhung bei unterlassener Verschmelzung 28
10. Beschluss über die Kapitalerhöhung (Abs. 3) 30

1. Allgemeines

Die Norm bewirkt **Erleichterungen bei der KapErh,** wenn sie im Zusammen- 1
hang mit einer Verschm erfolgt. § 69 ist demnach nur für die Beteiligung einer **AG als übernehmender Rechtsträger** einschlägig.

Im Wesentlichen übernimmt § 69 die Vorgängerregelung von § 343 AktG aF, 2
Abs. 1 S. 1 Hs. 2 ist jedoch wegen der Möglichkeit der Mischverschmelzung und wegen des Ansatzwahlrechts von § 24 erheblich erweitert worden.

Abs. 1 erklärt Vorschriften des AktG, die bei der normalen KapErh zu beachten 3
sind, für nicht anwendbar. Dadurch wird die KapErh im Zusammenhang mit der Verschm zur „erleichterten Sachkapitalerhöhung". **Abs. 2** erweitert den Katalog der bei der Anmeldung der KapErh zum HR beizufügenden Unterlagen. Durch das **UmRUG** wurde § 69 mit dem neuen **Abs. 3** erweitert, der § 14 Abs. 2 für Kapitalerhöhungen nach Abs. 1 für entsprechend anwendbar erklärt, so dass eine Bewertungsrüge als Anfechtungs- oder Nichtigkeitsgrund für eine Klage gegen den Kapitalerhöhungsbeschluss nicht in Betracht kommt und für entsprechende Mängel das Spruchverfahren eröffnet ist. Durch die Änderungen des **MoPeG** werden in § 69 I 1 mit Wirkung zum 1.1.2024 die Wörter „Personenhandelsgesellschaft" und „Partnerschaftsgesellschaft" durch die Wörter „rechtsfähige Personengesellschaft" ersetzt und damit die Aufnahme der **eGbR** als umwandlungsfähiger Rechtsträger (→ § 3 Rn. 7) berücksichtigt.

Missio

2. Voraussetzungen der Anwendung von § 69

4   Eine Verschm macht im Regelfall eine KapErh notwendig; anderes gilt insbes. (zu weiteren Ausnahmen → Rn. 13, → § 55 Rn. 2), soweit ein KapErhVerbot iSv § 68 I 1 besteht oder wenn von der Möglichkeit des Verzichts auf eine KapErh (Wahlrecht iSv § 68 I 2 oder Verzicht auf KapErh gem. § 68 I 3) Gebrauch gemacht wird. Als Gegenleistung für die Vermögensübertragung müssen den Anteilsinhabern der übertragenden Rechtsträger Aktien der übernehmenden Ges gewährt werden, § 20 I Nr. 3. Die KapErh dient der Schaffung dieser Aktien. Daneben ist ein betragsmäßig begrenzter Ausgleich durch bare Zuzahlungen möglich, § 68 III. Aufgrund dieses **festgelegten Zwecks** und der Absicherung, dass der übernehmenden AG durch die Vermögensübertragung ein äquivalenter Gegenwert für die neuen Aktien zufließt, kann die **KapErh** im Zusammenhang mit der Verschm **einfacheren Regeln** unterworfen werden (Kölner Komm UmwG/Simon Rn. 10).

5   Die in Abs. 1 vorgesehenen Vereinfachungen können aber nur dann genutzt werden, wenn die **KapErh iRd Verschm ausschließlich** der Schaffung der neuen Aktien dient, die den Anteilsinhabern der übertragenden Rechtsträger gewährt werden sollen. Wird die KapErh **auch aus anderen Gründen** durchgeführt, gilt § 69 nicht. Ein dennoch im vereinfachten Verfahren gefasster KapErhB ist **nichtig** oder jedenfalls anfechtbar (Kölner Komm UmwG/Simon Rn. 7). Sofern eine weitere KapErh auch zu anderen Zwecken erfolgen soll, sollten deshalb **getrennte Beschlüsse** gefasst werden (Kallmeyer/Marsch-Barner/Oppenhoff Rn. 2; auch → § 55 Rn. 3).

6   Es ist unerheblich, ob die KapErh vor oder nach Abschluss des Verschmelzungsvertrages beschlossen wird (Semler/Stengel/Leonard/Diekmann Rn. 23). § 66 verlangt lediglich die **Eintragung der Erhöhung** des Grundkapitals **vor Eintragung der Verschm.** Bei der Fassung des KapErhB vor Abschluss des Verschmelzungsvertrages ist jedoch darauf zu achten, dass die KapErh im Nachhinein auch entsprechend den Festlegungen des Verschmelzungsvertrages durchgeführt wird, anderenfalls handelt es sich nicht mehr um eine KapErh „zur Durchführung der Verschmelzung" iSv Abs. 1 S. 1. Ggf. ist eine **bedingte KapErh** durchzuführen (§§ 192 ff. AktG; dazu auch → Rn. 27).

3. Nichtanwendbare Vorschriften (Abs. 1 S. 1 Hs. 1)

7   **a) § 182 IV AktG, § 184 I 2 AktG.** Obwohl gem. § 182 IV AktG das Grundkapital bei ausstehenden Einlagen grds. nicht erhöht werden soll, ist die KapErh im Zusammenhang mit einer Verschm auch in diesem Fall zulässig, **Abs. 1 S. 1 Hs. 1.** Der Grund ist einleuchtend: Mit einer KapErh wird im Regelfall das Ziel verfolgt, der AG neues Kapital zuzuführen. Sie erübrigt sich daher, wenn der Ges noch ausstehende Einlagen zustehen, die sie also durch deren Einforderung weitere Mittel beschaffen und insoweit auf eine KapErh verzichten kann. Demgegenüber dient die KapErh iRd Verschm der **Schaffung neuer Aktien,** die den Anteilsinhabern der übertragenden Rechtsträger gewährt werden müssen. Die Einziehung noch ausstehender Einlageforderungen könnte diesen Zweck nicht erfüllen, auch bei vollständiger Erlangung der fehlenden Einlagen wären keine Aktien für den Anteilstausch iSv § 20 I Nr. 3 vorhanden.

8   Der Ausschluss von § 182 IV AktG korrespondiert mit der Nichtanwendung von § 184 I 2 AktG. Da eine KapErh im Zusammenhang mit der Durchführung der Verschm trotz offener Einlageforderungen erfolgen kann, erübrigen sich entsprechende Erklärungen bei der Anmeldung.

9   **b) §§ 185, 186 AktG, § 187 I AktG, § 188 III Nr. 1 AktG.** Die Nichtanwendbarkeit dieser Vorschriften ist Folge davon, dass bei der Verschm feststeht, wer die durch KapErh geschaffenen Aktien erhält. Bei der Verschm ist die **Zeichnung**

neuer Aktien nach § 185 AktG, also des Angebots des Zeichners an die AG, sich als Aktionär an der Ges zu beteiligen, nicht erforderlich; bereits im Verschmelzungsvertrag wird festgelegt, wem die durch die KapErh geschaffenen Aktien zu gewähren sind (zum Sonderfall unbekannter Aktionäre vgl. § 35). Der **Verschmelzungsvertrag ersetzt** damit den **Zeichnungsschein** (Lutter/Grunewald Rn. 16 mwN; vgl. auch OLG Hamm DB 2002, 1314 zur Entbehrlichkeit der Übernahmeerklärung bei der GmbH; Kölner Komm UmwG/Simon Rn. 11). Damit zusammenhängend erübrigt sich eine Einreichung der Zweitschriften der Zeichnungsscheine zum HR (§ 188 III Nr. 1 AktG).

Ebenso wenig passen die Vorschriften über das **Bezugsrecht** (§§ 186, 187 I AktG) bei einer KapErh zur Durchführung der Verschm. Die durch die KapErh geschaffenen neuen Aktien sind zwingend den Anteilsinhabern des übertragenden Rechtsträger zu gewähren, ein Bezugsrecht der alten Aktionäre ist damit von vornherein ausgeschlossen (Lutter/Grunewald Rn. 17 mwN; Semler/Stengel/Leonard/Diekmann Rn. 15). Der Ausschluss des Bezugsrechts ermöglicht unter anderem die Verschm zur prospektfreien Kapitalaufnahme zu nutzen. Anstatt das Kapital der MutterAG unter Begründung einer Prospektpflicht zu erhöhen, kann die Kapitalaufnahme über eine TochterGes erfolgen, die anschließend unter Gewährung von Aktien an die (wenigen) Mitgesellschafter/Investoren auf die MutterAG verschmolzen wird. **§ 187 II AktG** ist anwendbar mit der Folge, dass der Verschmelzungsvertrag nicht wirksam zur KapErh verpflichten kann (ähnlich Kallmeyer/Marsch-Barner/Oppenhoff Rn. 13; Semler/Stengel/Leonard/Diekmann Rn. 16; Lutter/Grunewald Rn. 18; NK-UmwR/Habighorst Rn. 7; Kölner Komm UmwG/Simon Rn. 12; Habersack/Wicke/Habersack Rn. 11; BeckOGK/Habersack Rn. 11). Eine Pflicht, die KapErh zeitlich vor dem Verschmelzungsvertrag zu beschließen, folgt daraus jedoch nicht (→ Rn. 6).

c) § 188 II AktG. § 188 II AktG erklärt § 36 II AktG, § 36a AktG und § 37 I AktG für entsprechend anwendbar. Diese Verweisung erübrigt sich jedoch bei der Verschm (so auch Lutter/Grunewald Rn. 19; Kölner Komm UmwG/Simon Rn. 13), da eine **Bareinlage iSv § 36 II AktG** nicht geleistet wird; die Leistung der Sacheinlage ist durch die Vermögensübertragung gewährleistet, dadurch wird der Normzweck von § 36a AktG stets erreicht. Der Ausschluss von § 37 I AktG (Erklärungen zum HR) folgt aus der Nichtanwendung von §§ 36, 36a AktG. Mangels Barzahlungspflicht hat auch **§ 188 II 2 AktG** bei der KapErh zur Durchführung der Verschm keine Bedeutung.

4. Prüfung der Sacheinlage (Abs. 1 S. 1 Hs. 2)

Abs. 1 S. 1 Hs. 2 greift nur in seinem vierten Fall auf § 343 I 1 Hs. 2 AktG aF zurück, wobei sich auch durch das StückAG Änderung ergeben haben. Die anderen drei Varianten (→ Rn. 14 ff.) wurden anlässlich der Umwandlungsreform neu eingefügt.

§ 183 III AktG bestimmt bei der KapErh mit Sacheinlagen grds. die Pflicht zur **Prüfung durch einen oder mehrere unabhängige Prüfer;** als Prüfer darf auch der Verschmelzungsprüfer bestellt werden. Dem Registergericht wird die Möglichkeit zugestanden, die Eintragung abzulehnen, sofern der Wert der Sacheinlage nicht unwesentlich hinter dem geringsten Ausgabebetrag der dafür zu gewährenden Aktien zurückbleibt (**Unterpariemission**). Grundaussage von Abs. 1 S. 1 Hs. 2 ist zunächst, dass eine Prüfung nach § 183 III AktG nicht in jedem Fall stattzufinden hat, sondern nur bei Vorliegen der vier nachfolgend beschriebenen Fälle (dazu auch Angermayer WPg 1995, 681 (684 f.)). Diese bereits früher rechtspolitisch umstrittene Vorschrift (Lutter/Grunewald Rn. 8 mwN) will in allen aufgeführten Varianten der **Gefahr einer Aushöhlung des Grundkapitals** und damit einer

Verletzung des Verbots der materiellen Unterpariemission vorbeugen (Begr. RegE, BR-Drs. 75/94 zu § 69 I 1 Hs. 2).

14 **Fall 1** behandelt die Konstellation, dass an der Verschm übertragende Rechtsträger in der Rechtsform der **PhG**, der **PartGes**, der **eGbR** (→ § 3 Rn. 7) oder des rechtsfähigen **Vereins** beteiligt sind. Anders als bei den übrigen in § 3 I aufgeführten Rechtsträgern ist im jew. Organisationsrecht der drei genannten Rechtsformen eine Kapitalsicherung im Wege der Prüfung durch Sachverständige oder durch das Gericht nicht vorgesehen. Bei Übernahme des Vermögens dieser Rechtsträger als Sacheinlage in die übernehmende AG steht der Wert der Sacheinlage nicht fest, es fehlen verbindliche Anhaltspunkte zu ihrer Beurteilung (Begr. RegE, BR-Drs. 75/94 zu §§ 69, 58).

15 **Fall 2** sieht die Notwendigkeit der Prüfung der Sacheinlage nach § 183 III AktG für den Fall vor, dass ein übertragender Rechtsträger, gleich welcher Rechtsform, ihm gehörende Vermögensgegenstände in seiner **Schlussbilanz höher bewertet** hat als in der letzten Jahresbilanz, wenn also stille Reserven aufgedeckt wurden (wobei das Wahlrecht von § 24 nur beim übernehmenden Rechtsträger besteht; in Betracht kommt aber eine **Wertaufholung beim übertragenden Rechtsträger** nach allg. Vorschriften, vgl. Widmann/Mayer/Rieger Rn. 25). Dem Registergericht soll durch die unabhängige Prüfung der Sacheinlage die Möglichkeit an die Hand gegeben werden, die Richtigkeit des Ansatzes in der Schlussbilanz zu überprüfen und somit einer verbotenen Unterpariemission entgegenzuwirken.

16 **Fall 3** berücksichtigt den nach § 24 möglichen Fall, dass die **übernehmende AG** die BW aus der Schlussbilanz des übertragenden Rechtsträgers nicht fortführt, sondern die übernommenen **WG neu** (und höher) **bewertet.** Die dann zwingende Sacheinlageprüfung nach § 183 III AktG soll einer Überbewertung vorbeugen (Begr. RegE, BR-Drs. 75/94 zu § 69 I 1 Hs. 2), wobei die Regelung wegen der idR unvermeidbaren Verzögerung bis zur Ausübung des Wahlrechts nach § 24 beim übernehmenden Rechtsträger praktisch unbrauchbar ist (vgl. Widmann/Mayer/Rieger Rn. 30).

17 **Fall 4** schließlich übernimmt im Grds. (→ Rn. 2) die frühere Regelung von § 343 I 1 Hs. 2 AktG aF. Bei **Zweifeln des Registergerichts** daran, ob der Wert der Sacheinlage den geringsten Ausgabebetrag (ohne Agio, → Rn. 21) der dafür zu gewährenden Aktien erreicht, kann die Durchführung einer Prüfung nach § 183 III AktG verlangt werden. Etwaige Zweifel des Registergerichts sind nicht bereits dadurch ausgeschlossen, dass der Anmeldung der Verschm eine Schlussbilanz, die nicht älter als acht Monate sein darf, beigefügt werden muss (§ 17 II), oder dass eine Verschmelzungsprüfung durchgeführt wird (§§ 60, 9–12). Aus der Schlussbilanz kann der tatsächliche Wert des übertragenen Vermögens nicht eindeutig abgeleitet werden. Auch die Verschmelzungsprüfung ist nur bedingt aussagekräftig, da Prüfungsgegenstand die Angemessenheit des Umtauschverhältnisses und nicht die Deckung des geringsten Ausgabebetrags der neu ausgegebenen Aktien ist (Semler/Stengel/Leonard/Diekmann Rn. 11), wenngleich sowohl Verschmelzungsprüfungsbericht als auch Schlussbilanz dem Registergericht Anhaltspunkte dafür geben können, ob die Prüfung nach § 183 III AktG noch notwendig ist (Lutter/Grunewald Rn. 11).

18 Nach dem eindeutigen Wortlaut von Abs. 1 S. 1 Hs. 2 ist eine **Prüfung der Sacheinlage** nach § 183 III AktG nur notwendig, **soweit** eine der vier Fälle gegeben ist. Bei Verschm unter Beteiligung mehrerer übertragender Rechtsträger kann es demgemäß sein, dass sich die Prüfung der Sacheinlage **nur auf einen Vermögensübergang** unter mehreren bezieht (wenn zB mehrere KapGes und daneben eine PhG auf eine AG verschmelzen, Fall 1). Dennoch kommt es im Ergebnis nur darauf an, ob insges. eine materielle Unterpariemission vorliegt oder nicht, denn nach hM ist eine **Gesamtbetrachtung geboten** (ausf. → § 46 Rn. 8; vgl. auch Lutter/Grunewald Rn. 14).

5. Genehmigtes Kapital (Abs. 1 S. 2, 3)

Abs. 1 S. 1 gilt auch, wenn das Grundkapital durch Ausgabe neuer Aktien aufgrund der Ermächtigung nach § 202 AktG erhöht wird. Die durch **Abs. 1 S. 2** bestimmte entsprechende Anwendung von Abs. 1 S. 1 bezieht sich auf dessen Hs. 1 und 2. Wenn anstelle oder neben der KapErh zur Ausgabe neuer Aktien für die Anteilsinhaber der übertragenden Rechtsträger auch auf **genehmigtes Kapital** zurückgegriffen wird, finden demnach die in → Rn. 7 ff. beschriebenen Vereinfachungen für die KapErh Anwendung. § 203 III AktG, der § 182 IV AktG entspricht, ist gem. **Abs. 1 S. 3** nicht anzuwenden; auch bei Vorliegen von genehmigtem Kapital ist es demnach unerheblich, ob noch **ausstehende Einlagen** vorhanden sind, da die übernehmende AG neue Aktien benötigt. Die Prüfung nach § 205 V AktG ist nicht notwendig. Sie muss nur durchgeführt werden, wenn ein Fall von Abs. 1 S. 1 Hs. 2 vorliegt, also die Gefahr der Unterpariemission besteht (Kallmeyer/Marsch-Barner/Oppenhoff Rn. 14, 6 ff.). 19

IÜ ist der Verweis in Abs. 1 S. 2 jedoch so zu verstehen, dass nicht nur § 202 AktG, sondern §§ 202–206 AktG insges. zu beachten sind. Insbes. muss der Satzungsermächtigung die Ausgabe der neuen Aktien gegen Sacheinlage ausdrücklich zulassen (§ 205 I AktG; Widmann/Mayer/Rieger Rn. 51, 52). 20

6. Beschlussfassung

Soweit nicht durch Abs. 1 etwas anderes angeordnet wird, sind §§ 182 ff. AktG auf die KapErh im Zusammenhang mit einer Verschm anzuwenden. Es bedarf also eines **KapErhB der HV** (§ 182 I AktG). Evtl. müssen auch **Sonderbeschlüsse** gefasst werden (§ 182 II AktG). § 182 III AktG ist durch Abs. 1 S. 1 Hs. 1 nicht ausgeschlossen (Kallmeyer/Marsch-Barner/Oppenhoff Rn. 17; Widmann/Mayer/Rieger Rn. 17 f.; Goutier/Knopf/Tulloch/Bermel Rn. 19). Ein den geringsten Ausgabebetrag übersteigender höherer Betrag **(Agio)** ist daher **im KapErhB festzusetzen** (aA Lutter/Grunewald Rn. 6; wohl auch Semler/Stengel/Leonard/Diekmann Rn. 5; vermittelnd Widmann/Mayer/Rieger Rn. 18). Ein derartiger höherer Ausgabebetrag liegt vor, wenn der Wert der Sacheinlagen abzgl. barer Zuzahlungen den Gesamtbetrag der dafür gewährten Aktien übersteigt. Das Aufgeld (Agio) hat zur Folge, dass in der Bilanz der übernehmenden AG **gesetzliche Rücklagen** nach § 272 II HGB zu bilden sind (Lutter/Grunewald Rn. 6 aF.; Kallmeyer/Marsch-Barner/Oppenhoff Rn. 17; Widmann/Mayer/Rieger Rn. 18; vgl. zur Bedeutung einer Festsetzung des Agio insbes. die „Babcock"-Entscheidung des BGH NZG 2012, 69 mAnm Gottschalk GWR 2012, 121). 21

Da die Vermögensübertragung iRd Verschm eine Sacheinlage ist, findet auch § 183 I, II AktG Anwendung. Der Beschluss und die vorangegangene Bekanntmachung müssen also die KapErh zur Durchführung der Verschm, die übertragenden Rechtsträger, den jew. Wert der Vermögen der übertragenden Rechtsträger, den geringsten Ausgabebetrag der zu gewährenden Aktien und die Höhe etwaiger barer Zuzahlungen enthalten. 22

Grds. kann ein **KapErhB** bis zur Eintragung der Durchführung der KapErh mit einfacher Mehrheit **wieder aufgehoben werden.** Sofern jedoch durch den KapErhB bei der übernehmenden AG der Verschmelzungsvertrag bereits seine volle Wirksamkeit erhält, hat sich die Übernehmerin verpflichtet, die KapErh durchzuführen. Daraus dürfte zwar im Fall der Aufhebung des KapErhB kein **Erfüllungsanspruch** abzuleiten sein, die übernehmende AG macht sich jedoch schadensersatzpflichtig (Widmann/Mayer/Rieger Rn. 20 mwN), sofern sie für die Aufhebung des KapErhB keine wichtigen Gründe vorweisen kann. 23

7. Anmeldung des Kapitalerhöhungsbeschlusses zum Handelsregister (Abs. 2)

24 Gem. § 184 I AktG ist der Beschluss über die Erhöhung des Grundkapitals zur Eintragung in das **HR anzumelden**. Neben den in § 188 III Nr. 2, 3 AktG genannten Unterlagen sind gem. **Abs. 2** der **Verschmelzungsvertrag** sowie die Niederschriften der **Verschmelzungsbeschlüsse** in Ausfertigung oder öffentlich beglaubigter Abschrift beizufügen. IdR wird die Anmeldung des Beschlusses mit der Durchführung verbunden, § 188 IV AktG, sodass sich Überlegungen dazu, ob bereits der Anmeldung des Beschlusses die in Abs. 2 genannten Unterlagen beizufügen sind, erübrigen (Kallmeyer/Zimmermann § 66 Rn. 8; ähnlich Semler/Stengel/Leonard/Diekmann § 66 Rn. 7 mwN: Beifügung erst bei Anmeldung zur Durchführung der KapErh). Die Beifügung lediglich des Entwurfs des Verschmelzungsvertrags reicht nicht aus.

25 Die Anmeldung erfolgt **durch** den **Vorstand und** den **Vorsitzenden des AR** (§ 184 I 1 AktG). Das Registergericht wird den KapErhB erst eintragen, wenn der Verschmelzungsvertrag abgeschlossen und die Zustimmungsbeschlüsse gefasst sind.

26 Bei der Verschm ist **§ 188 AktG** (bis auf Abs. 2; → Rn. 11) grds. anzuwenden (so auch Lutter/Grunewald Rn. 19 mwN). **§ 189 AktG** soll für die Verschm jedoch nicht gelten (Goutier/Knopf/Tulloch/Bermel Rn. 29; Lutter/Grunewald Rn. 20; Kallmeyer/Marsch-Barner/Oppenhoff Rn. 21; unklar Semler/Stengel/Leonard/Diekmann Rn. 18). Dies ist auch richtig, weil die Verschm und die KapErh nach § 69 sich einander gegenseitig bedingen (→ § 55 Rn. 28). Wurde der Verschmelzungsbeschluss angefochten, kann der KapErhB dennoch eingetragen werden (Semler/Stengel/Leonard/Diekmann Rn. 27). Wird Klage gegen den KapErhB erhoben, soll die Eintragung im Wege eines **Freigabeverfahrens** durchgesetzt werden können (Habersack/Wicke/Habersack Rn. 26; BeckOGK/Habersack Rn. 26 mwN; Semler/Stengel/Leonard/Diekmann Rn. 28 ff.: analoge Anwendung von § 16 III; aA Henssler/Strohn/Junker Rn. 2: § 246a AktG). Zu **Mängeln des KapErhB** → § 55 Rn. 29 f. Zu den **Kosten der KapErh** → § 55 Rn. 31 ff.

8. Bedingte Kapitalerhöhung

27 Die zur Schaffung neuer Aktien notwendige Grundkapitalerhöhung kann auch als **bedingte KapErh** (§§ 192 ff. AktG) beschlossen werden (Lutter/Grunewald Rn. 25 mwN; Semler/Stengel/Leonard/Diekmann Rn. 21; Habersack/Wicke/Habersack Rn. 23; BeckOGK/Habersack Rn. 23). Auch insoweit kann die KapErh zu den erleichterten Bedingungen von Abs. 1 S. 1 Hs. 1 durchgeführt werden. Entgegen § 194 IV AktG, der § 183 III AktG entspricht, ist nicht in jedem Fall eine **Prüfung** durchzuführen (Lutter/Grunewald Rn. 25). Auch die bedingte KapErh wird frühestens mit Eintragung der Verschm **wirksam** (→ Rn. 26; Semler/Stengel/Leonard/Diekmann Rn. 18). Vgl. zur wünschenswerten Änderung von § 192 III AktG zur Sicherung von Options- oder Wandelanleihen iRv § 23 HRA des DAV NZG 2000, 802 (806).

9. Kapitalerhöhung bei unterlassener Verschmelzung

28 Sofern die KapErh bereits durchgeführt ist, wird sie bei **Scheitern der Verschm** unwirksam (→ § 55 Rn. 28).

29 Umgekehrt führt der nichtige bzw. erfolgreich angefochtene KapErhB (→ § 55 Rn. 29 f.) zur **Unwirksamkeit der Verschm**. Die KapErh ist notwendiger Bestandteil der Verschm. Dieser Mangel ist nach Eintragung der Verschm gem. **§ 20 II** unbeachtlich. Im Fall der materiellen Unterpariemission kommt es allerdings – und ebenso wie bei der GmbH, → § 55 Rn. 5 – **nicht zur Differenzhaftung** (so ausdrücklich BGH NZG 2019, 187; AG 2007, 487; OLG München ZIP

2005, 2108 mAnm Grunewald EWiR 2006, 29; vgl. auch Habersack ZGR 2008, 48 mwN; Semler/Stengel/Leonard/Diekmann Rn. 33; Kallmeyer GmbHR 2007, 1121; Wälzholz AG 2006, 469; aA Thoß NZG 2006, 376). In seltenen Ausnahmefällen kann § 826 BGB einschlägig sein, zutr. Grunewald EwiR 2006, 29 (30).

10. Beschluss über die Kapitalerhöhung (Abs. 3)

Durch das **UmRUG** wird § 69 durch Abs. 3 (→ § 55 Rn. 13a, → § 55 Rn. 29) 30 ergänzt. Durch die entsprechende Anwendung des § 14 II soll sichergestellt werden, dass Beschlüsse, die einer Kapitalerhöhung nach § 69 I dienen (gleiches gilt für Beschlüsse im Rahmen einer Kapitalerhöhung zur nachträglichen Verbesserung des Umtauschverhältnisses, § 72b I, VI; s. Begr. RegE, BT-Drs. 20/3822, 74), nur wegen Verfahrensfehlern angefochten werden können und eine Anfechtung wegen einer Bewertungsrüge im Beschlussmängelverfahren (dass das Umtauschverhältnis der Anteile nicht angemessen ist oder dass die Mitgliedschaft bei dem übernehmenden Rechtsträger kein angemessener Gegenwert für die Anteile oder die Mitgliedschaft bei dem übertragenden Rechtsträger ist) ausgeschlossen ist (vgl. Begr. RegE, BT-Drs. 20/3822, 74; BeckOGK/Habersack Rn. 4). Bewertungsrügen sind demnach ausschließlich im Spruchverfahren zu führen (so auch BeckOGK/Habersack Rn. 29).

§ 70 Geltendmachung eines Schadenersatzanspruchs

Die Bestellung eines besonderen Vertreters nach § 26 Abs. 1 Satz 2 können nur solche Aktionäre einer übertragenden Gesellschaft beantragen, die ihre Aktien bereits gegen Anteile des übernehmenden Rechtsträgers umgetauscht haben.

Die Vorschrift **ergänzt § 26 I** für den Fall, dass **übertragender Rechtsträger** 1 **eine AG** ist. Der besondere Vertreter iSv § 26 wird auf Antrag gerichtlich bestellt; die allg. Antragsberechtigung der Anteilsinhaber der übertragenden Rechtsträger iSv § 26 I 2 ist für die Anteilsinhaber einer AG nach § 70 nur dann gegeben, wenn sie ihre **Aktien bereits** gegen Anteile des übernehmenden Rechtsträgers **umgetauscht** haben. Da der Anspruch nach § 26 I 2 eine wirksame Verschm voraussetzt, wird dies meist der Fall sein (Lutter/Grunewald Rn. 4).

Der **Umtausch der Aktien** gegen Anteile des übernehmenden Rechtsträgers 2 richtet sich nach **§ 72,** wenn auch der übernehmende Rechtsträger AG ist. Bei der uU notwendigen Zusammenlegung von Aktien (→ § 72 Rn. 6) kann von einem eigentlichen „Umtausch" iSv § 70 an sich nicht die Rede sein, gleichwohl sind auch diese Aktionäre antragsberechtigt (Lutter/Grunewald Rn. 4 aE; Kallmeyer/Marsch-Barner/Oppenhoff Rn. 3; Widmann/Mayer/Rieger Rn. 8; Kölner Komm UmwG/Simon Rn. 10, 11). Gesamtrechtsnachfolger der Aktionäre sind ohne Weiteres antragsberechtigt, für **Einzelrechtsnachfolger** (etwa Erwerber der Aktien) gilt dies nicht (Semler/Stengel/Leonard/Diekmann Rn. 5; Henssler/Strohn/Junker Rn. 2).

§ 71 Bestellung eines Treuhänders

(1) ¹**Jeder übertragende Rechtsträger hat für den Empfang der zu gewährenden Aktien und der baren Zuzahlungen einen Treuhänder zu bestellen.** ²**Die Verschmelzung darf erst eingetragen werden, wenn der Treuhänder dem Gericht angezeigt hat, daß er im Besitz der Aktien und der im Verschmelzungsvertrag festgesetzten baren Zuzahlungen ist.**

(2) **§ 26 Abs. 4 ist entsprechend anzuwenden.**

Missio

A UmwG § 71 1–3   Umwandlungsgesetz

1   Während die Verschm früher erst eingetragen werden durfte, wenn der **Treuhänder** dem Gericht angezeigt hatte, dass er im Besitz der baren Zuzahlungen ist, gilt dies jetzt nur noch insoweit, als die im Verschmelzungsvertrag festgesetzten baren Zuzahlungen betroffen sind. Festsetzungen weiterer barer Zuzahlungen im Spruchverfahren sind für die Anzeige des Treuhänders und damit für die Eintragung der Verschm ohne Belang (Begr. RegE, BR-Drs. 75/94 zu § 71 I).

2   Der **Treuhänder** kann **natürliche oder jur. Person** sein, auch eine **Personenmehrheit** (Kallmeyer/Marsch-Barner/Oppenhoff Rn. 5; Kölner Komm UmwG/Simon Rn. 8; NK-UmwR/Habighorst Rn. 4); eine besondere Qualifikation ist nicht erforderlich (Lutter/Grunewald Rn. 4). Zu den **Aufgaben des Treuhänders** gehört es, die den Anteilsinhabern der übertragenden Rechtsträger vom übernehmenden Rechtsträger zu gewährenden Aktien (zu Besonderheiten bei unverbrieften Aktien Bandehzadeh DB 2007, 1514 mN zum Streitstand) und die nach dem Verschmelzungsvertrag geschuldeten baren Zuzahlungen (zur Feststellung der materiellen Berechtigung möglicher Empfänger einer baren Zuzahlung Megede BB 2007, 337) in Empfang zu nehmen; nach Eintragung der Verschm in das HR am Sitz der übernehmenden AG hat er die Aktienurkunden und die baren Zuzahlungen an die berechtigten Anteilsinhaber oder deren Rechtsnachfolger weiterzugeben (Semler/Stengel/Leonard/Diekmann Rn. 10 ff.). Der Treuhänder übt damit eine **Doppelstellung** aus. Für die Anteilsinhaber der übertragenden Rechtsträger stellt er die Sicherheit dar, dass sie umgehend die Aktien der übernehmenden AG erhalten; umgekehrt ist im Interesse der übernehmenden AG gewährleistet, dass die neuen Aktien erst nach Wirksamwerden der Verschm ausgehändigt werden. Der Treuhänder wird aber zu keinem Zeitpunkt selbst Aktionär, unabhängig davon, ob er bereits bestehende oder durch KapErh neu geschaffene Aktien in Besitz genommen hat; er kann also Mitgliedschaftsrechte aus den Anteilen, insbes. Stimmrechte, nicht ausüben (Semler/Stengel/Leonard/Diekmann Rn. 23; Kallmeyer/Marsch-Barner/Oppenhoff Rn. 15 mwN; Lutter/Grunewald Rn. 7, 8, 9). Der Treuhänder nach § 71 ist entsprechend wirtschaftlich Berechtigter iSd § 3 II GwG. Generell sollte vor dem Hintergrund der steigenden Anforderungen nach dem GwG iRv Verschm eine Prüfung etwaig bestehender (Melde-)Pflichten erfolgen (allg. zum Transparenzregister Kotzenberg/Lorenz NJW 2017, 2433; Longrée/Pesch NZG 2017, 1081).

3   Der Wortlaut von Abs. 1 S. 1 scheint dafür zu sprechen, dass **jeder übertragende Rechtsträger** einen eigenen Treuhänder zu bestellen habe; dafür besteht aber kein Bedürfnis, es dürfte vielmehr praktikabel sein, wenn sämtliche übertragende Rechtsträger einen **gemeinsamen Treuhänder** bestellen (allgM, vgl. Lutter/Grunewald Rn. 3 mwN; Kölner Komm UmwG/Simon Rn. 7; Habersack/Wicke/Habersack Rn. 5; BeckOGK/Habersack Rn. 5). Dieser bemüht sich in der Praxis durch die Vermittlung von Teilrechten um den Ausgleich von **Aktienspitzen** (Henssler/Strohn/Junker Rn. 8). Der Treuhänder ist im **Innenverhältnis** aufgrund eines Dienst-, Geschäftsbesorgungs- oder Auftragsverhältnis mit den ihn beauftragenden Rechtsträgern verbunden (Widmann/Mayer/Rieger Rn. 9.1 mwN). Trotz dieser vertraglichen Bindung kann der Treuhänder aber von den Anteilsinhabern der übertragenden Rechtsträger direkt in Anspruch genommen werden, da es bereits kraft Gesetzes seine Aufgabe ist, die Belange dieser Anteilsinhaber wahrzunehmen (Semler/Stengel/Leonard/Diekmann Rn. 18; Widmann/Mayer/Rieger Rn. 30; Habersack/Wicke/Habersack Rn. 7; BeckOGK/Habersack Rn. 7; einschr. Lutter/Grunewald Rn. 5 mwN: Auslegung notwendig, ob Vertrag zugunsten Dritter tatsächlich vorliegt). Die Treuhandstellung führt aber nicht dazu, dass der Treuhänder die Herausgabe der Aktien gegenüber der übernehmenden Ges verlangen kann; § 71 I 2 ist Eintragungsvoraussetzung, ein **Anspruch des Treuhänders** wird nicht begründet. Der eingetretene Treuhandbesitz bietet Vollstreckungsschutz gegenüber

Gläubigern der übernehmenden Ges wie auch gegenüber Gläubigern der Anteilsinhaber der übertragenden Rechtsträger.

Aus der rechtlichen Stellung des Treuhänders (Abs. 1 S. 2) und den dem Treuhandverhältnis zugrunde liegenden vertraglichen Verpflichtungen schuldet der Treuhänder die Durchführung der Anzeige. Die **Anzeige hat** unverzüglich (§ 121 I BGB) nach Inbesitznahme der letzten Aktienurkunde bzw. des vollständigen Betrags der baren Zuzahlungen zu erfolgen (Widmann/Mayer/Rieger Rn. 28). Ein pflichtwidriges Unterlassen oder eine Verzögerung der Anzeige führt zur Schadensersatzpflicht. 4

Gem. **Abs. 2** ist § 26 IV entsprechend anzuwenden. Der Umfang der erstattungsfähigen Auslagen und die **Vergütung** werden stets (Lutter/Grunewald Rn. 6 mwN; Widmann/Mayer/Rieger Rn. 33; Kölner Komm UmwG/Simon Rn. 32; zT wird auch der Abschluss einer Vergütungsvereinbarung für zulässig erachtet, vgl. Henssler/Strohn/Junker Rn. 9 mwN) **vom Gericht festgesetzt;** zuständig ist nicht das Gericht iSv § 26 I 2, sondern, wegen der entsprechenden Anwendung von § 26 IV iRv § 71 II, das gem. Abs. 1 S. 2 die Anzeige empfangende Gericht. Vgl. iÜ zum Anspruch auf Ersatz angemessener barer Auslagen und auf Vergütung für die Tätigkeit des Treuhänders → § 26 Rn. 25 f. 5

§ 72 Umtausch von Aktien

(1) ¹**Für den Umtausch der Aktien einer übertragenden Gesellschaft gilt § 73 Abs. 1 und 2 des Aktiengesetzes, bei Zusammenlegung von Aktien dieser Gesellschaft § 226 Abs. 1 und 2 des Aktiengesetzes über die Kraftloserklärung von Aktien entsprechend.** ²**Einer Genehmigung des Gerichts bedarf es nicht.**

(2) **Ist der übernehmende Rechtsträger ebenfalls eine Aktiengesellschaft, so gelten ferner § 73 Abs. 3 des Aktiengesetzes sowie bei Zusammenlegung von Aktien § 73 Abs. 4 und § 226 Abs. 3 des Aktiengesetzes entsprechend.**

1. Allgemeines

Abs. 1 erklärt **§§ 73, 226 AktG** für nur eingeschränkt anwendbar mit der Folge, dass eine Ausstellung neuer Aktienurkunden. § 73 III AktG ebenso wenig in Betracht kommt wie eine öffentliche Versteigerung nach § 226 III AktG. 1

Während Abs. 1 bereits dann anwendbar ist, wenn ein übertragender Rechtsträger AG ist, findet Abs. 2 nur Anwendung, soweit übertragender Rechtsträger und übernehmender Rechtsträger AG sind. In diesem Fall gelten §§ 73, 226 AktG in vollem Umfang. Vgl. ergänzend Komm. zu § 248. 2

2. Umtausch der Aktien einer übertragenden AG, Abs. 1

Die Eintragung der Verschm stellt eine Veränderung der rechtlichen Verhältnisse iSv § 73 I 1 AktG dar; um die entsprechende Sicherheit im Rechtsverkehr zu erwirken, müssen die ausgegebenen **Aktien kraftlos erklärt** werden. Ein Umtausch iSv Abs. 1 S. 1 Alt. 1 bedeutet lediglich die Rückgabe der Aktienurkunden an die Ges, nicht aber die Ausgabe neuer Wertpapiere. Aus der Formulierung von Abs. 2 lässt sich entnehmen, dass in Abs. 1 gerade nicht der Fall gemeint ist, bei dem eine AG auch übernehmender Rechtsträger ist; andere an der Verschm etwa beteiligte Rechtsträger (vgl. § 3) können ihre Anteile nicht als Wertpapier verbriefen, solche Anteilsscheine haben lediglich den Charakter von Beweisurkunden (vgl. auch Widmann/Mayer/Rieger Rn. 9 mwN). **Zweck des Umtauschs ist** neben der Rückgabe der Aktienurkunde damit nur die Feststellung, welcher Anteil am übernehmenden Rechtsträger auf die Aktien entfällt und wer Inhaber welches Anteils am 3

Missio 671

übernehmenden Rechtsträger ist (Kallmeyer/Marsch-Barner/Oppenhoff Rn. 6; Lutter/Grunewald Rn. 3).

4 Aufgrund der Verweisung auf § 73 I AktG ist **der übernehmende Rechtsträger** befugt, Aktien, die trotz Aufforderung zur Berichtigung oder zum Umtausch bei ihm nicht eingereicht werden, für kraftlos zu erklären (hM, vgl. Lutter/Grunewald Rn. 2 mwN; Henssler/Strohn/Junker Rn. 3). Abw. von § 73 I 1 AktG ist eine **Genehmigung des Gerichts** nicht erforderlich, **Abs. 1 S. 2**. Der übernehmende Rechtsträger ist als Gesamtrechtsnachfolger der übertragenden AG für das formelle Verfahren zuständig (Widmann/Mayer/Rieger Rn. 6), wobei es bereits durch die übertragende AG – auch schon vor Verschmelzungsbeschluss – eingeleitet werden kann (Widmann/Mayer/Rieger Rn. 19). Die Aufforderung nach § 73 I 1 AktG muss gem. **§ 64 II AktG** vorgenommen werden, dh die erste Bekanntmachung muss mindestens drei Monate, die letzte mindestens einen Monat vor Fristablauf ergehen (§ 73 II 2 AktG). Zwischen den einzelnen Bekanntmachungen muss ein Zeitraum von mindestens drei Wochen liegen, § 64 II 3 AktG (zum Ganzen ausf. Widmann/Mayer/Rieger Rn. 14 ff.). Die **Bekanntmachung** hat in den GesBl. zu erfolgen. Die Gesellschaft ist zur Durchführung der Kraftloserklärung im öffentlichen Interesse verpflichtet, sie hat **kein Ermessen** (Lutter/Grunewald Rn. 2 mwN).

5 Bis zur Kraftloserklärung ist die **Mitgliedschaft** zumindest auch nach Aktienrecht **übertragbar**; auf die Eintragung der Verschm kommt es nicht an (str.; vgl. BGHZ 21, 15 (178) = NJW 1956, 1317; ähnl. wie hier Lutter/Göthel § 248 Rn. 34; Widmann/Mayer/Rieger § 248 Rn. 73; krit. Kallmeyer/Blasche § 248 Rn. 11; aA Kallmeyer/Marsch-Barner/Oppenhoff Rn. 6; Lutter/Grunewald Rn. 9; Habersack/Wicke/Habersack Rn. 11; BeckOGK/Habersack Rn. 11; Semler/Stengel/Leonard/Diekmann Rn. 17; wohl auch Semler/Stengel/Leonard/Scheel § 248 Rn. 33 ff.: es gelten die für die Rechtsform des übernehmenden Rechtsträgers maßgeblichen Regeln, insbes. § 15 III GmbHG). **Rechtsformspezifische Regelungen für die Vfg. Über den Anteil** am übernehmenden Rechtsträger (etwa § 15 III GmbHG) sind bis zur Durchführung der Kraftloserklärung nicht zwingend anzuwenden.

3. Zusammenlegung von Aktien, Abs. 1

6 Eine **Zusammenlegung von Aktien** kommt nur in dem seltenen Fall in Betracht, dass der Nennbetrag der Aktien nicht dem Nennbetrag oder dem geringsten Ausgabebetrag des gewährten Anteils am übernehmenden Rechtsträger entspricht (Lutter/Grunewald Rn. 4 mwN; Beispiel bei Semler/Stengel/Leonard/Diekmann Rn. 10). Die Zusammenlegung kann erforderlich sein, wenn ein einzelner Aktionär für mehrere Aktien einen einzigen Anteil am übernehmenden Rechtsträger erhält, oder wenn mehrere Aktionäre **nicht beteiligungsfähige Spitzen** (bei Abweichung der Nennbeträge) in Händen halten (vgl. Lutter/Grunewald Rn. 4; Kölner Komm UmwG/Simon Rn. 13). Für die Aufforderung iRv § 226 II AktG gilt das zu § 64 II AktG → Rn. 4 Gesagte entsprechend. Die eigentliche Kraftloserklärung geschieht durch Bekanntmachung in den GesBl., § 226 II 3 AktG.

4. AG als Zielgesellschaft

7 Sofern sowohl (mindestens ein) übertragender Rechtsträger als auch der übernehmende Rechtsträger AG sind, gelten gem. **Abs. 2** auch die in Abs. 1 von der Anwendung ausgeschlossenen **§ 73 III AktG, § 226 III AktG entsprechend;** der Verweis auch auf § 73 IV AktG ist unnötig. Neben den jew. Abs. 3 gilt („ferner") der allg. Verweis von Abs. 1 auf § 73 I, II, § 226 I, II.

8 Im Fall von **Abs. 2 Alt. 1** kommt es zu einem **echten Umtausch der Aktienurkunden.** Anstelle der für kraftlos erklärten Aktien sind durch die übernehmende

AG neue Aktien auszugeben und dem Treuhänder (§ 71; Lutter/Grunewald Rn. 6; Widmann/Mayer/Rieger Rn. 7, 8; zur Umbuchung in den Depots bei Girosammelverwahrung Semler/Stengel/Leonard/Diekmann Rn. 7) auszuhändigen; ebenfalls möglich ist die Hinterlegung der neuen Aktienurkunden, § 73 III AktG. Bei der Zusammenlegung von Aktien, **Abs. 2 Alt. 2**, soll nicht die Aktie, sondern der **Verkaufserlös ausgekehrt** bzw. hinterlegt werden. Nach Maßgabe von § 226 III AktG hat die (übernehmende) AG unverzüglich (§ 121 I 1 BGB; vgl. BGH WM 1991, 1880) für die Verwertung der neuen Aktien Sorge zu tragen. § 226 III AktG ist **SchutzG iSv § 823 II BGB** zugunsten der Aktionäre (vgl. Koch AktG § 226 Rn. 14 mwN).

5. Gerichtliche Genehmigung, Abs. 1 S. 2

Einer Genehmigung des Gerichts, die sonst gem. § 73 I AktG notwendig ist, bedarf es gem. **Abs. 1 S. 2** nicht. Damit entfällt auch die Möglichkeit der **Beschwerde** nach § 73 I 4 AktG. 9

§ 72a Gewährung zusätzlicher Aktien

(1) ¹Im Verschmelzungsvertrag können die beteiligten Rechtsträger erklären, dass anstelle einer baren Zuzahlung (§ 15) zusätzliche Aktien der übernehmenden Gesellschaft gewährt werden. ²Der Anspruch auf Gewährung zusätzlicher Aktien wird nicht dadurch ausgeschlossen, dass die übernehmende Gesellschaft nach Eintragung der Verschmelzung
1. ihr Vermögen oder Teile hiervon im Wege der Verschmelzung oder Spaltung ganz oder teilweise auf eine Aktiengesellschaft oder auf eine Kommanditgesellschaft auf Aktien übertragen hat oder
2. im Wege eines Formwechsels die Rechtsform einer Kommanditgesellschaft auf Aktien erhalten hat.

(2) ¹Neue Aktien, die nach Eintragung der Verschmelzung im Rahmen einer Kapitalerhöhung aus Gesellschaftsmitteln auf Grund eines unangemessenen Umtauschverhältnisses nicht gewährt wurden, und nach Eintragung der Verschmelzung erfolgte Kapitalherabsetzungen ohne Rückzahlung von Teilen des Grundkapitals sind bei dem Anspruch auf Gewährung zusätzlicher Aktien zu berücksichtigen. ²Bezugsrechte, die den anspruchsberechtigten Aktionären bei einer nach Eintragung der Verschmelzung erfolgten Kapitalerhöhung gegen Einlagen auf Grund eines unangemessenen Umtauschverhältnisses nicht zustanden, sind ihnen nachträglich einzuräumen. ³Die anspruchsberechtigten Aktionäre müssen ihr Bezugsrecht nach Satz 2 gegenüber der Gesellschaft binnen eines Monats nach Eintritt der Rechtskraft der Entscheidung des Gerichts (§ 11 Absatz 1 des Spruchverfahrensgesetzes) ausüben.

(3) Anstelle zusätzlicher Aktien ist den anspruchsberechtigten Aktionären Ausgleich durch eine bare Zuzahlung gemäß § 15 Absatz 1 Satz 1 zu gewähren,
1. soweit das angemessene Umtauschverhältnis trotz Gewährung zusätzlicher Aktien nicht hergestellt werden kann oder
2. wenn die Gewährung zusätzlicher Aktien unmöglich geworden ist.

(4) Anstelle zusätzlicher Aktien ist denjenigen Aktionären, die anlässlich einer nach Eintragung der Verschmelzung erfolgten strukturverändernden Maßnahme aus der Gesellschaft ausgeschieden sind, eine Entschädigung in Geld unter Berücksichtigung der von der Gesellschaft zu gewährenden Abfindung zu leisten.

(5) Zusätzlich zur Gewährung zusätzlicher Aktien ist den anspruchsberechtigten Aktionären eine Entschädigung in Geld zu leisten für Gewinne oder einen angemessenen Ausgleich gemäß § 304 des Aktiengesetzes, soweit diese auf Grund eines unangemessenen Umtauschverhältnisses nicht ausgeschüttet oder geleistet worden sind.

(6) [1]Die folgenden Ansprüche der anspruchsberechtigten Aktionäre sind mit jährlich 5 Prozentpunkten über dem Basiszinssatz gemäß § 247 des Bürgerlichen Gesetzbuchs zu verzinsen:
1. der Anspruch auf Gewährung zusätzlicher Aktien nach den Absätzen 1 und 2 unter Zugrundelegung des bei einer baren Zuzahlung gemäß § 15 Absatz 1 und 2 Satz 1 geschuldeten Betrags nach Ablauf von drei Monaten nach Entscheidung des Gerichts (§ 11 Absatz 1 des Spruchverfahrensgesetzes),
2. der Anspruch auf Gewährung einer baren Zuzahlung gemäß Absatz 3 ab der Eintragung der Verschmelzung,
3. die Ansprüche auf eine Entschädigung in Geld gemäß den Absätzen 4 und 5 ab dem Zeitpunkt, zu dem die Abfindung oder der Anspruch auf Gewinnausschüttung oder die wiederkehrende Leistung fällig geworden wäre.

[2]In den Fällen des § 72b endet der Zinslauf, sobald der Treuhänder gemäß § 72b Absatz 3 die Aktien, die bare Zuzahlung oder die Entschädigung in Geld empfangen hat.

(7) [1]Die Absätze 1 bis 6 schließen die Geltendmachung eines weiteren Schadens nicht aus. [2]Das Risiko der Beschaffung der zusätzlich zu gewährenden Aktien trägt die Gesellschaft.

Übersicht

	Rn.
1. Allgemeines	1
2. Anwendungsbereich	5
a) Betroffene Umwandlungen (sachlicher Anwendungsbereich)	5
b) Anspruchsberechtigte	7
c) Anspruchsverpflichtete	8
3. Gewährung zusätzlicher Aktien und ergänzende Ansprüche	9
a) Ausübung des Wahlrechts	9
b) Anzahl der zu gewährenden Aktien, zusätzliche Bezugsrechte	10
c) Durchführung	14
d) Bare Zuzahlung anstelle zusätzlicher Aktien (Abs. 3, Abs. 1 S. 2)	15
e) Entschädigung in Geld für ausgeschiedene Aktionäre (Abs. 4)	21
f) Entschädigung in Geld für entgangene Gewinne und Ausgleichszahlungen (Abs. 5)	25
g) Verzinsung (Abs. 6)	27
4. Geltendmachung eines weiteren Schadens, Risikoverteilung	31

1. Allgemeines

1   Die Vorschrift ist gemeinsam mit § 72b durch das UmRUG neu eingeführt worden (vgl. zusätzlich § 248a). Sie räumt bei Umw unter Beteiligung von AG, SE und KGaA als übernehmender Rechtsträger oder als Zielrechtsform die Möglichkeit ein, bei einem in einem Spruchverfahren festgestellten nicht angemessenen Umtauschverhältnis anstelle einer baren Zuzahlung (§ 15 I 1 Hs. 1) zusätzliche Aktien der übernehmenden Ges zu gewähren. § 72b ergänzt die Regelung um Details für eine ggf. durchzuführende Kapitalerhöhung, sofern nicht eigene Aktien zur Verfügung

Gewährung zusätzlicher Aktien 2, 3 § 72a UmwG A

stehen. §§ 72a, 72b sollen einerseits das Risiko einer ungewissen Liquiditätsbelastung begrenzen, andererseits auch das Interesse der anspruchsberechtigten Aktionäre aufgreifen, durch die Gewährung zusätzlicher Aktien so gestellt zu werden, als wäre von Beginn an ein angemessenes Umtauschverhältnis zugrunde gelegt worden (Begr. RegE, BT-Drs. 20/3822 zu § 72a). Damit wurde die Mitgliedsstaatenoptionen von Art. 126a VII GesR-RL, Art. 160i VII GesR-RL aufgegriffen, allerdings generell und nicht nur für grenzüberschreitende Umw (zum Anwendungsbereich → Rn. 5). Die Möglichkeit, ein unangemessenes Umtauschverhältnisses durch eigene Aktien zu erfüllen, wurde in der Vergangenheit auch immer wieder in der Literatur gefordert (Lieder/Hilser ZIP 2023, 1 mit zahlreichen Nachw.) aus der Praxis und der Wissenschaft werden aber bereits jetzt viele Änderungen und Nachbesserungen angemahnt (vgl. etwa den Überblick bei BeckOGK/Habersack Rn. 7). Die §§ 72a, 72b haben wegen der Vermeidung des Liquiditätsabflusses auch einen gläubigerschützenden Effekt (Lieder/Hilser ZIP 2023, 1 (2)). Die Beschränkung auf AG, SE und KGaA, also Rechtsformen, die börsennotiert sein können, beruht darauf, dass der Gesetzgeber für andere Gesellschaftsformen einschließlich der überwiegend personalistisch geprägten GmbH keinen vergleichbaren praktischen Bedarf gesehen hat (Begr. RegE, BT-Drs. 20/3822 zu § 72a). Eine Börsennotierung oder eine bestimmte Kapitalstruktur ist indes keine Tatbestandsvoraussetzung. Neben der unmittelbaren Anwendung auf nationale Verschm zur Aufnahme gelten die §§ 72a, 72b durch Verweisnormen für verschiedene andere Umw unter Beteiligung von AG, SE und KGaA als übernehmende Rechtsträger oder als Zielrechtsform (→ Rn. 5). Die gerichtliche Durchsetzung des Umfangs der zusätzlichen Aktien und der ergänzenden Ansprüche gem. Abs. 2–5 erfolgt im **Spruchverfahren** (näher → SpruchG § 1 Rn. 2a). Nach der ebenfalls mit dem UmRUG neu eingefügten Vorschrift des § 10a SpruchG bestimmt das Gericht die Höhe der einzelnen Ansprüche (näher → SpruchG § 10a Rn. 1).

Abs. 1 S. 1 enthält die grundlegende Aussage, dass die beteiligten Rechtsträger 2 im Verschmelzungsvertrag erklären können, anstelle einer baren Zuzahlung nach § 15 zusätzliche Aktien der übernehmenden Ges zu gewähren. Da wegen der Durchführung des Spruchverfahrens erst nach längerer Zeit feststeht, ob der Anspruch besteht, ordnet **Abs. 1 S. 2** an, dass nachträgliche Verschm oder Spaltungen oder der Formwechsel in eine Rechtsform, die Aktien ausgeben kann, den Anspruch auf zusätzliche Aktien unberührt lässt. In diesem Fall sind die zusätzlichen Aktien des Nachfolge-Rechtsträgers zu gewähren und im Spruchverfahren festzusetzen (§ 10a II SpruchG). S. 2 ist systematisch gemeinsam mit Abs. 3 Nr. 2 zu betrachten, indem klargestellt wird, dass derartige nachfolgende Umw die Gewährung zusätzlicher Aktien nicht unmöglich machen. Auch **Abs. 2** beruht auf dem regelmäßig längeren zeitlichen Abstand zwischen der Wirksamwerden der ursprünglichen Umw und dem Feststehen des Anspruchs auf zusätzliche Aktien durch Abschluss des Spruchverfahrens. Nach **Abs. 2 S. 1** sind nachträgliche Veränderungen des Grundkapitals ohne Beteiligung der Aktionäre (Kapitalerhöhungen aus Gesellschaftsmitteln und Kapitalherabsetzungen ohne Rückzahlung) im Spruchverfahren (§ 10a I Nr. 1 SpruchG) bei dem Anspruch auf Gewährung zusätzlicher Aktien zu berücksichtigen. Bei nachträglichen Kapitalerhöhungen mit Einlagen sind nach **Abs. 2 S. 2** den anspruchsberechtigten Aktionären im Rahmen des Spruchverfahrens (§ 10a I Nr. 2 SpruchG) zusätzliche Bezugsrechte einzuräumen. Um über die Ausübung der Bezugsrechte rasch Klarheit zu schaffen, statuiert hierfür **Abs. 2 S. 3** eine Ausschlussfrist von einem Monat ab der Rechtskraft der Entscheidung im Spruchverfahren.

Die bereits im Umwandlungsvertrag/-plan getroffene Entscheidung, anstelle einer 3 baren Zuzahlung zusätzliche Aktien zu gewähren, ist im Grundsatz bindend. Lediglich für Ausnahmefälle bestimmt **Abs. 3** die zusätzliche oder ersetzende Zahlung einer baren Zuzahlung als Spitzenausgleich oder als Kompensation bei Unmöglichwerden der Gewährung zusätzlicher Aktien (→ Rn. 2), deren Höhe ebenfalls im

Hörtnagl 675

Spruchverfahren festgelegt wird (§ 10a I Nr. 3 SpruchG). Regelungsbedarf besteht ferner für anspruchsberechtigte Aktionäre, die nach Wirksamwerden der Umw durch weitere strukturverändernde Maßnahmen aus der Ges ausgeschieden sind. Für diese Personen ordnet **Abs. 4** eine Entschädigung in Geld an, die die bislang zu geringe Barabfindung kompensieren soll und im Spruchverfahren festgelegt wird (§ 10a I Nr. 4 SpruchG). Eine Entschädigung in Geld ist ferner für durch das nicht angemessene Umtauschverhältnis entgangene Gewinnausschüttungen und ggf. Ausgleichsleistungen nach § 304 AktG zu leisten **(Abs. 5)**; auch deren Höhe wird im Spruchverfahren festgesetzt (§ 10a I Nr. 4 SpruchG). Erst durch diese zusätzlichen Ansprüche wird die vollständige Kompensation des anfänglich nicht angemessenen Umtauschverhältnisses erreicht (auch Lieder/Hilser ZIP 2023, 1 (5)).

4 **Abs. 6 S. 1** regelt die Verzinsung der Ansprüche nach den Abs. 1–3 und differenziert hierbei hinsichtlich des Zinsbeginns nach dem Anspruch auf zusätzliche Aktien und zusätzliche Bezugsrechte nach Abs. 1 und 2, dem Anspruch auf (ergänzende) bare Zuzahlung nach Abs. 3 und den Ansprüchen auf eine Entschädigung in Geld gem. Abs. 4 und 5. In der ersten Fallgruppe **(Abs. 6 S. 1 Nr. 1)** beginnt die Verzinsung erst drei Monate nach Beendigung des Spruchverfahrens, da insoweit die zwischenzeitlichen Nachteile bereits durch die nachträglichen Bezugsrechte (Abs. 2 S. 2) und die Entschädigung in Geld (Abs. 5) ausgeglichen seien (Begr. RegE, BT-Drs. 20/3822 zu § 72a VI 1 Nr. 1). Demgegenüber sind der Anspruch auf bare Zuzahlung (fast) im Gleichklang mit § 15 II 1 ab Eintragung der Verschm **(Abs. 6 S. 1 Nr. 2)** und die Ansprüche auf Entschädigung in Geld nach Abs. 4 und 5 ab dem jeweiligen Ereignis, das kompensiert wird **(Abs. 6 S. 1 Nr. 3)**, zu verzinsen. In den Fällen der Abwicklung über einen Treuhänder nach § 72b III (näher → § 72b Rn. 9) endet der Zinslauf bereits mit der Erfüllung gegenüber dem Treuhänder **(Abs. 6 S. 2)**. **Abs. 7 S. 1** stellt schließlich klar, dass die Kompensationen nach den Abs. 1–6 die Geltendmachung eines weiteren Schadens aufgrund eines unangemessenen Umtauschverhältnisses nicht ausschließen. Ferner kann sich die übernehmende Ges unter keinen Umständen darauf berufen, dass die zusätzlich zu gewährenden Aktien – etwa wegen Verfehlens der notwendigen Mehrheit beim Kapitalerhöhungsbeschluss – nicht beschafft werden konnten **(Abs. 7 S. 2)**.

2. Anwendungsbereich

5 **a) Betroffene Umwandlungen (sachlicher Anwendungsbereich).** Der Anspruch auf zusätzliche Aktien nach Abs. 1 S. 1 und die weiteren Ansprüche nach Abs. 2–5 setzen in der unmittelbaren Anwendung voraus, dass eine **AG** oder eine bestehende **SE** (Art. 9 I lit. c Ziff. ii; 10 SE-VO; vgl. zur Beteiligtenfähigkeit einer SE näher → § 3 Rn. 17, → § 124 Rn. 35) übernehmender Rechtsträger bei einer **Verschm** zur Aufnahme ist, da § 72a Bestandteil der §§ 60–67 ist. Über die Verweisung in § 73 gelten die §§ 72a, 72b auch bei einer Verschm zur Neugründung einer AG/SE und aufgrund der Verweisung in § 78 bei der Verschm zur Aufnahme oder zur Neugründung einer **KGaA**. Auf die Rechtsform des oder der übertragenden Rechtsträger(s) kommt es nicht an. Hier können alle vom UmwG zugelassenen Kombinationen vorliegen. Aufgrund der Verankerung in den besonderen Vorschriften für Verschm unter Beteiligung von AG/SE/KGaA scheidet eine entsprechende Anwendung für andere Rechtsformen als übernehmender Rechtsträger aus. Der Gesetzgeber sah hierfür keinen vergleichbaren praktischen Bedarf, weswegen auch eine Regelungslücke ausgeschlossen ist (Begr. RegE, BT-Drs. 20/3822 zu § 72a).

6 Über die unmittelbare Anwendung bei nationalen Verschm sind die §§ 72a, 72b über die Verweisungen in § 125 I 1, § 135 I 1 auch bei nationalen **Auf- und Abspaltungen** zur Aufnahme und zur Neugründung nach §§ 123 ff. anwendbar. In diesen Fällen können die Ansprüche bei mehreren übernehmenden Rechtsträ-

ger in der Rechtsform der AG/SE/KGaA bestehen. Vgl. im Übrigen auch § 142a. Soweit als übernehmende Rechtsträger neben AG/SE/KGaA auch andere Rechtsformen beteiligt sind, kann die Gewährung zusätzlicher Aktien anteilig neben dem regulären Anspruch auf bare Zuzahlung nach § 15 vereinbart werden. Bei Ausgliederungen (§ 123 III) kann die Situation eines unangemessenen Umtauschverhältnisses nicht eintreten, weswegen nach § 125 I 1 Nr. 4 auch der Anspruch auf bare Zuzahlung nach § 15 ausgeschlossen ist (dazu aber → § 126 Rn. 36). Des Weiteren verweist auch § 248a für einen **Formwechsel** in eine AG oder in eine KGaA auf §§ 72a, 72b. Ferner können die beteiligten Rechtsträger aufgrund der generellen Verweisnormen (§ 305 II, § 320 II, § 333 II) die Gewährung zusätzlicher Aktien im Grundsatz auch bei **grenzüberschreitenden** Verschm nach §§ 305 ff. und bei grenzüberschreitenden Auf- und Abspaltungen nach § 320 ff. mit übernehmenden inländischen AG/SE/KGaA sowie bei einem grenzüberschreitenden Hineinformwechsel in eine AG/KGaA vereinbaren. Insofern bedarf es indes jeweils einer Abstimmung mit den betroffenen ausländischen Rechtsverordnungen, da die Gewährung von zusätzlichen Anteilen anstelle einer baren Zuzahlung nach Art. 126a VII GesR-RL, Art. 160i VII GesR-RL nicht zwingend („können auch vorsehen") umzusetzen ist. Schließlich eröffnet Art. 6 V SEAG auch bei der **Gründung einer SE** durch Verschm (Art. 2 I SE-VO, Art. 17 ff. SE-VO) die Möglichkeit zur Gewährung zusätzlicher Aktien. Gleiches gilt für den Formwechsel einer AG in eine SE mit Sitz in Deutschland nach Art. 2 IV SE-VO, Art. 37 SE-VO, da insofern Art. 15 I SE-VO auf 248a UmwG verweist (Drinhausen/Keinath BB 2022, 1923 (1925)). Bei einem **grenzüberschreitenden Formwechsel** sind indes nach § 333 IV die § 195 II, § 196 und in der Folge damit §§ 248a, 72a, 72b nicht anzuwenden.

b) Anspruchsberechtigte. Anspruchsberechtigt ist jeder Anteilsinhaber, der nach § 15 I 1, § 196 S. 1 einen Anspruch auf Ausgleich eines unangemessenen Umtauschverhältnisses (Beteiligungsverhältnisses) durch bare Zuzahlung hätte (BeckOGK/Habersack Rn. 11). Dies sind seit den Änderungen durch das UmRUG bei nationalen Verschm und Auf- und Abspaltungen sowohl die Anteilsinhaber des übertragenden als auch die übernehmenden Rechtsträgers (→ § 15 Rn. 2, → § 14 Rn. 4, 30). Entsprechendes gilt für grenzüberschreitende Verschm/Auf- und Abspaltungen, wenn auch die ausl. Rechtsordnung die Gewährung von zusätzlichen Anteilen vorsieht und ein entsprechender Anspruch durch Aufnahme im Verschmelzungs-/Spaltungsplan vorgesehen ist. Wird im Spruchverfahren ein entsprechender Anspruch festgestellt, sind wegen der **Wirkung für und gegen alle** (§ 13 S. 2 SpruchG, → SpruchG § 13 Rn. 3; zur Wirkung eines Vergleichs → SpruchG § 11 Rn. 15) alle Anteilsinhaber des übertragenden Rechtsträgers oder alle Anteilsinhaber des übernehmenden Rechtsträgers berechtigt.

c) Anspruchsverpflichtete. Zur Gewährung der zusätzlichen Aktien und zur Leistung der weiteren Ansprüche nach Abs. 2–4 sowie zur Zinszahlung ist bei Verschm im Grundsatz die übernehmende AG/SE/KGaA verpflichtet. Auch bei Auf- und Abspaltungen (§ 123 I, II) ist jeweils diejenige übernehmende Ges verpflichtet, bei der im Spruchverfahren das nicht angemessene Umtauschverhältnisses festgestellt wurde. Eine Veränderung der Beteiligungsverhältnisse am übertragenden Rechtsträger kann nur bei einer nichtverhältniswahrenden (vgl. § 128) Abspaltung eintreten. Dies ist aber keine Frage des Umtauschverhältnisses, sondern der Aufteilung der Anteile iSv § 126 I Nr. 10 (näher → § 126 Rn. 103). Da eine nichtverhältniswahrende Spaltung nur mit Zustimmung aller Gesellschafter des übertragenden Rechtsträgers erfolgen kann (näher → § 128 Rn. 29), ist die Verteilung der Anteile regelmäßig nicht str. Anspruchsverpflichtete sind ferner die Rechtsnachfolger iSv Abs. 1 S. 2 Nr. 1 (→ Rn. 16).

3. Gewährung zusätzlicher Aktien und ergänzende Ansprüche

9 **a) Ausübung des Wahlrechts.** Die Entscheidung, ob anstelle einer baren Zuzahlung zusätzliche Aktien als Ausgleich für ein nicht angemessenes Umtauschverhältnis gewährt werden, treffen die an der Umw beteiligten Rechtsträger durch eine entsprechende Erklärung im Verschmelzungsvertrag (Umwandlungsvertrag oder -plan, Formwechselbeschluss). Ein Anspruch der Anteilsinhaber hierauf besteht nicht. Die Anteilsinhaber stimmen wenigstens mit qualifizierter Mehrheit mittelbar durch den Umwandlungsbeschluss zu. Ausreichend ist die Erklärung, dass für den Fall einer entsprechenden Entscheidung im Spruchverfahren zusätzliche Aktien gewährt werden sollen. Die weiteren Einzelheiten und die zusätzlichen Ansprüche nach Abs. 2–5 resultieren aus dem Gesetz und werden im Spruchverfahren festgelegt (§ 10a SpruchG; näher → SpruchG § 10a Rn. 1). Die im Verschmelzungsvertrag getroffene Entscheidung ist mit Wirksamwerden der Verschm für den übernehmenden Rechtsträger und die Anteilsinhaber bindend (Begr. RegE, BT-Drs. 20/3822 zu § 72a I; BeckOGK/Habersack Rn. 9, 14; Lieder/Hilser ZIP 2023, 1 (7); Drinhausen/Keinath BB 2022, 1923 (1925)). Eine bare Zuzahlung anstelle der Gewährung zusätzlicher Aktien ist dann nur mehr unter den engen Voraussetzungen von Abs. 3 (→ Rn. 15) möglich. Umgekehrt kann ohne Festlegung im Verschmelzungsvertrag die Kompensation eines nicht angemessenen Umtauschverhältnisses nicht durch Gewährung zusätzlicher Aktien nach Maßgabe der §§ 72a, 72b geleistet werden. Eine zeitlich spätere Ausübung des Wahlrechts hätte nach Ansicht des Gesetzgebers nachteilig für die Aktionäre sein können (dazu Begr. RegE, BT-Drs. 20/3822 zu § 72a I; krit. etwa BeckOGK/Habersack Rn. 13; DAV NZG 2022, 849 (850); Bungert/Reidt DB 2022, 1369 (1374); Drinhausen/Keinath BB 2022, 1923 (1925); ausf. Lieder/Hilser ZIP 2023, 1 (5 ff.)). Denkbar sind allenfalls einvernehmliche Regelungen zwischen der Ges und allen Anteilsinhabern, die bare Zuzahlung bspw. durch die Gewährung eigener Aktien zu ersetzen. Nach dem Wortlaut („anstelle") kann das Wahlrecht nur **insgesamt** auf Gewährung zusätzlicher Aktien ausgeübt werden („Alles oder Nichts-Prinzip"). Eine Kombination von barer Zuzahlung und zusätzlichen Aktien ist nicht möglich (BeckOGK/Habersack Rn. 10; Lieder/Hilser ZIP 2023, 1 (3); Drinhausen/Keinath BB 2022, 1923 (1925); aA Bungert/Reidt DB 2022, 1369 (1375)). Ein anderer Wille des Gesetzgebers lässt sich trotz der Anregungen aus der Lit. und der Praxis (etwa DAV NZG 2022, 849 (851)) aus den Materialien nicht ableiten. Auch die beschränkten Möglichkeiten nach Abs. 3, zusätzlich bare Zuzahlungen zu leisten (→ Rn. 15), sprechen gegen die Zulässigkeit einer Kombination.

10 **b) Anzahl der zu gewährenden Aktien, zusätzliche Bezugsrechte.** Die Anzahl der zusätzlich zu gewährenden Aktien hängt davon ab, in welchem Umfang das Umtauschverhältnis für die Anteilsinhaber des übertragenden oder die bisherigen Anteilsinhaber des übernehmenden Rechtsträgers (→ Rn. 7) nicht angemessen ist. Hierzu muss ebenso wie bei der Festlegung der Höhe einer baren Zuzahlung (→ § 15 Rn. 13) der jeweilige Unternehmenswert des übertragenden und des übernehmenden Rechtsträgers und daraus abgeleitet der jeweilige Wert der Anteile zum ursprünglichen Bewertungsstichtag (BeckOGK/Habersack Rn. 22; → § 5 Rn. 28) ermittelt werden. Daraus ermittelt sich das angemessene („richtige") Umtauschverhältnis, das durch die zusätzlich zu gewährenden Aktien hergestellt werden muss (BeckOGK/Habersack Rn. 22). Es erfolgt hingegen kein Ausgleich der Wertdifferenz zum Zeitpunkt der Entscheidung im Spruchverfahren (dazu J. Schmidt ZGR Sonderheft 26, 229 (260)). Im Spruchverfahren wird sodann der zusätzlich zu gewährende Nennbetrag oder bei Stückaktien die Zahl der zusätzlich zu gewährenden Aktien sowie ggf. als Spitzenausgleich (→ Rn. 15) die zusätzlich zu gewährende bare Zuzahlung festgelegt (§ 10a I Nr. 1 lit. a, Nr. 3 SpruchG; näher → SpruchG

§ 10a Rn. 3, → SpruchG § 10a Rn. 5). Dadurch werden die Aktionäre so gestellt, als wäre von Anfang an ein angemessenes Umtauschverhältnis vereinbart gewesen (Bungert/Reidt DB 2022, 1369 (1374); zu einem anderen denkbaren Konzept bei börsennotierten AG vgl. DAV NZG 2022, 849 (851); zur Methodik auch Lieder/Hilser ZIP 2023, 1 (4 f.)). Außerdem nehmen die betroffenen Aktionäre so auch an der Wertentwicklung seit dem Wirksamwerden der Verschmelzung teil (J. Schmidt ZGR Sonderheft 26, 229 (261)). Die vollständige Kompensation tritt indes erst durch die zusätzliche Gewährung der Ansprüche nach Abs. 2 und Abs. 5 ein (Lieder/Hilser ZIP 2023, 1 (5)).

Vom Anspruch nach Abs. 1 S. 1 umfasst sind auch weitere zusätzliche Aktien, die bei einem von vornherein angemessenen Umtauschverhältnis anlässlich einer nach dem Wirksamwerden der Verschm, aber vor der Entscheidung im Spruchverfahren durchgeführten **Kapitalerhöhung aus Gesellschaftsmitteln** zu gewähren gewesen wären **(Abs. 2 S. 1)**. Maßgeblich hierfür ist das Zuteilungsverhältnis anlässlich der Kapitalerhöhung aus Gesellschaftsmitteln (vgl. § 212 S. 1 AktG), das nachträglich auch auf die zum Ausgleich des nicht angemessenen Umtauschverhältnisses gewährten zusätzlichen Aktien anzuwenden ist. Die Anzahl dieser zusätzlichen Aktien wird ebenfalls im Spruchverfahren festgelegt (§ 10a I Nr. 1 lit. a SpruchG; näher → SpruchG § 10a Rn. 4). Die Erfüllung erfolgt durch Übertragung eigener oder aus einer Kapitalerhöhung nach § 72b geschaffener Aktien. Im umgekehrten Fall einer **Kapitalherabsetzung** ohne Rückzahlung von Teilen des Grundkapitals ist der Anspruch nach Abs. 1 S. 1 auf die zusätzlichen Aktien im Verhältnis des Betrags der Kapitalherabsetzung zur Höhe des zuvor bestehenden Grundkapitals zu kürzen, was wiederum im Spruchverfahren festzulegen ist (§ 10a I Nr. 1 lit. a SpruchG; näher → SpruchG § 10a Rn. 3). Zur – nicht geregelten – Kapitalherabsetzung mit Rückzahlung BeckOGK/Habersack Rn. 30.

Wurde nach Wirksamwerden der Verschm eine Kapitalerhöhung gegen Einlagen durchgeführt und hatten die anspruchsberechtigten Anteilsinhaber (→ Rn. 7) hierbei ein Bezugsrecht, ist dieses **Bezugsrecht** nach **Abs. 2 S. 2** nachträglich in dem Umfang zu erhöhen, in dem es bestanden hätte, wenn die zusätzlichen Aktien nach Abs. 1 S. 1 zum Zeitpunkt der Kapitalerhöhung bereits bestanden hätten (§ 186 I 1 AktG). Dies wird praktisch nur bei Kapitalerhöhungen gegen Bareinlage denkbar sein (vgl. auch Drinhausen/Keinath BB 2022, 1923 (1926); zu Erleichterungen bei der Kapitalerhöhung → § 72b Rn. 12). Erfasst sind ordentliche Kapitalerhöhungen nach §§ 182 ff. AktG und die Ausübung eines genehmigten Kapitals nach §§ 202 ff. AktG (BeckOGK/Habersack Rn. 7). Die Höhe des Bezugsrechts wird im Spruchverfahren festgelegt (§ 10a I Nr. 2 SpruchG; auch → SpruchG § 10a Rn. 4). Die zusätzlichen Bezugsrechte werden aber nur eingeräumt, wenn ein anspruchsberechtigter Aktionär (→ Rn. 7) dies **binnen eines Monats** nach Eintritt der Rechtskraft der Entscheidung des Gerichts im Einspruchsverfahren (§ 11 I SpruchG) verlangt **(Abs. 2 S. 3)**. Die Monatsfrist ist eine **materielle Ausschlussfrist** (Begr. RegE, BT-Drs. 20/3822 zu § 72a II; BeckOGK/Habersack Rn. 29). Sie bezweckt eine rasche Klärung, ob eine gesonderte Kapitalerhöhung (→ § 72b Rn. 12) durchzuführen ist. Zum Eintritt der Rechtskraft näher → SpruchG § 13 Rn. 2. Die Fristberechnung richtet sich nach §§ 187, 188 BGB. § 193 BGB gilt. Der Fristbeginn mit der Rechtskraft ist jedoch problematisch. Selbst wenn ein anspruchsberechtigter Anteilsinhaber als Antragsteller im Spruchverfahren beteiligt ist, kann er nur durch aktive Nachfrage beim Gericht in Erfahrung bringen, ob Rechtsmittel eingelegt wurden. Andere Anteilsinhaber werden regelmäßig nur durch die Bekanntmachung der Entscheidung nach § 14 SpruchG Kenntnis von der rechtskräftigen Entscheidung erlangen (näher → SpruchG § 14 Rn. 1). In der deswegen unverzüglich durchzuführenden Bekanntmachung sollte daher angegeben werden, wann Rechtskraft eingetreten ist. Nach Sinn und Zweck gilt die Monatsfrist auch bei einem Verfahrensabschluss durch Vergleich. In diesem Fall ist das Datum der Protokollierung des

Vergleichs maßgeblich. In der Praxis wird regelmäßig im Vergleich ebenfalls dessen Bekanntmachung vereinbart (→ SpruchG § 11 Rn. 15).

13 Die Ausübung der Bezugsrechte hat gegenüber der verpflichteten Ges (→ Rn. 8) zu erfolgen. Sie ist einer Bezugserklärung nach § 186 I 1 AktG vergleichbar und unterliegt wie diese keiner besonderen Form (vgl. etwa Koch AktG § 186 Rn.), sie stellt noch keine Zeichnung (§ 185 AktG) dar und verpflichtet auch nicht zur Zeichnung (Koch AktG § 186 Rn. 14). Wird das Bezugsrecht ausgeübt, können die dafür benötigten Aktien durch Übertragung eigener Aktien oder durch eine gesonderte Kapitalerhöhung (vgl. § 72b V; → § 72b Rn. 12) gewährt werden. Nach der Zeichnung hat der anspruchsberechtigte Anteilsinhaber die Einlage zu leisten, die der Höhe nach der ursprünglichen Einlagenverpflichtung entspricht, auch wenn zwischenzeitlich Wertveränderungen eingetreten sind und ein Agio anders zu bemessen wäre. Bei der Erfüllung durch Übertragung eigener Aktien hat der Aktionär den an der Einlageleistung orientierten Kaufpreis zu zahlen (BeckOGK/Habersack Rn. 29).

14 **c) Durchführung.** Der Anspruch auf die Gewährung zusätzlicher Aktien ist mit Rechtskraft der Entscheidung im Spruchverfahren (näher → SpruchG § 13 Rn. 2; zur Verfahrensbeendigung durch Vergleich → SpruchG § 11 Rn. 11) fällig. Die Entscheidung, die zur Erfüllung eigene Aktien verwendet werden oder eine Kapitalerhöhung nach Maßgabe von § 72b durchgeführt wird, trifft die verpflichtete Ges (→ Rn. 8). Sie ist zur unverzüglichen Gewährung der zusätzlichen Aktien verpflichtet (zur Verzinsung → Rn. 26). Ferner trägt sie das Risiko der Beschaffung der Aktien (→ Rn. 31).

15 **d) Bare Zuzahlung anstelle zusätzlicher Aktien (Abs. 3, Abs. 1 S. 2).** Die von den beteiligten Rechtsträgern im Verschmelzungsplan getroffene Entscheidung zur Gewährung zusätzlicher Aktien anstelle einer baren Zuzahlung ist grundsätzlich bindend (vgl. bereits → Rn. 9). Die Rückkehr zur Leistung des Ausgleichs für ein nicht angemessenes Umtauschverhältnisses durch bare Zuzahlung ist nach Abs. 3 nur in **zwei Ausnahmefällen** möglich (BeckOGK/Habersack Rn. 31). **Abs. 3 Nr. 1** erlaubt einen **Spitzenausgleich,** soweit das angemessene Umtauschverhältnisses durch die Gewährung zusätzlicher Aktien nicht hergestellt werden kann. In diesem Fall tritt die bare Zuzahlung neben die Gewährung zusätzlicher Aktien. Nach dem klaren Wortlaut ist die Gewährung einer baren Zuzahlung aber auf den Spitzenausgleich beschränkt. Die Möglichkeit einer darüberhinausgehenden Aufteilung der Kompensation eines nicht angemessenen Umtauschverhältnisses auf teilweise Gewährung zusätzlicher Aktien und teilweise bare Zuzahlung ist nicht vorgesehen (näher → Rn. 9). Der Betrag der baren Zuzahlung als Spitzenausgleich wird im Spruchverfahren festgelegt (§ 10a I Nr. 3 SpruchG; → SpruchG § 10a Rn. 5).

16 Eine vollständige Kompensation durch bare Zuzahlung ist nach **Abs. 3 Nr. 2** nur zulässig, wenn die Gewährung zusätzlicher Aktien nachträglich **unmöglich** geworden ist. Kein Fall des Unmöglichwerdens („nicht dadurch ausgeschlossen") sind die in **Abs. 1 S. 2** beschriebenen, der ursprünglichen Umw nachfolgenden **Umw** (BeckOGK/Habersack Rn. 16). Demzufolge geht die Verpflichtung zur Gewährung zusätzlicher Aktien auf die übernehmende/neue AG oder KGaA bzw. auf die übernehmende SE (zur SE → Rn. 5) im Wege der Gesamtrechtsnachfolge über, wenn die verpflichtete Ges als übertragender Rechtsträger an einer nachfolgenden **Verschm** auf Rechtsträger dieser Rechtsformen beteiligt ist (Abs. 1 S. 2 **Nr. 1**). Dies umfasst nicht nur Verschm nach dem UmwG, sondern auch eine Verschm zur Gründung einer SE nach Art. 2 I SE-VO. Ebenso erfasst sind grenzüberschreitende Verschm, sofern die Anteile am übernehmenden Rechtsträger Aktien entsprechen (vgl. auch Begr. RegE, BT-Drs. 20/3822 zu § 72a III Nr. 2). (Neuer) Antragsgegner im Spruchverfahren ist in diesen Fällen die Ges, auf die die Pflicht übergegangen ist (§ 10a II 2 SpruchG; → SpruchG § 10a Rn. 8). Das Gericht legt nun im Spruchverfahren die Anzahl der zu gewährenden Aktien der übernehmenden AG/SE/ KGaA binnen falls eine ergänzende bare Zuzahlung zum Spitzenausgleich fest (§ 10a I Nr. 1 lit. a, Nr. 3 SpruchG; näher → SpruchG § 10a Rn. 3, → SpruchG § 10a Rn. 5). Hierbei ist auch das nachfolgende Umtauschverhältnis zu berücksichtigen (→ Rn. 18, → SpruchG § 10a Rn. 8). Ein verschmelzungsbedingter Übergang auf Rechtsnachfolger kann auch mehrfach stattfinden.

Spaltet die ursprünglich verpflichtete Ges einen Teil ihres Vermögens auf eine 17 übernehmende/neue AG oder KGaA bzw. auf eine übernehmende SE **ab** (§ 123 II), sind die zusätzlichen Aktien sowohl bei der von Anfang an verpflichteten Ges als auch bei den übernehmenden oder neuen Ges zu gewähren. Erfolgt die Abspaltung vollständig oder teilweise auf einen Rechtsträger, der nicht die Rechtsform einer AG/SE/KGaA hat, ist neben der unverändert verbleibenden Verpflichtung der bereits ursprünglich verpflichteten Ges zur Gewährung zusätzlicher Aktien von der übernehmenden Ges eine bare Zuzahlung zu leisten; es liegt nur ein teilweises Unmöglichwerden vor (BeckOGK/Habersack Rn. 19, 36). Die Höhe der baren Zuzahlung richtet sich nach dem Wertverlust der zusätzlich zu gewährenden Aktien durch die Abspaltung. Bei einer **Aufspaltung** (§ 123 I) der ursprünglich verpflichteten Ges geht die Verpflichtung zur Aktiengewährung auf alle übernehmenden/ neuen Ges in der Rechtsform der AG/SE/KGaA über. Erfolgt die Aufspaltung teilweise auf Ges in einer anderen Rechtsform, wird die Verpflichtung zur Leistung zusätzlicher Aktien zum Teil unmöglich (BeckOGK/Habersack Rn. 18, 36). Dann ist neben der Verpflichtung der übernehmenden/neuen Ges zur Anteilsgewährung eine bare Zuzahlung in dem Verhältnis der Verkehrswerte des jeweils übertragenen Vermögens zu leisten. Die Ges können im Spaltungsvertrag festlegen, welche Ges die bare Zuzahlung schuldet. Da der Anspruch durch die ursprüngliche Umw bereits begründet ist, haften alle an der nachfolgenden Spaltung beteiligten Rechtsträger gesamtschuldnerisch aus § 133 I 1 (auch → § 133 Rn. 10). Bei einer nachfolgenden **Ausgliederung** aus dem Vermögen der bereits ursprünglich verpflichteten Ges (§ 123 III) ändert sich deren Verpflichtung zur Gewährung zusätzlicher Anteile nicht. Bei grenzüberschreitenden Spaltungen kommt es wieder darauf an, ob die übernehmende/neue Ges Anteile gewähren kann, die Aktien entsprechen (→ Rn. 16).

Der **Nennbetrag** oder die **Anzahl** der bei den Nachfolgegesellschaften zusätzlich 18 zu gewährenden Stückaktien wird im Spruchverfahren unter Zugrundelegung des Umtauschverhältnisses des nachfolgenden Umwandlungsvorgangs bestimmt (§ 10a II 1 SpruchG; → SpruchG § 10a Rn. 8). Maßstab ist, dass der Wert der zusätzlich zu gewährenden Aktien in der Summe das ursprünglich nicht angemessene Umtauschverhältnis kompensiert. Entsprechendes gilt für die Bemessung der ggf. zusätzlich zu leistenden baren Zuzahlung (§ 10a I Nr. 3 SpruchG; → SpruchG § 10a Rn. 5).

Schließlich liegt kein Fall des Unmöglichwerdens vor, wenn die ursprünglich 19 verpflichtete AG/SE einen **Formwechsel** in eine KGaA vornimmt (Abs. 1 S. 2 **Nr. 2**). Über den Wortlaut hinaus gilt dies auch für den umgekehrten Fall des Formwechsels einer KGaA in eine AG (BeckOGK/Habersack Rn. 21: folge aus § 78 S. 1) oder die Gründung einer SE durch Umw einer AG nach Art. 2 IV SE-VO, Art. 37 SE-VO (vgl. auch Drinhausen/Keinath BB 2022, 1923 (1925)). Denn in all diesen Fällen kann die unveränderte Verpflichtung zur Gewährung zusätzlicher Aktien auch in der neuen Rechtsform erfüllt werden.

Die Verpflichtung zur Leistung zusätzlicher Aktien wird indes **unmöglich,** wenn 20 und soweit (vgl. zur teilweisen Unmöglichkeit → Rn. 17) die ursprünglich verpflichtete AG/SE/KGaA durch eine nachfolgende Umw ihr Vermögen auf Rechtsträger anderer Rechtsform als AG/SE/KGaA überträgt (Begr. RegE, BT-Drs. 20/ 3822 zu § 72a III) oder einen Formwechsel in eine derartige Rechtsform vornimmt. Dies wäre etwa der Fall bei der Umw auf eine GmbH, PhG oder auf einen Rechtsträger ausl. Rechtsform, dessen Anteile nicht Aktien entsprechen oder dessen Recht eine Gewährung zusätzlicher Aktien nicht vorsieht (BeckOGK/Habersack Rn. 34; Drinhausen/Keinath BB 2022, 1923 (1925)). Kein Fall der Unmöglichkeit iSv Abs. 3 Nr. 2 ist, wenn die verpflichtete Ges die zusätzlich zu gewährenden Aktien nicht beschaffen kann (BeckOGK/Habersack Rn. 35). Dieses Risiko trägt die Ges, die in diesem Fall zu Schadensersatz verpflichtet ist (Abs. 7 S. 2; → Rn. 31) Diesen Fällen ist das nicht angemessene Umtauschverhältnisses nachträglich doch wieder durch eine bare Zuzahlung zu kompensieren. Deren Höhe richtet sich nach den Maßstäben, die auch bei der baren Zuzahlung nach § 15 gelten (→ § 15 Rn. 28). Sie wird im Spruchverfahren festgelegt (§ 10a I Nr. 3 SpruchG; → SpruchG § 10a Rn. 5). Daneben bestehen keine Ansprüche nach Abs. 2 S. 2, 4 und 5. Zur Verzinsung → Rn. 27. Zu den Fällen, in denen wegen Nichterfüllung der Verpflichtung zur Gewährung zusätzlicher Aktien **Schadenersatz** verlangt werden kann, → Rn. 30.

21 **e) Entschädigung in Geld für ausgeschiedene Aktionäre (Abs. 4).** Scheidet ein anspruchsberechtigter Anteilsinhaber (→ Rn. 7) aufgrund einer nachfolgenden strukturveränderten Maßnahme aus der ursprünglich übernehmenden AG/SE/KGaA aus, erhält er gem. **Abs. 4** nach Feststehen der Entscheidung im Spruchverfahren anstelle zusätzlicher Aktien eine Entschädigung in Geld. In diesen Fällen liegt nicht unbedingt ein Fall des Unmöglichwerdens vor, da nachfolgende Umw auf eine AG/SE/KGaA die Verpflichtung zur Gewährung zusätzlicher Aktien unberührt lassen würde (→ Rn. 16). Die Gewährung zusätzlicher Aktien würde aber dazu führen, dass der ausgeschiedene Aktionär wieder an dem Rechtsträger beteiligt wird, aus dem er ausscheiden wollte oder musste. Die Entschädigung in Geld ist keine bare Zuzahlung zum Ausgleich des nicht angemessenen Umtauschverhältnisses, sondern gleicht die wegen des unangemessenen Umtauschverhältnisses zu geringe Abfindungszahlungen anlässlich des Ausscheidens aus (Begr. RegE, BT-Drs. 20/3822 zu § 72a IV; BeckOGK/Habersack Rn. 39). Eine Einbeziehung der Bezugsrechte nach Abs. 2 S. 2 (→ Rn. 12) erfolgt nicht, da der Aktionär insoweit seine Einlage nicht geleistet hat. Im Einzelfall kann indes ein weiterer Schaden bestehen, der nach den allgemeinen Vorschriften durchgesetzt werden müsste (→ Rn. 30).

22 Das Ausscheiden muss gegen Abfindung und anlässlich einer nach der Eintragung der ursprünglichen Verschm (Umw) erfolgten **strukturveränderten Maßnahme** erfolgt sein. Bei mehreren strukturverändernden Maßnahmen zählt diejenige, bei der der Aktionär tatsächlich ausgeschieden ist. Derartige Maßnahmen sind insbesondere nachfolgende Umw, bei denen ein anspruchsberechtigter Aktionär (→ Rn. 7) gegen Barabfindung ausgeschieden ist. Dazu zählen die Fallgruppen des UmwG nach §§ 29–34, 62 V, §§ 207–220, 313, 327 und § 340 ebenso wie ein Ausscheiden nach §§ 305, 320–320b und 327a–327f AktG. Ob das Ausscheiden freiwillig oder zwangsweise erfolgte, ist unerheblich (BeckOGK/Habersack Rn. 37). Nach der Gesetzesbegründung zählt ferner ein Delisting nach § 39 BörsG zu den strukturveränderten Maßnahmen. Der Anspruch auf Entschädigung entsteht nur bei einem vollständigen Ausscheiden (Begr. RegE, BT-Drs. 20/3822 zu § 72a IV). Das Ausscheiden muss vor der Rechtskraft der Entscheidung im Spruchverfahren vollzogen sein. Der Anspruch auf Entschädigung in Geld besteht indessen nicht, wenn das Ausscheiden nicht auf eine strukturverändernde Maßnahme zurückgeht, etwa bei einer rechtsgeschäftlichen Veräußerung. In diesem Fall bleiben der Anspruch auf die zusätzlichen Aktien und die weiteren Ansprüche nach Abs. 2–5 unberührt.

23 Die Höhe des Anspruchs entspricht dem zusätzlichen Anspruch auf Barabfindung aufgrund des Ausscheidens, wenn dieser unter Berücksichtigung eines angemessenen Umtauschverhältnisses ermittelt worden wäre (BeckOGK/Habersack Rn. 39). Die Festlegung erfolgt im Spruchverfahren (§ 10a I Nr. 4 SpruchG; näher → SpruchG § 10a Rn. 6). Daneben kann der ausscheidende Aktionär noch den Anspruch nach

Abs. 5 und Schadensersatzansprüche nach Abs. 7 haben. Zur Bedeutung von Kapitalerhaltungsgrundsätzen → § 15 Rn. 29.

Der zusätzliche Anspruch auf Barabfindung ändert das **steuerliche Veräußerungsergebnis** (höherer Gewinn oder geringerer Verlust) des ursprünglichen **Aktionärs** aufgrund des Ausscheidens bei der nachfolgenden strukturveränderten Maßnahme. Diese Veränderung ist regelmäßig ein Ereignis mit steuerlicher Rückwirkung iSv § 175 I 1 Nr. 2 AO, die materiellrechtlich auf den Zeitpunkt der Veräußerung zurückwirkt. Die Besteuerung richtet sich nach der individuellen Situation des ausscheidenden Aktionärs (Privatvermögen oder Betriebsvermögen, Höhe der Anteile, Steuerinländer oder Steuerausländer etc). Bei dem **Rechtsträger,** aus dem das Ausscheiden erfolgte, verändert sich nicht der vom Gezeichnet Kapital abzusetzende Nennbetrag im Sinne von § 272 Ia 1 HGB, da nicht tatsächlich zusätzliche Aktien gewährt werden. Der Rücklagenbetrag iSv § 272 Ia 2 HGB ist indes um den Betrag der Entschädigungen in Geld zu erhöhen. Zu den steuerlichen Folgen vgl. BMF 22.11.2013, BStBl. I 2013, 1615.

f) Entschädigung in Geld für entgangene Gewinne und Ausgleichszahlungen (Abs. 5). Aufgrund der regelmäßig längeren Zeitspanne bis zum Feststehen der Unangemessenheit des Umtauschverhältnisses durch die Entscheidung im Spruchverfahren sind die betroffenen Aktionäre auch bei der ursprünglichen Umw nachfolgenden Gewinnausschüttungen benachteiligt. Entsprechendes gilt für Ausgleichszahlungen an außenstehende Aktionäre nach § 304 I 1 AktG. Auch hierfür ist vom Anspruchsverpflichteten (→ Rn. 8) nach Abs. 5 eine Entschädigung in Geld zu leisten. Die Höhe des Anspruchs bestimmt sich nach dem Betrag der Gewinnausschüttungen, der auf die später zusätzlich gewährten Aktien entfallen wäre (BeckOGK/Habersack Rn. 40; Drinhausen/Keinath BB 2022, 1923 (1926)). Hierbei ist nicht zu berücksichtigen, dass ggf. auch unter Berücksichtigung der zusätzlichen Aktien der Gesamtbetrag der Gewinnausschüttung oder der Ausgleichszahlung unverändert gewesen wäre. Für die verpflichtete Ges bedeutet die Entschädigung damit einen zusätzlichen Abfluss an liquiden Mitteln. Eine Einbeziehung der Bezugsrechte nach Abs. 2 S. 2 (→ Rn. 12) erfolgt nicht, da insofern eine Gewinnberechtigung erst angenommen werden kann, wenn der Aktionär seine Einlage geleistet hat. Insoweit kann indes ein weiterer Schaden bestehen, der nach den allgemeinen Vorschriften ersatzfähig ist (→ Rn. 30). Den Anspruch haben indessen auch Anteilsinhaber, die im Zusammenhang mit späteren Strukturmaßnahmen ausgeschieden sind (→ Rn. 21), soweit die die Entschädigung für Ausschüttungen bis zu ihrem Ausscheiden geleistet werden. Der Betrag wird im Spruchverfahrens festgelegt (§ 10a I Nr. 4 SpruchG; → SpruchG § 10a Rn. 7). Der Anspruch entsteht unmittelbar gegenüber dem Anspruchsverpflichteten. Eines Beschlusses der Hauptversammlung zur Durchführung einer Gewinnausschüttung ist nicht notwendig. Zur Bedeutung von Kapitalerhaltungsgrundsätzen → § 15 Rn. 29.

Steuerlich ist die Entschädigung in Geld beim Anteilsinhaber als Einkünfte aus Kapitalvermögen im Sinne von § 20 I Nr. 1 zu erfassen. Die Besteuerung und der Zeitpunkt der Erfassung richtet sich nach der individuellen Steuersituation des anspruchsberechtigten Anteilsinhabers (Privatvermögen oder Betriebsvermögen, Höhe der Anteile, Steuerinländer oder Steuerausländer etc). Auf der Ebene des Anspruchsverpflichteten ist die Zahlung **handelsbilanziell** und steuerrechtlich wie eine Gewinnausschüttung zu behandeln.

g) Verzinsung (Abs. 6). Abs. 6 S. 1 regelt den Anspruch auf Verzinsung und unterscheidet hinsichtlich des Zinsbeginns nach den verschiedenen Ansprüchen. Der Zinsanspruch beträgt der **Höhe** nach jährlich fünf Prozentpunkte über dem Basiszins (§ 247 BGB), was auch der Zinshöhe nach § 15 II 1 entspricht. Die Voraussetzungen von § 286 BGB sind nicht zu beachten (Begr. RegE, BT-Drs. 20/3822 zu § 72a V; BeckOGK/Habersack Rn. 42). Beim Hauptanspruch auf **Gewährung**

zusätzlicher Aktien nach Abs. 1 S. 1 **beginnt** die **Verzinsung** drei Monate nach der rechtskräftigen Entscheidung des Gerichts im Spruchverfahren (Abs. 6 S. 1 **Nr. 1**). Bei einem Verfahrensabschluss durch Vergleich ist auf das Datum der gerichtlichen Protokollierung abzustellen. Dieser gegenüber § 15 II 1 späte Zinsbeginn beruht darauf, dass durch die Gewährung zusätzlicher Aktien der Anteilsinhaber an der zwischenzeitlichen Wertentwicklung partizipiert und die weiteren Nachteile des unangemessenen Umtauschverhältnisses aufgrund entgangener Gewinnausschüttungen oder Ausgleichszahlungen nach § 304 AktG oder die Nichtausübung von Bezugsrechten durch die Nebenansprüche nach Abs. 2 S. 2 (→ Rn. 12) und nach Abs. 5 (→ Rn. 24) ausgeglichen und zudem ebenfalls im Spruchverfahren festgesetzt (§ 10a I Nr. 2 und 4 SpruchG; → SpruchG § 10a Rn. 4, → SpruchG § 10a Rn. 7) werden (Begr. RegE, BT-Drs. 20/3822 zu § 72a VI 1 Nr. 1; BeckOGK/Habersack Rn. 44). Dieser Nachteilsausgleich wirkt indes nur bis zum Abschluss des Spruchverfahrens. Erfüllt der Anspruchsverpflichtete den im Spruchverfahren festgesetzten Ansprüche nicht zeitnah, müssen diese ggf. im Wege der Leistungsklage durchgesetzt werden (→ SpruchG § 16 Rn. 1). Als Ausgleich für die damit verbundenen weiteren Nachteile schafft Abs. 1 S. 1 Nr. 1 den von den Voraussetzungen gem. § 286 BGB unabhängigen Verzinsungsanspruch. **Bemessungsgrundlage** für die Verzinsung ist derjenige Betrag, der als bare Zuzahlung anstelle der Gewährung neuer Aktien zu zahlen gewesen wäre (zur ggf. zusätzlichen baren Zuzahlung als Spitzenausgleich nach Abs. 3 Nr. 1 → Rn. 15). Dieser Betrag wird ebenfalls im Spruchverfahren festgelegt werden (§ 10a I Nr. 1 lit. b SpruchG; → SpruchG § 10a Rn. 3). Neben der Verzinsung nach Abs. 6 S. 1 Nr. 1 kann auch ein darüberhinausgehender Verzugsschaden nach § 286 BGB oder ein weitergehender Schaden nach Abs. 7 (→ Rn. 30) verlangt werden.

28 Nach Abs. 6 S. 1 **Nr. 2** ist der Anspruch auf Gewährung einer baren Zuzahlung nach Abs. 3 ab der Eintragung der Verschm zu verzinsen (zum Zinssatz → Rn. 26). Dieser beinahe mit § 15 II 1 vergleichbare Zinsbeginn (vgl. dort: Nach Ablauf des Tages der Bekanntmachung, also der Abrufbarkeit, § 10 I 1 HGB, was vielfach mit dem Tag der Eintragung übereinstimmt) beruht darauf, dass bei barer Zuzahlungen eine Partizipation an Wertentwicklungen nicht erfolgt und auch die bare Zuzahlung erst ab deren Zahlung verzinslich investiert werden kann (Begr. RegE, BT-Drs. 20/3822 zu § 72a VI 1 Nr. 2; BeckOGK/Habersack Rn. 45). Die Verzinsungspflicht der baren Zuzahlung umfasst beide Fallgruppen von Abs. 3, also auch diejenige des nachträglichen Unmöglichwerdens (→ Rn. 15 ff.). Zu verzinsen ist der im Spruchverfahren festgelegte Betrag der baren Zuzahlung (§ 10a I Nr. 3 SpruchG; → SpruchG § 10a Rn. 5). Ein weitergehender Schaden kann nach Abs. 7 (→ Rn. 30) verlangt werden.

29 Schließlich sind auch die Ansprüche auf Entschädigung in Geld nach Abs. 4 (→ Rn. 21) und Abs. 5 (→ Rn. 24) gem. Abs. 6 S. 1 **Nr. 3** zu verzinsen (zum Zinssatz → Rn. 26). In diesen Fällen beginnt der Zinslauf ab dem Zeitpunkt, an dem die (höhere) Barabfindung oder die (höhere) Gewinnausschüttung oder Ausgleichszahlung nach § 304 AktG fällig geworden wäre. Denn dies ist der Zeitpunkt, ab dem die entsprechenden Zahlungen verzinslich angelegt hätten werden können. Zudem nimmt der Aktionär mit den Entschädigungsleistungen nicht an der Unternehmensentwicklung das teil (BeckOGK/Habersack Rn. 46). Ein weitergehender Schaden kann nach Abs. 7 (→ Rn. 30) verlangt werden.

30 Die Verzinsungspflicht **endet** im Grundsatz mit der Erfüllung des jeweiligen Anspruchs. Abweichend hiervon bestimmt Abs. 6 S. 2 in den Fällen des § 72b, also bei Durchführung einer Kapitalerhöhung, die Beendigung des Zinslaufs bereits zu dem Zeitpunkt, in dem der Treuhänder gem. § 72b III (→ § 72b Rn. 9) die Aktien, die bare Zuzahlung oder die Entschädigung in Geld empfangen hat. Denn zu diesem Zeitpunkt hat der Anspruchsverpflichtete (→ Rn. 8) seine Leistungspflicht erfüllt.

4. Geltendmachung eines weiteren Schadens, Risikoverteilung

Abs. 7 S. 1 soll der Klarstellung dienen, dass die Abs. 1–6 die Geltendmachung 31 eines weiteren Schadens nicht ausschließen, soweit dieser nicht durch die hierin geregelten Ansprüche kompensiert ist (Begr. RegE, BT-Drs. 20/3822 zu § 72a VII). Damit besteht ein Konkurrenzverhältnis dahingehend, dass vorrangig die Ansprüche nach Abs. 1–6 bestehen und geltend gemacht werden müssen und lediglich Ansprüche auf den Ersatz eines weiteren Schadens nicht ausgeschlossen sind. Die Gesetzesbegründung nennt hierfür Beispiele (Begr. RegE, BT-Drs. 20/3822 zu § 72a V). Neben einem höheren als durch Abs. 6 S. 1 abgedeckten Zinsschaden (→ Rn. 26) könnten auch entgangene Ausschüttungen, die dem Anteilsinhaber aufgrund der verspäteten Ausübung von Bezugsrechten nach Abs. 2 S. 2 (→ Rn. 12) entgangen sind (zur Nichtberücksichtigung beim Anspruch nach Abs. 5 → Rn. 24), ein weiterer Schaden sein. Ein denkbarer weiterer Schaden könne ferner entstanden sein, wenn die bare Zuzahlung wegen Unmöglichwerdens der Gewährung zusätzlicher Aktien (→ Rn. 20) auch unter Berücksichtigung der Verzinsung (→ Rn. 27) die Wertsteigerung nicht kompensiert. Die **praktisch wichtigsten Fälle** dürften jedoch sein, dass nach Abschluss des Spruchverfahrens die dort festgelegte Gewährung zusätzlicher Ansprüche nicht erfüllt werden kann, weil die anspruchsverpflichtete Ges über keine eigenen Aktien verfügt und der Hauptversammlung einem Kapitalerhöhungsbeschluss nach § 72b nicht zustimmt (Bungert/Reidt DB 2022, 1369 (1375); Drinhausen/Keinath BB 2022, 1923 (1926)) oder eine Unmöglichkeit hinsichtlich der Gewährung zusätzlicher Aktien iSv Abs. 3 Nr. 2 (→ Rn. 20) nach Abschluss des Spruchverfahrens (etwa ein Formwechsel in eine GmbH) eintritt oder ein Aktionär an einer Kapitalerhöhung aus Gesellschaftsmitteln nach Abschluss des Spruchverfahrens nicht adäquat beteiligt wird, weil die im Spruchverfahren festgelegten zusätzlichen Aktien zu diesem Zeitpunkt noch nicht gewährt worden sind (Begr. RegE, BT-Drs. 20/3822 zu § 72a V). Der Vorschlag aus der Praxis, bei Nichterfüllung der Aktiengewährung innerhalb einer bestimmten Frist einen Anspruch auf Barzahlung vorzusehen (DAV NZG 2022, 849 (851)), wurde bedauerlicherweise nicht aufgegriffen.

Dieser weitere oder vielfach zusätzliche Schaden ist nicht Gegenstand des Spruch- 32 verfahrens und kann auch nicht in einem weiteren Sprungverfahren verfolgt werden. Er muss sich aus allgemeinen Vorschriften, etwa aus § 25 I 1 (zur Geltendmachung → 26), ergeben und ggf. im Wege der Leistungsklage durchgesetzt werden (BeckOGK/Habersack Rn. 49; Drinhausen/Keinath BB 2022, 1923 (1926)). Die Ansprüche auf Ersatz des weiteren Schadens müssen kausal auf das nicht angemessene Umtauschverhältnis zurückgehen und auf einer schuldhaften Pflichtverletzung beruhen. An diesen Voraussetzungen wird es regelmäßig fehlen, insbesondere wird regelmäßig ein individueller Anspruch der Aktionäre gegenüber der Ges nicht bestehen, zumal die Umw mit qualifizierter Mehrheit zugestimmt werden musste (so zu Recht DAV NZG 2022, 849 (852)). Die Ges kann sich wenigstens nicht darauf berufen, aus rechtlichen oder tatsächlichen Gründen keine Kapitalerhöhung durchführen zu können (etwa Verfehlen der qualifizierten Mehrheit für die Kapitalerhöhung oder mangelnder Kapitaldeckung; näher → § 72b Rn. 4 ff.), da sie nach Abs. 7 **S. 2** dieses **Risiko** trägt. Dieses Risiko ist allerdings nicht nur theoretisch. Insbesondere bei Publikumsgesellschaften mit ursprünglich unterschiedlichen Aktionärsstrukturen werden die nicht anspruchsberechtigten Aktionäre oftmals kein Interesse an der zur Gewährung der zusätzlichen Aktien notwendigen Kapitalerhöhung haben, da ihre Aktien hierdurch verwässern (Bungert/Reidt DB 2022, 1369 (1375)).

§ 72b Kapitalerhöhung zur Gewährung zusätzlicher Aktien

(1) ¹**Die gemäß § 72a Absatz 1 Satz 1 und Absatz 2 Satz 1 zusätzlich zu gewährenden Aktien können nach Maßgabe der Absätze 1 bis 4 durch eine**

Kapitalerhöhung gegen Sacheinlage geschaffen werden. ²Gegenstand der Sacheinlage ist der Anspruch der anspruchsberechtigten Aktionäre auf Gewährung zusätzlicher Aktien, der durch gerichtliche Entscheidung (§ 11 Absatz 1 des Spruchverfahrensgesetzes) oder gerichtlichen Vergleich (§ 11 Absatz 2 bis 4 des Spruchverfahrensgesetzes) festgestellt wurde; der Anspruch erlischt mit Eintragung der Durchführung der Kapitalerhöhung (§ 189 des Aktiengesetzes). ³Wird der Anspruch durch gerichtliche Entscheidung (§ 11 Absatz 1 des Spruchverfahrensgesetzes) festgestellt, kann die Sacheinlage nicht geleistet werden, bevor die Rechtskraft eingetreten ist.

(2) ¹Anstelle der Festsetzungen nach § 183 Absatz 1 Satz 1 und § 205 Absatz 2 Satz 1 des Aktiengesetzes genügt
1. die Bestimmung, dass die auf Grund der zu bezeichnenden gerichtlichen Entscheidung oder des zu bezeichnenden gerichtlich protokollierten Vergleichs festgestellten Ansprüche der anspruchsberechtigten Aktionäre auf Gewährung zusätzlicher Aktien eingebracht werden, sowie
2. die Angabe des auf Grund der gerichtlichen Entscheidung oder des Vergleichs zu gewährenden Nennbetrags, bei Stückaktien die Zahl der zu gewährenden Aktien.

²§ 182 Absatz 4 sowie die §§ 186, 187 und 203 Absatz 3 des Aktiengesetzes sind nicht anzuwenden.

(3) ¹Die übernehmende Gesellschaft hat einen Treuhänder zu bestellen. Dieser ist ermächtigt, im eigenen Namen
1. die Ansprüche auf Gewährung zusätzlicher Aktien an die übernehmende Gesellschaft abzutreten,
2. die zusätzlich zu gewährenden Aktien zu zeichnen,
3. die gemäß § 72a zusätzlich zu gewährenden Aktien, baren Zuzahlungen und Entschädigungen in Geld in Empfang zu nehmen sowie
4. alle von den anspruchsberechtigten Aktionären abzugebenden Erklärungen abzugeben, soweit diese für den Erwerb der Aktien erforderlich sind.

²§ 26 Absatz 4 ist entsprechend anzuwenden.

(4) ¹Den Anmeldungen nach den §§ 184 und 188 des Aktiengesetzes ist in Ausfertigung oder öffentlich beglaubigter Abschrift die gerichtliche Entscheidung oder der gerichtlich protokollierte Vergleich, aus der oder dem sich der zusätzlich zu gewährende Nennbetrag oder bei Stückaktien die Zahl der zusätzlich zu gewährenden Aktien ergibt, beizufügen. ²§ 188 Absatz 3 Nummer 2 des Aktiengesetzes ist nicht anzuwenden.

(5) § 182 Absatz 4 sowie die §§ 186, 187 und 203 Absatz 3 des Aktiengesetzes sind nicht anzuwenden auf Kapitalerhöhungen, die durchgeführt werden, um zusätzliche Aktien auf Grund gemäß § 72a Absatz 2 Satz 3 ausgeübter Bezugsrechte zu gewähren.

(6) Für den Beschluss über die Kapitalerhöhung nach Absatz 1 gilt § 14 Absatz 2 entsprechend.

1. Allgemeines

1 Die Vorschrift steht im Zusammenhang mit § 72a (vgl. auch → § 72a Rn. 1). Nach § 72a I 1 kann im Verschmelzungsvertrag (Umwandlungsvertrag/-plan, Formwechselbeschluss; zum Anwendungsbereich vgl. → § 72a Rn. 5) festgelegt werden, dass eine übernehmende oder neue AG/SE/KGaA nach Feststellung eines nicht angemessenen Umtauschverhältnisses anstelle einer baren Zuzahlung zusätzliche Aktien gewährt. Zur Erfüllung dieses Anspruchs muss eine Kapitalerhöhung durchgeführt werden, soweit nicht eigene Aktien zur Verfügung stehen (vgl. § 71 I Nr. 3

AktG: Der Erwerb eigener Aktien zur Erfüllung der Ansprüche nach § 72a I 1 ist nicht privilegiert) oder diese nicht verwendet werden sollen. Diese Kapitalerhöhung kann als Sachkapitalerhöhung durchgeführt werden, bei der die Ansprüche der anspruchsberechtigten Aktionäre auf Gewährung zusätzlicher Aktien eingebracht werden. Auch die vorbereitende Bildung von genehmigtem Kapital zu diesem Zweck ist möglich. Hierfür enthalten die Abs. 1–4 besondere Regelungen neben den weiterhin anwendbaren Vorschriften des AktG, insbesondere der §§ 182–191 und §§ 202–206 AktG und Abs. 6 einen Anfechtungsausschluss. Entsprechende Modifizierungen erfolgen durch Abs. 5 auch für Kapitalerhöhungen zur Erfüllung der nach § 72a II 3 ausgeübten Bezugsrechte (→ § 72a Rn. 12).

Abs. 1 S. 1 legt die Grundlagen für die Kapitalerhöhung gegen Sacheinlage, in 2 dem die grundsätzliche Möglichkeit der Sachkapitalerhöhung (S. 1) und der Gegenstand der Sacheinlage (S. 2) festgelegt wird. S. 3 stellt klar, dass die Sachkapitalerhöhung erst nach rechtskräftiger Entscheidung im Spruchverfahren durchgeführt werden kann. **Abs. 2** S. 1 modifiziert die Angaben nach § 183 I 1 AktG und § 205 II 1 AktG zum Gegenstand der Sacheinlage, zur Person, von der die Gesellschaft den Gegenstand erwirbt, und zum Nennbetrag oder der Anzahl der zu gewährenden Stückaktien. Nach Abs. 2 S. 2 sind § 182 IV AktG, § 203 II AktG (ausstehende Einlagen auf das bisherige Grundkapital) und §§ 186, 187 AktG (Bezugsrecht) nicht anzuwenden. **Abs. 3** regelt die zwingende Bestellung eines Treuhänders und dessen Befugnisse (S. 1 und 2). Für den Vergütungs- und Auslagenersatzanspruch des Treuhänders gilt § 26 IV entsprechend (S. 3). **Abs. 4** modifiziert die Anmeldungen nach §§ 184, 188 AktG durch Anordnung der Beifügung der gerichtlichen Entscheidung oder des gerichtlich protokollierten Vergleichs (S. 1). Ferner ist § 188 III Nr. 2 AktG nicht anzuwenden (S. 2), da bei der hier geregelten speziellen Sacheinlage derartige Verträge nicht existieren. **Abs. 5** betrifft eine Kapitalerhöhung zur Schaffung der nachträglichen Bezugsrechte nach § 72a II 2, 3 (vgl. → § 72a Rn. 12). Bei dieser Kapitalerhöhung sind ebenfalls § 182 IV AktG, § 203 II AktG (ausstehende Einlagen auf das bisherige Grundkapital) und §§ 186, 187 AktG (Bezugsrecht) nicht anzuwenden. Schließlich bestimmt **Abs. 6** die entsprechende Anwendung von § 14 II auf eine Kapitalerhöhung nach Abs. 1, womit auch für diese Kapitalerhöhung ein Anfechtungsausschluss wegen eines unangemessenen Umtauschverhältnisses angeordnet wird.

2. Kapitalerhöhung zur Gewährung zusätzlicher Aktien

a) Sachlicher und persönlicher Anwendungsbereich. § 72b gilt für alle 3 Umwandlungen, bei denen die beteiligten Rechtsträger anstelle einer baren Zuzahlung zusätzliche Aktien gewähren können. Der sachliche Anwendungsbereich stimmt mit demjenigen von § 72a über ein (→ § 72a Rn. 5). Erfasst sind alle Rechtsträger, die die Verpflichtung zur Gewährung zusätzlicher Aktien zu erfüllen haben, demzufolge auch inl. Rechtsträger, auf die wegen nachfolgender Umwandlungen die Verpflichtung zur Gewährung zusätzlicher Aktien ohne Unmöglichwerden übergegangen ist (→ § 72a Rn. 8).

b) Verfahren der Kapitalerhöhung. Abs. 1 S. 1 legt fest, dass die nach § 72a I 4 1 und nach § 72a II 1 zusätzlich zu gewährenden Aktien (→ § 72a Rn. 10) durch Kapitalerhöhung gegen Sacheinlage geschaffen werden können. Durch Kapitalerhöhung aus Gesellschaftsmitteln können die Aktien nicht geschaffen werden (BeckOGK/Habersack Rn. 7). Soweit nicht in den Abs. 2–4 Modifikationen festgelegt werden, gelten für die Kapitalerhöhung gegen Sacheinlage die §§ 182–191 AktG und §§ 202–206 AktG. Die Kapitalerhöhung durch Sacheinlage kann auch in dem Umfang durchgeführt werden, in dem eigene Aktien zur Verfügung stünden oder nach 71 AktG erworben werden könnten. Eine Privilegierung des Erwerbs eigener Aktien zur Erfüllung des Anspruchs auf zusätzliche Aktien ist in § 71 AktG indes nicht aufgenommen worden (krit. Lieder/Hilser ZIP 2023, 1 (7)). Ein rechtlicher Vorrang der Gewährung eigener Aktien besteht nicht. Wenn die Ansprüche auf Gewährung zusätzlicher Aktien vollständig durch eigene Aktien erfüllt werden können, wird dies jedoch in der Regel der praktikabelste Weg sein (Drinhausen/Keinath BB 2022, 1923 (1926); vgl. auch Lieder/Hilser ZIP 2023, 1 (8)). Demzufolge bedarf es eines **Hauptversammlungsbeschlusses** mit mindestens drei Viertel des bei der Beschlussfassung vertretenen Grundkapitals (§ 182 I 1 AktG), soweit nicht genehmigtes Kapital zur Verfügung steht oder nicht genutzt werden soll (BeckOGK/Habersack Rn. 11). Sind mehrere Aktiengattungen vorhanden, sind jeweils Sonderbeschlüsse zu fassen (§ 182 II AktG). Ein **Agio** ist nicht festzulegen (§ 182 III AktG), da die Sacheinlage und der zu gewährende Nennbetrag oder die Anzahl der zu gewährenden Stückaktien durch die Entscheidung im Spruchverfahren festgelegt wird (§ 10a I Nr. 1 lit. a SpruchG; vgl. → SpruchG § 10a Rn. 3). Im Übrigen ist es ausreichend, wenn der Wert der Sacheinlage den Betrag erreicht, um den das Grundkapital erhöht wird (Begr. RegE, BT-Drs. 20/3822 zu § 72b). Die gesetzliche Regelung geht davon aus, dass die neuen Aktien zum geringsten Ausgabebetrag ausgegeben werden (Drinhausen/Keinath BB 2022, 1923 (1927)). Dies ist auch notwendig, um das Risiko einer Differenzhaftung gering zu halten (Drinhausen/Keinath BB 2022, 1923 (1927)). Die Sollvorschriften nach § 182 IV AktG, § 203 III AktG, wonach das Grundkapital nicht erhöht werden soll, solange ausstehende Einlagen auf das bisherige Grundkapital noch erlangt werden können, gelten ausdrücklich nicht **(Abs. 2 S. 2)**.

5   **Gegenstand der Sacheinlage** ist nach **Abs. 1 S. 2** der Anspruch der anspruchsberechtigten Aktionäre auf Gewährung zusätzlicher Aktien, der im Spruchverfahren durch gerichtliche Entscheidung oder gerichtlichen Vergleich festgestellt wurde. Dieser Festlegung bedurfte es, da im Grundsatz der Anspruch auf Gewährung von eigenen Aktien kein einlagefähiger Gegenstand ist (vgl. BGH NZG 2011, 1271). Andere Ansprüche, etwa Schadensersatzansprüche iSv § 72a VII 1, sind nicht einlagefähig (Drinhausen/Keinath BB 2022, 1923 (1926)). Dieser Gegenstand ist nach **Abs. 2 S. 1 Nr. 1** im Kapitalerhöhungsbeschluss durch die Bestimmung, dass die Ansprüche auf Gewährung zusätzlicher Aktien, die aufgrund der gerichtlichen Entscheidung oder des gerichtlich protokollierten Vergleichs im Spruchverfahren festgestellt wurden, eingebracht werden, festzusetzen. Die Entscheidung bzw. der Vergleich kann durch Angabe des Verfahrens (Gericht, Aktenzeichen), der Art der Entscheidung und des Entscheidungsdatums bezeichnet werden (Drinhausen/Keinath BB 2022, 1923 (1927)). Ferner sind im Kapitalerhöhungsbeschluss der zu gewährende Nennbetrag und bei Stückaktien die Zahl der zu gewährenden Aktien anzugeben, wie sie in der gerichtlichen Entscheidung oder im gerichtlich protokollierten Vergleich (§ 10a I Nr. 1 SpruchG; → SpruchG § 10a Rn. 3) festgelegt wurden **(Abs. 2 S. 1 Nr. 2)**. Diese Festsetzungen ersetzen die nach § 183 I 1 AktG, § 205 II 1 AktG vorgesehenen Festsetzungen. Die Bekanntmachungsverpflichtung nach § 183 I 2 AktG bleibt unberührt. Der Verweis in § 183 AktG auf § 27 III und IV ist unbeachtlich, da die dort geregelten Situationen hier nicht eintreten können.

6   Die Sacheinlage der Ansprüche auf zusätzliche Aktien muss die Anforderungen an die aktienrechtliche **Kapitalaufbringung** erfüllen (krit. zur Einlage des Anspruchs auf Gewährung zusätzlicher Aktien DAV NZG 2022, 849 (851); dazu BeckOGK/Habersack Rn. 10). Dies ist bei der Gewährung zusätzlicher Aktien an die Anteilsinhaber des übertragenden Rechtsträgers im Ausgangspunkt gewährleistet, da der Feststellung des nicht angemessenen Umtauschverhältnisses im Spruchverfahren die Erkenntnis zugrunde legt, dass der Wert des übertragenden Rechtsträger höher war als er bei der Ermittlung des Umtauschverhältnisses berücksichtigt worden ist. Dieser höhere Wert bestimmt auch den Umfang der im Spruchverfahren festzusetzenden (§ 10a I Nr. 1 lit. a SpruchG; → SpruchG § 10a Rn. 3) zusätzlich zu gewährenden Aktien (vgl. näher → § 72a Rn. 10). Damit wird im Regelfall der zu

gewährende Nennbetrag oder der Gesamtnennbetrag der zu gewährenden Stückaktien auch unter Einbeziehung der zusätzlichen Aktien auf der Grundlage der Wertverhältnisse am Bewertungsstichtag durch das bei der Umwandlung übergehende Vermögen gedeckt sein (zum Agio → Rn. 4). Die Kapitaldeckung muss indes auch zum Zeitpunkt der Durchführung der Kapitalerhöhung noch vorhanden sein (vgl. auch Begr. RegE, BT-Drs. 20/3822 zu § 72b). Demzufolge ist nach § 183 III AktG eine interne und eine externe **Prüfung der Sacheinlagen** durchzuführen, soweit nicht im Einzelfall nach §§ 183a, 33a AktG davon abgesehen werden kann. § 33a I Nr. 2 AktG ist im Regelfall selbst dann nicht erfüllt, wenn im Spruchverfahren durch einen Sachverständigen eine Unternehmensbewertung durchgeführt wird, da im Spruchverfahren nicht der aktuelle Wert, sondern derjenige, der für das Umtauschverhältnisses maßgeblich ist, ermittelt wird (aA Lieder/Hilser ZIP 2023, 1 (9) für börsennotierte Ges; BeckOGK/Habersack Rn. 13). § 33a I Nr. 1 AktG ist im Regelfall auch nicht erfüllt, da nicht Aktien, sondern der Anspruch auf zusätzliche Aktien eingebracht wird (BeckOGK/Habersack Rn. 13. Durch die Prüfung der Sacheinlagen soll die Kapitalaufbringung gesichert werden (Begr. RegE, BT-Drs. 20/3822 zu § 72b). Ist zum Zeitpunkt der Durchführung der Kapitalerhöhung die Kapitaldeckung nicht gegeben, kann sie nicht durchgeführt werden (zum Kapitalschutz bei baren Zuzahlungen → § 15 Rn. 29). In diesem Fall ist die Gesellschaft nach § 72a VII zum Schadenersatz verpflichtet (näher → § 72a Rn. 30). Die Prüfung der Sacheinlagen erfordert vielfach eine erneute Unternehmensbewertung zum Stichtag der Kapitalerhöhung (Lieder/Hilser ZIP 2023, 1 (9); Bungert/Reidt DB 2022, 1369 (1375)). Im Ergebnis muss sich die Prüfung darauf erstrecken, dass der Unternehmenswert das Grundkapital nach Durchführung der Kapitalerhöhung noch erreicht bzw. übersteigt (Drinhausen/Keinath BB 2022, 1923 (1927)), denn durch die Einlage der Ansprüche wird kein neues Vermögen von außen zugeführt (aA BeckOGK/Habersack Rn. 10: Der Anspruch auf Gewährung zusätzlicher Aktien ersetze nur den Anspruch auf bare Zuzahlung; damit entfielen Verbindlichkeiten).

Problematisch im Hinblick auf die Kapitaldeckung ist insbesondere die Situation, **7** wenn das Umtauschverhältnis zulasten der Anteilsinhaber des übernehmenden Rechtsträgers nicht angemessen war (vgl. zur grundsätzlichen Problematik auch → § 15 Rn. 28 ff.). Denn dieser Entscheidung liegt die Erkenntnis zugrunde, dass den Anteilsinhabern des übertragenden Rechtsträgers als Gegenleistung für den Übergang des Vermögens zu viele neue Aktien gewährt worden sind (Lieder/Hilser ZIP 2023, 1 (4)). Durch die Einlage der Ansprüche auf zusätzliche Aktien wird indes kein neues Vermögen zugeführt. In diesem Fall ist besonders genau zu prüfen, ob der Unternehmenswert das nach Durchführung der Kapitalerhöhung erhöhte Grundkapital erreicht oder übersteigt (Drinhausen/Keinath BB 2022, 1923 (1927)).

Nach Fassung des Beschlusses mit qualifizierter Mehrheit (zu den Folgen des **8** Nichterreichens der Mehrheit → § 72a Rn. 30) ist dieser vom Vorstand und dem Vorsitzenden des Aufsichtsrats zur Eintragung in das **Handelsregister anzumelden** (§ 184 I 1 AktG), soweit nicht die gemeinsame Anmeldung mit der Durchführung der Erhöhung des Grundkapitals erfolgt (§ 188 IV AktG). Der Anmeldung ist nach **Abs. 4 S. 1** in Ausfertigung oder öffentlich beglaubigter Abschrift (zur Form → § 17 Rn. 5) die der Kapitalerhöhung zugrunde liegende gerichtliche Entscheidung oder der gerichtlich protokollierte Vergleich im Spruchverfahren beizufügen. Das Bezugsrecht ist durch den Kreis der Anspruchsberechtigten (näher → § 72a Rn. 7) gesetzlich festgelegt, weswegen die Regelungen zu den Bezugsrechten nach §§ 186, 187 AktG nicht anzuwenden sind **(Abs. 2 S. 2)**.

Für die Durchführung der Kapitalerhöhung ist nach **Abs. 3 S. 1** zwingend ein **9** **Treuhänder** durch die übernehmende Gesellschaft zu bestellen. Dies entspricht im Grundsatz der Regelung in § 71 I 1 und dient der praktikablen Umsetzung der Kapitalerhöhung und der Erfüllung weiterer Ansprüche (Begr. RegE, BT-Drs.

20/3822 zu § 72b III). Wird keine Kapitalerhöhung durchgeführt, weil eigene Aktien im ausreichenden Maße vorhanden sind, ist ein Treuhänder selbst dann nicht zu bestellen, wenn neben der Aktiengewährung bare Zuzahlungen (→ § 72a Rn. 15) oder Entschädigungen in Geld (→ § 72a Rn. 21, → § 72a Rn. 24) zu leisten sind. Der Treuhänder (zur Person des Treuhänders → § 71 Rn. 2) hat nach **Abs. 3 S. 2** kraft Gesetzes alle Rechte, um die Kapitalerhöhung im eigenen Namen durchzuführen. Er kann im eigenen Namen die Ansprüche auf Gewährung zusätzlicher Aktien an die übernehmende Gesellschaft abtreten und damit die Sacheinlage zu erfüllen (Nr. 1), die zusätzlich zu gewährenden Aktien nach § 185 AktG zeichnen (Nr. 2), die gem. § 72a zusätzlich zu gewährenden Aktien, baren Zuzahlungen und Entschädigungen in Geld in Empfang nehmen (Nr. 3) und alle weiteren von den anspruchsberechtigten Aktionären erforderlichen Erklärungen abgeben (Nr. 4). Der Treuhänder hat sodann die empfangenen Aktien, baren Zuzahlungen und Entschädigungen in Geld an die anspruchsberechtigten Aktionäre zu übertragen bzw. herauszugeben. Er selbst wird nicht Aktionär. Mit Wirksamwerden der Kapitalerhöhung durch Eintragung der Durchführung (§ 189 AktG) entstehen die Aktien unmittelbar in der Person der anspruchsberechtigten Aktionäre (Begr. RegE, BT-Drs. 20/3822 zu § 72b III; Drinhausen/Keinath BB 2022, 1923 (1927)). Für die Vergütung und die Auslagenersatzansprüche des Treuhänders ist § 26 IV entsprechend anzuwenden (vgl. näher → § 26 Rn. 25). Nicht geregelt ist die Situation, wenn einzelne berechtigte Aktionäre die Aktien nicht in Empfang nehmen.

10 Die **Durchführung der Kapitalerhöhung** hat sodann der Vorstand und der Vorsitzende des Aufsichtsrats zur Eintragung in das Handelsregister anzumelden (§ 188 I AktG). Neben den Dokumenten nach § 188 Abs. 3 Nr. 1 und Nr. 3 AktG ist wiederum in Ausfertigung oder in öffentlich beglaubigter Abschrift (zur Form → § 17 Rn. 5) die der Kapitalerhöhung zugrunde liegende gerichtliche Entscheidung oder der gerichtlich protokollierte Vergleich beizufügen (**Abs. 4 S. 1**). § 188 III Nr. 2 AktG ist nicht zu beachten (**Abs. 4 S. 2**), da der Gegenstand der Sacheinlage, also der Anspruch auf Gewährung zusätzlicher Aktien, nicht auf vertraglichen Beziehungen beruht, sondern im Spruchverfahren festgesetzt wurde (Begr. RegE, BT-Drs. 20/3822 zu § 72b IV). Mit der Eintragung der Durchführung der Kapitalerhöhung ist das Grundkapital erhöht und die Aktien entstehen in der Person der anspruchsberechtigten Aktionäre (vgl. auch → Rn. 9). Zugleich erlischt mit der Eintragung der Durchführung der Kapitalerhöhung der Anspruch auf Gewährung zusätzlicher Aktien (**Abs. 1 S. 2 Hs. 2**).

11 Anstelle der Kapitalerhöhung nach dem Abschluss des Spruchverfahrens kann – etwa bereits im Vorfeld der Verschmelzung, jedenfalls vor der rechtskräftigen Beendigung des Spruchverfahrens – **genehmigtes Kapital** zur Erfüllung der Ansprüche auf Gewährung zusätzlicher Aktien geschaffen oder genutzt werden. In diesem Fall erfolgen die an die Stelle von § 205 II 1 AktG tretenden Festsetzungen nach Abs. 2 S. 1 (→ Rn. 5) durch den Vorstand. Im Übrigen gelten auch hier die Modifikationen nach Abs. 2 und Abs. 4 und die Beteiligung des Treuhänders nach Abs. 3. Ob das speziell für die Gewährung zusätzlicher Aktien sehr frühzeitig geschaffene genehmigte Kapital tatsächlich genutzt werden kann, ist wegen der zeitlichen Begrenzung nach § 202 II 1 AktG (höchstens fünf Jahre) angesichts der oft langen Verfahrensdauer von Spruchverfahren nicht sichergestellt (Bungert/Reidt DB 2022, 1369 (1376)). Die Anregung der Praxis, auch eine bedingte Kapitalerhöhung zu ermöglichen (DAV NZG 2022, 849 (851)), wurde nicht aufgegriffen.

3. Kapitalerhöhung zur Erfüllung der zusätzlichen Bezugsrechte

12 **Abs. 5** enthält Modifikationen für Kapitalerhöhungen, die zur Schaffung der zusätzlichen Aktien aufgrund nach § 72a II 3 ausgeübter Bezugsrechte (vgl. → § 72a Rn. 12) durchgeführt werden. Diese Kapitalerhöhung ist getrennt von der nach

Abs. 1 S. 1 durchzuführenden Kapitalerhöhung vorzunehmen und folgt den allgemeinen Regelungen des AktG. Abs. 1–4 sind nicht anzuwenden. Der Aktionär, der das Bezugsrecht wahrnehmen möchte, hat die Aktien zu zeichnen und die Einlageleistung zu erbringen. Die Sollvorschriften nach § 182 IV AktG, § 203 III AktG, wonach das Grundkapital nicht erhöht werden soll, solange ausstehende Einlagen auf das bisherige Grundkapital noch erlangt werden können, gelten jedoch ausdrücklich nicht. Außerdem sind §§ 186, 187 AktG nicht anzuwenden. Hierdurch ist klargestellt, dass nur die anspruchsberechtigten Aktionäre, die ihr Bezugsrecht ausgeübt haben (→ § 72a Rn. 12), an dieser Kapitalerhöhung teilnehmen können.

4. Anfechtungsausschluss

Nach Abs. 6 gilt § 14 II entsprechend. Die Vorschrift wurde aufgrund der Beschlussempfehlung des Rechtsausschusses (BT-Drs. 20/5237, 14, 88) ergänzt. Sie greift Anregungen aus der Literatur und Praxis auf (etwa DAV NZG 2022, 849 (852)). Eine Anfechtungsklage gegen den Beschluss über die Kapitalerhöhung zur Gewährung der zusätzlichen Aktien kann damit nicht darauf gestützt werden, dass das Umtauschverhältnis der Anteile nicht angemessen sei. Dies ist gerechtfertigt, da die Höhe des Nennbetrags oder die Anzahl der Aktien, die zur Kompensation des ursprünglich nicht angemessenen Umtauschverhältnisses gewährt werden, im Spruchverfahren festgesetzt werden (§ 10a I Nr. 1 lit. a SpruchG; → SpruchG § 10a Rn. 3). Die Anfechtung wegen sonstiger Beschlussmängel bleibt unberührt. Vgl. hierzu allerdings § 246a AktG. Vgl. auch die ebenfalls durch das UmRUG eingefügte Regelung in § 69 III (→ § 69 Rn. 30). 13

Zweiter Unterabschnitt. Verschmelzung durch Neugründung

§ 73 Anzuwendende Vorschriften

Auf die Verschmelzung durch Neugründung sind die Vorschriften des Ersten Unterabschnitts mit Ausnahme der §§ 66, 68 Abs. 1 und 2 und des § 69 entsprechend anzuwenden.

1. Allgemeines

Regelungsgegenstand von § 73 ist die **Verschm durch Neugründung**, diese Grundnorm wird ergänzt durch §§ 74–76. Hierbei vereinigen sich zwei oder mehrere Rechtsträger zu einer AG, die vorher nicht bestand, sondern erst im Zusammenhang mit der Verschm gegründet wird. Die sich vereinigenden Rechtsträger erlöschen daraufhin. Ist der neu zu gründende Rechtsträger nicht selbst AG, gelten nur § 73 und die entsprechend anzuwendenden Vorschriften des Ersten Unterabschnitt, nicht aber §§ 74–76). Die übertragende AG hat in diesem Fall §§ 60, 61, 63–65, 67 und §§ 70–72 zu beachten (vgl. zur früheren Rechtslage Kallmeyer/Marsch-Barner/Oppenhoff Rn. 2 ff. mwN; Lutter/Grunewald Rn. 7 ff.). § 62 ist nicht anwendbar. § 68 III ist nur anwendbar nur, wenn der übernehmende Rechtsträger AG oder KGaA ist (zutr. Lutter/Grunewald Rn. 7; Kölner Komm UmwG/Simon Rn. 8; missverständlich Kallmeyer/Marsch-Barner/Oppenhoff Rn. 3 und Semler/Stengel/Leonard/Diekmann Rn. 6). 1

§ 73 übernimmt im Wesentlichen den Inhalt und die Regelungstechnik von § 353 AktG aF. Mit der im **UmRUG** geregelten Aufhebung von § 76 I wurde eine Verschm durch Neugründung im Nachgründungsstadium durchführbar, so dass § 67 und die Anwendung der Vorschriften über die Nachgründung künftig auch für die Verschm durch Neugründung gelten soll und aus der Aufzählung der nichtanwendbaren Vorschriften des Ersten Unterabschnitts gestrichen worden ist (Begr. RegE, BT-Drs. 20/3822, 81). Da der neue Rechtsträger erst im Zusammenhang mit der 2

Verschm gegründet wird und der Verschmelzungsvertrag bereits zuvor geschlossen sein muss, erschließt sich die Anwendung des § 67, der in S. 1 voraussetzt, dass der Verschmelzungsvertrag in den ersten zwei Jahren seit der Eintragung der übernehmenden Ges in das Register geschlossen wird, nicht (vgl. BeckOGK/Weiß Rn. 16 mwN).

3   Auch bei der Verschm durch Neugründung muss ein **Verschmelzungsvertrag** abgeschlossen werden. Vertragspartner sind die übertragenden Rechtsträger. Dieser Verschmelzungsvertrag bedarf der Zustimmung der Anteilsinhaberversammlungen aller übertragenden Rechtsträger (§ 13). Zusätzlich muss eine **Einigung über den Gesellschaftsvertrag** der neu zu gründenden AG erzielt werden, der von den übertragenden Rechtsträgern geschlossen wird; diese Satzung wird nach Maßgabe von § 76 nur wirksam, wenn ihr auch die Anteilsinhaber jedes der übertragenden Rechtsträger durch **Verschmelzungsbeschluss** zustimmen. Die **Eintragung der neu gegründeten AG** löst als konstitutiver Akt die Wirkungen der Verschm nach § 36 I 2, §§ 38, 20 I aus, die zuvor erfolgte Eintragung der Verschm in die Register am Sitz der sich vereinigenden Rechtsträger (§ 19 I 2) ist rein deklaratorisch. Die Vermögen der übertragenden Rechtsträger gehen auf die neue AG über (§ 20 I Nr. 1), während die sich vereinigenden Rechtsträger selbst erlöschen (§ 20 I Nr. 2). Zu diesem Zeitpunkt werden die Anteilsinhaber der übertragenden Rechtsträger gem. § 20 I Nr. 3 Aktionäre (allerdings muss nach § 71 ein Treuhänder bestellt werden, vgl. Lutter/Grunewald Rn. 13) der neuen AG.

2. Verschmelzungsvertrag

4   Der **Verschmelzungsvertrag** wird durch die sich vereinigenden Rechtsträger geschlossen; die neu zu gründende AG kann daran noch nicht beteiligt sein. Der Abschluss erfolgt durch die jew. **Vertretungsberechtigten Organe**, gegenüber dem Abschluss des Verschmelzungsvertrages bei der Verschm durch Aufnahme (vgl. § 4) bestehen keine Besonderheiten.

3. Satzung

5   Vgl. zunächst → § 36 Rn. 17 f.
6   Die Gründung der zu errichtenden AG erfolgt im Wege der Sachgründung, wobei das Vermögen der übertragenden Rechtsträger durch Gesamtrechtsnachfolge (→ § 20 Rn. 23 ff.) auf die AG übertragen wird. **Gegenstand der Sachgründung** sind die von den übertragenden Rechtsträgern bisher betriebenen Unternehmen; nicht notwendig ist, dass die AG diese Unternehmen unverändert fortführt (vgl. aber zur Bedeutung der Fortführung für die Zusammensetzung des ersten AR – Rn. 13), entscheidend ist allein die Übertragung des Vermögens. Die Kapitalaufbringung unterliegt gem. § 75 II der **Gründungsprüfung,** die Notwendigkeit der Abfassung eines **Gründungsberichts** folgt aus § 75 I (zu den europarechtlichen Vorgaben Semler/Stengel/Leonard/Diekmann § 75 Rn. 1 Fn. 3).

7   Der **gesetzlich notwendige Satzungsinhalt** ergibt sich – neben der Sondervorschrift von **§ 74** – aus § 23 III, IV AktG. Danach sind folgende Bestimmungen in der Satzung zu treffen:
– **Firma und Sitz** der Ges (§ 23 III Nr. 1 AktG iVm §§ 4, 5 AktG); für die Bildung der Firma gilt gem. §§ 73, 36 I, § 18 das Privileg der Firmenfortführung;
– der **Gegenstand** des Unternehmens (§ 23 III Nr. 2 AktG);
– die **Höhe des Grundkapitals** (§ 23 III Nr. 3 AktG), das gem. § 6 AktG, § 318 II 2 auf Euro lauten und mindestens 50.000 Euro betragen muss (§ 7 AktG);
– die **Nennbeträge** der einzelnen Aktien (Mindestnennbetrag 1 Euro, § 8 II 1 AktG) und die Zahl der Aktien eines jeden Nennbetrages sowie, wenn mehrere Aktiengattungen bestehen, die Gattung der einzelnen Aktien (§ 23 III Nr. 4

AktG); statt Nennbetragsaktien können auch Stückaktien ausgegeben werden (§ 8 I AktG);
- die Zahl der **Vorstandsmitglieder** oder die Regeln, nach denen diese Zahl festgelegt wird (§ 23 III Nr. 6 AktG iVm § 76 II AktG);
- die Form der **Bekanntmachungen** der AG (§ 23 IV AktG iVm § 25 AktG).

4. Kapitalaufbringung durch Sachgründung

Bei der Gründung der AG nach §§ 73 ff. handelt es sich ausschließlich um eine **8** **Sachgründung** durch Leistung von Sacheinlagen, soweit der Wert der übertragenen Vermögen das in der Satzung der AG festgesetzte Grundkapital erreicht. Gem. § 20 I Nr. 1 wird die Sacheinlage dadurch geleistet, dass das Vermögen der übertragenden Rechtsträger einschließlich der Verbindlichkeiten durch Gesamtrechtsnachfolge auf die AG mit deren Eintragung übergeht. Nicht erforderlich ist, dass sämtliche Gegenstände in einer **Sacheinlagevereinbarung** aufgeführt werden, diese wird durch den Verschmelzungsvertrag ersetzt. Erreicht der Wert des übertragenen Vermögens nicht die in der Satzung bestimmten Höhe des Grundkapitals (§ 23 III Nr. 3 AktG, mindestens 50.000 Euro, § 7 AktG) so ist auch eine **ergänzende Bargründung** möglich (GroßkommAktG/Röhricht/Schall AktG § 27 Rn. 17; Semler/Stengel/Leonard/Diekmann Rn. 7). Stellt sich nachträglich heraus, dass die Sacheinlage überbewertet wurde, muss der Wertdifferenz zum geringsten Ausgabebetrag der Aktien grds. in bar geleistet werden (§ 36a II 3 AktG; dazu ausf. Widmann/Mayer/Mayer § 36 Rn. 167 ff. mwN). Die Differenzhaftung wird im Ergebnis nicht in Betracht kommen, wenn die Gesamtbetrachtung eine vollständige Kapitaldeckung belegt (→ § 46 Rn. 8; Lutter/Grunewald § 74 Rn. 4) oder wenn ein übertragender Rechtsträger selbst die Rechtsform der AG hat (vgl. insoweit BGH AG 2007, 487; → § 69 Rn. 29 mwN). Zur GmbH → § 55 Rn. 5.

Gegenstand der Sacheinlage ist das Vermögen der übertragenden Rechtsträger. **9** § 27 I 1 **AktG** führt zu einer Erweiterung des nach § 23 III, IV AktG gesetzlich notwendigen Satzungsinhalts, da die Sacheinlage nach Gegenstand, Einbringer und dafür gewährtem Aktiennennbetrag in der Satzung festgesetzt werden muss. Dies ist aber keine Besonderheit der Verschm, sondern nur Reflex der Sachgründung, die §§ 73 ff. zwingend vorsehen.

Vor der Verschm ist eine **Bewertung** der übertragenden Rechtsträger durchzu- **10** führen, die erkennen lässt, ob das Mindestgrundkapital gem. § 7 AktG aufgebracht werden kann (Semler/Stengel/Leonard/Diekmann Rn. 7).

Aus den jew. Schlussbilanzen der übertragenden Rechtsträger (§ 17 II; → § 17 **11** Rn. 8 ff.) können allenfalls gewisse Rückschlüsse auf den Wert der Sacheinlage gezogen werden; regelmäßig reicht eine solche Bilanz zum Nachw. Des Nominalgrundkapitals dann aus, wenn entsprechend hohes EK schon bei Buchwertansatz vorhanden ist. Eine Bewertung (ausf. → § 5 Rn. 10 ff.) ist dann überflüssig. Deckt das ausgewiesene EK das gewählte Grundkapital dagegen nicht, müssen – sofern vorhanden – **stille Reserven** einschl. selbst geschaffener immaterieller (und damit nicht im normalen Jahresabschluss enthaltener) WG nachgewiesen oder Unternehmensbewertungen vorgelegt werden. **Obergrenze** jeder Bewertung ist allerdings der **Zeitwert** des einzelnen Vermögensgegenstandes.

Jeder an den übertragenden Rechtsträgern beteiligte Anteilsinhaber wird Aktionär **12** der neu gegründeten AG. Regelmäßig werden diese neuen Gesellschafter der AG eine **Aufteilung der Aktien** entsprechend ihrer ursprünglichen Anteile an den übertragenden Rechtsträgern bzw. deren Wert vornehmen, verpflichtet dazu sind sie aber nicht (zum Gleichbehandlungsgrundsatz → § 46 Rn. 6; zur nichtverhältniswahrenden Verschm → § 5 Rn. 8). Wie viele Aktien jedem Aktionär zugeteilt werden, richtet sich allein nach den Bestimmungen der Satzung. Da das Gesetz weder Identität der Kapitalausstattung der übertragenden und des neuen Rechtsträgers noch eine Identität der Beteiligungsverhältnisse verlangt, können die Anteilsinhaber die Anteilsvergabe einvernehmlich frei regeln, zB ist auch eine Erhöhung der Einlagen vor dem maßgeblichen Stichtag der Schlussbilanz, eine **zusätzliche Bareinlage** oder umgekehrt eine **bare Zuzahlung** möglich (ähnlich Kallmeyer/Marsch-Barner/Oppenhoff Rn. 5).

5. Bestellung des Aufsichtsrats, des Vorstands und des Abschlussprüfers

13 Die Bestellung des **AR** einer AG richtet sich nach **§§ 30, 31 AktG** (dazu krit. Thoelke AG 2014, 137 mwN). Da es sich bei der Verschm durch Neugründung einer AG um eine Sachgründung handelt, könnte ausschließlich § 31 AktG Anwendung finden (auch → § 76 Rn. 2). Die Frage nach der Anwendbarkeit der „richtigen" Norm ist jedoch vor dem Hintergrund der rechtlichen Auswirkungen zu beantworten: Wird der AR nach § 30 AktG bestellt, so sind die Vorschriften über die Bestellung von Aufsichtsratsmitgliedern der ArbN nicht anzuwenden (§ 30 II AktG). Es kommt also darauf an, ob das Unternehmen der übertragenden Rechtsträger fortgeführt wird (dann § 31 AktG) oder nicht (wie hier Kallmeyer/Zimmermann § 76 Rn. 6; Semler/Stengel/Leonard/Bärwaldt § 36 Rn. 50; Lutter/Grunewald § 76 Rn. 8; so schon für § 41 UmwG 1969 GroßkommAktG/Meyer-Landrut Anh. § 393 UmwG § 41 Rn. 3; aA – stets nur § 31 AktG anwendbar – Widmann/Mayer/Mayer § 36 Rn. 176, der wegen der Verweisung in § 76 S. 2 zur Anwendung von § 31 AktG kommt). Werden die bisherigen Unternehmen der übertragenden Rechtsträger nicht fortgeführt, ist der **erste AR** selbst dann nicht mit **Arbeitnehmervertretern** zu besetzen, wenn die neu gegründete AG ansonsten mitbestimmungspflichtig wäre (vgl. MüKoAktG/Pentz AktG § 30 Rn. 16). Unabhängig davon, ob § 30 AktG oder § 31 AktG Anwendung findet, obliegt die Bestellung des AR den **Gründern.** Diesen stehen gem. **§ 36 II 2** die übertragenden Rechtsträger gleich, weswegen § 76 S. 2, der iÜ die Wertung des Gesetzgebers für die Anwendung von § 31 AktG widerspiegelt (dazu auch Begr. RegE, BR-Drs. 75/94 zu § 197), einen **Zustimmungsbeschluss auch der Anteilsinhaber** jedes der übertragenden Rechtsträger fordert. Wie bei jeder Gründung einer AG ist vor dem Hintergrund der beträchtlichen Konsequenzen (keine generelle Anwendung der Lehre vom fehlerhaften Organ, vgl. Koch AktG § 101 Rn. 20) besonderes Augenmerk auf die in der Praxis bisweilen unterbleibende Neuwahl des ersten AR nach § 30 III AktG zu legen.

14 Der erste AR bestellt den **Vorstand der AG (§ 30 IV AktG).** Aufgabe von Vorstand und AR ist vor allem die **Überwachung der Gründungsprüfung** (soweit erforderlich, § 75 II); die Anmeldung des neuen Rechtsträgers beim zuständigen HR ist allerdings noch Sache der Vertretungsorgane aller übertragenden Rechtsträger, § 38 II.

15 Die **Gründer** (§ 36 II 2) bestellen den **Abschlussprüfer** (§ 30 I AktG) für das erste Voll- oder RumpfGj. In notarieller Urkunde zweckmäßigerweise bereits im Verschmelzungsvertrag (Widmann/Mayer/Mayer § 36 Rn. 178). Anderes gilt, sofern die neu gegründete **AG kleine KapGes iSv § 267 I HGB** ist, deren Jahresabschluss ist nicht notwendigerweise zu prüfen (§ 316 I 1 HGB). Fehlt die Bestellung, ist die AG gleichwohl ordnungsgemäß errichtet, das Registergericht muss sie eintragen; § 38 I AktG steht nicht entgegen (vgl. Koch AktG § 30 Rn. 10).

6. Zustimmungsbeschlüsse

16 Bei der Verschm durch Neugründung ist **§ 13** anwendbar. Der Verschmelzungsvertrag bedarf daher zur Wirksamkeit der Zustimmung der Anteilsinhaberversammlung jedes der sich vereinigenden Rechtsträger; die **übernehmende AG** selbst kann, da sie in diesem Moment noch nicht gegründet ist, einen Verschmelzungsbe-

schluss nicht fassen. In Bezug auf die Zustimmungsbeschlüsse der übertragenden Rechtsträger treten keine Besonderheiten auf (näher → § 13 Rn. 1 ff.).

§ 76 I enthielt ein absolutes Verschmelzungsverbot für AG innerhalb der ersten **17** zwei Jahre ihrer Eintragung ins Handelsregister und ist in Folge der Neufassung des § 76 durch das **UmRUG** aufgehoben worden (→ § 76 Rn. 1).

§ 76 S. 1 stellt klar, dass der **Verschmelzungsbeschluss** sich auch auf die **Sat-** **18** **zung** der neuen AG zu beziehen hat (vgl. auch § 37).

7. Kosten der Verschmelzung durch Neugründung

Vgl. → § 56 Rn. 24 f. **19**

§ 74 Inhalt der Satzung

¹**In die Satzung sind Festsetzungen über Sondervorteile, Gründungsaufwand, Sacheinlagen und Sachübernahmen, die in den Gesellschaftsverträgen, Partnerschaftsverträgen oder Satzungen übertragender Rechtsträger enthalten waren, zu übernehmen.** ²**§ 26 Abs. 4 und 5 des Aktiengesetzes bleibt unberührt.**

Für die Verschm durch Neugründung einer AG ergänzt § 74 die allg. Festlegun- **1** gen des AktG (→ § 73 Rn. 5 ff., → § 36 Rn. 17, 18). In der Satzung der neu zu gründenden AG sind die im Einzelnen benannten **Festsetzungen,** die bereits in den Gesellschaftsverträgen, Partnerschaftsverträgen oder Satzungen übertragender Rechtsträger enthalten waren, **zu übernehmen.**

Durch den Verweis auf § 26 IV, V AktG in § 74 S. 2 wird klargestellt, dass die **2** Festsetzungen sowohl über die **Sondervorteile** und den **Gründungsaufwand** (§ 26 IV, V AktG) als auch über die **Sacheinlagen** und **Sachübernahmen** entsprechend Anwendung finden.

§ 75 Gründungsbericht und Gründungsprüfung

(1) ¹**In dem Gründungsbericht (§ 32 des Aktiengesetzes) sind auch der Geschäftsverlauf und die Lage der übertragenden Rechtsträger darzustellen.** ²**Zum Gründungsprüfer (§ 33 Absatz 2 des Aktiengesetzes) kann der Verschmelzungsprüfer bestellt werden.**

(2) **Ein Gründungsbericht und eine Gründungsprüfung sind nicht erforderlich, soweit eine Kapitalgesellschaft oder eine eingetragene Genossenschaft übertragender Rechtsträger ist.**

1. Allgemeines

§ 75 ist **Parallelvorschrift zu** § 58 bei Verschm durch Neugründung auf eine **1** GmbH. Wie dort stellt **Abs. 2** für die praktisch wichtigen Fälle der Beteiligung von KapGes oder eG als übertragender Rechtsträger („soweit", dazu Kallmeyer/Marsch-Barner/Oppenhoff Rn. 4 mwN) klar, dass ein **Gründungsbericht** und eine **Gründungsprüfung** wegen der durch das entsprechende jew. Organisationsrecht gewährleisteten Kapitalsicherung **nicht erforderlich** ist (dazu krit. Lutter/Grunewald Rn. 2 mit Verweis auf Lutter/Vetter § 58 Rn. 13, 14; Ihrig GmbHR 1995, 622 (629); zust. Semler/Stengel/Leonard/Diekmann Rn. 5, der auf das Recht des Gerichts nach § 69 I verweist). **Abs. 1 S. 2** wurde durch das 3. UmwGÄndG (→ Einf. Rn. 31) neu eingefügt und stellt klar, dass zum Gründungsprüfer auch der Verschmelzungsprüfer bestellt werden kann. Das ist zu begrüßen, weil der Verschmelzungsprüfer den relevanten Sachverhalt bereits kennt.

2. Gründungsbericht

2 Die Gewährleistung der **Kapitalaufbringung** ist wesentlicher Maßstab für die Ordnungsmäßigkeit der Verschm durch Neugründung auf eine AG (→ § 73 Rn. 8 ff.). Der notwendige **Mindestinhalt des Gründungsberichts** lässt sich § 32 AktG entnehmen. Zunächst muss der – durch die Gründer, also gem. § 36 II 2 durch die übertragenden Rechtsträger – gem. Abs. 1 S. 1 verfasste Bericht alle rechtlich relevanten Vorgänge (Namen der Gesellschafter, Datum und Inhalt des Verschmelzungsvertrages und der Zustimmungsbeschlüsse nach § 13, Feststellung der Satzung der AG, Aktienbeteiligung, Wahl des AR, Bestellung des Vorstands etc) angeben. Da es sich bei der Verschm durch Neugründung auch um eine Sachgründung handelt, sind zusätzlich zu der allg. Schilderung über den Hergang der Gründung nach **§ 32 II AktG** die wesentlichen Umstände darzulegen, aus denen die **hinreichende Werthaltigkeit der Sacheinlage** hervorgeht.

3 Der in **Abs. 1 S. 1** zusätzlich geforderte Bericht über den Geschäftsverlauf und die Lage der übertragenden Rechtsträger ist Teil des Gründungsberichts; nach hM muss – arg. § 32 II Nr. 3 AktG – die **geschäftliche Entwicklung der beiden letzten Gj.** vor dem Verschmelzungsstichtag für Dritte deutlich werden (Widmann/Mayer/Rieger Rn. 7; Timm BB 1990, 433; Friedrich BB 1990, 741; Kölner Komm UmwG/Simon Rn. 8, 9). Danach müssen Ereignisse, die für die Beurteilung der Geschäftsverhältnisse tragend sind, wie zB die Prosperität der übertragenden Rechtsträger, die Geschäftskontakte, drohende Verluste und umfangreiche Prozesse, angegeben werden. Es ist auch auf zukünftige Entwicklungen einzugehen und bei nennenswerten Abweichungen von der Prognose ggf. ein Nachtragsbericht zu erstellen (Semler/Stengel/Leonard/Diekmann Rn. 3 mwN). Bzgl. der weiteren Einzelheiten des Gründungsberichts wird auf die einschlägige Lit. zu § 32 AktG verwiesen.

4 Die **Gründer** sind nach allg. Vorschriften (§§ 46, 399 AktG) für die Richtigkeit der Angaben des Gründungsberichts **zivil- und strafrechtlich** verantwortlich. Damit scheidet eine **Vertretung** aus (Melchior GmbHR 1999, 520 (521)). Für den Bereich des UmwG 1995 bedeutet dies letztlich die Einstandspflicht der Verwaltungsorgane der übertragenden Rechtsträger nach §§ 25, 36 II 2. Die Berufung auf mangelnde Sachkunde stellt nicht von der Haftung frei. Die Gründerhaftung erstreckt sich auch auf Richtigkeit und Vollständigkeit des Lageberichts nach Abs. 1, da dieser Bestandteil des Gründungsberichts ist.

3. Gründungsprüfung

5 Wie für den Gründungsbericht folgt die Pflicht zur Durchführung einer **Gründungsprüfung** aus dem Verweis in § 36 II auf die Gründungsvorschrift des AktG, mithin auch auf § 33 I AktG. **Verpflichtet** zur Gründungsprüfung sind stets (Kallmeyer/Marsch-Barner/Oppenhoff Rn. 6) zunächst gem. § 33 I AktG (soweit bereits bestellt) die **Mitglieder des Vorstands** und des **AR** der neu gegründeten AG. Daneben hat gem. § 33 II AktG vorbehaltlich Abs. 2 eine weitere Prüfung durch einen oder mehrere **Gründungsprüfer** stattzufinden. Insoweit kann iRv § 319 I–IV HGB, auch der Verschmelzungsprüfer bestellt werden (Abs. 1 S. 2). Es bestehen daher uU zwei Prüfungskomplexe.

6 **Zweck der Gründungsprüfung ist** die Objektivierung der Angaben im Gründungsbericht durch Offenlegung des Gründungsvorgangs gegenüber gerichtlich bestellten Sachverständigen (§ 33 III, IV AktG). Als Gründungsprüfer darf nicht bestellt werden, wer nicht Sonderprüfer sein kann, § 33 V iVm § 143 II AktG.

7 Neben der Festlegung des Umfangs der Gründungsprüfung enthält § 34 II AktG die Verpflichtung zur Erstellung eines **Gründungsprüfungsberichts,** der von sämtlichen Prüfern persönlich unterzeichnet werden muss. Wie beim Gründungsbericht ist eine **Vertretung** nicht zulässig (Melchior GmbHR 1999, 520 (521)), eben-

falls kann nicht auf die Mitwirkung einzelner Organmitglieder verzichtet werden (Semler FS Fleck, 2004, 331 (339)).

Der **Prüfungsumfang** bestimmt sich nach § 33 I AktG, § 34 I AktG. Die Auf- 8 gabe der Gründungsprüfung besteht darin, festzustellen, ob alle maßgeblichen Vorschriften sowohl des AktG als auch des UmwG in formeller und materieller Hinsicht beachtet wurden. Der Gegenstand der notwendigen Prüfung nach §§ 60, 9–12 ist hiervon selbstverständlich ausgenommen. Die Prüfer haben die Angaben der Gründer betreffend die Übernahme der Aktien, die Einlagen auf das Grundkapital und die Festsetzungen nach §§ 26, 27 AktG (§ 74) auf ihre Richtigkeit und Vollständigkeit hin zu untersuchen. Zu prüfen ist, ob der Wert der Sacheinlagen oder Sachübernahmen den geringsten Ausgabebetrag (vgl. § 34 I Nr. 2 AktG; Koch AktG § 34 Rn. 3) der dafür zu gewährenden Aktien oder den Wert der dafür zu gewährenden Leistungen (bare Zuzahlungen, Barabfindung) erreicht. Auch die Ausführungen der Gründer über die Lage der übertragenden Rechtsträger und den Geschäftsverlauf der letzten beiden Jahre sind – da vom Gründungsbericht mit umfasst – auf ihre Richtigkeit und Vollständigkeit hin zu überprüfen.

Da die Prüfer zu klären haben, ob der reine Wert des übertragenen Vermögens 9 die Mindestsumme von 50.000 Euro, die gem. § 7 AktG als Grundkapital gefordert wird, oder das statutarisch festgesetzte höhere Grundkapital (einschl. Agio, vgl. BGH AG 2012, 87; ausf. → § 220 Rn. 5 f. mwN) erreicht, soll nach hM die **Verschmelzungsbilanz in die Prüfung einbezogen** werden. Daneben sind die Bücher der übertragenden Rechtsträger, die notariell beurkundete Niederschrift über den Verschmelzungsvertrag und darin enthalten die Satzung der übernehmenden AG, die Niederschriften über die Zustimmungsbeschlüsse nach § 13, die Urkunden über die Bestellung des AR und des Vorstands, der Gründungsbericht der Gründer und der Gründungsprüfungsbericht von Vorstand und AR zur Einsicht vorzulegen.

Für ihre Tätigkeit erhalten die Gründungsprüfer eine **Vergütung**, die **vom** 10 **Gericht festgesetzt** wird (§ 35 III AktG). Die **Verantwortlichkeit** der Gründungsprüfer bestimmt sich nach § 49 AktG, der auf die Regelungen über die Verantwortlichkeit des Abschlussprüfers in § 323 I–IV HGB verweist. Die **Haftung** ist danach für (einfache) Fahrlässigkeit auf insgesamt 1,5 Mio. Euro bzw. bei amtl. Notierung auf 4 Mio. bzw. 16 Mio. Euro (§ 323 II HGB) beschränkt; vorsätzlich Handelnde haften unbeschränkt. Diese Ersatzpflicht kann durch Vertrag **weder eingeschränkt noch ausgeschlossen** werden (§ 323 IV HGB).

§ 76 Verschmelzungsbeschlüsse

¹Die Satzung der neuen Gesellschaft wird nur wirksam, wenn ihr die Anteilsinhaber jedes der übertragenden Rechtsträger durch Verschmelzungsbeschluß zustimmen. ²Dies gilt entsprechend für die Bestellung der Mitglieder des Aufsichtsrats der neuen Gesellschaft, soweit diese nach § 31 des Aktiengesetzes zu wählen sind. ³Auf eine übertragende Aktiengesellschaft ist § 124 Abs. 2 Satz 3, Abs. 3 Satz 1 und 3 des Aktiengesetzes entsprechend anzuwenden.

Die Vorschrift erfasst nur **Verschm zur Neugründung einer AG** (Lutter/Gru- 1 newald Rn. 4; Semler/Stengel/Leonard/Diekmann Rn. 4; Kölner Komm UmwG/Simon Rn. 5). **Abs. 1** enthielt ein absolutes Verschmelzungsverbot für AG innerhalb der ersten zwei Jahre nach ihrer Eintragung ins HR und ist durch das **UmRUG** aufgehoben worden. Zweck dieser Regelung war der Schutz vor einer etwaigen Umgehung der aktienrechtlichen Nachgründungsvorschriften. Es ist zuzustimmen, dass ein absolutes Verschmelzungsverbot zur Erfüllung dieses Zweckes nicht erforderlich und zu weitgehend war (vgl. Begr. RegE, BT-Drs. 20/3822, 81; s. auch

BeckOGK/Weiß Rn. 36 mwN). Da § 67 gemäß der Änderung in § 73 (§ 67 wurde mit dem **UmRUG** aus den nicht anzuwendenden Vorschriften gestrichen, Begr. RegE, BT-Drs. 20/3822 zu § 73) künftig auf die Verschm durch Neugründung anwendbar ist, ist eine Umgehung der Nachgründungsvorschriften hierdurch ausgeschlossen (→ § 73 Rn. 2, → § 73 Rn. 17). Auch § 36 II S. 1 findet auf die neue Ges Anwendung und damit die aktienrechtlichen Gründungs- und Nachgründungsvorschriften (Begr. RegE, BT-Drs. 20/3822, 81) Anwendung. **S. 1** ist wegen § 37 überflüssig (so auch Widmann/Mayer/Rieger Rn. 13). Die Satzung der neu zu gründenden AG muss zwangsläufig Bestandteil des Verschmelzungsvertrages sein (§ 37); der Verschmelzungsbeschluss nach § 13 I bezieht sich auf den gesamten Inhalt des Verschmelzungsvertrages, damit ist ein weiterer Beschluss nicht notwendig.

2   **S. 2** trägt dem Umstand Rechnung, dass **Gründer iSv §§ 30, 31 AktG** normalerweise auch die späteren Gesellschafter der AG sind; bei der Verschm ist dies wegen § 36 II 2 nicht der Fall. Der Hinweis in S. 2 nur auf § 31 AktG hat für die Anwendung von § 30 AktG (→ § 73 Rn. 13) Bedeutung; es ist davon auszugehen, dass der Gesetzgeber bewusst eine Entscheidung des früheren Meinungsstreits herbeiführen wollte. Der nach S. 2 notwendige Beschluss („dies gilt entsprechend") ist wegen § 76 II 1, § 65 mit einer **Mehrheit von drei Vierteln** des auf der HV vertretenen Grundkapitals zu fassen. Bei der Einberufung der HV der übertragenden Rechtsträger ist § 124 II 3 (Neuerfassung des Verweises, → Einf. Rn. 35), § 124 III 1, 3 AktG entsprechend anzuwenden **(S. 3)**. Auch diese Verweisung ist wegen den ohnehin anwendbaren §§ 37, 61 nur begrenzt sinnvoll. Materiellen Gehalt hat lediglich das Gebot zur entsprechenden Anwendung von § 124 III 1, 3 AktG.

§ 77 *(aufgehoben)*

Vierter Abschnitt. Verschmelzung unter Beteiligung von Kommanditgesellschaften auf Aktien

§ 78 Anzuwendende Vorschriften

¹Auf Verschmelzungen unter Beteiligung von Kommanditgesellschaften auf Aktien sind die Vorschriften des Dritten Abschnitts entsprechend anzuwenden. ²An die Stelle der Aktiengesellschaft und ihres Vorstands treten die Kommanditgesellschaft auf Aktien und die zu ihrer Vertretung ermächtigten persönlich haftenden Gesellschafter. ³Der Verschmelzungsbeschluß bedarf auch der Zustimmung der persönlich haftenden Gesellschafter; die Satzung der Kommanditgesellschaft auf Aktien kann eine Mehrheitsentscheidung dieser Gesellschafter vorsehen. ⁴Im Verhältnis zueinander gelten Aktiengesellschaften und Kommanditgesellschaften auf Aktien nicht als Rechtsträger anderer Rechtsform im Sinne der §§ 29 und 34.

1. Allgemeines

1   Die Verweisungsvorschrift befasst sich mit Verschm, an denen eine **KGaA** beteiligt ist. Hinsichtlich der Verschmelzungsmodalitäten verweist **S. 1** vollumfänglich auf die entsprechende Anwendung **von §§ 60–77.** Das ist möglich, da die KGaA eine Kombinationsform von AG und KG ist und die Stellung der Kommanditaktionäre sich im Wesentlichen an der Stellung von Aktionären orientiert (vgl. § 278 AktG; → Rn. 9). Soweit in §§ 60 ff. Aufgaben des **Vorstands** angesprochen sind, treten an dessen Stelle die vertretungsberechtigten (dazu Koch AktG § 278 Rn. 19) **phG** der KGaA **(S. 2)**. IÜ wird die Rechtsstellung der phG nicht geregelt; insoweit ist auf §§ 278 ff. AktG zurückzugreifen.

2. Wesen der KGaA

Die KGaA ist eine **Kombination der Rechtsformen KG und AG** (Koch AktG § 278 Rn. 3), deren Führungsstruktur sich nach dem Recht der PhG und deren Kapitalstruktur sich nach dem Recht der AG richtet (MüKoAktG/Perlitt AktG Vor § 278 Rn. 29). Der KG entsprechend gibt es **mindestens einen phG;** ob dieser natürliche Person sein muss oder KapGes oder gar PersGes sein kann, ist durch BGH DB 1997, 1219 geklärt (→ § 3 Rn. 17; Koch AktG § 278 Rn. 8 ff. mwN) und in § 279 II AktG mittelbar anerkannt (vgl. Koch AktG § 278 Rn. 9). Gesetzlich geregelt ist die KGaA in §§ 278 ff. AktG. Der **Komplementär** kann – anders als bei der KG – gleichzeitig **auch Kommanditaktionär** (sogar Alleinaktionär) sein. Sein Rechtsverhältnis bestimmt sich nach den Vorschriften des HGB über die KG (§ 278 II AktG). Insbes. folgt aus § 278 II AktG, § 161 II HGB, § 126 HGB die persönliche Haftung des Komplementärs.

Der Rechtsstatus der Kommanditaktionäre (Kapitalstruktur) bestimmt sich demgegenüber nach den aktienrechtlichen Vorschriften (§ 278 III AktG). Daher sind auf der HV der KGaA ausschließlich die **Kommanditaktionäre stimmbefugt.** Wesentliche Beschlüsse bedürfen allerdings der **Zustimmung der phG** (§ 285 II AktG; S. 3 dient daher nur der Klarstellung). Wegen weiterer Einzelheiten wird auf die gesellschaftsrechtliche Spezialliteratur verwiesen (vgl. etwa K. Schmidt GesR § 32 mN zu weiterführender Lit.).

3. Rechtsstellung des persönlich haftenden Gesellschafters vor der Verschmelzung (S. 2)

Soweit in §§ 60 ff. Aufgaben des Vorstands geregelt sind, werden diese von den **phG,** wahrgenommen (S. 2). So haben die phG etwa den **Verschmelzungsvertrag** abzuschließen, den **Verschmelzungsbericht** zu erstatten und die **Anmeldung** vorzunehmen.

4. Zustimmung der persönlich haftenden Gesellschafter (S. 3)

S. 3 enthält einen ausdrücklichen **Zustimmungsvorbehalt** zugunsten der phG; damit besteht Übereinstimmung mit § 285 II AktG (Widmann/Mayer/Rieger Rn. 18 ff.; Kölner Komm UmwG/Simon Rn. 10, 11). Der Zustimmungsvorbehalt gilt unabhängig davon, ob die **KGaA als Übernehmerin oder als übertragender Rechtsträger** an der Verschm beteiligt ist. Im erstgenannten Fall folgt die Notwendigkeit der Zustimmung der phG schon aus der Erweiterung des Risikos durch die Aufnahme anderer Rechtsträger (Lutter/Grunewald Rn. 4). Aber auch im umgekehrten Fall ist die Verschm ein außergewöhnliches Geschäft, das der Zustimmung der phG bedarf. Eine § 45 vergleichbare Regelung zur **Nachhaftungsbegrenzung** sieht § 78 nicht vor, hier gelten die §§ 151, 137 HGB (§ 278 II AktG; wie hier Kallmeyer/Marsch-Barner/Oppenhoff Rn. 4 aE; aA Goutier/Knopf/Tulloch/Bermel Rn. 16; Semler/Stengel/Leonard/Krebs Rn. 30 ff., 32; ihm folgend Lutter/Grunewald Rn. 10; Widmann/Mayer/Rieger Rn. 27). Der **Zustimmungsbeschluss** der phG kann, sofern die Satzung keine abw. Regelung enthält (S. 3 Hs. 2, Mehrheitsentscheidung; dazu ausf. Widmann/Mayer/Rieger Rn. 17 ff.: grds. reicht einfache Mehrheit, Satzungsvorschriften über qualifizierte Mehrheiten insbes. bei Satzungsänderung sind aber zu beachten; wie hier mit ausf. Begr. Semler/Stengel/Leonard/Krebs Rn. 13 ff., 18; ebenso Kallmeyer/Marsch-Barner/Oppenhoff Rn. 5), **nur einstimmig** gefasst werden. Die Zustimmung ist in der Verhandlungsniederschrift oder in einem Anhang zur Niederschrift **zu beurkunden,** obwohl der Verschmelzungsbeschluss nicht in das HR eingetragen wird. Dies folgt aus **§ 13 I 1,** wenn man den phG als Anteilsinhaber iSv § 2 versteht (so wohl Widmann/

Mayer/Rieger Rn. 17), oder aus der **entsprechenden** Anwendung von § 285 III 2 AktG.

5. Haftung des persönlich haftenden Gesellschafters

6 Soweit die **KGaA als übertragender Rechtsträger** an der Verschm beteiligt ist, erlischt sie mit Eintragung der Verschm bzw. mit Eintragung des neu gegründeten Rechtsträgers (§ 20 I Nr. 2). Für Ansprüche, die erst nach Eintragung der Verschm bzw. des neuen Rechtsträgers begründet werden, haften daher die phG nicht. Für Ansprüche, die bereits gegenüber der KGaA bestanden hatten, bleibt die persönliche Haftung jedoch unberührt. Die Ansprüche gegen die phG verjähren allerdings mit Ablauf der Frist von §§ 151, 137 HGB (§ 278 II AktG; → Rn. 5). Die **Nachhaftung** dauert regelmäßig noch für einen Zeitraum von fünf Jahren an; wesentliche Unterschiede zu § 45 über die zeitliche Begrenzung der Haftung bei Verschm von phG bestehen nicht (vgl. aber Semler/Stengel/Leonard/Krebs Rn. 30 ff. mwN).

6. Rechtsstellung der persönlich haftenden Gesellschafter nach der Verschmelzung

7 Die **phG nehmen an der Verschm unmittelbar nicht teil.** Handelt es sich bei dem übernehmenden Rechtsträger um eine KGaA, so ist es zwar möglich, dass die phG auch bei dieser wieder als phG beitreten. Dies bedarf aber einer **Vereinbarung im Verschmelzungsvertrag** sowie eines entsprechenden Satzungsinhalts bei der Übernehmerin (§ 281 I AktG). Die Auswechslung der phG erfolgt also nicht kraft Gesetzes (ähnlich Lutter/Grunewald Rn. 7; wie hier Kallmeyer/Marsch-Barner/Oppenhoff Rn. 7; NK-UmwR/Habighorst Rn. 7; unklar Widmann/Mayer/Rieger Rn. 23; Semler/Stengel/Leonard/Krebs Rn. 22 mwN lässt die Frage mangels praktischer Auswirkungen offen; aA für eine Anteilsgewährungspflicht Habersack/Wicke/Weiß Rn. 16.1; BeckOGK/Weiß Rn. 16.1).

8 Sofern die phG nicht auch gleichzeitig Kommanditaktionäre waren, erhalten sie im Zuge der Verschm keine Anteile am übernehmenden Rechtsträger. Dies gilt auch dann, falls sie neben der Übernahme der persönlichen Haftung noch eine **Vermögenseinlage** geleistet haben, die nicht zum Grundkapital der KGaA gerechnet wird (vgl. § 281 II AktG). In diesem Fall kann – sofern die Übernehmerin eine KGaA ist – zwar vereinbart werden, dass die Vermögenseinlage in eine Einlage bei der Übernehmerin umgewandelt wird, es können jedoch nicht stattdessen Anteile der Übernehmerin gewährt werden (str., wie hier Lutter/Grunewald Rn. 9 mwN; Kallmeyer/Marsch-Barner/Oppenhoff Rn. 8; aA Widmann/Mayer/Rieger Rn. 24 mwN; Goutier/Knopf/Tulloch/Bermel Rn. 11, 12; Semler/Stengel/Leonard/Krebs Rn. 25 ff. mwN). §§ 2, 20, 60 ff. gehen davon aus, dass lediglich für bestehende Anteile am übertragenden Rechtsträger wiederum Anteile am übernehmenden Rechtsträger gewährt werden (Semler/Stengel/Leonard/Krebs Rn. 29 ist aA, weil §§ 60 ff. gem. § 78 S. 1 nur entsprechend anzuwenden sind). Dieser Anteilstausch gehört zu den Grundprinzipien der Verschm. Sofern also die **Vermögenseinlage** nicht ausnahmsweise bei einer übernehmenden KGaA fortgeführt oder vor der Verschm in Kommanditaktien umgetauscht (dazu Kallmeyer/Marsch-Barner/Oppenhoff Rn. 8) wird, muss sie den phG **zurückgezahlt** werden. Dies geschieht im Rahmen einer **Auseinandersetzung.** Gem. § 278 II AktG bestimmt sich der Auseinandersetzungsanspruch nach **§ 712 I BGB iVm § 161 II HGB, § 105 III HGB.** Durch die Satzung oder durch eine gesonderte Absprache kann insoweit aber auch eine andere Regelung getroffen werden. Der Abfindungsanspruch besteht nach Durchführung der Verschm gegenüber dem übernehmenden Rechtsträger (vgl. § 20).

7. Rechtsstellung der Kommanditaktionäre

Die Rechtsstellung der Kommanditaktionäre unterscheidet sich bei der Verschm 9
nach §§ 78, 60 ff. nicht von der Stellung der Aktionäre einer AG. Besonderheiten
sind nicht zu beachten.

8. Barabfindung (S. 4)

S. 4 dokumentiert die Entscheidung des Gesetzgebers, AG und KGaA nicht nur 10
in Bezug auf die Anwendung der besonderen Vorschriften, sondern auch bei der
Frage nach der Anwendung von §§ 29, 34 gleich zu behandeln. § 29 I 1 Hs. 1
gewährt einem widersprechenden Anteilsinhaber eines übertragenden Rechtsträgers
den **Anspruch auf Barabfindung** für den Fall, dass die Rechtsform von Ausgangs-
und ZielGes voneinander abweichen. S. 4 verhindert die Anwendung von § 29 I 1
Hs. 1 bei der **Verschm einer KGaA auf eine AG oder umgekehrt** (krit. Semler/
Stengel/Leonard/Krebs Rn. 36 mwN). Zu beachten ist allerdings, dass durch S. 4
nicht das gesamte Institut der Barabfindung (§§ 29–34) ausgeschlossen werden soll
(allgM, vgl. Widmann/Mayer/Rieger Rn. 29; Kallmeyer/Marsch-Barner/Oppen-
hoff Rn. 9); S. 4 kommt keine §§ 90 ff. entsprechende Wirkung zu, dort ist der
vollständige Ausschluss der Barabfindung durch die nur für das Recht der eG
bekannte Ausschlagung durch einzelne Anteilsinhaber gerechtfertigt.

Fünfter Abschnitt. Verschmelzung unter Beteiligung eingetragener Genossenschaften

Vorbemerkung

1. Verschmelzung unter Beteiligung von eG

Gem. § 3 I Nr. 3 können **eG** (zur SEC → Einf. Rn. 26, → § 3 Rn. 23 als über- 1
tragende, übernehmende oder neue Rechtsträger an einer Verschm beteiligt sein.
In Ergänzung zu den allg. Vorschriften von §§ 4–38 bestimmt **§§ 79–95** die
Verschm durch Aufnahme, §§ 96–98 die **Verschm durch Neugründung** einer
eG. Die eG kann nach diesen Regelungen unter Beteiligung von Rechtsträgern
anderer Rechtsform an einer Verschm beteiligt sein, **Mischverschmelzungen** sind
unproblematisch möglich.

Die Vorgängerregelungen in §§ 93a–93s GenG wurden durch Art. 7 UmwBerG 2
vollumfänglich aufgehoben.

2. Systematik

Neben der Möglichkeit der Mischverschmelzung mit Rechtsträgern anderer 3
Rechtsformen ist es nun – anders als nach § 93a I GenG aF – auch möglich, **eG
unterschiedlicher Haftart** (vgl. § 6 Nr. 3 GenG) miteinander zu verschmelzen.

Die Verschm unter Beteiligung von eG ist in die Systematik des UmwG 1995 4
umfassend eingefügt worden und weicht deshalb zum Teil erheblich von §§ 93a–
93s GenG aF ab.

Zunächst gilt der **„Allg. Teil"** des Verschmelzungsrechts (§§ 2–38) auch für 5
die Verschm unter Beteiligung von eG. Deshalb sind für den **notariellen Verschmelzungsvertrag** die Festlegungen von §§ 5, 80 maßgebend; der Vorstand als
Vertretungsorgan hat einen **Verschmelzungsbericht** (§ 8) zu verfassen. Weiterhin
besteht die Pflicht zur **Auslage bzw. Zugänglichmachung zahlreicher Unterlagen** zur Vorbereitung der Generalversammlung (§§ 82, 63). Der Verschmelzungsbe-

schluss bedarf gem. §§ 84, 13 III 1 der **notariellen Beurkundung**. Die Prüfung nach §§ 9–12 wird durch das **Prüfungsgutachten des genossenschaftlichen Prüfungsverbands** iSv § 81 ersetzt, ebenfalls sind §§ 29–34 auf die Genossen einer übertragenden Gen nicht anzuwenden, § 90 I. §§ 90–94 sehen die Möglichkeit der **Ausschlagung** durch einzelne Mitglieder einer übertragenden Gen vor.

3. Historie

6   Zur Teilnahme der Europäischen Gen an einer Verschm → Einf. Rn. 28. §§ 79–98 waren von den Änderungen im Gesetz zur Einführung der Europäischen Genossenschaft und zur Änderung des Genossenschaftsrechts v. 14.8.2006 (BGBl. 2006 I 1191) nur in geringem Maße betroffen. Gem. Art. 3 dieses Gesetzes wurde das GenG vor allem in seiner Terminologie geändert. Wesentliche inhaltliche Änderungen sind mit der geänderten Terminologie nicht verbunden. Zwar wurde anlässlich der Einführung der Europäischen Gen auch im nationalen Recht inhaltlich geändert. So wurden die rechtlichen Rahmenbedingungen insbes. für kleinere Gen verbessert, die Kapitalbeschaffung und -erhaltung strukturiert und einzelne Elemente der im Aktienrecht geführten Corporate Governance Diskussion auf die eG übertragen, Folgewirkungen für §§ 79–98 haben sich daraus aber nicht ergeben. Die eG muss mindestens drei statt bisher sieben Mitglieder haben, § 4 GenG.

7   Eine weitere Änderung von §§ 79–98 erfolgte durch das EHUG (→ Einf. Rn. 26). Die Änderungen betreffen jew. den Verweis auf § 19 III, der in § 87 II, in § 88 I, in § 91 II, in § 94 und schließlich in § 95 II erfolgt. Zur inhaltlichen Änderung von § 19 III wird auf die Komm. in → § 19 Rn. 33 ff. verwiesen. Schließlich wurden die §§ 79–98 durch das Gesetz zum Bürokratieabbau und zur Förderung der Transparenz bei Genossenschaften v. 17.7.2017 geändert, konkret wurde § 82 um einen Abs. 3 ergänzt und damit die bereits ua aus § 62 III 8, § 63 IV bekannte Möglichkeit einer Zugänglichmachung über die Internetseite der Gen geschaffen.

8   § 85 wird durch das **UmRUG** um einen neuen Abs. 1 ergänzt, der die Durchsetzung des Anspruchs auf bare Zuzahlung im Spruchverfahren für die Mitglieder der übernehmenden Gen ausschließt, vgl. Komm. dort.

Erster Unterabschnitt. Verschmelzung durch Aufnahme

§ 79 Möglichkeit der Verschmelzung

Ein Rechtsträger anderer Rechtsform kann im Wege der Aufnahme mit einer eingetragenen Genossenschaft nur verschmolzen werden, wenn eine erforderliche Änderung der Satzung der übernehmenden Genossenschaft gleichzeitig mit der Verschmelzung beschlossen wird.

1. Möglichkeiten der Verschmelzung

1   § 79 ist die **Zentralnorm** für die Verschm eines oder mehrerer Rechtsträger durch Aufnahme einer eG. Zunächst können **eG unbeschränkt miteinander** verschmolzen werden. Dabei macht es keinen Unterschied, ob die beteiligten eG gleicher **Haftart** sind oder nicht. Die Wahl zwischen der unbeschränkten Nachschusspflicht, der auf eine Haftsumme beschränkten Nachschusspflicht und dem Verzicht auf Nachschüsse überhaupt (vgl. § 6 Nr. 3 GenG, §§ 119–121 GenG) hat für die Verschm somit keine Bedeutung.

2   Gem. § 79 kann auch ein **Rechtsträger anderer Rechtsform** im Wege der Aufnahme mit einer eG verschmolzen werden (Mischverschmelzung). Grds. können alle verschmelzungsfähigen Rechtsträger iSv § 3 I, II auch an einer Verschm mit einer eG beteiligt sein, allerdings ist eine Verschm zur Aufnahme durch einen **eV** unter Beteiligung einer eG als übertragender Rechtsträger nicht möglich (§ 99 II).

Eine Verschm mit einem genossenschaftlichen **Prüfungsverband** scheidet generell aus (§ 105); Gleiches gilt für eine Verschm mit einem **VVaG** (§ 109). Die eG ist keine KapGes, deshalb ist auch die Verschm auf das Vermögen eines **Alleingesellschafters** nach §§ 120–122 nicht möglich.

2. Notwendige Änderung der Satzung

Sofern die eG bei einer Verschm durch Aufnahme **als übernehmender Rechtsträger** fungiert, schreibt § 79 die Notwendigkeit zur **Änderung der Satzung** fest. Gleichzeitig (im Wortsinn, vgl. Lutter/Bayer Rn. 22, 24; Widmann/Mayer/ Fronhöfer Rn. 23; Kölner Komm UmwG/Schöpflin Rn. 24; aA Semler/Stengel/ Leonard/Scholderer Rn. 34) mit der Beschlussfassung über die Verschm an sich muss die „erforderliche" Änderung der Satzung der eG beschlossen werden. Die Notwendigkeit zur Satzungsänderung (insbes. → § 88 Rn. 3) besteht nach § 79 nur und ausschließlich bei der **Mischverschmelzung** (dazu krit. Widmann/Mayer/ Fronhöfer Rn. 16; Lutter/Bayer Rn. 18, 19; Semler/Stengel/Leonard/Scholderer Rn. 37; gegen eine analoge Anwendung im Fall der Verschm auf eine andere eG Habersack/Wicke/Erkens Rn. 22; BeckOGK/Erkens Rn. 22). 3

Dieser Zwang zur Änderung der Satzung soll Friktionen bei der Aufnahme insbes. Von KapGes mit größeren Beteiligungen verhindern, soweit die Satzung der eG die Beteiligung mit mehr als einem Geschäftsanteil nicht zulässt (vgl. Begr. RegE, BR-Drs. 75/94 zu § 79). Die Notwendigkeit der Satzungsänderung ergibt sich mittelbar aus **§ 88 I,** der die Zuschreibung des übertragenen Vermögens (§ 20 I Nr. 1) als Geschäftsguthaben nur maximal bis zur Höhe der Summe aller Geschäftsanteile zulässt. Da der **Geschäftsanteil für alle Mitglieder gleich** sein muss (RGZ 64, 187 (193)), hat die Satzung gem. **§ 7a I GenG** in der vorbeschriebenen Konstellation zu bestimmen, dass sich ein Mitglied mit mehr als einem Geschäftsanteil beteiligen darf. Erforderlich sind darüber hinaus diejenigen Änderungen der Satzung, die zum Ausgleich der verschiedenen Unternehmens- und Beteiligungsstrukturen des übertragenen Rechtsträgers vor und nach Durchführung der Verschm unabdingbar sind; auch Änderungen des Unternehmensgegenstands nach der Verschm können eine Satzungsänderung bedingen (zum Gegenstand von Satzungsänderung Semler/ Stengel/Leonard/Scholderer Rn. 23 ff.; Kölner Komm UmwG/Schöpflin Rn. 26 ff. jew. mwN). 4

§ 80 Inhalt des Verschmelzungsvertrags bei Aufnahme durch eine Genossenschaft

(1) ¹Der Verschmelzungsvertrag oder sein Entwurf hat bei Verschmelzungen im Wege der Aufnahme durch eine eingetragene Genossenschaft für die Festlegung des Umtauschverhältnisses der Anteile (§ 5 Abs. 1 Nr. 3) die Angabe zu enthalten,
1. daß jedes Mitglied einer übertragenden Genossenschaft mit einem Geschäftsanteil bei der übernehmenden Genossenschaft beteiligt wird, sofern die Satzung dieser Genossenschaft die Beteiligung mit mehr als einem Geschäftsanteil nicht zuläßt, oder
2. daß jedes Mitglied einer übertragenden Genossenschaft mit mindestens einem und im übrigen mit so vielen Geschäftsanteilen bei der übernehmenden Genossenschaft beteiligt wird, wie durch Anrechnung seines Geschäftsguthabens bei der übertragenden Genossenschaft als voll eingezahlt anzusehen sind, sofern die Satzung der übernehmenden Genossenschaft die Beteiligung eines Mitglieds mit mehreren Geschäftsanteilen zuläßt oder die Mitglieder zur Übernahme mehrerer Geschäftsanteile verpflichtet; der Verschmelzungsvertrag oder sein Entwurf kann eine

Missio

andere Berechnung der Zahl der zu gewährenden Geschäftsanteile vorsehen.
²Bei Verschmelzungen im Wege der Aufnahme eines Rechtsträgers anderer Rechtsform durch eine eingetragene Genossenschaft hat der Verschmelzungsvertrag oder sein Entwurf zusätzlich für jeden Anteilsinhaber eines solchen Rechtsträgers den Betrag des Geschäftsanteils und die Zahl der Geschäftsanteile anzugeben, mit denen er bei der Genossenschaft beteiligt wird.

(2) Der Verschmelzungsvertrag oder sein Entwurf hat für jede übertragende Genossenschaft den Stichtag der Schlußbilanz anzugeben.

1. Allgemeines

1   Die Vorschrift steht in engem **Zusammenhang mit §§ 87, 88.** Während dort die Einzelheiten des Anteilstauschs (§ 20 I Nr. 3) bei Aufnahme von eG (§ 87) oder sonstigen Rechtsträgern (§ 88) durch eine eG geregelt sind, befasst sich § 80 mit dem **Inhalt des Verschmelzungsvertrages.** Damit wird, ähnl. Wie in § 46 für die GmbH, die allg. Vorschrift von **§ 5 I Nr. 3 ergänzt.**

2   **Abs. 1 S. 1** behandelt in Ergänzung von § 5 I Nr. 3 den **notwendigen Inhalt eines Verschmelzungsvertrages** bei einer Verschm zwischen eG; **Abs. 1 S. 1 Nr. 1** ist hierbei einschlägig, wenn die Satzung der aufnehmenden Gen die Beteiligung mit mehr als einem Geschäftsanteil nicht zulässt (gesetzlicher Regelfall), für die Anwendung von **Abs. 1 S. 1 Nr. 2** ist eine Regelung in der Satzung der übernehmenden eG iSv § 7a GenG notwendig. Abs. 1 S. 1 Nr. 2 Hs. 2 wurde durch Art. 1 Nr. 20 UmwÄndG v. 22.7.1998 (BGBl. 1998 I 1878) geändert. Durch Streichung der Worte „zugunsten der Genossen (jetzt: Mitglied) einer übertragenden Genossenschaft" ist jetzt die **Umsetzung eines gerechten Umtauschverhältnisses** ohne Weiteres möglich (vgl. Lutter/Bayer Rn. 1, 22; Beuthien/Wolff UmwG §§ 2 ff. Rn. 10, 10a).

3   **Abs. 1 S. 2** ergänzt § 5 für den Fall der **Mischverschmelzung,** also der Aufnahme eines Rechtsträgers anderer Rechtsform durch eine eG. Bei einer Verschm unter Beteiligung mehrerer übertragender Rechtsträger (zur Zulässigkeit → § 2 Rn. 9), von denen mindestens eine der Rechtsform der eG und mindestens ein anderer eine davon abw. Rechtsform hat, sind **Abs. 1 S. 1, 2** kumulativ anzuwenden.

4   Für alle Fälle der Verschm durch Aufnahme unter Beteiligung einer **eG als aufnehmenden Rechtsträger** schreibt **Abs. 2** als notwendigen Inhalt des Verschmelzungsvertrages außerdem die Angabe des **Stichtags der Schlussbilanz** einer jeden als übertragender Rechtsträger an der Verschm beteiligten eG vor. Damit wird „im Interesse der Transparenz des Verschmelzungsvorgangs" (Begr. RegE, BR-Drs. 75/94 zu § 80 II) ein Ausgleich zwischen dem Interesse der übertragenden eG daran, den nach § 17 II vorgegebenen Zeitrahmen auszuschöpfen, und dem Interesse der Anteilsinhaber, Aufklärung über das zu erwartende Geschäftsguthaben zu erlangen, angestrebt.

2. Verschmelzung unter eG (Abs. 1 S. 1)

5   § 5 I Nr. 3 schreibt die Notwendigkeit der Angabe des **Umtauschverhältnisses** der Anteile (§ 20 I Nr. 3) und ggf. der Höhe der baren Zuzahlung oder Angaben über die Mitgliedschaft beim übernehmenden Rechtsträger fest. Ähnl. wie bei einer Verschm durch Aufnahme einer GmbH (§ 46) würde diese allg. Klausel den Anspruch der betroffenen Anteilsinhaber nicht genügen. Ziel des Verschmelzungsvertrages muss bei der Aufnahme durch eine eG vielmehr sein, bereits zum Zeitpunkt des Abschlusses des Verschmelzungsvertrages (oder dessen Entwurf) zu

bestimmen, wie viele **Geschäftsanteile** den Mitgliedern der übertragenden eG an der aufnehmenden eG als Äquivalent ihres bisherigen Geschäftsguthabens zugestanden werden.

a) Beteiligung mit einem Geschäftsanteil (Abs. 1 S. 1 Nr. 1). Voraussetzung 6
für die Anwendung von **Abs. 1 S. 1 Nr. 1** ist der **gesetzliche Grundfall,** bei dem eine Ausnahmeregelung in der Satzung der übernehmenden eG nach § 7a GenG fehlt. Der Geschäftsanteil ist in der Satzung zwingend betragsmäßig festzulegen, er muss für alle Mitglieder gleich hoch sein. Einen gesetzlichen **Höchst- oder Mindestbetrag** sieht das GenG nicht vor, der Mindestgeschäftsanteil kann frei gewählt werden. Der Verschmelzungsvertrag hat, da ein Anteilstausch iSv § 20 I Nr. 3 grds. Geboten ist (→ § 2 Rn. 15), daher zu bestimmen, dass jedes Mitglied einer übertragenden eG **mit genau einem Geschäftsanteil** bei der übernehmenden eG beteiligt wird. Dies gilt selbstverständlich auch dann, wenn die übertragende eG in ihrer Satzung von der Kannvorschrift in § 7a GenG Gebrauch gemacht hat. Ist ein Mitglied der übertragenden eG schon vor der Verschm auch Mitglied der übernehmenden eG gewesen, so hat die Verschm grds. Keine Doppelmitgliedschaft in der übernehmenden eG zur Folge (Kölner Komm UmwG/Schöpflin Rn. 15; Semler/Stengel/Leonard/Scholderer Rn. 28). Der nach Aufstockung des Geschäftsguthabens bis zur Höhe des Geschäftsanteils bei der übernehmenden eG übersteigende Betrag, der dem Mitglied der übertragenden eG als Verschmelzungsfolge zusteht, ist ihm gem. § 87 II 1 auszuzahlen; das kann zu erheblichen Liquiditätsabflüssen führen. Deshalb empfiehlt sich eine Satzungsregelung bei der übernehmenden eG, die eine möglichst vollständige Anrechnung des Geschäftsguthabens auf mehrere Geschäftsanteile ermöglicht (dazu ausf. mit Beispiel zu den einzelnen Konstellationen Semler/Stengel/Leonard/Scholderer Rn. 22 ff. mwN).

b) Beteiligung mit mehreren Geschäftsanteilen (Abs. 1 S. 1 Nr. 2). Sofern 7
die aufnehmende eG bereits vor oder in Umsetzung (§ 79) der Verschm eine **Satzungsbestimmung iSv § 7a GenG** getroffen hat, hat jedes Mitglied einer übertragenden eG Anspruch darauf, mit **mindestens einem Geschäftsanteil** bei der übernehmenden eG beteiligt zu werden; darüber hinaus sind ihm weitere Geschäftsanteile zuzugestehen, sofern sein **Geschäftsguthaben** bei der übertragenden eG – also der Betrag, mit dem das Mitglied tatsächlich finanziell an der eG beteiligt ist – dies erfordert. Es sind grds. so viele Geschäftsanteile zu gewähren, wie sie unter Berücksichtigung des bisherigen Geschäftsguthabens bei der übertragenden eG als **voll eingezahlt** gelten (Lutter/Bayer Rn. 17 mwN; Beispiel bei Semler/Stengel/ Leonard/Scholderer Rn. 28). Eine Abweichung von diesem Berechnungsmodus ist nach der **Neufassung von Abs. 1 S. 1 Nr. 2 Hs. 2** (→ Rn. 3) nicht mehr nur zugunsten der Mitglieder einer übertragenden eG zulässig. Abs. 1 S. 1 Nr. 2 verlangt wie bisher nur eine **abstrakte Regelung im Verschmelzungsvertrag.** Es ist nicht erforderlich, dass der Verschmelzungsvertrag für jedes Mitglied auch schon die Zahl der Geschäftsanteile angeben muss, die dieser durch die Verschm erhält (Begr. RegE, BR-Drs. 75/94 zu § 80 I 1 Nr. 2). Dies wäre auch gar nicht möglich, da schon Abs. 2 zeigt, dass Schlussbilanzen zum Zeitpunkt der Aufstellung des Verschmelzungsvertrages oder seines Entwurfs noch nicht vorliegen müssen; damit ist eine Bewertung der Rechtsträger, wie sie § 20 I Nr. 3 voraussetzt, bzw. die Bemessung der Geschäftsguthaben noch nicht möglich.

3. Mischverschmelzung (Abs. 1 S. 2)

Abs. 1 S. 2 behandelt den Fall der zulässigen **Mischverschmelzung** (→ § 79 8
Rn. 2). Der **Verschmelzungsvertrag** hat in Ergänzung zu § 5 I Nr. 3 und zur Vorbereitung des nach § 20 I Nr. 3 durchzuführenden Anteilstauschs (vgl. auch § 88) jew. den **Betrag des Geschäftsanteils und die Zahl der Geschäftsanteile** anzu-

geben, mit denen die Anteilsinhaber des übertragenden Rechtsträgers künftig bei der übernehmenden eG beteiligt sein werden. Der so im Verschmelzungsvertrag zu nennende Geschäftsanteil darf der Höhe nach von den anderen Geschäftsanteilen nicht abweichen (→ Rn. 7); um dennoch eine gerechte Beteiligung der Anteilsinhaber der übertragenden Rechtsträger an der übernehmenden eG zu erreichen, sind gerade bei Vermögensübertragungen durch Rechtsträger, die nur wenige Anteilsinhaber mit hoher prozentualer Beteiligung haben, **mehrere Geschäftsanteile** bei der übernehmenden eG zu gewähren (ähnl. Semler/Stengel/Leonard/Scholderer Rn. 25). Sieht die Satzung der übernehmenden eG eine solche Möglichkeit bislang nicht vor, ist nach § 79 zu verfahren und die Satzung entsprechend zu ändern (→ § 79 Rn. 3 f.; Kölner Komm UmwG/Schöpflin Rn. 29). Dies ist nicht nur durch das Wesen der Verschm (→ § 2 Rn. 3 ff.) geboten, ein solches Verhalten liegt vielmehr auch im Interesse der übernehmenden eG; wird die Äquivalenz zwischen dem Wert des übertragenen Vermögens und dem Wert der gewährten Anteile nicht eingehalten, ist die übernehmende eG verpflichtet, den **überschießenden Betrag** an die Anteilsinhaber der übertragenden Rechtsträger **in bar auszuzahlen** (§ 88 I 3). Dies würde zu einer nicht verantwortbaren wirtschaftlichen Schwächung der übernehmenden eG führen, weil für den Anteilstausch bei einer Mischverschmelzung nicht der Nominalwert des Anteils am übertragenden Rechtsträger, sondern dessen tatsächlicher Wert maßgebend ist.

4. Stichtag der Schlussbilanz (Abs. 2)

9   Die **Schlussbilanz** jeder der an der Verschm beteiligten übertragenden eG ist maßgeblich für die Berechnung des Umtauschverhältnisses nach § 20 I Nr. 3. Der übertragende Rechtsträger hat die Schlussbilanz nach § 17 II 1 der Registeranmeldung beizufügen. Auch der Prüfungsverband wird im Rahmen seines Gutachtens nach § 81 auf die Schlussbilanzen zurückgreifen. Zum Schutz der Mitglieder schreibt **Abs. 2** deswegen als Mindestvoraussetzung vor, dass der **Verschmelzungsvertrag** oder sein Entwurf für jede übertragende Genossenschaft zumindest den **Stichtag der Schlussbilanz** anzugeben hat. Diese Festlegung ermöglicht den Mitgliedern auch eine Entscheidung darüber, ob ihnen die letztlich erst mit dem Vorliegen der Schlussbilanz gewährte Transparenz zeitlich noch ausreicht; uU hat die Festlegung des Stichtags damit Auswirkungen auf das Beschlussergebnis iRv § 84 (überwiegend wird – zutr. – vertreten, dass die Schlussbilanz zum Zeitpunkt des Verschmelzungsbeschlusses vorliegen müsse, vgl. Widmann/Mayer/Fronhöfer Rn. 64 ff.; Lutter/Bayer Rn. 27; Heidinger NotBZ 2002, 86; aA Semler/Stengel/Leonard/Scholderer Rn. 48 mwN; Habersack/Wicke/Erkens Rn. 48; BeckOGK/Erkens Rn. 48; Lang/Weidmüller/Holthaus/Lehnhoff UmwG § 80 Rn. 10; Beuthien/Wolff UmwG §§ 2 ff. Rn. 55a mwN). Das **Geschäftsguthaben** erscheint in der Schlussbilanz der übertragenden eG, damit wird es als feste Größe bestimmt (ausf. Lutter/Bayer Rn. 28–30 mwN). Bei **Rechtsträgern mit anderer Rechtsform** kommt der Schlussbilanz eine ähnl. bedeutende Rolle nicht zu, dort ist iRv § 5 I Nr. 3 der tatsächliche Wert des Anteils maßgebend, nicht die feste Bezugsgröße „Geschäftsguthaben".

§ 81 Gutachten des Prüfungsverbandes

(1) ¹**Vor der Einberufung der Generalversammlung, die gemäß § 13 Abs. 1 über die Zustimmung zum Verschmelzungsvertrag beschließen soll, ist für jede beteiligte Genossenschaft eine gutachtliche Äußerung des Prüfungsverbandes einzuholen, ob die Verschmelzung mit den Belangen der Mitglieder und der Gläubiger der Genossenschaft vereinbar ist (Prüfungsgut-**

achten). ²Das Prüfungsgutachten kann für mehrere beteiligte Genossenschaften auch gemeinsam erstattet werden.

(2) Liegen die Voraussetzungen des Artikels 25 Abs. 1 des Einführungsgesetzes zum Handelsgesetzbuche in der Fassung des Artikels 21 § 5 Abs. 2 des Gesetzes vom 25. Juli 1988 (BGBl. I S. 1093) vor, so kann die Prüfung der Verschmelzung (§§ 9 bis 12) für die dort bezeichneten Rechtsträger auch von dem zuständigen Prüfungsverband durchgeführt werden.

1. Allgemeines

Während bei der Verschm unter Beteiligung von Rechtsträgern anderer Rechtsform uU (Vorliegen eines Prüfungsbefehls) eine Verschmelzungsprüfung nach §§ 9–12 stattzufinden hat, sieht § 81 die **Erstattung eines Gutachtens des Prüfungsverbands der eG** vor. Neu ist die ausdrückliche Aufnahme der Zulässigkeit des **gemeinsamen Prüfungsgutachtens** nach Abs. 1 S. 2. 1

Die Ersetzung von §§ 9–12 durch das Gutachten des Prüfungsverbands nach § 81 sieht **Abs. 2** auch für den Fall vor, dass ein Rechtsträger anderer Rechtsform als Tochter einer eG an der Verschm beteiligt ist (zB Aufnahme der TochterGes durch die eG). Diese Ausnahme rechtfertigt sich wegen der „besonderen Vertrautheit der Prüfungsverbände mit den Verhältnissen der von ihnen betreuten Genossenschaften und deren Tochterunternehmen" (Begr. RegE, BR-Drs. 75/94 zu § 81 II). 2

§ 81 steht in engem Zusammenhang mit §§ 82, 83. Das Prüfungsgutachten ist in Vorbereitung der Generalversammlung der betroffenen eG **in den Geschäftsräumen auszulegen** (§ 82 I) bzw. über die **Internetseite zugänglich zu machen** (§ 82 III), des Weiteren schreibt § 83 II neben der Pflicht, das Prüfungsgutachten in der Generalversammlung **zu verlesen**, das Recht zur **beratenden Teilnahme des Prüfungsverbandes** in der Generalversammlung vor. 3

Anders als bei § 9 II, § 12 III ist ein **Verzicht** der Anteilsinhaber auf Prüfung durch den genossenschaftlichen Prüfungsverband oder auf Erstattung des Prüfungsgutachtens **nicht möglich** (aA Beuthien/Wolff UmwG §§ 2 ff. Rn. 26; wie hier aber die hM, vgl. Lutter/Bayer Rn. 1 aE; Habersack/Wicke/Thilo Rn. 35; BeckOGK/Thilo Rn. 35 Widmann/Mayer/Fronhöfer Rn. 8; NK-UmwR/Geschwandtner Rn. 3; ähnlich Kölner Komm UmwG/Schöpflin Rn. 20). Zum einen wäre ein solcher Verzicht bei der regelmäßig großen Mitgliederzahl einer eG schwerlich zu erreichen, zum anderen – und das ist entscheidend – würde sich ein solches Recht der Mitglieder nicht mit §§ 53 ff. GenG und der dort statuierten **besonderen Pflichtenbindung von eG und Prüfungsverband** vertragen. Die besondere Stellung und Verantwortlichkeit des Prüfungsverbands (die Pflichtmitgliedschaft im Prüfungsverband ist verfassungsgemäß, vgl. BVerfG WM 2001, 360 und Semler/Stengel/Leonard/Scholderer Rn. 6) zeigt sich auch darin, dass seine Mitwirkung durch die eG erzwungen werden kann (**vollstreckbarer Anspruch auf Erstattung des Gutachtens,** zutr. Lutter/Bayer Rn. 9 mwN; Beuthien/Wolff UmwG §§ 2 ff. Rn. 23; Lang/Weidmüller/Holthaus/Lehnhoff UmwG § 81 Rn. 6; wegen eines Anspruchs auf beratende Mitwirkung aber → § 83 Rn. 8). 4

2. Gutachterliche Äußerung des Prüfungsverbandes (Abs. 1 S. 1)

Das **Gutachten** ist zwingend **schriftlich** (ganz hM, vgl. Nachw. bei Lutter/Bayer Rn. 18; Semler/Stengel/Leonard/Scholderer Rn. 18, jew. mwN; Kölner Komm UmwG/Schöpflin Rn. 7) zu verfassen, anderenfalls könnte es in der Generalversammlung nicht gem. § 83 II 1 verlesen werden (auch → § 83 Rn. 7 zur Pflicht des Prüfungsverbandes, das Gutachten zu erstellen). Die **Zielrichtung des Gutachtens** ist nicht mit § 12 identisch. § 81 I 1 weicht nicht nur in der Person des Prüfungsverpflichteten, sondern auch im Gegenstand der Prüfung vom normalen Prü- 5 fungsbericht ab. Die geforderte Aussage ist teils enger, teils weiter als die des Prüfungsberichts nach § 12. Der Prüfungsverband hat sich mit dem Inhalt des Verschmelzungsvertrages ausf. auseinanderzusetzen, eine § 9 I vglbare ausdrückliche Regelung fehlt jedoch. Auch steht das „vorgeschlagene Umtauschverhältnis" bei einer reinen eG-Verschm naturgemäß nicht im Mittelpunkt der gutachterlichen Äußerung des Prüfungsverbandes. Da ein von den tatsächlichen Werten der an der Verschm beteiligten Rechtsträger abhängiges Umtauschverhältnis bei der eG nicht ermittelbar ist (vgl. § 80 II; → § 80 Rn. 6 ff., anders bei Mischverschmelzung unter Beteiligung eines Rechtsträgers anderer Rechtsform), kommt es iRv Abs. 1 S. 1 mehr auf den iRv § 12 unbeachtlichen **Sinn und Zweck der Verschm für die Mitglieder und die Gläubiger der Genossenschaft** an (aA Lutter/Bayer Rn. 12; wie hier Semler/Stengel/Leonard/Scholderer Rn. 24 ff.; Kölner Komm UmwG/Schöpflin Rn. 8). Der Prüfungsverband hat unter Zugrundelegung seiner spezifischen Kenntnisse aus der bisherigen Zusammenarbeit mit der eG das **Für und Wider der Verschm** zu erörtern, seine Aufgabe lässt sich am ehesten als **Hilfestellung für die Entscheidungsfindung der Generalversammlung** iRv § 84 (Zweckmäßigkeit) kennzeichnen. Deswegen legt das Gesetz auch großen Wert auf die Wiedergabe des Prüfungsgutachtens bei der Generalversammlung, § 83 II. Ziel des Prüfungsgutachtens ist es wie früher, eine klare Aussage darüber zu treffen, ob die Verschm insbes. im Hinblick auf die zu erwartende künftige Entwicklung mit den Belangen der Gläubiger und der Mitglieder vereinbar ist (allgM, vgl. Lutter/Bayer Rn. 1, 10 mwN).

6 In der Abfassung des Prüfungsgutachtens ist der genossenschaftliche Prüfungsverband relativ frei. Eine ausf. Darlegung der Wirkungen der Verschm ist nicht gefordert, zumindest dann nicht, wenn sie für die Verschm wesenstypisch sind (zB Gesamtrechtsnachfolge). Das spezifisch beim Prüfungsverband vorhandene Wissen soll vielmehr dazu fruchtbar gemacht werden, eine fundierte Meinung über die Zweckmäßigkeit der Verschm zu äußern (ausf. Lutter/Bayer Rn. 10 mwN); die Mitglieder sollen diesen Ratschlag als Grundlage für ihre Entscheidungsfindung iRv § 84 ansehen dürfen, eine **Bindung der Mitglieder** besteht aber selbstverständlich nicht (Semler/Stengel/Scholderer Rn. 39). Der Prüfungsverband hat **entsprechend § 11 I 4** ein **Auskunftsrecht gegenüber allen beteiligten Rechtsträgern** (Beuthien/Wolff UmwG §§ 2 ff. Rn. 24 mwN).

7 Abs. 1 S. 1 dient auch dem Schutz der **Gläubiger der eG.** Der Prüfungsverband hat in seinem Gutachten zu einer etwaigen Vermögensgefährdung der Gläubiger durch die Verschm auszuführen (Kölner Komm UmwG/Schöpflin Rn. 13), ein Hinweis auf die Gläubigerschutzvorschrift in § 22 sollte in das Prüfungsgutachten aufgenommen werden.

8 Abs. 1 S. 1 ist **SchutzG iSv § 823 II BGB** (für die Gläubiger der eG; ähnl. Kölner Komm UmwG/Schöpflin Rn. 21; Beuthien/Wolff UmwG §§ 2 ff. Rn. 107), bei schuldhafter Pflichtverletzung droht die Haftung aus Delikt. Für die eG als Pflichtmitglied des Prüfungsverbands sind vertragliche Schadensersatzansprüche möglich (Semler/Stengel/Leonard/Scholderer Rn. 42).

9 Für die **rechtzeitige Einholung** des Prüfungsgutachtens ist der Vorstand der eG zuständig. Er hat dabei darauf zu achten, dass dem Prüfungsverband genügend Zeit bis zur notwendigen Auslage nach § 82 I verbleibt.

3. Gemeinsames Prüfungsgutachten (Abs. 1 S. 2)

10 Durch Abs. 1 S. 2 soll eine Gleichstellung mit der Verschmelzungsprüfung (§ 12 I 2) erreicht werden (krit. Widmann/Mayer/Fronhöfer Rn. 23). Auch bei Zuständigkeit verschiedener Prüfungsverbände ist nun die Erstellung eines gemeinsamen Prüfungsgutachtens möglich (wie hier Lutter/Bayer Rn. 7 mwN, der zu Recht darauf hinweist, dass lediglich die **gemeinsame Prüfung** selbst die Zugehörigkeit zum gleichen Prüfungsverband erfordert; wie hier auch Semler/Stengel/Leonard/ Scholderer Rn. 31, 32; NK-UmwR/Geschwandtner Rn. 13; unklar Beuthien/ Wolff UmwG §§ 2 ff. Rn. 25; aA Kölner Komm UmwG/Schöpflin Rn. 16, 17).

4. AG und GmbH im Mehrheitsbesitz einer eG (Abs. 2)

Nach Art. 25 I EGHGB ist die Prüfung des Jahresabschlusses bei **AG und** 11 **GmbH,** die **im Mehrheitsbesitz** einer eG stehen, in Abweichung von § 319 HGB auch durch den Prüfungsverband, dem die beteiligte eG angehört, zulässig. Dieses Privileg soll durch **Abs. 2** auch für die Verschm gelten. Die Prüfung erfolgt in diesem Fall nach den Maßgaben von § 9 und § 11, während § 10 nicht anwendbar ist (missverständlich Widmann/Mayer/Fronhöfer Rn. 28) und § 12 nur unter Berücksichtigung von § 81 anzuwenden ist. Die Berufung auf diese Ausnahmevorschrift setzt aber voraus, dass von dem Prüfungsrecht des Prüfungsverbands nach Art. 25 I EGHGB **in den Vorjahren auch tatsächlich Gebrauch gemacht** wurde **(aA die hM,** vgl. Lutter/Bayer Rn. 8; Widmann/Mayer/Fronhöfer Rn. 27; Kölner Komm UmwG/Schöpflin Rn. 19). Anderenfalls fehlt es an der als Rechtfertigung herangezogenen „besonderen Vertrautheit" (→ Rn. 2) des Prüfungsverbandes mit den Verhältnissen der TochterGes. Zu beachten ist schließlich Art. 25 I EGHGB insoweit, als an den Prüfungsverband **besondere Voraussetzungen** gestellt werden: **Mehr als die Hälfte** der geschäftsführenden Mitglieder des Vorstands des Prüfungsverbands (bei nur zwei Vorstandsmitgliedern mindestens einer) **müssen Wirtschaftsprüfer sein.**

§ 82 Vorbereitung der Generalversammlung

(1) ¹**Von der Einberufung der Generalversammlung an, die gemäß § 13 Abs. 1 über die Zustimmung zum Verschmelzungsvertrag beschließen soll, sind auch in dem Geschäftsraum jeder beteiligten Genossenschaft die in § 63 Abs. 1 Nr. 1 bis 4 bezeichneten Unterlagen sowie die nach § 81 erstatteten Prüfungsgutachten zur Einsicht der Mitglieder auszulegen.** ²**Dazu erforderliche Zwischenbilanzen sind gemäß § 63 Absatz 2 Satz 1 bis 4 aufzustellen.**

(2) **Auf Verlangen ist jedem Mitglied unverzüglich und kostenlos eine Abschrift der in Absatz 1 bezeichneten Unterlagen zu erteilen.**

(3) **Die Verpflichtungen nach Absatz 1 Satz 1 und Absatz 2 entfallen, wenn die in Absatz 1 Satz 1 bezeichneten Unterlagen für denselben Zeitraum über die Internetseite der Genossenschaft zugänglich sind.**

Wegen des normalerweise nicht gegebenen Einsichtsrechts der Mitglieder in 1 Unterlagen der eG (Beuthien/Schöpflin GenG § 43 Rn. 17) und der besonderen Bedeutung der Verschm für das künftige Schicksal des Vermögenswerts „Geschäftsguthaben" sieht die Vorschrift ein **umfassendes Einsichtsrecht** vor. Aufgrund der vglbar schwachen Stellung von Aktionären und Mitgliedern verweist **Abs. 1 S. 1** auf **§ 63.** Mit Auslegung der in Abs. 1 genannten Unterlagen erhalten die Mitglieder damit die Möglichkeit, sich schon vor der Generalversammlung über alle Sachverhalte zu informieren, die auf ihre Willensbildung Einfluss haben können (Lutter/ Bayer Rn. 12; Semler/Stengel/Leonard/Scholderer Rn. 1; Habersack/Wicke/ Lakenberg Rn. 2; BeckOGK/Lakenberg Rn. 2; Widmann/Mayer/Fronhöfer Rn. 1 jew. mwN; Kölner Komm UmwG/Schöpflin Rn. 1).

§ 63 I Nr. 1–4 ist gem. Abs. 1 S. 1 entsprechend anwendbar. Neben dem **Ver-** 2 **schmelzungsvertrag** und dem **Verschmelzungsbericht** sind **sämtliche Jahresabschlüsse** (nebst Lageberichten) aller an der Verschm beteiligten Rechtsträger für die **letzten drei Gj.** Auszulegen (zur Auslage von Unterlagen auf der Internetseite der Gen **in der** Generalversammlung → § 83 Rn. 3). Für die Aufstellung der **Zwi-**

schenbilanz nach § 63 I Nr. 3 ist der Zeitpunkt des Abschlusses des Verschmelzungsvertrages oder der Aufstellung des Entwurfs maßgeblich, iE → § 63 Rn. 4. Für die so uU erforderlichen Zwischenbilanzen gilt gem. Abs. 1 S. 2 § 63 II in dem Umfang, der für eG sinnvoll ist. Seit der Erweiterung von § 63 II durch das 3. UmwÄndG (→ Einf. Rn. 31) ist dies nicht mehr vollständig der Fall, weswegen jetzt nur noch auf § 63 II 1–4 verwiesen wird. Inhaltlich hat sich dadurch nichts geändert.

3 Auf § 63 I Nr. 5 wird nicht verwiesen, der nach § 12 erstattete Verschmelzungsprüfungsbericht kann bei der eG nicht vorliegen; er wird durch das nach § 81 erstattete Prüfungsgutachten ersetzt. Damit wird auch klar, dass die bei einer Mischverschmelzung uU nach § 12 erstatteten **Prüfungsberichte für die anderen** an der Verschm beteiligten **Rechtsträger** nicht zu den nach Abs. 1 auszulegenden Unterlagen zählen (wie hier Beuthien/Wolff UmwG §§ 2 ff. Rn. 30, 31a; Kölner Komm UmwG/Schöpflin Rn. 16, der zutr. auf Rechtssicherheit verweist; aA die hM, Lutter/Bayer Rn. 27; Semler/Stengel/Leonard/Scholderer Rn. 32; Widmann/Mayer/Fronhöfer Rn. 32 jew. mwN).

4 Jedes Mitglied hat Anspruch auf unverzügliche (§ 121 I BGB) und **kostenlose Abschrift** der auszulegenden Unterlagen. Das **Verlangen** ist an die eG, vertreten durch den Vorstand, zu richten. Eine besondere Form ist hierfür nicht vorgeschrieben. Das Recht auf Abschrifterteilung besteht nicht mehr während der Generalversammlung (Lutter/Bayer § 83 Rn. 4 mwN; zur HV der AG, → § 64 Rn. 3 mwN). Die noch in der 7. Aufl. 2016 vertretene aA, wonach Abschriften auch in der Generalversammlung bei Vorhandensein zumutbarer technischer Möglichkeiten zu erteilen seien, führt zu beträchtlichen Rechtsunsicherheiten und die Erteilung einer (ggf. umfangreichen) Abschrift erst in der Generalversammlung bringt für die Mitglieder kaum informatorischen Mehrwert.

5 Die Berufung der Generalversammlung hat nach § 46 GenG in der durch die Satzung bestimmten Weise mit einer Frist von mindestens einer Woche zu erfolgen. Die Fristbestimmung ist danach auch für die Auslegung der in Abs. 1 bezeichneten Unterlagen maßgeblich, bei Fehlen einer entsprechenden Regelung gilt die Wochenfrist.

6 Abs. 3 sieht (→ Vor § 79 Rn. 7) die ua aus § 62 III 8, § 63 IV bekannte Möglichkeit einer Zugänglichmachung über die Internetseite vor (→ § 62 Rn. 14, → § 63 Rn. 9).

§ 83 Durchführung der Generalversammlung

(1) ¹**In der Generalversammlung sind die in § 63 Abs. 1 Nr. 1 bis 4 bezeichneten Unterlagen sowie die nach § 81 erstatteten Prüfungsgutachten auszulegen.** ²**Der Vorstand hat den Verschmelzungsvertrag oder seinen Entwurf zu Beginn der Verhandlung mündlich zu erläutern.** ³**§ 64 Abs. 2 ist entsprechend anzuwenden.**

(2) ¹**Das für die beschließende Genossenschaft erstattete Prüfungsgutachten ist in der Generalversammlung zu verlesen.** ²**Der Prüfungsverband ist berechtigt, an der Generalversammlung beratend teilzunehmen.**

1. Allgemeines

1 In Ergänzung zu §§ 43 ff. GenG befasst sich die Vorschrift mit den **Formalien zur Durchführung der Generalversammlung.** In Abs. 1 wird wie bei § 82 auf die Vorschriften über das Auskunftsrecht der Aktionäre in §§ 63, 64 Bezug genommen. Die Erleichterungen, die das ARUG für die AG bei der Durchführung der HV mit der Einfügung des § 118 I 2 AktG gebracht hat (insbes. Einsatz des Internets), kamen der eG nicht zugute. Eine Teilnahme an der Generalversammlung

allein über das Internet ohne physische Teilnahme ist grundsätzlich bisher nicht vorgesehen gewesen (wie hier Henssler/Strohn/Geibel GenG § 43 Rn. 6 mwN; aA Beck RNotZ 2014, 160 (167)). Es wurde diesbzgl. bisher zu § 43 VII 1 GenG nach Einfügung des § 82 III diskutiert. § 83 I 3 verweist lediglich auf § 64 II und nicht auf § 64 I 1, der es AGs bisher ermöglichte, auf der Internetseite veröffentlichte Verschmelzungsunterlagen während der HV auf Monitoren bereitzuhalten (Habersack/Wicke/Lakenberg Rn. 3; BeckOGK/Lakenberg Rn. 3 mwN). **§ 43b Abs. 1 GenG** regelt nun, dass die Generalversammlung einer Gen neben der klassischen Präsenzversammlung in Form einer virtuellen, hybriden oder gestreckten Versammlung durchgeführt werden kann → § 84 Rn. 8. Eine satzungsmäßige Grundlage ist hierfür, anders als bei den gesetzlichen Vorgaben zur virtuellen HV, nicht erforderlich (Walch/Häuslmeier DNotZ 2023, 106 (125)).

Abs. 2 führt § 93b II 2, 3 GenG aF inhaltlich unverändert fort.

2. Auslage von Unterlagen, Abs. 1 S. 1

In Ergänzung zu § 82 I schreibt **Abs. 1 S. 1** die Pflicht der eG fest, die in § 63 I Nr. 1–4, § 81 bezeichneten **Unterlagen** in ausreichender Zahl (→ § 64 Rn. 3 mwN; Semler/Stengel/Leonard/Scholderer Rn. 8) auch **in der** Generalversammlung **zur Einsichtnahme auszulegen** (vom Beginn bis zum Ende der gesamten Versammlung, so zutr. Lutter/Bayer Rn. 3 mwN; Kölner Komm UmwG/Schöpflin Rn. 3). Adressat der Auslagepflicht ist der Vorstand der eG; eine § 82 II entsprechende Regelung fehlt in § 83, sodass den Mitgliedern kein ausdrückliches Recht zur unverzüglichen und kostenlosen Aushändigung einer Abschrift der Unterlagen während der Generalversammlung zusteht (→ § 82 Rn. 4). Die Frage der Zulässigkeit der Auslage der Unterlagen auf der Internetseite der Gen in der Generalversammlung sollte durch den Gesetzgeber eindeutig im Gesetz festgelegt werden (vgl. auch BeckOGK/Lakenberg Rn. 3, 3.1 mwN) § 83 I S. 1 steht im Widerspruch zu § 43b GenG. Es ist davon auszugehen, dass es bei der nicht erfolgten Anpassung des § 83 I anlässlich der Einfügung des **§ 43b GenG** um ein gesetzgeberisches Versehen handelt. Da der Gesetzgeber sich dazu entschieden hat, virtuelle Versammlungen von Publikumsgesellschaften zuzulassen, sollte § 83 I bis zu einer entsprechenden Anpassung progressiv dahingehend ausgelegt werden, dass das „Auslegen" von Unterlagen auf der Internetseite der Ges im Rahmen einer virtuellen Generalversammlung ausreichend ist, wenn die vorstehenden Voraussetzungen im Übrigen eingehalten werden (siehe hierzu auch BeckOGK/Lakenberg Rn. 3.1). Aufgrund der Regelung des **§ 43b GenG** bedarf es hierzu nicht mehr eines Verweises auf § 64 I 1. Bei hybriden oder gestreckten Generalversammlungen mit hybrider Versammlung sind die Unterlagen zur Einsichtnahme und auf der Internetseite der Gesellschaft auszulegen bzw. zugänglich zu machen.

3. Mündliche Erläuterung durch den Vorstand, Abs. 1 S. 2

Um einen effektiven Schutz der Mitglieder zu erreichen, hat der Gesetzgeber auch bei Durchführung der Generalversammlung die bisher nur im Aktienrecht bekannte Verpflichtung des Vorstands statuiert, **den Verschmelzungsvertrag** oder seinen Entwurf **mündlich zu erläutern.** Auf → § 64 Rn. 4–6 wird in vollem Umfang verwiesen. Anschl. ist der **Verschmelzungsbericht zu erstatten** (§ 8; → § 261 Rn. 3 aE; aA Semler/Stengel/Leonard/Scholderer Rn. 13).

4. Auskunftsrecht der Mitglieder, Abs. 1 S. 3

Jedes Mitglied hat bzgl. der Angelegenheiten seiner eG ein grds. nur in der Generalversammlung ausübbares **Auskunftsrecht** (Lang/Weidmüller/Holthaus/Lehnhoff GenG § 43 Rn. 32). Diese Rechtsposition wird durch **Abs. 1 S. 3** für den Fall der Verschm erweitert: Jedem Mitglied ist **auf Verlangen der Generalversammlung** durch den Vorstand Auskunft auch über alle für die Verschm wesentlichen Angelegenheiten **der anderen** an der Verschm beteiligten Rechtsträger zu geben. Auf die Erläuterung in → § 64 Rn. 6, 7 wird verwiesen.

5. Verlesung des Prüfungsgutachtens, Abs. 2 S. 1

6   Diese Vorschrift dient dazu, allen Mitgliedern unmittelbar vor der Beschlussfassung nach § 84 Kenntnis vom Inhalt des Prüfungsgutachtens auch dann zu vermitteln, wenn sie von ihrem Einsichtsrecht nach §§ 82, 83 I keinen Gebrauch gemacht haben. Die Vorschrift bestimmt nicht, **wer** dazu verpflichtet ist, das Prüfungsgutachten zu verlesen. Zweckmäßigerweise wird es sich anbieten, bei Anwesenheit eines **Repräsentanten des Prüfungsverbands** (zum Wahlrecht → Rn. 8) diesen als Vortragenden zu bestimmen, subsidiär ist der **Vorstand der eG** zur Verlesung verpflichtet. Die Verlesung soll nach Lutter/Bayer § 81 Rn. 16 die Dauer von einer Stunde nicht überschreiten, vgl. zur Darstellung des Gutachtens Semler/Stengel/Leonard/Scholderer Rn. 21 ff. Ein Unterlassen oder Verweigern der Verlesung ist ein Grund, den Beschluss iSv § 84 anzufechten und die Unwirksamkeitsklage (Frist: § 14 I) zu erheben (Semler/Stengel/Leonard/Scholderer Rn. 42; Kölner Komm UmwG/Schöpflin Rn. 14). Gegenstand der Verlesung ist das komplette Prüfungsgutachten iSv § 81 I, die Prüfungsgutachten anderer an der Verschm beteiligter eG sind nicht zu verlesen. Verlesen iSv Abs. 2 S. 1 meint die Pflicht zum **wörtlichen Vortrag,** nur auszugsweise Zitate sind nicht zulässig (wie hier hM). In der Praxis wird weder der Qualität des Gutachtens noch der Pflicht zum Verlesen besondere Aufmerksamkeit geschenkt, vgl. Lutter/Bayer § 81 Rn. 16, 17 insbes. Fn. 4 mit Verweis auf die empirischen Erhebungen in der Dissertation von Bleschke, Die Verschmelzung eingetragener Genossenschaften, 2003 und § 83 Rn. 16.

7   Aus § 83 II 1 folgt auch die Pflicht des Prüfungsverbandes, auf entsprechende Anforderungen ein Gutachten iSv § 81 zu erstellen. Der **Rechtsanspruch auf Erstattung des Prüfungsgutachtens** ist nach § 888 I ZPO zu vollstrecken (Lutter/Bayer Rn. 18 mwN), der materiell-rechtliche Anspruch folgt aus der besonderen Pflichtenverbindung des Prüfungsverbandes nach §§ 54, 55 GenG.

6. Beratende Teilnahme des Prüfungsverbandes, Abs. 2 S. 2

8   Der Prüfungsverband ist nach **Abs. 2 S. 2 zur Teilnahme** an der Generalversammlung **berechtigt,** eine dazu korrespondierende **Verpflichtung** besteht aber wohl nicht (aA die hM, vgl. Kölner Komm UmwG/Schöpflin Rn. 12 mwN; wie hier Semler/Stengel/Leonard/Scholderer Rn. 39, der zutr. auf den eindeutigen Wortlaut von Abs. 2 S. 2 verweist; NK-UmwR/Geschwandtner Rn. 10, 11). Wird – wie üblich – vom Recht zur Teilnahme Gebrauch gemacht, steht es dem Prüfungsverband frei, über die Person seines Vertreters zu bestimmen; nicht erforderlich ist die Teilnahme desjenigen, der das Prüfungsgutachten iSv § 81 erstellt hat. In der **Aussprache,** die an die Erläuterung des Verschmelzungsvertrags (Abs. 1 S. 2), die Erstattung des Prüfungsberichts und die Verlesung des Gutachtens (Abs. 2 S. 1) anschließt, kann der Prüfungsverband jederzeit von seinem Recht nach Abs. 2 S. 2 Gebrauch machen. Hierbei kann insbes. das schriftliche Gutachten mündlich **näher erläutert** werden, auch besteht ein umfassendes **Recht zur ausführlichen Antwort** auf entsprechende Fragen der Mitglieder, schließlich darf sich der Vertreter des Prüfungsverbandes im umfassenden Sinne an einer etwa stattfindenden **Diskussion beteiligen,** jedoch keine Anträge stellen oder an der Abstimmung teilnehmen (so auch Widmann/Mayer/Fronhöfer Rn. 24; Semler/Stengel/Leonard/Scholderer Rn. 40; Lutter/Bayer Rn. 19). Damit wird die Intensität der Teilnahme des Prüfungsverbands an der der Beschlussfassung nach § 84 vorausgehenden Aussprache

vollständig in das **Ermessen des Prüfungsverbandes** gestellt. Ein Rechtsanspruch der Mitglieder auf Ausführungen durch den Vertreter des Prüfungsverbandes besteht nicht.

§ 84 Beschluß der Generalversammlung

¹**Der Verschmelzungsbeschluß der Generalversammlung bedarf einer Mehrheit von drei Vierteln der abgegebenen Stimmen.** ²**Die Satzung kann eine größere Mehrheit und weitere Erfordernisse bestimmen.**

Die Vorschrift ist stets in **Zusammenhang mit § 13 I** zu lesen. Vorbehaltlich 1 einer strengeren Bestimmung in der Satzung (§ 84 S. 2) bedarf der Verschmelzungsbeschluss der Generalversammlung einer eG – unabhängig davon, ob die eG als übertragender oder übernehmender Rechtsträger fungiert – einer **Mehrheit von drei Vierteln der abgegebenen Stimmen.** Damit enthält § 84 eine von § 43 II GenG abw. Bestimmung.

Der Zustimmungsbeschluss nach §§ 84, 13 ist zwingende Voraussetzung für die 2 **Wirksamkeit des Verschmelzungsvertrages** (→ § 4 Rn. 6, → § 13 Rn. 4 ff.). In Abweichung zum früher für eG geltenden Verschmelzungsrecht bedarf der Verschmelzungsbeschluss der **notariellen Beurkundung,** § 13 III 1 (→ § 13 Rn. 69 ff.).

Die Beschlussfassung in **offener Abstimmung** (überzeugend Widmann/Mayer/ 3 Fronhöfer Rn. 6; wie hier auch Lutter/Bayer Rn. 6; aA Semler/Stengel/Leonard/ Scholderer Rn. 7, § 83 Rn. 32 mwN) richtet sich nach den allg. Regeln des GenG, auf § 43 GenG und die Speziallitertur wird verwiesen. Das Erfordernis eines Beschlusses der Generalversammlung (bzw. der **Vertreterversammlung,** arg. § 90 III) ist zwingend, weil es sich bei der Frage der Zustimmung zum Verschmelzungsvertrag nach §§ 13, 84 stets um eine Grundlagenentscheidung handelt; dieser Beschluss kann nur in einer Versammlung der Anteilsinhaber gefasst werden, § 13 I 2. Die **Satzung der eG** kann weder die Beschlussfassung für verzichtbar erklären, noch ist die Übertragung der Entscheidungskompetenz etwa auf den AR oder auf den Vorstand möglich, vgl. auch § 43 IV, V GenG. Bei der Vorbereitung der Generalversammlung ist § 82, bei ihrer Durchführung § 83 zu beachten. Ein etwaiger Verstoß hiergegen kann zur **Beschlussanfechtung** (§ 51 GenG) führen.

Voraussetzung eines gültigen Verschmelzungsbeschlusses ist nach § 84 S. 1 die 4 **relative Dreiviertelmehrheit.** Bei der Berechnung kommt es allein auf die **abgegebenen Stimmen** an, **Stimmenthaltungen** zählen hierbei nicht (→ § 65 Rn. 7, 8; Lang/Weidmüller/Holthaus/Lehnhoff GenG § 43 Rn. 62 mwN). Entsprechendes gilt für ungültige Stimmen (Beuthien/Wolff UmwG §§ 2 ff. Rn. 36 mwN). **Mehrstimmrechte** sind nach Maßgabe von § 43 III Nr. 1 S. 3 GenG unbeachtlich, eine Ausnahme gilt nur für eG, deren Mitglieder selbst wieder ausschließlich oder überwiegend eG sind, § 43 III Nr. 3 GenG; vgl. Lang/Weidmüller/Holthaus/Lehnhoff GenG § 43 Rn. 77 ff.

Eine **Probeabstimmung** kann durchgeführt werden (Semler/Stengel/Leonard/ 5 Scholderer Rn. 6); ebenso ist eine erneute Beratung und Abstimmung zulässig, wenn bei der ersten Beschlussfassung die erforderliche Mehrheit nicht zustande gekommen ist (Semler/Stengel/Leonard/Scholderer Rn. 12; Widmann/Mayer/ Fronhöfer Rn. 9; zweifelnd Lutter/Bayer Rn. 6).

Das gesetzliche Mehrheitserfordernis von § 84 S. 1 stellt die Mindestanforderung 6 dar. Die Satzung kann gem. § 84 S. 2 die Notwendigkeit einer **größeren Mehrheit** (bis zur Einstimmigkeit) und weitere Erfordernisse bestimmen. Derartige **weitere Erfordernisse** können besondere Bestimmungen zur Beschlussfähigkeit der Generalversammlung sein (etwa Anwesenheitsquorum, Semler/Stengel/Leonard/Scholderer Rn. 21 mwN), ein gänzlicher **Ausschluss der Verschm** kann in der Satzung hingegen zulässigerweise nicht vereinbart werden. Sofern die Satzung für eine Satzungsänderung erhöhte Anforderungen an die Mehrheitsverhältnisse aufstellt, ist durch Auslegung zu ermitteln, ob diese Erschwerung auch für den Verschmelzungsbeschluss gelten soll. Entsprechendes gilt für Bestimmungen über die Auflösung der eG (zutr. Widmann/Mayer/Fronhöfer Rn. 19; weitergehend Lutter/Bayer Rn. 10; Semler/Stengel/Leonard/Scholderer Rn. 20).

7 Der Verschmelzungsvertrag oder sein Entwurf ist dem Verschmelzungsbeschluss als Anlage beizufügen, § 13 III 2. Auf **Verlangen** hat die eG jedem Mitglied auf dessen Kosten unverzüglich (§ 121 I BGB) eine **Abschrift des Vertrages** und der Niederschrift des Beschlusses zu erteilen, § 13 III 3; die Kostenregelung von § 82 II gilt hierfür nicht, der Anwendungsbereich dieser Vorschrift erstreckt sich auf die Zeit vor Fassung des Verschmelzungsbeschlusses (Semler/Stengel/Leonard/Scholderer Rn. 17).

8 Inzwischen ist am 27.7.2022 das Gesetz zur Einführung virtueller Hauptversammlungen von Aktiengesellschaften und Änderung genossenschafts- sowie insolvenz- und restrukturierungsrechtlicher Vorschriften in Kraft getreten, BGBl. 2022 I 1166 v. 26.7.2022. **§ 118a AktG** regelt nun die Durchführung der virtuellen HV. Am Ende des Gesetzgebungsverfahrens hat auf Empfehlung des Rechtsausschusses (Beschlussempfehlung des Rechtsausschusses, BT-Drs. 20/2653) auch **§ 43b GenG nF** Einzug in das vorbezeichnete Gesetz erhalten. **§ 43b I GenG nF** regelt, dass die Generalversammlung einer Gen neben der klassischen Präsenzversammlung in Form einer virtuellen, hybriden oder gestreckten Versammlung durchgeführt werden kann (vgl. Beschlussempfehlung des Rechtsausschusses, BT-Drs. 20/2653, 33 f.; eine Satzungsermächtigung ist hierfür nicht erforderlich). Die Mindestvoraussetzungen einer virtuellen Generalversammlung nach **§ 43b III 1 GenG** sind abstrakt ausgestaltet, die Ausgestaltung im Einzelnen ist gemäß **§ 43b III 2** GenG einer Satzungsregelung vorbehalten. Es ist insofern aufgrund des Versammlungszwangs in der Satzung dafür Sorge zu tragen, dass eine ausreichende aktive Mitwirkung der elektronisch zugeschalteten Genossen, durch Diskussion des Verschmelzungsbeschlusses, unter Meinungsaustausch der Anteilsinhaber mit den Gesellschaftsorganen und untereinander vergleichbar mit einer physischen Versammlung, (zum Versammlungserfordernis **§ 13 I 2** bei virtuellen Versammlungen von Genossenschaften in der Pandemie BGH DNotZ 2022, 754 (757) (mAnm Knaier) und eine ordnungsgemäße Beurkundung des Beschlussergebnisses durch den Notar, der am Aufenthaltsort des Versammlungsleiters anwesend ist (siehe hierzu BGH DNotZ 2022, 754 (758) (mAnm Knaier), Walch/Häuslmeier DNotZ 2023, 106 (126)), erfolgen. Für die Erfüllung des **Beurkundungserfordernisses nach § 13 III 1** ist bei der eG die Beurkundung mittels Tatsachenprotokoll, §§ 36 ff. BeurkG möglich (BGH NZG 2021, 1562 (1564); siehe auch BeckOGK/Lakenberg Rn. 12 mwN auch unter Verweis auf § 47 GenG). Für Beurkundungen bei rein virtuellen Versammlungen hat der Gesetzgeber klargestellt, dass es ausreichend sei, dass der Notar für die Beurkundung am Aufenthaltsort des Versammlungsleiters zugegen ist, sich dort von dem ordnungsgemäßen Ablauf des Beschlussverfahrens überzeugt und anschließend die Feststellung des Beschlussergebnisses durch das zuständige Gesellschaftsorgan beurkundet (vgl. Beschlussempfehlung des Rechtsausschusses, BT-Drs. 19/30516, 73).

§ 85 Verbesserung des Umtauschverhältnisses

(1) **§ 14 Absatz 2 und § 15 sind nicht anzuwenden auf Mitglieder einer übernehmenden Genossenschaft.**

(2) **Bei der Verschmelzung von Genossenschaften miteinander ist § 15 nur anzuwenden, wenn und soweit das Geschäftsguthaben eines Mitglieds in**

der übernehmenden Genossenschaft niedriger als das Geschäftsguthaben in der übertragenden Genossenschaft ist.

(3) **Der Anspruch nach § 15 kann auch durch Zuschreibung auf das Geschäftsguthaben erfüllt werden, soweit nicht der Gesamtbetrag der Geschäftsanteile des Mitglieds bei der übernehmenden Genossenschaft überschritten wird.**

Die Vorschrift gilt nur bei einer **reinen Verschm unter eG** oder bei einer **Mischverschmelzung** für das Verhältnis einer oder mehrerer übertragender eG zur aufnehmenden eG. Durch das **UmRUG** wird den Abs. 1 und 2 nach der bisherigen Rechtslage ein neuer Abs. 1 vorangestellt und die bisherigen Abs. 1 und 2 werden als redaktionelle Folgeänderung zu Abs. 2 und 3, bleiben aber inhaltlich unverändert. 1

§ 85 I schließt die Anwendung von § 14 Abs. 2 und § 15 auf Mitglieder der übernehmenden Gen und damit auch die Durchsetzung des Anspruchs auf bare Zuzahlung im Spruchverfahren aus. Abs. 1 ist auf sämtliche Verschm anwendbar, bei denen eine eingetragene Gen. übernehmender Rechtsträger ist (vgl. Begr. RegE, BT-Drs. 20/3822, 81; BeckOGK/Fuchs Rn. 9). Durch das **UmRUG** wurden § 14 II und § 15 neugefasst und geregelt, dass sich der Klageausschluss bei Bewertungsmängeln (dass das Umtauschverhältnis der Anteile nicht angemessen ist oder dass die Mitgliedschaft bei dem übernehmenden Rechtsträger kein angemessener Gegenwert für die Anteile oder die Mitgliedschaft bei dem übertragenden Rechtsträger ist) nun auch auf Klagen gegen die Wirksamkeit des Verschmelzungsbeschlusses **des übernehmenden Rechtsträgers** erstreckt (→ § 55 Rn. 29). Den Anteilsinhabern des übernehmenden Rechtsträgers wird hiermit die Geltendmachung des Anspruchs auf bare Zuzahlung im Spruchverfahren eröffnet (vgl. Begr. RegE, BT-Drs. 20/3822, 70). Mitglieder der übernehmenden Gen können jedoch aufgrund des Ausschlusses der Anwendung von § 14 II und § 15 gemäß § 85 I Klagen gegen die Wirksamkeit des Verschmelzungsbeschlusses nach wie vor auf Bewertungsrügen stützen, wohingegen das Spruchverfahren nicht eröffnet wird. Es ergibt sich hieraus im Ergebnis keine Änderung zur bisherigen Rechtslage (BeckOGK/Fuchs Rn. 12; Widmann/Mayer/Fronhöfer Rn. 10.1). Nach dem Willen des Gesetzgebers soll die Neufassung des § 85 I nicht auf die Verschm von Gen untereinander beschränkt sein, sondern auch auf die Verschm von Rechtsträgern anderer Art auf Gen Anwendung finden (vgl. Begr. RegE, BT-Drs. 20/3822, 81). 2

Die Abweichung von § 15 gemäß **Abs. 2**, der die Verbesserung des Umtauschverhältnisses durch verzinsliche bare Zuzahlung ermöglicht, ist für diese Verschmelzungsvarianten gerechtfertigt; durch die Erfüllung des Nachbesserungsanspruchs nach § 15 könnte das beschwerte Mitglied aus Anlass der Verschm sonst nämlich eine Beteiligung an den Rücklagen und dem sonstigen Vermögen der übertragenden eG erhalten, die ihm beim Ausscheiden durch Ausschlagung (§§ 90 ff.) gerade nicht zusteht (Begr. RegE, -Drs. 75/94 zu § 85). Ob diese eindeutige Entscheidung des Gesetzgebers richtig ist, kann mit guten Gründen bezweifelt werden. Die gesetzliche Regelung kann zu einer **unangemessenen Benachteiligung** führen (zutr. Lutter/Bayer Rn. 5, 7; Lutter/Bayer § 87 Rn. 33 ff. mwN; Widmann/Mayer/Fronhöfer Rn. 24; aA Semler/Stengel/Leonard/Scholderer Rn. 5; Semler/Stengel/Leonard/Scholderer § 87 Rn. 52 ff.; ausf. Semler/Stengel/Leonard/Scholderer § 80 Rn. 32 ff.; Habersack/Wicke/Fuchs Rn. 22; BeckOGK/Fuchs Rn. 22; ebenso Kölner Komm UmwG/Schöpflin Rn. 6 ff.), die angesichts auch der Rspr. des BVerfG zur Eigentumsgarantie bei Verschm (BVerfG ZIP 1999, 1436 mAnm Wilken; ausf. → § 5 Rn. 7, → § 5 Rn. 50 ff.) und beim aktienrechtlichen Spruchverfahren (BVerfG ZIP 1999, 532 mAnm Neye EWiR 1999, 459; → § 20 Rn. 42) kaum hinnehmbar ist. 3

Das **Geschäftsguthaben** ist nicht identisch mit dem Geschäftsanteil iSv § 7 Nr. 1 GenG, es stellt vielmehr den Betrag dar, der tatsächlich auf den oder die Geschäftsan- 4 teile eingezahlt (oder durch Gutschriften aus Gewinnanteilen bzw. Rückvergütungen zugebucht) ist. Für eine Bewertung der Geschäftsguthaben ist kein Raum; der „innere Wert" (unter Einbeziehung stiller Reserven) des Unternehmens kommt gerade nicht zum Ausdruck, was auch § 73 GenG betreffend die Auseinandersetzung mit einem ausgeschiedenen Mitglied belegt (Lang/Weidmüller/Holthaus/Lehnhoff GenG § 7 Rn. 5 ff.). Im Gegensatz dazu unterliegt § 15 dem Leitbild des vollständigen Wertausgleichs (→ § 15 Rn. 13 ff.), deshalb wird diese Vorschrift durch Abs. 2 in ihrem Anwendungsbereich eingeschränkt.

5   Eine **bare Zuzahlung oder eine Zuschreibung nach Abs. 3** ist deshalb nur zulässig, wenn und soweit das Geschäftsguthaben eines Mitglieds in der übernehmenden eG niedriger als sein bisheriges Geschäftsguthaben in der übertragenden eG ist. Die hierfür maßgeblichen Werte lassen sich aus der **Schlussbilanz der übertragenden eG** (§ 17 II, § 80 II) und der Bilanz der übernehmenden eG nach der Verschm (die normale Jahresbilanz, nicht eine gesonderte Eröffnungsbilanz, vgl. Semler/Stengel/Leonard/Scholderer Rn. 12 Fn. 32) entnehmen. **Abs. 2** verweist auch auf **§ 15 I Hs. 2,** der die Höhe der baren Zuzahlung auf den **zehnten Teil des Gesamtnennbetrags** der gewährten Anteile begrenzt. Für die Festsetzung der baren Zuzahlung im Spruchverfahren nach dem SpruchG gilt dies jedoch nicht (→ § 15 Rn. 28 ff.).

6   Da das Geschäftsguthaben Bestandteil des EK der eG ist (Lang/Weidmüller/Holthaus/Lehnhoff GenG § 7 Rn. 29 ff.), sieht Abs. 3 als Alternative zur baren Zuzahlung nach § 15 die Zuschreibung auf das Geschäftsguthaben bei der übernehmenden eG vor. Dadurch wird eine Abschmelzung des EK der eG vermieden (Begr. RegE, BR-Drs. 75/94 zu § 85).

§ 86 Anlagen der Anmeldung

(1) **Der Anmeldung der Verschmelzung ist außer den sonst erforderlichen Unterlagen auch das für die anmeldende Genossenschaft erstattete Prüfungsgutachten in Urschrift oder in öffentlich beglaubigter Abschrift beizufügen.**

(2) **Der Anmeldung zur Eintragung in das Register des Sitzes des übernehmenden Rechtsträgers ist ferner jedes andere für eine übertragende Genossenschaft erstattete Prüfungsgutachten in Urschrift oder in öffentlich beglaubigter Abschrift beizufügen.**

1   In **Ergänzung von § 17** schreibt **Abs. 1** die Pflicht des anmeldenden Vorstands (§ 16: in vertretungsberechtigter Zahl, zutr. Semler/Stengel/Leonard/Scholderer Rn. 3; Kölner Komm UmwG/Schöpflin Rn. 3) der eG vor, das nach § 81 erstattete **Prüfungsgutachten** in Urschrift oder in öffentlich beglaubigter Abschrift beizufügen. Damit wird die Pflicht zur Einreichung des Prüfungsberichts bzw. der Verzichtserklärungen in § 17 ersetzt.

2   Für Fälle der **Mischverschmelzung** soll stets gewährleistet sein **(Abs. 2),** dass auch bei der Anmeldung zur Eintragung in das Register des Sitzes des übernehmenden Rechtsträgers (ggf. anderer Rechtsform) das Prüfungsgutachten jeder der an der Verschm beteiligten eG in Urschrift oder in öffentlich beglaubigter Abschrift beigefügt wird. Adressat dieser Verpflichtung sind die Mitglieder des Vertretungsorgans des übernehmenden Rechtsträgers, eine **§ 16 I 2** vglbare Berechtigung der Vorstände der übertragenden eG besteht nicht. Aus Abs. 2 lässt sich somit die auch dem Verschmelzungsvertrag inne liegende **Pflicht der Vorstände der beteiligten eG** zur Überlassung des Gutachtens zwecks Einreichung zum Register des übernehmenden Rechtsträgers entnehmen; bei Missachtung dieser Verpflichtung droht neben der Herausgabeklage auch die Schadensersatzpflicht der Vorstandsmitglieder der beteiligten eG nach §§ 25 ff.

§ 87 Anteilstausch

(1) ¹Auf Grund der Verschmelzung ist jedes Mitglied einer übertragenden Genossenschaft entsprechend dem Verschmelzungsvertrag an dem übernehmenden Rechtsträger beteiligt. ²Eine Verpflichtung, bei einer übernehmenden Genossenschaft weitere Geschäftsanteile zu übernehmen, bleibt unberührt. ³Rechte Dritter an den Geschäftsguthaben bei einer übertragenden Genossenschaft bestehen an den Anteilen oder Mitgliedschaften des übernehmenden Rechtsträgers anderer Rechtsform weiter, die an die Stelle der Geschäftsanteile der übertragenden Genossenschaft treten. ⁴Rechte Dritter an den Anteilen oder Mitgliedschaften des übertragenden Rechtsträgers bestehen an den bei der übernehmenden Genossenschaft erlangten Geschäftsguthaben weiter.

(2) ¹Übersteigt das Geschäftsguthaben, das das Mitglied bei einer übertragenden Genossenschaft hatte, den Gesamtbetrag der Geschäftsanteile, mit denen es nach Absatz 1 bei einer übernehmenden Genossenschaft beteiligt ist, so ist der übersteigende Betrag nach Ablauf von sechs Monaten seit dem Tage, an dem die Eintragung der Verschmelzung in das Register des Sitzes der übernehmenden Genossenschaft nach § 19 Abs. 3 bekannt gemacht worden ist, an das Mitglied auszuzahlen; die Auszahlung darf jedoch nicht erfolgen, bevor die Gläubiger, die sich nach § 22 gemeldet haben, befriedigt oder sichergestellt sind. ²Im Verschmelzungsvertrag festgesetzte bare Zuzahlungen dürfen nicht den zehnten Teil des Gesamtnennbetrags der gewährten Geschäftsanteile der übernehmenden Genossenschaft übersteigen.

(3) Für die Berechnung des Geschäftsguthabens, das dem Mitglied bei einer übertragenden Genossenschaft zugestanden hat, ist deren Schlußbilanz maßgebend.

1. Allgemeines

Abs. 1, 3 gelten sowohl für die reine Verschm unter eG als auch für die Mischverschmelzung, der durch das EHUG (→ Einf. Rn. 26) im Reflex von § 19 III geänderte **Abs. 2** befasst sich mit der Gewährung der baren Zuzahlung (vgl. auch § 85) bei der Verschm unter eG. § 87 ist stets **im Zusammenhang mit § 20 I Nr. 3** zu lesen, diese Grundnorm des allg. Verschmelzungsrechts wird durch Abs. 1–3 konkretisiert. Eine weitere Sondervorschrift zu § 20 I Nr. 3 findet sich für den Fall der Aufnahme von KapGes und rechtsfähigen Vereinen durch eine eG in § 88.

2. Beteiligung am übernehmenden Rechtsträger, Abs. 1 S. 1

Der Verschmelzungsvertrag (§§ 4, 5, 80) selbst führt auch nach Eintritt seiner Wirksamkeit (durch Abfassung aller notwendigen Zustimmungsbeschlüsse iSv § 13 I) noch nicht zum Eintritt der **Verschmelzungswirkungen** iSv § 20 I. Diese treten erst infolge der Eintragung nach § 19 ein. **Abs. 1 S. 1** stellt nochmals klar, dass das Ausmaß dieser dinglichen Wirkung von den entsprechenden Regelungen im Verschmelzungsvertrag (Umtauschverhältnis iSv § 5 I Nr. 3, ergänzt durch die Sonderregelung gem. § 80) abhängt. Unzulässig ist es, dem Mitglied einer übertragenden eG am übernehmenden Rechtsträger keinen Anteil zuzugestehen, ihn also nur nach Abs. 2 abzufinden; die bare Zuzahlung dient nur dem Ausgleich eines etwa entstehenden Wertverlusts, sie ersetzt den **notwendigen Anteilstausch** nicht. Für die Anwendung von Abs. 1 S. 1 kommt es nicht auf die Rechtsform des übernehmenden Rechtsträgers an, alle in § 3 I genannten Rechtsträger (Einschränkung: → § 79 Rn. 2) unterfallen dieser Vorschrift. Grundlage für die maßgebliche Regelung des Verschmelzungsvertrages über die Höhe des Anteils am übernehmenden Rechtsträger ist zum einen das **Geschäftsguthaben,** das dem Mitglied bei der übertragenden eG zugestanden hat (Abs. 3), zum anderen der Wert des übernehmenden Rechtsträgers nach der Verschm bzw. der dem einzelnen Mitglied zugestandene Anteil. Auf den **tatsächlichen Wert des Geschäftsanteils,** den ein Mitglied einer übertragenden eG innehat, kommt es nur bei der **Mischverschmelzung,** also der Aufnahme der eG durch einen Rechtsträger anderer Rechtsform, an (dazu krit. → § 85 Rn. 1 aE). In diesem Fall muss der durch Anteilstausch erworbene Anteil am übernehmenden Rechtsträger **wirtschaftliches Äquivalent** für den durch den Geschäftsanteil an der übertragenden eG repräsentierten Teil am Gesamtwert des Unternehmens sein. Würde auch im Fall der Mischverschmelzung nur auf den Nominalbetrag des Geschäftsguthabens abgestellt, hätte dies idR zur Folge, dass die übrigen Anteilsinhaber des übernehmenden Rechtsträgers nach der Verschm zu Unrecht von dem wesentlich höheren Wert des eingebrachten Vermögens profitieren.

3. Verschmelzung unter eG, Abs. 1 S. 2

3   Ist der **übernehmende Rechtsträger ebenfalls eG,** ergänzt **Abs. 1 S. 2** die Grundregel von Abs. 1 S. 1. Die Mitglieder der übertragenden eG sind bei der übernehmenden eG mit **mindestens einem Geschäftsanteil** beteiligt. IÜ sind sie mit so vielen Geschäftsanteilen zu beteiligen, wie das nach Abs. 3 maßgebliche Geschäftsguthaben dies erfordert. Sofern die Satzung der übernehmenden eG die Mitglieder zur Übernahme von mehr als einem Geschäftsanteil zwingend verpflichtet, bleibt diese Bestimmung durch die Wirkungen des Anteilstauschs nach § 20 I Nr. 3, § 87 unberührt. Die **Zahl der zu übernehmenden Geschäftsanteile** richtet sich auch in diesem Fall nach dem ursprünglich innegehabten Geschäftsguthaben (Abs. 3), dieses wird den zu übernehmenden Geschäftsanteilen jew. zugerechnet (wobei das Prinzip der Volleinzahlung zu beachten ist, zutr. Semler/Stengel/Leonard/Scholderer Rn. 28). IÜ wird auf → § 80 Rn. 5 ff. verwiesen.

4. Dingliche Surrogation, Abs. 1 S. 3, 4

4   Die Grundregel von § 20 I Nr. 3 S. 2, die eine „normale" **dingliche Surrogation** vorsieht, hilft bei einer **Mischverschmelzung unter Beteiligung von eG** nicht weiter. Der Geschäftsanteil des Mitglieds einer übertragenden eG ist gerade nicht übertragbar, deshalb scheidet auch die Begr. von **Rechten Dritter** am Geschäftsanteil aus. Im Gegensatz dazu darf das **Geschäftsguthaben** mit Rechten Dritter verbunden, uU auch belastet werden (arg. § 22 IV GenG; zumindest kann eine „Verpfändung des Geschäftsguthabens" in eine stets zulässige Verpfändung des Auseinandersetzungsguthabens umgedeutet werden, Lang/Weidmüller/Holthaus/Lehnhoff GenG § 22 Rn. 12; Lutter/Bayer Rn. 41 mwN; Kölner Komm UmwG/Schöpflin Rn. 26 ff.). Dem Anteilstausch iSv § 87 I unterfällt hingegen der Geschäftsanteil („... die an die Stelle der Geschäftsanteile der übertragenden Genossenschaft treten", Abs. 1 S. 3); das Geschäftsguthaben ist nach Abs. 3 nur noch für die Berechnung der Höhe der Beteiligung am übernehmenden Rechtsträger von Bedeutung, an den Wirkungen der Verschm nimmt es nicht teil, es geht ersatzlos unter.

5   **Abs. 1 S. 3, 4** bestimmt demgemäß den „Austausch" des Gegenstandes „Geschäftsguthaben" gegen den künftigen Bezug für Rechte Dritter „Anteil oder Mitgliedschaft am übernehmenden Rechtsträger" (Abs. 1 S. 3); im umgekehrten Fall (Abs. 1 S. 4) setzen sich wirksam begründete Rechte Dritter an den Anteilen und Mitgliedschaften des übertragenden Rechtsträgers am Geschäftsguthaben bei der übernehmenden eG fort. Inwieweit diese Rechte während des Bestehens der eG und der Mitgliedschaft realisierbar sind, richtet sich nach dem für die eG geltenden Recht und nach den für die fortbestehenden Rechte maßgeblichen Vorschriften. Man wird mit guten Gründen einer Verwertung eines etwa bestehenden Pfandrechts eines Dritten nur iRd **entsprechenden Anwendung von § 66 GenG** zustimmen können. Am Grundsatz, dass das eigentliche Geschäftsguthaben nicht als Sicherung hingegeben werden darf, wollte der Gesetzgeber durch Abs. 1 S. 3, 4 wohl ebenso wenig ändern wie bei der Vorgängerregelung von § 385p I 3 AktG aF. Unter Rechten Dritter iSv Abs. 1 S. 3, 4 müssen nicht notwendigerweise Pfandrechte verstanden werden, darunter fallen auch alle Formen des **Nießbrauchs** (Kölner Komm UmwG/Schöpflin Rn. 28). **Unterbeteiligungen,** Vorkaufsrechte etc gehen nicht automatisch über, vielmehr sind die vertraglichen Regeln maßgeblich, → § 20 Rn. 20, §§ 113 ff. mwN; vgl. auch Semler/Stengel/Leonard/Scholderer Rn. 40 mwN).

5. Bare Zuzahlung, Abs. 2

Abs. 2 behandelt den Fall der **Verschm einer eG auf eine andere eG.** Führt 6 die Umsetzung des im Verschmelzungsvertrag Geregelten (Abs. 1 S. 1) dazu, dass das Geschäftsguthaben des Mitglieds bei der übertragenden eG nicht vollständig durch die ihm im Wege des Anteilstauschs zugewendeten Geschäftsanteile an der übernehmenden eG ausgeglichen wird, steht ihm (für die Mitglieder der übernehmenden eG gilt dies nicht, vgl. Lutter/Bayer Rn. 39 mwN, insoweit ist der Wertausgleich durch Abschläge auf die Geschäftsguthaben der Mitglieder der übernehmenden eG herzustellen) bzgl. der Diff. grds. ein **Anspruch auf Gewährung barer Zuzahlung** zu. Die bare Zuzahlung wird sechs Monate nach Wirksamwerden der Verschm (§ 20 I) zur Auszahlung **fällig.** Die Auszahlung darf jedoch **nicht vor Befriedigung oder Sicherstellung der Gläubiger** iRv § 22 erfolgen, **Abs. 2 S. 1 Hs. 2.** Die bare Zuzahlung dient damit in erster Linie dem **Spitzenausgleich,** deshalb begrenzt **Abs. 2 S. 2** den Gesamtbetrag aller gewährten baren Zuzahlungen auf den zehnten Teil des Gesamtnennbetrags der gewährten Geschäftsanteile. Diese Einschränkung ist allerdings nur einschlägig, wenn die bare Zuzahlung sich bereits aus den Festsetzungen des Verschmelzungsvertrags (§ 80) ergibt, bei einer Erhöhung der baren Zuzahlung durch das Gericht iRv §§ 15, 85, 305–312 ist Abs. 2 S. 2 nicht zu beachten. Vgl. iÜ § 54 IV, § 68 III und die Erläuterungen dort.

6. Maßgeblichkeit des Geschäftsguthabens, Abs. 3

Die Mitglieder einer übertragenden eG haben an den stillen Reserven des Unter- 7 nehmens nicht teil, aus der Sicht der Gen und der Mitglieder sind die **Geschäftsguthaben** jew. fix zum Nominalbetrag anzusetzen (dazu krit. → § 85 Rn. 3 aE mwN). Der verbindliche Wertansatz erfolgt in der **Schlussbilanz** (§ 17 II) der übertragenden eG; diese Schlussbilanz muss – anders als bei § 80 II – bei Eintritt der Wirkungen der Verschm durch Eintragung (§ 19) vorliegen, sie ist notwendige Anlage zur Anmeldung der Registereintragung, § 17 (dort auch zum Acht-Monats-Zeitraum). Geschäftsguthaben, die nach dem Zeitpunkt der Schlussbilanz durch Zeichnung neuer oder weiterer Geschäftsanteile bei der übertragenden eG entstanden sind, werden von Abs. 3 nicht erfasst. In diesem Fall ist der Nominalbetrag des gezahlten Geschäftsguthabens maßgeblich, denn Wertveränderungen nach dem Stichtag der Schlussbilanz sollen nach Maßgabe von Abs. 3 keine Beachtung finden (vgl. Semler/Stengel/Leonard/Scholderer Rn. 53; Kölner Komm UmwG/Schöpflin Rn. 19; iE auch Beuthien/Wolff UmwG §§ 2 ff. Rn. 70).

Bei der Verschm unter Beteiligung von eG als übertragender und aufnehmender 8 Rechtsträger (vgl. Abs. 2) wird allein das Geschäftsguthaben ersetzt. Bei Aufnahme durch einen Rechtsträger anderer Rechtsform gilt dies nicht (→ Rn. 2), hier wird –

ähnl. wie bei § 91 GenG – eine Teilhabe am tatsächlichen Unternehmenswert der eG durch den Anteilstausch erreicht. Die **Ungleichbehandlung** ist bedenklich (Lutter/Bayer Rn. 32 ff.; → § 85 Rn. 3 aE).

§ 88 Geschäftsguthaben bei der Aufnahme von Kapitalgesellschaften und rechtsfähigen Vereinen

(1) ¹Ist an der Verschmelzung eine Kapitalgesellschaft als übertragender Rechtsträger beteiligt, so ist jedem Anteilsinhaber dieser Gesellschaft als Geschäftsguthaben bei der übernehmenden Genossenschaft der Wert der Geschäftsanteile oder der Aktien gutzuschreiben, mit denen er an der übertragenden Gesellschaft beteiligt war. ²Für die Feststellung des Wertes dieser Beteiligung ist die Schlußbilanz der übertragenden Gesellschaft maßgebend. ³Übersteigt das durch die Verschmelzung erlangte Geschäftsguthaben eines Mitglieds den Gesamtbetrag der Geschäftsanteile, mit denen es bei der übernehmenden Genossenschaft beteiligt ist, so ist der übersteigende Betrag nach Ablauf von sechs Monaten seit dem Tage, an dem die Eintragung der Verschmelzung in das Register des Sitzes der übernehmenden Genossenschaft nach § 19 Abs. 3 bekannt gemacht worden ist, an das Mitglied auszuzahlen; die Auszahlung darf jedoch nicht erfolgen, bevor die Gläubiger, die sich nach § 22 gemeldet haben, befriedigt oder sichergestellt sind.

(2) Ist an der Verschmelzung ein rechtsfähiger Verein als übertragender Rechtsträger beteiligt, so kann jedem Mitglied dieses Vereins als Geschäftsguthaben bei der übernehmenden Genossenschaft höchstens der Nennbetrag der Geschäftsanteile gutgeschrieben werden, mit denen es an der übernehmenden Genossenschaft beteiligt ist.

1. Allgemeines

1   Die Vorschrift wurde wegen der nach der Umwandlungsreform möglichen **Mischverschmelzung** 1994 neu eingeführt, sie ergänzt § 20 I Nr. 3 über die Wirkungen der Verschm für den Anteilstausch. Anders als bei § 87 tritt die **eG** hier nicht als übertragender, sondern **als übernehmender Rechtsträger** auf. Die Vorschrift beantwortet die Frage, wie das Geschäftsguthaben der Anteilsinhaber von übertragenden KapGes und rechtsfähigen Vereinen bei der übernehmenden eG zu ermitteln ist. Für die PhG (§ 3 I Nr. 1) gibt es keine Sonderregelung, dort gilt allein § 20 I Nr. 3.

2. Kapitalgesellschaft als übertragender Rechtsträger (Abs. 1)

2   Zunächst gilt der Grundgedanke von § 5 I Nr. 3, § 20 I Nr. 3 (→ § 5 Rn. 6 ff.). Der Anteilsinhaber einer übertragenden KapGes soll durch den Anteilstausch **keinen Wertverlust** erleiden. Das ihm nach der Verschm zukommende **Geschäftsguthaben** bei der übernehmenden eG muss, ggf. zusammen mit einer daneben gewährten baren Zuzahlung, vollständiges **wirtschaftliches Äquivalent** zum untergegangenen Anteil am übertragenden Rechtsträger sein. **Abs. 1 S. 2** formuliert missverständlich, dass für die „Feststellung des Wertes dieser Beteiligung" maßgebliche Grundlage die Schlussbilanz der übertragenden KapGes sein soll. Damit sollte aber nur zum Ausdruck gebracht werden, dass für die Wertberechnung der **Stichtag der Umwandlungsbilanz** maßgebend ist (Begr. RegE, BR-Drs. 75/94 zu § 88 I), nicht aber auch, dass – wie dies bei der übertragenden eG rechtsformspezifisch ausnahmsweise der Fall sein kann (→ § 87 Rn. 2) –, etwaige **stille Reserven** bei dieser Bewertung nicht zu berücksichtigen seien. Der Anteilsinhaber einer übertra-

genden KapGes hat vor Wirksamwerden der Verschm an den stillen Reserven seines Unternehmens partizipiert, dieser zusätzliche Wert muss sich deshalb auch im Geschäftsguthaben bei der übernehmenden eG niederschlagen.

Gerade hier wird der Regelungsgehalt von § 79 deutlich: Durch eine **rechtzei-** 3 **tige Änderung der Satzung** der übernehmenden eG soll die Möglichkeit geschaffen werden, den Anteilsinhabern der übertragenden KapGes eine **Vielzahl von Geschäftsanteilen** zuwenden zu können (zum Ganzen auch Kölner Komm UmwG/Schöpflin Rn. 3 ff.; Semler/Stengel/Leonard/Scholderer Rn. 6 ff., dort auch jew. zur Gefahr des Übergewichts der Neumitglieder, wenn bei der übernehmenden eG nicht vor der Verschm die stillen Reserven und Rücklagen zu Gunsten der Altmitglieder aufgelöst werden). Geschieht dies nicht, sieht Abs. 1 S. 3 zwingend eine **Barauszahlung des überschießenden Betrages** durch die übernehmende eG vor. Der Auszahlungsbetrag ermittelt sich aus der Wertdifferenz zwischen dem zugestandenen Geschäftsguthaben (also dem Äquivalent des Wertes des ursprünglich innegehabten Anteils an der übertragenden KapGes) und dem Gesamtbetrag der dem Anteilsinhaber zugestandenen Geschäftsanteile. Bei falscher Gestaltung kann dies dazu führen, dass die übernehmende eG durch die bare Zuzahlung nach Abs. 1 S. 3 wirtschaftlich am Weiterleben gehindert wird, eine Begrenzung der baren Zuzahlung entsprechend § 87 II kennt § 88 nicht. Für die Fälligkeit des Auszahlungsbetrages und die Beachtung der Gläubigerschutzvorschrift von § 22 enthält Abs. 1 S. 3 hingegen eine § 87 II vergleichbare Regelung (→ § 87 Rn. 6).

3. Rechtsfähiger Verein als übertragender Rechtsträger (Abs. 2)

Das Privileg von Abs. 1 soll den Mitgliedern eines **übertragenden rechtsfähi-** 4 **gen Vereins** nicht zugute kommen, weil sie – ähnlich wie die Mitglieder einer eG – nicht anteilsmäßig an dem Wert ihres Unternehmens partizipieren (Begr. RegE, BR-Drs. 75/94 zu § 88 II). Bei einem entsprechend hohen Wert des eingebrachten Vermögens ist durch eine Änderung der Satzung iRv § 79 dafür Sorge zu tragen, dass der Nennbetrag der iRd Anteilstauschs gewährten Geschäftsanteile das zu beanspruchende Geschäftsguthaben nicht unterschreitet. Eine bare Zuzahlung als Spitzenausgleich ist nicht zulässig (Semler/Stengel/Leonard/Scholderer Rn. 16).

4. Rechtsträger anderer Rechtsformen als übertragende Rechtsträger

Abs. 1 ist als Privileg der an der Verschm beteiligten Rechtsträger zu verstehen, 5 der übernehmenden eG wird ein erhöhtes Maß an Flexibilität zugestanden. Diese Sondervorschrift ist nur einschlägig, wenn und soweit eine **KapGes** (Legaldefinition in § 3 I Nr. 2: GmbH, AG, KGaA) übertragender Rechtsträger ist.

Dementsprechend verbleibt es bei den anderen Rechtsträgern, also bei **PhG/** 6 **PartGes,** bei der Grundregel von § 20 I Nr. 3: Der Wert des ursprünglich innegehabten Anteils am übertragenden Rechtsträger ist vollständig durch das Geschäftsguthaben an der übernehmenden eG zu ersetzen; übersteigt der Nominalbetrag dieses Geschäftsguthabens den Betrag der gewährten Geschäftsanteile, ist das Geschäftsguthaben gleichwohl auf die gewährten Geschäftsanteile zu buchen. Der überschießende Betrag darf **nicht zur Auszahlung** gelangen, er ist in der übernehmenden eG als EK gebunden (**aA hM,** Lutter/Bayer Rn. 8 mwN; Kölner Komm UmwG/Schöpflin Rn. 11; Habersack/Wicke/Thilo Rn. 25. 26; BeckOGK/Thilo Rn. 25, 26; diff. Semler/Stengel/Leonard/Scholderer Rn. 11). In diesem Fall wird der betroffene Anteilsinhaber der übertragenden PhG/PartGes aber zu Recht im Rahmen des Spruchverfahrens geltend machen können, seine Mitgliedschaft bei der übernehmenden eG sei kein ausreichender Gegenwert für den hingegebenen Anteil (§ 15 I), was iE – aber nur bei rechtzeitigem Antrag (→ § 15 Rn. 5) – zu einer

Auszahlung des überschießenden Betrags führt (ähnlich Semler/Stengel/Leonard/ Scholderer Rn. 17 aE). Für den **rechtsfähigen Verein** gilt die Sonderregelung von Abs. 2.

§ 89 Eintragung der Genossen in die Mitgliederliste; Benachrichtigung

(1) ¹**Die übernehmende Genossenschaft hat jedes neue Mitglied nach der Eintragung der Verschmelzung in das Register des Sitzes der übernehmenden Genossenschaft unverzüglich in die Mitgliederliste einzutragen und hiervon unverzüglich zu benachrichtigen.** ²**Sie hat ferner die Zahl der Geschäftsanteile des Mitglieds einzutragen, sofern das Mitglied mit mehr als einem Geschäftsanteil beteiligt ist.**

(2) **Die übernehmende Genossenschaft hat jedem Anteilsinhaber eines übertragenden Rechtsträgers, bei unbekannten Aktionären dem Treuhänder der übertragenden Gesellschaft, unverzüglich in Textform mitzuteilen:**
1. **den Betrag des Geschäftsguthabens bei der übernehmenden Genossenschaft;**
2. **den Betrag des Geschäftsanteils bei der übernehmenden Genossenschaft;**
3. **die Zahl der Geschäftsanteile, mit denen der Anteilsinhaber bei der übernehmenden Genossenschaft beteiligt ist;**
4. **den Betrag der von dem Mitglied nach Anrechnung seines Geschäftsguthabens noch zu leistenden Einzahlung oder den Betrag, der ihm nach § 87 Abs. 2 oder nach § 88 Abs. 1 auszuzahlen ist, sowie**
5. **den Betrag der Haftsumme der übernehmenden Genossenschaft, sofern deren Mitglieder Nachschüsse bis zu einer Haftsumme zu leisten haben.**

1 Durch **Abs. 1** soll die Pflicht der eG iRv § 30 GenG für den Bereich der Verschm konkretisiert werden, die Information nach **Abs. 2** bezweckt die Aufklärung der neuen Mitglieder über den Inhalt der ihnen zustehenden Rechte und die Tragweite der von ihnen zu erfüllenden Pflichten. Die von § 89 geforderten Handlungen sind durch „die übernehmende Gen" auszuführen, damit steht der **Vorstand der eG** in der Pflicht, §§ 26, 30 GenG. Die **Liste der Mitglieder** wird nicht beim Registergericht, sondern ausschließlich bei der Gen geführt. Dritte können nach § 31 GenG Einsicht nehmen bzw. das Gericht nach § 32 GenG die Vorlage verlangen.

2 Nach Eintritt der Verschmelzungswirkungen von § 20 I durch die Eintragung der Verschm in das Register des Sitzes der übernehmenden eG (§ 19) ist bei dieser eG vorhandene **Mitgliederliste unverzüglich** (§ 121 I BGB) **auf den neuesten Stand** zu bringen; die Mitglieder sind entsprechend zu benachrichtigen (die Eintragung in die Mitgliederliste ist nur deklaratorisch, vgl. Lutter/Bayer Rn. 5 mwN). Bei Beteiligung von Mitgliedern mit mehr als einem Geschäftsanteil ist Abs. 1 S. 2 zu beachten. Bei Nichteinhaltung dieser Verpflichtungen droht die **Festsetzung von Zwangsgeld** nach § 160 I GenG; dort ist zwar § 89 nicht erwähnt, der Bestimmtheitsgrundsatz dürfte gleichwohl beachtet sein, weil § 89 nur ein besonderer Ausfluss der nach § 30 GenG bestehenden und in § 160 I GenG erwähnten Verpflichtung ist (hM, vgl. Semler/Stengel/Leonard/Scholderer Rn. 4 mwN).

3 Die **individuellen Mitteilungen** an die Anteilsinhaber der übertragenden Rechtsträger müssen zusätzlich die in **Abs. 2** aufgelisteten Angaben enthalten. Dadurch soll den Anteilsinhabern zum einen ihre Rechtsstellung verdeutlicht, zum anderen die Prüfung bzgl. eines Vorgehens nach §§ 15, 85 oder der Erklärung der Ausschlagung nach §§ 90 ff. ermöglicht werden. Die **Ausschlagungsfrist** beginnt unabhängig vom Vorliegen einer qualifizierten Mitteilung iSv Abs. 2 mit Vollzug der Bekanntmachung nach dem durch das EHUG geänderten § 19 III (allgM, vgl. Lutter/Bayer Rn. 9 mwN). Der richtige Weg führt hier über **§ 27:** Der zur Mittei-

lung verpflichtete Vorstand hat eine verzögerte Mitteilung und die damit uU eintretenden Vermögensschäden bei den Anteilsinhabern der übertragenden Rechtsträger zu verantworten (aA Kölner Komm UmwG/Schöpflin Rn. 14: Haftung nur der eG, Haftung des Vorstands allein im Innenverhältnis; der sachliche Zusammenhang der Pflicht aus Abs. 2 mit der Verschm dürfte aber gegeben sein, vgl. Kölner Komm UmwG/Simon § 27 Rn. 7). Soweit übertragender Rechtsträger eine **AG oder eine KGaA** ist, tritt an die Stelle der unbekannten Aktionäre (§ 35) der zwingend zu bestellende **Treuhänder** (§ 71).

§ 90 Ausschlagung durch einzelne Anteilsinhaber

(1) **Die §§ 29 bis 34 sind auf die Mitglieder einer übertragenden Genossenschaft nicht anzuwenden.**

(2) **Auf der Verschmelzungswirkung beruhende Anteile und Mitgliedschaften an dem übernehmenden Rechtsträger gelten als nicht erworben, wenn sie ausgeschlagen werden.**

(3) ¹**Das Recht zur Ausschlagung hat jedes Mitglied einer übertragenden Genossenschaft, wenn es in der Generalversammlung oder als Vertreter in der Vertreterversammlung, die gemäß § 13 Abs. 1 über die Zustimmung zum Verschmelzungsvertrag beschließen soll,**
1. **erscheint und gegen den Verschmelzungsbeschluß Widerspruch zur Niederschrift erklärt oder**
2. **nicht erscheint, sofern es zu der Versammlung zu Unrecht nicht zugelassen worden ist oder die der Versammlung nicht ordnungsgemäß einberufen oder der Gegenstand der Beschlußfassung nicht ordnungsgemäß bekanntgemacht worden ist.**
²**Wird der Verschmelzungsbeschluß einer übertragenden Genossenschaft von einer Vertreterversammlung gefaßt, so steht das Recht zur Ausschlagung auch jedem anderen Mitglied dieser Genossenschaft zu, das im Zeitpunkt der Beschlußfassung nicht Vertreter ist.**

1. Allgemeines

Bereits nach altem Recht (§§ 93k ff. GenG aF) stand den widersprechenden oder den an der Abstimmung unverschuldet verhinderten Mitglied ein **Sonderkündigungsrecht** zu, die übernehmende eG hatte sich mit den kündigenden Mitgliedern auseinanderzusetzen (§ 93m I GenG aF). Die Ausschlagung nach §§ 90 ff. stellt dazu abw. terminologisch klar, dass die Ausschlagung die Wirkungen des Anteilstauschs (§ 20 I Nr. 3, §§ 87, 88) ex tunc beseitigt; die Ersetzung des Instituts der Sonderkündigung durch das **Ausschlagungsrecht** war auch deshalb notwendig, weil bei der Aufnahme einer eG durch eine AG (allg.: Mischverschmelzung auf Rechtsträger, der nicht eG ist; im umgekehrten Fall gelten §§ 29 ff.; vgl. Lutter/Bayer Rn. 8 mwN) eine Kündigung durch den Aktionär nicht in Betracht kommt (Begr. RegE, BR-Drs. 75/94 zu § 90). 1

Die im Ersten Teil des Zweiten Buches für die übrigen Verschmelzungsfälle einschlägigen §§ 29–34 über die Gewährung einer **Barabfindung** sind auf die Mitglieder einer übertragenden eG nach Abs. 1 nicht anzuwenden. Maßgeblicher Grund hierfür ist der Ansatz von § 29, nach dem die angemessene Barabfindung vollen Wertersatz für den durch die Verschm erloschenen (§ 20 I Nr. 2) Anteil am übertragenden Rechtsträger sein soll. Dies würde die **Begrenzung des Auseinandersetzungsguthabens** auf den Nominalbetrag des Geschäftsguthabens bei der übertragenden eG unterlaufen. 2

Missio

2. Wirkung der Ausschlagung (Abs. 2)

3 Mit Wirksamwerden der Eintragung wird der Anteilstausch kraft Gesetzes durchgeführt (§ 20 I Nr. 2). Diese Wirkung wird durch die danach zu erklärende **Ausschlagung,** eine einseitig empfangsbedürftige Willenserklärung eines Anteilsinhabers der übertragenden eG gegenüber dem übernehmenden Rechtsträger, wieder **mit Wirkung ex tunc** beseitigt. In Abweichung zu § 33 kommt demgemäß eine anderweitige Übertragung des Geschäftsguthabens gem. § 76 GenG nach Erklärung der Ausschlagung nicht mehr in Betracht.

3. Voraussetzungen der Ausschlagung (Abs. 3)

4 Abs. 3 S. 1 Nr. 1, 2 entsprechen § 93k I 1 GenG aF. Das Recht zur Ausschlagung hat danach jedes Mitglied einer übertragenden eG, wenn es gegen den Verschmelzungsbeschluss Widerspruch zur Niederschrift erklärt hat (Abs. 3 S. 1 Nr. 1) oder unverschuldet an der ordnungsgemäßen Abstimmung verhindert war (Abs. 3 S. 1 Nr. 2). Zu den Voraussetzungen von Abs. 3 S. 1 Nr. 1 → § 29 Rn. 15 f., zu den Voraussetzungen von Abs. 3 S. 1 Nr. 2 → § 29 Rn. 17.

5 Eine sehr wesentliche Abweichung zum Institut der Barabfindung nach §§ 29– 34 ist das Recht zur Ausschlagung nach **Abs. 3 S. 2**. Bei eG mit **mehr als 1.500 Mitgliedern** kann die Satzung der übertragenden eG nach § 43a I GenG die Beschlussfassung nach §§ 13, 84 einer **Vertreterversammlung** zuweisen. Jedes Mitglied, das im Zeitpunkt der Beschlussfassung nicht Vertreter (§ 43a II GenG) war, kann die Ausschlagung nach § 91 I erklären **(für die Vertreter selbst gilt Abs. 3 S. 1)**. Dadurch wird die nicht zu unterschätzende **Gefahr der Auszehrung** des Vermögens des übernehmenden Rechtsträgers durch die vorzunehmenden Auszahlungen (§ 93 II) hervorgerufen (Lutter/Bayer Rn. 27 fordert stets Generalversammlung, was jetzt durch § 43a I 2 GenG möglich ist – Stärkung der Basisdemokratie insbes. bei Umw, vgl. BT-Drs. 16/1025, 87 zum neuen GenG idF v. 16.10.2006; dagegen Semler/Stengel/Leonard/Scholderer Rn. 25 mwN). Dies kann für den Fall, dass der übernehmende Rechtsträger KapGes ist, uU einen Verstoß gegen die **Kapitalerhaltungsvorschriften** von § 71 I AktG, § 33 III GmbHG bedeuten (wie hier Widmann/Mayer/Fronhöfer Rn. 48; aA Semler/Stengel/Leonard/Scholderer Rn. 25 mit dem Argument, ein Erwerb eigener Anteile sei wegen der Rückwirkungsfiktion von Abs. 2 nicht gegeben; dabei wird übersehen, dass es sich eben nur um eine Fiktion handelt, tatsächlich besteht bis zur Ausschlagung die Anteilsinhaberschaft beim übernehmenden Rechtsträger, zutr. Kölner Komm UmwG/Schöpflin Rn. 14 ff.). Anders als bei der Barabfindung nach § 29 I ist die **Auseinandersetzung nach § 93 II** in den genannten Vorschriften nicht erwähnt; in diesem Sonderfall muss das frühere Mitglied, das die Ausschlagung bereits erklärt hat, mit der Auszahlung des ihm zustehenden Geschäftsguthabens zuwarten, bis die übernehmende KapGes genügend EK gebildet hat. Eine anderweitige Übertragung des Geschäftsguthabens nach § 76 GenG scheidet auch in diesem Fall aus. Die konstitutive Wirkung der Ausschlagung nach § 90 II lässt sich durch eine ggf. erklärte Irrtumsanfechtung der nach § 91 I abgegebenen Ausschlagungserklärung nicht mehr beseitigen (**aA die hM**, vgl. Lutter/Bayer § 91 Rn. 7 mwN; Widmann/Mayer/Fronhöfer Rn. 49).

§ 91 Form und Frist der Ausschlagung

(1) Die Ausschlagung ist gegenüber dem übernehmenden Rechtsträger schriftlich zu erklären.

(2) Die Ausschlagung kann nur binnen sechs Monaten nach dem Tage erklärt werden, an dem die Eintragung der Verschmelzung in das Register

des Sitzes des übernehmenden Rechtsträgers nach § 19 Abs. 3 bekannt gemacht worden ist.

(3) Die Ausschlagung kann nicht unter einer Bedingung oder einer Zeitbestimmung erklärt werden.

Die **Ausschlagung** ist gegenüber dem übernehmenden Rechtsträger **schriftlich** 1 (die Erklärung zu Protokoll in der Genossenschaftsversammlung reicht nicht) zu erklären **(Abs. 1).** Als einseitige empfangsbedürftige Willenserklärung iSv § 130 BGB unterliegt sie den allg. Vorschriften, die Wirkung einer Anfechtung nach § 142 BGB (die Kölner Komm UmwG/Schöpflin Rn. 7 aus Praktikabilitätsgründen schon gar nicht zulassen will) führt aber **nicht zum Wiederaufleben** des endgültig nicht erworbenen Anteils iSv § 90 II **(aA die hM,** → § 90 Rn. 5 aE; Beuthien/Wolff UmwG §§ 2 ff. Rn. 116; Lutter/Bayer Rn. 7, der auf die Grundsätze über die fehlerhafte Ges verweist). Dieser Anteil ist, sofern der übernehmende Rechtsträger KapGes ist, ersatzlos **untergegangen,** er kann nicht wieder aufleben; bei Übernahme durch eine PhG/PartGes bewirkt die Erklärung der Ausschlagung eine Anwachsung nach § 712 I BGB.

Die Ausschlagung kann nur in einer **Sechsmonatsfrist** erklärt werden **(Abs. 2).** 2 Maßgebend für den Fristbeginn ist die Eintragung beim übernehmenden Rechtsträger nach Maßgabe des durch das EHUG neu gefassten § 19 III. Die Berechnung der sechsmonatigen Ausschlussfrist erfolgt anhand von § 187 II 1 BGB, § 188 II letzte Alt. BGB (→ § 31 Rn. 2; die hM zu § 91 sieht dies anders – zB Lutter/Bayer Rn. 4 mwN –; als in den gleichen Kommentaren zum vergleichbaren Wortlaut von § 31 S. 1, vgl. jew. zutr. Semler/Stengel/Leonard/Kalss § 31 Rn. 2; Lutter/ Grunewald § 31 Rn. 2; Widmann/Mayer/Wälzholz § 31 Rn. 4; vgl. auch OLG Frankfurt a. M. NZG 2010, 307).

Wegen der Wirkung der Ausschlagung (§ 90 II, Gestaltungsrecht) ist die Ausschla- 3 gungserklärung **bedingungsfeindlich** (so auch Lutter/Bayer Rn. 3). Eine Zeitbestimmung steht gem. § 163 BGB einer Bedingung gleich.

§ 92 Eintragung der Ausschlagung in die Mitgliederliste

(1) **Die übernehmende Genossenschaft hat jede Ausschlagung unverzüglich in die Mitgliederliste einzutragen und das Mitglied von der Eintragung unverzüglich zu benachrichtigen.**

(2) **Die Ausschlagung wird in dem Zeitpunkt wirksam, in dem die Ausschlagungserklärung dem übernehmenden Rechtsträger zugeht.**

In Abweichung zu § 93 I GenG aF hat die **Eintragung der** (wirksamen, vgl. 1 Lutter/Bayer Rn. 6, 7 mwN; Semler/Stengel/Leonard/Scholderer Rn. 9) **Ausschlagung** in die Mitgliederliste der eG nach § 30 GenG nur noch **deklaratorische Bedeutung.** Um dies klarzustellen, hat der Gesetzgeber die wegen § 130 II BGB an sich unnötige Regelung in Abs. 2 aufgenommen (vgl. Begr. RegE, BR-Drs. 75/ 94 zu § 93). IU → § 89 Rn. 1 ff.

§ 93 Auseinandersetzung

(1) ¹**Mit einem früheren Mitglied, dessen Beteiligung an dem übernehmenden Rechtsträger nach § 90 Abs. 2 als nicht erworben gilt, hat der übernehmende Rechtsträger sich auseinanderzusetzen.** ²**Maßgebend ist die Schlußbilanz der übertragenden Genossenschaft.**

(2) **Dieses Mitglied kann die Auszahlung des Geschäftsguthabens, das es bei der übertragenden Genossenschaft hatte, verlangen; an den Rücklagen**

und dem sonstigen Vermögen der übertragenden Genossenschaft hat es vorbehaltlich des § 73 Abs. 3 des Genossenschaftsgesetzes keinen Anteil, auch wenn sie bei der Verschmelzung den Geschäftsguthaben anderer Mitglieder, die von dem Recht zur Ausschlagung keinen Gebrauch machen, zugerechnet werden.

(3) ¹Reichen die Geschäftsguthaben und die in der Schlußbilanz einer übertragenden Genossenschaft ausgewiesenen Rücklagen zur Deckung eines in dieser Bilanz ausgewiesenen Verlustes nicht aus, so kann der übernehmende Rechtsträger von dem früheren Mitglied, dessen Beteiligung als nicht erworben gilt, die Zahlung des anteiligen Fehlbetrags verlangen, wenn und soweit dieses Mitglied im Falle der Insolvenz Nachschüsse an die übertragende Genossenschaft zu leisten gehabt hätte. ²Der anteilige Fehlbetrag wird, falls die Satzung der übertragenden Genossenschaft nichts anderes bestimmt, nach der Zahl ihrer Mitglieder berechnet.

1. Allgemeines

1   Die Vorschrift dient wie die Vorgängerregelung von § 93m GenG aF der **Festsetzung des Auseinandersetzungsguthabens,** das nach Maßgabe von § 94 auszuzahlen ist. Grundlage des Auseinandersetzungsguthabens ist das in der Schlussbilanz der übertragenden eG (§ 17 II, § 80 II, § 87 III) ermittelte Geschäftsguthaben des früheren Mitglieds. Dieser Wert kann nach Maßgabe von **Abs. 2** (§ 73 III GenG) erhöht werden, umgekehrt ist eine Verpflichtung zum Nachschuss nicht ausgeschlossen **(Abs. 3).** Die jew. aus Abs. 2, 3 folgenden Ansprüche verjährten nach Maßgabe von **Abs. 4 aF** früher in fünf Jahren. Durch Gesetz v. 9.12.2004 (BGBl. 2004 I 3214) wurde Abs. 4 aufgehoben mit der Konsequenz, dass sich die Verjährung jetzt nach den allg. Regeln des BGB richtet, also die dreijährige Regelverjährung von § 195 BGB gilt. Aufrechnungen sind möglich (Nachw. bei Lutter/Bayer Rn. 21; Kölner Komm UmwG/Schöpflin Rn. 15). **§ 93 entspricht weitgehend § 73 GenG,** auf die Spezialliteratur dazu wird verwiesen.

2. Anspruch des Mitglieds (Abs. 2)

2   Maßgebend für den Auszahlungsanspruch des früheren Mitglieds, das die Ausschlagung nach § 91 form- und fristgemäß erklärt hat, ist grds. sein in der Schlussbilanz der übertragenden eG ausgewiesenes **Geschäftsguthaben (Abs. 2 Hs. 1).** Eine **Teilhabe an den Rücklagen** und dem sonstigen Vermögen ist ausgeschlossen, wenn nicht ausnahmsweise eine entsprechende Bestimmung der Satzung (§ 73 III GenG, Sonderreservefonds) anderes vorsieht. Wenn über eine **Gewinnverwendung** noch nicht beschlossen ist, hat der Ausscheidende keinen Anspruch; dieser entsteht erst, wenn und soweit die Ausschüttung beschlossen wird (zum Ganzen Lutter/Bayer Rn. 5, 7 mwN). Dem früheren Mitglied ist durch **Abs. 2 Hs. 2** ausdrücklich der Einwand abgeschnitten, dass es dadurch gegenüber den anderen Mitgliedern, die eine Ausschlagung nicht erklärt haben, benachteiligt wird.

3. Anspruch des übernehmenden Rechtsträgers (Abs. 3)

3   Ist das **Geschäftsguthaben durch** den in der Schlussbilanz der übertragenen eG ausgewiesenen **Verlust vollständig aufgezehrt,** entfällt der Abfindungsanspruch nach Abs. 2. Verbleiben nach Abschreibung von Geschäftsguthaben und Auflösung der Rücklagen noch weitere Verluste, entsteht unter den Voraussetzungen von **Abs. 3** ein **Ausgleichsanspruch des übernehmenden Rechtsträgers** – keine unmittelbare Haftung gegenüber Dritten – auch gegenüber den früheren Mitgliedern. Voraussetzung dafür ist eine entsprechende Bestimmung in der Satzung der

übertragenden eG (vgl. §§ 119 ff. GenG). Das frühere Mitglied soll nicht besser gestellt sein, als wenn die Verschm nicht durchgeführt worden wäre. Deswegen ist es zum Verlustausgleich durch Zahlung des dem Umfang seiner ursprünglichen **Nachschusspflicht** entsprechenden Fehlbetrages an den übernehmenden Rechtsträger verpflichtet. Diese Nachschusspflicht kann der Höhe nach begrenzt sein, gem. § 119 GenG besteht sie aber mindestens **iHd Geschäftsanteils**. Die Zahlungsverpflichtung nach Abs. 3 wird nach oben durch die Höhe des anteiligen Fehlbetrages, der gem. Abs. 3 S. 2 nach der Zahl der Mitglieder berechnet wird (wobei die entsprechende Anwendung von § 105 III GenG möglich ist, dazu Lutter/Bayer Rn. 16; Widmann/Mayer/Fronhöfer Rn. 21; Habersack/Wicke/Fuchs Rn. 52; BeckOGK/Fuchs Rn. 52), begrenzt; **absolute Höchstgrenze** für den Zahlbetrag nach Abs. 3 bildet die in der Satzung festgesetzte Haftsumme.

§ 94 Auszahlung des Auseinandersetzungsguthabens

Ansprüche auf Auszahlung des Geschäftsguthabens nach § 93 Abs. 2 sind binnen sechs Monaten seit der Ausschlagung zu befriedigen; die Auszahlung darf jedoch nicht erfolgen, bevor die Gläubiger, die sich nach § 22 gemeldet haben, befriedigt oder sichergestellt sind, und nicht vor Ablauf von sechs Monaten seit dem Tag, an dem die Eintragung der Verschmelzung in das Register des Sitzes des übernehmenden Rechtsträgers nach § 19 Abs. 3 bekannt gemacht worden ist.

Obwohl der Anspruch auf Auszahlung des Geschäftsguthabens nach § 93 II wegen der Wirkung der Ausschlagung (§ 90 II) bereits mit Feststellung des Geschäftsguthabens entsteht, tritt die Fälligkeit dieses Anspruchs erst sechs Monate nach Wirksamwerden der Verschm (§ 19 III) ein. Ein späteres Fälligwerden ist aus Gläubigerschutzgründen dann möglich, wenn die Befriedigung oder **Sicherstellung der Gläubiger der übertragenden eG** zu diesem Zeitpunkt noch nicht abgeschlossen ist. Eine unter Missachtung von § 94 Hs. 2 vorgenommene **vorzeitige Auszahlung**, kann, sofern der Anspruch besteht, generell nicht zurückgefordert werden (allgM, vgl. Lutter/Bayer Rn. 5 mwN zum Hinweis auf § 813 II BGB; ebenso besteht keine Schadensersatzpflicht der Vorstandsmitglieder der übertragenden Rechtsträger, zutr. Widmann/Mayer/Fronhöfer Rn. 9 Fn. 11). Schadensersatzansprüche der Gläubiger gem. § 823 II BGB iVm § 94 richten sich gegen die Organe des übernehmenden Rechtsträgers (Lutter/Bayer Rn. 5; Kölner Komm UmwG/Schöpflin Rn. 6) und gegen den übernehmenden Rechtsträger selbst (§ 31 BGB; Semler/Stengel/Leonard/Scholderer Rn. 11; Widmann/Mayer/Fronhöfer Rn. 9). 1

Nach Eintritt der Fälligkeit ist das **Geschäftsguthaben zur Auszahlung zu bringen.** Der übernehmende Rechtsträger hat die Forderung des früheren Mitglieds nach § 93 II spätestens sechs Monate nach Wirksamwerden der Ausschlagungserklärung (§ 92 II) vorzunehmen. Tritt die Fälligkeit gem. § 94 Hs. 2 erst nach Verstreichen dieser Sechs-Monats-Frist ein, besteht ein Anspruch des früheren Mitglieds auf unverzügliche (§ 121 I BGB) Auszahlung des Geschäftsguthabens. Unter Geschäftsguthaben iSv § 94 ist das **Auseinandersetzungsguthaben,** dh das evtl. nach Maßgabe von § 73 III GenG erhöhte Geschäftsguthaben, zu verstehen. 2

§ 95 Fortdauer der Nachschußpflicht

(1) ¹Ist die Haftsumme bei einer übernehmenden Genossenschaft geringer, als sie bei einer übertragenden Genossenschaft war, oder haften den Gläubigern eines übernehmenden Rechtsträgers nicht alle Anteilsinhaber dieses Rechtsträgers unbeschränkt, so haben zur Befriedigung der Gläubiger der übertragenden Genossenschaft diejenigen Anteilsinhaber, die Mit-

glieder der übertragenden Genossenschaft waren, weitere Nachschüsse bis zur Höhe der Haftsumme bei der übertragenden Genossenschaft zu leisten, sofern die Gläubiger, die sich nach § 22 gemeldet haben, wegen ihrer Forderung Befriedigung oder Sicherstellung auch nicht aus den von den Mitgliedern eingezogenen Nachschüssen erlangen können. ²Für die Einziehung der Nachschüsse gelten die §§ 105 bis 115a des Genossenschaftsgesetzes entsprechend.

(2) Absatz 1 ist nur anzuwenden, wenn das Insolvenzverfahren über das Vermögen des übernehmenden Rechtsträgers binnen zwei Jahren nach dem Tage eröffnet wird, an dem die Eintragung der Verschmelzung in das Register des Sitzes dieses Rechtsträgers nach § 19 Abs. 3 bekannt gemacht worden ist.

1 Die Vorschrift regelt die **Fortdauer der Nachschusspflicht eines früheren Mitglieds,** der durch die Verschm Anteilsinhaber des übernehmenden Rechtsträgers geworden ist (für den Fall der Ausschlagung gilt § 93 III, → § 93 Rn. 3).

2 Bei einer **Verschm unter eG** ist Voraussetzung für die Anwendung von § 95, dass die Haftsumme bei der übernehmenden eG geringer ist, als sie bei der übertragenden eG war. Es kommt aber nicht auf die allg. Regelungen in den Satzungen der Rechtsträger an, sondern ausschließlich auf die **individuelle Haftungssituation** des betreffenden Mitglieds (Lutter/Bayer Rn. 5 mit Beispiel). Im Fall der **Mischverschmelzung,** also der Aufnahme einer eG durch einen Rechtsträger anderer Rechtsform, lebt die Nachschusspflicht ausnahmsweise dann nicht auf, wenn dieser Rechtsträger OHG ist, dies kommt in der missverständlichen Formulierung von Abs. 1 S. 1 nur schlecht zum Ausdruck.

3 **Begünstigte der Nachschusspflicht** sind ausschließlich die Gläubiger der übertragenden eG, die sich nach § 22 rechtzeitig gemeldet und die Anspruchsvorschriften dieser Norm erfüllt haben. Diese Gläubiger verlieren ihren Anspruch gegen die früheren Mitglieder, sofern sie wegen ihrer Forderung Befriedigung oder Sicherstellung aus eingezogenen Nachschüssen erlangen können.

4 **Anspruchsverpflichtet** sind nur diejenigen Anteilsinhaber des übernehmenden Rechtsträgers, die Mitglieder der betroffenen übertragenden eG waren. Durch die Verweisung nur auf §§ 105–115a GenG in **Abs. 1 S. 2** wird klargestellt, dass durch Ausschlagung ausgeschiedene frühere Mitglieder nicht mehr haften (kein Verweis auf §§ 115b, 115c GenG, vgl. Lutter/Bayer Rn. 9; Widmann/Mayer/Fronhöfer Rn. 6 jew. mwN; vgl. auch NK-UmwR/Geschwandtner Rn. 3; Habersack/Wicke/Fuchs Rn. 9; BeckOGK/Fuchs Rn. 9).

5 Objektive Voraussetzung des Auflebens der Nachschusspflicht ist die **Eröffnung des Insolvenzverfahrens** binnen zwei Jahren nach Wirksamwerden der Verschm, **Abs. 2.** Zum Verfahrensablauf ausf. Lutter/Bayer Rn. 18 ff.

Zweiter Unterabschnitt. Verschmelzung durch Neugründung

§ 96 Anzuwendende Vorschriften

Auf die Verschmelzung durch Neugründung sind die Vorschriften des Ersten Unterabschnitts entsprechend anzuwenden.

1. Allgemeines

1 §§ 96–98 behandeln die **Verschm durch Neugründung einer eG.** Die allg. Regelungstechnik des Zweiten Buches wird hierbei übernommen (→ Vor § 36 Rn. 4 ff., → Vor § 39 Rn. 3, 4). Bei der Verschm durch Neugründung vereinigen sich zwei oder mehrere Rechtsträger zu einer eG, die vorher nicht bestand, sondern erst im Zusammenhang mit der Verschm gegründet wird. Die sich vereinigenden

Rechtsträger erlöschen daraufhin. Vgl. zur Verschm durch Neugründung → Vor § 36 Rn. 1 ff. und → § 36 Rn. 1 ff., speziell zur Verschm durch Neugründung einer eG → § 36 Rn. 30 ff.

Für die Verschm durch Neugründung müssen folgende Schritte durchgeführt **2** werden: Die sich vereinigenden Rechtsträger schließen einen **Verschmelzungsvertrag** unter Beachtung von §§ 5, 80, 97, dem die Anteilsinhaber jedes Rechtsträgers durch Beschluss (§ 13 iVm den rechtsformspezifischen Ergänzungen, → § 13 Rn. 30 ff.) **zustimmen** müssen. Daneben hat der Verschmelzungsvertrag gem. § 37 die **Satzung** der zu gründenden eG zu enthalten, diese Satzung ist durch sämtliche Mitglieder des Vertretungsorgans jedes der übertragenden Rechtsträger aufzustellen und zu unterzeichnen (§ 97 I), der Verschmelzungsbeschluss hat sich auch auf die Satzung zu beziehen (§ 98 S. 1). Die neue eG muss sodann in das Genossenschaftsregister (§ 10 GenG) **eingetragen** werden, was als konstitutiver Akt die Wirkungen der Verschm auslöst (§ 36 I 2, §§ 38, 20 I). Die zuvor erfolgte Eintragung der Verschm in das Register am Sitz der sich vereinigenden Rechtsträger (§ 19 I 2) ist rein deklaratorisch.

Auf die Verschm durch Neugründung sind die Vorschriften des Ersten Unterab- **3** schnitts entsprechend anzuwenden, § 96. §§ 97, 98 enthalten speziell auf die Verschm durch Neugründung einer eG zugeschnittene Sonderregelungen.

2. Verschmelzungsvertrag

Der **Verschmelzungsvertrag** wird durch die sich vereinigenden Rechtsträger **4** geschlossen; die neu zu gründende eG kann hieran noch nicht beteiligt sein. Der Abschluss erfolgt durch die jew. vertretungsberechtigten Organe, gegenüber dem Abschluss des Verschmelzungsvertrages bei der Verschm durch Aufnahme bestehen keine Besonderheiten.

Wegen der Generalverweisung in § 96 ist für den **Inhalt des Verschmelzungs-** **5** **vertrages** neben § 5 auch § 80 (als besondere Ausprägung von § 5 I Nr. 3) maßgeblich. § 75 GenG findet keine Anwendung (Lutter/Bayer § 87 Rn. 20 mwN). An die Stelle der übernehmenden Gen tritt die neu gegründete eG. Bei der Verschm durch Neugründung handelt es sich um eine **(vereinfachte) Sachgründung.** Die Kapitalaufbringung sichert die neu gefasste Regelung von § 11a II 2 GenG; der Prüfungsverband hat dem Registergericht iRv § 11 II Nr. 3 GenG zu erklären, ob Sacheinlagen überbewertet werden oder nicht. Das Registergericht kann die Eintragung ablehnen, wenn **konkrete sachliche Anhaltspunkte** vorhanden sind, aus denen sich schließen lässt, dass der Betrieb der eG entweder zu einem wirtschaftlichen Schaden bei Gläubigern führen kann, oder dass die Mitglieder über ihre Einlage hinaus mit Nachschusspflichten belastet werden (Beuthien/Beuthien GenG § 11a Rn. 5). Hierbei ist auf die **gutachterliche Äußerung des Prüfungsverbandes** nach § 11 II Nr. 3 GenG zurückzugreifen. § 81 ist für die neu gegründete eG nicht anzuwenden.

3. Satzung

Vgl. zunächst → § 36 Rn. 30 ff. sowie § 97 I, § 98 S. 1. **6**

Bei der **Aufstellung der Satzung** der neuen eG durch die Gründer (§ 36 II 2) **7** ist der Rechtsgedanke von § 79 zu beachten. Insbes. bei Verschm von KapGes mit größeren Beteiligungen auf eine neu gegründete eG zwingt § 79 zur Aufnahme der in § 7a GenG zugelassenen Bestimmung, dass sich ein Mitglied mit mehr als einem Geschäftsanteil beteiligen darf. Auch auf den Betrag des Geschäftsanteils (§ 7 Nr. 1 GenG) hat eine solche Konstellation Auswirkungen.

4. Entsprechende Anwendung von §§ 79–95

8 Die Generalverweisung in § 96 hat iÜ nur geringe Bedeutung. §§ 81–84 finden für die neu gegründete eG naturgemäß keine Anwendung, da sie erst Produkt des verbindlich abgeschlossenen Verschmelzungsvertrages ist. Bei der Anmeldung der neu gegründeten eG (§ 38 II) ist § 86 II zu beachten. §§ 87–89 finden vollständig Anwendung, §§ 90–94 gewähren die Möglichkeit der Ausschlagung durch einzelne Anteilsinhaber nur für den Sonderfall, dass an der Verschm eine eG als übertragender Rechtsträger beteiligt ist (für den übertragenden Rechtsträger eG gelten bis auf §§ 79, 80 I 2 regelmäßig alle Vorschriften des Ersten Unterabschnitts, vgl. Lutter/Bayer Rn. 12, 13; Widmann/Mayer/Fronhöfer Rn. 11 ff.; Semler/Stengel/Leonard/Scholderer Rn. 8 ff.; Habersack/Wicke/Fuchs Rn. 12 ff.; BeckOGK/Fuchs Rn. 12 ff.). Schließlich erstreckt sich die Verweisung in § 96 auf die Anwendung von § 95.

§ 97 Pflichten der Vertretungsorgane der übertragenden Rechtsträger

(1) **Die Satzung der neuen Genossenschaft ist durch sämtliche Mitglieder des Vertretungsorgans jedes der übertragenden Rechtsträger aufzustellen und zu unterzeichnen.**

(2) ¹**Die Vertretungsorgane aller übertragenden Rechtsträger haben den ersten Aufsichtsrat der neuen Genossenschaft zu bestellen.** ²**Das gleiche gilt für die Bestellung des ersten Vorstands, sofern nicht durch die Satzung der neuen Genossenschaft anstelle der Wahl durch die Generalversammlung eine andere Art der Bestellung des Vorstands festgesetzt ist.**

1 Als Vertreter der Gründer (§ 36 II 2) sind die Mitglieder der Vertretungsorgane jedes der übertragenden Rechtsträger dazu berufen, die Satzung der neuen Gen aufzustellen und zu unterzeichnen, **Abs. 1**. Lehnt ein Mitglied eines Vertretungsorgans seine Mitwirkung ab, ist die Satzung nicht in der vorgeschriebenen Form errichtet (Lutter/Bayer Rn. 2 mwN; Semler/Stengel/Leonard/Scholderer Rn. 7; Pöhlmann/Fandrich/Bloehs/Fandrich Rn. 1; Beuthien/Wolff UmwG §§ 2 ff. Rn. 137; Kölner Komm UmwG/Schöpflin Rn. 6, dort auch mwN zur Amtsenthebung oder zur Geltendmachung von Schadensersatz). Ein solcher Mangel wird mit Eintragung der Verschm gem. **§ 20 II** allerdings unbeachtlich. Die **Satzung** wird nach Maßgabe von § 37 zum **Gegenstand des Verschmelzungsvertrages,** der Verschmelzungsbeschluss der Anteilsinhaber aller übertragender Rechtsträger hat sich nach § 98 S. 1 nicht nur auf den Verschmelzungsvertrag, sondern auch auf die Satzung der neuen eG zu beziehen.

2 **Abs. 2** regelt die **Bestellung der ersten Organe** der neu gegründeten eG. **Abs. 2 S. 1** verpflichtet die Gründer, also die übertragenden Rechtsträger durch ihre Vertretungsorgane, den **ersten AR** der neuen eG zu bestellen (zur mitbestimmten eG vgl. Lutter/Bayer Rn. 6 mN). Ob zusätzlich auch der **Vorstand** der neu gegründeten eG auf diese Weise in das Amt zu setzen ist, hängt gem. **Abs. 2 S. 2** vornehmlich vom Inhalt der Satzung der neuen eG ab.

3 Die in Abs. 2 so geregelte Bestellung der notwendigen Organe ergänzt § 9 GenG, deshalb ist **§ 9 II GenG**, wonach Mitglieder des Vorstands und des AR zwingend Mitglieder der Gen sein müssen, zu beachten. Die **Anzahl der Mitglieder** von Vorstand und AR ergibt sich aus dem Gesetz (§ 24 II 1 GenG, § 36 I GenG) oder aus der Satzung (§ 24 II 2 GenG, § 36 I GenG). Zu den Anforderungen bei der Bestellung von Vorstandsmitgliedern bei **Kreditgenossenschaften** vgl. Lang/Weidmüller/Holthaus/Lehnhoff GenG § 9 Rn. 2, 4, zum Arbeitsdirektor Semler/Stengel/Leonard/Scholderer Rn. 22. Die durch Abs. 2 vorgeschriebene Kompetenzzuweisung an die Gründer bzw. deren Vertretungsorgane ersetzt die sonst bestehende **Zuständigkeit der Generalversammlung** (vgl. § 24 II GenG, § 36 I GenG). Nach Durchführung der Verschm bleibt es allerdings der Generalversammlung unbenommen, von ihrem Recht nach § 24 III GenG, § 36 III GenG Gebrauch zu machen und die durch die Gründer vorgenommene **Bestellung zu widerrufen** (auch → § 98 Rn. 2). Dass Vertretungsorgane der übertragenden Rechtsträger anstelle der Generalversammlung handeln, belegt Abs. 2 S. 2. Dort wird eine Bestimmung in der Satzung, die die Kompetenz der Generalversammlung iSv § 24 II 2 GenG ersetzt (bei der Bestellung des AR ist dies nicht möglich), auch für die erste Bestellung des Vorstands bei einer Verschm durch Neugründung für verbindlich erklärt.

§ 98 Verschmelzungsbeschlüsse

¹**Die Satzung der neuen Genossenschaft wird nur wirksam, wenn ihm die Anteilsinhaber jedes der übertragenden Rechtsträger durch Verschmelzungsbeschluß zustimmen.** ²**Dies gilt entsprechend für die Bestellung der Mitglieder des Vorstands und des Aufsichtsrats der neuen Genossenschaft, für die Bestellung des Vorstands jedoch nur, wenn dieser von den Vertretungsorganen aller übertragenden Rechtsträger bestellt worden ist.**

§ 98 führt § 93s II Nr. 3 GenG aF fort; **§ 98 S. 1** ist wegen § 37 allerdings überflüssig (aA Widmann/Mayer/Fronhöfer Rn. 2). Die Satzung der neu zu gründenden eG muss zwangsläufig Bestandteil des Verschmelzungsvertrages sein, der Verschmelzungsbeschluss der übertragenden Rechtsträger nach § 13 I bezieht sich auf den gesamten Inhalt des Verschmelzungsvertrages. Bei der Änderung von § 98 S. 1 (→ Vor § 79 Rn. 6) ist dem Gesetzgeber ein sprachlicher Fehler unterlaufen: statt „ihm" (das Statut nach früherem Recht) ist „ihr" (die Satzung) gemeint. 1

§ 98 S. 2 trägt dem Umstand Rechnung, dass die Wahl der Aufsichtsratsmitglieder normalerweise der Generalversammlung der (neuen) eG obliegt (§ 36 II GenG). Da § 97 II 1 insoweit eine andere Kompetenzzuweisung vornimmt, stellt § 98 S. 2 sicher, dass die späteren Mitglieder (dh vor der Verschm die Anteilsinhaber der übertragenden Rechtsträger) auch Einfluss auf die Zusammensetzung des **AR** haben. Nach hM ist die **Bestellung bis zur Zustimmung schwebend unwirksam** (Lutter/Bayer Rn. 1, 2; Widmann/Mayer/Fronhöfer Rn. 8, 11; Kölner Komm UmwG/Schöpflin Rn. 3; Habersack/Wicke/Lakenberg Rn. 3; BeckOGK/Lakenberg Rn. 3). Für diesen Beschluss gelten die Mehrheiten von § 13 iVm den rechtsformspezifischen Sondervorschriften (→ § 13 Rn. 30 ff.) entsprechend; der Zustimmungsbeschluss zur Bestellung der Mitglieder des Vorstands und des AR ist selbst Verschmelzungsbeschluss. Die Bestellung der Mitglieder des AR ist stets Beschlussgegenstand, für die **Mitglieder des Vorstands** kommt es auf die Regelung in der Satzung der neuen eG an (vgl. § 97 II 2). Wird in der Satzung die als gesetzlicher Grundsatz vorgesehene Zuständigkeit der Generalversammlung delegiert (zB auf den AR), nimmt der Verschmelzungsbeschluss auf die Bestellung der Mitglieder des Vorstands keinen Bezug. 2

Sechster Abschnitt. Verschmelzung unter Beteiligung rechtsfähiger Vereine

§ 99 Möglichkeit der Verschmelzung

(1) **Ein rechtsfähiger Verein kann sich an einer Verschmelzung nur beteiligen, wenn die Satzung des Vereins oder Vorschriften des Landesrechts nicht entgegenstehen.**

(2) **Ein eingetragener Verein darf im Wege der Verschmelzung Rechtsträger anderer Rechtsform nicht aufnehmen und durch die Verschmelzung solcher Rechtsträger nicht gegründet werden.**

1. Verschmelzungsfähigkeit (Abs. 1)

1   Ein **rechtsfähiger Verein** (dh jeder Verein, der nicht unter § 54 BGB fällt, unabhängig davon, ob wirtschaftlicher Verein oder eV) kann sich an einer Verschm nur beteiligen, wenn die Satzung des Vereins oder Vorschriften des Landesrechts nicht entgegenstehen (**Abs. 1**). Mit dieser Regelung wird § 3 I Nr. 4, § 3 II Nr. 1 relativiert. Es ist bei jedem Verein (beim Vorverein ist die Verschmelzungsfähigkeit str., vgl. Semler/Stengel/Leonard/Katschinski Rn. 53, 54 mwN) denkbar, dass seine Satzung der Auflösung durch Verschm mit einem anderen Rechtsträger ausdrücklich oder sinngemäß entgegensteht (Begr. RegE, BR-Drs. 75/94 zu § 99 I). Im Gegensatz zu entgegenstehenden Vorschriften des Landesrechts kann durch eine entsprechende vorzeitige **Änderung der Satzung** allerdings die Durchführung der Verschm ermöglicht werden (auch bei gemeinnützigen Vereinen, vgl. Widmann/Mayer/Vossius Rn. 26).

2   Bei den **wirtschaftlichen Vereinen** iSv § 3 II Nr. 1 hängt der Erwerb der Rechtsfähigkeit von der dafür notwendigen staatlichen Verleihung ab (§ 22 BGB). Diese landesgesetzlichen Regelungen (§ 22 S. 2 BGB, Art. 82 EGBGB; Nachw. bei MüKoBGB/Leuschner BGB §§ 21, 22 Rn. 61 ff.) dürfen der Durchführung der Verschm nicht entgegenstehen. Abs. 1 ist bereits dann erfüllt, wenn die Verleihung der Rechtsfähigkeit mit einer Auflage iSv § 36 VwVfG verbunden ist, die zulässigerweise die Umstrukturierung ausschließt.

2. Verschmelzungsmöglichkeiten für den wirtschaftlichen Verein

3   **Wirtschaftliche Vereine** iSv § 22 BGB können gem. **§ 3 II Nr. 1 nur als übertragende Rechtsträger** an einer Verschm teilnehmen. Dadurch soll eine Vergrößerung oder Neugründung im Wege der Verschm vermieden werden, weil wirtschaftliche Vereine nach der Vorstellung des Gesetzgebers wegen diverser Defizite als Unternehmensträger generell nicht geeignet sind (→ § 3 Rn. 33 ff.). Zur Rechtsform des aufnehmenden Rechtsträgers trifft § 3 II Nr. 1 keine Bestimmung, deswegen kommt eine Aufnahme durch PhG, PartGes, KapGes und eG in Betracht.

3. Verschmelzungsmöglichkeiten für den eV (Idealverein) (Abs. 2)

4   **Eingetragene Vereine** iSv § 3 I Nr. 4 können als aufnehmender oder neu gegründeter Rechtsträger nur unter Einschränkungen fungieren. Die Neufassung von **Abs. 2** durch Art. 1 Nr. 21 UmwÄndG v. 22.7.1998 (BGBl. 1998 I 1878; dazu Neye DB 1998, 1649) hat daran nichts geändert, die Norm wurde nur sprachlich geglättet (vgl. auch Lutter/Hennrichs Rn. 5, 16; zum Hintergrund der Gesetzesänderung Semler/Stengel/Leonard/Katschinski Rn. 29 Fn. 43). Die **Verschm auf einen eV** ist nur einem anderen eV gestattet; die **Verschm durch Neugründung** steht nur für den Fall offen, dass sich ausschließlich eV als übertragende Rechtsträger beteiligen, die Zielrechtsform des neu gegründeten Rechtsträgers ist dann allerdings unbeachtlich. Diese Einschränkungen sollen die vorhandenen Bedürfnisse der Praxis befriedigen, die Gesetzesbegründung sieht insbes. ein Bedürfnis zur Vereinigung von Sportvereinen mit wertvollen Anlagen und zur Zusammenlegung von Verbänden. Auch freie Sparkassen, Technische Überwachungsvereine und Gewerkschaften haben Bedarf (vgl. Lutter/Hennrichs Rn. 1, 9). Die Regelungen haben sich auch in ihrem beschränkten Umfang bewährt (vgl. Semler/Stengel/Leonard/Katschinski Rn. 40 ff. mit Beispiel Gewerkschaft ver.di; zu politischen Parteien Semler/Stengel/

Leonard/Katschinski Rn. 41 Fn. 67). Uneingeschränkt möglich und durch Abs. 2 nicht berührt ist die Verschm unter Teilhabe eines eV als übertragender Rechtsträger, sofern der aufnehmende Rechtsträger die Rechtsform einer PhG, einer PartGes, einer KapGes oder einer eG hat. Bei solchen **Mischverschmelzung** ist auch die Beteiligung weiterer übertragender Rechtsträger anderer Rechtsform möglich.

§ 100 Prüfung der Verschmelzung

¹**Der Verschmelzungsvertrag oder sein Entwurf ist für einen wirtschaftlichen Verein nach den §§ 9 bis 12 zu prüfen.** ²**Bei einem eingetragenen Verein ist diese Prüfung nur erforderlich, wenn mindestens zehn vom Hundert der Mitglieder sie schriftlich verlangen.**

Die Vorschrift enthält zwei **Prüfungsbefehle** (→ Vor § 9 Rn. 3). In **S. 1** wird die Durchführung der Prüfung des Verschmelzungsvertrages oder seines Entwurfs (§ 4) für einen **wirtschaftlichen Verein iSv § 3 II Nr. 1** zwingend vorgeschrieben (zur uU notwendigen Substanzbewertung auch bei Mischverschmelzung vgl. Lutter/Hennrichs § 99 Rn. 28 ff.; Semler/Stengel/Leonard/Katschinski § 99 Rn. 74). Es handelt sich um eine Parallelvorschrift zu § 60 I, auf die Erläuterung dort wird verwiesen. Der Verzicht auf die Durchführung der Prüfung nach § 9 II bzw. der Verzicht auf die Abfassung des Verschmelzungsprüfungsberichts nach § 12 III ist unter den dort genannten Voraussetzungen möglich. Ob die Prüfung bei notwendiger Einstimmigkeit des Verschmelzungsbeschlusses entfallen kann, ist str. (Nachw. bei Lutter/Hennrichs Rn. 4). 1

Bei einem **eV iSv § 3 I Nr. 4** hängt die Durchführung der Verschmelzungsprüfung von einem entsprechenden schriftlichen (§ 126 BGB) **Verlangen** von mindestens 10% der Mitglieder (maßgebend ist die Mitgliederzahl zum Zeitpunkt des Verlangens, vgl. Widmann/Mayer/Vossius Rn. 18) des eV ab **(S. 2)**. Diese Grenze ist dazu geeignet, einerseits Manipulationen der Vereinsleitung vorzubeugen, andererseits aber die Durchführung der Verschm zu erleichtern, weil bei der regelmäßig großen Zahl der Vereinsmitglieder ein Verzicht auf die Durchführung der Verschm nach § 9 II praktisch nicht erreichbar ist (so Begr. RegE, BR-Drs. 75/94 zu § 100). Zum Begriff des Verlangens → § 44 Rn. 3 und zur beim Verein nicht möglichen Fristsetzung für das Verlangen → § 44 Rn. 4 aE. 2

Zur eigentlichen Verschmelzungsprüfung enthält § 100 keine Regelung, es gelten §§ 9–12 in vollem Umfang (auf die Komm. dort wird verwiesen). 3

§ 101 Vorbereitung der Mitgliederversammlung

(1) ¹**Von der Einberufung der Mitgliederversammlung an, die gemäß § 13 Abs. 1 über die Zustimmung zum Verschmelzungsvertrag beschließen soll, sind in dem Geschäftsraum des Vereins die in § 63 Abs. 1 Nr. 1 bis 4 bezeichneten Unterlagen sowie ein nach § 100 erforderlicher Prüfungsbericht zur Einsicht der Mitglieder auszulegen.** ²**Dazu erforderliche Zwischenbilanzen sind gemäß § 63 Absatz 2 Satz 1 bis 4 aufzustellen.**

(2) **Auf Verlangen ist jedem Mitglied unverzüglich und kostenlos eine Abschrift der in Absatz 1 bezeichneten Unterlagen zu erteilen.**

Die Vorschrift regelt die **Vorbereitung der Mitgliederversammlung,** aus Vereinfachungsgründen und wegen der vorhandenen Interessenidentität wird weitgehend auf § 63 für die Verschm unter Beteiligung von AG verwiesen. Vgl. zur Einberufungsfrist Lutter/Hennrichs Rn. 2; Habersack/Wicke/Reul Rn. 7 ff.; BeckOGK/Reul Rn. 7 ff. und LG Frankenthal RNotZ 2007, 478 mAnm Terner RNotZ 2007, 482. Damit übernimmt § 101 die Regelungstechnik von § 82 I, II, auf die Komm. 1

dort wird verwiesen. Das Prüfungsgutachten in § 82 wird ersetzt durch den uU nach § 100 erforderlichen Prüfungsbericht. Wie bei der Gen → § 82 III sollte die Frage der Zulässigkeit der Auslage von Unterlagen auf der Internetseite des Vereins **zur Vorbereitung** der Mitgliederversammlung mit der Zulassung von hybriden und virtuellen Mitgliederversammlungen (→ § 102 Rn. 2 auch zur Auslage von Unterlagen auf der Internetseite einer Gen **in der** Generalversammlung) durch den Gesetzgeber eindeutig im Gesetz festgelegt werden.

2 IRd Vorbereitung der Mitgliederversammlung ist grds. ein Verschmelzungsbericht zu erstellen, vgl. ausf. § 8. Der Verschmelzungsbericht kann gemeinsam von den Vertretungsorganen der an der Verschm beteiligten Rechtsträger erstellt werden (Lutter/Henrinck § 99 Rn. 34 mwN). Soll auf den Verschmelzungsbericht verzichtet werden – was nach § 8 III möglich ist, → § 8 Rn. 36 ff. –, muss auch bei der Verschm zweier Vereine unabhängig von deren Mitgliederzahl das Gesetz befolgt werden: Ein Verzicht auf den Verschmelzungsbericht ist nur möglich, wenn alle Mitglieder des beteiligten Rechtsträgers auf eine Erstattung in notarieller Form (→ § 8 Rn. 36, § 8 III S. 1 verlangt nach den Änderungen durch das UmRUG nicht mehr, dass alle Anteilsinhaber aller beteiligten Rechtsträger den Verzicht erklären) verzichten, vgl. zur früheren Rechtslage vor UmRUG OLG Bamberg NZG 2012, 1269 m. zust. Anm. Gräwe ZStV 2012, 225; Terner EWiR 2012, 807 mwN.

§ 102 Durchführung der Mitgliederversammlung

¹In der Mitgliederversammlung sind die in § 63 Abs. 1 Nr. 1 bis 4 bezeichneten Unterlagen sowie ein nach § 100 erforderlicher Prüfungsbericht auszulegen. ²§ 64 Abs. 1 Satz 2 und Abs. 2 ist entsprechend anzuwenden.

1 Neben der **Auslage** der in § 101 bezeichneten Unterlagen während der gesamten Dauer der Mitgliederversammlung fordert § 102 S. 2 die **mündliche Erläuterung des Verschmelzungsvertrages** oder seines Entwurfs durch den Vereinsvorstand. Jedem Vereinsmitglied ist auf Verlangen in der HV **Auskunft** auch über alle für die Verschm wesentlichen Angelegenheiten der anderen beteiligten Rechtsträger zu geben (zum Verschmelzungsbericht → § 101 Rn. 1). Auf → § 64 Rn. 1 ff. wird verwiesen.

2 Das Gesetz zur Ermöglichung hybrider und virtueller Mitgliederversammlungen im Vereinsrecht ist am 21.3.2023 in Kraft getreten (BGBl. 2023 I Nr. 72). Nach § 32 I BGB wird ein neu gefasster Abs. 2 eingefügt, der die Voraussetzungen von **hybriden** und **virtuellen** Mitgliederversammlungen beim Verein regelt. Die Berufung einer hybriden Versammlung der Mitglieder kann nun gem. § 32 II 1 BGB ohne Satzungsregelung und Zustimmung der Mitglieder erfolgen. Sie steht im Ermessen des berufenden Organs neben der Präsenzversammlung, die gesetzlicher Ausgangspunkt bleibt (Beschlussempfehlung RA, BT-Drs. 20/5585, 11 f.; Habighorst NZG 2023, 356 (357) mwN). Eine virtuelle Versammlung (ohne Möglichkeit der physischen Anwesenheit an einem Versammlungsort) kann gem. § 32 II 2 BGB von den Mitgliedern mit einfacher Mehrheit der abgegebenen Stimmen beschlossen werden (§ 32 I 3 BGB). Es ist davon auszugehen, dass § 102 im Widerspruch zu § 32 II BGB steht und ein **„Auslegen"** bzw. **„Bereitstellen" der Unterlagen** über die **Internetseite** der Ges ausreichend ist (→ § 83 Rn. 3 zur Gen; s. auch BeckOGK/Reul Rn. 8, der darauf verweist, dass bei Verschm von Vereinen keine strengeren Vorschriften gelten sollen als bei der Verschm von AGs). In virtuellen Versammlungen kann dem Versammlungserfordernis nach **§ 13 I 2** Genüge geleistet werden (→ § 84 Rn. 8 zur Gen; zur Verschm zweier Vereine und den umwandlungsrechtlichen Beschlüssen in einer virtuellen Mitgliederversammlung OLG Karlsruhe FGPrax 2022, 166 mAnm Schulteis). Das OLG Karlsruhe hat die Entscheidung des BGH zur Beschlussfassung eines Verschmelzungsbeschlusses in einer virtuellen

Versammlung bei Gen auf das Vereinsrecht übertragen (s. BGH DNotZ 2022, 754 mAnm Knaier) und entschieden, dass die Notwendigkeit der notariellen Beurkundung nach § 13 III 1 keine Beschlussfassung in der Präsenzversammlung erforderlich macht (vgl. OLG Karlsruhe FGPrax 2022, 166 (167)). Es sei ausreichend, dass der Notar am Aufenthaltsort des Versammlungsleiters anwesend ist, sich dort von dem rechtmäßigen Ablauf des Verfahrens überzeugt und sodann die Feststellung des Beschlussergebnisses durch das zuständige Organ des Vereins beurkundet wird (vgl. BGH DNotZ 2022, 754 (758) mAnm Knaier).

§ 103 Beschluß der Mitgliederversammlung

¹**Der Verschmelzungsbeschluß der Mitgliederversammlung bedarf einer Mehrheit von drei Vierteln der abgegebenen Stimmen.** ²**Die Satzung kann eine größere Mehrheit und weitere Erfordernisse bestimmen.**

Die Vorschrift bestimmt die **für die Beschlussfassung** nach § 13 I **notwendige** **Mehrheit**. Die Pflicht zur **notariellen Beurkundung** des Verschmelzungsbeschlusses folgt aus § 13 III 1. Zu virtuellen und hybriden Mitgliederversammlungen → § 102 Rn. 2. Wie bei der Satzungsänderung nach § 33 BGB (ob bei gleichzeitiger Verschm und Satzungsänderung getrennt abzustimmen ist, ist str., vgl. Semler/Stengel/Leonard/Katschinski Rn. 18 mwN) ist eine **Mehrheit von drei Vierteln der abgegebenen Stimmen** (Grüneberg/Ellenberger BGB § 33 Rn. 2, § 32 Rn. 7; Lutter/Hennrichs Rn. 14 mwN: keine Analogie zum Einstimmigkeitserfordernis von § 275 I, so auch OLG Hamm NZG 2013, 388) erforderlich, dies ist jetzt durch Gesetzesänderung (dazu → Einf. Rn. 32) klargestellt worden. **Stimmenthaltungen** und ungültige Stimmen (Lutter/Hennrichs Rn. 3; Semler/Stengel/Leonard/Katschinski Rn. 8; Kölner Komm UmwG/Leuering Rn. 2) werden nicht gezählt. IÜ wird auf die Spezialliteratur zu § 32 BGB verwiesen.

§ 103 S. 2 sieht die Beachtung einer **strengeren Satzungsvorschrift** vor. Das 2 Mehrheitserfordernis kann bis zur Einstimmigkeit gehen, ein genereller Ausschluss der Verschm in der Satzung ist wegen der stets gegebenen Satzungsautonomie der Mitgliederversammlung aber unzulässig. IÜ wird auf § 65 verwiesen.

§ 104 Bekanntmachung der Verschmelzung

(1) ¹**Ist ein übertragender wirtschaftlicher Verein nicht in ein Handelsregister eingetragen, so hat sein Vorstand die bevorstehende Verschmelzung durch den Bundesanzeiger bekanntzumachen.** ²**Die Bekanntmachung im Bundesanzeiger tritt an die Stelle der Eintragung im Register.** ³**Sie ist mit einem Vermerk zu versehen, daß die Verschmelzung erst mit der Eintragung im Register des Sitzes des übernehmenden Rechtsträgers wirksam wird.** ⁴**Die §§ 16 und 17 Abs. 1 und § 19 Abs. 1 Satz 2, Abs. 2 und Abs. 3 sind nicht anzuwenden, soweit sich auf die Anmeldung und Eintragung dieses übertragenden Vereins beziehen.**

(2) **Die Schlußbilanz eines solchen übertragenden Vereins ist der Anmeldung zum Register des Sitzes des übernehmenden Rechtsträgers beizufügen.**

Da nicht alle wirtschaftlichen Vereine in das HR einzutragen sind (§ 33 HGB), 1 passen die allg. Vorschriften von **§§ 16–19** nicht, soweit ein nicht eingetragener übertragender Verein betroffen ist. § 104 enthält die für solche Vereine notwendigen Ergänzungen (Begr. RegE, BR-Drs. 75/94 zu § 104).

Die inhaltlichen Anforderungen an die Bekanntmachung entsprechen denjenigen 2 in § 19 III, Adressat der **Bekanntmachungsverpflichtung** ist mangels Zuständig-

Missio

keit des Registergerichts der Vereinsvorstand. In Vollzug der Verschm bedarf es keiner Nachholung der Handelsregistereintragung, Abs. 1 S. 2–4 ersetzen auch nach der Änderung durch das EHUG (→ Einf. Rn. 26) vielmehr die normale registerrechtliche Behandlung (deshalb gibt es auch keine „Registersperre" gem. § 16 II, vgl. Lutter/Hennrichs Rn. 4). **Maßgeblicher Zeitpunkt** für die Ersetzung der Eintragung des übertragenden Vereins ist allein der Tag der Bekanntmachung im BAnz.

3   Abs. 2 modifiziert § 17 II. Als Ersatz für die nicht mögliche Einreichung zum HR des übertragenden wirtschaftlichen Vereins wird dort die Pflicht zur Einreichung der Schlussbilanz **bei der Anmeldung des übernehmenden Rechtsträgers** festgeschrieben. Zur Einreichung unmittelbar verpflichtet sind gem. § 16 I die Mitglieder des Vertretungsorgans des übernehmenden Rechtsträgers, der Vereinsvorstand hat die Erfüllung dieser Pflicht aber durch rechtzeitige Übergabe der Schlussbilanz zu ermöglichen. Kommt er dieser Pflicht nicht nach, ist eine auf dem Verschmelzungsvertrag basierende Klage möglich, die Vollstreckung erfolgt gem. § 888 ZPO.

§ 104a Ausschluß der Barabfindung in bestimmten Fällen

Die §§ 29 bis 34 sind auf die Verschmelzung eines eingetragenen Vereins, der nach § 5 Abs. 1 Nr. 9 des Körperschaftsteuergesetzes von der Körperschaftsteuer befreit ist, nicht anzuwenden.

1   Die Vorschrift behandelt den Sonderfall der Beteiligung eines **gemeinnützigen eV als übertragender Rechtsträger** an einer Verschm. Nach Semler/Stengel/Leonard/Katschinski Rn. 3 mwN muss **auch** der übernehmende Rechtsträger steuerbegünstigt sein, weil § 104a nur die Steuerbegünstigung des übernehmenden Rechtsträgers schützen könne. Dies ist überzeugend (zust. auch Lutter/Hennrichs Rn. 2 mwN; vgl. aber auch Widmann/Mayer/Vossius § 99 Rn. 26). Bei Mischverschmelzungen eines gemeinnützigen eV auf einen Rechtsträger anderer Rechtsform, der nicht gemeinnützig ist, verliert der Verein wegen des Grundsatzes der Vermögensbindung den steuerlichen Status als gemeinnützig rückwirkend (Lutter/Hennrichs Rn. 2 mwN; Habersack/Wicke/Reul Rn. 4 ff.; BeckOGK/Reul Rn. 4 ff.). Den Anteilsinhabern des zum Zeitpunkt des Wirksamwerdens der Verschm (Lutter/Hennrichs Rn. 3; Semler/Stengel/Leonard/Katschinski Rn. 4; Widmann/Mayer/Vossius Rn. 9 ff.) gemeinnützigen Vereins soll die sonst gegebene Möglichkeit, **Barabfindung** als Ersatz für den abgelehnten Anteilstausch zu verlangen, verschlossen bleiben; damit soll eine Bereicherung dieser Mitglieder auf Kosten anderer und die damit uU einhergehende Gefahr des Verlustes der Gemeinnützigkeit verhindert werden (Begr. RegE, BR-Drs. 75/94 zu § 104a).

Siebenter Abschnitt. Verschmelzung genossenschaftlicher Prüfungsverbände

§ 105 Möglichkeit der Verschmelzung

[1]Genossenschaftliche Prüfungsverbände können nur miteinander verschmolzen werden. [2]Ein genossenschaftlicher Prüfungsverband kann ferner als übernehmender Verband einen rechtsfähigen Verein aufnehmen, wenn bei diesem die Voraussetzungen des § 63b Absatz 2 des Genossenschaftsgesetzes bestehen und die in § 107 Abs. 2 genannte Behörde dem Verschmelzungsvertrag zugestimmt hat.

§ 106 Vorbereitung, Durchführung und Beschluß der Mitgliederversammlung

Auf die Vorbereitung, die Durchführung und den Beschluß der Mitgliederversammlung sind die §§ 101 bis 103 entsprechend anzuwenden.

§ 107 Pflichten der Vorstände

(1) ¹Die Vorstände beider Verbände haben die Verschmelzung gemeinschaftlich unverzüglich zur Eintragung in die Register des Sitzes jedes Verbandes anzumelden, soweit der Verband eingetragen ist. ²Ist der übertragende Verband nicht eingetragen, so ist § 104 entsprechend anzuwenden.

(2) Die Vorstände haben ferner gemeinschaftlich den für die Verleihung des Prüfungsrechts zuständigen obersten Landesbehörden die Eintragung unverzüglich mitzuteilen.

(3) Der Vorstand des übernehmenden Verbandes hat die Mitglieder unverzüglich von der Eintragung zu benachrichtigen.

§ 108 Austritt von Mitgliedern des übertragenden Verbandes

Tritt ein ehemaliges Mitglied des übertragenden Verbandes gemäß § 39 des Bürgerlichen Gesetzbuchs aus dem übernehmenden Verband aus, so sind Bestimmungen der Satzung des übernehmenden Verbandes, die gemäß § 39 Abs. 2 des Bürgerlichen Gesetzbuchs eine längere Kündigungsfrist als zum Schlusse des Geschäftsjahres vorsehen, nicht anzuwenden.

1. Möglichkeit der Verschmelzung

Genossenschaftliche Prüfungsverbände können vom Rechtsinstitut der 1 Verschm Gebrauch machen; §§ 105–108 führen die Vorgängerregelungen von §§ 63e–63i GenG aF im Wesentlichen unverändert fort. Der Wortlaut von § 3 I Nr. 5, der den genossenschaftlichen Prüfungsverband als umfassend verschmelzungsfähigen Rechtsträger aufführt, erweckt den unzutr. Eindruck, als wenn eine beliebige Teilhabe des genossenschaftlichen Prüfungsverbands als übertragender, übernehmender oder neuer Rechtsträger auch an Mischverschmelzungen möglich sei. § 105 S. 1 stellt demgegenüber klar, dass genossenschaftliche Prüfungsverbände grds. nur miteinander verschmolzen werden können; seit Neufassung der Norm durch das 2. UmwÄndG (→ Einf. Rn. 26) ist dies aber sowohl in der Form der Verschm zur Aufnahme als auch der **Verschm zur Neugründung** zulässig. Zulässig ist nunmehr auch die Beteiligung mehrerer genossenschaftlicher Prüfungsverbände als übertragender Rechtsträger (str., vgl. Widmann/Mayer/Vossius § 105 Rn. 5 mwN).

Mischverschmelzungen sind dagegen weiterhin unzulässig. Eine Ausnahme gilt 2 nach § 105 S. 2 lediglich für die Verschm eines rechtsfähigen Vereins, dessen Mitglieder eG und genossenschaftliche Unternehmen sind, auf einen genossenschaftlichen Prüfungsverband, wenn die für die Verleihung des Prüfungsrechts zuständige oberste Landesbehörde dem Verschmelzungsvertrag zugestimmt hat. § 105 S. 2 verweist jetzt ebenfalls auf § 63b II 2, 3 GenG, sodass die Aufsichtsbehörde im Zweifelsfall über das Vorliegen der Voraussetzungen entscheidet und Ausnahmen zulassen kann, wenn ein wichtiger Grund vorliegt.

Eine ausdrückliche Erwähnung der beiden Arten von Prüfungsverbänden (eV 3 und wirtschaftlicher Verein) wie noch in § 63i GenG aF war nicht mehr erforderlich, weil es nur noch Verbände in der Rechtsform des eV gibt (Begr. RegE, BR-Drs. 75/94 zu § 105; Semler/Stengel/Leonard/Katschinski § 105 Rn. 3).

2. Vorbereitung, Durchführung und Beschluss der Mitgliederversammlung

4   In diesem Zusammenhang verweist § 106 umfassend auf die entsprechenden Vorschriften zur **Vorbereitung der Mitgliederversammlung** eines Vereins in §§ 101–103. Auf die Erläuterung dort wird verwiesen (vgl. auch LG Frankenthal RNotZ 2007, 478).

5   Die **Auslegung eines Prüfungsberichts** zur Vorbereitung der Mitgliederversammlung ist in Abweichung von § 101 I, § 102 S. 1 allerdings nicht erforderlich. Bei der Verschm genossenschaftlicher Prüfungsverbände ist eine Prüfung nach §§ 9–12 nicht vorgesehen, es fehlt an notwendigen Prüfungsbefehl (→ Vor § 9 Rn. 3; Lutter/Bayer § 106 Rn. 13 mwN; Semler/Stengel/Leonard/Katschinski § 106 Rn. 3 mwN; für Anwendung des § 100 S. 2 dagegen Widmann/Mayer/Vossius § 105 Rn. 10 ff. mwN). Auf § 100 wird bewusst nicht verwiesen, weil davon auszugehen ist, dass die Leitungsorgane der Mitglieder der Prüfungsverbände aus eigener Sachkenntnis heraus in der Lage sind, die Interessen der von ihnen vertretenen Unternehmen zu wahren (Begr. RegE, BR-Drs. 75/94 zu § 106; dazu krit. Lutter/Bayer § 106 Rn. 12, 13; Widmann/Mayer/Vossius § 105 Rn. 15, 16).

3. Pflichten der Vorstände

6   Die Vorstände beider Verbände sind für die **Eintragung in das Register** des Sitzes jedes Verbandes verantwortlich. Ausreichend ist, dass die Anmeldung jew. in vertretungsberechtigter Zahl unterzeichnet wird (Widmann/Mayer/Vossius § 107 Rn. 9 mwN). Die gegenseitige Mitwirkungspflicht folgt aus § 107 I und aus dem abgeschlossenen Verschmelzungsvertrag; sie ist einklagbar und unterliegt der Vollstreckung nach § 894 ZPO. Der Anmeldung sind die in § 17 aufgeführten Unterlagen beizufügen (Semler/Stengel/Leonard/Katschinski § 107 Rn. 2). Ist der übertragende Verband nicht in das Register eingetragen, gilt § 104 entsprechend (§ 107 I 2), wobei die Veröffentlichung auch hier durch die Vorstände beider Verbände zu veranlassen ist (Semler/Stengel/Leonard/Katschinski § 107 Rn. 3; Widmann/Mayer/Vossius § 107 Rn. 16).

7   Ebenfalls gemeinsam verpflichtet sind die Vorstände beider Verbände zur **Mitteilung der Eintragung** (gemeint ist jene im Register des übernehmenden Verbands, vgl. Widmann/Mayer/Vossius § 107 Rn. 28 mwN) **an die zuständige oberste Landesbehörde** iSv § 63 GenG. Sind unterschiedliche Behörden zuständig, ist jede für sich zu informieren. Sinn von § 107 II ist die Kenntniserlangung der Verleihungsbehörde vom Eintritt der Verschmelzungswirkungen gem. § 20 I. Die gleiche Zielrichtung verfolgt § 107 III, der den Vorstand des übernehmenden Verbandes dazu veranlasst, seine **Mitglieder** und auch die des übertragenden Verbandes (inzwischen wohl hM: Lutter/Bayer § 107 Rn. 6 mwN; Semler/Stengel/Leonard/Katschinski § 107 Rn. 5 mwN auch zur aA; Widmann/Mayer/Vossius § 107 Rn. 36; Habersack/Wicke/Bloehs § 107 Rn. 20 ff.; BeckOGK/Bloehs § 107 Rn. 20 ff.) von der Eintragung der Verschm **zu benachrichtigen.**

4. Austritt von Mitgliedern des übertragenden Verbandes

8   Das ursprünglich in § 63h II GenG aF enthaltene Sonderkündigungsrecht ist aus Gründen der Rechtsbereinigung durch das **allg. Austrittsrecht nach § 39 I BGB** ersetzt worden. Der Austritt führt zur Beendigung der Mitgliedschaft im Prüfungsverband; sämtliche Rechte und Pflichten des Mitglieds enden im Zeitpunkt des Austritts ex nunc (Semler/Stengel/Leonard/Katschinski § 108 Rn. 5). § 39 II BGB wird durch § 108 abgeschwächt; ob die Erleichterung zeitlich unbefristet gilt, ist str. (vgl. Widmann/Mayer/Vossius § 108 Rn. 14–19 mwN). Der Austritt ist eine einseitige empfangsbedürftige WE, die keiner besonderen Form bedarf und mit dem

Zugang (§§ 130, 28 II BGB) wirksam wird (Semler/Stengel/Leonard/Katschinski § 108 Rn. 3); der Austritt bedarf keiner Begr. (Lutter/Bayer § 108 Rn. 4 mwN; Semler/Stengel/Leonard/Katschinski § 108 Rn. 3; Widmann/Mayer/Vossius § 108 Rn. 12). Der Austritt kann nicht unter einer **Bedingung oder Zeitbestimmung** erklärt werden, auf die Erläuterung zu § 91 III, der insoweit anzuwenden ist, wird verwiesen (→ § 91 Rn. 1 ff.). Wegen der in § 54 GenG vorgeschriebenen Pflichtmitgliedschaft der eG zu einem Prüfungsverband wird § 108 keine große praktische Bedeutung erhalten.

Achter Abschnitt. Verschmelzung von Versicherungsvereinen auf Gegenseitigkeit

Erster Unterabschnitt. Möglichkeit der Verschmelzung

§ 109 Verschmelzungsfähige Rechtsträger

¹**Versicherungsvereine auf Gegenseitigkeit können nur miteinander verschmolzen werden.** ²**Sie können ferner im Wege der Verschmelzung durch eine Aktiengesellschaft, die den Betrieb von Versicherungsgeschäften zum Gegenstand hat (Versicherungs-Aktiengesellschaft), aufgenommen werden.**

1. Allgemeines

Die Vorschrift regelt die wenigen zulässigen Konstellationen für eine **Verschm** 1 **unter Beteiligung eines VVaG**. Dabei wird nicht zwischen einem **großen Verein** und einem **kleineren Verein** iSv § 210 VAG, § 118 UmwG unterschieden. Nach der Struktur von § 3 ist zunächst davon auszugehen, dass VVaG an Verschm als übertragender, übernehmender oder neuer Rechtsträger beteiligt sein können (§ 3 I Nr. 6). Dass das anders ist, stellt § 109 klar, der unter Übernahme und teilw. Ausdehnung von §§ 44a, 53a VAG aF die möglichen Verschmelzungsvarianten abschl. festlegt. Anders als die Vermögensübertragung gem. §§ 174 ff. ist die Verschm von Versicherungsunternehmen von praktischer Bedeutung (→ Vor § 174 Rn. 6 mwN). Allg. zu den Besonderheiten einer Verschm von VVaG Hersch NZG 2016, 611; Schmid, Bestandsübertragung und Umwandlung von Versicherungsunternehmen, Beiträge zum Privat- und Wirtschaftsrecht, Bd. 118, Diss. 2010, 308 ff.

2. Verschmelzungsmöglichkeiten

VVaG können **miteinander verschmolzen** werden **(S. 1)**. Dabei ist es nicht 2 von Belang, ob ein großer oder ein kleinerer VVaG an der Verschm beteiligt ist, auch „Mischverschmelzungen" zwischen solchen Vereinen sind zulässig. Die Verschm unter ausschließlicher Beteiligung von VVaG ist als Verschm **durch Aufnahme** (§ 2 Nr. 1) und als Verschm durch **Neugründung** (§ 2 Nr. 2) möglich.

Die **Mischverschmelzung** lässt § 109 S. 2 nur in einer Form zu: Ein oder meh- 3 rere VVaG (sowohl große als auch kleinere Vereine) können im Wege der Verschm durch eine **Versicherungs-AG** oder eine SE, die Versicherungsgeschäft betreibt (Hersch NZG 2016, 611 (612) mwN), aufgenommen werden. Diese spezielle Ausprägung der AG (vgl. Semler/Stengel/Leonard/Niemeyer Rn. 21; Kölner Komm UmwG/Beckmann Rn. 5) qualifiziert diesen Rechtsträger als einzigen dafür, die **besonderen Pflichtentbindungen des VVaG** auch nach Durchführung der Verschm aufrechtzuerhalten. Eine **Verschm durch Neugründung** unter Beteiligung von Versicherungs-AG ist möglich, der missverständliche Wortlaut von § 90 wird in §§ 114 ff. korrigiert. Nicht möglich ist eine Verschm durch Aufnahme, an der eine **Versicherungs-AG als übertragender Rechtsträger** mitwirkt. Hintergrund ist die spezifische Ausprägung der Mitgliedschaft in VVaG, welche nach § 176 S. 2 VAG stets mit einem Versicherungsverhältnis verbunden ist. Die Umw der Aktionärsstellung in die Rechtsstellung eines Versicherten allein durch Verschm wird den spezifischen Charakteristika eines Versicherungsverhältnisses nicht gerecht (vgl. auch Hersch NZG 2016, 611 (612)). Wenn die Beteiligten die Zielrechtsform VVaG anstreben, verbleibt nur die Möglichkeit der **Vermögensübertragung nach §§ 178, 179.** Bei dieser Voll- oder Teilvermögensübertragung kommt es nicht zum Anteilstausch; deshalb wirkt dort die Struktur des Vereins, dessen Mitglieder nur Versicherungsnehmer werden können (§ 176 VAG), im Gegensatz zur Verschm nicht nachteilig (Begr. RegE, BR-Drs. 75/94 zu § 109).

3. Staatliche Genehmigung

4   Die generelle Zulassung der Beteiligung eines VVaG an einer Verschm nach § 109 steht stets unter dem **Vorbehalt der Genehmigung der Aufsichtsbehörde.** Durch Art. 8 UmwBerG wurde ein neuer **§ 14 VAG** eingefügt, der bestimmt, dass jede Umw eines Versicherungsunternehmens nach § 1, also auch jede Verschm, der Genehmigung der Aufsichtsbehörde bedarf. Neben den Vorschriften des VAG sind gem. § 14 II VAG auch die Vorschriften des UmwG Prüfungsgegenstand und möglicher Grund, die Genehmigung zu versagen. Zu Gegenstand und Umfang der Genehmigung ausf. Semler/Stengel/Leonard/Niemeyer Anh. § 119 Rn. 73 ff.; Lutter/Wilm Rn. 19 ff.; BVerfG WM 2005, 1505; Hersch NZG 2016, 611 (613 f.)).

Zweiter Unterabschnitt. Verschmelzung durch Aufnahme

§ 110 Inhalt des Verschmelzungsvertrags

Sind nur Versicherungsvereine auf Gegenseitigkeit an der Verschmelzung beteiligt, braucht der Verschmelzungsvertrag oder sein Entwurf die Angaben nach § 5 Abs. 1 Nr. 3 bis 5 und 7 nicht zu enthalten.

1   § 110 schränkt bei der Verschm unter Beteiligung von VVaG den **Inhalt des Verschmelzungsvertrages** ein. Angaben nach § 5 I Nr. 3–5 und Nr. 7 sind im Verschmelzungsvertrag nicht aufzunehmen, weil diese Bestimmungen auf einen **Anteilstausch** Bezug nehmen, der bei der Verschm unter Beteiligung von VVaG gerade nicht in Betracht kommt. Der VVaG wird vom Gleichbehandlungsgrundsatz (§ 177 VAG) geprägt (dazu ausf. BVerwG NJW 1996, 2521), die Mitgliedschaften in ihrem genossenschaftlichen Teil (dazu krit. FKBP/Kaulbach VAG § 21 Rn. 2 ff.) werden ohne Weiteres zu Mitgliedschaften beim übernehmenden VVaG (Kölner Komm UmwG/Beckmann Rn. 4).

2   Für den **Inhalt der Mitgliedschaften** ist allein die Satzung des übernehmenden oder neu gegründeten VVaG maßgebend, Regelungen im Verschmelzungsvertrag haben hierauf keinen Einfluss (allerdings ist bei der Verschm durch Neugründung die Satzung iSv § 116 I Gegenstand des Verschmelzungsvertrages, § 37). Dieses Vorgegebensein der Teilhabe am Unternehmen findet sich nur, wenn ein **VVaG übernehmender Rechtsträger** ist. Deshalb gilt § 110 nicht für **Mischverschmelzungen,** insoweit verbleibt es bei der vollständigen Anwendung von § 5 I, die entsprechenden Festsetzungen im Verschmelzungsvertrag sind für den Anteilstausch nach § 20 I Nr. 3 (dh für den Erwerb von Aktien der Versicherungs-AG durch die früheren Vereinsmitglieder) maßgeblich.

§ 111 Bekanntmachung des Verschmelzungsvertrags

[1]**Der Verschmelzungsvertrag oder sein Entwurf ist vor der Einberufung der obersten Vertretung, die gemäß § 13 Abs. 1 über die Zustimmung zum**

Vorbereitung, Durchführung und Beschluß 1–3 § 112 UmwG A

Verschmelzungsvertrag beschließen soll, zum Register einzureichen. ²Das Gericht hat in der Bekanntmachung nach § 10 des Handelsgesetzbuchs einen Hinweis darauf bekanntzumachen, daß der Vertrag oder sein Entwurf beim Handelsregister eingereicht worden ist.

§ 111 entspricht auch nach der Änderung durch das EHUG (→ Einf. Rn. 28) 1
§ 61 (abgesehen von der durch das **UmRUG** erfolgten Klarstellung in § 61 S. 1 und der Einfügung von § 61 S. 3 → § 61 Rn. 2), auf dessen Komm. insoweit verwiesen wird. Zur obersten Vertretung → § 112 Rn. 2 ff.

§ 112 Vorbereitung, Durchführung und Beschluß der Versammlung der obersten Vertretung

(1) ¹Von der Einberufung der Versammlung der obersten Vertretung an, die gemäß § 13 Abs. 1 über die Zustimmung zum Verschmelzungsvertrag beschließen soll, sind in dem Geschäftsraum des Vereins die in § 63 Abs. 1 bezeichneten Unterlagen zur Einsicht der Mitglieder auszulegen. ²Dazu erforderliche Zwischenbilanzen sind gemäß § 63 Absatz 2 Satz 1 bis 4 aufzustellen.

(2) ¹In der Versammlung der obersten Vertretung sind die in § 63 Abs. 1 bezeichneten Unterlagen auszulegen. ²§ 64 Abs. 1 Satz 2 und Abs. 2 ist entsprechend anzuwenden.

(3) ¹Der Verschmelzungsbeschluß der obersten Vertretung bedarf einer Mehrheit von drei Vierteln der abgegebenen Stimmen. ²Die Satzung kann eine größere Mehrheit und weitere Erfordernisse bestimmen.

1. Allgemeines

Abs. 1, 2 regeln die Vorbereitung (Abs. 1) und die Durchführung (Abs. 2) der 1
Versammlung der obersten Vertretung. Aus Vereinfachungsgründen wird auf die entsprechenden Regelungen zur Verschm unter Beteiligung einer AG (§§ 63, 64) verwiesen. **Abs. 3** führt § 44a II 2, 3 VAG aF unverändert fort. Durch das am 27.7.2022 in Kraft getretene Gesetz zur Einführung virtueller Hauptversammlungen von Aktiengesellschaften und Änderung genossenschafts- sowie insolvenz- und restrukturierungsrechtlicher Vorschriften v. 20.7.2022 (BGBl. 2022 I 1166) erfolgten auch im VAG einige Anpassungen. So wurde **§ 191 S. 1 VAG** neu gefasst und verweist für die oberste Vertretung nun auch auf § 118a AktG. Der neu eingefügte § 118a AktG regelt die Voraussetzungen und die Durchführung von virtuellen HV (→ § 64 Rn. 1). Aufgrund der entsprechenden Anwendung der Vorschriften der virtuellen HV, können auch die Mitgliederversammlung und die Mitgliedervertreterversammlung ohne physische Präsenz der Mitglieder abgehalten werden, wenn eine entsprechende Satzungsermächtigung besteht (§ 118a I AktG).

2. Oberste Vertretung

Die **oberste Vertretung des VVaG** ist gem. §§ 184, 191 VAG – je nach Sat- 2
zungsbestimmung – entweder die Mitgliederversammlung oder die Mitgliedervertreterversammlung. Funktionell entspricht die oberste Vertretung des VVaG der HV der AG (Kölner Komm UmwG/Beckmann Rn. 2), deswegen wird in § 191 VAG in großem Umfang auf die Anwendung der Vorschriften für die aktienrechtliche HV verwiesen.

Die oberste Vertretung ist als **Versammlung der Anteilsinhaber** (§ 13 I) dazu 3
berufen, über die Durchführung der Verschm zu beschließen. Dies geschieht durch Zustimmung zum Verschmelzungsvertrag, die **Mehrheit** richtet sich nach **Abs. 3**.

Missio

4 Auf die Willensrichtung der **Garanten,** also derjenigen, die Anteile am Gründungsstock gezeichnet haben (vgl. § 178 VAG), kommt es hingegen nicht an. Die Garanten nehmen an der Verschm nicht teil; weder werden sie bei der reinen VVaG-Verschm Mitglieder des übernehmenden VVaG, noch erhalten sie bei der Mischverschmelzung einen Anteil (§ 20 I Nr. 3) an der Versicherungs-AG (den Garanten will Semler/Stengel/Leonard/Niemeyer § 109 Rn. 49 als Inhaber von Sonderrechten iSv § 23 behandeln; ebenso wohl Widmann/Mayer/Vossius § 109 Rn. 94). Anderes gilt nur, wenn und soweit die Garanten zugleich Mitglieder des übertragenden VVaG sind. IÜ sind die Garanten **als normale Gläubiger anzusehen,** sie können sich insbes. auf die Schutzvorschrift von § 22 berufen.

3. Vorbereitung der Mitglieder(Vertreter)Versammlung (Abs. 1)

5 Parallel zu § 82 beschränkt sich die Regelung in Abs. 1 auf das Gebot zur **entsprechenden Anwendung von § 63 I, II.** § 63 III wird von der Verweisung nicht erfasst, anders als in § 82 II fehlt es auch an einer besonderen Regelung in § 112. Die Vereinsmitglieder haben demnach kein Recht, eine **Abschrift** der nach Abs. 1 S. 1 auszulegenden Unterlagen zu erhalten (aA Semler/Stengel/Leonard/Niemeyer Rn. 9; zweifelnd Lutter/Wilm Rn. 7, der sich auf eine Einschränkung des Informationsrechts beruft; wie hier Kölner Komm UmwG/Beckmann Rn. 4, der zutr. auf die bewusste Entscheidung des Gesetzgebers hinweist; Hersch NZG 2016, 611 (612); Widmann/Mayer/Vossius Rn. 11 ff.; Habersack/Wicke/Scheel/Harzenetter Rn. 21 ff., BeckOGK/Scheel/Harzenetter Rn. 21 ff., die schon bisher empfahlen, in der Praxis die Unterlagen auf der Internetseite der Ges zugänglich zu machen, um dem Informationsinteresse der Mitglieder Genüge zu leisten). Damit ist gegenüber § 44a III VAG aF iVm § 340d VI AktG aF eine Verschlechterung der Rechtsposition der Vereinsmitglieder erfolgt. Dies geschah bewusst, weswegen eine entsprechende Anwendung etwa von § 82 II nicht in Betracht kommt; das Gesetz sieht den Schwerpunkt nicht auf einem besonderen Informationsinteresse des Mitglieds, sondern im Versicherungsverhältnis (Begr. RegE, BR-Drs. 75/94 zu § 112 I; krit. dazu Lutter/Wilm Rn. 7; Kölner Komm UmwG/Beckmann Rn. 4 mwN). Ebenso fehlt es nach wie vor an einer § 82 III vglbaren Erleichterung. Im Hinblick auf die Regelung des § 191 S. 1 VAG und die entsprechende Anwendbarkeit von § 118a AktG sollte es jedoch im Fall einer entsprechenden Satzungsermächtigung im Rahmen der virtuellen Mitglieder(Vertreter)versammlung ausreichend sein, die Unterlagen zur Vorbereitung der Mitglieder(Vertreter)Versammlung auf der Internetseite der Ges zugänglich zu machen.

6 Bzgl. der nach § 63 I **auszulegenden Unterlagen** wird auf § 63 Rn. 3 verwiesen; ein nach § 60 iVm § 12 erstatteter **Verschmelzungsprüfungsbericht** ist nur bei der Mischverschmelzung auf eine Versicherungs-AG auszulegen; §§ 109 ff. selbst enthalten keinen Prüfungsbefehl (→ Vor § 9 Rn. 3), weswegen ein etwa auszulegender Verschmelzungsprüfungsbericht sich ausschließlich auf die Versicherungs-AG beziehen kann (aA die hM Semler/Stengel/Leonard/Niemeyer Rn. 20, 21, der insbes. auf § 30 II 1 verweist; jetzt auch Lutter/Wilm Rn. 5, 6; zuvor schon Kölner Komm UmwG/Beckmann Rn. 3).

7 **Abs. 1 S. 2** verweist für die nach Abs. 1 S. 1 iVm § 63 I Nr. 3 uU auszulegende Zwischenbilanz auf § 63 II, auf die Komm. dort (→ § 63 Rn. 4 ff.) wird verwiesen. Die Erweiterung von § 63 II durch das 3. UmwÄndG (→ Einf. Rn. 33) ist für § 112 ohne Belang, weswegen Abs. 1 S. 2 nur auf § 63 II 1–4 verweist.

4. Durchführung der Mitglieder(Vertreter)Versammlung (Abs. 2)

8 Gem. **Abs. 2 S. 1** sind auch während der Anteilsinhaberversammlung die in § 63 I genannten Unterlagen zur Einsicht der Aktionäre auszulegen, und zwar während der gesamten Versammlung (→ § 64 Rn. 3). Allein ein elektronisches Zugänglichmachen

war bisher nicht ausreichend. Durch die entsprechende Anwendbarkeit von § 118a AktG und den Regelungen zur virtuellen HV auf die oberste Vertretung gem. **§ 191 S. 1 VAG** (→ Rn. 1) ist es ausreichend (die Voraussetzungen des § 118a AktG müssen indes erfüllt sein), die Unterlagen den der Mitglieder(Vertreter)Versammlung elektronisch zugeschalteten Aktionären während des Zeitraums der Versammlung über die Internetseite der Ges oder eine über diese zugängliche Internetseite eines Dritten zugänglich zu machen (§ 118a VI AktG). Es sollten hier keine strengeren Vorgaben zur Anwendung kommen als bei der Verschm von AGs (auch → § 102 Rn. 2).
Abs. 2 S. 2 verweist auf § 64 I 2, II. Damit hat die Änderung von § 64 I 2 durch das 3. UmwÄndG (→ § 64 Rn. 4 ff.) auch Auswirkungen auf die Anteilsinhaberversammlung nach § 112. Die Berichtspflicht des Vorstands wurde erweitert. Ausführungen zum Umtauschverhältnis durch den Vorstand des VVaG sind allerdings nur dann gefordert, wenn ein Anteilstausch in Rede steht; dies kann nur bei der **Mischverschmelzung,** also der Aufnahme durch eine Versicherungs-AG, der Fall sein (vgl. § 110). IÜ wird auf die Komm. zu § 64 verwiesen (→ § 64 Rn. 1 ff.).

5. Verschmelzungsbeschluss (Abs. 3)

Wie im früheren Recht (§ 44 II 2, 3 VAG aF) bedarf der Beschluss der obersten 9
Vertretung einer **Mehrheit von drei Vierteln der abgegebenen Stimmen.** Die Beschlussfassung selbst richtet sich nach § 191 VAG iVm den Vorschriften des AktG. **Stimmenthaltungen** und ungültige Stimmen werden nicht mitgezählt (keine abgegebenen Stimmen), iÜ wird auf → § 65 Rn. 1 ff. und die aktienrechtliche Speziallit. (Nachw. bei Koch AktG § 133 Rn. 16 ff.) verwiesen. Zu umwandlungsrechtlichen Beschlüssen in einer virtuellen HV → § 65 Rn. 2.

Die **Satzung des VVaG** kann eine größere Mehrheit und weitere Erfordernisse 10
bestimmten **(Abs. 3 S. 2).** Neben der Verschärfung des Mehrheitserfordernisses bis zur Einstimmigkeit kann demnach insbes. eine Mindestanwesenheit für die Beschlussfähigkeit (Quorum) oder das Erfordernis einer mehrfachen Beschlussfassung geregelt werden (iÜ → § 65 Rn. 10 ff.).

§ 113 Keine gerichtliche Nachprüfung

Sind nur Versicherungsvereine auf Gegenseitigkeit an der Verschmelzung beteiligt, findet eine gerichtliche Nachprüfung des Umtauschverhältnisses der Mitgliedschaften nicht statt.

Die Vorschrift regelt klarstellend, dass eine **gerichtliche Nachprüfung** (§§ 15, 1
305–312) **des Umtauschverhältnisses** der Mitgliedschaften bei einer reinen Verschm unter VVaG (§ 110) nicht stattfindet. Dies ist nur konsequent, da die Einflussnahme auf den genossenschaftlichen Teil der Mitgliedschaften (dazu Prölss/ Weigel VAG § 20 Rn. 9) durch die Verschm keine wirtschaftlichen Auswirkungen mit sich bringt. Der für das Mitglied wesentliche Versicherungsvertrag besteht in unveränderter Form fort (Kölner Komm UmwG/Beckmann Rn. 2). Selbst eine eingeschränkte Überprüfung, wie sie § 85 für die Verschm unter Beteiligung von eG vorsieht, würde dem Wesen der Mitgliedschaft bei einem VVaG nicht gerecht (aA wohl Widmann/Mayer/Vossius Rn. 6 mwN; zum etwaigen Anspruch auf Satzungsänderung Semler/Stengel/Leonard/Niemeyer Rn. 5 ff. mwN).

Dritter Unterabschnitt. Verschmelzung durch Neugründung
§ 114 Anzuwendende Vorschriften

Auf die Verschmelzung durch Neugründung sind die Vorschriften des Zweiten Unterabschnitts entsprechend anzuwenden, soweit sich aus den folgenden Vorschriften nichts anderes ergibt.

A UmwG § 115 1, 2

1 Während früher bei der **Verschm durch Neugründung eines VVaG** § 44a IV VAG aF, § 53a I VAG aF auf die aktienrechtliche Verschm verwiesen, enthalten §§ 114–117 nun eigenständige Regelungen. Damit werden Friktionen, die durch die doppelte Verweisung (zum einen in § 44a IV VAG aF auf die Verschm unter Beteiligung von AG, zum anderen dort auf die Gründungsvorschriften der AG) vermieden.

2 Für die Verschm durch Neugründung gelten zunächst **§§ 36–38;** maßgebliche Bedeutung hat vor allem § 36 II, der auf die Vorschriften zur Gründung eines VVaG (§§ 171 ff. VAG) verweist.

3 Daneben schreibt § 114 die **entsprechenden Anwendungen von §§ 109–113** auch für die Verschm durch Neugründung vor, schließlich vervollständigen **§§ 115–117** den einschlägigen Regelungskomplex.

4 Der Verweis in § 114 erstreckt sich, soweit §§ 111–113 in Rede stehen, nur auf diejenigen VVaG, die als übertragende Rechtsträger fungieren. Ein Verschmelzungsbeschluss des neuen Rechtsträgers ist bei der Verschm durch Neugründung, die gerade erst zum Entstehen dieses Rechtsträgers führt, naturgemäß nicht möglich.

5 Durch § 114 iVm § 109 wollte der Gesetzgeber klargestellt wissen, dass die Verschm durch Neugründung auch den Fall erfasst, dass zwei oder mehrere VVaG im Wege der **Mischverschmelzung** (§ 3 IV) eine **Versicherungs-AG** neu gründen (Begr. RegE, BR-Drs. 75/94 zu § 114). Dies ist trotz des unglücklichen Wortlauts von § 109 als mögliche Konstellation anzusehen, auch § 115 S. 1 („des neuen Rechtsträgers") und § 116 I 1 („die Satzung des neuen Rechtsträgers") sprechen dafür (zust. Semler/Stengel/Leonard/Niemeyer Rn. 1).

6 Der **Inhalt des Verschmelzungsvertrages** richtet sich nach § 5 I, wobei § 5 Nr. 3–5 und 7 gem. § 114 nicht anzuwenden sind, wenn das Verschmelzungsprodukt, also der neu gegründete Rechtsträger, selbst wieder VVaG ist.

§ 115 Bestellung der Vereinsorgane

¹Die Vorstände der übertragenden Vereine haben den ersten Aufsichtsrat des neuen Rechtsträgers und den Abschlußprüfer für das erste Voll- oder Rumpfgeschäftsjahr zu bestellen. ²Die Bestellung bedarf notarieller Beurkundung. ³Der Aufsichtsrat bestellt den ersten Vorstand.

1 Die Vorschrift erfasst, obwohl die Überschrift der Norm missverständlich ist, auch die **Mischverschmelzung,** dh die Verschm von zwei oder mehreren VVaG (§ 114 iVm § 109 I 1) durch Neugründung einer **Versicherungs-AG.** Da gem. § 36 II 2 die übertragenen Vereine als Gründer des neuen Rechtsträgers gelten, sind die Vorstände als Vertretungsorgan dieser übertragenden VVaG dazu berufen, den **ersten AR** des neu gegründeten VVaG/der neu gegründeten Versicherungs-AG und den **Abschlussprüfer** für das erste Teil- oder Rumpfgeschäftsjahr zu bestellen. Da die Kompetenz zur Bestellung des AR nicht der eigentlich zuständigen HV/obersten Vertretung zukommen kann – diese Gremien bestehen zum Zeitpunkt der Bestellung nach § 115 S. 1 noch nicht –, sieht **§ 116 I 1 die notwendige Zustimmung** der Mitglieder der übertragenden VVaG für die Bestellung des **AR** durch Verschmelzungsbeschluss vor. Damit soll gewährleistet werden, dass die Bestellung des Vorstands letztlich von den späteren Anteilsinhabern des neu gegründeten Rechtsträgers mitverantwortet wird. Die Bestellung des AR bedarf der **notariellen Beurkundung** (§ 115 S. 2).

2 Identisch zu den sonstigen rechtsformspezifischen Vorschriften beim VVaG/bei der Versicherungs-AG verläuft die **Bestellung des ersten Vorstands** (aA Semler/Stengel/Leonard/Niemeyer Rn. 5; wie hier Widmann/Mayer/Vossius Rn. 26 ff., dort auch Rn. 27 zum Zeitpunkt der Beschlussfassung; § 115 ist lex specialis gegen-

über § 76 II). Hier ist der nach § 115 S. 1 ins Amt gesetzte erste AR zur Bestellung berufen (**§ 115 S. 3**).

§ 116 Beschlüsse der obersten Vertretungen

(1) ¹**Die Satzung des neuen Rechtsträgers und die Bestellung seiner Aufsichtsratsmitglieder bedürfen der Zustimmung der übertragenden Vereine durch Verschmelzungsbeschlüsse.** ²**Die §§ 76 und 112 Absatz 3 sind entsprechend anzuwenden.**

(2) ¹**In der Bekanntmachung der Tagesordnung eines Vereins ist der wesentliche Inhalt des Verschmelzungsvertrags bekanntzumachen.** ²**In der Bekanntmachung haben der Vorstand und der Aufsichtsrat, zur Wahl von Aufsichtsratsmitgliedern und Prüfern nur der Aufsichtsrat, Vorschläge zur Beschlußfassung zu machen.** ³**Hat der Aufsichtsrat auch aus Aufsichtsratsmitgliedern der Arbeitnehmer zu bestehen, so bedürfen Beschlüsse des Aufsichtsrats über Vorschläge zur Wahl von Aufsichtsratsmitgliedern nur der Mehrheit der Stimmen der Aufsichtsratsmitglieder der Mitglieder des Vereins.**

Die Satzung des neuen Rechtsträgers ist gem. § 37 Gegenstand auch des Verschmelzungsvertrages. Da der Verschmelzungsbeschluss nach §§ 13, 112 III sich auf den gesamten Verschmelzungsvertrag bezieht, ist **Abs. 1 S. 1** insoweit ohne inhaltliche Bedeutung. Zum Beschlussgegenstand „Bestellung seiner Aufsichtsratsmitglieder" vgl. § 115. Mit dem **UmRUG** erfolgte eine redaktionelle Folgeänderung in Abs. 1 S. 2 aufgrund der Streichung von § 76 I. Bzgl. **Abs. 1 S. 2** wird auf die Komm. zu → § 76 und → § 112 Rn. 9, 10 verwiesen.

Abs. 2 ergänzt § 111. Die Vorschrift bezieht sich nur auf die Bekanntmachung der Tagesordnung eines übertragenden VVaG; der neu gegründete Rechtsträger selbst kann einen Verschmelzungsbeschluss nach §§ 13, 112 III nicht fassen, da er zu diesem Zeitpunkt noch nicht besteht. Der in Abs. 2 S. 2, 3 festgelegte Umfang des Vorschlagsrechts ist aus sich heraus verständlich.

§ 117 Entstehung und Bekanntmachung des neuen Vereins

¹**Vor der Eintragung in das Register besteht ein neuer Verein als solcher nicht.** ²**Wer vor der Eintragung des Vereins in seinem Namen handelt, haftet persönlich; handeln mehrere, so haften sie als Gesamtschuldner.**

Der **Inhalt der Eintragung** eines VVaG in das HR richtet sich nach § 172 VAG. Der frühere Abs. 2, der gegenüber dem VAG erweiterte Bekanntmachungsvorschriften enthielt, ist durch das EHUG (→ Einf. Rn. 28) per 1.1.2007 ersatzlos gestrichen worden. Vor der Eintragung in das Register besteht ein neuer Verein als solcher nicht (**§ 117 S. 1**). Damit wird – wie im alten Recht – klargestellt, dass § 171 VAG, der die Rechtsfähigkeit eines VVaG schon früher, nämlich mit der Zulassung zum Geschäftsbetrieb eintreten lässt, hinter den spezifischen Verschmelzungsregeln zurückzustehen hat (Kölner Komm UmwG/Beckmann Rn. 3). Wegen dieser **Abweichung zu § 171 VAG** kann es auch zum Eintritt der Handelndenhaftung nach **§ 117 S. 2** kommen (allgM); diese Vorschrift ist § 41 I 2 AktG nachgebildet, auf die aktienrechtliche Spezialliteratur (Nachw. bei Koch AktG § 41 Rn. 18 ff.) wird verwiesen.

Vierter Unterabschnitt. Verschmelzung kleinerer Vereine

§ 118 Anzuwendende Vorschriften

¹Auf die Verschmelzung kleinerer Vereine im Sinne des § 210 des Versicherungsaufsichtsgesetzes sind die Vorschriften des Zweiten und des Dritten Unterabschnitts entsprechend anzuwenden. ²Dabei treten bei kleineren Vereinen an die Stelle der Anmeldung zur Eintragung in das Register der Antrag an die Aufsichtsbehörde auf Genehmigung, an die Stelle der Eintragung in das Register und ihrer Bekanntmachung die Bekanntmachung im Bundesanzeiger nach § 119.

§ 119 Bekanntmachung der Verschmelzung

Sobald die Verschmelzung von allen beteiligten Aufsichtsbehörden genehmigt worden ist, macht die für den übernehmenden kleineren Verein zuständige Aufsichtsbehörde, bei einer Verschmelzung durch Neugründung eines kleineren Vereins die für den neuen Verein zuständige Aufsichtsbehörde die Verschmelzung und ihre Genehmigung im Bundesanzeiger bekannt.

1   Ein **kleinerer Verein iSv § 210 VAG** hat bestimmungsgemäß einen sachlich, örtlich oder dem Personenkreis nach eng begrenzten Wirkungskreis; die Beschränkungen müssen in seinem Geschäftsplan (Satzung) enthalten sein (Kölner Komm UmwG/Beckmann § 118 Rn. 3 mwN; zu den Besonderheiten bei Verschm kleinerer Vereine vgl. Hersch NZG 2016, 611 (617)). Ob ein Verein ein kleinerer Verein ist, entscheidet die **Aufsichtsbehörde** verbindlich (§ 210 IV VAG); das **Registergericht** ist an die Entscheidung der Aufsichtsbehörde und ggf. des Verwaltungsgerichts gebunden, nach dem rechtsgestaltenden VA (Widmann/Mayer/Vossius § 118 Rn. 8 Fn. 2) von § 210 IV VAG kommt eine **Handelsregistereintragung** demnach nicht in Betracht. Deshalb kann zwar in § 118 S. 1 die entsprechende Anwendung der Vorschriften für den „großen" VVaG (§§ 109–117) angeordnet werden; für das **Anmeldungs- und Eintragungsverfahren** sowie für die **Bekanntmachung der Verschm** sehen § 118 S. 2, § 119 aber ein **besonderes Verfahren** vor. Anstelle der Anmeldung zur Eintragung in das Register tritt gem. § 118 S. 2 der Antrag an die Aufsichtsbehörde auf Genehmigung, an die Stelle der (konstitutiven, § 20 I) Eintragung in das Register und ihrer Bekanntmachung tritt die Bekanntmachung im BAnz. nach § 119. Gegenüber der Änderung durch das EHUG ist durch den jetzt entfallenen Hinweis „elektronisch" beim BAnz. materiell nichts geändert worden (→ Einf. Rn. 32).

Neunter Abschnitt. Verschmelzung von Kapitalgesellschaften mit dem Vermögen eines Alleingesellschafters

§ 120 Möglichkeit der Verschmelzung

(1) Ist eine Verschmelzung nach den Vorschriften des Ersten bis Achten Abschnitts nicht möglich, so kann eine Kapitalgesellschaft im Wege der Aufnahme mit dem Vermögen eines Gesellschafters oder eines Aktionärs verschmolzen werden, sofern sich alle Geschäftsanteile oder alle Aktien der Gesellschaft in der Hand des Gesellschafters oder Aktionärs befinden.

(2) Befinden sich eigene Anteile in der Hand der Kapitalgesellschaft, so werden sie bei der Feststellung der Voraussetzungen der Verschmelzung dem Gesellschafter oder Aktionär zugerechnet.

1. Allgemeines

§§ 120–122 behandeln die **Verschm von KapGes mit dem Vermögen eines Alleingesellschafters** (zur Umw einer ausl. KapGes über die Grenze auf dt. Alleingesellschafter → § 1 Rn. 47 ff. mwN; zur Beteiligungsfähigkeit der SE als übertragender Rechtsträger Lutter/Karollus/M.T. Schwab Rn. 18a mwN; zur ausl. natürlichen Person → § 3 Rn. 39 mwN; die Verschmauf den Alleingesellschafter wird von der Verschmelzungsrichtlinie nicht erfasst, Lutter/Karollus/M.T. Schwab Rn. 6). Trotz des offenen Wortlauts („eines Gesellschafters oder eines Aktionärs") kann wegen § 3 II Nr. 2 Alleingesellschafter iSv §§ 120 ff. nur eine **natürliche Person** sein (allgM, vgl. Widmann/Mayer/Heckschen Rn. 9 ff.; Lutter/Karollus/M.T. Schwab Rn. 23, jew. mwN). 1

Abs. 1 übernimmt §§ 15, 23, 24 UmwG 1969 nicht vollständig; die Möglichkeit der Mehrheitsumwandlung (auf den Hauptgesellschafter) ist ersatzlos weggefallen, „denn es entspricht nicht den Grundsätzen des Minderheiten- und des Anlegerschutzes, eine solche Möglichkeit zuzulassen" (Begr. RegE, BR-Drs. 75/94 zum Neunten Abschnitt des Zweiten Teils des Zweiten Buches). Vgl. zum umwandlungsrechtlichen Squeeze-out jetzt § 62 V (→ § 62 Rn. 18 ff.). 2

Abs. 2 übernimmt die bereits in § 10 UmwG 1969 geregelte Zurechnung von eigenen Anteilen der KapGes. Da es wirtschaftlich keinen Unterschied macht, ob die Anteile an der KapGes dem Gesellschafter unmittelbar oder nur mittelbar – durch eigenen Anteilsbesitz der KapGes – zustehen, stellt Abs. 2 klar, dass beide Beteiligungen am übertragenden Rechtsträger als Einheit anzusehen sind. 3

2. Verschmelzung auf den Alleingesellschafter (Abs. 1)

a) Übertragender Rechtsträger. **Übertragender Rechtsträger** einer Verschm auf den Alleingesellschafter nach Abs. 1 kann ausschließlich eine **KapGes** sein. Es gilt die Legaldefinition von § 3 I Nr. 2, danach sind KapGes GmbH, AG und KGaA (für KGaA aA Bärwaldt/Schabacker NJW 1997, 94; wie hier Lutter/Karollus/M.T. Schwab Rn. 18; Semler/Stengel/Leonard/Seulen Rn. 9; zur SE → § 3 Rn. 17 und Lutter/Karollus/M.T. Schwab Rn. 18a mwN; Habersack/Leitzen Rn. 10 ff.; BeckOGK/Leitzen Rn. 10 ff.). Auch die UG ist iRv § 120 beteiligungsfähig, iÜ → § 3 Rn. 14 ff.). Gegenüber §§ 15, 23, 24 UmwG 1969 ist damit der Kreis der übertragenden Rechtsträger nicht erweitert worden. Auf den **Geschäftsgegenstand der KapGes** kommt es nicht an (anders zB § 109 S. 2: „Versicherungs"-AG); insbes. muss die KapGes **kein vollkaufmännisches Handelsgewerbe** betreiben (Lutter/Karollus/M.T. Schwab Rn. 19b mwN; Kallmeyer/Marsch-Barner/Oppenhoff Rn. 2). Als **aufgelöster Rechtsträger** (§ 3 III) darf sie **nicht überschuldet** sein (BayObLG NJW-RR 1998, 902). IÜ schadet eine Überschuldung der übertragenden KapGes wohl nicht (so jetzt auch Lutter/Karollus/M.T. Schwab Rn. 21; wie hier Semler/Stengel/Leonard/Seulen Rn. 13; Kölner Komm UmwG/Simon Rn. 23, jew. mwN). 4

b) Übernehmender Rechtsträger. Nach **Abs. 1** muss der übernehmende Rechtsträger (spätestens eine logische Sekunde vor Wirksamwerden der Verschm, Widmann/Mayer/Heckschen Rn. 11 und Semler/Stengel/Leonard/Seulen Rn. 40; so jetzt auch Lutter/Karollus/M.T. Schwab Rn. 37; Lutter/Drygala § 5 Rn. 141 verlangt für vergleichbare Konstellation von § 5 II alleinige Anteilsinhaberschaft spätestens zum Zeitpunkt des Verschmelzungsbeschlusses, dagegen Lutter/Karollus/M.T. Schwab Rn. 37 Fn. 27) **Alleingesellschafter** des übertragenden Rechtsträgers sein, eigene Anteile in der Hand der KapGes werden nach Maßgabe von Abs. 2 zugerechnet. Aus § 3 II Nr. 2 ergibt sich die Einschränkung der Umwandlungsmöglichkeit von Abs. 1: Übernehmender Rechtsträger kann ausschließlich eine **natürliche Person** sein. Auf die **Kaufmannseigenschaft** kommt es nicht an; ist die 5 natürliche Person **minderjährig**, bedarf es keiner familiengerichtlichen Genehmigung (aA zur familiengerichtlichen Genehmigung mit beachtlichem Argument Widmann/Mayer/Heckschen Rn. 17; Widmann/Mayer/Heckschen § 121 Rn. 25; Semler/Stengel/Leonard/Seulen Rn. 23, die auf § 1822 Nr. 10 BGB aF, jetzt § 1799 I BGB, § 1854 Nr. 4, 5 BGB verweisen; ebenso Kölner Komm UmwG/Simon Rn. 36; Lutter/Karollus/M.T. Schwab Rn. 31 unter Berufung auf BVerfG NJW 1986, 1859 und Habersack/Leitzen Rn. 21 ff, BeckOGK/Leitzen Rn. 21 ff. Der Gesetzgeber hat die Haftungsbegrenzung für Minderjährige aber durch § 1629a BGB gestaltet, sodass das Schutzbedürfnis der Minderjährigen ausreichend befriedigt ist, dazu und zur natürlichen Person allg. → § 3 Rn. 37 ff. mwN).

6 Es muss sich um die **natürliche Person** handeln; Personengemeinschaften (etwa Bruchteilsgemeinschaft, Erbengemeinschaft, stille Ges) können ebenso wenig übernehmender Rechtsträger iSv Abs. 1 sein wie eine wie eine Mehrheit von natürlichen Personen in ihrer gesamthänderischen Verbundenheit (zB GbR, zur eGbR → § 3 Rn. 7 ff.; wN bei Stengel/Leonard/Seulen Rn. 20). Zum Erbe unter **Testamentsvollstreckung** Semler/Stengel/Leonard/Seulen Rn. 24.

7 **c) Keine Verschmelzung möglich.** Die Verschm einer KapGes auf ihren Alleingesellschafter ist nach Abs. 1 nur zulässig, wenn eine **Verschm nach den Vorschriften des Ersten bis Achten Abschnitts (§§ 39–119) nicht möglich** ist. Praktisch hat diese Beschränkung allenfalls die Bedeutung, dass § 120 nicht für Fälle gelten soll, in denen der Alleingesellschafter selbst ein in § 3 I Nr. 1–6 aufgeführter Rechtsträger ist. Tatsächlich wird der Anwendungsbereich von Abs. 1 jedoch von § 3 I Nr. 2 definiert, andernfalls käme man – bei ausschließlich wortlautorientierter Auslegung von Abs. 1 – zu dem merkwürdigen Ergebnis, dass zB ein VVaG (der nach § 3 I Nr. 6 grds. übernehmender Rechtsträger sein kann) gem. § 120 I das Vermögen einer KapGes durch Verschm durch Aufnahme auf sich überführen könnte; denn „eine Verschmelzung nach den Vorschriften des Ersten bis Achten Abschnitts" wäre in diesem Fall nicht möglich; damit würde aber § 109 unterlaufen, § 120 I würde also dazu führen, dass die rechtsformspezifischen Einschränkungen der Verschmelzungsmöglichkeiten umgangen werden könnten (so auch NK-UmwR/Jaspers Rn. 3; Widmann/Mayer/Heckschen Rn. 10; aA Semler/Stengel/Leonard/Seulen Rn. 18 und Semler/Stengel/Leonard/Niemeyer § 109 Rn. 9). Zur Frage der Eintragung der Verschm im Fall der fehlenden Erklärung des Alleingesellschafters, wonach die Verbindlichkeiten sein Vermögen nicht überschreiten OLG Hamm NZG 2021, 238.

8 **d) Alleingesellschafter.** Die natürliche Person muss der **einzige Gesellschafter oder Aktionär** der übertragenden KapGes sein (bei Treuhandverhältnissen ist das Außenverhältnis entscheidend, Alleingesellschafter ist also der Treuhänder, vgl. Lutter/Karollus/M.T. Schwab Rn. 32 mwN; Semler/Stengel/Leonard/Seulen Rn. 27). Eigene Anteile der KapGes werden nach Maßgabe von Abs. 2 zugerechnet, sie hindern die Umw nicht (Lutter/Karollus/M.T. Schwab Rn. 34 mwN). Eine weitere Zurechnung findet nicht statt (auch nicht für noch nicht ausgeübte Wandlungs- und Bezugsrechte, die generell außer Betracht bleiben, vgl. Semler/Stengel/Leonard/Seulen Rn. 32, 33 mwN); dies hat Bedeutung für Anteile, die **einem anderen für Rechnung des Gesellschafters** gehören (vgl. § 20 I Nr. 3 Hs. 2, § 54 II, § 62 I 2, § 68 II; ausf. → § 54 Rn. 12). Die eben zit. Vorschriften zeigen, dass eine solche Zurechnung nur dann in Betracht kommt, wenn sie gesetzlich ausdrücklich angeordnet ist. Aus § 120 I lässt sich deshalb folgern, dass die **verdeckte Anteilsinhaberschaft** für die Anwendung von Abs. 1 nicht ausreicht (so auch Widmann/Mayer/Heckschen Rn. 11; Widmann/Mayer/Heckschen § 121 Rn. 26, 33 ff.; Lutter/Karollus/M.T. Schwab Rn. 32, 33; zu unschädlichen Unterbeteiligungen und stillen Beteiligungen Semler/Stengel/Leonard/Seulen Rn. 31).

3. Zurechnung eigener Anteile der Kapitalgesellschaft (Abs. 2)

Abs. 2 bestimmt die Zusammenfassung von Anteilen des Alleingesellschafters mit 9
eigenen Anteilen der übertragenden KapGes. Diese Zurechnung rechtfertigt
sich daraus, dass die Anteile des übertragenden Rechtsträgers wirtschaftlich ihrem
Gesellschafter gehören (vgl. Lutter/Karollus/M.T. Schwab Rn. 34 mwN).

§ 121 Anzuwendende Vorschriften

Auf die Kapitalgesellschaft sind die für ihre Rechtsform geltenden Vorschriften des Ersten und Zweiten Teils anzuwenden.

Auf die KapGes sind die für ihre Rechtsform geltenden allg. Vorschriften (zu 1
den besonderen Vorschriften → Rn. 3) des Ersten und des Zweiten Teils anzuwenden, § 121. Aus den allg. Vorschriften (§§ 2–38) gelten demnach zunächst **§§ 2–26.**
Der übernehmende Rechtsträger, die natürliche Person, hat keine Verwaltungsträger
(§ 27), ein **Verschmelzungsbeschluss** wird beim übernehmenden Rechtsträger
nicht gefasst (LG Dresden GmbHR 1997, 175 gegen AG Dresden GmbHR 1997,
33; Heckschen DB 1998, 1395; Widmann/Mayer/Heckschen Rn. 18; Lutter/
Karollus/M.T. Schwab Rn. 11; Kölner Komm UmwG/Simon Rn. 15); die Vorschriften zur **Barabfindung** (§§ 29–34) passen ebenso wenig wie die Bezeichnung
unbekannter Aktionäre (§ 35). § 120 I führt nur die natürliche Person als übernehmender Rechtsträger auf, deshalb scheidet die **Verschm durch Neugründung**
(§§ 36–38) aus. Anders als nach §§ 15, 23, 24 UmwG 1969 ist der Abschluss eines
Verschmelzungsvertrages (§ 4) gefordert. Für den Inhalt des Verschmelzungsvertrages gilt § 5 I, die Angaben über den Umtausch der Anteile (§ 5 I Nr. 2–5) entfallen
allerdings nach Maßgabe von § 5 II. Ein **Verschmelzungsbericht** (§ 8) ist wegen
§ 8 III 3 Nr. 1a (zur Anpassung des § 8 III durch das **UmRUG** → § 8 Rn. 39)
genauso wenig erforderlich wie die Durchführung der **Verschmelzungsprüfung**
(§§ 9–12, § 9 II aF ist entfallen, da die Ausnahme bereits allg. aus § 8 III 3 Nr. 1a
folgt (→ § 9 Rn. 4; zur früheren Rechtslage Lutter/Karollus/M.T. Schwab Rn. 6,
7 mwN). Ebenfalls bedeutungslos sind §§ 14, 15.

§§ 120–122 enthalten **für die natürliche Person selbst** keine besonderen Vorschriften, „weil ein Alleingesellschafter über hinreichend geschäftliche Erfahrung verfügt, um bei einer durch ihn allein entschiedenen Fusion seine Interessen wahrzunehmen" (Begr. RegE, BR-Drs. 75/94 zu § 121). **§ 181 BGB** findet jedoch Anwendung
(Widmann/Mayer/Heckschen Rn. 7), sodass die Probleme des Insichgeschäfts nach
allg. gesellschaftsrechtlichen Grundsätzen zu lösen sind (Lutter/Karollus/M.T. Schwab
Rn. 4; NK-UmwR/Jaspers Rn. 3). Bei der **AG** und der **KGaA** folgt aus § 112 AktG
(sowie ggf. § 278 III AktG) die Vertretung der Ges durch den AR (Habersack/
Leitzen Rn. 6; BeckOGK/Leitzen Rn. 6). **§ 1365 BGB** ist hingegen nicht einschlägig
(überzeugend Widmann/Mayer/Heckschen Rn. 29; Semler/Stengel/Leonard/Seulen
Rn. 12 gegen Kallmeyer/Zimmermann § 13 Rn. 33).

Besondere Vorschriften sind demnach nur für die übertragende KapGes zu 3
beachten, iE gelten §§ 46–55 für die **GmbH,** §§ 60–72 für die **AG** und § 78 iVm
§§ 60–72 für die **KGaA.** Auch bei der Verschm einer AG, KGaA ist ein Umwandlungsbeschluss iSv §§ 13, 65 (78) notwendig, **§ 62 I** gilt nur für den Fall, dass übernehmender Rechtsträger eine AG ist; dies ist auch iRv §§ 120–122 zu respektieren,
weil § 121 nicht die entsprechende, sondern die unmittelbare Anwendung von §§ 2–
119 festschreibt. IÜ wird auf die Komm. von §§ 46 ff., 60 ff., 78 verwiesen.

§ 122 Eintragung in das Handelsregister

(1) Ein noch nicht in das Handelsregister eingetragener Alleingesellschafter oder Alleinaktionär ist nach den Vorschriften des Handelsgesetzbuchs in das Handelsregister einzutragen; § 18 Abs. 1 bleibt unberührt.

(2) **Kommt eine Eintragung nicht in Betracht, treten die in § 20 genannten Wirkungen durch die Eintragung der Verschmelzung in das Register des Sitzes der übertragenden Kapitalgesellschaft ein.**

1 **Abs. 1** lässt die Firmenfortführung gem. § 18 I zu (vgl. auch Begr. RegE, BR-Drs. 75/94 zu § 122).

2 Durch das HRefG (BGBl. 1998 I 1474; hierzu Hörtnagl INF 1998, 750; Neye DB 1998, 1649; Gustavus NotBZ 1998, 121) wurde Abs. 1 Hs. 2 geändert und **Abs. 2 neu eingefügt.** Damit wurde die vorübergehende Unsicherheit, ob die natürliche Person als übernehmender Rechtsträger nach Durchführung der Verschm Kaufmannseigenschaft haben muss oder nicht (→ Rn. 3), beseitigt.

3 Bei der Verschm geht das Vermögen der übertragenden KapGes auf die natürliche Person im Wege der Gesamtrechtsnachfolge über (§ 20 I Nr. 1), die KapGes erlischt endgültig (§ 20 I Nr. 2, vgl. auch OLG München GmbHR 1996, 776). Die bisherige Firmierung der KapGes (Firmenkern ohne Rechtsformzusatz) kann auch dann fortgeführt werden, wenn die bisherige Firma einen Familiennamen, aber keinen Vornamen enthält (OLG Düsseldorf GmbHR 1997, 1109). Als „Dauerbrenner" (Bärwaldt/Schabacker NJW 1997, 93) hat sich die Frage erwiesen, ob die nach § 3 II Nr. 1, Nr. 2, §§ 120–122 gegebene Möglichkeit der Verschm einer KapGes mit dem Vermögen ihres Alleingesellschafters dann uneingeschränkt besteht, wenn dieser Alleingesellschafter auch nach Verschm **Nicht- oder Minderkaufmann** bleibt. Das LG Koblenz (DB 1996, 267) und das OLG Zweibrücken (DB 1996, 418) hatten entschieden, dass eine Verschm von KapGes mit dem Vermögen eines Minderkaufmanns nach den Regelungen des UmwG 1995 nicht möglich sei (dazu Gotthardt WiB 1996, 436; Gerken Anm. zu LG Koblenz Rpfleger 1996, 412; Möller GmbHR 1996, 372; Dehmer/Stratz DB 1996, 1071). Anders als im früheren Recht (§ 15 II UmwG 1969) sei die für den Eintritt der Verschmelzungswirkungen konstitutive Eintragung nicht diejenige im Register der übertragenden Ges, sondern – wegen § 19 I, § 20 I – diejenige im Register des übernehmenden Rechtsträgers. Denn nach der Systematik des UmwG 1995 in der ursprünglichen Gesetzesfassung zutr. Entscheidungen ist die **ganz hM** einem überwiegend praktischen Bedürfnis folgend entgegengetreten, nachdem Neye in der Bespr. der Entscheidung des OLG Zweibrücken (EWiR 1996, 277) darauf hinwies, dass das Bestreben des Gesetzgebers, im neuen Recht die Umwandlungsmöglichkeiten nicht zu beschränken, durch die restriktive Auslegung von § 120 ff. nicht erfüllt werde. Entsprechend arg. Priester (DB 1996, 413) und Heckschen (ZIP 1996, 450). Das AG Dresden (DB 1996, 1813), das LG Tübingen (GmbHR 1997, 849), das LG Frankfurt a. M. (DB 1998, 410 m. zust. Anm. Rottnauer EWiR 1998, 427) und weitere Instanzgerichte sind dem gefolgt. § 19 I, § 20 I seien bloße Ordnungsvorschriften, entsprechend § 235 sei bei fehlender Eintragungsbefugnis der natürlichen Person die Eintragung im Register der übertragenden KapGes konstitutiv für die Wirkungen der Umw. Noch für die zwischenzeitlich geänderte Gesetzesfassung hat der II. Zivilsenat des **BGH** mit seinem Beschl. v. 14.5.1998 (ZIP 1998, 1225) auf Vorlage gem. § 28 II FGG aF des OLG Celle (NotBZ 1998, 31 mAnm Hüttinger) die Streitfrage höchstrichterlich entschieden. Danach war bereits in der ursprünglichen Gesetzesfassung die Verschm einer GmbH auf ihren Alleingesellschafter als natürliche Person auch dann zulässig, wenn dieser **lediglich ein minderkaufmännisches Handelsgewerbe** betrieb und daher entgegen § 122 UmwG aF nicht in das HR eingetragen werden konnte. Die **Wirkungen der Verschm** traten **durch Eintragung in das Register des Sitzes der übertragenden KapGes** ein. Die Begr. des BGH war durchaus pragmatisch, maßgebliches Argument war die damals beabsichtigte Änderung von § 122 aF durch das HRefG, mit der der Gesetzgeber zeigte, dass es sich bei der alten Gesetzesfassung um eine **unbeabsichtigt entstandene Regelungslü-**

Eintragung in das Handelsregister § 122

cke, also um ein Redaktionsversehen, gehandelt hat (zum Ganzen ausf. Widmann/ Mayer/Heckschen § 120 Rn. 23 ff.).

Hat die KapGes bislang ein nicht kaufmännisches Unternehmen oder gar kein 4 Unternehmen betrieben, scheidet mithin eine Eintragung ins HR aus, gilt **Abs. 2.** In allen anderen Fällen gelten für die Handelsregistereintragung die allg. Vorschriften des HGB. Problematisch sind §§ 2, 3 HGB, nach denen die Eintragung im HR bei Kleingewerbetreibenden und bei luf Unternehmern erst konstitutiv die Kaufmannseigenschaft begründet. Abs. 2 fragt danach, ob eine Eintragung „nicht in Betracht" kommt. Die rein wortlautorientierte Auslegung hätte mithin zur Konsequenz, dass das **Wahlrecht von §§ 2, 3 HGB** bei der Verschm von KapGes mit dem Vermögen ihres Alleingesellschafters nicht mehr ausgeübt werden könnte. Damit wäre dem Gesetzgeber erneut ein Redaktionsversehen unterlaufen, eine Beschneidung des allg. handelsrechtlichen Wahlrechts wäre sachlich nicht begründet (so iErg auch Lutter/Karollus/M.T. Schwab Rn. 5; Semler/Stengel/Leonard/Seulen Rn. 10). Der Übernehmer ist damit **berechtigt, aber nicht verpflichtet,** die Eintragung vornehmen zu lassen. Entscheidet er sich gegen die Eintragung, hat er auch künftig keine Kaufmannseigenschaft, womit eine Firmennachfolge (§ 18 I) nicht in Betracht kommt, die Firma der übertragenden KapGes erlischt. Umgekehrt greift Abs. 2, die **Eintragung beim übertragenden Rechtsträger** ist konstitutiv.

Hingegen wird bei Vorliegen der Voraussetzungen von § 1 HGB oder bei Aus- 5 übung des Wahlrechts von §§ 2, 3 HGB zugunsten einer Eintragung der Übernehmer zum Kaufmann mit allen sich daraus ergebenden Verpflichtungen. **Konstitutiv ist in diesem Falle die Eintragung der Umw in sein HR,** § 19 I, § 20 I. Insbes. lässt Abs. 1 Hs. 2 die firmenrechtliche Regelung von § 18 I unberührt. Der Kaufmann hat damit die umfassende Möglichkeit, die **Firma** des übertragenden Rechtsträgers mit oder ohne Beifügung eines das Nachfolgeverhältnis andeutenden Zusatzes fortzuführen oder – soweit er bisher bereits firmierender Kaufmann war – eine Firmenvereinigung vorzunehmen (dazu OLG Schleswig BB 2001, 223). Schließlich verbleiben noch die Möglichkeiten der Firmenneubildung und der **gesonderten Fortführung beider Firmen** (zum Ganzen → § 18 Rn. 7 ff.), denn nach allg. firmenrechtlichen Grundsätzen ist ein Einzelkaufmann berechtigt, **mehrere Handelsgeschäfte** unter verschiedenen Firmen zu betreiben (Hopt/Merkt HGB § 17 Rn. 8 mwN). Dass Abs. 1 Hs. 2 nur § 18 I, nicht aber § 18 II unberührt lässt, schadet nicht; die Konstellation von § 18 II ist bei der Verschm nach §§ 120 ff. bereits aus der Natur der Sache heraus ausgeschlossen (Widmann/Mayer/Heckschen Rn. 20; Lutter/Karollus/M.T. Schwab Rn. 20). In Betracht kommt allerdings die Anwendung allg. Regelungen, zB § 22 HGB, § 12 BGB.

Zehnter Abschnitt. Grenzüberschreitende Verschmelzung von Kapitalgesellschaften
aufgehoben

Drittes Buch. Spaltung

Vorbemerkung

1. Aufbau des Dritten Buches

1 §§ 123–173 regeln die Spaltung von Rechtsträgern, die zweite nach § 1 I vom UmwG erfasste Art der Umw. Die Spaltung ist in drei Varianten möglich: als Aufspaltung, als Abspaltung und als Ausgliederung (näher → § 123 Rn. 6 ff.).

2 Die Spaltung von Rechtsträgern verschiedener Rechtsform (vgl. § 124) im Wege der Gesamtrechtsnachfolge (Sonderrechtsnachfolge) wurde umfassend erstmals durch das UmwG 1995 ermöglicht. Zuvor war die Spaltung durch Sonderrechtsnachfolge nur für Treuhandunternehmen (SpTrUG) und für landwirtschaftliche Produktionsgenossenschaften (LwAnpG) geregelt (dazu → Rn. 12 f.). Andere Rechtsträger konnten lediglich im Wege der Einzelrechtsübertragung gespalten werden; zur Erlangung stl. Privilegien waren äußerst komplizierte Gestaltungen notwendig (dazu 1. Aufl. 1994, Anh. II).

3 Der Aufbau des Dritten Buches entspricht demjenigen des Zweiten Buches (Verschm). Es beginnt mit allg. Vorschriften (§§ 123–137), die bei der Spaltung von Rechtsträgern aller Rechtsformen zu beachten sind. Innerhalb der allg. Vorschriften wird zwischen Spaltung zur Aufnahme (§§ 126–134) und Spaltung zur Neugründung (§§ 135–137) unterschieden. Die folgenden Abschnitte (§§ 138–173) enthalten rechtsformspezifische Vorschriften, die nur anzuwenden sind, soweit Rechtsträger dieser Rechtsform an der Spaltung beteiligt sind. Durch eine generelle (§ 125 iVm § 135) und diverse spezielle (etwa § 127 S. 2, § 165) Verweisungen sind daneben die Regelungen des Zweiten Buches (Verschm) zu beachten (zur Regelungs- und zur daraus resultierenden Prüfungstechnik → § 125 Rn. 5 ff. und → § 135 Rn. 2 ff.).

4 § 123 **definiert abschl.** (vgl. § 1 II) die zulässigen **Arten** der Spaltung. Welche Rechtsform an der Spaltungen beteiligten Rechtsträger haben können, ergibt sich aus § 124, der ergänzend auf § 3 I verweist (und damit können ab 1.1.2024 auch eingetragene GbR an Spaltungen beteiligt sein). Die hieraus resultierenden Möglichkeiten werden allerdings durch verschiedene Regelungen in den besonderen Vorschriften wieder beschränkt (vgl. §§ 150, 151, 152, 161, 168). § 125 erklärt das gesamte Verschmelzungsrecht (Zweites Buch) mit Ausnahme ausdrücklich aufgezählter Vorschriften für entsprechend anwendbar; weitere Ausnahmen von der Verweisung enthält § 135 für Spaltungen zur Neugründung.

5 § 126 legt die inhaltlichen Mindestanforderungen an den **Spaltungs- und Übernahmevertrag** fest; sie gelten auch für den bei der Spaltung zur Neugründung an die Stelle des Spaltungs- und Übernahmevertrags tretenden Spaltungsplan (§ 136). Daneben sind §§ 4, 6, 7 über § 125 anwendbar. § 127 regelt die inhaltlichen Anforderungen an den **Spaltungsbericht,** während sich die Voraussetzungen der und die Anforderungen an die **Spaltungsprüfung** – abgesehen von § 125 S. 2 – vollständig aus der Verweisung auf das Zweite Buch ergeben. Da Spaltungen auch unter Veränderung der bisherigen Beteiligungsverhältnisse erfolgen können (sog. **nichtverhältniswahrende** Spaltungen), enthält § 128 für diesen Fall einen besonderen Zustimmungsvorbehalt. §§ 129, 130, 137 regeln Besonderheiten des Eintragungsverfahrens; daneben sind (über §§ 125, 135) §§ 16, 17, 19 anwendbar.

6 Die wesentlichen **Rechtsfolgen** der Spaltung ergeben sich aus §§ 131–134. Hierzu zählen insbes. der Vermögensübergang durch Sonderrechtsnachfolge (§ 131 I Nr. 1), das Entstehen der neuen Anteilsinhaberschaften (§ 131 I Nr. 3) und die gesamtschuldnerische Haftung aller beteiligten Rechtsträger (§§ 133, 134). Der Ver-

Vorbemerkung 7–11 **Vor § 123 UmwG A**

mögensübergang wurde früher durch § 132 aF bei gewissen Vermögensgegenständen eingeschränkt; die Vorschrift wurde 2007 ersatzlos aufgehoben.

Für die Spaltung zur Neugründung gelten im Wesentlichen die Vorschriften über die Spaltung zur Aufnahme entsprechend (§ 135). 7

Rechtsformspezifische Besonderheiten sind in den besonderen Vorschriften berücksichtigt. Regelungen für PhG und PartGes (und ab 1.1.2024 für eingetragene GbR) existieren nicht. Bei der Beteiligung von KapGes sind §§ 138, 139 (GmbH) und §§ 140–146 (AG, KGaA) zu beachten. §§ 147–151 enthalten im Wesentlichen nur Einschränkungen der sich zunächst aus § 124 ergebenden Spaltungsmöglichkeiten für eG, rechtsfähige Vereine, genossenschaftliche Prüfungsverbände und VVaG. 8

Im Vergleich hierzu umfangreicher ist die Ausgliederung aus dem Vermögen des Einzelkaufmanns geregelt (§§ 152–160). Diesem Abschnitt schließen sich die besonderen Vorschriften über die Ausgliederung von Stiftungsvermögen (§§ 161–167) und aus dem Vermögen von Gebietskörperschaften (§§ 168–173) an. Vgl. ergänzend die nachfolgenden Übersichten. 9

2. Übersichten

Übersicht über die Möglichkeiten der Ausgliederung. 10

Übernehmender/ neuer Rechtsträger Übertragender Rechtsträger	PhG	GmbH, UG (nur Aufnahme)	AG KGaA SE	eG	eV	Gen Prüfungsverbände	VVaG	PartG
PhG	X	X	X	X	–	X	–	X
GmbH/UG	X	X	X	X	–	X	–	X
AG/KGaA	X	X	X	X	–	X	–	X
eG	X	X	X	X	–	X	–	X
eV/wirtschaftliche Vereine	X	X	X	X	X	X	–	X
Gen Prüfungsverbände	–	X	X	–	–	X	–	–
VVaG	–	X	–	–	–	–	–	–
Einzelkaufmann	X	X	X	X	–	X	–	–
Stiftungen	X	X	X	X	–	–	–	–
Gebietskörperschaften	X	X	X	X	–	–	–	–
PartG	X	X	X	X	–	–	–	X

X = handelsrechtlich möglich
– = handelsrechtlich als Ausgliederung nicht möglich

Übersicht über die Möglichkeiten der Aufspaltung/Abspaltung. 11

Übernehmender/ neuer Rechtsträger Übertragender Rechtsträger	PhG	GmbH, UG (nur Aufnahme)	AG KGaA	eG	eV	Gen Prüfungsverbände	VVaG	PartG
PhG	X	X	X	X	–	X	–	X
GmbH, UG	X	X	X	X	–	X	–	X

Übernehmender/neuer Rechtsträger / Übertragender Rechtsträger	PhG	GmbH, UG (nur Aufnahme)	AG KGaA	eG	eV	Gen Prüfungsverbände	VVaG	PartG
AG/KGaA	X	X	X	X	–	X	–	X
eG	X	X	X	X	–	X	–	X
eV/wirtschaftliche Vereine	X	X	X	X	X	X	–	X
Gen Prüfungsverbände	–	–	–	–	–	X	–	–
VVaG	–	–	X	–	–	–	X	–
Einzelkaufmann	–	–	–	–	–	–	–	–
Stiftungen	–	–	–	–	–	–	–	–
Gebietskörperschaften	–	–	–	–	–	–	–	–
PartG	X	X	X	X	–	X	–	X

X = handelsrechtlich möglich
– = handelsrechtlich nicht möglich

12 Zur Beteiligung von **SE** und **SCE** bei Spaltungen → § 124 Rn. 12, 17, 35, 37.

3. Vorgängerregelungen

13 Vor Inkrafttreten des UmwG 1995 waren Spaltungen im Wege der Sonderrechtsnachfolge nur bei bestimmten Rechtsträgern möglich. Nach dem **LwAnpG** (idF v. 3.7.1991, BGBl. 1991 I 1418) konnten landwirtschaftliche Produktionsgenossenschaften (LPG) der ehemaligen DDR „geteilt" werden (§§ 4 ff. LwAnpG). Dabei handelte es sich nach der Terminologie des UmwG um eine Aufspaltung zur Neugründung von eG, PersGes und KapGes (§ 4 LwAnpG). Nach dem **SpTrUG** war die Aufspaltung und Abspaltung, jew. zur Neugründung, von Treuhandunternehmen in der Rechtsform der GmbH und AG möglich.

14 Das Spaltungsverfahren in beiden Gesetzen entspricht im Wesentlichen dem des UmwG, denn Vorlage für beide Gesetze war der Diskussionsentwurf für ein Gesetz zur Bereinigung des UmwR v. 3.8.1988 (Beilage Nr. 214a zum BAnz. v. 15.11.1988). Das LwAnpG und das SpTrUG haben heute überwiegend nur noch für die Beurteilung bereits vollzogener Spaltungen Bedeutung.

4. Europarechtliche Vorgaben

15 Vgl. zunächst → Einf. Rn. 5. Beim Erlass des UmwG war hinsichtlich der Spaltung die 6. Gesellschaftsrechtliche RL der EG v. 17.12.1982, die sog. Spaltungs-RL (ABl. 1982 L 378, 47, zuletzt geändert durch RL 2014/59/EU v. 15.5.2014, ABl. 2014 L 173, 190), zu beachten, soweit AG beteiligt sind. Es bestand keine Pflicht des nat. Gesetzgebers zur Umsetzung. Die Vorgaben sind indes bindend, wenn die nat. Rechtsordnung Regelungen zur Spaltung von AG besitzt oder einführt (Art. 26 Spaltungs-RL). Die Regelungen der Spaltungs-RL sind nun als Titel II, Kapitel III Bestandteil der EU-RL 2017/1132 v. 14.6.2017 (ABl. 2017 L 169, 46 – GesR-RL).

16 Die Spaltungs-RL erfasst nur Aufspaltungen/Abspaltungen zur Aufnahme („Übernahme") und zur Neugründung bzw. Kombinationen hiervon (Art. 1, 21,

22, 25), nicht hingegen Ausgliederungen. Zur Umsetzung der Spaltungs-RL (GesR-RL) vgl. die nachfolgende synoptische Übersicht:
Richtlinie Umwandlungsgesetz   17

Spaltungs-RL	GesR-RL	
Art. 2	(Art. 136 GesR-RL)	§ 123
Art. 3	(Art. 137 GesR-RL)	§§ 125, 135 iVm §§ 4, 126 (136) III, § 133 I
Art. 4	(Art. 138 GesR-RL)	§§ 125, 135 iVm § 63 I
Art. 5	(Art. 139 GesR-RL)	§§ 125, 135 iVm §§ 13, 65
Art. 6	(Art. 140 GesR-RL)	§§ 125, 135 iVm § 62
Art. 7	(Art. 141 GesR-RL)	§§ 127, 142 II, § 143
Art. 8	(Art. 142 GesR-RL)	§§ 125, 135 iVm §§ 9–12, 60
Art. 9	(Art. 143 GesR-RL)	§§ 125, 135 iVm §§ 63, 17 II
Art. 10	(Art. 144 GesR-RL)	§§ 125, 135, 127 iVm § 8 III, § 9 II
Art. 11	(Art. 145 GesR-RL)	§§ 324 iVm § 613a BGB
Art. 12	(Art. 146 GesR-RL)	§§ 125, 135 iVm §§ 22, 133 I
Art. 13	(Art. 147 GesR-RL)	§§ 125, 135 iVm § 23
Art. 14	–	
Art. 15	(Art. 149 GesR-RL)	§ 131 I
Art. 16	(Art. 150 GesR-RL)	§§ 125, 135 iVm § 19 III
Art. 17	(Art. 151 GesR-RL)	§ 131 I
Art. 18	(Art. 152 GesR-RL)	§§ 125, 135 iVm §§ 25, 11 II
Art. 19	(Art. 153 GesR-RL)	§§ 125, 135 iVm § 14 I, §§ 241 ff. AktG
Art. 20	(Art. 154 GesR-RL)	§ 125 iVm § 62
Art. 21	(Art. 155 GesR-RL)	§§ 123, 135
Art. 22	(Art. 156 GesR-RL)	§ 135
Art. 23	–	
Art. 24	–	
Art. 25	(Art. 159 GesR-RL)	§ 123 II

Weitere europarechtliche Vorgaben für die Spaltung existieren nicht. Die RL über 18 die **grenzüberschreitende Verschm** von KapGes (dazu → Vor § 122a Rn. 5) erfasste nur die Verschm, nicht die Spaltung. Aufgrund der Änderungen der GesRL durch die RL 2019/1132/EU musste der nationale Gesetzgeber aber die neu eingefügten Art. 160a–160u GesR-RL umsetzen und Regelungen für **grenzüberschreitende Spaltungen** schaffen. Dies ist mit §§ 320 ff. umgesetzt worden.

Erster Teil. Allgemeine Vorschriften

Erster Abschnitt. Möglichkeit der Spaltung

§ 123 Arten der Spaltung

(1) **Ein Rechtsträger (übertragender Rechtsträger) kann unter Auflösung ohne Abwicklung sein Vermögen aufspalten**
1. **zur Aufnahme durch gleichzeitige Übertragung der Vermögensteile jeweils als Gesamtheit auf andere bestehende Rechtsträger (übernehmende Rechtsträger) oder**

2. zur Neugründung durch gleichzeitige Übertragung der Vermögensteile jeweils als Gesamtheit auf andere, von ihm dadurch gegründete neue Rechtsträger

gegen Gewährung von Anteilen oder Mitgliedschaften dieser Rechtsträger an die Anteilsinhaber des übertragenden Rechtsträgers (Aufspaltung).

(2) Ein Rechtsträger (übertragender Rechtsträger) kann von seinem Vermögen einen Teil oder mehrere Teile abspalten
1. zur Aufnahme durch Übertragung dieses Teils oder dieser Teile jeweils als Gesamtheit auf einen bestehenden oder mehrere bestehende Rechtsträger (übernehmende Rechtsträger) oder
2. zur Neugründung durch Übertragung dieses Teils oder dieser Teile jeweils als Gesamtheit auf einen oder mehrere, von ihm dadurch gegründeten neuen oder gegründete neue Rechtsträger

gegen Gewährung von Anteilen oder Mitgliedschaften dieses Rechtsträgers oder dieser Rechtsträger an die Anteilsinhaber des übertragenden Rechtsträgers (Abspaltung).

(3) Ein Rechtsträger (übertragender Rechtsträger) kann aus seinem Vermögen einen Teil oder mehrere Teile ausgliedern
1. zur Aufnahme durch Übertragung dieses Teils oder dieser Teile jeweils als Gesamtheit auf einen bestehenden oder mehrere bestehende Rechtsträger (übernehmende Rechtsträger) oder
2. zur Neugründung durch Übertragung dieses Teils oder dieser Teile jeweils als Gesamtheit auf einen oder mehrere, von ihm dadurch gegründeten neuen oder gegründete neue Rechtsträger

gegen Gewährung von Anteilen oder Mitgliedschaften dieses Rechtsträgers oder dieser Rechtsträger an den übertragenden Rechtsträger (Ausgliederung).

(4) Die Spaltung kann auch durch gleichzeitige Übertragung auf bestehende und neue Rechtsträger erfolgen.

Übersicht

	Rn.
1. Allgemeines	1
2. Wesen der Spaltung	3
3. Definition der Aufspaltung (Abs. 1)	6
4. Definition der Abspaltung (Abs. 2)	9
5. Definition der Ausgliederung (Abs. 3)	11
6. Kombination von Spaltung zur Aufnahme und zur Neugründung (Abs. 4)	13
7. Kombination von Abspaltung und Ausgliederung	14
8. Beteiligung mehrerer übertragender Rechtsträger	18
9. Ausgliederung des gesamten Vermögens	22
10. Ausgliederung durch Einzelrechtsnachfolge	24

1. Allgemeines

1 Die Vorschrift bestimmt in den Abs. 1–3 die zulässigen Formen einer Spaltung. Danach können **Rechtsträger aufgespalten** (Abs. 1) und Teile eines Rechtsträgers **abgespalten** (Abs. 2) oder **ausgegliedert** (Abs. 3) werden. Jede Spaltungsart ist wiederum zur Aufnahme (Übertragung des Teilvermögens auf bestehende Rechtsträger) und zur Neugründung (Übertragung des Teilvermögens auf neu gegründete Rechtsträger) möglich.

Arten der Spaltung 2–8 § 123 UmwG A

In Abs. 4 wird klargestellt, dass Spaltungen zur Aufnahme und zur Neugründung 2
miteinander kombiniert werden können.

2. Wesen der Spaltung

Die Spaltung wird vielfach als Spiegelbild der Verschm (RegEBegr. BR-Drs. 75/ 3
94 zu § 123; Teichmann ZGR 1993, 396) oder als Gegenstück zur Verschm (etwa
Kallmeyer ZIP 1994, 1746 (1748)) bezeichnet. Die Verschm führt das Vermögen
verschiedener Rechtsträger durch Übertragung auf einen (bestehenden oder neu
gegründeten) Rechtsträger zusammen, während die Spaltung die Aufteilung des
Vermögens eines einzelnen Rechtsträgers auf mindestens zwei (bestehende oder neu
gegründete) Rechtsträger bewirkt. Diese Spiegelbildlichkeit ermöglicht die umfangreichen Verweisungen auf die Verschmelzungsvorschriften.

Die Bezeichnung der Spaltung als spiegelbildliche Verschm ist aber nur für die 4
Aufspaltung (Abs. 1; spiegelbildliche Verschm zur Neugründung) und für die
Abspaltung (Abs. 2; spiegelbildliche Verschm zur Aufnahme) zutreffend. Die Ausgliederung ist keine exakte Umkehrung der Verschm, da die Anteile am übernehmenden Rechtsträger nicht den Anteilsinhabern des übertragenden Rechtsträgers
gewährt werden (Abs. 3).

Gemeinsam ist allen Spaltungsformen, dass die Übertragung des Teilvermögens 5
jew. als Gesamtheit erfolgt. Es bedarf keiner sachenrechtlichen Übertragung der
einzelnen Gegenstände nach den jew. Vorschriften (keine Einzelrechtsübertragung);
der Vermögensübergang vollzieht sich uno actu im Wege der Sonderrechtsnachfolge
(partielle Gesamtrechtsnachfolge). Gegenstand der Übertragung müssen aber nicht
Sachgesamtheiten sein; auch ein einzelner Vermögensgegenstand kann durch Spaltung übertragen werden (→ § 126 Rn. 64). Zur partiellen Gesamtrechtsnachfolge
iE → § 131 Rn. 4 ff. Allen Spaltungsformen ist ferner gemeinsam, dass als Gegenleistung für die Vermögensübertragung eine Beteiligung am übernehmenden
Rechtsträger gewährt wird (zu Ausnahmen und Verzichtsmöglichkeiten → § 126
Rn. 41 ff.). Empfänger dieser Beteiligung sind bei der Aufspaltung und bei der
Abspaltung die Anteilsinhaber des übertragenden Rechtsträgers, während bei der
Ausgliederung der übertragende Rechtsträger selbst den neuen Anteil erhält. Zum
Erlöschen des übertragenden Rechtsträgers führt nur die Aufspaltung, bei den übrigen Spaltungsformen bleibt der übertragende Rechtsträger bestehen.

3. Definition der Aufspaltung (Abs. 1)

Bei der Aufspaltung (Abs. 1) überträgt ein Rechtsträger in einem Vorgang sein 6
gesamtes Vermögen auf mindestens zwei übernehmende Rechtsträger. Diese Vermögensübertragung erfolgt im Wege der Gesamtrechtsnachfolge. Der übertragende
Rechtsträger erlischt ohne Abwicklungsverfahren. Als Gegenleistung für die Vermögensübertragung erhalten die Anteilsinhaber des übertragenden Rechtsträgers
Anteile an dem übernehmenden Rechtsträger.

Das Gesetz lässt die Aufspaltung in zwei Formen zu: Bei der Aufspaltung zur 7
Aufnahme treten als übernehmende Rechtsträger bereits bestehende Rechtsträger
auf, während bei der Spaltung zur Neugründung die übernehmenden Rechtsträger
erst durch die Spaltung gegründet werden. Möglich ist auch eine Kombination
(Abs. 4; → Rn. 13).

Die Aufspaltung nach Abs. 1 entspricht der Spaltung durch Übernahme gem. 8
Art. 136 bzw. der Spaltung durch Gründung neuer Ges gem. Art 155 GesR-RL
(zuvor Art. 2, 21 Spaltungs-RL v. 17.12.1982, ABl. 1982 L 378, 47). Vgl. auch
→ Vor § 123 Rn. 15 ff.

Hörtnagl

4. Definition der Abspaltung (Abs. 2)

9 Anders als bei einer Aufspaltung erlischt der übertragende Rechtsträger bei einer Abspaltung nicht, da ein Teil seines Vermögens bei ihm verbleibt. Die übrigen Teile werden **in einem Vorgang** auf einen oder mehrere bestehende Rechtsträger (Abspaltung zur Aufnahme) und/oder einen oder mehrere durch die Spaltung gegründete neue Rechtsträger (Abspaltung zur Neugründung) im Wege der Sonderrechtsnachfolge übertragen. Zur Kombination von Abspaltung zur Aufnahme und zur Neugründung → Rn. 13. Auch bei der Abspaltung erhalten die Anteilsinhaber des übertragenden Rechtsträgers als Ausgleich für die Übertragung der Teilvermögen Anteile am übernehmenden Rechtsträger.

10 Die Abspaltung ist von Art. 159 GesR-RL (zuvor Art. 25 Spaltungs-RL v. 17.12.1982, ABl. 1982 L 378, 47) erfasst; auch → Vor § 123 Rn. 15 ff.

5. Definition der Ausgliederung (Abs. 3)

11 Bei der Ausgliederung überträgt ein übertragender Rechtsträger einen Teil oder mehrere Teile seines Vermögens im Wege der Sonderrechtsnachfolge in einem Vorgang auf einen oder mehrere übernehmende Rechtsträger. Insoweit besteht kein Unterschied zur Abspaltung (zur „aufspaltenden Ausgliederung" → Rn. 22 f.). Als Gegenleistung wird bei der Ausgliederung jedoch nicht den Anteilsinhabern des übertragenden Rechtsträgers, sondern dem übertragenden Rechtsträger selbst eine Beteiligung an dem übernehmenden Rechtsträger gewährt (Abs. 3).

12 Die Ausgliederung ist wiederum in zwei Varianten möglich: Bei der Ausgliederung zur Aufnahme erfolgt die Übertragung des Vermögensteils auf einen bereits **bestehenden** Rechtsträger, bei der Ausgliederung zur Neugründung wird der übernehmende Rechtsträger erst durch die Spaltung **gegründet.** Zu Kombinationen → Rn. 13. Die Ausgliederung ist kein von der GesR-RL (zuvor Spaltungs-RL v. 17.12.1982, ABl. 1982 L 378, 47) erfasster Fall einer Umw (→ Vor § 123 Rn. 15 ff.).

6. Kombination von Spaltung zur Aufnahme und zur Neugründung (Abs. 4)

13 Alle Formen der Spaltung (Aufspaltung, Abspaltung, Ausgliederung) sind sowohl als Spaltung **zur Aufnahme** (Übertragung des Vermögens/Teilvermögens auf bereits bestehende Rechtsträger) als auch als Spaltung **zur Neugründung** (Übertragung des Vermögens/Teilvermögens auf neu gegründete Rechtsträger) möglich. Abs. 4 stellt klar, dass diese Untervarianten der Spaltung miteinander kombiniert werden können. Eine Aufspaltung kann also bspw. durch **gleichzeitige** Übertragung der Vermögensteile auf bestehende und im Zusammenhang mit der Spaltung neu gegründete Rechtsträger erfolgen.

7. Kombination von Abspaltung und Ausgliederung

14 Eine ausdrückliche Regelung, ob eine Abspaltung mit einer Ausgliederung kombiniert werden kann, fehlt. Folgende Varianten sind zu unterscheiden:

15 – Ein übertragender Rechtsträger überträgt ein Teilvermögen auf einen (bereits bestehenden oder neu gegründeten) übernehmenden Rechtsträger und gewährt sowohl den Anteilsinhabern des übertragenden Rechtsträgers als auch dem übertragenden Rechtsträger selbst Anteile am übernehmenden Rechtsträger (vgl. hierzu Kallmeyer DB 1995, 81 (83)).

16 – Ein übertragender Rechtsträger gliedert einen Teil seines Vermögens aus (gegen Gewährung der Anteile des übernehmenden Rechtsträgers an den übertragenden Rechtsträger) und spaltet einen anderen Teil seines Vermögens ab (gegen Gewäh-

rung der Anteile des übernehmenden Rechtsträgers an die Anteilsinhaber des übertragenden Rechtsträgers).

Entscheidend für die Zulässigkeit der **Mischformen** ist, ob sich der Gesamtvorgang in mehrere Grundspaltungsformen zerlegen lässt, die jede für sich alle Tatbestandsvoraussetzungen von Abs. 1–3 erfüllen. Demgemäß ist die Spaltung nach → Rn. 16 zulässig (Semler/Stengel/Leonard/Schwanna Rn. 20; Kallmeyer/Sickinger Rn. 13; Maulbetsch/Klumpp/Rose/Raible Rn. 32; Lutter/Lieder Rn. 64; BeckOGK/Verse Rn. 88 f.; Widmann/Mayer/Weiler Rn. 175; aA Lutter/Karollus, Kölner Umwandlungsrechtstage 1995, 162). Lässt sich die Kombination hingegen nicht auf die Grundspaltungsformen zurückführen, soll also zB dasselbe Teilvermögen gegen Gewährung von Anteilen sowohl an den übertragenden Rechtsträger als auch an die Anteilseigner des übertragenden Rechtsträgers übertragen werden (→ Rn. 15), ist dies nicht zulässig (Semler/Stengel/Leonard/Schwanna Rn. 20; Maulbetsch/Klumpp/Rose/Raible Rn. 33; BeckOGK/Verse Rn. 89; aA Lutter/ Lieder Rn. 65; Kallmeyer/Sickinger Rn. 13; Semler/Stengel/Leonard/Bärwaldt § 135 Rn. 8; Kölner Komm UmwG/Simon Rn. 33; Widmann/Mayer/Weiler Rn. 177; MHdB GesR VIII/Schmidt § 20 Rn. 19; Geck DStR 1995, 416 (417)). Eine solche „Mischform" erfüllt nicht die jew. Tatbestandsvoraussetzung von Abs. 1–3, ihre Zulassung würde damit gegen das Analogieverbot von § 1 II verstoßen, auch wenn weder die Interessen der Gläubiger noch die der Anteilseigner wesentlich beeinträchtigt würden und diese Mischform möglicherweise in praxi wünschenswert wäre (so Kallmeyer DB 1995, 81 (82)). IÜ ließe sich steuerneutral eine solche Mischform nicht durchführen; §§ 15, 16, 20, 21, 24 UmwStG verlangen, ebenso wie Abs. 1–3, dass die Gegenleistung – Anteile am übernehmenden Rechtsträger – an ein und denselben Empfänger (bzw. ein und dieselbe Empfängergruppe) gewährt werden. Ebenso wenig ist die Kombination einer Aufspaltung mit einer Ausgliederung möglich (Semler/Stengel/Leonard/Bärwaldt § 135 Rn. 8; Semler/Stengel/ Leonard/Schwanna Rn. 20; Maulbetsch/Klumpp/Rose/Raible Rn. 31; Lutter/ Lieder Rn. 67; BeckOGK/Verse Rn. 87; Widmann/Mayer/Weiler Rn. 171). Dies folgt schon daraus, dass der übertragende Rechtsträger bei der Aufspaltung erlischt und daher keine Anteile erhalten kann.

8. Beteiligung mehrerer übertragender Rechtsträger

Die gleichzeitige Beteiligung mehrerer übertragender Rechtsträger ist weder bei einer Spaltung zur Aufnahme noch bei einer Spaltung zur Neugründung möglich (Semler/Stengel/Leonard/Schwanna Rn. 19; Semler/Stengel/Leonard/Bärwaldt § 135 Rn. 8 Fn. 26; Kölner Komm UmwG/Simon Rn. 36; Lutter/Priester § 126 Rn. 10; Widmann/Mayer/Weiler Rn. 182; Widmann/Mayer/Vossius § 131 Rn. 13; Lutter/Lieder Rn. 32; NK-UmwR/Fischer Rn. 28; Maulbetsch/Klumpp/ Rose/Raible Rn. 69; BeckOGK/Verse Rn. 90; Sagasser/Bula/Brünger Umwandlungen/Sagasser § 18 Rn. 22; MHdB GesR VIII/Schmidt § 20 Rn. 21). Dies folgt zunächst aus dem Wortlaut: § 123 spricht von **einem Rechtsträger;** ferner wird (bei der Spaltung zur Neugründung) der neue Rechtsträger **von ihm** (dem übertragenden Rechtsträger) gegründet. Darüber hinaus ist das System der §§ 123 ff. nicht auf die Beteiligung mehrerer übertragender Rechtsträger zugeschnitten. So treten die Spaltungswirkungen mit der Eintragung im Register am Sitz des übertragenden Rechtsträgers ein (§ 131 I); gäbe es mehrere übertragende Rechtsträger, müsste eine Regelung bestimmen, welche von mehreren Eintragungen in den Registern am Sitz mehrerer übertragender Rechtsträger konstitutiv ist. Ferner sieht das Gesetz bei der Spaltung zur Neugründung ausnahmslos einen Spaltungsplan (§ 136) vor; bei mehreren übertragenden Rechtsträgern bedürfte es aber eines Spaltungsvertrags.

Folge ist, dass zB Abspaltungen aus mehreren Konzernunternehmen mit dem Ziel der Bündelung bestimmter Produktgruppen, Funktionen etc in einem einheitlichen

Vorgang nicht möglich sind. Diese Beschränkung auf nur einen übertragenden Rechtsträger widerspricht der Intention des UmwG, die rasche Anpassung rechtlicher Strukturen an veränderte Umstände des Wirtschaftslebens zu ermöglichen und damit die rechtlichen Rahmenbedingungen für die Tätigkeit dt. Unternehmen zu verbessern (RegEBegr. BR-Drs. 75/94 zu Einf. UmwG).

20 Die Beschränkung auf nur einen übertragenden Rechtsträger ist umso erstaunlicher, als § 123 IV RefE 1992 (BAnz. v. 20.6.1992, Beilage Nr. 112a) die Beteiligung mehrerer übertragender Rechtsträger (auch als „verschmelzende Spaltung" bezeichnet, zB Mayer DB 1995, 861 (862); Widmann/Mayer/Schwarz Rn. 9) noch ausdrücklich vorsah.

21 Die Praxis muss sich mit aufeinander abgestimmten, isoliert zu beurteilenden Spaltungen behelfen (Lutter/Lieder Rn. 69; Semler/Stengel/Leonard/Schwanna Rn. 19; Kölner Komm UmwG/Simon Rn. 36; NK-UmwR/Fischer Rn. 28; Maulbetsch/Klumpp/Rose/Raible Rn. 34).

9. Ausgliederung des gesamten Vermögens

22 Nach Abs. 3 kann ein Teil oder können mehrere Teile aus dem Vermögen eines Rechtsträgers ausgegliedert werden. Daraus folgt zum einen, dass Vermögensteile, auch einzelne WG, beim ausgliedernden Rechtsträger zurückbehalten werden können, zum anderen aber auch, dass so viele Teile aus dem Vermögen ausgegliedert werden können, dass im Ergebnis das gesamte Vermögen auf einen oder mehrere andere Rechtsträger übertragen wird (umfassend Schmidt AG 2005, 26). Der Wortlaut von Abs. 3 steht dem nicht entgegen; „aus seinem Vermögen" ausgliedern bedeutet nicht, dass nicht auch das gesamte Vermögen – ggf. in Teilen auf mehrere Rechtsträger – ausgegliedert werden kann (OLG Hamm BeckRS 2010, 08022; Schmidt AG 2005, 26; Widmann/Mayer/Weiler Rn. 41, 172; Widmann/Mayer/ Mayer § 126 Rn. 55; Kallmeyer/Sickinger Rn. 12; Semler/Stengel/Leonard/ Schwanna Rn. 17; Semler/Stengel/Schröer/Greitemann § 126 Rn. 28; Kölner Komm UmwG/Simon Rn. 27; Lutter/Lieder Rn. 56; aA Mayer DB 1995, 861 (862); Geck DStR 1995, 416 (417)). Soweit Mayer (DB 1995, 861 (862)) darauf hinweist, dass die Ausgliederung sämtlicher Vermögensteile nicht zulässig sei, weil § 131 I Nr. 2 zwingend das Erlöschen des aufspaltenden Rechtsträgers mit Eintragung der Spaltung anordne, ist entgegenzuhalten, dass bei der Ausgliederung (im Gegensatz zur Aufspaltung) der ausgliedernde Rechtsträger als Gegenleistung für das ausgegliederte Vermögen die Anteile am übernehmenden Rechtsträger erhält, damit gerade auch nach der Vorstellung des Gesetzgebers weiterbestehen muss.

23 Eine ergänzende Heranziehung von Aufspaltungsvorschriften ist insoweit nicht erforderlich (so Kallmeyer DB 1995, 81 (82)). Gegen das Analogieverbot aus § 1 II wird nicht verstoßen; die Ausgliederung mit Übertragung des gesamten Vermögens ist keine unzulässige Mischform (→ Rn. 17), sondern eine unmittelbar von Abs. 3 geregelte zulässige Gestaltung.

10. Ausgliederung durch Einzelrechtsnachfolge

24 Bereits kurz nach Inkrafttreten des UmwG wurde streitig, ob die Spaltungsvorschriften des UmwG auch bei Ausgliederungen durch Einzelrechtsnachfolge anzuwenden sind. Die Ausgliederung durch Einzelrechtsnachfolge ist oftmals eine echte Alt., zumal sie – anders als die Aufspaltung und Abspaltung – stl. identisch behandelt wird (§§ 20, 21, 24 UmwStG; → UmwStG § 1 Rn. 100 ff.). Die Instanzgerichte sind uneins (für die entsprechende Anwendung einzelner Bestimmungen: LG Karlsruhe ZIP 1998, 385; LG Frankfurt a. M. ZIP 1997, 1698; dagegen: LG Hamburg AG 1997, 238; LG München I ZIP 2006, 2036). Der BGH (BGHZ 146, 288 (295) = NJW 2001, 1277) betont zu Recht die Notwendigkeit einer Einzelfallprüfung, ob

eine vergleichbare Situation besteht (zur entsprechenden Anwendung von § 63 I Nr. 1, § 64 I 1 – iErg auf § 179a II AktG gestützt). Auch in den beiden Gelatine-Entscheidungen (BGH NZG 2004, 571 und 575) sah er keine Notwendigkeit zu einem Rückgriff auf die Normen des UmwG. Eine generelle entsprechende Anwendung der Spaltungsvorschriften (wie auch anderer Regelungen des UmwG) scheidet mangels unbewusster Regelungslücke aus (ebenso LG München I ZIP 2006, 2036; Aha AG 1997, 345 (356); Semler/Stengel/Leonard/Schwanna Rn. 4; Kallmeyer/Sickinger Rn. 2; Kölner Komm UmwG/Simon Rn. 12; NK-UmwR/Fischer Rn. 5). In diesen Fällen verbleibt es bei der allg. Schutzvorschriften (Lutter/Teichmann Rn. 29). Daher bedarf es der Beteiligung der Hauptversammlung des übertragenden Rechtsträgers bei einer Ausgliederung durch Einzelrechtsnachfolge nur bei Vorliegen der Voraussetzung der umgeschriebenen Hauptversammlungskompetenz (BGH NZG 2004, 571 und 575); LG München I ZIP 2006, 2036).

§ 124 Spaltungsfähige Rechtsträger

(1) **An einer Aufspaltung oder einer Abspaltung können als übertragende, übernehmende oder neue Rechtsträger die in § 3 Abs. 1 genannten Rechtsträger sowie als übertragende Rechtsträger wirtschaftliche Vereine, an einer Ausgliederung können als übertragende, übernehmende oder neue Rechtsträger die in § 3 Abs. 1 genannten Rechtsträger sowie als übertragende Rechtsträger wirtschaftliche Vereine, Einzelkaufleute, Stiftungen sowie Gebietskörperschaften oder Zusammenschlüsse von Gebietskörperschaften, die nicht Gebietskörperschaften sind, beteiligt sein.**

(2) § 3 Abs. 3 und 4 ist auf die Spaltung entsprechend anzuwenden.

Übersicht

Rn.

1. Allgemeines 1
2. Spaltungsfähige Rechtsträger bei Aufspaltung und Abspaltung 2
   a) Eingetragene Gesellschaften bürgerlichen Rechts 2a
   b) Personenhandelsgesellschaften 3
   c) Partnerschaftsgesellschaften 9
   d) Kapitalgesellschaften, SE, UG 10
   e) Eingetragene Genossenschaften, SCE 15
   f) Eingetragener Verein 19
   g) Genossenschaftliche Prüfungsverbände 21
   h) Versicherungsvereine auf Gegenseitigkeit 24
   i) Wirtschaftliche Vereine 25
3. Spaltungsfähige Rechtsträger bei der Ausgliederung 27
   a) Eingetragene Gesellschaften bürgerlichen Rechts 27a
   b) Personenhandelsgesellschaften 28
   c) Partnerschaftsgesellschaften 32
   d) Kapitalgesellschaften, SE, UG 33
   e) Eingetragene Genossenschaften, SCE 37
   f) Eingetragene Vereine 38
   g) Versicherungsverein auf Gegenseitigkeit 39
   h) Genossenschaftliche Prüfungsverbände 42
   i) Wirtschaftliche Vereine 43
   j) Einzelkaufleute 44
   k) Stiftungen 48
   l) Gebietskörperschaften 52

	Rn.
4. Beteiligung bereits aufgelöster übertragender Rechtsträger (Abs. 2 iVm § 3 III)	55
a) Notwendigkeit der tatsächlichen Fortsetzung	55
b) Voraussetzungen der Fortsetzungsfähigkeit	58
aa) Eingetragene Gesellschaft bürgerlichen Rechts, Personenhandelsgesellschaft, Partnerschaftsgesellschaft	59
bb) Kapitalgesellschaften	61
cc) Eingetragene Genossenschaft	66
dd) Eingetragener Verein	67
ee) Genossenschaftlicher Prüfungsverband	69
ff) Versicherungsvereine auf Gegenseitigkeit	70
gg) Wirtschaftlicher Verein	71
hh) Einzelkaufleute	72
ii) Stiftungen	74
jj) Gebietskörperschaften	75
5. Beteiligung aufgelöster übernehmender Rechtsträger	76
6. Beteiligung von Rechtsträgern unterschiedlicher Rechtsform (Abs. 2 iVm § 3 IV)	77

1. Allgemeines

1   Die Vorschrift bestimmt in Abs. 1 diejenigen Rechtsträger, die an einer Spaltung beteiligt sein können. Sie nimmt hierzu teilw. auf § 3 I Bezug. Ergänzend müssen § 149 II, §§ 150, 151, 152, 161 und 168 beachtet werden, die rechtsformspezifische Einschränkungen regeln. Nach Abs. 2 können an einer Spaltung auch aufgelöste Rechtsträger als übertragende Rechtsträger teilnehmen (vgl. § 3 III). Die Spaltung kann unter gleichzeitiger Beteiligung von Rechtsträgern verschiedener Rechtsformen erfolgen (§ 3 IV).

2. Spaltungsfähige Rechtsträger bei Aufspaltung und Abspaltung

2   Nach Abs. 1 iVm § 3 I können an Auf- und Abspaltungen eGbR, PhG, PartGes, KapGes, eG, eV, genossenschaftliche Prüfungsverbände und VVaG sowohl als übertragende als auch als übernehmende bzw. neue Rechtsträger beteiligt sein, wirtschaftliche Vereine hingegen nur als übertragende Rechtsträger.

2a   **a) Eingetragene Gesellschaften bürgerlichen Rechts.** Seit dem 1.1.2024 können auch eingetragene Gesellschaften bürgerlichen Rechts (eGbR) an Auf- und Abspaltungen als übertragende, übernehmende oder neue Rechtsträger beteiligt sein. Dies folgt aus der Anpassung von § 3 I Nr. 1 durch das MoPeG, auf den Abs. 1 unverändert umfassend verweist (vgl. ergänzend → § 3 Rn. 6 f.). Voraussetzung ist allerdings, dass die GbR in das Gesellschaftsregister eingetragen ist (§§ 707 ff. BGB), da nur so die für die Systematik des UmwG notwendige Registerpublizität (vgl. etwa §§ 129–131) gewährleistet ist. Bei einer Auf- und Abspaltung zur Neugründung entsteht damit von Anfang an eine eGbR. Jedoch ist zu prüfen, ob nicht tatsächlich eine OHG vorliegt (vgl. auch § 707a III BGB). Ferner setzt eine Auf- oder Abspaltung zur Neugründung einer eGbR voraus, dass am übertragenden Rechtsträger wenigstens zwei Anteilsinhaber beteiligt sind und mindestens zwei Anteilsinhaber auch an der neu gegründeten eGbR beteiligt werden, denn die eGbR benötigt – wie auch PhG (→ Rn. 5) mindestens zwei Gesellschafter. Zum Hinzutreten eines Gesellschafters im Zusammenhang mit der Umwandlung vgl. → Rn. 6. Als übertragender oder (bestehender) übernehmender Rechtsträger muss die Eintragung im Gesellschaftsregister vor Durchführung der Auf- oder Abspaltung erfolgt sein (vgl. auch Begr. RegE, zu § 3 UmwG: ein durch Eintragung zu beseitigendes Vollzugshindernis). Denkbar ist indes, dass die Eintragung im Gesellschaftsregister anlässlich der Umw beantragt und vollzogen wird.

Für eGbR enthält das Dritte Buch (Spaltung) keine besonderen Vorschriften. **2b**
Über § 125 sind die §§ 39–39f zu beachten.

b) Personenhandelsgesellschaften. PhG (OHG und KG, zur EWIV → § 3 **3**
Rn. 11;) können ohne Einschränkungen an einer Auf- oder Abspaltung beteiligt sein. Bei der Auf- oder Abspaltung zur Neugründung setzt dies allerdings voraus, dass der Zweck des neu gegründeten Rechtsträgers auf den Betrieb eines Handelsgewerbes unter gemeinschaftlicher Firma gerichtet ist (§ 105 I HGB, § 161 I HGB). Der neu gegründete Rechtsträger muss also insbes. mit dem übertragenen Vermögensteil ein Handelsgewerbe (§§ 1–3 HGB) betreiben; freiberufliche Tätigkeiten waren mangels „Gewerbe" nicht ausreichend (vgl. BGH NZG 2011, 1063 zur Rechtsanwalts-GmbH & Co KG; vgl. auch § 27 II WPO, § 49 I, II StBerG: wenn wegen Treuhandtätigkeit als PhG im HR eingetragen; dazu BGH NJW 2015, 61; zum Formwechsel einer StB/WP-GmbH in eine GmbH & Co. KG vgl. KG DStR 2013, 2792; zur PartGes → Rn. 9). Dies änderte sich mit Wirkung zum 1.1.2024 durch das **MoPeG,** da nach § 107 I 2 HGB nF eine OHG/KG durch Eintragung auch entsteht, wenn der Zweck die gemeinsame Ausübung Freier Berufe durch ihre Gesellschafter ist, soweit das anwendbare Berufsrecht die Eintragung zulässt. Bereits seit 1.7.1998 (HRefG) genügt eine vermögensverwaltende Tätigkeit (§ 105 II HGB; ab 1.1.2024: § 107 I 1 HGB nF). Ebenso entfällt seit diesem Zeitpunkt die Unterscheidung zwischen voll- und minderkaufmännischen Gewerbe, da nach § 105 II HGB (ab 1.1.2024: § 107 I 1 HGB nF) die PhG wenigstens mit der Eintragung im HR entsteht (näher Hörtnagl INF 1998, 750).

Für die Einstufung bereits bestehender Rechtsträger als PhG hat § 5 HGB keine **4**
Bedeutung. Diese Vorschrift dient zwar der objektiven Rechtssicherheit, sie bindet das Registergericht jedoch nicht (HK-UmwG/Raible Rn. 6; allg. vgl. Hopt/Merkt HGB § 5 Rn. 1). Die Prüfungskompetenz und -pflicht idS hat nicht nur das für den ggf. als Schein-OHG bzw. -KG zu qualifizierenden Rechtsträger zuständige Gericht, sondern haben alle an dem Spaltungsverfahren beteiligten Registergerichte (HK-UmwG/Raible Rn. 6; zur Prüfungskompetenz allg. → § 130 Rn. 10 ff.). Die praktische Bedeutung hat allerdings seit Inkrafttreten der Änderung durch das HRefG erheblich abgenommen, da seither durch Eintragung vermögensverwaltend und ab dem 1.1.2024 auch freiberuflich tätige PhG entstehen (→ Rn. 3). Im Übrigen ist seit dem 1.1.2024 auch die eGbR spaltungsfähig (vgl. → Rn. 2a).

Ferner setzt eine Auf- oder Abspaltung zur Neugründung einer PhG voraus, dass **5**
am übertragenen Rechtsträger wenigstens zwei Anteilsinhaber beteiligt sind und mindestens zwei Anteilsinhaber auch an der neu gegründeten eGbR beteiligt werden, denn diese werden Gesellschafter der neu gegründeten PhG (Widmann/Mayer/Weiler Rn. 38). Eine Einpersonen-OHG bzw. -KG gibt es nicht (OLG Schleswig DB 2006, 274; vgl. auch BGH NZG 2000, 474). Auch § 135 II 3 hilft hier nicht weiter. Das Erfordernis von mindestens zwei Gesellschaftern folgt nicht aus einer Vorschrift über die Gründerzahl, sondern ist der PhG Wesensbestandteil. Die PhG ist keine jur. Person. Sie ist daher – anders als etwa die eG oder der eV – nicht von der Zahl ihrer Gesellschafter unabhängig. Zur Frage, wer Gesellschafter einer PhG sein kann, → § 191 Rn. 6, → § 228 Rn. 9.

Das **Hinzutreten** eines im Zeitpunkt des Wirksamwerdens der Spaltung am **6**
übertragenen Rechtsträger nicht beteiligten Gesellschafters ist nicht möglich (Widmann/Mayer/Weiler Rn. 39; Semler/Stengel/Leonard/Schröer/Greitemann § 126 Rn. 84; vgl. auch BeckOGK/Verse Rn. 7 ff.; Limmer Unternehmensumwandlungs-HdB/Limmer Teil 3 Rn. 248 ff.; aA Lutter/Priester § 126 Rn. 74; Lutter/Priester § 136 Rn. 14; Baßler GmbHR 2007, 1252; Kallmeyer/Sickinger Rn. 9; HK-UmwG/Raible Rn. 9; vgl. aber Kallmeyer/Sickinger § 123 Rn. 6; vgl. auch BGH

NZG 2005, 722 zum Formwechsel). Dies folgt zunächst aus dem Wortlaut von § 123 I Nr. 2 (Gründung durch Vermögensübertragung, nicht durch Abschluss eines Gesellschaftsvertrags). IÜ fehlt es (bis auf wenige Ausnahmen, die Sonderfälle betreffen, etwa § 221) an Regelungen, die zur Gestaltung des Beitritts Dritter notwendig gewesen wären (etwa über den Vertragsschluss mit dem Dritten). Ebenso können mit dinglicher Wirkung bei Wirksamwerden der Spaltung Dritten keine Anteile gewährt werden (→ § 131 Rn. 105). Spaltungen sind daher nur im Kreis der bislang bereits Beteiligten möglich. Anderes gilt für den Formwechsel (BGH NZG 2005, 722: obiter dictum; → § 226 Rn. 3; auch → § 126 Rn. 106. Davon zu unterscheiden ist die grds. Möglichkeit, die Spaltung und den Beitritt des Dritten als rechtlich getrennte Rechtsgeschäfte zu verbinden (Semler/Stengel/Leonard/Schröer/Greitemann § 126 Rn. 84).

7   Bei der Spaltung **zur Aufnahme** reicht es aus, wenn der übernehmende Rechtsträger im Zeitpunkt der logischen Sekunde vor Wirksamwerden der Spaltung (§ 131 I) als OHG oder KG anzusehen ist. Entsprechendes gilt für eine als übertragender Rechtsträger beteiligte PhG. Verändert sich durch die Vermögensübertragung in der Folgezeit der Geschäftsgegenstand derart, dass die PhG sich etwa zur GbR wandelt (→ § 191 Rn. 5 mwN), lässt dies die Zulässigkeit der Spaltung unberührt. Zur Beteiligung von eGbR → Rn. 2a.

8   Für PhG enthält das Dritte Buch (Spaltung) keine besonderen Vorschriften. Über § 125 sind die §§ 40–45 zu beachten.

9   **c) Partnerschaftsgesellschaften.** Seit 1.8.1998 können auch PartGes als übertragende, übernehmende oder neue Rechtsträger an Auf- oder Abspaltungen beteiligt sein (Rn. 1 S. 1, § 3 I). Die Beschränkungen nach § 1 PartGG müssen – insbes. bei einer Spaltung zur Neugründung – beachtet werden. Der Gesellschaftszweck muss auf die gemeinsame Berufsausübung durch Angehörige freier Berufe gerichtet sein; Gesellschafter können nur natürliche Personen, die die berufsrechtlichen Anforderungen erfüllen, sein (näher → § 45a Rn. 4). Die Ausführungen → Rn. 5 ff. gelten entsprechend. Die **PartG mbB** ist eine PartGes.

10 **d) Kapitalgesellschaften, SE, UG.** KapGes, zu denen nach der Legaldefinition von § 3 I Nr. 2 nur GmbH, AG und KGaA zählen (zur SE → Rn. 12, zur UG → Rn. 14), können ebenfalls ohne Einschränkungen Rechtsträger bei Aufspaltungen und Abspaltungen sein. VorGes sind jedenfalls als KapGes noch nicht spaltungsfähig, möglicherweise aber als PhG (→ § 3 Rn. 23; Keßler/Kühnberger UmwR/Gündel Rn. 4; Schwedhelm/Streck/Mack GmbHR 1995, 7 (8); Kallmeyer/Sickinger Rn. 1; HK-UmwG/Raible Rn. 10). Für AG/KGaA ist die zeitlich befristete Einschränkung nach § 141 zu beachten.

11 Bei der Beteiligung von KapGes sind neben den Vorschriften des Ersten Teils die §§ 138–140 (GmbH) und die §§ 141–146 (AG, KGaA) zu berücksichtigen (iÜ → § 3 Rn. 17 ff.). Ferner sind über § 125 sind die §§ 46–78 zu beachten.

12 Auch eine Europäische Ges **(SE)** mit Sitz im Inland (→ § 1 Rn. 34 ff.) kann grds. an einer Ab- oder Aufspaltung beteiligt sein. Nach Art. 9 l lit. c Ziff. ii SE-VO unterliegt die SE hinsichtlich der nicht oder nur teilw. durch die SE-VO geregelten Bereiche den nat. Vorschriften über AG. Hierzu zählen auch §§ 125 ff. Art. 66 SE-VO steht dem nicht entgegen, da sich diese Vorschrift nur auf den Formwechsel bezieht (dazu und zum Meinungsstand Semler/Stengel/Leonard/Drinhausen Einl. C Rn. 55 ff.; vgl. auch BeckOGK/Verse Rn. 16; Widmann/Mayer/Weiler Rn. 52 f.). Als **übertragender Rechtsträger** kann sie daher wie eine AG Teile ihres Vermögens abspalten (Semler/Stengel/Leonard/Schwanna Rn. 9; Lutter/Lieder Rn. 6; Kallmeyer/Sickinger Rn. 1; HK-UmwG/Raible Rn. 31; BeckOGK/Verse Rn. 16; Widmann/Mayer/Weiler Rn. 51). Ebenso kann sie als übertragender Rechtsträger an einer Aufspaltung beteiligt sein. Zwar erlischt die SE bei der Aufspaltung (§ 131 I Nr. 2), das Erlöschen ist aber in der SE-VO nicht abschließend geregelt

(Semler/Stengel/Leonard/Schwanna Rn. 9; HK-UmwG/Raible Rn. 31). Schließlich macht es keinen Unterschied, ob die Aufspaltung/Abspaltung der SE zur Aufnahme (auf einen bereits bestehenden inl. Rechtsträger) oder zur Neugründung (auf einen durch die Spaltung entstehenden inl. Rechtsträger) erfolgt. Indes ist auch bei einer SE als übertragender Rechtsträger § 141 zu beachten.

Als bestehende **übernehmender Rechtsträger** kann die SE ebenso wie eine 13 AG uneingeschränkt an Aufspaltungen/Abspaltungen mit inl. Rechtsträgern iSv Abs. 1 beteiligt sein (Lutter/Lieder Rn. 8; Semler/Stengel/Leonard/Schwanna Rn. 9; Kallmeyer/Sickinger Rn. 1; BeckOGK/Verse Rn. 17; Widmann/Mayer/ Weiler Rn. 54). Eine Aufspaltung/Abspaltung (zur Ausgliederung → Rn. 33) auf eine dadurch **neu gegründete** SE scheidet hingegen aus, weil die Gründung einer SE abschließend (vgl. Art. 9 I lit. c Ziff. ii SE-VO) durch Art. 2 I–IV SE-VO und Art. 3 II SE-VO geregelt ist (Semler/Stengel/Leonard/Schwanna Rn. 9; Kallmeyer/ Sickinger Rn. 1; NK-UmwR/Fischer Rn. 2; Sagasser/Bula/Brünger Umwandlungen/Sagasser § 18 Rn. 32; Lutter/Lieder Rn. 8; HK-UmwG/Raible Rn. 31; Henssler/Strohn/Galla/Cé. Müller Rn. 6; BeckOGK/Verse Rn. 17; Widmann/ Mayer/Weiler Rn. 55). Vgl. iE die Komm. zur SE-VO. Für die Beteiligung der SE gelten die **besonderen Vorschriften,** die auch bei einer AG zu beachten sind (§§ 141–146; Semler/Stengel/Leonard/Schwanna Rn. 9; vgl. auch Lutter/Lieder Rn. 7).

Die **UG** (haftungsbeschränkt) kann als Unterform der GmbH als übertragender 14 Rechtsträger an Aufspaltungen uneingeschränkt beteiligt sein (Widmann/Mayer/ Weiler Rn. 61; Semler/Stengel/Leonard/Schwanna Rn. 8a; Lutter/Lieder Rn. 3; Kallmeyer/Sickinger Rn. 1; NK-UmwR/Fischer Rn. 5). Bei Abspaltungen ist zusätzlich § 139 zu beachten. Eine vereinfachte Kapitalherabsetzung ist bei einer UG nicht möglich, da § 58a IV 1 GmbHG auf § 5 GmbHG verweist. Auch die gesetzliche Rücklage kann dafür nicht verwendet werden (§ 5a III GmbHG). Beschränkungen bestehen ferner für die Beteiligung als **übernehmender** Rechtsträger wegen des Verbots der Sacheinlage (§ 5a II 2 GmbHG). Eine Auf- und Abspaltung auf eine dadurch neu gegründete UG scheidet damit aus (BGH DStR 2011, 1137 mwN; Semler/Stengel/Leonard/Schwanna Rn. 8a; Lutter/Lieder Rn. 4; Widmann/Mayer/Weiler Rn. 67; Tettinger Der Konzern 2008, 75 (76); Kölner Komm UmwG/Simon Rn. 7; BeckOGK/Verse Rn. 13). Die Beteiligtenfähigkeit an einer Auf- oder Abspaltung zur Aufnahme setzt voraus, dass anlässlich der Umw das Stammkapital auf mindestens 25.000 Euro erhöht wird (Semler/Stengel/ Leonard/Schwanna Rn. 8a; Lutter/Lieder Rn. 4; Widmann/Mayer/Weiler Rn. 65; Tettinger Der Konzern 2008, 75 (76); Kölner Komm UmwG/Simon Rn. 7 iVm § 3 Rn. 21; Keßler/Kühnberger UmwR/Gündel Rn. 3; Kallmeyer/Sickinger Rn. 1; HK-UmwG/Raible Rn. 12; BeckOGK/Verse Rn. 13). Die UG kann ferner übernehmender Rechtsträger sein, wenn anlässlich der Spaltung keine Kapitalerhöhung erfolgt (Semler/Stengel/Leonard/Schwanna Rn. 8a; Kölner Komm UmwG/ Simon Rn. 7; Keßler/Kühnberger UmwR/Gündel Rn. 3; BeckOGK/Verse Rn. 13; Widmann/Mayer/Weiler Rn. 66; Karl GmbHR 2020, 9 (13)).

e) Eingetragene Genossenschaften, SCE. An einer Spaltung können **eG** 15 sowohl als übertragende als auch als übernehmende bzw. neu gegründete Rechtsträger beteiligt sein. Das Dritte Buch (Spaltung) enthält außer §§ 147, 148 für diese Rechtsform keine besonderen Vorschriften. Die Spaltung zur Neugründung einer eG ist auch möglich, wenn der übertragende Rechtsträger nicht mindestens drei Anteilsinhaber besitzt, oder – bei der nichtverhältniswahrenden Spaltung (dazu § 128) – weniger als drei Anteilsinhaber des übertragenden Rechtsträgers Mitgliedschaften eingeräumt werden sollen. § 4 GenG ist gem. § 135 II 3 nicht anzuwenden. Möglich ist auch eine Spaltung zur Neugründung einer eG, bei der zunächst der alleinige Anteilsinhaber des übertragenden Rechtsträgers als einziger Genosse Mitglied wird, was sich der Gesetzgeber nicht vorstellen konnte (vgl. Begr. RegE, BR-Drs. 75/94 zu § 152). Nach einer Karenzzeit von sechs Monaten droht allerdings die Amtslöschung, wenn nachhaltig die Zahl von drei Genossen unterschritten wird (§ 80 GenG), denn § 4 GenG gilt nicht nur für die Gründung, sondern unverändert auch danach (HK-UmwG/Raible Rn. 14; Henssler/Strohn/Geibel GenG § 4 Rn. 2; Widmann/Mayer/Weiler Rn. 69).

16 Bei der Beteiligung von eG sind ergänzend §§ 147, 148 zu beachten.

17 Für **SCE** gelten die Ausführungen zur SE (→ Rn. 12 ff.) entsprechend. Als übertragender Rechtsträger kann sie wie eine eG ihr Vermögen auf- und abspalten (Semler/Stengel/Leonard/Schwanna Rn. 9; Kölner Komm UmwG/Simon Rn. 6; BeckOGK/Verse Rn. 19; Lutter/Lieder Rn. 10; Widmann/Mayer/Weiler Rn. 70). Eine bestehende SCE kann auch als übernehmender Rechtsträger an einer Aufspaltung/Abspaltung beteiligt sein. Eine Aufspaltung/Abspaltung zur Neugründung einer SCE ist hingegen keine von der SCE-VO zugelassene Gründungsart (Semler/Stengel/Leonard/Schwanna Rn. 9; BeckOGK/Verse Rn. 20; Lutter/Lieder Rn. 11; Widmann/Mayer/Weiler Rn. 73).

18 Für eine beteiligte SCE gelten ergänzend die Vorschriften für eG (§§ 147, 148) und über § 125 des Weiteren die §§ 79–98.

19 **f) Eingetragener Verein.** Ein eV kann als übertragender wie auch als übernehmender Rechtsträger Beteiligter einer Auf- oder Abspaltung sein. § 149 II schränkt die Spaltungsmöglichkeiten jedoch ein: Als übernehmender Rechtsträger kann ein eV nur andere eV aufnehmen; ferner kann nur ein eV eine Spaltung zur Neugründung eines eV durchführen. Aus dem eV heraus stehen also alle Möglichkeiten offen, den Weg in den eV können nur eV gehen.

20 Wie bei der eG kommt es auf eine Mindestanzahl von Mitgliedern nicht an (vgl. §§ 56, 73 BGB und → Rn. 15). Der Zweck des neu gegründeten eV darf nicht auf einen wirtschaftlichen Geschäftsbetrieb gerichtet sein.

21 **g) Genossenschaftliche Prüfungsverbände.** Genossenschaftliche Prüfungsverbände können nach § 124 I iVm § 3 I Nr. 5 grds. sowohl als übertragende als auch als übernehmende bzw. neu gegründete Rechtsträger an einer Auf- oder Abspaltung teilnehmen. Die Spaltungsmöglichkeiten für genossenschaftliche Prüfungsverbände als übertragender Rechtsträger werden aber durch § 150 erheblich eingeschränkt. Es kann lediglich eine Auf- oder Abspaltung zur Aufnahme auf einen anderen genossenschaftlichen Prüfungsverband erfolgen (iÜ → § 150 Rn. 1).

22 Eine „Misch-Spaltung" (§ 3 IV) scheidet demnach aus (Widmann/Mayer/Fronhöfer Vor §§ 147, 148 Rn. 21; Semler/Stengel/Leonard/Katschinski § 150 Rn. 4). Dies erklärt sich aus dem Umstand, dass genossenschaftliche Prüfungsverbände grds. die Rechtsform des eV haben sollen (§ 63b GenG). Das „soll" in § 63b GenG bedeutet, dass genossenschaftliche Prüfungsverbände in anderer Rechtsform das Prüfungsrecht nur in besonders gelagerten Ausnahmefällen erteilt bekommen (Lang/Weidmüller/Holthaus/Lehnhoff GenG § 63b Rn. 1; aA Beuthien/Schöpflin GenG § 63b Rn. 1). § 63i GenG aF, der auch genossenschaftliche Prüfungsverbände in der Rechtsform des wirtschaftlichen Vereins (§ 22 BGB) vorsah, hatte zuletzt nur noch historische Bedeutung und ist folgerichtig durch Art. 7 UmwBerG aufgehoben worden.

23 Genossenschaftliche Prüfungsverbände sind zwar regelmäßig in der Rechtsform des eV organisiert (§ 63b GenG), für sie gelten aber besondere Vorschriften (§§ 150, 125, 135, 105–108). Dies ist der Grund für die ausdrückliche Nennung in § 3 I Nr. 5. Wurde ausnahmsweise einem „Verband" anderer Rechtsform das Prüfungsrecht verliehen (vgl. Begr. RegE, BR-Drs. 75/94 zu § 105), so richtet sich dessen Umw nach den für diese Rechtsform geltenden Vorschriften (iÜ → § 150 Rn. 1, → § 3 Rn. 33).

h) Versicherungsvereine auf Gegenseitigkeit. VVaG können im Grds. unbe- 24
schränkt an einer Auf- oder Abspaltung beteiligt sein. § 151 schränkt allerdings die
Kombinationsmöglichkeiten ein. Die Auf- oder Abspaltung ist nur in der Weise
zulässig, dass die Vermögensteile auf andere bestehende oder im Zuge der Spaltung
neu gegründete VVaG oder auf bestehende oder neu gegründete VersicherungsAG
übertragen werden (hierzu iE § 151; iÜ → § 3 Rn. 35).

i) Wirtschaftliche Vereine. Wirtschaftliche Vereine können ausschließlich als 25
übertragender Rechtsträger an einer Auf- oder Abspaltung beteiligt sein. Da es im
Allg. unerwünscht ist, dass wirtschaftliche Vereine als Unternehmensträger auftreten,
soll das UmwG keinen Anreiz hierfür schaffen (RegE Begr. BR-Drs. 75/94 zu
§ 124). Weil wirtschaftliche Vereine umgekehrt aber zum Teil erhebliche Größe und
Bedeutung erlangt haben (Beispiel: GEMA), soll den bestehenden Vereinen die
Möglichkeit eingeräumt werden, bestimmte Geschäftsbereiche in andere Rechtsformen zu überführen, zugleich aber den Kernbereich in der vereinsrechtlichen Struktur zu belassen.

Neben § 149 I existieren besondere Vorschriften für wirtschaftliche Vereine im 26
Dritten Buch (Spaltung) nicht.

3. Spaltungsfähige Rechtsträger bei der Ausgliederung

Auch für die Ausgliederung verweist Abs. 1 zunächst auf § 3 I. eGbr, PhG, Part- 27
Ges, KapGes, eG, eV, genossenschaftlicher Prüfungsverbände und VVaG können
danach als übertragende, übernehmende oder neue Rechtsträger an einer Ausgliederung beteiligt sein. Bei eGbr und PhG kann indes wegen des Erfordernisses von
mindestens zwei Gesellschaftern eine Ausgliederung zur Neugründung nicht stattfinden (vgl. → Rn. 27a, → Rn. 31). Zu Besonderheiten bei der PartGes vgl.
→ Rn. 32. Der Kreis der ausgliederungsfähigen Rechtsträger ist aber im Vergleich
zur Auf- und Abspaltung größer. Als übertragender Rechtsträger können sich neben
wirtschaftlichen Vereinen, die sich als übertragender Rechtsträger auch auf- und
abspalten können (→ Rn. 25), Einzelkaufleute, Stiftungen sowie Gebietskörperschaften und Zusammenschlüsse von Gebietskörperschaften, die selbst keine
Gebietskörperschaften sind, beteiligen.

a) Eingetragene Gesellschaften bürgerlichen Rechts. Seit dem 1.1.2024 27a
können eingetragene GbR (eGbR) an einer Ausgliederung sowohl als übertragende
als auch als übernehmende Rechtsträger beteiligt sein. Dies folgt aus der Anpassung
von § 3 I Nr. 1 durch das MoPeG, auf den Abs. 1 unverändert umfassend verweist
(vgl. ergänzend → § 3 Rn. 6 f.). Voraussetzung ist allerdings, dass die GbR in das
Gesellschaftsregister eingetragen ist (§§ 707 ff. BGB). Vgl. weiter → Rn. 2a. Eine
Ausgliederung zur Neugründung einer eGbR ist allerdings wie bei PhG (vgl.
→ Rn. 31) nicht möglich. Dies würde immer zum (unmöglichen) Entstehen einer
Einpersonen-GbR führen (zur Unzulässigkeit der Kombination von Ausgliederung
und Abspaltung hinsichtlich desselben Vermögensteils → § 123 Rn. 14 ff.). Besondere Vorschriften für die Beteiligung von eGbR existieren im Dritten Buch (Spal-
tung) nicht. Über § 125 gelten auch die §§ 39–39 f.

b) Personenhandelsgesellschaften. PhG können ohne Einschränkungen 28
sowohl als übertragende als auch als übernehmende Rechtsträger an einer Ausgliederung beteiligt sein. Besondere Vorschriften für die Beteiligung von PhG existieren
im Dritten Buch (Spaltung) nicht. Über § 125 gelten auch die §§ 40–45.

Eine PhG darf eine Ausgliederung als übertragender Rechtsträger auch dann 29
durchführen, wenn sie mit Wirksamwerden der Ausgliederung kein **Handelsgewerbe** mehr betreibt oder ein nach Art oder Umfang in kaufmännischer Weise
eingerichteten Geschäftsbetrieb nicht mehr erforderlich ist. Solange die Ges im HR
eingetragen ist, bleibt die Qualifikation als OHG/KG ohnehin unverändert (§ 105 II

HGB; ab 1.1.2024: § 107 I 1 HGB nF). Unabhängig hiervon ist für die Spaltungsfähigkeit allein der Zeitpunkt („logische Sekunde") vor dem Wirksamwerden der Ausgliederung (auch → Rn. 7) maßgeblich. Der Wortlaut von § 123 III steht dem nicht entgegen: Die Vorschrift verlangt bei der Ausgliederung die Gewährung von Anteilen an den übertragenden Rechtsträger. Das ist auch dann der Fall, wenn (in der logischen Sekunde nach Wirksamwerden der Spaltung) die Anteilsgewährung an die GbR erfolgt war, die etwa aufgrund des Wegfalls des Betriebs eines Handelsgewerbes an die Stelle der PhG getreten war; Bedeutung hatte dies nur für Altfälle vor dem 1.7.1998 (HRefG; → Rn. 3). Der Wechsel von einer PhG in eine GbR stellt keine Änderung des Rechtsträgers, sondern nur eine Veränderung der rechtlichen Qualifikation desselben Rechtsträgers dar (Statuswechsel, also ein Formwechsel außerhalb des UmwG, → § 191 Rn. 5). Vgl. zwischenzeitlich § 707c BGB. Die grundsätzliche Rechtsfähigkeit der GbR ist seit längerem anerkannt (BGH NJW 2001, 1056). Deswegen ist auch seit längerem geklärt, dass sie selbst an anderen Rechtsträgern, auch als Kommanditistin (BGH NJW 2001, 3121), beteiligt sein kann. Vgl. zwischenzeitlich § 705 II BGB (rechtsfähige Gesellschaft); vgl. allerdings § 707a I 2 BGB, § 40 I 3 GmbHG und § 67 I 3 AktG. Vgl. iÜ auch → Rn. 3.

30 Entsprechendes gilt bei einer übernehmenden **PhG**. Sie muss – wenn sich etwa in Folge der Vermögensübertragung der Gesellschaftszweck ändert – lediglich in der logischen Sekunde vor der Eintragung im Register am Sitz des übertragenden Rechtsträgers OHG/KG sein. Aufgrund der Vereinfachungen durch das HRefG (→ Rn. 3) ist diese Problematik allerdings zwischenzeitlich theoretischer Natur, zumal mWv 1.1.2024 nach § 107 I 2 HGB nF eine PhG durch Eintragung auch dann besteht, wenn der Zweck die gemeinsame Ausübung Freier Berufe durch ihre Gesellschafter ist, soweit das anwendbare Berufsrecht die Eintragung zulässt.

31 Eine Ausgliederung zur Neugründung einer PhG ist allerdings nicht möglich. Dies würde immer zum (unmöglichen) Entstehen einer Einpersonen-OHG bzw. Einpersonen-KG führen (zur Unzulässigkeit der Kombination von Ausgliederung und Abspaltung hinsichtlich desselben Vermögensteils → § 123 Rn. 14 ff.). Insoweit gelten die gleichen Überlegungen wie bei der Auf- oder Abspaltung eines übertragenden Rechtsträgers, an dem nur ein Anteilsinhaber beteiligt ist (→ Rn. 5). Zur Bedeutung von § 5 HGB → Rn. 4.

32 **c) Partnerschaftsgesellschaften.** Eine PartGes kann im Grds. sowohl übertragender als auch übernehmender Rechtsträger bei einer Ausgliederung sein. Einschränkungen folgen aus dem begrenzten Gesellschaftszweck nach § 1 PartGG. So kann Anteilsinhaber einer PartGes nur eine natürliche Person sein (→ § 45a Rn. 4). Rechtsträger anderer Rechtsform können mithin als übertragender Rechtsträger nicht Teile ihres Vermögens auf eine PartGes übertragen, da die Ausgliederung die Gewährung von Anteilsrechten an den übertragenden Rechtsträger selbst vorsieht. Für den Einzelkaufmann, der zugleich Freiberufler sein könnte, schließt § 152 die Übertragung von Vermögen auf eine PartGes aus. Die PartGes kann demnach in keiner Konstellation übernehmender Rechtsträger sein (Semler/Stengel/Leonard/Schwanna Rn. 7; HK-UmwG/Raible Rn. 19; BeckOGK/Verse Rn. 10; Widmann/Mayer/Weiler Rn. 43). Die PartG mbB ist eine PartGes.

33 **d) Kapitalgesellschaften, SE, UG. AG** und **GmbH** können ohne Einschränkungen als übertragender und übernehmender Rechtsträger an Ausgliederungen beteiligt sein. Auch eine KGaA kann übertragender, übernehmender und neu gegründeter Rechtsträger sein. Bei der Ausgliederung zur Neugründung einer KGaA entsteht eine Einpersonen-KGaA; das ist nach heute hM zulässig. In diesem Fall ist der (ausgliedernde) Komplementär der KGaA zugleich deren einziger Kommanditaktionär (Koch AktG § 278 Rn. 5 mwN). Zwischenzeitlich ist geklärt, dass auch eine PhG oder eine jur. Person Komplementär einer KGaA sein können

(BGHZ 134, 392 = NJW 1997, 1923). Zur **zeitlich befristeten Einschränkung** der Ausgliederung von AG/KGaA vgl. § 141. Zu VorGes vgl. → Rn. 10.

Bei der Beteiligung von KapGes sind neben den allg. Vorschriften §§ 138–140 **34** (GmbH) und §§ 141–146 (AG, KGaA) zu beachten.

Ebenso wie an Auf- oder Abspaltungen (→ Rn. 12 ff.) kann eine Europäische **35** Ges (**SE**) mit Sitz im Inland grds. wie eine AG auch an einer Ausgliederung beteiligt sein. Art. 66 SE-VO steht dem nicht entgegen, da diese Vorschrift nur den Formwechsel erfasst (Semler/Stengel/Leonard/Drinhausen Einl. C Rn. 55 ff.; vgl. auch BeckOGK/Verse Rn. 16; Widmann/Mayer/Weiler Rn. 52 f.). Auf die SE sind die nat. Vorschriften über die AG anwendbar, soweit die SE-VO einen Bereich nicht oder nur in Bezug auf einzelne Aspekte regelt (Art. 9 I lit. c Ziff. ii SE-VO). Dies trifft auf die Beteiligtenfähigkeit nach §§ 124, 3 I als **übertragender Rechtsträger** und als bereits **bestehender übernehmender Rechtsträger** (Ausgliederung zur Aufnahme) zu (Lutter/Lieder Rn. 7 ff.; Semler/Stengel/Leonard/Schwanna Rn. 9; Henssler/Strohn/Galla/Cé. Müller Rn. 6; BeckOGK/Verse Rn. 15 ff., Widmann/ Mayer/Weiler Rn. 51, 54). Die Zulässigkeit einer Ausgliederung auf eine dadurch **neu gegründete SE** hängt davon ab, ob dies in von der SE-VO zugelassener Gründungsfall ist. Art. 2 III SE-VO setzt voraus, dass mindestens zwei Ges eine Tochter-SE durch Zeichnung ihrer Aktien gründen. Die Beteiligung von zwei übertragenden Rechtsträgern ist aber nicht möglich (→ § 123 Rn. 18 ff.). Damit verbleibt nur die Gründung einer Tochter-SE nach Art. 3 II SE-VO durch eine SE. Diese Fallgruppe ist erfüllt, wenn eine SE als übertragender Rechtsträger eine Ausgliederung zur Neugründung auf eine SE durchführt (wie hier Lutter/Lieder Rn. 8; Lutter/Hommelhoff SE/Bayer S. 26 f.; Semler/Stengel/Leonard/Schwanna Rn. 9; Kallmeyer/Sickinger Rn. 1; Kölner Komm UmwG/Simon Rn. 5; HK-UmwG/ Raible Rn. 31; NK-UmwR/Fischer Rn. 2; BeckOGK/Verse Rn. 17; Widmann/ Mayer/Weiler Rn. 56; Sagasser/Bula/Brünger Umwandlungen/Sagasser § 18 Rn. 32; Kossmann/Heinrich ZIP 2006, 164 (168); aA Hirte NZG 2002, 1 (4, 10); näher → SE-VO Art. 3 Rn. 7). Bei Beteiligung einer SE sind über Art. 9 I lit. c Ziff. ii SE-VO neben den allg. Vorschriften des Spaltungsrechts auch die §§ 141– 146 und über § 125 auch die §§ 60–76 zu beachten.

Eine **UG** (haftungsbeschränkt) kann als übertragender Rechtsträger uneinge- **36** schränkt an einer Ausgliederung beteiligt sein (Semler/Stengel/Leonard/Schwanna Rn. 8a; Lutter/Lieder Rn. 3; Widmann/Mayer/Weiler Rn. 62). Eine Ausgliederung zur Neugründung einer UG ist wegen des Verbots der Sacheinlage (§ 5a II 2 GmbHG) unzulässig (BGH DStR 2011, 1137 mwN; Semler/Stengel/Leonard/ Schwanna Rn. 8a; Lutter/Lieder Rn. 4; Widmann/Mayer/Weiler Rn. 66). Eine UG kann als übernehmender Rechtsträger bei einer Ausgliederung zur Aufnahme sein, wenn anlässlich der Ausgliederung eine Kapitalerhöhung auf mindestens 25.000 Euro erfolgt (Semler/Stengel/Leonard/Schwanna Rn. 8a; Kölner Komm UmwG/Simon Rn. 7 iVm § 3 Rn. 21; Kallmeyer/Sickinger Rn. 1; HK-UmwG/ Raible Rn. 12; Lutter/Lieder Rn. 4; BeckOGK/Verse Rn. 13; Widmann/Mayer/ Weiler Rn. 65). Die UG kann ferner übernehmender Rechtsträger sein, wenn anlässlich der Spaltung keine Kapitalerhöhung erfolgt (Semler/Stengel/Leonard/ Schwanna Rn. 8a; Kölner Komm UmwG/Simon Rn. 7; Keßler/Kühnberger UmwR/Gündel Rn. 3; BeckOGK/Verse Rn. 13; Widmann/Mayer/Weiler Rn. 66).

e) Eingetragene Genossenschaften, SCE. An einer Ausgliederung können eG **37** sowohl als übertragende als auch als übernehmende bzw. neu gegründete Rechtsträger beteiligt sein. Einschränkungen der Ausgliederungsmöglichkeit existieren in den besonderen Vorschriften des Spaltungsrechts nicht. Soweit der neu gegründete Rechtsträger die Rechtsform einer eG erhalten soll, muss allerdings ein geeigneter Geschäftsgegenstand vorliegen. Zur entstehenden Einpersonen-eG → Rn. 15. Ihre

Gründung ist (rechtstechnisch durch Nichtanwendung von § 4 GenG gem. § 135 II 3) durchaus möglich, denn die eG ist jur. Person und damit unabhängig von Mitgliedern; dies ist der Unterschied zur PhG (→ Rn. 5). Allerdings droht die Amtslöschung (→ Rn. 15). Entsprechendes gilt grds. für die Beteiligung einer existenten **SCE**. Die Ausgliederung zur Neugründung einer SCE zählt indes nicht zu den von SCE-VO zugelassenen Gründungsarten (→ Rn. 17).

38 **f) Eingetragene Vereine.** Eingetragene Vereine können übertragende, übernehmende oder neu gegründete Rechtsträger bei einer Ausgliederung sein. Die Ausgliederungsvarianten werden allerdings durch § 149 II eingeschränkt. Danach kann ein eV als übernehmender oder neu gegründeter Rechtsträger nur beteiligt sein, wenn auch der übertragende Rechtsträger ein eV ist. Zulässig ist die Ausgliederung von Vermögensteilen eines eV auf übernehmende oder neu gegründete Rechtsträger anderer Rechtsform. Es kann also nur eingeschränkt auf einen eV ausgegliedert werden, während ein eV sein Vermögen umfassend auf Rechtsträger anderer Rechtsform übertragen kann. Die Ausgliederung auf einen neu gegründeten eV führt zwangsläufig dazu, dass zunächst ein Einpersonen-Verein entsteht. Dies ist wegen der Suspendierung von § 56 BGB (§ 135 II 3) für eine Übergangszeit möglich (→ Rn. 20).

39 **g) Versicherungsverein auf Gegenseitigkeit.** Obwohl Abs. 1 auch für die Ausgliederung vollumfänglich auf § 3 I verweist, kann ein VVaG bei einer Ausgliederung nur übertragender Rechtsträger sein. Dies folgt aus § 151. Danach können VVaG grds. nur an Auf- oder Abspaltungen beteiligt sein (§ 151 S. 1). Eine Ausgliederung kann nur in der Weise durchgeführt werden, dass der VVaG einen Vermögensteil auf eine bestehende oder neue GmbH überträgt, sofern damit keine Übertragung von Versicherungsverträgen verbunden ist (§ 151 S. 2).

40 Die Einschränkung erklärt sich daraus, dass Versicherungsgeschäfte gem. § 8 II VAG nur von Rechtsträgern bestimmter Rechtsform betrieben werden dürfen (AG, SE, VVaG, öffentlich-rechtliche Körperschaften). Dem VVaG soll daher nur die Möglichkeit eingeräumt werden, nicht unmittelbar mit dem Versicherungsgeschäft verbundene Geschäftsbereiche auszugliedern. Hierfür schienen dem Gesetzgeber ausschließlich GmbH und neuerdings AG geeignet zu sein. Der AG ist die bereits existente SE gleichgestellt (→ Rn. 35). Andere Rechtsformen scheiden aus, wenngleich dies für die Ausgliederung von Hilfsfunktionen nicht verständlich ist (Lutter/Wilm § 151 Rn. 8; für die Beteiligung aller Rechtsformen nach § 3 I Semler/Stengel/Leonard/Niemeyer § 151 Rn. 9). Ein späterer Formwechsel (§§ 190 ff.) ist aber nicht ausgeschlossen.

41 Eine Ausgliederung **auf** einen bestehenden oder neu gegründeten **VVaG** ist nicht möglich. Anders als beim eV und der eG (→ Rn. 15, → Rn. 17) setzt ein VVaG zwingend mehr als ein Mitglied und außerdem eine Verbindung zwischen Mitgliedschaft und Versicherungsverhältnis voraus. Ebenfalls nicht möglich ist eine Ausgliederung auf eine (bestehende oder neu gegründete) VersicherungsAG, obwohl dies ohne Durchbrechung zwingender Rechtsgrundsätze möglich gewesen wäre.

42 **h) Genossenschaftliche Prüfungsverbände.** Nach Abs. 1 können genossenschaftliche Prüfungsverbände sowohl als übertragende als auch als übernehmende bzw. neu gegründete Rechtsträger an einer Ausgliederung beteiligt sein. Allerdings schränkt § 150 die Ausgliederungsmöglichkeiten erheblich ein. Die Ausgliederung von Vermögensteilen eines genossenschaftlichen Prüfungsverbandes kann nur zur Aufnahme durch einen anderen Verband oder durch eine bestehende oder neu gegründete KapGes (bei Ausgliederung zur Aufnahme auch SE) erfolgen. Mit der Ausgliederung von Vermögensteilen auf KapGes soll den Prüfungsverbänden die Möglichkeit eingeräumt werden, Hilfsfunktionen auf diese zu übertragen. Ein Prü-

Spaltungsfähige Rechtsträger 43–52 **§ 124 UmwG A**

fungsrecht wird diesen TochterGes regelmäßig nicht gewährt werden (§ 63b I GenG; → Rn. 22 f.).

i) Wirtschaftliche Vereine. Wirtschaftliche Vereine können an einer Ausgliede- 43 rung nur als übertragender Rechtsträger beteiligt sein. Als Übernehmer können grds. Rechtsträger aller in § 3 I bezeichneten Rechtsformen beteiligt sein (iÜ → § 3 Rn. 37).

j) Einzelkaufleute. Einzelkaufleute (§§ 1, 2, 3 II HGB) können übertragende 44 Rechtsträger bei einer Ausgliederung sein. Besondere Vorschriften enthalten die §§ 152 ff. Ein Einzelkaufmann als natürliche Person kann sich nicht auf- oder abspalten, da ein Anteilsinhaber, dem die Gegenleistung gewährt wird, fehlt. Daher sind die Spaltungsmöglichkeiten des Einzelkaufmanns auf die Ausgliederung beschränkt (zur Umw in ein einzelkaufmännisches Unternehmen → § 3 Rn. 41 ff.).

Die Ausgliederung ersetzt die frühere Umw des Unternehmens eines Einzelkauf- 45 manns nach §§ 50 ff. UmwG 1969. Dem Einzelkaufmann stehen seither weitere Umwandlungsmöglichkeiten offen. § 152 lässt die Ausgliederung zur Aufnahme der Vermögensteile durch PhG, KapGes (zu Besonderheiten bei der UG → Rn. 36) oder eG und zur Neugründung von KapGes (nicht SE und UG, → Rn. 35, 36) zu. Danach ist also etwa eine Ausgliederung zur Neugründung einer PhG ausgeschlossen. Dies erklärt sich durch den fast ausnahmslos (vgl. § 221) eingehaltenen Grundsatz des UmwR, dass im Zusammenhang mit der Umw keine Anteilsinhaber hinzutreten können (näher → Rn. 6). Die Ausgliederung auf eine neu gegründete eG hat der Gesetzgeber nicht zugelassen, weil er – fälschlicherweise (→ Rn. 35, → Rn. 15) – die Neugründung einer Einpersonen-Gen für nicht vorstellbar hielt (Begr. RegE, BR-Drs. 75/94 zu § 152).

Da die Firma des Einzelkaufmanns im HR eingetragen sein muss (§ 152; → § 152 46 Rn. 8 ff.), scheiden **Freiberufler** (etwa Steuerberater, Wirtschaftsprüfer, Rechtsanwälte) als ausgliederungsfähige Rechtsträger aus. Dies ist nicht einsichtig, da für diese Berufsgruppen die GmbH oder AG eine zulässige Rechtsform ist und durchaus ein praktisches Bedürfnis besteht, den Übergang in die KapGes im Wege der Gesamtrechtsnachfolge zu ermöglichen.

Nachdem seit 1998 (HRefG) auch gewerbliche Unternehmen, die nach Art 47 oder Umfang einen in kaufmännischer Weise eingerichteten Geschäftsbetrieb nicht erfordern, im HR eingetragen werden können, ist die früher bestehende Beschränkung auf „Vollkaufleute" weggefallen. Dies ist auch interessengerecht, da im Recht der KapGes (Zielrechtsträger) diese Unterscheidung ohnehin nie existierte.

k) Stiftungen. Übertragender Rechtsträger kann auch eine Stiftung sein. Nur 48 Stiftungen des **privaten Rechts** kommen in Betracht, wie sich aus der Verweisung auf §§ 80 ff. BGB (privatrechtliche Stiftung) in § 161 ergibt. Diese Einschränkung ist nicht einsichtig, da zur Stiftung nach öffentlichem Recht – abgesehen vom Gründungsakt – keine erheblichen Unterschiede bestehen.

Die Möglichkeit der Ausgliederung eröffnet nicht den direkten Weg in die **Stif-** 49 **tung & Co.** § 161 lässt folgerichtig nur die Ausgliederung von Teilen des Stiftungsvermögens auf bereits bestehende PhG zu, denn die Ausgliederung auf eine neu gegründete PhG ist unmöglich (→ Rn. 31, → Rn. 5 f., → Rn. 29). Zur Entstehung einer Stiftung & Co. muss zunächst eine PhG gegründet werden, auf die in der Folge das Vermögen der Stiftung ausgegliedert wird.

Schließlich können Teile des Stiftungsvermögens im Wege der Ausgliederung auf 50 bestehende oder neu gegründete **KapGes** (zu Besonderheiten bei SE und UG → Rn. 35 f.) übertragen werden.

Bei der Beteiligung von Stiftungen sind zusätzlich §§ 161–167 zu beachten. 51

l) Gebietskörperschaften. Übertragender Rechtsträger kann auch eine 52 Gebietskörperschaft oder ein Zusammenschluss von Gebietskörperschaften, der selbst nicht Gebietskörperschaft ist, sein. Damit sollte diesen Körperschaften die Möglichkeit eingeräumt werden, Regie- und Eigenbetriebe einfacher als bisher zu privatisieren (Begr. RegE, BR-Drs. 75/94 zu § 168). Da die Anteile am übernehmenden Rechtsträger an die Gebietskörperschaft selbst gewährt werden müssen (es existieren keine Anteilsinhaber), ist die frühere Umw von Unternehmen der Gebietskörperschaften in AG bzw. GmbH (§§ 57, 58 UmwG 1969) jetzt als Ausgliederung ausgestaltet.

53 Im Vergleich zur früheren Rechtslage wurden die **Umwandlungsmöglichkeiten** erweitert. Nach § 168 kann eine Gebietskörperschaft oder ein Zusammenschluss von Gebietskörperschaften, der nicht Gebietskörperschaft ist, aus seinem Vermögen Teile auf eine bestehende PhG, eine bestehende KapGes, eine bestehende eG, eine neu gegründete KapGes oder eine neu gegründete eG übertragen.

54 Gebietskörperschaften sind der Bund, die Länder, die Landkreise und die Gemeinden. Abs. 1 erfasst aber auch Zusammenschlüsse von Gebietskörperschaften, die selbst keine Gebietskörperschaften sind. Hierzu zählen insbes. die **Zweckverbände,** die in den jew. Zweckverbandsgesetzen der Länder (teilw. auch Gesetz über die kommunale Zusammenarbeit, Gemeindeordnung) geregelt sind. Eine kommunale Arbeitsgemeinschaft oder eine Zusammenarbeit aufgrund einer öffentlich-rechtlichen Vereinbarung genügt mangels körperschaftlichen Zusammenschlusses nicht (Lutter/Schmidt § 168 Rn. 8; Widmann/Mayer/Weiler Rn. 95).

4. Beteiligung bereits aufgelöster übertragender Rechtsträger (Abs. 2 iVm § 3 III)

55 **a) Notwendigkeit der tatsächlichen Fortsetzung.** Nach Abs. 2 iVm § 3 III können an der Spaltung auch bereits aufgelöste übertragende Rechtsträger beteiligt sein, wenn die Fortsetzung beschlossen werden könnte. Vorschriften ähnlichen Zuschnitts existierten auch im alten UmwR (vgl. etwa § 19 II KapErhG aF, § 339 II AktG aF, § 2 UmwG 1969). Bei der Verschm war und ist es lediglich von theoretischem Interesse, ob es ausreicht, wenn die Fortsetzung beschlossen werden könnte, oder ob Voraussetzung für die Umw ist, dass die Fortsetzung tatsächlich durchgeführt wird. Denn bei der Verschm erlischt der übertragende Rechtsträger, eine werbende Tätigkeit wird also keinesfalls nachhaltig wieder aufgenommen. Entsprechendes galt für die übertragende Umw iSv § 2 UmwG 1969. Auch für die Aufspaltung hat die Frage keine praktische Bedeutung, da hierbei ebenfalls der Rechtsträger erlischt (§ 131 I Nr. 2). Anders verhält es sich hingegen bei der **Abspaltung und Ausgliederung,** bei denen der übertragende Rechtsträger fortbestehen muss. Die tatsächliche Fortsetzung ist jedoch nicht notwendig; es genügt die bloße **Fortsetzungsfähigkeit** (Semler/Stengel/Leonard/Schwanna Rn. 11; HK-UmwG/Raible Rn. 32; Keßler/Kühnberger UmwR/Gündel Rn. 21; BeckOGK/Verse Rn. 26; Widmann/Mayer/Weiler Rn. 104; MHdB GesR VIII/Schmidt § 21 Rn. 17; aA Geck DStR 1995, 416 (418): Es ist ein ausdrücklicher Fortsetzungsbeschluss zu fassen). Dies zeigt sich bereits am Wortlaut von § 3 III („könnte"); auch der Gesetzeszweck spricht für diese Sichtweise. Denn wenn § 3 III – in unmittelbarer Anwendung – vor allem Sanierungsfusionen ermöglichen soll (Begr. RegE, BR-Drs. 75/94 zu § 3), gilt dies in gleichem Maße auch bei Spaltungen. Dabei kann es durchaus sinnvoll sein, überlebensfähige Teile abzuspalten, iÜ aber den übertragenden Rechtsträger zu liquidieren (vgl. §§ 145 ff. HGB). Auch die eintretende gesamtschuldnerische Haftung (§ 133 I) bedingt keine tatsächliche Fortsetzung des übertragenden Rechtsträgers. Die Beendigung der Liquidation muss lediglich bis zum Ablauf der Frist von § 133 III hinausgeschoben werden (Lutter/Lieder Rn. 16; BeckOGK/Verse Rn. 26; Widmann/Mayer/Weiler Rn. 105). Ggf. müssen entsprechende Vermögensgegenstände zurückbehalten werden (vgl. etwa § 148 VII, zuvor § 155 II HGB aF). Eines ausdrücklichen Fortsetzungsbeschlusses bedarf es nicht (Kallmeyer/Sickinger Rn. 4;

HK-UmwG/Raible Rn. 34; Lutter/Lieder Rn. 16). Der Spaltungsbeschluss ersetzt diesen, da hierdurch zum Ausdruck gebracht wird, dass der Rechtsträger (noch) an der Umw teilnimmt (auch → § 3 Rn. 52). Anderes gilt, wenn der Rechtsträger bei Abspaltungen und Ausgliederungen über die Durchführung der Umw hinaus fortgesetzt werden soll; dieser Fortsetzungswille muss ausdrücklich erkennbar sein.

Gleiches gilt für die Ausgliederung. Dass hierbei dem übertragenden Rechtsträger **56** selbst Anteile gewährt werden müssen, rechtfertigt ein anderes Ergebnis nicht. Auch ein aufgelöster Rechtsträger ist rechtsfähig (vgl. etwa § 69 GmbHG).

Praktisch bedeutsam ist die Spaltung von **insolventen Rechtsträgern** (dazu **57** Brünkmans ZInsO 2014, 2533; Becker ZInsO 2013, 1885; Wachter NZG 2015, 858). Die bloße Überschuldung führt noch nicht zur Auflösung und hindert auch sonst nicht die Spaltung (Henssler/Strohn/Heidinger § 3 Rn. 19; Lutter/Drygala § 3 Rn. 24; HK-UmwG/Raible Rn. 35; auch → § 55 Rn. 22). Erst die Eröffnung des Insolvenzverfahrens bewirkt die Auflösung (etwa § 262 I Nr. 3 AktG, § 60 I Nr. 4, 5 GmbHG, § 138 I Nr. 2 HGB (§ 131 I Nr. 3 HGB aF)). Auch bei einer durch Beschluss aufgelösten Ges besteht die Fortsetzungsfähigkeit indes nur, wenn keine Insolvenzantragspflicht besteht (BayObLG NJW-RR 1998, 902). Fortsetzungsfähigkeit besteht aber, wenn das Insolvenzverfahren auf Antrag des Schuldners eingestellt oder nach der Bestätigung eines Insolvenzplans, der den Fortbestand der Ges vorsieht, aufgehoben wird (zB § 274 II Nr. 1 AktG; § 60 I Nr. 4 GmbHG; § 142 I HGB (§ 144 I HGB aF); HK-UmwG/Raible Rn. 36; Widmann/Mayer/Weiler Rn. 114; auch → § 3 Rn. 57 mwN). Dann besteht die Fortsetzungsfähigkeit bereits dann, sobald die Spaltung Bestandteil des Insolvenzplans ist (Kahlert/Gehrke DStR 2013, 975; Simon/Brünkmans ZIP 2014, 657 (659); Brünkmans ZInsO 2014, 2533 (2534); Becker ZInsO 2013, 1885 (1886 ff.); Wachter NZG 2015, 858 (860); weiter ggf. Madaus ZIP 2012, 2133 (2134): wegen § 225a InsO generell potentiell fortsetzungsfähig; vgl. auch BGH NZG 2020, 1182: abstrakte Fortführungsmöglichkeit im Insolvenzplan; vgl. auch Heckschen/Weitbrecht ZIP 2021, 179). Des Weiteren besteht Fortsetzungsfähigkeit, wenn durch die Spaltung die Überschuldung beseitigt wird (Kallmeyer/Sickinger Rn. 4; HK-UmwG/Raible Rn. 36; Widmann/Mayer/Weiler Rn. 114; vgl. zur „Sanierungsfusion" auch Widmann/Mayer/Mayer § 55 Rn. 83.13 f.). Zu besonderen Anforderungen bei Ausgliederungen durch Einzelkaufleute vgl. → § 152 Rn. 24 ff., → § 154 Rn. 4 f. Ein Restrukturierungsplanverfahren nach dem **StaRuG** bewirkt keine Auflösung und lässt damit die Spaltungsfähigkeit unberührt. Umwandlungsmaßnahmen können wie beim Insolvenzplan (§ 225a III InsO) auch Bestandteil des gestaltenden Teils eines Restrukturierungsplans sein (§ 7 IV 5 StaRuG). Näher zu Umwandlungen im Rahmen eines Restrukturierungsplanverfahrens vgl. Heckschen/Weitbrecht ZIP 2021, 179, 185.

b) Voraussetzungen der Fortsetzungsfähigkeit. Die Anforderungen an die **58** Fortsetzungsfähigkeit eines aufgelösten Rechtsträgers hängen iÜ von der Rechtsform ab.

aa) Eingetragene Gesellschaft bürgerlichen Rechts, Personenhandelsge- 59 sellschaft, Partnerschaftsgesellschaft. Die Auflösung einer PhG führt im Regelfall nicht zum automatischen Erlöschen der Ges (statt vieler Hopt/Roth HGB § 131 Rn. 2, 29). Entsprechendes gilt für die rechtsfähige GbR, Zusammenhang mit Umw für die eGbR (vgl. § 735 BGB). Es entsprach daher wohl allgM, dass eine aufgelöste PhG grds. fortgesetzt werden konnte. Zwischenzeitlich ist das ausdrücklich geregelt (§ 234 BGB, § 142 HGB) Voraussetzung ist allerdings, dass die **Vollbeendigung** noch nicht eingetreten ist Servatius GbR § 734 Rn. 1). Daran fehlt es, solange noch Aktivvermögen vorhanden ist (zu Einzelheiten etwa Hopt/Roth HGB § 131 Rn. 30 ff.). Eine eGbR/PhG ist daher auch dann fortsetzungsfähig, wenn bereits mit der Verteilung des Vermögens begonnen worden ist (Keßler/Kühnberger UmwR/Gündel Rn. 25; BeckOGK/Verse Rn. 27; vgl. allg. MüKoHGB/Schmidt HGB

§ 145 Rn. 76; anders Begr. RegE, BR-Drs. 75/94 zu § 3, wo ausschließlich auf die Vermögensverteilung abgestellt wird; hierbei wird nicht in ausreichendem Maße zwischen KapGes und PhG unterschieden). Auch europarechtlich bestehen insoweit keine zwingenden Vorgaben (vgl. dazu Begr. RegE, BR-Drs. 75/94 zu § 3). Eine weitere **Einschränkung** der Spaltungsfähigkeit bereits aufgelöster eGbR/PhG enthält § 39 (iVm § 42; → § 39 Rn. 1 ff.), der nach §§ 125, 135 bei einer Spaltung anwendbar ist (Kallmeyer/Sickinger Rn. 4; BeckOGK/Verse Rn. 27).

60 Weitere Voraussetzung für die Fortsetzungsfähigkeit und damit für die Spaltungsfähigkeit von aufgelösten Rechtsträgern ist, dass der **Auflösungsgrund** weggefallen ist. Dies gilt insbes. für die Auflösung durch Insolvenz (vgl. § 734 I BGB, § 142 I HGB (§ 144 HGB aF); → Rn. 57). Ein ausdrücklicher Fortsetzungsbeschluss ist nur erforderlich, wenn der übertragende Rechtsträger nach Wirksamwerden der Spaltung tatsächlich fortgesetzt werden soll (→ Rn. 55). In diesem Fall kann es durchaus sein, dass für den Fortsetzungsbeschluss und für den Spaltungsbeschluss unterschiedliche Mehrheiten notwendig sind. Denn grds. müssen zwar Fortsetzungsbeschluss und Spaltungsbeschluss einstimmig gefasst werden, der Gesellschaftsvertrag kann aber – jew. unterschiedlich – Mehrheitsbeschlüsse zulassen (§ 125 iVm § 43 II; zum Fortsetzungsbeschluss vgl. etwa Hopt/Roth HGB § 131 Rn. 31).

61 **bb) Kapitalgesellschaften.** Bei KapGes kann die Fortsetzung nur beschlossen werden, wenn mit der Vermögensverteilung noch nicht begonnen worden ist (BeckOGK/Verse Rn. 27). Eine ausdrückliche Regelung, wie sie etwa § 2 I UmwG 1969 enthielt, existiert zwar im UmwG 1995 nicht mehr, die Vermögensverteilung als maßgebliches Kriterium folgt jedoch aus dem Recht der jew. KapGes. So kann nach § 274 I AktG die Fortsetzung einer aufgelösten **AG** nur beschlossen werden, wenn mit der Verteilung des Vermögens an die Aktionäre noch nicht begonnen worden ist.

62 Das **GmbHG** enthält mit Ausnahme von § 60 I Nr. 4 GmbHG und Art. 12 § 1 III GmbHGÄndG (GmbH-Novelle 1980, BGBl. 1980 I 836) keine ausdrückliche Regelung über die Fortsetzung einer aufgelösten Ges. Dennoch ist es heute ganz hM, dass die Fortsetzung aufgelöster Ges grds. zulässig ist Noack/Servatius/Haas/Haas GmbHG § 60 Rn. 91). Voraussetzung ist allerdings auch bei der GmbH, dass mit der Vermögensverteilung noch nicht begonnen worden ist. § 274 I 1 AktG ist hier entsprechend anzuwenden (hM; vgl. etwa BGH NZG 2020, 1182; Noack/Servatius/Haas/Haas GmbHG § 60 Rn. 91a).

63 Bei der **KGaA** ist § 274 I AktG wegen der Verweisung in § 278 III AktG sinngemäß anzuwenden.

64 Ob im konkreten Einzelfall die Fortsetzung beschlossen werden könnte, hängt ferner vom **Auflösungsgrund** ab. Dieser darf einer Fortsetzung nicht entgegenstehen. Zur Auflösung durch Eröffnung des Insolvenzverfahrens → Rn. 57.

65 Für die aufgelöste Ges handeln die Abwickler (§ 265 AktG) bzw. Liquidatoren (§§ 68, 70 GmbHG, § 289 AktG iVm §§ 144 ff. (§§ 146 ff. HGB aF)). Der Fortsetzungsbeschluss führt zur Beendigung des Amtes der Liquidatoren. Ab diesem Zeitpunkt sind neue Vertretungsorgane zu bestellen, damit der übertragende Rechtsträger handlungsfähig ist. Soll die aufgelöste KapGes über die Spaltung hinaus fortgesetzt werden, bedarf es eines ausdrücklichen Festsetzungsbeschlusses (→ Rn. 55). Dieser muss mindestens mit Dreiviertelmehrheit gefasst werden (§ 274 AktG, die Norm gilt über § 278 II AktG auch für eine KGaA, iÜ nach hM analog im GmbH-Recht; vgl. etwa (Noack/Servatius/Haas/Haas GmbHG § 60 Rn. 92a).

66 **cc) Eingetragene Genossenschaft.** Eine eG ist fortsetzungsfähig, solange noch nicht mit der Verteilung des Vermögens an die Genossen begonnen worden ist (§ 79a GenG). IÜ hängt auch bei der eG die Fortsetzungsfähigkeit von dem Auflösungsgrund ab (zur Auflösung durch Eröffnung eines Insolvenzverfahrens → Rn. 57).

dd) Eingetragener Verein. Auch bei einem eV kann grds. die Fortsetzung trotz 67
Auflösung beschlossen werden (wohl allgM; vgl. etwa BeckOK BGB/Schöpflin
BGB § 41 Rn. 19). Beim eV ist es unerheblich, ob mit der Verteilung des Vermögens
an die Mitglieder bereits begonnen worden ist. Maßgeblich ist allein der Zeitpunkt
der Vollbeendigung (BeckOK BGB/Schöpflin BGB § 41 Rn. 21). Diese tritt nicht
ein, solange noch Aktivvermögen vorhanden ist.

Weitere Voraussetzung ist auch beim eV, dass der Auflösungsgrund zum Zeitpunkt 68
der Spaltung beseitigt ist oder der Fortsetzung nicht entgegensteht (zur Auflösung
durch Eröffnung eines Insolvenzverfahrens → Rn. 57). Die erforderlichen **Mehrheiten** richten sich nach den Auflösungsgründen. Regelmäßig bedarf es der für
einen Auflösungsbeschluss (§ 41 S. 2 BGB; BeckOK BGB/Schöpflin BGB § 41
Rn. 21) notwendigen Mehrheit, um den Fortsetzungsbeschluss zu fassen. Dieses
Mehrheitserfordernis stimmt in den meisten Fällen mit demjenigen für den Spaltungsbeschluss überein (§ 125 iVm § 103). Für den aufgelösten Verein handeln die
Liquidatoren, regelmäßig also der Vorstand (§§ 48, 49 BGB).

ee) Genossenschaftlicher Prüfungsverband. Genossenschaftliche Prüfungs- 69
verbände sind, derzeit wohl ausnahmslos, in der Rechtsform des eV organisiert
(§ 63b GenG). Die Ausführungen → Rn. 67 gelten entsprechend.

ff) Versicherungsvereine auf Gegenseitigkeit. Bei VVaG kann die Fortset- 70
zung beschlossen werden, solange noch nicht mit der Vermögensverteilung begonnen worden ist (§ 206 VAG). Darüber hinaus darf der Auflösungsgrund einer Fortsetzung nicht entgegenstehen (für Auflösung durch Eröffnung des Insolvenzverfahrens
vgl. § 198 Nr. 3 VAG; → Rn. 57). Für den aufgelösten VVaG handeln die Abwickler, regelmäßig also die bisherigen Vorstandsmitglieder (§ 204 VAG). Soll der VVaG
tatsächlich fortgesetzt werden, muss ein Fortsetzungsbeschluss mit mindestens Dreiviertelmehrheit gefasst werden, der der Genehmigung der Aufsichtsbehörde bedarf
und im HR eingetragen werden muss (§ 206 VAG).

gg) Wirtschaftlicher Verein. Die Fortsetzung aufgelöster wirtschaftlicher Ver- 71
eine kann grds. beschlossen werden (→ Rn. 67).

hh) Einzelkaufleute. Der Auflösung entspricht beim Einzelkaufmann die Auf- 72
gabe der werbenden Tätigkeit. Nimmt er diese wieder auf und erfüllt er hierdurch
die Voraussetzungen für den Betrieb eines einzelkaufmännischen Unternehmens iSv
§ 1 II HGB, §§ 2, 3 II HGB, so ist er (wieder) ausgliederungsfähig (HK-UmwG/
Raible Rn. 35; zur HR-Eintragung: § 152).

Eine Verteilung des Vermögens kann nicht stattfinden, da er allein Träger aller 73
Rechte und Pflichten ist.

ii) Stiftungen. Die Auflösung von Stiftungen richtet sich nach §§ 87 ff. BGB. 74
Nach einer Auflösung wegen endgültiger künftiger Nichterfüllung des Zwecks (§ 87
I BGB) ist eine Fortsetzung ausgeschlossen. Anderes gilt für die Auflösung bei
Insolvenz (§ 87b BGB). In diesem Fall kann bei Wegfall der Insolvenzgründe die
Fortsetzung einer aufgelösten Stiftung im Grundsatz beschlossen werden. Zur Aufhebung nach § 87a BGB (§ 87 BGB aF) vgl. Widmann/Mayer/Weiler Rn. 109.
Über die Fortsetzung beschließt das für die Verwaltung der Stiftung zuständige
Organ (zur früheren Rechtslage BeckOGK/Verse Rn. 28). Sie bedarf ferner der
Genehmigung der nach Landesrecht zuständigen Behörde (arg. § 87 III BGB).

jj) Gebietskörperschaften. Für Gebietskörperschaften hat Abs. 2 keine Bedeu- 75
tung. Ob ein Zusammenschluss von Gebietskörperschaften, der selbst keine Gebietskörperschaft ist (etwa ein Zweckverband), nach Auflösung wieder fortgesetzt werden
kann, richtet sich nach den jew. einschlägigen öffentlich-rechtlichen Vorschriften.

Hörtnagl

5. Beteiligung aufgelöster übernehmender Rechtsträger

76 Ein aufgelöster Rechtsträger kann nur dann als **übernehmender** Rechtsträger an einer Spaltung beteiligt sein, wenn er fortgesetzt werden kann und die Fortsetzung auch tatsächlich beschlossen wird (→ § 3 Rn. 47 ff.; Kallmeyer/Sickinger Rn. 5; HK-UmwG/Raible Rn. 38; aA OLG Naumburg GmbHR 1997, 1152; offengelassen von KG DB 1998, 2409; zum Meinungsspektrum auch DNotI-Report 2014, 11). IdR wird man in diesem Fall davon ausgehen können, dass der Fortsetzungsbeschluss konkludent im Spaltungsbeschluss enthalten ist (HK-UmwG/Raible Rn. 38; offengelassen von OLG Naumburg GmbHR 1997, 1152). An der tatsächlichen Fortsetzungsfähigkeit fehlt es, wenn die Fortsetzung aus Rechtsgründen nicht mehr beschlossen werden kann (KG DB 1998, 2409: Für Löschung nach früherem § 1 LöschG; → § 3 Rn. 49). Ohne vorherige tatsächliche Fortsetzung des übernehmenden Rechtsträgers ist die Spaltung auf einen aufgelösten Rechtsträger nicht zulässig (Lutter/Drygala § 3 Rn. 31; BeckOGK/Verse Rn. 37; Kallmeyer/Sickinger Rn. 5: in seltenen Fällen; Henssler/Strohn/Heidinger § 3 Rn. 21; aber auch → § 3 Rn. 47). Die Spaltung auf einen aufgelösten Rechtsträger ist insbes. unzulässig, wenn die Auflösung des übernehmenden Rechtsträgers auf die Eröffnung des Insolvenzverfahrens zurückzuführen ist (OLG Brandenburg DStR 2015, 1262; vgl. auch OLG Naumburg GmbHR 1997, 1152; Simon/Brünkmans ZIP 2014, 657 (660); Brünkmans ZInsO 2014, 2533 (2534); Becker ZInsO 2013, 1885 (1888); Heckschen/Weitbrecht ZIP 2021, 179; aA Madaus ZIP 2012, 2133 (2134 f.); Wachter NZG 2015, 858 (861)). § 3 III ist keine planwidrige Regelungslücke. Das ESUG hat insoweit nichts geändert (OLG Brandenburg DStR 2015, 1262; Lutter/Drygala § 3 Rn. 31; aA Wachter NZG 2015, 858 (861 f.)).

6. Beteiligung von Rechtsträgern unterschiedlicher Rechtsform (Abs. 2 iVm § 3 IV)

77 Nach Abs. 2 iVm § 3 IV können an der Spaltung zugleich Rechtsträger derselben Rechtsform als auch unterschiedlicher Rechtsform beteiligt sein. Die Einschränkungen der Kombinationsmöglichkeiten durch die besonderen Vorschriften des Spaltungsrechts (§ 149 II, §§ 150, 152, 161, 168) sind jedoch zu beachten (→ Rn. 2 ff.). Erst durch die Zulassung der gleichzeitigen Beteiligung von Rechtsträgern verschiedener Rechtsformen sind für die Praxis wichtige Umstrukturierungen ermöglicht worden. Bspw. kann durch eine Spaltung sowohl aus der KapGes als auch aus der PersGes heraus im Wege der Gesamtrechtsnachfolge eine **Betriebsaufspaltung** begründet werden, an der regelmäßig eine PersGes als Besitzunternehmen und eine KapGes als Betriebsunternehmen beteiligt sind. Teilw. wird jedoch aus anderen Gründen – etwa wegen des Eintritts der gesamtschuldnerischen Haftung nach § 133 I 1 oder wegen der Haftung nach § 134 – nicht jede handelsrechtlich im Wege der Gesamtrechtsnachfolge mögliche Spaltung sinnvoll sein (vgl. Aha AG 1997, 345; Engelmeyer AG 1999, 263; Fuhrmann/Simon AG 2000, 49). Zur Gesetzesanwendung bei der Beteiligung von Rechtsträgern verschiedener Rechtsformen → § 125 Rn. 5 ff. Ob hierdurch eine Spaltung auf eine GmbH & Co. KG (Gründung sowohl der KG als auch der Komplementär-GmbH im Zuge des Spaltungsvorgangs) möglich ist, erscheint zweifelhaft (so aber Kallmeyer/Sickinger Rn. 9; Kallmeyer GmbHR 2000, 418; Keßler/Kühnberger UmwR/Gündel Rn. 41).

§ 125 Anzuwendende Vorschriften

(1) ¹Soweit sich aus diesem Buch nichts anderes ergibt, sind die Vorschriften des Zweiten Buches auf die Spaltung mit folgenden Ausnahmen entsprechend anzuwenden:

1. mit Ausnahme des § 62 Absatz 5,
2. bei Aufspaltung mit Ausnahme der § 9 Absatz 2 und § 12 Absatz 3 jeweils in Verbindung mit § 8 Absatz 3 Satz 3 Nummer 1 Buchstabe a,
3. bei Abspaltung und Ausgliederung mit Ausnahme des § 18,
4. bei Ausgliederung mit Ausnahme der §§ 29 bis 34, des § 54 Absatz 1 Satz 1, des § 68 Absatz 1 Satz 1 und des § 71 und für die Anteilsinhaber des übertragenden Rechtsträgers mit Ausnahme des § 14 Absatz 2 und des § 15.

²Eine Prüfung im Sinne der §§ 9 bis 12 findet bei Ausgliederung nicht statt. ³Bei Abspaltung ist § 133 für die Verbindlichkeit nach § 29 anzuwenden.

(2) An die Stelle der übertragenden Rechtsträger tritt der übertragende Rechtsträger, an die Stelle des übernehmenden oder neuen Rechtsträgers treten gegebenenfalls die übernehmenden oder neuen Rechtsträger.

Übersicht

	Rn.
1. Allgemeines	1
2. Gesetzesanwendung	5
3. Nichtanwendbare Vorschriften	12
a) Systematik	12
b) Kein Squeeze out (Abs. 1 S. 1 Nr. 1)	13
c) Ausschluss des Konzernprivilegs bei der Spaltungsprüfung (Abs. 1 S. 1 Nr. 2)	14
d) Ausschluss Firmenfortführung (Abs. 1 S. 1 Nr. 3)	15
e) Ausschluss des Ausscheidens gegen Barabfindung (Abs. 1 S. 1 Nr. 4)	16
f) Ausschluss Kapitalerhöhungsverbote (Abs. 1 S. 1 Nr. 4)	17
g) Keine Bestellung eines Treuhänders (Abs. 1 S. 1 Nr. 4)	18
h) Ausschluss Unwirksamkeitsklage und bare Zuzahlung (Abs. 1 S. 1 Nr. 4)	19
i) Keine Prüfung bei der Ausgliederung (Abs. 1 S. 2)	20
j) Anwendbarkeit § 133 für die Verbindlichkeit nach § 29 (Abs. 1 S. 3)	21

1. Allgemeines

Abs. 1 S. 1 bestimmt, dass auf Spaltungen mit Ausnahme weniger Vorschriften 1 das Zweite Buch, also das Recht der Verschm (§§ 2–122), entsprechend anzuwenden sind, sofern nicht im Dritten Buch (Spaltung) speziellere Vorschriften existieren. Zu diesen spezielleren Vorschriften zählen bereits Abs. 1 S. 2 und S. 3, wonach bei einer Ausgliederung eine Spaltungsprüfung nicht stattfindet und bei einer Abspaltung § 133 für die Verbindlichkeit nach § 29 anzuwenden ist. § 125 ist mit geringfügigen Änderungen durch das UmRuG neu gefasst worden. Neben einer vom Gesetzgeber bezweckten besseren Übersichtlichkeit erfolgte insbesondere eine redaktionelle Anpassung der Vorschrift auf die Gesetzesänderungen in Umsetzung der RL (EU) 2019/2121 im Übrigen. Der vormaligen Ausklammerung des Zehnten Abschnitts des Zweiten Teils des Zweiten Buches, also der Vorschriften für grenzüberschreitende Verschm bedarf es nicht mehr aufgrund der nunmehr positivrechtlichen Regelung der **grenzüberschreitenden Spaltung** im Zweiten Teil des Sechsten Buches (§§ 320 ff.). § 320 II verweist indes ua auf § 125, so dass auch bei grenzüberschreitenden Spaltungen die Verschmelzungsvorschriften entsprechend gelten

Der Gesetzgeber hat allerdings nicht umfassend alle Verweisungsmöglichkeiten 2 genutzt. So hätte er etwa anstelle der detaillierten Regelungen in §§ 126, 127 auch (teilw.) mit Verweisungen arbeiten können. Die Gesetzesanwendung sollte nicht unnötig erschwert werden (Begr. RegE, BR-Drs. 75/94 zu § 126).

3 Bei Spaltungen zur Neugründung ist neben § 125 als bedeutende Verweisungsnorm noch § 135 zu beachten. In einzelnen Vorschriften wird die Generalverweisung nochmals aufgegriffen (etwa §§ 126, 133, 146, 148, 125, 157). Einzelne Vorschriften enthalten spezielle Verweisungen oder Ausnahmen (etwa §§ 124, 127 S. 2, 142, 142a, 143, 165). Zur Verweisung bei grenzüberschreitenden Spaltungen vgl. → Rn. 1.

4 **Abs. 2** (vormals S. 3) stellt nochmals klar, dass nur **ein Rechtsträger** (also nicht zugleich mehrere) sein Vermögen durch Spaltung auf einen oder mehrere Rechtsträger übertragen kann (ausf. → § 123 Rn. 18 ff.).

2. Gesetzesanwendung

5 Durch die Verweisungstechnik legt der Gesetzgeber eine bestimmte Gesetzesanwendung fest. Der Aufbau des UmwG wurde zutr. als „Baukastensystem" bezeichnet (Neye ZIP 1994, 165 (166); zum Gesetzesaufbau auch → § 1 Rn. 3 ff.; Geck DStR 1995, 416 (418)). Die grenzüberschreitende Spaltung wird in den grenzüberschreitenden Umwandlungen im Sechsten Buch gesondert geregelt, wiederum mit Verweisen auf das Dritte Buch.

6 Die Prüfung, welche Normen bei der Spaltung im konkreten Einzelfall anwendbar sind, erfolgt auf verschiedenen **Stufen. Zunächst** müssen die allg. Vorschriften des Spaltungsrechts (§§ 123–137) daraufhin untersucht werden, ob eine Regelung vorhanden ist. Handelt es sich um eine Spaltung zur Neugründung, hat sich die Suche zunächst auf §§ 135–137, sodann auf §§ 126–134 zu erstrecken (näher zur Gesetzestechnik bei der Spaltung zur Neugründung → § 135 Rn. 2 ff.). Diese Normen sind noch rechtsformunabhängig.

7 Auf der **nächsten Stufe** bedarf es einer Prüfung der besonderen Vorschriften des Spaltungsrechts (§§ 138–173). Welche besonderen Vorschriften hierbei zu berücksichtigen sind, hängt von der Rechtsform der beteiligten Rechtsträger ab. Sind Rechtsträger unterschiedlicher Rechtsform an der Spaltung beteiligt, müssen die jew. einschlägigen Normen nebeneinander beachtet werden.

8 Enthält das Spaltungsrecht keine besonderen Vorschriften, so sind aufgrund der Verweisung in § 125 auf der **folgenden Stufe** die allg. Vorschriften zur Verschm (§§ 2–38) – ggf. wieder unterteilt nach Verschm durch Neugründung und durch Aufnahme – heranzuziehen. Diese gelten wiederum für alle Rechtsformen.

9 Auf der **letzten Stufe** ist schließlich zu prüfen, ob sich Besonderheiten aus den besonderen Vorschriften zur Verschm (§§ 39–122) unter Beachtung der beteiligten Rechtsformen – ggf. wiederum diff. nach Verschm durch Neugründung und durch Aufnahme – ergeben.

10 Abs. 1 S. 1 ordnet die **entsprechende** Anwendung der Verschmelzungsvorschriften an. Dies bedeutet, dass jew. die spaltungsspezifischen Besonderheiten bei der Anwendung der Vorschriften zu beachten sind (vgl. auch Kallmeyer/Sickinger Rn. 2; BeckOGK/Verse Rn. 5 ff.; aA Lutter/Teichmann, 5. Aufl. 2014, Rn. 5 Fn. 1; Semler/Stengel/Leonard/Schwanna Rn. 3: nur auf die Spaltung angepasste Terminologie). Ein – allerdings eher schlichtes – Beispiel dieser entsprechenden Anwendung ist die Regelung in § 125 II: Da bei der Spaltung – spiegelbildlich zur Verschm – nur ein übertragender Rechtsträger, aber mehrere übernehmende oder neue Rechtsträger auftreten können (müssen), müssen beim „Lesen" der Verschmelzungsvorschriften die jew. Singular-/Plural-Formen ausgetauscht werden.

11 Zur **Anwendung der Verschmelzungsvorschriften** unter Berücksichtigung der beteiligten Rechtsformen vgl. jew. die Vorbemerkungen zu §§ 138 ff. und Komm. zu §§ 126, 127, 128.

3. Nichtanwendbare Vorschriften

a) Systematik. Mit der Neufassung des § 125 idF des UmRUG sollen auf den ersten Blick die für jede einzelne Formen der Spaltung nicht anwendbaren Vorschriften einer Nummerierung in § 125 I zugeordnet werden. Dadurch würde eine bessere Übersichtlichkeit und Lesbarkeit erreicht werden (vgl. Begr. RegE, BT-Drs. 20/3822 zu § 125). Die für alle Formen der Spaltung nicht anwendbare Vorschrift des § 62 V wird in § 125 I 1 Nr. 1 „vor der Klammer" gezogen. Für die Abspaltung (§ 125 I 1 Nr. 3) und Ausgliederung (§ 125 I 1 Nr. 4) wird die angelegte Systematik indes nicht konsequent durchgezogen. Es ist unklar, warum für die Nichtanwendung des § 18 für die Formen der Abspaltung und Ausgliederung mit Nr. 3 eine gemeinsame eigene Fallgruppe geschaffen wird. Naheliegend wäre gewesen, für die Abspaltung in Nr. 3 die Nichtanwendbarkeit des § 18 und den Regelungsinhalt des § 125 I S. 3 zu vereinen. Für die in Nr. 4 geregelte Fallgruppe der Ausgliederung hätte ebenfalls die Nichtanwendung des § 18 geregelt werden und der im Wortlaut unveränderte § 125 I 2 (vgl. Begr. RegE, BT-Drs. 20/3822 zu § 125) integriert werden können.

b) Kein Squeeze out (Abs. 1 S. 1 Nr. 1). Bei **allen Spaltungen** ist entsprechend der Rechtslage vor Inkrafttreten des UmRUG die entsprechende Anwendung von **§ 62 V**, also des verschmelzungsbedingten **Squeeze out**, ausgeschlossen **(Abs. 1 S. 1 Nr. 1;** vormals S. 1). Hierzu bestanden bereits nach alter Rechtslage keine gemeinschaftsrechtlichen Vorgaben; außerdem sei ein Squeeze out nicht gerechtfertigt, wenn bei einer TochterGes nur ein geringer Teil abgespalten werde (Begr. RegE, BT-Drs. 17/3122 zu § 125). Vgl. auch Sagasser/Bula/Brünger Umwandlungen/Sagasser § 18 Rn. 67: § 62 V entspräche „Spaltung zu Null" ohne Zustimmung der Minderheitsaktionäre.

c) Ausschluss des Konzernprivilegs bei der Spaltungsprüfung (Abs. 1 S. 1 Nr. 2). Die Entbehrlichkeit der Spaltungsprüfung/des Prüfungsberichts bei 100 %iger Beteiligung des übernehmenden am übertragenden Rechtsträger (§ 12 III, § 9 II jew. iVm § 8 III 3 Nr. 1 lit. a) gilt nach den Änderungen durch das UmRUG nur für die Aufspaltung nicht **(Abs. 1 S. 1 Nr. 2).** Denn die dort geregelte Beteiligungssituation kann bei der Aufspaltung nicht eintreten, da diese Spaltungsform mehrere übernehmende Rechtsträger voraussetzt, von denen nur einer Alleingesellschafter sein kann (Begr. RegE, BT-Drs. 20/3822 zu § 125 I 1 Nr. 2). Demzufolge kann das Konzernprivileg auch bei Ausgliederungen (eher selten) und bei Abspaltungen eines Teilvermögens von der Tochtergesellschaft auf die alleinige Muttergesellschaft genutzt werden. Der frühere Ausschluss bei der Abspaltung wurde zu Recht kritisiert (vgl. → 9. Aufl. 2020, Rn. 14). Zur Entbehrlichkeit der Spaltungsprüfung bei der Ausgliederung → Rn. 19.

d) Ausschluss Firmenfortführung (Abs. 1 S. 1 Nr. 3). Bei der **Abspaltung und Ausgliederung** ist § 18 nach **Abs. 1 S. 1 Nr. 3** (vormals S. 1) nicht entsprechend anzuwenden. Eine Firmenübernahme kann bei diesen Spaltungsarten nicht erfolgen, da der firmenführende (übertragende) Rechtsträger fortbesteht. Streitig ist, ob eine Firmenfortführung nach § 18 bei einer Aufspaltung voraussetzt, dass das Unternehmen im Großen und Ganzen übergeht (so Lutter/Lieder Rn. 15; BeckOGK/Verse Rn. 15). Aus § 22 HGB folgt dies indes nicht (so aber Lutter/Lieder Rn. 15; BeckOGK/Verse Rn. 15). § 18 regelt die Firmenfortführung bei Umw eben gerade anders als bei § 22 HGB (Kallmeyer/Sickinger Rn. 28; Sagasser/Bula/Brünger Umwandlungen/Sagasser § 18 Rn. 70). Die Beschränkung lässt sich auch nicht aus dem Begriff „Erwerb des Handelsgeschäftes" in § 18 I ableiten. Damit wird die gesamte Tätigkeit des übertragenden Rechtsträgers beschrieben, die nach der Spaltung von mehreren Rechtsträgern fortgeführt wird. Entsprechende Anwendung bedeutet, dass die Firma des übertragenden Rechtsträgers nach einer Aufspaltung auch von mehreren Rechtsträgern – innerhalb der allg. firmenrechtlichen Grenzen, etwa § 30 HGB – fortgeführt werden kann (so zutr. Kögel GmbHR 1996, 168 (173); aA Kallmeyer/Sickinger Rn. 28: Nur Firmenteile dürfen jew. fortgeführt werden; zweifelnd auch Sagasser/Bula/Brünger Umwandlungen/Sagasser § 18 Rn. 70). Zur Firmenfortführung vgl. auch OLG Hamm DStRE 2017, 1211; 2017, 1214. Zur Übertragbarkeit nach den allg. firmenrechtlichen Vorschriften bei **Abspaltungen/Ausgliederungen** → § 131 Rn. 42. Zur Besonderheit bei der Ausgliederung aus dem Vermögen des Einzelkaufmanns → § 155 Rn. 4.

16   **e) Ausschluss des Ausscheidens gegen Barabfindung (Abs. 1 S. 1 Nr. 4).** Bei der **Ausgliederung** sind nach Abs. 1 S. 1 Nr. 4 die **§§ 29–34** nicht anzuwenden (vormals S. 1). Sie regeln die Voraussetzungen und die Abwicklung des Austritts eines Gesellschafters des übertragenden Rechtsträgers gegen Barabfindung im Zusammenhang mit der Umw. Der tragende Gesichtspunkt für einen derartigen Austritt ist der erzwungene Wechsel von Art und Qualität der Beteiligung (Begr. RegE, BR-Drs. 75/94 zu § 125). Diese Situation kann jedoch bei der Ausgliederung nicht eintreten, da kein Anteilstausch stattfindet, die Art der Beteiligung der Anteilsinhaber des übertragenden Rechtsträgers mithin unverändert bleibt.

17   **f) Ausschluss Kapitalerhöhungsverbote (Abs. 1 S. 1 Nr. 4).** Weiterhin sind nach Abs. 1 S. 1 Nr. 4 auch **§ 54 I 1, § 68 I 1** bei der **Ausgliederung** nicht anwendbar (vormals S. 1). Sie regeln KapErhVerbote im Falle der gegenseitigen Beteiligung von übertragenden und übernehmenden Rechtsträgern. Damit soll die Entstehung von eigenen Anteilen im Zusammenhang mit der Verschm verhindert werden (iE → § 54 Rn. 3 ff., → § 68 Rn. 5 ff.). Da bei der Ausgliederung dem übertragenden Rechtsträger selbst die Anteile am übernehmenden Rechtsträger zu gewähren sind, eine Anteilsgewährungspflicht an den übernehmenden Rechtsträger also nicht entstehen kann, erübrigte sich bei der Ausgliederung eine entsprechende Regelung (vgl. Begr. RegE, BT-Drs. 20/3822 zu § 125 I 1 Nr. 4). Entgegen der früheren Rechtslage bleiben die Kapitalerhöhungswahlrechte nach § 54 I 2, § 68 I 2 und insbesondere die Verzichtsmöglichkeit nach § 54 I 3, § 68 I 3 anwendbar. Dies war früher zu Recht kritisiert worden (vgl. → 9. Aufl. 2020, Rn. 20).

18   **g) Keine Bestellung eines Treuhänders (Abs. 1 S. 1 Nr. 4).** Nach Abs. 1 S. 1 Nr. 4 (vormals S. 1) ist § 71, wonach bei der Verschm unter Beteiligung einer übernehmenden AG ein Treuhänder für den Empfang der zu gewährenden Aktien und der ggf. zu gewährenden baren Zuzahlungen zu bestellen ist, nicht anwendbar. Denn Aufgabe des Treuhänders ist im Wesentlichen die Durchführung des Aktienumtausches bzw. die Aushändigung der Aktienurkunden. Da bei der Ausgliederung nur eine Person, nämlich der übertragende Rechtsträger, Aktien erhält und kein Tausch stattfindet, erübrigt sich die Einsetzung eines Treuhänders.

19   **h) Ausschluss Unwirksamkeitsklage und bare Zuzahlung (Abs. 1 S. 1 Nr. 4).** Nach § 14 II kann eine Klage gegen die Wirksamkeit des Verschmelzungsbeschlusses eines beteiligten Rechtsträgers nicht darauf gestützt werden, dass die **Gegenleistung nicht angemessen** sei. Seit den Änderungen durch das UmRUG gilt dieser Ausschluss der Unwirksamkeitsklage nicht nur für die Anteilsinhaber des übertragenden Rechtsträgers und damit umfassend auch bei Auf- und Abspaltungen. Als Kompensation für den Klageausschluss können die Anteilsinhaber sowohl des übertragenden als auch des übernehmenden Rechtsträgers nach § 15 I einen Ausgleich durch bare Zuzahlung verlangen (→ § 14 Rn. 4, → § 14 Rn. 30; → § 15 Rn. 2), den sie im Spruchverfahren durchsetzen können (→ SpruchG § 1 Rn. 2). § 14 II und 15 bleiben indes bei der Ausgliederung lediglich für die **Anteilsinhaber des übertragenden Rechtsträgers** nicht anwendbar, während künftig die Anteilsinhaber des übernehmenden Rechtsträgers von dem Ausschluss der Unwirksamkeitsklage betroffen sind, stattdessen aber einen Anspruch auf bare Zuzahlung haben können. Der Ausschluss von § 14 II für die Anteilsinhaber des übertragenden Rechtsträgers lässt sich nur durch den Zusammenhang mit § 15 erklären, da bei der Ausgliederung die Anteilsgewährung an den übertragenden Rechtsträger selbst erfolgt (Begr. RegE, BT-Drs. 20/3822 zu § 125 I 1 Nr. 4). Infolgedessen können die Anteilsinhaber des ausgliedernden Rechtsträgers Klage gegen den Spaltungsbeschlusses erheben, etwa wenn sie bei einer Ausgliederung zur Aufnahme auf einen Rechtsträger, an dem auch andere Personen beteiligt sind, der Ansicht sind, dass die dem übertragenden Rechtsträger gewährten Anteile am übernehmenden Rechtsträger keine angemessene Gegenleistung darstellen. Den beteiligten Interessen hätte es allerdings besser entsprochen, das Klagerecht auszuschließen (so wohl Semler/Stengel/Leonard/Schwanna Rn. 9: nur klarstellend), dafür aber den Anteilsinhabern des übertragenden Rechtsträgers die Möglichkeit einzuräumen, im Spruchverfahren einen Ausgleich zu erlangen. Dies wäre auch möglich, obwohl bei der Ausgliederung die Anteile des übernehmenden Rechtsträgers an den übertragenden Rechtsträger selbst gewährt werden. Das Spruchverfahren hätte lediglich entsprechend modifiziert werden müssen.

i) Keine Prüfung bei der Ausgliederung (Abs. 1 S. 2). Bei der Ausgliederung findet nach Abs. 1 S. 2 (vormals S. 2) eine **Spaltungsprüfung** iSv §§ 9–12 nicht statt. Der Gesetzgeber sah hierfür kein Bedürfnis, weil ein Anteilstausch nicht stattfinde (Begr. RegE, BR-Drs. 75/94 zu § 125); dieses Argument ist nicht stichhaltig, weil bei einer Ausgliederung zur Aufnahme durchaus eine vglbare Interessenlage für die Anteilsinhaber des übertragenden Rechtsträgers eintritt und weil von einem vollständigen „Anteilstausch" ohnehin nur bei der Aufspaltung gesprochen werden kann. 20

j) Anwendbarkeit § 133 für die Verbindlichkeit nach § 29 (Abs. 1 S. 3). Bei der Abspaltung umfasst nach Abs. 1 S. 3 die gesamtschuldnerische Haftung gem. § 133 der an der **Abspaltung** beteiligten Rechtsträger auch die Verbindlichkeit nach § 29, ausscheidenden Anteilsinhabern eine Barabfindung zu leisten. Diese Ergänzung sei klarstellend, da das Rechtsverhältnis im Zusammenhang mit dem Barabfindungsanspruch bereits vor dem Wirksamwerden der Spaltung bestehe und damit iSv § 133 I 1 begründet (→ § 133 Rn. 10 ff.) sei (Begr. RegE, BT-Drs. 20/3822 zu § 125 I 3). Die Barabfindungsverbindlichkeit kann bei der Abspaltung im Spaltungsvertrag auf einen übernehmenden Rechtsträger übertragen werden, sodass sie im Grundsatz von diesem Rechtsträger zu erfüllen ist (→ § 131 Rn. 45); anderenfalls verbleibt die Verbindlichkeit beim übertragenden Rechtsträger. Ungeachtet einer solchen Zuweisung haftet noch mindestens ein weiterer Rechtsträger für die Verbindlichkeit nach § 29. Es ist indes nicht verständlich, warum die Anwendbarkeit von § 133 nicht auch bei der **Aufspaltung** gelten soll (zur Ausgliederung → Rn. 15). Da die Vorschrift ohnehin nur klarstellenden Charakter hat, haften auch bei einer Aufspaltung diejenigen Rechtsträger gesamtschuldnerisch, auf die die Abfindungsverbindlichkeit nicht übertragen worden ist (ebenso BeckOGK/Verse Rn. 21; vgl. auch → § 133 Rn. 14, → § 126 Rn. 94 und → § 131 Rn. 45). Verfahrensrechtlich wird die Wahlmöglichkeit durch § 5 S. 2 SpruchG ergänzt (→ SpruchG § 5 Rn. 2). 21

Zweiter Abschnitt. Spaltung zur Aufnahme

§ 126 Inhalt des Spaltungs- und Übernahmevertrags

(1) **Der Spaltungs- und Übernahmevertrag oder sein Entwurf muß mindestens folgende Angaben enthalten:**
1. **den Namen oder die Firma und den Sitz der an der Spaltung beteiligten Rechtsträger;**

A UmwG § 126

2. die Vereinbarung über die Übertragung der Teile des Vermögens des übertragenden Rechtsträgers jeweils als Gesamtheit gegen Gewährung von Anteilen oder Mitgliedschaften an den übernehmenden Rechtsträgern;
3. bei Aufspaltung und Abspaltung das Umtauschverhältnis der Anteile und gegebenenfalls die Höhe der baren Zuzahlung oder Angaben über die Mitgliedschaft bei den übernehmenden Rechtsträgern;
4. bei Aufspaltung und Abspaltung die Einzelheiten für die Übertragung der Anteile der übernehmenden Rechtsträger oder über den Erwerb der Mitgliedschaft bei den übernehmenden Rechtsträgern;
5. den Zeitpunkt, von dem an diese Anteile oder die Mitgliedschaft einen Anspruch auf einen Anteil am Bilanzgewinn gewähren, sowie alle Besonderheiten in bezug auf diesen Anspruch;
6. den Zeitpunkt, von dem an die Handlungen des übertragenden Rechtsträgers als für Rechnung jedes der übernehmenden Rechtsträger vorgenommen gelten (Spaltungsstichtag);
7. die Rechte, welche die übernehmenden Rechtsträger einzelnen Anteilsinhabern sowie den Inhabern besonderer Rechte wie Anteile ohne Stimmrecht, Vorzugsaktien, Mehrstimmrechtsaktien, Schuldverschreibungen und Genußrechte gewähren, oder die für diese Personen vorgesehenen Maßnahmen;
8. jeden besonderen Vorteil, der einem Mitglied eines Vertretungsorgans oder eines Aufsichtsorgans der an der Spaltung beteiligten Rechtsträger, einem geschäftsführenden Gesellschafter, einem Partner, einem Abschlußprüfer oder einem Spaltungsprüfer gewährt wird;
9. die genaue Bezeichnung und Aufteilung der Gegenstände des Aktiv- und Passivvermögens, die an jeden der übernehmenden Rechtsträger übertragen werden, sowie der übergehenden Betriebe und Betriebsteile unter Zuordnung zu den übernehmenden Rechtsträgern;
10. bei Aufspaltung und Abspaltung die Aufteilung der Anteile oder Mitgliedschaften jedes der beteiligten Rechtsträger auf die Anteilsinhaber des übertragenden Rechtsträgers sowie den Maßstab für die Aufteilung;
11. die Folgen der Spaltung für die Arbeitnehmer und ihre Vertretungen sowie die insoweit vorgesehenen Maßnahmen.

(2) [1]Soweit für die Übertragung von Gegenständen im Falle der Einzelrechtsnachfolge in den allgemeinen Vorschriften eine besondere Art der Bezeichnung bestimmt ist, sind diese Regelungen auch für die Bezeichnung der Gegenstände des Aktiv- und Passivvermögens (Absatz 1 Nr. 9) anzuwenden. [2]§ 28 der Grundbuchordnung ist zu beachten. [3]Im übrigen kann auf Urkunden wie Bilanzen und Inventare Bezug genommen werden, deren Inhalt eine Zuweisung des einzelnen Gegenstandes ermöglicht; die Urkunden sind dem Spaltungs- und Übernahmevertrag als Anlagen beizufügen.

(3) Der Vertrag oder sein Entwurf ist spätestens einen Monat vor dem Tag der Versammlung der Anteilsinhaber jedes beteiligten Rechtsträgers, die gemäß § 125 in Verbindung mit § 13 Abs. 1 über die Zustimmung zum Spaltungs- und Übernahmevertrag beschließen soll, dem zuständigen Betriebsrat dieses Rechtsträgers zuzuleiten.

Übersicht

	Rn.
1. Allgemeines	1
2. Bedeutung des Spaltungsvertrages	4

	Rn.
3. Rechtsnatur des Spaltungsvertrages	6
4. Abschluss oder Entwurfsaufstellung	7
5. Abschlusskompetenz	11
6. Form des Spaltungsvertrages	12
7. Inhaltliche Mindestanforderungen (Abs. 1)	13
a) Bezeichnung der beteiligten Rechtsträger (Abs. 1 Nr. 1)	14
b) Spaltungsklausel (Abs. 1 Nr. 2)	18
c) Umtauschverhältnis bei Auf- bzw. Abspaltung (Abs. 1 Nr. 3)	19
aa) Aufspaltung zur Aufnahme	26
bb) Aufspaltung zur Neugründung	28
cc) Abspaltung zur Aufnahme	34
dd) Abspaltung zur Neugründung	35
d) Umtauschverhältnis bei Ausgliederung	36
aa) Ausgliederung zur Neugründung	37
bb) Ausgliederung zur Aufnahme	39
e) Spaltungen ohne Anteilsgewährungspflicht	41
aa) Abspaltung auf die Tochtergesellschaft	42
bb) Abspaltung auf die Muttergesellschaft	43
cc) Aufspaltung auf Tochtergesellschaft	45
dd) Aufspaltung auf Muttergesellschaft	46
ee) Ausgliederung auf die Tochtergesellschaft	47
ff) Ausgliederung auf die Muttergesellschaft	48
gg) Spaltungen unter Schwestergesellschaften	49
hh) Anteilsgewährungsverbot bei Übertragung eines „negativen" Vermögens	50
f) Bare Zuzahlungen	51
g) Angaben über die Mitgliedschaft (Abs. 1 Nr. 3)	55
h) Einzelheiten zur Übertragung der Anteile (Abs. 1 Nr. 4)	56
i) Zeitpunkt der Bilanzgewinnteilhabe (Abs. 1 Nr. 5)	57
j) Spaltungsstichtag (Abs. 1 Nr. 6)	58
k) Sonderrechte und -vorteile (Abs. 1 Nr. 7 und Nr. 8)	59
l) Vermögensaufteilung (Abs. 1 Nr. 9)	60
aa) Allgemeines	60
bb) Begriff des Gegenstandes	65
cc) Begriff des Betriebs	70
dd) Allgemeine Anforderungen an die Bestimmtheit	76
ee) Grundstücke und grundstücksbezogene Rechte	81
ff) Bewegliche Sachen	85
gg) Forderungen	87
hh) Besondere Rechte	90
ii) Beteiligungen	91
jj) Unternehmensverträge	92
kk) Verbindlichkeiten	93
ll) Vertragsverhältnisse	97
mm) Öffentlich-rechtliche Rechtspositionen	101
nn) Prozessrechtsverhältnisse	102
m) Aufteilung der Anteile (Abs. 1 Nr. 10)	103
n) Arbeitsrechtliche Folgen, Zuleitung an Betriebsrat (Abs. 1 Nr. 11, Abs. 3)	110
8. Weitere Anforderungen aus den besonderen Vorschriften	115
9. Sinnvolle Bestandteile	116
10. Wirksamkeit des Spaltungsvertrages	117
11. Kosten der Beurkundung	118

1. Allgemeines

1 Die Vorschrift behandelt die inhaltlichen Anforderungen an den Spaltungsvertrag (Abs. 1, 2) und legt die Verpflichtung zur Weiterleitung des Vertrags oder Entwurfs an den Betriebsrat (Abs. 3) fest. Sie ist die Parallelregelung zu § 5 (vgl. allerdings Abs. 1 Nr. 10), während §§ 4, 6 und 7 über § 125 gelten. Unmittelbar gilt die Norm nur für die Spaltung zur Aufnahme, denn bei der Spaltung zur Neugründung kann mangels Vertragspartner kein Spaltungsvertrag geschlossen werden. An dessen Stelle tritt der Spaltungsplan (§ 136). Da sich aber Spaltungsvertrag und Spaltungsplan hinsichtlich der inhaltlichen Anforderungen nicht unterscheiden, ist § 126 über die Verweisung in § 135 I auch bei Spaltungen zur Neugründung entsprechend anwendbar. Abs. 1 Nr. 3, 4 und 10 sind nur bei Auf- und Abspaltungen zu beachten. IÜ gilt die Vorschrift für alle Arten der Spaltung. Der Begriff Ausgliederungs- und Übernahmevertrag, wie er in § 131 I Nr. 3 S. 3, § 157 I verwendet wird, bezeichnet nur eine spezielle Fallgruppe des Spaltungsvertrags iSv § 126 (Lutter/Priester Rn. 2; Kallmeyer/Sickinger Rn. 1; Kölner Komm UmwG/Simon Rn. 3; BeckOGK/Verse Rn. 3).

2 Der Inhalt der Norm stimmt weitgehend mit § 2 SpTrUG überein. Unterschiede ergeben sich im Wesentlichen daraus, dass die Spaltung von Treuhandunternehmen nur im Wege der Auf- oder Abspaltung zur Neugründung möglich war, Spaltungen auf bestehende Rechtsträger und Ausgliederungen also nicht erfolgen konnten. Letztendlich lehnt sich die Vorschrift an die bereits durch das Verschm-RL-Gesetz 1982 (BGBl. 1982 I 1425) eingefügte, detaillierte Regelung der inhaltlichen Anforderungen an den Verschmelzungsvertrag in § 340 I AktG aF an. IÜ waren vom Gesetzgeber, soweit AG betroffen sind, die Vorgaben der GesR-RL (→ Vor § 123 Rn. 15 ff.; früher Spaltungs-RL) zu beachten.

3 Die detaillierte Festlegung der inhaltlichen Mindestanforderungen an den Spaltungsvertrag (vgl. als Beispiel für eine „schlanke" Fassung etwa § 21 KapErhG aF) dient in erster Linie dem Zweck, den Anteilsinhabern, denen zum Zeitpunkt der Beschlussfassung wenigstens der Entwurf des Spaltungsvertrags vorliegen muss, eine Entscheidung in Kenntnis aller wesentlichen Umstände zu ermöglichen (so schon die Begr. zum Verschm-RL-Gesetz, BT-Drs. 9/1065). § 126 I, II ist also auch eine Schutzvorschrift im Interesse der Anteilsinhaber.

2. Bedeutung des Spaltungsvertrages

4 Wenigstens die Auf- und Abspaltung stellt für die beteiligten Rechtsträger kein gewöhnliches (Handels-)Geschäft dar, denn es wird unmittelbar in die Vermögenssphäre der Gesellschafter eingegriffen. Um diesen Rechtsfolgen gerecht zu werden, muss zum einen zwischen den beteiligten Rechtsträgern eine Einigung über die Modalitäten der Spaltung getroffen werden, zum anderen die Letztentscheidungskompetenz der Anteilsinhaber gewährleistet sein. Dem Spaltungsvertrag kommt hierbei die erstgenannte Aufgabe zu. Er stellt die Verbindung zwischen den beteiligten Rechtsträgern her. Wirksam wird der Spaltungsvertrag jedoch erst mit Zustimmung der Anteilsinhaber durch Spaltungsbeschluss (§ 125 iVm § 13 I 1). Spaltungsvertrag und Spaltungsbeschluss stehen also in enger Abhängigkeit zueinander: Der Spaltungsvertrag wird nur wirksam, wenn alle Spaltungsbeschlüsse gefasst sind; umgekehrt muss zum Zeitpunkt der Beschlussfassung der Spaltungsvertrag wenigstens als Entwurf vorliegen. Nach der Beschlussfassung kann eine **inhaltliche Änderung** nicht mehr vorgenommen werden, ohne dass es erneuter Spaltungsbeschlüsse bedürfte (→ Rn. 8, → § 13 Rn. 17 ff.).

5 Bei Beteiligung von mehreren Rechtsträgern ist zwingend ein einheitlicher Vertrag zu schließen (Widmann/Mayer/Mayer Rn. 8; Lutter/Priester Rn. 8; Semler/Stengel/Leonard/Schröer/Greitemann Rn. 9; Kölner Komm UmwG/Simon

Rn. 9; Keßler/Kühnberger UmwR/Gündel Rn. 4; Henssler/Strohn/Galla/Cé. Müller Rn. 3; NK-UmwR/Fischer Rn. 7; auch → Rn. 16). Dies schließt selbstverständlich Kettenabspaltungen, die jew. rechtlich selbstständig, aber in einem sachlichen und zeitlichen Zusammenhang stehen, nicht aus (Lutter/Priester Rn. 8; Semler/Stengel/Leonard/Schröer/Greitemann Rn. 9; Kölner Komm UmwG/Simon Rn. 9; Keßler/Kühnberger UmwR/Gündel Rn. 4; Henssler/Strohn/Galla/Cé. Müller Rn. 3). Zur Beteiligung mehrerer übertragender Rechtsträger → § 123 Rn. 18 ff. Zu Mischformen → § 123 Rn. 14 ff.

3. Rechtsnatur des Spaltungsvertrages

Der Spaltungsvertrag entzieht sich ebenso wie der Verschmelzungsvertrag einer **6** eindeutigen Zuordnung zu einem Vertragstyp. Er ist einerseits gesellschaftsrechtlicher Organisationsakt, andererseits entfaltet er aber auch schuldrechtliche Wirkungen und ist Grundlage für den Vermögensübergang kraft Gesetzes (iE → § 4 Rn. 4 ff.). Die **Auslegung** richtet sich nach §§ 133, 157 BGB (BGH NZG 2008, 436 (437); 2003, 1172 (1174)); maßgeblich ist die Sicht eines verständigen Dritten (Semler/Stengel/Leonard/Schröer/Greitemann Rn. 25; Lutter/Priester Rn. 14; BeckOGK/Verse Rn. 13 ff.; Grunewald ZGR 2009, 647 (658 ff.); Henssler/Strohn/Galla/Cé. Müller Rn. 7; vgl. auch Kallmeyer/Sickinger Rn. 64: Empfängerhorizont der Anteilsinhaber). Hierbei kann auch der Spaltungsbericht herangezogen werden (Kallmeyer/Sickinger Rn. 64; Semler/Stengel/Leonard/Schröer/Greitemann Rn. 25; zur (vorrangigen) Auslegung bei vergessenen Aktiva → § 131 Rn. 124). Zur Heranziehung von außerhalb des Vertrags liegenden Umständen vgl. BeckOGK/Verse Rn. 16; Thiele/König NZG 2015, 178.

4. Abschluss oder Entwurfsaufstellung

Nach § 4 II iVm § 125 kann die Beschlussfassung auch auf der Grundlage eines **7** schriftlichen Entwurfs des Spaltungsvertrags erfolgen. Zu den Anforderungen an den Entwurf → § 4 Rn. 23 ff. Zuständig für dessen schriftliche Aufstellung sind die Vertretungsorgane (Maulbetsch/Klumpp/Rose/Raible Rn. 12; Lutter/Priester Rn. 11; Semler/Stengel/Leonard/Schröer/Greitemann Rn. 8; NK-UmwR/Fischer Rn. 5). Sinnvoll ist die Beschlussfassung auf der Grundlage eines Entwurfs insbes. dann, wenn nicht mit einer vorbehaltlosen Zustimmung der Anteilsinhaberversammlungen gerechnet werden kann.

Der Entwurf, der die Zustimmung der Anteilsinhaberversammlungen erhalten **8** hat, muss mit dem schließlich notariell beurkundeten Vertrag übereinstimmen (Kölner Komm UmwG/Simon Rn. 13; Lutter/Priester Rn. 11). Nur dann wird er wirksam (§ 125 iVm § 13 I). Zur Vermeidung von Unstimmigkeiten sollte selbst auf die Änderung von Formulierungen, die die Regelung inhaltlich unberührt lassen, verzichtet werden (Maulbetsch/Klumpp/Rose/Raible Rn. 13; iÜ → § 4 Rn. 23 ff.). Stimmen die Anteilsinhaberversammlungen dem Entwurf nur mit Änderungen zu, muss der Vertrag endgültig in der Fassung geschlossen werden, die inhaltlich mit den Beschlüssen übereinstimmt. Eine neue Beschlussfassung erübrigt sich dann (Lutter/Priester Rn. 11). Ggf. ist der Beschluss über die geänderte (nicht angekündigte) Fassung aber anfechtbar, wenn nicht alle Anteilsinhaber anwesend waren (etwa § 124 IV AktG; § 51 III GmbHG; vgl. Semler/Stengel/Leonard/Schröer/Greitemann Rn. 8).

Stimmt eine Anteilsinhaberversammlung einem bereits abgeschlossenen Vertrag **9** nur mit Änderungsvorbehalten zu, wird der bereits beurkundete Spaltungsvertrag nicht wirksam (§§ 125, 13). Auf der Grundlage der Beschlüsse ist sodann der Vertrag in abgeänderter Form nochmals notariell zu beurkunden (Widmann/Mayer/Mayer Rn. 13; Lutter/Priester Rn. 11; s. auch → § 13 Rn. 21 f.).

10 Ein bereits abgeschlossener Spaltungsvertrag ist bis zum Vorliegen aller Beschlüsse der Anteilsinhaberversammlungen (§§ 125, 13) schwebend unwirksam (Widmann/Mayer/Mayer Rn. 11; Lutter/Priester Rn. 96). Zu den hieraus resultierenden Konsequenzen bei Ablehnung durch die Anteilsinhaberversammlungen → § 13 Rn. 8 ff.

5. Abschlusskompetenz

11 Das Vertretungsorgan des jew. beteiligten Rechtsträgers ist für den Abschluss des Spaltungsvertrags zuständig, § 125 iVm § 4 I. Ausreichend ist ein Handeln in vertretungsberechtigter Anzahl; unechte Gesamtvertretung ist zulässig (zu weiteren Einzelheiten → § 4 Rn. 13 ff.). Stellvertretung ist zulässig. Die **Vollmacht** bedarf grds. nicht der Form des Spaltungsvertrags (§ 167 II BGB); anderes gilt bei der Spaltung zur Neugründung einer KapGes (notarielle Beglaubigung, § 2 II GmbHG; § 23 I 2 AktG, § 280 I 3 AktG; Hauschild/Kallrath/Wachter Notar-HdB/Weiler § 25 Rn. 262; Maulbetsch/Klumpp/Rose/Raible Rn. 8). Für Registerzwecke ist aber Schriftform notwendig (Lutter/Priester Rn. 13; Widmann/Mayer/Mayer Rn. 35). Eine Befreiung von § 181 BGB kann auch im Spaltungsbeschluss erteilt werden (Lutter/Priester Rn. 12; MHdB GesR VIII/Schmidt § 22 Rn. 4).

6. Form des Spaltungsvertrages

12 Als Grundlage der Beschlussfassung genügt ein schriftlicher Entwurf des Spaltungsvertrags (§ 125 iVm § 4 II; → Rn. 7); der endgültige Vertrag muss notariell beurkundet werden (§ 125 iVm § 6). Andernfalls könnten aufgrund der Möglichkeit, im Wege der Spaltung lediglich einzelne Gegenstände zu übertragen, zwingende Beurkundungserfordernisse des allg. Zivilrechts umgangen werden (Begr. RegE, BR-Drs. 75/94 zu § 126). IÜ ist dies die gängige Form für Umwandlungsverträge (vgl. § 6). Auch **Nebenabreden** müssen beurkundet werden, mithin alles, was nach dem Willen der Parteien ein untrennbares Ganzes darstellt (BGH NZG 2021, 782 Rn. 73; Lutter/Priester Rn. 13; Maulbetsch/Klumpp/Rose/Raible Rn. 10; BeckOGK/Verse Rn. 5; MHdB GesR VIII/Schmidt § 22 Rn. 92, Louven/Koglin DB 2021, 2135 (2140)). Ein bloß wirtschaftlicher Zusammenhang genügt nicht (BGH NZG 2021, 782 Rn. 73). Parteien idS sind nicht nur die beteiligten Rechtsträger, sondern auch die Anteilsinhaber. Beurkundungspflichtig, und zwar als Bestandteil des einheitlichen Spaltungsvertrags oder der aufeinander Bezug nehmenden Urkunden (OLG Naumburg NZG 2004, 734), ist daher etwa auch die Vereinbarung von Ausgleichsleistungen (→ Rn. 52, → Rn. 108, → § 128 Rn. 22) zwischen den Anteilsinhabern. Bei Spaltungsverträgen muss anders als bei Verschmelzungsverträgen wegen der Vermögensaufteilung regelmäßig auf mit zu beurkundende Anlagen (Inventare, Bilanzen etc) Bezug genommen werden. Soweit nicht eine Bezugsurkunde erstellt wird (§ 13a BeurkG), bestehen hierfür teilw. Erleichterungen hinsichtlich des Verlesens (§ 14 BeurkG). Die Zusammenfassung von Spaltungsverträgen und Spaltungsbeschlüssen in einer Urkunde ist möglich und in der Praxis schon aus Kostengründen üblich (Semler/Stengel/Leonard/Schröer/Greitemann Rn. 10; → Rn. 114). Vgl. iÜ die Komm. zu § 6, → § 6 Rn. 13 ff. auch zur **Auslandsbeurkundung.**

7. Inhaltliche Mindestanforderungen (Abs. 1)

13 Abs. 1 regelt – inhaltlich weitgehend mit § 5 übereinstimmend – die Mindestanforderungen an einen Spaltungsvertrag. Abs. 1 Nr. 3, 4 und 10 gelten nur bei Auf- und Abspaltungen, nicht bei Ausgliederungen.

14 **a) Bezeichnung der beteiligten Rechtsträger (Abs. 1 Nr. 1).** Im Spaltungsvertrag müssen die beteiligten Vertragspartner bezeichnet werden. Führt der Rechtsträger eine **Firma,** so ist diese, iÜ der im Rechtsverkehr gebräuchliche Name anzugeben. Ferner bedarf es der Angabe des **Sitzes** (Satzungssitz) der beteiligten Rechtsträger. Praxisüblich ist zudem die Angabe der HR-Nummer und des Registergerichts. In jedem Fall muss eine eindeutige Identifizierung der Rechtsträger und ihrer Beteiligung als übertragender oder übernehmender Rechtsträger möglich sein, was natürlich die Verwendung von im Vertrag (etwa im Protokolleingang) definierten Abkürzungen nicht ausschließt (Kallmeyer/Sickinger Rn. 4; Lutter/Priester Rn. 19; Maulbetsch/Klumpp/Rose/Raible Rn. 22; Widmann/Mayer/Mayer Rn. 44). Unzureichend ist die Bezeichnung, wenn sich ein beteiligter Rechtsträger nur durch eine mühevolle Auswertung aller der Anmeldung beigefügten Unterlagen ermitteln lässt (OLG Hamm NZG 2007, 914). Das HR hat indes mittels Zwischenverfügung den Parteien Gelegenheit zur Behebung des Eintragungshindernisses zu geben (OLG Hamm NZG 2007, 914). Die Angaben müssen den jew. Registereintragungen entsprechen (OLG Hamm NZG 2007, 914; Semler/Stengel/Leonard/Schröer/Greitemann Rn. 26). Bei einer Kettenumwandlung bedeutet dies, dass der Rechtsträger noch mit der aktuellen, die Vorumwandlung nicht berücksichtigenden Firma anzugeben ist (OLG Hamm NZG 2007, 914; vgl. auch BeckOGK/Verse Rn. 21; Widmann/Mayer/Mayer Rn. 47). Entsprechendes gilt bei anlässlich der Spaltung zu beschließenden Sitzverlegungen (Widmann/Mayer/Mayer Rn. 52: Klammerzusatz mit dem neuen Sitz).

Bei der Spaltung zur Neugründung (also im Spaltungsplan) sind Name oder Firma **15** und Sitz auch des **neu zu gründenden Rechtsträgers** anzugeben (Lutter/Priester Rn. 19; Kallmeyer/Sickinger Rn. 4; Kölner Komm UmwG/Simon Rn. 22; BeckOGK/Verse Rn. 21). Die Angaben müssen den Festlegungen im Gesellschaftsvertrag, der Bestandteil des Spaltungsplanes ist (§§ 135, 125, 37), entsprechen. Hierbei sind die für die jew. Rechtsform einschlägigen firmenrechtlichen Grundsätze zu beachten. Entsprechendes gilt für die Festlegung des Sitzes des neu gegründeten Rechtsträgers. Je nach beteiligter Rechtsform sind diesbzgl. unterschiedliche Anforderungen zu beachten. Vgl. etwa § 4a GmbHG, § 5 AktG. Auch bei PhG ist zwischenzeitlich der gesellschaftsvertragliche Sitz maßgeblich (str.; vgl. Hopt/Roth HGB § 106 Rn. 8). Zur Beteiligung von Rechtsträgern mit Sitz im Ausland → § 1 Rn. 36 ff.

Im Spaltungsvertrag müssen **alle** beteiligten **Rechtsträger** genannt werden. Sol- **16** len in einem einheitlichen Vorgang mehrere Vermögensteile auf verschiedene Rechtsträger übertragen werden, so ist hierfür ein einheitlicher Vertrag mit allen Rechtsträgern nötig (→ Rn. 5; krit. hierzu Borgert BB 1997, 589).

Von der bloßen Angabe im Spaltungsvertrag zu unterscheiden ist die Änderung **17** der Firma bzw. eine Sitzverlegung anlässlich der Spaltung. Bei Bedarf sind entsprechende Regelungen ergänzend im Spaltungsvertrag aufzunehmen und durch Beschluss umzusetzen (Semler/Stengel/Leonard/Schröer/Greitemann Rn. 26; Maulbetsch/Klumpp/Rose/Raible Rn. 23). Diese richten sich nach den allg. Anforderungen (Widmann/Mayer/Mayer Rn. 47). Bei der Aufspaltung erlischt der übertragende Rechtsträger und mit ihm die Firma; sie kann allerdings nach Maßgabe von § 18 (vgl. § 125 S. 1) auf einen übernehmenden Rechtsträger übertragen werden (→ § 125 Rn. 15).

b) Spaltungsklausel (Abs. 1 Nr. 2). Der Vertragstext muss ferner die Vereinba- **18** rung der beiden Hauptpflichten des Spaltungsvertrags enthalten, nämlich die Übertragung von Vermögensteilen jew. als Gesamtheit gegen Gewährung von Anteilen oder Mitgliedschaften. Die Einzelheiten ergeben sich indes erst aus den Angaben zum übergehenden Vermögen (Abs. 1 Nr. 9) und zum Umtauschverhältnis sowie zur Aufteilung der Anteile (Abs. 1 Nr. 3 und 10). Hierbei sollte der Klarheit und Einfachheit halber eine möglichst weitgehende Orientierung am Gesetzestext erfolgen. Insbes. sollte darauf geachtet werden, dass die Übertragung im Wege der Sonderrechtsnachfolge („jeweils als Gesamtheit") hinreichend deutlich wird, da die Spaltung im Wege der Einzelrechtsnachfolge weiterhin möglich ist, hiervon also wesentliche Rechtsfolgen abhängen.

19 **c) Umtauschverhältnis bei Auf- bzw. Abspaltung (Abs. 1 Nr. 3).** Im Spaltungsvertrag müssen nach Abs. 1 Nr. 3 bei einer Aufspaltung oder Abspaltung das **Umtauschverhältnis** und ggf. auch die Höhe der **baren Zuzahlungen** angegeben werden oder Angaben über die Mitgliedschaft beim übernehmenden Rechtsträger enthalten sein. Die Festlegung des Umtauschverhältnisses ist für die Anteilsinhaber von besonderer Bedeutung, da insoweit ihre Vermögenssphäre unmittelbar betroffen ist. Demgemäß stellt dieser Punkt auch meist das Zentralproblem der Verhandlungen dar. Für die Bestimmung des Umtauschverhältnisses ist der **tatsächliche Wert** des zur Übertragung vorgesehenen Vermögens einerseits und des übernehmenden Rechtsträgers andererseits maßgeblich. Ist das Umtauschverhältnis (und die Aufteilung der Anteile, Abs. 1 Nr. 10) zutr. bestimmt, bleibt die Vermögenssphäre der Anteilsinhaber durch die Auf- oder Abspaltung unverändert. Der Wegfall des Anteils am übertragenden Rechtsträger (Aufspaltung) bzw. der Wertverlust beim Anteil am übertragenden Rechtsträger (Abspaltung) wird – wenigstens rechtstheoretisch – durch die Gegenleistung (Anteile an den übernehmenden Rechtsträger) kompensiert (ebenso Widmann/Mayer/Mayer Rn. 127; Lutter/Priester Rn. 32; Maulbetsch/Klumpp/Rose/Raible Rn. 37; vgl. auch Semler/Stengel/Leonard/Schröer/Greitemann Rn. 33; NK-UmwR/Fischer Rn. 15; ausf. → § 5 Rn. 5 ff.; zur Verschm vgl. etwa OLG Stuttgart AG 2007, 705; DStR 2006, 626). Entsprechendes gilt für die Anteilsinhaber der übernehmenden Rechtsträger, die durch ein zu hohes Umtauschverhältnis einen Wertverlust erleiden würden (Widmann/Mayer/Mayer Rn. 127). Einvernehmlich kann auch ein anderer Maßstab gewählt werden (Semler/Stengel/Leonard/Schröer/Greitemann Rn. 33; Maulbetsch/Klumpp/Rose/Raible Rn. 37; NK-UmwR/Fischer Rn. 15), um etwa bewusst Veränderungen in den Beteiligungsverhältnissen herbeizuführen (vgl. auch § 128). Auf die stl. Folgen (etwa bei Ausgleichszahlungen oder Schenkungen) ist zu achten. Zum Ausschluss eines fehlerhaften Umtauschverhältnisses als **Beschlussmangel** vgl. § 14 II (iVm § 125). Zum dafür eröffneten Spruchverfahren vgl. § 15.

20 Der Begriff „Umtauschverhältnis" bezeichnet den Vorgang jedoch nur bei der Aufspaltung korrekt (Kallmeyer/Lanfermann Rn. 8; Maulbetsch/Klumpp/Rose/Raible Rn. 36; BeckOGK/Verse Rn. 37 f.). Bei der Abspaltung erfolgt kein Anteilstausch im eigentlichen Sinne (→ § 123 Rn. 11). Die Anteilsinhaber des übertragenden Rechtsträgers bleiben nach Wirksamwerden der Abspaltung im Grds. (→ § 128 Rn. 18 ff.) Anteilsinhaber dieses Rechtsträgers und werden zusätzlich Anteilsinhaber des übernehmenden Rechtsträgers. Die gewährten Anteile am übernehmenden Rechtsträger sind in diesem Fall Ausgleich für den Wertverlust, den die Anteile am übertragenden Rechtsträger durch den Vermögensabgang erleiden.

21 Das Umtauschverhältnis legt fest, wie viele Einheiten von Anteilen am übernehmenden Rechtsträger für eine bestimmte Einheit von Anteilen am übertragenden Rechtsträger gewährt werden.

Beispiel:

22 Für jew. eine Aktie der A-AG werden eine Aktie der übernehmenden B-AG und zwei Aktien der übernehmenden C-AG gewährt.

23 Das Umtauschverhältnis bestimmt also die Höhe des Ausgleichs für die untergehende Beteiligung am übertragenden Rechtsträger (Aufspaltung) bzw. für den Wertverlust, den die Beteiligung am übertragenden Rechtsträger infolge der Vermögensübertragung erleidet (Abspaltung).

24 Die bloße Angabe des Umtauschverhältnisses reicht allerdings in den seltensten Fällen aus. **Weitere Anforderungen** folgen aus den rechtsformspezifischen besonderen Vorschriften und aus dem Erfordernis nach Angaben zur Aufteilung der Anteile gem. Abs. 1 Nr. 10 (→ Rn. 103 ff., dort auch zur Frage, ob einer Person mehrere Anteile gewährt werden können). Im Spaltungsvertrag ist das Umtauschverhältnis jedoch nur anzugeben, nicht auch zu begründen (Lutter/Priester Rn. 31; Widmann/Mayer/Mayer Rn. 126; Kölner Komm UmwG/Simon Rn. 36; Maulbetsch/Klumpp/Rose/Raible Rn. 38; Semler/Stengel/Leonard/Schröer/Greitemann Rn. 35; Henssler/Strohn/Galla/Cé. Müller Rn. 11; BeckOGK/Verse Rn. 41). Die Erläuterung des Umtauschverhältnisses erfolgt im Spaltungsbericht (§ 127).

Die **Bestimmung** des korrekten Umtauschverhältnisses ist abhängig von der **Art der Spaltung:** 25

aa) Aufspaltung zur Aufnahme. Bei der Aufspaltung zur Aufnahme hat die Bestimmung des Umtauschverhältnisses anhand der auch für die Verschm geltenden Grundsätze zu erfolgen (→ § 5 Rn. 5 ff.). Maßgeblich für das Umtauschverhältnis ist der tatsächliche Vermögenswert der übertragenden Teilvermögen einerseits und der übernehmenden Rechtsträger andererseits. Die Höhe der zu gewährenden Anteile und damit das **Umtauschverhältnis** ergibt sich aus der Relation dieser beiden Vermögenswerte zueinander (ebenso Widmann/Mayer/Mayer Rn. 128; Lutter/Priester Rn. 32; Maulbetsch/Klumpp/Rose/Raible Rn. 40; vgl. auch BeckOGK/Verse Rn. 42; Heurung DStR 1997, 1302 (1306)). Bei korrekter Bestimmung stimmt der Wert der zu gewährenden Anteile mit dem Wert der untergehenden Anteile an dem übertragenden Rechtsträger überein (auch → Rn. 19; iE → § 5 Rn. 5 ff.). Zur **Differenzhaftung** bei einer KapErh → Rn. 30. Zur Kombination einer umwandlungsbedingten KapErh mit einer KapErh zur **Euro-Glättung** vgl. OLG Düsseldorf NZG 2019, 1271. 26

Zu besonderen Problemen der **Unternehmensbewertung** in Spaltungsfällen, etwa bei der isolierten Übertragung von Verbindlichkeiten oder einzelnen Vermögensgegenständen, die zusammengefasst keinen (Teil-)Betrieb darstellen, → § 127 Rn. 17. 27

bb) Aufspaltung zur Neugründung. Die Bestimmung des Umtauschverhältnisses bei einer Aufspaltung zur Neugründung bereitet keine Schwierigkeiten, da sämtliche Anteile des oder der neu gegründeten Rechtsträger den Anteilsinhabern des übertragenden Rechtsträgers gewährt werden (Hauschild/Kallrath/Wachter Notar-HdB/Weiler § 25 Rn. 290). Von Bedeutung ist nur die Aufteilung der Anteile unter den Anteilsinhabern des übertragenden Rechtsträgers. Die diesbzgl. Anforderungen an den Spaltungsvertrag regelt Abs. 1 Nr. 10 (→ Rn. 103 ff.). 28

Die **Gesamthöhe** der zu gewährenden Anteile kann bei der Spaltung zur Neugründung in weiten Grenzen frei bestimmt werden. Es sind lediglich die in den jew. Spezialgesetzen verankerten **Kapitalschutzvorschriften** zu beachten. Ist der neu gegründete Rechtsträger eine KapGes, so muss das Nennkapital (Grundkapital, StK) wertmäßig durch das übertragene Vermögen gedeckt sein (Semler/Stengel/Leonard/Schröer/Greitemann Rn. 33; Maulbetsch/Klumpp/Rose/Raible Rn. 40; Kallmeyer/Sickinger Rn. 29). Denn die Spaltung zur Neugründung stellt nur eine besondere Form der Sachgründung dar. Maßgeblich sind hierbei die tatsächlichen Werte und nicht die BW des übertragenen Vermögens (OLG Frankfurt a. M. DB 2015, 2320 zum Formwechsel; Lutter/Priester Rn. 71; zum Ansatz in der Eröffnungshandelsbilanz des neu gegründeten Rechtsträgers → § 24 Rn. 7). Ist das Nennkapital höher als der Wert des übertragenden Vermögens (Aktiva abzgl. Passiva), liegt eine verbotene **Unterpariemission** vor. Maßgebender Zeitpunkt für die Beurteilung ist die Handelsregisteranmeldung (etwa § 135 II UmwG iVm § 9 GmbHG; Lutter/Priester § 138 Rn. 10; Semler/Stengel/Leonard/Reichert § 138 Rn. 7: Eintragung). Dieses Verbot wird zwar im UmwG nicht unmittelbar ausgesprochen, bei der Gründung im Wege der Spaltung sind aber alle für den jew. 29

Rechtsträger geltenden Gründungsvorschriften zu beachten (§§ 125, 135, 36 II). Hierzu zählen etwa für eine neu gegründete GmbH §§ 5, 8, 9, 9c GmbHG. IÜ finden sich keine Anhaltspunkte, dass von diesem elementaren Grundsatz des Rechts der KapGes abgewichen werden sollte (vgl. auch Widmann/Mayer/Mayer Rn. 62; Lutter/Priester Rn. 71; Semler/Stengel/Leonard/Schröer/Greitemann Rn. 33).

30 Liegt – unerkannt – eine Unterpariemission dergestalt vor, dass der tatsächliche Wert der Einlage niedriger ist als der Nennbetrag, nahm man früher überwiegend an, dass für GmbH-Gesellschafter die **Differenzhaftung** eintritt. Dem ist der BGH für die Verschmelzung von zwei GmbH überzeugend entgegengetreten (BGH NZG 2019, 187; krit. Priester ZIP 2019, 646). Da die Anteilsinhaber anlässlich einer Verschmelzung anders als bei regulären Kapitalerhöhungen keine Verpflichtung zur Leistung einer werthaltigen Sacheinlage übernehmen würden, diese insbesondere nicht im Verschmelzungsbeschluss zu erblicken sei, fehle es an einer Legitimationsgrundlage für eine Differenzhaftung der Gesellschafter (so schon für die Verschmelzung von AG BGH NZG 2007, 513; ferner zur Differenzhaftung im Aktienrecht OLG München DB 2006, 146; Koch AktG § 9 Rn. 6). § 55 I GmbHG (Übernahmeerklärung) sei nach § 55 I ausdrücklich nicht anwendbar. Aus dem Verschmelzungsvertrag werde auch deutlich, dass sich der übertragende Rechtsträger und nicht deren Anteilsinhaber zur Vermögensübertragung verpflichten. Für die Verschmelzung zur Neugründung stelle § 36 II 2 demzufolge auch klar, dass die übertragenden Rechtsträger die Gründer sind; insoweit könne die Verschmelzung zur Aufnahme nicht anders eingestuft werden. Indes kommt eine Haftung nach den Grundsätzen des existenzvernichtenden Eingriffs in Betracht (BGH NZG 2019, 187; dazu etwa Wicke DNotZ 2019, 405 (409)). Die vorstehenden Grundsätze gelten vollumfänglich auch für Kapitalerhöhungen anlässlich Auf- und Abspaltungen.

31 Zulässig ist eine Aufspaltung hingegen, wenn der tatsächliche Wert der übertragenden Ges geringer ist als ihr Nennkapital ist (sog. **Unterbilanz**). Die Aufspaltung kann in diesem Fall gerade ein Weg sein, die Unterbilanz-Situation zu beenden. Die übertragenen Vermögensteile müssen nur jew. das neue Nennkapital decken (Lutter/Priester Rn. 71; Maulbetsch/Klumpp/Rose/Raible Rn. 42; Widmann/Mayer/Mayer Rn. 62). Die Untergrenze für die Bestimmung des neuen Nennkapitals folgt aus den jew. Spezialgesetzen (GmbH: 25.000 Euro, § 5 GmbHG; AG: 50.000 Euro, § 7 AktG). Da auf die tatsächlichen und nicht auf die Buchwerte abzustellen ist (→ Rn. 29), ist selbst eine rechnerische (buchmäßige) Überschuldung unbedeutend; in diesem Fall wird das Registergericht aber besondere Anforderungen an den Nachweis der Kapitaldeckung stellen.

32 Bei der Aufspaltung oder Abspaltung auf eine neu gegründete **KG** kann die **Haftsumme** der Kommanditisten frei bestimmt werden. Sie kann unabhängig von der Höhe des auf den Kommanditisten entfallenden Anteils am übertragenen Vermögen gewählt werden. Maßgeblich für die Haftung des Kommanditisten ist die im HR eingetragene Haftsumme (§ 172 HGB); ist diese durch das anteilige übertragene Vermögen nicht erreicht, so tritt iHd Diff. die persönliche Haftung des Kommanditisten (§ 171 HGB) ein (Semler/Stengel/Leonard/Schröer/Greitemann Rn. 33). Zum Ansatz in der Eröffnungsbilanz → § 24 Rn. 7. In dem Spaltungsplan beigefügten Gesellschaftsvertrag (§§ 135, 125, 37) kann vereinbart werden, dass der die Haftsumme übersteigende, auf den Kommanditisten entfallende Anteil des übertragenen Vermögens als Pflichteinlage geleistet wird. Hierdurch wird die Einlageverpflichtung des Kommanditisten im Innenverhältnis festgelegt.

33 Bei der Aufspaltung zur Neugründung einer **OHG** bestehen aufgrund der unbeschränkten persönlichen Haftung (§ 128 HGB) keinerlei Beschränkungen. Zu den Wertansätzen in der Eröffnungsbilanz → § 24 Rn. 7.

34 **cc) Abspaltung zur Aufnahme.** Auch bei der Abspaltung zur Aufnahme kommt der Festlegung des Umtauschverhältnisses wesentliche Bedeutung zu. Bei

korrekter Bestimmung des Umtauschverhältnisses müssen die vom übernehmenden Rechtsträger gewährten Anteile einen Wert repräsentieren, der dem tatsächlichen Wert des übertragenen Vermögensteils entspricht, denn in dieser Höhe haben die Anteile am übertragenden Rechtsträger an Wert verloren. Die Ausführungen → Rn. 26 f. gelten entsprechend.

dd) Abspaltung zur Neugründung. Bei der Abspaltung zur Neugründung werden sämtliche Anteile am übernehmenden Rechtsträger allein den Anteilsinhabern des übertragenden Rechtsträgers gewährt. Eine Bestimmung des Umtauschverhältnisses findet also nicht statt. Im Spaltungsvertrag genügt die Angabe, dass alle Anteile den Anteilsinhabern des übertragenden Rechtsträgers gewährt werden. Festgelegt werden muss allerdings die Aufteilung der Anteile am neu gegründeten Rechtsträger unter den Anteilsinhabern des übertragenden Rechtsträgers. Die diesbzgl. Anforderungen ergeben sich aus Abs. 1 Nr. 10 (→ Rn. 103 ff.). Zur Gesamthöhe der zu gewährenden Anteile und zur Problematik der **Unterpariemission** und der **Differenzhaftung** der Gesellschafter → Rn. 28 ff. Allerdings kann eine Differenzhaftung des übertragenden Rechtsträgers, der als Gründer gilt (§ 135 II 2), eintreten Widmann/Mayer/Mayer § 135 Rn. 71).

d) Umtauschverhältnis bei Ausgliederung. Nach Abs. 1 Nr. 3 muss das Umtauschverhältnis im Spaltungsvertrag nur bei einer Aufspaltung und einer Abspaltung, nicht hingegen bei einer Ausgliederung festgelegt sein. Dies ist konsequent, da bei der Ausgliederung ein „Anteilstausch" nicht stattfindet. Die Gesellschafterebene bleibt unberührt; die Anteile werden als Gegenleistung für die Vermögensübertragung unmittelbar dem übertragenden Rechtsträger selbst gewährt. Ein Umtauschverhältnis im eigentlichen Sinne kann also nicht festgestellt werden (der Begriff „Umtauschverhältnis" passt allerdings auch für die Abspaltung nicht; → Rn. 22). Die Angabe des Umtauschverhältnisses bei einer Auf- und Abspaltung hat den Sinn, die Höhe der für die Vermögensübertragung zu erbringenden Gegenleistung festzulegen. Eine Gegenleistung für die Vermögensübertragung wird aber auch bei der Ausgliederung gewährt, allerdings an den übertragenden Rechtsträger. Eine ausdrückliche Regelung für die Festlegung dieser Gegenleistung im Ausgliederungsvertrag fehlt (aA Widmann/Mayer/Mayer Rn. 130, der die Festlegung der Höhe der Gegenleistung von § 123 III erfasst sieht; ähnl. auch Kölner Komm UmwG/ Simon Rn. 33). Gleichwohl kann nicht auf entsprechende Angaben verzichtet werden (ebenso Kallmeyer/Lanfermann Rn. 10; Lutter/Priester Rn. 34; Kölner Komm UmwG/Simon Rn. 33; Keßler/Kühnberger UmwR/Gündel Rn. 17; Maulbetsch/ Klumpp/Rose/Raible Rn. 43; BeckOGK/Verse Rn. 53; Widmann/Mayer/Mayer Rn. 130). Denn nach allg. zivilrechtlichen Grundsätzen setzt ein gegenseitiger Vertrag (zur Rechtsnatur des Spaltungsvertrags → Rn. 6) wenigstens die Einigung über die im Gegenseitigkeitsverhältnis stehenden Hauptpflichten voraus. Solange diese Einigung fehlt, liegt im Regelfall ein Vertragsschluss nicht vor (§ 154 BGB). Die Hauptleistungspflichten bei einem Ausgliederungsvertrag sind aber die Übertragung des Vermögens einerseits und die Gewährung von Anteilen am übernehmenden Rechtsträger an den übertragenden Rechtsträger andererseits (demzufolge sieht Widmann/Mayer/Mayer Rn. 130 die Festlegung der Höhe der Gegenleistung bereits von § 123 III erfasst; dann hätte aber Abs. 1 Nr. 3 bei Auf- und Abspaltung keine eigenständige Bedeutung). Hinsichtlich der **Anforderungen** ist wiederum zwischen der Ausgliederung zur Neugründung und der Ausgliederung zur Aufnahme zu differenzieren.

aa) Ausgliederung zur Neugründung. Bei der Ausgliederung zur Neugründung werden sämtliche Anteile des neu gegründeten Rechtsträgers an den übertragenden Rechtsträger selbst gewährt. Hier gelten die gleichen Erwägungen wie bei der Aufspaltung bzw. Abspaltung zur Neugründung (→ Rn. 28 ff.). Ausreichend ist daher die klarstellende Festlegung im Spaltungsvertrag, dass dem übertragenden Rechtsträger alle Anteile am übernehmenden Rechtsträger gewährt werden.

38 Ebenso wie bei Auf- und Abspaltungen zur Neugründung ist die Gesamthöhe der gewährten Anteile in weiten Grenzen frei bestimmbar. Da keine anderen Anteilsinhaber existieren, hat der Nominalbetrag der Anteile keinen Einfluss auf die Höhe der Beteiligung (iE → Rn. 28 ff.).

39 **bb) Ausgliederung zur Aufnahme.** Bei der Ausgliederung zur Aufnahme kommt der Festlegung der Gegenleistung hingegen wieder besondere Bedeutung zu.

40 Für die Bestimmung der Höhe der Gegenleistung gelten die gleichen Grundsätze wie bei der Aufspaltung bzw. der Abspaltung zur Aufnahme (→ Rn. 26). Maßgeblich ist das Verhältnis zwischen dem Wert des übertragenen Vermögens und dem Wert des übernehmenden Rechtsträgers unter Berücksichtigung des übertragenen Vermögens. Die gewährten Anteile müssen einen angemessenen Ausgleich für die Übertragung des Teilvermögens darstellen. Die Festlegung einer angemessenen Gegenleistung ist von wesentlicher Bedeutung für die Anteilsinhaber des übertragenden Rechtsträgers, da durch die Ausgliederung mittelbar auch der Wert ihrer Beteiligung beeinflusst wird (zur Klagemöglichkeit – Unwirksamkeitsklage – wegen unangemessener Gegenleistung → § 125 Rn. 15).

41 **e) Spaltungen ohne Anteilsgewährungspflicht.** Ein Umtauschverhältnis, also die Bestimmung der als Gegenleistung zu gewährenden Anteile, muss im Spaltungsvertrag ebenso wenig wie eine Aufteilung der Anteile nach Abs. 1 Nr. 10 festgelegt werden, wenn und soweit Anteile nicht gewährt werden (müssen). Dies können nur Ausnahmefälle sein. Als **Grds.** gilt, dass bei jeder Spaltung Anteile zu gewähren sind, da § 123 die Gewährung von Anteilen bei jeder Spaltungsart als Definitionsmerkmal aufzählt. Die denkbaren **Ausnahmefälle** setzen Konstellationen voraus, bei denen Anteile nicht gewährt werden können bzw. Anteile – als Rechtsfolge der Spaltung nach § 131 I Nr. 3 – nicht übergehen. Neben der Fallgruppe des Bestehens **eigener Anteile** beim übertragenden Rechtsträger bei Aufspaltungen (Semler/Stengel/Leonard/Schröer/Greitemann Rn. 29; BeckOGK/Verse Rn. 31; Sagasser/Bula/Brünger Umwandlungen/Sagasser § 18 Rn. 178; MHdB GesR VIII/Schmidt § 22 Rn. 13) kann diese Situation bei gegenseitigen Beteiligungen der Rechtsträger und bei Schwestern-Beteiligungsverhältnissen eintreten. Zwischenzeitlich können in gewissen Fällen die Anteilsinhaber auch auf die Anteilsgewährung **verzichten** (§ 125, § 54 I, § 68 I; → Rn. 47 ff.). Ferner ist zu beachten, dass mit Zustimmung aller Anteilsinhaber auch nichtverhältniswahrende Spaltungen einschl. Spaltungen zu Null erfolgen können (→ § 128 Rn. 4 ff.). Im Einzelnen:

42 **aa) Abspaltung auf die Tochtergesellschaft.** Bei einer Abspaltung zur Aufnahme auf die TochterGes werden die neu zu gewährenden Anteile den Gesellschaftern der MutterGes eingeräumt. Demzufolge muss sowohl bei einer 100%igen als auch bei einer geringeren Beteiligung des übertragenden Rechtsträgers am übernehmenden Rechtsträger die Höhe der Gegenleistung, mithin das Umtauschverhältnis, bestimmt werden (Lutter/Priester Rn. 24; Maulbetsch/Klumpp/Rose/Raible Rn. 27). Werden den Anteilsinhabern des übertragenden Rechtsträgers keine Anteile gewährt, liegt eine Ausgliederung (ggf. ohne Anteilsgewährung; dazu → Rn. 47) vor.

43 **bb) Abspaltung auf die Muttergesellschaft.** Bei der Abspaltung von Vermögensteilen der TochterGes auf die MutterGes sind iHd Beteiligung des übernehmenden Rechtsträgers (Mutter) am übertragenden Rechtsträger (Tochter) Anteile nicht zu gewähren. § 131 I Nr. 3 S. 1 Hs. 2 bestimmt folgerichtig, dass insoweit Anteile als Rechtsfolge der Spaltung nicht übertragen werden. Bei KapGes sind ferner die KapErhVerbote in diesen Situationen zu beachten (§ 54 I Nr. 1, § 68 I Nr. 1, § 125;

ebenso Widmann/Mayer/Mayer Rn. 77; Kallmeyer/Sickinger Rn. 6; Lutter/Priester Rn. 24; Semler/Stengel/Leonard/Schröer/Greitemann Rn. 29; Sagasser/Bula/Brünger Umwandlungen/Sagasser § 18 Rn. 86; Kölner Komm UmwG/Simon Rn. 27; Keßler/Kühnberger UmwR/Gündel Rn. 14; Maulbetsch/Klumpp/Rose/Raible Rn. 26; BeckOGK/Verse Rn. 30; MHdB GesR VIII/Schmidt § 22 Rn. 14).

Anteile als Gegenleistung sind nur insoweit nicht zu gewähren, **soweit** der übernehmende Rechtsträger (Mutter) am übertragenden Rechtsträger beteiligt ist. Anderen Anteilsinhabern des übertragenden Rechtsträgers (Tochter) ist als Ausgleich für den Wertverlust eine Beteiligung am übernehmenden Rechtsträger (Mutter) einzuräumen (ebenso Widmann/Mayer/Mayer Rn. 79; Maulbetsch/Klumpp/Rose/Raible Rn. 26; BeckOGK/Verse Rn. 30). Diesbzgl. sind im Spaltungsvertrag das Umtauschverhältnis und die Aufteilung der Anteile (Abs. 1 Nr. 10) festzulegen. Zu Fällen der „kreuzenden" Anteilsgewährung vgl. BeckOGK/Verse Rn. 30. 44

cc) Aufspaltung auf Tochtergesellschaft. Auch bei Aufspaltungen auf TochterGes müssen grds. Anteile gewährt, mithin muss ein Umtauschverhältnis bestimmt werden (→ Rn. 26; Lutter/Priester Rn. 24; Maulbetsch/Klumpp/Rose/Raible Rn. 27). Dies gilt unabhängig von der Höhe der Beteiligung. Die bestehenden Anteile müssen verteilt werden (die übertragende MutterGes erlischt). Daneben können auch neue Anteile gewährt werden (bei KapGes besteht ein KapErhWahlrecht nach §§ 125, 54 I 2 Nr. 2, § 68 I 2 Nr. 2). 45

dd) Aufspaltung auf Muttergesellschaft. Bei der (teilweisen) Übertragung von Vermögensteilen durch Aufspaltung auf einen Rechtsträger, der am übertragenden Rechtsträger beteiligt ist, sind entsprechend der Beteiligung des übernehmenden Rechtsträgers Anteile nicht zu gewähren. Die Ausführungen zur Abspaltung auf die MutterGes gelten entsprechend (→ Rn. 43 f.). 46

ee) Ausgliederung auf die Tochtergesellschaft. Bei der Ausgliederung von Vermögensteilen von der Mutter auf die Tochter werden die Anteile der Mutter selbst gewährt. Diese Pflicht zur Aufstockung leuchtet zunächst nicht ein. Eine Ausnahme zur Anteilsgewährungspflicht ließ sich früher jedoch – selbst bei Bestehen einer 100%igen Beteiligung – nicht begründen. Bei der Ausgliederung auf eine TochterGes kann zwischenzeitlich indes auf eine Anteilsgewährung verzichtet werden (Semler/Stengel/Leonard/Schröer/Greitemann Rn. 31; Lutter/Priester Rn. 26; Kallmeyer/Sickinger Rn. 6; Maulbetsch/Klumpp/Rose/Raible Rn. 28; BeckOGK/Verse Rn. 35; MHdB GesR VIII/Schmidt § 22 Rn. 20). Für die Verschm von (Schwester-)KapGes hat dies der Gesetzgeber (Gesetz v. 19.4.2007, BGBl. 2007 I 542) schon seit längerem klargestellt (§ 54 I 3, § 68 I 3). Dies zeigt auch, dass die Anteilsgewährung kein unverzichtbares Wesensmerkmal ist. Die Verzichtsmöglichkeit hat der Gesetzgeber mit der Änderung von § 125 (vgl. § 125 I 1 Nr. 4: nur § 54 I 3, § 68 I 3 sind nicht anwendbar" vgl. § 125 Rn. 16) bestätigt (vgl. RegE Begr. BT-Drs. 20/3822 zu § 125 I 1 Nr. 4: klargestellt). Auf die Rechtsform der Tochter kommt es ebenfalls nicht an (BeckOGK/Verse Rn. 35; krit. bei §§ 54, 68; Mayer/Weiler DB 2007, 1235 (1238 f.); vgl. auch Lutter/Priester Rn. 25). Die Gewährung eines neuen Anteils in diesen Fällen ist oft aber aus stl. Gründen notwendig, da §§ 20, 21, 24 UmwStG die Gewährung eines **neuen Anteils** voraussetzen. Der Nennwert der neu zu gewährenden Anteile ist bei einer 100%igen Beteiligung innerhalb der durch die Kapitalschutzvorschriften gezogenen Grenzen frei bestimmbar (vgl. allerdings zu den stl. Anforderungen bei Einbringungen nach § 20 UmwStG → UmwStG § 20 Rn. 204 ff.). Bei nicht 100 %igen Beteiligungen ist wiederum die Wertrelation zwischen übertragenem Vermögen und Wert des übernehmenden Rechtsträgers maßgeblich (→ Rn. 44). 47

ff) Ausgliederung auf die Muttergesellschaft. Es ist schwer einsehbar, warum in diesem Fall Anteile gewährt werden sollen. Im Ergebnis entsteht eine wechselsei- 48 tige Beteiligung. Es fehlt zwar an einer Ausnahmevorschrift zum nach § 123 angeordneten Grds. der Anteilsgewährungspflicht (Widmann/Mayer/Mayer Rn. 95; Semler/Stengel/Schröer Rn. 32). Aber § 125 I schließt nur den Verweis auf §§ 54 I 1, 68 I 1 aus (→ § 72a Rn. 16); demzufolge kann bei GmbH/AG/KGaA auf die Anteilsgewährung vezichtet werden (§§ 125 I 1 iVm 54 I 3, 68 I 3) Bei Erwerbsverboten (etwa § 71d S. 2 AktG oder nach den im GmbH-Recht entwickelten Grundsätzen) könnte dies anderenfalls die Ausgliederung verhindern (so auch Widmann/Mayer/Mayer Rn. 95; Semler/Stengel/Leonard/Schröer/Greitemann Rn. 32). Tatsächlich ist auch bei anderen Rechtsformen ein Verzicht auf die ohnehin unsinnige Anteilsgewährung zulässig (zutr. Kallmeyer/Sickinger Rn. 6; Semler/Stengel/Leonard/Schröer/Greitemann Rn. 32; Lutter/Priester Rn. 26; wohl auch Sagasser/Bula/Brünger Umwandlungen/Sagasser § 18 Rn. 189; Maulbetsch/Klumpp/Rose/Raible Rn. 29; aA Widmann/Mayer/Mayer Rn. 95 f.), zumal aus der Einfügung von § 54 I 3, § 68 I 3 die gesetzgeberische Wertung folgt, dass die Anteilsgewährung kein unverzichtbares Wesensmerkmal ist. Die Rechtsform der MutterGes ist dann unerheblich. Auf stl. Notwendigkeiten (Anteilsgewährung bei §§ 20, 21, 24 UmwStG) ist indes zu achten. Es ist auch immer zu prüfen, ob die Umw nicht als Abspaltung auf die MutterGes (→ Rn. 43) gestaltet werden kann (Widmann/Mayer/Mayer Rn. 96).

49 **gg) Spaltungen unter Schwestergesellschaften.** Bei Spaltungen unter SchwesterGes bestanden früher keine Ausnahmen zur Anteilsgewährungspflicht. Zwar ändern sich bei Auf- oder Abspaltungen zwischen beteiligungsidentischen SchwesterGes die Beteiligungsverhältnisse der Anteilsinhaber nicht. Der zunächst klar zum Ausdruck gekommene gesetzgeberische Wille, auch bei der Verschm von beteiligungsidentischen SchwesterGes auf eine Anteilsgewährung zu bestehen (vgl. hierzu OLG Frankfurt a. M. BB 1998, 1075; KG BB 1999, 16; Semler/Stengel/Leonard/Schröer/Greitemann Rn. 29; Lutter/Priester Rn. 24; aA LG München I BB 1998, 2331), musste aber auch bei der Spaltung beachtet werden. Zwischenzeitlich hat der Gesetzgeber durch Einfügung von § 54 I 3, § 68 I 3 klargestellt, dass – insbes. bei der Umw von SchwesterGes (vgl. BT-Drs. 16/2919, 13) – auf die Anteilsgewährung verzichtet werden kann (Kölner Komm UmwG/Simon Rn. 29; Kallmeyer/Sickinger Rn. 6; Lutter/Priester Rn. 24; Keßler/Kühnberger UmwR/Gündel Rn. 14; BeckOGK/Verse Rn. 32; Heckschen DB 2008, 1363 (1368); vgl. auch Heinz/Wilke GmbHR 2012, 889 zu einem Asset Deal durch Abspaltung). Der Rechtsgedanke gilt unabhängig von der Rechtsform des übernehmenden Rechtsträgers (Kölner Komm UmwG/Simon Rn. 29; BeckOGK/Verse Rn. 32; Priester ZIP 2013, 2033 (2034); krit. zur Regelung der Verzichtsmöglichkeit in § 54 I 3 Mayer/Weiler DB 2007, 1235 (1239)). Zur **insolvenzrechtlichen Anfechtbarkeit** des Verzichts vgl. Keller/Klett DB 2010, 1220. Aus der Einfügung von § 54 I 3, § 68 I 3 folgt die gesetzgeberische Wertung, dass die Anteilsgewährung kein unverzichtbares Wesensmerkmal ist (auch → Rn. 47 f.).

50 **hh) Anteilsgewährungsverbot bei Übertragung eines „negativen" Vermögens.** Bei einer Spaltung können auch einzelne Gegenstände und damit auch isoliert Verbindlichkeiten oder ein Teilvermögen mit „negativem" Wert (Überschuss der Passiva über die Aktiva) übertragen werden (Begr. RegE, BR-Drs. 75/94 zu § 123). Ist übernehmender Rechtsträger eine KapGes, dürfen keine neuen Anteile gewährt werden, wenn ein negatives Vermögen übertragen wird. Dies verstieße gegen das Verbot der Unterpariemission und kann ein existenzvernichtender Eingriff sein (→ Rn. 29 f.). Auf die Anteilsgewährung kann indes verzichtet werden (§ 54 I 3, § 68 I 3; → Rn. 47 ff.; Lutter/Priester Rn. 71; vgl. auch BeckOGK/Verse § 123 Rn. 88). Die Rechtsfolgen der Übertragung eines negativen Vermögens ergeben sich neben §§ 133, 134 dann aus den allg. Regeln (etwa Einlagenrückgewähr, Kapitalrückzahlung, existenzvernichtender Eingriff etc; vgl. auch BGH NZG 2019, 187:

f) Bare Zuzahlungen. Bereits im Spaltungsvertrag muss die Höhe der ggf. zu 51
leistenden baren Zuzahlungen festgelegt werden. Diese sind bei Auf- und Abspaltungen von KapGes und eG als übernehmende Rechtsträger auf 10% des Gesamtnennbetrags der gewährten Anteile begrenzt (§ 54 IV, § 68 III, § 87 II 2). Diese Grenze gilt nicht für spätere Erhöhungen infolge eines Spruchverfahrens (§§ 125, 15; Lutter/Priester Rn. 35; Kallmeyer/Lanfermann Rn. 11). Bare Zuzahlungen dienen in erster Linie dem Zweck, praktikable Umtauschverhältnisse zu schaffen. Sie können aber auch gewährt werden, wenn dies zur Glättung nicht erforderlich ist (Lutter/Priester Rn. 35; Semler/Stengel/Leonard/Schröer/Greitemann Rn. 41; BeckOGK/Verse Rn. 46). Die Festlegung der baren Zuzahlungen bereits im Spaltungsvertrag ist notwendig, da sich nur unter Berücksichtigung von Umtauschverhältnissen und baren Zuzahlungen die Angemessenheit der Gegenleistung beurteilen lässt. Mit Zustimmung aller Anteilsinhaber kann auch die 10%-Grenze überschritten werden, da in diesem Fall auf die Anteilsgewährung auch vollständig verzichtet werden kann (Priester ZIP 2013, 2033 (2036); zum Verzicht → Rn. 49); die Kapitalerhaltungsvorschriften bleiben selbstredend unberührt (zu weiteren Einzelheiten → § 5 Rn. 65 f., → § 54 Rn. 20 ff.).

Abs. 1 Nr. 3 erfasst nicht unmittelbar **sonstige Gegenleistungen** (Keßler/Kühn- 52
berger UmwR/Gündel Rn. 20). Dies können zunächst Ausgleichsleistungen **der Anteilsinhaber** untereinander sein. Sie sind zulässig (Lutter/Priester Rn. 35; Lutter/Priester § 128 Rn. 16; Widmann/Mayer/Mayer Rn. 137; Maulbetsch/Klumpp/Rose/Raible Rn. 49; BeckOGK/Verse Rn. 51; Priester ZIP 2013, 2033 (2035)), und zwar unabhängig von der 10%-Grenze nach § 54 IV, § 68 III. Sie sind dann aber im Spaltungsvertrag zu regeln, wenn sie das Umtauschverhältnis beeinflussen, etwa weil ein Anteilsinhaber des übernehmenden Rechtsträgers sie leistet (Widmann/Mayer/Mayer Rn. 137; Maulbetsch/Klumpp/Rose/Raible Rn. 49; aA BeckOGK/Verse Rn. 51). Nur so ist gewährleistet, dass die Anteilsinhaber in Kenntnis aller Parameter, die das Umtauschverhältnis und damit die zukünftige Gesellschafterstruktur beeinflussen, über den Spaltungsvertrag beschließen. Zur Beurkundung → Rn. 12; iÜ auch → Rn. 108, → § 128 Rn. 22.

Dass der **übernehmende Rechtsträger** statt oder neben baren Zuzahlungen 53
andere Gegenleistungen an die Anteilsinhaber leisten darf (etwa **Darlehensgewährungen**), wird bestritten (Maulbetsch/Klumpp/Rose/Raible Rn. 50; Keßler/Kühnberger UmwR/Gündel Rn. 20; zweifelnd auch Heckschen/Gassen GWR 2010, 101 (103); Lutter/Priester Rn. 35, nunmehr mit Hinweis auf § 54 I 3, § 68 I 3 bejahend; ebenso Priester ZIP 2013, 2033 (2035); vgl. auch BeckOGK/Verse Rn. 49 ff.: Sachleistungen innerhalb der 10%-Grenze; vgl. auch Widmann/Mayer/Mayer Rn. 142: Darlehensgewährung ist zulässig). Hier ist indes zu diff. Die Anteilsinhaber haben nach der gesetzlichen Systematik einen Anspruch auf Anteile und – in den Grenzen der § 54 IV, § 68 III – auf bare Zuzahlung. Ohne Zustimmung aller betroffenen Anteilsinhaber kann der Spaltungsvertrag daher nicht stattdessen andere Gegenleistungen (etwa statt der mit Wirksamwerden der Spaltung fälligen baren Zuzahlung einen Darlehensanspruch gegen den Rechtsträger) festlegen. Einvernehmlich (durch ausdrückliche Zustimmung) kann dies aber vereinbart werden. Regelmäßig wird dies nur bei einem begrenzten Kreis von Anteilsinhabern, nicht aber bei PublikumsGes möglich sein. Die Grenzen von § 54 IV, § 68 III gelten hierfür nicht, da diese Vorschriften nur verhindern sollen, dass die Anteilsinhaber keine oder nur eine (deutlich) geringere Beteiligung am übernehmenden Rechtsträger erhalten (→ § 54 Rn. 20). Dies hindert eine mit den betroffenen Anteilsinhabern abgestimmte Überschreitung nicht. Ob § 54 IV, § 68 III auch dem Kapitalschutz und dem Schutz vor Liquiditätsabfluss dienen, ist ohnehin zweifelhaft.

Jedenfalls bei **Ausgliederungen,** für die §§ 54, 68 nicht gelten (§ 125), ist eine Darlehensgewährung an den übertragenden Rechtsträger in der Höhe, in der der Wert des übertragenen Vermögens den Nennbetrag überschreitet, zulässig (OLG München ZIP 2011, 2359; Lutter/Priester Rn. 35; Widmann/Mayer/Mayer Rn. 143; NK-UmwR/Fischer Rn. 17; BeckOGK/Verse Rn. 57; aA Henssler/ Strohn/Galla/Cé. Müller Rn. 13). Bei der Vereinbarung einer anderen oder höheren Gegenleistung genügen die allg. Grundsätze der Kapitalerhaltung, die zu beachten sind. Daher darf die Gegenleistung bei KapGes nicht zu einer Unterpariemission und auch nicht zu einer Leistung aus dem gebundenen Vermögen führen.

54 Innerhalb der vorstehenden Grenzen ist auch die Vereinbarung einer Gegenleistung des bei der Abspaltung nicht erlöschenden übertragenden Rechtsträgers möglich. Einer Beteiligung der betroffenen Anteilsinhaber als Vertragspartner bedarf es nicht. Die Regelung zwischen den Rechtsträgern im Spaltungsvertrag ist dann als Vertrag zugunsten Dritter (§ 328 BGB) anzusehen, dem die Anteilsinhaber einstimmig oder wenigstens die betroffenen Anteilsinhaber zustimmen müssen. Zur **stl. Bedeutung** derartiger Ausgleichsleistungen → UmwStG § 11 Rn. 135 ff., der bei Auf- und Abspaltungen entsprechend gilt (§ 15 UmwStG), sowie → UmwStG § 20 Rn. 365, → UmwStG § 21 Rn. 57, → UmwStG § 24 Rn. 216b.

55 **g) Angaben über die Mitgliedschaft (Abs. 1 Nr. 3).** Die von Abs. 1 Nr. 3 alternativ („oder") geforderten Angaben über die Mitgliedschaft sind notwendig, soweit Rechtsträger beteiligt sind, bei denen statt Beteiligungen Mitgliedschaften bestehen (eG, eV, genossenschaftlicher Prüfungsverband (= eV), VVaG, wirtschaftliche Vereine). Der Gesetzgeber wollte mit dieser Formulierung alle denkbaren Fälle (Anteilstausch, Mitgliedschaftenwechsel, Wechsel von Anteil zu Mitgliedschaft und umgekehrt) erfassen (Begr. RegE, BR-Drs. 75/94 zu § 5). Ein qualitativer Unterschied ist damit nicht verbunden. Auch bei Mitgliedschaften bedarf es der Angabe eines Umtauschverhältnisses in dem Sinne, dass festgelegt wird, welche Ausgestaltung (satzungsmäßige Rechte und Pflichten) die neue Mitgliedschaft im Verhältnis zur bisherigen Mitgliedschaft erhält, bzw. nach welchen Kriterien der Wechsel von Beteiligung zu Mitgliedschaft oder umgekehrt erfolgt (Lutter/Priester Rn. 31; Semler/Stengel/Leonard/Schröer/Greitemann Rn. 43; Maulbetsch/Klumpp/Rose/Raible Rn. 51; BeckOGK/Verse Rn. 52).

56 **h) Einzelheiten zur Übertragung der Anteile (Abs. 1 Nr. 4).** Der Spaltungsvertrag muss auch Angaben zur Übertragung der Anteile oder über den Erwerb der Mitgliedschaft enthalten, Abs. 1 Nr. 4. Insoweit ergeben sich keine Besonderheiten zu § 5 I Nr. 4 (iE → § 5 Rn. 68). Praktische Bedeutung hat dies insbes. für die Bestellung eines Treuhänders für den Aktienurkundentausch (§ 71). Dieser muss nicht bestellt werden, wenn die Aktien unverbrieft sind und keine baren Zuzahlungen geleistet werden (Lutter/Priester Rn. 36; MHdB GesR VIII/J. Schmitt § 22 Rn. 29; BeckOGK/Verse Rn. 61; Bandehzadeh DB 2007, 1514). Angaben sind auch entbehrlich, wenn Rechtsträger mit nicht verbrieften Anteilen (etwa GmbH, OHG, KG) beteiligt sind (Lutter/Priester Rn. 36; Kallmeyer/Sickinger Rn. 13). Bei der Ausgliederung sind derartige Angaben entbehrlich, obwohl Regelungsbedarf bestehen kann (Lutter/Priester Rn. 36).

57 **i) Zeitpunkt der Bilanzgewinnteilhabe (Abs. 1 Nr. 5).** Im Spaltungsvertrag müssen auch Angaben darüber enthalten sein, von welchem Zeitpunkt an die gewährten Anteile oder Mitgliedschaften einen Anspruch auf einen Anteil am Bilanzgewinn gewähren, Abs. 1 Nr. 5. Dieser Zeitpunkt stimmt meist, aber nicht zwingend mit dem Spaltungsstichtag überein (Lutter/Priester Rn. 38; Kallmeyer/Sickinger Rn. 14; Widmann/Mayer/Mayer Rn. 159; BeckOGK/Verse Rn. 64; Henssler/Strohn/Galla/Cé. Müller Rn. 15; MHdB GesR VIII/Schmidt § 22 Rn. 31; iE → § 5 Rn. 69 ff.). Zur bilanziellen Erfassung der Umw an sich beim

Anteilsinhaber → § 24 Rn. 99 ff. Zu einem **variablen Stichtag** der Gewinnteilhabe und der Frage einer möglichen Benachteiligung vgl. BGH NZG 2013, 233; dazu auch Rubner/Fischer NJW-Spezial 2014, 271.

j) Spaltungsstichtag (Abs. 1 Nr. 6). Im Spaltungsvertrag ist festzulegen, von 58 welchem Zeitpunkt an die Handlungen des übertragenden Rechtsträgers (lies: hinsichtlich des übertragenen Vermögens, Lutter/Priester Rn. 39) als für Rechnung jedes der übernehmenden Rechtsträgers vorgenommen gelten, Abs. 1 Nr. 6 (iE → § 5 Rn. 73 ff.; zur stl. Bedeutung → UmwStG § 2 Rn. 15 ff.). Der Spaltungsstichtag legt den Stichtag der **Schlussbilanz** iSv § 17 II fest (→ § 17 Rn. 37 ff.). Der übernehmende Rechtsträger muss zum Spaltungsstichtag noch nicht existieren (Lutter/Priester Rn. 39; BeckOGK/Verse Rn. 66; Ulrich/Böhle GmbHR 2006, 644). Zur Frage eines variablen Stichtags → § 17 Rn. 40. Allerdings endet bei Abspaltungen und Ausgliederungen die Erfolgszurechnung beim übertragenden Rechtsträger nicht ab dem Spaltungsstichtag. Es hat vielmehr ab dem Spaltungsstichtag eine Aufteilung zu erfolgen, welche Erfolgsauswirkungen mit dem übertragenen und dem zurückbleibenden Vermögen verbunden sind (Kölner Komm UmwG/Simon Rn. 46). Regelmäßig müssen daher mit Wirkung ab dem Spaltungsstichtag eigene Buchungskreise eingerichtet werden (Kallmeyer/Lanfermann Rn. 16; BeckOGK/Verse Rn. 67). Zu Besonderheiten der Rechnungslegung bei Spaltungen → § 17 Rn. 49 ff., → § 24 Rn. 93 ff.

k) Sonderrechte und -vorteile (Abs. 1 Nr. 7 und Nr. 8). Die Anforderungen 59 an den Spaltungsvertrag im Hinblick auf Sondervorteile (Abs. 1 Nr. 7 und Nr. 8) stimmen inhaltlich mit § 5 I Nr. 7 und Nr. 8 überein (iE → § 5 Rn. 81 f. zu Sonderrechten, → § 5 Rn. 83 ff. zu Vorteilen für sonstige Beteiligte; iÜ auch → § 133 Rn. 25 ff.). Anzugeben sind auch bereits **vor der Spaltung** beim **übernehmenden** Rechtsträger bestehende Sonderrechte iSv Abs. 1 Nr. 7 (Widmann/Mayer/Mayer Rn. 167; Lutter/Priester Rn. 42; Kallmeyer/Sickinger Rn. 17; Semler/Stengel/Leonard/Schröer/Greitemann Rn. 49; BeckOGK/Verse Rn. 71). Nach dem Gesetzeswortlaut beschränkt sich die Angabepflicht auf Sonderrechte (Nr. 7) beim übernehmenden Rechtsträger. Bei Abspaltungen erfordert der Gesetzeszweck indes auch die Angabe derartiger Sonderrechte, die anlässlich der Spaltung einzelnen Anteilsinhabern des (fortbestehenden) übertragenden Rechtsträgers gewährt werden sollen (BeckOGK/Verse Rn. 71; MHdB GesR VIII/Schmidt § 22 Rn. 34; → § 131 Rn. 102). Die Sonderrechte können auch bei mehreren Rechtsträgern eingeräumt werden. Nicht erfasst werden Ausgleichszahlungen zwischen den Anteilsinhabern (dazu aber → Rn. 52 ff., → Rn. 108). Derartige Sonderrechte und Sondervorteile müssen auch bei einer Ausgliederung angegeben werden (BeckOGK/Verse Rn. 69; Widmann/Mayer/Mayer Rn. 167). Die Nichtangabe ist ein Eintragungshindernis (→ § 130 Rn. 13; OLG Hamburg NZG 2004, 729; NK-UmwR/Fischer Rn. 23; Widmann/Mayer/Mayer Rn. 169) und berechtigt die Anteilsinhaber zur Unwirksamkeitsklage. Eine Negativerklärung bei Fehlen von Sonderrechten und -vorteilen ist daher praxisüblich, wenngleich sie nicht vorgeschrieben ist (OLG Frankfurt a. M. NZG 2011, 1278; Lutter/Priester Rn. 41; Semler/Stengel/Leonard/Schröer/Greitemann Rn. 52; Kallmeyer/Sickinger Rn. 17; BeckOGK/Verse Rn. 69; MHdB GesR VIII/Schmidt § 22 Rn. 36). Ob dadurch auch die Vereinbarung über den Sondervorteil unwirksam ist, ist indes zweifelhaft (Graef GmbHR 2005, 908). Dieser dürfte aber regelmäßig auf die Wirksamkeit der Spaltung bedingt sein.

l) Vermögensaufteilung (Abs. 1 Nr. 9). aa) Allgemeines. Der Spaltungsver- 60 trag muss eine genaue Bezeichnung und Aufteilung der zu übertragenden Gegenstände des Aktiv- und Passivvermögens enthalten, Abs. 1 Nr. 9. Diese Gegenstände gehen mit Wirksamwerden der Spaltung als Gesamtheit auf den übernehmenden Rechtsträger über (§ 131 I Nr. 1). Das Besondere an der Spaltung ist, dass einerseits die Vermögensübertragung im Wege der Gesamtrechtsnachfolge (zum Begriff → § 20 Rn. 23 ff.) erfolgt, andererseits sich die Gesamtrechtsnachfolge auf bestimmte Vermögensteile beschränkt. Hierfür sind zwischenzeitlich die Begriffe „partielle Gesamtrechtsnachfolge" oder „Sonderrechtsnachfolge" gebräuchlich geworden.

61 Die Sonderrechtsnachfolge bei der Spaltung nach dem UmwG 1995 ist nichts grundlegend Neues. Bereits das UmwG 1969 kannte Umwandlungsformen, bei denen die Vermögensübertragung im Wege der partiellen Gesamtrechtsnachfolge erfolgte. Dies war insbes. die Umw eines einzelkaufmännischen Unternehmens in eine AG (§ 50 UmwG 1969) bzw. in eine GmbH (§ 56a UmwG 1969). Ein weiterer Anwendungsfall war die Umw der Unternehmen von Gebietskörperschaften (§§ 57, 58 UmwG 1969).

62 Einer der wesentlichen Vorteile der Gesamtrechtsnachfolge bei der Verschm liegt darin, dass der sachenrechtliche **Bestimmtheitsgrundsatz** nicht zu beachten ist. Dies gilt nicht für die Sonderrechtsnachfolge bei Spaltungen. Denn anders als bei der Verschm werden nicht alle Vermögensgegenstände des übertragenden Rechtsträgers übertragen, vielmehr müssen diese aufgeteilt werden. Die übergehenden Vermögensgegenstände sind dabei so genau zu bezeichnen, dass sie identifizierbar sind; Bestimmbarkeit reicht aus (BGH NJW 2023, 1053 Rn. 10; BGH NZG 2003, 1172; OLG Hamburg DB 2002, 572 (573); OLG Hamm NJW-Spezial 2010, 303; Grunewald ZGR 2009, 647 (659); NK-UmwR/Fischer Rn. 28; Henssler/Strohn/Galla/Cé. Müller Rn. 22; Gröne RNotZ 2022, 293, 297; vgl. aber für Grundstücke BGH WM 2008, 607; hierzu → Rn. 81). Im Ergebnis sind daher regelmäßig keine Unterschiede zu den Anforderungen an die Bestimmtheit und die Bestimmbarkeit bei Einzelrechtsübertragungen festzustellen (so auch OLG Hamburg DB 2002, 572 (573); Lutter/Priester Rn. 46; Kallmeyer/Sickinger Rn. 19; Widmann/Mayer/Mayer Rn. 202; Semler/Stengel/Leonard/Schröer/Greitemann Rn. 55; Kölner Komm UmwG/Simon Rn. 52, 57; Maulbetsch/Klumpp/Rose/Raible Rn. 56; Henssler/Strohn/Galla/Cé. Müller Rn. 22; NK-UmwR/Fischer Rn. 27; Limmer Unternehmensumwandlungs-HdB/Limmer Teil 3 Rn. 58; BeckOGK/Verse Rn. 76; hierzu aber iE Thiele/König NZG 2015, 178).

63 Dennoch bietet auch die partielle Gesamtrechtsnachfolge **Vorteile** ggü. der Einzelrechtsübertragung (vgl. etwa Limmer Unternehmensumwandlungs-HdB/Limmer Teil 3 Rn. 21; Maulbetsch/Klumpp/Rose/Raible Rn. 56; Aha AG 1997, 345; Engelmeyer AG 1999, 263; Fuhrmann/Simon AG 2000, 49). Hervorzuheben ist insbes., dass die Übertragung von Verbindlichkeiten im Wege der (partiellen) Gesamtrechtsnachfolge keiner Mitwirkung des Gläubigers bedarf. Bei der Einzelrechtsübertragung sind demggü. die §§ 414, 415 BGB zu beachten. Entsprechendes gilt bei Schuldverhältnissen (Limmer Unternehmensumwandlungs-HdB/Limmer Teil 3 Rn. 21). Mit der ersatzlosen Streichung von § 132 aF sind nun auch bislang bestehende (unnötige) Hindernisse beseitigt worden (iE zur Übertragbarkeit → § 131 Rn. 12 ff.). Vgl. ergänzend → § 131 Rn. 6.

64 Zivilrechtlich bestehen bei der **Vermögensaufteilung** grds. keine Schranken. Es können einzelne Gegenstände, auch einzelne Verbindlichkeiten, übertragen werden (Semler/Stengel/Leonard/Schwanna § 123 Rn. 6; Kallmeyer/Sickinger § 123 Rn. 1; Kölner Komm UmwG/Simon § 123 Rn. 11; Lutter/Priester Rn. 59; Limmer Unternehmensumwandlungs-HdB/Limmer Teil 3 Rn. 53; ausf. dazu BeckOGK/Verse § 123 Rn. 82 ff.). Diese zivilrechtliche Freiheit hat praktisch wenig Bedeutung. Denn Voraussetzung für eine **steuerneutrale Spaltung** ist nach §§ 15, 16, 20, 21, 24 UmwStG jew. die Übertragung (und bei §§ 15, 16 UmwStG zusätzlich Zurückbehaltung) eines Betriebs, Teilbetriebs, eines Mitunternehmeranteils oder einer qualifizierten Beteiligung an einer KapGes (vgl. iE jew. dort). Weitere Grenzen der Vermögensaufteilung ergeben sich aus den allg. gesellschaftsrechtlichen Grundsätzen. Hierzu zählt bei der Beteiligung von KapGes insbes. der **Kapitalauf-**

bringungsgrundsatz (Widmann/Mayer/Mayer Rn. 62; Lutter/Priester Rn. 71; → Rn. 29 f., → Rn. 50). Die Fallgruppe „Gestaltungsmissbrauch" ist ohne klare Konturen; derartige Konstellationen können regelmäßig außerhalb des Umwandlungsrechts gelöst werden (so wohl auch Widmann/Mayer/Mayer Rn. 63; vgl. dazu auch BeckOGK/Verse § 123 Rn. 86 ff.), wenn und soweit die Kapitalaufbringungs- und -erhaltungsvorschriften sowie die gesamtschuldnerische Haftung nach §§ 133 f. nicht ausreichend sind (Lutter/Priester Rn. 72; Semler/Stengel/Leonard/Schröer/ Greitemann Rn. 28; vgl. auch Lutter/Teichmann § 131 Rn. 17 f.; Kölner Komm UmwG/Simon § 131 Rn. 19; auch → Rn. 50; zur Aufteilung von ArbVerh → Rn. 98).

bb) Begriff des Gegenstandes. Der Gesetzgeber verwendet die Bezeichnung 65 „Gegenstände des Aktiv- und Passivvermögens". Diesen Begriff will er unter Hinweis auf § 90 BGB (der allerdings nur den Begriff der Sache definiert) im zivilrechtlichen Sinne verstanden wissen (Begr. RegE, BR-Drs. 75/94 zu § 126). Damit sollte die Einheitlichkeit in der Begriffsbildung auch im UmwR gewahrt werden (Begr. RegE, BR-Drs. 75/94 zu § 126).

Gegenstand im zivilrechtlichen Sinne sind außer Sachen auch Forderungen, 66 Immaterialgüterrechte und sonstige Vermögensrechte (Grüneberg/Ellenberger BGB Überbl. v. § 90 Rn. 2). Der Begriff Gegenstand kann damit als Oberbegriff für Sachen und Rechte verstanden werden (Begr. RegE, BR-Drs. 75/94 zu § 126).

Rechte idS sind nicht nur Rechte des übertragenden Rechtsträgers, sondern auch 67 Rechte ggü. dem übertragenden Rechtsträger. Damit sind also auch die Verbindlichkeiten des übertragenden Rechtsträgers umfasst („Gegenstände des Passivvermögens").

Die Bezeichnung der Gegenstände im Spaltungsvertrag dient der Festlegung, 68 welche Gegenstände im Wege der Sonderrechtsnachfolge auf die übernehmenden Rechtsträger übergehen. Es kann daher auf eine Aktivierungs- oder Passivierungsfähigkeit des Gegenstandes nach Rechnungslegungsgrundsätzen nicht ankommen. So müssen etwa auch selbstgeschaffene immaterielle WG (Aktivierungswahlrecht bzw. -verbot nach § 248 II HGB) und bereits abgeschriebene WG im Spaltungsvertrag bezeichnet werden, wenn sie übertragen werden sollen (ebenso Lutter/Priester Rn. 47; Semler/Stengel/Leonard/Schröer/Greitemann Rn. 56; Kölner Komm UmwG/Simon Rn. 54; Kallmeyer/Sickinger Rn. 19; Maulbetsch/Klumpp/Rose/ Raible Rn. 58; Sagasser/Bula/Brünger Umwandlungen/Sagasser § 18 Rn. 128; BeckOGK/Verse Rn. 77). Zur Aktivierung originärer immaterieller WG beim übernehmenden Rechtsträger → § 24 Rn. 26, → § 24 Rn. 64.

Gegenstände sind ferner auch schwebende Rechtsgeschäfte, insbes. Schuldverhält- 69 nisse einschl. **Dauerschuldverhältnissen** (BGH NZG 2003, 1172). Es muss im Spaltungsvertrag eine Entscheidung getroffen werden, ob und ggf. welcher Rechtsträger der Rechtsnachfolge antritt (→ Rn. 97 f.; zu „vergessenen" Gegenständen und dem Vorrang der Auslegung → § 131 Rn. 116

cc) Begriff des Betriebs. Abs. 1 Nr. 9 bestimmt ferner, dass im Spaltungsvertrag 70 die übergehenden Betriebe und Betriebsteile zu bezeichnen und aufzuteilen sind. Dadurch wird die Aufteilungsfreiheit nicht eingeschränkt, denn Spaltungen sind handelsrechtlich auch dann zulässig, wenn ein Teilbetrieb im stl. Sinne (→ UmwStG § 15 Rn. 44 ff.) nicht übertragen wird und damit Steuerneutralität durch Buchwertverknüpfung nicht erreichbar ist (so ausdrücklich Begr. RegE, BR-Drs. 75/94 zu § 126; auch → Rn. 64).

Der Umstand, dass Abs. 1 Nr. 9 auch die genaue Bezeichnung und Aufteilung 71 der übergehenden Betriebe und Betriebsteile verlangt, bedeutet nicht, dass deren Angabe ausreichend wäre. Auch bei der Übertragung von Betrieben oder Betriebsteilen müssen die einzelnen Gegenstände grds. genau bezeichnet und aufgeteilt werden, damit die durch Sonderrechtsnachfolge zu übertragenden Gegenstände eindeutig bestimmbar sind (→ Rn. 62). Eine Ausnahme gibt es nur bei übergehenden ArbVerh (vgl. Begr. RegE, BR-Drs. 75/94 zu § 126; näher → Vor § 35a Rn. 7).

72 Der Begriff „Betrieb" oder „Betriebsteil" ist iRv § 126 im **arbeitsrechtlichen Sinne** zu verstehen (so auch Lutter/Priester Rn. 48; Widmann/Mayer/Mayer Rn. 258; Semler/Stengel/Leonard/Schröer/Greitemann Rn. 57 f.; Keßler/Kühnberger UmwR/Gündel Rn. 43; Maulbetsch/Klumpp/Rose/Raible Rn. 59; NK-UmwR/Fischer Rn. 49; BeckOGK/Verse Rn. 79; MHdB GesR VIII/Schmidt § 22 Rn. 41). Denn nur so kommt der Festlegung des Gesetzgebers, dass im Spaltungsvertrag auch die zu übertragenden Betriebe oder Betriebsteile zu bezeichnen sind, Sinn zu, nachdem es – wie dargelegt – auf den steuerrechtlichen Begriff des Teilbetriebs nicht ankommt und die bloße Bezeichnung der zu übertragenden Betriebe für die Sonderrechtsnachfolge nicht ausreicht. Arbeitsrechtlich kann die Übertragung eines Betriebs oder Betriebsteils iSd BetrVG Bedeutung für den Fortbestand des Betriebsrats, dessen Beteiligungsrechte und für den Fortbestand von Betriebsvereinbarungen haben (→ Vor § 35a Rn. 16 ff.). Auch für die Zuordnung von ArbN im Wege des Interessenausgleichs nach § 35a I ist die Übertragung eines Betriebs oder Betriebsteils maßgeblich. Schließlich ist für § 613a BGB Anwendungsvoraussetzung, dass ein Betrieb oder Betriebsteil übertragen wird (näher → Vor § 35a Rn. 2 ff. und → § 35a Rn. 14 ff.). Vgl. iÜ auch § 2 I Nr. 10 SpTrUG, wo der Gesetzgeber die arbeitsrechtliche Bedeutung noch ausdrücklich klargestellt hat.

73 **Betrieb** iSv Abs. 1 Nr. 9 ist also eine organisatorische Einheit, innerhalb der ein Unternehmer allein oder in Gemeinschaft mit seinen Mitarbeitern durch sachliche und immaterielle Mittel bestimmte arbeitstechnische Zwecke fortgesetzt verfolgt (vgl. ErfK/Preis BGB § 613a Rn. 5 mit Hinweisen zur Weiterentwicklung aufgrund des Zwecks von § 613a BGB).

74 Ein **Betriebsteil** ist eine abgrenzbare organisatorische wirtschaftliche (Teil-)Einheit mit einem bestimmten arbeitstechnischen Zweck (BAG NZA 2012, 504). Mit dieser Definition soll vor allem die Abgrenzung zur Übertragung einzelner betrieblicher Vermögensgegenstände vorgenommen werden, mit denen allein bestimmte arbeitstechnische Zwecke nicht weiterverfolgt werden können und deshalb eine Anwendung des § 613a ausscheidet.

75 Die **Bezeichnung** im Spaltungsvertrag als Betrieb oder Betriebsteil ist nicht konstitutiv. Für die Anwendung der arbeitsrechtlichen Vorschriften kommt es ausschließlich darauf an, ob objektiv ein Betrieb oder Betriebsteil übertragen worden ist (ebenso Semler/Stengel/Leonard/Schröer/Greitemann Rn. 60; Kölner Komm UmwG/Simon Rn. 56; Maulbetsch/Klumpp/Rose/Raible Rn. 61). Sie ist hierfür allerdings ein gewichtiger Anhaltspunkt. In der Praxis wird im Spaltungsvertrag ohnehin vielfach auf den stl. Teilbetrieb Bezug genommen, um dessen Übertragung (Voraussetzung für die Steuerneutralität; → Rn. 64) zu dokumentieren und zu unterstützen. Bedeutung hat die Angabe übergehender Betriebe oder Betriebsteile auch für die Auslegung (auch → § 131 Rn. 116 ff.), da vielfach in Spaltungsverträgen einleitend oder in **„Catch all-Klauseln"** klargestellt wird, dass alle Aktiva und Passiva eines bestimmten Betriebs übergehen sollen (vgl. auch Henssler/Strohn/Galla/Cé. Müller Rn. 23; Widmann/Mayer/Mayer Rn. 265; unter Berücksichtigung von § 28 GBO (→ Rn. 81) auch Reymann FS Krüger, 2017, 289 (299 ff.)).

76 **dd) Allgemeine Anforderungen an die Bestimmtheit.** Das Gesetz gibt nur wenige Anhaltspunkte, welche Anforderungen an die Bestimmtheit der Bezeichnung der Vermögensgegenstände zu stellen sind. Nach Abs. 2 S. 1 sind besondere Arten der Bezeichnung, die im Falle der Einzelrechtsübertragung für bestimmte Gegenstände notwendig sind, auch im Spaltungsvertrag zu verwenden (näher → Rn. 78 ff.). Für grundstücksbezogene Rechte ist § 28 GBO entsprechend anzuwenden (näher → Rn. 81). Darüber hinaus wird lediglich angeordnet, dass auf Urkunden wie Bilanzen und Inventare Bezug genommen werden kann, deren Inhalt eine Zuweisung des einzelnen Gegenstandes ermöglicht (Abs. 2 S. 3 Hs. 1). Damit werden aber nur Erleichterungen zugelassen, die auch bei Einzelrechtsübertragungen zwischenzeitlich anerkannt sind.

Eine **Bilanz** alleine wird nur ausnahmsweise geeignet sein, einzelne Vermögens- 77 gegenstände zu bestimmen (Kallmeyer/Sickinger Rn. 20; Widmann/Mayer/Mayer Rn. 203; Sagasser/Bula/Brünger Umwandlungen/Sagasser § 18 Rn. 133; Keßler/ Kühnberger UmwR/Gündel Rn. 53; Lutter/Priester Rn. 52; Limmer Unternehmensumwandlungs-HdB/Limmer Teil 3 Rn. 61). Angaben in Bilanzen stellen regelmäßig Sammelpositionen dar. Voraussetzung wäre eine Spaltungsbilanz, die nur das zu übertragende Vermögen ausweist (→ § 17 Rn. 50 ff.) und die Möglichkeit, mittels des Rechnungswesens zweifelsfrei feststellen zu können, welche aktiven und passiven Vermögensgegenstände in den Bilanzpositionen dieser Spaltungsbilanz zusammengefasst sind (so OLG Hamburg DB 2002, 572 (573); Lutter/Priester Rn. 52; ebenso Semler/Stengel/Leonard/Schröer/Greitemann Rn. 61; Kölner Komm UmwG/Simon Rn. 57). Eine Spaltungsbilanz, auf die Bezug genommen wird, ist indes keinesfalls notwendig (DNotI-Report 2019, 75). Dennoch bleiben Bedenken, dass nur mittels Unterlagen oder gar elektronisch gespeicherten Daten außerhalb der Urkunde eine Individualisierung erfolgen kann (aA BeckOGK/Verse Rn. 84 f.). Nicht bilanzierte Gegenstände sind dann jedenfalls gesondert aufzuführen (Lutter/Priester Rn. 52; Semler/Stengel/Leonard/Schröer/Greitemann Rn. 61; Maulbetsch/Klumpp/Rose/Raible Rn. 64; Limmer Unternehmensumwandlungs-HdB/Limmer Teil 3 Rn. 63). Sicherer ist die Beifügung von Inventarlisten uÄ (Kallmeyer/Sickinger Rn. 20; Maulbetsch/Klumpp/Rose/Raible Rn. 64). Es ist allg. anerkannt und gängige Praxis etwa bei Unternehmenskäufen, auf bereits vorhandene Listen und Zusammenstellungen von einzelnen WG zurückzugreifen. Diese brauchen als Anlagen der Urkunde regelmäßig nicht verlesen zu werden (vgl. § 14 BeurkG). Im Einzelfall ist auch eine Bezugsurkunde zu erwägen (§ 13a BeurkG).

Ferner können auch im Bereich der Sonderrechtsnachfolge die zur Übertragung 78 von **Sachgesamtheiten,** etwa bei Sicherungsübereignungen (also im Wege der Einzelrechtsübertragung) entwickelten Grundsätze angewandt werden (BAG DB 2005, 954; BGH NZG 2003, 1172 (1174); OLG Hamburg DB 2002, 572 (573); Lutter/Priester Rn. 50; Kallmeyer/Sickinger Rn. 19; Widmann/Mayer/Mayer Rn. 202). Danach gilt, dass bei Sachgesamtheiten eine Sammelbezeichnung, die den Übereignungswillen auf alle Sachen erstreckt **(All-Formel)** und die umfassten Einzelsachen klar erkennen lässt, den Anforderungen des Bestimmtheitsgrundsatzes genügt (BGH NJW 2023, 1053 Rn. 11; BAG DB 2005, 954; BGH NZG 2003, 1172 (1174); OLG München NZG 2016, 662; OLG Hamburg DB 2002, 572 (573); OLG Hamm NJW-Spezial 2010, 303; Semler/Stengel/Leonard/Schröer/Greitemann Rn. 61; Maulbetsch/Klumpp/Rose/Raible Rn. 65; NK-UmwR/Fischer Rn. 29; Limmer Unternehmensumwandlungs-HdB/Limmer Teil 3 Rn. 67; BeckOGK/Verse Rn. 85; Widmann/Mayer/Mayer Rn. 202; MHdB GesR VIII/ Schmidt § 22 Rn. 42; dazu auch Thiele/König NZG 2015, 178; unter Berücksichtigung von § 28 GBO (→ Rn. 81) auch Reymann FS Krüger, 2017, 289 (299 ff.)). Ausreichend ist also etwa die Festlegung, dass das gesamte Warenlager in einem bestimmten Gebäude oder alle Verbindlichkeiten/Forderungen übertragen werden sollen. Dann ist im Einzelfall durch Auslegung (§§ 133, 157 BGB) zu ermitteln, ob ein bestimmter Gegenstand zur Sachgesamtheit gehört (BGH NZG 2003, 1172 (1174)). Auch **Negativabgrenzungen** („alle Sachen/Rechte usw mit Ausnahme … ") sind möglich (Kallmeyer/Sickinger Rn. 19; Widmann/Mayer/Mayer Rn. 218; NK-UmwR/Fischer Rn. 29; Limmer Unternehmensumwandlungs-HdB/Limmer Teil 3 Rn. 71; Maulbetsch/Klumpp/Rose/Raible Rn. 65; BeckOGK/Verse Rn. 85; MHdB GesR VIII/Schmidt § 22 Rn. 42; vgl. näher Thiele/König NZG 2015, 178). Nicht ausreichend ist die Bezugnahme auf ein rechtliches Unterscheidungsmerkmal (BGH NJW 2023, 1053 Rn. 12). Zu weiteren Beispielen vgl. etwa

Grüneberg/Herrler BGB § 930 Rn. 3; zu **Auffangklauseln** → § 131 Rn. 93; zur Behandlung von **vergessenen** Vermögensgegenständen → § 131 Rn. 116 ff.

79 Bloße Wert- oder Mengenangaben genügen weder für die Einzelrechtsübertragung noch für die Sonderrechtsnachfolge bei der Spaltung. Auch bloße Quotenangaben (Beispiel: „20% der Warenvorräte") sind nicht ausreichend bestimmt (Lutter/Priester Rn. 50; BeckOGK/Verse Rn. 88).

80 Sollen **einzelne Teile einer** Sachgesamtheit **nicht übertragen** werden, bietet es sich oftmals an, die Sachgesamtheit zu bezeichnen, aber einige konkret aufgezählte Gegenstände von der Übertragung auszunehmen (Kölner Komm UmwG/Simon Rn. 59; vgl. schon → Rn. 78). **Veränderungen** im Bestand der Sachgesamtheiten lassen die Wirksamkeit der Festlegung unberührt. Übertragen werden alle im Zeitpunkt des Wirksamwerdens der Spaltung von dem Sachgesamtheitsbegriff umfassten Gegenstände. In der Praxis werden regelmäßig **Substitutionsklauseln** aufgenommen, wonach Gegenstände, die zum Zeitpunkt des Wirksamwerdens der Spaltung an die Stelle von beim Vertragsschluss vorhandenen Gegenständen getreten sind, durch die Spaltung übergehen bzw. (im gewöhnlichen Geschäftsgang) nicht mehr vorhandene Gegenstände nicht übergehen (Maulbetsch/Klumpp/Rose/Raible Rn. 64). So werden regelmäßig in der Zeit zwischen Abschluss des Spaltungsvertrags etwa Sachen angeschafft oder veräußert sowie Forderungen und Verbindlichkeiten bezahlt. Sinnvoll sind ferner Ausgleichsansprüche, etwa wenn eine übertragene Forderung auf einem nicht übertragenen Bankkonto eingeht. Vgl. auch → § 131 Rn. 77 ff. Zur Angabe der übergehenden Betriebe oder Betriebsteile als Auslegungsstütze → Rn. 75.

81 **ee) Grundstücke und grundstücksbezogene Rechte.** Nach Abs. 2 S. 2 ist § 28 GBO zu beachten. Dies bedeutet, dass alle Vermögensgegenstände, bei denen nach Wirksamwerden der Spaltung eine Grundbuchberichtigung erforderlich ist, bereits im Spaltungsvertrag in einer Weise bezeichnet werden müssen, die auch für die Eintragungsbewilligung (bzw. den Eintragungsantrag) geeignet ist. Ein Verstoß hiergegen lässt den Eigentumsübergang unberührt, wenn das Grundstück so bezeichnet ist, dass es – ggf. durch Auslegung – individuell bestimmt werden kann (ausf. Volmer WM 2002, 428; Widmann/Mayer/Mayer Rn. 212; Lutter/Priester Rn. 53; Lutter/Lieder § 131 Rn. 55; Bungert/Lange DB 2009, 103; Bungert/Lange DB 2010, 547; diff. Henssler/Strohn/Galla/Cé. Müller Rn. 25). Entsprechendes gilt für die Bezeichnung von übergehenden **Rechten an einem Grundstück** (so auch KG ZIP 2014, 1732; OLG Schleswig DNotZ 2010, 66 = Der Konzern 2009, 484; Bungert/Lange DB 2009, 103; Bungert/Lange DB 2010, 547; zur Berücksichtigung von Catch-all-Klauseln auch Reymann FS Krüger, 2017, 289 (299 ff.)). Die **Praxis** muss allerdings beachten, dass nach Ansicht des **BGH** (NZG 2008, 436) das Eigentum an Grundstücken nur dann mit der Registereintragung (Wirksamwerden der Spaltung) übergeht, wenn die Grundstücke im Spaltungsvertrag nach § 28 S. 1 GBO bezeichnet sind (zust. KG ZIP 2014, 1732; Semler/Stengel/Leonhard/Schröer/Greitemann Rn. 64; Kölner Komm UmwG/Simon Rn. 60; MHdB GesR VIII/Schmidt § 22 Rn. 46; für Grundpfandrechte auch OLG Hamm NZG 2011, 393; vgl. nun auch Kallmeyer/Sickinger Rn. 21a; krit. BeckOGK/Verse Rn. 90 f.; zum Ganzen ausf. Blasche NZG 2016, 328). Dies sollte die Praxis auch für die Übertragung von Rechten an einem Grundstück beachten (Blasche NZG 2016, 328 (333)). Ggf. können vor Wirksamwerden der Spaltung die Anforderungen nach § 28 GBO noch durch eine Nachtragsurkunde und ergänzenden Zustimmungsbeschlüssen erfüllt werden (Blasche NZG 2016, 328 (330)). Bedeutsam ist dies auch für die Übertragung von **Teilflächen** (→ § 131 Rn. 15). Hierfür ist mindestens ein genehmigter Veränderungsnachweis, der die übertragene Teilfläche katastermäßig bezeichnet und auf den Bezug genommen wird, notwendig (insoweit zutr. BGH NZG 2008, 436 (438)). Denn bei der Bezeichnung von Teilflächen mittels deren Lage –

regelmäßig durch zeichnerische Darstellung in einem beigefügten Lageplan und ergänzende textliche Beschreibung – erfolgt der Eigentumswechsel erst mit Entstehen des Grundstücks im Rechtssinne (dies ist der Unterschied zur Gesamtflächenübertragung, bei der – entgegen BGH WM 2008, 610 – für den Übergang bereits die eindeutige Bestimmbarkeit ausreicht); bis dahin ist der Übergang schwebend unwirksam (Lutter/Priester Rn. 61; Widmann/Mayer/Mayer Rn. 213; Kölner Komm UmwG/Simon Rn. 61; NK-UmwR/Fischer Rn. 33; Maulbetsch/Klumpp/Rose/Raible Rn. 69; insges. aA Schmidt-Ott ZIP 2008, 1353; zum Ganzen ausf. Blasche NZG 2016, 328). Ggf. bedarf es auch einer landesrechtlichen Teilungsgenehmigung (Lutter/Priester Rn. 61; Kallmeyer/Sickinger Rn. 23). Bei einer Aufspaltung ist bei vorherigem Handelsregistervollzug der übertragende Rechtsträger zwar aufgelöst, aber nicht erloschen. Welche Anforderungen an die grundbuchmäßige Bezeichnung gelten, ergibt sich iE aus § 2 II GBO iVm § 6 GBV. Regelmäßig erfolgt also die Angabe des Grundbuchamtes, der Gemarkung, der Band- und Blattstelle, der Nummer im Bestandsverzeichnis sowie der Flurstücksnummer.

Die für das Grundbuchverfahren geeignete Bezeichnung der Grundstücke im Spaltungsvertrag ersetzt nicht die für die Grundbuchberichtigung notwendigen Erklärungen. Da sich der Eigentumsübergang im Wege der Sonderrechtsnachfolge außerhalb des Grundbuchs vollzieht, wird bei der Übertragung von Grundstücken und grundstücksbezogenen Rechten mit Wirksamwerden der Spaltung das Grundbuch unrichtig. Es bedarf also eines Antrags auf Grundbuchberichtigung, der sinnvollerweise in der den Spaltungsvertrag enthaltenden Urkunde aufgenommen wird (Widmann/Mayer/Mayer Rn. 214). Bei Teilflächenübertragungen muss zuvor noch das Grundstück im rechtlichen Sinne gebildet werden (Widmann/Mayer/Mayer Rn. 213; → Rn. 81).

Der Nachweis, dass das Grundbuch unrichtig ist (§ 22 GBO), wird durch Vorlage eines beglaubigten Auszugs des Registers, aus dem sich die Wirksamkeit der Spaltung entnehmen lässt (Eintragung der Spaltung im Register des Sitzes des übertragenden Rechtsträgers, § 131 I) und Vorlage einer Ausfertigung oder beglaubigten Abschrift des Spaltungsvertrags erbracht (OLG Hamm NZG 2011, 393; Widmann/Mayer/Mayer Rn. 214; Semler/Stengel/Leonard/Schröer/Greitemann Rn. 65; Maulbetsch/Klumpp/Rose/Raible Rn. 70; vgl. auch LG Ellwangen BWNotZ 1996, 125). Eine Überprüfung der materiellrechtlichen Wirksamkeit der Umw durch das Grundbuchamt erfolgt nicht (OLG Hamm ZIP 2014, 2135). Demzufolge bedarf es keines Nachweises der Vollmacht zum Abschluss des Umwandlungsvertrags in notarieller Form (OLG Hamm ZIP 2014, 2135). Notwendige Genehmigungen sind dem Grundbuchamt vorzulegen (LG Ellwangen BWNotZ 1996, 125). Der Bewilligungsantrag ist, sofern er nicht ohnehin im Spaltungsvertrag enthalten ist, nicht zwingend notariell zu beurkunden. Ausreichend ist die Aufnahme in einem Schriftstück. Zur Erhebung von Grundbuchgebühren vgl. OLG München JurBüro 2006, 651.

Bei Ausgliederungen und Abspaltungen kann die Grundbuchberichtigung auch durch Eintragungsbewilligung nebst Zustimmung des übernehmenden Rechtsträgers nach § 22 GBO erreicht werden (Widmann/Mayer/Mayer Rn. 214).

ff) Bewegliche Sachen. Bewegliche Sachen müssen so genau bezeichnet werden, dass sie identifizierbar sind. Hier wird man oftmals die Erleichterungen bei der Übertragung von **Sachgesamtheiten** und die Bezugnahme auf bereits vorhandene Verzeichnisse nutzen können (→ Rn. 78 ff.).

Aufzunehmen sind auch bewegliche Sachen, die wegen **Eigentumsvorbehalten** (etwa der Lieferanten) oder wegen **Sicherungsübereignung** nicht im Eigentum des übertragenden Rechtsträgers stehen. Bei diesen Gegenständen geht zwar im Wege der Sonderrechtsnachfolge nicht das Eigentum, aber das Anwartschaftsrecht bzw. die Rechtsposition aus dem Sicherungsverhältnis über. Dieses kann durch Bezeichnung der Sache im Spaltungsvertrag hinreichend bestimmt festgelegt werden. Bei Sachgesamtheiten (etwa Warenlager) muss also nicht zwischen den dem übertragenden Rechtsträger gehörenden und den in fremden Eigentum stehenden Sachen (dann Übertragung des Anwartschaftsrechts oder Anspruch aus dem Sicherungsverhältnis) unterschieden werden (ebenso Lutter/Priester Rn. 53; Semler/Stengel/Leonard/Schröer/Greitemann Rn. 62; Maulbetsch/Klumpp/Rose/Raible Rn. 71).

87 **gg) Forderungen.** Forderungen, die im Zusammenhang mit der Spaltung übertragen werden sollen, müssen bestimmbar sein. Dies setzt grds. voraus, dass die Forderungen nach Art, Grund, Höhe und Person des Schuldners angegeben werden. Die bei der Einzelrechtsnachfolge anerkannten Erleichterungen gelten auch für die Sonderrechtsnachfolge. Danach liegt Bestimmbarkeit auch dann vor, wenn die Feststellung der abgetretenen Forderung einen erheblichen Arbeits- und Zeitaufwand erfordert (BGHZ 70, 86 (90) = NJW 1978, 538; Sagasser/Bula/Brünger Umwandlungen/Sagasser § 18 Rn. 131; → Rn. 78 ff.). Vgl. zum Übergang akzessorischer Sicherungsrechte und von Nebenrechten → § 131 Rn. 30, → § 131 Rn. 68; zur Aufteilung von Forderungen → § 131 Rn. 35.

88 Für die Übertragung von **Forderungsmehrheiten** genügt etwa die Angabe, dass alle Forderungen (→ Rn. 78, → Rn. 80) aus einem bestimmten Geschäftsbereich, aus einer bestimmten Art von Rechtsgeschäften oder aus einem bestimmten Zeitraum übertragen werden sollen (Sagasser/Bula/Brünger Umwandlungen/Sagasser § 18 Rn. 131; Maulbetsch/Klumpp/Rose/Raible Rn. 65; Grüneberg/Grüneberg BGB § 398 Rn. 15; MHdB GesR VIII/Schmidt § 22 Rn. 47). Sollen alle Forderungen, die mit einem bestimmten Teilbetrieb in Zusammenhang stehen, mit diesen übertragen werden, so genügt die Bezugnahme auf den Teilbetrieb, wenn sich aus der Buchhaltung die Zuordnung nachvollziehen lässt (Keßler/Kühnberger UmwR/Gündel Rn. 58; s. aber → Rn. 77). Sollen aus einer Forderungsmehrheit einzelne Forderungen nicht übertragen werden, bietet sich die Formulierung an, dass alle Forderungen mit Ausnahme der individuell Aufgezählten übertragen werden (→ Rn. 78; Widmann/Mayer/Mayer Rn. 218; zur Bedeutung von Abtretungsbeschränkungen → § 131 Rn. 31).

89 Zedierte Forderungen (etwa aufgrund einer **Globalzession**) gehen mangels Rechtsinhaberschaft des übertragenden Rechtsträgers nicht über. Durch die Bezeichnung der zedierten Forderung im Spaltungsvertrag wird allerdings die aus dem Sicherungsverhältnis resultierende Rechtsposition übertragen (Widmann/Mayer/Mayer Rn. 179; Lutter/Priester Rn. 53; Semler/Stengel/Leonard/Schröer/Greitemann Rn. 67; Sagasser/Bula/Brünger Umwandlungen/Sagasser § 18 Rn. 131).

90 **hh) Besondere Rechte.** In den Spaltungsverträgen sind auch besondere Rechte wie etwa **Patente, Urheberrechte** oder **Markenrechte** aufzunehmen, sofern sie übertragen werden sollen. Dies gilt auch für selbstgeschaffene immaterielle Vermögensgegenstände, da es auf die Bilanzierungsfähigkeit nicht ankommt (→ Rn. 68). Bei Urheberrechten ist zwar nicht das Urheberrecht selbst, aber das einem Dritten am Werk eingeräumte Nutzungsrecht (§ 34 UrhG) übertragbar. Zum Zustimmungserfordernis des Urhebers → § 131 Rn. 42. Auch Patente können im Zusammenhang mit der Spaltung übertragen werden. Dies gilt sowohl für das Recht auf das Patent als auch für den Anspruch auf Erteilung des Patents und das Recht aus dem Patent (§ 15 I PatG). Zur Übertragung von Markenzeichen vgl. § 27 MarkenG, insbes. die Vermutung in § 27 II MarkenG. Die besonderen Rechte müssen im Spaltungsvertrag so genau bezeichnet werden, dass sie eindeutig bestimmt werden können.

ii) Beteiligungen. Bei zu übertragenden Beteiligungen an anderen Rechtsträ- 91
gern genügt im Regelfall die Angabe des Rechtsträgers sowie die Art und Höhe
der Beteiligung. Zur Übertragbarkeit → § 131 Rn. 38.

jj) Unternehmensverträge. Sollen Unternehmensverträge übertragen werden, 92
sind sie durch Angabe der beteiligten Rechtsträger, der Vertragsurkunde und ggf.
des Datums der HR-Eintragung zu bezeichnen (vgl. hierzu auch Fedke Der Konzern
2008, 533 (536); Henssler/Strohn/Galla/Cé. Müller Rn. 27; MHdB GesR VIII/
Schmidt § 22 Rn. 50). Zur Weitergeltung von Unternehmensverträgen nach der
Spaltung → § 131 Rn. 59 ff.

kk) Verbindlichkeiten. Der – relative – Komfort der Sonderrechtsnachfolge 93
wird bei der Übertragung von Verbindlichkeiten deutlich (→ Rn. 63). Während bei
der Einzelrechtsübertragung zwingend die Mitwirkung des Gläubigers notwendig
ist (§§ 414, 415 BGB), erübrigt sich dies bei der Sonderrechtsnachfolge im Zusammenhang
mit der Spaltung (→ § 131 Rn. 45). Die **Bezeichnung** von Verbindlichkeiten
richtet sich nach den Anforderungen, die auch für Forderungen bestehen
(→ Rn. 87 ff.). Oftmals wird man bei Verbindlichkeiten auf bereits bestehende Verzeichnisse
zurückgreifen können (→ Rn. 77).

Zu den aufzunehmenden Verbindlichkeiten gehören auch solche, deren Entstehung 94
noch ungewiss ist, die aber als **RSt** in der Bilanz bereits erfasst sind (§ 249
HGB) oder erfasst werden könnten (Art. 28 EGHGB), sofern sie übertragen werden
sollen (Semler/Stengel/Leonard/Schröer/Greitemann Rn. 68; Lutter/Priester
Rn. 53; Maulbetsch/Klumpp/Rose/Raible Rn. 75). Hierzu zählen etwa **Pensionen-**
(BAG DB 2005, 954 und ZIP 2008, 1935; → Rn. 113) und Gewährleistungsverpflichtungen.
Zum Verhältnis zu § 613a BGB → Vor § 35a Rn. 34. Die Bezeichnung
muss so genau sein, dass bei der Entstehung der Verbindlichkeit diese unzweifelhaft
einem Rechtsträger zugeordnet werden kann (etwa Angabe des
Rechtsgrundes). Oftmals wird eine Bezugnahme auf einen Teilbetrieb, in dem die
Verbindlichkeit begründet worden ist, genügen. Ferner gehören bei Ab- und Aufspaltungen
(zu Ausgliederungen vgl. → § 125 Rn. 15) zu den Verbindlichkeiten,
die zugeordnet werden müssen, auch die Verbindlichkeiten gegenüber den nach
§§ 125 iVm §§ 29 ff. gegen **Barabfindung** ausscheidenden Anteilsinhabern.
Wesentlich auf die Anteilsgewährung verzichtet werden (§ 125 ist hier die Angabe,
ob die Übertragung erfolgen soll. Zur gesamtschuldnerischen Haftung für diese
Verbindlichkeiten vgl. → § 125 Rn. 20 und → § 133 Rn. 14

Zur Frage der **Aufteilung** einzelner **Verbindlichkeiten** → § 131 Rn. 47; zu 95
Steuerverbindlichkeiten → § 131 Rn. 45.

Bereits begründete, aber noch **nicht bekannte Verbindlichkeiten** (etwa aus 96
gesetzlichen Schuldverhältnissen wie deliktische Ansprüche) gehen mangels
Bezeichnung im Spaltungsvertrag bei Abspaltung und Ausgliederung grds. nicht
über. Oftmals wird jedoch – etwa bei Verbindlichkeiten aus Produkthaftung – durch
(ergänzende) Vertragsauslegung eine Zuordnung zu einem übertragenen Geschäftsbetrieb
möglich sein. Zur Erfassung ungewisser Verbindlichkeiten bieten sich auch
Auffangklauseln, etwa Zuordnung zu dem verursachenden Teilbetrieb, an (Semler/
Stengel/Leonard/Schröer/Greitemann Rn. 68). Zu **„vergessenen" Verbindlichkeiten**
bei Aufspaltung → § 131 Rn. 125 ff.

ll) Vertragsverhältnisse. Der Spaltungsvertrag muss festlegen, welche Vertragsverhältnisse 97
übertragen werden sollen. Das gilt insbes. für Dauerschuldverhältnisse,
etwa Miet-, Pacht- und Leasingverträge (BGH NZG 2003, 1172; OLG München
NZG 2016, 662). Aufgrund der Sonderrechtsnachfolge bedarf die Vertragsübernahme
keiner Mitwirkung des Vertragspartners (für die Einzelrechtsübertragung
grds. §§ 414, 415 BGB analog; → § 131 Rn. 49). Die Vertragsverhältnisse müssen
so eindeutig bezeichnet werden, dass eine **Bestimmbarkeit** gewährleistet ist. Im

Regelfall wird eine Bezeichnung nach der Art, der Person des Vertragspartners und dem Datum des Vertragsschlusses genügen. Zur Möglichkeit der Aufteilung von Vertragsverhältnissen → § 131 Rn. 50 ff.

98 Im Spaltungsvertrag müssen – wegen der Registerpublizität unter Berücksichtigung datenschutzrechtlicher Vorgaben (hierzu Lutter/Priester Rn. 69 mwN) – auch die **Arbeitsverhältnisse** bezeichnet werden, die auf den übernehmenden Rechtsträger übergehen sollen. Diese Angaben sind insbes. notwendig bei Arbeitsverhältnissen, die ohne Betriebsübergang übergehen sollen oder deren Zuordnung zu einem Betrieb oder Betriebsteil nicht zweifelsfrei möglich ist (zB zentrale Einheiten; hierzu Boecken ZIP 1994, 1093; Gaul/Jares AuA 2014, 222). Zur Frage, ob die Festlegung der übergehenden Arbeitsverhältnisse wegen des Vorrangs von § 613a BGB im Einzelfall nur deklaratorische Bedeutung hat oder oft keine Wirkung entfaltet, → Vor § 35a Rn. 7.

99 Zum Übergang und zur möglichen Übertragbarkeit von **Pensionsverpflichtungen** vgl. BAG DB 2005, 954; ZIP 2008, 1935; → Rn. 93, → Rn. 113.

100 Für die Anstellungsverhältnisse von **Geschäftsführern/Vorständen** gilt § 613a BGB nicht; sie müssen im Spaltungsvertrag zugewiesen werden (Semler/Stengel/Leonard/Schröer/Greitemann Rn. 73; Lutter/Priester Rn. 69a; Kallmeyer/Sickinger Rn. 34).

101 **mm) Öffentlich-rechtliche Rechtspositionen.** Im Spaltungsvertrag müssen öffentlich-rechtliche Rechtspositionen (Genehmigungen, Konzessionen etc), die übertragen werden sollen, eindeutig bestimmt werden. Da sie regelmäßig schriftlich vorliegen, bereitet dies in der Praxis keine Probleme. Genehmigungen, Erlaubnisse etc, die mit übertragenden Gegenständen im Zusammenhang stehen, gehen auch ohne ausdrückliche Erwähnung über (Semler/Stengel/Leonard/Schröer/Greitemann Rn. 77; zur Übertragbarkeit → § 131 Rn. 69 ff.).

102 **nn) Prozessrechtsverhältnisse.** Bei Spaltungen muss keine Entscheidung darüber getroffen werden, wer die Rechtsnachfolge im Prozessrechtsverfahren antritt. Diese tritt kraft Gesetzes ein (Maulbetsch/Klumpp/Rose/Raible Rn. 80; näher → § 131 Rn. 72 ff.). Sinnvoll sind aber Ausgleichsregelungen (Erfolgsbeteiligung, Kostentragung) und Regelungen zur Prozessführung (Entscheidungen über Rechtsmittel, Vergleich etc) zwischen den Rechtsträgern (NK-UmwR/Fischer Rn. 47; Maulbetsch/Klumpp/Rose/Raible Rn. 80).

103 **m) Aufteilung der Anteile (Abs. 1 Nr. 10).** Nach Abs. 1 Nr. 10 muss im Spaltungsvertrag bei der Aufspaltung und der Abspaltung eine Bestimmung über die Aufteilung der Anteile oder Mitgliedschaften an den beteiligten Rechtsträger auf die Anteilsinhaber des übertragenden Rechtsträgers sowie die Angabe des Maßstabs hierfür enthalten sein. Für die Ausgliederung erübrigt sich diese Regelung, da alle Anteile oder Mitgliedschaften vom übertragenden Rechtsträger selbst gewährt werden. Diese Bestimmungen im Spaltungsvertrag sind notwendig, da die Spaltung – anders als im Grds. die Verschm – unter Veränderung der bisherigen Beteiligungsverhältnisse erfolgen kann. Zu den **Möglichkeiten** der **nichtverhältniswahrenden** Spaltung und den hierbei zu beachtenden Zustimmungserfordernissen vgl. § 128.

104 Wird eine **verhältniswahrende** Spaltung durchgeführt, so genügt im Grds. die Angabe im Spaltungsvertrag, dass die Aufteilung der Anteile nach Maßgabe der bisherigen Beteiligungsverhältnisse beim übertragenden Rechtsträger erfolgt sei (Lutter/Priester Rn. 73; Semler/Stengel/Leonard/Simon/Greitemann Rn. 83; NK-UmwR/Fischer Rn. 56; Maulbetsch/Klumpp/Rose/Raible Rn. 82; BeckOGK/Verse Rn. 118; MHdB GesR VIII/Schmidt § 22 Rn. 68). Allerdings sind über § 125 die besonderen Vorschriften des Verschmelzungsrechts (etwa §§ 40, 46) zu beachten (→ Rn. 106).

Bei Durchführung einer **nichtverhältniswahrenden** Spaltung bedarf es weiterer 105
Angaben (Lutter/Priester Rn. 74). Zunächst ist der Maßstab der Aufteilung abstrakt
zu beschreiben. Darüber hinaus muss aber regelmäßig auch die Aufteilung der
Anteile auf die einzelnen Anteilsinhaber konkret bezeichnet werden (Keßler/Kühnberger UmwR/Gündel Rn. 91; BeckOGK/Verse Rn. 119; MHdB GesR VIII/
Schmidt § 22 Rn. 69).

Hierbei sind **rechtsformspezifische** Anforderungen aus den besonderen Vor- 106
schriften zu beachten, die für die Festlegung des Umtauschverhältnisses gelten (zu
den Anforderungen aus den besonderen Vorschriften allg. → Rn. 115). Abs. 1
Nr. 10 wird insoweit von Abs. 1 Nr. 3 überlagert. So folgt bereits aus § 40 I (iVm
§ 125), dass der Betrag der Einlage jedes Gesellschafters bei einer übernehmenden
PhG angegeben werden muss. Für eine übernehmende **GmbH** ist über § 125 etwa
§ 46 zu beachten. Danach ist für jeden Anteilsinhaber des übertragenden Rechtsträgers der Nennbetrag des Geschäftsanteils zu bestimmen. Bei nichtverhältniswahrenden Spaltungen mit Änderungen der Beteiligungsverhältnisse an einer übertragenden
GmbH (→ § 128 Rn. 18) sind die Anforderungen nach § 46 auch bei dieser zu
beachten (auch → Vor §§ 138–140 Rn. 3). Es können nunmehr auch mehrere
Geschäftsanteile gewährt werden (vgl. § 5 II 2 GmbHG idF des MoMiG; Maulbetsch/Klumpp/Rose/Raible Rn. 83; vgl. auch Widmann/Mayer/Mayer Rn. 117:
Anspruch auf mehrere Anteile). Lediglich in den Fällen, in denen nicht bereits aus
der Festlegung des Umtauschverhältnisses auch die Aufteilung der Anteile unter den
Anteilsinhabern folgt, insbes. also bei der Beteiligung von **AG** und von **KGaA**, hat
Abs. 1 Nr. 10 eigenständige Bedeutung (Semler/Stengel/Leonard/Schröer/Greitemann Rn. 82).

Anzugeben ist auch die Aufteilung der **Anteile**/Mitgliedschaften **am übertra-** 107
genden Rechtsträger auf die Anteilsinhaber des übertragenden Rechtsträgers
(Kölner Komm UmwG/Simon Rn. 77; Maulbetsch/Klumpp/Rose/Raible
Rn. 84). Durch die am 1.8.1998 in Kraft getretene Änderung von Abs. 1 Nr. 10 und
§ 131 I Nr. 3 S. 1 wurde klargestellt, dass bei nichtverhältniswahrenden Spaltungen
Beteiligungsveränderungen auch beim übertragenden Rechtsträger als unmittelbare
Folge der Spaltung vorgenommen werden können; dies war zuvor str.

Auch bei einer nichtverhältniswahrenden Spaltung können die Anteile an den 108
Rechtsträger nur an diejenigen Anteilsinhaber gewährt werden, die an dem übertragenden Rechtsträger **bereits beteiligt** sind (zutr. Semler/Stengel/Leonard/
Schröer/Greitemann Rn. 84; BeckOGK/Verse Rn. 120; im Grds. auch Maulbetsch/Klumpp/Rose/Raible Rn. 85). Dies folgt bereits aus dem Wortlaut von
Abs. 1 Nr. 10 und auch aus § 131 I Nr. 3, der die dinglichen Wirkungen nur auf
die Anteilsinhaber des übertragenden Rechtsträgers erstreckt. Möglich ist aber eine
rechtsgeschäftliche Kombination von Spaltung und Beitritt (Semler/Stengel/Leonard/Schröer/Greitemann Rn. 84; weitergehend Lutter/Priester Rn. 74; auch
→ § 124 Rn. 6). Zu den Angaben über den Maßstab für die Aufteilung gehören
auch die Festsetzungen über **Ausgleichsleistungen** der **Anteilsinhaber** des übertragenden Rechtsträgers **untereinander** (Maulbetsch/Klumpp/Rose/Raible
Rn. 86; aA BeckOGK/Verse Rn. 119; zu Ausgleichsleistungen, die das Umtauschverhältnis beeinflussen, vgl. → Rn. 52). Diese sind grds. zulässig (→ § 128 Rn. 22).
Zwar können nichtverhältniswahrende Spaltungen ohnehin nur mit Zustimmung
aller Anteilsinhaber beschlossen werden (§ 128), gerade dies bedingt aber auch die
Angabe im Spaltungsvertrag, da nur durch die Bezeichnung der Gegenleistung der
Maßstab der Aufteilung, dem zugestimmt wird, vollständig angegeben wird. Auch
wird die Festlegung der Ausgleichsleistung eine Nebenabrede sein, ohne die wenigstens eine Partei der Spaltung nicht zustimmen würde. Sie ist damit im notariell
beurkundeten Spaltungsvertrag oder wenigstens in einer Bezugsurkunde aufzunehmen (→ Rn. 12).

109 Indessen müssen die betroffenen Anteilsinhaber nicht als Vertragspartner beteiligt sein. Die Rechtsträger handeln bei der Angabe der Ausgleichsleistungen – und damit deren Vereinbarung auf den Zeitpunkt des Wirksamwerdens – namens der jew. Anteilsinhaber, die durch die – zwingend einstimmigen (§ 128) – Spaltungsbeschlüsse zustimmen. Die schuldrechtliche Verpflichtung zwischen den jew. Anteilsinhabern auf Leistung des Ausgleichs wird also bereits durch den Spaltungsvertrag begründet (Maulbetsch/Klumpp/Rose/Raible Rn. 86).

110 **n) Arbeitsrechtliche Folgen, Zuleitung an Betriebsrat (Abs. 1 Nr. 11, Abs. 3).** Wie im Verschmelzungsvertrag müssen auch im Spaltungsvertrag die Folgen der Spaltung für die ArbN und ihre Vertretungen sowie die insoweit vorgesehenen Maßnahmen dargestellt werden (für den Verschmelzungsvertrag ausf. → § 5 Rn. 87 ff.). Die Regelung entspricht § 5 Abs. 1 Nr. 9 (für die Verschm) und § 194 Abs. 1 Nr. 7 (für den Formwechsel), sodass auf die Komm. zu → § 5 Rn. 87 ff. verwiesen werden kann.

111 Besonderheiten bei der Spaltung können sich etwa aus dem Übergangsmandat des Betriebsrats nach § 21a BetrVG, dem Entstehen eines gemeinsamen Betriebs (§ 132 Abs. 1), der Mitbestimmungsbeibehaltung (§ 132a), der Fortgeltung von Rechten nach § 132a oder aus Rechtsproblemen in Zusammenhang mit § 613a BGB ergeben (zur Bedeutung von § 613a BGB iVm § 35a bei der Spaltung und dessen Auswirkungen → Vor § 35a Rn. 2 ff., § 35a Rn. 14 ff.). Regelmäßig wird auch ein Hinweis auf die besondere kündigungsschutzrechtliche Stellung der ArbN nach Wirksamwerden der Spaltung (§ 132 Abs. 2 und § 35a Abs. 1) aufzunehmen sein. Ferner ist auf die besondere Haftung nach § 133 Abs. 3 S. 2, § 134 hinzuweisen (Semler/Stengel/Leonard/Simon Rn. 89). Erforderlich ist wegen der partiellen Gesamtrechtsnachfolge auch eine Regelung, welcher der beiden Rechtsträger in die Rechtsstellung als Vertragspartei eines **Haustarifvertrags** eintritt. Fehlt es an einer solchen Regelung, verbleibt der übertragende Rechtsträger in dieser Rechtsstellung (BAG NZA 2013, 512).

112 Problematisch bei der Spaltung kann ferner die **Zuordnung der ArbN** zu den übergehenden Betrieben bzw. Betriebsteilen sein (hierzu Gaul ArbR der Umstrukturierung/Gaul/B. Otto § 26 Rn. 226 mwN). Aus diesem Grund sind Angaben im Spaltungsvertrag notwendig (zB bei zentralen Einheiten; hierzu Boecken ZIP 1994, 1093; Gaul/Jares AuA 2014, 222). Deren Zuordnung zu dem übernehmenden Rechtsträger steht nicht im Belieben der an der Spaltung beteiligten Rechtsträger, sondern ist an die **zwingenden Vorgaben durch § 613a Abs. 1 S. 1 BGB** gebunden (Gaul ArbR der Umstrukturierung/Gaul/B. Otto § 26 Rn. 228; → § 35a Rn. 9 mwN), sofern im Rahmen der Spaltung ein Betrieb oder Betriebsteil auf einen übernehmenden Rechtsträger übertragen wird (ErK/Oetker Rn. 2). Der Spaltungs- und Übernahmevertrag kann daher die objektive Zugehörigkeit der ArbN zum jew. Betrieb bzw. Betriebsteil nicht aufheben (BAG NZA 2013, 277). Steht diese Zuordnung nicht im Einklang mit § 613a BGB (keine beliebige Zuordnung zum Spaltprodukt), scheidet ein Betriebsübergang aus; für einen Übergang der ArbVerh nach § 131 Abs. 1 S. 1 UmwG (partielle Gesamtrechtsnachfolge) ist dann die Zustimmung der ArbN erforderlich. Liegt die erforderliche Zustimmung der ArbN nicht vor, haben diese ein Wahlrecht, mit welchem der übernehmenden Rechtsträger das Arbeitsverhältnis fortgesetzt wird (zur Aufspaltung und Zuordnung nach Geschäftsbereichen BAG NZA 2018, 370). Ist mit der Spaltung auf Unternehmensebene auch eine Spaltung auf betrieblicher Ebene verbunden, kann damit eine Betriebsänderung iSd § 111 S. 3 Nr. 3 BetrVG verbunden sein, die umfassende Beteiligungsrechte des Betriebsrates auslöst (→ § 5 Rn. 97 ff. mwN). Kommt ein **Interessenausgleich** zustande, kann dieser in einer Namensliste auch die Zuordnung der ArbN festlegen (allerdings in den Grenzen des § 613a BGB, BAG NZA 2013, 277; 2018, 370; vertiefend Roloff/Plum ZIP 2019, 2288). Die dort getroffene

Zuordnungsentscheidung ist nur eingeschränkt – auf grobe Fehlerhaftigkeit – gerichtlich überprüfbar (§ 35a Abs. 1; → § 35a Rn. 11 f. mwN). Selbst wenn ein Interessenausgleich nicht zu Stande kommt, kann eine im Spaltungsvertrag vorgenommene Zuordnung – freilich ohne konstitutive Wirkung – praktisch sehr hilfreich sein, solange diese mit § 613a in Einklang gebracht werden kann (vgl. auch Kallmeyer/Willemsen § 324 Rn. 55: „quasi-konstitutive Bedeutung"; zu etwaigen Ausnahmen Gaul ArbR der Umstrukturierung/Gaul/B. Otto § 10 Rn. 234).

Die Zuordnung erlaubt auch die Zuweisung bestehender Ruhestandsverhältnisse **113** auf einen einzigen übernehmenden Rechtsträger, der darüber hinaus keine weiteren unternehmerischen Aufgaben verfolgt (**"Rentnergesellschaft"**). Die Zustimmung des Pensionssicherungsvereins oder der Zuwendungsempfänger ist hierfür nicht erforderlich; § 4 BetrAVG ist bei einer Gesamtrechtsnachfolge nicht anwendbar (stRspr, vgl. BAG NZA 2005, 639; 2009, 790). Allerdings kann eine unzureichende Ausstattung der Rentnergesellschaft Schadenersatzansprüche der Zuwendungsempfänger auslösen, führt aber nicht zur Unwirksamkeit der partiellen Gesamtrechtsnachfolge (BAG NZA 2009, 790; zum Ganzen Gaul ArbR der Umstrukturierung/ Hofelich § 34 Rn. 360 ff.). Für Versorgungsansprüche beschäftigter Arbeitnehmer gilt § 35a Abs. 2 UmwG iVm § 613a BGB.

Entsprechend der Regelung bei der Verschm (vgl. § 5 Abs. 3) muss auch der **114** Spaltungsvertrag nach Abs. 3 spätestens einen Monat vor der Beschlussfassung dem zuständigen Betriebsrat (zur Zuständigkeit → § 5 Rn. 116 ff.) zugeleitet werden (zum möglichen Verzicht auf die Monatsfrist und ggf. auf die Zuleitung insges. → § 5 Rn. 125 mwN).

8. Weitere Anforderungen aus den besonderen Vorschriften

Weitere Anforderungen an den Spaltungsvertrag folgen aus den rechtsformabhängigen besonderen Vorschriften des – über §§ 135, 125 entsprechend anwendbaren – **115** Zweiten Buches (Verschm). Hierzu zählen § 29 (**Abfindungsangebot**), § 40 (PhG), § 46 (GmbH), § 80 (eG), § 109 (VVaG). Vgl. iE dort und → Rn. 24, → Rn. 103 ff.).

9. Sinnvolle Bestandteile

Über den in Abs. 1 und in den besonderen Vorschriften festgelegten Mindestinhalt **116** hinaus bietet sich im Einzelfall noch die Aufnahme weiterer Klauseln an. Hierzu zählen bspw.:
– Bestandsgarantien für den Umfang und den Wert des übernommenen Vermögens (ausf. Kallmeyer/Sickinger Rn. 44 ff.);
– Vereinbarung von Kündigungs- und Rücktrittsrechten (→ § 7 Rn. 7 ff.);
– Aufnahme von Bedingungen und Befristungen (→ § 7 Rn. 4); so kann zur Durchführung einer Kettenumwandlung der Umwandlungsvertrag unter der aufschiebenden Bedingung geschlossen werden, dass eine vorherige Umw durch Eintragung wirksam wird (OLG Hamm NZG 2007, 914);
– Vereinbarungen über die **Bestellung** von **Organen** beim übernehmenden Rechtsträger (Lutter/Priester Rn. 88);
– Vereinbarung zur Ausübung von stl. (etwa §§ 11, 3, 20, 21, 24 UmwStG) und handelsbilanziellen (§ 24) **Wahlrechten;**
– Kostentragungspflicht, auch im Falle des Scheiterns der Spaltung (zum Gründungsaufwand auch → Rn. 116);
– Auslegungshilfen für **vergessene** Gegenstände (→ § 131 Rn. 100 ff.);
– Vereinbarungen über die Übertragung von Surrogaten, die an die Stelle von zum Zeitpunkt des Wirksamwerdens der Spaltung nicht mehr vorhandenen Gegenstände getreten sind (**Substitutions- und Auffangklauseln;** → Rn. 80, → § 131 Rn. 77 ff.);

Neben den vorstehenden Klauseln sollte regelmäßig auch geregelt werden, wie –
meist durch Einrichtung von Verrechnungskonten – gewährleistet wird, dass das
mit dem übertragenen Vermögen seit dem Spaltungsstichtag (Abs. 1 Nr. 6) erwirtschaftete Ergebnis bereits dem übernehmenden Rechtsträger zugerechnet wird
(auch → § 17 Rn. 83);
- den Inhalt eines uU notwendigen KapErhB;
- Vereinbarung von Vinkulierungen (insbes. wegen § 15 II UmwStG: drohende
  Aufdeckung stiller Reserven; Kallmeyer/Sickinger Rn. 53) oder anderer Satzungsbestimmungen (Lutter/Priester Rn. 87); → UmwStG § 15 Rn. 133 ff.;
- Regelungen zum **Gesamtschuldnerausgleich** aufgrund der Haftung nach
  §§ 133 f. (→ § 133 Rn. 16; Kallmeyer/Sickinger Rn. 58; Lutter/Priester
  Rn. 91);
- Regelungen zum Ausschluss der Haftung wegen Firmenfortführung (→ § 133
  Rn. 17 ff.);
- kartellrechtlicher Vollzugsvorbehalt;
- Klauseln zur treuhänderischen Verwaltung und nachträglichen Übertragung von
  nicht (sofort) übergehenden Vermögensgegenständen, insbes. ausl. Vermögen
  (dazu Kollmorgen/Feldhaus BB 2007, 2189; Lutter/Priester Rn. 93);
- ergänzende Vereinbarungen, mittels denen nur das **wirtschaftliche Eigentum**
  übertragen werden soll;
- ergänzende Vereinbarungen, mittels denen Gegenstände anderer Rechtsträger
  zusätzlich übertragen werden sollen (etwa wesentliche Betriebsgrundlagen des stl.
  SBV, etwa Betriebsgrundstücke im Eigentum der Anteilsinhaber).

10. Wirksamkeit des Spaltungsvertrages

117 Besondere Bedeutung hat das Zustimmungserfordernis der Anteilsinhaber nach § 13 (iE → § 13 Rn. 1 ff.). Daneben kann ein Spaltungsvertrag nach allg. zivilrechtlichen Regelungen auch mangelhaft sein (iE → § 4 Rn. 16 ff.).

11. Kosten der Beurkundung

118 Der Spaltungsvertrag (Spaltung durch Aufnahme) ist ein Austauschvertrag nach § 97 III GNotKG. Maßgebend für den **Geschäftswert** ist die bilanzielle Aktivsumme (ohne Schuldenabzug) des übergehenden Vermögens (BayObLG DB 1997, 970), mindestens jedoch 30.000 Euro und höchstens 10 Mio. Euro (§ 107 I 1 GNotKG).

119 In gleicher Weise wird der Geschäftswert der Zustimmungsbeschlüsse ermittelt (§ 108 III GNotKG). Allerdings beträgt der Höchstwert 5 Mio. Euro (§ 108 V GNotKG). Die Beschlüsse der Anteilsinhaber bei mehreren Rechtsträgern in einer Urkunde betreffen denselben Gegenstand (§ 109 II Nr. 4 lit. g GNotKG). Dies gilt auch für den Kapitalerhöhungsbeschluss. Beschlüsse und Spaltungsvertrag sind indes unterschiedliche Gegenstände (§ 110 Nr. 1 GNotKG). Demzufolge sind die Gegenstandswerte zu addieren (§ 35 I GNotKG). Der gesamte Höchstwert beträgt damit 15 Mio. Euro. Getrennte Zustimmungserklärungen (ansonsten gegenstandsgleich) einzelner Anteilsinhaber lösen eine einfache Gebühr auf den halben Gegenstandswert (höchstens 1 Mio. Euro, § 98 IV GNotKG) – bezogen auf den Bruchteil des zustimmenden Anteilsinhabers – aus (§ 98 I, II GNotKG).

120 Für die Beurkundung fällt eine doppelte Gebühr nach KV 21100 GNotKG an.

121 Zu berücksichtigen sind ferner regelmäßig eine **Vollzugsgebühr** (Übernehmerliste, Gesellschafterliste, KV 21113 GNotKG, jew. höchstens 250 Euro) und etwa eine halbe **Betreuungsgebühr** (KV 22200 GNotKG) für die Bescheinigung nach § 40 II GmbHG.

122 Als **weitere Kosten** kommen insbes. die Beratungskosten und die Kosten für die Bewertung (Unternehmensbewertung), für die Prüfungs- und für die Berichtspflich-

ten in Betracht. Bei einem großen Kreis von Anteilsinhabern dürfen die Kosten für die Benachrichtigung nicht vernachlässigt werden.

Bei einer Spaltung zur Neugründung auf KapGes müssen die vom übernehmenden Rechtsträger zu tragenden Kosten in dessen **Satzung** aufgenommen werden (Lutter/Priester Rn. 95; Kallmeyer/Sickinger Rn. 63b). 123

§ 127 Spaltungsbericht

¹**Die Vertretungsorgane jedes der an der Spaltung beteiligten Rechtsträger haben einen ausführlichen schriftlichen Bericht zu erstatten, in dem die Spaltung, der Vertrag oder sein Entwurf im einzelnen und bei Aufspaltung und Abspaltung insbesondere das Umtauschverhältnis der Anteile und die bei seiner Ermittlung gewählten Bewertungsmethoden oder die Angaben über die Mitgliedschaften bei den übernehmenden Rechtsträgern, der Maßstab für ihre Aufteilung sowie die Höhe einer anzubietenden Barabfindung und die zu ihrer Ermittlung gewählten Bewertungsmethoden rechtlich und wirtschaftlich erläutert und begründet werden (Spaltungsbericht); der Bericht kann von den Vertretungsorganen auch gemeinsam erstattet werden.** ²**§ 8 Absatz 1 Satz 3 bis 5, Absatz 2 und 3 ist entsprechend anzuwenden; bei Aufspaltung ist § 8 Absatz 3 Satz 3 Nummer 1 Buchstabe a nicht anzuwenden.**

Übersicht

	Rn.
1. Allgemeines	1
2. Darstellung des Aufteilungsmaßstabs	5
3. Angaben zur Anteilsgewährung bei der Ausgliederung	9
4. Haftungsrisiken	11
5. Steuerliche Risiken, bilanzielle Folgen	13
6. Beschränkung auf Teilbereiche	16
7. Besondere Schwierigkeiten	17
8. Verbundene Unternehmen	18
9. Gemeinsamer Bericht	19
10. Geheimnisschutz	20
11. Verzicht auf den Spaltungsbericht, Ausnahmen	21
12. Information der Anteilsinhaber	23
13. Mängel des Spaltungsberichts	24

1. Allgemeines

Regelungsgegenstand der Vorschrift ist der Spaltungsbericht. Er entspricht nach 1 Funktion und inhaltlichen Anforderungen grds. dem Verschmelzungsbericht nach § 8. Ergänzend ist beim Spaltungsbericht für eine Aufspaltung oder Abspaltung der Maßstab für die Aufteilung der gewährten Anteile unter den Anteilsinhabern des übertragenden Rechtsträgers zu erläutern und zu begründen. Aufgrund dieser Erweiterung hat sich der Gesetzgeber anstelle der vollständigen Verweisung auf § 8 für eine Ausformulierung entschieden (Begr. RegE, BR-Drs. 75/94 zu § 127). Die Vorschrift erfasst **alle Arten der Spaltung**, auch die Ausgliederung und Spaltungen zur Neugründung (§ 135 I 1). Für **AG** vgl. auch § 143. Die Vorschrift wurde zuletzt durch das UmRUG geändert.

Mit Aufnahme der Norm in das UmwG hat der Gesetzgeber – soweit AG betrof- 2 fen sind – den Vorgaben durch Art. 141 GesR-RL (zuvor Art. 7 RL 82/891/EWG) entsprochen; auch → Vor § 123 Rn. 15 ff.).

3 Zu den formellen und inhaltlichen Anforderungen an den Spaltungsbericht, insbes. zur Erläuterung und Begr. des **gesamten Spaltungsvertrags** vgl. zunächst → § 8 Rn. 1 ff. Die Berichtspflicht beschränkt sich nicht auf die zu übertragenden Vermögensteile (→ Rn. 16). Ein Schwerpunkt wird vielfach die Aufteilung der Vermögensgegenstände (Aktiva und Passiva), der Rechtsverhältnisse und der ArbVerh sein, deren Auswirkungen erläutert und begründet werden müssen. Zur Schriftform vgl. BGH NZG 2007, 714 (obiter dictum); → § 8 Rn. 6 f. Eine Unterzeichnung durch Organmitglieder in vertretungsberechtigter Anzahl ist auch beim Spaltungsbericht ausreichend (Semler/Stengel/Leonard/Gehling Rn. 7; Kölner Komm UmwG/Simon Rn. 9; Henssler/Strohn/Galla/Cé. Müller Rn. 3; Widmann/Mayer/Mayer Rn. 10; NK-UmwR/Fischer Rn. 7; HK-UmwG/Raible Rn. 9; BeckOGK/Verse Rn. 12; aA Lutter/Schwab Rn. 10 f.; Kallmeyer/Sickinger Rn. 4). Dies lässt indes die Gesamtverantwortung aller Organmitglieder unberührt (Kölner Komm UmwG/Simon Rn. 6). Im Folgenden werden nur die **Besonderheiten** beim Spaltungsbericht dargestellt. Zur Anwendung der Spaltungsvorschriften – etwa über den Spaltungsbericht – bei Spaltungen durch **Einzelrechtsübertragung** → § 123 Rn. 24 und → § 1 Rn. 61 ff.; ergänzend § 142 II.

4 Kraft ausdrücklicher Anordnung kann – wie bei der Verschm (→ § 8 Rn. 9) – ein **gemeinsamer** Spaltungsbericht erstellt werden (§ 127 S. 1 Hs. 2). Einschränkungen bei der Spaltung existieren nicht (Semler/Stengel/Leonard/Gehling Rn. 6; HK-UmwG/Raible Rn. 11; BeckOGK/Verse Rn. 12; aA Lutter/Schwab Rn. 15: ein gemeinsamer Bericht für den als Hauptschuldner fungierenden Rechtsträger und dem bloßen Mithafter verbieten sich). Auch ein gemeinsamer Bericht einiger Rechtsträger und Einzelberichte anderer Rechtsträger sind möglich (Lutter/Schwab Rn. 14; Semler/Stengel/Leonard/Gehling Rn. 6; Kölner Komm UmwG/Simon Rn. 11; HK-UmwG/Raible Rn. 11; Keßler/Kühnberger/Gündel Rn. 6; BeckOGK/Verse Rn. 15).

2. Darstellung des Aufteilungsmaßstabs

5 Der Spaltungsbericht muss neben den beim Verschmelzungsbericht notwendigen Inhalten (insbes. Erläuterung und Begr. des Umtauschverhältnisses) auch den **Maßstab** für die **Aufteilung** der gewährten Anteile unter den Anteilsinhabern rechtlich und wirtschaftlich erläutern und begründen. Die Anforderungen hieran sind davon abhängig, ob eine verhältniswahrende oder eine nichtverhältniswahrende Spaltung durchgeführt wird (zum Begriff und den Möglichkeiten der nichtverhältniswahrenden Spaltung → § 128 Rn. 4 ff.).

6 Bei einer **verhältniswahrenden Spaltung** wird im Regelfall die Angabe genügen, dass Maßstab für die Aufteilung das bisherige Beteiligungsverhältnis war (Semler/Stengel/Leonard/Gehling Rn. 29; Kallmeyer/Sickinger Rn. 7; Lutter/Schwab Rn. 30; Kölner Komm UmwG/Simon Rn. 24; HK-UmwG/Raible Rn. 30; Keßler/Kühnberger/Gündel Rn. 17; NK-UmwR/Fischer Rn. 19; BeckOGK/Verse Rn. 34; MHdB GesR VIII/Klaaßen-Kaiser § 23 Rn. 22). Vgl. auch → § 126 Rn. 104. Bei rechtsqualitativen Änderungen haben aber trotz Beibehaltung der Quote Erläuterungen zu erfolgen (zutr. Lutter/Schwab Rn. 31; ebenso Keßler/Kühnberger/Gündel Rn. 18; Widmann/Mayer/Mayer Rn. 24; MHdB GesR VIII/Klaaßen-Kaiser § 23 Rn. 22). Ferner sind auch **sonstige Ausgleichsleistungen** darzustellen und zu begründen (→ § 126 Rn. 52, § 106 und → § 128 Rn. 22; HK-UmwG/Raible Rn. 30; HK-UmwG/Raible § 128 Rn. 13). Bei einer **nichtverhältniswahrenden** Spaltung ist zu differenzieren:

7 Führt die nichtverhältniswahrende Spaltung lediglich zu einer von den bisherigen Beteiligungsverhältnissen abweichenden Beteiligung an den Rechtsträgern, ohne dass sich der Gesamtwert der Beteiligungen der einzelnen Anteilsinhaber verändert, ist im Spaltungsbericht darzustellen und zu begründen, warum gerade die getroffene

Aufteilung einen angemessenen Ausgleich für jeden Anteilsinhaber darstellt (Keßler/Kühnberger/Gündel Rn. 21; Widmann/Mayer/Mayer Rn. 25; HK-UmwG/Raible Rn. 30). Zwar ist auch in diesem Fall Maßstab für die Aufteilung die bisherige Beteiligung. Eine Beschränkung auf diese Angabe würde jedoch nicht dem Sinn und Zweck des Spaltungsberichts entsprechen. Dieser ist das wichtigste Informationsmittel für den Anteilsinhaber, der beurteilen können muss, ob der angestrebte Maßstab auch umgesetzt worden ist.

Soll dagegen mit der nichtverhältniswahrenden Spaltung auch eine Veränderung 8 der Wertverhältnisse bewirkt werden, so sind die Gründe hierfür im Einzelnen anzugeben. Indessen muss auch in diesem Fall ergänzend erläutert und begründet werden, warum die getroffene Aufteilung dem beabsichtigten – nichtverhältniswahrenden – Maßstab entspricht, sofern sich dies nicht bereits aus den Ausführungen zum Umtauschverhältnis ergibt (Keßler/Kühnberger/Gündel Rn. 21; HK-UmwG/Raible Rn. 30).

3. Angaben zur Anteilsgewährung bei der Ausgliederung

Nach dem Wortlaut von § 127 S. 1 Hs. 1 muss der Spaltungsbericht bei einer 9 Ausgliederung keine Angaben zum Umtauschverhältnis enthalten. Dies ist folgerichtig, da bei der Ausgliederung kein Anteiltausch im eigentlichen Sinne stattfindet (zur Tauglichkeit des Begriffs „Umtauschverhältnis" → § 126 Rn. 20). Gleichwohl wird bei der Ausgliederung eine Gegenleistung gewährt. Nähere Ausführungen hierzu im Spaltungsbericht erübrigen sich zwar bei einer Ausgliederung zur Neugründung, denn hier erhält der übertragende Rechtsträger alle Anteile am übernehmenden Rechtsträger. Anders ist die Interessenlage jedoch bei einer Ausgliederung zur Aufnahme, wenn am übernehmenden Rechtsträger Dritte oder die Anteilsinhaber des übertragenden Rechtsträgers in einem abw. Beteiligungsverhältnis beteiligt sind. Dann ist es für die Anteilsinhaber des übertragenden Rechtsträgers von Bedeutung, wie viele Anteile des übernehmenden Rechtsträgers dem übertragenden Rechtsträger gewährt werden. Denn nur wenn die Anteile am übernehmenden Rechtsträger einen angemessenen Ausgleich für den oder die übertragenen Vermögensteile darstellen, bleibt die Vermögenssphäre der Anteilsinhaber des übertragenden Rechtsträgers unbeeinflusst (zur ähnlich gelagerten Problematik der Angaben im Spaltungsvertrag → § 126 Rn. 36 ff.).

Unter Beachtung von Sinn und Zweck des Spaltungsberichts sind entsprechende 10 Angaben zur **Anzahl** der gewährten **Anteile** und deren **Angemessenheit** daher auch bei der Ausgliederung notwendig (ebenso Kallmeyer/Sickinger Rn. 7; Lutter/Schwab Rn. 29; Semler/Stengel/Leonard/Gehling Rn. 36; Kölner Komm UmwG/Simon Rn. 18, 20; Keßler/Kühnberger/Gündel Rn. 22; NK-UmwR/Fischer Rn. 16; HK-UmwG/Raible Rn. 31; BeckOGK/Verse Rn. 34; MHdB GesR VIII/Klaaßen-Kaiser § 23 Rn. 24; Veil ZIP 1998, 361 (363)). Nur dann wird die Spaltung umfassend rechtlich und wirtschaftlich erläutert und begründet. Eine Erläuterung lediglich der Gründe für die Ausgliederung erfüllt diese Anforderungen nicht (so aber Begr. RegE, BR-Drs. 75/94 zu § 127).

4. Haftungsrisiken

Ebenso wie bei Verschm ist im Spaltungsbericht zu den Risiken aus der Über- 11 nahme von Verbindlichkeiten auszuführen. Besonderheiten bestehen bei der Spaltung, da alle beteiligten Rechtsträger – zeitlich befristet – nach §§ 133, 134 auch für übertragene bzw. nicht übernommene Verbindlichkeiten als **Gesamtschuldner** haften. Dies bedingt zunächst erläuternde und begründende Aussagen zur Aufteilung der Verbindlichkeiten auf die Rechtsträger. Bei der in der Praxis häufigen Übertragung von Betrieben oder Betriebsteilen muss die Zugehörigkeit der Verbindlichkeiten zu diesen Teilbereichen dargestellt werden. Werden Verbindlichkeiten ganz oder überwiegend einem Rechtsträger zugeordnet, erfordert dies eine erschöpfende Information über die Gründe und ggf. den Aufteilungsmaßstab. Darüber hinaus muss auch angegeben werden, ob und wie derjenige Rechtsträger, dem die Verbindlichkeiten zugeordnet werden, zu deren Begleichung in der Lage ist. Dazu bedarf es regelmäßig nicht nur einer statischen Gegenüberstellung des jew. zu übertragenden Aktiv- und Passivvermögens, sondern auch einer Erläuterung der damit verbundenen **Ertragskraft** (zutr. Lutter/Schwab Rn. 22) und der **Liquidität** (Semler/Stengel/Leonard/Gehling Rn. 18; HK-UmwG/Raible Rn. 21; vgl. auch Widmann/Mayer/Mayer Rn. 19; BeckOGK/Verse Rn. 24; MHdB GesR VIII/Klaaßen-Kaiser § 23 Rn. 13). Hieraus müssen sich die wirtschaftlichen Chancen und Risiken aufgrund der Vermögensaufteilung ergeben (Kölner Komm UmwG/Simon Rn. 16). Auch auf die Verpflichtung zur Sicherheitsleistung nach § 133 I 2 ist hinzuweisen (Goutier/Knopf/Tulloch/Goutier Rn. 2; HK-UmwG/Raible Rn. 21; vgl. auch aA Semler/Stengel/Gehling Rn. 19). Die mögliche Entwicklung ist zu prognostizieren (Kallmeyer/Sickinger Rn. 5; Semler/Stengel/Leonard/Gehling Rn. 19; insoweit einschränkend Goutier/Knopf/Tulloch/Goutier Rn. 5).

12 Diese Angaben zur Leistungsfähigkeit des als Hauptschuldner vorgesehenen Rechtsträgers dienen auch der Einschätzung von **Haftungsrisiken** nach §§ 133, 134. Ebenso ist ein möglicher **Gesamtschuldnerausgleich** und die Fähigkeit der mithaftenden Rechtsträger, diesen zu erfüllen, darzulegen (Lutter/Schwab Rn. 24; Semler/Stengel/Gehling Rn. 19; Kölner Komm UmwG/Simon Rn. 15; Widmann/Mayer/Mayer Rn. 19; HK-UmwG/Raible Rn. 21).

5. Steuerliche Risiken, bilanzielle Folgen

13 Spaltungen sind im Vergleich zur Verschm stl. meist riskanter. Zum einen setzt eine steuerneutrale Spaltung die Übertragung (und bei §§ 15, 16 UmwStG bei Abspaltungen auch Zurückbehaltung) von (fiktiven) Teilbetrieben voraus (§§ 15, 20, 21, 24 UmwStG). Der Spaltungsbericht muss demzufolge bei beabsichtigter Steuerneutralität erläutern und begründen, dass diese Voraussetzungen erfüllt sind, zumal bei einem Verstoß gegen das (doppelte) Teilbetriebserfordernis die Spaltung auch für die Anteilsinhaber nicht steuerneutral ist (→ UmwStG § 15 Rn. 108; ebenso HK-UmwG/Raible Rn. 22; BeckOGK/Verse Rn. 23;). Dies kann im Einzelfall äußerst anspruchsvoll sein (etwa Zuordnung von wesentlichen Betriebsgrundlagen, früheres Vorhandensein von spaltungshindernden Vermögensgegenständen; vgl. iE etwa → UmwStG § 15 Rn. 1 ff.).

14 Zum anderen ist die Steuerneutralität auch nach Wirksamwerden der Spaltung **nach § 15 II UmwStG** durch Veräußerungen gefährdet (→ UmwStG § 15 Rn. 133 ff.). Auf dieses Risiko ist hinzuweisen, die hierfür vorgesehenen Schutzmechanismen (etwa Vinkulierung etc) sind zu erläutern (BeckOGK/Verse Rn. 23).

15 Die durch den Vermögensabgang beim übertragenden und den Vermögenszugang beim übernehmenden Rechtsträger ausgelösten **bilanziellen Folgen** (→ § 17 Rn. 53 ff.) sind darzustellen. Dies umfasst insbes. auch die beabsichtigte Ausübung des Wahlrechts nach § 24 und anderer Bewertungs- und Ansatzwahlrechte (Widmann/Mayer/Mayer Rn. 17; HK-UmwG/Raible Rn. 23). Die Entscheidungen sind zu begründen. Im besonderen Maß gilt dies, wenn durch die Spaltung voraussichtliche Spaltungsgewinne oder -verluste entstehen, weil dies unmittelbar der Ausschüttungsinteressen der Anteilsinhaber berührt (→ § 24 Rn. 34 f., 41, 46, 51 f., 55, 72 f.). Eine beim übertragenden Rechtsträger notwendige **Kapitalherabsetzung** (vgl. §§ 139, 145) ist ausf. darzustellen und zu begründen (Semler/Stengel/Leonard/Gehling Rn. 20; Widmann/Mayer/Mayer Rn. 21). Gleiches gilt für die Erfüllung der Kapitalaufbringungsvorschriften beim übernehmenden Rechtsträger (Semler/Stengel/Leonard/Gehling Rn. 20).

6. Beschränkung auf Teilbereiche

Eine Beschränkung der Berichtspflicht auf die zu übertragenden Teile (Betriebsteile, Geschäftsbereiche, Filialen etc) ist nicht möglich (HK-UmwG/Raible Rn. 16; Keßler/Kühnberger/Gündel Rn. 14; BeckOGK/Verse Rn. 19; MHdB GesR VIII/Klaaßen-Kaiser § 23 Rn. 8; teilw. anders Widmann/Mayer/Mayer Rn. 21.2; Lutter/Schwab Rn. 20; Semler/Stengel/Leonard/Gehling Rn. 15). Bei den übernehmenden Rechtsträgern verbietet sich dies schon wegen der gesamtschuldnerischen Haftung (→ Rn. 11). Deren Anteilsinhaber haben ein Interesse daran, über die Gesamtsituation des übertragenden Rechtsträgers informiert zu werden. Auch die Anteilsinhaber des übertragenden Rechtsträgers können sich im Regelfall nur bei Kenntnis der gesamten Situation die Sinnhaftigkeit der Spaltung beurteilen. Die Anforderungen an die Informationsdichte sind allerdings hinsichtlich der nicht betroffenen Bereiche geringer (BeckOGK/Verse Rn. 19; MHdB GesR VIII/Klaaßen-Kaiser § 23 Rn. 8). Aber auch bei einer Ausgliederung zur Neugründung sind die Auswirkungen auf den übertragenden Rechtsträger (zB organisatorische Eingliederung der TochterGes, bilanzielle Auswirkungen, stl. Auswirkungen der künftigen internen Geschäftsbeziehungen, Finanzierung der TochterGes) zu erläutern.

7. Besondere Schwierigkeiten

Nach § 8 I 3, der anwendbar ist (§ 127 S. 2 Hs. 1), muss im Spaltungsbericht auf besondere Schwierigkeiten bei der Bewertung hingewiesen werden. Solche treten etwa bei der Übertragung von einzelnen Vermögensgegenständen auf bestehende Rechtsträger auf (Kallmeyer/Sickinger Rn. 11; Keßler/Kühnberger/Gündel Rn. 25; NK-UmwR/Fischer Rn. 26; HK-UmwG/Raible Rn. 34; BeckOGK/Verse Rn. 36). Dann kann die Problematik auftauchen, dass unterschiedliche Bewertungsverfahren anzuwenden sind. Der Wert des übernehmenden Rechtsträgers wird regelmäßig als Unternehmenswert (Unternehmensbewertung; iE → § 5 Rn. 10 ff.) ermittelt werden. Diese Verfahren, insbes. auf der Basis des Ertragswerts, taugen oftmals nicht für die Bewertung von Einzelgegenständen. Es muss dann erläutert werden, nach welchen Grundsätzen und unter welchen Prämissen der Einzelgegenstand bewertet worden ist. Schwierigkeiten kann auch bereiten, dass ein Vermögensgegenstand aus der Sicht des übertragenden Rechtsträgers einen anderen Wert hat als aus der Sicht des übernehmenden Rechtsträgers. Dies gilt umso mehr, wenn sich die Verwendung des Gegenstandes ändert. Zu Besonderheiten der Unternehmensbewertung bei Spaltungen vgl. eingehend Heurung DStR 1997, 1302 (1341); Heurung WPg 1998, 201. Zur Bestimmung des Gegenwerts → § 126 Rn. 19 ff. Wegen des Charakters von § 127 als Schutzvorschrift für die Anteilseigner (→ § 8 Rn. 1) genügt es nicht, lediglich formelhaft auf das Vorhandensein oder Nichtvorhandensein besonderer Schwierigkeiten hinzuweisen.

8. Verbundene Unternehmen

§ 127 S. 2 Hs. 1 verweist auch auf § 8 I 4, 5. Der Spaltungsbericht hat sich daher ggf. auch auf Angelegenheiten von verbundenen Unternehmen zu erstrecken. Es ist über alle Angelegenheiten zu berichten, die für das Spaltungsvorhaben wesentlich sind (Umwandlungsrelevanz; Lutter/Schwab Rn. 41). Die Anforderungen sind bei der Spaltung einer OberGes strenger und umfassender als bei der Spaltung einer UnterGes. Bei der Spaltung eines herrschenden Unternehmens sind die Auswirkungen auf den gesamten Konzern darzustellen (Lutter/Schwab Rn. 44; Kallmeyer/Sickinger Rn. 14; HK-UmwG/Raible Rn. 39). Die Vertretungsorgane sind auch insoweit zur Auskunft verpflichtet. Zu Einzelheiten → § 8 Rn. 27 f.

9. Gemeinsamer Bericht

19 Ebenso wie der Verschmelzungsbericht kann der Spaltungsbericht von den Vertretungsorganen gemeinsam erstellt werden (§ 127 S. 1 Hs. 2; → Rn. 4, iE → § 8 Rn. 9 f.).

10. Geheimnisschutz

20 § 127 S. 2 Hs. 1 verweist ferner auf § 8 II. Danach brauchen im Spaltungsbericht geheimnisschutzwürdige Tatsachen nicht aufgenommen werden (zu Einzelheiten → § 8 Rn. 29 ff.).

11. Verzicht auf den Spaltungsbericht, Ausnahmen

21 Auf die Erstattung des Spaltungsberichts kann verzichtet werden. Die Voraussetzungen entsprechen denen des **Verzichts** auf einen Verschmelzungsbericht, da § 127 S. 2 Hs. 1 auf § 8 III 1 verweist (zu Einzelheiten → § 8 Rn. 36). Der Verweis umfasst auch auf § 8 III 3. Unmittelbar erfasst ist die Abspaltung oder Ausgliederung von der 100%igen Tochter auf die Mutter (§ 8 III 3 Nr. 1 lit. a). In diesem Fall ist ein Bericht nicht erforderlich (zutr. Semler/Stengel/Leonard/Gehling Rn. 51; Kölner Komm UmwG/Simon Rn. 36; HK-UmwG/Raible Rn. 5; Keßler/Kühnberger Gündel Rn. 9; NK-UmwR/Fischer Rn. 33; Widmann/Mayer/Mayer Rn. 64; Sagasser/Bula/Brünger Umwandlungen/Sagasser § 18 Rn. 162; MHdB GesR VIII/Klaaßen-Kaiser § 23 Rn. 49; aA Lutter/Schwab Rn. 54: wegen Verlust des konzerninternen Haftungsschutzes). Bei der Aufspaltung ist der Spaltungsbericht nicht entbehrlich, da die Situation nicht eintreten kann, was Hs. 2 klarstellt (vgl. Begr. RegE, BT-Drs. 20/3822 zu § 127). Im umgekehrten Fall (Ausgliederung von der Mutter auf die 100%ige TochterGes) fällt die Berichtspflicht nicht weg (HK-UmwG/Raible Rn. 5; Lutter/Schwab Rn. 53; BeckOGK/Verse Rn. 49; aA Sagasser/Bula/Brünger Umwandlungen/Sagasser § 18 Rn. 162). Aber auch in den Fallgruppen nach § 8 III 3 Nr. 1 lit. b (100 %ige Schwestern-Spaltung) und § 8 III 3 Nr. 2 (Rechtsträger mit nur einem Anteilsinhaber) bedarf es keines Spaltungsberichts.

22 Weitere **Ausnahmen** folgen aus den besonderen Vorschriften. Bei der Ausgliederung aus dem Vermögen eines Einzelkaufmanns ist ein Ausgliederungsbericht für ihn nicht erforderlich (§ 153). Über § 125 ist auch § 41 zu beachten. Vgl. ferner §§ 162, 169 (Stiftung und Gebietskörperschaften). Zur Entbehrlichkeit analog § 41 bei einer GmbH & Co. KG, bei der alle Kommanditisten zugleich Geschäftsführer der Komplementär-GmbH sind vgl. OLG Rostock NJW-RR 2021, 490.

12. Information der Anteilsinhaber

23 Der Spaltungsbericht ist das wichtigste Informationsmittel für die Anteilsinhaber. Sie müssen daher Gelegenheit haben, rechtzeitig vor der Beschlussfassung vom Inhalt des Berichts **Kenntnis** zu nehmen. Die diesbezüglichen Verpflichtungen der Rechtsträger sind in den über §§ 125, 135 entsprechend anwendbaren besonderen Vorschriften des Verschmelzungsrechts rechtsformabhängig unterschiedlich geregelt. Vgl. § 42 (PhG), § 47 (GmbH), § 63 I Nr. 4 (AG), § 78 (KGaA), § 82 (eG), § 104 (Vereine), § 106 (Genossenschaftliche Prüfungsverbände) und § 112 (VVaG). Zu weiteren Informationspflichten, auch der Rechtsträger untereinander und unabhängig von der Rechtsform der beteiligten Rechtsträger, vgl. → § 143 Rn. 1 ff.

13. Mängel des Spaltungsberichts

24 Zu Mängeln des Spaltungsberichts → § 8 Rn. 40 ff. Zur Strafbarkeit wegen Verstößen gegen die Berichtspflicht vgl. § 346 I Nr. 1.

§ 128 Zustimmung zur Spaltung in Sonderfällen

¹Werden bei Aufspaltung oder Abspaltung die Anteile oder Mitgliedschaften der übernehmenden Rechtsträger den Anteilsinhabern des übertragenden Rechtsträgers nicht in dem Verhältnis zugeteilt, das ihrer Beteiligung an dem übertragenden Rechtsträger entspricht, so wird der Spaltungs- und Übernahmevertrag nur wirksam, wenn ihm alle Anteilsinhaber des übertragenden Rechtsträgers zustimmen. ²Bei einer Spaltung zur Aufnahme ist der Berechnung des Beteiligungsverhältnisses der jeweils zu übertragende Teil des Vermögens zugrunde zu legen.

Übersicht

	Rn.
1. Allgemeines	1
2. Arten der nichtverhältniswahrenden Spaltung	4
a) Grundsätze	4
b) Möglichkeiten	10
3. Zulässigkeit von Ausgleichsleistungen	22
4. Zustimmungserfordernis	29

1. Allgemeines

§ 128 knüpft an § 126 I Nr. 10 an. Die Vorschrift regelt ein besonderes Zustimmungserfordernis für die sog. nichtverhältniswahrende Spaltung und ergänzt damit § 13 und die in den besonderen Vorschriften des Zweiten Buches geregelten Mehrheitserfordernisse, die grds. über § 125 I gelten. Sie dient dem Schutz der Anteilsinhaber (Begr. RegE, BR-Drs. 75/94 zu § 128) und gilt nur für die **Auf- und Abspaltung**, weil bei der Ausgliederung ohnehin alle Anteile dem übertragenden Rechtsträger selbst gewährt werden. Hintergrund der Regelung ist, dass bei einer von den bisherigen Beteiligungsverhältnissen abw. Aufteilung der gewährten Anteile eine besonders große Gefahr für die Anteilsinhaber des übertragenden Rechtsträgers droht. Der Gesetzgeber hat zutr. erkannt, dass die Mehrheitsgesellschafter ohne die Aufnahme eines Zustimmungsvorbehalts unmittelbar in den persönlichen Vermögensbereich der Minderheitsgesellschafter eingreifen könnten. Die bloße Verankerung eines Austrittsrechts (vgl. etwa §§ 29, 207) schien kein adäquates Mittel zu sein, um dieser Gefahr zu begegnen (Begr. RegE, BR-Drs. 75/94 zu § 128). Andererseits wollte der Gesetzgeber auf die Ermöglichung der nichtverhältniswahrenden Spaltung nicht verzichten, weil hierfür ein Bedürfnis bestehe (Auseinandersetzung von Gesellschaftergruppen und von Familienstämmen im Wege der Sonderrechtsnachfolge; Begr. RegE, BR-Drs. 75/94 zu § 128). Europarechtlich ist die Vorschrift durch Art. 139 II GesR-RL (zuvor Art. 5 II Spaltungs-RL) gedeckt (Lutter/Priester Rn. 1; auch → Vor § 123 Rn. 15 ff.).

Bei der Auf- bzw. Abspaltung treten die Anteilsinhaber des übertragenden Rechtsträgers neben die bisherigen Anteilsinhaber des übernehmenden Rechtsträgers. Die rechnerische Beteiligungsquote am übernehmenden Rechtsträger sinkt daher im Regelfall (Ausnahme: SchwesterGes mit identischen Beteiligungsverhältnissen). Dieses ausschließlich auf das Anwachsen der Zahl der Anteilsinhaber zurückzuführende Absinken der rechnerischen Beteiligungsquote ist kein Anwendungsfall für den Zustimmungsvorbehalt nach § 128 S. 1, was **§ 128 S. 2** klarstellt. Entsprechendes gilt, wenn die Anteilsinhaber des übertragenden Rechtsträgers insges. zu wenige Anteile erhalten. Maßgeblich dafür, ob eine verhältniswahrende oder nichtverhältniswahrende Spaltung vorliegt, ist allein die **Aufteilung** der **gewährten** Anteile oder Mitgliedschaften und der **verbleibenden** Anteile/Mitgliedschaften beim übertragenden Rechtsträger unter den Anteilsinhabern des übertragenden

Rechtsträgers (BGH NZG 2021, 782 Rn. 34; Lutter/Priester Rn. 9; Kallmeyer/ Sickinger Rn. 3; Kölner Komm UmwG/Simon Rn. 10; Widmann/Mayer/Mayer Rn. 43; NK-UmwR/Fischer Rn. 3; HK-UmwG/Raible Rn. 3; BeckOGK/Verse Rn. 10 f.; Louven/Koglin DB 2021, 2135; vgl. auch OLG München NZG 2013, 951). Zur Bedeutung der Börsennotierung des übertragenden Rechtsträgers (Gewährung von nicht notierten Aktien) und der Gewährung von Vorzugsaktien statt Stammaktien oder umgekehrt sowie Sonderrechten vgl. Widmann/Mayer/ Mayer Rn. 27; Widmann/Mayer/Rieger § 143 Rn. 6; Lutter/Schwab § 143 Rn. 8 f.; vgl. auch BGH NZG 2021, 782. Eine nichtverhältniswahrende Spaltung **zur Neugründung** liegt hingegen immer vor, wenn die zahlenmäßigen Beteiligungsquoten mit denjenigen beim übertragenden Rechtsträger nicht übereinstimmen (allgM, etwa Lutter/Priester Rn. 8; Semler/Stengel/Leonard/Schröer/Greitemann Rn. 5; Widmann/Mayer/Mayer Rn. 30 ff., 38; Kallmeyer/Sickinger Rn. 2; NK-UmwR/Fischer Rn. 3; BeckOGK/Verse Rn. 9; vgl. auch BGH NZG 2021, 782 Rn. 35). Zu baren Zuzahlungen → Rn. 21.

3 § 128 behandelt nur die Anteilsquote, nicht die **Gattungsgleichheit.** Werden etwa einzelnen stimmberechtigten Anteilsinhabern stimmrechtslose Anteile gewährt, haben nur diese und nicht alle Anteilsinhaber zuzustimmen (zutr. Semler/Stengel/ Leonard/Schröer/Greitemann Rn. 8; ebenso Lutter/Priester Rn. 10; HK-UmwG/ Raible Rn. 10; vgl. auch BGH NZG 2021, 782 Rn. 35). Zum **Beitritt** weiterer, bislang nicht beteiligter Gesellschafter → § 124 Rn. 6.

2. Arten der nichtverhältniswahrenden Spaltung

4 **a) Grundsätze.** Die anderen im UmwG geregelten Umwandlungsvorgänge (§ 1) lassen die Beteiligungsverhältnisse der Anteilsinhaber des oder der übertragenden Rechtsträger untereinander grds. – also vorbehaltlich abw. einvernehmlicher Vereinbarungen – unberührt. So ändert sich etwa bei einer Verschm zwar häufig die Höhe der prozentualen Beteiligung eines Anteilsinhabers des übertragenden Rechtsträgers, weil weitere Anteilsinhaber hinzutreten; die Beteiligungsverhältnisse innerhalb der Gruppe der Anteilsinhaber eines übertragenden Rechtsträgers verändern sich hierdurch jedoch nicht.

Beispiel:

5 Verschm der AG X auf die AG Y. A hält zwei Drittel, B ein Drittel der Aktien der AG X. Von den für die Vermögensübertragung gewährten Aktien der AG Y erhält A zwei Drittel, B ein Drittel. Die Relation der Beteiligungshöhe zwischen A und B bleibt also gewahrt.

6 Bei Spaltungen besteht hingegen die Möglichkeit, die Beteiligungsquoten bei den beteiligten Rechtsträgern neu und unabhängig von den bisherigen Verhältnissen bei dem übertragenden Rechtsträger festzusetzen (§ 126 I Nr. 10). Damit sollte insbes. die Auseinandersetzung von Gesellschaftergruppen und Familienstämmen im Wege der Sonderrechtsnachfolge ermöglicht werden (Begr. RegE, BR-Drs. 75/94 zu § 128).

7 Die Zulassung der nichtverhältniswahrenden Spaltung bedeutet aber keineswegs eine Abweichung von dem Grds., dass Umw – wenigstens handelsrechtlich – lediglich auf Rechtsträgerebene, nicht aber auf Anteilsinhaberebene Veränderungen in der Vermögenssphäre bewirken sollen (→ § 126 Rn. 19). Auch bei der nichtverhältniswahrenden Spaltung ist daher von den beteiligten Rechtsträgern grds. zu beachten, dass der **Wert** der Beteiligung jedes einzelnen Anteilsinhabers vor und nach der Spaltung unverändert bleibt (ebenso Heurung DStR 1997, 1302 (1305); Widmann/ Mayer/Mayer § 126 Rn. 127). Von diesem Grds. abw. Regelungen können nur einstimmig getroffen werden.

8 Dies gilt unabhängig davon, ob die nichtverhältniswahrende Spaltung nur zu zahlenmäßigen oder auch zu wirtschaftlichen Veränderungen führt. § 128 ist hingegen nicht anzuwenden, wenn die Wertverschiebungen nicht auf einer von den bisherigen Beteiligungsverhältnissen abw. Aufteilung der übertragenen Anteile, sondern auf einem nicht angemessenen Umtauschverhältnis beruht (so auch Kallmeyer/ Sickinger Rn. 3; Lutter/Priester Rn. 9; Sagasser/Bula/Brünger Umwandlungen/ Sagasser § 18 Rn. 46; Kölner Komm UmwG/Simon Rn. 9 ff.; HK-UmwG/Raible Rn. 11; Keßler/Kühnberger/Gündel Rn. 46; BeckOGK/Verse Rn. 11; Louven/ Koglin DB 2021, 2135; Rubner/Fischer NZG 2014, 761 (762 f.); iErg auch Widmann/Mayer/Mayer Rn. 40 ff., der aber eine teleologische Reduktion für nötig hält). Vgl. auch → Rn. 2.

Beispiel:

Die GmbH X (Gesellschafter A und B zu je 50%) spaltet einen Teil ihres Vermögens auf die **9** bereits bestehende GmbH Y (Alleingesellschafter C) ab. Werden die an der GmbH Y gewährten Anteile gleichmäßig zwischen A und B aufgeteilt, liegt eine verhältniswahrende Spaltung selbst dann vor, wenn diese Anteile insges. nicht dem Wert des übertragenen Vermögens entsprechen, also eine Wertverschiebung zu Gunsten C erfolgt. In diesen Fällen sind die Anteilsinhaber des übertragenden Rechtsträgers auf das Spruchverfahren beschränkt (vgl. § 125 S. 1, § 14 S. 2).

b) Möglichkeiten. Die durch die Zulassung der nichtverhältniswahrenden Spal- **10** tung eingeräumten Möglichkeiten sind äußerst vielgestaltig; sie sind keinesfalls auf die vom Gesetzgeber als Motiv erwähnten (→ Rn. 6) Fallgruppen der Auseinandersetzung von Gesellschaftergruppen und Familienstämmen beschränkt. So kann etwa nur eine Verschiebung der Beteiligungsverhältnisse vorgenommen werden.

Beispiel:

Die GmbH Z (Gesellschafter sind A und B zu je 50%) führt eine Aufspaltung zur Neugrün- **11** dung auf die GmbH X und die GmbH Y durch. Der Wert von X und Y sei gleich. An der GmbH X wird A zu 70% und B zu 30% beteiligt, an der GmbH Y erhält A 30% und B 70% der Geschäftsanteile.

Die nichtverhältniswahrende Spaltung kann aber auch in der Form durchgeführt **12** werden, dass einzelne Anteilsinhaber nur an bestimmten übernehmenden Rechtsträgern beteiligt werden (sog. Spaltung **zu Null;** vgl. OLG München NZG 2013, 951; LG Essen NZG 2002, 736; LG Konstanz DB 1998, 1177; Kallmeyer/Sickinger § 123 Rn. 5, § 128 Rn. 4; Lutter/Priester Rn. 13; Heckschen GmbHR 2021, 8 (10); Priester ZIP 2013, 2033 (2034); Widmann/Mayer/Mayer Rn. 29.2: Spaltung zu Null-Beteiligung; vgl. auch Widmann/Mayer/Mayer § 126 Rn. 275 f.; Semler/ Stengel/Leonard/Schröer/Greitemann Rn. 6; Sagasser/Bula/Brünger Umwandlungen/Sagasser § 18 Rn. 41; HK-UmwG/Raible Rn. 7; BeckOGK/Verse Rn. 19; Kölner Komm UmwG/Simon Rn. 16 f.; NK-UmwR/Fischer Rn. 6; Weiler NZG 2013, 1326 (1329); Heckschen GmbHR 2015, 897 (899); siehe auch die Gesetzesbegründung → Rn. 6).

Beispiel:

Die GmbH Z wird in die GmbH X und die GmbH Y aufgespalten. Die Aufteilung der **13** Geschäftsanteile unter den beiden Gesellschaftern A und B erfolgt dergestalt, dass A alle Anteile an der GmbH X erhält und B alle Anteile an der GmbH Y übernimmt.

Es sind aber auch Kombinationen von den in → Rn. 10 und → Rn. 12 darge- **14** stellten Fallgruppen möglich (HK-UmwG/Raible Rn. 7).

Beispiel:

Die GmbH Z wird auf die GmbH X und die GmbH Y aufgespalten. Die zu gewährenden **15** Anteile werden auf die Gesellschafter der GmbH Z, A und B, in der Weise verteilt, dass A alle Anteile an der GmbH X und zudem 20% der Geschäftsanteile an der GmbH Y erhält, während dem B die restlichen 80% der Geschäftsanteile an der GmbH Y übertragen werden.

16 Schließlich ist eine nichtverhältniswahrende Spaltung auch dergestalt möglich, dass einzelnen Gesellschaftern überhaupt keine Anteile gewährt werden (OLG München NZG 2013, 951; LG Essen NZG 2002, 737; LG Konstanz DB 1998, 1177; Lutter/Priester Rn. 15; HK-UmwG/Raible Rn. 8; Weiler NZG 2013, 1326 (1329); BeckOGK/Verse Rn. 19). Zur Frage, ob **alle** Anteilsinhaber auf die Anteilsgewährung verzichten können, vgl. Kölner Komm UmwG/Simon Rn. 18 ff.; Widmann/Mayer/Mayer Rn. 29.2; Weiler NZG 2013, 1326 (1329); Kallmeyer/Sickinger Rn. 4a; BeckOGK/Verse Rn. 20; Heckschen GmbHR 2021, 8 (10); Heckschen GmbHR 2015, 897 (899). Dies ist in den Fallgruppen, in denen auf eine Anteilsgewährung verzichtet werden kann (→ § 126 Rn. 41 ff.), insbes. unter den Voraussetzungen von § 54 I 3, § 68 I 3 (→ § 126 Rn. 49) zweifelsohne möglich (zur Abstimmung mit dem Registergericht ratend Kallmeyer/Sickinger Rn. 4a; HK-UmwG/Raible Rn. 8).

Beispiel:

17 Die GmbH Z (Gesellschafter: A und B) führt eine Abspaltung auf die (neu gegründete oder bereits bestehende) GmbH Y durch. Die Geschäftsanteile der GmbH Y werden ausschließlich dem Gesellschafter A gewährt.

18 Wenigstens seit der Änderung von § 126 I Nr. 10, § 131 I Nr. 3 S. 1 mWv 1.8.1998 (zuvor str.) sind auch nichtverhältniswahrende Spaltungen möglich, die zu einer Änderung bei den Beteiligungsverhältnissen am **übertragenden** Rechtsträger führen (Lutter/Priester Rn. 14; Kallmeyer/Sickinger Rn. 4b; Semler/Stengel/Leonard/Schröer/Greitemann Rn. 7; Widmann/Mayer/Mayer § 126 Rn. 277; Keßler/Kühnberger/Gündel Rn. 8; HK-UmwG/Raible Rn. 9; BeckOGK/Verse Rn. 21; Weiler NZG 2013, 1326 (1329)). Vgl. auch → Rn. 12. Denn § 126 I Nr. 10 bestimmt seither, dass im Spaltungsvertrag die Aufteilung der Anteile der beteiligten Rechtsträger festgelegt wird; die dingliche Änderung der Beteiligungsverhältnisse an **allen beteiligten** Rechtsträgern tritt mit Wirksamwerden der Spaltung nach § 131 I Nr. 3 S. 1 ein.

Beispiel:

19 Die GmbH Z (Gesellschafter sind A und B) führt eine Abspaltung auf die GmbH Y durch. Die Anteile an der GmbH Y werden ausschließlich dem B gewährt, während an der GmbH Z fortan ausschließlich A beteiligt ist.

Beispiel:

20 Vorstehende Abspaltung wird so durchgeführt, dass die Anteile an der GmbH Y zwar A und B gewährt werden, B allerdings überproportional beteiligt wird. Als Ausgleich hierfür wird dem A eine höhere Beteiligung an der GmbH Z eingeräumt.

21 Keine nichtverhältniswahrende Spaltung liegt vor, wenn die von den bisherigen Beteiligungsverhältnissen abw. Aufteilung der Anteile durch **bare Zuzahlungen** iSv § 54, § 68 III (vgl. § 125 S. 1) ausgeglichen wird (Widmann/Mayer/Mayer Rn. 34; Sagasser/Bula/Brünger Umwandlungen/Sagasser § 18 Rn. 47; HK-UmwG/Raible Rn. 12; Henssler/Strohn/Galla/Cé. Müller Rn. 2; NK-UmwR/Fischer Rn. 7; enger Kölner Komm UmwG/Simon Rn. 36 ff.; Semler/Stengel/Leonard/Schröer/Greitemann Rn. 9: zur Glättung; ähnl. BeckOGK/Verse Rn. 14; zweifelnd Lutter/Priester Rn. 11; aA Kallmeyer/Sickinger Rn. 2). Diese baren Zuzahlungen sind auf einen Spitzenausgleich beschränkt und gewähren damit einen ausreichenden Schutz für die Anteilsinhaber (vgl. iE Komm. zu §§ 54, 68; aber auch → § 126 Rn. 51 ff.).

3. Zulässigkeit von Ausgleichsleistungen

22 Die nichtverhältniswahrende Spaltung muss nicht, wird aber regelmäßig zu einer Änderung des Werts der Beteiligung der einzelnen Anteilsinhaber des übertragenden Rechtsträgers führen.

Beispiel:

Die GmbH Z (Gesellschafter: A und B zu je 50%) wird auf die GmbH X und die GmbH 23
Y aufgespalten. Die Anteile an der GmbH X werden vollständig dem A, die Anteile an der
GmbH Y vollständig dem B gewährt. Der Wert der jew. übertragenen Vermögensteile sei
identisch.

In diesem Fall bleibt die Vermögenssphäre der Anteilsinhaber unberührt (es liegt 24
aber eine nichtverhältniswahrende Spaltung vor, die unter § 128 fällt; → Rn. 7,
→ Rn. 12 f.). Der Wert der jew. Beteiligung an der GmbH Z entspricht dem Wert
der Beteiligung an dem jew. übernehmenden Rechtsträger.

Anders verhält es sich, wenn bei dem Beispiel → Rn. 23 der Wert der jew. 25
übertragenen Vermögensteile unterschiedlich ist. Dann wird der Anteilsinhaber, der
weniger erhält, regelmäßig der Spaltung nur zustimmen (→ Rn. 29 f.), wenn er
einen Ausgleich in anderer Form erhält, es sei denn, Vermögensverschiebungen –
etwa innerhalb der Familie – sind gewollt (zu stl. Konsequenzen vgl. → UmwStG
§ 15 Rn. 257). Zur Besonderheit von baren Zuzahlungen iSv §§ 54, 68 III
→ Rn. 21.

Derartige Ausgleichsleistungen zwischen den Anteilsinhabern des übertragenden 26
Rechtsträgers sind grds. zulässig (so auch Lutter/Priester Rn. 16; Semler/Stengel/
Leonard/Schröer/Greitemann Rn. 10; Widmann/Mayer/Mayer § 126 Rn. 137;
HK-UmwG/Raible Rn. 13; NK-UmwR/Fischer Rn. 8; BeckOGK/Verse
Rn. 23). Gerade bei der Trennung von Gesellschaftergruppen durch eine nichtverhältniswahrende Spaltung wird oftmals der Wert der jew. übertragenen Vermögensteile nicht exakt dem Beteiligungsverhältnis entsprechen. Zwar lässt das Handelsrecht
eine weitgehende Aufteilungsfreiheit zu, diese Flexibilität findet aber im Steuerrecht
keine Entsprechung. Voraussetzung der steuerneutralen Spaltung einer Körperschaft
ist die Übertragung von Betrieben, Teilbetrieben, Mitunternehmeranteilen oder
100%igen Beteiligungen an KapGes, zumal nach Ansicht der FVerw auch Verbindlichkeiten als Ausgleichsmasse nicht frei zugeordnet werden können (§§ 15, 16
UmwStG; vgl. die Erläuterung dort). Es wäre aber Zufall, wenn der Wert der
Teilbetriebe dem Wert der jew. Beteiligungen entsprechen würde. In diesem Fall
sind Ausgleichsleistungen notwendig; nichtverhältniswahrende Spaltungen wären
sonst nicht durchführbar.

Gewichtige Gründe gegen die Zulässigkeit von Ausgleichsleistungen sind nicht 27
ersichtlich. Solche Ausgleichsleistungen stellen nicht bare Zuzahlungen iSv § 125
iVm § 54 IV, § 68 III dar, denn nicht der übernehmende Rechtsträger leistet sie,
sondern die Anteilsinhaber tragen sie selbst. Diese Ausgleichszahlungen sind nicht
Gegenleistung iSv § 15 I 1 UmwStG, § 11 I 1 Nr. 2 UmwStG. Zur stl. Behandlung
der nichtverhältniswahrenden Spaltung → UmwStG § 15 Rn. 216 ff., 254 ff., 295 f.;
auch → § 126 Rn. 108 zu den Anforderungen an den Spaltungsvertrag und zur
Zulässigkeit anderer Gegenleistungen → § 126 Rn. 52.

Durch das Einstimmigkeitserfordernis (→ Rn. 29) ist ferner gewährleistet, dass 28
eine nichtverhältniswahrende Spaltung unter Einbeziehung von Ausgleichsleistungen nur mit Zustimmung aller betroffenen Anteilsinhaber beschlossen werden kann
(ebenso Kölner Komm UmwG/Simon Rn. 35). Die vereinbarten Ausgleichsleistungen sind im **Spaltungsvertrag** anzugeben und im Spaltungsbericht zu erläutern
(→ § 126 Rn. 12, → § 126 Rn. 52, → § 126 Rn. 108, → § 127 Rn. 6).

4. Zustimmungserfordernis

Ein Spaltungs- und Übernahmevertrag, der eine nichtverhältniswahrende Spal- 29
tung zum Gegenstand hat, wird nur wirksam, wenn ihm alle Anteilsinhaber des
übertragenden Rechtsträgers zustimmen. § 128 S. 1 modifiziert den über § 125
zu beachtenden § 13 und die rechtsformabhängigen besonderen Vorschriften (etwa

§§ 43, 50, 65). Die nichtverhältniswahrende Spaltung kann beim **übertragenden** Rechtsträger – unabhängig von der Rechtsform – nur **einstimmig** beschlossen werden. Es müssen alle in der Anteilsinhaberversammlung erschienenen Anteilsinhaber zustimmen, es bedarf aber auch der Zustimmung aller nicht erschienenen Anteilsinhaber. Selbst nichtstimmberechtigte Anteilsinhaber (wohl unstr., Lutter/Priester Rn. 18; Kallmeyer/Sickinger Rn. 5; Semler/Stengel/Leonard/Schröer/Greitemann Rn. 12; Widmann/Mayer/Mayer Rn. 20; Kölner Komm UmwG/Simon Rn. 25; HK-UmwG/Raible Rn. 15; Keßler/Kühnberger/Gündel Rn. 11; NK-UmwR/Fischer Rn. 9; BeckOGK/Verse Rn. 26) und **Nießbrauchsberechtigte** sowie **Pfandrechtsinhaber** müssen zustimmen, da ein Eingriff in den Kernbereich stattfindet (Widmann/Mayer/Mayer Rn. 20, 23; Kallmeyer/Sickinger Rn. 5; Lutter/Priester Rn. 18; Semler/Stengel/Leonard/Schröer/Greitemann Rn. 13; Kölner Komm UmwG/Simon Rn. 26; HK-UmwG/Raible Rn. 15; NK-UmwR/Fischer Rn. 9). Dies folgt für Nießbrauchsberechtigte und Pfandrechtsinhaber indes aus §§ 1071, 1276 BGB (zutr. BeckOGK/Verse Rn. 32 mwN). Die Zustimmungserklärungen der nicht erschienenen Anteilsinhaber sind notariell zu beurkunden (§ 125 iVm § 13 III 1). Entsprechendes gilt für die Zustimmungserklärung von nicht stimmberechtigten Anteilsinhabern, nicht jedoch von dinglich Berechtigten wie Nießbrauchs- und Pfandrechtsberechtigten (BeckOGK/Verse Rn. 32). Zu weiteren Einzelheiten hinsichtlich Zustimmungsbeschluss und notwendiger Einzelzustimmungen vgl. § 13. Zustimmen müssen nach dem klaren Wortlaut auch Anteilsinhaber, bei denen isoliert betrachtet die Anteilsgewährung verhältnismäßig erfolgt (so auch Lutter/Priester Rn. 17). Eine teleologische Reduktion ist insoweit nicht geboten, da die Regelung selbst eine Ausnahme für besondere Situationen (→ Rn. 1) von dem Grundsatz ist, dass bei Umw auf der Ebene der Gesellschafter der übertragenden Rechtsträger untereinander keine Veränderungen eintreten (→ Rn. 4 ff., → § 126 Rn. 19; aA Kölner Komm UmwG/Simon Rn. 30; Rubner/Fischer NZG 2014, 761 (763 f.) mit Alternativgestaltungen).

30 Eine **Pflicht zur Zustimmung** besteht allenfalls unter engen Voraussetzungen aufgrund Treuepflicht (Kallmeyer/Sickinger Rn. 6; Widmann/Mayer/Mayer Rn. 22; Semler/Stengel/Leonard/Schröer/Greitemann Rn. 14; Keßler/Kühnberger/Gündel Rn. 12; HK-UmwG/Raible Rn. 16; BeckOGK/Verse Rn. 30). Dann ist notfalls Klage auf Zustimmung zu erheben (Kallmeyer/Sickinger Rn. 6; Semler/Stengel/Leonard/Schröer/Greitemann Rn. 14; Widmann/Mayer/Mayer Rn. 22; NK-UmwR/Fischer Rn. 11). Im Regelfall scheitert indes die nichtverhältniswahrende Spaltung, wenn nur ein Anteilsinhaber nicht zustimmt, da der Spaltungsvertrag nicht wirksam wird (auch → § 126 Rn. 4). Ersatzlösung kann eine verhältniswahrende Spaltung mit schuldrechtlichen Austauschverpflichtungen der Anteilsinhaber (nachfolgende Anteilsübertragungen) sein (Semler/Stengel/Leonard/Schröer/Greitemann Rn. 15; dazu etwa Rubner/Fischer NZG 2014, 761 (766)), die oft aber mangels Steuerneutralität des Anteilstausches erhebliche Nachteile hat (zur stl. Behandlung der nichtverhältniswahrenden Spaltung → UmwStG § 15 Rn. 216 ff., → UmwStG § 15 Rn. 254 ff., → UmwStG § 15 Rn. 295 f.).

31 Für den Spaltungsbeschluss beim **übernehmenden** Rechtsträger treten bei der nichtverhältniswahrenden Spaltung keine Besonderheiten auf (Lutter/Priester Rn. 22). Die Rechtsstellung der Anteilsinhaber des übernehmenden Rechtsträgers wird durch die nichtverhältniswahrende Spaltung rechtlich nicht tangiert. Die notwendigen Mehrheitsverhältnisse bestimmen sich daher nach den beteiligten Rechtsformen (→ § 13 Rn. 19 ff.). Dem (allgemeinen) Risiko eines sie benachteiligenden Umtauschverhältnisses können sie nur mit einer Unwirksamkeitsklage begegnen (Semler/Stengel/Leonard/Schröer/Greitemann Rn. 16; Kölner Komm UmwG/Simon Rn. 5).

§ 129 Anmeldung der Spaltung

Zur Anmeldung der Spaltung ist auch das Vertretungsorgan jedes der übernehmenden Rechtsträger berechtigt.

1. Zuständigkeit für die Anmeldung

Die Vorschrift ergänzt § 16 I 2, der gem. § 125 entsprechend anzuwenden ist. Sie 1 gilt nur für Spaltungen zur Aufnahme (§ 135 I; für Spaltungen zur Neugründung vgl. § 137). Nach § 16 I 2 ist auch das Vertretungsorgan des übernehmenden Rechtsträgers zur Anmeldung der Spaltung beim Register des übertragenden Rechtsträgers berechtigt. Da an einer Spaltung mehrere übernehmende Rechtsträger beteiligt sein können, bedurfte es noch der Klarstellung, dass neben dem Vertretungsorgan des übertragenden Rechtsträgers das Vertretungsorgan **jedes übernehmenden** Rechtsträgers die Registeranmeldung am Sitz des übertragenden Rechtsträgers durchführen kann. Der Gesetzgeber hat damit – für AG – die Vorgabe von Art. 16 II Spaltungs-RL v. 17.12.1982 (ABl. 1982 L 378, 47; jetzt Art. 150 II GesR-RL 2017; auch → Vor § 123 Rn. 15 ff.) richtlinienkonform umgesetzt.

Trotz des offenen Wortlauts besteht die ergänzende Zuständigkeit allerdings **nur** 2 für die den **übertragenden Rechtsträger** betreffende Anmeldung. Ein Vertretungsorgan eines übernehmenden Rechtsträgers kann hingegen nicht die einem anderen übernehmenden Rechtsträger obliegende Anmeldung selbst durchführen (Lutter/Priester Rn. 2; Kallmeyer/Zimmermann Rn. 3; Widmann/Mayer/Weiler Rn. 6; Semler/Stengel/Leonard/Schwanna Rn. 5; Kölner Komm UmwG/Simon Rn. 6; Maulbetsch/Klumpp/Rose/Raible Rn. 1; BeckOGK/Verse Rn. 5; MHdB GesR VIII/Schwab § 26 Rn. 5; aA Goutier/Knopf/Tulloch/Goutier Rn. 1). Dies folgt aus der Gesetzesbegründung, nach der nur eine Klarstellung von § 16 I 2 gewollt war (RegE Begr. BR-Drs. 75/94 zu § 129), iÜ entspricht diese einschränkende Auslegung dem Wortlaut von Art. 16 II der Spaltungs-RL (jetzt Art. 150 II GesR-RL 2017; RegEBegr. BR-Drs. 75/94 zu § 129). Ebenso wenig ist das Vertretungsorgan des übertragenden Rechtsträgers zur Anmeldung beim Register eines übernehmenden Rechtsträgers befugt; hier gilt § 16 I über § 125 I 1 (Semler/Stengel/Leonard/Schwanna Rn. 4; BeckOGK/Verse Rn. 6). Verzögerungen aus der Sphäre der anderen übernehmenden Rechtsträger kann damit nur mit dem Hinweis auf die Verpflichtung zur Anmeldung aus dem Spaltungs- und Übernahmevertrag und ggf. mit deren gerichtlicher Durchsetzung begegnet werden, → § 16 Rn. 10 ff.

2. Anmeldung

Angemeldet wird die Spaltung an sich, nicht der Spaltungsvertrag oder die Spal- 3 tungsbeschlüsse. Die Art der Spaltung sollte angegeben werden (Semler/Stengel/Leonard/Schwanna Rn. 7; Lutter/Priester Rn. 6; Kallmeyer/Zimmermann Rn. 6; Maulbetsch/Klumpp/Rose/Raible Rn. 7). Die Durchführung der Anmeldung ist durch die Verweisung in § 125 auf §§ 16, 17 geregelt. Zu den Anlagen → § 17 Rn. 4 ff. Zum Handeln durch Bevollmächtigte vgl. Hauschild/Kallrath/Wachter Notar-HdB/Weiler § 25 Rn. 287. Vgl. auch **§ 378 II FamFG** zur Anmeldung durch den beurkundenden Notar. Praktisch sehr bedeutsam ist das **Freigabeverfahren** nach § 16 III (→ § 16 Rn. 28 ff.). Bei einer Spaltung zur Aufnahme mit KapErh gelten über § 125 auch §§ 55, 69, 78. Besonderheiten treten insoweit bei der Spaltung nicht auf. Vgl. daher die Komm. zu diesen Vorschriften. Von den besonderen Vorschriften des Dritten Buches (Spaltung) sind ergänzend §§ 137, 140, 146, 148, 160 zu beachten.

A UmwG § 130 Umwandlungsgesetz

3. Kosten der Anmeldung einer Spaltung

4 Für die Fertigung des Entwurfs der Anmeldung durch den Notar fällt eine 5/10-Gebühr nach Nr. 24102 KV GNotKG an; im Regelfall entfällt dann die Beglaubigungsgebühr (Vorbemerkungen zu KV 2.4.1 II GNotKG; Anm. I zu Nr. 25100 KV GNotKG). Der Geschäftswert beträgt nach § 105 IV GNotKG bei KapGes 1% des StK, mindestens 30.000 Euro, und bei PhG 30.000 Euro. Beschränkt sich die Notartätigkeit auf die Beglaubigung der Unterschriften, ist hierfür eine 2/10-Gebühr, mindestens 20 Euro und höchstens 70 Euro nach Nr. 25100 KV GNotKG zu entrichten. Mehrere Unterschriften mit einem Beglaubigungsvermerk lösen die Gebühr nur einmal aus (Anm. II zu Nr. 25100 KV GNotKG). Der Geschäftswert richtet sich ebenfalls nach § 105 IV GNotKG (§ 121 GNotKG).

§ 130 Eintragung der Spaltung

(1) **¹Die Spaltung darf in das Register des Sitzes des übertragenden Rechtsträgers erst eingetragen werden, nachdem sie im Register des Sitzes jedes der übernehmenden Rechtsträger eingetragen worden ist. ²Die Eintragung im Register des Sitzes jedes der übernehmenden Rechtsträger ist mit dem Vermerk zu versehen, daß die Spaltung erst mit der Eintragung im Register des Sitzes des übertragenden Rechtsträgers wirksam wird, sofern die Eintragungen in den Registern aller beteiligten Rechtsträger nicht am selben Tag erfolgen.**

(2) **¹Das Gericht des Sitzes des übertragenden Rechtsträgers hat von Amts wegen dem Gericht des Sitzes jedes der übernehmenden Rechtsträger den Tag der Eintragung der Spaltung mitzuteilen sowie einen Registerauszug und den Gesellschaftsvertrag, den Partnerschaftsvertrag oder die Satzung des übertragenden Rechtsträgers in Abschrift, als Ausdruck oder elektronisch zu übermitteln. ²Nach Eingang der Mitteilung hat das Gericht des Sitzes jedes der übernehmenden Rechtsträger von Amts wegen den Tag der Eintragung der Spaltung im Register des Sitzes des übertragenden Rechtsträgers zu vermerken.**

Übersicht

Rn.

1. Allgemeines	1
2. Eintragungsreihenfolge	4
3. Verstöße gegen die Reihenfolge der Eintragung	8
4. Prüfung durch die Registergerichte	10
a) Verhältnis der Registergerichte zueinander	10
aa) Eintragung der Spaltung in die Register der übernehmenden Rechtsträger	11
bb) Voreintragung einer notwendigen Kapitalerhöhung	12
b) Prüfungsumfang	13
5. Eintragungsverfahren	17
6. Rechtsmittel im Eintragungsverfahren	20
7. Mitteilung der Eintragung	23
8. Verbleib der Registerakten	24
9. Bekanntmachungen	26
10. Kosten der Eintragung einer Spaltung zur Aufnahme	27

1. Allgemeines

Die Vorschrift regelt die **rechtstechnische Abwicklung** und insbes. die Reihen- 1
folge der Eintragungen in den Registern der beteiligten Rechtsträger. Sie verdrängt
insoweit § 19 I und II. § 19 III (Bekanntmachung) bleibt über die Verweisung in
§ 125 daneben anwendbar. Für Spaltungen zur Neugründung sind § 135 I 1 (Nichtanwendung von Abs. 2) und § 137 III zu beachten.

Besonderheiten im Vergleich zu den Regelungen im Zweiten Buch (Verschm) 2
ergeben sich bei der Spaltung aus dem Umstand, dass für den Eintritt der Spaltungswirkungen die Eintragung der Spaltung in das Register des Sitzes des übertragenden
Rechtsträgers maßgeblich ist (§ 131 I), während die Verschm mit der Eintragung in
das Register am Sitz des übernehmenden Rechtsträgers wirksam wird (§ 20 I); diese
Festlegung erfolgte wiederum vor dem Hintergrund, dass bei einer Spaltung anders
als bei einer Verschm mehrere übernehmende Rechtsträger existieren können. § 130
knüpft damit spiegelbildlich an das System bei der Verschm an, wonach die konstitutive Eintragung zuletzt erfolgen soll.

Die Verdrängung von § 19 II resultiert daraus, dass der übertragende Rechtsträger 3
bei Abspaltungen und Ausgliederungen nicht erlischt und bei der Aufspaltung
wenigstens zwei übernehmende Rechtsträger existieren. Der Verbleib der **Registerakten** des übertragenden Rechtsträgers musste daher anders geregelt werden.

2. Eintragungsreihenfolge

Die Reihenfolge der einzelnen Eintragungen ist von den beteiligten Rechtsträ- 4
gern oder den Registergerichten nicht frei bestimmbar, sondern **zwingend** vorgeschrieben. Der Gesetzgeber hat sich für das bereits aus § 346 AktG aF bekannte
System entschieden, nach dem die für den Eintritt der Spaltungswirkungen konstitutive Eintragung zuletzt zu erfolgen hat (anders etwa bei § 25 I KapErhG aF). Diese
Vorgehensweise dient dem Anteilsinhaberschutz, hat aber auch Warnfunktion für
alle anderen Betroffenen.

Bei der Beteiligung von **KapGes** als *übernehmende* Rechtsträger an einer Spaltung 5
zur Aufnahme sind bei Durchführung einer KapErh über § 125 ergänzend §§ 53,
66 zu beachten. Eine etwa notwendige **KapErh** muss danach voreingetragen sein.
Hierdurch ist sichergestellt, dass zum Zeitpunkt des Wirksamwerdens der Spaltung
die zu gewährenden Anteile bereits existieren. Zu Einzelheiten → § 53 Rn. 1 und
→ § 66 Rn. 2. Die Eintragung der Spaltung einer GmbH, AG oder KGaA setzt
ferner die Voreintragung einer ggf. notwendigen **Kapitalherabsetzung** bei der
übertragenden Ges voraus, § 139 S. 2, § 145 S. 2; → § 139 Rn. 33.

Im Anschluss an die ggf. notwendige Erhöhung des Kapitals des übernehmenden 6
Rechtsträgers erfolgt die Eintragung der Spaltung in den **Registern der übernehmenden Rechtsträger.** Da diese Eintragung den tatsächlichen Verhältnissen vorgreift, muss auf das Wirksamwerden der Spaltung erst mit der Eintragung im Register am Sitz des übertragenden Rechtsträgers durch Aufnahme eines **Vermerks**
hingewiesen werden (Abs. 1 S. 2). Der Vermerk kann vom Registergericht auch
nachträglich ergänzt werden (OLG Düsseldorf NJW-RR 1999, 1052). Bei der Spaltung zur **Neugründung** ist zudem zu vermerken, dass der Rechtsträger erst mit
der Eintragung im Register am Sitz des übertragenden Rechtsträgers entsteht (Kölner Komm UmwG/Simon Rn. 9; Maulbetsch/Klumpp/Rose/Raible Rn. 4; Neye
GmbHR 1995, 565 (566); Bruski AG 1997, 17 (19); Semler/Stengel/Leonard/
Schwanna Rn. 10; BeckOGK/Verse Rn. 9; aA Heidenhain GmbHR 1995, 264
(265)). Die Vermerke sind zwischenzeitlich (Gesetz v. 19.4.2007, BGBl. 2007 I 542)
entbehrlich, sofern die Eintragungen in den Registern aller beteiligten Rechtsträger
am selben Tag erfolgen (Abs. 1 S. 2). Eine entsprechende Absprache wird meistens

möglich sein, wenn dasselbe Registergericht für alle Rechtsträger zuständig ist. Aber auch mehrere Registergerichte können sich abstimmen.

7 Erst nach erfolgter Eintragung in den Registern aller beteiligten übernehmenden Rechtsträger (und ggf. nach Eintragung der Kapitalherabsetzung; → Rn. 5) kann die Eintragung in das **Register** des Sitzes des **übertragenden Rechtsträgers** erfolgen (Abs. 1 S. 1). Den Nachw. des Vollzugs aller Voreintragungen muss – sofern nicht ein Registergericht zuständig ist oder diese sich abstimmen und eine taggleiche Eintragung erfolgt, → Rn. 6 – das Vertretungsorgan, das die Anmeldung beim übertragenden Rechtsträger durchführt (vgl. § 129), erbringen. Es erfolgt **von Amts wegen keine Benachrichtigung** über die erfolgte Voreintragung (Lutter/Priester Rn. 10; Kallmeyer/Zimmermann Rn. 11; Semler/Stengel/Leonard/Schwanna Rn. 18; Maulbetsch/Klumpp/Rose/Raible Rn. 11; BeckOGK/Verse Rn. 13). Regelmäßig kann der Nachw. durch Vorlage beglaubigter Handelsregisterauszüge, aus denen die Voreintragung ersichtlich ist, geführt werden. Die dem Nachw. dienenden Handelsregisterauszüge können – wie in der Praxis fast immer – zum Register des Sitzes des übertragenden Rechtsträgers nachgereicht werden (Lutter/Priester Rn. 10; Maulbetsch/Klumpp/Rose/Raible Rn. 11; BeckOGK/Verse Rn. 13). Denn die wegen § 17 (Stichtag der Schlussbilanz) fristgebundene Anmeldung des übertragenden Rechtsträgers erfolgt meist zugleich mit denjenigen der übernehmenden Rechtsträger. Mit der Eintragung der Spaltung in das Register am Sitz des übertragenden Rechtsträgers treten die **Spaltungswirkungen** ein (§ 131 I). Zur **Mitteilung** dieser Eintragung → Rn. 23.

3. Verstöße gegen die Reihenfolge der Eintragung

8 Verstöße gegen die **Eintragungsreihenfolge** haben nach der Eintragung der Spaltung in das Register am Sitz des übertragenden Rechtsträgers keine Auswirkungen. Wird die Spaltung zuerst im Register des übertragenden Rechtsträgers eingetragen, so löst diese Eintragung die Spaltungswirkungen aus. Die Spaltung ist allerdings in den Registern der übernehmenden Rechtsträger nachträglich noch einzutragen (wohl allgM; vgl. etwa Lutter/Priester Rn. 11; Semler/Stengel/Leonard/Schwanna Rn. 12; Kallmeyer/Zimmermann Rn. 13; Widmann/Mayer/Mayer Rn. 21; Maulbetsch/Klumpp/Rose/Raible Rn. 7; Keßler/Kühnberger UmwR/Gündel Rn. 6; Kölner Komm UmwG/Simon Rn. 22; BeckOGK/Verse Rn. 17).

9 Selbst die fehlende Voreintragung einer ggf. notwendigen **KapErh** lässt die Wirkungen der Spaltung gem. § 131 II unberührt. In diesem Fall muss die Eintragung der KapErh nachgeholt werden. Eine entsprechende Verpflichtung der übernehmenden KapGes folgt aus dem Spaltungsvertrag. Nur diese Sichtweise wird dem mit § 131 II verfolgten Zweck, die Wirksamkeit der Spaltung zu gewährleisten, gerecht (so auch in Lutter/Priester Rn. 11; Semler/Stengel/Leonard/Schwanna Rn. 12; Kölner Komm UmwG/Simon Rn. 23; Kallmeyer/Zimmermann Rn. 13; Maulbetsch/Klumpp/Rose/Raible Rn. 7; aA Widmann/Mayer/Mayer Rn. 21; BeckOGK/Verse Rn. 19). Entsprechendes gilt bei einer nicht voreingetragenen **Kapitalherabsetzung** (Maulbetsch/Klumpp/Rose/Raible Rn. 8; Kölner Komm UmwG/Simon Rn. 23; Kallmeyer/Zimmermann Rn. 13; BeckOGK/Verse Rn. 20; Widmann/Mayer/Mayer Rn. 21). Die praktische Umsetzung der Gegenansicht dürfte insbes. dann Schwierigkeiten bereiten, wenn die fehlende Eintragung der KapErh erst geraume Zeit nach Eintragung der Spaltung entdeckt wird (auch → § 131 Rn. 96 ff., → § 139 Rn. 35 und → § 20 Rn. 108 ff.

4. Prüfung durch die Registergerichte

10 **a) Verhältnis der Registergerichte zueinander.** Soweit für die beteiligten Rechtsträger unterschiedliche Register zuständig sind, befassen sich verschiedene

Registergerichte mit der Eintragung der Spaltung. Der Prüfungsumfang ist nur teilw. deckungsgleich. Entscheidungen eines Registergerichts (Zuständigkeit des Rechtspflegers, allerdings Richtervorbehalt bei KapGes, § 17 Nr. 1 lit. c RPflG) binden grds. die anderen nicht. Davon sind aber zwei wesentliche **Ausnahmen** zu machen:

aa) Eintragung der Spaltung in die Register der übernehmenden Rechts- 11
träger. Nach Abs. 1 S. 1 darf die Spaltung in das Register des Sitzes des übertragenden Rechtsträgers erst eingetragen werden, nachdem sie im Register des Sitzes jedes der übernehmenden Rechtsträgers eingetragen worden ist. An diese Voreintragung ist der für den übertragenden Rechtsträger zuständige Registerrichter gebunden. Er kann bspw. nicht selbstständig prüfen, ob die Voreintragung zu Recht abgelehnt wird. Selbst wenn er der Ansicht ist, dass die Voreintragung erfolgen müsste, ist er an die Entscheidung des anderen Registergerichts gebunden. Entsprechendes gilt für den umgekehrten Fall der erfolgten Voreintragung im Register des übernehmenden Rechtsträgers. Das für den übertragenden Rechtsträger zuständige Gericht hat dies ohne eigene Wertung zu beachten (ebenso Lutter/Priester Rn. 7; Maulbetsch/Klumpp/Rose/Raible Rn. 19).

bb) Voreintragung einer notwendigen Kapitalerhöhung. Bei einer Spaltung 12
zur Aufnahme muss die übernehmende Ges oftmals zur Schaffung der als Gegenleistung zu gewährenden Anteile eine KapErh durchführen. Diese KapErh muss eingetragen sein, bevor die Spaltung eingetragen werden darf (§§ 53, 66; dazu → Rn. 5). Das für den übertragenden Rechtsträger zuständige Registergericht hat zwar zu überprüfen, ob die Voreintragung der KapErh erfolgt ist, an die Eintragung selbst ist es aber gebunden. Insoweit steht ihm keine Prüfungskompetenz zu (ebenso Lutter/Priester Rn. 7; Maulbetsch/Klumpp/Rose/Raible Rn. 19).

b) Prüfungsumfang. Jedes Registergericht hat zunächst die Einhaltung der For- 13
malien der bei ihm eingereichten Anmeldung zu prüfen. Es muss darauf achten, ob die Anmeldung an sich den Anforderungen entspricht und ob die nach §§ 125, 17 einzureichenden Unterlagen sowie die ggf. nach §§ 125, 16 II, §§ 52, 140, § 146 I, § 148 I abzugebenden Erklärungen vorliegen. Der **Spaltungsvertrag** ist inhaltlich auf die Einhaltung der gesetzlichen Mindestanforderungen zu überprüfen. Zur Prüfungskompetenz hinsichtlich § 126 I Nr. 11 → § 5 Rn. 105.

Ebenso erstreckt sich die Prüfung auf die Ordnungsmäßigkeit der **Spaltungsbe-** 14
schlüsse und sonst notwendiger Zustimmungserklärungen.

Für die Prüfung einer gleichzeitig angemeldeten **KapErh** gelten die jew. Spezial- 15
gesetze. Über § 125 sind § 55 (GmbH) und § 69 (AG), § 78 (KGaA) anwendbar. Die Spaltung zur Aufnahme führt zu einer Sacheinlage. Bei einer GmbH erfolgt die Prüfung der Sacheinlage entsprechend §§ 9c, 57a GmbHG; bei einer AG gilt § 38 II AktG.

Die **wirtschaftliche Zweckmäßigkeit** der Spaltung darf das Registergericht 16
nicht prüfen (Lutter/Priester Rn. 6; Semler/Stengel/Leonard/Schwanna Rn. 7; Widmann/Mayer/Mayer Rn. 15; Maulbetsch/Klumpp/Rose/Raible Rn. 15; auch → § 19 Rn. 24). Gleiches gilt für die Angemessenheit des **Umtauschverhältnisses** oder der **Gegenleistung** (Lutter/Priester Rn. 6; Semler/Stengel/Leonard/Schwanna Rn. 7; Maulbetsch/Klumpp/Rose/Raible Rn. 15; Habersack/Wicke/Verse Rn. 28.1; BeckOGK/Verse Rn. 28.1;). Wenn schon dem Anteilsinhaber eines übertragenden Rechtsträgers eine auf die Unangemessenheit des Umtauschverhältnisses gestützte Unwirksamkeitsklage verwehrt ist (§ 14 II), bleibt erst recht kein Raum für eine entsprechende Prüfungskompetenz der Registergerichte. Hierfür ist das Spruchverfahren oder – für die Anteilsinhaber des übernehmenden Rechtsträgers – die Unwirksamkeitsklage vorrangig und abschließend. Ebenso wenig kann das Registergericht den Spaltungsbericht und den Spaltungsprüfungsbericht inhaltlich

prüfen (BeckOGK/Verse Rn. 28.1). Zur Bindungswirkung einer Entscheidung nach §§ 125, 16 III für das Registergericht → § 16 Rn. 49.

5. Eintragungsverfahren

17 **Zuständig** für die Eintragung ist bei KapGes der Richter, iÜ der Rechtspfleger (§ 3 Nr. 2 lit. d RpflG, § 17 Nr. 1 lit. c RPflG). Soweit keine Eintragungshindernisse vorliegen, ist die Eintragung vorzunehmen; iÜ kann das Registergericht eigene Ermittlungen anstellen (Amtsermittlung, § 26 FamFG). Über die Eintragung ist unverzüglich nach Eingang der Anmeldung zu entscheiden (§ 25 I 2 HRV).

18 Liegen behebbare Eintragungsmängel vor, erlässt das Registergericht unverzüglich (§ 25 I 3 HRV) eine **Zwischenverfügung**. Wird innerhalb der gesetzten Frist der Mangel nicht behoben oder liegt ein nicht behebbarer Mangel vor, ist die Eintragung abzulehnen.

19 Trotz der Eigenständigkeit der beteiligten Registergerichte (→ Rn. 10) ist die gegenseitige Abstimmung zulässig und teilw. auch erforderlich; zur gegenseitigen Mitteilung von Mängeln sind die Registergerichte nicht nur berechtigt, sondern auch verpflichtet (Lutter/Priester Rn. 7). Zur Entbehrlichkeit des Voreintragungsvermerks bei tagggleicher Eintragung → Rn. 6.

6. Rechtsmittel im Eintragungsverfahren

20 Die Eintragung in das Register kann nicht mit Rechtsmitteln angegriffen werden (OLG Düsseldorf NJW-RR 1999, 1052; BayObLG WM 1985, 480). In Betracht kommt lediglich eine Amtslöschung nach § 395 FamFG, allerdings nicht mehr, sobald die konstitutive Eintragung in das Register am Sitz des übertragenden Rechtsträgers erfolgt ist (§ 131 II; Semler/Stengel/Leonard/Schwanna Rn. 13; Maulbetsch/Klumpp/Rose/Raible Rn. 21; Widmann/Mayer/Mayer Rn. 27; BeckOGK/Verse Rn. 32; näher → § 131 Rn. 96 ff.).

21 Die Ablehnung der Eintragung oder eine Zwischenverfügung kann mit der einfachen Beschwerde (§ 58 FamFG) und sodann mit der Rechtsbeschwerde (§ 70 FamFG) angefochten werden. Nicht beschwerdefähig ist allerdings die Anregung des Richters, die Anmeldung zurückzunehmen (BayObLG NJW-RR 1988, 869). Bei Entscheidungen durch den Rechtspfleger findet die Erinnerung nach § 11 RPflG statt.

22 Unklar ist die Beschwerdeberechtigung. Nach Ansicht des BayObLG (BayObLGZ 87, 314) sind die Anmelder, nach Auffassung des BGH (WM 1988, 1819 für eine Satzungsänderung) ist die Ges beschwerdeberechtigt.

7. Mitteilung der Eintragung

23 Der Tag der (konstitutiven, § 131 I) Eintragung der Spaltung in das Register des übertragenden Rechtsträgers wird von Amts wegen den anderen beteiligten Registergerichten mitgeteilt (**Abs. 2 S. 1**). Der Tag der Eintragung wird nunmehr von Amts wegen auch in den Registern des Sitzes der übernehmenden Rechtsträger eingetragen (**Abs. 2 S. 2**). Dadurch ist gewährleistet, dass das Wirksamwerden der Spaltung aus dem Register jedes beteiligten Rechtsträgers ersichtlich wird und der Vorläufigkeitsvermerk (→ Rn. 6) sich erledigt hat.

8. Verbleib der Registerakten

24 Anders als bei der Verschm erlischt bei einer Abspaltung und Ausgliederung der übertragende Rechtsträger nicht. Eine Schließung und Übersendung der Registerakte an das Register des übernehmenden Rechtsträgers kann daher nicht erfolgen (vgl. demgü. § 19 II). Bei der Aufspaltung erlischt zwar der übertragende Rechts-

träger. Von einer Übersendung der Registerunterlagen wurde gleichwohl abgesehen, weil die Wahl des zur Aufbewahrung zuständigen Gerichts zwangsläufig willkürlich sein müsste (RegEBegr. BR-Drs. 75/94 zu § 130).

Um wenigstens die Einsichtnahme in die **wesentlichen Registerunterlagen** des übertragenden Rechtsträgers auch in den Registern der übernehmenden Rechtsträger zu gewährleisten, wird aber vom Gericht des Sitzes des übertragenden Rechtsträgers von Amts wegen ein Registerauszug und eine beglaubigte Abschrift der Satzung des übertragenden Rechtsträgers als Ausdruck oder elektronisch übersandt. Die ebenfalls genannten Gesellschaftsverträge und Partnerschaftsverträge liegen dem Registergericht mangels Einreichungspflicht nicht vor und können daher nicht übermittelt werden (Kallmeyer/Zimmermann Rn. 12; Widmann/Mayer/Mayer Rn. 26; Lutter/Priester Rn. 14; Maulbetsch/Klumpp/Rose/Raible Rn. 23; NK-UmwR/Fischer Rn. 15; BeckOGK/Verse Rn. 24). Dies ist ein Redaktionsversehen und bedeutet keinesfalls, dass PersGes/PartGes diese Unterlagen zwecks Übermittlung einzureichen haben. Die übermittelten Unterlagen dokumentieren allerdings nur den Stand zum Zeitpunkt der Eintragung der Spaltung. Nachfolgende Änderungen, die außer bei einer Aufspaltung jederzeit eintreten können, werden nicht mehr mitgeteilt.

9. Bekanntmachungen

Nach §§ 125, 19 III ist jede Eintragung der Spaltung von Amts wegen nach § 10 HGB mit ihrem ganzen Inhalt bekannt zu machen (hierzu → § 19 Rn. 33 ff.). Die Eintragung im elektronischen Handelsregister ist eine offenkundige Tatsache im Sinne von § 727 I und II ZPO (BGH NJW 2023, 2489).

10. Kosten der Eintragung einer Spaltung zur Aufnahme

Zu den Kosten der Anmeldung → § 129 Rn. 4; iÜ zu den Grundlagen zunächst → § 19 Rn. 39 ff. Die **HR-Kosten** richten sich nach § 58 GNotKG iVm der HRegGebV (Festgebühren; vgl. bspw. Anlage zu § 1 HRegGebV Nr. 1400 (180 Euro), Nr. 1401 (180 Euro), Nr. 2402 (240 Euro), Nr. 5006 (50 Euro) iVm §§ 1, 2a HRegGebV).

Darüber hinaus können Kosten aufgrund notwendiger Grundbuchberichtigungen anfallen (→ § 19 Rn. 43; zu den Kosten der Löschung eines Rechtsträgers → § 19 Rn. 45).

§ 131 Wirkungen der Eintragung

(1) **Die Eintragung der Spaltung in das Register des Sitzes des übertragenden Rechtsträgers hat folgende Wirkungen:**
1. **Das Vermögen des übertragenden Rechtsträgers, bei Abspaltung und Ausgliederung der abgespaltene oder ausgegliederte Teil oder die abgespaltenen oder ausgegliederten Teile des Vermögens einschließlich der Verbindlichkeiten gehen entsprechend der im Spaltungs- und Übernahmevertrag vorgesehenen Aufteilung jeweils als Gesamtheit auf die übernehmenden Rechtsträger über.**
2. ²**Bei der Aufspaltung erlischt der übertragende Rechtsträger. ²Einer besonderen Löschung bedarf es nicht.**
3. ¹**Bei Aufspaltung und Abspaltung werden die Anteilsinhaber des übertragenden Rechtsträgers entsprechend der im Spaltungs- und Übernahmevertrag vorgesehenen Aufteilung Anteilsinhaber der beteiligten Rechtsträger; dies gilt nicht, soweit der übernehmende Rechtsträger oder ein Dritter, der im eigenen Namen, jedoch für Rechnung dieses Rechtsträ-**

gers handelt, Anteilsinhaber des übertragenden Rechtsträgers ist oder der übertragende Rechtsträger eigene Anteile innehat oder ein Dritter, der im eigenen Namen, jedoch für Rechnung dieses Rechtsträgers handelt, dessen Anteilsinhaber ist. ²Rechte Dritter an den Anteilen oder Mitgliedschaften des übertragenden Rechtsträgers bestehen an den an ihre Stelle tretenden Anteilen oder Mitgliedschaften der übernehmenden Rechtsträger weiter. ³Bei Ausgliederung wird der übertragende Rechtsträger entsprechend dem Ausgliederungs- und Übernahmevertrag Anteilsinhaber der übernehmenden Rechtsträger.
4. Der Mangel der notariellen Beurkundung des Spaltungs- und Übernahmevertrags und gegebenenfalls erforderlicher Zustimmungs- oder Verzichtserklärungen einzelner Anteilsinhaber wird geheilt.

(2) Mängel der Spaltung lassen die Wirkungen der Eintragung nach Absatz 1 unberührt.

(3) Ist bei einer Aufspaltung ein Gegenstand im Vertrag keinem der übernehmenden Rechtsträger zugeteilt worden und läßt sich die Zuteilung auch nicht durch Auslegung des Vertrags ermitteln, so geht der Gegenstand auf alle übernehmenden Rechtsträger in dem Verhältnis über, das sich aus dem Vertrag für die Aufteilung des Überschusses der Aktivseite der Schlußbilanz über deren Passivseite ergibt; ist eine Zuteilung des Gegenstandes an mehrere Rechtsträger nicht möglich, so ist sein Gegenwert in dem bezeichneten Verhältnis zu verteilen.

Übersicht

	Rn.
1. Allgemeines	1
2. Maßgeblicher Rechtsakt	3
3. Wesen der Sonderrechtsnachfolge	4
4. Aufteilungsmaßstab	9
5. Einzelne Vermögensgegenstände	12
a) Grundstücke und grundstückgleiche Rechte	13
b) Nießbrauchsrechte, beschränkt persönliche Dienstbarkeiten, Vorkaufsrechte	17
c) Grundpfandrechte	22
d) Bewegliche Sachen	24
e) Anwartschaften, wirtschaftliches Eigentum	28
f) Pfandrechte	29
g) Forderungen	30
h) Wertpapiere, verbriefte Forderungen	36
i) Beteiligungen, Mitgliedschaften	38
j) Immaterialgüterrechte, Firma, persönliche Daten	42
k) Verbindlichkeiten und Rückstellungen	45
l) Rechte und Pflichten aus Schuldverhältnissen	49
m) Arbeitsrechtliche Verhältnisse, Versorgungsansprüche	58
n) Unternehmensverträge	59
o) Wettbewerbsverbote, Kartellverpflichtungen, Unterlassungsverpflichtungen	64
p) Versorgungszusagen	65
q) Gesetzliche Vertragsübernahmen	66
r) Bürgschaften	67
s) Unselbstständige Nebenrechte, Bürgschaften	68
t) Öffentlich-rechtliche Rechtspositionen, Prozessrechtsverhältnisse	69
u) Sonderrechte	75

	Rn.
v) Höchstpersönliche Rechte und Pflichten	76
6. Veränderungen im Vermögensbestand	77
7. Zurückbleiben nicht übertragbarer Gegenstände	81
8. Erlöschen des übertragenden Rechtsträgers	85
9. Anteilstausch bei Auf- und Abspaltung	86
10. Ausschluss der Anteilsübertragung	90
11. Rechte Dritter an den Anteilen	91
12. Beurkundungsmängel	95
13. Ausschluss der Rückabwicklung (Abs. 2)	96
14. Behandlung vergessener Aktiva bei der Aufspaltung	100
15. Behandlung vergessener Aktiva bei Ausgliederung und Abspaltung	108
16. Behandlung vergessener Passiva bei Aufspaltung	109

1. Allgemeines

Die Vorschrift regelt in Abs. 1 die wesentlichen **Rechtsfolgen,** die mit der Eintragung der Spaltung in das Register des Sitzes des übertragenden Rechtsträgers eintreten. Insbes. wird hier die Sonderrechtsnachfolge (partielle Gesamtrechtsnachfolge), der Anteilsübergang und – bei der Aufspaltung – das Erlöschen des übertragenden Rechtsträgers angeordnet (Abs. 1 Nr. 1–3). Weitere Rechtsfolgen des Wirksamwerdens der Spaltung ergeben sich aus §§ 133, 134, teilw. folgen sie auch aus einer entsprechenden Anwendung (§ 125) der Verschmelzungsvorschriften (etwa §§ 22 ff.). 1

Nach dem Vorbild von § 352a AktG aF wurde auch für die Spaltung bestimmt, dass diese trotz des Vorhandenseins von Mängeln ab dem Zeitpunkt der konstitutiven Eintragung in das Register des Sitzes des übertragenden Rechtsträgers **nicht** mehr **rückabgewickelt** wird (Abs. 2). Abs. 3 behandelt schließlich das bei Spaltungen im Gegensatz zu anderen Umw ggf. auftauchende Problem der **"vergessenen" Gegenstände.** Der Regelungsgegenstand von § 131 entspricht damit grds. demjenigen von § 20 bei der Verschm. 2

2. Maßgeblicher Rechtsakt

Maßgeblich für den Eintritt der Spaltungswirkungen ist die Eintragung der Spaltung in das Register am Sitz des übertragenden Rechtsträgers (Abs. 1). Dieser Zeitpunkt wurde gewählt, weil an Spaltungen immer nur ein übertragender, des Öfteren aber mehrere übernehmende Rechtsträger beteiligt sind (dazu → § 123 Rn. 18 ff.). Dann ist es – spiegelbildlich zur Verschm (vgl. § 20) – sinnvoll, auf die Eintragung in das für den übertragenden Rechtsträger zuständige Register abzustellen. Zur Eintragungsreihenfolge → § 130 Rn. 4 ff. 3

3. Wesen der Sonderrechtsnachfolge

Der in Abs. 1 Nr. 1 angeordnete Vermögensübergang ist eine besondere Ausgestaltung der Gesamtrechtsnachfolge. Zum Wesen der Gesamtrechtsnachfolge allg. → § 20 Rn. 23 ff. Gesamtrechtsnachfolge liegt vor, weil bei der Spaltung einzelne Vermögensteile als Ganzes, also uno acto ohne gesonderte dingliche Übertragung jedes einzelnen Gegenstandes, auf den oder die übernehmenden Rechtsträger übergehen. Sie ist damit eine besondere Form der sachenrechtlichen Übertragung (vgl. auch Semler/Stengel/Leonard/Leonard Rn. 2). Die Besonderheit der Gesamtrechtsnachfolge bei der Spaltung besteht darin, dass nicht – wie bei der Verschm – das gesamte Vermögen eines Rechtsträgers, sondern nur die im Spaltungsvertrag festgelegten Teile am Vermögensübergang teilnehmen. Hierdurch treten Schwierigkeiten auf, die in sonstigen Fällen der Gesamtrechtsnachfolge nicht denkbar sind (zB verges- 4 sene Vermögensgegenstände, dazu iE → Rn. 100 ff.). Da die Aufteilungsfreiheit handelsrechtlich fast nicht beschränkt ist (→ § 126 Rn. 60 ff.), könnte die partielle Sonderrechtsnachfolge zur Umgehung von Schutzvorschriften bei Einzelrechtsübertragungen genutzt werden; diesen Risiken versuchte der Gesetzgeber insbes. mit § 132 aF (zwischenzeitlich ersatzlos gestrichen), aber auch mit §§ 133, 134 zu begegnen (Maulbetsch/Klumpp/Rose/Raible Rn. 7; vgl. auch Lutter/Lieder Rn. 10 ff.). Im Einzelfall muss dennoch überprüft werden, ob Besonderheiten bei der Übertragung eines Vermögensgegenstandes oder Rechtsverhältnisses zu beachten sind (iE → Rn. 11 ff.). Maßstab hierfür ist die einschränkende Norm (vgl. näher Lutter/Teichmann, 5. Aufl. 2014, Rn. 4 ff.). Ausgangspunkt und Grundsatz ist aber, dass Vermögensgegenstände übertragbar sind (Lutter/Lieder Rn. 16).

5 Ein Vorteil der Gesamtrechtsnachfolge ist im Allg., dass die zu übertragenden Vermögensgegenstände nicht näher bezeichnet werden müssen. Diese Erleichterung ist bei einer Spaltung kaum spürbar. Die Anforderungen an die **Bestimmtheit** der Angaben zur Vermögensaufteilung im Spaltungsvertrag sind mit den Anforderungen, die aufgrund des sachenrechtlichen Bestimmtheitsgrundsatzes bei Einzelrechtsübertragungen bestehen, durchaus vergleichbar (hierzu → § 126 Rn. 76 ff.).

6 Dennoch bietet die Sonderrechtsnachfolge bei der Spaltung greifbare **Vorteile** ggü. der Einzelrechtsnachfolge (die Spaltung durch Einzelrechtsübertragung ist nach wie vor zulässig und in der Form der Ausgliederung auch in der Praxis verbreitet; dazu → § 123 Rn. 24; auch → § 126 Rn. 63; Limmer Unternehmensumwandlungs-HdB/Limmer Teil 3 Rn. 20 f.; Aha AG 1997, 345; Engelmeyer AG 1999, 263; Bungert/Hentzen DB 1999, 2501). Hervorzuheben ist etwa die Übertragung von Verbindlichkeiten und Rechtsverhältnissen ohne Mitwirkung der Gläubiger bzw. Vertragspartner (dazu iE → Rn. 45, 49 ff.). Besondere Bedeutung hat, dass eine **steuerneutrale** Auf- oder Abspaltung von KapGes nur durch Sonderrechtsnachfolge möglich ist. Denn §§ 15, 16 UmwStG setzen eine Auf- oder Abspaltung nach §§ 123 ff. voraus, § 1 I UmwStG (→ UmwStG § 1 Rn. 28 ff. und → UmwStG § 15 Rn. 21 ff.). Ausgliederungen werden hingegen von §§ 20 ff. UmwStG erfasst; sie sind unter den dort genannten Voraussetzungen sowohl durch Einzelrechtsnachfolge als auch durch Gesamtrechtsnachfolge steuerneutral durchführbar, § 1 III UmwStG (→ UmwStG § 1 Rn. 90 ff. und → UmwStG § 1 Rn. 100 ff.). Vgl. auch § 6a GrEStG. Seit Streichung von § 132 aF kann im Einzelfall die Übertragung durch Spaltung auch zivilrechtlich einfacher als diejenige durch Einzelrechtsnachfolge sein. So kann etwa das Eigentum an Grundstücken bereits mit Wirksamwerden der Spaltung und damit regelmäßig schneller als durch Auflassung und Eintragung im Grundbuch (nach der Spaltung ist nur eine Grundbuchberichtigung durchzuführen; → § 126 Rn. 82 ff.) übertragen werden. In der Praxis wird dies etwa genutzt, um Vermögensgegenstände rasch und ggf. ohne die Beschränkungen durch eine Vinkulierung (→ Rn. 38 ff.) auf eine separate Ges zu übertragen, deren Anteile im Anschluss übertragen werden.

7 Im Vergleich zur Spaltung durch Einzelrechtsübertragung sind etwa die gesamtschuldnerische Haftung aller beteiligten Rechtsträger nach § 133 I 1 und die nachwirkende Haftung gem. § 134 nachteilig. Vielfach spielen auch Kostengesichtspunkte eine Rolle.

8 Ein **gutgläubiger** Erwerb ist bei der Sonderrechtsnachfolge nicht möglich (ganz hM; vgl. Kallmeyer/Sickinger Rn. 5 mwN; Semler/Stengel/Leonard/Leonard Rn. 8; Maulbetsch/Klumpp/Rose/Raible Rn. 4; NK-UmwR/Fischer Rn. 11; Lutter/Lieder Rn. 19; auch → § 20 Rn. 32). Die übernehmenden Rechtsträger treten lediglich in die Rechtsstellung ein, die der übertragende Rechtsträger innehatte. Aus diesem Grund erfasst die Sonderrechtsnachfolge auch nicht stl. SBV, das zivilrechtliches Eigentum eines Gesellschafters ist (Kallmeyer/Sickinger Rn. 5). Da die Übertragung auch der wesentlichen Betriebsgrundlagen des **SBV** vielfach Voraussetzung für die Steuerneutralität der Spaltung ist, sind hierzu ergänzende

Rechtsakte durch Einzelrechtsnachfolge vorzusehen (→ § 126 Rn. 116). Zu im **Ausland belegenem Vermögen** → § 20 Rn. 33 f. und Fisch NZG 2016, 448; Kollmorgen/Feldhaus BB 2007, 2189; Racky DB 2003, 923. Hier ist ggf. ergänzend eine Übertragung nach der lokalen Rechtsordnung (lex rei sitae) – bei Aufspaltungen sinnvollerweise vor deren Wirksamwerden – vorzunehmen (Kallmeyer/Sickinger Rn. 4; Semler/Stengel/Leonard/Leonard Rn. 8; MHdB GesR VIII/Larisch § 27 Rn. 14; vgl. auch Widmann/Mayer/Vossius Rn. 29; BeckOGK/Foerster Rn. 7 und Lutter/Lieder Rn. 8). Zu **Übertragungshindernissen** vgl. die Darstellung zu den einzelnen Vermögensgegenständen → Rn. 12 ff. und → Rn. 11, 81 ff.

4. Aufteilungsmaßstab

Der Übergang des Vermögens richtet sich zunächst nach den Bestimmungen, die von den beteiligten Rechtsträgern im Spaltungsvertrag getroffen worden sind (Abs. 1 Nr. 1 S. 1). Die dort (§ 126 I Nr. 9) festgelegten Vermögensteile gehen jew. als Gesamtheit (Sonderrechtsnachfolge) auf die im Spaltungsvertrag bestimmten Rechtsträger über. Die Behandlung von vergessenen Vermögensgegenständen richtet sich nach Abs. 3 (dazu → Rn. 100 ff.). **9**

Die **Freiheit** der **Vermögensaufteilung** erfährt nur wenige, allerdings bedeutende Einschränkungen (auch → § 126 Rn. 66 ff.); die in der Praxis wesentlichste folgt aus §§ 15, 16, 20, 21, 24 UmwStG. Danach kann das stl. **Bewertungswahlrecht** nur in Anspruch genommen werden, wenn ein Teilbetrieb, ein Mitunternehmeranteil (bzw. ein Teil eines Mitunternehmeranteils) oder eine 100%ige Beteiligung an einer KapGes (bei § 21 UmwStG: Eine sog. mehrheitsvermittelnde Beteiligung an einer KapGes) übertragen werden. **10**

Weitere Einschränkungen des Vermögensübergangs ergaben sich früher aus den allg. Vorschriften, die die Übertragung untersagen oder wenigstens beschränken (Abs. 1 Nr. 1 S. 2, § 132, jew. aF). Diese Vorschriften sind mit Gesetz v. 19.4.2007 (BGBl. 2007 I 542) ersatzlos aufgehoben worden. Der Gesetzgeber reagierte damit auf die fast ausnahmslose Kritik der Lit. und Praxis (vgl. Komm. zu § 132 in der 4. Aufl. 2006). Nunmehr unterliegt die Gesamtrechtsnachfolge bei Verschm und Spaltungen denselben Grundsätzen (RegE Begr. BT-Drs. 16/2919, 19). Damit wurden viele Unsicherheiten beseitigt (krit. Maier/Weiler DB 2007, 1291). Nach Ansicht des Gesetzgebers bleiben – grds. wie bei der Verschm – nur höchstpersönliche Rechte und Pflichten von der Übertragbarkeit durch Gesamtrechtsnachfolge ausgeschlossen (RegE Begr. BT-Drs. 16/2919, 19; vgl. auch BGH NZG 2021, 1370 (1372); BGH NJW 2017, 71; NZG 2014, 637 (638); 2015, 1277; Kallmeyer/Sickinger Rn. 2). Ein betroffener Dritter sei durch die allg. Vorschriften (Kündigung, Rücktritt, Wegfall der Geschäftsgrundlage oÄ) geschützt (RegE Begr. BT-Drs. 16/2919, 19; vgl. auch BGH NZG 2021, 1370 (1372); BGH NZG 2014, 637 (638 f.)). Da sich Praxis und Lit. zuvor auf eine einschränkende Auslegung von § 132 aF stützten, sind die Auswirkungen im Einzelfall – abgesehen von nun sichereren Rechtsgrundlagen – eher gering. Allerdings verbleiben einige Unterschiede zur Verschm, die darin begründet sind, dass bei der Spaltung nicht das gesamte Vermögen auf einen Rechtsträger übergeht und bei der Abspaltung/Ausgliederung der übertragende Rechtsträger nicht erlischt. Dies bewirkt etwa, dass rechtliche Zusammenhänge zwischen Rechtspositionen (etwa akzessorische oder Nebenrechte) oder ein rechtliches Vorrangverhältnis (etwa § 613a BGB) auch bei der Spaltung zu beachten sind (strukturelle Trennungshindernisse, vgl. Maulbetsch/Klumpp/Rose/Raible Rn. 5). Vgl. die Darstellung zu den einzelnen Vermögensgegenständen (→ Rn. 12 ff.) und ausf. Lutter/Lieder Rn. 9 ff. und BeckOGK/Foerster Rn. 13 ff. Unberührt bleibt nach Aufhebung von § 132 aF, dass Übertragungshindernisse, die bei Einzelrechtsübertragungen zu beachten sind, eine **Korrektur** auf **schuldrechtli-** **11**

cher Ebene (Schadenersatz, Kündigungsrechte) nach sich ziehen können (dazu überzeugend Bitter ZHR 173 (2009), 379).

5. Einzelne Vermögensgegenstände

12 Vgl. ergänzend zu den nachfolgenden Ausführungen → § 20 Rn. 23 ff.

13 **a) Grundstücke und grundstückgleiche Rechte.** Das Eigentum an Grundstücken und grundstücksgleiche Rechte wie Teil- und Wohnungseigentumsrechte sowie Erbbaurechte gehen nach Maßgabe der Aufteilung im Spaltungsvertrag (zu den besonderen Anforderungen an die Bezeichnung im Spaltungsvertrag → § 126 Rn. 81) mit Wirksamwerden der Spaltung auf den übernehmenden Rechtsträger über. Entsprechendes gilt für (ideelle) Miteigentumsanteile. Der Eigentumswechsel vollzieht sich ohne Eintragung der Rechtsänderung im Grundbuch (BGH WM 2008, 607; für die Einzelrechtsübertragung vgl. § 873 I BGB). Auch der Besitz an Grundstücken geht ohne weitere Handlungen auf den übernehmenden Rechtsträger über (Kallmeyer/Sickinger Rn. 7; Maulbetsch/Klumpp/Rose/Raible Rn. 29). Mit Wirksamwerden der Spaltung wird das Grundbuch unrichtig (BGH WM 2008, 607; Lutter/Lieder Rn. 53; Semler/Stengel/Leonard/Schröer/Greitemann Rn. 22; Kölner Komm UmwG/Simon Rn. 32; Kallmeyer/Sickinger Rn. 7; MHdB GesR VIII/Larisch § 27 Rn. 41); für die nachfolgende Berichtigung genügt die Vorlage eines beglaubigten Registerauszugs, aus dem die Eintragung der Spaltung in das Register des Sitzes des übertragenden Rechtsträgers ersichtlich wird, und einer beglaubigten Abschrift des Spaltungsvertrags (näher → § 126 Rn. 83 f.). Bei Abspaltungen und Ausgliederungen kann die Grundbuchberichtigung auch mittels einer Berichtigungsbewilligung nebst Zustimmung des übernehmenden Rechtsträgers (§ 22 II GBO) durchgeführt werden (→ § 126 Rn. 83 f.). Ferner ist eine Unbedenklichkeitsbescheinigung nach § 22 GrEStG vorzulegen (dazu Maulbetsch/Klumpp/Rose/Raible Rn. 29). Eine Überprüfung der materiellrechtlichen Wirksamkeit der Umw durch das Grundbuchamt erfolgt nicht (OLG Hamm ZIP 2014, 2135). Demzufolge bedarf es keines Nachweises der Vollmacht zum Abschluss des Umwandlungsvertrags in notarieller Form (OLG Hamm ZIP 2014, 2135).

14 **Öffentlich-rechtlicher Genehmigungen,** die bei der Übertragung von Grundvermögen zu beachten sind, bedarf es bei der Übertragung durch Spaltung nicht (Kölner Komm UmwG/Simon Rn. 32; Maulbetsch/Klumpp/Rose/Raible Rn. 30; Kallmeyer/Sickinger Rn. 7; Lutter/Lieder Rn. 53; MHdB GesR VIII/Larisch § 27 Rn. 42; Widmann/Mayer/Vossius Rn. 107). Nach Streichung von § 132 gelten dieselben Grundsätze wie bei der Verschm (RegE Begr. BT-Drs. 167/919, 69; vgl. auch BGH NJW 2017, 71 Rn. 29). So geht etwa das Eigentum an Grundstücken in einem Umlegungsgebiet (§§ 45 ff. BauGB, § 51 I Nr. 1 BauGB) oder in einem förmlich festgelegten Sanierungsgebiet (§ 144 II Nr. 1 BauGB) auch ohne Genehmigung über. Entsprechendes gilt bei der Übertragung land- und forstwirtschaftlich genutzter Grundstücke (§ 2 GrdsVG; BGH NJW-RR 2011, 521; zur Rechtslage vor Streichung von § 132 vgl. LG Ellwangen BWNotZ 1996, 125) und für Grundstücke im Beitrittsgebiet (GVO). Zu öffentlich-rechtlichen Beschränkungen im Grundstücksverkehr vgl. allg. Schöner/Stöber GrundbuchR Rn. 3800 ff.; zum Schicksal von grundstücksbezogenen Genehmigungen (etwa **Baugenehmigungen**) → Rn. 69; zu Pflichten nach dem BBodSchG → Rn. 71. **Vorkaufsrechte** werden durch die Übertragung kraft Spaltung nicht ausgelöst (Widmann/Mayer/Vossius Rn. 107).

15 Durch Spaltung können – wie bei der Einzelrechtsnachfolge – auch lediglich **Teile eines Grundstücks** übertragen werden (Kallmeyer/Sickinger § 126 Rn. 23; Widmann/Mayer/Vossius Rn. 106; Kölner Komm UmwG/Simon Rn. 32; Maulbetsch/Klumpp/Rose/Raible Rn. 32; Lutter/Lieder Rn. 56; aA Schmidt-Ott ZIP 2008, 1353). Der dingliche Eigentumswechsel tritt in diesem Fall aber erst mit

mann Rn. 34; Lutter/Lieder Rn. 63; Maulbetsch/Klumpp/Rose/Raible Rn. 38; Kallmeyer/Sickinger Rn. 8; BeckOGK/Foerster Rn. 48). Sinn macht dies wegen der Bestimmungen in den Zweckbestimmungserklärungen meist nicht (Maulbetsch/Klumpp/Rose/Raible Rn. 38; vgl. auch § 1192 Ia BGB).

d) Bewegliche Sachen. Bewegliche Sachen gehen entsprechend der Aufteilung 24 im Spaltungsvertrag auf den übernehmenden Rechtsträger über, ohne dass hinsichtlich der einzelnen beweglichen Sachen Einigung und Übergabe bzw. Übergabesurrogat (§§ 929–931 BGB) notwendig wäre. Der Besitz an den Sachen geht ohne weitere Handlungen auf den übernehmenden Rechtsträger über (Kallmeyer/Sickinger Rn. 6; Maulbetsch/Klumpp/Rose/Raible Rn. 39; Widmann/Mayer/Vossius Rn. 73; diff.; diff. BeckOGK/Foerster Rn. 36). Der Eigentumsübergang erstreckt sich unabhängig von der Aufnahme im Spaltungsvertrag jedoch nur auf Gegenstände, die im Eigentum des übertragenden Rechtsträgers stehen. Bei der Gesamtrechtsnachfolge ist ein gutgläubiger Erwerb (§§ 932–935 BGB) ausgeschlossen (→ Rn. 8).

Zur Übertragung von **Anwartschaften**, etwa bei unter Vorbehaltseigentum 25 gelieferten beweglichen Sachen, → Rn. 28. War der übertragende Rechtsträger bloßer Sicherungseigentümer, tritt der übernehmende Rechtsträger kraft Gesamtrechtsnachfolge automatisch in dessen Rechtsposition; einer gesonderten Abtretung des Herausgabeanspruchs im Spaltungsvertrag entsprechend § 931 BGB bedarf es nicht (Kallmeyer/Sickinger Rn. 6; Maulbetsch/Klumpp/Rose/Raible Rn. 39).

Da **Sicherungseigentum** kein Nebenrecht iSv § 401 BGB ist (Grüneberg/Grü- 26 neberg BGB § 401 Rn. 5; zu Nebenrechten → Rn. 68), ist darauf zu achten, dass die gesicherte Forderung, das Sicherungseigentum und die Sicherungsabrede auf demselben Rechtsträger übertragen werden. Eine Übertragung auf verschiedene Rechtsträger ist zwar möglich, aber regelmäßig nicht sinnvoll. Auch bei Fehlen einer ausdrücklichen Regelung (etwa in Form einer allg. Zuordnungsklausel) wird man den Spaltungsvertrag oftmals so auslegen können, dass das Sicherungseigentum und die Sicherungsabrede gemeinsam mit der gesicherten Forderung übergegangen sind (Kallmeyer/Sickinger Rn. 6; Maulbetsch/Klumpp/Rose/Raible Rn. 39).

Ebenso wie bei Immobilien (→ Rn. 15) kann auch bei beweglichen Sachen 27 lediglich ideelles **Miteigentum** übertragen werden (Maulbetsch/Klumpp/Rose/Raible Rn. 40). Dies gilt für bereits bestehendes Miteigentum ebenso wie für die Einräumung von Miteigentum. Im Wege der Spaltung kann eine bewegliche Sache also auf mehrere übernehmende Rechtsträger übertragen werden bzw. ein Miteigentumsanteil bei dem übertragenden Rechtsträger verbleiben (Kallmeyer/Sickinger Rn. 6; Semler/Stengel/Leonard/Schröer/Greitemann Rn. 22).

e) Anwartschaften, wirtschaftliches Eigentum. Anwartschaften können 28 durch Gesamtrechtsnachfolge ohne gesonderten Übertragungsakt auf den übernehmenden Rechtsträger übertragen werden. Hierfür genügt die Angabe des Gegenstandes, auf den sich das Anwartschaftsrecht bezieht, im Spaltungsvertrag (→ § 126 Rn. 86). Praktische Bedeutung hat dies insbes. für Gegenstände, die unter **Vorbehaltseigentum** an den übertragenden Rechtsträger geliefert worden sind. Der Schutz von § 161 BGB steht dann dem übernehmenden Rechtsträger zu (Maulbetsch/Klumpp/Rose/Raible Rn. 41). Regelmäßig wird es sinnvoll sein, die Gegenstände unter Vorbehaltseigentum und dazugehörige Verbindlichkeiten auf den gleichen Rechtsträger zu übertragen; zwingend ist dies allerdings nicht (BeckOGK/Foerster Rn. 44). Fehlt eine eindeutige Festlegung im Spaltungsvertrag, wird man im Regelfall im Wege der Auslegung eine gleichlaufende Übertragung annehmen können. Das Anwartschaftsrecht geht auch dann über, wenn die beteiligten Rechtsträger versehentlich davon ausgingen, dass der Gegenstand bereits im Eigentum des übertragenden Rechtsträgers steht, es sei denn, es gibt zwingende Anhaltspunkte gegen diese Auslegung (Abs. 3). Werden Rechtspositionen (etwa Leasingverträge,

Treuhandverhältnisse), die dem übertragenden Rechtsträger nach bilanziellen und stl. Maßstäben (§ 246 I 2 HGB; § 39 II Nr. 1 AO) **wirtschaftliches Eigentum** verschafft haben, übertragen, geht meist auch das wirtschaftliche Eigentum über. Die Übertragung nur des wirtschaftlichen Eigentums auf einen übernehmenden Rechtsträger setzt hingegen ergänzende Vereinbarungen voraus (etwa den Abschluss eines Leasingvertrags, auch → § 126 Rn. 116; vgl. auch Sistermann/Beutel DStR 2011, 1162 (1163); zur stl. Bedeutung etwa → UmwStG § 15 Rn. 73).

29 **f) Pfandrechte.** Pfandrechte gehen wie alle anderen Nebenrechte iSv § 401 BGB automatisch auf den Rechtsträger über, der laut Spaltungsvertrag die gesicherte Forderung erhält. Hiervon abw. Regelungen im Spaltungsvertrag sind unwirksam (Semler/Stengel/Leonard/Schröer/Greitemann Rn. 34; Maulbetsch/Klumpp/ Rose/Raible Rn. 48; vgl. auch Lutter/Lieder Rn. 75 und allg. Rn. 20; auch → Rn. 68).

30 **g) Forderungen.** Forderungen gehen auf den Rechtsträger über, dem sie im Spaltungsvertrag zugeteilt worden sind. Zugleich gehen damit unselbstständige Nebenrechte iSv § 401 BGB auf diesen Rechtsträger über (→ Rn. 68). Gleiches gilt für bloße **Hilfsrechte** (Recht zur Fälligkeitskündigung, Anspruch auf Rechnungslegung etc). Zum Übergang von mit den Forderungen verbundenen **Schiedsvereinbarungen** vgl. OLG München NZG 2016, 662; auch BGH NJW 1978, 1585 (zu Einzelrechtsübertragung); vgl. auch Höfling NZG 2017, 691. Entsprechendes ist bei **Gestaltungsrechten** (Kündigung, Rücktritt etc) anzunehmen (Semler/ Stengel/Leonard/Schröer/Greitemann Rn. 14; Kölner Komm UmwG/Simon Rn. 27; Kallmeyer/Sickinger Rn. 9; NK-UmwR/Fischer Rn. 19; Lutter/Lieder Rn. 75; BeckOGK/Foerster Rn. 80; BeckOGK/Verse § 126 Rn. 103). Zum Schutz der Schuldner gelten §§ 404 ff. BGB nach der Forderungsübertragung (Rieble ZIP 1997, 301 (309 f.); Kallmeyer/Sickinger Rn. 9; Lutter/Lieder Rn. 34, 70; Widmann/Mayer/Vossius Rn. 89 ff.; Maulbetsch/Klumpp/Rose/Raible Rn. 47, 49; BeckOGK/Foerster Rn. 37 f., 79). Insbes. kann der Schuldner unter den Voraussetzungen von § 407 BGB schuldbefreiend noch an den übertragenden Rechtsträger leisten. Die Eintragung der Spaltung bzw. deren Bekanntmachung ist keine Abtretungsanzeige, sie ersetzt sie auch nicht (Widmann/Mayer/Vossius Rn. 91; Maulbetsch/Klumpp/Rose/Raible Rn. 49; Lutter/Lieder Rn. 35). Zu **Einzugsermächtigungen** und Daueraufträgen vgl. Kölner Komm UmwG/Simon Rn. 40.

31 Bei Abtretungsverboten ist zu unterscheiden. Die Übertragung durch Spaltung ist kein gesetzlicher Forderungsübergang iSv § 412 BGB (str.; vgl. Semler/Stengel/ Leonard/Leonard/Simon § 20 Rn. 14; aA Grüneberg/Grüneberg BGB § 412 Rn. 1). **Vereinbarte Abtretungsverbote** (§ 399 **Alt. 2** BGB; vgl. aber die praktisch wichtige Ausnahme nach § 354a HGB) wirken bei der Übertragung durch Spaltung ebenso wie bei Verschm (→ § 20 Rn. 74; BGH NJW 2017, 71; OLG Düsseldorf NZG 2015, 561; Semler/Stengel/Leonard/Leonard/Simon § 20 Rn. 13; Kallmeyer/Kierstein § 20 Rn. 29) nicht (ebenso Semler/Stengel/Leonard/Schröer Rn. 31; Kölner Komm UmwG/Simon Rn. 27; NK-UmwR/Fischer Rn. 20; Maulbetsch/Klumpp/Rose/Raible Rn. 45; Lutter/Lieder Rn. 71 f.; BeckOGK/Foerster Rn. 79; MHdB GesR VIII/Schmidt § 22 Rn. 57; Schreier/Leicht NZG 2011, 121 (123); Rubel/Sandhaus Der Konzern 2009, 327 (332); vgl. auch BGH NJW 2017, 71 Rn. 29; König BB 2016, 3092; vgl. auch Henssler/Strohn/Galla/Cé. Müller Rn. 17). Dies gilt nicht nur bei Aufspaltungen, sondern auch bei Abspaltungen und Ausgliederungen, bei denen der Forderungsinhaber nicht erlischt. Die Streichung von § 132 aF und § 131 I Nr. 1 S. 2 aF sollte gerade bewirken, dass die Gesamtrechtsnachfolge bei Verschm und (allen Arten der) Spaltung nach denselben Grdsen zu beurteilen ist (RegE Begr. BT-Drs. 16/2919; vgl. auch BGH NJW 2017, 71 Rn. 29). Das Abtretungsverbot wirkt indes beim übernehmenden Rechtsträger fort (Lutter/Lieder Rn. 73).

Eine Forderung kann nach § 399 **Alt. 1** BGB ferner nicht abgetreten werden, 32
wenn die Leistung an einen anderen nicht ohne **Inhaltsänderung** erfolgen kann.
Hier muss vorrangig geprüft werden, ob tatsächlich durch die Übertragung auf
einen übernehmenden Rechtsträger eine Inhaltsänderung eintreten würde (Semler/
Stengel/Leonard/Schröer/Greitemann Rn. 31; Lutter/Lieder Rn. 74; Maulbetsch/
Klumpp/Rose/Raible Rn. 46; Rubel/Sandhaus Der Konzern 2009, 327 (332)). So
ist der Anspruch auf Dienstleistung nur im Zweifel nicht übertragbar (§ 613 S. 2
BGB). Bei der Aufspaltung von Unternehmen wird vielfach gerade keine Inhaltsänderung eintreten. Für ArbVerh gilt § 613a BGB (→ Vor § 322 Rn. 2 ff.; zu Vorkaufsrechten → Rn. 20). Zum Handelsvertretervertrag vgl. BGH NZG 2015, 1277.
IÜ stellen sich in diesen Fällen ähnl. Fragen wie bei der Verschm. Obwohl nach
Ansicht des Gesetzgebers dieselben Grdse wie bei Verschm gelten sollen (RegE
Begr. BT-Drs. 16/2919, 19), sind indes spezifische Besonderheiten der Spaltung zu
berücksichtigen (vgl. hierzu allg. Lutter/Lieder Rn. 9 ff.).

Eine bes. Fallgruppe sind **höchstpersönliche Ansprüche** (Lutter/Lieder 33
Rn. 74; Rubel/Sandhaus Der Konzern 2009, 327 (331)). Sie gehen auch bei einer
Verschm nicht über (RegE Begr. BT-Drs. 16/2919, 19). Die Rechtsfolge des Erlöschens tritt indes nur bei Aufspaltungen ein, während bei Abspaltungen/Ausgliederungen das Recht beim übertragenden Rechtsträger verbleibt (Kallmeyer/Sickinger
Rn. 3). Forderungen, die bei Übertragung eine **Inhaltsänderung** erfahren, können
hingegen – wie bei der Verschm (etwa Semler/Stengel/Leonard/Leonard/Simon
§ 20 Rn. 14) – durch Aufspaltung übertragen werden; im Einzelfall kann dem Verpflichteten nach allg. Regeln ein Recht auf außerordentliche Kündigung oder Vertragsanpassung zustehen (RegE Begr. Drs. 16/2919, 19; Semler/Stengel/Leonard/
Schröer Rn. 31; Kölner Komm UmwG/Simon Rn. 27; vgl. auch BGH NZG 2021,
1370 (1372); BGH NZG 2014, 637 (639); 2015, 1277; allg. auch Lutter/Lieder
Rn. 31 und BeckOGK/Foerster Rn. 31; MHdB GesR VIII/Larisch § 27 Rn. 16).
Das gilt den für Abspaltungen/Ausgliederungen, weil nur so der gesetzgeberische Wille (RegE Begr. Drs. 16/2919, 19) der Gleichstellung der Spaltung mit der
Verschm für alle Spaltungsarten erfüllt wird. Eine spaltungsspezifische Besonderheit
besteht bei unselbstständigen **Nebenrechten;** sie teilen das Schicksal der Hauptforderung (→ Rn. 68).

Auch Forderungen, die der übertragende Rechtsträger nur sicherungshalber inne- 34
hat (etwa aus **Globalzession**), gehen entsprechend den Festlegungen im Spaltungsvertrag über. Forderungen aufgrund **Sicherungsabtretung** sind keine Nebenrechte
iSv § 401 BGB; sie teilen mithin nicht das Schicksal der besicherten Forderung.
Wie auch etwa beim Sicherungseigentum (→ Rn. 26) ist aber eine Trennung meist
nicht ratsam; bei Fehlen ausdrücklicher Regelungen wird oft die Auslegung greifen,
dass die Sicherungsforderung gemeinsam mit der besicherten Forderung übergeht.

Forderungen, die eine **teilbare Leistung** zum Inhalt haben, können aufgeteilt 35
und auf verschiedene Rechtsträger übertragen werden. Dies ist für die Einzelrechtsübertragung im Wesentlichen anerkannt (Grüneberg/Grüneberg BGB § 398
Rn. 10). Es ist kein Grund ersichtlich, warum bei der Sonderrechtsnachfolge andere
Maßstäbe gelten sollen (Lutter/Lieder Rn. 70; Kallmeyer/Sickinger § 126 Rn. 24;
BeckOGK/Foerster Rn. 79; MHdB GesR VIII/Larisch § 27 Rn. 50). Schließlich
kann eine Forderung, insbes. eine nicht teilbare, auch auf mehrere Rechtsträger
übertragen werden. In diesem Fall tritt **Mitgläubigerschaft** ein (§ 432 BGB). Eine
Gesamthandsgläubigerschaft (vgl. auch Lutter/Lieder Rn. 70) entsteht nur bei ausdrücklicher Vereinbarung (Gründung der Gesamthand = wohl GbR). Ohne derartige Vereinbarung bewirkt Abs. 1 Nr. 1 nur den Übergang von bereits bestehenden
Rechtspositionen, nicht aber die Begr. neuer Rechtsverhältnisse.

h) Wertpapiere, verbriefte Forderungen. Wertpapiere gehen ohne gesonder- 36
ten Übertragungsakt auf denjenigen übernehmenden Rechtsträger über, dem sie

im Spaltungsvertrag zugeordnet worden sind. Bei Orderpapieren (zB Schecks und Wechsel) bedarf es für die wirksame Übertragung keines Indossaments (Semler/Stengel/Leonard/Schröer/Greitemann Rn. 32; BeckOGK/Foerster Rn. 80). Die Rechtsnachfolge kann sowohl außergerichtlich als auch im Wechsel- bzw. Scheckprozess durch einen beglaubigten Registerauszug, aus dem sich das Wirksamwerden der Spaltung ersehen lässt, und durch eine beglaubigte Abschrift des Spaltungsvertrags nachgewiesen werden (Widmann/Mayer/Vossius § 20 Rn. 315); Entsprechendes gilt für Namenspapiere (Widmann/Mayer/Vossius § 20 Rn. 314). Zu Unternehmensanleihen vgl. Bertus BB 2016, 2755.

37 Die Übertragung der (abstrakten) Wechsel- oder Scheckforderung und der zugrunde liegenden persönlichen Forderung auf verschiedene Rechtsträger ist möglich, regelmäßig aber nicht sinnvoll. Zumeist wird im Begebungsvertrag die Abrede getroffen, dass der Gläubiger vorrangig Befriedigung aus dem Wertpapier suchen muss. In diesem Fall kann die persönliche Forderung nur Zug um Zug gegen Rückgabe des Wechsels oder Schecks geltend gemacht werden.

38 **i) Beteiligungen, Mitgliedschaften.** Beteiligungen an anderen Rechtsträgern gehen grds. nach Maßgabe der Bestimmungen im Spaltungsvertrag auf die übernehmenden Rechtsträger über. Zunächst bestehen keine Besonderheiten im Vergleich zur Übertragung von Beteiligungen (Mitgliedschaften) anlässlich einer Verschm (→ § 20 Rn. 63 ff.). Anteile an **KapGes** (GmbH, AG, KGaA, SE) sind grds. übertragbar (zu Vinkulierungen → Rn. 40). Beteiligungen an **PersGes** (GbR, OHG, KG) können – allg. im Gesellschaftsvertrag oder im Einzelfall – übertragbar ausgestaltet werden; in diesem Fall können die Beteiligungen übertragen werden. IÜ ist zu unterscheiden: Die Stellung als **GbR-Gesellschafter** oder **Komplementär** war früher nach dem gesetzlichen Leitbild höchstpersönlich (§ 727 I BGB aF; § 131 III Nr. 1 HGB aF). Sie konnte ohne Gestattung im Gesellschaftsvertrag oder im Einzelfall auch durch Gesamtrechtsnachfolge nicht übertragen werden (zum früheren Recht vgl. Semler/Stengel/Leonard/Schröer/Greitemann Rn. 26; Maulbetsch/Klumpp/Rose/Raible Rn. 75; Henssler/Strohn/Galla/Cé. Müller Rn. 7; NK-UmwR/Fischer Rn. 28; Kallmeyer/Sickinger Rn. 14; weiter Kölner Komm UmwG/Simon Rn. 22; Rubel/Sandhaus Der Konzern 2009, 327 (333): Auslegung im Einzelfall; MHdB GesR VIII/Larisch § 27 Rn. 31; aA Lutter/Lieder Rn. 99; Lieder/Scholz ZIP 2015, 1705 (1708 ff.); BeckOGK/Foerster Rn. 25 ff.; Dreyer JZ 2007, 606 (610 ff.); Ihrig Liber Amicorum Martin Winter, 2011, 297 (308 ff.); Heckschen GmbHR 2014, 626 (636 ff.)). Insofern änderte sich die Rechtslage durch das MoPeG. Nach dem neuen Verständnis gilt der Vorrang der Verbandskontinuität. Demzufolge führt der Tod eines GbR-Gesellschafters nicht zur Auflösung, sondern nur zu dessen Ausscheiden (§ 723 I Nr. 1 BGB nF). Für den Tod eines Komplementärs gilt dies schon längere Zeit (§ 131 III Nr. 1 HGB aF; § 130 I Nr. 1 HGB). Insofern besteht nunmehr kein Unterschied mehr zu **Kommanditbeteiligungen** oder die Rechtsstellung eines **stillen Gesellschafters,** die bereits zuvor gesetzlich als grds. übertragbar ausgestaltet sind (§§ 177, 234 II HGB). Damit können nunmehr alle Beteiligungen an PersGes auch durch Spaltung übertragen werden, sofern nicht die Übertragbarkeit ausdrücklich ausgeschlossen ist (zu Kommanditbeteiligungen oder Rechtsstellungen als stiller Gesellschafter vgl. Semler/Stengel/Leonard/Schröer/Greitemann Rn. 26; Kölner Komm UmwG/Simon Rn. 22; Maulbetsch/Klumpp/Rose/Raible Rn. 76; Henssler/Strohn/Galla/Cé. Müller Rn. 7; NK-UmwR/Fischer Rn. 29; BeckOGK/Foerster Rn. 24; MHdB GesR VIII/Larisch § 27 Rn. 29; Rawert/Endres ZIP 2016, 1609 (1610); Rubel/Sandhaus Der Konzern 2009, 327 (333); bei PersGes nicht diff. Lutter/Lieder Rn. 99, zur stillen Ges dort Rn. 107). Zu Zustimmungsvorbehalten → Rn. 40. Der Gesellschafterwechsel ist sodann im Handelsregister zu vollziehen (zur Anmeldung vgl. Rawert/Endres ZIP 2016, 1609). Ebenso müssen geänderte Gesellschafterlisten vom Notar eingereicht

werden. Zu stillen Beteiligungen vgl. näher Jung ZIP 1996, 1734. Bei **Genossenschaftsanteilen** greift bei Aufspaltungen (Erlöschen des übertragenden Rechtsträgers) § 77a S. 2 GenG ein: Die Mitgliedschaft geht über, sie endet jedoch zum Schluss des Geschäftsjahres (ebenso Lutter/Lieder Rn. 104; Widmann/Mayer/Vossius Rn. 74; Müntefering NZG 2005, 64 (66); Mayer GmbHR 1996, 403 (410)). Nichts anderes gilt nach Sinn und Zweck dieser Vorschrift bei einer Übertragung anlässlich Abspaltungen/Ausgliederungen. Soll die Mitgliedschaft erhalten bleiben, muss sie zurückbehalten werden (Semler/Stengel/Leonard/Schröer/Greitemann Rn. 25).

Vereinsmitgliedschaften (zB Berufsverbände) sind grds. höchstpersönlich und 39 daher auch durch Verschm (→ § 20 Rn. 70) nicht übertragbar (§ 38 BGB), soweit die Satzung nichts Abw. regelt (§ 40 BGB; Auslegung!). Sie gehen daher bei Aufspaltungen unter, bei Abspaltungen und Ausgliederungen verbleiben sie beim übertragenden Rechtsträger (Maulbetsch/Klumpp/Rose/Raible Rn. 72; Henssler/Strohn/Galla/Cé. Müller Rn. 9; NK-UmwR/Fischer Rn. 26; aA Lutter/Lieder Rn. 97: Übergang der Mitgliedschaft, wenn der übernehmende Rechtsträger die Voraussetzungen erfüllt; Kölner Komm UmwG/Simon Rn. 23; diff. auch MHdB GesR VIII/Larisch § 27 Rn. 34; ausf. auch Heckschen GmbHR 2014, 626 (634): soweit nicht Satzung ausdrücklich entgegensteht; Semler/Stengel/Leonard/Schröer/Greitemann Rn. 24: gehen unter, soweit sie nicht ausdrücklich beim übertragenden Rechtsträger zurückbehalten werden). Zu den Auswirkungen auf Tarifverträge → Rn. 65.

Die eigentliche Problematik bei der Übertragung von Beteiligungen (Mitglied- 40 schaften) liegt darin begründet, ob Übertragungsbeschränkungen (Zustimmungsvorbehalte, **Vinkulierungen** etc) zu beachten sind (vgl. bereits → Rn. 31). Nach überwiegender Ansicht hindern derartige Vinkulierungen den Übergang bei Verschm nicht (→ § 20 Rn. 63). Eine unterschiedliche Behandlung von Spaltungen (auch Abspaltungen/Ausgliederungen) ist nach Streichung von § 132 aF keinesfalls mehr gerechtfertigt (OLG Hamm NZG 2014, 783 (784) = GmbHR 2014, 935 mAnm Wachter: Abspaltung; Semler/Stengel/Leonard/Schröer/Greitemann Rn. 26; Kölner Komm UmwG/Simon Rn. 21; Maulbetsch/Klumpp/Rose/Raible Rn. 77; NK-UmwR/Fischer Rn. 30; BeckOGK/Foerster Rn. 24, aber Vorbehalt des Rechtsmissbrauchs; Lutter/Lieder Rn. 104; MHdB GesR VIII/Larisch § 27 Rn. 27; Rawert/Endres ZIP 2016, 1609 (1610); Rubel/Sandhaus Der Konzern 2009, 327 (333); Henssler/Strohn/Galla/Cé. Müller Rn. 6; Widmann/Mayer/Vossius Rn. 74; Kallmeyer/Sickinger Rn. 15; Burg/Marx NZG 2013, 127 (129); aA ausf. Teichmann GmbHR 2014, 393; krit. bei Umgehung Sickinger DB 2014, 1976; vgl. auch BGH NJW 2017, 71 Rn. 29; vgl. umfassend auch Heckschen/Weitbrecht NZG 2019, 721). Die spaltungsbedingten Übertragungen unterliegen daher denselben Grdsen wie diejenigen durch Verschm. Bei der Vertragsgestaltung sollten Einziehungsklausel, die bei Übertragungen durch Gesamtrechtsnachfolge eingreifen, erwogen werden. Generell zur Bedeutung eines Missbrauchsschutzes Lutter/Lieder Rn. 23 ff.

Die **Aufteilung** von GmbH-Geschäftsanteilen auf verschiedene Rechtsträger ist 41 zwischenzeitlich grds. zulässig (Maulbetsch/Klumpp/Rose/Raible Rn. 77). Ein Anteil kann ferner auf verschiedene Rechtsträger unter Begr. einer Mitberechtigung (§ 18 GmbHG) übertragen werden. Bei Beteiligungen an AG ist zu unterscheiden: Einzelne Aktien sind unteilbar (§ 8 V AktG), verschiedene Aktien können aber auf verschiedene Rechtsträger übertragen werden.

j) Immaterialgüterrechte, Firma, persönliche Daten. Patentrechte (§ 15 42 PatentG), Geschmacksmuster (Design) (§ 29 DesignG), Gebrauchsmuster (§ 22 GebrMG) und Markenzeichen (§ 27 MarkenG) gehen nach Maßgabe der Bestimmungen im Spaltungsvertrag auf den übernehmenden Rechtsträger über (vgl. auch die Auslegungsregel in § 27 II MarkenG). Entsprechend verhält es sich mit Lizenzrechten für derartige Rechte (Kallmeyer/Sickinger Rn. 16; Maulbetsch/Klumpp/ Rose/Raible Rn. 81; BeckOGK/Foerster Rn. 88). Ein **Urheberrecht** ist nicht übertragbar (§ 29 UrhG); es steht nur dem Schöpfer zu. Das Nutzungsrecht hieran kann ohne Zustimmung des Urhebers (§ 34 I UrhG) durch Spaltungen übertragen werden (Semler/Stengel/Leonard/Schröer/Greitemann Rn. 41; Maulbetsch/ Klumpp/Rose/Raible Rn. 81; aA etwa BeckOGK/Foerster Rn. 88; Lutter/Lieder Rn. 69). Ggf. entsteht ein Recht des Urhebers auf Rückruf nach § 34 III 2 UrhG (Lutter/Teichmann, 5. Aufl. 2014, Rn. 44). Für die **Firma** gilt für Aufspaltungen über § 125 die Sonderregelung nach § 18 (→ § 125 Rn. 16). Bei Abspaltungen/ Ausgliederungen kann die Firma nicht isoliert, aber gemeinsam mit dem Handelsgeschäft (§§ 22, 23 HGB) übertragen werden; der Ausschluss von § 18 durch § 125 bei Abspaltungen/Ausgliederungen hindert dies nicht (Semler/Stengel/Leonard/ Schröer/Greitemann Rn. 44; Lutter/Lieder Rn. 96; MHdB GesR VIII/Larisch § 27 Rn. 36; vgl. auch OLG Hamm DStRE 2017, 1211 und 1214). Mit übergehenden Rechtsverhältnissen zusammenhängende **persönliche Daten** können regelmäßig ohne Zustimmung der Vertragspartner übertragen werden (dazu ausf. Bitter ZHR 173, 379; Semler/Stengel/Leonard/Schröer/Greitemann Rn. 40; Kölner Komm UmwG/Simon Rn. 41; Kallmeyer/Sickinger Rn. 20; Henssler/Strohn/Galla/Cé. Müller Rn. 24; vgl. auch Bongers BB 2015, 2950). Eine Änderung durch die DS-GVO ist nicht eingetreten. Eine entsprechende Klausel, auch nicht erforderliche Daten zu übermitteln, ist nicht nach § 134 BGB nichtig (BGHZ 171, 180 (187) = NJW 2007, 2106). Anderes gilt für Rechtsträger, deren Mitarbeiter der Verschwiegenheit unterliegen (§ 203 StGB), insbes. Ärzte, RA, WP und StB. Hier bedarf es der Einwilligung der Betroffenen (Lutter/Teichmann, 5. Aufl. 2014, Rn. 24, 123). Zur Übertragung von **Kreditportfolien** unter Berücksichtigung des **Bankgeheimnisses** vgl. Bitter ZHR 173 (2009), 379; Heckschen GmbHR 2015, 897 (903 ff.). Übertragbar sind auch die Rechtsverhältnisse hinsichtlich Daten, die auf externen Servern **(Cloud)** oder in sozialen Netzwerken gespeichert sind (Widmann/Mayer/ Vossius Rn. 79.1).

43 Soweit die Immaterialgüterrechte in **Registern** eingetragen sind (etwa Patentrolle, Markenregister), vollzieht sich der Übergang unabhängig von der Eintragung des Inhaberwechsels. Das Register wird vielmehr durch das Wirksamwerden der Spaltung unrichtig und ist zu berichtigen (Lutter/Grunewald § 20 Rn. 15; Kallmeyer/Sickinger Rn. 16).

44 Eine Aufteilung der genannten Immaterialgüterrechte auf verschiedene Rechtsträger kommt nicht in Betracht. Sie können aber zur gemeinsamen Ausübung auf verschiedene Rechtsträger übertragen werden (auch → Rn. 35).

45 **k) Verbindlichkeiten und Rückstellungen.** Verbindlichkeiten gehen nach Maßgabe der Festlegungen im Spaltungsvertrag auf den übernehmenden Rechtsträger über. Im Gegensatz zur Einzelrechtsübertragung bedarf es hierzu keiner Mitwirkung der Gläubiger (§§ 414, 415 BGB). Die Gläubiger sind durch die gesamtschuldnerische Haftung (§ 133 I 1) und das Recht, Sicherheitsleistung zu verlangen (§ 22), ausreichend geschützt (Lutter/Lieder Rn. 72; Kölner Komm UmwG/Simon Rn. 28; Kallmeyer/Sickinger Rn. 21; NK-UmwR/Fischer Rn. 21; Maulbetsch/ Klumpp/Rose/Raible Rn. 50; Semler/Stengel/Leonard/Schröer/Greitemann Rn. 33; BeckOGK/Foerster Rn. 81; MHdB GesR VIII/Schmidt § 22 Rn. 59). Zum Übergang von Kreditverträgen → Rn. 49. Eine zur Sicherung von Verbindlichkeiten abgegebene Globalzession geht nicht automatisch mit der Verbindlichkeit über; sie erfasst iÜ nicht Forderungen, die der übernehmende Rechtsträger in seinem Geschäftsbetrieb begründet hat (zur Verschm vgl. BGH DB 2008, 49). Auch bereits entstandene **Steuerverbindlichkeiten** können durch Spaltung übertragen werden (Lutter/Lieder Rn. 77; Leitzen DStR 2009, 1853; allerdings **aA** BFH BeckRS 2023, 6837 und BFH BStBl. II 2003, 835 zu einer Ausgliederung; wohl

aus dem nicht eintretenden Parteiwechsel im FG-Prozess abgeleitet; vgl. aber auch BFH GmbHR 2010, 163 zu einer Abspaltung: Vorrang von § 45 AO und damit nur bei Gesamtrechtsnachfolge ieS; offengelassen für Fälle nach Aufhebung von § 132 aF; anders noch Vorinstanz FG LSA DStRE 2009, 608; wie hier für Aufspaltungen → AEAO § 45 Rn. 2; vgl. auch BeckOGK/Foerster Rn. 83; krit. auch Podewils GmbHR 2010, 166 – auch → Rn. 69 ff.). Zum Übergang der Berichtigungspflicht nach § 153 AO vgl. Binneweis/Schüller GmbHR 2017, 70. Zu den bei der Auf- und Abspaltung (zur Ausgliederung vgl. → § 125 Rn. 15) übertragbaren Verbindlichkeiten zählen auch die **Ansprüche von gegen Barabfindung** ausscheidenden Anteilsinhabern (§§ 125 iVm 29 ff.). Dies ist in § 125 I 3 für die Abspaltung ausdrücklich geregelt, gilt aber auch für die Aufspaltung (dazu → § 125 Rn. 20). Diese Verbindlichkeiten gehen auf denjenigen übernehmenden Rechtsträger über, dem sie im Spaltungsvertrag zugeordnet sind. Zur gesamtschuldnerischen Haftung → § 125 Rn. 20 und → § 133 Rn. 14.

Eine Ausnahme gilt für höchstpersönliche (Rechte und) Pflichten (näher **46** → Rn. 92).

Die **Aufteilung** von Verbindlichkeiten auf verschiedene Rechtsträger ist, soweit **47** diese teilbar sind, möglich (Semler/Stengel/Leonard/Schröer/Greitemann Rn. 33; Kölner Komm UmwG/Simon Rn. 28; Widmann/Mayer/Vossius Rn. 160; Maulbetsch/Klumpp/Rose/Raible Rn. 50; BeckOGK/Verse § 126 Rn. 111; MHdB GesR VIII/Schmidt § 22 Rn. 60; anders RegE Begr. BR-Drs. 75/94 zu § 126). Dies verstößt nicht gegen § 266 BGB. Die Vorschrift ist unmittelbar ohnehin nicht anwendbar, da durch die Spaltung nicht Teilleistungen erbracht werden, sondern die Verbindlichkeit selbst geteilt wird (ebenso Semler/Stengel/Leonard/Schröer/Greitemann Rn. 33). Es lässt sich hieraus aber auch ein generelles Teilungsverbot nicht ableiten (aA Rieble ZIP 1997, 301 (310)), da § 266 BGB durch § 242 BGB eingeschränkt wird (Grüneberg/Grüneberg BGB § 266 Rn. 8). Der Gläubiger muss die Teilleistung akzeptieren, wenn ihm die Abnahme bei verständiger Würdigung der Lage des Schuldners und seiner eigenen schutzwürdigen Interessen zuzumuten ist. Dies wird bei Spaltungen regelmäßig anzunehmen sein. Zulässig ist auch die ungeteilte Übertragung auf mehrere Rechtsträger; in diesem Fall tritt unabhängig von § 133 I 1 **Gesamtschuldnerschaft** ein. Manche Verpflichtungen (etwa Unterlassungsverpflichtungen) gehen ggf. unabhängig von den Festlegungen im Spaltungsvertrag auf verschiedene Rechtsträger über (→ Rn. 64). Ansprüche aus Sicherungsabreden (etwa Anspruch auf Rückübertragung von sicherungsübereigneten Gegenständen, dazu → Rn. 26) gehen nicht zugleich mit der Verbindlichkeit über. Bei Fehlen von ausdrücklichen Regelungen im Spaltungsvertrag wird eine Auslegung jedoch oft zu diesem Ergebnis führen.

Die den **RSt** (§ 249 HGB) zugrunde liegenden Verbindlichkeiten bzw. Verpflich- **48** tungen gehen nach Maßgabe der Bestimmungen im Spaltungsvertrag auf die übernehmenden Rechtsträger über.

l) Rechte und Pflichten aus Schuldverhältnissen. Mit Wirksamwerden der **49** Spaltung gehen Schuldverhältnisse nach Maßgabe der Bestimmungen im Spaltungsvertrag auf die übernehmenden Rechtsträger über. Die Grundsätze der gewillkürten Vertragsübernahme gelten bei der Sonderrechtsnachfolge nicht. Dies gilt auch für Dauerschuldverhältnisse. Dem übernehmenden Rechtsträger können also Miet-, Pacht- oder Leasingverträge, aber auch Kreditverträge, übertragen werden, ohne dass es einer Mitwirkung des anderen Teils bedarf (BGH NZG 2003, 1172 (1173), aber Zweifel für die Übertragung der Mieterposition; hierzu aber OLG Karlsruhe DB 2008, 2241; OLG Dresden WM 2008, 2335; LG Berlin Urt. v. 12.10.2006 – 67 S 235/06; vgl. auch BGH DB 2010, 612 zum Formwechsel; Semler/Stengel/Leonard/Schröer/Greitemann Rn. 35; Lutter/Lieder Rn. 81 ff.; Widmann/Mayer/Vossius Rn. 93; Kallmeyer/Sickinger Rn. 10; Kölner Komm UmwG/Simon

Rn. 30; Maulbetsch/Klumpp/Rose/Raible Rn. 52 f.; BeckOGK/Foerster Rn. 56; zur Übertragung von Kreditverträgen vgl. ausf. Bitter ZHR 173 (2009), 379). Zum Übergang des Mietvertrags bei Übertragung des Grundstücks → Rn. 66; zur Behandlung von höchstpersönlichen Rechten und Pflichten und **Auftragsverhältnissen** → Rn. 76. Dort auch zum WEG-Verwalter. Im Einzelfall kann der Vertragspartner nach allg. Vorschriften ein Recht auf Anpassung oder außerordentliche Kündigung haben (RegE Begr. BT-Drs. 16/2919, 19; BGH NZG 2021, 1370 (1372); BGH NZG 2014, 637 (639); Semler/Stengel/Leonard/Schröer/Greitemann Rn. 36; vgl. dazu Schreier/Leicht NZG 2011, 121 (123); zu Kreditverträgen Bitter ZHR 173 (2009), 379 (429 ff.); vgl. auch BGH NZG 2014, 637; allg. hierzu Lutter/Lieder Rn. 31 ff. und BeckOGK/Foerster Rn. 29 ff.). Dies gilt aber grds. nicht für Miet- und Kreditverträge (Semler/Stengel/Leonard/Schröer/Greitemann Rn. 37). Zu **Vertragsangeboten** vgl. Mutter/Stehle GmbHR 2003, 290. Sie sind übertragbar (Kallmeyer/Sickinger Rn. 10; BeckOGK/Foerster Rn. 56), ebenso wie Rechte aus **Optionen** (Lutter/Lieder Rn. 81; BeckOGK/Foerster Rn. 56). Zu **Arbeitsverhältnissen** und **Versorgungsansprüchen** → Vor § 35a Rn. 2 ff. und → Vor § 35a Rn. 32 ff. Zum ggf. damit verbundenen Übergang des **wirtschaftlichen Eigentums** an Gegenständen → Rn. 28). Zum Übergang von mit den Forderungen verbundenen **Schiedsvereinbarungen** vgl. OLG München NZG 2016, 662; auch BGH NJW 1978, 1585 (zu Einzelrechtsübertragung); vgl. auch Höfling NZG 2017, 691.

50 Von besonderer Bedeutung für die Praxis ist die Frage, ob einheitliche Schuldverhältnisse, insbes. **Dauerschuldverhältnisse**, auf verschiedene Rechtsträger **aufgeteilt** werden können. Spaltet etwa ein Rechtsträger, der Vertragshändler für ein bestimmtes Produkt ist, einzelne Filialen ab, wird die Spaltung ggf. nur Sinn machen, wenn jedem übernehmenden Rechtsträger die Vertragshändlerposition eingeräumt werden kann.

51 Die Zulässigkeit der Aufteilung von Dauerschuldverhältnissen muss **diff. betrachtet** werden. Zu unterscheiden sind die Aufteilung eines Schuldverhältnisses durch Übertragung von Leistung und Gegenleistung (auch einzelner – teilbarer – Leistungen/Gegenleistungen) auf verschiedene Rechtsträger (→ Rn. 52), weiter die Aufteilung eines unverändert einheitlichen Schuldverhältnisses auf mehrere Rechtsträger (→ Rn. 56) und schließlich die reale Teilung eines Schuldverhältnisses mit der Folge, dass zukünftig mehrere, voneinander unabhängige Schuldverhältnisse entstehen (→ Rn. 57).

52 Die **Aufteilung** von **Leistung und Gegenleistung,** also der einzelnen Ansprüche und Verbindlichkeiten, ist grds. zulässig (hM; etwa Semler/Stengel/Leonard/Schröer/Greitemann Rn. 38; Lutter/Lieder Rn. 87; Widmann/Mayer/Vossius Rn. 94 ff. mwN; Kölner Komm UmwG/Simon Rn. 31; NK-UmwR/Fischer Rn. 25; BeckOGK/Verse § 126 Rn. 112; MHdB GesR VIII/Larisch § 27 Rn. 57; aA Engelmeyer, Die Spaltung von Aktiengesellschaften nach dem neuen Umwandlungsrecht, 1995, S. 50). Eine derartige Teilung des Schuldverhältnisses ist nichts anderes als die Abtretung von Ansprüchen und die Übertragung von Verbindlichkeiten. Beides ist grds. bei Spaltung möglich, → Rn. 30 und → Rn. 45. Grenzen bestehen bei der Abtretung eines Vertragsanspruchs, die zu einer **Leistungsänderung** führen würde (→ Rn. 32).

53 IU sind die schutzwürdigen Interessen des Vertragspartners zu beachten. Regelmäßig sind sie allerdings nicht verletzt. Sämtliche Rechtsträger haften zunächst für die Verbindlichkeiten aus dem Schuldverhältnis als Gesamtschuldner, § 133. Als Schuldner ist der Vertragspartner durch §§ 404 ff. BGB geschützt (→ Rn. 30). Eine Leistungserweiterung tritt grds. nicht ein.

54 Die **Aufteilung** von **einzelnen,** aus den einheitlichen Schuldverhältnissen resultierenden **Ansprüchen und Verbindlichkeiten** ist im Grds. ebenfalls nicht zu beanstanden (Kölner Komm UmwG/Simon Rn. 31; Maulbetsch/Klumpp/Rose/

Raible Rn. 56). Maßgeblich ist die jew. Selbstständigkeit und die Teilbarkeit der Leistungen (vgl. hierzu auch Rieble ZIP 1997, 301 (310)). An der Selbstständigkeit fehlt es etwa bei unselbstständigen Nebenrechten iSv § 401 BGB (→ Rn. 30, → Rn. 68). Bei der Beurteilung der Teilbarkeit/Selbstständigkeit sind vorrangig die Interessen des Vertragspartners zu berücksichtigen. Zweifelhaft ist eine Aufteilung von Primär- und aufgrund Leistungsstörung entstehender **Sekundäransprüche,** da dann die andere Partei des Schuldverhältnisses die Ansprüche gegen verschiedene Personen durchsetzen muss (vgl. auch Lutter/Teichmann, 5. Aufl. 2014, Rn. 61: keine Aufteilung von Haupt- und Nebenverpflichtungen; ebenso Maulbetsch/ Klumpp/Rose/Raible Rn. 57).

Sollte im Einzelfall eine Aufteilung des Vertragsverhältnisses den Interessen des **55** Vertragspartners zuwiderlaufen, ist diesem ein außerordentliches **Kündigungsrecht,** ggf. eine Anpassung nach den Grdsen über den Wegfall der Geschäftsgrundlage, zuzugestehen (vgl. auch RegE Begr. BT-Drs. 16/2919, 19 zur Streichung von § 132; Semler/Stengel/Leonard/Schröer/Greitemann Rn. 36; Maulbetsch/ Klumpp/Rose/Raible Rn. 58; Henssler/Strohn/Galla/Cé. Müller Rn. 20; vgl. auch BGH NZG 2021, 1370 (1372); BGH NZG 2014, 637 (638)); allg. hierzu Lutter/ Lieder Rn. 31 ff. und BeckOGK/Foerster Rn. 29 ff.

Ebenfalls grds. möglich ist eine **Aufteilung** eines unverändert **einheitlichen 56 Schuldverhältnisses** auf **mehrere Rechtsträger** (Semler/Stengel/Leonard/Schröer/ Greitemann Rn. 38; Lutter/Lieder Rn. 87; NK-UmwR/Fischer Rn. 25; MHdB GesR VIII/Larisch § 27 Rn. 57; Henssler/Strohn/Galla/Cé. Müller Rn. 21). Demzufolge kann etwa die Rechtsposition des Mieters auf mehrere Rechtsträger aufgeteilt werden. Die Rechtsträger werden bei einem unverändert einheitlichen Schuldverhältnis zu Gesamtschuldnern und Gesamtgläubigern. Ähnl. Situationen können auch bei gesetzlichen Vertragsübernahmen, etwa nach § 571 BGB bei Teilung des Grundstückes eintreten (vgl. hierzu BayObLG ZMR 1991, 174 mwN). In Einzelfällen kann dem außenstehenden Partner des Schuldverhältnisses ein außerordentliches Kündigungsrecht (→ Rn. 55) zustehen (vgl. auch BGH NZG 2021, 1370 (1372); BGH NZG 2014, 637 (639)). Eine „Beitrittslösung" durch ergänzende Vertragsauslegung favorisieren Krockenberger/Spiegl NZG 2016, 1401.

Eine **reale Aufteilung** des Schuldverhältnisses mit der Folge, dass aus einem **57** einheitlichen mehrere selbstständige Schuldverhältnisse werden, ist allerdings nicht zulässig (so auch Rieble ZIP 1997, 301 (310); Teichmann ZGR 1993, 396 (412); BeckOGK/Verse § 126 Rn. 115; es sei denn, Vertragspartner müsste nach § 242 BGB zustimmen; Krockenberger/Spiegl NZG 2016, 1401; aA Semler/Stengel/Leonard/Schröer/Greitemann Rn. 38; BeckOGK/Foerster Rn. 59 ff.; Kölner Komm UmwG/Simon Rn. 31; NK-UmwR/Fischer Rn. 25; MHdB GesR VIII/Larisch § 27 Rn. 57; ausf. Berner/Klett NZG 2008, 601). Denn das Schuldverhältnis kann einseitig nur übertragen, nicht geändert werden (zu Gestaltungsrechten → Rn. 30).

m) Arbeitsrechtliche Verhältnisse, Versorgungsansprüche. Zum Arbeits- **58** recht Vor § 35a.

n) Unternehmensverträge. Bei Unternehmensverträgen (iSv § 291 AktG) ist in **59** mehrfacher Hinsicht zu diff.: Ist das **herrschende** Unternehmen als übertragender Rechtsträger an einer Spaltung beteiligt, so kann es den Unternehmensvertrag – regelmäßig, aber nicht notwendig zusammen mit der unmittelbaren oder mittelbaren Beteiligung am beherrschten Unternehmen – auf einen übernehmenden Rechtsträger übertragen (wie hier Fedke Der Konzern 2008, 533 (535 ff.); Müller DB 2002, 157 (158); Meister DStR 1999, 1741; Wilken DStR 1999, 677 (680); Heidenhain NJW 1995, 2873 (2877); Semler/Stengel/Leonard/Schröer/Greitemann Rn. 29; Kölner Komm UmwG/Simon Rn. 24; Maulbetsch/Klumpp/Rose/Raible Rn. 60; BeckOGK/Foerster Rn. 71; Lutter/Lieder Rn. 109; MHdB GesR VIII/Schmidt § 22 Rn. 64; MHdB GesR VIII/Larisch § 27 Rn. 39; iÜ hM bei der Verschm, vgl.

etwa Widmann/Mayer/Vossius § 20 Rn. 293 mwN; vgl. auch LG München I AG 2011, 801). §§ 295, 293 AktG (Zustimmung der HV) ist hierauf nicht anwendbar (Koch AktG § 295 Rn. 6; Semler/Stengel/Leonard/Schröer/Greitemann Rn. 29; Kölner Komm UmwG/Simon Rn. 24; Maulbetsch/Klumpp/Rose/Raible Rn. 60; Lutter/Lieder Rn. 295; BeckOGK/Foerster Rn. 73; Fedke Der Konzern 2008, 737; vgl. auch LG München I AG 2011, 801). Ferner bedarf es keiner ausdrücklichen – über den Zustimmungsbeschluss nach § 13 hinausgehenden – Zustimmung der Anteilsinhaber des übernehmenden Rechtsträgers (BeckOGK/Foerster Rn. 73; Lutter/Lieder Rn. 111; Fedke Der Konzern 2008, 737; aA Lutter/Priester § 126 Rn. 65). Im Einzelfall kann der abhängigen Ges ein Kündigungsrecht nach § 297 AktG zustehen (Maulbetsch/Klumpp/Rose/Raible Rn. 60; Müller DB 2002, 157 (158); zum stl. Übergang einer Organschaft → UmwStG § 2 Rn. 84 ff.). § 295 I 2 AktG iVm § 294 II AktG (Wirksamwerden mit Eintragung im HR) sind nicht anwendbar (BeckOGK/Foerster Rn. 73).

60 Spaltet die **abhängige Ges** Vermögensteile ab oder gliedert sie diese aus, ohne hierbei den Unternehmensvertrag zu übertragen, bleibt dieser bestehen (Semler/Stengel/Leonard/Schröer Rn. 28; Lutter/Lieder Rn. 108; Maulbetsch/Klumpp/Rose/Raible Rn. 63; Emmerich/Habersack Aktien-/GmbH-KonzernR/Emmerich AktG § 297 Rn. 47; BeckOGK/Foerster Rn. 76; MHdB GesR VIII/Schmidt § 22 Rn. 65; MHdB GesR VIII/Larisch § 27 Rn. 40; Müller BB 2002, 157 (161) mwN).

61 Ferner kann die abhängige Ges den Unternehmensvertrag bei einer Spaltung **zur Neugründung** übertragen (Müller BB 2002, 157 (161); Emmerich/Habersack Aktien-/GmbH-KonzernR/Emmerich AktG § 297 Rn. 47; Semler/Stengel/Leonard/Schröer Rn. 28; Lutter/Lieder Rn. 113: für alle Fälle der Spaltung; aA Lutter/Priester § 126 Rn. 65). Denn der Unternehmensvertrag ist auch Vertragsverhältnis mit Dauerschuldcharakter (dazu → Rn. 49 ff.). Wirtschaftlich sind dieselben Beteiligten vor und nach der Spaltung betroffen. Eine **automatische** Erstreckung auf den übernehmenden Rechtsträger bei einer Spaltung zur Neugründung (so Kallmeyer/Sickinger § 126 Rn. 26; Semler/Stengel/Leonard/Schröer/Greitemann Rn. 28; Emmerich/Habersack Aktien-/GmbH-KonzernR/Emmerich AktG § 297 Rn. 47; MHdB GesR VIII/Schmidt § 22 Rn. 65) ist indes zweifelhaft (ebenso Müller BB 2002, 161 Fn. 53; BeckOGK/Foerster Rn. 75 Fn. 185). Rechtsverhältnisse gehen grds. nur bei entsprechender Aufnahme im Spaltungsvertrag auf den übernehmenden Rechtsträger über. Denkbar erscheint lediglich, dass – bei entsprechender Regelung im Spaltungsvertrag (so wohl auch Lutter/Lieder Rn. 116) – der Unternehmensvertrag auf den neu gegründeten Rechtsträger übertragen wird, er aber weiterhin auch für den übertragenden Rechtsträger gilt. Dies ist zwar eine Abweichung von dem Grundsatz, dass eine reale Vertragsaufspaltung grds. nicht möglich ist (→ Rn. 57). Aufgrund der besonderen Natur von Unternehmensverträgen und der ohnehin notwendigen Zustimmung der Anteilsinhaberversammlungen ist dies aber vertretbar.

62 Anderes gilt bei Spaltung **zur Aufnahme.** Ein Beherrschungs- oder Gewinnabführungsvertrag kann nicht auf einen bereits bestehenden Rechtsträger übertragen werden (Kallmeyer/Sickinger § 126 Rn. 26; Kölner Komm UmwG/Simon Rn. 25; Müller BB 2002, 157 (161); Emmerich/Habersack Aktien-/GmbH-KonzernR/Emmerich AktG § 297 Rn. 47; aA Maulbetsch/Klumpp/Rose/Raible Rn. 61; Lutter/Lieder Rn. 113; BeckOGK/Foerster Rn. 75; Fedke Der Konzern 2008, 533 (534)). Hierbei gilt nichts anderes als bei der Verschm. Der übernehmende Rechtsträger wird ohne seine Mitwirkung nicht gebunden (Emmerich/Habersack Aktien-/GmbH-KonzernR/Emmerich AktG § 297 Rn. 47). Demzufolge besteht der Beherrschungs- oder Gewinnabführungsvertrag bei einer Abspaltung und einer Ausgliederung mit dem übertragenden Rechtsträger ohne Erstreckung auf den übernehmenden Rechtsträger fort, bei einer Aufspaltung erlischt er (Kallmeyer/Sickinger

§ 126 Rn. 26; Emmerich/Habersack Aktien-/GmbH-KonzernR/Emmerich AktG § 297 Rn. 47).

Unternehmensverträge iSv **§ 292 AktG** können hingegen grds. übertragen werden (Kallmeyer/Sickinger § 126 Rn. 26; BeckOGK/Foerster Rn. 77). Derartige Verträge sind schuldrechtlicher Natur (Koch AktG § 292 Rn. 2 mwN) bzw. führen zum Entstehen einer GbR (Koch AktG § 292 Rn. 4). Sie können wie andere Dauerschuldverhältnisse bzw. GbR-Beteiligungen (→ Rn. 38, 49) übertragen werden. Sofern die Spaltung für den Vertragspartner nachteilig ist, kann eine Kündigungsmöglichkeit nach § 297 AktG entstehen. Die Spaltung kann in diesen Fällen auch Schadensersatzansprüche auslösen. 63

o) Wettbewerbsverbote, Kartellverpflichtungen, Unterlassungsverpflichtungen. Unterliegt der übertragende Rechtsträger einem Wettbewerbsverbot, einer Kartellverpflichtung oder vglbaren Handlungs- bzw. Unterlassungsverpflichtungen, kann er sich diesen Pflichten nicht durch Spaltung entziehen. Die Verpflichtung geht im Wege der Sonderrechtsnachfolge auf alle übernehmenden Rechtsträger über (wie hier Lutter/Lieder Rn. 79; Semler/Stengel/Leonard/Schröer/Greitemann Rn. 30; Maulbetsch/Klumpp/Rose/Raible Rn. 80, § 133 Rn. 18; Kallmeyer/Sickinger Rn. 18; BeckOGK/Foerster Rn. 85; OLG Frankfurt a. M. BB 2000, 1000; teilw. anders Kölner Komm UmwG/Simon § 133 Rn. 29 f.). Der Übergang derartiger Verpflichtungen ist also nicht in die Dispositionsfreiheit der beteiligten Rechtsträger gestellt. Dogmatischer Ansatzpunkt für diese Lösung ist § 133 I. Soweit diese Norm eine gesamtschuldnerische Haftung für Verbindlichkeiten anordnet, muss dies in entsprechender Anwendung auch für andere Verpflichtungen gelten, die kraft ihrer Natur nur sinnvoll sind, wenn alle Rechtsträger sie zu beachten haben (auch → § 133 Rn. 9). Im Einzelfall kann der Anspruch bestehen, dass einzelne beteiligte Rechtsträger aus der Verpflichtung entlassen werden (Semler/Stengel/Leonard/Schröer/Greitemann Rn. 30). Ebenso kann eine Beschränkung beim übernehmenden Rechtsträger auf übernommene Betriebsteile angemessen sein (Semler/Stengel/Leonard/Schröer/Greitemann Rn. 30; Maulbetsch/Klumpp/Rose/Raible Rn. 80). Eine Verpflichtung nur desjenigen Rechtsträgers, der in der Lage ist, dagegen zu verstoßen (so Semler/Stengel/Leonard/Seulen § 133 Rn. 44; Lutter/Lieder Rn. 79), ist bei Dauerverpflichtungen nicht ausreichend. Zum **wettbewerbsrechtlichen Unterlassungsanspruch** vgl. etwa BGH NJW 2008, 301; OLG Hamburg NZG 2011, 75, Volltext BeckRS 2010, 26123; OLG Hamburg AG 2007, 868. 64

p) Versorgungszusagen. Zum Arbeitsrecht Vor § 35a. 65

q) Gesetzliche Vertragsübernahmen. Gesetzlich geregelte Vertragsübernahmen (etwa § 566 BGB, § 69 VVG) gehen abw. Regelungen im Spaltungsvertrag vor (Semler/Stengel/Leonard/Schröer/Greitemann Rn. 14; Kallmeyer/Sickinger Rn. 10; Widmann/Mayer/Vossius Rn. 164; Maulbetsch/Klumpp/Rose/Raible Rn. 55; BeckOGK/Verse § 126 Rn. 103; insofern unklar LG Berlin Urt. v. 12.10.2006 – 67 S 235/06). Diese Vertragsverhältnisse gehen auf denjenigen Rechtsträger über, dem der maßgebliche Gegenstand zugeordnet wird. Zu § 613a BGB vgl. Vor § 35a Rn. 2 ff. 66

r) Bürgschaften. Verpflichtungen **des übertragenden Rechtsträgers** aus Bürgschaften gehen entsprechend den Festlegungen im Spaltungsvertrag über; die anderen beteiligten Rechtsträger haften nach § 133 gesamtschuldnerisch. Soweit sich ein **Dritter** für Verbindlichkeiten des übertragenden Rechtsträgers verbürgt hat, kann sich die Haftungssituation des Dritten durch die Spaltung entscheidend ändern. Eine analoge Anwendung von **§ 418 BGB** scheidet aus, da die Verbindlichkeit ohne Zustimmung des Gläubigers übergeht. § 156 S. 2 regelt insoweit nicht nur einen Sonderfall, sondern einen allg. Rechtsgedanken (so zutr. Rieble ZIP 1997, 301 (309); ebenso Kallmeyer/Sickinger Rn. 21; Schmidt/Schneider BB 2003, 67

1961 (1967); Semler/Stengel/Leonard/Seulen § 133 Rn. 17; Semler/Stengel/Leonard/Schröer/Greitemann Rn. 34; Kölner Komm UmwG/Simon Rn. 28; Maulbetsch/Klumpp/Rose/Raible Rn. 51; BeckOGK/Foerster Rn. 40, 81; Lutter/Lieder Rn. 77; MHdB GesR VIII/Larisch § 27 Rn. 55). Eine entsprechende Anwendung von § 775 BGB ist hingegen denkbar. Ggf. kann der Bürge auch kündigen, soweit der Bürgschaftsvertrag dies vorsieht. Dann beschränkt sich die Haftung auf bereits begründete Verbindlichkeiten. Praktisch bedeutsam ist dies bei Bürgschaften für Kontokorrentverhältnisse und für Mitbürgschaften (umfassend Eusani WM 2004, 866). Für den umgekehrten Fall der Übertragung einer durch Bürgschaft abgesicherten Forderung → Rn. 68.

68 **s) Unselbstständige Nebenrechte, Bürgschaften.** Die Aufteilung der Hauptrechte bestimmt den Übergang von unselbstständigen Nebenrechten iSv § 401 BGB, → Rn. 30. Insoweit ist die Dispositionsfreiheit der beteiligten Rechtsträger eingeschränkt. Abw. Bestimmungen im Spaltungsvertrag entfalten keine Wirkung. Neben den in → Rn. 22, 29 behandelten Rechten hat dies praktische Bedeutung insbes. für Forderungen aus **Bürgschaften.** Sie gehen auf den Rechtsträger über, dem die Hauptforderung zugewiesen worden ist (OLG Hamm NJW-Spezial 2010, 303: auch zu künftigen Forderungen aus Globalbürgschaft; Semler/Stengel/Leonard/Schröer Rn. 34; Lutter/Lutter Rn. 75; Kölner Komm UmwG/Simon Rn. 17, 27; Maulbetsch/Klumpp/Rose/Raible Rn. 47; BeckOGK/Verse § 126 Rn. 103; BeckOGK/Foerster Rn. 80; MHdB GesR VIII/Schmidt § 22 Rn. 58). Zu den Nebenrechten iSv § 401 BGB allg. vgl. Grüneberg/Grüneberg BGB § 401 Rn. 3 ff. Zum Übergang von Schiedsvereinbarungen → Rn. 30.

69 **t) Öffentlich-rechtliche Rechtspositionen, Prozessrechtsverhältnisse.** Öffentlich-rechtliche **Rechtspositionen,** die sachlich mit übergehenden Vermögensgegenständen verbunden sind (etwa **Baugenehmigungen,** die das Schicksal des Grundstücks teilen), gehen gemeinsam mit dem Gegenstand auf den übernehmenden Rechtsträger über (Semler/Stengel/Leonard/Schröer/Greitemann Rn. 14, 43; Kölner Komm UmwG/Simon Rn. 34; Maulbetsch/Klumpp/Rose/Raible Rn. 82; Kallmeyer/Sickinger Rn. 17; NK-UmwR/Fischer Rn. 45; Lutter/Lieder Rn. 117; BeckOGK/Foerster Rn. 89; Rubel/Sandhaus Der Konzern 2009, 327 (335); BAG NZA 2017, 326 (329)). **Personenbezogene** Rechtspositionen verbleiben bei Abspaltungen und Ausgliederungen zwingend, also unabhängig von den Festlegungen im Spaltungsvertrag, beim übertragenden Rechtsträger, bei einer Aufspaltung erlöschen sie (wie hier Lutter/Lieder Rn. 118; Kallmeyer/Sickinger Rn. 17; NK-UmwR/Fischer Rn. 46; Maulbetsch/Klumpp/Rose/Raible Rn. 83; Gaiser DB 2000, 361 (364); Rubel/Sandhaus Der Konzern 2009, 327 (335); aA Semler/Stengel/Leonard/Schröer/Greitemann Rn. 43; BeckOGK/Foerster Rn. 92; Heckschen ZIP 2014, 1605; vgl. auch BVerwG NVwZ 2015, 1758). Indes ist zu prüfen, ob nach der Spaltung beim übertragenden Rechtsträger die Voraussetzungen noch gegeben sind. So können etwa durch Spaltung nicht übertragen werden: Erlaubnis nach § 32 KWG (Bankgeschäfte), § 8 VAG (Versicherungsgeschäfte), § 2 GaststättenG (Gaststättenerlaubnis), § 1 HandwerksO (Betrieb eines selbstständigen zulassungspflichtigen Handwerks), § 30 GewO (Privatkrankenanstalten), § 33c GewO (Spielgeräte mit Gewinnmöglichkeit), § 34a GewO (Bewachungsgewerbe), § 34b GewO (Versteigerer), § 34c GewO (Makler, Bauträger, Baubetreuer). Es empfiehlt sich daher, vor Durchführung der Spaltung bereits – iRd rechtlichen Möglichkeiten – für einen Neuerwerb der entsprechenden Erlaubnisse durch den übernehmenden Rechtsträger zu sorgen bzw. diesen abzusichern. Nicht übertragbar sind auch Genehmigungen/Erlaubnisse, die eine gewisse Rechtsform voraussetzen, wenn der übernehmende Rechtsträger die Voraussetzungen nicht erfüllt (Maulbetsch/Klumpp/Rose/Raible Rn. 83; Semler/Stengel/Leonard/Schröer/Greitemann

Rn. 43). Vgl. **ausführlich zum Ganzen** und mit einem Reformvorschlag Lieder/ Koch GmbHR 2022, 389.

Öffentlich-rechtliche **Verpflichtungen,** die in Geld zu erfüllen sind, können **70** übertragen werden, es tritt allerdings die gesamtschuldnerische Haftung nach § 133 I 1 ein. Vgl. allerdings zu **Steuerverbindlichkeiten** → Rn. 45. Öffentlich-rechtliche Unterlassungsverpflichtungen binden nach Durchführung der Spaltung alle beteiligten Rechtsträger, dies folgt aus der Natur dieser Verpflichtungen (→ Rn. 64). Verhaltenspflichten, insbes. die abstrakte Polizeipflicht ist grds. übertragbar, soweit ihr Inhalt einer Übertragung nicht entgegensteht. Letzteres ist bei der **Zustandshaftung** anzunehmen. Diese kann nicht isoliert vom Gegenstand, der die Pflicht begründet, übertragen werden. Sie geht mit dem Gegenstand über (Lutter/Lieder Rn. 119; Semler/Stengel/Schröer/Greitemann Rn. 43). Die Verhaltensstörerhaftung ist hingegen übertragbar, soweit nicht ausschließlich die Heranziehung einer bestimmten Person die Gefahr beseitigt (BeckOGK/Foerster Rn. 93). Dies ist insbes. nicht der Fall, soweit das Kostenerstattungsinteresse betroffen ist (ausf. und überzeugend Schall/Horn ZIP 2003, 327; vgl. aber auch SchlHOVG DVBl 2000, 1877 und BVerwG DVBl 2001, 1287).

Übertragbar ist demzufolge auch die Verhaltenspflicht nach **§ 4 III 1 BBodSchG,** **71** wie diese Norm ausdrücklich klarstellt. Gesamtrechtsnachfolger idS ist derjenige Rechtsträger, dem die Sanierungsverantwortlichkeit übertragen worden ist (Schlemminger/Apfelbacher NVwZ 2013, 1389; Theuer DB 1999, 621; Giesbert/Frank DB 2000, 505 (506); aA Lutter/Teichmann, 5. Aufl. 2014, Rn. 79). Zur Haftung nach § 4 VI BBodSchG vgl. Schall/Horn ZIP 2003, 327 (334) und Schlemminger/Apfelbacher NVwZ 2013, 1389. Zu **zollrechtlichen** Bewilligungen vgl. Scheller/Zaczek DStR 2015, 2183.

Prozessrechtsverhältnisse sind eigener Natur und können nicht isoliert übertragen werden, da sie ausschließlich prozessualen Grundsätzen folgen (Bork/Jacoby ZHR 167 (2003), 440 (441 f.); Semler/Stengel/Leonard/Leonard Rn. 10; Lutter/Lieder Rn. 123; BeckOGK/Foerster Rn. 95). Zur Umdeutung bei **Bezeichnung** noch des übertragenden Rechtsträgers als Partei vgl. OLG Hamm OLGR 2008, 224. **72**

Danach hat beim **Aktivprozess** die Übertragung eines streitbefangenen Rechts **73** bei **Abspaltungen und Ausgliederungen** keinen Einfluss auf das Prozessrechtsverhältnis. Es gelten §§ 265, 325 ZPO (für die Vollstreckung §§ 727, 731 ZPO), der übertragende Rechtsträger führt den Prozess hinsichtlich übertragener Rechte als Prozessstandschafter fort (OLG Hamburg NZG 2011, 75, Volltext BeckRS 2010, 26123; Lutter/Lieder Rn. 126 ff.; BeckOGK/Foerster Rn. 96; Bork/Jacoby ZHR 167 (2003), 450; Semler/Stengel/Leonard/Leonard Rn. 10; Maulbetsch/Klumpp/Rose/Raible Rn. 88; NK-UmwR/Fischer Rn. 42; Kallmeyer/Sickinger Rn. 19; vgl. auch BFH BStBl. II 2006, 432; BFH BStBl. II 2003, 835). Zur Nebenintervention BGH NJW 2001, 1217 (dort Passivprozess). Bei einer **Aufspaltung** wird der Prozess kraft gesetzlichen Parteiwechsels ohne Unterbrechung mit den übernehmenden Rechtsträgern fortgeführt (BGH WM 2001, 127 zur Verschm; Lutter/Teichmann, 5. Aufl. 2014, Rn. 84; Semler/Stengel/Leonard/Leonard Rn. 10; NK-UmwR/Fischer Rn. 43; Lutter/Schwab § 133 Rn. 163; BeckOGK/Foerster Rn. 97; aA Lutter/Lieder Rn. 125: Unterbrechung analog § 239 ZPO).

Auch ein **Passivprozess** bleibt durch eine **Abspaltung/Ausgliederung** unberührt, selbst wenn die streitbefangene Verpflichtung übergeht. Der übertragende Rechtsträger ist letzterenfalls in entsprechender Anwendung von § 265 ZPO weiterhin Partei (wohl BGH NJW 2001, 1217 (1218); BFH BStBl. II 2006, 432; BFH BStBl. II 2003, 835; SächsLAG NZA-RR 2000, 496; Lutter/Teichmann 5. Aufl. Rn. 86; Lutter/Schwab § 133 Rn. 162; Maulbetsch/Klumpp/Rose/Raible Rn. 89; aA Lutter/Lieder Rn. 131; BeckOGK/Foerster Rn. 98). Der übertragende Rechts- **74** träger streitet als passiver Prozessstandhafter für die übernehmenden Rechtsträger weiter (insoweit aA Lutter/Lieder Rn. 131: Im eigenen Namen und auf eigene Rechnung). Der übernehmende Rechtsträger kann als Nebenintervenient beitreten (Semler/Stengel/Leonard/Leonard Rn. 10; Lutter/Teichmann, 5. Aufl. 2014, Rn. 86); ihm kann der Streit verkündet werden (BeckOGK/Foerster Rn. 99). Urteile wirken für und gegen diese (Lutter/Schwab § 133 Rn. 157; Semler/Stengel/Leonard/Seulen § 133 Rn. 63; Maulbetsch/Klumpp/Rose/Raible Rn. 55; aA Bork/Jacoby ZHR 167 (2003), 440 (451): bleibt Partei nur in eigener Sache). Bei **Aufspaltungen** tritt ein gesetzlicher Parteiwechsel ein. § 239 ZPO (Unterbrechung) gilt nicht entsprechend (Lutter/Schwab § 133 Rn. 163; Kallmeyer/Sickinger Rn. 19; aA Semler/Stengel/Leonard/Leonard Rn. 10; Semler/Stengel/Leonard/Seulen § 133 Rn. 64). Der Prozess wird mit dem Hauptschuldner fortgeführt (Lutter/Schwab § 133 Rn. 163). Zum Erlass von **Bußgeldbescheiden** gegen den Rechtsnachfolger vgl. § 30 IIa OWiG (dazu etwa Eisele wistra 2014, 81; Spiering/Stauber ZIP 2015, 2297; zu Lücken bei Abspaltungen/Ausgliederungen Wiedmann/Funk BB 2015, 2627) und zuvor BGH NJW 2012, 164 und BGH wistra 2012, 152; 2015, 237; dazu auch Lutter/Lieder Rn. 121 f.; Werner wistra 2015, 174; zu europarechtlichen Einflüssen vgl. EuGH BB 2015, 717; Langheld NZG 2015, 1066. Zu möglichen Auswirkungen der Spaltung auf laufende **Vergabeverfahren** vgl. Bärwaldt/Hasselbrink ZIP 2013, 1889. Zum Übergang von mit den Forderungen verbundenen **Schiedsvereinbarungen** vgl. OLG München NZG 2016, 662; auch BGH NJW 1978, 1585 (zu Einzelrechtsübertragung); vgl. auch Höfling NZG 2017, 691.

75 **u) Sonderrechte.** Zur Behandlung von Sonderrechten iE → § 23 Rn. 4 ff.

76 **v) Höchstpersönliche Rechte und Pflichten.** Höchstpersönliche Rechte und Pflichten können im Wege der Gesamtrechtsnachfolge nicht übertragen werden (RegE Begr. zur Streichung von § 132, BT-Drs. 16/2919; dazu iE → § 20 Rn. 84); ferner → Rn. 64, 69. Bei Spaltungen ist zu diff.: Bei **Ausgliederungen** und **Abspaltungen** verbleiben die höchstpersönlichen Rechte oder Pflichten unabhängig von den Festlegungen des Spaltungsvertrags beim übertragenden Rechtsträger, bei **Aufspaltungen** erlöschen sie. Das Erlöschen von höchstpersönlichen Verpflichtungen kann allerdings Schadensersatzansprüche nach sich ziehen, für die die übernehmenden Rechtsträger in entsprechender Anwendung von § 133 I 1 gesamtschuldnerisch haften. Gewisse Verpflichtungen (etwa Unterlassungsverpflichtungen) gehen unabhängig von den Festlegungen im Spaltungsvertrag indes auf alle Rechtsträger über (auch bei Aufspaltungen); → Rn. 64. Die Stellung als Auftragnehmer in einem **Auftragsverhältnis** ist im Zweifel zwar höchstpersönlich, indessen wird bei einem einem Rechtsträger iSd UmwG erteilten Auftrag vielfach die Leistungserbringung durch eine bestimmte natürliche Person nicht im Vordergrund stehen. Derartige Auftragsverhältnisse sind übertragbar (Dreyer JZ 2007, 606 (612 ff.); vgl. auch Lutter/Lieder Rn. 85; auch → § 20 Rn. 85). Eine **Vollmacht** bleibt für den übernehmenden Rechtsträger dann wirksam (BAG NZA 2017, 326 (329); Dreyer JZ 2007, 606 (612 ff.); Lutter/Lieder Rn. 88; Kallmeyer/Sickinger Rn. 13;). Auch das Amt als **WEG-Verwalter** und der zugrunde liegende Vertrag gehen im Wege der Gesamtrechtsnachfolge über (BGH NZG 2021, 1370 für Ausgliederung aus einzelkaufmännischen Unternehmen; BGH NZG 2014, 637 (638) für Verschm; Serr ZWE 2016, 307; vgl. aber auch OLG München IMR 2014, 168; dazu auch Sommer ZWE 2017, 203). Eine Höchstpersönlichkeit ist selbst dann nicht anzunehmen, wenn der bisherige Verwalter eine natürliche Person (Einzelkaufmann) war und die Verwalterstellung auf eine KapGes ausgegliedert wird (BGH NZG 2021, 1370; zuvor schon BGH NZG 2014, 637 (639) für Verschmelzung von KapGes; vgl. auch Heckschen GmbHR 2014, 626 (628 ff., 632) mit Darstellung der Instanzrechtsprechung; Wicke/Menzel MittBayNot 2009, 203 (205)). Nichts anderes gilt

für als Verwalter bestellte PhG (Krebs GWR 2014, 194) und angesichts der vom Gesetzgeber angeordneten Gleichstellung (→ Rn. 11) auch bei Spaltungen (BGH NZG 2021, 1370: Ausgliederung; Heckschen GmbHR 2014, 626 (632); Krebs GWR 2014, 194; aA OLG München DNotZ 2014, 523 mit insoweit abl. Anm. Krampen-Lietzke) gelten. Die Umw ist für sich genommen auch kein wichtiger Grund zur Kündigung (BGH NZG 2021, 1370; BGH NZG 2014, 637 (639)). Zum Übergang des von einer jur. Person wahrgenommenen Amtes als **Testamentsvollstrecker** vgl. Heckschen GmbHR 2014, 626 (632) und Lutter/Lieder Rn. 86.

6. Veränderungen im Vermögensbestand

Im Wege der (partiellen) Gesamtrechtsnachfolge können nur Gegenstände übertragen werden, die zum Zeitpunkt des Wirksamwerdens der Spaltung (Eintragung der Spaltung in das Register des übertragenden Rechtsträgers, Abs. 1) zum Vermögen des übertragenden Rechtsträgers zählen. Da vom Abschluss des Spaltungsvertrags bis zum Wirksamwerden der Spaltung meist einige Tage bis Wochen vergehen, treten regelmäßig Veränderungen in der Vermögenszusammensetzung ein, die im Spaltungsvertrag nicht erfasst sein können. Vgl. auch zu vergessenen Gegenständen → Rn. 100 ff. 77

Dies hat zur Folge, dass Gegenstände, die im Zeitpunkt des Wirksamwerdens der Spaltung aus dem Vermögen des übertragenden Rechtsträgers **ausgeschieden** sind, auch bei entsprechender Festlegung im Spaltungsvertrag nicht auf den übernehmenden Rechtsträger übergehen. Zum gutgläubigen Erwerb → Rn. 8. 78

Bei seit dem Abschluss des Spaltungsvertrags **hinzugekommenen Gegenständen** ist zunächst zu prüfen, ob sie nicht von Gattungs- und Sammelbezeichnungen erfasst sind (All-Formel, hierzu → § 126 Rn. 78 ff.). Ferner ist der Spaltungsvertrag auszulegen (BGH NZG 2003, 1172 (1174)). Wichtige Auslegungskriterien können die Zugehörigkeit des Gegenstandes zu einem übertragenen Betrieb oder Betriebsteil (BAG DB 2005, 954; Semler/Stengel/Leonard/Schröer/Greitemann § 126 Rn. 79) bzw. stl. Teilbetrieb (OLG Hamm NJW-Spezial 2010, 303) oder die Eigenschaft als Surrogat sein. Eine dingliche Surrogation, die nur durch eine gesetzliche Anordnung möglich wäre, tritt nicht ein (Engelmeyer, Die Spaltung von Aktiengesellschaften nach dem neuen Umwandlungsrecht, 1995, S. 357 ff.; aA bei der Spaltung zur Neugründung Bruski AG 1997, 17 (22)). Vertragstechnisch sollte daher auf geeignete **Auffangklauseln** geachtet werden (Maulbetsch/Klumpp/Rose/Raible Rn. 3; → § 126 Rn. 116). Führt die Auslegung zu keinem eindeutigen Ergebnis, verbleiben die Gegenstände bei einer Abspaltung und bei einer Ausgliederung beim übertragenden Rechtsträger. 79

Besonderheiten können sich bei einer **Aufspaltung** ergeben, weil hierbei der übertragende Rechtsträger erlischt. Damit können die hinzugekommenen Gegenstände jedenfalls nicht bei ihm verbleiben. Dann ist Abs. 3 anzuwenden (→ Rn. 100 ff.), denn diese Vorschrift behandelt nicht nur „vergessene", sondern alle nicht erfassten Gegenstände (Semler/Stengel/Leonard/Leonard Rn. 70). Zu im Spaltungsvertrag nicht aufgenommenen Passiva → Rn. 125 ff. 80

7. Zurückbleiben nicht übertragbarer Gegenstände

Abs. 1 Nr. 1 S. 2 aF bestimmte früher, dass Gegenstände, die durch Rechtsgeschäft nicht übertragen werden können, bei Abspaltungen und Ausgliederungen im Eigentum oder Inhaberschaft des übertragenden Rechtsträgers verbleiben. Die Vorschrift war im Zusammenhang mit § 132 aF zu lesen und ist mit dessen Streichung ebenfalls aufgehoben worden (Gesetz v. 19.4.2007, BGBl. 2007 I 542). Die Problematik ist indes unverändert. 81

Hinsichtlich der Rechtsfolgen ist zwischen Abspaltung und Ausgliederung einerseits und Aufspaltung andererseits zu unterscheiden. Bei der **Abspaltung** und **Aus-** 82

gliederung gehen Vermögensgegenstände unabhängig von den Festlegungen im Spaltungs- und Übernahmevertrag nicht über, wenn und soweit und ggf. solange (etwa Fehlen der Mitwirkung eines Dritten; Lutter/Lieder Rn. 46; Kallmeyer/Sickinger Rn. 2 f.; BeckOGK/Foerster Rn. 42) sie nicht übertragbar sind (etwa höchstpersönliche Rechte und Pflichten, → Rn. 64, 76, uU Beteiligungen an PersGes, → Rn. 38; vgl. die Erläuterungen → Rn. 12 ff.). Die Rechtspositionen verbleiben beim übertragenden Rechtsträger (Lutter/Lieder Rn. 46; Kallmeyer/Sickinger Rn. 3; BeckOGK/Foerster Rn. 42; tw anders etwa Semler/Stengel/Leonard/Schröer/Greitemann Rn. 24).

83   Bei der **Aufspaltung** ist nach der Art des Gegenstandes zu unterscheiden. Höchstpersönliche Rechte, aber auch etwa nicht übertragbare Nießbrauchsrechte oder schuldrechtliche Vorkaufsrechte (→ Rn. 20) gehen unter (NK-UmwR/Fischer Rn. 6; Kallmeyer/Sickinger Rn. 3; Maulbetsch/Klumpp/Rose/Raible Rn. 20; BeckOGK/Foerster Rn. 43; Lutter/Lieder Rn. 45). Entsprechendes gilt für nicht übertragbare Beteiligungen an PersGes und Mitgliedschaften (→ Rn. 38). In diesen Fällen endet die Beteiligung oder Mitgliedschaft; an deren Stelle tretende Ansprüche, insbes. auf ein Abfindungsguthaben, können aber übertragen werden. Rechte, die nicht isoliert übertragen werden können, gehen auf denjenigen Rechtsträger über, der das Hauptrecht zugeteilt bekommen hat (etwa → Rn. 23, → Rn. 30, → Rn. 68).

84   Soweit die Rechtsposition weder übergeht noch untergeht, erlischt der Rechtsträger, er ist aber noch nicht beendet. Die Beendigung tritt erst ein, wenn kein verteilungsfähiges Vermögen mehr vorhanden ist. Ggf. muss eine **Liquidation** durchgeführt werden, aber auch eine Analogie zu § 25 II bietet sich an (zutr. Lutter/Teichmann, 5. Aufl. 2014, Rn. 88; BeckOGK/Foerster Rn. 108: Nachtragsliquidation; vgl. auch Kallmeyer/Sickinger Rn. 3; aA Semler/Stengel/Leonard/Schröer Rn. 19: genereller Übergang, bei Verträgen außerordentliches Kündigungsrecht). Bei Auslandsvermögen (→ Rn. 8) muss ggf. in dieser Phase noch eine Übertragung nach dem Ortsrecht erfolgen.

8. Erlöschen des übertragenden Rechtsträgers

85   Bei der Aufspaltung wird das gesamte Vermögen des übertragenden Rechtsträgers auf mindestens zwei übernehmende Rechtsträger übertragen. Folgerichtig ordnet das Gesetz in **Abs. 1 Nr. 2** das Erlöschen des übertragenden Rechtsträgers bei der Aufspaltung an. Dies entspricht dem Erlöschen des übertragenden Rechtsträgers bei der Verschm (daher zu Einzelheiten → § 20 Rn. 7 ff.). Über § 125 gilt auch § 25 II, der unter gewissen Voraussetzungen das Fortbestehen des übertragenden Rechtsträgers fingiert (Maulbetsch/Klumpp/Rose/Raible Rn. 91; Semler/Stengel/Leonard/Leonard Rn. 58; BeckOGK/Foerster Rn. 108; Lutter/Lieder Rn. 136; → § 25 Rn. 34 ff.). Eine ähnl. Problematik taucht bei nicht übertragbaren Rechtspositionen auf (näher hierzu → Rn. 83 f.). Mit dem Erlöschen des Rechtsträgers erlöschen auch die Mitgliedschaftsrechte an diesem Rechtsträger (Lutter/Lieder Rn. 135; BeckOGK/Foerster Rn. 107). Sie werden durch Anteile an den übernehmenden Rechtsträger ersetzt (→ Rn. 86 f.). Zum Erlöschen der Organstellungen → Vor § 35a Rn. 101 und BGH ZIP 2013, 1467; zur Behandlung von Rechten Dritter an den untergehenden Anteilen → Rn. 91.

9. Anteilstausch bei Auf- und Abspaltung

86   Mit Wirksamwerden der Spaltung durch Eintragung in das Register des Sitzes des übertragenden Rechtsträgers werden bei **Auf- und Abspaltungen** die Anteilsinhaber des übertragenden Rechtsträgers Anteilsinhaber der beteiligten Rechtsträger (Abs. 1 Nr. 3). Durch die Änderung des Wortlauts von „übernehmende" Rechtsträ-

ger in „beteiligte" Rechtsträger wurde mit Wirkung zum 1.8.1998 die zuvor bestehende Streitfrage gelöst, ob anlässlich einer Spaltung unmittelbar Anteile am übertragenden Rechtsträger übertragen werden können (vgl. die korrespondierende Änderung bei § 126 I Nr. 10; dazu (→ § 126 Rn. 107). Bedeutung hat dies für nichtverhältniswahrende Spaltungen. Diese können so gestaltet werden, dass die Anteile einzelner Anteilsinhaber am übertragenden Rechtsträger unmittelbar mit Wirksamwerden der Spaltung übergehen (näher hierzu → § 128 Rn. 18 ff.).

Der Wechsel der Anteilsinhaberschaften erfolgt in der Person derjenigen Anteilsinhaber, die zum Zeitpunkt des Wirksamwerdens der Spaltung am übertragenden Rechtsträger beteiligt sind. Auch nach Abschluss des Spaltungsvertrags und/oder Fassung der Spaltungsbeschlüsse tritt eine Verfügungssperre nicht ein (Semler/Stengel/Leonard/Leonard Rn. 59; Lutter/Lieder Rn. 138; NK-UmwR/Fischer Rn. 58). Werden in dieser Zeitspanne Anteile am übertragenden Rechtsträger übertragen, erwirbt der neue Anteilsinhaber mit Wirksamwerden der Spaltung unmittelbar die Anteile an den beteiligten Rechtsträgern (BayObLG NZG 2003, 829). Vgl. zu **schwebenden Anteilsübertragungen** Lutter/Lieder Rn. 138 f. Ggf. ist bei wegen Anteilsübertragungen falschen Registereintragungen ein Amtslöschungsverfahren durchzuführen (BayObLG NZG 2003, 829). Zur stl. Behandlung von Anteilsinhaberwechseln in der Zeit ab dem stl. Übertragungsstichtag → UmwStG § 2 Rn. 99 ff. Bei der Ausgliederung wird der übertragende Rechtsträger selbst Anteilsinhaber der übernehmenden Rechtsträger (Abs. 1 Nr. 3 S. 3). 87

Die **Aufteilung** der Anteile richtet sich nach den Bestimmungen des Übernahmevertrags (Abs. 1 Nr. 3 S. 1 Hs. 1). Aufteilung idS ist die Aufteilung unter den Anteilsinhabern des übertragenden Rechtsträgers iSv § 126 I Nr. 10 (→ § 126 Rn. 101 ff.). Aber auch die Höhe und Anzahl der insges. zu gewährenden Anteile richtet sich nach den Bestimmungen des Spaltungsvertrags (§ 126 I Nr. 3; dazu → § 126 Rn. 19 ff.). 88

Die neuen Anteilsinhaberschaften an den beteiligten Rechtsträgern entstehen kraft Gesetzes. Eines gesonderten Übertragungsaktes bedarf es nicht. Ggf. sind noch Registerberichtigungen vorzunehmen und geänderte Gesellschafterlisten einzureichen. Eine KapErh, aus der die neuen Anteile hervorgehen, wird jetzt wirksam; Entsprechendes gilt für eine Kapitalherabsetzung beim übertragenden Rechtsträger. Ebenso gehen bereits bestehende Anteile an einem übernehmenden Rechtsträger kraft Gesetzes ohne Durchgangserwerb entsprechend der Aufteilung im Spaltungsvertrag (§ 126 I Nr. 10) auf die Anteilsinhaber des übertragenden Rechtsträgers über (Kallmeyer/Sickinger Rn. 23; Maulbetsch/Klumpp/Rose/Raible Rn. 93; BeckOGK/Foerster Rn. 109; iÜ auch → § 20 Rn. 96). Auch Anteile am übertragenden Rechtsträger (→ Rn. 86), einschl. eigener Anteile des übertragenden Rechtsträgers, die als Gegenleistung gewährt werden, gehen unmittelbar über. 89

10. Ausschluss der Anteilsübertragung

Eine Anteilsübertragung findet nicht statt, soweit der übernehmende Rechtsträger unmittelbar oder mittelbar Anteilsinhaber des übertragenden Rechtsträgers ist (Abs. 1 Nr. 3 S. 1 Hs. 2 Alt. 1). Entsprechendes gilt, wenn der übertragende Rechtsträger unmittel- oder mittelbar eigene Anteile besitzt (Abs. 1 Nr. 3 S. 1 Hs. 2 Alt. 2). Die eigenen Anteile können jedoch anlässlich der Abspaltung als Gegenleistung an andere Anteilsinhaber gewährt werden. Die Vorschriften entsprechen inhaltlich derjenigen von § 20 I Nr. 3 S. 1 Hs. 2 bei der Verschm. In diesen Fallgruppen werden Anteile nicht gewährt, da eigene Anteile beim übernehmenden Rechtsträger entstehen würden. Die gesetzliche Aufzählung ist aber nicht vollständig. Ein Anteilstausch findet in allen Fällen nicht statt, in denen ein Anteilsgewährungsverbot besteht oder von einem Wahlrecht dahin Gebrauch gemacht worden ist, dass keine Anteile gewährt wurden (Maulbetsch/Klumpp/Rose/Raible Rn. 99 f.; Kallmeyer/Sickin- 90 ger Rn. 25; NK-UmwR/Fischer Rn. 61; Henssler/Strohn/Galla/Cé. Müller Rn. 30; näher → § 126 Rn. 41 ff.).

11. Rechte Dritter an den Anteilen

91 Wie bei der Verschm (§ 20 I Nr. 3 S. 2) setzen sich auch bei der **Auf- und Abspaltung** Rechte Dritter an den Anteilen oder Mitgliedschaften am übertragenden Rechtsträger an den gewährten Anteilen oder Mitgliedschaften der übernehmenden Rechtsträger fort (Abs. 1 Nr. 3 S. 2). Trotz des unglücklichen Wortlauts („an ihre Stelle tretenden") tritt die dingliche Surrogation nicht nur bei Aufspaltungen ein (wie hier Kallmeyer/Sickinger Rn. 26; Semler/Stengel/Leonard/Leonard Rn. 62a; Kölner Komm UmwG/Simon Rn. 54; Maulbetsch/Klumpp/Rose/Raible Rn. 101; BeckOGK/Foerster Rn. 115; vgl. auch Heckschen/Weitbrecht ZIP 2019, 1189, 1197). Bei Abspaltungen kommt es zwar regelmäßig (Ausnahme ggf. bei nichtverhältniswahrenden Spaltungen; dazu → Rn. 93) zu keinem Anteilstausch (die Anteile am übernehmenden Rechtsträger werden zusätzlich zu den meist unverändert fortbestehenden Anteilen am übertragenden Rechtsträger gewährt; selbst bei einer Kapitalherabsetzung ändert sich nur die nominale Beteiligungshöhe), die Anteile erleiden aber einen inneren Wertverlust. Dies hat auch Auswirkungen auf die Rechte Dritter an den Anteilen. Die Vorschrift bewirkt daher bei einer Abspaltung (ohne Anteilstausch) die Erstreckung der Rechte Dritter auf die neu gewährten Anteile (am übertragenden Rechtsträger oder an den übernehmenden Rechtsträger) unter gleichzeitiger Beibehaltung des bisherigen Rechtsverhältnisses (BeckOGK/Foerster Rn. 119; MHdB GesR VIII/Larisch § 27 Rn. 107). Vgl. hierzu auch allgemein Heckschen/Weitbrecht ZIP 2019, 1189.

92 Die Rechte Dritter weiten sich grds. nicht auf Anteile aus, die nicht anlässlich der Spaltung gewährt werden, etwa so schon **bestehende Beteiligungen** eines Anteilsinhabers des übertragenden Rechtsträgers am übernehmenden Rechtsträger, wenn diese rechtlich selbstständig bleiben (etwa neue Aktien, ein weiterer GmbH-Anteil). Bei PersGes führt die Gewährung eines „neuen" Anteils hingegen zu einer Aufstockung der einheitlichen Beteiligung; entsprechend kann auch bei einer übernehmenden GmbH ein bestehender Geschäftsanteil zur Anteilsgewährung aufgestockt werden. In diesen Fällen setzt sich das Recht des Dritten am gesamten Anteil fort und es bestehen ggf. schuldrechtliche Ansprüche auf eine teilw. Freigabe (Lutter/Lieder Rn. 142; Maulbetsch/Klumpp/Rose/Raible Rn. 102; BeckOGK/Foerster Rn. 121).

93 Bei der Ausgliederung gilt die Vorschrift nicht, da nur der übertragende Rechtsträger selbst, aber nicht dessen Anteilsinhaber Anteile erhalten (Kölner Komm UmwG/Simon Rn. 55).

94 Betroffen sind nur **dingliche Rechte** an den Anteilen, insbes. Nießbrauch und Pfandrechte (Lutter/Lieder Rn. 141 ff.; Semler/Stengel/Leonard/Leonard Rn. 62; Kölner Komm UmwG/Simon Rn. 57; Maulbetsch/Klumpp/Rose/Raible Rn. 103; BeckOGK/Foerster Rn. 116; ausf. zum Nießbrauch Teichmann FS Lutter, 2000, 1261). Rein **schuldrechtliche** Beziehungen setzen sich nicht automatisch fort (Beispiele: Vorkaufsrechte, Unterbeteiligungen, Treuhandverhältnis). Sie müssen neu begründet werden, sofern das betroffene Rechtsverhältnis nicht bereits Regelungen über eine Fortsetzung enthält, oder dies durch Auslegung ermittelt werden kann (Semler/Stengel/Leonard/Leonard Rn. 63; Kölner Komm UmwG/Simon Rn. 57; Maulbetsch/Klumpp/Rose/Raible Rn. 103; Henssler/Strohn/Galla/Cé. Müller Rn. 31; Lutter/Lieder Rn. 143; BeckOGK/Foerster Rn. 116; aA für offene Treuhandverhältnisse Lutter/Teichmann, 5. Aufl. 2014, Rn. 76: analoge Anwendung von Abs. 1 Nr. 3 S. 2). Ggf. entstehen durch das Erlöschen bzw. durch den Wertverlust Schadensersatzansprüche oder Ansprüche auf Bereicherungsausgleich (Semler/Stengel/Leonard/Leonard Rn. 63).

12. Beurkundungsmängel

Die Eintragung der Spaltung in das Register des Sitzes des übertragenden Rechts- 95
trägers heilt Mängel der notariellen Beurkundung des Spaltungsvertrags und ggf.
erforderlichen Zustimmungs- und Verzichtserklärungen einzelner Anteilsinhaber.
Die Regelung entspricht der von § 20 I Nr. 4. Auf die Komm. dort wird verwiesen
(→ § 20 Rn. 107).

13. Ausschluss der Rückabwicklung (Abs. 2)

Die Rückabwicklung einer Spaltung aufgrund von Mängeln, die ggf. erst 96
geraume Zeit nach Eintragung der Spaltung erkannt werden, ist praktisch nicht oder
nur unter großen Schwierigkeiten durchführbar. Die beteiligten Rechtsträger sind
regelmäßig operative Unternehmen, mithin treten permanent Veränderungen in
der Vermögenszusammensetzung ein; außerdem werden Ergebnisse (Gewinne oder
Verluste) erwirtschaftet. Daher ordnet Abs. 2 die Unumkehrbarkeit der Spaltung
nach der konstitutiven Eintragung an (ausf. hierzu Kort AG 2010, 230). Die Regelung entspricht derjenigen von § 20 II (früher bereits § 352a AktG aF; Kort AG
2010, 230 f.). Der Bestandsschutz der eingetragenen Umw ist umfassend und gilt
für alle Arten der Spaltung, auch derjenigen zur Neugründung (Lutter/Teichmann,
5. Aufl. 2014, Rn. 102; Kallmeyer/Sickinger Rn. 28). Die Art und Schwere des
Mangels ist grds. unbeachtlich, ebenso eine Diff. zwischen Nichtigkeits- oder
Anfechtungsgründen (BGHZ 132, 353 = NJW 1996, 2165; OLG Hamm ZIP 2014,
2135; Maulbetsch/Klumpp/Rose/Raible Rn. 108; Lutter/Lieder Rn. 149; Kort
AG 2010, 231 f.). Vgl. ergänzend § 16 III 10. Zur Behandlung von Umwandlungen
unter Beteiligung von Scheingesellschaftern vgl. etwa DNotI-Report 2019, 45. Der
Ausschluss der Rückabwicklung wirkt nur dann nicht, wenn der Mangel der Umw
derart gravierend ist, dass die Umw an sich (nicht bloß der Umwandlungsbeschluss!)
nichtig oder gar nicht existent ist (BGH ZIP 2001, 2006 mwN), etwa weil ein
Umwandlungsbeschluss nicht gefasst worden ist (BGHZ 132, 353 = NJW 1996,
2165 zu LwAnpG), weil die gewählte Umwandlungsform vom Gesetz nicht vorgesehen ist (BGHZ 137, 134; BGH ZIP 1999, 1126) oder die Rechtsform, in die
umgewandelt werden soll, nicht dem Gesetz entspricht (BGH ZIP 2001, 2006).
Auch diese Maßstäbe sind mit Bedacht anzuwenden. So lässt etwa eine unzulässige
Mischform der Spaltung (dazu → § 123 Rn. 14) den Bestandsschutz unberührt,
weil die Spaltung an sich eine zulässige Umw ist und daher der Gesetzeszweck von
Abs. 2 vorgeht. Weitere Ausnahmefälle könnten das Fehlen eines Umwandlungsvertrags oder des Zustimmungsbeschlusses sowie die Eintragung ohne Anmeldung sein
(vgl. auch K. Schmidt ZIP 1998, 181; Semler/Stengel/Leonard/Leonard Rn. 67;
Maulbetsch/Klumpp/Rose/Raible Rn. 110; BeckOGK/Foerster Rn. 129; vgl.
auch Lutter/Lieder Rn. 150).

Der Bestandsschutz bewirkt auch, dass ein **Amtslöschungsverfahren** nach § 395 97
FamFG (früher §§ 144, 142 FGG) – von den vorstehenden Ausnahmefällen abgesehen – ausscheidet (BGH NJW 2007, 224; OLG Hamburg NZG 2003, 981; OLG
Frankfurt a. M. NJW-RR 2003, 1122; OLG Hamm ZIP 2001, 569; BayObLG
BB 2000, 477; Kort DStR 2004, 185; Maulbetsch/Klumpp/Rose/Raible Rn. 111;
BeckOGK/Forster Rn. 129; Lutter/Lieder Rn. 147). Dies gilt unabhängig davon,
ob materielle Fehler der Umw oder ein Fehlverhalten des Registergerichts, etwa
ein Verstoß gegen die Registersperre nach § 16 II (iVm § 125), vorliegen (OLG
Frankfurt a. M. NJW-RR 2003, 1122; OLG Hamm ZIP 2001, 569; Grundrechtsverstoß offengelassen von BVerfG DB 2005, 1373: Verfassungsbeschwerde unzulässig, wenn nicht alle Rechtsmittel einschl. einstweiliger Vfg. gegen Vorstand ausgeschöpft worden sind). Ebenso wenig kann eine eingetragene Umw durch
Beschlüsse der Anteilsinhaberversammlungen wieder **aufgehoben** werden, auch

nicht ex nunc (Kallmeyer/Sickinger Rn. 28; Lutter/Teichmann, 5. Aufl. 2014, Rn. 102). Eine derartige „Verschmelzung" ist wegen des Bestandsschutzes nach Abs. 2 weder aufgrund entsprechender Anmeldung noch mittels Amtslöschung durchführbar (OLG Frankfurt a. M. NZG 2003, 236). Dies kann nur durch erneute Strukturmaßnahmen erreicht werden (Lutter/Teichmann, 5. Aufl. 2014, Rn. 102). Mangelbedingte Unklarheiten müssen durch (ergänzende) Vertragsauslegung gelöst werden (Semler/Stengel/Leonard/Leonard Rn. 68). Schließlich unterliegt eine eingetragene Umw auch nicht der Insolvenzanfechtung (Keller/Klett DB 2010, 1220 (1223); aA Roth ZInsO 2013, 1597). Zu den Folgen einer **dennoch erfolgten Amtslöschung** vgl. Custodis GmbHR 2006, 904 (iÜ auch → § 20 Rn. 108 ff.). Auch andere **Gerichte und Behörden** sind an die Eintragung gebunden (OLG Düsseldorf AG 2022, 255 zur fehlenden Prüfungskompetenz des Grundbuchamts).

98 Abs. 2 schließt lediglich die dingliche Rückabwicklung der Spaltung aus. **Mängel** des Gesellschaftsvertrages/der Satzung werden hiervon nicht berührt; sie werden nicht geheilt (Maulbetsch/Klumpp/Rose/Raible Rn. 107, 112; Widmann/Mayer/Vossius Rn. 195; iErg auch Semler/Stengel/Leonard/Leonard Rn. 65: erschöpft sich in Irreversibilität der Spaltung). Hieraus können – neben Schadensersatzansprüchen etc – im Einzelfall auch Ansprüche einzelner Gesellschafter auf Rückgängigmachung einzelner Rechtsfolgen resultieren, wenn die Verletzung subjektiver Rechte andauert. Ein Anspruch auf Rückabwicklung der gesamten Spaltung ex nunc scheidet jedoch aus (hM; vgl. etwa Kallmeyer/Sickinger Rn. 28; Lutter/Teichmann, 5. Aufl. 2014, Rn. 102; Kort AG 2010, 230 (235 f.); aA K. Schmidt ZIP 1998, 181 (187)). IÜ folgt aus Abs. 2, dass im Spaltungsvertrag vereinbarte auflösende **Bedingungen, Rücktritts-** und **Kündigungsrechte** nach der konstitutiven Eintragung keine Wirkung mehr entfalten können (Körner/Rodewald DB 1999, 853 (855 ff.); Maulbetsch/Klumpp/Rose/Raible Rn. 113). Zu möglichen **Amtshaftungsansprüchen** vgl. BGH NJW 2007, 224; OLG Hamm NZG 2006, 274.

99 **Anfechtungs-** oder **Nichtigkeitsklagen** gegen Spaltungsbeschlüsse bleiben durch die Eintragung unberührt. Das Rechtsschutzbedürfnis entfällt durch die Eintragung nicht (OLG München GmbHR 2010, 531 und OLG Hamm AG 2009, 876 zu Formwechselbeschluss; OLG Stuttgart NZG 2004, 463; OLG Hamm DB 2004, 1143; Lutter/Lieder Rn. 151). Bei einer Eintragung nach Durchführung eines Unbedenklichkeitsverfahrens folgt dies schon aus § 16 III 10 und § 28. Nichts anderes kann aber gelten, wenn die Spaltung unter Missachtung der Registersperre eingetragen worden ist (OLG Hamm DB 2004, 1143). Die Kläger müssen also nicht auf eine Leistungsklage umstellen. Bei verfahrensfehlerhaften Eintragungen kommen auch Amtshaftungsansprüche in Betracht (vgl. dazu auch OLG Hamm DB 2002, 1431).

14. Behandlung vergessener Aktiva bei der Aufspaltung

100 Bei einer Abspaltung oder einer Ausgliederung verbleiben im Spaltungsvertrag nicht aufgeführte Gegenstände beim übertragenden Rechtsträger (auch → Rn. 82 zu nicht übertragbaren Gegenständen). Dies gilt grds. unabhängig davon, ob die Nichtaufnahme bewusst oder versehentlich erfolgte (allerdings Vorrang der Auslegung; dazu → Rn. 101; zu Veränderungen im Vermögensbestand → Rn. 77 ff.). Für die **Aufspaltung,** bei der der übertragende Rechtsträger erlischt, bedurfte es einer anderen, vom Gesetzgeber zu Recht als unentbehrlich bezeichneten (RegE Begr. BR-Drs. 75/94 zu § 131) Regelung. Diese ist in Abs. 3 enthalten. Danach erfolgt die Zuteilung vergessener Vermögensgegenstände in einem dreistufigen Verfahren.

101 Auf der **ersten Stufe** muss versucht werden, den Vermögensgegenstand im Wege der Auslegung des Spaltungsvertrags einem übernehmenden Rechtsträger zuzuordnen. Dies wird oftmals gelingen, da in der Praxis aus stl. Gründen vgl. §§ 15,

16, 20, 24 UmwStG) regelmäßig Teilbetriebe übertragen werden. Dann können Gegenstände, die einem Teilbetrieb zuzuordnen sind, zumeist durch **Auslegung** dem Rechtsträger zugeteilt werden, der die übrigen Vermögensgegenstände dieses Teilbetriebs übernommen hat (NK-UmwR/Fischer Rn. 68; Lutter/Lieder Rn. 154; BeckOGK/Foerster Rn. 133; vgl. auch OLG Hamm NZG 2020, 949 zu Ansprüchen nach § 114 II AktG). Dies hat insbes. für Gegenstände, die aufgrund zwischenzeitlicher Veränderungen nicht erfasst worden sind, Bedeutung (→ Rn. 77 ff.). Ferner sind in der Vertragspraxis auch **Auffangklauseln** üblich, die meist eine Zuordnung ermöglichen (→ Rn. 79).

Darüber hinaus wird häufig eine wirtschaftliche Zusammengehörigkeit ein brauchbares Auslegungskriterium sein. Dies gilt etwa für Nebenrechte, die nicht bereits nach § 401 BGB automatisch übergehen (zu Nebenrechten iSv § 401 BGB → Rn. 30, 68). Bspw. wird man das Sicherungseigentum an einem Gegenstand idR demjenigen Rechtsträger zuordnen können, dem im Spaltungsvertrag die gesicherte Forderung zugeordnet worden ist (→ Rn. 25). Fehlen entgegenstehende Anhaltspunkte, können Aktiva regelmäßig demjenigen Rechtsträger zugeordnet werden, dem die dazugehörige Verbindlichkeit (etwa aus der Finanzierung dieses Gegenstandes) im Spaltungsvertrag übertragen wurde (für den umgekehrten Fall des Vergessens der Verbindlichkeit → Rn. 109 ff.). Schließlich sind neben speziellen Auslegungsregeln (etwa § 27 II MarkenG) die allg. Auslegungsgrundsätze von §§ 133, 157 BGB (einschl. ergänzender Vertragsauslegung) zu beachten (→ § 126 Rn. 6). 102

Führt die Auslegung nicht zur Klärung, so ordnet das Gesetz auf der **zweiten Stufe** den Übergang des Gegenstandes auf alle übernehmenden Rechtsträger an (Abs. 3 Hs. 1). Der Gesetzgeber hat damit, soweit AG betroffen sind, die Vorgaben von Art. 137 III GesR-RL (zuvor Art. 3 III Spaltungs-RL v. 17.12.1982, ABl. 1982 L 378, 47; auch → Vor § 123 Rn. 15 ff.) umgesetzt. Eine **Teilung in Natur** tritt nur bei teilbaren Rechten ein. Bei **Sachen** entsteht (zunächst) eine **Gesamtberechtigung**, auch wenn sie grds. teilbar sind (vgl. § 752 BGB; Maulbetsch/Klumpp/Rose/Raible Rn. 115; aA Semler/Stengel/Leonard/Leonard Rn. 70: grds. nur Teilung in Natur, anderenfalls Verwertung). Denn Abs. 3 bewirkt den unmittelbar dinglichen Übergang, ohne – was die Norm auch nicht leisten könnte – festzulegen, welcher Teil auf welchen Rechtsträger übergeht. Dies gilt auch für Sachen, die mehrfach vorhanden sind, insbes. vertretbare Sachen und Gattungssachen. Die Teilung in Natur können die Rechtsträger im Anschluss durchführen. Die Art der Gesamtberechtigung hängt vom Gegenstand ab. 103

Bei **Immobilien**, immobiliengleichen Rechten (Teil- oder Wohnungseigentumsrechte, Erbbaurechte) und **Mobilien** werden die übertragenden Rechtsträger mit Wirksamwerden der Spaltung Miteigentümer nach Bruchteilen (§§ 741 ff. BGB). Eine gesamthänderische Berechtigung erscheint indes zweifelhaft (so Lutter/Teichmann, 5. Aufl. 2014, Rn. 109; Kallmeyer/Sickinger Rn. 30: Nach Bruchteilen oder eine gesamthänderische Berechtigung; aA Semler/Stengel/Leonard/Leonard Rn. 70: grds. nur Teilung in Natur, anderenfalls Verwertung, → Rn. 123; wie hier Maulbetsch/Klumpp/Rose/Raible Rn. 115; vgl. auch Lutter/Lieder Rn. 158). Dadurch würde ein Vermögensgegenstand nicht aufgeteilt, es entstünde vielmehr ein weiterer Rechtsträger, die Gesamthand (wohl GbR; auch → Rn. 15). Soweit ideelle Bruchteile nicht entstehen können (etwa Anteile an PersGes), erfolgt eine unmittelbare Aufteilung der Rechtsposition (Lutter/Lieder Rn. 158). 104

Bei nicht teilbaren Forderungen und sonstigen **Rechten** tritt mit Wirksamwerden der Spaltung Mitgläubigerschaft iSv § 432 BGB ein (Maulbetsch/Klumpp/Rose/Raible Rn. 115). Bei „vergessenen" Schuldverhältnissen treten alle übernehmenden Rechtsträger in die Position des übertragenden Rechtsträgers ein. Eine reale Teilung des Schuldverhältnisses scheidet aus (→ Rn. 57). 105

Unverständlich ist der gesetzlich angeordnete **Aufteilungsmaßstab** für die Mitberechtigung. Maßgeblich soll die Aufteilung des Überschusses der Aktivseite der 106

Schlussbilanz über deren Passivseite sein. Folglich wird der Aufteilungsmaßstab durch die BW bestimmt (vgl. § 17 II; so auch Lutter/Lieder Rn. 157; Semler/Stengel/ Leonard/Leonard Rn. 70; aA Geck DStR 1995, 419: Verkehrswerte; ebenso BeckOGK/Foerster Rn. 135), während sich das Umtauschverhältnis nach den tatsächlichen Werten richtet. Ein Rechtsträger, der relativ hohe BW, im Vergleich zu anderen Rechtsträgern aber relativ wenige stille Reserven übertragen bekommt, wird bei diesem Aufteilungsmaßstab bevorzugt. Europarechtlich war dem Gesetzgeber die Wahl dieses Verteilungsmaßstabs nicht vorgegeben. Art. 137 III GesR-RL (zuvor Art. 3 III Spaltungs-RL) sieht eine Aufteilung im Verhältnis des nach dem Spaltungsplan auf jeden übernehmenden Rechtsträger entfallenden Nettoaktivvermögens vor.

107 Scheidet eine Teilung in Natur und Gesamtberechtigung an einem Vermögensgegenstand aus, ist – **dritte Stufe** – sein Gegenwert in dem in → Rn. 106 bezeichneten Verhältnis zu verteilen (Abs. 3 Hs. 2). Das Gesetz gibt nicht vor, wie die Verteilung des Gegenwerts vorzunehmen ist. Abs. 3 Hs. 2 bestimmt nur, dass und in welchem Verhältnis die Verteilung zu erfolgen hat. Die Rechtsträger können sich auf die Übernahme des Vermögensgegenstandes durch einen Rechtsträger bei gleichzeitiger Leistung einer Ausgleichszahlung an die anderen Rechtsträger einigen (Kölner Komm UmwG/Simon Rn. 68; Maulbetsch/Klumpp/Rose/Raible Rn. 116; Kallmeyer/Sickinger Rn. 30). Notfalls ist eine **Nachtragsliquidation** durchzuführen (Lutter/Lieder Rn. 159; Kölner Komm UmwG/Simon Rn. 68; Kallmeyer/Sickinger Rn. 30; Maulbetsch/Klumpp/Rose/Raible Rn. 116; vgl. auch → Rn. 84).

15. Behandlung vergessener Aktiva bei Ausgliederung und Abspaltung

108 Ausweislich der Gesetzesbegründung (RegE Begr. BR-Drs. 75/94 zu § 131) wurde eine Regelung über das rechtliche Schicksal von vergessenen Aktiva bei Abspaltungen und Ausgliederungen für überflüssig gehalten, da bei diesen Spaltungsformen der übertragende Rechtsträger nicht erlischt. Die vergessenen Gegenstände verbleiben dann beim übertragenden Rechtsträger. Dies befreit aber nicht von einer Prüfung im Einzelfall. Auch bei Abspaltungen und Ausgliederungen ist **vorrangig** eine **Auslegung** des Spaltungsvertrags durchzuführen (BGH NZG 2003, 1172 (1174); OLG Hamm NZG 2020, 949; OLG Frankfurt a. M. BeckRS 2011, 21520; Maulbetsch/Klumpp/Rose/Raible Rn. 117; Kallmeyer/Sickinger Rn. 30; Semler/ Stengel/Leonard/Leonard Rn. 71). Denn der Spaltungsvertrag ist auch ein (schuldrechtlicher) Vertrag, für den §§ 133, 157 BGB gelten (BGH NZG 2003, 1172 (1174); zur Rechtsnatur allg. → § 126 Rn. 6). Infolgedessen sind nicht nur die (einfachen) Auslegungsgrundsätze zu beachten, es können darüber hinaus mittels ergänzender Vertragsauslegung bestehende Vertragslücken geschlossen werden (Kölner Komm UmwG/Simon Rn. 63). Für den **Spaltungsplan** gelten objektive Auslegungsgrundsätze (Lutter/Lieder Rn. 155). Erst wenn die Auslegung zu keinem Ergebnis führt, verbleibt der Vermögensgegenstand beim übertragenden Rechtsträger (zur Behandlung von seit dem Abschluss des Spaltungsvertrags **hinzugekommenen Gegenständen** → Rn. 77 ff.).

16. Behandlung vergessener Passiva bei Aufspaltung

109 Nach Ansicht des Gesetzgebers betrifft die Zuordnung nach Abs. 3 lediglich „vergessene" Aktiva. Eine besondere Regelung für „vergessene" (oder seit Abschluss des Spaltungsvertrags hinzugekommene, → Rn. 77 ff.) Verbindlichkeiten sei angesichts der ohnehin eintretenden gesamtschuldnerischen Haftung (§ 133 I 1) entbehrlich (RegE Begr. BR-Drs. 75/94 zu § 131; anders noch § 10 III SpTrUG).

Die gesamtschuldnerische Haftung gewährt diesen Schutz nur innerhalb der Frist 110
von § 133 III. Wird die „vergessene" Verbindlichkeit erst später als fünf Jahre nach
einer Aufspaltung fällig, so könnte sich jeder übernehmende Rechtsträger auf die
Nachhaftungsbegrenzung berufen. Den betroffenen Gläubiger in dieser Situation
auf sein vormals bestehendes Recht, Sicherheitsleistung zu verlangen (§ 22), zu
verweisen, entspricht seinem Interesse nicht.

Vor diesem Hintergrund scheint es angebracht, die Regelung von **Abs. 3** – durch- 111
aus im Einklang mit dem Wortlaut („Gegenstand") – nicht nur auf „vergessene"
Gegenstände des Aktivvermögens, sondern auch des Passivvermögens zu erstrecken.
Dies hat zur Folge, dass bei Aufspaltungen vergessene Passiva auf alle übernehmenden
Rechtsträger übergehen, soweit nicht bereits die Auslegung zu einem eindeutigen
Ergebnis führt. Die infolgedessen eintretende gesamtschuldnerische Haftung beruht
nicht auf der Regelung von § 133 I, sondern auf der Sonderrechtsnachfolge durch
mehrere Rechtsträger (vgl. auch Lutter/Teichmann, 5. Aufl. 2014, Rn. 113; Lutter/
Schwab § 133 Rn. 87 ff.; Lutter/Lieder Rn. 161; Kallmeyer/Sickinger Rn. 29;
Widmann/Mayer/Vossius Rn. 220; Widmann/Mayer/Vossius § 133 Rn. 14; Semler/Stengel/Leonard/Seulen § 133 Rn. 37; Maulbetsch/Klumpp/Rose/Raible
Rn. 119 und § 133 Rn. 19; Kölner Komm UmwG/Simon Rn. 61; Kölner Komm
UmwG/Simon § 133 Rn. 26; Sagasser/Bula/Brünger Umwandlungen/Sagasser
§ 18 Rn. 135; NK-UmwR/Fischer § 133 Rn. 20; vgl. auch BeckOGK/Foerster
Rn. 141). Diese gesamtschuldnerische Haftung unterliegt daher nicht der Nachhaftungsbegrenzung nach § 133 III. Diese Ansicht entspricht iÜ der Vorgabe durch
Art. 137 III 2 GesR-RL (zuvor Art. 3 III lit. b Spaltungs-RL, ABl. 1982 L 378, 47;
auch → Vor § 123 Rn. 15 ff.).

Weitere Folge der unmittelbaren Anwendung von Abs. 3 auf „vergessene" Ver- 112
bindlichkeiten ist, dass auch der **Aufteilungsmaßstab** für den Ausgleich im Innenverhältnis feststeht (ebenso Semler/Stengel/Leonard/Leonard Rn. 72; Kallmeyer/
Sickinger Rn. 30). Dieser bestimmt sich nach der Aufteilung des Überschusses der
Aktivseite der Schlussbilanz über deren Passivseite (Abs. 3 Hs. 1); zur Kritik an
diesem Maßstab → Rn. 106.

Bei **Ausgliederungen** und **Abspaltungen** verbleibt die „vergessene" Verbind- 113
lichkeit beim übertragenden Rechtsträger, soweit nicht im Wege der Auslegung,
ggf. im Wege der ergänzenden Vertragsauslegung, ein Übergang auf einen übernehmenden Rechtsträger festgestellt werden kann (hierzu → Rn. 100 ff.).

§ 132 Kündigungsschutzrecht

(1) Führen an einer Spaltung beteiligte Rechtsträger nach dem Wirksamwerden der Spaltung einen Betrieb gemeinsam, so gilt dieser als Betrieb im Sinne des Kündigungsschutzrechts.

(2) Die kündigungsrechtliche Stellung eines Arbeitnehmers, der vor dem Wirksamwerden einer Spaltung zu dem übertragenden Rechtsträger in einem Arbeitsverhältnis steht, verschlechtert sich auf Grund der Spaltung für die Dauer von zwei Jahren ab dem Zeitpunkt ihres Wirksamwerdens nicht.

Übersicht

	Rn.
1. Allgemeines	1
2. Voraussetzungen des gemeinsamen Betriebs	8
3. Vermutung des gemeinsamen Betriebs	12
4. Wirkungen	13

	Rn.
5. Voraussetzungen der Beibehaltung der kündigungsrechtlichen Stellung	21
a) Arbeitnehmerbegriff	21
b) Spaltung oder Teilübertragung	22
c) Arbeitsverhältnis mit dem übertragenden Rechtsträger	23
6. Beibehaltung der kündigungsrechtlichen Stellung	24
7. Zwei-Jahres-Frist	31

1. Allgemeines

1   Die Vorschrift ersetzt deckungsgleich § 322 aF (Abs. 1) und § 323 Abs. 1 aF (Abs. 2) im Zuge der Umsetzung der RL (EU) 2019/2121 und RL (EU) 2017/1132 (G v. 28.2.2023; BGBl. 2023 I Nr. 51). Nach seinem Wortlaut ist der Anwendungsbereich zwar auf die Spaltung beschränkt, ist aber über § 177 Abs. 1 auch auf Teilübertragungen anwendbar und damit deckungsgleich mit § 322 aF und § 323 Abs. 1 aF (s. Begr. RegE, BR-Drs. 371/22; ErfK/Oetker § 322 Rn. 6 und § 323 Rn. 12 und 13).

2   Die Vorschrift regelt zwei verschiedene Sachverhalte. **Abs. 1** enthält neben § 1 Abs. 1 S. 2 und Abs. 2 Nr. 2 BetrVG eine gesetzliche Regelung über den sog. **gemeinsamen Betrieb** mehrerer Unternehmen, wobei die Rechtsfigur des gemeinsamen Betriebs im Kündigungsschutzrecht (grdl. BAG BeckRS 1957, 102715), aber auch im Betriebsverfassungsrecht schon lange anerkannt ist (BAG NJW 1987, 2036; NZA 2017, 1003; ausf. zum Ganzen Bonanni, Der gemeinsame Betrieb mehrerer Unternehmen, 2003). Hintergrund der Regelung sind die unterschiedlichen Kriterien, die für den Betriebs- und Unternehmensbegriff maßgeblich sind. Aus dieser Trennung folgt, dass sowohl ein Unternehmen mehrere Betriebe haben kann, aber auch mehrere Unternehmen einen gemeinsamen Betrieb führen können. Führen mehrere Unternehmen gemeinsam verschiedene Betriebe, werden die Betriebe durch die gemeinsame Führung nicht zu einem einheitlichen Betrieb. Die Unternehmen führen dann vielmehr mehrere gemeinsame Betriebe (BAG NZA-RR 2013, 133). Die Rechtsfigur des gemeinsamen Betriebes „überwindet" die Unternehmensgrenzen, hebt die Strukturen der gesetzlichen Betriebsverfassung iÜ aber nicht auf. Sie lässt nicht das Erfordernis entfallen, dass es sich überhaupt um einen Betrieb im Sinne des Betriebsverfassungsgesetzes handelt (BAG NZA-RR 2013, 133).

3   Der ganz überwiegende Teil der Lehre und das BAG in stRspr verstehen den **Betrieb** im Arbeitsrecht als die organisatorische Einheit, innerhalb der der Arbeitgeber allein oder in Gemeinschaft mit seinen Mitarbeitern mit Hilfe von sachlichen und immateriellen Mitteln bestimmte arbeitstechnische Zwecke fortgesetzt verfolgt (vgl. ErfK/Preis BGB § 613a Rn. 5 ff. mwN).

4   **Unternehmen** ist hingegen eine organisatorische Einheit, innerhalb derer ein Arbeitgeber allein oder mit seinen Arbeitnehmern mit Hilfe von technischen sachlichen oder immateriellen Mitteln entferntere, hinter dem arbeitstechnischen Zweck liegende Zwecke fortgesetzt verfolgt (vgl. BAG NZA 2005, 1248; Lutter/Sagan § 322 Rn. 5 mwN). Bei PersGes und jur. Personen ist das Unternehmen im arbeitsrechtlichen Sinne **identisch mit dem Rechtsträger,** denn eine jur. Person oder eine Ges kann nur ein Unternehmen haben (BAG AP KSchG 1969 § 1 Nr. 10; Fitting BetrVG § 1 Rn. 89). Da der Betriebsbegriff auf die rechtliche Zugehörigkeit der Vermögensgegenstände keine Rücksicht nimmt, kann also durchaus ein einheitlicher Betrieb Gegenstände verschiedener Unternehmen (Rechtsträger) für seine arbeitstechnischen Zwecke benutzen. Ein einheitlicher Betrieb mehrerer Arbeitgeber kann also dergestalt gemeinsam geführt werden, dass die in diesem gemeinsamen

Betrieb beschäftigten ArbN dennoch unterschiedliche Arbeitgeber als Vertragspartner ihrer Arbeitsverhältnisse haben (Lutter/Sagan § 322 Rn. 14).

Die ursprünglich in § 322 **aF** enthaltene **Vermutungsregel,** die eine Vereinfachung der Darlegung der Voraussetzungen für einen gemeinsamen Betrieb mehrerer Unternehmen bedeutete, wurde im Zuge der Änderung durch das BetrV-Reformgesetz **aufgehoben** und in § 1 II Nr. 2 BetrVG sachlich entsprechend übernommen. Nach der Gesetzesbegründung betrifft § 1 II Nr. 2 BetrVG den Fall, dass im Zuge der Spaltung eines Unternehmens von einem Betrieb eines Unternehmens ein oder mehrere Betriebsteile einem an der Spaltung beteiligten anderen Unternehmen zugeordnet werden, während die Organisation des davon betroffenen Betriebs im Wesentlichen unverändert bleibt. In diesem Fall wird widerlegbar vermutet, dass die an der Spaltung beteiligten Unternehmen den Betrieb als gemeinsamen Betrieb weiterführen, um auch weiterhin die arbeitstechnischen Vorteile eines langjährigen eingespielten Betriebs zu nutzen. Der Begriff der Spaltung iSd Vorschriften umfasst die Fälle der Aufspaltung, Abspaltung und Ausgliederung sowohl in der Form der Gesamtrechtsnachfolge als auch in Form der Einzelrechtsnachfolge (Begr. RegE, BT-Drs. 14/5741, 33).

Das Bestehen eines gemeinsamen Betriebs hat nicht nur für das Betriebsverfassungsrecht, sondern insbes. auch für das **Kündigungsschutzrecht** Bedeutung. Abs. 1 beschränkt seine Bedeutung auf das Kündigungsschutzrecht und regelt iE, dass der von den beteiligten Rechtsträgern gebildete gemeinsame Betrieb ein solcher iSd KSchG ist (vgl. BAG AP BGB § 613a Widerspruch Nr. 2 Rn. 31 ff.). Der Wortlaut stellt jedoch auf das Kündigungsschutzrecht insges. und nicht lediglich auf das KSchG ab. Die Bedeutung dieser Vorschrift erfasst über das KSchG hinaus auch die kündigungsschutzrechtlichen Bestimmungen anderer Gesetze, sofern die jew. Normen ebenfalls den Betrieb in Bezug nehmen, zB § 170 SGB IX. Gleiches dürfte für Tarifverträge und Betriebsvereinbarungen gelten (ErfK/Oetker § 322 Rn. 4). Ist das Führen eines gemeinsamen Betriebes im Zusammenhang mit einer Spaltung oder Teilübertragung von den beteiligten Rechtsträgern geplant (zB als Gestaltungsmittel zur Vermeidung einer Betriebsänderung, → Rn. 18), sollte dies im **Umwandlungsvertrag** erwähnt werden. Dies empfiehlt sich auch für etwaige Ausgleichsregelungen zwischen den beteiligten Rechtsträgern für Kosten arbeitsrechtlicher Maßnahmen, wie zB Abfindungszahlungen (Semler/Stengel/Leonhard/Simon § 322 Rn. 18; Kallmeyer/Willemsen § 322 Rn. 11) oder Kosten der Betriebsratstätigkeit, da die Zuordnung zum Vertragsarbeitgeber bestehen bleibt.

Abs. 2 bestimmt, dass sich die **kündigungsrechtliche Stellung eines ArbN** des übertragenden Rechtsträgers innerhalb einer **Übergangsfrist von zwei Jahren** nicht verschlechtert. Die Reichweite der Vorschrift und ihr Verhältnis zu anderen arbeitsrechtlichen Normen im UmwG (§§ 35a Abs. 1, 132 Abs. 2, 132a, 35a Abs. 2 iVm § 613a BGB) ist unklar. Die historische Begr. RegE verweist lediglich darauf, dass „insbes." ein Unterschreiten der für die Anwendung des KSchG notwendigen Beschäftigtenzahl nach § 23 Abs. 1 KSchG innerhalb der Übergangsfrist unbedeutend ist (Begr. RegE, BR-Drs. 75/94 zu § 323).

2. Voraussetzungen des gemeinsamen Betriebs

Die Voraussetzungen für das Vorliegen eines gemeinsamen Betriebes mehrerer Unternehmen sind vielfältig und wurden im Wesentlichen von der Rspr. entwickelt (→ Rn. 9). Zunächst muss der Betrieb (zum Begriff → Rn. 8) **unterschiedliche Arbeitgeber** haben. Ferner ist erforderlich, dass die Rechtsträger des gemeinsamen Betriebs an der Spaltung beteiligt waren, gleichgültig, ob als übertragender oder übernehmender Rechtsträger (ErfK/Oetker § 322 Rn. 2). Die Vorschrift erfasst nicht Sachverhalte, wenn am gemeinsamen Betrieb zusätzlich ein weiterer, nicht an der Spaltung beteiligter Rechtsträger teilnimmt. Die Voraussetzungen für einen gemeinsamen Betrieb ergeben sich nicht aus § 132 Abs. 1 (bisher: 322 aF); es gelten die allg. Grdse (Semler/Stengel/Leonhard/Simon § 322 Rn. 4).

9 Nach stRspr des BAG ist (nur dann) von einem gemeinsamen Betrieb mehrerer Unternehmen auszugehen, wenn die in einer Betriebsstätte vorhandenen materiellen und immateriellen Betriebsmittel für einen **einheitlichen arbeitstechnischen Zweck** zusammengefasst, geordnet und gezielt eingesetzt werden und der Einsatz der menschlichen Arbeitskraft von einem **einheitlichen Leitungsapparat** gesteuert wird (zuletzt BAG NZA 2017, 1003). Dazu müssen sich die beteiligten Unternehmen zumindest konkludent zu einer gemeinsamen Führung rechtlich verbunden haben. Diese einheitliche Leitung muss sich auf die **wesentlichen Funktionen** eines Arbeitgebers **in sozialen und personellen Angelegenheiten** erstrecken (zB Einstellung, Entlassung, Versetzung, Abmahnung, Absprachen zum Urlaub, Anordnung von Überstunden etc). Eine lediglich unternehmerische Zusammenarbeit genügt dagegen nicht (BAG NZA 2011, 197; NZA-RR 2009, 255). Vielmehr mussten die Funktionen des Arbeitgebers in den sozialen und personellen Angelegenheiten institutionell einheitlich für die beteiligten Unternehmen wahrgenommen werden (BAG NZA-RR 2009). Für die Frage, ob der Kern der Arbeitgeberfunktionen in sozialen und personellen Angelegenheiten von derselben institutionalisierten Leitung ausgeübt wird, ist vor allem entscheidend, ob ein **arbeitgeberübergreifender Personaleinsatz** praktiziert wird, der charakteristisch für den normalen Betriebsablauf ist (BAG AP BetrVG 1972 § 1 Gemeinsamer Betrieb Nr. 23; Nr. 33).

10 Die **räumliche Nähe** verschiedener Einheiten (zB die Unterbringung im selben Gebäude) oder die gemeinsame Nutzung von Betriebsmitteln oder Einrichtungen ist (nur) ein (schwaches) Indiz für die Annahme eines einheitlichen Leitungsapparates (BAG AP BetrVG 1972 § 4 Nr. 3; AP KSchG 1969 § 23 Nr. 21; LAG Hamm BeckRS 2011, 76486).

11 Im Zusammenhang mit den (durch Gesetzgeber und Rspr. gemeinsam verfolgten) Beschränkungen des Fremdpersonaleinsatzes und der (umstritten) Vorgaben des AÜG ist der gemeinsame Betrieb – auch bei Umstrukturierungen im Anwendungsbereich des UmwG – ein beliebtes Mittel zur **Umgehung** der Tatbestandsvoraussetzungen des **Arbeitnehmerüberlassungsgesetzes,** da es bei Überlassung von Arbeitnehmern im gemeinsamen Betrieb an der Eingliederung in einem „fremden" Betrieb mangelt (hierzu BAG NZA 1998, 876; LAG Nds BeckRS 2009, 55590; LAG MV BeckRS 2017, 116271; HessLAG BeckRS 2021, 26672; Schmid/Topoglu ArbRAktuell 2014, 6 (40); Schönhöft/Schönleber BB 2013, 2485).

3. Vermutung des gemeinsamen Betriebs

12 Nach allg. zivilprozessualen Grdsen hat derjenige, der sich auf einen ihm günstigen Umstand stützt, hierfür die Beweislast. Schon auf der Grundlage von § 322 Abs. 1 aF war streitig, ob die dort angeordnete Vermutung auf die Feststellung eines gemeinsamen Betriebs iSd KSchG übertragen werden konnte (vgl. → 3. Aufl. 2001, Rn. 16). Nachdem diese gesetzliche Vermutung zwischenzeitlich (nur) im BetrVG (§ 1 Abs. 2 Nr. 1 BetrVG) verankert wurde, kann von einer unbewussten Regelungslücke nicht gesprochen werden. Eine analoge Anwendung von § 1 Abs. 2 Nr. 1 BetrVG scheidet aus (Semler/Stengel/Leonard/Simon § 322 Rn. 7 ff.; Kölner Komm UmwG/Hohenstatt/Schramm § 322 Rn. 5; **aA** Lutter/Sagan § 322 Rn. 10; offengelassen von BAG NZA 2013, 277). Für die Beweislast bleibt es daher bei der allg. Regel.

4. Wirkungen

13 Führen die an einer Spaltung (oder an einer Teilübertragung, → Rn. 1) beteiligten Rechtsträger nach deren Wirksamwerden einen Betrieb gemeinsam, **gilt** dieser

als Betrieb iSd Kündigungsschutzrechts. Dies führt iE auch zu einem einheitlichen „betriebsverfassungsrechtlichen Arbeitgeber", wohingegen sich die individualarbeitsrechtliche Zuordnung der ArbN zum jew. Vertragsarbeitgeber nicht ändert (BAG NZA 1993, 405; NZA-RR 2009, 255). Durch **Abs. 1** ist weder die frühere Rechtslage geändert, noch eine rechtliche Besonderheit für nach einer Spaltung oder einer Teilübertragung gemeinsam geführten Betrieb geschaffen worden. Die Vorschrift dient der Klarstellung (zur historischen Regelung vgl. Begr. RegE, BR-Drs. 75/94 zu § 322). Die Vorschrift gilt persönlich – **unabdingbar** (unstr.) – für **alle ArbN der beteiligten Rechtsträger**, unabhängig davon, ob sie vor der Spaltung oder Teilübertragung in einem Arbeitsverhältnis zu einem der beteiligten Rechtsträger gestanden haben (Semler/Stengel/Leonard/Simon Rn. 12 mwN). Die Vorschrift gilt sachlich **nur für** Fälle der **Spaltung** und **Teilübertragung**, nicht für die Anwachsung oder als allg. Rechtsgedanke für sonstige Formen der Einzelrechtsnachfolge.

Die Fiktion gilt grds. unbefristet (Semler/Stengel/Leonard/Simon § 322 Rn. 12) **14** und hat im Kündigungsschutzrecht vornehmlich in folgenden Fällen **praktische Bedeutung:** Zunächst werden alle ArbN des Betriebs unabhängig von der Zuordnung der ArbVerh uU zu unterschiedlichen Rechtsträgern bei der Bestimmung der für die Anwendung des KSchG maßgebliche **Arbeitnehmerzahl** (§ 23 I KSchG) berücksichtigt bzw. **zusammengerechnet** (grdl. BAG AP KSchG § 21 Nr. 1; NZA 2013, 1197; Lutter/Sagan § 322 Rn. 14; Kallmeyer/Willemsen § 322 Rn. 13; Semler/Stengel/Leonard/Simon § 322 Rn. 13). Dies kann auch im Rahmen von § 23 Abs. 1 S. 3 KSchG Bedeutung haben, wenn nach dem 31.12.2003 zwar ein Wechsel des Vertragsarbeitgebers stattfand, die Beschäftigung des ArbN im Betrieb aber unverändert bestehen bleibt, weil neuer und alter Arbeitgeber diesen gemeinsam führen. Der am Gemeinschaftsbetrieb beteiligte neue Vertragsarbeitgeber muss sich so behandeln lassen, als habe das Arbeitsverhältnis schon während der Zeit der Vorbeschäftigung mit ihm selbst bestanden (BAG NZA 2013, 1197).

Des Weiteren ist eine betriebsbedingte (§ 1 II 1 KSchG) Kündigung nur dann **15** gerechtfertigt, wenn eine **Weiterbeschäftigung** in dem gemeinsam geführten Betrieb nicht möglich ist. Dies führt zu einem arbeitgeberübergreifenden Kündigungsschutz im Gemeinschaftsbetrieb (BAG NZA 2002, 1349). Eine betriebsbedingte Kündigung scheidet iE daher auch dann aus, wenn innerhalb des gemeinsam geführten Betriebs bei einem anderen Rechtsträger ein freier Arbeitsplatz existiert, der mit dem ArbN, dessen Arbeitsplatz weggefallen ist, besetzt werden kann (Semler/Stengel/Leonard/Simon § 322 Rn. 14; Lutter/Sagan § 322 Rn. 14; Kölner Komm UmwG/Hostatt/Schramm § 322 Rn. 9. Darüber hinaus bleibt die Prüfung der Weiterbeschäftigungsmöglichkeiten **unternehmensbezogen** (vgl. § 1 II 2 Nr. 1 lit. b KSchG), andere Betriebe des am gemeinsamen Betrieb beteiligten Rechtsträger, zu denen der betroffene ArbN in keinem Arbeitsverhältnis steht, bleiben unberücksichtigt (zutr. Gaul ArbR der Umstrukturierung/Niklas § 16 Rn. 12; Kölner Komm UmwG/Hostatt/Schramm § 322 Rn. 10 mwN; so auch Kallmeyer/Willemsen § 322 Rn. 10; Semler/Stengel/Leonard/Simon § 322 Rn. 14; Lutter/Sagan § 322 Rn. 14; Bonanni, Der gemeinsame Betrieb mehrerer Unternehmen, 2003, 244; **aA** Fitting BetrVG § 102 Rn. 86; Wlotzke DB 1995, 40; Bachner NJW 1995, 2881).

Bei der **Sozialauswahl** gem. § 1 III KSchG – die an sich stets **betriebsbezogen 16** ist – sind alle vglbaren ArbN des gemeinsam geführten Betriebs einzubeziehen (BAG AP KSchG 1969 § 1 Nr. 10; Widmann/Mayer/Wälzholz § 322 Rn. 16; Semler/Stengel/Leonard/Simon § 322 Rn. 15; Lutter/Sagan § 322 Rn. 14; Kölner Komm UmwG/Hostatt/Schramm § 322 Rn. 11; Wlotzke DB 1995, 44; Bauer/Lingemann NZA 1994, 1060), was iE zu einer unternehmensübergreifenden Sozialauswahl führt. Austauschkündigungen sind dann möglich (Kölner Komm UmwG/Hostatt/Schramm § 322 Rn. 11 mwN). Die unternehmensübergreifende Sozialauswahl gilt jedoch nur bis zu einer etwaigen Auflösung (hierzu → Rn. 20) des gemeinsamen Betriebs. Wenn im Zeitpunkt der Kündigung die Auflösung des Gemeinschaftsbetriebes bereits greifbare Formen angenommen hat, bleiben die ArbN des anderen Rechtsträgers bei der Sozialauswahl unberücksichtigt (vgl. BAG AP KSchG 1969 § 1 Gemeinschaftsbetrieb Nr. 4).

17 Ferner ist für die Anwendung von § 15 V KSchG (Stilllegung von Betriebsabteilungen und Sonderkündigungsschutz von Betriebsratsmitgliedern) und § 17 KSchG (Anzeigepflicht bei Massenentlassungen) auf alle ArbN im gemeinsamen Betrieb abzustellen (Semler/Stengel/Leonard/Simon § 322 Rn. 16, 17; Widmann/Mayer/Wälzholz § 322 Rn. 17, 18; Kölner Komm UmwG/Hohenstatt/Schramm § 322 Rn. 12 f.).

18 Das Vorliegen eines Gemeinschaftsbetriebs nach einer Spaltung hat auch erhebliche betriebsverfassungsrechtliche Konsequenzen. Für den Gemeinschaftsbetrieb ist ein **einheitlicher Betriebsrat** zuständig; dies folgt bereits aus § 1 I 2 BetrVG (zu sog. Tendenzgemeinschaftsbetrieben und Gemeinschaftsbetrieben unter Beteiligung kirchlicher Träger vgl. Loritz FS Heinze, 2005, 541 ff.; Lunk NZA 2005, 841; vgl. auch BAG BeckRS 2019, 40563); dieser wäre nach § 47 IX BetrVG an einem etwaigen Gesamtbetriebsrat der Trägerunternehmen zu beteiligen. Für die allg. Kosten des Betriebsrats des Gemeinschaftsbetriebes haften die Unternehmen gesamtschuldnerisch (Fitting BetrVG § 1 Rn. 151). Auf betriebsverfassungsrechtlicher Ebene führt das Vorliegen eines Gemeinschaftsbetriebes im Zusammenhang mit einer Spaltung oft zur **Vermeidung einer Betriebsänderung** (iE dann keine Betriebsspaltung iSv § 106 III Nr. 8 und §§ 111 ff. BetrVG, was im Hinblick auf sonst notwendige Interessenausgleichs- und Sozialplanverhandlungen zu einer deutlichen Beschleunigung von Umstrukturierungsvorhaben führt); dies ist ein wichtiges Gestaltungsmittel für die Praxis. Ferner bleibt ein bestehender Betriebsrat unverändert im Amt (ohne Übergangsmandat gem. § 21a BetrVG); Gleiches gilt für die Fortgeltung von Betriebsvereinbarungen (Kallmeyer/Willemsen § 322 Rn. 6 f.).

19 Ob die ArbN eines Gemeinschaftsbetriebes für die Ermittlung der Schwellenwerte zur **Unternehmensmitbestimmung** beim jew. anderen Trägerunternehmen mit zu berücksichtigen sind, ist umstritten, iE aber abzulehnen (LG Hamburg BeckRS 2009, 07094; LG Bremen BeckRS 2010, 17611; LG Hannover BeckRS 2013, 12440; so auch ErfK/Oetker MitbestG § 1 Rn. 6; Kallmeyer/Willemsen § 322 Rn. 8a; Hohenstatt/Schramm NZA 2010, 846; Lüers/Schomaker BB 2013, 565; vgl. auch OLG Düsseldorf BeckRS 2016, 119291). Maßgeblich sind jew. nur die ArbN des jew. Trägerunternehmens, nicht alle ArbN des Gemeinschaftsbetriebes (zutr. Bonanni/Otte BB 2016, 1653; **aA** Däubler FS Zeuner, 1994, 19; Hjort NZA 2001, 696; zum WahlR im Bereich des DrittelbG nun ausdrücklich bejahend BAG NZA 2013, 853 mit umf. Nachw.).

20 Die an der Umw beteiligten Rechtsträger können den gemeinsamen Betrieb auch **auflösen;** eine Pflicht zur Führung eines gemeinsamen Betriebes nach der Spaltung besteht nicht (Semler/Stengel/Leonard/Simon § 322 Rn. 11; Lutter/Sagan § 322 Rn. 18) dies gilt auch im Zusammenhang mit Abs. 2 (vormals § 323 I aF). Dazu müssen die beteiligten Rechtsträger insbes. die Leitung in sozialen und personellen Angelegenheiten trennen; dies führt idR zur Betriebsspaltung iSv § 111 S. 3 Nr. 3 und löst entsprechende Beteiligungsrechte des Betriebsrates aus (Semler/Stengel/Leonard/Simon § 322 Rn. 11; Kallmeyer/Willemsen § 322 Rn. 16).

5. Voraussetzungen der Beibehaltung der kündigungsrechtlichen Stellung

21 **a) Arbeitnehmerbegriff.** Abs. 2 schützt die kündigungsrechtliche Stellung eines ArbN. Zum Begriff des ArbN → § 134 Rn. 5 f. Hierzu gehören in diesem Zusammenhang grds. auch leitende Angestellte iSd KSchG. Organmitglieder sind zwar grds. keine ArbN. Es besteht jedoch die Tendenz in der Rspr., zumindest Fremdgeschäftsführer wie ArbN zu behandeln, insbesondere wenn die jeweilige Anwendungsvorschrift europarechtlichen Ursprungs ist (EuGH NJW 2011, 2343 – Danosa; NZA 2015, 861 – Balkaya; krit. zum unionsrechtlichen ArbN-Begriff Lunk NZA 2015, 917; zur Zuständigkeit der Arbeitsgerichte BAG NZA 2015, 60; zum Ganzen Geck/Fiedler BB 2015, 107; Lunk NJW 2015, 528), was auch Auswirkungen auf den umwandlungsrechtlichen Arbeitnehmerbegriff haben kann.

b) Spaltung oder Teilübertragung. Der Schutz nach Abs. 2 wird nur eingeräumt, wenn die Veränderung der kündigungsrechtlichen Stellung die **Folge einer Spaltung oder einer Teilübertragung** nach dem UmwG ist. Damit scheiden Veränderungen, die infolge anderer Umstrukturierungsmaßnahmen eintreten, aus. Des Weiteren muss die Verschlechterung die **kausale Folge** der Spaltung oder der Teilübertragung sein („aufgrund"; Semler/Stengel/Leonard/Simon § 323 Rn. 8; Lutter/Sagan § 323 Rn. 11; Kölner Komm UmwG/Hohenstatt/Schramm § 322 Rn. 24; Boecken Unternehmensumwandlungen Rn. 281 ff.; Bauer/Lingemann NZA 1994, 1061). Veränderungen, die andere Ursachen haben, sind nicht erfasst. Dazu zählen zB der Abschluss eines nachträglichen Änderungsvertrags, eines Aufhebungsvertrags mit einem nach Abs. 2 ordentlichen an sich unkündbaren ArbN (vgl. Lutter/Sagan § 323 Rn. 15; Wlotzke DB 1995, 40), Umstrukturierungsvorgänge, die aufgrund eines betriebsgeschäftlichen Betriebsübergangs erfolgen (Kölner Komm UmwG/Hohenstatt/Schramm § 323 Rn. 4) oder eine rechtmäßige Änderungskündigung hinsichtlich der kündigungsrechtlichen Stellung (Widmann/Mayer/Wälzholz Rn. 13). Wird zB ein abgespaltener Betrieb vom neuen Rechtsträger später stillgelegt, bleibt eine Kündigung wegen Betriebsstilllegung möglich (BAG NZA 2006, 658). IÜ ist Abs. 2 **zwingend**, der ArbN kann nicht im Voraus verzichten (Lutter/Sagan § 323 Rn. 15; Semler/Stengel/Simon § 323 Rn. 18).

c) Arbeitsverhältnis mit dem übertragenden Rechtsträger. Abs. 2 schützt nur die **ArbN des übertragenden Rechtsträgers.** Eine Verschlechterung der kündigungsrechtlichen Stellung der ArbN eines übernehmenden Rechtsträgers ist allerdings auch kaum denkbar. Für die Fortdauer der kündigungsrechtlichen Stellung ist es unerheblich, ob das ArbVerh mit Wirksamwerden der Spaltung oder der Teilübertragung auf einen anderen Rechtsträger übergeht oder ob es mit dem übertragenden Rechtsträger fortbesteht. Voraussetzung ist lediglich, dass es in der logischen Sekunde vor dem Wirksamwerden einer Spaltung oder einer Teilübertragung (vgl. § 131 I, § 176 II, § 188 III) mit dem übertragenden Rechtsträger bestanden hat. Maßgeblich hierfür ist der **Abschluss des Arbeitsvertrages.** Auf die tatsächliche Arbeitsaufnahme kommt es nicht an (so auch Semler/Stengel/Leonard/Simon § 323 Rn. 4).

6. Beibehaltung der kündigungsrechtlichen Stellung

Die Bedeutung der gesetzlichen Anordnung, dass sich die kündigungsrechtliche Stellung nicht verschlechtert, ist zweifelhaft. Teilw. wird wegen des Hinweises in den Gesetzesmaterialien als einzige **Rechtsfolge von Abs. 2** der **Ausschluss von § 23 I KSchG** angesehen (so wohl Baumann DStR 1995, 891; wohl auch Bauer/Lingemann NZA 1994, 1060f.; Kreßel BB 1995, 928). Dies ist allerdings unzutr. Der Wortlaut der Vorschriften lässt diese Einschränkung nicht zu: die kündigungsrechtliche und nicht (nur) die kündigungs**schutz**rechtliche Stellung (im letztgenannten Sinne wollen Bauer/Lingemann NZA 1994, 1060 f. den Begriff „Kündigungsrechtliche Stellung" verstanden wissen) darf sich nicht verschlechtern. Das Kündigungsrecht geht aber über die Bestimmungen des KSchG hinaus (so zutr. Wlotzke DB 1995, 44; Lutter/Sagan § 323 Rn. 7 mwN; Kölner Komm UmwG/Hohenstatt/Schramm § 323 Rn. 7 ff.; Boecken Unternehmensumwandlungen Rn. 274; Semler/Stengel/Leonard/Simon § 323 Rn. 7). Das lässt sich auch aus der

Formulierung von Abs. 2 entnehmen, die vom Kündigungsschutzrecht spricht. Der Gesetzgeber war sich somit bewusst, dass der Anwendungsbereich von Abs. 2 weiter ist. Die Begr. RegE taugt nicht als Gegenargument. Sie stellt durch die Verwendung des Begriffs „insbesondere" klar, dass § 23 KSchG nur ein beispielhafter Anwendungsfall ist (Begr. RegE, BR-Drs. 75/94 zu § 323).

25 Die Vorschrift schützt vor Verschlechterung (nur „Beibehaltung"), bezweckt aber **keine Besserstellung.** Dies gilt auch im Verhältnis zu § 35a II iVm § 613a BGB. Die beim bisherigen Arbeitgeber erworbene Betriebszugehörigkeit bleibt zB danach unproblematisch erhalten. Darüber hinaus ist bei jeder Kündigung eines vom Schutzbereich erfassten ArbVerh zu prüfen, ob die Kündigung vor Wirksamwerden der Spaltung oder Teilübertragung rechtmäßig gewesen wäre. Ist das Ergebnis negativ, ist zu klären, inwieweit die verletzte Vorschrift von Abs. 1 erfasst wird; dh Prüfung, ob es sich um eine subjektive Rechtsposition des ArbN handelt, die seine kündigungsrechtliche Stellung betrifft (zutr. Kallmeyer/Willemsen § 323 Rn. 11). Zwar besteht Einigkeit, dass nicht alle Vorschriften, die sich mit der Kündigung beschäftigen, unter Abs. 1 fallen (Widmann/Mayer/Wälzholz § 323 Rn. 8 ff.). Es bedarf aber einer Einzelfallbetrachtung, damit nicht lediglich reflexartige Auswirkungen zu einer uferlosen Anwendung führen (insoweit zutr. Semler/Stengel/Simon § 323 Rn. 7; Kallmeyer/Willemsen § 323 Rn. 11). Deshalb differieren die Ansichten von Fall zu Fall. Das Unterschreiten der **Mindestarbeitnehmerzahl nach § 23 I KSchG** gehört noch zu den unstreitigen Tatbeständen. Insoweit kann sich der betroffene ArbN auf Bestandsschutz berufen, wenn im neuen Betrieb die Schwellenwerte nicht erreicht werden (Semler/Stengel/Leonard/Simon § 323 Rn. 10; Lutter/Sagan § 323 Rn. 12 mwN; Kölner Komm UmwG/Hohenstatt/Schramm § 323 Rn. 13).

26 Streitig ist hingegen der **Sonderkündigungsschutz für Betriebsratsmitglieder,** die aufgrund der Abspaltung ihr Amt verlieren. Teilw. wird auf § 15 I 2 KSchG (Kölner Komm UmwG/Hohenstatt/Schramm § 323 Rn. 17; Kallmeyer/Willemsen § 323 Rn. 13) nach aA auf Abs. 2(vormals § 323 Abs. 1) abgestellt (Lutter/Sagan § 323 Rn. 13; ErfK/Kiel KSchG § 15 Rn. 32; Widmann/Mayer/Wälzholz § 323 Rn. 11). Praktisch bedeutsam ist der Meinungsstreit, ob bei außerordentlicher Kündigung eines früheren Betriebsratsmitglieds die Zustimmung des jetzigen Betriebsrats nach § 103 BetrVG erforderlich ist. Richtigerweise schützt die Vorschrift lediglich die kündigungsrechtliche Stellung, fingiert aber nicht die Beibehaltung der jew. Amtsstellung (zutr. Semler/Stengel/Leonard/Simon § 323 Rn. 12; Kölner Komm UmwG/Hohenstatt/Schramm § 323 Rn. 18); § 103 BetrVG ist dann nicht anwendbar. Richtigerweise verlängert sich aber nach Abs. 2 der an sich nur ein Jahr nachwirkende Sonderkündigungsschutz nach § 15 I 2 KSchG auf einen Zeitraum von zwei Jahren (Gaul ArbR der Umstrukturierung/Niklas § 17 Rn. 101; Kölner Komm UmwG/Hohenstatt/Schramm § 323 Rn. 18 mwN). Endet das Betriebsratsmandat vor oder nach der Spaltung oder Teilübertragung aus anderen Gründen (zB keine Wiederwahl), bleibt es beim nachwirkenden Kündigungsschutz (Semler/Stengel/Leonard/Simon § 323 Rn. 12). Gehört der betroffene ArbN aufgrund eines Übergangsmandats nach § 21a BetrVG noch dem Betriebsrat an, bleibt dessen Sonderkündigungsschutz unberührt; es gilt dann § 15 I 1 KSchG (ggf. unter Kürzung des nachwirkenden Sonderkündigungsschutzes um die Dauer des Übergangsmandats, um Besserstellung zu vermeiden).

27 Bei **leitenden Angestellten** ist zu differenzieren: Verlieren die betroffenen ArbN nach der Spaltung oder Teilübertragung ihren Status bzw. liegen die Voraussetzungen nach § 14 II KSchG beim übernehmenden Rechtsträger nicht mehr vor, ist damit keine Verschlechterung der kündigungsrechtlichen Stellung verbunden. Im Gegenteil: Ein arbeitgeberseitiger Auflösungsantrag bedarf nunmehr einer Begründung, vgl. § 14 II 2 KSchG; es entsteht jedenfalls kein Schutzdefizit iSd Vorschrift. Da es bei Abs. 1 nicht um ein „Einfrieren" der tatsächlichen Verhältnisse geht (zutr. Willemsen NZA 1996, 791), kommt es nach der Spaltung oder Teilübertragung bei Prüfung der Voraussetzungen von § 9 I KSchG, § 14 II KSchG auf die Verhältnisse beim übernehmenden Rechtsträger an.

Die **tarifvertraglichen** oder auf einer Betriebsvereinbarung beruhenden **Ver-** **besserungen der kündigungsrechtlichen Stellung** (etwa Ausschluss der ordentlichen Kündbarkeit, Verlängerung der Kündigungsfristen) wirken zunächst fort. Folgt die kündigungsrechtliche Stellung vor Wirksamwerden der Spaltung oder der Teilübertragung aus einem Tarifvertrag oder aus einer Betriebsvereinbarung, so kann sich diese auch verschlechtern, wenn es iRe Betriebsübergangs iSv § 613a BGB zu einer Ablösung durch eine schlechtere, kollektiv-rechtliche Regelung kommt (die Vorschrift ist in ihrem Anwendungsbereich nicht lex specialis zu § 35a Abs. 2 iVm § 613a BGB, str.; wie hier Semler/Stengel/Leonard/Simon § 323 Rn. 16; Kölner Komm UmwG/Hohenstatt/Schramm § 323 Rn. 22; Kallmeyer/Willemsen § 323 Rn. 16 mwN; WHSS Umstrukturierung/Willemsen/Sittard H Rn. 156; zu Gesamtbetriebsratsvereinbarungen vgl. Röder/Haußmann DB 1999, 1754; **aA** Lutter/Sagan § 323 Rn. 13; Gaul ArbR der Umstrukturierung/Niklas § 17 Rn. 101; Boecken Unternehmensumwandlungen Rn. 303 je mwN; Wlotzke DB 1995, 44). Die Ablösung erfolgt grundsätzlich unabhängig davon, ob sich für die übergegangenen Arbeitsverhältnisse die Arbeitsbedingungen verbessern oder verschlechtern; aus der Entscheidung des EuGH in der Rechtssache „Scattolon" (EuGH NZA 2011, 1077) folgt kein allgemeines Verschlechterungsverbot (BAG NZA 2019, 922); zum Ganzen ErfK/Preis BGB § 613a Rn. 125), sodass es keines darüberhinausgehenden Schutzes der betroffenen ArbN bedarf, zumal die Vorschrift lediglich die Verschlechterung der kündigungsrechtlichen Stellung bezweckt, nicht jedoch die Besserstellung ggü. sonstigen Betriebsübergängen.

Von Abs. 2 erfasst werden allerdings nur Vorschriften, die die Kündigung erschweren, nicht hingegen bloße Ordnungsvorschriften oder Vorschriften, die die wirksame Kündigung voraussetzen, wie zB **Beteiligungsrechte des Betriebsrats** (insbes. §§ 99, 102, 103 BetrVG). So ist Abs. 1 nicht auf die Mitwirkung des Betriebsrats gem. § 102 Abs. 1 BetrVG anwendbar, wenn der neue Betrieb nicht betriebsratsfähig ist (Kallmeyer/Willemsen § 323 Rn. 14 mwN; Boecken Unternehmensumwandlungen § 323 Rn. 277 f.; Widmann/Mayer/Wälzholz § 323 Rn. 4; Kölner Komm UmwG/Hohenstatt/Schramm § 323 Rn. 19; Lutter/Sagan § 323 Rn. 13 mwN auch zur aA). Das Gleiche gilt für andere betriebsverfassungsrechtliche Regelungen, die die Kündigung betreffen und nur für den Betrieb des übertragenden Rechtsträgers Bedeutung entfalten (zB § 95 BetrVG, Auswahl-RL; §§ 111, 112, 112a BetrVG, Interessenausgleich und Sozialplan). Auch für die Anzeige nach § 17 KSchG kommt es nicht auf die Zahl der Mitarbeiter beim übertragenden Rechtsträger vor Wirksamwerden der Spaltung an (Kallmeyer/Willemsen § 323 Rn. 12; Kölner Komm UmwG/Hohenstatt/Schramm § 323 Rn. 16 mwN auch zur aA; Bauer/Lingemann NZA 1994, 1061; Widmann/Mayer/Wälzholz § 323 Rn. 10; **aA** Lutter/Sagan § 323 Rn. 12; Boecken Unternehmensumwandlungen Rn. 275).

Keine Bedeutung hat Abs. 2 für die Bestimmung der **dringenden betrieblichen Gründe** iSv § 1 II 1 KSchG (BAG NZA 2006, 788; offengelassen von BAG NZA 2013, 277 und BAG BeckRS 2013, 65579 zur wechselseitigen Berücksichtigung der Möglichkeit anderweitigen Beschäftigung; Lutter/Sagan § 323 Rn. 17; Rieble FS Wiese, 1998, 474; Widmann/Mayer/Wälzholz § 323 Rn. 9; Kölner Komm UmwG/Hohenstatt/Schramm § 323 Rn. 15 mwN; aA Boecken Unternehmensumwandlungen Rn. 275; Däubler RdA 1995, 143) oder die **Sozialauswahl** (BAG NZA 2006, 658; Gaul ArbR der Umstrukturierung/Niklas § 17 Rn. 99 ff.; Lutter/Sagan § 323 Rn. 18; Widmann/Mayer/Wälzholz § 323 Rn. 9; aA Boecken Unternehmensumwandlungen Rn. 275; Däubler RdA 1995, 143) anlässlich einer betriebsbedingten Kündigung (vgl. § 1 KSchG). Denn nach der Spaltung oder Teilübertragung hat der (neue) Arbeitgeber keinen Einfluss auf die Arbeitsplätze im

Betrieb der anderen Unternehmen (Ausnahme: Abs. 1). Es ist somit nicht auf die Verhältnisse beim übertragenden Rechtsträger vor Wirksamwerden der Spaltung abzustellen, sondern auf den Betrieb (Sozialauswahl) bzw. das Unternehmen (Weiterbeschäftigungsmöglichkeiten) nach der Umw.

7. Zwei-Jahres-Frist

31 Die (fiktive) Beibehaltung der kündigungsrechtlichen Stellung ist auf die Dauer von **zwei Jahren** befristet. Die **Frist beginnt** mit dem Wirksamwerden der Spaltung oder der Teilübertragung (vgl. § 131 I, § 126 II, § 188 III). Die **Fristberechnung** erfolgt nach § 187 I BGB, § 188 II BGB. **Beispiel:** Eintragung der Spaltung in das Register des übertragenden Rechtsträgers am 15.6.2023, Ablauf der Frist von Abs. 2 am 15.6.2024. Maßgeblicher Zeitpunkt ist der **Zugang der Kündigungserklärung** (Semler/Stengel/Leonard/Simon § 323 Rn. 17; Kölner Komm UmwG/Hohenstatt/Schramm § 323 Rn. 26), da zu diesem Zeitpunkt die Voraussetzungen für eine wirksame Kündigung vorliegen müssen und sich diese wieder nach der kündigungsrechtlichen Stellung bestimmen.

§ 132a Mitbestimmungsbeibehaltung

(1) ¹**Entfallen durch Abspaltung oder Ausgliederung bei einem übertragenden Rechtsträger die gesetzlichen Voraussetzungen für die Beteiligung der Arbeitnehmer im Aufsichtsrat, so sind die vor der Spaltung geltenden Vorschriften noch für einen Zeitraum von fünf Jahren nach dem Wirksamwerden der Abspaltung oder Ausgliederung anzuwenden.** ²**Dies gilt nicht, wenn die betreffenden Vorschriften eine Mindestzahl von Arbeitnehmern voraussetzen und die danach berechnete Zahl der Arbeitnehmer des übertragenden Rechtsträgers auf weniger als in der Regel ein Viertel dieser Mindestzahl sinkt.**

(2) ¹**Hat die Spaltung eines Rechtsträgers die Spaltung eines Betriebes zur Folge und entfallen für die aus der Spaltung hervorgegangenen Betriebe Rechte oder Beteiligungsrechte des Betriebsrats, so kann durch Betriebsvereinbarung oder Tarifvertrag die Fortgeltung dieser Rechte oder Beteiligungsrechte vereinbart werden.** ²**Die §§ 9 und 27 des Betriebsverfassungsgesetzes bleiben unberührt.**

Übersicht

	Rn.
1. Allgemeines	1
2. Unternehmensmitbestimmung	3
a) Wegfall der Voraussetzungen beim übertragenden Rechtsträger	3
b) Abspaltung oder Ausgliederung	9
c) Ein Viertel der Mindestzahl	10
d) Beibehaltung des bisherigen Mitbestimmungsstatuts	11
3. Betriebliche Mitbestimmung	16
a) Spaltung eines Betriebes durch Spaltung oder Teilübertragung	16
b) Entfallen von Rechten oder Beteiligungsrechten des Betriebsrats	17
c) Vereinbarung der Fortgeltung der Rechte oder Beteiligungsrechte	19

1. Allgemeines

1 Die Vorschrift ersetzt deckungsgleich § 325 aF im Zuge der Umsetzung der RL (EU) 2019/2121 und RL (EU) 2017/1132 durch Gesetz v. 28.2.2023 (BGBl. 2023

I Nr. 51). **Abs. 1** ist unverändert auf die Abspaltung sowie die Ausgliederung beschränkt. Hingegen ist der Anwendungsbereich von **Abs. 2** seinem Wortlaut nach zwar auf die Spaltung beschränkt, ist aber über § 176 I, § 177 I auch auf Voll- und Teilübertragungen anwendbar sowie über § 320 II auch auf grenzüberschreitende Spaltungen. Der Anwendungsbereich ist damit deckungsgleich mit § 325 II aF (s. Begr. RegE, BR-Drs. 371/22; ErfK/Oetker § 325 Rn. 20). Die Vorschrift erfasst nur bestimmte Fälle und statuiert somit keine systematische Mitbestimmungsbeibehaltung (ErfK/Oetker § 325 Rn. 1), wohl aber eine Erweiterung des geltenden Mitbestimmungsrechts (Kölner Komm UmwG/Hohenstatt/Schramm § 325 Rn. 2). Eine analoge Anwendung scheidet aus (Semler/Stengel/Leonard/Simon § 325 Rn. 3; Kallmeyer/Willemsen § 325 Rn. 2; Lutter/Sagan § 325 Rn. 2), obwohl sich auch bei Verschm, Vermögensübertragung, Aufspaltung und Formwechsel entsprechende Änderungen der Mitbestimmungsrechte ergeben können (→ Rn. 9). **Abs. 1** regelt die Beibehaltung der **Unternehmensmitbestimmung** beim übertragenden Rechtsträger bei Abspaltung oder Ausgliederung iSd § 123 II und III; während **Abs. 2** die Beibehaltung der Rechte oder Beteiligungsrechte des Betriebsrates (betriebliche Mitbestimmung) bei Betriebsspaltung infolge Spaltung oder Teilübertragung eines Rechtsträgers durch Betriebsvereinbarung oder Tarifvertrag ermöglicht.

Abs. 1 sieht im Wesentlichen vor, dass bei Abspaltungen oder Ausgliederungen 2 beim übertragenden Rechtsträger die Unternehmensmitbestimmung für einen Zeitraum von **fünf Jahren** grds. auch dann noch besteht, wenn nach Wirksamwerden der Spaltung die gesetzlichen Voraussetzungen für die Beteiligung der ArbN im AR an sich nicht mehr erfüllt werden (zB durch Absinken der Anzahl der ArbN infolge der Umw). Da Spaltungen oder Teilübertragungen oft auch Spaltungen eines Betriebs zur Folge haben, können sich auch auf betriebsverfassungsrechtlicher Ebene Einschränkungen der Rechte oder Beteiligungsrechte des Betriebsrates ergeben. **Abs. 2** enthält eine Öffnungsklausel zugunsten von Betriebsvereinbarungen oder Tarifverträgen, die die Fortgeltung der betrieblichen Mitbestimmung ermöglichen.

Bei vorherigen **grenzüberschreitenden Spaltungen** ist § 32 MgFSG (bei vor- 2a heriger grenzüberschreitender Verschm s. § 30 I MgVG) zu beachten, wenn innerhalb von **vier Jahren** nach Wirksamwerden des grenzüberschreitenden Vorhabens ein innerstaatliches Umwandlungsvorhaben umgesetzt wird. Dies kann zur Aufrechterhaltung des sich aus dem MgFSG ergebenden Mitbestimmungsstatus auch bei nachfolgenden innerstaatlichen Umwandlungen führen (vgl. zur Verschm § 32 II MgFSG, § 30 MgVG).

2. Unternehmensmitbestimmung

a) Wegfall der Voraussetzungen beim übertragenden Rechtsträger. Abs. 1 3 geht davon aus, dass beim übertragenden Rechtsträger bislang die Voraussetzungen für die Beteiligung der ArbN im AR bestanden. Bestand kein AR, kann bei Vorliegen der übrigen Voraussetzungen der Vorschrift innerhalb der nächsten fünf Jahre ein mitbestimmter AR gewählt werden, da die Vorschrift an die „gesetzlichen Voraussetzungen" und nicht an das Bestehen eines gewählten AR anknüpft (zutr. Semler/Stengel/Leonard/Simon § 325 Rn. 4; aA Kölner Komm UmwG/Hohenstatt/Schramm Rn. 8). Maßgeblich ist **nur der übertragende,** nicht der übernehmende **Rechtsträger** (beim übernehmenden Rechtsträger gelten die allg. Vorschriften) oder ein anderes Unternehmen, das an der Umw oder am übertragenden Rechtsträger beteiligt ist (Semler/Stengel/Leonard/Simon § 325 Rn. 2; Kölner Komm UmwG/Hohenstatt/Schramm § 325 Rn. 4 f. mwN; insbes. bei gesetzlicher Zurechnung von ArbN im Konzern). Dies gilt auch, wenn die beteiligten Rechtsträger nach der Abspaltung oder Ausgliederung einen gemeinsamen Betrieb führen (Semler/Stengel/Leonard/Simon § 325 Rn. 5; Kölner Komm UmwG/Hohenstatt/

Schramm § 325 Rn. 10 mwN). Die Vorschrift greift nur bei Wegfall („Entfallen"), nicht bei Veränderungen innerhalb eines Mitbestimmungsstatuts (Kölner Komm UmwG/Hohenstatt/Schramm § 325 Rn. 12 mwN; Semler/Stengel/Leonard/ Simon § 325 Rn. 7; aA ErfK/Oetker § 325 Rn. 2: Aufrechterhaltung des mitbestimmungsrechtlichen Status quo). Eine **Beteiligung von ArbN-Vertretern im AR** kann sich aus folgenden Vorschriften ergeben:

4 – §§ 1, 4 **MitbestG:** In Unternehmen in der Rechtsform einer AG, KGaA, GmbH, GmbH & Co. KG oder eG mit idR **mehr als 2.000 ArbN** ist der AR paritätisch zu besetzen (§§ 1, 7 MitbestG). Eine Stimmenmehrheit der Anteilsignerseite im AR ergibt sich lediglich aus dem Umstand, dass die Aufsichtsratsmitglieder der Anteilseigner die Wahl des Aufsichtsratsvorsitzenden notfalls allein bestimmen können (§ 27 I, II MitbestG) und dieser bei Stimmengleichheit zwei Stimmen besitzt (§ 29 II MitbestG). Ferner ist ein Arbeitsdirektor als gleichberechtigtes Mitglied des Vertretungsorgans – außer bei einer KGaA – zu bestellen (§ 33 MitbestG).

5 – §§ 1, 4 **MontanMitbestG:** In Unternehmen der Montan-Industrie in der Rechtsform einer AG oder GmbH mit idR **mehr als 1.000 ArbN** ist der AR ebenfalls mit Vertretern der ArbN zu besetzen (§ 4 MontanMitbestG); Entsprechendes gilt gem. § 5 **MitbestErgG** für AG, GmbH, wenn das abhängige Unternehmen dem MontanMitbestG unterliegt (§§ 1, 2 MitbestErgG).

6 – §§ 1, 4 **DrittelbG.** Das DrittelbG ersetzte mWv 1.7.2004 mit geringfügigen inhaltlichen Änderungen die bisher in §§ 76, 77 BetrVG 1952 geregelte Drittelmitbestimmung in AG, KGaA, GmbH, VVaG und eG mit idR **mehr als 500 ArbN** (zu Besonderheiten bei vor dem 10.8.1994 eingetragenen AG vgl. § 1 I Nr. 1 DrittelbG). Die Mitbestimmung nach dem MitbestG, MontanMitbestG und MitbestErgG ist vorrangig (§ 1 II DrittelbG). In den erfassten Unternehmen muss der AR zu einem Drittel aus Arbeitnehmervertretern bestehen (§ 4 DrittelbG).

6a § 32 MgFSG bei **vorheriger grenzüberschreitender Spaltung** oder **Formwechsel** und § 30 MgVG bei **vorheriger grenzüberschreitender Verschm** (Aufrechterhaltung des Mitbestimmungsstatuts bei nachfolgender nationaler Umw **innerhalb von vier Jahren** nach Wirksamwerden des grenzüberschreitenden Umwandlungsvorhabens).

7 Die Anwendung von Abs. 1 setzt voraus, dass die **Tatbestandsvoraussetzungen** dieser Mitbestimmungsregelungen **nach Wirksamwerden der Umw entfallen**. Dies ist nach Sinn und Zweck der Vorschriften auch dann anzunehmen, wenn die Tb-Merkmale der bislang einschlägigen („strengeren") Mitbestimmungsvorschriften nicht mehr erfüllt sind, stattdessen aber eine andere („mildere") Mitbestimmungsregelung eingreifen würde (Lutter/Sagan § 325 Rn. 8; Kölner Komm UmwG/ Hohenstatt/Schramm § 325 Rn. 9; Widmann/Mayer/Wißmann § 325 Rn. 11).

Beispiel 1:

8 Eine bislang dem Anwendungsbereich des MitbestG unterliegende AG hat nach der Abspaltung lediglich noch 1.500 Beschäftigte, sodass die Mitbestimmung nach dem DrittelbG eintreten würde. In diesem Fall gilt für die Übergangszeit weiterhin das MitbestG.

Beispiel 2:

Eine bislang dem Anwendungsbereich des DrittelbG unterliegende GmbH hat nach der Abspaltung lediglich noch 350 Beschäftigte, sodass die Mitbestimmung nach dem DrittelbG entfallen würde. In diesem Fall gilt für die Übergangszeit weiterhin das DrittelbG.

9 **b) Abspaltung oder Ausgliederung.** Der Wegfall der Mitbestimmung muss **als Folge einer Abspaltung oder Ausgliederung** eingetreten sein (problematisch bei Umstrukturierungen mit Personalabbau; es gilt das **Stichtagsprinzip** (mit „Wirksamwerden", dh Eintragung in das HR: Semler/Stengel/Leonard/Simon

§ 325 Rn. 11; Kallmeyer/Willemsen § 325 Rn. 8; Lutter/Sagan § 325 Rn. 14). **Aufspaltungen** und **Verschm** scheiden naturgemäß aus, da hierbei der übertragende Rechtsträger erlischt (§ 131 I Nr. 2 und § 20 I Nr. 2). Aber auch alle anderen Umwandlungsformen des UmwG (vgl. § 1 I) sind vom Anwendungsbereich ausgeschlossen. So tritt etwa keine Mitbestimmungsbeibehaltung iSv Abs. 1 ein, wenn ein mitbestimmungspflichtiger Rechtsträger durch Formwechsel (§§ 190 ff., 203) eine Rechtsform erhält, bei der keine Mitbestimmung im AR besteht (etwa PhG). Nachdem die Vorgängerregelung § 325 aF erst buchstäblich in letzter Minute als Kompromiss im Vermittlungsausschuss eingefügt worden ist, ist eine Erweiterung des Anwendungsbereichs durch **Analogie** unvertretbar (→ Rn. 1).

c) Ein Viertel der Mindestzahl. Gem. **Abs. 1 S. 2** findet Abs. 1 S. 1 dann 10 keine Anwendung, wenn die Mindestanzahl der ArbN in den → Rn. 4 ff. aufgeführten Mitbestimmungsvorschriften so deutlich unterschritten wird, dass der übertragende Rechtsträger nach Wirksamwerden der Spaltung nur noch über eine Belegschaft verfügt, die nachhaltig **ein Viertel der jew. gesetzlichen Mindestzahl** nicht erreicht (dh weniger als 500 ArbN [MitbestG] bzw. weniger als 250 ArbN [MontanMitbestG und MitbestErgG] oder weniger als 125 ArbN [DrittelbG]; über die Konzernzurechnung greift idR das dann maßgebliche Mitbestimmungsstatut gem. § 5 MitbestG oder §§ 1, 2 II DrittelbG, ohne dass es auf Abs. 1 ankäme, vgl. Kallmeyer/Willemsen § 325 Rn. 6; Semler/Stengel/Leonard/Simon § 325 Rn. 5). Die Ausnahme in Abs. 1 S. 2 war nicht zuletzt **verfassungsrechtlich geboten** (vgl. BVerfGE 36, 1 – Mitbestimmungsurteil), weil bei dieser geringen Zahl von Beschäftigten eine (drittel)paritätische Mitbestimmung für den Arbeitgeber nicht mehr zumutbar ist. Bei der Berechnung der nach Abs. 1 S. 2 maßgeblichen Anzahl an ArbN kommt es auf den **nachhaltigen Stand der Belegschaft** („idR ein Viertel") an. Deswegen ist es für den Wegfall der Mitbestimmungsbeibehaltung unerheblich, ob die Beschäftigtenzahl unmittelbar nach der Absp altung oder der Ausgliederung oder **erst zu einem späteren Zeitpunkt** innerhalb der Fünf-Jahres-Frist auf weniger als idR ein Viertel dieser Mindestzahl sinkt (so auch Wlotzke DB 1995, 47; Boecken Unternehmensumwandlungen Rn. 434; Widmann/Mayer/Wißmann § 325 Rn. 36; Lutter/Sagan § 325 Rn. 18; Semler/Stengel/Leonard/Simon § 325 Rn. 24; Kölner Komm UmwG/Hohenstatt/Schramm § 325 Rn. 16; aA Kallmeyer/Willemsen § 325 Rn. 8). Mit Unterschreiten der Mindestgrenze endet die Beteiligung des ArbN im AR für die Zukunft (ex nunc). Geringe Schwankungen sind unbeachtlich.

d) Beibehaltung des bisherigen Mitbestimmungsstatuts. Die **Mitbestim-** 11 **mungsbeibehaltung** erfolgt **nur beim übertragenden Rechtsträger.** Ob den übernehmenden die ArbN im AR zu beteiligen sind, richtet sich ausschließlich nach den in → Rn. 3 ff. bezeichneten mitbestimmungsrechtlichen Regelungen (Lutter/Sagan § 325 Rn. 19; Kallmeyer/Willemsen § 325 Rn. 3; Semler/Stengel/Leonard/Simon § 325 Rn. 2).

Beibehalten wird für die Übergangszeit diejenige Mitbestimmungsregelung, die 12 vor Wirksamwerden der Aufspaltung oder der Ausgliederung auf den übertragenden Rechtsträger zutraf. Dies gilt auch, wenn der übertragende Rechtsträger nach Wirksamwerden der Umw die Voraussetzungen eines anderen Mitbestimmungsstatuts (zB DrittelbG) erfüllt; zu **Konzernsachverhalten** aber → Rn. 10. Die Vorschrift erwähnt zwar nur die „Beteiligung der Arbeitnehmer im Aufsichtsrat", gilt aber für das **gesamte Mitbestimmungsstatut**, einschl. der Vorschrift über den **Arbeitsdirektor** iSv § 33 MitbestG (Semler/Stengel/Leonard/Simon § 325 Rn. 19; ErfK/Oetker § 325 Rn. 13; **aA** Lutter/Sagan § 325 Rn. 20; Kölner Komm UmwG/Hohenstatt/Schramm § 325 Rn. 22; Kallmeyer/Willemsen § 325 Rn. 10).

Die Mitbestimmung wird für einen **Zeitraum von fünf Jahren** nach dem Wirk- 13 samwerden der Abspaltung oder der Ausgliederung (§ 131 V) beibehalten (Abs. 1

S. 1). Für die Fristberechnung gelten § 187 I BGB, § 188 II BGB. Ein gewählter AR bleibt folglich im Amt; bei erforderlichen Neuwahlen innerhalb der Frist gelten die Vorschriften vor der Spaltung (Lutter/Sagan § 325 Rn. 21).

14 Abs. 1 ist nicht (entsprechend) anwendbar (→ Rn. 1), wenn zur Vermeidung der Mitbestimmungsbeibehaltung statt einer **Abspaltung** bewusst eine Aufspaltung durchgeführt worden ist (Semler/Stengel/Leonard/Simon § 325 Rn. 3; Widmann/Mayer/Wißmann § 325 Rn. 9). Aufspaltung und Abspaltung sind vom Gesetz vorgegebene gleichberechtigte Spaltungsformen, die teilw. unterschiedliche Rechtsfolgen nach sich ziehen. Es kann kein Nachteil daraus erwachsen, dass die Entscheidung für eine zulässige Umwandlungsform gewählt wird, mit der eine gewünschte Rechtsfolge erreicht werden kann.

15 Mit Ablauf der Frist ist das **Statusverfahren nach §§ 97–99 AktG** durchzuführen (Semler/Stengel/Leonard/Simon § 325 Rn. 21 mwN).

3. Betriebliche Mitbestimmung

16 **a) Spaltung eines Betriebes durch Spaltung oder Teilübertragung.** Die durch **Abs. 2** eröffnete Möglichkeit der **Beibehaltung betriebsverfassungsrechtlicher Rechte** setzt voraus, dass infolge einer Spaltung (anders als in Abs. 1 auch in der Aufspaltung) oder Teilübertragung (vgl. §§ 123, 177) auch ein Betrieb gespalten wird. Das Wirksamwerden der Spaltung oder der Teilübertragung (§ 131 I, § 177 II, § 176 III) an sich bewirkt noch keine Betriebsspaltung (zur notwendige Trennung von Unternehmens- und betrieblicher Ebene → § 5 Rn. 91; zur Betriebsspaltung → § 132 Rn. 20). Eine Betriebsspaltung liegt grds. dann vor, wenn der **Betrieb auf verschiedene Rechtsträger** aufgeteilt wird (Semler/Stengel/Leonard/Simon § 325 Rn. 28). Die Vorschrift gilt nicht, wenn die beteiligten Rechtsträger einen gemeinsamen Betrieb bilden (vgl. § 1 II BetrVG) oder die „aus der Spaltung hervorgegangenen Betriebe" in einen anderen Betrieb eingegliedert werden (Lutter/Sagan § 325 Rn. 26; Semler/Stengel/Leonard/Simon § 325 Rn. 28). Gleiches gilt, wenn die „aus der Spaltung hervorgegangenen Betriebe" keine Betriebe iSd BetrVG sind; Betriebsratsfähigkeit iSv § 1 I BetrVG ist erforderlich (Lutter/Sagan § 325 Rn. 29; Semler/Stengel/Leonard/Simon § 325 Rn. 30). Ein ausreichender **Ursachenzusammenhang** zwischen Rechtsträger- und Betriebsspaltung liegt jedoch bereits dann vor, wenn die Betriebsspaltung unmittelbare tatsächliche Folge der durch die Spaltung oder Teilübertragung bewirkten rechtlichen Veränderung ist (→ § 35a Rn. 4). Die Vorschrift gilt folglich nur für die Spaltung von Betrieben des übertragenden Rechtsträgers (Semler/Stengel/Leonard/Simon § 325 Rn. 29).

17 **b) Entfallen von Rechten oder Beteiligungsrechten des Betriebsrats.** Die Betriebsspaltung muss dazu führen (Kausalität), dass zukünftig **Rechte oder Beteiligungsrechte des Betriebsrats** in dem aus der Spaltung hervorgegangenen Betrieb **entfallen**. Dies ist nicht der Fall, solange ein **Übergangsmandat** nach § 21a BetrVG besteht (→ Vor § 35a Rn. 40 ff.) oder die Rechtsträger den Betrieb als gemeinsamen Betrieb führen. IÜ bestehen im Betriebsverfassungsrecht diverse Vorschriften, die die Rechte oder Beteiligungsrechte des Betriebsrats in Abhängigkeit von der Beschäftigtenanzahl festlegen. Hierzu zählen etwa **§ 92a II BetrVG** (Beschäftigungssicherung), **§ 95 II BetrVG** (Auswahl-RL), **§ 99 BetrVG** (Mitbestimmung in personellen Einzelmaßnahmen), **§ 106 BetrVG** (Bildung eines Wirtschaftsausschusses), **§ 110 BetrVG** (Unterrichtung der Arbeitnehmer), **§ 111 BetrVG** (Betriebsänderung) und **§ 112a BetrVG** (Sozialplan bei Personalabbau). Diese Größenklassen müssen durch die Betriebsspaltung unterschritten worden sein (Lutter/Sagan § 325 Rn. 28; Kölner Komm UmwG/Hohenstatt/Schramm § 325 Rn. 34 ff.). Die Vorschrift erfasst indes auch **Rechte des Betriebsrats,** die nicht Beteiligungsrechte sind. Hierzu zählen insbes. **§ 28 BetrVG** (Ausschüsse), **§ 28a BetrVG** (Arbeitsgruppen), **§ 38 Abs. 1 BetrVG** (Anzahl freizustellender Mitglie-

der), § 60 BetrVG (Jugend- und Auszubildendenvertretung), § 111 S. 2 BetrVG (Zuziehung eines Beraters); nicht jedoch § 47 (Beteiligung am Gesamtbetriebsrat) und Mitgliedschaft im Konzernbetriebsrat (Lutter/Sagan § 325 Rn. 37; Semler/ Stengel/Leonard/Simon § 325 Rn. 38; aA Däubler RdA 1995, 136) und soweit das Unterschreiten bestimmter Schwellenwerte bereits aus der Unternehmensspaltung folgt (zB § 106 I BetrVG, § 111 S. 1 BetrVG). Zum Rechtsverlust aufgrund **Tendenzschutzes** gem. § 118 I BetrVG (Semler/Stengel/Leonard/Simon § 325 Rn. 32; Kölner Komm UmwG/Hohenstatt/Schramm § 325 Rn. 39: zB Verlag und Druckerei).

§ 9 BetrVG (Zahl der Betriebsratsmitglieder), § 27 BetrVG (Zahl der Betriebsausschussmitglieder) sind ausdrücklich vom Anwendungsbereich der Öffnungsklausel ausgeschlossen **(Abs. 2 S. 2)**. Die Anzahl der Betriebsratsmitglieder und die Bildung sowie die Besetzung des Betriebsausschusses richten sich also ausschließlich nach der Zahl der Beschäftigten nach der Betriebsspaltung. 18

c) Vereinbarung der Fortgeltung der Rechte oder Beteiligungsrechte. Die durch das Absinken der Beschäftigtenzahl aufgrund der Betriebsspaltung entfallenen Rechte und Beteiligungsrechte des Betriebsrats werden nicht automatisch beibehalten. Abs. 2 S. 1 enthält lediglich eine **Öffnungsklausel für Betriebsvereinbarungen oder Tarifverträge**, die die Fortgeltung dieser Rechte und Beteiligungsrechte zum Inhalt haben. Grundlage dieser Rechte sind dann die Betriebsvereinbarung oder der Tarifvertrag. Für deren zeitliche Begrenzung, Aufhebung oder Änderung gelten grds. die allg. Vorschriften für Betriebsvereinbarungen und Tarifverträge. Besteht bereits eine tarifvertraglichen Fortgeltungsvereinbarung, sperrt dies nicht eine (ergänzende) Betriebsvereinbarung, da der Tarifvorrang nach § 77 III BetrVG nicht für betriebsverfassungsrechtliche Normen greift; es gilt dann die Günstigkeitsprinzip nach § 4 Abs. 3 TVG (Semler/Stengel/Leonard/Simon § 325 Rn. 33 mwN). Erforderlich ist ein (naher) zeitlicher Zusammenhang mit der Spaltung oder Teilübertragung („Fortgeltung"), auch wenn keine starren Fristen gelten (ein Jahr ist aber zu spät; Semler/Stengel/Leonard/Simon § 325 Rn. 41 mwN). 19

In Betracht kommt meist ein **Firmentarifvertrag**, der grds. vor erstreikt werden kann (Semler/Stengel/Leonard/Simon § 325 Rn. 34; ErfK/Oetker § 325 Rn. 18; aA Kölner Komm UmwG/Hohenstatt/Schramm § 325 Rn. 43), auch wenn die Tarifzuständigkeit bei betriebsverfassungsrechtlichen Normen fraglich erscheint (Richardi NZA 2001, 346; Reichold NZA 2001, 857; vgl. aber BAG NZA 2009, 1424). Aber auch **Verbandstarifverträge** sind möglich (hierzu Semler/Stengel/ Leonard/Simon § 325 Rn. 34 mwN). Tarifbindung des ArbG ist wegen § 3 Abs. 2 TVG ausreichend. Als Tarifvertragspartei kommen grds. der jew. Rechtsträger der entstandenen Betriebe, aber auch der übertragende Rechtsträger (dann Aufnahme im Spaltungsplan sinnvoll) sowie ein „gemeinsamer" Tarifvertrag mit dem übernehmenden Rechtsträger in Betracht (ErfK/Oetker § 325 Rn. 18; Semler/Stengel/Leonard/Simon § 325 Rn. 35 mwN). 20

Die Fortgeltungsvereinbarung als **Betriebsvereinbarung** ist freiwillig und nicht über die Einigungsstelle erzwingbar; Nachwirkung scheidet gem. § 77 VI BetrVG aus. Praktisch sinnvoll ist der Abschluss einer Betriebsvereinbarung schon vor der Unternehmensspaltung, soweit beim übernehmenden Rechtsträger kein Betriebsrat gebildet ist und ein Übergangsmandat gem. § 21a BetrVG besteht (Kallmeyer/Willemsen § 325 Rn. 16; Semler/Stengel/Leonard/Simon § 325 Rn. 36; weiter Lutter/ Sagan § 325 Rn. 34). Besteht ein Betriebsrat beim übernehmenden Rechtsträger, ist nur dieser zuständig (Semler/Stengel/Leonard/Simon § 325 Rn. 36 mwN). 21

Bei **Teilübertragungen unter Beteiligung öffentlich-rechtlicher Rechtsträger** gem. § 174 II ist zu beachten, dass eine analoge Anwendung der Vorschrift hinsichtlich des Personalrats nach hM abzulehnen ist (Widmann/Mayer/Wißmann § 325 Rn. 66; Fitting BetrVG § 1 Rn. 264; Semler/Stengel/Leonard/Simon § 325 22

Rn. 43; aA Kölner Komm UmwG/Hohenstatt/Schramm § 325 Rn. 49; diff. Kallmeyer/Willemsen § 325 Rn. 17).

§ 133 Schutz der Gläubiger und der Inhaber von Sonderrechten

(1) [1]Für die Verbindlichkeiten des übertragenden Rechtsträgers, die vor dem Wirksamwerden der Spaltung begründet worden sind, haften die an der Spaltung beteiligten Rechtsträger als Gesamtschuldner. [2]Die §§ 25, 26 und 28 des Handelsgesetzbuchs sowie § 125 in Verbindung mit § 22 bleiben unberührt; zur Sicherheitsleistung ist nur der an der Spaltung beteiligte Rechtsträger verpflichtet, gegen den sich der Anspruch richtet.

(2) [1]Für die Erfüllung der Verpflichtung nach § 125 in Verbindung mit § 23 haften die an der Spaltung beteiligten Rechtsträger als Gesamtschuldner. [2]Bei Abspaltung und Ausgliederung können die gleichwertigen Rechte im Sinne des § 125 in Verbindung mit § 23 auch in dem übertragenden Rechtsträger gewährt werden.

(3) [1]Diejenigen Rechtsträger, denen die Verbindlichkeiten nach Absatz 1 Satz 1 im Spaltungs- und Übernahmevertrag nicht zugewiesen worden sind, haften für diese Verbindlichkeiten, wenn sie vor Ablauf von fünf Jahren nach der Spaltung fällig und daraus Ansprüche gegen sie in einer in § 197 Abs. 1 Nr. 3 bis 5 des Bürgerlichen Gesetzbuchs bezeichneten Art festgestellt sind oder eine gerichtliche oder behördliche Vollstreckungshandlung vorgenommen oder beantragt wird; bei öffentlich-rechtlichen Verbindlichkeiten genügt der Erlass eines Verwaltungsakts. [2]Die Haftung der in Satz 1 bezeichneten Rechtsträger ist beschränkt auf den Wert des ihnen am Tag des Wirksamwerdens zugeteilten Nettoaktivvermögens. [3]Für vor dem Wirksamwerden der Spaltung begründete Versorgungsverpflichtungen auf Grund des Betriebsrentengesetzes beträgt die in Satz 1 genannte Frist zehn Jahre.

(4) [1]Die Frist beginnt mit dem Tage, an dem die Eintragung der Spaltung in das Register des Sitzes des übertragenden Rechtsträgers nach § 125 in Verbindung mit § 19 Abs. 3 bekannt gemacht worden ist. [2]Die für die Verjährung geltenden §§ 204, 206, 210, 211 und 212 Abs. 2 und 3 des Bürgerlichen Gesetzbuchs sind entsprechend anzuwenden.

(5) Einer Feststellung in einer in § 197 Abs. 1 Nr. 3 bis 5 des Bürgerlichen Gesetzbuchs bezeichneten Art bedarf es nicht, soweit die in Absatz 3 bezeichneten Rechtsträger den Anspruch schriftlich anerkannt haben.

(6) [1]Die Ansprüche nach Absatz 2 verjähren in fünf Jahren. [2]Für den Beginn der Verjährung gilt Absatz 4 Satz 1 entsprechend.

Übersicht

	Rn.
1. Allgemeines	1
2. Haftung der Rechtsträger	2
a) Qualifikation der gemeinsamen Haftung	2
b) Rechtsfolgen der gesamtschuldnerischen Haftung	7
c) Betroffene Verbindlichkeiten	10
d) Haftungsbegrenzung (Abs. 3 S. 2)	15
e) Binnenausgleich	16
3. Haftung wegen Firmenfortführung	17
4. Weitere Anspruchskonkurrenzen	20
5. Anspruch auf Sicherheitsleistung	22

	Rn.
6. Gläubiger der übernehmenden Rechtsträger	24
7. Schutz der Inhaber von Sonderrechten	25
8. Nachhaftungsbegrenzung	33
9. Bilanzielle Behandlung der gesamtschuldnerischen Haftung	40
10. Spaltung von Kommanditgesellschaften	42

1. Allgemeines

Nach Abs. 1 S. 1 **haften alle** an der Spaltung **beteiligten Rechtsträger** für 1 die Verbindlichkeiten des übertragenden Rechtsträgers. Dies gilt für alle Arten der Spaltung. Damit hat der dt. Gesetzgeber beide Schutzmechanismen (Anspruch auf Sicherheitsleistung nebst Ausfallhaftung, Art. 146 II GesR-RL, und gesamtschuldnerische Haftung, Art. 146 VI GesR-RL), die die GesR-RL vorgibt (zuvor Art. 12 II, VI RL 82/891/EWG; auch → Vor § 123 Rn. 15 ff.) vorgibt, verwirklicht (eingehend hierzu Lutter/Schwab Rn. 4 ff.; BeckOGK/Wiersch/Breuer Rn. 12 ff.). Daneben bleibt die Haftung aus Firmenfortführung bestehen (Abs. 1 S. 2 Hs. 1). Ferner regelt die Vorschrift Besonderheiten beim Anspruch auf **Sicherheitsleistung** und bei den Ansprüchen der Inhaber von **Sonderrechten** iSv § 23 (Abs. 1 S. 2 Hs. 2, Abs. 2). Entsprechend der Intention des Nachhaftungsbegrenzungsgesetzes (BGBl. 1994 I 560) ist die Haftung der Rechtsträger, denen eine Verbindlichkeit nicht zugeordnet wurde, jedoch zeitlich nicht grenzenlos ausgestaltet worden (zur Vereinbarkeit mit der GesR-RL (zuvor RL 82/891/EWG) vgl. Lutter/Schwab Rn. 8; BeckOGK/Wiersch/Breuer Rn. 12 ff.). Abs. 3–5 enthalten eine Regelung, die inhaltlich im Wesentlichen den sonstigen Nachhaftungsbegrenzungsregelungen entspricht. Mit UmRUG wurde die Haftung der Mithafter (zum Begriff → Rn. 2) auf den Wert des ursprünglich zugeteilten Nettoaktivvermögens beschränkt (Abs. 3 S. 2). Die weiteren Gläubigerschutzrechte ergeben sich aus der entsprechenden Anwendung des Verschmelzungsrechts (§ 125). § 133 – ergänzt durch § 134 – ist damit die wesentliche Korrektiv- und Schutznorm für die vom Gesetzgeber eingeräumte Aufteilungs- und Übertragungsfreiheit bei der Spaltung (s. etwa → § 126 Rn. 50, → § 126 Rn. 64; → Rn. 4, → Rn. 45, → Rn. 53).

2. Haftung der Rechtsträger

a) Qualifikation der gemeinsamen Haftung. Nach Abs. 1 S. 1 haften die an 2 der Spaltung beteiligten Rechtsträger für alle vor dem Wirksamwerden der Spaltung begründeten Verbindlichkeiten des übertragenden Rechtsträgers **als Gesamtschuldner**. Trotz des scheinbar eindeutigen Wortlauts ist zwischenzeitlich str., ob durch die Spaltung tatsächlich eine Gesamtschuld aller Rechtsträger iSd §§ 421 ff. BGB eintritt (so BGH NJW 2001, 305; Semler/Stengel/Leonard/Seulen Rn. 31 ff.; Kölner Komm UmwG/Simon Rn. 17 ff.; HK-UmwR/Raible Rn. 12; BeckOGK/Wiersch/Breuer Rn. 31 ff.; Ihrig ZHR 68 (1999), 80 (85)) oder ob die Rechtsträger, denen eine Verbindlichkeit nicht zugeordnet ist („Mithafter"), für die Verbindlichkeiten des „Hauptschuldners" akzessorisch haften (grdl. Habersack FS Bezzenberger, 2000, 93 (96 ff.); Kallmeyer/Sickinger Rn. 3; Lutter/Schwab Rn. 23; Widmann/Mayer/Vossius Rn. 25; NK-UmwR/Fischer Rn. 25). Der Unterschied zeigt sich bei Änderungen der Verbindlichkeiten in der Person eines Rechtsträgers (Kölner Komm UmwG/Simon Rn. 18; Hensseler/Strohn/Galla/Cé. Müller Rn. 3; NK-UmwR/Fischer Rn. 22 ff.). Während bei der Gesamtschuld nach § 425 BGB Veränderungen (Einreden, Einwendungen) nur den einzelnen Rechtsträger betreffen (vgl. aber §§ 422–424 BGB), wirken sich bei einer akzessorischen Haftung Änderungen der Hauptschuld unmittelbar auf die Mithafter aus (etwa § 128 HGB, früher § 129 HGB aF), umgekehrt lassen Änderungen in der Person eines Mithafters die Rechtsstellung des Hauptschuldners unberührt. Zu den Auswirkungen auf **Schiedsvereinbarungen** vgl. Höfling NZG 2017, 691 (693). Die praktischen Auswirkungen dieser unterschiedlichen dogmatischen Ansätze sind zwar eher gering (näher → Rn. 7 ff.), dennoch ist eine Entscheidung zu treffen und dabei der **Gesamtschuldlösung** der Vorzug zu geben.

3   Die Annahme einer gesamtschuldnerischen Haftung steht zunächst im Einklang mit dem Wortlaut von Abs. 1 S. 1, der eindeutig ist: die an der Spaltung beteiligten Rechtsträger haften als Gesamtschuldner (Semler/Stengel/Leonard/Seulen Rn. 31; Kölner Komm UmwG/Simon Rn. 21). Ob dies auf eine „ungenaue deutsche Übersetzung" in der dt. Fassung der RL 82/891/EWG (jetzt GesR-RL) zurückgeht (so Lutter/Schwab Rn. 24), mag dahinstehen. Jedenfalls ist anzunehmen, dass sich der Gesetzgeber des UmwG der Bedeutung der im dt. Recht gebräuchlichen Begrifflichkeit „Gesamtschuld" bewusst war (HK-UmwR/Raible Rn. 12; vgl. auch abermals die Begründung zur Änderung von § 133 durch das UmRUG, Begr. RegE, BT-Drs. 20/3822 zu § 133). Beachtenswert wäre dies daher nur, wenn – wie nicht – die Anordnung der Gesamtschuld nicht richtlinienkonform wäre (so wohl auch Lutter/Schwab Rn. 24). Der Wortlaut von Abs. 1 S. 1 ist insoweit auch unterschiedlich zu § 126 HGB (§ 128 HGB aF). Während Abs. 1 S. 1 alle beteiligten Rechtsträger erfasst, regelt § 126 HGB (§ 128 HGB aF) nur die Haftung der Gesellschafter, nicht aber die Hauptschuld der Ges. zu der die Gesellschafterhaftung akzessorisch ist. Der Wortlaut lässt auch nicht – anders als bei § 126 HGB (§ 128 HGB aF) – den Schluss zu, die Anordnung der Gesamtschuld beziehe sich nur auf das Verhältnis der Mithafter untereinander (zutr. Semler/Stengel/Leonard/Seulen Rn. 31 Fn. 113). Der typische Fall der Spaltung unter Beteiligung von zwei Rechtsträgern wäre von der Akzessorietätslehre nicht erfasst (Semler/Stengel/Leonard/Seulen Rn. 31; HK-UmwR/Raible Rn. 12). Es fehlt auch nicht die für eine Gesamtschuld notwendige Gleichstufigkeit der Verpflichtungen (allg. hierzu Grüneberg/Grüneberg BGB § 421 Rn. 7 ff.).

4   Durch die Spaltung werden die Verbindlichkeiten des übertragenden Rechtsträgers den beteiligten Rechtsträgern zugeordnet, indem sie entweder auf einen übernehmenden Rechtsträger übertragen oder beim übertragenden Rechtsträger zurückbehalten werden. Dies rechtfertigt zwar eine unterschiedliche Qualifizierung der Haftung bei den Rechtsträgern idS, dass derjenige Rechtsträger, dem die Verbindlichkeit zugeordnet ist, vorrangig für die Erfüllung zu sorgen hat, während die anderen lediglich mithaften. Dieses Verhältnis wird oftmals mit den Begriffen „Hauptschuldner" und „Mithafter" beschrieben (etwa Lutter/Schwab Rn. 17 ff.; Ihrig ZHR 68 (1999), 80 (82)). Eine Akzessorietät der Haftungsansprüche lässt sich daraus aber nicht ableiten. Denn diese Zuordnung ist eine Folge der der Spaltung immanenten Vermögensaufteilung und betrifft damit das Innenverhältnis, indem die **Erfüllungszuständigkeit** festgelegt wird. Für das Außenverhältnis zu den Gläubigern vor Ablauf der Nachhaftungsfrist – dem Regelungsgegenstand von § 133 – lässt sich hieraus nichts ableiten (vgl. auch Semler/Stengel/Leonard/Seulen Rn. 21; Lutter/Schwab Rn. 20). Denn allein der Umstand, dass im Innenverhältnis nur einer der Gesamtschuldner zur Erfüllung verpflichtet sein soll, lässt die Gleichstufigkeit unberührt. Dies führt lediglich dazu, dass dieser Rechtsträger den vollständigen Binnenausgleich nach § 426 I BGB schuldet. Die Festlegung eines Aufteilungsmaßstabes ist aber wesenstypisch für die Gesamtschuld, da § 426 I BGB nur eingreift, wenn nichts bestimmt ist. Gegen die Annahme einer Gesamtschuld folgt daraus nichts (aA Habersack FS Bezzenberger, 2000, 94 (96 f.)). Denn eine Gesamtschuld setzt nicht voraus, dass auch im Binnenverhältnis alle Gesamtschuldner die Erfüllung schulden.

5   Anderes lässt sich auch nicht aus Abs. 1 S. 2 Hs. 2 ableiten, wonach nur der Rechtsträger, dem die Verbindlichkeit zugeordnet ist, zur Sicherheitsleistung verpflichtet ist (aA Habersack FS Bezzenberger, 2000, 94 (97 f.)). Die Vorschrift verhin-

dert lediglich eine Vervielfachung der Verpflichtung zur Sicherheitsleistung und bestimmt zugleich, welcher Rechtsträger sie zu leisten hat. Ersteres wäre eine – etwa im Vergleich zur Verschm – unangemessene Bevorzugung der Gläubiger. Letzteres regelt wiederum nur das Innenverhältnis, denn nicht Abs. 1 S. 2, sondern § 22 (iVm § 125) bestimmt das Außenverhältnis, den Anspruch auf Sicherheitsleistung. Ebenso lässt die Enthaftung der Mithafter (Abs. 3) die Gleichstufigkeit unberührt (aA Rieble ZIP 1997, 301 (312)). Die ist nur Ausdruck der Einzelwirkung, die nach § 425 BGB für die Gesamtschuld wesenstypisch ist.

Schließlich verwirklicht die Gesamtschuldlösung am besten den Gesetzeszweck. **6** Denn der Gesetzgeber begegnete den Gefahren der umfassenden Spaltungsfreiheit (→ § 126 Rn. 64) wirksam durch die – zeitlich befristete – gemeinsame Haftung. Innerhalb der Frist nach Abs. 3 sollen die Gläubiger so gestellt werden, als ob die Spaltung nicht vollzogen wäre, das Vermögen des übertragenden Rechtsträgers also ungespalten zur Verfügung stünde (ebenso HK-UmwR/Raible Rn. 12; Semler/Stengel/Leonard/Seulen Rn. 48: Zugriff auf die bisherige Haftungsmasse; vgl. auch Lutter/Schwab Rn. 12 ff.).

b) Rechtsfolgen der gesamtschuldnerischen Haftung. Der Rechtsträger, **7** dem die Verbindlichkeit zugeordnet ist (Hauptschuldner), schuldet deren Erfüllung. Entsprechendes gilt für die anderen beteiligten Rechtsträger (Mithafter), die als Gesamtschuldner ebenfalls zu erfüllen haben (Semler/Stengel/Leonard/Seulen Rn. 40; Kölner Komm UmwG/Simon Rn. 28; HK-UmwR/Raible Rn. 15). Deshalb können die Gläubiger nach § 421 BGB die Leistung nach ihrem Belieben von jedem beteiligten Rechtsträger ganz oder zT fordern (BGH NJW 2001, 1217). Eine Verpflichtung zur vorrangigen Inanspruchnahme desjenigen Rechtsträgers, der Hauptschuldner ist, besteht nicht (Semler/Stengel/Leonard/Seulen Rn. 40; HK-UmwR/Raible Rn. 15; BeckOGK/Wiersch/Breuer Rn. 35). Dies wird auch auf der Grundlage des Akzessorietätsmodells (→ Rn. 2) angenommen (Lutter/Schwab Rn. 28; Kallmeyer/Sickinger Rn. 4). Der Gläubiger kann mehrere Rechtsträger auf Teilleistungen oder auf die volle Leistung in Anspruch nehmen (Lutter/Schwab Rn. 29). Der **Insolvenzverwalter** ist nicht in entsprechender Anwendung von § 93 InsO befugt, die Haftungsansprüche zugunsten der Masse eines insolventen beteiligten Rechtsträgers geltend zu machen (BGH NZG 2013, 1072). Eingehend zur Mithaftung in der Insolvenz Lutter/Schwab Rn. 86aff. Die gesamtschuldnerische Haftung steht der insolvenzrechtlichen Anfechtung wegen Gläubigerbenachteiligung (§ 129 InsO) von Zahlungen einer anderen beteiligten Ges nicht entgegen (BGH DStR 2019, 2656 = NJW-RR 2019, 1519). Zur Anwendung von § 133 im Insolvenzplanverfahren vgl. Heckschen/Weitbrecht ZIP 2021, 179 (184).

Verbindlichkeiten iSv Abs. 1 S. 1 sind nicht nur Geldschulden, sondern Ver- **8** pflichtungen jeglichen Inhalts. Der Rechtsgrund ist unerheblich. Die Haftung besteht für Ansprüche aus Vertrag oder aus unerlaubter Handlung ebenso wie für Ansprüche aus öffentlich-rechtlichen Rechtsverhältnissen (→ Rn. 10 ff.).

Auch die **Mithafter** schulden Erfüllung (→ Rn. 7) und haften nicht nur auf das **9** Erfüllungsinteresse. Demzufolge haben auch die Mithafter etwa auf die Lieferung vertretbarer Sachen gerichteten Verpflichtungen zu erfüllen und nicht Schadensersatz zu leisten. Soweit ein in Anspruch Genommener nicht erfüllen kann (**Beispiel:** Herausgabe einer nicht vertretbaren Sache, die sich im Vermögen eines anderen Rechtsträgers befindet), tritt bei ihm Unvermögen ein. Dieses Unvermögen (für den übertragenden Rechtsträger nachträgliches Unvermögen, § 275 BGB, für den übernehmenden Rechtsträger anfängliches Unvermögen, § 311a BGB) hat er regelmäßig zu vertreten, sodass er nach §§ 280, 283, 311a BGB auf Schadensersatz haftet (Semler/Stengel/Leonard/Seulen Rn. 41; HK-UmwR/Raible Rn. 17). Das Unvermögen wirkt nur gegenüber denjenigen Rechtsträgern, bei denen es besteht; der oder die übrigen Rechtsträger bleiben zur Erfüllung verpflichtet (Semler/Stengel/Leonard/Seulen Rn. 41). Entsprechendes gilt für andere Leistungshindernisse iSv § 425 BGB (vgl. aber §§ 422–424 BGB). **Unterlassungs- und Duldungspflichten** treffen hingegen im Allg. nach einer Spaltung alle beteiligten Rechtsträger, da nur eine inhaltsgleiche Haftung wirksam Umgehungen verhindern kann (→ § 131 Rn. 64). Für **Einreden/Einwendungen** gelten grds. §§ 422–425 BGB (vgl. hierzu und sonstige Veränderungen der Verbindlichkeit ausf. Semler/Stengel/Leonard/Seulen Rn. 48 ff.; BeckOGK/Wiersch/Breuer Rn. 35 ff.).

10 c) **Betroffene Verbindlichkeiten.** Die Haftung erstreckt sich auf alle Verbindlichkeiten, die in der Person des übertragenden Rechtsträgers bis zum Zeitpunkt des Wirksamwerdens der Spaltung **begründet** worden sind. Maßgeblicher **Zeitpunkt** ist die Eintragung im Register am Sitz des übertragenden Rechtsträgers (§ 131 I), nicht deren Bekanntmachung (Lutter/Schwab Rn. 81; Kallmeyer/Sickinger Rn. 6; HK-UmwR/Raible Rn. 4; Kölner Komm UmwG/Simon Rn. 25; NK-UmwR/Fischer Rn. 12; Widmann/Mayer/Vossius Rn. 20; MHdB GesR VIII/Larisch § 27 Rn. 118; aA Semler/Stengel/Leonard/Seulen Rn. 11: im praktischen Ergebnis wegen öffentlichem Glauben des HR Zeitpunkt der Bekanntmachung; vgl. BeckOGK/Wiersch/Breuer Rn. 50).

11 **Begründet** ist eine Verbindlichkeit, sobald die Rechtsgrundlage für sie gelegt worden ist (allgM; etwa BGH NZG 2015, 1277; Kallmeyer/Sickinger Rn. 8; NK-UmwR/Fischer Rn. 14; eingehend hierzu MüKoHGB/K. Schmidt/Drescher HGB § 128 Rn. 50 ff.). Hierfür gelten dieselben Grundsätze wie bei vergleichbaren Vorschriften (etwa §§ 25, 28, 127 (130 aF), 137 (160 aF) HGB). Bei **rechtsgeschäftlichen Verbindlichkeiten** ist dies mit Abschluss des Vertrages der Fall, sofern hieraus ohne Hinzutreten weiterer Abreden die Verpflichtung entstanden ist (BGH NZG 2015, 1277; MüKoHGB/K. Schmidt/Drescher HGB § 128 Rn. 51). Besondere Bedeutung hat dies für **Dauerschuldverhältnisse.** Denn mit Abschluss des Vertrages begründet ist dann bereits jede Einzelverbindlichkeit, die aus dem Dauerschuldverhältnis resultiert (BGH NZG 2015, 1277; MüKoHGB/K. Schmidt/Drescher HGB § 128 Rn. 51 mwN; Semler/Stengel/Leonard/Seulen Rn. 21; HK-UmwR/Raible Rn. 7; BeckOGK/Wiersch/Breuer Rn. 55; MHdB GesR VIII/Larisch § 27 Rn. 120). Bei **Versorgungszusagen** sind alle, auch die nach Wirksamwerden der Spaltung der Höhe nach ansteigenden Ansprüche (etwa wegen längerer Betriebszugehörigkeit) erfasst, wenn die Versorgungszusage vorher erteilt worden ist, soweit sie nicht auf Vertragsänderungen (etwa Erhöhung des Entgelts) beruhen (zutr. Semler/Stengel/Leonard/Seulen Rn. 25; HK-UmwR/Raible Rn. 9; BeckOGK/Wiersch/Breuer Rn. 55). Auf die Unverfallbarkeit oder den Ablauf einer Wartefrist zum Zeitpunkt des Wirksamwerdens der Spaltung kommt es nicht an (→ § 134 Rn. 44). Zum Übergang der Ansprüche nach Abs. 1 auf den Pensionssicherungsverein gemäß § 9 II 1 BetrAVG vgl. BAG NZI 2021, 137 = NZA 2021, 422. Eine Erweiterung der Pflichten aufgrund späterer **Vertragsänderungen** ist von der Haftung nicht umfasst (HK-UmwR/Raible Rn. 6; MHdB GesR VIII/Larisch § 27 Rn. 122). **Vertragsangebote** (zu deren Übertragbarkeit → § 131 Rn. 49), die der Gläubiger vor Wirksamwerden der Spaltung unterbreitet und ein beteiligter Rechtsträger erst danach angenommen hat, führen nach Sinn und Zweck zu einer der Gesamtschuld unterliegenden Verpflichtung, da der Gläubiger mit einem anderen oder zumindest einem nicht durch die Spaltung geänderten Rechtsträger einen Vertrag schließen wollte (Semler/Stengel/Leonard/Seulen Rn. 14; Lutter/Schwab Rn. 82; HK-UmwR/Raible Rn. 7; Kölner Komm UmwG/Simon Rn. 24; NK-UmwR/Fischer Rn. 16; MHdB GesR VIII/Larisch § 27 Rn. 124). In der umgekehrten Situation (Angebot durch den Rechtsträger und Annahme nach Wirksamwerden der Spaltung) liegt eine Neuverbindlichkeit vor (Kölner Komm UmwG/Simon Rn. 24; Semler/Stengel/Leonard/Seulen Rn. 14; MHdB GesR VIII/Larisch § 27 Rn. 125; aA BeckOGK/Wiersch/Breuer Rn. 58: immer Altschuld). Die Haftung erstreckt

Schutz der Gläubiger und der Inhaber 12–14a § 133 UmwG A

sich auch auf Schulden in einer **Kontokorrentabrede,** beschränkt allerdings auf den niedrigsten Stand eines Rechnungsabschlusses nach Wirksamwerden der Spaltung (Semler/Stengel/Leonard/Seulen Rn. 16; BeckOGK/Wiersch/Breuer Rn. 56). Zu Ansprüchen aus ArbVerh → Vor § 322 Rn. 22 ff. und → Vor § 322 Rn. 98 ff.

Es kommt nicht darauf an, ob die Verbindlichkeit zum Zeitpunkt des Wirksam- 12 werdens der Spaltung bereits **fällig** war. Ebenso wenig ist die Haftung davon beeinflusst, ob eine aufschiebende **Bedingung** zu diesem Zeitpunkt bereits eingetreten war (MHdB GesR VIII/Larisch § 27 Rn. 126) oder ob die Höhe des Betrages zum Zeitpunkt des Wirksamwerdens der Spaltung bereits abzusehen war.

Überdies erstreckt sich die gesamtschuldnerische Haftung nicht nur auf vor Wirk- 13 samwerden der Spaltung begründete Primärverbindlichkeiten, sondern auch auf an deren Stelle tretende oder kumulativ hinzutretende **Sekundärverpflichtungen** (HK-UmwR/Raible Rn. 6; BeckOGK/Wiersch/Breuer Rn. 52; MHdB GesR VIII/Larisch § 27 Rn. 121). Bedeutung hat dies etwa für Schadensersatzansprüche wegen Nichterfüllung, Ansprüche wegen Schlechterfüllung, Ansprüche wegen Unmöglichkeit oder aus „pVV" (§ 280 I BGB), aus „cic" (§ 311 II BGB), aber etwa auch für Vertragsstrafeversprechen (Semler/Stengel/Leonard/Seulen Rn. 13; Kölner Komm UmwG/Simon Rn. 23; aA für Verletzung von Schutzpflichten Semler/ Stengel/Leonard/Seulen Rn. 13: Zeitpunkt der Verletzungshandlung). Verändert sich das Schuldverhältnis durch **Rücktritt** oder Wandelung, erfasst die gesamtschuldnerische Haftung auch die sich hieraus ergebenden Ansprüche (ausf. Lutter/ Schwab Rn. 53 ff.; HK-UmwR/Raible Rn. 6; Semler/Stengel/Leonard/Seulen Rn. 13; MHdB GesR VIII/Larisch § 27 Rn. 122; MüKoHGB/K. Schmidt/Drescher HGB § 128 Rn. 52; zur Einzelwirkung von Leistungshindernissen allerdings → Rn. 9).

Ansprüche aus **gesetzlichen Schuldverhältnissen** sind begründet, sobald das 14 entscheidende Tb-Merkmal erfüllt ist. Bei Ansprüchen aus **Delikt** wird dies regelmäßig mit Vollendung der Verletzungshandlung anzunehmen sein (Kölner Komm UmwG/Simon Rn. 23; Semler/Stengel/Leonard/Seulen Rn. 16; BeckOGK/ Wiersch/Breuer Rn. 59; MHdB GesR VIII/Larisch § 27 Rn. 128). Bei Verbindlichkeiten aus Produkt- und Umwelthaftung reicht es, wenn vor dem Wirksamwerden der Spaltung (so zutr. Lutter/Schwab Rn. 84) die Wurzel gelegt worden ist. Dies ist etwa der Fall, wenn das Produkt bereits vor der Spaltung in den Verkehr aufgenommen wurde oder die Umweltschädigung bereits vor diesem Zeitpunkt stattgefunden hat (so auch Kallmeyer/Sickinger Rn. 9; Semler/Stengel/Leonard/ Seulen Rn. 18; NK-UmwR/Fischer Rn. 18; BeckOGK/Wiersch/Breuer Rn. 59). Zur Mithaftung bei Kartellverstößen vgl. Lutter/Schwab Rn. 84a. Bei **Steuerverbindlichkeiten** ist die Tatbestandsverwirklichung, nicht der Ablauf des Veranlagungszeitraums maßgeblich (Maier-Reimer/Bödefeld Liber Amicorum Winter, 2011, 453 (459)). Die gesamtschuldnerische Haftung umfasst auch spaltungsbedingte Ertragsteuern, dh Ertragsteuern, die aufgrund der Spaltung entstehen (ausf. Maier-Reimer/Bödefeld Liber Amicorum Winter, 2011, 453 (459 ff.); BeckOGK/ Wiersch/Breuer Rn. 61). Zu Besonderheiten bei dinglichen Ansprüchen vgl. Semler/Stengel/Leonard/Seulen Rn. 19. Zu den zum Zeitpunkt des Wirksamwerdens der Auf- und Abspaltung (zur Ausgliederung vgl. → § 125 Rn. 15) bereits begründeten Verbindlichkeiten zählen auch die **Ansprüche von gegen Barabfindung** ausscheidenden Anteilsinhabern (§ 125 iVm §§ 29 ff.). Dies ist in § 125 I 3 für die Abspaltung ausdrücklich geregelt, gilt aber auch für die Aufspaltung (vgl. → § 125 Rn. 20; vgl. auch → § 126 Rn. 94, → § 131 Rn. 45).

Zu vergessenen Verbindlichkeiten → § 131 Rn. 109; zu den Auswirkungen auf 14a dritte Sicherungsgeber → § 131 Rn. 67. Zur Einschränkung der Haftung für Verbindlichkeiten, die im Rahmen eines Insolvenzplanverfahrens ausgegliedert werden, vgl. mit beachtlichen Gründen Hölze/Kahlert ZIP 2017, 510; Schröder/Berner

NZI 2017, 837 (840); BeckOGK/Verse § 124 Rn. 33; zu Risiken für Gläubiger von langlaufenden Unternehmensanleihen vgl. Bertus BB 2016, 2755.

15 **d) Haftungsbegrenzung (Abs. 3 S. 2).** Die gesamtschuldnerische Haftung war ursprünglich der **Höhe** nach unbegrenzt; der Gesetzgeber hatte zunächst von den durch Art. 146 VII GesR-RL (zuvor Art. 12 VII RL 82/891/EWG; auch → Vor § 123 Rn. 15 ff.) eingeräumten Spielraum, eine Begrenzung auf das übernommene Nettoaktivvermögen vorzunehmen, keinen Gebrauch gemacht. Mit dem UmRUG wurde dies durch Einfügung von Abs. 3 S. 2 nachgeholt, da diese Haftungsbeschränkung für grenzüberschreitende Spaltungen nach Art. 160j II 2 GesR-RL vorgegeben ist und nationale Spaltungen nicht schlechter gestellt werden sollten (Begr. RegE, BT-Drs. 20/3822 zu § 133). Demzufolge ist die gesamtschuldnerische Haftung des Mithafters (zum Begriff → Rn. 2) auf sein am Tag des Wirksamwerdens der Spaltung zugeteiltes Nettoaktivvermögen beschränkt (Abs. 3 S. 2). Maßgeblicher Zeitpunkt ist wiederum (zum Zeitpunkt der Begründung der Verbindlichkeit → Rn. 10) die Eintragung im Register am Sitz des übertragenden Rechtsträgers (§ 131 I). Die Haftung ist nicht auf die Gegenstände des zugeteilten Nettoaktivvermögens, sondern deren Verkehrswert (nach Abzug der übernommenen Verbindlichkeiten) beschränkt (aA Gattringer NZG 2023, 443 (446 ff.): Buchwert). Dieser Wert ist regelmäßig nicht mit dem Wert, der für die Ermittlung des Umtauschverhältnisses festgestellt wurde, identisch (vgl. auch → § 127 Rn. 17), da die Bewertungszeitpunkte differieren. Die Haftungsobergrenze sollte künftig für eine spätere Beweisführung zeitnah ermittelt werden. Trotz des Wortlauts („zugeteilt") wird man beim übertragenden Rechtsträger auf das verbleibende Nettoaktivvermögen abzustellen haben (Gattringer NZG 2023, 443 (444)). Hier sollte dokumentiert werden, welche Gegenstände zurückbleiben. Zum zugeteilten Nettoaktivvermögen zählen bei einer Ausgliederung nicht die als Gegenleistung gewährten Anteile (Gattringer NZG 2023, 443 (445)). Abzuziehen sind alle Verbindlichkeiten, auch gegenüber Anteilsinhabern, wenn sie Fremdkapitalcharakter haben (Gattringer NZG 2023, 443 (445). Die Haftungsbegrenzung gilt nur für die Ansprüche nach Abs. 1, nicht für diejenigen nach Abs. 2 (→ Rn. 25). Nicht unproblematisch ist, wie die begrenzte Haftungssumme auf die Gläubiger verteilt wird. Im Ergebnis kann keine quotale Aufteilung auf die FIFA nicht bekannten Gesamtgläubiger erfolgen, da die gesamten Ansprüche der Gläubiger, die gegen den Haftungsschuldner vorgehen wollen, nicht bekannt sind. Demzufolge kann die Gesellschaft die Haftungsbegrenzung einwenden, wenn und sobald die jeweils streitgegenständlichen Ansprüche die Haftungshöchstgrenze überschreiten. Der Haftungsobergrenze ist auch beim Binnenausgleich (→ Rn. 16) zu berücksichtigen.

16 **e) Binnenausgleich.** Der Binnenausgleich unter den beteiligten Rechtsträgern richtet sich nach § 426 BGB. Erfüllt derjenige Rechtsträger, dem die Verbindlichkeit zugeordnet worden ist, entstehen keine Ausgleichsansprüche gegenüber den anderen beteiligten Rechtsträgern. Die Zuordnung im Spaltungsvertrag ist eine andere Bestimmung iSv § 426 I BGB, die bewirkt, dass allein der Hauptschuldner (zum Begriff → Rn. 2) im Innenverhältnis die Erfüllung schuldet (Semler/Stengel/Leonard/Seulen Rn. 66; Widmann/Mayer/Vossius Rn. 27; NK-UmwR/Fischer Rn. 37; HK-UmwR/Raible Rn. 13; Henssler/Strohn/Galla/Cé. Müller Rn. 18; BeckOGK/Wiersch/Breuer Rn. 43; MHdB GesR VIII/Larisch § 27 Rn. 144). Erfüllt hingegen ein in Anspruch genommener Mithafter (zum Begriff → Rn. 2), hat er gegenüber dem Hauptschuldner den vollen Ersatzanspruch. Vor der Erfüllung besteht bereits ein Freistellungsanspruch hinsichtlich der gesamten Verbindlichkeiten (HK-UmwR/Raible Rn. 13; Kölner Komm UmwG/Simon Rn. 63; NK-UmwR/Fischer Rn. 38; Semler/Stengel/Leonard/Seulen Rn. 66; BeckOGK/Wiersch/Breuer Rn. 43). Daneben hat er einen Ausgleichsanspruch gegenüber den anderen Mithaftern. Ohne besondere Regelung sind sie gem. § 426 I 1 BGB im Verhältnis

untereinander zu gleichen Teilen verpflichtet (Lutter/Schwab Rn. 150; Kallmeyer/ Sickinger Rn. 12; wohl auch BeckOGK/Wiersch/Breuer Rn. 45; aA Semler/Stengel/Leonard/Seulen Rn. 67: durch (ergänzende) Auslegung nach dem Verhältnis des übertragenen Reinvermögens; ebenso HK-UmwR/Raible Rn. 13; MHdB GesR VIII/Larisch § 27 Rn. 145; wohl auch Kölner Komm UmwG/Simon Rn. 65; Widmann/Mayer/Vossius Rn. 28). Die Verteilung des Vermögens auf die Rechtsträger ist für sich noch keine andere parteiautonome Bestimmung. Eine gesetzliche Aufteilungsregelung fehlt, § 131 III beschreibt auch keinen allg. Rechtsgedanken (so aber Widmann/Mayer/Vossius Rn. 28). Eine Anknüpfung an die Vermögensaufteilung könnte allenfalls aus der Natur der Sache folgen (idS wohl Semler/Stengel/ Leonard/Seulen Rn. 67), die ebenfalls eine andere Bestimmung iSv § 426 I 1 BGB sein kann (BGHZ 120, 50 (59) = NJW 1993, 585). Eine ausdrückliche Regelung im Spaltungsvertrag ist auf jeden Fall empfehlenswert (auch → § 126 Rn. 116). Zum Übergang der vom Mithafter befriedigten Forderung des Gläubigers vgl. § 426 II BGB.

3. Haftung wegen Firmenfortführung

Kraft ausdrücklicher Anordnung bleibt die Haftung wegen Firmenfortführung **17** nach den §§ 25, 26 HGB und nach § 28 HGB durch den Eintritt der gesamtschuldnerischen Haftung unberührt (Abs. 1 S. 2 Hs. 1). Es besteht Anspruchskonkurrenz, wenn und soweit die Tatbestände erfüllt sind. Praktisch bedeutsam ist die Möglichkeit, die Haftung nach § 25 II HGB, § 28 II HGB durch Vereinbarung und Eintragung im HR auszuschließen. Derartige Vereinbarungen können auch im Spaltungsvertrag getroffen werden (BeckOGK/Wiersch/Breuer Rn. 99; Lutter/Schwab Rn. 97; auch → Rn. 19).

Der Hinweis auf § 28 HGB ist überflüssig, da die dort geregelte Situation nicht **18** eintreten kann (HK-UmwR/Raible Rn. 35; BeckOGK/Wiersch/Breuer Rn. 95; zweifelnd auch Semler/Stengel/Leonard/Seulen Rn. 111). Denn § 28 HGB setzt voraus, dass die PersGes (str., ob nur OHG und KG erfasst sind; dazu etwa Hopt/ Merkt HGB § 28 Rn. 2) durch das Hinzutreten eines Dritten entsteht. Der Anwendungsbereich von § 28 HGB ist hingegen nicht eröffnet, wenn der Einzelkaufmann sein Unternehmen in eine bereits bestehende PersGes einbringt (Hopt/Merkt HGB § 28 Rn. 2; str.). Im Wege der Spaltung kann der Einzelkaufmann jedoch sein Vermögen lediglich auf eine bereits bestehende PhG übertragen; die Spaltung (Ausgliederung) zur Neugründung ist nur auf eine KapGes möglich (§ 152).

Obwohl nach § 125 die Geltung von § 18 nur bei der Aufspaltung anordnet, **19** kann auch bei Abspaltungen und Ausgliederungen ein Übergang der Firma eintreten (→ § 131 Rn. 42), auch wenn der firmenführende Rechtsträger bestehen bleibt (vgl. § 125 iVm § 18). Führt einer der übernehmenden Rechtsträger die Firma und im Wesentlichen das Handelsgeschäft des übertragenden Rechtsträgers fort, so haftet er zunächst originär für die Verbindlichkeiten des übertragenden Rechtsträgers, die ihm nach dem Spaltungsvertrag übertragen worden sind. Insoweit treten nur Unterschiede in der Frist für die Enthaftung des übertragenden Rechtsträgers ein (Semler/Stengel/Leonard/Seulen Rn. 113). Darüber hinaus haftet er für die übrigen Verbindlichkeiten des übertragenden Rechtsträgers neben der in Abs. 1 S. 1 angeordneten gesamtschuldnerischen Haftung auch aufgrund Firmenübernahme (§ 25 HGB). Diese Haftung aus Firmenfortführung hat eigenständige Bedeutung, da eine Regelung zur Nachhaftungsbegrenzung für sie fehlt, während die gesamtschuldnerische Haftung nach Abs. 1 S. 1 für nicht übernommene Verbindlichkeiten auf fünf Jahre begrenzt ist (Abs. 3). Zum Ausschluss dieser Haftung – allerdings nur dieser – kann zwischen dem firmenfortführenden Rechtsträger und dem übertragenden Rechtsträger und den anderen übernehmenden Rechtsträgern im Spaltungsvertrag (→ Rn. 17), bei einer Aufspaltung zur Neugründung im Spaltungsplan, die Vereinbarung getroffen werden, dass für nicht übernommene Verbindlichkeiten nicht gehaftet werde. Sie ist regelmäßig in der Aufteilung der Verbindlichkeiten enthalten (Lutter/Schwab Rn. 97). Mit Eintragung dieser Vereinbarung in das HR (§ 25 II HGB) wird die Haftung aus Firmenfortführung vermieden. Die Enthaftung des übertragenden Rechtsträgers nach § 26 HGB (praktische Bedeutung bei der Ausgliederung aus dem Vermögen eines Einzelkaufmanns) wird indes durch die Regelungen des Spaltungsvertrags überlagert, wenn der übertragende Rechtsträger Hauptschuldner bleiben sollte (Semler/Stengel/Leonard/Seulen Rn. 114).

4. Weitere Anspruchskonkurrenzen

20 Bis zu dessen Streichung bestand auch Anspruchskonkurrenz mit **§ 419 BGB**, soweit durch die Spaltung das gesamte oder nahezu gesamte Vermögen übertragen worden ist (vgl. → 2. Aufl. 1996, Rn. 14 f.).

21 Denkbar ist auch eine Haftung des Betriebsübernehmers für **Steuerverbindlichkeiten** nach § 75 AO. Die Forthaftung des bisherigen **Arbeitgebers** nach § 613a II BGB ist für die Aufspaltung ausdrücklich ausgeschlossen (§ 613a III BGB). IÜ (Abspaltung, Ausgliederung) kann sie neben der Haftung nach Abs. 1 eintreten (aA etwa Kallmeyer/Sickinger Rn. 10). Die Bedeutung ist gering, da die Haftung nach Abs. 1 weitreichender ist. Zum Ganzen eingehend → Vor § 322 Rn. 98. Für Ansprüche aus ArbVerh, die nicht übergehen, gilt Abs. 1 ohne Einschränkungen (Semler/Stengel/Leonard/Seulen Rn. 22; HK-UmwR/Raible Rn. 9; zur fortdauernden Haftung von **phG** → Rn. 42).

5. Anspruch auf Sicherheitsleistung

22 Neben der gesamtschuldnerischen Haftung schützt die Gläubiger des übertragenden Rechtsträgers der Anspruch auf Sicherheitsleistung, den sie unter gewissen Voraussetzungen nach § 125 iVm § 22 haben. Dies stellt **Abs. 1 S. 2 Hs. 1** klar; zu Einzelheiten des Anspruchs auf Sicherheitsleistung vgl. die Erläuterung zu § 22. Dieser Anspruch steht grds. auch den Gläubigern des übernehmenden Rechtsträgers zu (auch → Rn. 24). Während bei der Verschm nur der übernehmende Rechtsträger als zur Sicherheitsleistung Verpflichteter in Betracht kommt, war bei der Spaltung eine Regelung notwendig. Zudem verhindert die Regelung eine Vervielfachung des Anspruchs auf Sicherheitsleistung, die wegen der gesamtschuldnerischen Haftung eintreten würde (auch → Rn. 5). Schließlich würde durch die Sicherheitenstellung die Enthaftung konterkariert. Nach Abs. 1 S. 1 Hs. 2 besteht der Anspruch auf Sicherheitsleistung daher nur gegenüber demjenigen Rechtsträger, gegen den sich auch der zu sichernde Anspruch richtet. Dies ist, soweit die Verbindlichkeit übertragen wird, der übernehmende Rechtsträger, iÜ der übertragende Rechtsträger (Semler/Stengel/Leonard/Seulen Rn. 123; Kölner Komm UmwG/Simon Rn. 74; Lutter/Schwab Rn. 90; BeckOGK/Wiersch/Breuer Rn. 103). Ein nach § 251 HGB anzugebendes **Haftungsverhältnis** entsteht nicht, da keine Sicherheiten für fremde Verbindlichkeiten bestellt werden (IDW RS HFA 43 Rn. 31).

23 Diese Beschränkung auf einen einzelnen Rechtsträger gilt auch, wenn dieser nicht in der Lage ist, die gebotene Sicherheit zu stellen. Der Anspruch auf Sicherheitsleistung ist keine vor dem Wirksamwerden der Spaltung begründete Verbindlichkeit des übertragenden Rechtsträgers (vgl. § 22). Damit können auch an die Stelle des Sicherungsanspruchs tretende Sekundäransprüche nur gegenüber dem zur Sicherheitsleistung verpflichteten Rechtsträger bestehen. Zur ggf. bestehenden persönlichen Haftung der Organe des zur Sicherheitsleistung verpflichteten Rechtsträgers → § 22 Rn. 22.

6. Gläubiger der übernehmenden Rechtsträger

Die gesamtschuldnerische Haftung nach Abs. 1 S. 1 tritt nur für Verbindlichkeiten 24
des übertragenden Rechtsträgers ein. Für vor dem Wirksamwerden der Spaltung
begründete Verbindlichkeiten eines übernehmenden Rechtsträgers bleibt weiterhin
nur dieser anspruchsverpflichtet (Semler/Stengel/Leonard/Seulen Rn. 4; Lutter/
Schwab Rn. 142; Kölner Komm UmwG/Simon Rn. 27; NK-UmwR/Fischer
Rn. 9). Damit stellt die Spaltung für die Gläubiger der übernehmenden Rechtsträger
ein ungleich höheres Risiko dar als für die Gläubiger des übertragenden Rechtsträgers. Zum einen treten sie in Konkurrenz mit allen Gläubigern des übertragenden
Rechtsträgers, zum anderen ist aufgrund der Flexibilität bei der Vermögensübertragung nicht gewährleistet, dass dem übernehmenden Rechtsträger eine Haftungsmasse übertragen wird, die auch nur zur Abdeckung der übernommenen Verbindlichkeiten ausreicht. Einen gewissen Schutz bietet allerdings der Anspruch auf
Sicherheitsleistung nach §§ 125, 22, der grds. auch den Gläubigern der übernehmenden Rechtsträger zusteht (→ Rn. 22).

7. Schutz der Inhaber von Sonderrechten

Nach § 23 sind bei einer **Verschm** den Inhabern von **Sonderrechten** (insbes. 25
von Anteilen ohne Stimmrecht, Wandelschuldverschreibungen, Gewinnschuldverschreibungen und Genussrechten) in dem übernehmenden Rechtsträger gleichwertige Rechte zu gewähren. Zu Ansprüchen aus virtuellen Mitarbeiterbeteiligungen
(phantom stocks) als Genussrechte bei der Spaltung vgl. Wilhelm NZG 2013, 1211.
Dieser Anspruch besteht grds. auch bei einer Spaltung (§ 125 iVm § 23; vgl. insoweit
→ § 23 Rn. 1 ff.). Bei der Spaltung treten jedoch **Besonderheiten** auf: Es existieren
nach Wirksamwerden der Spaltung zwei oder mehrere Rechtsträger, ferner bleibt
bei Abspaltungen und Ausgliederungen der übertragende Rechtsträger bestehen.
Diese Besonderheiten sind der Grund für die Regelung in Abs. 2.

Abs. 2 S. 1 ordnet zunächst auch für die Verpflichtung nach § 23 die **gesamt-** 26
schuldnerische Haftung aller beteiligten Rechtsträger an. Diese Regelung war
notwendig, weil die Verpflichtung nach § 23 nicht schon von Abs. 1 S. 1 erfasst
wird. Abs. 1 S. 1 erfasst nur Rechte, die bereits vor Wirksamwerden der Spaltung
gegenüber dem übertragenden Rechtsträger begründet waren (→ Rn. 10). Das
Sonderrecht, mit dem der übertragende Rechtsträger bereits belastet war, ist aber
nicht identisch mit der Verpflichtung nach § 23, denn es sind lediglich gleichwertige
Rechte zu gewähren. Die gesamtschuldnerische Haftung erstreckt sich aber nicht
auf die Ansprüche aus den Rechten (Maier-Reimer/Bödefeld Liber Amicorum
Winter, 2011, 453 (457); BeckOGK/Wiersch/Breuer Rn. 108).

Die Festlegung, bei **welchem Rechtsträger** die gleichwertigen Sonderrechte 27
einzuräumen sind, erfolgt zunächst im Spaltungsvertrag (§ 126 I Nr. 7). Dies können
die beteiligten Rechtsträger grds. frei bestimmen (Lutter/Schwab Rn. 129; Kölner
Komm UmwG/Simon Rn. 76; NK-UmwR/Fischer Rn. 51; Semler/Stengel/Leonard/Seulen Rn. 73). Wird die Verpflichtung nach § 125 iVm § 23 von dem im
Spaltungsvertrag bestimmten Rechtsträger erfüllt, wirkt dies auch für alle anderen
(§ 422 BGB). Enthält der Spaltungsvertrag keine Bestimmung, so bewirkt die
gesamtschuldnerische Haftung (§ 421 BGB), dass die Sonderrechtsinhaber die Einräumung der gleichwertigen Rechte bei jedem beteiligten Rechtsträger verlangen
können (ebenso HK-UmwR/Raible Rn. 40; Semler/Stengel/Leonard/Seulen
Rn. 74; bei Aufspaltung; aA aufgrund der Akzessorietätslösung (→ Rn. 2) etwa
Lutter/Schwab Rn. 133 ff.; vermittelnd auch BeckOGK/Wiersch/Breuer Rn. 113).

Nichts anderes gilt, wenn die eingeräumten Rechte **nicht gleichwertig** sind. 28
Dann besteht unverändert der Erfüllungsanspruch gegenüber allen Rechtsträgern
(§ 421 BGB) mit der Folge, dass die Sonderrechtsinhaber die Einräumung der

Rechte bei jedem Rechtsträger verlangen können (ähnlich Semler/Stengel/Leonard/Seulen Rn. 75: wenn Hauptschuldner dazu nicht in der Lage ist; ebenso HK-UmwR/Raible Rn. 39). Der Anspruch gegen die „mithaftenden" Rechtsträger ist nicht darauf beschränkt, eine Einflussnahme auf den „Hauptschuldner" und iÜ Schadensersatz verlangen zu können (so aber Lutter/Schwab Rn. 133 ff.). Dies ist entgegen Schwab (Lutter/Schwab Rn. 134) weder aus der Sicht des Gläubigers noch derjenigen der Rechtsträger ein aliud, da der Anspruch und die korrespondierende Verpflichtung nach § 23 zunächst nur darauf gerichtet sind, gleichwertige Rechte bei einem (oder mehreren) Rechtsträger(n) zu gewähren. Erfüllen die beteiligten Rechtsträger nicht, ändert dies den Inhalt der Verpflichtung nicht. Ebenso wenig liegt ein Eingriff in die Selbstorganisation vor, da der jew. Rechtsträger die Einräumung der Rechte bei sich und gerade nicht bei den anderen Rechtsträgern schuldet. Diese Sichtweise entspricht auch der Begr. RegE (so auch Semler/Stengel/Leonard/Seulen Rn. 75 Fn. 264; aA Lutter/Schwab Rn. 135). Kann im Einzelfall die Verpflichtung von dem in Anspruch genommenen Rechtsträger nicht erfüllt werden, wandelt sich die gesamtschuldnerische Haftung in Geldersatz um (→ Rn. 9).

29 Bei der Abspaltung und der Ausgliederung bleibt der übertragende Rechtsträger bestehen. Dieser Unterschied zur Verschm ermöglicht es, die gleichwertigen Rechte iSv § 23 auch beim übertragenden Rechtsträger zu gewähren. Abs. 2 S. 2 ergänzt insoweit die Verweisung in § 125 auf § 23. Unabhängig hiervon bleibt die gesamtschuldnerische Haftung für die Erfüllung der Verpflichtungen nach § 23, die auch den übertragenden Rechtsträger trifft (→ Rn. 26).

30 Die gleichwertigen Rechte iSv § 23 können im Spaltungsvertrag (§ 126 I Nr. 7) auch bei **mehreren** Rechtsträgern gewährt werden (HK-UmwR/Raible Rn. 39). Entsprechendes gilt für das Verlangen der Sonderrechtsinhaber aufgrund der gesamtschuldnerischen Haftung nach Abs. 2 S. 1. Denn gesamtschuldnerische Haftung bedeutet nicht nur, dass der Gläubiger seinen Schuldner auswählen kann, er kann vielmehr von jedem der Schuldner die Leistung auch nur zu einem Teil fordern (§ 421 S. 1 BGB; auch → Rn. 7). Die gesamtschuldnerische Haftung erstreckt sich nicht nur auf die Einräumung des gleichwertigen Rechts, sondern auch auf alle hieraus resultierenden Sekundäransprüche.

31 Voraussetzung für den Anspruch auf Gewährung gleichwertiger Rechte ist allerdings, dass das bislang bestehende Sonderrecht durch die Spaltung **beeinträchtigt** worden ist (HK-UmwR/Raible Rn. 37). Dies ist regelmäßig bei einer Ausgliederung nicht der Fall, weil bei ihr lediglich ein Aktivtausch stattfindet (zur rechtspolitischen Fragwürdigkeit der Regelung in diesem Fall vgl. Feddersen/Kiem ZIP 1994, 1078 (1083)).

32 Die gesamtschuldnerische Haftung auf Erfüllung der Verpflichtungen nach § 23 unterliegt nicht der Nachhaftungsbegrenzung durch Abs. 3 (→ Rn. 33 ff.). Sie **verjährt** aber in fünf Jahren ab dem Zeitpunkt, an dem die Eintragung der Spaltung in das Register des Sitzes des übertragenden Rechtsträgers als bekannt gemacht gilt **(Abs. 6).** Die Verjährungsfrist beginnt danach mit Ablauf des Tages, an dem die Bekanntmachung nach § 10 HGB erfolgt ist (§ 125 iVm § 19 III; → § 19 Rn. 33).

8. Nachhaftungsbegrenzung

33 Mit den durch das NachhaftungsbegrenzungsG (BGBl. 1994 I 560) eingefügten Regelungen hat der Gesetzgeber allg. zum Ausdruck gebracht, dass die Nachhaftung eines Ausscheidenden grds. zeitlich begrenzt sein müsse (vgl. § 319 für Altverbindlichkeiten). Dieser Rechtsgedanke wurde an verschiedenen Stellen auch im UmwG verankert (vgl. §§ 45, 157, 167, 173, 224, 237, 249, 257). Bei der Spaltung tritt aufgrund der gesamtschuldnerischen Haftung nach Abs. 1 S. 1 eine vergleichbare Situation ein. Daher ordnet der Gesetzgeber in Abs. 3 an, dass diejenigen Rechtsträger, denen die Verbindlichkeiten des übertragenden Rechtsträgers im Spaltungsvertrag nicht zugewiesen worden sind (Mithafter, → Rn. 2), als Gesamtschuldner nur in Anspruch genommen werden können, wenn die Verbindlichkeiten vor Ablauf von fünf Jahren nach der Spaltung **fällig und festgestellt** sind oder Vollstreckungshandlungen vorgenommen oder beantragt sind.

Diese Nachhaftungsbegrenzung ist ausdrücklich auf die gesamtschuldnerische 34 Haftung nach Abs. 1 S. 1 beschränkt. Bei der gesamtschuldnerischen Haftung nach Abs. 2 tritt sie nicht ein (→ Rn. 32). Zur Begrenzung der gesamtschuldnerischen Haftung bei vergessenen Verbindlichkeiten → § 131 Rn. 111. Besonderheiten bestehen auch bei einer Betriebsaufspaltung (→ § 134 Rn. 45).

Die Voraussetzungen für den Eintritt der Nachhaftungsbegrenzung entsprechen 35 denjenigen nach § 45 I (zu Einzelheiten daher → § 45 Rn. 10 ff.).

Maßgeblich für den **Fristbeginn** ist der Tag, an dem die Eintragung der Spaltung 36 in das Register des Sitzes des übertragenden Rechtsträgers als bekannt gemacht gilt (Abs. 4 S. 1); die Frist beginnt also mit dem Ablauf des Tages zu laufen, an dem die Bekanntmachung nach § 10 HGB erfolgt ist (§ 125 iVm § 19 III; iE → § 19 Rn. 33). Der Fristablauf kann ebenso wie bei Verjährungsfristen **gehemmt und unterbrochen** werden (Abs. 4 S. 2; zu Einzelheiten → § 45 Rn. 10 ff.).

Der Feststellung/Vollstreckung zur Vermeidung der Nachhaftungsbegrenzung 37 bedarf es in zwei Fällen nicht: Zum einen genügt bei öffentlich-rechtlichen Verpflichtungen der Erlass eines Verwaltungsaktes (Abs. 3 S. 1 Hs. 2), zum anderen treten die Folgen der Nachhaftungsbegrenzung nicht ein, wenn der in Anspruch genommen Rechtsträger den Anspruch schriftlich anerkennt (Abs. 5). Zu Einzelheiten → § 45 Rn. 10 ff.

Eine längere Frist von **zehn Jahren** gilt für Ansprüche aufgrund des **Betriebs-** 38 **rentengesetzes** (BetrAVG; Abs. 3 S. 2). Die Vorschrift wurde mit Gesetz v. 19.4.2007 (BGBl. 2007 I 542) eingefügt. Damit sollte Sorgen begegnet werden, dass die nach Streichung von § 132 aF zweifelsohne mögliche Ausgliederung von Pensionsverpflichtungen ohne Zustimmung der Berechtigten und des PSV (→ Vor § 322 Rn. 32 ff.) missbraucht wird (Neye BB 2007, 389). Sie gilt erstmals für Rechtsträger, die an Spaltungen beteiligt sind, die nach dem 24.4.2007 wirksam wurden (Kölner Komm UmwG/Simon Rn. 5; Ihrig/Kranz ZIP 2012, 749; HK–UmwR/ Raible Rn. 29; Kallmeyer/Sickinger Rn. 19; Semler/Stengel/Leonard/Seulen Rn. 106a). Für bereits zuvor wirksam gewordene Spaltungen verbleibt es bei der fünfjährigen Frist, auch wenn diese noch nicht abgelaufen war (ausf. Ihrig/Kranz ZIP 2012, 749; zum Umfang der Haftung → Rn. 11).

Die Enthaftung lässt **akzessorische Sicherheiten** für die Hauptschuld unberührt 39 (Semler/Stengel/Leonard/Seulen Rn. 101; auch → § 131 Rn. 67).

9. Bilanzielle Behandlung der gesamtschuldnerischen Haftung

Die bilanzielle Behandlung der gesamtschuldnerischen Haftung der an der Spal- 40 tung beteiligten Rechtsträger wurde bereits frühzeitig problematisiert (vgl. insbes. Kleindiek ZGR 1992, 513 (526 ff.)). Nachdem zunächst von einigen (insbes. Kleindiek ZGR 1992, 513 (526 ff.)) eine Passivierungspflicht aller der gesamtschuldnerischen Haftung unterliegenden Verbindlichkeiten des übertragenden Rechtsträgers bei allen an der Spaltung beteiligten Rechtsträger befürwortet worden ist, zeichnet sich zutr. die heute hM durch eine diff. Sichtweise aus. Die gesamtschuldnerische Haftung nach Abs. 1 S. 1 lässt sich ohne größeren Schwierigkeiten in das vorhandene System der handelsbilanziellen Behandlung von Verbindlichkeiten im weiteren Sinne einfügen. Danach hat zunächst der Rechtsträger, dem die Verbindlichkeit zugeordnet ist, diese in der Bilanz als Verbindlichkeit oder ggf. als RSt zu passivieren. Solange keine Inanspruchnahme der anderen, gesamtschuldnerisch haftenden Rechtsträger droht, haben diese hingegen nicht die Verpflichtung, die Verbindlichkeit als RSt in der Bilanz zu passivieren (Lutter/Priester Anh. § 134 Rn. 19; Lutter/Schwab

Rn. 85 f.; Kallmeyer/Lanfermann Rn. 13; Sagasser/Bula/Brünger Umwandlungen/ Bula/Thees § 19 Rn. 104; Kölner Komm UmwG/Simon Rn. 66; BeckOGK/ Wiersch/Breuer Rn. 70, jew. mwN). Für **KapGes** (§ 288 HGB; zu den Größenklassen: § 267 HGB; seit 23.7.2015 aufgrund Änderung durch das BilRUG **auch kleine KapGes**) besteht allerdings regelmäßig die Verpflichtung, die gesamtschuldnerische Haftung im Anhang aufzunehmen (§ 285 Nr. 3a HGB; so auch IDW RS HFA 43 Rn. 30; Kallmeyer/Lanfermann Rn. 15; Lutter/Priester Anh. § 134 Rn. 17; Kölner Komm UmwG/Simon Rn. 68; HK-UmwR/Raible Rn. 30; Widmann/Mayer/ Vossius Rn. 16; BeckOGK/Wiersch/Breuer Rn. 70; Heiss DZWiR 1993, 12 (17); Rümker WM 1994, WM-Festgabe Th. Hellner, 73, 76). Eine Angabe unter der Bilanz nach § 251 HGB (für KapGes vgl. ergänzend § 268 VII HGB) kommt hingegen nicht in Betracht, da die Anwendungsfälle dieser Norm abschl. geregelt sind (IDW RS HFA 43 Rn. 30; Hopt/Merkt HGB § 251 Rn. 2; Heeb WPg 2014, 189 (196)), die gesamtschuldnerische Haftung nach Abs. 1 S. 1 aber davon nicht umfasst ist (Kallmeyer/Lanfermann Rn. 14; Lutter/Priester Anh. § 134 Rn. 16). Insbes. liegt kein Haftungsverhältnis aus einem Gewährleistungsvertrag oder aus der Bestellung von Sicherheiten für fremde Verbindlichkeiten vor (aA zur Anwendung von § 251 HGB Ganske WPg 1994, 157 (162)). Für reine **PersGes** (zu **KapGes & Co.** vgl. § 264a HGB) hingegen entfällt bei nicht drohender Inanspruchnahme eine Berücksichtigung der Gesamtschuld im JA. Für eG vgl. § 336 HGB (entsprechende Anwendung von § 285 Nr. 3 HGB). Zu **Kleinst-KapGes** (§ 267a HGB) vgl. § 264 I 5 HGB.

41 Eine Passivierung muss allerdings erfolgen, soweit eine **Inanspruchnahme** des Rechtsträgers, dem die Verbindlichkeit nicht zugeordnet worden ist, **zu erwarten** ist. Je nach Qualität der Verpflichtung ist sie dann als Verbindlichkeit oder RSt (§ 249 HGB) zu erfassen. Ggf. kann der Freistellungsanspruch gegen den Rechtsträger, dem die Verbindlichkeit zugeordnet worden ist, aktiviert werden. Hierbei ist nach dem allg. Grundsatz für die Bewertung von Forderungen zu verfahren (Lutter/ Priester Anh. § 134 Rn. 20; BeckOGK/Wiersch/Breuer Rn. 70). Ferner kann der Ausgleichsanspruch nach § 426 BGB aktiviert werden (Lutter/Priester Anh. § 134 Rn. 20).

10. Spaltung von Kommanditgesellschaften

42 Die Spaltung von PhG lässt die Haftung der phG unberührt (§ 125 iVm § 45); sie tritt neben die Haftung nach § 133 (Semler/Stengel/Leonard/Seulen Rn. 5). Bei Ausgliederungen und Aufspaltungen gilt dies auch für Kommanditisten. Soweit die Einlage geleistet ist und eine Einlagenrückgewähr nicht stattgefunden hat, ist ihre Haftung beschränkt (§§ 171, 172 HGB). Denn die Ausgliederung ist nur ein Aktivtausch (übertragenes Vermögen gegen Anteile am übernehmenden Rechtsträger) und die Aufspaltung führt zum Erlöschen der übertragenden KG (die Situation ist mit derjenigen bei der Verschm einer KG vergleichbar, vgl. § 45). Anders ist die **Abspaltung** zu beurteilen. Sie führt zu einem Vermögensabfluss bei der übertragenden KG, während die Gegenleistung, die Anteile an dem übernehmenden Rechtsträger, dem Kommanditisten gewährt werden. Bei entsprechender Kapitalsituation kann die Abspaltung damit eine Einlagenrückzahlung iSv § 172 IV HGB darstellen (so auch Naraschewski DB 1995, 1256 (1266); aA die hM, etwa Kallmeyer/Sickinger Rn. 22; Lutter/Schwab Rn. 99; Lutter/Lieder Anh. § 137 Rn. 14; NK-UmwR/ Fischer Rn. 44; Semler/Stengel/Leonard/Seulen Rn. 116; HK-UmwR/Raible Rn. 36; Kölner Komm UmwG/Simon Rn. 86; BeckOGK/Wiersch/Breuer Rn. 115).

43 Dem dadurch eintretenden Wiederaufleben der **persönlichen Haftung** kann, sofern nicht nach der Auf-/Abspaltung die Pflichteinlage durch die verbleibenden Vermögensgegenstände gedeckt ist, nur eingeschränkt begegnet werden. In diesem

Fall muss vor Durchführung der Auf-/Abspaltung eine Kapitalherabsetzung durchgeführt werden. Die Haftung für bis zu diesem Zeitpunkt bereits begründete Verbindlichkeiten bleibt hiervon allerdings unberührt (§ 174 HGB; aA Naraschewski DB 1995, 1265, der auf die Anwendung von § 174 verzichtet, sofern ein ausreichender Schutz der Altgläubiger durch entsprechende Festsetzung der Haftsumme bei dem übernehmenden Rechtsträger gewährleistet ist; dieses Ergebnis mag wünschenswert sein, es lässt sich jedoch nicht methodisch korrekt begründen). Die wiederauflebende Haftung für Altverbindlichkeiten unterliegt allerdings der Nachhaftungsbegrenzung nach § 137 HGB (§ 160 HGB aF; Hopt/Roth HGB § 174 Rn. 2).

§ 134 Schutz der Gläubiger in besonderen Fällen

(1) ¹Spaltet ein Rechtsträger sein Vermögen in der Weise, daß die zur Führung eines Betriebes notwendigen Vermögensteile im wesentlichen auf einen übernehmenden oder mehrere übernehmende oder auf einen neuen oder mehrere neue Rechtsträger übertragen werden und die Tätigkeit dieses Rechtsträgers oder dieser Rechtsträger sich im wesentlichen auf die Verwaltung dieser Vermögensteile beschränkt (Anlagegesellschaft), während dem übertragenden Rechtsträger diese Vermögensteile bei der Führung seines Betriebes zur Nutzung überlassen werden (Betriebsgesellschaft), und sind an den an der Spaltung beteiligten Rechtsträgern im wesentlichen dieselben Personen beteiligt, so haftet die Anlagegesellschaft auch für die Forderungen der Arbeitnehmer der Betriebsgesellschaft als Gesamtschuldner, die binnen fünf Jahren nach dem Wirksamwerden der Spaltung auf Grund der §§ 111 bis 113 des Betriebsverfassungsgesetzes begründet werden. ²Dies gilt auch dann, wenn die Vermögensteile bei dem übertragenden Rechtsträger verbleiben und dem übernehmenden oder neuen Rechtsträger oder den übernehmenden oder neuen Rechtsträgern zur Nutzung überlassen werden.

(2) Die gesamtschuldnerische Haftung nach Absatz 1 gilt auch für vor dem Wirksamwerden der Spaltung begründete Versorgungsverpflichtungen auf Grund des Betriebsrentengesetzes.

(3) Für die Ansprüche gegen die Anlagegesellschaft nach den Absätzen 1 und 2 gilt § 133 Abs. 3 Satz 1, Abs. 4 und 5 entsprechend mit der Maßgabe, daß die Frist fünf Jahre nach dem in § 133 Abs. 4 Satz 1 bezeichneten Tage beginnt.

Übersicht

	Rn.
1. Allgemeines	1
2. Arbeitnehmer der Betriebsgesellschaft	4
3. Voraussetzungen der erweiterten Haftung (Abs. 1)	7
a) Die zur Führung eines Betriebs notwendigen Vermögensteile	7
b) Übertragung der Vermögensteile im Wesentlichen	15
c) Übertragung durch Abspaltung oder Ausgliederung	18
d) Beschränkung auf Verwaltung	21
e) Nutzungsüberlassung	24
f) Beteiligung im Wesentlichen derselben Personen	25
g) Abspaltung/Ausgliederung der Betriebsgesellschaft (Abs. 1 S. 2)	35
4. Maßgeblicher Zeitpunkt	36
5. Bestehen mehrerer Anlagegesellschaften	37

	Rn.
6. Rechtsfolgen der Betriebsaufspaltung	38
7. Versorgungsverpflichtungen	42
8. Nachhaftungsbegrenzung	45

1. Allgemeines

1   Die Vorschrift ergänzt § 133, indem den ArbN hinsichtlich einiger Ansprüche ein zusätzlicher Schutz eingeräumt wird. Sie bezweckt, den besonderen Gefahren einer Betriebsaufspaltung zu begegnen (vgl. RegEBegr. BR-Drs. 75/94 zu § 134; BAG NZA 2011, 1112). Damit hat der Gesetzgeber zum ersten Mal das hauptsächlich steuer- und gesellschaftsrechtlich geprägte Gestaltungsmodell der **Betriebsaufspaltung** in einer gesetzlichen Regelung ausdrücklich erfasst, wenngleich dies – wie Widmann/Mayer/Vossius Rn. 1 zutr. feststellt – weder eine gesetzliche Anerkennung der (stl.) Betriebsaufspaltung ist, noch die stl. und die von § 134 vorausgesetzte Betriebsaufspaltung deckungsgleich sind. § 134 regelt einen Spezialfall. Die Bedeutung der Vorschrift dürfte vorerst gering bleiben, da die klassische Betriebsaufspaltung zunehmend an Attraktivität und damit an Beliebtheit verloren hat. Die stl. Vorteile (Kombination von Pers- und KapGes) sind gering, die steuerneutrale Begr. einer Betriebsaufspaltung ist zunächst von der FVerw und seit vielen Jahren auch vom Gesetzgeber erschwert und auch die Haftungsvorteile sind durch die Rspr. des BGH zum Kapitalersatz und gesetzliche Entwicklungen (§ 135 III InsO) relativiert worden.

2   **Wesentlicher Inhalt** von Abs. 1 ist, dass bei einer Betriebsaufspaltung die „reiche" AnlageGes (BesitzGes) zeitlich begrenzt auch für bestimmte nach Wirksamwerden der Spaltung begründete Ansprüche haftet. Die von Abs. 2 angeordnete gesamtschuldnerische Haftung für bereits vor dem Wirksamwerden der Spaltung begründete **Versorgungsverpflichtungen** stellt hingegen keine Ausweitung ggü. § 133 I 1 dar. Einer gesonderten Regelung bedurfte es insoweit nur, weil die Nachhaftungsbegrenzung für diese Ansprüche durch Abs. 3 anders geregelt werden sollte. Die Vorschrift hat wegen der zwischenzeitlich generellen Verlängerung der Enthaftungsfrist für Ansprüche aufgrund des Betriebsrentengesetzes (BetrAVG) auf zehn Jahre (§ 133 III 2) nur noch für Altfälle Bedeutung (Semler/Stengel/Leonard/Seulen Rn. 42; Maulbetsch/Klumpp/Rose/Raible Rn. 4, 47; Kallmeyer/Willemsen Rn. 20).

3   Anspruchsberechtigte sind nur die ArbN der **BetriebsGes**, da diese bei einer Betriebsaufspaltung nach Auffassung des Gesetzgebers erhebliche Nachteile zu befürchten hätten (RegEBegr. BR-Drs. 75/94 zu § 134), die nur in den Fällen des qualifizierten faktischen Konzerns nicht bestünden, der aber nicht stets anzunehmen sei (RegEBegr. BR-Drs. 75/94 zu § 134; näher → Rn. 4 f.

2. Arbeitnehmer der Betriebsgesellschaft

4   Anspruchsberechtigte sind nicht außenstehende Gläubiger, sondern ausschließlich die **ArbN** der BetriebsGes (= Rechtsträger). Das sind zunächst diejenigen ArbN, die zur Zeit der Eintragung der Spaltung in das Register beim übertragenden Rechtsträger beschäftigt waren, nach dem Wortlaut der Vorschrift aber auch alle diejenigen ArbN, die Ansprüche im Fünf-Jahres-Zeitraum ab Eintragung der Spaltung erworben haben. Damit wären auch ArbN begünstigt, die erst nach Eintragung der Spaltung in das HR erst in ein Arbeits- oder Dienstverhältnis zur BetriebsGes getreten sind. Das kann nicht Sinn der Regelung von § 134 sein, der im Zusammenhang mit § 133, aber auch mit § 613a BGB zu sehen ist. Abs. 1 ist deshalb einschränkend dahin auszulegen, dass nur solche ArbN der BetriebsGes anspruchsberechtigt sind, die auch bereits zum Zeitpunkt der Eintragung der Spaltung in das Register

ArbN des ursprünglich einheitlichen Rechtsträgers waren und deren Rechtsverhältnisse zum Arbeitgeber sich durch die Spaltung dadurch nachteilig entwickelt haben, dass die Haftungsmasse vermindert wurde (so auch Kallmeyer/Willemsen Rn. 17; Widmann/Mayer/Vossius Rn. 89; Semler/Stengel/Leonard/Seulen Rn. 37 ff.; Kölner Komm UmwG/Hohenstatt/Schramm Rn. 21; Maulbetsch/Klumpp/Rose/Raible Rn. 41; Röger/Tholuck NZA 2012, 294 (297); BeckOGK/Annuß Rn. 7; aA Lutter/Schwab Rn. 74). Nur deren Besitzstand ist tangiert, nicht aber derjenige von ArbN, die nach Eintragung der Spaltung in das HR erst beschäftigt worden sind. Ein allg. Schutz vor dem Risiko, ArbN einer BetriebsGes iRe Betriebsaufspaltung zu sein, hätte im BGB und nicht im UmwG geregelt werden müssen. Mit diesem Schutzzweck ließe sich auch eine zeitliche Begrenzung der Haftung nicht vereinbaren, denn ein allg. Erfahrungssatz, dass die BetriebsGes in den ersten Jahren nach der Begr. der Betriebsaufspaltung besonders gefährdet seien (so aber Lutter/Schwab Rn. 74), existiert nicht.

ArbN iSd Vorschrift ist, wer in einem ArbVerh zur BetriebsGes steht (oder stand, Abs. 2). Die ArbN der AnlageGes (BesitzGes) sind nur nach § 133 I geschützt. ArbN iSd Vorschrift sind ferner nur diejenigen, die Ansprüche nach §§ 111 ff. BetrVG (Abs. 1) oder aus Versorgungsanwartschaften (Abs. 2) gegen die BetriebsGes haben. Damit scheiden echte **freie Mitarbeiter** ebenso wie diejenigen, die aufgrund eines **Werkvertrags** tätig sind, aus dem Kreis der geschützten Personen aus. Dies gilt unabhängig von ihrer sozialen Schutzwürdigkeit. Entsprechendes gilt für Ansprüche iSv Abs. 1 für **leitende Angestellte** (Lutter/Schwab Rn. 71; Semler/Stengel/Leonard/Seulen Rn. 43; Widmann/Mayer/Vossius Rn. 85; BeckOGK/Annuß Rn. 7) und für **Organmitglieder** jur. Person, da ihnen nach § 5 III BetrVG keine Ansprüche nach §§ 111 ff. BetrVG zustehen können. Ebenso sind mitarbeitende phG von PhG nicht geschützt (Widmann/Mayer/Vossius Rn. 85). Gesellschafter von KapGes, die keine Organstellung ausüben, können hingegen ArbN sein. 5

Der persönliche Anwendungsbereich von **Abs. 2** ist umfassender. Geschützt sind alle Personen, die Ansprüche nach dem BetrAVG haben (Kallmeyer/Willemsen Rn. 20; BeckOGK/Annuß Rn. 7; aA Lutter/Schwab Rn. 74; Widmann/Mayer/Vossius Rn. 85; Semler/Stengel/Leonard/Seulen Rn. 42a). Maßgeblich ist demnach § 17 I BetrAVG, der neben leitenden Angestellten (so auch Semler/Stengel/Leonard/Seulen Rn. 43) unter bestimmten Voraussetzungen auch Organvertreter erfasst (Kölner Komm UmwG/Hohenstatt/Schramm Rn. 25). 6

3. Voraussetzungen der erweiterten Haftung (Abs. 1)

a) Die zur Führung eines Betriebs notwendigen Vermögensteile. Die zur Führung eines Betriebs notwendigen Vermögensteile müssen im Wesentlichen auf andere Rechtsträger übertragen werden (Abs. 1 S. 1). Zu den betreffenden Spaltungsarten → Rn. 18 ff. Es ist unerheblich, ob die betriebsnotwendigen Vermögensteile auf einen oder auf mehrere übernehmende Rechtsträger verteilt werden. Es brauchen nicht alle zur Führung eines Betriebs notwendigen Vermögensteile übertragen werden, es genügt vielmehr, wenn sie **im Wesentlichen** übertragen werden. 7

Der **Begriff** des Betriebs iSv Abs. 1 S. 1 ist funktional zu verstehen (Kallmeyer/Willemsen Rn. 8, 10; Maulbetsch/Klumpp/Rose/Raible Rn. 13). Es geht nicht darum, eine zusammengehörende Sachgemeinschaft zu definieren, die durch die Spaltung gerade getrennt wird (daher weist Lutter/Schwab Rn. 20 zutr. darauf hin, dass der Begriff der Unternehmensspaltung geeigneter wäre). Der Begriff des Betriebs dient dazu, eine Bezugsgröße zu schaffen, um festzustellen, ob Gegenstände, die einer einheitlichen Funktion dienen, auf verschiedene Rechtsträger aufgeteilt werden. Anhand des so definierten Betriebs (Funktion) muss geprüft werden, ob die einzelnen übertragenen Gegenstände zur Funktionserfüllung notwendig sind. 8

9   Aber auch bei einer funktionalen Betrachtungsweise existieren verschiedene Betriebsbegriffe. Kraft des Regelungsgegenstandes (Haftung für Arbeitnehmeransprüche) ist Betrieb iSv Abs. 1 S. 1 **arbeitsrechtlich** (organisatorische Einheit, innerhalb der ein Arbeitgeber allein oder in Gemeinschaft mit seinen ArbN bestimmte arbeitstechnische Zwecke fortgesetzt verfolgt) zu verstehen (so auch Kallmeyer/Willemsen Rn. 7; Widmann/Mayer/Vossius Rn. 34 f.; Semler/Stengel/Leonard/Seulen Rn. 11; Lutter/Schwab Rn. 25; Kölner Komm UmwG/Hohenstatt/Schramm Rn. 7; NK-UmwR/Fischer Rn. 12; Maulbetsch/Klumpp/Rose/Raible Rn. 10; Sagasser/Bula/Brünger Umwandlungen/Sagasser § 18 Rn. 113; Henssler/Strohn/Galla/Cé. MüllerRn. 4; MHdB GesR VIII/Larisch § 27 Rn. 170; aA BeckOGK/Annuß Rn. 10 ff.). Denn die ArbN sollen davor geschützt werden, dass ihnen diejenigen Vermögensgegenstände, mit denen sie gemeinschaftlich die Arbeitsleistung erbringen, als Haftungsmasse entzogen werden. § 134 bezweckt, dasjenige – zeitlich und gegenständlich befristet – als Haftungsmasse zusammenzuhalten, was zur Arbeitserbringung notwendig ist. Trotz dieses Schutzzweckes sind nicht nur diejenigen ArbN geschützt, deren Betrieb „gespalten" wird. Dies ist auch zutr., denn Haftungsobjekt ist nicht der (arbeitsrechtliche) Betrieb, sondern das Unternehmen (Rechtsträger); siehe dazu auch BeckOGK/Annuß Rn. 13: jeder übertragende Rechtsträger kann nur einen Betrieb führen).

10   Abs. 1 S. 1 meint hingegen **nicht** den stl. **Betriebsbegriff,** der eine wirtschaftliche Zusammengehörigkeit erfassen will. § 134 setzt nicht eine stl. Betriebsaufspaltung voraus, was auch an den anderen Tb-Merkmalen deutlich wird (dazu → Rn. 15 ff.), wenngleich eine stl. Betriebsaufspaltung oftmals den Tatbestand von § 134 und umgekehrt erfüllen wird. Anhand der so festgelegten Bezugsgröße muss weiter geprüft werden, ob die übertragenen Vermögensteile zur Führung des Betriebs **notwendig** sind. Hier bestehen unzweifelhaft Parallelen zum stl. Begriff der wesentlichen Betriebsgrundlage (Kölner Komm UmwG/Hohenstatt/Schramm Rn. 8). Der ebenfalls stl. Begriff des notwendigen BV taugt hingegen nicht, da hierfür nur Voraussetzung ist, dass die WG ausschließlich und unmittelbar für eigenbetriebliche Zwecke genutzt werden oder dazu bestimmt sind (R 4.2 Abs. 1 EStR).

11   **Notwendige Vermögensteile** sind damit solche WG, die im Einzelfall (objektiv-funktional) zur Erreichung des konkreten arbeitstechnischen Betriebszwecks der BetriebsGes erforderlich sind und die ein besonderes Gewicht für die Betriebsführung der BetriebsGes haben. Maßgeblich ist der konkrete arbeitstechnische Zweck (Kallmeyer/Willemsen Rn. 8; Semler/Stengel/Leonard/Seulen Rn. 11; Lutter/Schwab Rn. 30 ff.; Maulbetsch/Klumpp/Rose/Raible Rn. 11). Notwendig ist der Vermögensgegenstand, wenn der konkrete betriebliche Ablauf ihn voraussetzt (so auch Kallmeyer/Willemsen Rn. 7). Maßgeblich ist nicht irgendein Betrieb, sondern der reale Betrieb des übertragenen Rechtsträgers (zutr. Semler/Stengel/Leonard/Seulen Rn. 11).

12   Die zur Führung eines Betriebs notwendigen Vermögensteile sind nicht mit dem Begriff des **Anlagevermögens** identisch, wenngleich das idR der Fall sein wird (so wohl auch Lutter/Schwab Rn. 31; Semler/Stengel/Leonard/Seulen Rn. 12). Dem Anlagevermögen sind solche Gegenstände zuzurechnen, die dazu bestimmt sind, dauernd dem Betrieb zu dienen, § 247 II HGB. Wie beim notwendigen BV (→ Rn. 10) kommt es beim Anlagevermögen nicht auf die **Bedeutung** für den Betrieb an. Finanzanlagen, Beteiligungen und ähnl. WG können – je nach Art der Tätigkeit, zB Bank- und Versicherungsgeschäfte, bei HoldingGes –, müssen aber nicht (zB produzierendes Gewerbe) den für den Betrieb notwendige Vermögensteile sein (ebenso Lutter/Schwab Rn. 31; wohl auch Kallmeyer/Willemsen Rn. 10; Semler/Stengel/Leonard/Seulen Rn. 12; NK-UmwR/Fischer Rn. 13; BeckOGK/Annuß Rn. 15). Umgekehrt können solche Vermögensteile, die nicht bilanziert sind, wie zB originäre immaterielle WG, häufig zur Führung eines Betriebs notwendig sein (zB Patente, Erfindungen, Know-how, Kundenstamm, Firmenwert, etc).

Notwendig sind nicht nur einzelne Vermögensgegenstände, ohne die die Fort- 13
führung des Betriebs (objektiv-funktional) unmöglich ist, sondern auch solche Vermögensgegenstände, von denen jew. einzeln die Fortführung des Betriebs nicht abhängt, wohl aber in ihrer Zusammenfassung als Sachgesamtheit. Diese Anforderung darf aber nicht überstrapaziert werden. Denn in seiner Gesamtheit wäre etwa auch das **Umlaufvermögen** notwendig für die Führung des Betriebs. Das Umlaufvermögen ist hingegen regelmäßig nicht notwendig iSv Abs. 1 S. 1 (Semler/Stengel/Leonard/Seulen Rn. 12; Maulbetsch/Klumpp/Rose/Raible Rn. 12; BeckOGK/Annuß Rn. 15), da diese Gegenstände zumeist ohne Störung des betrieblichen Ablaufs kurzfristig ausgetauscht werden können (etwa Vorräte).

Der **Wert** der Vermögensgegenstände ist für die Bestimmung der Notwendigkeit 14
unbedeutend, da eine Aussage über die funktionale Bedeutung damit nicht verbunden ist (ebenso Kallmeyer/Willemsen Rn. 10; Maulbetsch/Klumpp/Rose/Raible Rn. 13, aber → Rn. 15). Die Übertragung wertvoller, aber nicht notwendiger Vermögensgegenstände (etwa Reservegrundstücke, im Betrieb nicht verwendete Patente etc) führt für sich allein nicht zur Haftung nach § 134 (vgl. auch Kallmeyer/Willemsen Rn. 10: daher nur im begrenzten Umfang Schutz vor einer Aushöhlung). Der Wert der Vermögensgegenstände hat erst bei der Frage Bedeutung, ob die notwendigen Vermögensgegenstände im Wesentlichen übertragen worden sind (dazu → Rn. 15 ff.). Diese Prüfung bezieht sich aber von vornherein nur auf die zur Führung des Betriebs notwendiger Vermögensteile.

b) Übertragung der Vermögensteile im Wesentlichen. Die zur Führung 15
eines Betriebs notwendigen Vermögensteile müssen **im Wesentlichen** übertragen (im Fall von Abs. 1 S. 1) oder zurückbehalten (bei Abs. 1 S. 2) werden. Nach Sinn und Zweck der Vorschrift (Schutz bei Verlagerung von Haftungssubstrat) ist das Begriffsmerkmal „im Wesentlichen" ausschließlich wertmäßig zu verstehen, nicht aber qualitativ oder funktional (zust. Kallmeyer/Willemsen Rn. 11; Semler/Stengel/Leonard/Seulen Rn. 14; Maulbetsch/Klumpp/Rose/Raible Rn. 14; aA BeckOGK/Annuß Rn. 16). Bezugsgröße sind nach dem klaren Wortlaut die zur Führung eines Betriebs notwendigen Vermögensteile, nicht etwa das gesamte Vermögen des übertragenden Rechtsträgers (Semler/Stengel/Leonard/Seulen Rn. 14; aA Lutter/Schwab Rn. 35: Überlebensprognose anhand des verbleibenden Vermögens; anders auch Kölner Komm UmwG/Hohenstatt/Schramm Rn. 12: keine eigenständige Bedeutung neben dem Kriterium der Notwendigkeit). § 134 verlangt nun nicht, dass das ganze so definierte Vermögen übergeht; es reicht, wenn die in funktionaler Betrachtung zur Führung des Betriebs notwendigen Vermögensteilen im Wesentlichen, also „im großen Ganzen" (Semler/Stengel/Leonard/Seulen Rn. 13), übertragen werden (→ Rn. 14).

Die demzufolge wertende Betrachtung hat sich am Schutzzweck der Norm zu 16
orientieren. Eine Quote ist vom Gesetz nicht genannt und kann daher nicht bestimmt werden. Trotz des unterschiedlichen Wortlauts (vgl. aber Kallmeyer/Willemsen Rn. 11) bietet sich ein Rückgriff auf die von der Rspr. entwickelten Grundsätze zu § 419 I BGB aF, § 1365 I BGB an (ebenso Widmann/Mayer/Vossius Rn. 44 (auch § 25 HGB); Semler/Stengel/Leonard/Seulen Rn. 14; MHdB GesR VIII/Larisch § 27 Rn. 171), wenngleich die dort zu beachtende subjektive Komponente nicht gilt (Widmann/Mayer/Vossius Rn. 46). Damit kann sich die Praxis an einem Grenzwert von 85–90% des zur Führung eines Betriebs notwendigen Vermögen orientieren (so auch Semler/Stengel/Leonard/Seulen Rn. 14; Widmann/Mayer/Vossius Rn. 44; Sagasser/Bula/Brünger Umwandlungen/Sagasser § 18 Rn. 114; NK-UmwR/Fischer Rn. 15; Maulbetsch/Klumpp/Rose/Raible Rn. 15 MHdB GesR VIII/Larisch § 27 Rn. 171), wenngleich dies indes eine bei unbestimmten Rechtsbegriffen immer notwendig wertende Einzelfallbetrachtung nicht ersetzt (Lutter/Schwab Rn. 35). Ein Vergleich mit anderen Vermögensmassen (zB denjeni-

gen beim übertragenden Rechtsträger oder denjenigen beim übernehmenden Rechtsträger) kann nicht angestellt werden. Auch können, ohne dass § 134 eingreift, neben einem für die Funktion notwendigen, wertmäßig aber nicht wesentlichen Vermögensteil auch erhebliche Vermögenswerte übertragen werden (schon → Rn. 14).

17 Ein großzügigerer Maßstab (so Kallmeyer/Willemsen Rn. 11: zwei Drittel) widerspricht dem Wortlaut „im Wesentlichen" und lässt sich allein aus der ratio legis nicht begründen; auch §§ 419 (früher), 1365 BGB sind Schutznormen bei der Verlagerung von Haftungssubstrat. Eine prognostische Betrachtung, ob das der BetriebsGes übertragene oder verbleibende Vermögen voraussichtlich deren Überleben innerhalb der nächsten zehn Jahre sichert (so Lutter/Schwab Rn. 35), ist demggü. – von krassen Missbrauchsfällen abgesehen – wenig aussagekräftig. Denn die Überlebensfähigkeit muss unter Ertragsgesichtspunkten prognostiziert werden. Hierfür ist die Vermögenszusammensetzung allenfalls von mittelbarer Bedeutung (etwa künftiger Miet- oder Pachtaufwand im Vergleich zu Abschreibung und Finanzierungskosten). Die Betriebsaufspaltung mag bei isolierter Betrachtung allein der BetriebsGes sogar günstigere Aussagen rechtfertigen. Der Unterschied zwischen dem „wohlhabenden" und dem „armen" Unternehmen wirkt sich aber erst in der Krise aus, auf die § 134 gerade abstellt (iErg ebenso Semler/Stengel/Leonard/Seulen Rn. 14).

18 **c) Übertragung durch Abspaltung oder Ausgliederung.** § 134 setzt den Vermögensübergang durch Spaltung voraus. Da beide Varianten von Abs. 1 von einem fortbestehenden übertragenden Rechtsträger ausgehen, scheidet eine Umw durch Aufspaltung iSv § 123 I aus; bei dieser Spaltungsart erlischt der übertragende Rechtsträger mit Eintragung der Aufspaltung in das HR, § 131 I Nr. 2 (ebenso Widmann/Mayer/Vossius Rn. 5; Boecken Unternehmensumwandlung Rn. 274; Kölner Komm UmwG/Hohenstatt/Schramm Rn. 4; BeckOGK/Annuß Rn. 5). Die Gegenmeinung, die eine analoge Anwendung befürwortet (Lutter/Schwab Rn. 64 ff.; Semler/Stengel/Leonard/Seulen Rn. 34; Kallmeyer/Willemsen Rn. 4; Maulbetsch/Klumpp/Rose/Raible Rn. 8; Sagasser/Bula/Brünger Umwandlungen/Sagasser § 18 Rn. 111; MHdB GesR VIII/Larisch § 27 Rn. 163), muss eine planwidrige Gesetzeslücke unterstellen (vgl. auch BAG NZA 2011, 1112 (1114): alle Arten der Spaltung, im Urteilsfall allerdings eine Ausgliederung). Der Gesetzgeber wollte aber gerade die Gefahren der klassischen Betriebsaufspaltung erfassen. Er orientierte sich daher an den praxisrelevanten Formen (RegEBegr. BR-Drs. 75/94 zu § 134). Die befürchtete Umgehung durch Aufspaltung wird regelmäßig aus stl. Gründen eine Alt. nicht sein, da bei einer derartigen Aufspaltung die Voraussetzungen von § 15 UmwStG (Übertragung von stl. Teilbetrieben) fast nie erfüllt sein werden (vgl. iE die Komm. dort).

19 Die Vorschrift ist ebenso wenig anwendbar bei einer Betriebsaufspaltung, die durch **Einzelrechtsnachfolge** realisiert wird, selbst dann nicht, wenn zunächst die fraglichen WG außerhalb des UmwG auf eine PersGes übertragen werden, die dann anschl. (durch Formwechsel oder Verschm) in eine KapGes umgewandelt wird (ebenso Widmann/Mayer/Vossius Rn. 18; Kallmeyer/Willemsen Rn. 6; Semler/Stengel/Leonard/Seulen Rn. 4; Kölner Komm UmwG/Hohenstatt/Schramm Rn. 5; Maulbetsch/Klumpp/Rose/Raible Rn. 9; Henssler/Strohn/Wardenbach Rn. 2; BeckOGK/Annuß Rn. 5; Lutter/Schwab Rn. 19). Derartige Umwandlungsvorgänge erfasst das UmwG generell nicht (§ 1 I; → § 1 Rn. 62 ff.). Zudem ist die Haftung für Verbindlichkeiten eines fremden Rechtsträgers (gehaftet wird für nach Wirksamwerden der Spaltung begründete Verbindlichkeiten) eine im Zivilrecht sehr selten anzutreffende Regelung, die mit einem erheblichen Eingriff in die Eigentumsposition verbunden ist; von einem verallgemeinerungsfähigen Rechtsge-

Schutz der Gläubiger in besonderen Fällen   20–23   § 134 UmwG A

danken kann nicht ausgegangen werden (vgl. aber Goutier/Knopf/Tulloch/Goutier Rn. 5).

Nicht nur die Abspaltung, sondern auch die **Ausgliederung** kommt als Spaltungsart iSv Abs. 1 in Betracht (BAG NZA 2011, 1112 (1114); ebenso Kallmeyer/Willemsen Rn. 5; Lutter/Schwab Rn. 67 ff.; Widmann/Mayer/Vossius Rn. 6; Sagasser/Bula/Brünger Umwandlungen/Sagasser § 18 Rn. 112; BeckOGK/Annuß Rn. 5). Das Tb-Merkmal der Beteiligung der im Wesentlichen gleichen Personen (→ Rn. 25 ff.) kann auch bei Ausgliederungen erfüllt sein. Zwar werden bei der Ausgliederung die Anteile dem übertragenden Rechtsträger selbst, nicht den Anteilseignern, gewährt; bei einer Ausgliederung zur Aufnahme auf einen bestehenden Rechtsträger, bei dem die Anteilsinhaber des übertragenden Rechtsträgers bereits beteiligt sind, kann dennoch die von Abs. 1 vorausgesetzte Beteiligungsidentität eintreten. Darüber hinaus wird wegen des Schutzgedankens von § 134 auch davon auszugehen sein, dass schon eine **mittelbare Beteiligung** derselben Person genügt, die die zwingende Folge der Ausgliederung ist (Kallmeyer/Willemsen Rn. 5). Die von Abs. 1 S. 1 vorausgesetzte Situation, dass die zukünftige BetriebsGes die zur Führung eines Betriebs betriebsnotwendigen Vermögensteile ausgliedert, hat mangels Haftungsvorteilen allerdings keine praktische Bedeutung (zutr. Lutter/Schwab Rn. 70; Kallmeyer/Willemsen Rn. 5). Denkbar ist aber eine Ausgliederung des nicht zur Führung eines Betriebs notwendigen Vermögens (Abs. 1 S. 2). 20

d) Beschränkung auf Verwaltung. Weitere Voraussetzung für den Eintritt der erweiterten Haftung ist, dass sich die Rechtsträger, die die zur Führung eines Betriebs notwendigen Vermögensteile übernehmen (Abs. 1 S. 1) oder zurückbehalten (Abs. 1 S. 2) haben, sich im Wesentlichen **auf die Verwaltung** dieser Vermögensteile beschränken. Sinn dieser Einschränkung ist, dass nur den besonderen Gefahren der Betriebsaufspaltung begegnet werden soll (RegEBegr. BR-Drs. 75/94 zu § 134). Betreibt die AnlageGes hingegen selbst ein operatives Geschäft, ist einerseits die Gefahr einer missbräuchlichen Gestaltung gering, andererseits ein Bedürfnis der neuen Gläubiger der AnlageGes auf Freihaltung der Haftungsmasse von fremden Verbindlichkeiten anzuerkennen. 21

Der erweiterten Haftung kann nicht bereits dadurch entgangen werden, dass die AnlageGes neben der Verwaltung der notwendigen Vermögensteile nach Bedeutung und Umfang **geringfügige** andere Geschäfte – für die BetriebsGes oder für außenstehende Dritte – betreibt („im Wesentlichen"; Kallmeyer/Willemsen Rn. 15; BeckOGK/Annuß Rn. 18; aA Lutter/Schwab Rn. 46 f.: AnlageGes muss sich nur im konkret betroffenen Betrieb jeglicher unternehmerischer Funktionen enthalten; ebenso Semler/Stengel/Leonard/Seulen Rn. 15 f.; Widmann/Mayer/Vossius Rn. 53; Kölner Komm UmwG/Hohenstatt/Schramm Rn. 14; Sagasser/Bula/Brünger Umwandlungen/Sagasser § 18 Rn. 115; NK-UmwR/Fischer Rn. 16). Maßnahmen zur Erhaltung und ggf. zum Ersatz der Vermögensgegenstände zählen noch zur Verwaltungstätigkeit. Allg. Abgrenzungen fallen iÜ schwer, da der gleichen Tätigkeit je nach Einzelfall unterschiedliche Bedeutung zukommen und sie einen unterschiedlichen Umfang annehmen kann. Wesentliche Kriterien sind ua, ob die AnlageGes (der Rechtsträger) für die weiteren Tätigkeiten eigene Mitarbeiter einsetzt und welcher organisatorische Aufwand betrieben wird, aber insbes., ob ein eigenes unternehmerisches Risiko besteht (so zutr. Widmann/Mayer/Vossius Rn. 51). 22

Die erweiterte Haftung setzt voraus, dass sich die Tätigkeit der AnlageGes im Wesentlichen auf die Verwaltung der im Rahmen der Spaltung übertragenen („dieser") Vermögensteile beschränkt. Verwaltet sie daneben auch **anderes Vermögen** in nicht unbedeutendem Umfang oder führt sie daneben einen Betrieb, führt dies nach dem klaren Wortlaut von Abs. 1 zum Ausschluss der Mithaftung (BeckOGK/Annuß Rn. 18; aA Lutter/Schwab Rn. 46 ff.; Kallmeyer/Willemsen Rn. 15; Sem- 23 ler/Stengel/Leonard/Seulen Rn. 16; Maulbetsch/Klumpp/Rose/Raible Rn. 20). Diese Beschränkung findet ihre Rechtfertigung in der Überlegung, dass der Schutz der Arbeitnehmeransprüche anlässlich der Spaltung zwar aufrechterhalten, nicht jedoch verbessert werden soll. Diese Verbesserung würde aber eintreten, wenn die AnlageGes nicht nur das übernommene, sondern darüber hinaus auch anderes Vermögen, auf das die ArbN bislang keinen Zugriff hatten, verwaltet. Die abstrakte Umgehungsgefahr ist hinzunehmen, da der Gesetzgeber ausweislich der RegEBegr. (→ Rn. 16) lediglich den Gefahren der klassischen Betriebsaufspaltung begegnen wollte (aA Lutter/Schwab Rn. 46 ff.; Kallmeyer/Willemsen Rn. 15; Semler/Stengel/Leonard/Seulen Rn. 16). Die Verwaltung anderen Vermögens reicht allerdings in den – praktisch häufigeren – Fällen des Abs. 1 S. 2 nicht aus, wenn dieses Vermögen bereits zum Zeitpunkt der Spaltung vorhanden war (Vermögen, das nicht zur Führung des Betriebs notwendig ist).

24 **e) Nutzungsüberlassung.** Voraussetzung der Haftungserstreckung ist ferner, dass die zur Führung des Betriebs notwendigen Vermögensteile dem übertragenden Rechtsträger (Abs. 1 S. 1) bzw. dem übernehmenden Rechtsträger (Abs. 1 S. 2) **zur Nutzung überlassen** werden. Welcher Art die Nutzungsüberlassung ist, ist unerheblich (BeckOGK/Annuß Rn. 17; MHdB GesR VIII/Larisch § 27 Rn. 174). Es kommt insbes. nicht darauf an, ob sie entgeltlich oder unentgeltlich erfolgt. Alle Arten von Nutzungsverhältnissen, wie etwa Miete, Pacht, Leihe oder Einräumung von Nutzungsrechten und Lizenzen, werden ebenso wie Nießbrauch, Nutzungseinlagen, Nutzungsüberlassung aufgrund stiller Beteiligung etc erfasst. Selbst ein rein faktisches Nutzungsverhältnis genügt (Kallmeyer/Willemsen Rn. 12 mwN; Lutter/Schwab Rn. 41; Semler/Stengel/Leonard/Seulen Rn. 18; Widmann/Mayer/Vossius Rn. 58; NK-UmwR/Fischer Rn. 17; Maulbetsch/Klumpp/Rose/Raible Rn. 21). Die Nutzungsüberlassung muss zweckgerichtet zur Führung des Betriebs des übertragenden Rechtsträgers (Abs. 1 S. 2) bzw. des übernehmenden Rechtsträgers (Abs. 1 S. 2) erfolgen. Dieser Betrieb muss nicht identisch mit dem vorherigen Betrieb der BesitzGes sein (Kallmeyer/Willemsen Rn. 14; Widmann/Mayer/Vossius Rn. 56; Semler/Stengel/Leonard/Seulen Rn. 17), da Abs. 1 auch bei einer Teilung des Betriebs eingreift. Notwendig ist aber, dass mit den überlassenen Vermögensteilen der arbeitstechnische Zweck des Betriebs, für die die Teile notwendig sind, fortgesetzt wird (Semler/Stengel/Leonard/Seulen Rn. 17). Daran fehlt es etwa, wenn sie in einem anderen Betrieb eingesetzt werden (Semler/Stengel/Leonard/Seulen Rn. 17; NK-UmwR/Fischer Rn. 17) oder zur Nutzung an Dritte weitergegeben werden (Lutter/Schwab Rn. 42; NK-UmwR/Fischer Rn. 17).

25 **f) Beteiligung im Wesentlichen derselben Personen.** Die nachwirkende gesamtschuldnerische Haftung nach § 134 setzt weiter voraus, dass an den an der Spaltung beteiligten Rechtsträgern **im Wesentlichen dieselben Personen** beteiligt sind. Damit taucht zum dritten Mal innerhalb desselben Satzes der unbestimmte Rechtsbegriff „im Wesentlichen" auf. Problematischer ist allerdings, dass unklar bleibt, worauf es bei der Beteiligung ankommt: Ist nur eine jew. qualifizierte Beteiligung derselben Personen nach Kopfzahlen notwendig oder müssen dieselben Personen jew. die Kapital- und/oder Stimmenmehrheit innehaben? Offen ist nach dem Wortlaut auch, ob – im Wesentlichen – eine Beteiligungsidentität vorliegen muss oder Beherrschungsidentität ausreicht.

26 Anders als bei der Frage der Beurteilung der betriebsnotwendigen Vermögensteile kann aufgrund der Intention der Vorschrift auf den Begriff der **personellen Verflechtung** im Zusammenhang mit der stl. Betriebsaufspaltung zurückgegriffen werden (so auch Widmann/Mayer/Vossius Rn. 60 f.). Danach liegt personelle Verflechtung vor, wenn die hinter dem Betriebs- und dem Besitzunternehmen stehenden Personen einen **einheitlichen geschäftlichen Betätigungswillen** haben. Dafür ist aber nicht die identische Beteiligung aller betroffenen Personen an allen beteiligten

Unternehmen erforderlich (**Beteiligungsidentität**), vielmehr genügt es, dass die Personen, die das Besitzunternehmen tatsächlich beherrschen, auch im Betriebsunternehmen ihren Willen durchsetzen können (**Beherrschungsidentität; stRspr seit BFH BStBl. II 1972, 63**). Das Abstellen auf die Beherrschungsidentität entspricht auch dem zivilrechtlichen Sinn von § 134. Die typischen Gefahren, die eine Haftungserweiterung rechtfertigen, treten eben gerade dann ein, wenn dieselben Personen sowohl die Besitz- als auch die BetriebsGes beeinflussen können (hM; vgl. etwa Lutter/Schwab Rn. 57; Kallmeyer/Willemsen Rn. 16; Widmann/Mayer/Vossius Rn. 61; Kölner Komm UmwG/Hohenstatt/Schramm Rn. 17; Maulbetsch/Klumpp/Rose/Raible Rn. 24; NK-UmwR/Fischer Rn. 19; BeckOGK/Annuß Rn. 19; MHdB GesR VIII/Larisch § 27 Rn. 175; anders Semler/Stengel/Leonard/Seulen Rn. 28: mindestens 85% der Beteiligungen müssen von denselben Personen kongruent gehalten werden).

Die für § 134 ebenso wie für die stl. Betriebsaufspaltung ausreichende Beherr- 27
schungsidentität ist dann gegeben, wenn dieselben Personen – wenngleich mit durchaus unterschiedlichen Beteiligungsverhältnissen – sowohl beim Besitzunternehmen als auch beim Betriebsunternehmen ihren Willen durchsetzen können (zur stl. Situation etwa BFH BStBl. II 1997, 437). Denn in diesen Fällen ist von gleichgerichteten Interessen der beteiligten Personen auszugehen. Dies gilt trotz der Beteiligung der im Wesentlichen gleichen Personen jedoch nicht bei **extrem entgegengesetzten Beteiligungsverhältnissen** (Widmann/Mayer/Vossius Rn. 62 ff.; Lutter/Schwab Rn. 59; NK-UmwR/Fischer Rn. 20; Maulbetsch/Klumpp/Rose/Raible Rn. 27; zur stl. Situation vgl. Schmidt/Wacker EStG § 15 Rn. 821):

	Besitzunternehmen	Betriebsunternehmen
A	95%	5%
B	5%	95%

Abgesehen von Sondersituationen hat bei den dargestellten Beteiligungsverhält- 28
nissen kein Gesellschafter beherrschenden Einfluss auf beide Unternehmen. Unzweifelhaft sind jedoch an beiden Ges im Wesentlichen dieselben Personen beteiligt. Ohne Hinzutreten weiterer Umstände tritt die erweiterte Haftung mangels Beherrschungsidentität nicht ein (Lutter/Schwab Rn. 59).

Die Haftung des spaltenden Rechtsträgers für Verbindlichkeiten, die ggü. dem 29
übernehmenden Rechtsträger nach Eintragung der Spaltung begründet sind, lässt sich jedenfalls dann nicht rechtfertigen, wenn die Anteilsinhaber des einen Rechtsträgers zwar der Kopfzahl nach die Mehrheit auch beim anderen Rechtsträger haben, nicht aber die Kapital- oder Stimmrechtsmehrheit.

Die nachwirkende Haftung kann deshalb nur dann eintreten, wenn Abs. 1 – 30
im Wesentlichen sind dieselben Personen beteiligt – einschränkend ausgelegt wird; notwendig ist, dass dieselben beteiligten Personen zumindest **beherrschenden Einfluss,** vermittelt durch Kapital- und Stimmrecht, auf alle beteiligten Rechtsträger ausüben können. Im folgenden Beispiel können nicht dieselben beteiligten Personen beherrschenden Einfluss auf alle beteiligten Rechtsträger ausüben, Abs. 1 ist deshalb nicht anzuwenden:

	Besitzunternehmen	Betriebsunternehmen
A	50%	10%
B	50%	10%
C	0%	80%

Beherrschungsidentität, nicht Beteiligungsidentität, liegt allerdings im folgen- 31
den Fallbeispiel vor; A und C sind sowohl bei der AnlageGes als auch bei der BetriebsGes mehrheitlich beteiligt und können – wenngleich die Beteiligungsver-

hältnisse sehr stark diff. – in beiden Unternehmen gemeinsam bestimmenden Einfluss ausüben (aA Semler/Stengel/Leonard/Seulen Rn. 28 f.).

	Besitzunternehmen	Betriebsunternehmen
A	30%	90%
B	40%	0%
C	40%	10%

32 Da nach Abs. 1 nur **im Wesentlichen** dieselben Personen beteiligt sein müssen, ist **Beteiligungsidentität** – alle Personen sind im gleichen Verhältnis an allen beteiligten Rechtsträgern beteiligt – nicht erforderlich. Ebenso wenig müssen alle an der AnlageGes beteiligte Personen – wenn auch in unterschiedlichen Beteiligungsverhältnissen – an der BetriebsGes beteiligt sein, es genügt also die bereits dargestellte **Beherrschungsidentität** (→ Rn. 24). Diese Beherrschungsidentität ist stl. ebenso wie nach § 134 auch im nachfolgenden **Beispiel** gegeben, da A – wenigstens im gesetzlichen Normalfall – jew. seinen Willen durchsetzen kann:

	Besitzunternehmen	Betriebsunternehmen
A	100%	80%
B	0%	20%

33 Nichts anderes ist für B im folgenden **Beispiel** anzunehmen:

	Besitzunternehmen	Betriebsunternehmen
A	10%	0%
B	90%	90%
C	0%	10%

34 Bei der Beurteilung der Beherrschungsidentität sind im Einzelfall mittelbare Beherrschungen (Konzernstrukturen), Treuhandabreden (so auch Kallmeyer/Willemsen Rn. 16; Semler/Stengel/Leonard/Seulen Rn. 31; Maulbetsch/Klumpp/Rose/Raible Rn. 30; Lutter/Schwab Rn. 57, 59; BeckOGK/Annuß Rn. 19) und über die gesellschaftsrechtlichen Verbindung hinausgehende Absprachen unter den Gesellschaftern (etwa Stimmrechtsvereinbarungen; Lutter/Schwab Rn. 57, 59; aA Semler/Stengel/Leonard/Seulen Rn. 31) zu beachten. Bei einem Auseinanderfallen von Kapital- und Stimmrechtsverteilung ist auf die Stimmrechtsverhältnisse abzustellen (zust. Kallmeyer/Willemsen Rn. 16; aA Semler/Stengel/Leonard/Seulen Rn. 26). Ein bloß tatsächliches gleichgerichtetes Abstimmungsverhalten über einen längeren Zeitraum genügt nicht (BeckOGK/Annuß Rn. 19).

35 **g) Abspaltung/Ausgliederung der Betriebsgesellschaft (Abs. 1 S. 2).** Die erweiterte Nachhaftung tritt nach Abs. 1 S. 2 auch dann ein, wenn der spaltende Rechtsträger die BetriebsGes abspaltet oder ausgliedert und die zum Betrieb der abgespaltenen oder ausgegliederten BetriebsGes notwendigen Vermögensteile selbst als AnlageGes zurückbehält, diese der BetriebsGes lediglich zur Nutzung überlässt. Diese Art der Betriebsaufspaltung ist der Regelfall; bemerkenswert ist, dass Abs. 1 S. 1 den (jedenfalls bisherigen) Ausnahmefall zum Regelfall bestimmt; iÜ besteht zu → Rn. 7 ff. kein Unterschied („dies gilt auch dann, wenn … ", Abs. 1 S. 2).

4. Maßgeblicher Zeitpunkt

36 Die nachwirkende Mithaftung der AnlageGes tritt nur ein, wenn die Voraussetzungen nach Abs. 1 zum Zeitpunkt des Wirksamwerdens der Spaltung (§ 131) vorliegen (Widmann/Mayer/Vossius Rn. 23; Semler/Stengel/Leonard/Seulen Rn. 33; Maulbetsch/Klumpp/Rose/Raible Rn. 38; BeckOGK/Annuß Rn. 20). Fallen Tb-Merkmale, die eine nachwirkende Mithaftung zunächst begründet haben, weg, bevor die geschützten Ansprüche begründet sind, ändert dies nichts an der gesamtschuldnerischen Haftung. Anders im umgekehrten Fall: Betätigt sich die AnlageGes zunächst in nicht unbedeutendem Umfang auch operativ (→ Rn. 21), um sich nach gewisser Zeit lediglich auf die Verwaltung der zur Nutzung überlassenen Vermögensgegenstände zu beschränken, führt dies auch bei Vorliegen der sonstigen Voraussetzungen nicht zur nachwirkenden gesamtschuldnerischen Haftung. Eine Haftungsgemeinschaft ist keinesfalls gerechtfertigt, wenn die Risiken Folge einer spaltungsunabhängigen Unternehmensentwicklung sind. Im zuletzt genannten Beispiel gilt dies nur, wenn die operative Tätigkeit nicht allein zu Umgehungszwecken aufrechterhalten oder begonnen wurde (ebenso Maulbetsch/Klumpp/Rose/Raible Rn. 38).

5. Bestehen mehrerer Anlagegesellschaften

Wird die Spaltung in der Weise vorgenommen, dass die zur Führung eines Betriebs 37 notwendigen Vermögensteile auf **verschiedene AnlageGes** verteilt werden, so tritt die nachwirkende Mithaftung nur bei den AnlageGes ein, bei denen alle Tb-Merkmale erfüllt sind (Maulbetsch/Klumpp/Rose/Raible Rn. 35; im Grds. ebenso Widmann/Mayer/Vossius Rn. 20; Semler/Stengel/Leonard/Seulen Rn. 19). Der Wortlaut sieht die Aufteilung der zur Führung eines Betriebs notwendigen Vermögensteile auf verschiedene Rechtsträger ausdrücklich vor, es lässt sich aus ihm jedoch nicht der Schluss ziehen, dass alle AnlageGes haften, wenn auch nur bei einer die sonstigen Tb-Merkmale erfüllt sind. In Missbrauchsfällen kann eine zusammengefasste Betrachtung gerechtfertigt sein (so Widmann/Mayer/Vossius Rn. 20; das dort angeführte Beispiel der Verteilung des Vermögens zu dem Zweck, dass keine AnlageGes für sich einen wesentlichen Teil erhält, überzeugt jedoch nicht; die Frage, ob das zur Führung eines Betriebs notwendige Vermögen im Wesentlichen übertragen wird (→ Rn. 7 ff.), ist auf der Ebene des übertragenden Rechtsträgers und nicht auf derjenigen des übernehmenden Rechtsträgers zu beurteilen; ebenso Maulbetsch/Klumpp/Rose/Raible Rn. 37). Aber auch die umgekehrte Folgerung, dass keine AnlageGes haftet, soweit auch nur bei einer nicht alle Tb-Merkmale erfüllt sind, lässt sich nicht ziehen (zust. Semler/Stengel/Leonard/Seulen Rn. 19). Dem Gesetzeszweck entspricht lediglich die Sichtweise, dass jede AnlageGes isoliert zu betrachten ist.

6. Rechtsfolgen der Betriebsaufspaltung

Liegen die Voraussetzungen von Abs. 1 vor, so haftet die AnlageGes gesamtschuld- 38 nerisch auch für Ansprüche der ArbN der BetriebsGes nach §§ 111–113 BetrVG, die binnen fünf Jahren **nach** dem Wirksamwerden der Spaltung **begründet** werden. Damit sind im Wesentlichen **Sozialplan-** und **Nachteilsausgleichsansprüche** geschützt. Bereits zuvor begründete Ansprüche werden nur von § 133 I erfasst.

Begründet sind die Ansprüche, sobald ihr Rechtsgrund gelegt ist (iE dazu 39 → § 133 Rn. 11 ff.). Maßgeblich ist die Durchführung der Betriebsänderung, nicht der Abschluss des Sozialplans (aA BeckOGK/Annuß Rn. 22). Entsprechendes gilt für einen Anspruch auf Nachteilsausgleich (Kallmeyer/Willemsen Rn. 17; Semler/Stengel/Leonard/Seulen Rn. 36; Maulbetsch/Klumpp/Rose/Raible Rn. 40). Die Fünf-Jahres-Frist beginnt mit der Eintragung der Spaltung (ebenso Semler/Stengel/Leonard/Seulen Rn. 36; Maulbetsch/Klumpp/Rose/Raible Rn. 40), nicht mit deren Bekanntmachung (vgl. hingegen § 133 IV).

Die AnlageGes haftet als **Gesamtschuldner,** die ArbN können also nach ihrer 40 Wahl die Ansprüche vollständig ggü. der AnlageGes geltend machen (§ 421 BGB). Zum Streit über Gesamtschuld oder akzessorische Haftung → § 133 Rn. 2 ff. Die AnlageGes kann allerdings vollständigen Gesamtschuldnerausgleich nach § 426 BGB von der BetriebsGes verlangen, da sie primär haftet (Kallmeyer/Willemsen Rn. 19; zum Gesamtschuldnerausgleich auch → § 133 Rn. 16; zur Nachhaftungsbegrenzung → Rn. 50).

41 Der übertragende Rechtsträger haftet mit seinem **gesamten Vermögen,** also nicht beschränkt auf den Bestand bzw. den Wert zur Zeit der Eintragung der Spaltung in das Register, auch nicht anteilig auf den Wert des übertragenen Vermögens. Hiervon zu unterscheiden ist der sog. **„Bemessungsdurchgriff"** oder **„Berechnungsdurchgriff".** Für die Feststellung nach § 112 V 1 BetrVG (wirtschaftliche Vertretbarkeit) und nach § 112 V 2 Nr. 3 BetrVG (Fortbestand des Unternehmens) ist ausschließlich auf die BetriebsGes abzustellen (so zutr. Kallmeyer/Willemsen Rn. 19; Kölner Komm UmwG/Hohenstatt/Schramm Rn. 23; Maulbetsch/Klumpp/Rose/Raible Rn. 44; **aA BAG** NZA 2011, 1112 (1115); Lutter/Schwab Rn. 83; Semler/Stengel/Leonard/Seulen Rn. 41; Boecken Unternehmensumwandlung Rn. 250 mwN; NK-UmwR/Fischer Rn. 31; MHdB GesR VIII/Larisch § 27 Rn. 179; Schweibert NZA 2016, 321 (326); Gaul/Schmidt DB 2014, 300 (304)). Die Gegenmeinung missachtet, dass die AnlageGes zwar – zeitlich befristet – haftet, Primärschuldner aber die BetriebsGes ist; demzufolge hat die AnlageGes auch einen Anspruch auf Gesamtschuldnerausgleich (zutr. Kallmeyer/Willemsen Rn. 19). Jedenfalls ist der Bemessungsdurchgriff auf das der BetriebsGes entzogene Vermögen beschränkt, da sich die wirtschaftliche Vertretbarkeit nach § 112 V 1 BetrVG nach den Verhältnissen des Unternehmens bestimmt; dies ist die aus der Spaltung hervorgegangene BetriebsGes. Kein Maßstab ist die Herauslösung aus einem wirtschaftlich leistungsfähigen Rechtsträger (BAG NZA 2011, 1112 (1115) mit instruktivem Fall; Semler/Stengel/Leonard/Seulen Rn. 41; vgl. auch Röger/Tholuck NZA 2012, 294).

7. Versorgungsverpflichtungen

42 Abs. 2 ordnet an, dass die gesamtschuldnerische Haftung nach Abs. 1 auch für Versorgungsverpflichtungen aufgrund des Betriebsrentengesetzes (BetrAVG) gilt. Allerdings müssen diese, anders als die Ansprüche nach §§ 111–113 BetrVG, bereits vor dem Wirksamwerden der Spaltung begründet sein. Da für diese Ansprüche die gesamtschuldnerische Haftung bereits nach § 133 I 1 für alle beteiligten Rechtsträger, mithin auch für die AnlageGes, eintritt, lag die Bedeutung der eigenständigen Regelung in der in Abs. 3 angeordneten zeitlichen Erweiterung der Nachhaftungsbegrenzung, die damit auch für Ansprüche aus Versorgungsverpflichtungen gilt. Dies hat nurmehr für **Altfälle** eigenständige Bedeutung, nachdem mit Gesetz v. 19.4.2007 (BGBl. 2007 I 542) die Enthaftungsfrist für Ansprüche aufgrund des Betriebsrentengesetzes in § 133 III 2 auf zehn Jahre verlängert worden ist (Semler/Stengel/Leonard/Seulen Rn. 42; Maulbetsch/Klumpp/Rose/Raible Rn. 4, 47; Kallmeyer/Willemsen Rn. 20; zur Übergangsregelung → § 133 Rn. 38).

43 Geschützt sind nur Versorgungszusagen iSd Betriebsrentengesetzes. Hierzu zählen die unmittelbaren Versorgungszusagen, die Direktversicherung und Ansprüche gegen Pensionskassen und Unterstützungskassen (vgl. § 1 BetrAVG; zum geschützten Personenkreis → Rn. 6).

44 Die Versorgungsverpflichtungen müssen vor dem Wirksamwerden der Spaltung begründet worden sein. Ebenso wie bei § 133 I setzt dies voraus, dass die Rechtsgrundlage für die Versorgungsverpflichtung gelegt worden ist (→ § 133 Rn. 11). Maßgeblich ist damit die Erteilung der Versorgungszusage, nicht der Eintritt der Unverfallbarkeit oder die Erfüllung einer Wartezeit (Lutter/Schwab Rn. 90; Semler/Stengel/Leonard/Seulen Rn. 46; Kallmeyer/Willemsen Rn. 21; Kölner Komm UmwG/Hohenstatt/Schramm Rn. 24; Müller DB 2001, 2637 (2638); Widmann/Mayer/Vossius Rn. 78). Die Haftung erstreckt sich nicht nur auf den Teil der Versorgungsanwartschaft, die bis zum Wirksamwerden der Spaltung erdient wurde (so aber etwa Kallmeyer/Willemsen Rn. 21). Ebenso wie bei Dauerschuldverhältnissen

(→ § 133 Rn. 11) haftet die BesitzGes für alle aus der begründeten Versorgungsverpflichtung innerhalb des Nachhaftungszeitraums entstehenden, fällig werdenden Ansprüche (Semler/Stengel/Leonard/Seulen Rn. 47; Lutter/Schwab Rn. 93).

8. Nachhaftungsbegrenzung

Auch die nachwirkende Mithaftung nach Abs. 1 und die gesamtschuldnerische 45
Haftung nach Abs. 2 unterliegen der Nachhaftungsbegrenzung (Abs. 3). Die Dauer der Nachhaftung wird allerdings in Abs. 3 erweitert. Diese zeitliche Erstreckung war der einzige Grund, warum die gesamtschuldnerische Haftung für Versorgungsverpflichtungen nach dem Betriebsrentengesetz überhaupt und in Abs. 2 nochmals ausdrücklich geregelt worden war, dies ist zwischenzeitlich obsolet (→ Rn. 42).

Die Nachhaftungsbegrenzung ergibt sich aus der entsprechenden Anwendung von 46
§ 133 I 1, IV und V (keine Verweisung auf § 133 III 2, also keine Verlängerung um zehn Jahre). Zu Einzelheiten über die Voraussetzung daher → § 133 Rn. 33 ff. Der einzige Unterschied besteht darin, dass sich die Dauer der Nachhaftung um fünf Jahre verlängert. Die in § 133 III 1 geregelte Fünf-Jahres-Frist beginnt fünf Jahre nach dem Tag, an dem die Eintragung der Spaltung in das Register des Sitzes des übertragenden Rechtsträgers als bekannt gemacht gilt (hierzu → § 133 Rn. 36). Bei Ansprüchen aus vor dem Wirksamwerden der Spaltung begründeten Versorgungsverpflichtungen ist bei Altfälle (→ Rn. 42) also zu unterscheiden: Aus der Spaltung hervorgegangene AnlageGes können sich erst nach Ablauf von ca. zehn Jahren auf die Nachhaftungsbegrenzung berufen, während sonstige beteiligte Rechtsträger, die lediglich nach § 133 I haften, bereits nach fünf Jahren von der Haftung freigestellt sind.

Dritter Abschnitt. Spaltung zur Neugründung

§ 135 Anzuwendende Vorschriften

(1) ¹**Auf die Spaltung eines Rechtsträgers zur Neugründung sind die Vorschriften des Zweiten Abschnitts entsprechend anzuwenden, jedoch mit Ausnahme der §§ 129 und 130 Abs. 2 sowie der nach § 125 entsprechend anzuwendenden §§ 4, 7 und 16 Abs. 1 und des § 27.** ²**An die Stelle der übernehmenden Rechtsträger treten die neuen Rechtsträger, an die Stelle der Eintragung der Spaltung im Register des Sitzes jeder der übernehmenden Rechtsträger tritt die Eintragung jedes der neuen Rechtsträger in das Register.**

(2) ¹**Auf die Gründung der neuen Rechtsträger sind die für die jeweilige Rechtsform des neuen Rechtsträgers geltenden Gründungsvorschriften anzuwenden, soweit sich aus diesem Buch nichts anderes ergibt.** ²**Den Gründern steht der übertragende Rechtsträger gleich.** ³**Vorschriften, die für die Gründung eine Mindestzahl der Gründer vorschreiben, sind nicht anzuwenden.**

(3) **Bei einer Ausgliederung zur Neugründung ist ein Spaltungsbericht nicht erforderlich.**

Übersicht

	Rn.
1. Allgemeines	1
2. Regelungstechnik	2
3. Nichtanwendbare Vorschriften	6
a) § 129	6

	Rn.
b) § 130 II	7
c) § 125 iVm §§ 4, 7	8
d) § 125 iVm § 16 I	10
e) § 125 iVm § 27	11
f) Ausschluss in § 125	12
4. Anwendung der Gründungsvorschriften	13
5. Besonderheiten beim Spaltungsplan	17
6. Spaltungsbeschluss	18
7. Spaltungsbericht	21
8. Spaltungsprüfung	22
9. Eintragungsverfahren und Wirkungen der Eintragung	23

1. Allgemeines

1 Nach § 135 sind die Vorschriften der Spaltung zur Aufnahme (§§ 126–134) auf die Spaltung zur Neugründung mit wenigen Ausnahmen entsprechend anwendbar (Abs. 1 S. 1). Bei dieser entsprechenden Anwendung der Vorschriften ersetzt der Begriff neuer Rechtsträger den Begriff übernehmender Rechtsträger (Abs. 1 S. 2). Nachdem bei der Spaltung zur Neugründung der übernehmende Rechtsträger erst durch die Spaltung entsteht, kann die Spaltung in dem für ihn zuständigen Register noch nicht eingetragen werden. Soweit daher in den Vorschriften für die Spaltung zur Aufnahme auf die Eintragung im Register des Sitzes des übernehmenden Rechtsträgers abgestellt wird, tritt an deren Stelle die Eintragung des Rechtsträgers selbst (Abs. 1 S. 2). Entsprechend der Regelung bei der Verschm zur Neugründung in § 36 II ordnet Abs. 2 die grds. Anwendbarkeit des Gründungsrechts der jew. Rechtsform an. Nach dem mit dem UmRUG eingefügten Abs. 3 ist bei einer Ausgliederung zur Neugründung ein Spaltungsbericht nicht erforderlich.

2. Regelungstechnik

2 Die Regelungstechnik orientiert sich an dem bereits von der Spaltung zur Aufnahme bekannten System der Verweisung („Baukastensystem", → § 125 Rn. 5), allerdings unter Hinzufügung einer weiteren Ebene (→ § 125 Rn. 5 ff.). Nach Abs. 1 S. 1 gelten für die Spaltung zur Neugründung die Regeln der Spaltung zur Aufnahme fast ausnahmslos entsprechend. Darüber hinaus finden über § 125, der für alle Arten der Spaltung gilt, die meisten Verschmelzungsvorschriften entsprechend Anwendung.

3 Daraus ergibt sich bei der Spaltung zur Neugründung (§ 123) mit spaltungsfähigen Rechtsträgern (§ 124) folgende **Prüfungsreihenfolge:**
- Zunächst müssen die §§ 135–137 auf eine spezielle Regelung untersucht werden;
- sodann sind – über Abs. 1 S. 1 – die §§ 126–134 zu prüfen;
- auf der nächsten Stufe muss überprüft werden, ob die besonderen Vorschriften des Spaltungsrechts (§§ 138 ff.) eine spezielle – rechtsformabhängige – Regelung aufweisen;
- über die Verweisung in §§ 135, 125 sind allg. Vorschriften des Verschmelzungsrechts – wiederum gegliedert nach Verschm durch Neugründung (§§ 36–38) und Verschm durch Aufnahme (§§ 2–35) – zu untersuchen (§§ 39 ff.);
- schließlich sind auf der letzten Ebene die besonderen Vorschriften des Verschmelzungsrechts – je nach Rechtsform der beteiligten Rechtsträger – zu kontrollieren.

4 Bei der entsprechenden Anwendung tritt an die Stelle des übernehmenden Rechtsträgers der neue Rechtsträger **(Abs. 1 S. 2).** Abw. gilt zudem hinsichtlich der Eintragung der Spaltung im Register des Sitzes jedes der übernehmenden Rechtsträgers. Hieran anknüpfende Rechtsfolgen treten mangels Bestehens des übernehmenden Rechtsträgers vor dem Wirksamwerden der Spaltung mit der **Eintragung** jedes der neuen **Rechtsträgers** in sein für ihn zuständiges Register ein (**Abs. 1 S. 2**). Von Bedeutung ist dies für den entsprechend anwendbaren § 130 I.

Bei einer Kombination von Spaltung zur Aufnahme und zur Neugründung (§ 123 IV) sind für jede Spaltung die einschlägigen Vorschriften zu prüfen. Die §§ 135–137 gelten dann nur, soweit Vermögensteile auf neu gegründete Rechtsträger übertragen werden (Kölner Komm UmwG/Simon/Nießen Rn. 9).

3. Nichtanwendbare Vorschriften

a) § 129. Eine ergänzende Zuständigkeit des Vertretungsorgans des übernehmenden Rechtsträgers zur Anmeldung der Spaltung nach § 129 ist bei der Spaltung zur Neugründung sinnlos, da der Rechtsträger selbst noch nicht besteht.

b) § 130 II. Auch § 130 II ist von der entsprechenden Anwendung bei der Spaltung zur Neugründung ausgeschlossen. Der Gesetzgeber wollte das interne Registerverfahren bei der Spaltung zur Neugründung anders regeln. Er hat daher in § 137 III eine eigenständige Regelung aufgenommen, die die Besonderheiten berücksichtigt.

c) § 125 iVm §§ 4, 7. Bei der Spaltung zur Neugründung fehlt es an einem Partner, mit dem ein Spaltungsvertrag geschlossen werden könnte. An die Stelle des Spaltungsvertrags tritt deshalb der **Spaltungsplan** (§ 136 S. 2). Eine Verweisung auf § 4 I hat infolgedessen keinen Sinn. Der Ausschluss der **Verweisung** auf § 4 II ist hingegen nicht durch das Fehlen eines Vertragspartners begründet; vermutlich liegt ein Redaktionsversehen vor (Widmann/Mayer/Mayer § 136 Rn. 6; Semler/Stengel/Leonard/Schröer/Greitemann § 136 Rn. 5). Ebenso wie beim Spaltungsvertrag kann es Sinn machen, den Spaltungsbeschluss auf der Grundlage eines **Planentwurfs** zu fassen. Es bestehen keine Bedenken, dies auch bei einer Spaltung zur Neugründung zuzulassen (Widmann/Mayer/Mayer § 136 Rn. 6; Semler/Stengel/Leonard/Schröer/Greitemann § 136 Rn. 5; Lutter/Priester § 136 Rn. 6; HK-UmwG/Klumpp Rn. 6; Henssler/Strohn/Galla/Cé. Müller § 136 Rn. 4; BeckOGK/Weiß Rn. 16). Der dem Spaltungsbeschluss zugrunde liegende Entwurf und der später beurkundete Plan müssen dann allerdings inhaltsgleich sein (Lutter/Priester § 136 Rn. 6). Nach der Beschlussfassung kann der Spaltungsplan nicht mehr ohne nochmaligen Zustimmungsbeschluss verändert werden (→ § 126 Rn. 7 ff.).

Da ein Spaltungsvertrag nicht abzuschließen ist, erübrigt sich ferner die Regelung einer Kündigungsmöglichkeit (→ § 136 Rn. 3 ff.). Daher ist die Verweisung auf § 7 ausgeschlossen.

d) § 125 iVm § 16 I. Da der übernehmende Rechtsträger vor Wirksamwerden der Spaltung nicht besteht, muss zwangsläufig das Anmeldungsverfahren bei einer Spaltung zur Neugründung anders geregelt werden als bei einer Spaltung zur Aufnahme (zur entsprechenden Regelung bei der Verschm → § 36 Rn. 3). Daher ist § 16 I aus der Verweisungskette von §§ 135, 125 ausgeschlossen. An dessen Stelle treten § 137 I, II. IÜ ist aber auch bei der Spaltung zur Neugründung die Anmeldung in Anlehnung an die Verschm geregelt. Insbes. § 16 II (Erklärung der Vertretungsorgane hinsichtlich Unwirksamkeitsklage gegen Spaltungsbeschluss), § 16 III (Eilverfahren zur Eintragung der Spaltung trotz Rechtshängigkeit einer Wirksamkeitsklage gegen Spaltungsbeschluss) und § 17 (Anlagen der Anmeldung) sind entsprechend anzuwenden.

e) § 125 iVm § 27. § 27 betrifft die Haftung von Organen des übernehmenden Rechtsträgers. Diese Vorschrift macht bei der Spaltung zur Neugründung keinen Sinn.

12 **f) Ausschluss in § 125.** Bei der Spaltung zur Neugründung sind ebenfalls die bereits in § 125 ausdrücklich von der Verweisung ausgeschlossenen Vorschriften nicht anwendbar (iE → § 125 Rn. 11 ff.).

4. Anwendung der Gründungsvorschriften

13 Nach **Abs. 2** sind bei der Gründung der neuen Rechtsträger die für die jew. Rechtsform des neuen Rechtsträgers geltenden Gründungsvorschriften anzuwenden, soweit sich nicht aus dem Spaltungsrecht und – über § 125 – aus dem Verschmelzungsrecht etwas anderes ergibt (Abs. 2 S. 1). Zu den Möglichkeiten der Gründung vgl. § 124. Bei der Anwendung der jew. einschlägigen Gründungsvorschriften nimmt der übertragende Rechtsträger die **Stellung der Gründer** ein (Abs. 2 S. 2). Soweit für eine Gründung außerhalb des UmwR eine **Mindestzahl** von Gründern vorgeschrieben ist, sind diese Vorschriften bei der Gründung im Wege der Spaltung nicht anzuwenden (Abs. 2 S. 3). Bedeutung hat dies für eG (§ 4 GenG), eV (§ 56 BGB), genossenschaftliche Prüfungsverbände (§ 56 BGB iVm § 63b GenG) und VVaG (§§ 54, 705 BGB: hM; mindestens zwei Personen als Gesellschafter). Dies ist aber kein dauerhafter Schutz, vgl. → § 124 Rn. 15, → § 124 Rn. 20, → § 124 Rn. 37 f. Für GmbH, AG und zwischenzeitlich KGaA ist auch außerhalb des UmwG die Einmann-Gründung vorgesehen (§ 1 GmbHG; § 2 AktG; (→ § 124 Rn. 33).

14 Von der Zahl der Gründer zu unterscheiden ist die **Mindestanzahl** der **Anteilsinhaber,** die beim neu gegründeten Rechtsträger vorhanden sein müssen. Die Ausgliederung auf eine neu gegründete PhG scheidet daher immer aus, da das Wesen einer PhG das Vorhandensein von mindestens zwei Gesellschaftern voraussetzt (Widmann/Mayer/Mayer Rn. 14; BeckOGK/Weiß Rn. 43 f.; aA vor dem Hintergrund des gleichzeitigen Beitritts eines weiteren Gesellschafters Semler/Stengel/Leonard/Bärwaldt Rn. 18, vgl. aber auch Semler/Stengel/Leonard/Bärwaldt Rn. 29; Kallmeyer/Sickinger Rn. 17; HK-UmwG/Klumpp Rn. 12; NK-UmwR/Fischer Rn. 20; Lutter/Lieder Rn. 19; auch → § 124 Rn. 31). Entsprechendes gilt für Auf- und Abspaltungen zur Neugründung, wenn am übertragenden Rechtsträger nur ein Anteilsinhaber beteiligt ist. Der Beitritt eines bislang am übertragenden Rechtsträger nicht beteiligten Anteilsinhabers anlässlich der Spaltung zur Neugründung ist im Spaltungsrecht nicht vorgesehen und daher nicht durchführbar (näher → § 124 Rn. 6 und → § 136 Rn. 14; aA Semler/Stengel/Leonard/Bärwaldt Rn. 18; Kallmeyer/Sickinger Rn. 17). Bei manchen Rechtsformen ist zudem eine Mindestzahl an Anteilsinhabern Voraussetzung für den fortdauernden Bestand des Rechtsträgers. Wird diese Mindestzahl nachhaltig unterschritten, droht die Amtslöschung (vgl. § 80 GenG; § 73 BGB; → Rn. 13, → § 124 Rn. 15, → § 124 Rn. 20, → § 124 Rn. 37 f.).

15 Abs. 2 entspricht iÜ § 36 II, auf den verwiesen werden kann (→ § 36 Rn. 13 ff.). Besondere Bedeutung haben für KapGes die jew. Regelungen zur **Kapitalaufbringung,** insbes. das Verbot der Unterpariemission (→ § 126 Rn. 29, → § 136 Rn. 11).

16 Der neue Rechtsträger entsteht erst mit Eintragung der Spaltung im Register am Sitz des übertragenden Rechtsträgers, obwohl er selbst bereits zuvor im Register eingetragen wird (vgl. § 130 I, § 137 III). Die **Voreintragung** des neuen Rechtsträgers führt nicht zu „vermögens- und subjektlosen Ges" (so aber Heidenhain GmbHR 1995, 264; Heidenhain GmbHR 1995, 566). Die Voreintragung ist nicht konstitutiv, sondern soll nur sicherstellen, dass der neue Rechtsträger im Zeitpunkt des Wirksamwerdens der Spaltung bereits im HR eingetragen ist (Neye GmbHR 1995, 565; Lutter/Teichmann Rn. 3; Semler/Stengel/Leonard/Bärwaldt Rn. 15; NK-UmwR/Fischer § 137 Rn. 17; BeckOGK/Weiß Rn. 37; vgl. auch Wilken DStR 1999, 677). Die Vorläufigkeit der Eintragung wird durch einen entsprechenden Vermerk im HR dokumentiert, sofern nicht alle Eintragungen taggleich erfolgen (→ § 130 Rn. 6, → § 137 Rn. 4).

5. Besonderheiten beim Spaltungsplan

Zu den Einzelheiten hinsichtlich der Abfassung des Spaltungsplans, der bei der Spaltung zur Neugründung an die Stelle des Spaltungsvertrags tritt (→ Rn. 8, → § 136 Rn. 6 ff.).

6. Spaltungsbeschluss

Der Spaltungsplan wird in entsprechender Anwendung von § 13 I (iVm §§ 135, 125) nur wirksam, wenn die Anteilsinhaber des übertragenden Rechtsträgers ihm durch **Beschluss** zustimmen. Wird ausschließlich eine Spaltung zur Neugründung durchgeführt (zu Kombinationsmöglichkeiten von Spaltung zur Neugründung und Spaltung zur Aufnahme → § 123 Rn. 13), ist dies der einzige Beschluss, denn naturgemäß kann bei den neu entstehenden Rechtsträgern ein Spaltungsbeschluss noch nicht gefasst werden.

Im Gegensatz zur Rechtslage vor dem UmwG 1995 bedarf es keines getrennten Beschlusses über den Gesellschaftsvertrag oder die Satzung des neuen Rechtsträgers (vgl. zur früheren Rechtslage § 32 II 1 KapErhG; § 353 III 1 AktG aF), die zwingender Bestandteil des Spaltungsplans sind (§§ 135, 125 iVm § 37). Der Spaltungsbeschluss umfasst daher die Zustimmung zum Gesellschaftsvertrag oder zur Satzung (Kallmeyer/Sickinger Rn. 12; BeckOGK/Weiß Rn. 30; Lutter/Lieder Rn. 5; vgl. dazu auch § 59, 76).

Wesentlich ist allerdings, dass bei einem **minderjährigen Gesellschafter** – anders als bei der Spaltung zur Aufnahme – die Beschlussfassung der familiengerichtlichen Genehmigung nach § 1852 BGB (früher § 1822 Nr. 3 BGB aF) bedarf (vgl. dazu Böhringer NotBZ 2014, 121 (123); Habersack/Wicke/Weiß Rn. 32; BeckOGK/Weiß Rn. 32). IÜ bestehen keine Besonderheiten gegenüber der Spaltung zur Aufnahme (daher iE → § 13 Rn. 52 f.). Zur verdeckten Nachgründung unter Umgehung der §§ 52, 53 AktG → § 73 Rn. 17.

7. Spaltungsbericht

Der Spaltungsbericht wird bei der Spaltung zur Neugründung nur von den Vertretungsorganen des übertragenden Rechtsträgers erstattet (zu Kombinationen von Spaltung zur Neugründung und zur Aufnahme → § 123 Rn. 13). Angaben zum Umtauschverhältnis oder über die Mitgliedschaft bei dem neuen Rechtsträger erübrigen sich bei der Spaltung zur Neugründung, da ein Umtauschverhältnis idS nicht existiert (→ § 136 Rn. 9, → § 126 Rn. 28 ff., → § 126 Rn. 35 ff., → § 126 Rn. 37 f.). Denn sämtliche Anteile an dem neuen Rechtsträger werden von den Anteilsinhabern des übertragenden Rechtsträgers bzw. dem übertragenden Rechtsträger übernommen. Der Spaltungsbericht behandelt daher schwerpunktmäßig die Aufteilung der Anteile an dem neuen Rechtsträger unter den Anteilsinhabern des übertragenden Rechtsträgers (→ § 127 Rn. 5 ff.). Auch der Gesellschaftsvertrag, die Satzung oder das Statut des neuen Rechtsträgers müssen im Spaltungsbericht rechtlich und wirtschaftlich erläutert werden, da diese Regelungen Bestandteil des Spaltungsplans sind (§§ 135, 125, 37). IÜ treten keine Besonderheiten auf. Vgl. zu weiteren Einzelheiten § 127. Bei einer **Ausgliederung zur Neugründung** ist ein Spaltungsbericht nicht erforderlich **(Abs. 3).** In diesem Fall besteht kein Informationsbedürfnis, da aus Sicht der Anteilsinhaber keine Wertveränderungen eintreten (Begr. RegE, BT-Drs. 20/3822 zu § 135). Dies entspricht auch der Vorgabe von Art. 160s GesR-RL für grenzüberschreitende Ausgliederungen, so dass für inländische Ausgliederungen keine strengeren Vorgaben gelten sollen (Begr. RegE, BT-

Drs. 20/3822 zu § 135). Wird eine Spaltung zur Neugründung mit einer Spaltung zur Aufnahme kombiniert, bleibt für letztere der Spaltungsbericht erforderlich. Zu den Verzichtsmöglichkeiten und Ausnahmen vgl. → § 127 Rn. 21.

8. Spaltungsprüfung

22   Bei Aufspaltungen und Abspaltungen zur Neugründung (nicht jedoch bei Ausgliederungen, vgl. § 125 I 2; → § 125 Rn. 19) muss grds. eine Spaltungsprüfung erfolgen. §§ 9–12 und die in den besonderen Vorschriften enthaltenen Prüfungsbefehle (→ Vor § 9 Rn. 3) sind über §§ 135, 125 entsprechend anzuwenden; maßgeblich ist der übertragende Rechtsträger. Da bei der Spaltung zur Neugründung ein Umtauschverhältnis nicht existiert (→ Rn. 21), liegt das Schwergewicht der Prüfung auf der Bestimmung der Angemessenheit des Aufteilungsmaßstabs unter den Anteilsinhabern. Die Spaltungsprüfung erstreckt sich aber auch auf den Gesellschaftsvertrag, die Satzung oder das Statut des neuen Rechtsträgers, denn Prüfungsgegenstand ist der Spaltungsplan mit allen Bestandteilen (§§ 135, 125, § 9 I, § 37).

9. Eintragungsverfahren und Wirkungen der Eintragung

23   Zum Eintragungsverfahren und zu den Wirkungen der Eintragung → § 137 Rn. 2 ff.

§ 136 Spaltungsplan

¹**Das Vertretungsorgan des übertragenden Rechtsträgers hat einen Spaltungsplan aufzustellen.** ²**Der Spaltungsplan tritt an die Stelle des Spaltungs- und Übernahmevertrags.**

1. Allgemeines

1   Wird ausschließlich eine Spaltung zur Neugründung durchgeführt (zur Zulässigkeit von Kombinationsformen → § 123 Rn. 13 ff.), fehlt anders als bei der Verschm zur Neugründung ein Vertragspartner. Der übertragende Rechtsträger kann daher einen Spaltungsvertrag nicht abschließen. Stattdessen hat das Vertretungsorgan des übertragenden Rechtsträgers einen Spaltungsplan aufzustellen, der im Spaltungsverfahren an die Stelle des Spaltungsvertrags tritt (§ 136 S. 2).

2   Der Zweck des Spaltungsplanes entspricht dem des Spaltungsvertrags (→ § 126 Rn. 4). In ihm sind die wesentlichen Regelungen, die für die Durchführung der Spaltung notwendig sind, festzuhalten; dies ist wiederum Grundlage für den Spaltungsbeschluss. Zentrale Bedeutung kommt ihm für die Vermögensübertragung (Aufteilung) und die Anteilsaufteilung zu, da er die entsprechenden Bestimmungen enthält.

2. Rechtsnatur des Spaltungsplanes

3   Der Spaltungsplan ist eine einseitige, nicht empfangsbedürftige Willenserklärung (allgM; Lutter/Priester Rn. 4; Widmann/Mayer/Mayer Rn. 7; Kallmeyer/Sickinger Rn. 1; Semler/Stengel/Leonard/Schröer/Greitemann Rn. 3; Kölner Komm UmwG/Simon/Nießen Rn. 4; BeckOGK/Weiß Rn. 5; Körner/Rodewald BB 1999, 853 (854)). Rechtsdogmatisch weist er Ähnlichkeiten zur Umwandlungserklärung nach §§ 51, 56b UmwG 1969 auf, nicht jedoch zum Verschmelzungsplan iSv § 307 auf (→ § 307 Rn. 5). Als nicht empfangsbedürftige Willenserklärung ist er frei **widerrufbar.** Dies gilt selbst dann, wenn der Spaltungsbeschluss bereits gefasst ist (Lutter/Priester Rn. 7; Semler/Stengel/Leonard/Schröer/Greitemann Rn. 8; Widmann/Mayer/Mayer Rn. 58 f.; NK-UmwR/Fischer Rn. 6). Zwar wird der

Spaltungsplan durch den Spaltungsbeschluss wirksam (§§ 135, 125, 13 I 1), dies hindert aber einen Widerruf genauso wenig, wie die Aufhebung bei einem Spaltungsvertrag ausgeschlossen ist (→ § 7 Rn. 13 ff.). Es bedarf allerdings zum Widerruf eines Beschlusses der Anteilsinhaberversammlung, mit der Mehrheit wie für die Zustimmung (Lutter/Priester Rn. 7; Semler/Stengel/Leonard/Schröer/Greitemann Rn. 8; NK-UmwR/Fischer Rn. 6; Widmann/Mayer/Mayer Rn. 58 f.; Kölner Komm UmwG/Simon/Nießen Rn. 11, auch zur Form; hierzu auch → § 7 Rn. 19).

Denkbar ist der Widerruf sogar noch, wenn das Eintragungsverfahren bereits läuft. **4** In der Praxis wird in diesem Fall aber eher der Eintragungsantrag zurückgezogen. Der Widerruf ist dagegen wirkungslos, wenn die Spaltung durch **Eintragung** in das Register am Sitz des übertragenden Rechtsträgers wirksam geworden ist (Lutter/Priester Rn. 7; Widmann/Mayer/Mayer Rn. 60). Von diesem Zeitpunkt an sind die Spaltungswirkungen unumkehrbar (§ 131 II; → § 131 Rn. 96 ff.; vgl. auch Körner/Rodewald BB 1999, 853 (855 ff.)).

Auf den Spaltungsplan können iÜ die allg. **Vorschriften** des **Zivilrechts** für **5** einseitig nicht empfangsbedürftige Willenserklärungen angewendet werden. Dies gilt insbes. für die Auslegungsgrundsätze (Lutter/Priester Rn. 4; Semler/Stengel/Leonard/Schröer/Greitemann Rn. 3; Widmann/Mayer/Mayer Rn. 11: § 133 BGB). Vorschriften, die zweiseitige Rechtsgeschäfte oder auch nur empfangsbedürftige Willenserklärungen voraussetzen, finden hingegen keine Anwendung. Dies gilt etwa für die Regeln der Irrtumsanfechtung oder §§ 320 ff. BGB (Lutter/Priester Rn. 4; Semler/Stengel/Leonard/Schröer/Greitemann Rn. 3; BeckOGK/Weiß Rn. 5; zum Spaltungsvertrag → § 126 Rn. 4).

3. Aufstellungskompetenz

Der Spaltungsplan wird vom Vertretungsorgan des übertragenden Rechtsträgers **6** aufgestellt (§ 136 S. 1). Die Organmitglieder müssen in vertretungsberechtigter Anzahl handeln. Es gelten dieselben Grundsätze wie beim Abschluss eines Spaltungsvertrags (dazu → § 126 Rn. 11). **Vollmachten** müssen notariell beurkundet bzw. beglaubigt sein, sofern dies bei der Gründung des neuen Rechtsträgers vorausgesetzt wird (§ 23 I 2 AktG; § 2 II GmbHG), denn der Spaltungsplan umfasst nach §§ 135, 125, 37 auch die Satzung der neuen AG, KGaA oder GmbH (Widmann/Mayer/Mayer Rn. 15; Semler/Stengel/Leonard/Schröer/Greitemann Rn. 5; HK-UmwG/Klumpp Rn. 5; BeckOGK/Weiß Rn. 9; MHdB GesR VIII/Schmidt § 22 Rn. 102). IÜ können Vollmachten formfrei erteilt werden (§ 167 II BGB), zum Nachw. gegenüber dem Registergericht ist Schriftform ratsam (Widmann/Mayer/Mayer Rn. 16; Semler/Stengel/Leonard/Schröer/Greitemann Rn. 5).

4. Form des Spaltungsplanes

§§ 135, 125 verweisen auf § 6, der entsprechend anzuwenden ist. Der Spaltungs- **7** plan muss daher **notariell beurkundet** werden (zur Form einer Vollmacht → Rn. 6). Eine (zunächst) vollmachtlose Vertretung ist nicht möglich (§ 180 S. 1 BGB; Widmann/Mayer/Mayer Rn. 15; Lutter/Priester Rn. 5; HK-UmwG/Klumpp Rn. 4; zu Einzelheiten → § 126 Rn. 12, → § 6 Rn. 3 ff. Zum Beschluss auf der Grundlage eines **Entwurfs** → § 135 Rn. 8. Bei einer Kombination einer Spaltung zur Aufnahme mit einer Spaltung zur Neugründung (→ § 123 Rn. 13 ff.) ist der Spaltungsplan im Spaltungsvertrag aufzunehmen oder wenigstens mit ihm zu verbinden (Kallmeyer/Sickinger Rn. 2 mwN; Lutter/Priester § 126 Rn. 9; HK-UmwG/Klumpp Rn. 2; BeckOGK/Weiß Rn. 3; vgl. zum **einheitlichen Vertragswerk** auch → § 126 Rn. 12).

5. Inhaltliche Anforderungen

8 Die inhaltlichen Anforderungen an den Spaltungsplan orientieren sich an denen des Spaltungsvertrags. Insbes. ist § 126 entsprechend anwendbar. Dies gilt für die inhaltlichen Anforderungen nach § 126 I, II ebenso wie für die Zuleitung des Spaltungsplans an den Betriebsrat nach § 126 III (Kölner Komm UmwG/Simon/Nießen Rn. 9; BeckOGK/Weiß Rn. 14). Darüber hinaus sind aber auch die für den Spaltungsvertrag geltenden besonderen Vorschriften zu beachten. Beim Spaltungsplan bestehen folgende **Besonderheiten:**

9 **a) Umtauschverhältnis.** Nach § 126 I Nr. 3 muss der Spaltungsvertrag bei Auf- und Abspaltungen Angaben zum Umtauschverhältnis der Anteile enthalten (zum Umtauschverhältnis bei Ausgliederungen → § 126 Rn. 36). Damit wird festgelegt, in welchem Verhältnis die Anteilsinhaber des übertragenden Rechtsträgers an dem übernehmenden Rechtsträger beteiligt werden. Bei der Spaltung zur Neugründung hingegen gibt es ein Umtauschverhältnis idS nicht, da die Anteilsinhaber des übertragenden Rechtsträgers alle Anteile an dem neuen Rechtsträger erhalten. Entsprechende Angaben im Spaltungsplan erübrigen sich daher. Wesentlich für die Auf- und Abspaltung zur Neugründung ist die Aufteilung der Anteile am neuen Rechtsträger, also die Angaben nach § 126 I Nr. 10 (→ § 126 Rn. 28, → § 126 Rn. 35, → § 126 Rn. 37).

10 **b) Höhe des Nominalkapitals bzw. Kapitalkontos.** Da der Gesellschaftsvertrag, die Satzung oder das Statut Bestandteil des Spaltungsplans sind (§§ 135, 125, 37), wird schon im Spaltungsplan die Höhe des Nominalkapitals bzw. die Summe der Kapitalkonten des neuen Rechtsträgers festgelegt. Für den praktisch wichtigen Fall der Beteiligung einer GmbH ergibt sich dies ferner aus dem auf den Spaltungsplan entsprechend anwendbaren § 46 I. Danach hat bereits der Spaltungsplan für jeden Anteilsinhaber den Nennbetrag des Geschäftsanteils zu bestimmen.

11 Während sich bei der Spaltung zur Aufnahme die Höhe des zu gewährenden Nominalkapitals bzw. die Summe der bei dem übernehmenden Rechtsträger einzurichtenden Kapitalkonten rechnerisch aus dem Verhältnis des übertragenen Vermögens zum Gesamtvermögen ergibt, besteht insoweit bei der Spaltung zur Neugründung ein gewisser Spielraum (→ § 126 Rn. 28 ff., → § 126 Rn. 35 ff., → § 126 Rn. 37 ff.). Praktisch bedeutsam ist dies insbes. für KapGes. Soweit für die Rechtsform ein Mindestkapital vorgeschrieben ist (§ 7 AktG; § 5 I GmbHG), bildet dieses die Untergrenze. IU darf die Neugründung keine **Unterpariemission** darstellen (iE → § 126 Rn. 29 ff.). Die Spaltung durch Neugründung stellt eine Sachgründung dar. Die Sacheinlagen müssen daher das Nominalkapital decken (vgl. etwa § 9 GmbHG). Das Verbot der Unterpariemission ergibt sich aus der entsprechenden Anwendung der Gründungsvorschriften (→ § 135 Rn. 13 ff.). Unabhängig hiervon handelt es sich bei dem Verbot der Unterpariemission um einen elementaren Grds. des Rechts der KapGes. Die Höhe des Nominalkapitals darf bei der Neugründung einer KapGes also nicht höher sein als der tatsächliche Wert des von dem übertragenden Rechtsträger übernommenen Vermögens (zur Problematik der Übernahme eines negativen Vermögens → § 126 Rn. 50). Insoweit tritt zwar für GmbH-Gesellschafter keine Differenzhaftung ein, es kann aber ein existenzvernichtender Eingriff vorliegen (→ § 126 Rn. 30).

12 **c) Gesellschaftsvertrag.** Bestandteil (und nicht bloße Anlage, wenngleich er als solche beurkundet werden kann) des Spaltungsplanes ist auch der Gesellschaftsvertrag oder die Satzung des neuen Rechtsträgers (§§ 135, 125 iVm § 37). Es besteht damit – unabhängig von der Rechtsform des neuen Rechtsträgers – die Pflicht zur notariellen Beurkundung (→ § 37 Rn. 3; Widmann/Mayer/Mayer Rn. 25; BeckOGK/Weiß Rn. 23; Lutter/Priester Rn. 11). Spätere Änderungen richten sich indessen nach den rechtsformspezifischen Regelungen. Die inhaltlichen Anforderungen an den Gesellschaftsvertrag bestimmen sich nach dem für die Rechtsform des neuen Rechtsträgers geltenden Recht. Die Gründungsvorschriften sind grds. entsprechend anzuwenden (§ 135 II 1; → § 135 Rn. 13 ff.).

Die Gründung des neuen Rechtsträgers erfolgt durch den übertragenden Rechts- 13 träger, während bei der Aufspaltung und Abspaltung Anteilsinhaber mit Wirksamwerden der Spaltung die Anteilsinhaber des übertragenden Rechtsträgers werden. **Gründer** und **Anteilsinhaber** sind also, anders als bei der Gründung außerhalb des UmwR, **nicht personenidentisch** (→ § 135 Rn. 13).

Ein **Beitritt** bislang **nicht beteiligter Gesellschafter** anlässlich der Spaltung ist 14 nicht möglich. Denn die Systematik des UmwG lässt Spaltung lediglich im Kreis der bisher schon Beteiligten zu (aA Kallmeyer/Sickinger § 135 Rn. 17; Semler/Stengel/Leonard/Bärwaldt § 135 Rn. 18, vgl. aber auch Semler/Stengel/Leonard/Bärwaldt Rn. 29; Lutter/Priester Rn. 14; zum Formwechsel vgl. BGH NZG 2005, 722 – obiter dictum). Dies zeigt sich etwa am Prinzip des Anteilstauschs. Die Regelung eines Beitritts fremder Dritter hätte daher, weil der Struktur des Spaltungsrechts fremd, einer ausdrücklichen Regelung bedurft (auch → § 135 Rn. 14, → § 124 Rn. 6; zum Formwechsel → § 226 Rn. 3).

Die inhaltlichen Anforderungen an den Gesellschaftsvertrag bestimmen sich nach 15 der Rechtsform des neuen Rechtsträgers (näher → § 36 Rn. 14 ff.). Besondere Anforderungen an den Gesellschaftsvertrag, die Satzung oder das Statut ergeben sich noch aus §§ 57, 74 und § 97 (vgl. iE dort).

6. Kosten

Hinsichtlich der **Notarkosten** ist zu beachten, dass der Spaltungsplan eine einsei- 16 tige Erklärung ist; demzufolge fällt eine 1,0-Gebühr nach KV 21200 GNotKG an (iU → § 126 Rn. 113).

§ 137 Anmeldung und Eintragung der neuen Rechtsträger und der Spaltung

(1) **Das Vertretungsorgan des übertragenden Rechtsträgers hat jeden der neuen Rechtsträger bei dem Gericht, in dessen Bezirk er seinen Sitz haben soll, zur Eintragung in das Register anzumelden.**

(2) **Das Vertretungsorgan des übertragenden Rechtsträgers hat die Spaltung zur Eintragung in das Register des Sitzes des übertragenden Rechtsträgers anzumelden.**

(3) ¹Das Gericht des Sitzes jedes der neuen Rechtsträger hat von Amts wegen dem Gericht des Sitzes des übertragenden Rechtsträgers den Tag der Eintragung der neuen Rechtsträger mitzuteilen. ²Nach Eingang der Mitteilungen für alle neuen Rechtsträger hat das Gericht des Sitzes des übertragenden Rechtsträgers die Spaltung einzutragen sowie von Amts wegen den Zeitpunkt der Eintragung den Gerichten des Sitzes jedes der neuen Rechtsträger mitzuteilen sowie ihnen einen Registerauszug und den Gesellschaftsvertrag, den Partnerschaftsvertrag oder die Satzung des übertragenden Rechtsträgers in Abschrift, als Ausdruck oder elektronisch zu übermitteln. ³Der Zeitpunkt der Eintragung der Spaltung ist in den Registern des Sitzes jedes der neuen Rechtsträger von Amts wegen einzutragen.

1. Allgemeines

Die Vorschrift regelt die Besonderheiten des Anmeldungs- und Eintragungsver- 1 fahrens bei einer Spaltung zur Neugründung. Die Abweichungen im Vergleich zur Spaltung zur Aufnahme beruhen auf dem Umstand, dass der neue Rechtsträger erst mit Wirksamwerden der Spaltung entsteht. Daneben bleiben § 130 I (vgl. § 135 I 1) sowie – über §§ 135, 125 – die § 16 II, III und § 17 anwendbar. Die Vorschrift wurde zuletzt durch das DiRUG (BGBl. 2022 I 3338) geändert (Streichung von Abs. 3 S. 3 Hs. 2).

2. Anmeldung

2   Da der neue Rechtsträger erst mit Wirksamwerden der Spaltung entsteht, kann nur das Vertretungsorgan des übertragenden Rechtsträgers den neuen Rechtsträger betreffende Anmeldungen tätigen (Abs. 1). Die künftigen Organmitglieder des neuen Rechtsträgers müssen je nach Gründungsrecht ggf. weitere Erklärungen gegenüber den Registern abgeben (etwa nach § 37 II AktG; § 8 III GmbH; vgl. Lutter/Priester Rn. 12; Kallmeyer/Zimmermann Rn. 9, 11; HK-UmwG/Klumpp Rn. 12, 14; BeckOGK/Weiß Rn. 8; MHdB GesR VIII/Schwab § 26 Rn. 8). Die Erklärungen zur Bewirkung und Verfügbarkeit der Einlageleistung (§ 8 II GmbHG; § 37 I AktG) sind nur nötig, wenn zusätzliche Einlagen geleistet werden (Kölner Komm UmwG/Simon/Nießen Rn. 20; Kallmeyer/Zimmermann Rn. 9, 11; Semler/Stengel/Leonard/Schwanna Rn. 4 f.; HK-UmwG/Klumpp Rn. 13, 14; Widmann/Mayer/Mayer Rn. 34). Eine weitere Besonderheit ist, dass nicht die Spaltung, sondern der **neue Rechtsträger selbst** zur Eintragung in das Register seines künftigen Sitzes angemeldet wird (Abs. 1). IÜ unterscheidet sich das Anmeldungsverfahren nicht von demjenigen der Spaltung zur Aufnahme. Denn zum Register des Sitzes des übertragenden Rechtsträgers ist, wie bei der Spaltung zur Aufnahme, die Spaltung zur Eintragung anzumelden (Abs. 2). § 135 I schließt nur § 16 I aus. § 16 II (Negativerklärung hinsichtlich Unwirksamkeitsklagen), § 16 III (Eilverfahren zur Aufhebung der Registersperre) und § 17 (Anlagen der Anmeldung) sind auch bei Spaltung zur Neugründung sowohl für die Anmeldung der Spaltung als auch den neuen Rechtsträgers entsprechend (§§ 135, 125) anzuwenden (vgl. Einzelheiten dort). Zur Vertretungsbefugnis bei der Anmeldung → § 16 Rn. 6. **Weitere Anforderungen** an die Anmeldung folgen aus den besonderen Vorschriften des Spaltungsrechts (etwa §§ 138, 140, 146, 148, 160) und aus dem nach §§ 135, 125, 36 entsprechend anwendbarem Gründungsrecht (→ § 36 Rn. 13 ff.). Zum Sachgründungsbericht vgl. § 138. Bei einer **kombinierten Spaltung** zur Aufnahme und Neugründung (§ 123 IV) sind auch die den übernehmenden Rechtsträger betreffenden Anlagen (§ 17; insbes. Spaltungsbeschluss) beim Register des neuen Rechtsträgers einzureichen sein, um eine umfassende Prüfung der gesamten Spaltung zu ermöglichen (Semler/Stengel/Leonard/Schwanna Rn. 13; Kallmeyer/Zimmermann Rn. 12; Widmann/Mayer/Fronhöfer Rn. 52; Lutter/Priester Rn. 5). Der Beifügung einer Schlussbilanz des übertragenden Rechtsträgers bei der Anmeldung des neuen Rechtsträgers bedarf es indes nicht (Lutter/Priester Rn. 5).

3. Eintragungsreihenfolge

3   Auch die Spaltung zur Neugründung wird mit der Eintragung der Spaltung in das Register des Sitzes des übertragenden Rechtsträgers (§ 135 I, § 131 I) wirksam. Um sicherzustellen, dass zu diesem Zeitpunkt der oder die neuen Rechtsträger bereits in dem für sie zuständigen Register erfasst sind, ist bei der Spaltung zur Neugründung folgende **Reihenfolge** der Eintragung einzuhalten:

4   Zunächst ist jeder **neue Rechtsträger** in das für seinen Sitz zuständige Register einzutragen. Die Eintragung wird mit dem Hinweis versehen, dass der neue Rechtsträger erst mit der Eintragung der Spaltung im Register des Sitzes des übertragenden Rechtsträgers entsteht, sofern nicht alle Eintragungen **tagggleich** erfolgen (§§ 135, 130 I 2; Lutter/Priester Rn. 14; Semler/Stengel/Leonard/Schwanna Rn. 18; Neye GmbHR 1995, 565; Bayer/Wirth ZIP 1996, 817 (820 ff.); aA Heidenhain GmbHR

1995, 264; ergänzend → § 135 Rn. 16). Die Eintragung der Spaltung in das Register des Sitzes des übertragenden Rechtsträgers darf erst erfolgen, wenn alle neuen Rechtsträger eingetragen sind (§§ 135, 130 I 1; § 135 I 1 schließt nur den Verweis auf § 130 II aus). Anders als bei der Spaltung zur Aufnahme müssen jedoch nicht die beteiligten Rechtsträger den Nachweis der Voreintragung aller übernehmenden Rechtsträger erbringen. Abs. 3 S. 1 bestimmt, dass die für die neuen Rechtsträger zuständigen Registergerichte von Amts wegen dem Registergericht des Sitzes des übertragenden Rechtsträgers den Tag der Eintragung des neuen Rechtsträgers mitzuteilen haben.

Erst nach Eingang aller Mitteilungen über die Voreintragung der neuen Rechtsträger und der Voreintragung einer ggf. notwendigen **Kapitalherabsetzung** (vgl. § 139 S. 2, § 145 S. 2), kann die Spaltung selbst in das Register des Sitzes des übertragenden Rechtsträgers eingetragen werden (Abs. 3 S. 2). Diese Eintragung löst die **Spaltungswirkungen** aus (§ 135 iVm § 131 I). Die Voreintragung der Kapitalherabsetzung im Register des übertragenden Rechtsträgers ist hingegen nicht Voraussetzung für die Eintragung der neuen Rechtsträger (Kallmeyer/Zimmermann Rn. 22; Semler/Stengel/Leonard/Schwanna Rn. 21; Lutter/Priester Rn. 14; Widmann/Mayer/Mayer Rn. 72).

Die für die Spaltungswirkungen und damit auch für das Entstehen der neuen Rechtsträger konstitutive Eintragung (→ § 135 Rn. 16) der Spaltung in das Register des Sitzes des übertragenden Rechtsträgers ist wiederum von Amts wegen den für die neuen Rechtsträger zuständigen Registergerichten mitzuteilen (Abs. 3 S. 2).

Da der übertragende Rechtsträger nur bei der Aufspaltung, nicht hingegen bei der Abspaltung und Ausgliederung erlischt, verbleiben die **Registerunterlagen** des übertragenden Rechtsträgers bei dem für ihn zuständigen Registergericht. Aber auch bei der Aufspaltung verbleiben die Registerunterlagen bei dem für den übertragenden Rechtsträger (ehemals) zuständigen Gericht, weil anderenfalls eine Wahl unter den in Betracht kommenden Registern zwangsläufig willkürlich erfolgen müsste (Begr. RegE, BR-Drs. 75/94 zu § 130). Um auch in den Registern der neuen Rechtsträger die Einsichtnahme in wesentliche Unterlagen des übertragenden Rechtsträgers zu ermöglichen, hat das für den übertragenden Rechtsträger zuständige Registergericht von Amts wegen einen Registerauszug und die Satzung des übertragenden Rechtsträgers in alle für die neuen Rechtsträger zuständigen Registergerichte in Abschrift, als Ausdruck oder elektronisch zu übermitteln (Abs. 3 S. 2; auch → § 130 Rn. 25). Zu den im Gesetzestext erwähnten Gesellschaftsvertrag/ PartVertrag → § 130 Rn. 25.

Nach Eingang der Mitteilung über die Eintragung der Spaltung in das Register des Sitzes des übertragenden Rechtsträgers ist der Zeitpunkt dieser Eintragung von Amts wegen in den Registern des Sitzes jedes neuen Rechtsträgers einzutragen **(Abs. 3 S. 3)**. Damit ist sichergestellt, dass auch aus diesen Registern der exakte Zeitpunkt des Wirksamwerdens der Spaltung und damit des Entstehens des neuen Rechtsträgers ersichtlich ist. Seit der Änderung durch das DiRUG erfolgt **keine gesonderte Bekanntmachung,** da zwischenzeitlich die Eintragungen in das Handelsregister durch ihre erstmalige Abrufbarkeit bekannt gemacht werden (§ 10 I 1 HGB). Dies ist auch im Hinblick auf die Voreintragung der neuen Rechtsträger vor dem Wirksamwerden der Spaltung wegen des entsprechenden Hinweises (→ Rn. 4) für den Rechtsverkehr nicht problematisch.

4. Verstöße gegen die Eintragungsreihenfolge

Die vom Gesetz vorgegebene Eintragungsreihenfolge ist zwingend. Wird allerdings zunächst die Spaltung im Register am Sitz des übertragenden Rechtsträgers eingetragen, treten die Spaltungswirkungen unumkehrbar ein (§ 131 II). Die neuen Rechtsträger entstehen in diesem Fall auch ohne Eintragung in dem für sie zuständigen Register, da anderenfalls der Vermögensübergang ins Leere gehen würde (Lutter/Priester Rn. 17; Kallmeyer/Zimmermann Rn. 28; Semler/Stengel/Leonard/Schwanna Rn. 22; Kölner Komm UmwG/Simon/Nießen Rn. 42; BeckOGK/Weiß Rn. 84). Der Verstoß gegen die Eintragungsreihenfolge ist zwar kein Mangel der Spaltung, der mit § 131 II vom Gesetzgeber verfolgte Zweck würde aber konterkariert, würde man wegen dieses eher formellen Fehlers die Spaltungswirkungen nicht eintreten lassen. IÜ sind fehlende Registereintragungen regelmäßig weniger gefährlich als falsche Eintragungen. Die Eintragung der neuen Rechtsträger ist in diesem Fall nachzuholen. Hierfür notwendige Anmeldungen können notfalls durch Festsetzung von Zwangsgeld erzwungen werden (§ 14 HGB). Auch eine fehlerhaft nicht voreingetragene **Kapitalherabsetzung** ist nachzuholen, ohne dass die Eintragung der Spaltung wiederholt werden müsste (Kallmeyer/Zimmermann Rn. 28; Semler/Stengel/Leonard/Schwanna Rn. 22; Lutter/Priester Rn. 17; BeckOGK/Weiß Rn. 85; Widmann/Mayer/Mayer Rn. 72). Die Wirksamkeit der Spaltung tritt aber bereits mit deren Eintragung ein (Semler/Stengel/Leonard/Schwanna Rn. 22; Kölner Komm UmwG/Simon/Nießen Rn. 42; Kallmeyer/Zimmermann Rn. 28; auch → § 139 Rn. 38 ff.).

5. Wirkungen der Eintragung

10 Die (konstitutive) Eintragung der Spaltung in das Register des übertragenden Rechtsträgers löst die Spaltungswirkungen aus (§ 135 I, § 131 I, §§ 133, 134). Die neuen Rechtsträger entstehen und die im Spaltungsplan bezeichneten Gegenstände gehen auf sie über. Bei Auf- und Abspaltungen werden die Anteilsinhaber des übertragenden Rechtsträgers, bei Ausgliederungen der übertragende Rechtsträger selbst Anteilsinhaber der neuen Rechtsträger. Bei Aufspaltungen erlischt der übertragende Rechtsträger. Die gegenseitige Mithaftung nach Maßgabe der §§ 133, 134 tritt ein. Die Spaltungswirkungen entsprechen also – sieht man von dem Entstehen des neuen Rechtsträgers ab – vollständig denen der Spaltung durch Aufnahme. Inhaltlich kann daher auf die Komm. zu **§§ 131–134** verwiesen werden.

6. Kosten der Anmeldung

11 **a) Anmeldung der neuen Rechtsträger.** Für die Fertigung des Entwurfs der Anmeldung durch den Notar fällt eine 5/10-Gebühr nach KV 24102 GNotKG an; im Regelfall entfällt dann die Beglaubigungsgebühr (Vorbemerkungen zu KV 2.4.1 II GNotKG; Anm. I zu KV 25100 GNotKG). Der Geschäftswert bestimmt sich nach § 105 I GNotKG bei KapGes nach dem StK, mindestens 30.000 Euro, und den anderen Rechtsträgern nach § 105 III GNotKG. Beschränkt sich die Notartätigkeit auf die Beglaubigung der Unterschriften, ist hierfür eine 2/10-Gebühr, mindestens 20 Euro und höchstens 70 Euro nach KV 25100 GNotKG zu entrichten. Mehrere Unterschriften mit einem Beglaubigungsvermerk lösen die Gebühr nur einmal aus (Anm. II zu KV 25100 GNotKG). Der Geschäftswert richtet sich ebenfalls nach § 105 IV GNotKG (§ 121 GNotKG).

12 **b) Anmeldung der Spaltung.** Hinsichtlich der Kosten der Anmeldung der Spaltung in das Register des übertragenden Rechtsträgers → § 129 Rn. 4.

7. Kosten der Eintragung

13 **a) Eintragung der neuen Rechtsträger.** Vgl. zu den Grundlagen zunächst → § 19 Rn. 43 ff. Die **HR-Kosten** richten sich nach § 58 GNotKG iVm HRegGebV (Festgebühren; vgl. bspw. GV 1103 HRegGebV (150 Euro), GV 1104 HRegGebV (180 Euro), GV 2104 HRegGebV (260 Euro), GV 5006 HRegGebV (50 Euro) iVm §§ 1, 2a HRegGebV).

Rechtsträgers (§ 133 I 1) die zunächst **fortdauernde Haftung** der phG der übertragenden (mit Wirksamwerden der Aufspaltung erloschenen) PhG. § 45 ist gem. §§ 135, 125 entsprechend anzuwenden; damit tritt nach Ablauf von fünf Jahren eine Enthaftung ein. Zu Einzelheiten vgl. § 45.

Bei Abspaltungen **und Ausgliederungen** bewirkt die **entsprechende** Anwendung (§ 125 S. 1; dazu → § 125 Rn. 10) von § 45, dass die Nachhaftungsbegrenzung nur hinsichtlich der übertragenen Verbindlichkeiten eintritt (vgl. indes Semler/Stengel/Leonard/Ihrig Anh. § 137 Rn. 27; Kallmeyer/Sickinger § 125 Rn. 49; Widmann/Mayer/Mayer Vor §§ 138–173 Rn. 15: keine Anwendung von § 45). Die persönliche Haftung für Verbindlichkeiten des (fortbestehenden) übertragenden Rechtsträgers bleibt unberührt. Vgl. ergänzend, insbes. zur Problematik der **Einlagenrückgewähr**, → § 133 Rn. 42 f. 12

3. Abspaltung von Partnerschaftsgesellschaften

Die Spaltung **von PartGes** ist im Dritten Buch (Spaltung) ebenfalls nicht rechtsformspezifisch geregelt. §§ 125, 135 verweisen auf §§ 45a–45e; nach § 45e sind wiederum §§ 39, 44 und 45 entsprechend anzuwenden. Danach gilt: 13

a) Spaltungsfähigkeit. Vgl. zu den Möglichkeiten der Spaltung unter Beteiligung von PartGes → § 124 Rn. 9, 30. Beschränkungen resultieren aus den persönlichen Anforderungen an die Anteilsinhaber. 14

b) Spaltungs- und Übernahmevertrag, Spaltungsplan. Neben den auch bei PhG zu beachtenden Besonderheiten (→ Rn. 6) gilt (über §§ 125, 135) § 45b (zu Einzelheiten dort). 15

c) Spaltungsbericht, Spaltungsprüfung. Für die Verpflichtung, einen **Spaltungsbericht** zu erstatten, gilt § 45c (Ausschluss eines Partners von der Geschäftsführung). Die Unterrichtung der von der Geschäftsführung ausgeschlossenen Partner richtet sich nach § 42 (vgl. § 45c S. 2). 16

Sofern der Partnerschaftsvertrag für den Spaltungsbeschluss eine Mehrheitsentscheidung vorsieht, kann jeder Partner eine **Spaltungsprüfung** verlangen (§ 45e S. 2, § 45d II, § 44). Zu Einzelheiten vgl. § 45e. 17

d) Spaltungsbeschluss. Im Grds. muss der Spaltungsbeschluss einstimmig erfolgen (§ 45d I). Der Partnerschaftsvertrag kann jedoch eine Mehrheitsentscheidung mit mindestens drei Viertel der abgegebenen Stimmen vorsehen (§ 45d II). 18

e) Nachhaftungsbegrenzung. Nach §§ 125, 135, 45e ist bei der Spaltung von PartGes § 45 entsprechend anwendbar. Die Ausführungen → Rn. 11 f. gelten entsprechend. 19

Erster Abschnitt. Spaltung unter Beteiligung von Gesellschaften mit beschränkter Haftung

Vorbemerkungen zu §§ 138–140

1. Allgemeines

Neben den bei der Beteiligung einer GmbH zu beachtenden besonderen Vorschriften des Spaltungsrechts (§§ 138–140) finden über die Verweisung in §§ 135, 125 auch die besonderen Vorschriften des Zweiten Buches über die Verschm unter Beteiligung von GmbH (§§ 46–59) Anwendung. Danach ergibt sich für die Spaltung Folgendes: 1

2. Spaltungs- und Übernahmevertrag

2 Für den **Inhalt des Spaltungsvertrags** (Spaltungsplan) ist neben § 126 auch § 46 (über §§ 135, 125) maßgeblich. Handelt es sich bei dem übernehmenden oder neuen Rechtsträger um eine GmbH, ist daher bereits im Spaltungsvertrag (Spaltungsplan) der **Nennbetrag** des Geschäftsanteils festzulegen, der jedem Anteilsinhaber eines übertragenden Rechtsträgers gewährt wird (vgl. auch → § 126 Rn. 106). Ferner müssen besondere **Rechte und Pflichten,** die mit den im Wege der uU notwendigen KapErh geschaffenen und zu gewährenden Anteilen verbunden sind, im Spaltungsvertrag (Spaltungsplan) festgesetzt werden (§§ 135, 125, 46 II). Die Anteilsgewährungspflicht kann auch bei der Spaltung durch Gewährung bereits bestehender Geschäftsanteile erfüllt werden. Die Nennbeträge und die Gesellschafter, die diese Anteile erhalten sollen, müssen bereits im Spaltungsvertrag bezeichnet werden (§§ 135, 125, 46 III). Vgl. zu Einzelheiten die Komm. zu § 46.

3 **Nichtverhältniswahrende** Spaltungen können auch dergestalt erfolgen, dass Veränderungen in den Beteiligungsverhältnissen am übertragenden Rechtsträger eintreten (→ § 128 Rn. 18 ff.). Die Anteile gehen mit Wirksamwerden der Spaltung über (→ § 131 Rn. 86). In diesem Fall sind auch bei einer übertragenden GmbH hinsichtlich der Aufteilung der Anteile nach § 126 I Nr. 10 (→ § 126 Rn. 104) die Anforderungen nach § 46 zu beachten. § 46 befasst sich zwar unmittelbar nur mit der Anteilsgewährung beim übernehmenden Rechtsträger, § 125 S. 1 ordnet jedoch eine entsprechende Anwendung, also unter Berücksichtigung der spaltungsspezifischen Besonderheiten, an (hierzu auch → § 125 Rn. 10).

3. Spaltungsbericht, Spaltungsprüfung

4 Ein **Spaltungsbericht** ist für eine an der Spaltung beteiligte GmbH grds. notwendig. Abw. oder ergänzende Regelungen zu § 127 bestehen weder in den besonderen Vorschriften des Spaltungsrechts noch in den über §§ 135, 125 entsprechend anwendbaren §§ 46 ff. (zu Ausnahmen und den Möglichkeiten eines Verzichts → § 127 Rn. 21 f. und → § 135 Rn. 21). Der Spaltungs- und Übernahmevertrag (Spaltungsplan) ist bei einer Aufspaltung oder Abspaltung (zur Ausgliederung vgl. § 125 S. 2) auf Verlangen auch nur eines Gesellschafters einer beteiligten GmbH für diese Ges zu **prüfen** (§§ 135, 125, 48 S. 1; zur besonderen Notwendigkeit der Prüfung bei der Spaltung vgl. RegE Begr. BR-Drs. 75/94 Vor § 138). Zu Einzelheiten vgl. die Komm. zu § 48.

4. Spaltungsbeschluss

5 Für die Vorbereitung der Gesellschafterversammlung, auf der der Spaltungsbeschluss für eine GmbH gefasst werden soll, gelten §§ 47, 49 gem. §§ 135, 125 entsprechend. Vgl. Einzelheiten dort. Der Spaltungsbeschluss bedarf, sofern der Gesellschaftsvertrag der GmbH keine erschwerenden Erfordernisse vorsieht, einer **Mehrheit** von mindestens drei Vierteln der abgegebenen Stimmen (§§ 135, 125, 50 I). Zu besonderen **Zustimmungserfordernissen** vgl. die entsprechend anwendbaren § 50 II, § 51 (hierzu auch Wälzholz DStR 2006, 236).

5. Kapitalerhöhungen im Zusammenhang mit der Spaltung

6 Handelt es sich bei der Spaltung zur Aufnahme beim übernehmenden Rechtsträger um eine GmbH, muss zur Schaffung der zu gewährenden Anteile regelmäßig eine **KapErh** durchgeführt werden (zu Spaltungen ohne Anteilsgewährungspflicht → § 126 Rn. 41 ff.). In diesem Zusammenhang sind §§ 54, 55 entsprechend anwendbar. Zu Einzelheiten vgl. dort. Die Spaltung darf in diesem Fall erst nach der **Eintragung der KapErh** im HR eingetragen werden (§§ 135, 125, 53). Zur

Eintragungsreihenfolge und zu den Folgen von Verstößen gegen diese → § 130 Rn. 4 ff. und → § 137 Rn. 3 ff. Zur **Kapitalherabsetzung** beim übertragenden Rechtsträger vgl. § 139.

6. Anmeldung und Eintragung der Spaltung

Bei Beteiligung einer GmbH sind für die Anmeldung der Spaltung zusätzlich §§ 52, 140 zu beachten (vgl. Einzelheiten dort).

§ 138 Sachgründungsbericht

Ein Sachgründungsbericht (§ 5 Abs. 4 des Gesetzes betreffend die Gesellschaften mit beschränkter Haftung) ist stets erforderlich.

1. Notwendigkeit des Sachgründungsberichts

Die Gründung einer GmbH im Zusammenhang mit einer Spaltung zur Neugründung ist eine besondere Form der **Sachgründung**. Auch im UmwR gilt das Verbot der **Unterpariemission**. Das der neu gegründeten GmbH übertragene Reinvermögen muss daher mindestens dem Stammkapital entsprechen (→ § 136 Rn. 10 ff., → § 126 Rn. 28 ff.). Der Gesetzgeber sah – zu Recht – bei der Spaltung besondere Risiken eines Verstoßes gegen diesen elementaren Grds. des Rechts der KapGes, und zwar auch, wenn bereits der übertragende Rechtsträger eine KapGes oder eine eG ist (Begr. RegE, BR-Drs. 75/94 zu § 138). Denn die Möglichkeit der Übertragung auch einzelner Vermögensgegenstände kann dazu genutzt werden, weniger profitable Bereiche auf eine eigenständige GmbH zu übertragen. Zwar tritt zunächst die gesamtschuldnerische Haftung auch des übertragenden Rechtsträgers ein, diese ist jedoch grds. auf fünf Jahre befristet (→ § 133 Rn. 33 ff.).

Um Missbräuchen wenigstens im Gründungsstadium begegnen zu können, soll der Registerrichter in die Lage versetzt werden, die Werthaltigkeit des übertragenen Vermögens zu überprüfen. Daher ist bei der Spaltung auf eine neu gegründete GmbH ein **Sachgründungsbericht stets,** also unabhängig von der Rechtsform des übertragenden Rechtsträgers, **erforderlich;** § 58 II ist bei der Spaltung demzufolge nicht anzuwenden. Diese Klarstellung (§ 125 verweist auf § 58 II) ist der eigentliche Zweck der Vorschrift, da § 5 IV GmbHG bereits nach § 135 II zu beachten ist (Semler/Stengel/Leonard/Reichert Rn. 1; NK-UmwR/Fischer Rn. 2).

§ 138 gilt nur für Spaltungen zur **Neugründung** einer GmbH, nicht hingegen für Spaltungen zur Aufnahme, bei denen übernehmender Rechtsträger eine GmbH ist (wie hier Widmann/Mayer/Mayer Rn. 2.1; Kallmeyer/Zimmermann § 129 Rn. 11; Kallmeyer/Sickinger Rn. 3; Kölner Komm UmwG/Simon/Nießen Rn. 6; Henssler/Strohn/Galla/Cé. Müller Rn. 2; NK-UmwR/Fischer Rn. 5; BeckOGK/ Brellochs Rn. 22; aA Lutter/Priester Rn. 8). Dies folgt zunächst aus dem Wortlaut (§ 5 IV GmbHG regelt nur den Sachgründungsbericht; der in der Praxis von den Registergerichten oftmals geforderte Sacherhöhungsbericht ist im GmbHG nicht ausdrücklich festgelegt), zudem entspricht dies dem Willen des Gesetzgebers (Begr. RegE, BR-Drs. 75/94 zu § 138). Die Praxis hat zu beachten, dass einige Registergerichte in entsprechender Anwendung von § 138 auf die Einreichung eines Sacherhöhungsberichts bei der Spaltung zur Aufnahme bestehen, wie dies weit verbreitete Praxis bei Sachkapitalerhöhungen im Wege der Einzelrechtsübertragung ist (ebenso Semler/Stengel/Leonard/Reichert Rn. 2; HK-UmwG/Klumpp Rn. 2).

§ 138 verdrängt nur § 58 II. Daneben bleibt § 58 I (iVm §§ 135, 125) entsprechend anwendbar. In dem Sachgründungsbericht sind daher auch der **Geschäftsverlauf** und die **Lage des übertragenden Rechtsträgers** darzulegen (zu Einzelheiten → § 58 Rn. 2; zur Anwendung des Gründungsrechts → § 135 Rn. 12 ff.). Der Sachgründungsbericht wird von dem sich spaltenden Rechtsträger abgegeben, da er nach § 135 II 2 als Gründer gilt (Lutter/Priester Rn. 5; Semler/Stengel/Leonard/Reichert Rn. 9; Kölner Komm UmwG/Simon/Nießen Rn. 9; Henssler/Strohn/Galla/Cé. MüllerRn. 5; Widmann/Mayer/Mayer Rn. 5; NK-UmwR/Fischer Rn. 7; HK-UmwG/Klumpp Rn. 3; BeckOGK/Brellochs Rn. 23).

2. Prüfung durch das Registergericht

5 Zum Umfang der KapErh → § 126 Rn. 29. Der **Sachgründungsbericht** (ausf. → § 36 Rn. 26 ff., → § 58 Rn. 1 f.) ist der Anmeldung des neuen Rechtsträgers als Anlage beizufügen (§ 135 II iVm § 8 I Nr. 4 GmbHG). Ggf. werden auch Unterlagen zum Nachweis des Werts der übertragenen Gegenstände benötigt. Das Registergericht kann im Rahmen seiner Prüfungspflicht auch die Vorlage der Bilanz des übertragenden Rechtsträgers verlangen (BayObLG DStR 1999, 680). Sieht der Registerrichter eine Unterpariemission als gegeben an, weist er die Eintragung des neuen Rechtsträgers zurück (§ 135 II 1 UmwG iVm § 9c GmbHG). Zur Prüfungskompetenz des Registerrichters allg. vgl. Spezialliteratur zu § 9c GmbHG. Kommt es dennoch zur Eintragung der Spaltung in das Register des übertragenden Rechtsträgers (zu den gegenseitigen Mitteilungspflichten der Registergerichte → § 137 Rn. 3 ff.), entsteht gleichwohl der neue Rechtsträger (zum maßgeblichen Zeitpunkt → § 126 Rn. 29). In diesem Fall tritt die **Differenzhaftung** nach § 9 GmbHG ein. Verpflichteter ist bei Abspaltungen und Ausgliederungen aber nur der übertragende Rechtsträger, der nach § 135 II 2 den Gründern gleichsteht. Eine Differenzhaftung der Gesellschafter der übertragenden GmbH tritt nicht ein (vgl. → § 126 Rn. 30). Eine Mithaftung der anderen übernehmenden Rechtsträger entsteht nicht, da die Differenzhaftung keine bereits zuvor begründete Verbindlichkeit iSv § 133 I ist (Ihrig GmbHR 1995, 622 (636 ff.); Lutter/Priester Rn. 10; Widmann/Mayer/Mayer § 135 Rn. 73).

§ 139 Herabsetzung des Stammkapitals

¹Ist zur Durchführung der Abspaltung oder der Ausgliederung eine Herabsetzung des Stammkapitals einer übertragenden Gesellschaft mit beschränkter Haftung erforderlich, so kann diese auch in vereinfachter Form vorgenommen werden. ²Wird das Stammkapital herabgesetzt, so darf die Abspaltung oder die Ausgliederung erst eingetragen werden, nachdem die Herabsetzung des Stammkapitals im Register eingetragen worden ist.

Übersicht

	Rn.
1. Allgemeines	1
2. Zweck der Regelung	3
3. Erforderlichkeit der Kapitalherabsetzung	5
4. Wirksamer Missbrauchsschutz?	18
5. Durchführung der Kapitalherabsetzung	22
6. Höhe der Kapitalherabsetzung	25
7. Rechtsfolgen der Kapitalherabsetzung	29
8. Rückwirkung der Kapitalherabsetzung	30
9. Kapitalherabsetzung bei der Ausgliederung	31
10. Voreintragung der Kapitalherabsetzung (S. 2)	33

1. Allgemeines

Bei Abspaltungen und **Ausgliederungen** kann aufgrund des Vermögensabgangs 1
bei der übertragenden GmbH eine **Stammkapitalherabsetzung** erforderlich sein
(zur **UG** → § 124 Rn. 14). Für diesen Fall ordnet **S. 1** an, dass die Kapitalherabsetzung **in vereinfachter Form** erfolgen kann. § 139 verweist damit – ohne ausdrückliche Bezugnahme – auf §§ 58a–58f GmbHG. Zur Versicherung der Geschäftsführer hinsichtlich der Kapitaldeckung vgl. **§ 140**.

S. 2 kommt die gleiche Funktion wie § 53 (iVm §§ 125, 135) zu: Die Verände- 2
rung der geschützten Haftungsmasse soll bereits vor Eintritt der Änderung aus dem
HR ersichtlich sein (Begr. RegE, BR-Drs. 75/94 zu § 139).

2. Zweck der Regelung

Das Erfordernis einer Kapitalherabsetzung kann nur bei einer Abspaltung oder 3
Ausgliederung auftreten, da bei der Aufspaltung der übertragende Rechtsträger
erlischt (§ 131 I Nr. 2; zur Ausgliederung aber → Rn. 31).

Überträgt der übertragende Rechtsträger im Rahmen einer Abspaltung mehr 4
Aktiv- als Passivvermögen auf den übernehmenden Rechtsträger, so wirkt sich dies
auf seine **Eigenkapitalsituation** aus. Die Summe des EK nimmt ab. Kann der
Vermögensverlust nicht durch Auflösung offener Eigenkapitalpositionen ausgeglichen werden, muss – zur Vermeidung einer Unterbilanz – das StK herabgesetzt
werden. Das in § 58 GmbHG geregelte Verfahren der Kapitalherabsetzung ist hierfür
allerdings ungeeignet, da es insbes. zu zeitintensiv ist (vgl. die Jahresfrist in § 58 I
Nr. 3 GmbHG; Begr. RegE, BR-Drs. 75/94 zu § 139). Andererseits sollen die
Gläubiger des übertragenden Rechtsträgers davor geschützt werden, dass im Zusammenhang mit der Spaltung eine Stammkapitalherabsetzung erfolgt, obwohl ausreichend frei verfügbares EK vorhanden ist (bei der GmbH unterliegt, anders als bei
der AG, nur das StK einem Ausschüttungsverbot, § 30 GmbHG). Zugleich soll
verhindert werden, dass das durch die Kapitalherabsetzung frei gewordene Kapital
an die Gesellschafter ausgeschüttet wird. Daher kann die Kapitalherabsetzung in
vereinfachter Form, aber eben unter Beachtung der Schutzvorschriften in §§ 58a ff.
GmbHG durchgeführt werden (Begr. RegE, BR-Drs. 75/9 zu § 139).

3. Erforderlichkeit der Kapitalherabsetzung

§ 139 S. 1 erlaubt die Kapitalherabsetzung bei einer Abspaltung und bei einer 5
Ausgliederung (zur Ausgliederung → Rn. 31 f.) in vereinfachter Form (die reguläre
Kapitalherabsetzung nach § 58 GmbHG bleibt daneben möglich, sie ist aber für das
Spaltungsverfahren unpraktikabel; Widmann/Mayer/Mayer Rn. 22; Lutter/Priester
Rn. 1; Kölner Komm UmwG/Simon/Nießen Rn. 4; BeckOGK/Brellochs Rn. 5),
wenn sie zur Durchführung der Spaltung **erforderlich** ist. Erforderlich ist eine
Kapitalherabsetzung nur, wenn und soweit – bei der Abspaltung (zur Ausgliederung
→ Rn. 31 f.) – das beim übertragenden Rechtsträger verbleibende Nettovermögen
zu BW (Aktivvermögen abzgl. Passiva ohne Eigenkapitalpositionen) das bisherige
StK nicht mehr deckt. Denn in dieser Situation wäre die Abspaltung ohne Kapitalherabsetzung ein Verstoß gegen § 30 GmbHG, da die Gegenleistung für die Vermögensübertragung nicht der GmbH, sondern deren Gesellschafter zufließt (Kölner
Komm UmwG/Simon/Nießen Rn. 10; Widmann/Mayer/Mayer Rn. 12; Kallmeyer/Sickinger Rn. 2; Sagasser/Bula/Brünger Umwandlungen/Sagasser § 18
Rn. 97; zur Ausgliederung → Rn. 31 f.). Ohne Belang ist, ob und in welcher Höhe
bereits zuvor eine **Unterbilanz** bestand. Dies ist kein „Spaltungsblocker" (Widmann/Mayer/Mayer Rn. 21.1; Lutter/Priester Rn. 9; MHdB GesR VIII/Oppenhoff § 29 Rn. 200; Priester NZG 2021, 370 (372)). Indes ist die vereinfachte Kapitalherabsetzung auf den Betrag beschränkt, der für Erfassung des spaltungsbedingten

Vermögensabgangs notwendig ist; iÜ könnte eine Kapitalherabsetzung nach allg. Grundsätzen erfolgen (Lutter/Priester Rn. 9; Widmann/Mayer/Mayer Rn. 21.1; MHdB GesR VIII/Oppenhoff § 29 Rn. 200). Diese kann indes unter den Voraussetzungen von §§ 58a ff. GmbHG wiederum als vereinfachte Kapitalherabsetzung durchgeführt werden (Widmann/Mayer/Mayer Rn. 21.3; MHdB GesR VIII/Oppenhoff § 29 Rn. 200; vgl. auch BeckOGK/Brellochs Rn. 12). In der Erklärung nach **§ 140** (→ § 140 Rn. 7) ist auf die vorher schon bestehende Unterbilanz hinzuweisen (Widmann/Mayer/Mayer Rn. 21.3 mit Formulierungsvorschlag; Kallmeyer/Zimmermann § 140 Rn. 4; Kölner Komm UmwG/Simon/Nießen Rn. 13; Stindt NZG 2017, 174; aA Lutter/Priester Rn. 9: vorherige Durchführung der „regulären" vereinfachten Kapitalherabsetzung; so auch BeckOGK/Brellochs Rn. 12).

6 Der Zusammenhang mit § 30 I GmbHG bedingt auch, dass für die Feststellung der Erforderlichkeit auf die BW abzustellen ist, stille Reserven mithin nicht berücksichtigt werden dürfen. Denn für die Kapitalbindung nach § 30 I GmbHG ist das buchmäßige EK maßgeblich (ebenso Kallmeyer/Sickinger Rn. 2; Widmann/Mayer/Mayer Rn. 11; Lutter/Priester Rn. 8; Sagasser/Bula/Brünger Umwandlungen/Sagasser § 18 Rn. 97; Semler/Stengel/Leonard/Reichert Rn. 7; Kölner Komm UmwG/Simon/Nießen Rn. 17; NK-UmwR/Fischer Rn. 10; BeckOGK/Brellochs Rn. 10).

7 Die Erforderlichkeit ist nicht gegeben, wenn und soweit der Abgang des Nettobuchvermögens durch die **Auflösung offener Eigenkapitalpositionen** (Rücklagen, Gewinnvorträge) ausgeglichen werden kann (Kallmeyer/Sickinger Rn. 2; Widmann/Mayer/Mayer Rn. 20, 32 ff.; Lutter/Priester Rn. 7 f.; Semler/Stengel/Leonard/Reichert Rn. 8; Prinz/Rösner AG 2021, 148 (150 ff.); zur **bilanziellen Abbildung** → § 17 Rn. 55 ff.). Maßgeblich ist die Situation zum **Zeitpunkt** des Wirksamwerdens der Spaltung; dies gebietet der Schutzzweck (Kölner Komm UmwG/Simon/Nießen Rn. 19; aA wohl IDW RS HFA 43 Rn. 16; Oser StuB 2014, 631 (634)) und lässt sich auch aus der Erklärungspflicht nach § 140 ableiten (→ § 140 Rn. 10). In der Praxis wird indes zunächst auf den Stichtag der Schlussbilanz nach § 17 II abgestellt (IDW RS HFA 43 Rn. 15). Die Veränderung des Eigenkapitals ist aber fortzuschreiben (IDW ERS HFA 43 Rn. 15; vgl. auch Kölner Komm UmwG/Simon/Nießen Rn. 20 ff.). Hierbei ist zu berücksichtigen, dass weitere Gewinne oder Verluste im Zusammenhang mit dem übertragenen Vermögen bereits dem übernehmenden Rechtsträger zugerechnet werden, § 126 I Nr. 6. Ein lfd. Gewinn mit dem zurückbleibenden Vermögen seit dem Stichtag der Schlussbilanz kann nur berücksichtigt werden, wenn dies durch einen Zwischenabschluss nachgewiesen wird (IDW ERS HFA 43 Rn. 15). IÜ haben die Geschäftsführer einen gewissen Beurteilungsspielraum, den sie für einen Sicherheitsaufschlag nutzen sollten (Kölner Komm UmwG/Simon/Nießen Rn. 22; zur Versicherung nach § 140 vgl. → § 140 Rn. 1 ff.). Zur bilanziellen Behandlung einer zu hoch vorgenommenen Kapitalherabsetzung → Rn. 28.

8 Die Notwendigkeit der vorrangigen Auflösung offener (also nicht als StK gebundener) Eigenkapitalposten wird allerdings durch **§ 58a II GmbHG** eingeschränkt. Danach kann die Kapitalherabsetzung bereits dann beschlossen werden, wenn der Teil der Kapital- und Gewinnrücklagen, der zusammen über 10 vH des nach der Herabsetzung verbleibenden StK hinausgeht, vorweg aufgelöst und ein Gewinnvortrag nicht vorhanden ist. § 58a II GmbHG ist auch bei der in § 139 S. 1 geregelten Kapitalherabsetzung anlässlich einer Abspaltung (Ausgliederung) anwendbar (wie hier Widmann/Mayer/Mayer Rn. 20, 34; Sagasser/Bula/Brünger Umwandlungen/Sagasser § 18 Rn. 96; IDW RS HFA 43 Rn. 14; Kolb/Weimert StuB 2013, 771 (775); BeckOGK/Brellochs Rn. 11; Prinz/Rösner AG 2021, 148 (150 ff.); aA Kallmeyer/Sickinger Rn. 2; Lutter/Priester Rn. 6; HK-UmwG/Klumpp Rn. 11; NK-UmwR/Fischer Rn. 11). In dem so verstandenen Sinne – Anwendung von § 58a II GmbHG – ist § 139 S. 1 eine **Rechtsgrundverweisung** (str.; wie hier Widmann/

Mayer/Mayer Rn. 23 ff.; anders noch Mayer DB 1995, 861 (866); Sagasser/Bula/ Brünger Umwandlungen/Sagasser § 18 Rn. 98; aA Semler/Stengel/Leonard/Reichert Rn. 6; Kallmeyer/Sickinger Rn. 1; Lutter/Priester Rn. 5 f.; Priester FS Schippel, 1996, 487 (493); Kölner Komm UmwG/Simon/Nießen Rn. 13; NK-UmwR/ Fischer Rn. 7; Naraschewski GmbHR 1995, 697 (698 ff.); Prinz/Rösner AG 2021, 148 (150); vgl. auch BeckOGK/Brellochs Rn. 11).

Der Unterschied zwischen Rechtsgrundverweisung (im vorstehenden Sinne) und **9** Rechtsfolgenverweisung beschränkt sich damit auf die Anwendung von § 58a II GmbHG, denn § 58a I GmbHG wird von § 139 S. 1 überlagert (wenngleich − wie Widmann/Mayer/Mayer Rn. 29 zutr. feststellt − auch bei der Kapitalherabsetzung anlässlich einer Spaltung Wertverluste ausgeglichen werden; vgl. auch HK-UmwG/ Klumpp Rn. 9). Der Streit über die Qualität der Verweisung ist dann (beinahe) müßig (vgl. auch Widmann/Mayer/Mayer Rn. 23), da auch die Vertreter der Ansicht, es liege eine Rechtsfolgenverweisung vor, aus dem Merkmal „erforderlich" in § 139 S. 1 die Notwendigkeit der vorherigen Auflösung von offenen Eigenkapitalposten ableiten (vgl. etwa Kallmeyer/Sickinger Rn. 2; Lutter/Priester Rn. 6; Priester FS Schippel, 1996, 487 (493); Semler/Stengel/Leonard/Reichert Rn. 8). Demgegenüber ist nach der hier vertretenen Auffassung die Kapitalherabsetzung **bereits dann** zulässig und damit iSv § 139 S. 1 erforderlich, wenn die Rücklagen und ein Gewinnvortrag unter Beachtung der Grenzwerte von § 58a II GmbHG aufgelöst worden sind (vgl. auch Kölner Komm UmwG/Simon/Nießen Rn. 16). Nicht aufzulösen war die gesetzliche **Rücklage** für **eigene Anteile** (Widmann/Mayer/Mayer Rn. 34; Lutter/Priester, 4. Aufl. 2009, Rn. 6; vgl. nunmehr § 272 Ia HGB) und sind Rücklagen für Anteile an herrschenden oder mehrheitlich beteiligten Unternehmen nach **§ 272 IV HGB** sowie Rücklagenanteile, die nach **§ 268 VIII HGB** einer Ausschüttungssperre unterliegen, soweit die Gründe für deren Bildung nach der Abspaltung (Ausgliederung) beim übertragenden Rechtsträger unverändert bestehen bleiben (IDW RS HFA 43 Rn. 14; Lutter/Priester Rn. 6 Fn. 11; Oser StuB 2014, 631 (634)). Entsprechendes gilt für die Kapitalrücklage für Nachschusskapital nach § 42 II 3 GmbHG (Kölner Komm UmwG/Simon/Nießen Rn. 15; Oser StuB 2014, 631 (634)).

Ob ein **Gewinnvortrag** oder eine **Gewinnrücklage** vorliegt, bestimmt sich **10** nach dem Verwendungsbeschluss des Vorjahres (§ 29 II GmbHG). Gewinnrücklage und Gewinnvortrag unterscheiden sich durch ihre Zweckbestimmung. Während erstere auf Dauer angelegt ist, soll der Gewinnvortrag nur vorläufig von der Verteilung ausgeschlossen sein (Noack/Servatius/Haas/Kersting GmbHG § 29 Rn. 25).

Gesetzliche Gewinnrücklagen sind für die GmbH (für die AG vgl. § 150 **11** AktG) nicht vorgesehen. Oftmals sieht die Satzung aber die Bildung einer Gewinnrücklage vor. Unabhängig von Satzungsregelungen können darüber hinaus bei einer GmbH Gewinnrücklagen durch einen Gewinnverwendungsbeschluss gebildet werden.

Der Kapitalherabsetzungsbetrag wird hingegen **nicht** durch den Betrag des beim **12** übernehmenden Rechtsträger **neu gebildeten Nennkapitals begrenzt** (so aber AG Charlottenburg GmbHR 2008, 993 mAnm Priester; Lutter/Priester Rn. 10 f.; Semler/Stengel/Leonard/Reichert Rn. 10; NK-UmwR/Fischer Rn. 14; **wie hier** Widmann/Mayer/Mayer Rn. 21, 51; Kallmeyer/Sickinger Rn. 3; Kölner Komm UmwG/Simon/Nießen Rn. 23; HK-UmwG/Klumpp Rn. 13; Limmer Unternehmensumwandlungs-HdB/Limmer Teil 3 Rn. 287; Henssler/Strohn/Galla/Cé. Müller Rn. 6; BeckOGK/Brellochs Rn. 15; MHdB GesR VIII/Oppenhoff § 29 Rn. 201). Aus der Gesetzesbegr. (so Lutter/Priester Rn. 10) lässt sich diese Abhängigkeit nicht ableiten (vgl. Begr. RegE, BR-Drs. 75/94 zu § 139). Dort heißt es vielmehr, die §§ 58a ff. GmbHG würden ausreichen, um Manipulationen zur Umgehung des § 30 GmbHG auszuschließen. Eine Abhängigkeit zwischen Kapitalherabsetzungsbetrag einerseits und Höhe des neu gebildeten Nennkapitals andererseits besteht bereits deshalb nicht, weil die Festlegung der jew. Höhe nach unterschiedlichen Kriterien erfolgt (zust. HK-UmwG/Klumpp Rn. 13; BeckOGK/Brellochs Rn. 15). Der notwendige Kapitalherabsetzungsbetrag bestimmt sich nach der Höhe des beim übertragenden Rechtsträger verbleibenden Nettobuchvermögens, während das neue Kapital – bei der Abspaltung zur Aufnahme – durch das Verhältnis des Werts des übertragenen Vermögens zum Wert des übernehmenden Rechtsträgers selbst bestimmt wird (→ § 126 Rn. 26 ff.). Zur Verhinderung von Ausschüttungen unmittelbar nach Wirksamwerden der Spaltung (hierauf weist Begr. RegE, BR-Drs. 75/94 zu § 139 hin) könnte allenfalls gefordert werden, dass bei einer Abspaltung zur Neugründung beim neu gegründeten Rechtsträger mindestens ein Nennkapital in der Höhe des Herabsetzungsbetrages gebildet wird. Hierfür findet sich aber keine gesetzliche Stütze (zur Festsetzung des Kapitals bei Spaltung zur Neugründung → § 126 Rn. 28 ff., → § 126 Rn. 37 f.), zudem ist zu beachten, dass die Bindung nur eintreten würde, soweit Spaltung auf eine KapGes erfolgt (iÜ auch → Rn. 18 ff.).

13 Es ist daher kein hinreichender Grund ersichtlich, warum etwa die im nachfolgenden Beispiel beschriebene Kapitalherabsetzung und damit die Spaltung an sich nicht zulässig sein soll:

Beispiel:

14 Die GmbH A hat zwei Teilbetriebe, von denen der Teilbetrieb B auf die neu gegründete GmbH B abgespalten werden soll. Die GmbH A hat vor der Abspaltung folgende Bilanz:

GmbH A (vor Abspaltung)

Teilbetrieb A	500	StK	500
Teilbetrieb B	500	Verbindlichkeiten Teilbetrieb A	250
		Verbindlichkeiten Teilbetrieb B	250
	1000		1000

15 Mangels freier Eigenkapitalposten muss die GmbH A ihr StK auf 250 herabsetzen, da das verbleibende Nettobuchvermögen ebenfalls nur 250 beträgt:

GmbH A (nach Abspaltung)

Teilbetrieb A	500	StK	250
		Verbindlichkeiten Teilbetrieb A	250
	500		500

16 Die Stammkapitalziffer bei der neu gegründeten GmbH B kann innerhalb der Grenzen zwischen dem Mindeststammkapital und dem Verbot der Unterpariemission (näher → § 126 Rn. 28 ff.) frei festgelegt werden. Demzufolge kann in dem Beispiel das StK ohne Verstoß gegen gesetzliche Bestimmungen mit 200 festgelegt werden. Danach sieht die Bilanz der GmbH B wie folgt aus:

GmbH B

Teilbetrieb B	500	StK	200
		Rücklage	50
		Verbindlichkeiten Teilbetrieb B	250
	500		500

Das Beispiel zeigt, dass eine den Betrag des Neukapitals übersteigende Kapitalherabsetzung notwendig („erforderlich") sein kann.
Zur **Höhe** der Kapitalherabsetzung → Rn. 25 ff. Eine Begrenzung des Kapitalherabsetzungsbetrags erfolgt iÜ nur durch das Mindestkapital iHv 25.000 Euro (§ 5 I GmbHG), es sei denn, es wird zugleich eine Barkapitalerhöhung zur Erreichung des Mindestnennbetrags beschlossen (§ 58a IV 1 GmbHG). 17

4. Wirksamer Missbrauchsschutz?

Es darf nicht übersehen werden, dass die §§ 58a ff. GmbHG missbräuchliche Gestaltungen bei Spaltungen nicht verhindern können. Denn ihr originärer Anwendungsbereich sind Fälle, in denen die Gläubiger durch die Kapitalherabsetzung grds. nicht schlechter gestellt werden, weil die Vermögensminderung bereits eingetreten ist. Bei Spaltungen kann hingegen die Notwendigkeit zur Kapitalherabsetzung bewusst und ohne tatsächliche Notwendigkeit herbeigeführt werden. 18

Das Gesellschaftsvermögen einer GmbH darf, soweit es zur Erhaltung des StK erforderlich ist, nicht ausgezahlt werden (§ 30 GmbHG). Diese Vorschrift wird zu Recht als eine der wesentlichen Regelungen des GmbH-Rechts angesehen (Lutter/Hommelhoff/Hommelhoff GmbHG § 30 Rn. 1). Wollen die Gesellschafter, ohne dass eine Krisensituation vorliegt, der allein die §§ 58a–58f GmbHG begegnen sollen (Sanierung), über die Grenze von § 30 I GmbHG hinaus Ausschüttungen an sich vornehmen, steht ihnen zunächst der Weg nach § 58 GmbHG offen. Die danach zulässige Kapitalherabsetzung ist allerdings nicht nur zeitaufwändig (§ 58 I Nr. 3 GmbHG), sie löst auch den Anspruch der Gläubiger auf Befriedigung oder wenigstens auf Sicherheitsleistung aus (§ 58 I Nr. 2 GmbHG). Bei einer Aufspaltung auf zwei neu gegründete GmbH sind die Gesellschafter aber in der Bestimmung des StK der neuen Rechtsträger frei, soweit das Mindeststammkapital von 25.000 Euro (§ 5 I GmbHG) erreicht wird und keine Unterpariemission vorliegt (iE → § 136 Rn. 11, → § 126 Rn. 28 ff.). Nunmehr steht den Gesellschaftern ein erheblich höheres Ausschüttungsvolumen zur Vfg., da Richtwert für das Ausschüttungsverbot von § 30 I GmbHG das StK bei den neuen Rechtsträgern ist. Dies ist aber **keine spaltungsspezifische Gefahr**, da auch bei einer Verschm auf eine Schwester-GmbH deren StK niedriger festgelegt werden kann. 19

Aber auch im Fall einer Abspaltung **oder Ausgliederung** ist der Kapitalerhaltungsschutz nach der Spaltung geringer als vorher. Denn die Gläubigerschutzmechanismen von §§ 58a–58f GmbHG betreffen nur den übertragenden Rechtsträger. Beim übernehmenden oder neuen Rechtsträger bestimmt sich das neu gebildete Kapital nach den Wertverhältnissen (Spaltung zur Aufnahme) oder nach der Festlegung innerhalb der Grenzen zwischen Mindestnennkapital und notwendiger Kapitaldeckung (→ Rn. 12). Dieser Kapitalschutz tritt ohnehin nur ein, wenn der übernehmende Rechtsträger kraft Rechtsform gebundenes Kapital hat (vgl. auch Widmann/Mayer/Mayer Rn. 21). 20

Einen gewissen Ausgleich schafft der Anspruch auf **Sicherheitsleistung** nach § 22, der zeitnah zu erfüllen ist. Die gesamtschuldnerische Haftung nach § 133 I ist ein weniger wirkungsvolles Korrektiv, da nur die beteiligten Rechtsträger und nicht die Gesellschafter, an die dann zulässigerweise Ausschüttungen erfolgen, für die Verbindlichkeiten einzustehen haben. 21

5. Durchführung der Kapitalherabsetzung

Zur Erforderlichkeit der Kapitalherabsetzung → Rn. 5 ff. Der Regelungsgehalt von § 139 S. 1 erschöpft sich in der Anordnung, dass eine im Zusammenhang mit Abspaltung und Ausgliederung erforderliche Kapitalherabsetzung in vereinfachter 22

Form erfolgen kann (die daneben auch mögliche Kapitalherabsetzung nach § 58 GmbHG hat im Zusammenhang mit Spaltung keine praktische Bedeutung, → Rn. 4).

23 Damit sind für die Kapitalherabsetzung die §§ 58a–58f GmbHG anzuwenden. Es bedarf eines Kapitalherabsetzungsbeschlusses, in dem die Nennbeträge der Geschäftsanteile dem herabgesetzten StK angepasst werden (vgl. § 58a III GmbHG). IÜ gelten über § 58a V GmbHG die §§ 53, 54 GmbHG.

24 Vgl. hierzu iÜ, insbes. zu den Voraussetzungen an den Kapitalherabsetzungsbeschluss und an dessen Anmeldung und Eintragung, Noack/Servatius/Haas/Kersting GmbHG § 58a Rn. 17 ff.

6. Höhe der Kapitalherabsetzung

25 Die Höhe der Kapitalherabsetzung ist nicht frei bestimmbar (auch → Rn. 5 ff.). Die Kapitalherabsetzung darf nur zum Zwecke des Ausgleichs der durch die Abspaltung oder Ausgliederung entstandenen Wertminderung durchgeführt werden (§ 58b I GmbHG). Lediglich iHv 10% des herabgesetzten StK dürfen die aus der Auflösung der Kapital- und Gewinnrücklagen und aus der Kapitalherabsetzung gewonnenen Beträge in die Kapitalrücklage eingestellt werden (§ 58b II GmbHG). Die Höhe der Kapitalherabsetzung bestimmt sich also nach der Minderung des Nettobuchvermögens abzgl. aufgelöster Kapital- und Gewinnrücklagen unter Beachtung von § 58a II GmbHG, ggf. zzgl. Einstellung in die Kapitalrücklage iHv 10% des herabgesetzten StK (→ Rn. 5 ff.). Zur Verdeutlichung folgendes **Beispiel:**

26 Die GmbH A spaltet ihren Teilbetrieb B ab und überträgt hierbei ein Nettobuchvermögen in Höhe von 200

GmbH A (vor Abspaltung Teilbetrieb B)			
		StK	200
		Gewinnvortrag	50
		Kapitalrücklage	50
Teilbetrieb A	800	Verbindlichkeiten Teilbetrieb A	700
Teilbetrieb B	500	Verbindlichkeiten Teilbetrieb B	300
	1300		1300

1. Alternative

GmbH A (nach Abspaltung Teilbetrieb B)
Minimale Kapitalherabsetzung

		StK	100
		Gewinnvortrag	0
		Kapitalrücklage	0
Teilbetrieb A	800	Verbindlichkeiten Teilbetrieb A	700
Teilbetrieb B	0	Verbindlichkeiten Teilbetrieb B	0
	800		800
Abgang Nettobuchvermögen	200		
abzgl. Gewinnvortrag	50		
abzgl. Kapitalrücklage	50		
Kapitalherabsetzung	100		

2. Alternative

GmbH A (nach Abspaltung Teilbetrieb B)
Maximale Kapitalherabsetzung

		StK	91
		Gewinnvortrag	0
		Kapitalrücklage	9
Teilbetrieb A	800	Verbindlichkeiten Teilbetrieb A	700
Teilbetrieb B	0	Verbindlichkeiten Teilbetrieb B	0
	800		800
Abgang Nettobuchvermögen	200		
abzgl. Gewinnvortrag	50		
abzgl. Kapitalrücklage	41		
Kapitalherabsetzung	109		

Die untere Grenze der Kapitalherabsetzung bildet das Mindeststammkapital iHv 25.000 Euro (§ 5 I GmbHG). Dieser Mindestnennbetrag kann ausnahmsweise dann unterschritten werden, wenn er durch eine **zugleich beschlossene Barkapitalerhöhung** wieder erreicht wird (§ 58a IV 1 GmbHG; → Rn. 17).

Bei einem zu **hoch angenommenen Vermögensabgang,** der wiederum eine überhöhte Kapitalherabsetzung bedingt hat, sind die insoweit frei werdenden Beträge nach § 58c GmbHG in die Kapitalrücklage einzustellen, die besonderen Bindungen nach § 58b III GmbHG unterliegt (Lutter/Priester Rn. 15; Widmann/Mayer/Mayer Rn. 72; Semler/Stengel/Leonard/Reichert Rn. 15; Kölner Komm UmwG/Simon/Nießen Rn. 30; Henssler/Strohn/Galla/Cé. Müller Rn. 8; BeckOGK/Brellochs Rn. 23; Naraschweski GmbHR 1995, 697 (702)). Die Fehleinschätzung kann etwa darauf beruhen, dass zum Zeitpunkt der Beschlussfassung die Schlussbilanz des übertragenden Rechtsträgers noch nicht vorlag (Lutter/Priester Rn. 15; Widmann/Mayer/Mayer Rn. 72). § 58c GmbHG behandelt nur versehentliche Fehleinschätzungen, erlaubt demzufolge nicht eine bewusste Umw von StK in Kapitalrücklagen.

7. Rechtsfolgen der Kapitalherabsetzung

§ 139 S. 1 bestimmt lediglich, dass die Kapitalherabsetzung in vereinfachter Form erfolgen kann. Spaltungstypische Regelungen finden sich iÜ nicht. Wie in → Rn. 18 ff. dargestellt, sind §§ 58a–58f GmbHG nur eingeschränkt zur Verhinderung von Gestaltungen, die die Umgehung der Kapitalerhaltung nach § 30 I GmbHG zum Ziel haben, geeignet. Auch passen die durch §§ 58b ff. GmbHG angeordneten Rechtsfolgen nicht immer auf die bei der Spaltung bestehende Situation. §§ 58a ff. GmbHG haben ihren originären Anwendungsbereich im Zusammenhang mit Sanierungsbemühungen. Dies macht es verständlich, dass nach Durchführung der Kapitalherabsetzung das **Gewinnausschüttungsrecht beschränkt** ist (§ 58d GmbHG). Die Kapitalherabsetzung anlässlich einer Abspaltung (Ausgliederung) erfolgt hingegen nicht – wenigstens nicht zwingend – vor dem Hintergrund einer Krise. Dies allein rechtfertigt jedoch nicht den Ausschluss von § 58d GmbHG aus der Verweisung in § 139 S. 1 (wie hier Widmann/Mayer/Mayer Rn. 75; aA Lutter/Priester Rn. 16; Kallmeyer/Sickinger Rn. 6; Semler/Stengel/Leonard/Reichert Rn. 16; Kölner Komm UmwG/Simon/Nießen Rn. 32; Henssler/Strohn/Galla/Cé. Müller Rn. 9; NK-UmwR/Fischer Rn. 18; BeckOGK/Brellochs Rn. 24; MHdB GesR VIII/Oppenhoff § 29 Rn. 209; Priester NZG 2021, 370 (373); Naraschewski GmbHR 1995, 697 (702)). Eine gesetzliche Stütze für eine einschränkende Auslegung der Verweisung besteht nicht (etwa Anordnung der „entsprechenden" Anwendung in § 139 S. 1). Überdies ist es auch in Spaltungsfällen aus Gläubigerschutzgesichtspunkten nicht völlig unangemessen, die vereinfachte Kapitalherabsetzung nur zum Preis einer Beschränkung der künftigen Gewinnausschüttung zu gestatten.

8. Rückwirkung der Kapitalherabsetzung

30   Die Verweisung in § 139 S. 1 bezieht sich nur auf §§ 58a–58d GmbHG. §§ 58e–58f GmbHG, die die Rückwirkung der Kapitalherabsetzung auf das vorangegangene Gj. regeln, finden bei der Spaltung keine Anwendung. Denn bei der Spaltung tritt die Vermögensminderung erst mit dem Vermögensübergang durch Eintragung der Spaltung in das Register des übertragenden Rechtsträgers ein. Würde man auch bei der Spaltung die Rückwirkung nach §§ 58e–58f GmbHG zulassen, würde der vorangegangene JA – anders als bei der Verlustsituation – ein falsches Bild der wirtschaftlichen Lage darstellen (wie hier Semler/Stengel/Leonard/Reichert Rn. 17; Widmann/Mayer/Mayer Rn. 80; BeckOGK/Brellochs Rn. 25; Naraschewski GmbHR 1995, 697 (702); Kölner Komm UmwG/Simon/Nießen Rn. 33; aA Lutter/Priester Rn. 17).

9. Kapitalherabsetzung bei der Ausgliederung

31   § 139 S. 1 lässt die Kapitalherabsetzung nicht nur bei der Abspaltung, sondern auch bei der Ausgliederung in vereinfachter Form zu. Praktische Bedeutung hat dies nur in seltenen Fällen, etwa bei Ausgliederungen auf einen überschuldeten Rechtsträger (vgl. Widmann/Mayer/Mayer Rn. 17 f.; Semler/Stengel/Leonard/ Reichert Rn. 4; Kölner Komm UmwG/Simon/Nießen Rn. 11 f.; Lutter/Priester Rn. 4; Kallmeyer/Sickinger Rn. 4; BeckOGK/Brellochs Rn. 4; Priester NZG 2021, 370 (373); IDW RS HFA 43 Rn. 22: sei ausgeschlossen; wohl auch Oser StuB 2014, 631 (635)). Denn bei der Ausgliederung erhält die übertragende GmbH selbst als Gegenleistung für die Vermögensübertragung die Anteile am übernehmenden Rechtsträger; es findet also lediglich ein Aktivtausch statt (so auch Lutter/Priester Rn. 4; Kallmeyer/Sickinger Rn. 4).

32   Diese Anteile sind beim übertragenden Rechtsträger zwingend mit ihrem Zeitwert anzusetzen. Denn der übernehmende Rechtsträger hat die übergehenden Vermögensgegenstände entweder mit dem Verkehrswert oder mit dem bisherigen BW anzusetzen (vgl. § 24; zu Einzelheiten → § 24 Rn. 1 ff.). Unabhängig hiervon hat der übertragende Rechtsträger die Anteile aufgrund des Tausches mit dem Zeitwert, der mindestens dem BW entsprechen muss, zu erfassen (näher → § 24 Rn. 99 ff.).

10. Voreintragung der Kapitalherabsetzung (S. 2)

33   Ist im Zusammenhang mit der Spaltung eine Kapitalherabsetzung beim übertragenden Rechtsträger notwendig, darf die Spaltung erst nach Eintragung der Kapitalherabsetzung selbst eingetragen werden. § 139 S. 2 entspricht damit § 53, der die spiegelbildliche Situation bei der Notwendigkeit einer KapErh bei dem übernehmenden Rechtsträger regelt: Veränderungen der Kapitalsituation sollen für die Gläubiger aus dem HR ersichtlich sein, bevor sie eintreten (Begr. RegE, BR-Drs. 75/94 zu § 139; iÜ → § 53 Rn. 1). Die Notwendigkeit der **Voreintragung** der Kapitalherabsetzung gilt auch, wenn sie nicht in vereinfachter Form, sondern nach § 58 GmbHG erfolgt (ebenso Lutter/Priester Rn. 21; Lutter/Schwab § 145 Rn. 30; Kölner Komm UmwG/Simon/Nießen Rn. 38). Die Anmeldung obliegt der **Geschäftsführung,** wobei str. ist, ob die vereinfachte Kapitalherabsetzung von allen Geschäftsführern anzumelden ist (vgl. Lutter/Hommelhoff/Kleindiek GmbHG § 58a Rn. 30; Lutter/Priester Rn. 19; Limmer Unternehmensumwandlungs-HdB/Limmer Teil 3 Rn. 381).

Soweit im Zusammenhang mit der Kapitalherabsetzung **zugleich** eine **Barkapi-** 34
talerhöhung beschlossen wird (vgl. § 58a IV GmbHG; → Rn. 17, → Rn. 27),
muss auch diese im HR vollzogen sein (§ 58a IV 4 GmbHG). Damit müssen ggf.
die KapErh bei dem übernehmenden Rechtsträger (§§ 125, 135, 53), die Kapitalherabsetzung (einschl. Barkapitalerhöhung) beim übertragenden Rechtsträger (§ 139
S. 2) und die Spaltung im Register des Sitzes jedes der übernehmenden Rechtsträgers eingetragen sein (§ 130 I, § 135), bevor die Spaltung in das Register des übertragenden Rechtsträgers eingetragen werden kann (zur Eintragungsreihenfolge
→ § 130 Rn. 4 ff. und → § 137 Rn. 3 ff.).

Wirksam wird die Kapitalherabsetzung allerdings erst mit Wirksamwerden der 35
Spaltung (ausf. hierzu Widmann/Mayer/Mayer Rn. 43 ff.; vgl. auch Kallmeyer/
Sickinger Rn. 7; Lutter/Priester Rn. 22; Semler/Stengel/Leonard/Reichert
Rn. 19; NK-UmwR/Fischer Rn. 22; BeckOGK/Brellochs Rn. 29; aA Sagasser/
Bula/Brünger Umwandlungen/Sagasser § 18 Rn. 104; Kölner Komm UmwG/
Simon/Nießen Rn. 39). Hier gilt nichts anderes als im spiegelbildlichen Fall der
KapErh zur Gewährung von neuen Anteilen (§ 53). Steht nach Eintragung der
Kapitalherabsetzung fest, dass die Spaltung nicht durchgeführt wird, ist die Kapitalherabsetzung von Amts wegen zu löschen (Kallmeyer/Sickinger Rn. 7; Lutter/Priester Rn. 22; Semler/Stengel/Leonard/Reichert Rn. 19; NK-UmwR/Fischer
Rn. 22). Die Spaltungswirkungen treten nach § 131 II mit Eintragung der Spaltung
im Register des übertragenden Rechtsträgers auch ein, wenn die Voreintragung
der Kapitalherabsetzung nicht erfolgt ist (Kölner Komm UmwG/Simon/Nießen
Rn. 40; Widmann/Mayer/Mayer Rn. 65; Lutter/Priester Rn. 23: Spaltung wird
erst mit Eintragung der Herabsetzung wirksam). Die Eintragung der Kapitalherabsetzung ist nachzuholen; in der Zwischenzeit besteht eine Unterbilanz.

§ 140 Anmeldung der Abspaltung oder der Ausgliederung

Bei der Anmeldung der Abspaltung oder der Ausgliederung zur Eintragung in das Register des Sitzes einer übertragenden Gesellschaft mit beschränkter Haftung haben deren Geschäftsführer auch zu erklären, daß die durch Gesetz und Gesellschaftsvertrag vorgesehenen Voraussetzungen für die Gründung dieser Gesellschaft unter Berücksichtigung der Abspaltung oder der Ausgliederung im Zeitpunkt der Anmeldung vorliegen.

1. Allgemeines

Die Norm schafft eine weitere Erklärungspflicht der Geschäftsführer einer über- 1
tragenden GmbH anlässlich der Anmeldung einer Abspaltung oder Ausgliederung.
Sie ergänzt damit §§ 16, 17 (iVm §§ 125, 135). Die strafbewehrte (§ 346 II) Erklärung dient dem Kapitalschutz. Es soll hierdurch gesichert werden, dass die übertragende GmbH nach Durchführung der Abspaltung oder Ausgliederung hinsichtlich
der Kapitalausstattung wenigstens noch die Mindestvoraussetzung erfüllt. § 140 steht
damit in engem Zusammenhang zu § 139 (Herabsetzung des StK der übertragenden
GmbH).

2. Voraussetzungen der Erklärungspflicht

Die zusätzliche Erklärung ist nur bei der Anmeldung einer Abspaltung oder Aus- 2
gliederung (aber → § 139 Rn. 31; vgl. auch Kölner Komm UmwG/Simon/Nießen
Rn. 6 und → § 146 Rn. 2) notwendig; sie erübrigt sich bei einer Aufspaltung, da
hierbei der übertragende Rechtsträger erlischt (§ 131 I Nr. 2). § 140 erfasst nur die
übertragende GmbH. Ist am Spaltungsvorgang eine GmbH als übernehmender
Rechtsträger beteiligt, besteht für deren Geschäftsführer keine Pflicht, eine Erklärung zur noch vorhandenen Deckung der Stammeinlagen abzugeben.

3. Verpflichtete Personen

3   Die Erklärung ist von den **Geschäftsführern** der übertragenden GmbH abzugeben. § 78 GmbHG ist nicht, auch nicht entsprechend anwendbar (wie hier Semler/Stengel/Leonard/Reichert Rn. 4; Henssler/Strohn/Galla/Cé. Müller Rn. 3; aA Kallmeyer/Zimmermann Rn. 6; Lutter/Priester Rn. 8; Widmann/Mayer/Mayer Rn. 11; Kölner Komm UmwG/Simon/Nießen Rn. 20; Keßler/Kühnberger UmwR/Gündel Rn. 3; NK-UmwR/Fischer Rn. 11; BeckOGK/Brellochs Rn. 9). Es ist bereits str., ob die vereinfachte Kapitalherabsetzung von allen Geschäftsführern anzumelden ist (→ § 139 Rn. 33). Die Erklärung nach § 140 erfolgt aber im Zusammenhang mit der Anmeldung der Spaltung an sich; an sie sollten ohne ausdrückliche gesonderte Anordnung keine höheren Anforderungen gestellt werden als an die Anmeldung der Spaltung selbst (ausf. → § 16 Rn. 6 ff.). Ausreichend ist also die Abgabe der Erklärung durch Geschäftsführer in vertretungsberechtigter Zahl. Wegen der Strafandrohung (§ 313 II) ist indes sowohl unechte Gesamtvertretung als auch Bevollmächtigung ausgeschlossen (Lutter/Priester Rn. 8; Semler/Stengel/Leonard/Reichert Rn. 4; Maulbetsch/Klumpp/Rose/Klumpp Rn. 6; Kallmeyer/Zimmermann Rn. 6; NK-UmwR/Fischer Rn. 9; BeckOGK/Brellochs Rn. 9; MHdB GesR VIII/Schwab § 26 Rn. 8; teilw. aA für AG Lutter/Schwab § 146 Rn. 6).

4   Die Erklärung wird regelmäßig im Anmeldungstext aufgenommen. Erfolgt sie isoliert, ist eine besondere **Form** nicht vorgeschrieben (so zutr. Kallmeyer/Zimmermann Rn. 7; Lutter/Priester Rn. 11; Lutter/Schwab § 146 Rn. 12; Semler/Stengel/Leonard/Reichert Rn. 7; Kölner Komm UmwG/Simon/Nießen Rn. 21; Widmann/Mayer/Mayer Rn. 13; BeckOGK/Brellochs Rn. 12; aA Keßler/Kühnberger UmwR/Gündel Rn. 5: Notarielle Beglaubigung). Ausreichend ist eine separate elektronische Einreichung (Widmann/Mayer/Mayer Rn. 13).

5   Wird die Anmeldung nach § 129 **durch** ein **Vertretungsorgan** eines **übernehmenden** Rechtsträgers durchgeführt, ist unklar, wie mit der Erklärung nach § 140 zu verfahren ist. Denkbar ist die Abgabe der Erklärung durch das jew. anmeldende Vertretungsorgan in entsprechender Anwendung von § 140 oder die Abgabe durch die Geschäftsführer der übertragenden GmbH auch im Fall der Anmeldung durch ein Vertretungsorgan eines übernehmenden Rechtsträgers. Die zweite Alt. ist mit dem Zweck von § 129 nicht zu vereinbaren. Sinn der ergänzenden Zuständigkeit ist es, Verzögerungen aufgrund der Weigerung des Vertretungsorgans des übertragenden Rechtsträgers, die Anmeldung der Spaltung durchzuführen, zu verhindern (dazu → § 129 Rn. 2). Die Regelung wäre allerdings wirkungslos, wenn das Vertretungsorgan des übernehmenden Rechtsträgers abermals auf die Mitwirkung der Geschäftsführer der übertragenden GmbH angewiesen wäre.

6   Es ist daher vorzugswürdig, dem Vertretungsorgan eines übernehmenden Rechtsträgers, das in ergänzender Zuständigkeit nach § 129 die Spaltung zur Eintragung in das Register des übertragenden Rechtsträgers anmeldet, die Befugnis einzuräumen, entsprechend § 140 die Erklärung abzugeben (Rechtsgedanke von § 16 II: auch dort können „die Vertretungsorgane" gesellschaftsrechtlich, § 16 I 2; Semler/Stengel/Leonard/Bonow § 148 Rn. 11 ff.: für eG; aA Kallmeyer/Zimmermann Rn. 6; Widmann/Mayer/Mayer Rn. 10; Lutter/Priester Rn. 9; Semler/Stengel/Leonard/Reichert Rn. 5; Kölner Komm UmwG/Simon/Nießen Rn. 18; Maulbetsch/Klumpp/Rose/Klumpp Rn. 7). Diese Erklärung ist dann allerdings nicht strafbewehrt, da § 313 II aufgrund des strafrechtlichen Analogieverbotes nicht anwendbar ist.

4. Inhalt der Erklärung

7   **a) Gesetzliche Gründungsvoraussetzungen.** Die Geschäftsführer einer übertragenden GmbH haben bei der Anmeldung der Abspaltung zu erklären, dass die gesetzlichen Gründungsvoraussetzungen auch unter Berücksichtigung der Abspal-

tung oder der Ausgliederung im Zeitpunkt der Anmeldung noch vorliegen. Trotz des offenen Wortlauts muss diese Erklärung allerdings **nicht alle Gründungsvorschriften** umfassen. Aus der RegEBegr. (BR-Drs. 75/94 zu § 140) und insbes. aus der korrespondierenden Strafvorschrift in § 346 II wird deutlich, dass der Gesetzgeber an die auf die Kapitalausstattung bezogenen Vorschriften dachte. **Wichtigster Inhalt** der Erklärung ist daher, dass auch unter Berücksichtigung der Vermögensübertragung das herabgesetzte oder unveränderte StK der übertragenden GmbH durch das verbleibende Nettobuchvermögen (ohne stille Reserven) gedeckt ist (vgl. § 313 II; Lutter/Priester Rn. 4 f.; Kallmeyer/Zimmermann Rn. 3; Semler/Stengel/Leonard/Reichert Rn. 2; Kölner Komm UmwG/Simon/Nießen Rn. 10; NK-UmwR/Fischer Rn. 5; Maulbetsch/Klumpp/Rose/Klumpp Rn. 8; BeckOGK/Brellochs Rn. 5; aA wohl Widmann/Mayer/Mayer Rn. 7). Im Falle einer **Kapitalherabsetzung** umfasst die Erklärung auch, dass das gesetzliche Mindeststammkapital (§ 5 I GmbHG) weiterhin erreicht wird und die Höhe der neuen Stammeinlagen den gesetzlichen Anforderungen (§ 58a III GmbHG; vgl. Lutter/Priester Rn. 6; Semler/Stengel/Leonard/Reichert Rn. 2) entspricht. IÜ bezieht sich die Erklärung bei Durchführung einer Kapitalherabsetzung auf die Deckung des herabgesetzten StK (Widmann/Mayer/Mayer Rn. 3.1; Kallmeyer/Zimmermann Rn. 5; BeckOGK/Brellochs Rn. 7). Insoweit kommt der Erklärung allerdings keine besondere Bedeutung zu, da das Registergericht diese Voraussetzungen anlässlich der Eintragung der Kapitalherabsetzung, die vor der Eintragung der Spaltung erfolgen muss (§ 139 S. 2; → § 139 Rn. 33 ff.), selbst prüfen muss (zur Erklärung bei einer bereits zuvor bestehenden **Unterbilanz** → § 139 Rn. 5).

Die Überprüfung der Kapitalausstattung mit Hilfe einer strafbewehrten Erklärungspflicht ist wegen der mit einer Spaltung verbundenen Gefahren (dazu → § 139 Rn. 18 ff.) sinnvoll. Eine darüber hinausgehende Erklärungspflicht zu sonstigen Gründungsvorschriften zu verlangen, wäre bloßer Formalismus. Die **Erklärung muss nicht** die Zulässigkeit des Gesellschaftszwecks (§ 1 GmbHG), die Form des Gesellschaftsvertrags (§ 2 GmbHG), die inhaltliche Mindestvoraussetzung an den Gesellschaftsvertrag (§ 3 GmbHG) und die Zulässigkeit der Firma (§ 4 GmbHG) beinhalten (ebenso Lutter/Priester Rn. 7; Semler/Stengel/Leonard/Reichert Rn. 2; Henssler/Strohn/Galla/Cé. Müller Rn. 2; Kallmeyer/Zimmermann Rn. 3; BeckOGK/Brellochs Rn. 8; aA Kölner Komm UmwG/Simon/Nießen Rn. 14 ff.). Insoweit treten durch die Abspaltung oder Ausgliederung keine Veränderungen ein. Werden solche Änderungen im zeitlichen Zusammenhang mit der Spaltung beschlossen, ist dies ein außerhalb des UmwG und ausschließlich nach §§ 53 ff. GmbHG zu beurteilender Vorgang. 8

b) Gesellschaftsvertragliche Gründungsvoraussetzungen. Welche gesellschaftsvertraglichen Gründungsvoraussetzungen der Gesetzgeber vor Augen hatte, bleibt unklar. Voraussichtlich wollte er den Inhalt der Erklärung zur Kapitalaufbringung auch auf vom gesetzlichen Mindeststammkapital (§ 5 I GmbHG) abw. gesellschaftsvertraglichen Festsetzungen des StK erstrecken (Kölner Komm UmwG/Simon/Nießen Rn. 12). Die Erklärungspflicht umfasst jedenfalls nicht die im Hinblick auf § 5 IV GmbHG getroffenen Festsetzungen des Gesellschaftsvertrags hinsichtlich historischer Sacheinlagen (ebenso Lutter/Priester Rn. 7). Insoweit ist durch die Abspaltung keine Veränderung eingetreten, selbst wenn Gegenstände, die ehemals im Wege der Sacheinlage an die übertragende GmbH geleistet worden sind, anlässlich der Spaltung übertragen werden. Denn auch die Gegenstände von Sacheinlagen unterliegen keiner Bindung, sie müssen sich nur zum Zeitpunkt der Gründung endgültig in der freien Vfg. der Geschäftsführer befunden haben (§ 8 II GmbHG). 9

c) Maßgeblicher Zeitpunkt. Die Gründungsvoraussetzungen müssen **zum Zeitpunkt der Anmeldung** der Spaltung vorliegen (ebenso Lutter/Priester Rn. 10; Widmann/Mayer/Mayer Rn. 13; Semler/Stengel/Leonard/Reichert 10

Rn. 6; Kölner Komm UmwG/Simon/Nießen Rn. 22; Kallmeyer/Zimmermann Rn. 3; Maulbetsch/Klumpp/Rose/Klumpp Rn. 11; BeckOGK/Brellochs Rn. 11). Allerdings ist – bezogen auf diesen Zeitpunkt – hypothetisch der Vermögensübergang anlässlich der Spaltung schon zu berücksichtigen. Die Geschäftsführer müssen sich fragen, ob unter Berücksichtigung des aufgrund des Wirksamwerdens der Spaltung stattfindenden Vermögensübergangs die gesetzlichen oder gesellschaftsvertraglichen Kapitalausstattungsvoraussetzungen bei dem übertragenden Rechtsträger noch erfüllt sind. Nach dem Tag der Anmeldung eintretende **Veränderungen** verpflichten nicht zu einer erneuten Abgabe der Erklärung, es sei denn, die Anmeldung muss aus anderen Gründen wiederholt werden (ebenso Lutter/Priester Rn. 10; Widmann/Mayer/Mayer Rn. 13; Semler/Stengel/Leonard/Reichert Rn. 6; Kölner Komm UmwG/Simon/Nießen Rn. 22; Kallmeyer/Zimmermann Rn. 10; Maulbetsch/Klumpp/Rose/Klumpp Rn. 11; BeckOGK/Brellochs Rn. 11). War hingegen die Erklärung unrichtig, weil vor dem Tag der Anmeldung eingetretene Umstände nicht berücksichtigt worden sind, so sind die Geschäftsführer zur Berichtigung verpflichtet (Lutter/Priester Rn. 10; Semler/Stengel/Leonard/Reichert Rn. 6; Kallmeyer/Zimmermann Rn. 10; BeckOGK/Brellochs Rn. 11; vgl. auch Widmann/Mayer/Mayer Rn. 14 zur ggf. eingetretenen Strafbarkeit).

11   **d) Formulierung der Erklärung.** Vgl. zur Form → Rn. 4. Angesichts der Strafbewehrung (vgl. § 346 II) muss in der Erklärung möglichst genau zum Ausdruck gebracht werden, was versichert wird. Dazu muss mindestens dargelegt werden, dass das **StK** der übertragenden GmbH auch unter Berücksichtigung der Vermögensübertragung nach Wirksamwerden der Spaltung durch das verbleibende Vermögen gedeckt ist (aA Widmann/Mayer/Mayer Rn. 7: Am Wortlaut von § 140 ausgerichtete Erklärung, vgl. seinen Vorschlag bei Rn. 7; ebenso Maulbetsch/Klumpp/Rose/Klumpp Rn. 8). Soweit eine Kapitalherabsetzung durchgeführt wird, ist auch die Einhaltung des gesetzlichen Mindeststammkapitals und der Stückelungsvorschriften für die Stammeinlagen (vgl. § 58a III GmbHG) in die Erklärung mit aufzunehmen. Zur Erklärung bei einer bereits zuvor bestehenden **Unterbilanz** → § 139 Rn. 5.

5. Gerichtliche Prüfung

12   Die Pflicht zur Abgabe der Erklärung schließt ein Prüfungsrecht des Registergerichts nicht aus. Es hat im Grds. von der Richtigkeit der Erklärung auszugehen und nur bei begründeten Zweifeln nach § 26 FamFG Amtsermittlungen anzustellen, also insbes. weitere Nachweise anzufordern (Lutter/Priester Rn. 13; Kallmeyer/Zimmermann Rn. 8; Widmann/Mayer/Mayer Rn. 15; Henssler/Strohn/Galla/Cé. Müller Rn. 5; Semler/Stengel/Leonard/Reichert Rn. 8; BeckOGK/Brellochs Rn. 14). Eine fehlende Erklärung ist Eintragungshindernis; sie ist unter Fristsetzung vom Gericht nachzufordern (Semler/Stengel/Leonard/Reichert Rn. 9; Kallmeyer/Sickinger Rn. 9; BeckOGK/Brellochs Rn. 15).

Zweiter Abschnitt. Spaltung unter Beteiligung von Aktiengesellschaften und Kommanditgesellschaften auf Aktien

Vorbemerkung

1. Allgemeines

1   §§ 141–146 enthalten die besonderen Vorschriften, die bei der Beteiligung einer **AG** am Spaltungsvorgang zu beachten sind (zur Beteiligung von **SE** → § 124 Rn. 12, 35). In diesen Normen sind jedoch nur wenige Besonderheiten geregelt.

Ausschluss der Spaltung § 141 UmwG A

Darüber hinaus sind über die Verweisung in §§ 125, 135 die für AG geltenden besonderen Vorschriften des Zweiten Buches (Verschm) anwendbar (§§ 60–72). Zur Gesetzestechnik → § 125 Rn. 5 ff. und → § 135 Rn. 2 ff. Bei der Spaltung unter Beteiligung von AG musste die GesR-RL (zuvor Spaltungs-RL v. 17.12.1982, ABl. 1982 L 378, 47) in nat. Recht umgesetzt werden (dazu → Vor § 123 Rn. 15 ff.).

2. Spaltungs- und Übernahmevertrag, Spaltungsplan

Besondere Vorschriften zum Inhalt des Spaltungsvertrags bei der Beteiligung von 2 AG und KGaA bestehen nicht. Maßgeblich ist also in erster Linie § 126. Zur Bekanntmachung des Verschmelzungsvertrages vgl. § 61 und § 63 I Nr. 1. Zur KapErh im Zusammenhang mit der Spaltung zur Aufnahme vgl. §§ 68, 69.

3. Spaltungsbericht

Wird anlässlich einer Umw das Grundkapital der AG erhöht, ist eine Prüfung 3 der Sacheinlagen nach § 183 III AktG notwendig, soweit nicht § 183a AktG eingreift (§ 142 I). Hierauf ist im Spaltungsbericht hinzuweisen. Für den Spaltungsbericht gilt § 127. Zu den Ausnahmen für die Erstellung eines Berichts → § 127 Rn. 21 f.; vgl. auch § 143.

4. Spaltungsprüfung

Der Spaltungsvertrag bzw. Spaltungsplan ist für eine AG (bei einer Abspaltung 4 und Aufspaltung, vgl. § 125 I 2) grds. zu prüfen (§§ 125, 135 iVm § 60 I). Die Prüfung hat bei einer Aufspaltung auch stattzufinden, wenn zwischen den Rechtsträgern ein 100%iges Beteiligungsverhältnis besteht; § 9 I ist bei der Spaltung nicht anzuwenden (vgl. § 125 S. 1; § 125 Rn. 12). Von einer Spaltungsprüfung kann also nur bei einem Verzicht aller Anteilsinhaber abgesehen werden (§§ 125, 135, § 9 III, § 8 III). Zu weiteren Besonderheiten hinsichtlich der Spaltungsprüfung für eine AG → § 60 Rn. 1 (vgl. auch § 143).

5. Spaltungsbeschluss

Im Aktienrecht bestehen besonders strenge Formalien für die Vorbereitung der 5 HV. §§ 61–64 sind zu beachten (§§ 135, 125).
Der Spaltungsbeschluss der HV einer beteiligten AG bedarf einer Mehrheit von 6 mindestens drei Vierteln des bei der Beschlussfassung vertretenen Grundkapitals. Er darf – bei einer Spaltung zur Neugründung – grds. erst gefasst werden, wenn die übertragende AG mindestens zwei Jahre im HR eingetragen ist (§§ 141, 125, 135, 76 I). Vgl. aber auch § 141. Der Spaltungsbeschluss des übertragenden Rechtsträgers hat auch die Satzung einer im Zusammenhang mit der Spaltung gegründeten AG zu umfassen (§§ 125, 135, 76 II; → § 135 Rn. 19).

6. Anmeldung und Eintragung

Zu Abweichungen bei der Beteiligung von AG, KGaA zunächst → § 145 Rn. 8 7 und § 146. Besonderheiten aus den über §§ 125, 135 entsprechend anwendbaren besonderen Vorschriften des Zweiten Buches ergeben sich aus §§ 66, 71 (nicht bei Ausgliederung, § 125 I 1 Nr. 1; vgl. → § 125 Rn. 17), § 77. Vgl. iE die Komm. dort.

§ 141 Ausschluss der Spaltung

Eine Aktiengesellschaft oder eine Kommanditgesellschaft auf Aktien, die noch nicht zwei Jahre im Register eingetragen ist, kann außer durch Ausgliederung zur Neugründung nicht gespalten werden.

1 AG, die noch nicht zwei Jahre im HR eingetragen sind, können außer durch Ausgliederung zur Neugründung nicht gespalten werden. Entsprechendes gilt für KGaA. Die Vorschrift gilt **auch,** wenn die AG/KGaA **aus** einem Formwechsel entstanden ist (vgl. § 220 III 2; Lutter/Schwab Rn. 10; Kallmeyer/Sickinger Rn. 1; Maulbetsch/Klumpp/Rose/Klumpp Rn. 3; Kölner Komm UmwG/Simon Rn. 5; Semler/Stengel/Leonard/Diekmann Rn. 8; BeckOGK/Brellochs Rn. 27; MHdB GesR VIII/Oppenhoff § 29 Rn. 13). Damit soll eine Umgehung von §§ 52, 53 AktG bei AG, die sich noch in der besonders geschützten Nachgründungsperiode befinden, ausgeschlossen werden (RegEBegr. BR-Drs. 75/94 zu § 141). Die Rechtsform des übernehmenden Rechtsträgers ist ohne Bedeutung (Lutter/Schwab Rn. 8; Kallmeyer/Sickinger Rn. 1; Semler/Stengel/Leonard/Diekmann Rn. 7). Die ursprüngliche Gesetzesfassung umfasste alle Arten der Spaltung. Mit Gesetz v. 19.4.2007 (BGBl. 2007 I 542) wurde eine **Ausnahme** für Ausgliederung zur Neugründung geschaffen (zuvor str., ob teleologische Reduktion). Dadurch soll der Aufbau sinnvoller Holdingstrukturen erleichtert werden, da der Zweck der Vorschrift bei Ausgliederungen zur Neugründung nicht gefährdet sei (RegEBegr. BT 16/2919, 19).

2 Die **Frist beginnt** mit der Eintragung der AG/KGaA im HR. Sofern die AG/KGaA durch Formwechsel entstanden ist (→ Rn. 1), ist die Eintragung der neuen Rechtsform nach § 202 maßgeblich (Lutter/Schwab Rn. 10; Maulbetsch/Klumpp/Rose/Klumpp Rn. 6; Kölner Komm UmwG/Simon Rn. 8; BeckOGK/Brellochs Rn. 32; MHdB GesR VIII/Oppenhoff § 29 Rn. 25; diff. nach ursprünglicher Rechtsform Widmann/Mayer/Rieger Rn. 9; Semler/Stengel/Leonard/Diekmann Rn. 10; vgl. auch Kallmeyer/Sickinger Rn. 1; Maulbetsch/Klumpp/Rose/Klumpp Rn. 6). Bei AG/KGaA, die aus einer Verschm zur Neugründung hervorgegangen sind, ist auf die Eintragung des neuen Rechtsträgers (der AG/KGaA) abzustellen, da mit dieser Eintragung der neue Rechtsträger entstanden ist (§ 36 I 2, § 20 I; Widmann/Mayer/Rieger Rn. 10; Semler/Stengel/Leonard/Diekmann Rn. 11; Kallmeyer/Sickinger Rn. 1; BeckOGK/Brellochs Rn. 33). Demggü. entsteht bei einer Spaltung zur Neugründung einer AG/KGaA die neue Ges erst mit Eintragung der Spaltung in das Register des Sitzes des übertragenden Rechtsträgers (§ 131 I; → § 135 Rn. 16). Damit beginnt auch erst mit dieser Eintragung die Frist nach § 141 für die durch Spaltung zur Neugründung entstandene AG/KGaA (BeckOGK/Brellochs Rn. 34). Für die Berechnung gelten § 187 I 1 BGB, § 188 II Alt. 1 BGB (Widmann/Mayer/Rieger Rn. 7; BeckOGK/Brellochs Rn. 30).

3 Innerhalb der so bestimmten Zwei-Jahres-Frist ist der **Abschluss** des Spaltungsvertrags bzw. die Aufstellung des Spaltungsplans **verboten** (aA Kallmeyer/Sickinger Rn. 2; Semler/Stengel/Leonard/Diekmann Rn. 14; Maulbetsch/Klumpp/Rose/Klumpp Rn. 10: Zeitpunkt des Spaltungsbeschlusses; Lutter/Schwab Rn. 13 ff.: Spaltungsvertrag, Spaltungsbeschluss bei der spaltenden AG und Anmeldung der Spaltung seien nichtig, es sei denn, es werde deutlich, dass die Rechtsakte auf ein Wirksamwerden der Spaltung nach Ablauf der Nachgründungsphase gerichtet seien; BeckOGK/Brellochs Rn. 37: Anmeldung zum HR; ähnl. Widmann/Mayer/Rieger Rn. 15: Entscheidend sei die Eintragung der Spaltung im HR der übertragenden AG/KGaA; ebenso Kölner Komm UmwG/Simon Rn. 14 und NK-UmwR/Fischer Rn. 8; vgl. auch Henssler/Strohn/Galla/Cé. Müller Rn. 6: Spaltungsstichtag darf nicht in der Nachgründungsphase liegen). Diese Sichtweise entspricht der Regelung von § 52 AktG, dessen Umgehung durch § 141 verhindert werden soll. Auch dort ist maßgeblich der Abschluss des Vertrages, der der Vermögensübertragung zugrunde liegt. Zulässig ist es allerdings, den Spaltungsvertrag bereits während der Nachgründungsphase aufschiebend befristet auf einen Zeitpunkt nach deren Ablauf zu schließen (vgl. auch Lutter/Schwab Rn. 18 ff.).

4 Mit **Vorbereitungshandlungen** kann bereits zuvor begonnen werden. Selbst die **Spaltungsbeschlüsse** können – dann allerdings auf der Grundlage eines Entwurfs

Spaltung mit Kapitalerhöhung; Spaltungsbericht   1, 2   § 142 UmwG A

des Spaltungsvertrags – bereits gefasst werden. Seit der Aufgabe des absoluten Verschmelzungsverbot in § 76 I aF, der über §§ 125, 135 anwendbar war, gilt dies auch bei der Aufspaltung und Abspaltung **zur** Neugründung. Unbeachtlich ist es ferner, wenn der **Spaltungsstichtag** (§ 126 I Nr. 6) innerhalb des Zwei-Jahres-Zeitraumes liegt.

Ein das **Spaltungsverbot missachtender** Spaltungsvertrag bzw. Spaltungsplan 5 ist wegen Verstoßes gegen ein gesetzliches Verbot (§ 134) **nichtig** (ebenso Lutter/ Schwab Rn. 13; Semler/Stengel/Leonard/Diekmann Rn. 15). Einem derartigen Vertrag zustimmende Beschlüsse sind nach § 241 Nr. 3 AktG nichtig (Lutter/Schwab Rn. 15; Semler/Stengel/Leonard/Diekmann Rn. 16; Maulbetsch/Klumpp/Rose/ Klumpp Rn. 11). Der Verstoß gegen das Verbot von § 141 ist **Eintragungshindernis** (Widmann/Mayer/Rieger Rn. 18). Mit Eintragung der Spaltung in das Register des übertragenden Rechtsträgers ist allerdings die Spaltung nicht mehr rückgängig zu machen (§ 131 II; → § 131 Rn. 96; ebenso Lutter/Schwab Rn. 16; Widmann/ Mayer/Rieger Rn. 14; Semler/Stengel/Leonard/Diekmann Rn. 17; BeckOGK/ Brellochs Rn. 38).

§ 142 Spaltung mit Kapitalerhöhung; Spaltungsbericht

(1) § 69 ist mit der Maßgabe anzuwenden, daß eine Prüfung der Sacheinlage nach § 183 Abs. 3 des Aktiengesetzes stets stattzufinden hat; § 183a des Aktiengesetzes ist anzuwenden.

(2) In dem Spaltungsbericht ist gegebenenfalls auf den Bericht über die Prüfung von Sacheinlagen bei einer übernehmenden Aktiengesellschaft nach § 183 Abs. 3 des Aktiengesetzes sowie auf das Register, bei dem dieser Bericht zu hinterlegen ist, hinzuweisen.

1. Kapitalerhöhung (Abs. 1)

Führt eine als **übernehmender** Rechtsträger beteiligte AG/KGaA (§ 78) im 1 Zusammenhang mit der Spaltung zur Aufnahme eine KapErh durch, gelten hierfür nach Maßgabe von §§ 125, 135, 69 gewisse Erleichterungen. Hierzu zählt bei einer Verschm (unmittelbare Anwendung von § 69), dass eine Prüfung der Sacheinlage nach § 183 III AktG nur unter gewissen Voraussetzungen stattzufinden hat (iE → § 69 Rn. 12 ff.). Diese Erleichterung gilt gem. Abs. 1 bei der Spaltung nicht; hier hat eine Prüfung der Sacheinlage unabhängig vom Vorliegen etwaiger (Verdachts-)Gründe zu erfolgen. IÜ bleibt die Anwendung von § 69 unberührt. Die durch das ARUG (BGBl. 2009 I 2479) eingeführten **Ausnahmen nach §§ 183a, 33a AktG** gelten jedoch nunmehr auch bei Spaltungen mit übernehmenden AG, nachdem mit dem UmRUG in Abs. 1 Hs. 2 die Anwendung von § 183a AktG angeordnet worden ist.

2. Besonderheiten beim Spaltungsbericht (Abs. 2)

Im Spaltungsbericht jedes beteiligten Rechtsträgers (Kallmeyer/Sickinger Rn. 2; 2 Widmann/Mayer/Rieger Rn. 12; Kölner Komm UmwG/Simon Rn. 9) ist auf die **Prüfung von Sacheinlagen** bei einer übernehmenden AG nach § 183 III AktG hinzuweisen. Dies gilt entgegen dem Wortlaut auch bei Beteiligung einer übernehmenden KGaA; hierfür spricht der Normzweck und der enge Zusammenhang mit Abs. 1 (aA Widmann/Mayer/Rieger Rn. 5 ff.; wie hier Lutter/Schwab Rn. 7 f.; Kölner Komm UmwG/Simon Rn. 12; Henssler/Strohn/Galla/Cé. Müller Rn. 7; NK-UmwR/Fischer Rn. 2; BeckOGK/Brellochs Rn. 11). **Gegebenenfalls** bedeutet in diesem Zusammenhang, dass der Hinweis aufzunehmen ist, wenn eine KapErh bei einer übernehmenden AG in Zusammenhang mit der Spaltung erfolgt und demgemäß die Sacheinlageprüfung nach Abs. 1 stattzufinden hat. Ferner ist der Hinweis entbehrlich, wenn ein Spaltungsbericht nicht zu erstatten ist (zutr. Lutter/ Schwab Rn. 6; Kallmeyer/Sickinger Rn. 2; Semler/Stengel/Leonard/Diekmann Rn. 7; Kölner Komm UmwG/Simon Rn. 12; BeckOGK/Brellochs Rn. 12; hierzu → § 127 Rn. 21 f.). Gefordert ist **lediglich** ein **Hinweis** auf die Sacheinlageprüfung und auf die Hinterlegung. Der Prüfungsbericht (§ 183 IV AktG) selbst muss im Spaltungsbericht nicht enthalten sein oder wiedergegeben werden (ebenso Lutter/ Schwab Rn. 7; Semler/Stengel/Leonard/Diekmann Rn. 8; BeckOGK/Brellochs Rn. 13). Die beteiligten Anteilsinhaber können sich aber durch Einsichtnahme in den Bericht über dessen Inhalt Klarheit verschaffen. Zu diesem Zweck muss in jedem Spaltungsbericht das Register angegeben werden, bei dem der Sacheinlageprüfungsbericht einzusehen ist. Dies ist das HR des Sitzes der übernehmenden AG/KGaA (§ 184 I 2, II AktG). Mit dieser Regelung hat der Gesetzgeber den Vorgaben von Art. 141 II 2 GesR-RL (zuvor Art. 7 II 2 Spaltungs-RL v. 17.12.1982, ABl. 1982 L 378, 47; auch → Vor § 123 Rn. 15 ff.) entsprochen. Bei Verstoß gegen Abs. 2 droht die **Anfechtung** des Beschlusses (Semler/Stengel/Leonard/Diekmann Rn. 8; Lutter/Schwab Rn. 7; Kölner Komm UmwG/Simon Rn. 14; NK-UmwG/ Fischer Rn. 10; Maulbetsch/Klumpp/Rose/Klumpp Rn. 7; BeckOGK/Brellochs Rn. 16; → § 8 Rn. 40 ff.). Eine **Auslage** des Prüfungsberichts zur Einsicht der Aktionäre entsprechend § 63 ist nicht notwendig (Lutter/Schwab Rn. 8; BeckOGK/Brellochs Rn. 15; Semler/Stengel/Leonard/Diekmann Rn. 9, vgl. aber dort Rn. 9a: Empfehlung zur Veröffentlichung nach § 63 IV AktG; ebenso Kölner Komm UmwG/Simon Rn. 11).

§ 142a Verpflichtungen nach § 72a

Verpflichtungen des übertragenden Rechtsträgers zur Gewährung zusätzlicher Aktien gemäß § 72a Absatz 1 Satz 1 und Absatz 2 Satz 1 gehen ungeachtet ihrer Zuweisung im Spaltungs- und Übernahmevertrag oder im Spaltungsplan entsprechend der Aufteilung der Anteile der anspruchsberechtigten Aktionäre gemäß § 126 Absatz 1 Nummer 10, auch in Verbindung mit § 135 Absatz 1 und § 136 Satz 2, ganz oder teilweise auf die übernehmende oder neue Aktiengesellschaft oder Kommanditgesellschaft auf Aktien über.

1   Die Vorschrift wurde mit dem **UmRUG** eingeführt und ergänzt § 72a für den Fall, dass die aus einer Verschmelzung hervorgehende Gesellschaft gespalten wird, bevor die Ansprüche der Aktionäre auf Gewährung zusätzlicher Aktien erfüllt worden sind (Begr. RegE, BT-Drs. 20/3822 zu § 142a). Eine nachfolgende Spaltung lässt den Anspruch auf Gewährung zusätzlicher Aktien – auch unter Berücksichtigung späterer Kapitalveränderungen (§ 72a II 1; → § 72a Rn. 11) – im Grundsatz unberührt, er erstreckt sich vielmehr zusätzlich auf die übernehmenden Rechtsträger (Abspaltung, Ausgliederung) oder künftig allein auf den übernehmenden Rechtsträger (Aufspaltung) in der Rechtsform einer AG/SE/KGaA als Rechtsnachfolger der ursprünglich verpflichteten Gesellschaft (vgl. iE → § 72a Rn. 17). Diese Verpflichtung zur Gewährung zusätzlicher Aktien kann nach § 142a den beteiligten Rechtsträgern im Spaltungsvertrag oder Spaltungsplan nicht abweichend von der Aufteilung der Anteile der anspruchsberechtigten Aktionäre gem. § 126 I Nr. 10 (→ § 126 Rn. 103) zugeordnet werden. Dadurch ist gewährleistet, dass die zusätzlich zu gewährenden Aktien an denjenigen Gesellschaften eingeräumt werden, an denen die anspruchsberechtigten Aktionäre (→ § 72a Rn. 7) nach der Spaltung beteiligt sind. Dies entspricht den Beteiligungsverhältnissen am übertragenden Rechtsträger, wenn nicht eine nicht verhältniswahrende Spaltung, der alle Anteilsinhaber zustimmen müssen (§ 128 S. 1; vgl. → § 128 Rn. 29) durchgeführt wird. Diese Verpflich-

tung der übertragenden Gesellschaft aus § 72a I 1, II 1 ist damit einer abweichenden Vermögenszuordnung im Spaltungsvertrag oder Spaltungsplan entzogen, um Möglichkeiten zu verhindern, die Gewährung zusätzlicher Aktien nachträglich unmöglich zu machen (Begr. RegE, BT-Drs. 20/3822 zu § 142a; allg. zum Anspruch auf zusätzlich zu gewährende Aktien bei Unmöglichwerden → § 72a Rn. 20). § 142a gilt bei allen Formen der Spaltung und bei Spaltungen zur Aufnahme und zur Neugründung.

§ 143 Verhältniswahrende Spaltung zur Neugründung

Erfolgt die Gewährung von Aktien an der neu gegründeten Aktiengesellschaft oder an den neu gegründeten Aktiengesellschaften (§ 123 Absatz 1 Nummer 2, Absatz 2 Nummer 2) im Verhältnis zur Beteiligung der Aktionäre an der übertragenden Aktiengesellschaft, so sind die §§ 8 bis 12 sowie 63 Absatz 1 Nummer 3 bis 5 nicht anzuwenden.

1. Allgemeines

§ 143 wurde durch Gesetz v. 11.7.2011 (BGBl. 2011 I 1338) neu gefasst. Zuvor 1 regelte die Vorschrift eine Verpflichtung zur Unterrichtung über Vermögensveränderungen (vgl. 5. Aufl. 2009). Dies ist nun generell in § 64 I, der über § 125 auch für Spaltungen gilt, geregelt.

In der Neufassung regelt die Vorschrift Erleichterungen hinsichtlich des Ver- 2 schmelzungsberichts und der Verschmelzungsprüfung und der Auslage dieser Berichte bei verhältniswahrenden Auf- und Abspaltungen von Aktiengesellschaften auf neu gegründete Aktiengesellschaften. Ferner ist ein Zwischenabschluss in diesem Fall entbehrlich. Damit sollte Art. 156 IV GesR-RL (zuvor Art. 8 lit. b ÄndRL betr. Art. 22 V Spaltungs-RL; auch → Vor § 123 Rn. 15 ff.) umgesetzt werden (RegEBegr. BT-Drs. 17/3122 zu § 143; Neye/Kraft NZG 2011, 681 (683 f.)). Zur erstmaligen Anwendung vgl. § 321 III.

2. Voraussetzungen

Nach dem Wortlaut gilt die Vorschrift nur für **Auf- und Abspaltungen zur** 3 **Neugründung** (Semler/Stengel/Leonard/Diekmann Rn. 2; Lutter/Schwab Rn. 6; NK-UmwR/Fischer Rn. 3; Maulbetsch/Klumpp/Rose/Klumpp Rn. 2). Bei Ausgliederungen findet eine Spaltungsprüfung ohnehin nicht statt (§ 125 I 2; → § 125 Rn. 19; zur Entbehrlichkeit des Spaltungsberichts bei Ausgliederungen → § 127 Rn. 21). Weitere Voraussetzung ist, dass nur AG als übertragende und neu gegründete Rechtsträger an der Auf- oder Abspaltung beteiligt sind (Semler/Stengel/Leonard/Diekmann Rn. 2; Lutter/Schwab Rn. 5; Maulbetsch/Klumpp/Rose/Klumpp Rn. 2; Widmann/Mayer/Rieger Rn. 3, 5; BeckOGK/Brellochs Rn. 7). Für KGaA gilt die Vorschrift nicht, denn die §§ 125, 78 bewirkt keine Rückverweisung auf das Dritte Buch (Widmann/Mayer/Rieger Rn. 4; BeckOGK/Brellochs Rn. 7). Sie gilt aber für eine SE als übertragender Rechtsträger (BeckOGK/Brellochs Rn. 7; zur Beteiligung einer SE an Auf- und Abspaltungen → § 124 Rn. 12). Schließlich muss die Auf- oder Abspaltung **verhältniswahrend** erfolgen, dh alle Aktionäre müssen im gleichen Verhältnis an der oder den neu gegründeten AG beteiligt werden, in dem sie an der übertragenden AG beteiligt waren oder sind (vgl. näher § 128; krit. zum Wortlaut Stellungnahme des Deutschen Notarvereins v. 29.4.2010). Maßgebend sei die quotale Beteiligung am satzungsmäßigen Grundkapital (RegEBegr. BT-Drs. 17/3122 zu § 143), wobei nur auf das tatsächliche Grundkapital abzustellen ist (Lutter/Schwab Rn. 7; Semler/Stengel/Leonard/Diekmann Rn. 4; BeckOGK/Brellochs Rn. 9; Wagner DStR 2010, 1629 (1631); Simon/Merkelbach DB 2011,

1317 (1323); Breschendorf/Wallner GWR 2011, 511 (514)). Zur Bedeutung der Börsennotierung des übertragenden Rechtsträgers (Gewährung von nicht notierten Aktien) und der Gewährung von Vorzugsaktien statt Stammaktien oder umgekehrt sowie Sonderrechten vgl. Widmann/Mayer/Rieger Rn. 6 und Lutter/Schwab Rn. 8 f.

3. Entbehrlichkeit des Spaltungsberichts und der Spaltungsprüfung

4   Liegen die Voraussetzungen der Vorschrift vor, ist sowohl ein Spaltungsbericht (§ 8) als auch eine Spaltungsprüfung (§§ 9–12) entbehrlich. Der fehlende Ausschluss von § 127 ist als Redaktionsversehen zu werten (Lutter/Schwab Rn. 4; Kallmeyer/Sickinger Rn. 3; Widmann/Mayer/Rieger Rn. 7; BeckOGK/Brellochs Rn. 12; Simon/Merkelbach DB 2011, 1317 (1323); Breschendorf/Wallner GWR 2011, 511 (514)). Angesichts der Verhältniswahrung nimmt der Gesetzgeber ein entsprechendes Informationsbedürfnis nicht an. Folgerichtig können die entsprechenden Dokumente auch nicht ausgelegt werden (Ausschluss von § 63 I Nr. 4 und 5; Lutter/Schwab Rn. 11; Semler/Stengel/Leonard/Diekmann Rn. 5).

4. Keine Zwischenbilanz

5   Nach dem klaren Wortlaut ist auch § 63 I Nr. 3 nicht anzuwenden. Demzufolge bedarf es bei verhältniswahrenden Auf- und Abspaltungen von AG auf neu gegründete AG keines Zwischenabschlusses (Kallmeyer/Sickinger Rn. 3; Widmann/Mayer/Rieger Rn. 7; Semler/Stengel/Leonard/Diekmann Rn. 5; BeckOGK/Brellochs Rn. 12; Leitzen DNotZ 2011, 526 (541); Heckschen NJW 2011, 2390 (2395)). Dies entspricht der Vorgabe von Art. 143 II 2 GesR-RL (zuvor Art. 9 I 2 Spaltungs-RL v. 17.12.1982 (ABl. EG 1982 L 378, 47) in der Fassung durch die ÄndRL 2009/109 (ABl. 2009 L 259, 14; auch → Vor § 123 Rn. 15 ff.).

§ 144 Gründungsbericht und Gründungsprüfung

Ein Gründungsbericht (§ 32 des Aktiengesetzes) und eine Gründungsprüfung (§ 33 Abs. 2 des Aktiengesetzes) sind stets erforderlich.

1   § 144 betrifft ausschließlich Spaltungen zur Neugründung unter Beteiligung einer AG/KGaA als neu gegründetem Rechtsträger. **Abw. von § 75 II** kommt es sonach auf die Rechtsform des übertragenden Rechtsträgers nicht an. Der strikte Gesetzesbefehl zur Erstellung eines Gründungsberichts und zur Durchführung der Gründungsprüfung war notwendig, um der Vorgabe von Art. 22 IV Spaltungs-RL v. 17.12.1982 (ABl. 1982 L 378, 47) zu genügen; anders als in der Verschm-RL ist dort keine Erleichterung des Gründungsvorgangs gestattet (RegEBegr. BR-Drs. 75/94 zu § 144). Die zwischenzeitliche Streichung von Art. 22 IV Spaltungs-RL durch die ÄndRL 2009/109 (ABl. 2009 L 259, 14; vgl. jetzt Art. 156 GesR-RL) hat der Gesetzgeber nicht nachvollzogen.

2   Inhaltlich richten sich die Anforderungen an **Gründungsberichte** und Gründungsprüfung nach §§ 32 ff. AktG (Anwendung des Gründungsrechts nach § 135 II 1). Für den Gründungsbericht ist zusätzlich (über §§ 135, 125) § 75 I 1 zu beachten. Danach ist über die Angaben nach § 32 II, III AktG hinaus über den Geschäftsverlauf und die Lage des übertragenden Rechtsträgers zu berichten (Engelmeyer, Die Spaltung von Aktiengesellschaften nach dem neuen Umwandlungsrecht, 1995, 314; Lutter/Schwab Rn. 7; Widmann/Mayer/Rieger Rn. 4; Semler/Stengel/Leonard/Diekmann Rn. 6; Kölner Komm UmwG/Simon Rn. 5; Maulbetsch/Klumpp/Rose/Klumpp Rn. 3; BeckOGK/Brellochs Rn. 10).

Ob die Verpflichtung zu einer externen **Gründungsprüfung** nach § 33 II AktG **3**
(§ 33 I AktG bleibt über § 135 II 1 anwendbar) zusätzlich von der Erfüllung einer
der Voraussetzungen nach § 33 II AktG abhängig ist (so Lutter/Schwab Rn. 9 ff.;
Semler/Stengel/Leonard/Diekmann Rn. 7; aA Maulbetsch/Klumpp/Rose/
Klumpp Rn. 4), ist praktisch nicht sehr bedeutsam (so auch Kölner Komm UmwG/
Simon Rn. 11; Widmann/Mayer/Rieger Rn. 11; wohl auch Semler/Stengel/Leonard/Diekmann Rn. 7). Die Gründung anlässlich einer Spaltung wird stets eine
Sachgründung sein (vgl. § 33 II Nr. 4 AktG). Eine Bargründung, die Schwab (Lutter/Schwab Rn. 9 ff.) und Diekmann (Semler/Stengel/Leonard/Diekmann Rn. 7)
als Ausnahmefall vor Augen haben, wird kaum durch Spaltung nach dem UmwG
stattfinden; dieser Weg wäre bereits wegen der gesamtschuldnerischen Haftung
(§ 133 I) nachteilig (vgl. auch NK-UmwR/Fischer Rn. 3; BeckOGK/Brellochs
Rn. 13). Nach §§ 125, 75 I 2 kann als **Gründungsprüfer** auch der Spaltungsprüfer
(§§ 9 ff.) bestellt werden.

§ 145 Herabsetzung des Grundkapitals

**¹Ist zur Durchführung der Abspaltung oder der Ausgliederung eine
Herabsetzung des Grundkapitals einer übertragenden Aktiengesellschaft
oder Kommanditgesellschaft auf Aktien erforderlich, so kann diese auch in
vereinfachter Form vorgenommen werden. ²Wird das Grundkapital herabgesetzt, so darf die Abspaltung oder die Ausgliederung erst eingetragen
werden, nachdem die Durchführung der Herabsetzung des Grundkapitals
im Register eingetragen worden ist.**

1. Allgemeines

§ 145 ist Parallelvorschrift zu § 139. Deckt das verbleibende Nettobuchvermögen **1**
einer übertragenden AG/KGaA nach der Vermögensübertragung nicht mehr das
ausgewiesene Grundkapital, muss sie zur Durchführung der Abspaltung oder Ausgliederung eine Kapitalherabsetzung durchführen. § 145 S. 1 bestimmt, dass
diese Kapitalherabsetzung auch in vereinfachter Form vorgenommen werden kann. Die
Vorschrift eröffnet damit den Anwendungsbereich von §§ 229 ff. AktG. Um sicherzustellen, dass die Kapitalherabsetzung zum Zeitpunkt des Wirksamwerdens der
Spaltung, also zum Zeitpunkt des Vermögensübergangs, aus dem HR ersichtlich ist,
ordnet § 145 S. 2 die **Voreintragung** der Kapitalherabsetzung an.

2. Erforderlichkeit der Kapitalherabsetzung

Zur Erforderlichkeit einer Kapitalherabsetzung → § 139 Rn. 5 ff. § 145 S. 1 ist **2**
ebenso wie § 139 S. 1 Rechtsgrundverweisung (str.; iE → § 139 Rn. 8 ff.); demzufolge gilt § 229 II AktG (wie hier Widmann/Mayer/Rieger Rn. 12; Sagasser/Bula/
Brünger Umwandlungen/Sagasser § 18 Rn. 98; aA Lutter/Schwab Rn. 18;
→ § 139 Rn. 18 ff. zur Gefahr des Missbrauchs der gesetzlichen Privilegierung).

Das Grundkapital der übertragenden AG kann daher **in vereinfachter Form** **3**
dann herabgesetzt werden, wenn und soweit die Vermögensminderung nicht bereits
durch die Auflösung anderer Eigenkapitalposten ausgeglichen werden kann (Lutter/
Schwab Rn. 10; Semler/Stengel/Leonard/Diekmann Rn. 5). Zunächst ist die Vermögensminderung mit einem evtl. **Gewinnvortrag** (§ 229 II 2 AktG) zu verrechnen (Lutter/Schwab Rn. 17). Zum Begriff des Gewinnvortrags (§ 266 III A. IV.
HGB) → § 139 Rn. 10. Eine verbleibende Vermögensminderung ist sodann mit
den **Gewinnrücklagen** mit Ausnahme der gesetzlichen Rücklage nach § 150 AktG
zu verrechnen (§ 229 II 1 AktG). Gewinnrücklagen idS sind satzungsmäßige
Gewinnrücklagen und andere Gewinnrücklagen (§ 272 III 2 HGB; zur gesetzlichen
Rücklage → Rn. 4).

Hörtnagl

4 Soweit die Vermögensminderung danach noch nicht ausgeglichen ist, müssen die **gesetzliche Rücklage** (§ 150 AktG; SagasserSagasser/Bula/Brünger Umwandlungen/Sagasser § 18 Rn. 98; IDW RS HFA 43 Rn. 14; Widmann/Mayer/Rieger Rn. 12; BeckOGK/Brellochs Rn. 13 f.; Prinz/Rösner AG 2021, 148 (153); aA Lutter/Schwab Rn. 18; Kallmeyer/Sickinger Rn. 1; insoweit aA Semler/Stengel/Leonard/Diekmann Rn. 5a; Kölner Komm UmwG/Simon Rn. 3; Maulbetsch/Klumpp/Rose/Klumpp Rn. 4) und die **Kapitalrücklage** (§ 272 II HGB) aufgelöst werden (Semler/Stengel/Leonard/Diekmann Rn. 5b; ausf. Prinz/Rösner AG 2021, 148 und Groß NZG 2010, 770). Die Auflösung dieser Rücklagen muss allerdings nicht in voller Höhe erfolgen; sie können bis zu einem Betrag von 10% des nach der Herabsetzung verbleibenden Grundkapitals bestehen bleiben (§ 229 II 1 AktG; ebenso Widmann/Mayer/Rieger Rn. 15; BeckOGK/Brellochs Rn. 13; Sagasser/Bula/Brünger Umwandlungen/Sagasser § 18 Rn. 98; Prinz/Rösner AG 2021, 148 (153); Groß NZG 2010, 770; IDW RS HFA 43 Rn. 14; Oser StuB 2014, 631 (634 f.)). Erst der jetzt noch verbleibende Betrag der Vermögensminderung kann durch eine Kapitalherabsetzung in vereinfachter Form ausgeglichen werden. Vgl. zur **Höhe** der Kapitalherabsetzung → § 139 Rn. 25 ff.; zum **Zeitpunkt** der Beurteilung → § 139 Rn. 7; zum Umgang mit einer vorher schon bestehenden Unterbilanz → § 139 Rn. 5.

3. Durchführung der Kapitalherabsetzung

5 Die Kapitalherabsetzung erfolgt durch einen Beschluss der **HV** mit einer Mehrheit von drei Vierteln des bei der Beschlussfassung vertretenen Grundkapitals (§ 229 III AktG, § 222 I AktG). Das Verfahren der vereinfachten Kapitalherabsetzung ist eng an das Verfahren der ordentlichen Kapitalherabsetzung angelehnt (vgl. § 229 III AktG). Ggf. bedarf es eines getrennten Hauptversammlungsbeschlusses für die Auflösung der Rücklagen (Kölner Komm UmwG/Simon Rn. 7). Dies gilt insbes. für die satzungsmäßigen Rücklagen und den Gewinnvortrag, da auch die Gewinnverwendung von der HV beschlossen werden muss (Koch AktG § 229 Rn. 12; BeckOGK/Brellochs Rn. 21).

4. Rechtsfolgen der Kapitalherabsetzung

6 Die Rechtsfolgen einer Kapitalherabsetzung bei einer AG/KGaA entsprechen denen bei einer GmbH (→ § 139 Rn. 29). Die Kapitalherabsetzung darf nur dazu verwendet werden, die durch die Vermögensübertragung eingetretene Vermögensminderung auszugleichen (Lutter/Schwab Rn. 22; Semler/Stengel/Leonard/Diekmann Rn. 12; zum Umgang mit einer vorher schon bestehenden Unterbilanz → § 139 Rn. 5); eine Auszahlung an die Aktionäre ist nicht zulässig, § 230 AktG. Zukünftige Gewinne der übertragenden AG dürfen nur bedingt ausgeschüttet werden, § 233 AktG (→ § 139 Rn. 29; aA Lutter/Schwab Rn. 25 f.; Semler/Stengel/Leonard/Diekmann Rn. 13; Kölner Komm UmwG/Simon Rn. 12; BeckOGK/Brellochs Rn. 25; Priester NZG 2021, 370). Eine Rückwirkung der Kapitalherabsetzung (§§ 234, 235) kommt nicht in Betracht (ebenso Semler/Stengel/Leonard/Diekmann Rn. 11; Kölner Komm UmwG/Simon Rn. 13; NK-UmwR/Burg Rn. 9; BeckOGK/Brellochs Rn. 26; aA Lutter/Schwab Rn. 27), die Ausführungen zu §§ 58e, 58f GmbHG (→ § 139 Rn. 30) gelten insoweit entsprechend.

5. Kapitalherabsetzung bei der Ausgliederung

7 Bei einer Ausgliederung kommt eine Kapitalherabsetzung grds. nicht in Betracht, → § 139 Rn. 31.

Anmeldung der Abspaltung oder der Ausgliederung 1, 2 § 146 UmwG A

6. Voreintragung der Kapitalherabsetzung (§ 145 S. 2)

Wird im Zusammenhang mit der Abspaltung oder der Ausgliederung das Grund- 8
kapital herabgesetzt, muss diese Herabsetzung vor der Eintragung der Abspaltung
oder Ausgliederung in das HR am Sitz des übertragenden Rechtsträgers eingetragen
werden, § 145 S. 2. Die Regelung entspricht § 139 S. 2. Es soll gewährleistet sein,
dass eine Herabsetzung des Grundkapitals bereits zum Zeitpunkt des Wirksamwerdens der Vermögensübertragung im HR dokumentiert ist (krit. Kölner Komm
UmwG/Simon Rn. 14 ff.). Die Voreintragung ist auch notwendig, wenn – wie
selten – die Kapitalherabsetzung nicht in vereinfachter Form erfolgt (Lutter/Schwab
Rn. 30; weiter → § 139 Rn. 33 ff.).

§ 146 Anmeldung der Abspaltung oder der Ausgliederung

(1) Bei der Anmeldung der Abspaltung oder der Ausgliederung zur Eintragung in das Register des Sitzes einer übertragenden Aktiengesellschaft hat deren Vorstand oder einer Kommanditgesellschaft auf Aktien haben deren zu ihrer Vertretung ermächtigte persönlich haftende Gesellschafter auch zu erklären, daß die durch Gesetz und Satzung vorgesehenen Voraussetzungen für die Gründung dieser Gesellschaft unter Berücksichtigung der Abspaltung oder der Ausgliederung im Zeitpunkt der Anmeldung vorliegen.

(2) Der Anmeldung der Abspaltung oder der Ausgliederung sind außer den sonst erforderlichen Unterlagen auch beizufügen:
1. der Spaltungsbericht nach § 127;
2. bei Abspaltung der Prüfungsbericht nach § 125 in Verbindung mit § 12.

1. Allgemeines

Abs. 1 entspricht inhaltlich § 140 (bei Beteiligung einer GmbH). Auch bei der 1
Abspaltung oder Ausgliederung einer AG oder einer KGaA hat der Vorstand bzw.
haben die zur Vertretung ermächtigten phG bei der Anmeldung zu erklären, dass
unter Berücksichtigung der Vermögensübergangs anlässlich der Spaltung nach wie
vor die Gründungsvoraussetzungen erfüllt werden. Abs. 2 ergänzt § 17 (iVm §§ 125,
135) mit der Anordnung, der Anmeldung weitere Unterlagen beizufügen. Hierdurch
soll es dem Registergericht ermöglicht werden, Zweifeln an der Vermögenslage der
nach der Spaltung verbleibenden RumpfGes nachzugehen (RegEBegr. BR-Drs. 75/
94 zu § 146). Zur dadurch entstandenen Doppelregelung → Rn. 9.

2. Voraussetzungen der Erklärungspflicht

Vgl. zunächst → § 140 Rn. 2. Die Erklärungspflicht obliegt dem **Vorstand** der 2
übertragenden AG als Organ bzw. dem zu ihrer Vertretung ermächtigten phG einer
KGaA. Ausreichend ist ein Handeln in vertretungsberechtigter Anzahl (ebenso Lutter/
Schwab Rn. 6 f.; Semler/Stengel/Leonard/Diekmann Rn. 5; aA Kallmeyer/Zimmermann Rn. 4; Widmann/Mayer/Rieger Rn. 6; Kölner Komm UmwG/Simon Rn. 11;
NK-UmwR/Burg Rn. 10; BeckOGK/Brellochs Rn. 8). Unechte Gesamtvertretung
und rechtsgeschäftliche Bevollmächtigung sind wegen der Strafandrohung (§ 346 II)
ausgeschlossen (aA Lutter/Schwab Rn. 6: zweifelnd bei Bevollmächtigung; wie hier
Kallmeyer/Zimmermann Rn. 4; Widmann/Mayer/Rieger Rn. 6 zur unechten
Gesamtvertretung; Semler/Stengel/Leonard/Diekmann Rn. 6 zur unechten Gesamtvertretung; Kölner Komm UmwG/Simon Rn. 11; Maulbetsch/Klumpp/Rose/
Klumpp Rn. 6; NK-UmwR/Burg Rn. 10; BeckOGK/Brellochs Rn. 8). § 36 AktG
ist nicht, auch nicht entsprechend, anwendbar. Die Erklärung ist nur bei der Anmel-

dung der **Abspaltung** oder **Ausgliederung** (Widmann/Mayer/Rieger Rn. 4; BeckOGK/Brellochs Rn. 3; zur Ausgliederung aA Semler/Stengel/Leonard/Diekmann Rn. 3; dazu Kölner Komm UmwG/Simon Rn. 6) in das Register der AG/KGaA abzugeben. Bei der Anmeldung einer Aufspaltung erübrigt sie sich, da hierbei der übertragende Rechtsträger erlischt (§ 131 I Nr. 2).

3 Bei einer Anmeldung nach § 129 kann das Vertretungsorgan des übernehmenden Rechtsträgers die Erklärung nach Abs. 1 abgeben. Abs. 1 ist hierauf entsprechend anzuwenden (aA Lutter/Schwab Rn. 8; Kallmeyer/Zimmermann Rn. 4; Widmann/Mayer/Rieger Rn. 7). Anderenfalls könnte der mit der Erklärungspflicht verfolgte Zweck leicht unterlaufen werden (näher hierzu → § 140 Rn. 5 f.). Angesichts des im Strafrecht geltenden Analogieverbots ist die Strafvorschrift von § 346 II 1 auf das Vertretungsorgan des übernehmenden Rechtsträgers allerdings nicht anzuwenden.

3. Inhalt der Erklärung

4 **a) Gesetzliche Voraussetzungen.** Vgl. zunächst → § 140 Rn. 7 ff. Wie bei § 140 umfasst die Erklärungspflicht nur die hinsichtlich der **Kapitaldeckung** bestehenden Gründungsvorschriften (Lutter/Schwab Rn. 9; Kallmeyer/Zimmermann Rn. 3; Semler/Stengel/Leonard/Diekmann Rn. 8; NK-UmwR/Burg Rn. 8). Es muss also zum Ausdruck gebracht werden, dass die übertragende AG/KGaA auch nach einer ggf. durchzuführenden Kapitalherabsetzung ein Mindestgrundkapital von 50.000 Euro ausweisen wird (§ 7 AktG), dass die Anforderungen an den Nennbetrag der einzelnen Aktien bzw. an das Verhältnis zwischen Zahl von Stückaktien und Grundkapital weiterhin eingehalten sind (§ 8 AktG; Lutter/Schwab Rn. 1; BeckOGK/Brellochs Rn. 6) und insbes., dass das (ggf. herabgesetzte) Grundkapital nach wie vor durch das verbleibende Nettobuchvermögen gedeckt ist.

5 **b) Gesellschaftsvertragliche Voraussetzungen.** Die durch Gesetz und Satzung vorgesehenen Gründungsvoraussetzungen müssen unter Berücksichtigung der Abspaltung oder Ausgliederung vorliegen, Abs. 1. Wie bei § 140 bleibt unklar, welche gesetzlichen oder vertraglichen Gründungsvoraussetzungen gemeint sind; jedenfalls kann sich die Erklärungspflicht nicht auf etwaige historische Sacheinlagen erstrecken (vgl. § 27 AktG; wie hier Lutter/Schwab Rn. 10; zu den Einzelheiten → § 140 Rn. 9).

6 **c) Maßgeblicher Zeitpunkt.** Die Erklärung nach Abs. 1 ist mit dem Inhalt abzugeben, dass die Gründungsvoraussetzungen (→ Rn. 5) **zum Zeitpunkt der Anmeldung** vorliegen (Widmann/Mayer/Rieger Rn. 12; BeckOGK/Brellochs Rn. 10). Veränderungen, die nach dem Tag der Anmeldung eintreten, verpflichten weder zu einer erneuten Anmeldung noch zu einer neuen Erklärung über die Gründungsvoraussetzungen (iÜ → § 140 Rn. 10).

7 **d) Formulierung der Erklärung.** Die Erklärung der Mitglieder des Vorstands der AG oder der phG einer KGaA sollte angesichts der Strafbewehrung, § 346 II, möglichst exakt sein. Sie muss mindestens umfassen, dass das Grundkapital der übertragenden AG auch nach Wirksamwerden der Spaltung durch das verbleibende Vermögen – zu BW – gedeckt ist (iÜ → § 140 Rn. 11). Die Erklärung wird regelmäßig im Anmeldetext aufgenommen. Bei isolierter Abgabe bedarf sie keiner besonderen **Form** (wie hier Kallmeyer/Zimmermann Rn. 5; Lutter/Schwab Rn. 12; Kölner Komm UmwG/Simon Rn. 12; Semler/Stengel/Leonard/Diekmann Rn. 9; auch → § 140 Rn. 4; aA NK-UmwR/Burg Rn. 11: öffentlich beglaubigt). Ausreichend ist eine separate elektronische Einreichung (Widmann/Mayer/Mayer § 140 Rn. 13).

4. Gerichtliche Prüfung

8 Vgl. zur gerichtlichen Prüfungskompetenz → § 140 Rn. 12.

5. Weitere Anlagen der Anmeldung (Abs. 2)

Gem. Abs. 2 muss bei der Anmeldung der Abspaltung oder der Ausgliederung „außer den sonst erforderlichen" Unterlagen auch der Spaltungsbericht nach § 127, bei der Abspaltung darüber hinaus der Prüfungsbericht nach § 125 iVm § 12 beigefügt werden. Diese ausdrückliche Anordnung ist überflüssig und missverständlich, weil die Beifügung der genannten Unterlagen bereits aus §§ 135, 125 I 1, 17 folgt. Auch der Gesetzgeber scheint grds. davon auszugehen, dass § 17 uneingeschränkt Anwendung findet (RegEBegr. BR-Drs. 75/94 zu § 129). Aus der ausdrücklichen Anordnung in Abs. 2 (ebenso § 148 II) kann nicht geschlossen werden, in allen anderen Spaltungsfällen müsse ein Spaltungsbericht – soweit vorhanden – ein Spaltungsprüfungsbericht nicht beigefügt werden (ebenso Lutter/Schwab Rn. 14; BeckOGK/Brellochs Rn. 13). Ebenso wenig folgt aus Abs. 2 die unbedingte Verpflichtung zur Erstellung eines Spaltungsberichts oder Spaltungsprüfungsbericht. Sind diese Unterlagen nicht notwendig (→ § 127 Rn. 21), erübrigt sich auch ihre Einreichung (Semler/Stengel/Leonard/Diekmann Rn. 10; Kallmeyer/Zimmermann Rn. 6; Maulbetsch/Klumpp/Rose/Klumpp Rn. 2; Kölner Komm UmwG/Simon Rn. 16; NK-UmwR/Burg Rn. 14).

Dritter Abschnitt. Spaltung unter Beteiligung eingetragener Genossenschaften

Vorbemerkung

1. Allgemeines

Eingetragene Genossenschaften können an Spaltungen als übertragender, übernehmender oder neuer Rechtsträger beteiligt sein. Zur Beteiligung von SCE → § 124 Rn. 17, 37. Einschränkungen aus den besonderen Vorschriften bestehen nicht (auch → § 124 Rn. 15, 37 und die Übersichten bei → Vor § 123 Rn. 10 f.).

Die besonderen Vorschriften des Dritten Buches (Spaltung) für eG bestehen lediglich aus §§ 147 und 148. Daneben sind §§ 79–98 entsprechend anzuwenden (§§ 125, 135). Hieraus ergeben sich einige Besonderheiten ggü. der Spaltung von anderen Rechtsträgern. Zu Einzelheiten vgl. auch die Komm. zu §§ 79–98.

2. Spaltungs- und Übernahmevertrag

Die Anforderungen an den Spaltungsvertrag bestimmen sich zunächst nach § 126. Bei der Beteiligung einer eG als übernehmender Rechtsträger gilt über § 125 zusätzlich § 80. Hierdurch werden die Bestimmungen für die Festlegung des Umtauschverhältnisses (§ 126 I Nr. 3) modifiziert. **§ 80 I 1 Nr. 1 und Nr. 2** tragen dem Umstand Rechnung, dass nach geltendem Genossenschaftsrecht die Beteiligung eines Mitglieds mit mehr als einem Geschäftsanteil einer ausdrücklichen Regelung im Statut bedarf (§ 7a I GenG). Für Spaltungen eines Rechtsträgers anderer Rechtsform auf eine eG ist zusätzlich § 80 I 2 zu beachten, der die Angabe des Betrages und der Zahl der Geschäftsanteile für jeden Anteilsinhaber des übertragenden Rechtsträgers verlangt. Zu Einzelheiten, insbes. zur Bestimmung des Umtauschverhältnisses bei Umw ausschließlich unter Beteiligung von eG einerseits und unter Beteiligung von Rechtsträgern auch anderer Rechtsform andererseits, → § 80 Rn. 6 ff.

Der Verschmelzungsvertrag muss ferner den Stichtag der Schlussbilanz einer übertragenden eG angeben, §§ 125, 80 II (→ § 80 Rn. 9).

3. Spaltungsprüfung, Spaltungsbericht

5 Besonderheiten für die Spaltungsprüfung folgen aus §§ 125, 135 iVm § 81. An die Stelle der Spaltungsprüfung tritt nach § 81 I (iVm §§ 135, 125, 9–12) das Prüfungsgutachten des zuständigen Prüfungsverbandes, das auch bei Ausgliederungen zu erstatten ist (vgl. iÜ § 125 S. 2). Zu den Anforderungen an das Prüfungsgutachten → § 81 Rn. 5 ff. Die Prüfungskompetenz des Prüfungsverbandes wird durch § 81 II dahingehend erweitert, dass er auch Spaltungsprüfungen iSv §§ 125, 135, 9–12 für andere beteiligte Rechtsträger durchführen kann, sofern es sich hierbei um Unternehmen iSv Art. 25 I EGHGB handelt (vornehmlich im Mehrheitsbesitz von eG stehende AG und GmbH). Das Prüfungsrecht besteht unabhängig davon, ob die MutterGen selbst als Rechtsträger an der Spaltung beteiligt ist. Zur Beifügung des Prüfungsgutachtens bei der Anmeldung → § 148 Rn. 5. Zum **Spaltungsbericht** → § 148 Rn. 5.

4. Spaltungsbeschluss

6 Der Spaltungsbeschluss der Genossen muss in einer **Generalversammlung** gefasst werden (§ 125, 135, § 13 I 2). Die Einberufung und Durchführung der Generalversammlung richtet sich grds. nach den Regelungen im GenG (§§ 43 ff. GenG). Ergänzende Anforderungen hierfür stellen §§ 125, 135, 82, 83 auf. Zu Einzelheiten vgl. die Komm. dort.

7 Der Spaltungsbeschluss einer eG bedarf einer **Mehrheit** von drei Vierteln der abgegebenen Stimmen, soweit nicht das Statut erschwerende Erfordernisse vorsieht (§§ 125, 135, 84).

5. Anmeldeverfahren

8 Die Anmeldung erfolgt – seit der Änderung von § 157 GenG – durch Vorstandsmitglieder in vertretungsberechtigter Anzahl (Lutter/Bayer § 148 Rn. 1). Zu Besonderheiten des Anmeldeverfahrens vgl. § 148.

6. Rechtsfolgen der Spaltung unter Beteiligung von Genossenschaften

9 Für den **Anteilstausch** bei der Aufspaltung oder Abspaltung einer eG enthält § 87 besondere Regelungen, die über §§ 125, 135 Anwendung finden. Entsprechendes gilt für § 88, der bei der Spaltung einer KapGes oder eines rechtsfähigen Vereins auf eine eG zu beachten ist.

10 §§ 29–34 sind bei der Aufspaltung oder Abspaltung einer eG nicht anzuwenden; an die Stelle des Abfindungsangebots tritt das **Ausschlagungsrecht** nach §§ 90–94 (iVm §§ 125, 135).

11 Handelt es sich bei dem übernehmenden Rechtsträger um eine eG, so sind die **Eintragungs- und Benachrichtigungspflichten** nach § 89 (iVm §§ 125, 135) zu beachten. Zur Fortdauer einer bei der übertragenden eG bestehenden **Nachschusspflicht** → § 95 Rn. 2 ff.

§ 147 Möglichkeit der Spaltung

Die Spaltung eines Rechtsträgers anderer Rechtsform zur Aufnahme von Teilen seines Vermögens durch eine eingetragene Genossenschaft kann nur erfolgen, wenn eine erforderliche Änderung der Satzung der übernehmenden Genossenschaft gleichzeitig mit der Spaltung beschlossen wird.

1 Die inhaltlich § 79 entsprechende Vorschrift gilt bei Spaltungen zur Aufnahme, an denen eine eG als übernehmender und ein Rechtsträger anderer Rechtsform als übertragender Rechtsträger beteiligt sind. In anderen Fällen (nur eG sind an der Spaltung beteiligt) ist die gleichzeitige Beschlussfassung nicht Eintragungsvoraussetzung, selbst wenn die Änderungen der Satzung erforderlich sind (Widmann/Mayer/ Fronhöfer Rn. 7; Semler/Stengel/Leonard/Bonow Rn. 29; Maulbetsch/Klumpp/ Rose/Frenz Rn. 5; Kölner Komm UmwG/Schöpflin Rn. 18; Lutter/Bayer Rn. 18; BeckOGK/Bloehs Rn. 93; Henssler/Strohn/Galla/Cé. Müller Rn. 1; MHdB GesR VIII/Althanns § 29 Rn. 259).

Erforderlich bedeutet nicht, dass die Satzungsänderung notwendig zur Durchführung der Spaltung ist. Erforderlich ist jede Änderung, die im Spaltungsvertrag vereinbart ist (Widmann/Mayer/Fronhöfer Rn. 13; Lutter/Bayer Rn. 19 ff.; Semler/Stengel/Leonard/Bonow Rn. 30; Maulbetsch/Klumpp/Rose/Frenz Rn. 6; Kölner Komm UmwG/Schöpflin Rn. 19; NK-UmwR/Geschwandtner Rn. 5; BeckOGK/Bloehs Rn. 94). Praktisch besonders bedeutsam ist die Aufnahme einer Regelung zur Beteiligung eines Genossen mit mehr als einem Geschäftsanteil (§ 7a GenG). Durch die Gestattung der **Mehrfachbeteiligung** kann der Kapitalabfluss nach § 87 II vermieden werden (Lutter/Bayer Rn. 21; Habersack/Wicke/Bloehs Rn. 95; Henssler/Strohn/Galla/Cé. Müller Rn. 3). Es können auch andere Änderungen der Satzung vereinbart werden (Unternehmensgegenstand, Firma, Beitrittsvoraussetzung etc; vgl. näher Lutter/Bayer Rn. 19 ff.; Semler/Stengel/Leonard/ Bonow Rn. 31 ff.). 2

Nach dem klaren Wortlaut ist die Änderung der Satzung der übernehmenden eG **gleichzeitig** mit der Spaltung zu beschließen. Der Spaltungsbeschluss und die Beschlüsse über die Satzungsänderung müssen also zu einem **gemeinsamen Beschlussgegenstand** zusammengefasst werden (Lutter/Bayer Rn. 25; Semler/ Stengel/Leonard/Bonow Rn. 35; BeckOGK/Bloehs Rn. 100; aA Maulbetsch/ Klumpp/Rose/Frenz Rn. 9). Getrennte Beschlüsse in derselben General- oder Vertreterversammlung genügen nicht. Erforderliche Änderungen können aber bereits zuvor beschlossen werden (Lutter/Bayer Rn. 27; Semler/Stengel/Leonard/Bonow Rn. 35; Maulbetsch/Klumpp/Rose/Frenz Rn. 9; Widmann/Mayer/Fronhöfer Rn. 16; Kölner Komm UmwG/Schöpflin Rn. 22; BeckOGK/Bloehs Rn. 103). Sie richten sich ausschließlich nach dem allg. Genossenschaftsrecht und sind von dem späteren Eintritt der Spaltungswirkungen unabhängig. 3

Das **Verfahren** zur Änderung der Satzung einschl. der Anmeldung richtet sich nicht nach den Vorschriften des UmwG, sondern ausschließlich nach §§ 16, 11, 43 ff. GenG (Lutter/Bayer Rn. 26; Widmann/Mayer/Fronhöfer Rn. 15; Semler/ Stengel/Leonard/Bonow Rn. 36; Kölner Komm UmwG/Schöpflin Rn. 23). 4

§ 148 Anmeldung der Abspaltung oder der Ausgliederung

(1) **Bei der Anmeldung der Abspaltung oder der Ausgliederung zur Eintragung in das Register des Sitzes einer übertragenden Genossenschaft hat deren Vorstand auch zu erklären, daß die durch Gesetz und Satzung vorgesehenen Voraussetzungen für die Gründung dieser Genossenschaft unter Berücksichtigung der Abspaltung oder der Ausgliederung im Zeitpunkt der Anmeldung vorliegen.**

(2) **Der Anmeldung der Abspaltung oder der Ausgliederung sind außer den sonst erforderlichen Unterlagen auch beizufügen:**
1. **der Spaltungsbericht nach § 127;**
2. **das Prüfungsgutachten nach § 125 in Verbindung mit § 81.**

1. Erklärung über Vorliegen der Gründungsvoraussetzungen

Die Vorschrift entspricht inhaltlich der Regelung in § 146, hinsichtlich Abs. 1 auch der in § 140 (vgl. ergänzend die Komm. dort). Der Vorstand einer übertragen- 1 den eG hat anlässlich der Anmeldung einer Abspaltung oder Ausgliederung ebenso wie der Vorstand einer AG oder die Geschäftsführer einer GmbH zu erklären, dass trotz der Vermögensübertragung die Voraussetzungen für die Gründung der eG nach wie vor gegeben sind. Die Erklärung ist allerdings bei der Anmeldung der Spaltung einer eG nicht strafbewehrt (vgl. § 346 II; ebenso Semler/Stengel/Leonard/Bonow Rn. 8; Maulbetsch/Klumpp/Rose/Frenz Rn. 6; BeckOGK/Bloehs Rn. 23).

2   Die Erklärung ist – wie die Anmeldung der Spaltung selbst (→ Vor § 147 Rn. 8) – durch Mitglieder des Vorstands in **vertretungsberechtigter Anzahl** abzugeben (Lutter/Bayer Rn. 19; Kölner Komm UmwG/Schöpflin Rn. 4; Maulbetsch/Klumpp/Rose/Frenz Rn. 4; BeckOGK/Bloehs Rn. 16; aA Semler/Stengel/Leonard/Bonow Rn. 4; Widmann/Mayer/Fronhöfer Rn. 12). Einer besonderen **Form** bedarf sie nicht (Lutter/Bayer Rn. 19; Semler/Stengel/Leonard/Bonow Rn. 4; Widmann/Mayer/Fronhöfer Rn. 11; Maulbetsch/Klumpp/Rose/Frenz Rn. 4; BeckOGK/Bloehs Rn. 15; dazu → § 140 Rn. 4). In der Praxis wird sie regelmäßig im Anmeldungstext aufgenommen. Bei einer Anmeldung nach § 129 durch das Vertretungsorgan des übernehmenden Rechtsträgers kann die Erklärung von diesem Vertretungsorgan abgegeben werden (str.; wie hier Semler/Stengel/Leonard/Bonow Rn. 11 ff.; iÜ → § 140 Rn. 5 f.). Zum maßgeblichen Zeitpunkt und zur Verpflichtung, die Erklärung ggf. zu ergänzen bzw. zu berichtigen → § 140 Rn. 10.

3   **Inhaltlich** bezieht sich die Erklärung bei einer AG oder einer GmbH im Wesentlichen auf die Einhaltung der bei der Gründung dieser Ges zu beachtenden Vorschriften über die Aufbringung und Erhaltung des Kapitals sowie auf die Vorschriften über die Mindestvoraussetzungen an die Zusammensetzung des Kapital (zu Einzelheiten → § 140 Rn. 7 ff. und → § 146 Rn. 4 ff.). Gründungsvorschriften, auf die die Spaltung keinen Einfluss haben kann (etwa zulässige Firma), werden hingegen von der Erklärung bei einer GmbH oder AG nicht erfasst (→ § 140 Rn. 9). Dies gilt im Grds. auch für eG. Werden solche Änderungen der Satzung in zeitlichem Zusammenhang mit der Spaltung beschlossen, ist dies ein außerhalb des UmwR und damit ausschließlich nach dem GenG zu beurteilender Vorgang (Lutter/Bayer Rn. 17). Zum maßgeblichen Zeitpunkt für die Beurteilung → § 146 Rn. 6 und → § 140 Rn. 10.

4   Zwar besteht – anders als bei der AG/KGaA oder GmbH – **kein** fester Maßstab für den **Mindestkapitalschutz**, das Registergericht hat jedoch anlässlich der Gründung der eG nach § 11a II GenG die Eintragung abzulehnen, wenn nach den persönlichen oder wirtschaftlichen Verhältnissen, insbes. der Vermögenslage der eG, eine Gefährdung der Belange der Mitglieder oder der Gläubiger der eG zu besorgen ist. Hierauf muss sich die Erklärung des Vorstandes beziehen (ebenso Lutter/Bayer Rn. 16; Maulbetsch/Klumpp/Rose/Frenz Rn. 5; vgl. auch Semler/Stengel/Leonard/Bonow Rn. 5 ff.: Mindestmaß an Förderfähigkeit; Widmann/Mayer/Fronhöfer Rn. 8: die eG muss lebensfähig sein; BeckOGK/Bloehs Rn. 10: Erreichung Förderzweck ohne Gefährdung von Gläubigerinteressen). Der Text der Erklärung sollte sich am Wortlaut von § 11a II GenG orientieren (auch → § 140 Rn. 11). Im Einzelfall muss die Erklärung aufgrund des Förderzwecks (§ 1 GenG) auch eine Änderung des Sitzes und des Gegenstands des Unternehmens umfassen (Lutter/Bayer Rn. 17).

2. Zusätzliche Unterlagen

5   Abs. 2 entspricht § 146 II. Das **Prüfungsgutachten** (**Abs. 2 Nr. 2**) ist allerdings auch bei einer Ausgliederung einzureichen (Hintergrund: Bei anderen Rechtsformen gibt es eine Ausgliederungsprüfung nicht, § 125 I S. 2; vgl. demgüß. §§ 81 iVm 125 I 1). Soweit in Abs. 2 Nr. 1 die Beifügung des **Spaltungsberichts** bei der Anmeldung der Abspaltung oder der Ausgliederung angeordnet wird, liegt wie-

derum (vgl. § 146) eine Doppelregelung vor. Der Spaltungsbericht ist – auch bei einer Aufspaltung – bereits nach §§ 125, 135 iVm § 17 der Anmeldung als Anlage beizufügen (dazu → § 146 Rn. 9; wie hier Widmann/Mayer/Fronhöfer Rn. 41 ff.). Aus der Doppelregelung lässt sich allerdings nicht schließen, dass bei Beteiligung einer eG stets ein Spaltungsbericht zu erstellen ist (so aber Lutter/Bayer Rn. 24; Semler/Stengel/Leonard/Bonow Rn. 9, 21; BeckOGK/Brellochs Rn. 29 f.; wie hier Widmann/Mayer/Fronhöfer Rn. 41 ff.; Maulbetsch/Klumpp/Rose/Frenz Rn. 8). Ist ein Spaltungsbericht etwa wegen **Verzichts** aller Genossen (hierzu → § 127 Rn. 21 f.) nicht erstellt worden, kann und muss er nicht der Anmeldung beigefügt werden.

Auch Abs. 2 Nr. 2 ist unnötig (ebenso Widmann/Mayer/Fronhöfer Rn. 46; Lutter/Bayer Rn. 25; Semler/Stengel/Leonard/Bonow § 147 Rn. 21: klarstellend). Die Verpflichtung, der Anmeldung der Abspaltung oder Ausgliederung (§ 81) das **Prüfungsgutachten** nach §§ 125, 81 beizufügen, folgt bereits aus der über §§ 125, 135 entsprechend anwendbaren Vorschrift von § 86 I. Zum Prüfungsgutachten → Vor § 147 Rn. 5. § 86 II, der mehrere übertragende Rechtsträger voraussetzt, hat bei der Spaltung keine Bedeutung. 6

Vierter Abschnitt. Spaltung unter Beteiligung rechtsfähiger Vereine

Vorbemerkung

1. Allgemeines

Für die Spaltung von rechtsfähigen Vereinen (eV oder wirtschaftlicher Verein) ist § 149 die einzige Regelung in den besonderen Vorschriften des Dritten Buches (Spaltung). Daneben sind über die Verweisung in §§ 135, 125 die besonderen Vorschriften des Zweiten Buches (Verschm) in §§ 99–104a anwendbar. Zur Regelungstechnik allg. → § 125 Rn. 5 ff. und → § 135 Rn. 2 ff.; näher zum wirtschaftlichen Bedürfnis Lutter/Hennrichs § 148 Rn. 2. 1

2. Spaltungsmöglichkeiten

Zu den Spaltungsmöglichkeiten vgl. § 149 und → § 124 Rn. 19 ff., 38 ff. sowie die Übersichten bei → Vor § 123 Rn. 10 f. 2

3. Spaltungs- und Übernahmevertrag

Für den Spaltungs- und Übernahmevertrag bei Beteiligung eines rechtsfähigen Vereins existieren keine besonderen Vorschriften (aber → Rn. 9). Er richtet sich inhaltlich nach **§ 126**. IÜ sind über §§ 125, 135 die **§§ 4, 6, 7** zu beachten. 3

4. Spaltungsbericht und Spaltungsprüfung

Für den Spaltungsbericht bei einem rechtsfähigen Verein existieren keine Besonderheiten. Er ist vom Vorstand zu erstatten, es sei denn, die Ausnahmen nach § 127 S. 2 liegen vor (dazu → § 127 Rn. 14). 4

Der Spaltungsvertrag (Spaltungsplan) für einen wirtschaftlichen Verein ist stets zu prüfen (§§ 125, 135, **100 S. 1**). Zu den Ausnahmen vgl. § 9 II, III. Beim eV ist die Prüfung hingegen nur erforderlich, wenn sie von mindestens 10% der Mitglieder schriftlich verlangt wird. Maßgeblich ist die Zahl der Mitglieder, nicht die von ihnen 5 repräsentierte Stimmmacht. Zum Prüfungsumfang und zum Prüfungsbericht vgl. iE §§ 9–12. Bei Ausgliederungen besteht keine Prüfungspflicht, § 125 S. 2.

5. Spaltungsbeschluss

6   Für die Vorbereitung und die Durchführung der Mitgliederversammlung sind die Anforderungen in **§§ 101, 102** (iVm §§ 125, 135) zu beachten. Vgl. iE dort.

7   Der Spaltungsbeschluss der Mitgliederversammlung bedarf einer Mehrheit von drei Vierteln der erschienenen Mitglieder, soweit nicht die Satzung erschwerende Erfordernisse vorsieht (§§ 125, 135, **103**).

6. Eintragungsverfahren

8   Grds. sind über §§ 125, 135 die **§§ 16 ff.** anwendbar. Eingetragene Vereine sind im Vereinsregister eingetragen, sodass Besonderheiten nicht auftreten. Anderes gilt für wirtschaftliche Vereine, die nicht im Vereinsregister und ggf. (vgl. § 33 HGB) auch nicht im HR eingetragen sind. Für diese Fälle modifiziert §§ 125, 135, **104** das Anmelde- (Schlussbilanzeinreichung) und Eintragungsverfahren. Zu Einzelheiten vgl. dort.

7. Besonderheiten bei der Barabfindung

9   Bei der Spaltung von Körperschaften, die ausschließlich und unmittelbar gemeinnützigen, wohltätigen oder kirchlichen Zwecken dienen (§ 5 I Nr. 9 KStG), entfällt die Notwendigkeit der Aufnahme eines Barabfindungsangebots nach §§ 29–34 (§§ 125, 135, **104a**).

§ 149 Möglichkeit der Spaltung

(1) Ein rechtsfähiger Verein kann sich an einer Spaltung nur beteiligen, wenn die Satzung des Vereins oder Vorschriften des Landesrechts nicht entgegenstehen.

(2) Ein eingetragener Verein kann als übernehmender Rechtsträger im Wege der Spaltung nur andere eingetragene Vereine aufnehmen oder mit ihnen einen eingetragenen Verein gründen.

1. Einschränkungen der Spaltung

1   Nach Abs. 1 kann sich ein rechtsfähiger Verein (eV oder wirtschaftlicher Verein) an einer Spaltung nur beteiligen, wenn die Satzung des Vereins oder Vorschriften des Landesrechts nicht entgegenstehen. Zur Verschm vgl. § 99 I. Eine ausdrückliche Satzungsbestimmung, die die Spaltung (Umw) untersagt, dürfte selten sein. Es genügt, wenn eine Satzungsbestimmung der Spaltung (Umw) „sinngemäß" entgegensteht, allerdings nur, wenn sich hierfür konkrete Anhaltspunkte in der Satzung finden lassen (Lutter/Hennrichs Rn. 8; Lutter/Hennrichs § 99 Rn. 11; Widmann/Mayer/Vossius § 99 Rn. 25; BeckOGK/Reul Rn. 29; vgl. auch Henssler/Strohn/Galla/Cé. Müller Rn. 3). Nicht verschmelzungsfähig ist der sog. Vor-Verein (Lutter/Hennrichs Rn. 11). Landesrechtliche Vorschriften zum Vereinsrecht sind relativ selten. Augenblicklich besteht wohl keine landesrechtliche Vorschrift, die einer Spaltung (Umw) entgegensteht (Lutter/Hennrichs § 99 Rn. 13; Widmann/Mayer/Vossius § 99 Rn. 30; Semler/Stengel/Leonard/Katschinski Rn. 7; Habersack/Wicke/Reul Rn. 33; BeckOGK/Reul Rn. 33). Bedeutung hat dies allenfalls für wirtschaftliche Vereine (Semler/Stengel/Leonard/Katschinski Rn. 7). Vgl. iÜ → § 99 Rn. 1 ff.

2. Einschränkungen der Spaltungsmöglichkeiten

Zu den Einschränkungen der Spaltungsmöglichkeiten eines eV nach Abs. 2 → § 124 Rn. 19, → § 124 Rn. 38. Wirtschaftliche Vereine können als übernehmende oder neue Rechtsträger überhaupt nicht an einer Spaltung beteiligt sein (→ § 124 Rn. 25, → § 124 Rn. 43). Vgl. iÜ § 99 II.

Fünfter Abschnitt. Spaltung unter Beteiligung genossenschaftlicher Prüfungsverbände

Vorbemerkung

1. Allgemeines

Für die Spaltung genossenschaftlicher Prüfungsverbände ist § 150 die einzige Regelung in den besonderen Vorschriften des Dritten Buches (Spaltung). Ergänzend sind über §§ 125, 135 die §§ 105–108 zu beachten. Aber auch in diesen besonderen Vorschriften des Zweiten Buches (Verschm) sind nur wenige Abweichungen von den allg. Vorschriften geregelt. Zur Regelungstechnik allg. → § 123 Rn. 5 ff. und → § 135 Rn. 2 ff.

2. Möglichkeiten der Spaltung

Zu den Möglichkeiten der Spaltung vgl. § 150 und → § 124 Rn. 21 ff., 42 sowie die Übersichten bei → Vor § 123 Rn. 10 f.

3. Spaltungs- und Übernahmevertrag, Spaltungsplan

Besonderheiten beim Spaltungsvertrag bestehen bei der Beteiligung genossenschaftlicher Prüfungsverbände nicht. §§ 126, 4, 6, 7 (iVm §§ 125, 135) finden Anwendung.

4. Spaltungsbericht, Spaltungsprüfung

Für den Spaltungsbericht gelten bei genossenschaftlichen Prüfungsverbänden keine Besonderheiten. Die inhaltlichen Anforderungen richten sich nach § 127. Der Spaltungsbericht ist nur unter den Voraussetzungen von § 127 S. 2 (→ § 127 Rn. 21 f.) entbehrlich.

Eine Spaltungsprüfung findet bei genossenschaftlichen Prüfungsverbänden nicht statt (Semler/Stengel/Leonard/Katschinski § 150 Rn. 9; Lutter/Bayer § 150 Rn. 3; BeckOGK/Bloehs § 150 Rn. 35); weder die besonderen Vorschriften des Zweiten (Spaltung) noch des Zweiten (Verschm) Buches enthalten einen „Prüfungsbefehl"; → Vor § 9 Rn. 3. Der Gesetzgeber hielt die Mitglieder des Prüfungsverbandes, die ausschließlich eG oder andere Unternehmen sind, für ausreichend sachkundig (RegEBegr. BR-Drs. 75/94 zu § 106).

5. Spaltungsbeschluss

Die Besonderheiten bei Vorbereitung, Durchführung und Beschlussfassung hat der Gesetzgeber in Anlehnung an die Regelung für den rechtsfähigen Verein bzw. für die AG geregelt. §§ 125, 135, 106 verweisen insofern auf die entsprechend anwendbaren §§ 101–103 (dazu → Vor § 149 Rn. 6, 7).

6. Eintragungsverfahren

7 Die speziellen Anforderungen an das Eintragungsverfahren bei der Beteiligung genossenschaftlicher Prüfungsverbände ergeben sich aus § 107 (§§ 125, 135). gl. iE dort.

7. Sonderaustrittsrecht

8 Die Mitglieder des übertragenden Verbandes können, nachdem sie Mitglieder des übernehmenden Verbandes durch die Spaltung geworden sind, gem. § 39 BGB aus dem übernehmenden Verband austreten (§§ 125, 135 iVm § 108). Enthält die Satzung des übernehmenden Verbandes längere Fristen als zum Schluss des Gj., so sind diese unbeachtlich (§§ 125, 135, 108). Zu Einzelheiten → §§ 105–108 Rn. 8.

§ 150 Möglichkeit der Spaltung

Die Aufspaltung genossenschaftlicher Prüfungsverbände oder die Abspaltung oder Ausgliederung von Teilen eines solchen Verbandes kann nur zur Aufnahme der Teile eines Verbandes (übertragender Verband) durch einen anderen Verband (übernehmender Verband), die Ausgliederung auch zur Aufnahme von Teilen des Verbandes durch eine oder zur Neugründung einer Kapitalgesellschaft erfolgen.

1 Nach § 124 iVm § 3 I können genossenschaftliche Prüfungsverbände auf allen Positionen Beteiligter einer Spaltung sein. Diese grds. Möglichkeit wird durch § 150 allerdings erheblich eingeschränkt. Aufspaltungen, Abspaltungen und Ausgliederungen von genossenschaftlichen Prüfungsverbänden als übertragende Rechtsträger sind nur zur Aufnahme durch einen anderen Verband zulässig (auch → § 124 Rn. 21 ff. und 42). Die Ausgliederung kann zusätzlich zur Aufnahme durch eine oder zur Neugründung einer KapGes erfolgen. Mit letzterer Möglichkeit sollte insbes. die Verselbstständigung von technischen Hilfsfunktionen mit Hilfe von KapGes ermöglicht werden (RegEBegr. BR-Drs. 75/94 zu § 150). Ein Prüfungsrecht wird den KapGes grds. nicht erteilt (hierzu auch → § 124 Rn. 21 ff. und 42).

Sechster Abschnitt. Spaltung unter Beteiligung von Versicherungsvereinen auf Gegenseitigkeit

Vorbemerkung

1. Allgemeines

1 Für den VVaG existiert mit § 151 lediglich eine Norm innerhalb der besonderen Vorschriften des Dritten Buches (Spaltung). Besonderheiten bei der Beteiligung von VVaG ergeben sich jedoch aus §§ 125, 135, 109–119; zur Regelungstechnik allg. → § 125 Rn. 5 ff., → § 135 Rn. 2 ff.

2. Spaltungsmöglichkeiten

2 Zu den Spaltungsmöglichkeiten bei der Beteiligung von VVaG § 151 und → § 124 Rn. 24, → § 124 Rn. 39 ff.

Möglichkeit der Spaltung 1 **§ 151 UmwG A**

3. Spaltungsvertrag

Soweit an der Spaltung nur VVaG beteiligt sind, sind Angaben nach § 126 I Nr. 3– **3** 5 und Nr. 7 (§§ 125, 135, **110**) im Spaltungsvertrag entbehrlich. Es erübrigt sich also insbes. die Angabe eines Umtauschverhältnisses, da ein Umtausch der Anteile bei der Spaltung auf einen VVaG nicht berücksichtigt werden soll (Begr. RegE, BR-Drs. 75/94 zu § 110). Aus diesem Grund findet auch eine gerichtliche Nachprüfung des Umtauschverhältnisses der Mitgliedschaften nicht statt (§§ 125, 135, **113**).

Sind an der Spaltung hingegen auch Versicherungs-AG beteiligt oder wird eine **4** Ausgliederung auf eine bestehende oder neu gegründete GmbH vorgenommen (iE § 151; → § 124 Rn. 24, → § 124 Rn. 39 ff.), richtet sich der Spaltungsvertrag bzw. Spaltungsplan inhaltlich wieder in vollem Umfang nach § 126. Bei der Auf- oder Abspaltung auf Versicherungs-AG erhalten alle Mitglieder des übertragenden VVaG Aktien als Gegenleistung, unabhängig davon, ob ihre Versicherungsverhältnisse übertragen werden (Lutter/Wilm § 151 Rn. 10; krit. → § 151 Rn. 2 ff.; Semler/Stengel/Leonard/Niemeyer § 151 Rn. 9).

4. Spaltungsbeschluss

Besonderheiten für die Vorbereitung und die Durchführung der Versammlung **5** der obersten Vertretung, die über die Zustimmung zum Spaltungsvertrag beschließen soll, sowie für die Beschlussfassung bei der Spaltung von VVaG ergeben sich aus §§ 125, 135, **111, 112** (vgl. iE dort). Zur Frage, ob bei der Auf- oder Abspaltung unter ausschließlicher Beteiligung von VVaG wegen § 176 S. 3 VAG (§ 20 S. 2 VAG aF) immer eine nichtverhältniswahrende Spaltung vorliegt, vgl. Semler/Stengel/Leonard/Niemeyer Rn. 26.

5. Spaltungsbericht, Spaltungsprüfung

Für den Spaltungsbericht sind bei VVaG keine Besonderheiten zu beachten. **6** Voraussetzungen und Inhalt regeln sich nach § 127.

Eine Spaltungsprüfung findet für den VVaG nicht statt, denn es existiert kein **7** „Prüfungsbefehl" (→ Vor § 9 Rn. 3) in den besonderen Vorschriften des Dritten (Spaltung) und Zweiten (Verschm) Buches.

6. Spaltung zur Neugründung

Erfolgt die Spaltung zur Neugründung eines VVaG, so sind über §§ 125, 135 **8** auch **§§ 114–117** zu beachten.

§ 151 Möglichkeit der Spaltung

[1]**Die Spaltung unter Beteiligung von Versicherungsvereinen auf Gegenseitigkeit kann nur durch Aufspaltung und Abspaltung und nur in der Weise erfolgen, daß die Teile eines übertragenden Vereins auf andere bestehende oder neue Versicherungsvereine auf Gegenseitigkeit oder auf Versicherungs-Aktiengesellschaften übergehen.** [2]**Ein Versicherungsverein auf Gegenseitigkeit kann ferner im Wege der Ausgliederung einen Vermögensteil auf eine bestehende oder neue Gesellschaft mit beschränkter Haftung oder eine bestehende oder neue Aktiengesellschaft übertragen, sofern damit keine Übertragung von Versicherungsverträgen verbunden ist.**

Nach § 124 iVm § 3 I können VVaG als übertragender, übernehmender oder **1** neuer Rechtsträger an Spaltungen beteiligt sein. Die Kombinationsmöglichkeiten

Hörtnagl

A UmwG Vor § 152 1–5

werden jedoch durch § 151 erheblich eingeschränkt. Die Spaltung unter Beteiligung von VVaG als übertragender Rechtsträger kann nur durch Aufspaltung oder Abspaltung auf andere bestehende oder neue VVaG oder auf – ebenfalls bestehende oder neu gegründet (vgl. Semler/Stengel/Leonard/Niemeyer Rn. 4; Lutter/Wilm Rn. 9) – Versicherungs-AG erfolgen. Diese Einschränkung wurde vorgenommen, da AG (SE) und VVaG neben Körperschaften und Anstalten des öffentlichen Rechts die einzigen Rechtsformen sind, in denen Versicherungsgeschäfte betrieben werden dürfen (§ 8 II VAG). Die Ausgliederung ist insoweit wegen des zwingenden Zusammenhangs von Mitgliedschaft und Versicherungsverhältnis ausgeschlossen.

2 Soweit mit den übertragenen Vermögensteilen bloße Hilfsgeschäfte getätigt werden sollen, steht die Sperre von § 8 II VAG allerdings nicht entgegen. Ein VVaG kann daher auch eine Ausgliederung zur Aufnahme durch eine oder zur Neugründung einer GmbH/AG durchführen (§ 151 S. 2), sofern keine Versicherungsverträge übertragen werden (zum Ganzen auch → § 124 Rn. 39 ff.).

3 Die Spaltung unter Beteiligung eines VVaG bedarf nach § 14 VAG der Genehmigung der Aufsichtsbehörde.

Siebenter Abschnitt. Ausgliederung aus dem Vermögen eines Einzelkaufmanns

Vorbemerkung

1. Allgemeines

1 Die Ausgliederung aus dem Vermögen eines Einzelkaufmanns ist an die Stelle der vor 1995 möglichen Umw des einzelkaufmännischen Unternehmens nach §§ 50 ff. UmwG 1969 getreten (näher → § 124 Rn. 44 ff.). Der Einzelkaufmann kann – mangels Anteilsinhaber – Spaltungen nur in Form der Ausgliederung vornehmen. Zu den Ausgliederungsmöglichkeiten iE → § 152 Rn. 1, → § 124 Rn. 44 ff. sowie die Übersichten bei → Vor § 123 Rn. 10 f.

2 Die §§ 152–160 enthalten Sonderregelungen für die Ausgliederung aus dem Vermögen des Einzelkaufmanns. Sie sind unterteilt in Vorschriften für die Ausgliederung zur Aufnahme (§§ 153–157) und die Ausgliederung zur Neugründung (§§ 158–160); § 152 gilt für beide Arten.

3 Besondere Vorschriften im Zweiten Buch (Verschm), die aufgrund der Verweisung in §§ 125, 135 beachtet werden müssten, existieren nicht (§§ 120–122 sind auf die Ausgliederung nicht übertragbar). Dagegen sind die allg. Vorschriften des Zweiten Buches (Verschm) aufgrund der Verweisung in §§ 125, 135 entsprechend anzuwenden (zur Regelungstechnik allg. → § 125 Rn. 5 ff. und → § 135 Rn. 2 ff.).

2. Möglichkeiten der Spaltung

4 Vgl. zu den Möglichkeiten der Spaltung iE → § 152 Rn. 1, → § 124 Rn. 44 ff. sowie die Übersichten bei → Vor § 123 Rn. 10 f.

3. Spaltungs- und Übernahmevertrag, Spaltungsplan

5 Der Spaltungsvertrag bzw. Spaltungsplan richtet sich inhaltlich nach § 126. Daneben sind §§ 4, 6, 7 zu beachten. An die Stelle des Vertretungsorgans tritt der Einzelkaufmann selbst. Für die Frist zur **Zuleitung** des Spaltungsvertrags (Spaltungsplans) an den beim Einzelunternehmen bestehenden **Betriebsrat** ist mangels Beschlussfassung beim Einzelkaufmann auf dessen rechtliche Bindung abzustellen. Der Spaltungsvertrag ist daher – zwingend als Entwurf – einen Monat vor dem Abschluss

des Spaltungsvertrags dem Betriebsrat zuzuleiten; bei einer Spaltung zur Neugründung bietet sich es sich an, auf die Registeranmeldung abzustellen (zutr. Semler/Stengel/Leonard/Seulen § 153 Rn. 5 und § 158 Rn. 9; Lutter/Karollus/Schwab § 153 Rn. 5; Kölner Komm UmwG/Simon § 153 Rn. 5; BeckOGK/Leitzen § 153 Rn. 6).

4. Spaltungsbericht und Spaltungsprüfung

Ein Spaltungsbericht (Ausgliederungsbericht) ist für den Einzelkaufmann nicht erforderlich (§ 153). Ebenso wenig bedarf es mangels Anteilsinhaber einer Prüfung des Spaltungsvertrags bzw. Spaltungsplans. Auch beim übernehmenden Rechtsträger findet eine Prüfung nach § 125 S. 2 nicht statt (Ausnahme bei eG: Gutachterliche Äußerung des Prüfungsverbandes nach §§ 125, 81). **6**

5. Spaltungsbeschluss

Da Anteilsinhaber nicht vorhanden sind, entfällt für den Einzelkaufmann die Notwendigkeit zur Fassung eines Spaltungsbeschlusses (Semler/Stengel/Leonard/Seulen § 154 Rn. 11; Gröne RNotZ 2022, 293 (302)). Der Spaltungsvertrag wird für den Einzelkaufmann mit Abschluss wirksam. Ab diesem Zeitpunkt tritt Bindungswirkung ggü. dem Vertragspartner ein (hierzu allg. → § 4 Rn. 4 ff.). **7**

Bei der **Spaltung zur Neugründung** dokumentiert der Einzelkaufmann durch die Beurkundung des Spaltungsplans (vgl. § 136) und durch die Anmeldung der Eintragung seinen Willen, die Ausgliederung vorzunehmen. Einer förmlichen **Ausgliederungserklärung** bedarf es nicht (so auch Lutter/Karollus/Schwab § 154 Rn. 12 und § 158 Rn. 10; Semler/Stengel/Leonard/Seulen § 154 Rn. 11; Kölner Komm UmwG/Simon § 154 Rn. 12; Kallmeyer/Zimmermann § 154 Rn. 3; vgl. auch Kallmeyer/Zimmermann § 153 Rn. 3; BeckOGK/Leitzen § 158 Rn. 13; aA Widmann/Mayer/Mayer § 152 Rn. 95: notariell beurkundete Ausgliederungserklärung; ebenso Henssler/Strohn/Büteröwe § 153 Rn. 1). Der Einzelkaufmann kann das Ausgliederungsverfahren bis zur konstitutiven Eintragung jederzeit stoppen (ggf. Antragszurücknahme). Zur Zustimmung von **Dritten** → § 152 Rn. 31 ff. **8**

6. Eintragungsverfahren

Hinsichtlich des Eintragungsverfahrens enthalten §§ 154, 160 Besonderheiten (s. dort). **9**

Erster Unterabschnitt. Möglichkeit der Ausgliederung

§ 152 Übernehmende oder neue Rechtsträger

¹**Die Ausgliederung des von einem Einzelkaufmann betriebenen Unternehmens, dessen Firma im Handelsregister eingetragen ist, oder von Teilen desselben aus dem Vermögen dieses Kaufmanns kann nur zur Aufnahme dieses Unternehmens oder von Teilen dieses Unternehmens durch Personenhandelsgesellschaften, Kapitalgesellschaften oder eingetragene Genossenschaften oder zur Neugründung von Kapitalgesellschaften erfolgen.** ²**Sie kann nicht erfolgen, wenn die Verbindlichkeiten des Einzelkaufmanns sein Vermögen übersteigen.**

Übersicht

	Rn.
1. Spaltungsmöglichkeiten	1
2. Einzelkaufmann	2

	Rn.
3. Eingetragene Firma	8
4. Ausgliederung des Unternehmens	11
5. Übertragung von nicht unternehmensgebundenem Vermögen	22
6. Ausgliederungsverbot wegen Überschuldung	24
7. Eintragung trotz Überschuldung	30
8. Besondere Zustimmungserfordernisse	31

1. Spaltungsmöglichkeiten

1 Da der Einzelkaufmann an sich selbst keine Anteile halten kann, die Anteile des übernehmenden oder neuen Rechtsträgers mithin dem Einzelkaufmann selbst gewährt werden müssen, können Einzelkaufleute nur als **übertragende Rechtsträger** und nur an einer Ausgliederung beteiligt sein (§ 124). Unzweifelhaft sind daneben Umstrukturierungen einzelkaufmännischer Unternehmen außerhalb des UmwG durch **Einzelrechtsübertragung** weiterhin zulässig (Widmann/Mayer/ Mayer Rn. 14 f.; Lutter/Karollus/Schwab Rn. 9; Semler/Stengel/Leonard/Seulen Rn. 3; Henssler/Strohn/Büteröwe Rn. 1). Die Vor- und Nachteile sind im Einzelfall abzuwägen (etwa Vorteile der Gesamtrechtsnachfolge einerseits, Eintritt der gesamtschuldnerischen Haftung andererseits; vgl. auch BeckOGK/Leitzen Rn. 10 ff.). Auch stl. bestehen im Grundsatz keine Unterschiede, da die bei der Ausgliederung aus dem Vermögen eines Einzelkaufmanns meist einschlägigen §§ 20 ff. UmwStG sowohl bei Ausgliederungen als auch bei Einzelrechtsübertragungen anwendbar sind (§ 1 III UmwStG). § 152 S. 1 schränkt die zunächst nach §§ 124, 3 I bestehenden **Möglichkeiten** der Ausgliederung wieder erheblich ein. Als übernehmende Rechtsträger kommen bei der Ausgliederung zur Aufnahme von Vermögensteilen des Einzelkaufmanns nur PhG, KapGes oder eG in Betracht. Für einen neu gegründeten Rechtsträger steht nur die Rechtsform der KapGes zur Verfügung. Vgl. näher zu den Spaltungsmöglichkeiten → § 124 Rn. 44 ff. und die Übersichten bei → Vor § 123 Rn. 10 f.

2. Einzelkaufmann

2 § 152 S. 1 setzt ein von einem **Einzelkaufmann betriebenes Unternehmen** voraus. Davon zu unterscheiden ist die Firma; sie ist lediglich der Name des Einzelkaufmanns im Rechtsverkehr (§ 17 I HGB). Träger aller Rechte und Pflichten und damit Rechtsträger iSd UmwG ist aber der Kaufmann, nicht etwa die Firma.

3 Weder das UmwG noch das HGB enthalten eine Definition des **Begriffs** „Einzelkaufmann" (vgl. aber § 19 I Nr. 1 HGB). In Abgrenzung zu den HandelsGes in § 6 HGB ist damit die natürliche Person gemeint, die ein Handelsgewerbe iSv **§§ 1, 2 oder 3 II HGB** ausübt sowie unter ihrer Firma ihre Geschäfte betreibt und ihre Unterschriften abgibt (Widmann/Mayer/Mayer Rn. 24); zur Eintragung der Firma → Rn. 8 ff. Seit Wirksamwerden des HRefG (1.7.1998) können auch sog. Kleinunternehmer, deren Unternehmen nach Art oder Umfang einen in kaufmännischer Weise eingerichteten Geschäftsbetrieb nicht erfordert, durch Eintragung der Firma des Unternehmens in das HR den Status des Einzelkaufmanns erlangen (vgl. § 2 HGB). Damit können durch vorherige Eintragung im HR (→ Rn. 8 ff.) auch die früher als Minderkaufleute bezeichneten gewerblichen Unternehmer eine Ausgliederung durchführen. Voraussetzung für die Handelsregistereintragung ist jedoch, dass ein **Handelsgewerbe** betrieben wird. Demzufolge scheiden nach wie vor nicht gewerbliche Unternehmer (insbes. Freiberufler) und Personen, deren Tätigkeit sich auf Vermögensverwaltung beschränkt, als Beteiligte einer Ausgliederung aus (OLG Frankfurt a. M. NJW-RR 2000, 770; Widmann/Mayer/Mayer Rn. 25; Semler/ Stengel/Leonard/Seulen Rn. 21; Kölner Komm UmwG/Simon Rn. 12; Henssler/

Strohn/Büteröwe Rn. 8; BeckOGK/Leitzen Rn. 22; Gröne RNotZ 2022, 293 (294); zur Kritik hieran → § 124 Rn. 44 ff.; zur Bedeutung von § 5 HGB → Rn. 10). Hieran ändert sich auch durch das MoPeG nichts.

Gesamthandsgemeinschaften sind nicht Einzelkaufleute iSv S. 1. Für die GbR **4** bedarf das keiner näheren Begr. Aber auch die **Erbengemeinschaft**, die das Handelsgeschäft nach dem Tod des Kaufmanns fortführt, fällt nicht unter §§ 152 ff. (wie hier Widmann/Mayer/Mayer Rn. 30 ff.; Schwedhelm Unternehmensumwandlung Rn. 181; Henssler/Strohn/Büteröwe Rn. 15; MHdB GesR VIII/Behme § 29 Rn. 372; aA Lutter/Karollus/Schwab Rn. 14; Semler/Stengel/Leonard/Seulen Rn. 26; Kallmeyer/Sickinger Rn. 3; Kölner Komm UmwG/Simon Rn. 16; HK-UmwG/Klumpp Rn. 4; NK-UmwR/Böttcher Rn. 8; BeckOGK/Leitzen Rn. 34: bei Ausgliederung auf KapGes). Die Behandlung einer derartigen Erbengemeinschaft ist zwar handelsrechtlich derjenigen des Einzelkaufmanns angenähert, sie wird dadurch (auch nicht durch Eintragung der Erben als fortführende Inhaber im HR) nicht zum Einzelkaufmann. Die handelsrechtliche Annäherung ist von dem Umstand geprägt, dass das Unternehmen nach dem Tod des Einzelkaufmanns fortbesteht, die Situation also dringend einer Regelung bedarf. Diese Notwendigkeit der Gleichstellung besteht im UmwG nicht. Hier ist entscheidend, dass Träger des Vermögens die Erbengemeinschaft ist und diese in § 3 (§§ 125, 135) als Rechtsträger nicht aufgezählt ist. Insofern ist zuvor eine (Teil-)Auseinandersetzung vorzunehmen.

Bei **Gütergemeinschaften** ist zu diff. Zählt das Unternehmen (bzw. das übertra- **5** gene Vermögen) zum **Vorbehaltsgut** eines Ehegatten (§ 1418 BGB), sind die Vermögensgegenstände allein diesem Ehegatten zuzuordnen. Die §§ 152 ff. sind dann anwendbar (ebenso Lutter/Karollus/Schwab Rn. 15; Widmann/Mayer/Mayer Rn. 36; Kölner Komm UmwG/Simon Rn. 17; NK-UmwR/Böttcher Rn. 7). Anderes gilt, wenn das Unternehmen (das zu übertragene Vermögen) zum **Gesamtgut** der Ehegatten (§ 1416 BGB) zählt. In diesem Fall sind Träger des Vermögens die Ehegatten in ihrer gesamthänderischen Verbundenheit. Dies ist nicht nur eine im Familienrecht begründete Besonderheit (so aber Lutter/Karollus/Schwab Rn. 15; zust. Widmann/Mayer/Mayer Rn. 36; HK-UmwG/Klumpp Rn. 5 f.; BeckOGK/Leitzen Rn. 36), sondern bewirkt, dass die Eheleute als Gesamthänder das Vermögen übertragen müssten. Die Gütergemeinschaft ist als übertragender Rechtsträger (vgl. §§ 125, 3) im UmwG nicht vorgesehen (iErg auch Semler/Stengel/Leonard/Seulen Rn. 27; Kölner Komm UmwG/Simon Rn. 17; Henssler/Strohn/Büteröwe Rn. 15; Schwedhelm Unternehmensumwandlung Rn. 181). Damit scheidet die Ausgliederung in diesen Fällen aus (§ 1 II).

Bei der Fortführung des einzelkaufmännischen Unternehmens durch einen **Tes- 6 tamentsvollstrecker** hängt die Ausgliederungsfähigkeit davon ab, ob die Treuhand- oder Vollmachtslösung gewählt wurde. Bei der **Treuhandlösung** führt der Testamentsvollstrecker das einzelkaufmännische Unternehmen im eigenen Namen als Treuhänder der Erben fort. Er wird im HR eingetragen und ist als Einzelkaufmann anzusehen (vgl. Hopt/Merkt HGB § 1 Rn. 42; auch → Rn. 15). Er kann dann als Einzelkaufmann eine Ausgliederung vornehmen (so auch Lutter/Karollus/Schwab Rn. 20; Widmann/Mayer/Mayer Rn. 44 f.; Semler/Stengel/Leonard/Seulen Rn. 41; Kölner Komm UmwG/Simon Rn. 22; HK-UmwG/Rose/Klumpp Rn. 7; BeckOGK/Leitzen Rn. 37). Bei der **Vollmachtslösung** (Fortführung im Namen der Erben als deren Bevollmächtigte) ist zu unterscheiden: Ein Alleinerbe kann – mit Zustimmung des Testamentsvollstreckers (Semler/Stengel/Leonard/Seulen Rn. 41; Lutter/Karollus/Schwab Rn. 20) – ausgliedern; besteht dagegen eine Erbengemeinschaft, ist diese nicht ausgliederungsfähig (→ Rn. 4).

Auch der **Pächter** und der **Nießbraucher** eines Handelsgeschäfts können Kauf- **7** mann sein. Einschränkungen der Umwandlungsmöglichkeiten ergeben sich jedoch aus deren eingeschränktem Nutzungsrecht (→ Rn. 13).

3. Eingetragene Firma

8 § 152 S. 1 berechtigt den Einzelkaufmann nur dann zur Ausgliederung, wenn die **Firma** des von ihm betriebenen Unternehmens im (inl.) HR eingetragen ist (OLG Frankfurt a. M. NJW-RR 2000, 770). Der Inhaber (etwa der Alleinerbe) muss nicht eingetragen sein (Semler/Stengel/Leonard/Seulen Rn. 31; Lutter/Karollus/Schwab Rn. 24; Henssler/Strohn/Büteröwe Rn. 14; aA BeckOGK/Leitzen Rn. 24). Der **Wohnsitz** oder die Staatsangehörigkeit des Inhabers sind unbedeutend (Widmann/Mayer/Mayer Rn. 21; Lutter/Karollus/Schwab Rn. 29; NK-UmwR/Böttcher Rn. 10). Die Eintragung einer inl. Zweigniederlassung genügt (Lutter/Karollus/Schwab Rn. 24, 28 ff.; Semler/Stengel/Leonard/Seulen Rn. 29; Kölner Komm UmwG/Simon Rn. 25; Widmann/Mayer/Mayer Rn. 21; aA BeckOGK/Leitzen Rn. 26). Die Kaufmannseigenschaft kraft Gesetzes (§ 1 II HGB) ohne Eintragung der Firma genügt nicht (Gröne RNotZ 2022, 293 (294)). Seit dem 1.7.1998 (HRefG) können auch sog. Kleingewerbebetreibende durch Eintragung im HR den Kaufmannsstatus erwerben (§ 2 II HGB). Entsprechendes gilt für Land- und Forstwirte (§ 3 II HGB). Nach Eintragung erfüllen sie die Voraussetzungen von § 152 S. 1 (zu nicht gewerblichen Tätigkeiten → Rn. 3).

9 Maßgeblicher **Zeitpunkt** ist nicht der Abschluss des Ausgliederungsvertrags oder die Erstellung des Ausgliederungsplans, sondern die Eintragung der Ausgliederung in das HR (so auch Lutter/Karollus/Schwab Rn. 24; Widmann/Mayer/Mayer Rn. 25; Semler/Stengel/Leonard/Seulen Rn. 45; Henssler/Strohn/Büteröwe Rn. 14; BeckOGK/Leitzen Rn. 23); denn erst mit Eintragung der Spaltung in das HR wird die Umw wirksam (§ 131 I), vor diesem Zeitpunkt stattfindende Veränderungen sind daher grds. zu beachten. Die Anmeldung der Firma des Einzelkaufmanns kann gleichzeitig mit der Anmeldung der Ausgliederung erfolgen (Lutter/Karollus Rn. 24; Widmann/Mayer/Mayer Rn. 25; Keßler/Kühnberger UmwR/Dahlke Rn. 5; BeckOGK/Leitzen Rn. 23; Gröne RNotZ 2022, 293 (294)).

10 Ist die Firma zwar in das HR eingetragen, diese Eintragung aber mangels Handelsgewerbe zu Unrecht erfolgt, so kann eine Ausgliederung nicht durchgeführt werden, **§ 5 HGB** entfaltet insoweit keine Wirkung (Semler/Stengel/Leonard/Seulen Rn. 21; Kölner Komm UmwG/Simon Rn. 11; Henssler/Strohn/Büteröwe Rn. 14; NK-UmwR/Böttcher Rn. 6; Gröne RNotZ 2022, 293 (294); aA Lutter/Karollus/Schwab Rn. 25; Widmann/Mayer/Mayer Rn. 27). Die Vorschrift schützt nur im Geschäftsverkehr (Hopt/Merkt HGB § 5 Rn. 6). Das über die Eintragung zu befindende Registergericht ist hieran nicht gebunden (BeckOGK/Leitzen Rn. 31.3). Es muss vielmehr anlässlich des Eintragungsantrags der Ausgliederung ggf. eine Amtslöschung nach § 395 FamFG durchführen. Zur Bedeutung von § 5 HGB auch → § 124 Rn. 4. § 5 HGB ist ohnehin nicht anwendbar, wenn die eingetragene Person **kein Gewerbe** betreibt (→ Rn. 3; Hopt/Merkt HGB § 5 Rn. 5). Auch in diesen Fällen kann eine Ausgliederung trotz Eintragung nicht durchgeführt werden (ebenso Lutter/Karollus/Schwab Rn. 26; Widmann/Mayer/Mayer Rn. 27; Semler/Stengel/Leonard/Seulen Rn. 21). Wird die Ausgliederung eingetragen, obwohl die Firma fälschlicherweise im HR eingetragen ist, ist die Ausgliederung nach § 131 II (→ § 131 Rn. 96) dennoch wirksam (Lutter/Karollus/Schwab Rn. 26, 49; Widmann/Mayer/Mayer Rn. 28; Henssler/Strohn/Büteröwe Rn. 14; BeckOGK/Leitzen Rn. 31.4). Ein Wirksamwerden ohne Voreintragung des Einzelkaufmanns im HR ist nicht denkbar, da erst mit der Eintragung der Ausgliederung in dessen Register die Ausgliederung wirksam wird (so zutr. Lutter/Karollus/Schwab Rn. 49).

4. Ausgliederung des Unternehmens

11 Die Ausgliederung muss sich ferner auf das von dem Einzelkaufmann betriebene Unternehmen beziehen. Der handelsrechtliche Unternehmensbegriff (dazu

K. Schmidt ZGR 1980, 277 ff.; Hopt/Merkt HGB Einl. Vor § 1 Rn. 48 ff.) umfasst nach hM die dem Zweck der wirtschaftlichen Tätigkeit gewidmeten Sachen und Rechte (etwa Forderungen, Beteiligungen, Vertragsrechte, gewerbliche Schutzrechte, die Firma, andere geschützte Kennzeichnungen, öffentliche Gewerberechte usw) und sonstige wirtschaftliche Werte, wie Erfahrungen, Know-how, Unternehmensgeheimnisse, Geschäftsbeziehungen, Kundenstamm, Personal, den geschäftlichen Ruf sowie den Goodwill (Hopt/Merkt HGB Einl. Vor § 1 Rn. 51).

§ 152 S. 1 gestattet dem Einzelkaufmann, das von ihm betriebene Unternehmen **12** oder Teile desselben auszugliedern. Besondere Bedeutung kommt dem Merkmal nicht zu (Lutter/Karollus/Schwab Rn. 21), da der Kaufmannsbegriff bereits den Betrieb eines Handelsgewerbes voraussetzt. Eine Beschränkung auf dem Unternehmen gewidmete Gegenstände folgt hieraus nicht.

Probleme treten auf, wenn das vom Kaufmann „betriebene" Unternehmen ihm **13** nicht „gehört", namentlich beim **Unternehmenspächter** bzw. -nießbraucher. Der Unternehmenspächter ist selbst Kaufmann und betreibt selbst das Unternehmen (Hopt/Merkt HGB Einl. Vor § 1 Rn. 70). Er ist regelmäßig Eigentümer nur des Umlaufvermögens. Als Kaufmann kann er zwar eine Ausgliederung durchführen, die ihm nicht gehörenden Gegenstände gehen aber nicht kraft Sonderrechtsnachfolge (§ 131 I Nr. 1) über. Mangels Anwendbarkeit von § 185 BGB auf den Übergang nach § 131 I Nr. 1 gehen dem Eigentümer (Verpächter) gehörende Gegenstände auch mit dessen Zustimmung nicht über. Denn der Spaltungsvertrag hat nur verpflichtende, nicht aber dingliche Wirkung (→ § 126 Rn. 6). Der Rechtsübergang erfolgt kraft Gesetzes (§ 131 I Nr. 1) und nicht kraft einer rechtsgeschäftlichen Vfg. (iErg ebenso Semler/Stengel/Leonard/Seulen Rn. 37; Kölner Komm UmwG/Simon Rn. 19; Widmann/Mayer/Mayer Rn. 43; NK-UmwR/Böttcher Rn. 14; Henssler/Strohn/Büteröwe Rn. 19; BeckOGK/Leitzen Rn. 38; Lutter/Karollus/Schwab Rn. 18). Insoweit bedarf es ergänzender Übertragungsakte. Übertragungsfähig ist aber der Pachtvertrag (→ § 131 Rn. 49; Semler/Stengel/Leonard/Seulen Rn. 38; BeckOGK/Leitzen Rn. 38), weswegen eine Ausgliederung des Unternehmens durch den Unternehmenspächter zu einer Fortführung der Unternehmenspacht mit dem übernehmenden Rechtsträger führt. Auf die Zustimmung des Verpächters kommt es für die dingliche Wirksamkeit nicht an, ggf. hat der Verpächter ein außerordentliches Kündigungsrecht (Semler/Stengel/Leonard/Seulen Rn. 38; Henssler/Strohn/Büteröwe Rn. 19; vgl. auch Kölner Komm UmwG/Simon Rn. 19).

Auch der **Unternehmensnießbraucher** betreibt selbst als Kaufmann das Unter- **14** nehmen, wenn es nicht ein reiner Ertragsnießbrauch ist (Hopt/Merkt HGB Einl. Vor § 1 Rn. 71). Er kann ausgliedern (Lutter/Karollus/Schwab Rn. 18; Henssler/Strohn/Büteröwe Rn. 20; BeckOGK/Leitzen Rn. 39), ein Großteil der zum Unternehmen gehörenden Gegenstände geht aber mangels Eigentums/Inhaberschaft des Nießbrauchers nicht über. Eine Zustimmung des Bestellers hat keine dingliche Wirkung. Die Situation entspricht derjenigen der Unternehmenspacht (→ Rn. 13). Anders als der Pachtvertrag kann der Nießbrauch aber nur eingeschränkt übertragen werden (→ § 131 Rn. 17). Mithin geht die Ausgliederung ins Leere. Denkbar wäre, dass die Ausübung des Nießbrauchs (§ 1059 S. 2 BGB) auf den übernehmenden Rechtsträger übertragen wird (Semler/Stengel/Leonard/Seulen Rn. 39; Kölner Komm UmwG/Simon Rn. 20; Lutter/Karollus/Schwab Rn. 18). Dies setzt aber die Begr. eines neuen Rechtsverhältnisses zwischen dem Nießbraucher und dem übernehmenden Rechtsträger voraus, da durch die Sonderrechtsnachfolge nur schon bestehende Rechtspositionen übergehen.

Ein kaufmännisches Unternehmen betreibt auch der **Testamentsvollstrecker**, **15** wenn er das Unternehmen auf eigene Rechnung führt (→ Rn. 6). Sofern der Testamentsvollstrecker persönlich als Inhaber des Handelsgeschäfts und nicht in seiner Eigenschaft als Testamentsvollstrecker in das HR eingetragen ist, ist er Inhaber des Handelsgeschäfts mit allen sich daraus ergebenden Rechtsfolgen (stRspr seit BGHZ 12, 100 = NJW 1954, 636). Vorbehaltlich einer anderen Anordnung des Erblassers ist der Testamentsvollstrecker berechtigt, das Unternehmen zu veräußern; deshalb ist auch eine Ausgliederung möglich (ebenso Widmann/Mayer/Mayer Rn. 44 f.; Lutter/Karollus/Schwab Rn. 20; Semler/Stengel/Leonard/Seulen Rn. 41; NK-UmwR/Böttcher Rn. 17; Limmer Unternehmensumwandlungs-HdB/Limmer Teil 3 Rn. 658; Henssler/Strohn/Büteröwe Rn. 21; BeckOGK/Leitzen Rn. 37).

16 Der Einzelkaufmann hat die Möglichkeit, **mehrere Unternehmen** unter jew. eigener Firma zu führen, sofern die Unternehmen abgegrenzt und selbstständig sind (Hopt/Merkt HGB § 17 Rn. 8). Zum früheren Recht war umstritten, ob mehrere einzelkaufmännische Unternehmen bei einer Umw nach §§ 50, 56a UmwG 1969 in einem Akt auf eine neu gegründete AG bzw. GmbH übertragen werden können (vgl. → 1. Aufl. 1994, § 50 Anm. 7, § 56a Anm. 7, jew. mit umfangreichen Nachw.). Eine ausdrückliche Klärung hat das UmwG 1995 nicht gebracht. Die praktische Bedeutung ist gering, da letztlich alle gewünschten Umw durchgeführt werden können.

17 Werden **mehrere** von einer natürlichen Person betriebene **Einzelunternehmen,** die jew. im HR eingetragen sind, auf **verschiedene Rechtsträger** ausgegliedert, so handelt es sich um isoliert zu beurteilende getrennte Ausgliederungsvorgänge (Widmann/Mayer/Mayer Rn. 66). Dies gilt auch, wenn die verschiedenen Ausgliederungen in einer Urkunde zusammengefasst werden. Die Anforderungen nach § 126 (und den besonderen Vorschriften) an den Spaltungsvertrag sind für jedes Einzelunternehmen zu erfüllen. Die Rechtswirkungen, insbes. der Vermögensübergang, richten sich nach der Zuordnung im Spaltungsvertrag. Die Ausgliederungen werden jew. mit Eintragung im Register der jew. Einzelunternehmen wirksam (aA HK-UmwG/Klumpp Rn. 16 f.: mit Eintragung in allen Registern). Durch entsprechende Aufnahme im Spaltungsvertrag können auch Zuordnungen der Vermögensgegenstände zu den Einzelunternehmen geändert werden (auch → Rn. 19 f.).

18 Nicht möglich ist die gleichzeitige Übertragung mehrerer jeweils im HR eingetragener Einzelunternehmen auf einen Rechtsträger in einem Akt. Dies sieht die Systematik des UmwG nicht vor. Es fehlen zB Regelungen, welche Eintragung konstitutiv ist (Widmann/Mayer/Mayer Rn. 66; Semler/Stengel/Leonard/Seulen Rn. 47).

19 Dennoch können auch **mehrere Unternehmen in einem Akt** auf einen oder mehrere Rechtsträger übertragen werden. Denn der Kaufmann kann im Spaltungsvertrag bzw. Spaltungsplan zusätzlich auch Gegenstände des PV (→ Rn. 22 ff.), aber auch Gegenstände, die einem anderen einzelkaufmännischen Unternehmen zugeordnet sind, aufnehmen und damit im Wege der Ausgliederung übertragen. Die Aufnahme der **Vermögensgegenstände** eines **anderen Unternehmens** in den Spaltungsvertrag bzw. Spaltungsplan bewirkt die (teilw.) Zusammenlegung der bisher verschiedenen Unternehmen (ebenso wohl Semler/Stengel/Leonard/Seulen Rn. 47 aE; Widmann/Mayer/Mayer Rn. 65; Lutter/Karollus/Schwab Rn. 40). Die so zugeordneten Gegenstände sind nicht in der Schlussbilanz (§ 17 II) des zu übertragenden Einzelunternehmens aufzunehmen; auch sonst werden Vermögensveränderungen nach dem Stichtag der Schlussbilanz nicht erfasst. **Stl.** wird man die Zuordnung zu einem anderen Einzelunternehmen noch auf der Ebene der natürlichen Person nach § 6 V 1 EStG zu erfassen haben.

20 Die Ausgliederung wird bei Übertragung mehrerer Einzelunternehmen nur zu dem **HR angemeldet** und eingetragen, in dem die Firma, unter der der Kaufmann bei der Ausgliederung handelt, eingetragen ist. Diese Eintragung löst die Spaltungswirkungen aus. Bei den anderen einzelkaufmännischen Unternehmen, deren Firmen im HR eingetragen sind, ist zu diff. Lässt die Übertragung einzelner Gegenstände die Qualifizierung als einzelkaufmännisches Unternehmen unberührt, bleiben die Handelsregistereintragungen unverändert. Führt die Ausgliederung hingegen dazu, dass in Zukunft in diesen einzelkaufmännischen Unternehmen kein Handelsgewerbe mehr betrieben wird, ist – unabhängig vom Eintragungsverfahren bei der Ausgliederung – die Löschung dieser Firmen durchzuführen (§ 31 II HGB). Vgl. iÜ auch § 155. Die Verpflichtung nach § 126 III besteht gegenüber den **Betriebsräten** aller beteiligten Einzelunternehmen.

Schließlich können auch **Teile des Unternehmens,** wie § 152 S. 1 nunmehr ausdrücklich bestimmt, übertragen werden (Lutter/Karollus/Schwab Rn. 37 ff.). Wie allg. bei Spaltung (→ § 126 Rn. 64) besteht keine Beschränkung bei der Übertragung/Zurückbehaltung von zusammengehörenden Sachgesamtheiten, es können auch einzelne Aktiva und Passiva ausgegliedert werden (Lutter/Karollus/Schwab Rn. 39; Widmann/Mayer/Mayer Rn. 62; BeckOGK/LeitzenRn. 69). Die Möglichkeit der stl. **Buchwertfortführung** setzt allerdings die Übertragung von (fiktiven) **Teilbetrieben** iSv §§ 20, 21, 24 UmwStG voraus (vgl. näher dort). 21

5. Übertragung von nicht unternehmensgebundenem Vermögen

Im UmwRG 1995 fehlt eine § 52 IV Nr. 1 S. 2 UmwG 1969 entsprechende Regelung. Danach war es dem Einzelkaufmann freigestellt, ihm gehörende, aber bislang nicht unternehmensbezogene Vermögensgegenstände in die Vermögensübersicht aufzunehmen. Weder hieraus noch aus dem Merkmal Unternehmen (→ Rn. 11) kann geschlossen werden, dass der Einzelkaufmann im Wege der Ausgliederung nur (bislang schon) unternehmenszugehörige Vermögensgegenstände übertragen kann. Denn zum einen folgt aus den Materialien, dass eine Abkehr von der früheren Rechtssituation nicht gewollt war (Begr. RegE, BR-Drs. 75/94 vor § 153). Zum anderen resultiert die Übertragbarkeit von nicht unternehmensgebundenem Vermögen (PV) bzw. von einem anderen Einzelunternehmen zugeordneten Vermögens (→ Rn. 19 f.) aus dem Umstand, dass der Einzelkaufmann bereits durch die Aufnahme dieser Gegenstände im Spaltungsplan die Unternehmensbezogenheit herstellt (OLG Brandenburg NZG 2014, 713; Semler/Stengel/Leonard/Seulen Rn. 67 f.; Kallmeyer/Sickinger Rn. 1; Lutter/Karollus/Schwab Rn. 41; Kölner Komm UmwG/Simon Rn. 37; Keßler/Kühnberger UmwR/Dahlke Rn. 8; NK-UmwR/ Böttcher Rn. 26; HK-UmwG/Rose/Klumpp Rn. 15; Gröne RNotZ 2022, 293 (295)). Die Regelung in § 52 IV Nr. 1 S. 2 UmwG 1969 war überflüssig. Die frühere Streitfrage, ob – umgekehrt – einzelne Gegenstände des BV zurückgehalten werden können (→ 1. Aufl. 1994, § 56a Anm. 8), ist nunmehr geklärt („oder von Teilen desselben"; zur Freiheit der Vermögensaufteilung → § 126 Rn. 60 ff.). Im Wege der Ausgliederung kann daher eine (stl.) **Betriebsaufspaltung** begründet werden, dies allerdings regelmäßig nicht steuerneutral. 22

Grenzen der Aufteilungsfreiheit (auch → § 126 Rn. 64 ff.) bestehen bei dem Privatbereich zuzuordnenden **Verbindlichkeiten.** Soweit diese höchstpersönlicher Natur sind oder kraft Natur des Anspruchs nicht übertragen werden können, gehen sie trotz Aufnahme im Spaltungsvertrag nicht über (bspw. künftige Unterhaltsverpflichtungen; Widmann/Mayer/Mayer Rn. 62; Lutter/Karollus Rn. 41; Semler/ Stengel/Leonard/Seulen Rn. 68; HK-UmwG/Rose/Klumpp Rn. 10; Habersack/ Wicke/Leitzen Rn. 64; BeckOGK/Leitzen Rn. 64; auch → § 131 Rn. 76). 23

6. Ausgliederungsverbot wegen Überschuldung

Die Ausgliederung ist ausgeschlossen, wenn die Verbindlichkeiten des Einzelkaufmanns sein Vermögen übersteigen (§ 152 S. 2). Ist dies offensichtlich der Fall, hat das Registergericht die Eintragung der Ausgliederung abzulehnen (§ 154). Die Regelung entspricht § 50 S. 2 Nr. 2 UmwG 1969. Zur Nichtübernahme von § 50 S. 2 Nr. 1 UmwG 1969 → Rn. 29. Dieses Ausgliederungsverbot besteht nicht, um die Entstehung eines von Anfang an überschuldeten Rechtsträgers durch die 24

Ausgliederung zu vermeiden. Denn eine bestehende Überschuldung beim Einzelkaufmann bedeutet nicht, dass auch auf übernehmende oder neu gegründete Rechtsträger ein negatives Vermögen übergeht. Der Einzelkaufmann kann im Spaltungsvertrag bzw. Spaltungsplan festlegen, welche Vermögensgegenstände er überträgt (allg. → § 126 Rn. 60 ff.). Er kann die Vermögensübertragung also durchaus so gestalten, dass ein ausreichender Überschuss des Aktivvermögens gegenüber dem Passivvermögen besteht. Der **Grund** für die Regelung liegt darin, dass im Falle der Überschuldung des Einzelkaufmanns Vermögensverschiebungen zu Lasten der Gläubiger vermieden werden sollen (vgl. auch Widmann/Mayer/Mayer Rn. 76; BeckOGK/Leitzen Rn. 72.1; Lutter/Karollus/Schwab Rn. 43: auch Schutz des neuen/übernehmenden Rechtsträgers; so auch MHdB GesR VIII/Behme § 29 Rn. 373; Semler/Stengel/Leonard/Seulen Rn. 74: Schutz des übernehmenden Rechtsträgers; wohl auch Kölner Komm UmwG/Simon Rn. 40; Perwein GmbHR 2007, 1214 (1215): Verhinderung von Anfang an wackeliger GmbH). Dies ist allerdings – im Vergleich zur Rechtslage nach dem UmwG 1969 – aufgrund der eintretenden gesamtschuldnerischen Haftung (§ 133 I 1) ohnehin nur eingeschränkt möglich, zumal auch der dem Einzelkaufmann zu gewährende Anteil an dem übernehmenden oder neuen Rechtsträger dem Zugriff seiner Gläubiger offen steht (worauf Lutter/Karollus Rn. 43 zutr. hinweist; ebenso Semler/Stengel/Leonard/Seulen Rn. 73).

25 Rechtspolitisch bedenklich ist das absolute Ausgliederungsverbot, weil nicht darauf abgestellt wird, ob die Überschuldung ihre Ursache im Unternehmens- oder im Privatbereich des Einzelkaufmanns hat. Denn die Ausgliederung ist auch ausgeschlossen, wenn das einzelkaufmännische Unternehmen an sich nicht überschuldet und lebensfähig ist, die Überschuldung also aufgrund privater Verbindlichkeiten eintritt (→ Rn. 26). In diesem Fall wird eine Ausgliederung zur Sanierung verhindert. Da für Sanierungen auch andere als Gläubigerinteressen von Bedeutung sind (etwa Erhaltung von Arbeitsplätzen), hätte auch eine flexiblere Regelung gewählt werden können (zust. Widmann/Mayer/Mayer Rn. 77; HK-UmwG/Rose/Klumpp Rn. 19). Angesichts der Fortentwicklung durch Ermöglichung von Umwandlungsmaßnahmen im Rahmen von **Insolvenzplanverfahren** (§ 225a III InsO) gilt – teleologische Reduktion – das Verbot nicht für Ausgliederungen im Rahmen eines **Insolvenzplanverfahrens** (AG Norderstadt ZIP 2017, 586; Semler/Stengel/Leonard/Seulen Rn. 74a; Lutter/Karollus/Schwab Rn. 46b; Henssler/Strohn/Büteröwe Rn. 2; Schröder/Berner NZI 2017, 837 (840); Simon/Brünkmans ZIP 2014, 657 (666)).

26 Eine **Überschuldung** ist dann gegeben, wenn die Verbindlichkeiten des Einzelkaufmanns sein Vermögen übersteigen. Zur Feststellung der Überschuldung ist ein Vermögensvergleich vorzunehmen, bei dem das gesamte Aktivvermögen des Einzelkaufmanns (Unternehmensvermögen und PV) der Summe der in seinem Unternehmen begründeten und der privaten Verbindlichkeiten gegenüberzustellen ist (ebenso Lutter/Karollus/Schwab Rn. 44; Widmann/Mayer/Mayer Rn. 78; Kallmeyer/Sickinger Rn. 4; Semler/Stengel/Leonard/Seulen Rn. 75; HK-UmwG/Klumpp Rn. 20; BeckOGK/Leitzen Rn. 73). Hierbei sind die Vermögensgegenstände nicht mit ihrem BW (dieser Ansatz führt zu der insoweit unbeachtlichen „formellen" Überschuldung), sondern mit ihren tatsächlichen Werten anzusetzen (Kölner Komm UmwG/Simon Rn. 42; BeckOGK/Leitzen Rn. 73; auch → Rn. 27). Ordnungsgemäß gebildete RSt sind als Verbindlichkeiten zu berücksichtigen; auch Risiken aus dem Privatbereich sind zu berücksichtigen (Lutter/Karollus/Schwab Rn. 44; Kölner Komm UmwG/Simon Rn. 42).

27 Die **Bewertung** des Vermögens, auch die des PV, hat nach kaufmännischen Grundsätzen zu erfolgen. Eine positive **Fortführungsprognose**, die bei § 19 II 1 InsO bereits genügt, um den Insolvenzgrund der Überschuldung auszuschließen, reicht nicht aus (ebenso Lutter/Karollus/Schwab Rn. 45 f.; Widmann/Mayer/Mayer

Rn. 78; Kallmeyer/Sickinger Rn. 4; BeckOGK/Leitzen Rn. 75). Es ist aber nicht zwingend auf Liquidationswerte abzustellen (so aber Lutter/Karollus/Schwab Rn. 46a). Zwar wird trotz fast zeitgleicher Verkündung von UmwG und InsO nicht der Begriff der Überschuldung (vgl. § 19 InsO) verwendet, die Interessenlage (Schutz der Gläubiger des Einzelkaufmanns) lässt es aber zu, eine Bewertung des unternehmerischen wie auch des privaten Vermögens (etwa vermietete Immobilien) unter Fortführungsgesichtspunkten vorzunehmen, wenn es überwiegend wahrscheinlich ist, dass die Gläubiger – etwa wegen hoher lfd. Einnahmen – nicht gefährdet werden (für eine Fortbestandsprognose in diesem Sinne auch Semler/Stengel/Leonard/Seulen Rn. 77; Kölner Komm UmwG/Simon Rn. 43; HK-UmwG/Klumpp Rn. 23; NK-UmwR/Böttcher Rn. 32; wohl auch Widmann/Mayer/Mayer Rn. 78; BeckOGK/Leitzen Rn. 76). Insoweit besteht eine Parallele zu § 19 InsO aF (vor Änderung durch das FMStG).

Ein Ausgliederungsverbot besteht hingegen nicht, wenn lediglich das nach Durchführung der Ausgliederung **verbleibende Aktivvermögen** des Kaufmanns (ohne Berücksichtigung des gewährten Anteils) seine Verbindlichkeiten nicht deckt (ebenso Lutter/Karollus/Schwab Rn. 44; Semler/Stengel/Leonard/Seulen Rn. 81; Kölner Komm UmwG/Simon Rn. 44). In diesem Fall erfolgt nur eine Vermögensumschichtung; die Gläubiger des Kaufmanns können in die für die Vermögensübertragung gewährte Beteiligung vollstrecken. 28

Entgegen der früheren Rechtslage kann der Einzelkaufmann hingegen die Ausgliederung auch dann durchführen, wenn das übertragene Vermögen sein **gesamtes Vermögen** iSv § 419 BGB aF darstellt (vgl. § 50 S. 2 Nr. 1 UmwG 1969). Der Aufnahme einer entsprechenden Regelung bedurfte es im UmwG 1995 nicht, da nach Wirksamwerden der Spaltung der oder die übernehmenden bzw. neuen Rechtsträger für die Verbindlichkeiten des Einzelkaufmanns gesamtschuldnerisch haften (§ 133 I 1). Seit 1.1.1999 gilt § 419 BGB ohnehin nicht mehr (→ § 133 Rn. 20). 29

7. Eintragung trotz Überschuldung

Das Registergericht hat bei der Eintragungsprüfung zu untersuchen, ob eine **Überschuldung** iSv § 152 S. 2 vorliegt. Ist die Überschuldung offensichtlich, hat es die Eintragung der Ausgliederung abzulehnen (§ 154). Oftmals wird der Registerrichter die Überschuldung allerdings nicht feststellen können. Aus dem Spaltungsvertrag bzw. Spaltungsplan sind nur die Gegenstände ersichtlich, die übertragen werden sollen, nicht hingegen die beim Einzelkaufmann verbleibenden Gegenstände. Eine Übersicht über sein vollständiges Vermögen hat der Einzelkaufmann nur bei einer Ausgliederung zur Neugründung zu erstellen (§ 159 III). Zum Umfang der Prüfungspflicht → § 154 Rn. 4 f. Wird die Spaltung trotz Überschuldung eingetragen, ist sie wirksam (§ 131 II; ebenso Lutter/Karollus/Schwab Rn. 49; Kallmeyer/Zimmermann § 154 Rn. 10; Widmann/Mayer/Mayer § 160 Rn. 16). Im Gegensatz zur früheren Rechtslage werden die Gläubigerinteressen aufgrund der gesamtschuldnerischen Haftung (§ 133 I 1) nicht gravierend beeinträchtigt. Hiervon zu unterscheiden ist eine ggf. vorliegende Unterpariemission (hierzu → § 126 Rn. 29 ff.) oder sogar eine durch die Ausgliederung entstehende Überschuldung des übernehmenden oder neuen Rechtsträgers aufgrund der (unerkannten) Übertragung eines negativen Vermögens. Im letzten Fall muss geprüft werden, ob ein Insolvenzgrund vorliegt. 30

8. Besondere Zustimmungserfordernisse

Bei einer **stillen Beteiligung** an dem einzelkaufmännischen Unternehmen ist zwischen Außen- und Innenverhältnis zu differenzieren. Für die Wirksamkeit der 31

Ausgliederung (also insbes. für den Vermögensübergang) bedarf es nicht der Zustimmung des stillen Gesellschafters (BeckOGK/Leitzen Rn. 33; Widmann/Mayer/Mayer Rn. 47; Lutter/Karollus/Schwab Rn. 19). Die Zustimmung des stillen Gesellschafters ist auch bei Rechtsträgern anderer Rechtsformen nicht vorgesehen. Der Stille ist nicht Anteilsinhaber. § 23 (§§ 125, 135) gewährleistet lediglich, dass dem Stillen gleichwertige Rechte in den übernehmenden Rechtsträger gewährt werden (eingehend Jung ZIP 1996, 1734 (1736 ff.); vgl. auch Lutter/Karollus/Schwab Rn. 19; Semler/Stengel/Leonard/Seulen Rn. 40). Hiervon zu unterscheiden ist die Zustimmung des Stillen im Innenverhältnis. Ist das stille Gesellschaftsverhältnis nicht generell übertragbar ausgestaltet, kann es selbst nur mit Zustimmung des Stillen auf den übernehmenden (neuen) Rechtsträger übergehen (Semler/Stengel/Leonard/Seulen Rn. 40; BeckOGK/Leitzen Rn. 33). Fehlt die Zustimmung oder wird die stille Beteiligung im Spaltungsvertrag nicht aufgenommen, hängt der Fortbestand der stillen Ges davon ab, ob beim Einzelkaufmann ein Handelsgewerbe iSv § 230 HGB verbleibt. Anderenfalls ist das stille Beteiligungsverhältnis nach § 729 II BGB (§ 726 BGB aF) aufgelöst (vgl. auch Jung ZIP 1996, 1738; Widmann/Mayer/Mayer Rn. 48 ff.). Auch bei einem Fortbestand der stillen Ges kann der Stille ggf. nach § 234 I HGB, § 132 HGB aus wichtigem Grund kündigen. Ferner steht dem stillen Gesellschafter nach (§§ 125, 135) § 23 das Recht auf Einräumung gleichwertiger Rechte in dem übernehmenden (neuen) Rechtsträger zu (Semler/Stengel/Leonard/Seulen Rn. 40; vgl. hierzu die Komm. zu § 23). Schließlich kann der Stille Schadensersatzansprüche haben (Jung ZIP 1996, 1738).

32 Bei **Minderjährigen** ist zunächst die Einwilligung der gesetzlichen Vertreter nach § 111 BGB erforderlich (Widmann/Mayer/Mayer Rn. 84; Lutter/Karollus/Schwab Rn. 17; BeckOGK/Leitzen Rn. 41; vgl. auch Böhringer NotBZ 2014, 121). Regelmäßig bedarf es auch der familiengerichtlichen Genehmigung (§ 1643 BGB), da die Ausgliederung des einzelkaufmännisch betriebenen Unternehmens idR als Veräußerung eines Erwerbsgeschäftes iSv § 1852 Nr. 1 BGB (§ 1822 Nr. 3 2. Alt. BGB aF) einzustufen ist (Semler/Stengel/Leonard/Seulen Rn. 30; Lutter/Karollus/Schwab Rn. 17; Henssler/Strohn/Büteröwe Rn. 16; Widmann/Mayer/Mayer Rn. 84; BeckOGK/Leitzen Rn. 41). Wird ausnahmsweise kein „Erwerbsgeschäft" übertragen, kann die Genehmigungspflicht nach § 1852 Nr. 2 BGB (§ 1822 Nr. 3 Alt. 3 BGB aF) aus der Beteiligung am übernehmenden Rechtsträger resultieren, wenn dieser ein „Erwerbsgeschäft" betreibt (Semler/Stengel/Leonard/Seulen Rn. 30). Ferner kann auch § 1854 Nr. 4 BGB (§ 1822 Nr. 10 BGB aF) einschlägig sein, etwa wegen drohender Ausfallhaftung nach § 24 GmbHG (MüKoBGB/Kroll-Ludwigs BGB § 1822 Rn. 65). Entsprechendes gilt für **Betreute** (§ 1852 Nr. 1, 2 BGB, § 1854 Nr. 4 BGB – zuvor § 1908i BGB aF iVm § 1822 Nr. 3 BGB; Lutter/Karollus/Schwab Rn. 17; Kölner Komm UmwG/Simon Rn. 23; BeckOGK/Leitzen Rn. 41).

33 Unter den Voraussetzungen von **§ 1365 I 1 BGB** ist zur Ausgliederung die **Zustimmung des Ehegatten** notwendig (ebenso Lutter/Karollus/Schwab Rn. 16; Semler/Stengel/Leonard/Seulen Rn. 43; Kölner Komm UmwG/Simon Rn. 24; Henssler/Strohn/Büteröwe Rn. 17; Widmann/Mayer/Mayer Rn. 87; BeckOGK/Leitzen Rn. 82). Nach Wegfall des Ausgliederungsverbots bei Vorliegen der Voraussetzungen von § 419 I BGB aF (vgl. § 50 S. 2 Nr. 1 UmwG 1969, § 56a S. 2 UmwG 1969) hat dies eine ungleich wichtigere Bedeutung erlangt (vgl. zur früheren Rechtslage → 1. Aufl. 1994, § 56b Anm. 4). Der gewährte Anteil ist keine den Zustimmungsvorbehalt ausschließende vollwertige Gegenleistung (Widmann/Mayer/Mayer Rn. 87; Semler/Stengel/Leonard/Seulen Rn. 43 Fn. 120). Die Gegenleistung wird bei § 1365 BGB grds. nicht berücksichtigt, da die Norm nicht auf eine wirtschaftliche Einbuße abstellt (so auch Lutter/Karollus/Schwab Rn. 16; vgl. näher Grüneberg/Siede BGB § 1365 Rn. 6). Notfalls kann die Zustimmung des Ehegatten durch eine Entscheidung des Familiengerichts nach § 1365 II BGB ersetzt werden.

Nach Eintragung der Ausgliederung lässt das Fehlen der Zustimmung deren Wirksamkeit unberührt (§ 131 II; Semler/Stengel/Leonard/Seulen Rn. 43).

Zweiter Unterabschnitt. Ausgliederung zur Aufnahme

§ 153 Ausgliederungsbericht

Ein Ausgliederungsbericht ist für den Einzelkaufmann nicht erforderlich.

Ein Ausgliederungsbericht (§ 127) erübrigt sich bei der Ausgliederung aus dem 1 Vermögen eines Einzelkaufmanns, da es keine zu informierenden Anteilsinhaber gibt (RegEBegr. BR-Drs. 75/94 zu § 153). Daran wird abermals deutlich, dass der Spaltungsbericht ausschließlich im Interesse der Anteilsinhaber, nicht hingegen auch im Interesse der Gläubiger verfasst wird (ebenso Kölner Komm UmwG/Simon Rn. 3). Der Bericht ist nur für den Einzelkaufmann entbehrlich, nicht hingegen für den **übernehmenden Rechtsträger** (OLG Rostock NJW-RR 2021, 490). Die Berichtspflicht ggü. den Anteilsinhabern des übernehmenden Rechtsträgers richtet sich nach den allg. Regelungen (hierzu → § 127 Rn. 5 ff. und § 8; zur Spaltungsprüfung → Vor § 152 Rn. 6; zur Unterrichtung des **Betriebsrats** beim Einzelunternehmen → Vor § 152 Rn. 5). Zur Entbehrlichkeit analog § 41 bei Ausgliederung auf eine GmbH & Co. KG, bei der alle Kommanditisten zugleich Geschäftsführer der Komplementär-GmbH sind, vgl. OLG Rostock NJW-RR 2021, 490.

§ 154 Eintragung der Ausgliederung

Das Gericht des Sitzes des Einzelkaufmanns hat die Eintragung der Ausgliederung auch dann abzulehnen, wenn offensichtlich ist, daß die Verbindlichkeiten des Einzelkaufmanns sein Vermögen übersteigen.

1. Anmeldung der Ausgliederung

Für die Anmeldung der Ausgliederung zur Aufnahme von Vermögensteilen des 1 Einzelkaufmanns bestehen keine besonderen Vorschriften. Sie richtet sich daher nach §§ 125, 135, 16, 17 (vgl. iE dort). Die Anmeldung beim Gericht des Sitzes des Einzelkaufmanns erfolgt durch den Einzelkaufmann, der an die Stelle des Vertretungsorgans des übertragenden Rechtsträgers tritt. Ergänzend besteht die Zuständigkeit des Vertretungsorgans des übernehmenden Rechtsträgers nach § 129. Für die Anmeldung des neuen Rechtsträgers bei einer Ausgliederung zur Neugründung vgl. § 160.

2. Eintragungsverfahren

Für das Eintragungsverfahren bestehen bei der Ausgliederung aus dem Vermögen 2 eines Einzelkaufmanns keine Besonderheiten. Zur Prüfungskompetenz und zum Prüfungsumfang des Registergerichts → § 130 Rn. 10 ff. Mit der Eintragung der Ausgliederung in das HR des Sitzes des Einzelkaufmannes treten die Spaltungswirkungen ein (§ 131 I). Da der Einzelkaufmann immer nur ein von ihm betriebenes einzelkaufmännisches Unternehmen im Wege der Ausgliederung übertragen kann, steht auch fest, welches HR für die Ausgliederung zuständig ist (näher zu dieser Problematik → § 152 Rn. 17 ff.).

Zum Eintragungsverbot bei Überschuldung → § 152 Rn. 24 ff. und → Rn. 4, 3 5.

A UmwG § 155

3. Eintragungshindernis Überschuldung

4   Das Registergericht am Sitz des Einzelkaufmanns hat die Eintragung der Ausgliederung auch dann abzulehnen, wenn **offensichtlich** ist, dass die Verbindlichkeiten des Einzelkaufmanns sein Vermögen übersteigen, also ein Ausgliederungsverbot nach § 152 S. 2 vorliegt (zur Überschuldung → § 152 Rn. 24 ff. und zur Eintragung trotz Überschuldung → § 152 Rn. 30). Dies zuverlässig zu beurteilen, wird dem Registergericht allerdings regelmäßig schwerfallen. Lediglich ausnahmsweise (Ausgliederung zur Neugründung einer AG/KGaA) steht dem Gericht hierfür ein Prüfbericht zur Vfg., der wiederum auf einer Aufstellung des Einzelkaufmanns über sein Vermögen beruht (§ 159 II, III; dazu → § 159 Rn. 4 ff.). Selbst der bei einer Neugründung einer GmbH/AG notwendige Sachgründungsbericht (zur Anwendung des Gründungsrechts allg. → § 135 Rn. 13 ff.) lässt keine Aussage über das Gesamtvermögen des Einzelkaufmanns zu, da hierin nur über das übertragene Vermögen (Sacheinlage) berichtet wird. Zu Recht forderte daher die hM zu §§ 56a ff. UmwG 1969 **anlässlich der Anmeldung** die **Versicherung** durch den Einzelkaufmann, dass keine Überschuldung vorliege (vgl. etwa Hachenburg/Schilling GmbHG Anh. § 77 § 56e Rn. 5 zum UmwG 1969). Hieran ist festzuhalten (so auch Widmann/Mayer/Mayer Rn. 12; Kallmeyer/Zimmermann Rn. 5; Semler/Stengel/Leonard/Seulen Rn. 3; vgl. auch NK-UmwR/Böttcher Rn. 6; aA Lutter/Karollus/Schwab Rn. 4, 11: Erklärung liegt konkludent in der Anmeldung; Maulbetsch/Klumpp/Klumpp Rn. 3; Kölner Komm UmwG/Simon Rn. 6). Diese Erklärung des Einzelkaufmanns kann gesondert abgegeben werden oder in der Handelsregisteranmeldung enthalten sein; sie kann auch nachgereicht werden. Eine besondere Form ist nicht notwendig (Kallmeyer/Zimmermann Rn. 5; NK-UmwR/Böttcher Rn. 7; BeckOGK/Leitzen Rn. 16.1; Widmann/Mayer/Mayer Rn. 12: Privatschriftliche Erklärung; aA Semler/Stengel/Leonard/Seulen Rn. 4). Bei Anmeldung durch das Vertretungsorgan des übernehmenden Rechtsträgers nach § 129 bedarf es einer anderen Art der Glaubhaftmachung (Semler/Stengel/Leonard/Seulen Rn. 4). Aber auch in diesem Fall kann eine gesonderte Erklärung des Einzelkaufmanns eingereicht werden (Semler/Stengel/Leonard/Seulen Rn. 4).

5   Die Einschränkung, dass die Überschuldung **offensichtlich** sein muss, bedeutet zunächst nur, dass das Registergericht nicht von sich aus ohne näheren Anlass umfangreiche Ermittlungen einleiten muss. Grds. kann es von der Richtigkeit der Erklärung des Kaufmanns (→ Rn. 4) ausgehen. Hat es hingegen Anlass zu Zweifeln, folgt bereits aus dem Amtsermittlungsgrundsatz (§ 26 FamFG), dass das Registergericht diesen nachgehen muss. In diesem Zusammenhang kann das Registergericht vom Einzelkaufmann auch eine Aufstellung über das gesamte Vermögen des Kaufmanns verlangen (Lutter/Karollus/Schwab Rn. 4). Ggf. hat das Registergericht darüber hinaus geeignet erscheinende Maßnahmen zur Aufklärung der Vermögenssituation einzuleiten (Kallmeyer/Zimmermann Rn. 6: ggf. SV-Gutachten; ebenso Lutter/Karollus/Schwab Rn. 4; BeckOGK/Leitzen Rn. 17). Offensichtlich bedeutet darüber hinaus – ebenso wie bei § 38 AktG – **zweifelsfrei**. Am Ende der Prüfung muss die Überschuldung zur Überzeugung des Gerichts feststehen. Verbleiben Zweifel, ist die Eintragung vorzunehmen (ebenso Widmann/Mayer/Mayer Rn. 12; Lutter/Karollus/Schwab Rn. 3; Kallmeyer/Zimmermann Rn. 4; Semler/Stengel/Leonard/Seulen Rn. 15; Kölner Komm UmwG/Simon Rn. 4; vgl. auch BeckOGK/Leitzen Rn. 18 zu den Mitwirkungsobliegenheiten). Im Regelfall wird sich das Registergericht jedoch mit der Erklärung des Einzelkaufmanns zufriedengeben können. In diesem Fall liegt die Überschuldung nicht offensichtlich vor.

§ 155 Wirkungen der Ausgliederung

¹**Erfaßt die Ausgliederung das gesamte Unternehmen des Einzelkaufmanns, so bewirkt die Eintragung der Ausgliederung nach § 131 das Erlö-**

schen der von dem Einzelkaufmann geführten Firma. ²Das Erlöschen der Firma ist von Amts wegen in das Register einzutragen.

1. Erlöschen der Firma

Sofern der Einzelkaufmann im Wege der Ausgliederung sein **gesamtes Unternehmen** auf einen oder mehrere Rechtsträger überträgt, erfüllt er mit Wirksamwerden der Ausgliederung nicht mehr die Voraussetzungen für die Eintragung seiner Firma im HR. Diese erlischt mit Wirksamwerden der Ausgliederung (§ 155 S. 1). Das Erlöschen der Firma ist nach § 155 S. 2 **von Amts wegen** in das Register einzutragen. Es bedarf also keines Antrags (wie hier Lutter/Karollus/Schwab Rn. 4; Semler/Stengel/Leonard/Seulen Rn. 5; Widmann/Mayer/Mayer Rn. 7; BeckOGK/Leitzen Rn. 10). Anhaltspunkte dafür, ob das gesamte Vermögen übertragen worden ist, kann das Registergericht durch einen Vergleich des Spaltungsvertrags bzw. Spaltungsplans mit der Schlussbilanz (§§ 125, 135, 17 II) gewinnen. Lässt sich dies nicht ausschließen, hat das Registergericht weitere Nachforschungen anzustellen (§ 26 FamFG; ebenso Lutter/Karollus/Schwab Rn. 4). Sinnvollerweise wird man bei der Abfassung des Spaltungsvertrags bzw. Spaltungsplans eine entsprechende Erklärung aufnehmen (Lutter/Karollus Rn. 4; NK-UmwR/Böttcher Rn. 5). Denn liegen die Voraussetzungen für die Fortführung der Firma nicht vor, ist der Einzelkaufmann ohnehin verpflichtet, die Löschung zu veranlassen (§ 31 II HGB; dazu auch → Rn. 3). 1

2. Ausgliederung von Vermögensteilen

§ 155 S. 1 regelt nur den Fall, dass das gesamte Unternehmen des Einzelkaufmanns im Wege der Ausgliederung übertragen wird (Lutter/Karollus/Schwab Rn. 2; Kallmeyer/Sickinger Rn. 1; Semler/Stengel/Leonard/Seulen Rn. 3; Kölner Komm UmwG/Simon Rn. 3). § 155 S. 1 ist auch anzuwenden, wenn zurückbleibende Vermögensgegenstände vor oder spätestens mit der Ausgliederung aus dem Unternehmensbereich entnommen werden („entwidmet"; Semler/Stengel/Leonard/Seulen Rn. 4; Kölner Komm UmwG/Simon Rn. 3; Lutter/Karollus/Schwab Rn. 2; NK-UmwR/Böttcher Rn. 3). Aber auch die **Übertragung** nur **von Teilen** des Unternehmensvermögens kann zum Erlöschen der vom Einzelkaufmann geführten Firma führen. Dies ist immer dann der Fall, wenn die Tätigkeit des Kaufmanns mit dem zurückgebliebenen Unternehmensvermögen nach Wirksamwerden der Ausgliederung die Voraussetzungen von §§ 1 ff. HGB nicht mehr erfüllt, also kein Handelsgewerbe mehr betrieben wird (insbes. reine Vermögensverwaltung, etwa im Zusammenhang mit der Begr. einer Betriebsaufspaltung; das bloße Halten der als Gegenleistung gewährten Beteiligung am übernehmenden Rechtsträger ist kein Handelsgewerbe; ebenso Maulbetsch/Klumpp/Klumpp Rn. 3). Werden hingegen nur Teile des Vermögens übertragen, während der Einzelkaufmann mit seinem verbleibenden Unternehmensvermögen weiterhin ein kaufmännisches Gewerbe betreibt, lässt die Ausgliederung die Eintragung der Firma des Einzelkaufmanns unberührt. 2

Tritt durch eine Teilausgliederung im vorstehenden Sinne das **Erlöschen der Firma** ein, so richtet sich die weitere Vorgehensweise nach den allg. Vorschriften (wie hier Lutter/Karollus/Schwab Rn. 5; Widmann/Mayer/Mayer Rn. 3, 10; Semler/Stengel/Leonard/Seulen Rn. 4, 7; BeckOGK/Leitzen Rn. 6; aA Maulbetsch/Klumpp/Klumpp Rn. 3: § 155 entsprechend, also von Amts wegen). Der Einzelkaufmann hat das Erlöschen zur Eintragung in das HR anzumelden (§ 31 II HGB). Notfalls kann er hierzu durch Zwangsgeld angehalten werden (§ 14 HGB) bzw. eine Amtslöschung durchgeführt werden (§ 31 II HGB). 3

3. Firmenfortführung

4 Bei einem Erlöschen der Firma des Einzelkaufmanns kann diese von dem übernehmenden (neuen) Rechtsträger fortgeführt werden. Der Ausschluss der entsprechenden Anwendung von § 18 in § 125 I 1 Nr. 3 (→ § 125 Rn. 15) ergibt bei dem Erlöschen der Firma des Einzelkaufmanns durch die Ausgliederung keinen Sinn. Unter den Voraussetzungen von § 22 HGB, die in den von § 155 erfassten Fällen regelmäßig vorliegen werden, kann der übernehmende Rechtsträger des Einzelkaufmanns unter Hinzufügung eines Rechtsformzusatzes fortführen; §§ 125, 18 schließen die allg. firmenrechtlichen Regelungen nicht aus (so zutr. Widmann/Mayer/Mayer Rn. 9; vgl. auch Kallmeyer/Sickinger Rn. 3; Lutter/Karollus/Schwab Rn. 6; Semler/Stengel/Leonard/Seulen Rn. 9; Maulbetsch/Klumpp/Klumpp Rn. 6; BeckOGK/Leitzen Rn. 16; NK-UmwR/Böttcher Rn. 8; LG Hagen GmbHR 1996, 127).

§ 156 Haftung des Einzelkaufmanns

¹Durch den Übergang der Verbindlichkeiten auf übernehmende oder neue Gesellschaften wird der Einzelkaufmann von der Haftung für die Verbindlichkeiten nicht befreit. ²§ 418 des Bürgerlichen Gesetzbuchs ist nicht anzuwenden.

1. Allgemeines

1 Die Anordnung der fortbestehenden Haftung des Einzelkaufmanns für übertragene Verbindlichkeiten in § 156 S. 1 ist an sich überflüssig. Sie folgt bereits aus § 133 I 1. Danach haftet der Einzelkaufmann als übertragender Rechtsträger gesamtschuldnerisch zusammen mit allen an der Ausgliederung beteiligten Rechtsträgern (zu Einzelheiten → § 133 Rn. 2 ff.). Ob § 156 S. 1 insoweit lex specialis ist oder nur klarstellende Funktion hat, hat keine praktische Bedeutung. Die anderen aus den allg. Vorschriften resultierenden Haftungsbestimmungen bleiben jedenfalls unberührt (→ Rn. 6).

2 Auch § 156 S. 2 hat nur klarstellende Funktion, da das Erlöschen von Sicherungsrechten nach § 418 BGB bei der Vermögensübertragung im Wege der partiellen Gesamtrechtsnachfolge ohnehin nicht eintritt (dazu → § 131 Rn. 67).

2. Gesamtschuldnerische Haftung

3 Der Einzelkaufmann kann sich durch die Ausgliederung nicht der Haftung für bislang begründete Verbindlichkeiten entziehen (§ 156 S. 1). Die Haftung für die übertragenen Verbindlichkeiten ist allerdings zeitlich begrenzt (§ 157). Für **nicht übertragene** Verbindlichkeiten haftet er zeitlich unbegrenzt, es sei denn, ein übernehmender (neuer) Rechtsträger haftet nach § 133 I 2 UmwG, § 25 HGB auch für nicht übertragene Verbindlichkeiten; dann tritt eine Enthaftung für den Einzelkaufmann nach § 26 HGB ein (Lutter/Karollus/Schwab Rn. 5; Widmann/Mayer/Mayer Rn. 12; BeckOGK/Leitzen Rn. 10; auch → § 133 Rn. 17 ff.).

4 Der **Einzelkaufmann** haftet für die **übertragenen Verbindlichkeiten** neben allen an der Ausgliederung beteiligten Rechtsträgern gesamtschuldnerisch (§ 133 I 1; näher dort). Dies hat zur Folge, dass der betroffene Gläubiger den Rechtsträger, dem die Verbindlichkeit zugewiesen worden ist, andere übernehmende oder neu gegründete Rechtsträger oder den Einzelkaufmann als übertragenden Rechtsträger nach seiner Wahl vollumfänglich oder auch nur zum Teil in Anspruch nehmen kann (§ 421 BGB; dazu näher → § 133 Rn. 2 ff.).

5 Im **Innenverhältnis** haftet hingegen ausschließlich der Rechtsträger, dem die Verbindlichkeit zugewiesen worden ist. Der Ausgliederungs- und Übernahmevertrag bzw. Ausgliederungsplan stellt eine Regelung iSv § 426 BGB dar (dazu näher → § 133 Rn. 16 ff.). Der Einzelkaufmann ist nicht darauf angewiesen, zunächst den Forderungsübergang gem. § 426 II 1 BGB abzuwarten, er hat bereits im Vorfeld einen Freistellungs- oder Befreiungsanspruch (→ § 133 Rn. 16).

Neben § 156 S. 1 bleiben die **übrigen Haftungsbestimmungen** unberührt. 6
§ 134 gilt auch für den Einzelkaufmann (regelmäßig Einzelkaufmann als Besitzunternehmen; Lutter/Karollus/Schwab Rn. 7; Kallmeyer/Sickinger Rn. 2; Widmann/ Mayer/Mayer Rn. 18; Semler/Stengel/Leonard/Seulen Rn. 28; Kölner Komm UmwG/Simon Rn. 12; NK-UmwR/Böttcher Rn. 6). Gleiches gilt für die nach § 133 I 2 unverändert anwendbaren §§ 25, 26, 28 HGB (dazu → Rn. 3) und für den Anspruch auf Sicherheitsleistungen nach §§ 125, 22 UmwG. Ebenso bleibt die Haftung nach § 133 II unberührt (Lutter/Karollus/Schwab Rn. 24; Semler/Stengel/ Leonard/Seulen Rn. 2: dazu → § 133 Rn. 25 ff.).

Die **übernehmenden (neuen) Rechtsträger** haften für die ihnen übertragenen 7 Verbindlichkeiten primär und nach § 133 für die nicht übertragenen Verbindlichkeiten des Einzelkaufmanns zeitlich befristet als Gesamtschuldner. Die gesamtschuldnerische Haftung tritt für alle zum Zeitpunkt des Wirksamwerdens der Ausgliederung begründete Verbindlichkeiten des Einzelkaufmanns ein (dazu → § 133 Rn. 10 f.). Erfasst sind damit auch aus der **Privatsphäre** des Einzelkaufmanns resultierende Verbindlichkeiten und Verbindlichkeiten aus anderen Einzelunternehmen des Kaufmanns (allgM; vgl. nur Lutter/Karollus/Schwab Rn. 11; Semler/Stengel/Leonard/ Seulen Rn. 15; Kölner Komm UmwG/Simon Rn. 15; Maulbetsch/Klumpp/ Klumpp Rn. 11; BeckOGK/Leitzen Rn. 12). Für die übernehmenden (neuen) Rechtsträger tritt damit ein besonderes Haftungsrisiko ein. Sie werden sich regelmäßig einen genauen Überblick über den gesamten Vermögensstatus des Einzelkaufmanns verschaffen müssen.

Vgl. zum **Binnenausgleich** → § 133 Rn. 16. 8

3. Kein Untergang von Sicherungsrechten

§ 156 S. 2 schließt die Anwendung von § 418 BGB ausdrücklich aus. Anders als 9 bei der Einzelrechtsübertragung einer Verbindlichkeit nach §§ 414, 415 BGB erlischt durch den Übergang im Wege der Ausgliederung also nicht die Haftung eines Bürgen oder sonstigen Sicherungsgebers iSv § 418 BGB. Dies gilt allerdings ohnehin bei einem Rechtsübergang im Wege der Gesamtrechtsnachfolge (Widmann/Mayer/ Mayer Rn. 10; Lutter/Karollus/Schwab Rn. 21; Kölner Komm UmwG/Simon Rn. 13; Henssler/Strohn/Büteröwe Rn. 2; BeckOGK/Leitzen Rn. 16; dazu bereits → § 131 Rn. 67). Bürgschaften, Pfandrechte, Hypotheken, aber auch alle sonstigen von § 418 BGB erfassten Sicherungsrechte, insbes. Sicherungsgrundschulden (dazu BGH DB 1992, 884), bleiben also durch den Vermögensübergang unberührt (Lutter/Karollus/Schwab Rn. 21).

§ 157 Zeitliche Begrenzung der Haftung für übertragene Verbindlichkeiten

(1) ¹Der Einzelkaufmann haftet für die im Ausgliederungs- und Übernahmevertrag aufgeführten Verbindlichkeiten, wenn sie vor Ablauf von fünf Jahren nach der Ausgliederung fällig und daraus Ansprüche gegen ihn in einer in § 197 Abs. 1 Nr. 3 bis 5 des Bürgerlichen Gesetzbuchs bezeichneten Art festgestellt sind oder eine gerichtliche oder behördliche Vollstreckungshandlung vorgenommen oder beantragt wird; bei öffentlich-rechtlichen Verbindlichkeiten genügt der Erlass eines Verwaltungsakts. ²Eine Haftung des Einzelkaufmanns als Gesellschafter des aufnehmenden Rechtsträgers nach § 126 des Handelsgesetzbuchs bleibt unberührt.

(2) ¹Die Frist beginnt mit dem Tage, an dem die Eintragung der Ausgliederung in das Register des Sitzes des Einzelkaufmanns nach § 125 in Verbindung mit § 19 Abs. 3 bekannt gemacht worden ist. ²Die für die Verjährung geltenden §§ 204, 206, 210, 211 und 212 Abs. 2 und 3 des Bürgerlichen Gesetzbuchs sind entsprechend anzuwenden.

(3) Einer Feststellung in einer in § 197 Abs. 1 Nr. 3 bis 5 des Bürgerlichen Gesetzbuchs bezeichneten Art bedarf es nicht, soweit der Einzelkaufmann den Anspruch schriftlich anerkannt hat.

(4) Die Absätze 1 bis 3 sind auch anzuwenden, wenn der Einzelkaufmann in dem Rechtsträger anderer Rechtsform geschäftsführend tätig wird.

1. Allgemeines

1   Die Vorschrift führt zu einer zeitlichen Begrenzung der nach § 156 fortdauernden Haftung des Einzelkaufmanns für übertragene Verbindlichkeiten. Sie beinhaltet allerdings größtenteils eine Doppelregelung, da die Nachhaftungsbegrenzung bereits aus § 133 folgt (auch → § 156 Rn. 1). Abs. 1 S. 2 stellt klar, dass die Nachhaftungsbegrenzung nicht eintritt, soweit der Einzelkaufmann auch nach der Ausgliederung neben dem übernehmenden Rechtsträger persönlich für die übernommenen Verbindlichkeiten haftet. Demggü. endet die Haftung auch dann, wenn der Einzelkaufmann zukünftig auch in dem übernehmenden Rechtsträger verantwortlich tätig ist, etwa als Geschäftsführer oder Vorstandsmitglied (Abs. 4).

2. Ausgestaltung der Nachhaftungsbegrenzung

2   Die Regelung der Nachhaftungsbegrenzung (Abs. 1–3) entspricht der in § 133 III–V hinsichtlich der einzelnen Voraussetzungen für den Eintritt der Haftungsbegrenzung (daher → § 133 Rn. 33 ff.).

3. Forthaftung nach § 126 HGB (Abs. 1 S. 2)

3   Werden im Wege der Ausgliederung Verbindlichkeiten des Einzelkaufmanns auf eine bestehende (vgl. § 152) PhG übertragen und ist der Einzelkaufmann an dieser als phG beteiligt, so haftet er für die übertragenen Verbindlichkeiten mit Wirksamwerden der Spaltung (auch) nach § 126 HGB persönlich und unbeschränkt. Für diese Haftung gilt die Nachhaftungsbegrenzung nach Abs. 1 nicht (Abs. 1 S. 2), da mit der Übertragung der Verbindlichkeit diese eine Verbindlichkeit der übernehmenden PhG wird. Für Verbindlichkeiten der Ges haftet jedoch ein phG während des Bestehens seiner Beteiligung zeitlich unbeschränkt. Über diese ausdrückliche Erwähnung von § 126 HGB hinaus bleibt die Haftung des Einzelkaufmanns in allen Fällen (etwa § 161 II HGB, §§ 171 ff. HGB, § 30 öf. GmbHG) unberührt, soweit sie aus seiner Beteiligung an dem übernehmenden (neuen) Rechtsträger resultieren (Lutter/Karollus/Schwab Rn. 23; Widmann/Mayer/Vossius Rn. 2; zur Haftung wegen möglicher Einlagenrückgewähr → § 133 Rn. 42 f.).

4. Übernahme der Geschäftsführung (Abs. 4)

4   Abs. 4 stellt klar, dass die Nachhaftungsbegrenzung des Einzelkaufmanns für übertragene Verbindlichkeiten auch dann eintritt, wenn er in dem Rechtsträger, der die Verbindlichkeit übernommen hat, **geschäftsführend tätig** ist. Der Gesetzgeber sah sich zu dieser Klarstellung ebenso wie bereits in §§ 56, 56f UmwG 1969 (in der durch das NachhaftungsbegrenzungsG v. 18.3.1994 [BGBl. 1994 I 560] geänderten Fassung) wohl deswegen veranlasst, weil in diesem Fall die Rechtfertigung für die Nachhaftungsbegrenzung nicht offenkundig erschien. Soweit ein Einzelkaufmann nur das Rechtskleid für sein Unternehmen ändert, er aber nach wie vor unterneh-

merisch tätig ist und er insbes. weiterhin Einfluss auf die Geschicke des Unternehmens hat, ist er an sich weniger schutzbedürftig als ein ausscheidender phG einer PhG. Dieser Gedanke hatte insbes. die Rspr. bewogen, vor Inkrafttreten des NachhaftungsbegrenzungsG die von ihr auf der Grundlage von § 159 HGB aF (jetzt § 151 HGB) entwickelte Nachhaftungsbegrenzung ausgeschiedener Gesellschafter nicht anzuwenden, sofern die Gesellschafter weiterhin geschäftsführend in der Ges oder in dem Rechtsnachfolger tätig sind (vgl. dazu etwa BGH NJW 1983, 2256; 1981, 175). Abs. 4 dient der Vermeidung einer entsprechenden Rspr. in Zukunft.

Dritter Unterabschnitt. Ausgliederung zur Neugründung

§ 158 Anzuwendende Vorschriften

Auf die Ausgliederung zur Neugründung sind die Vorschriften des Zweiten Unterabschnitts entsprechend anzuwenden, soweit sich aus diesem Unterabschnitt nichts anderes ergibt.

Nach § 158 gelten für die Ausgliederung eines einzelkaufmännischen Unternehmens oder Teilen desselben zur Neugründung die §§ 153–157 entsprechend. Der Einschränkung des Vorbehalts einer spezielleren Regel in §§ 159, 160 kommt keine Bedeutung zu, da in diesen Normen inhaltlich abw. Regelungen nicht enthalten sind (vgl. aber § 160 II). Es bedarf also auch bei der Ausgliederung zur Neugründung nicht eines Ausgliederungsberichts für den Einzelkaufmann (§ 153) und die Firma des Einzelkaufmanns erlischt unter den Voraussetzungen von § 155. Entsprechendes gilt für die Nachhaftungsbegrenzung, die sich auch bei der Ausgliederung zur Neugründung nach §§ 156, 157 richtet. Vgl. iE die Komm. zu den genannten Vorschriften.

§ 159 Sachgründungsbericht, Gründungsbericht und Gründungsprüfung

(1) **Auf den Sachgründungsbericht (§ 5 Abs. 4 des Gesetzes betreffend die Gesellschaften mit beschränkter Haftung) ist § 58 Abs. 1, auf den Gründungsbericht (§ 32 des Aktiengesetzes) § 75 Abs. 1 entsprechend anzuwenden.**

(2) **Im Falle der Gründung einer Aktiengesellschaft oder einer Kommanditgesellschaft auf Aktien haben die Prüfung durch die Mitglieder des Vorstands und des Aufsichtsrats (§ 33 Abs. 1 des Aktiengesetzes) sowie die Prüfung durch einen oder mehrere Prüfer (§ 33 Abs. 2 des Aktiengesetzes) sich auch darauf zu erstrecken, ob die Verbindlichkeiten des Einzelkaufmanns sein Vermögen übersteigen.**

(3) **¹Zur Prüfung, ob die Verbindlichkeiten des Einzelkaufmanns sein Vermögen übersteigen, hat der Einzelkaufmann den Prüfern eine Aufstellung vorzulegen, in der sein Vermögen seinen Verbindlichkeiten gegenübergestellt ist. ²Die Aufstellung ist zu gliedern, soweit das für die Prüfung notwendig ist. ³§ 320 Abs. 1 Satz 2 und Abs. 2 Satz 1 des Handelsgesetzbuchs gilt entsprechend, wenn Anlaß für die Annahme besteht, daß in der Aufstellung aufgeführte Vermögensgegenstände überbewertet oder Verbindlichkeiten nicht oder nicht vollständig aufgeführt worden sind.**

1. Allgemeines

Der Einzelkaufmann kann eine Ausgliederung zur Neugründung nur auf eine **KapGes** durchführen (§ 152 S. 1). Die Vorschrift enthält Ergänzungen zu den allg.

Gründungsvorschriften für diese Rechtsformen, die nach § 135 II 1 grds. anzuwenden sind. Obwohl dies bereits aus §§ 135, 125 folgt, bestimmt Abs. 1 nochmals ausdrücklich die entsprechende Anwendung von § 58 I, § 75 I (§§ 138, 144 gehen nur § 58 II, § 75 II vor; auch → § 138 Rn. 4 und → § 144 Rn. 1).

2 Abs. 2 und 3 gelten für die Ausgliederung zur Neugründung einer **AG** oder einer **KGaA**. Abs. 2 erweitert den Prüfungsgegenstand der immer durchzuführenden (vgl. § 33 I AktG; § 144) internen und externen Gründungsprüfung. Diese hat sich darauf zu erstrecken, ob der Einzelkaufmann überschuldet ist. Hierzu hat der Einzelkaufmann nach Abs. 3 eine prüfungsgeeignete Aufstellung vorzulegen und ggf. weitere Prüfungshandlungen zu dulden.

2. Entsprechende Anwendung von § 58 I, § 75 I

3 Abs. 1 ordnet die entsprechende Geltung von § 58 I, § 75 I auf den Sachgründungsbericht an. Der Sachgründungsbericht nach § 5 IV GmbHG (Ausgliederung zur Neugründung einer GmbH) oder der Gründungsbericht nach § 32 AktG (Ausgliederung zur Neugründung einer AG oder KGaA) ist stets erforderlich (§§ 138, 144). Er ist – als Gründer, § 135 II 2 – vom Einzelkaufmann zu erstatten. Ergänzend zu den Anforderungen, die bei einer Gründung außerhalb des UmwR zu beachten sind, müssen die Berichte auch auf den Geschäftsverlauf und die Lage des übertragenden Rechtsträgers eingehen (§ 58 I, § 75 I). Zu Einzelheiten hierzu → § 58 Rn. 2 und → § 75 Rn. 3.

3. Erweiterte Gründungsprüfung, Abs. 2

4 Bei der Ausgliederung zur Neugründung einer AG oder einer KGaA hat stets sowohl eine interne als auch eine externe Gründungsprüfung iSv § 33 I, II AktG stattzufinden (→ § 144 Rn. 3). Der Umfang der Prüfung, die einerseits durch den Vorstand und den AR, andererseits durch einen oder mehrere, vom Gericht bestellte Prüfer (Gründungsprüfer) zu erfolgen hat (§ 33 II Nr. 4 AktG), richtet sich zunächst nach § 34 AktG (hierzu näher → § 75 Rn. 5 ff.). Über den dort geregelten Prüfungsgegenstand hinaus hat sich bei der Ausgliederung aus dem Vermögen eines Einzelkaufmanns zur Neugründung einer AG oder KGaA die Prüfung durch den Vorstand und den AR nach § 33 I AktG wie auch die Prüfung durch die gerichtlich bestellten Prüfer nach § 33 II AktG (ebenso Lutter/Karollus/Schwab Rn. 9; Semler/Stengel/Leonard/Seulen Rn. 8; Henssler/Strohn/Büteröwe Rn. 2; Widmann/Mayer/Mayer Rn. 7; Maulbetsch/Klumpp/Rose/Klumpp Rn. 4) zusätzlich darauf zu erstrecken, ob der Einzelkaufmann überschuldet ist. Es soll also geprüft werden, ob das Ausgliederungsverbot nach § 152 S. 2 (dort → Rn. 24 ff. und § 160 II) eingreift (Kölner Komm UmwG/Simon Rn. 2). Der Prüfungsbericht wird daher in den Fällen der Neugründung einer AG/KGaA wesentliches Entscheidungsmittel des Registergerichts sein, ob es die Eintragung vornehmen kann (zur Prüfung des Registergerichts näher → § 160 Rn. 4 ff.; → § 154 Rn. 4 f.). Die Verpflichtung zur **Einreichung** des **Prüfungsberichts** anlässlich der Anmeldung des neuen Rechtsträgers folgt aus § 135 II, AktG, § 37 IV Nr. 4 AktG. Nicht einzureichen, auch nicht als Anlage zum Prüfungsbericht, ist die Vermögensaufstellung nach Abs. 3 (auch → Rn. 9).

4. Vermögensaufstellung (Abs. 3)

5 Der Einzelkaufmann hat bei einer Ausgliederung zur Neugründung einer **AG** oder einer **KGaA** in einer Vermögensaufstellung sein (ihm gehörendes) gesamtes Aktivvermögen seinen gesamten Verbindlichkeiten gegenüberzustellen und diese Aufstellung den Prüfern vorzulegen. Erst diese Vermögensaufstellung ermöglicht den Prüfern die erweiterte Gründungsprüfung nach Abs. 2, da sie anderenfalls kaum in der Lage sind, die gesamten Vermögensverhältnisse (etwa PV und private Verbindlichkeiten) festzustellen. Nur so können sie prüfen, ob das Ausgliederungsverbot nach § 152 S. 2 (Überschuldung des Einzelkaufmanns) besteht. Die Vermögensaufstellung ist nicht mit der Schlussbilanz vglbar (vgl. §§ 125, 135, 17 II). Von dieser unterscheidet sie sich in verschiedener Hinsicht. Zum einen erfasst die Vermögensaufstellung auch nicht bilanzierte Vermögensgegenstände (etwa abgeschriebene oder selbstgeschaffene immaterielle WG) sowie Vermögensgegenstände (Aktiva und Passiva) des PV, zum anderen sind die Vermögensgegenstände in der Vermögensaufstellung mit ihren tatsächlichen Werten aufzuführen. Die Vermögensaufstellung muss alle Aktiva und Passiva erfassen, unabhängig davon, ob sie im Wege der Ausgliederung übertragen werden (Lutter/Karollus/Schwab Rn. 11 f.; Semler/Stengel/Leonard/Seulen Rn. 13; Widmann/Mayer/Mayer Rn. 11 f.; Henssler/Strohn/Büteröwe Rn. 2; NK-UmwR/Böttcher Rn. 8; Maulbetsch/Klumpp/Rose/Klumpp Rn. 5; Kallmeyer/Sickinger Rn. 2; BeckOGK/Leitzen Rn. 25).

Die Gegenstände in der Vermögensaufstellung sind zu **bewerten.** Maßgeblich 6 sind ausschließlich die tatsächlichen Werte; vorhandene stille Reserven müssen aufgedeckt werden (Lutter/Karollus/Schwab Rn. 12; Widmann/Mayer/Mayer Rn. 12; Kölner Komm UmwG/Simon Rn. 12; BeckOGK/Leitzen Rn. 35; einschränkend Semler/Stengel/Leonard/Seulen Rn. 15: stille Lasten müssen, stille Reserven dürfen aufgedeckt werden; ebenso Henssler/Strohn/Büteröwe Rn. 2). Die Wahl der Bewertungsmethode hängt vom Gegenstand und der konkreten Situation ab (dazu → § 152 Rn. 27). Unter den **Passiva** sind auch nach kaufmännischen Grdsen ordnungsgemäß gebildete RSt sowie sämtliche Privatverbindlichkeiten des Einzelkaufmanns aufzunehmen. Auch bei Privatverbindlichkeiten kommt es auf die Fälligkeit nicht an. Selbst noch nicht bestehende Privatverbindlichkeiten, für die bei Anlegung kaufmännischer Grdse eine RSt zu bilden wäre, sind aufzuführen (so wohl auch Widmann/Mayer/Mayer Rn. 13; Semler/Stengel/Leonard/Seulen Rn. 13; vgl. auch Henssler/Strohn/Büteröwe Rn. 2; NK-UmwR/Böttcher Rn. 8; BeckOGK/Leitzen Rn. 29). Nicht zu erfassen sind hingegen lfd. Verpflichtungen (etwa aus Dauerschuldverhältnissen, Unterhaltsverpflichtungen etc), die aus dem Einkommen bestritten werden (wie hier Lutter/Karollus/Schwab Rn. 11; Semler/Stengel/Leonard/Seulen Rn. 14: nur, wenn Anhaltspunkte für künftige Unterdeckung bestehen; aA Widmann/Mayer/Mayer Rn. 13; Kölner Komm UmwG/Simon Rn. 11; BeckOGK/Leitzen Rn. 31). Diese würden das Bild verfälschen, da das Gesetz einen aktuellen Vermögensstatus verlangt.

Die Vermögensaufstellung ist zu **gliedern,** soweit das für die Prüfung notwendig 7 ist (Abs. 3 S. 2). Notwendigkeit idS liegt vor, wenn die Prüfer eine Gliederung für erforderlich halten (Hachenburg/Schilling GmbHG Anh. § 77 UmwG 1969 § 53 Rn. 4). Stets erforderlich wird eine Gliederung nach BV und PV sein (ebenso Lutter/Karollus/Schwab Rn. 11; Semler/Stengel/Leonard/Seulen Rn. 16: sinnvoll; vgl. auch BeckOGK/Leitzen Rn. 38). Für das BV bietet sich die Gliederung nach § 266 HGB an (ebenso Semler/Stengel/Leonard/Seulen Rn. 16). Die Vermögensaufstellung muss vollständig sein. Dies folgt nicht nur aus dem Zweck der Aufstellung, sondern auch aus der unbeschränkten Auskunftspflicht des Einzelkaufmanns nach § 320 II 1 HGB (Abs. 3 S. 3). Die Vermögensaufstellung muss möglichst aktuell sein. Auf den Ausgliederungsstichtag ist nicht abzustellen, denn maßgeblich ist, dass eine Überschuldung zum Zeitpunkt des Wirksamwerdens der Ausgliederung nicht besteht.

Die Vermögensaufstellung ist den Prüfern vorzulegen. **Prüfer** idS sind trotz des 8 unklaren Wortlauts (als „Prüfer" werden in Abs. 2 nur die externen Prüfer nach § 33 II AktG bezeichnet) sowohl der **Vorstand und** der **AR** als interne Prüfer als auch die **gerichtlich bestellten Prüfer** nach § 33 II AktG. Dies folgt aus Abs. 2, wonach auch die internen Prüfer in ihren Prüfungsberichten zur Überschuldung Stellung nehmen müssen. Dies können sie nur anhand der Vermögensaufstellung

A UmwG § 160

beurteilen (ebenso Lutter/Karollus/Schwab Rn. 10; Kölner Komm UmwG/Simon Rn. 10; Keßler/Kühnberger UmwR/Dahlke Rn. 9; NK-UmwR/Böttcher Rn. 9; BeckOGK/Leitzen Rn. 22; aA Widmann/Mayer/Mayer Rn. 14; Semler/Stengel/Leonard/Seulen Rn. 12: nur externe Prüfer).

5. Beschränkte Publizität

9   Durch die Aufstellung hat sich der Einzelkaufmann hinsichtlich seiner Vermögensverhältnisse zu offenbaren. Dennoch ist seine Privatsphäre geschützt. Die Vermögensaufstellung ist zwar den internen wie auch externen (→ Rn. 8) Prüfern vorzulegen, sie ist aber nicht als urkundliche Unterlage nach § 135 II 2 UmwG, § 37 IV 4 AktG beim HR einzureichen (Lutter/Karollus/Schwab Rn. 10; Widmann/Mayer/Mayer Rn. 15; Kölner Komm UmwG/Simon Rn. 18; Henssler/Strohn/Büteröwe Rn. 4; BeckOGK/Leitzen Rn. 23). Die Gründungsprüfer sind gem. § 49 AktG, § 323 I HGB zur Geheimhaltung verpflichtet. Ausreichend ist daher die **Feststellung** der Prüfer, dass der Einzelkaufmann nicht überschuldet ist (Widmann/Mayer/Mayer Rn. 15; Semler/Stengel/Leonard/Seulen Rn. 19). Hierdurch ist gewährleistet, dass Angaben über das PV nicht unkontrolliert an die Öffentlichkeit gelangen.

6. Auskunftsrecht

10   Abs. 3 S. 3 verweist auf § 320 I 2, II 1 HGB. Den – internen und externen (→ Rn. 8; Lutter/Karollus/Schwab Rn. 13; Kölner Komm UmwG/Simon Rn. 14; Keßler/Kühnberger UmwR/Dahlke Rn. 11; BeckOGK/Leitzen Rn. 40; aA Semler/Stengel/Leonard/Seulen Rn. 12; Widmann/Mayer/Mayer Rn. 16) – Prüfern ist zu gestatten, die Bücher und Schriften sowie die Vermögensgegenstände und Schulden, namentlich die Kasse und Bestände an Wertpapieren und Waren zu prüfen, § 320 I 2 HGB. Aufgrund des Berichtsumfangs erstreckt sich das Prüfungsrecht auch auf das PV (Lutter/Karollus/Schwab Rn. 14; Kölner Komm UmwG/Simon Rn. 15). Nach § 320 II HGB sind die Prüfer ferner berechtigt, alle Aufklärungen und Nachweise zu verlangen, die für eine sorgfältige Prüfung notwendig sind. Praktisch bedeutsam sind **Vollständigkeitserklärungen** des Einzelkaufmanns, wonach seine Aufstellung nach Abs. 2 alle Aktiva und Passiva – auch des PV – umfasst. Das Auskunftsrecht kann aber nicht willkürlich in Anspruch genommen werden, sondern nur dann, wenn zu befürchten ist, dass Überbewertungen erfolgt sind oder die Liste der Verbindlichkeiten nicht vollständig ist. Daher ist zunächst eine Plausibilitätskontrolle der Vermögensaufstellung nach Abs. 2 vorzunehmen (Lutter/Karollus/Schwab Rn. 15). Mangels anderer geeigneter Erkenntnisquellen können die Prüfer immer eine Vollständigkeitserklärung hinsichtlich der privaten Vermögensgegenstände und Verbindlichkeiten in der Vermögensaufstellung verlangen, wenn eine entsprechende Bestätigung nicht bereits aus dem Text der Vermögensaufstellung folgt (ebenso Lutter/Karollus Rn. 15; Henssler/Strohn/Büteröwe Rn. 3; NK-UmwR/Böttcher Rn. 11).

11   Bei Meinungsverschiedenheiten über den Umfang der Aufklärungen und Nachweise gilt § 35 II AktG (Lutter/Karollus/Schwab Rn. 15; Semler/Stengel/Leonard/Seulen Rn. 18; Kölner Komm UmwG/Simon Rn. 16; Widmann/Mayer/Mayer Rn. 19; NK-UmwR/Böttcher Rn. 11; BeckOGK/Leitzen Rn. 43). Soweit die Gründungsprüfung sich auf die Gegenstände nach § 34 I AktG erstreckt, gilt ohnehin das Informationsrecht nach § 35 I AktG (Lutter/Karollus/Schwab Rn. 15).

§ 160 Anmeldung und Eintragung

(1) **Die Anmeldung nach § 137 Abs. 1 ist von dem Einzelkaufmann und den Geschäftsführern oder den Mitgliedern des Vorstands und des Aufsichtsrats einer neuen Gesellschaft vorzunehmen.**

(2) **Die Eintragung der Gesellschaft ist abzulehnen, wenn die Verbindlichkeiten des Einzelkaufmanns sein Vermögen übersteigen.**

1. Allgemeines

Abs. 1 modifiziert § 137 I dergestalt, dass der neue Rechtsträger nicht nur von 1 dem Einzelkaufmann, sondern auch von den (zukünftigen) Geschäftsführern oder Mitgliedern des Vorstandes und des AR bzw. den phG der neuen Ges angemeldet werden muss. Abs. 2 untersagt bereits die Eintragung der neuen Ges, wenn der Einzelkaufmann überschuldet ist. Diese Prüfungs- und Ablehnungskompetenz des für die neu gegründete Ges zuständigen Registergerichts tritt bei der Spaltung zur Neugründung neben diejenige des für den Einzelkaufmann zuständigen Registergerichts (§§ 158, 154). Ob dies sinnvoll ist, kann angesichts des klaren Wortlauts dahinstehen.

2. Anmeldung der neuen Gesellschaft

Bei der Spaltung zur Neugründung ist zwischen der (zunächst deklaratorischen) 2 Eintragung des neuen Rechtsträgers und der (konstitutiven) Eintragung der Spaltung (hier: Ausgliederung) im Register des übertragenden Rechtsträgers (des Einzelkaufmanns) zu unterscheiden. Abs. 1 betrifft nur die Anmeldung der Eintragung der neuen Rechtsträger. Diese können nach § 152 S. 1 nur die Rechtsform einer GmbH, AG oder KGaA haben. Abw. von § 137 I bestimmt Abs. 1, dass die Anmeldung der neu gegründeten KapGes von dem Einzelkaufmann **und** von den zukünftigen Geschäftsführern (Ausgliederung zur Neugründung einer GmbH) bzw. zukünftigen Mitgliedern des Vorstandes und des AR (Ausgliederung zur Neugründung einer AG) vorzunehmen ist. Bei der Ausgliederung zur Neugründung einer KGaA melden der Einzelkaufmann und die phG und der AR an (§ 283 Nr. 1 AktG). Das Gesetz kombiniert also die Regelungen des GmbHG (§ 78) und des AktG (§§ 36, 283 Nr. 1 AktG) mit der grds. Regelung des (§ 137).

Die Anmeldung hat – **neben** dem **Einzelkaufmann** – durch **alle** Mitglieder der 3 **Organe** bzw. durch alle phG (KGaA) zu erfolgen (§ 135 II 1 UmwG iVm § 78 GmbHG, § 36 I AktG, § 283 Nr. 1 AktG – Lutter/Karollus/Schwab Rn. 3; Semler/Stengel/Leonard/Seulen Rn. 2; Kallmeyer/Zimmermann Rn. 3; Maulbetsch/Klumpp/Klumpp Rn. 3; Kölner Komm UmwG/Simon Rn. 5; Widmann/Mayer/Mayer Rn. 3; NK-UmwR/Böttcher Rn. 3; BeckOGK/Leitzen Rn. 4). Zur Anmeldung und zu den beizufügenden Unterlagen ergänzend → § 137 Rn. 2 ff. Eine Schlussbilanz des Einzelkaufmanns ist der Anmeldung der neuen Ges nicht beizufügen; sie ist lediglich nachzureichen, wenn das Registergericht sie anlässlich der Prüfung anfordert (BayObLG ZIP 1999, 368).

3. Eintragungssperre bei Überschuldung

§ 152 S. 2 bestimmt materiell-rechtlich, dass eine Ausgliederung aus dem Vermögen 4 eines Einzelkaufmanns nicht erfolgen kann, wenn die Verbindlichkeiten des Einzelkaufmanns sein Vermögen übersteigen (iE → § 152 Rn. 24 ff.; zur Vermögensaufstellung und zu den ergänzenden Anforderungen an die Gründungsprüfung → § 159 Rn. 5 ff.). Für die Ausgliederung zur Aufnahme bestimmt § 154, dass das für den Einzelkaufmann zuständige Registergericht bei offensichtlicher Überschuldung die konstitutive Eintragung der Ausgliederung abzulehnen hat (vgl. iE dort). Für die Ausgliederung zur Neugründung legt Abs. 2 fest, dass bereits die zeitlich vorrangige (vgl. § 137 III) Eintragung des Rechtsträgers unzulässig ist, wenn der Einzelkaufmann überschuldet ist. Das Prüfungs- und Ablehnungsrecht des für den Einzelkaufmann zuständigen Registergerichts bleibt – über § 158 – hiervon unberührt (Lutter/Karollus/Schwab Rn. 7; Kallmeyer/Zimmermann Rn. 7; Semler/

Stengel/Leonard/Seulen Rn. 9; Widmann/Mayer/Mayer Rn. 10; BeckOGK/Leitzen Rn. 18).

5 Diese mehrfache Prüfungs- und Ablehnungskompetenz hätte zur Vereinfachung des Registerverfahrens vermieden werden können, zumal unterschiedliche Maßstäbe geregelt wurden (dazu → Rn. 6) und die Gefahr divergierender Entscheidungen bei verschiedenen neu gegründeten Rechtsträgern besteht; eine Konzentration der Prüfung bei dem für die konstitutive Eintragung zuständigen Registergericht hätte sich angeboten. Die eindeutige Regelung ist jedoch zu akzeptieren. Zutr. ist, dass das für die neue Ges zuständige Registergericht zunächst die besseren Erkenntnismöglichkeiten hat, da nur bei dieser Anmeldung der Sachgründungsbericht und – bei KG/KGaA – die (erweiterten) Gründungsprüfungsberichte beigefügt werden (hierzu → § 159 Rn. 4 ff.).

6 Zum **Umfang der Prüfung** zunächst → § 154 Rn. 4 ff. Anders als nach § 154 ist die Eintragung nicht nur bei offensichtlichem Bestehen der Überschuldung abzulehnen. Dies führt – bei richtigem Verständnis des Merkmals „offensichtlich" (→ § 154 Rn. 5) – nicht zu einem unterschiedlichen Prüfungsumfang. Allerdings hat das Registergericht die Eintragung bereits dann abzulehnen, wenn die Überschuldung zwar nicht zweifelsfrei feststeht, hierfür aber **ernstzunehmende** und durch weitere Ermittlungen nicht weiter aufklärbare **Anhaltspunkte** bestehen (wie hier Lutter/Karollus/Schwab Rn. 8; Widmann/Mayer/Mayer Rn. 9; Kallmeyer/Zimmermann Rn. 7; Semler/Stengel/Leonard/Seulen Rn. 8; Maulbetsch/Klumpp/Klumpp Rn. 6; Kölner Komm UmwG/Simon Rn. 10; aA BeckOGK/Leitzen Rn. 23; zur Feststellungslast bei § 154 → § 154 Rn. 5).

4. Sonstige Prüfungen durch das Registergericht

7 Allg. zur Prüfungskompetenz → § 130 Rn. 10 ff.

Achter Abschnitt. Ausgliederung aus dem Vermögen rechtsfähiger Stiftungen

Vorbemerkung

1. Allgemeines

1 Stiftungen gehören nicht zu den verschmelzungsfähigen Rechtsträgern (vgl. § 3). Daher gibt es im Zweiten Buch (Verschm) keine besonderen Vorschriften, die auch bei der Ausgliederung aus dem Vermögen rechtsfähiger Stiftungen durch die Verweisung in §§ 135, 125 zu beachten wären (zur Regelungstechnik → § 125 Rn. 5 ff. und → § 135 Rn. 2 ff.). Die Besonderheiten bei der Ausgliederung aus dem Vermögen rechtsfähiger Stiftungen ergeben sich demzufolge vollständig aus §§ 161–167. Sie sind zum Teil durch den Umstand begründet, dass eine Stiftung keine Anteilsinhaber hat (§§ 162–164). Daher bestehen Parallelen zu den Vorschriften über die Ausgliederung aus dem Vermögen eines Einzelkaufmanns (§§ 152 ff.).

2 Soweit in §§ 161–167 besondere Vorschriften nicht existieren, sind auf die Ausgliederung aus dem Vermögen rechtsfähiger Stiftungen §§ 125–137 anzuwenden. Danach gilt Folgendes:

2. Ausgliederungsvertrag, Ausgliederungsplan

3 Die inhaltlichen Anforderungen an den Ausgliederungsvertrag/-plan richten sich nach § 126. Besonderheiten treten nur insoweit auf, als die Spaltung nur in der Form der Ausgliederung erfolgen kann (vgl. § 126 I Nr. 3, 4, 10). §§ 4, 6, 7 sind entsprechend anwendbar (§§ 125, 135). Der Abschluss des Ausgliederungsvertrags bzw. die Aufstellung des Ausgliederungsplans erfolgt durch den Vorstand (§§ 86, 26 BGB).

3. Spaltungsbeschluss

Vgl. hierzu § 163. 4

4. Ausgliederungsbericht, Ausgliederungsprüfung

Ein Ausgliederungsbericht ist nur unter den Voraussetzungen von § 162 I erfor- 5
derlich (vgl. Einzelheiten dort). Inhaltlich richtet sich der Ausgliederungsbericht nach § 127.
Eine Ausgliederungsprüfung findet nicht statt (§ 125 S. 2). 6

5. Eintragungsverfahren

Besonderheiten bei der Anmeldung und beim Eintragungsverfahren bestehen 7
nicht. Insbes. fehlt eine § 160 I vglbare Sondervorschrift. Zur ggf. nach § 164 notwendigen staatlichen Genehmigung vgl. → § 17 Rn. 4.

§ 161 Möglichkeit der Ausgliederung

Die Ausgliederung des von einer rechtsfähigen Stiftung (§ 80 des Bürgerlichen Gesetzbuchs) betriebenen Unternehmens oder von Teilen desselben aus dem Vermögen dieser Stiftung kann nur zur Aufnahme dieses Unternehmens oder von Teilen dieses Unternehmens durch Personenhandelsgesellschaften oder Kapitalgesellschaften oder zur Neugründung von Kapitalgesellschaften erfolgen.

1. Allgemeines

Eine **rechtsfähige** Stiftung kann nur als übertragender Rechtsträger an einer 1
Spaltung beteiligt sein und Spaltungen nur in Form der Ausgliederung eines **Unternehmens** oder von Teilen desselben durchführen (→ § 124 Rn. 48 ff.). Letzteres ist Folge des Umstands, dass die Stiftung kein Verband ist, mithin keine Anteilsinhaber hat. Unternehmen idS ist nur ein kaufmännisches Handelsgewerbe (vgl. §§ 1, 2, 3 II HGB). Ausgliederungsfähig sind mithin nur Stiftungen, die unter ihrer Firma ein Unternehmen betreiben und nach § 33 HGB im HR eingetragen sind (Lutter/Hüttemann/Rawert Rn. 15 ff.; Widmann/Mayer/Rieger Rn. 27 ff.; Semler/Stengel/Leonard/Stengel Rn. 21; HK-UmwG/Schmidt Rn. 6; Kölner Komm UmwG/Leuering Rn. 10; NK-UmwR/Geiser/Gimnich Rn. 8; BeckOGK/A. Krüger Rn. 12; Orth FR 2010, 637 (638)). Diese Einschränkung folgt aus dem Umstand, dass das Gesetz offensichtlich (vgl. § 164 II) davon ausgeht, dass die (unternehmenstragende) Stiftung mit ihrem Unternehmen im HR eingetragen ist. Im HR eintragungsfähig (vgl. § 33 HGB) sind allerdings nur Stiftungen, die ein kaufmännisches Handelsgewerbe betreiben (hierzu etwa Hopt/Merkt HGB § 33 Rn. 1). Aus dem Fehlen einer § 171 entsprechenden Regelung in den besonderen Vorschriften für die Ausgliederung aus dem Vermögen einer Stiftung ist zu folgern, dass der Gesetzgeber Stiftungen, die diese Voraussetzungen nicht erfüllen, vollständig aus dem Kreis der spaltungsfähigen Rechtsträger ausgeschlossen hat (ebenso Lutter/Hüttemann/Rawert Rn. 19; Widmann/Mayer/Rieger Rn. 31; zur Bedeutung von § 5 HGB → § 152 Rn. 10).

Auch bei Stiftungen, insbes. bei sog. unternehmenstragenden Stiftungen, kann 2
sich das Bedürfnis ergeben, eine Umw vorzunehmen. Zu diesem Zweck lässt das

Gesetz die Ausgliederung von Stiftungsvermögen zu. Die Stiftung selbst bleibt bei diesem Spaltungsvorgang erhalten, sie ist fortan Träger des restlichen Stiftungsvermögens und Inhaber der Anteile an den übernehmenden oder neuen Rechtsträgern.

2. Art der Stiftung

3 Ausgliederungsfähig sind nur rechtsfähige Stiftungen des Privatrechts (§§ 80 ff. BGB; Lutter/Hüttemann/Rawert Rn. 9; Widmann/Mayer/Rieger Rn. 19; Semler/Stengel/Leonard/Stengel Rn. 17; krit. → § 124 Rn. 48 ff.). Weitere Voraussetzung ist, dass die Stiftung bereits ein Unternehmen betreibt und damit im HR eingetragen ist (→ Rn. 1).

4 Unerheblich ist hingegen, ob die Stiftung **gemeinnützig** ist. Auch gemeinnützige Stiftungen können zur Verfolgung ihres ideellen Anliegens ein Unternehmen betreiben (BeckOGK/A. Krüger Rn. 11). Str. ist in diesem Zusammenhang nur die Genehmigungsfähigkeit, wenn die gemeinnützigen Stiftungen satzungsgemäß an bestimmte Unternehmen gebunden sind. Auch **kirchliche** Stiftungen werden von § 161 erfasst, soweit sie als rechtsfähige Stiftungen des BGB organisiert sind (Lutter/Hüttemann/Rawert Rn. 14; Kölner Komm UmwG/Leuering Rn. 9; NK-UmwR/Geiser/Gimnich Rn. 6; BeckOGK/A. Krüger Rn. 10).

3. Übertragung von nicht unternehmensgebundenem Vermögen

5 Ist die Stiftung grds. ausgliederungsfähig, weil sie ein Unternehmen betreibt, kann sie im Wege der Ausgliederung allerdings auch nicht unternehmensgebundenes Stiftungsvermögen ausgliedern. Denn durch die Aufnahme in dem Ausgliederungsvertrag/-plan erfolgt eine Widmung für den Unternehmensbereich (ebenso Widmann/Mayer/Rieger Rn. 59 ff.; Lutter/Hüttemann/Rawert Rn. 23, Fn. 45; Semler/Stengel/Leonard/Stengel Rn. 29; NK-UmwR/Geiser/Gimnich Rn. 11; für den Einzelkaufmann vgl. auch OLG Brandenburg NZG 2014, 713; zu stiftungsrechtlichen Grenzen vgl. auch BeckOGK/A. Krüger Rn. 18). Insoweit müssen die gleichen Erwägungen wie beim Einzelkaufmann gelten (→ § 152 Rn. 22 ff.). Nur so lässt sich die vom Gesetzgeber grds. gewollte Flexibilität erreichen.

4. Spaltungsmöglichkeiten

6 Vgl. → § 124 Rn. 48 ff. Die Ausgliederung zur Aufnahme aus dem Stiftungsvermögen kann nur auf eine bereits bestehende PhG oder auf eine bestehende KapGes erfolgen. Für darüber hinausgehende Möglichkeiten sah der Gesetzgeber kein Bedürfnis. Den Stiftungen soll lediglich die Möglichkeit eingeräumt werden, einen wirtschaftlichen Geschäftsbetrieb in allg. üblichen Rechtsformen zu betreiben und dadurch ihre Konkurrenzfähigkeit zu erhalten (der Gesetzgeber weist als Beispiel auf freie Sparkassen hin, Begr. RegE, BR-Drs. 75/94 zu § 160). Eine Ausgliederung zur Neugründung kann eine Stiftung nur auf eine KapGes vornehmen. Eine PhG scheidet bei einer Ausgliederung zur Neugründung immer aus (→ § 124 Rn. 29).

§ 162 Ausgliederungsbericht

(1) **Ein Ausgliederungsbericht ist nur erforderlich, wenn die Ausgliederung nach § 164 Abs. 1 der staatlichen Genehmigung bedarf oder wenn sie bei Lebzeiten des Stifters von dessen Zustimmung abhängig ist.**

(2) **Soweit nach § 164 Abs. 1 die Ausgliederung der staatlichen Genehmigung oder der Zustimmung des Stifters bedarf, ist der Ausgliederungsbericht der zuständigen Behörde und dem Stifter zu übermitteln.**

Der **Ausgliederungsbericht** (vgl. § 127) kann bei der Ausgliederung von Stif- 1
tungsvermögen seine eigentliche Funktion, die Anteilsinhaber über die Umstände
und Folgen der Ausgliederung zu informieren, wegen fehlender Anteilsinhaber nicht
erfüllen. Daher konnte entsprechend der Regelung beim Einzelkaufmann (§ 153)
grds. auf ihn verzichtet werden. Er ist allerdings ein wertvolles Informationsmittel
für den Stifter oder die staatliche Genehmigungsbehörde, sofern deren Zustimmung
Voraussetzung für die Zulässigkeit der Ausgliederung ist (hierzu → § 164 Rn. 1).
Für diese Fälle ordnet Abs. 1 an, dass ein Ausgliederungsbericht zu erstellen ist.
Stifter und staatliche Genehmigungsbehörde können in entsprechender Anwendung
von § 8 III 1 (iVm § 127 S. 2) auf die Erstellung des Ausgliederungsberichts allerdings verzichten (wie hier Widmann/Mayer/Rieger Rn. 12 f.; Semler/Stengel/Leo-
nard/Stengel Rn. 6; Kölner Komm UmwG/Leuering Rn. 6; NK-UmwR/Geiser/
Gimnich Rn. 9; BeckOGK/A. Krüger Rn. 7; einschränkend Lutter/Rawert/Hüt-
temann Rn. 4: Nur der Stifter kann verzichten, die Behörde darf nicht). Die weitere
Ausnahme von der Berichtspflicht nach § 8 III Alt. 2 (iVm § 127 S. 2) kann bei der
Ausgliederung von Stiftungsvermögen nicht vorliegen.

Da der Ausgliederungsbericht seine Funktion nur erfüllen kann, wenn er der 2
staatlichen Genehmigungsbehörde oder dem Stifter zur Vfg. steht, ordnet **Abs. 2**
an, dass er bei bestehender Genehmigungs- oder Zustimmungspflicht der Behörde
und dem Stifter zu übermitteln ist. Zeitliche Vorgaben hierfür enthält das Gesetz
nicht. Es wird aber im Interesse des Vorstands der Stiftung liegen, möglichst frühzeitig die Einholung der Genehmigung bzw. Zustimmung zu veranlassen.

§ 163 Beschluß über den Vertrag

(1) **Auf den Ausgliederungsbeschluß sind die Vorschriften des Stiftungsrechts für die Beschlußfassung über Satzungsänderungen entsprechend
anzuwenden.**

(2) **Sofern das nach Absatz 1 anzuwendende Stiftungsrecht nicht etwas
anderes bestimmt, muß der Ausgliederungsbeschluß von dem für die
Beschlußfassung über Satzungsänderungen nach der Satzung zuständigen
Organ oder, wenn ein solches Organ nicht bestimmt ist, vom Vorstand der
Stiftung einstimmig gefaßt werden.**

(3) **Der Beschluß und die Zustimmung nach den Absätzen 1 und 2 müssen notariell beurkundet werden.**

1. Allgemeines

Der Umstand, dass Anteile an Stiftungen nicht vorhanden sein können, zwingt 1
zu einer besonderen Regelung über den Ausgliederungsbeschluss. Nach Abs. 1 wird
der Ausgliederungsbeschluss einer Beschlussfassung über eine Satzungsänderung bei
der Stiftung gleichgestellt. Subsidiär bestimmt Abs. 2, dass der Ausgliederungsbeschluss des für Satzungsänderungen zuständigen Organs, hilfsweise des Vorstands,
einstimmig gefasst werden muss. Sowohl der Ausgliederungsbeschluss als auch ggf.
notwendige Zustimmungen müssen wiederum notariell beurkundet werden
(Abs. 3).

2. Anwendung der Vorschriften über Satzungsänderungen

§ 163 S. 1 bestimmt, dass auf den Ausgliederungsbeschluss die Vorschriften des 2
(jew.) Stiftungsrechts für die Beschlussfassung über Satzungsänderungen entsprechend anzuwenden sind. Die Regelung des Rechts der Stiftungen des privaten
Rechts in §§ 80–88 BGB waren sehr lückenhaft. Daneben waren die jew. Stiftungs-

gesetze der Länder zu beachten (vgl. www.stiftung.org). Seit dem 1.7.2023 sind die geänderten §§ 80–88 BGB nF zu berücksichtigen.

3 Die Regelungen über Satzungsänderungen sind seit der Stiftungsrechtsreform in §§ 85, 85a BGB enthalten. Diese Bestimmungen gelten entsprechend für die Beschlussfassung über die Ausgliederung.

3. Zuständigkeit für die Beschlussfassung

4 Vorbehaltlich einer abw. landesrechtlichen Regelung bestimmt Abs. 2, dass das für Satzungsänderungen nach der Satzung zuständige Organ auch zur Fassung des Ausgliederungsbeschlusses berufen ist. Dies folgt allerdings bereits aus Abs. 1. Spezielle Regelungen im Stiftungsrecht, die für den Ausgliederungsbeschluss abw. Zuständigkeiten schaffen, existieren wenigstens im Moment nicht.

5 Lediglich für den Fall, dass sich weder in der Satzung noch in den landesrechtlichen Vorschriften eine Zuständigkeitsregelung für Satzungsänderungen befindet, schafft Abs. 2 die **subsidiäre Zuständigkeit** des Vorstands der Stiftung. Seit dem 1.7.2023 regelt sich die Zuständigkeit für Satzungsänderungen nach § 85a BGB. Danach kann die Satzung durch den Vorstand oder durch ein anderes durch die Satzung dazu bestimmte Stiftungsorgane geändert werden (§ 85a I 1 BGB). Sie bedarf ferner der Genehmigung der nach Landesrecht zuständigen Behörde (§ 85a I 2 BGB). Die Ersatzzuständigkeit der Behörde nach § 85a II BGB hat für Umw keine Bedeutung. Damit stimmt nunmehr die allgemeine Regelung mit derjenigen nach Abs. 2 überein. Der Beschluss muss einstimmig gefasst werden, es sei denn, das anzuwendende Stiftungsrecht oder die Satzung lassen Mehrheitsentscheidungen für Satzungsänderungen zu. Zu Rechtsbehelfen gegen **fehlerhafte Beschlüsse** vgl. Kölner Komm UmwG/Leuering Rn. 4; Lutter/Hüttemann/Rawert Rn. 10; BeckOGK/A. Krüger Rn. 9 ff.

4. Zustimmungen und Genehmigungen

6 Das Stiftungsrecht bestimmt ferner, ob der Ausgliederungsbeschluss weiterer Zustimmungen oder Genehmigungen bedarf. Dies ist der Fall, sofern auch Satzungsänderungen unter diesem Vorbehalt stehen. Satzungen von Stiftungen sehen oftmals auch weitere Zustimmungsvorbehalte vor. Für staatliche Genehmigungen vgl. § 164.

5. Formerfordernis

7 Sowohl der Ausgliederungsbeschluss als auch notwendige Zustimmungen müssen notariell beurkundet werden (Abs. 3). Der Gesetzgeber sah sich wegen der Besonderheit bei der Stiftung zu dieser Klarstellung neben der Verweisung auf § 13 III (§§ 125, 135) veranlasst (RegEBegr. BR-Drs. 75/94 zu § 163). Das Beurkundungserfordernis bezieht sich nicht auf ggf. notwendige staatliche Genehmigungen.

§ 164 Genehmigung der Ausgliederung

(1) **Die Ausgliederung bedarf der staatlichen Genehmigung, sofern das Stiftungsrecht dies vorsieht.**

(2) **Soweit die Ausgliederung nach Absatz 1 der staatlichen Genehmigung nicht bedarf, hat das Gericht des Sitzes der Stiftung die Eintragung der Ausgliederung auch dann abzulehnen, wenn offensichtlich ist, daß die Verbindlichkeiten der Stiftung ihr Vermögen übersteigen.**

1. Staatliche Genehmigung

Die Ausgliederung bedarf neben dem Ausgliederungsbeschluss auch der staatlichen Genehmigung, sofern das Stiftungsrecht dies vorsieht. Ein ausdrücklicher Genehmigungsvorbehalt für Ausgliederungen existiert derzeit nur in Thüringen (§ 9 III StiftungsG Thüringen; Lutter/Hüttemann/Rawert Rn. 2). Ein staatliches Genehmigungserfordernis besteht jedoch, wenn die Ausgliederung die Änderung der Satzung notwendig macht (Lutter/Hüttemann/Rawert Rn. 2; Semler/Stengel/Leonard/Stengel Rn. 3; Widmann/Mayer/Rieger Rn. 6; NK-UmwR/Geiser/Gimnich Rn. 2; BeckOGK/A. Krüger Rn. 3). Hierfür bestimmt seit dem 1.7.2023 § 85a I 2 BGB einen staatlichen Genehmigungsvorbehalt. Entsprechendes gilt, soweit mit der Ausgliederung nach den Stiftungsgesetzen genehmigungspflichtige (oder anzeigepflichtige) Rechtsgeschäfte verbunden sind (Widmann/Mayer/Rieger Rn. 9 f.; Lutter/Hüttemann/Rawert Rn. 10; Semler/Stengel/Leonard/Stengel Rn. 4). 1

2. Prüfung der Überschuldung

In Anlehnung an § 154 soll das Gericht des Sitzes der Stiftung die Eintragung der Ausgliederung ablehnen, wenn offensichtlich ist, dass die Verbindlichkeiten der Stiftung ihr Vermögen übersteigen, sie also überschuldet ist (zu den Voraussetzungen der Überschuldung iE → § 154 Rn. 4, 5). Diese Prüfungs- und Ablehnungskompetenz soll dem Gericht allerdings nur zustehen, wenn die Ausgliederung nicht von einer staatlichen Genehmigung abhängt. In diesem Fall erachtete der Gesetzgeber eine weitere Prüfung durch das Registergericht nicht für notwendig (RegEBegr. BR-Drs. 75/94 zu § 164). Dies bedeutet nun aber nicht, dass das Registergericht die Eintragung nicht ablehnen darf, sofern es das Vorliegen einer Überschuldung zweifelsfrei feststellt (ebenso Widmann/Mayer/Rieger Rn. 33; Lutter/Rawert/Hüttemann Rn. 16). Die Überschuldung verpflichtet die Organe zur Beantragung des Insolvenzverfahrens (§§ 86, 42 BGB). In diesem Fall scheidet eine Spaltung aus. 2

3. Zuständiges Register

Die Stiftung an sich wird nicht in einem von Gerichten geführten Register eingetragen. Ggf. folgt eine Eintragung in einem landesrechtlich vorgesehenen Stiftungsverzeichnis (vgl. etwa § 4 Stiftungsgesetz Baden-Württemberg). Die §§ 161 ff. erfassen aber nur Stiftungen, die ein kaufmännisches Handelsgewerbe betreiben und nach § 33 HGB im HR eingetragen sind (→ § 161 Rn. 1). Zuständig für die Eintragung der Ausgliederung ist mithin dieses Registergericht. 3

§ 165 Sachgründungsbericht und Gründungsbericht

Auf den Sachgründungsbericht (§ 5 Abs. 4 des Gesetzes betreffend die Gesellschaften mit beschränkter Haftung) ist § 58 Abs. 1, auf den Gründungsbericht (§ 32 des Aktiengesetzes) § 75 Abs. 1 entsprechend anzuwenden.

Bei der Ausgliederung von Stiftungsvermögen auf eine neu gegründete KapGes ist stets ein Sachgründungsbericht (§ 5 IV GmbHG) bzw. Gründungsbericht iSv § 32 AktG notwendig (§§ 138, 144). § 165 ordnet hierzu an, dass diese Berichte auch den Geschäftsverlauf und die Lage der Stiftung umfassen müssen (§ 58 I, § 75 I). Die Berichtspflicht umfasst aber nur das von der Stiftung betriebene Unternehmen, das ganz oder teilw. ausgegliedert wird (Lutter/Hüttemann/Rawert Rn. 4; Kölner Komm UmwG/Leuering Rn. 2; Semler/Stengel/Leonard/Stengel Rn. 5; BeckOGK/A. Krüger Rn. 5). Zu Einzelheiten hinsichtlich der inhaltlichen Anfor- 1 derung an die Berichte → § 58 Rn. 2 und → § 75 Rn. 2 ff. Die Regelung ist allerdings ebenso wie die in § 159 I an sich überflüssig, da die entsprechende Anwendung von § 58 I und § 75 I bereits aus §§ 135, 125 folgt (→ § 159 Rn. 1).

2 Einer Vermögensaufstellung, wie sie § 159 III für die Ausgliederung eines einzelkaufmännischen Unternehmens zur Neugründung einer AG/KGaA vorsieht, bedarf es bei der Ausgliederung von Stiftungsvermögen trotz § 164 II, der ebenso wie §§ 154, 160 II ein Eintragungsverbot für den Fall der Überschuldung der Stiftung vorsieht, allerdings nicht (dazu → § 164 Rn. 2).

§ 166 Haftung der Stiftung

¹Durch den Übergang der Verbindlichkeiten auf übernehmende oder neue Gesellschaften wird die Stiftung von der Haftung für die Verbindlichkeiten nicht befreit. ²§ 418 des Bürgerlichen Gesetzbuchs ist nicht anzuwenden.

1 Die Regelung entspricht inhaltlich der in § 156. Auf die dortige Komm. wird verwiesen.

§ 167 Zeitliche Begrenzung der Haftung für übertragene Verbindlichkeiten

Auf die zeitliche Begrenzung der Haftung der Stiftung für die im Ausgliederungs- und Übernahmevertrag aufgeführten Verbindlichkeiten ist § 157 entsprechend anzuwenden.

1 Auch die Stiftung soll für übertragene Verbindlichkeiten nicht endlos weiter haften. Aufgrund der dem Einzelkaufmann ähnl. Interessenlage verweist das Gesetz zur Regelung der Nachhaftungsbegrenzung auf § 157. Siehe iE dort.

Neunter Abschnitt. Ausgliederung aus dem Vermögen von Gebietskörperschaften oder Zusammenschlüssen von Gebietskörperschaften

§ 168 Möglichkeit der Ausgliederung

Die Ausgliederung eines Unternehmens, das von einer Gebietskörperschaft oder von einem Zusammenschluß von Gebietskörperschaften, der nicht Gebietskörperschaft ist, betrieben wird, aus dem Vermögen dieser Körperschaft oder dieses Zusammenschlusses kann nur zur Aufnahme dieses Unternehmens durch eine Personenhandelsgesellschaft, eine Kapitalgesellschaft oder eine eingetragene Genossenschaft oder zur Neugründung einer Kapitalgesellschaft oder einer eingetragenen Genossenschaft sowie nur dann erfolgen, wenn das für die Körperschaft oder den Zusammenschluß maßgebende Bundes- oder Landesrecht einer Ausgliederung nicht entgegensteht.

1. Allgemeines

1 Die Vorschrift regelt die zulässigen Spaltungsmöglichkeiten einer Gebietskörperschaft und eines Zusammenschlusses von Gebietskörperschaften, der nicht Gebietskörperschaft ist. Neben der Beschränkung der sich aus § 124 ergebenden Möglichkeiten wird aber auch der Ausgliederungsvorgang an sich beschränkt, indem für

Gebietskörperschaften nur die Ausgliederung vollständiger Unternehmen zugelassen wird. Schließlich enthält die Vorschrift einen Vorbehalt hinsichtlich entgegenstehender bundes- oder landesrechtlicher Regelungen.

2. Gebietskörperschaften und Zusammenschlüsse von Gebietskörperschaften

Zum **Begriff** der Gebietskörperschaft und des Zusammenschlusses von Gebietskörperschaften, der nicht Gebietskörperschaft ist, → § 124 Rn. 52 ff.

3. Begriff des Unternehmens

Ausgegliedert werden können nur von Gebietskörperschaften und Zusammenschlüssen von Gebietskörperschaften, die selbst nicht Gebietskörperschaften sind, betriebene **Unternehmen.** Der Begriff des Unternehmens bedarf in diesem Zusammenhang einer zweckbezogenen Auslegung. Unternehmen idS sind neben Zweckverbänden nur **Eigen- und Regiebetriebe,** denn nur deren Ausgliederung wollte der Gesetzgeber ermöglichen (RegEBegr. BR-Drs. 75/94 zu § 168). Körperschaften oder Anstalten des öffentlichen Rechts werden demggü. nicht erfasst (wie hier Widmann/Mayer/Heckschen Rn. 123 ff.; Lutter/Schmidt Rn. 7; Suppliet NotBZ 1997, 41; aA Semler/Stengel/Leonard/Krebs Rn. 30; Kölner Komm UmwG/Leuering Rn. 24: Auch nicht rechtsfähige Anstalten; vgl. BeckOGK/Foerster Rn. 25).

Eigenbetriebe zeichnen sich dadurch aus, dass sie eine rechtlich unselbstständige, aber organisatorisch weitgehend verselbstständigte und finanzwirtschaftlich als Sondervermögen getrennt zu verwaltende Unternehmenstätigkeit ausüben. Bei **Regiebetrieben** handelt es sich um eine in die Verwaltung der Gebietskörperschaft integrierte, rechtliche, organisatorisch, personell und haushalts- bzw. rechnungstechnisch unselbstständige Unternehmenstätigkeit.

4. Ausgliederung ganzer Unternehmen

Bei der Ausgliederung von Eigen- und Regiebetrieben ist die Besonderheit zu beachten, dass im Wege der Ausgliederung das **gesamte Unternehmen** auf einen Rechtsträger übertragen werden muss. Die Aufteilung eines bislang einheitlich geführten Eigen- oder Regiebetriebs auf verschiedene Rechtsträger scheidet aus. Diese sonst dem Spaltungsrecht fremde Einschränkung ist sinnvoll, da der übertragende Rechtsträger bei der Ausgliederung von Eigen- oder Regiebetrieben nicht in einem Register eingetragen ist, für den Eintritt der Ausgliederungswirkungen deshalb die Registereintragung bei dem übernehmenden oder neuen Rechtsträger maßgeblich sein muss. Gäbe es aber mehrere übernehmende oder neue Rechtsträger, bestünde die Notwendigkeit, eine unnötig komplizierte Regelung über die Maßgeblichkeit der einzelnen Eintragungen zu treffen (RegEBegr. BR-Drs. 75/94 zu § 168). Diese Beschränkung führt aber nicht nur dazu, dass jew. gesamte Eigen- oder Regiebetriebe auf einen Rechtsträger übertragen werden müssen, es können auch nicht verschiedene Regie- oder Eigenbetriebe – jew. als Gesamtheit – auf verschiedene Rechtsträger in einem Ausgliederungsvorgang übertragen werden. Demggü. können aber mehrere Unternehmen gleichzeitig auf einen neuen Rechtsträger übertragen werden (Lutter/Schmidt Rn. 13; Widmann/Mayer/Heckschen Rn. 132; Semler/Stengel/Leonard/Krebs Rn. 34; Kölner Komm UmwG/Leuering Rn. 28; NK-UmwR/Geiser/Gimnich Rn. 12; BeckOGK/Foerster Rn. 29).

Die Beschränkung auf die Übertragung eines gesamten Unternehmens auf einen Rechtsträger bedeutet nicht, dass im Wege der Ausgliederung nicht auch Vermögensgegenstände übertragen werden können, die bislang nicht unmittelbar dem Eigen- oder Regiebetrieb dienten, oder einzelne Gegenstände zurückbehalten werden können (Steuck NJW 1995, 2889; Lutter/Schmidt Rn. 12; Semler/Stengel/ Leonard/Krebs Rn. 32; Kölner Komm UmwG/Leuering Rn. 27; BeckOGK/ Foerster Rn. 28). Zunächst ist diese Zuordnung wenigstens bei Regiebetrieben ohnehin nicht zweifelsfrei möglich. Darüber hinaus ist nicht ersichtlich, warum die sonst im Spaltungsrecht geltende Flexibilität der Vermögensübertragung bei Gebietskörperschaften oder Zusammenschlüssen von Gebietskörperschaften mehr als nötig eingeschränkt werden sollte. Das vom UmwG 1995 verfolgte Ziel, klare Verhältnisse hinsichtlich des Wirksamwerdens der Spaltung zu schaffen, wird durch die Übertragung auch bislang nicht unternehmerisch eingesetzten Vermögen oder die Zurückbehaltung einzelner Gegenstände nicht gefährdet.

5. Rechtsformen der übernehmenden Rechtsträger

7   Eigen- und Regiebetriebe können im Wege der Ausgliederung zur Aufnahme lediglich auf bestehende PhG, KapGes oder eG übertragen werden. Damit wird zwar der Kreis der zunächst nach § 124 ermöglichten Umwandlungsvarianten beschränkt, im Vergleich zur Rechtslage vor dem UmwG 1995 stehen den Gebietskörperschaften (oder Zusammenschlüssen) aber neue Rechtsformen offen (vgl. §§ 57, 58, 69 UmwG 1969: AG, GmbH). Der Gesetzgeber ging davon aus, dass insbes. Ausgliederungen auf bereits bestehende privatrechtlich organisierte Unternehmen anderer Körperschaften erfolgen werden (RegEBegr. BR-Drs. 75/94 zu § 168).

6. Rechtsformen der neuen Rechtsträger

8   Als Rechtsformen für neu gegründete Rechtsträger kommen **KapGes** und **eG** in Betracht. Damit entsteht zunächst eine EinPersGen. Dies ist möglich, da nach §§ 135, 125, 36 II 2 Vorschriften, die für die Gründung eine Mindestzahl von Gründern vorschreiben, bei der Ausgliederung keine Anwendung finden. Sollte die Zahl der Genossenschaften in der Folge nicht ansteigen, droht jedoch die Amtslöschung (dazu → § 124 Rn. 37). Gerade bei der Beteiligung von Gebietskörperschaften dürfte die eG nur dann eine geeignete Rechtsform sein, wenn im unmittelbaren Anschluss die Aufnahme weiterer Genossenschaften geplant ist. In diesem Fall kann allerdings die eG gerade zur Erfüllung öffentlicher Zwecke durchaus eine geeignete Rechtsform sein.

9   Die Ausgliederung auf eine neu gegründete **KapGes** ist demggü grds. unproblematisch. Sowohl die GmbH als auch die AG können als EinPersGes geführt werden.

7. Gesetzesvorbehalt

10   Die Ausgliederung kann nur erfolgen, wenn das für die Gebietskörperschaft oder den Zusammenschluss maßgebende Bundes- oder Landesrecht einer Ausgliederung nicht entgegensteht. Der Gesetzgeber hat damit eine Annäherung zur früher schon hM vollzogen. Obwohl in §§ 57, 129 UmwG 1969 ausdrücklich von einer Regelung, die die Umw „vorsieht" oder „zulässt", die Rede war, ging die hM davon aus, dass das Fehlen eines ausdrücklichen Verbots ausreichen würde. In Anlehnung an § 91 KSVG Saarland, § 89 GO Schleswig-Holstein wurde jedoch zusätzlich die Genehmigung zumindest der Rechtsaufsichtsbehörde der jew. Gebietskörperschaft gefordert (vgl. dazu 1. Aufl. 1994, § 57 Anm. 4).

11   Diese Genehmigung ist nicht mehr allg. erforderlich. Existieren jedoch bundes- oder landesrechtliche Regelungen, die die Erfüllung weiterer Voraussetzungen verlangen, so sind diese zu beachten.

12   Hintergrund des Gesetzesvorbehalts ist insbes., dass der Begriff „Gebietskörperschaften" den Bund, die Länder, die Landkreise, die Gemeinden etc umfasst sind. Die Gesetzeskompetenz für diese Gebietskörperschaften steht teilw. dem Bund,

teilw. den Ländern zu. Der das UmwG erlassende Bundesgesetzgeber musste daher die Regelungskompetenz der Länder beachten. Der Sinn des Vorbehalts einer nicht entgegenstehenden bundesrechtlichen Regelung dient demggü. der flexibleren rechtstechnischen Handhabung (grds. Zulässigkeit und Verbot im Einzelfall sowie Regelung des Verfahrens im UmwG).

§ 169 Ausgliederungsbericht; Ausgliederungsbeschluß

¹Ein Ausgliederungsbericht ist für die Körperschaft oder den Zusammenschluß nicht erforderlich. ²Das Organisationsrecht der Körperschaft oder des Zusammenschlusses bestimmt, ob und unter welchen Voraussetzungen ein Ausgliederungsbeschluß erforderlich ist.

1. Entbehrlichkeit des Ausgliederungsberichts

Für die Gebietskörperschaft oder den Zusammenschluss von Gebietskörperschaften ist ein Ausgliederungsbericht nach § 169 S. 1 entbehrlich. Die Berichtspflicht für den übernehmenden Rechtsträger bleibt hierdurch unberührt; sie richtet sich nach den allg. Vorschriften (vgl. hierzu § 8). Ein Ausgliederungsbericht ist überflüssig, da Anteilsinhaber nicht vorhanden sind. Das Gesetz geht offenbar davon aus, dass die Personen, die bei der Gebietskörperschaft über die Ausgliederung entscheiden, ausreichenden Sachverstand und den Einfluss besitzen, sich die nötigen Informationen zu besorgen.

2. Ausgliederungsbeschluss

Da der übertragende Rechtsträger, die Gebietskörperschaft oder der Zusammenschluss von Gebietskörperschaften, keine Anteilsinhaber besitzt, bedarf es bei der Ausgliederung grds. nicht eines Ausgliederungsbeschlusses iSv §§ 125, 135, 13. § 169 S. 2 stellt klar, dass sich die Entscheidung über die Durchführung der Ausgliederung nach – je nach Gebietskörperschaft – bundes- oder landesrechtlichen Vorschriften bestimmt. Insoweit muss auf die die jew. Art der Gebietskörperschaft betreffende Speziallit. verwiesen werden.

§ 170 Sachgründungsbericht und Gründungsbericht

Auf den Sachgründungsbericht (§ 5 Abs. 4 des Gesetzes betreffend die Gesellschaften mit beschränkter Haftung) ist § 58 Abs. 1, auf den Gründungsbericht (§ 32 des Aktiengesetzes) § 75 Abs. 1 entsprechend anzuwenden.

Soweit die Ausgliederung zur Neugründung einer GmbH oder einer AG bzw. KGaA erfolgt, bedarf es stets eines Sachgründungsberichts bzw. Berichts iSv § 5 IV GmbHG, § 32 AktG (§§ 138, 144). Für diese Berichte sind die Anforderungen nach § 58 I, § 75 I zu beachten. Sie müssen also auch den Geschäftsverlauf und die Lage des übertragenden Rechtsträgers beschreiben (hierzu zunächst → § 58 Rn. 2 und → § 75 Rn. 2 ff.). Die Angaben haben sich allerdings nur auf den Eigen- oder Regiebetrieb der Gebietskörperschaft, nicht hingegen auf die Gebietskörperschaft selbst zu erstrecken (Lutter/Schmidt Rn. 6; Semler/Stengel/Leonard/Krebs Rn. 1, 8; Kölner Komm UmwG/Leuering Rn. 2; Henssler/Strohn/Decker Rn. 1).

Die Norm ist ebenso wie §§ 159, 165 an sich überflüssig, weil die entsprechende Anwendung der § 58 I, § 75 I bereits aus der Verweisung in §§ 135, 125 I 1 folgt.

§ 171 Wirksamwerden der Ausgliederung

Die Wirkungen der Ausgliederung nach § 131 treten mit deren Eintragung in das Register des Sitzes des übernehmenden Rechtsträgers oder mit der Eintragung des neuen Rechtsträgers ein.

1   Die Norm modifiziert § 131 insofern, als die Wirkungen der Ausgliederung mit der Eintragung der Spaltung in das Register des Sitzes des übernehmenden Rechtsträgers oder mit der Eintragung des neuen Rechtsträgers eintreten. Diese Regelung war notwendig, weil Regie- und Eigenbetriebe von Gebietskörperschaften und Zusammenschlüssen von Gebietskörperschaften, die keine Gebietskörperschaften sind, nicht in einem Register eingetragen sein müssen (§ 33 HGB). Bei einer Ausgliederung zur Aufnahme wird die Anmeldung der Eintragung durch das Vertretungsorgan des übernehmenden Rechtsträgers vorgenommen. Das Anmeldungsverfahren richtet sich nach §§ 125, 16, 17. Die Erklärung nach § 16 II beschränkt sich auf den übernehmenden Rechtsträger. Die Anmeldung eines neuen Rechtsträgers erfolgt durch das Vertretungsorgan der Körperschaft (Lutter/Schmidt Rn. 4 mwN; Henssler/Strohn/Decker Rn. 2; NK-UmwR/Geiser/Gimnich Rn. 4). Die Vertretungsbefugnisse regeln sich nach öffentlichem Recht. Die Erklärung nach § 16 II erübrigt sich in diesem Fall. § 137 III findet keine Anwendung. Die Eintragung des neuen Rechtsträgers ist unverzüglich bekannt zu machen.

§ 172 Haftung der Körperschaft oder des Zusammenschlusses

[1]Durch den Übergang der Verbindlichkeiten auf den übernehmenden oder neuen Rechtsträger wird die Körperschaft oder der Zusammenschluß von der Haftung für die Verbindlichkeiten nicht befreit. [2]§ 418 des Bürgerlichen Gesetzbuchs ist nicht anzuwenden.

1   Die Norm entspricht §§ 156, 166. Durch den Übergang der Verbindlichkeiten wird die Körperschaft oder der Zusammenschluss von Körperschaften von der Haftung für die Verbindlichkeiten nicht befreit. Dies ergibt sich aber bereits aus § 133 I 1, sodass es einer ausdrücklichen Regelung nicht bedurft hätte (auch schon → § 156 Rn. 1). Zur Nachhaftungsbegrenzung vgl. § 173.

§ 173 Zeitliche Begrenzung der Haftung für übertragene Verbindlichkeiten

Auf die zeitliche Begrenzung der Haftung für die im Ausgliederungs- und Übernahmevertrag aufgeführten Verbindlichkeiten ist § 157 entsprechend anzuwenden.

1   Die Nachhaftung der Gebietskörperschaft oder des Zusammenschlusses von Gebietskörperschaften ist zeitlich begrenzt. Die für den Einzelkaufmann geltende Regelung in § 157 findet entsprechend Anwendung.

Viertes Buch. Vermögensübertragung

Vorbemerkung

1. Regelungsgegenstand

Das Vierte Buch behandelt die Vermögensübertragung, bei der ein Rechtsträger 1
sein Vermögen als Ganzes (Vollübertragung) oder Teile seines Vermögens (Teilübertragung) durch Gesamt- oder Sonderrechtsnachfolge (bei Einzelrechtsnachfolge kann § 179a AktG einschlägig sein, vgl. Koch AktG § 179a Rn. 3 ff.; Lutter/Schmidt Vor § 174 Rn. 8) auf einen anderen bestehenden Rechtsträger überträgt; die **Gegenleistung** für diese Vermögensübertragung besteht, anders als bei der im Zweiten Buch geregelten Verschm oder bei der im Dritten Buch geregelten Spaltung, nicht in der Gewährung von Anteilen an diesem übernehmenden Rechtsträger, sondern in **anderen Vermögenswerten.** Unmittelbar europarechtliche Vorgaben bestehen für die Vermögensübertragung nicht, vgl. Lutter/Schmidt Vor § 174 Rn. 3; Widmann/Mayer/Heckschen § 174 Rn. 14; BeckOGK/Scheel/Harzenetter § 174 Rn. 7.

Die Vollübertragung (§ 174 I) war bereits in §§ 359, 360 AktG aF, §§ 44d, 44c, 2
53a VAG aF für folgende Konstellationen zugelassen:
- Vermögensübertragung einer AG oder KGaA auf den Bund, ein Land, einen Gemeindeverband oder eine Gemeinde (§ 359 I AktG aF);
- Vermögensübertragung einer AG auf einen (großen) VVaG (§ 360 I AktG aF);
- Vermögensübertragung eines (großen oder kleineren) VVaG auf eine AG, § 44b I VAG aF, § 53a I 1 Nr. 2 VAG aF;
- Vermögensübertragung eines (großen oder kleineren) VVaG auf ein öffentlich-rechtliches Versicherungsunternehmen (§ 44c I VAG aF, § 53a I 1 Nr. 2 VAG aF); zur umgekehrten Gestaltung → Rn. 3.

§§ 174–189 sehen unter Fortführung der vorbeschriebenen Möglichkeiten auch 3
die Vollübertragung des Vermögens einer **GmbH** auf den Bund, ein Land, eine Gebietskörperschaft (dazu OLG Dresden NotBZ 2015, 313; Heckschen GmbHR 2018, 779 (791 ff.)) oder einen Zusammenschluss von Gebietskörperschaften vor (Erweiterung von § 359 I AktG aF in Anlehnung an §§ 285, 286 des RegE zum GmbHG, BT-Drs. 7/253, vgl. RegEBegr. BR-Drs. 75/94 zum Vierten Buch des UmwG). Des Weiteren lässt § 175 Nr. 2 lit. a–c die Vermögensübertragung von **Versicherungs-AG** (diese AG erhält ihre spezielle Ausprägung durch den satzungsmäßigen Unternehmensgegenstand, vgl. § 7 Nr. 33 und Lutter/Schmidt § 175 Rn. 7) auf VVaG zu (vgl. zur Frage, ob kleine VVaG beteiligt sein können Semler/Stengel/Leonard/Stengel § 175 Rn. 10 ff. mwN), ebenso die Vermögensübertragung von einer Versicherungs-AG auf öffentlich-rechtliche Versicherungsunternehmen und die Vermögensübertragung von einem öffentlich-rechtlichen Versicherungsunternehmen auf Versicherungs-AG oder auf VVaG.

Durch die Umwandlungsreform 1995 neu eingeführt wurde die **Teilübertra-** 4
gung nach § 174 II. Entsprechend dem Vorbild der Spaltung können sämtliche Übertragungsvorgänge iSv § 175 auch dergestalt vorgenommen werden, dass der übertragende Rechtsträger nur Teile seines Vermögens im Wege der Sonderrechtsnachfolge überträgt. Bei Abspaltung und Ausgliederung bleibt der übertragende Rechtsträger weiter bestehen, nur bei Aufspaltung erlischt er ohne vorherige Liquidation. Diese Variante der Vermögensübertragung kann als Alt. zum Unternehmensverkauf (vgl. RegEBegr. BR-Drs. 75/94 zu § 174 II Nr. 3) oder bei der Zergliederung von (zB länderübergreifenden) Versorgungsunternehmen von Interesse sein (RegEBegr. BR-Drs. 75/94 zu Vor § 177).

2. Aufbau von §§ 174–189

5   Anders als im früheren Recht (→ Rn. 2) wird im Vierten Buch nicht konkret auf die jew. ergänzend anzuwendenden Vorschriften des Verschmelzungs- oder Spaltungsrechts verwiesen, § 176 I, § 177 I, § 178 I, § 179 I, § 180 I, § 184 I, §§ 186, § 188 I, § 189 I verweisen vielmehr pauschal auf die (rechtsformspezifischen) Regelungen zur Verschm bzw. zur Spaltung, vorbehalten bleibt jew. eine abw. Regelung in §§ 174–189. IÜ umschreibt der Erste Teil des Vierten Buches in § 174 die Arten der Vermögensübertragung, dort sind die Definitionen der Vollübertragung (Abs. 1) und der Teilübertragung (Abs. 2) enthalten; § 175 konkretisiert die zugelassenen Möglichkeiten der Vermögensübertragung, indem die jew. beteiligungsfähigen Rechtsträger und die konkret zugelassenen Vermögensübertragungs-Konstellationen abschl. aufgezählt werden. Der Zweite Teil des Vierten Buches befasst sich mit der Übertragung des Vermögens einer KapGes (GmbH, AG, KGaA, vgl. § 3 I Nr. 2) auf die öffentliche Hand („Verstaatlichung" iSv § 253 AktG 1937); hierbei verweist § 176 für die Vollübertragung auf das Verschmelzungsrecht und § 177 für die Teilübertragung auf das Spaltungsrecht. Diese Art der Vermögensübertragung ist das Spiegelbild zur Ausgliederung aus dem Vermögen von Gebietskörperschaften oder Zusammenschlüssen von Gebietskörperschaften in §§ 168–173. Der Dritte Teil des Vierten Buches untergliedert sich in vier Abschnitte und regelt hierbei ausf. die Voll- und Teilübertragungen nach § 175 Nr. 2 lit. a–c.

3. Praktische Bedeutung

6   Die Vermögensübertragung nach dem UmwG hat rechtstatsächlich kaum Bedeutung. Die berechtigten Rechtsträger gestalten durch Bestandsübertragung (dazu ausf. Lutter/Wilm Anh. 1 nach § 189; Semler/Stengel/Leonard/Niemeyer Anh. § 119; Kölner Komm UmwG/Beckmann Anh. I zu §§ 178–189) oder durch Verschm gem. §§ 109 ff., in den seltensten Fällen aber durch eine Vermögensübertragung (empirische Angaben bei Semler/Stengel/Leonard/Stengel § 174 Rn. 10, § 188 Rn. 1; BeckOGK/Scheel/Harzenetter § 174 Rn. 11.1 und ausf. Bayer/Hoffmann AG 2021, R36).

Erster Teil. Möglichkeit der Vermögensübertragung

§ 174 Arten der Vermögensübertragung

(1) **Ein Rechtsträger (übertragender Rechtsträger) kann unter Auflösung ohne Abwicklung sein Vermögen als Ganzes auf einen anderen bestehenden Rechtsträger (übernehmender Rechtsträger) gegen Gewährung einer Gegenleistung an die Anteilsinhaber des übertragenden Rechtsträgers, die nicht in Anteilen oder Mitgliedschaften besteht, übertragen (Vollübertragung).**

(2) **Ein Rechtsträger (übertragender Rechtsträger) kann**
1. **unter Auflösung ohne Abwicklung sein Vermögen aufspalten durch gleichzeitige Übertragung der Vermögensteile jeweils als Gesamtheit auf andere bestehende Rechtsträger,**
2. **von seinem Vermögen einen Teil oder mehrere Teile abspalten durch Übertragung dieses Teils oder dieser Teile jeweils als Gesamtheit auf einen oder mehrere bestehende Rechtsträger oder**
3. **aus seinem Vermögen einen Teil oder mehrere Teile ausgliedern durch Übertragung dieses Teils oder dieser Teile jeweils als Gesamtheit auf einen oder mehrere bestehende Rechtsträger**

gegen Gewährung der in Absatz 1 bezeichneten Gegenleistung in den Fällen der Nummer 1 oder 2 an die Anteilsinhaber des übertragenden Rechtsträgers, im Falle der Nummer 3 an den übertragenden Rechtsträger (Teilübertragung).

1. Allgemeines

Entsprechend der modernen Regelungstechnik des UmwG 1995 definiert § 174 – in Anlehnung an § 2 Nr. 1, § 123 I–III – die Arten der Vermögensübertragung. Bei dieser (praktisch kaum genutzten, → Vor § 174 Rn. 6) Form der Umw (§ 1 I Nr. 3) kann der übernehmende Rechtsträger keine eigenen Anteile für einen Anteilstausch zur Verfügung stellen. Bei den in § 175 Nr. 1 aufgeführten Körperschaften versteht sich dies ebenso wie bei den öffentlich-rechtlichen Versicherungsunternehmen iSv § 175 Nr. 2 lit. a, b von selbst. Bei einem VVaG als übernehmendem Rechtsträger ist die Mitgliedschaft an ein bestehendes Versicherungsverhältnis gebunden (§ 176 VAG). 1

Abs. 1 über die Vollübertragung entspricht weitgehend der Definition der Verschm durch Aufnahme (→ § 2 Rn. 3 ff.), auch hier findet sich das wesenstypische Element der vollständigen Vermögensübertragung durch Gesamtrechtsnachfolge, die das Erlöschen des übertragenden Rechtsträgers unter Ausschluss der Liquidation bewirkt. Anders als bei der Verschm lässt Abs. 1 allerdings nur die Vermögensübertragung durch **einen** Rechtsträger zu, weil ein weiter gehendes Bedürfnis in der Praxis nicht gezeigt hat (Begr. RegE, BR-Drs. 75/94 zu § 174 I). Der entscheidende Unterschied zur Verschm durch Aufnahme (eine Neugründung scheidet bei der Vermögensübertragung, die einen bestehenden übernehmenden Rechtsträger voraussetzt, aus) besteht darin, dass als **Gegenleistung für die Vermögensübertragung** nicht Anteile am übernehmenden Rechtsträger, sondern **andere wirtschaftliche Vorteile** gewährt werden. Die Gegenleistung muss nicht notwendigerweise in Geld bestehen. Denkbar ist grds. jede andere Gewährung eines wirtschaftlichen Vorteils (→ Rn. 6 f.). 2

Abs. 2 sieht für die Teilübertragung entsprechend § 123 I–III drei Möglichkeiten vor: Die Aufspaltung (Abs. 2 Nr. 1), die Abspaltung (Abs. 2 Nr. 2) und schließlich die Ausgliederung (Abs. 2 Nr. 3). Bei der Teilübertragung können (bei der Aufspaltung müssen) mehrere übernehmende Rechtsträger beteiligt sein; die Vermögensübertragung erfolgt im Wege der Sonderrechtsnachfolge (partielle Gesamtrechtsnachfolge), also durch Übertragung eines Teilvermögens als Gesamtheit. Für die Gegenleistung gilt das in → Rn. 2 zur Vollübertragung Gesagte entsprechend. 3

2. Vollübertragung (Abs. 1)

a) Übertragender Rechtsträger.
Der übertragende Rechtsträger (KapGes bei § 175 Nr. 1, Versicherungs-AG, VVaG oder öffentlich-rechtliches Versicherungsunternehmen bei § 175 Nr. 2) muss sein Vermögen als Ganzes im Wege der Gesamtrechtsnachfolge auf einen bereits bestehenden Rechtsträger gegen Gewährung einer Gegenleistung, die nicht in Anteilen am übernehmenden Rechtsträger bestehen darf, übertragen. Die Beteiligung von mehreren übertragenden Rechtsträgern bei einem einheitlichen Umwandlungsvorgang ist, anders als bei der Verschm durch Aufnahme iSv § 2 Nr. 1, nicht zulässig (Begr. RegE, BR-Drs. 75/94 zu § 174 I). IÜ gelten für die jew. übertragenden Rechtsträger die allg. Vorschriften des Zweiten Buches (Verschm, allerdings nur durch Aufnahme, nicht durch Neugründung), also zunächst stets §§ 4–35, ergänzt durch die rechtsformspezifischen Festsetzungen in §§ 46 ff. Nach Wirksamwerden der Vermögensübertragung durch entsprechende Registereintragung erlischt der übertragende Rechtsträger ohne weitere Zwischenschritte; eine Liquidation ist nicht erforderlich. 4

5   **b) Gesamtrechtsnachfolge.** Die Vermögensübertragung geschieht durch Gesamtrechtsnachfolge, die Rechtsänderung tritt damit anders als bei der Einzelrechtsnachfolge kraft Gesetzes und ohne besonderen Übertragungsakt ein. Die Gesamtrechtsnachfolge kann durch den Umwandlungsvertrag nicht ausgeschlossen, einzelne Vermögensgegenstände dürfen nicht zurückbehalten werden. Mit Eintragung der Vermögensübertragung in das Register des Sitzes des übertragenden Rechtsträgers (§ 176 II 2) gehen alle Aktiven und Passiven, die zu diesem Zeitpunkt beim jew. übertragenden Rechtsträger vorhanden sind, auf den übernehmenden Rechtsträger über. Zu diesen Aktiven und Passiven gehören auch die nicht bilanzierten Vermögensgegenstände. Bei der Übertragung von Versicherungsbeständen kommt ein außerordentliches Kündigungsrecht der Versicherten nicht in Betracht (Lutter/Wilm § 178 Rn. 10 mwN; vgl. aber ausf. BVerfG WM 2005, 1505 zum Schutz der Belange der Versicherten; Lit. dazu vgl. Schrifttum → 6. Aufl. 2013, Vor § 174). Die bestehenden Versicherungsverhältnisse werden grds. fortgesetzt, der übernehmende Rechtsträger ist allerdings an Anträge gegenüber dem übertragenden Rechtsträger nicht gebunden (Lutter/Wilm § 178 Rn. 20). Die Gläubiger werden nach Maßgabe von § 22, auf den in §§ 176 ff. verwiesen wird, geschützt (zur Gesamtrechtsnachfolge iÜ ausf. → § 20 Rn. 23 ff.).

6   **c) Gegenleistung.** Bei der Vermögensübertragung kann der übernehmende Rechtsträger (Gebietskörperschaft oder Zusammenschluss von Gebietskörperschaften bei § 175 Nr. 1, öffentlich-rechtliches Versicherungsunternehmen bei § 175 Nr. 2 lit. a, lit. b) keine Anteile gewähren, bei VVaG als übernehmender Rechtsträger ist wegen der notwendigen Verknüpfung mit einem bestehenden Versicherungsverhältnis (§ 176 VAG) die Gewährung von Mitgliedschaften für die Anteilsinhaber des übertragenden Rechtsträgers nicht von Interesse; einzig bei der Vermögensübertragung auf eine Versicherungs-AG (§ 175 Nr. 2 lit. b, lit. c) wäre die Gewährung von Anteilen an dieser Versicherungs-AG als Gegenleistung für die Vermögensübertragung denkbar, aus Gründen der Einheitlichkeit des Rechtsinstituts Vermögensübertragung ist dies aber ebenfalls nicht zulässig.

7   Die Gegenleistung hat vielmehr notwendige andere WG zum Gegenstand. Typisches wirtschaftliches Äquivalent wird wie früher eine Geldzahlung sein. Die Beibehaltung der wirtschaftlichen Integrität der Anteilsinhaber des übertragenden Rechtsträgers kann aber auch durch Gewährung eines werthaltigen anderen Vermögensvorteils erfolgen, bspw. können Anteile an anderen Unternehmen (wie hier mit überzeugender Begr. Lutter/Schmidt Rn. 7; Semler/Stengel/Leonard/ Stengel Rn. 20; vgl. auch Kölner Komm UmwG/Leuering Rn. 9; Widmann/ Mayer/Heckschen Rn. 23; BeckOGK/Scheel/Harzenetter Rn. 31) oder sonstige Wertpapiere hingegeben werden (vgl. auch Begr. RegE, BR-Drs. 75/94 zu § 178); bei Vermögensübertragungen gem. § 175 Nr. 2 kommen auch versicherungstechnische Abfindungen in Betracht, etwa zeitweilige Prämienfreiheit oder Erhöhung der Versicherungssumme, vgl. Lutter/Wilm § 181 Rn. 5 mwN.

3. Teilübertragung (Abs. 2)

8   Bei der Teilübertragung gelten zunächst die Ausführungen zum übertragenden Rechtsträger (→ Rn. 4) und zur möglichen Gegenleistung (→ Rn. 6 f.) entsprechend.

9   **a) Aufspaltung (Abs. 2 Nr. 1).** Entsprechend § 123 I überträgt bei der aufspaltenden Teilübertragung ein Rechtsträger in einem Vorgang sein gesamtes Vermögen durch zwei oder mehrere Teilübertragungen auf mindestens zwei übernehmende Rechtsträger; die Vermögensübertragung selbst erfolgt im Wege der Sonderrechtsnachfolge, einer partiellen Gesamtrechtsnachfolge. Der übertragende Rechtsträger erlischt nach Eintragung der Teilübertragung ohne Liquidation. Die übernehmen-

den Rechtsträger müssen zum Zeitpunkt der Vermögensübertragung bereits bestehen, eine Aufspaltung zur Neugründung ist nicht zulässig. Bei der Entscheidung, welche Vermögensteile auf welche übernehmenden Rechtsträger übertragen werden sollen, ist der übertragende Rechtsträger (bzw. sind dessen Anteilsinhaber) frei. Stl. wird allerdings nur die Übertragung von Teilbetrieben, Mitunternehmeranteilen oder Beteiligungen an KapGes privilegiert (vgl. § 15 UmwStG; näher → UmwStG § 15 Rn. 1 ff.).

b) Abspaltung (Abs. 2 Nr. 2). Bei der abspaltenden Teilübertragung bleibt der übertragende Rechtsträger bestehen; er behält einen Teil seines Vermögens zurück. Die übrigen Teile werden in einem Vorgang auf einen oder mehrere bereits bestehende Rechtsträger im Wege der Sonderrechtsnachfolge übertragen; eine Abspaltung zur Neugründung ist nicht zulässig. Wie bei § 123 II definiert Abs. 2 Nr. 2 die Abspaltung in Abgrenzung zur Ausgliederung von Abs. 2 Nr. 3 dadurch, dass die **Gegenleistung an die Anteilsinhaber** des übertragenden Rechtsträgers und nicht an den übertragenden Rechtsträger selbst zu gewähren ist. Stl. gilt das zur Aufspaltung Gesagte entsprechend (→ Rn. 9).

10

c) Ausgliederung (Abs. 2 Nr. 3). Bei der ausgliedernden Teilübertragung wird in gleicher Weise vorgegangen wie bei der Abspaltung iSv Abs. 2 Nr. 2. Einziger Unterschied ist, dass iRv Abs. 2 Nr. 3 die **Gegenleistung** nicht den Anteilsinhabern des übertragenden Rechtsträgers, sondern **dem übertragenden Rechtsträger unmittelbar selbst zuzuwenden** ist. Damit wird die Ausgliederung zum Unternehmenskauf (so auch Begr. RegE zu § 174 II Nr. 3, BR-Drs. 75/94), wenn die Gegenleistung in Geld besteht. Der „normale" Unternehmensverkauf wird durch Abs. 2 Nr. 3 selbstverständlich nicht ausgeschlossen (Begr. RegE zu § 174 II Nr. 3, BR-Drs. 75/94), die Vorteile der Sonderrechtsnachfolge können dann jedoch nicht in Anspruch genommen werden. Stl. gilt das zur Aufspaltung Gesagte entsprechend (→ Rn. 9).

11

d) Sonderrechtsnachfolge. Der nur teilw. Vermögensübergang bei der Sonderrechtsnachfolge lässt sich als partielle Gesamtrechtsnachfolge umschreiben. Die zu übertragenden Vermögensteile gehen als Ganzes, also ohne Einzelrechtsübertragung, auf den oder die übernehmenden Rechtsträger über. Welche Vermögensgegenstände vom Übertragungsvorgang erfasst sein sollen, muss im Umwandlungsvertrag (Spaltungs- und Übernahmevertrag) exakt und den Bestimmtheitsgrundsätzen entsprechend (→ § 126 Rn. 62, → § 126 Rn. 76 ff.) festgelegt werden, die Vermögensübertragung selbst geschieht mit Eintragung in das Register des übertragenden Rechtsträgers kraft Gesetzes in einem Akt. Besondere Probleme bereiten versehentlich vergessene Vermögensgegenstände, insbes. bei der Aufspaltung iSv Abs. 2 Nr. 1 (iE zur Sonderrechtsnachfolge → § 131 Rn. 4 ff., zu vergessenen Vermögensgegenständen → § 131 Rn. 116 ff.).

12

§ 175 Beteiligte Rechtsträger

Eine Vollübertragung ist oder Teilübertragungen sind jeweils nur möglich
1. **von einer Kapitalgesellschaft auf den Bund, ein Land, eine Gebietskörperschaft oder einen Zusammenschluß von Gebietskörperschaften;**
2. a) **von einer Versicherungs-Aktiengesellschaft auf Versicherungsvereine auf Gegenseitigkeit oder auf öffentlich-rechtliche Versicherungsunternehmen;**
   b) **von einem Versicherungsverein auf Gegenseitigkeit auf Versicherungs-Aktiengesellschaften oder auf öffentlich-rechtliche Versicherungsunternehmen;**

c) von einem öffentlich-rechtlichen Versicherungsunternehmen auf Versicherungs-Aktiengesellschaften oder auf Versicherungsvereine auf Gegenseitigkeit.

1. Allgemeines

1 § 175 zählt die Fälle möglicher Vermögensübertragung abschließend auf und bezeichnet zugleich diejenigen Rechtsträger, die als übertragender oder übernehmender Rechtsträger an dieser Form der Umw (§ 1 I Nr. 3) beteiligt sein können. Die Vorschrift hat §§ 3, 124 als Vorbild (Begr. RegE, BR-Drs. 75/94 zu § 175).

2 Die Vorschrift lässt zwar nur wenige Vermögensübertragungsvorgänge zu, gleichwohl enthält sie gegenüber dem früheren Recht Erweiterungen (→ Vor § 174 Rn. 2 ff.), die aber praktisch kaum von Bedeutung sind (→ Vor § 174 Rn. 6). Die in § 175 Nr. 1, 2 vorgesehenen Möglichkeiten der Vermögensübertragung beziehen sich stets auf die Vollübertragung iSv § 174 I und auf die Teilübertragung iSv § 174 II. Die Gliederung entspricht dem Aufbau des Zweiten und des Dritten Teils des Vierten Buches, dort finden sich auch die materiell-rechtlichen Regelungen zur Durchführung der jew. Voll- oder Teilübertragung.

2. Vermögensübertragung von einer Kapitalgesellschaft auf eine Gebietskörperschaft oder auf einen Zusammenschluss von Gebietskörperschaften (Nr. 1)

3 Anders als § 359 AktG aF lässt Nr. 1 auch die GmbH als eine KapGes iSv § 3 I Nr. 2 mögliche übertragende Rechtsträgerin sein. Damit wurden §§ 285, 286 GmbHG-RegE aus dem Jahre 1971 (BT-Drs. 7/253) doch noch umgesetzt; hierfür besteht auch durchaus ein Bedürfnis, weil die Vermögensübertragung ehemals nach § 58 UmwG 1969 vorgenommene Umw von Unternehmen von Gebietskörperschaften und Gemeindeverbänden in GmbH bzw. die mittlerweile nach §§ 168–173 vorgenommene Ausgliederung aus dem Vermögen von Gebietskörperschaften oder Zusammenschlüssen von Gebietskörperschaften rückgängig machen kann. Für die Vollübertragung gilt § 176, für die Teilübertragung § 177; wegen der dort enthaltenen Verweises auf das Verschm- bzw. auf das Spaltungsrecht kann auf die Ausführungen zu → § 3 Rn. 12 f., → § 124 Rn. 10 f. in vollem Umfang verwiesen werden. Eine gleichzeitige Vermögensübertragung von mehreren KapGes auf eine Gebietskörperschaft oder auf einen Zusammenschluss von Gebietskörperschaften ist jedoch nicht möglich (→ § 174 Rn. 2).

4 **Gebietskörperschaften** sind der Bund, die Länder, die Landkreise und die Gemeinden (zu letzteren OLG Dresden NotBZ 2015, 313; dazu Heckschen GmbHR 2018, 779 (791 ff.)). § 175 Nr. 1 erfasst aber auch Zusammenschlüsse von Gebietskörperschaften, hierzu zählen insbes. die Zweckverbände, die in den jew. Zweckverbandsgesetzen der Länder (teilw. auch Gesetz über die kommunale Zusammenarbeit, Gemeindeordnung) geregelt sind. Gem. § 176 IV, § 177 II ist diesen übernehmenden Rechtsträgern eine Beteiligung an der Vermögensübertragung nur und ausschließlich nach Maßgabe der für sie jew. geltenden Bundes- oder Landesgesetze oder anderer Vorschriften (etwa Satzungen) gestattet.

3. Vermögensübertragung unter Beteiligung von Versicherungsunternehmen (Nr. 2)

5 Nr. 2 lässt diverse Vermögensübertragungen unter Versicherungsunternehmen zu; jew. als übertragender oder als übernehmender Rechtsträger können Versicherungs-AG, VVaG und öffentlich-rechtliches Versicherungsunternehmen beteiligt sein. Die Vermögensübertragung nach Nr. 2 ist eine **Alternative zur Bestandsübertragung**

iSv § 13 VAG, der Genehmigungsvorbehalt ergibt sich aus § 13 I 1 VAG. Die Bestandsübertragung (ausf. Lutter/Wilm Anh. 1 zu § 189 mwN; Semler/Stengel/Leonard/Niemeyer Anh. § 119 Rn. 1 ff. mwN; Entzian/Schleifenbaum ZVersWiss 2 (1996), 3) sieht im Ergebnis ebenfalls eine Sonderrechtsnachfolge vor und ist der Vermögensübertragung in der praktischen Umsetzung wesentlich überlegen. Solange der Gesetzgeber das Institut der Bestandsübertragung nicht grundlegend reformiert, wird die Vermögensübertragung unter Versicherungsunternehmen keine Bedeutung erlangen (vgl. Lutter/Wilm Anh. 1 zu § 189 Rn. 1 ff., 13 ff. mwN. Das Bundesaufsichtsamt für das Versicherungswesen hat bis 2001 nur sieben Vermögensübertragungen genehmigt, die seitdem zuständige BaFin bis 2014 lediglich zwei (NK-UmwR/Kammerer-Galahn Rn. 10; BeckOGK/Scheel/Harzenetter § 174 Rn. 11.1; zur Empirie ausf. Bayer/Hoffmann AG 2021, R36); dem standen mehr als 500 Bestandsübertragungen gegenüber (→ Vor § 174 Rn. 6; empirische Angaben bei Semler/Stengel/Leonard/Stengel § 174 Rn. 10). Bzgl. der Definition von Versicherungs-AG, VVaG und öffentlich-rechtlichem Versicherungsunternehmen wird auf die Spezialliteratur zum VAG verwiesen. Nr. 2 lit. a–c unterscheiden nicht zwischen dem großen und dem kleineren VVaG (§ 210 VAG), eine Differenzierung ergibt sich aber aus den besonderen Vorschriften des Dritten Teils (§§ 185–187).

Wie die Voll- oder Teilübertragung zu erfolgen hat, ergibt sich aus dem Dritten **6** Teil des Vierten Buches, für die Vollübertragung wird hierbei im Wesentlichen auf die Verschmelzungsvorschriften (§§ 4–35, für den VVaG ergänzt durch die rechtsformspezifischen Festlegungen von §§ 109 ff.), für die Teilübertragung auf die Spaltungsvorschriften von §§ 123 ff. verwiesen.

Zweiter Teil. Übertragung des Vermögens oder von Vermögensteilen einer Kapitalgesellschaft auf die öffentliche Hand

Erster Abschnitt. Vollübertragung

§ 176 Anwendung der Verschmelzungsvorschriften

(1) **Bei einer Vollübertragung nach § 175 Nr. 1 sind auf die übertragende Kapitalgesellschaft die für die Verschmelzung durch Aufnahme einer solchen übertragenden Gesellschaft jeweils geltenden Vorschriften des Zweiten Buches entsprechend anzuwenden, soweit sich aus den folgenden Vorschriften nichts anderes ergibt.**

(2) [1]**Die Angaben im Übertragungsvertrag nach § 5 Abs. 1 Nr. 4, 5 und 7 entfallen.** [2]**An die Stelle des Registers des Sitzes des übernehmenden Rechtsträgers tritt das Register des Sitzes der übertragenden Gesellschaft.** [3]**An die Stelle des Umtauschverhältnisses der Anteile treten Art und Höhe der Gegenleistung.** [4]**An die Stelle des Anspruchs nach § 23 tritt ein Anspruch auf Barabfindung; auf diesen sind § 29 Abs. 1, § 30 und § 34 entsprechend anzuwenden.**

(3) [1]**Mit der Eintragung der Vermögensübertragung in das Handelsregister des Sitzes der übertragenden Gesellschaft geht deren Vermögen einschließlich der Verbindlichkeiten auf den übernehmenden Rechtsträger über.** [2]**Die übertragende Gesellschaft erlischt; einer besonderen Löschung bedarf es nicht.**

(4) **Die Beteiligung des übernehmenden Rechtsträgers an der Vermögensübertragung richtet sich nach den für ihn geltenden Vorschriften.**

1. Allgemeines

1 Die Vorschrift entspricht § 359 AktG aF, die Möglichkeit der Vollübertragung auf eine Gebietskörperschaft oder auf einen Zusammenschluss von Gebietskörperschaften iSv § 175 Nr. 1 wird auch der GmbH gewährt (→ § 175 Rn. 3). Die Vollübertragung entspricht im Wesentlichen der Verschm durch Aufnahme (→ § 175 Rn. 3), deshalb schreibt Abs. 1 grds. die Anwendung der allg. und der einschlägigen besonderen Bestimmungen des Verschmelzungsrechts vor.

2 Abs. 2–4 füllen den in Abs. 1 enthaltenen Vorbehalt („soweit sich aus den folgenden Vorschriften nichts anderes ergibt") aus. Abs. 2 berücksichtigt hierbei die Besonderheiten der Vollübertragung in Bezug auf den nicht vorzunehmenden Anteilstausch und in Bezug auf die Tatsache, dass der übernehmende Rechtsträger nicht in einem Register eingetragen ist. Auch der Verwässerungsschutz von § 23 kann, da der übernehmende Rechtsträger zur Anteilsgewährung nicht im Stande ist, nicht greifen; gem. Abs. 2 S. 4 sind die Sonderrechtsinhaber zur Beibehaltung ihrer wirtschaftlichen Integrität vor und nach Durchführung der Vermögensübertragung auf die Gewährung einer Barabfindung nach §§ 29, 30, 34 angewiesen. Abs. 3 beschreibt die Wirkungen der Vollübertragung, § 20 I wird insoweit ergänzt. Abs. 4 enthält lediglich eine Klarstellung. Es versteht sich von selbst, dass die Maßnahmen, die nach Staats- und Verwaltungsrecht für einen öffentlich-rechtlichen Rechtsträger erforderlich sind, den dafür maßgebenden Vorschriften folgen müssen (Begr. RegE, BR-Drs. 75/94 zu § 176 VI).

2. Anzuwendende Verschmelzungsvorschriften

3 **a) Umfang der Verweisung.** Anders als § 359 II AktG aF enthält Abs. 1 nicht eine Aufzählung der entsprechend anzuwendenden Vorschriften, vielmehr gilt ein **Generalverweis mit Vorbehalt ergänzender Regelungen.** Gemeint ist jedoch das Gleiche, zunächst sind §§ 4–35 in Bezug genommen, iÜ richtet sich das anwendbare Recht nach den rechtsformspezifischen Regelungen von §§ 39–122; je nach übertragender KapGes sind also §§ 46–55 (GmbH), §§ 60–72 (AG) und § 78 iVm §§ 60–72 (KGaA) zu berücksichtigen.

4 Die Verweisung auf die allg. Vorschriften des Verschmelzungsrechts bedingt die Geltung insbes. von
- § 3 III über die Beteiligungsfähigkeit von **aufgelösten KapGes** an der Vermögensübertragung;
- § 4 über die Pflicht zum Abschluss eines **Verschmelzungsvertrags**, der gem. § 6 notariell zu **beurkunden** ist;
- § 5 über den **Inhalt des Verschmelzungsvertrags**, wobei hier Abs. 2 die Festlegungen nach § 5 I Nr. 4, 5 und 7 entbehrlich macht; der Umwandlungsvertrag kann auf Maßgabe von Abs. 1 iVm § 7 gekündigt oder aufgehoben werden;
- § 8 über die Erstellung eines ausf. **Umwandlungsberichts** (allerdings nur für den übertragenden Rechtsträger, vgl. Lutter/Schmidt Rn. 3, 4), der die rechtlichen und wirtschaftlichen Hintergründe der Vermögensübertragung, des Umwandlungsvertrages und insbes. das Verhältnis von Leistung und Gegenleistung zu erläutern hat;
- §§ 9–12, die die **Prüfung der Vermögensübertragung** für den übertragenden Rechtsträger notwendig machen können; ein entsprechender Prüfungsbefehl ergibt sich gem. Abs. 1 iVm §§ 60, 78 bei der Vermögensübertragung durch eine AG oder KGaA stets, bei der GmbH ist die Prüfung nach Maßgabe von Abs. 1 iVm § 48 notwendig, sofern ein Gesellschafter der GmbH diese verlangt; die Prüfung kann gem. § 9 II und die Erstellung des Prüfungsberichts gem. § 12 III entbehrlich sein;

SächsVBl. 1999, 202). Sonderrechtsinhaber, die nach Maßgabe von § 23 grds. Verwässerungsschutz genießen, können bei der Vermögensübertragung gem. Abs. 2 S. 4 lediglich einen Anspruch auf Barabfindung, auf den § 29 I, §§ 30, 34 entsprechend anzuwenden sind, geltend machen; die Barabfindung muss wirtschaftlich einen Ersatz für das durch die Eintragung der Vermögensübertragung untergehende Sonderrecht gewähren.

Zweiter Abschnitt. Teilübertragung

§ 177 Anwendung der Spaltungsvorschriften

(1) **Bei einer Teilübertragung nach § 175 Nr. 1 sind auf die übertragende Kapitalgesellschaft die für die Aufspaltung, Abspaltung oder Ausgliederung zur Aufnahme von Teilen einer solchen übertragenden Gesellschaft geltenden Vorschriften des Dritten Buches sowie die dort für entsprechend anwendbar erklärten Vorschriften des Zweiten Buches auf den vergleichbaren Vorgang entsprechend anzuwenden, soweit sich aus den folgenden Vorschriften nichts anderes ergibt.**

(2) ¹**§ 176 Abs. 2 bis 4 ist entsprechend anzuwenden.** ²**An die Stelle des § 5 Abs. 1 Nr. 4, 5 und 7 tritt § 126 Abs. 1 Nr. 4, 5, 7 und 10.**

1. Allgemeines

Die Teilübertragung wurde durch die Umwandlungsreform 1995 erstmals eingeführt (→ Vor § 174 Rn. 4); § 177 lehnt sich in Bezug auf die Regelungstechnik eng an § 176 an. In Abs. 2 ist ein umfassender Verweis auf die Ausnahmevorschrift von § 176 II–IV enthalten. Die Teilübertragung entspricht der Spaltung iSv § 123 I–III; folgerichtig verweist Abs. 1 auf die entsprechende Anwendung der für die übertragenden KapGes geltenden Vorschriften des Dritten Buches. Wegen der Verweisungstechnik im UmwG 1995 ist § 177 praktisch nur schwer zu handhaben, denn die Spaltungsvorschriften verweisen ihrerseits zu einem erheblichen Teil auf die Vorschriften des Zweiten Buches zur Verschm (§ 125).

2. Anwendbare Vorschriften

Der Generalverweis in § 125 ist zu beachten, die Spaltung zur Aufnahme entspricht einer (Teil-)Verschm. Der **Inhalt des Spaltungs- und Übernahmevertrages** richtet sich nach § 126 I. Für die Teilübertragung sieht Abs. 2 S. 2 vor, dass die Festsetzungen von § 126 I Nr. 4, 5, 7 und 10 über die Anteilsübertragung und den Übertragungsstichtag nicht aufzunehmen sind. Auch gilt gem. Abs. 1 iVm §§ 125, 5 II wiederum das Privileg bzgl. des Umtauschverhältnisses, wenn alle Anteile an der übertragenden KapGes sich in einer Hand, nämlich der des übernehmenden Rechtsträgers, befinden; in diesem Fall ist im Spaltungs- und Übernahmevertrag zur Gegenleistung nichts auszuführen. Der ausf. **Spaltungsbericht,** den die Vertretungsorgane der KapGes regelmäßig zu erstellen haben, hat die Teilübertragung an sich, den Vertrag oder dessen Entwurf und das Verhältnis von Leistung und Gegenleistung rechtlich und wirtschaftlich ausf. zu erläutern. Auf den Spaltungsbericht kann ebenso verzichtet werden wie auf die Durchführung der **Spaltungsprüfung,** die nach Maßgabe von § 125 S. 2 bei der Ausgliederung ohnehin nicht stattfindet (krit. → § 125 Rn. 11 und Lutter/Schmidt Rn. 9). Dem Spaltungs- und Übernahmevertrag muss die Anteilsinhaberversammlung der übertragenden KapGes nach Maßgabe von Abs. 1 iVm §§ 125, 13 zustimmen; die rechtsformspezifischen Ausführungen in → § 176 Rn. 7 gelten entsprechend. Für **Anmeldung und Ein-**

tragung der Teilübertragung ergänzen §§ 129, 130 die Vorschriften von §§ 16, 17, 19; stets maßgeblich ist gem. Abs. 2 iVm § 176 II 2 die registerrechtliche Behandlung bei der übertragenden KapGes. Ausf. zu beachten ist der **Schutz der Gläubiger** gem. § 133, an die Stelle des Anspruchs der Inhaber von Sonderrechten nach §§ 133, 23 tritt gem. Abs. 1 iVm § 176 II 4 ein Anspruch auf Barabfindung nach §§ 29, 30 und 34. Zu beachten ist schließlich Abs. 1 iVm § 141, der für AG und KGaA, die noch nicht zwei Jahre im Register eingetragen sind, die Spaltung und damit auch die Teilübertragung ausschließt. IÜ wird auf die Komm. zu §§ 125 ff. verwiesen.

3   Die **Wirkung der Eintragung** der Teilübertragung richtet sich nach Abs. 2 iVm § 176 III. Die Sonderrechtsnachfolge (ausf. → § 131 Rn. 4 ff.) tritt kraft Gesetzes mit Eintragung der Teilübertragung in das HR der übertragenden KapGes ein.

Dritter Teil. Vermögensübertragung unter Versicherungsunternehmen

Erster Abschnitt. Übertragung des Vermögens einer Aktiengesellschaft auf Versicherungsvereine auf Gegenseitigkeit oder öffentlich-rechtliche Versicherungsunternehmen

Erster Unterabschnitt. Vollübertragung

§ 178 Anwendung der Verschmelzungsvorschriften

(1) Bei einer Vollübertragung nach § 175 Nr. 2 Buchstabe a sind auf die beteiligten Rechtsträger die für die Verschmelzung durch Aufnahme einer Aktiengesellschaft und die für einen übernehmenden Versicherungsverein im Falle der Verschmelzung jeweils geltenden Vorschriften des Zweiten Buches entsprechend anzuwenden, soweit sich aus den folgenden Vorschriften nichts anderes ergibt.

(2) § 176 Abs. 2 bis 4 ist entsprechend anzuwenden.

(3) Das für ein übernehmendes öffentlich-rechtliches Versicherungsunternehmen maßgebende Bundes- oder Landesrecht bestimmt, ob der Vertrag über die Vermögensübertragung zu seiner Wirksamkeit auch der Zustimmung eines anderen als des zur Vertretung befugten Organs des öffentlich-rechtlichen Versicherungsunternehmens oder einer anderen Stelle und welcher Erfordernisse die Zustimmung bedarf.

1. Allgemeines

1   § 178 ist die einzige Vorschrift zur Vollübertragung des Vermögens einer AG auf einen VVaG oder auf ein öffentlich-rechtliches Versicherungsunternehmen. Die Vermögensübertragung von Versicherungs-AG auf VVaG war früher in § 360 AktG aF, diejenige von Versicherungs-AG auf öffentlich-rechtliches Versicherungsunternehmen überhaupt nicht geregelt. Die umgekehrten Fälle werden von §§ 180, 185 und 188 erfasst. Eine Vermögensübertragung unter rechtsformgleichen Versicherungsunternehmen ist nicht möglich, insoweit muss auf die Verschm oder auf die Bestandsübertragung zurückgegriffen werden, was praktisch ohnehin auch bei den zugelassenen Vermögensübertragungen geschieht, → Vor § 174 Rn. 6.

2   Die Regelungstechnik ist einfach. Parallel zu § 176 I bestimmt Abs. 1 die entsprechende Anwendung der Verschmelzungsvorschriften; die Verweisung erstreckt sich damit auf §§ 4–35 und zT auf §§ 39 ff. Für die beteiligten Rechtsträger sind die für

Anwendung der Verschmelzungsvorschriften 3–5 **§ 178 UmwG A**

die Verschm durch Aufnahme einer AG (§§ 60–72) und die für einen übernehmenden (großen) VVaG bei der Verschm geltenden Vorschriften (§§ 110–113) jew. entsprechend anzuwenden, soweit sich aus Abs. 2 iVm § 176 II–IV nichts anderes ergibt (die „folgenden Vorschriften" iSv Abs. 1 können nur die in § 178 unmittelbar erwähnten Vorschriften sein, weil § 178 die einzige Regelung im Ersten Unterabschnitt des Ersten Abschnitts darstellt).

Für die Vermögensübertragung einer Versicherungs-AG auf ein öffentlich-rechtliches Versicherungsunternehmen verweist Abs. 1 wiederum auf §§ 60–72; in Bezug auf den übernehmenden Rechtsträger finden sich keine besonderen Vorschriften in §§ 39 ff., weil ein öffentlich-rechtliches Versicherungsunternehmen nicht an einer Verschm teilnehmen kann. Deswegen enthält Abs. 3 eine Öffnungsklausel für bundes- oder landesrechtliche Regelungen, außerdem verweist Abs. 2 auf § 176 IV. 3

2. Anwendbare Vorschriften

Zunächst gelten die **allg. Vorschriften des Verschmelzungsrechts**, die Einschränkungen von § 176 II–IV (vgl. § 178 II) sind zu beachten. Wegen der Parallelregelung von § 176 I kann für Abs. 1 insoweit vollumfänglich auf → § 176 Rn. 3 ff. (anwendbare Vorschriften) und → Rn. 6 ff. (Ablauf des Umwandlungsverfahrens) verwiesen werden. 4

Da in beiden möglichen Konstellationen von § 178 eine Versicherungs-AG als übertragender Rechtsträger fungiert, sind des Weiteren stets folgende **besonderen Vorschriften** zu beachten: 5
– § 60 über die **Prüfung** der Verschm und die Bestellung der Verschmelzungsprüfer; eine Umwandlungsprüfung hat gem. § 60 I vorbehaltlich § 9 II, III, § 12 III immer stattzufinden (Prüfungsbefehl);
– § 61 über die **Bekanntmachung** des Verschmelzungsvertrages ist in vollem Umfang zu beachten; Gleiches gilt für die durch das 3. UmwÄndG (→ Einf. Rn. 33) geänderten Vorschriften über die **Vorbereitung und die Durchführung der HV** sowie die Beschlussfassung in der HV, §§ 63–65;
– § 62 über die HV in besonderen Fällen findet keine Anwendung, da zwar eine KapGes (nämlich die Versicherungs-AG, vgl. § 3 I Nr. 2) als übertragender Rechtsträger beteiligt ist, der übernehmende Rechtsträger aber nicht AG, sondern entweder VVaG oder öffentlich-rechtliches Versicherungsunternehmen;
– §§ 66–69 finden keine Anwendung, weil dort die Übernahme des Vermögens durch eine AG Voraussetzung ist. Gleichwohl können die Anteilseigner analog § 68 I 2 UmwG auf die Gegenleistung verzichten, da die Anteilsgewährung nach dem UmwG auch in anderen Konstellationen nicht mehr zwingend ist (so auch Widmann/Mayer/Heckschen Rn. 13 mwN);
– § 70 findet iRv § 178 I ebenfalls keine Anwendung, weil dort wieder die Rolle der AG als übernehmender Rechtsträger vorausgesetzt wird;
– § 72 findet, auch soweit Abs. 1 in Rede steht, ebenfalls keine Anwendung, weil der dort geregelte Anteilstausch bei der Vermögensübertragung (andere Art der Gegenleistung, vgl. § 174 I) nicht in Betracht kommt;
– ob ein **Treuhänder** iSv § 71 zu bestellen ist, ist fraglich; dafür spricht zum einen die Vorgängerregelung von § 360 IV AktG aF, zum anderen die Überlegung, dass bei der Vermögensübertragung auf einen VVaG Sinn und Zweck der Treuhänderstellung (Sicherung der Aktionäre der übertragenden AG) bei einer Gegenleistung, die nicht in Anteilen besteht, ebenso bedeutend ist wie beim Anteilstausch; bei der Vermögensübertragung auf ein öffentlich-rechtliches Versicherungsunternehmen gelten die vorgenannten Argumente indes nicht, weil es keine Vorgängerregelung geben kann (die Umwandlungsmöglichkeit wurde neu geschaffen) und weil die Aktionäre der übertragenden AG durch die sichere Bonität und durch die besondere Pflichtenbindung des öffentlich-rechtlichen Versicherungsunter-

Winter

nehmens ausreichend geschützt sind (insoweit aA Semler/Stengel/Leonard/Stengel Rn. 20; Kölner Komm UmwG/Beckmann Rn. 30).

6 Bei der **Vermögensübertragung auf einen VVaG** sind zusätzlich §§ 111 und 112 über die Bekanntmachung des Verschmelzungsvertrages und die Vorbereitung, Durchführung und Beschlussfassung der Versammlung der obersten Vertretung zu beachten.

3. Wirksamkeitsvoraussetzung für den Umwandlungsvertrag, Abs. 3

7 Für den Fall der Vermögensübertragung einer Versicherungs-AG auf ein öffentlich-rechtliches Versicherungsunternehmen ist **Abs. 3** zu beachten. Für die Vermögensübertragung eines VVaG auf ein öffentlich-rechtliches Versicherungsunternehmen enthielt § 44c II 2 VAG aF eine inhaltsgleiche Vorschrift. Das für das übernehmende öffentlich-rechtliche Versicherungsunternehmen maßgebende Bundes- oder Landesrecht hat nicht nur iRv Abs. 2 iVm § 176 IV Bedeutung, es regelt insbes. auch die Wirksamkeitsvoraussetzungen für den Übertragungsvertrag. Abs. 3 ermöglicht es, die Wirksamkeit des gem. Abs. 1 iVm §§ 4–6 zu schließenden Umwandlungsvertrags allein von der Zustimmung des Vertretungsorgans abhängig zu machen; darüber hinaus kann bestimmt werden, dass der zunächst schwebend unwirksame Umwandlungsvertrag der Zustimmung eines anderen Organs (zB Aufsichtsorgan) oder einer anderen Stelle bedarf (vgl. auch Lutter/Wilm Rn. 25; Semler/Stengel/Leonard/Stengel Rn. 9). Auch eine weitergehende Regelung dahin, an welche konkreten Erfordernisse die Erteilung einer solchen Zustimmung gebunden sein soll, ist möglich.

Zweiter Unterabschnitt. Teilübertragung

§ 179 Anwendung der Spaltungsvorschriften

(1) Bei einer Teilübertragung nach § 175 Nr. 2 Buchstabe a sind auf die beteiligten Rechtsträger die für die Aufspaltung, Abspaltung oder Ausgliederung zur Aufnahme von Teilen einer Aktiengesellschaft und die für übernehmende Versicherungsvereine auf Gegenseitigkeit im Falle der Aufspaltung, Abspaltung oder Ausgliederung von Vermögensteilen geltenden Vorschriften des Dritten Buches und die dort für entsprechend anwendbar erklärten Vorschriften des Zweiten Buches auf den vergleichbaren Vorgang entsprechend anzuwenden, soweit sich aus den folgenden Vorschriften nichts anderes ergibt.

(2) § 176 Abs. 2 bis 4 sowie § 178 Abs. 3 sind entsprechend anzuwenden.

1. Allgemeines

1 § 179 ist die einzige Regelung zur Teilübertragung einer AG auf einen (großen) VVaG oder auf ein öffentlich-rechtliches Versicherungsunternehmen. Abs. 1 verweist parallel zu § 177 I auf die entsprechende Anwendung der Spaltungsvorschriften. Abs. 2 nimmt unmittelbar Bezug auf § 176 II–IV (vgl. auch § 177 II 1). Ebenfalls ist wegen der Besonderheiten für ein übernehmendes öffentlich-rechtliches Versicherungsunternehmen § 178 III entsprechend anzuwenden. Als Redaktionsversehen ist der fehlende Verweis in Abs. 2 auch auf § 177 II 2 anzusehen; der Verweis in Abs. 2 auf § 176 II ist dementsprechend so auszulegen, dass an Stelle von § 5 I Nr. 4, 5 und 7 nun § 126 I Nr. 4, 5, 7 und 10 treten. Ein weiteres Redaktionsversehen dürfte die Verweisung auch auf § 151 S. 2 sein (ausf. Lutter/Wilm Rn. 2; BeckOGK/Scheel/Harzenetter Rn. 3), wobei sich dies bei § 179 weniger auswirken dürfte als bei § 184 (→ § 184 Rn. 3).

2. Anwendbare Vorschriften

Zunächst gelten die **allg. Vorschriften des Spaltungsrechts,** die Einschränkun- 2
gen von § 176 II–IV sind zu beachten. Wegen der Parallelregelung von § 177 I vgl.
iÜ → § 177 Rn. 1 ff. und die dort angegebenen Fundstellen zum allg. Spaltungsrecht.

Bei der Teilübertragung nach § 179 muss eine Versicherungs-AG als übertragen- 3
der Rechtsträger fungieren. Die für die Versicherungs-AG geltenden und gem.
Abs. 1 entsprechend anzuwendenden **besonderen Vorschriften des Spaltungsrechts** (§§ 141–146) nehmen ihrerseits aber zunächst wieder Bezug auf die besonderen rechtsformspezifischen Vorschriften im Verschmelzungsrecht (§§ 60–72). Diese
vielfache Überlagerung der durch den Verweis in Abs. 1 erfassten Vorschriften ist
Ausfluss der im Prinzip sehr sinnvollen Regelungstechnik des UmwG 1995. In einer
Art Baukastensystem soll es grds. möglich sein, verschiedene Module miteinander
zu kombinieren. Für die Teilübertragung bringt die vielfache Verweisung allerdings
mehr Unsicherheit als Klarheit („die wohl kompliziertesten Vorschriften des
UmwG", Lutter/Schmidt § 177 Rn. 3).

Bei § 179 I sind **folgende Vorschriften anwendbar:** 4
– Die rechtsformspezifischen besonderen Verschmelzungsvorschriften für die AG
in §§ 60–72 (→ Vor § 141 Rn. 1) in der konkreten Ausgestaltung von → § 178
Rn. 5 ff.;
– die besondere Spaltungsvorschrift von § 146 über die Anmeldung der Abspaltung
oder der Ausgliederung; §§ 141, 142, 144 und § 145 sind für die Teilübertragung
nach § 179 I nicht von Interesse;
– für den **VVaG** ergeben sich gegenüber → § 178 Rn. 6 keine Besonderheiten,
weil § 151 nur die Mitwirkung des VVaG als übertragender Rechtsträger erfasst,
nicht aber die Beteiligung eines (großen) VVaG als übernehmender Rechtsträger
(→ § 124 Rn. 22, → § 124 Rn. 37 ff., → Vor § 151 Rn. 1 ff.; aA mwN Semler/
Stengel/Leonard/Stengel Rn. 3, 4).

Gem. **Abs. 2 Alt. 2** ist § 178 III entsprechend anzuwenden. Für den Fall, dass 5
an der Teilübertragung auch ein öffentlich-rechtliches Versicherungsunternehmen
als übernehmender Rechtsträger beteiligt ist, gelten demnach die Ausführungen von
→ § 178 Rn. 7.

Zweiter Abschnitt. Übertragung des Vermögens eines Versicherungsvereins auf Gegenseitigkeit auf Aktiengesellschaften oder öffentlich-rechtliche Versicherungsunternehmen

Erster Unterabschnitt. Vollübertragung

§ 180 Anwendung der Verschmelzungsvorschriften

(1) **Bei einer Vollübertragung nach § 175 Nr. 2 Buchstabe b sind auf die beteiligten Rechtsträger die für die Verschmelzung durch Aufnahme eines Versicherungsvereins und die für eine übernehmende Aktiengesellschaft im Falle der Verschmelzung jeweils geltenden Vorschriften des Zweiten Buches entsprechend anzuwenden, soweit sich aus den folgenden Vorschriften nichts anderes ergibt.**

(2) **§ 176 Abs. 2 bis 4 sowie § 178 Abs. 3 sind entsprechend anzuwenden.**

(3) **Hat ein Mitglied oder ein Dritter nach der Satzung des Vereins ein unentziehbares Recht auf den Abwicklungsüberschuß oder einen Teil davon, so bedarf der Beschluß über die Vermögensübertragung der Zustim-**

mung des Mitglieds oder des Dritten; die Zustimmung muß notariell beurkundet werden.

1. Allgemeines

1 §§ 180–183 regeln die **Vollübertragung im Fall von § 175 Nr. 2 lit. b,** also der Vermögensübertragung eines (großen, vgl. §§ 186, 187) VVaG auf eine Versicherungs-AG oder auf ein öffentlich-rechtliches Versicherungsunternehmen. In Abweichung zur Regelungstechnik von § 178 steht bei §§ 180–183 nicht der Verweis auf andere Vorschriften im Vordergrund, vielmehr werden die früher in §§ 44b, 44c VAG aF enthaltenen Regelungen übernommen. Die Vermögensübertragung des kleineren VVaG (§§ 185–187) nimmt auf die Vorschriften von §§ 180–183 Bezug (vgl. § 186 S. 1).

2 Abs. 1 enthält wiederum einen **Generalverweis** auf das (allg. und besondere) Verschmelzungsrecht. Neben §§ 4–35 sind demnach §§ 110–113 für den übertragenden VVaG und §§ 60–72 für die übernehmende AG anzuwenden (näher → Rn. 3). Abs. 2 verweist zunächst wie § 178 II auf die entsprechende Anwendung von § 176 II–IV, des Weiteren ist für das übernehmende öffentlich-rechtliche Versicherungsunternehmen § 178 III (→ § 178 Rn. 7) zu beachten. Abs. 3 entspricht § 44b IV 4, 5 VAG aF.

2. Anwendbare Vorschriften

3 Der Generalverweis in Abs. 1 führt neben der **Anwendung von §§ 2–35** (ausf. → § 176 Rn. 3 ff.) für den übertragenden VVaG auch zur Anwendung von **§§ 110–113.** Dort ergeben sich keine Besonderheiten. Anders bei der aufnehmenden Versicherungs-AG: Neben den in → § 178 Rn. 4 ff. genannten Vorschriften sind – da die Versicherungs-AG aufnehmender Rechtsträger ist – auch grds. die Vorschriften anzuwenden, die für diesen Fall Regelungen enthalten, also **§§ 66–69.** Dies ist aber nur oberflächlich betrachtet richtig, bei der Vermögensübertragung findet kein Anteilstausch statt. Da die Erhöhung des Grundkapitals „zur Durchführung der Verschmelzung" (§ 66) nur sinnvoll ist, wenn ein Anteilstausch in Rede steht, verbleibt es bei den in → § 178 Rn. 4 ff. aufgeführten Vorschriften, → § 178 Rn. 5 ist – soweit es den Treuhänder betrifft – wegen der Sonderregelung von § 183 allerdings gegenstandslos.

4 Der Verweis auf die entsprechende Anwendung von § 176 II–IV hat keine eigenständige Bedeutung mehr, der Inhalt dieser Vorschrift ist in der Aufzählung von → § 176 Rn. 3 ff. bereits berücksichtigt.

5 Ist übernehmender Rechtsträger nicht eine Versicherungs-AG, sondern ein öffentlich-rechtliches Versicherungsunternehmen, gelten gem. Abs. 2 Alt. 2, § 178 III (→ § 178 Rn. 7) und gem. Abs. 2 Alt. 1 iVm § 176 IV die speziellen Vorschriften für das öffentlich-rechtliche Versicherungsunternehmen (→ § 176 Rn. 2 aE).

3. Zustimmung

6 Abs. 3 ist nur vor dem Hintergrund von § 181 verständlich. Danach ist die Gewährung der Gegenleistung an bestimmte Voraussetzungen geknüpft. Umgekehrt geht es dem Mitglied oder dem Dritten, dem nach der Satzung des Vereins ein **unentziehbares Recht auf den Abwicklungsüberschuss** oder einen Teil davon zusteht, um die Wahrung seines Besitzstandes. Deswegen ist die Vermögensübertragung an die Zustimmung (Einwilligung oder Genehmigung, Letztere aber zeitlich vor der Registeranmeldung notwendig) dieses Mitglieds gebunden; die **Zustimmung muss notariell beurkundet werden,** was angesichts des Verweises in Abs. 1 auch auf § 13 III 1 an sich nicht nochmals klargestellt werden musste.

§ 181 Gewährung der Gegenleistung

(1) Der übernehmende Rechtsträger ist zur Gewährung einer angemessenen Gegenleistung verpflichtet, wenn dies unter Berücksichtigung der Vermögens- und Ertragslage des übertragenden Vereins im Zeitpunkt der Beschlußfassung der obersten Vertretung gerechtfertigt ist.

(2) ¹In dem Beschluß, durch den dem Übertragungsvertrag zugestimmt wird, ist zu bestimmen, daß bei der Verteilung der Gegenleistung jedes Mitglied zu berücksichtigen ist, das dem Verein seit mindestens drei Monaten vor dem Beschluß angehört hat. ²Ferner sind in dem Beschluß die Maßstäbe festzusetzen, nach denen die Gegenleistung auf die Mitglieder zu verteilen ist.

(3) ¹Jedes berechtigte Mitglied erhält eine Gegenleistung in gleicher Höhe. ²Eine andere Verteilung kann nur nach einem oder mehreren der folgenden Maßstäbe festgesetzt werden:
1. die Höhe der Versicherungssumme,
2. die Höhe der Beiträge,
3. die Höhe der Deckungsrückstellung in der Lebensversicherung,
4. der in der Satzung des Vereins bestimmte Maßstab für die Verteilung des Überschusses,
5. der in der Satzung des Vereins bestimmte Maßstab für die Verteilung des Vermögens,
6. die Dauer der Mitgliedschaft.

(4) Ist eine Gegenleistung entgegen Absatz 1 nicht vereinbart worden, so ist sie auf Antrag vom Gericht zu bestimmen; § 30 Abs. 1 und § 34 sind entsprechend anzuwenden.

1. Allgemeines

§ 181 übernimmt in vollem Umfang die frühere Regelung im VAG. Abs. 1 entspricht § 44b IV 1 VAG aF, Abs. 2 entspricht § 44b IV 2, 3 VAG aF. Auch Abs. 3 ist unverändert übernommen worden, in § 44b IV 3 Hs. 2 VAG aF wurde auf § 385e II AktG aF – der die Aufzählung enthielt – verwiesen.

2. Angemessene Gegenleistung

Für den Verlust der mitgliedschaftlichen Rechte am Vereinsvermögen haben die Mitglieder des VVaG **Anspruch auf die Gewährung einer Gegenleistung**. Gem. **Abs. 2 S. 1** besteht dieser Anspruch nur dann, wenn das Mitglied dem Verein seit mindestens drei Monaten vor der Beschlussfassung (vgl. § 181 II; zur Fristberechnung zutr. Lutter/Wilm § 181 Rn. 2 mwN: bei der Fristberechnung werden weder der Tag des Beginns der Mitgliedschaft noch der Tag der Beschlussfassung mitgezählt) angehört hat. Materiell-rechtliche Voraussetzung für den Anspruch auf die Gegenleistung nach § 181 ist die (wirtschaftliche) **Rechtfertigung des entgeltlichen Erwerbs**; dies gilt auch im Fall von Abs. 4, denn das Gericht kann nicht etwas zusprechen, was nicht Äquivalent für die ursprüngliche Mitgliedschaft beim VVaG ist. Die Gegenleistung wird im Vermögensübertragungsvertrag festgelegt (Semler/Stengel/Leonard/Stengel § 180 Rn. 6; BeckOGK/Scheel/Harzenetter § 180 Rn. 9). Ist sie nicht angemessen, steht dem Mitglied das **Spruchverfahren** offen, Abs. 4 iVm § 34 und dem SpruchG.

Vgl. iÜ Prölss, 10. Aufl. 1989, VAG § 44b Rn. 17 ff. mwN.

3. Beteiligungsmaßstab

4 Gem. Abs. 2 S. 2 sind im Umwandlungsbeschluss die Maßstäbe festzusetzen, nach denen die Gegenleistung auf die Mitglieder zu verteilen ist. Hierfür bietet **Abs. 3** zwei Varianten der Festsetzung: Die Beteiligung nach der Kopfzahl der zu beteiligenden Mitglieder, dh der Anteil an der Gegenleistung ist für alle Mitglieder gleich hoch. Diese Regelung sieht das Gesetz als Grds. (Abs. 3 S. 1, vgl. auch § 183 II 2) vor. Wenn die Beteiligung nach der Kopfzahl nicht durchführbar oder (in noch ermessensfehlerfreier Weise) nicht gewünscht ist, so ist die Festsetzung nach Abs. 3 S. 2 Nr. 1–6 vorzunehmen. Die **Aufzählung in Abs. 3 S. 2 Nr. 1–6 ist abschl.** Zulässig ist aber die Verbindung der einzelnen Kriterien („nach einem oder mehreren"). So kann zB der Anteil an der Gegenleistung aufgrund einer Kombination der Beitragshöhe (Abs. 3 S. 2 Nr. 2) mit der Dauer der Mitgliedschaft (Abs. 3 S. 2 Nr. 6) berechnet werden. Bei der Festsetzung nach Abs. 3 S. 2 Nr. 1–6 muss der VVaG die Berechnungsmethode wählen, die nach den besonderen Verhältnissen des Unternehmens und des von ihm betriebenen Versicherungszweigs zu einer **gerechten Verteilung** führt (vgl. auch Meyer-Ladewig BB 1969, 1005 (1011); zur Unternehmensbewertung OLG Düsseldorf BeckRS 2009, 05038; AG 2006, 287 insbes. zu Besonderheiten bei Lebensversicherungsunternehmen mit lang lfd. Verträgen; NZG 2004, 429 mwN; Hübner in Dieter Farny und die Versicherungswirtschaft 1994, 39 ff.).

4. Gerichtliche Festsetzung

5 Ist eine **Gegenleistung nicht vereinbart** worden, obwohl sie zur Wahrung der wirtschaftlichen Integrität der Vereinsmitglieder geboten war (Abs. 1), kann Antrag auf **gerichtliche Bestimmung** der Gegenleistung gestellt werden, Abs. 4 Hs. 1. Der Antrag kann von jedem Mitglied (Ausnahme: wer nicht drei Monate Mitglied war, Abs. 2 S. 1) gestellt werden. Der Verweis in Abs. 4 Hs. 2 auch auf § 34 macht deutlich, dass das gerichtliche Verfahren nicht nur für den Fall eingeleitet werden darf, dass überhaupt keine Gegenleistung bestimmt wurde. Ausreichend ist es, wenn die Gegenleistung bzw. der auf das Mitglied entfallende Anteil an der Gegenleistung nicht in voller Höhe **angemessenes Äquivalent** für den Wert der ursprünglichen Beteiligung am werbenden Unternehmen ist (vgl. Abs. 4 Hs. 2 iVm § 30 I 1; vgl. zur Teilhabe der Mitglieder an den stillen Reserven BVerwG NJW 1996, 2521). Die Gegenleistung ist zu verzinsen, Abs. 4 Hs. 2 iVm § 30 I 2. Das gerichtliche Verfahren ist im SpruchG geregelt.

§ 182 Unterrichtung der Mitglieder

¹Sobald die Vermögensübertragung wirksam geworden ist, hat das Vertretungsorgan des übernehmenden Rechtsträgers allen Mitgliedern, die dem Verein seit mindestens drei Monaten vor dem Beschluß der obersten Vertretung über die Vermögensübertragung angehört haben, den Wortlaut des Vertrags in Textform mitzuteilen. ²In der Mitteilung ist auf die Möglichkeit hinzuweisen, die gerichtliche Bestimmung der angemessenen Gegenleistung zu verlangen.

1 Die Vorschrift entspricht § 44b III 3, 4 VAG aF. Die berechtigten Mitglieder des VVaG (vgl. § 182 S. 1, Mindestmitgliedschaft drei Monate vor Beschlussfassung der obersten Vertretung) sind vom Vertretungsorgan des **übernehmenden** Rechtsträgers umfassend zu unterrichten. Geschuldet ist die **Mitteilung** des (vollständigen) Wortlauts des Vertrages **in Textform.** Eine Vertretung des Vorstandes verstößt nicht gegen § 126b BGB (Semler/Stengel/Leonard/Stengel Rn. 1; aA NK-UmwR/Wagner Rn. 4). Des Weiteren ist gem. § 182 S. 2 auf die Möglichkeit von § 181 IV hinzuweisen.

Der Grund für die Unterrichtungspflicht besteht darin, dass die Zustimmung 2 zur Vereinbarung der Rechtsträger (= Umwandlungsbeschluss) nicht in jedem Fall unmittelbar durch die Anteilsinhaber getroffen wird. Je nach Satzungsbestimmung des VVaG ist entweder die Mitgliederversammlung oder aber die Mitgliedervertreterversammlung die **oberste Vertretung** iSv § 36 VAG (vgl. Prölss, 10. Aufl. 1989, VAG § 29 Rn. 4). Die Beschlussfassung der obersten Vertretung ersetzt die Versammlung der Anteilsinhaber iSv § 180 I iVm § 13 I 2. Vgl. iÜ Prölss, 10. Aufl. 1989, VAG § 44b Rn. 9 mwN.

§ 183 Bestellung eines Treuhänders

(1) ¹**Ist für die Vermögensübertragung eine Gegenleistung vereinbart worden, so hat der übertragende Verein einen Treuhänder für deren Empfang zu bestellen.** ²**Die Vermögensübertragung darf erst eingetragen werden, wenn der Treuhänder dem Gericht angezeigt hat, daß er im Besitz der Gegenleistung ist.**

(2) ¹**Bestimmt das Gericht nach § 181 Abs. 4 die Gegenleistung, so hat es von Amts wegen einen Treuhänder für deren Empfang zu bestellen.** ²**Die Gegenleistung steht zu gleichen Teilen den Mitgliedern zu, die dem Verein seit mindestens drei Monaten vor dem Beschluß der obersten Vertretung über die Vermögensübertragung angehört haben.** ³**§ 26 Abs. 4 ist entsprechend anzuwenden.**

§ 183 ersetzt § 71 (zur Rechtslage ohne Sonderregelung → § 178 Rn. 5). IÜ 1 entspricht § 183 der Bestellung eines Treuhänders nach § 71 I; auf die Komm. dort wird verwiesen (→ § 71 Rn. 1 ff.).

Abs. 2 weicht von § 181 III ab. Die § 44b VII VAG aF entsprechende Vorschrift 2 legt in S. 2 notwendig einen identischen Verteilungsmaßstab für alle berechtigten Mitglieder (vgl. § 182 S. 1, § 181 II 1) fest. Damit wird eine Auseinandersetzung des Gerichts mit den Möglichkeiten der Verteilung nach einem anderen Maßstab iSv § 181 III 2 Nr. 1–6 vermieden. Dies ist richtig, weil zum einen das Gericht mit einer gerechten Verteilung nach § 181 III 2 Nr. 1–6 überfordert wäre, auch fehlen die dafür notwendigen detaillierten Informationen; schließlich bringt Abs. 2 S. 2 nochmals zum Ausdruck, dass die gleichmäßige Verteilung der Gegenleistung (§ 181 III 1) gesetzliches Leitbild ist.

Der Verweis in Abs. 3 S. 3 auf § 26 IV ist identisch mit der Regelung von § 71 3 II; auf die Komm. dort wird verwiesen (→ § 71 Rn. 1 ff.).

Zweiter Unterabschnitt. Teilübertragung

§ 184 Anwendung der Spaltungsvorschriften

(1) **Bei einer Teilübertragung nach § 175 Nr. 2 Buchstabe b sind auf die beteiligten Rechtsträger die für die Aufspaltung, Abspaltung oder Ausgliederung zur Aufnahme von Teilen eines Versicherungsvereins auf Gegenseitigkeit und die für übernehmende Aktiengesellschaften im Falle der Aufspaltung, Abspaltung oder Ausgliederung geltenden Vorschriften des Dritten Buches und die dort für entsprechend anwendbar erklärten Vorschriften des Zweiten Buches auf den vergleichbaren Vorgang entsprechend anzuwenden, soweit sich aus den folgenden Vorschriften nichts anderes ergibt.**

(2) **§ 176 Abs. 2 bis 4 sowie § 178 Abs. 3 sind entsprechend anzuwenden.**

1. Allgemeines

1 § 184 ist die einzige Vorschrift im Zweiten Unterabschnitt. Sie regelt die **Teilübertragung nach § 175 Nr. 2 lit. b,** also die Konstellation, in der ein übertragender (großer) VVaG sein Vermögen durch Teilübertragung entsprechende Aufspaltung, Abspaltung oder Ausgleich zur Aufnahme durch eine Versicherungs-AG und/ oder ein öffentlich-rechtliches Versicherungsunternehmen gegen Gewährung der in § 174 I bezeichneten Gegenleistung überträgt. § 184 ist Parallelvorschrift zu § 179; wie dort wird auf die entsprechende Regelungen der Spaltung und zusätzlich in Abs. 2 auf § 176 II–IV, § 178 III verwiesen (zum fehlenden Verweis auf § 177 II 2 → § 179 Rn. 1 aE).

2. Anwendbare Vorschriften

2 Zunächst gelten die **allg. Vorschriften des Spaltungsrechts,** die Einschränkungen von § 176 II–IV sind zu beachten. Wegen der Parallelregelung auch zu § 177 I iÜ → § 177 Rn. 1 ff. und die dort angegebenen Fundstellen zum allg. Spaltungsrecht.

3 Bei der Teilübertragung nach § 184 ist ein großer VVaG übertragender Rechtsträger. Deshalb ist an sich **§ 151** zu beachten. § 151 entfaltet iRv § 184 allerdings keinen eigenen Regelungsgehalt, weil die Frage, welcher Rechtsträger tauglicher Übernehmer des (Teil-)Vermögens ist, gerade in § 184 abw. von § 151 speziell geregelt ist. Deshalb gelten neben den allg. Grundsätzen zur Spaltung (auch → Vor § 151 Rn. 1 ff.) unter Beteiligung eines übertragenden VVaG auch **§§ 110–113.**

4 Für die aufnehmende Versicherungs-AG ist **§ 144** zu beachten. IÜ gelten die Ausführungen in → § 180 Rn. 3, → § 178 Rn. 4 ff. entsprechend.

5 Ist der übernehmende Rechtsträger nicht eine Versicherungs-AG, sondern ein öffentlich-rechtliches Versicherungsunternehmen, gelten gem. Abs. 2 Alt. 1 iVm § 176 IV die **speziellen Vorschriften für das öffentlich-rechtliche Versicherungsunternehmen** (→ § 176 Rn. 2 aE) und gem. Abs. 2 Hs. 2 spezielle Zustimmungsvorbehalte (Verweis in Abs. 2 auf § 178 III, → § 178 Rn. 7).

Dritter Abschnitt. Übertragung des Vermögens eines kleineren Versicherungsvereins auf Gegenseitigkeit auf eine Aktiengesellschaft oder auf ein öffentlich-rechtliches Versicherungsunternehmen

§ 185 Möglichkeit der Vermögensübertragung

Ein kleinerer Versicherungsverein auf Gegenseitigkeit kann sein Vermögen nur im Wege der Vollübertragung auf eine Versicherungs-Aktiengesellschaft oder auf ein öffentlich-rechtliches Versicherungsunternehmen übertragen.

§ 186 Anzuwendende Vorschriften

[1]Auf die Vermögensübertragung sind die Vorschriften des Zweiten Abschnitts entsprechend anzuwenden. [2]Dabei treten bei kleineren Vereinen an die Stelle der Anmeldung zur Eintragung in das Register der Antrag an die Aufsichtsbehörde auf Genehmigung, an die Stelle der Eintragung in das Register und ihrer Bekanntmachung die Bekanntmachung im Bundesanzeiger nach § 187.

§ 187 Bekanntmachung der Vermögensübertragung

Sobald die Vermögensübertragung von allen beteiligten Aufsichtsbehörden genehmigt worden ist, macht bei einer Vermögensübertragung auf ein öffentlich-rechtliches Versicherungsunternehmen die für den übertragenden kleineren Verein zuständige Aufsichtsbehörde die Vermögensübertragung und ihre Genehmigung im Bundesanzeiger bekannt.

§§ 185–187 regeln als Dritter Abschnitt im Dritten Teil des Vierten Buches die **Vermögensübertragung durch einen kleineren VVaG** (§ 210 VAG) auf eine Versicherungs-AG oder auf ein öffentlich-rechtliches Versicherungsunternehmen. Eine **Teilübertragung** ist **nicht zulässig**. Damit wurde § 53a I 1 Nr. 2 VAG aF unverändert übernommen. Wie dort (Verweis auf § 44b VAG aF, § 44c VAG aF) verweist jetzt § 186 S. 1 auf die entsprechende Anwendung von §§ 180–183 über die Vollübertragung durch einen (großen) VVaG auf eine Versicherungs-AG oder auf ein öffentlich-rechtliches Versicherungsunternehmen. 1

§ 186 I 2 führt § 53a I 3 VAG aF unverändert fort. Da der kleinere VVaG nicht ins HR eingetragen werden kann, geht der Verweis in § 186 S. 1 auf § 180 I und mithin auf §§ 16 ff. ins Leere. Um dennoch einen Anknüpfungspunkt für die **Anmeldung der Eintragung** zu haben, erklärt § 186 S. 2 „den Antrag an die Aufsichtsbehörde auf Genehmigung" für maßgeblich (vgl. § 14a VAG). Die konstitutiven Wirkungen von § 131 (insbes. der Vermögensübergang) treten nicht mit Absendung oder Zugang des Antrags, sondern erst mit der gem. § 186 S. 2 notwendigen **Bekanntmachung der Genehmigung im BAnz.** (Gesetzesänderung durch das EHUG, → Einf. Rn. 28, weitere Änderungen durch Gesetz v. 22.12.2011, → Einf. Rn. 34) ein. 2

§ 187 lehnt sich an § 53a III VAG aF an. Die Vorschrift behandelt ausschließlich die Vermögensübertragung eines kleineren VVaG auf ein öffentlich-rechtliches Versicherungsunternehmen, der andere Fall von § 185 – Vermögensübertragung auf eine Versicherungs-AG – ist bereits durch den Verweis in § 186 S. 1 geregelt (vgl. Begr. RegE, BR-Drs. 75/94 zu § 187). Sämtliche erforderlichen aufsichtsbehördlichen Genehmigungen werden von der für den übertragenden kleineren VVaG zuständigen Aufsichtsbehörde registriert; liegen alle notwendigen Genehmigungen vor, hat diese Aufsichtsbehörde ihre Genehmigung im BAnz. bekannt zu machen. Mit dieser Bekanntmachung treten die Wirkungen der Eintragung iSv § 131 ein. Die früher notwendige Bekanntmachung in den weiteren Blättern ist nach der Änderung von § 187, § 188 II 2 durch das EHUG (→ Einf. Rn. 28) nicht mehr notwendig. 3

Vierter Abschnitt. Übertragung des Vermögens eines öffentlich-rechtlichen Versicherungsunternehmens auf Aktiengesellschaften oder Versicherungsvereine auf Gegenseitigkeit

Erster Unterabschnitt. Vollübertragung

§ 188 Anwendung der Verschmelzungsvorschriften

(1) **Bei einer Vollübertragung nach § 175 Nr. 2 Buchstabe c sind auf die übernehmenden Rechtsträger die für die Verschmelzung durch Aufnahme geltenden Vorschriften des Zweiten Buches sowie auf das übertragende Versicherungsunternehmen § 176 Abs. 3 entsprechend anzuwenden, soweit sich aus den folgenden Vorschriften nichts anderes ergibt.**

(2) § 176 Abs. 2 und 4 sowie § 178 Abs. 3 sind entsprechend anzuwenden.

(3) ¹An die Stelle der Anmeldung zur Eintragung in das Register treten bei den öffentlich-rechtlichen Versicherungsunternehmen der Antrag an

die Aufsichtsbehörde auf Genehmigung, an die Stelle der Eintragung in das Register und ihrer Bekanntmachung die Bekanntmachung nach Satz 2. ²Die für das öffentlich-rechtliche Versicherungsunternehmen zuständige Aufsichtsbehörde macht, sobald die Vermögensübertragung von allen beteiligten Aufsichtsbehörden genehmigt worden ist, die Übertragung und ihre Genehmigung im Bundesanzeiger bekannt.

1 § 188 ist die einzige Vorschrift, die die (praktisch bedeutungslose, vgl. Semler/Stengel/Leonard/Stengel Rn. 1; BeckOGK/Scheel/Harzenetter Rn. 4) **Vollübertragung eines öffentlich-rechtlichen Versicherungsunternehmens** auf einen (großen) VVaG oder auf eine Versicherungs-AG regelt. Es fällt schwer, die für diese Vermögensübertragung anzuwendenden Vorschriften zu bestimmen (anders NK-UmwR/Wagner Rn. 3 mwN; BeckOGK/Scheel/Harzenetter Rn. 5). Für den VVaG und für die Versicherungs-AG als übernehmende Rechtsträger ergeben sich zwar keine Besonderheiten (für VVaG → § 178 Rn. 6, für Versicherungs-AG → § 180 Rn. 3, → § 178 Rn. 4 ff.), auch sind wie bei jeder Vollübertragung grds. die allg. Verschmelzungsvorschriften anwendbar (→ § 176 Rn. 3 ff.); § 188 gibt aber keinen Aufschluss darüber, unter welchen Voraussetzungen einem öffentlich-rechtlichen Versicherungsunternehmen die Vermögensübertragung offenstehen soll. Die Vorschrift enthält noch nicht einmal eine Öffnungsklausel für einschlägiges Bundes- oder Landesrecht (diese wird von Widmann/Mayer/Heckschen Rn. 2 nicht für nötig gehalten), denn § 176 IV, auf den in Abs. 2 verwiesen wird, behandelt nur den übernehmenden Rechtsträger. Ebenso hat der Verweis in Abs. 2 auf die entsprechende Anwendung von § 178 III nur einen Teilbereich der zu regelnden Fragen, nämlich das Erfordernis der Zustimmung zum Vertrag über die Vermögensübertragung, zum Gegenstand. Die unmittelbar in Abs. 1, 3 enthaltenen Regelungen betreffen nur den Ersatz für die bei einem öffentlich-rechtlichen Versicherungsunternehmen nicht stattfindende Registeranmeldung und -eintragung; an der materiell-rechtlichen Unvollständigkeit von § 188 ändert dies nichts.

Zweiter Unterabschnitt. Teilübertragung

§ 189 Anwendung der Spaltungsvorschriften

(1) **Bei einer Teilübertragung nach § 175 Nr. 2 Buchstabe c sind auf die übernehmenden Rechtsträger die für die Aufspaltung, Abspaltung oder Ausgliederung zur Aufnahme geltenden Vorschriften des Dritten Buches und die dort für entsprechend anwendbar erklärten Vorschriften des Zweiten Buches auf den vergleichbaren Vorgang sowie auf das übertragende Versicherungsunternehmen § 176 Abs. 3 entsprechend anzuwenden, soweit sich aus den folgenden Vorschriften nichts anderes ergibt.**

(2) **§ 176 Abs. 2 und 4, § 178 Abs. 3 sowie § 188 Abs. 3 sind entsprechend anzuwenden.**

1 § 189 regelt die **Teilübertragung im Fall von § 175 Nr. 2 lit. c**. Wie bei §§ 179, 184 wird grds. auf die allg. Spaltungsvorschriften verwiesen, vgl. Komm. dazu. Allerdings fehlt es – wie bei § 188 auch (vgl. Komm. dort) – an materiell-rechtlichen Regelungen zur Befugnis des öffentlich-rechtlichen Versicherungsunternehmens, sein Vermögen durch Aufspaltung, Abspaltung oder Ausgliederung (teilw.) zu übertragen. Da die Vorschrift noch nicht einmal eine allg. Öffnungsklausel für rechtsformspezifisches Bundes- oder Landesrecht enthält, ist eine praktische Anwendung im Moment wohl nicht möglich. Die Gegenansicht (NK-UmwR/Wagner Rn. 4 mwN) korrigiert das Versäumnis des Gesetzgebers und wendet das „für das öffentlich-rechtliche Versicherungsunternehmen geltende öffentlich-rechtliche Unternehmensrecht" an.

Vorbemerkung 5, 6 **Vor § 190 UmwG A**

anderweitiger Anhaltspunkte 5.000 Euro) maßgeblich (vgl. Widmann/Mayer/ Vossius § 198 Rn. 44, 46). Der Wert ist in allen Fällen gem. § 106 GNotKG auf 1 Mio. Euro begrenzt (Widmann/Mayer/Vossius § 198 Rn. 47; BeckOGK/ Foerster § 190 Rn. 34);
– **Eintragung der neuen Rechtsform** = zwischen 180 Euro und 660 Euro (vgl. Tabelle bei Widmann/Mayer/Vossius § 198 Rn. 51. Für Eintragungen in das Vereinsregister wird gem. § 3 II GNotKG iVm Anlage 1 Nr. 13101 KV eine Festgebühr von 50 Euro fällig (iÜ → § 19 Rn. 43 ff.).

IÜ hat der Formwechsel den Zweck, die Änderung der Rechtsform von Unter- 5 nehmen nachträglich zu erleichtern, um sie **gewandelten wirtschaftlichen Verhältnissen** oder den **Interessen der Beteiligten** anzupassen. Gründe, die für die Umw eines Rechtsträgers durch Formwechsel sprechen, können zB sein: Kapitalbeschaffung und Kapitalausstattung, Haftungsfragen, Verkehrsfähigkeit der Anteile, Fragen der unternehmerischen Mitbestimmung, Publizitäts- und Bilanzierungspflichten, Organisationsstruktur, Vorbereitung einer erleichterten Unternehmensnachfolge, going public (dazu Römer/Müller DB 2000, 1085; Kallmeyer DB 1996, 29; zum Delisting → § 195 Rn. 3), Vorbereitung einer altersbedingten Kündigung des Handelsvertreters (dazu Arndt DB 1999, 1789) usw. Einen wesentlichen Gesichtspunkt stellt auch die zT unterschiedliche Besteuerung der jew. Unternehmensform dar, außerdem kann der Formwechsel beim Unternehmenskauf, beim Verkauf von Immobilien unter Vermeidung der Gewerblichkeit und als Umwandlungsart zur Vermeidung von GrESt beim Übergang von Immobilien sinnvoll (gewesen) sein, vgl. dazu die Erläuterung zu §§ 9, 18, 25 UmwStG. Zu den Motiven eines Formwechsels allg. Semler/Stengel/Leonard/Schwanna § 190 Rn. 5 ff.; Lutter/Hoger Vor § 190 Rn. 18 ff.; Widmann/Mayer/Vossius § 190 Rn. 36 ff.; Kallmeyer ZIP 1994, 1746 (1751). Zu den Motiven des Formwechsels für die öffentliche Hand vgl. Widmann/Mayer/Vossius § 301 Rn. 5, 6.

4. Gesetzesänderungen

Gesetzesänderungen im Anwendungsbereich von §§ 190 ff. ergaben sich 6 zunächst durch das Gesetz zur Änderung des UmwG, des PartGG und anderer Gesetze v. 22.7.1998, durch das HRefG, das SMG, das Spruchverfahrensneuordnungs, das EHUG, das Gesetz zur Änderung des Genossenschaftsrechts und durch das 2. UmwÄndG (→ Einf. Rn. 25 ff. mwN). Mit dem 2. UmwÄndG ist insbes. die Vermögensübersicht ersatzlos gestrichen worden, § 197 S. 3 verweist jetzt unmittelbar auf § 31 AktG, § 228 II aF über den hilfsweisen Formwechsel einer KapGes in eine GbR wurde aufgehoben. § 234 Nr. 3 verpflichtet jetzt bei der Umw von KapGes in PersGes zur Beurkundung des Gesellschaftsvertrags der PersGes. Vgl. iE die Komm. zu den zit. Vorschriften und die in → Einf. Rn. 28 zit. Lit. Vor allem rechtsformspezifische Änderungen brachten das MoMiG für die GmbH (→ Einf. Rn. 28 mwN) sowie das ARUG und das 3. UmwÄndG für die AG (→ Einf. Rn. 30, 31 mwN). So wurde für den formwechselnden Rechtsträger AG zB in § 230 II 3, 4 die Möglichkeit geschaffen, den Formwechselbericht per E-Mail zu übersenden und das Internet als Informationsplattform zu nutzen, vgl. auch § 232 I 2, § 239 I 2. Das UMAG (→ Einf. Rn. 29 mwN) und das ARUG führten in zwei Stufen zur umfangreichen Änderung des Beschlussmängelrechts der AG und vor allem zur Änderung von § 16 III, auf dessen Anwendung beim Formwechsel § 198 III verweist. Im Ergebnis dessen ist die Eintragung des Formwechsels (§ 202) auch bei erhobenen Unwirksamkeitsklagen (§ 195 I), falls diese überhaupt möglich sind und nicht das Spruchverfahren vorgeht (dazu § 195 II, § 210, 212 und → § 192 Rn. 15), jetzt deutlich besser zu erreichen als bisher. Weitere Gesetzesänderungen haben neben den Änderungen des Kostenrechts (→ § 19 Rn. 39 ff.) für den Formwechsel nur unbedeutende redaktionelle Klarstellungen bewirkt, → Einf.

Rn. 32. Durch Art. 5 Gesetz zum Bürokratieabbau und zur Förderung der Transparenz bei Genossenschaften v. 17.7.2017 wurde § 260 geändert.

7 Durch das **UmRUG** (→ Einf. Rn. 43 ff.) wurde die Terminologie des Fünften Buchs geändert, so dass nunmehr durchgehend von „Formwechsel" (statt „Umwandlung") die Rede ist. Außerdem wurde im Dritten Teil des Sechsten Buches (§§ 333 ff.) erstmals der **grenzüberschreitende Formwechsel** kodifiziert. Durch das **MoPeG** (→ Einf. Rn. 50 f.) wurde ab dem 1.1.2024 der Formwechsel aus und in eine **eGbR** eingeführt: Die eGbR kann nunmehr durch Formwechsel die Rechtform einer KapGes oder eG erlangen (§ 214 Abs. 1); eine KapGes konnte zwar auch bisher schon in eine GbR formwechseln, diese muss nun jedoch als eGbR eingetragen werden (§ 191 Abs. 2 Nr. 1).

§ 190 Allgemeiner Anwendungsbereich

(1) Ein Rechtsträger kann durch Formwechsel eine andere Rechtsform erhalten.

(2) Soweit nicht in diesem Buch etwas anderes bestimmt ist, gelten die Vorschriften über den Formwechsel nicht für Änderungen der Rechtsform, die in anderen Gesetzen vorgesehen oder zugelassen sind.

1. Allgemeines

1 § 190 konkretisiert als erste Vorschrift im Fünften Buch den Begriff „Formwechsel" in § 1 I Nr. 4. Neben der Verschm (§§ 2–122), der Spaltung (§§ 123–173) und der Vermögensübertragung (§§ 174–189) wird damit die vierte Umwandlungsmöglichkeit festgeschrieben: Ein Rechtsträger kann durch **Formwechsel** eine andere Rechtsform erhalten **(Abs. 1)**. An dieser Umstrukturierung ist also stets nur **ein Rechtsträger** beteiligt, der Formwechsel ändert die Identität dieses Rechtsträgers nicht. Nur die Rechtsform („Rechtskleid", „rechtliche Hülle", „Häutung der Gesellschaftsrechtsform") wird ausgetauscht. Neu war bei der Umwandlungsreform 1995 nicht der Formwechsel als solcher, sondern der Begriff (zuvor formwechselnde bzw. errichtende Umwandlung, Lutter/Hoger Vor § 190 Rn. 1, → Einf. Rn. 14 f., → § 191 Rn. 1; Widmann/Mayer/Vossius Rn. 5 ff.; Begr. RegE, BR-Drs. 75/94 zum Fünften Buch).

2 **Abs. 2** stellt für den Bereich des Formwechsels nochmals (vgl. § 1 II) die Unabhängigkeit des UmwG und anderer gesetzlich zugelassener Umw-/Formwechselmöglichkeiten klar: Vorschriften über den Formwechsel außerhalb des UmwG werden durch §§ 190 ff. grds. nicht beeinflusst (zB DG-BankG v. 13.8.1998, BGBl. 1998 I 2102; dazu BGH DB 2004, 1360).

2. Möglichkeiten des Formwechsels

3 Durch § 191 iVm §§ 214, 226, 258, 272, 291, 301 werden folgende **Umwandlungsmöglichkeiten** eröffnet (tabellarische Übersicht → Einf. Rn. 18; ferner Begr. RegE, BR-Drs. 75/94 zu → § 191 Rn. 4 ff.):
- einer **eGbR** in eine **KapGes** (GmbH, AG oder KGaA; diese Möglichkeit wurde zum 1.1.2024 durch das MoPeG, → Einf. Rn. 50 f., neu geschaffen) und umgekehrt (dh einer GmbH, AG oder KGaA in eine eGbR; dieser Formwechsel war schon vor dem MoPeG möglich, jetzt muss die Ziel-GbR im Gesellschaftsregister eingetragen werden) sowie einer eGbR in eine eG;
- einer **PhG** in eine **KapGes** (dh einer OHG oder KG in eine GmbH, AG oder KGaA) *und* umgekehrt (dh einer GmbH, AG oder KGaA in eine eGbR, OHG oder KG) sowie einer PhG in eine eG;
- einer **PartGes** in eine KapGes und umgekehrt sowie einer PartGes in eine eG;

– einer **KapGes** in eine andere Form der KapGes (dh einer GmbH in eine AG oder KGaA oder einer AG in eine GmbH oder KGaA oder einer KGaA in eine GmbH oder AG);
– einer **KapGes** in eine eG und umgekehrt (dh einer GmbH, AG oder KGaA in eine eG oder einer eG in eine GmbH, AG oder KGaA);
– eines **rechtsfähigen Vereins** (Idealverein nach § 21 BGB oder wirtschaftlicher Verein nach § 22 BGB) in eine KapGes (GmbH, AG oder KGaA) oder in eine eG;
– eines **VVaG** in eine AG;
– einer **Körperschaft oder Anstalt des öffentlichen Rechts** in eine KapGes (GmbH, AG oder KGaA).

Alle anderen insbes. nach § 191 I, II denkbaren Kombinationen sind **unzulässig**. Allerdings können nach § 1 II, § 190 II **außerhalb des UmwG** Vorschriften bestehen, die einen solchen Formwechsel zulassen, zB bei dem (eigentlich ungeregelten, dennoch aus §§ 105 ff. HGB herausgelesenen) Fall des Formwechsels einer OHG in eine KG und umgekehrt bzw. einer PhG in eine GbR und umgekehrt (→ § 191 Rn. 5, → § 214 Rn. 1; Widmann/Mayer/Vossius § 191 Rn. 22, 23; Lutter/Hoger Rn. 12 ff.). § 2 II PartGG erwähnt ausdrücklich die Umw einer GbR in eine PartGes. Ab dem 1.1.2024 verwendet das Gesetz für diese Vorgänge den Begriff **„Statuswechsel"**. § 707c BGB nF regelt gemeinsam mit § 106 III–V HGB nF, § 107 III HGB nF (ggf. iVm § 161 II HGB bzw. § 4 IV PartGG nF) die registerrechtliche Behandlung eines gesellschaftsrechtlichen Formwechsels außerhalb des UmwG innerhalb des Kreises der PersGes (GbR, OHG, KG, PartGes) in alle Richtungen. Die Vorschriften ermöglichen die Migration zwischen den unterschiedlichen Registern für die jew. Gesellschaftsformen (Gesellschaftsregister, Handelsregister, Partnerschaftsregister) (näher Servatius BGB § 707c Rn. 3; zum MoPeG → Einf. Rn. 50 f.). Art. 37 SE-VO ermöglicht den Formwechsel („Umwandlung") einer AG in eine SE; zudem kann eine aufnehmende AG auch im Zuge einer Verschmelzung die Rechtsform einer SE annehmen (Art. 17 Abs. 2 S. 3 SE-VO; → SE-VO Art. 17 Rn. 8). Art. 66 SE-VO ermöglicht demgegenüber die Rückumwandlung einer SE in eine AG; diese Vorschrift ist nicht zutr. hM nicht abschließend, sodass eine SE auch formwechselnder Rechtsträger iSd § 191 sein und somit auch in andere Rechtsformen als eine AG umgewandelt werden kann (OLG Frankfurt NZG 2012, 351; Kallmeyer/Marsch-Barner/Wilk Anh. I Rn. 131 f.; Semler/Stengel/Leonard/ Schwanna Rn. 11a). Die zweijährige Sperrfrist des Art. 66 I 2 SE-VO ist jedoch auch bei Umwandlung in eine andere Rechtsform zu beachten. Die **analoge Anwendung** von umwandlungsrechtlichen Schutzvorschriften (zB §§ 204, 205 iVm §§ 22, 25) kommt grds. nicht in Betracht. Es fehlt die Analogievoraussetzung der planwidrigen Unvollständigkeit (ausf. → § 1 Rn. 68 ff. mwN; wie hier Lutter/ Hoger Rn. 16 mwN; Kölner Komm UmwG/Petersen Rn. 16; zu **Abs. 2** iÜ die Erläuterungen zu § 1 II, → § 1 Rn. 62 ff.). Zum **grenzüberschreitenden Formwechsel** §§ 333 ff.

3. Identität des Rechtsträgers

§§ 190 ff. übernehmen die frühere Unterteilung zwischen formwechselnder und errichtender Umw (→ § 191 Rn. 1) nicht. Im Fünften Buch wird nicht danach unterschieden, ob der Rechtsformwechsel zu einer Veränderung der Vermögenszuordnung **(Gesamthand bzw. juristische Person)** führt oder nicht:

„Der wesentliche Unterschied des Formwechsels gegenüber den anderen Arten der Umwandlung liegt in der wirtschaftlichen Kontinuität des Rechtsträgers vor und nach dem Formwechsel. Diese Kontinuität beruht zum einen auf einer fast ausnahmslosen Identität des Personenkreises, der vor und nach der Umwandlung an dem Rechtsträger beteiligt ist ... Die wirtschaftliche Kontinuität ... zeigt sich auch darin, dass der Vermögensbestand des Rechtsträgers vor und nach dem Formwechsel gleichbleibt. Das Vermögen des Rechtsträgers soll weder, wie bei der Verschmelzung oder der Vermögensübertragung, mit einem anderen Unternehmensvermögen vereinigt noch, wie in den drei Fällen der Spaltung, in irgendeiner Weise aufgeteilt werden. Was sich durch den Formwechsel ändern soll, ist vielmehr allein die rechtliche Organisation des Unternehmensträgers, dem vor und nach der Umwandlung dasselbe Vermögen zugeordnet wird. Deshalb muss der wirtschaftlichen Identität auch die rechtliche Identität entsprechen" (Begr. RegE, BR-Drs. 75/94 zum Fünften Buch).

7 Indem nun ausdrücklich der identitätswahrende Formwechsel auch zwischen GesamthandsGes und jur. Person anerkannt wird, kommt der **dogmatischen Einordnung** Bedeutung zu. Früher standen sich Gesamthandsgemeinschaften und jur. Person als „unüberbrückbare Kategorien" gegenüber (Flume BGB AT I 1 S. 1 ff., 54 ff., 87 ff.; zur traditionellen Lehre der Dualität von jur. Person und Gesamthand Überblick mwN bei Zöllner FS Gernhuber, 1993, 563; Raiser AcP 194 (1994), 495 ff.; K. Schmidt AcP 191 (1991), 495 (508) Fn. 85).

8 Die herkömmliche Dogmatik wäre mit §§ 190 ff. daher durchbrochen, die Gliederung des Verbandsrechts in die beiden Grundmodelle gleichsam preisgegeben (Lüttge NJW 1995, 417 (422); Zöllner FS Gernhuber, 1993, 563).

9 Ob mit §§ 190 ff. wirklich die Entscheidung zugunsten der – auch im Interesse einer Rechtsvereinheitlichung innerhalb der EU stehenden – **„modernen Auffassung der Gesamthand"** (Raiser AcP 194 (1994), 495 ff.; vgl. bereits Buchda, Geschichte und Kritik der deutschen Gesamthandslehre, 1936, S. 225 ff.; vgl. auch Priester DStR 2005, 788) getroffen worden ist, kann letztlich dahinstehen, obgleich dieser Teil der Umwandlungsreform die wissenschaftliche Diskussion beflügelt hat (umfassende Nachw. bei Wiedemann ZGR 1999, 568; Mülbert AcP 199 (1999), 38; Limmer FS Widmann, 2000, 51). Heute dürfte die Einordnung der Gesamthand durch mehrere nachfolgende Entscheidungen des BGH geklärt sein. Zunächst hat der BGH die Konstruktion der GbR mbH verworfen (BGH NJW 1999, 3483; Nachw. zu Urteilsbesprechungen bei → § 200 Rn. 12 aE). Anschließend wurde die Prozessfähigkeit der GbR festgestellt (BGH ZIP 2001, 330; dazu K. Schmidt NJW 2001, 993; Habersack BB 2001, 477; Ulmer ZIP 2001, 585; vgl. auch Ulmer ZIP 1999, 554). Nach BGH ZIP 2001, 1713 kann die GbR Kommanditistin einer KG sein (vgl. § 162 I HGB, seit dem MoPeG iVm § 106 Abs. 2 Nr. 2 lit. b HGB, und auch OLG Brandenburg NZG 2007, 458: GbR als Mitglied einer eG). In einem weiteren Urteil hat der II. Zivilsenat des BGH die GbR bei der Anwachsung wie eine OHG behandelt und §§ 239 ff., § 246 ZPO sinngemäß angewandt (BGH NJW 2002, 1207). Die GbR kann ferner selbst Eigentümerin eines Grundstücks und Inhaberin von Grundstücksrechten sein (BGH NJW 2008, 1378; ausf. mwN Böttcher AnwBl 2011, 1; vgl. auch BGH NJW 2011, 615; 2009, 594 zur Bezeichnung der GbR im Grundbuch). Das MoPeG (→ Einf. Rn. 50 f.) hat in § 705 II BGB schließlich die Unterscheidung zwischen der rechtsfähigen Ges, die nach dem gemeinsamen Willen der Gesellschafter am Rechtsverkehr teilnehmen soll und selbst Rechte erwerben und Verbindlichkeiten eingehen kann, und der nicht rechtsfähigen Ges eingeführt, die den Gesellschaftern nur zur Ausgestaltung ihres Rechtsverhältnisses untereinander dient.

10 Für die Umw enthalten §§ 190 ff. eine klare Aussage. Die Möglichkeit des Formwechsels ist **dem Rechtsträger als Verband** eröffnet, der Rechtsträger selbst (und nicht seine Anteilsinhaber) ist das (einzige) Rechtssubjekt, auf das §§ 190 ff. Bezug nehmen. Diese bereits eindeutig aus Abs. 1 herzuleitende Auslegung wird durch die Begr. RegE *nochmals* belegt („neue Sicht von der Natur der Gesamthand, die Unterschiede zwischen Gesamthand und juristischer Person sind zwischenzeitlich eingeebnet", vgl. Begr. RegE, BR-Drs. 75/94 zur Einl. des Fünften Buches; ebenso K. Schmidt in IDW, Personengesellschaften und Bilanzierung, 1989, S. 41 ff.; die

GbR ist deshalb aber nicht jur. Person, so ausdrücklich BGH NJW 2002, 368 mwN). Eine beachtliche Zahl von Autoren vor allem der älteren Lit. scheint dies anders zu sehen (Identität des Rechtsträgers in §§ 190 ff. nur als **gesetzliche Fiktion,** so Semler/Stengel/Leonard/Bärwaldt § 197 Rn. 3; Hennrichs ZIP 1995, 794; Hennrichs, Formwechsel und Gesamtrechtsnachfolge bei Umwandlungen, 1995, S. 33 f.; Streck/Mack/Schwedhelm GmbHR 1995, 162 (171); Wiedemann ZGR 1999, 568; Bärwaldt/Schabacker ZIP 1998, 1293). Diese Ansicht ist trotz dogmatisch beachtenswerten Argumenten im Ergebnis unzutr., weil aus §§ 14, 25 UmwStG sehr deutlich abzulesen ist, dass gerade **im StR eine Fiktion** – nämlich die der nicht gegebenen Identität zwischen PersGes und KapGes – verankert wurde (vgl. auch Begr. RegE, BT-Drs. 12/6885 zu § 14 UmwStG; zu Einzelheiten → UmwStG § 9 Rn. 3, → UmwStG § 25 Rn. 3 ff.). Denn für das StR kommt es anders als in §§ 190 ff. nicht auf den Rechtsträger an, sondern auf das Steuersubjekt; dieses ist bei PersGes nicht der Verband selbst, sondern der jew. Gesellschafter. Der Gesetzgeber war sich bei der Formulierung von §§ 14, 25 UmwStG darüber bewusst, dass gerade deswegen eine Besteuerung der kreuzenden Umw (→ Vor § 190 Rn. 2) nur dann in Betracht kommt, wenn dies durch Sondervorschriften bestimmt ist (Begr. RegE, BR-Drs. 75/94 zur Einl. des Fünften Buches).

Wem daran liegt, die durch §§ 190 ff. verbindlich festgelegten „Gewaltsamkeiten" **11** (Zöllner FS Gernhuber, 1993, 566) zu relativieren und die Identität der Rechtsträger PersGes und KapGes nicht als bindende Entscheidung auch für das grds. Verhältnis von Gesamthand und jur. Person iÜ Zivilrecht zu deuten, der muss genau den Unterschied zwischen dem Verband als Rechtssubjekt für die Vermögenszuordnung und dem Verband als Rechtssubjekt für die Wahrnehmung sonstiger Rechte betonen (vgl. Lüttge NJW 1995, 417 (422); zu Recht weist Lutter/Hoger Rn. 7 darauf hin, dass die Identität des Rechtsträgers schon beim Formwechsel gem. §§ 190 ff. teilw. von Gläubiger- und Minderheitsrechten überlagert wird; zur Durchbrechung des Identitätsprinzips auch Bärwaldt/Schabacker ZIP 1998, 1297 f. mwN).

§ 191 Einbezogene Rechtsträger

(1) **Formwechselnde Rechtsträger können sein:**
1. eingetragene Gesellschaften bürgerlichen Rechts, Personenhandelsgesellschaften (offene Handelsgesellschaft, Kommanditgesellschaft) und Partnerschaftsgesellschaften;
2. Kapitalgesellschaften (§ 3 Abs. 1 Nr. 2);
3. eingetragene Genossenschaften;
4. rechtsfähige Vereine;
5. Versicherungsvereine auf Gegenseitigkeit;
6. Körperschaften und Anstalten des öffentlichen Rechts.

(2) **Rechtsträger neuer Rechtsform können sein:**
1. eingetragene Gesellschaften bürgerlichen Rechts, Personenhandelsgesellschaften (offene Handelsgesellschaft, Kommanditgesellschaft) und Partnerschaftsgesellschaften;
2. Kapitalgesellschaften;
3. eingetragene Genossenschaften.

(3) **Der Formwechsel ist auch bei aufgelösten Rechtsträgern möglich, wenn ihre Fortsetzung in der bisherigen Rechtsform beschlossen werden könnte.**

Übersicht

	Rn.
1. Allgemeines	1
2. Formwechselnde Rechtsträger (Abs. 1)	4

	Rn.
a) Personengesellschaft	4a
b) EWIV	10
c) Partnerschaftsgesellschaft	11
d) Kapitalgesellschaft	13
e) Eingetragene Genossenschaft	18
f) Rechtsfähiger Verein	21
aa) Eingetragener Verein	22
bb) Wirtschaftlicher Verein	24
cc) Umwandlungsmöglichkeiten	26
g) Versicherungsverein auf Gegenseitigkeit	27
h) Körperschaften und Anstalten des öffentlichen Rechts	29
3. Zielrechtsform (Abs. 2)	31a
4. Aufgelöste Rechtsträger (Abs. 3)	34

1. Allgemeines

1 **Abs. 1, 2** listen in abschließender Form die **Rechtsträger** auf, die an einem Formwechsel iSv §§ 190 ff. beteiligt sein können. Unmittelbares Vorbild für diese Art der Umw (§ 1 I Nr. 4) waren §§ 362 ff. AktG aF über die „formwechselnde" Umw von AG in KGaA und umgekehrt (§§ 362–365, 366–368 AktG aF), von AG in GmbH und umgekehrt (§§ 369–375, 376–383 AktG aF), von Körperschaften oder Anstalten des öffentlichen Rechts in AG (§§ 385a–385c AktG aF), von VVaG in AG (§§ 385d–385l AktG aF), von eG in AG (§§ 385m–385q AktG aF) und schließlich von KGaA in GmbH und umgekehrt (§§ 386–388, 389–392 AktG aF). Allein diese Umwandlungsmöglichkeiten alten Rechts hatten den eigentlichen Rechtsformwechsel unter **Beibehaltung der Identität** des jew. Rechtsträgers (→ § 190 Rn. 5 ff.) zum Gegenstand. **PhG**, die seit der Umwandlungsreform 1995 als formwechselnder Rechtsträger und als Rechtsträger neuer Rechtsform („Zielrechtsträger") am Formwechsel beteiligt sein können, war diese praktisch wichtige Umstrukturierungsmöglichkeit verschlossen. Zwar konnte (und kann) unproblematisch außerhalb des kodifizierten UmwR ein Wechsel der Rechtsform innerhalb von PersGes (GbR, OHG, KG) erfolgen (→ § 190 Rn. 4; → Rn. 5), der Rechtsformwechsel in die KapGes oder umgekehrt war jedoch aufgrund der damaligen Sicht zur „Natur" der Gesamthand versperrt. Wegen der nicht identischen Vermögenszuordnung bei KapGes einerseits und PhG andererseits (hier die jur. Person selbst, dort die Gesellschafter in ihrer gesamthänderischen Verbundenheit) bestimmten §§ 1, 23, 24, 40 ff. UmwG 1969 bei der errichtenden Umw die Notwendigkeit einer Vermögensübertragung durch Gesamtrechtsnachfolge. Zur analogen Anwendung der §§ 190 ff. auf eine britische Limited nach dem „Brexit" s. BMF BStBl. 2021 I 46. Bis zum **MoPeG** (→ Einf. Rn. 50 f.) war die GbR keine zulässige Ausgangs-, aber eine zulässige Zielrechtsform (Abs. 2 Nr. 1 aF). Ab dem 1.1.2024 ist die **eGbR** zulässige Ausgangs- und Zielrechtsform. Hierzu wurde die Aufzählung in Abs. 1 Nr. 1 und Abs. 2 Nr. 1 jeweils um die eGbR ergänzt und wurden in Abs. 2 die bisherigen Nr. 1 und Nr. 2 in der Nr. 1 zusammengeführt, um insoweit den Gleichlauf mit Abs. 1 herzustellen.

2 **Abs. 1** enthält eine **abschließende Aufzählung** der Rechtsträger, die durch Formwechsel nach dem Fünften Buch in einen Rechtsträger anderer Rechtsform umgewandelt werden können (Begr. RegE, BR-Drs. 75/94 zu § 191 I; zur Teilnahme einer **SE** am Formwechsel → SE-VO Art. 2 Rn. 41 ff. mwN; zum **grenzüberschreitenden Formwechsel** §§ 333 ff.; zum Tb-Merkmal „Sitz im Inland" iSv § 1 I → § 1 Rn. 23 ff.). Mit dem Gesetz zur Änderung des UmwG, des PartGG und anderer Gesetze v. 22.7.1998 (BGBl. 1998 I 1878; → Einf. Rn. 25) wurde die **PartGes** als formwechselnder Rechtsträger und als Rechtsträger neuer Rechtsform

zugelassen. Die weitgehende Gleichbehandlung von PartGes mit den PhG zeigt sich im Zweiten Teil der Vorschriften zum Formwechsel. §§ 225a ff. übernehmen für die PartGes die für die PhG geltenden Vorschriften weitgehend. Ab dem 1.1.2024 gehört aufgrund des MoPeG (→ Einf. Rn. 50 f.) auch die **eGbR** zu den zulässigen Ausgangs- und Zielrechtsformen.

Die Erwähnung als formwechselnder Rechtsträger in Abs. 1 bedeutet nicht, dass **2a** §§ 190 ff. einen Formwechsel in jede der in **Abs. 2** aufgeführten Rechtsformen zulassen. Die **möglichen Zielrechtsformen** für die in Abs. 1 Nr. 1–6 aufgeführten Rechtsträger folgen vielmehr aus § 214 **(eGbR, PhG),** § 225a **(PartGes),** § 226 **(KapGes),** § 258 **(eG),** § 272 **(rechtsfähiger Verein),** § 291 **(VVaG)** und § 301 **(Körperschaft oder Anstalt des öffentlichen Rechts).** Diese Vorschriften grenzen rechtsformspezifisch den weiten Wortlaut von § 191 ein. Dies steht im Einklang mit der allg. Regelung des § 1 II, wonach die in § 191 dargebotenen und durch die besonderen Vorschriften in §§ 214–304 genau festgelegten Möglichkeiten des Formwechsels als abschließend zu verstehen sind, wenn und soweit nicht ausnahmsweise durch Bundesgesetz oder Landesgesetz **ausdrücklich** etwas anderes vorgesehen ist.

Abs. 3 lässt in Anlehnung an § 2 UmwG 1969, § 40 II UmwG 1969, § 46 S. 2 **3** UmwG 1969 auch den Formwechsel eines **aufgelösten Rechtsträgers** zu, wenn dessen Fortsetzung in der bisherigen Rechtsform beschlossen werden könnte. Abs. 3 entspricht damit § 3 III, § 124 II.

2. Formwechselnde Rechtsträger (Abs. 1)

Abs. 1 führt die Rechtsträger auf, die einen Formwechsel nach §§ 190 ff. durch- **4** führen dürfen. Die **Aufzählung ist abschließend** (zur SE → Rn. 2, zum Statuswechsel einer PersGes → Rn. 5, zum grenzüberschreitenden Formwechsel s. § 334), die konkret zugelassenen Zielrechtsformen bestimmen sich nach Maßgabe der besonderen Vorschriften in §§ 214 ff. (→ Rn. 2). Vgl. auch den tabellarischen Überblick bei Widmann/Mayer/Vossius zu den Formwechselmöglichkeiten nach dem UmwG (→ Rn. 20) und nach allg. Recht (→ Rn. 22).

a) Personengesellschaft. Ab dem 1.1.2024 nennt Abs. 1 Nr. 1 vor den Perso- **4a** nenhandelsgesellschaften auch die **eGbR** (§§ 707 ff. BGB idF des MoPeG, BGBl. 2021 I 3436; krit. zur Beschränkung auf die eGbR BeckOGK/Foerster Rn. 19) als zulässige Ausgangsrechtsform. Die Gesellschafter einer GbR können diese gem. § 707 BGB zur Eintragung in das Gesellschaftsregister anmelden; mit der Eintragung muss die Ges gem. § 707a II BGB den Namenszusatz „eingetragene Gesellschaft bürgerlichen Rechts" oder „eGbR" führen und ist die Ges gem. Abs. 1 Nr. 1 formwechselfähig.

Ob der am Formwechsel beteiligte Rechtsträger eine OHG oder eine KG ist, **5** richtet sich nach §§ 105 ff. HGB (für die OHG) bzw. nach §§ 161 ff. HGB (für die KG). Für die rechtliche Qualifikation kommt es nicht darauf an, welche Gesellschaftsform sich die Beteiligten vorgestellt haben, sondern allein darauf, ob objektiv die Voraussetzungen einer OHG oder KG – oder einer anderen PersGes oder Personengemeinschaft – tatsächlich vorliegen (Grüneberg/Sprau BGB § 705 Rn. 6; Priester DStR 2005, 788; wN → § 3 Rn. 7). Der **Rechtsformwechsel innerhalb der Gesamthand** richtet sich gem. §§ 705 ff. BGB, § 105 ff. HGB, § 2 II PartGG (näher Grüneberg/Sprau BGB § 705 Rn. 6; Lutter/Hoger § 190 Rn. 12 ff.; Kölner Komm UmwG/Petersen Rn. 10, 11, je mwN), mithin also nach Bundesgesetz iSv § 1 II bzw. nach einem anderen Gesetz iSv § 190 II (Begr. RegE, BR-Drs. 75/94 zu § 190 II). Obwohl die PhG in Abs. 1 Nr. 1 als Ausgangsrechtsträger und in Abs. 2 Nr. 1 als Zielrechtsträger genannt ist, kann eine Umw bspw. von der OHG in die KG nach §§ 190 ff. nicht stattfinden, § 214 I führt diese Möglichkeit nicht auf. Ab dem 1.1.2024 verwendet das Gesetz für diese Vorgänge den Begriff „**Statuswech-**

sel". § 707c BGB regelt gemeinsam mit § 106 III–V HGB, § 107 III HGB (ggf. iVm § 161 II HGB bzw. § 4 IV PartGG) die registerrechtliche Behandlung eines gesellschaftsrechtlichen „Formwechsels" außerhalb des UmwG innerhalb des Kreises der Personengesellschaften (GbR, OHG, KG, PartGes) in alle Richtungen.

6 **Gesellschafter einer GbR, OHG oder KG** können neben natürlichen auch juristische Personen (seit RGZ 105, 101 stRspr), auch ausl. KapGes, auch andere rechtsfähige PersGes sein (vgl. § 707 II Nr. 2 BGB, § 106 II Nr. 2 HGB), nicht aber Bruchteilsgemeinschaften (§§ 741 ff. BGB). Gem. § 707a I 2 BGB „soll" eine GbR als Gesellschafterin einer eGbR nur eingetragen werden, wenn sie auch selbst im Gesellschaftsregister eingetragen ist, um insoweit volle Publizität herzustellen.

7 Bei **nichtigem** oder **anfechtbarem Gesellschaftsvertrag** gelten die Grundsätze über die fehlerhafte Gesellschaft (→ § 3 Rn. 10). Nachdem das BVerfG (NJW 1986, 1859) die unbegrenzte Fortführung eines ererbten Handelsgeschäfts in ungeteilter Erbengemeinschaft mit Minderjährigen beschränkt hatte, wurde durch das MHbeG v. 25.8.1998 (BGBl. 1998 I 2887) die **Minderjährigenhaftungsbeschränkung** von § 1629a BGB eingeführt (dazu Behnke NJW 1998, 3078; Habersack FamRZ 1999, 1; wN → § 3 Rn. 44 f.). Die Haftung des Minderjährigen beschränkt sich danach auf den Bestand seines bei Eintritt der Volljährigkeit vorhandenen Vermögens.

8 Zu den KG gehört auch die **KapGes & Co. KG**. Abs. 1 Nr. 1, Abs. 2 Nr. 1 beziehen sich auf alle „Unterarten" dieser Rechtsform, insbes. auch auf die Publikums-KG und auf die GmbH & Co. KG (Begr. RegE, BR-Drs. 75/94 zu § 191 I Nr. 1; Streck/Mack/Schwedhelm GmbHR 1995, 171; aA Kallmeyer GmbHR 2000, 418 für die beteiligungsidentische GmbH & Co. KG). § 1 II 1 UmwG 1969, der die Umw in eine PersGes nicht zuließ, wenn an dieser Ges eine KapGes als Gesellschafter beteiligt war (→ 1. Aufl. 1994, § 1 Anm. 9), wurde im UmwG 1995 nicht übernommen.

9 Nach **§ 214 I** ist der eGbR und der PhG die Möglichkeit des Formwechsels in eine KapGes (§ 191 II Nr. 3) oder in eine eG (§ 191 II Nr. 4) eröffnet. Eine aufgelöste eGbR oder PhG kann die Rechtsform nicht wechseln, wenn die Gesellschafter eine andere Art der Auseinandersetzung als die Abwicklung durch Liquidation oder den Formwechsel vereinbart habe, (§ 214 II).

10 **b) EWIV.** Zur Rechtsform EWIV → UmwStG § 20 Rn. 166. § 1 EWIVAG (BGBl. 1988 I 514) verweist auf das sinngemäß anzuwendende **OHG-Recht** („OHG mit Fremdgeschäftsführung",). Die EWIV ist damit wie die OHG zu behandeln (LG Frankfurt a. M. BB 1991, 496) und kann gem. Abs. 1 Nr. 1, Abs. 2 Nr. 2 an einem Formwechsel beteiligt sein. Das Analogieverbot von § 1 III steht dem nicht entgegen. Die Möglichkeiten des UmwG werden für die EWIV nicht entsprechend angewandt, vielmehr ist die EWIV kraft Gesetzes **gleich einer OHG** zu behandeln (K. Schmidt NJW 1995, 1 (7); Wertenbruch ZIP 1995, 712 ff.; Lutter/Schmidt/Karollus/Decher Kölner Umwandlungsrechtstage 1995, 68, 164, 204; Lutter/Hoger Rn. 2; Semler/Stengel/Leonard/Schwanna Rn. 11; Kallmeyer/Meister/Klöcker/Berger Rn. 5; Goutier/Knopf/Tulloch/Laumann Rn. 5; Kölner Komm UmwG/Petersen Rn. 3; NK-UmwG/Althoff/Narr Rn. 3; BeckOGK/Foerster Rn. 3; Widmann/Mayer/Heckschen § 1 Rn. 60 ff.; aA Widmann/Mayer/Vossius Rn. 9 ff.: Verweisung in § 1 EWIVAG sei bloße Rechtsfolgenverweisung, die EWIV werde nur als HandelsGes, nicht jedoch als PhG fingiert; die Umw in eine EWIV sei daher nur nach vorherigem Formwechsel in eine OHG möglich).

11 **c) Partnerschaftsgesellschaft.** Das PartGG trat am 1.7.1995 in Kraft (BGBl. 1994 I 1744 (1747)). Bei der **PartGes** handelt es sich um eine registerfähige PersGes für die gemeinsame Berufsausübung von Freiberuflern (vgl. K. Schmidt NJW 1995, 1 ff.; Michalski ZIP 1993, 1210; Seibert, Die Partnerschaft, eine neue Rechtsform für die freien Berufe, 1994, jew. mwN; zu den Motiven des Gesetzgebers Römer-

mann/Römermann PartGG Einf. Rn. 43 ff.). Als PartGes gilt auch uneingeschränkt die PartGmbH (vgl. dazu auch Binnewies/Wollweber AnwBl 2014, 9; Uwer/Roeding AnwBl 2013, 309; Hellwig AnwBl 2012, 345; Posegga DStR 2012, 611; vgl. zum Wechsel von der PartGes in die PartGmbH Sommer/Treptow NJW 2013, 3269). In erster Linie sind für die PartGes OHG-Vorschriften anzuwenden, allerdings wurde ein Generalverweis wie in § 1 EWIV-Ausführungsgesetz nicht vorgesehen (K. Schmidt NJW 1995, 2 f.). Wegen des in § 1 II normierten numerus clausus des UmwR sowie des damit verbundenen Analogieverbots konnten PartGes nicht als umwandlungsfähige Rechtsträger iSv §§ 3, 124, 191 angesehen werden (dazu Römermann/Praß PartGG § 7 Rn. 17 mwN; ausf. Wertenbruch ZIP 1995, 712 ff. mwN, der darin eine verfassungswidrige Ungleichbehandlung von Partnerschaft und PhG sah).

Durch das Gesetz zur Änderung des UmwG, des PartGG und anderer Gesetze v. 22.7.1998 (BGBl. 1998 I 1878) wurde die **PartGes allg. als umwandlungsfähiger Rechtsträger** zugelassen (→ Einf. Rn. 25). Rechtstechnisch geschah dies beim Formwechsel durch die Erwähnung der PartGes in Abs. 1 Nr. 1, Abs. 2 Nr. 2 aF (jetzt Nr. 1) und durch die Einfügung von **§§ 225a ff.** sowie durch die Ergänzung des Katalogs der ZielGes in **§ 226** unter der Einschränkung von **§ 228 III.** Die PartGes kann ihre Rechtsform zur KapGes und zur eG wechseln, umgekehrt können KapGes nach Maßgabe von § 228 III in die Rechtsform der PartGes wechseln (→ Einf. Rn. 20). 12

d) Kapitalgesellschaft. Eine KapGes (Legaldefinition in § 3 I Nr. 2: GmbH, AG, KGaA) kann formwechselnder Rechtsträger (Abs. 1 Nr. 2) und Zielrechtsträger (Abs. 2 Nr. 3) sein. Zur **GmbH & Co. KGaA** → § 3 Rn. 21; zur SE → § 190 Rn. 4, → SE-VO Art. 2 Rn. 41 ff. Die **UG (haftungsbeschränkt)** ist keine eigene Rechtsform, sondern GmbH. Sie kann (ähnlich wie bei der Verschm, → § 3 Rn. 18 ff.) aber nicht in gleichem Maße an der Umwandlungsart Formwechsel teilnehmen wie die GmbH (→ Rn. 32). 13

Den **Beginn der Umwandlungsfähigkeit** markiert die Eintragung in das HR. Eine KapGes besteht kraft ausdrücklicher gesetzlicher Regelung vor der Eintragung in das HR noch nicht (vgl. § 41 I 1 AktG für die AG, § 278 III iVm § 41 I 1 AktG für die KGaA und § 11 I GmbHG für die GmbH). Die Eintragung in das HR wirkt in allen Fällen konstitutiv. Da in Abs. 1 Nr. 2 **eine KapGes** als solche vorausgesetzt wird, beginnt die Fähigkeit zur Beteiligung an einem Formwechsel erst mit der **Eintragung in das HR.** Maßgeblich sind damit weder der Zeitpunkt der Errichtung der Ges noch derjenige der Bekanntmachung der Eintragung. Die **VorGes** ist nach hM nicht KapGes iSv Abs. 1 Nr. 2 (statt aller Lutter/Hoger Rn. 7 mwN; aA Bayer ZIP 1997, 1613; K. Schmidt FS Zöllner, Bd. I, 1998, 521; iÜ → § 3 Rn. 18 f.). 14

Für die Umwandlungsberechtigung von KapGes kommt es nicht darauf an, ob sie ein Unternehmen im betriebswirtschaftlichen und rechtlichen Sinne betreiben (Kallmeyer ZIP 1994, 1746 (1751); Mertens AG 1994, 66 (75)). Damit sind auch **gemeinnützige Körperschaften** privilegiert (vgl. auch § 104a); Gleiches gilt für die **ruhende HandelsGes,** insbes. für den Gesellschaftsmantel (zum Gesellschaftsmantel aber jetzt vollständige Prüfung der Kapitalerhaltung, → § 19 Rn. 21 f.; Heckschen/Heidinger GmbH Gestaltungspraxis/Heckschen § 3 Rn. 112 ff. mwN). 15

Auf den Zeitpunkt der **Beendigung der KapGes,** dh der Eintragung der Löschung im HR (dazu K. Schmidt GesR § 11 V 3b; Noack/Servatius/Haas/Haas GmbHG § 60 Rn. 2, 3, 6 mwN), kommt es für das UmwG nicht an, weil § 190 III insoweit eine Sonderregelung trifft (→ Rn. 34 ff.). 16

Formwechselnde KapGes haben grds. die Möglichkeit, in jede der in Abs. 2 Nr. 1–3 aufgeführten Rechtsformen zu wechseln; **§ 226** bestimmt die GbR, die 17

PhG, die PartGes, die eG und jede andere KapGes als mögliche Zielrechtsform. „GbR" meint wegen § 191 Abs. 2 Nr. 1 ab dem 1.1.2024 nur noch die eGbR.

18 **e) Eingetragene Genossenschaft.** Gem. **Abs. 1 Nr. 3**, Abs. 2 Nr. 3 können **eG** bei einem Formwechsel Ausgangs- und Zielrechtsträger sein. Der Begriff der eG ist abschließend in § 1 GenG (Neufassung durch Gesetz zur Einführung der Europäischen Genossenschaft und zur Änderung des Genossenschaftsrechts v. 14.8.2006, BGBl. 2006 I 1911) bestimmt. Nicht zu den eG iSv Abs. 1 Nr. 3 gehören die genossenschaftlichen Zusammenschlüsse nach dem Recht der ehemaligen DDR, zB landwirtschaftliche Produktionsgenossenschaft **(LPG)** oder Produktionsgenossenschaft des Handwerks **(PGH)**; für diese Rechtsträger gelten gem. § 1 II die **Sonderbestimmungen** im VermG, im LwAnpG oder in der Verordnung über die Gründung, Tätigkeit und Umw von ProduktionsGen des Handwerks **(PGHVO)**.

19 **Vor der Eintragung** in das Genossenschaftsregister ihres Sitzes hat die Gen die Rechte einer eG nicht (§ 13 GenG). Da Abs. 1 Nr. 3 nur die eG erwähnt, ist die **Registereintragung** also – ähnlich wie bei den KapGes – **konstitutiv** auch für die Fähigkeit zur Teilhabe am Formwechsel. Für den Fall der Auflösung der eG durch Beschluss der Generalversammlung oder durch Zeitablauf (§§ 78, 79 GenG) greift wiederum die Sonderregelung in Abs. 3, die das Ende der Fähigkeit zur Teilhabe am Formwechsel auch für eG bestimmt.

20 Eine eG kann nur die Rechtsform einer KapGes erlangen (**§ 258 I**). Damit eröffnen §§ 190 ff. sowohl den Weg von der eG in eine KapGes als auch umgekehrt (→ Rn. 17).

21 **f) Rechtsfähiger Verein.** Anders als bei der Verschm (vgl. § 3 I Nr. 4, II Nr. 1) unterscheidet **Abs. 1 Nr. 4** nicht zwischen den zwei Arten des rechtsfähigen Vereins. Formwechselnder Rechtsträger kann mithin der **eV ebenso wie der wirtschaftliche Verein** sein.

22 **aa) Eingetragener Verein.** Abs. 1 Nr. 4 bestimmt die Beteiligungsfähigkeit eines eV iSv § 21 BGB als Rechtsträger bei einem Formwechsel. Die jur. Person eV erlangt durch die Normativbestimmung von § 21 BGB ihre Rechtsfähigkeit durch Eintragung in das Vereinsregister des zuständigen AG. Der eV ist kraft gesetzlicher Regelung als nicht wirtschaftlicher Verein oder sog. Idealverein ausgestaltet. Maßgebende Bedeutung für die Zuordnung als eV oder wirtschaftlicher Verein hat demnach das Vorliegen **eines wirtschaftlichen Geschäftsbetriebs** (→ § 3 Rn. 26).

23 Die Berechtigung zum Formwechsel ist an die **konstitutiv wirkende Eintragung** gebunden (so auch Lutter/Hennrichs § 99 Rn. 15); für den Fall der Auflösung nach § 41 BGB gilt Abs. 3. War der Verein fälschlicherweise eingetragen worden (Beispiel aus der Rspr. bei Winheller DStR 2015, 1389), wirkt diese Eintragung auch für die Beurteilung der Umwandlungsfähigkeit fort; bis zur Amtslöschung gilt der Verein trotz Vorliegens eines wirtschaftlichen Geschäftsbetriebs als eV.

24 **bb) Wirtschaftlicher Verein.** Abs. 1 Nr. 4 eröffnet wirtschaftlichen Vereinen iSv § 22 BGB ebenfalls die Möglichkeit, an einem Formwechsel beteiligt zu sein. Mit dieser Regelung wird also der Weg aus dem wirtschaftlichen Verein eröffnet, er kann hingegen – ebenso wie der eV – nicht ZielGes eines Formwechsels sein. Grund für diese eingeschränkte Rolle des wirtschaftlichen Vereins ist die Vorstellung des Gesetzgebers, dass der Verein als Träger eines Unternehmens nur ausnahmsweise geeignet sei (vgl. Begr. RegE, BR-Drs. 75/94 zu 3). Die mangelnde Fähigkeit des Vereins, dauerhaft Träger eines Unternehmens zu sein, leitet sich aus vier Argumenten ab, nämlich der weitgehenden Freiheit des Vereins von der Pflicht zur Rechnungslegung, dem Fehlen von Kapitalaufbringungs- und Kapitalerhaltungsvorschriften, der mangelnden Kontrolle des Vereinsvorstandes durch die Mitglieder des

Vereins und schließlich der fehlenden Mitbestimmung der ArbN (auch → § 1 Rn. 12 mwN).

Der wirtschaftliche Verein setzt das Vorliegen eines wirtschaftlichen Geschäftsbe- 25 triebs voraus (dazu und zur Abgrenzung zum nichtwirtschaftlichen eV → § 3 Rn. 26; Grüneberg/Ellenberger BGB § 21 Rn. 2 ff. mwN). Abs. 1 Nr. 4 betrifft den **rechtsfähigen Verein;** die Rechtsfähigkeit wird durch staatlichen Akt (als Konzession) verliehen.

cc) Umwandlungsmöglichkeiten. Ein rechtsfähiger Verein, also sowohl ein eV 26 als auch ein wirtschaftlicher Verein, kann gem. § 272 I nur die Rechtsform einer KapGes oder einer eG erlangen. Für den Formwechsel auch in eine PersGes bestand kein praktisches Bedürfnis (Begr. RegE, BR-Drs. 75/94 zu § 272 I). Der Formwechsel ist nur zulässig, wenn nicht die Satzung des Vereins oder Vorschriften des Landes entgegenstehen (§ 272 II).

g) Versicherungsverein auf Gegenseitigkeit. Gem. **Abs. 1 Nr. 5** können 27 **VVaG** formwechselnde Rechtsträger sein; als ZielGes iSv Abs. 2 kommen sie nicht in Betracht. Anders als bei der Verschm (vgl. § 3 I Nr. 6, §§ 109 ff.) wird beim Formwechsel unterschieden: **Kleinere Vereine** iSv § 210 VAG dürfen an einem Formwechsel überhaupt nicht beteiligt sein (§ 291 I; zur vorgelagerten Statusänderung → § 291 Rn. 2). Dem „großen" VVaG ist entsprechend der Vorgängerregelung von § 385d I AktG aF nur der Wechsel in die Rechtsform der AG möglich (§ 291 I).

Der VVaG erlangt seine Rechtsfähigkeit gem. § 171 VAG erst mit der **Erlaubnis** 28 **der Aufsichtsbehörde;** zuvor ist eine Umwandlungsfähigkeit iSv Abs. 1 Nr. 5 nicht gegeben. Weiterhin ist zu beachten, dass § 14 VAG jede Umw eines VVaG der Genehmigungspflicht durch die Aufsichtsbehörde unterstellt (zu § 14 VAG ausf. Semler/Stengel/Leonard/Niemeyer Anh. § 119 Rn. 73 ff. mwN).

h) Körperschaften und Anstalten des öffentlichen Rechts. Abs. 1 Nr. 6 29 lässt den Wechsel der Rechtsform einer **Körperschaft oder einer Anstalt des öffentlichen Rechts** generell zu (anders als § 124, dort sind nur Gebietskörperschaften umwandlungsfähig; → § 124 Rn. 52 ff.); gem. § 301 kann ZielGes – vorbehaltlich einer gesonderten gesetzlichen Bestimmung – nur eine KapGes, also eine GmbH, eine AG oder eine KGaA sein. Damit wird, wobei der praktische Nutzen begrenzt sein dürfte, auch der Formwechsel in eine KGaA zugelassen; dies geht über § 59 UmwG 1969 (Formwechsel in eine GmbH) und §§ 385a–385c AktG aF (Formwechsel in eine AG) hinaus.

Abs. 1 Nr. 6 ermöglicht die Umw von Körperschaften oder Anstalten des öffentli- 30 chen Rechts, beide sind – soweit rechtsfähig – jur. Personen. Unter **Körperschaften des öffentlichen Rechts** sind mitgliedschaftlich organisierte rechtsfähige Verbände des öffentlichen Rechts zu verstehen, die staatliche Aufgaben mit hoheitlichen Mitteln unter staatlicher Aufsicht wahrnehmen; sie besitzen (bezogen auf ihre Mitglieder) regelmäßig Satzungsautonomie, die durch staatlichen Hoheitsakt oder durch Gesetz verliehen wird. Als Beispiel sind Gebietskörperschaften und Universitäten genannt. Demgegenüber ist eine **Anstalt des öffentlichen Rechts** ein zur Rechtsperson des öffentlichen Rechts erhobener Bestand von sachlichen und persönlichen Verwaltungsmitteln, der in der Hand eines Trägers der öffentlichen Verwaltung einen besonderen öffentlichen Zweck zu fördern hat. Im Gegensatz zur Körperschaft hat die Anstalt keine Mitglieder, sondern Benutzer; Beispiel: Rundfunkanstalten, Sparkassen, Bibliotheken, Hallenbäder etc.

Die Körperschaft oder Anstalt des öffentlichen Rechts muss **rechtsfähig** sein 31 (§ 301 II). Eine Körperschaft oder Anstalt des öffentlichen Rechts wird rechtsfähig, sofern ihr dieser Status durch Gesetz oder sonstigen staatlichen Hoheitsakt verliehen wird. Mit Rechtsfähigkeit wird die Körperschaft oder Anstalt des öffentlichen Rechts zur juristischen Person des öffentlichen Rechts.

3. Zielrechtsform (Abs. 2)

31a Durch das MoPeG wurde Abs. 2 ab dem 1.1.2024 neu strukturiert: Die PhG und die PartGes (bisherige Nr. 2) rücken in Nr. 1 neben die **eGbR** vor, um den jetzt möglichen Gleichlauf mit Abs. 1 Nr. 1 herzustellen. Dadurch entfällt die bisherige Nr. 2, sodass die Nr. 3 f. zu den Nr. 2 f. werden.

32 Die in Abs. 1 Nr. 1–3 aufgeführten Rechtsträger, **eGbR, PhG, PartGes, Kap-Ges und eG**, können gem. Abs. 2 Nr. 1–3 auch **ZielGes eines Formwechsels** sein. Voraussetzung hierfür ist allerdings, dass die besonderen Vorschriften in §§ 214–304 beim Ausgangsrechtsträger diese Rechtsform auch zulassen. Die Rechtsform der **eGbR** oder **PhG** steht nur den KapGes offen (§ 226), bei der PartGes müssen außerdem die Voraussetzungen von § 228 II (idF nach dem 2. UmwÄndG, bis dahin § 228 III) erfüllt sein. **KapGes** können aus eGbR oder PhG (§ 214) bzw. PartGes (§ 225a), aus anderen KapGes (§ 226), aus eG (§ 258), aus einem rechtsfähigen Verein (§ 272) und aus Körperschaften und Anstalten des öffentlichen Rechts (§ 301), die AG darüber hinaus aus einem großen VVaG (§ 291) entstehen. Eine Sonderform der KapGes ist die **Unternehmergesellschaft (haftungsbeschränkt)** iSv § 5a GmbHG. Die UG ist GmbH (→ § 3 Rn. 14 mwN). Gleichwohl kann sie an einem Formwechsel allenfalls eingeschränkt teilnehmen. Wegen des Sacheinlageverbots von § 5a II 2 GmbHG (→ § 3 Rn. 15 mwN) kann sie **nicht ZielGes** eines Formwechsels sein (Semler/Stengel/Leonard/Schwanna Rn. 14; Kölner Komm UmwG/Petersen Rn. 18 mwN; Lutter/Hoger Rn. 5; BeckOGK/Foerster Rn. 12; aus der zahlreichen Lit. zB Berninger GmbHR 2010, 63; Meister NZG 2008, 767; Tettinger Der Konzern 2008, 75, je mwN). Bei vorhandenem Barvermögen wird als Ausweichgestaltung das „Anwachsungsmodell" bei PersGes als Ausgangsrechtsform vorgeschlagen (dazu Kölner Komm UmwG/Petersen Rn. 18 mwN). Auch als **formwechselnder Rechtsträger** ist der UG als solcher der unmittelbare Formwechsel in die Rechtsform AG/KGaA verschlossen. Um nämlich den für einen solchen Formwechsel notwendigen Bestand des Nominalkapitals von mindestens 50.000 Euro zu erreichen, ist vor dieser Umw eine entsprechende KapErh und damit ein „Variantenwechsel" von der UG zur vollwertigen GmbH notwendig (ausf. Kölner Komm UmwG/Petersen Rn. 5 mwN). Tatsächlich verbleiben für die Variante UG der GmbH unmittelbare Formwechsel-Möglichkeiten nur in die GbR, die PhG, die PartGes und eG. Die **eG** schließlich ist taugliche ZielGes für PhG (§ 214) und PartGes (§ 225a), für KapGes (§ 226) und für Vereine (§ 272). Vgl. iÜ → Rn. 5 ff., → Rn. 17 ff., → Rn. 22 ff.

33 Die **GbR** (dazu auch OLG Hamburg NZG 2016, 185) konnte vor dem 1.1.2024 nur **ZielGes** sein, wobei gem. § 226 auch nur KapGes iSv Abs. 1 Nr. 2 taugliche formwechselnde Rechtsträger sind. Diese Aufnahme der GbR (nur) in Abs. 2 Nr. 1 erklärte sich daraus, dass bereits § 21 UmwG 1969 die errichtende Umw (zur Vergleichbarkeit mit dem Formwechsel → Rn. 1) zuließ. Der Wechsel der Rechtsform zwischen GbR und PhG/PartGes bzw. umgekehrt ist demgegenüber nicht in §§ 190 ff. geregelt; hierfür gelten die allg. Regeln des BGB, des PartGG und des HGB (→ Rn. 5). Aufgrund des **MoPeG** kann ab dem 1.1.2024 **nur noch eine eGbR** ZielGes sein. Der Ausschluss der nicht eingetragenen GbR (krit. BeckOGK/Foerster Rn. 19) soll verhindern, dass ein in Vermögensverfall geratener Rechtsträger durch Formwechsel in eine GbR außerhalb des Insolvenzverfahrens liquidationslos gelöscht werden kann (sog. Firmenbestattung). Denn dann würde die mit dem Gesellschaftsregister angestrebte Transparenz bezüglich der phG nicht erreicht. Damit berücksichtigt der Gesetzgeber die Reaktionen auf ein Versäumnisurteil des BGH aus dem Jahr 2017 (BGH NZG 2017, 104; → § 235 Rn. 1). Der BGH entschied, dass im Falle eines Formwechsels einer KapGes in eine GbR nach § 235 (in der bisherigen Fassung) weder die GbR noch deren Ges im HR einzutragen seien. Das Urteil wurde unterschiedlich bewertet (zust. etwa Otte-Gräbener BB 2017, 396; krit. zB BeckNotar-HdB/Heckschen § 24 Rn. 196), wobei sich die Kritik wohl weniger an der Entscheidung des BGH als an der von ihm festgestellten Rechtslage entzündete, da den Gläubigern mangels Registerpublizität die Durchsetzung ihrer Rechte erheblich erschwert werde.

4. Aufgelöste Rechtsträger (Abs. 3)

Der Formwechsel ist auch bei **aufgelösten Rechtsträgern** möglich, wenn ihre Fortsetzung in der bisherigen Rechtsform beschlossen werden könnte (Abs. 3). Diese bereits aus dem früheren Recht bekannte Regelung (vgl. § 2 UmwG 1969, § 40 II UmwG 1969, § 46 S. 2 UmwG 1969; Begr. RegE, BR-Drs. 75/94 zu § 191 III) bezieht sich nur auf die formwechselnden Rechtsträger iSv Abs. 1; die Fortsetzung müsste „in der **bisherigen**" Rechtsform beschlossen werden können. Wegen der Identität des Rechtsträgers vor und nach Durchführung des Formwechsels hat der sonst im UmwR bedeutende Streit darüber, was beim aufgelösten übernehmenden Rechtsträger zu geschehen hat (→ § 3 Rn. 41), keine Bedeutung. **34**

Eine **aufgelöste eGbR/PhG/PartGes** kann die Rechtsform nicht wechseln, wenn die Gesellschafter eine andere Art der Auseinandersetzung als die Abwicklung durch Liquidation oder als den Formwechsel vereinbart haben (§ 214 II). Abs. 3 fordert **keinen Fortsetzungsbeschluss,** sondern nur die Möglichkeit hierzu (nicht mehr gegeben bei abgeschlossenem Insolvenzverfahren, vgl. KG GmbHR 1998, 1232; BayObLG NZG 1999, 359; Lutter/Hoger Rn. 11 mwN; vgl. auch Brünkmans ZInsO 2014, 2533; Becker ZInsO 2013, 1885; Madaus ZIP 2012, 2133; Simon/Merkelbach NZG 2012, 121, je mwN). Es bleibt vor und nach Durchführung des Formwechsels allein Sache der Anteilsinhaber, ob nach dem Rechtsträger wieder zum werbenden Unternehmen werden soll (vgl. auch OLG Naumburg DB 1998, 251). Sinn der Vorschrift ist es, sicherzustellen, dass die Vollbeendigung des Rechtsträgers nicht automatisch, sondern nur entsprechend dem Willen der Anteilsinhaber eintreten kann. Werden durch den Rechtsformwechsel allerdings zwingende Gläubigerschutzvorschriften des Liquidationsverfahrens umgangen und ist dies aus Sicht der Anteilsinhaber oder der Leitungsorgane des Rechtsträgers der ausschließliche Zweck der Umw, steht die **Schadensersatzpflicht nach § 826 BGB** in Rede. **35**

Vgl. zum aufgelösten Rechtsträger iÜ ausf. → § 3 Rn. 40 ff., → § 124 Rn. 55 ff. **36**

§ 192 Formwechselbericht

(1) ¹**Das Vertretungsorgan des formwechselnden Rechtsträgers hat einen ausführlichen schriftlichen Bericht zu erstatten, in dem der Formwechsel und insbesondere die künftige Beteiligung der Anteilsinhaber an dem Rechtsträger sowie die Höhe einer anzubietenden Barabfindung und die zu ihrer Ermittlung gewählten Bewertungsmethoden rechtlich und wirtschaftlich erläutert und begründet werden (Formwechselbericht).** ²**§ 8 Absatz 1 Satz 3 bis 5 und Abs. 2 ist entsprechend anzuwenden.** ³**Der Formwechselbericht muß einen Entwurf des Formwechselbeschlusses enthalten.**

(2) ¹**Ein Formwechselbericht ist nicht erforderlich, wenn an dem formwechselnden Rechtsträger nur ein Anteilsinhaber beteiligt ist oder wenn alle Anteilsinhaber auf seine Erstattung verzichten.** ²**Die Verzichtserklärungen sind notariell zu beurkunden.**

Übersicht

	Rn.
1. Allgemeines	1
2. Formwechselbericht (Abs. 1)	4
a) Schuldner der Berichtspflicht	4
b) Umfang der Berichtspflicht	5
3. Verbundene Unternehmen	16
4. Besondere Schwierigkeiten (Abs. 1 S. 2 iVm § 8 I 3)	17
5. Vermögensaufstellung	18
6. Nur ein Anteilsinhaber (Abs. 2 S. 1 Alt. 1)	21
7. Verzicht (Abs. 2 S. 1 Alt. 2)	22
8. Mangelhafter Bericht	23

1. Allgemeines

1 Der mit dem Verschmelzungsbericht (§ 8) und dem Spaltungsbericht (§ 127) vergleichbare (beachte aber → Rn. 12, → § 194 Rn. 9 f.) **Formwechselbericht** (bis zum UmRUG: „Umwandlungsbericht") von § 192 ist grds. für jeden Formwechsel iSv §§ 190 ff. zu erstellen. § 192 ist eine der **zentralen Vorschriften** für den Formwechsel („Herzstück der Regeln zum Schutz der Anteilsinhaber", vgl. Lutter/Hoger Rn. 2; Meyer-Landrut/Kiem WM 1997, 1416); der Formwechselbericht steht im Zentrum der Vorbereitung eines Formwechsels, außerdem ist damit zu rechnen, dass die meisten **Unwirksamkeitsklagen** (vgl. §§ 195, 198 II iVm § 16 II, III) auf Fehler der Berichterstattung gestützt werden (Lutter/Decher Kölner Umwandlungsrechtstage 1995, 201, 208 f.; Meyer-Landrut/Kiem WM 1997, 1415; aus der zu § 192 veröffentlichten Rspr. LG Mannheim ZIP 2014, 970 mAnm Rahlmeyer/v. Eiff EWiR 2014, 317; Wardenbach ZGR 2014, 283; vgl. iÜ LG Heidelberg AG 1996, 523; LG Berlin DB 1997, 969; KG AG 1999, 126; LG Mainz ZIP 2001, 840; OLG Frankfurt a. M. DB 2003, 2378; zu den Voraussetzungen einer Unwirksamkeitsklage wegen eines Fehlers bei den Erläuterungen zur Barabfindung aber → Rn. 15, → § 8 Rn. 40 ff.). Der Formwechselbericht dient unmittelbar zunächst dem **Schutz der Anteilsinhaber** (vgl. auch § 194 I Nr. 3–6; „denn der Formwechsel führt jedenfalls zu einer qualitativen Veränderung der Anteile oder sonstiger Mitgliedschaftsrechte", Limmer in Peter/Crezelius, Gesellschaftsverträge und Unternehmensformen, 6. Aufl. 1995, Rn. 2516; so auch Begr. RegE, BR-Drs. 75/94 zu § 192). Mittelbar hilft der Formwechselbericht den Anteilsinhabern und dem Registergericht auch bei der Beurteilung der wirtschaftlichen Verhältnisse des formwechselnden Rechtsträgers, wobei das Registergericht nicht in den Schutzzweck von § 192 einbezogen ist (Kallmeyer/Meister/Klöcker/Berger Rn. 2: Bericht dient ausschließlich den Anteilsinhabern; ähnl. Schmitz-Riol, Der Formwechsel der eG in die KapGes, 1998, 49 ff.; Widmann/Mayer/Mayer Rn. 6; NK-UmwR/Althoff/Narr Rn. 1).

2 **Abs. 1** verpflichtet das Vertretungsorgan des formwechselnden Rechtsträgers zur Erstattung eines **ausf. schriftlichen Berichts,** in dem der Formwechsel und insbes. die künftige Beteiligung der Anteilsinhaber am Rechtsträger **rechtlich und wirtschaftlich** erläutert und begründet werden; S. 1 enthält die Legaldefinition des Formwechselberichts. S. 2 erklärt § 8 I 3–5, II für entsprechend anwendbar. **Schwerpunkte** der rechtlichen und wirtschaftlichen Erläuterung und Begr. müssen die künftige – umqualifizierte – Beteiligung der Anteilsinhaber sowie eine etwaige Barabfindung sein. Dieses formalisierte Informationsrecht hat vor allem für Rechtsträger mit großem Gesellschafter- oder Mitgliederkreis Bedeutung (Begr. RegE, BR-Drs. 75/94 zu § 192 I). Wenn gem. § 194 I Nr. 6 ein **Barabfindungsangebot** zu unterbreiten ist, müssen die Höhe der anzubietenden Barabfindung und die zu ihrer Ermittlung gewählten Bewertungsmethoden im Formwechselbericht angemessen erläutert und begründet werden (diese Pflicht wurde durch das UmRUG explizit im Gesetz ergänzt und besteht unabhängig davon, dass eine Sanktion durch Unwirksamkeitsklage nach hM (→ Rn. 15) ausgeschlossen ist, vgl. ausf. KG AG 1999, 126; Semler/Stengel/Leonard/Bärwaldt Rn. 12, 13 mwN). Gem. § 215 ist ein **Formwechselbericht nicht erforderlich,** wenn alle Gesellschafter der formwechselnden eGbR oder PhG zur Geschäftsführung berechtigt sind; in diesem Fall besteht für die Gesellschafter die Möglichkeit, die für sie notwendigen Informationen auf anderem Wege zu erlangen. § 215 suspendiert die Berichtspflicht aber nur dann, wenn alle Gesellschafter geschäftsführungsberechtigt sind; gilt dies auch nur für einen Gesellschafter nicht (zB KG mit drei Komplementären und einem Kommanditisten), muss der Bericht erstattet werden, es sei denn, die Anteilsinhaber verzichten nach Abs. 2 (näher → § 215 Rn. 2). Bei §§ 8, 127 ergibt sich der Umfang der Berichtspflicht auch aus den durch diese Vorschriften umgesetzten EU-RL (RL 78/855/EWG und RL 82/891/EWG, heute GesR-RL, vgl. Begr. RegE, BR-Drs. 75/94 zu §§ 8, 127). Für § 192 gab es keine EU-rechtlichen Vorgaben (Widmann/Mayer/Mayer Rn. 2). Jedoch ordnet Art. 86e Abs. 3 lit. a GesR-RL heute für den grenzüberschreitenden Formwechsel an, dass der Bericht auch „die Barabfindung und die Methode, die benutzt wurde, um die Barabfindung zu ermitteln", erläutert. Diese Vorgabe hat das **UmRUG** in § 192 Abs. 1 S. 1 allgem. – und damit auch für den nat. Formwechsel – umgesetzt und in § 337 Abs. 2 insoweit lediglich einen Verweis auf die Berichtsinhalte des § 192 Abs. 1 aufgenommen.

Bestandteil des Formwechselberichts ist gem. Abs. 1 S. 3 der **Entwurf des Form- 3 wechselbeschlusses** iSv § 194; **verzichten** sämtliche Anteilsinhaber auf die Erstattung des Formwechselberichts oder liegt ein **Fall von** § 215 vor, entfällt damit auch die Kundgabe des Formwechselbeschlusses an die Anteilsinhaber (H. Schwarz, Umwandlungen mittelständischer Unternehmen, 1995, S. 144). Letzteres ist keine wirkliche Entlastung für die Leitungsorgane des formwechselnden Rechtsträgers, allein aus organisatorischer Notwendigkeit wird man um den Entwurf des Formwechselbeschlusses nach § 194, auch wenn er rechtlich nicht notwendig ist, nicht umhinkommen. Außerdem verlangt **§ 194 II** die Zuleitung des Entwurfs an den zuständigen Betriebsrat. Die frühere **Vermögensaufstellung** ist nicht mehr Bestandteil des Formwechselberichts (→ Rn. 18).

2. Formwechselbericht (Abs. 1)

a) Schuldner der Berichtspflicht. Abs. 1 S. 1 weist dem **Vertretungsorgan 4 des formwechselnden Rechtsträgers** die – strafbewehrte (vgl. § 346 I Nr. 1) – Pflicht zur Abfassung des ausf. Formwechselberichts (einschl. Entwurf des Formwechselbeschlusses) zu. Beim Formwechsel einer GmbH & Co. KG hat daher deren Komplementär-GmbH, vertreten durch ihre Geschäftsführer, den Bericht zu erstatten. Die Organmitglieder sind auch aufgrund ihres Dienstvertrages zur Erstattung des Formwechselberichts verpflichtet. **Schriftlich** erstattet ist dieser bereits dann, wenn er von Mitgliedern des Vertretungsorgans in **vertretungsberechtigter Anzahl** unterzeichnet ist (→ § 8 Rn. 7 mwN; Semler/Stengel/Leonard/Bärwaldt Rn. 22 warnt vor unreflektierter Übernahme der Entscheidung BGH AG 2007, 625 auch auf den Formwechselbericht). Eine Vertretung ist unzulässig, da der Formwechselbericht eine Wissens-, nicht aber eine Willenserklärung darstellt (hM, Nachw. bei → § 8 Rn. 8).

b) Umfang der Berichtspflicht. Der **ausf.** schriftliche Bericht hat **rechtliche 5 und wirtschaftliche Erläuterungen und Begr.** zum Formwechsel an sich, zum Entwurf des Formwechselbeschlusses (Abs. 1 S. 3) und insbes. zur künftigen Beteiligung der Anteilsinhaber am Rechtsträger neuer Rechtsform zu enthalten (Abs. 1 S. 1). Der Normzweck (→ Rn. 1) gebietet es, den Anteilsinhabern einen möglichst umfassenden Einblick zu gewähren. Grenze der Berichtspflicht ist § 8 II über den **Geheimnisschutz (Abs. 1 S. 2)**, der sich an § 131 III 1 AktG anlehnt (ausf. → § 8 Rn. 29 ff.).

6   Der nach Abs. 1 S. 1, 2 festgelegte **Umfang der Berichtspflicht** ist nicht etwa deswegen eingeschränkt, weil einzelnen Anteilsinhabern im Fall von § 195 II, § 210 ohnehin die Unwirksamkeitsklage versperrt ist (vgl. OLG Karlsruhe WM 1989, 1134 (1136 ff.) zum Verschmelzungsbericht; KG AG 1999, 128 für die Barabfindung: die fehlende Erläuterung im Bericht ist gegenüber den Fällen von § 195 II, § 210 kein „minderer Fall", sondern eine andere Fallgestaltung; aber → Rn. 15 zu BGH ZIP 2001, 199; GmbHR 2001, 247); zu Recht weist Semler/Stengel/Leonard/Bärwaldt Rn. 3 darauf hin, dass trotz der neueren BGH-Rspr. höchste Sorgfalt geboten ist, denn bei einem mangelhaften Formwechselbericht ist zumindest dem Registergericht im Rahmen seiner Prüfung (dazu OLG Frankfurt a. M. DB 2003, 2378; Lutter/Hoger § 198 Rn. 23 ff. mwN) eine Verweigerung der Eintragung auch dann möglich, wenn die Anteilsinhaber selbst nur nach dem SpruchG vorgehen könnten. Der Formwechselbericht muss also immer **sachlichen Gehalt** haben, die rechtlichen und wirtschaftlichen Erläuterungen und Begr. müssen brauchbare Informationen enthalten und vollständig sein. Ein Bericht, in dem lediglich der Formwechselbeschluss (§ 194) mit einem anderen Wortlaut referiert wird, wird den gesetzlichen Anforderungen ebenso wenig gerecht, wie allg. Erwägungen zur Sinnhaftigkeit eines Umstrukturierungsvorgangs (ein Ausschnitt eines Formwechselberichts findet sich als Beispiel bei Widmann/Mayer/Vossius Anh. 4 Mustersatz 25 M 168).

7   **„Ausführlich"** iSv Abs. 1 S. 1 ist ein unbestimmter Rechtsbegriff; wegen der Parallele zu §§ 8, 127 und wegen der intensiven Befassung von Rspr. und Lehre mit dem Verschmelzungsbericht nach § 340a AktG aF lassen sich die wesentlichen Grundzüge des Erforderlichen aber erkennen (vgl. Stellungnahme des HRA des DAV WM-Sonderbeil. 2/1993 Rn. 136). Der Formwechselbericht muss **alle relevanten Tatsachen** mitteilen und darf keine beurteilungserheblichen Informationen vorenthalten, er muss die Anteilsinhaber in die Lage versetzen, die erwarteten Vorteile und die möglicherweise bestehenden **Risiken der Umw** zu erkennen und diese gegeneinander **abzuwägen** (Zitat nach Limmer in Peter/Crezelius, Gesellschaftsverträge und Unternehmensformen, 6. Aufl. 1995, Rn. 2516 aE; ähnlich Lutter/Decher Kölner Umwandlungsrechtstage 1995, 201, 209; Lutter/Decher, 2. Aufl. 2000, Rn. 8: „wird es sich empfehlen, im Zweifel eher einen zu ausführlichen als einen möglicherweise unzureichenden Formwechselbericht zu erstatten"; ähnlich Widmann/Mayer/Mayer Rn. 30: „Dieses wenig aussagekräftige Kriterium [„ausführlich"] stammt aus dem EU-Recht. Sinnvollerweise kann damit nur gemeint sein, dass der Bericht zwar nicht weitschweifig sein soll, aber alle für die Entscheidung der Anteilsinhaber erheblichen Tatsachen zu enthalten hat"; vgl. auch Semler/Stengel/Leonard/Bärwaldt Rn. 3, 9; Kallmeyer/Meister/Klöcker/Berger Rn. 8 ff.; Kölner Komm UmwG/Petersen Rn. 7; NK-UmwR/Althoff/Narr Rn. 8).

8   Auf der anderen Seite verlangt Abs. 1 nicht, die Anteilsinhaber derart umfassend mit Datenmaterial zu versorgen, dass diese – ggf. unter Hinzuziehung von Sachverständigen – in der Lage wären, die rechtlichen und wirtschaftlichen Hintergründe der Umstrukturierungsmaßnahme selbst abschl. zu beurteilen. Wie beim Verschmelzungsbericht auch (Nachw. → § 8 Rn. 13, → § 8 Rn. 18), genügt es, wenn den Anteilsinhabern die Möglichkeit einer **Plausibilitätskontrolle** gegeben wird (wie hier die hM, vgl. Lutter/Hoger Rn. 10 mwN).

9   Gegenstand des Formwechselberichts sind zunächst wirtschaftliche und rechtliche Erläuterung und Begr. vom Formwechsel zum an sich. Das Vertretungsorgan hat demnach schlüssig und nachvollziehbar darzulegen, warum gerade eine Umstrukturierung im Allg. und ein **Formwechsel** im Besonderen **das geeignete Mittel** zur Verfolgung des Unternehmenszwecks des formwechselnden Rechtsträgers sein soll.

Die Vor- und Nachteile des Formwechsels sind so darzulegen, wie das Vertretungsorgan als Gremium (→ Rn. 4) sie sieht (Kallmeyer/Meister/Klöcker/Berger Rn. 10 mwN; Semler/Stengel/Leonard/Bärwaldt Rn. 6, 10). In diesem Zusammenhang sollte insbes. auf die mit dem Formwechsel angestrebten Vorteile (→ Vor § 190 Rn. 5) eingegangen werden. Eine Darstellung genereller Motive, die für einen Formwechsel sprechen, ohne konkrete **Bezugnahme auf den Einzelfall** ist nicht ausreichend. Das Registergericht darf ebenso wie etwa mit einer Unwirksamkeitsklage befasste ordentliche Gerichte lediglich prüfen, ob der Formwechselbericht die Möglichkeit zur Plausibilitätskontrolle durch die Anteilsinhaber eröffnet (Lutter/Hoger Rn. 10 mwN). Die **Unwirksamkeitsklage** kann darüber hinaus dann Erfolg haben, wenn dargelegt und bewiesen wird, dass wesentliche Angaben im Formwechselbericht falsch sind. Das LG Mannheim (ZIP 2014, 970 mAnm Rahlmeyer/v. Eiff EwiR 2014, 317; Wardenbach GWR 2014, 283) fordert, das unternehmerische Ziel der Gestaltung zu benennen und die in Frage kommenden alternativen Strukturmaßnahmen gegen den angestrebten Formwechsel im Formwechselbericht selbst abzuwägen.

10 Rechtlich und wirtschaftlich zu erläutern und zu begründen ist auch der gem. Abs. 1 S. 3 im Formwechselbericht enthaltene **Entwurf des Formwechselbeschlusses.** Jede Bestimmung des Beschlusses, die nach § 194 zum Bestandteil der Umstrukturierungsentscheidung der Anteilsinhaber gehört, ist entsprechend ihrer Bedeutung im Einzelfall zu beleuchten. Der technische Vorgang des Formwechsels ist den Anteilsinhabern zur Vorbereitung der Beschlussfassung (§ 193) rechtlich darzulegen, die Wirkungen des vollzogenen Formwechsels (vgl. § 202) sind ebenfalls zu erläutern.

11 Die wirtschaftliche Erläuterung hat vor allem eine **Komm. der rechtlichen Erläuterung aus betriebswirtschaftlicher Sicht** zum Gegenstand (vgl. Ossadnik BB 1995, 105). Den Anteilsinhabern ist verständlich zu machen, welche **wirtschaftlichen Auswirkungen** (zB veränderte Möglichkeiten der Kapitalbeschaffung, künftige Steuerbelastung des Unternehmens etc) der Formwechsel hat. Auf etwaige Schwierigkeiten bei der Bewertung ist einzugehen (vgl. Semler/Stengel/Leonard/Bärwaldt Rn. 15 mwN; NK-UmwR/Althoff/Narr Rn. 9). Zu beachten ist uU auch, dass der Entwurf des Formwechselbeschlusses (Abs. 1 S. 3) seinerseits wieder den Gesellschaftsvertrag oder die Satzung des Rechtsträgers in seinem „neuen Kleid" enthalten muss (vgl. zB § 218 I, § 234 Nr. 3). In diesem Fall sind die wesentlichen Normen dieses Organisationsvertrages zu erläutern.

12 Auf die Abfassung des Formwechselberichts ist – gerade was die Erläuterung des Entwurfs des Formwechselbeschlusses betrifft – **große Sorgfalt** zu verwenden (→ Rn. 6 f.). Gleichwohl darf der Bogen nicht überspannt werden („Gebot der Lesbarkeit und der Verständlichkeit", Meyer-Landrut/Kiem WM 1997, 1416); den jew. Anteilsinhabern soll ein **geschlossenes Bild** der rechtlichen und wirtschaftlichen Bedeutung und der Wirkungen des Formwechsels vermittelt werden, eine wissenschaftliche Abhandlung oder ein „Kurzlehrbuch des Gesellschaftsrechts" (Lutter/Drygala § 8 Rn. 38) ist nicht gefordert. Auch sollte man sich nicht starr an den Vorgaben von §§ 8, 127 orientieren; beim Formwechsel wird regelmäßig die Sphäre der Anteilsinhaber nicht so stark berührt, wie dies bei der Verschm oder bei der Spaltung der Fall ist.

13 **Wesentlicher Bestandteil** des Formwechselberichts ist zunächst die rechtliche und wirtschaftliche Erläuterung der **künftigen Beteiligung der Anteilsinhaber** an dem Rechtsträger neuer Rechtsform, **Abs. 1 S. 1.** Beim Formwechsel kommt es nicht zum „Anteilstausch" im eigentlichen Sinne (→ § 190 Rn. 5 ff.), gleichwohl bewirkt § 202 I Nr. 2 eine Umqualifizierung der bisherigen Anteile am formwechselnden Rechtsträger (Hennrichs, Formwechsel und Gesamtrechtsnachfolge bei Umwandlungen, 1995, S. 32 ff.). Wenn also – Normalfall beim Formwechsel – eine wertmäßige Veränderung des Anteils vor und nach Durchführung des Formwechsels

Winter

nicht stattfindet, genügt es, den Anteilsinhabern die neue Qualität ihrer Anteile näher zu bringen. Gefordert sind hierbei auf Tatsachen basierende (OLG Frankfurt a. M. ZIP 2000, 1928) Ausführungen zu **künftigen Rechten und Pflichten** des Anteilsinhabers (unter Einbeziehung der für die neue Rechtsform geltenden Vorschriften und des künftigen Organisationsstatuts), zur **Übertragbarkeit** des Anteils (etwa Neuaufnahme einer Vinkulierungsklausel, dazu Reichert GmbHR 1995, 176 (194); Einschränkung der Fungibilität durch rechtsformspezifische Vorschriften etc), zur **Werthaltigkeit** im Rechtsverkehr (etwa Beleihbarkeit, Möglichkeit der Unterbeteiligung, vgl. iÜ Lutter/Drygala § 8 Rn. 37–39) und schließlich zur **Besteuerung** (etwa beim Formwechsel von GmbH in PersGes: Stl. Wirkungen gem. § 14 UmwStG und künftig gesonderte und einheitliche Feststellung der Besteuerungsgrundlagen, §§ 179 ff. AO; aA Lutter/Drygala § 8 Rn. 42; wie hier Meyer-Landrut/Kiem WM 1997, 1416; Widmann/Mayer/Mayer Rn. 42; Lutter/Hoger Rn. 26; Semler/Stengel/Leonard/Bärwaldt Rn. 7; Kallmeyer/Meister/Klöcker/Berger Rn. 8; vgl. auch OLG Düsseldorf AG 1999, 418; OLG Hamm AG 1999, 422).

14   Wird das **Wertverhältnis der Beteiligung** durch den Formwechsel ausnahmsweise **verschoben,** ist im Formwechselbericht detailliert zu Art und Ausmaß der Wertveränderung und zum Grund hierfür Stellung zu beziehen. Dem Anteilsinhaber ist – ähnlich wie beim Umtauschverhältnis im Rahmen einer Verschm (→ § 8 Rn. 21 ff.) – die Plausibilitätskontrolle zu ermöglichen. Auf die Möglichkeit, gem. §§ 207 ff. nach dem entsprechenden Widerspruch in der Anteilsinhaberversammlung (§ 193 I 2) eine angemessene **Barabfindung** in Anspruch zu nehmen, ist hinzuweisen.

15   Als weitere wesentliche Bestandteile des Formwechselberichts nennt Abs. 1 S. 1 idF des UmRUG (→ Rn. 2 aE) „**die Höhe einer anzubietenden Barabfindung** und die zu ihrer Ermittlung gewählten Bewertungsmethoden". Die Pflicht zur ausf. Berichterstattung bezieht sich damit auch auf das Barabfindungsangebot. Früher war str., inwieweit die Grundsätze für die Berechnung der Barabfindung bereits im Formwechselbericht erläutert und begründet werden müssen (zum Umtauschverhältnis vgl. HRA des DAV NZG 2000, 803; vgl. auch KG DB 1999, 86). Das LG Heidelberg (AG 1996, 523 mAnm Jaeger WiB 1997, 311) gab einer Unwirksamkeitsklage statt, weil dem Vorstand die von einem Aktionär geforderte Verlesung des Prüfungsberichts oder zumindest die Wiedergabe oder sachliche Zusammenfassung dessen wesentlichen Inhalts zumutbar gewesen wäre. Zu einem ähnlichen Sachverhalt entschied das OLG Karlsruhe (NZG 1999, 604 mAnm Bungert), dass alle Rügen gegen die Angemessenheit der Barabfindung grds. nicht zur Anfechtung des Formwechselbeschlusses berechtigten, sondern lediglich im Spruchverfahren überprüft werden könnten. Die gleiche Tendenz verfolgte das LG Berlin (DB 1997, 969 mAnm Kiem EWiR 1997, 421; vgl. auch Heckschen DB 1998, 1397); diese Entscheidung wurde durch das KG (AG 1998, 126) aufgehoben: Ein **Formwechselbericht** sei als **ungenügend** anzusehen, wenn er die Höhe der anzubietenden Barabfindung für widersprechende Minderheitsaktionäre nicht **plausibel** erläutere. Das Barabfindungsangebot gehört gem. § 194 I Nr. 6 zum Inhalt des Formwechselbeschlusses, dessen Entwurf gem. § 192 I 3 Bestandteil des Formwechselberichts ist. Die **Pflicht zur ausf. Berichterstattung** bezieht sich damit auch auf das Barabfindungsangebot. Die **hM in der Lit.** sah die Pflicht zur ausf. Berichterstattung zu Recht als weiter gegeben (Meyer-Landrut/Kiem WM 1997, 1416; Bayer ZIP 1997, 1622; Kallmeyer/Meister/Klöcker/Berger Rn. 9; Kallmeyer/Meister/Klöcker/Berger § 207 Rn. 21; Lutter/Hoger Rn. 29 ff.; Semler/Stengel/Leonard/Bärwaldt Rn. 12, 13). Der **BGH** (ZIP 2001, 199; bestätigt von BGH GmbHR 2001, 247) hat unter Aufgabe seiner früheren Rspr. allerdings und für den Formwechsel eindeutig entschieden, dass der in §§ 210, 212 normierte **Ausschluss** von Klagen gegen den Formwechselbeschluss auch gilt, soweit die betroffenen Anteilsinhaber die **Verletzung von Informations-, Auskunfts- oder Berichtspflichten** geltend machen. Solche Mängel können **ausschließlich im Spruchverfahren** gerügt werden (nach OLG Frankfurt a. M. DB 2003, 2378 war die fehlende Vermögensaufstellung einem abfindungswertbezogenen Informationsmangel aber nicht gleichzusetzen, sodass Unwirksamkeitsklage insoweit möglich war; die Entscheidung ist seit dem 2. UmwÄndG überholt, → Rn. 18). Nach Sinn und Zweck von §§ 210, 212, nämlich dem Unternehmensinteresse an einer **zügigen Durchführung** der beschlossenen Strukturmaßnahme Rechnung zu tragen, muss sich der Klageausschluss nach weitgehend akzeptierter Ansicht des BGH auch auf die Fälle des Informationsdefizites beziehen. Das ergebe sich aus einer **Zusammenschau der in §§ 210, 212 gesetzlich geregelten Fälle.** So würde selbst für den Fall, dass gar kein Angebot gemacht wird, die Klage versagt. Dabei handele es sich um den Fall mit dem weitest gehenden Informationsdefizit. Auch sei es zulässig, dadurch, dass gar kein Angebot abgegeben werde, einer Anfechtungsklage den Boden zu entziehen. **Die für die Anteilsinhaber entstehende Unsicherheit**, über die Umw entscheiden zu müssen, ohne Kenntnis von der Höhe der Abfindung zu haben, **sei hinnehmbar.** Den Anteilsinhabern stünde es frei, gegen die Umw zu stimmen. Der Gang des Gesetzgebungsverfahrens bei § 14 II (Argumentation des KG AG 1998, 126) sei kein Argument gegen die Erstreckung des Anfechtungsausschlusses. Ein vergleichbarer Hinweis würde sich in den Gesetzesmaterialien zu §§ 210, 212 nicht finden. **An der früheren Rspr.**, dass Aktionäre durch ausreichende Informationen in die Lage versetzt werden müssten, die Angemessenheit der Abfindung zu beurteilen, könne angesichts der Regelungen in §§ 210, 212 **nicht festgehalten** werden. Diese Rspr. wird in der Praxis jedoch zu Recht nicht als Freifahrtschein gesehen (Lutter/Hoger Rn. 35 mwN), obwohl die Entscheidungen des BGH überwiegend auf Zustimmung gestoßen sind (vgl. Hirte ZHR 2003, 8; Klöhn AG 2002, 443; Henze ZIP 2002, 97; Fritzsche/Dreier BB 2002, 737 je mwN und mit der Änderung von § 243 IV 2 AktG durch das UMAG vom Gesetzgeber als im Grds. zutr. anerkannt wurden (vgl. Koch AktG § 243 Rn. 47b mwN). Eine **Totalverweigerung** wird jetzt allerdings wieder mit der Anfechtungsklage sanktioniert (dazu Koch AktG § 243 Rn. 47c mwN). Außerdem bezieht sich **§ 243 IV 2 AktG** nur auf die HV, nicht auf beschlussvorbereitende Berichte. Im Ergebnis ist damit die Rechtslage trotz der zit. BGH-Entscheidungen auch für den Formwechsel nicht endgültig geklärt. Auch ist es nicht ausgeschlossen, dass etwaige Privilegien für die Rechtsform AG Rechtsträgern anderer Rechtsform versagt werden. Auf die **Verschm** sind die Grundsätze dieser Rspr. nicht übertragbar (überzeugend Widmann/Mayer/Heckschen § 14 Rn. 6.1 mwN; so auch Widmann/Mayer/Mayer § 8 Rn. 69; Widmann/Mayer/Mayer § 49 Rn. 36 aE; Semler/Stengel/Leonard/Gehling § 14 Rn. 32, 33; ausf. Nachw. bei Lutter/Drygala § 8 Rn. 61; Lutter/Decher § 14 Rn. 21; OLG Stuttgart AG 2003, 456 gegen OLG Köln ZIP 2004, 760; vgl. auch LG Frankfurt a.M. DB 2003, 2590 zur vergleichbaren Problematik beim Squeeze-out).

3. Verbundene Unternehmen

Gem. **Abs. 1 S. 2** ist § 8 I 4, 5 über **verbundene Unternehmen** entsprechend anzuwenden. Ist demnach der formwechselnde Rechtsträger ein verbundenes Unternehmen iSv § 15 AktG, so sind im Formwechselbericht **auch Angaben** über alle für den Formwechsel wesentlichen Angelegenheiten **der anderen verbundenen Unternehmen** zu machen (§ 8 I 4). § 8 I 5 stellt darüber hinaus klar, dass die erweiterten Berichtspflichten auch mit entsprechenden **Auskunftspflichten** iRd Anteilsinhaberversammlung nach § 193 I 2 korrespondieren (→ § 8 Rn. 27 f.). Inwieweit das Vertretungsorgan des formwechselnden Rechtsträgers zur Auskunft in der Anteilsinhaberversammlung verpflichtet ist, folgt aus den besonderen Vorschriften von §§ 214–304. **Unternehmensverträge** iSv §§ 15 ff. AktG werden durch den Formwechsel grds. nicht beeinträchtigt (vgl. OLG Düsseldorf ZIP 2004, 753; Lutter/Hoger § 202 Rn. 49; Kallmeyer/Meister/Klöcker/Berger § 202 Rn. 18; BeckOGK/Simons § 202 Rn. 29 je mwN; Widmann/Mayer/Vossius § 202 Rn. 133, 134; ausf. Vossius FS Widmann, 2000, 133); deswegen soll den Anteilsinhabern des formwechselnden Rechtsträgers bereits vor Beschlussfassung die Möglichkeit gegeben werden, sich auch über diejenigen Angelegenheiten verbundener Unternehmen zu unterrichten, die für den Formwechsel wesentlich sind.

4. Besondere Schwierigkeiten (Abs. 1 S. 2 iVm § 8 I 3)

17   Die **Verweisung auf § 8 I 3** – Hinweis auf besondere Schwierigkeiten bei der Bewertung des formwechselnden Rechtsträgers – dürfte praktisch kaum Bedeutung erlangen (Kölner Komm UmwG/Petersen Rn. 18). Wegen der Identität des Rechtsträgers vor und nach Durchführung des Formwechsels und wegen des idR gleichbleibenden Wertes der Anteile an diesem Rechtsträger ist eine Bewertung des Rechtsträgers nicht erforderlich. Anderes gilt nur bei zulässigem Eingriff in die Anteilsverhältnisse nach §§ 194, 207 ff.

5. Vermögensaufstellung

18   § 192 hatte ursprünglich einen Abs. 2 aF, der als weiteren Bestandteil des Formwechselberichts eine Vermögensaufstellung vorsah: „Dem Bericht ist eine **Vermögensaufstellung** beizufügen, in der die Gegenstände und Verbindlichkeiten des formwechselnden Rechtsträgers mit dem wirklichen Wert anzusetzen sind, der ihnen am Tage der Erstellung des Berichts beizulegen ist. Die Aufstellung ist Bestandteil des Berichts." Diese Pflicht zur Beifügung einer Vermögensaufstellung wurde insbes. in der Lit. von Anfang an scharf krit. (ausf. → 4. Aufl. 2006, Rn. 18–22).

19   Mit dem **2. UmwÄndG** v. 19.4.2007 (BGBl. 2007 I 542) wurde der frühere Abs. 2 ersatzlos aufgehoben und der frühere Abs. 3 wurde zum heutigen Abs. 2. In der Begr. RegE heißt es dazu: „Das in § 192 Abs. 2 UmwG bisher vorgesehene Erfordernis, dem Umwandlungsbericht eine Vermögensaufstellung beizufügen, wird als verfehlte Regelung kritisiert. Da gem. § 197 S. 1 UmwG bei einem Formwechsel grds. die Gründungsvorschriften anzuwenden seien, erspare sie dort den im Rahmen einer Gründungsprüfung nötigen Nachweis der Werthaltigkeit. Auch eine Unternehmensbewertung für die Bemessung der Barabfindung gem. § 208 UmwG iVm § 30 UmwG werde nicht überflüssig. Die Aufdeckung aller stillen Reserven aus Anlass eines Formwechsels sei aber nicht notwendig. Die Regelung soll daher ersatzlos gestrichen werden. An die Stelle rückt der bisherige Abs. 3." (BT-Drs. 16/2919, 19).

20   Die Entscheidung des Gesetzgebers ist uneingeschränkt zu begrüßen (so auch Heckschen DNotZ 2007, 452; Mayer/Weiler MittBayNot 2007, 374 und DB 2007, 1293; Stellungnahme der Centrale für GmbH zum RefE GmbHR 2006, 421; Bayer/Schmidt NZG 2006, 846; Drinhausen BB 2006, 2316).

6. Nur ein Anteilsinhaber (Abs. 2 S. 1 Alt. 1)

21   Ein **Formwechselbericht** ist **nicht erforderlich,** wenn an dem formwechselnden Rechtsträger nur **ein Anteilsinhaber** beteiligt ist **(Abs. 2 S. 1 Alt. 1).** In diesem Fall liegt eine ähnl. Situation wie bei § 215 vor. Der einzige Anteilsinhaber hat kraft seiner dominierenden Stellung ein so umfassendes Recht, Einsicht in die Vermögensverhältnisse des formwechselnden Rechtsträgers zu verlangen, dass die Erstellung des Formwechselberichts reiner Formalismus wäre. Ähnl. wie im Fall von § 8 III 3 Nr. 2 wird damit die Umw im Konzern erleichtert.

7. Verzicht (Abs. 2 S. 1 Alt. 2)

Abs. 2 S. 1 Alt. 2 lässt die Pflicht zur Abfassung eines Formwechselberichts entfallen, wenn alle Anteilsinhaber des formwechselnden Rechtsträgers auf seine Erstattung in **notarieller Urkunde** (Abs. 2 S. 2) **verzichten**. Bis zur Anmeldung des Formwechsels (§ 198) ist auch ein **nachträglicher Verzicht** möglich (Lutter/Hoger Rn. 46 mwN). Durch die eindeutige Gesetzesformulierung wird klar, dass ein Formwechselbericht selbst dann zu fertigen ist, wenn nur ein einziger Anteilsinhaber (unabhängig von dessen Kapital- oder Stimmmacht) auf seiner Abfassung besteht. Stellvertretung ist zulässig (Kablitz GmbHR 2022, 721 Rn. 64). Die Pflicht zur notariellen Beurkundung (Abs. 2 S. 2) ist nicht disponibel; die Warnfunktion der notariellen Form wurde bewusst fruchtbar gemacht, außerdem soll dem Registergericht (vgl. § 199) die sichere Nachprüfung dahin ermöglicht werden, ob die Verzichtserklärungen umfassend und vollständig sind (vgl. Begr. RegE, BR-Drs. 75/94 zu § 8 III). Vgl. zur **Heilung** § 202 I Nr. 3; zu § 215 → Rn. 2. 22

8. Mangelhafter Bericht

Der Formwechselbericht ist einer der zentralen Angriffspunkte für **Unwirksamkeitsklagen** (→ Rn. 1). Soweit eine Klage sich nicht auf die Verbesserung des Beteiligungsverhältnisses stützt – in diesen Fällen wäre die Unwirksamkeitsklage ausgeschlossen (§ 195 II, § 196 bzw. § 210; → Rn. 15 für die Barabfindung) –, kann bereits ein Fehler im Formwechselbericht bei rechtzeitigem Vorgehen durch einen Anteilsinhaber (§ 195 I) den gesamten Formwechsel blockieren (→ § 8 Rn. 40 ff.). Gem. **§ 198 III** ist allerdings § 16 III über das summarische Verfahren entsprechend anzuwenden. Da § 16 III durch das ARUG (→ Einf. Rn. 30 mwN) umfassend geändert wurde und sich dadurch iE für die beteiligten Rechtsträger die Chancen des Obsiegens im summarischen Verfahren deutlich erhöht haben, werden bei entsprechend konsequentem Vorgehen nur noch gewichtige Fehler die Eintragung der Umw verhindern können. Der Streit verlagert sich dann auf die Frage der Gewährung von Schadensersatz gem. § 16 III 10, denn nach einmal erfolgter Eintragung ist auch der Formwechsel unumkehrbar (§ 202 III; → § 202 Rn. 11). 23

§ 193 Formwechselbeschluss

(1) ¹**Für den Formwechsel ist ein Beschluß der Anteilsinhaber des formwechselnden Rechtsträgers (Formwechselbeschluss) erforderlich.** ²**Der Beschluß kann nur in einer Versammlung der Anteilsinhaber gefaßt werden.**

(2) **Ist die Abtretung der Anteile des formwechselnden Rechtsträgers von der Genehmigung einzelner Anteilsinhaber abhängig, so bedarf der Formwechselbeschluss zu seiner Wirksamkeit ihrer Zustimmung.**

(3) ¹**Der Formwechselbeschluss und die nach diesem Gesetz erforderlichen Zustimmungserklärungen einzelner Anteilsinhaber einschließlich der erforderlichen Zustimmungserklärungen nicht erschienener Anteilsinhaber müssen notariell beurkundet werden.** ²**Auf Verlangen ist jedem Anteilsinhaber auf seine Kosten unverzüglich eine Abschrift der Niederschrift des Beschlusses zu erteilen.**

Übersicht

	Rn.
1. Allgemeines	1
2. Beschluss der Anteilsinhaber (Abs. 1)	4
a) Rechtsnatur	4

	Rn.
b) Zuständigkeit, Stellvertretung	7
c) Inhalt des Formwechselbeschlusses	11
d) Mehrheitsverhältnisse	12
e) Mangelhaftigkeit des Beschlusses	14
3. Zustimmungserfordernis (Abs. 2)	15
a) Allgemeines	15
b) Vinkulierung	17
c) Zustimmung	19
d) Wirksamkeit des Formwechselbeschlusses	20
4. Notarielle Beurkundung (Abs. 3 S. 1)	22
5. Abschriftserteilung (Abs. 3 S. 2)	23
6. Kosten	24

1. Allgemeines

1   Sowohl bei der formwechselnden Umw (§§ 362 ff. AktG aF, §§ 59, 61, 62 UmwG 1969) als auch bei der errichtenden Umw nach dem UmwG 1969 war ein **Beschluss der Anteilsinhaber** des formwechselnden Rechtsträger erforderlich. Heute ergibt sich die Notwendigkeit der Beschlussfassung aus § 193, der **Inhalt des Formwechselbeschlusses** – bis zum UmRUG (dazu → Einf. Rn. 43 ff.): „Umwandlungsbeschluss" – ist ausf. in § 194 geregelt. § 193 entspricht im Wesentlichen **§ 13**. § 194 nimmt Bezug auf die insoweit vergleichbaren §§ 5, 127 über den Inhalt des Verschm- und des Spaltungsvertrags.

2   Anders als in den vorangestellten Büchern (Verschm, Spaltung, Vermögensübertragung) gibt es beim Formwechsel nach §§ 190 ff. naturgemäß **keinen Vertrag.** Die Umwandlungswirkungen (§ 202) beziehen sich nur auf einen Rechtsträger, nämlich den formwechselnden Rechtsträger iSv § 191 I, der durch den Formwechsel eine neue Rechtsform iSv § 191 II erhält (Identität; → § 190 Rn. 5 ff.). Dem Formwechselbeschluss nach § 193 fehlt somit der Bezugspunkt „Umwandlungsvertrag" (→ § 13 Rn. 4, → § 4 Rn. 4 ff.). Der Beschluss ist Entscheidung der Anteilsinhaber über die Durchführung des Formwechsels, zugleich legt er – insoweit am ehesten vergleichbar mit dem Spaltungsplan iSv § 136 – die Einzelheiten des Formwechsels fest (§ 194).

3   **Abs. 1 S. 1** bestimmt die Notwendigkeit der Beschlussfassung. Der Beschluss muss stets in einer Versammlung der Anteilsinhaber gefasst werden **(Abs. 1 S. 2),** das Umlaufverfahren ist demnach nicht opportun. **Abs. 2** enthält eine Sonderregelung für den Fall der Vinkulierung; die sonst für die Anteilsübertragung notwendige Genehmigung durch einzelne Anteilsinhaber wird durch deren Zustimmung zum Formwechselbeschluss ersetzt. Der Formwechselbeschluss und alle nach §§ 190 ff. erforderlichen Zustimmungserklärungen einzelner Anteilsinhaber bedürfen der notariellen Beurkundung **(Abs. 3).** Ist nach den besonderen Vorschriften von §§ 214 ff. vorgeschrieben, dass auch der Gesellschaftsvertrag oder die Satzung Bestandteil des Formwechselbeschlusses zu sein hat (vgl. zB § 218 I), muss auch dieser Organisationsvertrag mit beurkundet werden; damit werden geringere Formerfordernisse des einfachen Rechts (etwa § 5 GenG) verdrängt. Die Anteilsinhaber können eine Abschrift der Niederschrift des Beschlusses verlangen (Abs. 3 S. 2).

2. Beschluss der Anteilsinhaber (Abs. 1)

4   **a) Rechtsnatur.** Die Mitwirkung des jew. Anteilsinhabers bei Abfassung des Formwechselbeschlusses ist seine zentrale Aufgabe beim gesamten Umstrukturierungsvorgang. Er kann danach aber jederzeit über seinen Anteil verfügen, wenn dies nach dem beim formwechselnden Rechtsträger geltenden Recht zulässig ist

(BayObLG ZIP 2003, 1145). Vinkulierungen können dabei nur nach Maßgabe von § 211 überwunden werden. Eine **materielle Beschlusskontrolle** (→ § 13 Rn. 42) findet nur in Fällen groben Missbrauchs statt (ausf. OLG Düsseldorf ZIP 2003, 1749 mwN; bestätigt durch BGH ZIP 2005, 1318). Der Entwurf des Formwechselbeschlusses (Inhalt: § 194, ggf. ergänzt durch §§ 214 ff.) ist Bestandteil des Formwechselberichts, § 192 I 3. Damit wird der Formwechselbeschluss **von dem Leitungsorgan** des formwechselnden Rechtsträgers **verfasst** und den Anteilsinhabern vor Beschlussfassung (als Vorschlag) zur Kenntnis gebracht. **Identität** zwischen dem schließlich gefassten Formwechselbeschluss und dem noch im Formwechselbericht enthaltenen Entwurf des Formwechselbeschlusses ist nicht erforderlich (anders etwa bei der Verschm: Dort muss der Vertragsentwurf iSv § 4 II mit dem endgültig abgeschlossenen notariellen Verschmelzungsvertrag grds. wortgleich übereinstimmen; damit soll verhindert werden, dass die Anteilsinhaber eine Verschm beschließen, die dann doch anders abgewickelt wird; näher → § 4 Rn. 23 ff., → § 13 Rn. 19 ff.). Die Anteilsinhaber haben es beim Formwechsel selbst in der Hand, wie diese Umw ausgestaltet werden soll. Sie können noch **während der Beschlussfassung** den Inhalt des Beschlusses iSv §§ 194, 214 ff. (→ Rn. 11) **korrigieren,** weil damit keine Veränderung eines Vertragsverhältnisses mit einem Dritten verbunden ist. Allerdings bleibt zu beachten, dass gem. § 194 II der Entwurf des Formwechselbeschlusses spätestens einen Monat vor dem Tage der Versammlung der Anteilsinhaber, die den Formwechsel beschließen soll, dem zuständigen Betriebsrat des formwechselnden Rechtsträgers zuzuleiten ist. Ist diese Vorschrift zu beachten, weil ein entsprechender Betriebsrat besteht (ausf. zur Anwendung → § 194 Rn. 11 ff.), darf ein Unterschied zwischen Entwurf und endgültigem Beschlussinhalt zumindest in Bezug auf die **Rechtsposition der ArbN** nicht bestehen (ausf. → § 5 Rn. 108 ff. mwN). Das **Registergericht** kann die insoweit notwendige Identität vor Eintragung des Formwechsels prüfen (vgl. § 199, nach dem „ein Nachweis über die Zuleitung nach § 194 II" der Anmeldung als Anlage beizufügen ist).

Für den Fall, dass ein **Formwechselbericht nicht notwendig** ist (→ § 192 5 Rn. 21, 22), entfällt die gesetzliche Notwendigkeit zur Aufstellung eines Beschlussentwurfs. Gleichwohl wird man zur geordneten Durchführung der Anteilsinhaberversammlung iSv Abs. 1 S. 2 die Beschlussfassung mit einem Entwurf vorbereiten; außerdem kann § 194 II einschlägig sein.

Die Festsetzungen des Formwechselbeschlusses sind **maßgeblich für** die **Wir-** 6 **kungen der Eintragung** nach § 202. In der Zeit zwischen vollzogener Beschlussfassung und Eintragung des Formwechsels (§ 201) sind die Anteilsinhaber an den gefassten Beschluss **gebunden**, ihnen ist aber ohne Weiteres die Möglichkeit gegeben, den Beschluss – formlos (vgl. Lutter/Hoger Rn. 28 mwN) – wieder aufzuheben. Nach Eintragung des Formwechsels besteht diese Möglichkeit nicht mehr, dann kann allenfalls, sofern gesetzlich zugelassen (→ § 190 Rn. 3), ein actus contrarius beschlossen und nach §§ 190 ff. mit Wirkung ex nunc umgesetzt werden.

b) Zuständigkeit, Stellvertretung. Die **Kompetenzzuweisung an die** 7 **Anteilsinhaber** ist zwingend; von ihr kann auch nicht durch Gesellschaftsvertrag oder Satzung abgewichen werden. Auch eine Delegation der Befugnisse der Anteilsinhaberversammlung auf Leitungs- oder Aufsichtsorgane des formwechselnden Rechtsträgers, etwa durch Beschluss der Anteilsinhaberversammlung selbst, ist nicht zulässig. Es ist auch nicht möglich, durch gesellschaftsvertragliche oder sonstige vertragliche Regelungen eine Zustimmung des jew. Anteilsinhabers zu erzwingen oder ihn bei Verweigerung dieser Zustimmung aus dem Rechtsträger heraus zu drängen (ausf. OLG Karlsruhe ZIP 2003, 78 mAnm Kowalski EWiR 2003, 181; OLG Frankfurt a. M. DB 2003, 31). **Abs. 1 S. 2** bestimmt, dass der Formwechselbeschluss nur in einer **Versammlung der Anteilsinhaber** gefasst werden darf. Damit stellt sich die Frage, ob eine Beschlussfassung auch im schriftlichen Abstimmungsverfahren möglich ist, nicht (anders für die börsennotierte AG Schöne/Arens WM 2012, 381; dagegen Lutter/Hoger Rn. 3). Zur Zulässigkeit einer virtuellen Hauptversammlung ausf. BeckOGK/Simons Rn. 4 ff.; vgl. auch Wicke DStR 2022, 498; Stelzhammer GmbHR 2022, 187; zur Entwicklung des Versammlungsbegriffs Heckschen/Hilser ZIP 2022, 461. Die **Einzelheiten zur Durchführung der Anteilsinhaberversammlung** bestimmen sich nach den für den jew. Rechtsträger einschlägigen Vorschriften (vgl. für die GmbH §§ 48 ff. GmbHG (zu § 48 I 2 GmbHG idF des DiRUG krit. Bochmann NZG 2022, 531 (535)), für AG und KGaA §§ 118 ff. (§ 278) AktG, für eG §§ 43 ff. GenG, für VVaG § 36 VAG iVm §§ 118 ff. AktG) und nach den besonderen Vorschriften in §§ 214–304 (vgl. Tabelle 1 bei Widmann/Mayer/Weiler Rn. 41 zur Einberufung und Tabelle 2 Rn. 42 zur Durchführung der Anteilsinhaberversammlung).

8 **Stellvertretung** bei der Beschlussfassung ist grds. zulässig (vgl. Melchior GmbHR 1999, 520); sofern das für die jew. Rechtsträger einschlägige Recht nicht etwas anderes vorsieht. Für die Stimmabgabe durch Boten gilt dies nur, wenn sie im Gesellschaftsvertrag zugelassen (Widmann/Mayer/Weiler Rn. 31; Lutter/Hoger Rn. 4; NK-UmwR/Althoff/Narr Rn. 12; aA Semler/Stengel/Leonard/Bärwaldt Rn. 14) und rechtlich möglich ist (vgl. Koch AktG § 134 Rn. 33). Für die **Vollmacht** genügt jedenfalls **Textform** (zB § 47 III GmbHG, § 134 III 3 AktG iVm § 126b BGB; Lutter/Hoger Rn. 4 mwN). Dies gilt auch dort, wo das subsidiär anzuwendende Gründungsrecht für Vollmachten zur **Vereinbarung** des Gesellschaftsvertrages notarielle Beglaubigung verlangt (vgl. § 2 II GmbHG bzw. § 23 I 1 AktG). Demgegenüber geht Heckschen NZG 2017, 721 gem. § 197 S. 1 von der Anwendbarkeit des Gründungsrechts aus und verlangt daher beim Formwechsel in eine GmbH oder AG notariell beglaubigte Vollmachten; Bergjahn/Klotz ZIP 2016, 2300 (2304 ff.) verlangen bei Unwiderruflichkeit der Vollmacht eine notarielle Beurkundung.

9 Da der Formwechselbeschluss das Verhältnis der Anteilsinhaber untereinander beeinflusst (vgl. § 194 I Nr. 3–6; → § 194 Rn. 1 ff.), ist das Selbstkontrahierungsverbot von **§ 181 BGB** zu beachten (vgl. auch Praxishinweis in BeckOGK/Simons Rn. 14) Ein Anteilsinhaber kann also bei der Stimmabgabe den anderen nur dann vertreten, wenn ihm eine entsprechende Befreiung erteilt wurde (dies gilt nach hM auch bei Körperschaften uneingeschränkt, vgl. ausf. Lutter/Göthel § 233 Rn. 39 ff. mwN); diese kann allerdings in der Vollmachtserteilung selbst konkludent enthalten sein (iU → § 13 Rn. 51).

10 Gesetzliche Vertreter von **minderjährigen Anteilsinhabern** haben die Beschränkung nach § 1629 II 1 BGB, § 1824 I Nr. 1, II BGB, § 181 BGB zu beachten mit der Folge, dass sie ggf. an der Vertretung ihres Kindes gehindert sind; in diesem Fall ist gem. § 1809 BGB ein Ergänzungspfleger zu bestellen. Eine Genehmigung des Familiengerichts gem. § 1643 BGB dürfte hingegen nicht erforderlich werden. Zwar besteht wegen der Notwendigkeit, das künftige Verhältnis der Anteilsinhaber untereinander auch nach Durchführung des Formwechsels zu regeln, die Pflicht, einen Gesellschaftsvertrag iSv § 1852 Nr. 2 BGB abzuschließen (entweder innerhalb des Formwechselbeschlusses, zB § 218, oder in Vollzug des Formwechsels) und erhält der Minderjährige aufgrund des Formwechsels ggf. Anteile an einer PersGes oder KapGes iSd § 1852 Nr. 1 BGB, die ein Erwerbsgeschäft betreibt. Dabei muss aber die Identität des Rechtsträgers vor und nach Durchführung des Formwechsels gesehen werden, die ursprüngliche Beteiligung des Anteilsinhabers am formwechselnden Rechtsträger setzt sich automatisch fort; § 1852 Nr. 1 und Nr. 2 BGB sind teleologisch dahin zu reduzieren, dass der Formwechsel nicht erfasst wird (vgl. Kallmeyer/Zimmermann Rn. 13; Lutter/Göthel § 233 Rn. 22; Soergel/Damrau BGB § 1822 Rn. 25; aA Semler/Stengel/Leonard/Bärwaldt Rn. 13; Widmann/Mayer/Vollrath Rn. 22). Anderes hat dann zu gelten, wenn dem minderjährigen Anteilsinhaber (bei Formwechsel in eine PhG) die persönliche Haftung oder (bei

Formwechsel in eine KapGes) eine Differenzhaftung droht (vgl. zum Meinungsstand Lutter/Göthel § 233 Rn. 49 ff.; Lutter/Göthel § 240 Rn. 22 ff.). Für **unbekannte Anteilsinhaber** kann uU ein Pfleger bestellt werden, vgl. OLG Bremen BB 2003, 1525.

c) **Inhalt des Formwechselbeschlusses.** Der **Inhalt des Formwechselbe-** 11
schlusses ergibt sich zunächst aus § 194. Rechtsformspezifische Ergänzungen finden sich in §§ 214 ff., und zwar (vgl. auch Tabelle 1 bei Widmann/Mayer/Vollrath § 194 Rn. 4) in § 218 (Formwechsel von PersGes), § 234 (Formwechsel von KapGes), § 243 (Formwechsel von KapGes untereinander), § 253 (Formwechsel einer KapGes in eine eG), § 263 (Formwechsel einer eG), § 276 (Formwechsel eines rechtsfähigen Vereins in eine KapGes), § 285 (Formwechsel eines rechtsfähigen Vereins in eine eG) und in § 294 (Formwechsel eines VVaG). Damit ist der Mindestinhalt des Formwechselbeschlusses genau festgeschrieben, den Anteilsinhabern obliegt es, alle Festsetzungen für die Durchführung des Formwechsels selbst zu treffen.

d) **Mehrheitsverhältnisse.** Der Formwechselbeschluss in der Anteilsinhaberversammlung muss mit der von §§ 214 ff. vorgeschriebenen **Mehrheit** gefasst werden. 12
Im Einzelnen gilt (vgl. auch Tabelle 3 bei Widmann/Mayer/Weiler Rn. 55): Bei **eGbR, PhG** und **PartGes** ist grds. Einstimmigkeit erforderlich (§ 217 I 1, § 225c). Davon abw. kann der Gesellschaftsvertrag eine Mehrheitsentscheidung der Gesellschafter mit drei Viertel der Stimmen vorsehen (§ 217 I 2, 3, § 225c; zur Frage, ob eine Regelung im Gesellschaftsvertrag der PhG dahin, dass der Gesellschaftsvertrag mit einer Mehrheit von drei Vierteln geändert werden kann, genügt, iE → § 43 Rn. 9). Beim Formwechsel einer **KapGes** in eine PersGes diff. § 233 je nach Ausgangs- und Zielrechtsform (vgl. iE § 233 I–III; → § 233 Rn. 1 ff.). Beim Formwechsel in eine KapGes anderer Rechtsform ist der Anteilsinhaberbeschluss mit einer Mehrheit von mindestens drei Vierteln der abgegebenen Stimmen oder des bei der Beschlussfassung einer AG oder einer KGaA vertretenen Grundkapitals zu fassen. Der Gesellschaftsvertrag oder die Satzung der formwechselnden KapGes kann eine größere Mehrheit vorsehe, (§ 240 I). Beim Formwechsel einer KapGes in eine eG unterscheidet § 252 danach, ob das Statut der eG eine Nachschusspflicht (§ 6 Nr. 3 GenG) vorsieht (Einstimmigkeit) oder nicht (Dreiviertelmehrheit). Beim Formwechsel der **eG** ist gem. § 262 I entweder eine Mehrheit von drei Vierteln oder – bei Widerspruch gegen den Formwechsel – von neun Zehnteln erforderlich. Der Formwechselbeschluss beim **Verein** bedarf bei Zweckänderung der Zustimmung aller Anteilsinhaber, in anderen Fällen einer Dreiviertelmehrheit (§ 275 I, II); Gleiches gilt beim Formwechsel des Vereines in eine eG (§ 284). Die oberste Vertretung des **VVaG** muss mit einer Mehrheit von mindestens drei Vierteln der abgegebenen Stimmen beschließen (§ 293 S. 1). Bei qualifiziertem Widerspruch erhöht sich diese Mehrheit auf neun Zehntel der abgegebenen Stimmen, (§ 293 S. 2). Beim Formwechsel von **Körperschaften und Anstalten des öffentlichen Rechts** (§§ 301–304) ist ein Formwechselbeschluss grds. nicht erforderlich, § 302. Diese formwechselnden Rechtsträger haben als solche keine Anteilsinhaber (näher → § 301 Rn. 1 ff.).

Damit sind die Mehrheitserfordernisse für den Formwechselbeschluss vielfältiger 13
ausgestaltet als diejenigen des Verschm-, Spaltungs- oder Vermögensübertragungsbeschlusses; ihre Anwendungsvoraussetzungen müssen im Einzelfall eingehend geprüft werden.

e) **Mangelhaftigkeit des Beschlusses.** Der Formwechselbeschluss ist hinsicht- 14
lich seiner Wirksamkeit, insbes. bzgl. Anfechtbarkeit und Nichtigkeit, wie ein normaler Anteilsinhaberbeschluss des Rechtsträgers zu beurteilen. **Mängel des Formwechsels** lassen die Wirkungen der Eintragung der neuen Rechtsform oder des Rechtsträgers neuer Rechtsform in das Register allerdings unberührt **(§ 202 III).**

Durch diese (§ 352a AktG aF nachgebildete und § 20 II, § 131 II, §§ 179, 180 entsprechende) Regelung ist für alle Fälle die Irreversibilität des Formwechsels festgeschrieben (allg. zur Unwirksamkeitsklage im Zusammenhang mit dem Formwechselbeschluss → § 195 Rn. 3 ff.).

3. Zustimmungserfordernis (Abs. 2)

15 **a) Allgemeines.** Das Zustimmungserfordernis eines einzelnen Anteilsinhabers orientiert sich am Vorbild von § 376 II 2 AktG aF. Die Vorschrift ist inhaltsgleich mit **§ 13 II. Abs. 2** ist Ausdruck des allg. Rechtsgedankens, dass **Sonderrechte eines Anteilsinhabers** nicht ohne dessen Zustimmung beeinträchtigt werden dürfen (vgl. § 35 BGB; Begr. RegE, BR-Drs. 75/94 zu § 13 II). Die Zustimmung des jew. Anteilsinhabers ist **Wirksamkeitserfordernis** für den Formwechselbeschluss (→ Rn. 20).

16 Auf eine Übernahme auch von § 376 II 3 AktG aF, der beim **Wegfall von Nebenleistungspflichten** ein eigenes Zustimmungserfordernis der hiervon betroffenen Aktionäre vorsah, wurde verzichtet. Dem UmwG ist ein so ausgestaltetes Zustimmungserfordernis mit Ausnahme von § 241 III nicht bekannt, auch nicht iRd für die einzelnen Umwandlungsformen geltenden besonderen Vorschriften von §§ 214 ff. Im Einzelfall ist allerdings die Anwendung von **§§ 204, 23** möglich. Für den Fall, dass beim Formwechsel von GmbH in AG/KGaA wegen § 55 AktG eine Nebenleistungspflicht entfällt, ist die Zustimmung notwendig, vgl. § 241 III und → § 241 Rn. 9 ff.

17 **b) Vinkulierung.** Das Zustimmungserfordernis in Abs. 2 betrifft den Fall, dass die Abtretung der Anteile des formwechselnden Rechtsträgers unter Genehmigungsvorbehalt steht. Im Gesellschaftsvertrag oder Satzung (nicht in anderen schuldrechtlichen Vereinbarungen, Lutter/Hoger Rn. 19; Kallmeyer/Zimmermann Rn. 16; Semler/Stengel/Leonard/Bärwaldt Rn. 25; BeckOGK/Simons Rn. 45) muss die **Zustimmung einzelner Anteilsinhaber** – geknüpft entweder an deren Person oder an die von diesen gehaltenen Anteile – des Rechtsträgers in seiner Ausgangsrechtsform vorgesehen sein. Die Notwendigkeit der Zustimmung durch die Versammlung der Anteilsinhaber oder den Rechtsträger als solchen oder eines seiner Organe führt nicht zur Anwendung von Abs. 2 (hM, vgl. Widmann/Mayer/Weiler Rn. 66; Kallmeyer/Zimmermann Rn. 17; bei gleicher Auslegung die Gesetzesfassung kritisierend Lutter/Drygala § 13 Rn. 30; aA wohl Goutier/Knopf/Tulloch/Laumann Rn. 45, 47 gegen Goutier/Knopf/Tulloch/Bermel § 13 Rn. 54), wenn nicht ausnahmsweise Einstimmigkeit mit allen vorhandenen Stimmen vorgeschrieben ist (Lutter/Hoger Rn. 15 mwN).

18 Ebenfalls findet Abs. 2 keine – auch keine analoge – Anwendung auf Fälle eines **statutarischen Ausschlusses der Abtretbarkeit** oder auf solche Satzungsbestimmungen, die als echte oder unechte Satzungsbestandteile ein **Vorkaufs- oder Vorerwerbsrecht** für einzelne oder alle Anteilsinhaber vorsehen (so auch Reichert GmbHR 1995, 176 (180 f., 193); Lutter/Schmidt Kölner Umwandlungsrechtstage 1995, 78; Lutter/Hoger Rn. 21, 25 f. weist darauf hin, dass sich in diesen Fällen das Zustimmungserfordernis uU aus §§ 204, 23 ergeben kann, im Ergebnis aber abzulehnen ist, Reichert GmbHR 1995, 176 (184)). Wird – wie in der Praxis häufig (vgl. Priester ZGR 1990, 420 (440) mwN) – die **Zustimmung aller Anteilsinhaber** (nicht: der Anteilsinhaberversammlung) zur Abtretung eines Anteils verlangt, müssen alle Anteilsinhaber des formwechselnden Rechtsträgers ausdrücklich zustimmen. In diesem Fall werden die Regelungen des UmwG über die für die Beschlussfassung notwendigen Mehrheitsverhältnisse (→ Rn. 12) faktisch gegenstandslos (Kölner Komm UmwG/Petersen Rn. 12). Demgemäß empfiehlt es sich, mit solchen Regelungen bei Abfassung der Satzungen „sparsam" umzugehen (vgl. hierzu auch

Praxishinweis in BeckOGK/Simons Rn. 50). Zum Ganzen ausf. Reichert GmbHR 1995, 176 ff. mwN.

c) Zustimmung. Nach §§ 182 ff. BGB kann die empfangsbedürftige Willenserklärung Zustimmung als (vorherige) **Einwilligung** und (nachträglichen) **Genehmigung** ausgesprochen werden. Demnach kommt es nicht darauf an, ob der Formwechselbeschluss iSv Abs. 1 S. 1 zum Zeitpunkt der Zustimmung bereits vorliegt oder nicht. Die Zustimmungserklärung des berechtigten Anteilsinhabers bedarf der **notariellen Beurkundung** (→ Rn. 22; zur Heilung vgl. § 202 I Nr. 3 UmwG), der **Widerruf** ist gem. § 183 BGB bis zur Beschlussfassung formlos möglich (Widmann/Mayer/Weiler Rn. 96; Kölner Komm UmwG/Petersen Rn. 17). Ein Anspruch auf Zustimmung besteht grds. nicht, in extremen Fällen kann allenfalls die Treuepflicht anderes ergeben (Kallmeyer/Zimmermann Rn. 24 mwN).

d) Wirksamkeit des Formwechselbeschlusses. Ohne die nach Abs. 2 notwendige Zustimmung – für deren Abgabe eine Frist gesetzt werden kann, Semler/Stengel/Leonard/Bärwaldt Rn. 27 mwN – ist der Formwechselbeschluss, und damit letztlich der Formwechsel, **schwebend unwirksam** (wie hier Kallmeyer/Zimmermann Rn. 22; Lutter/Hoger Rn. 23; BeckOGK/Simons Rn. 67). Wird die Zustimmung auch nur von einem der Zustimmungsberechtigten verweigert, führt dies zur **endgültigen Unwirksamkeit** des Beschlusses (vgl. Kallmeyer/Zimmermann Rn. 23; Lutter/Hoger Rn. 23; Semler/Stengel/Leonard/Bärwaldt Rn. 27). Durch Eintragung des Formwechsels in das jew. maßgebliche Register wird dieser Mangel nicht geheilt; gem. § 202 III bleibt der Mangel des Formwechsels bzgl. der Wirkungen der Eintragung jedoch ohne Folgen. Nach Sinn und Zweck von § 202 III können deswegen letztlich nur die im Beschluss iSv §§ 193, 194, 214 ff. aufgenommenen Festsetzungen maßgebend sein. Für die von dieser Rechtsfolge belasteten zustimmungsberechtigten Anteilsinhaber bleibt nur die Berufung auf **Schadensersatz** nach §§ 205 ff. (ausf. → § 20 Rn. 121 ff.). Eine analoge Anwendung von §§ 204, 23 kommt demgegenüber nicht in Betracht (vgl. auch Reichert GmbHR 1995, 176 (184)). Umso wichtiger ist es für die Leitungsorgane des am Formwechsel beteiligten Rechtsträgers und für das Registergericht, die als notwendige Anlage zur Anmeldung gem. § 199 beizufügenden Zustimmungserklärungen einzelner Anteilsinhaber auf formelle Richtigkeit und Vollständigkeit zu prüfen.

Sonstige Zustimmungserfordernisse finden sich zB für den Formwechsel einer KapGes in § 50 II, § 65 II, deren entsprechende Anwendung § 233 I Hs. 2 bestimmt (vgl. auch Reichert GmbHR 1995, 176 (193) und Tabelle 10 bei Widmann/Mayer 28. EL Teil B Rn. 226).

4. Notarielle Beurkundung (Abs. 3 S. 1)

Der Formwechselbeschluss und alle ihn betreffenden Zustimmungserklärungen müssen **notariell beurkundet** werden (Abs. 3 S. 1). **Auslandsbeurkundung** (→ § 6 Rn. 13 ff.) ist möglich und zulässig (str.). Auch in diesem Fall kann das Ziel der in Abs. 3 S. 1 vorgesehenen notariellen Beurkundung – Rechtssicherheit durch die Kontrolle des Notars, der die Verantwortung dafür übernimmt, dass die Versammlung der Anteilsinhaber ordnungsgemäß abgewickelt wird (vgl. Begr. RegE, BR-Drs. 75/94 zu § 13 III 1) – erreicht werden. **Gegenstand der Beurkundung** muss der vollständige Beschluss mit dem vorgeschriebenen Inhalt (→ Rn. 11) sein. Ein teilw. Verzicht auf die Beurkundung – etwa durch nachträgliche Abfassung eines ergänzenden Beschlusses ohne Beachtung der Formvorschriften von Abs. 3 S. 1 – führt zur Unwirksamkeit des gesamten Beschlusses (→ § 6 Rn. 4 f.). Vgl. zur Heilung § 202 I Nr. 3. IÜ ist der Formwechselbeschluss idR nach §§ 36, 37 BeurkG, die Zustimmungserklärungen sind nach §§ 8 ff. BeurkG zu beurkunden (ausf. Wid-

5. Abschriftserteilung (Abs. 3 S. 2)

23 **Auf Kosten des Anteilsinhabers** ist diesem unverzüglich (ohne schuldhaftes Zögern, § 121 I 1 BGB) eine **Abschrift der Niederschrift des Beschlusses** zu erteilen **(Abs. 3 S. 2)**. Dieser Anspruch (nur gegen den Rechtsträger, nicht auch gegenüber dem Notar, Widmann/Mayer/Weiler Rn. 110; Kölner Komm UmwG/Petersen Rn. 20) dient letztlich dem Schutz der Anteilsinhaber, weil auch auf diesem Wege eine vollständige Kontrolle des gesamten Verschmelzungsvorgangs, insbes. eine nochmalige gründliche Überprüfung des Beschlussinhalts, ermöglicht wird. In diesem Zusammenhang kann der Anteilsinhaber auch die Frage prüfen, ob er gegen die Wirksamkeit des Verschmelzungsbeschlusses Klage erheben möchte. Der Anspruch steht auch demjenigen zu, der erst anlässlich des Formwechsels beitritt, was nach hM zulässig ist (ausf. → § 226 Rn. 3 mwN).

6. Kosten

24 Vgl. → Vor § 190 Rn. 4. Wird der Gesellschaftsvertrag im Formwechselbeschluss mitbeurkundet (vgl. zB § 218 I), fällt eine weitere 0,5–2,0-Gebühr an (KV 24100 GNotKG; vgl. Lutter/Hoger Rn. 29; zu den Kosten für Zustimmungserklärungen → § 13 Rn. 79).

§ 194 Inhalt des Formwechselbeschlusses

(1) In dem Formwechselbeschluss müssen mindestens bestimmt werden:
1. die Rechtsform, die der Rechtsträger durch den Formwechsel erlangen soll;
2. der Name oder die Firma des Rechtsträgers neuer Rechtsform;
3. eine Beteiligung der bisherigen Anteilsinhaber an dem Rechtsträger nach den für die neue Rechtsform geltenden Vorschriften, soweit ihre Beteiligung nicht nach diesem Buch entfällt;
4. Zahl, Art und Umfang der Anteile oder der Mitgliedschaften, welche die Anteilsinhaber durch den Formwechsel erlangen sollen oder die einem beitretenden persönlich haftenden Gesellschafter eingeräumt werden sollen;
5. die Rechte, die einzelnen Anteilsinhabern sowie den Inhabern besonderer Rechte wie Anteile ohne Stimmrecht, Vorzugsaktien, Mehrstimmrechtsaktien, Schuldverschreibungen und Genußrechte in dem Rechtsträger gewährt werden sollen, oder die Maßnahmen, die für diese Personen vorgesehen sind;
6. ein Abfindungsangebot nach § 207, sofern nicht der Formwechselbeschluss zu seiner Wirksamkeit der Zustimmung aller Anteilsinhaber bedarf oder an dem formwechselnden Rechtsträger nur ein Anteilsinhaber beteiligt ist;
7. die Folgen des Formwechsels für die Arbeitnehmer und ihre Vertretungen sowie die insoweit vorgesehenen Maßnahmen.

(2) Der Entwurf des Formwechselbeschlusses ist spätestens einen Monat vor dem Tage der Versammlung der Anteilsinhaber, die den Formwechsel beschließen soll, dem zuständigen Betriebsrat des formwechselnden Rechtsträgers zuzuleiten.

1. Allgemeines

Der Formwechselbeschluss – bis zum UmRUG (dazu → Einf. Rn. 43 ff.): **1**
„Umwandlungsbeschluss" – war auch im früheren Recht (→ § 191 Rn. 1) erforderlich. **Abs. 1** zählt den **notwendigen Beschlussinhalt** auf. Die dort genannten Festlegungen müssen nicht sämtlich in einem wirksamen Beschluss enthalten sein (zB fällt Abs. 1 Nr. 5 weg, wenn die dort aufgezählten Rechte gar nicht gegeben sind); aus Gründen des reibungslosen Ablaufs des Registerverfahrens empfiehlt es sich jedoch, den Beschlussinhalt an der Reihenfolge von Abs. 1 Nr. 1–7 zu orientieren und das Fehlen eines Tb-Merkmals oder den zulässigen Verweis auf den möglicherweise zum Formwechselbeschluss gehörenden Organisationsvertrag (dazu Kallmeyer/Meister/Klöcker/Berger Rn. 16) deutlich zu machen (förmliche Negativerklärung ist aber nicht erforderlich, zutr. OLG Frankfurt AG 2011, 793 mAnm Pluskat/Wiegand EWiR 2012, 125; für die Darstellungsroutine in der Praxis sind Negativerklärungen hilfreich, Lutter/Hoger Rn. 2 mwN, nicht aber bei jedem Anlass, zB → Rn. 7). Der Inhalt des Formwechselbeschlusses ergibt sich zunächst aus **§ 194,** des Weiteren aus den rechtsformspezifischen Ergänzungen in **§§ 214 ff.** (→ § 193 Rn. 11; außer diesem zwingenden Inhalt des Formwechselbeschlusses empfiehlt sich die Aufnahme weiterer Regelungen etwa zu Verzichtserklärungen der Anteilsinhaber, Kosten etc, vgl. die einschlägigen Formularbücher; Lutter/Hoger Rn. 34 ff.). Da beim Formwechsel ein **Vertrag nicht notwendig** ist, enthält Abs. 1 das, was bei der Verschm oder der Spaltung als Inhalt des Verschm- bzw. Spaltungsvertrags festgeschrieben ist (vgl. § 5 I, § 126 I); die dortigen Erläuterungen können bei der Auslegung von Abs. 1 Nr. 1–7 entsprechend herangezogen werden. Ein **Formwechselplan** ist durch das Vertretungsorgan ausschließlich im Fall eines grenzüberschreitenden Formwechsels aufzustellen, mit dem in § 335 II idF des UmRUG eigenständig vorgegebenen Inhalt; der Beschluss der Anteilsinhaber erschöpft sich dann gem. § 339 Abs. 1 grds. in der Zustimmung zu diesem Formwechselplan.

Abs. 2 entspricht § 5 III, § 126 III. Der Entwurf des Formwechselbeschlusses ist **2** spätestens **einen Monat** (zur Fristberechnung → § 5 Rn. 114 mwN) vor dem Tag der Versammlung der Anteilsinhaber, die den Formwechsel beschließen soll, dem zuständigen **Betriebsrat** des formwechselnden Rechtsträgers **zuzuleiten.** Dies gilt auch dann, wenn der Entwurf des Formwechselbeschlusses wegen § 193 II eigentlich nicht zu erstellen ist (→ § 193 Rn. 4 f.). Die Zuleitung an den zuständigen Betriebsrat hat (begrenzt; → Rn. 11 ff.) Sinn, weil die Folgen des Formwechsels für die ArbN und ihre Vertretungen sowie die insoweit vorgesehenen Maßnahmen im Formwechselbeschluss darzustellen sind, Abs. 1 Nr. 7; § 199 verlangt den **Nachw.** über die Zuleitung nach Abs. 2 (auch → § 5 Rn. 106).

2. Inhalt des Formwechselbeschlusses (Abs. 1)

a) Neue Rechtsform (Abs. 1 Nr. 1). Aus dem Formwechselbeschluss muss sich **3** eindeutig ergeben, dass ein Ausgangsrechtsträger bestimmter Rechtsform in einen Rechtsträger anderer Rechtsform nach §§ 190 ff. durch Formwechsel umgewandelt werden soll. Zu beachten ist insbes., dass auch eine Verschm oder Spaltung mit einem Wechsel der Rechtsform einhergehen kann, sodass **Verwechslungsgefahren** bestehen (zB Umw von GmbH in GmbH & Co. KG durch Verschm oder durch Formwechsel, vgl. „Kallmeyer GmbHR 2000, 418). Bei iÜ zweifelsfreier Auslegung müssen die Worte „Umwandlung" oder „Formwechsel" nicht unbedingt verwendet werden. Bei der Wahl der neuen Rechtsform sind die Beschränkungen von §§ 190 ff. zu beachten, nicht jede in § 190 II aufgeführte Rechtsform steht jedem formwechselnden Rechtsträger iSv § 191 I offen.

Winter

4 **b) Name oder Firma der Zielgesellschaft (Abs. 1 Nr. 2).** Zum Mindestinhalt des Formwechselbeschlusses gehört auch die Bezeichnung des Namens oder der Firma des Rechtsträgers neuer Rechtsform. Bei der Firmenbildung ist § 200 zu beachten. Die jew. Anforderungen an die Bezeichnung des Rechtsträgers neuer Rechtsform lassen sich den Spezialgesetzen entnehmen (zB § 4 AktG; § 3 I 4 GmbHG; § 19 HGB; § 3 GenG). Führt der Rechtsträger neuer Rechtsform keine Firma, so ist der im Rechtsverkehr gebräuchliche Name anzugeben (zB § 2 PartGG). Ist die ZielGes GbR (§ 191 II Nr. 1, Ausgangsrechtsträger wäre dann die KapGes; → § 191 Rn. 33), begründete Abs. 1 Nr. 2 damit die Notwendigkeit, auch der GbR einen „Namen" zu geben. Ab dem 1.1.2024 kann Zielgesellschaft nur noch eine eGbR sein, bei deren Anmeldung zur Eintragung im Gesellschaftsregister § 707 Abs. 2 Nr. 1 lit. a BGB ohnehin die Angabe ihres Namen (mit dem Zusatz „eingetragene Gesellschaft bürgerlichen Rechts" oder „eGbR", § 707a Abs. 2 BGB) verlangt.

5 **c) Beteiligung an der Zielgesellschaft (Abs. 1 Nr. 3 und 4).** Nach **Abs. 1 Nr. 3** ist im Formwechselbeschluss die Beteiligung der bisherigen Anteilsinhaber an dem Rechtsträger nach den für die neue Rechtsform geltenden Vorschriften zu bestimmen, soweit ihre Beteiligung nicht ausnahmsweise entfällt. Es bietet sich an, diese Festsetzung mit derjenigen von Abs. 1 Nr. 4 zu kombinieren. Abs. 1 Nr. 3 bezweckt zwar in erster Linie, die Identität des „an dem Umwandlungsvorgang beteiligten Personenkreises" (gemeint ist wohl eher der Rechtsträger) zum Ausdruck zu bringen (Begr. RegE, BR-Drs. 75/94 zu § 194 I Nr. 3; vgl. auch Heckschen DB 2008, 2123 insbes. zum Formwechsel der AG in GmbH & Co. KG). Ob der Formwechsel tatsächlich keine Änderung bewirkt, wird aber erst aus der für den Formwechsel zentralen und deshalb mit großer Sorgfalt vorzunehmenden Festsetzung nach **Abs. 1 Nr. 4** über Zahl, Art und Umfang der Anteile oder der Mitgliedschaften, welche die einzelnen Anteilsinhaber durch den Formwechsel erlangen sollen, deutlich (vgl. zu den jew. einschlägigen Sondervorschriften in §§ 214 ff. [§§ 218, 234, 243, 248, 253, 263, 276, 285, 294] Komm. dort, → § 197 Rn. 1 ff.; zusammenfassend Widmann/Mayer/Weiler Rn. 8 ff.; Lutter/Hoger Rn. 6 ff.; Semler/Stengel/Leonard/Bärwaldt Rn. 7 ff.; Kölner Komm UmwG/Petersen Rn. 5 ff.; BeckOGK/Simons Rn. 16 ff.).

6 Die Einschränkung in Abs. 1 Nr. 3 („soweit ihre Beteiligung nicht nach diesem Buch entfällt") nimmt Bezug auf die Möglichkeit des **Ausscheidens von Komplementären** aus einer formwechselnden KGaA sowie auf den Ausschluss bestimmter Mitglieder eines formwechselnden VVaG von der Beteiligung an der künftigen AG (vgl. § 233 III 3, § 236; § 294 I 2; Begr. RegE, BR-Drs. 75/94 zum Fünften Buch, Einl.; aber auch → § 226 Rn. 3 zur GmbH & Co. KG; zum **nichtverhältniswahrenden Formwechsel** → § 202 Rn. 7).

7 **d) Sonderrechte (Abs. 1 Nr. 5).** Soweit einzelnen Anteilsinhabern beim Rechtsträger neuer Rechtsform **Sonderrechte** eingeräumt werden (dazu ausf. Widmann/Mayer/Weiler Rn. 76 ff.; Kallmeyer/Meister/Klöcker/Berger Rn. 36 ff.), müssen diese bereits **im Formwechselbeschluss bestimmt** werden (gesetzliche Rechtsfolgen sind nicht zu nennen, Kallmeyer/Meister/Klöcker/Berger Rn. 37), **Abs. 1 Nr. 5** (vgl. auch §§ 204, 23 und § 196). Praktisch wird dieser Fall hauptsächlich beim Formwechsel von AG werden, der Gesetzestext zählt in nicht abschl. Form Anteile ohne Stimmrecht, Vorzugsaktien, Mehrstimmrechtsaktien, Schuldverschreibungen und Genussrechte auf. Eine ggf. nach § 196 zu leistende **bare Zuzahlung** braucht iRv Abs. 1 Nr. 5 nicht bestimmt werden (aA Kallmeyer/Meister/Klöcker/Berger Rn. 48 ff., die sich in Anlehnung an § 5 I Nr. 3 über den Gesetzeswortlaut hinwegsetzen, dabei aber übersehen, dass bare Verschm bare Zuzahlungen wegen des Anteilstauschs vorkommen können, zB § 54 IV, für den Formwechsel aber keine Rolle spielen; vgl. Widmann/Mayer/Weiler Rn. 84 ff.; teilw. abw. auch Lutter/Hoger Rn. 17, 18 mwN; auf bare Zuzahlungen, die erst durch ein **Spruch-**

verfahren bestimmt werden – § 196 – hat der Formwechselbeschluss ohnehin keine Wirkung). Die Regelung dient – vglbar zu § 340 II Nr. 7 AktG aF, § 5 I Nr. 7, § 126 I Nr. 7 – dem **Schutz der Anteilsinhaber,** weil die nicht begünstigten Anteilsinhaber erst dadurch in die Lage versetzt werden, die Einhaltung des gesellschaftsrechtlichen Gleichbehandlungsgrundsatzes (dazu ausf. K. Schmidt GesR § 16 II 4b mwN) zu überprüfen. Vorteile, die allen Anteilsinhabern in gleichem Umfang gewährt werden sollen, müssen hingegen nicht aufgeführt werden (hM, vgl. Lutter/Hoger Rn. 17; BeckOGK/Simons Rn. 33 je mwN; abw. NK–UmwR/ Althoff/Narr Rn. 10, die eine Negativerklärung empfehlen; eine förmliche Negativerklärung ist aber gerade nicht erforderlich, zutr. OLG Frankfurt AG 2011, 793 mAnm Pluskat/Wiegand EWiR 2012, 125 zum insoweit vglbaren § 5 I Nr. 7, auch → Rn. 1). Ist der formwechselnde Rechtsträger AG, sind die Maßnahmen, die für die ursprünglich privilegierten Anteilsinhaber vorgesehen sind, aufzuführen.

e) Barabfindungsangebot (Abs. 1 Nr. 6). §§ 207–212 geben denjenigen 8 Anteilsinhabern, die gegen den Formwechselbeschluss Widerspruch zur Niederschrift erklärt haben, die Möglichkeit, den durch Formwechsel erlangten neuen Anteil gegen **Barabfindung** an den Rechtsträger (oder gegen einen frei vereinbarten Kaufpreis gem. § 211 an einen Dritten) zu veräußern bzw. aus der Anteilsinhaberschaft auszuscheiden. Das entsprechende **Abfindungsangebot** (§ 207 I 1) muss bereits Inhalt des Formwechselbeschlusses sein, sofern die Anteilsinhaber nicht auf das Angebot **verzichtet** haben (näher Kallmeyer/Meister/Klöcker/Berger Rn. 46; Semler/Stengel/Leonard/Bärwaldt Rn. 29; Lutter/Hoger Rn. 23 je mwN). Es genügt die abstrakte Mitteilung darüber, für welche Menge von Anteilen iSv Abs. 1 Nr. 4 welcher Preis gezahlt werden soll. Die zugrunde liegende **Bewertung** ist im Formwechselbericht (§ 192) zu erläutern und zu begründen (→ § 192 Rn. 15); auf etwaige Schwierigkeiten bei der Bewertung ist gem. § 192 I 2 iVm § 8 I 2 einzugehen. Ein Abfindungsangebot ist entbehrlich, wenn der Formwechselbeschluss zu seiner Wirksamkeit der Zustimmung aller Anteilsinhaber bedarf (zu den Mehrheitsverhältnissen → § 193 Rn. 12) oder wenn am formwechselnden Rechtsträger nur ein Anteilsinhaber beteiligt ist (Konzernverhältnisse iSv § 192 II 1 Alt. 1). Damit bringt **Abs. 1 Nr. 6** auch zum Ausdruck, dass Widerspruch iSv § 207 I nur derjenige Anteilsinhaber erhebt, der auch tatsächlich gegen den Formwechsel stimmt (auch → § 29 Rn. 15, 16; krit. hierzu Hommelhoff ZGR 1993, 452 (470); aA Lutter/ Hoger § 207 Rn. 8; Kallmeyer/Meister/Klöcker/Berger § 207 Rn. 15; wie hier die hM, Nachw. → § 29 Rn. 16; Widmann/Mayer/Wälzholz § 207 Rn. 6; Semler/ Stengel/Leonard/Kalss § 207 Rn. 7). Das Barabfindungsgebot ist in vielen Fällen entbehrlich, nämlich dann, wenn alle Anteilsinhaber die Entscheidung für den Formwechsel tragen oder in den Fällen des Formwechsels einer **AG in eine KGaA** und umgekehrt (§ 250), des Formwechsels einer Körperschaft oder Anstalt des öffentlichen Rechts (vgl. § 301) und schließlich des Formwechsels einer KapGes in eine eGbR oder eine OHG, die notwendig eine einstimmige Beschlussfassung erfordern (§ 233 I, bzw. im umgekehrten Fall § 217 I 1).

f) Folgen des Formwechsels für die Arbeitnehmer und ihre Vertretungen 9 **(Abs. 1 Nr. 7).** Wie im Verschmelzungs- und Spaltungsvertrag müssen auch im Formwechselbeschluss die Folgen des Formwechsels für die ArbN und ihre Vertretungen sowie die insoweit vorgesehenen Maßnahmen dargestellt werden (für den Verschmelzungsvertrag ausf. → § 5 Rn. 87 ff.). Die Regelung entspricht § 5 I Nr. 9 (für die Verschm) und § 126 I Nr. 11 (für die Spaltung); es kann auf die Komm. zu → § 5 Rn. 87 ff. verwiesen werden. Bereits iRv § 5 I Nr. 9, § 126 I Nr. 11 ist kaum nachvollziehbar, welche Informationen zum Inhalt des Verschm- bzw. Spaltungsvertrages gemacht werden sollen. Vollkommen unverständlich wird die Aufnahme der angeblich den Arbeitnehmerinteressen dienenden Informationspflicht in **Abs. 1 Nr. 7.** Nimmt man den Grundansatz von §§ 190 ff. – die Identität des formwechselnden Rechtsträgers vor und nach Durchführung der Umw (→ § 190 Rn. 5 ff.) – ernst, versteht sich von selbst, dass die **Interessen der ArbN** des Rechtsträgers allein durch den Formwechsel nicht beeinträchtigt werden können. Anders als bei der Verschm und Spaltung führt der Formwechsel **nicht** zum **Wechsel des Arbeitgebers** (Gaul ArbeitsR der Umstrukturierung/Gaul/Otto § 26 Rn. 278; Kallmeyer/Willemsen Rn. 58; Lutter/Hoger Rn. 25). Auf der anderen Seite öffnet Abs. 1 Nr. 7 Streitigkeiten mit dem Registergericht darüber, wie eine korrekte Aufzählung der „insoweit vorgesehenen Maßnahmen" auszusehen hat, Tür und Tor; der einzig möglichen Veränderung – **Änderungen bei der Unternehmensmitbestimmung** (Gaul ArbeitsR der Umstrukturierung/Gaul/Otto § 26 Rn. 280 ff.; dazu ausf. WHSS Umstrukturierung/Seibt F Rn. 1 ff.; Lutter/Hoger Rn. 26; Kallmeyer/Willemsen Vor § 322 Rn. 86 ff.) – kann nicht mit „Maßnahmen" begegnet werden. Besonders großen Anstrengungen scheint sich der Gesetzgeber bei der Formulierung von Abs. 1 Nr. 7 nicht ausgesetzt zu haben; allein der Verweis darauf, dass es sich bei dieser Vorschrift um eine Parallele zu § 5 I Nr. 9, § 126 I Nr. 11 handelt (so Begr. RegE, BR-Drs. 75/94 zu § 194 I Nr. 7), hilft nicht weiter. Es drängt sich vielmehr gerade der **Strukturunterschied** zu den anderen Umwandlungsformen Verschm, Spaltung und Vermögensübertragung auf. In all diesen Fällen kann die Umw mit einer Veränderung der betrieblichen Strukturen verbunden sein. Durch die Zusammenführung verschiedener Unternehmen bei der Verschm oder durch die Abspaltung von Betrieben im Ganzen oder von Betriebsteilen sogar auf bestehende andere Betriebe können sich Situationen ergeben, die tatsächlich eine Vorabinformation der ArbN rechtfertigen und Mitbestimmungsrechte der Arbeitnehmervertreter auslösen können. Bei diesen Konstellationen stellen sich nicht nur Fragen bzgl. des Übergangs einzelner ArbVerh (zB § 613a BGB), sondern darüber hinaus Fragen zum Schicksal von Betriebsräten, Gesamtbetriebsräten, zum Weiterbestehen von Betriebsvereinbarungen, von Firmen- und Verbandstarifverträgen etc. All das kann **beim Formwechsel** per definitionem **nicht der Fall** sein (Semler/Stengel/Leonard/Bärwaldt Rn. 30; NK-UmwR/Althoff/Narr Rn. 14). Deshalb ist § 194 I Nr. 7 im Regelfall ausreichend beachtet, wenn auf eine etwaige Änderung der Regelungen zur Unternehmensmitbestimmung und ggf. Haftungsverfassung (Semler/Stengel/Leonhard/Bärwaldt Rn. 32) eingegangen und iÜ klargestellt wird, dass der Formwechsel auf die ArbN und ihre Vertretungen **keine Auswirkungen** hat (für Sonderfälle, zB entfallende Aktienoptionsprogramme oder Bezugnahme von Tarifverträgen auf eine bestimmte Rechtsform, kann anderes gelten, vgl. Hausch RNotZ 2007, 343 mwN; zu den arbeitsrechtlichen Folgen allg. → Vor § 322 Rn. 2 ff., → Rn. 35 ff., → Rn. 76 ff., → Rn. 91 ff.). Ggf. können Aussagen zur Zusammensetzung und Diskontinuität des AR sinnvoll sein sowie Erläuterungen dazu, ob einzelne Anteilsinhaber für die Forderungen der ArbN haften oder nachhaften und wer im formgewechselten Rechtsträger künftig das Direktionsrecht ausübt (vgl. Lutter/Hoger Rn. 28 ff. mwN; NK-UmwR/Althoff/Narr Rn. 14). Die Angaben nach § 194 I Nr. 7 sind auch bei **Fehlen eines Betriebsrats** erforderlich (→ § 5 Rn. 107, → § 5 Rn. 119; wie hier Widmann/Mayer/Weiler Rn. 135 f. mwN); werden **keine ArbN** beschäftigt, ist ein Negativtestat ausreichend (Kallmeyer/Willemsen Rn. 59; Lutter/Hoger Rn. 31).

10 Vor diesem Hintergrund ist es für die von § 194 I Nr. 7 betroffenen Rechtsträger und für die beratende Praxis ein besonderes Ärgernis, dass nicht nur der geforderte Inhalt des Formwechselbeschlusses unklar ist, sondern darüber hinaus noch eine **Mitteilung an den zuständigen Betriebsrat nach Abs. 2** zu erfolgen hat. Wo Beeinträchtigungen der Interessen der ArbN nicht zu befürchten sind, hat der Betriebsrat als Interessenvertreter auch kein Informationsbedürfnis. Weil die Monatsfrist von Abs. 2 unbeachtet gelassen durch das Registergericht kontrolliert wird (§§ 198, 199; zur einvernehmlichen Abkürzung → § 5 Rn. 125 und Stohlmeyer BB 1999, 1394; zur Fristberechnung → § 5 Rn. 126), kommt es im Endeffekt nur zu einer vermeidbaren Verzögerung. Wenn der Gesetzgeber seine eigenen Ziele (vgl. Begr. RegE, BR-Drs. 75/94 Einl. I 1) ernst nimmt („insofern dient der Entwurf dazu, die rechtlichen Rahmenbedingungen für die Tätigkeit deutscher Unternehmen zu verbessern"), ist dringend eine Änderung von Abs. 1 Nr. 7, Abs. 2 zu empfehlen. Nach inzwischen drei UmwÄndG (→ Einl. Rn. 25, → Einl. Rn. 28, → Einl. Rn. 33) und zahlreichen anderen Änderungen (→ Einl. Rn. 26 ff.) ist damit aber realistisch nicht mehr zu rechnen.

3. Zuleitung des Beschlussentwurfs an den Betriebsrat (Abs. 2)

Wie auch der Verschmelzungs- und Spaltungsvertrag ist auch der Entwurf des Formwechselbeschlusses spätestens einen Monat vor der Versammlung der Anteilsinhaber, die den Formwechsel beschließen soll, dem **zuständigen Betriebsrat zuzuleiten** (für den Verschmelzungsvertrag ausf. → § 5 Rn. 116 ff.). Die Regelung entspricht § 5 III (für die Verschm) und § 126 III (für die Spaltung); es kann auf die dortige Komm. verwiesen werden. 11

Soweit beim Rechtsträger kein Betriebsrat besteht, ist mittlerweile hM, dass als Ersatz für die Mitteilung an den Betriebsrat keine Mitteilung an alle Mitarbeiter oder ein Aushang am schwarzen Brett vorzunehmen ist (hM, vgl. Nachw. bei Kallmeyer/Willemsen § 5 Rn. 79; Semler/Stengel/Leonard/Schröer/Greitemann § 5 Rn. 148; MHdB GesR VIII/Lakenberg § 56 Rn. 49; Pfaff BB 2002, 1604; Stohlmeier BB 1999, 1396. Es kann mit Blick auf § 122c S. 2 UmwG unterstellt werden, dass der Gesetzgeber in § 5 III, § 126 III, § 194 II sehr bewusst eine Zuleitung an den Betriebsrat und nicht – auch nicht für den Fall, dass gar keine Arbeitnehmervertretung besteht – an die ArbN verlangt hat (iE auch Kallmeyer/Willemsen § 5 Rn. 79). 12

Damit entfällt eine Kundgabe nach Abs. 2 **bei Fehlen eines Betriebsrats** vollständig. Allenfalls wird man iRv § 199 eine Zusicherung des Anmeldenden verlangen dürfen, dass ein Betriebsrat nicht besteht (näher → § 5 Rn. 107). 13

§ 195 Befristung und Ausschluß von Klagen gegen den Formwechselbeschluss

(1) **Eine Klage gegen die Wirksamkeit des Formwechselbeschlusses muß binnen eines Monats nach der Beschlußfassung erhoben werden.**

(2) **Eine Klage gegen die Wirksamkeit des Formwechselbeschlusses kann nicht darauf gestützt werden, daß die in dem Beschluß bestimmten Anteile an dem Rechtsträger neuer Rechtsform nicht angemessen sind oder daß die Mitgliedschaft kein ausreichender Gegenwert für die Anteile oder die Mitgliedschaft bei dem formwechselnden Rechtsträger ist.**

1. Allgemeines

Die Vorschrift ist im Wesentlichen mit § 14 vglbar. Sämtliche Klagen gegen die Wirksamkeit des Formwechselbeschlusses – bis zum UmRUG (→ Einf. Rn. 43 ff.): „Umwandlungsbeschluss" – müssen in der **einmonatigen Ausschlussfrist** von **Abs. 1** erhoben werden. Materiell-rechtliche Regelungen zur Frage, in welchem Fall und mit welcher Klageart (Anfechtungs-, Nichtigkeits-, allgemeine Feststellungsklage; → § 14 Rn. 10 ff.) gegen den Formwechselbeschluss (§§ 193, 194) geklagt werden kann, enthält Abs. 1 nicht; insoweit ist das jew. für den betroffenen Rechtsträger geltende materielle Recht ausschlaggebend. Die fristgerecht erhobene Unwirksamkeitsklage löst zwar eine Registersperre aus, die sich jedoch mittels eines speziellen Freigabeverfahrens überwinden lässt (§ 198 III, § 16 II und III). 1

Eine Unwirksamkeitsklage kann nach **Abs. 2** nicht darauf gestützt werden, dass die in dem Beschluss bestimmten Anteile am Rechtsträger neuer Rechtsform nicht 2 angemessen (bis zum UmRUG: „zu niedrig bemessen") sind oder dass die Mitgliedschaft kein ausreichender Gegenwert für die Anteile oder die Mitgliedschaft beim formwechselnden Rechtsträger ist (vgl. auch § 194 I Nr. 3–5; zu Informationsmängeln → § 192 Rn. 15). Ist ein Anteilsinhaber der Ansicht, dass er durch den Formwechsel wirtschaftlich schlechter gestellt wird, soll ihm damit nicht die Möglichkeit an die Hand gegeben werden, die gesamte Umstrukturierungsmaßnahme zu Fall zu bringen. Die Sicherung der wirtschaftlichen Integrität (auch → § 5 Rn. 7 mwN) wird in diesem Fall durch § 196 iVm dem SpruchG, also durch gerichtliche Festsetzung einer baren Zuzahlung, bewirkt. Entsprechendes gilt gem. §§ 210, 212 für den Fall, dass ein Barabfindungsangebot nach § 207 nicht angemessen ist, nicht ordnungsgemäß ist oder sogar fehlt.

2. Klagen gegen die Wirksamkeit des Formwechselbeschlusses (Abs. 1)

3   Der Formwechselbeschluss kann, wie jeder andere Beschluss der Anteilsinhaber des formwechselnden Rechtsträgers auch, mit einer **Klage** angegriffen werden. Die möglichen **Gründe,** auf die sich eine solche Klage stützen lässt, sind mannigfaltig (etwa Einberufungsmängel, zB → § 216 Rn. 8, → § 231 Rn. 6, Mängel beim Ablauf der Anteilsinhaberversammlung, zB → § 233 Rn. 3, oder – praktisch wichtig – Mängel bei Abfassung des Formwechselberichts, → § 8 Rn. 40 ff., → § 192 Rn. 15 zum Barabfindungsangebot; einen Überblick über die möglichen Fehlerquellen gibt Widmann/Mayer/Vollrath § 193 Rn. 48 ff.). Nach hM ist eine **materielle Beschlusskontrolle** grds. nicht möglich (auch → § 201 Rn. 2; ausf. mwN Lutter/Göthel § 233 Rn. 52 ff.; Meyer-Landrut/Kiem WM 1997, 1364 ff.; vgl. auch Kallmeyer/Zimmermann § 193 Rn. 10; Bayer ZIP 1997, 1624). Etwaigen Willkürentscheidungen der (Konzern-)Mehrheit kann allenfalls mit der **allg. Missbrauchskontrolle** (gesellschaftsrechtliche Treuepflicht, Gleichbehandlungsgrundsatz etc) begegnet werden (dazu Meyer-Landrut/Kiem WM 1997, 1365 f. mwN; zB Verstoß gegen das Willkürverbot, dazu Lutter/Hoger Rn. 20; BeckOGK/Simons Rn. 43 ff., je mwN auch zu BGH ZIP 2005, 1318; oder Täuschung, Lutter/Hoger Rn. 25 mwN). Eine Beendigung der Börsenzulassung durch Formwechsel einer AG **(Delisting)** kann nach hM ebenfalls nur bei treuwidriger Mehrheitsentscheidung unterbunden werden. Zum Delisting hat der BGH seine Rspr. (ursprüngliche Grundsatzentscheidung BGH ZIP 2003, 387; dazu Grunewald ZIP 2004, 542; Schlitt ZIP 2004, 533 je mwN; BayObLG NZG 2005, 312; OLG Frankfurt a. M. AG 2007, 699; OLG Düsseldorf DB 2006, 2223 mAnm Zetzsche in EWiR 2007, 89; OLG Düsseldorf AG 2005, 480) überraschend dahingehend geändert, dass bei einem Widerruf der Börsenzulassung die Aktionäre keinen Anspruch auf Barabfindung haben (BGH NJW 2014, 146 – Macroton II mAnm Arnold/Rothenburg DStR 2014, 150; Breyer FuS 2014, 41; Bungert/Wettich EWiR 2014, 3; Glienke/Röder BB 2014, 899; Habersack JZ 2014, 147; Stöber BB 2014, 9; Tröder notar 2014, 173; Wieneke NZG 2014, 22; Mense/Klie GWR 2013, 505; Schockenhoff ZIP 2013, 2429; Steck AG 1998, 460; Zetzsche NZG 2000, 1065; vgl. auch HRA des DAV NZG 2006, 738; zur verfassungsrechtlichen Prüfung und Vereinbarkeit des Delisting mit Art. 14 GG BVerfG AG 2012, 557). Seit 2015 setzt ein vollständiger Widerruf der Börsenzulassung gem. **§ 39 II 3 Nr. 1 BörsG** ein vorheriges Erwerbsangebot nach WpÜG voraus; zum **Kalten Delisting** nach altem Recht OLG Düsseldorf DB 2006, 223 mAnm Zetzsche EWiR 2007, 85; ZIP 2005, 300 mAnm Pluskat EWiR 2005, 275; zur Neufassung von § 29 I 1 durch das 2. UmwÄndG → § 29 Rn. 9 mwN; zur angeblich fehlenden Übertragbarkeit der Frosta-Rspr. auf Altfälle des kalten Delisting OLG Düsseldorf BB 2016, 974; zu Recht krit. Wittgens/Fischer EWiR 2016, 461; zuvor schon Winter/Keßler Der Konzern 2014, 69.

Abs. 2 spricht bewusst von einer Klage „gegen die Wirksamkeit des Formwechsel- 4
beschlusses". Mit diesem offenen Wortlaut soll klargestellt werden, dass allein das
rechtsformspezifische materielle Recht aller in § 191 I Nr. 1–6 aufgelisteten Rechtsträger maßgebend sein soll (vgl. Begr. RegE, BR-Drs. 75/94 zu § 14 I: „denn
eine Beschränkung auf Anfechtungsklagen würde beim gegenwärtigen Stand der
Meinungen Personenhandelsgesellschaften und Vereine nicht erfassen").
Zu den möglichen Unwirksamkeitsklagen vgl.
– für die **AG** → § 14 Rn. 11 ff.;
– für die **KGaA** → § 14 Rn. 18 iVm → Rn. 11 ff.;
– für die **GmbH** → § 14 Rn. 19 ff.;
– für die **eGbR, PhG** und **PartGes** → § 14 Rn. 23 f.;
– für die **eG** → § 14 Rn. 26;
– für den **rechtsfähigen Verein** → § 14 Rn. 25;
– für den **VVaG** → § 14 Rn. 27.

Bei **Körperschaften und Anstalten des öffentlichen Rechts** ist eine Unwirk- 5
samkeitsklage kaum denkbar. Zum einen muss das für diesen Rechtsträger bestehende materielle Recht (vgl. §§ 301, 302) die Unwirksamkeitsklage ausdrücklich
vorsehen, zum anderen ist ein Interessenwiderstreit mehrerer Anteilsinhaber
unwahrscheinlich.

Einziger Gegenstand der Regelung von Abs. 1 ist damit die Festlegung der 6
Monatsfrist zur Klageerhebung. Die Monatsfrist gilt unabhängig vom Grund der
angeblichen Unwirksamkeit und unabhängig vom materiellen Recht des betroffenen
Rechtsträgers **für alle Klagen einheitlich** (auch für eine etwaige Feststellungsklage,
überzeugend Lutter/Hoger Rn. 6 mwN; NK-UmwR/Althoff/Narr Rn. 3; Widmann/Mayer/Wälzholz Rn. 8 gegen Widmann/Mayer/Heckschen § 14 Rn. 30;
K. Schmidt DB 1995, 1850). Die Formulierung folgt § 246 I AktG, Rspr. und Lit.
zur Fristberechnung können insoweit übernommen werden. Die Monatsfrist
beginnt somit nach dem Tag, an dem der Formwechselbeschluss gefasst wurde
(§ 187 I BGB), und endet mit Ablauf des Tages, der durch seine Zahl dem Tag des
Formwechselbeschlusses entspricht (§ 188 II BGB): Die Unwirksamkeitsklage gegen
einen am 20.5. gefassten Formwechselbeschluss ist also spätestens am 20.6. zu erheben. Sofern das Fristende jedoch auf einen Samstag, Sonntag oder Feiertag fallen
würde, endet die Frist erst am nächsten Werktag (§ 193 BGB). Insbes. ist die Monatsfrist (zur Berechnung Widmann/Mayer/Wälzholz Rn. 13–16; BeckOGK/Simons
Rn. 18–20) von Abs. 1 wie die aus § 246 I AktG keine prozessuale, sondern eine
materiellrechtliche Ausschlussfrist mit allen sich hieraus ergebenden Konsequenzen (Semler/Stengel/Leonard/Bärwaldt Rn. 13 ff. mwN; Koch AktG § 246
Rn. 20 ff. mwN).

3. Ausschluss von Klagen gegen den Formwechselbeschluss (Abs. 2)

Parallel zu § 14 II bestimmt **Abs. 2,** dass die Klage gegen die Wirksamkeit des 7
Formwechselbeschlusses nicht auf eine angeblich wirtschaftliche Schlechterstellung
des klageführenden Anteilsinhabers gestützt werden kann. Insoweit verbleibt nur
der **Anspruch auf bare Zuzahlung** gem. § 196 und auf die Durchführung des
Spruchverfahrens nach dem SpruchG.

Damit ist gewährleistet, dass die benachteiligten Anteilsinhaber die Möglichkeit 8
haben, gegen einen unangemessenen Beschlussinhalt (§ 194) vorzugehen, ohne den
Formwechsel an sich unwirksam zu machen oder dessen Eintragung zu verhindern
(vgl. § 198 III, § 16 II zur Registersperre im Fall einer Unwirksamkeitsklage).
Denn das Spruchverfahren ist zeitlich nachgelagert und steht daher dem Wirksamwerden des Formwechsels nicht entgegen. Die Durchführung des Spruchverfahrens
setzt nicht voraus, dass der Antragsteller in der Anteilsinhaberversammlung (§ 193

I 2) seinen Widerspruch zum Ausdruck bringt (vgl. Semler/Stengel/Leonard/Bärwaldt Rn. 22; Bork ZGR 1993, 343 (354) mwN; anders etwa bei § 207).

9 Der Ausschluss der Unwirksamkeitsklage ist nur auf die Fälle beschränkt, dass im Beschluss bestimmte Anteile am Rechtsträger neuer Rechtsform nicht angemessen sind oder dass die Mitgliedschaft kein ausreichender Gegenwert für die durch den Formwechsel untergehenden (§ 202 I Nr. 1, 2) Anteile oder Mitgliedschaften beim formwechselnden Rechtsträger ist. Daraus folgt im Gegenzug, dass Abs. 2 **für sonstige Klagen keine Sperre** bewirkt, diese sind statthaft. Insbes. ist die Unwirksamkeitsklage nicht ausgeschlossen, wenn Fehler bei der Abfassung des Formwechselberichts (§ 192, soweit sie nicht die Barabfindung betreffen) oder der eigentlichen Beschlussfassung (§ 193 iVm §§ 214 ff.) moniert werden (ausf. Lutter/Hoger Rn. 15 ff. mwN; zu abfindungswertbezogenen Informationsmängeln aber → § 192 Rn. 15 mwN; Widmann/Mayer/Wälzholz Rn. 23 will die dortige Rspr. insbes. wegen § 243 IV AktG auch iÜ anwenden; dagegen Lutter/Decher § 14 Rn. 21 mwN; de lege ferenda aber offen, vgl. Lutter/Hoger Rn. 18 aE).

10 Bei den auch in Ansehung von Abs. 2 zulässigen Klagen gegen die Wirksamkeit des Verschmelzungsbeschlusses ist stets die Möglichkeit eines **Freigabeverfahrens nach § 16 III** zu bedenken; diese Vorschrift findet gem. **§ 198 III** auch beim Formwechsel Anwendung. Durch dieses in der Praxis sehr häufig angewendete und durch das ARUG (→ Einf. Rn. 30 mwN) nochmals rechtsträgerfreundlich überarbeitete summarische Verfahren kann die Registersperre (§ 198 III iVm § 16 II 2) beseitigt werden (iE → § 16 Rn. 28 ff.).

§ 196 Verbesserung des Beteiligungsverhältnisses

¹Sind die in dem Formwechselbeschluss bestimmten Anteile an dem Rechtsträger neuer Rechtsform nicht angemessen oder ist die Mitgliedschaft bei diesem kein ausreichender Gegenwert für die Anteile oder die Mitgliedschaft bei dem formwechselnden Rechtsträger, so kann jeder Anteilsinhaber, dessen Recht, gegen die Wirksamkeit des Formwechselbeschlusses Klage zu erheben, nach § 195 Abs. 2 ausgeschlossen ist, von dem Rechtsträger einen Ausgleich durch bare Zuzahlung verlangen. ²Die angemessene Zuzahlung wird auf Antrag durch das Gericht nach den Vorschriften des Spruchverfahrensgesetzes bestimmt. ³§ 15 Abs. 2 ist entsprechend anzuwenden.

1. Allgemeines

1 § 196 ergänzt die Regelung von § 195 II und dient als **Bindeglied zum Spruchverfahren** nach dem SpruchG, auf das der 2003 neu eingefügte § 196 S. 2 ausdrücklich verweist. Der Anteilsinhaber, dessen Klage gegen die Wirksamkeit des Formwechselbeschlusses – vor dem UmRUG (→ Einf. Rn. 43 ff.): „Umwandlungsbeschluss" – gem. § 195 II ausgeschlossen ist, hat Anspruch auf wirtschaftlichen Ausgleich einer ihm widerfahrenen wirtschaftlich messbaren Wertminderung (ausf. Meyer-Landrut/Kiem WM 1997, 1419 f.). Allein die Veränderung der rechtlichen Ausgestaltung der Mitgliedschaft durch Formwechsel reicht für die Darlegung einer Wertminderung nicht aus (vgl. OLG Stuttgart AG 2008, 510 mwN). Dieser Ausgleich zielt nicht auf eine „Verbesserung des Beteiligungsverhältnisses" durch Gewährung weiterer Anteile bzw. Mitgliedschaftsrechte, sondern erfolgt durch **bare Zuzahlung** nach § 15 I (Regelungsvorbilder waren § 352c AktG aF, § 31a KapErhG, § 12 aF). Eine Ausnahme erlaubt der durch das UmRUG neu eingefügte § 248a beim Formwechsel in eine AG oder KGaA: Entsprechend §§ 72a, 72b können anstelle einer baren Zuzahlung zusätzliche Aktien gewährt werden, wenn der Formwechselbeschluss eine entsprechende Erklärung enthält. § 196 soll nach OLG Düsseldorf ZIP 2004, 753 keine Anwendung finden, wenn alle Anteilsinhaber eine gleichmäßige Wertminderung erleiden; dies ist zutr. (vgl. OLG Stuttgart AG 2009, 46; 2008, 510; Lutter/Hoger Rn. 11 mwN). Eine Vorschrift wie in § 15 I Hs. 2 – danach ist die Höhe der baren Zuzahlung nicht begrenzt – findet sich in § 196 nicht; dies hat mE aber keine Konsequenz (wie hier Lutter/Hoger Rn. 16; Semler/Stengel/Leonard/Bärwaldt Rn. 14, 16, dort auch zur etwaigen Differenzhaftung, wenn Barabfindung und Kapitalerhaltung kollidieren; ausf. Kallmeyer/Meister/Klöcker/Berger Rn. 18). Bis zum UmRUG war Klagevoraussetzung der ersten Alternative, dass die Anteile an dem Rechtsträger neuer Rechtsform „zu niedrig bemessen" waren. Nunmehr wird ohne inhaltliche Änderung die einheitliche Terminologie **„nicht angemessen"** verwendet.

2. Antragsberechtigung

Gem. S. 1 kann **jeder Anteilsinhaber** des formwechselnden Rechtsträgers, 2 sofern die Voraussetzungen von § 195 II vorliegen und er nicht auf die Ausübung dieses Rechts verzichtet hat (dazu Widmann/Mayer/Vollrath Rn. 17), Ausgleich seiner wirtschaftlichen Benachteiligung durch bare Zuzahlung verlangen. Dies gilt auch für den Anteilsinhaber, der sich zusätzlich ein vollständiges Ausscheiden gegen Barabfindung offen hält, OLG Schleswig ZIP 2004, 2433. Notwendig ist stets, dass **alle Voraussetzungen für eine Klage** gegen die Wirksamkeit des Formwechselbeschlusses vorliegen, dass der Klage also nur wegen § 195 II kein Erfolg beschieden sein kann. Somit steht denjenigen, die lediglich ein Recht am betroffenen Anteil oder der Mitgliedschaft beim formwechselnden Rechtsträger haben, keine Antragsberechtigung iSv § 196 S. 1 zu. **Insolvenzverwalter** und **Testamentsvollstrecker** hingegen sind als Parteien kraft Amtes antragsberechtigt. Zur Frage, ob auch ein Erwerber eines Anteils das **Spruchverfahren** durchführen kann, → § 15 Rn. 9 ff mwN. Der Erwerber tritt stets nur in die Stellung ein, die der Veräußerer innehatte.

Der Ausgleichsanspruch ist **nicht** auf diejenigen Anteilsinhaber/Mitglieder des 3 formwechselnden Rechtsträgers beschränkt, die sich dem Formwechselbeschluss widersetzt haben (→ SpruchG § 3 Rn. 2, 3 mwN; NK-UmwR/Althoff/Narr Rn. 3). Damit soll verhindert werden, dass Anteilsinhaber, die die Umw im Wesentlichen befürworten, nur deshalb **widersprechen,** um sich ihren Nachbesserungsanspruch zu sichern (vgl. Begr. RegE, BR-Drs. 75/94 zu § 15). Ob diese Grundsätze allerdings auch für den **nichtverhältniswahrenden Formwechsel** iSv → § 202 Rn. 7 gelten sollen, wie dies Lutter/Hoger Rn. 9 (ihnen folgend Semler/Stengel/Leonard/Bärwaldt Rn. 12, Kallmeyer/Meister/Klöcker/Berger Rn. 9, BeckOGK/Simons Rn. 9) vertreten, erscheint fraglich, denn bei diesem Sonderfall disponieren die Anteilsinhaber bewusst über die bisherigen Beteiligungsverhältnisse; Wertverschiebungen sind diesem Sonderfall des Formwechsels immanent (wie hier iErg Widmann/Mayer/Fronhöfer Rn. 8).

3. Bare Zuzahlung

Gem. S. 2 wird die angemessene Zuzahlung auf Antrag durch das Gericht nach 4 den Vorschriften des SpruchG bestimmt. Vgl. → § 15 Rn. 13 ff.; zum Zuzahlungsverlangen → § 15 Rn. 24 ff.; zur Höhe der baren Zuzahlung → § 15 Rn. 28 ff. und schließlich zum Zinsanspruch § 196 S. 3 iVm § 15 II (→ § 15 Rn. 31 ff.). Die bare Zuzahlung führt nur zu einem zeitpunktbezogenen **Wertausgleich durch Geldzahlung** des Rechtsträgers an den benachteiligten Anteilsinhaber. Eine „Verbesserung des Beteiligungsverhältnisses" (so die Überschrift von § 196) im eigentlichen Sinne ist hingegen grds. nicht erreichbar (zutr. Lutter/Hoger Rn. 15 mwN; NK-UmwR/Althoff/Narr Rn. 8), auch nicht durch Geltendmachung von Schadensersatzanspruch etwa nach § 205 (→ § 20 Rn. 121 ff. mwN). Ausnahmsweise erlaubt der durch das UmRUG neu eingefügte § 248a beim Formwechsel in eine AG oder KGaA entsprechend §§ 72a, 72b die **Gewährung zusätzlicher Aktien** anstelle einer baren Zuzahlung, wenn der Formwechselbeschluss eine entsprechende Erklärung enthält.

5 Die bare Zuzahlung ist gem. **S. 3** iVm § 15 II 1 nach Ablauf des Tages, an dem die Eintragung des Formwechsels gem. § 201 als bekannt gemacht gilt, mit jährlich 5%-Punkten über dem jew. Basiszins nach § 247 BGB **zu verzinsen** (→ § 15 Rn. 34; Neufassung von § 15 II durch das ARUG, → Einf. Rn. 30 mwN). Die Geltendmachung eines weiteren Schadens ist nicht ausgeschlossen (S. 3 iVm § 15 II 2). Kommt der Rechtsträger dem Verlangen auf bare Zuzahlung nicht nach, ist die Frist von § 4 I Nr. 5 SpruchG zu beachten. Ein Antrag auf gerichtliche Entscheidung kann nur binnen drei Monaten nach dem Wirksamwerden des Formwechsels gestellt werden.

§ 197 Anzuwendende Gründungsvorschriften

¹Auf den Formwechsel sind die für die neue Rechtsform geltenden Gründungsvorschriften anzuwenden, soweit sich aus diesem Buch nichts anderes ergibt. ²Vorschriften, die für die Gründung eine Mindestzahl der Gründer vorschreiben, sowie die Vorschriften über die Bildung und Zusammensetzung des ersten Aufsichtsrats sind nicht anzuwenden. ³Beim Formwechsel eines Rechtsträgers in eine Aktiengesellschaft ist § 31 des Aktiengesetzes anwendbar.

Übersicht

	Rn.
1. Allgemeines	1
2. Gründungsvorschriften	10
a) Zweck des Rechtsträgers	11
b) Gründerzahl	12
c) Form des Gesellschaftsvertrags	13
d) Notwendiger Inhalt des Organisationsstatuts	14
e) Firma des Rechtsträgers neuer Rechtsform	15
f) Stammkapital, Grundkapital	16
g) Gründerhaftung	18
h) Gründungsbericht	19
i) Gründungsprüfung	23
j) Anmeldung	31

1. Allgemeines

1 § 197 konzentriert den Regelungsinhalt vielfältiger Vorschriften, die für die formwechselnde Umw (→ § 191 Rn. 1) oder für die übertragende Umw nach altem Recht die Beachtung von rechtsformspezifischen Gründungsvorschriften anordneten (vgl. § 362 IV AktG aF, § 378 AktG aF, § 385a IV AktG aF, § 385b AktG aF, § 385g S. 1 AktG aF, § 385m V AktG aF, § 389 IV AktG aF; § 16 S. 1 UmwG 1969, § 19 I UmwG 1969, § 20 S. 1 UmwG 1969, § 21 I UmwG 1969, § 22 I UmwG 1969, § 23 S. 1 UmwG 1969, § 24 I 1 UmwG 1969, § 41 I 2 Nr. 1, II UmwG 1969, § 42 II 2 UmwG 1969, § 47 I 2 Nr. 1, II UmwG 1969, § 62 S. 1 UmwG 1969).

2 § 197 S. 1, 2 Hs. 1 entsprechen § 36 II 1, 3. Gleichwohl sind diese Vorschriften zT unterschiedlich auszulegen, in der Rechtsanwendung sind sie nicht deckungsgleich. Während bei der Verschm zur Neugründung (bzw. Spaltung zur Neugrün-

dung, vgl. § 135 II) tatsächlich die Gründung eines Rechtsträgers zu regeln ist, behandeln §§ 190 ff. nur den **Wechsel der Rechtsform ein und desselben Rechtsträgers.** Die gesetzliche Aussage ist eindeutig: Der Rechtsträger ist vor (als formwechselnder Rechtsträger) und nach (als ZielGes) der Durchführung des Formwechsels **identisch** (→ § 190 Rn. 5 ff.). Diese Sichtweise stimmt überein mit der rechtlichen Beurteilung zur formwechselnden Umw in §§ 362 ff. AktG aF. Während dort der Rechtsformwechsel als bloße Satzungsänderung verstanden wurde (vgl. zB § 362 II 4 AktG aF), ist heute von einer stärkeren rechtlichen Einwirkung auf den Rechtsträger auszugehen („mit dem Formwechsel soll sich auch das für die innere Struktur und für die Außenbeziehungen des Rechtsträgers maßgebende Normensystem ändern", Begr. RegE, BR-Drs. 75/94 zu § 197).

Damit wird der **Sinn von § 197** klar: Es geht nicht darum, die jew. rechtsformspezifischen Gründungsvorschriften sklavisch zu beachten, sondern darum, **Missbrauch zu verhindern.** Der Wechsel des rechtsformspezifischen Normensystems darf nicht dazu führen, dass strenge und im Interesse des Rechtsverkehrs stehende (Schutz-)Normen, die bei der Gründung eines Rechtsträgers bestimmter Rechtsform zu beachten wären, dadurch umgangen werden, dass zunächst ein Rechtsträger anderer Rechtsform (iSv § 191 I) nach „milderen" Vorschriften gegründet und unmittelbar im Anschluss daran durch Formwechsel in eine ZielGes (§ 191 II) umgewandelt wird, die bei isolierter Neugründung „strengeren" Vorschriften unterworfen gewesen wäre (zur Bedeutung von § 197 S. 1 als **Umgehungsschutz** auch Lutter/Hoger Rn. 4 ff.; Widmann/Mayer/Mayer Rn. 3.1; Kölner Komm UmwG/ Petersen Rn. 2; Kallmeyer/Meister/Klöcker/Berger Rn. 5; zur methodischen Bedeutung der Verweisung auf die Gründungsvorschriften Martens ZGR 1999, 553; Checklisten bei NK-UmwR/Althoff/Narr Rn. 5 ff.). 3

Der Katalog der in Frage kommenden ZielGes macht deutlich, dass die eigentliche Bedeutung von § 197 beim **Formwechsel in eine KapGes** (§ 191 II Nr. 2) liegt. Denn für KapGes sind die rechtsformspezifischen Vorschriften über die Kapitalaufbringung, über die Gründungsprüfung und über die Verantwortlichkeit der Gründer von herausragender Bedeutung (vgl. Begr. RegE, BR-Drs. 75/94 zu § 197; Heckschen NZG 2017, 721). IÜ hat die Vorschrift (eingeschränkte) Bedeutung für den **Formwechsel in eine eG** (§ 191 II Nr. 3). Für den **Formwechsel in PersGes** ist sie gegenstandslos (Lutter/Hoger Rn. 7 mwN; NK-UmwR/Althoff/Narr Rn. 4). 4

§ 197 S. 1 schreibt als Grds. die Anwendung der für die neue Rechtsform geltenden Gründungsvorschriften fest. Konkret sind damit §§ 1–53 AktG für die AG, § 278 III AktG iVm §§ 1–53 AktG, §§ 279 ff. AktG für die KGaA, §§ 1–12 GmbHG für die GmbH und §§ 1–16 GenG für die eG angesprochen. 5

Dieser grds. Verweis auf die Gründungsvorschriften wird durch **§ 197 S. 1 Hs. 2** relativiert. Der Vorbehalt von Hs. 2 („soweit sich aus diesem Buch nichts anderes ergibt") kann **durch ausdrückliche und durch stillschweigende** (nur aus dem Zusammenhang herzuleitende) Regelungen ausgelöst werden (so wohl auch Lutter/ Hoger Rn. 45). 6

§ 197 S. 2 enthält weitere grds. Beschränkungen des Gründungsrechts. Gem. **Alt. 1** sind Vorschriften, die für die Gründung eine **Mindestzahl der Gründer** vorschreiben, nicht anzuwenden. Diese Ausnahme ist nur noch für einen Rechtsträger iSv § 191 II von Bedeutung: Die **eG** ist durch mindestens drei Mitglieder zu gründen (§ 4 GenG). Soweit in der Begr. RegE noch § 2 AktG erwähnt wird, ist dies durch die Neufassung von § 2 AktG durch Gesetz v. 2.8.1994 (BGBl. 1994 I 1961) überholt. § 280 I 1 AktG ist zwischenzeitlich ebenfalls geändert worden (UMAG v. 22.9.2005, BGBl. 2005 I 2802). Für **eGbR/PhG/PartGes** hat § 197 S. 2 Alt. 1 ebenfalls keine Bedeutung; anders als bei KapGes ist die Mehrheit von Gesellschaftern bei PersGes Wesensmerkmal der Rechtsform und nicht Gründungsvorschrift, es kann keine „Einmann-PersGes" geben. 7

8 S. 2 Alt. 2 nimmt Vorschriften über die **Bildung und die Zusammensetzung des ersten AR** aus dem Anwendungsbereich von S. 1 heraus. Im Zusammenspiel mit § 203 ist damit dem Streit um die Amtskontinuität des Aufsichtsorgans bei identitätswahrender Umw (→ 1. Aufl. 1994, § 370 AktG Anm. 6 mwN) die Grundlage entzogen (vgl. Begr. RegE, BR-Drs. 75/94 zu § 197 S. 2 Alt. 2; ausf. mwN Lutter/Hoger Rn. 47 ff.).

9 S. 3 wurde durch das 2. UmwÄndG (→ Einf. Rn. 26) neu eingefügt. Beim Formwechsel eines Rechtsträgers in eine AG ist § 31 AktG anwendbar. Dadurch wollte der Gesetzgeber einer Fehlinterpretation von § 197 S. 2 entgegenwirken (vgl. BT-Drs. 16/2919, 19). Die zeitweise unvollständige Besetzung des AR bei einer mitbestimmten AG steht damit weder der Eintragung des Formwechsels noch der Bestellung des Vorstands der AG entgegen (Mayer/Weiler DB 2007, 1293 mwN).

2. Gründungsvorschriften

10 Auf den Formwechsel sind gem. **S. 1 Hs. 1** die für die neue Rechtsform geltenden **Gründungsvorschriften** anzuwenden. Die Vorschrift bezieht sich auf die in § 191 II bezeichneten Rechtsträger, die praktische Bedeutung beschränkt sich jedoch auf die KapGes und die eG (→ Rn. 4). Sinn und Zweck von S. 1 Hs. 1 (→ Rn. 3) und die sich aus S. 1 Hs. 2, S. 2 ergebenden Einschränkungen für die Anwendung der rechtsformspezifischen Gründungsvorschriften verpflichten zur **Beachtung folgender Grundsätze** (zum methodischen Umgang mit der Verweisung vgl. Martens ZGR 1999, 553; zum grenzüberschreitenden Hereinformwechsel § 345 Abs. 3):

11 a) **Zweck des Rechtsträgers.** Der Zweck des Rechtsträgers ist für KapGes ohne Belang (vgl. zB § 1 GmbHG; wie hier Widmann/Mayer/Mayer Rn. 19, 20). Ein Formwechsel in eine eGbR ist gem. § 228 Abs. 3 nur möglich, wenn die Ges kein Handelsgewerbe betreibt. Für PhG/PartGes ist der Unternehmensgegenstand maßgeblich (→ § 228 Rn. 2). Für eG ist das Vorhandensein eines Förderzwecks iSv § 1 GenG notwendig („genossenschaftliches Merkmal", vgl. Lang/Weidmüller/Holthaus/Lehnhoff GenG § 1 Rn. 10, 26 ff. mwN).

12 b) **Gründerzahl.** Gem. § 197 S. 2 Hs. 1 sind Vorschriften, die für die Gründung eine Mindestzahl der Gründer vorschreiben, nicht anzuwenden (→ Rn. 7). Relevanz hat dies nur noch für die eG, die nach § 4 GenG mindestens drei Mitglieder haben muss. Für eGbR/PhG/PartGes erlaubt auch § 197 S. 2 Hs. 1 keine „Einmann-PersGes" (→ Rn. 7).

13 c) **Form des Gesellschaftsvertrags.** Das allg. Gründungsrecht schreibt für **KapGes** die notarielle Beurkundung des Gesellschaftsvertrags/der Satzung vor (vgl. § 2 I 1 GmbHG; § 23 I AktG). Dagegen kann der **PersGesVertrag** (Ausnahme bis 1.1.2024: § 3 I PartGG aF) formlos geschlossen werden, für **eG** gilt § 5 GenG (Schriftform). Diese Grundsätze werden durch §§ 190 ff. verändert. § 218 I verlangt die Aufnahme der Satzung der neuen eG in den notariell zu beurkundenden (§ 193 III) Formwechselbeschluss. Entsprechendes gilt für den Gesellschaftsvertrag der PersGes, § 234 Nr. 3: Ihr Gesellschaftsvertrag unterliegt damit ausnahmsweise Formvorschriften und der Publizität des Handelsregisters. Soweit ein Geheimhaltungsbedürfnis besteht, kann der Gesellschaftsvertrag im Formwechselbeschluss ggf. zunächst einfach gehalten und mit/nach Wirksamwerden des Formwechsels entsprechend ergänzt werden. §§ 190 ff. enthalten in Bezug auf die **Unterzeichnung durch sämtliche Gesellschafter** (zB § 2 I 2 GmbHG; § 11 II Nr. 1 GenG) Erleichterungen gegenüber dem Gründungsrecht. Eine Unterzeichnung des Organisationsstatuts durch die Anteilsinhaber ist grds. nicht erforderlich (→ § 218 Rn. 5, → § 244 Rn. 2).

d) Notwendiger Inhalt des Organisationsstatuts. Soweit die Gründungsvor- 14
schriften den **Inhalt von Gesellschaftsvertrag bzw. Satzung** festlegen (zB § 281 I
AktG, → § 218 Rn. 6 aE; zB §§ 7, 7a GenG, → § 218 Rn. 8), sind diese grds. zu
beachten. **Festsetzungen über Sondervorteile,** Gründungsaufwand etc sind beim
Formwechsel von KapGes in KapGes zu übernehmen (§ 243 I 2; vgl. Lutter/Hoger
Rn. 20 ff.). Soweit alle **Formwechselkosten** als Gründungskosten definiert werden,
kann dies in der Praxis zu Schwierigkeiten führen, vgl. Kerschbaumer NZG 2011,
892 (893 f.) Nach OLG Celle GmbHR 2015, 139 mAnm Cramer NZG 2015, 373
(dazu auch Grüner NotBZ 5/2015, 184; Winheller DStR 2015, 1389; Kunkel juris
PR-HaGesR 12/2004; Hüren RNotZ 2015, 101) sollen beim Formwechsel in eine
GmbH mit StK 25.000 Euro von der Ges zu tragende Gründungskosten von
15.000 Euro zu hoch sein und eine HR-Eintragung hindern. Beim Formwechsel
ist es jedoch an sich selbstverständlich, dass die formwechselnde Ges auch die Kosten
des Formwechsels trägt. Dies muss jedenfalls dann möglich sein, wenn sie über
genügend freies Vermögen verfügt, so dass das StK der neuen KapGes durch die
Kostentragung nicht angegriffen wird (→ Rn. 25). Zu übernehmen sind grds.
(→ Rn. 26) auch Festsetzungen über **Sacheinlagen** gem. § 5 IV 1 GmbHG, § 27
I 1 AktG beim Formwechsel zwischen KapGes sowie entsprechend beim Formwechsel einer eGbR/PhG/PartGes in eine KapGes, wenn die PersGes ursprünglich
im Wege der Sachgründung (Lutter/Hoger Rn. 16), nicht aber, wenn sie durch
Bargründung entstanden ist (Lutter/Hoger Rn. 16; Kallmeyer/Meister/Klöcker/
Berger Rn. 18; aA Widmann/Mayer/Mayer Rn. 42: Festsetzung stets erforderlich;
ihm folgend Semler/Stengel/Leonard/Bärwaldt Rn. 43). Vorsorglich sollte beim
Formwechsel in eine KapGes in den Gesellschaftsvertrag ein Hinweis aufgenommen
werden, dass das Stamm- bzw. Grundkapital „durch Formwechsel der X mit Sitz
in Y" erbracht wurde.

e) Firma des Rechtsträgers neuer Rechtsform. Die firmen- bzw. namens- 15
rechtlichen Vorschriften (zB § 4 GmbHG; § 4 AktG; § 3 GenG; § 707a Abs. 2 BGB)
sind – nach Maßgabe von **§ 200,** vgl. insbes. § 200 II – zu beachten.

f) Stammkapital, Grundkapital. Die Möglichkeiten der Festsetzung des **Min-** 16
destbetrages von StK (25.000 Euro, vgl. § 5 I GmbHG) **und Grundkapital**
(50.000 Euro, vgl. § 7 AktG) werden durch §§ 190 ff. nicht geändert (zB § 243 II;
→ § 243 Rn. 6 f.; zur UG → § 191 Rn. 32). Insoweit ist beim Formwechsel zwischen KapGes zwingend die bisherige Kapitalziffer fortzuschreiben (§ 247 I). Wegen
dieser Verknüpfung können beim formwechselnden Rechtsträger Kapitalmaßnahmen erforderlich werden, wenn die bisherige Kapitalziffer in der neuen Rechtsform
nicht zulässig wäre.

Sinn und Zweck von § 197 S. 1 Hs. 1 (→ Rn. 3) stellen die **Kapitalaufbrin-** 17
gung beim Formwechsel in eine KapGes in den Mittelpunkt der Betrachtung.
Die entsprechende Anwendung der Gründungsvorschriften gebietet es, dass der
Nennbetrag des StK einer GmbH oder des Grundkapitals einer AG oder einer
KGaA das nach Abzug der Schulden tatsächlich verbleibende Vermögen des formwechselnden Rechtsträgers nicht überschreiten darf (vgl. **§ 220 I;** dazu OLG Frankfurt NZG 2015, 1318; ausf. → § 220 Rn. 2 ff. sowie § 264 I, §§ 277, 295, § 303 I).
Die Beachtung dieses Verbots der materiellen **Unterpariemission** wird im Gründungsrecht der jew. KapGes flankiert durch Vorschriften zur Gründerhaftung
(→ Rn. 20), zum Gründungsbericht (→ Rn. 21) und zur Gründungsprüfung
(→ Rn. 25 ff.).

g) Gründerhaftung. §§ 190 ff. regeln, wer **Gründer** iSd gem. § 197 S. 1 Hs. 1 18
anzuwendenden Gründungsvorschriften ist (vgl. § 245 I–III, § 219). Die Gründerhaftung bei der GmbH (§§ 9, 9a, 9b GmbHG) ist beim Formwechsel ebenso zu
beachten wie die Gründerhaftung nach §§ 46, 50, 51 AktG (iÜ → § 219 Rn. 2).

19 h) **Gründungsbericht.** § 5 IV GmbHG, § 32 AktG sind grds. zu beachten. Ein danach erforderlicher **(Sach-)Gründungsbericht** tritt rechtlich neben den Formwechselbericht (§ 192) und ist anders als dieser nicht verzichtbar. Einzig § 245 IV entbindet beim Formwechsel einer AG oder KGaA in eine GmbH von der Pflicht zur Abfassung eines Sachgründungsberichts, denn in diesem Fall sind die strengen Gründungs- und Kapitalerhaltungsvorschriften des AktG genügende Gewähr für die vollständige Kapitalaufbringung bei der GmbH. § 243 II sichert, dass § 245 IV nicht zu einer höheren Festsetzung des GmbH-StK missbraucht wird.

20 Vgl. zum Sachgründungsbericht nach § 5 IV **GmbHG** → § 36 Rn. 26 ff.

21 Der notwendige Mindestinhalt des von allen Gründern höchstpersönlich zu erstattenden (Melchior GmbHR 1999, 521) schriftlichen (§ 126 BGB) **Gründungsberichts** beim Formwechsel in eine AG/KGaA lässt sich § 32 **AktG** entnehmen. Zunächst muss der Bericht alle rechtlich relevanten Vorgänge (Namen der Gesellschafter, Datum und Inhalt des Formwechselbeschlusses, Feststellung der Satzung der AG/KGaA, Aktienbeteiligung, Wahl des AR, Bestellung des Vorstands etc) angeben (vgl. Werner/Kindermann ZGR 1981, 17 (47); Koch AktG § 32 Rn. 2, 3 mwN; ausf. MüKoAktG/Pentz AktG § 32 Rn. 6 ff. mwN). Da der Formwechsel in Bezug auf die Sicherung der Kapitalaufbringung wie eine Sachgründung zu behandeln ist, sind zusätzlich in der allg. Schilderung über den Hergang der Gründung nach § 32 II AktG die wesentlichen Umstände darzulegen, aus denen die **hinreichende Werthaltigkeit der Sacheinlage** hervorgeht. Mit diesen Darlegungen ist die Beachtung des Verbots der Unterpariemission – das sich auch auf das statutarisch festgelegte Agio bezieht (→ § 220 Rn. 3b f. mwN) – nachzuweisen. Das Registergericht darf die Einhaltung der Kapitalaufbringungsvorschriften prüfen.

22 Beim Sachgründungsbericht der GmbH bzw. beim Gründungsbericht der AG/KGaA ist auch der **bisherige Geschäftsverlauf des formwechselnden Rechtsträgers** anzugeben (vgl. § 220 II; → § 220 Rn. 13).

23 i) **Gründungsprüfung.** §§ 33 ff. AktG sind auch beim Formwechsel zu beachten, selbst der Formwechsel einer KGaA in eine AG gilt als Gründungsvorgang (→ § 245 Rn. 4). Die **Prüfung** hat gem. § 33 I AktG zunächst durch die Mitglieder des Vorstands und des AR (interne Gründungsprüfung), sodann gem. § 33 II (insbes. Nr. 4) AktG durch einen oder mehrere Gründungsprüfer (externe Gründungsprüfung) und schließlich gem. § 38 I AktG durch das Gericht zu erfolgen. Wegen der großen Bedeutung des **Formwechsels einer GmbH in eine AG** wird die Reichweite der aktienrechtlichen Gründungsprüfung an diesem **Beispiel** dargestellt:

24 Vertreten wurde zunächst die Ansicht, der Schutz des Publikums verlange eine **umfassende und sorgfältige Gründungsprüfung** (noch zu §§ 376 ff. AktG aF: Baumbach/Hueck AktG § 378 Rn. 1; Kölner Komm AktG/Zöllner AktG § 378 Rn. 3, je mwN; Rowedder/Schmidt-Leithoff/Zimmermann, 4. Aufl. 2002, GmbHG Anh. § 77 Rn. 52). Danach hätte das Registergericht – und vor ihm die Prüfer – nicht nur den eigentlichen Umwandlungsvorgang, sondern stets auch die **ursprüngliche Gründung der GmbH** vollständig zu überprüfen. Dies dürfte nach Sinn und Zweck von § 197 S. 1 Hs. 1 (→ Rn. 3) allenfalls richtig sein, wenn dem Formwechsel die Absicht einer **Umgehung** zugrunde liegt (Lutter/Hoger Rn. 30; ebenso wohl Priester AG 1986, 29 (31 ff.); Finken/Decher AG 1989, 391 (394 ff.); weiter gehend Widmann/Mayer/Mayer Rn. 11, 11.1, der zutr. auf Nachweisschwierigkeiten hinweist und klarstellt, dass es nur auf die aktuelle Deckung des Grundkapitals ankommt).

25 Einzelnen Aktionären oder einem Dritten eingeräumte **Sondervorteile** müssen zwingend in der Satzung der AG aufgeführt sein (§ 26 I AktG). Gleiches gilt für den Gründungsaufwand (§ 26 II). Die sinngemäße Anwendung von § 26 für den Formwechsel bedeutet nicht, dass nur der Umwandlungsaufwand bzw. solche Sondervorteile, die ausschließlich anlässlich der Umw gewährt werden, in die Satzung aufzunehmen sind (so aber Noelle AG 1990, 475 (479)). Der **ursprünglich** anlässlich der GmbH-Gründung **entstandene Gründungsaufwand** muss ebenfalls grds. aufgenommen werden (Lutter/Hoger Rn. 20, 22; Widmann/Mayer/Mayer Rn. 26; Semler/Stengel/Leonard/Bärwaldt Rn. 42). Gleiches gilt für Sondervorteile, auch wenn sie bereits erledigt sind. Ohne Aufnahme des noch offenen Gründungsaufwands oder der noch zu gewährenden Sondervorteile besteht **kein Anspruch der jew. Gläubiger gegen die AG** (Semler/Stengel/Leonard/Bärwaldt Rn. 42); ein Schadensersatzanspruch gegen die Gründer ist denkbar. Der von einer GmbH zu übernehmende Gründungsaufwand darf ausschließlich dann 10% des Stammkapitals übersteigen, wenn die GmbH über freies Kapital iH eines Mehrfachen des Stammkapitals verfügt (KG BeckRS 2021, 32598 Rn. 7 ff.; vgl. hierzu etwa Reichard GWR 2021, 453; Wachter GmbHR 2022, 32, 36; Leuering/Rubner NJW-Spezial 2021, 721; Heckelmann EWiR 2022, 105; Tomat GmbH-StB 2022, 77).

Sacheinlagen, die anlässlich der GmbH-Gründung vorgenommen wurden, sind **26** nur dann in der AG-Satzung aufzuführen, wenn sie zum Zeitpunkt der Umw noch in der GmbH-Satzung aufgeführt waren (Priester AG 1986, 32; Finken/Decher AG 1989, 391 (396); Noelle AG 1990, 479). Ob die **30-Jahre-Frist** von § 27 V, § 26 V AktG auch für Festsetzungen in der Satzung der GmbH gilt, ist umstritten (nach hM gilt eine Frist von zehn Jahren, vgl. Noack/Servatius/Haas/Servatius GmbHG § 5 Rn. 49 mwN).

Die **Mitglieder des Vorstands und des AR** haben den Hergang der Umw **27** „intern" zu prüfen, § 33 I; auch die „externe" Prüfung durch einen oder mehrere Prüfer nach § 33 II (insbes. Nr. 4) AktG hat in jedem Fall stattzufinden (§ 245 I 2 iVm § 220 III). Die jew. **Prüfung hat den Gründungsbericht** gem. § 197 S. 1 iVm § 32 AktG (dazu und zu dessen Inhalt ausf. Lutter/Göthel § 245 Rn. 39–47 mwN) **zum Gegenstand,** somit im Ergebnis alle tatsächlichen und rechtlichen Vorgänge, die mit dem Formwechsel zusammenhängen (Lutter/Hoger Rn. 29 mwN); wiederum kommt es auf die vormalige GmbH-Gründung nicht an, sofern nicht ausnahmsweise eine Umgehung (→ Rn. 26) vorliegt.

Gem. **§ 220,** auf den § 245 I 2 verweist, gilt auch beim Formwechsel von GmbH **28** in AG das **Verbot der materiellen Unterpariemission** (näher → § 245 Rn. 6 f.; zur geforderten Reinvermögensdeckung ausf. Lutter/Göthel § 245 Rn. 12, 13). Eine lediglich **formelle Unterbilanz** schadet jedoch nicht (→ § 220 Rn. 6).

Im **Mittelpunkt der Prüfung** nach §§ 33 ff. AktG stehen die Frage nach der **29** ordnungsgemäßen Kapitalaufbringung iSv § 245 I 2, § 220 sowie die Lage und der Geschäftsverlauf der GmbH während der letzten beiden Jahre. IÜ bezieht sich die Prüfung auf den Bericht über den Formwechsel nach § 32 AktG und dessen Richtigkeit (Lutter/Göthel § 245 Rn. 49).

Die **sinngemäße Anwendung von §§ 46, 53 AktG** führt zu einer Verantwort- **30** lichkeit der den Gründern gleichgestellten Gesellschafter, der Gründungsprüfer und der Organe der AG. Die Verantwortlichkeit bezieht sich bei sinngemäßer Anwendung von § 46 ff. AktG allein auf den Bericht aufzuführenden und zu überprüfenden Angaben. Da im Gegensatz zum früheren Recht (vgl. Priester AG 1986, 34 mwN) auch die ordnungsgemäße Kapitalausstattung darzulegen ist, besteht die Möglichkeit der **Differenzhaftung bei Unterpariemission** (§ 36a II, § 46 I 3 AktG; wie hier die hM, vgl. Lutter/Göthel § 245 Rn. 56 ff.; Priester DB 1995, 914 je mwN). Die Privilegierung bei der Verschm (BGH DB 2007, 1241) gilt beim Formwechsel nicht, weil dort die Gründungsvorschriften des AktG direkt anwendbar sind, die Suspendierung von § 188 II AktG in § 69 also keine Rolle spielt, das führt iE zur Kapitalunterdeckungshaftung (Lutter/Göthel § 245 Rn. 57 aE mwN). Hingegen scheidet beim Formwechsel von der AG in die GmbH eine Gründerhaftung nach § 9a GmbH aus (→ § 245 Rn. 5). Anteilsinhaber, die nicht für den Formwechsel gestimmt haben (also auch bei **Enthaltung**), haften nicht (§ 245 I 1). IÜ kann sich ein Anteilsinhaber der gesamtschuldnerischen Haftung durch **Exkul-**

pation gem. § 46 III AktG entziehen. § 52 AktG über die **Nachgründung** gilt bei Formwechsel von KapGes nur eingeschränkt (→ § 245 Rn. 1 mwN).

31 **j) Anmeldung. § 8 II GmbHG, § 37 I AktG** sind gem. § 246 III (→ § 246 Rn. 4) nicht anzuwenden. Zur Anmeldung der Mitglieder des Vertretungsorgans → § 246 Rn. 3.

§ 198 Anmeldung des Formwechsels

(1) Die neue Rechtsform des Rechtsträgers ist zur Eintragung in das Register, in dem der formwechselnde Rechtsträger eingetragen ist, anzumelden.

(2) ¹Ist der formwechselnde Rechtsträger nicht in einem Register eingetragen, so ist der Rechtsträger neuer Rechtsform bei dem zuständigen Gericht zur Eintragung in das für die neue Rechtsform maßgebende Register anzumelden. ²Das gleiche gilt, wenn sich durch den Formwechsel die Art des für den Rechtsträger maßgebenden Registers ändert oder durch eine mit dem Formwechsel verbundene Sitzverlegung die Zuständigkeit eines anderen Registergerichts begründet wird. ³Im Falle des Satzes 2 ist die Umwandlung auch zur Eintragung in das Register anzumelden, in dem der formwechselnde Rechtsträger eingetragen ist. ⁴Diese Eintragung ist mit dem Vermerk zu versehen, daß die Umwandlung erst mit der Eintragung des Rechtsträgers neuer Rechtsform in das für diese maßgebende Register wirksam wird, sofern die Eintragungen in den Registern aller beteiligten Rechtsträger nicht am selben Tag erfolgen. ⁵Der Rechtsträger neuer Rechtsform darf erst eingetragen werden, nachdem die Umwandlung nach den Sätzen 3 und 4 eingetragen worden ist.

(3) § 16 Abs. 2 und 3 ist entsprechend anzuwenden.

1. Allgemeines

1 Die **Registereintragung** hat für den Formwechsel konstitutive Wirkung (§ 202 I). § 198 I, II regelt die Anmeldung, die Art der Eintragung und die hierbei ggf. zu beachtende Reihenfolge. Damit ist § 198 Parallelvorschrift zu §§ 16, 17. In Abs. 3 wird § 16 II, III für entsprechend anwendbar erklärt. Zur Anmeldung eines grenzüberschreitenden Hinaus- bzw. Hereinformwechsels s. § 342 bzw. § 345.

2 Im **Normalfall** ist die neue Rechtsform gem. **Abs. 1** (nur) zur Eintragung in das Register des formwechselnden Rechtsträgers anzumelden. **Abs. 2** regelt demgegenüber verschiedene **Sonderfälle**: Wenn der formwechselnde Rechtsträger ausnahmsweise nicht in einem Register eingetragen ist – was mangels Formwechselfähigkeit der nicht eingetragenen GbR nur auf einen wirtschaftlichen Verein, eine öffentlich-rechtlichen Körperschaft oder Anstalt zutreffen kann (→ Rn. 7) –, ist der Formwechsel gem. **S. 1** bei dem für den Rechtsträger neuer Rechtsform zuständigen Register anzumelden. Den umgekehrten Fall hat § 235 Abs. 1 aF geregelt, der beim Formwechsel in die – vor dem 1.1.2024: nicht eingetragene – GbR die Eintragung des Formwechsels in das HR der formwechselnden KapGes vorsah. Mit der Einführung der eGbR und des Gesellschaftsregisters durch das MoPeG (→ Einf. Rn. 50 f.) ist die Möglichkeit zum Formwechsel in eine nicht eingetragene GbR und damit auch die Notwendigkeit für diese bisherige Sonderregelung entfallen. **S. 2–5** befassen sich demgegenüber mit dem Fall, dass sich die Art des für den Rechtsträger maßgebenden Registers oder die örtliche Zuständigkeit ändert; in diesem Fall werden zwei Anmeldungen erforderlich. Während gem. Abs. 1, Abs. 2 S. 1, 2 allein die neue Rechtsform anzumelden bzw. einzutragen ist, ist gem. Abs. 2 S. 3 auch die

Umw anzumelden und einzutragen (Berninger GmbHR 2004, 659 bereitet die Systematik von § 198 leicht verständlich auf).

Abs. 3 bestimmt die entsprechende Anwendung von § 16 II, III (Negativerklä- 3 rung und Freigabeverfahren bei etwaigen Klagen gegen die Wirksamkeit des Formwechselbeschlusses).

2. Anmeldung der neuen Rechtsform (Abs. 1)

Wer **anmeldepflichtig** ist, ist in § 198 nicht geregelt, sondern rechtsformspezi- 4 fisch erst in den besonderen Vorschriften (§§ 214 ff.). Danach sind beim **Formwechsel PersGes in KapGes** jeweils „alle Mitglieder des künftigen Vertretungsorgans" sowie alle bereits vorhandenen Mitglieder eines künftigen obligatorischen Aufsichtsrates anmeldepflichtig (§ 222 I 1). Beim Formwechsel in eine AG/KGaA müssen zusätzlich auch alle Gesellschafter mit anmelden, die der Umw zugestimmt haben und deshalb als Gründer gelten (§ 222 II). Stellvertretung ist wegen der zivil- und va auch strafrechtlichen Verantwortung der Anmeldenden (§ 82 Abs. 1 Nr. 1, 2 und 5 GmbHG; § 399 Abs. 1 Nr. 1 AktG) jew. ausgeschlossen. Beim **Formwechsel von KapGes** ist jew. „das Vertretungsorgan" der formwechselnden Gesellschaft anmeldepflichtig (§ 235 II bzw. § 246 I). Da beide Vorschriften im Unterschied zu § 222 I 1 nicht auf „alle Mitglieder" des Vertretungsorgans abstellen, genügt insoweit jeweils eine Anmeldung in vertretungsberechtigter Zahl, auch in unechter Gesamtvertretung. Beim Formwechsel in eine GmbH oder AG werden allerdings auch die künftigen Geschäftsführer bzw. Vorstände jew. die in § 8 III GmbHG bzw. § 37 II AktG verlangte persönliche Versicherung abgeben und aus diesem Grund mitunterzeichnen müssen. Der Aufsichtsrat wirkt dagegen nicht mit; eine Ausnahme gilt ggf. für den Vorsitzenden bei gleichzeitigen Kapitalmaßnahmen einer AG.

Gegenstand der Anmeldung ist abw. vom früheren Recht (→ § 191 Rn. 1) 5 nicht mehr der Formwechselbeschluss (Begr. RegE, BR-Drs. 75/94 zu § 198), sondern die **neue Rechtsform** des Rechtsträgers. Wegen **§ 197 S. 1** sind die für die jew. Zielrechtsform maßgeblich allg. Inhalte der Anmeldung zu beachten. Zum Inhalt der Anmeldung ausf. Lutter/Hoger Rn. 11 ff. mwN; Kölner Komm UmwG/ Petersen Rn. 10 ff.; vgl. auch Semler/Stengel/Leonard/Schwanna Rn. 6 ff. und Tabelle 4 bei Widmann/Mayer/Vossius Rn. 41 sowie bei BeckOGK/Simons Rn. 32; Checklisten bei NK-UmwR/Althoff/Narr Rn. 10.

Abs. 1 geht von dem Fall aus, dass sowohl der formwechselnde Rechtsträger als 6 auch die neue Rechtsform des Rechtsträgers in ein und **demselben Register** einzutragen sind. Nach Maßgabe von § 191 kann es sich bei dem in Abs. 1 angesprochenen Register nur um das **HR** handeln (so auch Begr. RegE, BR-Drs. 75/94 zu § 198). In das HR werden außer den PhG und den KapGes auch VVaG eingetragen; ferner wirtschaftliche Vereine iSv § 191 Nr. 4, allerdings nur im Fall von § 33 HGB. Körperschaften und Anstalten des öffentlichen Rechts sind – nachdem § 36 HGB durch das HRefG (BGBl. 1998 I 1474) abgeschafft wurde – ebenfalls nach Maßgabe von § 33 HGB im HR einzutragen. Demgegenüber ist der eV in das **Vereinsregister** einzutragen, für eG (§ 191 Nr. 3) wird das **Genossenschaftsregister** und für PartGes das **Partnerschaftsregister** geführt. Die GbR kann aufgrund des MoPeG (→ Einf. Rn. 50 f.) ab dem 1.1.2024 in das **Gesellschaftsregister** eingetragen werden (§ 707 BGB).

Das **HR** besteht gem. § 3 HRV aus **zwei Abt.**: In die **Abt. A** werden eingetragen 6a die Einzelkaufleute, die in § 33 HGB bezeichneten jur. Person (wirtschaftliche Vereine iSv § 22 BGB und Idealvereine, die nicht in das Vereinsregister eingetragen sind; uU privatrechtliche Stiftungen, §§ 80 ff. BGB; öffentlich-rechtliche Körperschaften, Stiftungen, Anstalten; zum Ganzen Hopt/Merkt HGB § 33 Rn. 1 mwN) sowie OHG, KG und EWIV. In die **Abt. B** werden die KapGes (AG, KGaA, GmbH, SE) und VvaG eingetragen. In den Fällen, in denen der formwechselnde Rechtsträger ebenso wie die neue Rechtsform im HR einzutragen ist, wäre es unnötiger Formalismus, den Rechtsträger selbst (vgl. Abs. 2 S. 1, 2) oder auch nur die Umw (Abs. 2 S. 3) zur Eintragung zu bringen. Es genügt die Anmeldung und die Eintragung **der neuen Rechtsform.** Durch die strengen Vorschriften der HRV in Bezug auf die Führung des HR (vgl. §§ 12 ff. HRV) ist gewährleistet, dass ein Dritter bei Einsichtnahme in dieses öffentliche (§ 9 I HGB) und seit der Reform des HGB durch das EHUG (BGBl. 2006 I 2553) auch elektronisch geführte (§§ 8 ff. HGB) Register jederzeit feststellen kann, dass ein Formwechsel iSv §§ 190 ff. stattgefunden hat. **Abs. 1 gilt auch dann, wenn die Abt. des HR durch den Formwechsel geändert wird** (zB bei einem Formwechsel einer PhG in eine KapGes, dazu Semler/Stengel/Leonard/Schwanna Rn. 2; NK-UmwR/Althoff/Narr Rn. 2, 4). Wird allerdings durch eine mit dem Formwechsel verbundene **Sitzverlegung** die Zuständigkeit eines anderen Registergerichts begründet, greift Abs. 2 S. 2 ff.

3. Keine Voreintragung des formwechselnden Rechtsträgers (Abs. 2 S. 1)

7   Abs. 2 S. 1 erfasst nur wirtschaftliche Vereine, öffentlich-rechtlichen Körperschaften oder Anstalten, sofern sie nicht nach § 33 HGB in das HR eingetragen sind. In diesem Fall ist der **Rechtsträger neuer Rechtsform** bei dem zuständigen Gericht zur Eintragung in das für die neue Rechtsform maßgebende Register anzumelden. Die allg. Formulierung von Abs. 2 S. 1 („in das für die neue Rechtsform maßgebende Register") ist angebracht, weil für die Anmeldung und die Eintragung sowohl das **HR** (Formwechsel eines rechtsfähigen Vereins in eine KapGes, §§ 273 ff.) als auch das **Genossenschaftsregister** (Formwechsel eines rechtsfähigen Vereins in eine eG, §§ 283 ff.) in Betracht kommt. Zur Anmeldung und Eintragung des grenzüberschreitenden Hereinformwechsels s. § 345.

4. Änderung des maßgebenden Registers (Abs. 2 S. 2 Alt. 1)

8   Der Rechtsträger neuer Rechtsform ist auch („das Gleiche gilt", Abs. 2 S. 2) dann Gegenstand der Anmeldung und der Eintragung, wenn sich durch den Formwechsel **die Art des** für den Rechtsträger **maßgebenden Registers ändert** (Abs. 2 S. 2 Alt. 1). Änderungen allein der Abt. des HR werden von dieser Vorschrift nicht erfasst (→ Rn. 6a). Notwendig ist vielmehr die Voreintragung (Abgrenzung zu Abs. 2 S. 1) des formwechselnden Rechtsträgers in einem Register (Handels-, Partnerschafts-, Gesellschafts-, Vereins- oder Genossenschaftsregister), das nicht mit dem Register des Rechtsträgers neuer Rechtsform übereinstimmt. In Betracht kommen danach die Formwechsel von PartGes in KapGes oder in eG, von KapGes in PartGes, von eGbR in KapGes und umgekehrt, von eV in KapGes oder in eG, von eG in KapGes und umgekehrt sowie von eGbR/PhG in eG. Um den nahtlosen Anschluss der Eintragung des formwechselnden Rechtsträgers und des Rechtsträgers neuer Rechtsform zu gewährleisten, schreibt **Abs. 2 S. 3** die zusätzliche Pflicht zur **Anmeldung der Umw** auch in das Register des formwechselnden Rechtsträgers vor (zur Eintragungsreihenfolge → Rn. 10).

5. Sitzverlegung (Abs. 2 S. 2 Alt. 2)

9   Der Rechtsträger neuer Rechtsform ist – trotz Voreintragung – ebenfalls dann anzumelden, wenn mit dem Formwechsel (stets zulässig) eine (innerdeutsche) **Sitzverlegung** verbunden ist. **Abs. 2 S. 2 Alt. 2** hat nur dann eigenständige Bedeutung, wenn sich durch den Formwechsel nicht ohnehin die Art des für den Rechtsträger maßgebenden Registers ändert (Abs. 2 S. 2 Alt. 1), wenn also ein Fall von Abs. 1 vorliegt. Abs. 2 S. 2 Alt. 2 ist gleichzeitig **lex specialis zu § 13h HGB, § 45 AktG;** diese allg. Vorschriften zur Eintragung bzw. zur Eintragungsreihenfolge der Sitzverle-

gung werden verdrängt (Begr. RegE, BR-Drs. 75/94 zu § 198 II 2). Auch in diesem Fall ist die „Brücke" zwischen der (Alt-)Eintragung des formwechselnden Rechtsträgers und der Eintragung des Rechtsträgers neuer Rechtsform durch eine entsprechende Anmeldung und deklaratorische Eintragung der Umw nach **Abs. 2 S. 3** zu schlagen.

6. Eintragungsreihenfolge (Abs. 2 S. 4, 5)

Sofern nach Abs. 2 S. 2 Anmeldung und Eintragung des Rechtsträgers neuer 10 Rechtsform gefordert ist (→ Rn. 8, → Rn. 9), muss die Eintragung mit dem Vermerk versehen werden, dass die Umw erst mit der Eintragung des Rechtsträgers neuer Rechtsform in das für diesen maßgebende Register wirksam wird **(Abs. 2 S. 4)**. Nach der Neufassung von Abs. 2 S. 4 durch das 2. UmwÄndG (→ Einf. Rn. 28) entfällt der Wirksamkeitsvermerk im Register des formwechselnden Rechtsträgers, sofern die Eintragung im Register der neuen Rechtsform am selben Tag erfolgt. Die einem praktischen Bedürfnis folgende und kostengünstige (Begr. RegE, BT-Drs. 16/2919, 13, 19) Regelung ist allerdings sprachlich verunglückt, weil beim Formwechsel nur ein Rechtsträger „beteiligt" sein kann (im 2. UmwÄndG wurde die Änderung von § 19 I 2 auch für den Formwechsel wortgleich übernommen; am Identitätskonzept des Formwechsels (→ § 190 Rn. 5 ff.) wollte der Gesetzgeber aber ersichtlich nichts ändern). Der Rechtsträger neuer Rechtsform darf erst eingetragen werden, nachdem die Umw gem. Abs. 2 S. 3, 4 eingetragen worden ist, **Abs. 2 S. 5.** Aus diesen Vorschriften wird deutlich, dass die **Eintragung der Umw** nach Abs. 2 S. 3 nur **deklaratorische,** die **Eintragung des Rechtsträgers neuer Rechtsform** aber **konstitutive** Wirkung (vgl. § 202) hat. Die Benachrichtigung des Registergerichts, das die neue Rechtsform iSv Abs. 2 S. 5 einzutragen hat, erfolgt nicht von Amts wegen. Vielmehr haben die Anmelder (wer das ist, folgt rechtsformspezifisch aus §§ 214 ff., → Rn. 4) die **Voreintragung** der Umw bei der Anmeldung des Rechtsträgers neuer Rechtsform **nachzuweisen.** Die durch Abs. 2 S. 3–5 festgeschriebene Eintragungsreihenfolge ist zwingend. Verstöße haben allerdings nach Eintragung des Rechtsträgers neuer Rechtsform (§ 202 II) keine Auswirkungen mehr **(§ 202 III).** Wird die Eintragung nach Abs. 2 S. 5 deshalb vorgenommen, obwohl eine Voreintragung der Umw nach Abs. 2 S. 3 noch nicht stattgefunden hat, werden die **Wirkungen des Formwechsels** dennoch ausgelöst (Lutter/Hoger § 202 Rn. 5 mwN). Die Eintragung in das ursprüngliche Register des formwechselnden Rechtsträgers ist trotz § 202 III allerdings noch nachzuholen (Semler/Stengel/Leonard/Schwanna Rn. 24; Kallmeyer/Zimmermann Rn. 22; BeckOGK/Simons Rn. 60).

7. Negativerklärung und Freigabeverfahren (Abs. 3)

Die Anmelder müssen gem. **Abs. 3 iVm § 16 II 1** eine Erklärung darüber abge- 11 ben, ob zum Zeitpunkt der Anmeldung eine Unwirksamkeitsklage (zum Begriff §§ 195, 14 und Komm. dort) anhängig ist oder nicht (sog. **Negativerklärung,** vgl. NK-UmwR/Althoff/Narr Rn. 11). § 16 II Hs. 2 sieht weiterhin eine lfd. Mitteilungspflicht der Anmelder über das Vorliegen einer Unwirksamkeitsklage vor. § 16 II 3 stellt schließlich klar, dass die Negativerklärung Eintragungsvoraussetzung ist.

Durch den Verweis von Abs. 3 auch auf **§ 16 III** wird das **Freigabeverfahren** – 12 ein gerichtliches Verfahren sui generis – auch beim Formwechsel für anwendbar erklärt. Die Entscheidung, ob die Registereintragung trotz einer anhängigen Klage erfolgen soll, ist danach nicht mehr dem Registergericht zugewiesen, sondern dem OLG, das auch über die eigentliche Unwirksamkeitsklage (wenn es dort zum Berufungsverfahren kommt) zu befinden hat. Das Verfahren nach § 16 III entspricht dem durch das UMAG (BGBl. 2005 I 2802) eingefügten § 246a AktG und weist Parallelen zum Verfahren der einstweiligen Vfg. nach § 935 ZPO auf. Es wurde durch das ARUG (→ Einf. Rn. 32 mwN) nochmals umfassend geändert. **Gegenstand der Entscheidung** ist in der Praxis regelmäßig die Abwägung der Interessen des Klägers mit denjenigen des formwechselnden Rechtsträgers. Beim Formwechsel ist das **Vollzugsinteresse des Rechtsträgers** idR schwieriger glaubhaft zu machen, vgl. ausf. Lutter/Hoger Rn. 48 ff. mwN. Die Freigabewirkung bezieht sich auch auf das Organisationsstatut (Lutter/Hoger Rn. 39 mN); allerdings erwächst dieses Organisationsstatut (Gesellschaftsvertrag/PartVertrag/Satzung) nicht in endgültige Bestandskraft, denn § 202 II wirkt insoweit nicht (→ § 16 Rn. 28 ff.)

8. Prüfung durch das Registergericht

13 Das **Prüfungsrecht des Registergerichts** im Vorfeld der Eintragung des Formwechsels erfasst die Einhaltung der Formalien der eingereichten Anmeldung, im Fall von § 198 II 5 das Vorliegen der Eintragung iSv § 198 II 3, 4 und der nach § 198 III, § 16 II notwendigen Negativerklärung. Darüber hinaus muss der Formwechselbeschluss auf die Einhaltung der gesetzlichen Mindestanforderungen (§ 194, ggf. iVm den besonderen Vorschriften von §§ 214 ff.; beim Formwechsel in eine KapGes ist die Kapitalaufbringung zu prüfen, vgl. Lutter/Hoger § 198 Rn. 25) überprüft werden. Ebenso erstreckt sich die Prüfung auf die Ordnungsmäßigkeit des Formwechselbeschlusses und die Beachtung der dafür notwendigen Beschlussmehrheiten (→ § 193 Rn. 12). **Grundlage der Prüfung** sind die Angaben der Anmelder, bei begründeten Zweifeln kann das Registergericht **von Amts wegen** (§ 26 FamFG) ermitteln. Hierbei muss es die Anmelder durch Zwischenverfügung auch dazu anhalten, **behebbare Eintragungshindernisse** zu beseitigen (Widmann/Mayer/Vossius Rn. 13). Gegenstand der Prüfung ist hingegen **nicht** die rechtliche oder wirtschaftliche Zweckmäßigkeit des Formwechsels oder die Angemessenheit des Beteiligungsverhältnisses (vgl. § 195 II, § 196; ein Urteil hierüber ist allein dem **Spruchverfahren** vorbehalten). Eine **materielle Beschlusskontrolle** findet nicht statt (→ § 195 Rn. 3 mwN). Nur die Anteilsinhaber selbst haben es in der Hand, einen etwaigen Missbrauch des Gestaltungsmittels Umw durch eine Unwirksamkeitsklage zu sanktionieren (ausf. Lutter/Göthel § 233 Rn. 52 ff. auch mit Rechtsprechungsnachweisen; Lutter/Hoger § 193 Rn. 9; Begr. RegE zu § 193, BT-Drs. 16/2919: „Der Entwurf übernimmt auch beim Formwechsel nicht die Vorstellungen, die von Rechtsprechung und Schrifttum für eine Sachkontrolle wichtiger Versammlungsbeschlüsse entwickelt worden sind"). Der Beschluss muss also nicht im Interesse der Gesellschaft liegen, zur Verfolgung des Unternehmensgegenstandes erforderlich oder das angemessene Mittel sein (zur Bindungswirkung einer Entscheidung nach § 198 III, § 16 III für das Registergericht → § 16 Rn. 49).

§ 199 Anlagen der Anmeldung

Der Anmeldung der neuen Rechtsform oder des Rechtsträgers neuer Rechtsform sind in Ausfertigung oder öffentlich beglaubigter Abschrift oder, soweit sie nicht notariell zu beurkunden sind, in Urschrift oder Abschrift außer den sonst erforderlichen Unterlagen auch die Niederschrift des Formwechselbeschlusses, die nach diesem Gesetz erforderlichen Zustimmungserklärungen einzelner Anteilsinhaber einschließlich der Zustimmungserklärungen nicht erschienener Anteilsinhaber, der Formwechselbericht oder die Erklärungen über den Verzicht auf seine Erstellung, ein Nachweis über die Zuleitung nach § 194 Abs. 2 beizufügen.

1 § 199 ist Parallelvorschrift zu § 17 I. Durch das UmRUG (→ Einf. Rn. 43 ff.) wurde die Terminologie in den Formwechselvorschriften vereinheitlicht, so dass

seitdem auch § 199 von dem „Formwechselbeschluss" (statt: „Umwandlungsbeschluss") und dem „Formwechselbericht" (statt" Umwandlungsbericht") spricht.

In **Ausfertigung** (§§ 47, 49 BeurkG) oder **beglaubigter Abschrift** (§ 42 BeurkG) sind von den zur Anmeldung verpflichteten Personen (rechtsformabhängig → § 198 Rn. 4) vorzulegen
- die Niederschrift des **Formwechselbeschlusses** (§§ 193, 194),
- die notwendigen **Zustimmungserklärungen** einzelner Anteilsinhaber einschl. der Zustimmungserklärungen nicht erschienener Anteilsinhaber (→ § 193 Rn. 15 ff.; vgl. zur notariellen Beurkundung dieser Zustimmungserklärungen § 193 III),
- etwa abgegebene **Verzichtserklärungen** in Bezug auf den Formwechselbericht (§ 192 I); vgl. § 192 II, dort auch S. 2 zur notariellen Beurkundung.

Die übrigen in § 199 aufgeführten Anlagen (zu denen seit der Änderung von § 199 durch das ARUG, → Einf. Rn. 30 mwN, nicht mehr etwaige staatliche Genehmigungen gehören) sind keine notariellen Urkunden, deshalb genügt eine Einreichung in **Urschrift** oder in **Abschrift**. Auf diese Weise sind beizufügen
- der **Formwechselbericht,** § 192 I und
- ein Nachw. über die **Zuleitung** des Entwurfs des Formwechselbeschlusses an den zuständigen Betriebsrat, § 194 II (auch → § 194 Rn. 12 zu dem Fall, dass kein Betriebsrat besteht).

§ 199 ist nicht abschl. zu verstehen, die aufgeführten Anlagen sind „außer den 3 sonst erforderlichen Unterlagen" beizufügen (dazu ausf. Widmann/Mayer/Vossius Tabellen 1 und 2 zu Rn. 5, 7 und Checklisten bei Lutter/Hoger Rn. 7 ff.; NK-UmwR/Althoff/Narr Rn. 11; Semler/Stengel/Leonard/Schwanna Rn. 6 ff.; BeckOGK/Simons Rn. 9 ff.). So sind bei **KapGes** nach deren Gründungsrecht noch weitere **rechtsformspezifische Unterlagen** vorzulegen (vgl. § 197):
- Bei der **GmbH** betrifft dies die von den Anmeldern zu unterzeichnende Gesellschafterliste (§ 8 Abs. 1 Nr. 3 GmbHG), die Bestellung der Geschäftsführer (§ 6 GmbHG), einen erforderlichen Sachgründungsbericht, erforderliche Werthaltigkeitsnachweise und ggf. die Bestellung von Aufsichtsratsmitgliedern (§ 52 Abs. 2 GmbHG).
- Bei der **AG/KGaA** sind beizufügen der Gründungsbericht und die Gründungsprüfungsberichte, eine Berechnung des Gründungsaufwands, die Bestellung der Aufsichtsratsmitglieder, des ersten Abschlussprüfers und des Vorstands, im Fall der KGaA außerdem Urkunden über den Beitritt von Komplementären (§ 223).

Bilanzen sind nicht einzureichen, außer ggf. als Werthaltigkeitsnachweis oder als Anlage zum Sachgründungsbericht.

Die aufgeführten Anlagen sind **gleichzeitig mit der Anmeldung** beim Regis- 4 tergericht (im Fall von § 198 II 3 bei beiden Registergerichten, Lutter/Hoger Rn. 13) einzureichen. Geschieht dies nicht, kann der Mangel noch behoben werden. Das Registergericht hat unter Fristsetzung zur Nachreichung aufzufordern **(Zwischenverfügung).** Darüber hinaus ist zu beachten, dass im Fall von § 198 II bei der Anmeldung des Rechtsträgers neuer Rechtsform ein **Nachw. über die Voreintragung der Umw** (§ 198 II 3, 4) zu erbringen ist (Lutter/Hoger Rn. 6; Semler/Stengel/Leonard/Schwanna Rn. 5; Kallmeyer/Zimmermann Rn. 4; NK-UmwR/Althoff/Narr Rn. 7; BeckOGK/Simons Rn. 7).

§ 200 Firma oder Name des Rechtsträgers

(1) ¹**Der Rechtsträger neuer Rechtsform darf seine bisher geführte Firma beibehalten,** soweit sich aus diesem Buch nichts anderes ergibt. ²**Zusätzliche Bezeichnungen, die auf die Rechtsform der formwechselnden Gesellschaft hinweisen, dürfen auch dann nicht verwendet werden, wenn der Rechtsträger die bisher geführte Firma beibehält.**

(2) **Auf eine nach dem Formwechsel beibehaltene Firma ist § 19 des Handelsgesetzbuchs, § 4 des Gesetzes betreffend die Gesellschaften mit beschränkter Haftung, §§ 4, 279 des Aktiengesetzes oder § 3 des Genossenschaftsgesetzes entsprechend anzuwenden.**

(3) **War an dem formwechselnden Rechtsträger eine natürliche Person beteiligt, deren Beteiligung an dem Rechtsträger neuer Rechtsform entfällt, so darf der Name dieses Anteilsinhabers nur dann in der beibehaltenen bisherigen oder in der neu gebildeten Firma verwendet werden, wenn der betroffene Anteilsinhaber oder dessen Erben ausdrücklich in die Verwendung des Namens einwilligen.**

(4) ¹**Ist formwechselnder Rechtsträger oder Rechtsträger neuer Rechtsform eine Partnerschaftsgesellschaft, gelten für die Beibehaltung oder Bildung der Firma oder des Namens die Absätze 1 und 3 entsprechend.** ²**Eine Firma darf als Name einer Partnerschaftsgesellschaft nur unter den Voraussetzungen des § 2 Abs. 1 des Partnerschaftsgesellschaftsgesetzes beibehalten werden.** ³**§ 1 Abs. 3 und § 11 des Partnerschaftsgesellschaftsgesetzes sind entsprechend anzuwenden.**

(5) **Durch den Formwechsel in eine Gesellschaft des bürgerlichen Rechts erlischt die Firma der formwechselnden Gesellschaft.**

1. Allgemeines

1   Die Vorschrift regelt **vergleichbar zu § 18** die zulässige **Firmierung** nach Durchführung des Formwechsels. Wegen der wirtschaftlichen und rechtlichen Kontinuität des Rechtsträgers (→ § 190 Rn. 5 ff.) erlaubt **Abs. 1 S. 1** die Beibehaltung der Firma durch den Rechtsträger neuer Rechtsform. Anders als in den früheren Fällen der übertragenden Umw (§§ 6, 14 UmwG 1969) geht es also nicht um eine Firmenfortführung mit oder ohne Beifügung eines das Nachfolgeverhältnis andeutenden Zusatzes, sondern um Firmenbeibehaltung durch **Kontinuität der Firma.** Die Kontinuität erfasst den Stamm der Firma, gem. **Abs. 1 S. 2** muss der **Rechtsformzusatz** geändert werden (dies ist jedoch keine Satzungsänderung, OLG Frankfurt a. M. DB 1999, 733).

2   Der Rechtsträger neuer Rechtsform muss nicht von § 200 und den darin vorgesehenen Privilegierungen Gebrauch machen, er kann in seiner neuen Rechtsform stets auch nach **allg. Grundsätzen eine neue Firma** bilden (zB §§ 17 ff. HGB). Auch im Fall der Firmenbeibehaltung nach Abs. 1 S. 1 finden die allg. Vorschriften Beachtung **(Abs. 2).**

3   Durchbrochen wird der Grundsatz der Firmenkontinuität durch **Abs. 3** für den Fall, dass eine **natürliche Person** am formwechselnden Rechtsträger noch beteiligt war, sie anlässlich des Formwechsels aber ausscheidet.

4   **Abs. 4** wurde 1998 zur Firmierung bei Beteiligung einer **PartGes** als formwechselnder Rechtsträger oder als Rechtsträger neuer Rechtsform eingefügt. Die Aufnahme der PartGes in den Kreis der beim Formwechsel beteiligungsfähigen Rechtsträger (§ 191 I Nr. 1 sowie II Nr. 2 aF, heute Nr. 1) durch das Gesetz zur Änderung des UmwG, des PartGG und anderer Gesetze v. 22.7.1998 musste durch eine spezielle firmenrechtliche Regelung begleitet werden, weil PartGes einen Namen und keine Firma führen und weil für diese Namensfindung Sonderregelungen gelten. Zur Firmierung der PartGmbB Nachw. bei → § 3 Rn. 12.

5   Beim Formwechsel einen KapGes in eine **GbR** erlischt die Firma der formwechselnden Gesellschaft ersatzlos **(Abs. 5).** Die GbR ist künftig nur noch mit einem **Namen** zu bezeichnen (vgl. § 194 I Nr. 2). Ab dem 1.1.2024 ist aufgrund des MoPeG (→ Einf. Rn. 50 f.) nur noch der Formwechsel in eine in das Gesellschafts-

register einzutragende GbR möglich. Abs. 5 blieb in diesem Zusammenhang unverändert.

2. Grundsatz: Kontinuität der Firma (Abs. 1 S. 1)

Soweit sich aus §§ 190–304 nichts anderes ergibt (was derzeit nicht der Fall ist, Lutter/Hoger Rn. 4), darf der Rechtsträger neuer Rechtsform seine bisher geführte **Firma beibehalten (Abs. 1 S. 1).** Es kommt – anders als bei § 18 – nicht darauf an, dass der Rechtsträger neuer Rechtsform das von ihm vor Wirksamwerden des Formwechsels betriebene **Handelsgeschäft** weiterführt (vgl. Begr. RegE, BR-Drs. 75/94 zu § 200). Dies folgt aus der rechtlichen Identität beim Formwechsel und aus den Wirkungen der Eintragung nach § 202. Mit dem Formwechsel ist eine **Änderung des tatsächlichen Geschäftsbetriebs** nicht verbunden, der Rechtsträger „wechselt nur sein rechtliches Kleid". Abs. 1 S. 1 wird durch Abs. 1 S. 2 nicht weiter eingeschränkt, als dies nach allg. Firmenrecht ohnehin der Fall ist (→ § 18 Rn. 14 f.).

3. Rechtsformzusatz (Abs. 1 S. 2, Abs. 2)

Fortgeführt wird nur die Firma an sich, nicht aber der ehemals verwendete **Rechtsformzusatz.** Die beibehaltene Firma ist gem. **Abs. 2** mit einem Zusatz zu versehen, der die neue Rechtsform als Firmenbestandteil ausweist. Seit der Handelsrechtsreform schreibt § 19 I HGB auch für PhG die Aufnahme des **Rechtsformzusatzes** vor, für KapGes und eG war dies bereits früher verbindlich. Der Rechtsformzusatz braucht nicht ausgeschrieben zu werden, es genügt eine sinnvolle und allg. verständliche Abkürzung.

Besonderheiten können gem. **Abs. 4 S. 3** durch die entsprechende Anwendung von § 11 S. 3 PartGG dann gelten, wenn der formwechselnde Rechtsträger **PartGes** war. Der an sich der Rechtsformbezeichnung dienende Zusatz „Partnerschaft" oder „und Partner" darf weitergeführt werden, wenn ein eindeutiger Hinweis auf die neue Rechtsform hinzugefügt wird; nach Sinn und Zweck von § 200 – Kontinuität, aber keine unnötige Verwirrung des Rechtsverkehrs – und der PartGmbB (→ § 3 Rn. 12) gilt dies nicht für den Zusatz „mit beschränkter Berufshaftung" bzw. „mbB", dieser muss entfallen (aA Lutter/Hoger Rn. 10).

4. Ausgeschiedene natürliche Person (Abs. 3)

Abs. 3 entspricht § 18 II, auf dessen Komm. (→ § 18 Rn. 16 ff.) verwiesen wird. Anwendungsfall von Abs. 3 kann zunächst das **Ausscheiden des phG** gem. § 247 III sein (dazu Lutter/Hoger Rn. 8). Ebenfalls zu beachten ist die Vorschrift, wenn ein Anteilsinhaber des formwechselnden Rechtsträgers gegen **Barabfindung** (§§ 207 ff.) ausscheidet. Zwar geschieht dieses Ausscheiden erst nach Durchführung des Formwechsels (§ 207 I 1), gleichwohl hat der Namensträger ein Interesse daran, die künftige Firmierung unter Nutzung seines Namens zu bestimmen. Abs. 3 ist nur eine spezielle Regelung für das Persönlichkeitsrecht des Namensinhabers (Goutier/Knopf/Tulloch/Laumann Rn. 15), deswegen darf nicht formal dahin argumentiert werden, der Anteilsinhaber scheide gegen Barabfindung erst nach Durchführung des Formwechsels aus (wie hier Lutter/Hoger Rn. 9; Semler/Stengel/Leonard/Schwanna Rn. 9).

5. Beteiligung einer Partnerschaftsgesellschaft (Abs. 4)

Vgl. → Rn. 4, → Rn. 8. Abs. 4 entspricht § 18 III, auf die dortige Komm. wird verwiesen (→ § 18 Rn. 23 ff.).

6. Formwechsel in eine GbR

11 Der Grundsatz der Firmenbeibehaltung von Abs. 1 S. 1 wird beim Formwechsel einer **KapGes in eine GbR** (§§ 226 ff., 235) durchbrochen: Die GbR darf keine Firma führen, die Firma der formwechselnden Gesellschaft erlischt ersatzlos (→ § 194 Rn. 4). Ab dem 1.1.2024 ist aufgrund des MoPeG (→ Einf. Rn. 50 f.) gem. § 191 Abs. 2 Nr. 1 nur noch der Formwechsel in eine **eGbR** möglich; diese hat gem. § 707a Abs. 2 BGB den Namenszusatz „eingetragene Gesellschaft bürgerlichen Rechts" oder „eGbR" zu führen. Wenn in der eGbR keine natürliche Person als Gesellschafter haftet, muss der Name eine Bezeichnung enthalten, welche die Haftungsbeschränkung kennzeichnet. Mit Servatius BGB § 707a Rn. 8 gelingt letzteres am besten durch Hinzufügung eines Zusatzes wie zB „**GmbH & Co. eGbR**", indessen wohl nicht mit einem Zusatz „**eGbR mbH**". Denn die Bezeichnung als „GbR mit beschränkter Haftung" wurde früher diskutiert mit dem Ziel, durch den Namenszusatz die Haftung auf das Gesellschaftsvermögen zu beschränken und eine persönliche Haftung der Gesellschafter auszuschließen. Das ist aber nicht durch einen bloßen Namenszusatz, sondern nur durch eine individualvertragliche Vereinbarung mit dem (potentiellen) Gläubiger möglich (dazu BGH NJW 1999, 3483; BayObLG NJW 1999, 297; Ulmer ZIP 1999, 509; Henze BB 1999, 2260; Blenske NJW 1999, 517; Reiff ZIP 1999, 517; Kindl NZG 1999, 517).

§ 201 Bekanntmachung des Formwechsels

Das für die Anmeldung der neuen Rechtsform oder des Rechtsträgers neuer Rechtsform zuständige Gericht hat die Eintragung der neuen Rechtsform oder des Rechtsträgers neuer Rechtsform nach § 10 des Handelsgesetzbuchs bekanntzumachen.

1 § 201 ordnet die **Bekanntmachung** des Formwechsels nach § 10 HGB an und entspricht § 19 III. Das **DiRUG** (BGBl. 2021 I 3338; → Einf. Rn. 38) hat das Bekanntmachungswesen für das Handels-, Genossenschafts-, Partnerschafts- und Vereinsregister dahingehend geändert, dass Eintragungen nicht mehr gesondert, sondern durch ihre erstmalige Abrufbarkeit über das Gemeinsame Registerportal der Länder bekannt gemacht werden. Dieses Gemeinsame Registerportal der Länder ist die Seite **www.handelsregister.de,** auf der unter Registerart neben den Abteilungen HRA und HRB auch das Genossenschafts- (GnR), das Partnerschafts- (PR) und das Vereinsregister (VR) ausgewählt und kostenlos abgerufen werden können. Wegen dieser Bekanntmachung durch Abrufbarkeit der Eintragung konnte in § 201 die bisherige Klarstellung, dass die Eintragung „ihrem ganzen Inhalt nach" bekanntzumachen war, entfallen.

2 Handelsregistereintragungen sind gem. § 10 Abs. 1 S. 1 HGB ohnehin, eben durch ihre Abrufbarkeit, bekannt zu machen. Das früher einschlägige Portal (www.handelsregisterbekanntmachungen.de) ist entfallen und leitet nunmehr auf www.handelsregister.de weiter. Für das Genossenschaftsregister verweist § 156 GenG und für das Partnerschaftsregister § 5 Abs. 2 PartGG jeweils auf § 10 HGB. Für das Vereinsregister wurde § 66 Abs. 1 BGB aF mit der Begründung aufgehoben, dass alle Eintragungen in den Vereinsregistern über das Registerportal abrufbar sind und eine gesonderte Bekanntmachung der Ersteintragung somit entbehrlich ist (Begr. RegE DiRUG, BT-Drs. 144/21, 120). Wegen dieser ohnehin bestehenden Vorgaben hat **§ 201** Klarstellungsfunktion, aber **keinen eigenen Regelungsgehalt** (BeckOGK/Simons Rn. 4).

3 Am Folgetag der **Bekanntmachung beginnt** die **Frist** iSv § 187 II BGB ua für die Schadensersatzpflicht der Verwaltungsträger (§ 205 II), für die Annahme des Angebots auf Barabfindung (§ 209 S. 1), für die Nachhaftung (§ 224 III 1, § 237), für die Auszahlung des Geschäftsguthabens an einen Genossen (§ 256 II 1) und für die fortdauernde Nachschusspflicht der Genossen (§ 271 S. 1). IÜ treten die **Wirkungen der Eintragung** (§ 202 I, II) unabhängig von der Bekanntmachung des Formwechsels ein (Kallmeyer/Zimmermann Rn. 5; Lutter/Hoger Rn. 6; Kölner Komm UmwG/Petersen Rn. 7; BeckOGK/Simons Rn. 20).

§ 202 Wirkungen der Eintragung

(1) Die Eintragung der neuen Rechtsform in das Register hat folgende Wirkungen:
1. Der formwechselnde Rechtsträger besteht in der in dem Formwechselbeschluss bestimmten Rechtsform weiter.
2. ¹Die Anteilsinhaber des formwechselnden Rechtsträgers sind an dem Rechtsträger nach den für die neue Rechtsform geltenden Vorschriften beteiligt, soweit ihre Beteiligung nicht nach diesem Buch entfällt. ²Rechte Dritter an den Anteilen oder Mitgliedschaften des formwechselnden Rechtsträgers bestehen an den an ihre Stelle tretenden Anteilen oder Mitgliedschaften des Rechtsträgers neuer Rechtsform weiter.
3. Der Mangel der notariellen Beurkundung des Formwechselbeschlusses und gegebenenfalls erforderlicher Zustimmungs- oder Verzichtserklärungen einzelner Anteilsinhaber wird geheilt.

(2) Die in Absatz 1 bestimmten Wirkungen treten in den Fällen des § 198 Abs. 2 mit der Eintragung des Rechtsträgers neuer Rechtsform in das Register ein.

(3) Mängel des Formwechsels lassen die Wirkungen der Eintragung der neuen Rechtsform oder des Rechtsträgers neuer Rechtsform in das Register unberührt.

1. Allgemeines

§ 202 behandelt die **Wirkungen der Eintragung** (vgl. §§ 198, 199, auf deren wirksame Bekanntmachung nach § 201 kommt es nicht an, → § 201 Rn. 3) der neuen Rechtsform in das Register (Abs. 1) oder des Rechtsträgers neuer Rechtsform in das Register (Abs. 2). Inhaltlich knüpft die Vorschrift an §§ 362 ff. AktG aF (zB § 365 S. 1 AktG aF, § 368 S. 1, 2 AktG aF) an.

Anders als bei §§ 20, 131 ist iRv § 202 eine **Vermögensübertragung nicht erforderlich.** Beim Formwechsel ändert sich nur die Rechtsform des Unternehmens, nicht aber die Identität des Rechtsträgers, sodass eine **Rechtsnachfolge** nicht in Betracht kommt (zur stl. Rechtsnachfolge beim kreuzenden Formwechsel, die auch rückwirkend möglich ist, → UmwStG § 9 Rn. 20 ff., → UmwStG § 25 Rn. 40 ff.). Damit beschränken sich die Wirkungen der Eintragung auf den Wechsel der Rechtsform **(Abs. 1 Nr. 1),** auf die Regelung zur Umqualifizierung der Anteile **(Abs. 1 Nr. 2)** und schließlich auf die durch die Eintragung vermittelte Heilung von Beurkundungsmängeln **(Abs. 1 Nr. 3).**

Welche Eintragung die Wirkungen von § 202 auslöst, richtet sich danach, ob der formwechselnde Rechtsträger bereits in das Register eingetragen ist, das auch für den Rechtsträger neuer Rechtsform zuständig ist, oder nicht. Im Fall von § 198 I (→ § 198 Rn. 5 f.) ist nur die **neue Rechtsform** des Rechtsträgers in das (identische) Register einzutragen. Von diesem **Grundfall** geht Abs. 1 aus. Abs. 1 ist aber gem. **Abs. 2** entsprechend auch für alle Fälle von § 198 II anwendbar. Fehlt es an einer Voreintragung des formwechselnden Rechtsträgers überhaupt oder ist der Rechtsträger neuer Rechtsform bei einem anderen Register als der formwechselnde Rechtsträger einzutragen, werden die Wirkungen des Formwechsels durch die **Ein-**

tragung des Rechtsträgers neuer Rechtsform in dieses Register ausgelöst. Für den Formwechsel in eine GbR enthielt § 235 I aF eine Sonderregelung für die Anmeldung (zum Inhalt der Eintragung BGH NJW 2017, 559 (560)). Diese konnte mit der Einführung der eGbR durch das MoPeG (→ Einf. Rn. 50 f.) entfallen; gem. § 191 Abs. 2 Nr. 1 zählt nur noch die in das Gesellschaftsregister eingetragene GbR zu den möglichen Zielrechtsformen.

4 Voraussetzung für den Eintritt der Rechtsfolgen von Abs. 1 ist damit stets eine Registereintragung. Diese erfolgt gem. §§ 198, 199, 201 nur dann, wenn ein wirksamer Formwechselbeschluss – bis zum UmRUG (→ Einf. Rn. 43 ff.): „Umwandlungsbeschluss" – und, je nach Einzelfall, alle erforderlichen Zustimmungserklärungen, ein den Anforderungen genügender Formwechselbericht und der Nachw. über die Zuleitung an den Betriebsrat vorliegen. **Mängel des Formwechsels** lassen die Wirkungen der Eintragung nach Abs. 1 oder Abs. 2 jedoch unberührt (Abs. 3), sodass der durch die Eintragung herbeigeführte Rechtszustand nicht mehr zu ändern ist (zB OLG München BeckRS 2010, 11509; vgl. auch Kort AG 2010, 230). Eine so weitreichende Einschränkung der Nichtigkeit einer Umstrukturierung war früher für die formwechselnde Umw nur die Ausnahme (vgl. § 385p II AktG aF). Wegen § 20 II, § 131 II und wegen der allg. Tendenz, gesellschaftsrechtliche Akte möglichst zu erhalten und besondere Schwierigkeiten bei der Rückumwandlung zu umgehen, wurde die Regelung von § 352a AktG aF auch für den Formwechsel übernommen. Dies ist auch verfassungsgemäß (→ § 20 Rn. 121 mwN).

2. Wirkungen der Eintragung (Abs. 1)

5 **a) Wechsel der Rechtsform (Abs. 1 Nr. 1).** Die Eintragung nach §§ 198, 199 erfolgt regelmäßig in der Weise, dass das bisherige Registerblatt geschlossen und ein neues Registerblatt mit neuer HR-Nummer angelegt wird (selbst beim Formwechsel zwischen KapGes). Sie hat zunächst die Wirkung, dass der Rechtsträger ab diesem Zeitpunkt in der im Formwechselbeschluss bestimmten **neuen Rechtsform** weiterbesteht **(Abs. 1 Nr. 1).** Die Identität des Rechtsträgers bleibt vom Wechsel der Rechtsform unberührt (→ § 190 Rn. 5 ff.). Welche Rechtsform für welchen formwechselnden Rechtsträger zulässig ist, ergibt sich aus § 191 I, II, §§ 214 ff. (→ § 190 Rn. 3). Die **Folgen,** die mit dem Formwechsel einhergehen, ergeben sich aus den besonderen Vorschriften von §§ 214 ff. Je nach Ausgangs- und Zielrechtsform sind Besonderheiten bzgl. der Leitungs- und Aufsichtsorgane, der Vermögenszuordnung (zB Bindung als Grund- oder StK; ausf. Habersack/Schürnbrand NZG 2007, 81 mwN) und des Verhältnisses zu Außenstehenden (zB Nachhaftung) zu beachten. Maßgeblich für die Wirkungen des Formwechsels ist stets der **Formwechselbeschluss** nach §§ 193, 194, 214 ff. (→ § 193 Rn. 11); da durch den Formwechsel vor allem die Liquidation des umzuwandelnden Rechtsträgers vermieden wird, sind (ziel-)rechtsformspezifische Gründungsvorschriften zu beachten, § 197. Folgen des Formwechsels im **Verhältnis zu Dritten** (Schuldner, Gläubiger, Vertragspartner etc) ergeben sich regelmäßig nicht (dazu Kallmeyer/Meister/Klöcker/Berger Rn. 13 ff.; NK-UmwR/Althoff/Narr Rn. 17; Widmann/Mayer/Vossius Rn. 45 ff.; ABC bei Lutter/Hoger Rn. 23 ff.; Widmann/Mayer/Vossius Rn. 41 ff.; zu öffentlich-rechtlichen Erlaubnissen BGH NZG 2004, 439 (440); Eckert ZIP 1998, 1950; Gaiser DB 2000, 361; zur Handwerkserlaubnis BFH MittBayNot 2005, 181; zum GrundstücksverkehrsG Widmann/Mayer/Vossius Rn. 104; zum BBodSchG Giesberts/Frank DB 2000, 505; zur Investitionszulage ThürFG EFG 2002, 705; zur Zulassung als Syndikusrechtsanwalt BGH NJW-RR 2020, 1065 Rn. 10 ff. zu Verschm; BSG NJW 2022, 267 Rn. 26 zum Formwechsel). **Rechtsstreitigkeiten** werden nicht unterbrochen, vollstreckbare Titel müssen ggf. umgeschrieben werden (vgl. Lindemeier RNotZ 2002, 41; zuletzt BGH BeckRS 2021, 848 Rn. 10). **Registereintragungen** (auch: Grundbücher; zur Gebühr OLG

Oldenburg BB 1997, 1916; BayObLG DB 1998, 1402; die formwechselnde Umw löst mangels Rechtsträgerwechsels keine **Grunderwerbsteuer** aus, BFH DB 1997, 79; zur deshalb nicht notwendigen stl. Unbedenklichkeitsbescheinigung iSv § 22 I GrEStG LG Dresden DB 1998, 1807; GrESt trotz Formwechsel hat der BFH allerdings bei Formwechsel von GmbH in GbR und anschl. Einbringung in GmbH & Co. KG für den Einbringungsvorgang angenommen und dabei die Zeit der Beteiligung an der GmbH nicht berücksichtigt, vgl. BFH DB 2001, 1467; auch beim Formwechsel aus der Gesamthand zur KapGes kann ein vorangegangener Erwerb der Gesamthand nachträglich GrESt auslösen, BFH NZG 2003, 887; vgl. auch Schwerin RNotZ 2003, 479; Gärtner DB 2000, 401; ausf. zu Verkehrsteuern → E Rn. 39 ff.) sind nach Vorlage eines beglaubigten Registerauszuges zu berichtigen. **Dienstverträge** mit den Organen bleiben grds. bestehen (BGH ZIP 1997, 1106; zu Pensionszusagen Fuhrmann DStZ 2015, 425; zur Vertretung des formwechselnden Rechtsträgers im Prozess BGH DB 1997, 1455; auch → § 20 Rn. 34 ff.; Buchner/Schlobach GmbHR 2004, 1; Hoger ZGR 2007, 868 je mwN). Für **Entlastungen**, auch betreffend die dem Formwechsel vorangegangenen Zeiträume, ist das entspr. Organ des formgewechselten Rechtsträgers zuständig (ausf. Fortun NZG 2022, 202 (203)). Str. ist, ob bei Entlastung nach Umw einer GmbH in eine AG für die GmbH-Dienstzeit Präklusion eintreten kann (so BeckOGK/Simons Rn. 22.1) oder § 120 II 2 AktG gilt (so Fortun NZG 2022, 202 (204)). Aufgrund der Rechtsunsicherheit sollten Betroffene auf Entlastung vor Formwechsel drängen (Fortun NZG 2022, 202 (204); BeckOGK/Simons Rn. 22.1). **Unternehmensverträge** bestehen mit dem Rechtsträger neuer Rechtsform grds. fort, jedoch kann der Formwechsel (zB wegen Wegfalls der Voraussetzungen für die stl. Organschaft) einen wichtigen Grund zur Kündigung darstellen (vgl. näher OLG Düsseldorf ZIP 2004, 753 zum Formwechsel AG in GmbH & Co. KG; Kallmeyer/Meister/Klöcker/Berger Rn. 18; Lutter/Hoger Rn. 47 und ausf. Vossius FS Widmann, 2000, 133; zur **stillen Ges** Mertens AG 2000, 32). Hat der formwechselnde Rechtsträger **Prokura** erteilt, besteht diese fort (OLG Köln GmbHR 1996, 772). Die Wirkungen von § 202 sind unabdingbar, eine abw. Regelung im Formwechselbeschluss (etwa dahingehend, dass die Wirkungen des Formwechsels erst zu einem bestimmten Stichtag eintreten sollen) ist nicht möglich (ob Regelungen im **Innenverhältnis der Anteilsinhaber** möglich sind, ist str., mit der hM dafür Lutter/Hoger Rn. 6 mwN; dagegen Kallmeyer/Meister/Klöcker/Berger Rn. 12; BeckOGK/Simons Rn. 82 → § 194 Rn. 9 f.). Die für die neue Rechtsform einschlägigen Rechnungslegungsvorschriften sind jedenfalls erst ab dem Tag der Eintragung zu beachten (zur **Bilanzierung** ausf. IDW RS HFA 41, FN-IDW 2012, 701 ff.; Kraft/Redenius-Hövermann Jura 2013, 1; Skoluda/Janitschke WPg 2013, 521 je mwN auch zur Festsetzung und zum Ausweis des EK). Damit führt die Eintragung der neuen Rechtsform in das Register insges. notwendigerweise und konstitutiv zum Wechsel der Rechtsform, dieser ist gegenüber allen Beteiligten verbindlich.

b) Umqualifizierung der Anteile (Abs. 1 Nr. 2). Die Anteilsinhaber des formwechselnden Rechtsträgers (dazu zählen auch die Rechtsnachfolger von Anteilsinhabern, die zwischen Formwechselbeschluss und Wirksamwerden des Formwechsels Anteilsinhaber geworden sind, BayObLG ZIP 2003, 1145) sind an dem Rechtsträger nach den für die neue Rechtsform geltenden Vorschriften beteiligt **(Abs. 1 Nr. 2 S. 1;** „Kontinuität der Mitgliedschaft", vgl. OLG Oldenburg NZG 2020, 193 Rn. 5 ff. mit Darstellung des Gesetzeszwecks). Anderes gilt nur für den Fall, dass die Beteiligung nach §§ 190 ff. entfällt; die Begr. RegE gibt an, dass diese Ausnahme nur für Komplementäre einer formwechselnden KGaA und für bestimmte Mitglieder eines formwechselnden VVaG einschlägig sein soll. Zum Formwechsel unter Beteiligung einer GmbH & Co. KG → § 226 Rn. 3.

7 Mit der Umqualifizierung der Anteile kann auch eine **Veränderung der Beteiligungsverhältnisse** verbunden sein. Der Wortlaut von § 194 I Nr. 4 schließt einen **nichtverhältniswahrenden Formwechsel** nicht aus. Unabhängig davon, dass eine § 128 entsprechende ausdrückliche Regelung fehlt, überlässt die hM den Anteilsinhabern die Entscheidung, den Umfang und die Qualität ihrer Beteiligung anlässlich des Formwechsels zu ändern. Anbieten kann sich eine solche Veränderung bspw. als Gegenleistung für Sonderbetriebsvermögen, das im Zuge eines Formwechsels einer PersGes in eine KapGes aus stl. Gründen durch die Gesellschafter miteingebracht wird; oder zur Kompensation bisheriger satzungsmäßiger Vorzugsrechte, die in der neuen Rechtsform nicht fortgesetzt werden können bzw. sollen. Dem Registergericht steht ein Ablehnungsrecht nicht zu, wenn ein nichtverhältniswahrender Formwechsel **einstimmig** beschlossen wird oder zumindest die betroffenen Anteilsinhaber ausdrücklich zugestimmt haben (vgl. Goutier/Knopf/Tulloch/Laumann § 194 Rn. 16; Kallmeyer/Meister/Klöcker/Berger § 194 Rn. 34; Lutter/Hoger Rn. 15 mwN; Widmann/Mayer/Vollrath § 194 Rn. 17; Kölner Komm UmwG/Dauner-Lieb/Tettinger § 231 Rn. 31; Bärwaldt/Schabacker ZIP 1998, 1295 mwN; Veil DB 1996, 2529; Wied GmbHR 2016, 15).

8 Damit wird klar, dass der Formwechsel an der eigentlichen Beteiligung der Anteilsinhaber am formwechselnden Rechtsträger grds. nichts ändert. Es kommt durch den Wechsel der Rechtsform zu einer **Umqualifizierung der Anteile,** zB können aus Aktionären GmbH-Gesellschafter, Mitglieder einer eG, Gesellschafter einer KG oder OHG, Partner oder schließlich GbR-Gesellschafter werden. Welchen Umfang die künftige Anteilsinhaberschaft hat, wird gem. § 194 I Nr. 3, 4 iVm §§ 214 ff. genau festgelegt. Diese Festlegungen werden durch die Eintragung mit konstitutiver Wirkung umgesetzt. Rechte und Pflichten, die die umqualifizierten Anteile mit sich bringen, ergeben sich nach den für die neue Rechtsform geltenden Vorschriften, die nach dem jew. einschlägigen Recht und nach dem Organisationsstatut (Gesellschaftsvertrag/PartVertrag/Satzung) des Rechtsträgers in der neuen Zielrechtsform. Etwaige wegen nicht erkannter zwischenzeitlicher Rechtsnachfolge auf Ebene der Anteilsinhaber fehlerhafte Eintragungen von Gesellschaftern einer ZielPersGes können von Amts wegen gelöscht werden (BayObLG ZIP 2003, 1145; zur **dinglichen Surrogation (Abs. 1 Nr. 2),** → § 20 Rn. 19 ff., für den Sonderfall eG → § 255 Rn. 6).

9 c) **Heilung von Beurkundungsmängeln (Abs. 1 Nr. 3). Abs. 1 Nr. 3** ordnet die **Heilung** von Mängeln der notariellen Beurkundung des Formwechselbeschlusses und etwaiger Zustimmungs- oder Verzichtserklärungen an. Es wird wegen der Prüfung durch das Registergericht selten vorkommen, dass Willenserklärungen, die überhaupt nicht beurkundet wurden, zur Eintragung des Formwechsels führen. Die Bedeutung der Vorschrift liegt vielmehr darin, dass **nicht beurkundete Nebenabreden** mit der Eintragung rechtswirksam werden (→ § 6 Rn. 3 ff.).

3. Eintragung des Rechtsträgers neuer Rechtsform (Abs. 2)

10 Abs. 1 verbindet die Wirkungen des Formwechsels mit der (konstitutiven) Eintragung der neuen Rechtsform in das Register. Dieser gesetzliche Grundfall kann nach Maßgabe von § 198 II dann nicht vorkommen, wenn der formwechselnde Rechtsträger überhaupt nicht in ein Register eingetragen war oder wenn im Zuge des Formwechsels ein anderes Register örtlich oder sachlich zuständig wird (ausf. → § 198 Rn. 7 f.). In diesem Fall wäre die Eintragung der neuen Rechtsform allein nicht ausreichend, zur Eintragung muss vielmehr der Rechtsträger neuer Rechtsform zu gelangen. Deshalb bestimmt **Abs. 2** die entsprechende Anwendung von Abs. 1, dh die Eintragung des Rechtsträgers neuer Rechtsform löst konstitutiv die Wirkungen von Abs. 1 Nr. 1–3 aus.

4. Mängel des Formwechsels (Abs. 3)

Abs. 3 setzt die bereits früher in § 352a AktG aF für die Verschm enthaltene 11
Regelung über die Unumkehrbarkeit eines gesellschaftsrechtlichen Umstrukturierungsvorgangs fort und erweitert den Anwendungsbereich auf alle Fälle des Formwechsels. Mit der Eintragung der neuen Rechtsform oder des Rechtsträgers neuer Rechtsform treten die Wirkungen von Abs. 1 Nr. 1–3 unabhängig davon ein, ob der Formwechsel lege artis durchgeführt wurde oder nicht. **Auch schwerwiegende Mängel** hindern den Wechsel der Rechtsform nicht (ausf. → § 20 Rn. 121 ff.; Lutter/Hoger Rn. 53 mwN; NK-UmwR/Althoff/Narr Rn. 20; BeckOGK/Simons Rn. 75; zur früher abw. Situation bei der formwechselnden Umw → 1. Aufl. 1994, AktG § 365 Anm. 5 mwN; aA und von der hM abw. Goutier/Knopf/Tulloch/Laumann Rn. 29; Veil, Umwandlung einer AG in eine GmbH, 1996, S. 163 ff. und die in → § 20 Rn. 124 aufgeführten Autoren). Durch diese weitreichende Rechtsfolge der Eintragung ist die Gefahr einer **Schadensersatzpflicht der Verwaltungsträger** des formwechselnden Rechtsträgers nach §§ 205, 206 erheblich, diesen obliegt es ebenso wie dem Registergericht, auf die Einhaltung der in §§ 190 ff. festgeschriebenen Anforderungen zu achten. **Mängel außerhalb des Formwechsels** (zB Missachtung der Gründungsvorschriften, fehlerhafte Beschlussfassung über Organisationsstatut etc) werden von Abs. 3 nicht erfasst (Kallmeyer/Meister/Klöcker/Berger Rn. 58; NK-UmwR/Althoff/Narr Rn. 21; Lutter/Hoger Rn. 61 f., dort auch zutr. zur Ausnahme bei Kapitalmaßnahmen, die unmittelbar mit dem Formwechsel zusammenhängen).

Abs. 3 ist dann nicht anzuwenden, wenn die Voraussetzungen von § 191 I, II 12
missachtet werden. Wenn also ein durch das UmwG nicht zugelassener Formwechsel (zB KapGes in rechtsfähigen Verein) beschlossen und auch eingetragen wird, hat diese Eintragung keine Wirkungen, denn in diesem Fall handelt es sich nicht um „Mängel des Formwechsels", weil begrifflich gar kein Formwechsel iSv §§ 190 ff., 214 ff. gegeben ist (so auch Kallmeyer/Meister/Klöcker/Berger Rn. 56; Semler/Stengel/Leonard/Leonard Rn. 40; Lutter/Hoger Rn. 57 je mwN; iÜ → § 20 Rn. 121 ff.).

§ 203 Amtsdauer von Aufsichtsratsmitgliedern

¹Wird bei einem Formwechsel bei dem Rechtsträger neuer Rechtsform in gleicher Weise wie bei dem formwechselnden Rechtsträger ein Aufsichtsrat gebildet und zusammengesetzt, so bleiben die Mitglieder des Aufsichtsrats für den Rest ihrer Wahlzeit als Mitglieder des Aufsichtsrats des Rechtsträgers neuer Rechtsform im Amt. ²Die Anteilsinhaber des formwechselnden Rechtsträgers können im Formwechselbeschluss für ihre Aufsichtsratsmitglieder die Beendigung des Amtes bestimmen.

Die früher nur in § 65 UmwG 1969 für den exotischen Fall der Umw einer 1
bergrechtlichen Gewerkschaft mit eigener Rechtspersönlichkeit in eine GmbH bekannte **Amtskontinuität von Aufsichtsratsmitgliedern** wird durch § 203 rechtsformübergreifend angeordnet (vgl. zum sonst früher nach hM geltenden Grundsatz der Diskontinuität Semler/Stengel/Leonard/Simon Rn. 2 mit ausf. Nachw.). § 203 ist nur in dem (eher seltenen) Fall einschlägig, dass der Rechtsträger bereits **vor Wirksamwerden des Formwechsels** nach gesetzlichen Vorschriften oder nach dem Inhalt seines Organisationsstatuts einen AR **in gleicher Weise** bilden und zusammensetzen musste, wie was nach dem Wirksamwerden des Formwechsels für die neue Rechtsform bestimmt ist (vgl. Tabelle 3 bei Widmann/Mayer/Vossius § 202 Rn. 60).

Die Kontinuität des AR nach § 203 S. 1 ist danach gegeben bei 2

- Formwechsel einer **AG in eine KGaA** und umgekehrt;
- Formwechsel einer **AG in eine GmbH** und umgekehrt, sofern jew. das **Montan-MitbestG**, das **MitbestErgG** oder das **MitbestG 1976** Anwendung finden;
- Formwechsel einer **AG/KGaA in eine GmbH** und umgekehrt, sofern der Rechtsträger mehr als 500 ArbN beschäftigt, vgl. DrittelbG;
- Formwechsel eines **VVaG** mit mehr als 500 ArbN in eine AG (§ 25 II VAG; § 1 I Nr. 4 DrittelbG);
- alle sonstigen Fälle, in denen der Rechtsträger vor und nach dem Formwechsel in den Anwendungsbereich von **§ 1 DrittelbG** fällt, also zB Formwechsel von GmbH in eG und umgekehrt, sofern Rechtsträger idR mehr als 500 ArbN in Deutschland beschäftigt;
- alle Fälle, bei denen der formwechselnde Rechtsträger kraft seines **Organisationsstatuts** einen AR hatte und der Rechtsträger neuer Rechtsform allein wegen einer inhaltsgleichen Vorschrift im Organisationsstatut (also nicht wegen zwingender gesetzlicher Regelungen) den AR nach gleichen Maßgaben zu bilden und zusammenzusetzen hat. Anders liegt der Fall, wenn die ursprünglichen Satzungsregelung mit einer nach Wirksamwerden des Formwechsels anzuwendenden Rechtsvorschrift übereinstimmt (vgl. Lutter/Hoger Rn. 9, 10 mwN; Leßmann/Glattfeld ZIP 2013, 2390 (2394)).

3 **Rechtsfolge** der Anwendung von § 203 S. 1 ist die **Amtskontinuität** der Aufsichtsratsmitglieder. Sie bleiben für den Rest ihrer **Wahlzeit** als Mitglieder des AR des Rechtsträgers neuer Rechtsform im Amt; dies gilt auch für **Ersatzmitglieder** unabhängig davon, ob sie noch vor dem Formwechsel in den AR nachgerückt sind oder nicht (BeckOGK/Simons Rn. 38; Lutter/Hoger Rn. 4; Semler/Stengel/Leonard/Simon Rn. 7; NK-UmwR/Althoff/Narr Rn. 2). Für ein Statusverfahren nach §§ 97 ff. AktG ist kein Raum, wenn die Voraussetzungen des § 203 S. 1 vorliegen (Kallmeyer/Meister/Klöcker/Berger Rn. 15). Unschädlich ist es, wenn im Zuge des Formwechsels ein Aufsichtsratsmitglied zurücktritt (Widmann/Mayer/Vossius Rn. 15). Den Anteilsinhabern als Repräsentanten der **Kapitalseite** (und nicht nur den Gründern, vgl. zum Unterschied zB § 219) bleibt es jedoch unbenommen, auch im Fall von § 203 S. 1 die Beendigung des Amtes ihrer Aufsichtsratsmitglieder im Formwechselbeschluss (§§ 193, 194; bis zum UmRUG: „Umwandlungsbeschluss") zu bestimmen (ob gem. § 203 **S. 2** zeitlich auch nach dem Formwechselbeschluss bis zur Eintragung des Formwechsels vorgegangen werden darf, ist streitig: in praxisfreundlicher Weise dafür; Goutier/Knopf/Tulloch/Laumann Rn. 12; Kölner Komm UmwG/Petersen Rn. 10; dagegen Kallmeyer/Meister/Klöcker/Berger Rn. 14; offen Semler/Stengel/Leonard/Simon Rn. 8; Widmann/Mayer/Vossius Rn. 31 f.; vermittelnd Lutter/Hoger Rn. 25, der Vorgehen nach § 203 S. 2 bis zur Anmeldung des Formwechsels zulässt). Wird von diesem Recht Gebrauch gemacht, ist eine **teilw. Neubestellung des AR** notwendig, die sinnvollerweise ebenfalls im Formwechselbeschluss erfolgen sollte, damit der AR stets handlungsfähig bleibt. Die von der **Arbeitnehmerseite** in der ursprünglichen AR gewählten Mitglieder bleiben unabhängig davon für die restliche Laufzeit ihres Mandats im Amt. Richtig angewendet eröffnet § 203 S. 2 flexible Möglichkeiten für die Besetzung der den Anteilsinhabern zustehenden Sitze im AR (dazu Widmann/Mayer/Vossius Rn. 26 ff.).

4 Bei allen übrigen in → § 190 Rn. 3 aufgezählten Möglichkeiten des Formwechsels liegen die Voraussetzungen von S. 1 nicht vor (zB Gottschalk NZG 2003, 713). Dann gelten die **allg. Vorschriften** über die Zusammensetzung des AR (zB drittelparitätisch zusammengesetzter AR gem. § 4 DrittelbG). Eine Nachlässigkeit des Gesetzgebers führte früher in der Praxis zu großen Schwierigkeiten. Gem. § 197 S. 2 Alt. 2 sind **Gründungsvorschriften** über die Bildung und Zusammensetzung des ersten AR beim Formwechsel nicht anzuwenden. Damit war eigentlich auch die Anwendung von § 31 AktG ausgeschlossen, was umfassend kritisiert wurde (dazu 4. Aufl. 2006, Rn. 4 mwN). Mit dem 2. UmwÄndG ist § 197 S. 3 eingeführt worden, der § 31 AktG ausdrücklich für anwendbar erklärt. § 31 AktG lässt die **unvollständige Bildung und Zusammensetzung des AR noch ohne Arbeitnehmervertreter** zu. § 30 AktG ist nicht anzuwenden (Kuhlmann NZG 2010, 50 mwN). Dieser AR ist in vollem Umfang handlungsfähig, allerdings besteht die Pflicht, die Wahl der Arbeitnehmervertreter und ggf. das Statusverfahren nach §§ 97 ff. AktG unmittelbar durchzuführen (dazu M. Schmidt DB 2009, 551 mwN; krit. zum Statusverfahren Thoelke AG 2014, 137 mwN).

§ 204 Schutz der Gläubiger und der Inhaber von Sonderrechten

Auf den Schutz der Gläubiger ist § 22, auf den Schutz der Inhaber von Sonderrechten § 23 entsprechend anzuwenden.

§ 204 verweist in vollem Umfang auf die Gläubigerschutzvorschriften von § 22 1 und auf § 23 zum Schutz der Inhaber von Sonderrechten. Die Rechte von **Gläubigern** bestehen gegenüber dem Rechtsträger neuer Rechtsform unverändert fort. Dennoch sind Gläubiger insoweit schutzbedürftig, als sich ihre Stellung durch den Formwechsel verschlechtern kann. So ist zB beim Formwechsel einer AG in eine GmbH die künftige Beachtung der strengen Kontrollvorschriften des AktG nicht mehr gesichert, die Gläubiger werden deshalb nach Maßgabe von § 22 durch Sicherheitsleistung geschützt. Auch beim Formwechsel einer KapGes in eine PersGes kann – unbeschadet einer etwaigen persönlichen Haftung der Gesellschafter (zur Haftung der GbR-Gesellschafter hierbei Scholz NZG 2002, 414 mwN) – durch den Wegfall der Kapitalerhaltungsvorschriften eine Gefährdung der Gläubiger gegeben sein. Eine wesentliche Verschlechterung iSv § 351 BGB aF geht mit dem Formwechsel jedoch grds. nicht einher (OLG Jena DB 2002, 2296). Umgekehrt kann sich beim Formwechsel einer PersGes in eine KapGes der Wegfall der persönlichen Haftung – unbeschadet der fünfjährigen Nachhaftung (§ 224) – aus Sicht der Gläubiger negativ auswirken. §§ 204, 22 erfordern für jeden Formwechsel eine **Einzelfallprüfung**, ob und in welchem Umfang welchen Gläubigern Sicherheit zu leisten ist. Dabei wird der **Glaubhaftmachung** nach § 22 I 2 praktisch große Bedeutung zukommen. Weil beim Formwechsel im Gegensatz zu Verschm und Spaltung kein Vermögensübergang erfolgt, wird es dem Gläubiger grds. schon schwerfallen, die Gefährdung seiner Forderung substantiiert darzulegen. IÜ wird auf die Komm. zu §§ 22, 23 verwiesen.

§ 205 Schadenersatzpflicht der Verwaltungsträger des formwechselnden Rechtsträgers

(1) ¹**Die Mitglieder des Vertretungsorgans und, wenn ein Aufsichtsorgan vorhanden ist, des Aufsichtsorgans des formwechselnden Rechtsträgers sind als Gesamtschuldner zum Ersatz des Schadens verpflichtet, den der Rechtsträger, seine Anteilsinhaber oder seine Gläubiger durch den Formwechsel erleiden.** ²§ 25 Abs. 1 Satz 2 ist entsprechend anzuwenden.

(2) **Die Ansprüche nach Absatz 1 verjähren in fünf Jahren seit dem Tage, an dem die anzumeldende Eintragung der neuen Rechtsform oder des Rechtsträgers neuer Rechtsform in das Register bekannt gemacht worden ist.**

1. Allgemeines

Bei der formwechselnden und bei der errichtenden Umw nach altem Recht 1 (→ § 191 Rn. 1) gab es einen gesetzlich geregelten **Schadensersatzanspruch**

gegen die Leitungsorgane des jew. Rechtsträgers nicht. Weil auch beim Formwechsel die Gefahr einer Schädigung des Rechtsträgers selbst, der Anteilsinhaber oder der Gläubiger durch Handlungen der Leitungsorgane gegeben ist, wurde § 205 nach dem Vorbild von §§ 349, 351 AktG aF; §§ 28, 30 KapErhG aF als **Parallelvorschrift zu § 25** geschaffen.

2   **Abs. 1 S. 1** enthält eine eigenständige **Anspruchsgrundlage** gegenüber den Mitgliedern des Vertretungsorgans und – soweit vorhanden – des Aufsichtsorgans des formwechselnden Rechtsträgers. Die Haftung der Leitungsorgane (darauf, ob diese auch noch im Rechtsträger neuer Rechtsform als Organe bestellt sind, kommt es nicht an; wie hier Lutter/Hoger Rn. 2, 3; BeckOGK/Simons Rn. 6) besteht nicht nur gegenüber dem Rechtsträger selbst, sondern auch unmittelbar gegenüber dessen Anteilsinhabern und den Gläubigern des Rechtsträgers (zu den Folgen eines Formwechsels AG in GmbH für eine bereits anderweitig begründete Organhaftung Allmendinger/Lüneborg ZIP 2017, 1842). **Abs. 1 S. 2** verweist auf § 25 I 2 und sieht damit die Möglichkeit der **Exkulpation** für solche Organmitglieder vor, die bei der Vorbereitung und bei der Durchführung des Formwechsels ihre Sorgfaltspflicht beachtet haben; damit regelt Abs. 1 S. 2 auch die Beweislast.

3   Die Vorschrift steht in engem **Zusammenhang mit § 206**. Dort ist das spezielle Verfahren geregelt, in dem Ansprüche nach Abs. 1 geltend gemacht werden müssen; diese Vorschrift ist weitgehend aus dem früheren Recht (§ 350 AktG aF; § 29 KapErhG aF) übernommen.

2. Schadensersatzanspruch nach Abs. 1 S. 1

4   **a) Schuldner des Anspruchs. Schuldner** des Anspruchs nach Abs. 1 sind **sämtliche Mitglieder des Vertretungsorgans** des formwechselnden Rechtsträgers und weiter **sämtliche Mitglieder eines evtl. bestehenden Aufsichtsorgans** unabhängig davon, ob sie einem **obligatorischen** oder einem **fakultativen** Aufsichtsorgan angehören.

5   **Vertretungsorgane sind** bei
 – **eGbR:** Grds. alle Gesellschafter gemeinsam (§ 720 BGB);
 – **PhG:** Jeder Gesellschafter bei der OHG, wenn er nicht durch den Gesellschaftsvertrag von der Vertretung ausgeschlossen ist (§ 124 I HGB); bei der KG der/die Komplementäre (§ 170 HGB), nicht aber die ggf. geschäftsführenden Kommanditisten (Lutter/Grunewald § 25 Rn. 3; Lutter/Hoger Rn. 2; aA NK-UmwR/Althoff/Narr Rn. 3);
 – **PartGes:** Wie bei der OHG (§ 7 III PartGG iVm § 124 I HGB) die Partner, soweit sie nicht von der Vertretung ausgeschlossen sind;
 – **AG** der Vorstand,
 – **GmbH** die Geschäftsführer;
 – **KGaA** der/die phG (§ 278 AktG; §§ 161 ff. HGB);
 – **eG** der Vorstand (§ 24 I GenG);
 – **eV** der Vorstand (§ 26 II BGB);
 – **genossenschaftlichen Prüfungsverbänden** der Vorstand (§ 63b I GenG iVm § 26 II BGB, § 63b V 1 GenG);
 – **VVaG der Vorstand** (§ 34 VAG iVm § 78 I AktG);
 – **mitbestimmten Unternehmen** auch die Arbeitsdirektoren (zB § 13 I Montan-MitbestG; § 33 I MitbestG).

6   Mitglieder eines Aufsichtsorgans haften ebenfalls nach Abs. 1 S. 1. Ob das Aufsichtsorgan obligatorisch oder fakultativ ist, ist nicht entscheidend (zB BGH NZG 2010, 1186); allerdings muss es sich um ein **echtes Aufsichtsorgan** mindestens mit Kontrollaufgaben gegenüber dem Vertretungsorgan handeln (vgl. ausf. Vetter GmbHR 2011, 449) und nicht lediglich um einen beratenden Beirat handeln (so auch Lutter/Hoger Rn. 4 mwN; NK-UmwR/Althoff/Narr Rn. 4 BeckOGK/

Simons Rn. 13; aA Lutter/Grunewald § 25 Rn. 4, 8 ff.; wN → § 25 Rn. 8). Der Anwendungsbereich von Abs. 1 S. 1 erstreckt sich sonach insbes. auf die in → § 25 Rn. 8 genannten Aufsichtsorgane; iÜ → § 25 Rn. 9 ff. zur Haftung auch der ArbN und zu bereits beim formwechselnden Rechtsträger vor dem Wirksamwerden des Formwechsels ausgeschiedenen Organmitgliedern.

b) Gläubiger des Anspruchs. Anspruchsberechtigt sind nicht nur der **7** Rechtsträger selbst, sondern auch dessen Anteilsinhaber und dessen Gläubiger.

Bei Durchführung eines Formwechsels bestehen für Gläubiger und Anteilsinhaber **8** Gefahren, die ihnen zustehenden Rechte zu verlieren oder entwertet zu bekommen. Beim Formwechsel ist die Wahrscheinlichkeit eines Schadenseintritts geringer als bei den anderen Umw, weil der Rechtsträger vor und nach Wirksamwerden der Verschm identisch ist (→ § 190 Rn. 5 ff.), also beim Rechtsträger selbst insbes. keine Änderung der Vermögenslage eintritt. § 205 I 1 erfasst zudem nicht den Fall, dass ein Formwechsel – etwa wegen durch die Leitungsorgane ausgelöster **unnötiger Verzögerungen** – gar nicht stattfindet und deswegen eine mögliche positive Vermögensentwicklung (etwa Steuerersparnis) nicht eintritt (wie hier Widmann/Mayer/Vossius Rn. 23; Lutter/Hoger Rn. 15 mwN; aA Goutier/Knopf/Tulloch/Laumann Rn. 27). Allgemein gilt, dass der Schaden des Anteilsinhabers nicht bloßer **„Reflexschaden"** sein darf (Lutter/Hoger Rn. 8 mwN; Semler/Stengel/Leonard, 4. Aufl. 2017, Rn. 15). Wegen **§ 202 III,** nach dem Mängel des Formwechsels die Wirkungen der Eintragung der neuen Rechtsform oder des Rechtsträgers unter neuer Rechtsform in das Register unberührt lassen, kann es aber gleichwohl zur Entstehung eines Schadens kommen. Das Vertretungsorgan des formwechselnden Rechtsträgers hat gem. § 192 I einen ausf. Formwechselbericht zu erstatten, dieser ist Grundlage der Entscheidung der Anteilsinhaber. Verschlechtert sich nun ein Anteilsinhaber wegen des Formwechsels (zB durch Aufnahme einer Vinkulierungsklausel im Gesellschaftsvertrag der GmbH beim Formwechsel von PhG, vgl. § 218 I), und stellt sich dies als Schaden dar, kann – wenn die Vinkulierung im Formwechselbericht nicht erwähnt wurde – der Anteilsinhaber gegen die Mitglieder des Vertretungsorgans nach § 205 vorgehen.

Dass der Anteilsinhaber auch die Möglichkeit hatte, **durch seine Gegenstimme 9 oder durch Unwirksamkeitsklage** (vgl. § 195 I) den Formwechsel zu verhindern, ändert daran idR nichts (anders, wenn ein **Spruchverfahren** möglich ist, § 196 iVm dem SpruchG). Mit Ablauf der Klagefrist bzw. spätestens mit der Eintragung des Formwechsels (§ 202 III) lässt sich der Schaden nicht mehr vermeiden. **Mitverschulden** (§ 254 BGB) steht bei Nichterhebung der Unwirksamkeitsklage (anders im Fall von § 198 III, § 16 III) allerdings in Rede. Hatte der Anteilsinhaber Kenntnis von den Pflichtverletzungen und aller sonst für die Schadensentstehung relevanten Umstände bereits beim Formwechselbeschluss, kann er mit seinem Anspruch ausgeschlossen sein, wenn er nicht gegen den Formwechsel gestimmt hat, vgl. Lutter/Hoger Rn. 22 mwN. Bei **Fehlern im Formwechselbeschluss** (§§ 193, 194) ist zwar nach § 192 I 3 der Entwurf des Formwechselbeschlusses uU von den Vertretungsorganen zu erstellen; die Letztentscheidung verbleibt dennoch grds. bei den Anteilsinhabern. Anders als bei der Verschm oder bei der Spaltung wird auch der Inhalt der Abreden beim Formwechsel durch die Anteilsinhaber selbst bestimmt (§ 194, anders §§ 5, 126). War aber die **Zuarbeit der Leitungsorgane** zum Beschlussinhalt fehlerhaft (insbes. zu § 194 I Nr. 3, 4, zB falsche Angaben über den Wert der jew. Beteiligungen), kann § 205 Anwendung finden.

Gläubiger des formwechselnden Rechtsträgers können nach §§ 204, **10** 22 Anspruch auf Sicherheitsleistung haben und diesen Anspruch **auch vor dem Wirksamwerden des Formwechsels** geltend machen (Lutter/Grunewald § 22 Rn. 20). Die Leitungsorgane des formwechselnden Rechtsträgers kann in diesem Sonderfall die Pflicht treffen, den angemeldeten Anspruch auf Sicherheitsleistung **sorgfältig**

zu prüfen und ggf. eine taugliche und den Wert der Forderung abdeckende **Sicherheit zu stellen**. Verletzen sie schuldhaft diese Pflichten, so sind sie zum Ersatz des daraus dem Gläubiger entstehenden Schadens verpflichtet. In diesem Fall besteht zwischen den Ansprüchen aus § 205 und § 823 II BGB (§§ 204, 22 sind nach hier vertretener Ansicht **Schutzgesetze iSv § 823 II BGB,** zur Gegenansicht → § 22 Rn. 22) Anspruchskonkurrenz. Üblicherweise wird die Pflicht von §§ 204, 22 aber allein die **Vertretungsorgane des Rechtsträgers neuer Rechtsform** treffen, womit die Anwendung von § 205 ausgeschlossen ist. Nach allem sind Ansprüche der Gläubiger gem. Abs. 1 S. 1 kaum denkbar (vgl. Lutter/Hoger Rn. 12; Semler/Stengel/Leonard, 4. Aufl. 2017, Rn. 17, 22; Goutier/Knopf/Tulloch/Laumann Rn. 25), zumindest soweit der Rechtsträger neuer Rechtsform in der Lage ist, Sicherheit zu leisten (Widmann/Mayer/Vossius Rn. 25; NK-UmwR/Althoff/Narr Rn. 5).

11   Ein **Schaden des Rechtsträgers** selbst ist bei wirksamem Formwechsel ebenfalls kaum denkbar. Als mögliche Ansatzpunkte werden **unvertretbare gesellschaftsrechtliche oder steuerrechtliche Planungen** genannt, die zum Verlust von Kundenbeziehungen oder zu stl. Nachteilen führen (Lutter/Hoger Rn. 7; Semler/Stengel/Leonard, 4. Aufl. 2017, Rn. 14; Goutier/Knopf/Tulloch/Laumann Rn. 21).

12   c) **Schaden.** Als ersatzfähiger **Schaden** ist jeder Vermögensnachteil anzusehen, der sich für die Anspruchsberechtigten aus dem **Vermögensvergleich vor und nach Wirksamwerden des Formwechsels** ergibt. Der Formwechsel selbst ist kein Schaden (Widmann/Mayer/Vossius Rn. 15; NK-UmwR/Althoff/Narr Rn. 5).

13   Die Ersatzpflicht besteht für Schäden, die **„durch" den Formwechsel** entstanden sind. Damit wird nicht nur dem Erfordernis der **Kausalität** Ausdruck verliehen, sondern auch klargestellt, dass Schadensersatz nur bei Vorliegen eines **wirksamen Formwechsels** (vgl. auch § 202 III) verlangt werden kann. Der Anspruch scheidet also aus, wenn der Formwechsel nicht zur Eintragung gelangt. In diesem Fall bestehen gegenüber den Vertretungs- und Aufsichtsorganen nur Ansprüche aus den allg. Vorschriften (zB §§ 43, 52 GmbHG; §§ 93, 116 AktG).

14   d) **Verschulden.** Die Haftung nach Abs. 1 S. 1 setzt ein **Verschulden der Organmitglieder** voraus. Sie müssen also pflichtwidrig und vorwerfbar gehandelt haben. Die Prüfungspflicht der Organmitglieder erstreckt sich nicht nur auf die rechtliche, sondern auch auf die wirtschaftliche Überwachung des Formwechsels. Auf den Verwaltungsträgern lastet damit zwar nicht das wirtschaftliche Risiko des Formwechsels, sie müssen aber dafür Sorge tragen, dass von Anfang an unzweckmäßige Gestaltungen unterbleiben („konzeptionelle Fehler", Widmann/Mayer/Vossius Rn. 16 ff.; Kölner Komm UmwG/Petersen Rn. 17).

3. Exkulpation (Abs. 1 S. 2 iVm § 25 I 2)

15   Vgl. → § 25 Rn. 24 ff. Bei Nachw. von Schaden und Kausalität durch die Anspruchsberechtigten obliegt dem jew. Organmitglied die **Beweislast** dafür, dass ihn kein Verschulden trifft.

4. Verjährung (Abs. 2)

16   Ansprüche nach Abs. 1 verjähren gem. Abs. 2 in **fünf Jahren** nach Wirksamwerden des Formwechsels **(Abs. 2)**. Fristbeginn nach § 187 I BGB ist der Tag der Bekanntmachung iSv § 201 in der durch das DiRUG geänderten Fassung (→ § 201 Rn. 1). Hingegen kommt es nicht auf das Entstehen des Anspruchs als solchem oder auf die **Kenntnis der Beteiligten** vom schädigenden Ereignis oder vom Schadenseintritt an (Kallmeyer/Meister/Klöcker/Berger Rn. 20; Lutter/Hoger Rn. 24). IÜ

gelten die allg. Vorschriften des BGB (§§ 187 ff. BGB). Auf **konkurrierende deliktische Ansprüche** ist Abs. 2 nicht anzuwenden, hierfür gilt die allg. Verjährungsvorschrift des § 195 BGB.

§ 206 Geltendmachung des Schadenersatzanspruchs

¹**Die Ansprüche nach § 205 Abs. 1 können nur durch einen besonderen Vertreter geltend gemacht werden.** ²Das Gericht des Sitzes des Rechtsträgers neuer Rechtsform hat einen solchen Vertreter auf Antrag eines Anteilsinhabers oder eines Gläubigers des formwechselnden Rechtsträgers zu bestellen. ³§ 26 Abs. 1 Satz 3 und 4, Abs. 2, Abs. 3 Satz 2 und 3 und Abs. 4 ist entsprechend anzuwenden; an die Stelle der Blätter für die öffentlichen Bekanntmachungen des übertragenden Rechtsträgers treten die entsprechenden Blätter des Rechtsträgers neuer Rechtsform.

Um eine Vielzahl schadensersatzrechtlicher Verfahren im Zusammenhang mit dem Formwechsel zu vermeiden (Begr. RegE, BR-Drs. 75/94 zu § 206), regelt § 206 die **Geltendmachung des Schadensersatzanspruchs** nach § 205 I (in inhaltlicher Übereinstimmung mit § 350 AktG aF, § 29 KapErhG aF). § 206 S. 3 verweist umfassend auf die Parallelvorschrift § 26. Bei der entsprechenden Anwendung ist allerdings stets zu berücksichtigen, dass am Formwechsel nur ein Rechtsträger beteiligt ist (Identität, → § 190 Rn. 5 ff.); auch der Eintritt der Wirkungen des Formwechsels weicht ab (§ 206 S. 3 Hs. 2).

IÜ wird auf → § 26 Rn. 4 ff., → § 26 Rn. 12 ff. verwiesen.

§ 207 Angebot der Barabfindung

(1) ¹Der formwechselnde Rechtsträger hat jedem Anteilsinhaber, der gegen den Formwechselbeschluss Widerspruch zur Niederschrift erklärt, den Erwerb seiner umgewandelten Anteile oder Mitgliedschaften gegen eine angemessene Barabfindung anzubieten; § 71 Abs. 4 Satz 2 des Aktiengesetzes und die Anordnung der Nichtigkeit des schuldrechtlichen Geschäfts über einen verbotswidrigen Erwerb nach § 33 Absatz 2 Satz 3 des Gesetzes betreffend die Gesellschaften mit beschränkter Haftung sind insoweit nicht anzuwenden. ²Kann der Rechtsträger auf Grund seiner neuen Rechtsform eigene Anteile oder Mitgliedschaften nicht erwerben, so ist die Barabfindung für den Fall anzubieten, daß der Anteilsinhaber sein Ausscheiden aus dem Rechtsträger erklärt. ³Der Rechtsträger hat die Kosten für eine Übertragung zu tragen.

(2) § 29 Abs. 2 ist entsprechend anzuwenden.

1. Allgemeines

Bei der formwechselnden Umw nach AktG aF und bei der errichtenden Umw nach UmwG 1969 (→ § 191 Rn. 1) war widersprechenden Gesellschaftern anlässlich der Umw die Möglichkeit gegeben, gegen Barabfindung aus der umstrukturierten Ges auszuscheiden (vgl. zB § 369 IV AktG aF, §§ 375, 383 AktG aF). §§ 207–212 gewähren heute **rechtsformneutral** und vergleichbar mit §§ 29–34 (Verschm) die **Barabfindung** grds. für alle nach §§ 190 ff. zulässigen Formwechsel (→ § 190 Rn. 3). Das gem. § 194 I Nr. 6 in den Formwechselbeschluss – bis zum UmRUG (→ Einf. Rn. 43 ff.) „Umwandlungsbeschluss" – aufzunehmende **Abfindungsangebot** muss die Verhältnisse im Zeitpunkt der Beschlussfassung angemessen berücksichtigen und ist grds. **zu prüfen,** sofern nicht alle Gesellschafter in notariell beurkundeter Form auf die Prüfung verzichten (§§ 208, 30). Durch das UmRUG wurde in Abs. 1 S. 2 Hs. 2 ergänzend die Anordnung der Nichtigkeit des schuldrechtlichen Geschäfts über einen verbotswidrigen Erwerb nach § 33 II 3 GmbHG für nicht anwendbar erklärt (→ Rn. 7).

2 Eine Barabfindung setzt allerdings die Abstimmung gegen den Formwechsel und darüber hinaus einen Widerspruch gegen den Formwechselbeschluss (→ Rn. 4) voraus. Deshalb kommt eine Barabfindung nicht in Betracht, wenn der Formwechselbeschluss zu seiner Wirksamkeit der **Zustimmung aller Anteilsinhaber** bedarf oder wenn an dem formwechselnden Rechtsträger **nur ein Anteilsinhaber** beteiligt ist (vgl. § 194 I Nr. 6; → § 194 Rn. 8 mwN); ebenfalls scheidet die Barabfindung gem. § 250 beim Formwechsel einer **AG in eine KGaA** und umgekehrt aus. Schließlich entfällt ein Abfindungsangebot, wenn alle Anteilsinhaber in notariell beurkundeter Form darauf **verzichten**; diese Ausnahme ist zwar im UmwG nicht geregelt, wegen des mit einer unnützen Bewertung verbundenen Aufwands jedoch zu Recht allg anerkannt (etwa Lutter/Hoger § 194 Rn. 23; Kallmeyer/Meister/Klöcker/Berger Rn. 45; BeckOGK/Simons Rn. 16). Modifiziert wird § 207 durch § 270 **(eG)**, § 282 I **(Verein)** und § 340 (grenzüberschreitender Hinausformwechsel); für den Formwechsel eines **gemeinnützigen Vereins** sind §§ 207–212 nicht anzuwenden (§ 282 II).

3 **Abs. 1** entspricht weitgehend § 29 I (→ § 29 Rn. 7 ff.); eine § 29 I 2 vergleichbare Regelung findet sich in Abs. 1 nicht. Einem allg. Grundsatz des Anfechtungsrechts folgend (vgl. Begr. RegE, BR-Drs. 75/94 zu § 29 II) zählt § 29 II Fälle auf, bei denen der Anteilsinhaber unverschuldet an der Erklärung des Widerspruchs zur Niederschrift in der Anteilsinhaberversammlung gehindert ist, also bei nicht ordnungsgemäßer Einberufung der Anteilsinhaberversammlung oder bei Verletzung der Mitteilungspflicht bzgl. des Gegenstands der Beschlussfassung oder schließlich bei Nichtzulassung zur Abstimmung; gem. **Abs. 2** sind diese Grundsätze auch iRv §§ 207–212 entsprechend anzuwenden.

2. Anspruchsvoraussetzungen (Abs. 1)

4 **a) Widerspruch.** Aus § 194 I Nr. 6 (→ § 194 Rn. 8) und aus dem Sinnzusammenhang kann geschlossen werden, dass ein **wirksamer Widerspruch iSv Abs. 1 S. 1** nur anzunehmen ist, wenn der Anteilsinhaber ausdrücklich **gegen den Formwechsel gestimmt** hat (§ 193) oder an einer solchen Willenskundgabe gehindert war (Abs. 2 iVm § 29 II). Mit dem Widerspruch bringt der Anteilsinhaber zum Ausdruck, dass er nicht (dauerhaft) Anteilsinhaber des Rechtsträgers neuer Rechtsform bleiben will und sich die Geltendmachung des ihm kraft Gesetzes zustehenden Abfindungsanspruchs vorbehält (vgl. auch BGH NJW 1989, 2693 mwN). Der **Widerspruch zur Niederschrift** setzt damit voraus, dass der Anteilsinhaber selbst oder ein autorisierter Vertreter an der Versammlung der Anteilsinhaber (§ 193 I 2) des formwechselnden Rechtsträgers teilgenommen und gegen die Umw gestimmt hat (Nachw. → § 29 Rn. 16). Die bloße Nein-Stimme ersetzt hierbei nicht die Erklärung des Widerspruchs zur Niederschrift. Sofern insbes. bei Publikumsges das Stimmverhalten des einzelnen Gesellschafters nicht protokolliert wird, wird es genügen, dass der Anteilsinhaber dem Formwechsel jedenfalls nicht nachweislich zugestimmt hat. Die Gegenansicht will demgegenüber zulassen, dass ein Anteilsinhaber zwar für den Formwechselbeschluss stimmt (etwa, weil er im Interesse der anderen Anteilsinhaber die Umstrukturierung nicht verhindern möchte), anschl. aber im eigenen Interesse Widerspruch zur Niederschrift erklärt. Dieser Gedanke mag die Interessen der Anteilsinhaber berücksichtigen, zumindest die Interessen des Rechtsträgers und der Gläubiger werden jedoch nachteilig betroffen: Rechtsfolge des Widerspruchs ist der Anspruch auf Barabfindung, also der Anspruch auf das geldwerte Äquivalent des ursprünglich innegehabten Anteils. Sofern keine anderweitige Veräußerung iSv § 211 stattfindet, hat der Rechtsträger selbst die Zahlung

vorzunehmen (Barabfindung), dafür werden die spezialgesetzlichen Kapitalerhaltungsvorschriften suspendiert. Wenn nicht notwendigerweise ein Zusammenhang zwischen Abstimmungsverhalten und Anspruch auf Barabfindung begründet wird, könnte dies zu einem wirtschaftlichen Ausbluten des Rechtsträgers führen (so auch Bayer/Schmidt ZHR 178 (2014), 150; Thoelke AG 2014, 137; Weiler notar 2014, 406 mwN). Bei der hier befürworteten Auslegung kann dies bereits wegen der notwendigen Mehrheiten für den Formwechselbeschluss (→ § 193 Rn. 12) nicht der Fall sein (iÜ → § 29 Rn. 15 f.).

b) Ausnahme (Abs. 2 iVm § 29 II). Dem **Widerspruch** zur Niederschrift iSv Abs. 1 **steht es gleich,** wenn ein nicht erschienener Anteilsinhaber zu der Versammlung der Anteilsinhaber zu Unrecht nicht zugelassen oder die Versammlung nicht ordnungsgemäß einberufen oder der Gegenstand der Beschlussfassung nicht ordnungsgemäß bekannt gemacht worden ist (Abs. 1 iVm § 29 II). Diese Ausnahme ist aus Gründen der **Gleichbehandlung** geboten (Begr. RegE, BR-Drs. 75/94 zu § 29 II), weil es dem Anteilsinhaber nicht zum Nachteil gereichen kann, wenn er **unverschuldet an der Erhebung des Widerspruchs gehindert** war (noch offengelassen in BGH NJW 1989, 2693). Die Anforderungen an die ordnungsgemäße Einberufung der Anteilsinhaberversammlung ergeben sich aus den rechtsformspezifischen Vorschriften und aus §§ 214 ff. (Übersicht bei Widmann/Mayer/Weiler § 193 Rn. 41 Tabelle 1; iÜ → § 29 Rn. 17 zur gebotenen **weiten Auslegung** von § 29 II).

c) Rechtzeitige Annahme des Angebots. Abs. 1 verpflichtet den Rechtsträger in Übereinstimmung mit § 194 I Nr. 6 zunächst nur zur Abgabe eines **Angebots** auf Barabfindung (zum **Zugang** des Angebots → § 209 Rn. 4 aE; Widmann/Mayer/Wälzholz § 29 Rn. 48, 49). Dieses Angebot kann nur bis zum Ende einer zweimonatigen materiellen Ausschlussfrist von § 209 angenommen werden (näher → § 29 Rn. 18). Damit hat es der Anteilsinhaber in der Hand, die Rechtsfolge, Zahlung einer angemessenen Barabfindung, durch Annahme des Angebots auszulösen. Ist das Angebot mangelhaft, weil die Barabfindung nicht angemessen, sondern zu niedrig ist, kann gem. § 212 die gerichtliche Nachprüfung der Abfindung beantragt werden.

3. Erwerb eigener Anteile durch Rechtsträger neuer Rechtsform

Sofern der Erwerb eigener Anteile möglich ist, hat der Rechtsträger neuer Rechtsform den **Erwerb der Anteile** auf seine Kosten (**Abs. 1 S. 3**) anzubieten. Grds. soll der belastete Anteilsinhaber (Ausnahme: § 211) seine durch den Formwechsel erworbenen Anteile am Rechtsträger neuer Rechtsform an diesen übertragen („Erwerb seiner **umgewandelten** Anteile oder Mitgliedschaften"). Gem. **Abs. 1 S. 1 Hs. 2** findet **§ 74 IV 2 AktG** keine Anwendung. Demnach können die eigenen Anteile einer AG durch den Anteilserwerb im Zusammenhang mit der Gewährung der Barabfindung auch zur Überschreitung der Grenze eigener Anteile (10% des Grundkapitals, § 71 II AktG) führen (zum Erwerb eigener Anteile iÜ → § 29 Rn. 12 f.). Infolge des UmRUG findet nunmehr auch die Anordnung der Nichtigkeit des schuldrechtlichen Geschäfts über einen verbotswidrigen Erwerb nach **§ 33 II 3 GmbHG** keine Anwendung mehr. Nach § 33 II 3 GmbHG ist im Falle eines Verstoßes gegen die Anforderungen an den Erwerb eigener Anteile, auf welche die Einlage vollständig geleistet ist, nicht das dingliche, sondern lediglich das schuldrechtliche Geschäft nichtig. Folge des Ausschlusses der Nichtigkeit des schuldrechtlichen Geschäfts ist, dass die Erfüllung des Barabfindungsanspruchs nicht unter Hinweis auf die auf den Geschäftsanteil ausstehende Einzahlung verweigert werden kann. Ziel der Neuregelung war der Gleichlauf mit der Rechtslage bei der Verschm/Spaltung. Denn § 29 I 1 Hs. 2 verwies bereits zuvor auf § 33 II 3 Hs. 2

Alt. 1 GmbHG. Für eine abweichende Behandlung des Formwechsels gab es keinen sachlichen Grund.

4. Ausscheiden des Anteilsinhabers (Abs. 1 S. 2)

8   Sofern die Übernahme eigener Anteile (→ Rn. 7) wegen der neuen Rechtsform des Rechtsträgers nicht möglich ist (zB bei PersGes), ist der die Barabfindung begehrende Anteilsinhaber nach Annahme des Angebots (§ 209) zum **Austritt aus dem Rechtsträger** neuer Rechtsform verpflichtet. Durch den Austritt erlischt der ursprünglich innegehabte Anteil, die quotale Beteiligung der übrigen Anteilsinhaber am Rechtsträger wächst, soweit gesetzlich zulässig, entsprechend an.

5. Schuldner des Anspruchs

9   Schuldner des **Abfindungsanspruchs** ist der Rechtsträger neuer Rechtsform. Dieser kann den Anteilsinhaber nicht auf die anderweitige Veräußerung nach § 211 oder auf einen sonstigen Erwerbsinteressenten verweisen; eine freiwillige Vereinbarung nach Wirksamwerden des Formwechsels (§ 202) ist jedoch möglich. Der Rechtsträger neuer Rechtsform schuldet die Mitwirkung an der Formulierung und an der Durchführung des Erwerbsvorgangs. Die hierzu notwendigen Willenserklärungen können vom berechtigten Anteilsinhaber **eingeklagt und gem. § 894 ZPO vollstreckt** werden. Die Pflicht zur Gewährung der Abfindung ist bereits durch das nach § 194 I Nr. 6 iVm § 207 I formulierte Abfindungsangebot als notwendiger Bestandteil des Formwechselbeschlusses des übernehmenden Rechtsträgers begründet worden. Die Annahme des Angebots unterliegt der Ausschlussfrist von § 209.

6. Kosten der Anteilsübertragung

10   Der widersprechende Anteilsinhaber hat gem. Abs. 1 S. 1 einen Anspruch gegen den Rechtsträger neuer Rechtsform, der darauf gerichtet ist, dass dieser seinen Anteil gegen eine angemessene Barabfindung erwirbt.

11   Abs. 1 S. 1 spricht vom Erwerb der Anteile oder der Mitgliedschaften durch den Rechtsträger. Dies wird regelmäßig durch einen **Anteilsübertragungsvertrag** geschehen. Gem. **Abs. 1 S. 3** hat der Rechtsträger neuer Rechtsform die **Kosten** für diese Übertragung des Anteils/der Mitgliedschaft zu tragen. Hierunter fallen alle Kosten des Erwerbsvertrags selbst (etwa Notarkosten, vgl. § 15 III GmbHG) sowie alle sonstigen notwendigen Kosten des eigentlichen Übertragungsvorgangs (iÜ → § 29 Rn. 22 f.).

§ 208 Inhalt des Anspruchs auf Barabfindung und Prüfung der Barabfindung

Auf den Anspruch auf Barabfindung ist § 30 entsprechend anzuwenden.

1   Durch den umfassenden Verweis auf § 30 regelt § 208 nicht nur die **Höhe der Barabfindung** und den **Bewertungszeitpunkt** sowie die **Verzinsung** der Barabfindung. Gem. § 30 II ist darüber hinaus die Angemessenheit einer anzubietenden Barabfindung stets zu **prüfen**; §§ 9–12 sind entsprechend anzuwenden. Damit enthält § 208 eine Durchbrechung des Prinzips, dass aus Gründen der Kostenersparnis beim Formwechsel eine Prüfung nicht stattfindet. Die inzwischen durch das 2. UmwÄndG entfallene frühere Pflicht zur Anfertigung einer Vermögensaufstellung iSv § 192 II aF wurde gerade deshalb aufgenommen, „weil anders als bei der Verschm eine Prüfung des Anteilswechsels durch Sachverständige nicht vorgesehen werden soll, um zu hohe Kosten der Umw zu vermeiden" (Begr. RegE, BR-Drs. 75/94 zu § 194 II). Allerdings bleibt es den Berechtigten gem. §§ 208, 30 II 3

unbenommen, **auf die Prüfung** insgesamt **oder** zumindest **auf den Prüfungsbericht** zu **verzichten;** die Verzichtserklärungen sind **notariell zu beurkunden.** Lediglich Personengesellschafter hält der Gesetzgeber für so gut informiert, dass dort das (nur bei Zulässigkeit von Mehrheitsentscheidungen geforderte) Abfindungsangebot nur auf Verlangen eines Gesellschafters zu prüfen ist (§ 225). Wird der Prüfungsbefehl missachtet, kann der Formwechselbeschluss grds. mit der Unwirksamkeitsklage angegriffen werden; anderes gilt, wenn der Rechtsverstoß sich nicht ausgewirkt hat, weil kein Anteilsinhaber Widerspruch erhoben hat (Kallmeyer/Lanfermann § 30 Rn. 22), daran ist auch das **Registergericht** gebunden (Lutter/Grunewald § 30 Rn. 10).

IÜ wird auf die Erläuterung zu § 30 Bezug genommen (→ § 30 Rn. 1 ff.).   **2**

§ 209 Annahme des Angebots

¹Das Angebot nach § 207 kann nur binnen zwei Monaten nach dem Tage angenommen werden, an dem die Eintragung der neuen Rechtsform oder des Rechtsträgers neuer Rechtsform in das Register bekannt gemacht worden ist. ²Ist nach § 212 ein Antrag auf Bestimmung der Barabfindung durch das Gericht gestellt worden, so kann das Angebot binnen zwei Monaten nach dem Tage angenommen werden, an dem die Entscheidung im Bundesanzeiger bekanntgemacht worden ist.

1. Allgemeines

§ 209 bestimmt eine zweimonatige **materielle Ausschlussfrist.** Diese Frist läuft   **1** uU **zweimal,** stets vom Wirksamwerden des Formwechsels an (§§ 201, 202 I, II), und nochmals, wenn nach § 212 ein Antrag auf gerichtliche Bestimmung der Barabfindung gestellt worden ist (§ 209 S. 2). Während dieses Zeitraums ist die Barabfindung mit 5 Prozentpunkten über dem jeweiligen Basiszinssatz zu verzinsen (§ 208, § 30 I 2, § 15 II). Die **Parallelvorschrift zu § 31** entspricht inhaltlich § 375 I 2, 3 AktG aF. Sie ist nicht zum Nachteil eines Anteilsinhabers abdingbar (OLG Frankfurt a. M. DB 2003, 31). Der Anteilsinhaber kann bis zum Ablauf der jew. Ausschlussfristen wählen, ob er nach § 196 vorgehen oder aus dem Rechtsträger ausscheiden will (OLG Schleswig ZIP 2004, 2433).

2. Ausschlussfrist von § 209 S. 1

Das Angebot auf Barabfindung gegen Übertragung der Anteile am Rechtsträger   **2** neuer Rechtsform (§ 207 I 1) oder bei Ausscheiden aus diesem Rechtsträger (§ 207 I 2) kann nur binnen einer **Frist von zwei Monaten** angenommen werden. Fristbeginn ist gem. § 209 S. 1 iVm dem durch das DiRUG (→ Einf. Rn. 38) geänderten § 201 der Tag nach der Bekanntmachung iSv § 10 HGB (→ § 201 Rn. 1). Danach erfolgt die Bekanntmachung durch die erstmalige Abrufbarkeit der Eintragung im Gemeinsamen Registerportal der Länder auf der Seite www.handelsregister.de (§ 10 I HGB nF). Eine Eintragung gilt grundsätzlich mit dem Ablauf des Tages der Eintragung als bekannt gemacht (§ 10 IV 1 HGB, S. 2 regelt Ausnahmen). Die Fristberechnung erfolgt dann nach § 187 II 1 BGB, § 188 II letzte Alt. BGB (Semler/Stengel/Leonard/Kalss Rn. 2; Lutter/Hoger Rn. 2; NK-UmwR/Althoff/Narr Rn. 3).

Bei der Frist handelt es sich um eine **Ausschlussfrist;** wird sie versäumt, steht   **3** dem Anteilsinhaber keine Wiedereinsetzungsmöglichkeit und kein sonstiger Rechtsbehelf zur Vfg. (Lutter/Grunewald § 31 Rn. 2; Goutier/Knopf/Tulloch/Bermel § 31 Rn. 6; Kallmeyer/Marsch-Barner/Oppenhoff § 31 Rn. 3; Semler/Stengel/Leonard/Kalss Rn. 2; Kölner Komm UmwG/Petersen Rn. 3; NK-UmwR/Althoff/Narr Rn. 3; BeckOGK/Simons Rn. 28). Allenfalls kann versucht werden, das

Vorliegen eines wirksamen Angebots zu bestreiten, vgl. BGHZ 131, 262 und Lutter/Hoger Rn. 3, was aber wegen der Rspr. des BGH (ZIP 2001, 199; BGH GmbHR 2001, 247) ebenfalls wenig chancenreich ist (Kölner Komm UmwG/ Petersen Rn. 2). Die Frist zur Annahme des Abfindungsangebots verlängert sich auch nicht bei einer dem Formwechsel unmittelbar nachfolgenden Verschm, vgl. Lutter/Hoger Rn. 4 aE mit Hinw. auf OLG Hamm Der Konzern 2003, 852; vgl. zur Kettenumwandlung mit aufschiebend bedingtem Formwechsel vor nachfolgender Verschm allg. Deutsches Notarinstitut DNotI-Report 2012, 124.

4 Das im Formwechselbeschluss enthaltene Barabfindungsangebot (§ 194 I Nr. 6) muss vom berechtigten Anteilsinhaber fristgemäß angenommen werden; § 151 S. 1 BGB findet keine Anwendung. Die **Annahmeerklärung** bedarf keiner Form, auch dann nicht, wenn im Zuge der Barabfindung eine Anteilsübertragung durchzuführen ist. Das gilt nach bisher hM auch im Fall einer formgewechselten GmbH, für die § 15 Abs. 4 GmbHG die notarielle Form auch in Bezug auf das Verpflichtungsgeschäft vorschreibt (BeckOGK/Simons § 209 Rn. 16.1 mwN; aA Widmann/Mayer/Wälzholz § 31 Rn. 3). Ob hieran mit Blick auf die neue gesetzgeberische Vorgabe in § 340 Abs. 3 S. 4 für den grenzüberschreitenden Formwechsel einer GmbH, insbes. wegen der konstruktiven Unterschiede im Detail, festgehalten werden kann, bleibt abzuwarten. Die **Anteilsübertragung** selbst ist nur Umsetzung der Barabfindungsabrede, erst sie bedarf uU der notariellen Beurkundung (vgl. zB § 15 III GmbHG). Die Annahme durch den berechtigten Anteilsinhaber ist Willenserklärung iSv §§ 133, 157 BGB; bei der Auslegung ist der Empfängerhorizont maßgebend. Demgemäß muss sich die Annahmeerklärung nicht notwendigerweise auf das Abfindungsangebot beziehen; es genügt, wenn der übernehmende Rechtsträger als Adressat der Willenserklärung erkennen kann, dass der berechtigte Anteilsinhaber von seinem Recht nach § 207 I 1, 2 Gebrauch machen möchte. Das Barabfindungsverlangen muss dem Rechtsträger neuer Rechtsform vor Ablauf der Zwei-Monats-Frist zugehen, die allg. Vorschriften des BGB zum Zugang von Willenserklärungen – auch § 149 BGB – finden Anwendung.

3. Nochmalige Ausschlussfrist, § 209 S. 2

5 § 209 S. 2 entspricht § 31 S. 2, deshalb → § 31 Rn. 5 ff.

§ 210 Ausschluß von Klagen gegen den Formwechselbeschluss

Eine Klage gegen die Wirksamkeit des Formwechselbeschlusses kann nicht darauf gestützt werden, daß das Angebot nach § 207 nicht angemessen oder daß die Barabfindung im Formwechselbeschluss nicht oder nicht ordnungsgemäß angeboten worden ist.

1. Allgemeines

1 Parallel zu §§ 195, 14, 32 soll § 210 eine **Unwirksamkeitsklage gegen den Formwechselbeschluss** (bis zum UmRUG, → Einf. Rn. 43 ff.: „Umwandlungsbeschluss") (§§ 193, 194) verhindern. Ausgeschlossen ist die Berufung darauf, dass das Barabfindungsangebot iSv § 207, § 194 I Nr. 6 **nicht angemessen** (bis zum UmRUG: „zu niedrig bemessen") oder dass die Barabfindung im Formwechselbeschluss überhaupt **nicht oder** zumindest **nicht ordnungsgemäß angeboten** worden sei. Eine Umgehung dieser Vorschriften, etwa durch die Behauptung, dass die *Informationen zur Berechnung der Barabfindung* im Formwechselbericht (§ 192) oder in der Anteilsinhaberversammlung (§ 193 I 2) unzureichend oder falsch gewesen seien, scheidet nach der Rspr. des BGH (ZIP 2001, 199; BGH GmbHR 2001, 247 → § 192 Rn. 15) aus.

Anderweitige Veräußerung 1 § 211 UmwG A

Die Vorschrift übernimmt § 375 II 1 AktG aF vollständig und § 375 II 3 AktG 2
aF in eingeschränktem Umfang. Die dort für möglich gehaltene Unwirksamkeitsklage mit der Begr., dass die Barabfindung im Formwechselbeschluss überhaupt nicht oder nicht ordnungsgemäß angeboten worden sei, ist heute als generell unzulässig anzusehen; gem. **§ 212 S. 2** ist der betroffene Anteilsinhaber auf die Durchführung des Spruchverfahrens nach dem SpruchG festgelegt (vgl. zur Verschm zuletzt OLG Brandenburg BeckRS 2022, 12604 Rn. 24; hierzu Kittner GWR 2022, 237; Fuhrmann EWiR 2022, 519; Müller-Michaels BB 2022, 1492; Leuering/Rubner NJW-Spezial 2022, 432).

2. Ausschluss von Unwirksamkeitsklagen

Ein hiervon betroffener Anteilsinhaber – § 207 I 1, 2 eröffnet nur dem widersprechenden Anteilsinhaber (→ § 207 Rn. 4) den Anspruch auf Barabfindung – kann 3
gegen die Wirksamkeit des Formwechselbeschlusses nicht mit der Unwirksamkeitsklage vorgehen, wenn das Angebot auf Barabfindung nach § 194 I Nr. 6, § 207 zu niedrig bemessen ist oder wenn die Barabfindung im Verschmelzungsvertrag überhaupt nicht oder nicht ordnungsgemäß angeboten wurde. Eine dennoch erhobene **Unwirksamkeitsklage ist unzulässig.** Das Begehren des Anteilsinhabers darf nur im Spruchverfahren geltend gemacht werden, § 212.

Damit ist gewährleistet, dass die benachteiligten Anteilsinhaber die Möglichkeit 4
haben, gegen ein unangemessenes Barabfindungsangebot vorzugehen, ohne den Formwechsel an sich unwirksam zu machen oder dessen Eintragung zu blockieren. Der Anwendung von **§ 198 III, § 16 III** bedarf es nicht. Die gerichtliche Nachprüfung der Abfindung im Spruchverfahren hat auf die Durchführung der **Eintragung des Formwechsels** keinen Einfluss.

Die verbleibenden Anteilsinhaber können hingegen eine Unwirksamkeitsklage 5
damit begründen, die angebotene **Barabfindung** sei **zu hoch** (Lutter/Hoger Rn. 5 mwN; Widmann/Mayer/Wälzholz Rn. 14; aA Kallmeyer/Meister/Klöcker/Berger Rn. 10). Dies ergab sich bisher schon aus dem Wortlaut des § 210, der die Unwirksamkeitsklage nur für ein „zu niedrig bemessen[es]" Angebot ausschloss, nicht aber für ein zu hohes. Mit der Änderung durch das UmRUG in „nicht angemessen" ist dieses Wortlautargument entfallen, ohne dass der Gesetzgeber damit indessen eine inhaltliche Änderung bezweckt hätte (ausf. BeckOGK/Simons § 210 Rn. 16 ff.).

Antragsberechtigt ist nur der Anteilsinhaber, dem auch der **materielle Anspruch** 6
auf Barabfindung nach § 207 I 1, 2 zustehen kann (§ 1 Nr. 5 SpruchG). Ein weiter gehendes Rechtsschutzbedürfnis ist nicht notwendig (Meyer-Landrut FS Schilling, 1973, 235 (245)). Nach Ablauf der Ausschlussfrist von § 209 S. 1 steht dem betroffenen Anteilsinhaber keine Barabfindung mehr zu, ein Verfahren nach § 212 iVm dem SpruchG wäre unzulässig. Auch in diesem Fall greift § 210; der Formwechselbeschluss kann nicht durch Unwirksamkeitsklage angegriffen werden.

§ 211 Anderweitige Veräußerung

Einer anderweitigen Veräußerung des Anteils durch einen Anteilsinhaber, der nach § 207 Adressat des Abfindungsangebots ist, stehen nach Fassung des Formwechselbeschlusses bis zum Ablauf der in § 209 Satz 1 bestimmten Frist Verfügungsbeschränkungen nicht entgegen.

Die Vorschrift führt die in § 375 IV AktG aF, § 388 AktG aF vorgesehenen Mög- 1
lichkeiten der Vfg. über einen vinkulierten Anteil für alle betroffenen Rechtsformen fort (vgl. Begr. RegE, BR-Drs. 75/94 S. 33). Die ursprüngliche Fassung von § 211 (→ 2. Aufl. 1996, Rn. 1 ff.) ist durch das Gesetz zur Änderung des UmwG, des PartGG und anderer Gesetze v. 22.7.1998 (BGBl. 1998 I 1878; dazu Neye

A UmwG § 213 1   Umwandlungsgesetz

DB 1998, 1649) **geändert** worden. Seitdem spielt es keine Rolle mehr, ob die Verfügungsbeschränkung auf **gesetzlichen oder vertraglichen** Regelungen beruht (→ § 29 Rn. 4) bzw. ob sie schon in der **Ausgangs-** oder/und erst in der **Zielrechtsform** gilt (vgl. auch Lutter/Hoger Rn. 2, 4).

2   Durch das UmRUG (→ Einf. Rn. 43 ff.) wurde § 211 ebenso wie die Parallelvorschrift des § 33 zur Verschm dahingehend präzisiert, dass zum einen das Recht zur freihändigen Veräußerung ausschließlich Anteilsinhabern, die zum Austritt gegen Barabfindung berechtigt sind, zusteht. Zum anderen wurde der Verweis auf § 209 auf dessen S. 1 beschränkt mit der Folge, dass eine freihändige Veräußerung von der Fassung des Formwechselbeschlusses an (damit bereits vor Wirksamwerden des Formwechsels) bis zum Ablauf der Zweimonatsfrist nach Eintragung der neuen Rechtsform (**originäre Annahmefrist**) möglich ist. Nach dem Abschluss eines Spruchverfahrens kann der Anteilsinhaber zwar während der erneuten Zweimonatsfrist des § 209 S. 2 noch die Barabfindung annehmen, aber nicht mehr freihändig seine Anteile veräußern.

3   § 211 entspricht § 33 (vgl. → § 33 Rn. 1 ff.).

§ 212 Gerichtliche Nachprüfung der Abfindung

¹**Macht ein Anteilsinhaber geltend, daß eine im Formwechselbeschluss bestimmte Barabfindung, die ihm nach § 207 Abs. 1 anzubieten war, nicht angemessen sei, so hat auf seinen Antrag das Gericht nach den Vorschriften des Spruchverfahrensgesetzes die angemessene Barabfindung zu bestimmen.** ²**Das gleiche gilt, wenn die Barabfindung nicht oder nicht ordnungsgemäß angeboten worden ist.**

1   § 212 ist Verbindungsvorschrift zum SpruchG, das heute in Nachfolge von §§ 305–312 aF das gerichtliche Spruchverfahren regelt; S. 1 wurde durch das Spruchverfahrensneuordnungs G (→ Einf. Rn. 27) entsprechend geändert. Da dem berechtigten Anteilsinhaber iSv § 207 I 1, 2 die Möglichkeit zur Erhebung der Unwirksamkeitsklage gegen den Formwechselbeschluss (bis zum UmRUG: „Umwandlungsbeschluss") des formwechselnden Rechtsträgers gem. § 210 genommen ist, ist er für den Fall, dass die ihm angebotene **Barabfindung nicht angemessen** (bis zum UmRUG: „zu niedrig bemessen") ist oder dass der Formwechselbeschluss entgegen den gesetzlichen Bestimmungen ein (ordnungsgemäßes) Barabfindungsangebot überhaupt nicht enthält, auf die **gerichtliche Festsetzung der angemessenen Barabfindung** angewiesen. § 212 entspricht damit § 375 I 3, II 3 AktG aF und ist Parallelvorschrift zu § 34. Da der Anspruch auf Barabfindung gem. § 209 einer zweimonatigen Ausschlussfrist unterliegt, musste der Antrag auf gerichtliche Nachprüfung der Abfindung nach § 212 früher vor Ablauf dieser Ausschlussfrist gestellt werden (§ 305 aF; Begr. RegE, BR-Drs. 75/94 zu § 34). Durch das SpruchG wurde dies geändert, es gilt seitdem eine Antragsfrist von drei Monaten (§ 4 I Nr. 5 SpruchG), innerhalb derer der Antrag allerdings konkret begründet werden muss (§ 4 II SpruchG).

2   Vgl. iÜ → § 34 Rn. 2.

§ 213 Unbekannte Aktionäre

Auf unbekannte Aktionäre ist § 35 entsprechend anzuwenden.

1   Vgl. zu unbekannten Anteilsinhabern zunächst OLG Bremen BB 2003, 1525, *das Bestellung eines Pflegers zulässt*, wenn Barabfindung in Rede steht. Die Frage, wie unbekannte Aktionäre einer formwechselnden AG oder KGaA zu bezeichnen sind, ist in § 213 durch Verweis auf den durch das 2. UmwÄndG (→ Einf. Rn. 28) geänderten § 35 geregelt worden, auf die Komm. dort wird verwiesen.

Zweiter Teil. Besondere Vorschriften

Erster Abschnitt. Formwechsel von Personengesellschaften

Erster Unterabschnitt. Formwechsel von Gesellschaften bürgerlichen Rechts und Personenhandelsgesellschaften

§ 214 Möglichkeit des Formwechsels

(1) **Eine Gesellschaft bürgerlichen Rechts oder eine Personenhandelsgesellschaft kann aufgrund eines Umwandlungsbeschlusses nach diesem Gesetz nur die Rechtsform einer Kapitalgesellschaft oder einer eingetragenen Genossenschaft erlangen.**

(2) **Eine aufgelöste Gesellschaft bürgerlichen Rechts und eine aufgelöste Personenhandelsgesellschaft können die Rechtsform nicht wechseln, wenn die Gesellschafter eine andere Art der Auseinandersetzung als die Abwicklung durch Liquidation oder als den Formwechsel vereinbart haben.**

1. Möglichkeiten des Formwechsels (Abs. 1)

Abs. 1 konkretisiert die sich nach § 191 I, II ergebenden Formwechselmöglichkeiten für eGbR und **PhG** (zur PartGes → § 191 Rn. 11 f. und §§ 225a ff.). Ein Rechtsträger in der Ausgangsrechtsform einer eGbR oder PhG (**eGbR** → § 191 Rn. 4a, OHG, KG → § 191 Rn. 5 ff. und **EWIV**; → § 191 Rn. 10) kann durch den Formwechsel die **Rechtsform einer KapGes** (GmbH, AG, KGaA; § 3 I Nr. 2) **oder einer eG** erlangen. Damit werden allerdings die sich nach § 191 I, II ergebenden Möglichkeiten nicht eingeschränkt. Denn bereits aus dieser Vorschrift folgt, dass als Zielrechtsform nur KapGes oder eG in Betracht kommen. Der „Formwechsel" einer **PhG in eine eGbR oder in eine PhG anderer Rechtsform** (§ 191 II Nr. 1 und Nr. 2) vollzieht sich nicht nach §§ 190 ff. Der Wechsel von OHG/KG in eine eGbR tritt unabhängig vom Willen der Gesellschafter durch eine **Veränderung der Art und des Umfangs der Tätigkeit der Ges** (vgl. § 105 I HGB, § 161 I HGB; § 705 BGB) ein. Die registerrechtlichen Folgen des **Statuswechsels** ergeben sich nach dem MoPeG aus § 707c BGB. Der Wechsel von der Rechtsform einer OHG in eine KG oder umgekehrt erfolgt durch eine **Veränderung** der Haftungsverhältnisse (vgl. § 105 I HGB, § 161 I HGB). Diese Arten des Rechtsformwechsels einer PhG bleiben ebenso wie die Anwachsungsmodelle (dazu Normann GmbH-StB 2015, 110; v. Proff DStR 2016, 2227; Schulze zur Wiesche DB 1996, 1545 (1545); Ott INF 1996, 173 (176); auch → UmwStG § 20 Rn. 193 ff.) durch §§ 190 ff. unberührt. Dies wird in Abs. 1 nochmals klargestellt („aufgrund eines Umwandlungsbeschlusses nach diesem Gesetz"). 1

2. Aufgelöste eGbR oder Personenhandelsgesellschaft (Abs. 2)

Nach **§ 191 III** können auch **aufgelöste Rechtsträger** einen Formwechsel durchführen, wenn ihre Fortsetzung in der bisherigen Rechtsform beschlossen werden könnte (iE → § 191 Rn. 34 ff.; zu den Fortsetzungsmöglichkeiten auch → § 124 Rn. 59 f.). Bei einer aufgelösten eGbR oder PhG als formwechselnder Rechtsträger gilt dies allerdings nur, wenn die Gesellschafter nicht eine **andere Art der Auseinandersetzung** als die Abwicklung oder als den Formwechsel vereinbart haben **(Abs. 2).** Die Vorschrift lehnt sich an § 40 II UmwG 1969, § 46 S. 2 UmwG 1969 an, verlangt allerdings im Gegensatz zu den genannten Vorschriften nicht mehr, dass eine Liquidation stattfindet. Auf die **Liquidation,** insbes. auf die Befrie- 2 digung aller Gläubiger (vgl. ab 1.1.2024: § 148 Abs. 2 S. 1 HGB; bis 31.12.2023: § 149 S. 1 Hs. 1 HGB aF), konnte verzichtet werden, weil einerseits der Rechtsträger neuer Rechtsform für die bestehenden Verbindlichkeiten haftet, andererseits die Haftung eines phG nach § 224 I zunächst unberührt bleibt und lediglich durch die in § 224 II–V angeordnete Nachhaftungsbegrenzung beschränkt wird (Begr. RegE, BR-Drs. 75/94 zu § 214; Lutter/Joost/Hoger Rn. 10). Eine entsprechende Regelung enthält § 39 für die Verschm und für die Spaltung (§ 125) von aufgelösten PhG.

3 Eine aufgelöste eGbR/PhG (zu den Auflösungsgründen vgl. Lit. zu § 729 BGB nF, § 131 HGB; § 9 PartGG und Widmann/Mayer/Vossius § 39 Rn. 9 ff.; Kölner Komm UmwG/Dauner-Lieb/Tettinger § 124 Rn. 13; → § 39 Rn. 11 ff.) kann einen Formwechsel nicht mehr durchführen, wenn die Gesellschafter eine **andere Art der Auseinandersetzung** als die Abwicklung oder den Formwechsel vereinbart haben. Nach Ansicht des Gesetzgebers ist bei den zulässigen anderen Arten der Auseinandersetzung nicht sichergestellt, dass das Vermögen der aufgelösten PhG im Zeitpunkt des Umwandlungsbeschlusses noch vorhanden ist (Begr. RegE, BR-Drs. 75/94 zu § 214; vgl. auch Lutter/Joost/Hoger Rn. 6, 7, der Abs. 2 als rechtspolitisch verfehlt ansieht; ihm folgend Semler/Stengel/Leonard/Schlitt Rn. 26; → Rn. 4). Als andere Art der Auseinandersetzung kommt ua die **Einbringung** in eine KapGes iSv § 20 UmwStG, die **Realteilung** oder die Übernahme des gesamten Handelsgeschäfts durch einen Gesellschafter in Betracht (vgl. Hopt/Roth HGB § 145 Rn. 10 mwN; Semler/Stengel/Leonard/Schlitt Rn. 27). Die andere Art der Auseinandersetzung muss nicht bereits im Gesellschaftsvertrag vereinbart sein. Es genügt auch eine **Ad-hoc-Entscheidung** der Gesellschafter bei der Auflösung der GbR (§ 734 BGB nF) bzw. der PhG (Hopt/Roth HGB § 145 Rn. 8).

4 Maßgeblich ist die **Vereinbarung** der Gesellschafter der aufgelösten eGbR/PhG, eine andere Art der Auseinandersetzung durchzuführen. Nach dem eindeutigen Wortlaut kommt es nicht darauf an, dass bereits mit der **Umsetzung** der anderen Art der Auseinandersetzung begonnen worden ist (so auch Widmann/Mayer/Vossius Rn. 32). Die Gesellschafter können jedoch – in Ermangelung abw. gesellschaftsvertraglicher Regelungen, insbes. einer qualifizierten Mehrheitsklausel – einstimmig beschließen, die andere Art der Auseinandersetzung nicht mehr durchzuführen. Abs. 2 ist deswegen nicht entbehrlich (so aber Lutter/Joost/Hoger Rn. 7), denn es können durchaus **unterschiedliche Mehrheitsverhältnisse** für den Beschluss über die Änderung der Auseinandersetzungsart und für den Umwandlungsbeschluss (ggf. Dreiviertelmehrheit, § 217 I) notwendig sein (dazu Lutter/Schmidt § 39 Rn. 8, 15 mwN). Der Umwandlungsbeschluss kann den Beschluss über die Änderung der Auseinandersetzungsart enthalten, wenn für beide Beschlüsse die gleichen Mehrheitserfordernisse gelten (Henssler/Strohn/Drinhausen/Keinath Rn. 10 mwN).

§ 215 Formwechselbericht

Ein Formwechselbericht ist nicht erforderlich, wenn alle Gesellschafter der formwechselnden Gesellschaft zur Geschäftsführung berechtigt sind.

1 Ein **Formwechselbericht,** der in erster Linie dem Schutz der Anteilsinhaber dient (→ § 192 Rn. 1), **erübrigt sich,** wenn **alle Gesellschafter** der formwechselnden Ges **zur Geschäftsführung berechtigt** sind. In diesem Fall besteht daher nach § 215 auch keine Verpflichtung, den Formwechselbericht zu erstellen. Entsprechendes gilt gem. § 225b S. 1 für die **PartGes,** wenn nicht von § 6 II PartGG Gebrauch gemacht wurde. § 215 stellt klar, dass die geschäftsführungsbefugten Gesellschafter eines besonderen Schutzes nicht bedürfen, da sie kraft ihrer Geschäftsführungsbefugnis alle Informationen beschaffen können. Bei einer **OHG** sind grds. alle Gesellschafter zur Geschäftsführung befugt; der Gesellschaftsvertrag kann jedoch Abweichungen vorsehen (ab 1.1.2024: § 116 I HGB, § 708 BGB iVm

§ 105 III BGB; bis 31.12.2023: § 114 HGB aF; vgl. Lutter/Schmidt § 41 Rn. 4 mwN). Demgegenüber sind **Kommanditisten** grds. von der Geschäftsführung ausgeschlossen (§ 164 HGB). Die Vorschrift ist jedoch im Gegensatz zu § 170 HGB (BGHZ 51, 198 (200) = NJW 1969, 507) dispositiv. Durch gesellschaftsvertragliche Regelung kann daher dem Kommanditisten eine § 116 HGB entsprechende Geschäftsführungsbefugnis eingeräumt werden (Hopt/Roth HGB § 164 Rn. 7). In diesem Fall sind die Anforderungen von § 215 erfüllt. Die Gewährung lediglich einzelner **Sonderrechte** (etwa Zustimmungsvorbehalt zu bestimmten Geschäften) ist hingegen nicht ausreichend. Nach der hM zu § 215 (Lutter/Joost/Hoger Rn. 4; Kallmeyer/Blasche Rn. 3; Semler/Stengel/Leonard/Schlitt Rn. 10; Habersack/ Wicke/Kühn Rn. 7; BeckOGK/Kühn Rn. 7) soll bei der **GmbH & Co. KG** § 215 auch dann anwendbar sein, wenn die Kommanditisten als Gesellschafter und Geschäftsführer der Komplementär-GmbH mittelbar geschäftsführungsbefugt sind. Dies ist mit der **hM** zur Parallelvorschrift von ab 1.1.2024 § 39a; bis 31.12.2023 § 41 wegen des eindeutigen Gesetzeswortlauts indes abzulehnen, → § 39a Rn. 3 mwN. In der Praxis kann das Problem durch einen Verzicht aller Anteilseigner gem. § 192 II 1 Alt. 2 beseitigt werden.

Ist bei einer OHG ein Gesellschafter von der Geschäftsführung ausgeschlossen oder ist bei der KG nicht allen Kommanditisten gesellschaftsvertraglich die Geschäftsführungsbefugnis iSv § 116 HGB eingeräumt worden, ist der Formwechselbericht grds. erforderlich. In diesem Fall kann nur unter den Voraussetzungen von **§ 192 II 1 Alt. 2** (ein Fall von § 192 II 1 Alt. 1 ist bei PhG nicht möglich, Widmann/Mayer/Vossius § 216 Rn. 10) von der Erstellung des Formwechselberichtes abgesehen werden. § 192 II ist nach zutr. hM **einschränkend** dahingehend auszulegen, dass lediglich die **nicht geschäftsführungsbefugten Gesellschafter** den **Verzicht** erklären müssen (vgl. Widmann/Mayer/Vossius Rn. 6, § 41 Rn. 13, 14; Lutter/Joost/Hoger Rn. 11; Semler/Stengel/Leonard/Schlitt Rn. 17; HK-UmwG/Quass § 192 Rn. 28; NK-UmwR/Althoff/Narr Rn. 17; aA Lutter/ Schmidt § 41 Rn. 6; Kallmeyer/Meister/Klöckner/Berger § 192 Rn. 57).

§ 216 Unterrichtung der Gesellschafter

Das Vertretungsorgan der formwechselnden Gesellschaft hat allen von der Geschäftsführung ausgeschlossenen Gesellschaftern spätestens zusammen mit der Einberufung der Gesellschafterversammlung, die den Formwechsel beschließen soll, diesen Formwechsel als Gegenstand der Beschlußfassung in Textform anzukündigen und einen nach diesem Buch erforderlichen Formwechselbericht sowie ein Abfindungsangebot nach § 207 zu übersenden.

1. Allgemeines

§ 216 entspricht ab 1.1.2024 § 39b; bis 31.12.2023 **§ 42,** der bei Verschm oder Spaltung (§ 125) einer PhG Anwendung findet. Die nicht zur Geschäftsführung befugten Gesellschafter sollen **vor der** zwingend durchzuführenden (§ 193 I 2) **Anteilsinhaberversammlung** ausreichend Gelegenheit erhalten, sich auf den Beschlussgegenstand „Formwechsel" vorzubereiten. Die Regelung war notwendig, da die Beschlussfassung in einer **Gesellschafterversammlung** bei PhG **nicht der (gesetzliche) Regelfall** ist (zur Beschlussfassung allg. vgl. etwa MüKoHGB/Enzinger HGB § 119 Rn. 3 ff.) und demgemäß §§ 105 ff. HGB keine Regelungen über die Einberufung und die Abhaltung einer Gesellschafterversammlung enthalten (RegEBegr. BR-Drs. 75/94 zu 216). Auch bei der **PartGes** (dort gem. § 225b S. 2 entsprechende Anwendung von § 216) gibt es keine Regelungen zur Gesellschafterversammlung (vgl. § 6 III PartGG und Michalski/Römermann PartGG § 6

Rn. 27 ff.). Abgesehen von § 216 hat der Gesetzgeber es aber auch beim Formwechsel einer PersGes unterlassen, die sonstigen Formalien (Form, Frist, etc) der Einberufung bzw. der Abhaltung der Anteilsinhaberversammlung, die über den Formwechsel beschließt (§ 193 I 2), zu regeln (vgl. RegEBegr. BR-Drs. 75/94 zu § 42).

2. Gesellschafterversammlung

2   Der Beschluss über den Formwechsel ist zwingend **in einer Gesellschafterversammlung** zu fassen (§ 193 I 2; → § 193 Rn. 7). Die Gesellschafterversammlung der PhG ist allerdings gesetzlich nicht geregelt (→ Rn. 1). Auch § 216 befasst sich nur mit einem engen Ausschnitt. Sofern ausf. gesellschaftsvertragliche Regelungen fehlen, bieten die Regelungen zur Einberufung der Gesellschafterversammlung der **GmbH** bzw. (insbes. bei Publikumsgesellschaften) der Hauptversammlung der **AG Orientierungshilfe** (iÜ → § 39b Rn. 2, 3). Bezüglich der Verpflichtung zur Zugänglichmachung eines etwaigen Formwechselberichts kommt eine Analogie zu § 232 I, § 239 I (dafür Goutier/Knopf/Tulloch/Laumann § 214 Rn. 4 ff.) nicht in Betracht (überzeugend Lutter/Joost/Hoger Rn. 11, 12; ihm folgend Semler/Stengel/Leonard/Schlitt Rn. 19, § 217 Rn. 31; Kallmeyer/Blasche Rn. 4; Habersack/Wicke/Kühn Rn. 12; BeckOGK/Kühn Rn. 12).

3. Ankündigung des Formwechsels

3   Der Formwechsel als Beschlussgegenstand ist **spätestens zusammen mit der Einberufung** der Gesellschafterversammlung anzukündigen. Auf eine **Frist zur Ankündigung** wurde bewusst verzichtet, da auch eine gesetzliche Regelung über eine Frist für die Einberufung der Gesellschafterversammlung fehlt (RegEBegr. BR-Drs. 75/94 zu § 42). Es gilt die im **Gesellschaftsvertrag** bestimmte Einberufungsfrist, bei Fehlen einer Regelung die ggf. angemessen gekürzte dreißigtägige Frist des § 123 I AktG (→ § 39b Rn. 3 mwN). Die Verpflichtung zur Ankündigung trifft das **Vertretungsorgan** der formwechselnden PhG. Die **Ankündigung muss nur ggü. den von der Geschäftsführung ausgeschlossenen Gesellschaftern** erfolgen (arg. entspricht → § 215 Rn. 2; praktisch ist dies aber nicht empfehlenswert, vgl. Kallmeyer/Blasche Rn. 7; Lutter/Joost/Hoger Rn. 2; Semler/Stengel/Leonard/Schlitt Rn. 10). Dies sind regelmäßig die Kommanditisten, aber auch phG können von der Geschäftsführung ausgeschlossen sein (→ § 215 Rn. 1).

4   Die Ankündigung muss **in Textform** erfolgen. Die Anforderungen daran richten sich nach § 126b BGB. Die Ankündigung muss daher **nicht eigenhändig** durch die Mitglieder des Vertretungsorgans unterschrieben sein (vgl. BT-Drs. 14/4987, 12, 18 ff.; Lutter/Joost/Hoger Rn. 3; Semler/Stengel/Leonard/Schlitt Rn. 12). Besondere **inhaltliche Anforderungen** bestehen nicht (vgl. Habersack/Wicke/Kühn Rn. 9; BeckOGK/Kühn Rn. 9). Ausreichend ist, wenn zum Ausdruck kommt, dass auf Gesellschafterversammlung über den Formwechsel beschlossen werden soll. Einzelheiten kann der Gesellschafter dem Formwechselbericht entnehmen (→ Rn. 5).

4. Formwechselbericht

5   Ebenfalls **spätestens mit der Einberufung** der Gesellschafterversammlung ist den von der Geschäftsführung ausgeschlossenen Gesellschaftern der **Formwechselbericht zu übersenden,** sofern er erforderlich ist. (Zur **Form** → Rn. 7 mwN.) Da § 216 das Vorhandensein von nicht geschäftsführungsbefugten Gesellschaftern voraussetzt, der Tatbestand von § 215 also nicht erfüllt sein kann, ist der Formwechselbericht nur dann nicht erforderlich, wenn die nicht zur Geschäftsführung befugten Gesellschafter in notariell beurkundeter Form auf dessen Erstattung **verzichten**

(§ 192 II 1 Alt. 2, → § 215 Rn. 2). Den Auskunfts- und Informationsrechten dieser Gesellschafter wird damit Genüge getan (→ § 39b Rn. 4).

5. Abfindungsangebot

Nach § 216 ist ferner den nicht geschäftsführungsbefugten Gesellschaftern **spätes-** 6 **tens mit der Einberufung** ein **Abfindungsangebot nach § 207** zu übersenden. Zum Abfindungsangebot iE → § 194 Rn. 8. Die Verpflichtung zur Übersendung des Barabfindungsangebots besteht allerdings nur, sofern der Gesellschaftsvertrag der formwechselnden PersGes eine **Mehrheitsentscheidung** zulässt (§ 217 I 2; Lutter/Joost/Hoger Rn. 5; Semler/Stengel/Leonard/Schlitt Rn. 22; Widmann/Mayer/Vossius Rn. 12 f.: „Rechtsgrundverweisung"; Kölner Komm UmwG/Dauner-Lieb/Tettinger Rn. 16), es sei denn, die Gesellschafter haben auf die Übersendung eines Abfindungsangebots vor der Beschlussfassung in notariell beurkundeter Form verzichtet (vgl. Widmann/Mayer/Vossius Rn. 13; Habersack/Wicke/Kühn Rn. 14; BeckOGK/Kühn Rn. 14 mwN). Bedarf der Formwechsel eines einstimmig gefassten Beschlusses (§ 217 I 1), erübrigt sich das Barabfindungsangebot, da der für das Ausscheiden gegen Barabfindung notwendige Widerspruch des Gesellschafters (→ § 207 Rn. 4) das Scheitern des Formwechsels zur Folge hat (vgl. RegEBegr. BR-Drs. 75/94 zu § 216).

Aus dem Erfordernis der Übersendung des Formwechselberichts und des Abfin- 7 dungsangebots folgt, dass dieses **nicht mündlich** erfolgen kann, sondern körperlich niedergelegt sein muss. **Schriftform** iSv § 126 BGB setzt § 216 allerdings nicht voraus (insofern missverständlich RegEBegr. BR-Drs. 75/94 zu § 216. Nachdem die Ankündigung in Textform zu erfolgen hat (→ Rn. 5), genügt nach der zutr. hM auch für die Übersendungung des Formwechselberichts und des Abfindungsangebots die **Textform** (zB als PDF-Dokument im Anhang zu einer E-Mail). Denn erst mit der Ankündigung des Formwechsels und gleichzeitiger Übersendung der Dokumente – notwendigerweise in der gleichen Form – gelingt die mit der Zulassung der Textform für die Ankündigung des Formwechsels bezweckte Vereinfachung (Lutter/Joost/Hoger Rn. 4, 5; Kallmeyer/Blasche Rn. 8; Habersack/Wicke/Kühn Rn. 17; BeckOGK/Kühn Rn. 17, wohl auch Semler/Stengel/Leonard/Schlitt Rn. 23).

6. Verzicht, Unwirksamkeitsklage

Die Vorschrift ist **begrenzt dispositiv** (Lutter/Joost/Hoger Rn. 9; Semler/Sten- 8 gel/Leonard/Schlitt Rn. 24, 25; NK-UmwR/Althoff/Narr Rn. 22, Widmann/Mayer/Vossius Rn. 20, 21, § 42 Rn. 16, 17): Ein Verzicht auf § 216 ist im Einzelfall und – im Gegensatz zum Formwechselbericht (§ 192 2 2; → § 192 Rn. 22) und zum Abfindungsangebot (→ § 207 Rn. 2) – formfrei möglich (Kallmeyer/Blasche Rn. 12, Semler/Stengel/Leonard/Schlitt Rn. 27). Soweit der Verzicht nicht ohnehin in der notariellen Urkunde enthalten ist, sollte er im Hinblick auf § 26 FamFG zumindest schriftlich abgegeben werden (Widmann/Mayer/Vossius Rn. 21). Ein Verstoß gegen § 216 macht den Beschluss regelmäßig unwirksam (vgl. dazu und zu Ausnahmen Semler/Stengel/Leonard/Schlitt Rn. 29 und Kallmeyer/Blasche Rn. 13); Klagefrist § 195 I (iÜ → § 39b Rn. 5). Zur Heilung vgl. Semler/Stengel/Leonard/Schlitt Rn. 30 mwN.

§ 217 Beschluß der Gesellschafterversammlung

(1) ¹**Der Formwechselbeschluss der Gesellschafterversammlung bedarf der Zustimmung aller anwesenden Gesellschafter; ihm müssen auch die nicht erschienenen Gesellschafter zustimmen.** ²**Der Gesellschaftsvertrag der**

formwechselnden Gesellschaft kann eine Mehrheitsentscheidung der Gesellschafter vorsehen. ³Die Mehrheit muß mindestens drei Viertel der abgegebenen Stimmen betragen.

(2) **Die Gesellschafter, die im Falle einer Mehrheitsentscheidung für den Formwechsel gestimmt haben, sind in der Niederschrift über den Formwechselbeschluss namentlich aufzuführen.**

(3) **Dem Formwechsel in eine Kommanditgesellschaft auf Aktien müssen alle Gesellschafter zustimmen, die in dieser Gesellschaft die Stellung eines persönlich haftenden Gesellschafters haben sollen.**

1. Allgemeines

1   Die Vorschrift bestimmt in **Abs. 1** die notwendigen **Mehrheitsverhältnisse für den Formwechselbeschluss** iSv § 193 I. Sie entspricht insoweit ab 1.1.2024 § 39c (bis 31.12.2023: § 43 aF), der die Mehrheitsverhältnisse für einen Verschmelzungs- oder Spaltungsbeschluss (§ 125) regelt. Entsprechend der allg. Regelung im Recht der PhG (ab 1.1.2024: § 109 III HGB; bis 31.12.2023: § 119 I HGB aF, § 161 II HGB aF) und der **PartGes** (§ 9 PartGG; § 225c) muss auch der **Formwechselbeschluss grds. einstimmig** gefasst werden (Abs. 1 S. 1). Der Gesellschaftsvertrag kann allerdings eine Entscheidung mit einer **Mehrheit von mindestens drei Vierteln der abgegebenen** (so ausdrücklich Abs. 1 S. 3; Habersack/Wicke/Kühn Rn. 16; BeckOGK/Kühn Rn. 16; Lutter/Joost/Hoger Rn. 16, 17; Kölner Komm UmwG/Dauner-Lieb/Tettinger Rn. 25, 31) **Stimmen** der Gesellschafter vorsehen (Abs. 1 S. 2 und 3). Erfolgt der Beschluss durch Mehrheitsentscheidung, so sind die für den Formwechsel stimmenden **Gesellschafter in der Niederschrift namentlich aufzuführen (Abs. 2).** Hierdurch soll klargestellt werden, welche Gesellschafter **Gründer** iSv § 219 S. 2 sind (Begr. RegE, BR-Drs. 75/94 zu § 217). Da keinem Gesellschafter die persönliche Haftung aufgezwungen werden kann, bedarf es auch im Falle einer Mehrheitsentscheidung der ausdrücklichen **Zustimmung der Gesellschafter,** die bei einem Formwechsel in eine KGaA die Stellung eines phG einnehmen sollen **(Abs. 3).**

2. Beschlussmehrheiten (Abs. 1)

2   Die Mehrheitsverhältnisse bei der Beschlussfassung über den Formwechsel nach **Abs. 1** entsprechen denen nach ab 1.1.2024 § 39c; bis 31.12.2023 § 43. Entgegen der gesetzlichen Grundregel (ab 1.1.2024: § 709 II BGB iVm § 105 III; bis 31.12.2023: § 119 II HGB aF) bestimmt der Gesellschaftsvertrag zumeist, dass nach **Kapitalanteilen** abgestimmt wird, was unter dem Gesichtspunkt der Vertragsfreiheit unbedenklich ist (NK-UmwR/Althoff/Narr Rn. 18; Semler/Stengel/Leonard/Schlitt Rn. 21). Zu Einzelheiten → § 39c Rn. 9 ff. Zur Rechtslage in der Zeit zwischen Formwechselbeschluss und Eintragung des Formwechsels (zB nachträgliche Änderung des Abstimmungsverhaltens, Gesellschafterwechsel) vgl. Widmann/Mayer/Vossius Rn. 90 ff.

3. Namentliche Bezeichnung der zustimmenden Gesellschafter (Abs. 2)

3   **Abs. 2** verlangt, dass bei einer Beschlussfassung durch Mehrheitsentscheidung diejenigen Gesellschafter, die für den Formwechsel gestimmt haben, **in der Niederschrift** (vgl. § 193 III 1; zur Beurkundung ausf. Widmann/Mayer/Vossius Rn. 20 ff., 113 ff.) **namentlich zu bezeichnen** sind. Hierdurch ist sichergestellt, dass diejenigen Gesellschafter, die nach § 219 bei der Anwendung der für die neue Rechtsform geltenden Gründungsvorschrift **als Gründer gelten,** eindeutig bekannt

sind (vgl. Habersack/Wicke/Kühn Rn. 37; BeckOGK/Kühn Rn. 37). Beim einstimmigen Formwechselbeschluss erübrigt sich die namentliche Bezeichnung, da dann alle Gesellschafter der formwechselnden PersGes den Gründern gleichstehen (§ 219 S. 1; wie hier Semler/Stengel/Leonard/Schlitt Rn. 39; Kallmeyer/Blasche Rn. 14). Die sichere Erfassung der außerhalb der Gesellschafterversammlung zustimmenden Gesellschafter ist durch das Erfordernis der **notariellen Beurkundung der Zustimmungserklärung** nach § 193 III 1 gewährleistet (so bereits Lutter/Joost/Hoger Kölner Umwandlungsrechtstage 1995, 245 (251)).

4. Zustimmung persönlich haftender Gesellschafter (Abs. 3)

Stets, auch im Fall der Mehrheitsentscheidung über den Formwechsel, bedarf es der **Zustimmung** (§ 193 III 1) derjenigen Gesellschafter, die bei einem **Formwechsel in eine KGaA** die Stellung eines phG (vgl. § 278 I AktG) übernehmen sollen **(Abs. 3).** Die Regelung war notwendig, da keinem Gesellschafter die Übernahme einer persönlichen Haftung ohne ausdrückliches Einverständnis zugemutet werden kann (Begr. RegE, BR-Drs. 75/94 zu § 217). Die bloße Einräumung der Möglichkeit des Ausscheidens gegen Barabfindung (vgl. § 207) wäre nicht angemessen (so auch Widmann/Mayer/Vossius Rn. 129). Für das Bestehen des Zustimmungserfordernisses ist es ohne Bedeutung, ob die betreffenden Gesellschafter bereits bislang persönlich für die Verbindlichkeiten der PhG hafteten. Zwar ändert sich durch den Formwechsel die Identität des Rechtsträgers nicht, es muss aber jedem Gesellschafter die Entscheidung freistehen, ob er die für eine bestimmte Rechtsform getroffene **Entscheidung zur Übernahme der persönlichen Haftung** bei Fortführung der unternehmerischen Aktivität in anderer Rechtsform aufrechterhalten will (wie hier Lutter/Joost/Hoger Rn. 21; Habersack/Wicke/Kühn Rn. 47; BeckOGK/Kühn Rn. 47; Semler/Stengel/Leonard/Schlitt Rn. 41; NK-UmwR/Althoff/Narr Rn. 27). Außerdem bestehen Unterschiede zwischen der Stellung eines phG bei einer KGaA und bei einer PersGes (vgl. etwa §§ 283, 285 AktG). Abs. 3 betrifft nur den bereits an der formwechselnden PersGes beteiligten Gesellschafter. Der **Beitritt bislang nicht Beteiligter** (vgl. § 218 II) als phG beim Formwechsel in eine KGaA bestimmt sich nach § 221. 4

§ 218 Inhalt des Formwechselbeschlusses

(1) ¹**In dem Formwechselbeschluß muß auch der Gesellschaftsvertrag der Gesellschaft mit beschränkter Haftung oder die Satzung der Genossenschaft enthalten sein oder die Satzung der Aktiengesellschaft oder der Kommanditgesellschaft auf Aktien festgestellt werden.** ²**Eine Unterzeichnung der Satzung durch die Mitglieder ist nicht erforderlich.**

(2) **Der Beschluss zum Formwechsel in eine Kommanditgesellschaft auf Aktien muß vorsehen, daß sich an dieser Gesellschaft mindestens ein Gesellschafter der formwechselnden Gesellschaft als persönlich haftender Gesellschafter beteiligt oder daß der Gesellschaft mindestens ein persönlich haftender Gesellschafter beitritt.**

(3) ¹**Der Beschluss zum Formwechsel in eine Genossenschaft muß die Beteiligung jedes Mitglieds mit mindestens einem Geschäftsanteil vorsehen.** ²**In dem Beschluß kann auch bestimmt werden, daß jedes Mitglied bei der Genossenschaft mindestens einem und im übrigen mit so vielen Geschäftsanteilen, wie sie durch Anrechnung seines Geschäftsguthabens bei dieser Genossenschaft als voll eingezahlt anzusehen sind, beteiligt wird.**

1. Allgemeines

1 **§ 218 ergänzt § 194 I** durch weitere Anforderungen an den **Inhalt des Formwechselbeschlusses.** Nach **Abs. 1** muss der für den Rechtsträger nach dem Formwechsel maßgebliche Gesellschaftsvertrag (Satzung) bereits im Formwechselbeschluss enthalten sein oder festgestellt werden. Dies ist wegen der erheblichen strukturellen Unterschiede zwischen einer eGbR/**PhG/PartGes** (§ 225c) einerseits und einer KapGes oder einer eG andererseits erforderlich (Begr. RegE, BR-Drs. 75/94 zu § 218). Für den umgekehrten Fall des Formwechsels einer KapGes in eine PersGes fehlt eine entsprechende Anordnung (vgl. § 234).

2 Das Wesen der **KGaA** setzt zwingend voraus, dass mindestens ein Gesellschafter für die Verbindlichkeiten der Ges persönlich und unbeschränkt haftet (vgl. § 278 I AktG). In Ergänzung zu § 194 I Nr. 4 und § 217 III verlangt daher **Abs. 2** die Festsetzung im Formwechselbeschluss, dass sich an der Ges mindestens ein Gesellschafter der formwechselnden PersGes oder eine anlässlich des Formwechsels beitretende (natürliche oder juristische, → § 3 Rn. 21) Person als phG beteiligt. **Abs. 3** schließlich berücksichtigt Besonderheiten der Gestaltung des Mitgliedschaftsverhältnisses bei einer **eG** und ergänzt in seiner sprachlich geänderten Fassung (→ Einf. Rn. 28) insoweit § 194 I Nr. 3.

2. Beifügung von Gesellschaftsvertrag oder Satzung (Abs. 1)

3 Aus **Abs. 1** folgt – rechtsformspezifisch für den Formwechsel einer eGbR/PhG/PartGes (vgl. zu anderen Fällen des Formwechsels § 234 Nr. 3, §§ 253, 263, 276, 285, 294, 302) –, dass der Formwechselbeschluss auch den Gesellschaftsvertrag der GmbH bzw. die Satzung der eG enthalten oder die Satzung der AG/KGaA im Formwechselbeschluss festgestellt werden muss. **Bestandteil des Formwechselbeschlusses** ist der **Gesellschaftsvertrag** bzw. die Satzung in seiner/ihrer **konkreten Ausgestaltung.** Denn mit Wirksamwerden des Formwechsels (§ 202) wird dieses im Formwechselbeschluss enthaltene Organisationsstatut verbindlich und regelt damit ua die Rechte der Anteilsinhaber untereinander. **Veränderungen** können dann nur unter den jew. spezialgesetzlich geregelten Voraussetzungen vorgenommen werden (§§ 53 ff. GmbHG; §§ 179 ff., 278 III AktG; § 16 GenG). Es ist daher nicht ausreichend, im Formwechselbeschluss lediglich die gesetzlichen Mindestanforderungen an den Gesellschaftsvertrag oder die Satzung aufzunehmen und außerhalb des Formwechselbeschlusses eine hiervon abw. oder auch nur ergänzende Vereinbarung zu treffen (so auch Widmann/Mayer/Vossius Rn. 8; NK-UmwR/Althoff/Narr Rn. 6; Semler/Stengel/Leonard/Schlitt Rn. 5). Die inhaltlichen Anforderungen an den Gesellschaftsvertrag oder die Satzung richten sich nach dem für die Zielrechtsform maßgeblichen Recht.

4 Der Gesellschaftsvertrag oder die Satzung muss im Formwechselbeschluss **enthalten** sein oder **festgestellt** werden. Die unterschiedliche Terminologie ist rechtsformbedingt (so auch NK-UmwR/Althoff/Narr Rn. 5); im Aktienrecht wird der Abschluss des Gesellschaftsvertrags als Satzungsfeststellung bezeichnet (§ 23 AktG). Eine unmittelbare Aufnahme in den Text des Formwechselbeschlusses ist nicht notwendig. Nach **§ 9 I 2 BeurkG** bzw. **§ 37 I 2 BeurkG** gelten Erklärungen in einem Schriftstück, auf das in der notariellen Niederschrift (hier: des Formwechselbeschlusses, § 193 III 1) verwiesen und das dieser beigefügt wird, als in der Niederschrift selbst enthalten (→ § 37 Rn. 3 mwN).

5 Der Gesellschaftsvertrag oder die Satzung bedarf **nicht** der **Unterzeichnung durch alle Gesellschafter/Mitglieder.** Für den Formwechsel in eine eG regelt dies ausdrücklich **Abs. 1 S. 2,** der § 37 II Nr. 1 GenG von der entsprechenden Anwendung iSv § 197 ausschließen soll (Begr. RegE, BR-Drs. 75/94 zu 218). Aber auch **§ 2 I GmbHG** und **§§ 23, 280 AktG** (die notarielle Beurkundung iSv

§§ 8 ff. BeurkG, mithin Unterzeichnung nach § 13 I 1 BeurkG verlangen) sind nicht anwendbar. Denn § 197 bestimmt lediglich, dass die Gründungsvorschriften anzuwenden sind, soweit in §§ 190 ff. nichts anderes festgelegt ist. Eine derartige andere Vorschrift ist aber § 218. Denn während die Neugründung einer GmbH, AG, KGaA durch den Abschluss eines Gesellschaftsvertrages eingeleitet wird (vgl. § 2 GmbHG; §§ 23, 280 AktG) erfolgt der Formwechsel durch Beschluss. Diese unterschiedliche Art des Entstehens der KapGes hat zur Folge, dass Gründungsvorschriften, die mit dem Abschluss (nicht: dem Inhalt) des Gesellschaftsvertrages zusammenhängen, keine Anwendung finden (so iErg auch Widmann/Mayer/Vossius Rn. 5; Widmann/Mayer/Vossius § 217 Rn. 24 ff.; Habersack/Wicke/Kühn Rn. 9; BeckOGK/Kühn Rn. 9; NK-UmwR/Althoff/Narr Rn. 7, 49; Semler/Stengel/Leonard/Schlitt Rn. 6; Kölner Komm UmwG/Dauner-Lieb/Tettinger Rn. 16, 17; Henssler/Strohn/Drinhausen/Keinath Rn. 8; Lutter/Joost/Hoger Rn. 3). Aus derselben Erwägung folgt, dass der Formwechselbeschluss nicht zwingend nach §§ 8 ff. BeurkG beurkundet werden muss. Denn die **Beurkundung** eines Gesellschafterbeschlusses als Akt gesellschaftlicher Willensbildung betrifft einen sonstigen Vorgang iSv § 36 BeurkG (Scholz/Priester/Tebben GmbHG § 53 Rn. 69; OLG Köln BB 1993, 317 (318); Widmann/Mayer/Vossius Rn. 5; Widmann/Mayer/Vossius § 217 Rn. 21, 24; Kölner Komm UmwG/Dauner-Lieb/Tettinger Rn. 17; HK-UmwG/Rose Rn. 4; Lutter/Hoger § 193 Rn. 10). Ausreichend ist daher die Aufnahme des Berichts des Notars über seine Wahrnehmungen in einer Niederschrift (§ 37 I 1 Nr. 2 BeurkG). Eine Beurkundung des Formwechselbeschlusses nach §§ 8 ff. BeurkG ist allerdings unschädlich (OLG Köln BB 1993, 317 (318)). Schließlich folgt aus der Nichtanwendung der Vorschriften über die Unterzeichnung des Gesellschaftsvertrages oder der Satzung, dass auch die dem Formwechsel außerhalb der Gesellschafterversammlung zustimmenden Gesellschafter (vgl. auch § 193 IV 1) den Gesellschaftsvertrag oder die Satzung nicht unterzeichnen müssen. Zu den **Kosten der Beurkundung** → Vor § 190 Rn. 4.

3. Persönlich haftender Gesellschafter (Abs. 2)

Bei einer **KGaA** muss wenigstens ein Gesellschafter für die Verbindlichkeiten der 6 Ges unbeschränkt und persönlich haften (vgl. § 278 I AktG). **PhG kann grds. auch eine juristische Person** sein (→ § 3 Rn. 21; BGH DB 1997, 1219). Auch die Doppelstellung als phG und Kommanditaktionär ist möglich. **Abs. 2** bestimmt, dass der Beschluss zur Umw in eine KGaA die Beteiligung mindestens eines – bislang schon beteiligten oder beitretenden (dazu § 221; beide Möglichkeiten können nebeneinander genutzt werden, Lutter/Joost/Hoger Rn. 38; Habersack/Wicke/Kühn Rn. 71; BeckOGK/Kühn Rn. 71; Semler/Stengel/Leonard/Schlitt Rn. 49) – phG vorsehen muss. Die eigentliche Bedeutung von Abs. 2 liegt in der Klarstellung, dass **bislang** an der formwechselnden PersGes **nicht beteiligte Personen** anlässlich des Formwechsels als phG beitreten können. Denn die Festlegung der phG folgt bereits aus Abs. 1 S. 1, da die Satzung einer KGaA, die im Formwechselbeschluss festgestellt wird, nach § 281 I AktG (iVm § 197) den Namen, Vornamen, Beruf und Wohnort jedes phG enthalten muss.

Der **Beitritt eines bislang nicht Beteiligten** bei einem Formwechsel in eine 7 KGaA ist der einzige im UmwG geregelte Fall (zur grds. Möglichkeit des Hinzutritts oder Ausscheidens von Anteilsinhabern im Zeitpunkt des Wirksamwerdens des Formwechsels ausf. → § 226 Rn. 3 mwN), bei dem aufgrund einer gesetzlichen Regelung im unmittelbaren Zusammenhang mit der Umw eine vor der Umw nicht beteiligte Person aufgenommen werden kann. Der Beitritt des phG bedarf der **notariellen Beurkundung.** Ferner muss die **Satzung der KGaA** von ihm **genehmigt** werden (§ 221). Der Beitritt muss vor dem Wirksamwerden des Formwechsels feststehen (wenn auch ggf. bedingt durch das Wirksamwerden des Formwechsels). Dies ergibt sich bereits aus § 223, wonach die Urkunden über den Beitritt aller beitretenden phG der Anmeldung als Anlage beizufügen sind. Mit Wirksamwerden des Formwechsels (vgl. § 202) tritt die unbeschränkte Haftung der phG ein. Die **Haftung** erstreckt sich auch auf bereits vor dem Formwechsel begründete Verbindlichkeiten. Dies folgt aus § 278 II AktG, § 161 II HGB, ab 1.1.2024 §§ 126, 127 bis 31.12.2023 §§ 128, 130 HGB (so auch Widmann/Mayer/Vossius § 221 Rn. 27; Habersack/Wicke/Kühn Rn. 78; BeckOGK/Kühn Rn. 78; Semler/Stengel/Leonard/Schlitt Rn. 51), sodass auf eine ausdrückliche Regelung, wie sie noch § 365 S. 2 AktG aF, § 391 S. 4 AktG aF vorsahen, verzichtet werden konnte (Begr. RegE, BR-Drs. 75/94 zu § 218).

4. Geschäftsanteile der eG (Abs. 3)

8 **Abs. 3** legt fest, dass der Beschluss zum Formwechsel **in eine eG** die Beteiligung jedes (künftigen) Mitglieds mit **mindestens einem Geschäftsanteil** vorsehen muss. Darüber hinaus kann aber auch bestimmt werden, dass jedes Mitglied weitere Geschäftsanteile bis zur Höhe seines zugebuchten Geschäftsguthabens erhält. Die Vorschrift konkretisiert damit **§ 194 I Nr. 3,** indem die Ober- und Untergrenze festgelegt wird (Begr. RegE, BR-Drs. 75/94 zu § 218). Die Beteiligung mit mindestens einem Geschäftsanteil und die Möglichkeit der Beteiligung mit mehreren Geschäftsanteilen folgt allerdings schon aus § 197 iVm §§ 7, 7a GenG. Es bedarf hierzu entsprechender Regelungen in der Satzung (§ 7a I GenG). Die Anforderungen nach **Abs. 3 S. 1** werden daher bereits durch Abs. 1 erfüllt, da die Satzung der eG im Formwechselbeschluss enthalten sein muss.

9 Einen **eigenständigen Regelungsgehalt** besitzt **Abs. 3 S. 2.** Während § 7a GenG nur eine Festlegung in der Satzung zulässt, wonach sich ein Mitglied mit mehr als einem Geschäftsanteil beteiligen kann, folgt aus Abs. 3 S. 2, **mit wie vielen Geschäftsanteilen** das Mitglied beteiligt werden darf. Der Geschäftsanteil ist lediglich die in der Satzung festgelegte abstrakte Beteiligungsgröße, die für alle Mitglieder gleich sein muss (Lang/Weidmüller/Holthaus/Lehnhoff GenG § 7 Rn. 2 ff.; Beuthien/Beuthien GenG § 7 Rn. 1; Henssler/Strohn/Geibel GenG § 7 Rn. 2). **Das Geschäftsguthaben ist** hingegen der Betrag, der tatsächlich auf den oder die Geschäftsanteile eingezahlt ist (Lang/Weidmüller/Holthaus/Lehnhoff GenG § 7 Rn. 5 ff.). Nach einem Formwechsel entspricht das Geschäftsguthaben der Höhe der Beteiligung der einzelnen Gesellschafter am Vermögen der PersGes vor Wirksamwerden der Umw (§ 202; Habersack/Wicke/Kühn Rn. 94; BeckOGK/Kühn Rn. 94; Semler/Stengel/Leonard/Schlitt Rn. 60). Das Geschäftsguthaben ist insofern mit dem **Kapitalkonto** vglbar. Sofern der Formwechselbeschluss (und die Satzung → Rn. 8) die Möglichkeit der Beteiligung mit mehreren Geschäftsanteilen vorsieht, **berechnet sich die Anzahl der Geschäftsanteile** nach der Höhe des Geschäftsguthabens. In diesem Fall werden jedem Mitglied so viele Geschäftsanteile gewährt, wie es durch sein Geschäftsguthaben vollständig abdecken kann.

Beispiel:

10 ein Geschäftsanteil = 1.000 Euro
Geschäftsguthaben = 10.500 Euro (entspricht dem Wert der Beteiligung am formwechselnden Rechtsträger)

Das Mitglied erhält 10 Geschäftsanteile.

11 Abs. 3 S. 2 schließt hingegen aus, dass Mitgliedern einer eG mehr Geschäftsanteile gewährt werden als vermögensmäßig durch das Geschäftsguthaben abgedeckt sind. Insofern besteht eine **Abweichung zum allg. GenR,** da auf jeden Geschäftsanteil – auch wenn ein Mitglied mehrere Geschäftsanteile besitzt – lediglich eine Mindesteinlage iHv 10% geleistet werden muss (vgl. § 7 Nr. 1 GenG).

§ 219 Rechtsstellung als Gründer

¹**Bei der Anwendung der Gründungsvorschriften stehen den Gründern die Gesellschafter der formwechselnden Gesellschaft gleich.** ²**Im Falle einer Mehrheitsentscheidung treten an die Stelle der Gründer die Gesellschafter, die für den Formwechsel gestimmt haben, sowie beim Formwechsel in eine Kommanditgesellschaft auf Aktien auch beitretende persönlich haftende Gesellschafter.**

1. Allgemeines

§ 197 bestimmt, dass auf den Formwechsel die für die neue Rechtsform geltenden Gründungsvorschriften grds. anzuwenden sind. § 219 regelt ergänzend hierzu, wer beim Formwechsel einer **eGbR/PhG/PartGes** (§ 225c) als Gründer idS anzusehen ist. **Gründer** sind die Gesellschafter der formwechselnden PersGes, allerdings – im Falle einer Mehrheitsentscheidung – nur diejenigen, die dem Formwechsel **zugestimmt** haben. Ferner steht der bei einem Formwechsel in eine **KGaA** beitretende phG einem Gründer gleich.

2. Gründerpflichten

§ 219 enthält keine Aussage zu den **Pflichten der Gründer.** Diese folgen über § 197 aus den für die Zielrechtsform jew. anwendbaren Spezialvorschriften. Besondere Bedeutung hat hierbei die **Haftung** der Gründer beim Formwechsel in eine AG oder KGaA gem. **§ 46 AktG** (ggf. iVm § 278 III AktG). Danach haften die Gründer für die Richtigkeit und für die Vollständigkeit der Angaben im Zusammenhang mit der Gründung der Ges und für Schäden durch Einlagen, Sachübernahmen oder Gründungsaufwand der Ges ggü. als Gesamtschuldner. Aber auch das **GmbHG** kennt eine Gründungshaftung (unklar RegEBegr. BR-Drs. 75/94 zu § 219: „… nach den aktienrechtlichen Gründungsvorschriften wie ein Gründer verantwortlich"). § 9a GmbHG enthält eine § 46 AktG vglbare und in § 82 GmbHG strafbewehrte Regelung. Die Gründerhaftung des GmbHG geht sogar über die des Aktienrechts hinaus, da nach §§ 9, 24 GmbHG eine gesamtschuldnerische Differenzhaftung aller Gesellschafter (also zumindest der Gründer) bei nicht ausreichend werthaltigen Sacheinlagen eintritt (s. hierzu → § 245 Rn. 5 zu § 245 IV). Bei einem Formwechsel in eine **AG** (KGaA, § 278 III AktG) müssen die Gründer ferner einen **schriftlichen Bericht** über den Hergang der Gründung erstatten (§ 32 I AktG). Der Formwechsel stellt wirtschaftlich betrachtet eine **Gründung durch Sacheinlagen** dar. Daher sind im Gründungsbericht (§ 220 II) die wesentlichen Umstände darzulegen, aus denen sich ergibt, dass das Reinvermögen der formwechselnden PersGes eine angemessene Leistung für Sacheinlagen ist (§ 32 AktG iVm §§ 197, 220 II). Falsche Angaben führen zur Haftung nach § 46 I AktG und sind nach § 399 AktG strafbewehrt. Beim Formwechsel in eine **GmbH** folgt die Pflicht zur Erstellung des Sachgründungsberichtes aus § 5 IV 2 GmbHG iVm § 220 II UmwG. Im **GenG** existieren keine besonderen Pflichten für die Gründer.

3. Den Gründern gleichgestellte Personen

Als Gründer iSd jew. Gründungsvorschriften gelten bei einem Formwechsel durch **einstimmigen Beschluss** alle Gesellschafter der PersGes. Die danach eintretende Gründerhaftung trifft uneingeschränkt auch die **Kommanditisten** der formwechselnden PhG (hM, vgl. Nachw. bei Widmann/Mayer/Vossius Rn. 25; NK-UmwR/Althoff/Narr Rn. 6; inzwischen auch Lutter/Joost/Hoger Rn. 4; aA Wolf ZIP 1996, 1200; dagegen mwN zB Kölner Komm UmwG/Dauner-Lieb/Tettinger Rn. 4 ff.; Habersack/Wicke/Kühn Rn. 19; BeckOGK/Kühn Rn. 19; wie beim

Ausscheiden gegen Barabfindung kann die formale Wortlautargumentation zu ungerechten Ergebnissen führen; alternativ bieten sich die Modelle der Anwachsung und der erweiterten Anwachsung an, dazu auch Semler/Stengel/Leonard/Schlitt Rn. 18). Für einen Kommanditisten, der seine Einlage geleistet und nicht zurückerhalten hat, mithin nicht persönlich ggü. den Gläubigern der Ges haftet (§ 171 HGB), kann ein mit seiner Zustimmung durchgeführter Formwechsel in eine KapGes also durchaus mit erheblichen Risiken verbunden sein. Da die Gründerhaftung keinem Gesellschafter der PersGes aufgezwungen werden soll, sieht **§ 219 S. 2** vor, dass im Falle einer **Mehrheitsentscheidung** nur die dem Formwechsel **zustimmenden Gesellschafter** als Gründer anzusehen sind. Es kommt nur auf das Abstimmungsverhalten an (dadurch kann die Mehrheitsumwandlung instrumentalisiert werden, vgl. Lutter/Joost/Hoger Rn. 5; Kallmeyer/Blasche Rn. 4; Semler/Stengel/Leonard/Schlitt Rn. 7). Der widersprechende Gesellschafter ist auch dann nicht einem Gründer gleichgestellt, wenn er von der Möglichkeit des **Ausscheidens gegen Barabfindung** (§ 207) Gebrauch macht (wie hier Lutter/Joost/Hoger Rn. 4; Kölner Komm UmwG/Dauner-Lieb/Tettinger Rn. 10; aA Widmann/Mayer/Vossius Rn. 17; und ihm folgend Semler/Stengel/Leonard/Schlitt Rn. 14; Henssler/Strohn/Drinhausen/Keinath Rn. 10, denen zwar zuzugeben ist, dass das Ausscheiden gegen Barabfindung formal Anteilsinhaberschaft beim Rechtsträger neuer Rechtsform voraussetzt, vom Sinn und Zweck des Instituts der Barabfindung soll die rechtstechnisch nicht anders lösbare Konstellation aber nicht zum Nachteil des Betroffenen führen, was sogar stl. anerkannt ist, → UmwStG § 5 Rn. 20; alt. bliebe sonst nur ein allg. Austrittsrecht, wie es von Lutter/Grunewald § 29 Rn. 11 propagiert wird, um den Haftungsgefahren zu entgehen). Das Risiko einer Belastung mit der Differenzhaftung dürfte mit Blick auf die Prüfungsschritte nach § 220 UmwG gleichwohl nicht allzu hoch sein, vgl. Lutter/Joost/Hoger Rn. 4, Habersack/Wicke/Kühn Rn. 21; BeckOGK/Kühn Rn. 21. Wer im Falle einer Mehrheitsentscheidung als Gründer anzusehen ist, ergibt sich aus der **Niederschrift über den Formwechselbeschluss**. In der Niederschrift sind nach § 217 II (→ § 217 Rn. 3) die dem Formwechsel zustimmenden Gesellschafter **namentlich aufzuführen**. Schließlich stehen die bei einem **Formwechsel in eine KGaA** beitretenden phG den Gründern gleich. Die betreffenden Personen sind durch die notarielle Beurkundung des Beitritts (§ 221 S. 1) und durch die Einreichung dieser Unterlagen zum HR (§ 223) eindeutig bestimmt.

§ 220 Kapitalschutz

(1) **Der Nennbetrag des Stammkapitals einer Gesellschaft mit beschränkter Haftung oder des Grundkapitals einer Aktiengesellschaft oder einer Kommanditgesellschaft auf Aktien darf das nach Abzug der Schulden verbleibende Vermögen der formwechselnden Gesellschaft nicht übersteigen.**

(2) **In dem Sachgründungsbericht beim Formwechsel in eine Gesellschaft mit beschränkter Haftung oder in dem Gründungsbericht beim Formwechsel in eine Aktiengesellschaft oder in eine Kommanditgesellschaft auf Aktien sind auch der bisherige Geschäftsverlauf und die Lage der formwechselnden Gesellschaft darzulegen.**

(3) [1]**Beim Formwechsel in eine Aktiengesellschaft oder in eine Kommanditgesellschaft auf Aktien hat die Gründungsprüfung durch einen oder mehrere Prüfer (§ 33 Abs. 2 des Aktiengesetzes) in jedem Fall stattzufinden.** [2]**Die für Nachgründungen in § 52 Abs. 1 des Aktiengesetzes bestimmte Frist von zwei Jahren beginnt mit dem Wirksamwerden des Formwechsels.**

1. Allgemeines

Die Vorschrift ist für den Formwechsel von eGbR/PhG/PartGes (§ 225c) in KapGes nach §§ 214 ff. **von zentraler Bedeutung.** Die Umw ist nur dann zulässig, wenn mindestens die **Deckung des** im Gesellschaftsvertrag bzw. der Satzung (vgl. § 218 I) festgesetzten **Stamm- bzw. Grundkapitals** als Reinvermögen des Rechtsträgers gewährleistet ist. Das Prinzip der Identität des Rechtsträgers vor und nach Wirksamwerden des Formwechsels (→ § 190 Rn. 5 ff.) wird durch **Abs. 1** als Konkretisierung der gem. § 197 S. 1 Hs. 1 entsprechend anwendbaren Gründungsvorschriften (→ § 197 Rn. 4) relativiert. **Abs. 2** modifiziert § 5 IV GmbHG, § 32 II AktG. **Abs. 3 S. 1** stellt klar, dass die aktienrechtliche Gründungsprüfung auf jeden Fall stattzufinden hat, denn der Missbrauch des Formwechsels (Umgehung von strengeren Gründungsvorschriften, → § 197 Rn. 3) ist gerade bei der PersGes, für die keine vergleichbar strengen Kapitalerhaltungsvorschriften existieren, zu verhindern. **Abs. 3 S. 2** bestimmt schließlich den Fristbeginn für die Nachgründungsvorschrift von § 52 I AktG. 1

2. Kapitaldeckung (Abs. 1)

Beim Formwechsel wird der Zielrechtsträger nicht neu gegründet. Wegen § 197 S. 1 Hs. 1 sind die **Gründungsvorschriften** aber **entsprechend anwendbar.** Wegen der Identität der Vermögenszuordnung zum Rechtsträger als Verband können die rechtsformspezifischen **Vorschriften** des GmbHG und des AktG über die Leistung einer Sacheinlage anlässlich der Gründung der KapGes nur sinngemäß angewendet werden. **Abs. 1** stellt dies nochmals klar, indem angeordnet wird, dass der Nennbetrag des StK einer GmbH oder des Grundkapitals einer AG oder KGaA das nach Abzug der Schulden verbleibende (Rein-)Vermögen der formwechselnden PersGes nicht übersteigen darf. 2

Erreicht der **Wert des Reinvermögens** der PersGes nicht die in der Satzung (die gem. § 218 I 1 Bestandteil des Umwandlungsbeschlusses ist) bestimmte Höhe des Grund- bzw. Stammkapitals (§ 23 III Nr. 3 AktG, mindestens 50.000 Euro, vgl. § 7 AktG; § 3 I Nr. 3 GmbHG, mindestens 25.000 Euro, vgl. § 5 I GmbHG; ein Formwechsel in die UG ist nicht möglich, → § 191 Rn. 32), so ist auch eine **ergänzende Barzahlung möglich** (hM, Priester FS Zöllner, Bd. I, 1998, 449 (466); K. Schmidt ZIP 1995, 1385 (1389); Semler/Stengel/Leonard/Schlitt Rn. 17 mwN; Kallmeyer/Blasche Rn. 9; Goutier/Knopf/Tulloch/Laumann Rn. 25; Henssler/Strohn/Drinhausen/Keinath Rn. 5; aA Kölner Komm UmwG/Dauner-Lieb/Tettinger Rn. 27 ff.; Widmann/Mayer/Vossius Rn. 30, 31; Lutter/Joost/ Hoger Rn. 15, 16), die zumindest während des registerrechtlichen Verfahrens als Einlage in die PersGes noch in der bisherigen Rechtsform zulässig ist (vgl. auch Widmann/Mayer/Vossius Rn. 31). Stellt sich erst nachträglich heraus, dass die „Sacheinlage" überbewertet wurde, muss die Wertdifferenz zum festgesetzten Nennbetrag des StK oder Grundkapitals nach Maßgabe des § 219 in bar geleistet werden (vgl. **§ 36a II 3 AktG; § 9 I GmbHG;** Kallmeyer/Blasche Rn. 14; NK-UmwR/ Althoff/Narr Rn. 13). Die Rspr. des BGH zum Schutz von Minderheitsaktionären (→ § 69 Rn. 29 mwN) ändert hieran nichts (Wälzholz AG 2006, 469 (473)). 3

Gem. Abs. 1 ist zu prüfen, ob der Nennbetrag des Grundkapitals einer AG/ KGaA das nach Abzug der Schulden verbleibende Vermögen der formwechselnden Gesellschaft nicht übersteigt. Nach dem **Wortlaut** des Gesetzes ist demnach **nur das Grundkapital** im formalen Sinne einzubeziehen. Dies wurde früher in der umwandlungsrechtlichen Lit. auch so vertreten (zB Kallmeyer/Dirksen, 4. Aufl. 2010, § 220 Rn. 5; Widmann/Mayer/Vossius Rn. 10, 11). 4

Nach der BGH-Entscheidung im Fall Babcock (BGH ZIP 2012, 73) umfasst die Deckungsprüfung einer Sacheinlage im Falle der **Kapitalerhöhung** nach den 5

Regelungen des AktG jedoch **auch** die Prüfung eines etwaigen **Aufgelds/Agios**, sofern dies nach § 9 II AktG statutarisch festgelegt und nicht lediglich schuldrechtlich vereinbart wurde. Bei Überbewertung von Sacheinlagen besteht gegenüber dem Aktionär (entsprechende Haftung des Gründungsprüfers und der Organe ist möglich) ein **Differenzhaftungsanspruch** bezogen auf den Differenzbetrag zwischen dem Wert der Sacheinlage und dem geringsten Ausgabebetrag (BGH ZIP 2012, 73 Rn. 16). Dies folgt bei der Kapitalerhöhung nach dem AktG aus § 36a II AktG iVm §§ 183, 188 II 1 AktG, § 9 I AktG sowie aus einer Analogie zu § 9 I GmbHG. Ein Differenzhaftungsanspruch besteht nach Ansicht des BGH aber auch dann, wenn der Wert der Sacheinlage zwar den geringsten Ausgabebetrag gem. § 9 I AktG, aber nicht das weiter festgesetzte **korporative Aufgeld** gem. § 9 II AktG deckt. Für das schuldrechtliche Aufgeld gelten die strengen Anforderungen zur Kapitalerhaltung nicht in gleichem Maße (zu den Unterschieden Priester JbFfSt 2012/2013, 397 (398)). Wegen des eindeutigen Regelungsgehalts von § 9 II AktG ist das Aufgeld bei der AG/KGaA Teil des Ausgabebetrags und deshalb ebenfalls vollständig von der **mitgliedschaftlichen Leistungspflicht der Aktionäre** gem. § 54 I AktG umfasst (BGH ZIP 2012, 73 Rn. 17; dem zu Recht folgend Wieneke NZG 2012, 136 (138) mwN). Dem steht nicht entgegen, dass das Aufgeld nicht als Nominalkapital („verlautbares Eigenkapital"), sondern nur als Kapitalrücklage iSv § 272 II Nr. 1 HGB auszuweisen ist. Dem Gläubigerschutz dient nicht nur das verlautbarte und per se nicht ausschüttungsfähige Eigenkapital, sondern auch § 150 AktG (BGH ZIP 2013, 73 Rn. 18; auch in der Lit. allgM; § 150 AktG ist anerkannte Norm im Rahmen des Gläubigerschutzes, MüKoAktG/Hennrichs/Pöschke AktG § 150 Rn. 4; Koch AktG § 150 Rn. 1 je mwN). Bei der **Gründungsprüfung** ist dies zu beachten. Der Sachverständigenbericht erstreckt sich nach dem Wortlaut von § 183 III AktG bzw. § 205 V 1 AktG durch die Verweisung auf § 34 I Nr. 2 AktG zwar nur auf den geringsten Ausgabebetrag. Nach Art. 10 II Kapital-RL 1977 (RL 77/91/EWG aF (heute Art. 49 II GesR-RL), allein wegen dieser RL ist beim Formwechsel von AG in KGaA und umgekehrt überhaupt die Notwendigkeit einer kapitalbezogenen Gründungsprüfung gegeben, → § 245 Rn. 6) ist indes auch eine entsprechende Deckung des Aufgelds durch den Wert der Sacheinlage zu prüfen. Zudem verweist § 188 II 1 AktG zur Durchführung der Anmeldung der Kapitalerhöhung auf § 36a II 3 AktG, wonach der Wert der Sacheinlage das Aufgeld decken muss. Bei der Kapitalerhöhung muss damit der gerichtlich bestellte Sachverständige bei der Werthaltigkeitsprüfung auch das korporative Agio berücksichtigen (BGH ZIP 2012, 73; zust. Gottschalk GWR 2012, 121 (123); Wieneke NZG 2012, 136 (138)).

6 Die Babcock-Entscheidung des BGH zur Sachkapitalerhöhung bei der Aktiengesellschaft ist wegen der im Wesentlichen **gleichen Sach- und Interessenlage** auf den **Formwechsel in die Rechtsform AG und KGaA** übertragbar (so auch Kallmeyer/Blasche Rn. 4). Der Formwechsel ist Sacheinlage iSv § 27 I 1 AktG (statt aller Lutter/Joost/Hoger Rn. 24), er unterscheidet sich in den relevanten Punkten nicht von einer Kapitalerhöhung durch Sacheinlage. Der Rechtsträger ist vor und nach dem Formwechsel zwar identisch (→ § 190 Rn. 5 mwN); aus Gründen des Gläubiger- und Umgehungsschutzes wird dennoch die **effektive Kapitalaufbringung** so gewährleistet, wie dies bei der Neugründung der Fall wäre. Wegen der Verweisung auf § 220 III zB durch § 245 II 2 und wegen § 197 hat bei jedem Formwechsel in die AG/KGaA eine **umfassende Gründungsprüfung** stattzufinden (Widmann/Mayer/Rieger § 245 Rn. 50). Damit soll das Gebot der Reinvermögensdeckung gesichert werden (Semler/Stengel/Leonard/Scheel § 245 Rn. 54; Widmann/Mayer/Rieger § 245 Rn. 50 ff., dort auch zu Argumenten, die beim Formwechsel AG in KGaA an sich gegen ein Bedürfnis einer solchen Prüfung sprechen, der Gesetzeswortlaut ist aber eindeutig). Auch beim Formwechsel ist ein normaler Gründungsbericht iSd AktG zu erstellen, der den Nachweis enthält, dass das Reinvermögen des formwechselnden Rechtsträgers mindestens dem Grundkapital des neuen Rechtsträgers entspricht (→ § 245 Rn. 6; Kallmeyer/Blasche Rn. 4; Kallmeyer/Blasche § 245 Rn. 7; Widmann/Mayer/Rieger § 245 Rn. 75). Als Gegenstand des Umwandlungsbeschlusses iSv § 218 I 1 können die Gesellschafter der formwechselnden PersGes frei darüber bestimmen, ob sie ein korporatives Aufgeld festlegen oder nicht. Anders ist dies beim Formwechsel von AG in KGaA oder umgekehrt. Durch die Festlegung des Agios noch in der alten Rechtsform ist der Fortbestand der damit verbundenen und ihrem Charakter nach drittschützenden Kapitalbindung in diesem Fall gem. § 9 II AktG angelegt, weil der Formwechsel diese Entscheidung unberührt lässt (arg. § 243 II). Damit muss trotz des scheinbar eindeutigen und auf das Nominalkapital beschränkten Gesetzeswortlauts von Abs. 1 wegen Art. 10 II Kapital-RL 1977 (heute Art. 49 II GesR-RL) das **korporative Aufgeld** in die Kapitaldeckung einbezogen werden, § 34 AktG umfasst nicht nur bei der normalen KapErh nach AktG (dazu K. Schmidt/Lutter/Bayer AktG § 34 Rn. 6; Koch AktG § 34 Rn. 3; aA wohl Spindler/Stilz/Gerber AktG § 34 Rn. 8), sondern auch beim Formwechsel in eine AG oder eine KGaA die Wertdeckungsprüfung in Bezug auf das Agio.

Gegenstand der „Sacheinlage" ist das Vermögen des formwechselnden 7 Rechtsträgers, also **alle** dem Unternehmen der PersGes dienenden **Vermögensgegenstände**. Auf den Bilanzansatz kommt es nicht an. § 27 I 1 AktG, § 5 IV 1 GmbHG sind zu beachten; zum gesetzlich notwendigen Satzungsinhalt gehört danach die **Festsetzung** des Gegenstands der Sacheinlage. In einschränkender Auslegung (vgl. § 197 S. 1 Hs. 2) dieser Vorschriften dürfte es iÜ genügen, wenn in der Satzung darauf hingewiesen wird, dass die „Sacheinlage" durch Formwechsel aus der (identischen) PersGes geleistet worden ist. Die Person des Einbringenden und die „zu gewährende Vergütung" sind nicht darzustellen.

Abs. 1 stellt auf das **„Vermögen"** ab. Bei rein wortlautorientierter Auslegung 8 kommt man – insbes. bei Vergleichen mit den Vorschriften von §§ 238, 242, 246 HGB – deshalb zur Maßgeblichkeit allein der BW. Diese Auslegung des Vermögensbegriffs wurde früher auch so vertreten (Lutter/Joost, Kölner Umwandlungsrechtstage 1995, 257 f.; ihm folgend K. Schmidt ZIP 1995, 1385 (1386); IDW WPg 1992, 613 (621); Wolf ZIP 1996, 1200 (1204); nicht eindeutig Lutter/Happ, Kölner Umwandlungsrechtstage 1995, 242 ff.).

Vermögen iSv Abs. 1 ist gleichwohl **nicht der BW,** sondern der Saldo aus 9 Aktiva und Passiva, jew. bewertet nach dem **Zeitwert** (dabei kann im Rahmen einer klassischen Unternehmensbewertung der Ertragswert des Unternehmens ermittelt werden, zutr. OLG Frankfurt a. M. ZIP 2015, 1229 mwN). Nur diese **materielle Betrachtungsweise** wird dem **Sinn und Zweck** des UmwG und der Systematik von §§ 190 ff. gerecht. Die Begr. RegE (BR-Drs. 75/94 zu § 246 und zu § 247) geht ohne Weiteres davon aus, dass eine **„Unterbilanz"** einem Formwechsel nicht entgegensteht. Aus der systematischen Stellung (Formwechsel von KapGes in KapGes) dieser Äußerung des Entwurfsverfassers kann auch für § 220 I geschlossen werden, dass dort Zeitwerte, nicht BW gemeint sind. Denn mit Unterbilanz ist in der Begr. RegE zumindest – eindeutig – die formelle Unterbilanz (und darüber hinaus wohl auch die materielle Unterbilanz) gemeint; im Wege eines Erst-Recht-Schlusses kann die Aussage zum Formwechsel unter KapGes damit für die hier zu entscheidende Frage der Zulässigkeit eines Formwechsels trotz **formeller Unterbilanz** verwendet werden (vgl. § 245 I 2, II 2, III 2, die „jeweils die entsprechende Anwendung von § 220" vorschreiben). Denn eine Unterbilanz kann es nur geben, wenn das Nennkapital nicht bereits durch BW gedeckt ist. Dieser Auslegung kann auch nicht die Identität des Rechtsträgers beim Formwechsel entgegengehalten werden; gerade iRd Kapitalschutzvorschriften – zu denen insbes. § 220 gehört – wird der **Grds. der Identität** kraft Entscheidung des Gesetzes relativiert (ausf. → § 197 Rn. 2 ff.). Ebenso lässt sich aus § 197 S. 1 nicht zwingend herleiten, dass

Abs. 1 nur die BW meinen könne, weil das Verbot der (materiellen) Unterpariemission ohnehin bereits aus dem gem. § 197 S. 1 zu beachtenden Gründungsrecht herauszulesen ist. Dieses Argument hätte nur dann Gewicht, wenn Doppelregelungen im UmwG iÜ nicht vorkommen würden; bereits Abs. 2 zeigt, dass dem nicht so ist. Schließlich ist eine auf das tatsächliche Reinvermögen nach Zeitwerten ausgerichtete Betrachtung dem Sinn und Zweck des UmwG 1995 geschuldet: Umstrukturierungen sollen erleichtert und nicht erschwert werden. Die Kapitalschutzvorschriften iRv §§ 190 ff. sollen eine Umgehung des strengen rechtsformspezifischen Gründungsrechts verhindern (→ § 197 Rn. 3); ein Rechtsträger, der über genügend Vermögen verfügt, um das Nennkapital einer KapGes darzustellen, könnte auch im Fall der Unterbilanz unzweifelhaft eine „normale" Sachgründung durchführen; dann ist es aber nicht einsehbar, weswegen der einfachere Weg des Formwechsels verschlossen sein soll. Dass es für die Frage der Kapitalaufbringung nach Abs. 1 auf die **tatsächlichen Zeitwerte des – bilanzierten und nicht bilanzierten – Vermögens** der PersGes und nicht auf die BW ankommt, ist zwischenzeitlich **ganz hM** (zB Timmermans DB 1999, 948 (949); Priester FS Zöllner, Bd. I, 1998, 449 (457); IDW [HFA] 1/96, WPg 1996, 507 (508); Lutter/Joost/Hoger Rn. 10; Hensler/Strohn/Drinhausen/Keinath Rn. 4; HK-UmwG/Rose Rn. 4; Widmann/Mayer/Vossius Rn. 16 ff.; Habersack/Wicke/Kühn Rn. 14; BeckOGK/Kühn Rn. 14; Semler/Stengel/Leonard/Schlitt Rn. 13 mwN; ausf. zur Buchwertaufstockung Kölner Komm UmwG/Dauner-Lieb/Tettinger Rn. 10 ff. mwN; aber → Rn. 11).

10   Es ist eine **Bewertung** der PersGes durchzuführen, die erkennen lässt, ob das festgesetzte Kapital aufgebracht werden kann. Maßgeblich ist der Zeitpunkt der Anmeldung (HK-UmwG/Rose Rn. 5; Semler/Stengel/Leonard/Schlitt Rn. 15). Die Bewertung kann sich grds. nach der (wegen § 25 S. 2 UmwStG notwendigen) StB richten (so auch HK-UmwG/Rose Rn. 10). Regelmäßig reicht eine solche StB zum Nachw. des Nominalkapitals aus, wenn ein **entsprechend hohes EK** (Reinvermögen) **schon beim Buchwertansatz** vorhanden ist. Eine Bewertung ist dann überflüssig. **Deckt das ausgewiesene EK das gewählte Stamm- oder Grundkapital dagegen nicht,** müssen – sofern vorhanden – **stille Reserven** einschl. selbst geschaffener immaterieller (und damit nicht im Jahresabschluss enthaltener) WG aufgedeckt werden; dabei sind alle gängigen Bewertungsmethoden grds. anwendbar (→ § 5 Rn. 10 ff.). Der **Nachw.** iSv Abs. 1 kann **auch durch** eine eigens dafür erstellte Vermögensbilanz geführt werden (ähnlich IDW [HFA] 1/96, WPg 1996, 507 (508); „Vermögensstatus", Lutter/Joost/Hoger Rn. 18 mwN).

11   **Obergrenze jeder Bewertung** ist allerdings der Zeitwert des einzelnen Vermögensgegenstandes. Zur stl. Schlussbilanz vgl. die Erläuterung zu §§ 3, 9, 11, 25 UmwStG; zur stl. Eröffnungs- oder Übernahmebilanz vgl. §§ 4, 12, 20 UmwStG. Eine Überbewertung würde zu einer verbotenen **Unterpariemission** führen; die KapGes wäre nicht eintragungsfähig. Dies schlägt auf die Umw durch. Im Einzelfall kann eine an sich gegebene materielle Unterdeckung durch einen qualifizierten Rangrücktritt beseitigt werden, vgl. dazu OLG Naumburg ZIP 2004, 566.

12   IRv § 220 ist im Gegensatz zu §§ 246, 247 allerdings die **Unterscheidung zwischen der formellen und der materiellen Unterbilanz** von wesentlicher Bedeutung:

13   Bei **materieller Unterbilanz** (nicht der formwechselnden PersGes, sondern der ZielGes), auf die Abs. 1 abstellt, ergibt sich die **Verpflichtung zur Zahlung des Differenzbetrages in bar** (→ Rn. 3 mwN). Der Differenzbetrag ist bilanziell als „ausstehende Einlage" iSv § 272 I HGB auszuweisen.

14   Würde dagegen eine **lediglich formelle Unterbilanz** bei der Zielrechtsform entstehen, steht dies dem Formwechsel nicht entgegen; die Diff. zwischen dem Nennbetrag der Anteile und dem ausgewiesenen EK der formwechselnden PersGes ist nicht als ausstehende Einlage zu behandeln, sondern vielmehr bilanziell als **formwechselbedingter Unterschiedsbetrag** („Fehlbetrag zum gesetzlichen Mindest-

Grund- bzw. StK", IDW [HFA] 1/96, WPg 1996, 507 (508); Henssler/Strohn/ Drinhausen/Keinath Rn. 5; dazu krit. Kölner Komm UmwG/Dauner-Lieb/Tettinger Rn. 11 mwN) auszuweisen. Darin liegt nicht eine Durchbrechung der Bilanzkontinuität, vielmehr werden die BW unverändert übernommen, der Ausgleich also über § 265 V 2 HGB hergestellt (im Gegensatz dazu beschränkt Priester DB 1995, 911 (915); Priester FS Zöllner, Bd. I, 1998, 449 (457) den Grds. der Identität dadurch, dass er die Bilanzkontinuität – wenn auch nicht vollständig – durchbricht und die Erstellung einer Eröffnungsbilanz, bei der die WG zu den Zeitwerten angesetzt werden können, fordert; das läuft im Ergebnis auf eine entsprechende Anwendung von § 24 auf den Formwechsel hinaus, was gerade nicht gewollt ist, vgl. Widmann/Mayer/Widmann § 24 Rn. 482, 483 mwN; Habersack/Wicke/Kühn Rn. 23; BeckOGK/Kühn Rn. 23; Semler/Stengel/Leonard/Schlitt Rn. 23; ausf. Carlé/Bauschatz GmbHR 2001, 1149 mwN; missverständlich Timmermans DB 1999, 948). Der formwechselbedingte Unterschiedsbetrag ist weder Vermögensgegenstand, Bilanzierungshilfe noch Abgrenzungsposten, sondern er ist als Aktivposten einzustellen, der nicht abgeschrieben werden kann, sondern wie ein Verlustvortrag (IDW [HFA] 1/96, WPg 1996, 507 (508)) mit zukünftigen Gewinnen verrechnet werden muss, und damit als **Ausschüttungssperre** wirkt (teilw. abw. Carlé/Bauschatz GmbHR 2001, 1149). Wie hier Timmermans DB 1999, 948 (949) mwN; auch möglich ist die Behandlung des Differenzbetrages gleich einem **Verlustvortrag,** so Widmann/Mayer/Widmann § 24 Rn. 486; ähnlich Widmann/Mayer/Vossius Rn. 27; Habersack/Wicke/Kühn Rn. 24; BeckOGK/Kühn Rn. 24.

3. Inhalt des (Sach-)Gründungsberichts (Abs. 2)

Zum üblichen Inhalt des **Sachgründungsberichts** der GmbH nach § 5 IV GmbHG → § 36 Rn. 22 ff. Zum Inhalt des **Gründungsberichts** nach § 32 AktG → § 197 Rn. 23.

Diese Berichte haben gem. **Abs. 2** zusätzliche Darlegungen zum bisherigen **Geschäftsverlauf und** zur **Lage** der formwechselnden PersGes zu enthalten. Dies hat insbes. durch die Angabe der Jahresergebnisse der beiden letzten vollen Gj. (vgl. § 5 IV 2 GmbHG) zu geschehen. Erfolgt der Formwechsel unterjährig, sind diese Darstellungen für das lfd. Gj. zu aktualisieren. Auf die Spezialliteratur zu § 5 IV GmbHG, § 32 II AktG wird verwiesen.

4. Gründungsprüfung (Abs. 3 S. 1)

Beim **Formwechsel in eine AG/KGaA** hat die **Gründungsprüfung** nach § 33 II AktG in jedem Fall stattzufinden (unbedingter Prüfungsbefehl). Vgl. iÜ → § 197 Rn. 25 ff. und die Spezialit. zu § 33 II AktG.

5. Nachgründung, Abs. 3 S. 2

§ 197 S. 1 Hs. 1 verweist auch auf §§ 52, 53 AktG über die **Nachgründung** (→ § 197 Rn. 32, → § 245 Rn. 1). Da es sich beim Formwechsel gerade nicht um eine Neugründung handelt, wird der **Fristbeginn** für die zweijährige Nachgründungszeit nicht an die Eintragung der Ges in das HR, sondern an das **Wirksamwerden des Formwechsels** (vgl. § 202, Eintragung der neuen Rechtsform oder Eintragung des Rechtsträgers neuer Rechtsform) gebunden.

§ 221 Beitritt persönlich haftender Gesellschafter

¹Der in einem Beschluss zum Formwechsel in eine Kommanditgesellschaft auf Aktien vorgesehene Beitritt eines Gesellschafters, welcher der formwechselnden Gesellschaft nicht angehört hat, muß notariell beurkun-

det werden. ²Die Satzung der Kommanditgesellschaft auf Aktien ist von jedem beitretenden persönlich haftenden Gesellschafter zu genehmigen.

1. Allgemeines

1   Der **Formwechsel** einer eGbR/PhG/PartGes (§ 225c) **in eine KGaA** setzt voraus, dass mindestens ein Gesellschafter die Stellung des **phG** einnimmt. Dies folgt bereits aus dem Wesen der KGaA (vgl. § 278 I AktG). § 218 II erwähnt das Erfordernis des Vorhandenseins mindestens eines phG nochmals ausdrücklich (→ § 218 Rn. 6, 7). Der phG muss nicht aus dem Kreis der bisherigen Gesellschafter der formwechselnden PersGes kommen. § 218 II eröffnet die Möglichkeit, dass anlässlich des Formwechsels ein **bislang nicht Beteiligter** als phG beitritt. Regelungsgegenstand von § 221 ist der Beitritt dieses phG.

2. Beitrittserklärung

2   Mit der **Beitrittserklärung** bringt der bislang an der PersGes nicht beteiligte phG zum Ausdruck, dass er sich dem Formwechselbeschluss der Gesellschafter der PersGes anschließt. **Stellvertretung** ist zulässig (Widmann/Mayer/Vossius Rn. 10; allg. zur Stellvertretung bei Umw Melchior GmbHR 1999, 520). Einer **Annahmeerklärung** der Ges bedarf es nicht (Kallmeyer/Blasche Rn. 2; Lutter/Joost/Hoger Rn. 2 mwN; aA Goutier/Knopf/Tulloch/Laumann Rn. 2). Der Beitritt des phG kann erst **nach der Fassung des Formwechselbeschlusses** (hM, vgl. Nachw. bei Lutter/Joost/Hoger Rn. 3; zeitgleiche Erklärung mit dem Formwechselbeschluss genügt unter dem Vorbehalt von → Rn. 3, insoweit ist Widmann/Mayer/Vossius Rn. 8 zuzustimmen), muss aber **vor der Anmeldung zum HR** erklärt werden (vgl. auch Habersack/Wicke/Kühn Rn. 8; BeckOGK/Kühn Rn. 8), denn der beitretende Komplementär muss nach § 221 S. 2 die Satzung genehmigen. Der Inhalt der Satzung ist aber erst mit der Fassung des Formwechselbeschlusses festgelegt (§ 218 I; → § 218 Rn. 3 ff.). § 223 sieht vor, dass die Beitrittserklärung bei der Anmeldung der neuen Rechtsform als Anlage beigefügt wird. Ein Beitritt nach Eintragung des Formwechsels richtet sich nach den allg. Regeln (Semler/Stengel/Leonard/Schlitt Rn. 8; Hensler/Strohn/Drinhausen/Keinath Rn. 3).

3   Die Beitrittserklärung bedarf nach **§ 221 S. 1 der notariellen Beurkundung.** Da es sich um eine Willenserklärung handelt, finden §§ 8 ff. BeurkG Anwendung. Die Beurkundung kann, muss aber nicht zugleich in der Niederschrift über den Formwechselbeschluss erfolgen (in diesem Fall müsste der Formwechselbeschluss nicht notwendig nach §§ 8 ff. BeurkG beurkundet werden, → § 218 Rn. 4, 5; wie hier Semler/Stengel/Leonard/Schlitt Rn. 7; Lutter/Joost/Hoger Rn. 2; aA Widmann/Mayer/Vossius Rn. 12, 23; Habersack/Wicke/Kühn Rn. 7; BeckOGK/Kühn Rn. 7 Kölner Komm UmwG/Dauner-Lieb/Tettinger Rn. 8).

4   Gem. § 221 S. 2 muss der beitretende Komplementär die **Satzung genehmigen.** Genehmigung bedeutet die nachträgliche Zustimmung (§ 184 I BGB) zur Satzung. Hieraus folgt, dass (die Beitrittserklärung und) die Genehmigung erst nach der Fassung des Formwechselbeschlusses erfolgen kann. Zwischenzeitlich ist es einhellige Auffassung, dass der Beitritt und die Genehmigung der Satzung nicht nur (wie üblich) **gemeinsam** mit dem Beitritt zur Gesellschaft erklärt werden können, sondern die Genehmigung **auch separat** erklärt werden kann (vgl. Kallmeyer/Blasche Rn. 4; Semler/Stengel/Leonard/Schlitt Rn. 12; Widmann/Mayer/Vossius Rn. 14 ff.; Habersack/Wicke/Kühn Rn. 11; BeckOGK/Kühn Rn. 11 und nunmehr auch Lutter/Joost/Hoger Rn. 6). Durch den Beitritt bringt der phG zum Ausdruck, dass er die Satzung in der im Formwechselbeschluss bestimmten Form akzeptiert. Satzungsänderungen nach Genehmigung und vor Wirksamwerden des Formwechsels sind nur noch mit notariell beurkundeter Zustimmung des phG möglich (Lutter/Joost/Hoger Rn. 7; Semler/Stengel/Leonard/Schlitt Rn. 13).

§ 222 Anmeldung des Formwechsels

(1) ¹Die Anmeldung nach § 198 einschließlich der Anmeldung der Satzung der Genossenschaft ist durch alle Mitglieder des künftigen Vertretungsorgans sowie, wenn der Rechtsträger nach den für die neue Rechtsform geltenden Vorschriften einen Aufsichtsrat haben muß, auch durch alle Mitglieder dieses Aufsichtsrats vorzunehmen. ²Zugleich mit der Genossenschaft sind die Mitglieder ihres Vorstandes zur Eintragung in das Register anzumelden.

(2) Ist der Rechtsträger neuer Rechtsform eine Aktiengesellschaft oder eine Kommanditgesellschaft auf Aktien, so haben die Anmeldung nach Absatz 1 auch alle Gesellschafter vorzunehmen, die nach § 219 den Gründern dieser Gesellschaft gleichstehen.

(3) Die Anmeldung der Umwandlung zur Eintragung in das Register nach § 198 Abs. 2 Satz 3 kann auch von den zur Vertretung der formwechselnden Gesellschaft ermächtigten Gesellschaftern vorgenommen werden.

1. Allgemeines

§ 222 ergänzt §§ 198, 197 (iVm dem jew. Gründungsrecht), indem in **Abs. 1 und 2** die zur Anmeldung verpflichteten Personen festgelegt werden. In **Abs. 3** wird eine alt. Zuständigkeit für die besondere Anmeldung nach § 198 II 3 festgelegt. Die Regelung orientiert sich an dem ohnehin nach § 197 S. 1 anwendbaren Gründungsrecht der jew. Rechtsform.

2. Notwendige Anmeldungen

Welche Anmeldung bei welchem Register **notwendig** ist, regelt § 198. Regelmäßig ist lediglich die **neue Rechtsform** anzumelden (§ 198 I). Beim Formwechsel in eine eG (Wechsel des Registers) sowie bei einer anlässlich des Formwechsels durchgeführten Sitzverlegung ist hingegen der **Rechtsträger neuer Rechtsform** beim zukünftigen Register und zugleich die Umw beim bislang zuständigen Register zur Eintragung anzumelden (§ 198 II 1–3; zu Einzelheiten → § 198 Rn. 5 ff.).

3. Rechtsform GmbH

Die **Zuständigkeit** für die beim Formwechsel in eine GmbH notwendige Anmeldung bestimmt sich nach **Abs. 1 S. 1** (zur Anmeldung nach § 198 II 3 → Rn. 9). In Übereinstimmung mit § 197 iVm § 7 I GmbHG, § 78 GmbHG muss die Anmeldung durch **alle** (zukünftigen) **Geschäftsführer** der GmbH erfolgen (zur Vertretung → Rn. 5). Hieraus folgt, dass bis zu diesem Zeitpunkt bereits zwingend die Geschäftsführer bestellt sein müssen. Eine Zuständigkeit der **Aufsichtsratsmitglieder** besteht bei einem Formwechsel in eine GmbH nach wohl hM selbst dann nicht, wenn nach Durchführung des Formwechsels bei der GmbH ein AR zu bilden ist, weil von Abs. 1 S. 1 nur der nach gesetzlicher Vorschrift (etwa nach § 1 MitbestG, § 1 DrittelbG) zwingend zu bildende AR erfasst ist. Auch sofern die eGbR/PhG/PartGes (§ 225c) aufgrund des Formwechsels in eine GmbH zukünftig einen (mitbestimmten) **AR bilden muss** (vgl. § 3 MontanMitbestG; §§ 2 f. MitbestErgG; § 1 MitbestG; § 1 I Nr. 3 DrittelbG), gilt dies noch nicht für das Gründungsstadium (hM; Noack/Servatius/Haas/Noack GmbHG § 52 Rn. 17; Scholz/Veil GmbHG § 8 Rn. 19; Scholz/Schmidt GmbHG § 11 Rn. 61 mwN). Maßgeblich hierfür ist die Erwägung, dass die genannten Vorschriften entscheidend auf die Rechtsform des Unternehmens abstellen, die Rechtsform „GmbH" jedoch erst mit Wirksamwerden des Formwechsels (§ 202) entsteht (so für den ähnl. Fall von § 168 ausdrücklich BayObLG BB 2000, 1538; aA Semler/Stengel/Leonard/Schlitt Rn. 9; Semler/Stengel/Leonard/Schlitt § 218 Rn. 27; Lutter/Joost/Hoger § 218 Rn. 16; Habersack/Wicke/Kühn Rn. 11; BeckOGK/Kühn Rn. 11; Kallmeyer/Blasche Rn. 2; Kallmeyer/Blasche § 218 Rn. 16; Bärwaldt/Jahntz NJW 2001, 2312; wie hier Widmann/Mayer/Vossius Rn. 17, 18). Dementsprechend ist nach zustimmungswürdigem Beschluss des KG v. 26.10.2021 (RNotZ 2022, 175) das aufschiebend bedingte **Ausscheiden des phG** nicht zum HR anzumelden. Mit dem Wirksamwerden des Formwechsels erlischt der formwechselnde Rechtsträger in Rechtsform der KG und die Stellung des phG endet; zum Ein- und Austritt von Mitgliedern im Rahmen des Formwechsels (→ § 226 Rn. 3).

4. Rechtsform AG/KGaA

4 Entsprechend der ohnehin über § 197 S. 1 anwendbaren Regelung von § 36 I AktG ist bei einem **Formwechsel in eine AG** die Anmeldung durch **alle Mitglieder des künftigen Vorstands**, durch **alle Mitglieder des** (bei der AG obligatorischen) **AR** und durch **alle Gründer** vorzunehmen (zur ggf. notwendigen Anmeldung nach § 198 II 3 → Rn. 9). Für die **Zusammensetzung des AR** gilt § 31 AktG, dessen Anwendbarkeit § 197 S. 3 im Wege der Rückausnahme anordnet (→ § 197 Rn. 11).

5 Da die Aufsichtsratsmitglieder bereits die Anmeldung durchzuführen haben, müssen sie iRv § 31 AktG spätestens zu diesem Zeitpunkt bestellt sein. Entsprechendes gilt für die Vorstandsmitglieder, die durch den ersten AR (§ 84 AktG) zu bestellen sind. Soweit für einen mitbestimmten Aufsichtsrat die Wahl der Arbeitnehmervertreter unterblieben ist oder nicht rechtzeitig stattgefunden hat, hindert dies die Eintragung des Formwechsels durch den allein mit Arbeitgebervertretern besetzen Aufsichtsrat nicht (Widmann/Mayer/Vossius Rn. 22; Lutter/Joost/Hoger Rn. 3 mwN; Habersack/Wicke/Kühn Rn. 21; BeckOGK/Kühn Rn. 21); in der Anmeldung ist dann zu erklären, dass die Arbeitnehmervertreter noch nicht gewählt sind (Widmann/Mayer/Vossius Rn. 25). Eine **Vertretung bei der Anmeldung** ist unzulässig (Kallmeyer/Blasche Rn. 1; für die AG Semler/Stengel/Leonard/Schlitt Rn. 18; NK-UmwR/Althoff/Narr Rn. 7; allg. Melchior GmbHR 1999, 520).

6 Die Anmeldung hat ferner durch diejenigen Gesellschafter der formwechselnden PersGes zu erfolgen, die den Gründern gleichstehen (Abs. 2). Welche Gesellschafter einem **Gründer** gleichstehen, bestimmt sich nach **§ 219.** Dies sind bei einem **einstimmigen Formwechselbeschluss** alle Gesellschafter, iÜ alle Gesellschafter, die für den Formwechsel gestimmt haben (näher → § 219 Rn. 1, → § 219 Rn. 3). Die Anmeldung durch alle den Gründern gleichstehende Gesellschafter hat auch dann zu erfolgen, wenn dies – etwa beim Formwechsel einer PublikumsGes – mühsam ist (zu den damit verbundenen Problemen Widmann/Mayer/Vossius Rn. 37 ff., der die Unterzeichnung der Anmeldung durch die Gründer bereits in der Anteilsinhaberversammlung empfiehlt). Eine **Vertretung der Gründer** bei der Anmeldung durch Bevollmächtigte ist angesichts der persönlichen Verantwortlichkeit (vgl. §§ 46, 48, 399 AktG iVm § 197 S. 1) nicht möglich (hM; Habersack/Wicke/Kühn Rn. 8, 23; BeckOGK/Kühn Rn. 8, 23; Melchior GmbHR 1999, 520 mwN; Koch AktG § 36 Rn. 4 mwN). Die Anmeldung ist auch von denjenigen Gesellschaftern durchzuführen, die außerhalb der Gesellschafterversammlung dem Formwechsel zugestimmt haben (§ 217 I), da auch sie den Gründern gleichstehen.

7 Der **Formwechsel in eine KGaA** ist nach Abs. 1 und Abs. 2 durch alle **phG,** durch alle **Mitglieder des AR** und durch alle den **Gründern gleichstehende Gesellschafter** vorzunehmen. Die Zuständigkeit der phG ergibt sich einerseits aus Abs. 1 S. 1 iVm § 283 Nr. 1 AktG, andererseits für anlässlich des Formwechsels beitretende phG daraus, dass diese nach § 219 S. 2 den Gründern gleichstehen

(Abs. 2). Für die Zusammensetzung des AR gelten die Ausführungen zur Anmeldung des Formwechsels in eine AG entsprechend.

5. Rechtsform eG

Beim **Formwechsel in eine eG** ist zur Eintragung in das Genossenschaftsregister die Satzung anzumelden (§ 10 I GenG iVm § 197 S. 1). Ferner ist nach § 198 die neue Rechtsform oder der Rechtsträger neuer Rechtsform zur Eintragung anzumelden (§ 198 I, II 1–3). Schließlich sind nach **Abs. 1 S. 2** – in Übereinstimmung mit § 10 I GenG iVm § 197 S. 1 – zugleich mit der eG die Mitglieder ihres Vorstands zur Eintragung in das Register anzumelden. **Zuständig für alle Anmeldungen** sind die Mitglieder des zukünftigen **Vorstands der eG** und – über das allg. Gründungsrecht der eG hinausgehend – alle **Mitglieder des AR** (§ 9 I GenG; wie hier Kölner Komm UmwG/Dauner-Lieb/Tettinger Rn. 13; Widmann/Mayer/Vossius Rn. 48; Habersack/Wicke/Kühn Rn. 30; BeckOGK/Kühn Rn. 30). Die Zusammensetzung des AR für die Anmeldung bestimmt sich nach § 36 GenG. Sofern durch den Formwechsel zukünftig ein **mitbestimmter AR** zu bilden ist (vgl. § 1 MitbestG; § 1 DrittelbG), ist das Verfahren nach § 31 AktG durchzuführen (→ Rn. 4). Eine Anmeldung auch durch die den Gründern gleichstehenden Gesellschafter wie im allg. Gründungsrecht der eG für den Formwechsel in eine eG nicht vorgesehen (Abs. 2).

8

6. Ergänzende Anmeldung nach § 198 II 3

Beim Formwechsel einer **PersGes in eine eG** wechselt die Zuständigkeit des **Registers** (Genossenschaftsregister statt HR oder PartR). Entsprechendes gilt für den Formwechsel einer **PartGes in eine KapGes**. Ferner kann anlässlich des Formwechsels eine **Sitzverlegung** beschlossen werden, die zu einem Wechsel der örtlichen Zuständigkeit des Registergerichts führt. In diesen Fällen ist einerseits beim für den Rechtsträger neuer Rechtsform zuständigen Gericht der formwechselnde Rechtsträger, andererseits im bislang zuständigen Register **die Umw zur Eintragung anzumelden** (§ 198 II 1–3; → § 198 Rn. 8 f.). Für die letztgenannte Eintragung im bislang zuständigen Register bestimmt **Abs. 3,** dass diese Eintragung auch von den zur Vertretung der formwechselnden PersGes ermächtigten Gesellschaftern vorgenommen werden kann. Es handelt sich hierbei um eine **ergänzende Zuständigkeit** („auch"); die Zuständigkeit der nach Abs. 1 und Abs. 2 bestimmten Personen bleibt unberührt. Die Vereinfachung wurde eingefügt, weil diese Eintragung nur das bislang für die formwechselnde PersGes bestimmte Register betrifft und iU keine konstitutive Wirkung hat (Begr. RegE, BR-Drs. 75/94 zu § 222). Praktisch wirkt sich die Vereinfachung allerdings kaum aus, da es regelmäßig keinen Unterschied macht, ob die nach Abs. 1 und Abs. 2 bestimmten Personen eine oder zwei Anmeldungen unterzeichnen (so auch Habersack/Wicke/Kühn Rn. 42; BeckOGK/Kühn Rn. 42).

9

Zuständig für die Anmeldung nach Abs. 3 sind der oder die phG der formwechselnden PersGes, es sei denn, sie sind durch den Gesellschaftsvertrag von der Vertretung ausgeschlossen (§§ 125, 161 II HGB, § 6 II PartGG). Kommanditisten sind – zwingend (BGHZ 51, 198 (200) = NJW 1969, 507) – von der Vertretung der Ges ausgeschlossen. Ob alle vertretungsberechtigten Gesellschafter handeln müssen oder ob **Einzel- bzw. Gesamtvertretung** möglich ist, lässt das Gesetz nicht erkennen. Nach zutreffender hM genügt die Anmeldung durch Gesellschafter in vertretungsberechtigter Anzahl; unechte Gesamtvertretung ist jedoch nicht möglich (Widmann/Mayer/Vossius Rn. 41; Lutter/Joost/Hoger Rn. 10; Habersack/Wicke/Kühn Rn. 41; BeckOGK/Kühn Rn. 41; Semler/Stengel/Leonard/Schlitt Rn. 27; Kölner Komm UmwG/Dauner-Lieb/Tettinger Rn. 16).

10

7. Versicherungen anlässlich der Anmeldung

11 Von der Anmeldung der neuen Rechtsform oder des Rechtsträgers neuer Rechtsform und der Umw (vgl. § 198 I, II 1–3) zu unterscheiden ist die **Abgabe von Versicherungen** anlässlich der Anmeldung. § 198 III erklärt § 16 II, III für entsprechend anwendbar. Nach § **16 II** haben „bei der Anmeldung die Vertretungsorgane" zu erklären, dass eine **Klage gegen die Wirksamkeit des Formwechselbeschlusses** nicht oder nicht fristgemäß erhoben oder eine solche Klage rechtskräftig abgewiesen oder zurückgenommen worden ist. Bei der unmittelbaren Anwendung von § 16 II trifft diese Pflicht die die Anmeldung durchführenden Vertretungsorgane der beteiligten Rechtsträger (§ 16 I). § 198 bestimmt aber im Gegensatz zu § 16 I selbst nicht die Anmeldepflichtigen; diese ergeben sich aus den jew. einschlägigen besonderen Vorschriften (Begr. RegE, BR-Drs. 75/94 zu § 198). Nachdem die Anmeldung der neuen Rechtsform oder des Rechtsträgers neuer Rechtsform (§ 198 I, II 1, 2) beim Formwechsel einer PersGes (ua) durch die Mitglieder des Vertretungsorgans der neuen Rechtsform zu erfolgen hat (Abs. 1 S. 1), führt die über § 198 III angeordnete entsprechende Anwendung von § 16 II dazu, dass die Versicherung nur durch die **Mitglieder des Vertretungsorgans der neuen Rechtsform** abzugeben ist. Eine **Erweiterung auf** die übrigen nach Abs. 1 und Abs. 2 zur Anmeldung verpflichteten Personen **(Aufsichtsratsmitglieder und den Gründern gleichgestellte Gesellschafter)** ist mit dem Wortlaut von § 16 II („Vertretungsorgan", nicht Anmelder) nicht zu vereinbaren (**aA die hM**, vgl. Lutter/Hoger § 198 Rn. 34 mwN; unklar das Beispiel bei Widmann/Mayer/Vossius § 198 Rn. 35). Außerdem wissen die als Mitglieder des zukünftigen Vertretungsorgans vorgesehenen Personen am ehesten, ob eine Unwirksamkeitsklage erhoben worden ist. Wenigstens ist ihnen – im Gegensatz zu den den Gründern gleichgestellten Personen – eine entsprechende Aufklärung zumutbar. **Weitere Versicherungen** anlässlich der Anmeldung ergeben sich aus dem gem. § 197 anwendbaren Gründungsrecht der neuen Rechtsform (§ 8 II, III GmbHG; § 37 II AktG; eine § 246 III entsprechende Regelung findet sich in §§ 214–225 nicht; was auch nachvollziehbar ist, weil der formwechselnden PersGes anders als bei der formwechselnden KapGes eine Einlageversicherung (dazu NK-UmwR/Althoff/Narr § 246 Rn. 12) nicht abgegeben wurde; aA die hM, statt aller Semler/Stengel/Leonard/Schlitt § 220 Rn. 18 mwN). Die Versicherungen sind von den (zukünftigen) **Geschäftsführern der GmbH** bzw. von den **Mitgliedern des Vorstands** (den phG der KGaA, § 283 Nr. 1 AktG) abzugeben.

§ 223 Anlagen der Anmeldung

Der Anmeldung der neuen Rechtsform oder des Rechtsträgers neuer Rechtsform sind beim Formwechsel in eine Kommanditgesellschaft auf Aktien außer den sonst erforderlichen Unterlagen auch die Urkunden über den Beitritt aller beitretenden persönlich haftenden Gesellschafter in Ausfertigung oder öffentlich beglaubigter Abschrift beizufügen.

1 Bei der Anmeldung der neuen Rechtsform (§ 198 I) oder des Rechtsträgers neuer Rechtsform (§ 198 II 1–3) anlässlich des Formwechsels einer eGbR/PhG/PartGes (§ 225c) **in eine KGaA** müssen auch die Urkunden über den Beitritt aller (Lutter/Joost/Hoger Rn. 2) **beitretenden phG** beigefügt werden. **§ 223 ergänzt** damit **§ 199** („außer den sonst erforderlichen Unterlagen", → § 199 Rn. 1 ff.). Bei den beizufügenden Unterlagen handelt es sich um die nach § 221 S. 1 notariell zu beurkundenden **Beitrittserklärungen** (und die **Genehmigungserklärungen** der Satzung, Widmann/Mayer/Vossius Rn. 44; NK-UmwR/Althoff/Narr Rn. 5; Lutter/Joost/Hoger Rn. 4; Habersack/Wicke/Kühn Rn. 44; BeckOGK/Kühn Rn. 44;

Semler/Stengel/Leonard/Schlitt Rn. 8) der bislang am formwechselnden Rechtsträger nicht beteiligten phG des Rechtsträgers in der neuen Rechtsform KGaA. Die notarielle Niederschrift ist der Anmeldung in Ausfertigung (§§ 47 ff. BeurkG) oder beglaubigter Abschrift (§ 42 BeurkG) als Anlage beizufügen.

§ 224 Fortdauer und zeitliche Begrenzung der persönlichen Haftung

(1) **Der Formwechsel berührt nicht die Ansprüche der Gläubiger der Gesellschaft gegen einen ihrer Gesellschafter aus Verbindlichkeiten der formwechselnden Gesellschaft, für die dieser im Zeitpunkt des Formwechsels nach § 721 des Bürgerlichen Gesetzbuchs oder nach § 126 des Handelsgesetzbuchs persönlich haftet.**

(2) **Der Gesellschafter haftet für diese Verbindlichkeiten, wenn sie vor Ablauf von fünf Jahren nach dem Formwechsel fällig und daraus Ansprüche gegen ihn in einer in § 197 Abs. 1 Nr. 3 bis 5 des Bürgerlichen Gesetzbuchs bezeichneten Art festgestellt sind oder eine gerichtliche oder behördliche Vollstreckungshandlung vorgenommen oder beantragt wird; bei öffentlich-rechtlichen Verbindlichkeiten genügt der Erlass eines Verwaltungsakts.**

(3) [1]**Die Frist beginnt mit dem Tage, an dem die Eintragung der neuen Rechtsform oder des Rechtsträgers neuer Rechtsform in das Register bekannt gemacht worden ist.** [2]**Die für die Verjährung geltenden §§ 204, 206, 210, 211 und 212 Abs. 2 und 3 des Bürgerlichen Gesetzbuchs sind entsprechend anzuwenden.**

(4) **Einer Feststellung in einer in § 197 Abs. 1 Nr. 3 bis 5 des Bürgerlichen Gesetzbuchs bezeichneten Art bedarf es nicht, soweit der Gesellschafter den Anspruch schriftlich anerkannt hat.**

(5) **Die Absätze 1 bis 4 sind auch anzuwenden, wenn der Gesellschafter in dem Rechtsträger anderer Rechtsform geschäftsführend tätig wird.**

1. Fortdauer der Haftung

Die Vorschrift ist durch das **SMG** v. 26.11.2001 (BGBl. 2001 I 3138) mit Wirkung zum 1.1.2002 **umfassend geändert** worden, → § 45 Rn. 2 zur Parallelvorschrift von § 224. Der phG (und ggf. der Kommanditist, vgl. NK-UmwR/Althoff/Narr Rn. 6; Lutter/Joost/Hoger Rn. 7, 8 mwN, zur Enthaftung ebenda Rn. 16 ff.) einer PhG (Gesellschafter einer eGbR, OHG-Gesellschafter, Komplementär) bzw. ein Partner (§ 225c) haftet nach ab 1.1.2024 § 721 BGB, § 126 HGB; bis 31.12.2023 § 128 HGB (iVm § 161 II HGB) bzw. gem. § 8 I 1 PartGG mit der Einschränkung von § 8 II PartGG für Verbindlichkeiten der Ges persönlich, unbeschränkt, unmittelbar und primär (vgl. Hopt/Roth HGB § 128 Rn. 1; zu Einzelheiten des Inhalts der Haftung Servatius BGB § 721 Rn. 7 ff.; Hopt/Roth HGB § 128 Rn. 8 ff.; für Partner vgl. Michalski/Römermann PartGG § 8 Rn. 14, 15). Diese **persönliche Haftung bleibt** durch den Formwechsel für die zum maßgeblichen Zeitpunkt (→ Rn. 2) noch vorhandenen phG (Lutter/Joost/Hoger Rn. 3 mwN) **unberührt (Abs. 1).** 1

Maßgeblicher Zeitpunkt ist das Wirksamwerden des Formwechsels, also die Eintragung der neuen Rechtsform oder des Rechtsträgers neuer Rechtsform in das Register (§ 201, 202 I, II). Bis zu diesem Zeitpunkt muss die Verbindlichkeit, für die die (zunächst fortdauernde) Haftung der phG eintritt, **begründet** worden sein (iE → § 39f Rn. 4 ff.). 2

2. Nachhaftungsbegrenzung

3 Die nach Abs. 1 angeordnete **Fortdauer der persönlichen Haftung** ist allerdings **zeitlich begrenzt (Abs. 2–5).** Damit wurde der erstmals durch das NachhaftungsbegrenzungsG (BGBl. 1994 I 560) umgesetzte Rechtsgedanke, dass eine (wenigstens theoretische) Endloshaftung des phG einer PersGes nach einer Veränderung der Haftungssituation unbillig sei, auch in den Vorschriften über den Formwechsel einer PersGes verankert. Die Regelungen in § 222 II–V entsprechen inhaltlich denen von ab 1.1.2024 § 39f; bis 31.12.2023 § 45. Zu Einzelheiten daher → § 39f Rn. 10 ff. Maßgeblich für den **Fristbeginn** ist nach **Abs. 3 S. 1** die Bekanntmachungsfiktion nach § 201 UmwG, § 10 IV HGB.

§ 225 Prüfung des Abfindungsangebots

¹Im Falle des § 217 Abs. 1 Satz 2 ist die Angemessenheit der angebotenen Barabfindung nach § 208 in Verbindung mit § 30 Abs. 2 nur auf Verlangen eines Gesellschafters zu prüfen. ²Die Kosten trägt die Gesellschaft.

1 § 208 verweist auch auf § 30 II. Danach ist die Angemessenheit einer (beim Formwechsel nach § 194 I Nr. 6, § 207 I) anzubietenden Barabfindung stets zu prüfen. Dieser **unbedingte Prüfungsbefehl** wird durch § 225 **S. 1** für den Formwechsel **modifiziert.** Muss der Formwechsel zwingend einstimmig beschlossen werden (§ 217 I 1), erübrigt sich ein Barabfindungsangebot und damit auch dessen Prüfung (§ 207 I 1, § 194 I Nr. 6). Ein **Bedürfnis für eine Prüfung des Barabfindungsangebots** kann also nur im Fall von § 217 I 2 (Gesellschaftsvertrag lässt **Mehrheitsentscheidung** über den Formwechsel zu) eintreten. Sofern eine Mehrheitsentscheidung für den Formwechselbeschluss ausreichend ist, kann **jeder Gesellschafter** (Widmann/Mayer/Vossius Rn. 8; Habersack/Wicke/Kühn Rn. 7; BeckOGK/Kühn Rn. 7; Kallmeyer/Lanfermann Rn. 3; Kölner Komm UmwG/Dauner-Lieb/Tettinger Rn. 6; Semler/Stengel/Leonard/Schlitt Rn. 7) die Durchführung einer Prüfung des Barabfindungsangebots verlangen.

2 „Verlangen" bedeutet, dass der Gesellschafter in eindeutiger Weise sein Bestehen auf die Durchführung der Prüfung gegenüber die Ges zum Ausdruck bringt. Auf die Wortwahl kommt es nicht an, es muss lediglich deutlich werden, dass der Gesellschafter die sachverständige Überprüfung der Angemessenheit des im Formwechselbeschluss enthaltenen Barabfindungsangebots (§ 194 I Nr. 6) durch einen gesellschaftsfremden Dritten wünscht. Besondere Formerfordernisse für das Verlangen bestehen nicht (wie hier Semler/Stengel/Leonard/Schlitt Rn. 8; Lutter/Joost/Hoger Rn. 4; NK-UmwR/Althoff/Narr Rn. 8; iÜ → § 44 Rn. 3).

3 Das Recht, die Prüfung zu verlangen, erlischt durch Abgabe einer **notariellen Verzichtserklärung** nach §§ 208, 30 II 3 unabhängig davon, ob alle anderen Gesellschafter ebenfalls auf die Durchführung der Prüfung verzichtet haben. Damit ist zwar insges. kein wirksamer Verzicht ausgesprochen worden, dem betroffenen Gesellschafter gegenüber lässt sich aber zumindest der **Einwand unzulässiger Rechtsausübung** erheben, weil er durch seinen Verzicht dokumentiert hat, dass er an der Durchführung der Prüfung kein Interesse hat.

4 Das Verlangen nach Prüfung der Barabfindung ist grds. **nicht fristgebunden** (auch eine **Fristsetzung** durch den Rechtsträger dürfte zumindest seit dem 2. UmwÄndG nicht mehr zulässig sein (→ § 39e Rn. 4 mwN); für die Möglichkeit einer Fristsetzung im Gesellschaftsvertrag oder in der Einladung zur Gesellschafterversammlung Semler/Stengel/Leonard/Schlitt Rn. 9 und Kallmeyer/Lanfermann Rn. 4; dagegen Kölner Komm UmwG/Dauner-Lieb/Tettinger Rn. 12). Das Fehlen einer **Frist** in § 225 (oder §§ 208, 30) ist bedauerlich, weil hierdurch Unsicherheiten auftreten, die nach der Ergänzung von § 44 aF (bzw. ab 1.1.2024: § 39e), § 48 durch das 2. UmwÄndG (→ § 39e Rn. 4) noch größer geworden sind. Die Fassung des Formwechselbeschlusses stellt keine zeitliche Grenze dar, da das Vorliegen des Prüfungsberichts zu diesem Zeitpunkt von keiner Vorschrift vorausgesetzt wird und die Durchführung einer Prüfung des Barabfindungsangebots zu diesem Zeitpunkt durchaus noch Sinn macht (vgl. auch Widmann/Mayer/Vossius Rn. 20, 21). Die Grenzen der Rechtsmissbräuchlichkeit sind allerdings zu beachten (vgl. Semler/Stengel/Leonard/Schlitt Rn. 9 mwN). Ein dem Formwechsel **widersprechender Gesellschafter** (die anderen Gesellschafter sind nach Beschlussfassung eigentlich nicht mehr „Berechtigte" iSv §§ 208, 30, → § 30 Rn. 14; sie können jedoch mit der Behauptung gehört werden, die Barabfindung sei zu hoch, vgl. Kallmeyer/Lanfermann Rn. 3; Semler/Stengel/Leonard/Schlitt Rn. 7) hat im Zusammenhang mit seiner Entscheidungsfindung, ob er von dem Barabfindungsangebot Gebrauch machen soll, ein Interesse daran, die Angemessenheit des Barabfindungsangebots überprüfen zu lassen (so auch Habersack/Wicke/Kühn Rn. 9; BeckOGK/Kühn Rn. 9). Dieser Gesellschafter kann nicht auf das gerichtliche Spruchverfahren verwiesen werden, da das SpruchG nur einen zusätzlichen Schutz der Anteilsinhaber gewährleistet (umgekehrt schließt § 225 die Einleitung des Spruchverfahrens nach § 212 iVm SpruchG auch nicht aus, Lutter/Joost/Hoger Rn. 8). Auch der Ablauf der Klagefrist gegen den Formwechselbeschluss (§ 195 I) stellt keine geeignete zeitliche Grenze dar, da eine Unwirksamkeitsklage gegen den Formwechselbeschluss gerade nicht darauf gestützt werden kann, dass das Barabfindungsangebot zu niedrig bemessen sei (§ 210). Das **Verlangen** nach Prüfung des Barabfindungsangebots hat allerdings dann **keinen Sinn** mehr, wenn das **Angebot nicht mehr angenommen werden kann**, also nach Ablauf von zwei Monaten nach dem Tag, an dem die Eintragung der neuen Rechtsform oder des Rechtsträgers neuer Rechtsform in das Register als bekannt gemacht gilt (§ 209 S. 1, § 201 S. 2; → § 209 Rn. 2 ff.; wie hier Lutter/Joost/Hoger Rn. 5; NK-UmwR/Althoff/Narr Rn. 9; Kallmeyer/Lanfermann Rn. 5; Semler/Stengel/Leonard/Schlitt Rn. 9; aA Kölner Komm UmwG/Dauner-Lieb/Tettinger Rn. 10, 11). Das Verlangen nach Prüfung des Barabfindungsangebots muss daher so rechtzeitig erklärt werden, dass zur Durchführung der Prüfung noch eine angemessene Zeit zur Verfügung steht. Feste Grenzen können hierfür nicht festgelegt werden. Sie hängen im Einzelfall vom Umfang der Prüfung ab.

Ein Gesellschafter soll nicht allein wegen der durch die Prüfung verursachten 5 Kosten vom Verlangen nach einer Prüfung des Barabfindungsangebots Abstand nehmen. Deshalb bestimmt **§ 225 S. 2,** dass die **Gesellschaft die Kosten zu tragen hat.**

Zweiter Unterabschnitt. Formwechsel von Partnerschaftsgesellschaften

§ 225a Möglichkeit des Formwechsels

Eine Partnerschaftsgesellschaft kann auf Grund eines Formwechselbeschlusses nach diesem Gesetz nur die Rechtsform einer Kapitalgesellschaft oder einer eingetragenen Genossenschaft erlangen.

§ 225b Formwechselbericht und Unterrichtung der Partner

[1]Ein Formwechselbericht ist nur erforderlich, wenn ein Partner der formwechselnden Partnerschaft gemäß § 6 Abs. 2 des Partnerschaftsgesellschaftsgesetzes von der Geschäftsführung ausgeschlossen ist. [2]Von der Geschäftsführung ausgeschlossene Partner sind entsprechend § 216 zu unterrichten.

§ 225c Anzuwendende Vorschriften

Auf den Formwechsel einer Partnerschaftsgesellschaft sind § 214 Abs. 2 und die §§ 217 bis 225 entsprechend anzuwenden.

1 Vgl. zunächst → Einf. Rn. 25 zur Einfügung von §§ 225a ff. durch Gesetz v. 22.7.1998 (BGBl. 1998 I 1878). Vgl. des Weiteren → §§ 45a–45e Rn. 2 zum Unterschied zwischen PhG und PartGes, → §§ 45a–45e Rn. 4–6 zur Ausübung des freien Berufs und → § 45a–45e Rn. 10, 11 zum Umwandlungsbericht, insoweit entspricht § 225b der Parallelregelung von § 45c.

2 Anders als §§ 45a ff. haben §§ 225a ff. keinen eigenständigen Regelungsgehalt (Lutter/Joost/Hoger § 225b Rn. 1, § 225c Rn. 1; NK-UmwR/Althoff/Narr § 225c Rn. 2). § 225a entspricht der Regelung von § 214 I, § 225b entspricht §§ 215, 216 und § 225c verweist umfassend auf die Regelungen zur PhG. Etwaige Unterschiede sind bei den in § 225c genannten Verweisungsvorschriften mit kommentiert, vgl. dort.

Zweiter Abschnitt. Formwechsel von Kapitalgesellschaften

Erster Unterabschnitt. Allgemeine Vorschriften

§ 226 Möglichkeit des Formwechsels

Eine Kapitalgesellschaft kann auf Grund eines Formwechselbeschlusses nach diesem Gesetz nur die Rechtsform einer Gesellschaft des bürgerlichen Rechts, einer Personenhandelsgesellschaft, einer Partnerschaftsgesellschaft, einer anderen Kapitalgesellschaft oder einer eingetragenen Genossenschaft erlangen.

1. Möglichkeiten des Formwechsels

1 § 226 regelt die Möglichkeiten des Formwechsels einer KapGes und stellt dabei klar, dass **einer KapGes alle** sich aus § 191 II ergebenden **Varianten offenstehen.** Die SE kann Ausgangs- und Zielrechtsform sein (OLG Frankfurt a. M. NZG 2012, 351; wN bei Lutter/Göthel Rn. 3, dort auch zu § 66 SE-VO). Die KapGes (GmbH, AG, KGaA) kann in die Rechtsform einer **anderen KapGes** wechseln, sie kann aber auch einen Formwechsel in eine **PersGes** vornehmen. Im Gegensatz zur früheren Regelung (§§ 16 ff. UmwG 1969) erfolgt handelsrechtlich (zum StR vgl. § 9 UmwStG) keine Vermögensübertragung (zur Identität des Rechtsträgers ausf. → § 190 Rn. 5 ff.). Beim Formwechsel in eine PersGes können die Gesellschafter nicht frei bestimmen, ob die Rechtsform einer **OHG oder** einer **KG** angenommen werden soll. Maßgeblich hierfür ist der Unternehmensgegenstand (§ 228). Wie bereits im alten Recht (§§ 21, 22 UmwG 1969) soll der KapGes auch der Weg in die **GbR** nicht verschlossen sein; mit Inkrafttreten des MoPeG zum 1.1.2024 muss es sich um eine eingetragene Gesellschaft bürgerlichen Rechts handeln (§ 191 II Nr. 1 (→ § 191 Rn. 33). Der mit dem MoPeG neu eingefügte § 228 III stellt zur Abgrenzung zwischen PhG und eGbR klar, dass ein Formwechsel in die eGbR nur *möglich ist,* wenn die Gesellschaft kein vollkaufmännisches Handelsgewerbe betreibt (→ § 228 Rn. 2 ff., → § 228 Rn. 9). Zudem besteht – unter den Voraussetzungen von **§ 228 II** – die Möglichkeit des Formwechsels einer KapGes in eine **PartGes.** Schließlich kann eine KapGes noch einen Formwechsel in eine **eG** durchführen.

2. Formwechsel in die GmbH & Co. KG

Nach §§ 190 ff., 226 ff. kann eine KapGes einen Formwechsel in eine KG vornehmen, an der ausschließlich eine KapGes die Stellung des Komplementärs (§ 161 I HGB) einnimmt. 2

Streitig war, ob der unmittelbare **Formwechsel in eine GmbH & Co. KG** nur dann vorgenommen werden kann, wenn die als Komplementärin vorgesehene KapGes bereits vor dem Formwechsel Gesellschafterin des formwechselnden Rechtsträgers ist oder ob nicht auch der **Hinzutritt der Komplementärin** just **im Moment des Wirksamwerdens des Formwechsels** ausreicht. Die Frage ist durch den BGH entschieden. Zunächst hat der **Landwirtschaftssenat des BGH** in drei Entscheidungen (BGH ZIP 1995, 422; NZG 1999, 785; 1999, 787 mAnm Hartung NZG 1999, 788 ff.) für das LwAnpG grds. keinen Anstoß am Mitgliederwechsel zum Zeitpunkt des Wirksamwerdens der Umw genommen. Auch der **II. Zivilsenat** hat – wiederum zum LwAnpG – zur Kontinuität der Mitgliedschaft bei der umgewandelten Ges Stellung genommen (BGH NZG 1999, 1120 mAnm Hartung). Diese wird für den Fall der Beteiligung nur noch eines Treuhandkommanditisten statt ursprünglich vieler LPG-Mitglieder verneint, zugleich aber ausgeführt, dass es dem Prinzip der Mitgliedschaft „nicht entgegenstehen mag", wenn im Zuge des Formwechsels ein Gesellschafter neu hinzutritt, wie im Streitfall die Komplementär-GmbH (BGH NZG 1999, 1120 (1121) unter Hinweis auf K. Schmidt, Kallmeyer und Bayer). Konsequent hat der II. Zivilsenat des BGH deshalb mit Urt. v. 9.5.2005 in einem eindeutigen obiter dictum den Zutritt eines neuen Gesellschafters „im Zuge des Formwechsels" als zulässig erklärt (BGH DB 2005, 1842 (1843) unter Verweis auf BGH DB 1999, 2104; ausf. Nachw. bei Heckschen DB 2008, 2122). Die Möglichkeit des Mitgliederwechsels genau im Umwandlungszeitpunkt wird zutr. von der **hM** in der Lit. bejaht (K. Schmidt GmbHR 1995, 693 (695); K. Schmidt ZIP 1998, 181 (186); Kallmeyer GmbHR 1996, 80 (82); Priester DB 1997, 560 (566); Bayer ZIP 1997, 1613 (1616 f.); Wiedemann ZGR 1999, 568 (578); Veil DB 1996, 2529 (2530); Semler/Stengel/Bärwaldt § 197 Rn. 9, 13; Semler/Stengel/Leonard/Leonard § 202 Rn. 22; Semler/Stengel/Leonard/Ihrig § 228 Rn. 23; Lutter/Decher/Hoger § 202 Rn. 12; Lutter/Göthel § 228 Rn. 24 ff. mwN; NK-UmwR/Althoff/Narr Rn. 9; HK-UmwG/Rose Rn. 6; aA Kallmeyer/ Meister/Klöcker/Berger § 202 Rn. 30; Bärwaldt/Schabacker ZIP 1998, 1293 (1294); Lohlein ZIP 1995, 426). Der **gleichzeitige Eintritt und Austritt von Mitgliedern im Zuge des Formwechsels ist mit dem UmwR vereinbar.** Das UmwR reicht für diesen Mitgliederwechsel zwar nicht die Hand, soweit nicht Einzelvorschriften (§ 221, 236, § 247 III, § 255 III) den Weg dafür öffnen (Zitat nach K. Schmidt ZIP 1998, 181 (186)), schließt diese Rechtsgestaltung aber auch nicht aus. Dementsprechend entschied das KG Berlin, dass das **Ausscheiden eines nicht am Vermögen der Kommanditgesellschaft beteiligten phG** beim **Formwechsel in die GmbH** insbes. nicht den § 194 Abs. 1 Nr. 3, § 202 Abs. 1 Nr. 2 S. 1 und dem daraus hergeleiteten Grds. der Kontinuität der Mitgliedschaft entgegensteht (DNotZ 2019, 384; vgl. zust. auch Priester EWiR 2019, 141; Nentwig GWR 2019, 88; Schulteis GWR 2019, 195). Die in der Praxis durch die zit. BGH-Entscheidung überholte Gegenansicht bezieht sich vornehmlich auf das Prinzip der Kontinuität der Mitgliedschaft bei der umgewandelten Ges iSe strengen Mitgliederidentität. Konsequent zu Ende gedacht dürfte dann aber auch der allg. anerkannte nichtverhältniswahrende Formwechsel (→ § 202 Rn. 7) nicht akzeptiert werden (zur Aufweichung des Grds. der Mitgliederkontinuität zutr. Heckschen DNotZ 2007, 444 (450 f.)). Mit Priester (DB 1997, 560 (566)) ist auch darauf hinzuweisen, dass das Identitätskonzept die privatautonome **Kombination von Formwechsel und Gesellschafterbeitritt** nicht ausschließt. 3

4   Vgl. zur jetzt nicht mehr notwendigen Einräumung von Mini-Beteiligungen für die spätere Komplementär-GmbH und zur früher verbreiteten Treuhandlösung → 4. Aufl. 2006, Rn. 4 mwN.

3. Formwechsel außerhalb §§ 190 ff.

5   § 226 regelt nur den Formwechsel auf der Grundlage eines Formwechselbeschlusses nach §§ 190 ff. Der Wechsel der Rechtsform außerhalb des Anwendungsbereichs des UmwG ist grds. nicht ausgeschlossen; dies ist für die KapGes allerdings nur eine theoretische Überlegung, da **Formwechselmöglichkeiten für KapGes außerhalb des UmwG** zzt. nicht vorgesehen sind. Insbes. stellt das Ausscheiden des letzten phG einer KGaA keinen Formwechsel in eine AG dar (so aber Kallmeyer ZIP 1994, 1746 (1751)). Durch das Ausscheiden des letzten phG wird die KGaA aufgelöst (BGHZ 6, 113 (116) = NJW 1952, 875; BGHZ 51, 198 (200) = NJW 1969, 507; Koch AktG § 289 Rn. 9).

4. Einpersonen-Gesellschaften

6   **Einschränkungen** des Formwechsels für KapGes ergeben sich aus der **Struktur der Zielrechtsform.** Der Formwechsel in eine **PersGes** setzt voraus, dass die formwechselnde KapGes entweder **mindestens zwei Anteilsinhaber** hat oder der zweite Gesellschafter der PersGes just im Moment des Formwechsels beitritt (zutr. Semler/Stengel/Leonard/Bärwaldt § 197 Rn. 9 mwN; Semler/Stengel/Leonard/Ihrig § 228 Rn. 14). Möglich ist der Formwechsel einer GmbH oder AG mit nur einem Anteilsinhaber in eine **KGaA.** Denn bei der KGaA kann der Komplementär zugleich der einzige Kommanditaktionär sein **(Einmann-KGaA;** vgl. etwa MüKoAktG/Perlitt AktG § 280 Rn. 27 ff. mwN; Koch AktG § 278 Rn. 5 mwN). § 280 I AktG aF war gem. § 197 S. 2 nicht anzuwenden. Seit der Neufassung von § 280 I AktG durch das UMAG (→ Einf. Rn. 31) ist die Einmann-Gründung der KGaA ohnehin zulässig (Koch AktG § 280 Rn. 2 mwN). Schließlich ist auch der Formwechsel einer KapGes mit nur einem Anteilsinhaber in eine **eG** zulässig. § 4 GenG ist nach § 197 S. 2 nicht anzuwenden. Nach einer Karenzzeit von zwölf Monaten droht allerdings die Amtslöschung, wenn nachhaltig die Zahl von drei Genossen unterschritten wird (§ 80 GenG; § 255 II), denn § 4 GenG gilt nicht nur für die Gründung, sondern unverändert auch danach (wie hier Beuthien/Beuthien GenG §§ 4 Rn. 1; Henssler/Strohn/Geibel GenG § 4 Rn. 2; vgl. auch Lang/Weidmüller/Holthaus/Lehnhoff GenG § 4 Rn. 2, 3).

§ 227 Nicht anzuwendende Vorschriften

Die §§ 207 bis 212 sind beim Formwechsel einer Kommanditgesellschaft auf Aktien nicht auf deren persönlich haftende Gesellschafter anzuwenden.

1   Beim Formwechsel einer **KGaA** in eine PersGes können die phG (§ 278 I AktG) wählen, ob sie anlässlich des Formwechsels ausscheiden (§ 233 III 3 iVm § 236) oder nicht. Demggü. scheiden beim Formwechsel einer KGaA in eine andere KapGes/eG die phG zwingend (sofern sie auch Kommanditaktionäre sind, bleiben sie insoweit Anteilsinhaber) aus der Ges aus (§ 247 III, § 255 III). **§ 227** ordnet hierzu an, dass §§ 207–212 auf dieses Ausscheiden der Komplementäre der KGaA nicht anzuwenden sind; sie erhalten also keine Barabfindung nach § 207. Es verbleibt vielmehr bei den **allg. Regelungen über das Ausscheiden** eines phG einer KGaA. Vorbehaltlich einer abw. Satzungsregelung (vgl. Lutter/Göthel Rn. 3 mwN; NK-UmwR/Althoff/Narr Rn. 2; ausf. Widmann/Mayer/Vossius Rn. 11 ff.) entsteht daher durch das Ausscheiden im Zusammenhang mit dem Formwechsel nach § 278 II AktG,

§ 161 II HGB, § 105 II HGB, §§ 738 ff. BGB ein Anspruch auf das anteilige Auseinandersetzungsguthaben (bzw. ab 1.1.2024 § 728 ein Anspruch auf Zahlung einer dem Wert des Anteils angemessenen Abfindung). Das Auseinandersetzungsguthaben ist nach den üblichen Grundsätzen zu berechnen, eine die etwaige Auseinandersetzungsbilanz ersetzende Vermögensaufstellung sieht das UmwG nach der Aufhebung von § 192 II, § 229 durch das 2. UmwÄndG (→ Einf. Rn. 28) nicht mehr vor. Auf Kommanditaktionäre sind §§ 207–212 vorbehaltlich von § 250 anzuwenden.

Zweiter Unterabschnitt. Formwechsel in eine Personengesellschaft

§ 228 Möglichkeit des Formwechsels

(1) **Durch den Formwechsel kann eine Kapitalgesellschaft die Rechtsform einer Personenhandelsgesellschaft nur erlangen, wenn der Unternehmensgegenstand im Zeitpunkt des Wirksamwerdens des Formwechsels den Vorschriften über die Gründung einer offenen Handelsgesellschaft (§ 105 Absatz 1 und § 107 Absatz 1 des Handelsgesetzbuchs) genügt.**

(2) **¹Ein Formwechsel in eine Partnerschaftsgesellschaft ist nur möglich, wenn im Zeitpunkt seines Wirksamwerdens alle Anteilsinhaber des formwechselnden Rechtsträgers natürliche Personen sind, die einen Freien Beruf ausüben (§ 1 Abs. 1 und 2 des Partnerschaftsgesellschaftsgesetzes). ²§ 1 Abs. 3 des Partnerschaftsgesellschaftsgesetzes bleibt unberührt.**

(3) **Ein Formwechsel in eine Gesellschaft bürgerlichen Rechts ist nur möglich, wenn die Gesellschaft kein Handelsgewerbe gemäß § 1 Absatz 2 des Handelsgesetzbuchs betreibt.**

1. Unternehmensgegenstand (Abs. 1)

Nach § 191 II und nach § 226 kann Zielrechtsform des Formwechsels einer KapGes ua eine **PhG** (→ § 191 Rn. 5 ff.), eine **PartGes** oder eine ab dem 1.1.2024 eingetragene **GbR (eGbR)** sein. Die Anteilsinhaber des formwechselnden Rechtsträgers können jedoch nicht frei zwischen PhG einerseits und GbR andererseits entscheiden (zur Fassung eines „hilfsweisen Beschlusses" nach dem Wegfall von Abs. 2 aF → Rn. 6). **Maßgeblich für die Abgrenzung der PhG von der GbR** ist seit Änderung des HGB durch das HRefG grds. der Betrieb eines Handelsgewerbes unter gemeinsamer Firma (§ 105 I HGB) oder im Fall von ab dem 1.1.2024 § 107 I HGB (bis 31.12.2023: § 105 II HGB aF) die Eintragung ins HR. **Abs. 1** wurde durch Art. 7 Nr. 4 HRefG v. 22.6.1998 (BGBl. 1998 I 1474) entsprechend angepasst und hat damit erheblich an Bedeutung verloren (vgl. Lutter/Göthel Rn. 3 mwN). Durch **Abs. 3** wird die Abgrenzung seit Inkrafttreten des MoPeG zum 1.1.2024 klargestellt (→ Rn. 9).

Die KapGes kann den Wechsel in die Rechtsform einer PhG nur durchführen, wenn ihr **Unternehmensgegenstand** den Vorschriften über die Gründung einer OHG genügt. KapGes sind kraft Rechtsform (§§ 3, 278 III AktG; § 13 III GmbHG; § 6 HGB) und nicht aufgrund ihrer Tätigkeit Kaufmann. Voraussetzung ist daher, dass der Unternehmensgegenstand der KapGes auf den Betrieb eines **Handelsgewerbes** (§ 1 I HGB) gerichtet ist und hierfür nach Art oder Umfang ein in kaufmännischer Weise eingerichteter Geschäftsbetrieb erforderlich ist (§ 1 II HGB). Erfüllt der Gewerbebetrieb des formwechselnden Rechtsträgers die Anforderungen von § 1 II HGB nicht, kommt es auf die **Eintragung im HR,** mithin auf die Ausübung des Wahlrechts von § 2 S. 2 HGB, an (ab dem 1.1.2024: § 107 I HGB; bis 31.12.2023: § 105 II HGB § 161 II HGB; dazu ausf. K. Schmidt ZHR 163 (1999), 87). Für luf-Unternehmen vgl. § 3 II HGB. Maßgeblich für die Bewertung, ob das Gewerbe einen in kaufmännischer Weise eingerichteten Geschäftsbetrieb erfordert, sind insbes. die Art und der Umfang der Geschäftstätigkeit (Anzahl der Erzeugnisse, Umsatzvolumen, Höhe des BV), die Anzahl der Mitarbeiter sowie die Größe und Organisation des Unternehmens (durch die Handelsrechtsreform hat sich insoweit nichts geändert, vgl. GK-HGB/Nickel § 1 Rn. 15 ff.; vgl. iÜ auch Hopt/Hopt HGB § 1 Rn. 5 ff.; Hopt/Hopt HGB § 2 Rn. 3 ff. mwN; Heymann/Emmerich HGB § 2 Rn. 9a). Feste Größenklassen lassen sich nicht angeben. Maßgeblich ist stets das **Gesamtbild** (stRspr seit BGH BB 1960, 917; GK-HGB/Nickel HGB § 1 Rn. 17 mwN). Geschäftstätigkeiten, die kein Gewerbe sind, waren früher – unabhängig davon, ob ein in kaufmännischer Weise eingerichteter Geschäftsbetrieb erforderlich war – kein geeigneter Gegenstand für die Gründung einer PhG. Damit schieden insbes. die freien Berufe (s. aber → Rn. 3) und die reine Vermögensverwaltung aus. Jetzt ermöglicht ab dem 1.1.2024 § 107 I 1 HGB (bis 31.12.2023: § 105 II 1 HGB aF) jedoch auch die **vermögensverwaltende OHG/KG** (§ 161 II HGB; dazu Schön DB 1998, 1169).

3 Für die **freien Berufe** bleibt die PhG indes grundsätzlich verschlossen, hier führt der Weg in die GbR oder in die **PartGes** (vgl. **Abs. 2;** → Rn. 8; zB KG ZIP 2013, 2156; → § 45a Rn. 2 ff.; vgl. auch Semler/Stengel/Leonard/Ihrig Rn. 11 mit zutr. Verweis auf mögliche Ausnahme iRv § 1 I 2 PartGG). Eine Ausnahme wurde durch das zum 1.8.2022 in Kraft getretene Gesetz zur Neuregelung des Berufsrechts der anwaltlichen und steuerberatenden Berufsausübungsgesellschaften geschaffen. Als lex specialis zu den Regelungen des HGB können unter den berufsrechtlichen Voraussetzungen (§ 59p BRAO; § 52o PAO; § 55g StBerG) **BerufsausübungsGes** auch ohne Betreiben eines Gewerbes (vgl. Hopt/Roth HGB § 105 Rn. 108) die Rechtsform ua der **PhG** haben (vgl. etwa für Rechtsanwaltsgesellschaften § 55b Abs. 2 Nr. 1 BRAO, für Steuerberatungsgesellschaften § 49 Abs. 2 Nr. 1 StBerG und für Wirtschaftsprüfungsgesellschaften § 27 WPO; ebenso BeckOGK/Sparfeld Rn. 7 ff., 38). Erforderlich ist mit Blick auch auf andere Freiberufler stets eine ausdrückliche Zulassung der Organisation in der Rechtsform der PhG durch das jeweilige Berufsrecht (Hermanns DNotZ 2022, 3). Durch das MoPeG werden ab dem 1.1.2024 die berufsrechtlichen Regelungen gesellschaftsrechtlich in § 107 I HGB nachgezogen (vgl. Hopt/Roth HGB § 105 Rn. 13).

4 Der Geschäftsgegenstand des formwechselnden Rechtsträgers muss **zum Zeitpunkt des Wirksamwerdens des Formwechsels** (§ 202 I) die Voraussetzungen für die Gründung einer PhG erfüllen. Bis dahin eintretende Veränderungen sind zu berücksichtigen. Für die Erforderlichkeit des kaufmännischen Geschäftsbetriebs besteht eine **Vermutung** (vgl. Begr. RegE HRefG, BT-Drs. 13/8444, 48). Kommt es auf das **Wahlrecht** von § 2 S. 2 HGB an (→ Rn. 2), ist dessen Ausübung in der Art der Anmeldung – Anmeldung der neuen Rechtsform gem. § 198 I führt zur PhG, Anmeldung gem. § 235 I zur GbR – zu sehen.

2. Formwechsel in GbR

5 Ursprünglich hatte § 228 einen Abs. 2 aF mit folgender Regelung: „Genügt der Gegenstand des Unternehmens diesen Vorschriften (§ 105 Abs. 1 und 2 HGB) nicht, kann durch den Umwandlungsbeschluß bestimmt werden, dass die formwechselnde Gesellschaft die Rechtsform einer Gesellschaft des bürgerlichen Rechts erlangen soll". Vgl. zur dadurch zulässigen hilfsweisen Beschlussfassung ausf. → 4. Aufl. 2006, Rn. 4–6 mwN zur alten Rechtslage.

6 Mit dem **2. UmwÄndG** v. 19.4.2007 (BGBl. 2007 I 542; → Einf. Rn. 28) wurde Abs. 2 aF ersatzlos aufgehoben, der frühere Abs. 3 wurde zum heutigen Abs. 2. *Die Begr. RegE* in BT-Drs. 16/2919, 19 dazu aus: „Wegen der früher im Einzelfall bestehenden Unsicherheit der Einordnung einer Personengesellschaft als BGB-Gesellschaft oder als Personenhandelsgesellschaft sah § 228 Abs. 2 bisher vor, dass im Umwandlungsbeschluss einer Kapitalgesellschaft hilfsweise der Wechsel in die BGB-Gesellschaft vorgesehen werden kann, wenn der Unternehmensgegenstand nicht den Anforderungen an eine offene Handelsgesellschaft genügt. Nach der Änderung von § 105 Abs. 2 HGB durch das Handelsrechtsreformgesetz, wonach eine im Handelsregister eingetragene Gesellschaft OHG ist, erscheint die Regelung entbehrlich".

Es wäre besser gewesen, § 228 durch das 2. UmwÄndG nicht zu ändern. Denn 7 in der Praxis besteht das **Bedürfnis für eine hilfsweise Beschlussfassung** des Formwechsels in eine GbR weiter. Abgrenzungsschwierigkeiten zwischen OHG und GbR können nicht nur dort bestehen, wo § 105 II HGB jetzt für Klarheit sorgt (zu weiterhin bestehenden Abgrenzungsschwierigkeiten statt aller Hopt/Merkt HGB § 1 Rn. 20 mwN). Denn (ab dem 1.1.2024) § 107 I 1 HGB (bis 31.12.2023: § 105 II HGB aF) erfordert immer noch das Vorliegen eines Gewerbebetriebs, gilt also grundsätzlich nicht für freiberufliche Tätigkeiten, es sei denn, das einschlägige Berufsrecht lässt die Eintragung zu (ab dem 1.1.2024: § 107 I 2 HGB; → Rn. 3). Das maßgebliche Berufsrecht entscheidet über die Zulässigkeit der Rechtsform der Berufsausübungsgesellschaft und lässt etwa in für Rechtsanwaltsgesellschaften, Steuerberatungsgesellschaften und Wirtschaftsprüfungsgesellschaften den Formwechsel in die Rechtsform der GbR zu (→ Rn. 3).

Nach dem jetzt erfolgten Wegfall von Abs. 2 muss die Praxis deshalb jetzt in 8 Zweifelsfällen **hilfsweise** einen Formwechsel in eine GbR gestalten (ausf. Tettinger Der Konzern 2006, 844 mwN; NK-UmwR/Althoff/Narr Rn. 10 ff., 16). Technisch kann dies durch einen Bedingungszusammenhang im Formwechselbeschluss dergestalt erreicht werden, dass aufschiebend bedingt für den Fall, dass das Registergericht aufgrund fehlender gewerblicher Tätigkeit die Eintragung einer OHG als Zielrechtsträger ablehnt, ein zweiter Beschluss über den Formwechsel in eine GbR gefasst wird (so zutr. Mayer/Weiler MittBayNot 2007, 368 (374) mwN; Mayer/Weiler DB 2007, 1291 (1293 f.); Semler/Stengel/Leonard/Ihrig Rn. 33 empfiehlt den hilfsweisen Formwechsel in die PartGes und lässt iÜ in → Rn. 36 unabhängig von jeder Zielrechtsform nun grds. einen hilfsweisen Formwechsel zu; dazu krit. Kölner Komm UmwG/Dauner-Lieb Rn. 29 ff. mwN). In der Praxis kann mit beiden Lösungsansätzen jetzt auch der hilfsweise oder aufschiebend bedingte Formwechsel in erster Linie in die GbR, hilfsweise in die PhG (→ 4. Aufl. 2006, Rn. 7 mwN) durchgeführt werden. Zur Anmeldung als Haupt- und Hilfsantrag Widmann/Mayer/Vossius Rn. 24.

Daran hat sich auch durch den mit dem MoPeG neu eingefügten Abs. 3 nichts 9 geändert. Dieser stellt „aus Gründen des Rechtsformzwangs" klar, dass ein Formwechsel in eine GbR nur möglich ist, wenn die Gesellschaft kein Handelsgewerbe iSv § 1 II HGB betreibt (BT-Drs. 19/27635, 268). Ein Formwechsel in eine GbR ist damit weiterhin nur der minderkaufmännischen und vermögensverwaltenden KapGes eröffnet (Widmann/Mayer/Vossius Rn. 13).

3. Formwechsel in Partnerschaftsgesellschaft (Abs. 2)

Gem. **Abs. 2** ist ein **Formwechsel in eine PartGes** nur möglich, wenn alle 10 Anteilsinhaber des formwechselnden Rechtsträgers **natürliche Personen** sind, die einen **freien Beruf** ausüben und wenn der **Berufsrechtsvorbehalt** von § 1 III PartGG nicht entgegensteht. Die **Vorschrift entspricht** § 45a über die Verschm auf eine PartGes. (→ § 45a Rn. 3 ff.).

4. Anforderungen an die Person der Gesellschafter

Einschränkungen der Umwandlungsmöglichkeit können sich auch daraus 11 ergeben, dass die Gesellschafter der KapGes **keine geeigneten Gesellschafter der PhG** sind. Unproblematisch ist die Beteiligung von natürlichen und jur. Personen.

Beide können Gesellschafter sowohl einer PhG als auch einer GbR sein. Entsprechendes gilt für PhG (OHG, KG). Aufgrund ihrer Teilrechtsfähigkeit (§ 124 HGB) können sie selbst wiederum Gesellschafter einer PhG, aber auch einer GbR sein (vgl. etwa Hopt/Roth HGB § 124 Rn. 32; Hopt/Roth HGB § 105 Rn. 28). Auch eine GbR kann Gesellschafterin einer anderen GbR sein (BGH NJW 1998, 376; MüKoBGB/Schäfer BGB § 705 Rn. 79 mwN). Eine **GbR** kann auch Gesellschafterin einer PhG (→ § 3 Rn. 7 ff., → § 190 Rn. 5 ff.) oder einer eG sein (OLG Brandenburg NZG 2007, 458). Als Gesellschafter einer in einem Objektregister eingetragenen formwechselnden Ges kann eine GbR indes ab dem 1.1.2024 nur beteiligt sein, wenn sie im Gesellschaftsregister eingetragen ist (ab 1.1.2024: § 707a I 2 BGB; vgl. zur Voreintragungsobliegenheit Servatius BGB § 707a Rn. 4). Eine **Erbengemeinschaft** und eine **Bruchteilsgemeinschaft** (§§ 741 ff. BGB) können hingegen nicht Gesellschafter einer PhG oder GbR sein (BGH NJW 1983, 2376 (2377); ausf. Nachw. bei Lutter/Göthel Rn. 7; wN bei Semler/Stengel/Leonard/Ihrig Rn. 32; vgl. aber zur rechtsfähigen WEG BGH ZIP 2005, 1233 mAnm Häublein ZIP 2005, 1720; Bork ZIP 2005, 1205 und Pohlmann EWiR 2005, 715). In diesem Fall ist vor dem Formwechsel eine Auseinandersetzung der Gemeinschaft über den Gesellschaftsanteil am formwechselnden Rechtsträger durchzuführen.

§ 229 *(aufgehoben)*

§ 230 Vorbereitung der Versammlung der Anteilsinhaber

(1) **Die Geschäftsführer einer formwechselnden Gesellschaft mit beschränkter Haftung haben allen Gesellschaftern spätestens zusammen mit der Einberufung der Gesellschafterversammlung, die den Formwechsel beschließen soll, diesen Formwechsel als Gegenstand der Beschlußfassung in Textform anzukündigen und den Formwechselbericht zu übersenden.**

(2) **¹Der Formwechselbericht einer Aktiengesellschaft oder einer Kommanditgesellschaft auf Aktien ist von der Einberufung der Hauptversammlung an, die den Formwechsel beschließen soll, in dem Geschäftsraum der Gesellschaft zur Einsicht der Aktionäre auszulegen. ²Auf Verlangen ist jedem Aktionär und jedem von der Geschäftsführung ausgeschlossenen persönlich haftenden Gesellschafter unverzüglich und kostenlos eine Abschrift des Formwechselberichts zu erteilen. ³Der Formwechselbericht kann dem Aktionär und dem von der Geschäftsführung ausgeschlossenen persönlich haftenden Gesellschafter mit seiner Einwilligung auf dem Wege elektronischer Kommunikation übermittelt werden. ⁴Die Verpflichtungen nach den Sätzen 1 und 2 entfallen, wenn der Formwechselbericht für denselben Zeitraum über die Internetseite der Gesellschaft zugänglich ist.**

1. Gesellschafterversammlung der GmbH, Abs. 1

1   Abs. 1 modifiziert § 51 IV GmbHG und konkretisiert das allg. Auskunfts- und Einsichtsrecht nach § 51a GmbHG. Während nach allg. GmbH-Recht die Ankündigung spätestens drei Tage vor der Versammlung ausreicht, verlangt Abs. 1 parallel zu § 49 I für die Vorbereitung der GmbH-Gesellschafterversammlung, die den Formwechsel beschließen soll (vgl. § 193 I 2), dass der Beschlussgegenstand „Formwechsel" **spätestens mit der Einberufung der Gesellschafterversammlung angekündigt** wird. Eine eigene Frist für die Einberufung enthält Abs. 1 im Gegensatz zur früheren Regelung in § 24 II Nr. 1 UmwG 1969 nicht. Maßgeblich ist deshalb **§ 51 I 2 GmbHG**. Die Einberufung ist mit einer **Frist von mindestens einer Woche** zu bewirken (zum Begriff des „Bewirkens" vgl. etwa BGH BB 1987,

1551 (1552); Scholz/Seibt GmbHG § 51 Rn. 13, 14; Lutter/Hommelhoff/Bayer GmbHG § 51 Rn. 14).

Die Ankündigung des Beschlussgegenstandes „Formwechsel" hat gem. Abs. 1 **in** **Textform** (§ 126b BGB) zu erfolgen (die Form der Einberufung ist im allg. GmbH-Recht str., vgl. Lutter/Hommelhoff/Bayer GmbHG § 51 Rn. 11 mN zum Meinungsstand). Die Ankündigung muss also nicht mehr eigenhändig unterschrieben sein. Aus § 51 I 1, IV GmbHG folgt, dass die **Einberufung mittels eingeschriebenem Brief** erfolgen muss, das gilt nicht für die Ankündigung. Sieht die Satzung längere Fristen oder weiter gehende Formalien vor, sind diese maßgeblich (iÜ → § 49 Rn. 4, 5).

Mit der Einberufung ist den Gesellschaftern der **Formwechselbericht** (§ 192 I) **zu übersenden.** Diese Anordnung von **Abs. 1** entspricht § 47 für die Verschm. Hierdurch ist gewährleistet, dass die Gesellschafter ausreichend Zeit für die Vorbereitung auf die Beschlussfassung haben. Die **Angaben in der Tagesordnung** müssen grds. so genau sein, dass die Gesellschafter erkennen können, worüber verhandelt und Beschluss gefasst werden soll, sodass sie zu einer ausreichenden Vorbereitung auf die Gesellschafterversammlung im Stande sind (Semler/Stengel/Leonard/Ihrig Rn. 10; vgl. allg. Noack/Servatius/Haas/Noack GmbHG § 51 Rn. 21 ff.). Die Verwendung des Begriffs „Formwechsel" ist empfehlenswert. Auf weitere Einzelheiten kann wegen der gleichzeitig zu bewirkenden Übersendung des Formwechselberichts verzichtet werden. Da gem. § 234 Nr. 3 S. 1 der komplette Gesellschaftsvertrag der PersGes Gegenstand des Umwandlungsbeschlusses ist, muss der **Entwurf dieses Gesellschaftsvertrages mit der Einberufung übersendet werden** (zutr. Semler/Stengel/Leonard/Ihrig Rn. 10; Kallmeyer/Blasche Rn. 4; aA Kölner Komm UmwG/Dauner-Lieb/Tettinger Rn. 7). Der Gesellschaftsvertrag der PersGes ist Bestandteil des Umwandlungsbeschlusses (§ 234) und damit zugleich auch des Formwechselberichts (§ 192 I 3).

Wer die GmbH-Gesellschafterversammlung einberuft, richtet sich nach dem allg. GmbH-Recht. Regelmäßig handeln die GmbH-Geschäftsführer (§ 49 I GmbHG). Das **Recht zur Einberufung** steht bei mehreren Geschäftsführern jedem einzelnen Geschäftsführer selbst dann zu, wenn lediglich Gesamtvertretungsberechtigung besteht (Lutter/Hommelhoff/Bayer GmbHG § 49 Rn. 2 mwN). Abs. 1 geht vom Grundfall (§ 49 GmbHG) aus und verpflichtet ausdrücklich „die Geschäftsführer", den Formwechsel als Gegenstand der Beschlussfassung in Textform anzukündigen und den Formwechselbericht zu übersenden. Wenn die Gesellschafterversammlung der GmbH iSv § 193 I 2 aber nicht nach § 49 GmbHG durch die Geschäftsführer, sondern ausnahmsweise nach **§ 50 III GmbHG** durch die Gesellschafter (bei der Umw kaum vorstellbar) einberufen wird, obliegt diesen Gesellschaftern die Pflicht zur Beschlussankündigung und zur Übersendung des Formwechselberichts; Abs. 1 verpflichtet die Einberufenden (wie hier Lutter/Göthel Rn. 5; aA Kölner Komm UmwG/Dauner-Lieb/Tettinger Rn. 9; iÜ → § 47 Rn. 1, 2).

2. Vorbereitung der Hauptversammlung, Abs. 2

Entsprechend den im Aktienrecht üblichen Einberufungsformalien ist der **Formwechselbericht** (§ 192 I; er umfasst auch den Gesellschaftsvertrag für die neue Rechtsform PersGes, → Rn. 3) **vom Zeitpunkt der Einberufung der HV einer AG oder KGaA,** die den Formwechsel beschließen soll, an in dem Geschäftsraum der Ges zur Einsicht der Aktionäre **auszulegen. Abs. 2 S. 1** entspricht insoweit § 63 I (vgl. Komm. dort). Maßgeblicher Zeitpunkt ist die Einberufung (dh deren Bekanntmachung, § 121 III AktG). **Geschäftsraum** der Ges ist der Sitz der Hauptverwaltung, nicht der Sitz der AG iSv § 5 AktG (BGH NZG 2011, 669; Koch AktG § 175 Rn. 6; Semler/Stengel/Leonard/Ihrig Rn. 29; Lutter/Göthel Rn. 27). Auf **Verlangen** ist jedem Aktionär und jedem von der Geschäftsführung ausgeschlossenen phG einer KGaA unverzüglich (ohne schuldhaftes Zögern, § 121 I BGB) und kostenlos eine **Abschrift des Formwechselberichts** zu erteilen, **Abs. 2 S. 2**. Eine bestimmte Form für das Verlangen ist nicht vorgeschrieben (Koch AktG § 175 Rn. 7). Wie weit neben § 230 II auch **§ 124 II 3 AktG** zu beachten ist, ist umstritten (dazu ausf. Kölner Komm UmwG/Dauner-Lieb/Tettinger Rn. 26 ff. mwN; vgl. auch LG Hanau ZIP 1996, 422 zu §§ 238 ff.; Koch AktG § 124 Rn. 10; und Lutter/Göthel Rn. 29 ff.). In der Praxis sollte zur Vermeidung von Beschlussmängeln § 124 II 3 AktG beachtet und der Formwechselbeschluss samt Satzung im Wortlaut bekannt gemacht werden (wie hier Habersack/Wicke/Sparfeld Rn. 18; BeckOGK/Sparfeld Rn. 18; Kallmeyer/Blasche Rn. 10; Lutter/Göthel Rn. 38; Henssler/Strohn/Drinhausen/Keinath Rn. 6; Widmann/Mayer/Vossius Rn. 34). Weicht bei der Umw einer AG in eine GmbH & Co. KG die in der Einladung zur HV als Komplementärin angegebene Ges von derjenigen ab, die später in der HV als Komplementärin beschlossen wird, so kann der HV-Beschluss wirksam angefochten werden (LG Wiesbaden NZG 1999, 177). Für die stimmberechtigten Aktionäre müsse bereits mit der Einladung feststehen, wer Komplementärin einer neu zu bildenden GmbH & Co. KG werden soll. Dies ergebe sich zum einen aus der wirtschaftlich und rechtlich einschneidenden Bedeutung einer Umw und zum anderen daraus, dass die Komplementärin naturgemäß einen wesentlichen Einfluss auf die durch Umw gebildete KG ausüben wird (zum Fall „Chemische Werke Brockhues" vgl. auch weiter die Entscheidung im Verfahren nach § 16 III des LG Wiesbaden DB 1997, 671 und des OLG Frankfurt a. M. ZIP 1997, 1291 mAnm Kiem in EWiR 1997, 1039).

6 Abs. 2 S. 3, 4 erleichtern die Vorbereitung der HV der formwechselnden AG/KGaA. Auslage und Abschriftserteilung des Formwechselberichts nach Abs. 2 S. 1, 2 entfallen nach **Abs. 2 S. 4,** wenn er im gesamten relevanten Zeitraum über die **Internetseite der AG** zugänglich ist (→ § 62 Rn. 14 mwN und Semler/Stengel/Leonard/Ihrig Rn. 30a sowie zur Parallelregelung in § 52 II 4 AktG Koch AktG § 52 Rn. 13). **Abs. 2 S. 3** kann den Verwaltungsaufwand für die AG im Vorfeld der HV ebenfalls verringern. Die durch das 3. UmwÄndG (→ Einf. Rn. 33 mwN) eingefügte Regelung ermöglicht bei entsprechender (konkludent möglicher) Einwilligung des Berechtigten die Übermittlung des Formwechselberichts auf dem Wege elektronischer Kommunikation, derzeit also in erster Linie per E-Mail, → § 62 Rn. 13. Da bei der AG/KGaA – anders als bei der GmbH gem. Abs. 1 – eine Übersendung des Formwechselberichts vor der HV nicht per se, sondern nur bei entsprechendem Verlangen iSv Abs. 2 S. 2 notwendig ist, ist die **praktische Bedeutung** von Abs. 2 S. 3 zumindest bei PublikumsGes eher gering, zumal dessen Wirkungen einfacher und leichter beweisbar durch die Internetveröffentlichung nach Abs. 2 S. 4 erreicht werden können.

3. Folgen von Einberufungsmängeln

7 Die **Folgen von Einberufungsmängeln** richten sich bei AG/KGaA und bei GmbH nach **§§ 241 ff. AktG** (zur entsprechenden Anwendung für GmbH-Gesellschafterbeschlüsse → § 14 Rn. 19–22 mwN; BGH NZG 2005, 551 und ausf. Noack/Servatius/Haas/Noack GmbHG Anh. § 47 Rn. 3 ff. mwN). Die **fehlerhafte Ankündigung der Tagesordnung** einer AG-Anteilsinhaberversammlung berechtigt zur Anfechtung (§ 124 IV AktG; dazu Koch AktG § 124 Rn. 35; für die GmbH Scholz/Seibt GmbHG § 51 Rn. 28 mwN). Auch die verspätete oder überhaupt nicht erfolgte **Übersendung oder Auslegung des Formwechselberichts** macht den Formwechselbeschluss anfechtbar. Hierbei ist es grds. unerheblich, ob der Beschluss auf der unterbliebenen oder verspäteten Übersendung oder Auslegung beruht, da die Regelung eine Verfahrensvorschrift im Interesse der Aktionäre ist (jew. kommt es aber darauf an, ob Kausalität/Relevanz des Gesetzesverstoßes gegeben sind, → § 63 Rn. 10 mwN). Durch eine **Vollversammlung** werden Einberufungsmängel allerdings geheilt, sofern kein Gesellschafter widerspricht (§ 121 VI AktG; § 51 III GmbHG; zum GmbHR vgl. BGHZ 100, 264 (269) = NJW 1987, 2580; wie hier Lutter/Göthel Rn. 50 mwN; Semler/Stengel/Leonard/Ihrig Rn. 35; Kölner Komm UmwG/Dauner-Lieb/Tettinger Rn. 46; NK-UmwR/Althoff/Narr Rn. 24). Für die AG ist zu beachten, dass der Widerspruch iSd § 121 VI AktG zu der konkreten Beschlussfassung „Formwechsel" vor Beschlussfeststellung erfolgen muss; es besteht keine Übereinstimmung mit dem „allgemeinen" Widerspruch iSd § 245 AktG (vgl. MüKoAktG/Kubis AktG § 121 Rn. 99; Kölner Komm AktG/Noack/Zetzsche AktG § 121 Rn. 211 ff.).

§ 231 Mitteilung des Abfindungsangebots

¹Das Vertretungsorgan der formwechselnden Gesellschaft hat den Gesellschaftern oder Aktionären spätestens zusammen mit der Einberufung der Gesellschafterversammlung oder der Hauptversammlung, die den Formwechsel beschließen soll, das Abfindungsangebot nach § 207 zu übersenden. ²Der Übersendung steht es gleich, wenn das Abfindungsangebot im Bundesanzeiger und den sonst bestimmten Gesellschaftsblättern bekanntgemacht wird.

Neben § 230 modifiziert auch § 231 die für die jew. Rechtsform geltenden Vorschriften über die **Einberufung der Gesellschafter- oder Hauptversammlung** (§§ 49 ff. GmbHG; §§ 121 ff. AktG). Eine ordnungsgemäße Vorbereitung auf die Versammlung iSv § 193 I 2 setzt voraus, dass die Anteilsinhaber Kenntnis vom Abfindungsangebot nach § 207 haben. Daher ordnet § 231 an, dass das **Abfindungsangebot entweder** den Anteilsinhabern **zu übersenden oder bekannt zu machen** ist. Die Veröffentlichung im Internet (→ § 230 Rn. 5a) schafft zwar ebenfalls genügend Transparenz, mangels ausdrücklicher Nennung dieser Form der Zugänglichmachung in § 231 S. 2 ersetzt sie die Mitteilungspflicht nach § 231 allerdings nicht. **Eigenständige Bedeutung** hat § 231 allerdings nur beim Formwechsel einer GmbH, bei dem ein Formwechselbericht entbehrlich ist (dazu → § 192 Rn. 22; wie hier Semler/Stengel/Leonard/Ihrig Rn. 6 aE). Denn das Abfindungsangebot ist zwingender Bestandteil des Formwechselbeschlusses (§ 194 I Nr. 6), dessen Entwurf wiederum im Formwechselbericht enthalten sein muss (§ 192 I 2). Sofern der Formwechselbericht nach § 230 I allen Gesellschaftern übersandt wird, erübrigt sich die gesonderte Übersendung oder Bekanntmachung des Abfindungsangebots (so auch Widmann/Mayer/Vossius Rn. 2, 6; Kölner Komm UmwG/Dauner-Lieb/Tettinger Rn. 2, dort auch zur AG/KGaA und § 124 II 2 AktG).

Das Vertretungsorgan der formwechselnden Ges kann wählen, ob es das Abfindungsangebot den Anteilsinhabern übersendet oder bekannt macht. Die **Übersendung** kommt allerdings nur in Betracht, wenn sichergestellt ist, dass alle **Anteilsinhaber bekannt** sind (Kallmeyer/Blasche Rn. 4; Semler/Stengel/Leonard/Ihrig Rn. 9). Aus dem Erfordernis der Übersendung folgt, dass das Abfindungsangebot **schriftlich niedergelegt** sein muss. Schriftform iSv § 126 BGB ist allerdings nicht erforderlich; es bedarf daher nicht der eigenhändigen Unterzeichnung durch die Mitglieder des Vertretungsorgans.

Die **Übersendung** muss **spätestens mit der Einberufung der Gesellschafterversammlung oder der HV** erfolgen. Eine frühere Übersendung ist unschädlich („spätestens"), aber trotz der Vorabinformation des Betriebsrats nach § 194 II keinesfalls gefordert (anders wohl Lutter/Göthel Rn. 3; wie hier iE Habersack/Wicke/Sparfeld Rn. 17; BeckOGK/Sparfeld Rn. 17; Semler/Stengel/Leonard/Ihrig Rn. 10; zur Einberufungsfrist für die GmbH-Gesellschafterversammlung → § 230 Rn. 1). Problematisch ist die Fristbestimmung, wenn die Einberufung der HV einer

AG (KGaA) bekannt gemacht wird (§ 121 III AktG, § 25 AktG). Aus Gründen der Rechtssicherheit wird man es angesichts der langen Einberufungsfrist im Aktienrecht (§ 123 I AktG: dreißig Tage) für ausreichend erachten können, wenn die Übersendung spätestens an dem Tag der Bekanntmachung erfolgt (§ 10 HGB). Praktische Bedeutung wird die Frage allerdings kaum gewinnen, da die Übersendung des Abfindungsangebots (statt der Bekanntmachung) regelmäßig nur dann gewählt werden wird, wenn auch die Einberufung durch eingeschriebenen Brief erfolgt (§ 121 IV 2 AktG; dazu etwa Koch AktG § 121 Rn. 11a–11h).

4 **Alternativ** kann das Abfindungsangebot auch im BAnz. (Gesetzesänderung v. 22.12.2011, → Einf. Rn. 34) und in den sonst bestimmten GesBl. **bekannt gemacht** werden, **§ 231 S. 2**. Praktische Bedeutung hat dies im Wesentlichen für die AG/KGaA (→ § 61 Rn. 3). Die Möglichkeit der Bekanntmachung steht allerdings auch der GmbH offen. In diesem Fall hat die Bekanntmachung so rechtzeitig zu erfolgen, dass die Einberufungsfrist gewahrt wird. Das Abfindungsangebot ist **in seiner konkreten Ausgestaltung und beziffert** bekannt zu machen (Kallmeyer/Blasche Rn. 8; Formulierungsbeispiel bei Widmann/Mayer/Vossius Rn. 14).

§ 232 Durchführung der Versammlung der Anteilsinhaber

(1) ¹**In der Gesellschafterversammlung oder in der Hauptversammlung, die den Formwechsel beschließen soll, ist der Formwechselbericht auszulegen.** ²In der Hauptversammlung kann der Formwechselbericht auch auf andere Weise zugänglich gemacht werden.

(2) **Der Entwurf des Formwechselbeschlusses einer Aktiengesellschaft oder einer Kommanditgesellschaft auf Aktien ist von deren Vertretungsorgan zu Beginn der Verhandlung mündlich zu erläutern.**

1. Auslegung des Formwechselberichts, Abs. 1

1 Der **Formwechselbericht** (§ 192 I) ist **in der Gesellschafterversammlung** oder in der HV, die den Formwechsel beschließen soll, **auszulegen** (→ § 64 Rn. 2). Dies gilt nach dem ausdrücklichen Wortlaut von **Abs. 1** auch für die Gesellschafterversammlung der GmbH, obwohl zur Vorbereitung der GmbH-Gesellschafterversammlung der Formwechselbericht nach § 230 I jedem Gesellschafter zu übersenden ist. Hierdurch sollen die Anteilsinhaber in die Lage versetzt werden, sich auch während der Gesellschafterversammlung/HV eingehend zu unterrichten. Die Auslegungspflicht erstreckt sich nur auf den Formwechselbericht (und nicht auf andere Unterlagen, zB den Prüfungsbericht, siehe aA Habersack/Wicke/Sparfeld Rn. 5; BeckOGK/Sparfeld Rn. 5; Lutter/Göthel Rn. 3 mwN). Für die HV einer AG/KGaA hat das **ARUG** (→ Einf. Rn. 32 mwN) mit der Einfügung von **Abs. 1 S. 2** eine Alt. zur Auslegung zugelassen. Der Formwechselbericht kann auch auf andere Weise zugänglich gemacht werden, nämlich elektronisch zB über vor Ort aufgestellte Monitore in ausreichender Zahl (vgl. Semler/Stengel/Leonard/Ihrig Rn. 6a mwN). Die bloße Veröffentlichung im Internet ist nicht ausreichend (zutr. J. Schmidt NZG 2008, 734).

2. Mündliche Erläuterung, Abs. 2

2 Nach **Abs. 2** hat der Vorstand einer AG bzw. haben die geschäftsführenden phG einer KGaA zu Beginn der Verhandlung den **Formwechselbeschluss mündlich zu erläutern.** Der Sinn dieser mündlichen Erläuterung liegt darin, die im schriftlichen Formwechselbericht (§ 192) enthaltenen Ausführungen zu aktualisieren (→ § 64 Rn. 3). Das **Vertretungsorgan** muss sich insbes. dazu äußern, ob zwischenzeitlich Veränderungen eingetreten sind und ob der Formwechsel nun wirt-

schaftlich oder rechtlich anders zu beurteilen ist (vgl. Habersack/Wicke/Sparfeld Rn. 10; BeckOGK/Sparfeld Rn. 10). IÜ kann und wird sich der Vorstand (phG) regelmäßig auf eine mündliche Zusammenfassung des Formwechselberichts beschränken. Dies kann durchaus in abstrakterer Form als im Formwechselbericht erfolgen. Überdies muss der mündliche Bericht auch die rechtlichen und wirtschaftlichen Hintergründe des Formwechsels beleuchten.

3. Anfechtung wegen ungenügender Erläuterung

Eine ungenügende mündliche Erläuterung führt zur **Anfechtbarkeit des Zustimmungsbeschlusses** (näher → § 64 Rn. 9). 3

§ 233 Beschluß der Versammlung der Anteilsinhaber

(1) **Der Formwechselbeschluss der Gesellschafterversammlung oder der Hauptversammlung bedarf, wenn die formwechselnde Gesellschaft die Rechtsform einer Gesellschaft des bürgerlichen Rechts, einer offenen Handelsgesellschaft oder einer Partnerschaftsgesellschaft erlangen soll, der Zustimmung aller anwesenden Gesellschafter oder Aktionäre; ihm müssen auch die nicht erschienenen Anteilsinhaber zustimmen.**

(2) ¹Soll die formwechselnde Gesellschaft in eine Kommanditgesellschaft umgewandelt werden, so bedarf der Formwechselbeschluss einer Mehrheit von mindestens drei Vierteln der bei der Gesellschafterversammlung einer Gesellschaft mit beschränkter Haftung abgegebenen Stimmen oder des bei der Beschlußfassung einer Aktiengesellschaft oder einer Kommanditgesellschaft auf Aktien vertretenen Grundkapitals; § 50 Abs. 2 und § 65 Abs. 2 sind entsprechend anzuwenden. ²Der Gesellschaftsvertrag oder die Satzung der formwechselnden Gesellschaft kann eine größere Mehrheit und weitere Erfordernisse bestimmen. ³Dem Formwechsel müssen alle Gesellschafter oder Aktionäre zustimmen, die in der Kommanditgesellschaft die Stellung eines persönlich haftenden Gesellschafters haben sollen.

(3) ¹Dem Formwechsel einer Kommanditgesellschaft auf Aktien müssen ferner deren persönlich haftende Gesellschafter zustimmen. ²Die Satzung der formwechselnden Gesellschaft kann für den Fall des Formwechsels in eine Kommanditgesellschaft eine Mehrheitsentscheidung dieser Gesellschafter vorsehen. ³Jeder dieser Gesellschafter kann sein Ausscheiden aus dem Rechtsträger für den Zeitpunkt erklären, in dem der Formwechsel wirksam wird.

1. Allgemeines

§ 233 legt die **Mehrheitsverhältnisse für den Beschluss über den Form-** 1 **wechsel** einer KapGes fest. Des Weiteren werden **Zustimmungsvorbehalte** für einzelne Gesellschafter angeordnet. Hintergrund der unterschiedlichen Regelungen in Abs. 1–3 ist die je nach Zielrechtsform unterschiedlich ausgeprägte persönliche Haftung der Gesellschafter. Während bei einer **OHG** (ab 1.1.2024: § 126 HGB; bis 31.12.2023: § 128 HGB aF) und einer **GbR** alle Gesellschafter persönlich und unbeschränkt und bei einer **PartGes** nach klassischem Zuschnitt zumindest in erheblichem Umfang (§ 8 I, II PartGG) haften (Abs. 1), trifft die persönliche Haftung bei der **KG** (§ 161 II HGB, ab 1.1.2024: § 126 HGB; bis 31.12.2023: § 128 HGB aF) nur die Komplementäre (Abs. 2). Abs. 3 schließlich berücksichtigt die Besonderheiten beim **Formwechsel einer KGaA**. Nach Abs. 3 S. 1, 2 ist der Formwechsel von der Zustimmung der Komplementäre der KGaA abhängig. Da der Formwechsel das Gesellschaftsverhältnis an sich berührt, ist dies allerdings nur

Rinke

eine Ausformung des bereits in § 285 II AktG niedergelegten Grundsatzes. Die Komplementäre scheiden beim Formwechsel einer KGaA in eine PersGes nicht zwingend aus der Ges aus, nach Abs. 3 S. 3 haben sie ein Wahlrecht.

2. Umwandlung in OHG, PartGes oder GbR (Abs. 1)

2   Der **Formwechsel einer KapGes in eine OHG, PartGes oder in eine GbR** (zu den Anforderungen an diese Zielrechtsformen → § 228 Rn. 1 ff.) muss **einstimmig** beschlossen werden **(Abs. 1).** Dieser einstimmige Beschluss bezieht sich auch auf den neuen Gesellschaftsvertrag dieser PersGes, weil der Gesellschaftsvertrag gem. § 234 Nr. 3 S. 1 Inhalt des Beschlusses ist. Er bedarf sowohl der Zustimmung aller in der Gesellschafter-/Hauptversammlung anwesenden Anteilsinhaber als auch der Zustimmung der **nicht erschienenen Gesellschafter.** Die Zustimmung der nicht erschienenen Aktionäre bedarf gem. § 193 III der notariellen Beurkundung (vgl. Habersack/Wicke/Sparfeld Rn. 12; BeckOGK/Sparfeld Rn. 12 mwN). Die Anordnung der Einstimmigkeit war nötig, da keinem Gesellschafter die Übernahme der persönlichen Haftung (→ Rn. 1) ohne sein Einverständnis zugemutet werden kann (Begr. RegE, BR-Drs. 75/94 zu § 232). Die Einräumung lediglich der Möglichkeit, gegen **Barabfindung** auszuscheiden (vgl. §§ 207 ff.), ist für den überstimmten Gesellschafter oder Aktionär kein angemessener Ausgleich. Zu weiteren Einzelheiten hinsichtlich Zustimmung innerhalb und außerhalb der Anteilsinhaberversammlung → § 43 Rn. 5 ff.

3. Formwechsel in KG (Abs. 2)

3   Bei einer **KG** haften nur die Komplementäre (§ 161 II HGB, ab 1.1.2024 § 126 HGB; bis 31.12.2023: § 128 HGB aF) persönlich, während die Haftung der Kommanditisten ausgeschlossen ist, soweit die vereinbarte Einlage geleistet wurde (§ 171 I HGB). Demgemäß bestimmt **Abs. 2 S. 1,** dass der Formwechselbeschluss lediglich einer **Mehrheit von mindestens drei Vierteln der** bei der Gesellschafterversammlung einer GmbH **abgegebenen Stimmen** oder des bei der Beschlussfassung einer AG oder KGaA **vertretenen Grundkapitals** bedarf. Dies entspricht der Mehrheit, die bei KapGes für Satzungsänderungen notwendig ist (vgl. § 53 II GmbHG; § 179 II AktG, § 278 III AktG). Zu Einzelheiten der Bestimmung der Mehrheit → § 50 Rn. 3 ff. (GmbH) und → § 65 Rn. 3 ff. (AG/KGaA). Weil der Gesellschaftsvertrag der KG gem. § 234 Nr. 3 S. 1 Bestandteil des Formwechselbeschlusses ist, genügt die Mehrheitsentscheidung auch als Legitimation für eine in diesem Gesellschaftsvertrag enthaltene HR-Vollmacht (so bereits zum alten Recht OLG Schleswig DB 2003, 1502 (1503); vgl. jetzt ausf. mwN Mayer/Weiler MittBayNot 2007, 368 (375); Mayer/Weiler DB 2007, 1291 (1294) insbes. mit dem zutr. Hinweis auf BGH DB 2005, 1845 und der Empfehlung, im Gesellschaftsvertrag Sanktionen für den Fall der Verweigerung von Stimmabgaben oder Handelsregisteranmeldung vorzusehen). Die **Dreiviertelmehrheit** ist nur ausreichend, wenn der **Gesellschaftsvertrag** oder die Satzung keine größeren Mehrheiten oder weitere Erfordernisse für den Formwechselbeschluss bestimmt **(Satzungsvorbehalt, Abs. 2 S. 2).** Näher → § 50 Rn. 6 f. (GmbH) und → § 65 Rn. 10 ff. (AG/KGaA).

4   Wegen der Möglichkeit des Mehrheitsbeschlusses sind auch beim Formwechsel einer GmbH die Interessen von Gesellschaftern, denen in der GmbH besondere Rechte eingeräumt sind, gefährdet. **Abs. 2 S. 1 Hs. 2** bestimmt daher die **entsprechende Anwendung von § 50 II.** Dies hat zur Folge, dass der Formwechsel der Zustimmung von Gesellschaftern, die **besondere Rechte iSv § 50 II** innehaben, bedarf (zu Einzelheiten → § 50 Rn. 8 ff.). Abs. 2 S. 1 Hs. 2 verweist auch auf § 65 II, deshalb bedarf auch der Formwechselbeschluss bei Vorhandensein **mehrerer Aktiengattungen** getrennter Sonderbeschlüsse (zu Einzelheiten → § 65 Rn. 13). In

analoger Anwendung von § 179 III 1 AktG will Lutter/Göthel § 240 Rn. 8 mwN bei Vorhandensein **unterschiedlicher Gattungen von GmbH-Geschäftsanteilen** Sonderbeschlüsse ermöglichen, wenn das Verhältnis der Gattungen zueinander verändert wird oder wenn bestimmte Gattungen durch den Formwechsel entfallen.

Dem Formwechsel müssen alle Gesellschafter oder Aktionäre zustimmen, die in der Rechtsform der KG die Stellung der **phG** einnehmen sollen **(Abs. 2 S. 3)**. Die betreffenden Personen ergeben sich aus dem Formwechselbeschluss (§ 194 I Nr. 4). Auch dieser **Zustimmungsvorbehalt** war nötig, da anderenfalls der betreffende Gesellschafter den nicht gewollten Eintritt der persönlichen Haftung nur durch Ausscheiden gegen Barabfindung hätte verhindern können (→ Rn. 2). 5

4. Formwechselbeschluss einer KGaA (Abs. 3)

Die **Mehrheit für den Formwechselbeschluss einer KGaA** bestimmt sich zunächst, je nach Zielrechtsform, nach Abs. 1 oder nach Abs. 2. **Zusätzlich** ordnet Abs. 3 S. 1 an, dass der Formwechsel der Zustimmung der (aller) phG bedarf, denn der Formwechsel berührt das Gesellschaftsverhältnis an sich. Derartige Vorgänge bedürfen schon nach allg. Grundsätzen der Zustimmung der phG (§ 285 II AktG). Die **Zustimmung ist notariell zu beurkunden** (Semler/Stengel/Leonard/Ihrig Rn. 35; Habersack/Wicke/Sparfeld Rn. 48; BeckOGK/Sparfeld Rn. 48; Kallmeyer/Blasche Rn. 12; Kölner Komm UmwG/Dauner-Lieb/Tettinger Rn. 36), was entweder aus der direkten oder – dogmatisch vertretbar Lutter/Göthel Rn. 79 – aus der analogen Anwendung von § 193 III bzw. der analogen Anwendung von § 285 III 2 AktG folgt. Sie kann **vor** (mit der Gefahr der Änderung des Entwurfs in der HV der KGaA, vgl. Lutter/Göthel Rn. 10, 13), **in und nach der HV** erklärt werden. Sofern die **Satzung** der KGaA dies vorsieht, kann die Zustimmung auch durch **Mehrheitsentscheidung der Komplementäre** erfolgen **(Abs. 3 S. 2;** zum Ganzen auch → § 78 Rn. 5). 6

5. Ausscheiden der persönlich haftenden Gesellschafter

Im Gegensatz zur früheren Regelung scheiden beim Formwechsel **einer KGaA in eine PersGes** (zum Formwechsel einer KGaA in eine KapGes anderer Rechtsform vgl. § 247 III) die **phG** mit Wirksamwerden des Formwechsels nicht zwingend aus. **Abs. 3 S. 3** eröffnet ihnen eine **Wahlmöglichkeit**. Sie scheiden nach § 236 mit Wirksamwerden des Formwechsels nur aus, sofern sie sich hierfür entscheiden. Bei der **Erklärung nach Abs. 3 S. 3** handelt es sich um eine Willenserklärung, die gegenüber der Ges oder einer anderen Person abzugeben ist. Der Komplementär **übt sein Wahlrecht** vielmehr **durch die Zustimmung zum Formwechsel** (als Komplementär; wenn er zugleich Kommanditaktionär ist, kann er insoweit grds. anders entscheiden, vgl. Lutter/Göthel Rn. 76) **aus** (diese ist **Willenserklärung,** Widmann/Mayer/Vossius Rn. 113, 115; noch KAktG § 285 Rn. 2, 3; zum Zusammenhang von Zustimmung und Austritt Beispiel bei Widmann/Mayer/Vossius Rn. 121). Denn zum Inhalt des Formwechselbeschlusses, dem die Komplementäre zustimmen müssen (Abs. 3 S. 1, 2), zählt auch die Entscheidung über das Ausscheiden aus oder das Verbleiben in der Gesellschaft, weil je nach getroffener Entscheidung der Formwechselbeschluss nach § 194 I Nr. 4 Alt. 2 die Beteiligung der Komplementäre nach Zahl, Art und Umfang der Anteile in der neuen Rechtsform enthalten muss oder nicht (wie hier Semler/Stengel/Leonard/Ihrig Rn. 39; wohl auch Lutter/Göthel Rn. 82; ähnlich Kallmeyer/Blasche Rn. 14, 15; aA Kölner Komm UmwG/Dauner-Lieb/Tettinger Rn. 84; diff. Widmann/Mayer/Vossius Rn. 133 ff.). 7

Entscheidet sich ein phG für den **Verbleib in der Ges,** so erlangt er mit Wirksamwerden des Formwechsels die im Formwechselbeschluss für ihn vorgesehene Beteili- 8 gung. Seine **persönliche Haftung für bereits begründete Verbindlichkeiten** bleibt hiervon unberührt. Dies wird in § 237 klargestellt. Im umgekehrten Fall scheidet er nach § 236 mit Wirksamwerden des Formwechsels aus der Ges aus. **Mit dem Ausscheiden wird sein Abfindungsanspruch begründet,** der sich nach § 278 II AktG, § 161 II HGB, ab 1.1.2024: § 105 III HGB (bis 31.12.2023: § 105 II HGB aF), ab 1.1.2024: § 728 BGB (bis 31.12.2023: § 738 BGB aF), bestimmt. §§ 207–212 sind auf das Ausscheiden phG nicht anzuwenden (§ 227; vgl. näher dort). Es ist eine **Auseinandersetzungsbilanz** zu erstellen. Der Wert der entfallenen Beteiligung entspricht im Allg. dem Preis, der bei der Veräußerung des Unternehmens als Einheit anteilig erzielt würde (BGHZ 116, 359 (370 f.) = NJW 1992, 892). Eine allgemeingültige Methode zur Wertermittlung besteht nicht, jedoch ist das Ertragswertverfahren regelmäßig geeignet (BGHZ 116, 359 (371) = NJW 1992, 892; Zur Abfindung nach dem (nicht mehr aktuellen) Stuttgarter Verfahren Arens GWR 2017, 193; vgl. zum Ertragswertverfahren → § 5 Rn. 10 ff.; auch → § 5 Rn. 49 ff. zum Börsenkurs). Die Satzung der KGaA kann davon abw. unter bestimmten Voraussetzungen auch ein Ausscheiden zu BW vorsehen, entsprechende Klauseln sind nicht grds. unwirksam (BGHZ 135, 387 = NJW 1997, 2592; Hörtnagl/Stratz INF 1994, 51 (53 f.)). Sie sind allerdings an § 138, ab 1.1.2024: § 731 II BGB (bis 31.12.2023: § 723 III BGB aF), ab 1.1.2024: § 132 VI HGB bis 31.12.2023 § 133 III HGB aF) zu messen und auszulegen (BGH DStR 2002, 461). Eine zunächst wirksam vereinbarte Abfindungsklausel zu BW kann auch durch ein zwischenzeitlich eingetretenes grobes Missverhältnis zwischen Abfindungsbetrag und wirklichem Anteilswert unwirksam werden. In diesem Fall ist der Inhalt der Abfindungsregelung durch **ergänzende Vertragsauslegung** anzupassen (zum Ganzen Jorde/Immes WPg 2017, 270; Mecklenbrauck BB 2000, 2001; Notthoff DStR 1998, 210; Hörtnagl/Stratz INF 1994, 51; zu stl. Themen Esskandari D StR 2016, 1251). Die persönliche Haftung für **bereits begründete Verbindlichkeiten** bleibt nach § 278 II AktG, § 161 II HGB, ab 1.1.2024: § 126 HGB (bis 31.12.2023: § 128 HGB aF) durch das Ausscheiden unberührt (→ § 236 Rn. 2).

§ 234 Inhalt des Formwechselbeschlusses

In dem Formwechselbeschluss müssen auch enthalten sein:
1. die Bestimmung des Sitzes der Personengesellschaft;
2. beim Formwechsel in eine Kommanditgesellschaft die Angabe der Kommanditisten sowie des Betrages der Einlage eines jeden von ihnen;
3. der Gesellschaftsvertrag der Personengesellschaft.

1. Formwechselbeschluss

1 Die Vorschrift ergänzt die allg. Regeln über den **Mindestinhalt des Formwechselbeschlusses** für den Formwechsel **einer KapGes in eine PersGes.** Der Formwechselbeschluss hat neben den in **§ 194 I Nr. 1–7** enthaltenen Angaben gem. § 234 Nr. 1, 2 zunächst zwei wesentliche Bestimmungen zu treffen, die ohnehin im Gesellschaftsvertrag einer PersGes enthalten sein müssen und deswegen jetzt keine eigenständige Bedeutung mehr haben, → Rn. 6: Für alle PersGes gilt **§ 234 Nr. 1,** nach dem die **Bestimmung des Sitzes der PersGes** als Beschlussgegenstand aufzunehmen ist, für den Formwechsel in eine KG verlangt **Nr. 2** darüber hinaus die **Angabe der Kommanditisten** sowie des **Betrages der Einlage** eines jeden von ihnen. Mit dieser Mindestregelung bewirkt § 234 Nr. 1, 2, dass zum einen Rechtssicherheit über die Durchführung des Anmeldeverfahrens nach § 198 besteht; denn beim Formwechsel in eine PhG/PartGes (für die GbR gilt die Sonderregelung von § 235) zwingt eine Sitzverlegung iRd Formwechsels zur Anmeldung nach § 198 II (→ § 198 Rn. 5 ff.). Zum anderen ist beim Formwechsel in eine KG die Angabe

der Kommanditisten und des Betrages ihrer jew. Einlage im Formwechselbeschluss notwendig, weil diese Angaben zum zwingenden Inhalt eines KG-Gesellschaftsvertrages gehören. Deren Fehlen führte daher bereits nach altem Recht zur **Unwirksamkeit des Formwechselbeschlusses** (allgM; vgl. BayObLG DStR 1996, 1658 mAnm Neye EWiR 1996, 761, → § 35 Rn. 3; Lutter/Göthel Rn. 17; Kölner Komm UmwG/Dauner-Lieb/Tettinger Rn. 1).

Einlage iSv § 234 Nr. 2 ist – wie bei § 162 I HGB – **die Haftsumme.** Die 2 Haftsumme muss sich weder am **Nominalbetrag der bisherigen Beteiligung** orientieren, noch ist eine andere Quotelung zwischen den Gesellschaftern ausgeschlossen (allgM, vgl. Lutter/Göthel Rn. 32 mwN; beim „nichtverhältniswahrenden Formwechsel" ist allerdings Einstimmigkeit erforderlich, → § 202 Rn. 7). Von der Haftsumme zu unterscheiden ist die sog. **Pflichteinlage,** die aufgrund der gesellschaftsvertraglich übernommenen Pflichten geleistet wird. Haftsumme und Pflichteinlage unterscheiden sich allerdings nur bei besonderen Vereinbarungen (BGH DB 1977, 1249; Hopt/Roth HGB § 171 Rn. 1; Semler/Stengel/Ihrig Rn. 8). Auch die Pflichteinlage muss nicht zwingend der bisherigen Beteiligung an der KapGes entsprechen (hier sind vielmehr Gestaltungen möglich, vgl. Lutter/Göthel Rn. 33 unter Verweis auf IDW RS HFA 41; Habersack/Wicke/Sparfeld Rn. 17; BeckOGK/Sparfeld Rn. 17).

Für die **Bezeichnung der Kommanditisten** ist § 106 II Nr. 1 HGB (Name, 3 Vorname, Geburtsdatum und Wohnort) maßgebend (so auch Schöne EWiR 1996, 619 gegen LG Augsburg ZIP 1996, 1011; Widmann/Mayer/Vossius Rn. 9; zu den damit einhergehenden praktischen Problemen vgl. Lutter/Göthel Rn. 18 und Semler/Stengel/Ihrig Rn. 11 ff. je mwN; NK-UmwR/Althoff/Narr Rn. 4), soweit nicht **§§ 213, 35** über die Bezeichnung unbekannter Aktionäre eingreifen (dazu BayObLG DStR 1996, 1658 mAnm Neye EWiR 1996, 761; die Auswirkungen dieser Entscheidung für die Praxis sind ausf. dargestellt bei Lutter/Göthel Rn. 18 ff.; Semler/Stengel/Ihrig Rn. 10 ff.; auch → § 35 Rn. 4).

2. Haftung des Kommanditisten, § 234 Nr. 2

Die **Haftung des Kommanditisten** ist grds. nach **§§ 171, 172 HGB** beschränkt. 4 Die persönliche Inanspruchnahme ist aber nur dann ausgeschlossen, wenn der Kommanditist die **Hafteinlage vollumfänglich geleistet** hat (§ 171 I 1 Hs. 2 HGB). Obwohl beim Formwechsel keine Vermögensübertragung erfolgt (zur Identität → § 190 Rn. 5 ff.), ist der Formwechsel haftungsrechtlich **wie eine Sacheinlage** zu behandeln. Die Haftung des Kommanditisten ist daher ausgeschlossen, soweit die Einlage iHd vereinbarten und eingetragenen Haftsumme (→ Rn. 2) durch den Anteil des Kommanditisten am Gesamtvermögen des Rechtsträgers wertmäßig abgedeckt ist (wie hier Lutter/Göthel Rn. 34, 35; Semler/Stengel/Ihrig Rn. 8). Ist die Haftsumme dagegen höher als der anteilige Wert der Gesellschaft, haftet der Kommanditist für die Diff. zwischen dem wahren Wert der Sacheinlage und der eingetragenen Haftsumme (Kapitalaufbringungsprinzip; vgl. etwa BGHZ 95, 188 (197) = NJW 1985, 2947).

Unbenommen bleibt es hingegen den Beteiligten, die **Sacheinlage** zur Erbrin- 5 gung der Haftsumme **unterzubewerten,** in dem etwa das anteilige BV zu BW berücksichtigt wird. Dies sollte allerdings gesondert vereinbart werden, damit im Fall einer späteren Aufdeckung der stillen Reserven im Zusammenhang mit einer Haftsummenerhöhung oder mit Entnahmen über den Gewinnanteil hinaus ein **Nachw.** ggü. den Gläubigern möglich bleibt.

3. Gesellschaftsvertrag, § 234 Nr. 3

Im Formwechselbeschluss muss gem. **§ 234 Nr. 3 S. 1** der Gesellschaftsvertrag 6 der PersGes enthalten sein. Die Aufnahme des Organisationsstatuts der neuen

Rechtsform bereits im Formwechselbeschluss sah bisher nur § 218 für den Formwechsel von der PersGes in die KapGes oder eG vor. In der RegEBegr. (BT-Drs. 16/2919, 19 f.) heißt es insoweit: „In der Praxis ergab sich daraus die Unsicherheit, ob bei einem Formwechsel in die KG mit der in § 233 Abs. 2 vorgeschriebenen Dreiviertelmehrheit auch der **Gesellschaftsvertrag** beschlossen werden kann. Daher soll künftig wie in § 218 der Gesellschaftsvertrag ausdrücklich zum notwendigen Beschlussinhalt gehören. Zwar wird damit abweichend vom sonstigen Recht der Gesellschaftsvertrag der PersGes einem Formerfordernis unterworfen. Bei einem Wechsel aus der Kapitalgesellschaft in die Personengesellschaft erscheint dies aber angemessen". Der Gesetzesbefehl ist trotz der durch die notarielle Beurkundung des sonst formlosen Gesellschaftsvertrages bedingten zusätzlichen Kostenbelastung umfassend zu begrüßen (zB Drinhausen BB 2006, 2313 (2317); Semler/Stengel/Ihrig Rn. 14, 17 ff., der zutr. darauf hinweist, dass die Gesellschafter des formwechselnden Rechtsträgers den Gesellschaftsvertrag ihren Bedürfnissen entsprechend vollständig ausformulieren und nicht nur den gesetzlich geforderten Mindestinhalt festlegen sollen, dazu auch Mayer/Weiler MittBayNot 2007, 368 (375)), führt aber auch zur Registerpublizität (vgl. Habersack/Wicke/Sparfeld Rn. 22; BeckOGK/Sparfeld Rn. 22 mwN). Der Gesellschaftsvertrag kann später nach allg. Grdsen ggf. formlos geändert werden (vgl. zur Änderung mitbeurkundeter Verträge Leitzen BWNotZ 2012, 86 (92)).

7 Mit dem Inkrafttreten des MoPeG ist **§ 234 Nr. 3 S. 2** – und damit die Erklärung des § 213 (beim Formwechsel in eine PartGes) für nicht anwendbar – **weggefallen.** Nach altem Recht mussten unbekannte Aktionäre im Partnerschaftsvertrag – anders als beim Formwechsel in die KG (→ Rn. 3) nicht angegeben werden (§§ 213, 35). § 234 Nr. 3 S. 2 entsprach damit § 45b II. Besondere Erschwernisse ergaben sich schon damals für die Praxis nicht, weil bei einer formwechselnden Freiberufler-AG ohnehin alle Aktionäre bekannt sind (vgl. Lutter/Schmidt § 45b Rn. 4; zur Rechtsanwalts-AG BGH DB 2005, 1050; allg. Kempter/Kopp NJW 2000, 3449). Dies greift der Wegfall des § 234 Nr. 3 S. 2 auf. Die Vorschrift hatte keine eigenständige Bedeutung und war mangels Klarstellungsbedürfnisses aufzuheben (vgl. BT-Drs. 19/27635, 268).

§ 235 Anmeldung des Formwechsels

Die Anmeldung nach § 198 ist durch das Vertretungsorgan der formwechselnden Gesellschaft vorzunehmen.

1. Anmeldung bei Formwechsel in GbR

1 Vor Inkrafttreten des MoPeG bestand bis zum 31.12.2023 beim **Formwechsel in die GbR** das Problem, dass Ges dieser Rechtsform nicht in das HR eingetragen werden können. Eine Anmeldung des Formwechsels in eine GbR nach § 198 I schied daher aus. Stattdessen ordnete Abs. 1 S. 1 aF an, dass die Umw der Ges zur Eintragung **in das bislang für die formwechselnde Ges zuständige Register** anzumelden ist.

2 Nach dem Inkrafttreten des MoPeG kommt nur die **im Gesellschaftsregister eingetragene GbR** als formwechselnder Rechtsträger in Betracht (§ 191 II Nr. 1), so dass die mit dem § 235 aF bezweckte Transparenz obsolet geworden ist (BT-Drs. 19/27635, 268). Der Formwechsel kann jetzt im Gesellschaftsregister der formgewechselten GbR eingetragen werden.

2. Anmelder

3 Die Anmeldung soll durch das **Vertretungsorgan der formwechselnden Ges** vorgenommen werden. Hierdurch soll vermieden werden, dass beim Formwechsel in eine PhG die nach allg. GesR notwendige Anmeldung von allen Gesellschaftern vorgenommen werden muss (§ 108 I HGB, vgl. Habersack/Wicke/Sparfeld Rn. 3; BeckOGK/Sparfeld Rn. 3). Vgl. für den umgekehrten Fall des Formwechsels einer PhG § 222 I.

Der **Formwechsel einer GmbH** ist durch deren Geschäftsführer **in vertretungsberechtigter Anzahl** (so auch Widmann/Mayer/Vossius Rn. 8; NK-UmwR/Althoff/Narr Rn. 5; Kölner Komm UmwG/Dauner-Lieb/Tettinger Rn. 6) anzumelden. Einer Anmeldung durch alle Geschäftsführer bedarf es nicht, da § 78 GmbHG die Anmeldung nach § 198 nicht aufzählt. Für eine **formwechselnde AG** handelt der Vorstand (§§ 76 ff. AktG), ebenfalls in vertretungsberechtigter Anzahl. Beim **Formwechsel einer KGaA** erfolgt die Anmeldung durch die phG (§ 283 Nr. 1 AktG), allerdings nur, soweit sie nicht von der Geschäftsführung ausgeschlossen sind. Die Anmeldung durch einzelne Komplementäre ist bei entsprechender Vertretungsberechtigung (zur Vertretung beim Anmelden allg. Melchior GmbHR 1999, 520) ausreichend. In allen Fällen ist eine unechte Gesamtvertretung zulässig (Widmann/Mayer/Vossius Rn. 8; Lutter/Göthel Rn. 7). Zur Vertretung durch Dritte nach Erteilung einer öffentlich beglaubigten Vollmacht → § 16 Rn. 7 und Lutter/Göthel Rn. 7. 4

§ 236 Wirkungen des Formwechsels

Mit dem Wirksamwerden des Formwechsels einer Kommanditgesellschaft auf Aktien scheiden persönlich haftende Gesellschafter, die nach § 233 Abs. 3 Satz 3 ihr Ausscheiden aus dem Rechtsträger erklärt haben, aus der Gesellschaft aus.

Beim **Formwechsel einer KGaA** in eine PersGes scheiden die phG nicht notwendig aus der Ges aus (zum Formwechsel einer KGaA in eine andere KapGes → § 247 Rn. 5). **Die phG können wählen,** ob sie ausscheiden oder weiterhin als Gesellschafter beteiligt sein wollen (§ 233 III 3). Entscheiden sie sich **(jeder für sich und unabhängig von den anderen)** für den Verbleib, so sind sie mit Wirksamwerden des Formwechsels nach Maßgabe der Festlegungen des Formwechselbeschlusses (§ 194 I Nr. 4 Alt. 2) nach den für die Zielrechtsform geltenden Vorschriften beteiligt (§ 202 I Nr. 2). Beim **Formwechsel in eine KG** können die phG sowohl als Komplementär als auch als Kommanditist beteiligt werden. Erklärt ein phG hingegen nach § 233 III sein Ausscheiden aus dem Rechtsträger, scheidet er mit Wirksamwerden des Formwechsels (§ 202) aus der Ges aus. 1

Hinsichtlich der **Haftung des phG** ist zu unterscheiden: Ist der phG zukünftig als OHG-Gesellschafter, Partner, GbR-Gesellschafter oder als Komplementär einer KG beteiligt, so haftet er aufgrund der erneut übernommenen persönlichen Haftung **unbeschränkt** auch für **vor dem Wirksamwerden des Formwechsels bereits begründete** Verbindlichkeiten weiter (vgl. Habersack/Wicke/Sparfeld Rn. 11; BeckOGK/Sparfeld Rn. 11; Lutter/Göthel Rn. 5; Semler/Stengel/Leonard/Ihrig Rn. 11 je mwN zur dogmatischen Herleitung). Erlangt der Komplementär einer KGaA **nach dem Formwechsel** die Rechtsstellung eines **Kommanditisten einer KG,** so richtet sich die Forthaftung gem. **§ 237** nach § 224. Die persönliche Haftung für bereits begründete Verbindlichkeiten bleibt also zunächst unberührt (§ 224 I), sie ist jedoch **zeitlich begrenzt** (§ 224 II–V). Auch das Ausscheiden des phG einer KGaA anlässlich des Formwechsels lässt seine Haftung für zum Zeitpunkt des Wirksamwerdens des Formwechsels **bereits begründete** (→ § 45 Rn. 5 ff.) Verbindlichkeiten unberührt. Dies folgt aus § 278 II AktG iVm § 161 II HGB, ab 1.1.2024 §§ 126, 127 HGB (bis 31.12.2023: §§ 128, 130 HGB aF), sodass eine besondere Regelung entbehrlich war (Begr. RegE, BR-Drs. 75/94 zu § 247). Es 2 tritt dann aber nach ab 1.1.2024 § 137 HGB (bis 31.12.2023: § 160 HGB aF) eine § 224 II–V entsprechende **Nachhaftungsbegrenzung** ein.

§ 237 Fortdauer und zeitliche Begrenzung der persönlichen Haftung

Erlangt ein persönlich haftender Gesellschafter einer formwechselnden Kommanditgesellschaft auf Aktien beim Formwechsel in eine Kommanditgesellschaft die Rechtsstellung eines Kommanditisten, so ist auf seine Haftung für die im Zeitpunkt des Formwechsels begründeten Verbindlichkeiten der formwechselnden Gesellschaft § 224 entsprechend anzuwenden.

1 § 237 regelt die **Forthaftung eines phG einer KGaA** und deren zeitliche Begrenzung, sofern der phG mit Wirksamwerden des Formwechsels die Stellung eines Kommanditisten einnimmt. Zu den sonstigen Fällen der Nachhaftung → § 236 Rn. 2. § 237 erklärt § 224 für die im Zeitpunkt des Formwechsels **bereits begründeten Verbindlichkeiten** der KGaA für entsprechend anwendbar. Durch die Verweisung auf § 224 I wird zunächst klargestellt, dass der Formwechsel die Haftung für Verbindlichkeiten, die spätestens mit Wirksamwerden des Formwechsels begründet waren (§ 39f Rn. 5 ff.), unberührt lässt. Dies folgt allerdings bereits aus dem allg. GesR, da das Ausscheiden eines phG die Haftung nach § 128 HGB (iVm § 278 II AktG, § 161 II HGB) nicht beeinflusst. Die **Nachhaftung** ist aber **auf einen Zeitraum von fünf Jahren beschränkt** (§ 224 II–V; vgl. Komm. dort).

Dritter Unterabschnitt. Formwechsel in eine Kapitalgesellschaft anderer Rechtsform

§ 238 Vorbereitung der Versammlung der Anteilsinhaber

¹Auf die Vorbereitung der Gesellschafterversammlung oder der Hauptversammlung, die den Formwechsel beschließen soll, sind die §§ 230 und 231 entsprechend anzuwenden. ²§ 192 Abs. 2 bleibt unberührt.

1. Vorbereitung der Anteilsinhaberversammlung, § 238 S. 1

1 § 238 S. 1 befasst sich mit der **Vorbereitung der Anteilsinhaberversammlung,** die den **Formwechsel einer KapGes in eine KapGes** anderer Rechtsform beschließen soll. Regelungstechnisch erfolgt dies durch Verweisung auf §§ 230, 231, die ihrerseits die allg. Vorschriften für die Einberufung einer Anteilsinhaberversammlung der jew. Rechtsform modifizieren. Nach § 230 I ist der Formwechsel als Tagesordnungspunkt abw. von § 51 IV GmbHG **spätestens mit der Einberufung** der Gesellschafterversammlung der formwechselnden GmbH **schriftlich** anzukündigen. Ferner ist spätestens zusammen mit der Einberufung der **Formwechselbericht zu übersenden** (näher → § 230 Rn. 3, 4). In Anlehnung an § 175 II AktG braucht zur Vorbereitung der HV einer **AG oder KGaA** der Formwechselbericht hingegen nicht den – oftmals unbekannten – Aktionären übersandt werden. Stattdessen ordnet § 230 II 1 die Verpflichtung an, den **Formwechselbericht** von der Einberufung der HV an in dem Geschäftsraum der Ges **zur Einsicht auszulegen.** Jeder Aktionär und jeder nicht geschäftsführungsbefugte phG der KGaA hat Anspruch auf eine **Abschrift** (→ § 230 Rn. 5). Elektronische Kommunikation und *der Einsatz des Internets sind bei AG/KGaA möglich,* → § 230 Rn. 6. Das Abfindungsangebot nach § 207 ist, wenn es nicht ohnehin bereits im Formwechselbericht enthalten ist, als wesentliches Informationsmittel für die Anteilsinhaber mit der Einberufung zu übersenden oder bekannt zu machen (→ § 231 Rn. 1 ff.).

Beschluß der Versammlung der Anteilsinhaber 1 **§ 240 UmwG A**

2. Entbehrlichkeit des Formwechselberichts, § 238 S. 2

Klarstellend, aber eigentlich überflüssig, ordnet § 238 S. 2 an, dass § 192 II unberührt bleibt. Auch beim Formwechsel innerhalb der Rechtsform KapGes ist ein **Formwechselbericht nicht erforderlich**, wenn nur **ein Anteilsinhaber beteiligt** ist oder wenn alle Anteilsinhaber auf die Erstattung **in notarieller Urkunde verzichten** (→ § 192 Rn. 21, 22). 2

§ 239 Durchführung der Versammlung der Anteilsinhaber

(1) ¹In der Gesellschafterversammlung oder in der Hauptversammlung, die den Formwechsel beschließen soll, ist der Formwechselbericht auszulegen. ²In der Hauptversammlung kann der Formwechselbericht auch auf andere Weise zugänglich gemacht werden.

(2) Der Entwurf des Formwechselbeschlusses einer Aktiengesellschaft oder einer Kommanditgesellschaft auf Aktien ist von deren Vertretungsorgan zu Beginn der Verhandlung mündlich zu erläutern.

§ 239 entspricht auch nach der Änderung durch das ARUG inhaltlich § 232; auf die Komm. dort wird verwiesen. 1

§ 240 Beschluß der Versammlung der Anteilsinhaber

(1) ¹Der Formwechselbeschluss bedarf einer Mehrheit von mindestens drei Vierteln der bei der Gesellschafterversammlung einer Gesellschaft mit beschränkter Haftung abgegebenen Stimmen oder des bei der Beschlußfassung einer Aktiengesellschaft oder einer Kommanditgesellschaft auf Aktien vertretenen Grundkapitals; § 65 Abs. 2 ist entsprechend anzuwenden. ²Der Gesellschaftsvertrag oder die Satzung der formwechselnden Gesellschaft kann eine größere Mehrheit und weitere Erfordernisse, beim Formwechsel einer Kommanditgesellschaft auf Aktien in eine Aktiengesellschaft auch eine geringere Mehrheit bestimmen.

(2) ¹Dem Formwechsel einer Gesellschaft mit beschränkter Haftung oder einer Aktiengesellschaft in eine Kommanditgesellschaft auf Aktien müssen alle Gesellschafter oder Aktionäre zustimmen, die in der Gesellschaft neuer Rechtsform die Stellung eines persönlich haftenden Gesellschafters haben sollen. ²Auf den Beitritt persönlich haftender Gesellschafter ist § 221 entsprechend anzuwenden.

(3) ¹Dem Formwechsel einer Kommanditgesellschaft auf Aktien müssen ferner deren persönlich haftende Gesellschafter zustimmen. ²Die Satzung der formwechselnden Gesellschaft kann eine Mehrheitsentscheidung dieser Gesellschafter vorsehen.

1. Allgemeines

§ 240 regelt die **Mehrheitsverhältnisse und weiteren Zustimmungserfordernisse** für den Formwechsel einer KapGes in eine KapGes anderer Rechtsform. Der Formwechselbeschluss wird hierbei im Wesentlichen **wie eine Satzungsänderung** behandelt (vgl. § 53 II GmbHG; § 179 II, III AktG, § 285 II AktG; Semler/Stengel/Leonard/Arnold Rn. 7 ff. mwN). 1

2. Formwechselbeschluss einer GmbH

2 Wie die sonstigen Formwechselbeschlüsse (vgl. §§ 50, 125, 233) bedarf auch der **Formwechselbeschluss einer GmbH** der **Mehrheit von mindestens drei Vierteln der** bei der Gesellschafterversammlung **abgegebenen Stimmen** (Abs. 1 S. 1). Der Umfang weiterer Zustimmungserfordernisse hängt vom Einzelfall ab (vgl. § 241; näher → 241 Rn. 1 ff.). Die **Satzung** der GmbH kann auch für den Formwechselbeschluss größere Mehrheiten (bis hin zur Einstimmigkeit) und weitere Erfordernisse festlegen. Der Beschluss muss zwingend in einer Gesellschafterversammlung gefasst werden (§ 193 I 2). Zu Einzelheiten hinsichtlich Beschlussfassung und Mehrheitsverhältnis → § 50 Rn. 2 ff.

3. Formwechselbeschluss einer AG

3 Der **Formwechselbeschluss der HV einer AG** unterliegt denselben Mehrheitsanforderungen wie ein Verschmelzungs- oder Spaltungsbeschluss (vgl. §§ 65, 125, 233). Er bedarf der **einfachen Stimmenmehrheit und** einer Mehrheit von **mindestens drei Vierteln des bei der Beschlussfassung vertretenen Grundkapitals** (Abs. 1 S. 1 Hs. 2). Die **Satzung** kann höhere Mehrheits- und sonstige Erfordernisse aufstellen (Abs. 1 S. 2). Aufgrund der entsprechenden Anwendung von § 65 II (Abs. 1 S. 1 Hs. 2) bedarf der Formwechselbeschluss bei Vorliegen **unterschiedlicher Aktiengattungen** getrennter Beschlüsse (Semler/Stengel/Leonard/Arnold Rn. 13 ff. mwN; enger Veil, Umwandlung einer AG in eine GmbH, 1996, S. 95 ff.). Vgl. zu Einzelheiten hinsichtlich Beschlussfassung und Mehrheitsverhältnissen → § 65 Rn. 2 ff.; zum Zustimmungserfordernis nach § 242 vgl. → § 242 Rn. 1 ff.

4. Formwechselbeschluss einer KGaA

4 Für den **Formwechselbeschluss einer KGaA** gelten zunächst in Übereinstimmung mit der **allg. aktienrechtlichen Regelung** (§ 278 III AktG) dieselben Anforderungen wie für den Formwechselbeschluss der HV einer AG (Abs. 3 S. 1, „ferner"). Die **Satzung** der KGaA kann strengere Mehrheits- oder sonstige Erfordernisse aufstellen, beim Formwechselbeschluss in eine AG aber auch eine **geringere Mehrheit** bestimmen (die hM verlangt zu Recht insoweit grds. spezielle Satzungsregelung zum Formwechsel, nicht nur allg. zur Satzungsänderung, vgl. Lutter/Göthel Rn. 4 mwN). Erforderlich ist aber stets zumindest eine **einfache Kapitalmehrheit** sowie nach § 278 III AktG, § 133 I AktG **einfache Stimmenmehrheit** (allgM; vgl. etwa Koch AktG § 179 Rn. 16 ff.; Semler/Stengel/Leonard/Arnold Rn. 7 mwN; Widmann/Mayer/Rieger Rn. 30 mwN; zur Mehrheitsberechnung → § 65 Rn. 3 ff.).

5 Darüber hinaus bedarf es beim Formwechsel einer KGaA zusätzlich der **Zustimmung der phG**. Die Zustimmung müssen grds. alle Komplementäre erteilen, die Satzung der KGaA kann allerdings eine **Mehrheitsentscheidung der phG** zulassen. Entgegen der früher hM (vgl. etwa GroßkommAktG/Meyer-Landrut AktG § 366 Rn. 4) wird man aufgrund der ausdrücklichen Regelung in Abs. 3 S. 2 einen **vollständigen Verzicht auf die Zustimmung** in der Satzung nicht mehr für zulässig erachten können (wie hier Lutter/Göthel Rn. 15; Kallmeyer/Blasche Rn. 6; Widmann/Mayer/Rieger Rn. 65).

6 Die **Zustimmung** der phG, die **vor und nach der HV** erteilt werden kann (→ § 233 Rn. 6; ausf. Widmann/Mayer/Rieger Rn. 49, 50, 57), muss entweder in der Niederschrift über die HV (§ 130 AktG) oder in einem Anhangsurkunde **notariell beurkundet** werden (§ 285 III AktG, § 193 III 1; → § 233 Rn. 6). In seltenen, aber durchaus möglichen Fällen kann ein Anspruch auf Erteilung der Zustimmung bestehen. Dies ist etwa der Fall, wenn bei einem phG ein Ausschließungsgrund

nach §§ 133, 140 HGB vorliegt. Ein **Anspruch auf Zustimmung** kann auch Ausfluss der Treuepflicht sein (Widmann/Mayer/Rieger Rn. 63 mwN; Lutter/Göthel Rn. 17, 18 mwN; Kölner Komm UmwG/Petersen Rn. 16). Die Zustimmungserklärung kann in diesem Fall durch das Urteil ersetzt werden (§ 894 ZPO).

5. Formwechsel in eine KGaA

Dem Formwechsel einer **GmbH oder** einer **AG in eine KGaA** müssen ferner 7 alle Gesellschafter oder Aktionäre zustimmen, die zukünftig die Stellung eines phG (§ 278 I AktG) haben sollen **(Abs. 2 S. 1).** Die Regelung entspricht damit § 217 III; sie war auch beim Formwechsel einer GmbH oder AG in eine KGaA notwendig, da keinem Gesellschafter die **Übernahme einer persönlichen Haftung** ohne ausdrückliches Einverständnis zugemutet werden kann (Begr. RegE, BR-Drs. 75/94 zu § 240). Die Einräumung lediglich der Möglichkeit des Ausscheidens gegen **Barabfindung** (§ 207) wäre insofern nicht angemessen (Semler/Stengel/Leonard/Arnold Rn. 21). Die Zustimmung kann vor (aber → Rn. 8 für den Beitretenden), während und nach Fassung des Formwechselbeschlusses erfolgen. Sie ist entweder in der Beschlussniederschrift oder gesondert **notariell zu beurkunden** (§ 193 III 1). Abs. 2 S. 1 betrifft nur den bereits an der formwechselnden GmbH oder AG beteiligten Gesellschafter bzw. Aktionär. Der **Beitritt bislang nicht Beteiligter** als phG beim Formwechsel in eine KGaA bestimmt sich gem. Abs. 2 S. 2 nach § 221 (→ Rn. 8).

6. Beitritt persönlich haftender Gesellschafter

Auch beim Formwechsel einer GmbH oder einer AG in eine KGaA kann ein 8 bislang an der formwechselnden KapGes nicht Beteiligter die Stellung als phG (§ 278 I AktG) übernehmen. Gem. **Abs. 2 S. 2** ist auf den **Beitritt bislang nicht Beteiligter** § 221 entsprechend anzuwenden. Die Beitrittserklärung ist danach notariell zu beurkunden; ferner muss der Beitretende die **Satzung** der KGaA, die maßgeblich seine Rechtsstellung bestimmt, **genehmigen**, weshalb eine Zustimmung vor Beschlussfassung wohl ausscheidet (vgl. Habersack/Wicke/Herfs/Link Rn. 28; BeckOGK/Herfs/Link Rn. 28; Semler/Stengel/Leonard/Arnold Rn. 25; aA Widmann/Mayer/Rieger Rn. 50, der ebenso wie Widmann/Mayer/Vossius § 221 Rn. 8 eine vorherige Zustimmung („Einwilligung", § 183 S. 1 BGB) genügen lässt). Zu Einzelheiten vgl. → § 221 Rn. 1 ff.

§ 241 Zustimmungserfordernisse beim Formwechsel einer Gesellschaft mit beschränkter Haftung

(1) **Werden durch den Formwechselbeschluss einer formwechselnden Gesellschaft mit beschränkter Haftung die Aktien in der Satzung der Aktiengesellschaft oder den Kommanditgesellschaft auf Aktien auf einen höheren als den Mindestbetrag nach § 8 Abs. 2 oder 3 des Aktiengesetzes und abweichend vom Nennbetrag der Geschäftsanteile der formwechselnden Gesellschaft gestellt, so muß dem jeder Gesellschafter zustimmen, der sich nicht dem Gesamtnennbetrag seiner Geschäftsanteile entsprechend beteiligen kann.**

(2) **Auf das Erfordernis der Zustimmung einzelner Gesellschafter ist ferner § 50 Abs. 2 entsprechend anzuwenden.**

(3) **Sind einzelnen Gesellschaftern außer der Leistung von Kapitaleinlagen noch andere Verpflichtungen gegenüber der Gesellschaft auferlegt und können diese wegen der einschränkenden Bestimmung des § 55 des Aktienge-**

setzes bei dem Formwechsel nicht aufrechterhalten werden, so bedarf der Formwechsel auch der Zustimmung dieser Gesellschafter.

1. Allgemeines

1 § 241 enthält besondere **Zustimmungserfordernisse beim Formwechsel einer GmbH**. **Abs. 1** sieht die Zustimmung derjenigen Gesellschafter vor, die von einer vom bisherigen Nennbetrag abweichenden Festsetzung der Nennbeträge der mit Wirksamwerden des Formwechsels entstehenden Aktien betroffen sind. **Abs. 2** führt zur Angleichung der Rechtsstellung von Sonderrechtsinhabern bei Verschm und Spaltung einerseits und beim Formwechsel andererseits. Zum Zustimmungsvorbehalt bei **vinkulierten GmbH-Anteilen** vgl. § 193 II. **Abs. 3** regelt vor dem Hintergrund des § 55 AktG einen Zustimmungsvorbehalt für den Fall, dass Nebenleistungspflichten bei der Ziel-AG nicht aufrechterhalten werden können. Zum Umgang mit **eigenen Anteilen der GmbH** enthalten §§ 238–250 keine Regelungen, was beim Formwechsel von GmbH in AG/KGaA insbes. wegen §§ 71 ff. AktG Schwierigkeiten hervorrufen kann (ausf. Schulz ZIP 2015, 510 mwN).

2. Zustimmungsvorbehalt bei abweichenden Nennbeträgen (Abs. 1)

2 Gem. **§ 5 I GmbHG aF** musste die **Stammeinlage** mindestens 100 Euro betragen. Durch das **MoMiG** (→ Einf. Rn. 30) ist § 5 I GmbHG und im Zusammenhang damit auch das UmwG geändert worden. GmbH-Geschäftsanteile können jetzt so gestückelt werden, wie dies § 8 II AktG für Nennbetragsaktien zulässt, nämlich mit einem Mindestbetrag von 1 Euro oder mit höheren Beträgen, soweit diese durch volle Euro teilbar sind (auch → § 46 Rn. 12). Wird beim Formwechsel in die AG das Nominalkapital (dessen Höhe nur nach Maßgabe von § 243 II geändert werden kann) an die künftigen Aktionäre zugeteilt, kann dies das **Zustimmungserfordernis aus Abs. 1** auslösen. Zunächst lässt sich der Vorschrift die Grundvorstellung des Gesetzgebers entnehmen, dass die Festsetzung des Nennbetrags nach § 8 II AktG oder die Stückelung des Grundkapitals nach § 8 III AktG so durchzuführen ist, dass sich **jeder GmbH-Gesellschafter vollständig** entsprechend dem bisherigen Nennbetrag seiner Stammeinlage beteiligen kann. **Abs. 1** gewährt jedoch keinen Anspruch auf die Festsetzung der Stückelung mit den Mindestbeträgen nach § 8 II, III AktG, sondern macht die **Umsetzung** (nicht die Wirksamkeit) **des Formwechselbeschlusses abhängig von der Zustimmung** derjenigen Anteilsinhaber, die sich nicht mit dem vollen Nennbetrag ihrer Geschäftsanteile beteiligen können (zum Ganzen auch Lutter/Göthel Rn. 2 ff.; Lutter/Göthel § 242 Rn. 14, je mwN). Der Zustimmungsvorbehalt besteht nur, wenn die Aktien auf einen höheren Mindest(nenn)betrag als 1 Euro lauten (§ 8 II, III AktG), dieser vom Nennbetrag der bisherigen Geschäftsanteile abweicht **und** eine Beteiligung in Höhe des Gesamtnennbetrags der bisherigen Geschäftsanteile nicht möglich ist (vgl. HK-UmwG/Rose Rn. 3; Semler/Stengel/Leonard/Mutter Rn. 7).

Beispiel:

3 a) Die Gesellschafter A–C haben Geschäftsanteile von 24.500 Euro, 25.000 Euro, und 50.500 Euro. Von der Gesellschaftsversammlung werden 500 Aktien mit dem Nennbetrag 100 Euro und 50 Aktien mit dem Nennbetrag 1.000 Euro festgesetzt. Jeder Gesellschafter ist berechtigt, sich die Stückelung seiner Aktien – unter Berücksichtigung des Gleichbehandlungsgrundsatzes (Kallmeyer/Blasche Rn. 3) – selbst auszuwählen. Eine **Zustimmung** iSv Abs. 1 S. 1 ist **nicht notwendig**, da jeder Gesellschafter sich dem Gesamtnennbetrag seiner Geschäftsanteile entsprechend beteiligen kann.

4 b) Wie oben, jedoch werden die Nennbeträge der Aktien sämtlich auf 1.000 Euro festgesetzt. A und C können sich jew. iHv 500 Euro nicht dem Gesamtnennbetrag ihrer Geschäftsanteile entsprechend beteiligen. Da der Nennbetrag der Aktien auf einen höheren Betrag als 1 Euro lautet, ist in diesem Fall die **notariell beurkundete Zustimmung von A und C notwendiges Wirksamkeitserfordernis der Festsetzung.** Erklären A und C wirksam die Zustimmung, steht die aus den Spitzen (2 x 500 Euro) gebildete Aktie (Nennbetrag 1.000 Euro) beiden Gesellschaftern gemeinsam zu. Eine Verwertung dieser Aktie durch öffentliche Versteigerung ist gem. § 248 I AktG, § 226 III AktG möglich (vgl. Habersack/Wicke/Herfs/Link Rn. 8; BeckOGK/Herfs/Link Rn. 8; Lutter/Göthel Rn. 23; Lutter/Göthel § 248 Rn. 24 ff. mwN; Semler/Stengel/Leonard/Scheel § 248 Rn. 21, 22).

Der **Mindestnennbetrag einer Aktie** beträgt **einen Euro,** § 8 II 1 AktG; 5 höhere Aktiennennbeträge müssen auf volle Euro lauten (§ 8 II 4 AktG). Die Ausgabe von Aktien mit unterschiedlichen Nennbeträgen ist möglich, solange der **Gleichbehandlungsgrundsatz** gewahrt bleibt.

Nach **Abs. 1** bedarf die Festsetzung der abw. Stückelung (und **nicht der Form-** 6 **wechsel selbst,** Widmann/Mayer/Rieger Rn. 56, 57) der Zustimmung der betroffenen Gesellschafter. Die **Zustimmung** der betroffenen Gesellschafter ist **notariell zu beurkunden** (§ 193 III 1). Sie kann vor, während und nach der Gesellschafterversammlung erteilt werden. Sie ist grds. neben der Zustimmung zum Formwechselbeschluss als **gesonderte Erklärung** (Lutter/Göthel Rn. 19 mwN) zu protokollieren.

Fehlt die Zustimmung, darf der Registerrichter die neue Rechtsform oder 7 den Rechtsträger neuer Rechtsform (§ 198 I, II 1–3) nicht eintragen (Lutter/Göthel Rn. 21, 22 mwN). Ein etwaiger Mangel lässt die Wirkungen der Eintragung allerdings unberührt **(§ 202 III),** was aber nicht als Heilung anzusehen ist (Lutter/Göthel Rn. 22; Semler/Stengel/Leonard/Mutter Rn. 35 f.), sodass Schadensersatzansprüche möglich sind (vgl. Habersack/Wicke/Herfs/Link Rn. 17; BeckOGK/Herfs/Link Rn. 17).

3. Zustimmung von Sonderrechtsinhabern (Abs. 2)

Entsprechend der Regelungen für die Verschm und für die Spaltung bedarf der 8 Formwechsel gem. **Abs. 2** der **Zustimmung** bestimmter **Sonderrechtsinhaber.** Abs. 2 verweist vollständig auf § 50 II. Zu Einzelheiten → § 50 Rn. 8 ff., zu den Folgen fehlender Zustimmung → Rn. 12.

4. Zustimmung bei Nebenleistungspflichten (Abs. 3)

Nach **Abs. 3** ist ferner die **Zustimmung** der betroffenen Gesellschafter (das 9 können auch alle Gesellschafter sein, Widmann/Mayer/Rieger Rn. 39 ff. mwN) für den Fall erforderlich, dass **Nebenleistungspflichten** der GmbH-Gesellschafter durch die Umw **erlöschen.** § 3 II GmbHG überlässt es den Gesellschaftern, der GmbH durch Aufnahme von Nebenleistungspflichten in den GmbH-Gesellschaftsvertrag eine ausgeprägt personalistische Ausgestaltung zu geben (dazu Noack/Servatius/Haas/Servatius GmbHG § 3 Rn. 32 ff.; Scholz/Cziupka GmbHG § 3 Rn. 69 ff.; Lutter/Hommelhoff/Bayer GmbHG § 3 Rn. 24 ff.; Ullrich ZGR 1985, 235).

Durch den Formwechsel werden die ursprünglich im GmbH-Gesellschaftsvertrag 10 statuierten Nebenleistungspflichten der Gesellschafter künftig am Maßstab von **§ 55 AktG** gemessen, der – im Gegensatz zu § 3 II GmbHG – **Nebenleistungspflichten bei der AG** nur für wiederkehrende, nicht in Geld bestehende Leistungen zulässt. Hiergegen verstoßende Nebenleistungspflichten entfallen daher mit Wirksamwerden des Formwechsels. Abs. 3 ist auf den ersten Blick nicht verständlich, weil der vom Wegfall einer Nebenleistungspflicht betroffene Gesellschafter durch die anlässlich der Umw erfolgte Befreiung von der Nebenleistungspflicht regelmäßig keinen Nachteil erfahren wird. Seine Zustimmung wäre demgemäß für die **ausschließliche**

Freistellung von einer Belastung nicht notwendig (Lutter/Göthel Rn. 14 mwN; NK-UmwR/Althoff/Narr Rn. 18). Die Nebenleistungspflicht kann aber – und das ist der Grund für das Zustimmungserfordernis – auch **korrespondierende Rechte** der Gesellschafter, die mit dem Geschäftsanteil verbunden sind, eröffnen. So kann es etwa für den GmbH-Gesellschafter von Vorteil sein, wenn er verpflichtet ist, der GmbH Geschäftsräume zum entgeltlichen Gebrauch zu überlassen oder wenn er kraft Gesellschaftsvertrag zur aktiven entgeltlichen Mitarbeit als Geschäftsführer verpflichtet ist. Stehen sich bei einer Nebenleistung **Vor- und Nachteile für den Gesellschafter** gegenüber, ist seine Zustimmung zum Formwechsel erforderlich (wie hier Widmann/Mayer/Rieger Rn. 42 ff. mwN; Kölner Komm UmwG/Petersen Rn. 14; Lutter/Göthel Rn. 12; Henssler/Strohn/Drinhausen/Keinath Rn. 7), es sei denn, die Nebenleistungspflicht könnte auch außerhalb des Formwechsels durch Satzungsänderung gegen die Stimme des betroffenen Gesellschafters beschlossen werden (zutr. Lutter/Göthel Rn. 13; Widmann/Mayer/Rieger Rn. 48).

11   Die Zustimmung kann vor, während und nach der Gesellschafterversammlung erteilt werden. Sie ist **notariell zu beurkunden** (§ 193 III 1).

5. Folgen fehlender Zustimmung

12   Ohne die nach Abs. 2 oder Abs. 3 (zu Abs. 1 → Rn. 7) notwendigen Zustimmungen ist der **Formwechselbeschluss schwebend unwirksam.** Wird die Zustimmung von einem oder von mehreren Zustimmungsberechtigten verweigert, führt dies zur **endgültigen Unwirksamkeit** des Beschlusses (Widmann/Mayer/ Rieger Rn. 58; Lutter/Göthel Rn. 21 mwN; NK-UmwR/Althoff/Narr Rn. 25). Wird die neue Rechtsform oder der Rechtsträger neuer Rechtsform (§ 198 I, II 1– 3) dennoch **eingetragen,** lässt das Fehlen der Zustimmung die Wirkungen des Formwechsels allerdings unberührt (→ Rn. 7).

§ 242 Zustimmungserfordernis beim Formwechsel einer Aktiengesellschaft oder einer Kommanditgesellschaft auf Aktien

Wird durch den Formwechselbeschluss einer formwechselnden Aktiengesellschaft oder Kommanditgesellschaft auf Aktien der Nennbetrag der Geschäftsanteile in dem Gesellschaftsvertrag der Gesellschaft mit beschränkter Haftung abweichend vom Betrag der Aktien festgesetzt, so muß der Festsetzung jeder Aktionär zustimmen, der sich nicht mit seinem gesamten Anteil beteiligen kann.

1   § 242 regelt ein **besonderes Zustimmungserfordernis beim Formwechsel einer AG oder KGaA in eine GmbH** (zum umgekehrten Fall vgl. § 241). Grds. soll der **Nennbetrag der Geschäftsanteile** dem Betrag der Aktien entsprechen (Semler/Stengel/Leonard/Mutter Rn. 3 mit zutr. Verweis auf BGH ZIP 2005, 985; 1999, 1444). § 243 III 1 lässt es jedoch zu, dass der Nennbetrag der GmbH-Geschäftsanteile abw. vom Betrag der Aktien festgesetzt wird (zur willkürlichen Festsetzung aber Kölner Komm UmwG/Petersen Rn. 5). Wegen der Änderung von § 5 I GmbHG und § 243 III 2 durch das MoMiG (→ Einf. Rn. 30, → § 243 Rn. 8 f.) können die Geschäftsanteile mit ihrer neuen Mindeststückelung von 1 Euro zwar passgenau festgesetzt werden, eine entsprechende Verpflichtung hierzu besteht aber nicht.

2   Die **abw. Festsetzung** bedarf nach § 242 allerdings ggf. der **Zustimmung einzelner Aktionäre,** wenn die abw. Festsetzung dazu führt, dass sich ein Aktionär **nicht seinem gesamten Anteil** entsprechend beteiligen kann.

3   Zustimmen muss nur der Aktionär, der nicht für seinen gesamten Anteil GmbH-Geschäftsanteile erhält. Die Zustimmung muss sich auf die abw. Festsetzung, nicht

auf den Formwechsel beziehen (→ § 241 Rn. 6). Damit hängt im Ergebnis die **Wirksamkeit der Umw** von der Zustimmung ab, ein alternativer **Anspruch auf Festsetzung der Mindeststückelung iSv § 243 III 2** besteht nicht (→ § 241 Rn. 2). Die Zustimmung kann vor, in oder nach der HV erteilt werden. Sie ist **notariell zu beurkunden** (§ 193 III 1). Mit dem Abstimmungsverhalten in der Anteilsinhaberversammlung hat die Zustimmung nichts zu tun, sie ist eine **gesonderte Erklärung** (vgl. Lutter/Göthel § 241 Rn. 11 mwN). Bei Verweigerung der Zustimmung ist deshalb nicht der Formwechselbeschluss als solcher, sondern die Festsetzung der Nennbeträge den betroffenen Gesellschafter gegenüber unwirksam (vgl. Habersack/Wicke/Herfs/Link Rn. 12; BeckOGK/Herfs/Link Rn. 12; Lutter/Göthel Rn. 14; Widmann/Mayer/Rieger Rn. 20; NK-UmwR/Althoff/Narr Rn. 13). Sie wirkt gleichwohl als **Eintragungshindernis** (→ § 241 Rn. 7).

Die Zustimmung ist auch dann notwendig, wenn die **Abweichung nicht erheb-** 4 **lich** ist, wenn also ein Aktionär zB für geringe Spitzen von wenigen Euro keine GmbH-Geschäftsanteile zugewiesen bekommt (zweifelnd insoweit Lutter/Happ Kölner Umwandlungsrechtstage 1995, 235; wie hier Semler/Stengel/Leonard/Mutter Rn. 11).

Nachdem viele Publikums-AG mittlerweile von der Mindeststückelung nach 5 § 8 II AktG Gebrauch gemacht haben, ist die Zuweisung von GmbH-Geschäftsanteilen an **unbekannte Aktionäre** zum Problem geworden. Dort empfiehlt es sich, die Festsetzung der Geschäftsanteile im Formwechselbeschluss möglichst flexibel zu gestalten (ausf. mit Beispiel Widmann/Mayer/Rieger Rn. 9, 10) oder − als einzige **sichere Variante** − ausschließlich Geschäftsanteile im Nennbetrag von 1 Euro zu bilden, weil dann § 242, der auch für die unbekannten Aktionäre uneingeschränkt gilt, nicht einschlägig ist (→ Rn. 2; Semler/Stengel/Leonard/Mutter Rn. 10; Kölner Komm UmwG/Petersen Rn. 6; so wohl auch Lutter/Göthel Rn. 17).

§ 243 Inhalt des Formwechselbeschlusses

(1) ¹Auf den Formwechselbeschluss ist § 218 entsprechend anzuwenden. ²Festsetzungen über Sondervorteile, Gründungsaufwand, Sacheinlagen und Sachübernahmen, die in dem Gesellschaftsvertrag oder in der Satzung der formwechselnden Gesellschaft enthalten sind, sind in den Gesellschaftsvertrag oder in die Satzung der Gesellschaft neuer Rechtsform zu übernehmen. ³§ 26 Abs. 4 und 5 des Aktiengesetzes bleibt unberührt.

(2) Vorschriften anderer Gesetze über die Änderung des Stammkapitals oder des Grundkapitals bleiben unberührt.

(3) ¹In dem Gesellschaftsvertrag oder in der Satzung der Gesellschaft neuer Rechtsform kann der auf die Anteile entfallende Betrag des Stamm- oder Grundkapitals abweichend vom Betrag der Anteile der formwechselnden Gesellschaft festgesetzt werden. ²Bei einer Gesellschaft mit beschränkter Haftung muss er auf volle Euro lauten.

1. Allgemeines

§ 243 beschäftigt sich mit dem **Inhalt des Formwechselbeschlusses** und modi- 1 fiziert § 194. Wegen der Verweisung auf § 218 in **Abs. 1 S. 1** muss der Formwechselbeschluss beim Formwechsel einer KapGes in eine KapGes anderer Rechtsform den **GmbH-Gesellschaftsvertrag** oder **die Satzung der AG bzw. KGaA** enthalten. Auch können im Formwechsel von einer KapGes in eine KGaA **bislang nicht Beteiligte** anlässlich des Formwechsels als phG beitreten (Abs. 1 S. 1 iVm § 218 II). Der Verweis in Abs. 1 S. 1 erstreckt sich nicht auf **§ 218 III**, der Besonderheiten für die Ausgestaltung von Genossenschaftsanteilen festlegt (Semler/Stengel/

Leonard/Mutter Rn. 6; NK-UmwR/Althoff/Narr Rn. 2). Der Formwechsel von KapGes in eG ist in §§ 251 ff. geregelt; dort entspricht § 253 II der Regelung von § 218 III. Wie bei der Verschm oder der Spaltung zur Neugründung einer GmbH oder AG (vgl. §§ 57, 74) muss auch beim Formwechsel der Gesellschaftsvertrag oder die Satzung, die nach Wirksamwerden des Formwechsels für den Rechtsträger maßgeblich ist, die vormals vorhandenen **Festsetzungen über Sondervorteile**, Gründungsaufwand, Sacheinlagen und Sachübernahmen übernehmen. **Abs. 2** stellt klar, dass im Zusammenhang mit dem Formwechsel das **Nennkapital nicht frei festgesetzt** werden kann (Begr. RegE, BR-Drs. 75/94 zu § 243). KapErh oder Kapitalherabsetzungen im Zusammenhang mit dem Formwechsel sind nur nach den allg. Vorschriften zulässig; eine vereinfachte Kapitalherabsetzung, wie sie § 139 S. 1 für die Abspaltung oder die Ausgliederung zulässt, ist beim Formwechsel nur nach Maßgabe von §§ 229 ff. AktG, §§ 58a ff. GmbHG möglich, vgl. Lutter/Göthel § 247 Rn. 10 ff. mwN. **Abs. 3** schließlich erlaubt **Anpassungen des Nennbetrags der Anteile** vor und nach dem Formwechsel, um eine möglichst gleichbleibende Beteiligung zu gewährleisten. Abs. 3 S. 2 wurde durch das MoMiG (→ Einf. Rn. 30) geändert.

2. Gesellschaftsvertrag

2   **Abs. 1 S. 1** ordnet durch die Verweisung auf § 218 I an, dass der **gesamte Gesellschaftsvertrag** bzw. die gesamte Satzung **Bestandteil des Formwechselbeschlusses** ist.

3   Dies ist gerechtfertigt, weil auch der Formwechsel innerhalb der Rechtsformen der KapGes in seiner Bedeutung über eine bloße Satzungsänderung hinausgeht. Überdies entspricht es der sonstigen Regelung bei Satzungsänderungen (§ 54 I 2 GmbHG; § 181 I 2 AktG), dass der vollständige Wortlaut des Gesellschaftsvertrags oder der Satzung dem HR zur Vfg. stehen soll (Begr. RegE, BR-Drs. 75/94 zu § 243). Vgl. zunächst → § 218 Rn. 3 ff. und zu fakultativen Satzungsänderungen, bei denen ohne Notwendigkeit bisherige Festsetzungen uU rechtsmissbräuchlich nicht in die neue Rechtsform überführt werden sollen, Lutter/Göthel Rn. 19 ff. Ergänzend verlangt **Abs. 1 S. 2** – wie auch §§ 57, 74 bei der Verschm (bzw. Spaltung) zur Neugründung – die uneingeschränkte Übernahme der im bisherigen Gesellschaftsvertrag oder in der bisherigen Satzung enthaltenen **Festsetzungen** über Sondervorteile, Gründungsaufwand, Sacheinlagen und Sachübernahmen (vgl. Habersack/Wicke/Herfs/Link Rn. 51; BeckOGK/Herfs/Link Rn. 51). Werden **Sondervorteile** nicht übernommen, **so gehen** auf solchen Bestimmungen beruhende **Rechte unter** (allgM, vgl. Lutter/Göthel Rn. 25 mwN; NK-UmwR/Althoff/Narr Rn. 14). Zum Zustimmungsvorbehalt bei Sondervorteilen iSv § 241 II, III → § 241 Rn. 8 ff. Ohne die genaue **Bezeichnung des Gründungsaufwands** und der Sacheinlagen bzw. Sachübernahmen könnten die Vorschriften über die Offenlegung (vgl. § 5 IV GmbHG; § 27 AktG; zum Gründungsaufwand vgl. BGH ZIP 1989, 450; § 26 II AktG; vgl. zur Höhe des Gründungsaufwands beim Formwechsel auch OLG Celle GmbHR 2015, 139; Cramer NZG 2015, 373; Grüner NotBZ 2015, 184; Kunkel jurisPR-HaGesR 12/2014 Anm. 1; Wachter GmbHR 2015, 139; KG RNotZ 2022, 175) umgangen werden. Wegen des eindeutigen Wortlauts kommt es nicht darauf an, ob der Gründungsaufwand beglichen und die Sacheinlagen/Sachübernahmen bereits vollständig erbracht sind (auch → § 57 Rn. 2; wie hier Semler/Stengel/Leonard/Mutter Rn. 14; Widmann/Mayer/Rieger Rn. 21; Kölner Komm UmwG/Petersen Rn. 6).

4   Gem. Abs. 1 S. 2 bleiben **§ 26 IV und V AktG** unberührt. Damit wird klargestellt, dass auch beim Formwechsel die **Änderung oder die Beseitigung von Festsetzungen** iSv § 26 I AktG, § 26 II AktG nur eingeschränkt erfolgen darf (dazu

etwa Koch AktG § 26 Rn. 9 f.). Nach hM soll auch **§ 27 V AktG**, der in Abs. 1 S. 2 nicht erwähnt ist, Anwendung finden (Lutter/Göthel Rn. 24 mwN).

3. Beitritt persönlich haftender Gesellschafter

Beim **Formwechsel** einer GmbH oder einer AG **in eine KGaA** muss der Formwechselbeschluss ferner vorsehen, dass sich mindestens ein Gesellschafter der formwechselnden Ges als phG beteiligt oder dass ein bislang nicht Beteiligter als phG beitritt. Abs. 1 S. 1 verweist insoweit auf § 218 II (zu Einzelheiten → § 218 Rn. 6 f.). 5

4. Veränderung des Kapitals (Abs. 2)

Abs. 2 bestimmt, dass Vorschriften anderer Gesetze über die Änderung des **Nennkapitals** unberührt bleiben. Damit soll klargestellt werden, dass die nach § 197 S. 1 angeordnete Anwendung des jew. Gründungsrechts **keine** Ermächtigung zu einer **freien Neufestsetzung des Nennkapitals** ist (Begr. RegE, BR-Drs. 75/94 zu § 243). Vielmehr wird nach **§ 247 I** das StK einer formwechselnden GmbH zum Grundkapital der AG oder KGaA und umgekehrt. **Die Nennkapitale müssen sich ziffernmäßig entsprechen.** Soll hiervon abgewichen werden, bedarf es einer **KapErh** oder **Kapitalherabsetzung**, für die die allg. **Vorschriften** (§§ 55 ff. GmbHG; §§ 182 ff. AktG; vereinfachte Kapitalherabsetzung ist ebenfalls nach allg. Vorschriften möglich, → Rn. 1) gelten. Maßgeblich ist grds. das für den formwechselnden Rechtsträger **vor Wirksamwerden des Formwechsels geltende Recht.** Wenn die Kapitalveränderung zugleich mit dem Formwechsel wirksam werden soll (ausf. Widmann/Mayer/Rieger Rn. 27 ff. mwN, Habersack/Wicke/Herfs/Link Rn. 17; BeckOGK/Herfs/Link Rn. 17; Lutter/Göthel Rn. 43 ff., dort Rn. 45 auch zu den Sonderproblemen, wenn die formwechselnde AG über genehmigtes oder bedingtes Kapital verfügt; vgl. auch Semler/Stengel/Leonard/Mutter Rn. 21 ff.; Kölner Komm UmwG/Petersen Rn. 11), kann nach hM auch das Recht der neuen Rechtsform für die KapErh angewendet werden (str.; vgl. Nachw. bei Henssler/Strohn/Drinhausen/Keinath Rn. 7). In diesem Fall ist im KapErhB darauf hinzuweisen, dass ein Formwechsel bevorsteht, die gezeichneten Anteile sich also qualitativ ändern (Lutter/Göthel Rn. 44 mwN; krit. Semler/Stengel/Leonard/Mutter Rn. 25 aE). Zu eigenen Anteilen der GmbH beim Formwechsel in AG/KGaA → § 241 Rn. 1. 6

Kapitalveränderungen werden erst mit der **Eintragung im HR** wirksam (§ 189 AktG, § 211 I AktG, § 224 AktG; § 54 III GmbHG). Die KapErh (Kapitalherabsetzung) muss also – wenn sie nicht ausnahmsweise nach dem Recht der neuen Rechtsform erfolgt, → Rn. 6 – in der **logischen Sekunde vor** der Eintragung der neuen Rechtsform bzw. des Rechtsträgers neuer Rechtsform (§ 198 I, II 1–3) erfolgen (vgl. dazu auch § 188 IV AktG). Die **neuen Aktien** müssen vor Eintragung der Umw **gezeichnet** worden sein. Entsprechendes gilt für die **Übernahme der neuen GmbH-Anteile** (§ 55 I GmbHG). Zu weiteren Einzelheiten vgl. die Spezialliteratur zu den jew. Rechtsnormen. 7

5. Nennbetrag der Anteile (Abs. 3)

Während Abs. 2 eine Änderung des Gesamtnennbetrags des Kapitals (StK, Grundkapital) nur unter Beachtung der allg. Vorschriften zulässt, gestattet **Abs. 3** anlässlich des Formwechsels eine **Veränderung der einzelnen Anteile.** Ggf. bedarf die geänderte Festsetzung der **ausdrücklichen Zustimmung** dadurch benachteiligter Anteilsinhaber (→ § 241 Rn. 4 f., → § 242 Rn. 1 ff.). Seit Änderung durch das **MoMiG** (→ Einf. Rn. 30) entspricht die Mindeststückelung von GmbH-Geschäftsanteilen mit 1 Euro derjenigen von Aktien (→ § 46 Rn. 12). Beim Form- 8 wechsel in die GmbH können deshalb die Aktien in nominal gleiche Geschäftsanteile gewandelt werden. Abw. Festsetzungen können die Zustimmung einzelner Aktionäre iSv § 242 notwendig machen.

9 Die Festsetzung hat **im Gesellschaftsvertrag der neuen Rechtsform GmbH** zu erfolgen. Die Möglichkeit, abw. Nennbeträge der Anteile festzulegen, wird zur **Pflicht**, wenn nur so eine möglichst weitgehende Beteiligung aller Anteilsinhaber entsprechend dem Gesamtnennbetrag ihrer bisherigen Beteiligung gewährleistet ist. Dies folgt aus dem gesellschaftsrechtlichen **Gleichbehandlungsgrundsatz**. Ferner ist der **Verhältnismäßigkeitsgrundsatz** zu beachten, der etwa bei einer sachlich nicht gerechtfertigten und von der bisherigen Beteiligung abw. Festsetzung von Geschäftsanteilen mit sehr hohen Nennbeträgen, die die **Fungibilität der Anteile** beschränkt, verletzt sein kann (vgl. Lutter/Göthel § 242 Rn. 16; Widmann/Mayer/Rieger Rn. 56 ff.).

10 Die Gewährung mehrerer Geschäftsanteile an einen Aktionär war bereits nach früherem Recht möglich. Seit der Neufassung von § 5 II GmbHG durch das MoMiG ist dies nun auch gesetzlich klargestellt.

§ 244 Niederschrift über den Formwechselbeschluss; Gesellschaftsvertrag

(1) In der Niederschrift über den Formwechselbeschluss sind die Personen, die nach § 245 Abs. 1 bis 3 den Gründern der Gesellschaft gleichstehen, namentlich aufzuführen.

(2) Beim Formwechsel einer Aktiengesellschaft oder einer Kommanditgesellschaft auf Aktien in eine Gesellschaft mit beschränkter Haftung braucht der Gesellschaftsvertrag von den Gesellschaftern nicht unterzeichnet zu werden.

1. Angabe der Gründer (Abs. 1)

1 Gem. **Abs. 1** sind in der notariellen Niederschrift über den Formwechselbeschluss **die den Gründern gleichstehenden Personen** namentlich aufzuführen. Wer das ist, bestimmt § 245 I–III (→ § 245 Rn. 3 ff.). Durch die **namentliche Aufführung** wird sichergestellt, dass die als Gründer geltenden Personen eindeutig identifiziert werden können (weitergehend Semler/Stengel/Leonard/Mutter Rn. 8 ff. mwN). Bedarf der Formwechsel der **Zustimmung** nicht erschienener Anteilsinhaber, so können diese aufgrund der notariellen Beurkundung dieser Zustimmungserklärungen ebenfalls eindeutig bestimmt werden (§ 193 III 1; Widmann/Mayer/Rieger Rn. 8–10). Entsprechendes gilt für die **beitretenden phG** beim Formwechsel in eine KGaA, da die Beitrittserklärung jeweils notariell zu beurkunden ist (§ 240 II 2 iVm § 221).

2. Unterzeichnung des Gesellschaftsvertrags (Abs. 2)

2 Nach **Abs. 2** muss beim Formwechsel einer **AG oder KGaA in eine GmbH** der **Gesellschaftsvertrag** von den Gesellschaftern **nicht unterzeichnet** werden. Die Klarstellung ist geboten, weil der Formwechsel einer AG/KGaA in eine GmbH nicht mehr als Satzungsänderung, sondern nach Gründungsrecht behandelt wird (Begr. RegE, BR-Drs. 75/94 zu § 245). Die ausdrückliche Regelung in Abs. 2 für den Gesellschaftsvertrag der GmbH bedeutet jedoch nicht, dass beim Formwechsel **in die AG/KGaA** die Satzung unterschrieben werden müsste. §§ 23, 280 AktG (die notarielle Beurkundung iSv § 8 BeurkG, mithin Unterzeichnung nach § 13 I 1 BeurkG verlangen) sind über § 197 gerade nicht angesprochen (→ § 218 Rn. 5; wie hier Widmann/Mayer/Rieger Rn. 15 ff.; Semler/Stengel/Leonard/Mutter

Rn. 15; NK-UmwR/Althoff/Narr Rn. 7; Henssler/Strohn/Drinhausen/Keinath Rn. 2; aA vgl. Habersack/Wicke/Herfs/Link Rn. 19; BeckOGK/Herfs/Link Rn. 19; Lutter/Göthel Rn. 15).

§ 245 Rechtsstellung als Gründer; Kapitalschutz

(1) ¹Bei einem Formwechsel einer Gesellschaft mit beschränkter Haftung in eine Aktiengesellschaft oder in eine Kommanditgesellschaft auf Aktien treten bei der Anwendung der Gründungsvorschriften des Aktiengesetzes an die Stelle der Gründer die Gesellschafter, die für den Formwechsel gestimmt haben, sowie beim Formwechsel einer Gesellschaft mit beschränkter Haftung in eine Kommanditgesellschaft auf Aktien auch beitretende persönlich haftende Gesellschafter. ²§ 220 ist entsprechend anzuwenden. ³§ 52 des Aktiengesetzes ist nicht anzuwenden, wenn die Gesellschaft mit beschränkter Haftung vor dem Wirksamwerden des Formwechsels bereits länger als zwei Jahre in das Register eingetragen war.

(2) ¹Beim Formwechsel einer Aktiengesellschaft in eine Kommanditgesellschaft auf Aktien treten bei der Anwendung der Gründungsvorschriften des Aktiengesetzes an die Stelle der Gründer die persönlich haftenden Gesellschafter der Gesellschaft neuer Rechtsform. ²§ 220 ist entsprechend anzuwenden. ³§ 52 des Aktiengesetzes ist nicht anzuwenden.

(3) ¹Beim Formwechsel einer Kommanditgesellschaft auf Aktien in eine Aktiengesellschaft treten bei der Anwendung der Gründungsvorschriften des Aktiengesetzes an die Stelle der Gründer die persönlich haftenden Gesellschafter der formwechselnden Gesellschaft. ²§ 220 ist entsprechend anzuwenden. ³§ 52 des Aktiengesetzes ist nicht anzuwenden.

(4) Beim Formwechsel einer Aktiengesellschaft oder einer Kommanditgesellschaft auf Aktien in eine Gesellschaft mit beschränkter Haftung ist ein Sachgründungsbericht nicht erforderlich.

1. Allgemeines

§ 197 S. 1 bestimmt, dass auf den Formwechsel das Gründungsrecht der jew. 1 Zielrechtsform anzuwenden ist, soweit §§ 190 ff. keine Sonderregelung treffen. Nach den Gründungsvorschriften im GmbHG und im AktG obliegen den Gründern diverse Verpflichtungen. **Abs. 1–3 legen fest, wer Gründer idS ist** (vgl. auch Tabelle bei Widmann/Mayer/Rieger Rn. 12). Vglbare Regelungen enthält § 219. Beim **Formwechsel in die GmbH** werden Gründer nicht bestimmt (→ Rn. 5). Die durch das 2. UmwÄndG (→ Einf. Rn. 28) neu eingefügten Abs. 2 S. 3 und Abs. 3 S. 3 stellen klar, dass beim Formwechsel von AG in KGaA und umgekehrt § 52 AktG nicht anzuwenden ist. Ist die Ausgangs-Rechtsform die GmbH, wird § 52 AktG für die neue Rechtsform AG/KGaA nur angewendet, wenn die Eintragung der GmbH im HR noch keine zwei Jahre her ist; Abs. 1 S. 3 entspricht § 67 S. 2 Alt. 2 (→ § 67 Rn. 2 mwN). Die Änderungen sind zu begrüßen (Semler/Stengel/Leonard/Scheel Rn. 65 ff.; Heckschen DNotZ 2007, 444 (451); Mayer/Weiler DB 2007, 1291 (1295), die allerdings zutr. die unglückliche Formulierung von Abs. 1 S. 3 krit. und darauf hinweisen, dass der Formwechselvorgang selbst nicht zur Anwendung von § 52 AktG führt).

Der pauschale Verweis in § 197 S. 1 auf das Gründungsrecht hat beim Formwech- 2 sel in eine KapGes zur Folge, dass auch ein **Sachgründungsbericht** zu erstellen ist (§ 5 IV 2 GmbHG; § 32 II AktG). Hierauf kann jedoch beim **Formwechsel einer AG/KGaA in eine GmbH** nach **Abs. 4** verzichtet wird, weil die Zielrechtsform GmbH geringeren Kapitalschutzanforderungen als die Ausgangsrechtsform AG/KGaA unterliegt (Begr. RegE, BR-Drs. 75/94 zu § 245).

2. Formwechsel einer GmbH (Abs. 1)

3 Beim **Formwechsel einer GmbH in eine AG oder KGaA** gelten für die Anwendung der Gründungsvorschriften diejenigen **GmbH-Gesellschafter als Gründer, die für den Formwechsel gestimmt haben.** Zu den notwendigen Mehrheitsverhältnissen → § 240 Rn. 2. Nach dem eindeutigen Wortlaut kommt es nicht darauf an, ob der gegen den Formwechsel stimmende Gesellschafter von der Möglichkeit des Ausscheidens gegen **Barabfindung** (§ 207) Gebrauch macht. Maßgeblich ist nur das Abstimmungsverhalten. Bei **Zustimmung außerhalb der Anteilsinhaberversammlung** gelten die entsprechenden Gesellschafter ebenfalls als Gründer (zutr. Widmann/Mayer/Rieger Rn. 17; Lutter/Göthel Rn. 19; NK-UmwR/Althoff/Narr Rn. 4, 8; krit. Semler/Stengel/Leonard/Scheel Rn. 8, 9; aA Habersack/Wicke/Herfs/Link Rn. 17; BeckOGK/Herfs/Link Rn. 17). Beim Formwechsel einer **GmbH in eine KGaA** gelten als Gründer iSd aktienrechtlichen Gründungsvorschriften **auch beitretende phG.** Zur Möglichkeit des Beitritts → § 218 Rn. 6 f. Bereits zuvor an der GmbH beteiligte Gesellschafter, die nach dem Wirksamwerden des Formwechsels in eine KGaA die Stellung eines phG einnehmen, gelten kraft ihrer unbedingt notwendigen Zustimmung zum Formwechsel als Gründer (§ 240 II 1; → § 240 Rn. 7). Einer ausdrücklichen Aufnahme dieses Personenkreises in Abs. 1 S. 1 bedurfte es daher nicht (wie hier Widmann/Mayer/Rieger Rn. 21). Zu den Pflichten als Gründer → § 219 Rn. 2; zu **Abs. 1 S. 3** (→ Rn. 1) → § 67 Rn. 2.

3. Formwechsel einer AG in eine KGaA und umgekehrt (Abs. 2, 3)

4 Beim **Formwechsel einer AG in eine KGaA** treten an die Stelle der Gründer die **phG** der (zukünftigen) KGaA **(Abs. 2 S. 1).** Diese gelten auch im umgekehrten Fall **(Formwechsel einer KGaA in eine AG)** als Gründer iSd aktienrechtlichen Vorschriften **(Abs. 3 S. 1).** Die Anwendung des aktienrechtlichen Gründungsrechts auch auf den Fall des Formwechsels einer KGaA in eine AG erfolgte einerseits zur Vereinheitlichung des Umwandlungsverfahrens, andererseits sah sich der Gesetzgeber wegen Art. 3 Kapital-RL 1977 (2. gesellschaftsrechtliche RL 77/91/EWG; heute GesR-RL) hierzu veranlasst (Begr. RegE, BR-Drs. 75/94 zu § 245). Daraus wird ersichtlich, dass die Umw einer KGaA in eine AG nicht mehr bloße Satzungsänderung ist. Dennoch ist die Regelung eigenartig, da diejenigen den Gründern gleichgestellt werden, die mit Wirksamwerden des Formwechsels ausscheiden (§ 247 III). Dies kann besonders dann zu unbilligen Ergebnissen führen, wenn der phG beim Beschluss über die Zustimmung der Komplementäre zum Formwechsel überstimmt wurde (was möglich ist, → § 240 Rn. 5), vgl. Semler/Stengel/Leonard/Scheel Rn. 31, 32 mwN; zu den Pflichten der Gründer → § 219 Rn. 2.

4. Formwechsel in eine GmbH (Abs. 4 S. 1)

5 Ein **Sachgründungsbericht** ist nach **Abs. 4** beim **Formwechsel einer AG oder einer KGaA in eine GmbH** nicht notwendig. § 245 IV ist damit eine einfache Regelung iSv § 197 S. 1. Hintergrund der Regelung ist, dass die aktienrechtlichen Kapitalschutzvorschriften strenger als die Regelungen des GmbHG sind. Abs. 4 erklärt jedoch nur den Sachgründungsbericht für nicht erforderlich; **andere Gründungsvorschriften bleiben gem. § 197 S. 1 anwendbar.** Mangels Erstellung eines Sachgründungsberichts kann auch die **Gründerhaftung** nach § 9a GmbHG nicht eintreten, sodass sich eine Regelung, wer den Gründern gleichsteht, für den Formwechsel in die GmbH erübrigt (so iErg auch Lutter/Göthel Rn. 4, 5, 26, 60;

wie hier Widmann/Mayer/Rieger Rn. 28 ff.; vgl. Habersack/Wicke/Herfs/Link Rn. 31; BeckOGK/Herfs/Link Rn. 31; Semler/Stengel/Leonard/Scheel Rn. 33; wohl auch Kölner Komm UmwG/Petersen Rn. 21). Damit werden die Aktionäre von einem Haftungsrisiko entlastet, was auch gerecht ist, weil das Risiko der Differenzhaftung selbst bei der Verschm mit KapErh nicht besteht (dazu BGH AG 2007, 487; → § 69 Rn. 29 mwN).

5. Entsprechende Anwendung von § 220 (Abs. 1 S. 2, Abs. 2 S. 2, Abs. 3 S. 2)

Der jew. Verweis auf die **entsprechende Anwendung von § 220** in S. 2 von Abs. 1–3 bedingt neben der besonderen Ausgestaltung des Sachgründungsberichts (§ 220 II) und der Gründungsprüfung vor allem das **Verbot der materiellen Unterpariemission**. Beim Formwechsel einer KapGes in eine KapGes neuer Rechtsform muss ebenso wie bei der Gründung einer KapGes dieser Rechtsform gewährleistet sein, dass das nach Abzug der Schulden verbleibende Vermögen der formwechselnden Ges zumindest den Nennbetrag des StK bzw. des Grundkapitals (zum korporativen Aufgeld/Agio → § 220 Rn. 4 ff. mwN) erreicht. Einzige **Ausnahme** ist der **Formwechsel von AG/KGaA in eine GmbH** (→ Rn. 5), weil in diesem Fall die (strengeren) Kapitalaufbringungs- und Erhaltungsvorschriften des AktG genügend Gewähr auch für den entsprechenden Kapitalschutz in der neuen Rechtsform GmbH bieten (so auch Busch AG 1995, 555 (558); Widmann/Mayer/Rieger Rn. 35–37 mwN; vgl. Habersack/Wicke/Herfs/Link Rn. 38; BeckOGK/Herfs/Link Rn. 38). Dass § 220 I auch beim **Formwechsel von AG in KGaA und umgekehrt** zu beachten ist, ist nur vor dem Hintergrund der Umsetzung der 2. gesellschaftsrechtlichen RL der EG zu verstehen (→ Rn. 4). An dieser Betrachtung ändert sich auch nichts dadurch, dass der Entwurfsverfasser des UmwG (vgl. Begr. RegE, BR-Drs. 75/94 zu § 247) möglicherweise eine Umw trotz materieller Unterbilanz zulassen wollte. Eine bloß formelle Unterpariemission **(Unterbilanz)** schadet nicht (→ § 220 Rn. 9; missverständlich HRA des DAV NZG 2000, 802 (808); dazu Semler/Stengel/Leonard/Scheel Rn. 39, 40).

Das Verbot der materiellen Unterpariemission steht im Mittelpunkt der gem. § 197 S. 1, § 220 I zu beachtenden Gründungsvorschriften. **Reicht das (saldierte) Reinvermögen des formwechselnden Rechtsträgers nicht aus,** um das im Gesellschaftsvertrag/der Satzung (§ 243 I 1 iVm § 218) festgesetzte Stamm- bzw. Grundkapital (einschl. korporativem Aufgeld/Agio, → § 220 Rn. 3a ff. mwN) zu decken, **hat der Formwechsel zu unterbleiben** (hM, vgl. ausf. Widmann/Mayer/Rieger Rn. 38 ff. mwN; NK-UmwR/Althoff/Narr Rn. 15; Kallmeyer/Blasche Rn. 7; aA Lutter/Happ, Kölner Umwandlungsrechtstage 1995, 242 ff.). Anderes gilt nur, wenn **vor Durchführung der Umw eine Kapitalherabsetzung nach allg. Vorschriften** (§ 243 II) durchgeführt und eingetragen wird (→ § 243 Rn. 6 f.; Lutter/Göthel § 247 Rn. 10 ff. mwN). Der Verweis auf die entsprechende Anwendung von § 220 in Abs. 2 S. 2 und Abs. 3 S. 2 wird in Bezug auf § 220 III 2 durch die neuen Regelungen von Abs. 2 S. 3 und Abs. 3 S. 3 wieder eingeschränkt. Für die Anwendung der Nachgründungsvorschrift von § 52 AktG kommt es nicht auf den Formwechsel, sondern auf den Zeitpunkt der Eintragung des – identischen – Rechtsträgers alter Rechtsform im HR an. Zu Abs. S. 3 → § 67 Rn. 2. IÜ unterscheidet sich die Situation beim Formwechsel einer KapGes in eine KapGes anderer Rechtsform nicht vom Formwechsel einer PersGes in eine KapGes, deshalb → § 220 Rn. 2 ff.

§ 246 Anmeldung des Formwechsels

(1) **Die Anmeldung nach § 198 ist durch das Vertretungsorgan der formwechselnden Gesellschaft vorzunehmen.**

(2) Zugleich mit der neuen Rechtsform oder mit dem Rechtsträger neuer Rechtsform sind die Geschäftsführer der Gesellschaft mit beschränkter Haftung, die Vorstandsmitglieder der Aktiengesellschaft oder die persönlich haftenden Gesellschafter der Kommanditgesellschaft auf Aktien zur Eintragung in das Register anzumelden.

(3) § 8 Abs. 2 des Gesetzes betreffend die Gesellschaften mit beschränkter Haftung und § 37 Abs. 1 des Aktiengesetzes sind auf die Anmeldung nach § 198 nicht anzuwenden.

1. Allgemeines

1 § 246 ergänzt § 198. Abs. 1 legt fest, wer die nach § 198 durchzuführende Anmeldung der neuen Rechtsform oder des Rechtsträgers neuer Rechtsform vorzunehmen hat. Damit zum Zeitpunkt des Wirksamwerdens des Formwechsels (§ 202 I) Klarheit über die Vertretungsverhältnisse in der KapGes neuer Rechtsform besteht (vgl. Begr. RegE, BR-Drs. 75/94 zu § 246), sind zugleich die Mitglieder des Vertretungsorgans bzw. die phG der KGaA zur Eintragung in das Register anzumelden **(Abs. 2).** Gem. **Abs. 3** sind § 8 II 1 GmbHG, § 37 I AktG, die durch die Verweisung in § 197 S. 1 eigentlich bei der Anmeldung zu beachten wären, nicht anzuwenden. Hierdurch sollte der Möglichkeit, einen Formwechsel auch bei (formeller) Unterbilanz durchzuführen (→ § 220 Rn. 7 ff.; § 245 I–III), Rechnung getragen werden (Begr. RegE, BR-Drs. 75/94 zu § 246).

2. Anmeldende Personen (Abs. 1)

2 Die **Anmeldung** der neuen Rechtsform oder des Rechtsträgers neuer Rechtsform **nach § 198** ist durch das **Vertretungsorgan der formwechselnden Ges** vorzunehmen. Die Anmeldung muss nicht durch sämtliche Organmitglieder, sondern nur durch Organmitglieder in vertretungsberechtigter Anzahl erfolgen (Habersack/Wicke/Herfs/Link Rn. 6; BeckOGK/Herfs/Link Rn. 6; Kallmeyer/Blasche Rn. 2; HK-UmwG/Rose Rn. 1; Semler/Stengel/Leonard/Scheel Rn. 2). Zu weiteren Einzelheiten → § 235 Rn. 3 f.

3. Anmeldung der Mitglieder des Vertretungsorgans (Abs. 2)

3 Die **Geschäftsführer einer GmbH,** die Mitglieder des **Vorstands einer AG** und die **phG einer KGaA** müssen zur Eintragung in das HR angemeldet werden (§ 39 I GmbHG; § 81 I AktG, § 282 AktG). Die Eintragung ist zwar nicht konstitutiv, sie dient aber dem **Verkehrsschutz,** da sich durch Einsichtnahme in das elektronische HR (§ 9 I HGB) jedermann Klarheit über die Vertretungsberechtigung verschaffen kann. **Abs. 2** ordnet in Ergänzung zu den genannten Vorschriften, die über § 197 S. 1 anzuwenden sind, an, dass die **Anmeldung der Mitglieder des Vertretungsorgans** und der phG der KGaA **zugleich mit der Anmeldung nach § 198** zu erfolgen hat, um zeitliche Verzögerungen der Eintragung zu verhindern. Die Anmeldung erfolgt wie diejenige nach § 198 (noch) **durch das Vertretungsorgan des formwechselnden Rechtsträgers.** Die Einzelheiten des Anmelde- und Eintragungsverfahrens richten sich nach dem für die neue Rechtsform geltenden Recht. Vgl. für die GmbH Lutter/Hommelhoff/Kleindiek GmbHG § 39 Rn. 2 ff.; für die AG/KGaA Koch AktG § 81 Rn. 5 ff.

4. Versicherungen anlässlich der Anmeldung (Abs. 3)

4 Bei der Neuanmeldung einer GmbH ist nach **§ 8 II 1 GmbHG** (die Verweisung auf S. 1 von § 8 II GmbHG wurde durch das MoMiG klarstellend eingefügt) von den Anmeldenden die **Versicherung** abzugeben, dass auf die Stammeinlagen Leistungen in ausreichender Höhe bewirkt worden sind und dass der Gegenstand der Leistungen sich endgültig in der freien Verfügung der Geschäftsführer befindet. Eine entsprechende Regelung enthält § 37 I AktG. Hierbei ist sogar nachzuweisen, dass der auf die Aktien eingezahlte Betrag endgültig zur freien Verfügung des Vorstands steht (§ 37 I 2–5 AktG). **Dieser Versicherung bedarf es bei der Anmeldung eines Formwechsels nach § 198 I, II 1–3 gem. Abs. 3 nicht.** Abs. 3 ist also eine andere Regelung iSv § 197 S. 1. Dies ist auch sinnvoll. Zwar trifft die Gesetzesbegründung (Begr. RegE, BR-Drs. 75/94 zu § 246: der Ausschluss sei notwendig, weil die Möglichkeit des Formwechsels bei Vorhandensein einer Unterbilanz beibehalten worden sei) allenfalls für den Ausschluss von § 8 II 1 GmbHG, § 37 I AktG zu, da der Formwechsel in eine AG bei bestehender materieller Unterbilanz ausgeschlossen ist (näher → § 245 Rn. 6 f.). Die Nichtanwendung von § 8 II 1 GmbHG, § 37 I AktG ist aber dennoch gerechtfertigt, weil der Formwechsel mangels Vermögensübertragung **keine Einlageleistung** iS dieser Vorschriften ist (so zutr. Priester DB 1995, 911 und ausf. Widmann/Mayer/Rieger Rn. 71 ff. mwN; Kölner Komm UmwG/Petersen Rn. 5, 6).

§ 247 Wirkungen des Formwechsels

(1) **Durch den Formwechsel wird das bisherige Stammkapital einer formwechselnden Gesellschaft mit beschränkter Haftung zum Grundkapital der Gesellschaft neuer Rechtsform oder das bisherige Grundkapital einer formwechselnden Aktiengesellschaft oder Kommanditgesellschaft auf Aktien zum Stammkapital der Gesellschaft neuer Rechtsform.**

(2) **Durch den Formwechsel einer Kommanditgesellschaft auf Aktien scheiden deren persönlich haftende Gesellschafter als solche aus der Gesellschaft aus.**

1. Allgemeines

Abs. 1 und 2 ergänzen § 202 über die Wirkungen des Formwechsels. 1 Abs. 1 regelt den Wechsel von StK zu Grundkapital und umgekehrt. In Übereinstimmung mit der Regelung beim Formwechsel in eine PersGes (vgl. § 236) scheiden mit Wirksamwerden des Formwechsels die phG einer KGaA aus der Ges aus.

2. Veränderung des Nennkapitals (Abs. 1)

Mit der Eintragung der neuen Rechtsform oder des Rechtsträgers neuer Rechts- 2 form (vgl. § 198 I, II 1–3) ändert sich nach § 202 I Nr. 1 die Rechtsform: Die frühere GmbH besteht als AG fort, die frühere AG als GmbH etc. Es ändert sich allerdings lediglich die Rechtsform, mangels einer Vermögensübertragung bleibt die **Identität der Ges** gewahrt (allg. → § 190 Rn. 5 ff.). **Abs. 1** bestimmt hierzu ergänzend, dass mit Wirksamwerden des Formwechsels das bisherige **StK** einer formwechselnden GmbH **zum Grundkapital** der neuen Rechtsform AG oder KGaA und umgekehrt das bisherige Grundkapital einer formwechselnden AG oder KGaA zum StK der neuen Rechtsform GmbH wird. Damit werden zugleich **Geschäftsanteile zu Aktien** und Aktien zu Geschäftsanteilen (§ 202 I Nr. 2). Eine **Veränderung der Höhe der Kapitalziffer** tritt durch das Wirksamwerden des Formwechsels nicht ein. Eine praktisch wesentliche Ausnahme galt für die Zeit der **Währungsumstellung auf den Euro,** insoweit sind die notwendigen Änderungen (vgl. § 4 EGAktG; § 1 EGGmbHG; § 86 GmbHG; § 318 II; Neye DB 1998, 1649 (1655)) auch in Anbetracht von Abs. 1 erlaubt (ausf. Lutter/Göthel Rn. 5). **Kapitalveränderungen** können iÜ im Zusammenhang mit dem Formwechsel beschlossen werden. Hierfür sind die **allg. Vorschriften** zu beachten (§ 243 II; → § 243

Rn. 6 f.; Lutter/Göthel Rn. 10 ff. mwN). Zur Möglichkeit des Formwechsels bei bestehender Unterbilanz → § 197 Rn. 30 und Komm. zu §§ 220, 245. Zu eigenen Anteilen der GmbH, die nach dem Formwechsel in AG/KGaA entsprechend § 71c AktG veräußert werden müssen, vgl. Schulz ZIP 2015, 510.

3. Sonstige Wirkungen

3   Der Wechsel der Rechtsform führt auch dazu, dass das Amt der **Vertretungsorgane** der alten Rechtsform endet. Die Geschäftsführung und die Vertretungsberechtigung gehen auf das Vertretungsorgan über, das für die neue Rechtsform bestellt worden ist. Unberührt hierdurch bleiben allerdings die **Anstellungsverhältnisse der Organmitglieder.** Sie sind, sofern der Dienstvertrag keine Regelungen (zB Change-of-Legal-Form-Klausel) enthält, anzupassen oder (durch Kündigung, Zeitablauf oder Aufhebungsvereinbarung) zu beenden. Der Formwechsel ist allerdings regelmäßig **kein wichtiger Grund** zur außerordentlichen Kündigung des Dienstvertrages (→ Rn. 6; die in → § 20 Rn. 45 ff. dargestellten Grundsätze gelten für den Formwechsel entsprechend, → § 202 Rn. 5, dort auch zur Prokura).

4   Die Organmitgliedschaft der **Aufsichtsratsmitglieder** endet ebenfalls, es sei denn, die Voraussetzungen von § 203 (vgl. iE → § 203 Rn. 1 ff.) liegen vor (Lutter/Hoger § 202 Rn. 26; vgl. Habersack/Wicke/Simons § 203 Rn. 1; BeckOGK/Simons § 203 Rn. 1). Dies folgt bereits aus einem Umkehrschluss zu § 203.

4. Ausscheiden der persönlich haftenden Gesellschafter (Abs. 2)

5   Beim **Formwechsel einer KGaA** in die Rechtsform einer anderen KapGes scheiden die **phG** mit Wirksamwerden des Formwechsels (§ 202) zwingend aus der Ges aus; einer Anmeldung des Ausscheidens bedarf es entsprechend KG RNotZ 2022, 175 nicht. Vgl. zum Parallelfall des Formwechsels in eine PersGes → § 233 Rn. 7 f. Mit dem Wirksamwerden des Formwechsels entsteht der **Abfindungsanspruch** des phG nach § 278 II AktG, § 161 II HGB, ab 1.1.2024 § 105 III HGB; bis 31.12.2023: § 105 II HGB aF, ab 1.1.2024 § 728; bis 31.12.2023: § 738 BGB aF (Lutter/Göthel Rn. 19 mwN). Zur trotz des Ausscheidens angeordneten Gleichstellung der Komplementäre als Gründer → § 245 Rn. 4; zur (Nach-)Haftung vgl. §§ 249, 224 und Komm. dort.

5. Einzelfälle

6   **a) Formwechsel von AG in KGaA. aa) Ausscheiden des Vorstands.** Mit Wirksamwerden des Formwechsels scheidet der Vorstand aus der Ges aus. An seine Stelle treten die phG. Die **Anstellungsverträge** der Vorstandsmitglieder bleiben allerdings von der Umw unberührt (auch → § 202 Rn. 5). Sie behalten ihren Vergütungsanspruch bis zur Beendigung des jew. Anstellungsvertrages durch Zeitablauf oder Kündigung, sofern im Anstellungsvertrag nicht ausdrücklich etwas anderes bestimmt ist (näher → § 20 Rn. 45 ff.; vgl. auch BGH ZIP 1997, 1106). Dabei bildet der Formwechsel als solcher idR keinen wichtigen Grund zur außerordentlichen (Arbeitgeber-)Kündigung (BGH ZIP 1997, 1106; Habersack/Wicke/Herfs/Link Rn. 17; BeckOGK/Herfs/Link Rn. 17, Kallmeyer/Meister/Klöcker § 202 Rn. 24; Semler/Stengel/Leonard/Scheel Rn. 19). Ggf. sind die Vorstandsmitglieder aber gehalten, in einer **vglbaren leitenden Stellung** bei der KGaA tätig zu werden (vgl. dazu BGH NJW 1978, 1435 (1436); Kallmeyer/Meister/Klöcker § 202 Rn. 24 mwN). IdR wird jedoch das Vorstandsmitglied wegen des Formwechsels den Anstellungsvertrag seinerseits fristlos kündigen können (Semler/Stengel/Leonard/Scheel Rn. 19; Lutter/Hoger § 202 Rn. 40; aA Kallmeyer/Meister/Klöcker/Berger § 202 Rn. 24; iÜ zu den Anstellungsverträgen der Vorstandsmitglieder → § 20 Rn. 45 ff.; zur Sozialversicherungspflicht Diller AG 2009, 817).

bb) Aufsichtsrat. Die Aufsichtsratsmitglieder bleiben grds. Im Amt, weil sich 7
die Zusammensetzung des AR anlässlich des Formwechsels nicht ändert (§ 203).
Wird durch den Formwechsel allerdings ein bisheriges Aufsichtsratsmitglied phG
der KGaA, muss er wegen § 287 III AktG sein Amt niederlegen.

cc) Persönlich haftende Gesellschafter. Mit Wirksamwerden des Formwech- 8
sels treten die phG an die Stelle des Vorstands. Sie sind zur Geschäftsführung berechtigt und verpflichtet; sie vertreten die KGaA. Die phG haften unbeschränkt und
persönlich neben der KGaA den Gesellschaftsgläubigern, und zwar auch für die
Altschulden der AG. Mehrere phG untereinander haften gem. § 278 II AktG iVm
§ 161 II HGB, ab 1.1.2024: § 126 HGB (bis 31.12.2023: § 128 HGB aF) als Gesamtschuldner, wobei allerdings § 426 BGB gegenüber ab 1.1.2024 § 716 BGB (bis
31.12.2023: § 110 HGB aF) subsidiär ist (dazu Kölner Komm AktG/Mertens § 278
Rn. 16). Im Verhältnis der phG zur KGaA besteht dagegen keine echte Gesamtschuld iSv §§ 421 ff. BGB. Befriedigt ein phG einen Gesellschaftsgläubiger, so kann
er von der Ges nur Erstattung nach ab 1.1.2024 § 716 BGB (bis 31.12.2023: § 110
HGB aF) verlangen, es sei denn, er ist aus der Ges ausgeschieden (Kölner Komm
AktG/Mertens § 278 Rn. 16).

dd) Aktionäre. Aktionäre werden mit Wirksamwerden des Formwechsels **Kom-** 9
manditaktionäre. Für eine Berichtigung der Aktienurkunden kann nach § 73
AktG verfahren werden. Die Beschlüsse der Aktionäre in der HV bedürfen nun der
Zustimmung der phG, soweit sie Angelegenheiten betreffen, für die bei einer
KG das Einverständnis der phG und der Kommanditisten erforderlich ist (§ 285 I 1
AktG; vgl. zu weiteren Befugnissen der Kommanditaktionäre § 286 I AktG, § 285
II 2 AktG, § 278 II 1 AktG; §§ 164, 161 II HGB, § 116 HGB). Der Gewinnanteil
der Kommanditaktionäre wird durch die vierprozentige Verzinsung der Kapitalanteile der phG (§ 278 II AktG; § 161 II HGB, ab 1.1.2024 § 105 III HGB iVm § 709
III BGB; bis 31.12.2023: § 121 HGB aF) gemindert.

b) Formwechsel von KGaA in AG. Besonderheiten ergeben sich hier nur im 10
Zusammenhang mit dem Ausscheiden der phG (→ Rn. 5).

c) Formwechsel von GmbH in AG. aa) Gesellschaftsvermögen. Das StK 11
wird zum Grundkapital, die Geschäftsanteile werden zu Aktien. Sind noch Einzahlungen auf die Stammeinlagen iSv § 19 I GmbHG zu erbringen, bleibt der Ges –
nunmehr in der Rechtsform der AG – der **Anspruch auf Volleinzahlung der**
Einlagen erhalten (Lutter/Göthel § 245 Rn. 15–17 mwN; vgl. ausf. K. Schmidt
ZIP 1995, 1385).

bb) Stellung der Geschäftsführer. Mit dem Formwechsel erlischt die Bestel- 12
lung der Geschäftsführer, sie werden nicht automatisch Vorstandsmitglieder
(→ § 198 Rn. 5, → § 20 Rn. 45 ff.).

cc) Aufsichtsrat. Unter den Voraussetzungen des § 203 bleiben die Mitglieder 13
eines bereits bei der GmbH bestehenden AR im Amt (→ § 203 Rn. 2, → § 203
Rn. 4).

dd) Verpflichtungen der Gesellschafter gegenüber der GmbH. Das AktG 14
kennt keine Nachschusspflicht für die Aktionäre; deshalb fällt eine in der GmbH-Satzung ursprünglich vorgesehene **Nachschusspflicht** durch den Formwechsel
weg. Zu beachten ist jedoch, dass ein vor Fassung des Formwechselbeschlusses
geforderter Nachschuss noch zu erbringen ist (Lutter/Hoger § 202 Rn. 38). Entsprechendes gilt für eine etwaige Verpflichtung der Gesellschafter, § 24 GmbHG.

d) Formwechsel von AG in GmbH. Mit Wirksamwerden des Formwechsels 15
wird das **Grundkapital zum StK,** die Aktien werden zu Geschäftsanteilen. Es ist
unschädlich, wenn ein Aktionär **mehrere Geschäftsanteile der GmbH** über-

nimmt. Das Verbot von § 5 II GmbHG aF, wonach kein Gesellschafter mehrere Stammeinlagen übernehmen durfte, ist durch das MoMiG entfallen (Lutter/Göthel § 242 Rn. 7). Der **Vorstand scheidet aus der Ges** aus, an seine Stelle treten die Geschäftsführer der GmbH. Die Anstellungsverträge der Vorstandsmitglieder bleiben von der Umw grds. unberührt (→ § 198 Rn. 5, → § 20 Rn. 45 ff.). Sorgfältig zu prüfen ist die damit ggf. einhergehende Änderung des sozialversicherungsrechtlichen Statuts (dazu Kempermann ArbRAktuell 2016, 446). Das Amt der **Aufsichtsratsmitglieder** endet nur dann nicht, wenn nach § 203 Amtskontinuität gegeben ist (→ § 203 Rn. 2, → § 203 Rn. 4).

16 e) **Formwechsel von GmbH in KGaA.** Mit Wirksamwerden der Umw treten an die Stelle der ausscheidenden Geschäftsführer die phG; weiterhin werden sämtliche GmbH-Gesellschafter mit der Eintragung zu Kommanditaktionären. Das StK wird Grundkapital, die Geschäftsanteile werden Aktien. Die Anzahl der Aktien ergibt sich aus der Aufteilung des festgesetzten Grundkapitals nach Maßgabe von § 8 II, III AktG (iÜ → Rn. 11 ff.).

17 f) **Formwechsel von KGaA in GmbH.** Es gelten die Ausführungen → Rn. 15 entsprechend. Statt des Vorstands scheidet der phG aus (→ Rn. 5).

§ 248 Umtausch der Anteile

(1) **Auf den Umtausch der Geschäftsanteile einer formwechselnden Gesellschaft mit beschränkter Haftung gegen Aktien ist § 73 des Aktiengesetzes, bei Zusammenlegung von Geschäftsanteilen § 226 des Aktiengesetzes über die Kraftloserklärung von Aktien entsprechend anzuwenden.**

(2) **Auf den Umtausch der Aktien einer formwechselnden Aktiengesellschaft oder Kommanditgesellschaft auf Aktien gegen Geschäftsanteile einer Gesellschaft mit beschränkter Haftung ist § 73 Abs. 1 und 2 des Aktiengesetzes, bei Zusammenlegung von Aktien § 226 Abs. 1 und 2 des Aktiengesetzes über die Kraftloserklärung von Aktien entsprechend anzuwenden.**

(3) **Einer Genehmigung des Gerichts bedarf es nicht.**

1. Allgemeines

1 § 248 regelt die **Vorgehensweise beim Umtausch** von GmbH-Geschäftsanteilen und Aktien. Dabei wird in unterschiedlichem Umfang (vgl. Abs. 1 und Abs. 2) auf die **entsprechende Anwendung von §§ 73, 226 AktG** verwiesen.

2. Umtausch von GmbH-Anteilen (Abs. 1)

2 Ein Umtausch im eigentlichen Sinn, wie ihn § 73 AktG voraussetzt, findet beim **Formwechsel einer GmbH in eine AG/KGaA** nicht statt. Denn für **GmbH-Anteile** werden **Anteilsscheine** regelmäßig nicht ausgegeben. Selbst wenn dies ausnahmsweise geschehen ist, bedürfte es keiner Kraftloserklärung der Anteilsscheine, da sie **keinen Wertpapiercharakter** haben (Lutter/Göthel Rn. 9 mwN). Die **sinngemäße Anwendung** von § 73 AktG bedeutet daher regelmäßig nur, dass die Ges die Aktionäre auffordern kann, die Aktienurkunden entgegenzunehmen. Sie kann hierbei die Kraftloserklärung etwa ausgegebener Anteilsscheine für die GmbH-Geschäftsanteile androhen (§ 73 II AktG). Einer Genehmigung des Gerichts für die Kraftloserklärung bedarf es nicht (Abs. 3). Mit den Aufforderungen kann auch **vor Beschlussfassung über die Umw** begonnen werden (**aA die hM**, vgl. Habersack/Wicke/Herfs/Link Rn. 11; BeckOGK/Herfs/Link Rn. 11; Lutter/Göthel Rn. 5; Widmann/Mayer/Rieger Rn. 17; Semler/Stengel/Leonard/Scheel Rn. 5; insoweit kann aber nichts anderes gelten als bei der Verschm → § 72 Rn. 4;

die praktische Bedeutung des Meinungsstreits dürfte indes überschaubar sein); umgekehrt hindert die Eintragung der Umw eine spätere Aufforderung nicht (zum Verfahren iÜ → § 72 Rn. 4).

Meldet sich ein GmbH-Gesellschafter, so sind ihm die **Aktienurkunden auszuhändigen**. Anderenfalls können sie **hinterlegt** werden (§ 73 III AktG; NK-UmwR/Althoff/Narr Rn. 9 mwN gegen Widmann/Mayer/Rieger Rn. 18 ff.). Da nach Abs. 3 eine Genehmigung des Gerichts überflüssig ist, ist auch eine Anzeige der Hinterlegung bei Gericht nach § 73 III 2 AktG nicht erforderlich (Widmann/Mayer/Rieger Rn. 22; Kallmeyer/Blasche Rn. 3; NK-UmwR/Althoff/Narr Rn. 10; aA Semler/Stengel/Leonard/Scheel Rn. 14). 3

Abw. von der Regelung im umgekehrten Fall (Abs. 2; → Rn. 6 ff.) richtet sich die **Übertragung der** zu Aktien gewordenen **Geschäftsanteile** von der Eintragung der neuen Rechtsform oder des Rechtsträgers neuer Rechtsform (vgl. § 198 I, II 1–3, § 202) in das HR an **nach Aktienrecht** (LG Berlin AG 1994, 378; Kallmeyer/Blasche Rn. 10; Lutter/Göthel Rn. 38; Goutier/Knopf/Tulloch/Laumann § 240 Rn. 36). **§ 15 III GmbHG** findet ab diesem Zeitpunkt keine Anwendung mehr. Verpflichtungs- und Verfügungsgeschäft richten sich nach den für Aktien geltenden Regeln (ua keine notarielle Beurkundung, Widmann/Mayer/Rieger Rn. 66; Lutter/Göthel Rn. 38 je mwN). 4

Die **entsprechende Anwendung von** § 226 AktG hängt nicht davon ab, ob für die GmbH-Geschäftsanteile Anteilsscheine ausgegeben worden sind (→ Rn. 2). Bedeutung hat eigentlich nur die entsprechende Anwendung von § 226 III AktG. Die Vorschrift ist anzuwenden, wenn GmbH-Geschäftsanteile existieren, für die entsprechend ihrem Nennbetrag keine Aktien gewährt werden können (**Beispiel:** Es werden Aktien im Nennbetrag von 1.000 Euro ausgegeben, zwei Anteilsinhaber halten GmbH-Geschäftsanteile im Nennbetrag von je 500 Euro). Die sinngemäße Anwendung von § 226 erlaubt in diesem Fall (vorbehaltlich des Verhältnismäßigkeitsgrundsatzes, → § 241 Rn. 2 f., → § 243 Rn. 9), die **Geschäftsanteile zusammenzulegen und** die auf den zusammengelegten Geschäftsanteil entfallenden Aktien für Rechnung der Beteiligten **zu veräußern** (ausf. vgl. Habersack/Wicke/Herfs/Link Rn. 28; BeckOGK/Herfs/Link Rn. 28; Lutter/Göthel Rn. 12 ff. mwN; vgl. auch Semler/Stengel/Leonard/Scheel Rn. 15 ff.; NK-UmwR/Althoff/Narr Rn. 12). Die an die Stelle der zusammengelegten Geschäftsanteile getretenen Aktien sind zum amtl. Börsenpreis oder durch öffentliche Versteigerung zu verkaufen. Zuvor ist allerdings das Verfahren nach § 226 II AktG durchzuführen, damit die betroffenen Aktionäre hierüber in Kenntnis gesetzt werden. Der Erlös ist den Beteiligten auszuzahlen oder zu hinterlegen (§ 226 III 4 AktG). Angesichts der Flexibilität bei der Ausgabe von Aktien (→ § 243 Rn. 8) und dem in diesen Fällen meist bestehenden Zustimmungsvorbehalt (§ 241 I; → § 241 Rn. 2 ff.) hat die Zusammenlegung und anschl. Verwertung allerdings **kaum praktische Bedeutung**. 5

3. Umtausch von Aktien (Abs. 2)

Für den umgekehrten Fall des **Formwechsels einer AG/KGaA in eine GmbH** verweist **Abs. 2** lediglich auf die Abs. 1 und 2 von §§ 73, 226 AktG. Damit ist klargestellt, dass weder die Ausgabe von Anteilsscheinen für den GmbH-Geschäftsanteil oder dessen Hinterlegung bei Gericht nach § 73 III AktG noch die öffentliche Versteigerung zusammengelegter GmbH-Geschäftsanteile nach § 226 III AktG in Betracht kommt (Lutter/Göthel Rn. 33). 6

Demgegenüber hat **§ 73 I AktG** beim Formwechsel einer AG/KGaA in eine GmbH unmittelbar Bedeutung. Es erfolgt zwar regelmäßig kein Umtausch, da GmbH-Geschäftsanteile zumeist nicht verbrieft werden. Selbst wenn Anteilsscheine ausgegeben werden, haben sie lediglich den Charakter von Beweisurkunden (Lutter/ 7

Göthel Rn. 9 mwN). **Umtausch** bedeutet in diesem Zusammenhang also die Rückgabe der Aktienurkunden an die Ges und zugleich die Feststellung durch die Ges, welcher Geschäftsanteil auf die Aktien entfällt und wer Inhaber des entstandenen Geschäftsanteils ist (Lutter/Göthel Rn. 20 mwN). Aktien, die nicht eingereicht werden, können aufgrund der Verweisung auf § 73 I für **kraftlos erklärt** werden. Einer **gerichtlichen Genehmigung** hierzu bedarf es nicht (Abs. 3). Zum Zeitpunkt und zum Ablauf des Verfahrens → Rn. 2 f. Die Ges. ist zur Durchführung der Kraftloserklärung im öffentlichen Interesse verpflichtet; sie hat demgemäß **kein Ermessen** (Widmann/Mayer/Rieger Rn. 47 mwN; Semler/Stengel/Leonard/Scheel Rn. 24; NK-UmwR/Althoff/Narr Rn. 22; Henssler/Strohn/Drinhausen/Keinath Rn. 5). Bis zur Kraftloserklärung ist die Mitgliedschaft nach Aktienrecht übertragbar (→ Rn. 10).

8   Eine **Zusammenlegung iSv § 226 I, II AktG** kann erforderlich sein, wenn ein einzelner Aktionär für mehrere Aktien einen Geschäftsanteil zugeteilt erhält (**Beispiel:** Ein Aktionär besitzt zehn Aktien im Nennbetrag von 5 Euro; ihm soll ein GmbH-Geschäftsanteil im Nennbetrag von 50 Euro gewährt werden) oder wenn lediglich die Zusammenfassung der Aktien mehrerer Aktionäre die Gewährung eines Geschäftsanteils ermöglicht (**Beispiel:** Zehn Aktionäre besitzen je eine Aktie im Nennbetrag von 5 Euro; der Geschäftsanteil lautet auf 50 Euro). Anders als im früheren Recht werden diese Konstellationen kaum mehr vorkommen, denn seit dem **MoMiG** gilt auch für die GmbH-Geschäftsanteile die Mindeststückelung von 1 Euro (→ § 243 Rn. 8).

9   Die Verweisung auf § 226 I AktG bedeutet bei der Zusammenlegung mehrerer Aktien eines Aktionärs (→ Rn. 8, 1. Fallgruppe) im Grunde nur die Befugnis hierzu. An sich hätte die Verweisung auf § 73 AktG genügt. Die **Zusammenlegung der Aktienurkunden verschiedener Aktionäre** (→ Rn. 8, 2. Fallgruppe) führt, sofern die Betroffenen einer Verwertung durch die Ges nicht zustimmen, zu einem **gemeinsamen Geschäftsanteil**. Die Aktionäre bilden entweder eine GbR oder eine Bruchteilsgemeinschaft nach §§ 741 ff. BGB (Widmann/Mayer/Rieger Rn. 58 ff. mwN). Nicht eingereichte Aktien können nach Aufforderung gem. § 226 II AktG nach § 226 I AktG für kraftlos erklärt werden, bei eingereichten Aktien bedarf es einer Kraftloserklärung nicht (Widmann/Mayer/Rieger Rn. 61). Den GmbH-Geschäftsanteil lässt dies unberührt, da eine Verwertung nach § 226 III AktG ausscheidet (Lutter/Göthel Rn. 33).

10 Eine **Übertragung der Beteiligung durch Verfügung über die Aktienurkunde** ist bis zur Kraftloserklärung der Aktien unabhängig davon möglich, ob die neue Rechtsform oder der Rechtsträger neuer Rechtsform (vgl. § 198 I, II 1–3) bereits eingetragen wurde oder nicht (§ 202). Die Übertragung kann nach Aktienrecht erfolgen (str.; vgl. Nachw. bei Henssler/Strohn/Drinhausen/Keinath Rn. 7; → § 72 Rn. 5 mwN).

§ 248a Gewährung zusätzlicher Aktien

¹**Die §§ 72a und 72b gelten für einen Formwechsel in eine Aktiengesellschaft oder eine Kommanditgesellschaft auf Aktien entsprechend.** ²**Der Formwechselbeschluss hat die Erklärung gemäß § 72a Absatz 1 Satz 1 zu enthalten.**

1   Die durch das UmRuG neu eingefügte Vorschrift erklärt die gemäß § 72a für die *Verschmelzung* auf eine Aktiengesellschaft oder Kommanditgesellschaft auf Aktien eingeführte Möglichkeit, anstelle eines Ausgleichs durch bare Zuzahlung gemäß § 196 zusätzliche Aktien zu gewähren, für entsprechend anwendbar. Durch den Verweis auf § 72b besteht konsequenterweise die Möglichkeit, die Aktien auch im

Wege einer Kapitalerhöhung gegen Einlage der Forderung der anspruchsberechtigten Aktionäre zu schaffen. Vgl. dazu näher die Komm. zu §§ 72a, 72b.

§ 249 Gläubigerschutz

Auf den Formwechsel einer Kommanditgesellschaft auf Aktien in eine Gesellschaft mit beschränkter Haftung oder in eine Aktiengesellschaft ist auch § 224 entsprechend anzuwenden.

§ 249 bestimmt, dass beim Formwechsel einer KGaA in eine GmbH oder eine 1 AG § 224 entsprechend anzuwenden ist. Damit wird klargestellt, dass der Formwechsel die **Haftung der phG** der KGaA zunächst unberührt lässt. Allerdings ist die **Nachhaftung auf fünf Jahre begrenzt.** Die Verweisung auf § 224 ist an sich überflüssig. Da die phG anlässlich des Formwechsels aus der Ges ausscheiden (§ 247 II; → § 247 Rn. 5), folgt die Weiterhaftung, aber auch die Nachhaftungsbegrenzung bereits aus § 278 II AktG, § 161 II HGB, ab 1.1.2024 §§ 126, 137; bis 31.12.2023 §§ 128, 160 HGB (so auch Lutter/Göthel Rn. 2; in Abweichung zu den allg. Vorschriften beginnt die Frist jedoch erst mit dem Tag, an dem die Eintragung der neuen Rechtsform in das Register bekannt gemacht worden ist; vgl. Semler/Stengel/Leonard/Scheel Rn. 3; Kallmeyer/Blasche Rn. 2 und Habersack/Wicke/Herfs/Link Rn. 4; BeckOGK/Herfs/Link Rn. 4, die deshalb den Verweis auf § 224 nicht für überflüssig erachten). Zu Einzelheiten vgl. die Komm. zu § 224.

§ 250 Nicht anzuwendende Vorschriften

Die §§ 207 bis 212 sind auf den Formwechsel einer Aktiengesellschaft in eine Kommanditgesellschaft auf Aktien oder einer Kommanditgesellschaft auf Aktien in eine Aktiengesellschaft nicht anzuwenden.

§ 250 bestimmt, dass beim **Formwechsel einer AG in eine KGaA oder umge-** 1 **kehrt** die Vorschriften über die **Barabfindung widersprechender Anteilsinhaber** (§§ 207 ff.) nicht anzuwenden sind. Die Regelung entspricht § 78 S. 3 für die Verschm bzw. die Spaltung. Hintergrund ist die Überlegung, dass sich die Rechtsstellung des Aktionärs einer AG und einer KGaA kaum unterscheidet, sodass dem Aktionär das **Verbleiben trotz Mehrheitsbeschluss zugemutet** werden kann (Begr. RegE, BR-Drs. 75/94 zu § 250). Beim Formwechsel einer AG in eine KGaA oder umgekehrt bedarf es auch keines Abfindungsangebots im Formwechselbeschluss (§ 194 I Nr. 6; vgl. auch Lutter/Göthel Rn. 5; Semler/Stengel/Leonard/Scheel Rn. 3; NK-UmwR/Bürger Rn. 2).

Vierter Unterabschnitt. Formwechsel in eine eingetragene Genossenschaft

§ 251 Vorbereitung und Durchführung der Versammlung der Anteilsinhaber

(1) ¹Auf die Vorbereitung der Gesellschafterversammlung oder der Hauptversammlung, die den Formwechsel beschließen soll, sind die §§ 229 bis 231 entsprechend anzuwenden. ²§ 192 Abs. 2 bleibt unberührt.

(2) Auf die Gesellschafterversammlung oder die Hauptversammlung, die den Formwechsel beschließen soll, ist § 239 Abs. 1 Satz 1, auf die Hauptversammlung auch § 239 Abs. 1 Satz 2 und Abs. 2 entsprechend anzuwenden.

1. Allgemeines

1 §§ 251–257 regeln speziell den **Formwechsel einer KapGes in eine eG.** Dabei verweist § 251 in Bezug auf die Vorbereitung (Abs. 1) und die Durchführung (Abs. 2) der Gesellschafter- oder der Hauptversammlung auf den Formwechsel einer KapGes in eine PersGes bzw. einer KapGes in eine KapGes anderer Rechtsform (Abs. 2 iVm § 239).

2. Vorbereitung der Anteilsinhaberversammlung, Abs. 1

2 Gem. **Abs. 1 S. 1** sind auf die Vorbereitung der Gesellschafter- oder der Hauptversammlung der formwechselnden KapGes **§§ 229–231 entsprechend** anzuwenden. Der Verweis auf den durch das 2. UmwÄndG (→ Einf. Rn. 28) aufgehobenen § 229 ist ein Redaktionsversehen, eine Vermögensaufstellung gibt es jetzt nicht mehr (→ § 192 Rn. 18–20 mwN). Anders als in § 260 (→ § 260 Rn. 4) wurde die ins Leere gehende Verweisung im Zuge der jüngsten Reform des GenG nicht korrigiert.

3 Sofern die formwechselnde KapGes **GmbH** ist, gilt **§ 230 I entsprechend.** Spätestens zusammen mit der Einberufung der Gesellschafterversammlung (§ 51 GmbHG) muss der **Formwechsel** als Gegenstand der Beschlussfassung **schriftlich angekündigt** werden, gleichzeitig ist der ggf. erstellte Formwechselbericht zu übersenden. Damit wird gewährleistet, dass die Gesellschafter in der Anteilsinhaberversammlung von § 193 I 2 nicht überrascht werden. Der Formwechselbericht dient dazu, den rechtlichen und wirtschaftlichen Hintergrund der Umw zu beurteilen und eine Vorentscheidung über das Abstimmungsverhalten zu treffen (iÜ → § 230 Rn. 3 ff.).

4 Ist der formwechselnde Rechtsträger **AG oder KGaA,** ist die Übersendung des Formwechselberichts an die Aktionäre nicht gefordert. § 230 II 1 lässt die **Auslage des Formwechselberichts im Geschäftsraum der Ges** genügen, die Einsichtnahme durch die Aktionäre muss während der üblichen Geschäftszeiten uneingeschränkt gewährleistet sein. Ebenfalls haben interessierte Aktionäre gem. § 230 II 2 Anspruch auf kostenlose Abschriftserteilung (iÜ → § 230 Rn. 5). Seit dem ARUG und dem 3. UmwÄndG (→ Einf. Rn. 32, 33 mwN) gelten die Erleichterungen von § 230 II 3, 4 über die elektronische Kommunikation vor und während der HV, dazu → § 230 Rn. 6.

5 Schließlich hat die KapGes (unabhängig von der Rechtsform) gem. **Abs. 1 S. 1 iVm § 231** die Verpflichtung, das später in den Formwechselbeschluss (§ 194 I Nr. 6) aufzunehmende **Abfindungsangebot nach § 207** bereits im Vorfeld der Anteilsinhaberversammlung an die Gesellschafter/Aktionäre zu übersenden oder das Abfindungsangebot gem. § 231 S. 2 bekannt zu machen. Konkreter Adressat dieser Verpflichtung ist das Vertretungsorgan des formwechselnden Rechtsträgers. Bei Nichtbeachtung kann der **Formwechselbeschluss** angefochten werden. Kommt es zur Eintragung und damit zum Ausschluss der Unwirksamkeitsklage nach § 202 III, kann – entsprechende Kausalität vorausgesetzt – Schadensersatz nach Maßgabe von §§ 205, 206 zu leisten sein. Vgl. iÜ die Komm. zu § 231.

6 Die vorgenannten Verpflichtungen hängen stets mit einem tatsächlich erstellten Formwechselbericht zusammen. Da der Formwechselbericht aber nur dem Schutz der Anteilsinhaber dient, stellt **Abs. 1 S. 2** klar, dass **§ 192 II unberührt** bleibt. Demnach können die Anteilsinhaber auf die Abfassung des Formwechselberichts und seiner Bestandteile (Vermögensaufstellung, Entwurf des Formwechselbeschlusses) **in notarieller Form** verzichten. Ausnahmsweise ist auch der Fall von § 192 II 1 Alt. 1 denkbar, allerdings wird bei Beteiligung von nur einem Anteilsinhaber an der formwechselnden KapGes regelmäßig die eG als ZielGes nicht in Betracht kommen. Gem. § 197 S. 2 sind Vorschriften, die für die Gründung eine Mindestzahl der Gründer vorschreiben, mithin auch § 4 GenG (in der Neufassung des GenG: drei Mitglieder), zwar nicht anzuwenden, gem. § 80 GenG (§ 255 II) ist der dauerhafte Bestand der ZielGes eG aber gefährdet. Unabhängig davon gilt für beide Fälle von § 192 II: Ist der Formwechselbericht nach dieser Vorschrift entbehrlich, entfallen auch die gem. Abs. 1 S. 1 zu beachtenden Pflichten bei der Vorbereitung der Anteilsinhaberversammlung nach §§ 230 und 231.

3. Durchführung der Anteilsinhaberversammlung, Abs. 2

Gem. **Abs. 2** findet § 239 Anwendung, der Verweis ist für GmbH eingeschränkt, für AG und KGaA hingegen umfassend. Ist demnach die formwechselnde KapGes GmbH, ist zur Vermeidung einer möglichen Beschlussanfechtung der **Formwechselbericht** in der Anteilsinhaberversammlung nach § 193 I 2 **auszulegen**; Gleiches gilt grds. für die HV einer AG/KGaA. In der HV der AG/KGaA kann der Formwechselbericht gem. § 239 I 2 jedoch auch elektronisch bekannt gemacht werden (vgl. Komm. zu → § 232 Rn. 1). Durch die Formulierung des Verweises auf § 239 in Abs. 2 wird klargestellt, dass dieses Privileg nur für AG/KGaA, nicht aber für GmbH, gilt. Sofern der Formwechselbericht nach § 192 II entbehrlich war (→ Rn. 6), hat Abs. 2 insoweit keinen Anwendungsbereich. In der HV einer AG oder einer KGaA muss der **Entwurf des Formwechselbeschlusses** zu Beginn der Verhandlung **mündlich erläutert** werden. Adressat dieser Verpflichtung ist das Vertretungsorgan der formwechselnden AG/KGaA, also entweder der Vorstand oder die phG. Der Entwurf des Formwechselbeschlusses ist zwar Bestandteil des Formwechselberichts (§ 192 I 3), gleichwohl entfällt die Verpflichtung aus Abs. 2 iVm § 239 II auch dann nicht, wenn der Formwechselbericht nach § 192 II entbehrlich ist (Semler/Stengel/Leonard/Bonow Rn. 17). Die Erläuterung nach § 239 II findet unmittelbar im Vorfeld der Beschlussfassung statt, zu diesem Zeitpunkt liegt der Entwurf des demnächst zu fassenden Formwechselbeschlusses unabhängig davon vor, ob ein Formwechselbericht erstellt wurde oder nicht (iÜ → § 232 Rn. 1, 2).

§ 252 Beschluß der Versammlung der Anteilsinhaber

(1) **Der Formwechselbeschluss der Gesellschafterversammlung oder der Hauptversammlung bedarf**, wenn die Satzung der Genossenschaft eine Verpflichtung der Mitglieder zur Leistung von Nachschüssen vorsieht, der Zustimmung aller anwesenden Gesellschafter oder Aktionäre; ihm müssen auch die nicht erschienenen Anteilsinhaber zustimmen.

(2) ¹Sollen die Mitglieder nicht zur Leistung von Nachschüssen verpflichtet werden, so bedarf der Formwechselbeschluss einer Mehrheit von mindestens drei Vierteln der bei der Gesellschafterversammlung einer Gesellschaft mit beschränkter Haftung abgegebenen Stimmen oder des bei der Beschlußfassung einer Aktiengesellschaft oder einer Kommanditgesellschaft auf Aktien vertretenen Grundkapitals; § 50 Abs. 2 und § 65 Abs. 2 sind entsprechend anzuwenden. ²Der Gesellschaftsvertrag oder die Satzung der formwechselnden Gesellschaft kann eine größere Mehrheit und weitere Erfordernisse bestimmen.

(3) **Auf den Formwechsel einer Kommanditgesellschaft auf Aktien ist** § 240 Abs. 3 entsprechend anzuwenden.

1. Allgemeines

Die Vorschrift befasst sich mit der **notwendigen Mehrheit in der Anteilsinhaberversammlung** von § 193 I 2. Beim Formwechsel einer KapGes in eine eG ist danach zu unterscheiden, welche Bestimmungen die **Satzung der ZielGes** nach

A UmwG § 252   2–6

§ 6 Nr. 3 GenG betroffen hat. Möglich sind Bestimmungen darüber, dass die Mitglieder für den Fall, dass die Gläubiger im Konkurs der eG nicht befriedigt werden, entweder **unbeschränkt Nachschüsse** zur Konkursmasse zu leisten haben oder dass diese Nachschüsse auf eine gewisse Haftsumme beschränkt sind oder dass sie überhaupt nicht zu leisten sind. In den erstgenannten beiden Fällen sieht **Abs. 1** die **Einstimmigkeit des Formwechselbeschlusses** vor, weil sich die Rechtsstellung der Gesellschafter/Aktionäre durch die Umqualifizierung ihrer Anteile iRd Formwechsels verschlechtert (vgl. Begr. RegE, BR-Drs. 75/94 zu § 252 I). Wenn die Satzung der eG hingegen eine Verpflichtung zur Leistung von Nachschüssen nicht anordnet, bleibt es bei der „**normalen**" **Beschlussmehrheit**, die grds. für eine Abänderung des Gesellschaftsvertrags (§ 53 II GmbHG) oder einer Satzung (§ 179 II, III AktG) ausreicht (vgl. Begr. RegE, BR-Drs. 75/94 zu § 252 II). **Strengere Regelungen** im Organisationsstatut der KapGes sind möglich.

2   **Abs. 3** stellt klar, dass dem Formwechsel einer KGaA auch die phG zustimmen müssen. Die Satzung kann insoweit eine Mehrheitsentscheidung dieser Gesellschafter vorsehen. Auf → § 240 Rn. 4 ff. wird verwiesen.

2. Einstimmigkeit (Abs. 1)

3   Der **Formwechselbeschluss** der KapGes iSv § 193 hat **im Fall von Abs. 1 einstimmig** zu erfolgen. Außerdem ist – wenn der formwechselnde Rechtsträger KGaA ist – gem. Abs. 3 die Zustimmung der phG erforderlich. Auch die **nicht erschienenen Anteilsinhaber** müssen dem Formwechselbeschluss zustimmen (Abs. 1 Hs. 2); fehlt auch nur eine – gem. § 193 III 1 notariell zu beurkundende – Zustimmungserklärung, darf die Eintragung des Formwechsels nach §§ 198, 199, 201 nicht erfolgen; nach Eintragung des Formwechsels ist dieser Mangel gem. § 202 III allerdings nicht mehr beachtlich.

4   Objektive Voraussetzung für das strenge Mehrheitserfordernis von Abs. 1 ist die **Festlegung einer Nachschusspflicht** gem. § 6 Nr. 3 GenG in der Satzung der künftigen eG. Es kommt hierbei nach dem klaren Wortlaut von Abs. 1 nicht darauf an, ob die Pflicht zur Leistung von Nachschüssen betragsmäßig begrenzt ist oder nicht. Denn anders als beim Kommanditisten (vgl. § 172 HGB) kann nicht damit argumentiert werden, dass der Nachschuss durch das Geschäftsguthaben der späteren Mitglieder bereits erbracht sei; die Haftsumme ist vielmehr gem. § 119 GenG mindestens nochmals so hoch wie der Geschäftsanteil. Damit droht den Anteilsinhabern der formwechselnden KapGes eine persönliche Inanspruchnahme; dieser sollen sie nur dann ausgesetzt werden, wenn sie dem Formwechsel ausdrücklich zugestimmt haben.

5   **Abs. 1** verkörpert damit einen Minderheitenschutz, die Vorschrift ist – wie § 233 – **nicht abdingbar**, auch nicht durch einstimmige Änderung von Gesellschaftsvertrag oder Satzung. Die **Zustimmung der phG nach Abs. 3** iVm § 240 III kann demgegenüber aber durchaus mit **Mehrheitsentscheidung** ergehen. Die phG nehmen grds. am Formwechsel nicht teil, sie scheiden aus dem Rechtsträger aus; deshalb kann eine etwa vorhandene Nachschusspflicht bei der eG ihre Interessen nicht tangieren.

3. Mehrheitsentscheidung (Abs. 2)

6   Sieht die Satzung der künftigen eG gem. § 6 Nr. 3 GenG die Freiheit der Mitglieder von einer Nachschusspflicht vor, bedarf der Formwechselbeschluss gem. **Abs. 2** der **Dreiviertelmehrheit**. Bei der GmbH ist insoweit die Mehrheit der abgegebenen Stimmen maßgeblich, bei der AG/KGaA kommt es auf das bei der Beschlussfassung vertretene Grundkapital an. Auf → § 50 Rn. 3 ff. (GmbH) und → § 65 Rn. 3 ff. (AG/KGaA) wird verwiesen.

Gem. **Abs. 2 S. 1 Hs. 2** sind § 50 II, § 65 II entsprechend anzuwenden. Diese 7
Vorschriften enthalten **besondere Zustimmungserfordernisse**, die unabhängig
von der iÜ notwendigen Beschlussmehrheit gelten: Nach § 50 II ist die Zustimmung
(notarielle Form, § 193 III 1) des Gesellschafters notwendig, der durch den Formwechsel ein **Sonderrecht** iSv § 35 BGB verliert (→ § 50 Rn. 8 ff.); § 65 II verlangt
die Zustimmung durch mit normaler Mehrheit zu fassende Sonderbeschlüsse, wenn
mehrere Gattungen von Aktien vorhanden sind (→ § 65 Rn. 13).
Das gesetzliche Mehrheitserfordernis von Abs. 2 S. 1 Hs. 1 stellt nur eine **Min-** 8
destanforderung dar. Gesellschaftsvertrag/Satzung können eine **größere Kapitalmehrheit und weitere Erfordernisse** bestimmen (Abs. 2 S. 2). Auf → § 50
Rn. 6 f. (für GmbH) und → § 65 Rn. 10 ff. (für AG/KGaA) wird verwiesen.

§ 253 Inhalt des Formwechselbeschlusses

(1) ¹In dem Formwechselbeschluß muß auch die Satzung der Genossenschaft enthalten sein. ²Eine Unterzeichnung der Satzung durch die Mitglieder ist nicht erforderlich.

(2) ¹Der Formwechselbeschluss muß die Beteiligung jedes Mitglieds mit mindestens einem Geschäftsanteil vorsehen. ²In dem Beschluß kann auch bestimmt werden, daß jedes Mitglied bei der Genossenschaft mit mindestens einem und im übrigen mit so vielen Geschäftsanteilen, wie sie durch Anrechnung seines Geschäftsguthabens bei dieser Genossenschaft als voll eingezahlt anzusehen sind, beteiligt wird.

§ 253 ist Parallelvorschrift zu § 218 beim Formwechsel einer PersGes in eine 1
eG. Der **Formwechselbeschluss** iSv § 193 hat neben den in § 194 festgelegten
Bestandteilen notwendig auch die **Satzung der eG** (zu deren Inhalt zB Lutter/
Göthel Rn. 4 ff.; Kölner Komm UmwG/Schöpflin Rn. 2) zu enthalten. Ohne diese
Festsetzung wäre die Anwendung von § 252 nicht möglich, weil erst die Satzung
der eG gem. § 6 Nr. 3 GenG festlegt, ob eine Nachschusspflicht der Mitglieder
besteht oder nicht (Semler/Stengel/Leonard/Bonow Rn. 3). Abs. 1 S. 2 entspricht
§ 218 I 2.
Wie bei § 218 III und § 80 I Nr. 2 bestimmt **Abs. 2**, dass der Formwechselbe- 2
schluss die Beteiligung jedes Mitglieds mit mindestens einem Geschäftsanteil vorzusehen hat. Weitergehende Bestimmungen sind möglich. Auf die Komm. zu → § 218
Rn. 8–11 wird vollumfänglich verwiesen.

§ 254 Anmeldung des Formwechsels

(1) **Die Anmeldung nach § 198 einschließlich der Anmeldung der Satzung der Genossenschaft ist durch das Vertretungsorgan der formwechselnden Gesellschaft vorzunehmen.**

(2) **Zugleich mit der Genossenschaft sind die Mitglieder ihres Vorstandes zur Eintragung in das Register anzumelden.**

§ 198 regelt nicht, von wem die neue Rechtsform des Rechtsträgers oder der 1
Rechtsträger neuer Rechtsform anzumelden ist. Vergleichbar zu § 235 II, § 246 I
bestimmt **Abs. 1** demgemäß, dass (noch) das Vertretungsorgan der formwechselnden
KapGes die **Anmeldung** vorzunehmen hat. Verpflichtet sind die Geschäftsführer
der GmbH, Mitglieder des Vorstands der AG oder phG der KGaA (jew. in der zur
Vertretung berechtigenden Anzahl, Habersack/Wicke/Bloehs Rn. 6; BeckOGK/
Bloehs Rn. 6; Widmann/Mayer/Graf Wolffskeel v. Reichenberg Rn. 3.2; NK-UmwR/Bürger Rn. 1; Semler/Stengel/Leonard/Bonow Rn. 6; Lutter/Göthel

Rn. 5; zur Vertretung bei der Anmeldung Melchior GmbHR 1999, 520). Die **Satzung der eG** ist der Anmeldung des Formwechsels nicht nur nach § 199 beizufügen, wegen der allg. Geltung von Gründungsvorschriften (§ 197) ist die Anmeldung der Satzung auch nach § 11 II GenG gefordert. Abw. von § 11 I GenG obliegt die Anmeldung der Satzung der eG allerdings ebenfalls dem Vertretungsorgan der formwechselnden KapGes (vgl. Begr. RegE, BR-Drs. 75/94 zu § 254 I). Außerdem muss die Satzung der eG nicht nach § 11 II Nr. 1 **von den Mitgliedern unterzeichnet** sein, denn § 253 I 2 enthält eine nach § 197 zulässige Ausnahme von dieser Gründungsvorschrift. Rechtspolitisch kann nach der Änderung des § 11 II Nr. 1 GenG dahingehend, dass nicht mehr die Unterzeichnung der Satzung durch alle, sondern nur noch durch drei Gründungsmitglieder erforderlich ist (dazu Korte NZG 2017, 1249; allg. zur Reform des GenG mWv 29.6.2017 (BGBl. 2017 I 2434) Beuthien NZG 2017, 1247) durchaus in Frage gestellt werden, ob nicht eine Unterzeichnung durch wenigstens drei Mitglieder auch beim Formwechsel geboten ist. De lege lata ist diese jedenfalls nicht erforderlich.

2   **Abs.** 2 stellt sicher, dass die eG und die **Mitglieder ihres Vertretungsorgans** gleichzeitig zur Eintragung in das Genossenschaftsregister **angemeldet** werden, damit sofort Klarheit über die Vertretungsverhältnisse herrscht (vgl. Begr. RegE, BR-Drs. 75/94 § 254 II). Die Mitglieder des Vorstands müssen ihrerseits Mitglieder auch der eG sein (§ 9 II GenG), eine **Fremdorganschaft** ist nicht zulässig.

§ 255 Wirkungen des Formwechsels

(1) ¹Jeder Anteilsinhaber, der die Rechtsstellung eines Mitglieds erlangt, ist bei der Genossenschaft nach Maßgabe des Formwechselbeschlusses beteiligt. ²Eine Verpflichtung zur Übernahme weiterer Geschäftsanteile bleibt unberührt. ³§ 202 Abs. 1 Nr. 2 Satz 2 ist mit der Maßgabe anzuwenden, daß die an den bisherigen Anteilen bestehenden Rechte Dritter an den durch den Formwechsel erlangten Geschäftsguthaben weiterbestehen.

(2) **Das Gericht darf eine Auflösung der Genossenschaft von Amts wegen nach § 80 des Genossenschaftsgesetzes nicht vor Ablauf eines Jahres seit dem Wirksamwerden des Formwechsels aussprechen.**

(3) **Durch den Formwechsel einer Kommanditgesellschaft auf Aktien scheiden deren persönlich haftende Gesellschafter als solche aus dem Rechtsträger aus.**

1. Allgemeines

1   Die Vorschrift ergänzt § 202 über die **Wirkungen der Eintragung** des Rechtsträgers neuer Rechtsform (§ 198 II, § 202 II). **Abs.** 1 setzt § 253 II um, der die Beteiligung der Gesellschafter/Aktionäre an der künftigen eG als notwendigen Inhalt des Formwechselbeschlusses bestimmt. Die **Satzung der eG** kann darüber hinaus eine Verpflichtung zur **Übernahme weiterer Geschäftsanteile** vorsehen, die Wirkungen der Eintragung des Formwechsels ändern hieran nichts. Umgekehrt sieht § 256 für den Fall, dass das durch den Formwechsel erlangte Geschäftsguthaben eines Mitglieds den Gesamtbetrag der ihm zugestandenen Geschäftsanteile übersteigt, einen entsprechenden **Auszahlungsanspruch** vor. **Abs.** 1 S. 3 trägt in Bezug auf die dingliche Surrogation von § 202 I Nr. 2 S. 2 dem Umstand Rechnung, dass die – unveräußerlichen – Geschäftsanteile der Mitglieder nicht mit Rechten Dritter belastet werden dürfen; an die Stelle der in Geschäftsanteile umqualifizierten GmbH-Anteile oder Aktien tritt das erlangte Geschäftsguthaben.

2   Gem. § 197 S. 2 darf der Formwechsel nicht an Vorschriften scheitern, die für die Gründung des Rechtsträgers neuer Rechtsform eine **Mindestzahl der Gründer**

vorschreiben (vgl. auch Begr. RegE, BR-Drs. 75/94 zu § 255 II). § 4 GenG in seiner neuen Fassung verlangt mindestens drei Mitglieder (eine „Einmanngründung" der eG ist nach zutr. Ansicht von Semler/Stengel/Leonard/Bonow Rn. 14 nicht möglich; aA Kölner Komm UmwG/Schöpflin Rn. 6). Ähnl. wie § 73 BGB für den Verein sieht jedoch § 80 GenG die Auflösung der eG auf Antrag des Vorstands oder von Amts wegen vor, wenn die Zahl der Mitglieder nachhaltig weniger als drei (was kaum vorstellbar ist, vgl. Semler/Stengel/Leonard/Bonow Rn. 14) beträgt. Um den Formwechsel nicht von vornherein zum Scheitern zu verurteilen und den zeitnahen Beitritt weiterer Mitglieder nach Wirksamwerden des Formwechsels zu ermöglichen, modifiziert Abs. 2 § 80 I GenG dahingehend, dass die Auflösung der eG wegen Unterschreitung der Mitgliederzahl von Amts wegen nicht vor Ablauf eines Jahres nach dem Wirksamwerden des Formwechsels ausgesprochen werden darf. Die Vorschrift hat praktisch keine Bedeutung.

Abs. 3 regelt das **Ausscheiden der phG einer KGaA** mit Wirksamwerden des Formwechsels. Die phG können künftig aber als Mitglieder beteiligt sein, sie scheiden nur „als solche" (also als persönlich Haftende) aus dem Rechtsträger aus. Wie beim Formwechsel einer KGaA in eine KapGes anderer Rechtsform schlägt sich auch hier der Umstand nieder, dass wesensytpisches Element der Rechtsform eG die fehlende persönliche Haftung ihrer Mitglieder ist (Begr. RegE, BR-Drs. 75/94 zu § 255 III). Die Festsetzung einer Nachschusspflicht in der Satzung der eG (§ 6 Nr. 3 GenG) hat mit einer unbeschränkt persönlichen Haftung gegenüber den normalen Gläubigern der eG nichts zu tun. Die Nachschusspflicht wird ausschließlich für den Fall der Insolvenz der eG ausgelöst.

2. Beteiligung der Mitglieder (Abs. 1 S. 1)

Nach Maßgabe des Formwechselbeschlusses (§§ 193, 194, **253**) ist jeder ehemalige Gesellschafter/Aktionär künftig bei der eG beteiligt. Damit konkretisiert **Abs. 1 S. 1** die allg. Vorschriften zur Umqualifizierung des Anteils in § 202 I Nr. 2. Der **Umfang der Beteiligung des Mitglieds** kann im Formwechselbeschluss nicht frei bestimmt werden; er hängt auch davon ab, welche Festsetzung die Satzung (§ 253 I 1) trifft. Gem. § 7a I GenG kann das Statut bestimmen, dass ein Mitglied sich mit mehr als einem Geschäftsanteil beteiligen darf, eine Pflicht hierzu besteht allerdings nicht. Die Aufrechterhaltung der **wirtschaftlichen Integrität der Anteilsinhaber** im Zusammenhang mit dem Formwechsel (auch → § 5 Rn. 7) verlangt lediglich, dass das **Geschäftsguthaben** bei der eG dem wirtschaftlichen Wert des ursprünglichen Anteils an der KapGes entspricht; übersteigt dieses durch den Formwechsel erlangte Geschäftsguthaben eines Mitglieds den Gesamtbetrag dessen Geschäftsanteile, ist nach § 256 II vorzugehen. Unzulässig ist es hingegen, einem Anteilsinhaber der übertragenden KapGes an der eG keinen Anteil zuzugestehen, ihn also nur nach § 256 II abzufinden.

3. Verpflichtung zur Übernahme weiterer Geschäftsanteile (Abs. 1 S. 2)

Für den Umfang der Beteiligung eines Mitglieds an der eG ist nicht nur der Inhalt des Formwechselbeschlusses (§ 253 II) maßgeblich, sondern uU auch eine darüber hinausgehende **Festsetzung in der Satzung (Abs. 1 S. 2)**. Ziel aller Beteiligten wird es zwar stets sein, jedem ursprünglichen Anteilsinhaber der formwechselnden KapGes so viele Geschäftsanteile bei der eG zuzuwenden, wie es seinem Geschäftsguthaben entspricht. Gem. § 7a II GenG kann die Satzung aber auch eine **Pflichtbeteiligung** bestimmen, dh eine Verpflichtung der Mitglieder dahingehend, sich mit mehreren Geschäftsanteilen zu beteiligen. Diese Übernahmeverpflichtung ist nicht notwendig mit einer sofortigen Einzahlung auf den Geschäftsanteil verbunden; § 7

Nr. 1 GenG gewährt Flexibilität. Eine solche Einlageverpflichtung ist allerdings kein Fall von § 252 I, die Beschlussmehrheit ergibt sich vielmehr aus § 252 II. Will ein Anteilsinhaber der übertragenden KapGes den Inhalt der Satzung so nicht akzeptieren, muss er gegen den Formwechselbeschluss – dessen Bestandteil die Satzung ist (§ 253 I) – Widerspruch zur Niederschrift erklären und gem. §§ 207–212 **Barabfindung** verlangen.

4. Dingliche Surrogation (Abs. 1 S. 3)

6   Die Grundregel von § 202 I Nr. 2 S. 2, die eine „normale" **dingliche Surrogation** vorsieht, hilft bei einem Formwechsel in eine eG nicht weiter. Der im Wege der Umqualifizierung erlangte Geschäftsanteil des Mitglieds ist gerade nicht übertragbar, deshalb scheidet auch die Begründung von **Rechten Dritter am Geschäftsanteil** aus. Im Gegensatz dazu darf das **Geschäftsguthaben** mit Rechten Dritter verbunden, uU auch belastet werden (arg. § 22 IV GenG; zumindest kann eine „Verpfändung des Geschäftsguthabens" in eine stets zulässige Verpfändung des Auseinandersetzungsguthabens umgedeutet werden, Beuthien/Beuthien GenG § 22 Rn. 21, 22; Lang/Weidmüller/Holthaus/Lehnhoff GenG § 22 Rn. 11, 12). **Abs. 1 S. 3** bestimmt demgemäß den „Austausch" des Gegenstands „GmbH-Anteil/Aktie" gegen den künftigen Bezug für Rechte Dritter „Geschäftsguthaben". Inwieweit diese Rechte während des Bestehens der eG und während der Mitgliedschaft realisierbar sind, richtet sich nach dem für die eG geltenden Recht und nach den für die fortbestehenden Rechte maßgeblichen Vorschriften. Man wird mit guten Gründen einer Verwertung eines etwa bestehenden Pfandrechts eines Dritten nur iRd entsprechenden Anwendung von § 66 GenG zustimmen können. Am Grundsatz, dass das eigentliche Geschäftsguthaben nicht als Sicherung hingegeben werden darf, wollte der Gesetzgeber durch Abs. 1 S. 3 wohl ebenso wenig ändern wie bei der Vorgängerregelung von § 385p I 3 AktG aF. Unter **Rechten Dritter** iSv Abs. 1 S. 3 müssen nicht notwendig Pfandrechte verstanden werden, darunter fallen auch alle Formen des Nießbrauchs und der zulässigen Unterbeteiligung (→ § 20 Rn. 19 ff.).

5. Ausscheiden der persönlich haftenden Gesellschafter (Abs. 3)

7   Mit Eintragung des Rechtsträgers neuer Rechtsform (§ 202 II) **scheiden die phG aus der KGaA aus (Abs. 3).** An ihre Stelle tritt der gem. § 254 II anzumeldende Vorstand. Die phG haben einen **Abfindungsanspruch** gem. § 278 II AktG, § 161 II HGB, § 105 III HGB, ab 1.1.2024: § 728 BGB; bis 31.12.2023: §§ 738 ff. BGB aF (Semler/Stengel/Leonard/Bonow Rn. 17), soweit nicht durch die Satzung oder durch eine besondere Vereinbarung etwas anderes bestimmt oder eine Abfindung ausnahmsweise entbehrlich ist. Auch mangels einer Sondereinlage kann eine Abfindung entbehrlich sein (vgl. Widmann/Mayer/Rieger § 247 Rn. 38). Der Anspruch richtet sich gegen den nun in der Rechtsform der eG bestehenden Rechtsträger (BGH DB 1974, 572; Widmann/Mayer/Rieger § 247 Rn. 37; Lutter/Göthel Rn. 8; Lutter/Göthel § 247 Rn. 20). Die Abfindung erfolgt in Geld, wenn in der Satzung nicht andere Bestimmungen getroffen sind. War ein phG **zugleich Kommanditaktionär,** nimmt er insoweit an den Wirkungen des Formwechsels nach Abs. 1 S. 1 teil (Habersack/Wicke/Bloehs Rn. 72; BeckOGK/Bloehs Rn. 72; Semler/Stengel/Leonard/Bonow Rn. 16; NK-UmwR/Bürger Rn. 5; Lutter/Göthel Rn. 9).

8   Die **Nachhaftung** der phG bestimmt sich nach Maßgabe von §§ 257, 224.

§ 256 Geschäftsguthaben; Benachrichtigung der Mitglieder

(1) **Jedem Mitglied ist als Geschäftsguthaben der Wert der Geschäftsanteile oder der Aktien gutzuschreiben, mit denen es an der formwechselnden Gesellschaft beteiligt war.**

(2) ¹Übersteigt das durch den Formwechsel erlangte Geschäftsguthaben eines Mitglieds den Gesamtbetrag der Geschäftsanteile, mit denen es bei der Genossenschaft beteiligt ist, so ist der übersteigende Betrag nach Ablauf von sechs Monaten seit dem Tage, an dem die Eintragung der Genossenschaft in das Register bekannt gemacht worden ist, an das Mitglied auszuzahlen. ²Die Auszahlung darf jedoch nicht erfolgen, bevor die Gläubiger, die sich nach § 204 in Verbindung mit § 22 gemeldet haben, befriedigt oder sichergestellt sind.

(3) Die Genossenschaft hat jedem Mitglied unverzüglich nach der Bekanntmachung der Eintragung der Genossenschaft in das Register in Textform mitzuteilen:
1. den Betrag seines Geschäftsguthabens;
2. den Betrag und die Zahl der Geschäftsanteile, mit denen es bei der Genossenschaft beteiligt ist;
3. den Betrag der von dem Mitglied nach Anrechnung seines Geschäftsguthabens noch zu leistenden Einzahlung oder den Betrag, der nach Absatz 2 an das Mitglied auszuzahlen ist;
4. den Betrag der Haftsumme der Genossenschaft, sofern die Mitglieder Nachschüsse bis zu einer Haftsumme zu leisten haben.

1. Allgemeines

Abs. 1 stellt sicher, dass die Anteilsinhaber durch den Wechsel der Kapitalbeteiligung zur Mitgliedschaft bei der eG **keine Vermögenseinbuße** erleiden (vgl. zum verfassungsrechtlichen Gebot → § 5 Rn. 7; vgl. iU Begr. RegE, BR-Drs. 75/94 zu § 256 I). Der wirtschaftliche Wert der durch die Beteiligung an der eG (Geschäftsanteile) vermittelten Mitgliedschaft ergibt sich aus dem **Geschäftsguthaben,** das auch bei der Verteilung des Vermögens unter die Mitglieder nach § 91 GenG als Auseinandersetzungsguthaben maßgeblich ist. Auf den Nennbetrag der Geschäftsanteile kommt es nicht an.

Parallel zu § 87 II sieht **Abs. 2** die Möglichkeit der **baren Zuzahlung** für den Fall vor, dass das durch den Formwechsel erlangte Geschäftsguthaben eines Mitglieds den Gesamtbetrag der Geschäftsanteile (= Summe der Nominalbeträge) übersteigt. Die Auszahlung der baren Zuzahlung kann nach Maßgabe von Abs. 2 S. 2 gehemmt sein.

Abs. 3 ist § 93i II GenG aF nachgebildet und entspricht nun § 89 II Nr. 1, 2, 4, 5.

2. Geschäftsguthaben (Abs. 1)

Das **Geschäftsguthaben** ist der Betrag, der tatsächlich auf den oder die Geschäftsanteile eingezahlt ist. Es kann sich dabei grds. um unmittelbare Einzahlungen der Mitglieder handeln oder um Gutschriften aus Gewinnanteilen oder Rückvergütungen (Beuthien/Beuthien GenG § 7 Rn. 4, 5; Lang/Weidmüller/Holthaus/Lehnhoff GenG § 7 Rn. 5 ff. mwN). Für die durch Umqualifizierung iRv § 202 I Nr. 2 erlangten Geschäftsanteile bedeutet dies: Jedem früheren Gesellschafter einer GmbH oder Aktionär einer AG/KGaA **wird als Geschäftsguthaben der (Verkehrs-)Wert** seiner Geschäftsanteile oder seiner Aktien gutgeschrieben („innerer Wert", vgl. Semler/Stengel/Leonard/Bonow Rn. 5, 6). **Wirtschaftlich** darf der Wechsel der Rechtsform und die mit ihm verbundene Umqualifizierung der Anteile **keine Nachteile** für die Anteilsinhaber mit sich bringen (vgl. BVerfG bei → § 5 Rn. 7). Inwieweit das Geschäftsguthaben auch durch Geschäftsanteile (zum Begriff Beuthien/Beuthien GenG § 7 Rn. 1; Henssler/Strohn/Geibel GenG § 7 Rn. 2) repräsentiert wird (dazu Lutter/Göthel Rn. 4, 5), richtet sich allein nach dem **Inhalt** der Satzung der eG. Diese Satzung muss gem. § 7 Nr. 1 den Betrag bestimmen, bis zu welchem sich die einzelnen Mitglieder mit Einlagen beteiligen können; es kann darüber hinaus gem. § 7a GenG die Beteiligung mit weiteren Geschäftsanteilen zulassen oder sogar eine Pflichtbeteiligung mit mehreren Geschäftsanteilen bestimmen. Für den Anteilsinhaber bedeutet dies: Reicht das Geschäftsguthaben gerade aus, um den Einzahlungspflichten auf die ihm gewährten Geschäftsanteile nachzukommen (dies ist das gesetzliche Leitbild, vgl. § 253 II 2), ist eine Geldzahlung an den Rechtsträger oder umgekehrt nicht notwendig. Sieht die Satzung gem. § 7a II GenG hingegen eine Pflichtbeteiligung vor, die im Nominalbetrag der Geschäftsanteile über das zugestandene Geschäftsguthaben hinausgeht, steht eine Einzahlungspflicht nach Maßgabe von § 7 Nr. 1 GenG in Rede (aA Semler/Stengel/Leonard/Bonow Rn. 13 ff., dessen Ausführungen zutr. sind, der aber zwischen unmittelbarer Wirkung des Formwechsels und erst zukünftiger Wirkung der Pflichtbeteiligung unterscheidet, was für den Anteilsinhaber iE aber nicht entscheidend ist). Im umgekehrten Fall, bei dem nominell zu wenig Geschäftsanteile zur Abdeckung des Geschäftsguthabens zur Vfg. gestellt werden, greift Abs. 2 ein.

3. Bare Zuzahlung (Abs. 2)

5   Führt die Umsetzung des im Formwechselbeschluss Geregelten (§ 253) dazu, dass das Geschäftsguthaben des Mitglieds nicht vollständig im Wege der Umqualifizierung seiner Anteile durch zugewendete Geschäftsanteile am Rechtsträger nun in der Rechtsform der eG ausgeglichen wird, steht ihm bzgl. der Diff. grds. ein **Anspruch auf Gewährung barer Zuzahlung** zu. Die bare Zuzahlung wird sechs Monate nach Wirksamwerden des Formwechsels (§ 202) zur Auszahlung fällig. Die Auszahlung darf jedoch **nicht vor Befriedigung oder Sicherstellung der Gläubiger** iRv §§ 204, 22 erfolgen **(Abs. 2 S. 2)**. Die bare Zuzahlung ist **der Höhe nach nicht begrenzt** (Habersack/Wicke/Bloehs Rn. 25; BeckOGK/Bloehs Rn. 25), eine § 87 II 2 vglbare Regelung fehlt in Abs. 2. Abs. 2 kann nicht abbedungen oder modifiziert werden (Lutter/Göthel Rn. 8 mwN).

4. Mitteilungspflicht (Abs. 3)

6   Die Besonderheit der Beteiligung bei einer eG sowie die Möglichkeit, dass der Formwechsel zu Zahlungsansprüchen der eG gegen die Mitglieder oder der Mitglieder gegen die eG (→ Rn. 5) führen kann, machen die **zusätzliche Information** der eG an ihre Mitglieder gem. **Abs. 3** erforderlich (Begr. RegE, BR-Drs. 75/94 zu § 256 III). Adressat der Verpflichtung ist „die Genossenschaft"; damit steht der Vorstand der eG (vgl. § 254 II) in der Pflicht (§§ 26, 30 GenG). Eine Anmeldung in die Liste der Mitglieder der eG entsprechend § 93i I GenG aF ist hingegen nicht mehr nötig. Gem. § 30 GenG gilt nun, dass die Liste der Mitglieder nicht mehr beim Registergericht, sondern ausschließlich bei der eG geführt wird.

7   Die **individuellen Mitteilungen** an die Anteilsinhaber müssen **unverzüglich** (ohne schuldhaftes Zögern, § 121 I BGB) in Textform (§ 126b BGB; Lutter/Göthel Rn. 17) ergehen (die Mitteilung ist keine WE, ihr Zugang aber gleichwohl erforderlich, Widmann/Mayer/Graf Wolffskeel v. Reichenberg Rn. 12). Dadurch soll den Mitgliedern nicht nur ihre Rechtsstellung verdeutlicht und ein Hinweis auf etwaige Zahlungspflichten gegeben werden; die Mitglieder erhalten vielmehr auch die Information darüber, ob sie nach §§ 196, 207–212 vorgehen sollen. Wegen der kurzen Ausschlussfrist von § 209 ist der Vorstand zu zügigem Vorgehen verpflichtet; insoweit ist **Abs. 3 Schutzgesetz iSv § 823 II BGB** (Semler/Stengel/Leonard/Bonow Rn. 20; NK-UmwR/Bürger Rn. 3).

§ 257 Gläubigerschutz

Auf den Formwechsel einer Kommanditgesellschaft auf Aktien ist auch § 224 entsprechend anzuwenden.

Beim **Formwechsel einer KGaA in eine eG** scheiden die phG nach Maßgabe von § 255 III mit Wirksamwerden des Formwechsels aus. Die ursprünglich gegebene persönliche Haftung aus § 278 II AktG, § 161 II HGB, ab 1.1.2024 § 126 HGB; bis 31.12.2023 § 128 HGB besteht bis zum Ablauf von fünf Jahren nach ihrem Ausscheiden fort, soweit die Ansprüche nicht früher verjähren. Die **Nachhaftung** kann im Außenverhältnis nicht ausgeschlossen werden. Die phG haben aber einen **Freistellungsanspruch im Innenverhältnis** gegen die eG (§ 105 III HGB, ab 1.1.2024 § 728 I 1 BGB; bis 31.12.2023§ 738 I 2 BGB), soweit nichts anderes vereinbart ist (Habersack/Wicke/Bloehs Rn. 8; BeckOGK/Bloehs Rn. 8; Semler/Stengel/Leonard/Bonow Rn. 7; Kölner Komm UmwG/Schöpflin Rn. 3). Für nach ihrem Ausscheiden entstehende Verbindlichkeiten der Ges kommt eine Haftung aus § 278 II AktG, § 161 III HGB, ab 1.1.2024 § 126 HGB; bis 31.12.2023 § 128 HGB nicht in Betracht (Semler/Stengel/Leonard/Bonow Rn. 6; NK-UmwR/Bürger Rn. 1). IÜ wird auf die Komm. zu § 224 verwiesen. 1

Dritter Abschnitt. Formwechsel eingetragener Genossenschaften

§ 258 Möglichkeit des Formwechsels

(1) Eine eingetragene Genossenschaft kann auf Grund eines Formwechselbeschlusses nach diesem Gesetz nur die Rechtsform einer Kapitalgesellschaft erlangen.

(2) Der Formwechsel ist nur möglich, wenn auf jedes Mitglied, das an der Gesellschaft neuer Rechtsform beteiligt wird, als beschränkt haftender Gesellschafter ein Geschäftsanteil, dessen Nennbetrag auf volle Euro lautet, oder als Aktionär mindestens eine volle Aktie entfällt.

1. Allgemeines

§§ 258–271 regeln den **Formwechsel einer eG** (zusammenfassende Darstellung bei Beuthien/Wolff UmwG §§ 190 ff. Rn. 1 ff.). Zulässige Zielrechtsform ist die **KapGes**, damit erweitert **Abs. 1** die Umwandlungsmöglichkeit der Vorgängerregelung von § 385m I AktG aF (formwechselnde Umw der eG nur in eine AG). 1

Abs. 2 enthält eine objektive Voraussetzung für die Zulässigkeit des Formwechsels. In Ergänzung von § 194 I Nr. 3, 4 bestimmt Abs. 2, dass der Formwechsel nur dann möglich ist, wenn auf jedes Mitglied die Beteiligung am Rechtsträger neuer Rechtsform entfällt, die eine gewisse Mindestgröße erreicht. 2

Der BR (Gesetzentwurf der BReg. BT-Drs. 12/7265 Anlage 2: Stellungnahme des BR zu § 258 ff.) hatte im Gesetzgebungsverfahren zur Umwandlungsreform 1995 angeregt, zu prüfen, ob eG aufgrund des Formwechselbeschlusses auch die Möglichkeit zur Erlangung der Rechtsform einer **PersGes** eingeräumt werden könne. Dies sei besonders für die landwirtschaftlichen Betriebe in den neuen Ländern, die sich von LPG in eG umgewandelt hätten und nun feststellten, dass diese Rechtsform ihren Erwartungen nicht entspreche, notwendig. Eine generelle Ausweitung von § 258 I wurde letztlich nicht vollzogen, vielmehr kam es zur Einführung von § 38a LwAnpG, der den durch formwechselnde Umw einer LPG entstandenen eG die Möglichkeit des **Formwechsels in eine PersGes** (also PhG und GbR) eröffnet. Den übrigen eG bleibt diese Umwandlungsmöglichkeit versagt. 3

2. Formwechsel in eine Kapitalgesellschaft, Abs. 1

4 §§ 190 ff. bieten für den formwechselnden Rechtsträger eG nur die Möglichkeit, **in eine KapGes** umzuwandeln, Abs. 1. Die Legaldefinition der KapGes **(GmbH, AG, KGaA)** findet sich in § 3 I Nr. 2 (näher → § 191 Rn. 18–20). Der Weg in die UG (haftungsbeschränkt) ist versperrt → § 191 Rn. 32. Beim Formwechsel in eine KGaA muss mindestens ein phG gefunden werden, § 262 II verweist insoweit unmittelbar auf § 240 II und in Bezug auf den Beitritt phG mittelbar auf § 221 (§ 240 II 2).

5 Der **Formwechselbeschluss** (§§ 193, 194) erfolgt in der **Mitgliederversammlung** der Mitglieder (Generalversammlung) bzw. in der **Vertreterversammlung**, vgl. §§ 43, 43a GenG und § 262. Gem. § 43a I 2 GenG kann die Satzung zB für Formwechselbeschlüsse die Zuständigkeit der Generalversammlung vorbehalten, vgl. BT-Drs. 16/1025, 104. Die Vorbereitung und die Durchführung der Generalversammlung muss den Anforderungen von §§ 260, 261 genügen. Neben der objektiven Voraussetzung von Abs. 2 ist die Zulässigkeit des Formwechsels der eG in eine KapGes stets anhand von § 264 (Kapitalschutz) zu beurteilen. Der Nennbetrag des StK einer GmbH oder des Grundkapitals einer AG/KGaA muss durch das Vermögen des formwechselnden Rechtsträgers gedeckt sein **(Verbot der materiellen Unterpariemission).**

3. Beteiligung am Rechtsträger neuer Rechtsform, Abs. 2

6 Der Formwechsel einer eG in eine GmbH war früher nur möglich, wenn auf jedes Mitglied künftig ein durch zehn teilbarer Geschäftsanteil von mindestens 50 Euro entfiel. **Abs. 2 Alt. 1** wurde durch das MoMiG (→ Einf. Rn. 30) geändert. Jetzt beträgt auch bei der GmbH die Mindeststückelung 1,00 Euro. Höhere Nennbeträge müssen durch volle Euro teilbar sein → § 46 Rn. 12. Der Nennbetrag ist so festzulegen, dass sich möglichst **alle** Mitglieder dem Wert ihrer Mitgliedschaft an der formwechselnden eG entsprechend **in vollem Umfang am Rechtsträger** in der neuen Rechtsform GmbH **beteiligen können**. Abs. 2 dient damit vor allem dem Schutz von Mitgliedern mit kleinen Anteilen (Semler/Stengel/Leonard/Bonow Rn. 5; NK-UmwR/Bürger Rn. 5; Lutter/Bayer Rn. 14; Beuthien/Wolff UmwG §§ 190 ff. Rn. 4; aA Kölner Komm UmwG/Schöpflin Rn. 7).

7 Die **Höhe der Nennbeträge** der gem. § 194 I Nr. 3, 4 festzulegenden Geschäftsanteile ergibt sich aus dem **Wert der Beteiligung** jedes Mitglieds an der formwechselnden eG. Der Wert des umqualifizierten GmbH-Anteils muss damit also dem **Geschäftsguthaben** (nicht dem Nominalbetrag der gehaltenen Geschäftsanteile, Semler/Stengel/Leonard/Bonow Rn. 9) entsprechen. Denn nur der Betrag des Geschäftsguthabens kann zu einer Aussage darüber führen, wie viel die Mitgliedschaft in der eG für den einzelnen Anteilsinhaber wert ist (wobei das Geschäftsguthaben selbst nur den bilanzmäßig erfassten Kern der Mitgliedschaft abbildet, der aber gleichzeitig für § 73 II 2 GenG von Bedeutung ist, vgl. Beuthien/Beuthien GenG § 7 Rn. 5); gem. § 7 Nr. 1 GenG muss der Geschäftsanteil nicht vollständig eingezahlt sein, umgekehrt ist (zB durch Gutschriften aus Gewinnanteilen oder Rückvergütungen) eine Überschreitung des Nominalbetrags der gehaltenen Geschäftsanteile nicht möglich (Auszahlungsforderung, vgl. Lang/Weidmüller/Holthaus/Lehnhoff GenG § 7 Rn. 5, vgl. auch § 19 I 3 GenG).

8 Seit Einführung der **Stückaktie** (zum Begriff: Koch AktG § 8 Rn. 20) und Herabsetzung des Mindestbetrages bei Nennbetragsaktien auf einen Euro (§ 8 II, III AktG) ist eine das Mitglied berücksichtigende Stückelung der Anteile beim Rechtsträger neuer Rechtsform möglich (Semler/Stengel/Leonard/Bonow Rn. 17), **Teilrechte** dürfen nicht mehr gebildet werden (Lutter/Bayer Rn. 17 mwN; vgl. aber § 266 III und → § 263 Rn. 8–10).

§ 259 Gutachten des Prüfungsverbandes

Vor der Einberufung der Generalversammlung, die den Formwechsel beschließen soll, ist eine gutachtliche Äußerung des Prüfungsverbandes einzuholen, ob der Formwechsel mit den Belangen der Mitglieder und der Gläubiger der Genossenschaft vereinbar ist, insbesondere ob bei der Festsetzung des Stammkapitals oder des Grundkapitals § 263 Abs. 2 Satz 2 und § 264 Abs. 1 beachtet sind (Prüfungsgutachten).

1. Allgemeines

Um „zu hohe Kosten der Umw zu vermeiden" (RegEBegr. BR-Drs. 75/94 zu § 192 II) ist beim Formwechsel nach §§ 190 ff. – anders als bei der Verschm, der Spaltung oder der Vermögensübertragung – grds. **keine Umwandlungsprüfung** vorgesehen; anderes gilt bei der Barabfindung, § 208. Wegen der **Sonderstellung des genossenschaftlichen Prüfungsverbands** sieht § 259 parallel zu § 81 hingegen die Notwendigkeit einer Begutachtung durch den Prüfungsverband (vgl. §§ 53 ff. GenG) vor. 1

Anders als bei der „normalen Umwandlungsprüfung" ist ein **Verzicht der Anteilsinhaber** (vgl. §§ 9 III, 12 III) auf die Prüfung durch den genossenschaftlichen Prüfungsverband oder auf die Erstattung des Prüfungsgutachtens **nicht möglich** (Habersack/Wicke/Thilo Rn. 28; BeckOGK/Thilo Rn. 28). Zum einen wäre ein solcher Verzicht bei der regelmäßig großen Mitgliederzahl einer eG schwerlich zu erreichen, zum anderen – und das ist entscheidend – würde sich ein solches Recht der Mitglieder nicht mit §§ 53 ff. GenG und der dort statuierten **besonderen Pflichtenbindung von eG und Prüfungsverband** vertragen. Das Gutachten des Prüfungsverbands dient außerdem nicht nur den Interessen der Mitglieder der eG, die Prüfung hat sich auch auf die Beachtung von § 263 II 2, § 264 I zu erstrecken und damit einer materiellen Unterpariemission vorzubeugen (wie hier Lutter/Bayer Rn. 16). 2

§ 259 steht in engem Zusammenhang mit §§ 260, 261 über die Vorbereitung und die Durchführung der Generalversammlung. Das **Prüfungsgutachten** ist in Vorbereitung der Generalversammlung der eG in den Geschäftsräumen **auszulegen** (§ 260 III 1) oder über die **Internetseite der eG** zugänglich zu machen (§ 260 III 3); des Weiteren schreibt § 261 II neben der Pflicht, das Prüfungsgutachten in der Generalversammlung wörtlich zu **verlesen**, das Recht zur **beratenden Teilnahme des Prüfungsverbands** in der Generalversammlung vor. 3

2. Gutachterliche Äußerung des Prüfungsverbandes

Das Gutachten ist zwingend **schriftlich** zu verfassen (so auch Widmann/Mayer/ Graf Wolffskeel v. Reichenberg Rn. 12; Semler/Stengel/Leonard/Bonow Rn. 8; ausf. Lutter/Bayer Rn. 15; Kölner Komm UmwG/Schöpflin Rn. 3), andernfalls könnte es nicht gem. § 261 II 1 in der Generalversammlung **verlesen** werden. Der Prüfungsverband darf nicht darüber entscheiden, ob auf entsprechende Anforderung ein Gutachten iSv § 259 überhaupt erstellt wird oder nicht; denn die formwechselnde eG ist Pflichtmitglied bei einem Prüfungsverband (vgl. § 54 GenG) und zur Vorbereitung und Durchführung des Formwechsels notwendigerweise auf das Vorhandensein eines Gutachtens angewiesen. Eine Ermessensentscheidung des Prüfungsverbandes bzgl. der Durchführung der Prüfung oder der Erstellung des Prüfungsgutachtens verträgt sich damit nicht (→ § 81 Rn. 4 mwN; Lutter/Bayer Rn. 5 mwN). Der **materiell-rechtliche Anspruch der formwechselnden eG** kann eingeklagt und ggf. nach § 888 I ZPO vollstreckt werden (Lutter/Bayer Rn. 5 mwN; NK-UmwR/Bürger Rn. 3). 4

5 Mit einer normalen Umwandlungsprüfung ist die von § 259 geforderte Tätigkeit des Prüfungsverbandes nicht zu vergleichen. Der Prüfungsverband hat sich mit dem Inhalt des Formwechselbeschlusses (§§ 193, 194, 263) ausf. auseinanderzusetzen. Neben der Beachtung von § 258 II muss eine **materielle Aussage zum Sinn und Zweck des Formwechsels** für die Mitglieder und die Gläubiger der eG getroffen werden. Der Prüfungsverband hat unter Zugrundelegung seiner spezifischen Kenntnisse aus der bisherigen Zusammenarbeit mit der eG das Für und Wider des Formwechsels zu erörtern, seine Aufgabe lässt sich am ehesten als **Hilfestellung für die Entscheidungsfindung** der Generalversammlung (Vertreterversammlung) iRv § 262 kennzeichnen (**Zweckmäßigkeitsprüfung;** zum Ganzen (Habersack/Wicke/Thilo Rn. 13 ff.; BeckOGK/Thilo Rn. 13 ff.; Lutter/Bayer Rn. 7 ff. mwN; NK-UmwR/Bürger Rn. 5, 6). Deswegen legt das Gesetz auch großen Wert auf die Wiedergabe des Prüfungsgutachtens in der Generalversammlung, § 261 II.

6 **Ziel des Prüfungsgutachtens** ist es, eine klare Aussage darüber zu treffen, ob der Formwechsel insbes. im Hinblick auf die zu erwartende künftige Entwicklung des Rechtsträgers mit den Belangen der Gläubiger und der Mitglieder vereinbar ist. Auch die **Unterschiede in der Besteuerung** sind darzulegen, da diese von erheblichem Interesse für die Mitglieder sind (Lutter/Bayer Rn. 9; Kölner Komm UmwG/Schöpflin Rn. 5; Semler/Stengel/Leonard/Bonow Rn. 17). Wichtiger Gegenstand der Prüfung und des Prüfungsgutachtens ist die Begutachtung darüber, ob die **Anforderungen von § 263 II 2, § 264 I** im Formwechselbeschluss genügend beachtet werden. Damit sichert § 259 im Interesse der Mitglieder die möglichst **gerechte Beteiligung** am Rechtsträger neuer Rechtsform, die Entstehung von Teilrechten (vgl. § 266 II, III) wird erschwert; außerdem wird vor allem im Interesse der Gläubiger der eG und der künftigen Gläubiger des Rechtsträgers neuer Rechtsform bereits im Vorfeld des Formwechsels eine **verbotene materielle Unterpariemission** (vgl. § 264 I) unterbunden. Da gem. § 265 S. 2 das nach § 259 erstattete Prüfungsgutachten als Anlage der Anmeldung nach §§ 198, 199 **dem Registergericht vorzulegen** ist, wird die **Sicherung der Mitglieder- und der Gläubigerinteressen** institutionalisiert (Semler/Stengel/Leonard/Bonow Rn. 13).

7 In der **Abfassung des Prüfungsgutachtens** ist der genossenschaftliche Prüfungsverband relativ frei. Eine ausf. Darlegung der Wirkungen des Formwechsels ist nicht gefordert, zumindest dann nicht, wenn sie für den Formwechsel wesenstypisch sind. Das spezifisch beim Prüfungsverband vorhandene Wissen soll vielmehr dazu fruchtbar gemacht werden, eine fundierte Meinung über die Zweckmäßigkeit des Formwechsels zu äußern (Semler/Stengel/Leonard/Bonow Rn. 12; vgl. auch Lutter/Bayer Rn. 11 zur Kontrolle der Ausführungen des Vorstands); die Mitglieder sollen diesen **Ratschlag** als Grundlage für ihre Entscheidungsfindung iRv § 262 ansehen dürfen, eine **Bindung der Mitglieder** besteht nicht (→ § 81 Rn. 6).

8 Da § 259 auch den Gläubigerinteressen dient, ist ein **Hinweis auf §§ 204, 22** in das Prüfungsgutachten aufzunehmen (Lutter/Bayer Rn. 12; Semler/Stengel/Leonard/Bonow Rn. 18, 19).

9 § 259 ist **Schutzgesetz iSv § 823 II BGB** (Semler/Stengel/Leonard/Bonow Rn. 14), bei schuldhafter Pflichtverletzung droht die Haftung aus Delikt (wie hier Habersack/Wicke/Thilo Rn. 31; BeckOGK/Thilo Rn. 31; Lutter/Bayer Rn. 6; NK-UmwR/Bürger Rn. 4). IÜ wird für die Haftung des Prüfungsverbands auf die Spezialliteratur zu §§ 53 ff. GenG verwiesen.

10 Für die **rechtzeitige Einholung** des Prüfungsgutachtens ist der **Vorstand der eG** zuständig (Kölner Komm UmwG/Schöpflin Rn. 3). Er hat dabei darauf zu achten, dass dem Prüfungsverband genügend Zeit bis zur notwendigen Zugänglichmachung nach § 260 III verbleibt.

§ 260 Vorbereitung der Generalversammlung

(1) ¹Der Vorstand der formwechselnden Genossenschaft hat allen Mitgliedern spätestens zusammen mit der Einberufung der Generalversammlung, die den Formwechsel beschließen soll, diesen Formwechsel als Gegenstand der Beschlußfassung in Textform anzukündigen. ²In der Ankündigung ist auf die für die Beschlußfassung nach § 262 Abs. 1 erforderlichen Mehrheiten sowie auf die Möglichkeit der Erhebung eines Widerspruchs und die sich daraus ergebenden Rechte hinzuweisen.

(2) ¹Auf die Vorbereitung der Generalversammlung sind § 230 Absatz 2 und § 231 Satz 1 entsprechend anzuwenden. ²§ 192 Abs. 2 bleibt unberührt.

(3) ¹In dem Geschäftsraum der formwechselnden Genossenschaft ist von der Einberufung der Generalversammlung an, die den Formwechsel beschließen soll, außer den sonst erforderlichen Unterlagen auch das nach § 259 erstattete Prüfungsgutachten zur Einsicht der Mitglieder auszulegen. ²Auf Verlangen ist jedem Mitglied unverzüglich und kostenlos eine Abschrift dieses Prüfungsgutachtens zu erteilen. ³Die Verpflichtungen nach den Sätzen 1 und 2 entfallen, wenn das Prüfungsgutachten für denselben Zeitraum über die Internetseite der Genossenschaft zugänglich ist.

1. Allgemeines

Der **Vorbereitung der Generalversammlung** (oder Vertreterversammlung → § 262 Rn. 2, → § 258 Rn. 5; auch in diesem Fall ist die Ankündigung an sämtliche Mitgliedern zu richten, Beuthien/Wolff UmwG §§ 190 ff. Rn. 10; Lutter/Bayer Rn. 3 mwN) kommt beim Formwechsel einer eG große Bedeutung zu. Wegen der Vielzahl der Mitglieder formalisiert § 260 die Pflichten der eG (Adressat ist der Vorstand) im Vorfeld der gem. §§ 261, 262 durchzuführenden Generalversammlung. **§ 260 ist nicht dispositiv**, er dient dem Schutz der Mitglieder der formwechselnden eG. 1

Zunächst ist der **Tagesordnungspunkt „Formwechsel"** als Gegenstand der Beschlussfassung **spätestens zusammen mit der Einberufung** der Generalversammlung in Textform (§ 126b BGB) **anzukündigen;** dabei ist auf die Beschlussmehrheiten von § 262 und auf die Möglichkeit der Barabfindung (§§ 207–212) hinzuweisen. **Abs. 2** entspricht weitgehend § 251, der Verweis auf die Vorschriften zum Formwechsel einer KapGes in eine PersGes erfasst aber nicht die Regelungen von § 230 I, § 231 S. 2. § 230 II, auf dessen Anwendung Abs. 2 ua verweist, wurde durch das ARUG und durch das 3. UmwÄndG (→ Einf. Rn. 32 f.) ergänzt, beim Formwechsel von KapGes kann der Formwechselbericht elektronisch übermittelt oder auf die Internetseite gestellt werden. Diese Erleichterung gilt nun auch für den Formwechsel von eG, da der durch das Gesetz zum Bürokratieabbau und zur Förderung der Transparenz bei Genossenschaften (BGBl. 2017 I 2434; dazu Beuthien NZG 2017, 1247) geänderte Abs. 2 jetzt auf die entsprechende Anwendung des gesamten § 230 II verweist. Schließlich ist das nach § 259 erstattete **Prüfungsgutachten** zur Einsichtnahme **auszulegen** und auf Verlangen als **Abschrift** jedem Mitglied unverzüglich und kostenlos zur Vfg. zu stellen; auch diese Verpflichtungen entfallen nun bei Zugänglichmachung über die **Internetseite der eG (Abs. 3).** 2

2. Ankündigung der Beschlussfassung (Abs. 1)

Die Berufung der Generalversammlung hat nach § 46 I 1 GenG in der durch die Satzung bestimmten Weise mit einer Frist von mindestens zwei Wochen zu erfolgen. **Spätestens gemeinsam mit der Einberufung der Generalversammlung** soll der Zweck dieser Versammlung in Textform (§ 126b BGB) angekündigt werden. 3

Nach der Neufassung von § 46 II GenG beträgt die Mindestfrist nunmehr eine Woche. Der Beschluss der Generalversammlung über den Formwechsel (§§ 262, 193) ist als ordentlicher Tagesordnungspunkt anzukündigen. Da § 262 eine Sonderregelung zur notwendigen Beschlussmehrheit trifft, ist in der Ankündigung ein **entsprechender Hinweis** aufzunehmen (wie hier Schmitz-Riol, Der Formwechsel der eG in die Kapitalgesellschaft, 1998, S. 69, 70; Lutter/Bayer Rn. 7 mwN); nur dadurch kann die rechtzeitige Geltendmachung der Minderheitsrechte nach § 262 I 2 erfolgen, denn die qualifizierte Neunzehntelmehrheit hängt davon ab, dass rechtzeitig vor der Generalversammlung Widerspruch gegen den Formwechsel erhoben wurde. Auf die Möglichkeit dieses Widerspruchs ist gesondert hinzuweisen, wegen des Wortlauts von **Abs. 1 S. 2** und wegen der weiteren Wirkung des Widerspruchs iRv §§ 207–212 (vgl. § 270) ist bereits in der Einladung zur Generalversammlung auch **auf die Möglichkeit der Barabfindung hinzuweisen** (Widmann/Mayer/Graf Wolffskeel v. Reichenberg Rn. 9, 10; NK-UmwR/Bürger Rn. 8). Wird der Pflicht von Abs. 1 durch den Vorstand missachtet, kann dies zur Beschlussanfechtung (vgl. § 51 GenG; Semler/Stengel/Leonard/Bonow Rn. 27; NK-UmwR/Bürger Rn. 9) führen; kommt es dennoch zur Eintragung und zur endgültigen Aufrechterhaltung des Formwechsels nach § 202 III, steht eine **Schadensersatzpflicht der Mitglieder des Vorstands** nach §§ 205, 206 in Rede.

3. Vorbereitung der Generalversammlung (Abs. 2)

4   Gem. **Abs. 2** sind auf die Vorbereitung der Generalversammlung der formwechselnden eG § 230 II und § 231 S. 1 entsprechend anzuwenden. Die Vorschrift verweist nun auf den gesamten Abs. 2 von § 230. Der ins Leere gehende Verweis auf § 229 wurde gestrichen.

5   Der Verweis auf die **entsprechende Anwendung von § 230 II** in Abs. 2 verpflichtet die eG dazu, von der Einberufung der Generalversammlung an (→ Rn. 3) den **Formwechselbericht** iSv § 192 in dem Geschäftsraum der eG zur Einsicht der Mitglieder **auszulegen.** Die **elektronische Übermittlung** oder die **Nutzung der Internetseite** ersetzen die Auslage nun auch für den Formwechsel einer eG (→ Rn. 2). Durch die Zugänglichmachung wird gewährleistet, dass die Mitglieder bereits vor Durchführung der Generalversammlung nach §§ 261, 262, 193 I den rechtlichen und wirtschaftlichen Hintergrund des Formwechsels beurteilen und eine Vorentscheidung über das Abstimmungsverhalten treffen können; ergänzt wird die so gebotene Informationsmöglichkeit der Mitglieder durch das ebenfalls zugänglich zu machende **Prüfungsgutachten** iSv § 259 (vgl. **Abs. 3**). § 230 II 2 enthält (ebenso wie Abs. 3 S. 2) einen **Anspruch** für jedes einzelne Mitglied der eG, unverzüglich und kostenlos eine **Abschrift** des Formwechselberichts zu erhalten. Diese Verpflichtung entfällt nun bei Zugänglichmachung des Formwechselberichts über die **Internetseite der eG** (§ 230 II 4). Zudem ermöglicht § 230 II 3 bei entsprechender (konkludent möglicher) Einwilligung des Berechtigten die Übermittlung des Formwechselberichts auf dem Wege elektronischer Kommunikation (iÜ → § 230 Rn. 6).

6   Schließlich hat die eG gem. **Abs. 2 iVm § 231 S. 1** die Verpflichtung, das später in den Formwechselbeschluss (§ 194 I Nr. 6) aufzunehmende **Abfindungsangebot nach § 207** bereits im Vorfeld der Generalversammlung an die Mitglieder zu **übersenden.** Die **schriftliche Mitteilung** ist unverzichtbar, auf § 231 S. 2 über die Bekanntmachung des Abfindungsangebots im BAnz. wird nicht verwiesen (Begr. RegE, BR-Drs. 75/94 zu 260 II begründet dies damit, dass eine Veröffentlichung oder auch nur eine Auslage des Abfindungsangebots „bei diesem Typ von Anteilsinhabern" [Mitgliedern] nicht angemessen wäre).

7   Konkreter **Adressat der Verpflichtungen** aus Abs. 2 S. 1 ist das Vertretungsorgan des formwechselnden Rechtsträgers, also der **Vorstand der eG.** Bei Nichtbeachtung kann der **Formwechselbeschluss angefochten** werden; kommt es zur

Eintragung und damit zum Ausschluss der Unwirksamkeitsklage nach § 202 III, kann – entsprechende Kausalität vorausgesetzt – **Schadenersatz** nach Maßgabe von §§ 205, 206 zu leisten sein.

Die vorgenannten Verpflichtungen hängen stets mit einem tatsächlich erstellten **8** Formwechselbericht zusammen. Da der Formwechselbericht aber nur dem Schutz der Genossen dient, stellt Abs. 2 S. 2 klar, dass **§ 192 II unberührt** bleibt. Danach können die Mitglieder **auf die Abfassung des Formwechselberichts** und ggf. den Entwurf des Formwechselbeschlusses (der allerdings dann in der Ankündigung der Beschlussfassung gem. Abs. 1 enthalten sein muss, → Rn. 3) **in notarieller Form verzichten;** ein Fall von § 192 II 1 Alt. 1 ist dabei allerdings nicht denkbar, weil die eG faktisch mindestens fünf Mitglieder haben muss (Habersack/Wicke/ Lakenberg Rn. 16; BeckOGK/Lakenberg Rn. 16; Semler/Stengel/Leonard/ Bonow § 255 Rn. 14).

4. Zugänglichmachen des Prüfungsberichts (Abs. 3)

Abs. 3 S. 1 erstreckt das **umfassende Einsichtsrecht der Mitglieder** auch auf **9** das nach § 259 erstattete **Prüfungsgutachten.** Normalerweise haben Mitglieder kein die Unterlagen der eG betreffendes Einsichts-, sondern nur ein § 131 AktG entsprechendes Auskunftsrecht (vgl. Beuthien/Schöpflin GenG § 43 Rn. 17, 18 mwN); wegen der besonderen Bedeutung des Formwechsels und wegen der Zielrichtung des Prüfungsgutachtens, nämlich der Information im Interesse der Mitglieder (→ § 259 Rn. 4 ff.), gibt **Abs. 3 S. 1 iVm Abs. 2 S. 1, § 230 II** den Mitgliedern aber die Möglichkeit, sich schon vor der Generalversammlung über alle Sachverhalte zu informieren, die auf ihre Willensbildung Einfluss haben können (auch → § 82 Rn. 1). Daher verpflichtet **Abs. 3 S. 1** die eG dazu, von der Einberufung der Generalversammlung an (→ Rn. 3) den **Prüfungsbericht** iSv § 259 in dem Geschäftsraum der eG zur Einsicht der Mitglieder **auszulegen.**

Das Mitglied der eG ist nicht darauf angewiesen, den Inhalt des Prüfungsgutachtens **10** im Geschäftsraum der eG zu studieren; **jedes Mitglied hat Anspruch auf unverzügliche** (ohne schuldhaftes Zögern, § 121 I BGB) **und kostenlose Erteilung einer Abschrift** der auszulegenden Unterlagen (**Abs. 3 S. 2**). Das **Verlangen** ist an die eG, vertreten durch den Vorstand, zu richten. Eine besondere Form ist hierfür nicht vorgeschrieben. Sowohl die Verpflichtung zur Auslage in dem Geschäftsraum der Genossenschaft als auch die Verpflichtung zur Abschriftserteilung entfallen nach dem neu eingefügten **Abs. 3 S. 3,** sofern das Prüfungsgutachten über die **Internetseite der eG** zugänglich gemacht wird. Jedenfalls dann besteht auch während der Generalversammlung kein Recht auf Abschriftserteilung. Aber auch wenn keine Zugänglichmachung über die Internetseite erfolgt, besteht in der Generalversammlung kein Anspruch auf Erteilung von Abschriften (hM, vgl. Widmann/Mayer/Graf Wolffskeel v. Reichenbach § 261 Rn. 4; Lutter/Bayer § 261 Rn. 3; Semler/Stengel/Leonard/ Bonow § 261 Rn. 8, 9). Die noch in der 7. Aufl. vertretene aA, wonach Abschriften auch in der Generalversammlung bei Vorhandensein zumutbarer technischer Möglichkeiten zu erteilen seien, führt zu beträchtlichen Rechtsunsicherheiten und die Erteilung einer (ggf. umfangreichen) Abschrift erst in der Generalversammlung bringt für die Mitglieder kaum informatorischen Mehrwert.

§ 261 Durchführung der Generalversammlung

(1) ¹In der Generalversammlung, die den Formwechsel beschließen soll, ist der Formwechselbericht, sofern er nach diesem Buch erforderlich ist, und das nach § 259 erstattete Prüfungsgutachten auszulegen. ²Der Vorstand hat den Formwechselbeschluss zu Beginn der Verhandlung mündlich zu erläutern.

(2) ¹Das Prüfungsgutachten ist in der Generalversammlung zu verlesen. ²Der Prüfungsverband ist berechtigt, an der Generalversammlung beratend teilzunehmen.

1. Allgemeines

1 Abs. 1 sieht in teilw. Übereinstimmung mit § 83 I die Verpflichtung der eG vor, den ggf. erforderlichen **Formwechselbericht** und das nach § 259 erstattete **Prüfungsgutachten** in der Generalversammlung zur Einsichtnahme für alle Mitglieder **auszulegen**. Nach **Abs. 1 S. 2** muss der Vorstand vor Beschlussfassung den Formwechselbeschluss und seinen Inhalt **mündlich erläutern**. Damit werden die Mitglieder der eG den Aktionären gleichgestellt (§ 232 II; Begr. RegE, BR-Drs. 75/94 zu § 261 I).

2. Auslage von Unterlagen (Abs. 1 S. 1)

2 In Ergänzung zu § 260 II, III schreibt **Abs. 1 S. 1** die Pflicht der eG fest, den ggf. erstellten (vgl. § 192 III) **Formwechselbericht** und das **Prüfungsgutachten** (§ 259) auch in der Generalversammlung **zur Einsichtnahme auszulegen**. Adressat der Auslagepflicht ist der Vorstand der eG; eine § 260 III 2 (§ 260 II iVm § 230 II 2) entsprechende Regelung fehlt in Abs. 1 S. 1, sodass den Mitgliedern kein ausdrückliches Recht zur unverzüglichen und kostenlosen Aushändigung einer Abschrift der Unterlagen während der Generalversammlung und vor Beschlussfassung zusteht (→ § 260 Rn. 10; Beuthien/Wolff UmwG §§ 2 ff. Rn. 31).

3. Mündliche Erläuterung durch den Vorstand (Abs. 1 S. 2)

3 Um einen effektiven Schutz der Mitglieder zu erreichen, hat der Gesetzgeber auch bei Durchführung der Generalversammlung die bisher nur im AktR bekannte Verpflichtung des Vorstands statuiert, **den Formwechselbeschluss** (gemeint ist sein Entwurf) **mündlich zu erläutern.** Auf → § 64 Rn. 3 f. wird in vollem Umfang verwiesen. Dabei ist der Erkenntnisstand, der dem Formwechselbericht zugrunde lag, zu aktualisieren (zum Ganzen Lutter/Bayer Rn. 4 ff. mwN; Semler/Stengel/Leonard/Bonow Rn. 13 ff., 17). Dies folgt zwar nicht unmittelbar aus Abs. 1 S. 2, wohl aber aus der Funktion des Formwechselberichts und aus dem Sinnzusammenhang: **Abs. 1 dient der optimalen Einstimmung der Mitglieder auf den zu fassenden Formwechselbeschluss,** der vom Vorstand in Bezug zu nehmende Formwechselbericht (→ § 63 Rn. 4) enthält hierfür wesentliche Informationen, die den Inhalt des nach Abs. 2 S. 1 zu verlesenden Prüfungsgutachtens ergänzen.

4. Auskunftsrecht der Mitglieder

4 Bei der Parallelvorschrift von § 83 ist durch Verweis auf § 64 II auch ein **besonderes Auskunftsrecht der Mitglieder** geregelt (→ § 83 Rn. 5). Da die Sach- und Interessenlage bei § 261 I, § 83 I in vollem Umfang vglbar und kein Anhalt dafür gegeben ist, dass der Gesetzgeber bewusst auf das der Erläuterungspflicht des Vorstands korrespondierende Auskunftsrecht der Mitglieder verzichten wollte, ist entweder auf das allg. Auskunftsrecht der Mitglieder (dazu Beuthien/Schöpflin GenG § 43 Rn. 17, 18 mwN; Lutter/Bayer Rn. 8 mwN; Kölner Komm UmwG/Schöpflin Rn. 5) oder auf eine analoge Anwendung von § 83 I 3, § 64 II zu verweisen (Semler/Stengel/Leonard/Bonow Rn. 27; NK-UmwR/Bürger Rn. 6; Widmann/Mayer/Graf Wolffskeel v. Reichenberg Rn. 6; aA Habersack/Wicke/Lakenberg Rn. 5; BeckOGK/Lakenberg Rn. 5; Beuthien/Wolff UmwG §§ 190 ff. Rn. 12 aE; Kölner Komm UmwG/Schöpflin Rn. 5).

5. Verlesung des Prüfungsgutachtens (Abs. 2 S. 1)

Die Vorschrift dient dazu, allen Mitgliedern unmittelbar vor der Beschlussfassung nach §§ 262, 193 Kenntnis vom Inhalt des Prüfungsgutachtens auch dann zu vermitteln, wenn sie von ihrem Einsichtsrecht nach § 260 III, § 261 I 1 keinen Gebrauch gemacht haben. **Abs. 2 S. 1** bestimmt nicht, wer dazu verpflichtet ist, das Prüfungsgutachten zu verlesen. Zweckmäßigerweise wird es sich anbieten, bei Anwesenheit eines Repräsentanten des Prüfungsverbandes diesen als Vortragenden zu bestimmen, **subsidiär ist der Vorstand der eG zur Verlesung verpflichtet** (wie hier Semler/Stengel/Leonard/Bonow Rn. 22; ähnlich Lutter/Bayer Rn. 12; NK-UmwR/Bürger Rn. 10). Ein Unterlassen oder Verweigern der Verlesung ist ein Grund, den **Beschluss anzufechten** (§ 51 GenG) und die Unwirksamkeitsklage (Monatsfrist, § 195 I) zu erheben (Lutter/Bayer Rn. 11). **Gegenstand der Verlesung** ist das komplette Prüfungsgutachten iSv § 259. Verlesen iSv Abs. 2 S. 1 bedeutet nach hM **Pflicht zum wörtlichen Vortrag**, nur auszugsweise Zitate sind nicht zulässig (Lutter/Bayer Rn. 12 mwN; einzig bei **wiederholter Verhandlung zur Sache** kann Zusammenfassung genügen, Beuthien/Wolff UmwG §§ 2 ff. Rn. 33).

§ 262 Beschluß der Generalversammlung

(1) ¹**Der Formwechselbeschluss der Generalversammlung bedarf einer Mehrheit von mindestens drei Vierteln der abgegebenen Stimmen.** ²**Er bedarf einer Mehrheit von neun Zehnteln der abgegebenen Stimmen, wenn spätestens bis zum Ablauf des dritten Tages vor der Generalversammlung mindestens 100 Mitglieder, bei Genossenschaften mit weniger als 1 000 Mitgliedern ein Zehntel der Mitglieder, durch eingeschriebenen Brief Widerspruch gegen den Formwechsel erhoben haben.** ³**Die Satzung kann größere Mehrheiten und weitere Erfordernisse bestimmen.**

(2) **Auf den Formwechsel in eine Kommanditgesellschaft auf Aktien ist § 240 Abs. 2 entsprechend anzuwenden.**

1. Beschluss der Generalversammlung

a) **Allgemeines. Abs. 1** ist stets in Zusammenhang mit § 193 I zu lesen. Vorbehaltlich einer strengeren Bestimmung in der Satzung (Abs. 1 S. 3), bedarf der Formwechselbeschlusses der Generalversammlung der eG einer **Mehrheit von drei Vierteln** oder von neun Zehnteln der abgegebenen Stimmen. Damit enthält Abs. 1 eine von § 43 II GenG abw. Bestimmung. Die **notarielle Beurkundung** ist durch § 193 III 1 vorgeschrieben.

Die **Beschlussfassung** in **offener Abstimmung** (str., Lutter/Bayer Rn. 5 mwN; Kölner Komm UmwG/Schöpflin Rn. 3; diff. Semler/Stengel/Leonard/Bonow Rn. 18 ff. mwN) richtet sich nach den **allg. Regeln** des GenG, auf § 43 GenG und die Spezialliteratur wird verwiesen. Das Erfordernis eines Beschlusses der Generalversammlung ist zwingend, weil es sich beim Beschluss des Formwechsels um eine Grundlagenentscheidung handelt; dieser Beschluss kann nur in einer **Versammlung der Anteilsinhaber** gefasst werden, **§ 193 I 2.** Die Satzung der eG kann weder die Beschlussfassung für verzichtbar erklären, noch ist die Übertragung der Entscheidungskompetenz etwa auf den AR oder auf den Vorstand möglich, vgl. auch § 43 IV, V GenG (Semler/Stengel/Leonard/Bonow Rn. 2; Lutter/Bayer Rn. 4; NK-UmwR/Bürger Rn. 3); gem. **§ 43a GenG** darf vorbehaltlich § 43a I 2 GenG aber die **Vertreterversammlung** beschließen. Der Vorbereitung der Generalversammlung ist § 260, bei ihrer Durchführung § 261 zu beachten. Ein etwaiger Verstoß hiergegen kann zur Beschlussanfechtung (§ 51 GenG) führen.

3 Die **gesetzlichen Mehrheitserfordernisse von Abs. 1 S. 1, 2** stellen die **Mindestanforderung** dar. Die **Satzung** kann gem. **Abs. 1 S. 3** die Notwendigkeit einer größeren Mehrheit (bis zur Einstimmigkeit) und weitere Erfordernisse bestimmen. Derartige **weitere Erfordernisse** können besondere Bestimmungen zur Beschlussfähigkeit der Generalversammlung (etwa: Quorum, vgl. Widmann/Mayer/Graf Wolffskeel v. Reichenberg Rn. 5) sein; ein gänzlicher Ausschluss des Formwechsels kann in der Satzung hingegen zulässigerweise nicht vereinbart werden. Sofern die Satzung für eine Satzungsänderung erhöhte Anforderungen an die Mehrheitsverhältnisse aufstellt, ist durch Auslegung zu ermitteln, ob diese Erschwernis auch für den Formwechselbeschluss iSv §§ 193, 262 gelten soll; im Zweifel ist das der Fall (NK-UmwR/Bürger Rn. 4 mwN; aA Habersack/Wicke/Lakenberg Rn. 9; BeckOGK/Lakenberg Rn. 9).

4 Die Satzung kann vorsehen, dass gutachterliche Stellungnahmen (etwa des Prüfungsverbands) vor der Beschlussfassung eingeholt werden oder wegen der Bedeutung der Sache mehrere Abstimmungen durchgeführt werden sollen (Lang/Weidmüller/Holthaus/Lehnhoff GenG § 43 Rn. 63). Ebenso ist eine **erneute Beratung und Abstimmung** zulässig, wenn bei der ersten Beschlussfassung die erforderliche Mehrheit nicht zustande gekommen ist (Pöhlmann/Fandrich/Bloehs/Fandrich GenG § 43 Rn. 27).

5 b) **Dreiviertelmehrheit, Abs. 1 S. 1. S. 1** enthält die **Grundregel** für den Formwechselbeschluss der Generalversammlung: Es ist eine **Mehrheit von mindestens drei Vierteln der abgegebenen Stimmen** erforderlich. Strengere Mehrheitserfordernisse können sich daraus ergeben, dass ein Fall von Abs. 1 S. 2 vorliegt oder daraus, dass die Satzung eine größere Mehrheit bestimmt, Abs. 1 S. 3. Voraussetzung eines gültigen Beschlusses iSv Abs. 1 S. 1 ist die relative Dreiviertelmehrheit. Bei der Berechnung kommt es allein auf die abgegebenen Stimmen an, Stimmenthaltungen und unberechtigt abgegebene oder ungültige Stimmen zählen hierbei nicht (→ § 65 Rn. 7, 8; Lutter/Bayer Rn. 5 mwN; Kölner Komm UmwG/Schöpflin Rn. 5; NK-UmwR/Bürger Rn. 5). Auch Mehrstimmrechte sind nach Maßgabe von § 43 III Nr. 1 GenG unbeachtlich, eine Ausnahme gilt nur für eG, deren Mitglieder selbst Unternehmer iSv § 14 BGB oder ausschließlich oder überwiegend eG sind, § 43 III Nr. 2, 3 GenG (vgl. Beuthien/Schöpflin GenG § 43 Rn. 24 ff. mwN; Semler/Stengel/Leonard/Bonow Rn. 7, 8).

6 c) **Neunzehntelmehrheit, Abs. 1 S. 2. Abs. 1 S. 2** verlangt eine **Mehrheit von mindestens** neun Zehnteln der in der Generalversammlung abgegebenen Stimmen. Voraussetzung ist, dass bei eG mit 1000 oder mehr Mitgliedern wenigstens 100 Mitglieder, bei eG mit weniger als 1000 Mitgliedern mindestens ein Zehntel der Mitglieder **durch eingeschriebenen Brief fristgemäß Widerspruch gegen den Formwechsel** erhoben haben. Dieser Widerspruch eröffnet gem. § 270 auch die Möglichkeit, **Barabfindung** gem. §§ 207 ff. zu verlangen.

7 Jedes Mitglied ist berechtigt, **Widerspruch** zu erheben. Dies gilt auch dann, wenn das Mitglied nicht zur Abstimmung berechtigt ist, weil die eG von § 43a I GenG Gebrauch gemacht hat und demgemäß die Beschlussfassung der **Vertreterversammlung** zugewiesen ist (wie hier zutr. die hM, vgl. Lutter/Bayer Rn. 7 mwN; NK-UmwR/Bürger Rn. 7; Widmann/Mayer/Graf Wolffskeel v. Reichenberg Rn. 4; klargestellt nun bei Semler/Stengel/Leonard/Bonow Rn. 29). Für den Widerspruch gilt das zu § 207 (→ § 207 Rn. 4) Gesagte entsprechend; auf den Gebrauch des Wortes „Widerspruch" kommt es nicht an; es muss nur klar werden, dass das Mitglied mit dem Formwechselbeschluss nicht einverstanden ist (Lutter/Bayer Rn. 7; Semler/Stengel/Leonard/Bonow Rn. 30). Eine Begründung hierfür ist nicht erforderlich. Ebenso muss der Widerspruch keine ausdrücklichen Vorbehalt enthalten, uU Abfindungsansprüche geltend zu machen (abw. noch die Vorauf.; ebenso Lutter/Bayer Rn. 7; Semler/Stengel/Leonard/Bonow Rn. 30).

Inhalt des Formwechselbeschlusses 1 **§ 263 UmwG A**

Der Widerspruch muss in einem **eingeschriebenen Brief** erklärt werden, hierbei genügt es aber, wenn mehrere Widerspruchserklärungen gesammelt und einheitlich abgesandt werden (Semler/Stengel/Leonard/Bonow Rn. 32). Die Erklärung des Widerspruchs ist **fristgebunden,** der eingeschriebene Brief muss spätestens bis zum Ablauf des dritten Tages vor der Generalversammlung zugehen. Maßgeblich für die Fristberechnung sind § 187 I BGB, § 188 II BGB. Danach ist der **Tag der Generalversammlung nicht mitzurechnen.** Vom Tag der Generalversammlung an wird rückwärts gezählt. Beispiel: Wenn die Generalversammlung am 5.7. stattfinden soll, beginnt die Frist am 4.7., der Widerspruch muss demnach spätestens mit Ablauf des 2.7. zugehen (wie hier Semler/Stengel/Leonard/Bonow Rn. 27; Widmann/Mayer/Graf Wolffskeel v. Reichenberg Rn. 4.1; Habersack/Wicke/Lakenberg Rn. 7; BeckOGK/Lakenberg Rn. 8; so wohl auch Lutter/Bayer Rn. 8). 8

2. Formwechsel in eine KGaA, Abs. 2

Beim **Formwechsel in eine KGaA** ist die **Zustimmung** des/der künftigen phG erforderlich, Abs. 2 iVm § 240 II. Vgl. iE → § 240 Rn. 7, 8 und → § 221 Rn. 2 ff. 9

§ 263 Inhalt des Formwechselbeschlusses

(1) **Auf den Formwechselbeschluss sind auch die §§ 218, 243 Abs. 3 und § 244 Abs. 2 entsprechend anzuwenden.**

(2) ¹**In dem Beschluß ist bei der Festlegung von Zahl, Art und Umfang der Anteile (§ 194 Abs. 1 Nr. 4) zu bestimmen, daß an dem Stammkapital oder an dem Grundkapital der Gesellschaft neuer Rechtsform jedes Mitglied, das die Rechtsstellung eines beschränkt haftenden Gesellschafters oder eines Aktionärs erlangt, in dem Verhältnis beteiligt wird, in dem am Ende des letzten vor der Beschlußfassung über den Formwechsel abgelaufenen Geschäftsjahres sein Geschäftsguthaben zur Summe der Geschäftsguthaben aller Mitglieder gestanden hat, die durch den Formwechsel Gesellschafter oder Aktionäre geworden sind.** ²**Der Nennbetrag des Grundkapitals ist so zu bemessen, daß auf jedes Mitglied möglichst volle Aktien entfallen.**

(3) ¹**Die Geschäftsanteile einer Gesellschaft mit beschränkter Haftung sollen auf einen höheren Nennbetrag als hundert Euro nur gestellt werden, soweit auf die Mitglieder der formwechselnden Genossenschaft volle Geschäftsanteile mit dem höheren Nennbetrag entfallen.** ²**Aktien können auf einen höheren Betrag als den Mindestbetrag nach § 8 Abs. 2 und 3 des Aktiengesetzes nur gestellt werden, soweit volle Aktien mit dem höheren Betrag auf die Mitglieder entfallen.** ³**Wird das Vertretungsorgan der Aktiengesellschaft oder der Kommanditgesellschaft auf Aktien in der Satzung ermächtigt, das Grundkapital bis zu einem bestimmten Nennbetrag durch Ausgabe neuer Aktien gegen Einlagen zu erhöhen, so darf die Ermächtigung nicht vorsehen, daß das Vertretungsorgan über den Ausschluß des Bezugsrechts entscheidet.**

1. Allgemeines

§ 263 ergänzt § 194 und schreibt **weitere Anforderungen für den Inhalt des Formwechselbeschlusses** iSv §§ 193, 262 fest. In **Abs. 1** wird auf § 218 verwiesen; danach hat der Formwechselbeschluss als Anlage den vollständigen Text des Gesellschaftsvertrags oder der Satzung der Ges neuer Rechtsform und nicht nur die für den Formwechsel unerlässlichen Änderungen gegenüber der Satzung der formwechselnden eG zu enthalten (vgl. Begr. RegE, BR-Drs. 75/94 zu § 263 I). Beim Form- 1

Rinke 1159

wechsel in eine KGaA muss sich ein Mitglied als phG zur Vfg. stellen, alt. dazu eröffnet Abs. 1 iVm § 218 II die Möglichkeit des Beitritts eines fremden phG. Die **Bemessung des Nennbetrags der Anteile** beim Rechtsträger neuer Rechtsform muss sich nicht an der Festsetzung der bisherigen Geschäftsanteile orientieren (Abs. 1 iVm § 243 III); insbes. ist es – anders als bei der Bemessung der Geschäftsanteile der eG – möglich, den Mitgliedern künftig **verschieden hohe Beteiligungen** zuzuweisen.

2   Abs. 2, 3 regeln detailliert die zulässigen Gestaltungsmöglichkeiten anlässlich der Festsetzung und der Verteilung des Grund- oder StK in der neuen Rechtsform. Maßgebend für die künftige Quote der Beteiligung eines Mitglieds ist die Höhe des ihm zugewiesenen Geschäftsguthabens; Abs. 2, 3 zielen auf eine möglichst gerechte Verteilung.

2. Aufnahme des Gesellschaftsvertrags (Abs. 1 iVm §§ 218, 244 II)

3   **Notwendiger Inhalt des Formwechselbeschlusses** beim Formwechsel einer eG in eine KapGes ist zunächst der **Gesellschaftsvertrag** bzw. die **Satzung** des Rechtsträgers neuer Rechtsform (Abs. 1 iVm § 218 I 1; → § 218 Rn. 3–5). Entgegen § 2 I 2 GmbHG muss der Gesellschaftsvertrag der GmbH beim Formwechsel einer eG **nicht unterzeichnet werden** (Abs. 1 iVm § 244 II; Habersack/Wicke/Erkens Rn. 7; BeckOGK/Erkens Rn. 7; Semler/Stengel/Leonard/Bonow Rn. 5); für die Satzung der AG/KGaA gilt dies entsprechend (→ § 244 Rn. 2, → § 218 Rn. 5).

3. Persönlich haftende Gesellschafter (Abs. 1 iVm § 218 II)

4   Beim **Formwechsel** einer eG **in eine KGaA** ist es grds. jedem Mitglied, das gem. § 262 II iVm § 240 II seine Zustimmung zum Formwechselbeschluss erklärt, möglich, phG zu werden. Darüber hinaus kann ein bisher **Außenstehender** anlässlich des Formwechsels seinen **Beitritt** als phG des Rechtsträgers neuer Rechtsform erklären (iE → § 218 Rn. 6 f.).

4. Festlegung der Beteiligung (Abs. 2, 3)

5   **a) Maßgeblichkeit des Geschäftsguthabens.** Gem. § 194 I Nr. 4 ist im Formwechselbeschluss Zahl, Art und Umfang der Anteile zu bestimmen, welche die Anteilsinhaber durch den Formwechsel erlangen sollen. **Abs. 2, 3** konkretisieren diese Anforderungen an den Inhalt des Formwechselbeschlusses beim Formwechsel einer eG in eine KapGes. Zunächst ist jedes Mitglied zwingend auch am Rechtsträger neuer Rechtsform zu beteiligen, **ein Mitglied kann nicht gegen seinen Willen zum Ausscheiden gezwungen werden** (zum Recht des widersprechenden Mitglieds, Barabfindung zu verlangen, vgl. §§ 207 ff., 270). Da ein **nichtverhältniswahrender Formwechsel** nur bei einem einstimmig gefassten Formwechselbeschluss zulässig ist (→ § 202 Rn. 7), schreibt Abs. 2 vor, dass sich die künftige Beteiligung des Mitglieds am Rechtsträger neuer Rechtsform nach der Höhe seines Geschäftsguthabens richten muss. Denn das **Geschäftsguthaben** stellt den Betrag dar, der tatsächlich auf den oder die Geschäftsanteile eingezahlt bzw. durch Gutschriften aus Gewinnanteilen oder Rückvergütungen entstanden ist (vgl. ausf. Lang/Weidmüller/Holthaus/Lehnhoff GenG § 7 Rn. 5 ff.); es ist damit Maßstab für den Umfang der bisherigen Beteiligung des Mitglieds am formwechselnden Rechtsträger (→ § 258 Rn. 7).

6   Die **konkrete Höhe des Geschäftsguthabens** wird der Bilanz der formwechselnden eG zum Ende des letzten vor der Beschlussfassung über den Formwechsel abgelaufenen Gj. entnommen. Die „richtige" Beteiligung am Rechtsträger neuer

Rechtsform wird sodann durch die Relation des dem Mitglied zuzurechnenden Geschäftsguthabens mit der Summe aller Geschäftsguthaben gebildet (**Abs. 2 S. 1**). Anteilsinhaber, die gegen **Barabfindung** (§§ 270, 207) ausscheiden, werden bei der Berechnung berücksichtigt (Widmann/Mayer/Graf Wolffskeel v. Reichenberg Rn. 8; Lutter/Bayer Rn. 23; NK-UmwR/Bürger Rn. 6; Beuthien/Wolff UmwG §§ 190 ff. Rn. 20; Semler/Stengel/Leonard/Bonow Rn. 21). Anderes gilt für die Mitglieder, die beim **Formwechsel in eine KGaA** ausschließlich die Stellung eines phG übernehmen (Beuthien/Wolff UmwG §§ 190 ff. Rn. 20; NK-UmwR/Bürger Rn. 6; Semler/Stengel/Leonard/Bonow Rn. 22). Verringert sich dadurch der Kreis der am Rechtsträger beteiligten Anteilsinhaber (insoweit sind nur die Kommanditaktionäre zu berücksichtigen, die Vermögensbeteiligung des phG richtet sich nach den konkreten Absprachen in der Satzung), wird die verhältniswahrende Wirkung des Formwechsels gem. Abs. 2 S. 1 dadurch erhalten, dass die anteilsmäßige Beteiligung aller verbleibenden Anteilsinhaber steigt (Beuthien/Wolff UmwG §§ 190 ff. Rn. 20; Semler/Stengel/Leonard/Bonow Rn. 22). Bei nach Ablauf des Gj. beigetretenen Mitgliedern versagt die gesetzliche Regelung (dazu Lutter/Bayer Rn. 23 mwN und ausf. Kölner Komm UmwG/Schöpflin Rn. 8 ff.). 7

b) Nennbetrag des Stamm- bzw. Grundkapitals. Abs. 2 S. 2, Abs. 3 8 bestimmt, dass der **Betrag des StK oder des Grundkapitals** so zu bemessen ist, dass auf **jedes Mitglied** möglichst ein voller Geschäftsanteil oder eine volle Aktie entfallen. Beim **Formwechsel in eine AG/KGaA** führt § 8 II, III AktG zu hoher Flexibilität; bei Ausgabe von Nennbetragsaktien mit dem Mindestbetrag von einem Euro oder von Stückaktien (vgl. zur Pflicht, den Mindestbetrag festzusetzen, Abs. 3 S. 2) ist es ohne Weiteres möglich, die Anforderungen von Abs. 2 S. 2 einzuhalten (Habersack/Wicke/Erkens Rn. 19; BeckOGK/Erkens Rn. 19; Semler/Stengel/ Leonard/Bonow Rn. 26). Durch die Mindeststückelung von 1 Euro, die seit dem MoMiG auch für die **GmbH** gilt (→ § 46 Rn. 12), können beim Formwechsel in eine GmbH ebenfalls jedem Mitglied volle Geschäftsanteile zugeordnet werden. Deshalb ist Abs. 3 S. 1 gegen den Wortlaut so auszulegen, wie es § 243 III 2, auf den Abs. 1 verweist, vorsieht.

Beispiel:

Das Geschäftsguthaben des A betrage 250 Euro, die Summe der Geschäftsguthaben aller 9 Mitglieder (Abs. 2 S. 1) betrage – dem Reinvermögen der eG (§ 264 I) entsprechend – 250.000 Euro. Wird das StK der GmbH ebenfalls auf 50.000 Euro festgesetzt, muss es so aufgeteilt werden, dass möglichst jeder Gesellschafter einen vollen Geschäftsanteil erhält. A muss deshalb ein Geschäftsanteil von 250 Euro zugewiesen werden. Hatte A mehrere Geschäftsanteile (§ 7 Nr. 1 GenG) inne, ist **die Zuweisung mehrerer Stammeinlagen möglich.** Seit der Änderung von § 5 II GmbHG durch das MoMiG ist die Übernahme mehrerer Geschäftsanteile auch möglich, wenn das Mitglied der eG dort nur einen Geschäftsanteil innehatte. Unzulässig wäre es im Beispielsfall aber, alle Geschäftsanteile einheitlich auf 100 Euro festzustellen. Zwar wäre eine solche Satzungsbestimmung vom Wortlaut von Abs. 3 S. 1 gedeckt, indes ermöglicht Abs. 1 iVm § 243 III 2 die Festsetzung der Stammeinlage mit 50 Euro (Untergrenze 1 Euro), sodass A einen Anspruch auf Zuteilung von zwei Geschäftsanteilen zu 100 Euro und einem Geschäftsanteil zu 50 Euro hat.

Nur wenn es gar nicht anders geht, verbleibt die Möglichkeit, einem Mitglied 10 **einen Teil eines Geschäftsanteils oder ein Teilrecht** zuzugestehen. Dies ist seit der Änderung von § 5 II 1 GmbHG durch das MoMiG kaum mehr denkbar.

5. Bezugsrechtsausschluss (Abs. 3 S. 3)

Gem. § 203 II AktG kann dem Vorstand einer AG bzw. den phG einer KGaA 11 die Möglichkeit gegeben werden, das **Bezugsrecht der Aktionäre** durch eigene

Entscheidung auszuschließen (dazu Koch AktG § 203 Rn. 21 ff.). Diese Möglichkeit bietet sich beim Formwechsel einer eG in eine AG/KGaA nicht. Hier bleibt es allein beim Ausschluss des gesetzlichen Bezugsrechts durch die Gründer bzw. die HV (vgl. Koch AktG § 203 Rn. 8 ff.).

§ 264 Kapitalschutz

(1) **Der Nennbetrag des Stammkapitals einer Gesellschaft mit beschränkter Haftung oder des Grundkapitals einer Aktiengesellschaft oder einer Kommanditgesellschaft auf Aktien darf das nach Abzug der Schulden verbleibende Vermögen der formwechselnden Genossenschaft nicht übersteigen.**

(2) **Beim Formwechsel in eine Gesellschaft mit beschränkter Haftung sind die Mitglieder der formwechselnden Genossenschaft nicht verpflichtet, einen Sachgründungsbericht zu erstatten.**

(3) ¹**Beim Formwechsel in eine Aktiengesellschaft oder in eine Kommanditgesellschaft auf Aktien hat die Gründungsprüfung durch einen oder mehrere Prüfer (§ 33 Abs. 2 des Aktiengesetzes) in jedem Fall stattzufinden.** ²**Jedoch sind die Mitglieder der formwechselnden Genossenschaft nicht verpflichtet, einen Gründungsbericht zu erstatten; die §§ 32, 35 Abs. 1 und 2 und § 46 des Aktiengesetzes sind nicht anzuwenden.** ³**Die für Nachgründungen in § 52 Abs. 1 des Aktiengesetzes bestimmte Frist von zwei Jahren beginnt mit dem Wirksamwerden des Formwechsels.**

1. Kapitaldeckung, Abs. 1

1   Der Nennbetrag des StK einer GmbH oder des Grundkapitals einer AG/KGaA darf das nach Abzug der Schulden verbleibende Vermögen (Reinvermögen) der formwechselnden Gen nicht übersteigen, **Abs. 1**. Damit wird das Prinzip der Identität des Rechtsträgers vor und nach Wirksamwerden des Formwechsels (→ § 190 Rn. 5 ff.) relativiert. Der maßgebende Betrag des Stamm- bzw. Grundkapitals ergibt sich aus dem Gesellschaftsvertrag bzw. der Satzung, dieses Organisationsstatut ist gem. § 263 I, § 218 notwendiger Inhalt des Formwechselbeschlusses.

2   Beim Formwechsel wird der Zielrechtsträger nicht neu gegründet. Wegen § 197 S. 1 Hs. 1 sind die **Gründungsvorschriften** aber **entsprechend anwendbar** (→ § 197 Rn. 3, 4). Wegen der Identität der Vermögenszuordnung zum Rechtsträger als Verband können die rechtsformspezifischen Vorschriften des GmbHG und des AktG über die Leistung einer Sacheinlage anlässlich der Gründung der KapGes nur sinngemäß angewandt werden. Erreicht der Wert des Reinvermögens der eG nicht die in der Satzung bestimmte Höhe des Grund- bzw. StK (§ 23 III Nr. 3 AktG, mindestens 50.000 Euro, vgl. § 7 AktG; § 3 I Nr. 3 GmbHG, mindestens 25.000 Euro, vgl. § 5 I GmbHG; zu einem statutarisch festgelegten Agio → § 220 Rn. 5, 6 mwN), so ist auch eine **ergänzende Barzahlung** möglich (hM, vgl. Nachw. bei → § 220 Rn. 3). Stellt sich erst nachträglich heraus, dass die „Sacheinlage" überbewertet wurde, muss die **Wertdifferenz** zum festgesetzten Nennbetrag des StK oder Grundkapitals ebenfalls in bar geleistet werden (vgl. § 36a II 3 AktG; § 9 I GmbHG).

3   **Gegenstand der „Sacheinlage"** ist das Vermögen der formwechselnden eG, also alle ihr zuzuordnenden Vermögensgegenstände des Aktiv- und Passivvermögens. § 27 I 1 AktG, § 5 IV 1 GmbHG sind zu beachten; zum gesetzlich notwendigen Satzungsinhalt gehört danach die **Festsetzung des Gegenstandes der Sacheinlage;** in einschränkender Auslegung (vgl. § 197 S. 1 Hs. 2) dieser Vorschrift dürfte es iÜ genügen, wenn in der Satzung darauf hingewiesen wird, dass die KapGes durch Formwechsel aus der (identischen) eG hervor gegangen ist. Die Person des Einbringenden und die „zu gewährende Vergütung" sind nicht darzustellen (wie hier Semler/Stengel/Leonard/Bonow Rn. 3).

Vor Anmeldung des Formwechsels ist eine **Bewertung** der eG durchzuführen, 4
die erkennen lässt, ob das festgesetzte Kapital aufgebracht werden kann. Die Beurteilung kann sich grds. nach der Bilanz richten. Regelmäßig gilt der Nachw. der
Einhaltung von Abs. 1 als erbracht, wenn ein **entsprechend hohes EK (Reinvermögen) schon bei Buchwertansatz** vorhanden ist. Eine Bewertung ist dann
überflüssig. Deckt das ausgewiesene EK das gewählte Stamm- oder Grundkapital
dagegen nicht (dh es käme beim Rechtsträger neuer Rechtsform zur **formellen
Unterbilanz**), müssen – sofern vorhanden – stille Reserven einschl. selbstgeschaffener immaterieller (und damit nicht im normalen Jahresabschluss enthaltener) WG
bewertet werden; dabei sind alle gängigen Bewertungsmethoden grds. anwendbar
(→ § 5 Rn. 10 ff.). Hilfsweise kann für die Anmeldung nach §§ 198, 199, 265 eine
Vermögensbilanz oder Vermögensaufstellung gesondert erstellt werden. Vgl. zum
Ganzen → § 220 Rn. 2 ff. und Lutter/Bayer Rn. 1 ff.; Semler/Stengel/Leonard/
Bonow Rn. 4 ff. je mwN.

Obergrenze jeder Bewertung ist der **Zeitwert** des einzelnen Vermögensgegen- 5
standes. Eine Überbewertung würde zu einer **verbotenen materiellen Unterpariemission** führen, die KapGes wäre nicht eintragungsfähig. Dies schlägt auf die
Umw durch (iÜ → § 220 Rn. 8, 9 mwN).

2. Sachgründungsbericht, Abs. 2

Beim **Formwechsel in eine GmbH** sind die Mitglieder nach Maßgabe von 6
Abs. 2 nicht verpflichtet, einen **Sachgründungsbericht** (§ 5 IV 2 GmbHG,
→ § 36 Rn. 22 ff., 26 ff.) zu verfassen. Entsprechendes gilt für den **Gründungsbericht nach § 32 AktG** (→ § 197 Rn. 21 ff.): Die Mitglieder der formwechselnden
eG sind nicht verpflichtet, einen Gründungsbericht zu erstatten, Abs. 3 S. 2 Hs. 1.
Dies deshalb, weil den Mitgliedern eine Verantwortung als Gründer nicht zuzumuten ist (vgl. RegEBegr. BR-Drs. 75/94 zu § 264 II, III, dort auch zur Vereinbarkeit
mit Art. 13 Kapital-RL). Folgerichtig kommt eine Gründerhaftung (§ 46 AktG)
nicht in Betracht, Abs. 3 S. 2 Hs. 2 (Habersack/Wicke/Fuchs Rn. 16; BeckOGK/
Fuchs Rn. 16; Lutter/Bayer Rn. 3 mwN; Kölner Komm UmwG/Schöpflin Rn. 6).

3. Gründungsprüfung, Abs. 3 S. 1

Art. 13 Kapital-RL fordert bei der **Umw in eine AG/KGaA** zwingend einen 7
Sachverständigenbericht. Deswegen hat gem. **Abs. 3 S. 1** die **Gründungsprüfung**
durch einen oder mehrere Prüfer iSv § 33 II AktG in jedem Fall stattzufinden (iE
→ § 197 Rn. 25 ff.). In Konkretisierung von § 197 S. 1 Hs. 2 bestimmt **Abs. 3 S. 2**,
dass § 35 I, II AktG nicht anzuwenden ist. Die Gründungsprüfer können demnach
Aufklärungen und Nachw. nicht verlangen, eine gerichtliche Entscheidung über die
Reichweite der Auskunftspflicht kommt nicht in Betracht. Auch hier wird der
besondere Schutz der Mitglieder deutlich, ihnen ist eine Verantwortung für
den Gründungsprüfungsbericht nicht zuzumuten (RegEBegr. BR-Drs. 75/94 zu
§ 264 II, III).

4. Nachgründung, Abs. 3 S. 3

§ 197 S. 1 Hs. 1 verweist auch auf §§ 52, 53 AktG über die **Nachgründung** 8
(→ § 197 Rn. 32, → § 245 Rn. 1 mwN). Da es sich beim Formwechsel nicht um
eine Neugründung handelt, wird der **Fristbeginn für die zweijährige Nachgründungszeit** an das Wirksamwerden des Formwechsels (vgl. § 202 II, Eintragung
des Rechtsträgers neuer Rechtsform in das Register) gebunden. Sachlich ergibt sich
daraus kein Unterschied (vgl. § 52 I AktG: zwei Jahre seit der Eintragung der Ges
in das HR).

§ 265 Anmeldung des Formwechsels

¹Auf die Anmeldung nach § 198 ist § 222 Abs. 1 Satz 1 und Abs. 3 entsprechend anzuwenden. ²Der Anmeldung ist das nach § 259 erstattete Prüfungsgutachten in Urschrift oder in öffentlich beglaubigter Abschrift beizufügen.

1 § 222 I 1, III ist entsprechend anzuwenden, **§ 265 S. 1**. Wegen des **Wechsels des Registers** (bisher Genossenschaftsregister, künftig HR) ist nach Maßgabe von § 198 II 2 der Rechtsträger neuer Rechtsform anzumelden. Die **Anmeldungsverpflichtung** ergibt sich aus § 265 S. 1 iVm § 222 I 1; für die Zielrechtsform GmbH → § 222 Rn. 3, für die Zielrechtsform AG/KGaA → § 222 Rn. 4 ff. und ausf. Lutter/Bayer Rn. 3 ff. mwN. Im Genossenschaftsregister selbst ist nur die Umw (deklaratorisch, Semler/Stengel/Leonard/Bonow Rn. 3) zur Eintragung in das Register anzumelden, § 198 II 3. Für diese Anmeldung bestimmt § 265 S. 1 iVm § 222 III, dass **auch das Vertretungsorgan der formwechselnden eG** (der Vorstand) handeln darf (iÜ → § 222 Rn. 9, 10).

2 Der Anmeldung ist das nach § 259 erstattete **Prüfungsgutachten** in Urschrift oder in öffentlich beglaubigter Abschrift beizufügen, **§ 265 S. 2**. Gemeint ist hierbei die **(konstitutive) Anmeldung** zur Eintragung des Rechtsträgers neuer Rechtsform in das HR.

§ 266 Wirkungen des Formwechsels

(1) ¹Durch den Formwechsel werden die bisherigen Geschäftsanteile zu Anteilen an der Gesellschaft neuer Rechtsform und zu Teilrechten. ²§ 202 Abs. 1 Nr. 2 Satz 2 ist mit der Maßgabe anzuwenden, daß die an den bisherigen Geschäftsguthaben bestehenden Rechte Dritter an den durch den Formwechsel erlangten Anteilen und Teilrechten weiterbestehen.

(2) Teilrechte, die durch den Formwechsel entstehen, sind selbständig veräußerlich und vererblich.

(3) ¹Die Rechte aus einer Aktie einschließlich des Anspruchs auf Ausstellung einer Aktienurkunde können nur ausgeübt werden, wenn Teilrechte, die zusammen eine volle Aktie ergeben, in einer Hand vereinigt sind oder wenn mehrere Berechtigte, deren Teilrechte zusammen eine volle Aktie ergeben, sich zur Ausübung der Rechte zusammenschließen. ²Der Rechtsträger soll die Zusammenführung von Teilrechten zu vollen Aktien vermitteln.

1. Umqualifizierung der Anteile, Abs. 1 S. 1

1 Von der **Eintragung der KapGes als Rechtsträger neuer Rechtsform** an (vgl. § 202 II) besteht die eG als GmbH, AG oder KGaA weiter (vgl. zur Identität des Rechtsträgers → § 190 Rn. 5 ff.). **Abs. 1** konkretisiert § 202 I über die Wirkungen der Eintragung; umqualifiziert (vgl. § 202 I Nr. 2, → § 202 Rn. 6–8) werden die bisherigen Geschäftsanteile an der eG dadurch, dass sie zu Anteilen an der Ges neuer Rechtsform bzw. zu Teilrechten (praktisch relevant nur noch für GmbH, → § 263 Rn. 8–10 aE) werden. **Gegenstand der Umqualifizierung** ist also der Geschäftsanteil (zum Begriff: Lang/Weidmüller/Holthaus/Lehnhoff GenG § 7 Rn. 2 ff.) als Maß der abstrakten Beteiligungsgröße an der eG; die eigentlich entscheidende Rolle bei der Umqualifizierung erlangt dennoch das **Geschäftsguthaben** (→ § 263 Rn. 5 ff.), weil es den Wert der Beteiligung an der eG repräsentiert und seinerseits Maßstab für die Festlegungen im Formwechselbeschluss über die künftige Beteiligung am Rechtsträger neuer Rechtsform ist.

Führt die Festsetzung im Formwechselbeschluss dazu, dass einzelnen Mitgliedern **2** an der GmbH nur ein Teil eines Geschäftsanteils oder an der AG/KGaA nur ein Teil einer Aktie zugestanden wird, ist diese Festsetzung bindend. **Es kommt nicht darauf an, ob die Voraussetzungen für das Entstehen eines Teilrechts** iSv § 263 tatsächlich **beachtet worden sind;** denn ein solcher Mangel des Formwechsels lässt die Wirkungen der Eintragung des Rechtsträgers neuer Rechtsform in das Register unberührt (§ 202 III). Den betroffenen Mitgliedern ist auch die Anfechtung des Beschlusses der Generalversammlung oder der Vertreterversammlung verwehrt (§ 195 II); eine **Verbesserung des Beteiligungsverhältnisses** kann nur nach Maßgabe von §§ 196, 305–312 angestrebt werden, wobei entgegen der Überschrift von § 196 damit nur die Gewährung einer **baren Zuzahlung** erreicht werden kann. Ganz ausnahmsweise ist Schadensersatz durch Naturalrestitution (→ § 20 Rn. 121 ff.) denkbar.

2. Dingliche Surrogation, Abs. 1 S. 2

Gem. § 202 I Nr. 2 S. 2 bestehen **Rechte Dritter an den Anteilen oder Mit-** **3** **gliedschaften** des formwechselnden Rechtsträgers künftig an den sie ersetzenden (umqualifizierten) Anteilen oder Mitgliedschaften des Rechtsträgers neuer Rechtsform weiter. Diese „normale" **dingliche Surrogation** hilft beim Formwechsel einer eG in eine KapGes nicht weiter. Der Geschäftsanteil des Mitglieds einer formwechselnden eG ist gerade nicht übertragbar, deshalb scheidet auch die Begründung von **Rechten Dritter am Geschäftsanteil** aus. Im Gegensatz dazu darf das **Geschäftsguthaben** (zum Begriff Lang/Weidmüller/Holthaus/Lehnhoff GenG § 7 Rn. 5 ff.) mit Rechten Dritter verbunden und uU auch belastet werden (arg. § 22 IV GenG; zumindest kann eine „Verpfändung des Geschäftsguthabens" in eine stets zulässige Verpfändung des **Auseinandersetzungsguthabens** umgedeutet werden, die dann Gegenstand der dinglichen Surrogation wird, wie hier Lutter/Bayer Rn. 12; Semler/Stengel/Leonard/Leonard/Bonow Rn. 18; Habersack/Wicke/Thilo Rn. 11; BeckOGK/Thilo Rn. 11). **Gegenstand der Umqualifizierung** ist der Geschäftsanteil; das Geschäftsguthaben ist nur Maßstab für die Höhe der Beteiligung am Rechtsträger neuer Rechtsform, vgl. § 263 II 1; an den Wirkungen des Formwechsels nimmt es nicht Teil, es geht ersatzlos unter.

Abs. 1 S. 2 bestimmt demgemäß den „Austausch" des Gegenstandes „Geschäfts- **4** guthaben" gegen den **künftigen Bezug für Rechte Dritter „Anteil und Teilrecht"** an der KapGes.

3. Teilrechte

a) Verkehrsfähigkeit, Abs. 2. Für die formwechselnde Umw einer eG in eine **5** AG war bereits gem. § 385n S. 2 iVm § 385k I AktG aF die **Verkehrsfähigkeit des Teilrechts** an einer Aktie gesetzlich vorgeschrieben. Unter Teilrecht iSv **Abs. 2** ist nun auch ein Teil eines Geschäftsanteils einer GmbH zu verstehen (→ § 263 Rn. 10). Im Rechtsverkehr erfahren diese Teilrechte durch Abs. 2 eine **rechtliche Verselbstständigung,** sie sind **veräußerlich und vererblich** (Habersack/Wicke/Thilo Rn. 15; BeckOGK/Thilo Rn. 15; Lutter/Bayer Rn. 7 mwN; Kölner Komm UmwG/Schöpflin Rn. 5). Nur im „Innenverhältnis" zur KapGes selbst ergeben sich für das Teilrecht an einer AG/KGaA Einschränkungen, vgl. Abs. 3 und → Rn. 6, 7; für das Teilrecht an einem Geschäftsanteil einer GmbH fehlt es an einer gesetzlichen Vorschrift (Kölner Komm UmwG/Schöpflin Rn. 8; § 57k GmbHG wird analog angewendet).

b) Rechte aus einer Aktie, Abs. 3. Abs. 3 entspricht § 385n S. 2 AktG aF **6** iVm § 385k II, III AktG aF. Durch die Änderung des StückAG insbes. bei § 263 II 2, § 263 III 2 UmwG, § 8 II, III AktG hat die Vorschrift – außer bei fehlerhafter

Stückelung (→ Rn. 2) – erheblich an Bedeutung verloren (→ § 263 Rn. 8–10 aE). Die Mitgliedschaftsrechte eines früheren Mitglieds aus einem Teilrecht ruhen so lange, bis mehrere Teilrechte zu einem Vollrecht, einer Aktie, zusammengeführt sind (Ausübungssperre, dazu Lutter/Bayer Rn. 9 mwN). Für diese **Vereinigung von Teilrechten** gibt Abs. 3 S. 1 zwei Möglichkeiten vor: Entweder vereinigen sich mehrere Teilrechte dergestalt in einer Hand, dass sie zusammen eine volle Aktie ergeben, dann steht das Recht aus der Aktie dem jew. Anteilsinhaber allein zu; oder es schließen sich **mehrere Teilrechtsinhaber** zur Ausübung der Aktionärsrechte zusammen. Im letztgenannten Fall entsteht eine Rechtsgemeinschaft an der Aktie (GbR, Gemeinschaft, Pool, Treuhand etc, vgl. Semler/Stengel/Leonard/Bonow Rn. 14; NK-UmwR/Bürger Rn. 4; Lutter/Bayer Rn. 9 mwN und Speziallitetatur zu § 213 AktG), die Rechtsfolgen von § 69 AktG treten ein (str., vgl. Koch AktG § 213 Rn. 4 mwN).

7 **Abs. 3 S. 2** verpflichtet die Ges (die Pflicht adressiert an das Vertretungsorgan, Semler/Stengel/Leonard/Bonow Rn. 10; vgl. auch § 267 I 2), die **Zusammenführung von Teilrechten** zu vollen Aktien **zu vermitteln.** Das zuständige Vertretungsorgan kann die Zusammenführung von Teilrechten durch eigene Handlungen (etwa Eröffnung eines Marktes für Teilrechte) oder durch die Beauftragung eines leistungsfähigen Dritten (zB eines Kreditinstituts) fördern (vgl. Habersack/Wicke/Thilo Rn. 22; BeckOGK/Thilo Rn. 22; Lutter/Bayer Rn. 11 jeweils mwN).

§ 267 Benachrichtigung der Anteilsinhaber

(1) ¹**Das Vertretungsorgan der Gesellschaft neuer Rechtsform hat jedem Anteilsinhaber unverzüglich nach der Bekanntmachung der Eintragung der Gesellschaft in das Register deren Inhalt sowie die Zahl und, mit Ausnahme von Stückaktien, den Nennbetrag der Anteile und des Teilrechts, die auf ihn entfallen sind, in Textform mitzuteilen.** ²**Dabei soll auf die Vorschriften über Teilrechte in § 266 hingewiesen werden.**

(2) ¹**Zugleich mit der Mitteilung ist deren wesentlicher Inhalt in den Gesellschaftsblättern bekanntzumachen.** ²**Der Hinweis nach Absatz 1 Satz 2 braucht in die Bekanntmachung nicht aufgenommen zu werden.**

1. Mitteilung, (Abs. 1)

1 Abs. 1 regelt die Pflicht des Vertretungsorgans (GmbH-Geschäftsführer, AG-Vorstand oder phG einer KGaA), den Anteilsinhabern des Rechtsträgers neuer Rechtsform eine Mitteilung in Textform (§ 126b BGB) zukommen zu lassen. Die **Mitteilung** hat zunächst den **Inhalt der Registereintragung** (vgl. § 198 II 2, § 202 II iVm I) darzustellen; dies kann durch die Aufnahme des Textes der Bekanntmachung über die Registereintragung erfolgen (Semler/Stengel/Leonard/Bonow Rn. 3). Wesentlicher Inhalt ist die **konkrete Mitteilung an den jew. Anteilsinhaber** über die Zahl der ihm zugewiesenen Anteile bzw. Teilrechte und – außer bei Stückaktien (zum Begriff: Koch AktG § 8 Rn. 17) – deren Nennbetrag.

2 Die Mitteilung hat demnach einzeln **an alle ehemaligen Genossen** zu gehen, die umqualifizierte Anteile (§ 202 II iVm I, § 266 I) innehaben; auch die Anteilsinhaber, die bei der Durchführung der Generalversammlung **Widerspruch** erhoben haben oder die gem. § 262 I 2, § 270 als widersprechende Anteilsinhaber iSv §§ 207 ff. anzusehen sind, sind zu benachrichtigen; anderes gilt nur, wenn ein widersprechender Anteilsinhaber bereits das Angebot auf Gewährung einer **Barabfindung** angenommen hat (Lutter/Bayer Rn. 2 mwN; NK-UmwR/Bürger Rn. 3; aA Habersack/Wicke/Lakenberg Rn. 9; BeckOGK/Lakenberg Rn. 9; Beuthien/Wolff UmwG §§ 190 ff. Rn. 35; Kölner Komm UmwG/Schöpflin Rn. 3).

Schließlich muss die Mitteilung einen **Hinweis auf § 266 II, III** enthalten. In diesem Hinweis sind die wesentlichen Besonderheiten der Gewährung eines Teilrechts unter Berücksichtigung der neuen Rechtsform des Rechtsträgers darzustellen. Aus **Abs. 1 S. 2** kann nicht geschlossen werden, dass dem Vertretungsorgan des Rechtsträgers neuer Rechtsform Ermessen dahin zusteht, ob die Mitteilung **Ausführungen zum Teilrecht** enthalten soll oder nicht; die Formulierung „soll hingewiesen werden" ermöglicht nur dann einen Verzicht auf die Darstellungen des Teilrechts, wenn der jew. zu informierende Anteilsinhaber aufgrund der Eintragung nach § 202 II lediglich Vollrechte erhält (wie hier Beuthien/Wolff UmwG §§ 190 ff. Rn. 35). Beim **Formwechsel einer eG in eine AG/KGaA** ergibt sich der weitere Inhalt der Mitteilung aus **§ 268 I**. 3

2. Bekanntmachung (Abs. 2)

Zum gleichen Zeitpunkt (Semler/Stengel/Leonard/Bonow Rn. 7; NK-UmwR/Bürger Rn. 3; Lutter/Bayer Rn. 5; Kölner Komm UmwG/Schöpflin Rn. 5) wie die Absendung der jew. persönlichen Mitteilungen, ist in die GesBl. eine Bekanntmachung aufzunehmen. Die **Bekanntmachung** bezieht sich nur auf Abs. 1 S. 1 (vgl. **Abs. 2 S. 2**, auf die Vorschriften über die Teilrechte muss also nicht hingewiesen werden). Bekannt zu machen ist der **wesentliche Inhalt** der Mitteilung in Textform. Dies bedeutet, dass die Mitteilung über den Inhalt der Eintragung in vollem Umfang bekannt zu machen ist; die sich gem. § 202 I Nr. 2 ergebenden Beteiligungsgrößen müssen demgegenüber **nicht konkret** aufgeführt werden. Gefordert ist nicht eine Bekanntmachung darüber, welchen früheren Mitgliedern durch die Wirkung des Formwechsels welche konkreten Anteile am Rechtsträger neuer Rechtsform zukommen; es genügt die **Mitteilung der Regeln zur Bemessung der Beteiligung** (vgl. Kölner Komm UmwG/Schöpflin Rn. 5 mwN; NK-UmwR/Bürger Rn. 3; Lutter/Bayer Rn. 5 mwN) derart, dass die Adressaten der Bekanntmachung aus dieser abstrakten Angabe ihre konkrete Beteiligung **errechnen** können. Beim **Formwechsel in eine AG/KGaA** ist in die Bekanntmachung gem. § 268 I auch die Aufforderung an die Aktionäre aufzunehmen, die ihnen zustehenden Aktien abzuholen. 4

§ 268 Aufforderung an die Aktionäre; Veräußerung von Aktien

(1) ¹In der Mitteilung nach § 267 sind Aktionäre aufzufordern, die ihnen zustehenden Aktien abzuholen. ²Dabei ist darauf hinzuweisen, daß die Gesellschaft berechtigt ist, Aktien, die nicht binnen sechs Monaten seit der Bekanntmachung der Aufforderung in den Gesellschaftsblättern abgeholt werden, nach dreimaliger Androhung für Rechnung der Beteiligten zu veräußern. ³Dieser Hinweis braucht nicht in die Bekanntmachung der Aufforderung in den Gesellschaftsblättern aufgenommen zu werden.

(2) ¹Nach Ablauf von sechs Monaten seit der Bekanntmachung der Aufforderung in den Gesellschaftsblättern hat die Gesellschaft neuer Rechtsform die Veräußerung der nicht abgeholten Aktien anzudrohen. ²Die Androhung ist dreimal in Abständen von mindestens einem Monat in den Gesellschaftsblättern bekanntzumachen. ³Die letzte Bekanntmachung muß vor dem Ablauf von einem Jahr seit der Bekanntmachung der Aufforderung ergehen.

(3) ¹Nach Ablauf von sechs Monaten seit der letzten Bekanntmachung der Androhung hat die Gesellschaft die nicht abgeholten Aktien für Rechnung der Beteiligten zum amtlichen Börsenpreis durch Vermittlung eines Kursmaklers und beim Fehlen eines Börsenpreises durch öffentliche Ver-

steigerung zu veräußern. ²§ 226 Abs. 3 Satz 2 bis 6 des Aktiengesetzes ist entsprechend anzuwenden.

1. Allgemeines

1   In Ergänzung zu § 267 bestimmt § 268 ua den weiteren Inhalt der persönlichen Mitteilung und der Bekanntmachung. § 268 ist insges. § 214 AktG nachgebildet.

2. Mitteilung, Bekanntmachung, Abs. 1

2   Beim **Formwechsel einer eG in eine AG/KGaA** ist in die persönliche Mitteilung iSv § 267 I 1 auch eine **Aufforderung an die Aktionäre** dahin aufzunehmen, dass sie die ihnen zustehenden **Aktien abzuholen** haben. Wegen § 267 I 2, § 266 III 2 ist damit auch der Anteilsinhaber, dem nur ein **Teilrecht** zusteht, über die Reichweite dieser Aufforderung informiert. Die sich für den Rechtsträger neuer Rechtsform aus Abs. 2, 3 ergebenden Rechte können nur dann ausgeübt werden, wenn in den persönlichen Mitteilungen auch ein Hinweis auf die mögliche Verwertung durch die AG/KGaA enthalten ist. Den **Anforderungen von Abs. 1 S. 2 ist bereits dann Genüge getan, wenn der Gesetzestext von Abs. 2, 3 wiedergegeben wird** (so auch Kölner Komm UmwG/Schöpflin Rn. 3 aE; NK-UmwR/Bürger Rn. 2).

3   Die Bekanntmachung iSv § 267 II 1 muss die Aufforderung zur Abholung der Aktien iSv Abs. 1 S. 1 enthalten **(Abs. 1 S. 3)**. Die **Abholung der Aktien** bedeutet den Abschluss eines Begebungsvertrags und die Übereignung der vom Vertretungsorgan der neuen Gesellschaft ausgestellten Aktienurkunden (vgl. Widmann/Mayer/Graf Wolfskeel v. Reichenberg Rn. 4; Lutter/Bayer Rn. 3; Habersack/Wicke/Thilo Rn. 6; BeckOGK/Thilo Rn. 6).

3. Androhung der Veräußerung, Abs. 2

4   Sechs Monate nach der Bekanntmachung iSv Abs. 1 S. 3 ist die Veräußerung der nicht abgeholten Aktien anzudrohen. Diese **Androhung** ist nach Maßgabe von **Abs. 2 S. 2** bekannt zu machen, die dritte Bekanntmachung muss vor dem Ablauf von einem Jahr seit der Bekanntmachung iSv Abs. 1 S. 3 ergehen. Enthält die **Bekanntmachung Fehler** oder wird der vorgeschriebene Zeitablauf nicht beachtet, darf die **Veräußerung nach Abs. 3** nicht stattfinden (Semler/Stengel/Leonard/Bonow Rn. 7; Lutter/Bayer Rn. 7 mwN; Kölner Komm UmwG/Schöpflin Rn. 4). Geschieht dies dennoch, haftet der Vorstand der AG bzw. haften die phG der KGaA für einen etwa daraus entstehenden Schaden (dazu und zum gutgläubigen Erwerb Koch AktG § 214 Rn. 10).

4. Veräußerung, Abs. 3

5   Abs. 3 ermöglicht die **Verwertung der nicht abgeholten Aktien** durch den Rechtsträger neuer Rechtsform; die Veräußerung ist **durch das Vertretungsorgan** der AG/KGaA einzuleiten. Die Veräußerung darf frühestens nach Ablauf von **sechs Monaten** seit dem Erscheinensdatum des letzten, die **dritte Bekanntmachung** iSv Abs. 2 S. 2 enthaltenden GesBl. durchgeführt werden. Die Frist berechnet sich nach § 187 I BGB, § 188 II BGB; ist die letzte Bekanntmachung demnach zB am 19.6. erschienen, läuft die Frist von Abs. 3 S. 1 am 19.7. ab. Bei der Veräußerung ist § 226 III 2–6 AktG entsprechend anzuwenden; auf die Spezialliteratur wird verwiesen.

§ 269 Hauptversammlungsbeschlüsse; genehmigtes Kapital

¹Solange beim Formwechsel in eine Aktiengesellschaft oder in eine Kommanditgesellschaft auf Aktien die abgeholten oder nach § 268 Abs. 3 veräußerten Aktien nicht insgesamt mindestens sechs Zehntel des Grundkapitals erreichen, kann die Hauptversammlung der Gesellschaft neuer Rechtsform keine Beschlüsse fassen, die nach Gesetz oder Satzung einer Kapitalmehrheit bedürfen. ²Das Vertretungsorgan der Gesellschaft darf während dieses Zeitraums von einer Ermächtigung zu einer Erhöhung des Grundkapitals keinen Gebrauch machen.

Der AG/KGaA ist gem. § 269 S. 1 die **Fassung von Grundlagenbeschlüssen** 1 durch die HV **untersagt**, wenn und solange nicht Aktien abgeholt oder gem. § 268 III veräußert wurden, die zusammen nicht **mindestens sechs Zehntel des Grundkapitals** repräsentieren. **Grundlagenbeschlüsse** idS sind Beschlüsse der HV, die nach Gesetz oder Satzung einer Kapitalmehrheit bedürfen, insbes. also Beschlüsse iSv § 52 V AktG, § 179 II AktG, § 179a AktG, § 182 I AktG, § 193 I AktG, § 202 II AktG, § 221 I 2 AktG, § 222 I AktG, § 229 III AktG, § 262 II Nr. 2 AktG, § 274 I AktG, § 293 I AktG, § 295 I AktG, § 319 II AktG und § 320 I AktG (Kölner Komm UmwG/Schöpflin Rn. 2; Habersack/Wicke/Lakenberg Rn. 3; BeckOGK/Lakenberg Rn. 3). Wegen dieser weitreichenden Sanktion liegt es im eigenen Interesse der Ges, das **Verfahren iSv § 268 II, III zügig** durchzuführen. Eine Ausnahmeregelung, wie sie noch § 385l IV 3 AktG aF vorsah, ist nicht mehr vorhanden (Lutter/Bayer Rn. 2 mwN). Dies ist nur folgerichtig, weil die Möglichkeit der Ausnahmebewilligung nur dort sinnvoll ist, wo tatsächlich eine Aufsichtsbehörde existiert. Deshalb gilt für den **Formwechsel eines VVaG in eine Versicherungs-AG** (die für die eG wegen § 1 GenG als ZielGes ausscheidet) **§ 299 I 2**.

Von einer Ermächtigung zur Erhöhung des Grundkapitals **(genehmigtes Kapi-** 2 **tal)** kann bis zur Erreichung der Sechzehntelgrenze von § 269 S. 1 kein Gebrauch gemacht werden, **§ 269 S. 2**. Damit wird eine Überfremdung des Rechtsträgers neuer Rechtsform verhindert (Lutter/Bayer Rn. 3 mwN; Semler/Stengel/Leonard/Bonow Rn. 7; Widmann/Mayer/Graf Wolfskeel v. Reichenberg Rn. 3).

§ 270 Abfindungsangebot

(1) **Das Abfindungsangebot nach § 207 Abs. 1 Satz 1 gilt auch für jedes Mitglied, das dem Formwechsel bis zum Ablauf des dritten Tages vor dem Tage, an dem der Formwechselbeschluss gefaßt worden ist, durch eingeschriebenen Brief widersprochen hat.**

(2) ¹Zu dem Abfindungsangebot ist eine gutachtliche Äußerung des Prüfungsverbandes einzuholen. ²§ 30 Abs. 2 Satz 2 und 3 ist nicht anzuwenden.

Die Möglichkeit zur Annahme des Angebots der **Barabfindung** ist gem. § 207 1 nur den **widersprechenden Anteilsinhabern** eröffnet (→ § 207 Rn. 4). Da der Widerspruch beim Formwechsel einer eG in eine KapGes gem. § 262 I 2 auch bereits vor Durchführung der Generalversammlung erhoben werden kann, stellt **Abs. 1** die **Gleichbehandlung** derjenigen Mitglieder, die mittels eingeschriebenem Brief widersprochen haben, zu den Mitgliedern her, die erst in der Generalversammlung (§ 43 GenG) Widerspruch erhoben haben (iÜ → § 262 Rn. 7 f.).

In analoger Anwendung von § 90 III 2 (→ § 90 Rn. 5) ist das Recht zur 2 Annahme des **Barabfindungsangebots** auch denjenigen Mitgliedern zuzugestehen, die an der Abstimmung nicht teilnahmeberechtigt waren, weil die Zuständigkeit der **Vertreterversammlung** (vgl. § 43a GenG) begründet war. Denn es ist nicht einzusehen, weswegen dem Mitglied, der an der Erhebung des Widerspruchs wegen der Zuständigkeit der Vertreterversammlung gehindert war, die Barabfindung versagt bleiben soll. Auch die Möglichkeit zum **Widerspruch durch eingeschriebenen Brief** hindert diese Analogie nicht; § 262 I 2 soll die Position der Anteilsinhaber verbessern, nicht aber gegenüber vergleichbaren Sachverhalten (Umw durch Verschm) verschlechtern (aA Lutter/Bayer Rn. 5; NK-UmwR/Bürger Rn. 3; Widmann/Mayer/Graf Wolfskeel v. Reichenberg Rn. 5; wie hier Habersack/Wicke/Fuchs Rn. 5; BeckOGK/Fuchs Rn. 5; Stemler/Stengel/Leonard/Bonow Rn. 6; ähnlich Beuthien/Wolff UmwG §§ 190 ff. Rn. 10).

3   Gem. **Abs. 2** ist für die **Prüfung der Barabfindung** allein der **genossenschaftliche Prüfungsverband** zuständig, dieser tritt an die Stelle der Verschmelzungsprüfer iSv § 30 II 1. Die gutachtliche Äußerung muss sich nicht an den Formalien von §§ 10–12 ausrichten (Abs. 2 S. 2, der § 30 II 2 für nicht anwendbar erklärt). Insbes. muss **kein förmlicher Prüfungsbericht** iSv § 12 erstattet werden, die Äußerung wird jedoch **schriftlich** (wenn auch nicht in Schriftform iSv § 126 BGB) vorzunehmen sein (Semler/Stengel/Leonard/Bonow Rn. 8; Lutter/Bayer Rn. 14; Kölner Komm UmwG/Schöpflin Rn. 6). IÜ gelten die zu § 259 anerkannten Grundsätze entsprechend, die Äußerung des Prüfungsverbandes hat **Beratungsfunktion für beide Seiten**. Gem. **Abs. 2 S. 2** ist ebenfalls § 30 II 3 nicht anzuwenden. Wie bei § 259 ist die Zwischenschaltung des Prüfungsverbandes Ausdruck der **besonderen Pflichtenbindung** dieser Einrichtung. Die Tätigkeit des Prüfungsverbandes dient nicht ausschließlich dem abfindungsberechtigten Anteilsinhaber, sodass dieser die Prüfung des Abfindungsangebots auch nicht durch **notarielle Verzichtserklärung** unterlaufen kann (Begr. RegE, BT-Drs. 13/8808, 16; Habersack/Wicke/Fuchs Rn. 13; BeckOGK/Fuchs Rn. 13; Lutter/Bayer Rn. 1, 13 ff.).

§ 271 Fortdauer der Nachschußpflicht

¹Wird über das Vermögen der Gesellschaft neuer Rechtsform binnen zwei Jahren nach dem Tage, an dem ihre Eintragung in das Register bekannt gemacht worden ist, das Insolvenzverfahren eröffnet, so ist jedes Mitglied, das durch den Formwechsel die Rechtsstellung eines beschränkt haftenden Gesellschafters oder eines Aktionärs erlangt hat, im Rahmen der Satzung der formwechselnden Genossenschaft (§ 6 Nr. 3 des Genossenschaftsgesetzes) zu Nachschüssen verpflichtet, auch wenn es seinen Geschäftsanteil oder seine Aktie veräußert hat. ²Die §§ 105 bis 115a des Genossenschaftsgesetzes sind mit der Maßgabe entsprechend anzuwenden, daß nur solche Verbindlichkeiten der Gesellschaft zu berücksichtigen sind, die bereits im Zeitpunkt des Formwechsels begründet waren.

1   Die KapGes zeichnet sich dadurch aus, dass die Haftung des Anteilsinhabers beschränkt ist (Ausnahme: phG bei der KGaA). Wird nicht ausnahmsweise beim Formwechsel einer eG in eine GmbH eine **Nachschusspflicht der GmbH-Gesellschafter** vorgesehen, ist die erforderliche Einlage endgültig bereits durch den Wert des umqualifizierten Anteils geleistet (Ausnahme: Differenzhaftung bei irrtümlich eingetragenem Formwechsel trotz materieller Unterpariemission, → § 220 Rn. 3).

2   Mit dieser Haftungsbeschränkung kann eine Privilegierung für die Mitglieder einer eG dann verbunden sein, wenn in der Satzung der formwechselnden eG gem. § 6 Nr. 3 GenG eine **Nachschusspflicht** vorgesehen war. Parallel zu § 95 sieht deshalb § 271 die **Weitergeltung der Nachschusspflicht** vor. Objektive Voraussetzung des Auflebens der Nachschusspflicht ist die **Eröffnung des Insolvenzverfahrens binnen zwei Jahren** nach der Bekanntmachung der Ges neuer Rechtsform iSv § 201 S. 2. **Anspruchsverpflichtet** sind alle Anteilsinhaber des Rechtsträgers neuer Rechtsform, die Mitglieder der formwechselnden eG waren. Dazu gehören

auch die **gegen Barabfindung Ausgeschiedenen** (Widmann/Mayer/Graf Wolfskeel v. Reichenberg Rn. 6; Habersack/Wicke/Fuchs Rn. 8; BeckOGK/Fuchs Rn. 8; Lutter/Bayer Rn. 3; Semler/Stengel/Leonard/Bonow Rn. 10). Gem. § 271 S. 1 bleibt die Nachschusspflicht eines Mitglieds, der nach Wirksamwerden des Formwechsels seinen Geschäftsanteil oder seine Aktie (bzw. ein entsprechendes Teilrecht, vgl. § 263 II 2) veräußert hat, unberührt. Die Pflicht zur Leistung von Nachschüssen kann nur ausgelöst werden, wenn und soweit die **Verbindlichkeiten** vor Wirksamwerden des Formwechsels (§ 201 S. 2, § 202 II) **begründet** waren (zum Begriff des Begründens einer Verbindlichkeit → § 39f Rn. 4 ff.).

Vierter Abschnitt. Formwechsel rechtsfähiger Vereine

Erster Unterabschnitt. Allgemeine Vorschriften

§ 272 Möglichkeit des Formwechsels

(1) **Ein rechtsfähiger Verein kann auf Grund eines Formwechselbeschlusses nur die Rechtsform einer Kapitalgesellschaft oder einer eingetragenen Genossenschaft erlangen.**

(2) **Ein Verein kann die Rechtsform nur wechseln, wenn seine Satzung oder Vorschriften des Landesrechts nicht entgegenstehen.**

1. Möglichkeiten des Formwechsels, Abs. 1

Abs. 1 konkretisiert die sich nach § 191 I, II ergebenden **Formwechselmöglichkeiten für rechtsfähige Vereine. Rechtsfähige Vereine sind** eV und wirtschaftliche Vereine (hierzu → § 191 Rn. 21 ff.). Rechtsfähige Vereine können durch einen Formwechsel nur die Rechtsform einer **KapGes** (GmbH, AG, KGaA; § 3 I Nr. 2; nicht jedoch UG → § 191 Rn. 32) oder einer **eG** erlangen (Überblick zum Verfahren mit Formulierungsbeispielen für den Notar Lutz BWNotZ 2013, 106 mwN; Lutter/Krieger/Bayer Rn. 7, 8; zum Formwechsel eines eV in eine gemeinnützige GmbH Schwenn npoR 2017, 192; zur im UmwG nicht geregelten Umw in eine Stiftung Thölke npoR 2017, 54). Von der Ermöglichung des Formwechsels eines rechtsfähigen Vereins in eine **PersGes** wurde abgesehen, weil der Gesetzgeber hierfür kein praktisches Bedürfnis sah (RegEBegr. BR-Drs. 75/94 zu § 272).

2. Einschränkungen, Abs. 2

Entsprechend der Regelung in § 99 I stellt **Abs. 2** die **Formwechselfähigkeit unter** den **Vorbehalt,** dass die Satzung oder Vorschriften des Landesrechts nicht entgegenstehen (auch → § 99 Rn. 1, 2). Hierdurch ist gewährleistet, dass besondere Erfordernisse, die die Satzung für die **Veränderung** des Umwandlungsverbots oder der Umwandlungseinschränkung enthält, Beachtung finden; denn der Formwechsel kann erst nach (oder zeitgleich mit) einer entsprechenden **Satzungsänderung** durchgeführt werden (Semler/Stengel/Leonard/Katschinski Rn. 16). Der Vorbehalt entgegenstehender **landesgesetzlicher Regelungen** betrifft in erster Linie **wirtschaftliche Vereine.** Die Voraussetzungen für die Verleihung der Rechtsfähigkeit bestimmen sich regelmäßig nach landesrechtlichen Vorschriften (dazu MüKoBGB/Leuschner § 22 Rn. 84 ff.). Entsprechendes gilt für die Genehmigung von Satzungsänderungen dieser Vereine. Daher sollen landesrechtliche Vorschriften auch beim Formwechsel Beachtung finden (RegEBegr. BR-Drs. 75/94 zu § 272). Dass solche derzeit nicht bestehen (so Lutz BWNotZ 2013, 106) ist falsch; es genügt bereits eine Aufl. im Einzelfall, → § 99 Rn. 2. Landesrechtliche Spezialgesetze, die unter Abs. 2 fallen, finden sich derzeit nicht.

Zweiter Unterabschnitt. Formwechsel in eine Kapitalgesellschaft

§ 273 Möglichkeit des Formwechsels

Der Formwechsel ist nur möglich, wenn auf jedes Mitglied, das an der Gesellschaft neuer Rechtsform beteiligt wird, als beschränkt haftender Gesellschafter ein Geschäftsanteil, dessen Nennbetrag auf volle Euro lautet, oder als Aktionär mindestens eine volle Aktie entfällt.

1 § 273 enthält eine Einschränkung der Zulässigkeit des Formwechsels eines rechtsfähigen Vereins in eine KapGes. Der **Formwechsel ist nur möglich,** wenn auf jedes an der Ges neuer Rechtsform beteiligte Mitglied ein GmbH-Geschäftsanteil mit der seit dem **MoMiG** zulässigen neuen Stückelung (→ § 46 Rn. 12 und → Einf. Rn. 30) oder mindestens **eine volle Aktie** (Formwechsel in eine AG oder KGaA) entfällt. Hierdurch soll sichergestellt werden, dass sich jedes Vereinsmitglied an der Ges neuer Rechtsform beteiligen kann; Teilrechte sollen vermieden werden. Die Vorschrift entspricht nach Inhalt und ratio § 258 II (Habersack/Wicke/Reul Rn. 2; BeckOGK/Reul Rn. 2; Lutter/Bayer Rn. 1; Kölner Komm UmwG/Leuering Rn. 1; iE → § 258 Rn. 6 ff.).

§ 274 Vorbereitung und Durchführung der Mitgliederversammlung

(1) ¹**Auf die Vorbereitung der Mitgliederversammlung, die den Formwechsel beschließen soll, sind die §§ 229, 230 Abs. 2 Satz 1 und 2, § 231 Satz 1 und § 260 Abs. 1 entsprechend anzuwenden.** ²**§ 192 Abs. 2 bleibt unberührt.**

(2) **Auf die Mitgliederversammlung, die den Formwechsel beschließen soll, ist § 239 Abs. 1 Satz 1 und Abs. 2 entsprechend anzuwenden.**

1. Allgemeines

1 § 274 regelt die **Vorbereitung und Durchführung der Mitgliederversammlung,** die über den Formwechsel eines rechtsfähigen Vereins in eine KapGes beschließen soll. Hierfür wird auf Vorschriften über den Formwechsel einer KapGes in PersGes (§ 229, § 230 II, § 231 S. 1), einer KapGes in eine KapGes anderer Rechtsform (§ 239) und über den Formwechsel von eG (§ 260 I) verwiesen. Die Regelung über die Vorbereitung und Durchführung der Mitgliederversammlung folgt damit den Grundsätzen, die auch beim Formwechsel einer eG zu beachten sind (vgl. § 260 I, II). Ggü. dem früheren Gesetzestext hat das ARUG (→ Einf. Rn. 32) die Verweise auf § 230 und § 239 konkretisiert, ohne an § 274 dadurch inhaltlich etwas zu ändern. Anders als bei der AG (und nun auch bei der eG; → § 260 Rn. 2) ist es beim Verein weiterhin nicht möglich, bei der Einberufung oder Durchführung der Mitgliederversammlung mit dem Internet zu arbeiten.

2. Vermögensaufstellung

2 Abs. 1 S. 1 erklärt noch immer § 229 für entsprechend anwendbar. Diese Vorschrift wurde durch das 2. UmwÄndG aufgehoben (→ Einf. Rn. 28).

3. Verzicht auf Formwechselbericht

3 Abs. 1 S. 2 stellt ausdrücklich klar, dass § 192 II unberührt bleibt. Ein **Formwechselbericht** ist daher nicht erforderlich, wenn **alle Mitglieder** in notarieller Urkunde auf seine Erstattung **verzichten** (Privilegien gibt es insoweit auch bei großen Vereinen nicht, vgl. OLG Bamberg NZG 2012, 1269 mAnm Terner EWiR

2012, 807; Gräwe ZStV 2012, 225). Die weitere Alt. von § 192 II (Ein-Mann-Verein) ist zwar theoretisch denkbar (vgl. § 73 BGB), dürfte aber keine praktische Bedeutung haben (Habersack/Wicke/Reul Rn. 5; BeckOGK/Reul Rn. 4; Semler/Stengel/Leonard/Katschinski Rn. 4; NK-UmwR/Althoff/Narr Rn. 3).

4. Ankündigung des Beschlussgegenstandes

Im Vergleich zur Regelung beim Formwechsel einer KapGes (vgl. § 230) werden 4 an die **Mitteilung der Tagesordnung** der Mitgliederversammlung, die den Formwechsel beschließen soll, strengere Anforderungen gestellt. **Abs. 1 S. 1** verweist insoweit auf § 260 I. Danach ist der Formwechsel nicht nur spätestens zusammen mit der Einberufung der Mitgliederversammlung **als Beschlussgegenstand schriftlich anzukündigen**, in der Ankündigung muss darüber hinaus auf die **erforderlichen Mehrheiten** (§ 275) sowie auf die **Möglichkeit der Erhebung eines Widerspruchs** und die sich hieraus ergebenden Rechte **hingewiesen** werden (näher hierzu → § 260 Rn. 3). Die Erleichterungen von § 230 II 3, 4 gelten für den Verein nicht. Der Formwechselbeschluss darf deshalb nicht allein im Wege elektronischer Kommunikation übermittelt werden. Auch seine Veröffentlichung auf der Internetseite des Vereins ändert an der Pflicht von § 239 II 1, 2 nichts (→ Rn. 1).

Der Vorstand des formwechselnden Vereins hat den Mitgliedern ferner spätestens 5 zusammen mit der Einberufung der Mitgliederversammlung das **Abfindungsangebot** nach § 207 **zu übersenden** (§ 231 S. 1). Die Übersendung kann nicht durch eine **Bekanntmachung** des Abfindungsangebots im BAnz. ersetzt werden, da auf § 231 S. 2 ausdrücklich nicht verwiesen wird (hierzu Lutter/Bayer Rn. 9 und → § 260 Rn. 6).

5. Auslegung des Formwechselberichts

Abs. 1 S. 1 verweist auch auf **§ 230 II**, jedoch nur auf dessen S. 1, 2 (→ Rn. 1, 6 4). Entsprechend der Regelung beim Formwechsel einer AG oder KGaA, aber ohne die Privilegien der Nutzung des Internets, ist daher vor der Einberufung der Mitgliederversammlung an im Geschäftsraum des Vereins der **Formwechselbericht zur Einsicht auszulegen**. Jedes Mitglied hat Anspruch auf kostenlose Erteilung einer **Abschrift** (hierzu näher → § 260 Rn. 5, 9, 10 und → § 230 Rn. 5).

6. Durchführung der Mitgliederversammlung

Abs. 2 erklärt § 239 I 1, II für entsprechend anwendbar. Wie beim Formwechsel 7 einer KapGes in eine KapGes anderer Rechtsform ist daher der Formwechselbericht auf der Mitgliederversammlung auszulegen (§ 239 I 1) und der **Entwurf des Formwechselbeschlusses** vom Vorstand zu Beginn der Mitgliederversammlung **mündlich zu erläutern** (§ 239 II). Vgl. hierzu näher → § 261 Rn. 2, 3 und → § 232 Rn. 1 ff. Wiederum werden Erleichterungen durch die Nutzung moderner Kommunikation für den Verein ausgeschlossen (→ Rn. 1, 4), Abs. 2 verweist nicht auf § 239 I 2.

§ 275 Beschluß der Mitgliederversammlung

(1) **Der Formwechselbeschluss der Mitgliederversammlung bedarf, wenn der Zweck des Rechtsträgers geändert werden soll (§ 33 Abs. 1 Satz 2 des Bürgerlichen Gesetzbuchs), der Zustimmung aller anwesenden Mitglieder; ihm müssen auch die nicht erschienenen Mitglieder zustimmen.**

(2) ¹**In anderen Fällen bedarf der Formwechselbeschluss einer Mehrheit von mindestens drei Vierteln der abgegebenen Stimmen.** ²**Er bedarf einer**

Mehrheit von mindestens neun Zehnteln der abgegebenen Stimmen, wenn spätestens bis zum Ablauf des dritten Tages vor der Mitgliederversammlung wenigstens hundert Mitglieder, bei Vereinen mit weniger als tausend Mitgliedern ein Zehntel der Mitglieder, durch eingeschriebenen Brief Widerspruch gegen den Formwechsel erhoben haben. ³Die Satzung kann größere Mehrheiten und weitere Erfordernisse bestimmen.

(3) Auf den Formwechsel in eine Kommanditgesellschaft auf Aktien ist § 240 Abs. 2 entsprechend anzuwenden.

1. Allgemeines

1 § 275 regelt die **Mehrheitsverhältnisse für den Formwechselbeschluss** beim Formwechsel eines rechtsfähigen Vereins in eine KapGes. Der Formwechselbeschluss bedarf mindestens einer Mehrheit von drei Vierteln der abgegebenen Stimmen, unter gewissen Voraussetzungen sind größere Mehrheiten bis hin zur Einstimmigkeit notwendig **(Abs. 1, 2).** Der Beschluss über den Formwechsel des rechtsfähigen Vereins in eine KGaA bedarf ferner der Zustimmung der vorgesehenen phG **(Abs. 3).**

2. Mehrheitsverhältnisse

2 a) **Änderung des Gegenstandes.** Während Satzungsänderungen bei einem rechtsfähigen Verein grds. mit einer Mehrheit von drei Vierteln der abgegebenen Stimmen (§ 33 I 1 BGB) beschlossen werden können, bedarf ein Beschluss über die Änderung des Zwecks des Vereins der **Zustimmung aller Mitglieder** (§ 33 I 2 BGB). Damit diese für das Vereinsrecht grundlegende Vorschrift durch einen Formwechsel nicht umgangen werden kann, ordnet **Abs. 1** an, dass **alle erschienenen und alle nicht erschienenen Mitglieder** dem Formwechsel zustimmen müssen, sofern der Rechtsträger neuer Rechtsform einen anderen als den bisherigen Zweck hat (Begr. RegE, BR-Drs. 75/94 zu § 275). **Zweck** des Vereins ist der oberste Leitsatz für die Vereinstätigkeit, mit dessen Abänderung schlechterdings kein Mitglied bei seinem Beitritt zum Verein rechnen muss (BGHZ 96, 245 (251) = NJW 1986, 1033). Das Einstimmigkeitserfordernis besteht also nur, wenn dieser **oberste Leitsatz** im Zusammenhang mit dem Formwechsel geändert wird. Eine **redaktionelle Neufassung,** die die Leitidee unberührt lässt, stellt keine Zweckänderung dar. Entsprechendes gilt für eine bloße **Erweiterung oder Verringerung des Tätigkeitsfeldes,** wenn hierdurch das übergeordnete Ziel unberührt bleibt (vgl. näher BGHZ 96, 245 = NJW 1986, 1033; BeckOK BGB/Schöpflin BGB § 33 Rn. 7 ff.; Habersack/Wicke/Reul Rn. 13; BeckOGK/Reul Rn. 13; Lutter/Bayer Rn. 3 mwN; zu Ausweichstrategien Widmann/Mayer/Vossius Rn. 11 ff.). Bei einer Zweckänderung müssen alle auf der Mitgliederversammlung erschienenen Mitglieder dem Formwechsel zustimmen. Ferner müssen ihm die nicht erschienenen Mitglieder **in notariell beurkundeter Form** (§ 193 III) zustimmen.

3 b) **Formwechselbeschluss ohne Zweckänderung.** Führt der Formwechsel zu keiner Zweckänderung, so genügt für den Formwechselbeschluss eine **Mehrheit von drei Vierteln der abgegebenen Stimmen (Abs. 2 S. 1).** Die **Satzung** kann allerdings erschwerende Erfordernisse aufstellen **(Abs. 2 S. 3).** Erforderlich ist eine **Mehrheit der abgegebenen Stimmen;** Mitglieder, die sich der **Stimme enthalten,** werden wie Nichterschienene behandelt (BGHZ 83, 35 = NJW 1982, 1585; Grüneberg/Ellenberger BGB § 32 Rn. 7; Lutter/Bayer Rn. 6 mwN; Semler/Stengel/Leonard/Katschinski Rn. 8). Allg. zur Beschlussfassung in der Mitgliederversammlung eines Vereins vgl. etwa BeckOK BGB/Schöpflin BGB § 32 Rn. 20 ff.; Grüneberg/Ellenberger BGB § 32 Rn. 5 ff.

Abweichend von der Grundregel des Abs. 2 S. 1 bedarf es einer **Mehrheit von** **4** **neun Zehnteln der abgegebenen Stimmen,** wenn sich im Vorfeld der Mitgliederversammlung eine qualifizierte Minderheit der Mitglieder bereits gegen den Formwechsel ausgesprochen hat **(Abs. 2 S. 2).** Voraussetzung ist, dass sich bei großen Vereinen (1.000 oder mehr Mitglieder) wenigstens 100 Mitglieder, bei kleineren Vereinen ein Zehntel der Mitglieder spätestens bis zum Ablauf des dritten Tages vor der Mitgliederversammlung **durch eingeschriebenen Brief** gegen den Formwechsel gewandt haben. Auch insoweit kann die Satzung erschwerende Erfordernisse vorsehen. Maßgeblich für die Fristeinhaltung ist der **Zugang** des eingeschriebenen Briefs **(Beispiel:** Mitgliederversammlung am 15.6., Zugang des Briefs spätestens bis zum Ablauf des 12.6.; zum Zugang allg. vgl. etwa Grüneberg/Ellenberger BGB § 130 Rn. 5).

3. Formwechsel in KGaA

Nach **Abs. 3** findet beim **Formwechsel eines rechtsfähigen Vereins in eine** **5** **KGaA** § 240 II entsprechende Anwendung. Danach bedarf der Formwechsel auch der Zustimmung aller Mitglieder, die zukünftig die Stellung eines **phG** haben sollen. Hintergrund der Regelung ist, dass keinem Mitglied die Übernahme einer persönlichen Haftung ohne ausdrückliches Einverständnis zugemutet werden kann (Begr. RegE, BR-Drs. 75/94 zu § 240). Dem betroffenen Mitglied lediglich die Möglichkeit des **Ausscheidens gegen Barabfindung** (§ 207) einzuräumen, wäre nicht angemessen (näher → § 240 Rn. 7).

Sofern die Stellung eines phG von einer bislang nicht am formwechselnden Verein **6** als Mitglied beteiligten Person übernommen werden soll, findet über § 275 III, § 240 II die Vorschrift von § 221 entsprechend Anwendung. Danach ist die **Beitrittserklärung notariell zu beurkunden und vom Beitretenden die Satzung der KGaA zu genehmigen.** Vgl. näher → § 221 Rn. 1 ff.

§ 276 Inhalt des Formwechselbeschlusses

(1) **Auf den Formwechselbeschluss sind auch die §§ 218, 243 Abs. 3, § 244 Abs. 2 und § 263 Abs. 2 Satz 2, Abs. 3 entsprechend anzuwenden.**

(2) **Die Beteiligung der Mitglieder am Stammkapital oder am Grundkapital der Gesellschaft neuer Rechtsform darf, wenn nicht alle Mitglieder einen gleich hohen Anteil erhalten sollen, nur nach einem oder mehreren der folgenden Maßstäbe festgesetzt werden:**
1. **bei Vereinen, deren Vermögen in übertragbare Anteile zerlegt ist, der Nennbetrag oder der Wert dieser Anteile;**
2. **die Höhe der Beiträge;**
3. **bei Vereinen, die zu ihren Mitgliedern oder einem Teil der Mitglieder in vertraglichen Geschäftsbeziehungen stehen, der Umfang der Inanspruchnahme von Leistungen des Vereins durch die Mitglieder oder der Umfang der Inanspruchnahme von Leistungen der Mitglieder durch den Verein;**
4. **ein in der Satzung bestimmter Maßstab für die Verteilung des Überschusses;**
5. **ein in der Satzung bestimmter Maßstab für die Verteilung des Vermögens;**
6. **die Dauer der Mitgliedschaft.**

1. Allgemeines

§ 276 regelt in **Abs. 1** durch Verweisung auf verschiedene Vorschriften den **Inhalt** **1** **des Formwechselbeschlusses.** Es werden damit teilw. Regelungen über den

Formwechsel einer KapGes (§§ 218, 243 III, § 244 II) und teilw. Vorschriften über den Formwechsel einer eG (§ 263 II 2, III) übernommen. Da eine Vereinsmitgliedschaft regelmäßig keine Beteiligung am Vereinsvermögen vermittelt, wird in **Abs. 2** festgelegt, nach welchen Maßstäben die **zukünftige Beteiligung** der Mitglieder bemessen werden kann.

2. Gesellschaftsvertrag, persönlich haftender Gesellschafter

2   Nach **Abs. 1** ist **§ 218** entsprechend anwendbar. Die Verweisung erstreckt sich nur auf § 218 I 1 und II; der Formwechsel in eine eG, den § 218 I 2, III behandeln, ist von § 276 nicht erfasst (Semler/Stengel/Leonard/Katschinski Rn. 4; NK-UmwR/Althoff/Narr Rn. 3). Nach § 218 I muss der Formwechselbeschluss auch den **Gesellschaftsvertrag der GmbH oder die Satzung der AG oder KGaA** enthalten. Eine **Unterzeichnung des Gesellschaftsvertrags** oder der Satzung durch die Mitglieder bedarf es nicht. Für den Formwechsel in eine GmbH folgt dies ausdrücklich aus der Verweisung in Abs. 1 auf § 244 II. Aber auch beim Formwechsel in eine AG oder KGaA bedarf es einer Unterzeichnung der Satzung nicht, da beim Formwechsel die Gründung der AG oder KGaA nicht durch den Abschluss eines Gesellschaftsvertrages eingeleitet wird, sondern durch Beschluss erfolgt (dazu näher → § 218 Rn. 5; wie hier Habersack/Wicke/Reul Rn. 4; BeckOGK/Reul Rn. 4; Lutter/Bayer Rn. 3 mwN; NK-UmwR/Althoff/Narr Rn. 3; Kölner Komm UmwG/Leuering Rn. 4; zu weiteren Einzelheiten → § 218 Rn. 3 ff.).

3   Definitionsgemäß muss an einer **KGaA** mindestens ein **phG** beteiligt sein (vgl. § 278 I AktG). Daher wird über die Verweisung in Abs. 1 auf § 218 II festgelegt, dass bereits der Umwandlungsbeschluss die Beteiligung oder den Beitritt eines phG vorsehen muss (näher hierzu → § 218 Rn. 6, 7).

3. Abweichende Nennbeträge

4   Die Verweisung in **Abs. 1** auf **§ 243 III** hat nur in seltenen Fällen Bedeutung. Voraussetzung ist, dass bei dem Verein **übertragbare Anteile** bestehen, die auf einen **bestimmten Nennbetrag** lauten. In diesem Fall kann nach § 243 III 1 der Nennbetrag der Anteile, die gewährt werden, abw. vom bisherigen Nennbetrag festgesetzt werden. Der Nennbetrag muss beim Formwechsel in eine **GmbH** seit dem MoMiG nur noch auf die Mindeststückelung von 1,00 Euro lauten (→ § 243 Rn. 8, 9). Beim Formwechsel in eine **AG** oder KGaA greift der Verweis auf § 263 II 2, III 2 (dazu Habersack/Wicke/Reul Rn. 11 ff.; BeckOGK/Reul Rn. 11 ff. und Lutter/Bayer Rn. 6 und → § 263 Rn. 8, 9).

4. Maßstab für die Beteiligung

5   Die Vereinsmitgliedschaft vermittelt im Allg. **keine Beteiligung am Vereinsvermögen.** Es muss daher ein anderer **Maßstab für die Beteiligung** der Mitglieder am StK oder am Grundkapital der Ges neuer Rechtsform gefunden werden. **Abs. 2 S. 1** zählt **abschl.** („nur") die möglichen Maßstäbe auf (Semler/Stengel/Leonard/Katschinski Rn. 13). Der gesetzliche Regelfall ist die Beteiligung aller Mitglieder mit einem gleich hohen Anteil. In vielen Fällen entspricht dies allerdings nicht der Angemessenheit. Soweit bereits bisher übertragbare Anteile bestehen, kann daher auch auf die bisherige Verteilung dieser Anteile nach Nennbetrag oder Wert zurückgegriffen werden **(Abs. 2 Nr. 1).** Oftmals wird auch die Höhe der Beiträge oder der Umfang der vertraglichen Geschäftsbeziehungen zwischen dem Verein und den Mitgliedern ein sinnvoller Maßstab sein **(Abs. 2 Nr. 2** und **Nr. 3).** Sofern die Satzung für die Verteilung des Jahresüberschusses einen Maßstab enthält, kann dieser Grundlage der Aufteilung werden **(Abs. 2 Nr. 4);** entsprechend gilt für den Maßstab, den die Satzung im Falle der Liquidation für die Verteilung des Vermögens

anordnet (**Abs. 2 Nr. 5**). Schließlich kann die Dauer der Mitgliedschaft als Aufteilungsmaßstab herangezogen werden (**Abs. 2 Nr. 6**).

Die **gesetzlich geregelten Fälle sind abschl.**, sie können aber **miteinander kombiniert** werden (Lutter/Bayer Rn. 15; Semler/Stengel/Leonard/Katschinski Rn. 13). 6

§ 277 Kapitalschutz

Bei der Anwendung der für die neue Rechtsform maßgebenden Gründungsvorschriften ist auch § 264 entsprechend anzuwenden.

§ 277 regelt den **Kapitalschutz** beim Formwechsel eines rechtsfähigen Vereins in eine KapGes, indem § 264 (Formwechsel einer eG in eine KapGes) für entsprechend anwendbar erklärt wird. Die **Obergrenze** des Gesamtnennbetrags des StK oder des Grundkapitals der AG bzw. KGaA wird daher durch das **Reinvermögen des Vereins** bestimmt (Verbot der **materiellen Unterpariemission**; näher → § 220 Rn. 8 ff.). 1

Ebenso wie die Mitglieder einer Genossenschaft sollen die Vereinsmitglieder von der Verpflichtung zur Erstattung eines **Sachgründungsberichts** (§ 5 IV 2 GmbHG) bzw. der Erstattung eines **Gründungsberichts** nach § 32 AktG befreit sein (Begr. RegE, BR-Drs. 75/94 zu § 277). Daher verweist § 277 auch auf § 264 II und III (zu Einzelheiten, auch zur **Nachgründungsfrist** iSv § 52 AktG, → § 264 Rn. 6). 2

§ 278 Anmeldung des Formwechsels

(1) **Auf die Anmeldung nach § 198 ist § 222 Abs. 1 und 3 entsprechend anzuwenden.**

(2) [1]**Ist der formwechselnde Verein nicht in ein Handelsregister eingetragen, so hat sein Vorstand den bevorstehenden Formwechsel durch das in der Vereinssatzung für Veröffentlichungen bestimmte Blatt, in Ermangelung eines solchen durch dasjenige Blatt bekanntzumachen, das für Bekanntmachungen des Amtsgerichts bestimmt ist, in dessen Bezirk der formwechselnde Verein seinen Sitz hat.** [2]**Die Bekanntmachung tritt an die Stelle der Eintragung der Umwandlung in das Register nach § 198 Abs. 2 Satz 3.** [3]**§ 50 Abs. 1 Satz 4 des Bürgerlichen Gesetzbuchs ist entsprechend anzuwenden.**

1. Person der Anmeldung

Abs. 1 bestimmt die **zur Anmeldung verpflichteten und berechtigten Personen** durch einen Verweis auf § 222 I und III. Die Anmeldung der neuen Rechtsform oder des Rechtsträgers neuer Rechtsform hat durch **alle Mitglieder des künftigen Vertretungsorgans** (GmbH-Geschäftsführer, Vorstand, phG) und ggf. durch **Mitglieder des AR** zu erfolgen (näher → § 222 Rn. 3 ff.). Die bei einem Wechsel des zuständigen Registers ebenfalls notwendige Anmeldung der Eintragung der Umw in das bislang für den Verein zuständige Register nach § 198 II 3 kann **auch vom Vorstand des Vereins** vorgenommen werden (Abs. 1 iVm § 222 III; → § 222 Rn. 9). 1

2. Bekanntmachung statt Eintragung

Rechtsfähige Vereine können unabhängig davon, ob sie wirtschaftliche oder Idealvereine sind (§§ 21, 22 BGB), unter den Voraussetzungen von § 33 HGB (Betrieb 2 eines Handelsgewerbes und ggf. Ausübung des Wahlrechts nach § 2 HGB) im HR eingetragen sein. Ist der formwechselnde Verein **nicht im HR eingetragen,** so bestimmt **Abs. 2** eine **besondere Bekanntmachungspflicht.** Der bevorstehende Formwechsel ist durch den Vorstand **in den GesBl.** oder hilfsweise in dem Bekanntmachungsblatt des für den Verein zuständigen AG bekannt zu machen. Die Verpflichtung zur Bekanntmachung besteht allerdings nur bei **wirtschaftlichen Vereinen,** die nicht im HR eingetragen sind. Dies folgt zwar nicht aus dem Wortlaut, aber aus dem Sinn und Zweck der Vorschriften. Idealvereine sind im Vereinsregister eingetragen, sodass das Verfahren nach § 198 II 2, 3 durchgeführt werden kann (allgM, NK-UmwR/Althoff/Narr Rn. 7 mwN). Auch die Gesetzesbegründung spricht nur von wirtschaftlichen Vereinen (Begr. RegE, BR-Drs. 75/94 zu § 278). **Sinn der Bekanntmachung** ist, die ansonsten erforderliche Eintragung der Umw in das bislang zuständige Register nach § 198 II 3 zu ersetzen (Widmann/Mayer/Vossius Rn. 11; Lutter/Bayer Rn. 7; Semler/Stengel/Leonard/Katschinski Rn. 6; Kölner Komm UmwG/Leuering Rn. 8). Die Bekanntmachung tritt an die Stelle dieser Eintragung (Habersack/Wicke/Reul Rn. 19; BeckOGK/Reul Rn. 19). Die konstitutive Eintragung kann daher erst erfolgen, nachdem der bevorstehende Formwechsel bekannt gemacht ist (§ 198 II 5). Die Bekanntmachung gilt **mit dem Ablauf des zweiten Tages nach der Veröffentlichung** oder – bei mehreren – der ersten Veröffentlichung als bewirkt (**Abs. 2 S. 2** iVm § 50 I 4 BGB).

§ 279 *(aufgehoben)*

§ 280 Wirkungen des Formwechsels

¹**Durch den Formwechsel werden die bisherigen Mitgliedschaften zu Anteilen an der Gesellschaft neuer Rechtsform und zu Teilrechten.** ²**§ 266 Abs. 1 Satz 2, Abs. 2 und 3 ist entsprechend anzuwenden.**

1 § 280 S. 1 konkretisiert für den Formwechsel eines rechtsfähigen Vereins in eine KapGes § 202 I Nr. 2 S. 1: Mit Wirksamwerden des Formwechsels werden aus den Mitgliedschaften Anteile an der GmbH, AG oder KGaA; ggf. entstehen **Teilrechte** (→ § 273 Rn. 1; iÜ zur Umqualifizierung der Anteile auch → § 202 Rn. 6 ff.).

2 Nach **§ 280 S. 2** sind § 266 I 2, II und III entsprechend anwendbar. Die nach § 266 I 2 angeordnete **Surrogation von Rechten** an den Mitgliedschaften hat für den Verein nur wenig Bedeutung, da die Vereinsmitgliedschaft im Allg. **keine Vermögensbeteiligung** vermittelt (Semler/Stengel/Leonard/Katschinski Rn. 2 mwN; NK-UmwR/Althoff/Narr Rn. 3). Bedeutsam ist allerdings die Verweisung auf § 266 II und III. Die anlässlich des Formwechsels entstehenden **Teilrechte** sind selbstständig veräußerlich und vererblich. Die aus einer Aktie resultierenden Rechte können jedoch nur gemeinschaftlich ausgeübt werden (§ 266 II, III; → § 266 Rn. 6).

§ 281 Benachrichtigung der Anteilsinhaber; Veräußerung von Aktien; Hauptversammlungsbeschlüsse

(1) **Auf die Benachrichtigung der Anteilsinhaber durch die Gesellschaft, auf die Aufforderung von Aktionären zur Abholung der ihnen zustehenden Aktien und auf die Veräußerung nicht abgeholter Aktien sind die §§ 267 und 268 entsprechend anzuwenden.**

(2) **Auf Beschlüsse der Hauptversammlung der Gesellschaft neuer Rechtsform sowie auf eine Ermächtigung des Vertretungsorgans zur Erhöhung des Grundkapitals ist § 269 entsprechend anzuwenden.**

Abfindungsangebot 1 § 282 UmwG A

1. Benachrichtigung

Nach **Abs. 1** ist auf die **Benachrichtigung der Anteilsinhaber** § 267 entsprechend anzuwenden. Ebenso wie beim Formwechsel einer eG hat damit das Vertretungsorgan der Ges neuer Rechtsform (GmbH, AG oder KGaA) jedem Anteilsinhaber unverzüglich („ohne schuldhaftes Zögern"; § 123 BGB) nach der Bekanntmachung der Eintragung der Ges in das Register (§ 198) den Inhalt der Bekanntmachung und die individuelle Beteiligung **schriftlich mitzuteilen** (§ 267 I 1). Der wesentliche Inhalt der schriftlichen Mitteilung ist zugleich in den GesBl. bekannt zu machen (§ 267 II 1). In der schriftlichen Mitteilung, nicht jedoch zwingend in der Bekanntmachung, ist auf die **Vorschriften über Teilrechte** in § 266 hinzuweisen (§ 267 I 2, II 2). Vgl. zur Bekanntmachung die Komm. zu § 267. 1

2. Verfahren zur Aktienausgabe

Nach **Abs. 1** ist ferner **§ 268** entsprechend anzuwenden. § 268 regelt das **Verfahren zur Abholung der Aktien** nach Wirksamwerden eines Formwechsels in eine AG oder KGaA. Die Aktionäre sind zunächst in der Mitteilung nach § 267 I und in der Bekanntmachung nach § 267 II (arg. § 268 I 3) zur Abholung der ihnen zustehenden Aktien aufzufordern. Kommen die Aktionäre der Aufforderung nicht nach, so können die Aktien nach einem Hinweis auf das Verfahren (§ 268 I 2) und dreimaliger Androhung (§ 268 II) zum amtlichen Börsenpreis oder durch öffentliche Versteigerung veräußert werden (§ 268 III). Wegen Einzelheiten des Verfahrens vgl. die Komm. zu § 268. 2

3. Hauptversammlungsbeschlüsse in der Übergangszeit

Abs. 2 bestimmt, dass beim Formwechsel eines rechtsfähigen Vereins in eine AG oder KGaA **§ 269 entsprechend** anzuwenden ist. Danach kann die HV Beschlüsse erst fassen, wenn die Nennbeträge der abgeholten oder nach § 268 III veräußerten Aktien **mindestens 60% des Grundkapitals** erreichen. Sinn der Regelung ist, eine **Mindestbesetzung der HV** zu gewährleisten. Damit soll einem möglichen Missbrauch durch Beschlüsse auf im unmittelbaren Anschluss an das Wirksamwerden des Formwechsels stattfindenden HV begegnet werden. Bis zur Abholung oder Veräußerung von Aktien im Nennbetrag von mindestens 60% des gesamten Grundkapitals darf der Vorstand oder die phG auch von einer **Ermächtigung zur Erhöhung des Grundkapitals** keinen Gebrauch machen (§ 269 S. 2), → § 269 Rn. 2. 3

§ 282 Abfindungsangebot

(1) Auf das Abfindungsangebot nach § 207 Abs. 1 Satz 1 ist § 270 Abs. 1 entsprechend anzuwenden.

(2) Absatz 1 und die §§ 207 bis 212 sind auf den Formwechsel eines eingetragenen Vereins, der nach § 5 Abs. 1 Nr. 9 des Körperschaftsteuergesetzes von der Körperschaftsteuer befreit ist, nicht anzuwenden.

1. Schriftlicher Widerspruch

Voraussetzung für das **Ausscheiden gegen Barabfindung** ist nach § 207 I 1, dass der Anteilsinhaber gegen den Formwechselbeschluss Widerspruch zur Niederschrift erklärt (dazu iE → § 207 Rn. 4). Dem **Widerspruch zur Niederschrift** steht es gleich, wenn ein nicht erschienenes Mitglied zur Mitgliederversammlung zu Unrecht nicht zugelassen oder die Mitgliederversammlung nicht ordnungsgemäß einberufen oder der Gegenstand der Beschlussfassung nicht ordnungsgemäß bekannt 1 gemacht worden ist (§ 207 II, § 29 II; hierzu iE → § 207 Rn. 5 und → § 29 Rn. 17). Entsprechend der Regelung beim Formwechsel einer eG besteht darüber hinaus für diejenigen Mitglieder die Möglichkeit, gegen Barabfindung auszuscheiden, die dem Formwechsel bis zum Ablauf des dritten Tages vor dem Tage, an dem der Formwechselbeschluss gefasst worden ist, **durch eingeschriebenen Brief widersprochen** haben. § 282 I verweist insofern auf § 270 I, der entsprechend anzuwenden ist. Zum schriftlichen Widerspruch → § 275 Rn. 4 und → § 262 Rn. 6–8.

2. Gemeinnützige Vereine

2   Beim **Formwechsel eines gemeinnützigen,** mildtätigen oder kirchlichen Zwecken dienenden **Vereins** (§ 5 I Nr. 9 KStG; dazu Semler/Stengel/Leonard/Katschinski Rn. 4, 5, dort auch zum angehängten wirtschaftlichen Geschäftsbetrieb; beim Formwechsel unter Beteiligung eines gemeinnützigen Vereins ist besondere Aufmerksamkeit geboten, vgl. Lutz BWNotZ 2013, 106; Schwenn npoR 2017, 192 (193)) besteht für die Mitglieder keine Möglichkeit, gegen Barabfindung auszuscheiden. **Abs. 2** schließt die Anwendung von Abs. 1 und §§ 207 ff. aus. Damit soll eine **Bereicherung der Mitglieder durch Auskehrung von Vereinsvermögen,** das bei derartigen Vereinen oftmals durch Zuwendungen der öffentlichen Hand oder von privater Seite finanziert worden ist, verhindert werden (Bericht des Rechtsausschusses des BT BT-Drs. 12/7850 zu § 104a; NK-UmwR/Althoff/Narr Rn. 4; Semler/Stengel/Leonard/Katschinski Rn. 3; Kölner Komm UmwG/Leuering Rn. 2). Die Vorschrift entspricht damit nach Inhalt, Sinn und Zweck § 104a.

Dritter Unterabschnitt. Formwechsel in eine eingetragene Genossenschaft

§ 283 Vorbereitung und Durchführung der Mitgliederversammlung

(1) ¹Auf die Vorbereitung der Mitgliederversammlung, die den Formwechsel beschließen soll, sind die §§ 229 und 230 Abs. 2 Satz 1 und 2, § 231 Satz 1 und § 260 Abs. 1 entsprechend anzuwenden. ²§ 192 Abs. 2 bleibt unberührt.

(2) **Auf die Mitgliederversammlung, die den Formwechsel beschließen soll, ist § 239 Abs. 1 Satz 1 und Abs. 2 entsprechend anzuwenden.**

1   Die Vorschrift entspricht inhaltlich § 274. Auf die Komm. dort wird verwiesen.

§ 284 Beschluß der Mitgliederversammlung

¹Der Formwechselbeschluss der Mitgliederversammlung bedarf, wenn der Zweck des Rechtsträgers geändert werden soll (§ 33 Abs. 1 Satz 2 des Bürgerlichen Gesetzbuchs) oder wenn die Satzung der Genossenschaft eine Verpflichtung der Mitglieder der Genossenschaft zur Leistung von Nachschüssen vorsieht, der Zustimmung aller anwesenden Mitglieder; ihm müssen auch die nicht erschienenen Mitglieder zustimmen. ²Im übrigen ist § 275 Abs. 2 entsprechend anzuwenden.

1   § 284 regelt **Mehrheitsverhältnisse und Zustimmungsvorbehalte** für den Formwechsel eines rechtsfähigen Vereins in eine eG. Inhaltlich lehnt sich die Vorschrift weitgehend an § 275 an. Gem. **§ 284 S. 2** ist § 275 II entsprechend anzuwenden. Der Umwandlungsbeschluss bedarf daher einer **Mehrheit von mindestens drei Vierteln der abgegebenen Stimmen,** es sei denn, eine qualifizierte Minder-

heit hat dem Formwechsel vor der Mitgliederversammlung schriftlich widersprochen oder die Satzung sieht erschwerende Anforderungen vor (iE hierzu → § 275 Rn. 4 f.).

Der Formwechselbeschluss bedarf der **Zustimmung aller Mitglieder** (der 2 erschienenen und der nicht erschienenen), sofern anlässlich des Formwechsels der **Zweck des Rechtsträgers geändert** werden soll (**§ 284 S. 1 Alt. 1**). Die Regelung entspricht der von § 275 I (zu Einzelheiten → § 275 Rn. 2). Darüber hinaus ist beim Formwechsel eines rechtsfähigen Vereins in eine eG Einstimmigkeit erforderlich, wenn die **Satzung der eG** eine Verpflichtung der Mitglieder zur Leistung von **Nachschüssen** (vgl. § 6 Nr. 3 GenG) vorsieht (**§ 284 S. 1 Alt. 2**). Die Regelung bezweckt ebenso wie § 252 I, dass der Eintritt eines **persönlichen Haftungsrisikos für die Mitglieder** nur mit deren Einverständnis erfolgen kann (näher → § 252 Rn. 3 ff.).

§ 285 Inhalt des Formwechselbeschlusses

(1) **Auf den Formwechselbeschluss ist auch § 253 Abs. 1 und Abs. 2 Satz 1 entsprechend anzuwenden.**

(2) **Sollen bei der Genossenschaft nicht alle Mitglieder mit der gleichen Zahl von Geschäftsanteilen beteiligt werden, so darf die unterschiedlich hohe Beteiligung nur nach einem oder mehreren der in § 276 Abs. 2 Satz 1 bezeichneten Maßstäbe festgesetzt werden.**

§ 285 ergänzt § 194 und stellt weitere Anforderungen an den **Inhalt des Form-** 1 **wechselbeschlusses** auf. Die Regelung orientiert sich zunächst am Formwechsel einer KapGes in eine eG, indem nach **Abs. 1** § 253 I, II 1 entsprechend anzuwenden ist. Der **Formwechselbeschluss muss** damit auch die **Satzung der eG enthalten,** deren **Unterzeichnung** durch die Mitglieder allerdings entbehrlich ist (§ 253 I 2; auch → § 253 Rn. 1).

Der Formwechselbeschluss eines Vereins in eine eG muss die Beteiligung jedes 2 Vereinsmitglieds mit **mindestens einem Geschäftsanteil** vorsehen (**Abs. 1 iVm § 253 II 1**). Darüber hinaus kann aber auch bestimmt werden, dass einzelne oder alle (künftigen) Mitglieder der eG weitere Geschäftsanteile erhalten. Denn nach **Abs. 2** können die Mitglieder an der eG auch mit **unterschiedlich vielen Geschäftsanteilen** beteiligt werden. Da eine Vereinsmitgliedschaft im Allg. keine Beteiligung am Vereinsvermögen vermittelt, taucht in diesem Fall allerdings die Problematik auf, welcher **Maßstab für die Verteilung der Geschäftsanteile** heranzuziehen ist. Abs. 2 bestimmt hierzu, dass eine unterschiedlich hohe Beteiligung nur nach einem oder mehreren der in § 276 II 1 abschl. bezeichneten Maßstäbe festgesetzt werden darf (zu den Maßstäben → § 276 Rn. 5).

§ 286 Anmeldung des Formwechsels

Auf die Anmeldung nach § 198 sind die §§ 254 und 278 Abs. 2 entsprechend anzuwenden.

§ 286 regelt die **Anmeldung des Formwechsels eines rechtsfähigen Vereins** 1 **in eine eG** durch Verweisung auf § 254 (Formwechsel KapGes in eG). Anders als beim Formwechsel in eine KapGes (vgl. § 278 I) erfolgt die **Anmeldung durch das Vertretungsorgan des formwechselnden Vereins,** also durch den Vorstand (§ 254 I). Die Mitglieder des Vorstands der eG sind zugleich mit der eG zur Eintragung in das Register anzumelden (§ 254 II). Vgl. näher die Komm. zu § 254.

§ 278 II findet bei der Anmeldung des Formwechsels eines rechtsfähigen Vereins 2 in eine eG entsprechende Anwendung. Bedeutung hat dies für einen **wirtschaftli-**

chen Verein, der nicht nach § 33 HGB im HR eingetragen ist (zur einschränkenden Auslegung von § 278 II → § 278 Rn. 2). Mangels einer bisher bestehenden Registereintragung ist in diesem Fall der bevorstehende Formwechsel vom Vorstand des formwechselnden Vereins **bekannt zu machen**. Die Bekanntmachung ist Voraussetzung für die Eintragung des Rechtsträgers in der Rechtsform der eG (näher hierzu → § 278 Rn. 2).

§ 287 *(aufgehoben)*

§ 288 Wirkungen des Formwechsels

(1) ¹**Jedes Mitglied, das die Rechtsstellung eines Mitglieds der Genossenschaft erlangt, ist bei der Genossenschaft nach Maßgabe des Formwechselbeschlusses beteiligt.** ²**Eine Verpflichtung zur Übernahme weiterer Geschäftsanteile bleibt unberührt.** ³**§ 255 Abs. 1 Satz 3 ist entsprechend anzuwenden.**

(2) **Das Gericht darf eine Auflösung der Genossenschaft von Amts wegen nach § 80 des Genossenschaftsgesetzes nicht vor Ablauf eines Jahres seit dem Wirksamwerden des Formwechsels aussprechen.**

1. Beteiligung der Genossen

1   Mit Wirksamwerden des Formwechsels (vgl. § 202) erlangt jedes Mitglied **nach Maßgabe der Bestimmungen des Formwechselbeschlusses** die Rechtsstellung eines Mitglieds der eG. Ob das Mitglied mit einem oder mit mehreren Geschäftsanteilen beteiligt ist, hängt von den Festsetzungen im Formwechselbeschluss ab (→ § 285 Rn. 2). Darüber hinaus kann die **Satzung der eG** eine Verpflichtung zur Übernahme weiterer Geschäftsanteile vorsehen. Eine entsprechende Satzungsbestimmung bleibt durch die Wirkungen nach **Abs. 1 S. 2** unberührt. Die **Surrogation** von an den bisherigen Mitgliedschaften bestehenden Rechten Dritter richtet sich nach **§ 255 I 3**. Voraussetzung für das Bestehen von Rechten Dritter ist, dass bei dem Verein übertragbare Anteile bestanden. Die Rechte setzen sich am Geschäftsguthaben des Mitglieds fort. Abs. 1 entspricht damit § 255 I (zu Einzelheiten → § 255 Rn. 1–6).

2. Auflösung der Genossenschaft

2   Vorschriften, die eine **Mindestzahl von Gründern** vorschreiben, stehen einem Formwechsel nicht entgegen (§ 197 S. 2). **§ 4 GenG** ist also nicht anwendbar (mindestens drei Mitglieder; die Mindestzahl von fünf Genossen ist aber wegen der Organbesetzung bei der eG faktisch nicht unterschreitbar, vgl. Semler/Stengel/Leonard/Bonow § 255 Rn. 14). Sofern jedoch die Anzahl von drei Mitgliedern **nachhaltig** unterschritten wird, sieht § 80 GenG die **Auflösung der eG** auf Antrag des Vorstands oder von Amts wegen vor. **Abs. 2** räumt insoweit eine **Karenzzeit von einem Jahr** ein. In diesem Zeitraum muss die eG sich bemühen, weitere Genossen zu gewinnen. Abs. 2 ist praktisch bedeutungslos.

§ 289 Geschäftsguthaben; Benachrichtigung der Mitglieder

(1) *Jedem Mitglied der Genossenschaft kann als Geschäftsguthaben auf Grund des Formwechsels höchstens der Nennbetrag der Geschäftsanteile gutgeschrieben werden, mit denen es bei der Genossenschaft beteiligt ist.*

(2) § 256 Abs. 3 ist entsprechend anzuwenden.

1. Höhe des Geschäftsguthabens

Abs. 1 legt den **Höchstbetrag des Geschäftsguthabens** fest, das jedem Mitglied aufgrund des Formwechsels gutgeschrieben werden kann. Unter **Geschäftsguthaben** versteht man den Betrag, der tatsächlich auf den oder die Geschäftsanteile eingezahlt ist (vgl. Lang/Weidmüller/Holthaus/Lehnhoff GenG § 7 Rn. 5 ff.). Es repräsentiert die Beteiligung des einzelnen Mitglieds am Vermögen der eG. Sollen die Mitglieder am Vermögen der aus dem Formwechsel hervorgehenden eG vollständig beteiligt sein, muss die Summe aller Geschäftsguthaben dem Reinvermögen zum BW entsprechen. Wegen **Abs. 1** muss in diesem Fall die Summe der Nennbeträge aller Geschäftsanteile ebenfalls dem Reinvermögen entsprechen. Da eine Vereinsmitgliedschaft im Allg. keine Beteiligung am Vereinsvermögen vermittelt, kann die Summe der Geschäftsguthaben auch niedriger als das Reinvermögen der eG festgesetzt werden (RegEBegr. BR-Drs. 75/94 zu § 289).

2. Benachrichtigung der Genossen

Nach **Abs. 2** ist § 256 III entsprechend anzuwenden. Die eG hat danach jedem Mitglied unverzüglich nach der Bekanntmachung der Eintragung der eG in das Register den **Betrag seines Geschäftsguthabens,** den Betrag und die Zahl der **Geschäftsanteile,** mit denen er bei der eG beteiligt ist, den Betrag der von dem Mitglied nach Anrechnung seines Geschäftsguthabens **noch zu leistenden Einzahlung** (die 2. Alt. von § 256 III Nr. 3 kann nach Abs. 1 nicht verwirklicht sein, wie hier Lutter/Krieger/Göthel Rn. 5; Semler/Stengel/Leonard/Katschinski Rn. 8; NK-UmwR/Althoff/Narr Rn. 3; Kölner Komm UmwG/Leuering Rn. 3) und den **Betrag der Haftsumme** der eG, sofern die Gen Nachschüsse bis zu einer Haftsumme zu leisten haben, **mitzuteilen** (hierzu → § 256 Rn. 6, 7).

§ 290 Abfindungsangebot

Auf das Abfindungsangebot nach § 207 Abs. 1 Satz 2 sind § 270 Abs. 1 sowie § 282 Abs. 2 entsprechend anzuwenden.

Beim Formwechsel eines rechtsfähigen Vereins in eine eG bestimmt sich das Abfindungsangebot nach § 207 I 2, da die eG keine eigenen Anteile erwerben kann. IÜ entspricht die Vorschrift § 282. Vgl. dort.

Fünfter Abschnitt. Formwechsel von Versicherungsvereinen auf Gegenseitigkeit

§ 291 Möglichkeit des Formwechsels

(1) **Ein Versicherungsverein auf Gegenseitigkeit, der kein kleinerer Verein im Sinne des § 210 des Versicherungsaufsichtsgesetzes ist, kann auf Grund eines Formwechselbeschlusses nur die Rechtsform einer Aktiengesellschaft erlangen.**

(2) **Der Formwechsel ist nur möglich, wenn auf jedes Mitglied des Vereins, das an der Aktiengesellschaft beteiligt wird, mindestens eine volle Aktie entfällt.**

1. Zielrechtsform AG, Abs. 1

Abs. 1 eröffnet für den **VVaG nur die Möglichkeit des Formwechsels in eine AG (Versicherungs-AG).** Damit wird § 191 I, II für den VVaG wesentlich eingeschränkt. Grund dafür, als Rechtsträger neuer Rechtsform nicht auch die übrigen KapGes (vgl. zB § 258 I) GmbH und KGaA zuzulassen, ist **§ 8 II VAG;** danach darf die zum Geschäftsbetrieb notwendige Erlaubnis der Aufsichtsbehörde nur an AG, VVaG und Körperschaften und Anstalten des öffentlichen Rechts erteilt werden. Vgl. zur wirtschaftlichen Bedeutung von VVaG und Versicherungs-AG ausf. Kölner Komm UmwG/Beckmann Vor §§ 291 ff. Rn. 1 ff.

2   Formwechselnder Rechtsträger darf nur ein **großer VVaG** sein (zur Zulassung eines kleineren Vereins durch Aufhebung des Bescheids nach § 210 VAG noch vor dem Formwechsel vgl. Widmann/Mayer/Vossius Rn. 6); denn der bestimmungsgemäß sachlich, örtlich oder dem Personenkreis nach eng begrenzte Wirkungskreis des kleineren VVaG lässt sich nach der Vorstellung des Gesetzgebers nicht mit der Umwandlungsmöglichkeit „Formwechsel in eine AG" vereinbaren. Insbes. soll verhindert werden, dass kleinere Vereine allein durch den Formwechsel in eine Versicherungs-AG in vollem Umfang der Versicherungsaufsicht unterstellt werden (Semler/Stengel/Leonard/Niemeyer Rn. 4; Schmid, Bestandsübertragung und Umwandlung von Versicherungsunternehmen, 2010, Rn. 1354).

3   Das ursprünglich in § 385d VII AktG aF enthaltene **Genehmigungserfordernis** findet sich nun in § 14 VAG.

2. Beteiligung am Rechtsträger neuer Rechtsform, Abs. 2

4   Der Formwechsel eines großen VVaG in eine Versicherungs-AG ist nur möglich, wenn auf jedes Mitglied des Vereins, das an der AG beteiligt wird, **mindestens eine volle Aktie** entfällt, **Abs. 2.** Dies bereitet in der Praxis wegen des Mindestbetrags von § 8 II, III AktG keine Probleme.

§ 292 Vorbereitung und Durchführung der Versammlung der obersten Vertretung

(1) **Auf die Vorbereitung der Versammlung der obersten Vertretung, die den Formwechsel beschließen soll, sind die §§ 229 und 230 Abs. 2 Satz 1 und 2, § 231 Satz 1 und § 260 Abs. 1 entsprechend anzuwenden.**

(2) **Auf die Durchführung der Versammlung der obersten Vertretung, die den Formwechsel beschließen soll, ist § 239 Abs. 1 Satz 1 und Abs. 2 entsprechend anzuwenden.**

1. Vorbereitung der Versammlung der obersten Vertretung (Abs. 1)

1   Abs. 1 verweist auf die entsprechende Anwendung von § 230 II 1, 2, § 231 S. 1 und § 260 I; die Verweisung auf § 229 ist obsolet. Damit wird klar, dass für die **Vorbereitung der Versammlung der obersten Vertretung** grds. dasselbe Verfahren wie für die Vorbereitung der HV einer formwechselnden AG oder KGaA gilt (vgl. auch Begr. RegE, BR-Drs. 75/94 zu § 292; vgl. zum Ablauf des Formwechsels Widmann/Mayer/Vossius § 291 Rn. 17–25). Abs. 1 ist inhaltsgleich mit § 274 I 1. Wie beim formwechselnden rechtsfähigen Verein und bei der formwechselnden eG darf die **schriftliche Mitteilung des Abfindungsangebots** iRv Abs. 1 nicht durch eine Bekanntmachung im BAnz. oder in anderen Blättern ersetzt werden (vgl. Begr. RegE, BR-Drs. 75/94 zu § 292).

2. Durchführung der Versammlung der obersten Vertretung (Abs. 2)

2   Auf die **Durchführung der Versammlung der obersten Vertretung,** die den Formwechsel beschließen soll, ist § 239 I 1, II (→ § 274 Rn. 7 mwN) entsprechend

anzuwenden **(Abs. 2)**. Die dort enthaltenen **besonderen Informationspflichten** wurden für die Durchführung der Versammlung der obersten Vertretung beim Formwechsel eines VVaG durch die Umwandlungsreform neu eingeführt; aus Gründen der Harmonisierung und wegen der gewünschten Gleichbehandlung von Anteilsinhabern mit geringen Einflussmöglichkeiten (vgl. § 274 II für Vereinsmitglieder) wurde auch für die oberste Vertretung die notwendige Transparenz geschaffen. Vgl. iÜ → § 239 Rn. 1 ff.

§ 293 Beschluß der obersten Vertretung

¹**Der Formwechselbeschluss der obersten Vertretung bedarf einer Mehrheit von mindestens drei Vierteln der abgegebenen Stimmen.** ²**Er bedarf einer Mehrheit von neun Zehnteln der abgegebenen Stimmen, wenn spätestens bis zum Ablauf des dritten Tages vor der Versammlung der obersten Vertretung wenigstens hundert Mitglieder des Vereins durch eingeschriebenen Brief Widerspruch gegen den Formwechsel erhoben haben.** ³**Die Satzung kann größere Mehrheiten und weitere Erfordernisse bestimmen.**

Die **Mehrheit für die Versammlung der obersten Vertretung** (vgl. § 191 VAG iVm den Vorschriften über die HV der AG) bemisst sich danach, ob bis zum Ablauf des dritten Tages vor der Versammlung der obersten Vertretung wenigstens 100 Mitglieder des Vereins durch eingeschriebenen Brief Widerspruch erhoben haben (dann **Neunzehntelmehrheit**) oder nicht (dann **Dreiviertelmehrheit**, § 293 S. 1). Die Vorschrift entspricht bis auf die Privilegierung für kleine eG mit weniger als 1000 Mitgliedern (dieser Fall kommt beim VVaG praktisch nicht vor, zutr. Widmann/Mayer/Vossius Rn. 4) der Vorschrift von § 262 I, auf die Erläuterung dort wird verwiesen. Gem. § 300 ist § 270 I entsprechend anzuwenden. Dies führt dazu, dass der im eingeschriebenen Brief enthaltene **Widerspruch** auch die Möglichkeit zur Annahme des **Barabfindungsangebotes** eröffnet.

1

§ 294 Inhalt des Formwechselbeschlusses

(1) ¹**Auf den Formwechselbeschluss sind auch § 218 Abs. 1 und § 263 Abs. 3 Satz 2 und 3 entsprechend anzuwenden.** ²**In dem Formwechselbeschluss kann bestimmt werden, daß Mitglieder, die dem formwechselnden Verein weniger als drei Jahre vor der Beschlußfassung über den Formwechsel angehören, von der Beteiligung an der Aktiengesellschaft ausgeschlossen sind.**

(2) ¹**Das Grundkapital der Aktiengesellschaft ist in der Höhe des Grundkapitals vergleichbarer Versicherungsunternehmen in der Rechtsform der Aktiengesellschaft festzusetzen.** ²**Würde die Aufsichtsbehörde einer neu zu gründenden Versicherungs-Aktiengesellschaft die Erlaubnis zum Geschäftsbetrieb nur bei Festsetzung eines höheren Grundkapitals erteilen, so ist das Grundkapital auf diesen Betrag festzusetzen, soweit dies nach den Vermögensverhältnissen des formwechselnden Vereins möglich ist.** ³**Ist eine solche Festsetzung nach den Vermögensverhältnissen des Vereins nicht möglich, so ist der Nennbetrag des Grundkapitals so zu bemessen, daß auf jedes Mitglied, das die Rechtsstellung eines Aktionärs erlangt, möglichst volle Aktien entfallen.**

(3) **Die Beteiligung der Mitglieder am Grundkapital der Aktiengesellschaft darf, wenn nicht alle Mitglieder einen gleich hohen Anteil erhalten sollen, nur nach einem oder mehreren der folgenden Maßstäbe festgesetzt werden:**

1. die Höhe der Versicherungssumme;
2. die Höhe der Beiträge;
3. die Höhe der Deckungsrückstellung in der Lebensversicherung;
4. der in der Satzung bestimmte Maßstab für die Verteilung des Überschusses;
5. ein in der Satzung bestimmter Maßstab für die Verteilung des Vermögens;
6. die Dauer der Mitgliedschaft.

1. Satzungsinhalt, Beteiligung als Aktionär, Abs. 1

1 **Abs. 1 S. 1** ist eine reine Verweisungsvorschrift. Im Formwechselbeschluss (§ 193) muss auch die **Satzung der Versicherungs-AG** festgestellt werden (Abs. 1 S. 1 iVm § 218 I; iÜ → § 218 Rn. 3–5). Die Beteiligung der Vereinsmitglieder als künftige Aktionäre (**Umqualifizierung**, § 202 I Nr. 2) ist durch Abs. 1 S. 1 iVm § 263 III 2, 3 reglementiert; bei der Festsetzung des Nennbetrags der Aktie darf ein höherer Betrag als der Mindestbetrag nur festgelegt werden, wenn dadurch **keine Teilrechte** entstehen. Vgl. zum Bezugsrechtsausschluss (Abs. 1 S. 1 iVm § 263 III 3) → § 263 Rn. 11; die Mitglieder werden so vor ungewünschter Verwässerung geschützt (Widmann/Mayer/Vossius Rn. 6).

2 **Abs. 1 S. 2** sieht die Möglichkeit vor, **Mitglieder von der Beteiligung an der AG auszuschließen**, sie also nicht an den Wirkungen des Formwechsels (§ 202 I Nr. 2) teilnehmen zu lassen. Diese Ausnahme zu § 194 I Nr. 3, 4 (→ § 194 Rn. 5) ist durch die **Besonderheit der Mitgliedschaft beim VVaG** gerechtfertigt. Im Gegensatz zur Anteilsinhaberschaft bei einem anderen Rechtsträger iSv § 191 I obliegt es dem Gesetzgeber, die Anforderungen zu bestimmen, die dem Mitglied des VVaG erst einen Besitzstand verleihen; **vor Ablauf von drei Jahren** ist die dauerhafte Interessenverbindung zwischen Mitglied und Verein als noch nicht gegeben anzusehen (diese Entscheidung des Gesetzgebers wird wegen Art. 14 I GG zT sehr krit. gesehen, Nachw. bei Widmann/Mayer/Vossius Rn. 9; vgl. ausf. Lutter/Wilm Rn. 10, 11).

2. Festsetzung des Grundkapitals, Abs. 2

3 Anders als im Normalfall (→ § 197 Rn. 18) beschränkt **Abs. 2** die Entscheidung der Mitglieder des VVaG iRd Formwechselbeschlusses nach §§ 193, 194 dahin, dass die **Höhe des Grundkapitals der Versicherungs-AG** nicht frei festgelegt werden kann. In der Satzung (Abs. 1 S. 1 iVm § 218 I) ist die Höhe des Grundkapitals der Versicherungs-AG nach den für Versicherungsunternehmen üblichen Grds. festzulegen, **Abs. 2 S. 1**. Maßstab für die Wahl des korrekten Betrages ist – wie sich aus **Abs. 2 S. 2** mittelbar ergibt – die ständige Übung der Aufsichtsbehörde bei der Beurteilung der ausreichenden Eigenmittel nach Maßgabe der KapitalausstattungsVO (vgl. Lutter/Wilm Rn. 4 ff.; Semler/Stengel/Leonard/Niemeyer Rn. 7 ff. jew. mwN; krit. Widmann/Mayer/Vossius Rn. 40). Ist eine solche Festsetzung nach den Vermögensverhältnissen des Vereins nicht möglich, gilt **Abs. 2 S. 3**, eine **Unterpariemission** kommt nicht in Betracht (§ 295).

3. Beteiligungsmaßstab, Abs. 3

4 Abs. 3 regelt die **Verteilung der Anteile an der Versicherungs-AG**. Grundregel ist die wertmäßig gleiche Gewährung von Aktien an die Mitglieder; ein **anderer Beteiligungsmaßstab** darf sich in den Grenzen des Gleichbehandlungsgrundsatzes (Widmann/Mayer/Vossius Rn. 33, 34 mwN) nur nach Maßgabe der (auch kombinierbaren) Kriterien von Abs. 3 Nr. 1–6 richten; iÜ → § 181 Rn. 4 sowie Widmann/Mayer/Vossius Rn. 24 ff.; Lutter/Wilm Rn. 14–17.

Benachrichtigung; Veräußerung; u.a. **§ 299 UmwG A**

§ 295 Kapitalschutz

Bei der Anwendung der Gründungsvorschriften des Aktiengesetzes ist auch § 264 Abs. 1 und 3 entsprechend anzuwenden.

Die § 277 entsprechende Vorschrift verhindert eine **materielle Unterpariemission**. Das Reinvermögen des formwechselnden Rechtsträgers VVaG muss mindestens dem festgesetzten Grundkapital der Versicherungs-AG entsprechen (→ § 264 Rn. 4, 5). Die Einhaltung dieses Gebots wird durch sachverständige Prüfer iRd **Gründungsprüfung** von § 33 II AktG kontrolliert. Die Mitglieder des Versicherungsvereins sind aber von der **Verantwortlichkeit als Gründer** (→ § 219 Rn. 2) freigestellt (vgl. RegEBegr. BR-Drs. 75/94 zu § 295; das ist ohne Frage richtig, weil zum einen richtlinienkonform – dazu Widmann/Mayer/Vossius Rn. 10 ff. –, und zum anderen gerecht, gerade wenn man bedenkt, dass die Differenzhaftung selbst „normalen" Aktionären erspart bleibt, wenn sie faktisch keinen Einfluss haben, → § 245 Rn. 5 mwN). 1

§ 296 Anmeldung des Formwechsels

Auf die Anmeldung nach § 198 ist § 246 Abs. 1 und 2 entsprechend anzuwenden.

§ 296 iVm § 246 I, II schreibt die Verpflichtung des Vorstands der VVaG fest, die **Anmeldung nach § 198** vorzunehmen. Hierbei sind **auch die Vorstandsmitglieder der Versicherungs-AG** zur Eintragung in das Register anzumelden. Zur Beifügung des Genehmigungsbescheides nach § 14 VAG vgl. Widmann/Mayer/Vossius Rn. 7 mwN; iÜ → § 246 Rn. 1 ff. 1

§ 297 *(aufgehoben)*

§ 298 Wirkungen des Formwechsels

¹Durch den Formwechsel werden die bisherigen Mitgliedschaften zu Aktien und Teilrechten. ²§ 266 Abs. 1 Satz 2, Abs. 2 und 3 ist entsprechend anzuwenden.

Bereits § 291 II macht deutlich, dass die Umqualifizierung der Mitgliedschaft beim formwechselnden VVaG (vgl. § 202 I Nr. 2 S. 1) auch zur Erlangung eines Teilrechts führen kann (iÜ ausf. → § 266 Rn. 5 ff.). 1

§ 299 Benachrichtigung der Aktionäre; Veräußerung von Aktien; Hauptversammlungsbeschlüsse

(1) **Auf die Benachrichtigung der Aktionäre durch die Gesellschaft ist § 267, auf die Aufforderung zur Abholung der ihnen zustehenden Aktien und auf die Veräußerung nicht abgeholter Aktien ist § 268 entsprechend anzuwenden.**

(2) **¹Auf Beschlüsse der Hauptversammlung der Aktiengesellschaft sowie auf eine Ermächtigung des Vorstandes zur Erhöhung des Grundkapitals ist § 269 entsprechend anzuwenden. ²Die Aufsichtsbehörde kann Ausnahmen von der entsprechenden Anwendung des § 269 Satz 1 zulassen, wenn dies erforderlich ist, um zu verhindern, daß der Aktiengesellschaft erhebliche Nachteile entstehen.**

Rinke 1187

A UmwG § 301 1–3

1 Abs. 1 ist reine Verweisungsvorschrift. Auf die Komm. zu §§ 267, 268 wird vollinhaltlich verwiesen.
2 Gleiches gilt für die Verweisung auf § 269 in **Abs. 2 S. 1**. Anders als bei dieser Norm (→ § 269 Rn. 1) ermöglicht **Abs. 2 S. 2** die Erteilung einer **Ausnahmebewilligung durch die Aufsichtsbehörde.** Der Dispens von § 269 S. 1 ist nur für die Ausnahmefälle vorgesehen, bei denen das Verbot zur Fassung von Grundlagenbeschlüssen durch die HV der AG zu **schwerwiegenden Nachteilen** für die Ges führen kann.

§ 300 Abfindungsangebot

Auf das Abfindungsangebot nach § 207 Abs. 1 Satz 1 ist § 270 Abs. 1 entsprechend anzuwenden.

1 § 300 ist inhaltsgleich mit § 282 I (iÜ → § 270 Rn. 1, 2).

Sechster Abschnitt. Formwechsel von Körperschaften und Anstalten des öffentlichen Rechts

§ 301 Möglichkeit des Formwechsels

(1) Soweit gesetzlich nichts anderes bestimmt ist, kann eine Körperschaft oder Anstalt des öffentlichen Rechts durch Formwechsel nur die Rechtsform einer Kapitalgesellschaft erlangen.

(2) Der Formwechsel ist nur möglich, wenn die Körperschaft oder Anstalt rechtsfähig ist und das für sie maßgebende Bundes- oder Landesrecht einen Formwechsel vorsieht oder zuläßt.

1. Formwechselmöglichkeiten

1 **Körperschaften und Anstalten des öffentlichen Rechts** können nach § 191 I Nr. 6 formwechselnde Rechtsträger sein. Zum Begriff der Körperschaft und Anstalt des öffentlichen Rechts → § 191 Rn. 30; Rau/Dürrwächter/Stadie UStG § 2 Rn. 1173 ff.; Lutter/Schmidt Rn. 4 mwN; Kölner Komm UmwG/Leuering Rn. 5; zu den Motiven für einen Formwechsel Widmann/Mayer/Vossius Rn. 5, 6. Stiftungen der öffentlichen Hand sind auch dann, wenn sie als öffentlich-rechtliche Stiftungen organisiert sind, von einem Umw ausgeschlossen, vgl. Widmann/Mayer/Vossius Rn. 21 und ausf. zu möglichen Gestaltungen Hoffmann-Grambow DZWiR 2015, 301 mwN. **Abs. 2** schränkt die Zulässigkeit des Formwechsels von Körperschaften oder Anstalten des öffentlichen Rechts allerdings in zweifacher Hinsicht wieder ein: Zum einen muss die Körperschaft oder Anstalt rechtsfähig sein, zum anderen muss das maßgebende Bundes- oder Landesrecht einen Formwechsel vorsehen oder zulassen (vgl. Sellmann NVwZ 2008, 817).
2 **Rechtsfähig** ist eine Körperschaft oder Anstalt des öffentlichen Rechts, wenn ihr dieser Status durch Gesetz oder sonstigen staatlichen Hoheitsakt verliehen wird (Lutter/Schmidt Rn. 6; Semler/Stengel/Leonard/Krebs Rn. 21 jew. mwN; Kölner Komm UmwG/Leuering Rn. 8). Durch die Rechtsfähigkeit wird die Körperschaft oder Anstalt des öffentlichen Rechts zur jur. Person des öffentlichen Rechts.
3 Weitere Voraussetzung ist, dass das **Bundes- oder Landesrecht** den Formwechsel *vorsieht oder wenigstens zulässt* (dazu ausf. Pauli BayVBl. 2008, 325 mwN; Beispiel für eine landesrechtliche Umwandlungsregelung BayVGH BayVBl. 2009, 760). Dieser Vorbehalt ist zunächst darin begründet, dass Körperschaften und Anstalten des öffentlichen Rechts oftmals ihre Grundlage in landesrechtlichen Vorschriften

haben. Darüber hinaus sind die Arten von Körperschaften und Anstalten des öffentlichen Rechts so vielgestaltig, dass eine generelle Formwechselfähigkeit ausscheidet (zB Rundfunkanstalten, Studentenwerk, Sparkassen [zu diesbzgl. Sondergesetzen vgl. Semler/Stengel/Leonard/Krebs Rn. 31 Fn. 85]). Es soll daher dem Landes- oder Bundesgesetzgeber vorbehalten bleiben, über die Formwechselfähigkeit der konkreten Körperschaft oder Anstalt zu entscheiden. Dieser **Sinn und Zweck** rechtfertigt auch die im Vgl. zu § 168 unterschiedliche Ausgestaltung des Gesetzesvorbehalts. Während bei der Ausgliederung von Unternehmen einer Gebietskörperschaft lediglich das maßgebende Bundes- oder Landesrecht nicht entgegenstehen darf (→ § 168 Rn. 10 ff.), verlangt § 301 II, dass das maßgebende **Bundes- oder Landesrecht den Formwechsel vorsieht oder zulässt**. In abstrakt-genereller Form ist dies regelmäßig nicht der Fall. Wie bei § 385 AktG aF sind auch jetzt regelmäßig **Sondergesetze** für die Umw im konkreten Einzelfall notwendig (zB DG-Bank-UmwG v. 13.8.1998, BGBl. 1998 I 2102; detaillierte Nachw. bei Lutter/ Schmidt Vor § 301 Rn. 2, 3). Neben der Zulassung durch Bundes- oder Landesrecht ist grds. auch die allg. immanente Schranke zu beachten, dass in der Zielrechtsform nicht ausschließlich **hoheitliche Aufgaben** wahrgenommen werden (vgl. ausf. Widmann/Mayer/Vossius Rn. 11–16), außerdem sind die Grundrechte der Mitglieder der Körperschaft bzw. der Nutzer der Anstalt zu beachten (Widmann/Mayer/ Vossius § 302 Rn. 22–27).

2. Zulässige Zielrechtsform

Die sich nach § 191 II zunächst ergebenden Formwechselmöglichkeiten werden 4 durch **Abs. 1** erheblich eingeschränkt. **Zielrechtsform** beim Formwechsel einer Körperschaft oder Anstalt des öffentlichen Rechts kann nur die **KapGes** (GmbH, AG, KGaA; § 3 I Nr. 2; nicht die UG → § 191 Rn. 32) sein. In der Tat dürfte für den Formwechsel in eine andere der von § 191 II vorgesehenen Rechtsformen zumeist kein praktisches Bedürfnis bestehen. Im Einzelfall könnte allenfalls die eG noch eine sinnvolle Zielrechtsform sein. Daher wurde auf Anregung des BR der Vorbehalt aufgenommen („soweit gesetzlich nichts anderes bestimmt ist"), dass durch **Bundes- oder Landesgesetz weitere zulässige Zielrechtsformen** bestimmt werden können. Die Gesetzgebungsorgane hatten hierbei insbes. den Formwechsel von bereits genossenschaftlich strukturierten Kreditinstituten vor Augen (BR-Drs. 12/7265 zu § 301; dazu Lutter/Schmidt Rn. 10 mwN; NK-UmwR/Althoff/ Narr Rn. 14).

§ 302 Anzuwendende Vorschriften

¹Die Vorschriften des Ersten Teils sind auf den Formwechsel nur anzuwenden, soweit sich aus dem für die formwechselnde Körperschaft oder Anstalt maßgebenden Bundes- oder Landesrecht nichts anderes ergibt. ²Nach diesem Recht richtet es sich insbesondere, auf welche Weise der Gesellschaftsvertrag oder die Satzung der Gesellschaft neuer Rechtsform abgeschlossen oder festgestellt wird, wer an dieser Gesellschaft als Anteilsinhaber beteiligt wird und welche Person oder welche Personen den Gründern der Gesellschaft gleichstehen; die §§ 28 und 29 des Aktiengesetzes sind nicht anzuwenden.

Nicht nur die Zulässigkeit des Formwechsels im Einzelfall (vgl. § 301), sondern 1 auch die **Ausgestaltung des Verfahrens** steht unter dem Vorbehalt anderslautender bundes- oder landesrechtlicher Vorschriften (**§ 302 S. 1**). Hintergrund dieser Regelung ist nicht nur die eingeschränkte Zuständigkeit des Bundesgesetzgebers, sondern

A UmwG § 303 1 Umwandlungsgesetz

auch die aufgrund der Vielfalt von Körperschaften und Anstalten des öffentlichen Rechts bestehende Notwendigkeit, **flexible Lösungen im Einzelfall** zuzulassen.

2 Diese spezialgesetzlichen Vorschriften müssen den Formwechsel in erheblichem Umfang regeln. Das Gesetz zählt beispielhaft zwar nur wenige Gegenstände für die bundes- oder landesgesetzliche Regelung auf (Art und Weise des Abschlusses des Gesellschaftsvertrages bzw. der Feststellung der Satzung; Bestimmung der Anteilsinhaber; Bestimmung der Personen, die den Gründern gleichstehen), darüber hinaus bedarf es aber zwingend weiterer Regelungen. Denn nach § 302 S. 1 finden iÜ die Vorschriften des Ersten Teils (§§ 190–213) neben §§ 301–304 Anwendung. In der spezialgesetzlichen Regelung muss daher bspw. auch bestimmt werden, ob und nach welchen Grundsätzen ein **Formwechselbericht** aufzustellen ist, ob ein **Formwechselbeschluss** vonnöten ist oder dieser durch einen anderen Hoheitsakt ersetzt wird (Lutter/Schmidt Vor § 301 Rn. 6; Semler/Stengel/Leonard/Krebs Rn. 12; Kölner Komm UmwG/Leuering Rn. 4), wer ggf. den Formwechselbeschluss fasst und ob ein **Ausscheiden gegen Barabfindung** erfolgen kann (vgl. ausf. zum Ablauf des Formwechsels Widmann/Mayer/Vossius Rn. 9–84 mwN). Entsprechende Regelungen fehlen in den §§ 301–304. Insbes. richtet sich auch die Art und Weise, wie der **Gesellschaftsvertrag** abgeschlossen wird, nach öffentlichem Recht. Daher können Gesellschaftsvertrag und Satzung durchaus durch Gesetz festgestellt werden (Lutter/Schmidt Rn. 6 f.; ausf. Semler/Stengel/Leonard/Krebs Rn. 20 ff.; so jetzt auch Widmann/Mayer/Vossius Rn. 62). Der ausdrückliche Ausschluss von §§ 28, 29 AktG in **§ 302 S. 2 Hs. 2** folgt daraus, dass sowohl die Person der Gründer als auch die Übernahme der Aktien einer gesetzlichen Regelung bedarf.

§ 303 Kapitalschutz; Zustimmungserfordernisse

(1) **Außer den für die neue Rechtsform maßgebenden Gründungsvorschriften ist auch § 220 entsprechend anzuwenden.**

(2) ¹**Ein Formwechsel in eine Kommanditgesellschaft auf Aktien bedarf der Zustimmung aller Anteilsinhaber, die in dieser Gesellschaft die Stellung eines persönlich haftenden Gesellschafters haben sollen.** ²**Auf den Beitritt persönlich haftender Gesellschafter ist § 221 entsprechend anzuwenden.**

1. Kapitalschutz

1 Auch beim Formwechsel einer Körperschaft oder Anstalt des öffentlichen Rechts ist über § 197 grds. das für die jew. KapGes einschlägige **Gründungsrecht zu beachten.** Dies wird in **Abs. 1** nochmals klargestellt. Sinn und Zweck ist ausweislich der Überschrift und der Gesetzesbegründung (BR-Drs. 75/94 zu § 303) der **Kapitalschutz** (Habersack/Wicke/Otting Rn. 2; BeckOGK/Otting Rn. 2; Semler/Stengel/Leonard/Krebs § 302 Rn. 22; Lutter/Schmidt Rn. 1; Kölner Komm UmwG/Leuering Rn. 1; NK-UmwR/Althoff/Narr Rn. 1). Deshalb findet auch § 220 entsprechend Anwendung. Hierdurch ist zunächst sichergestellt, dass der Nennbetrag des Nominalkapitals durch das übergehende Vermögen gedeckt ist (**Verbot der Unterpariemission**, § 220 I; hierzu → § 220 Rn. 2 ff.). Ferner ist in dem Sachgründungsbericht oder Gründungsbericht auch der **bisherige Geschäftsverlauf** und die Lage der formwechselnden Anstalt oder Körperschaft darzulegen (§ 220 II; → § 220 Rn. 16). Schließlich folgt aus der Verweisung auf § 220, dass stets *eine* **Gründungsprüfung** beim Formwechsel in eine AG oder KGaA stattzufinden hat und die Frist, innerhalb der eine Nachgründung ggf. anzunehmen ist (§ 52 AktG), mit dem Wirksamwerden des Formwechsels beginnt (hierzu näher → § 220 Rn. 18).

2. Persönlich haftende Gesellschafter

Eine Körperschaft oder Anstalt des öffentlichen Rechts kann nach § 301 I auch die Rechtsform einer **KGaA** annehmen. Dies setzt definitionsgemäß das Vorhandensein eines **phG** voraus (§ 278 I AktG). Entsprechend den vglbaren Regelungen in § 217 III, § 240 II, § 262 II, § 275 III bedarf der Formwechsel der Zustimmung derjenigen Anteilsinhaber, die die Stellung eines phG haben sollen. Hierdurch ist gewährleistet, dass kein Anteilsinhaber ohne sein ausdrückliches Einverständnis die persönliche Haftung übernehmen muss (hierzu auch → § 217 Rn. 4). Gerade beim Formwechsel einer Körperschaft oder Anstalt des öffentlichen Rechts wird allerdings oftmals unter den bislang Beteiligten keine geeignete Person für die Stellung des phG vorhanden sein (zumeist andere Körperschaften oder Anstalten, ggf. Gebietskörperschaften; vgl. allg. zur Möglichkeit einer jur. Person für KGaA zu werden, → § 3 Rn. 21 mwN). Daher sieht **Abs. 2 S. 2** durch die Verweisung auf § 221 die Möglichkeit vor, dass ein **bislang nicht Beteiligter** im Zusammenhang mit dem Formwechsel als phG beitritt. Zu Einzelheiten vgl. die Komm. zu § 221. 2

§ 304 Wirksamwerden des Formwechsels

¹**Der Formwechsel wird mit der Eintragung der Kapitalgesellschaft in das Handelsregister wirksam.** ²**Mängel des Formwechsels lassen die Wirkungen der Eintragung unberührt.**

§ 304 ergänzt § 202. Zum Übergangsmandat des Personalrats und zum Fortbestand kollektiver arbeits- und dienstrechtlicher Regelungen vgl. Pawlak/Leydecker ZTR 2008, 74 mwN. Zu individual- und kollektivrechtlichen Fragen des Arbeits- und Tarifrechts auch Schütte/Horsthotte/Veihelmann LKV 2008, 117 mwN. 1

Mit **Eintragung der KapGes** wird der Formwechsel wirksam. Ob lediglich die neue Rechtsform oder der Rechtsträger neuer Rechtsform (vgl. § 198 I und II) eingetragen wird, hängt davon ab, ob die **Körperschaft oder Anstalt bereits bisher im HR eingetragen** ist (vgl. § 33 HGB). Die Wirkungen der Eintragung der KapGes richten sich nach § 202 I. Die Anstalt oder Körperschaft besteht (identitätswahrend und ohne Vermögensübergang) als KapGes weiter. Die **Beteiligungsverhältnisse** an der KapGes bestimmen sich nach Maßgabe der spezialgesetzlichen Bestimmungen, die für den Formwechsel bestehen (→ § 302 Rn. 2). Mangels Vermögensübergangs bedarf es einer Gesamtrechtsnachfolge nicht. Besonderheiten können allerdings bestehen, wenn die Anstalt oder Körperschaft des öffentlichen Rechts **mittelbare Staatsbeamte** in ihren Diensten hatte. Da die Körperschaft oder Anstalt nach dem Formwechsel kein geeigneter Dienstherr mehr ist, bedarf es insoweit einer spezialgesetzlichen Regelung iSv § 302, hilfsweise einer Vereinbarung mit den Betroffenen (Widmann/Mayer/Vossius § 302 Rn. 49 ff.). Vgl. zur Nachhaftung der Anstaltsträger Semler/Stengel/Leonard/Krebs Rn. 7, 8 mwN; NK-UmwR/Althoff/Narr Rn. 6. 2

§ 304 S. 2 wiederholt § 202 III. Mit der Eintragung der KapGes lassen Mängel des Formwechsels die Wirkungen der Eintragung unberührt. Hierdurch wird auch klargestellt, dass ab dem Zeitpunkt der Eintragung der KapGes in das HR nur noch privatrechtliche Grundsätze anzuwenden sind Begr. RegE, BR-Drs. 75/94 zu § 304; Lutter/Schmidt Rn. 5; Kölner Komm UmwG/Leuering Rn. 4). Bei Nichtigkeit der Umwandlungsmaßnahmen kann – insoweit entgegen dem normalen Leitbild bei Umw → § 20 Rn. 121 ff. – eine Amtslöschung trotz § 304 S. 2 ausnahmsweise in Betracht kommen, wenn in der neuen Rechtsform sonst gegen fundamentale Prinzipien des öffentlichen Rechts nachhaltig verstoßen würde; zutr. Widmann/Mayer/Vossius § 301 Rn. 12–14; Habersack/Wicke/Otting Rn. 11; BeckOGK/Otting Rn. 11. 3

Sechstes Buch. Grenzüberschreitende Umwandlung

Erster Teil. Grenzüberschreitende Verschmelzung

Vorbemerkung zu §§ 305 ff.

1. Europarechtliche Rahmenbedingungen

1   Die §§ 305–340 wurden mit dem **UmRUG** v. 22.2.2023 (BGBl. 2023 I Nr. 51) eingefügt. Sie regeln nunmehr umfassend grenzüberschreitende Verschmelzungen (§§ 305–319), grenzüberschreitende Spaltungen (§§ 320–332) und den grenzüberschreitenden Formwechsel (§§ 333–345). Zuvor existierten die mit Gesetz v. 19.4.2007 (BGBl. 2007 I 542) eingefügten und mit dem Vierten ÄndG v. 19.12.2018 (BGBl. 2018 I 2654) in einigen Vorschriften mit Wirkung zum 1.1.2019 geänderten und um § 122m aF ergänzten §§ 122a ff. aF, die ausschließlich grenzüberschreitende Verschm von EU-/EWR-KapGes regelten und damit die EU-RL 2005/56/EG über die Verschm von KapGes aus verschiedenen Mitgliedstaaten v. 26.10.2005 (ABl. 2005 L 310, 1), neu kodifiziert durch Titel II, Kapitel II der EU-RL 2017/1132 v. 14.6.2017 (ABl. 2017 L 169, 46 – **GesR-RL**), umsetzten. Die neuen Vorschriften dienen der umfassenden Umsetzung der wiederum durch die EU-RL 2019/2121 vom 27.11.2019 (ABl. 2019 L 321, 1 – **UmwR-RL**) geänderten bzw. ergänzten Art. 118–134 GesR-RL (grenzüberschreitende Verschmelzungen), Art. 160a–160u GesR-RL (grenzüberschreitende Spaltungen) und Art. 86a–86t GesR-RL, die bis zum 31.1.2023 umzusetzen waren. Die Änderungen durch die UmwR-RL sind davon geprägt, EU-/EWR-KapGes umfassend grenzüberschreitende Umwandlungen als effektive Umsetzung der Niederlassungsfreiheit zu ermöglichen, aber zugleich die Rechte der Arbeitnehmer, Gläubiger und Minderheitsgesellschafter in einem ausgeglichenen Verhältnis zu schützen (vgl. etwa Erwägungsgrund 2, 4 der UmwR-RL; dazu etwa auch M. Goette DStR 2023, 157). Für einen Überblick zu den europarechtlichen Entwicklungen vgl. Heckschen/Knaier GmbHR 2022, 501 (512).

2   Mit der europaweiten Umsetzung der die grenzüberschreitenden Umw betreffenden Teile der GesR-RL sind tatsächlich praktisch sehr wichtige Fallgruppen positivrechtlich geregelt worden. Denn die §§ 305 ff. ermöglichen gemeinsam mit den korrespondierenden Vorschriften in den anderen Mitgliedstaaten eine rechtssichere Durchführung von grenzüberschreitenden Verschm, Spaltungen und den grenzüberschreitenden Formwechsel. Eine abschl. Regelung der grenzüberschreitenden Umw stellen sie indes nicht dar, da sie auf europäische KapGes (vgl. § 306 I, § 321 S. 1 und § 334 S. 1) beschränkt sind. Die Verschmelzung mit Rechtsträgern aus Drittstaaten ist nicht geregelt. Außerdem müssen innerhalb der EU – und dem gleichgestellt des EWR – aufgrund der Niederlassungsfreiheit (Art. 49, 54 AEUV) auch grenzüberschreitende Umw unter Beteiligung von europäischen PersGes möglich sein (vgl. zu Forderungen der Praxis hinsichtlich einer überschießenden Umsetzung etwa Wicke DStR 2018, 2642 (2643); Bayer/J. Schmidt BB 2019, 1922 (1935)). Bereits mit dem mit dem Vierten ÄndG v. 19.12.2018 (BGBl. 2018 I 2654) wurde indes *im nationalen Alleingang* eine Erweiterung auf bestimmte PhG als übernehmende oder neue Rechtsträger vorgenommen, die auch in § 306 I Nr. 2 für grenzüberschreitende Verschmelzungen übernommen worden ist (dazu → § 305 Rn. 17 und → § 306 Rn. 14 ff.).

2. Verhältnis zu anderen Vorschriften

a) Verhältnis zu § 1. § 1 und die dort angeordnete Geltung des UmwG für 3 Rechtsträger mit Sitz im Inland war lange Zeit der argumentative Anknüpfungspunkt für die Aussage, grenzüberschreitende Umw seien nicht zulässig (näher → § 1 Rn. 24). Im ersten Moment mag es daher erstaunen, dass § 1 sowohl anlässlich der Einfügung der §§ 122a ff. aF als auch der §§ 305 ff. unverändert blieb. Dies ist aber bei richtigem Verständnis von § 1 nur konsequent. Denn diese Vorschrift besagt lediglich, dass das UmwG nur auf Rechtsträger mit Sitz im Inland angewendet werden kann (näher → § 1 Rn. 23 ff.). Dies gilt auch für die §§ 305 ff., die unmittelbare Rechtswirkungen ausschließlich für die dem dt. Recht unterliegenden Ges entfalten (können). Die §§ 305 ff. leisten demzufolge nur die Verzahnung mit dem ausl. Recht, die in den ungeregelten Fällen auf der Grundlage der sog. Vereinigungstheorie zu erfolgen hat (→ § 1 Rn. 57 ff.). Insofern sind die §§ 305 ff. eine positivrechtliche Festlegung der Vereinigungstheorie (zur früheren Rechtslage Kallmeyer/ Marsch-Barner Vor §§ 122a–122l Rn. 2; Kölner Komm UmwG/Simon/Rubner § 122a Rn. 70 ff.; jew. mwN). Damit treffen die Aussage und der Regelungsgehalt von § 1 auch auf die §§ 305 ff. zu. Vgl. auch → § 305 Rn. 15.

b) Verhältnis zum Zweiten, Dritten und Fünften Buch. Die §§ 305 ff. sind 4 anders als die Vorgängerregelungen in den §§ 122a ff. aF als eigenes Sechstes Buch eingefügt worden. Über die generelle Verweisungsnorm des § 305 II gelten indes die allg. **Verschmelzungsvorschriften** (§§ 2–38) und die rechtsformabhängigen Vorschriften (hier: §§ 39–78) – in der Wirkung beschränkt auf die beteiligten inl. Ges – ergänzend (näher und auch zur Prüfungsreihenfolge → § 305 Rn. 12 ff.). Entsprechendes gilt nach § 320 II, III für grenzüberschreitende **Spaltungen**. Auf die Beteiligung einer inländischen KapGes sind danach die §§ 123–137 und die §§ 138–146 mit Ausnahme von § 143 entsprechend anwendbar. Damit gilt über § 125 der Verweis auf die subsidiär entsprechend anwendbaren Verschmelzungsvorschriften. Die §§ 320 ff. verweisen indes im erheblichen Umfang auf die Vorschriften zur grenzüberschreitenden Verschm gemäß § 305 ff. (näher → § 320 Rn. 7). Schließlich ordnet § 333 II-IV für den grenzüberschreitenden **Formwechsel** eine subsidiäre ergänzende Anwendung der Vorschriften des Fünften Buchs (§§ 190–304) an (näher → § 333 Rn. 5).

c) Verhältnis zur SE-VO. Die SE-VO regelt abschl. die Möglichkeiten der 5 Gründung einer SE. Zu den Gründungsarten zählt auch die Gründung durch Verschm von europäischen AG zu einer SE. Diese Verschm ist immer eine grenzüberschreitende Verschm (iE hierzu → SE-VO Art. 2 Rn. 4 ff.). Grenzüberschreitende Verschm, die zur Gründung einer SE führen, fallen damit nicht unmittelbar in den Anwendungsbereich der §§ 305–319. Bereits bestehende SE können allerdings an einer Verschm oder Spaltung nach den §§ 305–332 ff. beteiligt sein (hierzu näher → § 306 Rn. 7 und → § 321 Rn. 2). Zum Formwechsel einer AG in eine SE vgl. → SE-VO Art. 37 Rn. 1 ff. Zur Beteiligtenfähigkeit einer SE an einem grenzüberschreitenden Formwechsel vgl. → § 334 Rn. 2.

3. Steuerliche Regelungen

Einerseits aufgrund der durch die SE-VO und die §§ 122a ff. aF eröffneten Möglichkeiten grenzüberschreitender Umw, andererseits aber auch aufgrund der Rspr. des EuGH (Sevic, Überseering; → § 1 Rn. 35) musste der Gesetzgeber die stl. Vorschriften anpassen. Dies geschah im Wesentlichen durch das SEStEG, mit dem ua das UmwStG neu gefasst und weitgehend europäisiert worden ist. Vgl. hierzu → UmwStG Einf. Rn. 1 ff. Zwischenzeitlich ist das UmwStG teilweise globalisiert worden (vgl. → UmwStG § 1 Rn. 4, 56). Grenzüberschreitende Verschmelzungen können von den §§ 3–8 UmwStG (grenzüberschreitende Verschmelzung auf eine inländische PhG) und von den §§ 11–13 UmwStG (grenzüberschreitende Verschmelzungen und der KapGes) erfasst sein. Für grenzüberschreitende Spaltungen gilt § 15 UmwStG (§ 1 I 1 Nr. 1 UmwStG; hierzu → UmwStG § 1 Rn. 13 ff.). Zur steuerlichen Behandlung eines grenzüberschreitenden Formwechsels vgl. → UmwStG § 1 Rn. 49.

4. MgVG und MgFSG

7 Art. 86l, 133 und 160l GesR-RL treffen Regelungen zur Arbeitnehmermitbestimmung bei grenzüberschreitenden Umw. Deutschland hat diese Vorgaben durch das MgVG v. 21.12.2006 (BGBl. 2006 I 3332, zuletzt geändert durch Gesetz vom 4.1.2023, BGBl. 2023 I Nr. 10, 1) und durch das MgFSG vom 4.1.2023, BGBl. 2023 I Nr. 10, 1) umgesetzt. Vgl. hierzu etwa M. Goette DStR 2023, 157, 159; Bungert/Strothotte DB 2022, 1818, 1822; Häferer/Serbina DB 2023, 2882; Sauerbrey GmbHR 2023. 5; Spindler/Eitinger AG 2023, 593; Müller-Bonani/Jenner AG 2022, 457.

§ 305 Grenzüberschreitende Verschmelzung

(1) **Eine grenzüberschreitende Verschmelzung ist eine Verschmelzung, bei der mindestens eine der beteiligten Gesellschaften dem Recht eines anderen Mitgliedstaats der Europäischen Union oder eines anderen Vertragsstaats des Abkommens über den Europäischen Wirtschaftsraum unterliegt.**

(2) **¹Auf die Beteiligung einer Kapitalgesellschaft (§ 3 Absatz 1 Nummer 2) an einer grenzüberschreitenden Verschmelzung sind die Vorschriften des Ersten Teils und des Zweiten, Dritten und Vierten Abschnitts des Zweiten Teils des Zweiten Buches entsprechend anzuwenden, soweit sich aus diesem Teil nichts anderes ergibt. ²Auf die Beteiligung einer Personenhandelsgesellschaft (§ 3 Absatz 1 Nummer 1) an einer grenzüberschreitenden Verschmelzung sind die Vorschriften des Ersten Teils und des Zweiten Unterabschnitts des Ersten Abschnitts des Zweiten Teils des Zweiten Buches entsprechend anzuwenden, soweit sich aus diesem Teil nichts anderes ergibt.**

Übersicht

	Rn.
1. Allgemeines	1
2. Definition der grenzüberschreitenden Verschmelzung	3
a) Bedeutung	3
b) Vorgaben der Gesellschaftsrechts-Richtlinie	4
c) Verschmelzung	5
d) Grenzüberschreitend (Fallgruppen)	7
3. Anwendung sonstiger Vorschriften (Abs. 2)	12
a) Gesetzessystematik	12
b) Anwendung auf den inländischen Rechtsträger	15
c) *Kapitalgesellschaften* (Abs. 2 S. 1)	16
d) Personenhandelsgesellschaften (Abs. 2 S. 2)	17
e) Subsidiäre Anwendung	18
f) Anwendbares Recht für die ausländischen Rechtsträger	21

1. Allgemeines

Die Vorschrift entspricht § 122a aF und definiert in **Abs. 1** den Begriff der grenz- 1
überschreitenden Verschm und legt damit den **sachlichen Anwendungsbereich**
der §§ 305 ff. fest. Sie lehnt sich hierbei an die Begriffsbestimmung in Art. 118
GesR-RL an. Ergänzend ist § 306, der die verschmelzungsfähigen Ges und damit
den persönlichen Anwendungsbereich regelt, heranzuziehen. Abweichend von
anderen Vorschriften des UmwG wird von „beteiligen **Ges**" und nicht von „Rechtsträgern" gesprochen (vgl. allerdings § 307 II Nr. 15 und § 311 II 1). Hintergrund
ist, dass die §§ 305 ff. nur für die grenzüberschreitende Verschm von KapGes und
zwischenzeitlich für bestimmte inl. PhG, jedenfalls Ges, gelten (vgl. näher § 306).

Abs. 2 S. 1 bestimmt, dass für eine inl., an einer grenzüberschreitenden Verschm 2
beteiligte KapGes neben den §§ 305 ff. subsidiär die Vorschriften des Ersten Teils
(§§ 2–38: Allgemeine Vorschriften für die Verschm) und des Zweiten bis Vierten
Abschnitts des Zweiten Teils (§§ 46–59; § 60–76; § 78: rechtsformspezifische Verschmelzungsvorschriften für GmbH, AG (SE) und KGaA) des Zweiten Buchs gelten.
Entsprechendes gilt – seit dem 1.1.2019 zuvor in 122a II 2 aF verankert – nach
Abs. 2 S. 2 für bestimmte übernehmende oder neue PhG, wonach auf die beteiligte
PhG neben den §§ 305 ff. subsidiär Vorschriften des Ersten Teils (§§ 2–38: Allgemeine Vorschriften für die Verschm) und des Zweiten Unterabschnitts des Ersten
Abschnitts des Zweiten Teils (§§ 40–45: rechtsformspezifische Verschmelzungsvorschriften für PhG) des Zweiten Buchs entsprechend anzuwenden sind. Dies setzt
die Vorgabe von Art. 121 I lit. b GesR-RL um, wonach eine Ges, die sich an einer
grenzüberschreitenden Verschm beteiligt, die Vorschriften und Formalitäten des für
sie geltenden innerstaatlichen Rechts einhalten bzw. erledigen muss.

2. Definition der grenzüberschreitenden Verschmelzung

a) Bedeutung. Abs. 1 definiert den Begriff der grenzüberschreitenden Verschm, 3
der sodann in Abs. 2, §§ 306–310, § 313 und §§ 315–319 verwendet wird. Über
die eigentliche Begriffsdefinition hinaus legt Abs. 1 damit fest, dass die §§ 305 ff.
für grenzüberschreitende Verschm gelten **(sachlicher Anwendungsbereich)**.
Neben der Bezugnahme in den einzelnen Vorschriften und deren inhaltlichen Aussagen folgt dies auch aus der Überschrift des Ersten Teils des Sechstes Buches („Grenzüberschreitende Verschmelzung"). Erfüllt ein grenzüberschreitender Vorgang nicht
die Begriffsdefinition von Abs. 1, kann die grenzüberschreitende Umw dennoch
zulässig sein (→ § 1 Rn. 45 ff.), auf diese Umw sind die §§ 305 ff. jedoch nicht
unmittelbar anwendbar. Über den unmittelbaren Anwendungsbereich für grenzüberschreitende Verschm hinaus sind verschiedene Vorschriften der §§ 305 ff. durch
Verweisungen auch bei grenzüberschreitenden Spaltungen zu beachten (vgl. etwa
§ 321 S. 2, § 322 II, III, § 323, § 324 I, § 326 II, §§ 327–330).

b) Vorgaben der Gesellschaftsrechts-Richtlinie. Die §§ 305 ff. setzen – 4
ebenso wie zuvor schon die §§ 122a ff. – die Art. 118 ff. GesR-RL um, die
wiederum durch die UmwR-RL vom 27.11.2019 reformiert worden sind (→ Vor
§ 305 Rn. 1). Die GesR-RL definiert den Begriff der grenzüberschreitenden
Verschm in Art. 118 GesR-RL im Zusammenhang mit der Festlegung des Anwendungsbereichs der RL. Danach sind grenzüberschreitende Verschm von KapGes,
die nach dem Recht eines Mitgliedstaats gegründet worden sind und ihren satzungsmäßigen Sitz, ihre Hauptverwaltung oder ihre Hauptniederlassung in der Union
haben, sofern mindestens zwei der Ges dem Recht verschiedener Mitgliedstaaten
unterliegen. Abs. 1 als nat. Umsetzungsvorschrift unterstellt demgegenüber bereits
die Beteiligung einer inl. Ges und macht den grenzüberschreitenden Charakter
daran fest, dass mindestens eine der beteiligten Ges dem Recht eines anderen EU-/
EWR-Mitgliedstaats unterliegt. Eine inhaltliche Abweichung zur GesR-RL ist

damit nicht verbunden. Vgl. aber zur Beteiligung von bestimmten inl. PhG → Rn. 17. Ergänzend definiert Art. 119 Nr. 2 GesR-RL auch den **Begriff der Verschm**, und zwar getrennt nach Verschm zur Aufnahme, Verschm zur Neugründung, der Verschm der 100%igen TochterGes auf die MutterGes und der beteiligungskongruenten Schwestern-Verschm. Eine entsprechende Definition des Begriffs der Verschm enthalten weder Abs. 1 noch die folgenden Vorschriften. Diese ergibt sich indes auch für die grenzüberschreitende Verschm aus § 2, der – soweit AG betroffen sind – bereits eine Umsetzung der RL 78/855/EWG (jetzt Titel II Kapitel I der GesR-RL) darstellt (vgl. zur früheren Rechtslage auch Widmann/Mayer/Heckschen § 122a Rn. 2). Eine inhaltliche Abweichung besteht nicht, denn die Definition der Verschm nach § 2 erfüllt die Begriffsbestimmung der Verschm in Art. 119 Nr. 2 GesR-RL. Auch der grenzüberschreitende Downstream-Merger ist von der Definition der GesR-RL erfasst (zur früheren Rechtslage Sagasser/Bula/Brünger Umwandlungen/Gutkès § 13 Rn. 13). Weitere Vorgaben enthält die RL für die beteiligten Ges (vgl. dazu näher § 306).

5   c) **Verschmelzung.** Abs. 1 definiert nur den Begriff der grenzüberschreitenden Verschm und legt damit (→ Rn. 3) den sachlichen Anwendungsbereich der §§ 305 ff. nur für diese grenzüberschreitende Umwandlungsart fest (→ Rn. 3). Der Begriff der **Verschm** folgt bereits aus § 2, der für sämtliche Vorschriften des Zweiten Buches und über Abs. 2 auch für die §§ 305 ff. gilt. Die Begriffsbestimmung in § 2 erfüllt jedoch die Definition der Verschm in Art. 119 Nr. 2 GesR-RL (→ Rn. 4). Dies gilt auch für den grenzüberschreitenden Downstream-Merger (zur früheren Rechtslage Sagasser/Bula/Brünger Umwandlungen/Gutkès § 13 Rn. 13). Die §§ 305 ff. gelten nicht für die **Vermögensübertragung** (→ Rn. 3 zur entsprechenden Geltung für die grenzüberschreitende Spaltung). Die Vermögensübertragung unterscheidet sich von der Verschm darin, dass die Gegenleistung für die Vermögensübertragung nicht in Anteilen oder Mitgliedschaften besteht (vgl. § 174). Sie erfüllt damit nicht den Begriff der Verschm nach Art. 119 Nr. 2 GesR-RL. Zwar wäre der nat. Gesetzgeber nicht gehindert gewesen, auch Vermögensübertragungen einzubeziehen, aus dem Kreis der beteiligtenfähigen Rechtsträger nach § 306 folgt aber, dass eine entsprechende Absicht nicht bestand (vgl. auch Begr. RegE, BT-Drs. 16/2919, Allg. Teil zur Einführung der §§ 122a ff. aF). Hieran hat sich durch die Erweiterung auf bestimmte inl. übernehmende oder neue PhG (→ Vor §§ 306 ff. Rn. 1, → Rn. 16) nichts geändert. Zur Zulässigkeit grenzüberschreitender Umw außerhalb der §§ 305 ff. → § 1 Rn. 45 ff. Grenzüberschreitende **Spaltungen** sind seit den Änd durch UmRUG nun in den §§ 320 ff. geregelt, die einzelne Verweise auf die §§ 305 ff. enthalten (→ Rn. 3).

6   Grenzüberschreitende Verschm können sowohl als Verschm **zur Aufnahme** als auch als Verschm **zur Neugründung** durchgeführt werden (vgl. § 2). Die in Art. 119 Nr. 2 lit. c GesR-RL eigens aufgezählte Verschm der 100%igen TochterGes auf die MutterGes ist nach hier. Verständnis keine besondere Verschmelzungsform (BeckOGK/Klett Rn. 17; zur früheren Rechtslage Lutter/Bayer § 122a Rn. 20), sondern eine Verschm zur Aufnahme mit der Besonderheit, dass eine Anteilsgewährungspflicht nicht besteht (→ § 2 Rn. 18 ff.). Entsprechendes gilt für die beteiligungskongruente Schwestern-Verschm nach Art. 119 Nr. 2 lit. d GesR-RL (auch → Rn. 4).

7   d) **Grenzüberschreitend (Fallgruppen).** Die §§ 305 ff. gelten nur für **grenzüberschreitende** Verschm, nicht jedoch für Verschm von inl. KapGes iSv § 3 I Nr. 2 untereinander (→ Rn. 3). Grenzüberschreitend ist eine Verschm nach Abs. 1, wenn mindestens eine der beteiligten Ges dem Recht eines anderen EU-/EWR-Mitgliedstaats unterliegt. Die Begriffsbestimmung unterstellt damit stillschweigend (→ Rn. 4) die Beteiligung einer inl. Ges (KapGes iSv § 3 I Nr. 2 oder übernehmende oder neue PhG iSv § 3 I Nr. 1) (BeckOGK/Klett Rn. 21). Denn dies ist

überhaupt Voraussetzung für die Anwendung des UmwG (→ § 1 Rn. 23 ff.). Maßgeblich ist nicht der Sitz (zu den Sitzanforderungen vgl. aber § 306) der beteiligten Ges, sondern das auf sie anwendbare **Gesellschaftsstatut** (BeckOGK/Klett Rn. 22; zur früheren Rechtslage Kallmeyer/Marsch-Barner § 122a Rn. 2; Lutter/Bayer § 122a Rn. 23; Semler/Stengel/Leonard/Drinhausen § 122a Rn. 10). Mindestens zwei Ges müssen damit Gesellschaftsstatuten aus unterschiedlichen EU-/EWR-Mitgliedstaaten unterliegen. Es können – neben der inl. KapGes – auch KapGes aus **mehreren verschiedenen** EU-/EWR-Mitgliedstaaten zugleich („mindestens eine der beteiligten Gesellschaften") beteiligt sein (zur früheren Rechtslage Lutter/Bayer § 122a Rn. 21: multilaterale grenzüberschreitende Verschm). Nach der inl. Rechtsordnung gegründete Ges unterliegen unzweifelhaft der dt. Rechtsordnung, wenn sie ihren Verwaltungssitz im Inland haben. Sie unterliegen aber auch dem dt. Gesellschaftsstatut, wenn sie nach der Gründung ihren Verwaltungssitz verlegt haben (zur früheren Rechtslage Lutter/Bayer § 122a Rn. 23; näher → § 1 Rn. 40 ff.; zur Notwendigkeit eines Verwaltungssitzes innerhalb der EU/des EWR für die Durchführung einer grenzüberschreitenden Verschm vgl. § 306). Welchem Recht ausl. beteiligte Ges unterliegen, richtet sich zunächst nach dem IPR des Ansässigkeitsstaats. Folgt dieser der Gründungstheorie, unterliegt der Rechtsträger dem Recht des Gründungsstaats (→ § 1 Rn. 27). Bei Geltung der Sitztheorie ist auf den Rechtsträger hingegen das Recht desjenigen Staates anzuwenden, in dem der Rechtsträger seinen tatsächlichen Verwaltungssitz hat (→ § 1 Rn. 26). Für die §§ 305 ff. ist jedoch zu beachten, dass neben bestimmten inl. PhG (→ § 306 Rn. 10) nur KapGes beteiligt sein können, die nach dem Recht eines Mitgliedstaats der EU/des EWR gegründet worden sind (→ § 306 Rn. 10).

Für die Anwendung der §§ 305 ff. ist indes zu berücksichtigen, dass die Mitgliedstaaten der EU/des EWR gehalten sind, Rechtsträger, die nach dem Recht eines EU-/EWR-Mitgliedstaats gegründet worden sind, auch dann als Rechtsträger dieses Rechts zu behandeln, wenn sie ihren Verwaltungssitz verlegt haben (→ § 1 Rn. 35). Demzufolge liegt eine grenzüberschreitende Verschm auch vor, wenn der nach dem **EU-/EWR-ausl. Recht gegründete Rechtsträger** seinen tatsächlichen **Verwaltungssitz im Inland** hat (BeckOGK/Klett Rn. 24; zur früheren Rechtslage Lutter/Bayer § 122a Rn. 23; Semler/Stengel/Leonard/Drinhausen § 122a Rn. 10; Winter Der Konzern 2007, 24 (27); Henssler/Strohn/Polley § 122a Rn. 9). Die beteiligten Rechtsträger müssen demnach ihre Verwaltungssitze **nicht in unterschiedlichen Mitgliedstaaten** haben. Daher war vor dem Brexit etwa die Verschm einer im Inland ansässigen Ltd. englischen Rechts mit einer inl. GmbH eine grenzüberschreitende Verschm iSd §§ 122a ff. aF (zur früheren Rechtslage Kallmeyer/Marsch-Barner § 122a Rn. 2; Lutter/Bayer § 122a Rn. 23; Semler/Stengel/Leonard/Drinhausen § 122a Rn. 10; Keßler/Kühnberger UmwR/Keßler § 122a Rn. 3; Sagasser/Bula/Brünger Umwandlungen/Gutkès § 13 Rn. 16; Kölner Komm UmwG/Simon/Rubner § 122b Rn. 5; HK-UmwG/Becker/Uxa § 122b Rn. 14; dazu ausf. Herrler/Schneider DStR 2009, 2433). Dies war eine vielfach genutzte Gestaltung, als wegen des **Brexits** Ges englischen Rechts, insbes. Ltd., mit Sitz im Inland nicht mehr als solche (→ § 1 Rn. 35) anzuerkennen waren (auch → § 306 Rn. 8, → § 306 Rn. 10; § 319). Ebenso kann eine beteiligte Ges ihren tatsächlichen Verwaltungssitz in einem EU-/EWR-Mitgliedstaat haben, der nicht der EU-/EWR-Mitgliedstaat seiner Gründung ist. Ges, die dem Recht eines Drittstaates unterliegen, können auch nicht als weitere Ges beteiligt sein („mindestens"), da sie nicht die Voraussetzungen von § 306 erfüllen (zur früheren Rechtslage Semler/Stengel/Leonard/Drinhausen § 122a Rn. 11; NK-UmwR/Althoff § 122a Rn. 11). Das „mindestens" bedeutet jedoch, dass auch mehrere Ges, die dem Recht desselben Staates unterliegen (auch verschiedener Rechtsformen → § 306 Rn. 5), beteiligt sein können, wenn „mindestens" eine Ges dem Recht eines anderen Staates untersteht (zur früheren Rechtslage Semler/Stengel/Leonard/Drinhausen § 122a Rn. 5; Keßler/

Kühnberger UmwR/Keßler § 122a Rn. 3; HK-UmwG/Becker/Uxa § 122a Rn. 4). Eine grenzüberschreitende Verschm liegt demnach etwa auch vor, wenn eine inl. KapGes gemeinsam mit einer EU-/EWR-ausl. KapGes als jew. übertragende Ges auf eine inl. KapGes als übernehmende Ges verschmolzen wird.

9 Der Wortlaut von Abs. 1 stellt nur auf die **beteiligten Ges** ab. Hierzu zählt bei einer **Verschm zur Neugründung** auch die durch die Verschm gegründete Ges. Eine grenzüberschreitende Verschm iSv Abs. 1 liegt demnach auch vor, wenn sämtliche übertragende Ges dem Recht desselben Mitgliedstaates unterliegen und nur die durch die Verschm gegründete neue Ges einer anderen Rechtsordnung unterliegt (BeckOGK/Klett Rn. 27; ebenso zur früheren Rechtslage Semler/Stengel/Leonard/Drinhausen § 122a Rn. 10; Kallmeyer/Marsch-Barner § 122a Rn. 4; Kölner Komm UmwG/Simon/Rubner § 122a Rn. 19; Lutter/Bayer § 122a Rn. 26; HK-UmwG/Becker/Uxa § 122a Rn. 2; Sagasser/Bula/Brünger Umwandlungen/Gutkès § 13 Rn. 16; Henssler/Strohn/Polley § 122a Rn. 10; Habersack/Drinhausen/Kiem § 122a Rn. 6; Müller NZG 2006, 286 (287); Frischhut EBS 2006, 55 (56); krit. Widmann/Mayer/Heckschen § 122a Rn. 6, 72 f.; aA Spahlinger/Wegen NZG 2006, 721 (722); Winter Der Konzern 2007, 24 (27)). So können etwa zwei inl. KapGes eine grenzüberschreitende Verschm zur Neugründung einer EU-/EWR-ausl. KapGes durchführen; Entsprechendes gilt für den umgekehrten Fall (Kallmeyer/Marsch-Barner § 122a Rn. 4; Kölner Komm UmwG/Simon/Rubner § 122a Rn. 19). Es kann aus inl. Sicht dahinstehen, ob diese Auslegung mit dem Wortlaut von Art. 118 GesR-RL vereinbar ist. Jedenfalls war der dt. Gesetzgeber nicht gehindert, eine über den Anwendungsbereich der RL hinausgehende Regelung zu schaffen (so auch zur früheren Rechtslage Widmann/Mayer/Heckschen § 122a Rn. 73; Lutter/Bayer § 122a Rn. 26). Den Gesetzesmaterialien ist zwar (natürlich) zu entnehmen, dass die Einfügung der §§ 122a ff. der Umsetzung der GesR-RL (früher RL 2005/56/EG) dient, ein gesetzgeberischer Wille, von den Vorgaben in keiner Weise abzuweichen, lässt sich jedoch nicht entnehmen (aA Widmann/Mayer/Heckschen § 122a Rn. 73). Dann ist dem Wortlaut der Vorrang einzuräumen, zumal aufgrund der Niederlassungsfreiheit grenzüberschreitende Umw innerhalb der EU-/des EWR über die §§ 122a ff. hinaus zulässig sein müssen (darauf weist auch zur früheren Rechtslage Widmann/Mayer/Heckschen § 122a Rn. 74 hin; vgl. auch Lutter/Bayer § 122a Rn. 26; zur Zulässigkeit weiterer grenzüberschreitender Umw → § 1 Rn. 45 ff.). Fraglich und in der Praxis bedeutsam ist indes, ob auch die Rechtsordnung am Sitz der neuen Ges den Vorgang als grenzüberschreitende Verschm ansieht und demzufolge die in Umsetzung der GesR-RL ergangenen Vorschriften darauf anwendet (zur früheren Rechtslage Lutter/Bayer § 122a Rn. 26; Kallmeyer/Marsch-Barner § 122a Rn. 4; Semler/Stengel/Leonard/Drinhausen § 122a Rn. 10; Widmann/Mayer/Heckschen § 122a Rn. 73).

10 Ebenfalls über die GesR-RL hinaus erfasst Abs. 1 auch Ges, die dem Recht eines **EWR-Staats** unterliegen. Nach der Gesetzesbegründung zu §§ 122a ff. aF wurde damit gerechnet, dass die Vertragsstaaten des EWR die (ursprüngliche; → Rn. 1) RL 2005/56/EG kurzfristig als Anlage zum Abkommen über den EWR übernehmen (Begr. RegE, BT-Drs. 16/2919 zu § 122a). Dies war durch Aufnahme der RL 2005/56/EG in Anh. XXII EWRAbk durch Beschluss des Gemeinsamen EWR-Ausschusses v. 22.9.2006 (ABl. EG 2006 L 333, 59) erfolgt. Die **GesR-RL** wurde durch Beschluss des gemeinsamen EWR-Ausschusses Nr. 200/2019 vom 19.7.2019 im Anh. XXII EWRAbk aufgenommen (ABl. EU 2022 L 298, 37).

11 Die Verweisung auf das Recht der Mitgliedstaaten der EU/des EWR erfasst die jew. *Mitgliedstaaten zum Zeitpunkt der Vornahme der Verschmelzungshandlungen* (BeckOGK/Klett Rn. 20; zur früheren Rechtslage Semler/Stengel/Leonard/Drinhausen § 122a Rn. 13; Kallmeyer/Marsch-Barner § 122a Rn. 3; HK-UmwG/Becker/Uxa § 122a Rn. 3; zum Kreis der Mitgliedstaaten → UmwStG § 1 Rn. 67;

zur Einbeziehung des EWR → Rn. 10). Zu den Auswirkungen des **Brexits** vgl. → § 306 Rn. 8, → § 306 Rn. 10.

3. Anwendung sonstiger Vorschriften (Abs. 2)

a) Gesetzessystematik. Nach **Abs. 2 S. 1** sind auf die Beteiligung einer **inl.** 12
KapGes an einer grenzüberschreitenden Verschm – nachrangig zu den §§ 305 ff. – die Vorschriften des Ersten Teils und des Zweiten, Dritten und Vierten Abschnitts des Zweiten Teils des Zweiten Buchs entsprechend anzuwenden, soweit sich aus den §§ 305 ff. nichts anderes ergibt. **Abs. 2 S. 2** bestimmt (wie mit Wirkung ab dem 1.1.2019 zuvor bereits § 122a II 2 aF), dass auf die beteiligte **inl. PhG** neben den §§ 305 ff. subsidiär die Vorschriften des Ersten Teils und des Zweiten Unterabschnitts des Ersten Abschnitts des Zweiten Teils des Zweiten Buchs entsprechend anzuwenden sind (auch → Rn. 17). Das Gesetz folgt damit einer auch an anderer Stelle verwendeten Gesetzestechnik, die zutr. als **„Baukastensystem"** bezeichnet wird. Die Vorschriften für die Verschm haben etwa ebenso für die Spaltung Modellcharakter; die §§ 123 ff. regeln nur Besonderheiten, während nach § 125 iÜ die Verschmelzungsvorschriften gelten (zur Regelungstechnik auch → § 125 Rn. 5). Selbst die Verschmelzungsvorschriften sind so aufgebaut, dass in den §§ 2–38 (Erster Teil) die für alle Rechtsformen geltenden „allgemeinen" Vorschriften enthalten sind, während in dem folgenden Zweiten Teil (§§ 39 ff.) rechtsformspezifische Normen geregelt sind. Abs. 2 schafft nun noch eine neue Stufe, indem für die inl. Ges (→ Rn. 15), die an einer grenzüberschreitenden Verschm beteiligt ist, zunächst und vorrangig die §§ 305 ff. gelten. Soweit die §§ 305 ff. keine Regelung enthalten, gelten für inl. Ges aller beteiligten Rechtsformen die allg. Verschmelzungsvorschriften der §§ 2–38, für beteiligte GmbH zusätzlich die §§ 46–59, für beteiligte AG/SE zusätzlich die §§ 60–76, für beteiligte KGaA § 78 und für beteiligte PhG die §§ 40–45.

Die Prüfungsreihenfolge lautet also: 13
– Besteht eine Regelung in den §§ 305 ff.?
– Besteht eine rechtsformspezifische Regelung in den §§ 40–78?
– Enthalten die §§ 2–38 eine spezifische Norm?

Ggf. ist – wieder rechtsformspezifisch – auch auf das für die beteiligte Ges geltende 14
allg. GesR zurückzugreifen.

b) Anwendung auf den inländischen Rechtsträger. Abs. 2 beschränkt die 15
Anwendung der sonstigen Vorschriften des UmwG auf die Beteiligung einer KapGes iSv § 3 I Nr. 2 oder einer PhG iSv § 3 I Nr. 1 an einer grenzüberschreitenden Verschm. Auf die beteiligten Rechtsträger, die dem Recht eines anderen Mitgliedstaats unterliegen, sind sie nicht anwendbar (auch → Rn. 20). Dies gilt allerdings auch für die §§ 305 ff. selbst, da das UmwG insges. nur auf Rechtsträger anwendbar ist, die der inl. Rechtsordnung unterliegen (auch → § 1 Rn. 23 f.). Die §§ 305 ff. und damit über Abs. 2 auch die in Bezug genommenen Vorschriften des UmwG wie auch das allg. GesR gelten aber auch bei einer grenzüberschreitenden Verschm von ausl. Ges zur Neugründung einer dt. KapGes (zur früheren Rechtslage HKW Notar-HdB/Zimmermann § 27 Rn. 177). Denn auch diese ist beteiligte Ges und bereits der Gründungsvorgang unterfällt dem dt. Gesellschaftsstatut (ergänzend → Rn. 9).

c) Kapitalgesellschaften (Abs. 2 S. 1). Während Abs. 1 nur von beteiligten 16
Ges spricht, ist der Verweis auf die sonstigen Vorschriften in Abs. 2 S. 1 ausdrücklich auf die Beteiligung einer KapGes beschränkt. Ergänzend ist jedoch auch § 306 I zu beachten, wonach an einer grenzüberschreitenden Verschm als übertragende, übernehmende oder neue Ges nur EU/EWR-KapGes beteiligt sein können (zu PhG → Rn. 17). Aus der Bezugnahme auf § 3 I Nr. 2 ergibt sich, dass als inl.

KapGes **GmbH**, **AG** und **KGaA** beteiligt sein können. Aber auch die **SE** mit Sitz im Inland ist beteiligtenfähig, da sie einer inl. AG gleichgestellt ist (Art. 10 SE-VO; zur früheren Rechtslage Semler/Stengel/Leonard/Drinhausen § 122a Rn. 14; Kallmeyer/Marsch-Barner § 122a Rn. 5; Henssler/Strohn/Polley § 122a Rn. 12; näher → § 306 Rn. 7). Zur Beteiligtenfähigkeit einer **UG** → § 306 Rn. 5.

17   **d) Personenhandelsgesellschaften (Abs. 2 S. 2).** Mit Wirkung ab dem 1.1.2019 konnten bereits nach den §§ 122a ff. aF neben inl. KapGes auch bestimmte (→ § 306 Rn. 14 ff.) inl. PhG iSv § 3 I Nr. 1 als übernehmende oder neue Ges beteiligt sein (→ Vor § 305 Rn. 1). Dies wurde in Abs. 2 S. 2 und § 306 I Nr. 2 übernommen. Durch die Bezugnahme auf § 3 I Nr. 1 und die Beschränkung auf Personen**handels**gesellschaften steht fest, dass insoweit OHG und KG und damit natürlich auch die jeweiligen KapGes & Co.-Varianten (zur früheren Rechtslage Lutter/Bayer § 122a Rn. 17, 28) erfasst sind. Zur Beschränkung auf bestimmte PhG → § 306 Rn. 14 ff. Zur allgemeinen Beteiligtenfähigkeit von PhG bei grenzüberschreitenden Umw → § 1 Rn. 45 ff.

18   **e) Subsidiäre Anwendung.** Abs. 2 erklärt die aufgezählten Vorschriften für entsprechend anwendbar, soweit sich aus den §§ 305 ff. nichts anderes ergibt (zur Gesetzessystematik → Rn. 12). Die §§ 305 ff. sind damit für die der inl. Rechtsordnung unterliegenden beteiligten Ges vorrangig. Soweit sie eine Regelung enthalten, verdrängen sie sowohl die allg. Vorschriften der §§ 2–38 als auch die rechtsformspezifischen Vorschriften der §§ 40–78. Dies gilt etwa für § 307, der § 4 I 1, § 5 und § 6 verdrängt (vgl. iE Komm. zu § 307). Die §§ 305 ff. enthalten aber bspw. keine Angaben zu den notwendigen Beschlussmehrheiten oder zur Vorbereitung der Gesellschafterversammlungen. Insoweit ist auf die allg. Verschmelzungsvorschriften zurückzugreifen.

19   Abs. 2 ordnet die **entsprechende** Anwendung an. Demzufolge sind bei der jew. Anwendung der Norm die Besonderheiten der grenzüberschreitenden Verschm zu beachten. Vgl. zur ähnl. Situation bei der Spaltung → § 125 Rn. 10. Praktisch bedeutsam ist etwa die Diskussion, ob § 51 einschränkend anzuwenden ist (vgl. zur früheren Rechtslage Widmann/Mayer/Heckschen § 122a Rn. 94 ff.; Kölner Komm UmwG/Simon/Rubner § 122a Rn. 23, jeweils zu § 122a aF). Gleiches gilt für die Anwendung der verschmelzungsrechtlichen Squeeze-Out-Regelungen in § 62 V UmwG (dazu Widmann/Mayer/Heckschen § 122a Rn. 99.1).

20   Weitere Verweisungen bzw. Bezugnahmen auf die §§ 2 ff. finden sich auch in verschiedenen Normen der §§ 305 ff. (vgl. §§ 308, 309, 310, 311, 312, 313, 315 und 318).

21   **f) Anwendbares Recht für die ausländischen Rechtsträger.** Für die **ausl. Rechtsträger** gelten unmittelbar weder die §§ 305 ff. noch die von Abs. 2 in Bezug genommenen allg. und rechtsformspezifischen Verschmelzungsvorschriften (→ Rn. 15). Denn das UmwG ist insges. nur auf Rechtsträger anwendbar, die der inl. Rechtsordnung unterliegen (→ § 1 Rn. 23 f.). Für die an einer grenzüberschreitenden Verschm beteiligten ausl. Ges gelten hingegen die Vorschriften derjenigen Rechtsordnung (Gesellschaftsstatut), der sie unterliegen (zur früheren Rechtslage Kallmeyer/Marsch-Barner § 122a Rn. 5; Kölner Komm UmwG/Simon/Rubner § 122a Rn. 2; Semler/Stengel/Leonard/Drinhausen § 122a Rn. 14). Aufgrund der Vorgaben der GesR-RL sollte im Wesentlichen gewährleistet sein, dass die Rechtsordnung der beteiligten ausl. Ges ebenfalls mit den §§ 305 ff. vglbare Normen enthält und damit das notwendige Ineinandergreifen der jew. nat. Vorschriften sichergestellt *ist* (insbes. gemeinsamer Verschmelzungsplan, Art. 122 GesR-RL; Verschmelzungsbericht, Art. 124 GesR-RL; Verschmelzungsbeschlusses, Art. 125 GesR-RL; Zustimmungsbeschluss zum gemeinsamen Verschmelzungsplan, Art. 126 GesR-RL; Ausscheiden gegen Barabfindung, Art. 126a GesR-RL; Schutz der Gläubiger,

Art. 126b GesR-RL; Anmelde- und Eintragungsverfahren, Art. 127 ff. GesR-RL; Wirkungen der grenzüberschreitenden Verschm, Art. 131 GesR-RL). IÜ wird regelmäßig das ausl. Recht für die grenzüberschreitenden Verschm – ähnl. wie Abs. 2 – eine entsprechende Anwendung der eigenen nat. Verschmelzungsvorschriften auf den ausl. Rechtsträger anordnen (vgl. Art. 121 I lit. b GesR-RL). Danach entscheidet sich auch, ob der ausl. Rechtsträger verschmelzungsfähig ist (zur früheren Rechtslage Kölner Komm UmwG/Simon/Rubner § 122a Rn. 12). Viele Einzelprobleme werden allerdings erst über die Zeit hinweg erkennbar werden (vgl. hierzu und zu den rechtstatsächlichen Entwicklungen bei grenzüberschreitenden Verschm Widmann/Mayer/Heckschen Vor §§ 122a ff. Rn. 65.23 f.).

§ 306 Verschmelzungsfähige Gesellschaften

(1) **An einer grenzüberschreitenden Verschmelzung können beteiligt sein:**
1. **als übertragende, übernehmende oder neue Gesellschaften Kapitalgesellschaften im Sinne des Artikels 119 Nummer 1 der Richtlinie (EU) 2017/1132 des Europäischen Parlaments und des Rates vom 14. Juni 2017 über bestimmte Aspekte des Gesellschaftsrechts (ABl. L 169 vom 30.6.2017, S. 46), die zuletzt durch die Verordnung (EU) 2021/23 (ABl. L 22 vom 22.1.2021, S. 1) geändert worden ist, die**
   a) **nach dem Recht eines Mitgliedstaats der Europäischen Union oder eines anderen Vertragsstaats des Abkommens über den Europäischen Wirtschaftsraum gegründet worden sind und**
   b) **ihren satzungsmäßigen Sitz, ihre Hauptverwaltung oder ihre Hauptniederlassung in einem Mitgliedstaat der Europäischen Union oder einem anderen Vertragsstaat des Abkommens über den Europäischen Wirtschaftsraum haben, sowie**
2. **als übernehmende oder neue Gesellschaften Personenhandelsgesellschaften im Sinne des § 3 Absatz 1 Nummer 1 mit in der Regel nicht mehr als 500 Arbeitnehmern.**

(2) ¹An einer grenzüberschreitenden Verschmelzung können nicht beteiligt sein:
1. Genossenschaften, selbst wenn sie nach dem Recht eines anderen Mitgliedstaats der Europäischen Union oder eines anderen Vertragsstaats des Abkommens über den Europäischen Wirtschaftsraum unter die Definition des Artikels 2 Nummer 1 der Richtlinie fallen, sowie
2. Gesellschaften,
   a) deren Zweck es ist, die vom Publikum bei ihnen eingelegten Gelder nach dem Grundsatz der Risikostreuung gemeinsam anzulegen, und
   b) deren Anteile auf Verlangen der Anteilsinhaber unmittelbar oder mittelbar zulasten des Vermögens der Gesellschaft zurückgenommen oder ausgezahlt werden.

²Den Rücknahmen oder Auszahlungen im Sinne des Satzes 1 Nummer 2 Buchstabe b gleichgestellt sind Handlungen, mit denen eine solche Gesellschaft sicherstellen will, dass der Börsenwert ihrer Anteile nicht erheblich von deren Nettoinventarwert abweicht.

1. Allgemeines

Abs. 1 bestimmt den Kreis der Ges, die als übertragende, übernehmende oder neue Ges an einer grenzüberschreitenden Verschm beteiligt sein können. Die Vorschrift regelt damit den **persönlichen Anwendungsbereich** der §§ 305 ff. und ergänzt § 305, der in Abs. 1 im Zusammenhang mit der Definition des Begriffs der grenzüberschreitenden Verschm nur von Ges spricht und in Abs. 2 hinsichtlich der

Anwendbarkeit des UmwG iÜ nur die inl. KapGes (§ 3 I Nr. 2) und die inl. PhG erwähnt. Sie entspricht inhaltlich § 122b aF. **Abs. 1 Nr. 1** nimmt unmittelbar auf die GesR-RL Bezug, indem zur Festlegung der beteiligtenfähigen KapGes auf die Begriffsbestimmung in Art. 119 Nr. 1 GesR-RL verwiesen wird (auch → Rn. 4). Über die Festlegungen der GesR-RL hinaus sind auch KapGes aus EWR-Mitgliedstaaten beteiligtenfähig (auch → § 305 Rn. 10). Ergänzend bestimmt **Abs. 1 Nr. 2**, dass als übernehmende oder neue Ges **PhG** im Sinne des § 3 I Nr. 1 mit in der Regel nicht mehr als 500 ArbN beteiligt sein können (zuvor schon mit Wirkung seit dem 1.1.2019 § 122b I Nr. 2 aF). Anregungen in der Lit., PhG die Beteiligung auch als übertragende Ges zu ermöglichen (etwa Bayer/Schmidt BB 2019, 1922 (1935)); Bormann/Stelmaszczyk ZIP 2019, 300 (302); zu den Motiven Schmidt NZG 2022, 579 (580)), wurden nicht aufgegriffen. Die KapGes und PhG müssen darüber hinaus bestimmte Anforderungen an das Gründungsrecht sowie an ihren satzungsmäßigen Sitz und Verwaltungssitz erfüllen.

2   **Abs. 2** greift in der Nr. 1 die Ermächtigung von Art. 120 II GesR-RL auf, wonach die Mitgliedstaaten Genossenschaften aus dem Kreis der beteiligtenfähigen Ges ausschließen können. In Übereinstimmung mit Art. 120 III GesR-RL können nach Abs. 2 Nr. 2 Organismen für gemeinsame Anlagen in Wertpapieren (OGAW) an einer grenzüberschreitenden Verschm nicht beteiligt sein. Die Begriffsbestimmung für diese Ges wurde wortlautgetreu aus Art. 120 III GesR-RL übernommen.

3   Ges, die die Anforderungen von Abs. 1 nicht erfüllen oder nach Abs. 2 ausgeschlossen sind, können an einer grenzüberschreitenden Verschm iSv § 305 I nicht teilnehmen. Für sie gelten die §§ 305 ff. nicht. Dies gilt auch, wenn nur eine der beteiligten Ges nicht vom Anwendungsbereich erfasst ist (zur früheren Rechtslage Henssler/Strohn/Polley § 122b Rn. 1; auch → § 305 Rn. 8). Für derartige Rechtsträger kann sich die Zulässigkeit einer grenzüberschreitenden Verschm nur aus den allg. Grundsätzen ergeben (→ § 1 Rn. 45 ff.).

2. Beteiligtenfähige Kapitalgesellschaften (Abs. 1 Nr. 1)

4   **a) Gesetzessystematik. Abs. 1 Nr. 1** bestimmt die beteiligtenfähigen KapGes nicht selbst, sondern verweist auf Art. 119 Nr. 1 GesR-RL. Art. 119 Nr. 1 GesR-RL definiert den Begriff der KapGes wiederum zum einen durch Bezugnahme auf den dortigen Anhang II (lit. a), zum anderen aber auch durch Festlegung abstrakter Kriterien (lit. b). Damit ist der Anwendungsbereich sowohl der GesR-RL als auch von Abs. 1 und damit der §§ 305 ff. auch für künftige inl. oder ausl. Ges mit Kapitalgesellschaftscharakter eröffnet. Dies können sowohl neue Gesellschaftsformen in den bisherigen Mitgliedstaaten als auch Gesellschaftsformen in neu hinzutretenden Mitgliedstaaten (zum Kreis der Mitgliedstaaten → UmwStG § 1 Rn. 67) sein. Aufgrund der in Bezug genommenen allg. Definition in Art. 119 Nr. 1 lit. b GesR-RL sind von Abs. 1 auch KapGes aus EWR-Staaten erfasst (auch → § 305 Rn. 10). Aus dem deutsch-amerikanischen Freundschaftsvertrag ist eine Erweiterung auf US-amerikanische Ges nicht ableitbar (so aber zur früheren Rechtslage Kiem WM 2006, 1091 (1093); NK-UmwR/Althoff § 122a Rn. 12; wie hier Lutter/Bayer § 122b Rn. 11; Widmann/Mayer/Heckschen § 122b Rn. 81; HK-UmwG/Becker/Uxa § 122b Rn. 5a; Semler/Stengel/Leonard/Drinhausen § 122b Rn. 9; → Rn. 8).

5   **b) Inländische Kapitalgesellschaften.** Art. 119 Nr. 1 lit. a GesR-RL definiert den Begriff der KapGes zunächst durch den Verweis auf Anh. II GesR-RL. Für Deutschland sind dies die **AG**, die **KGaA** und **GmbH**. Damit ist grds. auch die **UG,** die eine Unterform der GmbH ist, erfasst (BeckOGK/Klett Rn. 8; Heckschen/Knaier GmbHR 2022, 501, 505; zur früheren Rechtslage Lutter/Bayer § 122b Rn. 4; Habersack/Drinhausen/Kiem § 122b Rn. 6; NK-UmwR/Althoff § 122b Rn. 4; Sagasser/Bula/Brünger Umwandlungen/Gutkès § 13 Rn. 18; HK-UmwG/Becker/Uxa § 122b Rn. 5); die UG kann allerdings nach inl. Recht und damit auch

bei grenzüberschreitenden Verschm nicht neuer Rechtsträger bei einer Verschm zur Neugründung sein (→ § 3 Rn. 20; zur Beteiligung als übernehmender Rechtsträger → § 3 Rn. 19). Ferner ist eine **SE** mit Sitz in Deutschland erfasst (auch → Rn. 7). Die **abstrakte Begriffsbestimmung** in Art. 119 Nr. 1 lit. b GesR-RL, wonach eine KapGes eine Ges ist, die Rechtspersönlichkeit besitzt und über gesondertes GesKap verfügt, das allein für die Verbindlichkeiten der Ges haftet, und die nach dem für sie maßgebenden innerstaatlichen Recht Schutzbestimmungen iSd Titels I Kapitel II Abschnitt 2 und des Titels I Kapitel III Abschnitt I der GesR-RL im Interesse der Gesellschafter sowie Dritter einhalten muss, führt für die inl. Rechtsformen zu keiner Erweiterung (zur früheren Rechtslage Kölner Komm UmwG/Simon/Rubner § 122b Rn. 6; zur dynamischen Verweisung → Rn. 4; zur SE → Rn. 7). Zum Ausschluss von Gen → Rn. 17. Die Begriffsbestimmung in Abs. 1 Nr. 1 stimmt damit mit § 305 II 1, der wiederum auf § 3 I Nr. 2 verweist, überein. Ergänzend gelten über § 305 II 1 auch § 3 III und IV, wonach auch **aufgelöste KapGes** als übertragende Rechtsträger (BeckOGK/Klett Rn. 10; zur früheren Rechtslage Lutter/Bayer § 122b Rn. 9; Widmann/Mayer/Heckschen § 122b Rn. 4, 45 ff.; näher → § 3 Rn. 46 ff.) und – unter den sonstigen Voraussetzungen von § 305 I – auch mehrere inl. Rechtsträger verschiedener Kapitalgesellschaftsrechtsformen (**Beispiel:** GmbH und AG verschmelzen auf eine EU-KapGes) beteiligt sein können (auch → § 305 Rn. 8).

Nicht beteiligtenfähig sind auch **eV** und **VVaG**, da diese Rechtsträger durch Mitgliedschaftsrechte und nicht durch das Halten von Gesellschaftsanteilen gekennzeichnet ist (BeckOGK/Klett Rn. 9; vgl. dazu näher zur früheren Rechtslage Louven ZIP 2006, 2021 (2024); ebenso Widmann/Mayer/Heckschen § 122b Rn. 73; Semler/Stengel/Leonard/Drinhausen § 122b Rn. 6; Kallmeyer/Marsch-Barner § 122b Rn. 4; Lutter/Bayer § 122b Rn. 6 zum VVaG: eher zweifelhaft; aA Frenzel RIW 2008, 12 (14)). Zur allgemeinen Beteiligtenfähigkeit von etwa ausl. PhG bei grenzüberschreitenden Umw → § 1 Rn. 45 ff.

Eine bestehende **SE mit Sitz in Deutschland** ist ebenfalls KapGes iSv Abs. 1 (BeckOGK/Klett Rn. 13; Heckschen/Knaier GmbHR 2022, 501, 506; Begr. RegE, BT-Drs. 16/2919 zu § 122b I; zur früheren Rechtslage Semler/Stengel/Leonard/Drinhausen § 122b Rn. 5; Widmann/Mayer/Heckschen § 122b Rn. 58 ff.; Kallmeyer/Marsch-Barner § 122b Rn. 3; Kölner Komm UmwG/Simon/Rubner § 122b Rn. 7 ff.; Lutter/Bayer § 122b Rn. 7; Sagasser/Bula/Brünger Umwandlungen/Gutkès § 13 Rn. 19; Henssler/Strohn/Polley § 122b Rn. 3). Zum einen erfüllt eine SE die Begriffsbestimmung nach Art. 119 Nr. 1 lit. b GesR-RL (→ Rn. 5), zum anderen ist eine bestehende SE nach Art. 10 SE-VO in jedem Mitgliedstaat wie eine AG zu behandeln, die nach dem Recht des Sitzstaats der SE gegründet wurde. Zur Beteiligtenfähigkeit einer SE an inl. Umw nach dem UmwG → § 124 Rn. 12, → § 124 Rn. 35. Vgl. allerdings zur Sperrfrist nach Art. 66 SE-VO (zur früheren Rechtslage dazu etwa Kölner Komm UmwG/Simon/Rubner § 122b Rn. 14; HK-UmwG/Becker/Uxa § 122b Rn. 10; Semler/Stengel/Leonard/Drinhausen § 122b Rn. 5; Kallmeyer/Marsch-Barner § 122b Rn. 3; aA BeckOGK/Klett Rn. 15). Möglich ist auch eine grenzüberschreitende Verschm **auf** eine **bestehende SE** (BeckOGK/Klett Rn. 14; zur früheren Rechtslage Widmann/Mayer/Heckschen § 122b Rn. 65 f.; Semler/Stengel/Leonard/Drinhausen § 122b Rn. 5; aA Louven ZIP 2006, 2021 (2024); Müller ZIP 2004, 1790 (1792)). Eine Ausnahme besteht nur für eine grenzüberschreitende Verschm, die zum Entstehen einer **SE** (Verschm **zur Neugründung** oder Verschm iSv Art. 2 I SE-VO, Art. 17 I SE-VO) führen soll. Denn – aber auch nur – die Möglichkeiten der Gründung einer SE sind abschließend den der SE-VO geregelt (BeckOGK/Klett Rn. 14; → SE-VO Art. 2 Rn. 1). Eine davon zu unterscheidende Frage ist, ob über Art. 18 SE-VO ergänzend auch die §§ 305 ff. anzuwenden sind, soweit die SE-VO keine abschließende Regelung enthält (idS Semler/Stengel/Leonard/Drinhausen § 122b Rn. 5 Fn. 15; dazu aber → SE-VO Art. 18 Rn. 3 ff.).

8 **c) Ausländische Kapitalgesellschaften.** Beteiligte ausl. Rechtsträger müssen ebenfalls die Anforderungen nach Abs. 1 erfüllen. Anderenfalls (etwa Beteiligung einer ausl. PersGes) kann auch die inl. KapGes nicht eine Verschm auf der Grundlage der §§ 305 ff. durchführen (zur früheren Rechtslage Kölner Komm UmwG/Simon/Rubner § 122b Rn. 1). Sie müssen mithin **KapGes** iSv Art. 119 Nr. 1 GesR-RL sein (vgl. Anh. II GesR-RL und die Übersichten etwa bei Kölner Komm UmwG/Simon/Rubner § 122b Rn. 16; Widmann/Mayer/Heckschen § 122b Rn. 75). Britische Ges sind seit Wirksamwerden des **Brexits** nicht mehr erfasst (zur früheren Rechtslage Seeger DStR 2016, 1817 (1818 ff.)), auch wenn Anh. II GesR-RL noch nicht geändert wurde. Erfasst ist auch eine **SE** mit Sitz in einem EU-/EWR-Staat, wenn die Verschm nicht auf die Gründung einer SE gerichtet ist (zur früheren Rechtslage Kölner Komm UmwG/Simon/Rubner § 122b Rn. 13; ergänzend → Rn. 7). Unzweifelhaft sind dies die in Anh. II GesR-RL (→ Rn. 5) genannten europäischen KapGes. Sonstige ausl. Rechtsträger (zum Gründungsstatut und Sitz → Rn. 10 ff.) müssen iÜ die Voraussetzungen von Art. 119 Nr. 1 lit. b GesR-RL erfüllen. Eine Einbeziehung von Drittstaaten-Ges aufgrund staatsvertraglicher Vereinbarungen ist nach dem klaren Wortlaut von Abs. 1 nicht möglich (zur früheren Rechtslage Lutter/Bayer § 122b Rn. 11; Semler/Stengel/Leonard/Drinhausen § 122b Rn. 9; Winter Der Konzern 2007, 24 (28); Widmann/Mayer/Heckschen § 122b Rn. 83; HK-UmwG/Becker/Uxa § 122b Rn. 5a; aA Habersack/Drinhausen/Kiem § 122b Rn. 6; Kiem WM 2006, 1091 (1093); NK-UmwR/Althoff § 122a Rn. 12 für US-amerikanische Ges; auch → Rn. 4, → Rn. 10). Zur Prüfungskompetenz des Registergerichts → § 316 Rn. 4. Zur stl. Beurteilung ausl. KapGes (sog. Typenvergleich) → UmwStG § 1 Rn. 17. Auch die britische **LLP** ist nicht erfasst, die nach überwM keine KapGes ist (zur früheren Rechtslage Lutter/Bayer § 122b Rn. 5; Klett NZG 2019, 292 (294); vgl. auch Zwierlein/Großerichter/Gätsch NZG 2017, 1041 (1045); vgl. aber auch Schmidt GmbHR 2018, R292; Wolff GmbHR 2019, 52).

9 Weitere Anforderungen an die Beteiligtenfähigkeit der ausl. Rechtsträger können aus dem jew. nat. Recht folgen (zur früheren Rechtslage Kallmeyer/Marsch-Barner § 122b Rn. 5; Lutter/Bayer § 122b Rn. 12 ff.; Sagasser/Bula/Brünger Umwandlungen/Gutkès § 13 Rn. 23; HK-UmwG/Becker/Uxa § 122b Rn. 2). Nach dessen Rechtsordnung richtet sich auch, ob bereits aufgelöste Rechtsträger beteiligtenfähig sind (BeckOGK/Klett Rn. 17; zur früheren Rechtslage Widmann/Mayer/Heckschen § 122b Rn. 79; zur Beteiligtenfähigkeit inl. aufgelöster Rechtsträger → Rn. 5). Ein Pflicht, bereits aufgelösten AG die aktive Verschmelzungsfähigkeit zu gewähren, besteht nach Art. 89 II GesR-RL (früher Art. 3 II Verschm-RL) nicht, weswegen – auch für AG – die nat. Regelungen divergieren können. Wesentlich ist ferner die Kombinationsfähigkeit der beteiligten Ges nach der ausländischen Rechtsordnung (zur früheren Rechtslage Lutter/Bayer § 122b Rn. 14). Für inl. KapGes und PhG bestehen keine Einschränkungen. Möglicherweise werden allerdings Einschränkungen ausl. Rechtsordnungen aufgrund der seit dem 1.1.2019 bestehenden Einbindung inl. PhG (→ Rn. 14) auftreten. Der Gesetzgeber war insoweit selbst skeptisch (Begr. RegE, BT-Drs. 19/5463, 7: Bereitschaft der britischen Behörden soll gefördert werden).

10 **d) Gründungsstatut.** Sämtliche beteiligten KapGes (übertragende, übernehmende oder neue Ges) müssen ferner nach dem Recht eines Mitgliedstaats der EU/des EWR gegründet worden sein. Die Anforderungen von Abs. 1 entsprechen damit dem Anwendungsbereich der GesR-RL (Art. 118 GesR-RL) und ergänzen § 305 I, wonach die beteiligten Ges nur dem Recht verschiedener Mitgliedstaaten der EU/des EWR unterliegen müssen. Zu den derzeitigen Mitgliedstaaten der EU/des

EWR → UmwStG § 1 Rn. 67. Nach Wirksamwerden des **Brexits** zählen hierzu nicht mehr Ges, die nach einer britischen Rechtsordnung gegründet wurden (LG Berlin GWR 2023, 103; vgl. zur früheren Rechtslage auch Begr. RegE, BT-Drs. 19/5463, 7; Seeger DStR 2016, 1817 (1818); Vossius notar 2016, 314; Freitag/ Korch ZIP 2016, 1361 (1363)). Die Anforderung entspricht iÜ der Regelung in Art. 2 I SE-VO für die Verschm von europäischen AG zur Gründung einer SE (→ SE-VO Art. 2 Rn. 6). In Drittstaaten gegründete Ges können daher selbst dann nicht an einer grenzüberschreitenden Verschm beteiligt sein, wenn sie ihren Verwaltungssitz in einen Mitgliedstaat der EU/des EWR verlegt haben (BeckOGK/Klett Rn. 25; vgl. zur früheren Rechtslage RegE, BT-Drs. 16/2919 zu § 122b Rn. 1; Kallmeyer/Marsch-Barner § 122b Rn. 5; Lutter/Bayer § 122b Rn. 11; Henssler/ Strohn/Polley § 122b Rn. 9; Haritz/v. Wolff GmbHR 2006, 340 (341); HK-UmwG/Becker/Uxa § 122b Rn. 13; vgl. auch Winter Der Konzern 2007, 24 (28)). Derartige Ges erfüllen darüber hinaus regelmäßig auch nicht die Anforderungen nach § 305 I (kein Unterliegen dem Recht eines Mitgliedstaats, wenn dieser Staat der Gründungstheorie folgt) oder das Kriterium der KapGes (Mitgliedstaaten, die die Sitztheorie anwenden). Zu EU-/EWR-Ges, die ihren Verwaltungssitz in einen Drittstaat verlegt haben → Rn. 11 ff. Nicht erforderlich ist, dass die Ges im Gründungs-Mitgliedstaat noch ihren **Verwaltungssitz** hat (Kallmeyer/Marsch-Barner § 122b Rn. 5; Kölner Komm UmwG/Simon/Rubner § 122b Rn. 4). Dies ist bedeutsam, da die EU-/EWR-Mitgliedstaaten gegenseitig verpflichtet sind, Rechtsträger, die nach dem Recht eines Mitgliedstaats gegründet worden sind, auch nach Verlegung des Verwaltungssitzes in einen anderen Mitgliedstaat als Rechtsträger des Gründungs-Mitgliedstaats zu behandeln (→ § 1 Rn. 38). Demzufolge erfüllt früher etwa eine englische Ltd. mit Verwaltungssitz in Deutschland die Anforderungen an das Gründungsstatut (und an den Sitz in einem Mitgliedstaat; → Rn. 11, → § 305 Rn. 8). Zu den beteiligten Ges zählt auch die **neue**, erst durch die Verschm gegründete **Ges**. Auch sie muss (festgelegt durch ihren Gründungssitz) dem Recht eines Mitgliedstaats unterliegen (auch → § 305 Rn. 9).

e) Sitz in einem Mitgliedstaat. Alle beteiligten Rechtsträger müssen ihren **11** satzungsmäßigen Sitz, ihre Hauptverwaltung oder ihre Hauptniederlassung in einem Mitgliedstaat der EU/des EWR haben. Eine Verlegung des Satzungssitzes in einen anderen Mitgliedstaat führt hingegen regelmäßig zur Auflösung des Rechtsträgers (→ § 1 Rn. 38; vgl. aber auch → § 1 Rn. 52; Schmidt DB 2006, 2221 (2222) zum luxemburgischen Recht). In diesem Fall hängt die Beteiligtenfähigkeit davon ab, ob und unter welchen Voraussetzungen das auf diesen Rechtsträger anwendbare Recht die Beteiligung von aufgelösten Rechtsträgern zulässt (→ Rn. 5, → Rn. 9, → § 1 Rn. 46). Der aktuelle Verwaltungssitz muss indes nicht im Gründungs-Mitgliedstaat liegen (→ Rn. 10; Kallmeyer/Marsch-Barner § 122b Rn. 5; Kölner Komm UmwG/Simon/Rubner § 122b Rn. 4; zu den derzeitigen Mitgliedstaaten der EU/ des EWR → UmwStG § 1 Rn. 67).

Nach dem Wortlaut von Abs. 1 Nr. 1 lit. b muss entweder der Satzungssitz oder **12** die Hauptverwaltung/Hauptniederlassung in einem Mitgliedstaat sein. Die Voraussetzungen müssen also **nicht kumulativ** („oder") erfüllt sein (BeckOGK/Klett Rn. 28; ebenso zur früheren Rechtslage Widmann/Mayer/Heckschen § 122b Rn. 91; Kallmeyer/Marsch-Barner § 122b Rn. 5). Der Wortlaut von Abs. 1 stimmt insoweit mit demjenigen von Art. 118 GesR-RL überein. Auch aus der Gesetzesbegründung lässt sich nicht ableiten, dass Satzungssitz und Hauptverwaltung/Hauptniederlassung innerhalb der EU/des EWR gelegen sein müssen. Demzufolge ist auch eine KapGes beteiligtenfähig, die nach dem Recht eines EU-/EWR-Mitgliedstaats gegründet worden ist, unverändert ihren Satzungssitz in diesem Staat (oder einem anderen Mitgliedstaat hat), selbst wenn sich die Hauptverwaltung/Hauptniederlassung in einem Drittstaat befindet (BeckOGK/Klett Rn. 28; zur früheren Rechtslage Kallmeyer/Marsch-

Barner § 122b Rn. 10 Rn. 5; BeckHdB Int. Umwandlungen/Krüger 2. Teil Rn. 15; aA wohl Semler/Stengel/Leonard/Drinhausen § 122b Rn. 7: schädlich sei Verlegung des Verwaltungssitzes; wohl auch HK-UmwG/Becker/Uxa § 122b Rn. 13). Eine derartige Ges erfüllt auch die Voraussetzungen von § 305 I (anwendbares Gesellschaftsstatut) und ist eine KapGes iSv Art. 119 GesR-RL, wenn der Gründungsstaat die Gründungstheorie (→ § 1 Rn. 27) anwendet oder – wie etwa Deutschland – die identitätswahrende Verlegung des Verwaltungssitzes auch in einen Drittstaat zulässt. Die Beteiligtenfähigkeit eines derartigen Rechtsträgers ist auch europarechtlich geboten, da die anderen Mitgliedstaaten einen Rechtsträger, der nach dem Recht eines Mitgliedstaats gegründet worden ist, als Rechtsträger dieses Mitgliedstaats anzuerkennen haben (→ § 1 Rn. 38). Die Anerkennung des ausl. Gesellschaftsstatuts umfasst auch die in diesem Staat geltende Gründungstheorie.

13 Der **satzungsmäßige Sitz** ist der Sitz der Ges, der in dessen Satzung/Statut bestimmt ist. Der Begriff der **Hauptverwaltung** ist aufgrund der Bezugnahme auf die GesR-RL zwar grds. europarechtlich auszulegen, praktische Unterschiede zum im dt. IPR gebräuchlichen Begriff des effektiven Verwaltungssitzes bestehen indes nicht. Danach ist als Ort der Hauptverwaltung der Ort zu verstehen, wo die grundlegenden Entscheidungen der Unternehmensleitung effektiv in lfd. Geschäftsführungsakte umgesetzt werden (BGHZ 97, 269 (272) = NJW 1986, 2194; MüKoBGB/Kindler IntGesR Rn. 464). Der Begriff der **Hauptniederlassung** entspricht bei KapGes dem Satzungssitz (zur früheren Rechtslage Widmann/Mayer/Heckschen § 122b Rn. 94). Die dadurch eingetretene Doppelregelung beruht auf der wortwörtlichen Übernahme von ursprünglich Art. 1 RL 2005/56/EG (jetzt Art. 118 GesR-RL).

3. Beteiligtenfähige Personenhandelsgesellschaften (Abs. 1 Nr. 2)

14 **a) Inländische Personenhandelsgesellschaften.** Nach Abs. 1 Nr. 2 können als übernehmende oder neue Gesellschaften auch PhG nach § 3 Nr. 1 mit in der Regel nicht mehr als 500 ArbN beteiligt sein (zuvor seit 1.1.2019 § 122b I Nr. 2 aF). Dies sind nach § 3 Nr. 1 die OHG und KG einschließlich der KapGes & Co.-Varianten (zur früheren Rechtslage Lutter/Bayer Rn. § 122b Rn. 14a), nicht jedoch die PartGes, die keine PhG ist. Unverändert nicht beteiligtenfähig ist auch die GbR (zur früheren Rechtslage Widmann/Mayer/Heckschen § 122b Rn. 72.1). Nach dem klaren Wortlaut gilt dies nur für Hereinverschmelzungen auf inl. PhG (zu grenzüberschreitenden Verschm zur Neugründung vgl. auch → § 305 Rn. 9). Hinausverschmelzungen von inl. PhG bleiben ebenso wie Hinausverschmelzungen auf ausl. PhG weiterhin ausgeschlossen (vgl. zur früheren Rechtslage auch Hoffmann NZG 2019, 1208 (1209); zu müssen aufgrund der Niederlassungsfreiheit aber dennoch zulässig sein, → § 1 Rn. 45ff.). Der Gesetzgeber wollte mit der Aufnahme von PhG als übernehmende oder neue Gesellschaften britischen Ltd. mit inl. Verwaltungssitz angesichts des damals drohenden Brexits ermöglichen, eine grenzüberschreitende Verschm auch auf eine inl. PhG durchzuführen (Begr. RegE, BT-Drs. 19/5463, 1, 7). Eine Beschränkung auf diese Fallgruppe ist indes nicht geregelt worden; Abs. 1 Nr. 2 gilt für alle von §§ 305 ff. erfassten grenzüberschreitenden Hereinumwandlungen (zur früheren Rechtslage Widmann/Mayer/Heckschen § 122b Rn. 72.1; Lieder/Bialluch NJW 2019, 805 (806)). Die grenzüberschreitende Verschm auf eine inl. PhG ist indes nicht von der GesR-RL erfasst.

15 **b) Begrenzung hinsichtlich Mitarbeiteranzahl.** Die inl. PhG dürfen in der Regel nicht mehr als 500 ArbN haben. Hierdurch soll verhindert werden, dass bei Überschreiten der Arbeitnehmeranzahl statt auf eine KapGes mit der Folge des Eintritts der Mitbestimmung nach dem DrittelbG auf eine mitbestimmungsfreie PhG (insbesondere GmbH & Co. KG) verschmolzen wird (Begr. RegE, BT-Drs. 19/5463, 10). Überzeugend ist dies nicht, da auch die Ltd. mitbestimmungsfrei

war. Aufgrund der Parallelität des Wortlauts (vgl. § 1 Abs. 1 DrittelbG: in der Regel mehr als 500 ArbN) und des Gesetzeszwecks wird man für die Bestimmung der Arbeitnehmeranzahl auf die Grundsätze beim DrittelbG zurückgreifen können (vgl. auch vgl. auch Hoffmann NZG 2019, 1208 (1211)). ArbN sind nach § 3 I DrittelbG die in § 5 Abs. 1 BetrVG bezeichneten Personen mit Ausnahme der in § 5 Abs. 3 BetrVG bezeichneten leitenden Angestellten. In der Regel mehr als 500 ArbN hat ein Unternehmen, wenn eine entsprechende Zahl von Arbeitnehmern beim regulären Betrieb eingesetzt werden (MüKoAktG/Annuß DrittelbG § 1 Rn. 3; vgl. auch OLG Saarbrücken NZG 2016, 941 (942) zur Referenzperiode). Leiharbeitnehmer werden nicht mitgezählt (OLG Saarbrücken NZG 2016, 941 (943), ebenso wenig ArbN, die im Ausland beschäftigt werden (vgl. auch zur früheren Rechtslage Hoffmann NZG 2019, 1208 (1211)). Die Arbeitnehmeranzahl muss dann zum Zeitpunkt des Verschmelzungsbeschlusses bei der PhG (Verschm zur Aufnahme) unterschritten sein (aA Hoffmann NZG 2019, 1208 (1212)). Nach dem klaren Wortlaut werden die Arbeitnehmer der übertragenden Ges nicht mitgezählt. Bei einer Verschm zur Neugründung einer PhG sind die Anforderungen damit mangels Vorhandenseins von Arbeitnehmern immer erfüllt. Die Unterschreitung der Arbeitnehmeranzahl muss in geeigneter Weise dem Handelsregister nachgewiesen werden (→ § 318 Rn. 11).

c) Gründungsstatut und Sitz in der EU/EWR. Durch die Bezugnahme auf 16 § 3 I Nr. 1 ist klargestellt, dass nur OHG und KG und damit nach inl. Recht gegründete PhG erfasst sind, die damit auch die Anforderungen an das Gründungsstatut nach Abs. 1 Nr. 1 erfüllen müssen. Diese erfüllen auch die Anforderungen nach § 305 I. Bei Personengesellschaften führt nach heute noch hM ein Auseinanderfallen von statutarischen und Verwaltungssitz zur Auflösung, weswegen die PhG nach Abs. 1 Nr. 2 regelmäßig auch die Sitzanforderungen nach Abs. 1 Nr. 1 erfüllen werden. Insoweit liegt durch die Ergänzung keine Abweichung von den Grundsätzen nach Abs. 1 Nr. 1 vor.

4. Ausgeschlossene Gesellschaften (Abs. 2)

a) Genossenschaften. Art. 120 II GesR-RL erlaubt es den Mitgliedstaaten, Gen 17 von der Beteiligung an grenzüberschreitenden Verschm auszuschließen. Dies hat der Gesetzgeber in Abs. 2 Nr. 1 aufgegriffen. Hierfür bestünde kein Bedürfnis, da die Möglichkeit der Gründung einer SCE ausreichend erscheine (so schon Begr. RegE, BT-Drs. 16/2919 zu § 122b II). Dies gilt unabhängig davon, ob inl. oder nach dem Recht eines anderen Mitgliedstaats gegründete Gen die Definition der KapGes nach Art. 119 Nr. 1 lit. b GesR-RL erfüllen (vgl. etwa § 8a GenG; zur früheren Rechtslage Kallmeyer/Marsch-Barner § 122b Rn. 7; Keßler/Kühnberger UmwR/Keßler § 122b Rn. 2; Lutter/Bayer § 122b Rn. 6; Henssler/Strohn/Polley § 122b Rn. 10). Der Ausschluss umfasst inl. und ausl. Gen sowie bestehende SCE (BeckOGK/Klett Rn. 31; zur früheren Rechtslage Kallmeyer/Marsch-Barner § 122b Rn. 7; Kölner Komm UmwG/Simon/Rubner § 122b Rn. 17; Henssler/Strohn/Polley § 122b Rn. 10). Mithin kann eine inl. KapGes nicht nach Maßgabe der §§ 305 ff. auf eine ausl. Gen verschmelzen (Kölner Komm UmwG/Simon/Rubner Rn. 17; zu grenzüberschreitenden Umw außerhalb der §§ 305 ff. → § 1 Rn. 45 ff.).

b) OGAW. Nach Abs. 2 Nr. 2 sind Organismen für gemeinsame Anlagen in 18 Wertpapieren (OGAW) von grenzüberschreitenden Verschm ausgeschlossen. Dies entspricht Art. 120 III GesR-RL. Zum Begriff des OGAW vgl. Art. 1 II RL 2009/65/EG v. 13.7.2009 (ABl. 2009 L 302, 32). Diese Anlagegesellschaften sind regelmäßig in der Rechtsform einer KapGes organisiert, unterliegen aber in verschiedenster Hinsicht speziellen Regelungen. Dies erfasst insbes. Investmentaktiengesellschaften (InvAG – §§ 96 ff. InvG aF; §§ 108 ff. KAGB), nicht jedoch Kapitalverwaltungsgesellschaften (§§ 17, 92 ff. KAGB; früher Kapitalanlagegesellschaften – KAG; zur früheren Rechtslage Lutter/Bayer § 122b Rn. 16; Kölner Komm UmwG/Simon/Rubner § 122b Rn. 19; Kallmeyer/Marsch-Barner § 122b Rn. 8; HK-UmwG/Becker/Uxa § 122b Rn. 20).

§ 307 Verschmelzungsplan

(1) ¹Das Vertretungsorgan einer beteiligten Gesellschaft stellt zusammen mit den Vertretungsorganen der übrigen beteiligten Gesellschaften einen gemeinsamen Verschmelzungsplan auf.

(2) Der Verschmelzungsplan oder sein Entwurf muss mindestens folgende Angaben enthalten:
1. Rechtsform, Firma und Sitz der übertragenden und übernehmenden oder neuen Gesellschaft,
2. das Umtauschverhältnis der Gesellschaftsanteile und gegebenenfalls die Höhe der baren Zuzahlungen,
3. die Einzelheiten hinsichtlich der Übertragung der Gesellschaftsanteile der übernehmenden oder neuen Gesellschaft,
4. die voraussichtlichen Auswirkungen der Verschmelzung auf die Beschäftigung,
5. den Zeitpunkt, von dem an die Gesellschaftsanteile deren Inhabern das Recht auf Beteiligung am Gewinn gewähren, sowie alle Besonderheiten, die eine Auswirkung auf dieses Recht haben,
6. den Zeitpunkt, von dem an die Handlungen der übertragenden Gesellschaften unter dem Gesichtspunkt der Rechnungslegung als für Rechnung der übernehmenden oder neuen Gesellschaft vorgenommen gelten (Verschmelzungsstichtag),
7. die Rechte, die die übernehmende oder neue Gesellschaft den mit Sonderrechten ausgestatteten Gesellschaftern und den Inhabern von anderen Wertpapieren als Gesellschaftsanteilen gewährt, oder die für diese Personen vorgeschlagenen Maßnahmen,
8. etwaige besondere Vorteile, die den Mitgliedern der Verwaltungs-, Leitungs-, Aufsichts- oder Kontrollorgane der an der Verschmelzung beteiligten Gesellschaften gewährt werden,
9. sofern einschlägig den Errichtungsakt der aus der grenzüberschreitenden Verschmelzung hervorgehenden Gesellschaft und, falls sie Gegenstand eines gesonderten Aktes ist, die Satzung,
10. gegebenenfalls Angaben zu dem Verfahren, nach dem die Einzelheiten über die Beteiligung der Arbeitnehmer an der Festlegung ihrer Mitbestimmungsrechte in der aus der grenzüberschreitenden Verschmelzung hervorgehenden Gesellschaft geregelt werden,
11. Angaben zur Bewertung des Aktiv- und Passivvermögens, das auf die übernehmende oder neue Gesellschaft übertragen wird,
12. den Stichtag derjenigen Bilanzen der an der Verschmelzung beteiligten Gesellschaften, die zur Festlegung der Bedingungen der Verschmelzung verwendet werden,
13. die Einzelheiten zum Angebot einer Barabfindung gemäß § 313,
14. Angaben über Sicherheiten, die den Gläubigern angeboten werden,
15. im Fall der Verschmelzung auf eine Personenhandelsgesellschaft gemäß § 306 Absatz 1 Nummer 2
    a) für jeden Anteilsinhaber eines übertragenden Rechtsträgers die Bestimmung, ob ihm in der übernehmenden oder der neuen Perso-

nenhandelsgesellschaft die Stellung eines persönlich haftenden Gesellschafters oder eines Kommanditisten gewährt wird,
b) der festgesetzte Betrag der Einlage jedes Gesellschafters,
16. Informationen über die Auswirkungen der grenzüberschreitenden Verschmelzung auf Betriebsrenten und Betriebsrentenanwartschaften.

(3) Die Angaben über den Umtausch der Anteile (Absatz 2 Nummer 2, 3 und 5) und die Einzelheiten zum Angebot einer Barabfindung (Absatz 2 Nummer 13) entfallen, wenn
1. sich alle Anteile der übertragenden Gesellschaft in der Hand der übernehmenden Gesellschaft befinden oder
2. den Anteilsinhabern der übertragenden Gesellschaft keine Anteile gewährt werden und dieselbe Person
 a) alle Anteile der übertragenden und der übernehmenden Gesellschaft besitzt,
 b) alle Anteile an solchen Gesellschaften besitzt, die gemeinsam alle Anteile an der übertragenden oder an der übernehmenden Gesellschaft besitzen, oder
 c) alle Anteile an solchen Gesellschaften besitzt, bei denen sich die Inhaberschaft an Anteilen bis zu der übertragenden oder der übernehmenden Gesellschaft fortsetzt.

(4) Der Verschmelzungsplan muss notariell beurkundet werden.

Übersicht

	Rn.
1. Allgemeines	1
2. Rechtsnatur des Verschmelzungsplans	4
3. Aufstellung des Verschmelzungsplans	6
a) Gemeinsamer Verschmelzungsplan	6
b) Entwurf	7
c) Aufstellungskompetenz	8
d) Aufstellung	10
4. Inhalt des Verschmelzungsplans	11
a) Allgemeines	11
b) Rechtsform, Firma, Sitz (Abs. 2 Nr. 1)	12
c) Umtauschverhältnis und bare Zuzahlung (Abs. 2 Nr. 2)	13
d) Übertragung der Gesellschaftsanteile (Abs. 2 Nr. 3)	18
e) Auswirkungen der Verschmelzung auf die Beschäftigten (Abs. 2 Nr. 4)	19
f) Zeitpunkt der Gewinnbeteiligung (Abs. 2 Nr. 5)	20
g) Verschmelzungsstichtag (Abs. 2 Nr. 6)	21
h) Gewährung von Rechten an Sonderrechtsinhaber (Abs. 2 Nr. 7)	23
i) Sondervorteile (Abs. 2 Nr. 8)	25
j) Errichtungsakt und Satzung (Abs. 2 Nr. 9)	26
k) Festlegung der Arbeitnehmermitbestimmung (Abs. 2 Nr. 10)	27
l) Bewertung des Aktiv- und Passivvermögens (Abs. 2 Nr. 11)	29
m) Stichtag der Bilanzen (Abs. 2 Nr. 12)	33
n) Einzelheiten zum Angebot einer Barabfindung (Abs. 2 Nr. 13)	35
o) Angaben über Sicherheiten für die Gläubiger (Abs. 2 Nr. 14)	36
p) Angaben bei Personenhandelsgesellschaften (Abs. 2 Nr. 15)	37
q) Informationen über die Auswirkungen auf Betriebsrenten (Abs. 2 Nr. 16)	38
r) Weitere Angaben	39
s) Besonderheiten bei Konzern-Verschmelzungen (Abs. 3)	40

	Rn.
5. Zuleitung an den Betriebsrat	41
6. Form des Verschmelzungsplans	42
a) Notarielle Beurkundung	42
b) Sprache	45

1. Allgemeines

1   Die Vorschrift regelt den Verschmelzungsplan, der bei grenzüberschreitenden Verschm an die Stelle des Verschmelzungsvertrags (§ 4) tritt, und verdrängt damit vollständig § 4 I, §§ 5–6 (keine entsprechende Anwendung nach § 305 II; zu § 4 II vgl. → Rn. 7). Sie entspricht inhaltlich im Wesentlichen § 122c aF. Der Verschmelzungsplan ist indes ein gemeinsamer Verschmelzungsplan. § 307 ist damit die Umsetzung von Art. 122 GesR-RL. Die Vorschrift hat unmittelbare Rechtswirkung – wie das UmwG insgesamt (→ § 305 Rn. 15) – nur für diejenigen beteiligten Rechtsträger, die der inl. Rechtsordnung unterliegen. Aufgrund der Vorgabe von Art. 122 GesR-RL bestehen allerdings korrespondierende Regelungen in den anderen Mitgliedstaaten (BeckOGK/Klett Rn. 5; zur früheren Rechtslage NK-UmwR/Althoff § 122c Rn. 2). Durch diese Verknüpfung der Rechtsordnungen ist der Verschmelzungsplan Kernbestandteil einer grenzüberschreitenden Verschm (zur früheren Rechtslage Sagasser/Bula/Brünger Umwandlungen/Gutkès § 13 Rn. 51) bzw. das „Herzstück" des gesamten Verfahrens (zur früheren Rechtslage Lutter/Bayer § 122c Rn. 1; NK-UmwR/Althoff § 122c Rn. 1).

2   Der Verschmelzungsplan bestimmt ebenso wie der Verschmelzungsvertrag die Rechtsverhältnisse zwischen den an der Verschm beteiligten Rechtsträgern. In ihm werden die wesentlichen Modalitäten der Verschm festgelegt, denen die Anteilsinhaber durch Beschluss zustimmen. Demzufolge regelt **Abs. 1** die Verpflichtung zur Aufstellung des gemeinsamen Verschmelzungsplans und zugleich die Zuständigkeit für die Aufstellung. Der wesentliche Inhalt des Verschmelzungsplans wird durch **Abs. 2** vorgegeben, der sich inhaltlich fast vollständig und im Wesentlichen auch im Wortlaut an Art. 122 GesR-RL anlehnt. Die inhaltlichen Vorgaben stimmen wiederum vielfach mit den Mindestangaben in einem Verschmelzungsvertrag nach § 5 I überein. Ergänzend muss der Verschmelzungsplan Angaben zum Verfahren über die ArbN-Mitbestimmung (Abs. 2 Nr. 10), zur Bewertung des übergehenden Aktiv- und Passivvermögens (Abs. 2 Nr. 11), zum Stichtag der Bilanzen, die zur Festlegung der Bedingungen der Verschm verwendet werden (Abs. 2 Nr. 12), und Angaben über Sicherheiten (Abs. 2 Nr. 14) sowie Informationen über die Auswirkungen der grenzüberschreitenden Verschm auf Betriebsrenten und Betriebsrentenanwartschaften (Abs. 2 Nr. 16; zum Barfindungsangebot – Abs. 2 Nr. 13 – vgl. § 29), enthalten. Abs. 2 Nr. 15, wonach zusätzliche Angaben bei der Verschm auf eine PhG notwendig sind, beruht auf dem Umstand, dass nach § 306 I Nr. 2 auch inl. PhG als übernehmende/neue Ges beteiligt sein können (→ § 306 Rn. 7). Ein indikativer Zeitplan, wie er bei der Spaltungsplan nach § 322 II Nr. 1 und für den grenzüberschreitenden Formwechsel nach § 335 II Nr. 5 vorgesehen ist, fehlt in der Aufzählung nach Abs. 2. **Abs. 3** schafft Erleichterungen für Konzern-Verschm. Schließlich ordnet **Abs. 4** an, dass der Verschmelzungsplan notariell beurkundet werden muss, was für inl. Verschm der Regelung in § 6 entspricht.

3   Hinsichtlich des Regelungsgegenstands entspricht Abs. 1 und 2 den Bestimmungen von Art. 20 SE-VO.

2. Rechtsnatur des Verschmelzungsplans

4   Abs. 1 verpflichtet das Vertretungsorgan einer beteiligten Ges, zusammen mit den Vertretungsorganen der übrigen beteiligten Ges einen gemeinsamen Verschmel-

zungsplan aufzustellen. Auch Art. 122 GesR-RL verlangt die Aufstellung eines gemeinsamen Verschmelzungsplans. Obwohl auch Art. 5 I RL 78/855/EWG (jetzt Art. 91 GesR-RL) von einem Verschmelzungsplan spricht, regelt § 4 für innerstaatliche Verschm den Abschluss eines Verschmelzungsvertrags. Einen Umwandlungsplan kennt das UmwG nur in der Form des Spaltungsplans (§ 136) bei einer Spaltung zur Neugründung, da bei dieser Umwandlungsform ein Vertragspartner fehlt.

Der Verschmelzungsplan ist ebenso wie der Verschmelzungsvertrag nach § 4 ein **5** gesellschaftsrechtlicher Organisationsakt. Er entfaltet indes anders als der Verschmelzungsvertrag (→ § 4 Rn. 9) **keine schuldrechtlichen Wirkungen** (BeckOGK/ Klett Rn. 11; zur früheren Rechtslage ebenso Kallmeyer/Marsch-Barner § 122c Rn. 4; Lutter/Bayer § 122c Rn. 3; Widmann/Mayer/Mayer § 122c Rn. 17; Henssler/Strohn/Polley § 122c Rn. 5; NK-UmwR/Althoff § 122c Rn. 7; Habersack/ Drinhausen/Kiem § 122c Rn. 6; Sagasser/Bula/Brünger Umwandlungen/Gutkès § 13 Rn. 53; aA HK-UmwG/Becker/Uxa § 122c Rn. 5; Kölner Komm UmwG/ Simon/Rubner § 122c Rn. 6; offengelassen von Semler/Stengel/Leonard/Drinhausen § 122c Rn. 6; zum Verschmelzungsplan bei der Gründung einer SE → SE-VO Art. 20 Rn. 2). Dies folgt schon daraus, dass in anderen Mitgliedstaaten der Verschmelzungsplan als reiner Organisationsakt aufgefasst wird (zur früheren Rechtslage Kiem WM 2006, 1091 (1094)). Daher sehen auch weder Art. 122 GesR-RL noch § 307 eine § 5 I Nr. 2 vergleichbare Vereinbarung über die Vermögensübertragung vor (zur früheren Rechtslage Kallmeyer/Marsch-Barner § 122c Rn. 4; Lutter/ Bayer § 122c Rn. 3). Demzufolge tritt eine Bindung der Parteien vor dem Wirksamwerden der Verschm nicht ein. Die praktische Bedeutung ist indes eher gering, da die Parteien ergänzende schuldrechtliche Vereinbarungen – in derselben oder in einer getrennten Urkunde – treffen können und werden, soweit sie nicht ohnehin verbundene Unternehmen sind (BeckOGK/Klett Rn. 11; zur früheren Rechtslage Semler/Stengel/Leonard/Drinhausen § 122c Rn. 6; Widmann/Mayer/Mayer § 122c Rn. 18; Kallmeyer/Marsch-Barner § 122c Rn. 4; Lutter/Bayer § 122c Rn. 4; NK-UmwR/Althoff § 122c Rn. 7; Habersack/Drinhausen/Kiem § 122c Rn. 7; Sagasser/Bula/Brünger Umwandlungen/Gutkès § 13 Rn. 53; zu den sog. business combination agreements vgl. auch Teichmann ZGR 2002, 383 (419)). Ebenso muss zwischen den beteiligten Ges eine Einigung über den Inhalt herbeigeführt werden, da ein gemeinsamer Verschmelzungsplan erstellt werden muss (→ Rn. 10).

3. Aufstellung des Verschmelzungsplans

a) Gemeinsamer Verschmelzungsplan. Abs. 1 verlangt ebenso wie Art. 122 **6** GesR-RL die Aufstellung eines gemeinsamen Verschmelzungsplans. Dies ist eine Abweichung zu der vergleichbaren Regelung von Art. 20, 26 III SE-VO, die nur einen gleichlautenden Verschmelzungsplan verlangen (→ SE-VO Art. 20 Rn. 3). Der gemeinsame Verschmelzungsplan ist daher in einem **einheitlichen Dokument** aufzunehmen (BeckOGK/Klett Rn. 14; zur früheren Rechtslage Semler/Stengel/ Leonard/Drinhausen § 122c Rn. 5; Widmann/Mayer/Mayer § 122c Rn. 19; Habersack/Drinhausen/Kiem § 122c Rn. 12; Kallmeyer/Marsch-Barner § 122c Rn. 6, in Rn. 41 aber: zweckmäßigerweise; Henssler/Strohn/Polley § 122c Rn. 7; Lutter/Bayer § 122c Rn. 7; Sagasser/Bula/Brünger Umwandlungen/Gutkès § 13 Rn. 54; Keßler/Kühnberger UmwR/Keßler § 122c Rn. 3; BeckHdB Int. Umwandlungen/Krüger 2. Teil Rn. 25; MHdB GesR VIII/Oppenhoff § 18 Rn. 67; Limmer Unternehmensumwandlungs-HdB/Limmer/Knaier Teil 6 Rn. 100; aA Kölner Komm UmwG/Simon/Rubner § 122c Rn. 36; Brocker BB 2010, 971 (972)). Zur ggf. notwendigen Doppelbeurkundung → Rn. 42. Aus § 318 III Nr. 2 („gemeinsamen, gleichlautenden Verschmelzungsplan") kann nicht abgeleitet werden, dass gleichlautende, aber in unterschiedlichen Dokumenten enthaltene

Verschmelzungspläne ausreichend sind. Die dort enthaltene Anforderung bedeutet nur, dass anlässlich des Registerverfahrens zu prüfen ist, dass die jew. Anteilsinhaberversammlungen tatsächlich dem unveränderten gleichlautenden Verschmelzungsplan zugestimmt haben (zutr. zur früheren Rechtslage Widmann/Mayer/Mayer § 122c Rn. 20; vgl. auch → § 318 Rn. 13). Auch zusätzliche, nicht nach allen betroffenen Rechtsordnungen erforderliche Angaben (vgl. etwa § 313; → Rn. 35) sind in dem gemeinsamen Verschmelzungsplan aufzunehmen (zur früheren Rechtslage Kallmeyer/Marsch-Barner § 122c Rn. 6; auch → Rn. 39). Angesichts der Bekanntmachungsverpflichtungen und der registerrechtlichen Vorgaben (vgl. § 488 III FamFG, § 184 GVG) wird vielfach der gemeinsame Verschmelzungsplan als **mehrsprachiges** Dokument zu erstellen sein (zur früheren Rechtslage Semler/Stengel/Leonard/Drinhausen § 122c Rn. 5; Kallmeyer/Marsch-Barner § 122c Rn. 7; Sagasser/Bula/Brünger Umwandlungen/Gutkès § 13 Rn. 54; Henssler/Strohn/Polley § 122c Rn. 8; auch → Rn. 45). Für das Registerverfahren reicht indes eine beglaubigte Übersetzung (zur früheren Rechtslage Kallmeyer/Marsch-Barner § 122c Rn. 7; Tebben/Tebben DB 2007, 2355 (2357); zweifelnd Lutter/Bayer § 122c Rn. 10). Zur Einigung über den Inhalt des gemeinsamen Verschmelzungsplans durch Aufstellung → Rn. 10.

7 **b) Entwurf.** Abs. 2 regelt den Inhalt des Verschmelzungsplans oder seines Entwurfs. Dies stimmt mit der Regelung in § 5 I überein. Daneben gilt § 4 II entsprechend (§ 305 II). Danach können die Anteilsinhaberversammlungen der beteiligten inl. Ges den Zustimmungsbeschluss auf der Grundlage eines Entwurfs des Verschmelzungsplans fassen. Die notarielle Beurkundung (Abs. 4; → Rn. 42) kann sodann nachgeholt werden (zur früheren Rechtslage Lutter/Bayer § 122c Rn. 9; Sagasser/Bula/Brünger Umwandlungen/Gutkès § 13 Rn. 100; HK-UmwG/Becker/Uxa § 122c Rn. 65; Henssler/Strohn/Polley § 122c Rn. 10). Der Entwurf, dem zugestimmt wurde, und der endgültige Verschmelzungsplan müssen jedoch inhaltlich identisch sein (BeckOGK/Klett Rn. 15; ergänzend → § 4 Rn. 23 ff.).

8 **c) Aufstellungskompetenz.** Für die Aufstellung des Verschmelzungsplans ist nach Abs. 1 das Vertretungsorgan einer beteiligten Ges zusammen mit den Vertretungsorganen der übrigen beteiligten Ges zuständig. Dies entspricht der Regelung in § 4 I 1, während Art. 122 GesR-RL von den Leitungs- oder Verwaltungsorganen der sich verschmelzenden Ges spricht. Ein materieller Unterschied ist damit nicht verbunden (zur früheren Rechtslage krit. Drinhausen/Keinath BB 2006, 727). Bei beteiligten inl. **AG, KGaA** und **GmbH** sind der Vorstand, die phG oder die Geschäftsführer zuständig (BeckOGK/Klett Rn. 21; zur früheren Rechtslage Lutter/Bayer § 122c Rn. 5; Kallmeyer/Marsch-Barner § 122c Rn. 5; Keßler/Kühnberger UmwR/Keßler § 122c Rn. 4; HK-UmwG/Becker/Uxa § 122c Rn. 9). Entsprechendes gilt für eine **SE** mit Sitz im Inland, die eine dualistische Struktur aufweist. Bei einer nach dem **monistischen** System organisierten SE mit Sitz im Inland ist hingegen der Begriff „Vertretungsorgan" richtlinienkonform dahingehend zu verstehen, dass die Mitglieder des Verwaltungsrats zur Aufstellung befugt sind (BeckOGK/Klett Rn. 21; zur früheren Rechtslage zutr. Semler/Stengel/Leonard/Drinhausen § 122c Rn. 9; Kallmeyer/Marsch-Barner § 122c Rn. 5; Keßler/Kühnberger UmwR/Keßler § 122c Rn. 4; HK-UmwG/Becker/Uxa § 122c Rn. 9; Henssler/Strohn/Polley § 122c Rn. 6; Widmann/Mayer/Mayer § 122c Rn. 22; NK-UmwR/Althoff § 122c Rn. 9; Habersack/Drinhausen/Kiem § 122c Rn. 10; MHdB GesR VIII/Oppenhoff § 18 Rn. 73). Für eine als übernehmende Ges beteiligte PhG (§ 306 I Nr. 2; dazu → § 306 Rn. 14) handeln die phG (zur früheren Rechtslage Widmann/Mayer/Mayer § 122c Rn. 22). Bei den ausl. beteiligten Ges sind die nach dem jew. Gesellschaftsstatut zuständigen Personen berufen (zur früheren Rechtslage HK-UmwG/Becker/Uxa § 122c Rn. 10).

Die Vertretungsorgane der beteiligten Ges müssen in vertretungsberechtigter 9
Anzahl handeln (zur früheren Rechtslage HK-UmwG/Becker/Uxa § 122c Rn. 8;
Widmann/Mayer/Mayer § 122c Rn. 23; näher → § 4 Rn. 11 ff.).

d) Aufstellung. Das Vertretungsorgan einer beteiligten Ges muss den gemeinsa- 10
men Verschmelzungsplan gemeinsam mit den Vertretungsorganen der übrigen beteiligten Ges aufstellen. Obwohl der Verschmelzungsplan kein schuldrechtlicher Vertrag ist (→ Rn. 5), bedeutet dies, dass die Vertretungsorgane aller beteiligten Ges eine **Einigung über den genauen Inhalt** des Verschmelzungsplans erzielen müssen (BeckOGK/Klett Rn. 20; zur früheren Rechtslage Kallmeyer AG 2007, 472 (474) zu § 122c aF; NK-UmwR/Althoff § 122c Rn. 10; ähnlich auch Simon/Rubner Der Konzern 2006, 835 (837) zu § 122c aF; vgl. auch Vetter AG 2006, 613 (617); Limmer ZNotP 2007, 242 (251): entspricht Vertragsschluss, jew. zu § 122c aF). Dies wird mit der Aufstellung, also der Willenserklärung, dass jede beteiligte Ges dem Verschmelzungsplan mit diesem Inhalt zustimmt, dokumentiert (Habersack/Drinhausen/Kiem § 122c Rn. 11; Lutter/Bayer § 122c Rn. 5; zur Form des Verschmelzungsplans → Rn. 39).

4. Inhalt des Verschmelzungsplans

a) Allgemeines. Abs. 2 regelt in enger Anlehnung an Art. 122 GesR-RL den 11
Mindestinhalt des gemeinsamen Verschmelzungsplans (zum Entwurf → Rn. 7).
Darüber hinaus kann der Verschmelzungsplan weitere Regelungen haben (auch
→ Rn. 5 f., → Rn. 39; vgl. auch Erwägungsgrund 57 GesR-RL; zur früheren
Rechtslage Begr. RegE, BT-Drs. 16/2919 zu § 122c II; Limmer Unternehmensumwandlungs-HdB/Limmer/Knaier Teil 6 Rn. 107; Semler/Stengel/Leonard/Drinhausen § 122c Rn. 11; Kallmeyer/Marsch-Barner § 122c Rn. 8; Lutter/Bayer
§ 122c Rn. 31; Kölner Komm UmwG/Simon/Rubner § 122c Rn. 9). Vielfach
werden neben dem Verschmelzungsplan zwischen den beteiligten Ges Vereinbarungen getroffen (→ Rn. 5). Abs. 2 stimmt inhaltlich nur teilw. mit § 5 I überein (zur
früheren Rechtslage krit. hierzu Lutter/Bayer § 122c Rn. 12; vgl. auch → Rn. 2).
Anders als § 5 I verlangt Abs. 2 keine (ausdrückliche) Vereinbarung über die Übertragung des Vermögens (§ 5 I Nr. 2; dies ist indes der Verschm immanent, auch
wenn der Verschmelzungsplan keine schuldrechtlichen Wirkungen hat; auch
→ Rn. 5; zur früheren Rechtslage Kölner Komm UmwG/Simon/Rubner § 122c
Rn. 12). Andererseits schafft Abs. 2 darüberhinausgehende inhaltliche Vorgaben,
nämlich ggf. Angaben zum Verfahren über die Beteiligung der ArbN an der Festlegung der Mitbestimmungsrechte (Abs. 2 Nr. 10, Angaben zur Bewertung des übergehenden Aktiv- und Passivvermögens sowie den Stichtag der Bilanzen der beteiligten Ges (Abs. 2 Nr. 11 und 12), die zur Festlegung der Bedingungen der Verschm
verwendet werden, und Angaben über Sicherheiten, die den Gläubigern angeboten
werden (Abs. 2 Nr. 14), sowie Informationen über die Auswirkungen der grenzüberschreitenden Verschm auf Betriebsrenten und Betriebsrentenanwartschaften
(Abs. 2 Nr. 16). Vgl. ferner Abs. 2 Nr. 15 (→ Rn. 37). Diese Erweiterungen im
Vergleich zu § 5 I gehen mit Ausnahme von Abs. 2 Nr. 15 und 16 auf die Vorgaben
von Art. 122 GesR-RL zurück. Abs. 2 ist aber insofern abschließend, als hinsichtlich
des Mindestinhalts über § 305 II kein Rückgriff auf § 5 erfolgt (zur früheren Rechtslage HK-UmwG/Becker/Uxa § 122c Rn. 12; vgl. auch → Rn. 1).

b) Rechtsform, Firma, Sitz (Abs. 2 Nr. 1). Abs. 2 Nr. 1 verlangt die Angabe 12
der Rechtsform, der Firma und des Sitzes der übertragenden und übernehmenden
oder neuen Ges. Dies stimmt im Wesentlichen mit § 5 I Nr. 1 überein. Zusätzlich
wird die Angabe der **Rechtsform** verlangt, obwohl dies für nil. Ges bereits aus der
Firma ersichtlich ist. Dies soll allen beteiligten Registern/Behörden die Prüfung
erleichtern, ob alle Ges iSv Art. 118, 119 GesR-RL beteiligtenfähig sind (zur frühe-

ren Rechtslage Widmann/Mayer/Mayer § 122c Rn. 40; Kallmeyer/Marsch-Barner § 122c Rn. 9). Empfehlenswert ist daher eine separate Angabe der Rechtsform neben der Firma und eine Anlehnung an die Bezeichnung der Rechtsformen in Anhang II der GesR-RL (auch → § 306 Rn. 8). Auch bei den PhG iSv § 306 I Nr. 2 empfiehlt sich die ausgeschriebene Form „Offene Handelsgesellschaft" oder „Kommanditgesellschaft". Gebräuchliche Abkürzungen könnten die Prüfung im Ausland erschweren, sind indes ausreichend (zur früheren Rechtslage Widmann/Mayer/Mayer § 122c Rn. 41; Henssler/Strohn/Polley § 122c Rn. 12; aA Habersack/Drinhausen/Kiem Rn. 22). Die bloße Angabe des Rechtsformzusatzes in der Firma ist nicht ausreichend (zur früheren Rechtslage Widmann/Mayer/Mayer § 122c Rn. 41). **Sitz** iSv Abs. 2 Nr. 1 ist der Satzungssitz und nicht der ggf. abw. Verwaltungssitz (BeckOGK/Klett Rn. 26; zur früheren Rechtslage Widmann/Mayer/Mayer § 122c Rn. 43; Kallmeyer/Marsch-Barner § 122c Rn. 9; Henssler/Strohn/Polley § 122c Rn. 12; HKW Notar-HdB/Zimmermann § 27 Rn. 180; HK-UmwG/Becker/Uxa § 122c Rn. 15). Die Angaben dienen der eindeutigen Bestimmung der beteiligten Ges. Hierfür eignet sich der immer eindeutige Satzungssitz, zumal bei inl. Ges und vielfach auch bei ausl. Ges damit das zuständige Registergericht oder die zuständige Behörde festgelegt wird. Außerdem sind dadurch regelmäßig Rückschlüsse auf das auf diese Ges anwendbare Gesellschaftsstatut möglich. Die Angaben an die **Firma** richten sich grds. nach den nat. Rechtsordnungen. Bei inl. Rechtsträgern ist die aktuelle Firma, die der Registereintragung entspricht, anzugeben. Bei beschlossenen, aber in den Registern noch nicht vollzogenen Firmenänderungen sollte ein Hinweis darauf erfolgen (BeckOGK/Klett Rn. 26; zur früheren Rechtslage Henssler/Strohn/Polley § 122c Rn. 12; Widmann/Mayer/Mayer § 122c Rn. 42). Ebenso sollte ein Hinweis erfolgen, wenn im Zuge der Verschm die Firma (§ 305 II iVm § 18) geändert werden soll (zur früheren Rechtslage Kallmeyer/Marsch-Barner § 122c Rn. 9; Widmann/Mayer/Mayer § 122c Rn. 42).

13   **c) Umtauschverhältnis und bare Zuzahlung (Abs. 2 Nr. 2).** Abs. 2 Nr. 2 verlangt die Angabe des Umtauschverhältnisses der Gesellschaftsanteile und ggf. die Höhe der baren Zuzahlungen (zur früheren Rechtslage bereits kritisch zur fehlenden Wortlautanpassung wegen der Erweiterung auf PhG gem. § 122b I Nr. 2 aF Widmann/Mayer/Mayer § 122c Rn. 83). Dies entspricht inhaltlich der Bestimmung in § 5 I Nr. 3. Wie bei nat. Verschm ist die Angabe des Umtauschverhältnisses meist die wichtigste Festlegung im Verschmelzungsplan. Bei Beteiligung von Anteilsinhabern mit echtem Interessengegensatz werden diese im Regelfall der Verschm nur zustimmen, wenn auf ihrer Ebene durch den Austausch der Beteiligungen Vermögensänderungen nicht eintreten (iE → § 5 Rn. 5 ff.; zu rechtlichen Fragen der Bewertung mit int. Bezügen Reuter AG 2007, 881; Kiem ZGR 2007, 542). Das Umtauschverhältnis ist auch für den Verschmelzungsbericht und den Prüfungsbericht (§§ 309, 311) von Bedeutung, da die Erläuterung und Prüfung des Umtauschverhältnisses und der baren Zuzahlungen deren Schwerpunkt darstellen.

14   Der Verschmelzungsplan muss das Umtauschverhältnis nur angeben und nicht erläutern (BeckOGK/Klett Rn. 28; zur früheren Rechtslage Semler/Stengel/Leonard/Drinhausen § 122c Rn. 15; NK-UmwR/Althoff § 122c Rn. 15; Habersack/Drinhausen/Kiem § 122c Rn. 23; Sagasser/Bula/Brünger Umwandlungen/Gutkès § 13 Rn. 61; BeckHdB Int. Umwandlungen/Krüger 2. Teil Rn. 60; Widmann/Mayer/Mayer § 122c Rn. 84). Zur Ermittlung des Umtauschverhältnisses ist regelmäßig eine Bewertung der beteiligten Ges vorzunehmen. Für die Ermittlung der Wertrelation ist meist dieselbe Bewertungsmethode bei allen Ges anzuwenden. Eine Festschreibung der Bewertungsmethode im Verschmelzungsplan (vgl. etwa Kallmeyer/Lanfermann § 122c Rn. 11: empfehlenswert) hat nur Informationscharakter und Bedeutung für eine Überprüfung, etwa in einem Spruchverfahren. Zum Zeitpunkt der Aufstellung des Verschmelzungsplans muss das Umtauschverhältnis bereits ermittelt sein (vgl. auch HK-UmwG/Becker/Uxa § 122c Rn. 16: bereits im Vorfeld). Nicht zu verwechseln sind solche Angaben mit denjenigen nach Abs. 2 Nr. 11 (→ Rn. 29). Die Angabe einer Verhältniszahl (**Beispiel:** Jeder Anteilsinhaber der A-AG erhält für eine Aktie der A-AG X Aktien der B-AG) kann bei der Verschm auf inl. AG/KGaA sowie SE ausreichend sein (zur früheren Rechtslage Henssler/Strohn/Polley § 122c Rn. 13). Für inl. GmbH als übernehmende oder neue Ges ist über § 305 II ergänzend § 46 zu beachten. Für inl. übernehmende oder neue PhG vgl. Abs. 2 Nr. 15 → Rn. 37).

Bare Zuzahlungen dienen dem Spitzenausgleich in Geld und sind bei inl. Kap- 15 Ges auf den Zehnten Teil des Nennbetrags der gewährten Geschäftsanteile der übernehmenden KapGes beschränkt (§ 305 II iVm § 54 IV, § 68 III, § 78). Dies entspricht den Vorgaben von Art. 119 Nr. 2 lit. a und b GesR-RL (vgl. auch → § 5 Rn. 55). Bei einer ausl. übernehmenden Ges können auch höhere bare Zuzahlungen an die Anteilsinhaber der beteiligten inl. übertragenden Ges vereinbart werden, da Art. 120 I GesR-RL insofern eine Öffnungsklausel enthält und damit nach Art. 121 I lit. b GesR-RL das nat. Recht der übernehmenden Ges maßgeblich ist (zur früheren Rechtslage dazu näher Lutter/Bayer § 122c Rn. 16; ebenso Kallmeyer/Lanfermann § 122c Rn. 13; Sagasser/Bula/Brünger Umwandlungen/Gutkès § 13 Rn. 67; aA BeckOGK/Klett Rn. 31; Kölner Komm UmwG/Simon/Rubner § 122c Rn. 15; Habersack/Drinhausen/Kiem § 122c Rn. 25; Widmann/Mayer/Mayer § 122c Rn. 88; zur stl. Bedeutung → UmwStG § 1 Rn. 35). Für inl. übernehmende oder neue PhG (§ 305 I Nr. 2) gelten keine höhenmäßigen Beschränkungen.

Auf die Angabe eines Umtauschverhältnisses kann nach **Abs. 3** in den dort gere- 16 gelten Fällen der Konzern-Verschm verzichtet werden. Ergänzend sind über § 305 II die § 54 I 3, § 68 I 3 zu beachten, wonach von der Gewährung von Gesellschaftsanteilen abgesehen werden kann, wenn alle Anteilsinhaber eines übertragenden Rechtsträgers darauf **verzichten** (iE → § 54 Rn. 12ff.). Dies greift Abs. 3 Nr. 2 auf (näher → Rn. 40). Die Vorschrift gilt für grenzüberschreitende Verschm entsprechend (Begr. RegE, BT-Drs. 20/3822 zu § 307; BeckOGK/Klett Rn. 12; zur früheren Rechtslage aA Widmann/Mayer/Mayer § 122c Rn. 71 f.; Limmer Unternehmensumwandlungs-HdB/Limmer/Kainer Teil 6 Rn. 125). Zu den weiteren Voraussetzungen von Abs. 3 Nr. 2 → Rn. 40.

Über § 305 I gelten auch **§§ 72a, 72b**. Danach haben die beteiligten Ges bereits 17 im Verschmelzungsplan ggf. zu erklären, dass anstelle der baren Zuzahlung als Kompensation eines unangemessenen Umtauschverhältnisses (§ 305 II iVm § 15) **zusätzliche Aktien der übernehmenden Ges** gewährt werden (näher → § 72a Rn. 9). Vgl. iÜ zur Bestimmung des Umtauschverhältnisses/der baren Zuzahlungen → § 5 Rn. 5 ff.

d) Übertragung der Gesellschaftsanteile (Abs. 2 Nr. 3). Der Verschmel- 18 zungsplan muss Einzelheiten hinsichtlich der Übertragung der Gesellschaftsanteile der übernehmenden oder neuen Ges enthalten. Inhaltlich stimmt dies mit § 5 Nr. 4 überein (→ § 5 Rn. 68). Praktisch bedeutsam ist bei inl. übertragenden AG/KGaA/SE die Bestellung eines Treuhänders für die Durchführung des Aktienumtausches nach §§ 71 f., die gem. § 305 II entsprechend gelten (BeckOGK/Klett Rn. 33; zur früheren Rechtslage Kallmeyer/Marsch-Barner § 122c Rn. 14; Lutter/Bayer § 122c Rn. 17; Semler/Stengel/Leonard/Drinhausen § 122c Rn. 19; NK-UmwR/Althoff § 122c Rn. 17; Habersack/Drinhausen/Kiem § 122c Rn. 26; Widmann/Mayer/Mayer § 122c Rn. 93). Bei ausl. übertragenden Ges sind die Anforderungen hinsichtlich der Übertragung der Gesellschaftsanteile nach deren Rechtsordnung anzugeben (zur früheren Rechtslage Widmann/Mayer/Mayer Rn. 93; Semler/Stengel/Leonard/Drinhausen § 122c Rn. 19). Bei Konzern-Verschm iSv **Abs. 3** ist die Angabe entbehrlich (Abs. 3; → Rn. 40).

19 e) Auswirkungen der Verschmelzung auf die Beschäftigten (Abs. 2 Nr. 4). Das Erfordernis der Angabe der voraussichtlichen Auswirkungen der Verschm auf die Beschäftigung erinnert zunächst an die Vorgabe von § 5 I Nr. 9, wonach die Folgen der Verschm für die ArbN und ihre Vertretungen und die insoweit vorgesehenen Maßnahmen im Verschmelzungsvertrag anzugeben sind (→ § 5 Rn. 87 ff.). Ergänzend verlangen Abs. 2 Nr. 10 Angaben zu dem Verfahren über die Festlegung der ArbN-Mitbestimmung (→ Rn. 27) und Abs. 2 Nr. 16 Informationen über die Auswirkungen der grenzüberschreitenden Verschm auf Betriebsrenten und Betriebsrentenanwartschaften (→ Rn. 38). § 5 I Nr. 9 und Abs. 2 Nr. 4 sind indes inhaltlich nicht völlig deckungsgleich. Die Angaben im Verschmelzungsvertrag bei einer nat. Verschm nach § 5 I Nr. 9 dienen neben der Information der Anteilsinhaber auch der Information des Betriebsrats, dem der Verschmelzungsvertrag nach § 5 III spätestens einen Monat vor dem Tag der Anteilsinhaberversammlung zuzuleiten ist. Eine entsprechende Zuleitungspflicht besteht bei grenzüberschreitenden Verschm nicht (→ Rn. 41). Der Betriebsrat bzw. die ArbN sind bei grenzüberschreitenden Verschm dadurch zu informieren, dass ihnen der einheitliche oder arbeitnehmerspezifische Verschmelzungsbericht nach § 310 I zugänglich zu machen ist (→ § 310 Rn. 2). Die Angaben im Verschmelzungsplan dienen damit ausschließlich der Information der Anteilsinhaber (BeckOGK/Klett Rn. 36; zur früheren Rechtslage Kölner Komm UmwG/Simon/Rubner § 122c Rn. 16; Henssler/Strohn/Polley § 122c Rn. 15; Lutter/Bayer § 122c Rn. 19; NK-UmwR/Althoff § 122c Rn. 19; Habersack/Drinhausen/Kiem § 122c Rn. 27; Limmer Unternehmensumwandlungs-HdB/Limmer/Kainer Teil 6 Rn. 113; aA Semler/Stengel/Leonard/Drinhausen § 122c Rn. 21; die Praxis zur Vorsicht mahnend auch Widmann/Mayer/Mayer § 122c Rn. 97 f.; Kallmeyer/Willemsen § 122c Rn. 17). Dies sind etwa die zu erwartende Mitarbeiterentwicklung, die damit verbundenen Kosten und die künftigen kollektivarbeitsrechtlichen Rahmenbedingungen (zur früheren Rechtslage Simon/Rubner Der Konzern 2006, 835 (838) zu § 122c aF; aA zu Kosten Dzida/Schramm NZG 2008, 521 (526)). Maßstab ist, ob die Information für die Entscheidung der Anteilsinhaber Relevanz haben kann (zur früheren Rechtslage Lutter/Bayer § 122c Rn. 19; Simon/Rubner Der Konzern 2006, 835 (838); aA HK-UmwG/Becker/Uxa § 122c Rn. 24). Angaben zu den Folgen für die ArbN-Vertretung **(Betriebsrat)** verlangt Abs. 2 Nr. 4 im Gegensatz zu § 5 I Nr. 9 nicht (zur früheren Rechtslage Lutter/Bayer § 122c Rn. 19; Henssler/Strohn/Polley § 122c Rn. 15; HK-UmwG/Becker/Uxa § 122c Rn. 24; Heckschen DNotZ 2007, 444 (456); Limmer Unternehmensumwandlungs-HdB/LimmerKainer Teil 6 Rn. 113; Widmann/Mayer/Mayer § 122c Rn. 95; HRA des DAV NZG 2006, 737, 740). Vgl. indes zum Verfahren der Festlegung der ArbN-**Mitbestimmung** (Abs. 2 Nr. 10) → Rn. 27. Anzugeben sind bereits **voraussichtliche** Auswirkungen; diese müssen also von den Geschäftsleitungen noch nicht fest geplant sein; ein Eintritt mit einer gewissen Wahrscheinlichkeit löst schon die Angabepflicht aus (zur früheren Rechtslage HK-UmwG/Becker/Uxa § 122c Rn. 25). In der Praxis haben sich erhebliche Unterschiede zu den nach § 5 I Nr. 9 gebräuchlichen Angaben (→ § 5 Rn. 87 ff.) nicht entwickelt (zur früheren Rechtslage vgl. auch Widmann/Mayer/Mayer § 122c Rn. 98). § 5 I Nr. 9 ist jedenfalls für inl. Ges nicht zusätzlich zu beachten (zur früheren Rechtslage vgl. auch Lutter/Bayer § 122c Rn. 19: lex specialis), da § 307 hinsichtlich der Mindestangaben abschließend ist (→ Rn. 11, → Rn. 1). Bei Konzern-Verschm iSv Abs. 3 ist die Angabe nicht entbehrlich (zweifelnd BeckOGK/Klett Rn. 37; zur früheren Rechtslage Sagasser/Bula/Brünger Umwandlungen/Gutkès § 13 Rn. 71; aA Lutter/Bayer § 122c Rn. 20).

20 f) Zeitpunkt der Gewinnbeteiligung (Abs. 2 Nr. 5). Abs. 2 Nr. 5 verlangt die Angabe des Zeitpunkts, von dem an die Gesellschaftsanteile den Inhabern das

Recht auf Beteiligung am Gewinn gewähren, sowie alle Besonderheiten, die eine Auswirkung auf dieses Recht haben. Dies stimmt inhaltlich mit § 5 I Nr. 5 überein. Gemeint sind wie bei § 5 I Nr. 5 die den Anteilsinhabern der übertragenden Ges gewährten Anteile an der übernehmenden oder neuen Ges. Im Regelfall sind die Anteile ab dem Verschmelzungsstichtag (→ Rn. 21) gewinnbeteiligt, da auf diesen Zeitpunkt der Wechsel der Zuordnung des Ergebnisses zur übernehmenden Ges erfolgt (→ Rn. 21) und dies meist auch der Stichtag für die Feststellung der Unternehmenswertrelation ist (zur früheren Rechtslage ebenso Kallmeyer/Lanfermann § 122c Rn. 23; Henssler/Strohn/Polley § 122c Rn. 16; Habersack/Drinhausen/Kiem § 122c Rn. 30); rechtlich zwingend ist dies allerdings nicht (zur früheren Rechtslage Lutter/Bayer § 122c Rn. 21; Widmann/Mayer/Mayer § 122c Rn. 100; Habersack/Drinhausen/Kiem § 122c Rn. 30; zu weiteren Einzelheiten → § 5 Rn. 69 ff.). Bei Mutter-Tochter-Verschm iSv **Abs. 3** ist die Angabe entbehrlich (Abs. 3).

g) Verschmelzungsstichtag (Abs. 2 Nr. 6). Der Verschmelzungsplan muss den 21 Zeitpunkt angeben, von dem an die Handlungen der übertragenden Ges unter dem Gesichtspunkt der Rechnungslegung als für Rechnung der übernehmenden oder neuen Ges vorgenommen gelten (Verschmelzungsstichtag). Trotz des im Detail abw. Wortlauts besteht inhaltliche Übereinstimmung mit § 5 I Nr. 6. Die Ergänzung „unter dem Gesichtspunkt der Rechnungslegung" beruht auf der Vorgabe von Art. 122 lit. f GesR-RL und entspricht insoweit auch Art. 20 I lit. e SE-VO. Denn die Festlegung des Verschmelzungsstichtags bewirkt nicht eine dingliche Rückbeziehung der Verschmelzungswirkungen (vgl. auch BeckOGK/Klett Rn. 41). Auch die Rechnungslegungspflicht der beteiligten Rechtsträger endet nicht mit dem Verschmelzungsstichtag (→ § 17 Rn. 67). Er markiert aber den Stichtag der Zurechnung der Geschäftsvorfälle der übernehmenden/neuen Ges unabhängig davon, ob sie im Außenverhältnis noch von der übertragenden Ges vorgenommen werden. Der Verschmelzungsstichtag dient damit der Erfolgszurechnung und Ergebnisabgrenzung. Daher ist er regelmäßig mit dem Zeitpunkt der Gewinnbeteiligung (Abs. 2 Nr. 5; → Rn. 20) identisch (zur früheren Rechtslage ebenso Kallmeyer/Lanfermann § 122c Rn. 23; auch → Rn. 20). Zur Vereinbarung eines variablen Stichtags → § 17 Rn. 40.

Die Festlegung des Verschmelzungsstichtags hat **weitere Auswirkungen.** Der 22 Verschmelzungsstichtag bestimmt auch den Stichtag der Schlussbilanz einer inl. übertragenden Ges nach § 17 II, da dieser unmittelbar vor dem Verschmelzungsstichtag liegt (→ § 17 Rn. 37). Damit wird zugleich der stl. Übertragungsstichtag festgelegt (→ UmwStG § 2 Rn. 17; zu weiteren Einzelheiten → § 5 Rn. 73 ff.).

h) Gewährung von Rechten an Sonderrechtsinhaber (Abs. 2 Nr. 7). Der 23 Verschmelzungsplan muss Angaben über die Rechte, die die übernehmende oder neue Ges den mit Sonderrechten ausgestatteten Gesellschaftern und den Inhabern von anderen Wertpapieren als Gesellschaftsanteile gewährt, oder die für diese Personen vorgeschlagenen Maßnahmen enthalten. Die Vorschrift entspricht inhaltlich § 5 I Nr. 7, orientiert sich am Wortlaut allerdings an Art. 122 lit. g GesR-RL. Im Gegensatz zu § 5 I Nr. 7 verlangt Abs. 2 Nr. 7 dem Wortlaut nach nur die Angabe von Rechten, die als Ersatz für **bereits bestehende** Sonderrechte gewährt werden (BeckOGK/Klett Rn. 47; zur früheren Rechtslage Lutter/Bayer § 122c Rn. 23: freiwillig; Kölner Komm UmwG/Simon/Rubner § 122c Rn. 18; Henssler/Strohn/Polley § 122c Rn. 18; Habersack/Drinhausen/Kiem § 122c Rn. 34; NK-UmwR/Althoff § 122c Rn. 23; MHdB GesR VIII/Oppenhoff § 18 Rn. 91; aA HK-UmwG/Becker/Uxa § 122c Rn. 35; Widmann/Mayer/Mayer § 122c Rn. 110: freiwillig). § 5 I Nr. 7 erfasst demgegenüber auch die erstmalige Einräumung von Sonderrechten für einzelne Gesellschafter. Die Überprüfung der Einhaltung des gesellschaftsrechtlichen Gleichbehandlungsgrundsatzes (vgl. etwa § 53a AktG) ist damit erschwert (zur früheren Rechtslage vgl. auch Semler/Stengel/Leonard/Drinhausen § 122c Rn. 27). Indes ist auch die Satzung oder der Gesellschaftsvertrag des übernehmenden Rechtsträgers anders als bei einer nat. Verschm Bestandteil des Verschmelzungsplans (→ Rn. 26).

24 Nach dem klaren Wortlaut sind anders als nach § 5 I Nr. 7 auch **Sonderrechte** (etwa Mehrstimmrechte, Benennungs- und Vorschlagsrechte, Rechte auf Geschäftsführung) anzugeben, die allen Anteilsinhabern im gleichen Maße zustehen (BeckOGK/Klett Rn. 48; zur früheren Rechtslage Lutter/Bayer § 122c Rn. 23; Kallmeyer/Marsch-Barner § 122c Rn. 24; Widmann/Mayer/Mayer § 122c Rn. 110; Habersack/Drinhausen/Kiem § 122c Rn. 34; MHdB GesR VIII/Oppenhoff § 18 Rn. 91). Anzugeben sind jedoch nicht (nur) diese bestehenden Sonderrechte, sondern auch die Rechte, die die übernehmende oder neue Ges diesen Anteilsinhabern gewähren wird. Inhaber von anderen Wertpapieren als Gesellschaftsanteile sind etwa **Inhaber von Schuldverschreibungen** oder Genussrechten (zur früheren Rechtslage Lutter/Bayer § 122c Rn. 23). Auch dies bestimmt sich für ausl. Ges nach deren Rechtsordnung (BeckOGK/Klett Rn. 49; zur früheren Rechtslage Lutter/Bayer § 122c Rn. 23). Die Angabe von für diese Personen **vorgeschlagenen Maßnahmen** ist notwendig, wenn den Sonderrechtsinhabern/Inhabern von anderen Wertpapieren als Gesellschaftsanteilen bei der übernehmenden/neuen Ges keine entsprechenden Rechte eingeräumt werden, sie jedoch in anderer Form eine Entschädigung erhalten (etwa Abfindungszahlungen für den Verzicht auf Sonderrechte). Vgl. iÜ → § 5 Rn. 81 ff.

25 **i) Sondervorteile (Abs. 2 Nr. 8).** Abs. 2 Nr. 8 verlangt die Angabe von etwaigen besonderen Vorteilen, die den Organmitgliedern der beteiligten Ges gewährt werden. Die Regelung beruht auf der Vorgabe von Art. 122 lit. h GesR-RL und ist inhaltlich mit § 5 I Nr. 8 vergleichbar. Anders als noch in § 122c II Nr. 8 aF und in § 5 I Nr. 8 sind besondere Vorteile für Verschmelzungsprüfer nicht mehr aufgezählt. Durch diese Angaben sollen die Anteilsinhaber beurteilen können, ob die genannten Personen eigene finanzielle Interessen an der Verschm haben können (zur früheren Rechtslage Lutter/Bayer § 122c Rn. 24; Semler/Stengel/Leonard/Drinhausen § 122c Rn. 29; Widmann/Mayer/Mayer § 122c Rn. 115; Habersack/Drinhausen/Kiem § 122c Rn. 35; Sagasser/Bula/Brünger Umwandlungen/Gutkès § 13 Rn. 76). Erfasst sind Vorteile für die Mitglieder der Verwaltungs-, Leitungs-, Aufsichts- oder Kontrollorgane aller an der Verschm beteiligten Ges. Hierzu zählen bei inl. beteiligten AG, KGaA, SE und GmbH sowie OHG und KG die **Vertretungsorgane** (Vorstand, phG, Geschäftsführer) und die gesetzlichen oder gesellschaftsvertraglichen (ebenso zu fakultativen Organen BeckOGK/Klett Rn. 52 und zur früheren Rechtslage Lutter/Bayer § 122c Rn. 24; Habersack/Drinhausen/Kiem § 122c Rn. 35; NK-UmwR/Althoff § 122c Rn. 25; Widmann/Mayer/Mayer § 122c Rn. 116) **Aufsichtsorgane** (AR, Beirat etc; nicht nur beratende Gremien, Widmann/Mayer/Mayer § 122c Rn. 116). Bei einer **monistisch** strukturierten **SE** sind dies sowohl die geschäftsführenden Direktoren als auch die Mitglieder des Verwaltungsrats. Bei einer GmbH & Co. KG bzw. UG (haftungsbeschränkt) & Co. KG (vgl. § 306 I Nr. 2) sind auch Vorteile für die Vertretungs- und Aufsichtsorgane der Komplementär-Ges notwendig. Besondere Vorteile für Organmitglieder wären bspw. Entschädigungen für die vorzeitige Beendigung der Organstellung oder Prämien für das Zustandekommen der Verschm (zur früheren Rechtslage Sagasser/Bula/Brünger Umwandlungen/Gutkès § 13 Rn. 76; iÜ → § 5 Rn. 83 ff.). Anders als § 5 I Nr. 8 erwähnt Abs. 2 Nr. 8 nicht besondere Vorteile für den **Abschlussprüfer**. Eine Vorgabe nach Art. 122 lit. h GesR-RL hierzu besteht nicht. Derartige Sondervorteile sind darüber hinaus bereits aus berufsrechtlichen Gründen meist ausgeschlossen (zur früheren Rechtslage Henssler/Strohn/Polley § 122c Rn. 19; → § 5 Rn. 73).

j) Errichtungsakt und Satzung (Abs. 2 Nr. 9). Nach Abs. 2 Nr. 9 sind ggf. **26**
Angaben zum Errichtungsakt der aus der grenzüberschreitenden Verschm hervorgehenden Ges notwendig. Ferner ist die Satzung der aus der Verschm hervorgehenden Ges, falls sie Gegenstand eines gesonderten Aktes ist, Bestandteil des Verschmelzungsplans. Damit übernimmt Abs. 2 Nr. 9 – anders als noch § 122c Abs. 2 Nr. 9 aF – fast vollständig den Wortlaut von Art. 122 lit. i GesR-RL. Die Regelung bezieht sich nicht nur auf Verschm zur Neugründung, da der Begriff der „aus der grenzüberschreitenden Verschm hervorgehenden Gesellschaft" mehrfach in Art. 122 GesR-RL genannt wird und dies kein Synonym für die neue Ges bei der Verschm zur Neugründung ist (vgl. auch Art. 119 Nr. 2 lit. b GesR-RL). Gemeint sind also sowohl die übernehmende Ges bei der Verschm zur Aufnahme als auch die neue Ges bei der Verschm zur Neugründung. Der Errichtungsakt einer inl. übernehmenden KapGes ist das notarielle Gründungsprotokoll (§ 2 GmbHG, § 23 AktG), das auch die die Satzung enthält (vgl. auch Drinhausen/Keinath BB 2022, 1346 (1348); Heckschen/Knaier GmbHR 2022, 501 (512)). Der Errichtungsakt ist nicht nur zu beschreiben, sondern im Verschmelzungsplan, regelmäßig als Anlage, aufzunehmen. Dies gilt auch, wenn anlässlich der Verschmelzung die Satzung geändert wird (BeckOGK/Klett Rn. 56). Bei einer übernehmenden PhG existiert ein derartiger Errichtungsakt nicht. Bei einer Verschm zur Neugründung einer inl. Ges ist der Errichtungsakt die Verschm selbst; darauf sollte hingewiesen werden. Gegebenenfalls sieht bei einer Herausverschmelzung zur Neugründung das Recht, dem die neue Ges unterliegt, über die Verschm hinaus einen weiteren Errichtungsakt vor. Dann ist dieser aufzunehmen (vgl. auch Drinhausen/Keinath BB 2022, 1346 (1348)). Die **Satzung** ist aufzunehmen, „falls sie Gegenstand eines gesonderten Aktes ist". Für inl. übernehmende KapGes ist die Satzung daher zusätzlich („und") im Verschmelzungsplan aufzunehmen (regelmäßig als Anlage), wenn diese seit dem Errichtungsakt geändert wurde (vgl. auch Drinhausen/Keinath BB 2022, 1346 (1348): nur die Satzung). Bei einer Verschm zur Neugründung einer inl. Ges ist mangels Errichtungsakt nur die vorgesehene Satzung aufzunehmen. Entsprechendes gilt bei einer übernehmenden PhG, zumal der Gesellschaftsvertrag einer PhG auch aus dem Handelsregister nicht abrufbar ist. Die Satzung ist im vollen Wortlaut anzugeben; regelmäßig wird sie als Anlage zum Verschmelzungsplan aufgenommen (BeckOGK/Klett Rn. 56; zur früheren Rechtslage Vetter AG 2006, 613 (618); Limmer Unternehmensumwandlungs-HdB/Limmer/Knaier Teil 6 Rn. 118; Semler/Stengel/Leonard/Drinhausen § 122c Rn. 30; Widmann/Mayer/Mayer § 122c Rn. 121; Kallmeyer/Marsch-Barner § 122c Rn. 26; Lutter/Bayer § 122c Rn. 25; Sagasser/Bula/Brünger Umwandlungen/Gutkès § 13 Rn. 77; HK-UmwG/Becker/Uxa § 122c Rn. 40). Um dem Informationsinteresse der Gesellschafter gerecht zu werden, muss diejenige Satzung aufgenommen werden, die **mit Wirksamwerden** der grenzüberschreitenden Verschm gilt (zur früheren Rechtslage Widmann/Mayer/Mayer § 122c Rn. 120; HK-UmwG/Becker/Uxa § 122c Rn. 39; vgl. auch Habersack/Drinhausen/Kiem § 122c Rn. 36; aA Semler/Stengel/Leonard/Drinhausen Rn. 30; zur Sprache → Rn. 45). In diesem Fall sollte die zum Zeitpunkt der Aufstellung des Verschmelzungsplans geltende und die künftige Satzung, letztere als Entwurf, beigefügt werden.

k) Festlegung der Arbeitnehmermitbestimmung (Abs. 2 Nr. 10). Abs. 2 **27**
Nr. 10 verlangt ggf. Angaben zu dem Verfahren, nach dem die Einzelheiten über die Beteiligung der ArbN an der Festlegung ihrer Mitbestimmungsrechte in der aus der grenzüberschreitenden Verschm hervorgehenden Ges geregelt werden, und übernimmt damit die Vorgabe von Art. 122 lit. j GesR-RL. Die Regelung entspricht inhaltlich Art. 20 I lit. i SE-VO. § 5 I enthält eine entsprechende Verpflichtung für nat. Verschm nicht. Hintergrund ist das besondere Verfahren zur Festlegung der ArbN-Mitbestimmung bei grenzüberschreitenden Verschm, das nat. im MgVG

festgelegt ist (dazu → Vor § 305 Rn. 7). Die Angaben sind nur notwendig („ggf."), wenn es überhaupt zu einem derartigen Verfahren kommt (zur früheren Rechtslage Limmer Unternehmensumwandlungs-HdB/Limmer/Knaier Teil 6 Rn. 119; Lutter/Bayer § 122c Rn. 26; Kallmeyer/Willemsen § 122c Rn. 27; NK-UmwR/Althoff § 122c Rn. 28), also etwa nicht, wenn keine ArbN vorhanden sind oder die beteiligten Ges vor und nach der Verschm keinen Mitbestimmungsregelungen unterliegen (zur früheren Rechtslage Henssler/Strohn/Polley § 122c Rn. 21; siehe auch Semler/Stengel/Leonard/Drinhausen Rn. 31: Negativerklärung). Ebenso bedarf es keiner Angaben, wenn das Verhandlungsverfahren bereits abgeschlossen ist (wohl auch HK-UmwG/Becker/Uxa § 122c Rn. 41; aA Henssler/Strohn/Polley § 122c Rn. 21; Kallmeyer/Willemsen § 122c Rn. 29; Lutter/Bayer § 122c Rn. 26; Semler/Stengel/Leonard/Drinhausen § 122c Rn. 31). In diesem Fall können sich die Anteilsinhaber über die künftigen Mitbestimmungsregelungen im Verschmelzungsbericht informieren. Anzugeben ist das **Verfahren**, nach dem die Beteiligung der ArbN an der Mitbestimmung geregelt wird, einschl. einer gesetzlichen Auffanglösung (BeckOGK/Klett Rn. 61; zur früheren Rechtslage Lutter/Bayer § 122c Rn. 26). Dieses ist kurz darzustellen (BeckOGK/Klett Rn. 61: Grundzüge des Verfahrens; zur früheren Rechtslage Lutter/Bayer § 122c Rn. 26: Grundzüge; Habersack/Drinhausen/Kiem § 122c Rn. 37: aus dem Blickwinkel der Anteilsinhaber; Kallmeyer/Willemsen § 122c Rn. 28; NK-UmwR/Althoff § 122c Rn. 27; HK-UmwG/Becker/Uxa § 122c Rn. 41). Ob darüber hinaus konkrete Angaben über (zwischenzeitliche) Verhandlungsergebnisse aufzunehmen sind (so zur früheren Rechtslage Simon/Rubner Der Konzern 2006, 835 (838); vgl. aber auch Kölner Komm UmwG/Simon/Rubner § 122c Rn. 26: allenfalls abschließende Einigung über Zwischenergebnisse; Henssler/Strohn/Polley Rn. 21: sonstiges Verfahrensergebnis; Limmer Unternehmensumwandlungs-HdB/Limmer/Knaier Teil 6 Rn. 119), ist hingegen zweifelhaft (vgl. auch BeckOGK/Klett Rn. 62). Praktisch stellt sich die Frage nur, wenn das Verfahren erst nach Offenlegung des Verschmelzungsplans beginnt (zur früheren Rechtslage Lutter/Bayer § 122c Rn. 26; Kallmeyer/Willemsen § 122c Rn. 29).

28 Die Angaben sind sowohl bei einer Verschm zur Aufnahme als auch bei einer Verschm zur Neugründung notwendig (zur früheren Rechtslage HK-UmwG/Becker/Uxa § 122c Rn. 43; Habersack/Drinhausen/Kiem § 122c Rn. 37). Der von anderen Bestimmungen von Abs. 2 abw. Wortlaut („der aus der grenzüberschreitenden Verschm hervorgehenden Ges") beruht wie auch bei Abs. 2 Nr. 9 (→ Rn. 26) offensichtlich auf der wörtlichen Übernahme von Art. 122 lit. j GesR-RL. Die mehrfache Verwendung in Art. 122 GesR-RL zeigt auf, dass hervorgehende Ges kein Synonym für neue Ges ist (vgl. auch Art. 119 Nr. 2 lit. b GesR-RL; auch → Rn. 26). Das Informationsbedürfnis der Anteilsinhaber besteht unzweifelhaft auch bei einer Verschm zur Aufnahme.

29 **l) Bewertung des Aktiv- und Passivvermögens (Abs. 2 Nr. 11).** Abs. 2 Nr. 11 verlangt Angaben zur Bewertung des Aktiv- und Passivvermögens, das auf die übernehmende oder neue Ges übertragen wird. Die Bestimmung hat keine Entsprechung in § 5 I und in Art. 20 SE-VO. Sie geht auf die Vorgabe in Art. 122 lit. k GesR-RL (früher Art. 5 lit. k RL 2005/56/EG zurück, die dort auf Initiative der französischen Delegation aufgenommen worden ist (Neye/Timm DB 2006, 488 (489)). Die Vorschrift ist schwer verständlich. Ein Zusammenhang mit dem Umtauschverhältnis ist schon deswegen ausgeschlossen, weil nur Angaben zur Bewertung des übergehenden Vermögens verlangt werden, während sich das Umtauschverhältnis aus der Unternehmenswertrelation der beteiligten Rechtsträger ableitet (→ Rn. 13 ff., → § 5 Rn. 5 ff.; BeckOGK/Klett Rn. 59; zur früheren Rechtslage vgl. auch Simon/Rubner Der Konzern 2006, 835 (838); Lutter/Bayer § 122c Rn. 27; Kölner Komm UmwG/Simon/Rubner § 122c Rn. 29; Kallmeyer/

Lanfermann § 122c Rn. 31; HK-UmwG/Becker/Uxa § 122c Rn. 45; NK-UmwR/Althoff § 122c Rn. 29). Ferner ist der Unternehmenswert allenfalls dann aus der Bewertung des Aktiv- und Passivvermögens abzuleiten, wenn der wirkliche Wert aller WG (auch der nicht bilanzierten WG) und darüber hinaus auch ein Geschäfts- oder Firmenwert angegeben werden würden. Nach überwM zur früheren Rechtslage bezieht sich die Angabepflicht daher auf die Ansätze und die Bewertung, mit denen das übertragene Vermögen im **Rechnungswesen** der **übernehmenden** Ges übernommen wird (BeckOGK/Klett Rn. 68; zur früheren Rechtslage Semler/Stengel/Leonard/Drinhausen § 122c Rn. 35; Lutter/Bayer § 122c Rn. 27; Kallmeyer/Lanfermann § 122c Rn. 31; NK-UmwR/Althoff § 122c Rn. 29; Habersack/Drinhausen/Kiem § 122c Rn. 38; HK-UmwG/Becker/Uxa § 122c Rn. 46; Limmer Unternehmensumwandlungs-HdB/Limmer/Knaier Teil 6 Rn. 120; HRA des DAV NZG 2006, 737 (740); Simon/Rubner Der Konzern 2006, 835 (838); Vetter AG 2006, 613 (618); Kiem WM 2006, 1091 (1095); Tebben/Tebben DB 2007, 2355 (2357)). Diese Auslegung entspricht auch dem französischen Vorbild (zur früheren Rechtslage Semler/Stengel/Leonard/Drinhausen Rn. 35; Limmer Unternehmensumwandlungs-HdB/Limmer Teil 6 Rn. 120; Simon/Rubner Der Konzern 2006, 835 (838)).

Eine inl. beteiligte Ges hat nach § 305 II iVm § 24 grds. das Wahlrecht, die 30 übergehenden WG mit den in der Schlussbilanz nach § 17 II ausgewiesenen Werten fortzuführen oder nach dem Anschaffungskostenprinzip zu erfassen. Auch bei einer Bilanzierung nach dem Anschaffungskostenprinzip bestehen nach hM Wahlrechte hinsichtlich der Bewertung des übergehenden Vermögens (vgl. iE → § 24 Rn. 1 ff.). Abs. 2 Nr. 11 verlangt nun nicht die Angabe konkreter Werte, sondern nur der Methode (zur früheren Rechtslage Kallmeyer/Lanfermann § 122c Rn. 32). Über den Wortlaut hinaus sind auch Angaben zum Ansatz (und nicht nur zur Bewertung) vorzunehmen (Kallmeyer/Lanfermann § 122c Rn. 33). Dies gilt zum einen, wenn Ansatzwahlrechte bestehen, zum anderen wird durch die Wahl zur Übernahme der BW auch Einfluss auf den Ansatz einzelner Vermögensgegenstände genommen (→ § 24 Rn. 62 ff.).

Der Wortlaut von Abs. 2 Nr. 11 beschränkt sich jedoch nicht nur auf die Bewer- 31 tung des übergehenden Aktiv- und Passivvermögens bei der übernehmenden oder neuen Ges. Anzugeben ist auch die Bewertung des übergehenden Vermögens bei dem jew. übertragenden Rechtsträger in der handelsrechtlichen wie auch in der **steuerrechtlichen** Schlussbilanz (zur früheren Rechtslage Widmann/Mayer/Mayer § 122c Rn. 138; Henssler/Strohn/Polley § 122c Rn. 23). Eine inl. übertragende KapGes muss das übergehende Vermögen in der stl. Schlussbilanz grds. mit dem gemeinen Wert ansetzen. Eine Bewertung mit der bisherigen BW oder einem ZW ist nur unter gewissen Voraussetzungen möglich (vgl. § 11 II UmwStG). Ein Ansatz der WG mit dem gemeinen Wert führt regelmäßig zu einer Besteuerung der stillen Reserven mit KSt und GewSt. Dies berührt die Unternehmensbewertung und belastet die Liquidität der übertragenden Ges. Die Anteilsinhaber haben daher ein Informationsbedürfnis, ob stl. **Wahlrechte** bestehen und ob und wie diese ausgeübt werden sollen. **Handelsrechtlich** hat ein inl. übertragender Rechtsträger zwingend die bisherigen BW fortzuführen (§ 17 II).

Teilw. wird zur früheren Rechtslage verlangt, dass im Verschmelzungsplan bereits 32 bindend die Ausübung der bilanziellen Wahlrechte **festgelegt** werden muss (so etwa Semler/Stengel/Leonard/Drinhausen § 122c Rn. 36; Lutter/Bayer § 122c Rn. 28; Habersack/Drinhausen/Kiem § 122c Rn. 38; Sagasser/Bula/Brünger Umwandlungen/Gutkès § 13 Rn. 80; HK-UmwG/Becker/Uxa § 122c Rn. 46 und Kallmeyer/Lanfermann § 122c Rn. 34 f. mit Ausführungen zu den Rechtsfolgen bei einem Verstoß). Nach aA. Gegenansicht zur früheren Rechtslage erfüllt schon die Angabe, dass eine Entscheidung noch nicht getroffen worden ist, die Anforderungen nach Abs. 2 Nr. 11 (BeckOGK/Klett Rn. 69; zur früheren Rechtslage Kölner Komm

UmwG/Simon/Rubner § 122c Rn. 31; Henssler/Strohn/Polley § 122c Rn. 23; Limmer Unternehmensumwandlungs-HdB/Limmer Teil 6 Rn. 120; Limmer ZNotP 2007, 242 (255); Vetter AG 2006, 613 (619); Simon/Rubner Der Konzern 2006, 835 (838). Dies gilt jedenfalls dann, wenn keine der beteiligten Rechtsordnungen bereits nach anderen Normen die vorzeitige Festlegung verlangt (Henssler/Strohn/Polley § 122c Rn. 23). Nach der inl. Rechtsordnung sind die Wahlrechte erst durch die tatsächliche Bilanzierung (→ § 24 Rn. 85 ff.) und – stl. – durch eine entsprechende Antragstellung bei den Finanzbehörden (vgl. § 11 II 1 UmwStG) ausgeübt.

33   **m) Stichtag der Bilanzen (Abs. 2 Nr. 12).** Der Verschmelzungsplan muss entsprechend der Vorgabe von Art. 122 lit. l GesR-RL den Stichtag derjenigen Bilanzen der an der Verschm beteiligten Ges, die zur Festlegung der Bedingungen der Verschm verwendet werden, angeben. Die Verwendung des Begriffs Bilanz statt JA (so Art. 122 lit. l GesR-RL) bedeutet keine materielle Abweichung, da die Bilanz Bestandteil des JA ist (vgl. für inl. Rechtsträger § 242 III HGB) und damit der Bilanzstichtag mit dem Jahresabschlussstichtag übereinstimmt (zur früheren Rechtslage Henssler/Strohn/Polley § 122c Rn. 24). Eine entsprechende Regelung enthält § 5 nicht. Die (ebenfalls; → Rn. 29) auf Wunsch der französischen Delegation eingefügte Richtlinienbestimmung (zur früheren Rechtslage Neye/Timm DB 2006, 488 (489)) beruht auf den Besonderheiten des französischen Verschmelzungsrechts (zur früheren Rechtslage vgl. Kölner Komm UmwG/Simon/Rubner § 122c Rn. 32; Simon/Rubner Der Konzern 2006, 835 (838); Vetter AG 2006, 613 (619); Louven ZIP 2006, 2021 (2025); Kiem WM 2006, 1091 (1095)).

34   Nach dem klaren Wortlaut ist nur der Stichtag der Bilanzen anzugeben. Die Bilanzen selbst werden nicht Bestandteil des Verschmelzungsplans (so aber zur früheren Rechtslage Haritz/v. Wolff GmbHR 2006, 340 (341); wie hier etwa BeckOGK/Klett Rn. 71; zur früheren Rechtslage Vetter AG 2006, 613 (619); Kallmeyer/Lanfermann § 122c Rn. 36; Lutter/Bayer § 122c Rn. 29; HK-UmwG/Becker/Uxa § 122c Rn. 50; Widmann/Mayer/Mayer § 122c Rn. 141; NK-UmwR/Althoff § 122c Rn. 30). Unklar ist, welche Bilanzen zur Festlegung der Bedingungen der Verschm verwendet werden (vgl. zur früheren Rechtslage Kallmeyer/Lanfermann § 122c Rn. 38: verschmelzungsrelevant). Das Umtauschverhältnis beruht auf der Unternehmenswertrelation der beteiligten Ges. Für die Ermittlung der einzelnen Unternehmenswerte haben Bilanzen (wenn überhaupt dann JA) nur eine eingeschränkte und untergeordnete Bedeutung (iE → § 5 Rn. 5 ff.). Eine Festlegung von Bedingungen der Verschm erfolgt hingegen durch die Bestimmung des Verschmelzungsstichtags, da hierdurch der Wechsel der Erfolgszurechnung von im Außenverhältnis noch durch die übertragende Ges durchgeführten Geschäftsvorfällen festgelegt wird (→ Rn. 21). Aufgrund dieses Wechsels der Erfolgszurechnung ist der Verschmelzungsstichtag auch regelmäßig der Stichtag für die Bewertung der beteiligten Rechtsträger und der Stichtag, von dem an die an der Anteilsinhaber der übertragenden Ges gewährten Anteile gewinnberechtigt sind (→ Rn. 20). An den Verschmelzungsstichtag knüpft ferner der Stichtag der handelsrechtlichen Schlussbilanz an, die eine inl. beteiligte Ges nach § 17 II zu erstellen und beim HR einzureichen hat. Denn der Stichtag der Schlussbilanz liegt unmittelbar vor dem Verschmelzungsstichtag (→ § 17 Rn. 37). Der Stichtag der Schlussbilanz bestimmt wiederum den stl. Übertragungsstichtag (→ UmwStG § 2 Rn. 17). Damit leiten sich mittelbar vom Stichtag der Schlussbilanz eines übertragenden Rechtsträgers Bedingungen der Verschm ab, wenngleich der Stichtag der Schlussbilanz vom Verschmelzungsstichtag *abhängt und nicht umgekehrt.* Daher ist nach Abs. 2 Nr. 12 zunächst der **Stichtag der Schlussbilanzen aller übertragenden Ges** anzugeben (so BeckOGK/Klett Rn. 73; zur früheren Rechtslage vgl. Widmann/Mayer/Mayer § 122c Rn. 140; Habersack/Drinhausen/Kiem § 122c Rn. 39; NK-UmwR/Althoff § 122c Rn. 30;

Semler/Stengel/Leonard/Drinhausen § 122c Rn. 37; Vetter AG 2006, 613 (619); Kölner Komm UmwG/Simon/Rubner § 122c Rn. 32; Simon/Rubner Der Konzern 2006, 835 (838); Kallmeyer/Lanfermann § 122c Rn. 38; HK-UmwG/Becker/Uxa § 122c Rn. 52; aA wohl Bormann/Trautmann KSzW 2013, 70 zu § 122c aF). Nach dem klaren Wortlaut bezieht sich Abs. 2 Nr. 12 aber nicht nur auf die übertragende Ges. Daher ist bei einer Verschm zur Neugründung auch der **Stichtag der Eröffnungsbilanz** der neuen Ges (→ § 24 Rn. 7) anzugeben (BeckOGK/Klett Rn. 73; zur früheren Rechtslage Widmann/Mayer/Mayer § 122c Rn. 140; HK-UmwG/Becker/Uxa § 122c Rn. 52; Vetter AG 2006, 613 (619); HKW Notar-HdB/Zimmermann § 27 Rn. 188; aA Habersack/Drinhausen/Kiem § 122c Rn. 39). Bei einer Verschm zur Aufnahme sollte der letzte Stichtag vor der Aufstellung des Verschmelzungsplans angegeben werden. Dies ermöglicht die Kontrolle, ob der Beginn der Gewinnbeteiligung (Abs. 2 Nr. 5) mit dem Geschäftsjahresbeginn übereinstimmt. Darüber hinaus ist auch die Angabe des Stichtags der Bilanz, an dem **voraussichtlich** (zum Zeitpunkt der bilanziellen Erfassung des Vermögensübergangs → § 17 Rn. 67 ff.) die **Verschm** bei der übernehmenden Ges **bilanziell abgebildet** wird (zur früheren Rechtslage Widmann/Mayer/Mayer § 122c Rn. 140; HK-UmwG/Becker/Uxa § 122c Rn. 52), notwendig. Dies verlangt insbes. die Angabe des Geschäftsjahrs der übernehmenden Ges. Die Angabe von Bilanzstichtagen von nachgeordneten (etwa Tochter-/Enkel-) Ges der beteiligten Ges ist ebenso wenig erforderlich wie derjenigen der (bilanzierenden) Anteilsinhaber (zur früheren Rechtslage Kallmeyer/Lanfermann § 122c Rn. 37).

n) Einzelheiten zum Angebot einer Barabfindung (Abs. 2 Nr. 13). Nach 35 Abs. 2 Nr. 13 müssen Einzelheiten zum Angebot einer Barabfindung gemäß § 313 angegeben werden. Dies entspricht dem Vorbild von Art. 122 lit. m GesR-RL. Bei § 122c aF fehlte diese Angabe, die Aufnahme eines Abfindungsangebots im Verschmelzungsplan folgte jedoch aus § 122i I 1 aF. Dies ordnet unverändert **§ 313 I 1** an. Die Angaben im Verschmelzungsplan müssen also über das Angebot an sich und die bloße Angabe der Abfindungssumme, also der Abfindungshöhe, hinausgehen („Einzelheiten"). Notwendig sind demnach darüber hinaus Angaben über den Kreis der Berechtigten und insbesondere die Modalitäten für die Annahme des Angebots und die dadurch ausgelösten Rechtsfolgen. Im Ergebnis muss die durch § 313 geschaffene Rechtslage erläutert werden. Eine Begründung der angebotenen Abfindungshöhe ist im Verschmelzungsplan nicht aufzunehmen. Die Erläuterung und Begründung der Abfindung erfolgt im Verschmelzungsbericht nach § 309 (→ § 309 Rn. 8). Die Angemessenheit des Angebots der Barabfindung ist ferner stets zu prüfen (§ 313 VI). Vgl. ergänzend → § 313 Rn. 9, auch zur **Angabe einer Adresse** als weiterer Inhalt des Verschmelzungsplans. Ferner sollte darauf hingewiesen werden, dass die Annahmeerklärung bei einer übertragenden GmbH der notariellen Beurkundung (vgl. → § 313 Rn. 12) bedarf (Drinhausen/Keinath, BB 2022, 1346, 1348).

o) Angaben über Sicherheiten für die Gläubiger (Abs. 2 Nr. 14). Abs. 2 36 Nr. 14 legt fest, dass in Verschmelzungsplan Angaben über Sicherheiten, die den Gläubigern angeboten werden, aufzunehmen sind. Dies dient der Umsetzung von Art. 122 lit. n der GesR-RL. Der Anspruch von Gläubigern auf Sicherheiten resultiert aus § 314 (vgl. iE → § 314 Rn. 1 ff.). Ausgehend vom Informationsbedürfnis der Anteilsinhaber und vergleichbar mit der Regelung nach Abs. 2 Nr. 13 ist demzufolge zu erläutern, unter welchen Voraussetzungen die Gläubiger der übertragenden Ges Sicherheiten verlangen können. Dies umfasst insbesondere Ausführungen, ob die beteiligten Ges davon ausgehen, dass eine Gefährdung der Erfüllung durch die Verschm eintritt (→ § 314 Rn. 8; BeckOGK/Klett Rn. 79). Ferner müssen Angaben aufgenommen werden, wie eine Sicherheit (vgl. § 232 BGB) vom übertragenden Rechtsträger geleistet wird und welche Vorbereitungen hierzu bereits unternommen worden sind. Eine Verpflichtung zu einem Angebot auf Sicherheiten wird durch Abs. 2 Nr. 14 nicht begründet, da der Anspruch unabhängig von den Angaben im Verschmelzungsplan aus § 314 und aus § 313 V 2 resultiert; dies stimmt auch mit Art. 122 lit. n GesR-RL überein, wonach etwaige Sicherheiten anzubieten sind (Drinhausen/Keinath BB 2022, 1346 (1347); Baschnagel/Hilser NZG 2022, 1333 (1336); Wollin ZIP 2022, 989, 992). Sinnvoll ist, auch auf die Ansprüche der Gläubiger einer übernehmenden deutschen Ges nach § 305 II iVm § 22 (→ § 314 Rn. 15) hinzuweisen (Drinhausen/Keinath BB 2022, 1346 (1347)).

37 **p) Angaben bei Personenhandelsgesellschaften (Abs. 2 Nr. 15).** Nach Abs. 2 Nr. 15 muss bei einer Verschm auf eine inl. PhG (→ § 305 Rn. 14) für jeden Anteilsinhaber einer übertragenden Ges bestimmt werden, ob ihm die Stellung eines Kommanditisten oder eines phG gewährt wird. Ferner muss der Betrag der Einlage jedes Gesellschafters im Verschmelzungsplan angegeben werden. Dies entspricht den Vorgaben von § 40 I; vgl. insoweit → § 40 Rn. 4 ff. Zur Beschlussfassung bei Beteiligung von PhG vgl. → § 312 Rn. 5.

38 **q) Informationen über die Auswirkungen auf Betriebsrenten (Abs. 2 Nr. 16).** Nach Abs. 2 Nr. 16 muss der Verschmelzungsplan Informationen über die Auswirkungen der grenzüberschreitenden Verschm auf Betriebsrenten und Betriebsrentenanwartschaften enthalten. Eine Vorgabe der GesR-RL hierzu besteht nicht. Der Gesetzgeber begründet die Notwendigkeit der Angaben im Verschmelzungsplan mit einem Informationsbedürfnis der ArbN und ihrer Vertretungen, das über die Darstellung im arbeitnehmerspezifischen Abschnitt des Verschmelzungsberichts hinausgehe. Nur durch die Aufnahme im Verschmelzungsplan werde sichergestellt, dass der Informationszugriff nicht auf die ArbN oder ihre Vertretungen beschränkt wird, sondern beispielsweise auch der Pension-Sicherungs-Verein (PSV) durch Abruf des Verschmelzungsplans im Handelsregister auf die Informationen zugreifen könne. Entsprechendes gilt für ehemalige ArbN (Versorgungsempfänger und Inhaber von Anwartschaften), denen der Verschmelzungsbericht nicht zugänglich gemacht wird. Die Informationen sollen wieder Grundlage für die Entscheidung sein, ob ein Antrag auf Sicherheitsleistung nach § 314 gestellt wird (Begr. RegE, BT-Drs. 20/3822 zu § 307). Verlangt werden Informationen über die Auswirkungen auf Betriebsrenten, die bereits bezahlt werden, und auf Betriebsrentenanwartschaften der aktuellen und ehemaligen ArbN (vgl. § 1b BetrAVG). Regelmäßig wird durch die Verschm der **rechtliche Bestand** der Versorgungsverpflichtungen nicht verändert. Der übernehmende Rechtsträger tritt kraft Gesamtrechtsnachfolge und ggf. § 613a BGB in die bestehenden Versorgungsverpflichtungen ein (näher → Vor § 35a Rn. 32). Allein durch die Verschm tritt auch keine Veränderung der auf die Versorgungsverpflichtungen anwendbaren Rechtsordnung ein. Auch der Gerichtsstand der Niederlassung (§ 46 II 1 ArbGG iVm § 21 ZPO) wird oftmals unverändert Klagen zu inl. Gerichten ermöglichen. Hierüber ist im Verschmelzungsplan zu informieren. Die Verschm kann aber Auswirkungen auf die **wirtschaftliche Sicherheit** der Versorgungsansprüche haben. Ob die (potenziellen) Versorgungsempfänger angesichts der Absicherung durch den PSV eine Gefährdung iSv § 314 glaubhaft machen können, erscheint indes zweifelhaft. Außerdem müssen die Ansprüche bereits entstanden sein (vgl. zu Dauerschuldverhältnissen näher → § 314 Rn. 7). Ebenso wenig dürfte bereits ein Anspruch des PSV bestehen, für den Sicherheit nach § 314 verlangt werden kann. Dennoch sind Ausführungen dazu notwendig, ob sich durch die Verschm voraussehbar die wirtschaftliche Leistungsfähigkeit des künftig Verpflichteten *verschlechtert*, was vielfach nicht der Fall sein wird. Ebenso wie bei der Sicherheitsleistung für Gläubiger (→ § 314 Rn. 8) ist allein der Umstand des Übergangs der Verpflichtungen auf eine ausl. Ges keine Gefährdung. Abs. 2 Nr. 16 unterscheidet nicht zwischen übertragender und übernehmender Ges. Bei der übernehmenden

Ges treten regelmäßig rechtliche Veränderungen nicht ein. Eine Verschlechterung der wirtschaftlichen Leistungsfähigkeit ist indes denkbar.

r) Weitere Angaben. Abs. 2 regelt nur den Mindestinhalt. Den beteiligten Ges 39 steht es frei, weitere Regelungen im Verschmelzungsplan oder in einer getrennten Vereinbarung aufzunehmen (zur früheren Rechtslage Kallmeyer/Marsch-Barner § 122c Rn. 8; Lutter/Bayer § 122c Rn. 31, jew. mwN; vgl. auch → Rn. 5, → Rn. 11). Zu sinnvollen weiteren Bestandteilen bei Umwandlungsverträgen auch → § 126 Rn. 111.

s) Besonderheiten bei Konzern-Verschmelzungen (Abs. 3). Die Angaben 40 nach Abs. 2 Nr. 2, Nr. 3 und Nr. 5 sowie Nr. 13 (Umtauschverhältnis, Einzelheiten der Übertragung der Anteile, Zeitpunkt der Gewinnbeteiligung der gewährten Anteile, Einzelheiten zum Angebot einer Barabfindung) sind nicht notwendig, wenn sich alle Anteile einer übertragenden Ges in der Hand der übernehmenden Ges befinden **(Abs. 3 Nr. 1).** Dies gilt auch, wenn eine Person unmittelbar oder mittelbar alle Anteile hält und Anteile nicht gewährt werden **(Abs. 3 Nr. 2)** Hintergrund ist, dass in derartigen Konstellationen Anteile nicht gewährt werden und ein Ausscheiden gegen Barabfindung nicht in Betracht kommt, weswegen die Angaben sinnlos sind. Die Regelung entspricht in Abs. 3 Nr. 1 der Regelung in § 5 II und beruht auf Art. 132 GesR-RL. Die Angaben sind nur entbehrlich, soweit sie die Aufnahme der Ges betreffen, bei der die Voraussetzungen nach Abs. 3 erfüllt sind. Bedeutung hat dies, wenn zugleich andere, nicht in einem Konzern-Verhältnis stehende Ges als übertragende Ges an der Verschm beteiligt sind. In der von Abs. 3 **Nr. 1** erfassten Fallgruppe der Verschm der Tochter-Ges auf die alleinige Mutter-Ges können nach dt. Grundsätzen Anteile nicht gewährt werden. Für eine inl. übernehmende Ges gelten über § 305 II insoweit § 54 I 1 Nr. 1, § 68 I 1 Nr. 1. Auch eine übernehmende PhG kann mangels Zuführung neuen Vermögens in dieser Konstellation keine neuen Anteile an der übernehmenden Ges ausgeben. In den Konzernkonstellationen nach Abs. 3 **Nr. 2** müssen zwei Voraussetzungen erfüllt sein. Es müssen den Anteilsinhabern der übertragenden Ges zunächst tatsächlich keine Anteile gewährt werden. Dies setzt für inl. beteiligte Ges voraus, dass alle Anteilsinhaber der übertragenden Ges auf die Anteilsgewährung verzichten (§ 305 II iVm § 54 I 3, § 68 I 3). Die Verzichtsmöglichkeit gilt darüber hinaus auch bei übernehmenden PhG (→ § 126 Rn. 49). Nach dem klaren Wortlaut müssen aber zusätzlich („und") die Voraussetzungen von Abs. 3 Nr. 2 **lit. a, b oder c** erfüllt sein. Dies beruht auf den Vorgaben von Art. 132 Abs. 1 GesR-RL, wenngleich bei einem Verzicht auf die Anteilsgewährung ohne das Vorliegen diese Voraussetzungen die Angaben ebenfalls nicht sinnvoll sind. Die **erste Fallgruppe** (Abs. 3 Nr. 2 **lit. a)** ist erfüllt bei einer 100 %-igen Schwestern-Verschm mit demselben Anteilsinhaber (und nicht etwa nur mehrere Anteilsinhaber mit identischen Beteiligungsverhältnissen an beiden Ges). Die **zweite Fallgruppe** (Abs. 3 Nr. 2 **lit. b)** setzt voraus, dass dieselbe Person mittelbar oder teils mittelbar und unmittelbar durchgerechnet zu 100 % an der übertragenden **und** der übernehmenden Ges beteiligt ist. Nach Sinn und Zweck der Vorschrift bezieht sich das „oder" („alle Anteile an der übertragenden oder an der übernehmenden Gesellschaft") auf die Ges, die gemeinsam die Anteile an der übertragenden oder übernehmenden Ges halten. Dies entspricht auch der Vorgabe von Art. 132 GesR-RL („Person, die unmittelbar oder mittelbar alle Anteile an der übernehmenden Gesellschaft und Anteile an der übertragenden Ges besitzt"). Unklar ist die **dritte Fallgruppe** (Abs. 3 Nr. 2 **lit. c)**. Wenn dieselbe Person alle Anteile an solchen Ges besitzt, bei denen sich die Inhaberschaft bis zur übertragenden oder übernehmenden Ges fortsetzt, wäre dies nach dem Wortlaut auch erfüllt, wenn die Beteiligungskette nicht nur durch 100 %ige Beteiligungen vermittelt wird. Dies entspricht aber weder der Richtlinien-Vorgabe noch der Absicht des Gesetzgebers. Verlangt man, dass die Beteiligungskette mittels

100 %iger Beteiligungen bestehen muss, besteht kein Unterschied zur zweiten Fallgruppe (aA BeckOGK/Klett Rn. 94: Downstream-Merger). In allen Fallgruppen werden eigene Anteile der beteiligten Ges nicht mitgezählt. Eigene Anteile der beteiligten Ges werden nicht mitgezählt. Anteile, die ein Dritter im eigenen Namen, jedoch für Rechnung des Anteilsinhabers hält, werden dem Anteilsinhaber zugerechnet (vgl. zu § 62 → § 62 Rn. 5). **Unterbeteiligungen, stille Ges** an einer beteiligten Ges und ähnliche Rechtsverhältnisse sind nicht zu berücksichtigen. Die **Person,** bei der die unmittelbare und mittelbare Anteilsvereinigung erfolgt, kann eine juristische oder natürliche Person, aber etwa auch eine PhG oder GbR sein. Maßgeblich ist das unmittelbar oder mittelbar nur ein Anteilsinhaber vorhanden ist. Ausreichend ist, wenn dies auf einer Ebene der Konzernstrukturen erfüllt ist. An der Ges, die die Voraussetzungen erfüllt, können wiederum mehrere Gesellschafter beteiligt sein (Bsp: an einer HoldingGes sind mehrere Gesellschafter beteiligt, die HoldingGes selbst ist aber unmittelbar und/oder mittelbar zu 100 % an der übertragenden und der übernehmenden Ges beteiligt).

5. Zuleitung an den Betriebsrat

41 § 307 enthält keine § 5 III vergleichbare Regelung. Der Verschmelzungsplan oder sein Entwurf sind daher **nicht** vor der Beschlussfassung dem zuständigen Betriebsrat **zuzuleiten** (BeckOGK/Klett Rn. 101; zur früheren Rechtslage Semler/Stengel/Leonard/Drinhausen § 122c Rn. 44; Lutter/Bayer § 122c Rn. 33; Kölner Komm UmwG/Simon/Rubner § 122c Rn. 16; Habersack/Drinhausen/Kiem § 122c Rn. 8; HK-UmwG/Becker/Uxa § 122d Rn. 13; Henssler/Strohn/Polley § 122c Rn. 28; Kallmeyer/Willemsen § 122c Rn. 18 f.: aber vorsorgl; BeckHdB Int. Umwandlungen/Krüger 2. Teil Rn. 55; Krauel/Mense/Wind Der Konzern 2010, 541 (544) zu § 122c aF; Simon/Rubner Der Konzern 2006, 835 (837); Kiem WM 2006, 1091 (1096); Limmer ZNotP 2007, 242 (256); aA Krause/Kulpa ZHR 171 (2007), 38 (60); Drinhausen/Keinath BB 2006, 725 (727)). § 5 III gilt auch nicht über § 305 II entsprechend, da die Information des Betriebsrats/der ArbN bei grenzüberschreitenden Verschm durch eine Zugänglichmachung des Verschmelzungsberichts erfolgt (§§ 309, 310; vgl. iE dort). Vgl. auch → Rn. 19 zur Nichtanwendung von § 5 I Nr. 9.

6. Form des Verschmelzungsplans

42 **a) Notarielle Beurkundung.** Abs. 4 bestimmt, dass der Verschmelzungsplan notariell beurkundet werden muss. Dies gilt für Hinein- wie auch für Hinausverschmelzungen (zur früheren Rechtslage Kölner Komm UmwG/Simon/Rubner § 122c Rn. 35; Kallmeyer/Marsch-Barner § 122c Rn. 41; HK-UmwG/Becker/Uxa § 122c Rn. 55; aA Kallmeyer AG 2007, 472 (475)). Auch der Verschmelzungsplan von ausl. übertragenden Ges zur Neugründung einer inl. Ges ist beurkundungspflichtig (BeckOGK/Klett Rn. 97; vgl. weiter → Rn. 43). Eine entsprechende Vorgabe enthält die GesR-RL nicht. Auch die SE-VO enthält keine Angaben zur Form des Verschmelzungsplans, während Art. 5 RL 78/855/EWG (jetzt GesR-RL) Schriftform fordert. Hieraus lässt sich jedoch nicht ableiten, dass der nat. Gesetzgeber nicht befugt war, eine notarielle Beurkundung zu verlangen (zur früheren Rechtslage HK-UmwG/Becker/Uxa § 122c Rn. 48; zweifelnd Kallmeyer/Kappes AG 2006, 224 (227 f.)). Da der Verschmelzungsplan ein einheitliches Dokument ist (→ Rn. 6), besteht bei Beteiligung einer inl. Ges damit unabhängig von den Anforderungen der ausl. Rechtsordnung Beurkundungspflicht; insoweit setzt sich die strengere Rechtsordnung durch (BeckOGK/Klett Rn. 96; zur früheren Rechtslage Lutter/Bayer § 122c Rn. 7; Kallmeyer/Marsch-Barner § 122c Rn. 40; Widmann/Mayer/Mayer § 122c Rn. 178; Henssler/Strohn/Polley § 122c Rn. 29; Habersack/

Drinhausen/Kiem § 122c Rn. 15). Zur Verschm zur Neugründung → Rn. 40. Der Gesetzgeber zu § 122c aF wies darauf hin, dass Abs. 4 der Regelung in § 6 für den Verschmelzungsvertrag entspreche (Begr. RegE, BT-Drs. 16/2919 zu § 122c IV). Eine Beurkundung vor einem **dt. Notar** erfüllt damit das Formerfordernis. Für die Erfüllung des Formerfordernisses durch eine ausl. Beurkundung würden die allg. Regeln gelten (so zu § 122c aF Begr. RegE, BT-Drs. 16/2919 zu § 122c IV). Damit ist auch vom Gesetzgeber klargestellt, dass wenigstens für grenzüberschreitende Verschm eine dem Erfordernis der **Gleichwertigkeit** entsprechende Beurkundung vor einem **ausl. Notar** ausreichend ist (zur früheren Rechtslage ebenso Semler/Stengel/Leonard/Drinhausen § 122c Rn. 42; Kallmeyer/Marsch-Barner § 122c Rn. 41; Kölner Komm UmwG/Simon/Rubner § 122c Rn. 35, 39; Simon/Rubner Konzern 2006, 835 (837); HK-UmwG/Becker/Uxa § 122c Rn. 61; Habersack/Drinhausen/Kiem § 122c Rn. 16; aA Widmann/Mayer/Mayer § 122c Rn. 182; Sagasser/Bula/Brünger Umwandlungen/Gutkès § 13 Rn. 101; Limmer Unternehmensumwandlungs-HdB/Limmer/Knaier Teil 6 Rn. 105 f.; Heckschen DNotZ 2007, 444 (458); Tebben/Tebben DB 2007, 2355 (2357); vgl. auch BGHZ 199, 270). Vgl. iÜ zur Erfüllung des Formerfordernisses durch Auslandsbeurkundung → § 6 Rn. 13 ff.

Abs. 4 entfaltet nur für inl. beteiligte Ges Rechtswirkung (→ § 305 Rn. 15). **43** Formerfordernisse hinsichtlich des gemeinsamen Verschmelzungsplans für **ausl. beteiligte Rechtsträger** richten sich nach deren Rechtsordnung. Ggf. verlangt diese ebenfalls eine notarielle Beurkundung (zur strengeren dt. Form → Rn. 39). Ob hierfür eine Beurkundung vor einem dt. Notar ausreichend ist, richtet sich wiederum nach der Rechtsordnung, der die beteiligten ausl. Ges unterliegen. Ggf. ist eine **doppelte Beurkundung** notwendig (BeckOGK/Klett Rn. 98; zur früheren Rechtslage Kallmeyer/Marsch-Barner § 122c Rn. 41; Kölner Komm UmwG/Simon/Rubner § 122c Rn. 35; Lutter/Bayer . Rn. 7; HK-UmwG/Becker/Uxa § 122c Rn. 64; Habersack/Drinhausen/Kiem §·122c Rn. 15; Limmer Unternehmensumwandlungs-HdB/Limmer/Knaier Teil 6 Rn. 106; Semler/Stengel/Leonard/Drinhausen § 122c Rn. 43; Henssler/Strohn/Polley § 122c Rn. 29; zum Verhältnis mit Österreich vgl. Herrler/Schneider GmbHR 2011, 795 (796)). Schwierigkeiten bereitet in diesem Fall allerdings das Erfordernis des einheitlichen Dokuments (→ Rn. 6). Dem wird man wohl nur gerecht, wenn die Urkunde des ersten Notars Bestandteil der zweiten Urkunde wird (wohl anders BeckOGK/Klett Rn. 100). Beurkundungspflichtig ist auch der Verschmelzungsplan von zwei oder mehreren ausl. Ges zur **Neugründung** einer dt. Ges (BeckOGK/Klett Rn. 97; zur früheren Rechtslage HKW Notar-HdB/Zimmermann § 27 Rn. 191; aA Kölner Komm UmwG/Simon/Rubner § 122c Rn. 39; zweifelnd auch Kallmeyer/Marsch-Barner § 122c Rn. 41). Dies mag „schwer zumutbar sein" (so zur früheren Rechtslage Kölner Komm UmwG/Simon/Rubner § 122c Rn. 37, 39), dennoch sind auf die neue Ges die §§ 305 ff. anwendbar (auch → § 305 Rn. 15). Nichts anderes gilt, wenn Ausländer außerhalb des UmwG eine inl. KapGes gründen.

Das Beurkundungsverfahren richtet sich nach §§ 8 ff. BeurkG, da Willenserklä- **44** rungen beurkundet werden (zur Rechtsnatur des Verschmelzungsplans → Rn. 10). Eine Beurkundung in Form eines Tatsachenprotokolls gem. §§ 36 ff. BeurkG genügt nicht (zur früheren Rechtslage Widmann/Mayer/Heckschen § 6 Rn. 53; HKW Notar-HdB/Zimmermann § 27 Rn. 101; aA Frenzel RIW 2008, 12 (16)). Zu beurkunden ist die **Aufstellung** des **gemeinsamen Verschmelzungsplans**. Demzufolge sind die Erklärungen der Vertretungsorgane sämtlicher beteiligter Ges in einem Dokument (→ Rn. 6) zu beurkunden (zur früheren Rechtslage Kallmeyer/Marsch-Barner § 122c Rn. 41; Widmann/Mayer/Mayer § 122c Rn. 210; Henssler/Strohn/Polley § 122c Rn. 30). Zur Abschlusskompetenz → Rn. 8. Eine Beurkundung bei gleichzeitiger Anwesenheit der Beteiligten ist nicht notwendig (zur früheren Rechtslage Henssler/Strohn/Polley § 122c Rn. 30; HK-UmwG/Becker/Uxa § 122c

Rn. 54; aA Freundorfer/Festner GmbHR 2010, 195 (197) Fn. 7; HKW Notar-HdB/Zimmermann § 27 Rn. 102). Die Vertretungsorgane einzelner beteiligter Rechtsträger können dem Inhalt des bereits beurkundeten Verschmelzungsplans in einer weiteren Urkunde zustimmen. Möglich ist auch, dass die Vertretungsorgane sich gegenseitig bevollmächtigen (zur früheren Rechtslage Kallmeyer/Marsch-Barner § 122c Rn. 41; HKW Notar-HdB/Zimmermann § 27 Rn. 103; auch → § 4 Rn. 15). Die Vollmacht bedarf dann nach inl. Recht nicht der Beurkundung oder öffentlichen Beglaubigung (§ 167 II BGB), außer – wegen der im Verschmelzungsplan enthaltenen Feststellung der Satzung (§ 23 I 2 AktG; § 2 II GmbHG) – bei einer Verschm zur Neugründung einer dt. Ges (zur früheren Rechtslage Kallmeyer/Marsch-Barner § 122c Rn. 41). Der Verschmelzungsplan ist gebührenrechtlich ein Vertrag (Widmann/Mayer/Mayer § 122c Rn. 171; zu den **Beurkundungskosten** daher → § 4 Rn. 22, → § 6 Rn. 19).

45 **b) Sprache.** Eine Festlegung der Sprache, in der der Verschmelzungsplan aufgestellt sein muss, enthält § 307 nicht. Mittelbar folgt aus § 308 iVm § 488 III FamFG, § 184 GVG, dass der Verschmelzungsplan wenigstens auch in dt. Sprache vorliegen muss (zur früheren Rechtslage Widmann/Mayer/Mayer § 122c Rn. 24; Lutter/Bayer § 122c Rn. 10; Kölner Komm UmwG/Simon/Rubner § 122c Rn. 38; NK-UmwR/Althoff § 122c Rn. 11; HK-UmwG/Becker/Uxa § 122c Rn. 67; Limmer Unternehmensumwandlungs-HdB/Limmer/Knaier Teil 6 Rn. 102; Limmer ZNotP 2007, 242 (250); Haritz/v. Wolff GmbHR 2006, 340 (341); Winter Der Konzern 2007, 24 (33) Fn. 109; Tebben/Tebben DB 2007, 2355 (2357)). Hierfür ist indes die Einreichung einer Übersetzung ausreichend (BeckOGK/Klett Rn. 17; zur früheren Rechtslage Limmer Unternehmensumwandlungs-HdB/Limmer/Knaier Teil 6 Rn. 102 zu § 122c aF; Widmann/Mayer/Mayer § 122c Rn. 24). Auch der Notar kann eine Übersetzung mit Bescheinigung nach § 50 I BeurkG erstellen (zur früheren Rechtslage Kölner Komm UmwG/Simon/Rubner § 122c Rn. 41; Limmer Unternehmensumwandlungs-HdB/Limmer/Kainer Teil 6 Rn. 102; Widmann/Mayer/Mayer § 122c Rn. 24; Limmer ZNotP 2007, 242 (250); Heckschen DNotZ 2007, 444 (458); Tebben/Tebben DB 2007, 2355 (2357)). Demzufolge kann der Verschmelzungsplan auch in einer fremden Sprache beurkundet oder eine **mehrsprachige** Urkunde (BeckOGK/Klett Rn. 17; zur früheren Rechtslage Limmer ZNotP 2007, 242 (250); Kallmeyer/Marsch-Barner § 122c Rn. 41; Kölner Komm UmwG/Simon/Rubner § 122c Rn. 39; Habersack/Drinhausen/Kiem § 122c Rn. 19; Widmann/Mayer/Mayer § 122c Rn. 24; Lutter/Bayer § 122c Rn. 10; BeckHdB Int. Umwandlungen/Krüger 2. Teil Rn. 28) errichtet werden. Ein dt. Notar soll dem Verlangen, eine Urkunde in einer anderen Sprache oder mehrsprachig zu errichten, nur entsprechen, wenn er der fremden Sprache hinreichend kundig ist (§ 5 II 2 BeurkG). Zur Vermeidung von Auslegungsschwierigkeiten sollte bei mehrsprachigen Dokumenten eine **maßgebliche Sprache** bestimmt werden (BeckOGK/Klett Rn. 18; zur früheren Rechtslage Kölner Komm UmwG/Simon/Rubner § 122c Rn. 41; Widmann/Mayer/Mayer § 122c Rn. 24; Habersack/Drinhausen/Kiem § 122c Rn. 19; Sagasser/Bula/Brünger Umwandlungen/Gutkès § 13 Rn. 102; HK-UmwG/Becker/Uxa § 122c Rn. 69; Krauel/Mense/Wind Der Konzern 2010, 541 (544); Freundorfer/Festner GmbHR 2010, 197 f.). Anderenfalls wäre bei inhaltlichen Unterschieden das Erfordernis eines gemeinsamen Verschmelzungsplans nicht erfüllt (zur früheren Rechtslage Lutter/Bayer § 122c Rn. 10).

§ 308 Bekanntmachung des Verschmelzungsplans

(1) ¹**Der Verschmelzungsplan oder sein Entwurf ist zum Register einzureichen.** ²**Das Gericht hat in der Bekanntmachung nach § 10 des Handelsgesetzbuchs unverzüglich die folgenden Angaben bekannt zu machen:**

§ 308 UmwG A

1. einen Hinweis darauf, dass der Verschmelzungsplan oder sein Entwurf beim Handelsregister eingereicht worden ist,
2. Rechtsform, Firma und Sitz der an der grenzüberschreitenden Verschmelzung beteiligten Gesellschaften,
3. die Register, bei denen die an der grenzüberschreitenden Verschmelzung beteiligten Gesellschaften eingetragen sind, sowie die jeweilige Registernummer,
4. einen Hinweis an folgende Personen, dass sie der jeweiligen Gesellschaft spätestens fünf Arbeitstage vor dem Tag der Gesellschafterversammlung Bemerkungen zum Verschmelzungsplan übermitteln können:
   a) an die Anteilsinhaber und Gläubiger der an der grenzüberschreitenden Verschmelzung beteiligten Gesellschaften sowie
   b) an die zuständigen Betriebsräte der an der grenzüberschreitenden Verschmelzung beteiligten Gesellschaften oder, soweit es keinen Betriebsrat gibt, an die Arbeitnehmer der an der grenzüberschreitenden Verschmelzung beteiligten Gesellschaften.

[3]Die bekannt zu machenden Angaben sind dem Register bei Einreichung des Verschmelzungsplans oder seines Entwurfs mitzuteilen. [4]Die Versammlung der Anteilsinhaber darf erst einen Monat nach der Bekanntmachung über die Zustimmung zu dem Verschmelzungsplan gemäß § 13 beschließen.

(2) Ist ein Verschmelzungsbeschluss der Anteilsinhaber der übertragenden Gesellschaft gemäß § 312 Absatz 2 in Verbindung mit § 307 Absatz 3 nicht erforderlich, so hat die übertragende Gesellschaft den Verschmelzungsplan spätestens einen Monat vor dem Tag, an dem der Verschmelzungsplan beurkundet wird, zum Register einzureichen.

(3) Ist ein Verschmelzungsbeschluss der Anteilsinhaber der übertragenden Gesellschaft erforderlich, ein Verschmelzungsbeschluss der Anteilsinhaber der übernehmenden Gesellschaft hingegen gemäß § 62 Absatz 1 nicht erforderlich, so hat die übernehmende Gesellschaft den Verschmelzungsplan einen Monat vor der Versammlung der Anteilsinhaber der übertragenden Gesellschaft, die gemäß § 13 über die Zustimmung beschließen soll, zum Register einzureichen.

(4) Ist gemäß § 312 Absatz 2 und § 62 Absatz 1 weder ein Verschmelzungsbeschluss der Anteilsinhaber der übertragenden Gesellschaft noch ein Verschmelzungsbeschluss der Anteilsinhaber der übernehmenden Gesellschaft erforderlich, so hat die übernehmende Gesellschaft den Verschmelzungsplan spätestens einen Monat vor dem Tag, an dem der Verschmelzungsplan beurkundet wird, zum Register einzureichen.

Übersicht

	Rn.
1. Allgemeines	1
2. Verpflichtung zur Einreichung (Abs. 1 S. 1)	2
a) Verpflichteter	2
b) Zuständiges Gericht	4
c) Form der Einreichung	5
d) Gegenstand der Einreichung	6
e) Frist für die Anteilsinhaberversammlung	7
f) Verzicht auf die Einreichung/Bekanntmachung	10
3. Bekanntmachung (Abs. 1 S. 2)	11
a) Verpflichteter	11

	Rn.
b) Frist für die Bekanntmachung	12
c) Form der Bekanntmachung	13
d) Inhalt der Bekanntmachung	14
aa) Hinweis auf die Einreichung (Abs. 1 S. 2 Nr. 1)	14
bb) Rechtsform, Firma, Sitz der beteiligten Gesellschaften (Abs. 1 S. 2 Nr. 2)	15
cc) Register der beteiligten Gesellschaften (Abs. 1 S. 2 Nr. 3)	16
dd) Hinweis auf die Möglichkeit zu Bemerkungen (Abs. 1 S. 2 Nr. 4)	17
4. Mitteilung der Bekanntmachungsangaben (Abs. 1 S. 3)	21
5. Einreichungs- und Bekanntmachungsfristen in Sonderfällen (Abs. 2–4)	22
a) Kein Verschmelzungsbeschluss bei der übertragenden Gesellschaft (Abs. 2)	22
b) Verschmelzungsbeschluss bei der übertragenden Gesellschaft, nicht aber bei der übernehmenden Gesellschaft (Abs. 3)	23
c) Kein Verschmelzungsbeschluss bei der übertragenden Gesellschaft und bei der übernehmenden Gesellschaft (Abs. 4)	24
d) Fristberechnung in den Fällen nach Abs. 2–4	25

1. Allgemeines

1   Die Vorschrift entspricht in Abs. 1 im Wesentlichen § 122d aF. Die Abs. 2–4 sind neu. Sie regelt die Bekanntmachung des Verschmelzungsplans oder seines Entwurfs und dient damit der Umsetzung von Art. 123 GesR-RL (Offenlegung). Die grundsätzlichen EU-rechtlichen Anforderungen an die Offenlegung sind in Deutschland durch die Registerpublizität nach §§ 9, 10 HGB umgesetzt. Vgl. für inl. Verschm von AG/KGaA auch § 61. Von der Möglichkeit, die Bekanntmachung durch Zugänglichmachung auf der Webseite zu ersetzen (Art. 123 II GesR-RL), wurde aus Gründen der Rechtssicherheit (Nachweis der ununterbrochenen Veröffentlichung?) kein Gebrauch gemacht (Begr. RegE, BT-Drs. 20/3822 zu § 308). Der Zweck ist eine frühzeitige Information der Gesellschafter, der Gläubiger und der Betriebsräte bzw. der ArbN, um Bemerkungen zum Verschmelzungsplan übermitteln zu können (Abs. 1 S. 2 Nr. 4). Die Vorschrift legt in **Abs. 1 S. 1** zunächst fest, dass der Verschmelzungsplan oder sein Entwurf einzureichen ist. Das Gericht hat sodann unverzüglich die in **Abs. 1 S. 2** Nr. 1–4 genannten Angaben nach § 10 HGB bekannt zu machen. Die Angaben nach Abs. 1 S. 2 Nr. 2–3 entsprechen den Vorgaben von Art. 123 III lit. a und b GesR-RL. Abs. 1 S. 2 Nr. 4 ist anders als früher § 122d S. 1 Nr. 4 aF keine Umsetzung von Art. 123 III lit. c, sondern bestimmt eine Hinweispflicht an die Anteilsinhaber, die Gläubiger und die Betriebsräte/ArbN, Bemerkungen zum Verschmelzungsplan übermitteln zu können. Damit das Gericht die Bekanntmachung vornehmen kann, schafft **Abs. 1 S. 3** schließlich eine Verpflichtung der inl. Ges, die Angaben bei Einreichung des Verschmelzungsplans oder seines Entwurfs mitzuteilen. Dies ist bereits deshalb angezeigt, weil nicht alle nach Abs. 1 S. 2 geforderten Angaben dem Verschmelzungsplan entnommen werden können. Schließlich wurde auf Anregung des Bundesrats (Begr. RegE, BT-Drs. 20/3822, 141) die Fristenregelung im Vergleich zu § 122d aF angepasst, um die Vorgaben von Art. 123 I UAbs. 1 GesR-RL rechtssicher umzusetzen. Um auch unter Berücksichtigung der Zeit für das Registerverfahren die Monatsfrist auf jeden Fall zu gewährleisten, bestimmt **Abs. 1 S. 4** nunmehr, dass die Anteilsinhaberversammlung die Zustimmung zum Verschmelzungsplan erst einen Monat nach der Bekanntmachung beschließen darf. Abs. 1 entspricht inhaltlich Art. 21 SE-VO, der nat. durch § 5 SEAG ergänzt wird (→ SE-VO Art. 21 Rn. 1). Die **Abs. 2–4** greifen Fallgrup-

pen auf, in denen bei der übertragenden, der übernehmenden oder bei beiden Ges ein Verschmelzungsbeschluss nicht notwendig ist. Auch in diesen Fällen müssen indes der Verschmelzungsplan zum Register eingereicht und die Bekanntmachungen vorgenommen werden, da der Verschmelzungsplan auch dem vorgelagerten Gläubigerschutz dient (Begr. RegE, BT-Drs. 20/3822 zu § 308). Die Abs. 2–4 modifizieren hierfür die Fristenregelung.

2. Verpflichtung zur Einreichung (Abs. 1 S. 1)

a) Verpflichteter. § 308 I nennt nicht den zur Einreichung der Unterlagen Verpflichteten. Dies ist aber aus der Natur der Sache die jew. beteiligte dt. Ges (BeckOGK/Klett Rn. 9; zur früheren Rechtslage Widmann/Mayer/Mayer § 122d Rn. 9; Kallmeyer/Marsch-Barner § 122d Rn. 1; Henssler/Strohn/Polley § 122d Rn. 2). Bei mehreren beteiligten dt. KapGes hat jede von ihnen die Einreichung zu ihrem HR vorzunehmen. Auch die Bekanntmachung muss für jede beteiligte dt. Ges getrennt erfolgen. Rechtswirkungen für beteiligte ausl. Ges entfaltet § 308 nicht. Diese müssen die jew. Vorschriften ihrer Rechtsordnung, die im Zusammenhang mit der Umsetzung von Art. 123 GesR-RL bestehen, erfüllen. Eine Einreichung bei einem dt. Registergericht ist selbst dann nicht notwendig, wenn mehrere ausl. Ges eine grenzüberschreitende Verschm zur Neugründung einer dt. Ges durchführen. Insoweit ist der Schutzzweck der Norm mangels Gesellschafter, Gläubiger und ArbN der neuen Ges nicht berührt (BeckOGK/Klett Rn. 10; zur früheren Rechtslage Kölner Komm UmwG/Simon/Rubner § 122d Rn. 4; anders die Situation hinsichtlich des Beurkundungserfordernisses nach § 307 IV → § 307 Rn. 43).

Sanktionen für eine nicht ordnungsgemäße Einreichung und damit Bekanntmachung bestehen nur mittelbar. Erfolgt die Einreichung nicht oder nicht vollständig oder verspätet, ist der Zustimmungsbeschluss anfechtbar (BeckOGK/Klett Rn. 39; zur früheren Rechtslage Widmann/Mayer/Mayer § 122d Rn. 40; HK-UmwG/ Becker/Uxa § 122d Rn. 12; Kölner Komm UmwG/Simon/Rubner § 122d Rn. 24; Henssler/Strohn/Polley § 122d Rn. 2; dazu auch → § 61 Rn. 4). Erfolgt keine oder eine nur unzureichende Bekanntmachung, liegt ferner ein Eintragungshindernis vor und es kann keine Verschmelzungsbescheinigung erstellt werden (BeckOGK/Klett Rn. 40; zur früheren Rechtslage Widmann/Mayer/Mayer § 122d Rn. 42; HK-UmwG/Becker/Uxa § 122d Rn. 12; Kölner Komm UmwG/Simon/Rubner § 122d Rn. 23; zum Prüfungsumfang des Registergerichts → § 316 Rn. 4). Angesichts der Einreichungspflicht nach Abs. 1 S. 1 kann das Gericht ferner nach § 14 HGB die Geschäftsführer der beteiligten inl. Ges durch Festsetzung von Zwangsgeld zur Einhaltung der Einreichungspflichten anhalten (zur früheren Rechtslage Widmann/Mayer/Mayer § 122d Rn. 39; Henssler/Strohn/Polley § 122d Rn. 2; auch → § 61 Rn. 1). Dazu muss das Gericht aber Kenntnis von der geplanten Verschm erlangen.

b) Zuständiges Gericht. Da sich die Einreichungspflicht an die beteiligten inl. KapGes oder PhG richtet (→ Rn. 2), erfolgt die Einreichung bei dem Amtsgericht, das für die Führung des HR zuständig ist, in dem die Ges eingetragen ist (zur früheren Rechtslage Lutter/Bayer § 122d Rn. 3). Bei einem Doppelsitz ist bei beiden Gerichten der Verschmelzungsplan oder dessen Entwurf einzureichen (zur früheren Rechtslage Semler/Stengel/Leonard/Drinhausen § 122d Rn. 6; NK-UmwR/Althoff § 122d Rn. 6). Bei mehreren inl. beteiligten KapGes ist die Einreichung bei jedem zuständigen Gericht vorzunehmen (auch → Rn. 2).

c) Form der Einreichung. Für die Einreichung gilt § 12 II HGB (BeckOGK/ Klett Rn. 19; zur früheren Rechtslage Lutter/Bayer § 122d Rn. 5; Widmann/ Mayer/Mayer § 122d Rn. 28; Habersack/Drinhausen/Kiem § 122d Rn. 5; NK-UmwR/Althoff § 122d Rn. 7; Kallmeyer/Marsch-Barner § 122d Rn. 1). Wird der

Entwurf eines Verschmelzungsplans eingereicht, ist nach § 12 II 2 Hs. 1 HGB die Übermittlung einer elektronischen Aufzeichnung ausreichend (BeckOGK/Klett Rn. 1); zur früheren Rechtslage Kallmeyer/Marsch-Barner § 122d Rn. 1; Widmann/Mayer/Mayer § 122d Rn. 28). Der bereits beurkundete Verschmelzungsplan ist nach § 12 II 2 Hs. 2 HGB als mit einem einfachen elektronischen Zeugnis gem. § 39a BeurkG versehenes Dokument einzureichen (zur früheren Rechtslage Widmann/Mayer/Mayer § 122d Rn. 29). Für die nach Abs. 1 S. 3 notwendigen Mitteilungen gilt § 12 II 2 Hs. 1 HGB (elektronische Aufzeichnung).

6 **d) Gegenstand der Einreichung.** Einzureichen ist der Verschmelzungsplan oder sein Entwurf. Wird der Entwurf des Verschmelzungsplans eingereicht (→ § 307 Rn. 7), muss dies der Entwurf sein, über den die Gesellschafterversammlung den Beschluss fassen soll (BeckOGK/Klett Rn. 8; zur früheren Rechtslage Kallmeyer/Marsch-Barner § 122d Rn. 1; Henssler/Strohn/Polley § 122d Rn. 4). Erfolgen nachträgliche Änderungen, bedarf es einer erneuten Einreichung und erneuter Bekanntmachung (zur früheren Rechtslage Krauel/Mense/Wind Der Konzern 2010, 541 (5429). Die Frist (→ Rn. 7) ist dann ab der späteren Bekanntmachung neu zu berechnen, da nur so gewährleistet ist, dass durch Einsichtnahme Kenntnis vom endgültigen Verschmelzungsplan/Entwurf erlangt werden kann (etwas anders BeckOGK/Klett Rn. 14; ebenso zur früheren Rechtslage etwas anders Kölner Komm UmwG/Simon/Rubner § 122d Rn. 6: dann nicht, wenn die Angaben nach § 122d S. 2 (jetzt Abs. 1 S. 2) nicht betroffen sind). Anderenfalls kann der Zustimmungsbeschluss angefochten werden (zur früheren Rechtslage Henssler/Strohn/Polley § 122d Rn. 4; auch → Rn. 3).

7 **e) Frist für die Anteilsinhaberversammlung.** Auf Initiative des Bundesrats (Begr. RegE, BT-Drs. 20/3822, 141) wurde die Verknüpfung des Zeitpunkts der Bekanntmachung zu demjenigen der Anteilsinhaberversammlung im Vergleich zu § 122d aF geändert. Die frühere Regelung, wonach der Verschmelzungsplan oder sein Entwurf spätestens einen Monat vor der Versammlung der Anteilsinhaber, die dem Verschmelzungsplan zustimmen soll, zum Register einzureichen war, war keine korrekte Umsetzung von Art. 123 I UAbs. 1 GesR-RL (vgl. zur Kritik → 9. Aufl. 2020, § 122d Rn. 7). Denn nach den Vorgaben der GesR-RL müssen die Unterlagen spätestens einen Monat vor der Gesellschafterversammlung offengelegt und in den Registern öffentlich zugänglich gemacht sein. Daher bestimmt nun Abs. 1 S. 4, dass der Zeitpunkt der Bekanntmachung maßgeblich ist und die Anteilsinhaberversammlung über die Zustimmung zum Verschmelzungsplan erst einen Monat nach der Bekanntmachung beschließen darf.

8 Für die Fristberechnung gelten die §§ 187 f. BGB. Die Bekanntmachung ist ein Ereignis iSv § 187 I BGB. Das Fristende ist damit der Ablauf des Tages des nächsten Monats, der durch seine Zahl dem Tag der Bekanntmachung entspricht. Die Beschlussfassung kann ab dem dem Fristende folgenden Tag („einen Monat nach der Bekanntmachung") erfolgen (Beispiel: Bekanntmachung am 15.7., Beschlussfassung ist ab dem 16.8. möglich). § 193 BGB gilt nicht. Ist das „Fristende" ein Samstag, Sonntag oder Feiertag, kann die Beschlussfassung stattfinden.

9 Zur Fristberechnung in den **Fallgruppen nach Abs. 2–4** vgl. → Rn. 25.

10 **f) Verzicht auf die Einreichung/Bekanntmachung.** Auf die Einreichung des Verschmelzungsplans und die ergänzenden Angaben nach Abs. 1 S. 3 und damit auf die Bekanntmachung kann nicht verzichtet werden, selbst wenn alle Gesellschafter und alle Betriebsräte/ArbN aller beteiligten Ges zustimmen. Denn die Einreichung *des Verschmelzungsplans* und die Mitteilung der ergänzenden Angaben nach Abs. 1 S. 3 ist die notwendige Vorbereitung für die Bekanntmachung nach Abs. 1 S. 2, die auch im Interesse der Gläubiger (vgl. Abs. 1 S. 2 Nr. 4) erfolgt (diff. BeckOGK/Klett Rn. 35; zur früheren Rechtslage wie hier Semler/Stengel/Leonard/Drinhau-

sen § 122d Rn. 11; Widmann/Mayer/Mayer § 122d Rn. 30; Kallmeyer/Marsch-Barner § 122d Rn. 3; Lutter/Bayer § 122d Rn. 17; Kölner Komm UmwG/Simon/Rubner § 122d Rn. 26; HK-UmwG/Becker/Uxa § 122d Rn. 4; Henssler/Strohn/Polley § 122d Rn. 14; Habersack/Drinhausen/Kiem § 122d Rn. 8; NK-UmwR/Althoff § 122d Rn. 9; Krauel/Mense/Wind Der Konzern 2010, 541 (543); Müller NZG 2006, 286 (288)). Denkbar wäre allenfalls, mit Zustimmung aller Gesellschafter und aller Betriebsräte/ArbN aller beteiligten Ges eine **Verkürzung der Monatsfrist** (→ Rn. 7) für zulässig zu erachten, da die Frist für die Geltendmachung des Anspruchs der Gläubiger auf Sicherheitsleistung nach § 314 III mit der Bekanntmachung beginnt (idS BeckOGK/Klett Rn. 37; zur früheren Rechtslage Semler/Stengel/Leonard/Drinhausen § 122d Rn. 12; Kallmeyer/Marsch-Barner § 122d Rn. 3; Kallmeyer/Zimmermann § 122g Rn. 4; Lutter/Bayer § 122d Rn. 18; Kölner Komm UmwG/Simon/Rubner § 122d Rn. 27 f.; Habersack/Drinhausen/Kiem § 122d Rn. 8; NK-UmwR/Althoff § 122d Rn. 9; zweifelnd HK-UmwG/Becker/Uxa § 122d Rn. 4).

3. Bekanntmachung (Abs. 1 S. 2)

a) Verpflichteter. Die Bekanntmachungspflicht obliegt nicht den beteiligten 11 Ges, sondern dem für die jew. beteiligten inl. Ges zuständigen Registergerichten. Diese müssen jedoch durch die Einreichung nach Abs. 1 S. 1 Kenntnis von der vorgesehenen grenzüberschreitenden Verschm haben und benötigen die Angaben nach Abs. 1 S. 3.

b) Frist für die Bekanntmachung. Die in Abs. 1 S. 2 genannten Angaben hat 12 das Gericht **unverzüglich** bekannt zu machen. Dies ist im Regelfall der nächste Werktag nach Einreichung der Unterlagen (zur früheren Rechtslage Widmann/Mayer/Mayer § 122d Rn. 34; Henssler/Strohn/Polley § 122d Rn. 7; vgl. auch HK-UmwG/Becker/Uxa § 122d Rn. 3: bei Einreichung am letzten Tag der Frist noch am selben Tag).

c) Form der Bekanntmachung. Abs. 1 S. 2 verweist für die Bekanntmachung 13 auf § 10 HGB. Die Bekanntmachung hat damit in elektronischer Form zu erfolgen.

d) Inhalt der Bekanntmachung. aa) Hinweis auf die Einreichung (Abs. 1 14 **S. 2 Nr. 1).** Gegenstand der Einreichung ist zwar der Verschmelzungsplan oder sein Entwurf (→ Rn. 6), bekannt gemacht wird nach Abs. 1 S. 2 Nr. 1 indes nur der Hinweis darauf, dass der Verschmelzungsplan oder sein Entwurf beim HR eingereicht worden ist (zur früheren Rechtslage Semler/Stengel/Leonard/Drinhausen § 122d Rn. 15; Widmann/Mayer/Mayer § 122d Rn. 10. Eine entsprechende Vorgabe enthält Art. 123 GesR-RL nicht. Die Regelung entspricht § 61 S. 2. Durch den Hinweis erhält der Rechtsverkehr die Information, dass der Verschmelzungsplan oder sein Entwurf beim HR kostenfrei eingesehen werden kann. Zusätzliche Angaben sind insoweit nach Abs. 1 S. 3 nicht mitzuteilen; diese ergeben sich schon aus der Einreichung des Verschmelzungsplans/Entwurfs (BeckOGK/Klett Rn. 23; zur früheren Rechtslage Lutter/Bayer § 122d Rn. 4).

bb) Rechtsform, Firma, Sitz der beteiligten Gesellschaften (Abs. 1 S. 2 15 **Nr. 2).** Abs. 1 S. 2 Nr. 2 setzt Art. 123 III UAbs. 1 lit. a GesR-RL um und verlangt die Bekanntmachung der Rechtsform, der Firma und des Sitzes aller an der grenzüberschreitenden Verschm beteiligten Ges. Dies umfasst bei einer Verschm zur Neugründung auch die Daten für die neue Ges (BeckOGK/Klett Rn. 24 und zur früheren Rechtslage Kölner Komm UmwG/Simon/Rubner § 122d Rn. 9; HK-UmwG/Becker/Uxa § 122d Rn. 6; Widmann/Mayer/Mayer § 122d Rn. 11; vgl. auch Art. 123 III UAbs. 1 lit. a GesR-RL). Insoweit sind die im eingereichten Verschmelzungsplan vorgesehene Rechtsform und Firma und der vorgesehene Sitz anzugeben (zur früheren Rechtslage Henssler/Strohn/Polley § 122d Rn. 10; Pfeiffer/Hellmeier GmbHR 2009, 1317 (1319)). Die Angaben sind im Verschmelzungsvertrag bzw. in der dort enthaltenen Satzung als zwingender Bestandteil enthalten (→ § 307 Rn. 12, → § 307 Rn. 26). Unter Sitz ist auch hier (→ § 307 Rn. 12) der Satzungssitz zu verstehen (BeckOGK/Klett Rn. 24 und zur früheren Rechtslage Semler/Stengel/Leonard/Drinhausen § 122d Rn. 16; Lutter/Bayer § 122d Rn. 11; Habersack/Drinhausen/Kiem § 122d Rn. 13; Widmann/Mayer/Mayer § 122d Rn. 11). Trotz der Aufnahme im Verschmelzungsplan und dessen Einreichung sind die Angaben zur Rechtsform, Firma und Sitz nach Abs. 1 S. 3 dem Registergericht gesondert mitzuteilen (zur früheren Rechtslage Widmann/Mayer/Mayer § 122d Rn. 11). Gemeinsam mit den Angaben nach Abs. 1 S. 2 Nr. 3 (→ Rn. 16) ermöglicht die Bekanntmachung dieser Informationen dem Rechtsverkehr eine ergänzende Recherche. Anzugeben ist ferner, ob die jew. Ges als übertragende oder übernehmende/neue Ges beteiligt ist (BeckOGK/Klett Rn. 24 und zur früheren Rechtslage Henssler/Strohn/Polley § 122d Rn. 10).

16 **cc) Register der beteiligten Gesellschaften (Abs. 1 S. 2 Nr. 3).** Bekannt zu machen sind ferner die Register, in denen die an der grenzüberschreitenden Verschm beteiligten Ges eingetragen sind, sowie die jew. Registernummer. Die Regelung dient der Umsetzung von Art. 123 III UAbs. 1 lit. b GesR-RL. Für inl. Ges bedeutet dies die Angabe des AG, bei dem das HR für die jew. beteiligte Ges geführt wird, und die Registernummer (HRA- oder HRB-Nr.). Für ausl. beteiligte Ges sind die zuständigen ausl. Stellen und die für die Ges vergebene Registernummer anzugeben. Gemeinsam mit den Angaben nach Abs. 1 S. 2 Nr. 2 (→ Rn. 15) ermöglicht dies ergänzende Recherchen. Die Angaben sind nach Abs. 1 S. 3 dem Registergericht mitzuteilen, zumal sie kein zwingender Bestandteil des Verschmelzungsplans sind. Konsequenterweise (→ Rn. 15) ist bei einer Verschm zur Neugründung auch das (voraussichtlich) für die neue Ges zuständige Register anzugeben (zur früheren Rechtslage insoweit anders Kölner Komm UmwG/Simon/Rubner § 122d Rn. 10; vgl. auch BeckOGK/Klett Rn. 25). Dies erleichtert den Gläubigern die spätere Informationsrecherche.

17 **dd) Hinweis auf die Möglichkeit zu Bemerkungen (Abs. 1 S. 2 Nr. 4).** Nach Abs. 1 S. 2 Nr. 4 wird auch ein Hinweis bekannt gemacht, wonach die Anteilsinhaber und Gläubiger, die zuständigen Betriebsräte und gegebenenfalls die ArbN der an der grenzüberschreitenden Verschm beteiligten Ges bis spätestens fünf Arbeitstage vor dem Tag der Gesellschafterversammlung Bemerkungen zum Verschmelzungsplan übermitteln können. Gemeint ist die Gesellschafterversammlung, die über die Zustimmung zur Verschm beschließen soll (vgl. § 312 III). Mit dieser Bestimmung wird Art. 123 I UAbs. 1 lit. b GesR-RL umgesetzt. Es handelt sich um eine Registerbekanntmachung nach § 10 Abs. 3 HGB (Begr. RegE, BT-Drs. 20/3822 zu § 308). Eine entsprechende Verpflichtung enthielt § 122d aF nicht. Rechtzeitig eingegangene Bemerkungen müssen unverzüglich den Anteilsinhabern zugänglich gemacht werden, damit die Versammlung der Anteilsinhaber sie zur Kenntnis nehmen kann, bevor sie über die Zustimmung zum Verschmelzungsplan beschließt (§ 312 III; vgl. näher → § 312 Rn. 15). Sie sind ferner nach § 315 II Nr. 1 der Anmeldung der Verschm für die übertragende Ges beizufügen (→ § 315 Rn. 8). Schließlich haben die Mitglieder des Vertretungsorgan nach § 315 III Nr. 3 zu versichern, dass die Rechte der Arbeitnehmer nach Abs. 1 S. 2 Nr. 4 lit. b eingehalten wurden (→ § 315 Rn. 11). Für die Ermittlung der Einreichungsfrist muss in der Bekanntmachung auch der Tag der Gesellschafterversammlung (Begr. RegE, BT-Drs. 20/3822 zu § 308) oder alternativ das Ende der Übermittlungsfrist (Drinhausen/Keinath BB 2022, 1346 (1349)) angegeben werden.

18 Der Hinweis hat sich an die Anteilsinhaber, die Gläubiger und an die zuständigen Betriebsräte aller an der grenzüberschreitenden Verschm beteiligten Ges zu richten

(BeckOGK/Klett Rn. 27). Soweit es bei einer oder allen Beteiligten Ges einen Betriebsrat nicht gibt, sind durch die Bekanntmachung die Arbeitnehmer der jeweiligen Ges über die Möglichkeit der Einreichung von Bemerkungen zu informieren. Der Hinweis richtet sich also nicht nur an die jeweils **eigenen** Anteilsinhaber, Gläubiger, Betriebsräte oder ArbN. Die Ermittlung des **zuständigen Betriebsrats** richtet sich für inl. Ges nach dem BetrVG. Sofern bei einer Ges ein Gesamtbetriebsrat besteht, ist dieser regelmäßig der richtige Adressat sein; im Einzelfall kann bei Beteiligung von mehreren Konzernunternehmen auch der Konzernbetriebsrat zuständig sein (vgl. § 58 BetrVG; Begr. RegE, BT-Drs. 20/3822 zu § 308; vgl. auch Bungert/Strothotte DB 2022, 1818 (1819)). Für die beteiligten ausländischen Ges richtet sich die Zuständigkeit nach deren Rechtsordnung. Im Zweifel sollte der Hinweis an einen umfassenden Kreis gehen und die Mitteilung an das Gericht (→ Rn. 21) entsprechend verfasst werden. Vgl. auch → § 310 Rn. 4).

Der Inhalt der Bekanntmachung richtet sich im Übrigen nach den Notwendigkeiten für die Einreichung der Bemerkungen. Eine besondere Form ist für die Bemerkungen nicht vorgesehen. Zur Kenntnisnahme durch die Gesellschafterversammlung (§ 312 III; vgl. auch → § 312 Rn. 15) und für die Einreichung zum Handelsregister (§ 315 II Nr. 1; → § 315 Rn. 8) bedarf es indes wenigstens eines Ausdrucks. Daher wird wenigstens Textform (§ 126b BGB) sinnvoll sein. Die Bekanntmachung muss daher eine postalische Adresse oder eine E-Mail-Adresse angeben, an die die Bemerkungen gerichtet werden können (vgl. auch BeckOGK/Klett Rn. 29: sollte). Adressen der anderen beteiligten Ges müssen nicht angegeben werden. Obwohl sich der Hinweis auch an die Anteilsinhaber, Gläubiger, Betriebsräte und Arbeitnehmer der ausl. beteiligten Ges richtet, ist die Bekanntmachung in deutscher Sprache ausreichend (§ 184 S. 1 GVG). Eine zusätzliche – von der einreichenden Ges vorbereitete (Abs. 1 S. 3) – Bekanntmachung in den Amtssprachen der anderen beteiligten Ges ist zulässig und sinnvoll. Die Bedeutung der Bemerkungen dürfte in erster Linie darin liegen, dass die Adressaten Bedenken gegen die grenzüberschreitende Verschm vortragen können und sowohl die Gesellschafterversammlung als auch das Registergericht davon Kenntnis erhält. Für das Registergericht können Aussagen in den Bemerkungen Anlass für eine Missbrauchsprüfung nach § 316 III sein (→ § 316 Rn. 5 ff.). **19**

Der früher nach § 122d S. 2 Nr. 4 aF notwendige Hinweis auf die Modalitäten für die Ausübung der Rechte der Gläubiger und der Minderheitsgesellschafter der an der grenzüberschreitenden Verschm beteiligten Ges sowie die Mitteilung der Anschrift, unter der vollständige Auskünfte über diese Modalitäten kostenlos eingeholt werden können, ist trotz Art. 123 III lit. c GesR-RL ersatzlos weggefallen. **20**

4. Mitteilung der Bekanntmachungsangaben (Abs. 1 S. 3)

Abs. 1 S. 3 verpflichtet den jew. dt. Rechtsträger (→ Rn. 11), die Angaben mitzuteilen, die das Registergericht nach Abs. 1 S. 2 bekannt zu machen hat. Die Angaben sind bei Einreichung des Verschmelzungsplans oder seines Entwurfs mitzuteilen. Hintergrund ist, dass das Registergericht die Bekanntmachung unverzüglich durchzuführen hat, es damit auf vorgefertigte Angaben angewiesen ist. Das Registergericht kann nicht auf die Angaben im eingereichten Verschmelzungsplan/Entwurf verwiesen werden, auch soweit die geforderten Angaben (etwa Rechtsform, Firma und Sitz) dort enthalten sind (BeckOGK/Klett Rn. 30; zur früheren Rechtslage Habersack/Drinhausen/Kiem § 122d Rn. 20; Semler/Stengel/Drinhausen § 122d Rn. 21; NK-UmwR/Althoff § 122d Rn. 15). **21**

5. Einreichungs- und Bekanntmachungsfristen in Sonderfällen (Abs. 2–4)

a) Kein Verschmelzungsbeschluss bei der übertragenden Gesellschaft (Abs. 2). Abs. 2 regelt die Einreichungspflicht und insbesondere die zu beachtende **22**

Frist einer inl. **übertragenden** Ges in allen Fallgruppen, in denen ein Verschmelzungsbeschluss der Anteilsinhaber dieser Ges nicht notwendig ist. Die Situation war bei § 122d aF nicht geregelt (vgl. → 9. Aufl. 2020, § 122d Rn. 7). Dies sind nach § 312 II die in § 307 III festgelegten Konstellationen (→ § 307 Rn. 40). Abs. 2 gilt auch, wenn weder bei der übertragenden noch bei der übernehmenden Ges (dazu auch → Rn. 24) ein Verschmelzungsbeschluss notwendig ist (Begr. RegE, BT-Drs. 20/3822 zu § 308). Mangels möglicher Bezugnahme auf den Zeitpunkt der Anteilsinhaberversammlung ist in diesen Fällen der Entwurf des Verschmelzungsplans spätestens einen Monat vor dem Tag, an dem der Verschmelzungsplan beurkundet wird, dem Register einzureichen. Der Gesetzgeber setzt damit Art. 132 III GesR-RL um, da mangels Verschmelzungsbeschlusses die Beurkundung des Verschmelzungsplan die Entscheidung der Ges nach außen erkennbar dokumentiert (Begr. RegE, BT-Drs. 20/3822 zu § 308). Maßgeblich ist die für die inl. übertragende Ges vorgeschriebene Beurkundung des Verschmelzungsplans nach § 307 IV (→ § 307 Rn. 42). Abs. 2 ersetzt nur Abs. 1 S. 4; die Bekanntmachungen nach Abs. 1 S. 2 auf der Grundlage der Angaben nach Abs. 1 S. 3 erfolgen auch in den von Abs. 2 erfassten Fallgruppen. Zur Fristberechnung → Rn. 25.

23 **b) Verschmelzungsbeschluss bei der übertragenden Gesellschaft, nicht aber bei der übernehmenden Gesellschaft (Abs. 3).** Abs. 3 regelt die Einreichungspflicht und insbesondere die zu beachtende Frist einer inl. übernehmenden Ges, wenn bei ihr gemäß § 62 I (iVm § 305 II) ein Verschmelzungsbeschluss nicht notwendig, dieser hingegen bei der übertragenden Ges erforderlich ist. Die Situation war bei § 122d aF nicht geregelt (vgl. → 9. Aufl. 2020, § 122d Rn. 7). Anders als in den Fallgruppen von Abs. 2 und Abs. 4 orientiert sich die Frist für die Einreichung des Verschmelzungsplans oder des Entwurfs nicht am Zeitpunkt der Beurkundung des Verschmelzungsplans, sondern der Versammlung der Anteilsinhaber der übertragenden Ges, auf der der Verschmelzungsbeschluss gefasst werden soll. Der Gesetzgeber setzt damit Art. 123 V GesR-RL um (Begr. RegE, BT-Drs. 20/3822 zu § 308). Trotz der Bezugnahme auf § 13 wird dies vielfach die Anteilsinhaberversammlung der ausl. beteiligten Ges sein. Bei mehreren übertragenden Ges, bei denen ein Beschluss gefasst wird, kann auf den zeitlich letzten Beschluss abgestellt werden. Ist nur bei einer übertragenden Ges ein Beschluss erforderlich, ist dieser maßgeblich. Abs. 3 ersetzt nur Abs. 1 S. 4; die Bekanntmachungen nach Abs. 1 S. 2 auf der Grundlage der Angaben nach Abs. 1 S. 3 erfolgen auch in den von Abs. 3 erfassten Fallgruppen. Zur Fristberechnung vgl. → Rn. 25.

24 **c) Kein Verschmelzungsbeschluss bei der übertragenden Gesellschaft und bei der übernehmenden Gesellschaft (Abs. 4).** Abs. 4 regelt die Einreichungspflicht und insbesondere die zu beachtende Frist einer inl. **übernehmenden** Ges, wenn weder bei ihr noch bei allen beteiligten übertragenden Ges ein Verschmelzungsbeschluss erforderlich ist. Wie in den von Abs. 2 erfassten Fallgruppen ist dann auf den Zeitpunkt der Beurkundung des Verschmelzungsplans abzustellen. Trotz der Bezugnahme auf § 312 II ist die Notwendigkeit der Beschlussfassung bei der oder den übertragenden Ges nach der Rechtsordnung, die für diese Ges gilt, zu bestimmen. Die Regelung dient der Umsetzung von Art. 132 III GesR-RL (Begr. RegE, BT-Drs. 20/3822 zu § 308). Maßgeblich ist die für die inländische übertragende Ges vorgeschriebene Beurkundung des Verschmelzungsplans nach § 307 IV (vgl. → § 307 Rn. 42). Abs. 4 ersetzt nur Abs. 1 S. 1; die Bekanntmachungen nach Abs. 1 S. 2 auf der Grundlage der Angaben nach Abs. 1 S. 3 erfolgen auch in den von Abs. 2 erfassten Fallgruppen. Zur Fristberechnung → Rn. 25.

25 **d) Fristberechnung in den Fällen nach Abs. 2–4.** In den Fallgruppen nach Abs. 2–4 ist der Verschmelzungsplan spätestens einen Monat vor der Beurkundung des Verschmelzungsplans (→ Rn. 22, → Rn. 24) oder der Beschlussfassung bei

der übertragenden Gesellschaft (→ Rn. 23) zum Register einzureichen. Für die Fristberechnung gelten die §§ 187 f. BGB. Die Monatsfrist ist rückwärts zu berechnen. Der Tag der Beurkundung oder Anteilsinhaberversammlung ist nicht mitzurechnen (§ 187 I BGB). Dementsprechend „endet" die Frist mit Beginn des Tages, der durch seine Zahl dem Tag der Beurkundung oder Anteilsinhaberversammlung entspricht (§ 188 II BGB). Die Einreichung muss daher spätestens an dem Tag vor dem so errechneten „Fristende" erfolgt sein, damit noch ein ganzer Monat zwischen der Einreichung und der Anteilsinhaberversammlung liegt (Beispiel: Beurkundung oder Anteilsinhaberversammlung am 15.8., dann Einreichung spätestens am 14.7.). Die Fristberechnung entspricht derjenigen nach § 5 III. Vgl. auch das Beispiel bei → § 5 Rn. 127. § 193 BGB gilt bei Rückrechnung nicht. Ist das „Fristende" ein Samstag, Sonntag oder Feiertag, ist die Einreichung spätestens am vorhergehenden Werktag zu bewirken. Auch die **ergänzenden Mitteilungen nach Abs. 1 S. 3** müssen dem Register spätestens einen Monat vor der Beurkundung oder Anteilsinhaberversammlung vorliegen. Denn nur so wird das Registergericht in die Lage versetzt, unverzüglich die Angaben nach Abs. 1 S. 2 bekannt zu machen (zutr. zur früheren Rechtslage Semler/Stengel/Leonard/Drinhausen § 122d Rn. 9; vgl. auch Kallmeyer/Marsch-Barner § 122d Rn. 2; Lutter/Bayer § 122d Rn. 6; Kölner Komm UmwG/Simon/Rubner § 122d Rn. 17).

§ 309 Verschmelzungsbericht

(1) ¹**Die Vertretungsorgane der beteiligten Gesellschaften erstellen einen Verschmelzungsbericht.** ²**In diesem sind für die Anteilsinhaber und Arbeitnehmer der an der Verschmelzung beteiligten Gesellschaft die rechtlichen und wirtschaftlichen Aspekte der grenzüberschreitenden Verschmelzung und die Auswirkungen der grenzüberschreitenden Verschmelzung auf die Arbeitnehmer zu erläutern und zu begründen.**

(2) ¹In einem allgemeinen Abschnitt werden mindestens die Auswirkungen der grenzüberschreitenden Verschmelzung auf die künftige Geschäftstätigkeit der Gesellschaft und ihrer etwaigen Tochtergesellschaften erläutert und begründet. ²Daneben enthält der Bericht einen anteilsinhaberspezifischen Abschnitt nach Absatz 4 und einen arbeitnehmerspezifischen Abschnitt nach Absatz 5.

(3) ¹Die Gesellschaft kann entscheiden, ob sie anstelle eines einheitlichen Berichts gesonderte Berichte für Anteilsinhaber und Arbeitnehmer erstellt. ²Der Bericht für Anteilsinhaber besteht aus dem allgemeinen Abschnitt und dem anteilsinhaberspezifischen Abschnitt. ³Der Bericht für Arbeitnehmer besteht aus dem allgemeinen Abschnitt und dem arbeitnehmerspezifischen Abschnitt.

(4) In dem anteilsinhaberspezifischen Abschnitt wird über die in § 8 Absatz 1 genannten Berichtsinhalte hinaus mindestens Folgendes erläutert und begründet:
1. die Auswirkungen der grenzüberschreitenden Verschmelzung auf die Anteilsinhaber sowie
2. die Rechte und Rechtsbehelfe für Anteilsinhaber gemäß § 305 Absatz 2 in Verbindung mit § 15 und gegebenenfalls mit § 72a, sowie gemäß § 313 dieses Gesetzes und § 1 Nummer 4 des Spruchverfahrensgesetzes.

(5) In dem arbeitnehmerspezifischen Abschnitt wird mindestens Folgendes erläutert und begründet:
1. die Auswirkungen der grenzüberschreitenden Verschmelzung auf die Arbeitsverhältnisse sowie gegebenenfalls die Maßnahmen, um diese Arbeitsverhältnisse zu sichern,

A UmwG § 309   1, 2

2. wesentliche Änderungen der anwendbaren Beschäftigungsbedingungen oder der Standorte der Niederlassungen der Gesellschaft sowie
3. die Auswirkungen der unter den Nummern 1 und 2 genannten Faktoren auf etwaige Tochtergesellschaften der an der grenzüberschreitenden Verschmelzung beteiligten Gesellschaft.

(6) [1]Der Bericht für die Anteilsinhaber ist in den Fällen des § 8 Absatz 3 nicht erforderlich. [2]Der Bericht für die Anteilsinhaber der übertragenden Gesellschaft ist ferner nicht erforderlich in den Fällen des § 307 Absatz 3 Nummer 2 Buchstabe b und c. [3]Der Bericht für die Arbeitnehmer ist nicht erforderlich, wenn die an der Verschmelzung beteiligte Gesellschaft und ihre etwaigen Tochtergesellschaften keine anderen Arbeitnehmer haben als diejenigen, die dem Vertretungsorgan angehören. [4]Ein Verschmelzungsbericht ist insgesamt nicht erforderlich, wenn die Voraussetzungen der Sätze 1 oder 2 und des Satzes 3 vorliegen.

1. Allgemeines

1   Die Vorschrift regelt – im Vergleich zur Vorgängerregelung § 122e aF deutlich umfassender – inhaltliche Anforderungen an den Verschmelzungsbericht. Sie setzt damit gemeinsam mit § 310 die Vorgaben von Art. 124 GesR-RL um. Daneben ist über § 305 II und die speziellen Verweise in der Vorschrift für inl. Ges § 8 zu beachten. **Abs. 1** schafft in S. 1 die grundlegende Verpflichtung der Vertretungsorgane der beteiligten Ges, einen Verschmelzungsbericht zu erstellen. Während sich der Verschmelzungsbericht bei inländischen Verschmelzungen (§ 8) an die Anteilsinhaber richtet, erweitert S. 2 den Adressatenkreis. Im Verschmelzungsbericht sind für die Anteilsinhaber und ArbN die rechtlichen und wirtschaftlichen Aspekte der grenzüberschreitenden Verschm und die Auswirkungen der grenzüberschreitenden Verschm auf die ArbN zu erläutern und zu begründen. Mit Abs. 1 wird Art. 124 Abs. 1 1. UAbs. GesR-RL umgesetzt. Weitere inhaltliche Anforderungen folgen aus § 8. Nach den Vorgaben von Art. 124 GesR-RL enthält der (einheitliche; → Rn. 3) Verschmelzungsbericht drei Abschnitte: einen allgemeinen Abschnitt (Art. 124 I 2. UAbs. GesR-RL), einen Abschnitt für die Gesellschafter (Art. 124 Abs. 2, 3) und einen Abschnitt für die ArbN (Art. 124 II, V GesR-RL). Dies greift der Gesetzgeber in den Abs. 2, 4 und 5 auf. Für den allgemeinen Teil bestimmt **Abs. 2 S. 1** in Umsetzung von Art. 124 I 2. UAbs. GesR-RL als Mindestinhalt die Erläuterung und Begründung der Auswirkungen der grenzüberschreitenden Verschm auf die künftige Geschäftstätigkeit der Ges und ihrer etwaigen TochterGes. Inhaltliche Mindestvorgaben für den anteilsinhaberspezifischen Abschnitt enthält – über § 8 I hinaus – **Abs. 4**. Den Mindestinhalt für den arbeitnehmerspezifischen Abschnitt regelt **Abs. 5**. Nach **Abs. 3** kann der Verschmelzungsbericht einheitlich für die Anteilsinhaber und ArbN mit allen drei Abschnitten oder getrennt für die Anteilsinhaber und die ArbN mit jeweils einem allgemeinen Abschnitt und dem jeweiligen spezifischen Abschnitt erstellt werden. Schließlich regelt **Abs. 6** die Konstellationen, in denen ein Bericht für die Anteilsinhaber oder für die ArbN oder insgesamt nicht notwendig ist. Die Regelungen für die **Zugänglichmachung** des Verschmelzungsberichts enthält § 310.

2. Verschmelzungsbericht

2   **a) Adressatenkreis, Zweck, getrennte Berichte.** Der Verschmelzungsbericht dient zunächst der umfassenden Information der **Anteilsinhaber.** Hierfür ist er die wichtigste Quelle, da der Verschmelzungsplan nur die wesentlichen Modalitäten der Verschm regelt (vgl. § 307), nicht hingegen die rechtlichen und wirtschaftlichen Umstände erläutert und begründet (→ § 8 Rn. 1 ff.). Während der Verschmelzungs-

bericht bei inl. Umw ausschließlich als Informationsquelle für die Anteilsinhaber und damit zu deren Schutz erstellt wird (→ § 8 Rn. 1), dient er aufgrund der Vorgabe von Art. 124 GesR-RL bei grenzüberschreitenden Verschm auch den Informationsinteressen der **Arbeitnehmervertretungen** und der **ArbN** und damit dem Schutz der ArbN. Dies folgt aus den inhaltlichen Vorgaben nach Abs. 2, 4 und 5 und aus § 310 I, wonach der Verschmelzungsbericht auch dem zuständigen Betriebsrat und hilfsweise den ArbN zugänglich zu machen ist. Daher setzt der komplette Verzicht auf einen Verschmelzungsbericht voraus, dass bei der beteiligten Ges außer den Mitgliedern des Vertretungsorgans keine ArbN vorhanden sind (Abs. 6; vgl. aber → Rn. 16). Aus dieser Art der Zugänglichmachung folgt auch, dass der Verschmelzungsbericht, der nicht bekannt gemacht wird (vgl. § 308), nicht auch den Gläubigerschutz bezweckt (BeckOGK/Klett Rn. 2; zur früheren Rechtslage Habersack/Drinhausen/Kiem § 122e Rn. 2).

Die unterschiedlichen Adressatenkreise ermöglichen inhaltlich unterschiedliche 3 Verschmelzungsberichte. Jede an der Verschm beteiligte Ges kann daher nach Abs. 3 entscheiden, ob sie einen einheitlichen Bericht für die Anteilsinhaber und die Betriebsräte/ArbN oder jeweils getrennte Berichte erstellt. Getrennte Berichte bestehen aus einem identischen allgemeinen Abschnitt (→ Rn. 13) und einem anteilsinhaberspezifischen (→ Rn. 7) bzw. arbeitnehmerspezifischen (→ Rn. 10) Abschnitt (Abs. 3 S. 2 und 3). Dies entspricht den Vorgaben von Art. 124 II 2. UAbs. GesR-RL. Ob getrennte Berichte sich in der Praxis durchsetzen, ist fraglich (skeptisch auch Drinhausen/Keinath BB 2022, 1346 (1349); vgl. auch BeckOGK/Klett Rn. 13). Der Aufwand für getrennte Berichte dürfte insgesamt eher höher sein. Der Vorteil einer getrennten Berichterstattung könnte daher nur darin liegen, dass gewisse Informationen dem jeweils anderen Adressatenkreis nicht zur Verfügung gestellt werden. Bezogen auf die Mindestinhalte nach Abs. 4 und Abs. 5 dürfte aber regelmäßig kein derartiges Bedürfnis bestehen. Im Gegenteil werden die Ausführungen im arbeitnehmerspezifischen Abschnitt vielfach auch für die Anteilsinhaber von Interesse sein. Ein getrennter arbeitnehmerspezifischer Bericht muss den Anteilsinhabern ohnehin zur Verfügung gestellt werden, wenn Stellungnahmen gemäß § 310 III erfolgen (→ § 310 Rn. 10).

b) Schuldner der Berichtspflicht. Zur Berichterstattung verpflichtet sind die 4 Vertretungsorgane der an der Verschm beteiligten Ges. Dies folgt aus Abs. 1 S. 1 und entspricht auch § 8 I. Verpflichtet sind bei einer AG der Vorstand, bei einer KGaA die phG und bei einer GmbH die Geschäftsführer. Bei einer dualistisch strukturieren **SE** obliegt die Berichtspflicht wie bei der AG dem Vorstand. Unklar ist der Adressat der Verpflichtung bei einer monistisch strukturierten SE. Obwohl Abs. 1 S. 1 vom Vertretungsorgan spricht, ist aufgrund der Richtlinienbestimmung (Art. 124 I 1. UAbs. GesR-RL) von einer Verpflichtung des Leitungs- oder Verwaltungsorgans, also des Verwaltungsrats auszugehen (BeckOGK/Klett Rn. 6; zur früheren Rechtslage zutr. Semler/Stengel/Leonard/Drinhausen § 122e Rn. 3; ebenso Kallmeyer/Marsch-Barner § 122e Rn. 2; Lutter/Bayer § 122e Rn. 3; Habersack/Drinhausen/Kiem § 122e Rn. 4; Widmann/Mayer/Mayer § 122e Rn. 9). Verpflichtet ist das Organ als solch, nicht die einzelnen Mitglieder. Der Verschmelzungsbericht muss von Mitgliedern des Vertretungsorgans in vertretungsberechtigter Anzahl unterzeichnet sein (vgl. BGH NZG 2007, 714; BeckOGK/Klett Rn. 7; zur früheren Rechtslage Kallmeyer/Marsch-Barner § 122e Rn. 2; Widmann/Mayer/Mayer § 122e Rn. 9; dazu auch → Rn. 6 und → § 8 Rn. 7).

c) Gemeinsamer Bericht. § 8 I 2 erlaubt die Erstellung eines gemeinsamen 5 Berichts der Vertretungsorgane der beteiligten Ges. Dies gilt über § 305 II auch für eine an einer grenzüberschreitenden Verschm beteiligte inl. Ges. Zusätzlich müssen aber auch die Rechtsordnungen der anderen beteiligten ausl. Ges eine gemeinsame Berichterstattung erlauben (BeckOGK/Klett Rn. 10; zur früheren Rechtslage

Semler/Stengel/Leonard/Drinhausen § 122e Rn. 5; Widmann/Mayer/Mayer § 122e Rn. 35 f.; Kallmeyer/Marsch-Barner § 122e Rn. 3; Lutter/Bayer § 122e Rn. 4; Henssler/Strohn/Polley Rn. 7; Habersack/Drinhausen/Kiem Rn. 5). Der gemeinsame Verschmelzungsbericht muss inhaltlich alle Anforderungen aller betroffenen Rechtsordnungen erfüllen (BeckOGK/Klett Rn. 10; zur früheren Rechtslage Semler/Stengel/Leonard/Drinhausen § 122e Rn. 5; Kallmeyer/Marsch-Barner § 122e Rn. 2; Henssler/Strohn/Polley § 122e Rn. 7; Habersack/Drinhausen/Kiem § 122e Rn. 5; zur **Sprache** eines gemeinsamen Berichts → Rn. 6). Auch die Entscheidung, ob ein einheitlicher Bericht oder getrennte Berichte erstellt werden (→ Rn. 3), muss dann gemeinsam getroffen werden.

6 d) **Inhaltliche Anforderungen. aa) Form und Umfang der Berichtspflicht.** § 309 regelt neben der Verpflichtung zur Erstellung eines Verschmelzungsberichts in Abs. 1 S. 2, Abs. 2, 4 und 5 inhaltliche Anforderungen an den Verschmelzungsbericht. Darüber hinaus gilt für der inl. Rechtsordnung unterliegenden Ges über § 305 II vollumfänglich § 8 I. Danach haben die Vertretungsorgane einen **ausführlichen** schriftlichen Bericht zu erstatten, in dem die Verschm, der Verschmelzungsplan oder sein Entwurf im Einzelnen und insbes. das Umtauschverhältnis der Anteile sowie die Höhe einer anzubietenden Barabfindung rechtlich und wirtschaftlich erläutert und begründet werden (hierzu iE → § 8 Rn. 11 ff.). Der Bericht muss **schriftlich** erstattet werden; dies bedingt die eigenhändige Unterzeichnung durch Mitglieder des Vertretungsorgans in vertretungsberechtigter Anzahl (vgl. BGH NZG 2007, 714; BeckOGK/Klett Rn. 8; zur früheren Rechtslage Henssler/Strohn/Polley § 122e Rn. 2, 8; Widmann/Mayer/Mayer § 122e Rn. 10; auch → Rn. 4 und → § 8 Rn. 7). Ein gemeinsamer Bericht (→ Rn. 5) muss in allen **Amtssprachen** der beteiligten Ges vorliegen, wobei die Erstellung in einer Sprache und iÜ Übersetzungen genügen (BeckOGK/Klett Rn. 9; zur früheren Rechtslage Habersack/Drinhausen/Kiem § 122e Rn. 7; Kallmeyer/Marsch-Barner § 122e Rn. 3).

7 bb) **Anteilsinhaberspezifischer Abschnitt.** Die **Aufteilung** der verschiedenen Inhalte auf den allgemeinen und die spezifischen Abschnitte (→ Rn. 2) ist unklar. Maßgeblich für die inhaltliche Ausgestaltung der jeweiligen Abschnitte ist, welche Informationen für welchen der beiden Adressatenkreise von Interesse sind. Für den anteilsinhaberspezifischen Abschnitt bestimmt zunächst Abs. 4, dass die Auswirkungen der grenzüberschreitenden Verschm auf die Anteilsinhaber und die Rechte und Rechtsbehelfe erläutert und begründet werden müssen (näher → Rn. 8). Daneben bestimmt Abs. 1 S. 2 als Obersatz, dass im Verschmelzungsbericht die rechtlichen und wirtschaftlichen Aspekte der grenzüberschreitenden Verschm zu erläutern und zu begründen sind. Schließlich gilt über § 305 II die Anforderung nach § 8 I 1, dass die Verschmelzung und der Verschmelzungsplan oder sein Entwurf im Einzelnen rechtlich und wirtschaftlich erläutert und begründet werden muss. Diese sich teilweise überschneidenden Anforderungen gehören in den anteilsinhaberspezifischen Abschnitt, da diese Informationen für die Anteilsinhaber bedeutsam sind. Dies gilt insbesondere für die nach § 305 II iVm § 8 I 1 notwendige Erläuterung und Begründung des Umtauschverhältnisses der Anteile und die Höhe der Barabfindung einschließlich der jeweils zur Ermittlung gewählten Bewertungsmethoden (so auch RegEBegr. BT-Drs. 20/3822 zu § 309 IV). Vgl. daher ergänzend → § 8 Rn. 11 ff. **Besonderheiten** bei einer grenzüberschreitenden Verschm bestehen in erster Linie hinsichtlich der **rechtlichen Erläuterung.** Hierbei muss auch auf die betroffenen ausl. Rechtsordnungen eingegangen werden. Dies gilt für die beteiligten inl. Ges im besonderen Maße bei einer **Hinausverschmelzung.** In diesen Fällen sind die rechtlichen Rahmenbedingungen einer zukünftigen Beteiligung der Anteilsinhaber der übertragenden Ges an der ausl. übernehmenden/neuen Ges und die dadurch eintretenden Veränderungen ausf. zu erläutern (BeckOGK/Klett

Rn. 19; zur früheren Rechtslage Widmann/Mayer/Mayer § 122e Rn. 25; Kallmeyer/Marsch-Barner § 122e Rn. 7; vgl. auch Semler/Stengel/Leonard/Drinhausen Rn. 8; Henssler/Strohn/Polley § 122e Rn. 3; Lutter/Bayer § 122e Rn. 6). Die ggf. eingeschränkten sonstigen Informationsmöglichkeiten der Anteilsinhaber aufgrund der Amtssprache des Sitzstaates der übernehmenden/neuen Ges sind zu berücksichtigen (BeckOGK/Klett Rn. 1); zur früheren Rechtslage Semler/Stengel/ Leonard/Drinhausen § 122e Rn. 8; Kallmeyer/Marsch-Barner § 122e Rn. 7; Maulbetsch/Klumpp/Rose/Becker/Uxa § 122e Rn. 11). Bei einem gemeinsamen Verschmelzungsbericht (→ Rn. 5) gilt dies in gleichem Maße für die Gesellschafter einer ausl. übertragenden Ges bei einer Hineinverschmelzung. Zur Aufnahme von Pflichtangaben nach dem WpPG vgl. zur früheren Rechtslage Lutter/Bayer § 122e Rn. 11 und Sagasser/Bula/Brünger Umwandlungen/Gutkès § 13 Rn. 121.

Die nach **Abs. 4 Nr. 1** notwendige Erläuterung und Begründung der Auswirkungen der grenzüberschreitenden Verschm auf die Anteilsinhaber wird im Regelfall bereits durch die nach § 305 II iVm § 8 I 1 geforderte rechtliche und wirtschaftliche Erläuterung des Verschmelzungsplans erfüllt (→ Rn. 6). Ergänzend verlangt **Abs. 4 Nr. 2** die Erläuterung der Rechte und Rechtsbehelfe für die Anteilsinhaber gem. § 305 II iVm §§ 15, 72a (Verbesserung des Umtauschverhältnisses durch bare Zuzahlung/Gewährung zusätzlicher Aktien) sowie § 313 (Barabfindung) sowie § 1 Nr. 4 SpruchG (Durchsetzung im Spruchverfahren). Die Darstellung der Rechte nach §§ 15, 72a muss sowohl bei Hinaus- als auch Hineinverschmelzungen erfolgen, da zwischenzeitlich diese Rechte auch den Anteilsinhabern des übernehmenden Rechtsträgers zustehen. Auch die Erläuterung und Begründung des Anspruchs auf Barabfindung ist sowohl bei Hinein- als auch Hinausverschmelzungen notwendig, obwohl der Anspruch nur den Anteilsinhabern einer übertragenden Rechtsträger zusteht (§ 313). Das Informationsinteresse besteht indes auch für die Anteilsinhaber einer übernehmenden Ges, da diese Zahlungsschuldner ist und damit deren Gesellschafter die wirtschaftlichen Belastungen beurteilen können müssen. Neben der rechtlichen Darstellung der Ansprüche bedarf es auch einer wirtschaftlichen Begründung, weswegen das Umtauschverhältnis zutreffend (keine bare Zuzahlung notwendig) und die angebotene Höhe der Barabfindung angemessen ist. Dies folgt allerdings bereits aus § 305 II iVm § 8 I (→ Rn. 7). Die rechtliche Erläuterung des Spruchverfahrens muss zunächst die Voraussetzungen zur Einleitung des Verfahrens (Zuständigkeit, Antragsberechtigung, Antragsfristen und Antragsbegründung, Antragsgegner, §§ 2–5 SpruchG) sowie die Rechtsbehelfe (Beschwerde, § 12 SpruchG) umfassen. Ferner sind die Funktion und die Stellung des gem. Vertr. (§ 6 SpruchG) und des gegebenenfalls zusätzlichen gem. Vertr. für die Anteilsinhaber nichtantragsberechtigter Ges (§ 6c SpruchG) und die Wirkung der Entscheidung (für und gegen alle; § 13 SpruchG) darzustellen. Schließlich sind die Kosten und die Kostentragung (§ 15 SpruchG) anzugeben.

Entgegen der früheren Rechtslage (vgl. § 122e aF) wird eine Darstellung der **Auswirkungen auf die Gläubiger** nicht mehr ausdrücklich verlangt. Eine entsprechende Verpflichtung folgt auch nicht aus Art. 124 GesR-RL. Die frühere Regelung war auch insoweit inkonsequent, als eine Zugänglichmachung für die Gläubiger nicht vorgesehen war. Trotz des fehlenden ausdrücklichen Gesetzesbefehls sind Ausführungen zu den Ansprüchen von Gläubigern der übertragenden Ges nach § 314 bei Hinausverschmelzungen oder einem gemeinsamen Bericht (→ Rn. 5) Bestandteil der Anforderungen nach Abs. 1 S. 2 und § 305 II iVm § 8 I, da die Anteilsinhaber über die damit verbundenen wirtschaftlichen Belastungen informiert werden müssen. Bei einer übernehmenden oder neuen inl. Ges ist die Regelung des § 22, die über § 305 II anwendbar ist, zu erläutern (→ § 314 Rn. 15).

cc) Arbeitnehmerspezifischer Abschnitt. Der allgemeine und der arbeitnehmerspezifische Abschnitt dienen der Information der Betriebsräte und gegebenenfalls der ArbN der jeweils berichterstatteten Ges (vgl. auch → Rn. 2). Nach dem klaren Wortlaut von Abs. 1 S. 2 sind (potentielle) Adressaten der Informationen die ArbN (vorrangig die Betriebsräte) der jew. beteiligten inl. Ges (nicht aller Ges), um diesen die Erstellung und Übermittlung einer informierten Stellungnahme nach § 310 III zu ermöglichen (RegEBegr. BT-Drs. 20/3822 zu § 309 V). Die Informationen im Verschmelzungsbericht treten bei grenzüberschreitenden Verschm an die Stelle der Angaben nach § 5 I Nr. 9 im bei nat. Verschm zu schließenden Verschmelzungsvertrag (auch → § 307 Rn. 19, 41). Zwar hat auch der Verschmelzungsplan bei einer grenzüberschreitenden Verschm Angaben zu den Auswirkungen auf die Beschäftigung zu enthalten (§ 307 II Nr. 4; → § 307 Rn. 19), indes wird der Verschmelzungsplan anders als der Verschmelzungsvertrag bei nat. Umw (§ 5 III) nicht vor der Verschm dem Betriebsrat zugeleitet (→ § 307 Rn. 41). Folgerichtig ordnet § 310 I an, dass der Verschmelzungsbericht dem zuständigen Betriebsrat und hilfsweise den ArbN zugänglich zu machen ist (→ Rn. 17).

11 Hinsichtlich des Umfangs der Berichtpflicht wird man sich neben den Anforderungen nach Abs. 5 an den zu § 5 I Nr. 9 entwickelten Grundsätzen orientieren können (BeckOGK/Klett Rn. 21; zur früheren Rechtslage Lutter/Bayer § 122e Rn. 9; Henssler/Strohn/Polley § 122e Rn. 6; Kallmeyer/Marsch-Barner § 122e Rn. 8; Widmann/Mayer/Mayer § 122e Rn. 30; Limmer Unternehmensumwandlungs-HdB/Limmer/Knaier Teil 6 Rn. 145; Vetter AG 2006, 613 (620); aA Habersack/Drinhausen/Kiem § 122e Rn. 15; hierzu iE → § 5 Rn. 87 ff.). Abs. 5 verlangt auch für den arbeitnehmerspezifischen Abschnitt eine Erläuterung und Begründung, obwohl Art. 124 I und V GesR-RL für diesen Teil des Berichts nur von einer Erläuterung spricht (krit. hierzu Bungert/Reidt DB 2022, 1369 (1378)). Einzugehen ist auf die **individual- und kollektivarbeitsrechtlichen** Folgen (BeckOGK/Klett Rn. 21; zur früheren Rechtslage Kallmeyer/Marsch-Barner § 122e Rn. 8; Lutter/Bayer § 122e Rn. 9; Henssler/Strohn/Polley § 122e Rn. 6; Widmann/Mayer/Mayer § 122e Rn. 8; Habersack/Drinhausen/Kiem § 122e Rn. 16). Erfasst wird auch die Folgen für im Ausland beschäftigte ArbN der inl. Ges (→ Rn. 10). Auch letztere sind ArbN der beteiligten inl. Ges; aufgrund des Adressatenkreises (→ Rn. 10) gebieten ferner der Zweck der Vorschrift und Art. 124 GesR-RL deren Einbeziehung (zur früheren Rechtslage aA Bungert/Leyendecker-Langner ZIP 2014, 1112 (1115)). Zu den Auswirkungen auf die ArbN gehören auch Veränderungen hinsichtlich der betrieblichen Vertretung nach dem BetrVG (BeckOGK/Klett Rn. 21; zur früheren Rechtslage Kallmeyer/Marsch-Barner § 122e Rn. 8; Lutter/Bayer § 122e Rn. 9). Hinsichtlich des künftig anwendbaren Mitbestimmungsrechts hängt die Berichtspflicht davon ab, ob bereits eine Einigung mit den ArbN-Vertretern erzielt worden ist. In diesem Fall sind die rechtlichen Rahmenbedingungen der (künftig) anzuwendenden Mitbestimmungsregelungen darzulegen und zu erläutern. Anderenfalls sind das Verfahren, nach dem die Einzelheiten geregelt werden, und die möglicherweise dadurch künftig geltenden Mitbestimmungsregelungen zu beschreiben. Insoweit bietet sich eine Orientierung an den Angaben nach § 307 II Nr. 10 an (→ § 307 Rn. 27; BeckOGK/Klett Rn. 21 und zur früheren Rechtslage Widmann/Mayer/Mayer § 122e Rn. 30).

12 Einzugehen ist auch auf **Maßnahmen, die im Anschluss an die Verschm** geplant sind, insbes. auf betriebliche Maßnahmen wie Betriebsstilllegungen, Personalabbau etc. Dies ergibt sich zwischenzeitlich ausdrücklich aus **Abs. 5 Nr. 1** und **2**. Danach müssen die Auswirkungen der grenzüberschreitenden Verschm auf die Arbeitsverhältnisse und gegebenenfalls die Maßnahmen, um diese Arbeitsverhältnisse zu sichern, sowie *wesentliche Änderungen der anwendbaren Beschäftigungsbedingungen oder der Standorte der Niederlassungen* erläutert und begründet werden. In rechtlicher Hinsicht treten auch durch eine grenzüberschreitende Hinausschmelzung im Regelfall keine wesentlichen Änderungen ein. Das auf die Arbeitsverhältnisse mit einer inl. Ges anzuwendende Arbeitsrecht ändert sich hierdurch

nicht (Art. 8 II 1, III Rom I-VO). Demzufolge ist neben der Gesamtrechtsnachfolge insbesondere § 613a BGB anzuwenden (vgl. iE → Vor 35a Rn. 12 ff.). Entsprechendes gilt für das BetrVG, das an das Bestehen eines inländischen Betriebs anknüpft (BAG NZA 2000, 1119). Nach dem Informationszweck sind aber auch vorgesehene tatsächliche Maßnahmen wie etwa die Verlagerung von Funktionen und Geschäftsbereichen oder die Schließung/Eröffnung von Standorten darzustellen und zu begründen. Das gilt insbesondere für Betriebsänderungen im Sinne von § 111 BetrVG, die zwar nicht aufgrund der grenzüberschreitenden Verschm eintreten, aber im Anschluss geplant sind oder etwa ein Motiv für die Verschm sind. Die Ausführungen haben sich auch auf **TochterGes** zu erstrecken **(Abs. 5 Nr. 3)**.

dd) Allgemeiner Abschnitt. Für den allgemeinen Abschnitt bestimmt **Abs. 2 S. 1**, dass mindestens die Auswirkungen der grenzüberschreitenden Verschm auf die künftige Geschäftstätigkeit der Ges und ihre etwaigen TochterGes erläutert und begründet werden müssen. Dieser Abschnitt ist sowohl an die Anteilsinhaber als auch an die Betriebsräte/ArbN gerichtet (→ Rn. 2). Er umfasst nicht die Erläuterung und Begründung des Verschmelzungsplans einschließlich des Umtauschverhältnisses, die im anteilsinhaberspezifischen Abschnitt enthalten ist (→ Rn. 7). Künftige Geschäftstätigkeit sind die konkreten geschäftlichen Funktionen (etwa Produktion, Vertrieb, Administration, Forschung und Entwicklung), die die Standorte der inl. beteiligten Ges künftig ausüben. Überschneidungen können allerdings mit den arbeitnehmerspezifischen Inhalten (→ Rn. 12) bestehen, etwa wenn Betriebsschließungen/Betriebseröffnungen oder Funktionsverlagerungen geplant sind. Darzustellen ist, ob und warum die grenzüberschreitende Verschm diese Veränderungen ermöglicht oder wenigstens fördert. Die Angaben haben sich auch auf etwaige TochterGes zu erstrecken. Soweit keine Änderungen der Geschäftstätigkeit eintreten, ist auch dies anzugeben. Weitere Inhalte über den Mindestinhalt hinaus sind nicht ersichtlich (vgl. auch BeckOGK/Klett Rn. 14).

ee) Geheimnisschutz. Über § 305 II gilt § 8 II. Danach brauchen Tatsachen nicht aufgenommen werden, deren Bekanntwerden geeignet ist, einem der beteiligten Rechtsträger oder einem verbundenen Unternehmen einen nicht unerheblichen Nachteil zuzufügen (hierzu iE → § 8 Rn. 29 ff.). Ein weitergehender Geheimnisschutz nach einer ausl. Rechtsordnung, der eine der beteiligten Ges unterliegt, rechtfertigt keine Einschränkung für die inl. beteiligte Ges (zur früheren Rechtslage Henssler/Strohn/Polley § 122e Rn. 9). In diesem Fall können die beteiligten Rechtsträger ggf. keinen gemeinsamen Verschmelzungsbericht erstellen (→ Rn. 4). Praktisch bedeutet dies vielfach, dass hinsichtlich aller zur Verfügung stehenden Informationsmaterialien nur der weniger strenge Geheimnisschutz wirksam wird. Zu Verzichtsmöglichkeiten → Rn. 14.

e) Entbehrlichkeit des Verschmelzungsberichts (Abs. 6). Der Umstand, dass unterschiedliche Verschmelzungsberichte zur Information der Anteilsinhaber und der Betriebsräte/ArbN erstellt werden können (→ Rn. 3), eröffnet entgegen der früheren Rechtslage (§ 122e aF; dazu → 9. Aufl. 2020, § 122e Rn. 14) Möglichkeiten, in denen der jeweilige Verschmelzungsbericht oder insgesamt ein Verschmelzungsbericht entbehrlich ist (vgl. auch J. Schmidt Der Konzern 2022, 309). Damit werden die Optionen nach Art. 124 Abs. 4, 8 und 9 GesR-RL aufgegriffen. Nach **Abs. 6 S. 1** ist ein **Bericht für die Anteilsinhaber** einer beteiligten Ges in den Fällen des § 8 III, der ebenfalls durch das UmRUG reformiert wurde, nicht erforderlich. Demzufolge muss ein Bericht für eine beteiligte Ges nicht erstellt werden, wenn deren Anteilsinhaber in notariell beurkundeter Form darauf **verzichten (§ 8 III 1, 2)**. Das Erfordernis eines Verzichts aller Anteilsinhaber aller beteiligten Rechtsträger (§ 8 III 1 aF) ist durch die Neufassung von § 8 III 1 entfallen (zur Inkonsistenz für innerstaatliche Umwandlungen vgl. J. Schmidt Der Konzern 2022,

309, 310). Zum Verzicht nach der früheren Rechtslage vgl. § 122e aF. Ein Bericht ist nach § 8 III 3 ferner bei der Verschm einer 100%igen TochterGes auf die MutterGes, der Verschm von zwei 100%igen SchwesterGes und für diejenige Ges, an der nur ein Anteilsinhaber beteiligt ist (Einpersonengesellschaften), nicht notwendig. Darüber hinaus ist nach **Abs. 6 Satz 2** ein Bericht für die Anteilsinhaber der inl. übertragenden Ges in den Konstellationen nach § 307 III Nr. 2 lit. b und c nicht erforderlich. Dies sind Fallgruppen, in denen eine Anteilsgewährung nicht erfolgt und dieselbe Person unmittelbar oder mittelbar alleiniger Anteilsinhaber sowohl der übertragenden als auch der übernehmenden Ges ist (vgl. näher → § 307 Rn. 40). Damit soll die Möglichkeit nach Art. 132 I 2. Spiegelstrich GesR-RL umgesetzt werden (RegEBegr. BT-Drs. 20/3822 zu § 309 VI). In diesen Konstellationen wird unterstellt, dass der Anteilsinhaber der Verschm nur zustimmt, wenn er ausreichend informiert ist. Unklar ist, warum dies nicht für eine inländische übernehmende Ges gleichermaßen gilt. In der Praxis wird es in diesen Fällen jedoch regelmäßig zu einem Verzicht kommen.

16 Nach **Abs. 6 Satz 3** ist der **Verschmelzungsbericht für die ArbN** entbehrlich, wenn die an der Verschm beteiligte Ges und ihre etwaigen TochterGes keine anderen ArbN haben als diejenige, die dem Vertretungsorgan angehören (vgl. auch Thomale/Schmid NotBZ 2023, 125 (137); OLG Düsseldorf NJW-Spezial 2023, 304 = NZG 2023, 757 zu § 122e aF: kein Verschmelzungsbericht notw. bei Upstream-Merger von arbeitnehmerloser Ges und Verzicht der Anteilsinhaber der übernehmenden Ges). Diese Ausnahme dient der Umsetzung von Art. 124 VIII GesR-RL. Trotz des klaren Wortlauts, der differenzierten Regelung und der Vorgabe der GesR-RL wird man mit der herrschenden Meinung zu § 122e aF annehmen können, dass ein Verschmelzungsbericht für die ArbN auch bei einem Verzicht durch alle Betriebsräte bzw. alle ArbN nicht erforderlich ist (BeckOGK/Klett Rn. 30; zur früheren Rechtslage auch Semler/Stengel/Leonard/Drinhausen § 122e Rn. 13; Kallmeyer/Marsch-Barner § 122e Rn. 11; Lutter/Bayer § 122e Rn. 13; Habersack/Drinhausen/Kiem § 122e Rn. 23; aA J. Schmidt NZG 2022, 635, 637). § 8 III 2 (notarielle Beurkundung des Verzichts) gilt in diesem Fall auch für die Verzichtserklärungen der Betriebsräte/ArbN entsprechend. Dies folgt aus dem Schutzzweck der Norm, der nicht eingreift, wenn kein Informationsbedürfnis besteht oder dieses anderweitig erfüllt ist.

17 **Abs. 6 Satz 4** ist an sich überflüssig. Wenn sowohl ein Verschmelzungsbericht für die Anteilsinhaber als auch für die ArbN nicht erforderlich ist, kann gänzlich auf den Verschmelzungsbericht verzichtet werden. Dies folgt allerdings schon aus der Kombination der Einzelgründe für die Nichterstellung eines spezifischen Verschmelzungsberichts.

§ 310 Zugänglichmachung des Verschmelzungsberichts

(1) ¹**Der einheitliche Bericht ist den Anteilsinhabern und den zuständigen Betriebsräten der an der grenzüberschreitenden Verschmelzung beteiligten Gesellschaften oder, sofern es in der jeweiligen Gesellschaft keinen Betriebsrat gibt, den Arbeitnehmern spätestens sechs Wochen vor der Versammlung der Anteilsinhaber, die nach § 13 über die Zustimmung zum Verschmelzungsplan beschließen soll, elektronisch zugänglich zu machen.** ²**Erstellt die Gesellschaft gesonderte Berichte, ist innerhalb der genannten Frist den Anteilsinhabern der Bericht für die Anteilsinhaber und dem Betriebsrat oder, sofern es in der jeweiligen Gesellschaft keinen Betriebsrat gibt, den Arbeitnehmern der Bericht für die Arbeitnehmer zugänglich zu machen.** ³**Falls zu dem in Satz 1 bestimmten Zeitpunkt der Verschmelzungsplan oder sein Entwurf bereits vorliegt, ist dieser gemeinsam mit dem Verschmelzungsbericht zugänglich zu machen.**

(2) ¹Ist ein Verschmelzungsbeschluss der übernehmenden Gesellschaft gemäß § 62 Absatz 1 nicht erforderlich, so muss der Bericht spätestens sechs Wochen vor dem Tag der Versammlung der Anteilsinhaber der übertragenden Gesellschaft zugänglich gemacht werden. ²Ist in den Fällen des § 308 Absatz 2 und 4 der gesonderte Bericht für die Arbeitnehmer erforderlich, so ist dieser zu den in § 308 Absatz 2 und 4 bestimmten Zeitpunkten elektronisch zugänglich zu machen.

(3) Erhält das Vertretungsorgan der an der grenzüberschreitenden Verschmelzung beteiligten Gesellschaft spätestens eine Woche vor der Versammlung der Anteilsinhaber, die nach § 13 über die Zustimmung zum Verschmelzungsplan beschließen soll, in Textform eine Stellungnahme des zuständigen Betriebsrats oder, sofern es in der Gesellschaft keinen Betriebsrat gibt, der Arbeitnehmer, so unterrichtet die Gesellschaft ihre Anteilsinhaber hiervon unverzüglich nach Fristablauf durch elektronische Zugänglichmachung des einheitlichen Berichts oder des Berichts für die Arbeitnehmer jeweils unter Beifügung einer Kopie der Stellungnahme.

1. Allgemeines

Die Vorschrift regelt die Zugänglichmachung der nach § 309 zu erstellenden Verschmelzungsberichte und ggf. des Verschmelzungsplans sowie einer möglichen Stellungnahme des zuständigen Betriebsrats oder der ArbN. Sie ersetzt die frühere Regelung des § 122c S. 2 aF und dient der Umsetzung von Art. 124 VI, VII GesR-RL, Art. 132 III GesR-RL. In Bezug auf die Unterrichtung der Betriebsräte/ArbN gilt die Regelung neben Unterrichtungs- und Anhörungsrechten und -verfahren insbesondere im BetrVG, dem KSchG, dem Gesetz über Europäische Betriebsräte und nach § 613a V BGB (Begr. RegE, BT-Drs. 20/3822 zu § 310; zu § 613a V → Vor 35a Rn. 24). Abs. 1 greift die nach § 309 bestehende Möglichkeit auf, einen einheitlichen Verschmelzungsbericht oder getrennte Verschmelzungsberichte für die Anteilsinhaber und die Betriebsräte/ArbN zu erstellen (→ § 309 Rn. 3). Der einheitliche oder getrennte Bericht ist nach **Abs. 1 S. 1 und 2** den Anteilsinhabern und den Betriebsräten sechs Wochen vor der Gesellschafterversammlung, die über dem Verschmelzungsplan beschließen soll, elektronisch zugänglich zu machen. Ggf. ist nach **Abs. 1 S. 3** auch der Verschmelzungsplan oder sein Entwurf gemeinsam mit dem Verschmelzungsbericht zugänglich zu machen. **Abs. 2** modifiziert den Fristbeginn in Sonderfällen, in denen eine Anteilsinhaberversammlung der übertragenden oder der übernehmenden Ges nicht stattfindet. **Abs. 3** regelt die Unterrichtung der Anteilsinhaber über möglicherweise eingehende Stellungnahmen der zuständigen Betriebsräte/der ArbN.

2. Zugänglichmachung

a) Allgemeines. Der Verschmelzungsbericht dient sowohl der Information der Anteilsinhaber als auch der ArbN bzw. deren Vertretungen (→ § 309 Rn. 2). Bei nat. Verschm ist der Verschmelzungsbericht den Gesellschaftern spätestens zusammen mit der Einberufung der Gesellschafterversammlung zu übersenden (bei GmbH, § 47) bzw. von der Einberufung der HV an in dem Geschäftsraum der Ges zur Einsicht der Aktionäre auszulegen (bei AG/KGaA/SE; § 63 I Nr. 4, § 78). Demgegenüber ordnen Abs. 1 S. 1, 2 generell an, dass bei einer grenzüberschreitenden Verschm der Verschmelzungsbericht den Anteilsinhabern und dem zuständigen Betriebsrat, hilfsweise den ArbN, der an der grenzüberschreitenden Verschm beteiligten Ges spätestens sechs Wochen vor der Versammlung der Anteilsinhaber zugänglich zu machen ist. § 42 iVm § 39b, § 47 und § 63 (jeweils über § 305 II) bleiben daneben anwendbar (näher → § 312 Rn. 4). Die Zugänglichmachung des Verschmelzungsberichts und gegebenenfalls des Verschmelzungsplans für die Anteilsinhaber/Betriebsräte/ArbN der beteiligten ausl. Ges richtet sich nach der Rechtsordnung, der diese Rechtsträger unterliegen.

3 b) Gegenstand der Zugänglichmachung. Gegenstand der Zugänglichmachung ist nach Abs. 1 S. 1, 2 zunächst der schriftlich zu erstattende (→ § 309 Rn. 6) **Verschmelzungsbericht,** und zwar entweder der einheitliche Bericht für die Anteilsinhaber und den zuständigen Betriebsrat/die ArbN oder der jeweils getrennte Bericht (→ § 309 Rn. 3). Sofern nicht ein gemeinsamer Bericht mit anderen beteiligten Rechtsträgern erstellt wird (→ § 309 Rn. 5), ist dies der Bericht der jeweiligen inl. Ges für die eigenen Anteilsinhaber, Betriebsräte oder ArbN. Zwar spricht Abs. 1 S. 1 anders als § 122e S. 2 aF von den „beteiligten Gesellschaften" (vgl. auch Art. 124 VI GesR-RL), aus dem Informationszweck und der zeitlichen Bezugnahme auf die Anteilsinhaberversammlung und der Verwendung des Singulars in Abs. 3 folgt jedoch, dass eine Zugänglichmachung für die Anteilsinhaber und Betriebsräte/ArbN der anderen beteiligten Gesellschaften nicht notwendig ist (aA BeckOGK/Klett Rn. 10). Nach Abs. 1 S. 3 ist der **Verschmelzungsplan** oder sein Entwurf gemeinsam mit dem Verschmelzungsbericht zugänglich zu machen, sofern dieser zum Zeitpunkt der Zugänglichmachung bereits vorliegt. Dies trifft zu, wenn zu diesem Zeitpunkt der Verschmelzungsplan bereits beurkundet ist (→ § 306 Rn. 42). Ein Entwurf des Verschmelzungsplans liegt vor, wenn dieser aufgestellt ist (§ 305 II iVm § 4 II). Dies setzt voraus, dass sich die zuständigen Vertretungsorgane der beteiligten Rechtsträger auf die endgültige Fassung des Verschmelzungsplans in dokumentierter Form geeinigt haben (→ § 4 Rn. 23). Der Verschmelzungsplan ist nach dem klaren Wortlaut und der Vorgabe von Art. 124 VI GesR-RL auch den zuständigen Betriebsräten/ArbN zugänglich zu machen. Der Verschmelzungsplan oder sein Entwurf ist gemeinsam mit dem Verschmelzungsbericht zugänglich zu machen (Abs. 1 S. 3), falls er zum in Abs. 1 S. 1 bestimmten Zeitpunkt vorliegt. Zeitpunkt in diesem Sinne ist der Moment der Zugänglichmachung, nicht der Ablauf der Sechs-Wochen-Frist. Demzufolge muss der Verschmelzungsplan oder sein Entwurf nicht nachträglich zugänglich gemacht werden, wenn er erst nach zum Zeitpunkt der Zugänglichmachung des Verschmelzungsberichts, aber vor Ablauf der Sechs-Wochen-Frist vorliegt. Anderes gilt, wenn der Verschmelzungsbericht bewusst so frühzeitig zugänglich gemacht wird, um eine Zugänglichmachung des Verschmelzungsplans zu vermeiden. Eine Nachholung ist auch notwendig, wenn bei individueller Zugänglichmachung (→ Rn. 5) nur den einzelnen Empfängern der Verschmelzungsplan oder sein Entwurf noch nicht vorlag. In diesem Fall ist der Verschmelzungsplan nachträglich auch denjenigen Empfängern zugänglich zu machen, die zunächst nur den Verschmelzungsbericht erhalten haben. Eine nachträgliche Zugänglichmachung auch des Verschmelzungsplans oder des Entwurfs ist ferner notwendig, wenn er bei unterschiedlichen Zeitpunkten der Zugänglichmachung gegenüber den Anteilsinhabern und den Betriebsräten/ArbN vorlag, falls die Zugänglichmachung gegenüber eines Adressatenkreises bereits stattgefunden hat.

4 c) Adressaten der Zugänglichmachung. Der einheitliche Bericht ist mit identischem Inhalt sowohl den **Anteilsinhabern** als auch dem zuständigen Betriebsrat und hilfsweise den ArbN der jew. Ges (→ Rn. 3) zugänglich zu machen. Anteilsinhaber in diesem Sinne sind auch Anteilsinhaber ohne Stimmrecht. Bei getrennten Berichten erfolgt die Zugänglichmachung des jew. Berichts gegenüber dem jew. Adressatenkreis (Abs. 1 S. 1, 2). Die Zuständigkeit bei mehreren **Betriebsräten** bei einer Ges richtet sich nach dem BetrVG. Dies wird im Regelfall der Gesamtbetriebsrats sein, da durch die grenzüberschreitende Verschmelzung das Gesamtunternehmen betroffen ist (§ 50 BetrVG). Fehlt ein Gesamtbetriebsrat, erfolgt die Zugänglichmachung gegenüber allen Einzelbetriebsräten (vgl. auch → § 4 Rn. 121). Sofern mehrere beteiligte Ges zu einem Konzern gehören, kann auch der Konzernbetriebsrat zuständig sein (§ 58 BetrVG). Bei grenzüberschreitenden Verschmelzungen kann auch ein Europäischer Betriebsrat (§ 1 II 1 EBRG) oder ein SE-Betriebsrat (§ 2 VII SEBG) zuständig sein (Begr. RegE, BT-Drs. 20/3822 zu § 310 I). In Zweifelsfällen sollte eine vorsorgliche Zugänglichmachung an alle Betriebsräte stattfinden (vgl. auch → § 4 Rn. 121). Bei im Ausland beschäftigten ArbN der inl. Ges sind deren einem Betriebsrat vergleichbaren Vertreter berechtigt; nur dies entspricht der Vorgabe von Art. 124 VI GesR-RL (zur früheren Rechtslage BeckHdB Int. Umwandlungen/Krüger 2. Teil Rn. 115). Nur für den Fall, dass kein zuständiger Betriebsrat besteht, muss die Zugänglichmachung gegenüber allen ArbN stattfinden. Hat die beteiligte Ges mehrere Betriebe (im arbeitsrechtlichen Sinne) und besteht nur in einzelnen Betrieben ein Betriebsrat, können die ArbN eines betriebsratslosen Betriebs ihr Recht auf Zugänglichmachung selbst wahrnehmen, während die durch einen Betriebsrat vertretenen ArbN ausgeschlossen sind. Dies gilt allerdings nicht, soweit ein Gesamtbetriebsrat auch für die betriebsratslosen Betriebe zuständig ist (§ 50 I 1 BetrVG). Entsprechendes gilt für ArbN ohne Arbeitnehmervertretung, die im Ausland beschäftigt sind (zur früheren Rechtslage BeckHdB Int. Umwandlungen/Krüger 2. Teil Rn. 116; aA Bungert/Leyendecker-Langner ZIP 2014, 1112 (1115); auch → Rn. 8). Ergänzend wird man auch eine Zugänglichmachung gegenüber dem **Sprecherausschuss** und bei dessen Fehlen eine Zugänglichmachung gegenüber den leitenden Angestellten, die vom Betriebsrat nicht vertreten werden, annehmen müssen. Bei Betriebsräten/Sprecherausschüssen erfolgt die Zugänglichmachung gegenüber dem Vorsitzenden oder im Fall seiner Verhinderung dem Stellvertreter (§ 26 II 1 BetrVG, § 51 I 1 BetrVG, § 59 I 1 BetrVG, § 11 II 1 SprAuG). Soweit eine individuelle Zugänglichmachung (etwa bei E-Mail) erfolgt, muss sie gegenüber allen Anteilsinhabern/Betriebsräten/ArbN der beteiligten Ges bis zum Fristablauf stattfinden. § 16 I 1 GmbHG gilt für die Feststellung der Anteilsinhaber.

d) Elektronische Zugänglichmachung. Abs. 1 S. 1 verlangt eine elektronische 5 Zugänglichmachung. Dies gilt auch für die Zugänglichmachung getrennter Berichte nach Abs. 1 S. 2, obwohl dort das Wort „elektronisch" fehlt, da es keine Gründe für eine unterschiedliche Behandlung gibt. Der Begriff „elektronische Zugänglichmachung" ist weder im UmwG noch in anderen Gesetzen definiert. Bei nat. Verschmelzungen ist der Verschmelzungsvertrag oder sein Entwurf und der Verschmelzungsbericht den Gesellschaftern einer beteiligten GmbH zu übersenden (§ 47). Bei beteiligten AG/KGaA erfolgte Zugänglichmachung durch Auslage in dem Geschäftsraum der Ges zur Einsicht und Erteilung einer Abschrift, die mit Einwilligung auf dem Wege der elektronischen Kommunikation übermittelt werden kann. Alternativ können die Unterlagen über die Internetseite der Ges zugänglich gemacht werden (§ 63). Für beteiligte PhG gelten §§ 42 iVm 39b, wonach der Verschmelzungsvertrag oder sein Entwurf und der Verschmelzungsbericht den von der Geschäftsführung ausgeschlossenen Gesellschafter zu übersenden ist. Diese Vorschriften gelten über § 305 II zusätzlich. Nach der Gesetzesbegründung soll den Unternehmen hinsichtlich der **technischen Umsetzung** ein Spielraum gewährt werden. Der elektronischen Zugänglichmachung werde genügt, sofern der Verschmelzungsbericht elektronisch übermittelt oder zur Kenntnisnahme bereitgestellt werde und mit einer Kenntnisnahme durch die Adressaten gerechnet werden kann. Mit einer Kenntnisnahme sei dann nicht zu rechnen, wenn der Adressat mit der gewählten Art der technischen Umsetzung nicht rechnen musste oder der Zugang zum Dokument einen unzumutbaren Aufwand des Adressaten erfordern würde. Eine denkbare Möglichkeit der technischen Umsetzung sei beispielsweise eine Übermittlung mittels E-Mail oder auf anderem Weg der unternehmensüblichen Kommunikation, sofern diese elektronisch erfolgt und mit Kenntnisnahme durch die Adressaten gerechnet werden könne (BeckOGK/Klett Rn. 11). Vorstellbar sei auch eine Einstellung auf der Internetseite des Unternehmens, vorausgesetzt die Adressaten werden auf die Möglichkeit der Kenntnisnahme gesondert hingewiesen (Begr. RegE, BT-Drs. 20/3822 zu § 310 I). Mangels elektronischer Zugänglichmachung reicht also eine Übermittlung in Papierform nicht aus. Die Übermittlung **per E-Mail (dann regelmäßig als PDF-Anlage)** an alle Anteilsinhaber und alle Betriebsratsvorsitzende (→ Rn. 4) oder alle ArbN erfüllt hingegen die Anforderungen an eine elektronische Zugänglichmachung. In diesem Fall kann mit einer Kenntnisnahme der Adressaten am nächsten Werktag gerechnet werden (vgl. aber zum Zugang einer E-Mail im geschäftlichen Verkehr vgl. BGH NJW 2022, 3791). Gegenüber den Betriebsräten/ArbN kann die Zugänglichmachung ferner etwa auch über ein auch für andere Zwecke genutztes **Intranet** stattfinden. Für die Zugänglichmachung genügt die Einstellung auf der **Internetseite** mit der Möglichkeit des kostenlosen Downloads in einer ausdruckbaren Dateiform (etwa PDF) an einer Stelle, an der mit der Kenntnisnahme gerechnet werden kann (etwa unter der Rubrik Investor Relations). In diesem Fall müssen die Unterlagen auf der Internetseite abgesehen von üblichen Wartungsarbeiten ununterbrochen bis zur Anteilsinhaberversammlung zugänglich sein. Aufgrund der längeren Frist als für die Bekanntmachung des Verschmelzungsplans nach § 308 I und regelmäßig auch der Einladung zur Gesellschafterversammlung (etwa § 123 I 1 AktG, § 51 I 2 GmbHG) kann aber auch gegenüber Anteilsinhabern nicht damit gerechnet werden, dass diese von der Einstellung der Unterlagen Kenntnis nehmen. Es bedarf also in diesem Fall – anders als bei nationalen Verschmelzungen von AG/KGaA (§ 63 IV) – eines gesonderten Hinweises etwa per E-Mail, Intranet oder aber auch in Schriftform, dass der Verschmelzungsbericht und gegebenenfalls der Verschmelzungsvertrag oder sein Entwurf auf der Internetseite veröffentlicht sei (Begr. RegE, BT-Drs. 20/3822 zu § 310). Dies ist bei Publikumsgesellschaften mit Inhaberaktien problematisch und kann regelmäßig nur durch eine gesonderte Bekanntmachung erreicht werden. Auch die zuständigen Betriebsratsmitglieder oder ArbN müssen gesondert auf die Veröffentlichung auf der Internetseite hingewiesen werden.

6   **e) Frist (Abs. 1 S. 1, Abs. 2).** Nach Abs. 1 S. 1 muss die elektronische Zugänglichmachung spätestens sechs Wochen vor der Versammlung der Anteilsinhaber, die über die Zustimmung zum Verschmelzungsplan beschließen soll, erfolgt sein. Die Anteilsinhaberversammlung kann dann tatsächlich frühestens an diesem Tag stattfinden; eine Verlegung auf einen späteren Zeitpunkt ist aber zulässig („soll"). Die Frist ist damit länger als die Frist für die Bekanntmachung des Verschmelzungsplans nach § 308 I 4 (vgl. → § 308 Rn. 7), was in der Praxis insgesamt bei der Zeitplanung zu beachten ist. Vgl. allerdings die Zugänglichmachung des Verschmelzungsplans nach Abs. 1 S. 3 (vgl. → Rn. 3). Maßgeblich für die Einhaltung der Frist ist nicht die technische Einrichtung der Zugänglichmachung, beispielsweise der Versand der E-Mail oder die Einstellung in das Intranet, sondern der Zeitpunkt, an dem mit einer Kenntnisnahme zu rechnen ist (Begr. RegE, BT-Drs. 20/3822 zu § 310). Für die Zugänglichmachung gegenüber den Betriebsratsmitgliedern/ArbN ist dies regelmäßig der nächste Werktag, bei Anteilsinhabern gegebenenfalls schon der nächste Tag (vgl. zum Zugang einer E-Mail im geschäftlichen Verkehr auch BGH NJW 2022, 379). Die Praxis wird hier einen zeitlichen Puffer vorsehen. Für die Fristberechnung gelten §§ 187 f. BGB. Die Sechs-Wochen-Frist wie in anderen Fällen (beispielsweise in den Fällen nach § 308 II–IV; vgl. → § 308 Rn. 25) rückwärts zu berechnen. Der Tag der Anteilsinhaberversammlung ist nicht mitzurechnen (§ 187 I BGB). Dementsprechend „endet" die Frist mit Beginn desjenigen Tages sechs Wochen vorher, der durch seinen Wochentag dem Tag der Anteilsinhaberversammlung entspricht (§ 188 II BGB). Die Zugänglichmachung muss daher spätestens an dem Tag vor dem so errechneten „Fristende" erfolgt sein, damit noch ganze sechs Wochen zwischen der Zugänglichmachung und der Anteilsinhaberversammlung liegt (Beispiel: Anteilsinhaberversammlung am Freitag, den 11.8.2023, dann Einreichung spä-

testens am 29.6.2023). Die Fristberechnung entspricht derjenigen nach § 5 III. Vgl. auch das Beispiel bei → § 5 Rn. 127. § 193 BGB gilt bei Rückrechnung nicht. Ist das „Fristende" ein Samstag, Sonntag oder Feiertag, ist die Einreichung spätestens am vorhergehenden Werktag zu bewirken. Auf die Einhaltung der Frist können die Anteilsinhaber und/oder die Betriebsräte/Arbeitnehmer **verzichten** (BeckOGK/Klett Rn. 19).

Sofern ein Zustimmungsbeschluss und damit eine Versammlung der Anteilsinhaber nicht notwendig ist, fehlt der Bezugspunkt für die Fristberechnung. Diese Konstellationen greift **Abs. 2** in Umsetzung von Art. 124 VI UAbs. 2 GesR-RL und Art. 132 III GesR-RL auf. Nach **S. 1** ist in den Fällen, in denen nach § 305 II iVm § 62 I 1 ein Verschmelzungsbeschluss einer **übernehmenden** AG/SE/KGaA nicht notwendig ist, auf den Tag der Versammlung der Anteilsinhaber der übertragenden Ges abzustellen. Sollte aufgrund des Verlangens einer qualifizierten Minderheit nach § 62 II 1 dennoch eine Hauptversammlung stattfinden, ist für die Fristberechnung wiederum auf diesen Zeitpunkt abzustellen. **S. 2** regelt die Fälle, in denen bei der übertragenden Ges (§ 308 II) oder weder bei der übertragenden noch bei der übernehmenden Ges (§ 308 IV) ein Verschmelzungsbeschluss notwendig ist. In diesen Fällen ist nur ein Verschmelzungsbericht für die ArbN notwendig (→ § 309 Rn. 16). Für die rechtzeitige elektronische Zugänglichmachung ist dann der Zeitpunkt der Beurkundung des Verschmelzungsplans der Bezugspunkt für die Rückrechnung (Abs. 1 S. 2 iVm § 308 II, IV).

3. Stellungnahmen der Arbeitnehmerseite

Die Rechte der Arbeitnehmerseite (Betriebsräte und hilfsweise der ArbN selbst) zur Stellungnahme ergeben sich aus einem nicht perfekt abgestimmten Zusammenwirken verschiedener Vorschriften (vgl. auch Drinhausen/Keinath BB 2022, 1346 (1350): Doppelungen). Nach § 308 I 2 Nr. 4 lit. b sind die zuständigen Betriebsräte und hilfsweise die ArbN in der Bekanntmachung nach § 10 HGB darauf hinzuweisen, dass sie der jeweiligen Ges spätestens fünf Arbeitstage vor dem Tag der Gesellschafterversammlung Bemerkungen **zum Verschmelzungsplan** übermitteln können (→ § 308 Rn. 17). Diese Stellungnahmen nimmt die Versammlung der Anteilsinhaber zur Kenntnis, bevor sie den Verschmelzungsplan beschließt (§ 312 III; → § 312 Rn. 15). Sie sind ferner nach § 315 II Nr. 1 der Anmeldung der Verschmelzung für die übertragende Ges beizufügen (→ § 315 Rn. 8). Schließlich haben die Mitglieder des Vertretungsorgan nach § 315 III Nr. 3 zu versichern, dass die Rechte der ArbN nach § 308 I 2 Nr. 4 lit. b eingehalten wurden (→ § 315 Rn. 11). Daneben unterstellt Abs. 3, ohne dies explizit zu regeln, dass die zuständigen Betriebsräte und hilfsweise die ArbN eine weitere Stellungnahme abgeben können. Damit soll Art. 124 VII GesR-RL umgesetzt werden. Aus Art. 124 VII GesR-RL („Stellungnahmen zu den Informationen gemäß den Absätzen 1 und 5") und der Verankerung in § 310 lässt sich schließen, dass dies eine Stellungnahme **zum** (einheitlichen oder arbeitnehmerspezifischen) **Verschmelzungsbericht** ist. Diese Stellungnahmen sollen ermöglichen, dass die Anteilsinhaber die beschäftigungsspezifischen Auswirkungen auch aus der Perspektive der ArbN erfahren, um eine Entscheidung auf einer möglichst objektiven Informationsgrundlage treffen zu können (Begr. RegE, BT-Drs. 20/3822 zu § 310 III).

Zur Abgabe der Stellungnahme **berechtigt** sind zunächst die zuständigen Betriebsräte. Dies sind die Betriebsräte, denen der (einheitliche oder arbeitnehmerspezifische) Verschmelzungsbericht zugänglich gemacht worden ist oder hätte zugänglich gemacht werden müssen (→ Rn. 1). Ferner sind diejenigen ArbN berechtigt, deren Rechte nicht durch einen Betriebsrat wahrgenommen werden (→ Rn. 4). Soweit verschiedene Betriebsräte und/oder Betriebsräte und ArbN berechtigt sind, können auch getrennte Stellungnahmen eingereicht werden. Die Stellungnahme muss mindestens in Textform (§ 126b BGB) erfolgen.

10 Den Anteilsinhabern sind diejenigen Stellungnahmen elektronisch zugänglich zu machen, die dem Vertretungsorgan spätestens eine Woche vor der Versammlung der Anteilsinhaber, die über die Zustimmung zum Verschmelzungsplan entscheidet, zugegangen sind. Auch bei dieser Frist ist wieder eine Rückrechnung vorzunehmen (→ Rn. 6). Eine Wertungsmöglichkeit außer der Rechtzeitigkeit steht dem Vertretungsorgan nicht zu. Das Vertretungsorgan kann mit der Zugänglichmachung gegenüber den Anteilsinhabern bis zum Fristablauf warten und damit gegebenenfalls mehrere Stellungnahmen sammeln, da diese erst unverzüglich **nach Fristablauf** erfolgen muss. Die Stellungnahmen sind den Anteilsinhabern durch (erneute) Zugänglichmachung des einheitlichen Berichts oder des Berichts für die ArbN unter Beifügung einer Kopie der Stellungnahmen elektronisch zugänglich zu machen (zur elektronischen Zugänglichmachung vgl. → Rn. 5). Regelmäßig wird diese Zugänglichmachung in der gleichen Form wie die ursprüngliche Zugänglichmachung des Verschmelzungsberichts erfolgen (Begr. RegE, BT-Drs. 20/3822 zu § 310 III). Unverzüglich wird regelmäßig der nächste Werktag nach Fristablauf sein.

11 Die rechtzeitig eingegangenen Stellungnahmen müssen nach § 315 II Nr. 2 der Anmeldung zum Handelsregister beigefügt werden (→ § 315 Rn. 8). Ferner müssen die Mitglieder des Vertretungsorgan anlässlich der Anmeldung nach § 315 III 1 Nr. 3 (nicht strafbewehrt, § 348 Nr. 1) versichern, dass die Rechte der ArbN nach § 310 I und III eingehalten wurden (→ § 315 Rn. 11). Eine ausdrückliche Kenntnisnahme der Anteilsinhaber vor der Beschlussfassung nach § 312 III ist für die Stellungnahmen zum Verschmelzungsbericht nicht vorgesehen (→ § 312 Rn. 15). Ein Verstoß gegen die Verpflichtung zur unverzüglichen Zugänglichmachung der Stellungnahmen kann durch die Betriebsräte/ArbN nicht sanktioniert werden. Anteilsinhaber können ebenso wie bei einem mangelhaften Verschmelzungsbericht (→ § 8 Rn. 40 ff.) die Unwirksamkeit des Zustimmungsbeschlusses – auch bei Nichtbeachtung der Zugänglichmachung gegenüber den Betriebsräten/ArbN – geltend machen. Zum Verzicht auf die Einhaltung der Frist → Rn. 6.

§ 311 Verschmelzungsprüfung

(1) ¹**Der Verschmelzungsplan oder sein Entwurf ist nach den §§ 9 bis 12 zu prüfen; die §§ 39e und 48 sind nicht anzuwenden.** ²**Der Prüfungsbericht muss den Anteilsinhabern spätestens einen Monat vor dem Tag der Versammlung der Anteilsinhaber, die nach § 13 über die Zustimmung zum Verschmelzungsplan beschließen soll, zugänglich gemacht werden.**

(2) ¹**§ 9 Absatz 2 und § 12 Absatz 3, jeweils in Verbindung mit § 8 Absatz 3, gelten mit der Maßgabe, dass ein Verzicht aller Anteilsinhaber aller beteiligten Rechtsträger erforderlich ist.** ²**Verschmelzungsprüfung und Prüfungsbericht sind ferner nicht erforderlich in den Fällen des § 307 Absatz 3 Nummer 2 Buchstabe b und c.**

1. Allgemeines

1 § 311 ersetzt die Vorgängerregelung in § 122f aF. Die Vorschrift regelt die Verschmelzungsprüfung bei einer grenzüberschreitenden Verschm. Sie dient damit der Umsetzung von Art. 125 GesR-RL. Entsprechend der auch für nat. Verschm geltenden Gesetzessystematik enthält **Abs. 1 S. 1** nur den Prüfungsbefehl (→ § 9 Rn. 1). Die weiteren Anforderungen an die Prüfung und den Prüfungsbericht ergeben sich aus §§ 9–12. Für an der Verschm beteiligte AG/SE/KGaA würde die Pflicht zur Prüfung auch bereits aus §§ 60, 78 (über § 305 II) resultieren, während bei beteiligten PhG nach § 39e (genau § 42 iVm § 39e) und bei beteiligten GmbH nach § 48 eine

Prüfung nur zu erfolgen hat, wenn einer ihrer Gesellschafter diese fristgemäß verlangt (vgl. iE § 39e und § 48). Abs. 1 S. 1 Hs. 2 schließt die Anwendung von (§ 42 iVm) § 39e und 48 für beteiligte PhG und GmbH klarstellend aus. **Abs. 1 S. 2** regelt den Zeitpunkt, bis zu dem der Prüfungsbericht spätestens den Anteilsinhabern zugänglich gemacht sein muss.

Durch den generellen Verweis auf §§ 9–12 gelten auch § 9 II, § 12 III iVm § 8 III, wonach alle Anteilsinhaber des jew. beteiligten Rechtsträgers auf die Verschmelzungsprüfung und/oder den Prüfungsbericht verzichten können. Insofern erfolgt durch **Abs. 2 S. 1** zur Umsetzung von Art. 125 IV UAbs. 1 GesR-RL indes eine Modifikation dahingehend, dass ein Verzicht aller Anteilsinhaber aller beteiligten Rechtsträger erforderlich ist. Nach **Abs. 2 S. 2** ist eine Verschmelzungsprüfung und ein Prüfungsbericht auch in den Fällen des § 307 III Nr. 2 lit. b und c nicht notwendig. Dies sind Konstellationen, in denen Anteile nicht gewährt werden und eine Person unmittelbar oder mittelbar sämtliche Anteile an der übernehmenden Ges besitzt (→ § 307 Rn. 40). In den von § 307 III Nr. 1 und Nr. 2 lit. a geregelten Fallgruppen ergibt sich die Entbehrlichkeit der Verschmelzungsprüfung und des Berichts bereits aus der Anwendung von § 8 III 3 Nr. 1 lit. a und b. Ferner bedarf es aufgrund der Anwendung von § 8 III 3 Nr. 2 auch dann keiner Verschmelzungsprüfung und keines Verschmelzungsberichts für diejenigen Ges, die nur einen Anteilsinhaber haben. Damit wurde die Möglichkeit nach Art. 125 IV UAbs. 2 GesR-RL aufgegriffen.

2. Verschmelzungsprüfung

a) Gesetzessystematik. Die Vorschrift gilt für inl. Ges, die an einer grenzüberschreitenden Verschm beteiligt sind (§ 305 II UmwG). Abs. 1 S. 1 enthält den generellen Prüfungsbefehl, der nach § Abs. 1 S. 1 Hs. 2 **auch** für an der grenzüberschreitenden Verschm beteiligte **PhG** und **GmbH** gilt (Ausschluss von § 39e (genau § 42 iVm) § 39e; → Rn. 1), § 48). Die Auswahl und Bestellung der Prüfer, deren Stellung und Verantwortlichkeit sowie die inhaltlichen Vorgaben für die Prüfung und den Prüfungsbericht folgen aus den in Bezug genommenen §§ 9–12. Die diesbezüglichen Vorgaben von Art. 133a GesR-RL sind nach Ansicht des Gesetzgebers durch die über § 305 II, § 11 I 1 anwendbaren §§ 319 ff. HGB umgesetzt (Begr. RegE, BT-Drs. 20/3822 zu § 311). Weitere rechtsformspezifische Vorschriften für die Verschmelzungsprüfung enthalten die §§ 40–78 nicht. Besonderheiten können bei gemeinsamen Verschmelzungsprüfungen entstehen, da dann die inl. mit den entsprechenden ausl. Vorschriften harmonieren müssen. Dies wird größtenteils gewährleistet sein, da Art. 125 II GesR-RL ebenfalls eine gemeinsame Verschmelzungsprüfung vorsieht (zur früheren Rechtslage Henssler/Strohn/Polley § 122f Rn. 4).

b) Verschmelzungsprüfer. Die Anforderungen an die Auswahl und an den Verschmelzungsprüfer folgen aus §§ 10, 11. Der Verschmelzungsprüfer wird vom Gericht bestellt (§ 10 I 1). Zuständig ist danach – auch für die Bestellung eines Prüfers für eine einzelne beteiligte Ges – jedes LG, in dessen Bezirk ein übertragender Rechtsträger seinen Sitz hat (§ 10 II 1). Dies ist wenig sinnvoll, wenn eine inl. Ges nur als übernehmender Rechtsträger beteiligt ist. In diesem Fall ist die Zuständigkeit des Gerichts beim beteiligten dt. Rechtsträger anzunehmen (BeckOGK/Klett Rn. 13 und zur früheren Rechtslage Semler/Stengel/Leonard/Drinhausen § 122f Rn. 4; Lutter/Bayer § 122f Rn. 5; Henssler/Strohn/Polley § 122f Rn. 3; Habersack/Drinhausen/Kiem § 122f Rn. 2). Die Bestellung eines **gemeinsamen Verschmelzungsprüfers** ist ebenfalls möglich. Abs. 1 S. 1 verweist insofern auch auf § 10 I 2. Die Bestellung eines gemeinsamen Verschmelzungsprüfers sieht auch Art. 125 II GesR-RL vor. Weitere Voraussetzung ist, dass auch die Rechtsordnung der anderen beteiligten Ges eine Prüfung durch einen gemeinsamen Verschmelzungsprüfer erlaubt (zur früheren Rechtslage Widmann/Mayer/Mayer § 122f

Rn. 10; Kallmeyer/Lanfermann § 122f Rn. 7); dies müsste wegen der Vorgabe in Art. 125 II GesR-RL indes gewährleistet sein (BeckOGK/Klett Rn. 10). Die beteiligten Ges können in diesem Fall wählen, nach welcher Rechtsordnung die gemeinsame Verschmelzungsprüfung durchgeführt werden soll (BeckOGK/Klett Rn. 11; zur früheren Rechtslage Semler/Stengel/Leonard/Drinhausen § 122f Rn. 5; HK-UmwG/Becker/Uxa § 122f Rn. 8; Kallmeyer/Lanfermann § 122f Rn. 7; Lutter/Bayer § 122f Rn. 3; Habersack/Drinhausen/Kiem § 122f Rn. 3; NK-UmwR/Althoff § 122f Rn. 6). Konsequenterweise müssen sich dann die Anforderungen an die **Qualifikation** der Verschmelzungsprüfer und deren Bestellung nach der gewählten Rechtsordnung richten (BeckOGK/Klett Rn. 18; zur früheren Rechtslage Semler/Stengel/Leonard/Drinhausen § 122f Rn. 5; HK-UmwG/Becker/Uxa § 122f Rn. 8; Lutter/Bayer § 122f Rn. 3; Habersack/Drinhausen/Kiem § 122f Rn. 3). Die inhaltlichen Anforderungen an den Prüfungsbericht wie auch die Rechte der Prüfer folgen hingegen aus einer kumulativen Anwendung der betroffenen Rechtsordnungen; bei unterschiedlichen Maßstäben setzt sich die strengere Rechtsordnung durch (zur früheren Rechtslage Semler/Stengel/Leonard/Drinhausen § 122f Rn. 5; Widmann/Mayer/Mayer § 122f Rn. 11; Henssler/Strohn/Polley § 122f Rn. 4; Kallmeyer/Lanfermann § 122f Rn. 10; Lutter/Bayer § 122f Rn. 3; Habersack/Drinhausen/Kiem § 122f Rn. 4; NK-UmwR/Althoff § 122f Rn. 6; krit. BeckOGK/Klett Rn. 12).

4   **c) Verschmelzungsprüfungsbericht.** Abs. 1 S. 1 verweist auf § 12. Danach haben die Verschmelzungsprüfer über das Ergebnis der Prüfung schriftlich zu berichten. Für eine beteiligte inl. Ges richten sich die Anforderungen an den Prüfungsbericht nach § 12 II. Gegenstand der Prüfung ist der Verschmelzungsplan bzw. dessen Entwurf (zur früheren Rechtslage aA Lutter/Bayer § 122f Rn. 10: auch Verschmelzungsbericht; ebenso Widmann/Mayer/Mayer Rn. 18; wie hier BeckOGK/Klett Rn. 8; zur früheren Rechtslage Habersack/Drinhausen/Kiem § 122f Rn. 5; HK-UmwG/Becker/Uxa § 122f Rn. 3). Ein Schwerpunkt der Prüfung ist die Angemessenheit des vorgeschlagenen Umtauschverhältnisses und ggf. die Höhe der baren Zuzahlungen (näher → § 12 Rn. 4 ff.).

5   Sofern **gemeinsame Verschmelzungsprüfer** bestellt worden sind, haben diese einheitlich zu berichten. Darüber hinaus eröffnet Abs. 1 S. 1 iVm § 12 I 2 auch bei unterschiedlichen Verschmelzungsprüfern die Möglichkeit einer **gemeinsamen Berichterstattung;** weitere Voraussetzung ist, dass dies auch die ausl. Rechtsordnung vorsieht. Inhaltlich sind bei einer gemeinsamen Berichterstattung die Anforderungen der Rechtsordnungen aller beteiligten Ges zu beachten; bei Unterschieden ist der strengere Maßstab zu erfüllen (→ Rn. 3). Entsprechendes gilt für das **Prüfungstestat** (zur früheren Rechtslage Henssler/Strohn/Polley § 122f Rn. 6). Der Bericht ist in dt. Sprache zu verfassen, bei einem gemeinsamen Prüfungsbericht ist mithin auch eine dt. Fassung zu erstellen (zur früheren Rechtslage Semler/Stengel/Leonard/Drinhausen § 122f Rn. 6; Kölner Komm UmwG/Simon/Rubner § 122f Rn. 10; Henssler/Strohn/Polley § 122f Rn. 7; Habersack/Drinhausen/Kiem § 122f Rn. 6). Eine Übersetzung genügt (BeckOGK/Klett Rn. 20).

6   **d) Zugänglichmachung und Frist.** Abs. 1 S. 2 ordnet an, dass der Verschmelzungsprüfungsbericht den Anteilsinhabern spätestens einen Monat vor der Versammlung der Anteilsinhaber, die über die Zustimmung beschließt, zugänglich gemacht werden muss. Der Gesetzgeber konkretisiert damit die Vorgabe von Art. 125 I 1 GesR-RL, wonach der Bericht „vorliegen muss" (so auch § 122d S. 1 aF), da nach Sinn und Zweck auf die Zugänglichmachung abzustellen sei (Begr. RegE, BT-Drs. 20/3822 zu § 311 I). Vorgaben für die **Art und Weise** der Zugänglichmachung bestehen nicht. Für AG/SE/KGaA gelten § 305 II iVm § 63 I, IV, wonach die Verschmelzungsberichte von der Einberufung der Hauptversammlung an, spätestens aber ab einem Monat vor der Hauptversammlung in dem Geschäfts-

raum der Ges zur Einsicht der Aktionäre auszulegen sind oder über die Internetseite in demselben Zeitraum zugänglich sein müssen. Bei beteiligten PhG und GmbH fehlt in den rechtsformspezifischen Vorschriften mangels eines generellen Prüfungsbefehls bei nat. Verschmelzungen (§§ 43, 48) eine Frist. In der Praxis bietet es sich in diesen Fällen an, den Prüfungsbericht gemeinsam mit dem Verschmelzungsbericht **elektronisch zugänglich** zu machen (zum Verschmelzungsbericht → § 310 Rn. 6). Damit ist zugleich die Frist gewahrt (→ § 310 Rn. 6). Zum Zugang einer E-Mail im geschäftlichen Verkehr vgl. BGH NJW 2022, 3791. Ferner kann der Prüfungsbericht gemeinsam mit dem Verschmelzungsplan und dem Verschmelzungsbericht mit der Einberufung der Gesellschafterversammlung, die dem Verschmelzungsplan zustimmen soll, übersandt werden (§ 305 II iVm §§ 42, 39b, 47). Dann muss bei der Einberufung die Frist nach Abs. 1 S. 2 beachtet werden (Begr. RegE, BT-Drs. 20/3822 zu § 311 I). Die Frist ist wiederum rückwärts zu berechnen. Zugänglichmachung liegt erst zu dem Zeitpunkt vor, zu dem mit einer Kenntnisnahme zu rechnen ist (vgl. zur Berechnung der Frist näher → § 310 Rn. 6). Auf die Einhaltung der Frist können die Anteilsinhaber verzichten.

e) Entbehrlichkeit der Prüfung/des Berichts. Die Anteilsinhaber einer beteiligten inl. Ges können auf die Verschmelzungsprüfung und – auch isoliert – auf den Prüfungsbericht **verzichten.** Anders als bei nat. Verschmelzungen müssen aber nach Abs. 2 S. 1 alle Anteilsinhaber aller beteiligten Rechtsträger verzichten. Dies beruht auf der Vorgabe von Art. 125 IV GesR-RL. Der Verzicht der Anteilsinhaber der beteiligten inl. Ges muss nach Abs. 1 S. 1 iVm § 12 III, § 9 II, § 8 III 2 **notariell beurkundet** werden. Es ist jedoch zweifelhaft, ob dies auch für die Verzichterklärungen der Anteilsinhaber der beteiligten ausl. Ges gilt. Art. 125 IV GesR-RL enthält hinsichtlich der Form keine Vorgabe. Daher sollten richtlinienkonform die Anforderungen desjenigen Rechts, dem der der jew. Rechtsträger unterliegt, beachtet werden (BeckOGK/Klett Rn. 24; zur früheren Rechtslage Lutter/Bayer § 122f Rn. 17; Widmann/Mayer/Mayer § 122f Rn. 25; Habersack/Drinhausen/Kiem § 122f Rn. 8; aA Semler/Stengel/Leonard/Drinhausen § 122f Rn. 7). Jedenfalls genügt eine Beurkundung durch einen Notar des Sitzstaates der jew. ausl. Ges (BeckOGK/Klett Rn. 25; zur früheren Rechtslage Semler/Stengel/Leonard/Drinhausen § 122f Rn. 7; Lutter/Bayer § 122f Rn. 17). Eine Beurkundung der Verzichtserklärungen der Anteilsinhaber der beteiligten ausl. Ges durch einen dt. Notar genügt aus inl. Sicht ebenfalls; insoweit ist die Anerkennung in den anderen beteiligten Staaten zu prüfen. Aus Nachweisgründen ist aber für diese Verzichtserklärungen wenigstens Textform (§ 126b BGB) erforderlich. Zum Verzicht auf die Prüfung eines Barabfindungsangebots → § 313 Rn. 17.

Die Verschmelzungsprüfung und/oder der Prüfungsbericht sind ferner nach Abs. 1 S. 1 iVm § 9 II, § 12 III, § 8 III 3 Nr. 1 lit. a und lit. b für den übertragenden und den übernehmenden Rechtsträger entbehrlich, wenn sich alle Anteile des übertragenden Rechtsträgers in der Hand des übernehmenden Rechtsträgers (**Mutter-Tochter-Verschmelzung**) oder sich alle Anteile des übertragenden und des übernehmenden Rechtsträgers in der Hand desselben Rechtsträgers befinden (**Schwestern-Verschmelzung).** Darüber hinaus verweist Abs. 2 S. 2 auf die Fälle nach § 307 III Nr. 2 lit. b und c. Demzufolge ist eine Verschmelzungsprüfung/ein Verschmelzungsprüfungsbericht nicht notwendig, wenn den Anteilsinhabern der übertragenden Ges keine Anteile gewährt werden und dieselbe Person mittelbar und unmittelbar alle Anteile an der übertragenden und an der übernehmenden Ges besitzt (näher → § 307 Rn. 40). Diese vorstehenden Einschränkungen gelten allerdings nur, wenn keine anderen Rechtsträger an der Verschmelzung beteiligt sind, die diese Voraussetzungen nicht erfüllen. Ob in diesen Fällen auch beteiligte ausl. Ges auf eine Verschmelzungsprüfung verzichten können, richtet sich ausschließlich nach deren Rechtsordnung. Einen entsprechenden Vorbehalt enthält allerdings auch

Art. 132 I GesR-RL. Eine Verschmelzungsprüfung und/oder ein Verschmelzungsprüfungsbericht sind ferner für einen an der Verschmelzung beteiligten Rechtsträger entbehrlich, der nur **einen Anteilsinhaber** hat (Abs. 1 S. 1 iVm § 9 II, § 12 III, § 8 III 3 Nr. 2). Dies entspricht der Ausnahme nach Art. 125 IV UAbs. 2 GesR-RL. Zur Entbehrlichkeit einer Verschmelzungsprüfung vgl. auch J. Schmidt Der Konzern 2022, 309 (312 f.).

§ 312 Zustimmung der Anteilsinhaber

(1) **Die Anteilsinhaber können ihre Zustimmung nach § 13 davon abhängig machen, dass die Art und Weise der Mitbestimmung der Arbeitnehmer der übernehmenden oder neuen Gesellschaft ausdrücklich von ihnen bestätigt wird.**

(2) **In den Fällen des § 307 Absatz 3 ist ein Verschmelzungsbeschluss der Anteilsinhaber der übertragenden Gesellschaft nicht erforderlich.**

(3) **Die Versammlung der Anteilsinhaber nimmt den Verschmelzungsbericht, den Prüfungsbericht und etwaige Stellungnahmen nach § 308 Absatz 1 Satz 2 Nummer 4 zur Kenntnis, bevor sie die Zustimmung zum Verschmelzungsplan beschließt.**

1. Allgemeines

1   Die Vorschrift entspricht in Abs. 1 und 2 im Wesentlichen § 122g aF. **Abs. 1** setzt die grds. Notwendigkeit eines Zustimmungsbeschlusses der Anteilsinhaber zur grenzüberschreitenden Verschm voraus und regelt lediglich einen Sonderfall, der bei inl. Verschm nicht eintreten kann (Vorbehalt der Bestätigung der Art und Weise der Mitbestimmung). IÜ gelten über § 305 II die Zustimmungsnotwendigkeit nach § 13 und die ergänzenden rechtsformspezifischen Vorschriften zur Vorbereitung und Durchführung der Gesellschafterversammlung sowie zur Beschlussfassung nach §§ 40–78. Für die beteiligten ausl. Rechtsträger sind die Anforderungen der jew. Rechtsordnung zu beachten. **Abs. 2** erklärt den Verschmelzungsbeschluss bei der übertragenden Ges in den Fallgruppen nach § 307 III für entbehrlich. Die Erweiterung auf andere Fallgruppen neben der Mutter-Tochter-Verschm geht auf die Neufassung von Art. 132 I zweiter Spiegelstrich GesR-RL zurück (Begr. RegE, BT-Drs. 20/3822 zu § 312). **Abs. 3** ist neu und dient der Umsetzung von Art. 126 I GesR-RL (Begr. RegE, BT-Drs. 20/3822 zu § 312).

2. Zustimmungsbeschluss

2   **a) Anteilsinhaberversammlung.** Nach § 13 I 1 (iVm § 305 II) wird der Verschmelzungsplan nur wirksam, wenn die Anteilsinhaber aller beteiligten Rechtsträger ihm durch Verschmelzungsbeschluss zugestimmt haben. § 13 I 2 verlangt die Beschlussfassung in einer **Gesellschafterversammlung.** Zur Bedeutung und Rechtsnatur des Verschmelzungsbeschlusses zunächst → § 13 Rn. 4. Der Zustimmungsbeschluss kann sowohl als (vorherige) Einwilligung als auch als (nachträgliche) Genehmigung gefasst werden. Im ersteren Fall erfolgt die Beschlussfassung auf der Basis des Entwurfs eines Verschmelzungsplans; iE → § 13 Rn. 17 ff.).

3   **b) Vorbereitung der Versammlung.** Für die Vorbereitung der jew. Gesellschafterversammlung der beteiligten Rechtsträger sind verschiedene, ineinandergreifende Regelungen zu beachten. § 308 I 1 bestimmt, dass der Verschmelzungsplan oder sein Entwurf zum Register einzureichen ist. Das Gericht hat unverzüglich die in § 308 II S. 2 geregelten Angaben bekannt zu machen. Die Gesellschafterversammlung darf nach § 308 I 4 erst einen Monat nach der Bekanntmachung stattfinden

(vgl. iE → § 308 Rn. Rn. 2 ff.). Des Weiteren bestimmt § 310 I 1, dass der Verschmelzungsbericht (auch) den Anteilsinhabern spätestens sechs Wochen vor der Versammlung der Anteilsinhaber elektronisch zugänglich zu machen ist (vgl. näher → § 310 Rn. 6). Ferner ist nach § 311 I 2 der Verschmelzungsprüfungsbericht den Anteilsinhabern spätestens einen Monat vor der beschlussfassenden Gesellschafterversammlung zugänglich zu machen (vgl. näher → § 311 Rn. 6). IÜ richten sich die Modalitäten der Vorbereitung und Durchführung der Anteilsinhaberversammlung nach den für die jew. Ges geltenden Rechtsordnungen, also für beteiligte inl. Ges nach den rechtsformspezifischen Anforderungen in den §§ 40–78 und ergänzend nach den für die Gesellschaftsformen geltenden Einzelgesetzen (HGB, GmbHG, AktG, SE-VO, SEAG). Danach sind für beteiligte inl. PhG § 42 iVm §§ 39b, 39c, für beteiligte inl. GmbH neben den Vorschriften des GmbHG die §§ 47, 48, 49 und für beteiligte AG/SE/KGaA neben dem AktG/der SE-VO insbes. die §§ 63, 64 zu beachten.

Informationen hinsichtlich der anderen beteiligten Rechtsträger (etwa JA, nicht **4** gemeinsam erstattete Verschmelzungs- und Prüfungsberichte, vgl. § 63 I Nr. 3–5) sind bei beteiligten **AG/KGaA/SE** zusätzlich auszulegen. Für **PhG** vgl. § 42 iVm § 39b und für **GmbH** vgl. §§ 47, 49 II. Dies gilt auch für die Verschmelzungsberichte der anderen beteiligten Rechtsträger. § 310 I ist im Verhältnis zu den Anteilsinhabern keine abschließende Regelung (BeckOGK/Klett Rn. 11; zur früheren Rechtslage Lutter/Bayer § 122g Rn. 8; Kölner Komm UmwG/Simon/Rubner § 122g Rn. 6; auch → § 310 Rn. 3), da eine unterschiedliche Behandlung der Unterlagen nach § 63 nicht gerechtfertigt ist. Die Unterlagen der beteiligten ausl. Ges müssen in dt. Sprache vorliegen (zur früheren Rechtslage Semler/Stengel/Leonard/Drinhausen § 122g Rn. 4; Kallmeyer/Zimmermann § 122g Rn. 8; Kölner Komm UmwG/Simon/Rubner § 122g Rn. 4; HK-UmwG/Becker/Uxa § 122g Rn. 1; Widmann/Mayer/Heckschen § 122g Rn. 44, 63; Lutter/Bayer § 122g Rn. 15; aA Louven ZIP 2006, 2021 (2022)). Auf die Einhaltung von Form- und Fristerfordernissen für die Einberufung und Durchführung der Anteilsinhaberversammlung kann nach Maßgabe der allg. Regelungen für die jew. Gesellschaftsform verzichtet werden (zur früheren Rechtslage Semler/Stengel/Leonard/Drinhausen Rn. 5; zum Verzicht auf die Frist hinsichtlich der Bekanntmachung nach § 308 → § 308 Rn. 10 und hinsichtlich der Fristen für den Verschmelzungsbericht und den Verschmelzungsprüfungsbericht → § 310 Rn. 7, → § 311 Rn. 6). Für ausl. Ges gelten die Regelungen der Rechtsordnung, denen diese unterliegen.

c) Beschlussfassung. Für die Beschlussfassung sind über § 305 II neben § 13 für **5** beteiligte inl. PhG § 42 iVm § 39c, für beteiligte inl. GmbH §§ 50, 51 (zu § 51 vgl. auch Kölner Komm UmwG/Simon/Rubner Rn. 8 ff.) sowie für inl. AG/SE/KGaA § 65 anwendbar. Die dort geregelten Beschlussmehrheiten gelten auch bei grenzüberschreitenden Verschm. Insbesondere kann ohne dessen Zustimmung kein Anteilsinhaber eines übertragenden Rechtsträgers phG der übernehmenden PhG werden (§ 42 iVm § 39d; vgl. zur früheren Rechtslage auch Klett NZG 2019, 292 (295)). Die Beschlussmehrheiten für die beteiligten ausl. Ges richten sich nach deren Rechtsordnung. Zur strittigen Frage der notwendigen Mehrheiten bei einer SE vgl. zur früheren Rechtslage Lutter/Bayer § 122g Rn. 22.

Die Zustimmungsbeschlüsse bei beteiligten inl. Rechtsträgern sind nach § 305 **6** II iVm § 13 III ebenso wie ggf. zusätzlich erforderliche Zustimmungserklärungen einzelner Anteilsinhaber **notariell zu beurkunden.** Der Verschmelzungsplan oder sein Entwurf ist dem Beschluss als **Anlage** beizufügen (§ 13 III 2; iE → § 13 Rn. 69 ff.). Zur Frage der Wirksamkeit der Auslandsbeurkundung → § 6 Rn. 13 ff. Die Formerfordernisse für die Beschlüsse bei beteiligten ausl. Ges richten sich nach deren Rechtsordnung (zu den **Beurkundungskosten** → § 13 Rn. 77 ff.).

7 d) Zustimmungsvorbehalt Arbeitnehmermitbestimmung. Nach Abs. 1 können die Anteilsinhaber ihre Zustimmung davon abhängig machen, dass die Art und Weise der Mitbestimmung der ArbN der übernehmenden oder neuen Ges ausdrücklich von ihnen bestätigt wird. Die Regelung geht auf Art. 126 II GesR-RL zurück und erinnert an Art. 22 II 2 SE-VO. Die Vorschrift soll ermöglichen, dass die Anteilsinhaber – etwa, wenn unsicher ist, ob überhaupt die notwendige Mehrheit zustande kommt – bereits über die Verschm an sich beschließen, obwohl zu diesem Zeitpunkt noch nicht feststeht, wie die Mitbestimmung der ArbN in der übernehmenden/neuen Ges ausgestaltet ist. In diesem Fall können die Gesellschafter beschließen, dass die Art und Weise der Mitbestimmung von ihnen bestätigt wird. Der Vorbehalt bezieht sich auf alle Arten der Mitbestimmungsregelung, auch auf das Eingreifen der Auffangregelung (BeckOGK/Klett Rn. 27; zur früheren Rechtslage auch Lutter/Bayer § 122g Rn. 28). Die Gesellschafter haben damit zwar keinen unmittelbaren Einfluss auf die Festlegung der Art und Weise der Mitbestimmung, sie können aber die Verschm an sich und damit die Umsetzung des in dem Verfahren zur Festlegung der ArbN-Mitbestimmung Vereinbarten (→ Vor § 305 Rn. 7) verhindern (BeckOGK/Klett Rn. 28; zur früheren Rechtslage Kallmeyer/Zimmermann § 122g Rn. 21; Semler/Stengel/Leonard/Drinhausen § 122g Rn. 9; Widmann/Mayer/Heckschen § 122g Rn. 134; HK-UmwG/Becker/Uxa § 122g Rn. 5).

8   Der **Bestätigungsvorbehalt** ist kein eigenständiger Beschluss, sondern Bestandteil des Zustimmungsbeschlusses (BeckOGK/Klett Rn. 29; zur früheren Rechtslage Begr. RegE zu § 122g I aF; Widmann/Mayer/Heckschen § 122g Rn. 109; Kallmeyer/Zimmermann § 122g Rn. 16; Kölner Komm UmwG/Simon/Rubner § 122g Rn. 16; HK-UmwG/Becker/Uxa § 122g Rn. 4, 7; Henssler/Strohn/Polley § 122g Rn. 6; Habersack/Drinhausen/Kiem § 122g Rn. 10; NK-UmwR/Althoff § 122g Rn. 14; aA Lutter/Bayer § 122g Rn. 30, 33; Sagasser/Bula/Brünger Umwandlungen/Gutkès § 13 Rn. 157 zu § 122g; Semler/Stengel/Leonard/Drinhausen § 122g Rn. 10). Demzufolge gilt für die einheitliche Beschlussfassung die **qualifizierte Mehrheit** nach § 305 II iVm § 42 iVm § 39c, § 50 oder § 65 (BeckOGK/Klett Rn. 29; zur früheren Rechtslage Widmann/Mayer/Heckschen § 122g Rn. 112; Kallmeyer/Zimmermann § 122g Rn. 16; Habersack/Drinhausen/Kiem § 122g Rn. 10; NK-UmwR/Althoff § 122g Rn. 14; Kölner Komm UmwG/Simon/Rubner § 122g Rn. 16; HK-UmwG/Becker/Uxa § 122g Rn. 7; Henssler/Strohn/Polley § 122g Rn. 6; aA Semler/Stengel/Leonard/Drinhausen § 122g Rn. 10; Lutter/Bayer § 122g Rn. 30; Sagasser/Bula/Brünger Umwandlungen/Gutkès § 13 Rn. 158: einfache Stimmenmehrheit; zur ähnlichen Situation nach Art. 23 SE-VO → SE-VO Art. 23 Rn. 13). Der Vorbehaltsbeschluss kann auch aufgrund eines Gegenantrags eines Anteilsinhabers gefasst werden, ohne dass es einer Bekanntmachung bedurfte (zur früheren Rechtslage zutr. Habersack/Drinhausen/Kiem § 122g Rn. 10). Voraussetzung für den Bestätigungsvorbehalt ist indes, dass das Mitbestimmungsmodell zum Zeitpunkt der Beschlussfassung noch nicht feststeht (zur früheren Rechtslage Habersack/Drinhausen/Kiem § 122g Rn. 10).

9   Wird der Vorbehalt erklärt, muss nach Feststehen der anzuwendenden Mitbestimmungsregelung eine **weitere Versammlung** durchgeführt werden (zur früheren Rechtslage Kallmeyer/Zimmermann § 122g Rn. 18; Kölner Komm UmwG/Simon/Rubner § 122g Rn. 19; Habersack/Drinhausen/Kiem § 122g Rn. 11; Semler/Stengel/Leonard/Drinhausen § 122g Rn. 11; HK-UmwG/Becker/Uxa § 122g Rn. 9; Widmann/Mayer/Heckschen § 122g Rn. 113; Lutter/Bayer § 122g Rn. 32; vgl. auch BeckOGK/Klett Rn. 31: zweckmäßig). Eine Übertragung der Bestätigungsbefugnis auf ein anderes Organ ist nicht möglich, da die Bestätigung Teil des Verschmelzungsbeschlusses ist und hierüber nur die Gesellschafter entscheiden können (zur früheren Rechtslage Kallmeyer/Zimmermann § 122g Rn. 19; Lutter/Bayer § 122g n. 34; Hauschild/Kallrath/Wachter Notar-HdB/Zimmermann § 27

Rn. 149; Habersack/Drinhausen/Kiem § 122g Rn. 11; aA Kölner Komm UmwG/ Simon/Rubner § 122g Rn. 18; Sagasser/Bula/Brünger Umwandlungen/Gutkès § 13 Rn. 161). Die Gesellschafter können hierfür indes – wie auch für den Verschmelzungsbeschluss (→ § 13 Rn. 45 ff.) – Vollmachten erteilen. Grds. richten sich die Anforderungen an die Vorbereitung und Durchführung der weiteren Versammlung nach dem jew. für die beteiligte Ges geltenden (in- oder ausl.) Gesellschaftsrecht (BeckOGK/Klett Rn. 33; zur früheren Rechtslage Semler/Stengel/Leonard/Drinhausen § 122g Rn. 11; Widmann/Mayer/Heckschen § 122g Rn. 113). Die besonderen Anforderungen nach dem UmwG sind nicht einzuhalten, soweit nicht – etwa wegen Änderungen des Entwurfs oder des beurkundeten Verschmelzungsplans gegenüber dem bisherigen Entwurf – erneut eine Beschlussfassung über den Verschmelzungsplan erfolgen muss (BeckOGK/Klett Rn. 33). Letzteres wäre etwa nötig, wenn im Zuge der Entscheidung über die ArbN-Mitbestimmung eine angepasste Satzung und damit ein angepasster Verschmelzungsplan (§ 307 II Nr. 9) notwendig ist (zur früheren Rechtslage vgl. auch Lutter/Bayer § 122g Rn. 29; Kölner Komm UmwG/Simon/Rubner § 122g Rn. 12; Habersack/Drinhausen/Kiem § 122g Rn. 16). Auch die Informationspflichten im Rahmen der Vorbereitung der Beschlussfassung, die in diesem Fall die getroffene Entscheidung über die ArbN-Mitbestimmung umfassen (Hauschild/Kallrath/Wachter Notar-HdB/Zimmermann § 27 Rn. 148), richten sich nach den für die Rechtsformen geltenden Gesetzen.

Da erst der Bestätigungsbeschluss zur endgültigen Wirksamkeit des Zustimmungsbeschlusses führt, bedarf er **derselben Mehrheit** wie der Zustimmungsbeschluss (BeckOGK/Klett Rn. 31; zur früheren Rechtslage wie hier Widmann/Mayer/ Heckschen § 122g Rn. 137; Kallmeyer/Zimmermann § 122g Rn. 20; Kölner Komm UmwG/Simon/Rubner § 122g Rn. 19; Frenzel RIW 2008, 12 (15); HK-UmwG/Becker/Uxa § 122g Rn. 8; Henssler/Strohn/Polley § 122g Rn. 6; Habersack/Drinhausen/Kiem § 122g Rn. 11; aA Semler/Stengel/Leonard/Drinhausen § 122g Rn. 11; Lutter/Bayer § 122g Rn. 33; Sagasser/Bula/Brünger Umwandlungen/Gutkès § 13 Rn. 160: einfache Stimmenmehrheit; auch → Rn. 8). Eine geringere Mehrheit wäre nur ausreichend, wenn im Verschmelzungsbeschluss ausdrücklich eine Bestätigung mit einer geringeren Mehrheit zugelassen wird (BeckOGK/ Klett Rn. 31; zur früheren Rechtslage Kölner Komm UmwG/Simon/Rubner § 122g Rn. 17; Simon/Rubner Der Konzern 2006, 835 (839); HK-UmwG/ Becker/Uxa § 122g Rn. 8). Er ist ebenso wie der Verschmelzungsbeschluss (→ Rn. 6) **notariell zu beurkunden** (BeckOGK/Klett Rn. 34; zur früheren Rechtslage Kallmeyer/Zimmermann § 122g Rn. 23; Widmann/Mayer/Heckschen § 122g Rn. 138). Solange der Bestätigungsbeschluss mit der erforderlichen Mehrheit nicht getroffen ist, liegt eine wirksame Zustimmung der Anteilsinhaberversammlung nach § 305 II iVm § 13 nicht vor (BeckOGK/Klett Rn. 30; zur früheren Rechtslage auch Habersack/Drinhausen/Kiem § 122g Rn. 10). Demzufolge kann eine Verschmelzungsbescheinigung nach § 316 nicht erteilt und die Verschm nicht eingetragen werden (BeckOGK/Klett Rn. 30; zur früheren Rechtslage ebenso Semler/ Stengel/Leonard/Drinhausen § 122g Rn. 12; Lutter/Bayer § 122g Rn. 31; Kölner Komm UmwG/Simon/Rubner § 122g Rn. 20; NK-UmwR/Althoff § 122g Rn. 15; Sagasser/Bula/Brünger Umwandlungen/Gutkès § 13 Rn. 156;). Damit wird – ggf. endgültig – die Verschm nicht wirksam. Mittelbar stimmen damit die Anteilsinhaber über die (Neu-)Regelung hinsichtlich der ArbN-Mitbestimmung mit ab (auch → Rn. 7).

3. Ausnahmen von der Beschlussfassung (Abs. 2)

Nach **Abs. 2** ist ein Verschmelzungsbeschluss der Anteilsinhaber der übertragenden Ges in den Fällen des § 307 III nicht erforderlich. Die Erweiterung der Konstellationen geht auf die Änderung von Art. 132 I GesR-RL zurück (Begr. RegE, BT-

Drs. 20/3822 zu § 311; vgl. auch J. Schmidt Der Konzern 2022, 309 (314)). Die erste Fallgruppe ist – wie bisher in § 122g aF – die Verschm einer **100-%igen TochterGes auf die MutterGes** (§ 307 III Nr. 1). Der einzige beschließende Gesellschafter wäre in diesem Fall die übernehmende Ges selbst. Diese bringt ihre Zustimmung zur Verschm schon durch die Aufstellung des gemeinsamen Verschmelzungsplans (§ 307) zum Ausdruck; ein Beschluss wäre reine Förmelei (vgl. auch § 62 IV). Die weiteren Fallgruppen setzen immer voraus, dass den Anteilsinhabern der übertragenden Ges keine Anteile gewährt werden (§ 307 III Nr. 2). Weitere Voraussetzung ist, dass dieselbe Person unmittelbar od/oder mittelbar alle Anteile der übertragenden und der übernehmenden Ges besitzt **(100 %ige Schwestern-Verschmelzungen,** § 307 III Nr. 2 lit. a–c; vgl. näher → § 307 Rn. 40). Damit wird die Ermächtigung in Art. 132 I GesR-RL umgesetzt. Rechtswirkungen entfaltet die Regelung nur für eine übertragende Ges, die der dt. Rechtsordnung unterliegen (zur früheren Rechtslage Semler/Stengel/Leonard/Drinhausen § 122g Rn. 14; Kallmeyer/Zimmermann § 122g Rn. 27 f.; Henssler/Strohn/Polley § 122g Rn. 8). Die Ausnahme vom Beschlusserfordernis gilt auch, wenn zugleich mehrere übertragende inl. Ges die Voraussetzungen – auch in verschiedenen Konstellationen – erfüllen (zur früheren Rechtslage vgl. auch Widmann/Mayer/Heckschen § 122g Rn. 153; Kallmeyer/Zimmermann § 122g Rn. 27). Soweit zugleich übertragende Ges verschmolzen werden, bei denen die Voraussetzungen nach § 307 III nicht erfüllt sind, ist bei diesen Ges ein Zustimmungsbeschluss der Anteilsinhaber erforderlich.

12 Maßgeblich ist die über die Gesellschaftsanteile vermittelte unmittelbare oder mittelbare 100%ige Beteiligung. Eigene Anteile der beteiligten Ges werden nicht mitgezählt. Anteile, die ein Dritter im eigenen Namen, jedoch für Rechnung des Anteilsinhabers hält, werden dem Anteilsinhaber zugerechnet (vgl. zu § 62 → § 62 Rn. 5). **Unterbeteiligungen, stille Ges** an einer beteiligten Ges und ähnliche Rechtsverhältnisse sind nicht zu berücksichtigen.

13 Weitere Besonderheiten bei Konzernverschmelzungen bestehen hinsichtlich der Angaben im Verschmelzungsplan (→ § 307 Rn. 40) und der Notwendigkeit eines Verschmelzungsberichts (→ § 309 Rn. 15) sowie einer Verschmelzungsprüfung (→ § 311 Rn. 8).

14 Der von Art. 126 III GesR-RL zugelassene **Verzicht** auf eine Gesellschafterversammlung bei der **übernehmenden Ges** wurde in § 312 nicht unmittelbar übernommen. Über § 305 II gilt bei Beteiligung einer AG/SE/KGaA aber **§ 62 I** (BeckOGK/Klett Rn. 37; J. Schmidt Der Konzern 2022, 309, 312; zur früheren Rechtslage Habersack/Drinhausen/Kiem § 122g Rn. 18; Semler/Stengel/Leonard/ Drinhausen § 122g Rn. 16; NK-UmwR/Althoff § 122g Rn. 17; HK-UmwG/ Becker/Uxa § 122g Rn. 12; Widmann/Mayer/Heckschen § 122g Rn. 166; Lutter/ Bayer § 122g Rn. 36). Danach ist ein Verschmelzungsbeschluss bei einer inl. übernehmenden **AG/SE/KGaA** entbehrlich, wenn sich mindestens 90 % des Kapitals der übertragenden Ges in der Hand der übernehmenden Ges befindet. In diesem Fall kann die Beschlussfassung gänzlich entfallen (BeckOGK/Klett Rn. 37; zur früheren Rechtslage Kallmeyer/Zimmermann § 122g Rn. 29; Kölner Komm UmwG/ Simon/Rubner § 122g Rn. 26). Vgl. iE → § 62 Rn. 1 ff.

4. Kenntnisnahme der Versammlung (Abs. 3)

15 Nach **Abs. 3** nimmt die Versammlung der Anteilsinhaber den Verschmelzungsberichts, den Prüfungsbericht und etwaige Stellungnahmen nach § 308 I 2 Nr. 4 zur Kenntnis, bevor sie die Zustimmung zum Verschmelzungsplan beschließt. Diese Regelung beruht auf der Vorgabe von Art. 126 I GesR-RL. Die genannten Dokumente sind den Anteilsinhabern rechtzeitig vor der Versammlung zugänglich zu machen (vgl. zum Verschmelzungsbericht vgl. → § 310 Rn. 2 ff., zum Prüfungsbericht vgl. → § 311 Rn. 6). Eine Frist für die Zugänglichmachung der Stellungnahmen nach § 308 I 2 Nr. 4 (vgl. auch → § 308 Rn. 17 ff.) besteht nicht. Sie können bis spätestens fünf Arbeitstage vor dem Tag der Gesellschafterversammlung übermittelt werden (§ 308 I 2 Nr. 4). Der Begriff Arbeitstage ist nicht mit Werktagen gleichzusetzen. Maßgeblich sind nach Sinn und Zweck die Tage, an denen üblicherweise bei der Ges und bei mehreren Betriebsstätten am Ort der Geschäftsleitung gearbeitet wird. Vielfach wird dies Montag bis Freitag mit Ausnahme von Feiertagen sein. Die Frist ist wiederum rückwärts zu berechnen (vgl. etwa → § 310 Rn. 6; Bsp: die Gesellschafterversammlung findet an Donnerstag in einer regulären Arbeitswoche statt; dann können die Stellungnahmen bis Mittwoch der Vorwoche eingereicht werden). Die Stellungnahmen müssen mindestens in Textform (§ 126b BGB) erfolgen, damit eine Zugänglichmachung möglich ist. Angesichts der kurzen Frist sind die Stellungnahmen unverzüglich, regelmäßig also am ersten Arbeitstag nach Fristablauf, und elektronisch (wie der Verschmelzungsbericht; vgl. näher → § 310 Rn. 5) den Anteilsinhabern zugänglich zu machen. Die Stellungnahmen nach § 310 III (näher → § 310 Rn. 8) sind nicht aufgezählt.

Die genannten Dokumente – soweit sie nicht im Einzelfall entbehrlich sind (vgl. näher → § 309 Rn. 15, → § 311 Rn. 7) – müssen von der Versammlung der Anteilsinhaber vor der Beschlussfassung zur **Kenntnis genommen** werden. Eine individuelle Kenntnisnahme ist weder notwendig noch messbar. Den Anforderungen von Abs. 3 wird genügt, wenn anlässlich der Versammlung der Anteilsinhaber festgestellt wird, dass die Unterlagen den Anteilsinhabern rechtzeitig zugänglich gemacht worden sind. Mögliche Widersprüche und Einwendungen der Anteilsinhaber sind ebenfalls zu dokumentieren. Dies sollte in der notariellen Urkunde über die Beschlussfassung protokolliert werden.

16

§ 313 Barabfindung

(1) ¹Unterliegt die übernehmende oder neue Gesellschaft nicht dem deutschen Recht, so hat die übertragende Gesellschaft im Verschmelzungsplan oder in seinem Entwurf jedem Anteilsinhaber, der gegen den Verschmelzungsbeschluss der Gesellschaft Widerspruch zur Niederschrift erklärt, den Erwerb seiner Anteile gegen eine angemessene Barabfindung anzubieten; nicht anzuwenden sind insoweit § 71 Absatz 4 Satz 2 des Aktiengesetzes sowie die Anordnung der Nichtigkeit des schuldrechtlichen Geschäfts über einen verbotswidrigen Erwerb nach § 33 Absatz 2 Satz 3 des Gesetzes betreffend die Gesellschaften mit beschränkter Haftung. ²Das Abfindungsangebot steht unter der aufschiebenden Bedingung des Wirksamwerdens der grenzüberschreitenden Verschmelzung. ³Im Verschmelzungsplan oder seinem Entwurf sind eine Postanschrift und eine elektronische Adresse anzugeben, an welche die Mitteilung nach Absatz 2 und die Annahmeerklärung nach Absatz 3 Satz 1 übermittelt werden können. ⁴§ 29 Absatz 1 Satz 4 und 5 sowie Absatz 2, § 30 Absatz 1 und die §§ 32 bis 34 gelten entsprechend.

(2) Ein Anteilsinhaber, der die Annahme des Abfindungsangebots nach Absatz 1 Satz 1 beabsichtigt, hat der Gesellschaft seine Absicht spätestens einen Monat nach dem Tag, an dem die Versammlung der Anteilsinhaber der übertragenden Gesellschaft die Zustimmung zum Verschmelzungsplan beschlossen hat, mitzuteilen.

(3) ¹Das Angebot kann bis spätestens zwei Monate nach dem Tag, an dem die Versammlung der Anteilsinhaber der übertragenden Gesellschaft die Zustimmung zum Verschmelzungsplan beschlossen hat, angenommen werden. ²Die Annahme ist ausgeschlossen, wenn die Mitteilung nach

Absatz 2 nicht rechtzeitig erfolgt ist. ³Erfolgt die Annahme vor Ablauf der Mitteilungsfrist gemäß Absatz 2, so ist die Mitteilung nicht mehr erforderlich. ⁴§ 15 Absatz 4 des Gesetzes betreffend die Gesellschaften mit beschränkter Haftung bleibt unberührt.

(4) Anteilsinhaber, die das Angebot nach Maßgabe des Absatzes 3 angenommen haben, werden abweichend von § 20 Absatz 1 Nummer 3 Satz 1 mit Wirksamwerden der Verschmelzung nicht Anteilsinhaber der übernehmenden oder neuen Gesellschaft.

(5) ¹Die übernehmende oder neue Gesellschaft hat die Barabfindung spätestens zwei Wochen, nachdem die Verschmelzung wirksam geworden ist, an die Anteilsinhaber, die das Angebot nach Maßgabe des Absatzes 3 angenommen haben, zu zahlen. ²§ 314 ist auf den Abfindungsanspruch dieser Anteilsinhaber entsprechend anzuwenden.

(6) ¹Die Angemessenheit einer nach Absatz 1 anzubietenden Barabfindung ist stets zu prüfen. ²§ 311 ist entsprechend anzuwenden.

1. Allgemeines

1   Die Vorschrift tritt an die Stelle von § 122i aF, allerdings in einer umfassenden Neufassung. Sie regelt detailliert die Möglichkeit jedes Anteilsinhaber einer inl. übertragenden Ges, gegen Barabfindung auszuscheiden. Sie dient damit der Umsetzung von § 126a GesR-RL und soll gewährleisten, dass kein Anteilsinhaber die mit dem Wechsel in eine ausl. Rechtsform verbundene Änderung seiner Rechte und Pflichten hinnehmen muss (Begr. RegE, BT-Drs. 20/3822 zu § 313 I). Im Vergleich zur Regelung bei nat. Verschm (§§ 29 ff.) bestehen mehrere Abweichungen. Inhaltlich vergleichbare Regelungen finden sich in § 7 I und VII SEAG für die Gründung einer SE durch Verschm (→ SE-VO Art. 24 Rn. 15).

2   **Abs. 1 S. 1** richtet sich an eine der inl. Rechtsordnung unterliegende übertragende Ges. Danach muss die übertragende Ges jedem Anteilsinhaber den Erwerb seiner Anteile gegen eine angemessene Barabfindung anbieten, wenn die übernehmende oder neue Ges nicht dem dt. Recht unterliegt. Da damit ein Wechsel der Rechtsform einhergeht, wären auch die Voraussetzungen von § 29 I 1 erfüllt. Die Modifikation gegenüber § 29 liegt insbesondere darin, dass der übertragende Rechtsträger nicht nur das Barabfindungsangebot zu unterbreiten hat, sondern der Anteilsinhaber auch noch aus dem übertragenden Rechtsträger ausscheidet (Abs. 4). Dies beruht darauf, dass nach § 131 I lit. b, II lit. b GesR-RL die ausscheidenden Gesellschafter nicht mehr Gesellschafter der übernehmenden Ges werden sollen. Die Nichtigkeitsvorschriften nach § 71 IV 2 AktG und § 33 II 3 GmbHG sind ausdrücklich nicht anzuwenden **(Abs. 1 S. 1 Hs. 2)**. Das Angebot durch den übertragenden Rechtsträger und dessen Annahme vor dem Wirksamwerden ist auch der Grund, weswegen dieses aufschiebend bedingt auf das Wirksamwerden der grenzüberschreitenden Verschm sein muss, damit die annehmenden Anteilsinhaber nur unter dieser Voraussetzung gebunden sind. Im Übrigen regeln **Abs. 1 S. 3, 4** die Notwendigkeit der Angabe einer Adresse für die gestuften Annahmehandlungen nach Abs. 2 und Abs. 3 und die partielle Geltung einzelner Vorschriften der §§ 29 ff.

3   Die Anteilsinhaber können das Angebot in einem **zweistufigen Verfahren** annehmen. Zunächst haben sie ohne Bindungswirkung innerhalb eines Monats nach der beschlussfassenden Gesellschafterversammlung die Annahmeabsicht zu erklären **(Abs. 2)**. Sie können innerhalb dieser Frist aber bereits auch das Angebot annehmen **(Abs. 3 S. 3)**. Wird innerhalb der Monatsfrist weder die Annahmeabsicht noch die Angebotsannahme erklärt, ist die spätere Annahme ausgeschlossen (Abs. 3 S. 2). Die eigentliche Annahme des Ausscheidens gegen Barabfindung kann innerhalb von zwei Monaten nach der beschlussfassenden Gesellschafterversammlung erklärt wer-

den (**Abs. 3 S. 1**). Bei einer GmbH als übertragender Ges muss die Annahme, nicht aber die Absichtserklärung nach Abs. 2 notariell beurkundet werden (**Abs. 3 S. 4**). Bei den anderen Rechtsformen besteht für beide Erklärungen kein Formzwang. Der Vollzug des Ausscheidens erfolgt nicht rechtsgeschäftlich, sondern kraft Gesetzes mit Wirksamwerden der Verschm (**Abs. 4**). Dieser Zeitpunkt ist auch für die Fälligkeit der Barabfindung maßgeblich (**Abs. 5 S. 1**). Für den Anspruch kann in entsprechender Anwendung von § 314 Sicherheit verlangt werden (**Abs. 5 S. 2**).

Nach **Abs. 6 S. 1** ist die Höhe einer nach Abs. 1 anzubietenden Barabfindung stets 4 zu prüfen. Dies beruht ebenso wie § 311 auf der Vorgabe von Art. 126 Abs. 3 GesR-RL und entspricht der Regelung nach § 30 II. Für die Prüfung erklärt **Abs. 6 S. 2** die Regelung des § 311 entsprechend anwendbar. Der Verweis umfasst auch die Bestimmungen, unter denen eine Prüfung und/oder ein Prüfungsbericht nicht notwendig ist.

2. Ausscheiden gegen Barabfindung

a) Gesetzessystematik und Unterschiede zu §§ 29 ff. Das Verfahren zum 5 Ausscheiden widersprechender Anteilsinhaber bei grenzüberschreitenden Verschm gem. § 313 weicht von den Regelungen nach §§ 29 ff. für nationale Verschm ab. Die Annahme des Angebots erfolgt zweistufig und noch vor Wirksamwerden der Verschm (Abs. 2 und 3; vgl. demgegenüber § 31). Der das Angebot annehmende Anteilsinhaber scheidet ferner aus der übertragenden Ges aus; er wird anders als bei nat. Verschm nicht Anteilsinhaber des übernehmenden Rechtsträgers (Abs. 4). Ebenso wie bei nat. Verschm ist indes eine Klage gegen den Verschmelzungsbeschluss wegen eines zu niedrig bemessenen Barabfindungsangebots ausgeschlossen und stattdessen die Möglichkeit eines Spruchverfahrens eröffnet (Abs. 1 S. 4 iVm §§ 32 ff.). Auch die Regelungen zur Prüfung des Barabfindungsangebots sind vergleichbar.

b) Ausländische Übernehmerin. Die Verpflichtung zur Abgabe eines Barab- 6 findungsangebots besteht immer dann, wenn die übernehmende oder neue Ges nicht dem dt. Recht unterliegt (BeckOGK/Klett Rn. 14). Dies gilt auch, wenn diese börsennotiert ist (zur früheren Rechtslage krit. HRA des DAV NZG 2006, 737 (740); Lutter/Bayer § 122i Rn. 6; Habersack/Drinhausen/Kiem § 122i Rn. 3; ausf. auch Sagasser/Bula/Brünger Umwandlungen/Gutkés § 13 Rn. 87 ff.). In diesem Fall ist § 313 lex specialis gegenüber den §§ 29 ff. Wird eine inl. übertragende Ges anlässlich einer grenzüberschreitenden Verschm (etwa bei Beteiligung weiterer ausl. übertragender Ges; → § 305 Rn. 8) auf eine inl. übernehmende oder neue Ges verschmolzen, richtet sich die Verpflichtung zur Abgabe eines Barabfindungsangebots für die Anteilsinhaber dieser Ges ausschließlich nach § 29 (§ 305 II; zur früheren Rechtslage Kölner Komm UmwG/Simon/Rubner § 122i Rn. 5; Lutter/Bayer § 122i Rn. 8; Kallmeyer/Marsch-Barner § 122i Rn. 4; HK-UmwG/Becker/Uxa § 122i Rn. 9; Habersack/Drinhausen/Kiem § 122i Rn. 4). Wenn eine inl. Ges als übernehmender oder neuer Rechtsträger beteiligt ist, sind freilich vergleichbare ausl. Vorschriften zu beachten (zur früheren Rechtslage Kölner Komm UmwG/Simon/Rubner § 122i Rn. 4). In den Konzernfällen nach § 307 III bedarf es keines Angebots (→ § 307 Rn. 40)

c) Verpflichteter. Wie inzwischen (Änderung durch das UmRUG) auch nach 7 § 29 ist nach Abs. 1 S. 1 die **übertragende Ges** zur Abgabe des Angebots an ihre Gesellschafter verpflichtet. Dies erklärt sich auch daraus, dass der Gesetzgeber im UmwG nur für die inl. beteiligten Ges Verpflichtungen schaffen kann. Ferner ordnet Art. 131 I lit. b, II lit. b GesR-RL an, dass gegen Barabfindung ausscheidende Gesellschafter nicht mehr Gesellschafter der übernehmenden Ges werden. Dies ist in Abs. 4 umgesetzt. Die Verpflichtung zur Zahlung der Barabfindung geht wegen der Gesamtrechtsnachfolge auf den übernehmenden Rechtsträger über, die diese nach Abs. 5 spätestens zwei Wochen nach Wirksamwerden der Verschm zu zahlen hat (vgl. auch → Rn. 14).

8 **d) Berechtigte, Widerspruch gegen den Verschmelzungsbeschluss.** Das Angebot zum Ausscheiden gegen angemessene Barabfindung richtet sich nur an Anteilsinhaber einer inl. übertragenden Ges. Den Anteilsinhabern einer übernehmenden Ges steht das Ausscheidensrecht – ebenso wie nach § 29 – nicht zu (krit. hierzu zur früheren Rechtslage Lutter/Bayer § 122i Rn. 5). Weitere Voraussetzung ist, dass der Gesellschafter gegen den Verschmelzungsbeschlusses des übertragenden Rechtsträgers **Widerspruch zur Niederschrift** erklärt (BeckOGK/Klett Rn. 16). Dies gewährleistet im Zusammenspiel mit den notwendigen Mehrheitsverhältnissen eine gewisse Begrenzung. Die Notwendigkeit zum Widerspruch entspricht derjenigen nach § 29 I 1 (näher → § 29 Rn. 15). Sie ist durch die Mitgliedstaatenoption in Art. 126a I UAbs. 3 S. 2 GesR-RL gedeckt. Über § 305 II gilt auch § 29 II, der **Ersatztatbestände** zum Widerspruch regelt (vgl. näher → § 29 Rn. 17).

9 **e) Angebot im Verschmelzungsplan, Bekanntmachung.** Das Ausscheiden gegen angemessene Barabfindung ist – außer in den Konzernfällen nach § 307 III (→ § 307 Rn. 40) – nach Abs. 1 S. 1 im Verschmelzungsplan oder in seinem Entwurf anzubieten. Ergänzend ist § 307 II Nr. 13 zu beachten, wonach der Verschmelzungsplan die Einzelheiten zum Angebot einer Barabfindung gemäß § 313 enthalten muss (näher → § 307 Rn. 35). Das Angebot im Entwurf des Verschmelzungsplans, also vor dessen notarieller Beurkundung (→ § 307 Rn. 42), ist nach Fassung der Zustimmungsbeschlüsse auf der Grundlage eines Entwurfs des Verschmelzungsplan eine ausreichende Grundlage für die Ankündigung nach Abs. 2 und die Annahme nach Abs. 3. Das Angebot steht kraft Gesetzes unter der aufschiebenden Bedingung des Wirksamwerdens der grenzüberschreitenden Verschm (Abs. 1 S. 2). Hierdurch und durch die Verknüpfung des Vollzugs des Ausscheidens mit dem Wirksamwerden der Verschm (Abs. 4) wird verhindert, dass ein Anteilsinhaber nach der Annahme des Angebots ausscheiden muss, obwohl die grenzüberschreitende Verschm nicht stattfindet (Begr. RegE, BT-Drs. 20/3822 zu § 313 I). Nach Abs. 1 S. 3 sind im Verschmelzungsplan oder seinem Entwurf ferner eine **Postanschrift** und eine **elektronische Adresse** anzugeben, die für die Mitteilung nach Abs. 2 und die Annahmeerklärung nach Abs. 3 S. 1 verwendet werden kann. Notwendig sind beide Adressen („und"). Um keine unnötigen zeitlichen Hürden zu schaffen, muss eine inl. Postanschrift angegeben werden. Dies wird regelmäßig die Geschäftsanschrift der Ges (§ 8 IV Nr. 1 GmbHG, § 37 III Nr. 1 AktG, § 106 II Nr. 1 lit. c HGB) sein. Dem Erfordernis einer elektronischen Adresse wird durch Angabe einer E-Mail-Adresse Genüge getan. Andere Formen einer elektronischen Adresse, etwa ein Formular auf der Internetseite, sind ebenfalls denkbar. Damit dürfen aber keine zu großen Hürden für die Kontaktaufnahme verbunden sein. Zu den Formanforderungen an die Absichtserklärung nach Abs. 2 und die Annahmeerklärung nach Abs. 3 → Rn. 11 f.

10 Abs. 1 S. 4 ordnet die entsprechende Anwendung von § 29 I 4 an. Danach muss eine erforderliche **Bekanntmachung** des Verschmelzungsvertrags als Gegenstand der Beschlussfassung das Barabfindungsangebot **im Wortlaut** enthalten. Bedeutsam ist dies für AG, SE und KGaA (§ 124 II 2 AktG; → § 29 Rn. 20; BeckOGK/Klett Rn. 24). Entsprechendes gilt, wenn bei einer GmbH die Satzung eine Bekanntmachung vorsieht. Einer Bekanntmachung des Angebots durch das Gericht nach § 308 bedarf es nicht (BeckOGK/Klett Rn. 24; zur früheren Rechtslage Kölner Komm UmwG/Simon/Rubner § 122i Rn. 9; Kallmeyer/Marsch-Barner § 122i Rn. 3; Habersack/Drinhausen/Kiem § 122i Rn. 6).

11 **f) Durchführung des Ausscheidens.** Im gesetzlichen Regelfall erfolgt das Ausscheiden **zweistufig** (krit. hierzu Schmidt NZG 2022, 579, 582 ff.; Bungert/Reidt

DB 2022, 1369, 1371; zur Notwendigkeit des Widerspruchs vgl. → Rn. 8). Zunächst muss ein ausscheidenswilliger Anteilsinhaber der Ges seine **Absicht,** dass Abfindungsangebot anzunehmen, mitteilen. Hierdurch soll die Ges Gewissheit über den maximal drohenden Liquiditätsabfluss erhalten (Begr. RegE, BT-Drs. 20/3822 zu § 313). Diese Absichtserklärung wurde aber auch gewählt, um bei GmbH die Vorgaben von Art. 126a II 3 GesR-RL (Erklärung in elektronischer Form) trotz des Erfordernisses der notariellen Beurkundung der Annahmeerklärung (→ Rn. 11) zu erfüllen (J. Schmidt NZG 2022, 579 (582); J. Schmidt BB 2022, 1859 (1867): Aufspaltungslösung). Eine besondere Form ist – auch bei GmbH als übertragende Ges (→ Rn. 12) – für die Absichtserklärung nicht vorgeschrieben, im Eigeninteresse des Anteilsinhaber sollte aber mindestens Textform gewahrt werden (vgl. auch BeckOGK/Klett Rn. 30). Die **Adressen nach Abs. 1 S. 3** (→ Rn. 9) können hierfür genutzt werden. Maßgeblich ist indes nur der Zugang, sodass auch eine Übermittlung durch einen Boten oder eine persönliche Abgabe (etwa) am Ort der Geschäftsadresse (§ 8 IV Nr. 1 GmbHG, § 37 III Nr. 1 AktG, § 106 II Nr. 1 lit. c HGB) ausreichend ist. Zur wirksamen Zustellung bei den Ges vgl. § 30 II GmbHG, § 78 II AktG, § 124 VI HGB. Zum Zugang einer E-Mail im geschäftlichen Verkehr vgl. BGH NJW 2022, 3791. Die Absichtserklärung muss innerhalb eines **Monats** nach dem Tag, an dem die Anteilsinhaberversammlung dem Verschmelzungsbeschluss zugestimmt hat, der übertragenden Ges zugehen. Für die Fristenberechnung gelten §§ 187 ff. BGB. Der Tag der Anteilsinhaberversammlung ist nicht mitzurechnen (§ 187 I BGB). Die Frist endet also an dem Kalendertag im nächsten Monat, der dem Tag der Anteilsinhaberversammlung entspricht (§ 188 II BGB). § 193 BGB gilt. Bsp: Anteilsinhaberversammlung am 26.8, Fristende am 26.9 oder an nächsten Werktag. Die Einhaltung der Frist ist Voraussetzung für die spätere Annahme, es sei denn, die Annahme des bei Abfindungsangebots ist bereits innerhalb der Monatsfrist erfolgt **(Abs. 3 S. 3, 4).** Die Absichtserklärung bindet den Anteilsinhaber indes nicht (Begr. RegE, BT-Drs. 20/3822 zu § 313 II; Bungert/Reidt DB 2022, 1369 (1370); J. Schmidt NZG 2022, 579 (583); Heckschen/Knaier GmbHR 2022, 501 (508); M. Goette DStR 2023, 157 (158); Baschnagel/Hilser BWNotZ 2023, 2 (4)).

Nach rechtzeitiger Erklärung der Ausscheidensabsicht oder innerhalb der Monatsfrist für die Absichtserklärung (→ Rn. 11) kann das im Verschmelzungsplan enthaltene (→ Rn. 9) Abfindungsangebot innerhalb von **zwei Monaten** nach dem Tag, an dem die Anteilsinhaberversammlung dem Verschmelzungsbeschluss zugestimmt hat, **angenommen** werden **(Abs. 3 S. 1).** Maßgeblich für die Fristeinhaltung ist der Zugang der Annahmeerklärung bei der übertragenden Ges. Zum Ausschluss von § 31 S. 2 (Annahme nach Abschluss des Spruchverfahrens) → Rn. 15. Durch die Annahme wird das Ausscheiden gegen Barabfindung bindend und die Verpflichtung zur Zahlung der Abfindung wirksam, allerdings aufschiebend bedingt auf das Wirksamwerden der Verschm **(Abs. 1 S. 2).** Die Nichtigkeitsvorschriften für die schuldrechtliche Verpflichtung nach § 71 IV 2 AktG und § 33 II 3 GmbHG sind ausdrücklich nicht anzuwenden **(Abs. 1 S. 1 Hs 2).** Das Angebot kann indes **frühestens** nach der zust. Beschlussfassung der inl. übertragenden Ges angenommen werden, da nach Abs. 1 S. 1 materielle Anspruchsvoraussetzung ist, dass der ausscheidende Gesellschafter gegen den Verschmelzungsbeschluss der Ges Widerspruch zur Niederschrift erklärt hat. Hinsichtlich der **Form** der Annahmeerklärungen ist zu unterscheiden. Bei einer übertragenden GmbH ist die Annahmeerklärung **notariell zu beurkunden** (Abs. 3 S. 5 iVm § 15 IV GmbHG; vgl. auch Heckschen/Knaier GmbHR 2022, 501 (508); ausf. Baschnagel/Hilser BWNotZ 2023, 2 (5 ff.); J. Schmidt NZG 2022, 579 (583); krit. auch BeckOGK/Klett Rn. 33; Thomale/ Schmid NotBZ 2023, 91 (96)), auch wenn das Ausscheiden kraft Gesetzes stattfindet (vgl. → Rn. 13). § 15 IV 2 GmbHG gilt daher nicht. Da die Beurkundung der Verpflichtung zur Anteilsübertragung nach § 15 IV 1 GmbHG nicht als Online-Beurkundung (§§ 16a BeurkG) durchführbar ist, liegt ein Umsetzungsdefizit vor (vgl. Art. 126a II 3 GesR-RL; vgl. auch J. Schmidt NZG 2022, 579 (582)). Bei übertragenden Ges anderer Rechtsform (AG/SE/KGaA/PhG) bestehen keine Formanforderungen (J. Schmidt NZG 2022, 579 (583)), zur Vermeidung von Unklarheiten und zum Nachweis sollte aber mindestens Textform eingehalten werden. Zum Zugang und zur Berechnung der Zweimonatsfrist → Rn. 11.

13 Anders als bei nat. Verschm (§§ 29 ff.) werden Anteilsinhaber, die fristgerecht das Angebot angenommen haben, nicht Gesellschafter der übernehmenden Ges (**Abs. 4**). Ihre **Beteiligung** an der übertragenden Ges **endet** kraft Gesetzes mit Wirksamwerden der Verschm (→ § 318 Rn. 19), also in dem Zeitpunkt, an dem die inl. übertragende Ges erlischt. Diese Anteilsinhaber scheiden demzufolge aus dem übertragenden und nicht aus dem übernehmenden Rechtsträger aus (Baschnagel/Hilser BWNotZ 2023, 2 (4); J. Schmidt NZG 2022, 579 (582)). Ob in dieser letzten denkbaren Zeiteinheit eigene Anteile der übertragenden Gesellschaft entstehen, ist nicht von Interesse, da die Anteile mit dem Erlöschen des Rechtsträgers jedenfalls untergehen (vgl. auch BeckOGK/Klett Rn. 37; vgl. allerdings § 71 I Nr. 3 AktG, § 33 III GmbHG, die ausdrücklich auch § 313 I erwähnen; dazu auch Begr. RegE, BT-Drs. 20/3822 zu § 33 III GmbHG und zu § 71 I Nr. 3 AktG). Nicht eindeutig ist die Situation bei der (ausl.) übernehmenden/neuen Ges. Im Regelfall waren für die ausscheidenden Gesellschafter als Gegenleistung Anteile an der übernehmenden/neuen Ges vorgesehen, die regelmäßig durch Kapitalerhöhung geschaffen werden. Diese Anteile entstehen trotz des Ausscheidens der Gesellschafter, die das Angebot angenommen haben, da anderenfalls das festgelegte, meist durch die zeitgleich mit der Verschmelzung wirksam werdende Kapitalerhöhung aufgestockte Nennkapital (Grundkapital, Stammkapital) nicht mehr passen würde (zutr. J. Schmidt ZGR Sonderheft 26, 231 (238); ob auch das Umtauschverhältnis – so J. Schmidt aaO. – nicht mehr passen würde, ist indes fraglich, da Teile des übergehenden Vermögens für die Barabfindung aufgewandt werden). Die Situation lässt sich befriedigend nur lösen, indem man annimmt, dass die übernehmende/neue Ges diese Anteile mit Wirksamwerden der Verschmelzung als eigene Anteile erwirbt (J. Schmidt ZGR-Sonderheft 26, 231 (238); J. Schmidt NZG 2022, 579 (582); J. Schmidt BB 2022, 1859 (1867); Baschnagel/Hilser BWNotZ 2023, 2 (4)). Da dies wirtschaftlich betrachtet eine Kapitalherabsetzung ist, lässt sich dieses Ergebnis auch unter dem Gesichtspunkt der Kapitalaufbringung rechtfertigen. Insoweit ist aber auch das ausl. Recht zu beachten, das den entsprechenden Erwerb eigener Anteile zulassen muss (BeckOGK/Klett Rn. 37). In diesem Sinne kann auch die Aufnahme von § 313 I in der Neufassung von § 71 I Nr. 3 AktG und § 33 III GmbHG durch das UmRUG interpretiert werden, wenn man dadurch den Anwendungsbereich für Hereinverschmelzungen eröffnet sieht, bei denen eine inl. übernehmende Ges Anteile von Gesellschaftern übernimmt, die aufgrund einer in Umsetzung von Art. 126a I GesR-RL geschaffenen, mit § 313 I vergleichbaren Vorschrift gegen Barabfindung ausscheiden. Durch § 316 II 1 (→ § 316 Rn. 14) ist gewährleistet, dass die Verschm vor dem Ende der Annahmefrist (→ Rn. 12) nicht wirksam werden kann. **Steuerlich** veräußern die ausscheidenden Anteilsinhaber damit auch ohne Rückwirkungsfiktion (zu den Fällen nach §§ 29 ff. vgl. → UmwStG § 2 Rn. 100) ihre Beteiligung an der übertragenden Ges.

14 **g) Zahlung der Barabfindung, Sicherheitsleistung, Kosten.** Das Ausscheiden mit Wirksamwerden der Verschm und die aufschiebend bedingte Verpflichtung bis zu diesem Zeitpunkt (→ Rn. 12 f.) bedingen, dass erst die übernehmende Ges die Zahlung der Barabfindung vornimmt (Abs. 1 S. 1). **Abs. 5 S. 1** bestimmt hierzu eine **zweiwöchige Zahlungsfrist** für die übernehmende oder neue Gesellschaft, die unter Berücksichtigung der Vorgabe der GesR-RL sehr kurz ist (vgl. Art. 126a III GesR-RL: zwei Monate). Ob dem inl. Gesetzgeber insoweit eine Regelungskompetenz für die ausl. Ges zusteht, kann offenbleiben, da die Verpflichtung zur rechtzeitigen Zahlung jedenfalls im Wege der Gesamtrechtsnachfolge auf die übernehmende oder neue Ges übergeht. Eine ggf. notwendige gerichtliche Durchsetzung der Zahlung muss gegenüber der übernehmenden Ges erfolgen. Ein inl. Gerichtsstand wird im Regelfall nicht existieren. Aufgrund dieses Durchsetzungsrisikos bestimmt **Abs. 5 S. 2** die entsprechende Anwendbarkeit von § 314 auf den Abfindungsanspruch. Unter den dort geregelten Voraussetzungen (mit Ausnahme des Zeitpunkts des Entstehens der Forderung nach § 314 I Nr. 1) kann für den Abfindungsanspruch **Sicherheit** verlangt werden (→ § 314 Rn. 4, → § 314 Rn. 7). Die Höhe der Sicherheitsleistung soll der Höhe der im Verschmelzungsplan (→ § 307 Rn. 35) angebotenen Barabfindung entsprechen, damit das Eintragungsverfahren nicht durch einen etwaigen Streit über die zutreffende Höhe der Abfindung verzögert werden kann (Begr. RegE, BT-Drs. 20/3822 zu § 313 V; BeckOGK/Klett Rn. 39; krit. Bungert/Strothotte DB 2022, 1818 (1821)). Der Anspruch ist nach Maßgabe von § 15 II zu verzinsen (Abs. 1 S. 4 iVm § 30 I 2; iE → § 30 Rn. 4 ff., → § 30 Rn. 12).

Nach **Abs. 1 S. 4** gilt § 29 I 5 entsprechend. Danach hat der übernehmende **15** Rechtsträger die **Kosten** für eine Übertragung zu tragen. Mangels Notwendigkeit eines Übertragungsvertrags (→ Rn. 13) bezieht sich die entsprechende Anwendung auf die Übernahme der Kosten für die Absichtserklärung nach Abs. 2 und die Annahmeerklärung nach Abs. 3 (→ Rn. 10 f.). Praktisch bedeutsam sind die Beurkundungskosten der Annahmeerklärung bei einer übertragenden GmbH (→ Rn. 12).

h) Angemessene Barabfindung, Prüfung. Die Barabfindung muss angemes- **16** sen sein (Abs. 1 S. 1). Nach Abs. 1 S. 4 ist § 30 I entsprechend anzuwenden. Danach muss die Barabfindung die Verhältnisse des übertragenden Rechtsträgers im Zeitpunkt der Beschlussfassung berücksichtigen.

Nach **Abs. 6 S. 1** ist die Angemessenheit einer anzubietenden Barabfindung **stets** **17** **prüfen** zu lassen. Hierfür ist § 311 entsprechend anzuwenden **(Abs. 6 S. 2)**. Damit gilt auch § 311 II. In den Fällen, in denen eine Verschmelzungsprüfung entbehrlich ist, bedarf es auch keiner Prüfung der Barabfindung. Da bei grenzüberschreitenden Verschm eine Verschmelzungsprüfung und ein Verschmelzungsprüfungsbericht außer bei Konzernverschmelzungen nur bei **Verzicht** aller Anteilsinhaber nicht notwendig ist (→ § 311 Rn. 7 f.), ist darauf zu achten, dass der Verzicht auch die Prüfung des Abfindungsangebots umfasst.

i) Anderweitige Veräußerung. Nach Abs. 1 S. 4 gilt auch § 33 entsprechend. **18** Danach stehen Verfügungsbeschränkungen einer anderweitigen Veräußerung nach Fassung des Verschmelzungsbeschlusses nicht entgegen (BeckOGK/Klett Rn. 41). Vgl. hierzu iE → § 33 Rn. 1 ff.

3. Ausschluss von Unwirksamkeitsklagen, Spruchverfahren

Nach **Abs. 1 S. 4** gelten für die inl. Ges § 32 und § 34. Wie bei inl. Verschm **19** kann eine Unwirksamkeitsklage gegen den Verschmelzungsbeschluss nicht darauf gestützt werden, dass ein nicht ordnungsgemäßes oder nicht angemessenes Barabfindungsangebot unterbreitet worden ist (§ 32). Stattdessen können die Anteilsinhaber in diesen Fällen eine gerichtliche Nachprüfung im Spruchverfahren beantragen (§ 34; zum Spruchverfahren in diesen Fällen → SpruchG § 1 Rn. 4). Abs. 1 S. 4 verweist nicht auf § 31 S. 2; diese Vorschrift gilt auch nicht über § 305 II. Eine Annahme des Barabfindungsangebots **nach Abschluss des Spruchverfahrens** ist nicht möglich, da dies mit der Frist nach Art. 126a IV GesR-RL nicht vereinbar wäre (Bungert/Reidt DB 2022, 1369 (1372)) Die in § 122i aF noch enthaltene Voraussetzung entweder eines vergleichbaren Verfahrens für die Anteilsinhaber der beteiligten ausl. Ges oder deren Zustimmung ist nicht mehr gegeben, da inzwischen auch Art. 126a IV GesR-RL ein entsprechendes Verfahren vorsieht. Für die Durchführung des Spruchverfahrens sind inl. Gerichte zuständig (Begr. RegE, BT-Drs. 20/3822 zu § 313 I; vgl. → SpruchG § 2 Rn. 4).

§ 314 Schutz der Gläubiger der übertragenden Gesellschaften

(1) Der Gläubiger einer übertragenden Gesellschaft kann verlangen, dass ihm Sicherheit geleistet wird für eine Forderung, die
1. **vor der Bekanntmachung des Verschmelzungsplans oder seines Entwurfs entstanden, aber im Zeitpunkt der Bekanntmachung noch nicht fällig geworden ist, und**
2. **deren Erfüllung durch die Verschmelzung gefährdet wird.**

(2) Die Voraussetzungen des Anspruchs nach Absatz 1 sind gegenüber dem zuständigen Gericht glaubhaft zu machen.

(3) Der Anspruch auf Sicherheitsleistung erlischt, wenn er nicht innerhalb von drei Monaten ab Bekanntmachung des Verschmelzungsplans gerichtlich geltend gemacht wurde.

(4) ¹**Geleistete Sicherheiten sind freizugeben, wenn das Verschmelzungsverfahren gescheitert ist.** ²**Das ist insbesondere dann der Fall, wenn**
1. **die Entscheidung des Gerichts über die Ablehnung der Eintragung gemäß § 316 Absatz 1 rechtskräftig ist,**
2. **die Ablehnung der Entscheidung über die Eintragung der Verschmelzung im Register der übernehmenden oder neuen Gesellschaft nicht mehr angefochten werden kann oder**
3. **das Verfahren auf Eintragung gemäß § 316 Absatz 1 oder nach dieser Eintragung das Verfahren auf Eintragung der Verschmelzung im Register der übernehmenden oder neuen Gesellschaft auf andere Weise endgültig beendet worden ist.**

(5) Ausschließlich zuständig für Streitigkeiten über den Anspruch auf Sicherheitsleistung nach Absatz 1 sowie über die Freigabe nach Absatz 4 ist das Gericht, dessen Bezirk das für die Erteilung der Vorabbescheinigung zuständige Registergericht angehört.

1. Allgemeines

Die Vorschrift bezweckt den Schutz der **Gläubiger** einer inl. übertragenden Ges. Sie entspricht thematisch § 122j aF, wurde aber umfassend neu gefasst. Abs. 5 geht auf die Beschlussempfehlung des Rechtsausschusses zurück (BT-Drs. 20/5237). § 314 dient der Umsetzung von Art. 126b GesR-RL. Vgl. auch § 8 S. 1 SEAG, § 13 SEAG. Für die Gläubiger einer inl. übernehmenden Ges ist § 22 über die Generalverweisung in § 305 II anwendbar (Begr. RegE, BT-Drs. 20/3822 zu § 314; näher → Rn. 15). Bei einer inl. Verschm können die Gläubiger der an der Verschm beteiligten Rechtsträger unter gewissen Voraussetzungen Sicherheitsleistung verlangen, wenn sie binnen sechs Monaten **nach** dem Tag der Bekanntmachung der Eintragung der Verschm in das Register ihres Schuldners den Anspruch nach Grund und Höhe schriftlich anmelden (§ 22). Von dieser Regelungstechnik weicht § 314 ab, indem ein Anspruch auf Sicherheitsleistung bereits **vor** Wirksamwerden der Verschm geschaffen wird. Die Frage, ob der vorgelagerte Schutz unter Berücksichtigung der Rechtsprechung des EuGH (NZG 2016, 513 Rn. 60, 62 – KA Finanz) *richtlinienkonform ist*, ist nach Änderung von Art. 121 II 1 GesR-RL und Einfügung von Art. 126b GesR-RL durch die UmwR-RL bejahen (ebenso Baschnagel/Hilser NZG 2022, 1333, 1335 f.; zweifelnd Bungert/Strothotte DB 2022, 1818 (1821); aA wohl BeckOGK/Klett Rn. 5; zum früheren Meinungsstand vgl.

→ 9. Aufl. 2020, § 122j Rn. 1). Offensichtlich sah der Gesetzgeber keine Notwendigkeit, dieses Schutzsystem auch für innerstaatliche Verschm zu übernehmen.

Die Vorschrift ist im Zusammenhang mit § 307 I Nr. 14 zu sehen. Danach sind 2 im Verschmelzungsplan Angaben über Sicherheiten, die den Gläubigern angeboten werden, aufzunehmen (→ § 307 Rn. 36). **Abs. 1** legt mit einer zeitlichen Komponente und dem Erfordernis einer Gefährdung der Erfüllung den Kreis der Gläubiger fest, die den Anspruch auf Sicherheiten haben. Diese Gläubiger können von der Ges die im Verschmelzungsplan angebotenen Sicherheiten fordern. Die in § 122j aF vorgesehene Glaubhaftmachung der Gefährdung der Erfüllung durch die Verschm ist hierfür nicht mehr vorgesehen. Lehnt die Ges die Sicherheitengewährung ab oder stufen die Gläubiger die angebotenen Sicherheiten als nicht geeignet oder nicht ausreichend ein, können die Gläubiger den Anspruch nach Abs. 1 nach Maßgabe von Abs. 2–5 gerichtlich durchsetzen. Dass die Sicherheit angemessen sein muss (Art. 126b I UAbs. 2 GesR-RL), ist nach Ansicht des Gesetzgebers dem Begriff „Sicherheit" immanent (Begr. RegE, BT-Drs. 20/3822 zu § 314 I). Nach **Abs. 2** sind die Voraussetzungen für den Anspruch gegenüber dem Gericht glaubhaft zu machen. Im Sinne der Verfahrensförderung ordnet **Abs. 3** an, dass der Anspruch auf Sicherheitsleistung innerhalb von drei Monaten ab Bekanntmachung des Verschmelzungsplans, der allerdings nicht bekannt gemacht wird (→ Rn. 6), gerichtlich geltend zu machen ist oder er anderenfalls erlischt. **Abs. 4** regelt den Anspruch auf Freigabe der Sicherheiten im Falle des Scheiterns des Verschmelzungsverfahrens. Der erst durch die Beschlussempfehlung des Rechtsausschusses eingefügte **Abs. 5** legt eine ausschließliche gerichtliche Zuständigkeit für die Streitigkeiten über den Anspruch auf die Sicherheit und den Freigabeanspruch fest.

2. Anspruch auf Sicherheitsleistung

a) Verpflichteter. Die Vorschrift entfaltet nur für übertragende inl. Ges und 3 deren Gläubiger Rechtswirkungen. Denn der Anspruch auf Sicherheitsleistung richtet sich gegen die inl. übertragende Ges; und nur deren Gläubiger sind anspruchsberechtigt (→ Rn. 4). Die Rechte von Gläubigern von ausl. übertragenden Ges richten sich zum einen nach deren Rechtsordnung, zum anderen nach § 305 II iVm § 22 (→ Rn. 15). Für die Gläubiger von inl. übernehmenden Ges gilt wiederum § 22 (§ 305 II; → Rn. 15 f.).

b) Anspruchsberechtigter. Nach Abs. 1 anspruchsberechtigt sind nur die Gläu- 4 biger einer **übertragenden inl. Ges** (BeckOGK/Klett Rn. 11). Insoweit ist die Vorschrift eine Sonderregelung zu § 22. Nicht erfasst sind die Gläubiger von inl. übernehmenden Ges wie auch von ausl. übertragenden oder übernehmenden Ges, deren Rechte sich nach den ausl. Rechtsordnungen und ggf. nach § 22 richten (→ Rn. 9 f.). Kraft ausdrücklichen Verweises sind ferner Gesellschafter der übertragenden Ges, die gegen **Barabfindung** (Begr. RegE, BT-Drs. 20/3822 zu § 313) nach § 314 ausscheiden, berechtigt, für ihren Abfindungsanspruch Sicherheit zu verlangen (§ 314 V 2; vgl. dazu → § 313 Rn. 14, → Rn. 7).

c) Verschmelzung auf ausländische Gesellschaft. Anders als § 122j aF ver- 5 langt Abs. 1 nicht ausdrücklich, dass die übernehmende/neue Ges nicht der dt. Rechtsordnung unterliegt. Dies ist indes ein nach Sinn und Zweck ungeschriebenes Tatbestandsmerkmal (BeckOGK/Klett Rn. 8). Die Vorschrift ist bspw. nicht anwendbar, wenn eine ausländische und eine inl. Ges auf eine neue inl. Ges verschmolzen wird. Mangels ausdrücklicher Bezugnahme auf das Gesellschaftsstatut ist - anders als in § 122j aF - nach dem Gesetzeszweck darauf abzustellen, ob der Anspruch künftig im Ausland durchgesetzt werden müsste. Demzufolge ist der Gerichtsstand und damit der Verwaltungssitz (§ 17 I ZPO) der übernehmenden/ neuen Ges maßgeblich. Bei einer **Scheinauslandsgesellschaft** (EU-ausländische

Ges mit Verwaltungssitz im Inland) als übernehmende Rechtsträger besteht der Anspruch nach Abs. 1 nicht (BeckOGK/Klett Rn. 9; so schon zu § 122j aF etwa Lutter/Bayer § 122j Rn. 9; Widmann/Mayer/Vossius § 122j Rn. 19). Demgegenüber sind die Voraussetzungen erfüllt, wenn eine nach inl. Recht gegründete übernehmende Ges ihren Verwaltungssitz im Ausland (**Scheininlandsgesellschaft**) hat (so schon zu § 122j aF Widmann/Mayer/Vossius Rn. 20). Vor einer höchstrichterlichen Klärung sollte in diesen Fällen jedoch eine Abstimmung mit dem Registergericht erfolgen und die strafbewehrte (§ 348 Nr. 1) Versicherung nach § 315 III 1 Nr. 1 sorgfältig formuliert werden.

6 **d) Gesicherte Ansprüche.** Sicherungsfähig sind nach Abs. 1 grds. sämtliche obligatorischen Ansprüche (→ § 22 Rn. 5), die vor der Bekanntmachung des Verschmelzungsplans oder seines Entwurfs entstanden, aber im Zeitpunkt der Bekanntmachung noch nicht fällig geworden sind. Der Wortlaut ist unglücklich, da der Verschmelzungsplan nicht bekannt gemacht wird. Abzustellen ist auf die **Bekanntmachung** nach § 308 I 2 (vgl. auch die Überschrift zu § 308). Nach dem klaren Wortlaut bleibt der Anspruch auf Sicherheitsleistung bestehen, wenn zum Zeitpunkt der Geltendmachung bereits **Fälligkeit** eingetreten ist. Im Regelfall wird der Gläubiger dann indes Erfüllung und nicht Sicherheitsleistung verlangen. Der Anspruch auf Sicherheitsleistung entfällt jedenfalls, wenn die übertragende Ges die Forderung des Gläubigers vollständig erfüllt hat.

7 Die zu sichernde Forderung – aus Sicht der Ges: Verbindlichkeit – muss bis zur Bekanntmachung nach § 308 I 2 **entstanden** sein. Es reicht nicht, dass die Verbindlichkeit begründet ist (so etwa bei § 133; aber → § 22 Rn. 6 f.). Die Forderung muss damit wirksam und mit Ausnahme der Fälligkeit durchsetzbar sein. Ein Unterschied besteht etwa bei **Dauerschuldverhältnissen** (zur früheren Rechtslage aA Henssler/Strohn/Polley § 122j Rn. 5; HK-UmwG/Becker/Uxa § 122j Rn. 2). Begründet ist bereits jede Einzelverbindlichkeit, entstanden ist sie erst, wenn der Vertragspartner seine (Teil-)Leistung erbracht hat. Entsprechendes gilt für aufschiebend bedingte Verbindlichkeiten, die erst mit Bedingungseintritt entstehen (zur früheren Rechtslage aA Henssler/Strohn/Polley § 122j Rn. 5; HK-UmwG/Becker/Uxa § 122j Rn. 2). Anspruchsberechtigt sind auch durch eine Deckungsmasse bevorzugte Gläubiger; eine Einschränkung wie § 22 II enthält § 314 nicht (zur früheren Rechtslage Kallmeyer/Marsch-Barner § 122j Rn. 6; Kölner Komm UmwG/Simon/Rubner § 122j Rn. 14; aA Lutter/Bayer § 122j Rn. 18; Sagasser/Bula/Brüger Umwandlungen/Gutkès § 13 Rn. 177). Allerdings sind in diesen Fällen hohe Anforderungen an die Glaubhaftmachung der Gefährdung (vgl. → Rn. 13) zu stellen (Kallmeyer/Marsch-Barner § 122j Rn. 6; Kölner Komm UmwG/Simon/Rubner § 122j Rn. 14). Zu bereits einzelgesicherten Forderungen → § 22 Rn. 19. Entstanden sind kraft gesetzlichen Verweises auch die Ansprüche der **ausscheidenden Gesellschafter** auf Zahlung der **Barabfindung** nach § 313 V 2 (→ § 313 Rn. 14).

8 Weitere Voraussetzung ist, dass die Erfüllung der Forderung durch die Verschm **gefährdet** wird (Abs. 1 Nr. 2). Eine Glaubhaftmachung der Gefährdung ist nur für die gerichtliche Durchsetzung notwendig (→ Rn. 13). Ggf. können sich die Gläubiger auf die Angaben über die Sicherheiten für die Gläubiger im **Verschmelzungsplan** (§ 307 II Nr. 14) berufen, in denen auch auf die Gefährdungssituation einzugehen ist (→ § 307 Rn. 36). Allein der Umstand der grenzüberschreitenden Verschm auf eine ausl. Ges reicht für eine Gefährdung nicht (BeckOGK/Klett Rn. 15; zur früheren Rechtslage ebenso Semler/Stengel/Leonard/Drinhausen § 122j Rn. 9; Kallmeyer/Marsch-Barner § 122j Rn. 7; Lutter/Bayer § 122j Rn. 14; Sagasser/Bula/Brüger Umwandlungen/Gutkès § 13 Rn. 175; Henssler/Strohn/Polley § 122j Rn. 8). Denn dann wäre jede Forderung erfasst (→ Rn. 5). Die Gefährdung muss an engere Voraussetzungen geknüpft sein. Auch die Notwendigkeit der Durchsetzung der Ansprüche im Ausland (kein Zurückbleiben eines inl. Gerichts-

standes) stellt aufgrund der Erleichterungen durch die Brüssel Ia-VO für sich keine Gefährdung dar (zur früheren Rechtslage Semler/Stengel/Leonard/Drinhausen § 122j Rn. 9; Henssler/Strohn/Polley § 122j Rn. 8; HK-UmwG/Becker/Uxa § 122j Rn. 2; vgl. aber Widmann/Mayer/Vossius § 122j Rn. 32: längere Verfahrensdauer, abw. Kostentragungspflicht; ebenso Kallmeyer/Marsch-Barner § 122j Rn. 7; Lutter/Bayer § 122j Rn. 14; Kölner Komm UmwG/Simon/Rubner § 122j Rn. 13; aA auch Habersack/Drinhausen/Kiem Rn. 11). Notwendig ist eine konkrete Gefährdung aufgrund von Begleitumständen der Verschm, etwa wegen der Verlagerung von Vermögensgegenständen (zur früheren Rechtslage Kallmeyer/Marsch-Barner § 122j Rn. 7; HK-UmwG/Becker/Uxa § 122j Rn. 2). Regelmäßig werden bei grenzüberschreitenden Verschm keine anderen Maßstäbe als bei § 22 gelten (→ § 22 Rn. 13). Ein geringerer rechtlicher Kapitalschutz bei der übernehmenden oder neuen ausl. Ges begründet die Gefährdung nicht (zur früheren Rechtslage Kallmeyer/Marsch-Barner § 122j Rn. 7; Lutter/Bayer § 122j Rn. 14; HK-UmwG/Becker/Uxa § 122j Rn. 3; aA Oechsler NZG 2006, 161 (166)). Dies wäre eine abstrakte Benachteiligung und würde grenzüberschreitende Verschm in diese Staaten erschweren, mithin ein Verstoß gegen die Niederlassungsfreiheit sein (zur früheren Rechtslage zutr. Semler/Stengel/Leonard/Drinhausen § 122j Rn. 9). Ein im konkreten Fall geringerer Kapitalschutz (unangemessen niedriges Nennkapital der übernehmenden Ges) kann hingegen genügen (zur früheren Rechtslage Henssler/Strohn/Polley § 122j Rn. 8; HK-UmwG/Becker/Uxa § 122j Rn. 3).

e) Geltendmachung. Besondere Anforderungen an die **Form** für die Geltendmachung des Anspruchs auf Sicherheitsleistung gegenüber der übertragenden Ges bestehen im Gegensatz zu § 122j aF nicht. Im Eigeninteresse des Gläubigers sollte mindestens Textform (§ 126b BGB) gewahrt werden. Die vorhergehende Geltendmachung gegenüber der Ges ist keine Voraussetzung für die gerichtliche Geltendmachung (→ Rn. 13). Die Geltendmachung muss innerhalb der **Frist** nach Abs. 3 erfolgen, da mit Fristablauf der Anspruch auf Sicherheitsleistung erlischt (näher → Rn. 10). Da nur die gerichtliche Geltendmachung den Anspruchsverlust verhindert, werden die Gläubiger bei nahenden Fristende häufig sofort die gerichtliche Geltendmachung betreiben, zumal die vorherige Geltendmachung keine Anspruchsvoraussetzung ist (näher → Rn. 10; vgl. auch Bungert/Strothotte DB 2022, 1818 (1820)).

f) Ausschlussfrist (Abs. 3). Der Anspruch auf Sicherheitsleistung erlischt, wenn er nicht innerhalb von drei Monaten ab Bekanntmachung des Verschmelzungsplans **gerichtlich** geltend gemacht wurde (Abs. 3). Zur Bekanntmachung vgl. → Rn. 6. Die Frist beginnt auch mit der Einreichung des Entwurfs des Verschmelzungsplans und der darauf folgenden Bekanntmachung nach § 308 I 2; der unterschiedliche Wortlaut von Abs. 1 Nr. 1 und Abs. 3 ist als Redaktionsversehen einzustufen (Thomale/Schmid NotBZ 2023, 91 (100)). Kommt es zu einer erneuten Bekanntmachung wegen Änderungen des Entwurfs (vgl. → § 308 Rn. 6), ist diese Bekanntmachung maßgeblich. Dies ist eine **materielle Ausschlussfrist** (BeckOGK/Klett Rn. 20). Die Fristberechnung richtet sich nach § 187 I BGB, § 188 II Alt. 1 BGB. Die Frist beginnt mit der Bekanntmachung in elektronischer Form (§ 308 I 1 iVm § 10 HGB) und endet an dem Tag, der dem Tag der Veröffentlichung im dritten Monat entspricht. § 193 BGB gilt. Gerichtliche Geltendmachung tritt mit Rechtshängigkeit, also mit Zustellung der Klageschrift, ein (§ 261 I ZPO, § 253 I ZPO). Für die Fristwahrung reicht indes regelmäßig der Eingang der Klageschrift beim Gericht aus (§ 167 ZPO). Aufgrund der notwendigen Versicherung des Vertretungsorgans nach § 315 III 1 Nr. 2 und der Regelung in § 316 II 1 kann bis zum Ablauf der Frist nach Abs. 3 das Registerverfahren nach § 316 nicht zu Ende geführt werden (vgl. auch → § 316 Rn. 4, → Rn. 14).

11 g) Rechtsfolgen. Besteht der Anspruch, hat die übertragende Ges die im **Verschmelzungsplan** festgelegten Sicherheiten iSv § 232 BGB (§ 307 II Nr. 14) zu leisten (→ § 307 Rn. 36). Dies ist nach § 315 III 1 Nr. 1 von den Mitgliedern des Vertretungsorgans zu versichern (→ § 315 Rn. 10; zur Strafbewehrung vgl. § 348). Wird die Verschm wirksam, obwohl nicht alle Sicherheiten geleistet sind, geht die Verpflichtung durch Gesamtrechtsnachfolge über (BeckOGK/Klett Rn. 11; zur früheren Rechtslage Kallmeyer/Marsch-Barner § 122j Rn. 6; Lutter/Bayer § 122j Rn. 19; Semler/Stengel/Leonard/Drinhausen § 122j Rn. 11). Der Fall kann allerdings nur eintreten, wenn eine falsche Versicherung der Vertretungsorgane abgegeben wird oder die Verschmelzungsbescheinigung aus anderen Gründen versehentlich zu früh ausgestellt wird (vgl. die Frist nach § 316 II 1; → § 316 Rn. 14).

3. Gerichtliche Durchsetzung des Sicherheitsleistungsanspruchs

12 a) Zuständiges Gericht. Für Streitigkeiten über den Anspruch auf Sicherheitsleistung nach Abs. 1 und über die Freigabe von Sicherheiten nach Abs. 4 sind im Regelfall die ordentlichen Gerichte zuständig (§ 13 GVG). Die **Eingangszuständigkeit** (AG oder LG) ist streitwertabhängig (§ 23 Nr. 1 GVG; BeckOGK/Klett Rn. 21). Im Einzelfall kann auch der Rechtsweg zu den Gerichten in Arbeitssachen mit Eingangszuständigkeit des ArbG eröffnet sein (§ 2 I Nr. 3 ArbGG). Die **örtliche** Zuständigkeit richtet sich nach Abs. 5. Ausschließlich zuständig ist das Amts- oder Landgericht bzw. Arbeitsgericht, in dessen Bezirk das für die Erteilung der Vorabbescheinigung zuständiges Registergericht angehört. Der Begriff Vorabbescheinigung entstammt Art. 127 GesR-RL. Gemeint ist die Verschmelzungsbescheinigung nach § 316 I 4, die von dem Registergericht (AG), bei dem das Handelsregister geführt wird, in dem die übertragende Ges eingetragen ist, ausgestellt wird (vgl. näher → § 316 Rn. 18). Durch die ausschließliche Zuständigkeit wird eine Konzentration der Klagen bei wenigen Gerichten erreicht, was auch eine einfache Nachfrage des Registergerichts bei den potentiellen Prozessgerichten ermöglichen soll (Begr. Rechtsausschuss, BT-Drs. 20/5237 zu § 314 V). Vgl. auch § 315 V (→ § 315 Rn. 18).

13 b) Gerichtsverfahren, Glaubhaftmachung (Abs. 2). Sofern die übertragende Ges keine Sicherheit leistet oder die Sicherheit nicht angemessen ist, kann der Gläubiger den Anspruch auf Sicherheitsleistung im Wege der Leistungsklage von den ordentlichen Gerichten (→ Rn. 12) durchsetzen (Baschnagel/Hilser NZG 2022, 1333 (1337); Bungert/Strothotte DB 2022, 1818 (1820)). Die vorhergehende Geltendmachung gegenüber der Ges (→ Rn. 9) ist keine Voraussetzung für die gerichtliche Geltendmachung. Allerdings droht die Kostenfolge nach § 93 ZPO bei sofortigem Anerkenntnis. Für das Verfahren bestimmt Abs. 2, dass die Voraussetzungen des Anspruchs nach Abs. 1 gegenüber dem zuständigen Gericht glaubhaft zu machen sind. Damit greift § 294 ZPO, womit insbesondere als Beweismittel auch eine Versicherung an Eides statt zugelassen ist (§ 294 I ZPO). Die Glaubhaftmachung umfasst nicht nur die Gefährdung durch die Verschmelzung, sondern auch das Bestehen der Forderung, für die Sicherheit verlangt wird (Begr. RegE, BT-Drs. 20/3822 zu § 314 II). Zur materiellen Ausschlussfrist, die nur durch die gerichtliche Geltendmachung gewahrt wird, → Rn. 10. Durch rechtshängige Klagen auf Sicherheitsleistung tritt bis zu deren rechtskräftigen Entscheidung und gegebenenfalls Leistung der Sicherheit eine Registersperre ein, da die Verschmelzungsbescheinigung nicht ausgestellt werden darf (§ 316 II 3; → § 316 Rn. 15).

4. Freigabeanspruch (Abs. 4)

14 Nach Abs. 4 S. 1 sind geleistete Sicherheiten freizugeben, wenn das das Verschmelzungsverfahren gescheitert ist. Ein derartiger Freigabeanspruch ist notwendig, da der Anspruch auf Sicherheitsleistung nach Abs. 1 anders als derjenige nach § 22 besteht, bevor die Verschm wirksam wird. Für das Scheitern zählt Abs. 4 S. 2 unwiderlegbare Regelbeispiele („insbesondere") auf. Nach Abs. 4 S. 2 Nr. 1 und Nr. 2 steht das Scheitern fest, wenn rechtskräftig die Eintragung gemäß § 316 I im Register der übertragenden Ges oder die Eintragung im Register der übernehmenden oder neuen Ges abgelehnt worden ist. Gleiches gilt nach Abs. 4 S. 2 Nr. 3, wenn das Registerverfahren der übertragenden Ges (§ 316) oder der übernehmenden/neuen Ges auf andere Weise endgültig beendet worden ist. Dieses etwa der Fall, wenn der entsprechende Registerantrag zurückgenommen wurde (Begr. RegE, BT-Drs. 20/3822 zu § 311). Für eine gerichtliche Durchsetzung besteht die ausschließliche örtliche Zuständigkeit nach Abs. 3 (vgl. näher → Rn. 12).

5. Verhältnis zu §§ 22, 23

Nach dem Wortlaut und der Gesetzessystematik ist § 314 für die **Gläubiger** einer 15 inl. übertragenden Ges bei einer Verschm auf eine ausl. übernehmende neue Ges abschließend; sie können nicht daneben Sicherheitsleistung nach § 22 verlangen. So können etwa Gläubiger, deren Ansprüche nach der Bekanntmachung nach § 308 I 2 entstanden sind (→ Rn. 7), keine Sicherheitsleistung verlangen. § 22 ist indes über die Generalverweisung in § 305 II uneingeschränkt anwendbar, soweit § 314 nicht eingreift. Dies ist etwa der Fall bei der Verschm auf eine inl. übernehmende Ges. Dann haben sowohl die **Gläubiger der übernehmenden Ges** als auch der inl. und ausl. übertragenden Ges über § 305 II den nachgelagerten Anspruch nach § 22 (Begr. RegE, BT-Drs. 20/3822 zu § 314; Bungert/Reidt DB 2022, 1369 (1378); Baschnagel/Hilser NZG 2022, 1333 (1336); ebenso zur früheren Rechtslage Passarge/Stark NZG 2007, 803 (804); Sagasser/Bula/Brünger Umwandlungen/Gutkès § 13 Rn. 180; BeckHdB Int. Umwandlungen/Krüger 2. Teil Rn. 462; aA Kallmeyer/Marsch-Barner § 122j Rn. 4: Gläubiger einer übertragenden inl. Ges; ebenso Lutter/Bayer § 122j Rn. 3; Kölner Komm UmwG/Simon/Rubner § 122j Rn. 2; Henssler/Strohn/Polley § 122j Rn. 2; Habersack/Drinhausen/Kiem Rn. 5). Dieser nachgelagerte Gläubigerschutz hat indes in der Praxis wenig Bedeutung (ebenso Heckschen/Knaier GmbHR 2022, 501 (507)).

Für die **Inhaber von Sonderrechten** iSv § 23 existiert eine spezielle Regelung 16 nicht. § 23 ist über § 305 II entsprechend anwendbar (zur früheren Rechtslage Lutter/Bayer § 122j Rn. 21; Forsthoff DStR 2006, 613 (615)). § 23 gilt (über § 305 II) zwar unmittelbar nur für inl. Rechtsträger, bei einer Verschm auf eine ausl. Ges geht die Verpflichtung aber durch Gesamtrechtsnachfolge über (dazu auch EuGH NZG 2016, 513 Rn. 60, 62 – KA Finanz).

§ 315 Anmeldung der Verschmelzung

(1) Das Vertretungsorgan einer übertragenden Gesellschaft hat das Vorliegen der sie betreffenden Voraussetzungen für die grenzüberschreitende Verschmelzung zur Eintragung bei dem Register des Sitzes der Gesellschaft anzumelden.

(2) § 16 Absatz 2 und 3 und § 17 gelten entsprechend mit der Maßgabe, dass in Abschrift zusätzlich Folgendes beizufügen ist:
1. der Anmeldung etwaige Bemerkungen nach § 308 Absatz 1 Satz 2 Nummer 4 und
2. dem einheitlichen Bericht oder dem Bericht für die Arbeitnehmer eine etwaige Stellungnahme gemäß § 310 Absatz 3.

(3) ¹Die Mitglieder des Vertretungsorgans haben zu versichern, dass
1. **allen Gläubigern die gemäß § 307 Absatz 2 Nummer 14 angebotene Sicherheit geleistet wurde,**

2. die Rechte der Arbeitnehmer gemäß § 308 Absatz 1 Satz 2 Nummer 4 Buchstabe b sowie gemäß § 310 Absatz 1 und 3 eingehalten wurden,
3. ein zur Verhandlung über die künftige Mitbestimmung durchzuführendes Verfahren nach den Umsetzungsvorschriften zu Artikel 133 Absatz 3 und 4 der Richtlinie (EU) 2017/1132 bereits begonnen hat oder dass die Leitungen der beteiligten Gesellschaften entschieden haben, die Auffangregelung dieser Richtlinie ohne vorhergehende Verhandlung unmittelbar anzuwenden, und
4. sich die übertragende Gesellschaft nicht im Zustand der Zahlungsunfähigkeit, der drohenden Zahlungsunfähigkeit oder der Überschuldung gemäß § 17 Absatz 2, § 18 Absatz 2 oder § 19 Absatz 2 der Insolvenzordnung befindet.
²Kann die Versicherung nach Satz 1 Nummer 4 nicht abgegeben werden, hat das Vertretungsorgan mitzuteilen, welche der dort genannten Tatbestände erfüllt sind und ob ein Insolvenzverfahren beantragt oder eröffnet wurde. ³Nach Eröffnung des Insolvenzverfahrens trifft diese Pflicht den Insolvenzverwalter; wurde ein vorläufiger Insolvenzverwalter bestellt und dem Schuldner ein allgemeines Verfügungsverbot auferlegt, so trifft die Pflicht den vorläufigen Insolvenzverwalter.

(4) ¹Das Vertretungsorgan teilt dem Registergericht Folgendes mit:
1. die Zahl der Arbeitnehmer zum Zeitpunkt des Abschlusses des Verschmelzungsplans,
2. die Zahl der Tochtergesellschaften und ihre jeweiligen geografischen Standorte sowie
3. das Bestehen von Verbindlichkeiten gegenüber der öffentlichen Hand.

(5) Das nach § 314 Absatz 5 zuständige Gericht teilt dem Registergericht auf Anforderung mit, ob innerhalb der Frist des § 314 Absatz 3 eine Sicherheitsleistung gerichtlich geltend gemacht wurde.

1. Allgemeines

1   Die GesR-RL enthält in Art. 127, 127a, 128 und 130 Vorgaben für die registerrechtliche Abwicklung einer grenzüberschreitenden Verschm, die in §§ 315–318 umgesetzt sind. Ebenso wie bei der Gründung einer SE durch Verschm (Art. 25, 26 SE-VO) gibt die GesR-RL ein **zweistufiges Verfahren** vor. Danach hat zunächst ein Gericht, ein Notar oder eine sonstige zuständige Behörde die Rechtmäßigkeit der grenzüberschreitenden Verschm für die Verfahrensabschnitte zu kontrollieren, welche die sich verschmelzenden Ges betreffen, die seinem nat. Recht unterliegen (Art. 127 I GesR-RL). Hierüber ist eine Bescheinigung auszustellen und zu übermitteln, aus der zweifelsfrei hervorgeht, dass die der Verschm vorangehenden Rechtshandlungen und Formalitäten ordnungsgemäß vollzogen wurden (Art. 127 I GesR-RL, Art. 127a GesR-RL). In einer zweiten Stufe kontrolliert ein Gericht, ein Notar oder eine sonstige zuständige Behörde im Sitzstaat des übernehmenden oder neuen Rechtsträgers die Rechtmäßigkeit der Verfahrensabschnitte, welche die Durchführung der grenzüberschreitenden Verschm und ggf. die Gründung einer neuen Ges betreffen (Art. 128 I GesR-RL). Art. 130 GesR-RL enthält schließlich Mindestanforderungen an die Eintragung der Verschmelzung.

2   § 315 dient hierbei der Umsetzung von Art. 127 I-IV GesR-RL. Die Vorschrift regelt die Anforderungen an die HR-Anmeldung für eine **inl. übertragende Ges.** Sie entspricht thematisch § 122k I aF., ist aber umfassend neu gefasst und erweitert worden. Nach **Abs. 1** hat das Vertretungsorgan für die inl. übertragenden Ges das Vorliegen der sie betreffenden Voraussetzungen beim HR anzumelden. Hinsichtlich weiterer Voraussetzungen verweist **Abs. 2** auf §§ 16 II und III und 17; zusätzlich sind Bemerkungen nach § 308 I 2 Nr. 4 und Stellungnahmen der Betriebsräte/ArbN

Anmeldung der Verschmelzung 3–5 § 315 UmwG A

nach § 310 III vorzulegen. Als Informationsgrundlage für die registergerichtliche Prüfung ordnet **Abs. 3** S. 1 Nr. 1–4 die teils strafbewehrte (§ 348 Nr. 1) Verpflichtung der Mitglieder des Vertretungsorgans an, die Einhaltung von Rechten der Gläubiger und der ArbN und das Nichtvorhandensein von (drohender) Zahlungsunfähigkeit oder Überschuldung zu versichern. Kann die letztgenannte Versicherung nicht abgegeben werden, sind weitere Einzelheiten anzugeben (Abs. 3 S. 2). Mit **Abs. 4** wurde die Möglichkeit nach Art. 127 III GesR-RL aufgegriffen, die Mitteilung weiterer Informationen zu verlangen, um die Überprüfung nach § 316 III (näher → § 316 Rn. 27) zu ermöglichen (RegEBegr. BT-Drs. 20/3822 zu § 315 IV). Der erst durch die Empfehlung des Rechtsausschusses eingefügte **Abs. 5** verpflichtet die nach § 314 V zuständigen Gerichte zur Mitteilung über rechtshängige Verfahren auf Sicherheitsleistung nach § 314 III (näher → § 314 Rn. 12 und Rn. 18).

Für eine inl. **übernehmende** oder **neue Ges** gilt § 315 nicht. Das Registerverfahren für diese Ges bestimmt sich nach § 318. Dies wurde zum alten Recht teilw. im Hinblick auf eine ausreichende Umsetzung der GesR-RL krit. betrachtet (Louven ZIP 2006, 2021 (2027)). Dem ist nicht beizupflichten, da das in § 318 geregelte Verfahren bei der übernehmenden/neuen Ges auch die von Art. 127 GesR-RL vorgesehenen Prüfungshandlungen ermöglicht (BeckOGK/Klett Rn. 9; vgl. zum alten Recht etwa auch Lutter/Bayer § 122k Rn. 6; Habersack/Drinhausen/Kiem § 122k Rn. 3; Semler/Stengel/Leonard/Drinhausen § 122k Rn. 5; vgl. auch → § 318 Rn. 12). 3

2. Anmeldeverfahren (Abs. 1–4)

a) **Anmeldeberechtigte Personen, Form.** Die Vorschrift regelt das Anmeldeverfahren einer **übertragenden** inl. Ges (→ Rn. 2). Die Anmeldung ist durch das jew. Vertretungsorgan einer übertragenden Ges durchzuführen (zum Begriff Vertretungsorgan → § 307 Rn. 8). Wie bei § 16 I 1 ist das Handeln von Organmitgliedern in einer vertretungsberechtigten Anzahl ausreichend (BeckOGK/Klett Rn. 12; zur früheren Rechtslage Semler/Stengel/Leonard/Drinhausen § 122k Rn. 7; Lutter/Bayer § 122k Rn. 8; Maulbetsch/Klumpp/Rose/Becker/Uxa § 122k Rn. 5; Henssler/Strohn/Polley § 122k Rn. 3; Habersack/Drinhausen/Kiem § 122k Rn. 4; Widmann/Mayer/Vossius § 122k Rn. 8; näher → § 16 Rn. 6 ff.). Die Ersatzzuständigkeit nach § 16 I 2 des Vertretungsorgans der übernehmenden Ges besteht bei grenzüberschreitenden Verschm nicht. Abs. 2 S. 1 ist als abschl. Verweisung auf § 16 II und III (und damit nicht auf § 16 I 2) aufzufassen (BeckOGK/ Klett Rn. 13; zur früheren Rechtslage Semler/Stengel/Leonard/Drinhausen § 122k Rn. 8; Kallmeyer/Zimmermann § 122k Rn. 3; Lutter/Bayer § 122k Rn. 8; Kölner Komm UmwG/Simon/Rubner § 122k Rn. 6; Henssler/Strohn/Polley § 122k Rn. 3; Habersack/Drinhausen/Kiem § 122k Rn. 6; Maulbetsch/Klumpp/Rose/ Becker/Uxa § 122k Rn. 6; krit. HRA des DAV NZG 2006, 737 (742)). Dies beruht auf den Besonderheiten einer grenzüberschreitenden Verschm, da andernfalls inl. Registergerichte die Vertretungsberechtigung von Vertretungsorganen ausl. Ges prüfen müssten. Für die **Form** der Anmeldung gilt **§ 12 HGB**. Seit den Änderungen durch das DiRuG ermöglichen §§ 12 I 2 HGB iVm 40a BeurkG auch die von Art. 127 IV GesR-RL geforderte öffentliche Beglaubigung mittels Videokommunikation. 4

b) **Zuständiges Gericht.** Die Anmeldung hat beim Register des Sitzes der Ges zu erfolgen. Dies ist das HR, in dem die übertragende Ges eingetragen ist (BeckOGK/Klett Rn. 14; zur früheren Rechtslage Habersack/Drinhausen/Kiem § 122k Rn. 4; Sagasser/Bula/Brünger Kallmeyer/Gutkes § 13 Rn. 186 zu § 122k). Deutschland hat damit iSv Art. 127 I GesR-RL die Handelsregisterbehörde als zuständiges Gericht für die Kontrolle der Verfahrensabschnitte benannt. Bei 5 einem Doppelsitz muss die Anmeldung bei beiden zuständigen Registergerichten erfolgen (BeckOGK/Klett Rn. 14).

6 **c) Anmeldungsgegenstand, Zeitpunkt der Anmeldung.** Während § 16 I 1 von der Anmeldung der Verschm spricht, ist bei grenzüberschreitenden Verschm nach Abs. 1 das Vorliegen der die übertragende Ges betreffenden Voraussetzungen für die grenzüberschreitende Verschm anzumelden. Dies stimmt mit dem Prüfungsumfang nach § 316 überein. Die Erfüllung der Voraussetzungen ist allerdings nicht im Anmeldetext aufzunehmen, der sich auf die Eintragung der Verschm bezieht (BeckOGK/Klett Rn. 15; ebenso zur früheren Rechtslage Kallmeyer/Zimmermann § 122k Rn. 4). Sie ergeben sich aus den beizufügenden Unterlagen (→ Rn. 7) und den ergänzenden Versicherungen und Erklärungen (→ Rn. 9). Zum Muster eines Anmeldetextes BeckOGK/Klett Rn. 16 und Widmann/Mayer/Vossius § 122k Rn. 42. Sinnvoll, aber nicht notwendig (BeckOGK/Klett Rn. 17; 47: von Amts wegen), ist ergänzend ein Antrag auf Erteilung einer Verschmelzungsbescheinigung (zur früheren Rechtslage Kallmeyer/Zimmermann § 122k Rn. 5; Widmann/Mayer/Vossius § 122k Rn. 26, 42; Henssler/Strohn/Polley § 122k Rn. 5). In **zeitlicher Hinsicht** ist § 17 II zu beachten. Zum Zeitpunkt der Anmeldung darf der Stichtag der Schlussbilanz (→ Rn. 8) nicht älter als acht Monate sein (näher → § 17 Rn. 35 ff.).

7 **d) Anlagen der Anmeldung (Abs. 2).** Nach Abs. 2 S. 1 gilt § 17 entsprechend. Anders als bei der unmittelbaren Anwendung von § 17 sind indes **nur Unterlagen** einzureichen, die die anmeldende **inl. übertragende Ges** betreffen (BeckOGK/Klett Rn. 18; zur früheren Rechtslage Lutter/Bayer § 122k Rn. 12; Semler/Stengel/Leonard/Drinhausen § 122k Rn. 9; Maulbetsch/Klumpp/Rose/Becker/Uxa § 122k Rn. 13; Henssler/Strohn/Polley § 122k Rn. 11; Habersack/Drinhausen/Kiem § 122k Rn. 7). Die Einhaltung der Voraussetzungen bei den anderen übertragenden Ges (auch anderen inl. übertragenden Ges) wird durch deren Verschmelzungsbescheinigungen dokumentiert oder bei der übernehmenden/neuen Ges im Rahmen deren Registerverfahren (§ 318) geprüft. Vgl. ergänzend hierzu, auch zur **Form** der Unterlagen und deren Einreichung, → § 17 Rn. 4 ff.

8 Im Einzelnen sind über die Verweisung auf § 17 und nach Abs. 2 als Anlage beizufügen, sofern nicht im Einzelfall auf ein Dokument verzichtet werden kann:
– der gemeinsame Verschmelzungsplan einschließlich der Satzung (→ § 307 Rn. 26);
– die Niederschrift des Verschmelzungsbeschlusses der übertragenden dt. Ges (nicht der anderen beteiligten Ges; BeckOGK/Klett Rn. 21; zur früheren Rechtslage Kallmeyer/Zimmermann § 122k Rn. 11), soweit dieser erforderlich ist (→ § 312 Rn. 11);
– die notwendigen Zustimmungserklärungen einzelner Anteilsinhaber der übertragenden dt. Ges;
– in den Fällen von § 312 I der Bestätigungsbeschluss (→ § 312 Rn. 9);
– der (ggf. gemeinsame) einheitliche Verschmelzungsbericht oder die getrennten Verschmelzungsberichte für die Anteilsinhaber und ArbN der übertragenden dt. Ges und ein Nachw. über die rechtzeitige Zugänglichmachung (§ 310; vgl. auch BeckOGK/Klett Rn. 24). Soweit Stellungnahmen nach § 310 III (dazu → § 310 Rn. 8) eingegangen sind, sind diese nach Abs. 2 Nr. 2 ebenfalls beizufügen (Umsetzung von Art. 127 II lit. b GesR-RL);
– der (ggf. gemeinsame) Verschmelzungsprüfungsbericht der übertragenden dt. Ges oder die notariell beurkundeten Verzichtserklärungen aller Anteilsinhaber aller an der Verschm beteiligten Ges (iE → § 311 Rn. 7);
– die Schlussbilanz der übertragenden dt. Ges iSv § 17 II, deren Stichtag zum Zeitpunkt der Anmeldung nicht älter als acht Monate sein darf (→ § 17 Rn. 35 ff.);

– ein Nachw. über die Zuleitung des Verschmelzungsvertrags an den Betriebsrat (§ 17 I) **entfällt,** da dies bei grenzüberschreitenden Verschm nicht erforderlich ist (→ § 307 Rn. 41; aber auch → Rn. 11; BeckOGK/Klett Rn. 30; zur früheren Rechtslage aA Maulbetsch/Klumpp/Rose/Becker/Uxa Rn. 14);
– ebenfalls **nicht** beizufügen ist eine etwaige Vereinbarung über die Mitbestimmung der ArbN (BeckOGK/Klett Rn. 30; zur früheren Rechtslage Lutter/Bayer § 122k Rn. 13; Kölner Komm UmwG/Simon/Rubner § 122k Rn. 15; Semler/Stengel/Leonard/Drinhausen § 122k Rn. 11; Habersack/Drinhausen/Kiem § 122k Rn. 8; aA Widmann/Mayer/Vossius § 122k Rn. 22; Sagasser/Bula/Brünger Umwandlungen/Gutkès § 13 Rn. 191 zu § 122k; dazu aber → Rn. 12 und → § 318 Rn. 6);
– nach Abs. 2 Nr. 1 (in Umsetzung von Art. 127 II lit. c) etwa eingegangene Bemerkungen nach § 308 I 1 Nr. 4 (näher → § 308 Rn. 17; zur Versicherung → Rn. 11; zur Bedeutung für die Missbrauchsprüfung → § 316 Rn. 5).
Gemeinsam mit den Bemerkungen kann auch eine Stellungnahme der Ges zu den Bemerkungen eingereicht werden.

e) Versicherungen, Nachweise, Erklärungen (Abs. 2–4). Abs. 2 S. 1 verweist 9 auf § 16 II und III. Danach haben die Vertretungsorgane anlässlich der Anmeldung zu erklären, dass eine **Klage gegen** die Wirksamkeit eines Verschmelzungsbeschlusses nicht oder nicht fristgemäß erhoben oder eine solche Klage rkr. abgewiesen oder zurückgenommen worden ist; hierüber ist auch nach der Anmeldung Mitteilung zu machen (§ 16 II 1). Diese Negativerklärung ist nur im Hinblick auf den Verschmelzungsbeschluss der anmeldenden Ges abzugeben (BeckOGK/Klett Rn. 32; zur früheren Rechtslage RegEBegr. BT-Drs. 16/2919 zu § 122k I; Kallmeyer/Zimmermann § 122k Rn. 6; Kölner Komm UmwG/Simon/Rubner § 122k Rn. 17; Semler/Stengel/Leonard/Drinhausen § 122k Rn. 9; Henssler/Strohn/Polley § 122k Rn. 6; Lutter/Bayer § 122k Rn. 14; Widmann/Mayer/Vossius § 122k Rn. 28; Habersack/Drinhausen/Kiem § 122k Rn. 9; Kiem WM 2006, 1091 (1099)). Die Erklärung wird regelmäßig erst nach Ablauf der Klagefrist nachgereicht. Sie ist entbehrlich, wenn alle klageberechtigten Anteilsinhaber der anmeldenden Ges einen wirksamen Klageverzicht erklärt haben (§ 16 II 2). Die Negativerklärung kann ebenso wie bei nl. Verschm durch ein **Freigabeverfahren** nach § 16 III ersetzt werden (BeckOGK/Klett Rn. 32; zur früheren Rechtslage Kallmeyer/Zimmermann § 122k Rn. 6; Kölner Komm UmwG/Simon/Rubner § 122k Rn. 17; Semler/Stengel/Leonard/Drinhausen § 122k Rn. 9; Lutter/Bayer § 122k Rn. 14; Widmann/Mayer/Vossius § 122k Rn. 29; Sagasser/Bula/Brünger Umwandlungen/Gutkès § 13 Rn. 187; hierzu iE → UmwG § 16 Rn. 28 ff.).

Die Mitglieder des Vertretungsorgans haben nach **Abs. 3 S. 1 Nr. 1** ferner zu 10 versichern, dass allen Gläubigern die nach § 307 II Nr. 14 angebotene **Sicherheit** geleistet wurde. Eine Aussage zur Angemessenheit der Sicherheit wird anders als nach § 122k I 3 aF nicht mehr gefordert. Diese Frage kann Gegenstand einer gerichtlichen Durchsetzung des Anspruchs auf Sicherheitsleistung sein (näher → § 314 Rn. 12), was das Registergericht durch Nachfrage nach Abs. 5 (näher → Rn. 18) feststellen kann. Die Erklärung ist strafbewehrt (§ 348 Nr. 1). Trotz des offenen Wortlauts („allen"; krit. zur früheren Rechtslage HRA des DAV NZG 2006, 737 (742)) hat die Versicherung nur die Sicherheitsleistung ggü. Gläubigern zu umfassen, die ihre Ansprüche fristgemäß angemeldet bzw. gerichtlich geltend gemacht haben (iE → § 314 Rn. 3). Die Versicherung kann damit **erst** abgegeben werden, **wenn** die **Frist nach § 314 III** (→ § 314 Rn. 10) **abgelaufen ist** (BeckOGK/Klett Rn. 37; zur früheren Rechtslage Kallmeyer/Zimmermann § 122k Rn. 8; Sagasser/Bula/Brünger Umwandlungen/Gutkès § 13 Rn. 188; Henssler/Strohn/Polley § 122k Rn. 7; Lutter/Bayer § 122k Rn. 15; aA Maulbetsch/Klumpp/Rose/Becker/Uxa § 122k Rn. 10; Widmann/Mayer/Vossius § 122k Rn. 31: Registergericht kann

Aktualisierung verlangen). Ferner müssen die Mitglieder des Vertretungsorgans bei den nach § 314 V potenziell zuständigen Gerichten (→ § 314 Rn. 12) nachfragen, ob bis zum Fristablauf Klagen eingegangen sind (auch → § 314 Rn. 10, 12 ff.), was in der Praxis oftmals schwierig ist (zutr. Bungert/Strothotte DB 2022, 1818 (1820)). Eine vorherige Anmeldung der Verschm (etwa wegen der Frist nach § 17 II; → Rn. 8) ist – wie bei der Erklärung nach § 16 II 1 – unbedenklich (BeckOGK/Klett Rn. 37; zur früheren Rechtslage Lutter/Bayer § 122k Rn. 15; Kölner Komm UmwG/Simon/Rubner § 122k Rn. 18: Nachmeldung; Kallmeyer/Zimmermann § 122k Rn. 8; Kruse/Kruse BB 2010, 3038). Eine besondere Form ist für die getrennte Erklärung nicht gefordert. Als strafbewehrte Wissenserklärung (§ 348 Nr. 1) kann sie nicht von Bevollmächtigten abgegeben werden (zur früheren Rechtslage Kallmeyer/Zimmermann § 122k Rn. 8; NK-UmwR/Althoff § 122k Rn. 11; Habersack/Drinhausen/Kiem § 122k Rn. 10). Eine Abgabe durch Vertretungsorgane in vertretungsberechtigter Anzahl ist indes ausreichend (→ § 16 Rn. 20; BeckOGK/Klett Rn. 35; zur früheren Rechtslage Lutter/Bayer § 122k Rn. 15; Habersack/Drinhausen/Kiem § 122k Rn. 10; Maulbetsch/Klumpp/Rose/Becker/Uxa § 122k Rn. 10; Widmann/Mayer/Vossius § 122k Rn. 30; aA Kallmeyer/Zimmermann § 122k Rn. 8: Alle Mitglieder).

11 Nach **Abs. 3 S. 1 Nr. 2** haben die Mitglieder des Vertretungsorgans (zur Anzahl → Rn. 10) des Weiteren zu versichern, dass die **Rechte der ArbN** nach § 308 I 2 Nr. 4 lit. b und nach § 310 I, III eingehalten wurden. Diese Erklärung ist nicht strafbewehrt (vgl. § 348 Nr. 1). Im Hinblick auf die Rechte nach § 308 I 2 Nr. 4 lit. b muss die Versicherung nicht nur umfassen, dass die Angaben nach § 308 I 3 (etwa über das Nichtbestehen eines Betriebsrats) zutreffend waren und damit die Bekanntmachung nach § 308 I 2 Nr. 4 lit b ordnungsgemäß erfolgen konnte (BeckOGK/Klett Rn. 38; näher → § 308 Rn. 17), sondern auch, dass alle rechtzeitig eingegangenen Bemerkungen der Betriebsräte/ArbN der Anmeldung beigefügt sind (Abs. 2 Nr. 1; → Rn. 8; BeckOGK/Klett Rn. 38). Die Versicherung hinsichtlich der Wahrung der Rechte der ArbN nach § 310 I, III muss die rechtzeitige und formgerechte Zugänglichmachung des einheitlichen oder arbeitnehmerspezifischen Verschmelzungsberichts gegenüber den Betriebsräten oder ggf. den ArbN (BeckOGK/Klett Rn. 37; näher → § 310 Rn. 2 ff.) und die rechtzeitige und formgerechte Zugänglichmachung der rechtzeitig eingegangenen Stellungnahmen der Betriebsräte oder ggf. der ArbN gegenüber den Anteilsinhabern beinhalten. Die rechtzeitige und formgerechte Zugänglichmachung des Verschmelzungsberichts gegenüber den Anteilsinhabern ist nicht Gegenstand der Versicherung. Hat die Ges keinen Betriebsrat oder keine ArbN, sollte dies ebenfalls anlässlich der Anmeldung erklärt werden (zur früheren Rechtslage ebenso Widmann/Mayer/Vossius § 122k Rn. 34 f.; Kallmeyer/Zimmermann § 122k Rn. 10; Semler/Stengel/Leonard/Drinhausen § 122k Rn. 10 Fn. 27; Henssler/Strohn/Polley § 122k Rn. 10).

12 Als weitere, nicht strafbewehrte (§ 348 Nr. 1) Versicherung der Mitglieder des Vertretungsorgans (zur Anzahl → Rn. 10) verlangt **Abs. 3 S. 1 Nr. 3** eine Versicherung der Mitglieder des Vertretungsorgans, dass ein zur Verhandlung über die künftige Mitbestimmung durchzuführendes Verfahren bereits begonnen hat oder die Leitungen der beteiligten Ges entschieden haben, die Auffangregelung ohne vorhergehende Verhandlung unmittelbar anzuwenden. Diese Versicherung dient als Informationsgrundlage für die Überprüfung nach § 316 III 4 Nr. 1 und 2 und damit der Umsetzung von Art. 127 VI lit. b GesR-RL (RegEBegr. BT-Drs. 20/3822 zu § 315 III Nr. 4).

13 Schließlich haben die Mitglieder des Vertretungsorgans (zur Anzahl → Rn. 10) nach **Abs. 3 S. 1 Nr. 4** strafbewehrt (§ 348 Nr. 1) zu versichern, dass sich die übertragende Ges nicht im Zustand der **Zahlungsunfähigkeit**, der drohenden **Zahlungsunfähigkeit** oder der **Überschuldung** gem. § 17 II, § 18 II oder § 19 II InsO befindet (krit. zur drohenden Zahlungsunfähigkeit Harig/Harder NZG 2022,

1435 (1438)). Die Vorschrift ist neu und beruht nicht auf einer Vorgabe der GesR-RL. Diese Versicherung soll die Überprüfung ermöglichen, ob die geplante Verschmelzung unter dem Gesichtspunkt des Insolvenzrechts missbräuchlich iSd. § 316 III ist (RegEBegr. BT-Drs. 20/3822 zu § 315 III Nr. 5). Der Umstand des Bestehens der Insolvenzreife genügt indes nicht für die Annahme der Missbräuchlichkeit, da selbst Rechtsträger während eines Insolvenzverfahrens umwandlungsfähig sind (auch → § 316 Rn. 10). Die Versicherung muss das Nichtbestehen des Zustands der (drohenden) Zahlungsunfähigkeit oder Überschuldung beinhalten. Sie kann deshalb etwa nicht abgegeben werden, wenn Insolvenzreife im vorstehenden Sinne besteht, auch wenn noch kein Eröffnungsantrag gestellt wurde oder die Ges nicht von der InsO erfasst ist (RegEBegr. BT-Drs. 20/3822 zu § 315 III Nr. 5). Zu den insolvenzrechtlichen Anforderungen vgl. Harig/Harder NZG 2022, 1435 (1438 ff.). Auch wenn die Ges aufgrund der internationalen Zuständigkeit (vgl. Art. 3 EuInsVO) nicht der Insolvenzordnung unterliegt, kommt es auf das Vorhandensein der (drohenden) Zahlungsunfähigkeit und/oder Überschuldung iSv § 17 II, § 18 II oder § 19 II InsO an. Maßgeblich ist der Zustand im Zeitpunkt der Abgabe der Versicherung (BeckOGK/Klett Rn. 40: Anmeldung). Eine Korrektur der Versicherung nach einer Veränderung des Zustandes müssen die Mitglieder des Vertretungsorgans nicht vornehmen. Das Gericht kann aber nach § 317 S. 1 Nr. 1 ergänzende Informationen einholen.

Sofern Insolvenzreife besteht und damit die Versicherung nach Abs. 3 S. 1 Nr. 4 **14** nicht abgegeben werden kann, müssen die Mitglieder des Vertretungsorgans (zur Anzahl → Rn. 10) konkret angeben, welcher – ggf. mehrere – Insolvenzantragsgrund (drohende oder eingetretene Zahlungsunfähigkeit, Überschuldung) besteht und ob bereits ein (inl. oder ausl.) Insolvenzverfahren beantragt oder eröffnet wurde (Abs. 3 S. 2). Diese Verpflichtung trifft nach Eröffnung des Insolvenzverfahrens den Insolvenzverwalter oder den (starken; § 22 I InsO) vorläufigen Insolvenzverwalter (Abs. 3 S. 3). Im Übrigen bleibt die Verantwortung bei der Geschäftsführung (Harig/Harder NZG 2022, 1435 (1439)). Die Durchführung einer Umwandlung im vorläufigen Insolvenzverfahren wird indes selten vorkommen (Harig/Harder NZG 2022, 1435 (1439)).

Nach **Abs. 4** hat das Vertretungsorgan dem Registergericht **weitere Informati- 15 onen** über die anmeldende Ges (und nicht über alle beteiligten Ges; BeckOGK/Klett Rn. 43; Drinhausen/Keinath BB 2022, 1346 (1351)) anlässlich der Anmeldung mitzuteilen. Trotz des von Abs. 2 abweichenden Wortlauts reicht die Mitteilung durch Mitglieder des Vertretungsorgans in vertretungsberechtigter Anzahl (→ Rn. 10) aus. Mitzuteilen sind die Zahl der ArbN zum Zeitpunkt des Abschlusses des Verschmelzungsplans, die Zahl der TochterGes und ihre jeweiligen geographischen Standorte sowie das Bestehen von Verbindlichkeiten gegenüber der öffentlichen Hand. Damit hat der Gesetzgeber von der Option nach Art. 127 III 1. UAbs. GesR-RL Gebrauch gemacht. Diese Angaben dienen wiederum der Missbrauchsüberprüfung nach § 316 III (RegEBegr. BT-Drs. 20/3822 zu § 315 IV; näher → § 316 Rn. 5). Aufgrund dieses Zwecks wird man für die Angabe der **Zahl der ArbN** auf die für das MgVG und das MgFSG maßgebliche Zählweise für das Überschreiten der 4/5-Schwelle (§ 5 Nr. 1 MgVG, § 5 Nr. 1 MgFSG) abzustellen haben. Für die Anwendung des DrittelbG sind ArbN die in § 5 Abs. 1 BetrVG bezeichneten Personen mit Ausnahme der in § 5 Abs. 3 BetrVG bezeichneten leitenden Angestellten. In der Regel mehr als 500 ArbN (§ 1 I DrittelbG) hat ein Unternehmen, wenn eine entsprechende Zahl von ArbN beim regulären Betrieb eingesetzt werden (MüKoAktG/Annuß DrittelbG § 1 Rn. 3; vgl. auch OLG Saarbrücken NZG 2016, 941 (942) zur Referenzperiode). Zu Leiharbeitnehmern vgl. § 14 II AÜG. Das MitbestG gilt für Unternehmen, die in der Regel mehr als 2.000 ArbN beschäftigen. Zum ArbN-Begriff vgl. § 3 MitbestG. Unerheblich ist, ob die ArbN

16 Die Begriffe **TochterGes** und **geographischer Standort** sind weder im UmwG noch in der GesR-RL definiert. Es ist auch unklar, welchen Nutzen diese Angaben für eine Missbrauchsprüfung nach § 316 III haben (vgl. auch BeckOGK/Klett Rn. 43). TochterGes sind nach dem Wortsinn jedenfalls Ges, an denen die übertragende Ges beteiligt ist. Ebenso wie beim Begriff des Tochterunternehmens nach § 290 I 1 HGB reicht eine mittelbare Beteiligung (etwa EnkelGes). Ferner wird man für eine Missbrauchsprüfung nur auf Beteiligungsunternehmen abzustellen haben, auf die ein beherrschender Einfluss ausgeübt werden kann. Auch hier bietet sich eine Orientierung an § 290 II HGB an. Bei mehreren Standorten wird man auf den Sitz der Geschäftsleitung abzustellen haben. Nach dem klaren Wortlaut ist nur die Zahl der TochterGes und deren geographische Standorte anzugeben. Weitere Angaben wie etwa Firma oder Registerdaten sind nicht gefordert. Für die Angabe des geographischen Standorts reicht der Staat. Maßgeblich dürfte auch hier der Zeitpunkt des Abschlusses des Verschmelzungsplans sein.

17 Schließlich ist das Bestehen von **Verbindlichkeiten gegenüber der öffentlichen Hand** mitzuteilen. Auch hier ist der genaue Inhalt unklar. § 127 III 1. UAbs. lit. c GesR-RL spricht von Informationen zur Befriedigung von Pflichten gegenüber der öffentlichen Hand. Öffentliche Hand ist üblicherweise ein Sammelbegriff für den gesamten öffentlichen Sektor, also alle Gebietskörperschaften, die Träger der Sozialversicherung und andere Körperschaften des öffentlichen Rechts. Verbindlichkeiten sind noch nicht erfüllte Zahlungsverpflichtungen. Aus Gründen der Praktikabilität bietet sich eine Orientierung an § 266 III C HGB an. Damit sind diejenigen Verbindlichkeiten mitzuteilen, die zum maßgeblichen Zeitpunkt in einem Jahresabschluss zu passivieren wären. Dies lässt sich mit einem halbwegs angemessenen Aufwand aus dem Rechnungswesen ableiten. Praktisch bedeutsam sind damit Verbindlichkeiten aus Steuern und im Rahmen der sozialen Sicherheit (vgl. § 266 III C Nr. 8 HGB). Vgl. auch BeckOGK/Klett Rn. 43: Konkret entstandene und fällige Vb, die nicht im normalen Zahlungslauf bedient werden. Maßgeblich ist auch hier der Zeitpunkt des Abschlusses des Verschmelzungsplans.

3. Mitteilungen der Prozessgerichte (Abs. 5)

18 Nach Abs. 5 ist das nach § 314 V zuständige Gericht verpflichtet, auf Anforderung dem Registergericht mitzuteilen, ob innerhalb der Frist nach § 314 III eine Sicherheitsleistung gerichtlich geltend gemacht wurde. Die Regelung beruht auf der Beschlussempfehlung des Rechtsausschusses (BT-Drs. 20/5237, 35). Aufgrund der Zuständigkeitskonzentration bei zwei Gerichten (AG oder LG; → § 314 Rn. 12) könne das Registergericht sicher in Erfahrung bringen, ob aufgrund gerichtlicher Geltendmachung von Sicherheitsleistung die Registersperre nach § 316 II 3 besteht (ggf. kann ein Rechtsstreit aber auch vor den Arbeitsgerichten anhängig sein, § 2 ArbGG; → § 314 Rn. 12). Hierdurch entfiel die ursprünglich vorgesehene Versicherung der Mitglieder des Vertretungsorgans (BT-Drs. 20/5237, 88 f.). Die Mitteilung durch das Prozessgericht erfolgt nur auf Anforderung durch das Registergericht. Hierbei hat das Registergericht die Frist nach § 314 III (→ § 314 Rn. 10) und die Bezeichnung der übertragenden Ges (Firma, Adressdaten) mitzuteilen, damit das potentielle Prozessgericht die Rechtshängigkeit von Klagen auf Sicherheitsleistung prüfen kann. Zur Fristwahrung durch Eingang der Klageschrift → § 314 Rn. 10. Das Registergericht wird regelmäßig erst nach Ablauf der Frist die Auskunft anfordern. Angesichts der Registersperre (→ § 316 Rn. 15) wird die Anforderung der Auskunft der Regelfall sein (vgl. auch Bungert/Reidt DB 2023, 54 (55)).

§ 316 Verschmelzungsbescheinigung

(1) ¹Das Gericht prüft innerhalb von drei Monaten nach der Anmeldung gemäß § 315 Absatz 1 und 2, ob für die übertragende Gesellschaft die Voraussetzungen für die grenzüberschreitende Verschmelzung vorliegen. ²Die Eintragung enthält die Bezeichnung des Verschmelzungsverfahrens und der an ihm beteiligten Gesellschaften sowie die Feststellung, dass alle einschlägigen Voraussetzungen erfüllt und alle erforderlichen Verfahren und Formalitäten erledigt sind. ³Die Eintragung ist mit dem Vermerk zu versehen, dass die grenzüberschreitende Verschmelzung unter den Voraussetzungen des Rechts desjenigen Staates wirksam wird, dem die übernehmende oder neue Gesellschaft unterliegt. ⁴Über die Eintragung stellt das Gericht von Amts wegen eine Verschmelzungsbescheinigung aus.

(2) ¹Die Eintragung gemäß Absatz 1 darf nicht vor Ablauf der Fristen gemäß § 313 Absatz 3 Satz 1 und § 314 Absatz 3 vorgenommen werden. ²Haben alle Anteilsinhaber der übertragenden Gesellschaft der Verschmelzung zugestimmt, darf die Eintragung bereits vor Ablauf der Frist des § 313 Absatz 3 Satz 1 erfolgen. ³Wurde ein Anspruch auf Sicherheitsleistung nach § 314 Absatz 1 gerichtlich geltend gemacht, so darf die Eintragung gemäß Absatz 1 nicht vorgenommen werden,
1. bevor die den Antrag ablehnende Entscheidung rechtskräftig ist,
2. die in der Entscheidung festgelegte Sicherheit geleistet wurde oder
3. die den Antrag teilweise ablehnende Entscheidung rechtskräftig ist und die in der Entscheidung festgelegte Sicherheit geleistet wurde.

⁴Die Leistung der Sicherheit ist dem Gericht in geeigneter Form nachzuweisen. ⁵Auf Verlangen des Gerichts haben die Mitglieder des Vertretungsorgans zu versichern, dass die in der Entscheidung festgelegte Sicherheit geleistet wurde.

(3) ¹In dem Verfahren nach Absatz 1 muss das Gericht bei Vorliegen von Anhaltspunkten prüfen, ob die grenzüberschreitende Verschmelzung zu missbräuchlichen oder betrügerischen Zwecken, die dazu führen oder führen sollen, sich Unionsrecht oder nationalem Recht zu entziehen oder es zu umgehen, oder zu kriminellen Zwecken vorgenommen werden soll. ²Liegen solche Zwecke vor, so lehnt es die Eintragung gemäß Absatz 1 ab. ³Ist es für die Prüfung notwendig, zusätzliche Informationen zu berücksichtigen oder zusätzliche Ermittlungen durchzuführen, so kann die in Absatz 1 Satz 1 vorgesehene Frist um höchstens drei Monate verlängert werden. ⁴Anhaltspunkte im Sinne von Satz 1 liegen insbesondere vor, wenn
1. ein gemäß Artikel 133 Absatz 2 bis 4 der Richtlinie (EU) 2017/1132 durchzuführendes Verhandlungsverfahren erst auf Aufforderung des Gerichts eingeleitet worden ist;
2. die Zahl der Arbeitnehmer mindestens vier Fünftel des für die Unternehmensmitbestimmung maßgeblichen Schwellenwerts beträgt, im Zielland keine Wertschöpfung erbracht wird und der Verwaltungssitz in Deutschland verbleibt;
3. eine ausländische Gesellschaft durch die grenzüberschreitende Verschmelzung Schuldnerin von Betriebsrenten oder -anwartschaften wird und diese Gesellschaft kein anderweitiges operatives Geschäft hat.

(4) Ist es wegen der Komplexität des Verfahrens ausnahmsweise nicht möglich, die Prüfung innerhalb der in Absatz 1 Satz 1 oder Absatz 3 Satz 3 vorgesehenen Fristen vorzunehmen, so hat das Gericht den Anmelder vor Ende der Frist über die Gründe für eine Verzögerung zu unterrichten.

(5) **Nach Eingang einer Mitteilung des Registers, in dem die übernehmende oder neue Gesellschaft eingetragen ist, über das Wirksamwerden der Verschmelzung hat das Gericht des Sitzes der übertragenden Gesellschaft den Tag des Wirksamwerdens zu vermerken und die bei ihm aufbewahrten elektronischen Dokumente diesem Register zu übermitteln.**

Übersicht

	Rn.
1. Allgemeines	1
2. Prüfung durch das Gericht	3
a) Voraussetzungen für die grenzüberschreitende Verschmelzung	3
b) Missbrauchsprüfung (Abs. 3)	5
c) Bearbeitungsfristen (Abs. 1 S. 1, Abs. 3 S. 3, Abs. 4)	12
d) Ablauf von Fristen (Abs. 2)	14
3. Eintragung der Verschmelzung, Verschmelzungsbescheinigung	16
a) Eintragung der Erfüllung der Voraussetzungen (Abs. 1 S. 2–3)	16
b) Verschmelzungsbescheinigung (Abs. 1 S. 4)	18
c) Eintragung des Wirksamwerdens (Abs. 5)	19
d) Bekanntmachung	20
e) Kosten der Eintragung und Verschmelzungsbescheinigung	21

1. Allgemeines

1   Die Vorschrift ist Teil des von Art. 127, 127a, 128 und 130 GesR-RL vorgegebenen Registerverfahren und behandelt die registergerichtliche Prüfung für eine inl. übertragende Ges., die – bei Erfüllung aller Voraussetzungen – zur vorläufigen Eintragung im HR und Ausstellung der Verschmelzungsbescheinigung führt. Die Verschmelzungsbescheinigung ist wiederum Voraussetzung für die wirksamkeitsbegründende Eintragung im Zuzugsstaat. Die Vorschrift setzt gemeinsam mit § 315 und § 317 UmwG die Vorgaben von Art. 127 und Art. 127a GesR-RL um. Vgl. näher → § 315 Rn. 1, 3. Sie ersetzt § 122k II aF, allerdings in Form einer umfassenden Neuregelung.

2   **Abs. 1** ordnet die Prüfung durch das inl. Registergericht innerhalb von drei Monaten an, ob für eine inl. übertragende Ges die Voraussetzungen für eine grenzüberschreitende Verschm vorliegen, und regelt iÜ die vorläufige Eintragung im HR sowie die Ausstellung der nach Art. 127 I 1. UAbs. GesR-RL vorgesehenen Verschmelzungsbescheinigung. Da zum Zeitpunkt der HR-Anmeldung regelmäßig die Fristen nach § 313 III 1 und 314 III noch laufen und ggf. Gerichtsverfahren über Sicherheiten iSv. § 314 I rechtshängig sind, bestimmt **Abs. 2** bis zur Klärung eine Registersperre. Daneben ist über § 305 II die Registersperre nach § 16 II zu beachten (vgl. dazu → § 315 Rn. 9). Insbesondere anhängige Gerichtsverfahren über Sicherheiten suspendieren damit die Prüffrist des Registergerichts. Nach **Abs. 3** hat das Registergericht bei Vorliegen von Anhaltspunkten zusätzlich zu prüfen, ob die grenzüberschreitende Verschm zu **missbräuchlichen,** betrügerischen oder kriminellen Zwecken durchgeführt werden soll. Für das Vorliegen von Anhaltspunkten zählt Abs. 3 S. 4 Regelbeispiele auf. Die Prüfung kann eine Verlängerung der 3-monatigen Bearbeitungsfrist nach Abs. 1 S. 1 begründen. Die Regelung dient der Umsetzung von Art. 127 VIII- X GesR-RL. In besonders komplexen Fällen kann das Gericht die Bearbeitungsfristen nach Abs. 1 S. 1 und Abs. 3 S. 3 nochmals verlängern; über die Gründe für die Verzögerung hat das Gericht vor Ende der jeweiligen Frist den Anmelder zu unterrichten (**Abs. 4**). Gem. **Abs. 5** ist nach Eingang einer Mitteilung über das Wirksamwerden der Verschm im Register am Sitz der übertragenden Ges der Tag des Wirksamwerdens zu vermerken und

sind die elektronischen Dokumente dem Register der übernehmenden/neuen Ges zu übermitteln. Die eigenständige Regelung geht darauf zurück, dass § 19 II 2 von der Mitteilung der Eintragung bei der übernehmenden Ges ausgeht, während bei grenzüberschreitenden Verschm auf das nach der ausl. Rechtsordnung zu beurteilende Wirksamwerden abzustellen ist.

2. Prüfung durch das Gericht

a) Voraussetzungen für die grenzüberschreitende Verschmelzung. Das 3 Registergericht hat zu prüfen, ob für die übertragende Ges die Voraussetzungen für die grenzüberschreitende Verschm vorliegen (Abs. 1 S. 1). Zur Missbrauchsprüfung vgl. → Rn. 5. Die Prüfung umfasst nur die Einhaltung der Voraussetzungen durch die jew. übertragende dt. Ges (BeckOGK/Klett Rn. 8; zur früheren Rechtslage Kallmeyer/Zimmermann § 122k Rn. 13; Lutter/Bayer § 122k Rn. 18; Kölner Komm UmwG/Simon/Rubner § 122k Rn. 21; Semler/Stengel/Leonard/Drinhausen § 122k Rn. 14; Henssler/Strohn/Polley § 122k Rn. 13; Maulbetsch/Klumpp/Rose/Becker/Uxa § 122k Rn. 15). Die Einhaltung der Voraussetzungen durch die anderen beteiligten Ges wird von den für diese Ges zuständigen Gerichten oder Behörden geprüft und entweder durch eine eigene Verschmelzungsbescheinigung (weitere übertragende Ges) oder anlässlich des Eintragungsverfahrens bei der übernehmenden/neuen Ges bestätigt. Die Prüfung erfolgt anhand der nach § 315 eingereichten Unterlagen und anhand der ergänzenden Versicherungen und Erklärungen der Vertretungsorgane (vgl. iE → § 315 Rn. 4 ff. und → Rn. 4). IÜ hat das Gericht im Wege der Amtsermittlung Unklarheiten aufzuklären (zur früheren Rechtslage Henssler/Strohn/Polley § 122k Rn. 13; MHdB GesR VIII/Oppenhoff § 18 Rn. 280). Vgl. ergänzend → § 317 Rn. 1). Die wirtschaftliche Zweckmäßigkeit und die Angemessenheit des Umtauschverhältnisses wird nicht geprüft (→ § 19 Rn. 17).

Demzufolge ist zu prüfen: 4
– die Verschmelzungsfähigkeit iSv § 306 der anmeldenden übertragenden dt. Ges;
– die Aufstellung eines formwirksamen gemeinsamen Verschmelzungsplans, der die inhaltlichen Anforderungen nach § 307 erfüllt. Hierzu muss die Vertretungsbefugnis der handelnden Vertretungsorganmitglieder (auch der ausl. Ges) geprüft werden (zweifelnd BeckOGK/Klett Rn. 12; zur früheren Rechtslage wie hier Widmann/Mayer/Vossius § 122k Rn. 14; Maulbetsch/Klumpp/Rose/Becker/Uxa § 122k Rn. 16);
– die ordnungsgemäße Bekanntmachung des gemeinsamen Verschmelzungsplans und der sonstigen Angaben nach § 308 für die übertragende inl. Ges;
– die Erstellung und rechtzeitige Zugänglichmachung des (ggf. gemeinsamen) Verschmelzungsberichts gegenüber den Betriebsräten/ArbN oder das Vorliegen der Voraussetzungen für eine Entbehrlichkeit des Berichts (vgl. → § 309 Rn. 15); eine nicht ordnungsgemäße Zugänglichmachung gegenüber den Anteilsinhabern ist nur zu beachten, wenn hiergegen Anfechtungsklage erhoben ist (auch → Rn. 15); eine inhaltliche Prüfung des Verschmelzungsberichts erfolgt nicht.
– die Durchführung einer Verschmelzungsprüfung und die Erstellung eines Verschmelzungsprüfungsberichts oder das Vorliegen der Voraussetzungen für die Entbehrlichkeit der Verschmelzungsprüfung/des Berichts (→ § 311 Rn. 7);
– die formwirksame Fassung des Verschmelzungsbeschlusses und ggf. des Bestätigungsbeschlusses bei einem Vorbehalt iSv § 310 I bei der anmeldenden Ges.;
– Erfüllung der ordnungsgemäßen Sicherheitsleistung an die Gläubiger iSv § 314. Im Regelfall ist es ausreichend, zu kontrollieren, ob ordnungsgemäße Erklärungen iSv § 315 III Nr. 1 (näher → § 315 Rn. 10) und eine Negativerklärung der potentiellen Prozessgerichte für Klagen über die Sicherheitsleistung vorliegen (näher

→ § 311 Rn. 18); zur Prüfung nach gerichtlicher Geltendmachung der Sicherheitsleistung vgl. → Rn. 15.
– Vorliegen der Negativerklärung nach § 16 II oder einer rkr. Entscheidung nach § 16 III;
– Einreichung einer ordnungsgemäßen Schlussbilanz nach § 17 II, deren Stichtag zum Zeitpunkt der Anmeldung nicht älter als acht Monate ist;
– Keine Prüfung erfolgt hinsichtlich des Barabfindungsangebots. Insofern müssten Ansprüche im Spruchverfahren durchgesetzt werden (näher → § 313 Rn. 15). Zur Registersperre bis zum Ablauf der Annahmefrist → Rn. 14).

5 **b) Missbrauchsprüfung (Abs. 3).** Der Prüfungsumfang des Registergerichts wird nach Abs. 3 S. 1 dahingehend erweitert, ob die grenzüberschreitende Verschm zu missbräuchlichen, betrügerischen oder kriminellen Zwecken (zusammenfassend: missbräuchliche Zwecke) vorgenommen werden soll. Stellt das Gericht derartige Zwecke fest, ist die Eintragung und damit auch die Verschmelzungsbescheinigung abzulehnen (Abs. 3 S. 2). Die Regelung dient der Umsetzung von Art. 127 VIII-X GesR-RL. Eine derartige Prüfung der Zwecke ist indes nur vorzunehmen, wenn hierfür Anhaltspunkte vorliegen (BeckOGK/Klett Rn. 22). Damit ist ein **zweistufiger Prüfungsaufbau** vorgegeben: das Vorliegen von Anhaltspunkten ist generell zu prüfen; sind – und nur dann (vgl. auch Erwägungsgrund 36 der UmwR-RL: Ernste Bedenken) – diese vorhanden, sind durch das Registergericht im Regelfall, also wenn nicht ein Verstoß gegen das Missbrauchsverbot bereits feststeht, weitere Sachverhaltsermittlungen anzustellen (zu möglichen Fristverlängerung → Rn. 13). Abs. 3 S. 4 konkretisiert in Form von **Regelbeispielen** („insbesondere"), was **Anhaltspunkte** für die Verfolgung von missbräuchlichen Zwecken durch die grenzüberschreitende Verschm sind. Sind die Voraussetzungen eines Regelbeispiels erfüllt, muss das Gericht weitere Nachforschungen anstellen (BT-Drs. 20/5237, 89; Bungert/Reidt DB 2023, 54 (56)). Die Erfüllung eines Regelbeispiels belegt aber noch nicht, dass tatsächlich mit der Verschmelzung missbräuchliche Zwecke verfolgt werden (ebenso Bungert/Reidt DB 2023, 54 (56)). Dieser Katalog ist erst durch die Beschlussempfehlung des Rechtsausschusses ergänzt worden (BT-Drs. 20/5237, 35, 89). Er greift letztlich Umstände aus dem Erwägungsgrund 36 der UmwRL auf. Anhaltspunkte für die Verfolgung von missbräuchlichen Zwecken liegen gemäß Abs. 3 S. 4 **Nr. 1** danach vor, wenn trotz Vorliegen der Voraussetzungen (vgl. §§ 5 MgVG, 5 MgFSG) ein **Verhandlungsverfahren** über die Mitbestimmung (§§ 13 ff. MgVG, 14 ff. MgFSG) erst auf Aufforderung des Gerichts eingeleitet worden ist. Ob ein derartiges Verfahren durchzuführen und noch nicht eingeleitet ist, kann das Registergericht aufgrund der Versicherung der Mitglieder des Vertretungsorgans nach § 315 III 1 Nr. 3 (vgl. → § 315 Rn. 12) und der weiteren Mitteilungen nach § 315 IV Nr. 1 (vgl. → § 315 Rn. 15) sowie aus dem einzureichenden (arbeitnehmerspezifischen) Verschmelzungsbericht (vgl. → § 315 Rn. 8 und → § 309 Rn. 11) feststellen.

6 Das zweite Regelbeispiel ist erfüllt, wenn – kumulativ – die **Zahl der Arbeitnehmer** mindestens 4/5 des für die Unternehmensmitbestimmung maßgeblichen Schwellenwerts beträgt (vgl. §§ 5 MgVG, 5 MgFSG), im Sitzstaat der übernehmenden Ges (Zielland) keine Wertschöpfung erbracht wird und der Verwaltungssitz in Deutschland verbleibt (Abs. 3 S. 4 **Nr. 2**). Diese äußeren Umstände können dafürsprechen, dass die grenzüberschreitende Verschm nur durchgeführt wird, um das „Rechtskleid" der ausl. Rechtsform zu erhalten. Ein Anhaltspunkt für die Verfolgung missbräuchlicher Zwecke besteht in diesen Fällen selbst dann, wenn ein Verhandlungsverfahren nach §§ 13 ff. MgVG, §§ 14 ff. MgFSG bereits eingeleitet oder beendet ist, da anderenfalls regelmäßig bereits Abs. 3 S. 4 Nr. 1 erfüllt ist. Der Begriff des Verwaltungssitzes ist mit demjenigen der Hauptverwaltung nach § 306 I Nr. 1 identisch (vgl. → § 306 Rn. 13). Der betriebswirtschaftliche Begriff der Wertschöp-

fung ist nicht nur auf produzierende Unternehmen anzuwenden. Nach Sinn und Zweck ist auf die bisherige Geschäftstätigkeit der übertragenden Ges im Zielland abzustellen. Reine Lieferbeziehungen ohne eigene Vertriebsstruktur sind nicht genügend. Ausreichend dürfte es indes sein, wenn die Wertschöpfung über eine TochterGes (→ § 315 Rn. 16) erfolgt. Auch diese Informationen kann das Registergericht vielfach durch die Versicherung der Mitglieder des Vertretungsorgans nach § 315 III 1 Nr. 3 (→ § 315 Rn. 12) und die weiteren Mitteilungen nach § 315 IV Nr. 1 (→ § 315 Rn. 15) sowie aus dem einzureichenden Verschmelzungsbericht (→ § 315 Rn. 8) erhalten. Jedenfalls können diese Unterlagen Anlass für weitere Nachfragen sein. Zur tatsächlichen Missbräuchlichkeit vgl. aber unten → Rn. 10. Denn hierbei ist zu beachten, dass nach der Rspr. des EuGH die Verlagerung des Satzungssitzes in einen anderen Mitgliedstaat und damit die Annahme einer EU-/EWR-ausl. Rechtsform auch dann von der Niederlassungsfreiheit gedeckt ist, wenn keine weiteren Aktivitäten im Zuzugsstaat erfolgen (EuGH NZG 2017, 1308 Rn. 42 f. – Polbud). Diese Bewertung ist auch bei grenzüberschreitenden Verschmelzungen zu beachten (krit. auch Suchan/Holfter WPg 2023, 708 (712)).

Das dritte Regelbeispiel stellt auf die potentielle **Gefährdung von Betriebsrenten** ab, indem eine ausl. Ges durch die grenzüberschreitende Verschm Schuldnerin von Betriebsrenten oder -anwartschaften wird. Weitere Voraussetzung ist, dass diese Ges kein anderweitiges operatives Geschäft hat (Abs. 3 S. 4 **Nr. 3**). Das Bestehen von Verpflichtungen aus Betriebsrenten und/oder -anwartschaften bei der übertragenden Ges lässt sich regelmäßig aus den Angaben im Verschmelzungsplan (§ 307 II Nr. 16; näher → § 307 Rn. 38) und der einzureichenden (→ § 315 Rn. 8) Schlussbilanz (§ 17 II) ableiten (→ § 17 Rn. 28; Rst. für Pensionen und ähnliche Verpflichtungen, § 266 III B Nr. 1). Die Übertragung der Schuldnerstellung muss durch die grenzüberschreitende Verschmelzung, also aufgrund der verschmelzungsbedingten Gesamtrechtsnachfolge, erfolgen. Demzufolge ist zu überprüfen, ob die übernehmende Ausl. Ges ein anderweitiges operatives Geschäft hat. Nach dem Wortlaut („anderweitiges … hat") ist das durch die Verschm von der anmeldenden übertragenden inl. Ges oder anderen übertragenden Ges übergehende operative Geschäft nicht zu berücksichtigen. Damit ist dieses Kriterium bei Verschm zur Neugründung immer erfüllt. Der Begriff des operativen Geschäftes ist unklar. Wenn damit eine Abgrenzung zur Vermögensverwaltung beabsichtigt ist, ist dies wenig zielführend, da hiermit keine Aussage zur Bonität der künftigen Schuldnerin verbunden ist. Zutreffenderweise wird man auf die Vermögens- und Ertragslage der übernehmenden ausl. Ges vor der Verschm abzustellen haben. Diese ersten Informationen stehen dem Registergericht allenfalls aus dem einzureichenden Verschmelzungsbericht (→ § 315 Rn. 8) zur Verfügung. Ggf. ergeben sich Hinweise aus den ebenfalls einzureichenden (→ § 315 Rn. 8) Bemerkungen/Stellungnahmen nach § 308 I Nr. 2 (→ § 308 Rn. 17) und § 310 III (→ § 310 Rn. 8). Bei einem Anfangsverdacht können auch Informationen bei ausl. öffentlichen Stellen nach § 317 Nr. 2 erbeten werden (→ § 317 Rn. 3). Eine tatsächliche Gefährdung von Betriebsrenten wird aufgrund der Absicherung durch den Pension-Sicherungs-Verein (§ 14 BetrAVG) und der Beibehaltung des Gerichtsstands am Arbeitsort (§ 48 Ia ArbGG iVm Art. 21 I lit. b i Brüssel Ia-VO) indes selten eintreten (ebenso Bungert/Reidt DB 2023, 54 (56)). Vgl. auch → § 307 Rn. 38.

Die Erfüllung eines oder mehrerer Regelbeispiele ist indes nur ein Anhaltspunkt für weitere Ermittlungen. Sie sind für sich noch kein Indiz für die Verfolgung missbräuchlicher Zwecke. Umgekehrt sind die Regelbeispiele nicht abschließend. Das Registergericht hat im Rahmen der **Amtsermittlung** (§ 26 FamFG) auch darüber hinaus zu ermitteln, ob Anhaltspunkte für die Verfolgung missbräuchlicher Zwecke bestehen. Derartige Anhaltspunkte können sich etwa aus der Versicherung hinsichtlich der Insolvenzreife nach § 315 III 1 Nr. 4 (→ § 315 Rn. 13) oder den Angaben über Verbindlichkeiten gegenüber der öffentlichen Hand nach § 314 IV

Nr. 3 (→ § 315 Rn. 17) ergeben. Insbesondere bei Nichtabgabe der Versicherung der fehlenden Insolvenzreife können sich aus den dann notwendigen Mitteilungen nach § 315 III 2 (→ § 315 Rn. 13 f.) Anhaltspunkte für missbräuchliche Zwecke ergeben (RegEBegr. BT-Drs. 20/3822 zu § 316 III).

8a Auch eine Vielzahl von Streitigkeiten über Gläubigersicherheiten (→ § 315 Rn. 18) kann Anlass für weitere Ermittlungen sein. Schließlich können sich aus Hinweisen Dritter, etwa Arbeitnehmervertretungen oder Gewerkschaften, Anhaltspunkte ergeben (Thomale/Schmid NotBZ 2023, 125 (137)). Diese können etwa in den Bemerkungen im Sinne von §§ 308 I 2 Nr. 4, 312 III enthalten sein (→ § 308 Rn. 17 ff. und → § 312 Rn. 15), weswegen eine Stellungnahme der anmeldenden Ges zu den Bemerkungen sinnvoll sein kann (Bungert/Reidt DB 2022, 1369 (1378); vgl. → Rn. 315 Rn. 8). Hinweise können sich auch aus einer Nachfrage nach § 317 S. 1 Nr. 5 ergeben (näher → § 317 Rn. 6). Nicht nur ein Anhaltspunkt, sondern vielmehr ein Indiz für die Verfolgung missbräuchlicher Zwecke sind falsche Versicherungen und Angaben nach § 315 III, IV (vgl. auch (RegEBegr. BT-Drs. 20/3822 zu § 316 III). Umgekehrt sind das Bestehen oder die Verlegung des Sitzes der künftigen Hauptverwaltung (→ § 306 Rn. 13) im Staat, deren Rechtsordnung die übernehmende oder neue Ges unterliegt, oder erhebliche wirtschaftliche Aktivitäten in diesem Staat gewichtige Anzeichen, die gegen eine Missbrauchsabsicht sprechen (vgl. auch Erwägungsgrund 36 2. UAbs der UmwRL).

9 Liegen Anhaltspunkte für die Verfolgung missbräuchlicher Zwecke vor, hat das Registergericht von Amts wegen (§ 26 FamFG) **tiefergehende Ermittlungen** anzustellen, ob tatsächlich die Voraussetzungen des Missbrauchsverbot vorliegen. Neben Nachfragen bei der anmeldenden Ges durch Zwischenverfügungen stehen iW die Informationsmöglichkeiten nach § 317 zur Verfügung (näher → § 317 Rn. 1). Der Begriff der **missbräuchlichen Zwecke** ist nach Ansicht des Gesetzgebers im Sinne des unionsrechtlichen Missbrauchsbegriffs des EuGH zu verstehen (RegEBegr. BT-Drs. 20/3822 zu § 316 III). Danach sei von einem Missbrauch auszugehen, wenn bei einer Gesamtwürdigung der objektiven Umstände das Ziel einer Regelung (hier: Verbesserung der Funktionsweise des Binnenmarkts für Ges und ihre Ausübung der Niederlassungsfreiheit; vgl. Erwägungsgrund Nr. 1 UmwRL) trotz der Einhaltung formaler Bedingungen nicht erreicht werde (EuGH BeckRS 2004, 74133 Rn. 52– Emsland Stärke; EuGH IStR 2006, 276 Rn. 74 – Halifax). Ferner muss als subjektives Element hinzukommen, dass sich die beteiligten Ges durch Anwendung der Verfahrensvorschriften einen willkürlichen oder ungerechtfertigten Vorteil verschaffen möchten (EuGH BeckRS 2004, 74133 Rn. 53– Emsland Stärke; EuGH IStR 2006, 276 Rn. 75 – Halifax; EuGH BeckRS 2014, 80525 Rn. 37 – Sices). Die Verfolgung weiterer Zwecke entkräftet regelmäßig den Vorwurf der Verfolgung missbräuchlicher Zwecke (EuGH IStR 2006, 276 Rn. 75 – Halifax). Der Kreis der durch das Missbrauchsverbot geschützten Personen umfasst insbesondere die Gläubiger der und die in den beteiligten Ges beschäftigten Arbeitnehmer (RegEBegr. BT-Drs. 20/3822 zu § 316 III). Bei **betrügerischen** Zwecken kommt hinzu, dass ein nicht nur ungerechtfertigter, sondern auch ein rechtswidriger Vermögensvorteil angestrebt wird. Insofern ist dies ein Unterfall der **kriminellen** Zwecke. Weitere kriminelle Zwecke können etwa bezweckt sein, wenn die grenzüberschreitende Verschm der Geldwäsche dienen oder eine Steuerhinterziehung ermöglichen soll.

10 Bei der Verfolgung der missbräuchlichen oder betrügerischen Zwecke muss das Ziel der grenzüberschreitenden Verschm sein, sich dem Unionsrecht oder nationalen **Recht zu entziehen** oder es zu **umgehen** (Abs. 1 S. 1). Aber auch hier muss als Korrektiv hinzukommen, dass der Entzug oder die Umgehung ungerechtfertigt ist. Das Streben nach einem Standortvorteil, nach günstigeren steuerlichen Rahmenbedingungen oder Vorteilen aus der Rechtsform der übernehmenden Ges sind für sich genommen nicht missbräuchlich (RegEBegr. BT-Drs. 20/3822 zu § 316 V).

So ist etwa das Ziel, vorausschauend bei weiterem Wachstum eine Arbeitnehmermitbestimmung zu vermeiden, nicht missbräuchlich, wenn die Beteiligungsrechte der Mitarbeiter (auch → Rn. 5 f.) gewahrt werden (so auch RegEBegr. BT-Drs. 20/3822 zu § 316 V; vgl. auch Bungert/Reidt DB 2022, 1369 (1379); Bungert NZG 2022, 1657; Bungert/Strothotte DB 2022, 1818 (1821); M. Goette DStR 2023, 157 (162)). Die „Flucht" in eine im Hinblick auf die Mitbestimmung komfortablere EU-/EWR-ausl. Rechtsform ist auch dann von der Niederlassungsfreiheit gedeckt ist, wenn keine weiteren Aktivitäten im Zuzugsstaat erfolgen (EuGH NZG 2017, 1308 Rn. 42 f. – Polbud). Diese Bewertung ist auch bei grenzüberschreitenden Verschmelzungen zu beachten (krit. auch Suchan/Holfter WPg 2023, 708 (712)). Ferner stellt das Gestaltungsmotiv der Ersparnis von Steuern für sich keinen Missbrauch von rechtlichen Gestaltungsmöglichkeiten im Sinne von § 42 AO dar (stRspr des BFH, etwa BStBl. II 1983, 272), was auch bei der Missbrauchsprüfung nach § 316 III zu beachten ist. Auch die Beteiligung einer Ges in wirtschaftlichen Schwierigkeiten (zu insolvenzbezogenen Versicherungen → § 315 Rn. 13) ist nicht generell missbräuchlich. In diesen Fällen ist jedoch aufzuklären, ob und wie durch die grenzüberschreitende Verschm die Sanierung ermöglicht oder wenigstens unterstützt wird (vgl. auch Heckschen/Knaier GmbHR 2022, 501 (509)). Die Verfolgung krimineller Zwecke steht immer außerhalb der Rechtsordnung.

11 Die Entscheidung des Registergerichts muss auf einer **Gesamtbetrachtung** unter Berücksichtigung aller relevanten Tatsachen beruhen (RegEBegr. BT-Drs. 20/3822 zu § 316 III; vgl. auch die Umstände im Erwägungsgrund 36 UmwRL). Hierbei ist den anmeldenden Ges stets die Möglichkeit zur Stellungnahme und Sachverhaltsaufklärung einzuräumen (BeckOGK/Klett Rn. 25; vgl. auch § 37 II FamFG). Ein Verstoß gegen das Missbrauchsverbot muss nach der freien, aus dem gesamten Inhalt des Verfahrens gewonnenen Überzeugung des Registergerichts feststehen (§ 37 I FamFG). Bei verbleibenden Zweifeln ist der Durchführung der grenzüberschreitenden Verschm der Vorrang zu geben. Dabei ist der hohe Stellenwert der Niederlassungsfreiheit zu berücksichtigen. Die Ablehnung kann nur ultima ratio sein (J. Schmidt NZG 2022, 635 (640); Thomale/Schmid NotBZ 2023, 125 (137)). Eine ablehnende Entscheidung ergeht durch Beschluss (§ 382 III FamFG), der nach § 40 I FamFG gegenüber der anmeldenden Ges bekanntzugeben ist und gegen den die **Beschwerde** gemäß §§ 58 ff. FamFG statthaft ist. Ein Verstoß gegen das Missbrauchsverbot wird regelmäßig kein behebbares Hindernis im Sinne von § 382 IV 1 FamFG sein.

c) Bearbeitungsfristen (Abs. 1 S. 1, Abs. 3 S. 3, Abs. 4). Abs. 1 S. 1 legt als **12** Regel-Bearbeitungsfrist für die Prüfung des Gerichts einen Zeitraum von drei Monaten nach der Anmeldung gemäß § 315 I und II fest. Innerhalb dieser Zeitspanne ist im Grundsatz die Verschm entweder einzutragen und die Verschmelzungsbescheinigung zu erteilen oder eine ablehnende Entscheidung bekanntzugeben (→ Rn. 11). Dieser Prüfungszeitraum geht auf die Vorgabe nach Art. 127 VII GesR-RL zurück. Nach der Gesetzesbegründung beginnt der Prüfungszeitraum, sobald dem Registergericht eine vollständige Anmeldung einschließlich der zu übermittelten Erklärungen, Versicherungen, Mitteilungen und beizufügenden Anlagen übermittelt wurde (RegEBegr. BT-Drs. 20/3822 zu § 316 I). Dies dient der effizienten Bearbeitung in einem Arbeitsschritt. Die Frist beginnt damit erst, wenn auch die in der Praxis vielfach nachgereichten Versicherungen nach § 315 III 1 Nr. 1 und § 16 II 1 (iVm § 305 II) eingegangen sind (BeckOGK/Klett Rn. 26; → § 315 Rn. 9 und 10). Entsprechendes gilt, solange die Nachweise nach Abs. 2 S. 4 und ggf. die Versicherung nach Abs. 2 S. 5 (→ Rn. 14) nicht vorliegen.

Bei Vorliegen von Anhaltspunkten für einen Verstoß gegen das **Missbrauchsver-** **13** **bot** nach Abs. 3 S. 1 (→ Rn. 5 ff.) kann die Regel-Bearbeitungsfrist um höchstens drei Monate verlängert werden (**Abs. 3 S. 3**). Diese verlängerte Frist kann aber nicht für die vorrangige Ermittlung von Anhaltspunkten (→ Rn. 5) genutzt werden. Anders als bei einer (nochmaligen) Verlängerung nach Abs. 4 muss die anmeldende Ges über die Bearbeitung über die Regel-Bearbeitungsfrist hinaus nicht informiert werden (aA wohl BeckOGK/Klett Rn. 27). Eine Verlängerung der Regel-Bearbeitungsfrist und ggf. der zusätzlichen Frist wegen Ermittlungen zu Missbrauchsverbot kommt iÜ nur in Betracht, wenn eine Bearbeitung innerhalb dieser Fristen wegen der Komplexität des Verfahrens ausnahmsweise nicht möglich ist (**Abs. 4**). In diesem Fall ist die anmeldende Ges vor dem Ende der bisher in Anspruch genommenen Frist über die Gründe für die Verzögerung zu unterrichten. Die Vorschrift setzt Art. 127 XI GesR-RL um. Eine weitere (Höchst-)Frist ist nicht festgelegt und muss auch nicht mitgeteilt werden. Eine derart lange Bearbeitungsdauer kann schon nach dem Wortlaut nur ausnahmsweise gerechtfertigt sein. Der Komplexität einer grenzüberschreitenden Verschm an sich ist schon durch die Regel-Bearbeitungsfrist nach Abs. 1 S. 1 Rechnung getragen (vgl. auch RegEBegr. BT-Drs. 20/3822 zu § 316 IV). Letztlich sind indes Verstöße des Registergerichts gegen die Bearbeitungsfristen sanktionslos. Die anmeldende Ges kann lediglich den außerordentlichen Rechtsbehelf der Untätigkeitsbeschwerde (dazu etwa BeckOK FamFG/Obermann FamFG § 58 Rn. 28 ff.) in Anspruch nehmen.

14   **d) Ablauf von Fristen (Abs. 2).** Nach Abs. 2 S. 1 darf die Eintragung (→ Rn. 16) erst erfolgen, wenn die Fristen nach § 313 III 1 und § 314 III abgelaufen sind. Durch das Abwarten des **Fristablaufs nach § 313 III 1** ist sichergestellt, dass ein Abfindungsangebot nach § 313 I 1 angenommen werden kann, bevor die Verschm wirksam wird. Denn nach Eintragung und Ausstellung der Verschmelzungsbescheinigung kann die Verschm durch Eintragung bei der übertragenden Ges jederzeit wirksam werden (→ § 318 Rn. 7). Dies ist wichtig, weil die Anteilsinhaber, die das Barabfindungsangebot annehmen, nicht Gesellschafter der übernehmenden Ges werden. Ihre Beteiligung endet kraft Gesetzes mit Wirksamwerden der Verschm (näher → § 313 Rn. 13). Der Ablauf der Frist nach § 313 III 1 muss nicht abgewartet werden, wenn alle Anteilsinhaber der übertragenden Ges der Verschm zugestimmt haben (Abs. 2 S. 2). In diesem Fall gibt es keine ausscheidenden Anteilsinhaber, da Voraussetzung für das Ausscheiden gegen Barabfindung ist, dass ein Anteilsinhaber gegen den Verschmelzungsbeschlusses Widerspruch zur Niederschrift erklärt hat (näher → § 313 Rn. 8).

15   Der **Fristablauf nach § 314 III** ist ausnahmslos einzuhalten. Das Registergericht wird mit der Eintragung demzufolge warten, bis die Versicherung der Mitglieder des Vertretungsorgans nach § 315 III 1 Nr. 1, die erst nach Ablauf der Frist erfolgen kann (→ § 315 Rn. 10), und eine Mitteilung der potentiellen Prozessgerichte nach § 315 V (→ § 315 Rn. 18) vorliegen. Ist ein Anspruch auf Sicherheitsleistung **rechtshängig** (→ § 314 Rn. 12 ff.), kann die Eintragung gem. Abs. 2 S. 3 erst dann erfolgen, wenn der Anspruch auf Sicherheitsleistung entweder vollständig rechtskräftig abgewiesen wurde (Nr. 1), die in einer auch nicht rechtskräftigen Entscheidung festgelegte Sicherheit geleistet wurde (Nr. 2) oder eine nur teilweise stattgebenden Entscheidung rechtskräftig geworden ist und die in der Entscheidung festgelegte Sicherheit geleistet wurde (Nr. 3). Die dadurch ausgelöste **Registersperre** kann zu einer erheblichen Verzögerung führen. In der Praxis wird dies einen hohen Einigungsdruck erzeugen, geforderte Sicherheiten im Zweifel zu leisten (kritisch zur von der GesR-RL nicht geforderten Registersperre etwa BeckOGK/Klett Rn. 33; Bungert/Reidt DB 2023, 54 (55); Bungert/Strothotte DB 2022, 1818 (1821), auch zu praktischen Schwierigkeiten; Baschnagel/Hilser NZG 2022, 1333 (1338); Suchan/Holfter WPg 2023, 708 (715)). Die Leistung der Sicherheit nach einer (teilweise) stattgebenden Entscheidung in geeigneter Form **nachzuweisen** (Abs. 2 S. 4). Die Art des Nachweises hängt von der gewählten Sicherheit (vgl. § 232 BGB) ab. Bei Bestellung einer Hypothek kann ein Grundbuchauszug eingereicht werden.

1, 2 § 317 UmwG A

1. von der Gesellschaft Informationen und Unterlagen verlangen,
2. von öffentlichen inländischen Stellen Informationen und Unterlagen verlangen und von öffentlichen Stellen eines anderen Mitgliedstaats der Europäischen Union oder eines anderen Vertragsstaats des Abkommens über den Europäischen Wirtschaftsraum mit Zuständigkeiten in den von der grenzüberschreitenden Verschmelzung betroffenen Bereichen die notwendigen Informationen und Unterlagen erbitten,
3. von einem eingesetzten besonderen Verhandlungsgremium Informationen und Unterlagen verlangen,
4. einen unabhängigen Sachverständigen zuziehen sowie
5. im Rahmen der Prüfung des § 316 Absatz 3 eine in dem sich verschmelzenden Unternehmen vertretene Gewerkschaft anhören.

²Ist eine inländische öffentliche Stelle in einem von einer grenzüberschreitenden Verschmelzung betroffenen Bereich zuständig, kann sie der für die Ausstellung einer Verschmelzungsbescheinigung zuständigen Stelle eines anderen Mitgliedstaats der Europäischen Union oder eines anderen Vertragsstaats des Abkommens über den Europäischen Wirtschaftsraum auf deren Ersuchen die notwendigen Informationen und Unterlagen übermitteln.

1. Allgemeines

Die Vorschrift befasst sich in S. 1 mit weiteren Informationsmöglichkeiten des 1
für die übertragende inl. Ges zuständigen Registergerichts und ergänzt damit §§ 315, 316. Sie setzt die Vorgaben von Art. 127 XII GesR-RL um, erweitert diese allerdings um die Informationsmöglichkeiten nach S. 1 Nr. 3 und 5. S. 1 tritt neben die Verfahrensrechte nach dem FamFG (vgl. etwa §§ 26 ff., 379, 380 FamFG). Die wesentliche Bedeutung liegt in dem Anspruch gegenüber den betroffenen Stellen („verlangen") und damit korrespondierend der Befugnis der Auskunftspersonen zur Auskunftserteilung (BeckOGK/Klett Rn. 1, 2). Damit werden auch datenschutzrechtliche Grundlagen geschaffen (vgl. etwa § 25 I BDSG). Die Vorschrift erweitert iÜ die beschränkten Möglichkeiten im Zusammenhang mit der Amtsermittlung (vgl. dazu MüKoFamFG/Ulrici FamFG § 26 Rn. 21). Im Normalfall einer grenzüberschreitenden Verschm wird es der erweiterten Informationsbeschaffung nicht bedürfen. Ein wichtiger Anwendungsfall (vgl. auch Begr. RegE, BT-Drs. 20/3822 zu § 317) wird indes die weitere Aufklärung bei Vorliegen von Anhaltspunkten für einen Verstoß gegen das Missbrauchsverbot nach § 316 III sein (→ § 316 Rn. 5 ff.). S. 2 dient ebenfalls der Umsetzung von Art. 127 XII GesR-RL, indem sie spiegelbildlich inl. öffentlichen Stellen die Befugnis erteilt, zuständigen Stellen eines anderen Mitgliedstaats der EU/des EWR auf deren Ersuchen die notwendigen Informationen und Unterlagen zu übermitteln.

2. Erweiterte Informationsbeschaffung des Registergerichts

a) Informationen von der Gesellschaft (S. 1 Nr. 1). Nach S. 1 Nr. 1 kann 2
das für die Eintragung im Register der übertragenden inl. Ges zuständige Gericht von dieser Ges – über die Anmeldeunterlagen, Versicherungen und Erklärungen nach § 315 (→ § 315 Rn. 7 ff.) und § 316 II 4, 5 (→ § 316 Rn. 15) hinaus – Informationen und Unterlagen verlangen (zur Erforderlichkeit vgl. → Rn. 7). Dies ist an sich eine Selbstverständlichkeit und folgt auch aus § 27 FamFG. Die übertragende inl. Ges hat regelmäßig ein Interesse an einer zügigen Eintragung und Erteilung der Verschmelzungsbescheinigung. Umgekehrt findet die Verpflichtung des Gerichts zur weiteren Aufklärung dort ihre Grenze, wo die Verfahrensbeteiligten es allein oder hauptsächlich in der Hand haben die notwendigen Erklärungen abzuge-

Sachverständigen ergibt sich bereits aus §§ 29, 30 FamFG, indem eine förmliche Beweisaufnahme durchgeführt wird. Die Auswahl des Sachverständigen obliegt dem Gericht (§ 30 I FamFG iVm § 404 I ZPO). Die §§ 402–414 ZPO gelten (§ 30 I FamFG). Der Sachverständige muss unabhängig sein (vgl. auch § 30 I FamFG iVm § 407a II ZPO) und seine Gutachtentätigkeit unparteiisch und objektiv erbringen. Die Hinzuziehung des Sachverständigen muss dazu dienen, den Sachverhalt weiter aufzuklären. Die endgültige Entscheidung trifft allein das Gericht ohne Bindung an die Einschätzungen des Sachverständigen. Die aufzuklärenden Umstände müssen Tatsachen betreffen. Die Einholung eines Rechtsgutachtens kommt allenfalls für ausländisches Recht in Betracht (vgl. 293 ZPO; vgl. aber Begr. RegE, BT-Drs. 20/3822 zu § 317 Nr. 4). Hinzuziehung bedeutet nicht nur, dass ein (neues) Sachverständigengutachten erstellt wird. Die Hinzuziehung kann auch darauf gerichtet sein, dass ein mit der Verschm bereits befasster Sachverständiger weitere Informationen erteilt und Unterlagen übermittelt. In Betracht kommt hier insbesondere der Verschmelzungsprüfer (→ § 311 Rn. 3; vgl. zur Rolle des Verschmelzungsprüfer in einem Spruchverfahren → SpruchG § 8 Rn. 3 ff.). Zur berufsrechtlichen Verschwiegenheitsverpflichtung → Rn. 7. Zu Anhörungsrechten der anmeldenden Ges → Rn. 8. Die **Vergütung des Sachverständigen** richtet sich nach dem JVEG (vgl. auch → SpruchG § 15 Rn. 10), die in der Folge als Auslage nach Nr. 31005 Kostenverzeichnis (Anlage 1 zum GNotKG) in die Kostenrechnung aufzunehmen und von der Ges als Antragstellerin zu tragen ist (§ 22 I GNotKG).

e) Anhörung von Gewerkschaften (S. 1 Nr. 5). Nach S. 1 Nr. 5 kann das **6** Registergericht eine in dem sich verschmelzenden Unternehmen vertretene Gewerkschaft anhören. Die Vorschrift ist erst auf Empfehlung des Rechtsausschusses angefügt worden (BT-Drs. 20/5237, 37, 89). Sie beruht nicht auf einer Vorgabe von Art. 127 XII GesR-RL und soll sicherstellen, dass Aspekte der Unternehmensmitbestimmung angemessen berücksichtigt werden (BT-Drs. 20/5237, 89). Die Anhörung kommt ausdrücklich nur im Zusammenhang mit der Aufklärung eines möglichen Verstoßes gegen das Missbrauchsverbot nach § 316 III (→ § 316 Rn. 5 ff.) in Betracht. Eine generelle Mitwirkungsbefugnis der Gewerkschaften im Registerverfahren ist damit nicht eröffnet (ebenso Bungert/Reidt DB 2023, 54 (56)). Auch im Zusammenhang mit der Missbrauchsprüfung müssen zunächst entsprechende Anhaltspunkte vorliegen (→ § 316 Rn. 5), bevor eine Anhörung der Gewerkschaft in Betracht kommt (Bungert/Reidt DB 2023, 54 (56)). Die Gewerkschaft muss in der anmeldenden übertragenden Ges vertreten sein. Dies ist sie bereits, wenn sie mindestens einen Arbeitnehmer der übertragenen Ges zu ihren Mitgliedern zählt, der nicht ein leitender Angestellter im Sinne des § 5 III BetrVG ist (zu § 2 BetrVG vgl. BAG NJW 1993, 612). Eine besondere Form der Anhörung ist nicht vorgeschrieben. Im Regelfall wird sie schriftlich oder in Textform erfolgen. Zur Auskunft über die vertretenen Gewerkschaften ist die anmeldende Ges nach S. 1 Nr. 1 verpflichtet.

f) Erforderlichkeit, Verfahrensrechte (S. 1). Die ergänzende Informationsbe- **7** schaffung nach S. 1 Nr. 1–5 steht jeweils unter dem Vorbehalt, dass und soweit sie für die Prüfung nach § 316 erforderlich ist. Dies gilt auch für S. 1 Nr. 2 (→ Rn. 3); die Verwendung des Adjektivs „notwendig" nur im Zusammenhang mit den ausländischen Stellen für zu keinem anderen Maßstab (vgl. auch BeckOGK/Klett Rn. 10). Die Beurteilung hierfür steht im pflichtgemäßen Ermessen des Registergerichts. Bei der Beurteilung der Erforderlichkeit ist auch zu berücksichtigen, ob die Übermittlung von Informationen und Unterlagen Rechte der anmeldenden Ges oder anderer Beteiligter oder Dritter beeinträchtigen kann (vgl. auch Begr. RegE, BT-Drs. 20/3822 zu § 317 Nr. 1 und 2). Dies gilt im Besonderen für berechtigte Ansprüche der anmeldenden Ges auf Vertraulichkeit, etwa zum Schutz von Betriebs- und Geschäftsgeheimnissen. In diesem Zusammenhang ist allerdings zu beachten, dass Verhandlungen, Erörte-

A UmwG § 318

rungen und Anhörungen in Angelegenheiten der freiwilligen Gerichtsbarkeit nicht öffentlich sind und gegen den Willen eines Beteiligten die Öffentlichkeit auch nicht zugelassen werden kann (§ 170 I 1, 2 FamFG). Ferner ist im Regelfall in Handelsregistersache nur der Antragsteller vor der Entscheidung anzuhören (§ 37 II FamFG). Daher kann sich die anmeldende Ges nicht darauf berufen, dass angeforderte Informationen nach § 31 I MgVG oder § 34 I MgFSG nicht an das besondere Verhandlungsgremium herausgegeben werden müssten. Die Verpflichtung von öffentlichen Stellen zur Informationserteilung nach S. 1 Nr. 2 (→ Rn. 3) bewirkt, dass diese öffentlichen Stellen im Grundsatz zur Erteilung der Informationen befugt sind. Zur Datenübermittlung von öffentlichen Stellen an andere öffentliche Stellen vgl. etwa § 25 I BDSG. Auch die **Verschwiegenheitspflicht des Notars** nach § 18 BNotO tritt hinter die Auskunftspflicht als öffentliche Stelle (→ Rn. 3) nach S. 1 Nr. 2 zurück. Steuerbehörden können nach § 30 IV Nr. 2 AO Informationen übermitteln. Das Gericht aber hat aber stets zu prüfen, ob die Informationen nicht in anderer Weise ohne die Beeinträchtigung berechtigter Rechte anderer beschafft werden können (Begr. RegE, BT-Drs. 20/3822 zu § 317 Nr. 1 und 2).

8   Bevor das Registergericht eine die Eintragung ablehnende Entscheidung auf Tatsachen und Beweisergebnisse stützt, die die es durch Informationen und Unterlagen oder ein Sachverständigengutachten nach S. 1 Nr. 1–5 erlangt hat, muss es der anmeldenden Ges Gelegenheit zur Äußerung geben (§ 37 II FamFG). Vgl. auch § 382 IV FamFG.

3. Auskunft gegenüber ausländischen Stellen

9   S. 2 ermächtigt inl. öffentliche Stellen (zum Begriff → Rn. 3), die in einem von einer grenzüberschreitenden Verschm betroffenen Bereich zuständig ist, der für die Ausstellung einer Verschmelzungsbescheinigung zuständigen Stelle eines anderen Staats der EU/des EWR auf deren Ersuchen die notwendigen Informationen und Unterlagen zu übermitteln. Die Regelung dient der Umsetzung von Art. 127 XII 1 GesR-RL. Eine inl. öffentliche Stelle kann das für eine übertragende inl. Ges oder das für die Eintragung nach § 318 zuständige Registergericht sein. Erfasst sind aber auch andere öffentliche Stellen, die mit dem inl. beteiligten Rechtsträger befasst sind. Die Informationen und Unterlagen dürfen nur an die für die Ausstellung der Verschmelzungsbescheinigung zuständigen EU-/EWR-ausl. Stelle übermittelt werden. Nach Sinn und Zweck ist das die für beteiligte ausl. Ges zuständige Stelle, auch wenn diese im konkreten Einzelfall keine Verschmelzungsbescheinigung ausstellt, sondern für die Eintragung bei der übernehmenden oder neuen Ges zuständig ist. Zu datenschutzrechtlichen Regelungen und Verschwiegenheitsverpflichtung → Rn. 7. Die inl. öffentliche Stelle hat die Zuständigkeit zu prüfen. Die Erforderlichkeit der Information wird indes nicht geprüft; sie richtet sich nach dem ausl. Recht (BeckOGK/Klett Rn. 15).

§ 318 Eintragung der grenzüberschreitenden Hereinverschmelzung

(1) ¹**Bei einer Verschmelzung durch Aufnahme hat das Vertretungsorgan der übernehmenden Gesellschaft die Verschmelzung zur Eintragung in das Register der übernehmenden Gesellschaft und bei einer Verschmelzung durch Neugründung haben die Vertretungsorgane der übertragenden Gesellschaften die neue Gesellschaft zur Eintragung in das Register des Sitzes der übernehmenden oder neuen Gesellschaft anzumelden.** ²**Der Anmeldung sind in der Form des § 17 Absatz 1 der gemeinsame Verschmelzungsplan und gegebenenfalls die Vereinbarung über die Beteiligung der Arbeitnehmer beizufügen.** ³**Auf die übernehmende Gesellschaft und die Prüfung der sie betreffenden Eintragungsvoraussetzungen sind § 315 Absatz 2, 3 Satz 1 Nummer 2**

und 3 sowie Absatz 4, § 316 Absatz 1 Satz 1, Absatz 3 und 4 und § 317 Satz 1 entsprechend anzuwenden. ⁴§ 16 Absatz 2 und 3 und § 17 sind auf die übertragenden Gesellschaften nicht anzuwenden.

(2) ¹Die über das Europäische System der Registervernetzung übermittelte Verschmelzungsbescheinigung wird als Nachweis der ordnungsgemäßen Erledigung der vorangehenden Verfahren und Formalitäten nach dem Recht desjenigen Staates, dem die übertragende Gesellschaft unterliegt, anerkannt. ²Ist an der Verschmelzung eine Personenhandelsgesellschaft gemäß § 306 Absatz 1 Nummer 2 beteiligt, ist ergänzend zu den Unterlagen gemäß Absatz 1 ein Nachweis über die Eintragung der Verschmelzung im Register der übertragenden Gesellschaft vorzulegen. ³Ohne diese Verschmelzungsbescheinigung darf die grenzüberschreitende Verschmelzung nicht in das Register eingetragen werden.

(3) Das Registergericht prüft insbesondere, ob
1. die Eintragungsvoraussetzungen, die die übernehmende Gesellschaft betreffen, vorliegen,
2. die an der grenzüberschreitenden Verschmelzung beteiligten Gesellschaften einem gemeinsamen, gleichlautenden Verschmelzungsplan zugestimmt haben,
3. gegebenenfalls eine Vereinbarung über die Beteiligung der Arbeitnehmer geschlossen worden ist sowie
4. bei einer Verschmelzung durch Neugründung, ob die Vorschriften zur Gründung der neuen Gesellschaft eingehalten worden sind.

(4) ¹Das Gericht des Sitzes der übernehmenden oder neuen Gesellschaft hat den Tag der Wirksamwerdens der Verschmelzung von Amts wegen jedem Register über das Europäische System der Registervernetzung mitzuteilen, bei dem eine der übertragenden Gesellschaften ihre Unterlagen zu hinterlegen hatte. ²Ist an der Verschmelzung eine Personenhandelsgesellschaft gemäß § 306 Absatz 1 Nummer 2 beteiligt, hat das Gericht des Sitzes der übernehmenden Gesellschaft den Tag des Wirksamwerdens der Verschmelzung von Amts wegen jedem Register gemäß Satz 1 auf andere Weise mitzuteilen.

Übersicht

	Rn.
1. Allgemeines	1
2. Anmeldeverfahren	2
a) Anmeldeberechtigte Personen, Form	2
b) Zuständiges Gericht	4
c) Anmeldungsgegenstand	5
d) Anlagen der Anmeldung	6
e) Versicherungen, Erklärungen	10
3. Prüfung durch das Gericht	12
4. *Eintragung der Verschmelzung, Wirksamwerden, Kosten, Bekanntmachung*	19
5. Eintragungsmitteilung (Abs. 4)	21

1. Allgemeines

Die Vorschrift regelt die **zweite Stufe** des von Art. 127, 127a, 128, 130 GesR-RL vorgegebenen zweistufigen Eintragungsverfahrens (vgl. auch → § 315 Rn. 1). Während §§ 315–317 unmittelbar die Anmeldung und das Registerverfahren für eine inl. übertragende Ges festlegt, befasst sich § 318 mit der Anmeldung und dem

1

A UmwG § 318 2, 3   Umwandlungsgesetz

Registerverfahren für eine **übernehmende oder neue Ges**, die dem **dt. Recht** unterliegt. Die Vorschrift entspricht inhaltlich § 122k aF und setzt die Vorgaben von Art. 128 GesR-RL um. Nach **Abs. 1 S. 1** sind bei einer Verschm durch Aufnahme die Verschm und bei einer Verschm durch Neugründung die neue Ges anzumelden. Die Anmeldung erfolgt entweder durch das Vertretungsorgan der übernehmenden Ges (Verschm durch Aufnahme) oder alle Vertretungsorgane der übertragenden Ges (Verschm durch Neugründung). Nach **Abs. 1 S. 2** sind der Anmeldung der gemeinsame Verschmelzungsplan und ggf. die Vereinbarung über die Beteiligung der Arbeitnehmer beizufügen. Die weiteren Anmeldeunterlagen ergeben sich aus der Verweisung auf Teile von § 315 in **Abs. 1 S. 3**, wobei nach **S. 4** Unterlagen für die übertragenden Ges nicht beizufügen sind. Die weiteren Verweisungen in S. 3 auf einzelne Regelungen in § 316 und § 317 betreffen das registergerichtliche Prüfverfahren. **Abs. 2** ist im Vergleich zur Vorgängerregelung neu. **Abs. 2 S. 1** stellt klar, dass die Verschmelzungsbescheinigungen der übertragenden Ges, die bei einer KapGes als übernehmende Ges nicht mehr vorgelegt werden müssen, sondern von Amts wegen über das Business Registers Interconnection System (BRIS) übermittelt werden (für inl. übertragende Ges vgl. → § 316 Rn. 18), ohne eigene Prüfungskompetenz von dem für die übernehmende/neue Ges zuständigen Registergericht anerkannt werden müssen. Da die Übermittlung über das BRIS auf KapGes begrenzt ist (vgl. § 9b II 1 HGB), muss nach **Abs. 2 S. 2** bei einer übernehmenden inl. PhG (vgl. → § 306 Rn. 14) ein Nachweis über die Eintragung der Verschm im Register der übertragenden Ges vorgelegt werden. Die Verschmelzungsbescheinigung ist zwingende Voraussetzung für die Eintragung im Register der übernehmenden/neuen Ges (**S. 3**). **Abs. 3** regelt ergänzend zu den Verweisen auf Teile von § 316 und § 17 in Abs. 1 S. 3 für die Prüfung durch das Registergericht, dass sich diese neben den Eintragungsvoraussetzungen für die übernehmende Ges insbesondere auf die Zustimmung zu einem gemeinsamen gleichlautenden Verschmelzungsplan, das Vorliegen einer Vereinbarung über die Beteiligung der Arbeitnehmer und die Einhaltung der Gründungsvorschriften bei einer Verschm zur Neugründung erstreckt. Nach Eintragung der Verschm und damit deren Wirksamwerden hat das zuständige Gericht nach **Abs. 4** den Tag der Eintragung von Amts wegen jedem Register der anderen beteiligten Ges mitzuteilen. Die Mitteilung erfolgt bei einer übernehmenden oder neuen KapGes über das BRIS und bei einer übernehmenden/neuen PhG auf andere Weise.

2. Anmeldeverfahren

2   **a) Anmeldeberechtigte Personen, Form.** Hinsichtlich der Zuständigkeit für die Anmeldung ist zwischen einer Verschm durch Aufnahme und einer Verschm durch Neugründung zu unterscheiden. Bei einer **Verschm durch Aufnahme** meldet das Vertretungsorgan der inl. übernehmenden Ges die Verschm an. Die Anmeldung ist ebenso wie bei § 16 I 1 durch Organmitglieder in vertretungsberechtigter Anzahl vorzunehmen (BeckOGK/Klett Rn. 7; zur früheren Rechtslage Semler/Stengel/Leonard/Drinhausen § 122l Rn. 3; Maulbetsch/Klumpp/Rose/Becker/Uxa § 122l Rn. 3; Lutter/Bayer § 122l Rn. 4; Henssler/Strohn/Polley § 122l Rn. 3; Habersack/Drinhausen/Kiem § 122l Rn. 3). Die **Form der Anmeldung** richtet sich nach § 12 HGB (hierzu iE → § 16 Rn. 6 ff.), wodurch die Vorgaben von Art. 128 III GesR-RL umgesetzt sind. Zur Anmeldung einer gleichzeitig durchzuführenden KapErh → § 16 Rn. 8. Eine **Frist** für die Anmeldung ist nicht vorgesehen. Anders als früher § 122l I 3 aF existiert auch keine Vorgabe mehr für das Alter *der Verschmelzungsbescheinigung*. Für die Anmeldung einer inl. übertragenden Ges → § 315 Rn. 4 ff.

3   Bei einer **Verschm durch Neugründung** ordnet Abs. 1 S. 1 die Anmeldung durch die Vertretungsorgane aller übertragenden Ges an. Dies entspricht der Rege-

lung in § 38 II für innerstaatliche Verschm zur Neugründung. Neben – mglw. (zu den Fallgruppen → § 305 Rn. 7 ff.) – der Anmeldung durch Mitglieder des Vertretungsorgans einer inl. übertragenden Ges müssen damit auch die Mitglieder des Vertretungsorgans ausl. übertragender Ges die Anmeldung durchführen. Auch für die Vertretung der ausl. übertragenden Ges ist ein Handeln von Organmitgliedern in vertretungsberechtigter Anzahl (→ Rn. 2) nach deren Rechtsordnung ausreichend (BeckOGK/Klett Rn. 8; zur früheren Rechtslage Henssler/Strohn/Polley § 122l Rn. 4; Widmann/Mayer/Vossius § 122l Rn. 6). Die Vertretungsberechtigung ist ggf. in geeigneter Weise nachzuweisen (zur früheren Rechtslage Semler/Stengel/Leonard/Drinhausen § 122l Rn. 4; Kallmeyer/Zimmermann § 122l Rn. 4; Lutter/Bayer § 122l Rn. 4; Henssler/Strohn/Polley § 122l Rn. 4). Für das Anmeldeverfahren gilt § 12 HGB; die Beglaubigung durch einen ausl. Notar – ggf. mit Apostille – ist ausreichend (BeckOGK/Klett Rn. 10; zur früheren Rechtslage Semler/Stengel/Leonard/Drinhausen § 122l Rn. 4). Zur Online-Beglaubigung (Art. 128 III GesRRL) vgl. § 12 I 2 HGB. Vgl. auch § 10 II KonsularG.

b) Zuständiges Gericht. Die Anmeldung erfolgt bei dem für den übernehmenden Rechtsträger zuständigen Gericht. Bei einer Verschm zur Neugründung erfolgt die Anmeldung beim Registergericht, das für den künftigen Sitz der durch die Verschm entstehenden neuen Ges zuständig ist (vgl. etwa § 7 I GmbHG). 4

c) Anmeldungsgegenstand. Gegenstand der Anmeldung ist bei einer Verschm durch Aufnahme eine Verschm. Ggf. ist zugleich eine für Durchführung der Verschm notwendige KapErh anzumelden (vgl. §§ 53, 66, 69 II). Bei einer Verschm durch Neugründung ist – wie bei innerstaatlicher Verschm nach § 38 II – die neue Ges anzumelden, während die inl. übertragende Ges auch in diesem Fall das Vorliegen der sie betreffenden Voraussetzungen für die grenzüberschreitende Verschm nach § 315 anzumelden hat (→ § 316 Rn. 6). 5

d) Anlagen der Anmeldung. Nach Abs. 1 S. 2 sind der Anmeldung der Verschm durch das Vertretungsorgan der übernehmenden Ges oder der Anmeldung der neuen Ges durch alle Vertretungsorgane der gemeinsame Verschmelzungsplan und ggf. die Vereinbarung über die Beteiligung der ArbN beizufügen. Problematisch hieran ist, dass **nur der Verschmelzungsplan** und nicht die Verschmelzungsbeschlüsse der Anteilsinhaber der übertragenden Ges vorzulegen sind. Denn das Registergericht hat nach Abs. 3 Nr. 2 zu prüfen, ob die Anteilsinhaber aller beteiligten Ges einem gemeinsamen, gleichlautenden Verschmelzungsplan zugestimmt haben. Aus der Verschmelzungsbescheinigung wird sich dies regelmäßig nicht entnehmen lassen (vgl. für dt. Eintragungsbescheinigungen → § 316 Rn. 18). Das Registergericht kann – und wird im Regelfall – angesichts dieses Prüfungsumfangs daher auch die Vorlage der Verschmelzungsbeschlüsse der Anteilsinhaberversammlungen aller beteiligten Ges – ggf. in dt. Übersetzung – verlangen (BeckOGK/Klett Rn. 26; zutr. zur früheren Rechtslage Semler/Stengel/Leonard/Drinhausen § 122l Rn. 8; ebenso Maulbetsch/Klumpp/Rose/Becker/Uxa § 122l Rn. 7; Kölner Komm UmwG/Simon/Rubner § 122l Rn. 9, 11; Habersack/Drinhausen/Kiem § 122l Rn. 10; vgl. auch → Rn. 12. Die **Vereinbarung mit den Arbeitnehmern** ist nur beizufügen, sofern sie vorhanden ist (→ Rn. 14). 6

Bei einer **Verschm durch Aufnahme** sind nach Abs. 1 S. 3 iVm § 315 für die übernehmende Ges ferner die nach § 17 I und § 315 II Nr. 1 und 2 erforderlichen Unterlagen beizufügen. Abs. 1 S. 4 schließt die Anwendung von § 17 nur auf die übertragenden Ges aus (dazu → Rn. 9). Demzufolge bedarf es bei der Anmeldung durch die Vertretungsorgane der übernehmenden Ges (Verschm durch Aufnahme) der Beifügung folgender **weiterer Unterlagen:**
– die Niederschrift des Verschmelzungsbeschlusses der Gesellschafter der übernehmenden Ges und ggf. den Bestätigungsbeschluss, soweit der Verschmelzungsbeschluss unter einem Vorbehalt iSv § 312 I (→ § 312 Rn. 8) stand; 7

- ggf. die weiteren erforderlichen Zustimmungserklärungen einzelner Anteilsinhaber;
- der (ggf. gemeinsame) einheitliche Verschmelzungsbericht oder die getrennten Verschmelzungsberichte für die Anteilsinhaber und ArbN der übernehmenden Ges. Soweit Stellungnahmen nach § 310 III (dazu → § 310 Rn. 8) eingegangen sind, sind diese nach Abs. 1 S. 3 iVm § 315 II Nr. 2 ebenfalls beizufügen (Umsetzung von Art. 127 II lit. b. GesR-RL);
- (ggf. gemeinsamer) Verschmelzungsprüfungsbericht der übernehmenden Ges oder die Verzichtserklärungen aller Anteilsinhaber aller beteiligten Ges (iE → § 311 Rn. 7);
- die nach Abs. 1 S. 3 iVm § 315 II Nr. 1 (in Umsetzung von Art. 127 II lit. c) etwa eingegangenen Bemerkungen nach § 308 I 1 Nr. 4 (vgl. näher → § 308 Rn. 17; zur Versicherung vgl. Rn. 11);
- bei einer Verschm auf eine übernehmende oder neue PhG ist nach Abs. 2 S. 2 ein **Nachweis über die Eintragung** der Verschm im Register der übertragenden Ges vorzulegen. Dies sei notwendig, weil die Verschmelzungsbescheinigung nur für KapGes über die europäische Registervernetzung (BRIS; für inl. übertragende Ges → § 316 Rn. 18) von Amts wegen übermittelt werden könne (vgl. § 9b II 1 HGB; vgl. Stellungnahme BR, BT-Drs. 20/3822, 142). Ein Nachweis über die Eintragung ist insofern problematisch, als eine entsprechende Vorgabe der GesR-RL über eine vorläufige Eintragung der Verschm bei der übertragenden Ges nicht besteht. Inhaltlich ist eine die Vorgaben von Art. 127 I 1. UAbs. GesR-RL erfüllende Vorabbescheinigung, also letztlich eine **Verschmelzungsbescheinigung,** zu verlangen, die indes nicht von Amts wegen übermittelt wird, sondern von der jeweiligen übertragenden Ges zu beantragen und der übernehmenden Ges zu übermitteln ist. Vgl. auch → Rn. 16.

8 Vgl. ergänzend hierzu, auch zur **Form** der Unterlagen (vgl. Abs. 2 S. 2: In der Form des § 17 I), → § 17 Rn. 4 ff.

9 Abs. 1 S. 4 stellt klar, dass bei der Verschm durch Aufnahme nur die die übernehmende Ges betreffenden Unterlagen einzureichen sind. Bei einer Verschm durch Neugründung sind nur die in Abs. 1 S. 2 erwähnten Unterlagen (→ Rn. 6) beizufügen. Die Erfüllung der Voraussetzungen für die grenzüberschreitende Verschm bei den übertragenden Ges wird ausschließlich durch die Verschmelzungsbescheinigung (→ § 316 Rn. 18) nachgewiesen (zur früheren Rechtslage Semler/Stengel/Leonard/Drinhausen § 122l Rn. 10; Lutter/Bayer § 122l Rn. 9). Dies gilt auch für eine beteiligte inl. übertragende Ges (zur früheren Rechtslage Semler/Stengel/Leonard/Drinhausen § 122l Rn. 10).

10 **e) Versicherungen, Erklärungen.** Nach Abs. 1 S. 3 iVm § 315 II gelten § 16 II und III entsprechend; Abs. 1 S. 4 schließt die Anwendung nur für die übertragende Ges aus. Die Vertretungsorgane der übernehmenden Ges haben bei einer Verschm durch Aufnahme demzufolge die **Negativerklärung** nach § 16 II mit Hinblick auf den Verschmelzungsbeschluss bei der anmeldenden übernehmenden Ges abzugeben (BeckOGK/Klett Rn. 15; zur früheren Rechtslage Semler/Stengel/Leonard/Drinhausen § 122l Rn. 7; Lutter/Bayer § 122l Rn. 10; Kallmeyer/Zimmermann Rn. 10; Kölner Komm UmwG/Simon/Rubner Rn. 7; Widmann/Mayer/Vossius Rn. 10; Habersack/Drinhausen/Kiem Rn. 7). Die Negativerklärung kann durch eine rkr. Entscheidung im **Freigabeverfahren** ersetzt werden (hierzu iE → § 16 Rn. 28 ff.). Vgl. ergänzend → § 315 Rn. 9.

11 Nach Abs. 1 S. 3 iVm § 315 III Nr. 2 haben die Mitglieder des Vertretungsorgans ferner zu versichern, dass die **Rechte der ArbN** nach § 308 I 2 Nr. 4 lit. b und nach § 310 I, III eingehalten wurden (vgl. hierzu iE → § 315 Rn. 11). Des Weiteren müssen die Mitglieder des Vertretungsorgans nach Abs. 1 S. 3 iVm § 315 III Nr. 3 eine Versicherung abgeben, dass ein zur Verhandlung über die künftige **Mitbestim-**

mung durchzuführendes Verfahren bereits begonnen hat oder die Leitungen der beteiligten Ges entschieden haben, die Auffangregelung ohne vorhergehende Verhandlung unmittelbar anzuwenden (vgl. hierzu iE → § 315 Rn. 12). Schließlich verweist Abs. 1 S. 3 auch auf § 315 IV, wonach die Vertretungsorgane dem Registergericht die **Zahl der Arbeitnehmer** zum Zeitpunkt des Abschlusses des Verschmelzungsplans, die **Zahl der Tochter Ges** und ihre jeweiligen geographischen Standorte und das Bestehen von **Verbindlichkeiten gegenüber der öffentlichen Hand** mitzuteilen haben (vgl. hierzu iE → § 315 Rn. 15 ff.). Ferner sollte bei einer Verschm auf eine PhG erklärt werden, dass die PhG die besonderen Voraussetzungen nach § 305 I Nr. 2 (Anzahl Arbeitnehmer) erfüllt (→ § 306 Rn. 15).

3. Prüfung durch das Gericht

Das für die übernehmende oder neue Ges zuständige Gericht prüft diejenigen **12** Verfahrensschritte, die die Durchführung der grenzüberschreitenden Verschm und ggf. die Gründung einer neuen Ges betreffen (so noch RegEBegr. BT-Drs. 16/2919 zu § 122l II). **Abs. 3** zählt hierzu auf, dass sich die Prüfung „insbes." darauf erstreckt, ob die übernehmende Ges selbst die Eintragungsvoraussetzungen erfüllt (Nr. 1; → Rn. 15), die Anteilsinhaber aller an der grenzüberschreitenden Verschm beteiligten Ges einem gemeinsamen, gleichlautenden Verschmelzungsplan zugestimmt haben (Nr. 2; → Rn. 13) und ggf. eine Vereinbarung über die Beteiligung der ArbN geschlossen worden ist (Nr. 3; → Rn. 14) sowie bei einer Verschm durch Neugründung die Vorschriften zur Gründung der neuen Ges eingehalten worden sind (Nr. 4; → Rn. 17).

Die Prüfung der **Zustimmung** zu einem **gemeinsamen, gleichlautenden** **13** **Verschmelzungsplan** nach Abs. 3 Nr. 2 setzt voraus, dass das Registergericht auch die Verschmelzungsbeschlüsse der anderen beteiligten Ges erhält (→ Rn. 6). Deren ordnungsgemäßer Zustandekommen wird indes nicht geprüft; dies wird durch die jew. Verschmelzungsbescheinigungen (→ Rn. 16) bestätigt (BeckOGK/Klett Rn. 32; zur früheren Rechtslage Semler/Stengel/Leonard/Drinhausen § 122l Rn. 11; Kölner Komm UmwG/Simon/Rubner § 122l Rn. 13). Da § 307 I wie auch Art. 122 GesR-RL einen gemeinsamen und nicht nur einen gleichlautenden Verschmelzungsplan verlangen, bedeutet „gleichlautend" nur, dass anlässlich des Registerverfahrens zu prüfen ist, dass die jew. Anteilsinhaberversammlungen tatsächlich dem unveränderten gemeinsam aufgestellten Verschmelzungsplan zugestimmt haben (zutr. zur früheren Rechtslage Widmann/Mayer/Mayer § 122c Rn. 20; vgl. auch → § 307 Rn. 6).

Die Überprüfung hinsichtlich der **Vereinbarung** über die Beteiligung der **ArbN** **14** nach Abs. 3 Nr. 3 hat sich nur darauf zu erstrecken, ob eine solche Vereinbarung vorliegt oder auch ohne Vereinbarung ein ordnungsgemäßer Abschluss des Verfahrens erfolgt ist. Eine inhaltliche Überprüfung durch das Registergericht erfolgt nicht (BeckOGK/Klett Rn. 33; zur früheren Rechtslage Widmann/Mayer/Vossius § 122l Rn. 30; Maulbetsch/Klumpp/Rose/Becker/Uxa § 122l Rn. 9; Kallmeyer/Zimmermann § 122l Rn. 22; Semler/Stengel/Leonard/Drinhausen § 122l Rn. 13; Henssler/Strohn/Polley § 122l Rn. 16; tw. aA Lutter/Bayer § 122l Rn. 15; Habersack/Drinhausen/Kiem § 122l Rn. 11). Liegt keine Vereinbarung vor, ist weiter zu prüfen, ob das Verfahren auf andere Weise ordnungsgemäß abgeschlossen worden ist oder nicht durchgeführt werden musste (BeckOGK/Klett Rn. 34; zur früheren Rechtslage Lutter/Bayer § 122l Rn. 15; Kölner Komm UmwG/Simon/Rubner § 122l Rn. 16 f.; Sagasser/Bula/Brünger Umwandlungen/Gutkès § 13 Rn. 210; Habersack/Drinhausen/Kiem § 122l Rn. 11).

Ferner hat das Registergericht nach Abs. 3 Nr. 1 zu überprüfen, ob die **übernehmende Ges alle Voraussetzungen** für eine grenzüberschreitende Verschm erfüllt. **15** Insofern gilt der gleiche Maßstab wie bei der Prüfung bei einer übertragenden

Ges (→ § 316 Rn. 3 ff.; BeckOGK/Klett Rn. 31; zur früheren Rechtslage Semler/Stengel/Leonard/Drinhausen § 122l Rn. 10; Lutter/Bayer § 122l Rn. 16; MHdB GesR VIII/Oppenhoff § 18 Rn. 308). Bei einer übernehmenden PhG zählt hierzu auch die Unterschreitung der Arbeitnehmeranzahl (→ § 306 Rn. 15). Über die Verweisung in Abs. 1 S. 3 auf § 316 III hat das Gericht auch anlässlich der Eintragung beim übernehmenden Rechtsträger zweistufig zu überprüfen, ob die grenzüberschreitende Verschm zu **missbräuchlichen,** betrügerischen oder kriminellen **Zwecken** vorgenommen werden soll (vgl. hierzu iE vgl. → § 316 Rn. 5 ff.). Hinsichtlich der **Bearbeitungsfristen** für die gerichtliche Prüfung verweist Abs. 1 S. 3 auf § 316 I 1, III und IV (vgl. iE → § 316 Rn. 12), die damit auch für das Registerverfahren bei der übernehmenden/neuen Ges gelten.

16 Das nach § 318 für die übernehmende oder neue Ges zuständige Gericht prüft hingegen **nicht,** ob die Voraussetzungen für eine grenzüberschreitende Verschm bei den **übertragenden Ges** erfüllt sind. Diese werden – wie nunmehr Abs. 2 S. 1 ausdrücklich klarstellt – durch die über das BRIS (vgl. für inl. übertragende Ges § 9b II 3 Nr. 4 HGB und → § 316 Rn. 18) von den für die übertragenden Rechtsträgern zuständigen Stellen übermittelten Verschmelzungsbescheinigungen nachgewiesen (BeckOGK/Klett Rn. 31; bereits h.M. zur früheren Rechtslage, vgl. etwa Semler/Stengel/Leonard/Drinhausen § 122l Rn. 10; Lutter/Bayer § 122l Rn. 19). Soweit die für die Ausstellung der Verschmelzungsbescheinigung zuständige ausl. Stelle nicht an das BRIS angeschlossen sind (zB in Belgien und in den Niederlanden), kann die Übermittlung auch in anderer Form (etwa in Schriftform mit Apostille) stattfinden. Denn maßgeblich ist der materiellrechtliche Inhalt der Verschmelzungsbescheinigung, die vom inl. Registergericht anzuerkennen ist, und nicht der Übermittlungsweg (überzeugend DNotI Gutachten Nr. 199031; zur umgekehrten Situation vgl. → § 316 Rn. 18). Gleiches gilt für den bei der Verschm auf eine übernehmende oder neue PhG vorzulegenden Nachweis über die (vorläufige) Eintragung im Register der übertragenden Ges, der inhaltlich einer Verschmelzungsbescheinigung entsprechen muss (→ Rn. 7). Die **Verschmelzungsbescheinigungen** an sich werden nur dahingehend überprüft, ob diese vollständig und von der sachlich zuständigen Stelle erteilt worden sind sowie den Vorgaben von Art. 127 I 1. UAbs. GesR-RL (vgl. zu Verschmelzungsbescheinigungen von inl. übertragenden Ges vgl. → § 316 Rn. 16) entsprechen (BeckOGK/Klett Rn. 31; zur früheren Rechtslage vgl. Lutter/Bayer § 122l Rn. 20; MHdB GesR VIII/Oppenhoff § 18 Rn. 308). Ohne die Verschmelzungsbescheinigungen darf die grenzüberschreitende Verschm nicht in das Register der übernehmenden oder neuen Ges eingetragen werden (Abs. 2 S. 3). Das Registergericht kann sich nicht darüber hinwegsetzen, auch wenn die ausländische Behörde nach Ansicht des Registergerichts zu Unrecht verweigert (so indes im Hinblick auf den Brexit Klett NZG 2019, 292 (296); dagegen auch Luy DNotZ 2019, 484 (489)).

17 Bei einer Verschm durch Neugründung prüft das Registergericht ferner die Einhaltung der rechtsformabhängigen **Gründungsvorschriften** für die jew. Rechtsform (Abs. 3 Nr. 4; BeckOGK/Klett Rn. 30; zur früheren Rechtslage Semler/Stengel/Leonard/Drinhausen § 122l Rn. 12; Lutter/Bayer § 122l Rn. 17 f.; Kallmeyer/Zimmermann § 122l Rn. 23). Hierzu zählen insbesondere die Sachgründungsvorschriften. Über § 305 II sind bei Verschm durch Neugründung die Ausnahmen zur Erstellung eines Sachgründungsberichts nach § 58 II und § 75 II anwendbar, auch wenn übertragende Ges europäische KapGes sind (BeckOGK/Klett Rn. 27; vgl. hierzu zur früheren Rechtslage Lutter/Bayer § 122l Rn. 18). Soweit anlässlich einer Verschm durch Aufnahme Satzungsänderungen beim übernehmenden Rechtsträger, *insbesondere eine* **Kapitalerhöhung,** vorgenommen wird, sind auch deren Voraussetzungen nach den allgemeinen Vorschriften zu prüfen.

18 Die Überprüfung der Wirksamkeitsvoraussetzungen erfolgt im Wege der Amtsermittlung (§ 26 FamFG). **Informationsgrundlage** sind zunächst die vorzulegenden

Dokumente (→ Rn. 6 ff.), die Versicherungen und Erklärungen der Mitglieder des Vertretungsorgans (→ Rn. 10 f.) und die Verschmelzungsbescheinigungen der übertragenden Ges (→ Rn. 16). Daneben stehen auch dem für die übernehmende/neue Ges zuständigen Registergericht die **Informationsmöglichkeiten nach § 317** zur Verfügung (Abs. 1 S. 3 iVm § 317 S. 1). Vgl. iE → § 317 Rn. 1 ff. Zu den Bearbeitungsfristen → Rn. 15.

4. Eintragung der Verschmelzung, Wirksamwerden, Kosten, Bekanntmachung

Sofern die übernehmende Ges selbst alle Voraussetzungen für eine grenzüberschreitende Verschm erfüllt und die Prüfung der Eintragungsvoraussetzung nach Abs. 2 zu keinen Beanstandungen führt, trägt das Registergericht die Verschm (Verschm durch Aufnahme) oder die neue Ges (Verschm durch Neugründung) ein. Damit **wird** die grenzüberschreitende Verschm mit einer übernehmenden/neuen inl. Ges. **wirksam** (§ 305 II iVm § 20). Denn nach Art. 129 GesR-RL bestimmt sich der Zeitpunkt des Wirksamwerdens nach dem Recht des Mitgliedstaats, dem die aus der grenzüberschreitenden Verschm hervorgehende Ges unterliegt. Zu den einzelnen Wirkungen der Verschm vgl. die **Komm. zu § 20**. Über § 305 II gilt — als Umsetzung von Art. 134 GesR-RL — auch § 20 II, sodass auch bei grenzüberschreitenden Verschm eine Rückabwicklung generell ausgeschlossen ist (BeckOGK/Klett Rn. 39; zur früheren Rechtslage Lutter/Bayer § 122l Rn. 26; Maulbetsch/Klumpp/Rose/Becker/Uxa § 122l Rn. 15; Kölner Komm UmwG/Simon/Rubner § 122l Rn. 21; Widmann/Mayer/Vossius § 122l Rn. 35; Sagasser/Bula/Brünger Umwandlungen/Gutkês § 13 Rn. 230). Die **HR-Kosten** richten sich nach § 58 GNotKG iVm der HRegGebVO iVm §§ 1, 2a HRegGebVO (Verschm zur Aufnahme: Kostenverzeichnis Nr. 2403 (240 Euro), Nr. 5006 (50 Euro); Verschm zur Neugründung: Kostenverzeichnis Nr. 2104 (260 Euro) oder Nr. 2105 (660 Euro), Nr. 5006 (50 Euro)).

Das Registergericht hat die Eintragung gem. § 305 II iVm § 19 III von Amts wegen bekannt zu machen. Hierfür gilt § 10 HGB. Die Eintragung im elektronischen Handelsregister ist eine offenkundige Tatsache im Sinne von § 727 I und II ZPO (BGH NJW 2023, 2489).

5. Eintragungsmitteilung (Abs. 4)

Nach Abs. 4 S. 1, der Art. 130 III 1 GesR-RL umsetzt, hat das für die übernehmende oder neue Ges zuständige Registergericht den Tag des Wirksamwerdens der Verschm von Amts wegen jedem Register mitzuteilen, bei dem die übertragende Ges ihre Unterlagen zu hinterlegen hatten. Die Mitteilung erfolgt bei einer übernehmenden oder neuen KapGes über das BRIS und bei einer übernehmenden/neuen PhG auf andere Weise (Abs. 4 S. 2). Dadurch werden diese Register in die Lage versetzt, das Wirksamwerden der Verschm in den Registern der übertragenden Ges zu vermerken (vgl. die korrespondierende Vorschrift für übertragende inl. Ges in § 316 V; dazu → § 316 Rn. 21). Der Tag des Wirksamwerdens ist der Tag der Eintragung der Verschm oder der neuen Ges im Register (§ 305 II iVm §§ 20, 38). Zur Vermeidung von Unklarheiten sollte die Mitteilung den Gesetzestext wiedergeben.

§ 319 Austritt des Vereinigten Königreichs Großbritannien und Nordirland aus der Europäischen Union

Unterliegt die übernehmende oder neue Gesellschaft dem deutschen Recht, so gilt als grenzüberschreitende Verschmelzung im Sinne dieses Teils auch eine solche, an der eine übertragende Gesellschaft beteiligt ist,

die dem Recht des Vereinigten Königreichs Großbritannien und Nordirland unterliegt, sofern
1. der Verschmelzungsplan nach § 307 Absatz 4 vor dem Ausscheiden des Vereinigten Königreichs Großbritannien und Nordirland aus der Europäischen Union oder vor dem Ablauf eines Übergangszeitraums, innerhalb dessen das Vereinigte Königreich Großbritannien und Nordirland in der Bundesrepublik Deutschland weiterhin als Mitgliedstaat der Europäischen Union gilt, notariell beurkundet worden ist und
2. die Verschmelzung unverzüglich, spätestens aber zwei Jahre nach diesem Zeitpunkt mit den erforderlichen Unterlagen zur Registereintragung angemeldet wird.

1. Allgemeines

1   Die Vorschrift ist – praktisch inhaltsgleich – erstmals als § 122m aF mit dem 4. ÄndG mWv 1.1.2019 eingefügt worden (vgl. → 9. Aufl. 2020, Vor §§ 122a ff. Rn. 1). Sie wird als § 319 fortgeführt, da es möglich sei, dass einzelne Umwandlungsverfahren, für die die Vorschrift relevant sei, noch nicht abgeschlossen seien, oder dass es auf die über die Vorschrift vermittelte vorübergehende Rechtsfähigkeit einer Gesellschaft zu einem späteren Zeitpunkt ankomme (Begr. RegE, BT-Drs. 20/3822 zu § 319). Sie bezweckt, wie auch die sonstigen Änderungen durch das 4. ÄndG (vgl. → 9. Aufl. 2020, Vor §§ 122a ff. Rn. 1), Härten aufgrund einer wegen des Brexits eintretenden Umqualifizierung von britischen KapGes, insbes. Ltd, abzumildern (Begr. RegE, BT-Drs. 19/5463, 11). Der Austritt des Vereinigten Königreichs aus der EU (**Brexit**) ist am 31.12.2020 wirksam geworden. Damit ist die Zweijahresfrist nach Nr. 2 zwischenzeitlich abgelaufen, sodass die Vorschrift noch der Abwicklung laufender Verfahren dient. Insbesondere britischen KapGes mit tatsächlichen Verwaltungssitz im Inland sollte auch nach Wirksamwerden des Brexits für eine Übergangszeit noch die Möglichkeit eingeräumt werden, auf einen inl. Rechtsträger (GmbH, AG, KGaA, SE oder bestimmten PhG) grenzüberschreitend zu verschmelzen (zu Alt. vgl. Widmann/Mayer/Heckschen § 122m Rn. 7). Hintergrund war, dass diese Ges nach Wirksamwerden des Brexits Ges aus einem Drittstaat wurden und sie damit auf der Grundlage der für Drittstaaten immer noch geltenden Sitztheorie als OHG, GbR oder EU einzustufen sind (Begr. RegE, BT-Drs. 19/5463, 1; vgl. auch → § 1 Rn. 35 f.). Ferner sind die britischen KapGes seit dem Wirksamwerden des Brexits keine Ges iSv § 306 I mehr (LG Berlin GWR 2023, 103; vgl. auch Begr. RegE, BT-Drs. 19/5463, 11 zu § 122m aF; BeckOGK/Klett Rn. 5; Widmann/Mayer/Heckschen § 122m Rn. 5). Bedeutsam ist dies auch für die **stl. Rechtsfolgen**, da die Anwendbarkeit des UmwStG, hier der §§ 2, 3–8 UmwStG (bei Verschmelzung auf eine inl. PhG) und §§ 11–13 UmwG (Verschmelzung auf eine inl. KapGes) eine Umwandlung nach dem UmwG oder einen vergleichbaren ausl. Vorgang voraussetzen (→ UmwStG § 1 Rn. 27). Vgl. auch → § 305 Rn. 8.

2   Diese vom Gesetzgeber erwarteten Folgen entsprechen auch der zwischenzeitlichen **Rspr.** Durch den Austritt sind Art. 49, 54 AEUV (Niederlassungsfreiheit) auf britische Ges nicht mehr anwendbar (BGH NZG 2021, 702). Seither sind britische Gesellschaften, insbesondere Limited, die ihren tatsächlichen Verwaltungssitz in Deutschland haben, auf der Grundlage der (modifizierten) Sitztheorie (vgl. auch → § 1 Rn. 26) je nach Ausgestaltung als GbR, OHG oder einzelkaufmännisches Unternehmen zu behandeln. Eine fortwährende Anwendung der Gründungstheorie, die bei anderen EU-Rechtsträgern gilt (vgl. → § 1 Rn. 35), kann auch nicht aus dem Handels- und Kooperationsabkommen zwischen der EU und dem Vereinigten Königreich vom 24.12.2020 (ABl. 2020 L 444) abgeleitet werden, da dieses Abkommen keine Niederlassungsfreiheit gewährleistet (OLG München NZG 2021, 1518;

str.). Vgl. zum Ganzen etwa Fischer NZG 2021, 1497; Noack/Servatius/Haas/ Fastrich GmbHG Einl. Rn. 66a.

2. Voraussetzungen

a) Übertragende Gesellschaft. Die Vorschrift greift nur ein, wenn eine übertragende Ges beteiligt ist, die dem Recht des Vereinigten Königreichs Großbritannien und Nordirland (Vereinigtes Königreich) unterliegt. Da § 319 nur eine Übergangsvorschrift ist, müssen diese Ges iÜ die Voraussetzungen von § 306 erfüllen (→ § 306 Rn. 8). Eine Ausweitung des Kreises der beteiligtenfähigen britischen Ges ist nicht erfolgt (zur früheren Rechtslage Widmann/Mayer/Heckschen § 122m Rn. 13; Lieder/Bialluch NJW 2019, 805 (808)). Zur **LLP**, → § 306 Rn. 8. Die britischen Ges müssen ferner die Anforderungen an den Sitz in einem Mitgliedstaat erfüllen (→ § 306 Rn. 11 ff.). Keine Voraussetzung ist, dass der tatsächliche Verwaltungssitz im Inland ist. Es können demzufolge auch britische Ges mit Verwaltungssitz im Vereinigten Königreich, in einem anderen Mitgliedstaat oder in einem Drittstaat (→ § 306 Rn. 12) die Übergangsvorschrift in Anspruch nehmen. Zur temporären Fortgeltung der britischen Gesellschaft als Rechtsträger iSv § 306 und damit der Nichtanwendung der Sitztheorie vgl. Lieder/Bialluch NJW 2019, 805 (809); Luy DNotZ 2019, 484 (487), jeweils zu § 122m aF). Vgl. allerdings LG Berlin GWR 2023, 103 (Limited mit Verwaltungssitz in Deutschland und Alleingesellschafter ist als einzelkaufmännisches Unternehmen zu behandeln). 3

b) Übernehmende Gesellschaft. Die Vorschrift erfasst nur Hereinverschmelzungen auf inl. Rechtsträger. Dies sind bei grenzüberschreitenden Verschm nach §§ 305 ff. GmbH (einschl. UG), AG, KGaA und SE (→ § 306 Rn. 5 ff.) und neuerdings OHG und KG mit in der Regel nicht mehr als 500 ArbN (→ § 306 Rn. 14 ff.) Die Gesellschaften müssen ferner die Anforderungen an den Sitz in einem Mitgliedstaat erfüllen (→ § 306 Rn. 11 ff.). 4

c) Beurkundung des Verschmelzungsplans, Registeranmeldung. Die Übergangsfrist setzt zunächst voraus, dass vor dem Ausscheiden des Vereinigten Königreichs aus der EU oder vor dem Ablauf eines Übergangszeitraums, innerhalb dessen das Vereinigte Königreich in der Bundesrepublik Deutschland weiterhin als Mitgliedstaat der EU gilt, der Verschmelzungsplan (→ § 307 Rn. 1 ff.) notariell beurkundet worden ist (→ § 307 Rn. 42 ff.). Dieser Zeitpunkt ist der 31.12.2020. 5

Weitere Voraussetzung ist, dass die Verschmelzung unverzüglich, spätestens aber zwei Jahre nach der notariellen Beurkundung mit den erforderlichen Unterlagen zur Registereintragung angemeldet wird. Hier ist unklar, ob dies nur die Anmeldung des übernehmenden oder neuen inl. Rechtsträgers nach § 318 oder auch der britischen KapGes nach § 316 bei seiner zuständigen Behörde (Companies House) betrifft. Die Gesetzesbegr. zu § 122m aF spricht nur vom Handelsregister (Begr. RegE, BT-Drs. 19/5463, 11). Fraglich ist darüber hinaus, ob das Companies House die notwendige Verschmelzungsbescheinigung (→ § 316 Rn. 18) ausstellen wird (vgl. hierzu etwa Heckschen GWR 2022, 1). Angesichts der vielfältigen Unklarheiten über den Brexit wird man unverzüglich (§ 121 I 1 BGB: ohne schuldhaftes Zögern) großzügig auszulegen haben (vgl. auch Lieder/Bialluch NJW 2019, 805 (808) zu § 122m). 6

Zweiter Teil. Grenzüberschreitende Spaltung

§ 320 Grenzüberschreitende Spaltung

(1) Spaltungen, bei denen mindestens eine der beteiligten Gesellschaften dem Recht eines anderen Mitgliedstaats der Europäischen Union oder eines

anderen Vertragsstaats des Abkommens über den Europäischen Wirtschaftsraum unterliegt (grenzüberschreitende Spaltungen), im Sinne dieses Gesetzes sind ausschließlich
1. Spaltungen zur Neugründung im Sinne des § 123 Absatz 1 Nummer 2, Absatz 2 Nummer 2 oder Absatz 3 Nummer 2 sowie
2. nach Maßgabe des § 332 Spaltungen zur Aufnahme im Sinne des § 123 Absatz 1 Nummer 1, Absatz 2 Nummer 1 oder Absatz 3 Nummer 1.

(2) Auf die Beteiligung einer Kapitalgesellschaft (§ 3 Absatz 1 Nummer 2) an einer grenzüberschreitenden Spaltung sind die Vorschriften des Ersten Teils des Dritten Buches sowie des Ersten und Zweiten Abschnitts des Zweiten Teils des Dritten Buches entsprechend anzuwenden, soweit sich aus diesem Teil nichts anderes ergibt.

(3) § 143 ist auf grenzüberschreitende Spaltungen nicht anzuwenden.

1. Allgemeines

1 Die neu eingefügte Vorschrift legt in **Abs.** 1 den sachlichen und persönlichen Anwendungsbereich der §§ 320 ff. fest. Mit dem Verweis auf § 332 wird über den auf die Spaltung zur Neugründung sekundärrechtlich beschränkten Anwendungsbereich der grenzüberschreitenden Spaltung (Art. 160b Nr. 3 GesR-RL idF der RL 2019/2121/EU) hinaus auch die Spaltung zur Aufnahme in den sachlichen Anwendungsbereich der grenzüberschreitenden Spaltung nach nationalem Recht einbezogen. Der persönliche Anwendungsbereich ergibt sich in Ergänzung mit § 321 (→ 321 Rn. 2).

2 **Abs.** 2 bestimmt, dass für eine inl., an der grenzüberschreitenden Spaltung beteiligte KapGes neben den §§ 320 ff. subsidiär die Vorschriften des Ersten Teils (§§ 123–137: Allgemeine Vorschriften) sowie des Ersten und Zweiten Abschnitts des Zweiten Teils (§§ 138–140: rechtsformspezifische Spaltungsvorschriften für GmbH und §§ 141–146: rechtsformspezifische Spaltungsvorschriften für AG (SE) und KGaA) des Dritten Buches gelten; über die dadurch anwendbare Verweisnorm des § 125 sind weitere Vorschriften des Zweiten Buchs anwendbar (→ Rn. 7). Von dem Verweis auf den Zweiten Abschnitt des Zweiten Teils des Dritten Buchs ist § 143 ausgenommen (Abs. 3). Im Falle der verhältniswahrenden grenzüberschreitenden Spaltung zur Neugründung einer AG sind daher die §§ 8–12 und § 63 I Nr. 3–5 anwendbar mit der Folge, dass ein Spaltungsbericht und eine Spaltungsprüfung nicht entbehrlich sind (→ § 143 Rn. 4) sowie es eines Zwischenabschlusses bedarf (→ § 143 Rn. 5).

2. Definition der grenzüberschreitenden Spaltung

3 **a) Bedeutung.** Abs. 1 definiert den Begriff der grenzüberschreitenden Spaltung als zentrales Tatbestandsmerkmal zur Anwendung des gleichlautenden Dritten Teils des Sechsten Buchs **(sachlicher Anwendungsbereich).** Umfasst sind grenzüberschreitende Hinaus- und Hereinspaltungen, sowohl gem. **Abs. 1 Nr. 1** zur Neugründung (§§ 320–331, Nr. 1), als auch gem. **Abs. 1 Nr. 2** zur Aufnahme (§ 332). Die §§ 320 ff. schaffen einen weiteren Regelungskomplex für grenzüberschreitende Spaltungen neben den subsidiär anwendbaren Vorschriften zur Spaltung inl. KapGes (→ Rn. 2). Einer entsprechenden Systematik folgt der Erste Teil (Grenzüberschreitende Verschmelzung: §§ 305 ff.) und der Dritte Teil (Grenzüberschreitender Formwechsel: § 333). Dadurch und durch die punktuellen Verweise auf die Vorschriften der grenzüberschreitenden Verschmelzung (etwa in § 321 S. 2, § 322 II, III, § 323, § 324 I, § 326 II, §§ 327–330) wird entsprechend die im UmwG angelegten und bewährten Baukastensystems der Komplex der grenzüberschreitenden Spaltung elegant normiert (Bungert/Strothotte BB 2022, 1411 (1412); Schmidt NJW 2023, 1241). Erfüllt ein grenzüberschreitender Vorgang nicht die Begriffsdefinition von

Abs. 1, kann die grenzüberschreitende Umw dennoch zulässig sein (→ § 305 Rn. 3, → § 1 Rn. 45 ff.).

b) Vorgaben der GesR-RL. Die §§ 320 ff. setzen die Art. 160a ff. GesR-RL **4** idF der RL 2019/2121/EU um, in denen die Kommission „durch die vom EuGH aufgestoßene Tür geschritten ist" (Mörsdorf EuZW 2019, 141 (142)) und erstmals die grenzüberschreitende Spaltung – und den grenzüberschreitenden Formwechsel – geregelt hat in Ergänzung zu der bereits in den §§ 118 ff. GesR-RL enthaltenen Vorschriften zur grenzüberschreitenden Verschmelzung (→ § 305 Rn. 4). Die RL 2019/2121/EU definiert den Begriff der grenzüberschreitenden Spaltung in Art. 160a GesR-RL im Zusammenhang mit der Festlegung des Anwendungsbereichs der RL. Danach gelten die Richtlinienbestimmungen für grenzüberschreitende Spaltungen von Kapitalgesellschaften, die nach dem Recht eines Mitgliedstaats gegründet worden sind und ihren satzungsmäßigen Sitz, ihre Hauptverwaltung oder ihre Hauptniederlassung in der Union haben, sofern mindestens zwei der an der Spaltung beteiligten Kapitalgesellschaften dem Recht verschiedener Mitgliedstaaten unterliegen. Den grenzüberschreitenden Charakter macht Abs. 1 – ebenso wie im Falle der grenzüberschreitenden Verschm (→ § 305 Rn. 4) – daran fest, dass bereits die Beteiligung einer inl. Ges unterstellt wird und mindestens eine der beteiligten Ges dem Recht eines **anderen EU-/EWR-Mitgliedstaats** unterliegt. Bei einer an der grenzüberschreitenden Spaltung beteiligten Gesellschaften kann es sich indes gem. Art. 160b Nr. 2 GesR-RL idF der RL 2019/2121/EU iVm Anh. II GesR-RL nur um eine KapGes in Rechtsform der AG, KGaA, oder GmbH handeln (→ Rn. 7). Der Begriff der Spaltung ist in Art. 160b Nr. 4 GesR-RL idF der RL 2019/2121/EU definiert. Zwar umfasst der Begriff der Spaltung sämtliche aus § 123 bekannten Formen der Spaltung, allerdings nur in den Fallgruppen der Neugründung; diese Fallgruppen hat der nationale Gesetzgeber in § 320 I Nr. 1 umgesetzt. Spaltungen zur Aufnahme sind ausdrücklich vom harmonisierten Rahmen der RL ausgenommen (ErwGr. 8 RL 2019/2121/EU). Diese wurden von der Kommission als zu komplex angesehen, würden zudem die Beteiligung zuständiger Behörden mehrere Mitgliedstaaten erfordern und zusätzliche Risiken der Umgehung von Unionsvorschriften und nationalen Vorschriften bergen. Der deutsche Gesetzgeber hat in überschießender Umsetzung der RL 2019/2121/EU in § 320 I Nr. 2 nach Maßgabe von § 332 (und zugleich in Anwendung der 4/5-Regelung des Art. 160l II GesR-RL idF der RL 2019/2121/EU) den Anwendungsbereich der §§ 320 ff. auch für grenzüberschreitende Spaltungen zur Aufnahme für entsprechend anwendbar erklärt (vgl. näher Schmidt NZG 2022, 579 (580); Schmidt NJW 2023, 1241 (1242); → § 332 Rn. 2).

c) Spaltung. Abs. 1 definiert den Begriff der grenzüberschreitenden Spaltung **5** (→ Rn. 1). Die in Nr. 1 (Spaltungen zur Neugründung) und Nr. 2 (Spaltungen zur Aufnahme) bestimmten Formen der grenzüberschreitenden Spaltung entsprechen deckungsgleich den in § 123 bestimmten zulässigen Formen inländischer Spaltungen (→ § 123 Rn. 1), namentlich Aufspaltungen (§ 123 I), Abspaltungen (§ 123 II) und Ausgliederungen (§ 123 III). Die im Wortlaut des Abs. 1 angelegte Beschränkung grenzüberschreitender Spaltungen im Sinne dieses Gesetzes **ausschließlich** auf sämtliche Formen der Spaltung iSd § 123 könnte mit Blick auf die überschießende Umsetzung der RL zu verstehen sein. Es sollen auch Spaltungen zur Aufnahme vom Anwendungsbereich mitumfasst sein, jedoch klarstellend (aber überflüssig) keine weiteren Formen der Spaltung, die vom numerus clausus des UmwG (→ § 1 Rn. 62 ff.) ohnehin nicht erfasst sind.

d) Grenzüberschreitend (Fallgruppen). Zu den Fallgruppen der grenzüber- **6** schreitenden Verschmelzung vgl. die Komm. zur grenzüberschreitenden Verschmelzung (→ § 305 Rn. 7 ff.), die entsprechend für die grenzüberschreitende Spaltung gilt.

Rinke

3. Anwendung sonstiger Vorschriften (Abs. 2, 3)

7 Die Gesetzessystematik der grenzüberschreitenden Spaltung folgt dem als Baukastensystem bezeichneten Aufbau des UmwG mit der aus Art. 160b Nr. 2 GesR-RL idF der RL 2019/2121/EU iVm Anh. II GesR-RL abgeleiteten Maßgabe, dass vom Anwendungsbereich der grenzüberschreitenden Spaltung lediglich **inl.** KapG (§ 3 I Nr. 2) umfasst sind; für Rechtsträger, die einer ausl. Rechtsordnung unterliegen, ist das UmwG insgesamt nicht anwendbar (→ § 305 Rn. 15; → § 1 Rn. 23 ff.). Entsprechend limitiert sind die Verweise auf weitere rechtsformspezifische Vorschriften über die allgemeinen Vorschriften (§§ 123–137) hinaus auf die rechtsformspezifischen Spaltungsvorschriften für GmbH (§§ 138–140) und KGaA (§§ 141–146). Im Übrigen entspricht Abs. 2 § 305 II 1. Gesellschaften anderer Rechtsformen sind vom Anwendungsbereich der grenzüberschreitenden Spaltung ausgenommen. Der Gesetzgeber hat ausdrücklich für die grenzüberschreitenden Spaltung von einer überschießenden Umsetzung der RL auch für PersGes Abstand genommen (vgl. BT-Drs. 20/3822, 107). Vgl. näher zur Gesetzessystematik und der Prüfungsreihenfolge (→ § 305 Rn. 12 ff.).

8 Auf grenzüberschreitende Spaltungen findet § 143 UmwG keine Anwendung. Bei einer verhältniswahrenden Spaltung zur Neugründung einer Aktiengesellschaft ist somit ein Spaltungsbericht (§ 127 iVm § 320 II), eine Spaltungsprüfung (§ 9 iVm § 320 II, § 125 I 1) und die Aufstellung einer Zwischenbilanz (§ 63 I Nr. 3 iVm § 320 II, § 125 I 1) notwendig. Der Gesetzgeber nimmt offenbar bei grenzüberschreitenden Spaltungen (im Gegensatz zu nationalen Spaltungen (→ § 143 Rn. 4 ff.) ein entsprechendes Informationsbedürfnis der Aktionäre an (Schutz der Anteilseigner).

§ 321 Spaltungsfähige Gesellschaften

¹**An einer grenzüberschreitenden Spaltung können als übertragende oder neue Gesellschaften Kapitalgesellschaften nach Anhang II zur Richtlinie (EU) 2017/1132 beteiligt sein, wenn sie**
1. **nach dem Recht eines Mitgliedstaats der Europäischen Union oder eines anderen Vertragsstaats des Abkommens über den Europäischen Wirtschaftsraum gegründet worden sind und**
2. **ihren satzungsmäßigen Sitz, ihre Hauptverwaltung oder ihre Hauptniederlassung in einem Mitgliedstaat der Europäischen Union oder einem anderen Vertragsstaat des Abkommens über den Europäischen Wirtschaftsraum haben.**

²§ 306 Absatz 2 Satz 1 Nummer 2 gilt entsprechend.

1. Allgemeines

1 Abs. 1 regelt den **persönlichen Anwendungsbereich** der §§ 320 ff. und ergänzt § 320, der in Abs. 1 im Zusammenhang mit der Definition des Begriffs der grenzüberschreitenden Spaltung nur von Ges spricht und in Abs. 2 hinsichtlich der Anwendbarkeit des UmwG iÜ nur die inl. KapGes (§ 3 I Nr. 2) erwähnt. Mit der Beschränkung auf den Kreis der KapGes in Rechtsformen, die nach Anhang II zur RL (EU) 2017/1132, als übertragende, übernehmende (→ § 332 Rn. 2) oder neue Ges an einer grenzüberschreitenden Spaltung beteiligt sein können, entspricht Abs. 1 im Übrigen dem Aufbau des § 306 für die grenzüberschreitenden Verschm; auf die Komm. in § 306 wird verwiesen (→ § 306 Rn. 1). Entsprechend des von Art. 160a, 160b Nr. 1 UmwR-RL vorgegebenen Anwendungsbereich sind Ges anderer Rechtsform – insbesondere phG – nicht von Abs. 1 umfasst. Mit dem Verweis auf § 306 II 1 Nr. 2 können Organismen für gemeinsame Anlagen in Wertpapieren

(OGAW) an einer grenzüberschreitenden Spaltung nicht beteiligt sein. Die Begriffsbestimmung für diese Ges wurde wortlautgetreu aus Art. 160a III UmwR-RL übernommen. Ges, die von dem sachlichen Bereich nicht erfasst sind, können an einer grenzüberschreitenden Spaltung iSv § 320 I nicht teilnehmen, vgl. näher (→ § 306 Rn. 3).

2. Beteiligtenfähige Kapitalgesellschaften (S. 1)

Abs. 1 S. 1 bestimmt die beteiligungsfähigen KapGes nicht selbst, sondern verweist ebenso wie Art. 160b Nr. 1 auf den Anhang II zur RL (EU) 2017/1132. Für Deutschland sind dies die **AG, die KGaA** und **GmbH**. Die Komm. in § 306 gilt für die an einer grenzüberschreitenden Spaltung beteiligten Rechtsformen inländischer und ausländischer Kapitalgesellschaften (→ § 306 Rn. 5 ff.) entsprechend, ebenso für die Voraussetzungen an das Gründungsstatut (Nr. 1) (→ § 306 Rn. 10) und an den Sitz (Nr. 2) (→ § 306 Rn. 11) der an grenzüberschreitenden Spaltungen beteiligten KapGes.

3. Ausgeschlossene Gesellschaften

Durch den Verweis auf Anhang II zur RL (EU) 2017/1132 sind im Umkehrschluss alle Ges. mit anderer Rechtsform als AG, die KGaA und GmbH von der grenzüberschreitenden Spaltung ausgenommen. Dies gilt namentlich für Genossenschaften und phG. Von einer überschießenden Einführung von Bestimmungen für Beteiligungen anderer Rechtsformen an grenzüberschreitenden Spaltungen hat der Gesetzgeber in Ermangelung einer sekundärrechtlichen Grundlage abgesehen. Durch den Verweis auf Anhang II zur RL (EU) 2017/1132 wurden (im Gegensatz zu § 306 I Nr. 1 UmwG) die in den Anwendungsbereich einbezogen Rechtsformen abschließend benannt (vgl. BT-Drs. 20/3822, 108).

Durch den Verweis auf § 306 Abs. 2 S. 1 Nr. 2 sind Organismen für gemeinsame Anlagen in Wertpapieren (OGAW) von grenzüberschreitenden Spaltungen ausgeschlossen (vgl. Stelmaszczyk Der Konzern 2021, 4). Dies entspricht Art. 160a III UmwR-RL und erfasst insbes. Investmentaktiengesellschaften (InvAG – §§ 96 ff. InvG aF; §§ 108 ff. KAGB), nicht jedoch Kapitalverwaltungsgesellschaften (§§ 17, 92 ff. KAGB; früher Kapitalanlagegesellschaften – KAG; → § 306 Rn. 18).

§ 322 Spaltungsplan

(1) **Das Vertretungsorgan der übertragenden Gesellschaft stellt einen Spaltungsplan auf.**

(2) **Der Spaltungsplan oder sein Entwurf enthalten mindestens neben den in § 307 Absatz 2 Nummer 1 bis 14 und 16 genannten Angaben die folgenden Angaben:**
1. den vorgesehenen indikativen Zeitplan für die Spaltung,
2. bei Abspaltung und Ausgliederung etwaige Satzungsänderungen der übertragenden Gesellschaft,
3. eine genaue Beschreibung der Gegenstände des Aktiv- und Passivvermögens der übertragenden Gesellschaft sowie eine Erklärung, wie diese Gegenstände des Aktiv- und Passivvermögens den neuen Gesellschaften zugeteilt werden sollen oder ob sie im Fall einer Abspaltung oder Ausgliederung bei der übertragenden Gesellschaft verbleiben sollen, einschließlich Vorschriften über die Behandlung von Gegenständen des Aktiv- und Passivvermögens, die im Spaltungsplan nicht ausdrücklich zugeteilt werden, wie etwa Gegenstände des Aktiv- oder Passivvermögens, die zum Zeitpunkt der Erstellung des Plans nicht bekannt sind,

4. Angaben zur Bewertung des bei der übertragenden Gesellschaft verbleibenden Aktiv- und Passivvermögens sowie
5. bei Aufspaltung oder Abspaltung die Aufteilung der Anteile der übertragenden Gesellschaft und der neuen Gesellschaften auf die Anteilsinhaber der übertragenden Gesellschaft sowie den Maßstab für die Aufteilung.

(3) Bei einer Ausgliederung sind die Angaben gemäß § 307 Absatz 2 Nummer 2, 3, 5, 7 und 13 nicht erforderlich.

(4) Der Spaltungsplan muss notariell beurkundet werden.

Übersicht

	Rn.
1. Allgemeines	1
2. Rechtsnatur des Spaltungsplans	3
3. Aufstellungskompetenz	5
4. Inhalt des Spaltungsplans	6
a) Allgemeines	6
b) Rechtsform, Firma, Sitz	7
c) Umtauschverhältnis und bare Zuzahlung	8
d) Einzelheiten der Übertragung der Aktien bzw. Anteile	9
e) Auswirkung der Spaltung auf die Beschäftigten	10
f) Zeitpunkt der Gewinnbeteiligung	11
g) Spaltungsstichtag	12
h) Gewährung von Rechten an Sonderrechtsinhaber	13
i) Sondervorteile	14
j) Errichtungsakt und Satzung	15
k) Festlegung der Arbeitnehmermitbestimmung	16
l) Bewertung des Aktiv- und Passivvermögens	17
m) Stichtag der Bilanzen	18
n) Einzelheiten zum Angebot einer Barabfindung	19
o) Angaben über Sicherheiten für die Gläubiger	20
p) Informationen über die Auswirkungen auf Betriebsrenten	21
q) Indikativer Zeitplan	22
r) Satzungsänderungen der übertragenden Gesellschaft	23
s) Beschreibung der zugeteilten Vermögensgegenstände	24
t) Bewertung der verbleibenden Gegenstände des Aktiv- und Passivvermögens	25
u) Aufteilung der Anteile und Maßstab der Aufteilung	26
v) Weitere Angaben	27
5. Besonderheiten bei der Ausgliederung	28
6. Form des Spaltungsplans, Sprache	29

1. Allgemeines

1   Die Vorschrift gibt die Aufstellungskompetenz, den Inhalt und die Form des Spaltungsplans vor. Der Spaltungsplan für grenzüberschreitende Spaltungen tritt an die Stelle des Spaltungs- und Übernahmevertrags (§ 126) bzw. Spaltungsplans (§ 136) für nationale Spaltungen zur Aufnahme oder zur Neugründung. Der Spaltungsplan für grenzüberschreitende Spaltungen gilt sowohl für Spaltungen zur Aufnahme als auch für Spaltungen zur Neugründung gem. § 332, der § 322 für entsprechend anwendbar erklärt. Im Falle der grenzüberschreitenden Spaltung zur Neugründung erklärt § 332 S. 2 die Bestimmungen des Ersten Teils des Sechsten Buches (§§ 305–319) für anwendbar. In diesen Fällen ist – aufgrund der Beteiligung mehrerer Ausgangsgesellschaften an der grenzüberschreitenden Spaltung – der Spaltungsplan ein

Spaltungsplan 2–4 § 322 UmwG A

gemeinsamer Spaltungsplan (Begr. RegE, BT-Drs. 20/3822 zu § 332). § 322 dient der Umsetzung von Art. 160d GesR-RL idF der RL (EU) 2019/2121. Durch den Verweis in Abs. 2 auf § 307, der inhaltlich eine Vielzahl der Angaben enthält, die auch Art. 160d GesR-RL idF der RL (EU) 2019/2121 für die grenzüberschreitende Spaltung erfordert, bleiben nur noch wenige darüberhinausgehende Angaben im Katalog des § 322 II über; nicht von dem Verweis umfasst ist das Konzernprivileg des § 307 III, das nur für die Spaltung zur Aufnahme Anwendung findet (→ § 332 Rn. 4). Aufgrund der Vorgaben in Art. 160d GesR-RL idF der RL (EU) 2019/2121 bestehen korrespondierende Regelungen für Spaltungspläne in den anderen Mitgliedstaaten. Unmittelbare Rechtswirkung hat § 322 – wie das UmwG insges. (→ § 305 Rn. 15) – indes nur für diejenigen beteiligten Rechtsträger, die der inl. Rechtsordnung unterliegen (→ § 307 Rn. 1).

Der Spaltungsplan bestimmt die Rechtsverhältnisse zwischen den an der Spaltung 2 beteiligten Rechtsträgern und legt die wesentlichen Modalitäten der Spaltung fest. Die Anteilsinhaber müssen der Spaltung gemäß § 326 durch Beschluss zustimmen (→ § 326). **Abs. 1** entspricht inhaltlich § 307 I. Neben der Verpflichtung zur Aufstellung des gemeinsamen Spaltungsplan enthält Abs. 1 zugleich die Zuständigkeit für die Aufstellung. **Abs. 2** enthält den wesentlichen Inhalt des Spaltungsplans, der sich – zumeist über den Verweis auf § 307 II – inhaltlich fast vollständig und im Wesentlichen auch im Wortlaut an Art. 160d GesR-RL idF der RL (EU) 2019/2121 anlehnt. Inhaltlich decken sich die Anforderungen größtenteils mit denen des § 126. Über den Verweis auf die Angaben in § 307 II hinaus erfordert der Spaltungsplan nach § 322 Angaben zum indikativen Zeitplan für die Spaltung (Abs. 2 Nr. 1), zu etwaigen Satzungsänderungen der übertragenden Ges bei Abspaltung und Ausgliederung (Abs. 2 Nr. 2) und zur Bewertung des bei der übertragenden Ges verbleibenden Aktiv- und Passivvermögens (Abs. 2 Nr. 4). **Abs. 3** enthält für die Ausgliederung Ausnahmen von Angaben über den Verweis auf § 307. Nach der Formvorschrift des **Abs. 4** muss der Spaltungsplan notariell beurkundet werden muss, was für inl. Spaltungen der Regelung in § 6 iVm §§ 125, 136 entspricht.

2. Rechtsnatur des Spaltungsplans

Abs. 1 verpflichtet das Vertretungsorgan der übertragenden Ges, einen Spaltungs- 3 plan aufzustellen. Die terminologische Unterscheidung bei inl. Spaltungen zwischen Spaltungs- und Übernahmevertrag einerseits (§ 126: Spaltung zur Aufnahme) und Spaltungsplan (§ 136: Spaltung zur Neugründung andererseits, zieht der Gesetzgeber bei der grenzüberschreitenden Spaltung nicht nach. Während der Begriff Spaltungsplan für die Spaltung zur Neugründung mangels Vertragspartners (→ § 136 Rn. 1) nach der für die inl. Spaltung bekannten Differenzierung zutrifft, spricht der Verweis in § 332 für Spaltungen zur Aufnahme auf die Bestimmungen des Zweiten Teils (§§ 320 ff.) nicht von einem Spaltungsvertrag. Mit Blick auf die Richtlinie (Art. 160d GesR-RL idF der RL (EU) 2019/2121), den Verschmelzungsplan (§ 307) und den Formwechselplan (§ 335) wird bei grenzüberschreitenden Sachverhalten durchgängig von Umwandlungsplänen gesprochen, so dass insoweit eine begriffliche Konsistenz besteht. Bei der grenzüberschreitenden Spaltung zur Aufnahme ist der Spaltungsplan dann ein gemeinsamer Spaltungsplan mit den an der Spaltung beteiligten Ausgangsrechtsträgern (§ 332 S. 2 iVm § 307; vgl. → § 307 Rn. 6).

Entsprechend der Rechtsnatur des Verschmelzungsplans der grenzüberschreitenden 4 Verschm (§ 307) ist auch der Spaltungsplan der grenzüberschreitenden Spaltung im Gegensatz zur inl. Spaltung keine einseitige nicht empfangsbedürftige Willenserklärung (→ § 136 Rn. 3), sondern ein gesellschaftsrechtlicher Organisationsakt. Die den Inhalt des Spaltungsplans bestimmenden Vorschriften des Art. 160d GesR-RL idF der RL (EU) 2019/2121, § 322 und § 307 sehen keine § 126 II Nr. 2 entsprechende (schuldrechtliche) Vereinbarung vor. Vgl. iÜ die Komm. zu § 307 (→ § 307 Rn. 5).

3. Aufstellungskompetenz

5 Die Kompetenz zur Aufstellung des Spaltungsplans bei der grenzüberschreitenden Spaltung zur Neugründung hat entsprechend der inl. Spaltung das Vertretungsorgan des übertragenden Rechtsträgers (→ § 136 Rn. 6), nämlich der Vorstand bei der AG (§ 78 AktG), der bzw. die persönlich haftende(n) Gesellschafter bei der KGaA (§ 278 II AktG iVm § 161 I, II HGB, ab 1.1.2024: § 124 I HGB; bis 31.12.2023: § 125 HGB aF) bzw. der oder die Geschäftsführer bei der GmbH (§ 35 GmbHG) (BeckOGK/Stelmaszczyk Rn. 12). Bei der grenzüberschreitenden Spaltung zur Aufnahme ist der Spaltungsplan gem. § 322 iVm § 332 S. 2 iVm § 307 I von den Vertretungsorganen aller an der Spaltung beteiligten Ges gemeinsam aufzustellen (→ § 307 Rn. 5; BeckOGK/Stelmaszczyk Rn. 12). Die Vertretungsorgane der beteiligten Ges müssen in vertretungsberechtigter Anzahl handeln.

4. Inhalt des Spaltungsplans

6 **a) Allgemeines.** Abs. 2 bestimmt den Mindestinhalt des Spaltungsplans. Der überwiegende Teil des Inhalts ergibt sich aus dem Verweis auf § 307 II Nr. 1–14 und 16. Der fehlende Verweis auf § 307 II Nr. 15 ist durch die bei grenzüberschreitenden Spaltungen nicht erforderlichen Angaben zu phG begründet, die keine spaltungsfähigen Ges iSd § 312 sind (→ § 321 Rn. 3). Bei der entsprechenden Anwendung der Vorschriften ist dem Umstand Rechnung zu tragen, dass an der Spaltung – im Gegensatz zur Verschmelzung- nur eine einzige übertragende Ges, aber dafür mehrere neue Ges beteiligt sein können (Begr. RegE, BT-Drs. 20/3822 zu § 332). Darüber hinaus müssen in Umsetzung von Art. 160d GesR-RL idF der RL (EU) 2019/2121 weitere Angaben enthalten sein.

7 **b) Rechtsform, Firma, Sitz.** Die erforderlichen Angaben von Rechtsform, Firma und Sitz der übertragenden und der neuen Ges, ergeben sich aus Abs. 2 iVm § 307 II Nr. 1 (vgl. Art. 160d S. 2 lit. a GesR-RL idF der RL (EU) 2019/2121). Weitere Angaben zu Register und Registernummer der übertragenden Ges sind zur Vermeidung von Verwechslungen (BeckOGK/Stelmaszczyk Rn. 15) empfehlenswert. Vgl. iÜ die Komm. zu § 307 II Nr. 1 (→ § 307 Rn. 12).

8 **c) Umtauschverhältnis und bare Zuzahlung.** Für die Spaltungsarten der Aufspaltung oder Abspaltung verlangt Abs. 2 iVm § 307 II Nr. 2 (vgl. Art. 160d S. 2 lit. b GesR-RL idF der RL (EU) 2019/2121) die Angabe des Umtauschverhältnis der Gesellschaftsanteile und ggf. die Höhe der baren Zuzahlungen. Vgl. dazu die Komm. zu § 307 II Nr. 1 (→ § 307 Rn. 12). Erfolgt die Spaltung im Wege der Ausgliederung ist diese Angabe naturgemäß nicht erforderlich (Abs. 3, vgl. Art. 160s GesR-RL idF der RL (EU) 2019/2121). Vgl. iÜ die Komm. zu § 307 II Nr. 2 (→ § 307 Rn. 13).

9 **d) Einzelheiten der Übertragung der Aktien bzw. Anteile.** Wiederum nur für die Spaltungsarten der Aufspaltung oder Abspaltung (nicht aber für die Ausgliederung (Abs. 3), vgl. Art. 160s GesR-RL idF der RL (EU) 2019/2121) verlangt Abs. 2 iVm § 307 II Nr. 3 (vgl. Art. 160d S. 2 lit. c GesR-RL idF der RL (EU) 2019/2121) die Angabe der Einzelheiten hinsichtlich der Übertragung der Gesellschaftsanteile der neuen Ges. Vgl. dazu die Komm. zu § 307 II Nr. 3 (→ § 307 Rn. 18).

10 **e) Auswirkung der Spaltung auf die Beschäftigten.** Abs. 2 iVm § 307 II Nr. 4 (vgl. Art. 160d S. 2 lit. e GesR-RL idF der RL (EU) 2019/2121) verlangt die Angabe der voraussichtlichen Auswirkungen der Spaltung auf die Beschäftigung. Die geforderten Angaben bleiben hinter dem Standard für inl. Spaltungen zurück, die neben der Angabe zu den Folgen der Spaltung für die ArbN und ihre Vertretungen auch die Angabe zu den insoweit vorgesehenen Maßnahmen erfordern (§ 126 Abs. 1 Nr. 11). Vgl. iÜ die Komm. zu § 307 II Nr. 4 (→ § 307 Rn. 19).

f) Zeitpunkt der Gewinnbeteiligung. Zum Zeitpunkt des Gewinnbezugsrecht 11 gem. Abs. 2 iVm § 307 II Nr. 5 (vgl. Art. 160d S. 2 lit. f GesR-RL idF der RL (EU) 2019/2121) vgl. die Komm. zu § 307 II Nr. 5 (→ § 307 Rn. 20).

g) Spaltungsstichtag. Vgl. zum Spaltungsstichtag gem. Abs. 2 iVm § 307 II 12 Nr. 6 (vgl. Art. 160d S. 2 lit. g GesR-RL idF der RL (EU) 2019/2121) die Komm. zu § 307 II Nr. 6 (→ § 307 Rn. 21).

h) Gewährung von Rechten an Sonderrechtsinhaber. Die Angaben gem. 13 Abs. 2 iVm § 307 II Nr. 7 (vgl. Art. 160d S. 2 lit. h GesR-RL idF der RL (EU) 2019/2121) über die Rechte, die die neue Ges den mit Sonderrechten ausgestatteten Gesellschaftern und den Inhabern von anderen Wertpapieren als Gesellschaftsanteile gewährt, oder den für diese Personen vorgeschlagenen Maßnahmen sind nur für die Spaltungsarten der Aufspaltung und Abspaltung erforderlich, nicht aber für die Ausgliederung (Abs. 3, vgl. Art. 160s GesR-RL idF der RL (EU) 2019/2121), vgl. iÜ die Komm. zu § 307 II Nr. 7 (→ § 307 Rn. 23).

i) Sondervorteile. Etwaige besondere Vorteile, die den Organmitgliedern der 14 beteiligten Ges gewährt werden, sind gem. Abs. 2 iVm § 307 II Nr. 8 (vgl. Art. 160d S. 2 lit. i GesR-RL idF der RL (EU) 2019/2121) anzugeben. Vgl. dazu die Komm. zu § 307 II Nr. 8 (→ § 307 Rn. 25).

j) Errichtungsakt und Satzung. Weiterer notwendiger Bestandteil des Spal- 15 tungsplans sind gem. Abs. 2 iVm § 307 II Nr. 9 (vgl. Art. 160d S. 2 lit. j Hs. 1 GesR-RL idF der RL (EU) 2019/2121) Angaben zum Errichtungsakt (Gründungsurkunde, vgl. Brandi/M. Schmidt AG 2023, 1, 4) der aus der grenzüberschreitenden Spaltung hervorgehenden Ges und, falls sie Gegenstand eines gesonderten Aktes ist, die Satzung der neuen Ges. Vgl. dazu die Komm. zu § 307 II Nr. 9 (→ § 307 Rn. 26). Änderungen am Errichtungsakt der übertragenden Ges (vgl. Art. 160d S. 2 lit. j Hs. 2 GesR-RL idF der RL (EU) 2019/2121) sind bei den Spaltungsarten der Abspaltung oder Ausgliederung notwendiger Bestandteil des Spaltungsplans gem. Abs. 2 Nr. 2 (→ Rn. 23).

k) Festlegung der Arbeitnehmermitbestimmung. Abs. 2 iVm § 307 II 16 Nr. 10 (vgl. Art. 160d S. 2 lit. k GesR-RL idF der RL (EU) 2019/2121) verlangt ggf. Angaben zu dem Verfahren, nach dem die Einzelheiten über die Beteiligung der ArbN an der Festlegung ihrer Mitbestimmungsrechte in der oder den aus der grenzüberschreitenden Spaltung hervorgehenden Ges geregelt werden. Vgl. dazu die Komm. zu § 307 II Nr. 10 (→ § 307 Rn. 27).

l) Bewertung des Aktiv- und Passivvermögens. In Umsetzung von Art. 160d 17 S. 2 lit. m GesR-RL idF der RL (EU) 2019/2121 verlangt Abs. 2 iVm § 307 II Nr. 11 Angaben zur Bewertung des Aktiv- und Passivvermögens, das auf die neue Ges übertragen wird. Vgl. dazu die Komm. zu § 307 II Nr. 11 (→ § 307 Rn. 29). Zur Angabe der Bewertung des verbleibenden Aktiv- und Passivvermögens bei der übertragenden Ges (→ Rn. 25).

m) Stichtag der Bilanzen. Der Spaltungsplan muss gem. Abs. 2 iVm § 307 II 18 Nr. 12 entsprechend der Vorgabe von Art. 160d S. 2 lit. n GesR-RL idF der RL (EU) 2019/2121 den Stichtag derjenigen Bilanzen der übertragenden Ges, die zur Festlegung der Bedingungen der Spaltung verwendet werden, anzugeben. Vgl. dazu die Komm. zu § 307 II Nr. 12 (→ § 307 Rn. 33).

n) Einzelheiten zum Angebot einer Barabfindung. Für die Spaltungsarten 19 der Aufspaltung und Abspaltung müssen nach Abs. 2 iVm § 307 II Nr. 13 Einzelheiten zum Angebot einer Barabfindung in den Spaltungsplan aufgenommen werden. Dieses Erfordernis entspricht dem Wortlaut des Art. 160d S. 2 lit. n GesR-RL idF der RL (EU) 2019/2121, der auf Art. 160i GesR-RL idF der RL (EU) 2019/2121 verweist. Dies entspricht der Systematik der grenzüberschreitenden Verschmelzung gem. Art. 122 lit. m GesR-RL iVm Art. 126a GesR-RL idF der RL (EU) 2019/2121. Mit der dem Schutz der Gesellschafter dienenden Vorschrift des § 327, die das Verfahren der Barabfindung der Gesellschafter regelt, die gegen die grenzüberschreitende Spaltung gestimmt haben, wurde Art. 160i GesR-RL idF der RL (EU) 2019/2121 umgesetzt. § 327 erklärt § 313 – entsprechend der Richtliniensystematik – für entsprechend anwendbar. Vgl. dazu iÜ die Komm. zu § 307 II Nr. 13 (→ § 307 Rn. 35). Auf die Ausgliederung ist § 307 II Nr. 13 nicht entsprechend anzuwenden (Abs. 3, Art. 160s GesR-RL idF der RL (EU) 2019/2121).

20 **o) Angaben über Sicherheiten für die Gläubiger.** Abs. 2 iVm § 307 II Nr. 14 legt in Umsetzung von Art. 160d S. 2 lit. q GesR-RL idF der RL (EU) 2019/2121 fest, dass in dem Spaltungsplan Angaben über Sicherheiten, die den Gläubigern angeboten werden, wie Garantien oder Zusagen, aufzunehmen sind. Der Anspruch von Gläubigern auf Sicherheiten resultiert aus § 328, der auf § 314 verweist (vgl. iE dort). Vgl. iÜ die Komm. zu § 307 II Nr. 14 (→ § 307 Rn. 36).

21 **p) Informationen über die Auswirkungen auf Betriebsrenten.** Nach Abs. 2 iVm § 307 II Nr. 16 muss der Spaltungsplan Informationen über die Auswirkungen der grenzüberschreitenden Spaltung auf Betriebsrenten und Betriebsrentenanwartschaften enthalten. Eine Vorgabe der GesR-RL idF der RL (EU) 2019/2121 gibt es hierzu nicht. Vgl. iÜ die Komm. zu § 307 II Nr. 16 (→ § 307 Rn. 38).

22 **q) Indikativer Zeitplan.** Der Spaltungsplan muss nach Abs. 2 Nr. 1einen indikativen (nicht verbindlichen) Zeitplan für das beabsichtigte Spaltungsverfahren enthalten. Damit wird die Vorgabe von Art. 160d S. 2 lit. d GesR-RL idF der RL (EU) 2019/2121 umgesetzt. Eine entsprechende Vorschrift erhält der Katalog des § 307 für den Verschmelzungsplan nicht, wohl aber § 355 für den grenzüberschreitenden Formwechsel (§ 335 II Nr. 5). Der Mehrwert des Zeitplans kann mit guten Gründen als zweifelhaft gesehen werden (Bungert/Strothotte BB 2022, 1411 (1413); BeckOGK/Stelmaszczyk Rn. 32), zumal eine Verzögerung des unverbindlichen Zeitplans keine Rechtsfolgen nach sich zieht (ebenso Brandi/M. Schmidt AG 2023, 1 (4)) und insbesondere die Wirksamkeit des Plans unberührt lässt (Stelmaszczyk Der Konzern 2021, 1 (9)). Vielmehr ist der Zeitplan als ein Zeit- und Maßnahmenplan („Step-Plan") zur Strukturierung der Umsetzung der grenzüberschreitenden Spaltung zu qualifizieren (in diese Richtung auch Brandi/M. Schmidt DB 2022, 1880 (1883); Brandi/M. Schmidt AG 2023, 1 (4)), der lediglich nach vernünftiger kaufmännischer Einschätzung vertretbar sein muss (BeckOGK/Stelmaszczyk Rn. 32).

23 **r) Satzungsänderungen der übertragenden Gesellschaft.** Nach Abs. 2 Nr. 2 ist im Spaltungsplan anzugeben, sofern im Zuge der Abspaltung oder Ausgliederung die Satzung der übertragenden Ges geändert wird. Damit wird die Vorgabe von Art. 160d S. 2 lit. j Hs. 2 GesR-RL idF der RL (EU) 2019/2121 umgesetzt. Zur Umsetzung der Vorgabe des Art. 160d S. 2 lit. j Hs. 1 GesR-RL idF der RL (EU) 2019/2121 sind Angaben zum Errichtungsakt der aus der grenzüberschreitenden Spaltung hervorgehenden Ges erforderlich und, falls sie Gegenstand eines gesonderten Aktes ist, die Satzung der neuen Ges als notwendiger Bestandteil des Spaltungsplans beizufügen (→ Rn. 15).

24 **s) Beschreibung der zugeteilten Vermögensgegenstände.** Abs. 2 Nr. 3 fordert im Spaltungsplan eine genaue Beschreibung der Gegenstände des Aktiv- und Passivvermögens der übertragenden Ges sowie eine Erklärung, wie diese Gegenstände des Aktiv- und Passivvermögens den neuen Ges zugeteilt werden sollen oder ob sie im Fall einer Abspaltung oder Ausgliederung bei der übertragenden Ges verbleiben sollen. Anzugeben ist im Spaltungsplan auch, wie Gegenstände des Aktiv-

und Passivvermögens behandelt werden sollen, die im Spaltungsplan nicht ausdrücklich zugeteilt werden, wie etwa Gegenstände des Aktiv- oder Passivvermögens, die zum Zeitpunkt der Erstellung des Plans nicht bekannt sind. Damit wird nahezu wortgleich Art. 160d S. 2 lit. l GesR-RL idF der RL (EU) 2019/2121 umgesetzt. Daneben findet über die Verweisvorschrift des § 320 II der § 126 II Anwendung. Abs. 2 Nr. 3 geht in dem Anforderungsumfang deutlich über § 126 I Nr. 9 hinaus. Praktisch wird sich indes keine Änderung ergeben. Auch bei inl. Spaltungen ist es gängige Praxis, nach Maßgabe des Bestimmtheitsgebots (→ § 126 Rn. 76), präzise jeden Vermögensgegenstand in der Spaltungsbilanz der übertragenden Ges und der oder den übernehmenden Ges zuzuordnen; dies muss nun für die übertragende Ges noch im Spaltungsplan textlich beschrieben werden. Gleiches gilt für die nun gesetzlich geforderte All-Formel für nicht bekannte (oder auch vergessene, vgl. Art. 160r IV GesR-RL) Vermögensgegenstände (so auch BeckOGK/Stelmaszczyk Rn. 36).

t) Bewertung der verbleibenden Gegenstände des Aktiv- und Passivvermögens. Im Spaltungsplan müssen gem. Abs. 2 Nr. 4 Angaben zur Bewertung der bei der übertragenden Ges verbleibenden Gegenstände des Aktiv- und Passivvermögens gemacht werden. Die Vorschrift beruht auf Art. 160d S. 2 lit. m GesR-RL idF der RL (EU) 2019/2121 und stellt das Gegenstück zur Bewertung der auf die übernehmende Ges übergehenden Gegenstände des Aktiv- und Passivvermögens gem. Abs. 2 iVm § 307 II Nr. 11 dar (→ Rn. 17). 25

u) Aufteilung der Anteile und Maßstab der Aufteilung. Schließlich sind im Spaltungsplan gem. Abs. 2 Nr. 5 in Umsetzung von Art. 160d S. 2 lit. o GesR-RL idF der RL (EU) 2019/2121 für die Spaltungsarten der Aufspaltung und Abspaltung Angaben zur Aufteilung der Anteile der übertragenden Ges und der neuen Ges auf die Anteilsinhaber der übertragenden Ges sowie der Maßstab für die Aufteilung angegeben werden. Die Vorschrift entspricht § 126 I Nr. 10 (→ § 126 Rn. 103). Für die Ausgliederung sind naturgemäß solche Angaben obsolet, da alle Anteile der übertragenden Ges selbst gewährt werden (Art. 160s GesR-RL idF der RL (EU) 2019/2121). Für den Fall, dass die Spaltung nicht verhältniswahrend erfolgt, findet § 326 III Anwendung (→ § 326 Rn. 5). 26

v) Weitere Angaben. Abs. 2 regelt nur den Mindestinhalt. Den beteiligten Ges steht es frei, weitere Regelungen aufzunehmen. 27

5. Besonderheiten bei der Ausgliederung

Aufgrund der Natur der Ausgliederung, dass dem übertragenden Ges alle Anteile an der übernehmenden Ges gewährt werden, sind gem. Abs. 3 bestimmte Angaben gem. § 307 II und auch des Abs. 2 nicht erforderlich. Eine entsprechende Regelung enthält Art. 160s GesR-RL idF der RL (EU) 2019/2121. Dies betrifft iE Angaben zu dem Umtauschverhältnis der Gesellschaftsanteile und ggf. die Höhe der baren Zuzahlungen (§ 307 II Nr. 2; → Rn. 8), Einzelheiten hinsichtlich der Übertragung der Gesellschaftsanteile der neuen Gesellschaft (§ 307 II Nr. 3; → Rn. 9), dem Zeitpunkt des Gewinnbezugsrecht (§ 307 II Nr. 5; → Rn. 11), Gewährung von Rechten an Sonderrechtsinhaber (§ 307 II Nr. 7; → Rn. 13) und zum Angebot einer Barabfindung (§ 307 II Nr. 7; → Rn. 19). Schließlich ist außerhalb des Anwendungsbereichs des Abs. 3 der Abs. 2 Nr. 5 (Aufteilung der Anteile; → Rn. 26) nicht auf die Ausgliederung anwendbar. 28

6. Form des Spaltungsplans, Sprache

Der Spaltungsplan bedarf der notariellen Beurkundung im Gleichklang mit dem Formerfordernis inl. Spaltungen (§ 135 I, § 125 I 1 iVm § 6; → § 136 Rn. 7). Vgl. zur Form iÜ und zur Sprache die Komm. zu § 307 (→ § 307 Rn. 42 ff.). 29

§ 323 Bekanntmachung des Spaltungsplans

§ 308 Absatz 1 gilt für die Bekanntmachung des Spaltungsplans oder seines Entwurfs entsprechend.

1   § 323 verweist zur entsprechenden Anwendung vollumfänglich um § 308 I. Vgl. die Komm. zu § 308 I (→ § 308 Rn. 1 ff.). Nicht von der Verweisung umfasst ist § 308 II, da die dort geregelten Konzernverbindungen bei der Spaltung zur Neugründung, an der nur ein Ausgangsrechtsträger beteiligt ist, nicht auftreten können.

§ 324 Spaltungsbericht

(1) ¹Das Vertretungsorgan der übertragenden Gesellschaft erstellt einen Spaltungsbericht. ²§ 309 Absatz 1 bis 5 und § 310 Absatz 1 und 3 gelten für den Spaltungsbericht entsprechend.

(2) ¹In den Fällen des § 8 Absatz 3 Satz 1, 2 und 3 Nummer 2 und des § 135 Absatz 3 ist der Bericht für die Anteilsinhaber nicht erforderlich. ²Der Bericht für die Arbeitnehmer ist nicht erforderlich, wenn die übertragende Gesellschaft und ihre etwaigen Tochtergesellschaften keine anderen Arbeitnehmer haben als diejenigen, die dem Vertretungsorgan angehören. ³Der Spaltungsbericht ist insgesamt entbehrlich, wenn die Voraussetzungen der Sätze 1 und 2 vorliegen.

1. Allgemeines

1   Die Vorschrift regelt in Umsetzung der Vorgaben von Art. 160e GesR-RL idF der RL (EU) 2019/2121 die inhaltlichen Anforderungen an den Spaltungsbericht bei einer (Hinaus-) Spaltung zur Neugründung. Mit der dem UmwG eigenen Verweisungstechnik verweist **Abs. 1** auf die inhaltlichen Anforderungen des § 309 I–V, der für die grenzüberschreitende Verschmelzung neben der Verpflichtung und Kompetenz zur Aufstellung, den Mindestinhalt den Adressatenkreis (Anteilsinhaber und ArbN) des Spaltungsberichts regelt. Mit dem Verweis auf § 310 I und III werden für die Spaltung zur Neugründung relevante Teile der Vorschrift für entsprechend anwendbar erklärt. **Abs. 2** enthält Fallkonstellationen, die teils klarstellende Ausnahmen von der Pflicht zur Erstellung eines Spaltungsplans für die Anteilsinhaber einerseits und ArbN andererseits vorliegen.

2. Inhalt des Spaltungsberichts

2   Zur entsprechenden Anwendung der Parallelregelung zum Verschmelzungsbericht, s. die Komm. zu § 309 (→ § 309 Rn. 1 ff.). § 309 VI enthält ebenso wie § 310 II Regelungen für besondere Konzernkonstellationen, die in Ermangelung eines zweiten Ausgangsrechtsträgers bei Spaltungen zur Neugründung nicht auftreten können.

3. Zugänglichmachung

3   Zur entsprechenden Anwendung der Regelung zur Zugänglichmachung des Spaltungsberichts s. die Komm. zu § 310 (→ § 310 Rn. 1 ff.). Zur Ausnahme des § 310 II von dem Verweis auf die Vorschrift → Rn. 2.

4. Entbehrlichkeit, Verzicht

4   Abs. 2 schafft eine Regelung für Fallkonstellationen, in denen ein Spaltungsbericht entbehrlich ist bzw. auf einen Spaltungsbericht verzichtet werden kann.

Der Spaltungsbericht für die Anteilsinhaber ist nach **Abs. 2 S. 1** entbehrlich in 5
Fällen des **Verzichts** und für **übertragende Ges mit nur einem Anteilseigner**
(§ 8 III 1, 2 und 3 Nr. 2); die mit dem Verweis auf § 8 III umfassten Konzernkonstellationen können bei der Spaltung zur Neugründung nicht auftreten, da nur ein Ausgangsrechtsträger beteiligt ist. Mit der in Ansehung der Verweisvorschriften des § 320 II und § 125 I 1 lediglich klarstellenden Vorschrift wird Art. 160e Abs. 4 GesR-RL idF der RL (EU) 2019/2121 umgesetzt. Stets entbehrlich ist der Spaltungsbericht für die Anteilsinhaber bei der grenzüberschreitenden Ausgliederung zur Neugründung (§ 135 III); der arbeitnehmerspezifische Teil des Spaltungsberichts ist indes in diesem Fall nicht entbehrlich, da die grenzüberschreitende Ausgliederung für die ArbN, deren ArbG zukünftig eine ausl. Ges sein kann, stets von Interesse ist.

Nach **Abs. 2 S. 2** ist für arbeitnehmerlose Ges ein Spaltungsbericht entbehrlich, 6
entsprechend § 309 VI 3. Die Möglichkeit des Verzichts durch die ArbN ist anders als
in Abs. 2 S. 1 nicht vorgesehen (zwingendes Schutzrecht; BeckOGK/Stelmaszczyk
Rn. 12).

Der Spaltungsbericht ist nach **Abs. 2 S. 3 insgesamt entbehrlich,** wenn sowohl 7
der Bericht für die Anteilsinhaber als auch für die ArbN entbehrlich ist. Dass dieser
Satz nach der Gesetzesbegründung lediglich klarstellend – oder gar überflüssig – ist,
wird unter Rückgriff auf Art. 160e IX GesR-RL idF der RL (EU) 2019/2121 klar,
der von einem einheitlichen Bericht ausgeht und diesen in dem Fall für entbehrlich
hält. Werden für jede Adressatengruppe getrennte Berichte erstellt, ergibt sich dieses
Ergebnis indes aus analoger Anwendung von Art. 160e IX GesR-RL idF der RL
(EU) 2019/2121 (BeckOGK/Stelmaszczyk Rn. 26).

§ 325 Spaltungsprüfung

[1]**Der Spaltungsplan oder sein Entwurf sind nach den §§ 9 bis 12 zu prüfen;
§ 48 ist nicht anzuwenden.** [2]**Der Prüfungsbericht muss den Anteilsinhabern
spätestens einen Monat vor dem Tag der Versammlung der Anteilsinhaber,
die nach § 13 über die Zustimmung zum Spaltungsplan beschließen soll,
zugänglich gemacht werden.**

Die Vorschrift regelt die Spaltungsprüfung bei der grenzüberschreitenden Spaltung. 1
Sie dient der Umsetzung von Art. 160f UmwR-RL. Die Vorschrift entspricht nahezu
wortgleich der entsprechenden Regelung für die grenzüberschreitende Verschmelzung
in § 311. Nach S. 1 HS 2 ist im Unterschied zur grenzüberschreitenden Verschmelzung lediglich § 48 (Prüfung der Verschmelzung) nicht anwendbar; des Verweises
auch auf § 44 (Prüfung der Verschmelzung unter Beteiligung von Personenhandelsgesellschaften) bedurfte es nicht, da phG keine spaltungsfähigen Gesellschaften iSd § 312
sind (→ § 321 Rn. 3). Vgl. im Übrigen die Komm zu § 311 (→ § 311).

§ 326 Zustimmung der Anteilsinhaber

(1) **Die Anteilsinhaber können ihre Zustimmung nach § 13 davon abhängig machen, dass die Art und Weise der Mitbestimmung der Arbeitnehmer
der neuen Gesellschaft ausdrücklich von ihnen bestätigt wird.**

(2) **Die Versammlung der Anteilsinhaber nimmt den Spaltungsbericht,
den Prüfungsbericht und etwaige Stellungnahmen nach § 323 in Verbindung mit § 308 Absatz 1 Satz 2 Nummer 4 zur Kenntnis, bevor sie die
Zustimmung zum Spaltungsplan beschließt.**

(3) **Werden bei einer Aufspaltung oder Abspaltung die Anteile der neuen
Gesellschaft den Anteilsinhabern der übertragenden Gesellschaft nicht in
dem Verhältnis zugeteilt, das ihrer Beteiligung an der übertragenden**

Gesellschaft entspricht, so wird der Spaltungsplan nur dann wirksam, wenn ihm diejenigen Anteilsinhaber zustimmen, für die die Zuteilung nachteilig ist.

1. Allgemeines

1 Die Vorschrift setzt Art. 160h GesR-RL idF der RL (EU) 2019/2121 um und ergänzt die Regelung des § 322 um einzelne, miteinander nicht zusammenhängende Aspekte zur Zustimmung der Anteilsinhaber zum Spaltungsplan bei einer grenzüberschreitenden Spaltung (Herausspaltung; → § 320 Rn. 4) zur Neugründung. Bei der Hereinspaltung bestimmen sich die Modalitäten der den Zustimmungsbeschluss fassenden Gesellschafterversammlung nach dem Recht des Mitgliedstaats der übertragenden Ges (BeckOGK/Stelmaszczyk Rn. 14); insoweit hat das UmwG keinen Anwendungsbereich (→ § 320 Rn. 7; → § 1 Rn. 23 ff.). In **Abs. 1,** der nahezu inhaltsgleich § 312 I entspricht, können Anteilsinhaber ihre Zustimmung nach § 13 UmwG von ihrer ausdrücklichen Bestätigung der Art und Weise der Mitbestimmung der ArbN der neuen Gesellschaft abhängig machen (Zustimmungsvorbehalt). **Abs. 2** gibt den Anteilsinhabern in der Gesellschafterversammlung die Möglichkeit der Kenntnisnahme, des Spaltungsberichts, Prüfungsberichts und etwaiger Stellungnahmen nach § 323 iVm § 308 I 2 Nr. 4 von den Anteilsinhabern zur Kenntnis genommen werden, bevor sie die Zustimmung zum Spaltungsplan beschließen. Nach **Abs. 3** ist im Falle der nichtverhältniswahrenden Spaltung für die Wirksamkeit des Spaltungsplans die Zustimmung derjenigen Anteilsinhaber des übertragenden Rechtsträgers notwendig, denen in den Fällen der Aufspaltung oder Abspaltung Anteile am übernehmenden Rechtsträger in einem Verhältnis zugeteilt werden, das ihrer Beteiligung an dem übertragenden Rechtsträger nicht entspricht.

2. Zustimmungsvorbehalt Arbeitnehmermitbestimmung (Abs. 1)

2 Der Zustimmungsvorbehalt der Anteilsinhaber zur Art und Weise der Mitbestimmung der ArbN der neuen Gesellschaft entspricht § 312 I und dient der Umsetzung von Art. 160h II GesR-RL idF der RL (EU) 2019/2121. S. iÜ die Komm zu § 312 I (→ § 312 Rn. 7).

3. Kenntnisnahme der Versammlung (Abs. 2)

3 Abs. 2 bietet den Anteilsinhabern in der Gesellschafterversammlung die Möglichkeit, den Spaltungsbericht, den Prüfungsbericht und etwaige Stellungnahmen nach § 323 iVm § 308 I 2 Nr. 4 zur Kenntnis zu nehmen, bevor sie die Zustimmung zum Spaltungsplan beschließen. Die Vorschrift dient der Umsetzung von Art. 160h I GesR-RL idF der RL (EU) 2019/2121 und bildet das Äquivalent zu § 312 III. Auf die Komm zu § 312 II wird verwiesen (→ § 312 Rn. 15). Eine Pflicht zur Kenntnisnahme besteht nicht (aA BeckOGK/Stelmaszczyk Rn. 35). Dem Schutzzweck der Norm wird genügt, wenn die genannten Dokumente den Anteilsinhabern rechtzeitig zugänglich gemacht wurden und dies in der Gesellschafterversammlung festgestellt wird. Die tatsächliche Kenntnisnahme eines jeden Anteilsinhabers ist weder erforderlich noch messbar (→ § 312 Rn. 16).

4. Zustimmungspflicht bei nicht verhältniswahrender Spaltung (Abs. 3)

4 Für die Fälle der nichtverhältniswahrenden Aufspaltung oder Abspaltung zur Neugründung sieht Abs. 3 eine Zustimmungspflicht derjenigen Anteilsinhaber des übertragenden Rechtsträgers vor, denen Anteile am übernehmenden Rechtsträger in einem Verhältnis zugeteilt werden, das ihrer Beteiligung an dem übertragenden

Rechtsträger nicht entspricht. Die Zustimmungserklärungen bedürfen gemäß § 13 III (iVm § 125 I 1 und § 320 II) der notariellen Beurkundung (→ § 13 Rn. 69). Die Vorschrift trägt dem Umstand des Art. 160h III GesR-RL idF der RL (EU) 2019/2121 Rechnung, wonach für eine Zustimmung zum Spaltungsplan eine Mehrheit von nicht mehr als 90 % der Stimmen der in der Gesellschafterversammlung vertretenen Anteile oder des in der Gesellschafterversammlung vertreten Kapitals erforderlich sein darf. Zugleich schränkt die Vorschrift § 128 im Lichte der GesR-RL idF der RL (EU) 2019/2121 für grenzüberschreitende Spaltungen dahingehend ein, dass anders als bei inl. Spaltungen nicht die Zustimmung aller Anteilsinhaber erforderlich ist, sondern ausschließlich die **Zustimmung der** von mir nicht verhältniswahrenden Spaltung **nachteilig betroffenen Anteilsinhaber.** Dadurch wird dem in ErwGr. 5 und 6 GesR-RL idF der RL (EU) 2019/2121 formulierten Ziel der GesR-RL idF der RL (EU) 2019/2121 entsprochen, den Schutz der Minderheitsgesellschafter zu fördern. Es wäre mit diesem Ziel nicht vereinbar, wenn eine Gesellschaftermehrheit von 90 % der Anteile oder des Grundkapitals eine Minderheit ohne oder gegen ihren Willen aus der Gesellschaft ausschließen könnte. Die grenzüberschreitende Spaltung soll einen „Squeeze-Out" nicht ermöglichen (Begr. RegE, BT-Drs. 20/3822 zu § 326).

§ 327 Barabfindung

¹**§ 313 gilt für die übertragende Gesellschaft entsprechend.** ²**Bei einer Ausgliederung ist ein Abfindungsangebot nicht erforderlich.**

Die Vorschrift ist neu und dient der Umsetzung von Art. 160i I–V GesR-RL 1 idF der RL (EU) 2019/2121. Sie verweist zur Bestimmung des Verfahrens, nach dem den **Anteilsinhabern der übertragenden Ges.** der Austritt aus der Ges. gegen eine angemessene Barabfindung anzubieten ist, vollumfänglich auf die für grenzüberschreitende Verschm geltende Vorschrift des § 313. Anteilinhaber, die das Barangebot annehmen, werden im Unterschied zur inl. Spaltung nicht Anteilsinhaber der neuen, durch die Spaltung entstehenden Ges., sondern scheiden kraft Gesetzes mit Wirksamwerden der Spaltung aus der sich spaltenden übertragenden Ges. aus (§ 313 IV; vgl. Brandi/M. Schmidt AG 2023, 1 (5)). Vgl. iÜ die Komm zu § 313 (→ § 313 Rn. 1 ff.). Das Austrittsrecht gegen Barabfindung bezieht sich dem Schutzzweck der Vorschrift entsprechend nur auf die künftigen Anteile an der neuen Ges. Die Haftungsvorschrift des § 133 findet über § 320 II iVm § 125 I 3 Anwendung.

Bei der **Ausgliederung** ist gem. S. 2 in Übereinstimmung mit Art. 160s GesR- 2 RL idF der RL (EU) 2019/2121 kein Abfindungsangebot erforderlich. Dies entspricht § 125, der nicht auf § 29 verweist. Es findet kein Anteilstausch stattfindet, der einen Austritt aufgrund des erzwungenen Wechsels von Art und Qualität der Beteiligung rechtfertigen würde (→ § 125 Rn. 19).

§ 328 Schutz der Gläubiger der übertragenden Gesellschaft

§ 314 gilt für die übertragende Gesellschaft und ihre Gläubiger entsprechend.

Die neue Vorschrift des § 328 dient der Umsetzung von Art. 160j UmwR-RL 1 und verweist für grenzüberschreitende Spaltungen vollständig auf den § 314. Die dort vorgesehenen Bestimmungen zur Statuierung eines gerichtlich durchsetzbaren Rechts auf Sicherheitsleistung zum Schutz der Gläubiger einer an einer grenzüberschreitenden Verschmelzung beteiligten übertragenden Ges, gelten entsprechend für die Herausspaltung einer **inl. KapG.** Art. 160j UmwR-RL wird durch § 133 III 2 umgesetzt, der über § 320 II auf die Beteiligten in- und ausländischen Rechtsträger Anwendung findet. Vgl. dazu die Komm. zu § 314 (→ § 314 Rn. 1 ff.).

§ 329 Anmeldung und Spaltungsbescheinigung

¹Die §§ 315 bis 317 sind mit Ausnahme des § 315 Absatz 3 Satz 1 Nummer 3 zweite Alternative sowie des § 316 Absatz 1 Satz 2, 3 und 4 entsprechend anzuwenden. ²Die Eintragung ist mit dem Vermerk zu versehen, dass die grenzüberschreitende Spaltung erst mit ihrer Eintragung gemäß § 330 wirksam wird. ³Über die Eintragung stellt das Gericht von Amts wegen eine Spaltungsbescheinigung aus.

1. Allgemeines

1   Die Vorschrift ist neben den § 330 und § 331 Teil der registerrechtlichen Prüfung und des Vollzugs der grenzüberschreitenden Spaltung. § 329 regelt für die grenzüberschreitende Hinausspaltung einer **inl. übertragenden Ges** – unter Verweis auf die entsprechenden Vorschriften in den §§ 315–317 für die grenzüberschreitende Verschm – das Verfahren zur Anmeldung (S. 1). Ausgenommen von dem umfassenden Verweis sind eigenständige, spaltungsspezifische Regelungen zum Vorläufigkeitsvermerk (S. 2) und der Spaltungsbescheinigung (S. 3). § 329 setzt die Vorgaben der Art. 160m und 160o GesR-RL idF der RL (EU) 2019/2121 um, die ein zweistufiges Verfahren vorgeben.

2   § 329 setzt die Vorgaben der Art. 160m und 160o GesR-RL idF der RL (EU) 2019/2121 um, die ebenso wie bei der Gründung einer SE durch Verschm (Art. 25, 26 SE-VO) oder der grenzüberschreitenden Verschm (→ § 315 Rn. 1) ein **zweistufiges Verfahren** vorgeben. Danach hat zunächst ein Gericht, ein Notar oder eine sonstige zuständige Behörde die Rechtmäßigkeit der grenzüberschreitenden Spaltungen für die Verfahrensabschnitte zu kontrollieren, welche die sich spaltende Ges betreffen und ihrer Rechtsordnung unterliegen (Art. 160m GesR-RL idF der RL (EU) 2019/2121, der nahezu wortgleich Art. 127 GesR-RL idF der RL (EU) 2019/2121 für die grenzüberschreitende Verschm entspricht). In einer zweiten Stufe kontrolliert ein Gericht, ein Notar oder eine sonstige zuständige Behörde im Sitzstaat des neuen Rechtsträgers die Rechtmäßigkeit der Verfahrensabschnitte, welche die Durchführung der grenzüberschreitenden Spaltung und Gründung neuer Ges betreffen (Art. 160o I GesR-RL idF der RL (EU) 2019/2121); zur Umsetzung → Rn. 9. Art. 160p GesR-RL enthält schließlich Mindestanforderungen an die Eintragung der Spaltung, der wiederum stark an Art. 130 GesR-RL idF der RL (EU) 2019/2121 für die grenzüberschreitende Verschm angelehnt ist. Die GesR-RL idF der RL (EU) 2019/2121 gibt den Regelungsrahmen nur für die Fallgruppe der grenzüberschreitenden Spaltung zur Neugründung vor, da Spaltungen zur Aufnahme ausdrücklich vom harmonisierten Rahmen der Richtlinie ausgenommen sind (Erwägungsgrund Nr. 8 GesR-RL idF der RL (EU) 2019/2121; → § 320 Rn. 4).

2. Anmeldeverfahren

3   Das Anmeldeverfahren entspricht demjenigen für die grenzüberschreitende Verschm. Der übertragende inl. Rechtsträger, vertreten durch die **Organmitglieder** in vertretungsberechtigter Anzahl, meldet das Vorliegen der Voraussetzungen für die grenzüberschreitende Spaltung (→ § 315 Rn. 6; BeckOGK/Stelmaszczyk Rn. 19) in der **Form** des § 12 HGB (→ § 315 Rn. 4) bei dem für die Ges zuständigen HR im Inland an (→ § 315 Rn. 5). Die Erfüllung der Voraussetzungen ergibt sich aus den beizufügen Unterlagen und den ergänzenden Versicherungen und Erklärungen.

Die der Anmeldung beizufügenden **Unterlagen** ergeben sich im Einzelnen aus der Verweisung auf § 315 II (→ § 315 Rn. 8), der wiederum auf § 17 (→ § 17 Rn. 4ff.) verweist. 4

Im Rahmen der Anmeldung müssen die Vertretungsorgane die Versicherungen, Nachweise und Erklärungen des § 315 II–IV iVm § 16 II und III abgeben bzw. vorlegen (→ § 315 Rn. 9ff.). Ausgenommen von dem Verweis ist § 315 III 1 Nr. 4 Alt. 2. Demzufolge müssen die Mitglieder des Vertretungsorgans versichern, dass ein zur Verhandlung über die künftige Mitbestimmung Art. 160l III und IV GesR-RL idF der RL (EU) 2019/2121 durchzuführendes Verfahren bereits begonnen hat (**§ 315 III 1 Nr. 4 Alt. 1**); die Versicherung ist nicht strafbewehrt (§ 348 Nr. 1). Die in § 315 III 1 Nr. 3 Alt. 2 alternativ geregelte Option, dass die Leitungen der beteiligten Gesellschaften entschieden haben, die Auffangregelung der GesR-RL ohne vorherige Verhandlung unmittelbar anzuwenden, sieht Art. 160l IV 4 GesR-RL idF der RL (EU) 2019/2121 als Parallelregelung der grenzüberschreitenden Spaltung gegenüber dem für die grenzüberschreitende Verschmelzung Anwendung findenden Art. 133 IV 4 lit. a GesR-RL nicht vor; ein Verweis auf § 315 III 1 Nr. 3 Alt. 2 konnte deshalb nicht auch erfolgen (BeckOGK/Stelmaszczyk Rn. 27). 5

Ziel der Anmeldung ist die Erteilung einer Spaltungsbescheinigung zur Vorlage bei der zuständigen Behörde im Sitzstaat des neuen Ges; entsprechend sollte der **Antrag** formuliert sein (→ § 315 Rn. 6; zum Muster eines Anmeldetextes vgl. BeckOGK/Stelmaszczyk Rn. 69). In **zeitlicher Hinsicht** ist § 17 II zu beachten. Zum Zeitpunkt der Anmeldung darf der Stichtag der Schlussbilanz (→ § 315 Rn. 8) nicht älter als acht Monate sein (näher → § 17 Rn. 35ff.). 6

3. Prüfung durch das Gericht

Zur Prüfung des Gerichts zur Einhaltung der Voraussetzungen durch die beantragende dt. Ges innerhalb von drei Monaten nach der Anmeldung (§ 329 iVm § 316 I) der grenzüberschreitenden Spaltung → § 316 Rn. 3ff. Zuständig ist das Gericht am Sitz der dt. übertragenden Gesellschaft (BeckOGK/Stelmaszczyk Rn. 41). 7

4. Eintragung, Spaltungsbescheinigung

Führt die Prüfung des Registergerichts zu dem Ergebnis, dass die grenzüberschreitende Spaltung alle Voraussetzungen erfüllt und alle erforderlichen Verfahren und Formalitäten erledigt sind, stellt das Gericht eine **Spaltungsbescheinigung** aus (vgl. Art. 160m Abs. 7 lit. a GesR-RL idF der RL (EU) 2019/2121). Der Ausstellung der Spaltungsbescheinigung geht nach § 329 S. 3 zwingend eine entsprechende **Eintragung** im HR der übertragenden Ges voraus. Die Spaltungsbescheinigung gibt den Inhalt der Eintragung wieder (→ § 316 Rn. 18) und stellt sicher, dass die zuständige Behörde im Zuzugsstaat die Überprüfung der Erfüllung der Spaltungsvoraussetzungen durch die übertragende Ges auf einer formal und inhaltlich eindeutigen Grundlage vornehmen kann (→ § 316 Rn. 16). Insofern ist davon auszugehen, dass es sich bei dem Ausschluss des Verweises auf § 316 I 2 um ein Redaktionsversehen handelt (BeckOGK/Stelmaszczyk Rn. 42). Die Eintragung hat daher (ebenso wie im Falle der grenzüberschreitenden Verschm) die Bezeichnung des Spaltungsverfahrens und der übertragenden Ges sowie die Feststellung zu enthalten, dass alle einschlägigen Voraussetzungen erfüllt und alle erforderlichen Verfahren und Formalitäten erledigt sind. Die Eintragung im HR der anmeldenden int. Ges. unter Beachtung der Fristen des § 316 II iVm § 313 III 1 und § 314 III (→ § 316 Rn. 14) ist vorläufig und mit dem Vermerk zu versehen, dass die grenzüberschreitende Spaltung erst mit ihrer Eintragung gem. § 330 wirksam wird (§ 329 S. 2, **Vorbehaltsvermerk**). 8

Das registerrechtliche Verfahren zur Eintragung der grenzüberschreitenden Spaltung ist insgesamt **zweistufig** ausgestaltet. Zunächst wird als auf der ersten Stufe 9 im HR der inl übertragenden Ges unter den Voraussetzungen der → Rn. 8 der Vorläufigkeitsvermerk eingetragen. Auf der zweiten Stufe wird im Register der neuen (oder im Falle des § 332: aufnehmenden) Ges im Ausland nach Prüfung des jeweils anwendbaren ausländischen Rechts die Spaltung eingetragen. Die beiden Schritte folgen in umgekehrter Richtung der Eintragung von Spaltungen unter Beteiligung ausschließlich inländischer Rechtsträger (→ § 130 I). Die wirksamkeitsbegründende Eintragung der grenzüberschreitenden Hinausspaltung im HR des übertragenden Rechtsträger gem. § 330 ist der letzte konstitutive Akt (außerhalb des abgestuften Prüfungsverfahrens), wodurch dem bei inl. Spaltung bekannten Grundsatz des § 131 I wieder entsprochen (→ § 130 Rn. 2) wird; dies ist sachgerecht und notwendig, weil an Spaltungen immer nur ein übertragender, des Öfteren aber mehrere übernehmende Rechtsträger beteiligt sind (→ § 131 Rn. 3) und die Spaltung zu einem einheitlichen Zeitpunkt wirksam werden soll (→ § 123 Rn. 18; BeckOGK/Stelmaszczyk § 330 Rn. 4). Vgl. iÜ die Komm zu → § 316, insbesondere zur **Übermittlung** der Spaltungsbescheinigung an das Registergericht des Zuzugsstaats über das Business Registers Interconnection System (**BRIS**) (→ § 316 Rn. 18), der **Eintragung des Wirksamwerdens** (→ § 316 Rn. 19), der Bekanntmachung (→ § 316 Rn. 20) und Kosten (→ § 316 Rn. 21).

§ 330 Eintragung der grenzüberschreitenden Hinausspaltung

(1) ¹**Die Anmeldung zur Eintragung gemäß § 329 in Verbindung mit § 315 gilt als Anmeldung zur Eintragung der grenzüberschreitenden Spaltung gemäß § 137 Absatz 2.** ²**Die grenzüberschreitende Spaltung darf in das Register des Sitzes der übertragenden Gesellschaft erst eingetragen werden, nachdem jede der neuen Gesellschaften in das für sie zuständige Register eingetragen worden ist.**

(2) **Das Gericht des Sitzes der übertragenden Gesellschaft hat dem Register des Sitzes jeder der neuen Gesellschaften das Wirksamwerden der grenzüberschreitenden Spaltung über das Europäische System der Registervernetzung mitzuteilen.**

1. Allgemeines

1   § 330 ist neu und regelt die registerrechtliche Eintragung der grenzüberschreitenden Hinausspaltung. **Abs. 1 S. 1** enthält eine Fiktion, dass die Anmeldung zur Eintragung gemäß § 329 iVm § 315 als Anmeldung zur Eintragung der grenzüberschreitenden Spaltung gemäß § 137 II gilt. **Abs. 1 S. 2** dient der Umsetzung von Art. 160q S. 1 GesR-RL idF der RL (EU) 2019/2121 und gibt den letzten und konstitutiven Akt des registerrechtlichen Vollzugs vor, dass eine grenzüberschreitende Spaltung in das Register des Sitzes der übertragenden Ges erst eingetragen werden, nachdem jede neue Ges in das für sie zuständige Register eingetragen worden ist. Abs. 2 dient schließlich der Kommunikation unter den beteiligten Registergerichten in Umsetzung von Art. 160p IV GesR-RL idF der RL (EU) 2019/2121, wonach das für den inl übertragenden Rechtsträger zuständige Gericht (→ § 329 Rn. 7) dem Gericht des Sitzes jeder der neuen Ges das Wirksamwerden der grenzüberschreitenden Spaltung über das Europäische System der Registervernetzung mitzuteilen hat.

2. Fiktion der Anmeldung zur Eintragung

2   Die Anmeldung zur Eintragung der grenzüberschreitenden Spaltung gem. § 329 iVm § 315 beim für die spaltende Ges zuständigen inl Gericht, das die Spaltungsbescheinigung für die zuständige Behörde im Zuzugsstaat ausstellt und an diese über-

mittelt (→ § 329 Rn. 8), soll zugleich als Anmeldung zur Eintragung der grenzüberschreitenden Spaltung gem. § 137 II gelten. Nach der Gesetzesbegründung dient die Vorschrift der Verfahrensökonomie. Nach § 137, der über § 320 II Anwendung findet, ist bei Spaltungen zur Neugründung der neue Rechtsträger bei dem Registergericht am Sitz des neuen Rechtsträgers anzumelden (§ 137 I) und die Spaltung zur Aufnahme zum Register am Sitz des übertragenden Rechtsträgers anzumelden (§ 137 II; → § 137 Rn. 2). Durch die Fiktion in § 330 S. 1 kann das die Spaltungsbescheinigung ausstellende, für den übertragenden Rechtsträger zuständige inländische Registergericht die Spaltung mit wirksamkeitsbegründender Wirkung ohne weitere Mitwirkungshandlungen der übertragenden Gesellschaft eintragen, wenn es vom Registergericht des Zuzugstaats die Mitteilung über die Eintragung der neuen Gesellschaft erhält (RegE UmRUG, BT-Drs. 20/3822, 111 f.; zum gestuften registerrechtlichen Verfahren → § 329 Rn. 8).

3. Wirksamkeitsbegründende Eintragung der Spaltung im Inland

Das inl. Registergericht darf die Spaltung gem. § 330 I 2 erst eintragen, wenn es **von allen Registergerichten** der Zuzugstaaten die **Mitteilung** erhalten hat, dass die neuen Ges dort eingetragen wurden. Die Regelung entspricht § 130 I iVm § 135 S. 1 und dient der Umsetzung von Art. 160q S. 1 GesR-RL idF der RL (EU) 2019/2121. Die Mitteilung erfolgt nach nationalem Recht der von der grenzüberschreitenden Spaltung betroffenen Mitgliedstaaten über das Europäische System der Registervernetzung (BRIS) in Umsetzung von Art. 160 III 1 GesR-RL. Trägt das inl. Registergericht die grenzüberschreitende Spaltung nach Erhalt der Mitteilungen über die Eintragung aller Ges im Ausland ein, wird die Spaltung in dem Zeitpunkt wirksam gem. § 320 II iVm § 131 I; dies entspricht der Vorgabe des Art. 160q GesR-RL. Die übrigen Wirkungen der grenzüberschreitenden Spaltungen ergeben sich ebenfalls aus § 131, der inhaltlich den Richtlinienvorgaben der Art. 160r GesR-RL und des Art. 160u GesR-RL (Ausschluss der Rückabwicklung (→ § 131 Rn. 96) entsprechen.

3

4. Mitteilung der Eintragung

Zum Abschluss des Verfahrens hat das inländische Registergericht nach Eintragung der Spaltung den Registergerichten, in denen die neuen Ges eingetragen worden sind, die Nachricht über die Eintragung gem. § 330 II über das Europäische System der Registervernetzung (BRIS) zu übermitteln (Art. 160p IV GesR-RL idF der RL (EU) 2019/2121). Entsprechend § 130 II S. 1 hat das inländische Registergericht auch einen Auszug aus dem HR und den Gesellschaftsvertrag der übertragenden Ges zu übermitteln. Dies dient wie bei inl. Spaltung der Einsichtnahme in die wesentlichen Registerunterlagen des übertragenden Rechtsträgers (→ § 130 Rn. 24).

4

§ 331 Eintragung der neuen Gesellschaft

(1) ¹**Das Vertretungsorgan der übertragenden Gesellschaft hat die neue Gesellschaft zur Eintragung in das Register des Sitzes der neuen Gesellschaft anzumelden.** ²**Der Anmeldung sind in der Form des § 17 Absatz 1 der Spaltungsplan und gegebenenfalls die Vereinbarung über die Beteiligung der Arbeitnehmer beizufügen.** ³**§ 16 Absatz 2 und 3 sowie § 17 sind auf die übertragende Gesellschaft nicht anzuwenden.**

(2) ¹**Die über das Europäische System der Registervernetzung übermittelte Spaltungsbescheinigung wird als Nachweis der ordnungsgemäßen Erledigung der vorangehenden Verfahren und Formalitäten nach dem**

Recht desjenigen Staates, dem die übertragende Gesellschaft unterliegt, anerkannt. ²Ohne diese Spaltungsbescheinigung kann die grenzüberschreitende Spaltung nicht in das Register eingetragen werden.

(3) Die Prüfung der Eintragungsvoraussetzungen erstreckt sich insbesondere darauf, ob gegebenenfalls eine Vereinbarung über die Beteiligung der Arbeitnehmer geschlossen worden ist und ob die Vorschriften zur Gründung der neuen Gesellschaft eingehalten worden sind.

(4) ¹Die Eintragung der neuen Gesellschaft ist mit dem Vermerk zu versehen, dass sie unter den Voraussetzungen wirksam wird, unter denen die grenzüberschreitende Spaltung nach dem Recht des Staates, dem die übertragende Gesellschaft unterliegt, wirksam wird. ²Das Gericht des Sitzes der neuen Gesellschaft hat von Amts wegen dem Gericht des Sitzes der übertragenden Gesellschaft mitzuteilen, dass die neue Gesellschaft eingetragen wurde.

(5) Nach Eingang der Mitteilung des Registers, in dem die übertragende Gesellschaft eingetragen ist, über das Wirksamwerden der grenzüberschreitenden Spaltung ist in dem Register des Sitzes der neuen Gesellschaft der Tag des Wirksamwerdens der Spaltung einzutragen.

1. Allgemeines

1   § 331 ist neu und regelt als Gegenstück zu den § 329 und § 330 den registerrechtlichen Vollzug einer grenzüberschreitenden Hereinspaltung. Die Vorschrift ist die **zweite Stufe** der Anmeldung und des Registerverfahrens auf inl. Seite (vgl. auch → § 329 Rn. 2, → § 329 Rn. 9). für eine aus der Spaltung hervorgehende **neue Ges,** die dem **dt. Recht** unterliegt. **Abs. 1** regelt die Anmeldung der **neuen Ges** zum Registergericht im Inl. durch alle Vertretungsorgane der übertragenden Ges. Nach **Abs. 2** wird die aus dem Ausland übermittelte Spaltungsbescheinigung nicht nur für anerkennungsfähig erklärt, sondern ist zugleich Voraussetzung für die Eintragung der grenzüberschreitenden Spaltung im Inland. **Abs. 3** gibt den registerrechtlichen Prüfungsraum Inland vor, der sich insbesondere darauf beschränkt, ob eine Vereinbarung über die Beteiligung der Arbeitnehmer geschlossen worden ist und ob die inl. Vorschriften zur Gründung der neuen Gesellschaft eingehalten sind. Nach **Abs. 4** ist die Eintragung der neuen Gesellschaft im Inl. mit einem Vorläufigkeitsvermerk zu versehen, dass die Eintragung erst dann wirksam wird, wenn die grenzüberschreitende Spaltung nach dem Recht des Staates, dem sich spaltende Rechtsträger unterliegt, wirksam wird. Nach **Abs. 5** wird der Vorläufigkeitsvermerk aufgehoben und der Tag des Wirksamwerdens der Spaltung eingetragen, wenn das für den übertragenden Rechtsträger zuständige Register dem Register der neuen Ges das Wirksamwerden der grenzüberschreitenden Spaltung mitgeteilt hat.

2. Anmeldung der neuen Gesellschaft im Inland

2   **a) Gegenstand, anmeldeberechtigte Personen, Form.** Bei der grenzüberschreitenden Hereinspaltung ist im Inl. beim für die neue Ges zuständigen Registergericht **die neue Ges** zur Eintragung anzumelden; § 331 Abs. 1 S. 1 entspricht damit inhaltlich § 137 Abs. 1. Gegenstand der Eintragung ist damit wie bei der Spaltung zur Neugründung unter ausschließlicher Beteiligung inl. Rechtsträger nicht die Spaltung an sich (§ 135 I S. 2). Die Anmeldung ist entsprechend § 137 durch **Organmitglieder** der sich spaltenden Ges in **vertretungsberechtigter Anzahl** vorzunehmen. Die Bestimmung der vertretungsberechtigten Organmitglieder erfolgt nach dem für die Ges. anwendbaren Gesellschaftsstatuts (BeckOGK/Stelmaszczyk Rn. 9). Je nach Rechtsform der neuen Ges müssen ggf. die künftigen

Organmitglieder weitere Erklärungen gegenüber dem Register abgeben (→ § 137 Rn. 2). Die **Form der Anmeldung** richtet sich nach § 12 HGB.

b) Zuständiges Gericht, beizufügende Unterlagen. Die Anmeldung erfolgt 3 bei dem für den übernehmenden Rechtsträger zuständigen Gericht. Örtlich zuständig ist das Gericht, an dem die durch die Spaltung entstehende Ges ihren künftigen **Sitz** hat (vgl. etwa § 7 I GmbHG, § 14 AktG).

Der Anmeldung ist der **Spaltungsplan** und gegebenenfalls die **Vereinbarung** 4 **über die Beteiligung der Arbeitnehmer** in der **Form** des § 17 I (→ § 17 Rn. 5) beizufügen (Abs. 1 S. 2). die Vereinbarung über die Beteiligung der Arbeitnehmer ist nur beizufügen, sofern vorhanden und das Verhandlungsverfahren nicht in anderer Weise beendet wurde. Weitere Unterlagen sind ggf. zur Prüfung der Eintragungsvoraussetzungen nach Abs. 3 beizufügen. Nicht beizufügen ist die Spaltungsbescheinigung, die ohnehin gem. Abs. 2 S. 1vom ausl. Registergericht übermittelt wurde (BeckOGK/Stelmaszczyk Rn. 10).

c) Nicht anwendbare Vorschriften auf die übertragende Gesellschaft. Auf 5 die übertragende Gesellschaft sind bei einer grenzüberschreitenden Spaltung **§ 16 II und III** sowie **§ 17** gem. Abs. 1 S. 3 nicht anzuwenden. Dies ist durch den Charakter der grenzüberschreitenden Spaltung (BeckOGK/Stelmaszczyk Rn. 11) und den Umstand bedingt, dass mit der über BRIS übermittelten Spaltungsbescheinigung gem. Abs. 2 S. 1 die ordnungsgemäße Erledigung der vorangehenden Verfahren und Formalitäten nach dem Recht desjenigen Staates, dem die übertragende Gesellschaft unterliegt, schlüssig nachgewiesen ist. Unabhängig davon, haben die Vertretungsorgane der **übernehmenden Gesellschaft** gem. § 320 II iVm §§ 135, 125, 16 II eine Negativerklärung abzugeben, die durch eine rechtskräftige Entscheidung im Freigabeverfahren ersetzt werden (§ 16 III; → § 318 Rn. 10).

3. Prüfung durch das Gericht

a) Spaltungsbescheinigung (Abs. 2). Der Prüfungsumfang des inl. Register- 6 gericht umfasst nicht, ob die vorangegangenen Verfahren und Formalitäten für die grenzüberschreitende Spaltung nach dem Recht des Staates, der die übertragende Ges unterliegt, ordnungsgemäß erledigt wurden. Dies ist Angelegenheit des für den sich spaltenden Rechtsträger zuständigen Gerichts und kann vom inl. Gericht auch inhaltlich nicht geprüft werden. Das inl. Gericht muss das in der Spaltungsbescheinigung ausgewiesene **Prüfungsergebnis des ausl. Gerichts anerkennen.** Zudem ist das inländische Gericht gehindert, die grenzüberschreitende Spaltung im HR einzutragen, solange nicht die Spaltungsbescheinigung vorliegt. § 331 II entspricht nahezu wortgleich § 318 II 1 und 3; iÜ wird deshalb auf die Komm. zu § 318 II verwiesen (→ § 318 Rn. 16).

b) Eigene Prüfungskompetenz (Abs. 3). Die eigene Prüfungskompetenz des 7 inl. Gerichts ergibt sich aus Abs. 3, der inhaltlich § 318 III Nr. 3 und 4 entspricht inhaltlich ist „nur" noch die Voraussetzungen für die grenzüberschreitende Spaltung auf der Seite der neu zu gründenden inl. Ges als zweite Stufe des grenzüberschreitenden Registervollzugs (→ § 329 Rn. 2, → § 329 Rn. 9). Das inl. Gericht hat in Umsetzung von Art. 160o I UAbs. 2 insbesondere zu prüfen, ob gegebenenfalls eine Vereinbarung über die Beteiligung der Arbeitnehmer geschlossen worden ist (→ § 318 Rn. 14) und ob die **Vorschriften zur Gründung der neuen Ges.** eingehalten worden sind. Dazu gehören etwa (i) die notarielle Beurkundung des Gesellschaftsvertrags der GmbH (§ 2 I 1 GmbHG) bzw. der Satzung der AG (§ 23 I 1 AktG), (ii) die Bestellung der Organe der GmbH bzw. AG (BeckOGK/Stelmaszczyk Rn. 23), (iii) die Einhaltung der für die grenzüberschreitende Spaltung in Form der durch die grenzüberschreitende Hereinspaltung entstehenden KapGes (Sachgründungsbericht, § 320 II iVm § 138, § 5 IV GmbHG (GmbH) bzw.

Gründungsbericht § 320 II iVm § 144, § 32 AktG und Gründungsprüfung § 33 II AktG (AG)), (iv) die Anzeige eines Treuhänders nach § 71 (nicht bei Ausgliederung, Bungert/Strothotte BB 2022, 1411 (1422)), und (v) etwaige Angaben und Versicherungen in den Handelsregisteranmeldungen; die Erleichterungen des § 143 sind gem. § 320 III nicht anzuwenden (→ § 320 Rn. 8; vgl. BeckOGK/Stelmaszczyk Rn. 24).

4. Vorbehaltsvermerk

8   Kommt die Prüfung des inl. Registergerichts zum Ergebnis der Eintragungsfähigkeit der durch die grenzüberschreitende Spaltung entstehenden inl. Ges., muss die Eintragung der neuen Ges einen Vermerk enthalten, dass die Eintragung unter den Voraussetzungen wirksam wird, unter denen die grenzüberschreitende Spaltung nach dem Recht des Staates, dem die übertragende Gesellschaft unterliegt, wirksam wird (Vorbehaltsvermerk, § 331 IV). Der Zeitpunkt der Wirksamkeit der grenzüberschreitenden Hereinspaltung bestimmt sich nach Art. 160q S. 1 GesR-RL idF der RL (EU) 2019/2121 nach dem Recht des Mitgliedstaates, dem die übertragende Gesellschaft unterliegt; dadurch wird ein einheitlicher Zeitpunkt der Wirksamkeit der grenzüberschreitenden Spaltung sichergestellt (→ § 320 Rn. 8). Das für den neue inl. Ges zuständige Registergericht hat dazu dem Registergericht der übertragenden Ges. im Ausland über BRIS (§ 9b II 3 Nr. 4 HGB) mitzuteilen, dass die neue Ges eingetragen wurde; dies entspricht der Vorgabe von Art. 160p III 1 GesR-RL idF der RL (EU) 2019/2121.

5. Wirksamkeitsbegründende Eintragung der Spaltung im Ausland

9   Nach der Mitteilung der Eintragung der durch die grenzüberschreitende Hereinspaltung entstandene Ges im Inland kann die grenzüberschreitende Spaltung im Ausland wirksamkeitsbegründend eingetragen werden. Der Zeitpunkt, an dem die grenzüberschreitende Spaltung wirksam wird, bestimmt sich nach dem Recht des Mitgliedstaats, dem sich spaltende, übertragende Rechtsträger unterliegt (Art. 160q GesR-RL idF der RL (EU) 2019/2121). Das Wirksamwerden der grenzüberschreitenden Spaltung ist den Registergerichten, die für die durch die grenzüberschreitende Spaltung entstandenen Ges zuständig sind, gem. Art. 160p IV GesR-RL idF der RL (EU) 2019/2121 mitzuteilen. Nach Eingang dieser Mitteilung der ausländischen Registergerichte ist in dem Register des Sitzes der neuen Ges im Inland das Wirksamwerden der grenzüberschreitenden Spaltung und der Tag des Wirksamwerdens der Spaltung einzutragen (Abs. 5).

§ 332 Spaltung zur Aufnahme

[1]Die Bestimmungen dieses Teils sind auf eine grenzüberschreitende Spaltung zur Aufnahme im Sinne des § 320 Absatz 1 Nummer 2 entsprechend anzuwenden, wenn in der übertragenden Gesellschaft und den übernehmenden Gesellschaften
1. im Fall der Spaltung einer inländischen Gesellschaft jeweils in den sechs Monaten vor Bekanntmachung des Spaltungsplans durchschnittlich weniger als 400 Arbeitnehmer,
2. im Fall der Aufnahme durch eine inländische Gesellschaft jeweils in den sechs Monaten vor Offenlegung des Spaltungsplans durchschnittlich weniger als vier Fünftel der Zahl der Arbeitnehmer, die für eine Mitbestimmung nach dem Recht des Staates maßgeblich sind, dem die übertragende Gesellschaft unterliegt,

beschäftigt sind. ²Ergeben sich Besonderheiten aus dem Umstand, dass mehrere Gesellschaften beteiligt sind, so sind ergänzend die Bestimmungen des Ersten Teils über die grenzüberschreitende Verschmelzung entsprechend anzuwenden.

1. Allgemeines

§ 332 vervollständigt den Zweiten Teil des Sechsten Buches um grenzüberschreitende Spaltungen zur Aufnahme. Statt einer umfassenden Regelung der grenzüberschreitenden Spaltung zur Aufnahme im Detail, beschränkt sich der Gesetzgeber durch die dem UmwG eigenen Verweisungstechnik („Baukastensystem"; → § 320 Rn. 7) in **S. 1** auf einen umfassenden Verweis auf die Bestimmungen des Zweiten Teils (§§ 320–331), die wiederum über (i) den Generalverweis in § 320 II auf die **allgemeinen Vorschriften der Spaltung** (§§ 123–137) und die rechtsformspezifischen Spaltungsvorschriften für GmbH (§§ 138–140) sowie KGaA (§§ 138–140) verweisen und über (ii) **einzelne** Verweise auf anwendbare **Vorschriften** aus dem Ersten Teil des Sechsten Buchs **zur grenzüberschreitenden Verschmelzung.** Damit sind die Verfahrensvoraussetzungen der §§ 320–331 auch von einer inl. übernehmenden Ges einzuhalten, soweit sie nicht ausschließlich eine übertragende Ges betreffen können. Soweit Bestimmungen der §§ 320–331 auf eine **neue** inl. Ges Anwendung finden, finden sie auf eine **übernehmende** inl. Ges entsprechende Anwendung. **S. 2** erklärt die Bestimmungen des Ersten Teils des Sechsten Buches über die grenzüberschreitende Verschmelzung für entsprechend anwendbar, soweit sich aus dem Umstand Besonderheiten ergeben, dass mehrere Gesellschaften beteiligt sind. Diese Bestimmungen sind für grenzüberschreitende Spaltungen zur Neugründung von den einzelnen Verweisen auf anwendbare Vorschriften der grenzüberschreitenden Verschmelzung in den §§ 320–331 ausgenommen; diese Regelungslücke wurde durch S. 2 für die grenzüberschreitenden Verschmelzung zur Aufnahme insoweit geschlossen.

Die grenzüberschreitende Spaltung zur Aufnahme ist ausdrücklich vom harmonisierten Rahmen der Richtlinie ausgenommen (vgl. ErwGr. 8 RL (EU) 2019/2121 und Art. 160 Nr. 3 GesR-RL idF der RL (EU) 2019/2121). Der deutsche Gesetzgeber hat in überschießender Anwendung der Richtline die grenzüberschreitende Spaltung zur Aufnahme normiert. Die fehlende Harmonisierung schränkt den primärrechtlichen Anwendungsbereich der Niederlassungsfreiheit nicht ein (vgl. BT-Drs. 20/3822, 113 unter Verweis auf EuGH NZG 2006, 112 – SEVIC). Die Kommission erachtet die grenzüberschreitende Spaltung zur Aufnahme – anders als zur Neugründung – als zu komplex und mit zusätzliche Risiken der Umgehung von Unionsvorschriften und nationalen Vorschriften (→ § 320 Rn. 4). Dem ist der inl. Gesetzgeber entgegengetreten, indem er den Anwendungsbereich der grenzüberschreitenden Spaltung – sowohl für Fälle der Hinaus- als auch der Hereinspaltung – eingeschränkt hat, damit der Schutz der unternehmerischen Mitbestimmung nicht hinter dem (für die grenzüberschreitende Spaltung zur Aufnahme nicht anwendbaren) Art. 160l GesR-RL idF der RL (EU) 2019/2121 zurückbleibt und es mangels sekundärrechtlicher Vorgaben kein Regelungsregime zum Schutz der unternehmerischen Mitbestimmung gibt (vgl. Brandi/Schmidt AG 2023, 1 (2)). Nach Art. 160l II GesR-RL idF der RL (EU) 2019/2121 findet die Regelung für die Arbeitnehmermitbestimmung, die ggf. in dem Mitgliedstaat des sich spaltenden übertragenden Rechtsträgers gilt, keine Anwendung, wenn die Ges, die die Spaltung vornimmt, in den sechs Monaten vor Offenlegung des Plans für die grenzüberschreitende Spaltung eine durchschnittliche Zahl von Arbeitnehmern beschäftigt, die **4/5** des Schwellenwerts erreicht, die Mitbestimmung der Arbeitnehmer auslöst (4/5-Regel). In inl. KapGes ist die unternehmerische Mitbestimmung der Arbeitnehmer ab einer Beschäftigtenzahl von in der Regel mehr als 500 Arbeitnehmern durch das

Gesetz über die Drittbeteiligung der Arbeitnehmer im Aufsichtsrat (§ 1 DrittelbG) geschützt (→ Rn. 3).

2. Anwendungsvoraussetzungen

3 Die grenzüberschreitende Spaltung zur Aufnahme nach den Vorschriften UmwG steht lediglich **KapGes** (→ § 320 Rn. 7) als übertragende oder übernehmende Ges offen, die nach dem Recht eines EU- oder EWR-Mitgliedstaats gegründet worden sind und ihren satzungsmäßigen Sitz, ihre Hauptverwaltung oder ihre Hauptniederlassung in einem EU- oder EWR-Mitgliedstaat haben (§ 332 S. 1 iVm § 321 S. 1). Weiterhin müssen im Falle der **Hinausspaltung** (Abs. 1 S. 1 Nr. 1) der übernehmende und der übertragende Rechtsträger jeweils binnen sechs Monaten vor Bekanntmachung des Spaltungsplan durchschnittlich **weniger als 400 Arbeitnehmer** beschäftigen. Im Falle der **Hereinspaltung** (Abs. 1 S. 1 Nr. 2) müssen der übernehmende und der übertragende Rechtsträger jeweils in sechs Monaten vor Offenlegung des Spaltungsplans durchschnittlich **weniger als 4/5** der Zahl der Arbeitnehmer beschäftigen, die für eine Mitbestimmung nach dem Recht des Staates maßgeblich sind, dem die übertragende Gesellschaft unterliegt. Der Grund für diese Einschränkung ist der Schutz der unternehmerischen Mitbestimmung. Das durch die GesR-RL idF der RL (EU) 2019/2121 für die grenzüberschreitende Spaltung zur Neugründung geschaffene Schutzniveau hat der Gesetzgeber bei der Regelung der grenzüberschreitenden Spaltung zur Aufnahme in überschießender Anwendung der Richtlinie dadurch gewahrt (→ Rn. 2).

3. Besonderheiten

4 **a) Spaltungs- und Übernahmeplan, Bekanntmachung.** Bei der grenzüberschreitenden Spaltung zur Aufnahme ist ein **gemeinsamer Spaltungsplan** gem. § 332 S. 2 iVm § 307 I von den Vertretungsorganen aller an der Spaltung beteiligten Ges aufzustellen (→ § 307 Rn. 5; BeckOGK/Stelmaszczyk Rn. 12, 23). Die Vertretungsorgane der beteiligten Ges müssen in vertretungsberechtigter Anzahl handeln (→ § 322 Rn. 5). Zum Inhalt des gemeinsamen Spaltungsplans → § 322 Rn. 6 ff. Bei der grenzüberschreitenden Spaltung zur Aufnahme findet das **Konzernprivileg** des § 307 III Anwendung, wonach Angaben zum Umtausch der Anteile (§ 307 II Nr. 2, 3 und 5) und Einzelheiten zum Angebot einer Barabfindung (II Nr. 13) unter den dort genannten Bedingungen entfallen können (BeckOGK/Stelmaszczyk Rn. 55). Die Bekanntmachung des Spaltungsplans richtet sich für die deutsche übertragende oder übernehmende Ges nach § 308 (→ § 308 Rn. 1 ff.); für ausländische Ges stimmt sich diese Pflicht nach deren – unionsrechtlich nicht harmonisierten (BeckOGK/Stelmaszczyk Rn. 24) nationalen Recht (→ § 308 Rn. 2).

5 **b) Spaltungsbericht, Zugänglichmachung.** Für den Spaltungsbericht der grenzüberschreitenden Spaltung zur Aufnahme gilt § 309 (iVm § 332 S. 2) entsprechend; die Erleichterungen (ua **Konzernprivileg**) des § 309 VI sind anwendbar (→ § 309 Rn. 15). Die Erstellung eines gemeinsamen Berichts der Vertretungsorgane der beteiligten Ges ist gem. § 8 I 2 iVm § 320 II, § 125 zulässig, sofern zusätzlich auch die Rechtsordnungen der anderen beteiligten ausl. Ges eine gemeinsame Berichterstattung erlauben (→ § 309 Rn. 5 mwN; BeckOGK/Stelmaszczyk Rn. 25). Der Spaltungsbericht ist den jeweiligen Adressaten der an der grenzüberschreitenden Spaltung zur Aufnahme beteiligten Ges zugänglich zu machen (§ 310 I, III iVm § 332 S. 1, § 324).

6 **c) Spaltungsprüfung.** Die Spaltungsprüfung gem. § 332 S. 1 iVm § 325 entspricht nahezu wortgleich der entsprechenden Regelung für die grenzüberschreitende Verschmelzung in § 311. Die Erleichterungen (ua **Konzernprivileg**) des

§ 311 II sind anwendbar (→ § 311 Rn. 7). Vgl. iÜ die Komm zu § 325 (→ § 325 Rn. 1 ff.).

d) Zustimmung der Anteilseigner. Dem Spaltungs- und Übernahmeplan müssen gem. § 332 S. 2 iVm § 312 I, § 13 I grds. die Anteilsinhaber sämtlicher beteiligter Gesellschaften zustimmen. Maßgeblich ist das Gesellschaftsstatut der Gesellschaft, der die Beschlussfassung erfolgt (Kombinationslösung; vgl. BeckOGK/ Stelmaszczyk Rn. 32; Stelmaszczyk Der Konzern 2021, 2); vgl. iÜ die Komm. zu § 312 (→ § 312 Rn. 1 ff.). 7

e) Barabfindung. Bei der grenzüberschreitenden Spaltung zur Aufnahme können nicht nur (wie bei der grenzüberschreitenden Spaltung zur Neugründung) die **Anteilsinhaber der sich spaltenden, übertragenden Ges** anstelle des Austrittsrechts gegen angemessene Barabfindung eine Verbesserung des Umtauschverhältnisses in Form einer baren Zuzahlung verlangen (§ 320 II iVm § 125 I S. 1 und § 135 I iVm § 15; s. § 327), sondern auch die Anteilsinhaber der **übernehmenden Ges** (§ 322 S. 2 iVm § 305 II, §§ 14, 15), wenn das Umtauschverhältnis der Anteile nicht angemessen ist. Dies wird zutr als sachgerecht angesehen, da durch die Spaltung zur Aufnahme die Anteile beider Gesellschaftergruppen verwässert werden können (BeckOGK/Stelmaszczyk Rn. 36 mwN). Vgl. zur Barabfindung die Komm. zu § 312 (→ § 312 Rn. 1 ff.). 8

f) Anmeldung, Spaltungsbescheinigung, Eintragung. Die Verfahren zur Anmeldung der grenzüberschreitenden Spaltung zur Aufnahme und die Ausstellung der Spaltungsbescheinigung erfolgt entsprechend der grenzüberschreitenden Spaltung zur Neugründung gem. § 329; vgl. die Kommentierung zu § 329 (→ § 329 Rn. 1 ff.). Gleiches gilt für die Eintragung gem. § 330 (→ § 330 Rn. 1 ff.) mit der Besonderheit, dass bei der grenzüberschreitenden Spaltung zur Aufnahme nicht die Gesellschaft gem. § 331 IV 1 eingetragen wird, sondern die grenzüberschreitende Spaltung zur Aufnahme mit **Vorbehaltsvermerk** entsprechend der nationalen Spaltung zur Aufnahme (§ 130 I 2). Eine Prüfung der Gründungsvoraussetzung (§ 331 III) findet mangels Neugründung nicht statt (BeckOGK/Stelmaszczyk Rn. 42). 9

Dritter Teil. Grenzüberschreitender Formwechsel

Vorbemerkung

Übersicht

	Rn.
1. Allgemeines	1
2. Mobilität auf Basis der europäischen Niederlassungsfreiheit	3
3. Mobilität auf Basis der Umwandlungsrichtlinie	9
4. Grenzüberschreitender Hinausformwechsel	15
5. Grenzüberschreitender Hereinformwechsel	28

1. Allgemeines

Der Dritte Teil des Sechsten Buches regelt erstmals den grenzüberschreitenden Formwechsel. Die Vorschriften dieses Dritten Teils dienen der Umsetzung der Art. 86a-86t RL (EU) 2019/2121 des Europäischen Parlamentes und des Rates vom 27. November 2019 zur Änderung der Richtlinie 2017/1132 in Bezug auf grenzüberschreitende Umwandlungen, Verschmelzungen und Spaltungen (ABl. L 321 vom 12.12.2019, S. 1 [„UmwRL"]; ABl. L 169 vom 30.6.2017, S. 46 [„GesR- 1

RL"]). Die UmwRL war bis zum 31.1.2023 in nationales Recht umzusetzen. Die GesR-RL in ihrer durch die UmwRL geänderten Fassung soll die praktische Umsetzung der in Art. 49, 54 AEUV garantierten Niederlassungsfreiheit für EU-Kapitalgesellschaften erleichtern. Sie regelt hierfür in Teil II Kapitel -I zunächst die **grenzüberschreitende Umwandlung,** definiert als „Vorgang, durch den eine Ges ohne Auflösung, Abwicklung oder Liquidation die Rechtsform, in der sie im Wegzugsmitgliedstaat eingetragen ist, in eine in Anhang II genannte Rechtsform des Zuzugsmitgliedstaats umwandelt und mindestens ihren satzungsmäßigen Sitz unter Beibehaltung ihrer Rechtspersönlichkeit in den Zuzugsmitgliedstaat verlegt" (Art. 86b Nr. 2 GesR-RL). Die grenzüberschreitende Umwandlung iSd GesR-RL ist damit kein Oberbegriff für jede Art der Umwandlung über die Grenze (Formwechsel, Verschm, Spaltung), sondern meint speziell den **„grenzüberschreitenden Formwechsel".** Erst die nachfolgenden Kapitel enthalten Vorgaben jew. für nat. und grenzüberschreitende Verschm (Art. 87 ff., 118 ff. GesR-RL) sowie für nat. und grenzüberschreitende Spaltungen (Art. 135 ff., 160a ff. GesR-RL).

2 Bei der Änderung des UmwG durch das zum 1.3.2023 in Kraft getretene Gesetz zur Umsetzung der Umwandlungsrichtlinie und zur Änderung weiterer Gesetze (**UmRUG,** BGBl. 2023 I Nr. 51; → Einf Rn. 43 ff.) hat der deutsche Gesetzgeber die gewohnte **Terminologie des UmwG** beibehalten und die „grenzüberschreitende Umwandlung" iSd GesR-RL im Dritten Teil des Sechsten Buches als „grenzüberschreitenden Formwechsel" bezeichnet. Das Sechste Buch ist mit dem Oberbegriff „Grenzüberschreitende Umwandlung" überschrieben und regelt zunächst die grenzüberschreitende Verschm (§§ 305–319), danach die grenzüberschreitende Spaltung (§§ 320–332) und schließlich die grenzüberschreitende Formwechsel (§§ 333–345). Damit entspricht auch die Reihenfolge dieser Umwandlungsarten in den drei Teilen des Sechsten Buchs dem bereits aus dem Zweiten, Dritten und Fünften Buch gewohnten Aufbau.

2. Mobilität auf Basis der europäischen Niederlassungsfreiheit

3 Früher war es das Privileg der Europäischen Aktiengesellschaft (SE), ihren Satzungssitz auf der Grundlage positiven europäischen Gesetzesrechts (Art. 8 SE-VO iVm der nat. SE-Ausführungsgesetzen, in Deutschland §§ 12 ff. SEAG) in jeden anderen EU/EWR-Staat verlegen zu können, ohne dass es einer Auflösung und Neugründung bedarf (vgl. Oechsler ZIP 2018, 1269). Die grenzüberschreitende Sitzverlegung einer SE war und ist daher mit hoher Rechtssicherheit durchführbar, zugleich aber auch recht aufwendig. Der EuGH sieht jedoch auch die grenzüberschreitende Mobilität anderer Gesellschaftsformen im EU/EWR-Raum durch die **europäische Niederlassungsfreiheit** geschützt. Sie wird durch die Art. 49, 54 AEUV (früher Art. 43, 48 EGV bzw. Art. 52, 58 EWG) nicht nur natürlichen Personen garantiert, sondern auch den Ges, die nach den Rechtsvorschriften eines Mitgliedstaats gegründet wurden und ihren Satzungs- oder Verwaltungssitz in der EU haben. Den Schutzumfang der Niederlassungsfreiheit hat der EuGH für „Wegzugsfälle" in den Entscheidungen Daily Mail (NJW 1989, 2186), Cartesio (NJW 2009, 569) und Polbud (NJW 2017, 3639) näher ausgestaltet; für „Zuzugsfälle" sind demgegenüber die Entscheidungen Centros (NJW 1999, 2027), Überseering (NJW 2002, 3614), Inspire Art (NJW 2003, 3331), SEVIC Systems (NZG 2006, 112) und Vale (NZG 2012, 871) maßgebend. Insbes. die **Vale**-Entscheidung des EuGH aus 2012 (NZG 2012, 871) entsprach einem dringenden Bedürfnis der Praxis, auch nat. Rechtsformen einen unkomplizierten Weg über die Grenze zu eröffnen. Danach ist *ein Mitgliedstaat, der für inl. Ges die Möglichkeit eines Formwechsels vorsieht,* aufgrund der Niederlassungsfreiheit gem. Art. 49, 54 AEUV verpflichtet, dieselbe Möglichkeit auch den Ges anderer Mitgliedstaaten zu eröffnen. Die vom Zuzugsstaat hierfür festzulegenden Modalitäten dürfen nicht ungünstiger sein als diejenigen, die

gleichartige innerstaatliche Sachverhalte regeln (**Äquivalenzgrundsatz**), und die Ausübung der Niederlassungsfreiheit nicht praktisch unmöglich machen oder erschweren (**Effektivitätsgrundsatz**). Der EuGH erklärt 2008 in Cartesio und 2017 in Polbud auch, dass der Wegzugsstaat zwar befugt sei, an die grenzüberschreitende Sitzverlegung den Verlust „seiner" nat. Rechtsform zu knüpfen. IÜ dürfe der Wegzugsstaat die Ges jedoch nicht dadurch, dass er ihre Auflösung und Liquidation verlange, daran hindern, sich in eine Ges nach dem nat. Recht eines anderen Mitgliedstaats umzuwandeln, soweit dies nach diesem Recht möglich sei (EuGH DStR 2009, 121 Rn. 110–113; EuGH NZG 2017, 1308 – Polbud mAnm Wachter; dazu auch Bayer/Schmidt ZIP 2017, 2225; Feldhaus BB 2017, 2819; Kovács ZIP 2018, 253; Schollmeyer ZGR 2018, 186; Stelmaszcyk EuZW 2017, 890; Kindler NZG 2018, 1; außerdem Kindler EuZW 2012, 888 (890); Leible/Hoffmann BB 2009, 58 (60 ff.)).

Ein grenzüberschreitender Formwechsel, bei dem eine Ges nat. Rechts identitätswahrend die Rechtsform eines anderen Mitgliedstaats annimmt und zumindest ihren Satzungssitz dorthin verlegt, ist stets eine **Kombination aus Formwechsel und Sitzverlegung**. Insoweit hatte der EuGH in Cartesio 2008 (NZG 2009, 61) zunächst den Aspekt der Sitzverlegung betont und zwischen (unzulässiger) formwahrender Sitzverlegung und (zulässiger) formwechselnder Sitzverlegung unterschieden. Auch die Kommission positionierte sich in diesem Verfahren dahingehend, dass das Fehlen einer einschlägigen gemeinschaftsrechtlichen Regelung durch eine entsprechende Anwendung der Verordnungen über SE, SCE und EWIV auch auf nat. Rechtsformen auszugleichen sei (konkret also des Art. 8 SE-VO, Art. 7 SCE-VO und Art. 13 f. EWIV-VO). In Vale hat der EuGH demgü. (aus der Perspektive des Zuzugsstaats) den Aspekt des Formwechsels in den Vordergrund gerückt: Entscheidend war nicht, dass Wegzugs- und Zuzugsstaat ihren nat. Ges jew. eine Sitzverlegung im Inland erlauben und diese Möglichkeit daher auch grenzüberschreitend eröffnen müssten, sondern die im Zuzugsstaat Ungarn für inl. Ges bestehende und deshalb auch ausl. Ges zu eröffnende Möglichkeit des Formwechsels in die Rechtsform einer ungarischen „GmbH". Die Sitzverlegung wurde damit auf Basis dieser neueren EuGH-Rechtsprechung lediglich zur notwendigen Begleiterscheinung und „Komplikation" des grenzüberschreitenden Formwechsels. Dabei genügt als **„Sitzverlegung"** europarechtlich bereits die isolierte Verlegung des **Satzungssitzes**. So hatte in Polbud die wegziehende polnische „GmbH" nur ihren Satzungssitz, nicht auch ihren tatsächlichen Verwaltungssitz nach Luxemburg verlegt (EuGH NZG 2017, 1308 – Polbud mAnm Wachter; vgl. hierzu auch Bayer/Schmidt ZIP 2017, 2225; Feldhaus BB 2017, 2819; Stelmaszcyk EuZW 2017, 890; Kindler NZG 2018, 1). Zur erneuten Akzentverschiebung durch die UmwRL → Rn. 11.

Einigkeit herrscht zudem im Grundsatz darüber, dass der grenzüberschreitende Formwechsel nach der **„Vereinigungstheorie"** eine sukzessive Anwendung nat. Rechtsnormen sowohl des Wegzugs- als auch des Zuzugsstaates erfordert (EuGH NZG 2012, 871 (874); Hushahn RNotZ 2014, 137 (141); Bayer/Schmidt ZIP 2012, 1481 (1490); vgl. → Rn. 13). Die Voraussetzungen und das Verfahren für den grenzüberschreitenden Formwechsel richten sich nach dem Gesellschaftsstatut, bis zum Schritt über die Grenze also regelmäßig nach dem Recht des Wegzugsstaates. Insoweit hielten einige EU/EWR-Mitgliedstaaten für wegzugswillige Ges auch bisher schon Regelungen bereit, die denen zur SE-Sitzverlegung vglbar, ggf. sogar nachgebildet waren (vgl. näher zu Spanien und Zypern Winter/Marx/De Decker DStR 2016, 1997; zu Liechtenstein Art. 233 und 234 PGR). Die dt. Registergerichte mussten sich zur Wahrung des Effektivitätsgrundsatzes auf diese nat. Gepflogenheiten einstellen.

Aus dt. Sicht waren bis zur Transformation der UmwRL (RL (EU) 2019/2121) in das nat. Recht auf den **grenzüberschreitenden Hereinformwechsel** einer EU/EWR-Ges nach Deutschland die Formwechselvorschriften des UmwG

(§§ 190 ff.) und die für die neue Rechtsform geltenden Gründungsvorschriften entsprechend anzuwenden (vgl. KG DStR 2016, 1427 für den Zuzug einer französischen S.à.r.l.; dazu Winter/Marx/De Decker DStR 2016, 1997; Richter/Backhaus DB 2016, 1625; Seibold ZIP 2017, 456; Stiegler NZG 2016, 835; Wachter GmbHR 2016, 738; Zwirlein ZGR 2017, 114; OLG Nürnberg NZG 2014, 349 für den Zuzug einer luxemburgischen S.à.r.l.; OLG Nürnberg NZG 2012, 468; OLG Düsseldorf DStR 2017, 2345 für den Zuzug einer niederländischen B.V.; frühere „Checkliste" der Registerrichter des AG Charlottenburg bei Melchior GmbHR 2014, R311; Franz EuZW 2016, 930; jew. zum Zuzug englischer KapGes aus Anlass des Brexit Leible/Galneder/Wißling RIW 2017, 718; Süß ZIP 2018, 1277; von der Höh/Hagemann DB 2017, 830; zur grenzüberschreitenden Mobilität von PersGes Stiegler ZGR 2017, 312). Nachdem die Registerrichter des AG Charlottenburg der UmwRL eine „**Vorwirkung**" in dem Sinne beigemessen hatten, dass die Gerichte die noch nicht transformierte Richtlinie als „grobe Richtschnur" bereits bei der Auslegung des bestehenden Rechts beachten sollten (→ Rn. 8 mwN), waren deren Eckpunkte in der Übergangszeit vorsorglich bereits zusätzlich zu beachten.

7 Auf Basis der EuGH-Rspr. zur europäischen Niederlassungsfreiheit (→ Rn. 3 f.) haben OLG Frankfurt a. M. NZG 2017, 423 (dazu Winter/Marx/De Decker DStR 2017, 1664; Hushahn RNotZ 2017, 263; Knaier/Pfleger GmbHR 2017, 859; Stiegler GmbHR 2017, 392; Teichmann ZIP 2017, 1190) und OLG Saarbrücken NZG 2020, 390 (dazu Fink/Chilevych NZG 2020, 544; Wachter EWiR 2020, 265; Heckschen/Strnad GWR 2021, 215; Luy BWNotZ 2020, 11) auch den **grenzüberschreitenden Hinausformwechsel** aus Deutschland zugelassen und ebenfalls den §§ 190 ff. unterstellt. Offen war, welche Vorschriften ergänzend zu den §§ 190 ff. partiell zur Anwendung kamen. Diskutiert wurde insoweit eine entsprechende Anwendung von Vorschriften aus dem Recht der grenzüberschreitenden Verschm (§§ 122a ff. aF) und/oder aus dem Recht der SE-Sitzverlegung (Art. 8 SE-VO, §§ 12 ff. SEAG) (gleichzeitiger Verweis auf Art. 8 SE-VO/§§ 12 ff. SEAG sowie §§ 122a ff. bspw. bei Lutter/Hommelhoff/Bayer § 4a Rn. 17; Kindler EuZW 2012, 888 (890); MHLS/Schmidt GmbHG § 4a Rn. 25; Bayer/Schmidt ZHR 173, 735 (763); für Art. 8 SE-VO mit Formulierungsvorschlag Hermanns MittBayNot 2016, 297) sowie die wohl näherliegende ergänzende entsprechende Anwendung der **§§ 122a ff.** (so auch OLG Saarbrücken NZG 2020, 390; Stiegler GmbHR 2017, 392 (394)). Auch bei dem Hinausformwechsel war die UmwRL (RL (EU) 2019/2121) schon vor deren Umsetzung durch den nat. Gesetzgeber bei der Auslegung des nat. Rechts mindestens vorsorglich zu beachten.

8 Obwohl sich die UmwRL (RL (EU) 2019/2121) unmittelbar nur an die Mitgliedstaaten richtet, nahmen die Registerrichter des AG Charlottenburg eine „**Vorwirkung**" der UmwRL an mit der Folge, dass Gerichte die vor dem 1.3.2023 noch nicht transformierte RL bereits bei der Auslegung des bestehenden Rechts beachten sollten, wenn auch nur als „grobe Richtschnur" (vgl. auch OLG Saarbrücken GmbHR 2020, 656; abl. Nazari-Khanachayi GmbHR 2020, 940; Rawert/Hülse ZIP 2021, 272; Heckschen GWR 2020, 449 (451); Heckschen/Strnad GWR 2021, 215; Heckschen/Knaier GmbHR 2022, 501 Rn. 37 ff.; ausf. Heckschen/Stelmaszczyk BB 2020, 1734). S. zur registergerichtlichen Umsetzung während dieser **Übergangszeit** Schulte GmbHR 2020, 139, der für die Übergangszeit zu Recht ein „konstruktives Zusammenwirken aller Verfahrensbeteiligten" verlangte. Dessen bedurfte es insbes. dann, wenn die zuständige Behörde des anderen Mitgliedstaats die Auffassung des AG Charlottenburg zur „Vorwirkung" nicht (vollumfänglich) teilte. Praktisch wurde dies etwa dann, wenn das ausl. Recht anders als das dt. Recht für umzugswillige Ges bereits Regelungen enthielt (vgl. zu Spanien und Zypern Winter/Marx/De Decker DStR 2016, 1997) und diese in den Details von der UmwRL abwichen; dann lag es nahe, dass eine ausl. Behörde bis zu einer Harmonisierung auf deren unveränderter Anwendung bestehen könnte. Wenn deshalb bspw. eine Vorabbescheinigung nicht beizubringen war, musste der Nachweis, dass die Umwandlung auch im Register des Wegzugsstaats vollzogen werden konnte, weiterhin auch durch die gutachterliche Stellungnahme eines (ausl.) Rechtsanwalts geführt werden können (KG DStR 2016, 1427 (1428 f.)).

3. Mobilität auf Basis der Umwandlungsrichtlinie

Für eine gesetzliche Normierung des grenzüberschreitenden Formwechsels im EU/EWR-Raum sorgt die **RL (EU) 2019/2121** des Europäischen Parlaments und des Rates vom 27.11.2019 zur Änderung der Richtlinie (EU) 2017/1132 (**GesR-RL**) in Bezug auf grenzüberschreitende Umwandlungen, Verschmelzungen und Spaltungen (ABl. 2019 L 321, 1 ff. vom 12.12.2019 – **UmwRL**). Sie ist am 1.1.2020 in Kraft getreten und verpflichtet die Mitgliedstaaten, bis zum 31.1.2023 vereinheitlichte rechtliche Rahmenbedingungen für bestimmte „grenzüberschreitende Vorhaben" zu schaffen. Zu diesem Zweck regeln die Art. 86a ff. GesR-RL erstmals die grenzüberschreitende Umwandlung (Formwechsel) von KapGes und die Art. 160a ff. GesR-RL erstmals die grenzüberschreitende Spaltung von KapGes, allerdings nur zur Neugründung; die Art. 118 ff. GesR-RL, die schon bisher die grenzüberschreitende Verschm von KapGes regeln, wurden passend hierzu modifiziert. Zum Inhalt der UmwRL vertiefend Bayer/Hoffmann AG 2019, R 40; Bayer/Schmidt BB 2019, 1922; Bormann/Stelmaszczyk ZIP 2019, 353; Brehm/Schümmer NZG 2020, 538; Davies et al. ECFR 2019, 196; Jochum/Hemmelrath IStR 2019, 517; Kraft BB 2019, 1864; Löbbe ZHR 187 (2023), 498; Luy GmbHR 2019, 1105; Luy NJW 2019, 1905; Mörsdorf EuWZ 2019, 141; Noack AG 2019, 665; Schmidt ECFR 2019, 222; Schollmeyer AG 2019, 541; Schollmeyer ZGR 2020, 62; Schurr EuZW 2019, 539; Stelmaszczyk GmbHR 2020, 61; Teichmann NZG 2019, 241; Teichmann ZGR 2022, 376; Wicke DStR 2018, 2703. 9

Insbes. hatten die Mitgliedstaaten bis zum 31.1.2023 nach näherer Maßgabe der Art. 86a ff. GesR-RL jeweils Regelungen für die grenzüberschreitende Umwandlung von KapGes zu schaffen. „**Grenzüberschreitende Umwandlung**" meint hierbei den Formwechsel einer Ges in die Rechtsform eines anderen Mitgliedstaats unter Verlegung zumindest ihres Satzungssitzes, und zwar ohne Auflösung, Abwicklung oder Liquidation der Ges und unter Beibehaltung ihrer Rechtspersönlichkeit (Art. 86b Nr. 2 GesR-RL). Der gesetzliche Anwendungsbereich beschränkt sich, soweit die Mitgliedstaaten die GesR-RL nicht überschießend umsetzen (zu dieser Möglichkeit Habersack ZHR 186 (2022); Luy NJW 2019, 1905 (1909)), auf **Kap-Ges**, die nach dem Recht eines Mitgliedstaats gegründet worden sind und ihren Satzungssitz, ihre Hauptverwaltung oder ihre Hauptniederlassung in der EU haben. Da die grenzüberschreitende Mobilität von **PersGes** ebenfalls durch die Niederlassungsfreiheit (Art. 49, 54 AEUV) geschützt ist, ist eine ggf. auf KapGes beschränkte nationale Regelung auf PersGes entsprechend anzuwenden (vgl. Schön ZHR 187 (2023), 123). Die Beteiligung bspw. einer GmbH & Co. KG auf dt. Seite führt in der Praxis nicht zu größeren Problemen, vgl. die Ende 2018 erfolgte Erstreckung der Vorschriften für die Hereinverschmelzung (jetzt § 306 Abs. 1 Nr. 2). 10

Auf Basis der UmwRL ist der grenzüberschreitende Formwechsel zwar weiterhin eine **Kombination aus Formwechsel und Sitzverlegung,** die Akzente haben sich (ggü. → Rn. 4) jedoch erneut verschoben: Der grenzüberschreitende Formwechsel erfordert seitdem einen „Plan für die grenzüberschreitende Umwandlung" (Art. 86d, in deutscher Diktion „Formwechselplan", § 335), der dem (Sitz-)Verlegungsplan iSd Art. 8 SE-VO nicht unähnlich ist; Art. 86c GesR-RL verteilt die Zuständigkeiten zwischen Wegzugs- und Zuzugsstaat so, dass der Großteil der Formalitäten im Wegzugsstaat zu prüfen und ihre Erfüllung von der zuständigen Stelle des Wegzugsstaats durch Vorabbescheinigung zu bescheinigen ist. Der grenzüber- 11 schreitende Formwechsel ist damit in seiner heutigen sekundärrechtlichen Ausprägung wieder „mehr" grenzüberschreitende Sitzverlegung als Einbeziehung ausl. Ges in einen zuvor nur für nat. Ges geregelten Formwechsel.

12 Die Umsetzung in das dt. Recht ist durch das **Gesetz zur Umsetzung der Umwandlungsrichtlinie** und zur Änderung weiterer Gesetze (**UmRUG**) vom 22.2.2023 (BGBl. 2023 I Nr. 51) erfolgt. Im Vorfeld hatte das BMJ unter dem 20.4.2022 einen RefE und unter dem 6.7.2022 einen von der Bundesregierung bereits beschlossenen RegE (BT-Drs. 20/3822) vorgelegt. Der BT hat über den Gesetzesentwurf am 15.12.2022 nicht abgestimmt und ihn stattdessen an den Rechtsausschuss zurücküberwiesen. Das G ist schließlich am 1.3.2023 in Kraft getreten (näher zum UmRUG Baschnagel/Hilser NZG 2022, 1333; Brandi/Schmidt DB 2022, 1880; Brandi/Schmidt AG 2023, 297; Goette DStR 2023, 157; Heckschen/Knaier GmbHR 2023, 317; Hommelhoff NZG 2022, 683; Lieder/Hilser ZIP 2022, 2521; Lieder/Hilser ZIP 2023, 1; Löbbe ZHR 187 (2023), 498; Recktenwald BB 2023, 643; Schmidt NJW 2023, 124; Schmidt NZG 2022, 579 und 635; Thomale/Schmid NotBZ 2023, 91 und 125). Für die **Mitbestimmung der Arbeitnehmer** gilt gem. Art. 86l II GesR-RL grds. die Regelung im Zuzugsstaat (Sitzlandprinzip), sofern nicht unter den Voraussetzungen des Abs. 2 ein der Regelung bei grenzüberschreitenden Verschmelzungen vergleichbares Verhandlungsverfahren (mit hilfsweiser gesetzlicher Auffanglösung) durchzuführen ist. In Deutschland wurde diese Vorgabe durch das Gesetz über die Mitbestimmung der Arbeitnehmer bei grenzüberschreitendem Formwechsel und bei grenzüberschreitender Spaltung (**MgFSG**) vom 4.1.2023 umgesetzt (BGBl. 2023 I Nr. 10), das am 31.1.2023 in Kraft getreten ist und sich eng an SE-Beteiligungsgesetz (SEBG) und MgVG orientiert (näher zum MgFSG Baschnagel/Hilser/Wagner RdA 2023, 103; Pototzky/Gimmy BB 2023, 1140; Schubert ZfA 2023, 340).

13 Nach der Vorgabe des Art. 86c GesR-RL ist das Recht des Wegzugsstaats für diejenigen Teile der Verfahren und Formalitäten maßgebend, die im Hinblick auf die Erlangung der Vorabbescheinigung zu erledigen sind, und das Recht des Zuzugsstaats für diejenigen Teile, die nach Erhalt der Vorabbescheinigung zu erledigen sind (→ Rn. 5, → Rn. 11). Deshalb regelt der Dritte Teil des Sechsten Buchs – nach einer einleitenden Definition des grenzüberschreitenden Formwechsels (§ 333 I) und der formwechselfähigen Ges (§ 334) – eingehend nur den **Hinausformwechsel** (§§ 335–344). Für den **Hereinformwechsel** ist dagegen die ausl. Formwechselbescheinigung als Nachweis über die ordnungsgemäße Erledigung der Verfahren und Formalitäten im Wegzugsstaat anzuerkennen (§ 345 II); diese richten sich nicht nach den §§ 335 ff., sondern nach den entsprechenden ausl. Vorschriften. Daher bestimmt § 345 daneben im Wesentlichen nur, wer die Ges neuer Rechtsform unter Vorlage des Formwechselplans und ggf. der Vereinbarung über die Beteiligung der Arbeitnehmer anzumelden hat (Abs. 1), und verweist für die Prüfung der Eintragungsvoraussetzungen insbesondere auf das Gründungsrecht der Ges neuer Rechtsform (Abs. 3). Mit DAV NZG 2022, 849 (858) sind bei der Anwendung der §§ 333 ff., die nicht ausdrücklich zwischen Hinaus- und Hereinformwechsel differenzieren, die Anordnungen in Art. 86c GesR-RL „immer mitzudenken".

14 Abzuwarten bleibt, inwieweit die Umsetzung der UmwRL in das Recht der einzelnen Mitgliedstaaten grenzüberschreitende Umwandlungen, die in der Praxis zuvor bereits auf Basis der EuGH-Rspr. (→ Rn. 3 ff.) in Abstimmung mit den zuständigen Stellen sehr gut funktioniert haben, tatsächlich erleichtert und nicht nur „bürokratisieren" wird. Zu Recht hat etwa Teichmann NZG 2019, 241 (248) darauf hingewiesen, dass die Kompetenzgrundlage der RL in Art. 50 AEUV der „**Verwirklichung von Niederlassungsfreiheit**" und nicht deren Verhinderung dient. Da also Richtlinien gegen die Niederlassungsfreiheit verstoßen können, sind die UmwRL und das UmRUG jedenfalls **primärrechtskonform auszulegen** (Löbbe ZHR 187 (2023), 498 (500 f.)). Nach Bungert NZG 2022, 1657 trüben zwei Aspekte etwas den positiven Gesamteindruck, weil sie ggf. auch in Fällen, in denen dies sachlich nicht gerechtfertigt ist, den Formwechsel verzögern oder blockieren könnten. Dies ist zum einen die Missbrauchskontrolle, welche § 343 Abs. 3 und 4 „beim Vorliegen von Anhaltspunkten" dem Registergericht auferlegt (vgl. Teichmann ZGR 2022, 376), zum anderen die Möglichkeit für Gläubiger, durch Klage auf Sicherheitsleistung eine Registersperre auszulösen (§ 343 III 3). In den bisher praxistypischen einfach gelagerten Fällen, bei denen sich die Gesellschafter einig sind und jeweils keine oder nur wenige Arbeitnehmer und Gläubiger betroffen sind, wird die Regulierung eine zügige Abwicklung eher erschweren (zu den neu zu beachtenden Fristen → Rn. 27). In komplexeren Fällen mit einer Vielzahl von „Stakeholdern" und divergierenden Interessen kann eine weitergehende Normierung und der damit einhergehende Gewinn an Rechtssicherheit dagegen hilfreich sein und eine Umsetzung ggf. sogar erst ermöglichen.

4. Grenzüberschreitender Hinausformwechsel

Während der **dt. Gesetzgeber** bei nat. Formwechseln auf einen förmlichen Plan 15 verzichtet und sich mit dem Formwechselbeschluss (bis zum UmRUG: „Umwandlungsbeschluss") der Gesellschafter begnügt, ist für grenzüberschreitende Formwechsel nunmehr gem. § 335 (entspricht Art. 86d GesR-RL) ein **Formwechselplan** erforderlich. Dieser ist beim Hinausformwechsel einer deutschen GmbH, AG oder KGaA durch das jeweilige Vertretungsorgan (Geschäftsführer, Vorstand bzw. Komplementär) aufzustellen (Abs. 1). Der Formwechselplan bedarf der notariellen Form (Abs. 3), jedoch kann auch hier insbes. für Bekanntmachungs- und Prüfungszwecke zunächst mit einem privatschriftlichen, finalen Entwurf gearbeitet werden (vgl. §§ 336, 338). Der Formwechselplan muss die in § 335 Abs. 2 genannten Mindestangaben enthalten, damit über das aus § 194 Bekannte hinaus insbes. auch einen indikativen Zeitplan (Nr. 5) sowie Angaben zu etwaigen Förderungen/Beihilfen (Nr. 10), zu einem etwaigen Verhandlungsverfahren mit den Arbeitnehmern (Nr. 13) und zu etwaigen Auswirkungen auf Betriebsrenten (Nr. 14). Gesellschaftern, die gegen den Zustimmungsbeschluss zum Formwechselplan Widerspruch erklären, ist gem. § 340 (entspricht Art. 86i GesR-RL) eine angemessene **Barabfindung** anzubieten (Nr. 11).

Der Formwechselplan (bzw. sein Entwurf) ist gem. § 336 iVm § 308 (entspricht 16 Art. 86g GesR-RL) zum Registergericht einzureichen, zusammen mit den vom Registergericht bekanntzumachenden Angaben. Die **Bekanntmachung** des Registergerichts hat auch einen Hinweis zu enthalten, dass Anteilsinhaber, Gläubiger und zuständige Betriebsräte, bei deren Fehlen unmittelbar die Arbeitnehmer, bis fünf Arbeitstage vor den Tag der Gesellschafterversammlung, die über die Zustimmung zum Formwechselplan beschließen soll, Bemerkungen zum Formwechselplan übermitteln können (§ 308 I 2 Nr. 4). Der Zustimmungsbeschluss darf erst **einen Monat** nach der Bekanntmachung gefasst werden (§ 308 I 4).

Mit der Bekanntmachung des Formwechselplans beginnt zugleich eine **Dreimo-** 17 **natsfrist** gem. § 341 I iVm § 314 III (entspricht Art. 86j GesR-RL), während der die Gläubiger Ansprüche auf **Sicherheitsleistung** gerichtlich geltend machen können (zum Gläubigerschutz Baschnagel/Hilser NZG 2022, 1333; Löbbe ZHR 187 (2023), 498 (522 ff.)). Bei der Anmeldung des Formwechsels haben die Mitglieder des Vertretungsorgans gemäß § 342 III Nr. 1 zu versichern, dass Gläubigern Sicherheit geleistet wurde. Für die zeitliche Planung des Formwechsels ist entscheidend, dass das Registergericht den Formwechsel erst nach Ablauf der Dreimonatsfrist eintragen darf; wurde ein Anspruch auf Sicherheitsleistung gerichtlich geltend gemacht, muss sogar eine ablehnende Entscheidung rechtskräftig bzw. die festgelegte Sicherheit geleistet sein (§ 343 II). Von der durch Art. 86j II GesR-RL eröffneten Möglichkeit, zusätzlich auch die Bekanntmachung einer begleitenden „**Boni-**

tätserklärung" zur aktuellen finanziellen Lage der Ges zu verlangen, hat Deutschland keinen Gebrauch gemacht.

18 Daneben muss das Vertretungsorgan grds. einen **Formwechselbericht** gem. § 337 (entspricht Art. 86e GesR-RL) erstellen, in dem die rechtlichen und wirtschaftlichen Aspekte des grenzüberschreitenden Formwechsels sowie seine Auswirkungen auf die ArbN erläutert werden. In einem anteilsinhaberspezifischen Abschnitt sind die Barabfindung, die Auswirkungen auf die Gesellschafter und die ihnen zustehenden Rechtsbehelfe zu erläutern. In einem arbeitnehmerspezifischen Abschnitt sind die Auswirkungen auf die Arbeitsverhältnisse und Maßnahmen zu ihrer Sicherung, Änderungen der Beschäftigungsbedingungen und Standorte sowie Auswirkungen auf etwaige Tochtergesellschaften darzustellen. Der anteilsinhaberbezogene Abschnitt ist nicht erforderlich, wenn alle Gesellschafter auf ihn verzichten (oder die Ges nur einen Gesellschafter hat); der arbeitnehmerbezogene Abschnitt entfällt, wenn die Ges und ihre etwaigen Tochterges keine ArbN haben.

19 Gem. § 337 I iVm § 310 (entspricht Art. 86e Abs. 6 GesR-RL) ist der Formwechselbericht den Gesellschaftern und zuständigen Betriebsräten, bei deren Fehlen unmittelbar den ArbN, bereits **sechs Wochen** vor der Gesellschafterversammlung, die über die Zustimmung zum Formwechselplan beschließen soll, zugänglich zu machen. Falls die zuständigen Betriebsräte, sonst die ArbN, spätestens eine Woche vor der Gesellschafterversammlung Stellung nehmen, sind die Gesellschafter hierüber zu unterrichten (§ 310 III). Diese Sechswochenfrist ist dem UmwG bisher fremd und harmoniert wenig mit den Monatsfristen für die Bekanntmachung des Formwechselplans (→ Rn. 16) und für die Zugänglichmachung des Prüfungsberichts (→ Rn. 20); Gleiches gilt für die Fünftagesfrist für Bemerkungen zum Formwechselplan und die Wochenfrist für Stellungnahmen zum Formwechselbericht.

20 Der Formwechselplan, insbes. eine angebotene Barabfindung (§ 340 VI), ist gem. § 338 (entspricht Art. 86f GesR-RL) grds. durch einen gerichtlich zu bestellenden unabhängigen Sachverständigen, idR durch einen nicht vorbefassten Wirtschaftsprüfer **zu prüfen**. Diese Prüfung entfällt in Einmann-Ges und bei einem Verzicht aller Gesellschafter. Der **Prüfungsbericht** ist den Gesellschaftern spätestens **einen Monat** vor der Gesellschafterversammlung zugänglich zu machen.

21 Ein (ggf. zeitaufwändiges) **Verhandlungsverfahren mit Arbeitnehmervertretern** ist nur unter den Voraussetzungen des § 5 MgFSG bzw. des Art. 86l II GesR-RL erforderlich. Diese (alternativen) Voraussetzungen sind jedenfalls dann nicht erfüllt, wenn – wie bisher in der Praxis häufig – die formwechselnde Ges (zB als rein vermögensverwaltende Ges oder Zwischenholding) selbst keine ArbN beschäftigt und bisher auch keiner unternehmerischen Mitbestimmung unterliegt. Dass ggf. Tochterges der formwechselnden Ges ArbN haben, ist unerheblich, weil insbes. § 5 Nr. 3 MgFSG nur auf „Arbeitnehmer in Betrieben dieser Ges", dh der formwechselnden Ges, abstellt (glA Kühnle in European Corporate Law, GesR-RL Art. 86l Rn. 13). Ohne Verhandlungsverfahren gilt für die Ges neuer Rechtsform das Mitbestimmungsrecht des Zuzugsstaates (Sitzlandprinzip, § 4 MgFSG). Näher zum MgFSG Baschnagel/Hilser/Wagner RdA 2023, 103; Löbbe ZHR 187 (2023), 498 (529 ff.); Pototzky/Gimmy BB 2023, 1140; Schubert ZfA 2023, 340.

22 Die **Gesellschafterversammlung** entscheidet gem. § 339 iVm § 193 (entspricht Art. 86h GesR-RL) über die Zustimmung zum Formwechselplan. Hierbei genügt für den Hinausformwechsel einer GmbH oder AG grds. eine ¾-Mehrheit (§ 240 I). Der Beschluss bedarf gem. § 193 III 1 der notariellen Beurkundung. Sofern ein erforderliches Verhandlungsverfahren mit Arbeitnehmervertretern noch nicht abgeschlossen ist (→ Rn. 20), können die Gesellschafter ihre Zustimmung mit dem Vorbehalt versehen, dass die Art und Weise der Mitbestimmung noch gesondert zu bestätigen ist (§ 339 I). Im Fall eines unangemessenen Umtauschverhältnisses können die Anteilsinhaber anders als beim nat. Formwechsel nicht nachlaufend im Spruchverfahren eine bare Zuzahlung verlangen; sie müssen sie wegen § 333 IV vielmehr im Wege der (vollzugssuspendierenden) Klage gegen den Formwechselbeschluss (§ 195 I) geltend machen. Der Zustimmungsbeschluss kann mit weiteren Beschlüssen verbunden werden. Insbesondere wird man für die Ges neuer Rechtsform Aufsichts- und/oder Vertretungsorgane, evtl. auch einen Abschlussprüfer, bestellen müssen. Ggf. ist vorab noch das Nennkapital der formwechselnden Ges zu erhöhen, wenn es – insbes. bei der GmbH – hinter dem für die Ges neuer Rechtsform vorgeschriebenen Mindestkapital zurückbleibt (bspw. beträgt das Mindestkapital einer luxemburgischen S.A. € 30.000, das einer österreichischen GmbH € 35.000). Die Organbestellung und das Erreichen des Mindestkapitals ist als Teil der Gründungsvoraussetzungen von der zuständigen Stelle des Zuzugsstaats zu prüfen (Art. 86o I 2 GesR-RL).

Gesellschafter, die gegen den Zustimmungsbeschluss zum Formwechselplan **23** Widerspruch erklärt haben, können gem. § 340 (entspricht Art. 86i GesR-RL) die ihnen im Formwechselplan angebotene **Barabfindung annehmen**. Die entsprechende Absicht ist der Ges spätestens einen Monat nach der Gesellschafterversammlung mitzuteilen. Das Abfindungsangebot kann bis spätestens **zwei Monate nach der Gesellschafterversammlung** angenommen werden. Die Monatsfrist und die Zweimonatsfrist laufen somit parallel; erfolgt die Annahme bereits während des ersten Monats, bedarf es keiner vorherigen Absichtserklärung. Anteilsinhaber, die das Abfindungsangebot angenommen haben, werden mit Wirksamwerden des Formwechsels (→ Rn. 26) nicht Anteilsinhaber der Ges neuer Rechtsform. Die Ges neuer Rechtsform hat die Barabfindung spätestens zwei Wochen nach dem Wirksamwerden des Formwechsels zu zahlen (ausf. zum Austrittsrecht Löbbe ZHR 187 (2023), 498 (502 ff.); Baschnagel/Hilser BWNotZ 2023, 2).

Die **Handelsregisteranmeldung** erfolgt durch das Vertretungsorgan bei dem **24** Registergericht der formwechselnden Ges (§ 342), unter Vorlage des Zustimmungsbeschlusses (§ 199) und der weiteren in § 342 II genannten Unterlagen und unter Abgabe der in § 342 III verlangten Versicherungen. Die Mitglieder des Vertretungsorgans haben zu versichern, dass allen Gläubigern die im Formwechselplan angebotene Sicherheit geleistet wurde, die Rechte der ArbN eingehalten wurden, ein durchzuführendes Verhandlungsverfahren (→ Rn. 21) jedenfalls begonnen hat und kein Insolvenzgrund vorliegt. Das für Klagen von Gläubigern auf Sicherheitsleistung nach § 341 I iVm § 314 V ausschließlich zuständige Prozessgericht (Amts- oder Landgericht) teilt dem Registergericht auf dessen Anforderung mit, ob innerhalb der Dreimonatsfrist (→ Rn. 17) eine **Sicherheitsleistung gerichtlich geltend gemacht** wurde (§ 342 V).

Das **Registergericht prüft** gem. § 343 (entspricht Art. 86m GesR-RL) die ein- **25** zureichenden Unterlagen und vergewissert sich hierbei bei Vorliegen von Anhaltspunkten auch, dass der grenzüberschreitende Formwechsel nicht „zu missbräuchlichen, betrügerischen oder kriminellen Zwecken" vorgenommen werden soll (dazu Löbbe ZHR 187 (2023), 498 (535 ff.)). Nach erfolgter Prüfung und Ablauf der in § 343 II genannten Fristen (zwei Monate nach der Gesellschafterversammlung für die Annahme eines Barabfindungsangebots (→ Rn. 23) bzw. drei Monate nach Bekanntmachung des Formwechselplans für ein Verlangen auf Sicherheitsleistung (→ Rn. 17)) trägt das Registergericht den grenzüberschreitenden Formwechsel vorläufig ein und stellt über die **Eintragung** eine **Formwechselbescheinigung** aus. Diese besagt, dass in Deutschland alle Voraussetzungen und Formalitäten des grenzüberschreitenden Formwechsels ordnungsgemäß erfüllt sind. Sie wird über BRIS der zuständigen Behörde des Zuzugsstaats übermittelt (§ 9b II 3 Nr. 4 HGB) (entspricht Art. 86n GesR-RL). Mit der Formwechselbescheinigung wird das Verfahren von Deutschland an den Zuzugsstaat „übergeben".

Ohne Vorlage der Formwechselbescheinigung darf die **Behörde im Zuzugs-** **26** **staat** entsprechend Art. 86o V GesR-RL den grenzüberschreitenden Formwechsel nicht eintragen; zusätzlich hat sie hierfür insbes. noch zu prüfen, dass die Ges neuer

Rechtsform die Gründungsvoraussetzungen der Zielrechtsform erfüllt und ggf. ein Verhandlungsverfahren zur Mitbestimmung der Arbeitnehmer durchgeführt wurde (Abs. 1). Der **Wirksamkeitszeitpunkt** richtet sich nach dem Recht des Zuzugsstaats (Art. 86q GesR-RL). Nach Eingang der Mitteilung des Registers, in das die Ges neuer Rechtsform eingetragen ist, über das Wirksamwerden des Formwechsels hat das deutsche Registergericht abschließend noch den Tag des Wirksamwerdens zu vermerken (§ 343 V).

27 Zusammenfassend stellt sich der **zeitliche Rahmen** eines grenzüberschreitenden Formwechsels damit – ohne Berücksichtigung eines etwaigen Verhandlungsverfahrens mit Arbeitnehmervertretern (→ Rn. 21) – wie folgt dar (vgl. Brandi/Schmidt DB 2022, 1880 (1889)):

Vor der Gesellschafterversammlung ist jeweils mit Monatsfrist der Formwechselplan bekanntzumachen (§ 336 iVm § 308) und ein erforderlicher Prüfungsbericht den Anteilsinhabern zugänglich zu machen (§ 338). Außerdem ist mit Sechswochenfrist ein erforderlicher Formwechselbericht sowohl den Anteilsinhabern als auch den zuständigen Betriebsräten, bei deren Fehlen unmittelbar den ArbN, zugänglich zu machen (§ 337 iVm §§ 309, 310). Die zuständigen Betriebsräte, sonst die ArbN, können zu dem Formwechselbericht bis 1 Woche vor der Gesellschafterversammlung Stellung nehmen (§ 310 III). Außerdem können Anteilsinhaber, Gläubiger und zuständige Betriebsräte, sonst ArbN, bis 5 Arbeitstage vor der Gesellschafterversammlung Bemerkungen übermitteln (§ 308 I 2 Nr. 4).

Sofern Prüfungsbericht und Formwechselbericht nicht ausnahmsweise entbehrlich sind, wird man deren Zugänglichmachung mit der Bekanntmachung des Formwechselplans zeitlich koordinieren und insgesamt spätestens **sechs Wochen** vor der Gesellschafterversammlung vornehmen.

Mit der **Bekanntmachung des Formwechselplans** beginnt die Dreimonatsfrist für Verlangen auf Sicherheitsleistung (§ 341 I iVm § 314 III). Wird der Formwechselplan bereits sechs Wochen vor der Gesellschafterversammlung bekannt gemacht, endet diese Frist ca. sechs Wochen nach der Gesellschafterversammlung. Wenn allerdings Gläubiger Ansprüche auf Sicherheitsleistung gerichtlich geltend machen sollten, besteht bis zur Rechtskraft der ablehnenden Entscheidung oder Leistung der festgelegten Sicherheit eine Registersperre (§ 341 II 3).

Mit der Gesellschafterversammlung beginnen die Fristen im Hinblick auf eine ggf. anzubietende Barabfindung (§ 340): Haben Anteilsinhaber gegen den Zustimmungsbeschluss Widerspruch zur Niederschrift erklärt und der Ges innerhalb eines Monats nach der Gesellschafterversammlung zumindest die Absicht zur Annahme der Barabfindung mitgeteilt, können sie die Annahme selbst auch noch im **zweiten Monat** nach der Gesellschafterversammlung erklären.

Nach der Anmeldung prüft das Registergericht innerhalb von drei Monaten, ob die Voraussetzungen für den grenzüberschreitenden Formwechsel vorliegen (§ 343 I); bei Vorliegen von Anhaltspunkten für einen Missbrauch kann es diese Frist um bis zu drei Monate verlängern (Abs. 3 S. 3). Jedenfalls darf die **Eintragung** nicht vor Ablauf der im Hinblick auf Barabfindung und Sicherheitsleistung geltenden Fristen vorgenommen werden (Abs. 2). Barabfindungen sind spätestens zwei Wochen nach dem Wirksamwerden des Formwechsels zu zahlen (§ 340 V).

Realistisch sollte ein Hinausformwechsel in einfacheren Fällen (ohne Gesellschafter- und Gläubigerklagen und ohne Verhandlungsverfahren) damit **nach ca. vier Monaten eintragungsfähig** sein; hiervon werden sechs Wochen für die Bekanntmachung und Zugänglichmachungen vor der Gesellschafterversammlung benötigt und zwei Monate danach für die Annahme einer etwaigen Barabfindung. Die Barabfindung und damit die Zweimonatsfrist entfällt, wenn alle Anteilsinhaber dem Formwechsel zugestimmt haben (§ 343 II 2). Auch ohne Barabfindung werden insgesamt jedenfalls drei Monate ab der Bekanntmachung des Formwechselplans für etwaige Sicherheitsleistungen benötigt.

5. Grenzüberschreitender Hereinformwechsel

Nach der Vorgabe des Art. 86c GesR-RL ist das **Recht des Wegzugsstaats** für diejenigen Teile der Verfahren und Formalitäten maßgebend, die im Hinblick auf die Erlangung der Vorabbescheinigung zu erledigen sind. Weite Teile eines **Hereinformwechsels** richten sich damit nicht nach den §§ 333 ff., sondern nach den entsprechenden, zur Umsetzung der UmwRL ergangenen Bestimmungen des Wegzugsstaats. Diese Bestimmungen und damit das Verfahren müssen richtlinienkonform und damit den §§ 333 ff. recht ähnlich sein, so dass für einen groben Überblick über die im Wegzugsstaat grds. zu erwartenden Verfahrensschritte und Formalien auf → Rn. 15 ff. verwiesen werden kann.

Beim Hereinformwechsel ist die ausl. **Formwechselbescheinigung** als Nachweis über die ordnungsgemäße Erledigung der Verfahren und Formalitäten im Wegzugsstaat anzuerkennen (§ 345 II). Daneben bestimmt § 345 im Wesentlichen nur, wer die Ges neuer Rechtsform unter Vorlage des Formwechselplans und ggf. der Vereinbarung über die Beteiligung der Arbeitnehmer anzumelden hat (Abs. 1), und verweist für die Prüfung der Eintragungsvoraussetzungen insbesondere auf das Gründungsrecht der Ges neuer Rechtsform (Abs 3).

Der gem. § 345 I 2 mitvorzulegende **Formwechselplan** ist für das dt. Registergericht relevant, weil er – neben den Angaben zu Rechtsform, Firma und Sitz der Ges neuer Rechtsform (Art. 86d lit. b GesR-RL) – vor allem auch die **Satzung der Ges neuer Rechtsform** (lit. c) enthält. Beim Formwechsel in eine dt. GmbH sollte über die Mindestangaben nach § 3 GmbHG hinaus in die Satzung ein Hinweis aufgenommen werden, dass das Stammkapital durch die grenzüberschreitende Umwandlung aufgebracht wird (§ 5 IV1 GmbHG analog; KG DStR 2016, 1427 (1429)). Die Satzung unterliegt als Teil der Gründungsvoraussetzungen der Prüfung durch das dt. Registergericht (§ 345 III).

Im Hinblick auf die **Beurkundungserfordernisse** in § 193 III (Formwechselbeschluss) und § 335 III (Formwechselplan) ist mit dem dt. Registergericht abzustimmen, inwieweit beim Hereinformwechsel eine Beurkundung erforderlich ist und die Beurkundung vor einem ausl. Notar des Wegzugsstaates genügt. Die ordnungsgemäße Fassung des Zustimmungsbeschlusses ist nicht Gegenstand der Prüfung durch das Registergericht, sondern ist abschließend durch die zuständige Stelle des Wegzugsstaates zu prüfen und von ihr für dt. Zwecke zu bescheinigen (§ 345 II 1). Der **Zustimmungsbeschluss** bedarf daher aus dt. Sicht **keiner Beurkundung** entsprechend § 193 III. Demgegenüber enthält der **Formwechselplan** insbes. die künftige **Satzung** der Ges neuer Rechtsform, die bei dt. KapGes jeweils der Beurkundung bedarf (§ 2 I 1 GmbHG, § 23 I AktG; § 280 I AktG). Mit Blick auf diese gründungsrechtlichen Beurkundungserfordernisse und die Wertung des § 335 III dürfte daher der Formwechselplan, jedenfalls aber die Satzung, auch beim Hereinformwechsel zu beurkunden sein. Die **Beurkundung vor einem ausl. Notar** ist insoweit grds. anzuerkennen. Stützen lässt sich dies erstens auf den durch den EuGH hat in „Vale" (NZG 2012, 871) aufgestellten Effektivitätsgrundsatz, wonach die von den Behörden des Wegzugsstaates ausgestellten Dokumente gebührend zu berücksichtigen sind. Zweitens ist es durch die UmwRL zu einer Akzentverschiebung gekommen (→ Rn. 11), indem sie weite Teile des Verfahrens und der Formalitäten dem Recht des Wegzugsstaats und der Prüfung durch dessen zuständige Stellen unterstellt (Art. 86c GesR-RL). Drittens war auch nach Auffassung des AG Charlottenburg (Melchior GmbHR 2014, R311) bereits vor dem UmRUG eine Beurkundung durch einen ausl. Notar jedenfalls dann anzuerkennen, wenn sie mit einer dt. Beurkundung gleichwertig ist (näher zum Gleichwertigkeitserfordernis BGH NJW 1981, 1160; → § 6 Rn. 13 ff.). Anerkannt werden in der Praxis bspw. Beurkundungen durch österreichische Notare. Sofern im Einzelfall eine Abstimmung nicht gelingt, wird eine vorsorgliche Beurkundung des Formwechselplans einschließlich Satzung (auch) durch einen dt. Notar zwar nicht der kostengünstigste, aber der sicherste Weg sein.

32 Die Organbestellung gehört als Teil der Gründungsvoraussetzungen ebenfalls zum Prüfungsprogramm des dt. Registergerichts. Beim Formwechsel in eine dt. GmbH können die ersten GmbH-Geschäftsführer bereits im Formwechselplan bestellt werden, so dass sich der diesbezügliche Zustimmungsbeschluss der Gesellschafterversammlung auch hierauf erstreckt, alternativ durch gesonderten Gesellschafterbeschluss. Beim Formwechsel in eine dt. AG/KGaA sind die Aufsichtsratsmitglieder, bei mitbestimmten Gesellschaften zunächst nur die Anteilseignervertreter (§ 197 S. 3 UmwG, § 31 AktG), zu bestellen. Die Vorstandsmitglieder einer AG werden durch den Aufsichtsrat bestellt (§ 30 IV AktG). Die persönlich haftenden Gesellschafter einer KGaA sind in der Satzung zu bezeichnen (§ 281 I AktG).

33 Das UmwG schreibt für den Formwechsel aus einer dt. PersGes in eine GmbH, AG oder KGaA einen **Sachgründungsbericht** vor (§ 220 II). Dieser entfällt beim Formwechsel aus einer AG oder KGaA in eine GmbH (§ 245 IV), weil dann die formwechselnde Ges strengeren Kapitalaufbringungs- und -erhaltungsregeln unterlegen hat als die künftige GmbH. § 333 III 2 schreibt diese Ausnahme für den grenzüberschreitenden Formwechsel fort für den Fall, dass es sich bei der formwechselnden Ges um eine der in Anhang I zur GesR-RL genannten Aktiengesellschaften handelt (vgl. KG DStR 2016, 1427 (1429). Vorsorglich sollten Geschäftsführer auch versichern, dass das Reinvermögen der Gesellschaft das vorgesehene Stammkapital deckt (und dies ggf. durch Vorlage eines **Werthaltigkeitsnachweises** unterlegen).

34 Die **Rechtsfolgen** des Hereinformwechsels ergeben sich aus § 202 iVm § 333 II Nr. 1: Die formwechselnde Ges besteht in der im Formwechselplan bestimmten Rechtsform weiter; ihre Gesellschafter sind an der Ges neuer Rechtsform nach den für diese geltenden Vorschriften beteiligt, auch Rechte Dritter bestehen entsprechend weiter; der Mangel der Form und ggf. erforderlicher Erklärungen einzelner Gesellschafter wird geheilt.

§ 333 Grenzüberschreitender Formwechsel

(1) **Ein grenzüberschreitender Formwechsel ist der Wechsel einer nach dem Recht eines Mitgliedstaats der Europäischen Union oder eines Vertragsstaats des Abkommens über den Europäischen Wirtschaftsraum gegründeten Gesellschaft in eine Rechtsform nach dem Recht eines anderen Mitgliedstaats der Europäischen Union oder Vertragsstaats des Abkommens über den Europäischen Wirtschaftsraums unter Verlegung des satzungsmäßigen Sitzes in diesen Staat.**

(2) **Auf den grenzüberschreitenden Formwechsel einer Kapitalgesellschaft (§ 3 Absatz 1 Nummer 2) sind vorbehaltlich der Absätze 3 und 4 die folgenden Vorschriften des Fünften Buches entsprechend anzuwenden, soweit sich aus diesem Teil nichts anderes ergibt:**
1. **die Vorschriften des Ersten Teils sowie**
2. **die Vorschriften des Ersten und Dritten Unterabschnitts des Zweiten Abschnitts des Zweiten Teils.**

(3) ¹§ 245 Absatz 1 Satz 3, Absatz 2 Satz 3 und Absatz 3 Satz 3 ist nicht anzuwenden. ²§ 245 Absatz 4 ist nur dann anzuwenden, wenn die *formwechselnde Gesellschaft* eine im Anhang I zur Richtlinie (EU) 2017/1132 über bestimmte Aspekte des Gesellschaftsrechts genannte Rechtsform hat. ³Im Fall des Satzes 2 ist § 52 des Aktiengesetzes mit der Maßgabe anzuwenden, dass an die Stelle des Zeitpunkts der Eintragung der Gesellschaft neuer

Rechtsform der Zeitpunkt der Eintragung der formwechselnden Gesellschaft in das für sie zuständige Register tritt.
(4) § 195 Absatz 2 und § 196 sind nicht anzuwenden.

1. Allgemeines

§ 333 definiert in Abs. 1 zunächst den grenzüberschreitenden Formwechsel und damit den sachlichen Anwendungsbereich des Dritten Teils („Grenzüberschreitender Formwechsel") des Sechsten Buches („Grenzüberschreitende Umwandlung"). Dies dient der Umsetzung von Art. 86a Abs. 1 GesR-RL und Art. 86b Nr. 2 GesR-RL. Abs. 2 erklärt darüber hinaus bestimmte Teile des Fünften Buches zum nat. Formwechsel (§§ 190 ff.) für entsprechend anwendbar, soweit sich aus den §§ 333 ff. nichts anderes ergibt. Das betrifft die allg. Vorschriften (§§ 190–213) und von den besonderen Vorschriften diejenigen, die den Formwechsel von KapGes im Allgemeinen (§§ 226 f.) und den Formwechsel in eine KapGes anderer Rechtsform im Besonderen (§§ 238–250) betreffen. Abs. 3 nimmt hiervon für den Hereinformwechsel bestimmte gründungsrechtliche Erleichterungen aus (Nachgründungsbestimmungen gem. § 52 AktG, Erfordernis eines Sachgründungsberichts gem. § 5 Abs. 4 S. 2 GmbHG). Abs. 4 schließlich verweist die Gesellschafter beim Hinausformwechsel im Fall eines unangemessenen Beteiligungsverhältnisses abweichend vom nat. Formwechselrecht auf das Klage- statt auf das Spruchverfahren. **1**

2. Grenzüberschreitender Formwechsel (Abs. 1)

Abs. 1 setzt Art. 86a Abs. 1 GesR-RL und Art. 86b Nr. 2 GesR-RL um. Er definiert den Vorgang des grenzüberschreitenden Formwechsels als **Wechsel** einer nach dem Recht eines EU- oder EWR-Mitgliedstaats gegründeten Ges in eine dem Recht eines anderen EU- oder EWR-Mitgliedstaats unterliegende Rechtsform **in Verbindung mit einer Verlegung des Satzungssitzes** in diesen anderen EU- oder EWR-Mitgliedstaat (→ Vor § 333 Rn. 4, → Vor § 333 Rn. 11). Dies entspricht dem mit der Vale- (NZG 2012, 871) und der Polbud-Entscheidung (NZG 2017, 1308; dazu Löbbe ZHR 187 (2023), 498) erreichten Stand der EuGH-Rspr. In der Vale-Entscheidung hat der EuGH (aus der Perspektive des Zuzugsstaats) den Aspekt des Formwechsels in den Vordergrund gerückt: Ein Mitgliedstaat, der seinen nat. Ges den Formwechsel in eine andere nat. Rechtsform ermöglicht, muss diese Möglichkeit auch ausl. Ges. eröffnen. In der Polbud-Entscheidung hat der EuGH sodann geklärt, dass es genügt, wenn die ausl. Ges hierbei isoliert ihren Satzungssitz in den anderen Mitgliedstaat verlegt (der tatsächliche Verwaltungssitz muss also nicht mitverlegt werden). **2**

Auch wenn Abs. 1 allg. von **„Ges"** spricht (§ 190 Abs. 1 spricht für den nat. Formwechsel noch allg. vom „Rechtsträger"), kann sich an einem grenzüberschreitenden Formwechsel in unmittelbarer Anwendung der §§ 333 ff. doch nur eine KapGes aus dem EU/EWR-Raum beteiligen. Der den persönlichen Anwendungsbereich regelnde § 334 nennt als zulässige Ausgangs- und Zielrechtsformen lediglich KapGes. Da die grenzüberschreitende Mobilität von PersGes ausweislich der EuGH-Rspr. (EuGH NZG 2009, 61 – Cartesio betraf eine ungarische „KG") ebenfalls durch die Niederlassungsfreiheit (Art. 49, 54 AEUV) geschützt ist, muss auch insoweit ein grenzüberschreitender Formwechsel ermöglicht werden und sind die §§ 333 ff. hierauf entsprechend anzuwenden (vgl. Schmidt NZG 2022, 579 (580) mwN zu Forderungen nach einer überschießenden Umsetzung der RL (EU) 2019/2121; Schön ZHR 187 (2023), 123; zur notwendigen primärrechtskonformen Auslegung von RL (EU) 2019/2121 und UmRUG Löbbe ZHR 187 (2023), 498 (500 f.)). **3**

4 Der **EWR** ist 1994 durch ein Abkommen zwischen der EU und den EFTA-Staaten Island, Liechtenstein und Norwegen entstanden. Mögliche Wegzugs- und Zuzugsstaaten im Rahmen eines grenzüberschreitenden Formwechsels sind gem. Abs. 1 alle EWR-Mitgliedstaaten, damit – neben den EU-Mitgliedstaaten – auch Island, Liechtenstein und Norwegen. Die **Schweiz** ist zwar weiterer EFTA-Staat, nimmt aber nicht am EWR teil. Zuzüge oder Wegzüge zwischen Deutschland und der Schweiz werden daher in der Praxis nicht unmittelbar zwischen diesen Staaten, sondern insbes. über Liechtenstein als „Zwischenstation" durchgeführt. Bspw. kann eine in der Schweiz gegründete AG zunächst formwechselnd nach Liechtenstein zuziehen. Sobald aus der Schweizer AG eine liechtensteinische AG geworden ist, ist sie eine „nach dem Recht eines EWR-Staates gegründete Gesellschaft" iSd Abs. 1 und kann als solche formwechselnd gem. RL (EU) 2019/2121/§§ 333 ff. nach Deutschland weiterziehen (gleicher Ansicht BeckOGK/Luy Rn. 26). Ein grenzüberschreitender Formwechsel unmittelbar zwischen Deutschland und einem **Drittstaat** ist nicht möglich (OLG Zweibrücken NZG 2023, 174: keine Sitzverlegung in die Türkei). Für die USA ist das wegen des Freundschaftsvertrages von 1954 offen, aber jedenfalls auf US-Seite kaum praktikabel (abl. etwa BeckOGK/Luy Rn. 24).

3. Anwendbare Vorschriften des Fünften Buchs (Abs. 2)

5 Gem. **Abs. 2** sind auf den grenzüberschreitenden Formwechsel einer KapGes iSv § 3 Abs. 1 Nr. 2 (damit dt. GmbH, dt. AG, dt. KGaA) die allg. sowie die KapGes betreffenden besonderen Vorschriften des Fünften Buchs über den nat. Formwechsel entsprechend anwendbar. Die Anwendbarkeit steht unter dem Vorbehalt, dass sich aus den §§ 333 ff. keine speziellen inhaltlichen Bestimmungen ergeben oder bestimmte Vorschriften für unanwendbar erklärt werden. Daneben finden sich in den §§ 333 ff. zahlreiche Verweise insbes. auf den Ersten Teil (Grenzüberschreitende Verschmelzung) des Sechsten Buches. Der **Aufbau** und die **Verweisungstechnik** des Sechsten Buches weicht damit von der GesR-RL ab. Diese regelt den grenzüberschreitenden Formwechsel in Titel II Kapitel-I als „Grundtatbestand" und darauf aufbauend die Verschm und Spaltung. Das Sechste Buch behält demgegenüber in seinen drei Teilen die aus dem Zweiten, Dritten und Fünften Buch des UmwG gewohnte Reihenfolge bei und verweist im Rahmen des Formwechsels auf die Verschm.

6 Bei der **entsprechenden Anwendung** der Vorschriften des nat. Formwechselrechts ist zum einen zu beachten, dass **Art. 86c GesR-RL** (nur) die Teile des Verfahrens und Formalitäten, die im Hinblick auf die Erlangung der Vorabbescheinigung zu erledigen sind, dem Recht des Wegzugsstaats unterstellt. Diese Anordnungen in Art. 86c GesR-RL sind daher „immer mitzudenken" (DAV NZG 2022, 849 (858)). Zum anderen ist zu berücksichtigen, dass der grenzüberschreitende Formwechsel **zweiaktig** durchzuführen ist (vgl. auch Art. 37 IV SE-VO zur Gründung einer SE durch Formwechsel). Für den nat. Formwechsel genügt gem. § 193 Abs. 1 ein Formwechselbeschluss der Anteilsinhaber. Beim grenzüberschreitenden Formwechsel hat dagegen zunächst das Vertretungsorgan einen Formwechselplan aufzustellen (§ 335 I), der bereits alle erforderlichen Mindestangaben enthalten muss (Abs. 2). Dieser Formwechselplan ist notariell zu beurkunden (Abs. 3). Da jedoch auch beim grenzüberschreitenden Formwechsel zunächst mit einem privatschriftlichen Entwurf gearbeitet werden darf (so explizit § 335 II, § 336, § 338 I 1, § 340 I; Drinhausen/Keinath BB 2022, 1346 (1355)) und auch beim nat. Formwechsel regelmäßig für Berichts- oder Zuleitungszwecke vorab ein Beschlussentwurf benötigt wird (vgl. § 192 I 3, § 194 II), wirkt sich diese (in Begr. RegE zu § 335 I, BT-Drs. 20/3822, betonte) Zweiaktigkeit uE in der Praxis nicht wesentlich aus.

7 **a) Hinausformwechsel.** Von den **allg. Vorschriften** sind damit auf den **Hinausformwechsel** entsprechend anwendbar:

- **§ 191 III** (Formwechsel aufgelöster Ges);
- **§ 192** (Formwechselbericht), jedoch mit den Modifikationen gem. § 337 iVm §§ 309, 310 (vgl. die Bezugnahmen in § 337 II und III);
- **§ 193** (Formwechselbeschluss), so dass die Gesellschafter dem Formwechselplan in einer Versammlung durch notariell beurkundeten Beschluss zustimmen müssen (vgl. die Bezugnahme in § 339 I);
- **nicht § 194 I** (Inhalt des Formwechselbeschlusses), da die Gesellschafter über die Zustimmung zum Formwechselplan beschließen und dessen Mindestinhalt in § 335 eigenständig geregelt ist, auch **nicht Abs. 2** (Betriebsratszuleitung), den zuständigen Betriebsräten ist gem. § 337 I iVm § 310 I der Formwechselbericht zugänglich zu machen, der entsprechend § 192 I 3 auch den Formwechselplan oder seinen Entwurf enthalten sollte;
- **§ 195 I** (Klagefrist), aber **nicht Abs. 2** (Klageausschuss) wegen § 333 IV;
- **nicht § 196** (Verbesserung des Beteiligungsverhältnisses) wegen § 333 IV;
- **nicht § 197** (Anzuwendende Gründungsvorschriften), da die Gründungsvoraussetzungen dem Recht des Zuzugsstaats unterliegen, vgl. § 345 III;
- **nicht § 198 I** (Anmeldung des Formwechsels) wegen der speziellen Regelung in § 342 I, auch **nicht Abs. 2**, da die Eintragung der Ges neuer Rechtsform dem Recht des Zuzugsstaates unterliegt; jedoch **§ 198 III** (Negativerklärung, Freigabeverfahren) gem. § 342 II;
- **§ 199** (Anlagen der Anmeldung) mit den Ergänzungen gem. § 342 II;
- **jeweils nicht § 200** (Firma), **§ 201** (Bekanntmachung des Formwechsels), **§ 202** (Wirkungen der Eintragung), und **§ 203** (Amtsdauer von Aufsichtsratsmitgliedern), weil insoweit jeweils das Recht des Zuzugsstaates maßgeblich ist;
- **nicht § 204** (Schutz der Gläubiger) wegen §§ 341, 314;
- **§§ 207, 208, 210–212** (Barabfindung) gem. § 340 I 4;
- **nicht § 213** (Unbekannte Aktionäre), weil das Recht des Zuzugsstaates maßgeblich ist.

Grds. sind darüber hinaus auch die **besonderen Vorschriften** über den Formwechsel von KapGes in eine KapGes anderer Rechtsform (§§ 238 ff.) entsprechend anwendbar, insbes. was Vorbereitung und Durchführung der Gesellschafterversammlung der formwechselnden Ges angeht (zu den Mehrheitserfordernissen → § 339 Rn. 1), dagegen nicht in Bezug auf das Gründungsrecht der Ges neuer Rechtsform (zB § 245).

b) Hereinformwechsel. Auf den **Hereinformwechsel** sind von den **allgemeinen Vorschriften** entsprechend anwendbar:
- **nicht §§ 192–196**, weil insoweit das Recht des Wegzugsstaats maßgeblich ist;
- **§ 197** (Anzuwendende Gründungsvorschriften), vgl. § 345 III;
- **nicht § 198,** da die Anmeldung in § 345 I geregelt ist und § 198 III gem. § 345 I 3 nicht anwendbar ist;
- **nicht § 199** wegen § 345 I 3;
- **§ 200** (Firma), wobei neben der Möglichkeit der Firmenfortführung in Abs. 1 wohl nur der Hinweis in Abs. 2 auf § 4 GmbHG, §§ 4, 279 AktG einschlägig ist;
- **§ 201** (Bekanntmachung des Formwechsels), ergänzt durch § 345 IV;
- **§ 202** (Wirkungen der Eintragung), → Vor § 333 Rn. 34;
- **§ 203** (Amtsdauer von Aufsichtsratsmitgliedern) allenfalls dann, wenn – insbes. aufgrund einer Vereinbarung oder gesetzlicher Auffangregelung nach MgFSG – der AR „in gleicher Weise" wie zuvor bei der formwechselnden Ges bestehen bleibt;
- **§ 213** (Unbekannte Aktionäre).

Von den **besonderen Vorschriften** über den Formwechsel von KapGes in eine KapGes anderer Rechtsform (§§ 238 ff.) ist § 245 nur in dem in § 333 III geregelten Rahmen anwendbar.

4. Hereinformwechsel in AG oder KGaA (Abs. 3 S. 1 und 3)

11 § 245 enthält für den nat. Formwechsel einer KapGes in eine AG oder KGaA in Abs. 1 S. 3, Abs. 2 S. 3 und Abs. 3 S. 3 einige Erleichterungen, welche die **Nachgründungsbestimmungen** des § 52 AktG für unanwendbar erklären. Dem liegt der Gedanke zugrunde, dass eine formwechselnde, nach dt. Recht gegründete KapGes bereits rechtsformspezifische Kapitalaufbringungs- und Kapitalerhaltungsvorschriften einzuhalten hatte, weshalb der Beginn eines erneuten Nachgründungszeitraums gemäß § 52 AktG mit Eintragung der neuen Rechtsform nicht erforderlich ist. Für den Formwechsel zwischen AG und KGaA gilt dies generell, für den Formwechsel einer GmbH in eine AG oder KGaA jedenfalls dann, wenn die GmbH zuvor bereits länger als zwei Jahre in das Handelsregister eingetragen war.

12 Gem. **Abs. 3 S. 1** finden diese Ausnahmevorschriften am grenzüberschreitenden Hereinformwechsel (in die Rechtsform einer AG oder KGaA) keine Anwendung. Denn es kann nicht beurteilt werden, ob nach dem Gründungsstatut der formwechselnden Ges vergleichbare rechtsformspezifische Kapitalaufbringungs- und Kapitalerhaltungsvorschriften einzuhalten waren. Deshalb beginnt in diesem Fall mit Eintragung der neuen AG bzw. KGaA grds. ein Nachgründungszeitraum gem. § 52 AktG.

13 **Abs. 3 S. 3** sieht eine Erleichterung vor für den Fall, dass es sich bei der formwechselnden Ges um einen der in **Anh. I** GesR-RL genannten Rechtsträger handelt. Während in § 334 für den persönlichen Anwendungsbereich der §§ 333 ff. in Bezug genommene Anh. II GesR-RL KapGes auflistet (und damit bspw. für Deutschland AG, KGaA und GmbH), beschränkt sich der hier in Bezug genommene Anh. I GesR-RL auf Aktiengesellschaften. Auf sie finden die Vorschriften der GesR-RL über die Kapitalerhaltung und -änderung Anwendung (vgl. Art. 44 I GesR-RL). In diesem Fall beginnt mit dem Vollzug des grenzüberschreitenden Formwechsels zwar kein neuer Nachgründungszeitraum gem. § 52 AktG; jedoch soll dt. Nachgründungsrecht auf die neue AG bzw., KGaA jedenfalls noch bis zum Ablauf von zwei Jahren, gerechnet ab der ursprünglichen Eintragung der formwechselnden Ges in dem für sie zuständigen (ausl.) Register, gelten.

5. Hereinformwechsel in GmbH (Abs. 3 S. 2)

14 Gem. § 197 sind auf den nat. Formwechsel grds. die für die neue Rechtsform geltenden Gründungsvorschriften anzuwenden. Beim Formwechsel in eine GmbH ist daher gem. § 5 IV 2 grds. ein **Sachgründungsbericht** zu erstellen. Beim grenzüberschreitenden Hereinformwechsel folgt dieses Erfordernis aus § 345 III. § 333 III 2 bestimmt hierfür eine Ausnahme für den Fall, dass es sich bei der formwechselnden Ges um einen der in Anhang I zur GesR-RL genannten Rechtsträger (→ Rn. 13) handelt. Auf sie finden die Vorschriften der GesR-RL über die Kapitalerhaltung und -änderung Anwendung (vgl. Art. 44 I GesR-RL). Damit ist sekundärrechtlich gewährleistet, dass nach dem Gründungsstatut bereits vergleichbare Kapitalaufbringungs- und Kapitalerhaltungsvorschriften einzuhalten gewesen sind, und kann ein Sachgründungsbericht entfallen.

6. Kein Spruchverfahren wegen barer Zuzahlung (Abs. 4)

15 Beim nat. Formwechsel kann eine Klage gegen die Wirksamkeit des Formwechselbeschlusses gem. § 195 Abs. 2 nicht auf die Unangemessenheit des Beteiligungsverhältnisses gestützt werden. Im Fall der Unangemessenheit können Anteilsinhaber dort gem. § 196 statt dessen einen Ausgleich durch bare Zuzahlung verlangen; die angemessene Zuzahlung ist im Rahmen eines Spruchverfahrens zu bestimmen. **Abs. 4** schließt die Anwendbarkeit dieser § 195 Abs. 2 und § 196 aus. Die Anteilsinhaber können die Unangemessenheit des Umtauschverhältnisses damit im Wege der (vollzugssuspendierenden) Klage gegen den Formwechselbeschluss (§ 195 I) geltend machen. Ist die Beteiligung an der Ges neuer Rechtsform unangemessen, besteht **kein Anspruch auf Verbesserung des Beteiligungsverhältnisses** durch bare Zuzahlung.

Die Rechtslage unterscheidet sich damit von der grenzüberschreitenden Verschm 16 und Spaltung. Dort sind die Anteilsinhaber mit der Rüge eines unangemessenen Beteiligungsverhältnisses jeweils auf das Spruchverfahren verwiesen (§ 305 II bzw. § 320 II iVm § 125 I 1 jeweils iVm § 14 II, § 15). Bei einer unangemessenen Beteiligung an der Ges neuer Rechtsform steht ihnen dort jeweils ein Anspruch auf bare Zuzahlung zu (Art. 126 IV UAbs. 1 GesR-RL bzw. Art. 160i VI GesR-RL).

Die **Unangemessenheit einer Barabfindung** ist dagegen auch beim grenz- 17 überschreitenden Hinausformwechsel nicht durch Klage gegen den Formwechselbeschluss, sondern im Spruchverfahren geltend zu machen. § 340 I 4 verweist insoweit auf § 210 (Klageausschluss) und § 212 (Spruchverfahren).

§ 334 Formwechselfähige Gesellschaften

¹Im Rahmen eines grenzüberschreitenden Formwechsels können formwechselnde Gesellschaften und Gesellschaften neuer Rechtsform Kapitalgesellschaften mit einer in Anhang II zur Richtlinie (EU) 2017/1132 genannten Rechtsform sein, wenn sie
1. nach dem Recht eines Mitgliedstaats der Europäischen Union oder eines anderen Vertragsstaats des Abkommens über den Europäischen Wirtschaftsraum gegründet worden sind und
2. ihren satzungsmäßigen Sitz, ihre Hauptverwaltung oder ihre Hauptniederlassung in einem Mitgliedstaat der Europäischen Union oder einem anderen Vertragsstaat des Abkommens über den Europäischen Wirtschaftsraum haben.

²§ 306 Absatz 2 Satz 1 Nummer 2 gilt entsprechend.

1. Allgemeines

§ 334 bestimmt den Kreis der Ges, die im Rahmen eines grenzüberschreitenden 1 Formwechsels formwechselnde Ges und Ges neuer Rechtsform sein können. In Übereinstimmung mit Art. 86b Nrn. 1 und 2 GesR-RL beschränkt **S. 1** den persönlichen Anwendungsbereich der §§ 333 ff. auf grenzüberschreitende Formwechsel zwischen **Kapitalgesellschaftsrechtsformen nach Anhang II** der GesR-RL (zu PersGes → Rn. 5 f.). Die formwechselnde KapGes muss darüber hinaus bestimmte Anforderungen an das Gründungsrecht (Nr. 1) sowie an ihren Satzungssitz und Verwaltungssitz erfüllen (Nr. 2). Gem. **S. 2** finden die §§ 333 ff. keine Anwendung auf bestimmte vermögensverwaltende Gesellschaften, insbes. Investmentaktiengesellschaften (vgl. Art. 86a II GesR-RL).

2. Formwechselfähige Rechtsformen

Aufgrund des Verweises in **S. 1** auf Anhang II der GesR-RL sind **in Deutschland** 2 die **AG, KGaA und GmbH** formwechselfähig. Ausnahmsweise kann auch die **UG (haftungsbeschränkt)** als Unterform der GmbH formwechselnde Ges sein, sofern sie das für die ausl. Ges neuer Rechtsform erforderliche Mindestkapital erreicht. Als dt. Ges neuer Rechtsform kommt sie hingegen wegen des Sacheinlageverbots von § 5a II 2 GmbHG nicht in Betracht (→ § 191 Rn. 32 zum nat. Formwechsel). Eine **SE** kann ihren Satzungs- und Verwaltungssitz verlegen gem. Art. 8 SE-VO unter Beibehaltung ihrer Rechtsform als SE in einen anderen EU/EWR-Mitgliedstaat verlegen. Den nat. Formwechsel einer SE in eine AG ermöglicht Art. 66 SE-VO;

wenn man diese Vorschrift mit der zutr. hM für nicht abschließend hält, ist auch der grenzüberschreitende Formwechsel einer SE gem. §§ 333 ff. in eine andere Rechtsform möglich (→ § 190 Rn. 4 zum nat. Formwechsel; BeckOGK/Luy Rn. 8 f.).

3 In weiteren, für die Praxis wichtigen **EU-Mitgliedstaaten** sind ausweislich Anhang II der GesRR formwechselfähig:
- in Belgien: naamloze vennootschap/société anonyme, commanditaire vennootschap op aandelen/société en commandite par actions, personenvennootschap met beperkte aansprakelijkheid/société de personnes à responsabilité limitée;
- in Frankreich: société anonyme, société en commandite par actions, société à responsabilité limitée, société par actions simplifiée;
- in Italien: società per azioni, società in accomandita per azioni, società a responsabilità limitata;
- in Luxemburg: société anonyme, société en commandite par actions, société à responsabilité limitée;
- in den Niederlanden: naamloze vennootschap, besloten vennootschap met beperkte aansprakelijkheid;
- in Österreich: die Aktiengesellschaft, die Gesellschaft mit beschränkter Haftung;
- in Spanien: la sociedad anónima, la sociedad comanditaria por acciones, la sociedad de responsabilidad limitada.

Durch Beschluss des Gemeinsamen **EWR**-Ausschusses v. 10.7.2019 (Nr. 200/2019) ist die GesR-RL idF vom 14.6.2017, damit noch vor ihrer Änderung durch die UmwRL vom 27.11.2019, in das EWR-Abkommen übernommen worden. Danach sind in Liechtenstein die Aktiengesellschaft, die Gesellschaft mit beschränkter Haftung und die Kommanditaktiengesellschaft zumindest bereits verschmelzungsfähig.

4 Gem. **S. 2** finden über einen Verweis auf § 306 II 1 Nr. 2 die §§ 333 ff. keine Anwendung auf bestimmte vermögensverwaltende Gesellschaften, insbes. Investmentaktiengesellschaften (vgl. Art. 86a II GesR-RL).

5 Obwohl die grenzüberschreitende Mobilität von **PersGes** ebenfalls durch die Niederlassungsfreiheit (Art. 49, 54 AEUV) geschützt ist, beschränkt sich die GesR-RL auf eine Regelung für KapGes. In Ermangelung einer sekundärrechtlichen Regelung hat auch der dt. Gesetzgeber davon abgesehen, die GesR-RL überschießend auch für weitere Rechtsformen umzusetzen und gesetzliche Bestimmungen für den grenzüberschreitenden Formwechsel auch von PersGes zu schaffen (zur Möglichkeit einer überschießenden Umsetzung Habersack ZHR 186 (2022); Luy NJW 2019, 1905 (1909); zur grenzüberschreitenden Hinaus-Anwachsung Recktenwald NZG 2023, 539). Da der grenzüberschreitende Formwechsel von PersGes auf Basis der Niederlassungsfreiheit (Art. 49, 54 AEUV) und der hierzu ergangenen EuGH-Rspr. (EuGH NZG 2009, 61 – Cartesio betraf eine ungarische „KG") weiterhin möglich sein muss, sind die **§§ 333 ff. auf PersGes** als sachnächste Regelung **entsprechend anzuwenden** (vgl. Schmidt NZG 2022, 579 (580); Schön ZHR 187 (2023), 123; BeckOGK/Luy Rn. 11 ff.) und primärrechtskonform auszulegen (Löbbe ZHR 187 (2023), 498 (500 f.)). Bspw. durch die Beteiligung einer GmbH & Co. KG auf dt. Seite ergeben sich in der Praxis auch wenig Probleme. Bestätigt wird dieser Befund durch die Ende 2018 erfolgte Erstreckung der Vorschriften für die Hereinverschmelzung (jetzt § 306 I Nr. 2) auf dt. PersGes als übernehmende Ges.

6 Nach OLG Oldenburg NZG 2020, 992 (zust. wohl Heckschen GWR 2020, 449) soll der grenzüberschreitende Formwechsel einer ausl. Ges in eine dt. PersGes auch ohne Rückgriff auf das Unionsrecht schon nach dem nationalen Recht zulässig sein: *Der Wechsel einer PersGes in eine andere PersGes unterfalle wie bei reinen Inlandssachverhalten nicht dem UmwG (sog. Statuswechsel, vgl zB § 707c BGB idF des MoPeG, → Einf. Rn. 50 f.).* Ob auch ein identitätswahrender Formwechsel möglich sei, richte sich nach dem Recht des Herkunftslandes. In der Lit. ist der

Beschluss nur hinsichtlich des Ergebnisses auf Zustimmung, im Übrigen aber auf Ablehnung gestoßen (Knaier DNotZ 2021, 153; Krafczyk/Liebig GmbHR 2020, 1284; Stiegler NZG 2020, 979; Wachter DB 2020, 2281; BeckOGK/Foerster § 190 Rn. 16 f.; Fuchs EWiR 2020, 679).

Da der eingetragene **Verein** in § 191 II nicht genannt wird, ist auch für ausl. Vereine ein Formwechsel in einen dt. Idealverein nicht möglich. Allerdings ist die Eintragung eines nicht eingetragenen Vereins oder nach § 21 BGB denkbar, falls die Anforderungen der §§ 55 ff. BGB eingehalten werden (KG NZG 2021, 429; zust. Stiegler ZStV 2021, 148; krit. Terner DNotZ 2021, 540; dazu ausf. Arnold npoR 2021, 254). 7

3. Anforderungen an Gründungsrecht und Sitz

Die formwechselnde Ges muss darüber hinaus bestimmte Anforderungen an das **Gründungsrecht** sowie an ihren Satzungssitz und Verwaltungssitz erfüllen. Nach **S. 1 Nr. 1** muss die formwechselnde Ges nach dem Recht eines EU/EWR-Mitgliedsstaates gegründet worden sein. Damit kann eine in einem Drittstaat, zB in der Schweiz, gegründete Ges nicht unmittelbar als formwechselnde Ges einen grenzüberschreitenden Formwechsel nach Deutschland durchführen. Möglich und praxisrelevant ist jedoch ein „Doppelformwechsel" in der Form, dass die Schweizer Ges zunächst zB in den EWR-Staat Liechtenstein zuzieht und hierbei identitätswahrend die Rechtsform zB einer Liechtensteiner AG annimmt. Diese Liechtensteiner AG ist eine „nach dem Recht eines EWR-Staates gegründete Gesellschaft" iSv S. 1 Nr. 1. Denn erstens sind bei dieser „derivativen" Gründung in Liechtenstein ganz ähnliche Formalien einzuhalten wie bei der originären Neugründung einer AG; zweitens kann der Schutz einer EU/EWR-Ges durch die Niederlassungsfreiheit (Art. 49, 54 AEUV) nicht davon abhängen, ob die Ges vor ihrer Anerkennung als EU/EWR-Ges bereits ein „Vorleben" als Drittstaatenges hatte oder nicht. Die Liechtensteiner AG kann damit formwechselnd gem. §§ 333 ff. nach Deutschland weiterziehen (glA BeckOGK/Luy Rn. 26 ff. am Beispiel des Zuzugs einer zuvor Schweizer AG über Luxemburg). 8

Nach **S. 1 Nr. 2** muss die formwechselnde Ges zudem ihren Satzungssitz, ihre Hauptverwaltung oder ihre Hauptniederlassung in einem EU/EWR-Mitgliedstaat haben. Diese Voraussetzungen müssen nicht kumulativ erfüllt sein („oder"). Der **Satzungssitz** ist der in der Satzung angegebene Sitz der Ges. Der Begriff der Hauptniederlassung entspricht bei KapGes diesem Satzungssitz. **Hauptverwaltung** meint demggü. den Verwaltungssitz der Ges, wo die grundlegenden Entscheidungen der Unternehmensführung effektiv in lfd. Geschäftsführungsakte umgesetzt werden (BGHZ 97, 269 (272) = NJW 1986, 2194). Satzungs- und Verwaltungssitz müssen nicht in dem gleichen EU/EWR-Mitgliedstaat liegen. So kann bspw. der Verwaltungssitz einer aus Liechtenstein oder den Niederlanden zuziehenden KapGes bereits vor dem grenzüberschreitenden Formwechsel nach Deutschland verlegt werden oder sich seit jeher in Deutschland befinden. 9

§ 335 Formwechselplan

(1) Das Vertretungsorgan der grenzüberschreitend formwechselnden Gesellschaft stellt einen Formwechselplan auf.

(2) Der Formwechselplan oder sein Entwurf muss mindestens folgende Angaben enthalten:
1. **Rechtsform, Firma und Sitz der formwechselnden Gesellschaft,**
2. **die Rechtsform, die die Gesellschaft durch den Formwechsel erlangen soll,**
3. **die Firma und den Sitz der Gesellschaft neuer Rechtsform,**

4. sofern einschlägig den Errichtungsakt der Gesellschaft neuer Rechtsform und, falls sie Gegenstand eines gesonderten Aktes ist, die Satzung,
5. den vorgesehenen indikativen Zeitplan für den grenzüberschreitenden Formwechsel,
6. die Beteiligung der bisherigen Anteilsinhaber an dem Rechtsträger nach den für die neue Rechtsform geltenden Vorschriften sowie Zahl, Art und Umfang der Anteile, welche die Anteilsinhaber durch den Formwechsel erlangen sollen,
7. die Rechte, die die Gesellschaft neuer Rechtsform den mit Sonderrechten ausgestatteten Anteilsinhabern und den Inhabern von anderen Wertpapieren als Gesellschaftsanteilen gewährt, oder die für diese Personen vorgeschlagenen Maßnahmen,
8. die Sicherheiten, die den Gläubigern angeboten werden,
9. die etwaigen besonderen Vorteile, die den Mitgliedern der Verwaltungs-, Leitungs-, Aufsichts- oder Kontrollorgane der Gesellschaft gewährt werden,
10. eine Darstellung der Förderungen oder Beihilfen, die die Gesellschaft in den letzten fünf Jahren erhalten hat,
11. die Einzelheiten zum Angebot einer Barabfindung gemäß § 340,
12. die voraussichtlichen Auswirkungen des grenzüberschreitenden Formwechsels auf die Beschäftigung der Arbeitnehmer,
13. gegebenenfalls Angaben zu dem Verfahren, nach dem die Einzelheiten der Beteiligung der Arbeitnehmer an der Festlegung ihrer Mitbestimmungsrechte in der Gesellschaft neuer Rechtsform geregelt werden, sowie
14. die Auswirkungen des grenzüberschreitenden Formwechsels auf Betriebsrenten und Betriebsrentenanwartschaften.

(3) **Der Formwechselplan muss notariell beurkundet werden.**

Übersicht

	Rn.
1. Allgemeines	1
2. Aufstellung des Formwechselplans (Abs. 1)	4
3. Inhalt des Formwechselplans (Abs. 2)	6
4. Form des Formwechselplans (Abs. 3)	22

1. Allgemeines

1 § 335 dient der Umsetzung von Art. 86d GesR-RL, indem er in Abs. 1 die Aufstellung des Formwechselplans durch das Vertretungsorgan der formwechselnden Ges und in Abs. 2 dessen Mindestinhalt regelt. Abs. 3 ordnet für den Formwechselplan die notarielle Form an (ohne dass dies durch die GesR-RL vorgegeben wäre).

2 Die GesR-RL sieht für den grenzüberschreitenden Formwechsel – ebenso wie für die grenzüberschreitende Verschm und Spaltung – ein **zweiaktiges Verfahren** vor: Zunächst stellt das Vertretungsorgan einen Formwechselplan mit einem bestimmten Mindestinhalt auf (Art. 86d S. 1 GesR-RL). Anschließend beschließen die Anteilsinhaber über die Zustimmung zu diesem Formwechselplan (Art. 86h GesR-RL). Demgegenüber ist der **nat. Formwechsel** (weiterhin) **einaktig** ausgestaltet: Gem. § 193 I genügt ein Formwechselbeschluss der Anteilsinhaber mit dem in § 194 I bestimmten Mindestinhalt.

3 Dieser Unterschied relativiert sich in der Praxis dadurch, dass auch beim nat. Formwechsel die Verwaltung regelmäßig vorab einen **Entwurf des Formwechselbeschlusses** erstellen muss. Dieser Entwurf tritt funktional an die Stelle des bei

Verschm und Spaltung jeweils vorgesehenen Vertrages, indem er bspw. dem Formwechselbericht beizufügen (§ 192 I 3) und dem zuständigen Betriebsrat des formwechselnden Rechtsträgers vorab zuzuleiten ist (§ 194 II). Der Beschlussentwurf muss deshalb bereits alle für den Beschluss vorgeschriebenen Mindestangaben enthalten. Beim grenzüberschreitenden Formwechsel ist der Formwechselplan zwar gem. Abs. 3 notariell zu beurkunden. Jedoch darf auch hier zunächst mit einem **Entwurf des Formwechselplans** gearbeitet werden (explizit erwähnt in Abs. 2 und den nachfolgenden Vorschriften). Es genügt, wenn der Formwechselplan später zusammen mit dem Zustimmungsbeschluss beurkundet wird. Die durch die GesR-RL vorgegebene Zweiaktigkeit wird sich daher in der Praxis nicht wesentlich auswirken.

2. Aufstellung des Formwechselplans (Abs. 1)

Gem. **Abs. 1** erfordert der grenzüberschreitende Formwechsel die Aufstellung 4 eines Formwechselplans durch das Vertretungsorgan der formwechselnden Ges. Der **Formwechselplan** ist ein gesellschaftsrechtlicher Organisationsakt, vergleichbar dem Spaltungsplan bei der Spaltung zur Neugründung (§ 135), an der zunächst ebenfalls nur ein Rechtsträger beteiligt ist. Er wird bei der AG durch den Vorstand, bei der KGaA durch den pHG und bei der GmbH durch die Geschäftsführung **aufgestellt**, und zwar jeweils in vertretungsberechtigter Anzahl. Stellvertretung ist zulässig. Da die Gerichts- bzw. Amtssprache deutsch ist (§ 488 III FamFG, § 184 S. 1 GVG), sollte der Formwechselplan jedenfalls auch in **deutscher Sprache** aufgestellt werden (damit ggf. zweisprachig). Soweit der Formwechselplan ausschließlich in einer Fremdsprache beurkundet wird – anbieten mag sich das für die künftige Satzung der Ges neuer Rechtsform –, ist beim Registergericht zusätzlich eine begl. dt. Übersetzung einzureichen.

Zwar bedarf der finale Formwechselplan gem. Abs. 3 der notariellen Beurkundung. Abs. 2 und §§ 336, 338 I 1, § 340 I 1, § 341 II 1 lassen jedoch erkennen, dass zunächst die Aufstellung eines **privatschriftlichen Entwurfs** genügt (vgl. § 4 II). Dieser Entwurf ist nicht etwa ein „Rohentwurf", sondern inhaltlich bereits verbindlich, um die mit der Bekanntmachung, einer Formwechselprüfung, einem Barabfindungsangebot und einer Sicherheitsleistung jeweils verfolgten Ziele zu erreichen. Der Entwurf sollte ebenfalls durch das Vertretungsorgan „aufgestellt", damit am besten beschlossen, unterzeichnet oder paraphiert werden. Zwingend ist eine Unterzeichnung jedoch nicht, weil es beim Entwurf zunächst nur um die schriftliche Fixierung des Inhalts geht (vgl. → § 4 Rn. 23).

3. Inhalt des Formwechselplans (Abs. 2)

Abs. 2 bestimmt den Mindestinhalt des Formwechselplans oder seines Entwurfs. 6 Angaben, die beim nat. Formwechsel in den Formwechselbeschluss oder dessen Entwurf aufzunehmen sind, sind damit bereits Gegenstand des Formwechselplans bzw. seines Entwurfs (→ Rn. 2 f.). Die Nrn. 1 bis 5 und 7 bis 13 dienen der Umsetzung von Art. 86d lit. a–lit. k GesR-RL. Zusätzliche Angaben verlangen Nr. 6 (zur Beteiligung der bisherigen Anteilsinhaber an der Ges neuer Rechtsform, nach dem Vorbild des § 194 I Nr. 3 und 4) und Nr. 14 (zu Auswirkungen auf Betriebsrenten und Betriebsanwartschaften, s. die Parallele in § 307 II Nr. 16). Im Einzelnen muss der Formwechselplan oder sein Entwurf somit mindestens enthalten:

Rechtsform, Firma und Sitz der formwechselnden Ges (Nr. 1): Sitz ist 7 der Satzungssitz und nicht der ggf. abweichende Verwaltungssitz.

Neue Rechtsform (Nr. 2): Anzugeben ist die Rechtsform, die die Ges durch 8 den Formwechsel erlangen soll.

Firma und Sitz der Ges neuer Rechtsform (Nr. 3): Sitz meint auch hier den 9 Satzungssitz. Der Verwaltungssitz muss nicht mitverlegt werden, sondern kann insbes. auch im Wegzugsstaat verbleiben (EuGH NZG 2017, 1308 – Polbud; dazu Löbbe ZHR 187 (2023), 498).

10 **Ggf. Errichtungsakt und Satzung (Nr. 4):** Anzugeben ist, sofern einschlägig, der Errichtungsakt der Ges neuer Rechtsform und, falls sie Gegenstand eines gesonderten Aktes ist, die Satzung. Mit dieser Differenzierung zwischen Errichtungsakt und Satzung trägt die GesR-RL dem Umstand Rechnung, dass manche europäischen Rechtsordnungen zwischen Gründungsurkunde (Errichtungsakt) und einer das „Leben" der Ges regelnden Satzung differenzieren (Schmidt NZG 2022, 635 Fn. 6). Da bspw. das dt. Recht nicht in dieser Weise differenziert, bedarf es beim Hereinformwechsel keines weiteren „Errichtungsakts". KapGes neben der Satzung keines weiteren „Errichtungsakts". Die Organbestellung kann außerhalb des Formwechselplans erfolgen (→ Rn. 21).

11 **Indikativer Zeitplan (Nr. 5):** Anzugeben ist der vorgesehene indikative Zeitplan für den grenzüberschreitenden Formwechsel. Hierbei handelt es sich um eine Prognose des zeitlichen Ablaufs; spätere Abweichungen bei der Umsetzung lösen keine Rechtsfolgen aus. Für den Verschmelzungsplan enthält § 307 keine entsprechende Vorgabe; bei der grenzüberschreitenden Spaltung ist gem. § 322 II Nr. 1 ebenfalls ein indikativer Zeitplan erforderlich. Ein Hinausformwechsel sollte in einfacheren Fällen (ohne Gesellschafter- und Gläubigerklagen und ohne Beteiligungsverfahren, dazu → Rn. 19) nach ca. vier Monaten eintragungsfähig sein. Hiervon werden **sechs Wochen** für die Bekanntmachung des Formwechselplans (mit Monatsfrist, § 336 iVm § 308) und die Zugänglichmachung eines Prüfungsberichts (ebenfalls mit Monatsfrist, § 338) und eines Formwechselberichts (mit Sechswochenfrist, § 337 iVm §§ 309, 310) benötigt. Mit der **Gesellschafterversammlung** beginnt die Frist von **zwei Monaten** für die Annahme einer ggf. anzubietenden Barabfindung (§ 340). Auch ohne Barabfindung werden insgesamt jedenfalls drei Monate ab der Bekanntmachung des Formwechselplans für etwaige Sicherheitsleistungen benötigt (§ 341 I iVm § 314 III). Nach der Anmeldung prüft das **Registergericht** innerhalb von drei Monaten, ob die Voraussetzungen für den grenzüberschreitenden Formwechsel vorliegen (§ 343 I). Die Eintragung darf nicht vor Ablauf der im Hinblick auf Barabfindung und Sicherheitsleistung geltenden Fristen vorgenommen werden (§ 343 II). BeckOGK/Luy Rn. 35 (mit Formulierungsvorschlag) setzt für die Prüfung durch das Registergericht ca. zwei Monate und für die Prüfung im Zuzugsstaat einen weiteren Monat an und schätzt die Gesamtdauer des Formwechsels auf ca. sechs Monate.

12 **Beteiligung der bisherigen Anteilsinhaber an der Ges neuer Rechtsform sowie Zahl, Art und Umfang ihrer Anteile (Nr. 6):** Anzugeben sind die Beteiligung der bisherigen Anteilsinhaber nach dem Rechtsträger nach der für die neue Rechtsform geltenden Vorschriften sowie Zahl, Art und Umfang der Anteile, welche die Anteilsinhaber durch den Formwechsel erlangen sollen. Diese Angaben gehen über Art. 86d lit. a–lit. k GesR-RL hinaus, sind aber vom nat. Formwechsel geläufig. Zur Information der bisherigen Anteilsinhaber über ihre künftige Beteiligung an der Ges neuer Rechtsform (§ 194 I Nr. 3) sowie Zahl, Art und Umfang der Anteile, welche sie durch den Formwechsel erlangen sollen (§ 194 I Nr. 4), anzugeben. Jedenfalls aus dt. Sicht ist auch ein nicht-verhältniswahrender grenzüberschreitender Formwechsel möglich (BeckOGK/Luy Rn. 43).

13 **Rechte für Sonderrechtsinhaber (Nr. 7):** Anzugeben sind die Rechte, die die Ges neuer Rechtsform den mit Sonderrechten ausgestatteten Anteilsinhabern und den Inhabern von anderen Wertpapieren als Gesellschaftsanteilen gewährt, oder die für diese Personen vorgeschlagenen Maßnahmen. Bei diesen Sonderrechten kann es sich bspw. um Mehrstimmrechte oder Rechte auf Geschäftsführung handeln. „Vorgeschlagene Maßnahmen" meint etwa den Fall, dass Sonderrechte bei der Ges neuer Rechtsform nicht in gleicher Weise fortgesetzt werden (können), hierfür aber eine Entschädigung geleistet werden soll.

Sicherheiten, die den Gläubigern angeboten werden (Nr. 8): Dieses Angebot ist, wie Art. 86d lit. f GesR-RL erkennen lässt („etwaige Sicherheiten, die den Gläubigern angeboten werden, wie Garantien oder Zusagen"), **fakultativ** (BeckOGK/Luy Rn. 51 mwN; Baschnagel/Hilser NZG 2022, 1333 (1336)). Die formwechselnde Ges sollte abschätzen, inwieweit (konzernexterne) Gläubiger bestehen und jeweils mit einem Verlangen auf Sicherheitsleistung zu rechnen ist. Erforderliche Sicherheitsleistungen können dann auf schriftliche Mitteilung und Nachweis der Gläubiger bspw. durch Hinterlegung von Geld oder Wertpapieren gem. §§ 232 ff. BGB bewirkt werden. Sind die dem Gläubiger im Formwechselplan oder auf sein Verlangen gem. § 314 I hin angebotenen Sicherheiten nicht geeignet oder nicht ausreichend, kann der Gläubiger seinen Anspruch auf Sicherheitsleistung gem. § 314 III innerhalb von **drei Monaten** ab Bekanntmachung des Formwechselplans bei dem gem. Abs. 5 zuständigen Prozessgericht (je nach Streitwert Amts- oder Landgericht) **gerichtlich geltend machen.** Wurde ein Anspruch auf Sicherheitsleistung gerichtlich geltend gemacht, darf das Registergericht den Formwechsel gem. § 343 II 3 erst eintragen, wenn der Antrag rechtskräftig abgelehnt oder die festgelegte Sicherheit geleistet wurde.

Sondervorteile (Nr. 9): Anzugeben sind etwaige besondere Vorteile, die den Mitgliedern der Verwaltungs-, Leitungs-, Aufsichts- oder Kontrollorgane der Ges gewährt werden. Anhand dieser Angaben sollen die Anteilsinhaber einschätzen können, ob die Verwaltungsmitglieder evtl. in ihrer Beurteilung des grenzüberschreitenden Formwechsels durch Sondervorteile beeinflusst sein könnten.

Förderungen oder Beihilfen (Nr. 10): Darzustellen sind die Förderungen oder Beihilfen, die die formwechselnde Ges in den letzten fünf Jahren erhalten hat. Diese Bestimmung soll öffentliche Gläubiger schützen, die Förderungen oder Beihilfen gewährt haben und ggf. an die Einhaltung bestimmter Bedingungen geknüpft haben, die durch den grenzüberschreitenden Formwechsel verletzt werden könnten (Kühnle in Kindler/Lieder, European Corporate Law, Art. 86d Rn. 24). Für den Verschmelzungs- und den Spaltungsplan enthalten § 307 und § 322 keine entsprechende Vorgabe.

Barabfindung (Nr. 11): Anzugeben sind die Einzelheiten zum Angebot einer Barabfindung gem. § 340. Danach hat die formwechselnde Ges jedem Anteilsinhaber, der gegen den Zustimmungsbeschluss Widerspruch zur Niederschrift erklärt, den Erwerb seiner Anteile gegen angemessene Barabfindung anzubieten (näher Löbbe ZHR 187 (2023), 498 (502 ff.); Baschnagel/Hilser BWNotZ 2023, 2). Das Angebot entfällt, wenn alle Gesellschafter darauf in notariell beurkundeter Form verzichten.

Auswirkungen auf Beschäftigung (Nr. 12): Anzugeben sind die voraussichtlichen Auswirkungen des grenzüberschreitenden Formwechsels auf die Beschäftigung der ArbN. Während sich der nat. Formwechsel auf die Interessen der ArbN regelmäßig nicht auswirkt, außer ggf. bei der Unternehmensmitbestimmung, kann dies beim grenzüberschreitenden Formwechsel anders sein. Dies gilt insbes. dann, wenn der grenzüberschreitende Formwechsel mit einer Verlegung des tatsächlichen Verwaltungssitzes einhergeht (vgl. Kühnle in Kindler/Lieder, European Corporate Law, GesR-RL Art. 86d Rn. 28). § 337 iVm § 309 Abs. 5 bestimmt daher, dass – bei Vorhandensein von ArbN – der Formwechselbericht einen Abschnitt für die ArbN enthalten muss, der insbes. die Auswirkungen des grenzüberschreitenden Formwechsels auf die Arbeitsverhältnisse und ggf. die Maßnahmen zu ihrer Sicherung sowie wesentliche Änderungen der anwendbaren Beschäftigungsbedingungen oder der Standorte der Niederlassungen der Ges erläutert. Nr. 12 dient demggü. primär der Information der Anteilsinhaber (vgl. Habersack/Drinhausen/Kiem § 122c Rn. 28), so dass die Darstellung der Beschäftigungsauswirkungen hinter den vorgenannten Anforderungen an den Formwechselbericht zurückbleiben kann. Formulierungsvorschlag bei BeckOGK/Luy Rn. 73.

19 **Verfahren nach MgFSG (Nr. 13):** Aufzunehmen sind ggf. Angaben zu dem Verfahren, nach dem die Einzelheiten der Beteiligung der ArbN an der Festlegung ihrer Mitbestimmungsrechte in der Ges neuer Rechtsform geregelt werden. Gem. Art. 86l GesR-RL findet auf die Ges neuer Rechtsform grds. die Regelung für die unternehmerische Mitbestimmung im Zuzugsstaat Anwendung; abweichend kann jedoch ein Verfahren der Arbeitnehmerbeteiligung erforderlich werden, wenn es zu einer Minderung bestehender Mitbestimmungsrechte kommt oder die formwechselnde Ges bereits eine Zahl von ArbN beschäftigt, die mindestens vier Fünfteln des Schwellenwerts entspricht, der die Unternehmensmitbestimmung im Wegzugsstaat auslöst („**Vier-Fünftel-Regelung**"). In Deutschland ist die GesR-RL insoweit durch das Gesetz über die Mitbestimmung der Arbeitnehmer bei grenzüberschreitendem Formwechsel und grenzüberschreitender Spaltung (MgFSG) umgesetzt (dazu Baschnagel/Hilser/Wagner RdA 2023, 103; Pototzky/Gimmy BB 2023, 1140; Schubert ZfA 2023, 340). Das MgFSG gilt in erster Linie für die Ausgestaltung der Mitbestimmung in Ges dt. Rechtsform, die aus einem grenzüberschreitenden Formwechsel oder einer grenzüberschreitenden Spaltung hervorgehen („Herein-Umwandlung"). Nr. 13 verlangt insoweit eine Aussage zur Erforderlichkeit eines Verhandlungsverfahrens und ggf. dessen geraffte Darstellung mit einer Skizze möglicher Ergebnisse.

20 **Betriebsrenten (Nr. 14):** Anzugeben sind Auswirkungen des grenzüberschreitenden Formwechsels auf Betriebsrenten und Betriebsrentenanwartschaften. Diese Vorgabe wird durch Art. 86d GesR-RL nicht gefordert, findet sich entsprechend aber auch in § 307 II Nr. 16. Die grenzüberschreitende Umwandlung kann sich auf erworbene Betriebsrentenanwartschaften der aktiven und ehemaligen ArbN sowie auf Betriebsrenten der Versorgungsempfänger auswirken. Die ArbN sollen im Vorfeld der Umwandlung unterrichtet werden, um ggf. einen Antrag auf Sicherheitsleistung gem. § 314 prüfen und stellen zu können. Die Darstellung im Formwechselplan soll bspw. auch dem Pensions-Sicherungs-Verein auf Gegenseitigkeit durch Abruf aus dem Handelsregister den Zugriff auf die Information ermöglichen.

21 Abs. 2 verlangt nicht, dass der Formwechselplan oder sein Entwurf bereits die **Neubestellung von Organen** oder bspw. auch des **Abschlussprüfers** der Ges neuer Rechtsform enthält. Ggf. werden diese Personalien auch im Zeitpunkt der Aufstellung des Formwechselplans oder seines Entwurfs noch nicht feststehen. Die Organbestellung muss nicht unmittelbar im Formwechselplan erfolgen, sondern kann von den Anteilsinhabern auch im Zustimmungsbeschluss oder gesondert vorgenommen werden.

4. Form des Formwechselplans (Abs. 3)

22 Gem. **Abs. 3** bedarf der Formwechselplan der notariellen Beurkundung. Art. 86d GesR-RL enthält hierzu keine Vorgabe. Die notarielle Beurkundung soll laut RegE-Begr zu § 335 (BT-Drs. 20/3822) gewährleisten, dass der mit der Vorbereitung eines grenzüberschreitenden Formwechsels ggü. einem nationalen Formwechsel gesteigerte Beratungsbedarf befriedigt wird, Verfahrensfehler vermieden werden und sicherungsberechtigten Gläubigern zur Prüfung etwaiger Ansprüche ein den Vorschriften des UmwG entsprechendes Dokument als Prüfungsgrundlage zur Verfügung gestellt wird. Da zunächst mit einem privatschriftlichen Entwurf gearbeitet werden kann (→ Rn. 2 f.), dürfte der Formwechselplan vielfach erst im gleichen Termin wie der Zustimmungsbeschluss der Anteilsinhaber beurkundet werden. Da der Umwandlungsvorgang zudem in der Praxis insgesamt anwaltlich und/oder notariell begleitet werden dürfte, ist der „Mehrwert" der gesonderten notariellen Beurkundung des Formwechselplans fraglich. Zur Beurkundung beim Hereinformwechsel → Vor § 333 Rn. 31.

§ 336 Bekanntmachung des Formwechselplans

§ 308 Absatz 1 gilt für die Bekanntmachung des Formwechselplans und seines Entwurfs entsprechend.

§ 336 setzt Art. 86g GesR-RL um. Die Norm regelt durch Verweis auf § 308 I die **Bekanntmachung** des Formwechselplans oder seines Entwurfs durch das Registergericht. 1

Gem. § 308 I 1 ist der Formwechselplan oder sein Entwurf durch die Ges (Vertretungsorgan in vertretungsberechtigter Anzahl, Stellvertretung möglich) zum Handelsregister einzureichen. Bei der **Einreichung** sind dem Registergericht gem. S. 3 die bekanntzumachenden Angaben mitzuteilen. Hiervon sind Rechtsform, Firma und Sitz (S. 2 Nr. 2) sowie Registergericht und Registernummer der formwechselnden Ges (Nr. 3) dem zuständigen Registergericht grds. bekannt (anders als die weiteren beteiligten Ges im Fall einer Verschmelzung). Für den Hinweis, dass Anteilsinhaber, Gläubiger und Betriebsräte bzw. ArbN spätestens fünf Arbeitstage vor dem Tag der Gesellschafterversammlung Bemerkungen zum Formwechselplan übermitteln können (Nr. 4), ist dagegen der Tag der Gesellschafterversammlung oder das Fristende zu spezifizieren. 2

Die **Bekanntmachung** enthält einen Hinweis auf die erfolgte Einreichung des Formwechselplans oder seines Entwurfs beim Registergericht, nicht den Formwechselplan selbst, sowie die in → Rn. 2 genannten Angaben. Die Bekanntmachung erfolgt unverzüglich nach § 10 HGB (§ 308 I 2). Mit der Bekanntmachung beginnt zum einen die **Monatsfrist,** vor deren Ablauf die Gesellschafterversammlung gem. § 308 I 4 nicht über die Zustimmung zum Formwechselplan beschießen darf. Zum anderen beginnt die **Dreimonatsfrist** gem. § 341 I iVm § 314 III, während der Gläubiger Ansprüche auf Sicherheitsleistung gerichtlich geltend machen können. Das Registergericht darf den Formwechsel erst nach Ablauf auch dieser Dreimonatsfrist eintragen, § 343 II 1. 3

Der Formwechselplan, dem die Gesellschafterversammlung zustimmt, muss dem bekanntgemachten Formwechselplan bzw. Entwurf inhaltlich entsprechen. Während BeckOGK/Luy Rn. 10 insoweit inhaltliche Identität verlangt, bezieht Widmann/Mayer/Mayer § 122d Rn. 22 dieses Erfordernis nur auf die bekanntzumachenden Angaben und erlaubt im Übrigen **Änderungen,** bspw. der Satzung der Ges neuer Rechtsform, ohne erneute Bekanntmachung. Insoweit sollte auf eine mögliche Relevanz der inhaltlichen Änderung aus Sicht der Adressaten der Bekanntmachung (Anteilsinhaber, Gläubiger, Betriebsräte bzw. Arbeitnehmer) abgestellt werden. Wenn bspw. sämtliche Gesellschafter der formwechselnden Ges dem Formwechselplan mit der Maßgabe einer geänderten Satzungsbestimmung zustimmen wollen, ohne dass dadurch die Interessen von Gläubigern oder Arbeitnehmern berührt würden, sollte dies möglich sein. 4

§ 308 II–IV betreffen Konzernverschmelzungen, bei denen ein oder mehrere Zustimmungsbeschlüsse ausnahmsweise entfallen können. Da der Formwechselplan stets der Zustimmung der Gesellschafterversammlung bedarf (§ 339), verweist § 336 nicht auf diese weiteren Abs. 5

§ 337 Formwechselbericht

(1) § 309 Absatz 1, 2, 3 und 5 sowie § 310 Absatz 1, 2 und 3 gelten für den **Formwechselbericht** entsprechend.

(2) **In dem anteilsinhaberspezifischen Abschnitt wird über die in § 192 Absatz 1 genannten Berichtsinhalte hinaus mindestens Folgendes erläutert und begründet:**

1. die Auswirkungen des grenzüberschreitenden Formwechsels auf die Anteilsinhaber sowie
2. die Rechte und Rechtsbehelfe der Anteilsinhaber gemäß § 340 dieses Gesetzes und gemäß § 1 Nummer 4 des Spruchverfahrensgesetzes.

(3) ¹Der Bericht für die Anteilsinhaber ist in den Fällen des § 192 Absatz 2 nicht erforderlich. ²Der Bericht für die Arbeitnehmer ist nicht erforderlich, wenn die Gesellschaft und ihre etwaigen Tochtergesellschaften keine anderen Arbeitnehmer haben als diejenigen, die dem Vertretungsorgan angehören. ³Der Formwechselbericht ist insgesamt nicht erforderlich, wenn die Voraussetzungen der Sätze 1 und 2 vorliegen.

1. Allgemeines

1   § 337 setzt Art. 86e GesR-RL um und enthält Bestimmungen zum Formwechselbericht. Hierfür verweist **Abs. 1** auf entsprechend anzuwendende Bestimmungen über den Inhalt (§ 309) und die elektronische Zugänglichmachung des Verschmelzungsberichts (§ 310). Der Formwechselbericht ist durch das Vertretungsorgan der formwechselnden Ges zu erstellen, die Richtigkeit der Darstellung ist gem. § 346 Abs. 1 Nr. 1 strafbewehrt. Adressaten sind neben den Anteilsinhabern auch die ArbN der formwechselnden Ges. Der Bericht gliedert daher grds. in drei Teile, nämlich in einen allgemeinen, einen anteilsinhaberspezifischen und einen arbeitnehmerspezifischen Abschnitt. Diese können jeweils Teil desselben Berichts sein oder entsprechend § 309 Abs. 3 in gesonderte Berichte für die Anteilsinhaber und die ArbN aufgeteilt werden. **Abs. 2** enthält Vorgaben für den anteilsinhaberspezifischen Abschnitt. **Abs. 3** regelt die ausnahmsweise Entbehrlichkeit des jeweiligen Abschnitts bzw. des Formwechselberichts insgesamt.

2. Aufstellung und Inhalt des Berichts, Abs. 1 und 2

2   **Abs. 1** verweist für die Aufstellung und den generellen Inhalt des Berichts auf § 309 I, für seinen allgemeinen Abschnitt auf § 309 II, für die Wahlmöglichkeit zwischen einem einheitlichen und getrennten Berichten auf § 309 III und schließlich für den arbeitnehmerspezifischen Abschnitt auf § 309 V. Ein Verweis auf § 309 IV und VI fehlt, weil der anteilsinhaberspezifische Abschnitt und die etwaige Entbehrlichkeit von Abschnitten bzw. des Berichts in § 337 II und III jeweils eigenständig geregelt sind.

3   Zu erstellen ist der Formwechselbericht entsprechend § 309 I 1 durch das **Vertretungsorgan** der formwechselnden Ges. Handeln in vertretungsberechtigter Anzahl genügt, Stellvertretung ist wg. § 346 I Nr. 1 nicht möglich. Das Vertretungsorgan kann hierbei gem. § 309 III wählen, ob es anstelle eines einheitlichen Berichts für Anteilsinhaber und ArbN **gesonderte Berichte** erstellt, die dann jeweils aus dem allgem. und dem adressatenspezifischen Abschnitt bestehen. Das bietet sich im Hinblick auf die übergreifende Anforderung in § 309 I 2 (→ Rn. 4) wohl nur dann an, wenn einer der beiden Berichte gem. § 337 III 1 bzw. 2 entbehrlich ist.

4   Gem. § 309 I 2 sind in dem Bericht die rechtlichen und wirtschaftlichen Aspekte des grenzüberschreitenden Formwechsels und seine Auswirkungen auf die ArbN zu erläutern und zu begründen, und zwar sowohl für die Anteilsinhaber als auch für die ArbN. Diese **Grundanforderung** gilt unabhängig von der Gliederung des Berichts in einen allgemeinen, einen anteilsinhaberspezifischen und einen arbeitnehmerspezifischen Abschnitt (§ 309 II). So kann es sich aus Darstellungsgründen anbieten, *rechtliche Aspekte des Formwechsels zusammenhängend in dem anteilsinhaberspezifischen Abschnitt zu erläutern und Auswirkungen auf die ArbN insgesamt in dem arbeitnehmerspezifischen Abschnitt*. Wenn die Ges gem. § 309 III gesonderte Berichte erstellt, ist auch in diesem Fall ist zum Verständnis des Vorhabens den

ArbN jedenfalls ein Überblick über die rechtlichen und wirtschaftlichen Aspekte des Formwechsels zu geben und den Anteilsinhabern über dessen Auswirkungen auf die ArbN.

In dem **allgemeinen Abschnitt** sind entsprechend § 309 II 1 mindestens die Auswirkungen des grenzüberschreitenden Formwechsels auf die künftige Geschäftstätigkeit der Ges und ihrer etwaigen Tochterges zu erläutern und zu begründen.

In dem **anteilsinhaberspezifischen Abschnitt** sind gem. **Abs. 2** insbes. die künftige Beteiligung der Anteilsinhaber an der Ges neuer Rechtsform (Verweis auf § 192 I), sonstige Auswirkungen auf die Anteilsinhaber (Nr. 1) und deren Rechte und Rechtsbehelfe gem. § 340 (Barabfindung) und gem. § 1 Nr. 4 SpruchG (Bestimmung der Barabfindung im Spruchverfahren) (Nr. 2) zu erläutern und zu begründen. Mit BeckOGK/Luy Rn. 24 f. sind auch wesentliche Aspekte des **ausl. Gesellschaftsrechts und relevante Satzungsbestimmungen,** insbes. jeweils zu Minderheitenrechten, darzustellen, damit Anteilsinhaber bei ihrer Entscheidung über einen Verbleib oder ein Ausscheiden gegen Barabfindung einbeziehen können. Die Satzung der Ges neuer Rechtsform ist gem. § 335 II Nr. 4 ein wesentlicher Bestandteil des Formwechselplans. Regelmäßig wird man dem Bericht entsprechend § 192 I 3 bereits den **Formwechselplan oder seinen Entwurf** beifügen, um auf dieser Basis den Formwechsel und seine rechtlichen Auswirkungen auf die Anteilsinhaber zu erläutern. Demgegenüber geht § 310 I 3 davon aus, dass der Plan und selbst sein Entwurf ggf. auch erst nach der Zugänglichmachung des Berichts vorliegt.

In dem **arbeitnehmerspezifischen Abschnitt** sind entsprechend § 309 V mindestens die Auswirkungen des grenzüberschreitenden Formwechsels auf die Arbeitsverhältnisse und ggf. Maßnahmen zu ihrer Sicherung, wesentliche Änderungen der anwendbaren Beschäftigungsbedingungen oder der Standorte der Niederlassung der Ges und Auswirkungen dieser Faktoren auf etwaige Tochterges zu erläutern.

3. Entbehrlichkeit von Abschnitten bzw. des Berichts, Abs. 3

Gem. **Abs. 3 S. 1** ist der Bericht für die Anteilsinhaber nicht erforderlich in den Fällen des § 192 II, also dann, wenn die formwechselnden Ges einen Alleingesellschafter hat oder wenn alle Anteilsinhaber durch notariell beurkundete Verzichtserklärung auf seine Erstellung verzichten. Gem. **S. 2** ist der Bericht für die ArbN nicht erforderlich, wenn die formwechselnde Ges und ihre Tochterges keine ArbN haben (außer solchen, die ggf. ihrem Vertretungsorgan angehören); vgl. Boemke RdA 2018, 1 zur etwaigen ArbN-Eigenschaft von GmbH-Geschäftsführern). **S. 3** stellt klar, dass ein Bericht insgesamt nicht erforderlich ist, wenn sowohl der Bericht für die Anteilsinhaber als auch der Bericht für die Arbeitnehmer entbehrlich ist (vgl. Art. 86e IX GesR-RL).

4. Zugänglichmachung des Berichts, Abs. 1 iVm § 310

Der Formwechselbericht ist gem. **Abs. 1 iVm § 310 I** spätestens **sechs Wochen vor der Gesellschafterversammlung** sowohl den Anteilsinhabern als auch dem Betriebsrat der formwechselnden Ges, sonst deren ArbN, elektronisch zugänglich zu machen. Die elektronische Zugänglichmachung kann per E-Mail, Intranet oder Internetseite erfolgen, wenn mit einer Kenntnisnahme durch die Adressaten gerechnet werden kann oder die Adressaten hierauf gesondert hingewiesen werden (RegE-Begr zu § 310 Abs. 1, BT-Drs. 20/3822, 91). Der Verweis auch auf § 310 II ist ein Redaktionsversehen, da dieser besondere Bestimmungen für Konzernverschmelzungen mit mehreren beteiligten Ges enthält. Gem. **§ 310 III** hat das Vertretungsorgan die Anteilsinhaber über eine etwaige Stellungnahme des zuständigen Betriebsrats, sonst der ArbN, zu unterrichten, wenn sie spätestens eine Woche vor der Gesellschafterversammlung bei ihm eingeht.

§ 338 Formwechselprüfung

(1) ¹Der Formwechselplan oder sein Entwurf ist nach den §§ 9 bis 11 und 12 Absatz 1 zu prüfen. ²§ 48 ist nicht anzuwenden. ³Der Prüfungsbericht muss den Anteilsinhabern spätestens einen Monat vor dem Tag der Versammlung der Anteilsinhaber, die über die Zustimmung zum Formwechselplan beschließen soll, zugänglich gemacht werden.

(2) § 9 Absatz 2 und § 12 Absatz 3 jeweils in Verbindung mit § 8 Absatz 3 Satz 1, 2 und 3 Nummer 2 sind entsprechend anzuwenden.

1 § 338 dient der Umsetzung von Art. 86f GesR-RL. Während das UmwG beim nat. Formwechsel auf eine präventive Formwechselprüfung gem. §§ 9 ff. verzichtet, weil sich der Kreis der Anteilsinhaber grds. nicht ändert, ordnet § 338 I 1 eine solche für den grenzüberschreitenden Formwechsel an. Verzichtbar ist die Prüfung unter den Voraussetzungen des Abs. 2.

2 Gegenstand der Formwechselprüfung ist gem. **Abs. 1 S. 1** der Formwechselplan oder sein Entwurf, nicht (auch) der Formwechselbericht gem. § 337. Die Prüfung beschränkt sich auf die **Rechtmäßigkeit des Formwechselplans** bzw. seines Entwurfs. Die Zweckmäßigkeit des grenzüberschreitenden Formwechsels unter wirtschaftlichen Aspekten ist somit nicht zu beurteilen. Zur Prüfung einer gem. § 340 anzubietenden Barabfindung → Rn. 4. Abs. 1 S. 1 verweist für die gerichtliche Bestellung des Formwechselprüfers auf § 10, für seine Stellung und Verantwortlichkeit auf § 11 und für die Erstattung des schriftlichen Prüfungsberichts lediglich auf § 12 I. Da kein Rechtsträgerwechsel stattfindet, kommt es zu keinem „Umtausch" der Anteile und bedarf es keiner Erklärung über die Angemessenheit des vorgeschlagenen Umtauschverhältnisses gemäß § 12 II. Gem. **S. 2** ist § 48, der die Prüfung im Fall einer formwechselnden GmbH von dem entsprechenden Verlangen eines ihrer Gesellschafter abhängig macht, wegen der generellen Anordnung der Prüfungspflicht in S. 1 nicht anzuwenden. **S. 3** regelt die Modalitäten der **Zugänglichmachung** des Prüfungsberichts, mit **Monatsfrist** vor der Gesellschafterversammlung. Die Zugänglichmachung kann bei der AG entsprechend § 63 I Nr. 5, Abs. 3 und 4 erfolgen. Bei der GmbH bietet sich eine Übersendung mit der Einberufung oder mit dem Formwechselbericht (hierfür gilt gem. § 337 I, § 310 I 1 eine Sechswochenfrist) an.

3 **Abs. 2** enthält Bestimmungen über die **Entbehrlichkeit** von Formwechselprüfung und Prüfungsbericht. Nach dem in Bezug genommenen § 8 III sind Prüfung und Bericht ausnahmsweise nicht erforderlich, wenn alle Anteilsinhaber darauf durch notariell beurkundete Erklärung verzichten (S. 1 und 2) oder die Ges nur einen einzigen Anteilsinhaber hat (S. 3 Nr. 2).

4 Zu beachten ist das Zusammenspiel mit **§ 340 (Barabfindung)**. Nach Abs. 1 der Vorschrift hat die formwechselnde Ges im Formwechselplan oder seinem Entwurf widersprechenden Anteilsinhabern den Erwerb ihrer Anteile gegen angemessene Barabfindung anzubieten. Die Angemessenheit einer hiernach anzubietenden Barabfindung ist stets zu prüfen; § 338 ist entsprechend anzuwenden (Abs. 6). Der Prüfungsbericht muss deshalb v.a. Darstellungen zur Angemessenheit der angebotenen Barabfindung enthalten; insoweit findet auch § 12 II entsprechende Anwendung. Über den Verweis auf § 338 gilt auch Abs. 2 zur Entbehrlichkeit von Prüfung und Prüfungsbericht entsprechend.

§ 339 Zustimmung der Anteilsinhaber

(1) **Die Anteilsinhaber können ihre Zustimmung zum Formwechselplan nach § 193 Absatz 1 davon abhängig machen, dass die Art und Weise der**

Mitbestimmung der Arbeitnehmer der Gesellschaft neuer Rechtsform ausdrücklich von ihnen bestätigt wird.

(2) **Die Versammlung der Anteilsinhaber nimmt den Formwechselbericht, den Prüfungsbericht und etwaige Stellungnahmen nach § 336 in Verbindung mit § 308 Absatz 1 Satz 2 Nummer 4 zur Kenntnis, bevor sie die Zustimmung zum Formwechselplan beschließt.**

1. Allgemeines

§ 339 dient der Umsetzung von Art. 86h I und II GesR-RL. Dass der Formwechselplan gem. § 333 II Nr. 1, § 193 I der Zustimmung der Anteilsinhaber in einer Versammlung bedarf, wird in der Überschrift und durch die Bezugnahmen in Abs. 1 und Abs. 2 als selbstverständlich vorausgesetzt. Abs. 1 erlaubt es den Anteilsinhabern, ihre Zustimmung mit dem Vorbehalt zu versehen, dass ein künftiges Mitbestimmungsmodell von ihnen bestätigt wird. Abs. 2 verpflichtet die Versammlung, bestimmte Dokumente vor dem Zustimmungsbeschluss zur Kenntnis zu nehmen, teils im eigenen Interesse (Formwechselbericht, Prüfungsbericht), teils auch im Interesse weiterer Stakeholder (etwaige Bemerkungen von Anteilsinhabern, Gläubigern, Betriebsräten).

2. Zustimmung der Anteilsinhaber

Entsprechend § 193 I ist ein **Zustimmungsbeschluss der Anteilsinhaber** der formwechselnden Ges erforderlich, der nur in einer Versammlung gefasst werden kann. Beschlussgegenstand ist die Zustimmung zum Formwechselplan, der gem. § 335 II bereits die erforderlichen Angaben zum Formwechsel enthält.

Für die **Vorbereitung der Versammlung** sind gem. § 333 II Nr. 2, § 238 die §§ 230, 231 maßgebend. Bei einer GmbH ist damit die Zustimmung zum Formwechselplan als Gegenstand der Beschlussfassung anzukündigen und der Formwechselbericht zu übersenden. Bei einer AG oder KGaA ist der Formwechselbericht von der Einberufung an auszulegen und auf Verlangen der Formwechselbericht zu übermitteln oder über die Internetseite zugänglich zu machen. § 337 I, § 310 I 1 sehen hierfür eine (über übliche Einberufungsfristen hinausgehende) **Sechswochenfrist** vor. Das Abfindungsangebot (das gem. § 335 II Nr. 11 Bestandteil des Formwechselplans ist) ist gem. § 231 zusammen mit der Einberufung zu übersenden oder im Banz. bekanntzumachen.

In der Versammlung ist der Formwechselbericht auszulegen und der Formwechselplan mündlich zu erläutern (§ 333 II Nr. 2, § 239). Zudem sind vor der Beschlussfassung die in Abs. 2 genannten Dokumente zur Kenntnis zu nehmen (→ Rn. 6). Beschlussgegenstand ist die Zustimmung zum Formwechselplan; dieser sollte dem Beschluss entsprechend § 13 III 2 beigefügt werden (BeckOGK/Luy Rn. 23 f.). Der Zustimmungsbeschluss bedarf gem. § 333 II Nr. 2, § 240 I einer **Mehrheit von mindestens drei Vierteln** der abgegebenen Stimmen bzw. des vertretenen Grundkapitals, sofern der Gesellschaftsvertrag nichts anderes bestimmt. Gem. Art. 86h III GesR-RL müssen die Mitgliedstaaten sicherstellen, dass für die Zustimmung ein Quorum von mindestens zwei Dritteln, aber nicht mehr als 90% erforderlich ist. Ein etwaiges Einstimmigkeitserfordernis in der Satzung ist dennoch nicht richtlinienkonform als „90%-Mehrheit" zu lesen (ausf. BeckOGK/Luy Rn. 25 ff.). Bestehen mehrere Aktiengattungen, ist jeweils gem. § 333 II Nr. 2, § 65 II ein Sonderbeschluss zu fassen. Dem Formwechsel in eine KGaA müssen alle Gesellschafter zustimmen, die Ges neuer Rechtsform phG werden sollen (§ 333 II Nr. 2, § 240 II). Beim Formwechsel einer GmbH müssen Sonderrechtsinhaber zustimmen, wenn ihre gesellschaftsvertraglichen Minderheits- oder Geschäftsführungssonderrechte beeinträchtigt werden (§ 333 II Nr. 2, § 241 II, § 50 II). Der

Zustimmungsbeschluss zum Formwechselplan und daneben etwa erforderliche Zustimmungserklärungen sind gem. § 333 II Nr. 1, § 193 III jeweils **notariell zu beurkunden**.

3. Bestätigungsvorbehalt zur Mitbestimmung, Abs. 1

5 Gem. § 4 MgFSG finden auf die Mitbestimmung der ArbN in den Unternehmensorganen der Ges neuer Rechtsform grds. die diesbezüglichen Regelungen des Zuzugsstaats Anwendung (näher zum MgFSG Baschnagel/Hilser/Wagner RdA 2023, 103; Pototzky/Gimmy BB 2023, 1140; Schubert ZfA 2023, 340). Unter den Voraussetzungen des § 5 MgFSG kann jedoch ein Verhandlungsverfahren zum künftigen Mitbestimmungsmodell erforderlich sein. Das Verhandlungsverfahren kann einen erheblichen Zeitraum in Anspruch nehmen, sowohl für die Konstituierung des besonderen Verhandlungsgremiums als auch für die nachfolgenden, gem. § 23 I MgFSG bis zu sechsmonatigen Verhandlungen. Gem. **Abs. 1** können deshalb die Anteilsinhaber ihre Zustimmung mit dem **Vorbehalt** versehen, dass ein im Zeitpunkt ihrer Beschlussfassung noch nicht feststehendes **Mitbestimmungsmodell** für die Ges neuer Rechtsform später ausdrücklich von ihnen bestätigt wird. Ein solcher Bestätigungsbeschluss wäre dann in einer erneuten Gesellschafterversammlung zu fassen; § 193 gilt für den Bestätigungsbeschluss entsprechend (→ Rn. 2 ff.). Eine Delegation an andere Unternehmensorgane, bspw. den Aufsichtsrat, ist nicht vorgesehen.

4. Kenntnisnahme von Dokumenten, Abs. 2

6 Die gem. Art. 86h I GesR-RL erforderliche **Information der Gesellschafter im Vorfeld** ihrer Zustimmungsentscheidung wird insbes. durch § 336 (Bekanntmachung des Formwechselplans), § 337 (Formwechselbericht), § 338 (Prüfungsbericht) gewährleistet. Gem. **Abs. 2** nimmt die Versammlung der Anteilsinhaber den Formwechselbericht, den Prüfungsbericht und etwaige Stellungnahmen gem. § 336 iVm § 308 I Nr. 4 vor der Beschlussfassung zur Kenntnis. Derartige Stellungnahmen können von Anteilsinhabern, Gläubigern, dem zuständigen Betriebsrat oder sonst der ArbN bis spätestens fünf Arbeitstage vor der Versammlung eingereicht werden. Stellungnahmen des Betriebsrats bzw. der ArbN sind den Anteilsinhabern ggf. gem. § 337 I iVm § 310 III vorab zugänglich zu machen. Das Protokoll sollte festhalten, dass die Versammlung diese Dokumente vor der Beschlussfassung zur Kenntnis genommen hat.

§ 340 Barabfindung

(1) ¹**Die formwechselnde Gesellschaft hat im Formwechselplan oder seinem Entwurf jedem Anteilsinhaber, der gegen den Zustimmungsbeschluss der Anteilsinhaber Widerspruch zur Niederschrift erklärt, den Erwerb seiner Anteile oder Mitgliedschaften gegen eine angemessene Barabfindung anzubieten; nicht anzuwenden sind insoweit § 71 Absatz 4 Satz 2 des Aktiengesetzes und die Anordnung der Nichtigkeit des schuldrechtlichen Geschäfts über einen verbotswidrigen Erwerb nach § 33 Absatz 2 Satz 2 des Gesetzes betreffend die Gesellschaften mit beschränkter Haftung. ²Das Abfindungsangebot steht unter der aufschiebenden Bedingung des Wirksamwerdens des grenzüberschreitenden Formwechsels. ³Im Formwechselplan oder seinem Entwurf sind eine Postanschrift sowie eine elektronische Adresse anzugeben, an welche die Mitteilung nach Absatz 2 Satz 1 und die Annahmeerklärung nach Absatz 3 Satz 1 übermittelt werden können. ⁴§ 207 Absatz 1 Satz 2 und 3, Absatz 2 sowie § 208 in Verbindung mit § 30 Absatz 1 und den §§ 210 bis 212 gelten entsprechend.**

Barabfindung 1, 2 § 340 UmwG A

(2) Ein Anteilsinhaber, der die Annahme des Abfindungsangebots nach Absatz 1 Satz 1 beabsichtigt, hat der Gesellschaft seine Absicht spätestens einen Monat nach dem Tag, an dem die Versammlung der Anteilsinhaber die Zustimmung zum Formwechselplan beschlossen hat, mitzuteilen.

(3) ¹Das Abfindungsangebot kann bis spätestens zwei Monate nach dem Tag, an dem die Versammlung der Anteilsinhaber der formwechselnden Gesellschaft die Zustimmung zum Formwechselplan beschlossen hat, angenommen werden. ²Die Annahme ist ausgeschlossen, wenn die Mitteilung nach Absatz 2 nicht rechtzeitig erfolgt ist. ³Erfolgt die Annahme vor Ablauf der Mitteilungsfrist nach Absatz 2, so ist die Mitteilung nicht mehr erforderlich. ⁴§ 15 Absatz 4 des Gesetzes betreffend die Gesellschaften mit beschränkter Haftung bleibt unberührt.

(4) Anteilsinhaber, die das Abfindungsangebot nach Maßgabe des Absatzes 3 angenommen haben, werden abweichend von § 202 Absatz 1 Nummer 2 mit Wirksamwerden des Formwechsels nicht Anteilsinhaber der Gesellschaft neuer Rechtsform.

(5) ¹Die Gesellschaft neuer Rechtsform hat die Barabfindung spätestens zwei Wochen nachdem der Formwechsel wirksam geworden ist an die Anteilsinhaber, die das Angebot nach Maßgabe des Absatzes 3 angenommen haben, zu zahlen. ²§ 341 ist auf den Abfindungsanspruch dieser Anteilsinhaber entsprechend anzuwenden.

(6) ¹Die Angemessenheit einer nach Absatz 1 anzubietenden Barabfindung ist stets zu prüfen. ²§ 12 Absatz 2 und § 338 sind entsprechend anzuwenden.

1. Allgemeines

Gem. § 340 hat die formwechselnde Ges (Minderheits-)Gesellschaftern, die mit dem grenzüberschreitenden Hinausformwechsel nicht einverstanden sind und gegen den Zustimmungsbeschluss in der Gesellschafterversammlung Widerspruch zur Niederschrift des Notars erklären, ein **Ausscheiden gegen angemessene Barabfindung** zu ermöglichen. Abs. 1–5 dienen der Umsetzung von Art. 86i GesR-RL. Sie regeln die Voraussetzungen des Barabfindungsangebots (Abs. 1), seine Annahme durch den Gesellschafter (Abs. 3) mit vorgeschalteter Absichtserklärung (Abs. 2), sein Ausscheiden aus der Ges (Abs. 4) und die Zahlung der Barabfindung (Abs. 5). Abs. 6 ordnet die Prüfung des Abfindungsangebots an und dient insoweit der Umsetzung von Art. 86f GesR-RL. § 340 ist eine Parallelnorm zu § 313, wonach eine dt. Ges auch im Fall ihrer Hinausverschm dissentierenden Gesellschaftern ein Ausscheiden gegen Barabfindung anbieten muss.

2. Widerspruch gegen Abfindungsangebot (Abs. 1)

Gem. **Abs. 1 S. 1** hat die formwechselnde Ges im Formwechselplan oder seinem Entwurf jedem Anteilsinhaber, der gegen den Zustimmungsbeschluss Widerspruch zur Niederschrift erklärt, den Erwerb seiner Anteile (→ Rn. 8) gegen angemessene Barabfindung anzubieten. Der Formwechselplan muss hierzu gem. § 335 II Nr. 11 „die Einzelheiten" enthalten. Die Barabfindung muss angemessen sein, die Verhältnisse der formwechselnden Ges im Zeitpunkt der Beschlussfassung berücksichtigen (Abs. 1 S. 4 iVm §§ 208, 30 I) und grds. geprüft werden (Abs. 6). Gem. **Abs. 1 S. 2** steht das Abfindungsangebot unter der **aufschiebenden Bedingung** des Wirksamwerdens des grenzüberschreitenden Formwechsels. Dies erklärt sich daraus, dass das Angebot bereits vor dem Wirksamwerden des Formwechsels angenommen werden muss (insofern abweichend vom nat. Formwechsel, s. dort § 209): Das Registergericht darf erst nach Ablauf der Annahmefrist gem. Abs. 3 S. 1 eintragen, § 343 II 1. Erfolgte das Angebot unbedingt, wäre mit der korrespondierenden Annahme die Pflicht zur Anteilsübertragung gegen Barabfindung unabhängig vom weiteren Vollzug des Formwechsels begründet. Im Formwechselplan oder seinem Entwurf ist eine Postanschrift und eine elektronische Adresse für die Übermittlung der Annahme- und der vorgeschalteten Absichtserklärung anzugeben (**Abs. 1 S. 3**). Das Abfindungsangebot entfällt, wenn alle Gesellschafter darauf in notariell beurkundeter Form **verzichten** (BeckOGK/Luy Rn. 17).

3   Ein **wirksamer Widerspruch** kann jederzeit während der Gesellschafterversammlung erklärt werden und setzt weiter voraus, dass der Anteilsinhaber ausdrücklich **gegen den Formwechsel gestimmt** hat. Denn zum einen verlangt § 194 I Nr. 6 auch beim nat. Formwechsel ein Abfindungsangebot nur, „sofern nicht der Formwechselbeschluss zu seiner Wirksamkeit der Zustimmung aller Anteilsinhaber bedarf oder an dem formwechselnden Rechtsträger nur ein Anteilsinhaber beteiligt ist" (→ § 207 Rn. 4). Zum anderen erlaubt § 343 II 2 dem Registergericht, den grenzüberschreitenden Formwechsel bereits vor Ablauf der Zweimonatsfrist des § 340 III 1 einzutragen, wenn alle Anteilsinhaber dem Formwechsel zugestimmt haben. Sofern insbes. bei PublikumsGes das Stimmverhalten des einzelnen Gesellschafters nicht protokolliert wird, wird es mit BeckOGK/Luy Rn. 9 ff. genügen, dass der Anteilsinhaber dem Formwechsel jedenfalls nicht nachweislich zugestimmt hat. Die bloße Nein-Stimme ersetzt nicht die Erklärung des Widerspruchs zur Niederschrift.

4   Dem Widerspruch zur Niederschrift steht es gem. **Abs. 1 S. 4** iVm § 207 II, § 29 II gleich, wenn ein nicht erschienener Anteilsinhaber zu der Versammlung zu Unrecht nicht zugelassen worden ist oder die Versammlung nicht ordnungsgemäß einberufen oder der Gegenstand der Beschlussfassung nicht ordnungsgemäß bekanntgemacht worden ist. Die weiteren Verweise in Abs. 1 S. 4 haben zur Folge: Auch beim grenzüberschreitenden Formwechsel kann eine Klage gegen den Zustimmungsbeschluss nicht auf eine fehlende Angemessenheit des Barabfindungsangebots gestützt werden; die angemessene Barabfindung ist gem. **§ 212** vielmehr nachlaufend im Spruchverfahren zu bestimmen (§ 1 Nr. 4 SpruchG nennt ausdrücklich auch § 340). Verfügungsbeschränkungen stehen gem. **§ 211** einer anderweitigen Veräußerung nicht entgegen.

3. Absichts- und Annahmeerklärung (Abs. 2 und 3)

5   Beabsichtigt ein Anteilsinhaber, das Angebot anzunehmen, muss er dies der Ges gem. **Abs. 2** innerhalb eines Monats nach dem Zustimmungsbeschluss der Gesellschafterversammlung mitteilen. Bei dieser **Absichtserklärung** (zu ihrer Rechtsnatur ausf. BeckOGK/Luy Rn. 26.1) handelt es sich um eine Obliegenheit, die Voraussetzung für die spätere Annahme des Abfindungsangebots gem. Abs. 3 ist. Die Erklärung soll es der Ges ermöglichen, den durch die Abfindungszahlungen maximal drohenden Liquiditätsabfluss abzuschätzen. Sie begründet noch keine Verpflichtung gegenüber der Ges.

6   Gem. **Abs. 3** ist die **Annahme** des Abfindungsangebots innerhalb von zwei Monaten nach dem Zustimmungsbeschluss der Gesellschafterversammlung zu erklären. Dies gibt den Anteilsinhabern nach der Absichtserklärung einen weiteren Monat Bedenkzeit; wenn sie die Annahme jedoch bereits in der Monatsfrist gem. Abs. 2 verbindlich erklären, bedarf es daneben keiner Absichtserklärung nach Abs 2. Absichts- und Annahmeerklärung sind jeweils an die im Formwechselplan oder seinem Entwurf hierfür angegebene Postanschrift oder elektronische Adresse zu übermitteln (**Abs. 1 S. 3**). Zutr. hält Schmidt NZG 2022, 579 (583) diese „Aufspaltungslösung" für etwas umständlich.

Die **Form der Annahmeerklärung** beurteilt sich nach den rechtsformspezifi- 7
schen Vorschriften über die Verpflichtung zur Übertragung von Anteilen. Bei AG,
KGaA und SE ist sie daher formfrei möglich (BeckOGK/Luy Rn. 36). Im Fall einer
formwechselnden **GmbH** bedarf gem. **Abs. 3 S. 4** zwar nicht die Absichtserklärung, aber die eigentliche Annahme des Angebots gem. § 15 IV GmbHG der notariellen **Beurkundung** (ausf. Schmidt NZG 2022, 579 (582 f.); Baschnagel/Hilser
BWNotZ 2023, 2). Die Begr. RegE zu § 313 Abs. 3 (BT-Drs. 20/3822) sieht hier
aufgrund der bindenden Entscheidung zum Austritt aus der Ges die Schutzzwecke
des § 15 IV GmbHG betroffen, namentlich die Beweiserleichterung und Richtigkeitsgewähr hinsichtlich der Beteiligungsverhältnisse und den Schutz der Anleger
vor übereilten und unberatenen Entscheidungen. Dies ist angesichts des ohnehin
hohen umwandlungsrechtlichen Schutzniveaus indessen wenig überzeugend (Löbbe
ZHR 187 (2023), 498 (508)). Gem. Abs. 1 S. 4 iVm § 207 I 3 sind die Kosten der
Beurkundung von der formwechselnden Ges zu tragen.

4. Ausscheiden und Zahlung (Abs. 4 und 5)

Gem. **Abs. 4** werden Anteilsinhaber, die das Abfindungsangebot form- und frist- 8
gerecht angenommen haben, mit dem Wirksamwerden des Formwechsels nicht
Anteilsinhaber der Ges neuer Rechtsform. Zu diesem Zeitpunkt (der sich gem.
Art. 86q S. 1 GesR-RL nach dem Recht des Zuzugsstaats bestimmt) tritt vielmehr
die aufschiebende Bedingung ein, mit der das Abfindungsangebot gem. **Abs. 1 S. 2**
versehen ist, und kommt es insoweit zu einem **Erwerb eigener Anteile** durch die
formwechselnde Ges. Insoweit schließt **Abs. 1 Hs. 2** die Anwendung von § 71 IV
2 AktG und § 33 II 3 GmbHG aus mit der Folge, dass das schuldrechtliche Geschäft
über den Erwerb eigener Anteile nicht wegen Verstoßes gegen die Kapitalerhaltungsvorschriften nichtig sein kann. § 343 II 1 stellt sicher, dass die Frist für die Annahme
des Abfindungsangebots abgelaufen ist, bevor das Registergericht die Formwechselbescheinigung ausstellt und der Formwechsel auf dieser Grundlage unter den Voraussetzungen des Rechts des Zuzugsstaats wirksam werden kann (vgl. § 343 I 2).

Gem. **Abs. 5 S. 1** hat die Ges neuer Rechtsform den Anteilsinhabern, die das 9
Abfindungsangebot form- und fristgerecht angenommen haben, die Barabfindung
innerhalb von **zwei Wochen** nach dem Wirksamwerden des Formwechsels **zu
zahlen**. Da diese Anteilsinhaber mit dem Wirksamwerden des Formwechsels bereits
ausgeschieden sind (→ Rn. 8), hat der dt. Gesetzgeber die in Art. 86i III 2 GesR-
RL vorgesehene Höchstfrist von zwei Monaten nicht ausgeschöpft. Die Barabfindung ist gem. Abs. 1 S. 4 iVm §§ 208, 30 I 2, § 15 II ab dem Wirksamwerden des
Formwechsels mit 5 Prozentpunkten p.a. über dem Basiszins gem. § 247 BGB zu
verzinsen. Gem. **Abs. 5 S. 2** ist § 341 entsprechend anzuwenden mit Folge, dass
der Anteilsinhaber ggf. Sicherheitsleistung verlangen und vor einem inl. Gericht
klagen kann.

5. Prüfung des Abfindungsangebots (Abs. 6)

Abs. 6 enthält Bestimmungen zur **Prüfung des Abfindungsangebots** und zu 10
dem zugehörigen Prüfungsbericht. Dies dient neben § 338 der Umsetzung von
Art. 86f GesR-RL. Gem. **S. 1** ist die Prüfung der Angemessenheit der nach Abs. 1
anzubietenden Barabfindung stets erforderlich. Die Ausnahmevorschrift des § 250
für den nat. Formwechsel zwischen AG und KGaA findet daher keine entsprechende
Anwendung. Gem. **S. 2** ist § 338 mit seinen Folgeverweisen auf die §§ 9–11 und
§ 12 I 1 entsprechend anzuwenden. Da der Prüfungsbericht Darstellungen zur Angemessenheit der angebotenen Barabfindung enthalten muss, findet insoweit § 12 II
entsprechende Anwendung. Über den Verweis auf § 338 gelten ferner die Bestimmungen über die Zugänglichmachung des Prüfungsberichts und die Entbehrlichkeit
von Prüfung und Prüfungsbericht entsprechend.

§ 341 Gläubigerschutz

(1) § 314 gilt für die formwechselnde Gesellschaft und ihre Gläubiger entsprechend.

(2) ¹Für Klagen von Gläubigern wegen einer Forderung gegen die formwechselnde Gesellschaft sind unbeschadet unionsrechtlicher Vorschriften auch die deutschen Gerichte international zuständig, sofern die Forderung vor der Bekanntmachung des Formwechselplans oder seines Entwurfs entstanden ist und die Klage innerhalb von zwei Jahren nach Wirksamwerden des grenzüberschreitenden Formwechsels erhoben wird. ²Der Gerichtsstand im Inland bestimmt sich nach dem letzten Sitz des formwechselnden Rechtsträgers.

1. Allgemeines

1 § 341 dient der Umsetzung von Art. 86j GesR-RL. Abs. 1 verweist hierfür insgesamt auf die Gläubigerschutzbestimmungen des § 314 für die grenzüberschreitende Verschm. Danach können Gläubiger für noch nicht fällige, aber gefährdete Forderungen angemessene Sicherheiten verlangen und dieses Verlangen ggf. auch gerichtlich durchsetzen (näher Baschnagel/Hilser NZG 2022, 1333; Löbbe ZHR 187 (2023), 498 (522 ff.)). Abs. 2 setzt Art. 86j Abs. 4 GesR-RL um, indem er für eine Übergangszeit von zwei Jahren nach dem Wirksamwerden des Formwechsels weiterhin einen dt. Gerichtsstand für Gläubigerklagen vorsieht. Von der Mitgliedsstaatenoption, eine **Bonitätserklärung** des Vertretungsorgans einzuführen (Art. 86j Abs. 2 GesR-RL), hat Deutschland keinen Gebrauch gemacht.

2. Anspruch auf Sicherheitsleistung, Abs. 1

2 Gem. **Abs. 1** finden die für die grenzüberschreitende Verschm anwendbaren Gläubigerschutzbestimmungen des § 314 entsprechende Anwendung. Gem. § 314 Abs. 1 haben die Gläubiger der formwechselnden Ges **Anspruch auf Sicherheitsleistung** für eine Forderung, die (1.) vor der Bekanntmachung des Formwechselplans entstanden, aber noch nicht fällig ist, und (2.) deren Erfüllung durch den grenzüberschreitenden Formwechsel gefährdet wird. Anspruchsberechtigt sind somit „Altgläubiger" der Ges, deren Forderung bereits vor der Bekanntmachung des Formwechselplans entstanden ist. Die Forderung darf im Zeitpunkt der Bekanntmachung aber auch noch nicht fällig sein, weil der Altgläubiger sonst unmittelbar auf Erfüllung klagen kann und keines Schutzes durch Sicherheitsleistung bedarf. Zusätzlich muss die Erfüllung der Forderung durch den Hinausformwechsel gefährdet sein. Eine solche **konkrete Gefährdung** kann bei einer grenzüberschreitenden Verschm – und damit im unmittelbaren Anwendungsbereich des § 314 Abs. 1 – insbes. daraus resultieren, dass Aktiva und Passiva mehrerer Rechtsträger zusammengeführt werden und die Bonität der übernehmenden oder neuen Ges geringer sein kann als die Bonität der übertragenden Ges. Beim grenzüberschreitenden Formwechsel besteht die formwechselnde Ges dagegen in neuer Rechtsform mit ihrem bisherigen Vermögen weiter. Eine Gefährdung gerade durch den Formwechsel kann daher wohl nur ausnahmsweise bestehen, etwa bei besonderen Problemen der Rechtsverfolgung im Zuzugsstaat (deutlich höhere Prozessdauer oder -kosten) oder einem niedrigeren Kapitalschutzniveau der neuen Rechtsform (BeckOGK/Luy § 314 Rn. 15 ff.), behauptet und gem. § 314 Abs. 2 **glaubhaft** gemacht werden.

3 Gem. § 335 Abs. 2 Nr. 8 sind im Formwechselplan „die Sicherheiten, die den Gläubigern angeboten werden", anzugeben. Dieses Angebot ist, wie Art. 86d lit. f GesR-RL erkennen lässt („etwaige Sicherheiten, die den Gläubigern angeboten werden, wie Garantien oder Zusagen"), fakultativ (BeckOGK/Luy § 335 Rn. 51

mwN; Baschnagel/Hilser NZG 2022, 1333 (1336)). Sind die dem Gläubiger im Formwechselplan oder auf sein Verlangen gem. § 314 Abs. 1 hin angebotenen Sicherheiten nicht geeignet oder nicht ausreichend, kann der Gläubiger seinen Anspruch auf Sicherheitsleistung gem. § 314 Abs. 3 innerhalb von **drei Monaten ab Bekanntmachung** des Formwechselplans bei dem gem. Abs. 5 zuständigen Prozessgericht (je nach Streitwert Amts- oder Landgericht) **gerichtlich geltend machen**. Wurde ein Anspruch auf Sicherheitsleistung gerichtlich geltend gemacht, darf das Registergericht den Formwechsel gem. § 343 Abs. 2 S. 3 erst eintragen, wenn der Antrag rechtskräftig abgelehnt oder die festgelegte Sicherheit geleistet wurde. Informationen hierzu kann das Registergericht gem. § 342 Abs. 5 unmittelbar bei den zuständigen Prozessgerichten anfordern.

3. Gerichtsstand für Gläubigerklagen, Abs. 2

Abs. 2 sieht gem. der Vorgabe in Art. 86j Abs. 4 GesR-RL (nur) für den grenzüberschreitenden Formwechsel einen **besonderen Gerichtsstand für Gläubigerklagen** vor. Voraussetzung ist nach **S. 1**, dass die Forderung vor Bekanntmachung des Formwechselplans bzw. seines Entwurfs entstanden ist (ohne dass es auf ihre Fälligkeit bei Bekanntmachung ankäme) und das prozessuale Verfahren innerhalb von zwei Jahren nach Wirksamwerden des grenzüberschreitenden Hinausformwechsels eingeleitet wird. Liegen diese Voraussetzungen vor, sind neben etwaigen weiteren internationalen Gerichtsständen auch die dt. Gerichte (je nach Streitwert Amts- bzw. Landgericht) international zuständig. Gem. **S. 2** bestimmt sich der inländische Gerichtsstand nach dem Ort, an dem der Rechtsträger unmittelbar vor Wirksamwerden des grenzüberschreitenden Formwechsels seinen Satzungssitz im Inland (§ 4a GmbHG, § 5 AktG) hatte. Weitere inländische Gerichtsstände nach allgemeinen Bestimmungen bleiben unberührt.

§ 342 Anmeldung des Formwechsels

(1) **Das Vertretungsorgan der Gesellschaft hat das Vorliegen der Voraussetzungen für den grenzüberschreitenden Formwechsel zur Eintragung in das Register, in dem der formwechselnde Rechtsträger eingetragen ist, anzumelden.**

(2) **§ 198 Absatz 3 in Verbindung mit § 16 Absatz 2 und 3 sowie § 199 gelten entsprechend mit der Maßgabe, dass zusätzlich**
1. **der Anmeldung**
   a) **der Formwechselplan in Ausfertigung oder öffentlich beglaubigter Abschrift sowie**
   b) **etwaige Bemerkungen nach § 336 in Verbindung mit § 308 Absatz 1 Satz 2 Nummer 4 in Abschrift und**
2. **dem einheitlichen Bericht oder dem Bericht für die Arbeitnehmer eine etwaige Stellungnahme gemäß § 337 Absatz 1 in Verbindung mit § 310 Absatz 3 in Abschrift**
beizufügen sind.

(3) ¹**Die Mitglieder des Vertretungsorgans haben zu versichern, dass**
1. **allen Gläubigern die gemäß § 335 Absatz 2 Nummer 8 angebotene Sicherheit geleistet wurde,**
2. **die Rechte der Arbeitnehmer gemäß § 336 in Verbindung mit § 308 Absatz 1 Satz 2 Nummer 4 Buchstabe b sowie gemäß § 337 Absatz 1 in Verbindung mit § 310 Absatz 3 und 4 eingehalten wurden,**
3. **ein zur Verhandlung über die künftige Mitbestimmung durchzuführendes Verfahren nach den Umsetzungsvorschriften zu Artikel 86l Absatz 3 und 4 der Richtlinie (EU) 2017/1132 begonnen hat und**

4. sich die Gesellschaft nicht im Zustand der Zahlungsunfähigkeit, der drohenden Zahlungsunfähigkeit oder der Überschuldung gemäß § 17 Absatz 2, § 18 Absatz 2 oder § 19 Absatz 2 der Insolvenzordnung befindet.
²Kann die Versicherung nach Satz 1 Nummer 4 nicht abgegeben werden, hat das Vertretungsorgan mitzuteilen, welcher der dort genannten Tatbestände erfüllt ist und ob ein Insolvenzverfahren beantragt oder eröffnet wurde. ³Nach Eröffnung des Insolvenzverfahrens trifft diese Pflicht den Insolvenzverwalter; wurde ein vorläufiger Insolvenzverwalter bestellt und dem Schuldner ein allgemeines Verfügungsverbot auferlegt, so trifft die Pflicht den vorläufigen Insolvenzverwalter.

(4) Das Vertretungsorgan teilt dem Registergericht Folgendes mit:
1. die Zahl der Arbeitnehmer zum Zeitpunkt der Aufstellung des Formwechselplans,
2. die Zahl der Tochtergesellschaften und ihre jeweiligen geografischen Standorte sowie
3. das Bestehen von Verbindlichkeiten gegenüber der öffentlichen Hand.

(5) Das nach § 341 Absatz 1 in Verbindung mit § 314 Absatz 5 zuständige Gericht teilt dem Registergericht auf Anforderung mit, ob innerhalb der Frist des § 341 Absatz 1 in Verbindung mit § 314 Absatz 3 eine Sicherheitsleistung gerichtlich geltend gemacht wurde.

1. Allgemeines

1   § 342 dient der Umsetzung von Art. 86m GesR-RL. Gegenstand der Vorschrift ist die **Anmeldung des** grenzüberschreitenden **Hinausformwechsels** durch eine formwechselnde Ges, die dem deutschen Recht unterliegt, bei ihrem Registergericht. Ziel der Anmeldung ist die Eintragung, dass alle einschlägigen Voraussetzungen für den Formwechsel erfüllt und alle Verfahren und Formalitäten erledigt wurden, und die Ausstellung einer Formwechselbescheinigung über diese Eintragung nach § 343. Für den Hereinformwechsel gilt nicht § 342, sondern § 345.

2. Anmeldung durch Vertretungsorgan (Abs. 1)

2   Gem. **Abs. 1** hat das **Vertretungsorgan** der formwechselnden Ges das Vorliegen der Voraussetzungen für den grenzüberschreitenden Formwechsel zum Handelsregister anzumelden. Wie bei § 246 Abs. 1 genügt eine Anmeldung in vertretungsberechtigter Anzahl, auch in unechter Gesamtvertretung. Das Vorliegen der Voraussetzungen ist nachzuweisen durch die Vorlage von Unterlagen (→ Rn. 3) und durch Versicherungen des Vertretungsorgans (→ Rn. 4). Stellvertretung ist bei der Anmeldung nur möglich, wenn diese höchstpersönlichen Versicherungen nicht in die Anmeldung integriert, sondern gesondert abgegeben werden (BeckOGK/Luy § 342 Rn. 7).

3. Beizufügende Unterlagen (Abs. 2)

3   Gem. **Abs. 2** sind der Anmeldung die folgenden **Unterlagen** beizufügen:
– der **Formwechselplan** gem. § 335 (**Nr. 1 lit. a);**
– etwaige **Bemerkungen** zum Formwechselplan von Anteilsinhabern, Gläubigern oder des zuständigen Betriebsrats, sonst der ArbN der formwechselnden Ges gem. § 336 iVm § 308 I 2 Nr. 4 (**Nr. 1 lit. b);**
– der **Zustimmungsbeschluss** der Gesellschafterversammlung zum Formwechselplan gem. §§ 339, 193 (**§ 199);**
– etwaige not. beurkundete **Verzichtserklärungen** der Anteilsinhaber auf eine Klage (**§ 198 III, § 16 II 2);**

Anmeldung des Formwechsels 4, 5 § 342 UmwG A

- etwa erforderliche **Zustimmungen** einzelner Anteilsinhaber gem. § 193 II **(§ 199);**
- der **Formwechselbericht** gem. § 337, alternativ ggf. Verzichtserklärungen aller Anteilsinhaber gem. § 337 III 1, § 192 II **(§ 199);**
- eine etwaige **Stellungnahme** zum Formwechselbericht des zuständigen Betriebsrats, sonst der ArbN der formwechselnden Ges gem. § 337 I iVm § 310 III **(Nr. 2);**
- der **Prüfungsbericht** gem. § 338, alternativ ggf. Verzichtserklärungen aller Anteilsinhaber. Zwar wird die Beifügung des Prüfungsberichts von Abs. 2 iVm § 199 nicht ausdrücklich verlangt. Hierbei dürfte es sich jedoch um ein Redaktionsversehen handeln, wie ein Vergleich mit § 315 II, § 17 I zur Beifügung des Prüfungsberichts im Fall einer Verschm ergibt. Ohnehin hat das Registergericht ein Informationsrecht gem. § 344. Demgegenüber hält BeckOGK/Luy § 342 Rn. 21 eine Beifügung nicht für erforderlich.

Im Hinblick auf die gem. Abs. 3 Nr. 2 abzugebende Versicherung entfällt die in 4 § 199 aE vorgesehene Beifügung eines **Nachweises über eine Zuleitung** an den zuständigen Betriebsrat (ebenso BeckOGK/Luy § 342 Rn. 20).

4. Versicherungen des Vertretungsorgans (Abs. 2 und 3)

Das Vertretungsorgan hat bei der Anmeldung die folgenden **Versicherungen** 5 abzugeben:
- die **Negativerklärung**, dass gegen die Wirksamkeit des Formwechselbeschlusses eine Klage nicht oder nicht fristgemäß erhoben, rechtskräftig abgewiesen oder zurückgenommen wurde **(Abs. 2 iVm § 198 III, § 16 II 1);**
- die Versicherung, dass allen - gem. § 341 I iVm § 314 I anspruchsberechtigten - Gläubigern die im Formwechselplan gem. § 335 II Nr. 8 angebotene **Sicherheit geleistet** wurde **(Abs. 3 S. 1 Nr. 1);**
- die Versicherung, dass die **Unterrichtungs- und Anhörungsrechte der ArbN** gem. § 336 iVm § 308 I 2 Nr. 4 lit. b sowie gem. § 337 I iVm § 310 I und III eingehalten wurden **(Abs. 3 S. 1 Nr. 2).** Das setzt voraus, dass erstens der zuständige Betriebsrat (bei dessen Fehlen die ArbN) der formwechselnden Ges die Möglichkeit hatte, spätestens fünf Arbeitstage vor dem Tag der Gesellschafterversammlung Bemerkungen zum Formwechselplan zu übermitteln, zweitens der Formwechselbericht oder der Bericht für die ArbN dem zuständigen Betriebsrat (bei dessen Fehlen die ArbN) spätestens sechs Wochen vor der Versammlung zugänglich gemacht wurde und drittens die Anteilsinhaber über eine bis spätestens eine Woche vor der Versammlung hierzu erhaltene Stellungnahme unterrichtet wurden;
- die Versicherung, dass ein gem. Art. 86l III und IV GesR-RL durchzuführendes (dh erforderliches) **Beteiligungsverfahren** begonnen hat **(Abs. 3 S. 1 Nr. 3).** Hierfür soll laut Begr. RegE zu § 315 III Nr. 4 (BT-Drs. 20/3822) jedenfalls das besondere Verhandlungsgremium (bVG) konstituiert worden sein müssen (so auch BeckOGK/Luy § 342 Rn. 26). Der Wortlaut stellt jedoch nicht auf den Beginn von Verhandlungen, sondern auf den Beginn des zur Verhandlung durchzuführenden Verfahrens ab. Das Beteiligungsverfahren als solches beginnt bereits mit der Information der Leitung zur Bildung des bVG gem. § 6 MgFSG, während die nachfolgenden Schritte bis zur Konstituierung des bVG in der Sphäre und Verantwortung der ArbN liegen. Für die Abgabe der Versicherung genügt daher die erfolgte Information der Leitung gem. § 6 MgFSG;
- die Versicherung, dass sich die Ges nicht im Zustand der Zahlungsunfähigkeit, drohenden Zahlungsunfähigkeit oder Überschuldung befindet **(Abs. 3 S. 1 Nr. 4;** hierzu Harig/Harder NZG 2022, 1435).

6 Die Versicherungen gem. Abs. 3 S. 1 Nr. 1 und Nr. 4 sind gem. § 348 Nr. 1 strafbewehrt. Eine Abgabe der Versicherungen durch das Vertretungsorgan **in vertretungsberechtigter Anzahl** ist jeweils ausreichend. Die Versicherungen können Teil der Anmeldung sein oder getrennt abgegeben, auch nachgereicht werden (dann genügt jeweils Schriftform). Eine Abgabe durch Bevollmächtigte ist unzulässig. Von der Mitgliedsstaatenoption, eine **Bonitätserklärung** des Vertretungsorgans einzuführen (Art. 86j II GesR-RL), hat Deutschland keinen Gebrauch gemacht.

5. Mitteilungen des Vertretungsorgans (Abs. 4)

7 Gem. **Abs.** 4 teilt das Vertretungsorgan dem Registergericht ferner die Zahl der ArbN bei Aufstellung des Formwechselplans, die Zahl der TochterGes und ihrer jeweiligen geografischen Standorte sowie das Bestehen von Verbindlichkeiten gegenüber der öffentlichen Hand mit. Die Informationen dienen dem Registergericht als Informationsgrundlage für die Prüfung gem. § 343 III. Gem. § 343 III 4 Nr. 3 kann ggf. (nämlich unter weiteren Voraussetzungen) auch das Überschreiten der 4/5-Schwelle für die Unternehmensmitbestimmung einen Anhaltspunkt begründen. Da der Schwellenwert jeweils auch eine Konzerndimension hat, kann sich zur Vermeidung von Nachfragen gem. § 344 auch eine Aussage zur Zahl der ArbN in TochterGes anbieten (von Abs. 4 Nr. 1 nicht gefordert, BeckOGK/Luy Rn. 32).

6. Mitteilungen der Prozessgerichte (Abs. 5)

8 Gem. **Abs.** 5 teilt das das gem. § 341 iVm § 314 V zuständige Gericht dem Registergericht auf Anforderung mit, ob Gläubiger innerhalb der Dreimonatsfrist nach Bekanntmachung des Formwechselplans Ansprüche auf Sicherheitsleistung gerichtlich geltend gemacht haben. Zuständiges Prozessgericht ist je nach Streitwert das Amts- oder Landgericht. Die gerichtliche Geltendmachung hindert gem. § 343 II 3 zunächst die Eintragung des grenzüberschreitenden Formwechsels. Systematisch gehört diese erst durch den RA (BT-Drs. 20/4806) geschaffene Abfragemöglichkeit des Registergerichts nicht zur Anmeldung, sondern zu den Informationsmöglichkeiten gem. § 344 (BeckOGK/Luy Rn. 36). Die noch in § 342 III Nr. 2 UmRUG-RegE vorgesehene Versicherung des Vertretungsorgans, dass keine Sicherheitsleistung gerichtlich geltend gemacht wurde, ist zugunsten dieser Abfragemöglichkeit entfallen.

§ 343 Formwechselbescheinigung

(1) ¹Das Gericht prüft innerhalb von drei Monaten nach der Anmeldung gemäß § 342 Absatz 1 und 2, ob für die Gesellschaft die Voraussetzungen für den grenzüberschreitenden Formwechsel vorliegen. ²Die Eintragung enthält die Bezeichnung des Formwechselverfahrens und der formwechselnden Gesellschaft sowie die Feststellung, dass alle einschlägigen Voraussetzungen erfüllt und alle Verfahren und Formalitäten erledigt wurden. ³Die Eintragung ist mit dem Vermerk zu versehen, dass der grenzüberschreitende Formwechsel unter den Voraussetzungen des Rechts desjenigen Staates wirksam wird, in den die Gesellschaft ihren Sitz verlegt. ⁴Über die Eintragung stellt das Gericht von Amts wegen eine Formwechselbescheinigung aus.

(2) ¹Die Eintragung gemäß Absatz 1 darf nicht vor Ablauf der Fristen gemäß § 340 Absatz 3 Satz 1 und gemäß § 341 Absatz 1 in Verbindung mit § 314 Absatz 3 vorgenommen werden. ²Haben alle Anteilsinhaber dem Formwechsel zugestimmt, darf die Eintragung bereits vor Ablauf der Frist des § 340 Absatz 3 Satz 1 erfolgen. ³Wurde ein Anspruch auf Sicherheitsleis-

tung gemäß § 341 Absatz 1 in Verbindung mit § 314 Absatz 3 gerichtlich geltend gemacht, so darf die Eintragung gemäß Absatz 1 nicht vorgenommen werden,
1. bevor die den Antrag ablehnende Entscheidung rechtskräftig ist,
2. die in der Entscheidung festgelegte Sicherheit geleistet wurde oder
3. die den Antrag teilweise ablehnende Entscheidung rechtskräftig ist und die in der Entscheidung festgelegte Sicherheit geleistet wurde.
[4]Die Leistung der Sicherheit ist dem Gericht in geeigneter Form nachzuweisen. [5]Auf Verlangen des Gerichts haben die Mitglieder des Vertretungsorgans zu versichern, dass die in der Entscheidung festgelegte Sicherheit geleistet wurde.

(3) [1]In dem Verfahren nach Absatz 1 muss das Gericht bei Vorliegen von Anhaltspunkten prüfen, ob der grenzüberschreitende Formwechsel zu missbräuchlichen oder betrügerischen Zwecken, die dazu führen oder führen sollen, sich dem Recht der Europäischen Union oder nationalem Recht zu entziehen oder es zu umgehen, oder zu kriminellen Zwecken vorgenommen werden soll. [2]Liegen solche Zwecke vor, so lehnt es die Eintragung gemäß Absatz 1 ab. [3]Ist es für die Prüfung notwendig, zusätzliche Informationen zu berücksichtigen oder zusätzliche Ermittlungen durchzuführen, so kann die in Absatz 1 Satz 1 vorgesehene Frist um höchstens drei Monate verlängert werden. [4]Anhaltspunkte im Sinne von Satz 1 liegen insbesondere vor, wenn
1. ein gemäß Artikel 86l Absatz 2 bis 4 der Richtlinie (EU) 2017/1132 durchzuführendes Verhandlungsverfahren erst auf Aufforderung des Gerichts eingeleitet worden ist;
2. die Zahl der Arbeitnehmer mindestens vier Fünftel des für die Unternehmensmitbestimmung maßgeblichen Schwellenwerts beträgt, im Zielland keine Wertschöpfung erbracht wird und der Verwaltungssitz in Deutschland verbleibt;
3. die Gesellschaft nach dem grenzüberschreitenden Formwechsel Schuldnerin von Betriebsrenten oder -anwartschaften ist und kein anderweitiges operatives Geschäft hat.

(4) Ist es wegen der Komplexität des Verfahrens ausnahmsweise nicht möglich, die Prüfung innerhalb der in Absatz 1 Satz 1 oder Absatz 3 Satz 3 vorgesehenen Fristen vorzunehmen, so hat das Gericht den Anmeldenden vor Ende des Zeitraums über die Gründe für die Verzögerung zu unterrichten.

(5) Nach Eingang der Mitteilung des Registers, in das die Gesellschaft neuer Rechtsform eingetragen ist, über das Wirksamwerden des grenzüberschreitenden Formwechsels hat das Gericht des Sitzes der formwechselnden Gesellschaft den Tag des Wirksamwerdens zu vermerken.

1. Allgemeines

§ 343 dient der Umsetzung von Art. 86m und 86n GesR-RL und ist eine Parallel- 1
vorschrift zu § 316 (Verschmelzungsbescheinigung). Abs. 1 regelt die (zunächst vorläufige, S. 3) Eintragung des grenzüberschreitenden Hinausformwechsels und die damit verbundene Ausstellung der Formwechselbescheinigung durch das zuständige Registergericht. Diese Eintragung darf nicht vor Ablauf der in Abs. 2 bestimmten Fristen erfolgen. Abs. 3 ordnet bei Vorliegen von Anhaltspunkten eine Missbrauchsprüfung durch das Registergericht an. Gem. Abs. 4 kann der grds. dreimonatige Prüfungszeitraum ausnahmsweise verlängert werden. Sobald der Formwechsel nach

dem Recht des Zuzugsstaates wirksam und das Registergericht hierüber entsprechend informiert wurde, ist dies gem. Abs. 5 zu vermerken.

2. Eintragung und Formwechselbescheinigung (Abs. 1)

2   Gem. **Abs. 1 S. 1** prüft das Registergericht innerhalb von drei Monaten, ob die gesetzlichen Eintragungsvoraussetzungen vorliegen. Der **Prüfungszeitraum** von drei Monaten ist von Art. 86m Abs. 7 GesR-RL vorgegeben. Der Prüfungszeitraum beginnt, sobald dem Registergericht eine vollständige Anmeldung einschließlich der gem. § 342 zu übermittelnden Erklärungen, Versicherungen, Mitteilungen und beizufügenden Anlagen übermittelt wurde. Liegt eine vollständige Anmeldung vor, hat das Registergericht den Formwechsel grds. binnen drei Monaten entweder einzutragen oder der Ges die ablehnende Entscheidung bekanntzugeben. Der Prüfungszeitraum erstreckt sich nicht auf das Rechtsmittelverfahren.

3   **Zu prüfen** hat das Registergericht insbesondere:
– die **Formwechselfähigkeit** (§ 334) der anmeldenden Ges (zur Formwechselfähigkeit auch von PersGes → § 334 Rn. 5);
– das Vorliegen eines dem § 335 genügenden **Formwechselplans**;
– die ordnungsgemäße **Einreichung** des Formwechselplans zwecks Bekanntmachung (§ 336 iVm § 308);
– das Vorliegen eines gem. § 337 erforderlichen **Formwechselberichts**;
– die Durchführung einer gem. § 338 erforderlichen **Formwechselprüfung**;
– die ordnungsgemäße **Zustimmung der Anteilsinhaber** zum Formwechselplan gem. § 339;
– die Vollständigkeit der **Anmeldung** gem. § 342 (Versicherungen und Mitteilungen des Vertretungsorgans, Anlagen);
– die gerichtliche Geltendmachung einer **Sicherheitsleistung** (§ 342 V);
– das Vorliegen etwaiger Anhaltspunkte für die **Verfolgung missbräuchlicher Zwecke** (§ 343 III).

Die wirtschaftliche Zweckmäßigkeit des grenzüberschreitenden Formwechsels oder die Angemessenheit von Abfindungen oder Sicherheitsleistungen sind nicht Gegenstand der registergerichtlichen Prüfung (BeckOGK/Luy § 343 Rn. 9).

4   Gem. **Abs. 1 S. 2** hat die **Eintragung** im Wegzugsregister zunächst die formwechselnde Ges und das Formwechselverfahren eindeutig zu bezeichnen. Hierzu kann auf die notarielle(n) Urkunde(n) Bezug genommen werden, mit denen der Formwechselplan in notarieller Form aufgestellt (§ 335 III) und die Zustimmung hierzu beurkundet (§ 193 III) wurde. Laut Begr. RegE zu § 316 I sollte insbes. das Datum der not. Urkunde angegeben werden. Darüber hinaus hat die Eintragung die explizite Feststellung zu enthalten, „dass alle einschlägigen Voraussetzungen erfüllt und alle Verfahren und Formalitäten erledigt sind". Diese Angaben fließen in die Formwechselbescheinigung ein (→ Rn. 5) und sollen gewährleisten, dass die zuständige Stelle des Zuzugsstaates die wirksamkeitsbegründende Eintragung auf Grundlage einer formal und inhaltlich eindeutigen Formwechselbescheinigung vornehmen kann. Da sich das Wirksamwerden des grenzüberschreitenden Formwechsels nach dem Recht des Zuzugsstaates bestimmt, ist die Eintragung gem. **Abs. 1 S. 3** vorläufig. Der Tag des Wirksamwerdens ist später gem. Abs. 5 zu vermerken.

5   Das Registergericht stellt gem. **Abs. 1 S. 4** von Amts wegen eine **Formwechselbescheinigung** aus. Die Formwechselbescheinigung ist von der zuständigen Stelle des Zuzugsstaates als schlüssiger Nachweis der ordnungsgemäßen Erledigung der der Umwandlung vorangehenden Verfahren und Formalitäten in Deutschland anzuerkennen; ohne sie kann die zuständige Stelle des Zuzugsstaates keine wirksamkeitsbegründende Eintragung vornehmen (vgl. Art. 86o V GesR-RL). Bei der Formwechselbescheinigung handelt es sich nicht um eine „selbständige" gerichtliche Entscheidung des Registergerichts, sondern um die Wiedergabe des Inhalts der

erfolgten Eintragung. Zuständig für die Erteilung der Bescheinigung ist gem. § 29 I Nr. 2 HRV der Urkundsbeamte der Geschäftsstelle. Die Formwechselbescheinigung wird gem. § 9 I 1 HRV in den Registerordner aufgenommen und ist damit jedermann zum Abruf zugänglich, und zwar kostenlos (vgl. die Anforderungen des Art. 86n GesR-RL). Die Formwechselbescheinigung wird über BRIS unmittelbar durch das Registergericht an die für die Eintragung zuständige Stelle des Zuzugsstaats **übermittelt** (§ 9b II 3 Nr. 4 HGB).

Sofern das Gericht die **Eintragung endgültig ablehnt**, ergeht ein Beschluss, **6** der zu begründen und der anmeldenden Ges bekanntzugeben ist (§ 382 III FamFG iVm § 38 III 1 FamFG, §§ 40, 41 FamFG). Handelt es sich um behebbare Hindernisse, hat das Gericht der anmeldenden Ges zunächst eine angemessene Frist zur Beseitigung des Hindernisses zu setzen (§ 382 IV FamFG).

3. Fristen für Abfindung und Sicherheitsleistung (Abs. 2)

Gem. **Abs. 2 S. 1** darf die Eintragung gem. Abs. 1 S. 1 nicht erfolgen, solange **7** die Fristen zur Annahme eines Barabfindungsangebots (§ 340 III 1) und zur gerichtlichen Geltendmachung des Anspruchs auf Sicherheitsleistung (§ 341 I iVm § 314 III) noch nicht abgelaufen sind. Die Frist für die Annahme der Barabfindung endet zwei Monate nach dem Tag, an dem die Gesellschafterversammlung die Zustimmung zum Formwechselplan beschlossen hat. Die materielle Ausschlussfrist in Bezug auf die Sicherheitsleistung endet drei Monate nach der Bekanntmachung des Formwechselplans.

Die Vorgabe, das Ablaufen der **Zweimonatsfrist für die Annahme der Barab-** **8** **findung** gem. § 340 III 1 abzuwarten, soll verhindern, dass der Formwechsel wirksam wird, bevor sämtliche Anteilsinhaber ihre Entscheidung über die Annahme des Abfindungsangebots getroffen haben. Gem. § 340 IV werden Anteilsinhaber, die das Abfindungsangebot annehmen, abweichend von § 202 I Nr. 2 S. 1 nicht Anteilsinhaber der Ges neuer Rechtsform. Wenn ein Anteilsinhaber das Abfindungsangebot auch noch nach dem Wirksamwerden des Formwechsels annehmen könnte, wäre unklar, was mit den zunächst von ihm erworbenen Anteilen der Ges neuer Rechtsform geschähe. Gem. § 343 II **2** entfällt die Notwendigkeit, mit der Eintragung bis zum Ablauf der Annahmefrist zu warten, wenn sämtliche Anteilsinhaber dem Formwechsel zugestimmt haben. Denn dann gibt es keinen Anteilsinhaber, der wirksam Widerspruch zur Niederschrift erklärt hat und damit zur Annahme des Barabfindungsangebots berechtigt wäre (→ § 207 Rn. 4).

Wurde ein **Dreimonatsfrist** ein **Anspruch auf Sicherheitsleistung** **9** **gerichtlich geltend gemacht,** darf das Registergericht gem. **Abs. 2 S. 3** die Eintragung nur vornehmen, wenn alle rechtzeitig eingegangenen Gläubigeranträge entweder rechtskräftig abgelehnt wurden (Nr. 1) oder die Sicherheit nach Maßgabe der dem Gläubigerantrag stattgebenden Entscheidung geleistet wurde (Nr. 2) oder, falls die Sicherheit nicht in der vom Gläubiger beantragten Höhe festgelegt wurde, sowohl die Entscheidung rechtskräftig ist als auch die festgelegte Sicherheit geleistet wurde (Nr. 3). Hat das gem. § 341 I iVm § 314 V zuständige Prozessgericht einem Gläubigerantrag ganz oder teilweise stattgegeben, hat die Ges gem. **S. 4** dem Registergericht die Leistung der Sicherheit in geeigneter Form nachzuweisen. Laut Begr. RegE zu § 316 II (BT-Drs. 20/3822) liegt die erforderliche Form im Ermessen des Registergerichts. Je nach Art der Sicherheitsleistung könne sich bspw. bei einer eingetragenen Hypothek ein aktueller Grundbuchauszug, ggf. iVm einem aktuellen Verkehrswertgutachten anbieten, während bei einer Bankbürgschaft eine schriftliche Bestätigung des Kreditinstituts genügen könne. Hält das Registergericht dies für erforderlich, kann es gem. **S. 5** die Abgabe einer strafbewehrten Versicherung mit dem Inhalt verlangen, dass die in der Entscheidung festgelegte Sicherheit geleistet wurde.

4. Bei Anhaltspunkten Missbrauchsprüfung (Abs. 3)

10 Abs. 3 S. 1 verpflichtet das Registergericht bei Vorliegen von Anhaltspunkten zu prüfen, ob der grenzüberschreitende Formwechsel zu missbräuchlichen oder betrügerischen Zwecken, die dazu führen oder führen sollen, sich Unionsrecht oder nat. Recht zu entziehen oder es zu umgehen, oder zu kriminellen Zwecken vorgenommen werden soll (vgl. Teichmann ZGR 2022, 376). Nur wenn **Anhaltspunkte** für das Vorliegen missbräuchlicher Zwecke vorliegen, sind weitere Sachverhaltsermittlungen anzustellen (Begr. RegE zu § 316 III, BT-Drs. 20/3822). Erwägungsgrund 36 RL (EU) 2019/2121 nennt für den Fall, dass die zuständige Behörde „ernste Bedenken" hat, eine Vielzahl von ggf. zu berücksichtigenden Anhaltspunkten, insbes. wirtschaftliche Eckdaten. Anhaltspunkte können auch aus Hinweisen Dritter (zB Gewerkschaften) folgen. Da allerdings primärrechtlich die **Niederlassungsfreiheit** garantiert ist, kann die bloße Absicht, hiervon Gebrauch zu machen und in den Genuss günstiger Rechtsvorschriften zu gelangen, noch keinen Missbrauch begründen.

11 Gem. dem durch den Rechtsausschuss (BT-Drs. 20/4806) ergänzten **S. 4** liegen **Anhaltspunkte** insbes. in **spezifischen Fällen** einer angenommenen Gefährdung der Unternehmensmitbestimmung (Nrn. 1 und 2) oder bestehender Betriebsrenten (Nr. 3) vor. **Nr. 1** betrifft den Fall, dass ein erforderliches Verhandlungsverfahren mit Arbeitnehmervertretern (→ Vor § 333 Rn. 21) zunächst unterblieben und erst auf Aufforderung des Gerichts eingeleitet worden ist. **Nr. 2** betrifft den Fall, dass die Zahl der Arbeitnehmer bereits 4/5 des für die Mitbestimmung maßgeblichen Schwellenwerts beträgt (vgl. § 5 Nr. 1 MgFSG), ohne dass die Ges hinreichende Bezüge zum Zuzugsstaat aufweist. Der Schwellenwert beträgt iRd Drittelmitbestimmung 500 ArbN in Deutschland, iRd MitbestG 1976 2.000 ArbN in Deutschland. Begr. RegE zu § 316 III (BT-Drs. 20/3822) erwähnt in diesem Zusammenhang als möglichen Anhaltspunkt, dass bei einem Überschreiten der 4/5-Schwelle zwar ein besonderes Verhandlungsgremium gebildet werde, die Unternehmensleitung aber erkennbar keine Verhandlungen über eine Mitbestimmung der Arbeitnehmer führen wolle. Nr. 2 lässt dies nicht genügen, sondern setzt zusätzlich voraus, dass im Zielland keine Wertschöpfung erbracht wird und der Verwaltungssitz in Deutschland verbleibt. **Nr. 3** schließlich betrifft den Fall, dass die Ges Schuldnerin von Betriebsrenten oder -anwartschaften ist und kein anderweitiges operatives Geschäft hat. Dem liegt offenbar die Sorge zugrunde, dass die Ges nicht hinreichend mit Vermögen ausgestattet sein könnte, um ihren Versorgungsverpflichtungen dauerhaft nachzukommen. In Konzernkonstellationen muss es ausreichen, dass bspw. TochterGes der formwechselnden Ges über operatives Geschäft verfügen oder eine in Deutschland verbleibende Ges den Schulden beitritt (vgl. zu Rentnergesellschaften Henssler RdA 2023, 20). Laut Begr. RegE zu § 316 III ist insoweit zu bedenken, ob Betriebsrentenansprüche einschließlich deren Anpassung sowie der Beitragseinzug durch den Pensions-Sicherungs-Verein durchsetzbar sind.

12 Soweit Anhaltspunkte nach Abs. 3 S. 1 vorliegen und das Gericht für die Prüfung zusätzliche Informationen berücksichtigen oder Ermittlungen durchführen muss, kann es gem. **S. 3** den dreimonatigen Prüfungszeitraum um höchstens **drei Monate** verlängern. Zur weiteren Sachverhaltsaufklärung dienen dem Gericht insbes. die Informationsmöglichkeiten gem. § 344.

13 Das Vorliegen von Anhaltspunkten und damit die Durchführung einer Missbrauchsprüfung besagt noch nichts über das Ergebnis des Verfahrens. Nur wenn das Registergericht zu der Überzeugung gelangt, dass tatsächlich missbräuchliche Zwecke verfolgt werden, lehnt es gem. **Abs. 3 S. 2** die Eintragung ab. Gegen einen solchen **ablehnenden Beschluss** (§ 382 III FamFG) ist gem. §§ 58 ff. FamFG die **Beschwerde** eröffnet.

5. Ausnahmsweise Verzögerung der Prüfung (Abs. 4)

Gem. **Abs. 4** hat das Gericht den Anmeldenden über die Gründe für eine Verzögerung zu unterrichten, wenn es **„wegen der Komplexität des Verfahrens ausnahmsweise"** nicht möglich ist, die Prüfung innerhalb des (ggf. bereits verlängerten) Prüfungszeitraums vorzunehmen. Die Verlängerung des Prüfungszeitraums kann alleine mit den Verfahrensbesonderheiten des Einzelfalls begründet werden. Die generelle Komplexität grenzüberschreitender Umwandlungen oder die personelle Ausstattung des befassten Gerichts vermögen die Verlängerung nicht zu begründen (Begr. RegE zu § 316 IV, BT-Drs. 20/3822). 14

6. Eintragung des Wirksamwerdens (Abs. 5)

Der Zeitpunkt des Wirksamwerdens des grenzüberschreitenden Formwechsels bestimmt sich nach dem Recht des Zuzugsstaates (vgl. Art. 86q GesR-RL). Die Eintragung gem. Abs. 1 S. 3 ist daher vorläufig. Nach Eingang der Mitteilung des Registers, in das die Gesellschaft neuer Rechtsform eingetragen ist, über das Wirksamwerden des grenzüberschreitenden Formwechsels hat das dt. Registergericht gem. **Abs. 5** den Tag des Wirksamwerdens zu vermerken. Sodann wird das Registerblatt geschlossen. 15

§ 344 Informationen des Registergerichts

¹Soweit dies für die Prüfung gemäß § 343 erforderlich ist, kann das Gericht
1. von der Gesellschaft Informationen und Unterlagen verlangen,
2. von öffentlichen inländischen Stellen Informationen und Unterlagen verlangen und von öffentlichen Stellen eines anderen Mitgliedstaats der Europäischen Union oder eines anderen Vertragsstaats des Abkommens über den Europäischen Wirtschaftsraum mit Zuständigkeiten in den verschiedenen vom grenzüberschreitenden Formwechsel betroffenen Bereichen die notwendigen Informationen und Unterlagen erbitten,
3. von einem eingesetzten besonderen Verhandlungsgremium Informationen und Unterlagen verlangen,
4. einen unabhängigen Sachverständigen zuziehen sowie
5. im Rahmen der Prüfung des § 343 Absatz 3 eine in dem formwechselnden Unternehmen vertretene Gewerkschaft anhören.

²Ist eine inländische öffentliche Stelle in einem von dem grenzüberschreitenden Formwechsel betroffenen Bereich zuständig, so kann sie der für die Ausstellung einer Formwechselbescheinigung zuständigen Stelle eines anderen Mitgliedstaats der Europäischen Union oder eines anderen Vertragsstaats des Abkommens über den Europäischen Wirtschaftsraum auf deren Ersuchen die notwendigen Informationen und Unterlagen übermitteln.

Die Vorschrift setzt Art. 86m XII GesR-RL um und entspricht § 317 zur grenzüberschreitenden Verschm. 1

S. 1 erlaubt dem dt. Registergericht die Nutzung zusätzlicher **Mittel zur Informationsbeschaffung** für die Entscheidung über die Eintragung und die Ausstellung einer Formwechselbescheinigung nach § 343. Die Gerichte können auf diese Weise Sachverhalte aufklären, in denen Anhaltspunkte für die Verfolgung missbräuchlicher Zwecke vorliegen (§ 343 Abs. 3). Die Umsetzung des Art. 86m XII GesR-RL erfolgt insofern überschießend, als die Norm nur Informationsverlangen gegenüber Behörden (Nr. 2) und die Zuziehung eines Sachverständigen (Nr. 4) vorsieht. Die 2

Mitwirkung der anmeldenden formwechselnden Ges (Nr. 1) ist selbstverständlich. Die Nrn. 3 und 5 sollen das Registergericht in die Lage versetzen, den Sachverhalt weiter aufzuklären, wenn Anhaltspunkte bestehen, dass sich die formwechselnde Ges insbes. den Vorschriften des dt. Rechts über die Mitbestimmung der Arbeitnehmer entziehen möchte (vgl. RegEBegr. zu § 317 Nr. 3, BT-Drs. 20/3822). Die Anhörungsmöglichkeit nach S. 1 Nr. 5 hat kein generelles Mitwirkungsrecht im Registerverfahren zur Folge (Bungert/Reidt DB 2023, 54 (56); Noack MDR 2023, 465 (470)).

3 S. 2 erlaubt dt. öff. Stellen im Fall des Hereinformwechsels die Übermittlung von notwendigen Informationen an die für die Ausstellung der Formwechselbescheinigung zuständige ausl. Stelle.

§ 345 Eintragung des grenzüberschreitenden Hereinformwechsels

(1) ¹**Das Vertretungsorgan der formwechselnden Gesellschaft hat die Gesellschaft neuer Rechtsform bei dem zuständigen Gericht zur Eintragung in das für die Rechtsform maßgebende Register anzumelden.** ²**Der Anmeldung sind in der Form des § 17 Absatz 1 der Formwechselplan und gegebenenfalls die Vereinbarung über die Beteiligung der Arbeitnehmer beizufügen.** ³**§ 198 Absatz 3 und § 199 sind auf die formwechselnde Gesellschaft nicht anzuwenden.**

(2) ¹**Die über das Europäische System der Registervernetzung übermittelte Formwechselbescheinigung wird als Nachweis der ordnungsgemäßen Erledigung der vorangehenden Verfahren und Formalitäten nach dem Recht desjenigen Staates, dem die formwechselnde Gesellschaft unterliegt, anerkannt.** ²**Ohne die Formwechselbescheinigung kann der grenzüberschreitende Formwechsel nicht in das Register eingetragen werden.**

(3) **Die Prüfung der Eintragungsvoraussetzungen erstreckt sich insbesondere darauf, ob gegebenenfalls eine Vereinbarung über die Beteiligung der Arbeitnehmer geschlossen worden ist und ob die Vorschriften zur Gründung der Gesellschaft neuer Rechtsform eingehalten worden sind.**

(4) **Das Gericht des Sitzes der Gesellschaft neuer Rechtsform hat das Wirksamwerden des grenzüberschreitenden Formwechsels dem Register mitzuteilen, in dem die formwechselnde Gesellschaft ihre Unterlagen zu hinterlegen hatte.**

1. Allgemeines

1 Die Vorschrift setzt vorrangig Art. 86o GesR-RL um und ist § 318 zur Hereinverschm. nachgebildet. Sie regelt die Anmeldung, Prüfung und Eintragung des grenzüberschreitenden **Hereinformwechsels** in eine deutsche Rechtsform. Nach der Vorgabe des Art. 86c GesR-RL ist das **Recht des Wegzugsstaats** für diejenigen Teile der Verfahren und Formalitäten maßgebend, die im Hinblick auf die Erlangung der Formwechselbescheinigung zu erledigen sind. Weite Teile eines Hereinformwechsels richten sich damit nicht nach den §§ 333 ff., sondern nach den entsprechenden, zur Umsetzung der RL (EU) 2019/2121 ergangenen Bestimmungen des Wegzugsstaats. § 345 II bestimmt, dass die ausländische Formwechselbescheinigung als Nachweis über die ordnungsgemäße Erledigung dieser Verfahren und Formalitäten im Wegzugsstaat anzuerkennen ist. Daneben regelt § 345 im Wesentlichen nur, wer die Ges neuer Rechtsform unter Vorlage des Formwechselplans und ggf. der Vereinbarung über die Beteiligung der Arbeitnehmer anzumelden hat (Abs. 1), und verweist für die Prüfung der Eintragungsvoraussetzungen insbesondere auf das Gründungsrecht der Ges neuer Rechtsform (Abs. 3).

Das bedeutet allerdings nicht, dass § 345 im Fall eines Hereinformwechsels die 2
einzige anwendbare Vorschrift des dt. UmwG wäre (so wohl Drinhausen/Keinath
BB 2022, 1346 (1354)). In diesem Fall hätte der dt. Gesetzgeber die §§ 333 ff. in
zwei Abschnitte zum Hinaus- und Hereinformwechsel aufteilen und § 345 mit
„Grenzüberschreitender Hereinformwechsel" statt nur mit seiner Eintragung überschreiben können. Demgegenüber sind § 333 und § 334 schon übergreifend formuliert. § 333 III betrifft sogar ausschließlich den Hereinformwechsel, indem er regelt, inwieweit eine neue dt. AG oder KGaA gem. § 245 den Nachgründungsvorschriften unterliegt bzw. für eine neue dt. GmbH ein Sachgründungsbericht zu erstellen ist. § 344 S. 2 erlaubt es dt. öff. Stellen, Informationsverlangen der ausl. für die Ausstellung einer Formwechselbescheinigung zuständigen Stelle zu erfüllen. Auch § 345 setzt in Abs. 1 S. 3 voraus, dass grds. bei einem Hereinformwechsel über § 333 II die Vorschriften zum innerstaatlichen Formwechsel anwendbar sind, und regelt in Abs. 3 die Prüfungskompetenz des Registergerichts nicht abschließend, sondern beispielhaft („insbesondere"). Auch beim Hereinformwechsel sind daher über § 345 hinaus gem. § 333 II **einzelne Bestimmungen des nat. Formwechselrechts anwendbar** (→ § 333 Rn. 9 ff.). Soweit die §§ 333 ff. nicht ausdrücklich zwischen Hinaus- und Hereinformwechsel differenzieren, sind die Anordnungen in Art. 86c GesR-RL und damit die Aufgabenteilung zwischen Wegzugs- und Zuzugsstaat „immer mitzudenken" (DAV NZG 2022, 849 (858)).

2. Anmeldung (Abs. 1)

Die **Anmeldung** erfolgt gem. **Abs. 1 S. 1** wie bei § 246 I durch das Vertretungs- 3
organ der formwechselnden Ges. Die Vertretungsbefugnis richtet sich nach dem Recht des Wegzugsstaats und ist durch einen begl. Registerauszug oder eine notarielle Bescheinigung, je nach Land ggf. jeweils mit Apostille, nachzuweisen. Stellvertretung ist möglich und hier ggf. praktischer als im nat. Formwechsel, weil keine höchstpersönliche Negativerklärung gem. § 198 III, § 16 II abzugeben ist (S. 3). Entsprechend § 246 II sind zugleich die Geschäftsführer der neuen GmbH, die Vorstandsmitglieder der neuen AG oder die phG der neuen KGaA anzumelden (und haben persönlich die hierfür erforderlichen Versicherungen abzugeben) (→ Rn. 8). Zuständig ist das Registergericht, in dessen Bezirk die Ges neuer Rechtsform ihren Satzungssitz hat (§ 7 I GmbHG; § 14 AktG).

Anzumelden ist die Ges neuer Rechtsform (Formulierungsbeispiel bei 4
BeckOGK/Luy § 345 Rn. 10). Der Anmeldung sind der Formwechselplan – einschließlich Satzung der Ges neuer Rechtsform – und ggf. die Vereinbarung über die Beteiligung der ArbN **beizufügen (S. 2).** Weitere **Anlagen** sind beim Formwechsel in eine GmbH der Beschluss zur Geschäftsführerbestellung (→ Rn. 8), ein Sachgründungsbericht und ggf. ein Werthaltigkeitsnachweis (soweit nicht jeweils entbehrlich, → Rn. 9) und eine von den Geschäftsführern unterzeichnete Gesellschafterliste. Die Formwechselbescheinigung wird dagegen von der erteilten Stelle via BRIS an das Registergericht übermittelt (vgl. Abs. 2 S. 1, Art. 86n Abs. 1 UAbs. 1 GesR-RL) und muss somit nicht beigefügt werden. **S. 3** bestimmt, dass § 198 Abs. 3 und § 199 nicht anzuwenden sind. Damit bedarf es beim Hereinformwechsel keiner Negativerklärung des Vertretungsorgans gem. § 198 III, § 16 II 1 und keiner Vorlage der in § 199 UmwG aufgezählten Unterlagen (Gesellschafterbeschluss, Zustimmungserklärungen, Formwechselbericht, Zuleitungsnachweis).

3. Formwechselbescheinigung (Abs. 2)

Abs. 2 dient der Umsetzung des Art. 86o V GesR-RL, wonach die Formwech- 5
selbescheinigung als schlüssiger Nachweis der ordnungsgemäßen Erledigung der Verfahren und Formalitäten im Wegzugsstaat anzuerkennen ist. Diese Verfahren und

Formalitäten unterliegen gem. Art. 86c GesR-RL dem Recht des Wegzugsstaats. Die **Formwechselbescheinigung** dokumentiert die Prüfung des ausländischen Rechts durch die zuständige Stelle des Wegzugsstaats; das dt. Registergericht ist hieran gem. S. 1 **gebunden.** Die Formwechselbescheinigung wird dem Registergericht von der erteilenden Stelle via BRIS übermittelt (vgl. Art. 86n Abs. 1 UAbs. 1 GesR-RL). Soweit die zuständige Stelle des Wegzugsstaats noch nicht an das BRIS angeschlossen oder das BRIS vorübergehend nicht verfügbar ist, ist auch die auf andere Weise übermittelte Bescheinigung zu akzeptieren (DNotI-Gutachten Nr. 199031 vom 4.8.2023). Problematisch bleibt, dass die Bescheinigungen der Mitgliedstaaten unterschiedlich ausgestaltet sind (Noack MDR 2023, 465 (469)). Mangels Rechtsgrundlage kann von der Ges auch nicht verlangt werden, eine Übersetzung der Formwechselbescheinigung vorzulegen (BeckOGK/Luy § 345 Rn. 14). Ohne Formwechselbescheinigung kann das Registergericht den Formwechsel nicht eintragen (S. 2).

4. Prüfung der Eintragungsvoraussetzungen (Abs. 3)

6 **Abs. 3** dient der Umsetzung des Art. 86o Abs. 1 UAbs. 2 GesR-RL. Dem Registergericht obliegt die Prüfung der Eintragungsvoraussetzungen. Das beinhaltet neben der Prüfung, ob eine ggf. erforderliche Vereinbarung über die Beteiligung der Arbeitnehmer geschlossen wurde (zur Erforderlichkeit → Vor § 333 Rn. 21), insbesondere die Einhaltung der dt. **Vorschriften zur Gründung der Ges neuer Rechtsform.**

7 Gem. den Vorgaben des Art. 86d GesR-RL muss der Formwechselplan neben den Angaben zur künftigen Rechtsform (vgl. § 335 II Nr. 2), zu Firma und Sitz der Ges neuer Rechtsform (Nr. 3) und der Beteiligung der bisherigen Anteilsinhaber an der Ges neuer Rechtsform (Nr. 6) vor allem auch die **Satzung der Ges neuer Rechtsform** enthalten (Nr. 4). Beim Formwechsel in eine dt. GmbH sollte über die Mindestangaben nach § 3 GmbHG hinaus in die Satzung ein Hinweis aufgenommen werden, dass das Stammkapital durch die grenzüberschreitende Umwandlung aufgebracht wird (§ 5 IV 1 GmbHG analog; KG DStR 2016, 1427 (1429)). Die Satzung unterliegt als Teil der Gründungsvoraussetzungen der Prüfung durch das Registergericht. Insoweit ist mit dem Registergericht abzustimmen, inwieweit auch beim Hereinformwechsel eine Beurkundung des Formwechselplans (ggf. auch nur der Satzung) erforderlich ist und die Beurkundung vor einem ausl. Notar des Wegzugsstaates genügt. Die Beurkundungserfordernisse in § 335 III und vor allem in § 2 I 1 GmbHG, § 23 I AktG, § 280 I AktG sprechen für eine Beurkundung. Jedoch hat der EuGH in VALE (NZG 2012, 871) für den grenzüberschreitenden Formwechsel den **Effektivitätsgrundsatz** aufgestellt, wonach die von den Behörden des Wegzugsstaates ausgestellten Dokumente gebührend zu berücksichtigen sind. Jedenfalls ist daher die Beurkundung vor einem ausl. Notar grds. anzuerkennen (ausf. zur Frage der Beurkundung → Vor § 333 Rn. 31).

8 Die **Organbestellung** gehört als Teil der Gründungsvoraussetzungen ebenfalls zum Prüfungsprogramm des Registergerichts. Beim Formwechsel in eine GmbH können die ersten GmbH-Geschäftsführer bereits im Formwechselplan bestellt werden, so dass sich der diesbezügliche Zustimmungsbeschluss der Gesellschafterversammlung auch hierauf erstreckt, alternativ durch gesonderten Gesellschafterbeschluss. Beim Formwechsel in eine dt. AG/KGaA sind die Aufsichtsratsmitglieder, bei mitbestimmten Gesellschaften zunächst nur die Anteilseignervertreter (§ 197 S. 3 UmwG, § 31 AktG), zu bestellen. Die Vorstandsmitglieder einer AG werden durch den Aufsichtsrat bestellt (§ 30 IV AktG). Die persönlich haftenden Gesellschafter einer KGaA sind in der Satzung zu bezeichnen (§ 281 I AktG).

9 Das UmwG schreibt für den Formwechsel aus einer dt. PersGes in eine GmbH, AG oder KGaA einen **Sachgründungsbericht** vor (§ 220 II). Dieser entfällt beim

Formwechsel aus einer AG oder KGaA in eine GmbH (§ 245 IV), weil dann die formwechselnde Ges strengeren Kapitalaufbringungs- und -erhaltungsregeln unterlegen hat als die künftige GmbH. § 333 III 2 schreibt diese Ausnahme für den grenzüberschreitenden Formwechsel fort für den Fall, dass es sich bei der formwechselnden Ges um einen der in Anh. I GesR-RL genannten Rechtsträger handelt (vgl. KG DStR 2016, 1427 (1429)). Vorsorglich sollten Geschäftsführer auch versichern, dass das Reinvermögen der Gesellschaft das vorgesehene Stammkapital deckt (und dies bei möglichen Zweifeln ggf. durch Vorlage eines **Werthaltigkeitsnachweises** unterlegen).

5. Mitteilung an Register des Wegzugsstaats (Abs. 4)

Abs. 4 setzt Art. 86p III 1 GesR-RL um. Die **Mitteilung des Wirksamwerdens** via BRIS (vgl. § 9b II HGB) soll der zuständigen Stelle des Wegzugstaates die Prüfung der dt. Vorschriften ersparen. Der maßgebliche Tag des Wirksamwerdens entspricht gem. § 202 I iVm § 333 II dem der Eintragung.

Siebentes Buch. Strafvorschriften und Zwangsgelder

§ 346 Unrichtige Darstellung

(1) Mit Freiheitsstrafe bis zu drei Jahren oder mit Geldstrafe wird bestraft, wer als Mitglied eines Vertretungsorgans, als vertretungsberechtigter Gesellschafter oder Partner, als Mitglied eines Aufsichtsrats oder als Abwickler eines an einer Umwandlung beteiligten Rechtsträgers bei dieser Umwandlung
1. die Verhältnisse des Rechtsträgers einschließlich seiner Beziehungen zu verbundenen Unternehmen in einem in diesem Gesetz vorgesehenen Bericht (Verschmelzungsbericht, Spaltungsbericht, Übertragungsbericht, Formwechselbericht), in Darstellungen oder Übersichten über den Vermögensstand, in Vorträgen oder Auskünften in der Versammlung der Anteilsinhaber unrichtig wiedergibt oder verschleiert, wenn die Tat nicht in § 331 Nr. 1 oder Nr. 1a des Handelsgesetzbuchs mit Strafe bedroht ist, oder
2. in Aufklärungen und Nachweisen, die nach den Vorschriften dieses Gesetzes einem Verschmelzungs-, Spaltungs- oder Übertragungsprüfer zu geben sind, unrichtige Angaben macht oder die Verhältnisse des Rechtsträgers einschließlich seiner Beziehungen zu verbundenen Unternehmen unrichtig wiedergibt oder verschleiert.

(2) Ebenso wird bestraft, wer als Geschäftsführer einer Gesellschaft mit beschränkter Haftung, als Mitglied des Vorstands einer Aktiengesellschaft, als zur Vertretung ermächtigter persönlich haftender Gesellschafter einer Kommanditgesellschaft auf Aktien oder als Abwickler einer solchen Gesellschaft in einer Erklärung nach § 52 über die Zustimmung der Anteilsinhaber dieses Rechtsträgers oder in einer Erklärung nach § 140 oder § 146 Abs. 1 über die Deckung des Stammkapitals oder Grundkapitals der übertragenden Gesellschaft unrichtige Angaben macht oder seiner Erklärung zugrunde legt.

§ 347 Verletzung der Berichtspflicht

(1) Mit Freiheitsstrafe bis zu drei Jahren oder mit Geldstrafe wird bestraft, wer als Verschmelzungs-, Spaltungs- oder Übertragungsprüfer oder als Gehilfe eines solchen Prüfers über das Ergebnis einer aus Anlaß einer Umwandlung erforderlichen Prüfung falsch berichtet oder erhebliche Umstände in dem Prüfungsbericht verschweigt.

(2) Handelt der Täter gegen Entgelt oder in der Absicht, sich oder einen anderen zu bereichern oder einen anderen zu schädigen, so ist die Strafe Freiheitsstrafe bis zu fünf Jahren oder Geldstrafe.

§ 348 Falsche Angaben

Mit Freiheitsstrafe bis zu drei Jahren oder mit Geldstrafe wird bestraft, wer
1. entgegen § 315 Absatz 3 Satz 1 Nummer 1 oder 4 oder § 316 Absatz 2 Satz 5, jeweils auch in Verbindung mit § 329 Satz 1, entgegen § 342 Absatz 3 Satz 1 Nummer 1 oder 4 oder § 343 Absatz 2 Satz 5 eine Versicherung nicht richtig abgibt oder

2. entgegen § 315 Absatz 3 Satz 2, auch in Verbindung mit § 329 Satz 1, oder entgegen § 342 Absatz 3 Satz 2 eine Mitteilung nicht richtig macht.

§ 349 Verletzung der Geheimhaltungspflicht

(1) Mit Freiheitsstrafe bis zu einem Jahr oder mit Geldstrafe wird bestraft, wer ein Geheimnis eines an einer Umwandlung beteiligten Rechtsträgers, namentlich ein Betriebs- oder Geschäftsgeheimnis, das ihm in seiner Eigenschaft als
1. Mitglied des Vertretungsorgans, vertretungsberechtigter Gesellschafter oder Partner, Mitglied eines Aufsichtsrats oder Abwickler dieses oder eines anderen an der Umwandlung beteiligten Rechtsträgers,
2. Verschmelzungs-, Spaltungs- oder Übertragungsprüfer oder Gehilfe eines solchen Prüfers

bekannt geworden ist, unbefugt offenbart, wenn die Tat im Falle der Nummer 1 nicht in § 85 des Gesetzes betreffend die Gesellschaften mit beschränkter Haftung, § 404 des Aktiengesetzes oder § 151 des Genossenschaftsgesetzes, im Falle der Nummer 2 nicht in § 333 des Handelsgesetzbuchs mit Strafe bedroht ist.

(2) ¹Handelt der Täter gegen Entgelt oder in der Absicht, sich oder einen anderen zu bereichern oder einen anderen zu schädigen, so ist die Strafe Freiheitsstrafe bis zu zwei Jahren oder Geldstrafe. ²Ebenso wird bestraft, wer ein Geheimnis der in Absatz 1 bezeichneten Art, namentlich ein Betriebs- oder Geschäftsgeheimnis, das ihm unter den Voraussetzungen des Absatzes 1 bekannt geworden ist, unbefugt verwertet.

(3) ¹Die Tat wird nur auf Antrag eines der an der Umwandlung beteiligten Rechtsträger verfolgt. ²Hat ein Mitglied eines Vertretungsorgans, ein vertretungsberechtigter Gesellschafter oder Partner oder ein Abwickler die Tat begangen, so sind auch ein Aufsichtsrat oder ein nicht vertretungsberechtigter Gesellschafter oder Partner antragsberechtigt. ³Hat ein Mitglied eines Aufsichtsrats die Tat begangen, sind auch die Mitglieder des Vorstands, die vertretungsberechtigten Gesellschafter oder Partner oder die Abwickler antragsberechtigt.

§ 350 Zwangsgelder

(1) ¹Mitglieder eines Vertretungsorgans, vertretungsberechtigte Gesellschafter, vertretungsberechtigte Partner oder Abwickler, die § 13 Abs. 3 Satz 3 sowie § 125 Satz 1, § 176 Abs. 1, § 177 Abs. 1, § 178 Abs. 1, § 179 Abs. 1, § 180 Abs. 1, § 184 Abs. 1, § 186 Satz 1, § 188 Abs. 1 und § 189 Abs. 1, jeweils in Verbindung mit § 13 Abs. 3 Satz 3, sowie § 193 Abs. 3 Satz 2 nicht befolgen, sind hierzu von dem zuständigen Registergericht durch Festsetzung von Zwangsgeld anzuhalten; § 14 des Handelsgesetzbuchs bleibt unberührt. ²Das einzelne Zwangsgeld darf den Betrag von fünftausend Euro nicht übersteigen.

(2) Die Anmeldungen einer Umwandlung zu dem zuständigen Register nach § 16 Absatz 1, den §§ 38, 129 und 137 Absatz 1 und 2, § 176 Absatz 1, § 177 Absatz 1, § 178 Absatz 1, § 179 Absatz 1, § 180 Absatz 1, § 184 Absatz 1, den §§ 186 und 188 Absatz 1, § 189 Absatz 1, den §§ 198, 222, 235, 246, 254, 265 und 278 Absatz 1, den §§ 286, 296 und § 315, auch in Verbindung mit § 329 Satz 1, § 318 Absatz 1, auch in Verbindung mit § 329 Satz 1, § 331 Absatz 1, den §§ 342 sowie § 345 Absatz 1 werden durch Festsetzung von Zwangsgeld nicht erzwungen.

Achtes Buch. Übergangs- und Schlußvorschriften

§ 351 Umwandlung alter juristischer Personen

¹Eine juristische Person im Sinne des Artikels 163 des Einführungsgesetzes zum Bürgerlichen Gesetzbuche kann nach den für wirtschaftliche Vereine geltenden Vorschriften dieses Gesetzes umgewandelt werden. ²Hat eine solche juristische Person keine Mitglieder, so kann sie nach den für Stiftungen geltenden Vorschriften dieses Gesetzes umgewandelt werden.

§ 352 Eingeleitete Umwandlungen; Umstellung auf den Euro

(1) ¹Die Vorschriften dieses Gesetzes sind nicht auf solche Umwandlungen anzuwenden, zu deren Vorbereitung bereits vor dem 1. Januar 1995 ein Vertrag oder eine Erklärung beurkundet oder notariell beglaubigt oder eine Versammlung der Anteilsinhaber einberufen worden ist. ²Für diese Umwandlungen bleibt es bei der Anwendung der bis zu diesem Tage geltenden Vorschriften.

(2) ¹Wird eine Umwandlung nach dem 31. Dezember 1998 in das Handelsregister eingetragen, so erfolgt eine Neufestsetzung der Nennbeträge von Anteilen einer Kapitalgesellschaft als übernehmendem Rechtsträger, deren Anteile noch der bis dahin gültigen Nennbetragseinteilung entsprechen, nach den bis zu diesem Zeitpunkt geltenden Vorschriften. ²Wo dieses Gesetz für einen neuen Rechtsträger oder einen Rechtsträger neuer Rechtsform auf die jeweils geltenden Gründungsvorschriften verweist oder bei dem Formwechsel in eine Kapitalgesellschaft anderer Rechtsform die Vorschriften anderer Gesetze über die Änderung des Stammkapitals oder des Grundkapitals unberührt läßt, gilt dies jeweils auch für die entsprechenden Überleitungsvorschriften zur Einführung des Euro im Einführungsgesetz zum Aktiengesetz und im Gesetz betreffend die Gesellschaften mit beschränkter Haftung; ist ein neuer Rechtsträger oder ein Rechtsträger neuer Rechtsform bis zum 31. Dezember 1998 zur Eintragung in das Handelsregister angemeldet worden, bleibt es bei der Anwendung der bis zu diesem Tage geltenden Gründungsvorschriften.

1   Die Vorschrift ist an die Stelle von § 318 aF getreten. Angesichts des Zeitablaufs hat die Vorschrift keine praktische Bedeutung mehr. Vgl. iÜ die Komm. zu § 318 in der 7. Aufl. 2016.

§ 353 Enthaftung bei Altverbindlichkeiten

¹Die §§ 45, 133 Abs. 1, 3 bis 5, §§ 157, 167, 173, 224, 237, 249 und 257 sind auch auf vor dem 1. Januar 1995 entstandene Verbindlichkeiten anzuwenden, wenn
1. die Umwandlung danach in das Register eingetragen wird und
2. die Verbindlichkeiten nicht später als vier Jahre nach dem Zeitpunkt, an dem die Eintragung der Umwandlung in das Register bekannt gemacht worden ist, fällig werden oder nach Inkrafttreten des Gesetzes zur zeitlichen Begrenzung der Nachhaftung von Gesellschaftern vom 18. März 1994 (BGBl. I S. 560) begründet worden sind.
²Auf später fällig werdende und vor Inkrafttreten des Gesetzes zur zeitlichen Begrenzung der Nachhaftung von Gesellschaftern vom 18. März 1994

(BGBl. I S. 560) entstandene Verbindlichkeiten sind die §§ 45, 49 Abs. 4, §§ 56, 56f Abs. 2, § 57 Abs. 2 und § 58 Abs. 2 des Umwandlungsgesetzes in der durch Artikel 10 Abs. 8 des Gesetzes vom 19. Dezember 1985 (BGBl. I S. 2355) geänderten Fassung der Bekanntmachung vom 6. November 1969 (BGBl. I S. 2081) mit der Maßgabe anwendbar, daß die Verjährungsfrist ein Jahr beträgt. ³In den Fällen, in denen das bisher geltende Recht eine Umwandlungsmöglichkeit nicht vorsah, verjähren die in Satz 2 genannten Verbindlichkeiten entsprechend den dort genannten Vorschriften.

Die Vorschrift ersetzt § 319 aF. Angesichts des Zeitablaufs hat die Vorschrift keine praktische Bedeutung mehr. Vgl. iÜ die Komm. von § 319 in der 7. Aufl. 2016. 1

§ 354 Übergangsvorschrift zum Gesetz zur Umsetzung der Aktionärsrechterichtlinie, zum Dritten Gesetz zur Änderung des Umwandlungsgesetzes und zum Finanzmarktintegritätsstärkungsgesetz

(1) Im Fall des § 15 Abs. 2 Satz 1 bleibt es für die Zeit vor dem 1. September 2009 bei dem bis dahin geltenden Zinssatz.

(2) § 16 Abs. 3 Satz 3 Nr. 2 in der Fassung des Gesetzes zur Umsetzung der Aktionärsrechterichtlinie vom 30. Juli 2009 (BGBl. I S. 2479) ist nicht auf Freigabeverfahren und Beschwerdeverfahren anzuwenden, die vor dem 1. September 2009 anhängig waren.

(3) § 62 Absatz 4 und 5, § 63 Absatz 2 Satz 5 bis 7, § 64 Absatz 1 sowie § 143 in der Fassung des Dritten Gesetzes zur Änderung des Umwandlungsgesetzes vom 11. Juli 2011 (BGBl. I S. 1338) sind erstmals auf Umwandlungen anzuwenden, bei denen der Verschmelzungs- oder Spaltungsvertrag nach dem 14. Juli 2011 geschlossen worden ist.

(4) ¹§ 11 in der ab 1. Juli 2021 geltenden Fassung ist erstmals auf die Prüfung von Verschmelzungen anzuwenden, deren Verschmelzungsvertrag nach dem 31. Dezember 2021 geschlossen wurde. ²§ 11 in der bis einschließlich 30. Juni 2021 geltenden Fassung ist letztmals auf die Prüfung von Verschmelzungen anzuwenden, deren Verschmelzungsvertrag vor dem 1. Januar 2022 geschlossen wurde.

Die Vorschrift ersetzt § 321. Die Vorgängerregelung wurde durch das ARUG 1 (Gesetz zur Umsetzung der Aktionärsrichtlinie v. 30.7.2009, BGBl. 2009 I 2479) in das Gesetz eingefügt und durch das 3. UmwÄndG v. 11.7.2011 (BGBl. 2011 I 1338) um Abs. 3 ergänzt. Abs. 4 ist mit dem FISG v. 3.6.2021 (BGBl. 2021 I 1534) angefügt worden. Geregelt werden die Zeitpunkte der Anwendbarkeit verschiedener Änderungen des UmwG abw. vom Inkrafttreten der Gesetzesänderungen.

§ 355 Übergangsvorschrift zum Gesetz zur Umsetzung der Umwandlungsrichtlinie und zur Änderung weiterer Gesetze

(1) Eine Verschmelzung, eine Spaltung oder ein Formwechsel kann von den beteiligten Rechtsträgern in Übereinstimmung mit den Bestimmungen des Zweiten, Dritten und Fünften Buches in deren jeweils vor dem 1. März 2023 geltenden Fassung durchgeführt werden, wenn
1. der Verschmelzungsvertrag oder der Spaltungs- und Übernahmevertrag vor dem 1. März 2023 geschlossen, der Verschmelzungs- oder Spaltungsplan vor dem 1. März 2023 aufgestellt oder der Formwechselbeschluss als Umwandlungsbeschluss vor dem 1. März 2023 gefasst wurde und

2. die Umwandlung bis zum 31. Dezember 2023 zur Eintragung angemeldet wurde.

(2) ¹§ 14 Absatz 2, § 15 Absatz 1 und § 312 in der ab dem 1. März 2023 geltenden Fassung sind erstmals auf Umwandlungen anzuwenden, für die der Zustimmungsbeschluss der Anteilsinhaber nach dem 28. Februar 2023 gefasst worden ist. ²§ 307 Absatz 2 Nummer 14, die §§ 314 und 316 Absatz 2 in der ab dem 1. März 2023 geltenden Fassung sind erstmals auf grenzüberschreitende Verschmelzungen anzuwenden, für die der Verschmelzungsplan nach dem 28. Februar 2023 bekannt gemacht worden ist.

1 § 355 enthält Übergangsbestimmungen für die Anwendung des Gesetzes zur Umsetzung der Umwandlungsrichtlinie und zur Änderung weiterer Gesetze (**UmRUG**) vom 22.2.2023 (BGBl. 2023 I Nr. 51). Das UmRUG wurde am 28.2.2023 verkündet und ist gemäß Art. 25 am Tag nach der Verkündung, damit am 1. März 2023, in Kraft getreten. Ab diesem Zeitpunkt finden grds. alle Bestimmungen in aktueller Fassung Anwendung. Beispielsweise kann seitdem die Erklärung der Gewährung zusätzlicher Aktien anstelle barer Zuzahlung im Verschmelzungsvertrag (§ 72a) erfolgen. Eine Verzichtserklärung nach § 8 Abs. 3 erste Alternative aF ist etwa nicht erforderlich, wenn nach Inkrafttreten des Gesetzes im Eintragungszeitpunkt eine der in § 8 III 3 nF benannten Konzernkonstellationen vorliegt. Bestimmungen, die an die Wirkung der Eintragung anknüpfen (zB § 133 III nF), finden auf Umwandlungsvorgänge Anwendung, die nach Inkrafttreten dieses Gesetzes eingetragen werden.

2 Abs. 1 enthält zugunsten der beteiligten Rechtsträger eine Ausnahme von dem Grundsatz, dass mit Inkrafttreten des UmRUG ausschließlich die Bestimmungen aktueller Fassung Anwendung finden. Gemäß Abs. 1 können die beteiligten Rechtsträger die Umw auf Grundlage der Verfahrensbestimmungen des UmwG in der bis zum 28.2.2023 geltenden Fassung durchführen. Bspw. kann die an einer grenzüberschreitenden Verschm beteiligte Ges den Verschmelzungsbericht auf Grundlage von § 122e aF anstelle von §§ 309, 310 nF erstatten, auch wenn der Zustimmungsbeschluss und die Ausstellung der Verschmelzungsbescheinigung erst nach Inkrafttreten des UmRUG erfolgen.

3 Voraussetzung für die Durchführung der Umw nach den Verfahrensbestimmungen in der bis zum 28.2.2023 geltenden Gesetzesfassung ist gem. Nr. 1, dass vor Inkrafttreten des UmRUG der Verschmelzungs- beziehungsweise Spaltungs- und Übernahmevertrag geschlossen, der Verschmelzungs- beziehungsweise Spaltungsplan aufgestellt oder der Formwechselbeschluss gefasst wurde. Gem. Nr. 2 ist weitere Voraussetzung, dass der Umwandlungsvorgang bis zum 31. Dezember 2023 zur Eintragung angemeldet wird. Nr. 2 lässt die Frist des § 17 II 4 unberührt.

4 Unberührt bleibt die ausschließliche Anwendbarkeit der zum 1.3.2023 in Kraft getretenen Änderungen von Verfahrensbestimmungen, die nicht die von den beteiligten Rechtsträgern einzuhaltenden Verfahrensschritte betreffen. Hierzu zählen bspw. Änderungen von Verfahrensbestimmungen, die die Wirkungen der Umwandlung (zB § 133 III) oder die den Registervollzug betreffen. So finden die §§ 315–318 UmwG stets Anwendung. Gleiches gilt bei Registeranmeldungen nach Inkrafttreten dieses Gesetzes für die gem. § 315 III abzugebenden Versicherungen, für § 315 III 1 Nr. 1 allerdings nur, sofern die gläubigerschützenden Bestimmungen gemäß § 314 bereits einzuhalten waren.

5 Abs. 2 soll verhindern, dass durch etwaige mit Inkrafttreten des UmRUG verbundene Friktionen die Anteilsinhaber oder Gläubiger schutzlos gestellt werden oder dieselbe Rüge mit mehreren Rechtsbehelfen verfolgt werden kann. **S. 1** trägt dem Umstand Rechnung, dass mit Inkrafttreten des UmRUG gem. §§ 14, 15 Anteilsinhaber übernehmender Rechtsträger den Zustimmungsbeschluss nicht mehr unter dem Gesichtspunkt eines unangemessenen Umtauschverhältnisses anfechten und ihr

Rechtsschutzziel stattdessen im nachgelagerten Spruchverfahren verfolgen können. Für grenzüberschreitende Verschm kann künftig entgegen § 122h aF der Zustimmungsbeschluss nicht mehr unter dem Gesichtspunkt eines unangemessenen Umtauschverhältnisses angefochten werden. Auch insoweit ist nun die Geltendmachung eines Ausgleichs durch bare Zuzahlung im nachgelagerten Spruchverfahren generell statthafter Rechtsbehelf. Maßgeblicher Zeitpunkt für den Wechsel des Rechtsschutzregimes ist der Zeitpunkt, in dem der Zustimmungsbeschluss gefasst wird. **S. 2** trägt dem Umstand Rechnung, dass sich auch die Gläubigerschutzbestimmungen bei grenzüberschreitenden Verschm ändern. Dies betrifft sowohl die Frist als auch die Modalitäten der Geltendmachung des Anspruchs auf Sicherheitsleistung (§ 314). Gem. S. 2 finden deshalb die § 307 II Nr. 14, § 314 und § 316 II erstmals auf grenzüberschreitende Verschm Anwendung, deren Verschmelzungsplan nach dem 28.2.2023 bekannt gemacht worden ist.

B. Gesetz über das gesellschaftsrechtliche Spruchverfahren (Spruchverfahrensgesetz – SpruchG)

vom 12. Juni 2003 (BGBl. 2003 I 838),
zuletzt geändert durch Gesetz vom 11. Dezember 2023 (BGBl. 2023 I Nr. 354)

Einleitung

Das Spruchverfahren hat **drei Funktionen:** Es kommt zunächst dem Interesse 1
der Übernehmerin an einer einheitlichen Feststellung der angemessenen Abfindung entgegen. Ferner dient es der Prozessökonomie durch die Konzentration der Verfahren, und schließlich ist gewährleistet, dass die Rechte der (ausgeschiedenen) Anteilsinhaber ohne nennenswertes finanzielles Risiko und ohne ihre unmittelbare Beteiligung gewahrt werden (vgl. auch Simon/Simon Einf. Rn. 1 ff.).

Das **UmwG** kennt **drei Fälle** – bare Zuzahlung an Anteilsinhaber, zusätzlich zu 2
gewährende Aktien an Anteilsinhaber und Barabfindung von Anteilsinhabern –, deren Angemessenheit durch ein Spruchverfahren überprüft werden kann. Die materiellen Regelungen enthalten §§ 15, 34, 72a, 176–181, 184, 186, 196, § 212, 313, 327 und § 340 UmwG (näher → § 1 Rn. 2 ff.; zu Umw nach der SE-VO → § 1 Rn. 6 f.). Die **Verfahrensvorschriften** enthielten ursprünglich die §§ 305–312 UmwG aF. Daneben existierte das aktienrechtliche Spruchverfahren, geregelt in § 306 AktG aF. Die jew. Spruchverfahren (vgl. § 1) sind nunmehr verfahrensrechtlich gemeinsam im **SpruchG** v. 12.6.2003 (BGBl. 2003 I 838) geregelt. Das SpruchG findet auf alle Verfahren Anwendung, in denen kein Antrag auf gerichtliche Entscheidung vor dem 1.9.2003 gestellt worden ist (§ 17; iE → § 17 Rn. 13 f.). Das SpruchG wurde seither achtmal **geändert.** Mit den SEEG (BGBl. 2004 I 3675) und dem Gesetz zur Einführung der SCE (BGBl. 2006 I 1911) wurden diese Rechts- und Gründungsformen integriert. Veränderungen gab es ferner durch das EHUG (BGBl. 2006 I 2553) und zur Integration der grenzüberschreitenden Verschm nach §§ 122a ff. UmwG aF durch das 2. UmwÄndG (BGBl. 2007 I 542). Mit dem FGG-RG (BGBl. 2008 I 2586) waren Folgeanpassungen notwendig. Mit Gesetz v. 22.12.2011 erfolgte mWv 1.4.2012 eine Anpassung von § 6. Das Kostenrechtsmodernisierungsgesetz (BGBl. 2013 I 2586) bewirkte eine Anpassung von § 15. Mit dem UmRUG wurden einerseits notwendige verfahrensrechtliche Anpassungen aufgrund der Umsetzung der GesR-RL (grenzüberschreitende Verschm/Spaltung und grenzüberschreitender Formwechsel, §§ 305 ff., 320 ff., 333 ff. UmwG) und der neu geschaffenen Möglichkeit, anstelle einer baren Zuzahlung zusätzliche Aktien zu gewähren (§ 72a UmwG), vorgenommen. Anderseits wurde mit einzelnen Änderungen das Ziel der Beschleunigung und der Verbesserung der Qualität der vorbereitenden Schriftsätze verfolgt. Dazu zählen insbesondere die Einführung eines Anwaltszwangs (§ 5a), die ausdrückliche Zulassung einer mehrheitskonsensualen Schätzungsbefugnis (§ 11a) und die Straffung des Beschwerdeverfahrens (§ 13).

Wesentliches **Ziel der Reform** im Jahr 2003 war neben der Konzentration der 3
Verfahrensvorschriften die Beschleunigung von Spruchverfahren, die vielfach mehr als fünf Jahre dauerten. Wenngleich dies regelmäßig noch verfassungsgemäß ist (BVerfG ZIP 1999, 999; vgl. aber auch BVerfG ZIP 2012, 88: Verletzung des Anspruchs auf effektiven Rechtsschutz bei Verfahrensdauer von achtzehn Jahren vor dem LG), sollten hier Verbesserungen geschaffen werden. Erste Reformvorschläge

B SpruchG § 1

kamen aus der Lit. (Bilda NZG 2000, 296 (298 ff.); Lutter/Bezzenberger AG 2000, 433). In der Folge beschäftigten sich der 63. DJT (September 2000) und die Regierungskommission „Corporate Governance" mit dem Thema (Neye NZG 2002, 23). Ein erster RefE folgte im November 2001 (abgedruckt in NZG 2002, 25). Ein RegE wurde im November 2002 vorgelegt (BT-Drs. 15/371). Stellungnahmen der beteiligten Kreise kamen insbes. vom DAV-HRA (NZG 2002, 119; ZIP 2003, 552). Im Gesetzgebungsverfahren gab der BR eine Stellungnahme ab, auf die eine Gegenäußerung der BReg. folgte (BT-Drs. 15/371 Anlage 2 und 3). Ferner bezog der BT-RA Stellung (BT-Drs. 15/398). Zwischenzeitlich muss das SpruchG auch die Anforderungen der GesR-RL erfüllen (vgl. etwa Art. 126a VI GesR-RL).

4 Das Verfahren nach dem SpruchG ist **nicht grundlegend neu** geregelt worden, es setzt vielmehr auf den bisherigen Vorschriften (§§ 305 ff. UmwG aF; § 306 AktG aF) auf. Zu den Maßnahmen im Vorfeld eines Spruchverfahrens zählt, dass generell eine gerichtliche Auswahl und Bestellung der sachverständigen Prüfer (vgl. 10 I 1 UmwG) eingeführt worden ist. IÜ sollten ausweislich der Begr. RegE (BT-Drs. 15/371) die Rolle des Sachverständigen verändert werden (vgl. etwa § 8 II), Verfahrensförderungspflichten der Beteiligten eingeführt und die Kostenvorschriften angepasst werden.

5 Die Verfahrensbeschleunigung ist wohl eingetreten (vgl. Puszkajler/Sekera-Terplan NZG 2015, 1055; DAV-HRA NZG 2014, 1144; Engel/Puszkajler BB 2012, 1687 (1691); Lorenz AG 2012, 284 (286)). Bereits jetzt liegt eine nicht unbeachtliche Zahl von veröffentlichten Entscheidungen der Instanz-Rspr. und des BGH vor, die einen Beitrag zur Klärung offener Anwendungsfragen leisten. Vgl. iÜ zu den Auswirkungen auf die Praxis der Gerichte Engel/Puszkajler BB 2012, 1687. Zu empirischen Daten vgl. auch Lorenz AG 2012, 284; Henselmann/Munkert/Winkler/Schrenker WPg 2013, 1153. Zu weiteren Reformvorschlägen Puszkajler/Sekera-Terplan NZG 2015, 1055; Gotthardt/Krengel AG 2018; Lieder NZG 2018, 1321. Für einem aktuellen Überblick zum Reformbedarf vgl. Wasmann AG 2021, 179.

6 Die nachfolgende Kommentierung beschränkt sich auf das **umwandlungsrechtliche Spruchverfahren** (§ 1 Nr. 5 und Nr. 6).

§ 1 Anwendungsbereich

Dieses Gesetz ist anzuwenden auf das gerichtliche Verfahren für die Bestimmung
1. der Ausgleichszahlung oder der zusätzlich zu gewährenden Aktien für Aktionäre bei Kapitalerhöhungen (§ 255 Absatz 4 bis 7 und § 255a des Aktiengesetzes);
2. des Ausgleichs für außenstehende Aktionäre und der Abfindung solcher Aktionäre bei Beherrschungs- und Gewinnabführungsverträgen (§§ 304 und 305 des Aktiengesetzes);
3. der Abfindung von ausgeschiedenen Aktionären bei der Eingliederung von Aktiengesellschaften (§ 320b des Aktiengesetzes);
4. der Barabfindung von Minderheitsaktionären, deren Aktien durch Beschluss der Hauptversammlung auf den Hauptaktionär übertragen worden sind (§§ 327a bis 327f des Aktiengesetzes);
5. der Zuzahlung oder der zusätzlich zu gewährenden Aktien an Anteilsinhaber oder der Barabfindung von Anteilsinhabern (§§ 15, 34, 72a, 125 Absatz 1 Satz 1, §§ 176 bis 181, 184, 186, 196, 212, 305 Absatz 2, §§ 313, 320 Absatz 2, §§ 327 und 340 des Umwandlungsgesetzes);
6. der Zuzahlung oder der zusätzlich zu gewährenden Aktien an Anteilsinhaber oder der Barabfindung von Anteilsinhabern bei der Gründung oder Sitzverlegung einer SE (§§ 6, 7, 9, 11 und 12 des SE-Ausführungsgesetzes);

Anwendungsbereich 1–3 § 1 SpruchG B

7. der Zuzahlung an Mitglieder bei der Gründung einer Europäischen Genossenschaft (§ 7 des SCE-Ausführungsgesetzes).

1. Allgemeines

Die Norm listet die gesetzlich vorgesehenen Fälle auf, in denen ein Spruchverfahren durchgeführt werden kann. Sie ist nicht abschließend und soll einen Überblick geben (vgl. ausf. Koch Rn. 6). Sie hat eine nur klarstellende Funktion (Begr. RegE, BT-Drs. 15/371, 12), da die materielle Verweisung auf das Spruchverfahren schon in den in § 1 aufgezählten Normen erfolgt. Sie wurde zuletzt durch das UmRUG wegen der zusätzlichen grenzüberschreitenden Umwandlungsarten und der neuen Kompensation mittels zusätzlich zu gewährender Aktien (§§ 72a, 72b UmwG) und das ZuFinG wegen der nachgezogenen Möglichkeit zusätzlich zu gewährender Aktien im Aktienrecht (vgl. Nr. 1) geändert (zur erstmaligen Anwendung vgl. → § 17 Rn. 15). 1

2. Bare Zuzahlung und zusätzlich zu gewährende Aktien (§ 1 Nr. 5)

Nach § 1 Nr. 5 ist das Spruchverfahren auf das gerichtliche Verfahren für die Bestimmung der baren Zuzahlung an Anteilsinhaber anlässlich der Umw von Rechtsträgern anzuwenden. Einen derartigen Anspruch auf bare Zuzahlung gewähren § 15 UmwG (Verschm), § 125 I 1 UmwG iVm § 15 UmwG (Auf- und Abspaltung), §§ 176–181, 184, 186 UmwG (Vermögensübertragung), § 196 UmwG (Formwechsel), § 305 II UmwG iVm § 15 UmwG (grenzüberschreitende Verschm) und § 320 II UmwG iVm § 125 I 1, 15 UmwG (grenzüberschreitende Spaltung). Zum grenzüberschreitenden Formwechsel vgl. § 333 IV UmwG. Der **Anspruch** auf die bare Zuzahlung besteht, wenn das **Umtauschverhältnis nicht angemessen** ist oder die Mitgliedschaft bei dem übernehmenden Rechtsträger kein angemessener Gegenwert für den Anteil oder die Mitgliedschaft bei dem übertragenden Rechtsträger ist (§ 15 I UmwG). Bei der Vermögensübertragung tritt an die Stelle des Umtauschverhältnisses die Art und Höhe der Gegenleistung (etwa § 176 II 3 UmwG). Beim Formwechsel besteht ein Anspruch auf bare Zuzahlung, wenn die Anteile an dem Rechtsträger neuer Rechtsform nicht angemessen sind oder die Mitgliedschaft bei diesem kein ausreichender Gegenwert für die Anteile oder die Mitgliedschaft bei dem formwechselnden Rechtsträger ist (§ 196 S. 1 UmwG). 2

Mit dem UmRUG wurde für AG/SE und KGaA (§ 78 UmwG) die Möglichkeit geschaffen, bei einem **nicht angemessenen Umtauschverhältnis** anstelle einer baren Zuzahlung nach § 15 UmwG **zusätzliche Aktien** der übernehmenden Ges zu gewähren (§ 72a I 1 UmwG). Auch dieser Anspruch setzt voraus (§ 72a I 1 UmwG: „anstelle einer baren Zuzahlung"), dass das Umtauschverhältnis nicht angemessen ist (§ 15 I 1 UmwG). Der Anspruch auf bare Zuzahlung bleibt (zusätzlich) bestehen, soweit das angemessene Umtauschverhältnis trotz Gewährung zusätzlicher Aktien nicht hergestellt werden kann oder wenn die Gewährung zusätzlicher Aktien unmöglich geworden ist (§ 72a III UmwG). Anstelle zusätzlicher Aktien ist denjenigen Aktionären, die anlässlich einer nach Eintragung der Verschmelzung erfolgten strukturverändernden Maßnahme aus der Gesellschaft ausgeschieden sind, eine Entschädigung in Geld unter Berücksichtigung der von der Gesellschaft zu gewährenden Abfindung zu leisten (§ 72a IV UmwG). Diese Ansprüche werden nach § 10a durch das Gericht im Spruchverfahren bestimmt. 2a

Das Recht auf die bare Zuzahlung und dessen Durchsetzung im Spruchverfahren ist der Ausgleich für den **Ausschluss** einer **Unwirksamkeitsklage wegen** eines unangemessenen Umtauschverhältnisses (§ 14 II UmwG, § 195 II UmwG), der seit den Änderungen durch das UmRUG auch für Anteilsinhaber des übernehmenden 3

Rechtsträgers gilt. Der **materielle Verweis** auf das SpruchG ist in den anspruchsbegründenden Normen enthalten (§ 15 I 2 UmwG, § 196 S. 2 UmwG). Zum Antrag vgl. §§ 3, 4.

3. Barabfindung (§ 1 Nr. 5)

4   Das Spruchverfahren dient auch der gerichtlichen Durchsetzung und Bestimmung von Barabfindungen von **Anteilsinhabern,** die anlässlich der Umw von Rechtsträgern **ausscheiden.** Die anspruchsbegründenden Normen sind § 34 UmwG (Verschm), § 125 I 1 UmwG iVm § 34 UmwG (Auf- und Abspaltung), §§ 176–181, 184, 186 UmwG (Vermögensübertragung), § 212 UmwG (Formwechsel), § 313 UmwG (grenzüberschreitende Verschm), § 327 UmwG iVm § 313 UmwG (grenzüberschreitende Spaltung) und § 340 UmwG (grenzüberschreitender Formwechsel). Hintergrund ist, dass widersprechende Anteilsinhaber unter gewissen Umständen anlässlich der Umw ausscheiden können, vgl. zB §§ 29 ff. UmwG für die Verschm, auf die für Auf- und Abspaltungen § 125 UmwG verweist. Entsprechendes gilt nach §§ 207 ff. UmwG für den Formwechsel und nach §§ 313, 327, 340 UmwG für grenzüberschreitende Umw. Bei der Vermögensübertragung haben die Inhaber von Sonderrechten iSv § 23 UmwG einen Anspruch auf Barabfindung (§ 176 II 4 UmwG).

5   Die Möglichkeit, eine nicht angemessene Barabfindung im Spruchverfahren zu überprüfen, ist der Ausgleich dafür, dass eine **Unwirksamkeitsklage** nicht auf ein zu niedrig bemessenes oder fehlendes/nicht ordnungsgemäßes Angebot gestützt werden kann (§§ 32, 210 UmwG). Der **materielle Verweis** auf das **SpruchG** ist im UmwG enthalten (§§ 34, 212, 313, 327, 340 UmwG). Zum Antrag vgl. §§ 3, 4.

4. Zuzahlung/Barabfindung nach SEAG (§ 1 Nr. 6)

6   § 1 wurde durch Art. 5 SEEG v. 22.12.2004 (BGBl. 2004 I 3675) um Nr. 6 (ursprünglich Nr. 5) ergänzt. Hintergrund ist, dass das SEAG bei der Gründung/Sitzverlegung einer SE ebenfalls Ansprüche auf bare Zuzahlung/Barabfindung begründet. Nach § 6 II SEAG kann bei der Gründung einer SE durch Verschm jeder Anteilsinhaber bei einem nicht angemessenen Umtauschverhältnis einen Ausgleich durch **bare Zuzahlung** verlangen. Der Anspruch ist nach § 6 IV 1 SEAG im Spruchverfahren zu verfolgen (materielle Verweisung auf das SpruchG). Mit dem UmRUG wurde § 6 V SEAG eingefügt, der die entsprechende Anwendung von §§ 72a, 72b UmwG anordnet, also die Möglichkeit einräumt, anstelle einer baren Zuzahlung zusätzliche Aktien der übernehmenden Ges zu gewähren. Vgl. auch → Rn. 3a. Eine Unwirksamkeitsklage gegen den Verschmelzungsbeschluss ist hingegen ausgeschlossen (§ 6 I SEAG). Entsprechendes gilt nach § 11 I SEAG für die Gründung einer Holding-SE.

7   Bei der Gründung einer SE durch Verschm, die ihren Sitz im Ausland haben soll, ist nach § 7 I SEAG jedem widersprechenden Aktionär der Erwerb seiner Aktien gegen eine angemessene **Barabfindung** anzubieten. Eine zu niedrige oder eine nicht oder nicht ordnungsgemäß angebotene Barabfindung kann nicht durch Unwirksamkeitsklage gegen den Verschmelzungsbeschluss geltend gemacht werden (§ 7 V SEAG). Auf Antrag (vgl. §§ 3, 4) wird die angemessene Barabfindung aber im Spruchverfahren durch das Gericht bestimmt (§ 7 VII SEAG). Entsprechendes gilt bei Gründung einer Holding-SE, die ihren Sitz im Ausland haben soll (§ 9 SEAG). Schließlich ist bei einer Sitzverlegung den widersprechenden Aktionären der Erwerb der Aktien gegen Barabfindung anzubieten, die ggf. im Spruchverfahren bemessen wird (§ 12 SEAG).

5. Ausschluss anderer Verfahren

Ein nicht angemessenes Umtauschverhältnis oder ein nicht angemessenes, fehlendes oder nicht ordnungsgemäßes Barabfindungsangebot können nicht durch Unwirksamkeitsklage gegen den Umwandlungsbeschluss angegriffen werden (→ Rn. 3, → Rn. 5, → Rn. 6 f.). Sie können auch iÜ gerichtlich **ausschließlich** durch ein Spruchverfahren überprüft werden. Eine individuelle Feststellungs- oder gar Zahlungsklage ist ausgeschlossen (BGH NZG 2019, 470; Lutter/Mennicke Rn. 18; MüKoAktG/Krenek Rn. 3; Klöcker/Frowein Rn. 1; Simon/Simon Rn. 8; Dreier/Fritzsche/Verfürth/Dreier Rn. 104). Ist hingegen die Höhe der Zuzahlung/baren Abfindung unstreitig, verweigert der verpflichtete Rechtsträger also lediglich die Auszahlung, kann dieser Anspruch im normalen Zivilprozess durchgesetzt werden (→ § 16 Rn. 6).

8

§ 2 Zuständigkeit

(1) **Zuständig ist das Landgericht, in dessen Bezirk der Rechtsträger, dessen Anteilsinhaber antragsberechtigt sind, seinen Sitz hat oder hatte.**

(2) **¹Sind nach Absatz 1 mehrere Gerichte zuständig oder sind bei verschiedenen Landgerichten Spruchverfahren anhängig, die in einem sachlichen Zusammenhang stehen, so ist das Gericht zuständig, das zuerst mit der Angelegenheit befasst ist. ²Besteht Streit oder Ungewissheit über das zuständige Gericht nach Satz 1, so ist § 5 des Gesetzes über das Verfahren in Familiensachen und in den Angelegenheiten der freiwilligen Gerichtsbarkeit entsprechend anzuwenden.**

(3) **Ist bei dem Landgericht eine Kammer für Handelssachen gebildet, so entscheidet diese anstelle der Zivilkammer.**

(4) **Die Länder können vereinbaren, dass Entscheidungen in Verfahren nach diesem Gesetz für mehrere Länder den Landgerichten eines Landes zugewiesen werden.**

(5) **¹Der Vorsitzende einer Kammer für Handelssachen entscheidet**
1. **über die Abgabe von Verfahren;**
2. **im Zusammenhang mit öffentlichen Bekanntmachungen;**
3. **über Fragen, welche die Zulässigkeit des Antrags betreffen;**
4. **über alle vorbereitenden Maßnahmen für die Beweisaufnahme und in den Fällen des § 7;**
5. **in den Fällen des § 6;**
6. **über Geschäftswert, Kosten, Gebühren und Auslagen;**
7. **über die einstweilige Einstellung der Zwangsvollstreckung;**
8. **über die Verbindung von Verfahren.**

²Im Einverständnis der Beteiligten kann der Vorsitzende auch im Übrigen an Stelle der Kammer entscheiden.

1. Allgemeines

Die Vorschrift behandelt die sachliche und örtliche (und damit auch internationale; § 105 FamFG) Zuständigkeit 1. Instanz. Sie entspricht im Wesentlichen den früheren Bestimmungen in § 306 UmwG aF. Ergänzend enthält Abs. 2 eine Regelung zur Konzentration der Verfahren bei Mehrfachzuständigkeiten. Die Frage war zuvor streitig (vgl. → 4. Aufl. 2006, UmwG § 306 Rn. 3; BayObLG AG 2002, 395; LG Dortmund NZG 1999, 1175; OLG Frankfurt a. M. ZIP 2002, 1950).

1

Wie nach den Vorgängerregelungen ist das LG in der 1. Instanz sachlich zuständig (Abs. 1 und § 71 II Nr. 4 lit. e GVG). Der Vorschlag des HRA des DAV (NZG

2

2002, 119 (120); ZIP 2003, 552 f.; vgl. auch Spindler NZG 2014, 1138 (1144)), eine Eingangszuständigkeit des OLG zu schaffen und als Rechtsmittel lediglich die Divergenzbeschwerde zum BGH zuzulassen, wurde nicht aufgegriffen (vgl. dazu auch den Vorschlag von Dreier/Riedel BB 2013, 326). Dies wird im Hinblick auf die angestrebte Beschleunigung und die Verbesserung der Entscheidungsqualität vielfach zu Recht bedauert (Lutter/Mennicke Rn. 3; Koch Rn. 2). Die örtliche Zuständigkeit bestimmt sich nach dem – ggf. ehemaligen – Sitz des Rechtsträgers, dessen Anteilsinhaber antragsberechtigt sind (Abs. 1). Bei einer mehrfachen örtlichen Zuständigkeit gilt ein Prioritätsprinzip (Abs. 2). Bereits nach § 71 IV GVG können die Landesregierungen die örtliche Zuständigkeit eines Landgerichts für die Bezirke mehrerer Landgerichte festlegen. Abs. 4 erweitert diese Konzentrationsermächtigung über die Ländergrenzen hinaus.

3   Innerhalb des LG ist ggf. die Kammer für Handelssachen ausschließlich zuständig (Abs. 3 und § 95 II GVG iVm § 71 II Nr. 4 lit. e GVG; auch → Rn. 8). Für verschiedene verfahrensleitende Maßnahmen und im Einverständnis der Beteiligten auch iÜ besteht eine Zuständigkeit des Vorsitzenden (Abs. 5).

2. Zuständigkeit des Landgerichts (Abs. 1, Abs. 2)

4   Gem. Abs. 1 und § 71 II Nr. 4 lit. e GVG ist das LG in der 1. Instanz sachlich zuständig (zur Kritik → Rn. 2). Die **örtliche** Zuständigkeit (Abs. 1) richtet sich nach dem Rechtsträger, dessen Anteilsinhaber antragsberechtigt sind, also nach dem Sitz der beteiligten Rechtsträger. Bei einem übertragenden Rechtsträger, der infolge der Umwandlung erlischt, kommt es auf den letzten Sitz vor dem Erlöschen („oder hatte") an (Begr. RegE, BT-Drs. 20/3822 zu § 2); damit ist kein Wahlrecht zwischen dem Sitz des übertragenden und des übernehmenden Rechtsträgers verbunden (Drescher AG 2023, 337 Rn. 6). **Sitz** idS ist der in der **Satzung**, im Gesellschaftsvertrag oder im Statut festgelegte Sitz (§ 106 II Nr. 1 lit. b HGB; § 161 II HGB, § 706 BGB, § 5 I AktG, § 23 III 1 AktG, § 3 I Nr. 1 GmbHG, § 4a GmbHG, § 6 Nr. 1 GenG, § 187 VAG, § 57 I BGB; BeckOGK/Drescher Rn. 5; Simon/Simon Rn. 2; Semler/Stengel/Volhard, 3. Aufl. 2012, Rn. 2; Lutter/Mennicke Rn. 3; Koch Rn. 3; MüKoAktG/Krenek Rn. 4; Klöcker/Frowein Rn. 1; Dreier/Fritzsche/Verfürth/Dreier Rn. 6; Widmann/Mayer/Wälzholz Rn. 7; K. Schmidt/Lutter/Klöcker/Wittgens Rn. 2). Ein abw. Verwaltungssitz ist unerheblich (Simon/Simon Rn. 2; Semler/Stengel/Volhard, 3. Aufl. 2012, Rn. 2; Widmann/Mayer/Wälzholz Rn. 7; Lutter/Mennicke Rn. 3; Keßler/Kühnberger UmwR/Brügel Rn. 2; Dreier/Fritzsche/Verfürth/Dreier Rn. 6; MüKoAktG/Krenek Rn. 4; BeckOGK/Drescher Rn. 5). Wichtig ist dies bei inl. Rechtsträgern mit tatsächlichem Verwaltungssitz im Ausland (→ UmwG § 1 Rn. 40 ff.). Auf den Sitz des Antragsgegners kommt es nicht an (Lutter/Mennicke Rn. 3); dies ist konsequent, da dessen Anteilsinhaber nicht antragsberechtigt sind (Semler/Stengel/Volhard, 3. Aufl. 2012, Rn. 1). Die örtliche Zuständigkeit eines inl. Gerichts bewirkt im Grundsatz auch die **internationale Zuständigkeit** (§ 105 FamFG), soweit keine verdrängende Regelung existiert (LG München I NZG 2009, 143; Koch Rn. 3). Für einzelne Spruchverfahren ist streitig, ob Art. 7 Nr. 1 lit. a Brüssel Ia-VO oder Art. 24 Nr. 2 Brüssel Ia-VO anwendbar ist (vgl. etwa BeckOGK/Drescher Rn. 8 f.). Für grenzüberschreitende Umw nach §§ 305 ff. UmwG kann unter Berücksichtigung von Art. 86i V GesR-RL, Art. 126a V, VI UAbs. 1 GesR-RL und Art. 160i V, VI UAbs. 1 GesR-RL eine Zuständigkeit deutscher Gerichte angenommen werden, wenn die an der Umw beteiligte inl. Ges bis zum Vollzug dem deutschen Recht unterlag (Begr. RegE, BT-Drs. 20/3822 zu § 2; Koch Rn. 3). Die Zuständigkeit beschränkt sich indes auf die Ansprüche der Anteilsinhaber der jew. Beteiligten inländischen Ges, während für die ausl. Ges die Gerichte des jew. Sitzstaates zuständig sind (BeckOGK/Drescher Rn. 9; Drescher AG 2023, 337 Rn. 9). Widersprechenden Entscheidungen soll

durch § 6c II entgegengewirkt werden. Zur internationalen Zuständigkeit bei Umwandlungen nach der SE-VO vgl. BeckOGK/Drescher Rn. 9.

Hat der nach Abs. 1 maßgebliche Rechtsträger einen **Doppelsitz** (zur Zulässigkeit etwa Koch AktG § 5 Rn. 10; Noack/Servatius/Haas/Servatius GmbHG § 4a Rn. 6), kann nach Abs. 1 S. 1 eine Zuständigkeit mehrerer LG eintreten. Diese Kollision ist von Abs. 2 S. 1 erfasst; sie ist unmittelbar (Lutter/Mennicke Rn. 4; MüKoAktG/Krenek Rn. 5; Simon/Simon Rn. 6) nach § 2 I FamFG, § 5 FamFG zu lösen. Zuständig ist das LG, das zuerst mit der Angelegenheit befasst ist; maßgeblich ist der Eingang des Antrags (BT-Drs. 16/6308, 175; Widmann/Mayer/Wälzholz Rn. 13; Lutter/Mennicke Rn. 7; K. Schmidt/Lutter/Klöcker/Wittgens Rn. 7). Bei Streit hierüber ist das Verfahren nach § 5 FamFG durchzuführen. 5

Eine nicht rechtliche, sondern in der Sachfrage mehrfache Zuständigkeit kann auch eintreten, wenn Rechtsträger mit unterschiedlichen Sitzen an einer Umw teilnehmen. Schon zum alten Recht wurde hierfür überwiegend eine analoge Anwendung von § 4 FGG aF befürwortet (LG Dortmund ZIP 1999, 1711). Mit Einführung des SpruchG ist dies Gesetzesrecht geworden. Abs. 2 (zuvor Abs. 1 S. 2) bestimmt, dass § 2 I FamFG entsprechend anzuwenden ist, wenn bei verschiedenen LG Spruchverfahren anhängig sind, die in einem **sachlichen Zusammenhang** stehen. Dieser sachliche Zusammenhang wird bei einheitlicher Umw regelmäßig bestehen. Während früher die Situation in erster Linie bei mehreren übertragenden Rechtsträgern eintreten konnte, ist dies seit den Änderungen durch das UmRUG (zur erstmaligen Anwendung vgl. → § 17 Rn. 15) bei allen inl. Verschm und Auf- und Abspaltungen denkbar, da nunmehr auch die Anteilsinhaber der übernehmenden Rechtsträger antragsberechtigt sind (§ 15 I 2 iVm § 14 II UmwG, §§ 125, 305 II, 320 II UmwG). Ebenso können grenzüberschreitende Verschm und Auf- sowie Abspaltungen mit mehreren beteiligten inl. Rechtsträgern betroffen sein. Neben der örtlichen Konzentration sind die Verfahren sodann regelmäßig nach § 17 i iVm § 20 FamFG zu verbinden (Begr. RegE, BT-Drs. 20/3822 zu § 2 II; BeckOGK/Drescher Rn. 18). Ziel der Zuständigkeitskonzentration ist die Vermeidung divergierender Entscheidungen (Begr. RegE, BT-Drs. 20/3822 zu § 2 II). Ggf. kann der sachliche Zusammenhang bei rechtlich nicht verknüpften Umw auch dann anzunehmen sein, wenn die Verfahren auch die Bewertung desselben Rechtsträgers betreffen (Lutter/Mennicke Rn. 6; NK-UmwR/Goslar/Wilsing Rn. 7; Emmerich/Habersack/Emmerich Rn. 8; DAV-HRA NZG 2003, 316 (317)). Eine weitere Fallgruppe können Kettenverschmelzungen sein (Widmann/Mayer/Wälzholz Rn. 14 f.). Zuständig ist dann das LG, das zuerst mit der Angelegenheit **befasst ist** und zugleich nach Abs. 1 zuständig ist (Drescher AG 2023, 337 Rn. 7). In Antragsverfahren bestimmt sich dies nach dem Eingang des Antrags (BT-Drs. 16/6308, 175; Widmann/Mayer/Wälzholz Rn. 13; Lutter/Mennicke Rn. 7; Hölters/Weber/Simons Rn. 6; BeckOGK/Drescher Rn. 17). Ferner ordnet **Abs. 2 S. 2** in einem Streit über das zuständige Gericht ein vorrangiges Verfahren nach § 5 FamFG (Zuständigkeitsbestimmung durch übergeordnetes Gericht) an. Zur Behandlung von widersprüchlichen Verweisungsbeschlüssen vgl. OLG Hamburg AG 2018, 453. 6

Die Zuständigkeit des LG ist **ausschließlich** (MüKoAktG/Krenek Rn. 1; Semler/Stengel/Volhard, 3. Aufl. 2012, Rn. 4; Simon/Simon Rn. 4; Dreier/Fritzsche/Verfürth/Antczak/Fritzsche Rn. 7; K. Schmidt/Lutter/Klöcker/Wittgens Rn. 2; Bürgers/Körber/Lieder/Theusinger/Decker Rn. 3; Hölters/Weber/Simons Rn. 3; zur Zuständigkeitskonzentration → Rn. 12). Gerichtsstandsvereinbarungen sind damit unwirksam (MüKoAktG/Krenek Rn. 1; Lutter/Mennicke Rn. 3; Widmann/Mayer/Wälzholz Rn. 21; Dreier/Fritzsche/Verfürth/Antczak/Fritzsche Rn. 7). Dies gilt sowohl für die örtliche als auch für die sachliche Zuständigkeit (zur Kammer für Handelssachen → Rn. 8). Es kann auch **keine andere Verfahrensart** gewählt werden (auch → § 1 Rn. 8). Im Regelfall wird es allerdings möglich sein, einen Klagantrag in einen solchen nach dem SpruchG umzudeuten (auch → § 4 Rn. 8 ff.). 7

3. Kammer für Handelssachen (Abs. 3)

8 Besteht am nach Abs. 1, 2 zuständigen LG eine Kammer für Handelssachen, ist sie ausschließlich zur Entscheidung berufen (Abs. 3 und § 95 II Nr. 2 GVG iVm § 71 II Nr. 4 lit. e GVG; rechtspolitisch wegen der Besetzung mit nur einem Berufsrichter (§ 105 GVG) krit. DAV-HRA NZG 2003, 316 (317); 2014, 1144 (1145); Bungert/Mennicke BB 2003, 2021 (2024)). Wird der Antrag fälschlicherweise bei der Zivilkammer eingereicht, hat ihn diese von Amts wegen an die Kammer für Handelssachen abzugeben (Begr. RegE, BT-Drs. 20/3822 zu § 2; Drescher AG 2023, 337 Rn. 10; aA zur früheren Rechtslage LG München I NZG 2010, 520; Koch Rn. 5; Hölters/Weber/Simons Rn. 2; Kölner Komm AktG/Wasmann Rn. 6; NK-UmwR/Goslar/Wilsing Rn. 10; Simons NZG 2012, 609 (611)); hieran hat sich durch die Streichung von § 2 II aF nichts geändert (dazu ausf. Kiefner/Kersjes NZG 2012, 244). § 98 III GVG, der die Verweisung von Amts wegen an die Kammer für Handelssachen ausschließt, findet keine Anwendung (Begr. RegE, BT-Drs. 20/3822 zu § 2; BeckOGK/Drescher Rn. 21; Lutter/Mennicke Rn. 9 f.; MüKoAktG/Kranek Rn. 11; Widmann/Mayer/Wälzholz Rn. 22; Emmerich/Habersack/Emmerich Rn. 9; Spindler/Stilz/Drescher Rn. 21; Bürgers/Körber/Lieder/Theusinger/Deckers Rn. 7; Dreier/Fritzsche/Verfürth/Antczak/Fritzsche Rn. 26), da das Spruchverfahren zu den echten Parteisachen der freiwilligen Gerichtsbarkeit zählt (App BB 1995, 268; Semler/Stengel/Volhard, 3. Aufl. 2012, Rn. 4; krit. Simon/Simon Rn. 14).

4. Zuständigkeit des Vorsitzenden der Kammer für Handelssachen (Abs. 5)

9 Nach **Abs. 5 S. 1** ist der **Vorsitzende** einer Kammer für Handelssachen für die abschließend aufgezählten Entscheidung **allein zuständig;** eine Übertragung auf die Kammer ist ausgeschlossen (Widmann/Mayer/Wälzholz Rn. 23; Klöcker/Frowein Rn. 14; Kölner Komm AktG/Wasmann Rn. 12; Simon/Simon Rn. 17; Lutter/Mennicke Rn. 11; K. Schmidt/Lutter/Klöcker/Wittgens Rn. 15; Dreier/Fritzsche/Verfürth/Antczak/Fritzsche Rn. 28; aA MüKoAktG/Krenek Rn. 14). Eine gleichwohl ergehende Kammerentscheidung ist wirksam (MüKoAktG/Krenek Rn. 14; Widmann/Mayer/Wälzholz Rn. 23; Simon/Simon Rn. 17; Kölner Komm AktG/Wasmann Rn. 12; Dreier/Fritzsche/Verfürth/Antczak/Fritzsche Rn. 28). Die Vorschrift dient der Verfahrensvereinfachung und -beschleunigung. Sie gilt nicht, auch nicht entsprechend, wenn das Verfahren mangels Bestehens einer Kammer für Handelssachen vor einer Zivilkammer durchgeführt wird (Dreier/Fritzsche/Verfürth/Antczak/Fritzsche Rn. 39; Klöcker/Frowein Rn. 15; MüKoAktG/Krenek Rn. 16; Semler/Stengel/Volhard, 3. Aufl. 2012, Rn. 7; Lutter/Mennicke Rn. 11; Koch Rn. 6; Kölner Komm AktG/Wasmann Rn. 11; Spindler/Stilz/Drescher Rn. 20; BeckOGK/Drescher Rn. 23). Zur Übertragung auf den Einzelrichter nach den allg. Regelungen des FamFG (analog § 68 IV FamFG) vgl. MüKoAktG/Krenek Rn. 16; Semler/Stengel/Volhard, 3. Aufl. 2012, Rn. 7; aA Spindler/Stilz/Drescher Rn. 22; BeckOGK/Drescher Rn. 23.

10 Die Vorschrift entspricht im Wesentlichen § 306 II UmwG aF. Neu ist die Vorbereitung der nunmehr vorgeschriebenen mündlichen Verhandlung (Abs. 2 S. 1 Nr. 4 iVm § 7) und die Entscheidung über die Verbindung von Verfahren (Abs. 3 S. 1 Nr. 8). Inhaltlich handelt es sich im Wesentlichen um verfahrensleitende Maßnahmen. Im gesetzlichen Regelfall (aber → Rn. 11) verbleibt der Kammer die **Entscheidung in der Sache selbst** (Spindler/Stilz/Drescher Rn. 22; BeckOGK/Drescher Rn. 23).

11 Ebenso wurde § 306 II 2 UmwG aF übernommen. Im Einverständnis aller Beteiligten kann der Vorsitzende auch iÜ, **insbes. in der Sache selbst,** anstelle der

Kammer entscheiden (**Abs. 5 S. 2**). Es müssen also die Antragsteller, Antragsgegner und die gem. Vertreter zustimmen (Kölner Komm AktG/Wasmann Rn. 13; MüKo-AktG/Krenek Rn. 15; Dreier/Fritzsche/Verfürth/Antczak/Fritzsche Rn. 38; NK-UmwR/Goslar/Wilsing Rn. 12). Ein Zwang besteht für den Vorsitzenden nicht. Er entscheidet nach freiem Ermessen (MüKoAktG/Krenek Rn. 15; Semler/Stengel/Volhard, 3. Aufl. 2012, Rn. 6; Simon/Simon Rn. 20; Dreier/Fritzsche/Verfürth/Antczak/Fritzsche Rn. 38; NK-UmwR/Goslar/Wilsing Rn. 12).

5. Übertragung der Zuständigkeit durch Rechtsverordnung

Abs. 4 aF, der wiederum § 306 III UmwG aF entsprach, enthielt die Ermächtigung für die Landesregierung bzw. die jew. Landesjustizverwaltung, durch Rechtsverordnung die Zuständigkeit für mehrere LG-Bezirke einem LG zu übertragen, soweit (wohl stets) dies der Sicherung einer einheitlichen Rspr. dient. Nunmehr folgt die Konzentrationsermächtigung aus § 71 II Nr. 4 lit. e, IV GVG. 12

Von dieser **Konzentrationsermächtigung** haben Baden-Württemberg (LG Stuttgart für OLG-Bezirk Stuttgart und LG Mannheim für OLG-Bezirk Karlsruhe), Bayern (LG München I für den OLG-Bezirk München, iÜ LG Nürnberg), Hessen (LG Frankfurt a. M.), Mecklenburg-Vorpommern (LG Rostock), Niedersachsen (LG Hannover), Nordrhein-Westfalen (LG Dortmund für den OLG-Bezirk Hamm, LG Düsseldorf für den OLG-Bezirk Düsseldorf und LG Köln für den OLG-Bezirk Köln), Rheinland-Pfalz (LG Koblenz für den OLG-Bezirk Koblenz und LG Frankenthal für den OLG-Bezirk Zweibrücken) und Sachsen (LG Leipzig) Gebrauch gemacht. Verordnungen, die noch zum alten Recht ergangen sind, gelten fort (Lutter/Mennicke Rn. 16; Semler/Stengel/Volhard, 3. Aufl. 2012, Rn. 9; Hölters/Weber/Simons Rn. 9; Bungert/Mennicke BB 2003, 2021 (2024); krit. für ältere VO Koch Rn. 7). Dies gilt auch für die Spruchverfahren im Zusammenhang mit §§ 72a, 72b UmwG. 13

Der durch das UmRUG eingefügte Abs. 4 ermöglicht nun auch eine Zuständigkeitskonzentration über Ländergrenzen hinweg. Dies könne für bevölkerungsärmere Bundesländer ein geeignetes Mittel sein, die gerichtliche Expertise zu konzentrieren (Begr. RegE, BT-Drs. 20/3822 zu § 2). Voraussetzung dafür ist eine entsprechende Vereinbarung zwischen den Ländern. Ferner muss jede Landesregierung (Landesjustizverwaltung) der betroffenen Länder eine Verordnung nach § 71 IV GVG erlassen. Es bleibt abzuwarten, ob diese erweiterte Möglichkeit genutzt wird. 13a

Die durch Rechtsverordnung herbeigeführte Zuständigkeitskonzentration ist nicht nur in örtlicher, sondern auch in sachlicher Hinsicht maßgebend. Dies hat zur Folge, dass die mittels Rechtsverordnung festgelegte Kammer für Handelssachen bei Verneinung eines Streitgegenstands iSv § 1 an das im Normalprozess örtlich und sachlich zuständige Gericht verweisen muss. Handelt es sich um eine Zivilkammer des eigenen LG, gibt es die Streitsache ab. Geht hingegen die Kammer für Handelssachen von der Zuständigkeit der **Zivilkammer** eines **anderen LG** aus, das ohne die Festlegung durch Rechtsverordnung nach Abs. 3 örtlich zuständig wäre, spricht sie die Verneinung der Zuständigkeit des LG, an dem die Kammer für Handelssachen eingerichtet ist, aus und verfügt die **Abgabe an das zuständige Gericht**. Das Gesetz sieht zwar eine derartige Abgabeverfügung nicht vor, die bestehende Regelungslücke ist aber in entsprechender Anwendung von § 17a GVG zu schließen (vgl. auch BGH NJW 1980, 2466 zum WEG). Die Verweisung ist dann bindend (BGH NJW 1980, 2466). 14

§ 3 Antragsberechtigung

¹Antragsberechtigt für Verfahren nach § 1 ist in den Fällen
1. der Nummer 1 jeder Aktionär, dessen Bezugsrecht ganz oder teilweise ausgeschlossen worden ist;

2. der Nummer 2 jeder außenstehende Aktionär;
3. der Nummern 3 und 4 jeder ausgeschiedene Aktionär;
4. der Nummer 5 jeder in den dort angeführten Vorschriften des Umwandlungsgesetzes bezeichnete Anteilsinhaber;
5. der Nummer 6 jeder in den dort angeführten Vorschriften des SE-Ausführungsgesetzes bezeichnete Anteilsinhaber;
6. der Nummer 7 jedes in der dort angeführten Vorschrift des SCE-Ausführungsgesetzes bezeichnete Mitglied.

²In den Fällen der Nummern 1, 2, 4, 5 und 6 ist die Antragsberechtigung nur gegeben, wenn der Antragsteller zum Zeitpunkt der Antragstellung Anteilsinhaber ist; dies gilt nicht für die Bestimmung der Barabfindung bei grenzüberschreitenden Umwandlungen (§§ 313, 327 und 340 des Umwandlungsgesetzes) gemäß § 1 Nummer 4. ³Die Stellung als Aktionär ist dem Gericht ausschließlich durch Urkunden nachzuweisen.

1. Allgemeines

1   Das Spruchverfahren findet nur auf Antrag statt. § 3 regelt die Antragsberechtigung. Die §§ 305 ff. UmwG aF enthielten eine vergleichbare Vorschrift nicht. Die Antragsberechtigung (§ 3 S. 1) konnte nur aus den materiell-rechtlichen, anspruchsbegründeten Vorschriften abgeleitet werden (→ § 1 Rn. 2 ff.). Insofern hat auch jetzt § 3 S. 1 Nr. 4 und 5 nur eine klarstellende Funktion. § 3 S. 2 Hs. 1 regelt nunmehr die im Spruchverfahren nach Umw früher umstrittene Frage, zu welchem Zeitpunkt der Antragsteller Anteilsinhaber gewesen sein muss. § 3 S. 2 Hs. 2 regelt die notwendige Ausnahme bei der Bestimmung der Barabfindung bei grenzüberschreitenden Umw, da hier der Anteilsinhaber mit dem Wirksamwerden der Umw ausscheidet. § 3 S. 3 enthält Besonderheiten für den Nachweis der Aktionärsstellung, Bedeutung hat dies für die Antragsbegründung nach § 4 II Nr. 2. Zur Beteiligtenfähigkeit einer **Erbengemeinschaft** vgl. OLG Stuttgart AG 2019, 262 = BeckRS 2018, 26698.

2. Antragsberechtigung zur Verbesserung des Umtauschverhältnisses

2   Nach Umw können diejenigen ein Spruchverfahren einleiten, die Inhaber der materiellen Ansprüche auf bare Zuzahlung bzw. auf zusätzliche Aktien sind (zu Ansprüchen auf Barabfindung → Rn. 4). § 3 S. 1 verweist insofern auf § 1 Nr. 5 und 6 und damit weiter auf §§ 15, 72a UmwG (Verschm), § 125 UmwG iVm §§ 15, 72a UmwG (Auf- und Abspaltung), §§ 176–181, 184, 186 UmwG (Vermögensübertragung); §§ 196, 248a UmwG (Formwechsel) § 305 II UmwG iVm §§ 15, 72a UmwG (grenzüberschreitende Verschm) und § 320 II UmwG iVm §§ 125, 15, 72a UmwG (grenzüberschreitende Spaltung) sowie auf §§ 6, 11 SEAG (auch → § 1 Rn. 2 ff.). Anspruchs- wie auch antragsberechtigt sind damit alle **Anteilsinhaber** eines beteiligten Rechtsträgers bzw. formwechselnden Rechtsträgers, deren Recht, gegen die Wirksamkeit des Umwandlungsbeschlusses Klage zu erheben, ausgeschlossen ist (näher → UmwG § 14 Rn. 28, → UmwG § 15 Rn. 13; → SE-VO Art. 24 Rn. 13; Widmann/Mayer/Wälzholz Rn. 23 f.). Seit den Änderungen durch das UmRUG sind auch die **Anteilsinhaber** des übernehmenden Rechtsträgers antragsberechtigt

3   Bei Spruchverfahren zur Verbesserung des Umtauschverhältnisses setzt der Anspruch und damit auch die Anspruchsberechtigung nicht voraus, dass der Antragsteller **Widerspruch zu Protokoll** erklärt hat. Selbst eine Beschlusszustimmung ist unschädlich (unstr.; vgl. MüKoAktG/Krenek Rn. 8; Semler/Stengel/Volhard, 3. Aufl. 2012, Rn. 4; Lutter/Decher UmwG § 15 Rn. 3; Kallmeyer/Marsch-Barner

UmwG § 15 Rn. 5; Widmann/Mayer/Wälzholz Rn. 25; Simon/Simon Rn. 3; K. Schmidt/Lutter/Klöcker/Wittgens Rn. 15; Bürgers/Körber/Lieder/Theusinger/ Deckers Rn. 9; Hölters/Weber/Simons Rn. 10; auch → UmwG § 14 Rn. 28).

3. Antragsberechtigung zur Nachprüfung der Barabfindung

§ 3 S. 1 Nr. 4, 5 verweisen auf § 1 Nr. 5 und 6 und damit auf §§ 34, 176–181, **4** 154, 186, 212, 313, 327 und 340 UmwG sowie auf §§ 7, 9, 12 SEAG (→ § 1 Rn. 4 ff.). Antragsberechtigt sind die materiell Anspruchsberechtigten. Anspruchsberechtigt sind nur diejenigen Anteilsinhaber, die **Widerspruch** zur Niederschrift erklärt **und** auch gegen den Umwandlungsbeschluss gestimmt haben (näher → UmwG § 29 Rn. 15; → UmwG § 207 Rn. 4; → UmwG § 313 Rn. 8; → UmwG § 340 Rn. 3; → SE-VO Art. 24 Rn. 17). Bei **grenzüberschreitenden Umw** muss der Anteilsinhaber seine Absicht rechtzeitig mitgeteilt und das Barabfindungsangebot rechtzeitig angenommen haben (BeckOGK/Drescher Rn. 12), da anderenfalls der Anspruch erlischt (§ 313 III 2, 3 UmwG; vgl. dazu → § 313 Rn. 11 ff.). Auch die Antragsberechtigung knüpft hieran an (OLG München NZG 2010, 397; OLG Stuttgart NZG 2004, 1162 (1163); LG Dortmund Der Konzern 2004, 618; MüKoAktG/Krenek Rn. 9; Koch Rn. 4; Widmann/Mayer/Wälzholz Rn. 34; Lutter/Mennicke Rn. 6; Lutter/Grunewald UmwG § 34 Rn. 2; Simon/Simon Rn. 32; aA Kölner Komm AktG/Wasmann Rn. 14; Dreier/Fritzsche/Verfürth/Antczak/Fritzsche Rn. 60; Spindler/Stilz/Drescher Rn. 11; BeckOGK/Drescher Rn. 12; Hölters/Weber/Simons Rn. 9: nur Widerspruch). Dem Widerspruch stehen die in § 29 II UmwG, § 207 II UmwG, § 7 I 5 SEAG, § 9 I 5 SEAG, § 12 I 5 SEAG geregelten Fallgruppen gleich (→ UmwG § 29 Rn. 17; MüKoAktG/Krenek Rn. 9; Widmann/Mayer/Wälzholz Rn. 34; NK-UmwR/ Goslar/Wilsing Rn. 5). Nicht antragsberechtigt ist – außer bei grenzüberschreitenden Umw – derjenige, der das Angebot bereits angenommen hat (OLG Düsseldorf ZIP 2001, 158; LG Dortmund DB 2000, 1164; Lutter/Mennicke Rn. 6; Lutter/ Grunewald UmwG § 34 Rn. 2; Kallmeyer/Marsch-Barner UmwG § 34 Rn. 3; Emmerich/Habersack/Emmerich Rn. 17; K. Schmidt/Lutter/Klöcker/Wittgens Rn. 19; Dreier/Fritzsche/Verfürth/Antczak/Fritzsche Rn. 61; Widmann/Mayer/ Wälzholz Rn. 35; Hölters/Weber/Simons Rn. 9).

4. Zeitpunkt der Beteiligung (§ 3 S. 2)

Nach § 3 S. 2 Hs. 1 ist die Antragsberechtigung nur gegeben, wenn der Antrag- **5** steller zum Zeitpunkt der Antragstellung Anteilsinhaber ist (zur grenzüberschreitenden Umw vgl. → Rn. 5b). Auch soweit die Anspruchsberechtigung aufgrund der ursprünglichen Anteilsinhaberschaft beim übertragenden Rechtsträger anknüpft, bezieht sich die Antragsberechtigung auf die Beteiligung am übernehmenden Rechtsträger (MüKoAktG/Krenek Rn. 20; Bungert/Mennicke BB 2003, 2021 (2025); Widmann/Mayer/Wälzholz Rn. 35; Simon/Simon Rn. 34). Die Frage war bislang streitig (vgl. van Aerssen AG 1999, 249 (252 ff.)). Maßgeblich ist damit allein die Anteilsinhaberschaft zum Zeitpunkt der Antragstellung (vgl. auch OLG München ZIP 2012, 1180). Für Anteilsinhaber des übertragenden Rechtsträgers/ Rechtsträger früherer Rechtsform bedeutet dies, dass nur diejenigen antragsberechtigt sind, die **noch** am übernehmenden Rechtsträger/Rechtsträger neuer Rechtsform aufgrund ihrer bisherigen Beteiligung (OLG Düsseldorf BeckRS 2014, 22094; K. Schmidt/Lutter/Klöcker/Wittgens Rn. 14; Kölner Komm AktG/Wasmann Rn. 15; Koch Rn. 6; Spindler/Stilz/Drescher Rn. 12; BeckOGK/Drescher Rn. 12) am übertragenden Rechtsträger/Rechtsträger alter Rechtsform beteiligt sind (OLG Stuttgart NZG 2004, 1162 (1163); Simon/Simon Rn. 34; Bürgers/Körber/Lieder/ Theusinger/Deckers Rn. 16; Wasmann WM 2004, 819 (822); Bungert/Mennicke

BB 2003, 2021 (2025)). Denn die Ansprüche auf **bare Zuzahlung** bzw. **Abfindung** sind **untrennbar** mit dem Anteil verbunden (Semler/Stengel/Volhard, 3. Aufl. 2012, Rn. 7). Umgekehrt ist auch derjenige antragsberechtigt, der die aus der Umw hervorgegangenen Anteile erst nach deren Wirksamwerden bis zum Ablauf der Antragsfrist erworben hat (Semler/Stengel/Volhard, 3. Aufl. 2012, Rn. 6 f.; Dreier/Fritzsche/Verfürth/Antczak/Fritzsche Rn. 17; Widmann/Mayer/Wälzholz Rn. 36; Lutter/Mennicke Rn. 6 iVm Rn. 3 f.; Spindler/Stilz/Drescher Rn. 6, 12; BeckOGK/Drescher Rn. 13; Emmerich/Habersack/Emmerich Rn. 17 iVm Rn. 7; Bürgers/Körber/Lieder/Theusinger/Deckers Rn. 16; aA LG Dortmund DB 2004, 1355; Simon/Simon Rn. 34; MüKoAktG/Krenek Rn. 22: nur bei Gesamtrechtsnachfolge; K. Schmidt/Lutter/Klöcker/Wittgens Rn. 14 iVm Rn. 10). Unerheblich ist, ob die Anteilsübertragung durch Gesamt- oder Einzelrechtsnachfolge stattfand (Semler/Stengel/Volhard, 3. Aufl. 2012, Rn. 7; Dreier/Fritzsche/Verfürth/Antczak/Fritzsche Rn. 17; Bürgers/Körber/Lieder/Theusinger/Deckers Rn. 16; insoweit aA LG Dortmund DB 2004, 1355: Bei Einzelrechtsübertragung kein eigenes Antragsrecht des Erwerbers). Eine Erbfolge muss nicht durch Urkunden (§ 3 S. 3; → Rn. 7) nachgewiesen werden (OLG Frankfurt a. M. BeckRS 2017, 102412 Rn. 24). Werden die Anteile nach Stellung des Antrags übertragen, gilt § 265 ZPO entsprechend (OLG Stuttgart ZIP 2008, 2020; Widmann/Mayer/Wälzholz Rn. 36; MüKoAktG/Krenek Rn. 23; Simon/Simon Rn. 22; Büchel NZG 2003, 793 (795); Emmerich/Habersack/Emmerich Rn. 9). Vorstehende Ausführungen gelten für Umwandlungen nach der **SE-VO** (§ 1 Nr. 6) entsprechend.

5a Seit der Änderung von § 14 II UmwG, § 15 UmwG durch das **UmRUG** können auch die Anteilsinhaber des übernehmenden Rechtsträgers eine bare Zuzahlung oder ggf. zusätzliche Aktien (§ 72a UmwG) beanspruchen. Auch in diesen Fällen muss die Beteiligung am übernehmenden Rechtsträger zum Zeitpunkt der Antragstellung noch bestehen. Aus der materiellen Anspruchsberechtigung folgt ferner, dass die Beteiligung am übernehmenden Rechtsträger bereits vor dem Wirksamwerden der Umw bestanden haben, also der Anteilsinhaber an der Umw teilgenommen hat. Zur Antragsbefugnis der Erwerber eines derartigen Anteils vgl. → Rn. 5.

5b Anders als bei inl. Umw (vgl. §§ 31, 209 UmwG) werden bei grenzüberschreitenden Umw Anteilsinhaber, die gegen Barabfindung ausscheiden, am übernehmenden Rechtsträger/Rechtsträger neuer Rechtsform nicht mehr beteiligt (§ 313 IV UmwG, §§ 327, 340 IV UmwG). Demzufolge kommt es in diesen Fällen für die Antragsberechtigung nur auf die ursprüngliche Beteiligung am übertragenden Rechtsträger/Rechtsträger alter Rechtsform (zum Erfordernis des Widerspruchs → Rn. 4) an; dies stellt **S. 2 Hs. 2** klar.

5. Antragsberechtigung von Sonderrechtsinhabern

6 Bei Vermögensübertragungen steht auch Sonderrechtsinhabern iSv § 23 UmwG ein Anspruch auf Barabfindung zu (§ 176 II 4 UmwG, §§ 177–181, 184 UmwG). Auch sie können eine Überprüfung des Abfindungsanspruchs im Spruchverfahren einleiten (§ 176 II 4 UmwG, § 34 UmwG; → § 1 Rn. 4). Die von § 176 II 4 UmwG angeordnete entsprechende Anwendung von § 34 UmwG gilt auch für § 3 S. 2. Da der Sonderrechtsinhaber nie Anteilsinhaber des übernehmenden Rechtsträgers bei der Vermögensübertragung wird, kann es nur auf seine materielle Anspruchsberechtigung ankommen (so zutr. Widmann/Mayer/Wälzholz Rn. 40).

6. Nachweis der Aktionärsstellung (§ 3 S. 3)

7 Für **Aktionäre** als Antragsteller – ein Großteil der Spruchverfahren betrifft AG – bestimmt § 3 S. 3, dass die Stellung als Aktionär dem Gericht ausschließlich durch **Urkunden** nachzuweisen ist. Innerhalb der **Antragsfrist** muss der Antragsteller

indes nur seine Stellung als Aktionär darlegen (vgl. § 4 II 2 Nr. 2; → § 4 Rn. 10), nicht auch nachweisen; dies war umstritten (vgl. → 5. Aufl. 2009, Rn. 7), ist aber nun für die Praxis vom BGH geklärt (BGH NZG 2008, 568; vgl. auch OLG Frankfurt a. M. NZG 2008, 435; OLG Düsseldorf NZG 2005, 895; OLG Frankfurt a. M. NZG 2006, 667; OLG Frankfurt a. M. NZG 2006, 151 (153); OLG Stuttgart NZG 2004, 1162; MüKoAktG/Krenek § 4 Rn. 17; Emmerich/Habersack/Emmerich Rn. 14; Spindler/Stilz/Drescher Rn. 19; BeckOGK/Drescher Rn. 20; aA Lutter/Mennicke Rn. 9). Der Nachweis kann damit bis zum Schluss der mündlichen Verhandlung erfolgen (Semler/Stengel/Volhard, 3. Aufl. 2012, Rn. 12; Emmerich/ Habersack/Emmerich Rn. 21; NK-UmwR/Goslar/Wilsing Rn. 10), ggf. – wenn das LG zuvor nur allgemein auf das Fehlen des Nachweises hingewiesen hatte – aber auch im Beschwerdeverfahren erbracht werden (OLG Frankfurt a. M. NZG 2008, 435; Kölner Komm AktG/Wasmann Rn. 23; Spindler/Stilz/Drescher Rn. 19; BeckOGK/Drescher Rn. 20; Lutter/Mennicke Rn. 9; Emmerich/Habersack/ Emmerich Rn. 21). Die Antragsbefugnis an sich ist von Amts wegen zu berücksichtigen. Eine Prüfung im Einzelfall ist aber nur bei Zweifel trotz der Darlegung des Antragstellers notwendig (Emmerich/Habersack/Emmerich Rn. 18; MüKoAktG/ Krenek Rn. 29; Hölters/Weber/Simons Rn. 23). Wenn der Nachweis der Aktionärsstellung verlangt wird, kann er nach **S. 3** aber nur durch Urkunden erfolgen (BGH NZG 2008, 568 Rn. 15). Bei anderen Rechtsformen kommen auch andere Beweismittel in Betracht (Emmerich/Habersack/Emmerich Rn. 19; Spindler/Stilz/ Drescher Rn. 20; BeckOGK/Drescher Rn. 21). Derartige Urkunden sind in erster Linie ein **Depotauszug** (Widmann/Mayer/Wälzholz Rn. 51; Emmerich/Habersack/Emmerich Rn. 20; Hölters/Weber/Simons Rn. 21; Spindler/Stilz/Drescher Rn. 20; BeckOGK/Drescher Rn. 21) oder die Vorlage der Aktienurkunden (Dreier/Fritzsche/Verfürth/Antczak/Fritzsche Rn. 27; Emmerich/Habersack/ Emmerich Rn. 20). Ausreichend ist aber auch eine schriftliche Bestätigung der verwahrenden Bank (OLG Frankfurt a. M. NZG 2006, 151; LG Dortmund DB 2004, 2685; Spindler/Stilz/Drescher Rn. 20; BeckOGK/Drescher Rn. 21; Hölters/ Weber/Simons Rn. 21; Dreier/Fritzsche/Verfürth/Antczak/Fritzsche Rn. 27). Bei Namensaktien ist auch die Eintragung im Aktienregister nachzuweisen (OLG Hamburg NZG 2004, 45; LG Frankfurt a. M. AG 2005, 666 mwN; Simon/Simon Rn. 63; Koch Rn. 7; Spindler/Stilz/Drescher Rn. 20; BeckOGK/Drescher Rn. 21; Lutter/Mennicke Rn. 10; K. Schmidt/Lutter/Klöcker/Wittgens Rn. 34; Dreier/ Fritzsche/Verfürth/Antczak/Fritzsche Rn. 27; Lieder NZG 2005, 159 (162 ff.)). Im Grds. sind Kopien ausreichend (OLG Frankfurt a. M. DB 2005, 2626 (2628); MüKoAktG/Krenek Rn. 30; K. Schmidt/Lutter/Klöcker/Wittgens Rn. 31; Dreier/Fritzsche/Verfürth/Antczak/Fritzsche Rn. 28; iÜ → § 4 Rn. 10).

7. Rechtsfolgen

Eine fehlende Antragsberechtigung führt zu **Unzulässigkeit** (BayObLG AG 2002, 559 (560); Semler/Stengel/Volhard, 3. Aufl. 2012, Rn. 11; MüKoAktG/Krenek Rn. 29; Widmann/Mayer/Wälzholz Rn. 62; Hölters/Weber/Simons Rn. 31; Bungert/Mennicke BB 2003, 2021 (2025); Wasmann WM 2004, 819 (821)). 8

§ 4 Antragsfrist und Antragsbegründung

(1) ¹**Der Antrag auf gerichtliche Entscheidung in einem Verfahren nach § 1 kann nur binnen drei Monaten seit dem Tag gestellt werden, an dem in den Fällen**
1. der Nummer 1 die Eintragung der Durchführung der Kapitalerhöhung;
2. der Nummer 2 der Unternehmensvertrag oder seine Änderung;
3. der Nummer 3 die Eingliederung;

4. der Nummer 4 der Übergang aller Aktien der Minderheitsaktionäre auf den Hauptaktionär;
5. der Nummer 5 die Umwandlung;
6. der Nummer 6 die Gründung oder Sitzverlegung der SE oder
7. der Nummer 7 die Gründung der Europäischen Genossenschaft

wirksam geworden ist. ²Die Frist wird in den Fällen des § 2 Absatz 2 durch Einreichung bei jedem zunächst zuständigen Gericht gewahrt. ³Die Frist wird auch dann gewahrt, wenn der Antrag bei einem sachlich oder örtlich unzuständigen Gericht eingereicht wird.

(2) ¹Der Antragsteller muss den Antrag innerhalb der Frist nach Absatz 1 begründen. ²Die Antragsbegründung hat zu enthalten:
1. die Bezeichnung des Antragsgegners;
2. die Darlegung der Antragsberechtigung nach § 3;
3. Angaben zur Art der Strukturmaßnahme und der vom Gericht zu bestimmenden Kompensation nach § 1;
4. konkrete Einwendungen gegen die Angemessenheit der Kompensation nach § 1 oder gegebenenfalls gegen den als Grundlage für die Kompensation ermittelten Unternehmenswert, soweit hierzu Angaben in den in § 7 Abs. 3 genannten Unterlagen enthalten sind. Macht der Antragsteller glaubhaft, dass er im Zeitpunkt der Antragstellung aus Gründen, die er nicht zu vertreten hat, über diese Unterlagen nicht verfügt, so kann auf Antrag die Frist zur Begründung angemessen verlängert werden, wenn er gleichzeitig Abschrifterteilung gemäß § 7 Abs. 3 verlangt.

³Aus der Antragsbegründung soll sich außerdem die Zahl der von dem Antragsteller gehaltenen Anteile ergeben.

1. Allgemeines

1   Die Vorschrift regelt die Antragsfrist und die Anforderungen an die Antragsbegründung innerhalb dieser Frist. Sie dient unmittelbar der vom Gesetzgeber angestrebten Verfahrensbeschleunigung. Abs. 1 S. 1 entspricht gegenständlich § 305 UmwG aF; die Frist wurde aber von zwei auf drei Monate verlängert. Im Gegenzug wurde die Möglichkeit von Anschlussanträgen (§ 307 III 2 UmwG aF) nicht übernommen. Der Bekanntmachung des Antrags (§ 307 III 1 UmwG aF) bedarf es daher nicht mehr. Die ursprüngliche Gesetzesfassung geht auf den Vorschlag des DAV-HRA zurück (NZG 2002, 119 (121)) und wurde durch das **UmRUG** geändert (zur erstmaligen Anwendung vgl. → § 17 Rn. 15). Seit der Änderung durch das UmRUG beginnt die Frist mit dem Wirksamwerden der jeweiligen Strukturmaßnahme (zuvor Bekanntmachung; vgl. aber nunmehr § 10 IV HGB nF). Ferner wurde in diesem Zusammenhang Abs. 1 S. 3 ergänzt. Durch das ZuFinG wurde Abs. 1 S. 1 Nr. 1 eingefügt und wurden die restlichen Nummern neu durchnummeriert.

2   Nach Abs. 2 S. 1 hat der Antragsteller den Antrag innerhalb der Frist nach Abs. 1 zu begründen. Dies soll verhindern, dass Spruchverfahren ins Blaue hinein eingeleitet werden können (Begr. RegE, BT-Drs. 15/371, 13). Eine derartige Begründungspflicht bestand früher weder nach §§ 305 ff. UmwG aF noch nach § 306 AktG aF. Abs. 2 S. 2 und 3 bestimmen inhaltliche Anforderungen an die Begründung.

2. Antragsfrist (Abs. 1)

3   *Das Spruchverfahren findet nur auf Antrag statt.* Anträge auf Einleitung eines Spruchverfahrens nach Umw (§ 1 Nr. 5) können nur **binnen drei Monaten** seit dem Tag gestellt werden, an dem die Umw im HR **wirksam geworden ist** (Abs. 1 S. 1 Nr. 5). Durch die Änderung von § 10 IV HGB nF (die Eintragung gilt als

Bekanntmachung) besteht de facto kein Unterschied zur Rechtslage vor der Änderung durch das UmRUG, bei der auf die Bekanntmachung abgestellt worden ist (BeckOGK/Drescher Rn. 4). Das Wirksamwerden bestimmt sich für Umw nach dem UmwG nach dem Zeitpunkt der jeweils konstitutiven Registereintragung der Umwandlung (§ 20 I UmwG, § 131 I UmwG, § 202 I UmwG, § 305 II UmwG iVm § 20 I UmwG (Herein-Verschmelzung), § 320 II UmwG iVm § 131 I UmwG (Herein-Spaltung), § 333 II UmwG iVm § 202 I UmwG (Herein-Formwechsel)). Bei grenzüberschreitenden Heraus-Umwandlungen bestimmt sich der Wirksamkeitszeitpunkt nach dem Recht des Zuzugsstaats (vgl. Art. 86q, 129, 160q GesR-RL). Bei der Gründung und Sitzverlegung einer SE (§ 1 Nr. 6) tritt die Wirksamkeit mit der Eintragung der SE ein (Art. 8 X SE-VO, Art. 27 I SE-VO, Art. 12 SE-VO). Der Antrag war ursprünglich **schriftlich oder mündlich zu Protokoll** der Geschäftsstelle des zuständigen LG oder eines AG (§ 25 FamFG) zu stellen (OLG Düsseldorf AG 1995, 85 (86); Simon/Leuering Rn. 12; Lutter/Mennicke Rn. 3; Klöcker/Frowein Rn. 16). Einreichung per Telefax genügte (OLG München NJW-RR 2014, 1405; Hölters/Weber/Simons Rn. 2; Spindler/Stilz/Drescher Rn. 8; BeckOGK/Drescher Rn. 8). **Anträge** müssen **seit dem 1.3.2023** allerdings durch einen RA als Verfahrensbevollmächtigten (§ 5a) als **elektronisches Dokument (beA)** übermittelt werden (§ 14b FamFG). Zum Anwaltszwang vgl. § 5a.

Die **Fristberechnung** richtet sich nach §§ 186 ff. BGB (§ 16 II FamFG iVm 4 § 222 ZPO). Der Tag des Wirksamwerdens der Umw (regelmäßig durch die konstitutive Registereintragung) wird also nicht mitberechnet (§ 187 I BGB; MüKoAktG/Krenek Rn. 12; Lutter/Mennicke Rn. 4; Spindler/Stilz/Drescher Rn. 6; BeckOGK/Drescher Rn. 8; Hölters/Weber/Simons Rn. 6). Die Frist endet damit mit Ablauf des Tages, welcher durch seine Zahl dem Tag entspricht, an dem die Umw wirksam wird (Beispiel: Wirksamwerden der Umw am 20.7., Fristablauf mit Ablauf des 20.10.). Fällt das Fristende auf einen Sonntag, allgemeinen Feiertag oder einen Sonnabend, endet die Frist mit Ablauf des nächsten Werktags (§ 16 II FamFG iVm § 222 II ZPO). Eine rechtshängige **Anfechtungs- oder Nichtigkeitsklage** (vgl. § 16 III UmwG) beeinflusst den Fristlauf nicht (Lutter/Mennicke Rn. 6; K. Schmidt/Lutter/Klöcker/Wittgens Rn. 6; Bürgers/Körber/Lieder/Theusinger/Deckers Rn. 4).

Auf die **Kenntnis** der Antragsberechtigung **oder** des **Wirksamwerdens** der 5 Umw kommt es nicht an (Lutter/Mennicke Rn. 6; Klöcker/Frowein Rn. 12; Dreier/Fritzsche/Verfürth/Antczak/Fritzsche Rn. 12; Simon/Leuering Rn. 23; K. Schmidt/Lutter/Klöcker/Wittgens Rn. 6; Hölters/Weber/Simons Rn. 6). Die Frist ist (auch) eine **materielle Ausschlussfrist** (OLG Frankfurt a. M. NZG 2007, 873; BayObLG NZG 2005, 312 (315); OLG Düsseldorf NZG 2005, 719; BayObLG DB 2002, 1650; Lutter/Mennicke Rn. 9; MüKoAktG/Krenek Rn. 7; Dreier/Fritzsche/Verfürth/Antczak/Fritzsche Rn. 5; Emmerich/Habersack/Emmerich Rn. 5; Preuß NZG 2009, 961 (963); Keßler/Kühnberger UmwR/Brügel Rn. 4; zweifelnd Widmann/Mayer/Wälzholz Rn. 6 ff.). Demzufolge kommt selbst bei einer unverschuldeten Fristversäumnis **Wiedereinsetzung** in den vorigen Stand (in entsprechender Anwendung von § 17 FamFG) nicht in Betracht (OLG Frankfurt a. M. NZG 2009, 1225; 2007, 873; OLG Düsseldorf NZG 2005, 719; BayObLG AG 2002, 559 (560); KG AG 2000, 364 (365); Dreier/Fritzsche/Verfürth/Antczak/Fritzsche Rn. 12; Lutter/Mennicke Rn. 9; Klöcker/Frowein Rn. 15; Koch Rn. 12; Emmerich/Habersack/Emmerich Rn. 7; Spindler/Stilz/Drescher Rn. 12; BeckOGK/Drescher Rn. 14; Simon/Leuering Rn. 20; Bürgers/Körber/Lieder/Theusinger/Deckers Rn. 3; iErg auch Kölner Komm AktG/Wasmann Rn. 4; MüKoAktG/Krenek Rn. 7; aA LG Dortmund NZG 2004, 139: Wiedereinsetzung, wenn weitere zulässige Anträge vorliegen; Widmann/Mayer/Wälzholz Rn. 17). Die Frist hat aber **auch** einen **prozessualen Charakter.** Verspätete Anträge sind daher trotz des materiellen Anspruchsausschlusses als **unzulässig** zu verwerfen (OLG

Frankfurt a. M. ZIP 2012, 371 (372); MüKoAktG/Krenek Rn. 7; Semler/Stengel/ Volhard, 3. Aufl. 2012, Rn. 1; Dreier/Fritzsche/Verfürth/Antczak/Fritzsche Rn. 6; Simon/Leuering Rn. 17; Kölner Komm AktG/Wasmann Rn. 3; Spindler/Stilz/ Drescher Rn. 10; BeckOGK/Drescher Rn. 12; Widmann/Mayer/Wälzholz Rn. 22; Bürgers/Körber/Lieder/Theusinger/Deckers Rn. 12; Hölters/Weber/ Simons Rn. 5, 32; Wasmann WM 2004, 819 (822); Schluck-Amend DB 2003, 1259 (1261); Bungert/Mennicke BB 2003, 2021 (2025)). Auch eine Nebenintervention scheidet aus (OLG Frankfurt a. M. AG 2006, 295; auch → § 6 Rn. 16). Wird nicht wenigstens ein rechtzeitiger Antrag gestellt, verlieren alle Anspruchsberechtigten ihre Ansprüche (BayObLG DB 2002, 1650; Koch Rn. 2; Widmann/Mayer/Wälzholz Rn. 22).

6 Notwendig für die Fristwahrung (zur Form → Rn. 3) ist der **Zugang** des Antrags **beim Gericht.** Eine Zustellung an den Antragsgegner innerhalb der Frist bedarf es nicht (Widmann/Mayer/Wälzholz Rn. 9; Simon/Leuering Rn. 31; Semler/Stengel/Volhard, 3. Aufl. 2012, Rn. 7; Spindler/Stilz/Drescher Rn. 8; BeckOGK/Drescher Rn. 10; Lutter/Mennicke Rn. 8; Dreier/Fritzsche/Verfürth/Antczak/Fritzsche Rn. 13). Mit dem UmRUG wurde **Abs. 1 S. 3** eingefügt. Danach wird Frist entgegen der früher hM (vgl. → 9. Aufl. 2020, Rn. 6) auch dann gewahrt, wenn der Antrag bei einem sachlich oder örtlich unzuständigen Gericht eingereicht wird. Dies gilt damit auch dann, wenn der Antrag bei einem Gericht anderer Gerichtsbarkeit (vgl. § 17a GVG) eingereicht wird (Begr. RegE, BT-Drs. 20/3822 zu § 4). Das unzuständige Gericht verweist von Amts wegen an das zuständige Gericht (§ 3 I FamFG). Der Eingang beim zuständigen Gericht ist für die Fristwahrung unbedeutend. Zur Begr. innerhalb der Frist → Rn. 8.

7 Vor dem Wirksamwerden der Umw durch konstitutive Eintragung im HR ist ein Antrag unzulässig (LG Frankfurt a. M. ZIP 2004, 808 (809); LG Berlin NZG 2003, 930 = BB 2003, 1299; Lutter/Mennicke Rn. 7; Wasmann DB 2003, 1559; Dreier/Fritzsche/Verfürth/Antczak/Fritzsche Rn. 5; Simon/Leuering Rn. 33; Widmann/Mayer/Wälzholz Rn. 23; Spindler/Stilz/Drescher Rn. 5; BeckOGK/ Drescher Rn. 8; aA Dreier/Fritzsche/Verfürth/Antczak/Fritzsche Rn. 7; MüKoAktG/Krenek Rn. 10). In diesen Fällen fehlt das Rechtsschutzbedürfnis, da der materielle Anspruch noch nicht entstanden ist; der Antrag muss wiederholt werden (vgl. auch Widmann/Mayer/Wälzholz Rn. 23; aA Dreier/Fritzsche/Verfürth/ Antczak/Fritzsche Rn. 7).

3. Antragsbegründung (Abs. 2)

8 **a) Allgemeines.** Innerhalb der Antragsfrist (→ Rn. 3) ist der Antrag zu begründen. Die Anforderungen ergeben sich aus Abs. 2 S. 2. Insbesondere durch das Erfordernis einer konkreten Bewertungsrüge (→ Rn. 12 ff.) soll vermieden werden, dass mit pauschalen unspezifischen Behauptungen ein aufwändiges Spruchverfahren in Gang gesetzt werden kann (OLG München NZG 2009, 190). Erfolgt keine oder eine nur ungenügende Begr., ist der Antrag als **unzulässig** abzuweisen (Begr. RegE, BT-Drs. 15/371, 13; OLG München NZG 2009, 190; KG ZIP 2009, 1714; OLG Frankfurt a. M. NZG 2007, 873 (874); AG 2006, 293; OLG Stuttgart NZG 2004, 1162 (1163); Simon/Leuering Rn. 35; Koch Rn. 9; Semler/Stengel/Volhard, 3. Aufl. 2012, Rn. 14; MüKoAktG/Krenek Rn. 14; Lutter/Mennicke Rn. 10; Kölner Komm AktG/Wasmann Rn. 9; Emmerich/Habersack/Emmerich Rn. 15; K. Schmidt/Lutter/Klöcker/Wittgens Rn. 16; Hölters/Weber/Simons Rn. 33; Wasmann WM 2004, 819 (822); Büchel NZG 2003, 793 (795); Bungert/Mennicke BB 2003, 2021 (2026); van Kann/Hirschmann DStR 2003, 1488 (1490); Lamp/ Schluck-Amend DB 2003, 1259 (1261); diff. Widmann/Mayer/Wälzholz Rn. 27). Ausreichend ist die Begr. innerhalb der Antragsfrist; sie kann auch bis zum Fristende **nachgereicht** werden (Koch Rn. 9; Spindler/Stilz/Drescher Rn. 13; BeckOGK/

Drescher Rn. 15; K. Schmidt/Lutter/Klöcker/Wittgens Rn. 14; Hölters/Weber/ Simons Rn. 12; Dreier/Fritzsche/Verfürth/Antczak/Fritzsche Rn. 19). Der Mindestinhalt ergibt sich aus Abs. 2 S. 2 Nr. 1–4 (→ Rn. 9 ff.). Eine Ergänzung (Untermauerung) des Vorbringens ist auch nach Fristablauf möglich; eine Präklusion tritt nicht ein (Koch Rn. 9). Zu den Anforderungen an eine **Fristverlängerung** → Rn. 13.

b) Bezeichnung Antragsgegner (Abs. 2 S. 2 Nr. 1). Nach Abs. 2 S. 2 Nr. 1 **9** muss die Antragsbegründung den Antragsgegner bezeichnen. Der richtige Antragsgegner bestimmt sich nach § 5. Dieser muss so hinreichend angegeben sein, dass der Antragsgegner individualisiert werden kann. Eine erkennbare Falschbezeichnung ist unschädlich (Simon/Leuering Rn. 36; MüKoAktG/Krenek Rn. 15; vgl. auch Spindler/Stilz/Drescher Rn. 18). Ein falscher Antragsgegner führt nicht zur Unzulässigkeit, sondern zur Unbegründetheit (Lutter/Mennicke Rn. 11; Simon/Leuering Rn. 37; aA OLG Düsseldorf ZIP 2012, 1713 (1714); LG München I ZIP 2010, 1995; Klöcker/Frowein § 5 Rn. 1; Kölner Komm AktG/Wasmann § 5 Rn. 2; Spindler/Stilz/Drescher Rn. 18; BeckOGK/Drescher Rn. 20; Dreier/Fritzsche/ Verfürth/Antczak/Fritzsche Rn. 22; MüKoAktG/Krenek Rn. 15; Bungert/Mennicke BB 2003, 2021 (2026)). Im Regelfall reicht die Angabe der Firma, des Sitzes und der Anschrift; nicht zwingend ist die Bezeichnung der ges. Vertreter (OLG Hamburg AG 2005, 927; Semler/Stengel/Volhard, 3. Aufl. 2012, Rn. 8 Fn. 32; Emmerich/Habersack/Emmerich Rn. 14; aA MüKoAktG/Krenek Rn. 15). Natürlich muss auch der Antragsteller bezeichnet sein (Hölters/Weber/Simons Rn. 14).

c) Antragsberechtigung (Abs. 2 S. 2 Nr. 2, S. 3). Die Anspruchsbegründung **10** muss eine Darlegung der Antragsberechtigung nach § 3 enthalten (Abs. 2 S. 2 Nr. 2; dazu OLG Stuttgart BB 2008, 580; zur Antragsberechtigung → § 3 Rn. 2 ff.). Bloßes Behaupten genügt nicht, es bedarf einer substantiierten Darlegung (MüKoAktG/ Krenek Rn. 16), etwa auch der Protokollierung eines Widerspruchs (→ § 3 Rn. 4; Hölters/Weber/Simons Rn. 15). In den Fällen von § 3 S. 3 ist der urkundliche Nachweis nicht zwingend innerhalb der Antragsfrist zu erbringen (Emmerich/ Habersack/Emmerich Rn. 16; → § 3 Rn. 7). Auf ein Bestreiten kommt es nicht an. Bei Antragstellern, die **nicht Aktionäre** sind, genügt zunächst die Darlegung. Aufgrund einer Zulässigkeitsrüge, die innerhalb der Frist nach Abs. 2 erfolgen muss (§ 9 III), kann das Gericht die Antragsteller unter Fristsetzung zum Nachweis auffordern. Das Bestehen der Beteiligung **zum Zeitpunkt der Antragstellung** ist ebenfalls darzulegen. Bei nachträglich erworbenen Anteilen (→ § 3 Rn. 5) haben sich die Angaben auf den Rechtsvorgänger zu erstrecken. Nach **Abs. 2 S. 3** soll sich aus der Antragsbegründung außerdem die Zahl der vom Antragsteller gehaltenen Anteile ergeben. Dies hatte zunächst den Hintergrund, dass sich nach § 31 I RVG der Gegenstandswert nach der Anzahl der Anteile des Auftraggebers richtet (Emmerich/ Habersack/Emmerich Rn. 13). Nunmehr hat die Anzahl der Anteile auch ggf. Bedeutung für eine mehrheitskonsensuale Schätzung nach § 11a (→ § 11a Rn. 2). Bei grenzüberschreitenden Umw müssen Anteilsinhaber, die im Spruchverfahren eine Erhöhung ihrer Barabfindung verfolgen, auch darlegen, dass sie das Barabfindungsangebot vor Wirksamwerden der Umwandlung rechtzeitig angenommen haben (Drescher AG 2023, 337 Rn. 14), da der Anspruch andernfalls erlischt (§ 313 II, III UmwG, § 327 S. 1 UmwG, § 340 II, III UmwG; vgl. iE → UmwG § 313 Rn. 11 ff.; vgl. zur Antragsberechtigung auch → § 3 Rn. 5b).

d) Art der Strukturmaßnahme und der Kompensation (Abs. 2 S. 2 11 Nr. 3). Ferner muss die Antragsbegründung erkennen lassen, aufgrund **welcher Umw** das Spruchverfahren beantragt wird. Eine allg. Angabe genügt hierfür nicht. Die Umwandlungsart (Verschm, Spaltung, Vermögensübertragung, Formwechsel, Sitzverlegung) und eine individualisierende Angabe, wie etwa das Datum der

Beschlussfassung, sind zu erwarten (vgl. Lutter/Mennicke Rn. 14; vgl. auch Widmann/Mayer/Wälzholz Rn. 32). Letztlich ist es aber ausreichend, wenn durch Auslegung zweifelsfrei festgestellt werden kann, welche konkrete Strukturmaßnahme Gegenstand des Verfahrens sein soll (OLG Frankfurt a. M. NZG 2006, 667; MüKoAktG/Krenek Rn. 18; Kölner Komm AktG/Wasmann Rn. 12; K. Schmidt/Lutter/ Klöcker/Wittgens Rn. 22; Dreier/Fritzsche/Verfürth/Antczak/Fritzsche Rn. 24). Bei der Angabe der geforderten **Kompensation** genügt es, wenn deutlich wird, ob bare Zuzahlung, zusätzlich zu gewährende Aktien oder Barabfindung verlangt wird (Simon/Leuering Rn. 43; K. Schmidt/Lutter/Klöcker/Wittgens Rn. 22; Bürgers/ Körber/Lieder/Theusinger/Deckers Rn. 8; Hölters/Weber/Simons Rn. 16; Emmerich/Habersack/Emmerich Rn. 17). Eine falsche Bezeichnung ist unschädlich, wenn sich aus der Begr. ergibt, welche Kompensation begehrt wird (OLG Stuttgart NZG 2004, 1162 (1164)). Eine **Bezifferung** ist nicht notwendig (Dreier/ Fritzsche/Verfürth/Antczak/Fritzsche Rn. 24; Semler/Stengel/Volhard, 3. Aufl. 2012, Rn. 10; Kölner Komm AktG/Wasmann Rn. 13; Emmerich/Habersack/ Emmerich Rn. 17; NK-UmwR/Goslar/Wilsing Rn. 9; Hölters/Weber/Simons Rn. 16), aber unschädlich (Hölters/Weber/Simons Rn. 16).

12 **e) Konkrete Einwendungen gegen den Unternehmenswert (Abs. 2 S. 2 Nr. 4).** Abs. 2 S. 2 Nr. 4 S. 1 verlangt als Zulässigkeitsvoraussetzung (OLG München NZG 2009, 190; OLG Frankfurt a. M. NZG 2007, 873) konkrete Einwendungen gegen die Angemessenheit der Kompensation oder ggf. den als Grundlage für die Kompensation ermittelten Unternehmenswert. Diese müssen sich aber aus den Unterlagen nach § 7 III, also aus dem Umwandlungsbericht bzw. Prüfungsbericht ergeben. Die aktuelle Fassung von Abs. 2 S. 2 Nr. 4 S. 1 wurde durch Art. 5 SEEG v. 22.12.2004 (BGBl. 2004 I 3675) eingefügt. Während zuvor Einwendungen gegen den für die Kompensation ermittelten Unternehmenswert des Antragsgegners verlangt wurden, sind nun Einwendungen gegen die Angemessenheit der Kompensation oder ggf. gegen den Unternehmenswert erforderlich. Diese „redaktionelle Änderung" sollte den gewollten Regelungsinhalt verdeutlichen (Begr. RegE, BTDrs. 15/3405 zu Art. 5 SEEG). Die Begründungspflicht ist die Grundlage dafür, die gerichtliche Überprüfung auf die vorgebrachten Rügen beschränken zu können (OLG Frankfurt a. M. NZG 2007, 873 (874); 2006, 674 (675)). Außerdem sollen aufwändige Spruchverfahren auf der Grundlage unsubstantiierter Rügen vermieden werden (Begr. RegE, BT-Drs. 15/371, 13; BGH NZG 2012, 191 (194); OLG München NZG 2009, 190; KG AG 2009, 790). Die Anforderungen hieran dürfen allerdings nicht überspannt werden (BGH NZG 2012, 191 (194); OLG Frankfurt a. M. NZG 2007, 873 (874); LG München I ZIP 2015, 2124; vgl. auch Meilicke/ Heidel DB 2003, 2267 (2269 f.); krit. DAV-HRA NZG 2014, 1144 (1145)). Die Anforderungen hängen auch davon ab, wie konkret und tiefgehend die Umwandlungsberichte und Prüfberichte sind (Spindler/Stilz/Drescher Rn. 22; BeckOGK/ Drescher Rn. 24; Dreier/Fritzsche/Verfürth/Antczak/Fritzsche Rn. 25; Hölters/ Weber/Simons Rn. 18; MüKoAktG/Krenek Rn. 20). Ungenügend sind **formelhafte Beanstandungen** (BGH NZG 2012, 191 (194); KG ZIP 2009, 1714; LG München I ZIP 2015, 2124; LG München I ZIP 2010, 1995; OLG Frankfurt a. M. NZG 2007, 873 (874); Dreier/Fritzsche/Verfürth/Antczak/Fritzsche Rn. 25; Lutter/Mennicke Rn. 19; Koch Rn. 8; Spindler/Stilz/Drescher Rn. 22; BeckOGK/Drescher Rn. 22; Keßler/Kühnberger UmwR/Brügel Rn. 7; Hölters/ Weber/Simons Rn. 18; Emmerich/Habersack/Emmerich Rn. 20). Hierzu zählen auch die „üblichen" Bewertungsrügen, soweit kein Bezug zum Einzelfall hergestellt wird (OLG Frankfurt a. M. NZG 2006, 674 (675); Wittgens NZG 2007, 853 (855); Bürgers/Körber/Lieder/Theusinger/Deckers Rn. 9; Hölters/Weber/Simons Rn. 22; diff. Emmerich/Habersack/Emmerich Rn. 24). So genügt es etwa nicht, Basiszinssatz und Bewertungsabschlag ohne nähere Begr. als unangemessen zu bezeichnen (KG NZG 2008, 469). Es muss erkennbar sein, dass sich der Antragsteller mit den Unterlagen nach § 7 III auseinandergesetzt hat (Lutter/Mennicke Rn. 19; Kubis FS Hüffer, 2010, 567 (569)). Die vorgebrachten Einwendungen müssen sich auf solche Bewertungsparameter beziehen und diese konkret bezeichnen, die für die Kompensation von Relevanz sein können (LG München I ZIP 2015, 2124; OLG Frankfurt a. M. NZG 2007, 873 (874); MüKoAktG/Krenek Rn. 22; Kubis FS Hüffer, 2010, 567 (569)). Die Behauptungen müssen auch einer Beweisaufnahme zugänglich sein (Dreier/Fritzsche/Verfürth/Antczak/Fritzsche Rn. 28). Konkrete Verweise auf andere Begr. sind indes ausreichend (Spindler/Stilz/Drescher Rn. 23; BeckOGK/Drescher Rn. 25; Hölters/Weber/Simons Rn. 18). Die Angemessenheit der Kompensation wird bei Umw regelmäßig von den ermittelten Unternehmenswerten abhängen, sodass die in der Neufassung formulierte Alt. („oder") bei Umw wenig praktische Bedeutung hat. Bei Umw mit einem Umtauschverhältnis (Verschm, Spaltung, Vermögensübertragungen) sind ggf. indes nicht nur Einwendungen gegen den Unternehmenswert des Antragsgegners, sondern Einwendungen gegen die **Unternehmenswerte der beteiligten** Rechtsträger, die Grundlage für die Ermittlung des Umtauschverhältnisses waren, zu verlangen. Dies ist durch den aktuellen Gesetzestext klargestellt. Die Anforderungen an die Bewertungsrüge entfallen nicht, wenn der Antragsgegner im Vergleichswege die Barabfindung erhöht (KG AG 2009, 790). Fehlen die Unterlagen nach § 7 III oder sind die Ausführungen in den Berichten unsubstantiiert, sind konkrete Einwendungen entbehrlich (Hölters/Weber/Simons Rn. 25).

Für die Formulierung der konkreten Einwendungen müssen dem Antragsteller **13** die **Unterlagen iSv § 7 III** vorliegen. Abs. 2 S. 2 Nr. 4 S. 2 räumt dem Gericht daher die Möglichkeit ein, die **Frist** zur Begr. auf Antrag angemessen zu **verlängern**. Dies betrifft nur die Einwendungen gegen die Angemessenheit der Kompensation bzw. die Unternehmenswerte, nicht die sonstigen Angaben nach Abs. 2 S. 2 Nr. 1–3. Voraussetzung für eine Verlängerung ist, dass der Antragsteller – spätestens bis zum Ablauf der Antragsfrist (OLG München NZG 2009, 190) – glaubhaft macht, dass er im Zeitpunkt des Antrags auf Verlängerung aus Gründen, die er nicht zu vertreten hat, über diese Unterlagen nicht verfügt (OLG München NZG 2009, 190). Diese **Glaubhaftmachung** wird dem Antragsteller nur selten gelingen (Lutter/Mennicke Rn. 21; vgl. auch Dreier/Fritzsche/Verfürth/Antczak/Fritzsche Rn. 32). Die Unterlagen (Umwandlungsbericht, Prüfungsbericht) sind entweder den Anteilsinhabern vor der Umw zu übersenden (vgl. §§ 42, 47 UmwG) oder von der Einberufung der HV an in den Geschäftsräumen der Ges und auch während der HV zur Einsicht der Aktionäre auszulegen (§ 63 I Nr. 4, Nr. 5 UmwG, § 64 I UmwG). Auf Verlangen ist jedem Aktionär unverzüglich und kostenlos eine Abschrift der Unterlagen zu erteilen (§ 63 III UmwG). Für grenzüberschreitende Umw vgl. §§ 310, 311, 324, 325, 337, 338 UmwG ([elektronisch] zugänglich zu machen). Wer sich als Aktionär bis zu diesem Zeitpunkt keine Abschrift besorgt, hat dies idR zu vertreten (OLG München NZG 2009, 190; LG Dortmund AG 2005, 310; Simon/Leuering Rn. 54; Schmidt/Lutter/Klöcker/Wittgens Rn. 32; Land/Hennings AG 2005, 380 (382)). Er muss sich wenigstens um den Erhalt der Unterlagen bemüht haben (Schmidt/Lutter/Klöcker/Wittgens Rn. 32). Die Gesetzesbegr. nennt als **Beispiel** eine schwere Erkrankung (Begr. RegE, BT-Drs. 15/371; vgl. auch Emmerich/Habersack/Emmerich Rn. 26). Selbst bei einer entschuldbaren Verhinderung bis zur Beschlussfassung wird man aber verlangen können, dass der Antragsteller glaubhaft macht, sich danach um eine Übermittlung der Unterlagen bemüht zu haben (zutr. Lutter/Mennicke Rn. 21; ebenso K. Schmidt/Lutter/Klöcker/Wittgens Rn. 30). Weitere Voraussetzung ist, dass der Antragsteller **gleichzeitig Abschrifterteilung** gem. § 7 III **verlangt** (Abs. 2 S. 2 Nr. 4 S. 2; Dreier/Fritzsche/Verfürth/Antczak/Fritzsche Rn. 31). Die Verlängerung der Frist zur Begründung muss beantragt werden, und zwar innerhalb der Antragsfrist

(BeckOGK/Drescher Rn. 15; Spindler/Stilz/Drescher Rn. 15). Ebenso muss die Glaubhaftmachung in dieser Zeit erfolgen (BeckOGK/Drescher Rn. 15; Spindler/Stilz/Drescher Rn. 15).

14 Einwendungen gegen die Unternehmensbewertung genügen allerdings. Eine Bezifferung des Anspruchs ist unnötig (→ Rn. 11).

4. Rücknahme des Antrags

15 Ein Antragsteller kann seinen Antrag jederzeit bis zur Rechtskraft wieder zurücknehmen (22 I FamFG). Der Einwilligung des Antragsgegners bedarf es nicht (MüKoAktG/Krenek Rn. 5). Die Rücknahme berührt das Verfahren nicht, soweit noch andere Anträge gestellt wurden oder der gem. Vertr. das Verfahren fortführt (§ 6 III; → § 6 Rn. 21). Derjenige, der den Antrag zurückgenommen hat, wird fortan wie ein nicht-antragstellender Antragsberechtigter behandelt. Seine Rechte werden vom gem. Vertreter wahrgenommen (Simon/Leuering Rn. 14).

5. Rechtsschutzbedürfnis

16 Weitere Zulässigkeitsvoraussetzung ist das Bestehen eines Rechtsschutzbedürfnisses. Dies ist regelmäßig zu bejahen, da eine einfachere Möglichkeit für die Durchsetzung der Ansprüche nicht besteht. Insbes. können die Antragsteller nicht auf eine Unwirksamkeitsklage verwiesen werden (→ § 1 Rn. 8). Auch eine **äußerst geringe Beteiligung** lässt das Rechtsschutzbedürfnis unberührt. Eine Mindestbeteiligung sieht das Gesetz nicht vor; iÜ wirkt die Entscheidung für und gegen alle (§ 13). Das Rechtsschutzbedürfnis kann fehlen, wenn die Antragstellung offensichtlich und ohne jeden Zweifel **rechtsmissbräuchlich** ist. Dies kann – muss aber nicht – der Fall sein, wenn der Antragsteller zuvor verzichtet hat oder bereits eine außergerichtliche Einigung erfolgt war.

§ 5 Antragsgegner

¹**Der Antrag auf gerichtliche Entscheidung in einem Verfahren nach § 1 ist in den Fällen**
1. **der Nummer 1 gegen die Gesellschaft, deren Kapital erhöht worden ist;**
2. **der Nummer 2 gegen den anderen Vertragsteil des Unternehmensvertrags;**
3. **der Nummer 3 gegen die Hauptgesellschaft;**
4. **der Nummer 4 gegen den Hauptaktionär;**
5. **der Nummer 5 gegen die übernehmenden oder neuen Rechtsträger oder gegen den Rechtsträger neuer Rechtsform;**
6. **der Nummer 6 gegen die SE, aber im Fall des § 9 des SE-Ausführungsgesetzes gegen die die Gründung anstrebende Gesellschaft;**
7. **der Nummer 7 gegen die Europäische Genossenschaft**

zu richten. ²**In den Fällen des § 1 Nummer 1 ist auf Antrag der Gesellschaft der neue Aktionär als Beteiligter hinzuzuziehen.** ³**In den Fällen des Satzes 1 Nummer 5 kann bei einer Abspaltung ein Antrag auf Bestimmung der Barabfindung wahlweise auch gegen den übertragenden Rechtsträger gerichtet werden.**

1 Die Vorschrift bestimmt den Antragsgegner. Sie übernimmt damit für das Spruchverfahren nach Umw (§ 5 Nr. 5) im Wesentlichen die frühere Regelung in § 307 II UmwG aF. Seitdem die Rechtsfähigkeit der **GbR** anerkannt ist (BGHZ 146, 341 = NJW 2001, 1056), bedurfte es einer besonderen Regelung wie in § 307 II UmwG aF (Antragsgegner = Gesellschafter der GbR) nicht mehr. Diese ist seither selbst

Antragsgegner (Semler/Stengel/Volhard, 3. Aufl. 2012, Rn. 2; Hölters/Weber/Simons Rn. 3; Spindler/Stilz/Drescher Rn. 6; BeckOGK/Drescher Rn. 6; Koch Rn. 1).

Entsprechend der materiellen Anspruchssituation ist **Antragsgegner** nach § 5 Nr. 5 bei Spruchverfahren nach Umw der **übernehmende oder neue Rechtsträger** (Verschm, Spaltung, Vermögensübertragungen) oder der Rechtsträger **neuer Rechtsform** (Formwechsel). Gegen ihn richten sich sowohl der Anspruch auf bare Zuzahlung/zusätzlich zu gewährende Aktien (§ 15 I 1 UmwG, §§ 72a, 196 UmwG) als auch der Anspruch auf Barabfindung bei Ausscheiden (§§ 29, 207, 313, 327, 340 UmwG). Bei **mehreren** übernehmenden Rechtsträgern (Spaltung) ist der Antrag gegen alle übernehmende oder neue Rechtsträger zu richten (BeckOGK/Drescher Rn. 7; BeckOGK/Drescher Rn. 8 MüKoAktG/Krenek Rn. 4; Koch Rn. 3; Dreier/Fritzsche/Verfürth/Antczak/Fritzsche Rn. 6; Simon/Leuering Rn. 8; Semler/Stengel/Volhard, 3. Aufl. 2012, Rn. 2; K. Schmidt/Lutter/Klöcker/Wittgens Rn. 6; Lutter/Mennicke Rn. 4). Dies folgt schon aus dem Wortlaut. Ein Antrag nur gegen einzelne übernehmende/neue Rechtsträger lässt jedoch die Zulässigkeit unberührt. In den Fällen der **Abspaltung** kann der Antrag nach S. 3 stattdessen („wahlweise") auch nur gegen den übertragenden Rechtsträger gerichtet werden (Begr. RegE, BT-Drs. 20/3822 zu § 125 I 3). Dies ist eine Folgeänderung der neuen Regelung in § 125 I 3 UmwG, wonach bei einer Abspaltung die gesamtschuldnerische Haftung nach § 133 auch für die Verbindlichkeit nach § 29 anzuwenden ist (→ § 125 Rn. 20). Das Spruchverfahren muss bei einer Abspaltung also nicht gegen alle übernehmenden Rechtsträger gerichtet werden. Hierdurch kann bei einer grenzüberschreitenden Hinausabspaltung nur der inländische Rechtsträger in Anspruch genommen werden (Begr. RegE, BT-Drs. 20/3822 zu § 125 I 3; Drescher AG 2023, 337 Rn. 21). Zur materiellen Rechtslage vgl. → UmwG § 125 Rn. 20, → UmwG § 133 Rn. 7, 14. Einer Hinzuziehung der nicht in Anspruch genommenen übernehmenden Rechtsträger nach § 7 II Nr. 1 FamFG bedarf es nicht (BeckOGK/Drescher Rn. 7).

Auch bei Umw/Sitzverlegung nach SE-VO/SEAG ist grds. die **SE** Verpflichteter und damit Antragsgegner. Eine Besonderheit besteht bei der Gründung einer **Holding-SE**. Im Gleichklang mit dem materiellen Anspruch ist der Antrag nicht gegen die Holding-SE, sondern gegen die die Gründung anstrebende Ges zu richten (§ 5 Nr. 6).

§ 5a Vertretung durch einen Rechtsanwalt

¹Vor den Landgerichten, den Oberlandesgerichten und einem Obersten Landesgericht müssen sich die Beteiligten durch einen Rechtsanwalt vertreten lassen. ²Vor dem Bundesgerichtshof müssen sich die Beteiligten durch einen bei dem Bundesgerichtshof zugelassenen Rechtsanwalt vertreten lassen. ³Satz 1 ist auf den gemeinsamen Vertreter nicht anzuwenden.

Die Vorschrift wurde mit dem UmRUG eingeführt und entspricht inhaltlich § 78 I ZPO. Zur erstmaligen Anwendung vgl. → § 17 Rn. 15. Sie regelt die **Postulationsfähigkeit.** Die Beteiligten, also Antragsteller und Antragsgegner, müssen sich in allen Instanzen (beim LG als Eingangsinstanz, § 2 I 1, OLG oder Oberstes Landesgericht als Beschwerdeinstanz, § 12 I 1, § 119 I Nr. 2 GVG, und BGH für die Rechtsbeschwerde, § 70 FamFG, § 133 GVG) während des gesamten Verfahrens durch einen Rechtsanwalt vertreten lassen **(S. 1, 2).** Der **gem. Vertreter,** der seit den Änderungen durch das UmRUG Rechtsanwalt sein muss (vgl. → § 6 Rn. 6), benötigt außer für das Verfahren vor dem BGH keine Vertretung durch einen weiteren Rechtsanwalt **(S. 3).** Der **Anwaltszwang** besteht bereits für die Einleitung des Verfahrens durch Antragstellung und Antragsbegründung. Nach der früheren

B SpruchG § 6 Spruchverfahrensgesetz

Rechtslage bestand ein Anwaltszwang nur vor dem BGH (§ 17 iVm § 10 I und IV FamFG). Die Vertretung durch einen Rechtsanwalt soll eine Steigerung der Qualität der Prozessführung und einen zügigeren Prozessverlauf bewirken (Begr. RegE, BT-Drs. 20/3822 zu § 5a). Kein Anwaltszwang besteht für die Anträge auf Bestellung eines gem. Vertreters nach §§ 6a, 6b und 6c, da die Anteilsinhaber, die nicht zur Durchführung eines Spruchverfahrens antragsberechtigt sind, keine Beteiligten im Verfahren sind (BeckOGK/Drescher Rn. 4; → § 6a Rn. 4; → § 6c Rn. 2). Ein Beteiligter, der selbst Rechtsanwalt ist oder eine zugelassene Berufsausübungsgesellschaft ist (→ Rn. 2), kann sich selbst vertreten (BeckOGK/Drescher Rn. 5).

2 Der Vertreter der Beteiligten muss demzufolge nach §§ 4 ff. BRAO **zur Rechtsanwaltschaft zugelassen** sein. Ferner sind zugelassene Berufsausübungsgesellschaften (§ 59b BRAO) postulationsfähig, wenn sie im Verfahren durch Rechtsanwälte vertreten sind (§ 59l BRAO). Zu ausländischen Berufsausübungsgesellschaften vgl. § 207a BRAO. Auch europäische Rechtsanwälte (§ 1 EuRAG) sind nach Zulassung zur Rechtsanwaltschaft (§ 4 S. 1 BRAO) zur Vertretung befugt. Entsprechendes gilt für dienstleistende europäische Rechtsanwälte (§ 25 I EuRAG); diese sind mit Ausnahme vor dem BGH postulationsfähig (§ 27 Abs. 1 EuRAG). Ein nicht zugelassener, niedergelassener europäischer Rechtsanwalt (§ 2 I EuRAG) ist hingegen nicht postulationsfähig (zu § 78 I ZPO vgl. MüKoZPO/Toussaint ZPO § 78 Rn. 61). Vor dem BGH können nur Rechtsanwälte, die beim BGH zugelassen sind, vertreten (S. 2); dies gilt bereits für die Erhebung der Rechtsbeschwerde (vgl. → § 12 Rn. 11).

3 Der Vertretungszwang bedeutet, dass alle **Verfahrenshandlungen** wirksam nur durch den anwaltlichen Vertreter vorgenommen werden können. Anträge und Erklärungen sind vom Rechtsanwalt als **elektronisches Dokument** zu übermitteln (§ 17 I iVm § 14a FamFG). Der Vertretungszwang besteht auch in Nebenverfahren, etwa Zwischenverfahren über die Zulässigkeit (BeckOGK/Drescher Rn. 8). Richtigerweise besteht indes für Prozesshandlungen, für die das FamFG auf Vorschriften der ZPO verweist, bei denen kein Vertretungszwang besteht, auch im Spruchverfahren kein Vertretungszwang (zutr. mit Beispielen BeckOGK/Drescher Rn. 8). Ebenso besteht kein Anwaltszwang bei Verfahren vor dem Rechtspfleger, insbesondere im Kostenfestsetzungsverfahren (§ 13 RPflG analog; BeckOGK/Drescher Rn. 8). Bekanntgaben und Zustellungen haben gegenüber dem anwaltlichen Vertreter zu erfolgen. Die Antragsteller und Antragsgegner bzw. deren gesetzliche Vertreter sind indes berechtigt, an mündlichen Verhandlungen teilzunehmen. Prozesshandlungen von Personen ohne die notwendige Postulationsfähigkeit sind unwirksam (BGH NJW 1992, 1700). Dies hat das jeweilige Gericht von Amts wegen zu berücksichtigen. Antragstellungen und Rechtsmitteleinlegungen, die nicht durch den anwaltlichen Vertreter erfolgen, führen zu Unzulässigkeit des Antrags oder des Rechtsmittels.

§ 6 Gemeinsamer Vertreter

(1) ¹**Das Gericht hat den Antragsberechtigten, die nicht selbst Antragsteller sind, zur Wahrung ihrer Rechte frühzeitig einen Rechtsanwalt als gemeinsamen Vertreter zu bestellen; dieser hat die Stellung eines gesetzlichen Vertreters.** ²**Werden die Festsetzung des angemessenen Ausgleichs und die Festsetzung der angemessenen Abfindung beantragt, so hat es für jeden Antrag einen gemeinsamen Vertreter zu bestellen, wenn aufgrund der konkreten Umstände davon auszugehen ist, dass die Wahrung der Rechte aller betroffenen Antragsberechtigten durch einen einzigen gemeinsamen Vertreter nicht sichergestellt ist.** ³**Die Bestellung eines gemeinsamen Vertreters** *kann vollständig unterbleiben*, **wenn die Wahrung der Rechte der Antragsberechtigten auf andere Weise sichergestellt ist.** ⁴**Das Gericht hat die Bestellung des gemeinsamen Vertreters im Bundesanzeiger bekannt zu machen.** ⁵**Wenn in den Fällen des § 1 Nr. 1 bis 4 die Satzung der Gesellschaft, deren**

außenstehende oder ausgeschiedene Aktionäre antragsberechtigt sind, oder in den Fällen des § 1 Nr. 5 der Gesellschaftsvertrag, der Partnerschaftsvertrag, die Satzung oder das Statut des übertragenden, übernehmenden oder formwechselnden Rechtsträgers noch andere Blätter oder elektronische Informationsmedien für die öffentlichen Bekanntmachungen bestimmt hatte, so hat es die Bestellung auch dort bekannt zu machen.

(2) ¹Der gemeinsame Vertreter kann von dem Antragsgegner in entsprechender Anwendung des Rechtsanwaltsvergütungsgesetzes den Ersatz seiner Auslagen und eine Vergütung für seine Tätigkeit verlangen; mehrere Antragsgegner haften als Gesamtschuldner. ²Die Auslagen und die Vergütung setzt das Gericht fest. ³Gegenstandswert ist der für die Gerichtsgebühren maßgebliche Geschäftswert. ⁴Das Gericht kann den Zahlungsverpflichteten auf Verlangen des Vertreters die Leistung von Vorschüssen aufgeben. ⁵Aus der Festsetzung findet die Zwangsvollstreckung nach der Zivilprozessordnung statt.

(3) ¹Der gemeinsame Vertreter kann das Verfahren auch nach Rücknahme eines Antrags fortführen. ²Er steht in diesem Falle einem Antragsteller gleich.

Übersicht

	Rn.
1. Allgemeines	1
2. Voraussetzungen für die Bestellung	2
3. Einheitlicher gemeinsamer Vertreter (Abs. 1 S. 2)	4
4. Absehen von der Bestellung (Abs. 1 S. 3)	5
5. Bestellungsverfahren, Qualifikation	6
6. Rechtsmittel	10
7. Stellung des gemeinsamen Vertreters im Verfahren	15
a) Vertretener Personenkreis	15
b) Gesetzlicher Vertreter	16
c) Weiterführungsbefugnis (Abs. 3)	21
8. Auslagenersatz- und Vergütungsanspruch	22

1. Allgemeines

Die Vorschrift befasst sich mit der Bestellung, der Vergütung und der Rechtsstellung des sog. gem. Vertreters. Sie entspricht für Spruchverfahren nach Umw im Wesentlichen § 308 UmwG aF. Der gem. Vertreter soll die Rechte der Antragsberechtigten, die selbst nicht Antragsteller sind, wahren, da die Entscheidung nach § 13 S. 2 für und gegen alle wirkt, mithin auch für und gegen die Antragsberechtigten, die keinen eigenen Antrag gestellt haben. Die Bestellung erfolgt von Amts wegen, kann aber unter gewissen Voraussetzungen unterbleiben. Seit den Änderungen durch das UmRUG (zur erstmaligen Anwendung vgl. → § 17 Rn. 15) ist ein Rechtsanwalt als gem. Vertreter zu bestellen. Die Vergütung richtet sich in Anlehnung an das RVG (Abs. 2). Nach seiner Bestellung hat der gem. Vertreter eine eigenständige, von den Antragstellern unabhängige Parteirolle (Abs. 3).

2. Voraussetzungen für die Bestellung

Die Bestellung erfolgt ohne Parteiantrag **von Amts wegen** (OLG Stuttgart ZIP 2003, 2199 (2200); Dreier/Fritzsche/Verfürth/Dreier Rn. 35; Klöcker/Frowein Rn. 7; MüKoAktG/Krenek Rn. 6; Semler/Stengel/Volhard, 3. Aufl. 2012, Rn. 7; Simon/Leuering Rn. 4; Widmann/Mayer/Wälzholz Rn. 13; Lutter/Mennicke

Rn. 2; K Schmidt/Lutter/Klöcker/Wittgens Rn. 2; NK-UmwR/Jaspers Rn. 5). Die Bestellung soll **frühzeitig** erfolgen. Dies ist gegenüber der früheren Regelung neu. Der Gesetzgeber wollte damit klarstellen, dass auch die Bestellung des gem. Vertreters im Interesse der Verfahrensbeschleunigung nicht verzögert werden soll (Begr. RegE, BT-Drs. 15/371). Die Bestellung sollte jedoch nicht erfolgen, bevor das Gericht beurteilen kann, ob überhaupt ein Spruchverfahren mit einer Sachentscheidung durchgeführt wird. Dazu bedarf es mindestens **eines** fristgemäßen und den Anforderungen von § 4 II genügenden **Antrags** eines Antragsberechtigten (OLG Stuttgart BeckRS 2011, 15935; ZIP 2003, 2199 (2200); Dreier/Fritzsche/Verfürth/Dreier Rn. 40; Lutter/Mennicke Rn. 3; Koch Rn. 2; Simon/Leuering Rn. 11; Kölner Komm AktG/Wasmann Rn. 25; K. Schmidt/Lutter/Klöcker/Wittgens Rn. 7; Habersack/Emmerich Rn. 3; BeckOGK/Drescher Rn. 5; Spindler/Stilz/Drescher Rn. 5; Bungert/Mennicke BB 2003, 2021 (2025)). Ggf. ist auch das Ende der Antragsfrist abzuwarten, wenn nicht auszuschließen ist, dass alle Antragsberechtigten einen eigenen Antrag stellen. In diesem Fall wäre von der Bestellung eines gem. Vertreters abzusehen (Semler/Stengel/Volhard, 3. Aufl. 2012, Rn. 7; Emmerich/Habersack/Emmerich Rn. 11; Simon/Leuering Rn. 11; MüKoAktG/Krenek Rn. 3; Lutter/Mennicke Rn. 5; Dreier/Fritzsche/Verfürth/Dreier Rn. 35). Ebenso kann abgewartet werden, bis feststeht, ob ein Ausnahmefall nach Abs. 1 S. 3 vorliegt (→ Rn. 5). In der Praxis der Gerichte wird überwiegend der Ablauf der Antragbegründungsfrist abgewartet (Engel/Puszkajler BB 2012, 1687 (1689)).

3 Ein gem. Vertreter ist auch dann zu bestellen, wenn alle zulässigen Anträge vor dessen Bestellung **bereits zurückgenommen worden** sind, sofern weitere Antragsberechtigte existieren. Dies folgt aus dem Schutzzweck von Abs. 3, der den Auskauf der Antragsteller verhindern will (Begr. RegE, BT-Drs. 15/371, 14). Das Risiko besteht auch in diesem frühen Stadium des Spruchverfahrens, sodass der ggf. zufällige Umstand, ob ein gem. Vertreter schon bestellt ist, kein taugliches Kriterium ist (ebenso Dreier/Fritzsche/Verfürth/Dreier Rn. 41; Klöcker/Frowein Rn. 8; K. Schmidt/Lutter/Klöcker/Wittgens Rn. 8; Kölner Komm AktG/Wasmann Rn. 25; Bürgers/Körber/Lieder/Theusinger/Deckers Rn. 2; offengelassen von OLG Stuttgart NZG 2004, 97; ZIP 2003, 2199 (2200); aA Lutter/Mennicke Rn. 3; Widmann/Mayer/Wälzholz Rn. 5; Simon/Leuering Rn. 6; Semler/Stengel/Volhard, 3. Aufl. 2012, Rn. 7; Emmerich/Habersack/Emmerich Rn. 7; Spindler/Stilz/Drescher Rn. 6; BeckOGK/Drescher Rn. 6).

3. Einheitlicher gemeinsamer Vertreter (Abs. 1 S. 2)

4 Grds. ist **nur ein** gem. Vertreter auch dann zu bestellen, wenn Gegenstand des Spruchverfahrens sowohl die Festsetzung eines Ausgleichs durch bare Zuzahlung (§ 15 UmwG) oder zusätzliche Aktien (§ 72a UmwG) als auch die Festsetzung einer angemessenen Barabfindung (§§ 29 ff. UmwG) ist. Genau umgekehrt ordnete § 308 I 3 UmwG aF die Bestellung unterschiedlicher gem. Vertreter in diesen Fällen an. Auch wenn Abs. 1 S. 2 nur den angemessenen Ausgleich und die angemessene Abfindung erwähnt und damit erkennbar die Terminologie von §§ 304, 305 AktG übernimmt, gilt dies nach Sinn und Zweck (Vereinfachung, Kostenreduzierung) auch für Verfahren nach Umw. Der **gesetzliche Ausnahmefall**, dass die Wahrung der Rechte aller betroffenen Antragsberechtigten durch einen einzigen gem. Vertreter nicht sichergestellt ist **(Abs. 1 S. 2),** dürfte selten sein, da im Regelfall ein Interessenwiderstreit zwischen den ausscheidenden und den verbleibenden Gesellschaftern im Hinblick auf die Unternehmensbewertung nicht besteht (ebenso Lutter/Mennicke Rn. 5; praktisch kaum vorstellbar; Koch Rn. 3; Kölner Komm AktG/Wasmann Rn. 28; Dreier/Fritzsche/Verfürth/Dreier Rn. 54; vgl. auch Begr. RegE, BT-Drs. 15/371, 14). Unterschiedlicher gem. Vertreter bedarf es auch dann nicht, wenn Anteile (insbes. Aktien) verschiedener Gattung betroffen sind (Semler/Stengel/Volhard, 3. Aufl. 2012, Rn. 10; Spindler/Stilz/Drescher Rn. 8; BeckOGK/Drescher Rn. 8; K. Schmidt/Lutter/Klöcker/Wittgens Rn. 10; aA Dreier/Fritzsche/Verfürth/Dreier Rn. 55). Auch eine nachträgliche Verbindung beider Gegenstände zu einem Verfahren rechtfertigt nicht die Bestellung unterschiedlicher gem. Vertreter (Semler/Stengel/Volhard, 3. Aufl. 2012, Rn. 10). Die Bestellung **unterschiedlicher gem. Vertreter** kann allerdings angezeigt sein, wenn Anteilsinhaber unterschiedlicher übertragender Rechtsträger betroffen sind und die Wertrelation dieser Rechtsträger untereinander für den Ausgang des Verfahrens von Bedeutung sein kann (zutr. Lutter/Mennicke Rn. 5; Simon/Leuering Rn. 9; Dreier/Fritzsche/Verfürth/Dreier Rn. 55). Dies war insbesondere bei Verschmelzungen zur Neugründung anzunehmen (Begr. RegE, BT-Drs. 20/3822 zu § 6). Da aufgrund der Änderungen durch das UmRUG zwischenzeitlich sowohl die Anteilsinhaber des übertragenden Rechtsträgers als auch diejenigen des übernehmenden Rechtsträgers antragsberechtigt sind (→ § 2 Rn. 6), wird die Bestellung unterschiedlicher Vertreter für die Anteilsinhaber des übertragenden Rechtsträgers einerseits und des übernehmenden Rechtsträgers andererseits bei Spruchverfahren zur Bestimmung barer Zuzahlungen/zusätzlich zu gewährender Aktien wegen des Interessengegensatzes hinsichtlich der Bewertung der Rechtsträger der **Regelfall** sein, wenn Anteilsinhaber aller Rechtsträger Anträge gestellt haben (vgl. Begr. RegE, BT-Drs. 20/3822 zu § 6; Koch Rn. 3; Drescher AG 2023, 337 Rn. 23). Die Bestellung unterschiedlicher gem. Vertreter kann auch angezeigt sein, wenn verschiedene Umwandlungsvorgänge aufgrund sachlichen Zusammenhangs (→ § 2 Rn. 6) zu einem Verfahren verbunden worden sind (BeckOGK/Drescher Rn. 8; Spindler/Stilz/Drescher Rn. 8).

4. Absehen von der Bestellung (Abs. 1 S. 3)

Ausnahmsweise kann von der Bestellung eines gem. Vertreter abgesehen werden 5 **(Abs. 1 S. 3).** Die praktische Bedeutung ist gering, wenn nicht alle Antragsberechtigten einen eigenen Antrag gestellt haben (→ Rn. 2) oder alle Anträge offensichtlich unzulässig sind (OLG Stuttgart BeckRS 2011, 15935). Die Bestellungspflicht hängt nicht davon ab, dass die antragstellenden und die nicht-antragstellenden Antragsberechtigten verschiedene Interessen verfolgen (OLG Düsseldorf NJW 1971, 1569). Auch ein offensichtlich fehlendes Interesse der Nichtantragstellenden genügt nicht (KG WM 1972, 738; Dreier/Fritzsche/Verfürth/Dreier Rn. 42; Lutter/Mennicke Rn. 6; K. Schmidt/Lutter/Klöcker/Wittgens Rn. 11; Spindler/Stilz/Drescher Rn. 7; BeckOGK/Drescher Rn. 7; MüKoAktG/Krenek Rn. 12; Emmerich/Habersack/Emmerich Rn. 12). Ebenso wenig reicht die bloße Beteiligung einer Aktionärsschutzvereinigung als Antragsteller (Semler/Stengel/Volhard, 3. Aufl. 2012, Rn. 12; MüKoAktG/Krenek Rn. 12; Simon/Leuering Rn. 20; Widmann/Mayer/Wälzholz Rn. 8; Dreier/Fritzsche/Verfürth/Dreier Rn. 42; Lutter/Mennicke Rn. 6; BeckOGK/Drescher Rn. 7; Spindler/Stilz/Drescher Rn. 7; aA BayObLG DB 1991, 2584). Eine derartige Situation ist allenfalls bei einem überschaubaren, namentlich bekannten Kreis von Antragsberechtigten denkbar. Dann kann eine Sicherstellung der Wahrung der Rechte der Antragsberechtigten auf andere Weise gegeben sein, wenn etwa sämtliche nicht-antragstellenden Antragsberechtigten auf die Bestellung verzichten (Klöcker/Frowein Rn. 15; Dreier/Fritzsche/Verfürth/Dreier Rn. 43; Lutter/Mennicke Rn. 6; Semler/Stengel/Volhard, 3. Aufl. 2012, Rn. 12; K. Schmidt/Lutter/Klöcker/Wittgens Rn. 12; Keßler/Kühnberger UmwR/Brügel Rn. 5; Emmerich/Habersack/Emmerich Rn. 11), wenn sich sämtliche nicht-antragstellenden Antragsberechtigten außergerichtlich bereits mit dem Antragsgegner geeinigt haben (Semler/Stengel/Volhard, 3. Aufl. 2012, Rn. 12; Lutter/Mennicke Rn. 6; Dreier/Fritzsche/Verfürth/Dreier Rn. 43; K. Schmidt/Lutter/Klöcker/Wittgens Rn. 12) oder alle übrigen Anteilsberechtigten einen Antragsberechtigten mit der Wahrung ihrer Rechte betraut haben (Semler/Stengel/Volhard, 3. Aufl. 2012, Rn. 12; Lutter/Mennicke Rn. 6; Spindler/Stilz/Drescher Rn. 6; Emmerich/Habersack/Emmerich Rn. 11; aA Widmann/Mayer/Wälzholz Rn. 9; K. Schmidt/Lutter/Klöcker/Wittgens Rn. 12). Eines gemeinsamen Vertreters bedarf es auch nicht, wenn alle Antragsberechtigten einen eigenen Antrag gestellt haben (→ Rn. 2). Zur Situation bei Rücknahme aller Anträge → Rn. 3. Selbstverständlich nicht ausreichend ist die Zusage des Antragsgegners, alle gleich zu behandeln; dies ist bereits nach § 13 S. 2 gesetzliche Folge des Spruchverfahrens (zutr. Dreier/Fritzsche/Verfürth/Dreier Rn. 42; Kallmeyer/Meister/Klöcker, 2. Aufl. 2002, UmwG § 308 Rn. 5).

5. Bestellungsverfahren, Qualifikation

6 Der gem. Vertreter wird **von Amts wegen** durch das LG bestimmt (→ Rn. 2). Bei Zuständigkeit einer Kammer für Handelssachen (→ § 2 Rn. 8) entscheidet der Vorsitzende (§ 2 II Nr. 5). Die Entscheidung des LG ergeht ohne Anhörung der übrigen Beteiligten (Widmann/Mayer/Wälzholz Rn. 13; Klöcker/Frowein Rn. 2; MüKoAktG/Krenek Rn. 8; Simon/Leuering Rn. 12; Lutter/Mennicke Rn. 4; Dreier/Fritzsche/Verfürth/Dreier Rn. 45; aA Emmerich/Habersack/Emmerich Rn. 4). Bei der Auswahl des gem. Vertreters hat das Gericht darauf zu achten, dass keine **Interessenkollisionen** entstehen (zur Bestellung mehrerer gem. Vertreter → Rn. 4). Seit den Änderungen durch das UmRUG (zur erstmaligen Anwendung vgl. → § 17 Rn. 15) muss der gem. Vertreter **Rechtsanwalt** sein. Zu den Anforderungen hieran vgl. → § 5a Rn. 2. Gem. Vertreter kann **nur** eine **natürliche** Person sein (Semler/Stengel/Volhard, 3. Aufl. 2012, Rn. 8; K. Schmidt/Lutter/Klöcker/ Wittgens Rn. 6; Klöcker/Frowein Rn. 4; Lutter/Mennicke Rn. 4; Spindler/Stilz/ Drescher Rn. 9; BeckOGK/Drescher Rn. 9; aA Kölner Komm AktG/Wasmann Rn. 28; Dreier/Fritzsche/Verfürth/Dreier Rn. 47; MüKoAktG/Krenek Rn. 7; Drescher AG 2023, 337 Rn. 22). Dies sichert die Kontinuität der Person während des Verfahrens. Daher wird bspw. auch nicht eine Berufsausübungsgesellschaft, sondern der einzelne Anwalt bestellt. IÜ muss der gem. Vertreter die **erforderliche Sachkunde** besitzen (Semler/Stengel/Volhard, 3. Aufl. 2012, Rn. 8; MüKoAktG/ Krenek Rn. 7; Lutter/Mennicke Rn. 4; Dreier/Fritzsche/Verfürth/Dreier Rn. 48). Dies bezieht sich insbesondere auf Kenntnisse und Erfahrungen im Zusammenhang mit Unternehmensbewertungen (Spindler/Stilz/Drescher Rn. 9). Ferner muss er von dem Antragsgegner unabhängig sein (Emmerich/Habersack/Emmerich Rn. 9; BeckOGK/Drescher Rn. 9). In der Praxis wurden bereits vor der Gesetzesänderung vielfach Rechtsanwälte bestellt. Antragsteller und Antragsgegner sowie deren Verfahrensbevollmächtigte sind hingegen ausgeschlossen (Spindler/Stilz/Drescher Rn. 9; BeckOGK/Drescher Rn. 9; Lutter/Mennicke Rn. 4). Ebenso scheiden Rechtsanwälte aus, die bereits bei der Strukturmaßnahme beraten haben (MüKoAktG/Krenek Rn. 8).

7 Auch wenn die Bestellung ohne Antrag erfolgt, können dem Gericht **Vorschläge** unterbreitet werden. Diese sind lediglich Anregungen (Emmerich/Habersack/ Emmerich Rn. 4; Dreier/Fritzsche/Verfürth/Dreier Rn. 52). Das Gericht entscheidet nach pflichtgemäßem Ermessen. Eine Pflicht der ausgewählten Personen, das Amt zu übernehmen, besteht nicht (Emmerich/Habersack/Emmerich Rn. 9; Spindler/Stilz/Drescher Rn. 7). Das Einverständnis ist indes keine Wirksamkeitsvoraussetzung. Gegebenenfalls muss sich der gem. Vertreter gegen seine Bestellung mit der Beschwerde wären (BeckOGK/Drescher Rn. 13; Spindler/Stilz/Drescher Rn. 7; Emmerich/Habersack/Emmerich Rn. 6). Im Regelfall wird das Gericht die Bereitschaft vorab klären und in diesem Zusammenhang auch prüfen, ob mögliche Interessenkollisionen bestehen.

Das Gericht macht die Bestellung im **BAnz.** (www.bundesanzeiger.de) bekannt **(Abs. 1 S. 4)**. Hat der übertragende, übernehmende oder formwechselnde Rechtsträger gesellschaftsvertraglich noch andere Blätter oder elektronische Informationsmedien bestimmt, erfolgt die Bekanntmachung nach **Abs. 1 S. 5** auch dort (BR-Drs. 15/371, 14; Lutter/Mennicke Rn. 7). Vgl. aber § 25 AktG. Anzugeben ist das Spruchverfahren und der Name und die Kontaktadresse des gem. Vertreters (MüKoAktG/Krenek Rn. 15). **8**

Die Bestellung erstreckt sich grds. auf die **Dauer des gesamten Verfahrens**, also auch auf das sich evtl. anschließende Rechtsmittelverfahren (BayObLG AG 1992, 59 (60); OLG Hamburg AG 1975, 191; Semler/Stengel/Volhard, 3. Aufl. 2012, Rn. 9; Klöcker/Frowein Rn. 3; Emmerich/Habersack/Emmerich Rn. 5; Lutter/Mennicke Rn. 9; Spindler/Stilz/Drescher Rn. 12; BeckOGK/Drescher Rn. 12; Widmann/Mayer/Wälzholz Rn. 19). Das Beschwerdegericht hat allerdings zu prüfen, ob die Mitwirkung des gem. Vertreters in der Beschwerdeinstanz überhaupt geboten ist und der bisherige gem. Vertreter hierfür umfassend geeignet ist (BayObLG AG 1992, 59 (60); Emmerich/Habersack/Emmerich Rn. 5; Semler/Stengel/Volhard, 3. Aufl. 2012, Rn. 9). Obwohl vom Gesetz nicht ausdrücklich geregelt, kann das Gericht oder das Beschwerdegericht den gem. Vertreter auch wieder **abberufen** (BayObLG AG 1992, 59 (60); OLG Düsseldorf DB 1988, 1108, jew. zu § 306 AktG; Simon/Leuering Rn. 20; Emmerich/Habersack/Emmerich Rn. 10; MüKoAktG/Krenek Rn. 13; Kölner Komm AktG/Wasmann Rn. 31; Lutter/Mennicke Rn. 9; Dreier/Fritzsche/Verfürth/Dreier Rn. 58; K. Schmidt/Lutter/Klöcker/Wittgens Rn. 16). Bei der Abberufungsentscheidung darf sich das Gericht aber nur an den Interessen der nicht-antragstellenden Antragsberechtigten orientieren, da der gem. Vertreter zur Wahrung der Rechte dieser Gruppe bestellt wurde (OLG Düsseldorf DB 1988, 1108). Maßgeblich ist, ob durch eine Änderung der Verfahrenssituation die Mitwirkung des gem. Vertreters nicht mehr vonnöten ist oder der bestellte gem. Vertreter die Voraussetzungen nicht (mehr) erfüllt (mangelnde Sachkunde, Krankheit, Interessenkollision; vgl. MüKoAktG/Krenek Rn. 13; Kölner Komm AktG/Wasmann Rn. 31; Lutter/Mennicke Rn. 9; Dreier/Fritzsche/Verfürth/Dreier Rn. 58; Emmerich/Habersack/Emmerich Rn. 10). Dies hat sowohl das LG als auch das Beschwerdegericht fortlaufend von Amts wegen zu prüfen (BayObLG AG 1992, 59 (60)). Über die Abberufung entscheidet in der 1. Instanz als Annexkompetenz ggf. der Vorsitzende der Kammer für Handelssachen (§ 2 III Nr. 5; Lutter/Mennicke Rn. 9; MüKoAktG/Krenek Rn. 13; Dreier/Fritzsche/Verfürth/Dreier Rn. 59). Auch die Abberufung ist bekannt zu machen (→ Rn. 8; Dreier/Fritzsche/Verfürth/Dreier Rn. 59). **9**

6. Rechtsmittel

Die **Bestellung** des gem. Vertreters ist eine gerichtliche Zwischenentscheidung (OLG Frankfurt a. M. AG 2012, 42 (43): vorbereitender Charakter). Mit Inkrafttreten des FamFG (1.9.2009) sind Neben- oder Zwischenentscheidungen und damit die Bestellung des gem. Vertreters nur anfechtbar, wenn dies – wie hier nicht – ausdrücklich bestimmt wäre (§ 58 I FamFG; BT-Drs. 16/6308, 166; OLG Düsseldorf NZG 2019, 65; OLG Frankfurt a. M. AG 2012, 42; MüKoAktG/Krenek Rn. 11; K. Schmidt/Lutter/Klöcker/Wittgens Rn. 9; zweifelnd Emmerich/Habersack/Emmerich Rn. 13; aA Bürgers/Körber/Ederle/Theusinger Rn. 7; auch → § 12 Rn. 2). Eine Ausnahme muss für den gem. Vertreter selbst gelten, der sich gegen seine Bestellung wegen der weitreichenden Konsequenzen wehren können muss (→ Rn. 7). **10**

Die Überprüfung erfolgt dann im Rahmen einer Beschwerde über die Endentscheidung (§ 58 II FamFG), soweit sie – wie meist nicht – noch Auswirkungen auf die Endentscheidung hat (OLG Frankfurt a. M. AG 2012, 42 (43 f.)). **11**

B SpruchG § 6   12–17

12   Nach der klaren Rechtslage (§ 58 I FamFG) ist nunmehr auch eine Beschwerde **gegen** die **Abberufung** des gem. Vertreters nicht statthaft (Lutter/Mennicke Rn. 9; K. Schmidt/Lutter/Klöcker/Wittgens Rn. 17; Spindler/Stilz/Drescher Rn. 14; Hölters/Weber/Simons Rn. 21; Widmann/Mayer/Wälzholz Rn. 25.2; aA Bürgers/Körber/Ederle/Theusinger Rn. 7). Auch hier greift die Ausnahme, dass der gem. Vertreter selbst ein Beschwerderecht hat (Emmerich/Habersack/Emmerich Rn. 10).

13   Die Abberufung kann aber im Rahmen der Beschwerde gegen die Endentscheidung überprüft werden (K. Schmidt/Lutter/Klöcker/Wittgens Rn. 17; Widmann/Mayer/Wälzholz Rn. 25.2).

14   Zur Rechtslage für Spruchverfahren, die vor dem 1.9.2009 eingeleitet worden sind, vgl. → 5. Aufl. 2009, Rn. 10 ff.

7. Stellung des gemeinsamen Vertreters im Verfahren

15   **a) Vertretener Personenkreis.** Der gem. Vertreter vertritt im Spruchverfahren die Rechte der Antragsberechtigten, die nicht selbst Antragsteller sind. Diese bestimmen sich für Umwandlungsfälle nach § 3 S. 1 Nr. 4, 5. Er vertritt damit alle Antragsberechtigten/Sonderrechtsinhaber der übertragenden und übernehmenden Rechtsträger, die materiellrechtlich einen Anspruch auf bare Zuzahlung oder Barabfindung, selbst aber keinen eigenen Antrag gestellt haben (auch → § 3 Rn. 2 ff.). Dies erklärt sich aus der Inter-Omnes-Wirkung der Entscheidung nach § 13 S. 2. Zur Bestellung von unterschiedlichen gem. Vertreter für die Anteilsinhabern des übertragenden und des übernehmenden Rechtsträgers vgl. → Rn. 4.

16   **b) Gesetzlicher Vertreter.** Antragsberechtigte, die keinen eigenen Antrag gestellt haben, nehmen am Verfahren nicht teil. Ihre Rechte werden ausschließlich durch den gem. Vertreter wahrgenommen, der hierfür die Stellung eines **ges. Vertreters** (nicht Partei kraft Amtes) hat **(Abs. 1 S. 1 Hs. 2).** Er kann damit im Namen der von ihm Vertretenen grds. alles veranlassen, was auch ein Antragsteller kann, insbes. Anträge stellen und Rechtsmittel einlegen (Koch Rn. 6; Semler/Stengel/Volhard, 3. Aufl. 2012, Rn. 14; MüKoAktG/Krenek Rn. 16; Klöcker/Frowein Rn. 23; K. Schmidt/Lutter/Klöcker/Wittgens Rn. 19). Nur er kann die nichtantragstellenden Antragsberechtigten vertreten (Widmann/Mayer/Wälzholz Rn. 38; Klöcker/Frowein Rn. 24). An die Einwendungen der Antragsteller gegen die Unternehmensbewertung ist er nicht gebunden, er kann diese ergänzen und auch **andere Einwendungen** vorbringen (OLG Celle AG 2007, 865; MüKoAktG/Krenek Rn. 17; Semler/Stengel/Volhard, 3. Aufl. 2012, Rn. 14; Koch Rn. 6; Spindler/Stilz/Drescher § 7 Rn. 6; BeckOGK/Drescher § 7 Rn. 7; NK-UmwR/Jaspers Rn. 12; Hölters/Weber/Simons § 7 Rn. 18; Widmann/Mayer/Wälzholz Rn. 39.1; Kölner Komm AktG/Wasmann § 4 Rn. 18; Emmerich/Habersack/Emmerich Rn. 16; K. Schmidt/Lutter/Klöcker/Wittgens Rn. 19; krit. Weingärtner Der Konzern 2005, 695; dagegen Puszkajler Der Konzern 2006, 256; Lutter/Mennicke Rn. 10; Bürgers/Körber/Lieder/Theusinger/Deckers Rn. 3). Auch eine Nebenintervention der nicht-antragstellenden Antragsberechtigten scheidet wegen der Wahrnehmung der Rechte durch den gem. Vertreter aus (Simon/Leuering Rn. 35, § 3 Rn. 7; K. Schmidt/Lutter/Klöcker/Wittgens Rn. 20; offengelassen von BayObLG ZIP 2003, 127 (128); Klöcker/Frowein Rn. 24; → § 4 Rn. 5). Ebenso wenig können im Regelfall Nichtanspruchsberechtigte als Nebenintervenienten auftreten (OLG Schleswig ZIP 1999, 1760; aA Simon/Leuering § 3 Rn. 7).

17   Seine **Verfahrensrechte** werden jedoch **durch** die **Rechtsstellung** als ges. Vertreter auch **beschränkt** (K. Schmidt/Lutter/Klöcker/Wittgens Rn. 19). Er kann nur insoweit handeln, als die Rechte der nicht-antragstellenden Antragsberechtigten betroffen sind. Nur in diesen Fällen ist er etwa beschwerdeberechtigt. Die Rechte der Antragsberechtigten, die einen eigenen Antrag gestellt haben, vertritt er nicht.

Soweit Entscheidungen nur deren Rechtsposition berühren, ist er nicht beschwerdebefugt. Zur Weiterführungsbefugnis (Abs. 3) → Rn. 21. Der gem. Vertreter ist ferner nicht für die nicht beteiligten Aktionäre verfassungsbeschwerdebefugt (BVerfG ZIP 2007, 1600).

Seine Entscheidungen trifft der gem. Vertreter nach pflichtgemäßem **Ermessen** 18 (BGH NZG 2014, 33 Rn. 19: weites Ermessen; K. Schmidt/Lutter/Klöcker/Wittgens Rn. 25; Emmerich/Habersack/Emmerich Rn. 16; Dreier/Fritzsche/Verfürth/Dreier Rn. 30; Spindler/Stilz/Drescher Rn. 4; MüKoAktG/Krenek Rn. 18). Er ist an Weisungen weder der Antragsteller noch der von ihm vertretenen nichtantragstellenden Antragsberechtigten gebunden; gegenüber Letzteren bestehen auch keine **Auskunfts- oder Rechenschaftspflichten** (OLG München NZG 2010, 1233; Lutter/Mennicke Rn. 11; MüKoAktG/Krenek Rn. 18; Klöcker/Frowein Rn. 22; Koch Rn. 6; BeckOGK/Drescher Rn. 4; Semler/Stengel/Volhard, 3. Aufl. 2012, Rn. 15; Bürgers/Körber/Lieder/Theusinger Rn. 3; Dreier/Fritzsche/Verfürth/Dreier Rn. 30).

Der gem. Vertreter ist auch berechtigt, nach pflichtgemäßem Ermessen einen 19 außergerichtlichen oder gerichtlichen **Vergleich abzuschließen** (Semler/Stengel/Volhard, 3. Aufl. 2012, Rn. 14; Lutter/Mennicke Rn. 11). Besondere Sorgfalt des gem. Vertreters ist notwendig, wenn das Verfahren dadurch nicht beendet wird (→ § 11 Rn. 17), weil einzelne Antragsteller es fortführen. Hier wird in der Regelfall eine Vereinbarung treffen müssen, dass eine im weiteren Verfahren erstrittene Verbesserung auch zugunsten der nicht-antragstellenden Antragsberechtigten wirkt (Semler/Stengel/Volhard, 3. Aufl. 2012, Rn. 14: „darf nur"; Lutter/Mennicke Rn. 11: Vergleich sonst nur ausnahmsweise zulässig; Klöcker/Frowein Rn. 25: sollte; K. Schmidt/Lutter/Klöcker/Wittgens Rn. 21: sollte). Denn die spätere gerichtliche Entscheidung wirkt trotz der grundsätzlichen Erstreckung für und gegen alle in diesem Fall nach § 13 S. 3 nicht zugunsten der nicht-antragstellenden Antragsberechtigten (vgl. → § 13 Rn. 5).

Bei einem schuldhaften Verstoß gegen die Pflichten **haftet** der gem. Vertreter 20 auf Schadensersatz (OLG München NZG 2010, 1233; MüKoAktG/Krenek Rn. 18; Widmann/Mayer/Wälzholz Rn. 33; Lutter/Mennicke Rn. 11; Klöcker/Frowein Rn. 22; Koch Rn. 6; vgl. aber BGH NZG 2014, 33 Rn. 19: praktisch kaum vorstellbar). Das Rechtsverhältnis zu den von ihm Vertretenen ist nicht abschließend geklärt. Zutr. scheint die Annahme eines gesetzlichen Geschäftsbesorgungsverhältnisses (Widmann/Mayer/Wälzholz Rn. 33; Emmerich/Habersack/Emmerich Rn. 19; aA Spindler/Stilz/Drescher Rn. 4; BeckOGK/Drescher Rn. 4; Hölters/Weber/Simons Rn. 28; Dreier/Fritzsche/Verfürth/Dreier Rn. 32 ff.: § 826 BGB). Die Stellung als ges. Vertreter betrifft nur das Verfahren. Eine Vertretungsmacht zur **rechtsgeschäftlichen Verpflichtung** besteht nicht (allgM; Koch Rn. 6; K. Schmidt/Lutter/Klöcker/Wittgens Rn. 21; Klöcker/Frowein Rn. 26; MüKoAktG/Krenek Rn. 16; Lutter/Mennicke Rn. 10; Semler/Stengel/Volhard, 3. Aufl. 2012, Rn. 14).

c) **Weiterführungsbefugnis (Abs. 3).** Der gem. Vertreter kann auch nach 21 Rücknahme aller verfahrenseinleitenden Anträge das Verfahren fortführen **(Abs. 3).** Der Rücknahme steht die Beendigung durch Vergleich mit allen Antragstellern oder übereinstimmender Erledigungserklärung gleich (Spindler/Stilz/Drescher Rn. 16; BeckOGK/Drescher Rn. 16; K. Schmidt/Lutter/Klöcker/Wittgens Rn. 17; Kölner Komm AktG/Wasmann Rn. 17; Dreier/Fritzsche/Verfürth/Dreier Rn. 17; Emmerich/Habersack/Emmerich Rn. 21). Eine entsprechende Regelung enthielt schon § 308 III UmwG aF und war damals rechtspolitisch umstritten. Ziel ist die Vermeidung des „Auskaufs" weniger Antragsteller (auch → Rn. 3). Die Regelung hat sich nach Ansicht des Gesetzgebers bewährt und wurde daher übernommen (Begr. RegE, BT-Drs. 15/371, 14; zuvor schon Begr. RegE, BR-Drs. 75/94 zu § 308 UmwG). Nach **Abs. 3 S. 2 steht** er in diesem Fall einem **Antragsteller gleich.**

Dies soll gewährleisten, dass der gem. Vertreter das Verfahren nicht zwingend zu Ende führen muss, sondern seinerseits den Antrag zur Verfahrensbeendigung zurücknehmen kann (Begr. RegE, BR-Drs. 75/95 zu § 308 UmwG). Die Entscheidung über die weitere Fortführung steht im pflichtgemäßen Ermessen des gem. Vertreters (Simon/Leuering Rn. 41; Lutter/Mennicke Rn. 12; Klöcker/Frowein Rn. 29; Dreier/Fritzsche/Verfürth/Dreier Rn. 22; Semler/Stengel/Volhard, 3. Aufl. 2012, Rn. 16; K. Schmidt/Lutter/Klöcker/Wittgens Rn. 25; Kölner Komm AktG/Wasmann Rn. 18; Spindler/Stilz/Drescher Rn. 16; BeckOGK/Drescher Rn. 16). Eine Beendigung des Verfahrens wird nur in Betracht kommen, wenn dies die von ihm Vertretenen nicht benachteiligt. Beruhen die Antragsrücknahmen auf einem **Vergleich**, muss sichergestellt sein, dass die nicht-antragstellenden Antragsberechtigten ebenfalls begünstigt sind (Semler/Stengel/Volhard, 3. Aufl. 2012, Rn. 16; Lutter/Mennicke Rn. 12; vgl. auch Dreier/Fritzsche/Verfürth/Dreier Rn. 23, 25; Emmerich/Habersack/Emmerich Rn. 22; auch → Rn. 19). Unabhängig davon muss der gem. Vertreter den Inhalt des Vergleichs prüfen und bewerten (Lutter/Mennicke Rn. 12). Eine Fortführung kommt nicht in Betracht, wenn **alle Anträge als unzulässig** verworfen werden. Denn dann fehlen die Voraussetzungen für die Durchführung des Spruchverfahrens (MüKoAktG/Krenek Rn. 25; → § 12 Rn. 7).

8. Auslagenersatz- und Vergütungsanspruch

22   Der gem. Vertreter hat nach **Abs. 2 S. 1** Anspruch auf Ersatz seiner Auslagen und auf eine Vergütung. Der Anspruch richtet sich **gegen die Antragsgegner**, mehrere Antragsgegner haften als **Gesamtschuldner (Abs. 2 S. 1 Hs. 2)**. Ein Anspruch gegen die Staatskasse oder gegen die von ihm vertretenen Antragsberechtigten besteht nicht (Klöcker/Frowein Rn. 31; Lutter/Mennicke Rn. 13; Dreier/Fritzsche/Verfürth/Dreier Rn. 28; K. Schmidt/Lutter/Klöcker/Wittgens Rn. 27; Widmann/Mayer/Wälzholz Rn. 46 ff.; Dreier/Fritzsche/Verfürth/Dreier Rn. 64). Im Falle der Insolvenz des Antragsgegners ist der Vergütungs- und Auslagenersatzanspruch des gem. Vertreters keine Masseverbindlichkeit, sondern eine Insolvenzforderung; er kann nicht im Kostenfestsetzungsverfahren geltend gemacht werden, sondern muss zur Tabelle angemeldet werden (BGH NZG 2019, 470). Der Auslagenersatz und Vergütungsanspruch richtet sich nach dem RVG.

23   Der **Auslagenersatzanspruch** umfasst in erster Linie Post- und Telekommunikationskosten, Reisekosten und Schreibauslagen. Der gem. Vertreter, der zwischenzeitlich Rechtsanwalt sein muss (→ Rn. 6), kann aber auf Kosten des Antragsgegners weder einen **Rechtsanwalt** (selbst dann nicht, wenn er selbst nicht Rechtsanwalt ist – also in Altfällen) noch **externe Sachverständige** beauftragen (Emmerich/Habersack/Emmerich Rn. 31; MüKoAktG/Krenek Rn. 20: inakzeptabel; K. Schmidt/Lutter/Klöcker/Wittgens Rn. 28; Lutter/Mennicke Rn. 14; teilweise aA Koch Rn. 7; Hölters/Weber/Simons Rn. 30). Denn der gem. Vertreter muss insoweit selbst die erforderliche Sachkunde haben (→ Rn. 6). Auslagen sind aber nur ersatzfähig, wenn sie zur zweckentsprechenden Erledigung der Angelegenheit notwendig sind (OLG Düsseldorf AG 1996, 426: dort unnötige Übersetzung; Klöcker/Frowein Rn. 32; Koch Rn. 7; Spindler/Stilz/Drescher Rn. 18; BeckOGK/Drescher Rn. 18; krit. im Einzelfall Simon/Leuering Rn. 46). Grds. nicht erstattungsfähig sind vom gem. Vertreter in Auftrag gegebene **Privatgutachten** zur Unternehmensbewertung, da er die Aufgabe der Würdigung der Unterlagen und der Sachverständigengutachten aufgrund eigener Sachkunde leisten können muss (OLG Düsseldorf AG 2011, 754; Lutter/Mennicke Rn. 14; Koch Rn. 7; Spindler/Stilz/Drescher Rn. 18; BeckOGK/Drescher Rn. 18).

24   Die (entsprechende) Anwendung des **RVG** führt hinsichtlich der Vergütung dazu, dass der gem. Vertreter im Regelfall die **Verfahrens- und die Termingebühr** (VV 3100, 3104 RVG für die 1. Instanz und VV 3200, 3202 RVG für die Beschwer-

deinstanz; bei Bestellung vor dem 1.8.2013: Beschwerdeinstanz VV 3500 RVG und VV 3513 RVG) verlangen kann. Bei einem Vergleichsabschluss erhält er auch eine Einigungsgebühr (VV 1003 RVG). Er erhält jedoch weder eine Verfahrensgebühr für sonstige Einzeltätigkeiten nach VV 3403 RVG noch eine Gebührenerhöhung nach VV 1008 RVG (BGH BeckRS 2013, 20844; Günal/Kemmerer NZG 2013, 16; Deiß NZG 2013, 248). Der **Gegenstandswert** richtet sich nach dem für die Gerichtsgebühren maßgeblichen Geschäftswert **(Abs. 2 S. 3**; Deiß NZG 2013, 248). Er beträgt mindestens 200.000 EUR und höchstens 7,5 Mio. EUR (§ 74 S. 1 Hs. 2 GNotKG; näher → § 15 Rn. 7 ff.).

Die Auslagen und die Vergütung werden durch das Gericht festgesetzt (Abs. 2 25 S. 2). Zuvor können auf Verlangen des gem. Vertreters **Vorschusszahlungen** dem Antragsgegner auferlegt werden **(Abs. 2 S. 4)**. Deren Höhe richtet sich nach § 9 RVG (Lutter/Mennicke Rn. 15). Aus der Festsetzung findet die Zwangsvollstreckung nach der ZPO statt **(Abs. 2 S. 5)**. Dies gilt auch für vom Gericht festgesetzte Vorschusszahlungen (Klöcker/Frowein Rn. 34). In 1. Instanz entscheidet das LG und bei Zuständigkeit einer Kammer für Handelssachen der Vorsitzende (§ 2 III 1 Nr. 5). Dagegen ist die sofortige Beschwerde statthaft (§ 85 FamFG iVm § 104 III ZPO). Im **Beschwerdeverfahren** erfolgt die Festsetzung durch das Beschwerdegericht (BayObLG NZG 2004, 824). Der Vergütungs- und Auslagenersatzanspruch ist ab dem Eingang des Festsetzungsantrags in entsprechender Anwendung von § 17 Abs. 1, § 85 FamFG iVm § 104 Abs. 1 S. 2 ZPO mit fünf Prozentpunkten über dem Basiszinssatz nach § 247 BGB zu verzinsen (BGH NZG 2022, 361).

§ 6a Gemeinsamer Vertreter bei Gründung einer SE

¹Wird bei der Gründung einer SE durch Verschmelzung oder bei der Gründung einer Holding-SE nach dem Verfahren der Verordnung (EG) Nr. 2157/2001 des Rates vom 8. Oktober 2001 über das Statut der Europäischen Gesellschaft (SE) (ABl. EG Nr. L 294 S. 1) gemäß den Vorschriften des SE-Ausführungsgesetzes ein Antrag auf Bestimmung einer Zuzahlung, zusätzlichen Gewährung von Aktien oder Barabfindung gestellt, bestellt das Gericht auf Antrag eines oder mehrerer Anteilsinhaber einer sich verschmelzenden oder die Gründung einer SE anstrebenden Gesellschaft, die selbst nicht antragsberechtigt sind, zur Wahrung ihrer Interessen einen Rechtsanwalt als gemeinsamen Vertreter, der am Spruchverfahren beteiligt ist. ²§ 6 Abs. 1 Satz 4 und Abs. 2 gilt entsprechend.

1. Allgemeines

Die Vorschrift wurde durch Art. 5 SEEG v. 20.12.2004 (BGBl. 2004 I 3675) 1 eingefügt und durch das UmRUG (zur erstmaligen Anwendung vgl. → § 17 Rn. 15) geändert. Sie regelt die Bestellung eines besonderen gem. Vertreters bei der Gründung einer SE durch Verschm oder bei der Gründung einer Holding-SE. Hintergrund der Regelung ist Art. 25 III SE-VO. Danach ist ein Spruchverfahren nur durchzuführen, wenn die anderen sich verschmelzenden Ges aus Mitgliedstaaten, in denen ein vergleichbares Verfahren nicht besteht, bei der Zustimmung zu dem Verschmelzungsplan ausdrücklich akzeptieren, dass die Aktionäre der anderen sich verschmelzenden Ges auf ein solches Verfahren zurückgreifen können. Die Interessen derartiger Anteilsinhaber, die kein Spruchverfahren durchführen können, sind indes betroffen, da die Zahlungen durch die SE erfolgen. Sie werden daher der Durchführung des Spruchverfahrens nur zustimmen, wenn auch ihre Interessen angemessen vertreten sind (Begr. RegE, BT-Drs. 15/3405 zu Art. 5 SEEG; zu § 6a).

Die **Aufgabe** dieses gem. Vertreters ist regelmäßig die **Verteidigung** des festge- 2 legten Umtauschverhältnisses und der angebotenen Barabfindung (Begr. RegE, BT-

Drs. 15/3405 zu Art. 5 SEEG, zu § 6a; Semler/Stengel/Volhard, 3. Aufl. 2012, Rn. 2; K. Schmidt/Lutter/Klöcker Rn. 8; Lutter/Mennicke Rn. 1; Kölner Komm AktG/Wasmann Rn. 1; Dreier/Fritzsche/Verfürth/Dreier Rn. 6; MüKoAktG/Krenek Rn. 1; Hölters/Weber/Simons Rn. 1).

2. Bestellung und Stellung des gemeinsamen Vertreters

3   Der gem. Vertreter nach § 6a wird **neben** dem gem. Vertreter nach § 6 bestellt, denn er hat genau die spiegelbildlichen Interessen (Verteidigung des festgelegten Umtauschverhältnisses/der angebotenen Barabfindung; → Rn. 2) zu vertreten. Die Bestellung kommt nur in den Fällen **der Gründung einer SE durch Verschm** (§§ 6, 7 SEAG) und **Gründung einer Holding-SE** (§§ 9, 11 SEAG) in Betracht, da nur in diesen Fällen Anteilsinhaber von Ges mit dem Sitz in Mitgliedstaaten, in denen kein Spruchverfahren durchgeführt wird, existieren können (→ Rn. 1).

4   Die Bestellung setzt – anders als diejenige nach § 6 (→ § 6 Rn. 6) – einen **Antrag** eines oder mehrerer **Anteilsinhaber** einer sich verschmelzenden oder die Gründung einer SE anstrebenden Ges, der/die **selbst nicht** zur Durchführung des Spruchverfahrens **antragsberechtigt ist/sind**, voraus (Simon/Leuering Rn. 6; Koch Rn. 2; Semler/Stengel/Volhard, 3. Aufl. 2012, Rn. 3; Widmann/Mayer/Wälzholz Rn. 11; Dreier/Fritzsche/Verfürth/Dreier Rn. 15; Hölters/Weber/Simons Rn. 4). Vgl. auch § 6 IV SEAG. Dies sind die Anteilsinhaber der bei der Verschm oder der Gründung der Holding-SE beteiligten Ges mit Sitz in einem Mitgliedstaat, der kein Spruchverfahren kennt. Zuvor muss durch einen zulässigen Antrag nach § 4 überhaupt ein Spruchverfahren eingeleitet sein (Lutter/Mennicke Rn. 2; Kölner Komm AktG/Wasmann Rn. 5; K. Schmidt/Lutter/Klöcker/Wittgens Rn. 5; Widmann/Mayer/Wälzholz Rn. 10; Dreier/Fritzsche/Verfürth/Dreier Rn. 16). Der Antrag ist **schriftlich oder mündlich zu Protokoll** der Geschäftsstelle des zuständigen LG oder eines AG (§ 25 FamFG) zu stellen (Lutter/Mennicke Rn. 2; Widmann/Mayer/Wälzholz Rn. 11; aA Simon/Leuering Rn. 11; Dreier/Fritzsche/Verfürth/Dreier Rn. 16: formlos). Einer Vertretung durch einen RA bedarf es nicht (§ 10 I FamFG; MüKoAktG/Krenek Rn. 3; Simon/Leuering Rn. 11; Hölters/Weber/Simons Rn. 4). Hieran hat sich durch die Einfügung von § 5a nichts geändert da die Anteilsinhaber, die nicht zur Durchführung eines Spruchverfahrens antragsberechtigt sind, keine Beteiligten sind (→ § 5a Rn. 1; MüKoAktG/Krenek Rn. 3). Für ihre Interessenwahrnehmung soll der gem. Vertreter bestellt werden. Der Antrag ist nicht fristgebunden (Widmann/Mayer/Wälzholz Rn. 12; K Schmidt/Lutter/Klöcker/Wittgens Rn. 4; Lutter/Mennicke Rn. 2; Dreier/Fritzsche/Verfürth/Dreier Rn. 16; NK-UmwR/Jaspers Rn. 6). Die **Bestellung** durch das Gericht ist nach einem derartigen Antrag **zwingend**, es sei denn, das Gericht verwirft die Anträge nach § 4 ohne Sachentscheidung als unzulässig (Simon/Leuering Rn. 12; Lutter/Mennicke Rn. 2; K. Schmidt/Lutter/Klöcker/Wittgens Rn. 5; Hölters/Weiler/Simons Rn. 4). Die Bestellung ist nur im **BAnz.** bekannt zu machen (§ 6a S. 2, § 6 I 4; Semler/Stengel/Volhard, 3. Aufl. 2012, Rn. 3; NK-UmwR/Jaspers Rn. 9). Bei Zuständigkeit einer Kammer für Handelssachen (→ § 2 Rn. 8) entscheidet in entsprechender Anwendung (Lutter/Mennicke Rn. 2; Spindler/Stilz/Drescher Rn. 5: Nichtaufnahme von § 6a ist Redaktionsversehen) von § 2 III Nr. 5 der Vorsitzende. IÜ gelten die Ausführungen in → § 6 Rn. 5 f. entsprechend. Seit den Änderungen durch das UmRUG (zur erstmaligen Anwendung vgl. → § 17 Rn. 15) muss der gem. Vertreter **Rechtsanwalts** sein. Zu den Anforderungen hieran vgl. → § 5a Rn. 2.

5   Zur **Beschwerde** gegen die Bestellung und Abberufung → § 6 Rn. 10 ff.

6   § 6a verweist nicht auf § 6 I 1 Hs. 2 (Vertreter). Dennoch kann der gem. Vertreter nach § 6a im Grds. alle **Verfahrenshandlungen** vornehmen, die auch den Antragsteller, dem gem. Vertreter nach § 6 und den Antragsgegnern zustehen.

Denn er ist am Verfahren beteiligt (§ 6a S. 1). Er kann insbes. Anträge stellen, Schriftsätze einreichen und an der mündlichen Verhandlung teilnehmen (Spindler/Stilz/Drescher Rn. 3; BeckOGK/Drescher Rn. 3; Lutter/Mennicke Rn. 5; Dreier/Fritzsche/Verfürth/Dreier Rn. 7 Widmann/Mayer/Wälzholz Rn. 19; Hölters/Weber/Simons Rn. 8). Er ist ebenfalls weisungsunabhängig und nicht rechenschaftspflichtig (Hölters/Weber/Simons Rn. 8). Ebenso wie der gem. Vertreter nach § 6 (→ § 6 Rn. 16) kann er aber nur die Rechte der von ihm vertretenen nicht antragsberechtigten Anteilsinhaber wahrnehmen. Er hat aber keine Weiterführungsbefugnis nach § 6 III (Simon/Leuering Rn. 16; Semler/Stengel/Volhard, 3. Aufl. 2012, Rn. 4; K. Schmidt/Lutter/Klöcker/Wittgens Rn. 10; Lutter/Mennicke Rn. 5; Hölters/Weiler/Simons Rn. 9; aA Dreier/Fritzsche/Verfürth/Dreier Rn. 10). Er kann damit eine Verfahrensbeendigung durch Vergleich oder durch Erledigungserklärungen nicht verhindern (→ § 6 Rn. 21). Ihm steht indes eine **Beschwerdebefugnis** gegen eine die Kompensation erhöhende Entscheidung zu (Widmann/Mayer/Wälzholz Rn. 19; Dreier/Fritzsche/Verfürth/Dreier Rn. 11; aA K. Schmidt/Lutter/Klöcker/Wittges Rn. 9; Lutter/Mennicke Rn. 5; Spindler/Stilz/Drescher Rn. 3; BeckOGK/Drescher Rn. 3). IÜ gelten die Ausführungen zu → § 6 Rn. 16 ff. entsprechend.

3. Auslagenersatz- und Vergütungsanspruch

Hinsichtlich des Auslagenersatz- und Vergütungsanspruchs des gem. Vertreter iSv § 6a verweist S. 2 vollumfänglich auf § 6 II (→ § 6 Rn. 22 ff.). 7

§ 6b Gemeinsamer Vertreter bei Gründung einer Europäischen Genossenschaft

¹Wird bei der Gründung einer Europäischen Genossenschaft durch Verschmelzung nach dem Verfahren der Verordnung (EG) Nr. 1435/2003 des Rates vom 22. Juli 2003 über das Statut der Europäischen Genossenschaft (SCE) (ABl. EU Nr. L 207 S. 1) nach den Vorschriften des SCE-Ausführungsgesetzes ein Antrag auf Bestimmung einer baren Zuzahlung gestellt, bestellt das Gericht auf Antrag eines oder mehrerer Mitglieder einer sich verschmelzenden Genossenschaft, die selbst nicht antragsberechtigt sind, zur Wahrung ihrer Interessen einen Rechtsanwalt als gemeinsamen Vertreter, der am Spruchverfahren beteiligt ist. ²§ 6 Abs. 1 Satz 4 und Abs. 2 gilt entsprechend.

Die Vorschrift wurden mit dem Gesetz zur Einführung der SCE (BGBl. 2006 I 1911) eingefügt. Der Gesetzeszweck entspricht demjenigen von § 6a. Die Bestellung und Stellung des gem. Vertreters stimmen mit derjenigen nach § 6a überein (vgl. iE → § 6a Rn. 1 ff.). 1

§ 6c Grenzüberschreitende Umwandlungen

(1) ¹Wird bei einer grenzüberschreitenden Umwandlung (§§ 305, 320 und 333 des Umwandlungsgesetzes) ein Antrag auf Bestimmung einer Zuzahlung, zusätzlich zu gewährender Aktien oder einer Barabfindung gestellt, so bestellt das Gericht auf Antrag eines oder mehrerer Anteilsinhaber einer beteiligten Gesellschaft, die selbst nicht antragsberechtigt sind, zur Wahrung ihrer Interessen einen Rechtsanwalt als gemeinsamen Vertreter, der am Spruchverfahren beteiligt ist. ²§ 6 Absatz 1 Satz 4 und Absatz 2 gilt entsprechend.

(2) ¹Wird bei einer grenzüberschreitenden Umwandlung ein Antrag auf Bestimmung einer Zuzahlung oder zusätzlich zu gewährender Aktien gestellt, so soll das Gericht mit jeder Stelle, die nach dem Recht eines anderen Mitgliedstaats der Europäischen Union oder eines anderen Vertragsstaats des Abkommens über den Europäischen Wirtschaftsraum, dem eine andere an der grenzüberschreitenden Umwandlung beteiligte Gesellschaft unterliegt, und die für einen Antrag auf Bestimmung einer Zuzahlung oder zusätzlich zu gewährender Anteile zuständig ist, zusammenarbeiten. ²Ist anlässlich der grenzüberschreitenden Umwandlung vor der zuständigen ausländischen Behörde oder Stelle ein Verfahren nach Satz 1 eingeleitet worden, so kann das Gericht insbesondere
1. Informationen austauschen und
2. nach Maßgabe des § 404 der Zivilprozessordnung dieselbe Person als Sachverständigen bestimmen.

1. Allgemeines

1   Die Vorschrift wurde mit dem **UmRUG** (zur erstmaligen Anwendung vgl. → § 17 Rn. 15) eingefügt. Abs. 1 entspricht der früheren Regelung von § 6c aF und hat denselben Zweck wie § 6a, indem bei grenzüberschreitenden Umwandlungen auf Antrag eines oder mehrerer Anteilsinhaber eines beteiligten ausländischen Rechtsträgers, die selbst nicht antragsberechtigt sind, ein gemeinsamer Vertreter für diese Anteilsinhaber bestellt wird. Abs. 2 ist neu und regelt den Informationsaustausch des Gerichtes mit der zuständigen ausländischen Stelle.

2. Bestellung eines gemeinsamen Vertreters (Abs. 1)

2   Bei grenzüberschreitenden Umw (grenzüberschreitende Verschm, § 305 UmwG, grenzüberschreitende Spaltung, 320 UmwG, und grenzüberschreitender Formwechsel, § 333 UmwG) steht den Anteilsinhabern der inländischen übertragenden und übernehmenden Rechtsträger die Möglichkeit offen, ein Spruchverfahren mit dem Ziel einer Verbesserung des Umtauschverhältnisses (bare Zuzahlungen, ggf. zusätzlich zu gewährende Aktien, §§ 15, 72a UmwG iVm § 305 II UmwG, § 320 II UmwG, § 333 II UmwG iVm § 248a UmwG) oder der Barabfindung (§§ 313, 327, 340 UmwG) einzuleiten (→ § 1 Rn. 2). Die Durchführung des Spruchverfahrens ist – anders als nach der früheren Rechtslage (§ 122h I UmwG aF, § 122i II UmwG aF) und anders als nach Art. 25 III SE-VO – **nicht von der Zustimmung der Anteilsinhaber** der ausländischen Rechtsträger **abhängig**. Die Anteilsinhaber dieser Rechtsträger können regelmäßig nach der Rechtsordnung, der die beteiligten ausländischen Rechtsträger unterliegen, selbst ein vergleichbares Verfahren einleiten (vgl. Art. 86i IV GesR-RL, Art. 126a IV, VI UAbs. 1 S. 2 GesR-RL, Art. 160i IV 4, VI S. 2 GesR-RL). Unabhängig davon sind aufgrund der möglichen finanziellen Auswirkungen für die die Kompensation schuldenden Rechtsträger auch die Interessen dieser Anteilsinhaber betroffen. Für deren Wahrung soll auf Antrag eines oder mehrerer Anteilsinhaber, die selbst nicht antragsberechtigt sind, ein gem. Vertreter bestellt werden. Aufgrund nicht auszuschließender Interessenkonflikte wird im Regelfall bei mehreren ausländischen Rechtsträgern jeweils ein eigener gem. Vertreter zu bestellen sein, wenn wenigstens ein Anteilsinhaber des jew. Rechtsträgers den Antrag stellt (zur vergleichbaren Situation bei inländischen Umw vgl. → § 6 Rn. 4). Abs. 1 entspricht iÜ inhaltlich **§ 6a** (näher → § 6a Rn. 1 ff.).

3. Grenzüberschreitende Zusammenarbeit (Abs. 2)

3   Abs. 2 ist eine durch das UmRUG (zur erstmaligen Anwendung vgl. → § 17 Rn. 15) eingeführte, inhaltlich **neue Regelung.** Hintergrund ist, dass bei grenz-

überschreitenden Verschmelzungen und Spaltungen die Anteilsinhaber von beteiligten ausländischen Rechtsträgern ebenfalls ein Verfahren zur Verbesserung des Umtauschverhältnisses durch bare Zuzahlungen oder zusätzlich zu gewährende Aktien nach derjenigen Rechtsordnung, der die ausländischen Rechtsträger unterliegen, einleiten können (vgl. Art. 86i IV GesR-RL, Art. 126a IV, VI UAbs. 1 S. 2 GesR-RL, Art. 160i IV 4, VI S. 2 GesR-RL). Abs. 2 ermächtigt die deutschen Gerichte, mit der in den beteiligten Mitgliedstaaten für andere an der Umw teilnehmende oder aus der Umwandlung entstehende Rechtsträger zuständigen Stelle zusammenzuarbeiten. Nach dem klaren Wortlaut von Abs. 2 S. 1 gilt dies nur bei Spruchverfahren zur Bestimmung einer Zuzahlung oder zusätzlich zu gewährender Aktien, **nicht** jedoch für Spruchverfahren mit dem Ziel einer höheren **Barabfindung** (§ 1 Nr. 5). Dies beruht auf dem Umstand, dass insoweit keine europarechtlich koordinierte Vorgabe für ein entsprechendes Verfahren besteht; insoweit regelt die GesR-RL nur die nationale Zuständigkeit (vgl. Art. 86i V GesR-RL, Art. 126a V GesR-RL, Art. 160i V GesR-RL).

Ob die **Zusammenarbeit** erfolgt, entscheidet das jeweilige Gericht nach pflichtgemäßem Ermessen („soll"). Maßstab ist der Gesetzeszweck, die Gefahr sich widersprechender Entscheidungen zu vermeiden oder zumindest zu begrenzen (Begr. RegE, BT-Drs. 20/3822 zu § 6c). Die Zusammenarbeit wird regelmäßig erforderlich sein, wenn und sobald im Zusammenhang mit ausländischen beteiligten Rechtsträger ein entsprechendes Verfahren in einem Mitgliedstaat eröffnet ist (vgl. Begr. RegE, BT-Drs. 20/3822 zu § 6c: ermächtigt und angehalten). Dies hat das Gericht von Amts wegen zu ermitteln, etwa durch Nachfrage bei den inl. Antragsgegnern oder bei der zuständigen ausl. Stelle. Das Ermessen wird regelmäßig auch eingeschränkt sein, wenn eine Anfrage der zuständigen ausl. Behörde vorliegt. Das Gebot zur Zusammenarbeit gilt sowohl für das in der 1. Instanz zuständige LG als auch für das OLG als Beschwerdeinstanz. Ohne entsprechende Parallelverfahren besteht regelmäßig kein Anlass für eine Zusammenarbeit. Wenigstens ein Austausch von Informationen verbietet sich dann, da dies ein vor der zuständigen ausl. Behörde oder Stelle eingeleitetes Verfahren voraussetzt (Abs. 2 S. 2). **3a**

Die **Ausgestaltung der Zusammenarbeit** wird von Abs. 2 nur rudimentär geregelt (vgl. S 2: „insbesondere"). Sie wird durch das inl. Gericht und die jeweilige ausl. Stelle im Einzelfall nach pflichtgemäßem Ermessen festgelegt. In Betracht kommen als Formen des Informationsaustausches die (gegenseitige) Gewährung von Akteneinsicht oder die Übermittlung der Schriftsätze der Verfahrensbeteiligten oder der gerichtlich beauftragten Sachverständigengutachten. Entsprechendes gilt für Sitzungsprotokolle und ggf. richterliche Verfügungen, soweit diese für die ausländische Stelle relevant sein können. Auch die jeweiligen Sachentscheidungen der Gerichte (Beschluss gemäß § 11, Entscheidung über die Beschwerde gemäß § 12) können der ausl. Stelle zur Verfügung gestellt werden. Die Ermächtigung hierzu enthält Abs. 2 (Begr. RegE, BT-Drs. 20/3822 zu § 6c). Hierbei sind immer die Rechte der inl. Verfahrensbeteiligten zu berücksichtigen. Die Weitergabe von Informationen, die auch den Antragstellern nicht zugänglich gemacht werden dürfen (§ 7 Abs. 7 S. 2; → § 7 Rn. 20), ist unzulässig. Informationen, die das Gericht von der ausl. Stelle erhält, müssen an alle Verfahrensbeteiligten (Antragsteller, Antragsgegner, gem. Vertr.) weitergeleitet werden, um rechtliches Gehör zu gewährleisten. Das Gericht hat die Verfahrensbeteiligten auch über eine Anfragen bei der ausl. Stelle zu informieren. Eine Bindung an Entscheidungen der ausl. Stelle besteht nicht (BeckOGK/Drescher Rn. 8; Drescher AG 2023, 337 Rn. 25). **4**

Abs. 2 S. 2 Nr. 2 bestimmt, dass das Gericht nach Maßgabe von § 404 ZPO in Abstimmung mit der ausl. Stelle dieselbe Person als Sachverständigen bestimmen kann. Die Befugnis des Gerichts zur Auswahl des Sachverständigen ergibt sich bereits aus § 30 FamFG iVm § 404 Abs. 1 S. 1 ZPO. Insoweit ist die Vorschrift eine Anregung, sich mit der ausländischen Stelle über die Person des Sachverständigen zu **5** einigen (krit. BeckOGK/Drescher Rn. 5; J. Schmidt ZGR-Sonderheft 26, 229, 254). Denkbar ist auch eine Koordination hinsichtlich der Einholung einer schriftlichen Stellungnahme des oder der sachverständigen Prüfer (§ 7 Abs. 6; → § 7 Rn. 7).

§ 7 Vorbereitung der mündlichen Verhandlung

(1) Das Gericht stellt dem Antragsgegner und dem gemeinsamen Vertreter die Anträge der Antragsteller unverzüglich zu.

(2) [1]Das Gericht fordert den Antragsgegner zugleich zu einer schriftlichen Erwiderung auf. [2]Darin hat der Antragsgegner insbesondere zur Höhe des Ausgleichs, der Zuzahlung oder der Barabfindung oder sonstigen Abfindung Stellung zu nehmen. [3]Für die Stellungnahme setzt das Gericht eine Frist, die mindestens einen Monat beträgt und drei Monate nicht überschreiten soll.

(3) [1]Außerdem hat der Antragsgegner den Bericht über den Unternehmensvertrag, den Eingliederungsbericht, den Bericht über die Übertragung der Aktien auf den Hauptaktionär oder den Umwandlungsbericht nach Zustellung der Anträge bei Gericht einzureichen. [2]In den Fällen, in denen der Beherrschungs- oder Gewinnabführungsvertrag, die Eingliederung, die Übertragung der Aktien auf den Hauptaktionär oder die Umwandlung durch sachverständige Prüfer geprüft worden ist, ist auch der jeweilige Prüfungsbericht einzureichen. [3]Auf Verlangen des Antragstellers oder des gemeinsamen Vertreters gibt das Gericht dem Antragsgegner auf, dem Antragsteller oder dem gemeinsamen Vertreter unverzüglich und kostenlos eine Abschrift der genannten Unterlagen zu erteilen.

(4) [1]Die Stellungnahme nach Absatz 2 wird dem Antragsteller und dem gemeinsamen Vertreter zugeleitet. [2]Sie haben Einwendungen gegen die Erwiderung und die in Absatz 3 genannten Unterlagen binnen einer vom Gericht gesetzten Frist, die mindestens einen Monat beträgt und drei Monate nicht überschreiten soll, schriftlich vorzubringen.

(5) [1]Das Gericht kann weitere vorbereitende Maßnahmen erlassen. [2]Es kann den Beteiligten die Ergänzung oder Erläuterung ihres schriftlichen Vorbringens sowie die Vorlage von Aufzeichnungen aufgeben, insbesondere eine Frist zur Erklärung über bestimmte klärungsbedürftige Punkte setzen. [3]In jeder Lage des Verfahrens ist darauf hinzuwirken, dass sich die Beteiligten rechtzeitig und vollständig erklären. [4]Die Beteiligten sind von jeder Anordnung zu benachrichtigen.

(6) Das Gericht kann bereits vor dem ersten Termin eine Beweisaufnahme durch Sachverständige zur Klärung von Vorfragen, insbesondere zu Art und Umfang einer folgenden Beweisaufnahme, für die Vorbereitung der mündlichen Verhandlung anordnen oder dazu eine schriftliche Stellungnahme des sachverständigen Prüfers einholen.

(7) [1]Sonstige Unterlagen, die für die Entscheidung des Gerichts erheblich sind, hat der Antragsgegner auf Verlangen des Antragstellers oder des Vorsitzenden dem Gericht und gegebenenfalls einem vom Gericht bestellten Sachverständigen unverzüglich vorzulegen. [2]Der Vorsitzende kann auf Antrag des Antragsgegners anordnen, dass solche Unterlagen den Antragstellern nicht zugänglich gemacht werden dürfen, wenn die Geheimhaltung aus wichtigen Gründen, insbesondere zur Wahrung von Fabrikations-, Betriebs- oder Geschäftsgeheimnissen, nach Abwägung mit den Interessen der Antragsteller, sich zu den Unterlagen äußern zu können, geboten ist.

Vorbereitung der mündlichen Verhandlung 1–3 § 7 SpruchG B

³Gegen die Entscheidung des Vorsitzenden kann das Gericht angerufen werden; dessen Entscheidung ist nicht anfechtbar.

(8) **Für die Durchsetzung der Verpflichtung des Antragsgegners nach Absatz 3 und 7 ist § 35 des Gesetzes über das Verfahren in Familiensachen und in den Angelegenheiten der freiwilligen Gerichtsbarkeit entsprechend anzuwenden.**

Übersicht

	Rn.
1. Allgemeines	1
2. Zustellung des Antrags (Abs. 1)	4
3. Aufforderung zur Erwiderung (Abs. 2)	6
4. Einreichung von Unterlagen (Abs. 3)	11
5. Replik (Abs. 4)	13
6. Weitere vorbereitende Maßnahmen (Abs. 5)	14
7. Beweisaufnahme zu Vorfragen (Abs. 6)	15
8. Vorlage weiterer Unterlagen (Abs. 7)	16

1. Allgemeines

Die Vorschrift hat keine Vorgängerregelung. Die Begr. RegE (BT-Drs. 15/371, 14) bezeichnet sie als **Kernpunkt der Neuregelung.** Die Bestimmungen sollen den Ablauf des Spruchverfahrens künftig deutlich strukturieren und im Ergebnis nachhaltig beschleunigen. Die Norm ist im Zusammenhang mit § 8 zu sehen, der nunmehr als Regel die mündliche Verhandlung vorsieht. Inhaltlich behandelt die Vorschrift Verfahrensschritte zur Vorbereitung der mündlichen Verhandlung. Die Strukturierung und Straffung des Verfahrens soll durch eine fristgebundene schriftliche Erwiderung des Antragsgegners eingeleitet werden (Abs. 2). Ferner hat der Antragsgegner den Umwandlungs- und Prüfungsbericht bei Gericht einzureichen (Abs. 3). Aufgrund der zwischenzeitlich zwingend gerichtlich zu bestellenden Prüfer (etwa § 10 I UmwG) erhoffte sich der Gesetzgeber, dass zusätzliche Begutachtungen im Verfahren auf die Klärung verbliebener Streitpunkte beschränkt werden können (Begr. RegE, BT-Drs. 15/371, 14). 1

Die Antragsteller und der gem. Vertreter sollen sodann Einwendungen gegen die Erwiderung und gegen die Unterlagen nach Abs. 3 fristgebunden schriftlich vorbringen (Abs. 4). Weitere vorbereitende Maßnahmen ermöglichen Abs. 5 und Abs. 6. Abs. 7 schafft eine Verpflichtung für die Antragsgegner, ggf. weitere Unterlagen vorzulegen, die den Antragstellern nicht zugänglich gemacht werden dürfen, wenn wichtige Geheimhaltungsgründe vorliegen. Die Herausgabe der Unterlagen nach Abs. 3 und Abs. 7 kann das Gericht durch Zwangsgeld erzwingen (Abs. 8). 2

§ 7 ist damit eine einfachgesetzliche Ausgestaltung und zugleich auch – Abs. 7 S. 2 – Einschränkung des grundrechtlichen **Anspruchs auf rechtliches Gehör** (Art. 103 I GG). IÜ wird der auch im streitigen FGG-Verfahren geltende **Amtsermittlungsgrundsatz** (§ 26 FamFG) zurückgedrängt. Die Verfahrensbeteiligten sollen zu einer prozessökonomischen Vorbereitung der mündlichen Verhandlung herangezogen werden. Dies führt zu einer **Darlegungs- und Feststellungslast** (→ § 8 Rn. 15) der Verfahrensbeteiligten (Semler/Stengel/Volhard, 3. Aufl. 2012, Rn. 12; Klöcker/Frowein Rn. 1; van Kann/Hirschmann DStR 2003, 1488 (1492); vgl. hierzu auch Winter/Nießen NZG 2007, 13). Ergänzt wird dies durch die **Verfahrensförderungsverpflichtung** nach § 9 und die damit zusammenhängenden Sanktionsmöglichkeiten nach § 10. 3

2. Zustellung des Antrags (Abs. 1)

4 Die Anträge der Antragsteller (nebst Begr.) sind **von Amts wegen** dem Antragsgegner und dem gem. Vertreter unverzüglich zuzustellen. Entsprechendes gilt für die gem. Vertreter nach §§ 6a–6c, da diese kraft ihrer Verfahrensrolle (→ § 6a Rn. 2) mit dem Antragsgegner vergleichbar ist. Nachgereichte Begr. sind ebenfalls (erneut) zuzustellen (Koch Rn. 3; Simon/Winter Rn. 4; Lutter/Mennicke Rn. 2; Spindler/Stilz/Drescher Rn. 4; BeckOGK/Drescher Rn. 4; Hölters/Weber/Simons Rn. 9; Dreier/Fritzsche/Verfürth/Verfürth/Schulenburg Rn. 2; Koch Rn. 3). Auch (offenkundig) unzulässige Anträge sind zuzustellen (Simon/Winter Rn. 5; Widmann/Mayer/Wälzholz Rn. 7; Spindler/Stilz/Drescher Rn. 3; BeckOGK/Drescher Rn. 4; Kölner Komm AktG/Puszkajler Rn. 4; Dreier/Fritzsche/Verfürth/Verfürth/Schulenburg Rn. 9). Es gilt das **förmliche Zustellungsverfahren** nach §§ 166 ff. ZPO (§ 15 FamFG). **Unverzüglich** ist eine Zustellung in Anlehnung an § 271 I ZPO (aA Lutter/Mennicke Rn. 4: § 121 BGB; wohl aber ohne Verschulden iErg), wenn sie ohne verfahrenswidrige Verzögerung erfolgt (Dreier/Fritzsche/Verfürth/Verfürth/Schulenburg Rn. 13; Lutter/Mennicke Rn. 4). Zu strenge Anforderungen sind hieran nicht zu stellen, zumal die Zustellung des Antrags anders als im Zivilprozess keine materielle Wirkungen hat (fristwahrend ist der Zugang beim Gericht; → § 4 Rn. 6). Das **Sammeln** von Anträgen, um sie gemeinsam zuzustellen, ist arbeitsökonomisch und daher zulässig (Lutter/Mennicke Rn. 4; Koch Rn. 3; Widmann/Mayer/Wälzholz Rn. 6; MüKoAktG/Krenek Rn. 8; aA Hölters/Weber/Simons Rn. 9; Dreier/Fritzsche/Verfürth/Verfürth/Schulenburg Rn. 13; BeckOGK/Drescher Rn. 4). Das ist wenigstens dann unbedenklich, wenn der erste Antrag bereits dem Antragsgegner zugestellt worden ist (Emmerich/Habersack/Emmerich Rn. 4). Die Praxis der Gerichte ist unterschiedlich (Engel/Puszkajler BB 2012, 1687 (1688)). Das Abwarten der dreimonatigen Antragsfrist (§ 4 I 1) ist indes nicht mehr unverzüglich (Lutter/Mennicke Rn. 4; MüKoAktG/Krenek Rn. 8). Wenigstens die ersten verfahrenseinleitenden Anträge sind auch dann schon zuzustellen, wenn eine Begr. (§ 4 II) noch nicht vorliegt, damit der Antragsgegner von der Einleitung des Verfahrens Kenntnis erlangt (zur Nachreichung der Begr. → § 4 Rn. 8). Die Begr. ist in diesen Fällen nachträglich erneut zuzustellen (Lutter/Mennicke Rn. 2).

5 Die Zustellung hat an den Antragsgegner, bei mehreren an alle Antragsgegner zu erfolgen. Die Zustellung an den **gem. Vertreter** (ggf. an mehrere gem. Vertreter; → § 6 Rn. 4) kann naturgemäß erst erfolgen, wenn dieser bestellt ist (→ § 6 Rn. 2). Entsprechendes gilt für den gem. Vertreter nach §§ 6a–6c (→ Rn. 4). Die noch ausstehende Bestellung ist kein Grund, von der Zustellung an die Antragsgegner abzusehen. Die Anträge und Antragsbegründungen sind dem jeweiligen gem. Vertreter dann nach dessen Bestellung zuzustellen. Eine Zustellung der weiteren Anträge an die **übrigen Antragsteller** erfolgt nicht (Lutter/Mennicke Rn. 3; Klöcker/Frowein Rn. 2; K. Schmidt/Lutter/Klöcker/Wittgens Rn. 2; Spindler/Stilz/Drescher Rn. 4; BeckOGK/Drescher Rn. 4; aA etwa Bürgers/Körber/Lieder/Theusinger/Deckers Rn. 2; NK-UmwR/Goslar/Wilsing Rn. 3: formlos). Diesen verbleibt die Möglichkeit der Einsicht in die Gerichtsakten (§ 13 FamFG). Zur Praxis der Gerichte vgl. Engel/Puszkajler BB 2012, 1687 (1688 f.).

3. Aufforderung zur Erwiderung (Abs. 2)

6 Nach Abs. 2 S. 1 hat das Gericht den Antragsgegner zugleich zu einer schriftlichen Erwiderung aufzufordern. **Zugleich** bezieht sich auf die Zustellung der Anträge nach Abs. 1. Der Wortlaut ist insofern problematisch, als in der Praxis vielfach mehrere Zustellungen von Anträgen erfolgen müssen, weil verschiedene Anträge innerhalb der Antragsfrist eingehen und/oder die Antragsbegründungen (während der Antragsfrist; → § 4 Rn. 8) nachgereicht werden (→ Rn. 4). Wortgetreu müsste das Gericht mit jeder Zustellung erneut zu einer schriftlichen Erwiderung auffordern und insbes. jew. eine Frist (→ Rn. 9) nach Abs. 2 S. 3 setzen. Dies dient weder der Verfahrensbeschleunigung, noch ist es – für das Gericht und den Antragsgegner – arbeitsökonomisch. Es ist daher ausreichend, wenn die Aufforderung zur Erwiderung und die Fristsetzung zu einem Zeitpunkt erfolgen, ab dem mit keinen weiteren Anträgen zu rechnen ist (Lutter/Mennicke Rn. 5; Klöcker/Frowein Rn. 6; Lamp/Schluck-Amend DB 2003, 1259 (1260); Simon/Winter Rn. 15; Semler/Stengel/Volhard, 3. Aufl. 2012, Rn. 5; NK-UmwR/Goslar/Wilsing Rn. 5; vgl. bereits DAV-HRA NZG 2003, 316 (318); Büchel NZG 2003, 793 (797); zweifelnd Bungert/Mennicke BB 2003, 2021 (2027); aA Dreier/Fritzsche/Verfürth/Verfürth/Schulenburg Rn. 17; Spindler/Stilz/Drescher Rn. 5; BeckOGK/Drescher Rn. 5; Keßler/Kühnberger UmwR/Brügel Rn. 5; Bürgers/Körber/Lieder/Theusinger/Deckers Rn. 3).

Inhaltlich hat die Antragserwiderung in erster Linie auf die Einwendungen der 7 Antragsteller einzugehen (Lutter/Mennicke Rn. 7; Dreier/Fritzsche/Verfürth/Verfürth/Schulenburg Rn. 20; MüKoAktG/Krenek Rn. 9; Kölner Komm AktG/Puszkajler Rn. 15; Widmann/Mayer/Wälzholz Rn. 9; K. Schmidt/Lutter/Klöcker/Wittgens Rn. 8). Eine umfassende allg. Stellungnahme zur Höhe des Ausgleichs, der Zuzahlung oder der Barabfindung oder sonstigen Abfindungen ist trotz des Wortlauts von Abs. 2 S. 2 nicht notwendig, soweit sich die Tatsachen aus den Unterlagen nach Abs. 3 erschließen lassen. Das Gesetz verlangt nicht eine Wiederholung des dort Ausgeführten (Lutter/Mennicke Rn. 7; Simon/Winter Rn. 21; Widmann/Mayer/Wälzholz Rn. 9; Dreier/Fritzsche/Verfürth/Verfürth/Schulenburg Rn. 20). Der Vortrag muss indes substantiiert sein (MüKoAktG/Krenek Rn. 9; Widmann/Mayer/Wälzholz Rn. 9; Kölner Komm AktG/Puszkajler Rn. 15; Dreier/Fritzsche/Verfürth/Verfürth/Schulenburg Rn. 22). Dem Gericht bleibt es aber unbenommen, bereits in diesem Stadium ergänzende vorbereitende Maßnahmen iSv Abs. 5 zu erlassen und sonstige Unterlagen iSv Abs. 7 anzufordern.

Mit der Antragserwiderung, spätestens innerhalb der Erwiderungsfrist, sind sämt- 8 liche **Rügen,** welche die **Zulässigkeit** der Anträge betreffen, geltend zu machen (§ 9 III).

Zusammen mit der Aufforderung hat das Gericht dem Antragsgegner eine **Frist** 9 zu setzen, die mindestens einen Monat beträgt und drei Monate nicht überschreiten soll (Abs. 2 S. 3). Die Mindestfrist wird nur in Ausnahmefällen genügen (Lutter/Mennicke Rn. 6; Simon/Winter Rn. 16; Dreier/Fritzsche/Verfürth/Verfürth/Schulenburg Rn. 22: idR nicht weniger als sechs Wochen; ähnlich Klöcker/Frowein Rn. 4). Die Frist muss eine sachgemäße Erwiderung unter zumutbaren Bedingungen ermöglichen (Klöcker/Frowein Rn. 4; Dreier/Fritzsche/Verfürth/Verfürth/Schulenburg Rn. 22). Dies setzt eine vorläufige Prüfung des Gerichts voraus, um die Komplexität des Verfahrens einschätzen zu können. Die maximale Soll-Frist von drei Monaten wird hingegen auch in umfangreichen und schwierigen Verfahren für den Antragsgegner ausreichend sein (Lutter/Mennicke Rn. 6). Denn die wesentlichen Informationen müssen beim Antragsgegner aufgrund der kurz zuvor durchgeführten Umw bereits aufbereitet vorliegen. Eine **Verlängerung** der bereits gesetzten Frist kann in entsprechender Anwendung von § 224 II ZPO, § 225 ZPO (§ 16 II FamFG) bei Vorliegen erheblicher Gründe gewährt werden (Simon/Winter Rn. 17; Büchel NZG 2003, 793 (797); Klöcker/Frowein Rn. 5; Lutter/Mennicke Rn. 6; Widmann/Mayer/Wälzholz Rn. 10.3; K. Schmidt/Lutter/Klöcker/Wittgens Rn. 5; Dreier/Fritzsche/Verfürth/Verfürth/Schulenburg Rn. 21; großzügig BeckOGK/Drescher Rn. 6; Spindler/Stilz/Drescher Rn. 6). Sofern eine Kammer für Handelssachen zuständig ist (vgl. § 2 II), **entscheidet** über die Fristsetzung wie auch die Fristverlängerung der Vorsitzende (§ 2 III 1 Nr. 4; Dreier/Fritzsche/Verfürth/Verfürth/Schulenburg Rn. 21).

B SpruchG § 7 10–13

10 Die Rechtsfolgen von **verspäteten Antragserwiderungen** richten sich nach § 10 I (iE → § 10 Rn. 2 ff.).

4. Einreichung von Unterlagen (Abs. 3)

11 Die Regelung verpflichtet den oder die Antragsgegner, den jeweiligen Umwandlungsbericht und – soweit existent – den jeweiligen Prüfungsbericht bei Gericht einzureichen (Abs. 3 S. 1, 2). Dies ist nur ein Teil der Unterlagen, die bei einer AG während der HV in den Geschäftsräumen der Ges zur Einsicht der Aktionäre auslagen (§ 63 I UmwG). „Außerdem" (Abs. 3 S. 1) bedeutet, dass die Unterlagen mit der Antragserwiderung nach Abs. 2, spätestens bis zum Ablauf der vom Gericht nach Abs. 2 S. 3 gesetzten Frist, eingereicht werden müssen (ebenso Dreier/Fritzsche/Verfürth/Verfürth/Schulenburg Rn. 31; aA Simon/Winter Rn. 26; Kölner Komm AktG/Puszkajler Rn. 22; Keßler/Kühnberger UmwR/Brügel Rn. 7; Koch Rn. 5; Lutter/Mennicke Rn. 14; MüKoAktG/Krenek Rn. 12; Emmerich/Habersack/Emmerich Rn. 7). Einer **Aufforderung durch das Gericht** bedarf es nicht (Widmann/Mayer/Wälzholz Rn. 13; Lutter/Mennicke Rn. 8; K. Schmidt/Lutter/Klöcker/Wittgens Rn. 9; NK-UmwR/Goslar/Wilsing Rn. 7; aA BeckOGK/Drescher Rn. 9; Spindler/Stilz/Drescher Rn. 9). Regelmäßig wird das Gericht aber bei der Aufforderung zur Erwiderung (Abs. 2 S. 1) auf die gesetzliche Verpflichtung hinweisen.

12 Diese Unterlagen müssen **nicht** an die Antragsteller **weitergeleitet** werden. Die Antragsteller haben diese Unterlagen meist schon, da sie in der Antragsbegründung hierauf Bezug nehmen müssen (§ 4 II 2 Nr. 4 S. 1; → § 4 Rn. 12 ff.). Auf **Verlangen** des Antragstellers oder des gem. Vertreters gibt das Gericht dem Antragsgegner auf, dem Antragsteller oder dem gem. Vertreter unverzüglich und kostenlos eine Abschrift des Umwandlungsberichtes und ggf. Prüfungsberichtes zu erteilen (Abs. 3 S. 3). Die Übermittlung hat regelmäßig direkt vom Antragsgegner an die Antragsteller zu erfolgen (MüKoAktG/Krenek Rn. 12; Kölner Komm AktG/Puszkajler Rn. 23; Hölters/Weber/Simons Rn. 15). Diese Regelung ergänzt den bereits aus dem UmwG folgenden Anspruch auf Übersendung/Abschriftenteilung (etwa § 63 III UmwG; auch → § 4 Rn. 13). Der Anspruch besteht bereits ab Antragstellung, wie § 4 II 2 Nr. 4 zeigt. Als unverzüglich kann nur ein kurzer Zeitraum gelten, da die Unterlagen bei den Antragsgegnern bereits versandfertig vorliegen müssen. Die Erwiderungsfrist (→ Rn. 9) ist kein Maßstab. Geschuldet ist die **kostenlose** Abschriftenteilung, womit die Antragsgegner auch die Übersendungskosten zu tragen haben (Dreier/Fritzsche/Verfürth/Verfürth/Schulenburg Rn. 38). Der **gem. Vertreter** wird regelmäßig die Übersendung der Unterlagen bereits kurz nach seiner Bestellung verlangen, um sich auf das weitere Verfahren vorzubereiten. **Sanktionsmöglichkeiten** des Gerichts ergeben sich aus Abs. 8 (→ Rn. 24).

5. Replik (Abs. 4)

13 Die Stellungnahme des Antragsgegners nach Abs. 2 wird den Antragstellern und dem gem. Vertreter (einschl. der gem. Vertreter nach §§ 6a ff.) zugeleitet (Abs. 4 S. 1). Da zugleich nach Abs. 4 S. 2 eine richterliche Frist gesetzt wird, gilt § 15 FamFG, wonach das Gericht für die Bekanntgabe die Wahl zwischen förmlicher Zustellung nach §§ 166 ff. ZPO oder Aufgabe des Schriftstücks zur Post hat (Lutter/Mennicke Rn. 10; K. Schmidt/Lutter/Klöcker/Wittgens Rn. 10; Dreier/Fritzsche/Verfürth/Verfürth/Schulenburg Rn. 42; Hölters/Weber/Simons Rn. 16; Spindler/Stilz/Drescher Rn. 6; BeckOGK/Drescher Rn. 6). Einwendungen gegen die Antragserwiderung und die in Abs. 3 genannten Unterlagen (soweit hierzu nicht bereits in der Antragsbegründung Stellung genommen worden ist, § 4 II 2 Nr. 4; → § 4 Rn. 12) sind binnen einer vom Gericht festgesetzten Frist von mindestens

einem Monat schriftlich vorzubringen; die Frist soll drei Monate nicht überschreiten. Im Rahmen der Verfahrensförderungspflicht (§ 9) müssen in der Replik auch Einwendungen vorgetragen werden, die in keinem Zusammenhang mit der Antragserwiderung oder den Unterlagen nach Abs. 3 stehen (MüKoAktG/Krenek Rn. 13; K. Schmidt/Lutter/Klöcker/Wittgens Rn. 11; Emmerich/Habersack/Emmerich Rn. 10; Widmann/Mayer/Wälzholz Rn. 16; Kölner Komm AktG/Puszkajler Rn. 30; Büchel NZG 2003, 793 (798); Klöcker/Frowein Rn. 10; aA Kubis FS Hüffer, 2010, 567 (571): inhaltliche Beschränkung auf die konkreten Einwendungen nach § 4 II Nr. 4; ebenso Lutter/Mennicke Rn. 10; Dreier/Fritzsche/Verfürth/Verfürth/Schulenburg Rn. 43). Der **gem. Vertreter** hat in diesem Stadium erstmals umfassend vorzutragen (Büchel NZG 2003, 793 (798); Koch Rn. 6; Widmann/Mayer/Wälzholz Rn. 16.1; Dreier/Fritzsche/Verfürth/Verfürth/Schulenburg Rn. 43; Lutter/Mennicke Rn. 10; Emmerich/Habersack/Emmerich Rn. 10; krit. Weingärtner Der Konzern 2005, 694). Der Maßstab für die Frist entspricht demjenigen der Fristsetzung nach Abs. 2 S. 3 (→ Rn. 9). Das Gericht – ggf. der Vorsitzende der Handelskammer (§ 2 III 1 Nr. 4) – hat die Antragserwiderung zu prüfen und eine angemessene Frist nach eigener Einschätzung der Komplexität festzusetzen. Zur Möglichkeit der Fristverlängerung → Rn. 9. Die Rechtsfolgen nicht rechtzeitigen Vorbringens richten sich nach § 10 I (→ § 10 Rn. 2 ff.).

6. Weitere vorbereitende Maßnahmen (Abs. 5)

Das Gericht kann – und soll bei Bedarf – weitere vorbereitende Maßnahmen erlassen (Abs. 5 S. 1). Beispielhaft zählt Abs. 5 S. 2 auf, dass das Gericht den Beteiligten die Ergänzung oder Erläuterung ihres schriftlichen Vorbringens sowie die Vorlage von Aufzeichnungen aufgeben kann. Das Verhältnis zu Abs. 7 ist – soweit Unterlagen des Antragsgegners betroffen sind – unklar (krit. schon DAV-HRA NZG 2003, 316 (318)). Für derartige Aufzeichnungen gilt jedenfalls Abs. 7 S. 2 (→ Rn. 20; MüKoAktG/Krenek Rn. 15; Lutter/Mennicke Rn. 11; Bürgers/Körber/Lieder/Theusinger/Deckers Rn. 6; Bungert/Mennicke BB 2003, 2021 (2027); Wasmann/Roßkopf ZIP 2003, 1776 (1780); vgl. auch Emmerich/Habersack/Emmerich Rn. 14; vgl. bereits DAV-HRA NZG 2003, 316 (318)). Das Gericht kann auch hierfür Fristen setzen (Abs. 5 S. 2). Dann bedarf es einer Bekanntgabe nach § 15 I, II FamFG. Den anderen Beteiligten (Antragsteller, gem. Vertreter, Antragsgegner), die nicht zur Ergänzung oder Vorlage von Aufzeichnungen aufgefordert werden, ist jede Anordnung formlos mitzuteilen (Abs. 5 S. 4; § 15 III FamFG). Mittels dieser weiteren vorbereitenden Maßnahmen hat das Gericht in jeder Lage des Verfahrens darauf hinzuwirken, dass sich die Beteiligten rechtzeitig und vollständig erklären (Abs. 5 S. 3). Abs. 5 lehnt sich damit an die zivilprozessualen Regelungen in § 273 II Nr. 1 ZPO, § 139 I 2 ZPO an. Andererseits ist auch eine Aussetzung in entsprechender Anwendung von § 148 ZPO wegen eines vorgreiflichen Prozesses möglich (OLG München NZG 2007, 433).

7. Beweisaufnahme zu Vorfragen (Abs. 6)

Die Vorschrift lehnt sich an § 358a ZPO an (Begr. RegE, BR-Drs. 15/371, 15). Das Gericht kann bereits vor der mündlichen Verhandlung eine Beweisaufnahme durch Sachverständige anordnen. Anders als § 358a ZPO besteht aber eine Beschränkung auf **Vorfragen.** Dies sind nicht nur die gesetzlichen Regelbeispiele „Art und Umfang einer folgenden Beweisaufnahme", sondern etwa auch Einzelfragen des Prüfungsberichts (Emmerich/Habersack/Emmerich Rn. 17; Koch Rn. 8; Spindler/Stilz/Drescher Rn. 19; BeckOGK/Drescher Rn. 19; Kölner Komm AktG/Puszkajler Rn. 47; Büchel NZG 2003, 793 (798); Tomson/Hammerschmitt NJW 2003, 2572 (2574); Klöcker/Frowein Rn. 12; NK-UmwR/Goslar/Wilsing Rn. 11; aA

Widmann/Mayer/Wälzholz Rn. 22.1: keine Prozessvorwegnahme; ebenso Lutter/ Mennicke Rn. 12). Sinn und Zweck der Vorschrift ist, das eigentliche Beweisthema einzugrenzen (vgl. auch Semler/Stengel/Volhard, 3. Aufl. 2012, Rn. 9; Dreier/ Fritzsche/Verfürth/Verfürth/Schulenburg Rn. 57). Die Art der Beweisaufnahme ist nicht festgelegt. Es gilt § 29 FamFG. Abs. 6 stellt insofern lediglich klar, dass das Gericht auch eine **schriftliche Stellungnahme** des **sachverständigen Prüfers** einholen kann. Dies ist der Prüfer, der den Prüfbericht iSv § 7 III 2 erstellt hat (Widmann/Mayer/Wälzholz Rn. 22; Kölner Komm AktG/Puszkajler Rn. 50; auch → § 8 Rn. 3 ff.). Dies wird der Regelfall sein. In der Praxis wird die Möglichkeit der vorgezogenen Beweisaufnahme aber nur wenig genutzt (Engel/Puszkajler BB 2012, 1687 (1691)).

8. Vorlage weiterer Unterlagen (Abs. 7)

16 Nach Abs. 7 S. 1 ist der Antragsgegner unter gewissen Voraussetzungen verpflichtet, weitere Unterlagen vorzulegen. Die Abgrenzung zu Abs. 5 ist unscharf (auch → Rn. 14). **Unterlagen** idS sind Schriftstücke aller Art, die einen Zusammenhang zur Ermittlung der Umtauschverhältnisse/der Höhe der Barabfindung und damit zur Bewertung der beteiligten Rechtsträger aufweisen (vgl. auch Emmerich/Habersack/ Emmerich Rn. 21). Dies können etwa Bewertungsgutachten (Begr. RegE, BR-Drs. 15/371, 15), Jahresabschlüsse (vgl. § 63 I Nr. 2, 3 UmwG), Geschäftsberichte oder Planungsrechnungen (Lutter/Mennicke Rn. 14; Dreier/Fritzsche/Verfürth/ Verfürth/Schulenburg Rn. 83; Emmerich/Habersack/Emmerich Rn. 21; vgl. auch Widmann/Mayer/Wälzholz Rn. 23.2) sein. Die Begr. RegE zählt auch vorbereitende **Arbeitspapiere** der beauftragten **Wirtschaftsprüfer** auf (BT-Drs. 15/371, 15). Zu deren Vorlage kann der Antragsgegner indes nicht verpflichtet werden (Emmerich/Habersack/Emmerich Rn. 22; Lutter/Mennicke Rn. 14; Simon/Winter Rn. 58; Dreier/Fritzsche/Verfürth/Verfürth/Schulenburg Rn. 84; Klöcker/Frowein Rn. 13; Keßler/Kühnberger UmwR/Brügel Rn. 11 Fn. 1; Bürgers/Körber/ Lieder/Theusinger/Deckers Rn. 8; Wasmann/Roßkopf ZIP 2003, 1776 (1780 f.); Bungert/Mennicke BB 2003, 2021 (2029)). Denn vorzulegen braucht der Antragsgegner nur Unterlagen, die er hat oder die er sich verschaffen kann (Lutter/Mennicke Rn. 14; Widmann/Mayer/Wälzholz Rn. 23.2; K. Schmidt/Lutter/Klöcker/ Wittgens Rn. 13; Emmerich/Habersack/Emmerich Rn. 22; NK-UmwR/Goslar/ Wilsing Rn. 14). Die Herausgabe der Arbeitspapiere kann der Antragsgegner jedoch vom Wirtschaftsprüfer nicht verlangen (§ 51b WPO; vgl. aber Spindler/Stilz/Drescher Rn. 10; Kölner Komm AktG/Puszkajler Rn. 61; BeckOGK/Drescher Rn. 10).

17 Die Herausgabepflicht entsteht, wenn der **Vorsitzende** dies **verlangt** (Abs. 7 S. 1). Bei der Zuständigkeit einer Kammer für Handelssachen (§ 2 II) ist dieser ohnehin zuständig (§ 2 II 1 Nr. 4). In anderen Fällen entscheidet die Zivilkammer (→ § 2 Rn. 9). Daneben nennt das Gesetz ausdrücklich nur das **Verlangen eines Antragstellers**. Aufgrund seiner Stellung im Verfahren wird man aber auch dem **gem. Vertreter** das Recht einzuräumen haben, die Vorlage sonstiger Unterlagen zu verlangen (BeckOGK/Drescher Rn. 10; Spindler/Stilz/Drescher Rn. 10; Emmerich/Habersack/Emmerich Rn. 20; Lutter/Mennicke Rn. 15; Dreier/Fritzsche/Verfürth/Verfürth/Schulenburg Rn. 86; Simon/Winter Rn. 61; MüKoAktG/ Krenek Rn. 22; Kölner Komm AktG/Puszkajler Rn. 56; NK-UmwR/Goslar/ Wilsing Rn. 13).

18 Die Unterlagen müssen für die Entscheidung des Gerichtes **erheblich sein können.** Ob sie tatsächlich erheblich sind, wie das Gesetz formuliert, kann erst nach ihrer Sichtung festgestellt werden. Die Erheblichkeit haben die Antragsteller/der gem. Vertreter darzulegen. Das Gericht muss die mögliche Erheblichkeit prüfen und bloße Ausforschungsanträge zurückweisen (OLG Düsseldorf AG 2012, 797; Lutter/

Mennicke Rn. 15; Dreier/Fritzsche/Verfürth/Verfürth/Schulenburg Rn. 87). Andererseits dürfen die Anforderungen auch nicht überspannt werden, zumal oftmals weder das Gericht noch die Antragsteller/der gem. Vertreter wissen, welche Unterlagen existieren (Meilicke/Heidel DB 2003, 2267 (2271)).

Die Unterlagen sind dem Gericht und auf Anforderung durch das Gericht einem 19 vom Gericht bestellten Sachverständigen unverzüglich **vorzulegen**. Eine Weiterleitung oder unmittelbare Übermittlung an die Antragsteller und/oder den gem. Vertreter ist nicht vorgesehen. Diese sind auf die Einsicht in die Gerichtsakte angewiesen (§ 13 FamFG; wohl auch K. Schmidt/Lutter/Klöcker/Wittgens Rn. 14; Emmerich/Habersack/Emmerich Rn. 20; aA NK-UmwR/Goslar/Wilsing Rn. 13). Die Vorlage zu den Gerichtsakten hat daher bei geheimhaltungsbedürftigen Unterlagen Auswirkungen auf die Aktenführung (→ Rn. 23). Unverzüglich bedeutet, dass der Antragsgegner die Vorlage nicht verzögern darf. Regelmäßig werden die Unterlagen existieren; der Zeitraum ist daher kurz zu bemessen.

Nach Abs. 7 S. 2 kann der Vorsitzende auf Antrag des Antragsgegners anordnen, 20 dass **geheimhaltungsbedürftige Unterlagen** den Antragstellern nicht zugänglich gemacht werden dürfen. Ebenso wie bei Abs. 7 S. 1 ist der gem. Vertreter nicht genannt. Aufgrund seiner Stellung im Verfahren ist die Geheimhaltung aber auch ihm gegenüber zu bewahren (Hölters/Weber/Simons Rn. 25; Semler/Stengel/Volhard, 3. Aufl. 2012, Rn. 10; Widmann/Mayer/Wälzholz Rn. 25; MüKoAktG/Krenek Rn. 24; Lutter/Mennicke Rn. 19; Dreier/Fritzsche/Verfürth/Verfürth/Schulenburg Rn. 89; NK-UmwR/Goslar/Wilsing Rn. 16; aA Kölner Komm AktG/ Puszkajler Rn. 69; zum Vorlageverlangen des gem. Vertreters → Rn. 17).

Die Vorschrift ist eine Beschränkung des rechtlichen Gehörs (Art. 103 I GG), 21 was bei ihrer Anwendung zu beachten ist. Als **Beispiele** für wichtige Gründe zur Geheimhaltung nennt das Gesetz die Wahrung von Fabrikations-, Betriebs-, oder Geschäftsgeheimnissen. Dies ist eine Anlehnung an § 72 II 2 GWB aF (jetzt § 56 IV GWB). Generell darf die in den Unterlagen enthaltene Information noch nicht allg. bekannt sein. Das Drohen eines erheblichen Nachteils ist nicht notwendig, wenngleich dies regelmäßig ein wichtiger Grund sein wird (überzeugend Dreier/ Fritzsche/Verfürth/Verfürth/Schulenburg Rn. 90; ebenso Hölters/Weber/Simons Rn. 25; NK-UmwR/Goslar/Wilsing Rn. 15). Das Gesetz verlangt ferner eine **Abwägung** zwischen dem Geheimhaltungsinteresse des Antragsgegner und dem Interesse der Antragsteller, sich zu den Unterlagen äußern zu können. Dies ist bereits verfassungsrechtlich geboten, da sowohl das Geheimhaltungsinteresse (Art. 14 GG) als auch der Anspruch auf Akteneinsicht als Bestandteil des Anspruchs auf rechtliches Gehör (Art. 103 I GG) verfassungsrechtlich geschützt sind (Wasmann/Roßkopf ZIP 2003, 1776 (1777); Lamb/Schluck-Amend DB 2003, 1259 (1263)). Bei der Grundrechtskollision ist der Grds. der **praktischen Konkordanz** zu beachten (zutr. Wasmann/Roßkopf ZIP 2003, 1776 (1780); Lamp/Schluck-Amend DB 2003, 1259 (1263); Klöcker/Frowein Rn. 14; Bungert/Mennicke BB 2003, 2021 (2029); van Kann/Hirschmann DStR 2003, 588; Simon/Winter Rn. 82; Hölters/Weber/ Simons Rn. 25). Je sensibler die Daten, umso eher kann angeordnet werden, dass sie nicht zugänglich gemacht werden dürfen (Wasmann/Roßkopf ZIP 2003, 1776 (1780); Klöcker/Frowein Rn. 14). Eine strafbewehrte Verschwiegenheitsverpflichtung der Antragsteller/des gem. Vertreters lässt regelmäßig den Geheimnisschutz nicht entfallen (Widmann/Mayer/Wälzholz Rn. 25; Lutter/Mennicke Rn. 18; aA etwa MüKoAktG/Krenek Rn. 25; Spindler/Stilz/Drescher Rn. 13; BeckOGK/ Drescher Rn. 13; Koch Rn. 9; Hölters/Weber/Simons Rn. 25). **Im Zweifel** geht das Geheimhaltungsinteresse des Unternehmens vor (Lutter/Mennicke Rn. 18; Hölters/Weber/Simons Rn. 25). In der Praxis wird den Anträgen regelmäßig entsprochen (Engel/Puszkajler BB 2012, 1689 (1690)). Auch in der **Entscheidung** des Gerichts (so noch ausdrücklich § 7 III 3 idF des RegE, BT-Drs. 15/371, 7) und in einem Sachverständigengutachten dürfen die geheimhaltungsbedürftigen Tatsachen nicht erwähnt werden (Lutter/Mennicke Rn. 20; Hölters/Weber/Simons Rn. 25; Wasmann/Roßkopf ZIP 2003, 1776 (1780); Lamb/Schluck-Amend DB 2003, 1259 (1263)). Soweit Geheimhaltungsbedürftigkeit gegeben ist, kann das Gericht die Erkenntnisse nur zu Gunsten der Antragsteller verwerten, da eine nachteilige gerichtliche Entscheidung nur nach einer Gelegenheit zur Anhörung (Art. 103 GG) ergehen darf (Spindler/Stilz/Drescher Rn. 14; BeckOGK/Drescher Rn. 14; vgl. auch Kölner Komm AktG/Puszkajler Rn. 76; aA Lutter/Mennicke Rn. 20; Emmerich/Habersack/Emmerich Rn. 29; K. Schmidt/Lutter/Klöcker/Wittgens Rn. 15).

22 Die **Entscheidung** erfolgt wie auch die Aufforderung zur Vorlage durch den Vorsitzenden (→ Rn. 17). Obwohl das Gesetz davon spricht, dass die Unterlagen dem Gericht und ggf. dem Sachverständigen vorzulegen sind, kann der Vorsitzende entsprechend der bisherigen Praxis unverändert anordnen, dass gewisse Unterlagen, insbes. die nach Abs. 7 S. 2 geheimhaltungsbedürftigen nur dem Sachverständigen vorgelegt werden.

23 Wird die Geheimhaltungsbedürftigkeit gewisser Unterlagen angeordnet, so sind diese von der **Gerichtsakte separiert** zu verwahren (Lamp/Schluck-Amend DB 2003, 1259 (1263); Bungert/Mennicke BB 2003, 2021 (2029); Klöcker/Frowein Rn. 15; Fritzsche/Dreier/Verfürth Rn. 89; Lutter/Mennicke Rn. 20; Kölner Komm AktG/Puszkajler Rn. 68; Emmerich/Habersack/Emmerich Rn. 27). Das Einsichtsrecht der Verfahrensbeteiligten § 13 I FamFG) erstreckt sich hierauf nicht. Gegen die Entscheidung des Vorsitzenden nach Abs. 7 S. 1 und nach Abs. 7 S. 2 **kann** das **Gericht angerufen** werden; dessen Entscheidung ist unanfechtbar (Abs. 7 S. 3).

24 Für die Durchsetzung der Herausgabeverpflichtung nach Abs. 7 und nach Abs. 3 verweist **Abs. 8** auf § 35 FamFG. Danach kann **Zwangsgeld** (Einzelbetrag bis zu 25.000 EUR) festgesetzt werden. Auffallend ist, dass Abs. 8 nicht die Aufforderung nach Abs. 5 umfasst. Die Abgrenzung ist aber ohnehin unscharf, sodass der Vorsitzende sich regelmäßig auf Abs. 7 berufen wird (wohl auch Wasmann/Roßkopf ZIP 2003, 1776 (1779)).

§ 8 Mündliche Verhandlung

(1) ¹**Das Gericht soll aufgrund mündlicher Verhandlung entscheiden. ²Sie soll so früh wie möglich stattfinden.**

(2) ¹**In den Fällen des § 7 Abs. 3 Satz 2 soll das Gericht das persönliche Erscheinen der sachverständigen Prüfer anordnen, wenn nicht nach seiner freien Überzeugung deren Anhörung als sachverständige Zeugen zur Aufklärung des Sachverhalts entbehrlich erscheint. ²Den sachverständigen Prüfern sind mit der Ladung die Anträge der Antragsteller, die Erwiderung des Antragsgegners sowie das weitere schriftliche Vorbringen der Beteiligten mitzuteilen. ³In geeigneten Fällen kann das Gericht die mündliche oder schriftliche Beantwortung von einzelnen Fragen durch den sachverständigen Prüfer anordnen.**

(3) **Die §§ 138 und 139 sowie für die Durchführung der mündlichen Verhandlung § 279 Abs. 2 und 3 und § 283 der Zivilprozessordnung gelten entsprechend.**

1. Allgemeines

1 Die Vorschrift gilt seit 1.9.2003 und hat keine Vorgängerin. Die mündliche Verhandlung wird zum gesetzlichen Regelfall erklärt, während sie zuvor nach den Grundsätzen des FGG-Verfahrens im Ermessen des Gerichts stand. Sie soll ebenfalls

wie § 7 der Verfahrensbeschleunigung dienen (Begr. RegE, BT-Drs. 15/371, 15). Ebenso wird das persönliche Erscheinen der sachverständigen Prüfer als gesetzlicher Regelfall („soll") angeordnet (Abs. 2). Durch die entsprechende Anwendung verschiedener Vorschriften der ZPO in Abs. 3 wird der Amtsermittlungsgrundsatz zugunsten des Beibringungsgrundsatzes aus dem Zivilprozess zurückgedrängt.

2. Mündliche Verhandlung (Abs. 1)

Im FGG-Verfahren ist die mündliche Verhandlung dem Gericht freigestellt (§ 32 I FamFG). Der Gesetzgeber wollte neben dem Ziel der Verfahrensbeschleunigung (→ Rn. 1) auch verfassungsrechtlichen Bedenken begegnen (Begr. RegE, BT-Drs. 15/371, 15). Das Gericht soll daher aufgrund mündlicher Verhandlung entscheiden. Anders als im Zivilprozess (§ 128 ZPO) ist die mündliche Verhandlung dennoch nicht zwingend (oder erzwingbar), sondern gesetzlicher Regelfall. Das **Absehen** von der mündlichen Verhandlung kommt indes nur ausnahmsweise und nur dann in Betracht, wenn ein Erörterungsbedarf in keiner Hinsicht erkennbar ist (etwa offensichtlich unzulässige Anträge, so OLG Frankfurt a. M. AG 2008, 550; OLG Stuttgart BeckRS 2011, 15935; Lutter/Mennicke Rn. 2; Dreier/Fritzsche/Verfürth/Verfürth/Schulenburg Rn. 6; Simon/Winter Rn. 4; Widmann/Mayer/Wälzholz Rn. 2.1; K. Schmidt/Lutter/Klöcker/Wittgens Rn. 1; Kölner Komm AktG/Dorn Rn. 6; Emmerich/Habersack/Emmerich Rn. 3; Hölters/Weber/Simons Rn. 4; MüKoAktG/Krenek Rn. 1). Kein geeigneter Grund ist eine hohe Anzahl an Beteiligten (Widmann/Mayer/Wälzholz Rn. 2.1). Ein ermessensfehlerhaftes Absehen von einer mündlichen Verhandlung rechtfertigt eine Beschwerde (MüKoAktG/Krenek Rn. 1; Kölner Komm AktG/Dorn Rn. 6; vgl. auch Widmann/Mayer/Wälzholz Rn. 2.1). Für das **Beschwerdeverfahren** ist wesentlich, ob neue, in der 1. Instanz nicht erörterte Aspekte berücksichtigt werden (OLG Stuttgart AG 2012, 135). Soweit im Beschwerdeverfahren nur noch eher rechtliche Fragen befunden wird, kann von einer mündlichen Verhandlung abgesehen werden (KG NZG 2011, 1302 (1303)). Die mündliche Verhandlung soll **so früh wie möglich** stattfinden (Abs. 1 S. 2). Die Entscheidung liegt im Ermessen des Gerichts. Im Regelfall wird eine mündliche Verhandlung erst nach Vorliegen der Erwiderung (§ 7 II), der Replik (§ 7 IV) und ggf. dem Abschluss einer vorbereitenden Beweisaufnahme (§ 7 VI) sinnvoll sein (Lutter/Mennicke Rn. 3; K. Schmidt/Lutter/Klöcker/Wittgens Rn. 2). Dies kann mehrere Monate in Anspruch nehmen, ohne dass gegen „so früh wie möglich" verstoßen wird (zutr. Dreier/Fritzsche/Verfürth/Verfürth/Schulenburg Rn. 8). Bis ein umfangreiches Sachverständigengutachten vorliegt, kann nicht gewartet werden; in diesem Fall ist ein zweiter Termin zur Erörterung des Gutachtens vorzusehen (Simon/Winter Rn. 5). Anträge werden in der mündlichen Verhandlung nicht gestellt (OLG Stuttgart AG 2012, 135; 2010, 510; Spindler/Stilz/Drescher Rn. 29; BeckOGK/Drescher SpruchG Rn. 29). Vgl. zum Ablauf auch Spindler/Stilz/Drescher Rn. 28 ff. bzw. BeckOGK/Drescher SpruchG Rn. 28 ff. Die mündliche Verhandlung ist grds. nicht öffentlich (§ 170 I 1 GVG; Spindler/Stilz/Drescher Rn. 28; BeckOGK/Drescher SpruchG Rn. 29; Hölters/Weber/Simons Rn. 5; Emmerich/Habersack/Emmerich Rn. 3; aA MüKoAktG/Krenek Rn. 1: Art. 6 I EMRK).

3. Ladung des sachverständigen Prüfers (Abs. 2)

Der oder die Umwandlungsprüfer (§ 7 III 2) sollen während der mündlichen Verhandlung persönlich anwesend sein (Abs. 2 S. 1). Da zwischenzeitlich der Umwandlungsprüfer zwingend vom Gericht ausgewählt und bestellt wird (vgl. etwa § 10 I 1 UmwG; → UmwG § 10 Rn. 6 ff.), verspricht sich der Gesetzgeber von der persönlichen Anwesenheit, dass die Erkenntnisbasis schon zu Beginn des Verfahrens verbreitet und die evtl. zusätzliche Beauftragung eines weiteren Sachverständigen zur Begutachtung bestimmter Fragen erleichtert und damit beschleunigt wird (Begr. RegE, BT-Drs. 15/371, 15). Die Anhörung wird im Regelfall durchzuführen sein; eine vorherige Wertung der „unkritischen" Auseinandersetzung im Prüfbericht (vgl. LG Frankfurt a. M. BB 2007, 1069 mAnm Wittgens BB 2007, 1070 ff.) sollte ein Einzelfall bleiben.

4 Der Prüfer soll als **sachverständiger Zeuge** angehört werden. Der Begriff ist nicht iSv § 414 ZPO zu verstehen, wenn das Gesetzesziel erreicht werden soll (aA Widmann/Mayer/Wälzholz Rn. 5; Dreier/Fritzsche/Verfürth/Verfürth/Schulenburg Rn. 13). Denn ein sachverständiger Zeuge wird zum Beweis vergangener Tatsachen oder Zustände, zu deren Wahrnehmung eine besondere Sachkunde erforderlich war, gehört (vgl. § 414 ZPO). Dann könnte der Umwandlungsprüfer nur zu seiner Prüfungstätigkeit vernommen werden. Tatsächlich will das Gesetz die Anwesenheit einer sachverständigen Person sicherstellen, die aufgrund der Vorbefassung ohne größere Vorbereitung Auskünfte erteilen kann. Er soll auch – wie der Sachverständige – Fachwissen vermitteln (Lutter/Mennicke Rn. 6; Koch Rn. 4: sachkundige Auskunftsperson; ähnlich Klöcker/Frowein Rn. 6; MüKoAktG/Krenek Rn. 2: Auskunftsperson sui generis; ebenso Hölters/Weber/Simons Rn. 9; NK-UmwR/Goslar/Wilsing Rn. 5; Kölner Komm AktG/Dorn Rn. 22; Sturm/Stottmann NZG 2020, 974 (975 f.); zweifelnd Büchel NZG 2003, 793 (802); vgl. auch Emmerich/Habersack/Emmerich Rn. 10 ff.). Für ihn gelten allerdings iU die Zeugen betreffenden Vorschriften entsprechend (§§ 377 ff. ZPO).

5 Die spätere **Bestellung** eines Umwandlungsprüfers **als gerichtlicher Sachverständiger** ist grds. möglich (Begr. RegE, BT-Drs. 15/371, 15). Dies entspricht schon der bisherigen Praxis (OLG Düsseldorf AG 2001, 363 (373); 2002, 398 (399); DB 2001, 190 (191); BayObLG BB 2003, 275 (277); LG Frankfurt a. M. AG 2002, 357 (358); vgl. hierzu auch Gärtner/Handke/Strauch BB 2015, 2307 (2308)) und Sturm/Stottmann NZG 2020, 974 (976). Ebenso ist nicht generell der **Abschlussprüfer** ausgeschlossen (OLG Düsseldorf NZG 2006, 758 (759)). Ob die Bestellung des Umwandlungsprüfers wirklich sinnvoll ist, mag bezweifelt werden (vgl. Begr. RegE, BT-Drs. 15/371, 15: in den meisten Fällen dürfte eine gewisse „Hemmschwelle" bestehen, sich selbst zu korrigieren; zweifelnd auch Widmann/Mayer/Wälzholz Rn. 7.1; Lamb/Schluck-Amend DB 2003, 1259 (1262); Meilicke/Heidel DB 2003, 2267 (2272); dagegen Emmerich/Habersack/Emmerich Rn. 15; vgl. auch Koch Rn. 5a; Lutter/Mennicke Rn. 10; Hölters/Weber/Simons Rn. 10; eingehend hierzu Wittgens AG 2007, 106 (107 ff.); vgl. dazu auch OLG München AG 2019, 659). Dennoch wird oftmals das Ziel erreicht werden können, unstreitige Positionen zu erkennen und die wesentlichen Beweisthemen klarer herauszuarbeiten. Daher wird die **Ausnahme,** dass nach der freien Überzeugung des Gerichts die **Anhörung** der Umwandlungsprüfer **entbehrlich** erscheint (Abs. 2 S. 1), nur in Ausnahmefällen vorliegen (vgl. auch Sturm/Stottmann NZG 2020, 974 (975): verfassungsrechtlich geschütztes Gehörsrecht der Beteiligten). Im Regelfall wird dann bereits eine mündliche Verhandlung entbehrlich sein (→ Rn. 2). Kein Argument ist die Vorbefassung, da das Gesetz gerade darauf abstellt (Lutter/Mennicke Rn. 7). Ebenso wenig rechtfertigt die voraussichtliche Bestellung eines gerichtlichen Sachverständigen den Verzicht auf die Anhörung des Umwandlungsprüfers, da dies gerade vorbereitet werden soll (Lutter/Mennicke Rn. 7; Spindler/Stilz/Drescher Rn. 14; BeckOGK/Drescher Rn. 14). Gründe können sein, dass das Gericht im Einzelfall die Glaubwürdigkeit oder den Sachverstand eines bestimmten sachverständigen Prüfers anzweifelt (Dreier/Fritzsche/Verfürth/Verfürth/Schulenburg Rn. 24; Sturm/Stottmann NZG 2020, 974 (975); aA Widmann/Mayer/Wälzholz Rn. 7.2; Spindler/Stilz/Drescher Rn. 14; BeckOGK/Drescher Rn. 14). In einfach gelagerten Fällen und bei Vorliegen umfassender Akten kann das Gericht ggf. auch wegen eigener Sachkunde von der Anhörung absehen (Dreier/Fritzsche/Verfürth/Ver-

fürth/Schulenburg Rn. 23; Lutter/Mennicke Rn. 7; aA Widmann/Mayer/Wälzholz Rn. 7.2; NK-UmwR/Goslar/Wilsing Rn. 6). Ein Ablehnungsrecht der Antragsteller zur Anhörung des Umwandlungsprüfers besteht nicht (OLG Düsseldorf NZG 2020, 1072; BeckOGK/Drescher Rn. 14; Spindler/Stilz/Drescher Rn. 14).

Zur **Vorbereitung** sind den Umwandlungsprüfern die Anträge der Antragsteller, die Erwiderung des Antragsgegners sowie das weitere schriftliche Vorbringen der Beteiligten mitzuteilen (Abs. 2 S. 2). Der sachverständige Zeuge hat seinerseits aussageerleichternde Unterlagen mitzubringen (§ 378 I 1 ZPO). 6

Die Bedeutung von Abs. 2 S. 3 ist unklar. Der mündlichen Verhandlung **vorhergehende schriftliche Stellungnahmen** erlaubt bereits § 7 VI. Dennoch heißt es in der Begr. RegE (BT-Drs. 15/371, 15), dass es in geeigneten Fällen sinnvoll sein kann, den sachverständigen Prüfer zunächst schriftlich und ggf. erst anschl. mündlich zu befragen. Dies steht im Ermessen des Gerichts (OLG Düsseldorf BeckRS 2012, 09271 mAnm Bröcker GWR 2012, 246). Ebenso unklar ist die Anordnung, dass das Gericht die mündliche Beantwortung von einzelnen Fragen durch den sachverständigen Prüfer anordnen kann. Diese Ergänzung geht auf die Stellungnahme des Bundesrates zurück (BT-Drs. 15/23, 23 f.). Den Umfang der Fragen bestimmt das Gericht aber ohnehin, sodass kein eigenständiger Anwendungsbereich verbleibt. Die Versendung der Unterlagen an den Prüfer (→ Rn. 6) kann auch bei einer Stellungnahme nach § 7 VI unterbleiben (vgl. aber BR-Stellungnahme, BT-Drs. 15/23, 23 f.). 7

Die Anhörung des Umwandlungsprüfers als sachverständigen Zeugen ersetzt indessen nicht bereits im Regelfall die **Einholung eines Gutachtens** durch das Gericht. Die gerichtliche Überprüfung beschränkt sich nicht darauf, den vom Sachverständigen ermittelten (oder Umwandlungsprüfer geprüften) Unternehmenswert auf Plausibilität zu überprüfen (so aber LG Frankfurt a. M. AG 2007, 41; 2007, 42). Das Gericht selbst muss die maßgeblichen rechtlichen Faktoren der gesetzlichen Abfindungsregelung feststellen und anhand dieser Kriterien den zutreffenden Unternehmenswert für ein bestimmtes Abfindungsverlangen ermitteln (OLG Stuttgart BeckRS 2011, 24586; OLG Frankfurt a. M. ZIP 2012, 124; AG 2007, 449 (450); OLG Stuttgart AG 2006, 421 (422)). Dies setzt nicht zwingend eine Neubewertung des Unternehmens im Spruchverfahren voraus. Es genügt, wenn das Gericht – erforderlichenfalls mit sachverständiger Unterstützung – zu der Überzeugung gelangt, dass eine bestimmte konkret vorgenommene Berechnung auf der Grundlage zutreffender Ausgangszahlen zu einem plausibel hergeleiteten Ergebnis führt (KG NZG 2011, 1302; zur Anwendung eines erst nach der Strukturmaßnahme entwickelten IDW-Standards BGH NZG 2016, 139; OLG Düsseldorf AG 2019, 732; AG 2018, 399; Popp WPg 2017, 465). Es gibt nicht den exakten, einzig richtigen Unternehmenswert, sondern eine Bandbreite von noch angemessenen Werten (OLG München AG 2019, 659; OLG München WM 2019, 2104). Insbesondere ist die einer Unternehmensbewertung zugrunde liegende Planung und Prognose gerichtlich nur eingeschränkt überprüfbar (OLG Frankfurt a. M. AG 2011, 832 (833); vgl. auch LG Frankfurt a. M. WM 2009, 1607). Das Gericht darf eine von der Geschäftsleitung vernünftigerweise als realistisch eingeschätzte Prognose nicht durch eine andere, auch nur vertretbare Einschätzung ersetzen (OLG München AG 2019, 659; OLG Frankfurt a. M. AG 2012, 417 (418 f.); ZIP 2010, 729; OLG Stuttgart NZG 2010, 744; vgl. aber OLG Düsseldorf BeckRS 2015, 19619 bei Planänderungen durch den Bewertungsgutachter). Ebenso wenig ist es Aufgabe des Gerichts, eine zulässigerweise und fachgerecht angewandte, betriebswirtschaftlich vertretbare Methode durch eine andere, ebenfalls nur vertretbare zu ersetzen (OLG Düsseldorf ZIP 2022, 1269 = NZG 2023, 160 Rn. 33). Der Bewertungsstandard IDW S1 und die sonstigen Verlautbarungen des Fachausschusses für Unternehmensbewertung und Betriebswirtschaft (FAUB) sind als anerkannte Expertenauffassung 8 und gebräuchliche Erkenntnisquelle bei der fundamental-analytischen Ermittlung des Unternehmenswerts im Grundsatz geeignete Grundlagen für die Schätzung des Gerichts (OLG Düsseldorf ZIP 2022, 1269 = NZG 2023, 160 Rn. 34). Das Gericht muss aber nach pflichtgemäßem Ermessen über die Notwendigkeit, die Art und den Umfang der Beweisaufnahme entscheiden (OLG Frankfurt a. M. ZIP 2012, 124; OLG Stuttgart AG 2006, 421 (423); krit. Lochner AG 2011, 692). Liegen etwa Planungsrechnungen nicht vor, muss der Sachverständige eine Zukunftsprognose erstellen (OLG Düsseldorf AG 2008, 498). Es ist aber nicht Aufgabe des Gerichts, wirtschaftswissenschaftlich umstrittene Fragen der Unternehmensbewertung zu klären (OLG München AG 2019, 357; AG 2019, 659). Ein gerichtlicher Sachverständiger ist jedenfalls dann zu bestellen, wenn der sachverständige Prüfer wenig überzeugende Antworten auf die von den Antragstellern aufgeworfenen Fragen geben kann (OLG Frankfurt a. M. AG 2011, 828 (829): nur dann). Von der Bestellung eines gerichtlichen Sachverständigen kann insbesondere **abgesehen** werden, wenn keine Anhaltspunkte für unrichtige Wertfestsetzungen bestehen (OLG Düsseldorf AG 2004, 614 (615)), wenn nach der Anhörung des sachverständigen Prüfers die tatsächlichen Grundlagen der Bewertung aufgeklärt sind (OLG Düsseldorf ZIP 2022, 1269 = NZG 2023, 160 Rn. 33; OLG München AG 2019, 659; OLG Stuttgart BeckRS 2011, 23676; Koch/Koch Rn. 5b; Bürgers/Körber/Lieder/Theusinger/Deckers Rn. 4) und diese sich im Rahmen der gerichtlichen Prüfung als vertretbar und plausibel erweisen und eine wertende Gesamtsicht des dergestalt ermittelten Unternehmenswertes keine andere Betrachtungsweise nahelegt (OLG München AG 2019, 401; WM 2019, 2104), wenn das Gericht von einer Schätzungsbefugnis nach § 287 ZPO Gebrauch machen kann (OLG Frankfurt a. M. BeckRS 2017, 102412 Rn. 30; OLG Stuttgart NZG 2014, 140; BeckRS 2014, 20592; OLG Frankfurt a. M. AG 2012, 513; OLG Düsseldorf AG 2012, 797 (800); OLG München AG 2007, 287 (288 f.); Koch/Koch Rn. 5b; Emmerich/Habersack/Emmerich Rn. 16; Spindler/Stilz/Drescher Rn. 5; BeckOGK/Drescher Rn. 5). Früher war umstritten, ob bei einer mehrheitlichen Einigung auf einen bestimmten Wert der Kompensation das Gericht diesen Wert seiner Schätzung nach § 287 ZPO zugrunde liegen darf (vgl. OLG Düsseldorf AG 2013, 807; NZG 2013, 1393 zur früheren Unzulässigkeit der **mehrheitskonsensulen Schätzung;** dazu auch Deiß NZG 2013, 1382; Noack NZG 2014, 92; Haspl NZG 2014, 487; Dreier/Fritzsche/Verfürth/Dreier § 11 Rn. 41; NK-UmwR/Jaspers § 11 Rn. 12). Mit Einfügung von **§ 11a** hat der Gesetzgeber dies **ausdrücklich ermöglicht** (→ § 11a Rn. 1). Liegen diese Voraussetzungen vor, besteht regelmäßig kein Bedarf für die Bestellung eines weiteren Sachverständigen (→ § 11a Rn. 1). Entsprechendes gilt, wenn sich der Streit im (noch) um Rechtsfragen dreht (Emmerich/Habersack/Emmerich Rn. 16; Sturm/Stottmann NZG 2020, 974 (975)). Allein der Schutz von Minderheitsaktionären gebietet nicht die Beauftragung eines weiteren Sachverständigen (OLG Düsseldorf ZIP 2022, 1269). Der Sachverständige muss indes nicht eine vollständig neue Bewertung vornehmen, sondern die aufgrund der Bewertungsrügen in Streit stehenden Positionen aufklären (vgl. dazu auch Land/Hennings AG 2005, 380 (382)). Zur Praxis der Gerichte, den Sachverständigen Hinweise zu erteilen, vgl. Engel/Puszkajler BB 2012, 1687 (1690). Zu Entwicklungen der Unternehmensbewertung in Spruchverfahren vgl. Ruthardt/Popp AG 2019, 196.

4. Anwendung von §§ 138, 139 ZPO (Abs. 3)

9   Nach Abs. 3 gelten §§ 138, 139 ZPO entsprechend. Das grds. vom Amtsermittlungsgrundsatz geprägte FGG-Verfahren (§ 26 FamFG) wird bei einem Spruchverfahren damit von **Grundsätzen des ZPO-Parteiprozesses** überlagert. Danach besteht zunächst für die Parteien die Verpflichtung zur **vollständigen** und **wahrheitsgemäßen Erklärung** (§ 138 I ZPO). Bedeutsam ist die Geltung von § 138 III

ZPO. Es wurde aber auch zum früheren Recht schon überwiegend angenommen, dass bei **unbestrittenem Vortrag** das Gericht grds. von weiteren Amtsermittlungen absehen kann (LG Düsseldorf AG 2001, 373 f.; vgl. auch BGH NJW 1994, 580 (581)). Ebenso wenig muss das Gericht Behauptungen „ins Blaue hinein" nachgehen (Lutter/Mennicke Rn. 12; Kölner Komm AktG/Dorn Rn. 36).

Eine **Erklärung mit Nichtwissen** ist nur über Tatsachen zulässig, die weder eigene Handlungen der Partei noch Gegenstand ihrer eigenen Wahrnehmung gewesen sind (§ 138 IV ZPO). Die Amtsermittlung beschränkt sich damit auf ausdrückliche und ausreichend (§ 138 IV ZPO) bestrittene Tatsachenbehauptungen.

Erst auf die Empfehlung des Rechtsausschusses wurde der Verweis auch auf § 139 ZPO erstreckt (BT-Drs. 15/838, 8, 17). Dadurch soll klargestellt werden, dass entsprechend der bisherigen gerichtlichen Praxis im FGG-Streitverfahren die **richterliche Aufklärungspflicht** auch im Spruchverfahren besteht (Stellungnahme RA, BT-Drs. 15/838, 8, 17). Vor dem Hintergrund der Verweisung auf § 138 ZPO ist dies tatsächlich sinnvoll, damit die richterliche Aufklärungs- und Prozessleitungspflicht als Korrektiv zum Beibringungsgrundsatz nach § 138 ZPO ebenfalls gilt (Büchel NZG 2003, 793 (799); Dreier/Fritzsche/Verfürth/Verfürth/Schulenburg Rn. 32; Klöcker/Frowein Rn. 8; Simon/Winter Rn. 28). Abs. 3 iVm § 139 ZPO ergänzt damit § 7 V 3 (→ § 7 Rn. 14). Zu Recht wird allerdings die Frage aufgestellt, ob es nicht sinnvoller gewesen wäre, das Spruchverfahren insgesamt der ZPO zu unterstellen (Puszkajler ZIP 2003, 518; zust. Semler/Stengel/Volhard, 3. Aufl. 2012, Rn. 8 Fn. 16).

5. Verweisung auf § 279 II, III ZPO (Abs. 3)

§ 279 II und III ZPO gelten entsprechend. Dies dient wiederum der Verfahrensbeschleunigung (Begr. RegE, BT-Drs. 15/371, 16). Nach § 279 II ZPO soll der streitigen Verhandlung der Beteiligten zur Sache die **Beweisaufnahme** unmittelbar folgen. Eine abschl. Beweisaufnahme wird im Regelfall aber nur möglich sein, wenn ein neues Sachverständigengutachten nicht notwendig ist, die Beweiserhebung sich also im Wesentlichen auf die Vernehmung des Umwandlungsprüfers (Abs. 2 S. 1) und auf sonstige Zeugen beschränkt. Nach § 279 III ZPO soll das Gericht erneut den **Sach- und Streitstand** und – soweit bereits möglich – das **Ergebnis der Beweisaufnahme** mit den Parteien **erörtern**.

6. Verweisung auf § 283 ZPO (Abs. 3)

Die entsprechende Anwendung von § 283 ZPO dient ebenfalls der Verfahrensbeschleunigung. Die Vorschrift hat sich im Zivilprozess bewährt. Sofern sich ein Beteiligter zu kurzfristig vorgebrachtem Vorbringen eines Gegners in der mündlichen Verhandlung nicht erklären kann, wird ihm eine **Nachfrist** gesetzt. Notwendig hierfür ist ein Antrag.

7. Beweisaufnahme

Die Beweisaufnahme richtet sich nach §§ 29 f. FamFG. Zum Umfang der Aufklärung auch → Rn. 8. Trotz Amtsermittlungsgrundsatz sind zugestandene oder nicht ausreichend bestrittene Tatsachen und Umstände als wahr anzunehmen (Abs. 3 iVm § 138 ZPO; → Rn. 8). Für die Beweisaufnahme gelten §§ 29, 30 FamFG. Vielfach wird eine Verpflichtung zur förmlichen Beweisaufnahme bestehen (§ 30 III FamFG; vgl. auch Preuß NZG 2009, 961 (963); Sturm/Stottmann NZG 2020, 974 (977)). Neben der Vernehmung der Umwandlungsprüfer als sachverständige Zeugen (→ Rn. 4) und der Inaugenscheinnahme von Urkunden haben im Spruchverfahren **Sachverständigengutachten** die maßgebliche Bedeutung. Ein von einem gerichtlichen Sachverständigen erstelltes schriftliches Gutachten ist allen Beteiligten ungekürzt zugängig zu machen, auch wenn es geheimhaltungsbedürftige Passagen enthält (LG Düsseldorf DB 1997, 2069; Klöcker/Frowein Rn. 11).

15 Die **Feststellungslast** bestimmt sich wie die objektive Beweislast im Zivilprozess. Kann ein Sachverhalt nicht aufgeklärt werden, gereicht dies demjenigen zum Nachteil, der sich auf die für ihn vorteilhaften Tatsachen berufen hat (Klöcker/Frowein Rn. 12; K. Schmidt/Lutter/Klöcker/Wittgens Rn. 21). Demzufolge tragen die Antragsteller und der gem. Vertreter die Feststellungslast, dass die Kompensation ungenügend ist. Verbleibende Zweifel reichen nicht, wenn Fehler nicht mit ausreichender Sicherheit festgestellt werden können (LG Frankfurt a. M. NZG 2004, 432; Dreier/Fritzsche/Verfürth/Verfürth/Schulenburg Rn. 30).

§ 9 Verfahrensförderungspflicht

(1) **Jeder Beteiligte hat in der mündlichen Verhandlung und bei deren schriftlicher Vorbereitung seine Anträge sowie sein weiteres Vorbringen so zeitig vorzubringen, wie es nach der Verfahrenslage einer sorgfältigen und auf Förderung des Verfahrens bedachten Verfahrensführung entspricht.**

(2) **Vorbringen, auf das andere Beteiligte oder in den Fällen des § 8 Abs. 2 die in der mündlichen Verhandlung anwesenden sachverständigen Prüfer voraussichtlich ohne vorhergehende Erkundigung keine Erklärungen abgeben können, ist vor der mündlichen Verhandlung durch vorbereitenden Schriftsatz so zeitig mitzuteilen, dass die Genannten die erforderliche Erkundigung noch einziehen können.**

(3) **Rügen, welche die Zulässigkeit der Anträge betreffen, hat der Antragsgegner innerhalb der ihm nach § 7 Abs. 2 gesetzten Frist geltend zu machen.**

1. Allgemeines

1 Die Regelung ist mit dem SpruchG neu eingeführt worden. Sie ordnet eine Verfahrensförderungspflicht an, der jeder Beteiligte unterliegt (Abs. 1). Auch die Beteiligten sollen die mündliche Verhandlung und die Vernehmung des sachverständigen Prüfers vorbereiten, indem sie ihr Vorbringen, auf das voraussichtlich ohne vorhergehende Erkundigung keine Erklärung abgegeben werden kann, vorab rechtzeitig ankündigen (Abs. 2). Zulässigkeitsrügen muss der Antragsgegner innerhalb der Erwiderungsfristen nach § 7 II geltend machen (Abs. 3). Die Vorschrift ist damit § 282 ZPO nachgebildet (Begr. RegE, BT-Drs. 15/371, 16). Bedeutung hat die Vorschrift durch die **Sanktionsmöglichkeiten nach § 10**.

2. Allgemeine Verfahrensförderungspflicht (Abs. 1)

2 Die allg. Verfahrensförderungspflicht trifft jeden Beteiligten. Sie beschränkt sich anders als § 282 I ZPO nicht auf die mündliche Verhandlung, sondern betrifft ausdrücklich auch deren schriftliche Vorbereitung. Sie bezieht sich damit auf die Antragsbegründung (§ 4 II), auf die Antragserwiderung (§ 7 II) und die Replik (§ 7 IV) einschl. der Stellungnahme des gem. Vertreters. Entsprechendes gilt für alle weiteren Schriftsätze (Lutter/Mennicke Rn. 2; Dreier/Fritzsche/Verfürth/Verfürth/Schulenburg Rn. 2). Der Begriff „Antrag" meint nicht den verfahrensleitenden Antrag, da mit diesem erst das Spruchverfahren beginnt. Für diesen gilt abschl. die Fristenregelung in § 4 I (MüKoAktG/Krenek Rn. 3; Semler/Stengel/Volhard, 3. Aufl. 2012, Rn. 3; Emmerich/Habersack/Emmerich Rn. 2; Simon/Winter Rn. 5; Bürgers/Körber/Lieder/Theusinger/Göz Rn. 2; Hölters/Weber/Simons Rn. 3; Widmann/Mayer/Wälzholz Rn. 2.1; iErg auch Lutter/Mennicke Rn. 3; Koch Rn. 2). Antrag ist daher jede Erklärung eines Beteiligten, mit der eine

bestimmte Tätigkeit des Gerichts in dem Verfahren erstrebt wird. Dies sind sowohl **Sachanträge** als auch **Verfahrensanträge** (Koch Rn. 3; Semler/Stengel/Volhard, 3. Aufl. 2012, Rn. 3; MüKoAktG/Krenek Rn. 3; Kölner Komm AktG/Dorn Rn. 6; NK-UmwR/Jaspers Rn. 4). Der Begriff „weiteres Vorbringen" umfasst jede Art von Sachvortrag (Lutter/Mennicke Rn. 3), bezieht sich hingegen nicht auf rechtliche Ausführungen (ebenso MüKoAktG/Krenek Rn. 3; Dreier/Fritzsche/Verfürth/Verfürth/Schulenburg Rn. 6; Lutter/Mennicke Rn. 2; Koch Rn. 3; Kölner Komm AktG/Dorn Rn. 6; aA auch Rechtsausführungen Semler/Stengel/Volhard, 3. Aufl. 2012, Rn. 3; Simon/Winter Rn. 7 ff.; Widmann/Mayer/Wälzholz Rn. 2.1). Denn bloße **Rechtsausführungen** sind wie im Zivilprozess jederzeit möglich, da das Gericht die Rechtslage zu jedem Zeitpunkt selbst prüfen muss (Lutter/Mennicke Rn. 2: iura novit curia; Koch Rn. 3; Emmerich/Habersack/Emmerich 3b; Hölters/Weber/Simons Rn. 5). Dies gilt auch, wenn die Abgrenzung von Rechts- und Sachfragen im Einzelfall schwierig sein kann (vgl. aber Simon/Winter Rn. 7 ff.; Kölner Komm AktG/Dorn Rn. 6). Spezielle vom Gericht angeordnete Fristen (§ 4 II 1, § 7 II 3, § 7 IV 3, § 9 III) können natürlich ausgeschöpft werden (MüKoAktG/Krenek Rn. 2; Koch Rn. 2; Emmerich/Habersack/Emmerich Rn. 2).

Für die Beurteilung der **Rechtzeitigkeit** kann auf die für § 282 I ZPO entwickel- 3 ten Grundsätze zurückgegriffen werden. Ein Vorbringen ist danach rechtzeitig, wenn ein früheres Vorbringen nach der Verfahrenslage bei einer sorgfältigen und förderungsbedachten Prozessführung nicht zuzumuten war (etwa Zöller/Greger ZPO § 282 Rn. 3). Dies bedeutet ebenso wie im Zivilprozess keine Rückkehr zur Eventualmaxime. Es muss nicht von Anfang an auch schon auf alle denkbaren Einwendungen der Gegenseite eingegangen werden (Simon/Winter Rn. 12; K. Schmidt/Lutter/Klöcker/Wittgens Rn. 3; Lutter/Mennicke Rn. 4). Sobald aber weitere Tatsachen und Umstände in der weiteren Verfahrensentwicklung entscheidungserheblich werden können, ist hierzu umfassend vorzutragen. Das Fehlen eines Hinweises nach § 8 III iVm § 139 ZPO lässt die Verfahrensförderungspflicht unberührt (anders wohl Koch Rn. 3; Simon/Winter Rn. 12).

3. Vorbereitende Schriftsätze (Abs. 2)

Abs. 2 dient der Vorbereitung der mündlichen Verhandlung und der Vernehmung 4 des sachverständigen Zeugen (Umwandlungsprüfer), vgl. § 8 II. Sowohl die Verfahrensbeteiligten als auch der sachverständige Zeuge sollen sich möglichst ad hoc erklären können. Daher verpflichtet Abs. 2, Vorbringen, auf das voraussichtlich eine sofortige Erklärung nicht möglich ist, vor der mündlichen Verhandlung durch vorbereiteten Schriftsatz so zeitig mitzuteilen, dass die Genannten die erforderlichen Erkundigungen noch einholen können. Zur Sanktion vgl. § 10 II. Die Rechtzeitigkeit kann nur im Einzelfall beurteilt werden (Koch Rn. 4; Semler/Stengel/Volhard, 3. Aufl. 2012, Rn. 6). Einen Anhaltspunkt bietet § 132 ZPO. Wegen der Komplexität können aber auch deutlich längere Zeiträume geboten sein (vgl. Koch Rn. 4: drei Wochen vor Termin durchweg genügend, bei zahlreichen Antragsgegnern eher vier als drei Wochen; vgl. auch Lutter/Mennicke Rn. 5: § 132 ZPO als Anhaltspunkt, im Einzelfall erheblich längere Zeiträume; Simon/Winter Rn. 14: regelmäßig deutlich längere Fristen; Kölner Komm AktG/Dorn Rn. 13: max. 1–3 Monate, abgeleitet aus § 7 II 3, IV 2; NK-UmwR/Jaspers Rn. 8: Groborientierung an § 132 ZPO; vgl. auch Dreier/Fritzsche/Verfürth/Verfürth/Schulenburg Rn. 25).

4. Zulässigkeitsrügen (Abs. 3)

Eine besondere Ausgestaltung der Verfahrensförderungspflicht hinsichtlich der 5 Zulässigkeit der Anträge enthält Abs. 3. **Zulässigkeitsrügen** müssen vom Antragsgegner innerhalb der ihm nach § 7 II gesetzten Frist vorgebracht werden. Erfasst sind sämtliche Verfahrensvoraussetzungen und Verfahrenshindernisse (Dreier/Fritzsche/ Verfürth/Verfürth/Schulenburg Rn. 28; Lutter/Mennicke Rn. 6; MüKoAktG/Krenek Rn. 7). Anders als bei § 282 III ZPO müssen nicht sämtliche Bedenken gegen die Zulässigkeit zusammengefasst und gleichzeitig geltend gemacht werden (Koch Rn. 6; Lutter/Mennicke Rn. 6; Semler/Stengel/Volhard, 3. Aufl. 2012, Rn. 7; MüKoAktG/Krenek Rn. 6; Widmann/Mayer/Wälzholz Rn. 4). **Wesentliche Verfahrensrügen** betreffen die Statthaftigkeit des Spruchverfahrens, die Zuständigkeit des Gerichts (OLG Karlsruhe AG 2005, 300), die Antragsberechtigung, die Einhaltung der Antrags- und Antragsbegründungsfrist und die Ordnungsmäßigkeit der Antragsbegründung (vgl. etwa Lutter/Mennicke Rn. 6; Dreier/Fritzsche/Verfürth/ Verfürth/Schulenburg Rn. 29 ff.; Simon/Winter Rn. 16 ff.; Widmann/Mayer/ Wälzholz Rn. 5). Zur **praktischen Bedeutung** wegen der **Sanktion** nach § 10 IV → § 10 Rn. 7.

§ 10 Verletzung der Verfahrensförderungspflicht

(1) **Stellungnahmen oder Einwendungen, die erst nach Ablauf einer hierfür gesetzten Frist (§ 7 Abs. 2 Satz 3, Abs. 4) vorgebracht werden, sind nur zuzulassen, wenn nach der freien Überzeugung des Gerichts ihre Zulassung die Erledigung des Rechtsstreits nicht verzögern würde oder wenn der Beteiligte die Verspätung entschuldigt.**

(2) **Vorbringen, das entgegen § 9 Abs. 1 oder 2 nicht rechtzeitig erfolgt, kann zurückgewiesen werden, wenn die Zulassung nach der freien Überzeugung des Gerichts die Erledigung des Verfahrens verzögern würde und die Verspätung nicht entschuldigt wird.**

(3) **§ 26 des Gesetzes über das Verfahren in Familiensachen und in den Angelegenheiten der freiwilligen Gerichtsbarkeit ist insoweit nicht anzuwenden.**

(4) **Verspätete Rügen, die die Zulässigkeit der Anträge betreffen und nicht von Amts wegen zu berücksichtigen sind, sind nur zuzulassen, wenn der Beteiligte die Verspätung genügend entschuldigt.**

1. Allgemeines

1   Die Regelung ist mit dem SpruchG erstmals für Spruchverfahren eingefügt worden. Sie ergänzt §§ 7, 9, indem Sanktionen bei Verstößen gegen Verfahrensförderungspflichten geschaffen werden. Sie schränkt dabei den im FGG-Verfahren geltenden Amtsermittlungsgrundsatz für Spruchverfahren erheblich ein; ausdrücklich bestimmt Abs. 3, dass § 26 FamFG insoweit nicht anzuwenden ist. Inhaltlich lehnt sich die Vorschrift an § 269 ZPO an. Dies ist eine erhebliche Abkehr von der Rechtslage vor dem SpruchG und dient der Verfahrensbeschleunigung.

2. Zurückweisung wegen Fristversäumnis (Abs. 1)

2   Der Antragsgegner hat innerhalb einer vom Gericht festgesetzten Frist auf die Antragsbegründungen schriftlich zu erwidern (§ 7 II 3; → § 7 Rn. 9). Daraufhin wird die Stellungnahme des Antragsgegners den Antragstellern und dem gem. Vertr. zugeleitet, die wiederum innerhalb einer vom Gericht gesetzten Frist schriftlich replizieren können (§ 7 IV; → § 7 Rn. 13). Stellungnahmen und Einwendungen, die nach Ablauf dieser Frist vorgebracht werden, sind nur zuzulassen, wenn sie nach der freien Überzeugung des Gerichts den Rechtsstreit nicht verzögern oder wenn der Beteiligte die Verspätung entschuldigt (Abs. 1). Ein Verstoß gegen **andere** vom

Gericht gesetzte **Fristen** fällt nicht unter Abs. 1, sondern beurteilt sich nach Abs. 2. Dies gilt nach dem ausdrücklichen Wortlaut (keine Aufzählung in Abs. 1) auch für Fristen nach § 7 V 2 (so auch Lutter/Mennicke Rn. 2; Kölner Komm AktG/Dorn Rn. 9; Spindler/Stilz/Drescher Rn. 4; BeckOGK/Drescher SpruchG Rn. 4; Hölters/Weber/Simons Rn. 8; Emmerich/Habersack/Emmerich Rn. 6; aA Dreier/Fritzsche/Verfürth/Verfürth/Schulenburg Rn. 6; Semler/Stengel/Volhard, 3. Aufl. 2012, Rn. 5). Die Frist muss wirksam gesetzt sein (MüKoAktG/Krenek Rn. 3; Dreier/Fritzsche/Verfürth/Verfürth/Schulenburg Rn. 8; Lutter/Mennicke Rn. 3; Widmann/Mayer/Wälzholz Rn. 2.3). Insoweit kann auf die zu **§ 296 ZPO entwickelten Grundsätze** zurückgegriffen werden (etwa Zöller/Greger ZPO § 296 Rn. 9 ff.).

Die Zurückweisung in den Fällen von **Abs. 1** ist **zwingend.** Sie kommt allerdings 3 nicht in Betracht, soweit das verspätete Vorbringen die Erledigung des Verfahrens nicht verzögert oder der Beteiligte die Verspätung entschuldigt. Für die Beurteilung der Verzögerung gilt wie bei § 296 ZPO der **absolute Verzögerungsbegriff** (Koch Rn. 4; Lutter/Mennicke Rn. 4; MüKoAktG/Krenek Rn. 4; Klöcker/Frowein Rn. 3; Kölner Komm AktG/Dorn Rn. 14; Spindler/Stilz/Drescher Rn. 4; BeckOGK/Drescher SpruchG Rn. 4; Bürgers/Körber/Lieder/Theusinger/Göz Rn. 3; Hölters/Weber/Simons Rn. 10; Dreier/Fritzsche/Verfürth/Verfürth/Schulenburg Rn. 19; NK-UmwR/Jaspers Rn. 4; Emmerich/Habersack/Emmerich Rn. 12). Maßgeblich ist, ob das Verfahren bei Zulassung des verspäteten Vorbringens länger dauern würde als bei seiner Zurückweisung (vgl. etwa BGHZ 75, 183 (141)). Praktisch wesentliche **Fallgruppen** (keine Verlängerung) sind, wenn über das verfristete Vorbringen sofort verhandelt (etwa unstreitige Tatsachen; Klöcker/Frowein Rn. 4) oder ein präsenter Beweis erhoben werden kann (Zöller/Greger ZPO § 296 Rn. 13). Vielfach wird die Verzögerung im Spruchverfahren aber nicht eintreten, weil ohnehin ein Sachverständigengutachten einzuholen ist (zutr. Büchel NZG 2003, 793 (799); Klöcker/Frowein Rn. 3). Auch eine ganz unerhebliche Verzögerung rechtfertigt keine Zurückweisung des Vorbringens (MüKoAktG/Krenek Rn. 4; Semler/Stengel/Volhard, 3. Aufl. 2012, Rn. 6).

Eine Zurückweisung scheidet ebenso aus, wenn der Beteiligte die **Verspätung** 4 **entschuldigt.** Das Verschulden wird also zunächst vermutet. Hieran sind strenge Voraussetzungen zu stellen (Kölner Komm AktG/Dorn Rn. 17). Am Verschulden fehlt es, wenn das verspätete Vorbringen zum Zeitpunkt des Fristablaufs nicht bekannt war und vorherige Erkundigungen oder Ermittlungen nicht zumutbar waren (vgl. etwa Zöller/Greger ZPO § 296 Rn. 23; vgl. auch Dreier/Fritzsche/Verfürth/Verfürth/Schulenburg Rn. 29 ff.; MüKoAktG/Krenek Rn. 5).

3. Zurückweisung wegen Verstoß gegen allgemeine Verfahrensförderungspflicht (Abs. 2)

Verstöße gegen die allg. Verfahrensförderungspflicht (§ 9 I, II) können nach 5 **Abs. 2** durch Zurückweisung des Vorbringens sanktioniert werden. Auch hier gilt der absolute Verzögerungsbegriff (→ Rn. 4). Anders als Abs. 1 liegt die Entscheidung darüber im **pflichtgemäßen Ermessen des Gerichts** (zur Verzögerung → Rn. 3; die Ausführungen gelten entsprechend). Die Verzögerungswirkung hat das Gericht nach seiner freien Überzeugung festzustellen. Anders als bei § 296 II ZPO wird keine grobe Nachlässigkeit verlangt. Dies ist verfassungsrechtlich bedenklich (zutr. Lutter/Mennicke Rn. 7; ähnlich Klöcker/Frowein Rn. 5; Kölner Komm AktG/Dorn Rn. 26; Koch Rn. 6; Dreier/Fritzsche/Verfürth/Verfürth/Schulenburg Rn. 41; Tomson/Hammerschmitt NJW 2003, 2572 (2575)). Die Entschuldigung setzt wie für Abs. 1 voraus, dass ein Verschulden nicht vorliegt. Fahrlässigkeit ist bereits ausreichend.

B SpruchG § 10a Spruchverfahrensgesetz

4. Einschränkung Amtsermittlungsgrundsatz (Abs. 3)

6 Abs. 3 stellt klar, was aus Abs. 1 und 2 folgt. Verspäteter Vortrag, der zurückgewiesen werden muss (Abs. 1) oder kann (Abs. 2), braucht nicht deswegen vom Gericht ermittelt zu werden, weil im FGG-Verfahren normalerweise der Amtsermittlungsgrundsatz gilt (§ 26 FamFG). Die Vorschrift wird insoweit für nicht anwendbar erklärt. Darüber hinaus verbleibt es aber bei der Amtsermittlung. Sie ist subsidiär (Emmerich/Habersack/Emmerich Rn. 20; Winter/Nießen NZG 2007, 13 (15); Koch Rn. 7; MüKoAktG/Krenek Rn. 7). Dies betrifft insbes. die Umstände, die ein Beteiligter aus objektiven Gründen nicht vortragen kann (Begr. RegE, BT-Drs. 15/371, 16; Koch Rn. 7; Lutter/Mennicke Rn. 8; MüKoAktG/Krenek Rn. 7). Vgl. iÜ auch § 27 FamFG.

5. Zulässigkeitsrügen (Abs. 4)

7 Abs. 4 betrifft die Zulässigkeitsrügen, die nach § 9 III innerhalb der nach § 7 II gesetzten Frist geltend zu machen sind (zu den Rügen → § 9 Rn. 5). Diese sind – soweit sie ohnehin nicht von Amts wegen zu berücksichtigen sind – nur zuzulassen, wenn der Beteiligte die Verspätung genügend entschuldigt. Die Vorschrift hat kaum praktische Bedeutung, da die Zulässigkeitsvoraussetzungen im Spruchverfahren durchweg von Amts wegen zu beachten sind (Bungert/Mennicke BB 2003, 2021 (2028); Klöcker/Frowein Rn. 8; Lutter/Mennicke Rn. 9; Semler/Stengel/Volhard, 3. Aufl. 2012, Rn. 12; MüKoAktG/Krenek Rn. 9; Kölner Komm AktG/Dorn Rn. 28; K. Schmidt/Lutter/Klöcker/Wittgens Rn. 8; Spindler/Stilz/Drescher Rn. 6; BeckOGK/Drescher SpruchG Rn. 6). Die Anregung zur Prüfung einer von Amts wegen zu prüfenden Zulässigkeitsvoraussetzung ist jederzeit zulässig (Semler/Stengel/Volhard, 3. Aufl. 2012, Rn. 12).

6. Entscheidung über Zurückweisung

8 Die Entscheidung über eine Zurückweisung erfolgt in den Gründen des Beschlusses zur Hauptsache. Hierauf ist vorab regelmäßig nach § 139 ZPO (§ 8 III) hinzuweisen (Kölner Komm AktG/Dorn Rn. 12). Die Zurückweisung muss begründet werden, damit das Beschwerdegericht eine Überprüfung vornehmen kann (Koch Rn. 3). Ein eigenes **Rechtsmittel** gegen die Zurückweisung existiert nicht. Die Nichtzulassung ist zusammen mit der Entscheidung des Gerichts anfechtbar. Außer in den Fällen von Abs. 4 kann jedoch die **Zulassung** verspäteten Vorbringens vom Gegner nicht angegriffen werden (Zöller/Greger ZPO § 296 Rn. 35).

§ 10a Gewährung zusätzlicher Aktien

(1) Soweit gemäß § 72a des Umwandlungsgesetzes oder § 255a des Aktiengesetzes zusätzliche Aktien zu gewähren sind, bestimmt das Gericht
1. in den Fällen des § 72a Absatz 1 und 2 Satz 1 des Umwandlungsgesetzes unter Zugrundelegung des angemessenen Umtauschverhältnisses oder des § 255a Absatz 1 und 2 Satz 1 des Aktiengesetzes unter Zugrundelegung der angemessenen Einlage
    a) den zusätzlich zu gewährenden Nennbetrag oder bei Stückaktien die Zahl der zusätzlich zu gewährenden Aktien und
    b) den dem Zinsanspruch gemäß § 72a Absatz 6 Satz 1 Nummer 1 des Umwandlungsgesetzes oder § 255 Absatz 6 Satz 1 in Verbindung mit § 255a Absatz 6 des Aktiengesetzes zugrunde zu legenden Ausgleichsbetrag,

2. im Fall des § 72a Absatz 2 Satz 2 des Umwandlungsgesetzes oder des § 255a Absatz 2 Satz 2 des Aktiengesetzes die Höhe des nachträglich einzuräumenden Bezugsrechts,
3. in den Fällen des § 72a Absatz 3 des Umwandlungsgesetzes oder des § 255a Absatz 3 des Aktiengesetzes die Höhe der baren Zuzahlung und
4. in den Fällen des § 72a Absatz 4 und 5 des Umwandlungsgesetzes oder des § 255a Absatz 4 und 5 des Aktiengesetzes die Höhe der Entschädigung in Geld.

(2) ¹In den Fällen des § 72a Absatz 1 Satz 2 des Umwandlungsgesetzes oder des § 255a Absatz 1 Satz 2 des Aktiengesetzes hat das Gericht den zusätzlich zu gewährenden Nennbetrag oder bei Stückaktien die Zahl der zusätzlich zu gewährenden Aktien unter Zugrundelegung des Umtauschverhältnisses des nachfolgenden Umwandlungsvorgangs zu bestimmen. ²Antragsgegner ist die Gesellschaft, auf die die Pflicht zur Gewährung zusätzlicher Aktien übergegangen ist.

(3) **Die Absätze 1 und 2 gelten für die Gewährung zusätzlicher Aktien gemäß § 248a des Umwandlungsgesetzes entsprechend.**

1. Allgemeines

Die Vorschrift ist durch das UmRUG neu eingefügt und durch das ZuFinG auf die Fälle des § 255a AktG erweitert worden. Sie ist die verfahrensrechtliche Ergänzung zu den ebenfalls mit dem UmRUG eingefügten §§ 72a, 72b UmwG, die die Möglichkeit schaffen, bei einem nicht angemessenen Umtauschverhältnisses anstelle einer baren Zuzahlung zusätzliche Aktien zu gewähren. Die nachfolgende Kommentierung beschränkt sich auf die verfahrensrechtliche Umsetzung von §§ 72a, 72b. Der Anspruch auf Gewährung zusätzlicher Aktien und die ergänzenden Ansprüche nach § 72a UmwG können ebenso wie eine nicht angemessene bare Zuzahlung im Spruchverfahren verfolgt werden (vgl. auch → § 1 Rn. 2a). **Abs. 1** regelt die Bestimmungsbefugnis des Gerichts hinsichtlich der einzelnen von § 72a UmwG eingeräumten Ansprüche (vgl. iE → UmwG § 72a Rn. 9 ff.). **Abs. 2** greift den in § 72a I 2 UmwG geregelten Fall auf, dass die ursprünglich verpflichtete, übernehmende Ges ihrerseits an einer nachfolgenden Umwandlung beteiligt ist. Hierdurch wird der Anspruch auf Gewährung zusätzlicher Aktien nicht generell unmöglich, vielmehr geht die Verpflichtung auf die Rechtsnachfolger in der Rechtsform der AG/SE/KGaA vollständig oder teilweise über (vgl. iE → UmwG § 72a Rn. 15 ff.). In diesem Fall hat das Gericht den Nennbetrag oder die Zahl der zusätzlich zu gewährenden Aktien unter Zugrundelegung des Umtauschverhältnisses nachfolgenden Umwandlungsvorgang zu bestimmen (**Abs. 2** S. 1). (Ggf. zusätzlicher) Antragsgegner ist in diesem Fall die Gesellschaft, auf die die Pflicht übergegangen ist (Abs. 2 S. 2). **Abs. 3** ordnet die entsprechende Geltung der Abs. 1 und 2 auf die Gewährung zusätzlicher Aktien nach § 248a UmwG an. 1

2. Bestimmung durch das Gericht

a) Allgemeines. Die Entscheidung, ob bei einem nicht angemessenen Umtauschverhältnis zusätzliche Aktien zu gewähren sind, treffen die beteiligten Rechtsträger im Umwandlungsvertrag (vgl. iE → UmwG § 72a Rn. 9). Hieran ist das Gericht im Spruchverfahren gebunden (Drescher AG 2023, 337 Rn. 28). Der Umfang der zu gewährenden Aktien und die Höhe der ergänzenden, nach § 72a UmwG bestehenden Ansprüche werden im Spruchverfahren durch das Gericht bestimmt, wenn ein entsprechendes Verfahren durch Antragstellung eines Aktionärs eingeleitet wird (vgl. → § 4 Rn. 3). Ebenso wie bei der Feststellung der Höhe einer baren Zuzahlung (vgl. → § 11 Rn. 6) ist Maßstab für den Umfang der zusätzlich 2 zu gewährenden Aktien, dass die Aktionäre so zu stellen sind, wie sie unter Zugrundelegung eines von Beginn an angemessenen Umtauschverhältnisses gestanden hätten (Begr. RegE, BT-Drs. 20/3822 zu § 10a I). Stellt das Gericht ein angemessenes Umtauschverhältnis fest, erfolgt wie auch in anderen Fällen eine Abweisung der Anträge als unbegründet (vgl. → § 11 Rn. 5). Insofern muss das Gericht das angemessene Umtauschverhältnis ermitteln (vgl. näher → UmwG § 72a Rn. 10). Entsprechendes gilt für die ergänzenden Ansprüche (vgl. näher → UmwG § 72a Rn. 15 ff.). Nach Abschluss des Spruchverfahrens müssen ggf. die Aktien durch Kapitalerhöhung geschaffen werden (vgl. iE → UmwG § 72b Rn. 1 ff.). Bei einer Verfahrensbeendigung durch **Vergleich** hat das Gericht darauf zu achten, dass der Vergleich alle in Betracht kommenden Ansprüche nach § 72a und damit alle von Abs. 1 und Abs. 2 S. 1 vorgegebenen Bestimmungen umfasst. Ein Teilvergleich über einzelne Ansprüche nach § 72a UmwG ist zwar denkbar, dürfte aber praktisch selten vorkommen, da alle Ansprüche zunächst voraussetzen, dass der Umfang der Unangemessenheit des Umtauschverhältnisses festgestellt wird. Zum mehrheitskonsensualen Vergleich vgl. näher → § 11a Rn. 1.

3   **b) Gerichtliche Bestimmungen im Einzelnen. aa) Umfang der zusätzlich zu gewährenden Aktien und Bemessungsgrundlage für die Verzinsung (Abs. 1 Nr. 1).** Das Gericht bestimmt als Grundentscheidung den zusätzlich zu gewährenden Nennbetrag oder bei Stückaktien die Zahl der **zusätzlich zu gewährenden Aktien (Abs. 1 Nr. 1 lit. a).** Hierdurch wird der Anspruch nach § 72a I 1 UmwG unter Berücksichtigung zwischenzeitlicher Kapitalveränderungen (§ 72a II 1 UmwG; → UmwG § 72a Rn. 11) der Höhe nach festgelegt und nachträglich das angemessene Umtauschverhältnis geschaffen (vgl. näher → UmwG § 72a Rn. 10). Die Bestimmung erfolgt durch Angabe des konkreten Betrags des zusätzlich zu gewährenden Nennbetrags oder der Anzahl der zusätzlich zu gewährenden Stückaktien bezogen auf alle anspruchsberechtigten Aktionäre und nicht nur die Antragsteller. Ferner hat das Gericht stets nach **Abs. 1 Nr. 1 lit. b** ausschließlich zur Bestimmung der Bemessungsgrundlage für die **Verzinsung** nach § 72a VI 1 Nr. 1 UmwG denjenigen Betrag festzulegen, der als bare Zuzahlung anstelle der Gewährung neuer Aktien zu zahlen gewesen wäre (vgl. → UmwG § 72a Rn. 26). Im Regelfall wird die Festlegung in Form eines Euro-Betrags pro zusätzlich zu gewährende Aktie erfolgen (BeckOGK/Drescher Rn. 6; Drescher AG 2023, 337 Rn. 30). Weitere Ermittlungen sind hierfür nicht anzustellen, da auch diese fiktive bare Zuzahlung aus der Nichtangemessenheit des Umtauschverhältnisses abgeleitet wird. Der Zinssatz folgt aus dem Gesetz und braucht nicht festgesetzt zu werden (§ 72a VI 1 UmwG; vgl. iE → UmwG § 72a Rn. 26). Die Entscheidung im Spruchverfahren ist indes kein Vollstreckungstitel. Ggf. muss die Durchsetzung des Zinsanspruchs durch Leistungsklage erfolgen. → § 72a Rn. 26, → § 16 Rn. 1).

4   **bb) Höhe der zusätzlichen Bezugsrechte (Abs. 1 Nr. 2).** Wenn nach der verfahrensgegenständlichen Umw Kapitalerhöhungen gegen Einlagen durchgeführt wurden und die anspruchsberechtigten Aktionäre hierbei ein **Bezugsrecht** hatten, ist dieses Bezugsrecht nach § 72a II 2 UmwG nachträglich in dem Umfang zu erhöhen, in dem das Bezugsrecht unter Berücksichtigung der zu gewährenden zusätzlichen Aktien bestanden hätte (vgl. iE → UmwG § 72a Rn. 12). In diesem Fall hat das Gericht nach **Abs. 1 Nr. 2** die Höhe der nachträglich einzuräumenden Bezugsrechte festzulegen. Hierfür muss das Gericht die Kapital- und Wertverhältnisse und das ursprüngliche Bezugsverhältnis bei der nachfolgenden Kapitalerhöhung *ermitteln*. Ob die zusätzlichen Bezugsrechte ausgeübt werden, steht zum Zeitpunkt der gerichtlichen Entscheidung nicht fest. Die anspruchsberechtigten Aktionäre müssen dies binnen eines Monats nach Eintritt der Rechtskraft der Entscheidung verlangen (§ 72a II 3 UmwG; vgl. iE → UmwG § 72a Rn. 12). Demzufolge reicht in der gerichtlichen Entscheidung eine abstrakte Angabe einer Verhältniszahl, um die das bisherige Bezugsrecht erhöht wird.

cc) Höhe einer baren Zuzahlung (Abs. 1 Nr. 3). Vielfach müssen als Spitzenausgleich neben zusätzlich zu gewährenden Aktien auch **bare Zuzahlungen** erfolgen (§ 72a III Nr. 1 UmwG; vgl. iE → UmwG § 72a Rn. 15). Der Anspruch auf zusätzlich zu gewährende Aktien wandelt sich ferner in einen Anspruch auf bare Zuzahlungen, wenn die Gewährung zusätzlicher Aktien nachträglich unmöglich geworden ist (§ 72a III Nr. 2 UmwG; vgl. iE → UmwG § 72a Rn. 16 ff.). In beiden Fällen wird der Betrag der baren Zuzahlung nach **Abs. 1 Nr. 3** durch das Gericht bestimmt. 5

dd) Höhe der Entschädigung wegen zu geringer Barabfindung (Abs. 1 Nr. 4). § 72a IV UmwG räumt einen Anspruch in Form der Entschädigung in Geld **anstelle zusätzlicher Aktien** ein, wenn ursprünglich anspruchsberechtigte Aktionäre nach der verfahrensgegenständlichen Umw aufgrund einer strukturverändernden Maßnahme aus der Gesellschaft gegen **Barabfindung** ausgeschieden sind. Der Entschädigungsbetrag gleicht die aufgrund des nicht angemessenen Umtauschverhältnisses zu geringe Barabfindung aus (vgl. iE → UmwG § 72a Rn. 21). Die Höhe dieser zusätzlichen Barabfindung hat das Gericht nach **Abs. 1 Nr. 4** zu bestimmen. Hierzu hat das Gericht zu ermitteln, ob entsprechende Fälle des Ausscheidens von Aktionären aufgrund späterer strukturverändernder Maßnahmen überhaupt stattgefunden haben. Wenn dies der Fall ist, muss eine Bestimmung durch das Gericht unabhängig davon erfolgen, ob auch Antragsteller betroffen sind. Der gem. Vertr. hat insoweit auch die Interessen der zwischenzeitlich ausgeschiedenen Aktionäre zu wahren. Sind keine Aktionäre ausgeschieden, erübrigt sich die gerichtliche Bestimmung. Das Gericht hat für die Festlegung des Betrags der zusätzlichen Barabfindung auch die Kapital- und Wertverhältnisse zum Zeitpunkt des Ausscheidens zu ermitteln und auch die Höhe der zusätzlichen Barabfindung unter Berücksichtigung der den ausgeschiedenen Anteilsinhabern fiktiv zu gewährenden zusätzlichen Aktien neu zu ermitteln. Die Angabe eines Gesamtbetrags ist nicht notwendig. Ausreichend ist die Bestimmung eines prozentualen Erhöhungsbetrags oder etwa die Höhe der zusätzlichen Barabfindung pro Aktie eines ausgeschiedenen Aktionärs (BeckOGK/Drescher Rn. 11). 6

ee) Höhe der Entschädigung für zu geringe Gewinnausschüttungen (Abs. 1 Nr. 4). Ein Anspruch auf Entschädigung in Geld **zusätzlich** zur Gewährung zusätzlicher Aktien folgt schließlich aus § 72a V UmwG. Dieser Anspruch soll die Nachteile ausgleichen, dass die anspruchsberechtigten Aktionäre aufgrund des nicht angemessenen Umtauschverhältnisses in der Folgezeit nach der verfahrensgegenständlichen Umw zu geringe **Gewinnausschüttungen** oder einen nicht angemessenen Ausgleich nach § 304 AktG erhalten haben. Die Höhe des Anspruchs richtet sich nach dem Betrag der bisherigen Gewinnausschüttungen oder des bisherigen Ausgleichs, der nun anteilig auch für die zusätzlichen Aktien zu gewähren ist (vgl. iE → UmwG § 72a Rn. 24). Insofern genügt eine Festlegung des Betrags im Verhältnis zum Nennbetrag oder zur Anzahl der zusätzlich zu gewährenden Stückaktien, den das Gericht im Spruchverfahren nach **Abs. 1 Nr. 4** zu bestimmen hat (BeckOGK/Drescher Rn. 10. Zum Kreis der anspruchsberechtigten Aktionäre vgl. iE → UmwG § 72a Rn. 24. Die Festlegung kann entfallen, wenn keine Gewinnausschüttungen stattgefunden haben. 7

3. Berücksichtigung nachfolgender Umwandlungen

Der Anspruch auf zusätzlich zu gewährende Aktien kann aufgrund nachfolgender Umwandlungen auf Rechtsnachfolger im Wege der Gesamtrechtsnachfolge insgesamt oder zusätzlich übergehen. Hierdurch wird der ursprüngliche Anspruch auf 8

Gewährung zusätzlicher Aktien nicht ausgeschlossen und es tritt keine Unmöglichkeit mit der Folge der Wandlung in einen Anspruch auf bare Zuzahlung ein (vgl. iE → UmwG § 72a Rn. 10). In diesen Fällen hat das Gericht nicht nur das angemessene Umtauschverhältnis bei der ursprünglichen Umwandlung festzustellen, sondern bei der Berechnung der Ansprüche auf zusätzlich zu gewährende Aktien und der weiteren Ansprüche nach § 72a UmwG auch das Umtauschverhältnis der nachfolgenden Umwandlung zu berücksichtigen (**Abs. 2 S. 1**). Hierbei ist das bei der nachfolgenden Umwandlung vereinbarte Umtauschverhältnis heranzuziehen. Eine Überprüfung der Angemessenheit dieses Umtauschverhältnisses erfolgt nicht, da diese Umwandlung nur mittelbar Gegenstand des Spruchverfahrens ist. Allerdings muss die Gesellschaft, die vollständig oder teilweise Rechtsnachfolger ist, zusätzlich oder anstelle der ursprünglich verpflichteten Gesellschaft als **Antragsgegner** beteiligt sein (**Abs. 2 S. 2**). Da im Regelfall zwischen der ursprünglichen und der nachfolgenden Umwandlung ein längerer Zeitraum als die Antragsfrist nach § 4 I 1 vergangen ist, tritt bei einer nachfolgenden Verschmelzung in diesen Fällen demnach ein gesetzlicher Parteiwechsel (§ 246 ZPO iVm § 239 ZPO analog; vgl. auch → UmwG § 20 Rn. 38) ein. Bei einer Aufspaltung wird das Verfahren mit sämtlichen übernehmenden Gesellschaft fortgeführt (vgl. auch → UmwG § 131 Rn. 74). Bei einer Abspaltung werden die übernehmenden Gesellschaften zusätzlich kraft Gesetzes Antragsgegner. Eine Unterbrechung (§ 239 ZPO) tritt nicht ein. Unverändert bleibt der Antragsgegner bei einem nachfolgenden Formwechsel, der im Grundsatz den Anspruch auf zusätzlich zu gewährende Aktien ebenfalls unberührt lässt (§ 72a I 2 Nr. 2; vgl. iE → UmwG § 72a Rn. 19).

4. Formwechsel

9 Nach Abs. 3 gelten die Abs. 1 und 2 für die Gewährung zusätzlicher Aktien gemäß § 248a UmwG entsprechend. Die Regelung dient der Klarstellung, da § 248a S. 1 UmwG ohnehin auf §§ 72a, 72b UmwG verweist (Begr. RegE, BT-Drs. 20/3822 zu § 10a III). Vgl. auch vgl. → UmwG § 72a Rn. 6.

§ 11 Gerichtliche Entscheidung; Gütliche Einigung

(1) **Das Gericht entscheidet durch einen mit Gründen versehenen Beschluss.**

(2) **¹Das Gericht soll in jeder Lage des Verfahrens auf eine gütliche Einigung bedacht sein. ²Kommt eine solche Einigung aller Beteiligten zustande, so ist hierüber eine Niederschrift aufzunehmen; die Vorschriften, die für die Niederschrift über einen Vergleich in bürgerlichen Rechtsstreitigkeiten gelten, sind entsprechend anzuwenden. ³Die Vollstreckung richtet sich nach den Vorschriften der Zivilprozessordnung.**

(3) **Das Gericht hat seine Entscheidung oder die Niederschrift über einen Vergleich den Beteiligten zuzustellen.**

(4) **¹Ein gerichtlicher Vergleich kann auch dadurch geschlossen werden, dass die Beteiligten**
1. **dem Gericht einen schriftlichen Vergleichsvorschlag unterbreiten oder**
2. **einen schriftlichen oder zu Protokoll der mündlichen Verhandlung erklärten Vergleichsvorschlag des Gerichts durch Schriftsatz oder durch Erklärung zu Protokoll der mündlichen Verhandlung gegenüber dem Gericht annehmen.**

²**Das Gericht stellt das Zustandekommen und den Inhalt eines nach Satz 1 geschlossenen Vergleichs durch Beschluss fest. ³§ 164 der Zivilprozessordnung gilt entsprechend. ⁴Der Beschluss ist den Beteiligten zuzustellen.**

Übersicht

	Rn.
1. Allgemeines	1
2. Verfahrensbeendigung durch Beschluss	2
3. Verwerfung der Anträge als unzulässig	3
4. Abweisung der Anträge als unbegründet	5
5. Sachentscheidung	6
6. Gütliche Einigung (Abs. 2, 4)	11
7. Weitere Beendigungsgründe, Insolvenz des Antragsgegners	18

1. Allgemeines

Abs. 1 und Abs. 3 entsprechen § 307 V UmwG aF. Mit dem SpruchG eingefügt **1** wurden die Regelungen zur Beendigung durch Vergleich (Abs. 2, 4). Der Gesetzgeber wollte eine „echte" Beendigung des Verfahrens durch Vergleich ermöglichen. Die Regelung ist an § 53a I 1 FGG aF (jetzt: § 36 I 2 FamFG) angelehnt (Begr. RegE, BT-Drs. 15/371, 16). Abs. 4 S. 1 wurde durch das UmRUG (zur erstmaligen Anwendung vgl. → § 17 Rn. 15) reformiert, um die zwischenzeitlichen Änderungen von § 278 VI 1 ZPO (vgl. auch § 36 III FamFG) nachzuholen (Begr. RegE, BT-Drs. 20/3822 zu § 11).

2. Verfahrensbeendigung durch Beschluss

Die Endentscheidung des Gerichts ergeht in der Form eines Beschlusses. Dies **2** entspricht der üblichen Form einer FGG-Entscheidung (§ 38 FamFG). Der Beschluss ist mit Gründen zu versehen. Diese müssen schriftlich abgefasst und dem Beschluss beigefügt sein (Dreier/Fritzsche/Verfürth/Dreier Rn. 7; Koch Rn. 2; K. Schmidt/Lutter/Klöcker/Wittgens Rn. 4; Hölters/Weber/Simons Rn. 3). Die **Begr.** hat eine Zusammenfassung des festgestellten Sachverhalts und der maßgeblichen Entscheidungsgründe zu enthalten (Dreier/Fritzsche/Verfürth/Dreier Rn. 17; NK-UmwR/Jaspers Rn. 4). Zu Rechtsmitteln gegen den Beschluss vgl. § 12 (zur Rechtsmittelbelehrung vgl. § 39 FamFG). Zur Bekanntmachung der Entscheidung vgl. § 14.

3. Verwerfung der Anträge als unzulässig

Soweit Verfahrensvoraussetzungen fehlen oder Verfahrenshindernisse eingreifen **3** (insbes. Verfristete Anträge und fehlende Antragsberechtigung, §§ 3, 4), werden die Anträge als unzulässig verworfen. Die Entscheidung kann bei Zuständigkeit der Kammer für Handelssachen der Vorsitzende alleine treffen (§ 2 V 1 Nr. 3; OLG Stuttgart BeckRS 2011, 15935; Widmann/Mayer/Wälzholz Rn. 12.1). Ist die Zuständigkeit einer normalen Zivilkammer begründet, bedarf es eines Beschlusses der Kammer, soweit nicht eine Übertragung auf den Einzelrichter erfolgt ist (→ § 2 Rn. 9). Sind alle Anträge unzulässig, werden diese auch dann als unzulässig verworfen, wenn zwischenzeitlich ein gem. Vertreter bestellt ist (Spindler/Stilz/Drescher Rn. 4; BeckOGK/Drescher Rn. 4; Widmann/Mayer/Wälzholz Rn. 10). Sein Recht zur Fortführung des Verfahrens setzt wenigstens eine zulässige Antragstellung voraus (näher → § 6 Rn. 21).

Soweit neben unzulässigen Anträgen auch nur ein einziger zulässiger Antrag **4** gestellt worden ist, erfolgt eine Sachentscheidung (Simon/Simon Rn. 4; Widmann/Mayer/Wälzholz Rn. 11). Die unzulässigen Anträge sind dennoch im Beschluss zurückzuweisen. Die Entscheidung erstreckt sich nach § 13 S. 2 auch auf diejenigen Antragsteller, deren Anträge zurückgewiesen wurden.

4. Abweisung der Anträge als unbegründet

5   Kommt das Gericht zu der Überzeugung, dass die angebotene bare Zuzahlung oder Barabfindung (zum Gegenstand → § 1 Rn. 2 ff.) angemessen ist, weist es die Anträge als unbegründet zurück. Diese Entscheidung ergeht auch, wenn das Gericht zu seiner Überzeugung feststellt, dass das Umtauschverhältnis zu günstig oder Barabfindung zu hoch ist. Eine **Verschlechterung** (reformatio in peius) kann durch das Spruchverfahren nicht eintreten (MüKoAktG/Krenek Rn. 6; Widmann/Mayer/Wälzholz Rn. 3.2; Lutter/Mennicke Rn. 2; Klöcker/Frowein Rn. 3; Dreier/Fritzsche/Verfürth/Dreier Rn. 11, 13; Simon/Simon Rn. 5; Kölner Komm AktG/Dorn Rn. 10; Spindler/Stilz/Drescher Rn. 4; BeckOGK/Drescher Rn. 4; Hölters/Weber/Simons Rn. 4; NK-UmwR/Jaspers Rn. 3; Emmerich/Habersack/Emmerich Rn. 10; K. Schmidt/Lutter/Klöcker/Wittgens Rn. 2; Drescher AG 2023, 337 Rn. 26).

5. Sachentscheidung

6   Kommt das Gericht zu der Entscheidung, dass das Umtauschverhältnis zu niedrig bemessen war oder die Mitgliedschaft beim übernehmenden Rechtsträger kein ausreichender Gegenwert für den Anteil oder die Mitgliedschaft war, setzt es die Höhe der **baren Zuzahlung** oder der zusätzlich zu gewährenden Aktien fest (zu den Ansprüchen → § 1 Rn. 2; zu den Festsetzungen im Zusammenhang mit zusätzlich zu gewährenden Aktien vgl. näher → § 10a Rn. 1). Entsprechendes gilt, wenn nach Überzeugung des Gerichts die **Barabfindung** für ausscheidende Anteilsinhaber zu niedrig bemessen oder nicht bzw. nicht ordnungsgemäß angeboten war (→ § 1 Rn. 4). Seit dem Ausschluss der Unwirksamkeitsklage auch für die Anteilsinhaber eines übernehmenden Rechtsträgers und damit verbunden deren Antragsberechtigung (§ 15 I 2 iVm § 14 II UmwG, § 125 UmwG, § 305 II UmwG, § 320 II UmwG) kann eine Sachentscheidung mit einer Abweisung der Anträge im Übrigen verbunden sein (Drescher AG 2023, 337 Rn. 27). Denn im Regelfall werden Verfahren, die Anträge der Anteilsinhaber des übertragenden und des übernehmenden Rechtsträgers derselben Umw zum Gegenstand haben, nach § 17 I iVm § 20 FamFG verbunden (vgl. → § 2 Rn. 6).

7   Eine Festsetzung der **gesetzlich** angeordneten **Verzinsung** (§ 15 II UmwG, § 30 I 2 UmwG, §§ 72a, 196, 208, 305 II UmwG, § 320 II UmwG) erfolgt nicht. Der Verzinsungsanspruch ergibt sich unmittelbar aus dem Gesetz. Da der Beschluss ohnehin kein Vollstreckungstitel ist (→ Rn. 9), erübrigt sich die Festsetzung auch aus diesem Grund (vgl. auch OLG Hamburg DB 2001, 2641: zu § 306 AktG; ebenso Dreier/Fritzsche/Verfürth/Dreier Rn. 15; Widmann/Mayer/Wälzholz Rn. 4.1; Simon/Simon Rn. 6; Kölner Komm AktG/Dorn Rn. 16; Spindler/Stilz/Drescher Rn. 6; BeckOGK/Drescher Rn. 7; Bürgers/Körber/Lieder/Theusinger/Deckers Rn. 1; aA OLG Karlsruhe AG 2005, 45 (48); Lutter/Mennicke Rn. 2; Semler/Stengel/Volhard, 3. Aufl. 2012, Rn. 3; Klöcker/Frowein Rn. 4; K. Schmidt/Lutter/Klöcker/Wittgens Rn. 2; Keßler/Kühnberger UmwR/Brügel Rn. 2; MüKoAktG/Krenek Rn. 4: Klarstellung). Ein **weitergehender Schaden** (Verzugszinsen) kann im Spruchverfahren nicht geltend gemacht werden. Hierzu bedarf es einer Leistungsklage im normalen Zivilprozess (Klöcker/Frowein Rn. 4; K. Schmidt/Lutter/Klöcker/Wittgens Rn. 2; Bürgers/Körber/Lieder/Theusinger/Deckers Rn. 2; auch → § 16 Rn. 4).

8   Die Entscheidung umfasst nicht mögliche **Gegenansprüche** des Antragsgegners. Diese sind notfalls in einer anschließenden Zahlungsklage (→ § 16 Rn. 4 f.) einzuwenden. Zur Anrechnung zwischenzeitlicher **Dividendenzahlungen** → § 16 Rn. 7.

Der Beschluss hat nur **feststellenden Charakter.** Er ist kein tauglicher Titel 9 für die Zwangsvollstreckung. Dieser muss nötigenfalls im ordentlichen Zivilprozess erstritten werden (→ § 16 Rn. 2; BGH NZG 2019, 470; K. Schmidt/Lutter/Klöcker/Wittgens Rn. 3; NK-UmwR/Jaspers Rn. 8; Dreier/Fritzsche/Verfürth/Dreier Rn. 24; Widmann/Mayer/Wälzholz Rn. 16 MüKoAktG/Krenek Rn. 5; Emmerich/Habersack/Emmerich Rn. 10). Entsprechendes gilt für die gesetzliche Zinsverpflichtung (→ § 16 Rn. 4; zur **Kostenentscheidung** vgl. § 15).

Der gerichtliche Beschluss ist allen Beteiligten (Antragsteller, gem. Vertreter, 10 Antragsgegner) **zuzustellen** (Abs. 3). Dies entspricht der bisherigen Regelung (§ 307 II UmwG aF). Die Zustellung richtet sich nach §§ 166 ff. ZPO (§ 15 II FamFG: nach dem klaren Wortlaut kommt nur Zustellung in Betracht). Hintergrund ist, dass durch die Zustellung der Lauf der Beschwerdefrist nach § 12 I 1 iVm § 63 FamFG beginnt.

6. Gütliche Einigung (Abs. 2, 4)

Die Regelung in Abs. 2 ist mit dem SpruchG eingeführt worden. Der Gesetzgeber 11 sah eine gütliche Einigung als grds. Immer wünschenswert an; sie könne am schnellsten und effektivsten den Rechtsfrieden wiederherstellen. Daher sollte eine „echte" Beendigung des Verfahrens durch Vergleich ermöglicht werden (Begr. RegE, BT-Drs. 15/371, 16). Bereits nach früherem Recht bestand die Möglichkeit zu einem Vergleich. Die Beendigung des Verfahrens bewirkte er indes nur mittelbar, wenn alle Verfahrensbeteiligten einschl. des gem. Vertreters zustimmten und verfahrensrechtlich alle Antragsteller ihre Anträge zurücknahmen, der gem. Vertreter auf die Fortsetzung des Verfahrens verzichtete oder übereinstimmende Erledigungserklärungen abgegeben wurden (vgl. → 3. Aufl. 2001, UmwG § 307 Rn. 57 f.). Die jetzige Regelung in Abs. 2 ist an § 53a I 1 FGG aF (jetzt: § 36 I 2 FamFG) angelehnt (Begr. RegE, BT-Drs. 15/371, 16). Der Wortlaut unterscheidet sich allerdings insofern, als nach Abs. 2 das Gericht auf eine gütliche Einigung bedacht sein soll, während nach § 36 I 2 FamFG (zuvor § 53a I 1 FGG aF) das Gericht darauf hinwirken soll. Ersteres entspricht der Formulierung in § 278 I ZPO. Der Unterschied dürfte praktisch kaum wahrnehmbar sein (vgl. MüKoAktG/Krenek Rn. 11; Semler/Stengel/Volhard, 3. Aufl. 2012, Rn. 6: nur ein gradueller Unterschied; ebenso Simon/Simon Rn. 10 Fn. 27). Gemeint ist ein **Bemühen des Gerichts,** Vergleichsmöglichkeiten festzustellen und den Einigungsprozess zu unterstützen, nicht aber, mit vermeintlich oder realistischen Drohszenarien einen zu hohen Druck zu erzeugen (MüKoAktG/Krenek Rn. 11; Widmann/Mayer/Wälzholz Rn. 17.1). Einer Güteverhandlung nach dem Vorbild von § 278 II–V ZPO bedarf es nicht (Koch Rn. 5; Klöcker/Frowein Rn. 10; K. Schmidt/Lutter/Klöcker/Wittgens Rn. 7; Lutter/Mennicke Rn. 6; Büchel NZG 2003, 793 (799); vgl. aber Dreier/Fritzsche/Verfürth/Dreier Rn. 33: Verhandlung zur Güte).

Ein gerichtlicher Vergleich setzt die **Zustimmung aller Beteiligten** voraus (krit. 12 Noack NZG 2014, 92; dagegen Haspl NZG 2014, 487). Dies sind alle Antragsteller, Antragsgegner und der gem. Vertreter. Die Beteiligung des gem. Vertreters folgt schon aus seiner Befugnis nach § 6 III (Widmann/Mayer/Wälzholz Rn. 25; Semler/Stengel/Volhard, 3. Aufl. 2012, Rn. 8; K. Schmidt/Lutter/Klöcker/Wittgens Rn. 8; Spindler/Stilz/Drescher Rn. 13; BeckOGK/Drescher Rn. 14; Hölters/Weber/Simons Rn. 14; Dreier/Fritzsche/Verfürth/Dreier Rn. 36; aA Simon/Simon Rn. 17 f.: keine Zustimmung, aber Erklärung hinsichtlich § 6 III). Auch der gem. Vertreter nach §§ 6a–6c muss zustimmen, da er die nicht-antragsberechtigten Anteilsinhaber vertritt (→ § 6a Rn. 1 f.; NK-UmwR/Jaspers Rn. 10; Widmann/Mayer/Wälzholz Rn. 25). Den Vorschlag, einen qualifizierten Mehrheitsvergleich zu ermöglichen (vgl. Puszkajler ZIP 2003, 518 (521); Dreier/Fritzsche/Verfürth/Dreier Rn. 37 ff.; vgl. auch Wollin AG 2022, 474 Rn. 13 ff.), hat der Gesetzgeber nicht aufgegriffen; in der Gerichtspraxis würde dies begrüßt werden (Engel/Puszkajler BB 2012, 1687 (1691); Noack ZRP 2015, 81 (83)). Vgl. aber nun die mit dem UmRUG eingefügte mehrheitskonsensuale **Schätzungsbefugnis des Gerichts** nach § 11a (→ § 11a Rn. 1). Zu den Pflichten eines **Insolvenzverwalters** der Antragsgegnerin beim Vergleichsschluss vgl. OLG München NZG 2010, 1233.

13 Über den in der mündlichen Verhandlung geschlossenen gerichtlichen Vergleich ist eine **Niederschrift** aufzunehmen. Zu den sinnvollen Inhalten vgl. Kölner Komm AktG/Dorn Rn. 39 ff. und Dreier/Fritzsche/Verfürth/Dreier Rn. 47 ff. Hierfür gelten die Vorschriften für die Niederschrift über einen Vergleich in bürgerlichen Rechtsstreitigkeiten entsprechend (Abs. 2 S. 2). Maßgebend sind damit §§ 159–165 ZPO. Die Niederschrift über einen Vergleich ist ebenso wie eine Beschlussentscheidung den Beteiligten zuzustellen (Abs. 3; → Rn. 10).

14 Abs. 2 S. 3 bestimmt, dass sich die **Vollstreckung** nach den Vorschriften der ZPO richtet. Dies bedeutet aber nicht, dass der Vergleich Vollstreckungstitel für den individuellen Anspruch auf Zuzahlung oder Barabfindung ist. Ebenso wie der Beschluss nach Abs. 1 hat der Inhalt des Vergleichs **lediglich feststellende Wirkung.** Die individuellen Ansprüche müssen ggf. mit der Leistungsklage (→ § 16 Rn. 2) verfolgt werden (zutr. MüKoAktG/Krenek Rn. 14; Semler/Stengel/Volhard, 3. Aufl. 2012, Rn. 9; Koch Rn. 6; Lutter/Mennicke Rn. 9; Widmann/Mayer/Wälzholz Rn. 51). Nur in seltenen Fällen wird der Vergleich einen unmittelbar vollstreckbaren Inhalt haben können (Koch Rn. 6; Dreier/Fritzsche/Verfürth/Dreier Rn. 56; MüKoAktG/Krenek Rn. 14; Spindler/Stilz/Drescher Rn. 15; BeckOGK/Drescher Rn. 16; Lutter/Mennicke Rn. 9). Er ist indes ein Titel, aus dem **Kostenfestsetzung** beantragt werden kann (Semler/Stengel/Volhard, 3. Aufl. 2012, Rn. 9; Bürgers/Körber/Lieder/Theusinger/Göz Rn. 2; Dreier/Fritzsche/Verfürth/Dreier Rn. 55).

15 Der Vergleich **beendet** das Spruchverfahren. Rechtsmittel sind nicht möglich (vgl. allerdings § 164 ZPO). Zur Wirkung eines Teilvergleichs einzelner Beteiligter vgl. auch → § 13 Rn. 5. Regelmäßig wird der Vergleich auch eine Kostenregelung enthalten, anderenfalls gilt § 15 entsprechend (Semler/Stengel/Volhard, 3. Aufl. 2012, Rn. 9). Der Vergleich hat allerdings **keine Inter-omnes-Wirkung** nach § 13 S. 2. Er entfaltet Rechtswirkungen nur zwischen den Parteien (Lutter/Mennicke Rn. 7; Klöcker/Frowein Rn. 12; K. Schmidt/Lutter/Klöcker/Wittgens Rn. 9; Hölters/Weber/Simons Rn. 15; MüKoAktG/Krenek Rn. 14; Zimmer/Meese NZG 2004, 201 (203); aA Simon/Simon Rn. 20; Dreier/Fritzsche/Verfürth/Dreier Rn. 46). Der gem. Vertreter wird dem Vergleich daher regelmäßig nur zustimmen können, wenn sich der Antragsgegner – wie in der Praxis üblich – im Vergleich verpflichtet, die nicht-antragstellenden Antragsberechtigten wie die Antragsteller zu behandeln (Vertrag zugunsten Dritter, § 328 BGB; auch → § 6 Rn. 21; Lutter/Mennicke Rn. 7; Kölner Komm AktG/Dorn Rn. 34; Hölters/Weber/Simons Rn. 15; Emmerich/Habersack/Emmerich Rn. 16; NK-UmwR/Jaspers Rn. 14; Widmann/Mayer/Wälzholz Rn. 47; MüKoAktG/Krenek Rn. 14). Der Vergleich wird auch nicht nach § 14 bekannt gemacht (→ § 14 Rn. 1). In der Praxis wird die Bekanntmachung durch den Antragsgegner und die entsprechende Geltung der Annahmefrist (etwa § 31 S. 2 UmwG) jedoch regelmäßig ebenfalls Inhalt des Vergleichs.

16 Ein **Vergleich** kann auch ohne mündliche Verhandlung **im schriftlichen Verfahren** geschlossen werden. Abs. 4 aF übernahm auf Anregung des Bundesrats (BT-Drs. 15/371, 24) fast wortwörtlich § 278 VI ZPO; die zwischenzeitliche Änderung dieser Vorschrift wurde mit dem UmRUG (zur erstmaligen Anwendung vgl. → § 17 Rn. 15) auch in Abs. 4 S. 1 nachvollzogen. Demzufolge kann ein Vergleich auch dadurch geschlossen werden, dass die Beteiligten dem Gericht einen schriftlichen Vergleichsvorschlag unterbreiten oder einen schriftlichen oder zu Protokoll der mündlichen Verhandlung erklärten Vergleichsvorschlag des Gerichts durch

Schriftsatz oder durch Erklärung zu Protokoll der mündlichen Verhandlung gegenüber dem Gericht annehmen. Gemeint sind sämtliche Antragsteller, der ggf. schon bestellte gem. Vertreter wie auch der gem. Vertreter nach §§ 6a–6c und die Antragsgegner, die alle zustimmen müssen. Der textliche Vergleichsvorschlag kann von den Beteiligten schriftlich unterbreitet (Abs. 4 S. 1 Nr. 1) oder vom Gericht (Abs. 4 S. 1 Nr. 2) schriftlich vorbereitet werden oder zu Protokoll der mündlichen Verhandlung erklärt werden (Abs. 4 S. 1 Nr. 2). In der ersten Alternative muss jeder Beteiligte (zum Anwaltszwang → § 5a Rn. 1) gegenüber dem Gericht durch Schriftsatz (elektronisches Dokument, § 14b FamFG) oder durch Erklärung zu Protokoll der mündlichen Verhandlung erklären, dass über den Vorschlag Einigkeit herrscht oder ihm wenigstens zugestimmt wird. In der zweiten Alternative müssen die Parteien den Vorschlag des Gerichts durch Schriftsatz (elektronisches Dokument, § 14b FamFG) oder durch Erklärung zu Protokoll der mündlichen Verhandlung annehmen. Ausreichend ist eine Kombination von Erklärungen durch Schriftsatz (der in der mündlichen Verhandlung nicht erschienenen Beteiligten) und durch Erklärung zu Protokoll der mündlichen Verhandlung (sofern alle Beteiligten in der mündlichen Verhandlung anwesend sind, kann der Vergleich ohnehin durch Niederschrift protokolliert werden; → Rn. 13). Da eine Niederschrift nach §§ 159 ff. ZPO wegen der – wenigstens von einigen Beteiligten – nur schriftsätzlichen Erklärungen für den Vergleich ausscheidet, wird das Zustandekommen und der Vergleichsinhalt durch Beschluss festgestellt (Abs. 4 S. 2). Für Unrichtigkeiten im Beschluss gilt § 164 ZPO entsprechend. Trotz der Beschlussform unterscheiden sich die Wirkungen zu einem Vergleich nach Abs. 2 grds. nicht. Der Beschluss **beendet** das **Verfahren** und stellt den Inhalt (angemessene bare Zuzahlung, angemessene Barabfindung) bindend fest. Er wirkt nicht für und gegen alle (§ 13 S. 2; insoweit → Rn. 15). Der Beschluss ist ebenso wie der zur Niederschrift aufgenommene Vergleich nach Abs. 2 Vollstreckungstitel, aus dem die Kostenfestsetzung beantragt werden kann, regelmäßig jedoch nicht Vollstreckungstitel für den Leistungsinhalt (→ Rn. 14). Der Beschluss ist den Beteiligten zuzustellen (Abs. 4 S. 4; → Rn. 10).

Ein **außergerichtlicher Vergleich einzelner Antragsteller** mit dem Antrags- 17 gegner bleibt weiterhin möglich (Zimmer/Meese NZG 2004, 201 (202); Simon/Simon Rn. 34; Spindler/Stilz/Drescher Rn. 13; BeckOGK/Drescher Rn. 13). Er entfaltet jedoch keine verfahrensrechtlichen Wirkungen. Inhaltlich legt er den individuellen Anspruch der einen Vergleich schließenden Antragsteller fest (→ § 13 Rn. 5). Aus dem Verfahren scheidet der Antragsteller erst nach Antragsrücknahme aus. Zu den Möglichkeiten des gem. Vertreters in diesen Fällen → § 6 Rn. 21. Zu den Wirkungen vgl. auch → § 13 Rn. 5.

7. Weitere Beendigungsgründe, Insolvenz des Antragsgegners

Unverändert kann ein Spruchverfahren auch **durch Rücknahme aller Anträge** 18 beendet werden (zur Antragsrücknahme → § 4 Rn. 15). Der gem. Vertreter erhält dann allerdings eine Verfahrensstellung, die einem Antragsteller gleichsteht (§ 6 III; → § 6 Rn. 21). Er kann das Verfahren fortführen. Nur wenn er sich gegen die Fortführung entscheidet, endet das Verfahren endgültig.

Ein **Anerkenntnis** durch den Antragsgegner führt nicht zur Verfahrensbeendi- 19 gung, da das FGG-Verfahren keine Anerkenntnisentscheidung kennt. Sie hat allerdings die Wirkung eines Geständnisses, sodass eine weitere Amtsermittlung (→ § 8 Rn. 8) überflüssig wird. Das Gericht hat die zugestandenen Tatsachen seiner Entscheidung (Beschluss; → Rn. 2) zugrunde zu legen (Semler/Stengel/Volhard, 3. Aufl. 2012, Rn. 15; Spindler/Stilz/Drescher Rn. 21; BeckOGK/Drescher Rn. 22; Hölters/Weber/Simons Rn. 25; NK-UmwR/Jaspers Rn. 23).

Auch **übereinstimmende Erledigungserklärungen** aller Beteiligten (auch der 20 gem. Vertreter) beenden das Verfahren. In diesem Fall ist nur noch über die Kosten zu entscheiden (Semler/Stengel/Volhard, 3. Aufl. 2012, Rn. 16; MüKoAktG/Krenek Rn. 17; Kölner Komm AktG/Dorn Rn. 58; Lutter/Mennicke Rn. 17; Bürgers/Körber/Lieder/Theusinger/Göz Rn. 5; NK-UmwR/Jaspers Rn. 22). Zu Fällen der Erledigungserklärung **von Amts wegen** Semler/Stengel/Volhard, 3. Aufl. 2012, Rn. 17; Kölner Komm AktG/Dorn Rn. 61

21 Durch die Eröffnung des **Insolvenzverfahrens** über das Vermögen des Antragsgegners wird das Spruchverfahren nicht in entsprechender Anwendung von § 240 ZPO unterbrochen (BGH NZG 2019, 470).

§ 11a Ermittlung der Kompensation durch das Gericht

Einigen sich der Antragsgegner, die gemeinsamen Vertreter und eine Mehrheit von Antragstellern, die mindestens 90 Prozent des von sämtlichen Antragstellern gehaltenen Grund- oder Stammkapitals umfasst, auf eine bestimmte Kompensation, so kann das Gericht deren Höhe im Rahmen seiner Schätzung berücksichtigen.

1 Die Regelung wurde mit dem UmRUG eingefügt und soll der Prozessökonomie dienen. Eine Verfahrensbeendigung durch Vergleich setzt die Zustimmung aller Beteiligten voraus. Aus der Praxis wurde immer wieder ein qualifizierter Mehrheitsvergleich befürwortet (→ § 11 Rn. 12). Dem ist der Gesetzgeber nicht gefolgt, hat aber mit § 11a die Zulässigkeit einer mehrheitskonsensualen Schätzung ausdrücklich geregelt (vgl. zum bisherigen Meinungsbild OLG Düsseldorf AG 2013, 807; NZG 2013, 1393; Emmerich/Habersack/Emmerich § 11 Rn. 13; BeckOGK/Drescher, 1.1.2023, § 11 Rn. 13; Spindler/Stilz/Drescher § 11 Rn. 13; Wollin AG 2022, 474 Rn. 8 ff.; vgl. auch → § 8 Rn. 9). Die Möglichkeit besteht sowohl in der 1. Instanz als auch im Beschwerdeverfahren.

2 Voraussetzung ist zunächst die Einigung auf eine bestimmte Kompensation zwischen einer **qualifizierten Mehrheit** der Beteiligten. Der Antragsgegner (bei mehreren → § 5 Rn. 2: alle) und sämtliche gem. Vertr. (auch diejenigen nach §§ 6a–6c; Drescher AG 2023, 337 Rn. 42) müssen zustimmen. Lediglich auf der Seite der Antragsteller müssen sich nicht alle, sondern eine Mehrheit, die mindestens 90 % des von sämtlichen Antragstellern gehaltenen Grund- oder Stammkapitals umfasst, auf eine bestimmte Kompensation geeinigt haben. Nach dem klaren Wortlaut kommt es auf ggf. abweichende Stimmbeteiligungen (Mehrstimmrechten etc) nicht an. Für die Bestimmung des Quorums ist nach dem Zweck der Regelung (verfahrensökonomische Beendigung) nur auf diejenigen Antragsteller abzustellen, die einen zulässigen Antrag gestellt und diesen noch nicht zurückgenommen haben. Für die Ermittlung der Höhe der jeweiligen Beteiligung am Grundkapital kann das Gericht bei Aktionären (AG, KGaA) im Regelfall auf die Unterlagen zurückgreifen, die nach § 3 S. 3 vorzulegen sind (→ § 3 Rn. 7). Ferner kann das Gericht im Grundsatz die Soll-Angaben nach § 4 II 3 heranziehen, sofern keine Anhaltspunkte für deren Unrichtigkeit bestehen (vgl. auch Drescher AG 2023, 337 Rn. 41). Im Übrigen kann bei GmbH auf die Eintragungen in der Gesellschafterliste (§ 40 GmbHG) zurückgegriffen werden. Bei Spruchverfahren infolge von Umw (§ 1 Nr. 5) können auch Antragsteller aufgrund ihrer Beteiligung an einer PersGes antragsberechtigt sein. Trotz des Wortlauts („Grund- oder Stammkapital") wird man von einer grundsätzlichen Aussage des Gesetzgebers und damit auch hier von der Zulässigkeit einer mehrheitskonsensualen Schätzung ausgehen können. In diesem Fall ist auf die für die Vermögensbeteiligung maßgebliche Beteiligungshöhe, etwa die Beteiligung am Festkapital, abzustellen, die vom Gericht ggf. zu ermitteln ist.

3 Die qualifizierte Anzahl an Beteiligten muss sich auf eine bestimmte **Kompensation** geeinigt haben. Die Einigung muss sich also auf eine bestimmte Höhe einer baren Zuzahlung oder einer Barabfindung oder auf einen bestimmten Umfang der Gewährung zusätzlicher Aktien beziehen (§ 1 Nr. 5 und Nr. 6). Die Einigung muss durch schriftsätzliche Erklärungen oder Erklärungen zu Protokoll der mündlichen Verhandlung der Beteiligten dokumentiert werden. Eines Zwischenbeschlusses des Gerichts bedarf es nicht. Die Voraussetzungen für die erleichterte Schätzung sind im die Instanz abschließenden Beschluss mit der Endentscheidung (→ § 11 Rn. 2, → § 12 Rn. 8) im Zusammenhang mit der Begründung der Sachentscheidung darzulegen und zu begründen. Liegen die Voraussetzungen tatsächlich nicht vor, kann darauf eine Beschwerde gestützt werden.

Trotz der mehrheitlichen Einigung müssen die **Voraussetzungen für eine gerichtliche Schätzung** erfüllt sein (Begr. RegE, BT-Drs. 20/3822 zu § 11a; Drescher AG 2023, 337 Rn. 44). Insofern besteht ein Unterschied zu einem Vergleich nach § 11 Abs. 2, 4. Ob das Gericht den Wert, auf den sich die Beteiligten geeinigt haben, einer Schätzung zugrunde legt, entscheidet es nach pflichtgemäßem Ermessen („kann"; Wollin AG 2022, 474 Rn. 24). Die Einigung der qualifizierten Mehrheit der Beteiligten wird aber regelmäßig ein gewichtiger Aspekt bei der gerichtlichen Schätzung sein, zumal die gem. Vertreter mitwirken müssen. Das Gericht muss dennoch die Tatsachen so weit **ermitteln,** dass eine gerichtliche Schätzung möglich ist (vgl. auch Sturm/Stottmann NZG 2020, 974 (978). Denn im Grundsatz bleibt es dabei, dass eine Kompensation geschuldet ist, die zu einem angemessenen Umtauschverhältnis oder einer angemessenen Barabfindung führt (vgl. § 15 I 1 UmwG, § 34 S. 1 UmwG). Da die Entscheidung des Gerichtes für und gegen alle Anteilsinhaber wirkt (§ 13 S. 2; → § 13 Rn. 3), muss nach der Überzeugung des Gerichts der Betrag der Kompensation, auf den sich die Beteiligten mehrheitlich geeinigt haben, wenigstens **plausibel** sein. Hierbei ist zu beachten, dass ein einzig wahrer Unternehmenswert nicht besteht und die Planungen und Prognosen nur eingeschränkt gerichtlich überprüft werden können (vgl. → § 8 Rn. 8). Die mehrheitskonsensuale Schätzung wird im Regelfall mindestens voraussetzen, dass die ursprünglichen Bewertungsrügen entweder entkräftet oder in dem Einigungsvorschlag (§ 4 II 1 Nr. 4; → § 4 Rn. 3) angemessen berücksichtigt sind und diese mit dem Umwandlungsprüfer als sachverständiger Zeuge erörtert worden sind (§ 8 II 1; → § 8 Rn. 3). Um den Beschleunigungszweck zu erfüllen, bedarf es aber bei Vorliegen der qualifizierten Einigung regelmäßig keiner Bestellung eines weiteren Sachverständigen (→ § 8 Rn. 8). Der gerichtlich festgesetzte Wert der Kompensation muss nicht mit demjenigen, auf den sich die Beteiligten geeinigt haben, der Höhe nach übereinstimmen. Dieser Wert kann „berücksichtigt", aber vom Gericht etwa durch Zu- und Abschläge nochmals modifiziert werden (Drescher AG 2023, 337 Rn. 44). Im Übrigen gelten die Grundsätze nach § 287 ZPO.

§ 12 Beschwerde

(1) ¹**Gegen die Entscheidungen nach § 11 findet die Beschwerde statt.** ²**Sie ist durch Einreichung einer Beschwerdeschrift bei dem Beschwerdegericht einzulegen; § 68 Absatz 1 des Gesetzes über das Verfahren in Familiensachen und in den Angelegenheiten der freiwilligen Gerichtsbarkeit ist nicht anzuwenden.** ³**Die Beschwerde ist zu begründen.**

(2) ¹**Die Landesregierung kann die Entscheidung über die Beschwerde durch Rechtsverordnung für die Bezirke mehrerer Oberlandesgerichte einem der Oberlandesgerichte oder dem Obersten Landesgericht übertragen, wenn dies zur Sicherung einer einheitlichen Rechtsprechung dient.** ²**Die Landesregierung kann die Ermächtigung auf die Landesjustizverwaltung übertragen.**

B SpruchG § 12 1, 2

1. Allgemeines

1   Die Vorschrift geht auf § 309 UmwG aF zurück. Sie regelt das Rechtsmittel gegen die Entscheidung 1. Instanz, die **Beschwerde**. Die Anregung der Regierungskommission „Corporate Governance", eine reine Rechtsbeschwerde einzuführen, wurde nicht aufgegriffen (Begr. RegE, BT-Drs. 15/371, 16). Die Beschwerde dient der Überprüfung in tatsächlicher und rechtlicher Hinsicht (§ 65 III FamFG). Die Vorschrift wurde durch das FGG-RG (BGBl. 2008 I 3044) mWv 1.9.2009 an den neu geregelten Rechtsmittelzug des FamFG angepasst (vgl. dazu auch Preuß NZG 2009, 961). **Abs. 1** wurde durch das UmRUG geändert, da wegen der Einfügung von § 5a ohnehin die Vertretung durch einen Rechtsanwalt zwingend ist (S. 2 Hs. 1). Die Abhilfebefugnis des LG (§ 17 I iVm § 68 I FamFG) wurde ausgeschlossen (S. 2 Hs. 2), da dies in der Praxis nur zu Verzögerungen führte (Begr. RegE, BT-Drs. 20/3822 zu § 12). Infolgedessen ist die Beschwerde nun beim Beschwerdegericht einzulegen und zwingend (Vorrang vor der Sollvorschrift nach § 17 I iVm § 65 I FamFG) zu begründen, um die Begründungspflicht des verfahrenseinleitenden Antrags nach § 4 II konsequent auch auf die Beschwerdeinstanz zu übertragen (Begr. RegE, BT-Drs. 20/3822 zu § 12). Den Vorschlag zu einer weiteren Reform unterbreiten Dreier/Riedel BB 2013, 326: Eingangs- und Letztzuständigkeit des OLG (→ § 2 Rn. 2).

2. Beschwerde

2   **a) Statthaftigkeit.** Die Beschwerde ist gegen sämtliche das Verfahren 1. Instanz **abschließende Entscheidungen des LG** statthaft (§ 17 I iVm § 58 FamFG). Die Entscheidung muss also die Verwerfung des Antrags als unzulässig, die Zurückweisung des Antrags als unbegründet oder die Bestimmung einer angemessenen baren Zuzahlung oder angemessenen Barabfindung oder die Gewährung zusätzlicher Aktien zum Inhalt haben. Auch die Feststellung der Erledigung der Hauptsache kann mit der Beschwerde angefochten werden (OLG Hamburg Der Konzern 2005, 520 (521)). Die Beschwerde ist auch das statthafte Rechtsmittel, wenn nach § 2 II 2 der Vorsitzende der Kammer für Handelssachen entschieden hat. **Zwischen- und Nebenentscheidungen** sind nach der Reform des FGG-Verfahrens grds. nicht isoliert anfechtbar (§ 58 FamFG; OLG Düsseldorf NZG 2019, 65; 2016, 509; 2015, 518; zur Bestimmung des Geschäftswerts einer nicht statthaften Beschwerde vgl. OLG Düsseldorf NZG 2019, 749). Andere Bestimmungen iSv § 58 I FamFG enthält das SpruchG nicht. Selbstständig anfechtbar sind indes Zwischenentscheidungen über Verfahrensvoraussetzungen analog § 280 ZPO iVm § 58 I FamFG (OLG Düsseldorf NZG 2019, 65; OLG Jena BeckRS 2015, 07248; OLG Stuttgart AG 2015, 326; MüKoAktG/Krenek Rn. 10; Lutter/Mennicke Rn. 5; K. Schmidt/Lutter/Klöcker/Wittgens Rn. 3; Hölters/Weber/Simons Rn. 6; vgl. auch Dreier/Fritzsche/Verfürth/Fritzsche Rn. 33; Widmann/Mayer/Wälzholz Rn. 3.2). Vgl. ferner § 6 II FamFG, § 21 II FamFG, § 33 III 5 FamFG, § 35 V FamFG, § 42 III FamFG und § 85 FamFG iVm § 104 III 1 ZPO. Die (sonstigen) Zwischen- und Nebenentscheidungen unterliegen der Beurteilung im Beschwerdeverfahren über die Endentscheidung (OLG Düsseldorf NZG 2016, 509; Preuß NZG 2009, 961 (965)). Der **Beschwerdewert von 600 EUR** (§ 61 FamFG) ist zu beachten (BGH NZG 2018, 1394; OLG München AG 2019, 659; KG ZIP 2016, 1678). Dabei sind die Werte mehrerer gegen denselben Beschluss im Spruchverfahren erster Instanz gerichteter Beschwerden, die das gleiche Rechtsschutzziel verfolgen, bei der Berechnung des Werts des Beschwerdegegenstands nach § 61 FamFG zusammenzurechnen (BGH NZG 2018, 1394). Der Beschwerdewert richtet sich nach dem vermögensrechtlichen Interesse, also der angestrebten Kompensation (Emmerich/Habersack/Emmerich Rn. 4). Er wird regelmäßig in Spruchverfahren überschritten sein (vgl. aber

Beschwerde 3, 4 § 12 SpruchG B

den Fall von BGH NZG 2018, 1394). Der Beschwerdewert ist unerheblich, wenn das LG die Beschwerde zugelassen hat (§ 17 I iVm § 61 II FamFG; K. Schmidt/Lutter/Klöcker/Wittgens Rn. 14; Emmerich/Habersack/Emmerich Rn. 6).

b) Form und Frist. Die Beschwerde ist innerhalb einer Frist von **einem Monat** 3 einzulegen (§ 17 I iVm § 63 I FamFG). Die Frist beginnt mit der Zustellung der angegriffenen gerichtlichen Entscheidung (§ 17 I iVm § 63 III 1 FamFG iVm § 11 III). Bei unverschuldeter Fristversäumnis ist Wiedereinsetzung in den vorigen Stand nach § 17 I iVm § 17 I FamFG möglich (MüKoAktG/Krenek Rn. 21; Widmann/Mayer/Wälzholz Rn. 6.4; Klöcker/Frowein Rn. 7; K. Schmidt/Lutter/Klöcker/Wittgens Rn. 15; Spindler/Stilz/Drescher Rn. 4; BeckOGK/Drescher Rn. 4; Emmerich/Habersack/Emmerich Rn. 10). Unabhängig vom Fristablauf bleibt die **unselbstständige Anschlussbeschwerde** möglich (§ 66 FamFG; BGH NZG 2012, 191 (192); Preuß NZG 2009, 961 (965); MüKoAktG/Krenek Rn. 27; Widmann/Mayer/Wälzholz Rn. 14; Lutter/Mennicke Rn. 12; Kölner Komm AktG/Wilske/Quinke Rn. 32; Bürgers/Körber/Lieder/Theusinger/Göz Rn. 1; Hölters/Weber/Simons Rn. 10; Dreier/Fritzsche/Verfürth/Fritzsche Rn. 45; NK-UmwR/Jaspers Rn. 14; Emmerich/Habersack/Emmerich Rn. 11). Diese ist aber nur im Verhältnis zur Hauptbeschwerde des Verfahrensgegners (also etwa nicht im Verhältnis zu den Beschwerden anderer Antragsteller) möglich (OLG Stuttgart NZG 2007, 237; Emmerich/Habersack/Emmerich Rn. 11). Sie kann sich auch nur gegen die Kosten- und Auslagenentscheidung richten (BGH NZG 2012, 191 (192)). Sie wird wirkungslos, wenn die selbstständige Beschwerde zurückgenommen wird. Die Rücknahme der Beschwerde ist grds. nicht rechtsmissbräuchlich (BayObLG DB 2001, 191).

Seit der Änderung von Abs. 1 durch das **UmRUG** (zur erstmaligen Anwendung 4 vgl. → § 17 Rn. 15) ist die Beschwerde durch Einreichung einer Beschwerdeschrift (elektronisches Dokument, § 14b FamFG) beim Beschwerdegericht einzulegen (Abs. 1 S. 2 Hs 1). Ein **Abhilfeverfahren** vor dem LG nach § 17 I iVm § 68 I findet nicht statt (Abs. 1 S. 2 Hs 2). Die Einlegung muss nach § 5a durch einen **Anwalt als Bevollmächtigten** erfolgen (→ § 5a Rn. 1). Sind der gem. Vertreter (für Verfahren mit Antragstellung ab dem 1.3.2023 ist als gem. Vertreter ein Rechtsanwalt zu bestellen (→ § 6 Rn. 6) oder ein Antragsteller selbst RA, können sie die Beschwerdeschrift selbst einreichen (Widmann/Mayer/Wälzholz Rn. 12). Die Beschwerdeschrift muss die Bezeichnung des angefochtenen Beschlusses sowie die Erklärung enthalten, dass Beschwerde gegen diesen Beschluss eingelegt wird (§ 17 I iVm § 64 II 1 FamFG). Dies muss aus der Beschwerdeschrift erkennbar sein (Semler/Stengel/Volhard, 3. Aufl. 2012, Rn. 10d; Dreier/Fritzsche/Verfürth/Fritzsche Rn. 42). Es bedarf **keines** bestimmten **Antrags** (OLG Frankfurt a. M. BeckRS 2012, 20564; OLG München AG 2007, 287 (288); OLG Frankfurt a. M. NZG 2007, 875; Semler/Stengel/Volhard, 3. Aufl. 2012, Rn. 10d; Koch Rn. 5; MüKoAktG/Krenek Rn. 20; Lutter/Mennicke Rn. 12). Eine Beschwerde nach einem erstinstanzlichen Verfahren, das ab dem 1.3.2023 beantragt worden ist (zur erstmaligen Anwendung vgl. → § 17 Rn. 15), muss entgegen dem Regelfall in Verfahren der freiwilligen Gerichtsbarkeit (§ 17 I iVm § 65 I FamFG) **begründet** werden (Abs. 1 S. 3). Eine fehlende oder ungenügende Begr. führt indes anders als ein Begründungsmangel bei der Antragsbegründung nach § 4 Abs. 2 (→ § 4 Rn. 8) nicht zur Zurückweisung der Beschwerde als unzulässig (BeckOGK/Drescher Rn. 7; Drescher AG 2023, 337 Rn. 50). Das Beschwerdegericht muss indes ohne konkrete Rügen nicht alle Aspekte der erstinstanzlichen Entscheidung neu überprüfen (OLG Düsseldorf NZG 2023, 160 Rn. 26; OLG München NZG 2022, 362 Rn. 30; s. auch → Rn. 8). Die Begr muss erkennen lassen, weswegen die Entscheidung des LG fehlerhaft ist. Neben der Darlegung von eventuellen Verfahrensfehlern erfordert dies insbesondere den Vortrag, weswegen die Entscheidung des LG einen nicht angemessenen Unternehmenswert berücksichtigt. Hierfür gelten die Maßstäbe wie bei § 4 II 2 Nr. 4 (→ § 4 Rn. 12). Zweckmäßigerweise sollte die Beschwerde indes nach dem Leitbild von § 4 II begründet werden (Koch Rn. 5; Semler/Stengel/Volhard, 3. Aufl. 2012, Rn. 10d). Zum Ausschluss der Zuständigkeit als Beschwerdegrund vgl. § 17 I iVm § 65 IV FamFG. Für das weitere Beschwerdeverfahren besteht in Altfällen (zur erstmaligen Anwendung vgl. → § 17 Rn. 15) **kein Anwaltszwang** (Klöcker/Frowein Rn. 9; MüKoAktG/Krenek Rn. 18; Semler/Stengel/Volhard, 3. Aufl. 2012, Rn. 10c; Lutter/Mennicke Rn. 12; Hölters/Weber/Simons Rn. 8; NK-UmwR/Jaspers Rn. 12).

5 c) **Beschwerdeberechtigung.** Die Beschwerdeberechtigung richtet sich nach § 59 FamFG (§ 17 I). Beschwerdeberechtigt ist jeder, dessen Recht durch die Entscheidung des LG beeinträchtigt ist. Dies sind immer die **Antragsteller,** selbst dann, wenn das Gericht einem von ihnen bezifferten Antrag vollumfänglich entsprochen hat. Derartige Anträge sind im Spruchverfahren nicht zwingend vorgesehen und stellen lediglich eine Anregung dar, die das Gericht nicht bindet. Eine derartige formelle **Beschwer** (§ 59 II FamFG) ist daher nicht Voraussetzung (Preuß NZG 2009, 961 (964); Widmann/Mayer/Wälzholz Rn. 8, 11; Semler/Stengel/Volhard, 3. Aufl. 2012, Rn. 5; Klöcker/Frowein Rn. 6; Dreier/Fritzsche/Verfürth/Fritzsche Rn. 18; Kölner Komm AktG/Wilske/Quinke Rn. 21; Lutter/Mennicke Rn. 8, Spindler/Stilz/Drescher Rn. 9; BeckOGK/Drescher Rn. 10). Die Antragsberechtigung nach § 3 (→ § 3 Rn. 2 ff.) muss zum Zeitpunkt der Einreichung der Beschwerdeschrift nicht mehr bestehen (Dreier/Fritzsche/Verfürth/Fritzsche Rn. 20; Gude AG 2005, 233 (234); Spindler/Stilz/Drescher Rn. 7; BeckOGK/Drescher Rn. 8; Emmerich/Habersack/Emmerich Rn. 13; MüKoAktG/Krenek Rn. 12; aA Semler/Stengel/Volhard, 3. Aufl. 2012, Rn. 5; Kölner Komm AktG/Wilske/Quinke Rn. 22; Lutter/Mennicke Rn. 8). Der **Antragsgegner** ist beschwerdeberechtigt, soweit nicht eine Verwerfung aller Anträge als unzulässig oder eine Zurückweisung als unbegründet vom LG entschieden wird (§ 59 I FamFG; Widmann/Mayer/Wälzholz Rn. 11; Semler/Stengel/Volhard, 3. Aufl. 2012, Rn. 10c, 5; Emmerich/Habersack/Emmerich Rn. 12; Lutter/Mennicke Rn. 8; Spindler/Stilz/Drescher Rn. 8; BeckOGK/Drescher Rn. 9). Entsprechendes gilt für den gem. Vertreter nach §§ 6a–6c, da er die nicht antragsberechtigten Anteilsinhaber vertritt (NK-UmwR/Jaspers Rn. 10; → § 6a Rn. 1 f.).

6 Die Beschwerdebefugnis des **gem. Vertreter** nach § 6 leitet sich aus dessen Verfahrensstellung ab. Er vertritt alle nicht-antragstellenden Antragsberechtigten (§ 6 I 1). Demzufolge ist er bei einer Zurückweisung der Anträge wegen Unbegründetheit ebenso wie bei einer stattgebenden Entscheidung mit dem Ziel einer Verbesserung (zur Beschwer → Rn. 5) beschwerdeberechtigt. Seine Beschwerdeberechtigung hängt nicht davon ab, ob er das Verfahren nach § 6 III fortgeführt und dadurch die Stellung eines Antragstellers erlangt hat (vgl. § 6 III 2). § 59 II FamFG gilt insofern nicht (OLG Düsseldorf AG 2009, 907; BayObLG DB 2003, 436 = NZG 2003, 483; Semler/Stengel/Volhard, 3. Aufl. 2012, Rn. 6; Widmann/Mayer/Wälzholz Rn. 9; Klöcker/Frowein Rn. 6; Koch Rn. 3; MüKoAktG/Krenek Rn. 14; **aA allerdings BGH** DStR 2016, 424: nur bei Fortführung nach § 6 III; Dreier/Fritzsche/Verfürth/Fritzsche Rn. 16; Kölner Komm AktG/Wilske/Quinke Rn. 23). Nur der gem. Vertreter und ggf. der Antragsgegner sind beschwerdeberechtigt, wenn die gem. Vertreter das Verfahren nach § 6 III nach Rücknahme aller Anträge fortgeführt hat.

7 Keine selbstständige Beschwerdeberechtigung hat der gem. Vertreter indessen, wenn **sämtliche Anträge als unzulässig** zurückgewiesen werden (ebenso Klöcker/Frowein Rn. 6; aA Semler/Stengel/Volhard Rn. 6; Gude AG 2005, 233 (234)). Die Verwerfung sämtlicher Anträge als unzulässig ist nicht der von § 6 III vorausgesetzten Situation vergleichbar. Auch die Überprüfung, ob die Anträge zutr. als

unzulässig zurückgewiesen wurden, obliegt allein den Antragstellern (in diesem Sinne anders aber Semler/Stengel/Volhard, 3. Aufl. 2012, Rn. 6; Widmann/Mayer/Wälzholz Rn. 9). Eine Weiterverfolgung der Rechte der nicht-antragstellenden Antragsberechtigten durch den gem. Vertreter setzt ebenso wie dessen Bestellung die Einleitung des Spruchverfahrens durch wenigstens einen zulässigen Antrag voraus. Die Gefahr des „Auskaufens" (→ § 6 Rn. 21) besteht insoweit nicht. Eine Schutzbedürftigkeit der nicht-antragstellenden Antragsberechtigten ist in diesem Fall ebenfalls nicht zu erkennen, da sie es selbst unterlassen haben, eigene zulässige Anträge zu stellen.

3. Entscheidung

Über die Beschwerde entscheidet das OLG (§ 119 I Nr. 2 GVG), soweit nicht in Altfällen (erstinstanzliche Verfahrenseinleitung vor dem 31.1.2023; zur erstmaligen Anwendung vgl. → § 17 Rn. 15) eine Abhilfe durch das LG erfolgt (§ 68 I FamFG). Das Beschwerdeverfahren ist **keine reine Rechtsbeschwerde** (→ Rn. 1; § 65 III FamFG). Das Beschwerdegericht entscheidet als **zweite Tatsacheninstanz** in der Sache selbst (Semler/Stengel/Volhard, 3. Aufl. 2012, Rn. 11; Widmann/Mayer/Wälzholz Rn. 17; K. Schmidt/Lutter/Klöcker/Wittgens Rn. 18; Koch Rn. 6; Spindler/Stilz/Drescher Rn. 16; BeckOGK/Drescher Rn. 17). Zur eingeschränkten Zurückverweisung vgl. § 17 I iVm § 69 I 2 ff. FamFG. Es kann daher die Höhe der baren Zuzahlung/Barabfindung neu festsetzen. Das Beschwerdegericht kann sich aber auf die konkret erhobenen Einwendungen beschränken (OLG München AG 2019, 659). Eine Verschlechterung zum Nachteil des Beschwerdeführers **(reformatio in peius)** ist hingegen ausgeschlossen (BGH NZG 2010, 1344 (1345); Semler/Stengel/Volhard, 3. Aufl. 2012, Rn. 12; Simon/Simon Rn. 36; Bürgers/Körber/Lieder/Theusinger/Göz Rn. 3; Emmerich/Habersack/Emmerich Rn. 19). Zur Frage der Zulässigkeit der Herabsetzung des Spitzenausgleichs vgl. Merkner/Schmidt-Bendun NZG 2011, 10 (13). Anderes gilt, wenn Anschlussbeschwerde eingelegt ist. Eine **unselbstständige Anschlussbeschwerde** wirkt indes nur, wenn die selbstständigen Beschwerden nicht zurückgenommen werden. Die Rücknahme einer Beschwerde wegen der drohenden Verschlechterung durch unselbstständige Anschlussbeschwerde ist dennoch regelmäßig nicht rechtsmissbräuchlich (→ Rn. 3). **Neue Tatsachen und Beweise** sind zuzulassen (§ 65 III FamFG iVm § 17 I; Koch Rn. 6; BeckOGK/Drescher Rn. 19; Spindler/Stilz/Drescher Rn. 18). Das Beschwerdegericht kann sich indes auf die konkret im Beschwerdeverfahren erhobenen Einwendungen beschränken, wenn das erstinstanzliche Gericht die dort vorgebrachten Bewertungsrügen berücksichtigt hat und seine Entscheidung ausführlich und nachvollziehbar begründet hat (OLG Düsseldorf NZG 2023, 160 Rn. 26; OLG München NZG 2022, 362 Rn. 30).

Weitere **verfahrensrechtliche** Vorschriften enthält § 12 nicht. Eine entsprechende Anwendung der § 7 V–VIII, §§ 9–11 bietet sich an (Lutter/Mennicke Rn. 14; Dreier/Fritzsche/Verfürth/Fritzsche Rn. 53). Entsprechendes gilt für § 8 II, III, falls eine **mündliche Verhandlung** durchgeführt wird (BGH NZG 2018, 1394; Lutter/Mennicke Rn. 14). Deren Durchführung sollte wegen der vom Gesetzgeber beabsichtigten Beschleunigung für das Beschwerdegericht aber keine Regelverpflichtung sein (keine entsprechende Anwendung von § 8 I; → § 8 Rn. 2).

Die **Rücknahme** der Beschwerde ist bis zur Entscheidung jederzeit zulässig (Klöcker/Frowein Rn. 13; Dreier/Fritzsche/Verfürth/Fritzsche Rn. 55; Lutter/Mennicke Rn. 14; Kölner Komm AktG/Wilske/Quinke Rn. 49; Hölters/Weber/Simons Rn. 26; Emmerich/Habersack/Emmerich Rn. 16). Vgl. auch → Rn. 8. Andernfalls entscheidet das OLG durch **Beschluss**, der mit Gründen zu versehen ist (§ 69 FamFG iVm § 17 I).

11 Neben einer eigenen Sachentscheidung kann das OLG die Beschwerde als unzulässig verwerfen oder als unbegründet zurückweisen. Gegen die Entscheidung ist die **Rechtsbeschwerde** zum BGH statthaft (näher hierzu Preuß NZG 2009, 960 (965)). Sie bedarf der Zulassung durch das OLG, an die der BGH gebunden ist (§ 70 FamFG; vgl. aber § 74a FamFG). Die Nichtzulassung ist nicht anfechtbar (Preuß NZG 2009, 960 (965); Semler/Stengel/Volhard, 3. Aufl. 2012, Rn. 14c; Emmerich/Habersack/Emmerich Rn. 20, § 13 Rn. 3; Dreier/Fritzsche/Verfürth/Fritzsche Rn. 64). Zum Anwaltszwang (Zulassung beim BGH) vgl. § 5a S. 2, zuvor schon § 17 I iVm § 10 IV FamFG.

4. Konzentrationsermächtigung

12 **Abs. 3** ermächtigt die Landesregierung bzw. die Landesjustizverwaltung, die Entscheidung über die Beschwerde durch Rechtsverordnung einem OLG zu übertragen. Davon haben die Länder **Bayern** (OLG München; § 26 GZVJu v. 11.6.2012, GVBl. 2012, 295), **NRW** (OLG Düsseldorf; § 2 KonzVOGesR v. 8.6.2010, GVBl. 2010, 350) und **Rheinland-Pfalz** (OLG Zweibrücken; § 10 ZivilZustVO v. 19.4.1995, GVBl. 1995, 125) Gebrauch gemacht.

§ 13 Wirkung der Entscheidung

¹**Die Entscheidung wird erst mit der Rechtskraft wirksam.** ²**Sie wirkt für und gegen alle, einschließlich derjenigen Anteilsinhaber, die bereits gegen die ursprünglich angebotene Barabfindung oder sonstige Abfindung aus dem betroffenen Rechtsträger ausgeschieden sind.** ³**Ein Vergleich bleibt unberührt, auch wenn er vom gemeinsamen Vertreter geschlossen wurde.**

1. Allgemeines

1 Die Vorschrift entspricht inhaltlich § 311 UmwG aF, enthält aber in § 13 S. 2 die klarstellende Ergänzung, dass auch frühere Anteilsinhaber, die bereits gegen die ursprünglich vorgesehene geringere Abfindung aus der Ges ausgeschieden sind, eine Anpassung bis zur Höhe der gerichtlich heraufgesetzten Abfindung verlangen können (Begr. RegE, BT-Drs. 15/371, 17). Zur früheren Rechtslage vgl. → 3. Aufl. 2001, UmwG § 311 Rn. 7 f. Die in § 13 S. 2 angeordnete Ausdehnung der Entscheidungswirkung „für und gegen alle" ist der wesentliche Inhalt der Vorschrift und zugleich ein besonderes Kennzeichen des Spruchverfahrens. S. 3 wurde mit dem UmRUG eingefügt. Die Regelung soll Teilvergleiche auch unter Mitwirkung des gem. Vertreters fördern (Begr. RegE, BT-Drs. 20/3822 zu § 13; vgl. auch Wollin AG 2022, 474 Rn. 33).

2. Zeitpunkt des Wirksamwerdens (S. 1)

2 § 13 S. 1 ist eine Abweichung von § 40 I FamFG. Die gerichtliche Entscheidung wird nicht bereits mit der Bekanntmachung, sondern erst mit der Rechtskraft wirksam. Die Entscheidung 1. Instanz durch das **LG** wird rkr., wenn die Beschwerdefrist (→ § 12 Rn. 3) für alle Beschwerdeberechtigten ohne Einlegung einer Beschwerde abgelaufen ist, alle Beschwerdeberechtigten einen Rechtsmittelverzicht erklärt haben oder alle eingelegten Beschwerden zurückgenommen (→ § 12 Rn. 10) worden sind (Lutter/Mennicke Rn. 2; Dreier/Fritzsche/Verfürth/Fritzsche Rn. 3; MüKoAktG/Krenek Rn. 1; Klöcker/Frowein Rn. 2; Widmann/Mayer/Wälzholz Rn. 4; K. Schmidt/Lutter/Klöcker Rn. 2). Ein **Verzicht** auf **Rechtsmittel** vor der Entscheidung ist unwirksam (KG WM 1967, 81). Entscheidungen des **OLG** als Beschwerdegericht werden bereits mit ihrem Erlass rkr., sofern nicht die Rechtsbeschwerde zum BGH zugelassen wird (→ § 12 Rn. 1; Emmerich/Habersack/

Emmerich Rn. 2a; Dreier/Fritzsche/Verfürth/Fritzsche Rn. 4). Werden sämtliche Beschwerden als unzulässig verworfen oder ergeht vom Beschwerdegericht keine abw. Sachentscheidung (Zurückweisung als unbegründet), wird mit der Rechtskraft der Beschwerdeentscheidung zugleich die Entscheidung 1. Instanz wirksam. Entsprechendes gilt, wenn der BGH die Rechtsbeschwerde als unzulässig oder unbegründet zurückweist.

3. Wirksamkeit für und gegen alle

Gerichtliche Endentscheidungen im Spruchverfahren werden sowohl formell (Unangreifbarkeit) als auch materiell (Bindungswirkung) rkr. Anders als bei Urteilen in Zivilprozessen tritt die materielle Rechtskraft aber nicht nur zwischen den Verfahrensbeteiligten ein, sie wirkt nach § 13 S. 2 **für und gegen alle.** Dies sind insbes. Die nicht-antragstellenden Antragsberechtigten (→ § 3 Rn. 2 ff.), deren Rechte durch den gem. Vertreter (§ 6) wahrgenommen worden sind. Die Bindungswirkung erstreckt sich aber auch etwa auf andere, an der Umw beteiligte Rechtsträger, die nicht Antragsgegner sind, für die Barabfindung aber ggf. gesamtschuldnerisch haften (vgl. etwa § 133 UmwG), die Organe der beteiligten Rechtsträger und auch alle Gerichte (zur ggf. nachfolgenden Zahlungsklage → Rn. 6, → § 16 Rn. 2) und Behörden einschl. Steuerbehörden (Semler/Stengel/Volhard, 3. Aufl. 2012, Rn. 3; MüKoAktG/Krenek Rn. 2; Lutter/Mennicke Rn. 3; Klöcker/Frowein Rn. 3; Kölner Komm AktG/Wilske/Quinke Rn. 13; K. Schmidt/Lutter/Klöcker/Wittgens Rn. 3; Keßler/Kühnberger UmwR/Brügel Rn. 2; Hölters/Weber/Simons Rn. 7; Dreier/Fritzsche/Verfürth/Fritzsche Rn. 9; NK-UmwR/Goslar/Wilsing Rn. 4; Widmann/Mayer/Wälzholz Rn. 17.2). Ebenso bindet die Entscheidung die nicht antragsberechtigten Anteilsinhaber bei Umw nach §§ 305 ff. UmwG und nach der SE-VO/SEAG (→ § 6a Rn. 1). Bei einer Verwerfung aller Anträge als unzulässig oder einer Zurückweisung als unbegründet, können sich der Antragsgegner daher gegenüber jedem darauf berufen, dass das Umtauschverhältnis nicht unangemessen niedrig oder die von ihnen angebotene Barabfindung angemessen ist und ordnungsgemäß angeboten wurde.

Ein vom Gericht festgestelltes höheres Barabfindungsangebot (§§ 29 ff. UmwG) können **auch** die **ausgeschiedenen Anteilsinhaber** geltend machen, die zuvor das Angebot zur Barabfindung vorbehaltlos angenommen haben (OLG Düsseldorf AG 2017, 487 Rn. 14). Dies war früher schon anerkannt (vgl. → 3. Aufl. 2001, UmwG § 312 Rn. 8) und wurde durch den Gesetzgeber in S. 2 ausdrücklich klargestellt (sog. **Abfindungsergänzungsanspruch;** → Rn. 1). Zur Wirkung eines **Vergleichs** vgl. → § 11 Rn. 15, → § 11 Rn. 8.

Dies gilt nicht, wenn ein Antragsberechtigter vor oder nach Wirksamwerden der Entscheidung im Spruchverfahren eine **individuelle Vereinbarung** mit dem Antragsgegner trifft. Dies kann etwa durch Abschluss eines Verzichtsvertrags oder durch einen individuellen **Teilvergleich** (zur Verfahrensbeendigung durch Vergleich → § 11 Rn. 11 ff.) erfolgen (MüKoAktG/Krenek Rn. 5; Klöcker/Frowein Rn. 4; Dreier/Fritzsche/Verfürth/Fritzsche Rn. 11; Semler/Stengel/Volhard, 3. Aufl. 2012, Rn. 5; K. Schmidt/Lutter/Klöcker/Wittgens Rn. 4; Kölner Komm AktG/Wilske/Quinke Rn. 12; Hölters/Weber/Simons Rn. 9). Mit der mit dem **UmRUG** eingefügten Regelung in **S. 3** ist klargestellt, dass das Ergebnis eines Teilvergleichs durch die gerichtliche Entscheidung selbst nicht verdrängt wird, wenn der gem. Vertreter mitgewirkt hat (vgl. zuvor indes OLG Düsseldorf AG 2017, 487 Rn. 13 f.; zur Erstreckung eines gerichtlichen Vergleichs auf die nicht-antragstellenden Antragsberechtigten vgl. → § 11 Rn. 15). Dies gilt unabhängig davon, ob die im Vergleich festgelegte Kompensation höher oder niedriger ist (MüKoAktG/Krenek Rn. 5). Im Regelfall ist es allerdings für den gem. Vertreter ratsam, im Teilvergleich eine Anpassungsklausel vorzuziehen (vgl. BeckOGK/Drescher Rn. 6; Drescher AG 2023, 337 Rn. 47). S. 3 erfasst gerichtliche und außergerichtliche Teilvergleiche (Drescher AG 2023, 337 Rn. 46; vgl. aber Begr. RegE, BT-Drs. 20/3822 zu § 13 III: außergerichtlich). Anderes gilt, wenn der außergerichtlich individuelle Vergleich eine Nachbesserungsklausel enthält (zum außergerichtlichen Vergleich des gem. Vertreters → § 6 Rn. 19). Auch iÜ ist stets durch Auslegung zu ermitteln, ob ein Nachbesserungsanspruch ausgeschlossen sein soll. Auf die vorbehaltslose Annahme eines Barabfindungsangebots (→ Rn. 4) kann eine derartige Auslegung nicht gestützt werden (Semler/Stengel/Volhard, 3. Aufl. 2012, Rn. 5; MüKoAktG/Krenek Rn. 3; Simon/Simon Rn. 12; Lutter/Mennicke Rn. 4; Hölters/Weber/Simons Rn. 9; auch → Rn. 4). Andererseits sind Antragsberechtigte, die individuell eine **höhere** als die vom Gericht festgesetzte bare **Zuzahlung** oder **Barabfindung ausgehandelt** und vereinbart haben, regelmäßig (anders etwa, wenn die Vereinbarung eine Anpassungsklausel enthält) nicht zur Rückzahlung verpflichtet (Widmann/Mayer/Wälzholz Rn. 15; Semler/Stengel/Volhard, 3. Aufl. 2012, Rn. 5; MüKoAktG/Krenek Rn. 3; Hölters/Weber/Simons Rn. 9). Zur mehrheitskonsensualen Schätzung vgl. → § 11a Rn. 1.

6 Die gerichtliche Endentscheidung im Spruchverfahren ist **kein Vollstreckungstitel** (→ § 11 Rn. 9). Notfalls muss noch eine Leistungsklage erfolgen (→ § 16 Rn. 2). Die **Höhe** der im Spruchverfahren festgesetzten baren Zuzahlung/Barabfindung ist allerdings auch für dieses Verfahren durch die Endentscheidung im Spruchverfahren **rkr. festgestellt.** Das für die Leistungsklage zuständige Gericht ist hieran gebunden (LG Hamburg DB 2001, 638; Kölner Komm AktG/Wilske/Quinke Rn. 13; Widmann/Mayer/Wälzholz Rn. 17.2; Lutter/Mennicke Rn. 3; → Rn. 3).

7 Der Anspruch auf bare Zuzahlung (§ 15 UmwG) und auf Barabfindung (§§ 29 ff. UmwG) verjährt innerhalb der regelmäßigen **Verjährungsfrist** des § 195 BGB. Die Verjährungsfrist beginnt zum Schluss des Jahres, in dem die konstitutive Eintragung für die Wirksamkeit der Umw erfolgt (§ 199 I Nr. 1 BGB). Durch das Spruchverfahren wird die Verjährung in entsprechender Anwendung von § 204 I Nr. 1 BGB **gehemmt** (zutr. MüKoAktG/Krenek Rn. 8). Nach rkr. Feststellung gilt § 197 I Nr. 3 BGB (30 Jahre).

§ 14 Bekanntmachung der Entscheidung

Die rechtskräftige Entscheidung in einem Verfahren nach § 1 ist ohne Gründe nach Maßgabe des § 6 Abs. 1 Satz 4 und 5 in den Fällen
1. der Nummer 1 durch den Vorstand der Gesellschaft, deren Kapital erhöht worden ist;
2. der Nummer 2 durch den Vorstand der Gesellschaft, deren außenstehende Aktionäre antragsberechtigt waren;
3. der Nummer 3 durch den Vorstand der Hauptgesellschaft;
4. der Nummer 4 durch den Hauptaktionär der Gesellschaft;
5. der Nummer 5 durch die gesetzlichen Vertreter jedes übernehmenden oder neuen Rechtsträgers oder des Rechtsträgers neuer Rechtsform;
6. der Nummer 6 durch die gesetzlichen Vertreter der SE, aber im Fall des § 9 des SE-Ausführungsgesetzes durch die gesetzlichen Vertreter der die Gründung anstrebenden Gesellschaft, und
7. der Nummer 7 durch die gesetzlichen Vertreter der Europäischen Genossenschaft

bekannt zu machen.

1 Die Vorschrift entspricht § 310 UmwG aF. Sie verpflichtet die gesetzlichen Vertreter jedes übernehmenden oder neuen Rechtsträgers oder des Rechtsträgers neuer Rechtsform zur Bekanntmachung der rkr. Entscheidung. Dies ist die rkr. Entscheidung 1. Instanz (unzulässig, unbegründet oder begründet) oder eine eine bare

Zuzahlung oder ein Barabfindungsangebot festsetzende Entscheidung des OLG als Beschwerdegericht (→ § 12 Rn. 11; MüKoAktG/Krenek Rn. 1; Klöcker/Frowein Rn. 1), ggf. auch die Entscheidung des BGH, soweit in der Sache selbst entschieden wird (Emmerich/Habersack/Emmerich Rn. 3; Lutter/Mennicke Rn. 3). Bekannt zu machen ist nur eine **rkr. Entscheidung des Gerichts.** Für gerichtliche **Vergleiche** iSv § 11 II, auch solche, die durch Beschluss nach § 11 IV bestätigt werden, besteht die gesetzliche Bekanntmachungsverpflichtung (trotz Anregung im Gesetzgebungsverfahren; DAV-HRA NZG 2003, 316 (319)) nicht (Klöcker/Frowein Rn. 1; MüKoAktG/Krenek Rn. 1; Lutter/Mennicke Rn. 3; NK-UmwR/Goslar/Wilsing Rn. 3; aA Dreier/Fritzsche/Verfürth/Fritzsche Rn. 8; Emmerich/Habersack/Emmerich Rn. 7: analoge Anwendung). In der Praxis wird dies indes regelmäßig vereinbart (→ § 11 Rn. 15). Nicht bekannt zu machen ist ferner die Verwerfung eines unzulässigen Antrags (OLG München ZIP 2012, 1180).

Zwangsgeld zur **Erzwingung** der **Bekanntmachung** kann vom Gericht nicht 2 festgesetzt werden (Lutter/Mennicke Rn. 4; Klöcker/Frowein Rn. 4; Dreier/Fritzsche/Verfürth/Fritzsche Rn. 21; Koch Rn. 4); mangels Anspruchs kann die Verpflichtung zur Bekanntmachung auch im Zivilprozess nicht durchgesetzt werden (Koch Rn. 4; Emmerich/Habersack/Emmerich Rn. 10; Lutter/Mennicke Rn. 4; Bürgers/Körber/Lieder/Theusinger/Göz Rn. 3; aA MüKoAktG/Kranek Rn. 4).

Die Entscheidung ist **ohne Gründe** bekannt zu machen. Ausreichend sind also 3 das Rubrum und die Entscheidungsformel. Die **Form** richtet sich nach den in Bezug genommenen § 6 I 4 und 5. Danach hat die Bekanntmachung mindestens im BAnz. und ggf. in weiteren, durch die Satzung, Gesellschaftsvertrag usw festgelegten Blättern oder elektronischen Medien zu erfolgen.

Eine Bekanntmachung **erübrigt** sich, wenn alle anspruchsberechtigten Antrags- 4 berechtigten am Spruchverfahren beteiligt waren. Diesen wird die Endentscheidung formell zugestellt (§ 11 III). Dann fehlt das Bedürfnis an einer Bekanntmachung (MüKoAktG/Kranek Rn. 6; Klöcker/Frowein Rn. 6; Widmann/Mayer/Wälzholz Rn. 5; Simon/Leuering Rn. 6).

§ 15 Kosten

(1) **Die Gerichtskosten können ganz oder zum Teil den Antragstellern auferlegt werden, wenn dies der Billigkeit entspricht.**

(2) **Das Gericht ordnet an, dass die Kosten der Antragsteller, die zur zweckentsprechenden Erledigung der Angelegenheit notwendig waren, ganz oder zum Teil vom Antragsgegner zu erstatten sind, wenn dies unter Berücksichtigung des Ausgangs des Verfahrens der Billigkeit entspricht.**

1. Allgemeines

Die Vorschrift regelt, wer die Gerichtskosten und die Kosten der Antragsteller 1 trägt. Die aktuelle Gesetzesfassung geht auf das 2. Kostenrechtsmodernisierungsgesetz v. 23.7.2013 (BGBl. 2013 I 2586) zurück. Zuvor regelten die Abs. 1–3 selbst kostenrechtliche Fragen, die nunmehr im GNotKG enthalten sind. Die Neufassung ist für alle Verfahren anwendbar, die ab dem 1.8.2013 anhängig oder eingeleitet worden sind (§ 136 V Nr. 2 GNotKG iVm § 136 I Nr. 1 GNotKG). Entsprechendes gilt für Rechtsmittel, die ab dem 1.8.2013 eingelegt worden sind (§ 136 V Nr. 2 GNotKG iVm § 136 I Nr. 2 GNotKG). Zu Altfällen vgl. → 6. Aufl.

Schuldner der Gerichtskosten sind wie im früheren Recht die Antragsgegner, es 2 sei denn, aus Billigkeit werden sie anderen Beteiligten auferlegt (Abs. 1). Neu eingefügt im SpruchG wurde die Regelung in Abs. 2 (Abs. 4 aF) zur Erstattung von Kosten der Antragsteller durch den Antragsgegner.

2. Gerichtskosten

3 **a) Geltung des GNotKG.** Nach § 1 II Nr. 5 GNotKG gilt für die Gerichtskosten bei Spruchverfahren das GNotKG, soweit in § 15 nichts anderes bestimmt ist. Im Vergleich zur früheren KostO ist – trotz teilweiser Senkung der Gebührensätze – eine Erhöhung eingetreten.

4 **b) Gebührenansatz.** Die Regelungen hinsichtlich des Gebührenansatzes sind nun vollständig im Kostenverzeichnis (Anlage I) zum GNotKG, Teil 1, Hauptabschnitt 3, Abschnitte 5 und 6 (KV GNotKG) enthalten (vgl. [Amtl.] Vorb. 1.3.5 S. 1 Nr. 2 lit. e). Für das Verfahren **1. Instanz** wird danach eine doppelte Gebühr erhoben (KV 13500 GNotKG). Der Gebührenansatz ermäßigt sich auf eine einfache Gebühr, wenn das Verfahren durch einen Beschluss über einen Vergleich nach § 11 IV 2 (→ § 11 Rn. 16) endet (KV 13503 GNotKG). Kommt es überhaupt nicht zu einer gerichtlichen Entscheidung (Rücknahme aller Anträge und keine Fortführung durch den gem. Vertreter nach § 6 III, Vergleich ohne Beschluss nach § 11 IV), sinkt die Gebühr nochmals auf eine 0,5-Gebühr (KV 13504 GNotKG).

5 Bei einer gerichtlichen Entscheidung im **Beschwerdeverfahren** fällt eine dreifache Gebühr an (KV 13610 GNotKG), die sich auf eine einfache Gebühr ermäßigt, wenn keine Endentscheidung ergeht (KV 13612 GNotKG). Erfolgt die Rücknahme der Beschwerde vor Eingang der Beschwerdebegründung, tritt eine weitere Ermäßigung auf eine 0,5-Gebühr ein (KV 13611 GNotKG).

6 Für die **Rechtsbeschwerde** an den BGH bestimmt KV 13620 GNotKG für das Verfahren im Allgemeinen eine vierfache Gebühr, die sich auf eine doppelte Gebühr durch Rücknahme vor Entscheidung (KV 13622 GNotKG) und auf eine einfache Gebühr bei Rücknahme vor Eingang der Begründungsschrift (KV 13621 GNotKG) reduziert.

7 **c) Geschäftswert (Abs. 1 S. 2).** Den Geschäftswert regelt § 74 GNotKG. Danach ist Geschäftswert der Betrag, der von allen in § 3 genannten Antragsberechtigten nach der Entscheidung des Gerichts zusätzlich zu dem ursprünglich angebotenen Betrag insgesamt gefordert werden kann. Für die Bestimmung der Gesamtzahl der antragsberechtigten Anteile ist der Tag nach Ablauf der Antragsfrist (§ 4 I) maßgeblich (§ 74 S. 2 GNotKG). Der Geschäftswert beträgt mindestens 200.000 EUR und höchstens 7,5 Mio. EUR (§ 74 S. 1 Hs. 2 GNotKG). Es ist auf **alle Antragsberechtigten** und nicht nur die Antragsteller abzustellen. Daher sind in Fällen des Ausscheidens gegen Barabfindung die Anteile von Anteilsinhabern, die das Angebot bereits angenommen haben, mangels Antragsberechtigung (→ § 3 Rn. 4) nicht zu berücksichtigen (MüKoAktG/Krenek Rn. 6; Semler/Stengel/Volhard, 3. Aufl. 2012, Rn. 5). Die Berechnungsweise gilt auch für die Beschwerdeinstanz (OLG Düsseldorf NZG 2019, 749; dort auch zur Bestimmung des Geschäftswerts einer nicht statthaften Beschwerde).

8 Der Mindestgeschäftswert von 200.000 EUR ist damit immer dann maßgeblich, wenn das **Verfahren ohne** die **Festsetzung** einer baren Zuzahlung/einer Erhöhung der Barabfindung endet. Dies gilt unabhängig davon, ob eine Sachentscheidung ergeht (KG NZG 2019, 32). Die Gerichtspraxis vor § 15 aF, wonach sich die Ermessensausübung des Gerichts bei der Festlegung des Geschäftswerts an anderen Hilfsgrößen orientieren konnte (etwa OLG Düsseldorf AG 2001, 601; DB 1998, 1454 (1456); OLG Karlsruhe DB 1997, 2479; BayObLG DB 1996, 672 (673); 1996, 1126 (1127)), hat in § 74 GNotKG keine Grundlage. Dies entspricht auch dem Willen des Gesetzgebers (Begr. RegE, BT-Drs. 15/371, 17) und der ganz hM zu § 15 aF (etwa OLG Frankfurt a. M. BeckRS 2014, 01047; OLG München ZIP 2012, 1169; OLG Schleswig AG 2009, 380; OLG Frankfurt a. M. AG 2008, 550; OLG Düsseldorf NZG 2004, 1171 (1172); OLG Stuttgart NZG 2004, 625; Klöcker/Frowein Rn. 4; Dreier/Fritzsche/Verfürth/Fritzsche Rn. 52; Widmann/

Mayer/Wälzholz Rn. 15.1; Lutter/Mennicke Rn. 5; K. Schmidt/Lutter/Klöcker Rn. 4). Auch bei einem erfolglosen Beschwerdeverfahren, dass auf eine weitere Erhöhung der durch das Landgericht festgesetzten Kompensation gerichtet war, ist der Mindestgeschäftswert maßgeblich (OLG Düsseldorf BeckRS 2021, 53693).
Der Geschäftswert wird von Amts wegen durch **Beschluss** festgesetzt (§ 79 I 1 **9** GNotKG). Der Beschluss ist zu begründen (Dreier/Fritzsche/Verfürth/Fritzsche Rn. 58; Lutter/Mennicke Rn. 6; MüKoAktG/Krenek Rn. 13; K. Schmidt/Lutter/Klöcker/Wittgens Rn. 5; Widmann/Mayer/Wälzholz Rn. 14). Der Beschluss wird regelmäßig zusammen mit der Endentscheidung ergehen (Hölters/Weber/Simons Rn. 8). Er kann aber bereits während des Verfahrens erfolgen. Gegen den Beschluss ist die **Beschwerde** statthaft (§ 83 GNotKG; OLG Stuttgart AG 2004, 109 = NZG 2004, 97; OLG Düsseldorf NZG 2004, 1171; Lutter/Mennicke Rn. 6; Hölters/Weber/Simons Rn. 8; Dreier/Fritzsche/Verfürth/Fritzsche Rn. 60). § 12 gilt nicht (OLG Stuttgart AG 2004, 109 = NZG 2004, 97). Neben dem kostenbelasteten Antragsgegner (Abs. 2 S. 1) sind der gem. Vertreter und die Verfahrensbevollmächtigten der Antragsteller **beschwerdebefugt**, da ihre Gebühren vom Geschäftswert der gerichtlichen Tätigkeit abhängen (§ 6 II RVG, § 32 f. RVG).

d) Auslagen. Neben den Gerichtsgebühren werden Auslagen erhoben. Hohe **10** Auslagen entstehen insbes. durch die Tätigkeiten von **Sachverständigen** (KV 31005 GNotKG). Nach § 9 I 1 JVEG iVm Anlage 1 (6.1) erhält auf dem Gebiet der Unternehmensbewertung ein gerichtlicher Sachverständiger ein Stundenhonorar von 135 EUR. Unter den weiteren Voraussetzungen von § 13 JVEG kann nach zustimmender Erklärung des regelmäßig kostentragungspflichtigen Antragsgegners (OLG Düsseldorf AG 2004, 390; Klöcker/Frowein Rn. 8; Hölters/Weber/Simons Rn. 10a) der Regelsatz verdoppelt (270 EUR) werden. Dies setzt zudem voraus, dass sich zu dem gesetzlich bestimmten Honorar keine geeignete Person zur Übernahme der Tätigkeit bereit erklärt (§ 13 II 2 JVEG). **Darüber hinaus** müssen alle Beteiligten zustimmen und ein ausreichender Betrag durch den Antragsgegner an die Staatskasse gezahlt werden (§ 13 I JVEG). Die fehlende Zustimmung des regelmäßig kostentragungspflichtigen Antragsgegners nach § 13 I oder II JVEG kann nicht durch das Gericht ersetzt werden. Den teilweise zu § 7 II ZSEG ergangenen Entscheidungen, die eine gerichtliche Ersetzungsbefugnis annahmen (OLG Stuttgart DB 2001, 1926 (1927); aA BayObLG DB 1998, 2315; OLG Düsseldorf DB 1997, 2371), ist nach der ausdrücklichen Aufzählung der Sachverständigentätigkeit für Unternehmensbewertung im JVEG die Grundlage entzogen (zutr. Lutter/Mennicke Rn. 12; Hölters/Weber/Simons Rn. 10a; OLG Frankfurt a. M. NZG 2009, 428; K. Schmidt/Lutter/Klöcker/Wittgens Rn. 9a; aA Simon/Winter Rn. 51; Koch Rn. 5; vgl. auch Wittgens AG 2007, 106 (110); vgl. aber Begr. RegE, BT-Drs. 15/371, 17, wonach die Verfasser des RegE unter Bezugnahme auf OLG Stuttgart DB 2001, 1926 von der Ersetzung der Zustimmung des Antragsgegners durch das Gericht ausgehen). Ob ein Sachverständiger nach **§ 407 ZPO** zur **Gutachtenstellung verpflichtet** werden kann (vgl. dazu OLG Düsseldorf DB 1997, 2371), kann – neben den dort geregelten Voraussetzungen – nur im Einzelfall entschieden werden. Bei äußerst umfangreicher Gutachtertätigkeit kann es verfassungsrechtlich geboten sein, davon Abstand zu nehmen (BayObLG DB 1998, 2315; OLG Stuttgart DB 2001, 1926 (1927)).

Die Verpflichtung des Antragsgegners, einen zur Deckung der Auslagen hinrei- **11** chenden **Vorschuss** zu zahlen, folgt aus seiner Kostentragungspflicht iVm § 14 III 2 GNotKG. Die Durchführung des Verfahrens bleibt von der Vorschusszahlung unberührt. Damit kann der Antragsgegner das Verfahren durch Untätigbleiben nicht blockieren (Begr. RegE, BT-Drs. 15/371, 17). Der Vorschuss dient der Deckung der Auslagen, also insbes. der Kosten für ein Sachverständigengutachten (→ Rn. 10). Zum Vorschussanspruch des gem. Vertreters → § 6 Rn. 25. Die

Anordnung ist nunmehr (§ 82 GNotKG) eigenständig anfechtbar (Widmann/Mayer/Wälzholz Rn. 31.3). Eine Vorschusspflicht der Antragsteller bzgl. der Sachverständigenkosten scheidet aus (OLG Düsseldorf AG 2011, 459).

3. Kostenschuldner

12 Entsprechend den früheren Regelungen in § 312 IV UmwG aF und § 15 II 1 aF bestimmt § 23 Nr. 14 GNotKG im Grds. den oder die Antragsgegner zum Schuldner der Gerichtskosten. Mehrere Antragsgegner haften als Gesamtschuldner (§ 32 GNotKG). Von einer Kostenteilung entsprechend dem Verfahrenserfolg wurde abgesehen, um den Antragsberechtigten das Spruchverfahren wegen des Kostenrisikos nicht faktisch zu verbauen (Begr. RegE, BT-Drs. 15/371, 17 zum SpruchG). Unverändert können die **Gerichtskosten** aber ganz oder zT den **Antragstellern auferlegt** werden, wenn dies der **Billigkeit** entspricht (Abs. 1). Andere Beteiligte sind nur die Antragsteller, keinesfalls der gem. Vertreter der von ihm vertretenen Antragsberechtigten (OLG Düsseldorf AG 1972, 248 (250); MüKoAktG/Krenek Rn. 18; Lutter/Mennicke Rn. 10; Klöcker/Frowein Rn. 10; Widmann/Mayer/Wälzholz Rn. 6; Koch Rn. 4; Spindler/Stilz/Drescher Rn. 20; BeckOGK/Drescher Rn. 21). Eine derartige anderweitige Verteilung kommt **nur ausnahmsweise** in Betracht.

13 Die Erfolglosigkeit genügt für eine abw. Kostenverteilung nicht. Sie kommt in Betracht, wenn die das Spruchverfahren einleitenden Anträge **offensichtlich unzulässig oder offensichtlich unbegründet** sind (etwa BGH NZG 2012, 191 (194): ex ante offensichtlich ohne Erfolgsaussichten; KG NZG 2019, 32: rechtsmissbräuchlich und erkennbar ohne Aussicht auf Erfolg; OLG München ZIP 2012, 1180: gänzlich unreflektiert; OLG Zweibrücken AG 2007, 913 (915); OLG Hamburg NZG 2004, 45; BayObLG AG 2004, 99: nicht offensichtlich unzulässiger Antrag; OLG Düsseldorf AG 1996, 88; OLG Karlsruhe AG 1998, 288: offensichtlich unbegründete Beschwerde; OLG Düsseldorf AG 1998, 236 (238) offensichtlich erfolgloser und mutwilliger Rechtsbehelf; LG Dortmund AG 1995, 468 offensichtlich unzulässiger Antrag; Klöcker/Frowein Rn. 10; Widmann/Mayer/Wälzholz Rn. 8; MüKoAktG/Krenek Rn. 18; Lutter/Mennicke Rn. 10; Dreier/Fritzsche/Verfürth/Fritzsche Rn. 4; Koch Rn. 4; vgl. hierzu auch Gärtner/Handke/Strauch BB 2015, 2307 (2317)). Die Haftung des Antragsgegners für die Gerichtskosten bleibt hiervon unberührt (§ 23 Nr. 14 GNotKG: „auch diese"). Im Außenverhältnis besteht – wie auch bei mehreren Antragsgegnern – Gesamtschuld (§ 32 I GNotKG; zum Erstschuldner vgl. § 33 I GNotKG, § 27 Nr. 1 GNotKG). Gerichtskostenvorschüsse werden auch bei einer Kostenteilung nach Abs. 1 nicht zurückbezahlt, der Antragsgegner muss in diesem Fall seinen Erstattungsantrag im Wege der Kostenfestsetzung beim Antragsteller geltend machen (Begr. RegE, BT-Drs. 15/371, 157; Klöcker/Frowein Rn. 11; Lutter/Mennicke Rn. 10).

14 Für das **Rechtsmittelverfahren** gilt im Grundsatz die Kostenschuldnerschaft der Antragsgegner gem. § 23 Nr. 14 GNotKG nicht (§ 25 III GNotKG; Dreier/Fritzsche/Verfürth/Fritzsche Rn. 14; aA Hölters/Weber/Simons Rn. 12; Spindler/Stilz/Drescher Rn. 20; BeckOGK/Drescher Rn. 21; Widmann/Mayer/Wälzholz Rn. 32). Demnach trägt derjenige die Kosten, der das Rechtsmittel eingelegt hat (§ 22 I GNotKG), es sei denn, die Kosten werden einem anderen durch das Gericht auferlegt (§ 27 Nr. 1 GNotKG). Insoweit ist § 84 FamFG zu beachten, nach dem das Gericht die Kosten eines ohne Erfolg eingelegten Rechtsmittels dem Beteiligten auferlegen soll, der es eingelegt hat. IÜ kann das Gericht nach § 81 I FamFG die Kosten des Verfahrens nach billigem Ermessen den Beteiligten ganz oder zum Teil auferlegen. Das Gericht soll die Kosten des Verfahrens ganz oder teilweise einem Beteiligten auferlegen, wenn der Antrag des Beteiligten von vornherein keine Aussicht auf Erfolg hatte und der Beteiligte dies erkennen musste (§ 81 II Nr. 2 FamFG).

Zur Kostenlast bei einer Rechtsbeschwerde im Kostenfestsetzungsverfahren vgl. auch BGH BeckRS 2013, 20844. Zu den außergerichtlichen Kosten → Rn. 15.

4. Außergerichtliche Kosten (Abs. 2)

Die Erstattung der Kosten der Antragsteller behandelt Abs. 2 (Abs. 4 aF; zu Auslagen und Vergütung des gem. Vertreters → § 6 Rn. 22 ff.). Vor Inkrafttreten des SpruchG galt § 13a I 1 FGG aF, wonach die zur zweckentsprechenden Erledigung der Angelegenheit notwendigen Kosten von einem Beteiligten ganz oder teilweise zu erstatten sind, wenn dies der Billigkeit entspricht. Auf dieser Grundlage wurden oftmals die Antragsgegner verpflichtet, den Antragstellern die notwendigen Kosten zu erstatten (etwa BayObLG AG 2001, 592 (593); 1996, 127 (132); OLG Stuttgart DB 1992, 1470). Trotz des insofern im Vergleich zu § 13a I FGG aF kaum unterschiedlichen Wortlauts soll Abs. 2 (Abs. 4 aF) zum Ausdruck bringen, dass die Antragsteller ihre Kosten grds. selbst tragen sollen. Dies soll von einer übereilten oder mutwilligen Antragstellung abhalten (Begr. RegE, BT-Drs. 15/371, 17). Die Vorschrift ist abschließend. Demzufolge kommt eine Erstattung der außergerichtlichen Kosten des **Antraggegners** im erstinstanzlichen Verfahren nicht in Betracht (BGH NZG 2012, 191 (192); Lutter/Mennicke Rn. 17; Hölters/Weber/Simons Rn. 18; NK-UmwR/Goslar/Wilsing Rn. 13; **aA** OLG München NZG 2017, 467; OLG Frankfurt a. M. BeckRS 2012, 02278; Noack NZG 2017, 653; offen gelassen von OLG Stuttgart AG 2018, 765). Dies gilt auch für das Beschwerdeverfahren (vgl. aber zu den Gerichtskosten → Rn. 14; OLG Stuttgart BeckRS 2014, 20592; K. Schmidt/Lutter/Klöcker/Wittgens Rn. 20 f.; krit. DAV-HRA NZG 2014, 1144 (1146); aA OLG München NZG 2018, 467; NK-UmwR/Goslar/Wilsing Rn. 13). Vgl. aber zur Kostenlast bei einer Rechtsbeschwerde im Kostenfestsetzungsverfahren BGH BeckRS 2013, 20844. 15

Im Regelfall wird es der Billigkeit entsprechen, wenn eine **Verknüpfung mit dem Ausgang des Verfahrens** erfolgt (Lutter/Mennicke Rn. 16; K. Schmidt/Lutter/Klöcker/Wittgens Rn. 18 f.). Der Gesetzgeber sah es als Leitlinie an, dass bei einem erfolglosen Ausgang eine Kostenerstattung nicht erfolgt, bei einer deutlichen Erhöhung der Leistungen des Antragsgegners die Kosten vollständig von diesen übernommen werden und iÜ eine Quotelung erfolgt (Begr. RegE, BT-Drs. 15/371, 18). Dies kommt auch im Wortlaut zum Ausdruck, der – anders als Abs. 1 – als Maßstab die Billigkeit unter Berücksichtigung des Ausgangs des Verfahrens bestimmt. Demzufolge scheidet eine Kostenerstattung auch bei nicht offensichtlich unzulässigen/unbegründeten oder missbräuchlichen, im Ergebnis aber erfolglosen Anträgen aus (OLG München AG 2020, 440 Rn. 117 ff.; OLG Stuttgart NZG 2015, 629; aA LG München I ZIP 2014, 1429). 16

Zu den **notwendigen Kosten** zählen die Kosten einer – inzwischen zwingenden (§ 5a) – **anwaltlichen Vertretung** (Lutter/Mennicke Rn. 19; MüKoAktG/Krenek Rn. 25; Widmann/Mayer/Wälzholz Rn. 57; Klöcker/Frowein Rn. 20; Dreier/Fritzsche/Verfürth/Fritzsche Rn. 36). Hierzu zählen auch die **gesetzlich** erstattungsfähigen Auslagen des Anwalts. Zu den Gebühren vgl. Deiß NZG 2013, 248. Zur Berechnung des **Gegenstandswerts** für die anwaltliche Tätigkeit vgl. § 31 RVG (dazu Deiß NZG 2013, 248 (250)). Zum Gegenstandswert im Beschwerdeverfahren gegen eine Zwischenentscheidung vgl. OLG Düsseldorf NZG 2019, 749. Ein Antragsteller, der sich als RA selbst vertritt, hat regelmäßig keinen Erstattungsanspruch in Höhe der Gebühren und Auslagen eines Rechtsanwalts (BGH NJW-RR 2014, 610; Dreier/Fritzsche/Verfürth/Fritzsche Rn. 36). Zur Mehrfachvertretung vgl. § 31 II RVG: Zusammenrechnung der Werte; damit ist der Mehraufwand abschließend (keine Erhöhung der Gebühren) abgegolten (OLG München AG 2019, 563; OLG Karlsruhe AG 2020, 343). Kosten für **Gutachten**, die die Antragsteller eingeholt haben, werden nur ausnahmsweise zu den notwendigen Kosten 17 zählen (Klöcker/Frowein Rn. 4; Lutter/Mennicke Rn. 20; K. Schmidt/Lutter/Klöcker Rn. 25; vgl. auch OLG Düsseldorf AG 2011, 754 zu Kosten eines vom gem. Vertreter in Auftrag gegebenen Privatgutachtens). Denn dem Antragsteller steht die Möglichkeit des Spruchverfahrens offen. Und allein aus dem Umstand, dass er zuvor keine sachverständige Hilfe in Anspruch genommen hat, kann keinesfalls Rechtsmissbräuchlichkeit angenommen werden.

18 Einer **Kostenentscheidung** bedarf es nur, wenn von der Regel nach Abs. 4 S. 1 (keine Kostenerstattung) abgewichen werden soll (Klöcker/Frowein Rn. 28; zur Anfechtbarkeit der Kostenentscheidung → Rn. 10). Das Gericht trifft nur die Kostenentscheidung, ggf. eine Quotelung. Der zu erstattende Betrag wird im Kostenfestsetzungsverfahren festgestellt (§ 85 FamFG, §§ 103–107 ZPO; § 21 RPflG).

§ 16 Zuständigkeit bei Leistungsklage

Für Klagen auf Leistung des Ausgleichs, der Zuzahlung, zusätzlich zu gewährenden Aktien oder der Abfindung, die im Spruchverfahren bestimmt worden sind, ist das Gericht des ersten Rechtszuges und der gleiche Spruchkörper ausschließlich zuständig, der gemäß § 2 mit dem Verfahren zuletzt inhaltlich befasst war.

1. Zuständigkeit

1 Die Vorschrift regelt nur eine ausschließlich sachliche, örtliche und funktionelle Zuständigkeit für **Leistungsklagen** im Anschluss an das Spruchverfahren. Denn die Entscheidung im Spruchverfahren (§ 11 I) hat lediglich rechtsgestaltende Wirkung. Ein Vollstreckungstitel ist sie schon wegen der fehlenden Individualisierung der einzelnen Ansprüche (vgl. § 13 S. 2: Wirkung für und gegen alle) nicht. Vgl. auch → § 11 Rn. 9. Von der Einführung einer Leistungsklage unmittelbar im Spruchverfahren wurde vom Gesetzgeber bewusst Abstand genommen (Begr. RegE, BT-Drs. 15/371, 18).

2 Leisten die Antragsgegner aufgrund einer rkr. Entscheidung im Spruchverfahren nicht, müssen die individuellen Ansprüche daher im normalen Zivilprozess **(bezifferte Zahlungsklage)** durchgesetzt und ggf. nach den Vorschriften der ZPO vollstreckt werden. Entsprechendes gilt bei Verfahrensbeendigung durch Vergleich. Die **Höhe** der im Spruchverfahren festgesetzten baren Zuzahlung/Barabfindung ist im Zivilprozess **nicht mehr zu prüfen.** Insoweit bindet die Entscheidung des Spruchverfahrens (→ § 13 Rn. 3, → § 13 Rn. 6).

3 **Ausschließlich** zuständig (Simon/Winter Rn. 14; Meilicke NZG 2004, 547 (548); Spindler/Stilz/Drescher Rn. 4; BeckOGK/Drescher Rn. 4; Hölters/Weber/Simons Rn. 3; Dreier/Fritzsche/Verfürth/Fritzsche Rn. 12; Lutter/Mennicke Rn. 3) ist das Gericht des ersten Rechtszugs und der gleiche Spruchkörper, der gem. § 2 mit dem Verfahren inhaltlich befasst war (OLG Frankfurt a. M. NZG 2011, 1307; Kölner Komm AktG/Rosskopf Rn. 14; Lutter/Mennicke Rn. 3; Dreier/Fritzsche/Verfürth/Fritzsche Rn. 14; NK-UmwR/Böttcher Rn. 1). Mithin entscheidet dieselbe Zivilkammer oder Kammer für Handelssachen, die auch im Spruchverfahren entschieden hat. Dies ist bedeutsam, wenn zunächst mehrere LG in Betracht kamen (→ § 2 Rn. 5 ff.). Auch eine zwischenzeitliche Änderung des Geschäftsverteilungsplans ist unbeachtlich (Koch Rn. 2). Eine Regelung der Zuständigkeit für eine anschl. **Berufung** fehlt. Diese richtet sich nach den allg. Vorschriften, intern nach der Geschäftsverteilung des OLG. Bestimmungen hinsichtlich der Zuständigkeitskonzentration nach § 12 II (→ § 12 Rn. 12) gelten im Berufungsverfahren für die Leistungsklage nicht (Lutter/Mennicke Rn. 3; Klöcker/Frowein Rn. 10; Meilicke NZG 2004, 547 (552); Koch Rn. 2; Dreier/Fritzsche/Verfürth/Fritzsche Rn. 18).

2. Erfasste Streitgegenstände

Die Zuständigkeitsregelung erfasst nur Klagen auf Leistung der baren Zuzahlung 4 oder der zusätzlich zu gewährenden Aktien bzw. der Barabfindung, die Gegenstand des Spruchverfahrens waren (→ § 1 Rn. 2 ff.). Sie gilt auch, wenn das Spruchverfahren noch nach Vorschriften vor Inkrafttreten des SpruchG durchgeführt worden ist (OLG Frankfurt a. M. NZG 2011, 1307). Hierzu zählt aber nicht nur der im Spruchverfahren festgestellte Mehrbetrag einer Barabfindung/baren Zuzahlung/ zusätzlichen Aktien, sondern der gesamte Anspruch hierauf (Meilicke NZG 2004, 547 (549)). Gleiches gilt für den **gesetzlichen Zinsanspruch** (→ § 11 Rn. 7) als unmittelbar aus dem Gesetz ableitbare Nebenforderung (Meilicke NZG 2004, 547 (548); Koch Rn. 2; Simon/Winter Rn. 12) und für sonstige Sekundäransprüche im Zusammenhang mit der im Spruchverfahren festgestellten baren Zuzahlung/ Barabfindung (Meilicke NZG 2004, 547 (548)), etwa höhere als die gesetzlich angeordneten Zinsen (vgl. etwa § 15 II UmwG). Der Antragsgegner ist mit seinen Einwendungen gegen den Zahlungsanspruch (etwa Aufrechnung mit Gegenansprüchen; zur Behandlung von zwischenzeitlichen Dividendenzahlungen → Rn. 7) nicht beschränkt (allerdings → Rn. 5).

Keine Bestimmungen enthält die Vorschrift für Verfahren mit einem anderen 5 Streitgegenstand als demjenigen des Spruchverfahrens (vgl. § 1). Dies gilt insbes. für **Unwirksamkeitsklagen** gegen Umwandlungsbeschlüsse, die sich nach den allg. Vorschriften richten. Ebenso wenig sind sonstige Klagen, die zwar eines Zusammenhang mit der Umw, nicht aber mit den Ansprüchen auf bare Zuzahlung/Barabfindung haben (etwa auf Schadenersatz nach § 25 UmwG), erfasst. Gleiches gilt für eventuelle **Rückzahlungsansprüche** des Antraggegners gegen Antragsberechtigte (→ § 13 Rn. 5). Sie sind im ordentlichen Zivilprozess nach allg. Grundsätzen geltend zu machen.

Ebenso wenig gilt die Zuständigkeitsregelung, wenn eine Sachentscheidung im 6 Spruchverfahren nicht (etwa, weil alle Anträge als unzulässig verworfen wurden oder ein Spruchverfahren überhaupt nicht eingeleitet worden ist) oder noch nicht ergangen ist (LG München AG 2006, 551; Lutter/Mennicke Rn. 2; aA Meilicke NZG 2004, 547 (549 f.)). In diesem Fall sind die Ansprüche im Spruchverfahren nicht „bestimmt worden"; auch besteht die besondere Sachkenntnis des Spruchkörpers (Begr. RegE, BT-Drs. 15/371, 18) nicht. § 16 enthält demnach nicht eine allg. Zuständigkeitsbestimmung für Ansprüche, die Gegenstand eines Spruchverfahrens sein können. Die Ansprüche sind nach den allg. zivilprozessualen Grundsätzen zu verfolgen.

3. Anrechnung zwischenzeitlicher Dividenden

Hinsichtlich der **Anrechnung** von zwischenzeitlichen **Dividendenzahlungen** 7 auf die Zinsverpflichtung ist zwischen bare Zuzahlungen wegen eines unangemessenen Umtauschverhältnisses (§§ 15, 72a, 196 UmwG) und der Gewährung von zusätzlichen Aktien einerseits und Barabfindungsangeboten für ausscheidende Anteilsinhaber (§§ 29, 207 UmwG) andererseits zu unterscheiden. In den Fällen der **baren Zuzahlung** bleibt die Verzinsungspflicht unberührt, da die bare Zuzahlung gerade ein Ausgleich für die unangemessene niedrige Beteiligung am übernehmenden Rechtsträger darstellt. IHd Unterschieds zwischen dem angemessenen Wert und dem Wert der tatsächlich gewährten Beteiligung/Mitgliedschaft erfolgt ein Ausgleich durch die Dividendenzahlungen nicht, da diese sich nach der zu niedrigen Beteiligungshöhe bemessen haben (ergänzend → UmwG § 15 Rn. 31; Semler/Stengel/ Leonard/Gehling UmwG § 15 Rn. 29). Zur Entschädigung in Geld für entgangene Gewinne bei der Gewährung von zusätzlichen Aktien vgl. → § 72a Rn. 24, → § 10a Rn. 7. Anderes gilt für die **Barabfindungen** ausscheidender Anteilsinhaber. Diese müssen das Angebot erst zwei Monate nach Bekanntmachung der Entscheidung im BAnz. annehmen (§ 31 S. 2 UmwG). Hier soll die gesetzliche Verzinsung (§ 30 I 2 UmwG, § 15 II UmwG) Verzögerungen des Spruchverfahrens entgegenwirken. Der ausscheidende Anteilsinhaber ist aber grds. nicht besser zu stellen, als hätte er das Barabfindungsangebot unmittelbar angenommen und wäre damit aus der Ges ausgeschieden. Zwischenzeitlich empfangene Dividendenzahlungen sind daher mit den Abfindungszinsen, nicht jedoch mit der Barabfindung selbst zu verrechnen (BGHZ 152, 29 = NJW 2002, 3467 zu § 305 AktG; OLG Düsseldorf DB 1998, 1454 (1456); OLG Stuttgart NZG 2000, 744 (748); krit. Semler/Stengel/Leonard/Zeidler UmwG § 30 Rn. 24). Eine darüber hinausgehende teleologische Reduktion von § 30 I 2 UmwG, etwa eine Verzinsung erst nach Ausübung des Wahlrechts zum Ausscheiden (vgl. OLG Celle AG 1999, 128 (131); Liebscher AG 1996, 455 (456)), scheidet dann aber aus.

§ 17 Allgemeine Bestimmungen; Übergangsvorschrift

(1) **Sofern in diesem Gesetz nichts anderes bestimmt ist, finden auf das Verfahren die Vorschriften des Gesetzes über das Verfahren in Familiensachen und in den Angelegenheiten der freiwilligen Gerichtsbarkeit Anwendung.**

(2) ¹**Für Verfahren, in denen ein Antrag auf gerichtliche Entscheidung vor dem 1. September 2003 gestellt worden ist, sind weiter die entsprechenden bis zu diesem Tag geltenden Vorschriften des Aktiengesetzes und des Umwandlungsgesetzes anzuwenden.** ²**Auf Beschwerdeverfahren, in denen die Beschwerde nach dem 1. September 2003 eingelegt wird, sind die Vorschriften dieses Gesetzes anzuwenden.**

(3) **Die Änderungen der §§ 1 bis 6c, 10a bis 13, 16 und 17 durch das Gesetz zur Umsetzung der Umwandlungsrichtlinie und zur Änderung weiterer Gesetze vom 22. Februar 2023 (BGBl. 2023 I Nr. 51) sind erstmals auf Spruchverfahren anzuwenden, in denen ein Antrag auf gerichtliche Entscheidung ab dem 31. Januar 2023 gestellt wurde.**

1. Allgemeines

1   Abs. 1 erklärt die Regelungen des FamFG für anwendbar, soweit das SpruchG selbst keine vorrangigen Bestimmungen enthält. Abs. 2 und Abs. 3 sind Übergangsvorschriften für die Anwendung des SpruchG.

2. Anwendbarkeit des FamFG (Abs. 1)

2   Abs. 1 entspricht grds. § 307 I UmwG aF. Danach gelten für das Spruchverfahren grds. die Vorschriften des FamFG, soweit im SpruchG nichts anderes bestimmt ist. Im Vergleich zu früher enthält das Gesetz aber im größeren Umfang Abweichungen. Dies gilt im besonderen Maße für den Amtsermittlungsgrundsatz nach § 26 FamFG, der nunmehr durch § 4 II 2 Nr. 4, § 8 III, § 9 und § 10 in weitem Umfang zurückgedrängt ist (vgl. iE dort). Zur früheren Rechtslage vgl. → 3. Aufl. 2001, UmwG § 307 Rn. 3 ff.

3. Anwendbare Vorschriften des FamFG

3   a) **Anwendungsbereich, Rechtshilfe.** § 1 FamFG (Anwendungsbereich) wird durch § 1 und die nachfolgenden besonderen Regelungen vielfach überlagert. § 156 GVG (Rechtshilfe) bleibt anwendbar.

b) Örtliche Zuständigkeit. Die Regelungen zur örtlichen Zuständigkeit werden von § 2 I überlagert. § 2 I FamFG, § 5 FamFG sind nach § 2 I 2 und 3 entsprechend anwendbar (→ § 2 Rn. 5 f.). § 2 III FamFG bleibt unberührt, wonach allein die örtliche Unzuständigkeit des Gerichts keinen Einfluss auf die Wirksamkeit von gerichtlichen Handlungen hat. 4

c) Ausschließung und Ablehnung von Richtern. § 6 FamFG ist anwendbar. Auch im Spruchverfahren besteht die Möglichkeit, einen Richter wegen Befangenheit in entsprechender Anwendung der §§ 42 ff. ZPO abzulehnen. 5

d) Anwendung des GVG. Das GVG (Gerichtssprache, Sitzungspolizei, Beratung und Abstimmung, Zuziehung von Dolmetschern) ist anwendbar (§ 2 EGGVG). 6

e) Protokollierung von Anträgen und Erklärungen. Anträge und Erklärungen im Spruchverfahren können nach § 25 FamFG zu Protokoll der Geschäftsstelle des zuständigen Gerichts oder der Geschäftsstelle eines Amtsgerichts erfolgen (→ § 4 Rn. 3). Die Antragstellung zu Protokoll der Geschäftsstelle eines unzuständigen Gerichts genügt allerdings nicht zur Wahrung der Frist nach § 4 I. Erforderlich ist hierfür vielmehr der Eingang des Protokolls beim zuständigen LG vor Fristablauf (→ § 4 Rn. 6). Für Verfahren, die durch Anträge ab dem 31.1.2023 eingeleitet wurden, gilt allerdings für die meisten Verfahrenshandlungen (vgl. iE → § 5a Rn. 1) Anwaltszwang (§ 5a), so dass § 25 FamFG nicht greift. Die Anträge und Erklärungen sind von Rechtsanwalt als **elektronisches Dokument (beA)** zu übermitteln (§ 14d FamFG). 7

f) Amtsermittlung und Beweisgrundsätze. Im Gegensatz zur früheren Regelung des Spruchverfahrens ist der durch § 26 FamFG angeordnete Amtsermittlungsgrundsatz nunmehr weitgehend zurückgedrängt. Maßgeblich folgt dies aus § 4 II 2 Nr. 4, § 8 III, § 9 und § 10. Danach unterliegt das Spruchverfahren als echte Streitsache der freiwilligen Gerichtsbarkeit der Dispositionsmaxime. Vgl. iÜ die Komm. zu §§ 4, 8, 9, 10. 8

g) Vertretung im Verfahren. § 12 FamFG gilt grds. Einen besonderen ges. Vertreter, den gem. Vertreter, regelt das SpruchG in § 6 für die nicht-antragstellenden Antragsberechtigten und in §§ 6a–6c für die nicht-antragsberechtigten Anteilsinhaber. Für Verfahren, die durch Anträge ab dem 31.1.2023 eingeleitet wurden, besteht Anwaltszwang (vgl. iE → § 5a Rn. 1). 9

h) Wirksamwerden der Entscheidung. Abw. von § 40 I FamFG wird die Sachentscheidung des Gerichtes nach § 13 S. 1 erst mit der Rechtskraft wirksam. Für die Bekanntmachung der Entscheidung vgl. § 14. IÜ – sonstige Anwendbarkeit des Gerichts – bleibt es bei der Anwendbarkeit von § 40 I FamFG. 10

i) Fristenberechnung, Änderung von Entscheidungen. Zur Berechnung der Antragsfrist → § 4 Rn. 4. § 16 FamFG ist hierauf anwendbar. § 42 FamFG ist grds. anwendbar. 11

j) Rechtsmittel. Vgl. → § 12 Rn. 1 ff. 12

4. Übergangsvorschrift zur Einführung des Spruchgesetzes (Abs. 2)

Abs. 2 enthält eine Übergangsvorschrift, die sich zwischenzeitlich erledigt haben sollte. Danach sind für Verfahren, in denen ein Antrag auf gerichtliche Entscheidung vor dem 1.9.2003 gestellt worden ist, weiter die Vorschriften des UmwG anzuwenden. Auf die Zulässigkeit des Antrags kommt es nicht an (OLG Frankfurt a. M. AG 2006, 160). Entscheidend ist der Eingang des ersten Antrags bei Gericht (Lutter/Mennicke Rn. 3; Klöcker/Frowein Rn. 23; MüKoAktG/Krenek Rn. 5; Bungert/ 13

Mennicke BB 2003, 2021 (2022)). Voraussetzung ist aber, dass zu diesem Zeitpunkt die Umw bereits als **bekannt gemacht** (§ 4 I 1; → § 4 Rn. 3) gilt. Ein zuvor bereits eingereichter Antrag (zur Zulässigkeit → § 4 Rn. 7) führt nicht zur Anwendung des alten Verfahrensrechts (LG Dortmund DB 2005, 380 mAnm Wasmann; MüKo-AktG/Krenek Rn. 5; LG Berlin NZG 2003, 930; Wasmann DB 2003, 1559 f.; Bungert/Mennicke BB 2003, 2021 (2022); aA LG München I NZG 2005, 91; BayObLG AG 2005, 922).

14 Für das **Beschwerdeverfahren** gilt das SpruchG, wenn die sofortige Beschwerde nach dem 1.9.2003 eingelegt wird. Zu diesem Zeitpunkt muss allerdings bereits eine beschwerdefähige Entscheidung vorgelegen haben (MüKoAktG/Krenek Rn. 6). Nicht betroffen sind einfache Beschwerden, während eines erstinstanzlichen Verfahrens, für das noch die alten Vorschriften gelten (Bungert/Mennicke BB 2003, 2021 (2022)). Zur Berechnung des Gegenstandswerts in Übergangsfällen vgl. OLG Düsseldorf AG 2019, 185).

5. Übergangsvorschrift zu den Änderungen durch das UmRUG (Abs. 3)

15 Bei der Anwendung der Übergangsvorschrift in Abs. 3 ist zu beachten, dass das **UmRUG** selbst aufgrund Verzögerungen im Gesetzgebungsverfahren erst **am 1.3.2023 in Kraft** getreten ist (Art. 25 I UmRUG). Eine Anpassung des Datums in Abs. 3 ist wohl vergessen worden (ebenso BeckOGK/Drescher Rn. 7). Es gibt keine Anhaltspunkte dafür, dass der Gesetzgeber eine rückwirkende Anwendung wollte, zumal verschiedene Änderungen mit Anpassungen oder Ergänzungen der materiellen Vorschriften des UmwG im Zusammenhang stehen, die ebenfalls erst am 1.3.2023 in Kraft getreten sind (etwa §§ 1, 6c, 10a). Ferner hat der Gesetzgeber keine besondere Eilbedürftigkeit gesehen, wenn er für die Anwendung der neuen Vorschriften auf die Einleitung des Verfahrens in der 1. Instanz abstellt. Schließlich hat er in Art. 25 II UmRUG bei den sonstigen Änderungen des FamFG und des BGB eine rückwirkende Anwendung angeordnet. Trotz des klaren Wortlauts sollte daher nach Sinn und Zweck und der gesetzgeberischen Absicht auf den 1.3.2023 als maßgebliches Datum abgestellt werden (aA und diff. BeckOGK/Drescher Rn. 8; Drescher AG 2023, 337 Rn. 52; vgl. auch MüKoAktG/Krenek Rn. 12). Damit wird auch das Problem beseitigt, dass anderenfalls rückwirkend seit dem 31.1.2023 der Anwaltszwang nach § 5a auch bereits für die Einleitung der Verfahren zu beachten gewesen wäre (insoweit diff. BeckOGK/Drescher Rn. 8; Drescher AG 2023, 337 Rn. 52).

16 Die durch das UmRUG vorgenommenen Änderungen und Ergänzungen in den §§ 1–6c, 10a–13, 16 und 17 sind demzufolge erstmals auf Spruchverfahren anzuwenden, in denen ein Antrag auf gerichtliche Entscheidung **ab dem 1.3.2023** gestellt wurde. Maßgeblich ist der erste Antrag, da er das Verfahren einleitet (vgl. auch vgl. → Rn. 13). Weitere Anträge ab dem 1.3.2023 führen nicht zur Anwendung der neuen Vorschriften. Anders als nach der Übergangsvorschrift in Abs. 2 ist der Zeitpunkt des verfahrenseinleitenden Antrags auch für die Geltung der geänderten Vorschriften im Beschwerdeverfahren entscheidend. Dies gilt etwa für den Anwaltszwang nach § 5a und die Begründungsverpflichtung (vgl. näher → § 12 Rn. 4). Die Änderungen durch das ZuFinG traten am Tag nach der Bekanntmachung in Kraft.

C. Umwandlungen nach der SE-Verordnung

Verordnung (EG) Nr. 2157/2001 des Rates über das Statut der Europäischen Gesellschaft (SE)

vom 8. Oktober 2001 (ABl. 2001 L 294, 1),
zuletzt geändert durch VO vom 13. Mai 2013 (ABl. 2013 L 158, 1)

– Auszug –

Einleitung

1. Historische Entwicklung

Nach jahrzehntelangen Verhandlungen (vgl. Erwägungsgründe 8, 9 SE-VO) **1** wurde am 8.10.2001 die VO (EG) 2157/2001 des Rates über das Statut der Europäischen Gesellschaft (SE) **(SE-VO)** vom 8.10.2001 (ABl. 2001 L 294, 1) und die RL 2001/86/EG **(SE-RL)** zur Ergänzung des Statuts der Europäischen Gesellschaft hinsichtlich der Beteiligung der Arbeitnehmer (ABl. 2001 L 294, 22) verabschiedet (ausf. zur Entstehungsgeschichte Lutter/Hommelhoff/Teichmann/Lutter Einl. Rn. 7a ff.). Die SE-VO trat am 8.10.2004 als unmittelbar innerhalb der EU geltendes Recht (→ Rn. 2) in Kraft. Mit kurzer Verspätung wurden in Deutschland mit dem SEEG v. 29.12.2004 (BGBl. 2004 I 3678) einerseits ergänzende Ausführungsbestimmungen für die SE-VO erlassen und wurde andererseits die SE-RL in nationales Recht umgesetzt. Wesentliche Bestandteile des SEEG sind das SE-Ausführungsgesetz **(SEAG)** und das die Regelungen zur Arbeitnehmerbeteiligung enthaltende SE-Beteiligungsgesetz **(SEBG).** Zum Gesetzgebungsverfahren näher Neye Europ. AG S. 1 ff. Die SE-VO wurde durch Art. 1 I lit. c ÄndVO (EU) 517/2013 v. 13.5.2013 (ABl. 2013 L 158, 1) zuletzt geändert (→ Art. 2 Rn. 5). Zu weiteren Reformbestrebungen auf europäischer Ebene vgl. Bayer/Schmidt BB 2012, 3. Einen Überblick über die zwischenzeitliche Rspr. bieten Bungert/Gotsche ZIP 2013, 649. Zur rechtstatsächlichen Entwicklung vgl. Schuberth/Marc von der Höh AG 2014, 439. Zu Gründen, die für eine SE sprechen, vgl. auch Louven/Ernst BB 2014, 323.

2. Rechtsgrundlagen

Wesentliche Rechtsgrundlage der SE ist die SE-VO selbst, die als Verordnung des **2** Rates **unmittelbare Geltung innerhalb der EU** hat (Art. 288 AEUV) und damit europäisches Sekundärrecht ist. Hintergrund dafür ist, dass mit der SE eine – neben der EWIV die zweite – **supranationale Rechtsform** geschaffen wurde (→ Rn. 4). Zwischenzeitlich ist die **SCE** (VO (EG) 1435/2003 des Rates v. 22.7.2003, ABl. 2003 L 207, 1) hinzugekommen. Die SE-VO regelt selbst wesentliche Gegenstände des Rechts der SE, insbes. die grundlegende Struktur und die Modalitäten der Gründung der SE. Sie enthält jedoch keine vollständige Rechtsordnung für die SE. Man kann in diesem Zusammenhang treffend von einer bewussten Lückenhaftigkeit sprechen (Widmann/Mayer/Heckschen Rn. 39). Zur Auffüllung der Lücken ist auf nationales Recht und auf die Satzung der SE zurückzugreifen. Daher ordnet Art. 9 für die bestehende SE eine **Normenhierarchie** an (eingehend Brandt/Scheifele DStR 2002, 547; Lutter/Hommelhoff/Teichmann/Hommelhoff/Teichmann Art. 9 Rn. 34 ff.; Widmann/Mayer/Heckschen Rn. 42). Danach unterliegt die SE – nach dem europäischen Primärrecht (Teichmann ZGR 2002, 383 (404)) – zunächst den Bestimmungen der SE-VO. Auf der nächsten Stufe folgen von der SE-VO zugelassene Bestimmungen der Satzung (etwa Festlegung auf das dualistische oder monistische System, Art. 38 lit. b). Sodann sind nationale Vorschriften anwendbar, soweit die SE-VO keine oder eine einen Aspekt nicht abschließende Regelung enthält, und zwar zunächst die speziell für die SE erlassenen Regelungen (in Deutschland etwa SEAG), sodann die jeweiligen nationalen Vorschriften des allgemeinen Aktienrechts und schließlich die Bestimmungen der Satzung, die nach dem Aktienrecht des Sitzstaats zulässig sind (Lutter/Hommelhoff/Teichmann/Hommelhoff/Teichmann Art. 9 Rn. 43). Dies umfasst auch das Richterrecht (Lutter/Hommelhoff/Teichmann/Hommelhoff/ Teichmann Art. 9 Rn. 55; Schwarz Art. 9 Rn. 38; MüKoAktG/Schäfer Art. 9 Rn. 17; Hirte NZG 2002, 1 (2); Teichmann ZGR 2002, 383 (398); zweifelnd Schulz/ Geismar DStR 2001, 1078 (1079)). Anwendbar sind die nationalen Vorschriften derjenigen Rechtsordnung, der die (künftige) SE unterliegt (Wagner NZG 2002, 985 (986)). Das ist der Staat, in dem der Satzungssitz ist (Schwarz Art. 9 Rn. 33; Manz/ Mayer/Schröder Art. 9 Rn. 30), der aber regelmäßig auch der Verwaltungssitz ist (Art. 7; → Rn. 8). Die Spielräume in Deutschland sind insoweit aber wegen der vergleichsweise umfassenden Satzungsstrenge (§ 23 V AktG) gering (Hirte DStR 2005, 653 (657); krit. Hommelhoff AG 2001, 279 (287); zum doppelstufigen Satzungsrecht Schwarz Art. 9 Rn. 40 ff.) und im Wesentlichen nur bei börsennotierte AG vorhanden. Zur Anwendbarkeit des **Konzernrechts** auf eine SE vgl. etwa MüKoAktG/Ego Anh. Art. 9 Rn. 23 ff.; Emmerich/Habersack/Habersack Einl. Rn. 45 ff.; iÜ auch Hommelhoff/Lächler AG 2014, 257.

3 Demzufolge sind auf SE mit Sitz in Deutschland und – im Wesentlichen aufgrund **weiterer Ermächtigungen und Verweisungen** (etwa Art. 15, 18) – bei **SE-Gründungen**, an denen dt. Rechtsträger beteiligt sind oder die eine SE mit Satzungssitz (vgl. zur Behandlung von Rechtsträgern mit bloßem Verwaltungssitz im Inland → Art. 2 Rn. 8) in Deutschland zum Ziel haben (vgl. § 1 SEAG), neben den im Zusammenhang mit der SE-VO erlassenen Vorschriften (SEAG, SEBG) etwa auch das AktG und das UmwG anwendbar. Zur Beteiligung von SE an Umw nach dem UmwG etwa → UmwG § 124 Rn. 12 f., → UmwG § 124 Rn. 35.

3. Struktur der SE

4 Die SE ist zwar eine supranationale Rechtsform, weil ihre grundlegende Struktur durch die SE-VO einheitlich für das Gemeinschaftsgebiet geregelt ist. Sie ist aber keine völlig neue Rechtsform. **Die SE ist eine AG** (Van Hulle/Maul/Drinhausen/ Maul 2. Abschnitt Rn. 1; zu den Besonderheiten gegenüber einer dt. AG MüKo-AktG/Oechsler Art. 1 Rn. 2). Der Begriff „europäische AG" taucht zwar nur in Art. 1 I auf, die Qualifikation der SE als AG folgt aber auch aus Art. 1 II, wonach die SE eine Ges ist, deren Kapital in Aktien zerlegt ist (vgl. auch § 1 II AktG). Sie ist damit börsenfähig (Erwägungsgrund 12 SE-VO). Konsequenterweise ordnet Art. 10 an, dass die SE vorbehaltlich der Bestimmungen der SE-VO in jedem Mitgliedstaat wie eine AG behandelt wird, die nach dem Recht des Sitzstaats der SE gegründet wurde. Als AG und damit juristische Person besitzt die SE Rechtspersönlichkeit (Art. 1 III). Ferner haften die Aktionäre entsprechend dem Charakter als KapGes nur bis zur Höhe des von ihnen gezeichneten Kapitals (Art. 1 II 2). Das *Kapital der SE* muss mindestens 120.000 Euro betragen (Art. 4 II). Die SE ist als Formkaufmann HandelsGes (Van Hulle/Maul/Drinhausen/Maul 2. Abschn. Rn. 1; Schwarz Art. 1 Rn. 13). Der Begriff Handelsgesellschaften in Art. 1 I bedeutet keine Beschränkung auf kaufmännische Tätigkeiten; die SE kann etwa auch eigenes Vermögen verwalten (MüKoAktG/Oechsler Art. 1 Rn. 5). Zur Frage der Zulässigkeit der **Vorrats-SE** und damit zusammenhängenden Fragen vgl. etwa OLG Düsseldorf ZIP 2009, 918; Habersack/Drinhausen/Habersack Art. 2 Rn. 29; MüKoAktG/ Schäfer Art. 12 Rn. 8; Manz/Mayer/Schröder Art. 2 Rn. 75 ff.; Forst NZG 2009, 68; Grambow Der Konzern 2009, 97).

Da auf eine SE – bei der Gründung wie auch während ihres Bestehens – neben der 5 SE-VO unterschiedliche nationale Rechtsordnungen anzuwenden sind (→ Rn. 2), unterliegt sie **nicht** einem **einheitlichen europäischen Personalstatut,** sondern der Rechtsordnung des Mitgliedstaats, in dem sie ihren Satzungssitz und zugleich ihre Hauptverwaltung hat (vgl. Art. 7; zur Auflösung bei Auseinanderfallen von Sitz und Hauptverwaltung vgl. § 52 SEAG). Daher kann nicht von einer einheitlichen SE gesprochen werden (Hirte NZG 2002, 1 (2)). Der **Wahl des Sitzes** kommt in der Beratungspraxis eine wesentliche Bedeutung zu.

Besonderheiten bestehen hinsichtlich der **Gründung der SE.** Die SE-VO enthält 6 einen numerus clausus der Gründungsmöglichkeiten, nämlich die primären Gründungen nach Art. 2 I–IV und die abgeleitete Gründung nach Art. 3 II (iE dort). Ein gemeinsames Element der Gründungsvarianten ist der **Mehrstaatenbezug.** Dies bedeutet, dass entweder die Gründer dem Recht verschiedener Mitgliedstaaten unterliegen oder bereits bestehende TochterGes oder Zweigniederlassungen in verschiedenen Mitgliedstaaten vorhanden sein müssen.

Die SE-VO stellt auch strenge Anforderungen an die **Gründer.** Natürliche Person 7 können in keinem Fall Gründer einer SE sein, sie können jedoch später die Aktien erwerben. IÜ hängen die Anforderungen an die Gründer von der Art der Gründung ab. Eine Gründung durch Verschm können nur AG der Mitgliedstaaten vollziehen (Art. 2 I). AG und GmbH der Mitgliedstaaten können die Gründung einer Holding-SE betreiben (Art. 2 II), während die Gründung einer gemeinsamen Tochter-SE etwa auch PersGes offensteht (Art. 2 III). Eine 100%ige TochterGes kann nur eine bereits bestehende SE gründen (Art. 3 II). Daraus folgt zugleich, dass in den Fällen der primären Gründung nach Art. 2 I–III mindestens **zwei Gründer** vorhanden sein müssen.

Der **Sitz** der SE muss nach Art. 7 in der Gemeinschaft liegen, und zwar in dem 8 Mitgliedstaat, in dem sich die Hauptverwaltung der SE befindet (zur Auflösung bei Auseinanderfallen von Sitz und Hauptverwaltung vgl. § 52 SEAG). Im Hinblick auf die Niederlassungsfreiheit (Art. 54, 49 AEUV) scheint dies nicht bedenklich, da eine SE identitätswahrend den Sitz verlegen kann (Art. 8; vgl. aber Schwarz Art. 8 Rn. 13 ff.). Zur **Firma** vgl. Art. 11. Der notwendige Zusatz „SE" ist exklusiv für die SE reserviert (zum Bestandsschutz vgl. Art. 11 III).

Eine wesentliche Schwierigkeit auf dem Weg zur SE-VO war die Regelung der 9 **Beteiligung der Arbeitnehmer** (Mitbestimmung), die in den einzelnen Mitgliedstaaten höchst unterschiedlich ausgestaltet ist. Dies ist Gegenstand der **SE-RL** (→ Rn. 1), die in Deutschland durch das **SEBG** umgesetzt worden ist. Die Bestimmungen umfassen Regelungsbereiche, die nach D. Verständnis teilweise dem Betriebsverfassungsrecht und teilw. dem Mitbestimmungsrecht zuzuordnen sind. Nach der Konzeption der SE-RL und des SEEG haben **Vereinbarungen** zwischen Arbeitnehmer- und Arbeitgeberseite Vorrang. Nur soweit eine Einigung nicht erzielt wird, greifen die gesetzlichen Bestimmungen als Auffangregelung. Genau dies macht die Rechtsform der SE auch für den **Mittelstand** interessant (s. etwa Reichert ZIP 2014, 1957). Denn eine SE, die im Zeitpunkt ihrer Gründung nicht den Regelungen der Mitbestimmung unterliegt, **bleibt** auch dann **mitbestimmungsfrei,** wenn sie später mehr als 500 Mitarbeiter oder sogar mehr als 2.000 Mitarbeiter hat (dazu etwa Bayer NJW 2016, 1930 (1932); Rieble BB 2014, 2997; Haider-Giangreco/Polte BB 2014, 2947 (2948); Forst Der Konzern 2010, 151 (153); Hellwege GS Schwindhelm, 2009, 317; Grambow BB 2012, 902; vgl. aber auch Teichmann ZIP 2014, 1049). Zu Besonderheiten bei Tendenzunternehmen vgl. Rieble AG 2014, 224.

10 Die **Rechnungslegung** richtet sich nach den Vorschriften, die für das Recht des Sitzstaates der SE unterliegende AG gelten (Art. 61). Für die **stl. Behandlung** enthält die SE-VO keinerlei Bestimmungen. Diese richtet sich nach Art. 10 nach den für AG geltenden Vorschriften, bei einer unbeschränkten oder beschränkten Steuerpflicht in Deutschland hinsichtlich der laufenden ertragstl. Besteuerung also insbes. nach dem KStG (vgl. auch § 1 I Nr. 1 KStG) und dem GewStG (vgl. § 2 II 1 GewStG). Die der SE eingeräumte Möglichkeit der Sitzverlegung (Art. 8) war Anlass, die stl. Fusions-RL 1990 (RL 90/434/EWG, ABl. 1990 L 225, 1) mit RL v. 17.2.2005 (ABl. 2005 L 225, 19) zu ändern (jetzt RL 2009/133/EG v. 19.10.2009, ABl. 2009 L 310, 34). Nicht zuletzt waren die von der SE-VO eingeräumten Möglichkeiten der grenzüberschreitenden Umw Anlass, das UmwStG im Rahmen des SEStEG neu zu fassen und den Anwendungsbereich auf grenzüberschreitende und vergleichbare ausl. Vorgänge auszudehnen (→ UmwStG § 1 Rn. 3).

Titel I. Allgemeine Vorschriften

Art. 2 Gründung einer SE

(1) **Aktiengesellschaften im Sinne des Anhangs I, die nach dem Recht eines Mitgliedstaats gegründet worden sind und ihren Sitz sowie ihre Hauptverwaltung in der Gemeinschaft haben, können eine SE durch Verschmelzung gründen, sofern mindestens zwei von ihnen dem Recht verschiedener Mitgliedstaaten unterliegen.**

(2) **Aktiengesellschaften und Gesellschaften mit beschränkter Haftung im Sinne des Anhangs II, die nach dem Recht eines Mitgliedstaats gegründet worden sind und ihren Sitz sowie ihre Hauptverwaltung in der Gemeinschaft haben, können die Gründung einer Holding-SE anstreben, sofern mindestens zwei von ihnen**
a) **dem Recht verschiedener Mitgliedstaaten unterliegen oder**
b) **seit mindestens zwei Jahren eine dem Recht eines anderen Mitgliedstaats unterliegende Tochtergesellschaft oder eine Zweigniederlassung in einem anderen Mitgliedstaat haben.**

(3) **Gesellschaften im Sinne des Artikels 48 Absatz 2 des Vertrags sowie juristische Personen des öffentlichen oder privaten Rechts, die nach dem Recht eines Mitgliedstaats gegründet worden sind und ihren Sitz sowie ihre Hauptverwaltung in der Gemeinschaft haben, können eine Tochter-SE durch Zeichnung ihrer Aktien gründen, sofern mindestens zwei von ihnen**
a) **dem Recht verschiedener Mitgliedstaaten unterliegen oder**
b) **seit mindestens zwei Jahren eine dem Recht eines anderen Mitgliedstaats unterliegende Tochtergesellschaft oder eine Zweigniederlassung in einem anderen Mitgliedstaat haben.**

(4) **Eine Aktiengesellschaft, die nach dem Recht eines Mitgliedstaats gegründet worden ist und ihren Sitz sowie ihre Hauptverwaltung in der Gemeinschaft hat, kann in eine SE umgewandelt werden, wenn sie seit mindestens zwei Jahren eine dem Recht eines anderen Mitgliedstaats unterliegende Tochtergesellschaft hat.**

(5) **Ein Mitgliedstaat kann vorsehen, dass sich eine Gesellschaft, die ihre *Hauptverwaltung* nicht in der Gemeinschaft hat, an der Gründung einer SE beteiligen kann, sofern sie nach dem Recht eines Mitgliedstaats gegründet wurde, ihren Sitz in diesem Mitgliedstaat hat und mit der Wirtschaft eines Mitgliedstaats in tatsächlicher und dauerhafter Verbindung steht.**

Übersicht

	Rn.
1. Allgemeines	1
2. Gründung durch Verschmelzung	4
a) Anwendbare Rechtsvorschriften	4
b) Gründer	5
aa) Aktiengesellschaften	5
bb) Gründung nach dem Recht eines Mitgliedstaats	6
cc) Sitz und Hauptverwaltung in der Gemeinschaft	7
dd) Gemeinschaftsgebiet	9
ee) Konzernverschmelzungen	10
c) Mehrstaatenbezug	11
3. Gründung einer Holding-SE	15
a) Anwendbare Rechtsvorschriften	15
b) Gründer	16
aa) AG und GmbH	16
bb) Gründung nach dem Recht eines Mitgliedstaats	17
cc) Sitz und Hauptverwaltung in der Gemeinschaft	18
dd) Gemeinschaftsgebiet	19
c) Mehrstaatenbezug	20
aa) Allgemeines	20
bb) Unterschiedliche Personalstatute	21
cc) Tochtergesellschaft	22
dd) Zweigniederlassung	25
ee) Zwei-Jahres-Zeitraum	26
ff) Tochtergesellschaft/Zweigniederlassung in einem anderen Mitgliedstaat	28
4. Gründung einer Tochter-SE	29
a) Anwendbare Rechtsvorschriften	29
b) Gründer	30
aa) Rechtsformen der Gründer	30
bb) Mindestens zwei Gründer	31
cc) Gründung nach dem Recht eines Mitgliedstaats	32
dd) Sitz und Hauptverwaltung in der Gemeinschaft	33
c) Mehrstaatenbezug	34
d) Gründung durch Zeichnung ihrer Aktien	35
5. Umwandlung einer Aktiengesellschaft	36
a) Anwendbare Rechtsvorschriften	36
b) Gründer	37
aa) Aktiengesellschaften	37
bb) Gründung nach dem Recht eines Mitgliedstaats	38
cc) Sitz und Hauptverwaltung in der Gemeinschaft	39
c) Mehrstaatenbezug	40
6. Beteiligung von Gesellschaften ohne Hauptverwaltung in der Gemeinschaft	41
7. Brexit	42

1. Allgemeines

Die Vorschrift bestimmt in den Abs. 1–4 abschließend die **Möglichkeiten** der **primären SE-Gründung.** Neben diesen vier Varianten kann eine SE nach Art. 3 II nur als TochterGes von einer SE gegründet werden (sekundäre oder abgeleitete Gründung). Eine SE kann danach von AG durch Verschm (Abs. 1), von AG und

GmbH durch Gründung einer Holding-SE (Abs. 2), durch Ges iSv Art. 54 II AEUV (früher: Art. 48 II EGV) und jur. Personen des öffentlichen oder privaten Rechts durch Gründung einer gemeinsamen Tochter-SE (Abs. 3) und schließlich durch Umw einer AG in eine SE (Abs. 4) entstehen. **Natürliche Personen** können sich in keinem Fall unmittelbar an der Gründung einer SE beteiligen (Schwarz Rn. 28; Hommelhoff AG 2001, 279 (280); MüKoAktG/Oechsler Art. 2 Rn. 1; Habersack/Drinhausen/Habersack Rn. 7: allenfalls bei Art. 2 III). Diese müssen also immer einen zur Gründung fähigen Rechtsträger zwischenschalten. Ferner können sie sich später durch den Erwerb von Aktien an der SE beteiligen. Entsprechendes gilt für Rechtsträger, die Rechtsordnungen außerhalb der EU unterliegen.

2 Neben den Gründungsvarianten legt die Vorschrift die – je nach Art der Gründung unterschiedliche – Qualifikationen an die **Gründer** und die Anforderungen an den **Mehrstaatenbezug** fest.

3 **Abs. 5** ermächtigt die nat. Gesetzgeber zu einer nat. Regelung, dass sich eine Ges, die ihre Verwaltung nicht in der Gemeinschaft hat, an der Gründung einer SE beteiligen kann.

2. Gründung durch Verschmelzung

4 **a) Anwendbare Rechtsvorschriften.** Abs. 1 bestimmt, dass AG eine SE durch Verschm gründen können. Die weiteren Regelungen für die Gründung durch Verschm enthalten Art. 15–16 (allgemeine Vorschriften für alle Gründungsvarianten) und Art. 17–31 (bes. Vorschriften für die Gründung durch Verschm). Ergänzend sind bei Beteiligung von dt. GründungsGes über Art. 18 einzelne für AG geltende Vorschriften des UmwG (§§ 2–38 UmwG, §§ 60–77 UmwG) und über Art. 15 einzelne für AG geltende Gründungsvorschriften (insbes. §§ 23 ff. AktG) anwendbar. Ferner sind §§ 1–4 und §§ 5–8 SEAG zu beachten.

5 **b) Gründer. aa) Aktiengesellschaften.** Nur AG können eine SE durch Verschm gründen. Welche Gesellschaftsformen in den Mitgliedstaaten AG sind, wird abschließend im Anh. 1 zur SE-VO aufgezählt. Die Anh. I (und II) wurden durch VO (EG) 885/2004 des Rates v. 26.4.2004 (ABl. 2004 L 168, 1) und VO (EG) 1791/2006 des Rates v. 20.11.2006 (ABl. 2006 L 363, 1) sowie zuletzt Art. 1 I lit. c ÄndVO (EU) 517/2013 v. 13.5.2013 (ABl. 2013 L 158, 1) um die jeweiligen Rechtsformbezeichnungen in den Beitrittsländern ergänzt. Für Deutschland ist es die „Aktiengesellschaft", nicht aber die KGaA (Lutter/Hommelhoff/Teichmann/Bayer Rn. 8; Habersack/Drinhausen/Habersack Rn. 5; MüKoAktG/Schäfer Art. 17 Rn. 8; Seibt/Reinhard Der Konzern 2005, 407 (409); Maulbetsch/Klumpp/Rose/Konu Rn. 28; aA MüKoAktG/Oechsler Rn. 25). Ferner können immer bereits bestehende SE an einer Gründung durch Verschm beteiligt sein, da eine SE zu diesem Zweck als AG gilt (Art. 3 I; Lutter/Hommelhoff/Teichmann/Bayer Rn. 26; Habersack/Drinhausen/Habersack Rn. 5). Die Vor-AG kann nicht Gründer sein (Lutter/Hommelhoff/Teichmann/Bayer Rn. 9; Schwarz Rn. 24; MüKoAktG/Oechsler Rn. 25; Habersack/Drinhausen/Habersack Rn. 5; Sagasser/Bula/Brünger Umwandlungen/Sagasser/Clasen § 14 Rn. 22). Demgegenüber kann eine aufgelöste AG unter den Voraussetzungen von § 3 III UmwG (Art. 18) als übertragende Ges an einer Verschm zur Gründung einer SE beteiligt sein (Schwarz Rn. 52; MüKoAktG/Oechsler Rn. 24; Habersack/Drinhausen/Habersack Rn. 5; Sagasser/Bula/Brünger Umwandlungen/Sagasser/Clasen § 14 Rn. 23). Die AG muss – *anders als bei Abs. 2* – nicht bereits eine Mindestzeit bestanden haben (Habersack/Drinhausen/Habersack Rn. 6). Andere Personen können neben AG nicht als Gründer beteiligt sein (Lutter/Hommelhoff/Teichmann/Bayer Rn. 15; Habersack/Drinhausen/Habersack Rn. 7; aA MüKoAktG/Oechsler Rn. 24.

bb) Gründung nach dem Recht eines Mitgliedstaats. Weitere zwingende 6
Voraussetzung ist, dass die an der Gründung durch Verschm beteiligten AG nach dem Recht eines Mitgliedstaates gegründet worden sind. Dies setzt die Registereintragung voraus (Schwarz Rn. 35; zur Vor-AG → Rn. 5). Ges, die dem Typus nach einer AG vergleichbar sind, aber nach dem Recht eines Drittstaats gegründet worden sind, können daher selbst dann nicht beteiligt sein, wenn sie ihren (Verwaltungs-)Sitz in einem Mitgliedstaat haben. Ihnen bleibt nur der Weg, die Voraussetzungen der Beteiligtenfähigkeit über nach dem Recht von EU-Mitgliedstaaten gegründeten Tochter-AG zu schaffen. Anderes gilt, wenn eine bereits gegründete Ges nachträglich in eine AG eines Mitgliedstaats umgewandelt wurde (MüKoAktG/Oechsler Rn. 26; Habersack/Drinhausen/Habersack Rn. 5).

cc) Sitz und Hauptverwaltung in der Gemeinschaft. Die an der Gründung 7
einer SE durch Verschm beteiligten AG müssen ferner ihren Sitz und ihre Hauptverwaltung in der Gemeinschaft haben. Neben den Mitgliedstaaten ist auch ein Sitz/ eine Hauptverwaltung in den EWR-Staaten (Island, Liechtenstein und Norwegen) ausreichend, da die SE-VO auch in diesen Staaten gilt (Lutter/Hommelhoff/Teichmann/Bayer Rn. 11; Schwarz Rn. 41; Habersack/Drinhausen/Habersack Rn. 8; MüKoAktG/Oechsler Rn. 26; Kallmeyer/Marsch-Barner/Wilk Rn. 8). Zur Ausnahme nach Abs. 5 → Rn. 46. Sitz idS ist der **statutarische Sitz,** denn der Verwaltungssitz ist durch den Begriff „Hauptverwaltung" ebenfalls erwähnt (Lutter/Hommelhoff/Teichmann/Bayer Rn. 11; Schwarz Rn. 38; Manz/Mayer/Schröder Rn. 29; Habersack/Drinhausen/Habersack Rn. 8; Schwarz ZIP 2001, 1847 (1850); MüKoAktG/Oechsler Rn. 25). Der Begriff der **Hauptverwaltung** ist zwar grds. europarechtlich auszulegen, praktische Unterschiede zum im dt. IPR gebräuchlichen Begriff des effektiven Verwaltungssitzes bestehen indes nicht (Manz/Mayer/Schröder Rn. 31). Danach ist als Ort der Hauptverwaltung der Ort zu verstehen, wo die grundlegenden Entscheidungen der Unternehmensleitung effektiv in lfd. Geschäftsführungsakte umgesetzt werden (BGHZ 97, 269 (272) = NJW 1986, 2194; BGH NZG 2010, 712; Schwarz Rn. 39). Satzungssitz **und** Ort der Hauptverwaltung müssen **innerhalb der Gemeinschaft** liegen (vorbehaltlich Abs. 5; → Rn. 41). Bedeutung hat dies für AG aus Staaten, die der Gründungstheorie folgen, da danach die Verlegung des Verwaltungssitzes auch in einen Drittstaat außerhalb der EU nicht zum Verlust der Rechtspersönlichkeit und zur Änderung des Personalstatuts führt (näher → UmwG § 1 Rn. 35). Aber auch bei dt. AG ist die Verlegung des Verwaltungssitzes in einen Drittstaat kein zwingender Auflösungsgrund (Koch AktG § 5 Rn. 12; → UmwG § 1 Rn. 42 und → Rn. 8).

Keine Voraussetzung ist, dass der Satzungssitz und der Ort der Hauptverwaltung 8
im gleichen Mitgliedstaat sind (Van Hulle/Maul/Drinhausen/Teichmann § 5 Rn. 27; Lutter/Hommelhoff/Teichmann/Bayer Rn. 11; Schwarz Rn. 40; Habersack/Drinhausen/Habersack Rn. 8; MüKoAktG/Oechsler Rn. 26; Kallmeyer/Marsch-Barner/Wilk Rn. 8; Maulbetsch/Klumpp/Rose/Konu Rn. 31). Dies gilt zweifelsfrei für AG, die nach dem Recht eines Staates gegründet worden sind, der der Gründungstheorie folgt. Verlegt eine derartige AG ihren Verwaltungssitz in einen EU-Mitgliedstaat, lässt dies aus der Sicht des Gründungsstaats das Personalstatut unberührt. Zugleich hat der andere Staat nicht nur die Rechtspersönlichkeit der EU-ausländischen AG, sondern auch deren durch die Gründung erworbenes Personalstatut anzuerkennen (EuGH NJW 2002, 3614 – Überseering). Nichts anderes gilt für eine dt. AG, die ihren effektiven Verwaltungssitz in einen anderen EU-Mitgliedstaat verlegt. Dies hat der Gesetzgeber anlässlich der Änderung von § 5 AktG durch das MoMiG (BGBl. 2008 I 2026) klargestellt (BT-Drs. 16/6140, 29; auch → Rn. 7). Zur Verlegung des Satzungssitzes → UmwG § 1 Rn. 38 f. Demzufolge kann bspw. eine nach dt. Recht gegründete AG mit Verwaltungssitz in Deutschland gemeinsam mit einer niederländischen NV (naamloze vennootschap)

mit Verwaltungssitz in Deutschland eine SE gründen (vgl. auch MüKoAktG/Oechsler Rn. 25; zum Mehrstaatenbezug → Rn. 11 ff.).

9   **dd) Gemeinschaftsgebiet.** Zu den Mitgliedstaaten vgl. Art. 52 EUV und → UmwStG § 1 Rn. 67. Da die SE-VO auch innerhalb des EWR (Island, Liechtenstein, Norwegen) gilt, sind diese Staaten sowohl in Bezug auf das Gründungsrecht als auch auf Satzungssitz/Hauptverwaltung gleichgestellt (→ Rn. 7).

10   **ee) Konzernverschmelzungen.** Die die Verschm betreibenden AG müssen nicht voneinander unabhängig sein. Soweit die sonstigen Voraussetzungen erfüllt sind, insbes. die AG/SE dem Recht verschiedener Mitgliedstaaten unterliegen (→ Rn. 11), können auch miteinander verbundene Unternehmen verschmolzen werden (Lutter/Hommelhoff/Teichmann/Bayer Rn. 13; MüKoAktG/Oechsler Rn. 13; Maulbetsch/Klumpp/Rose/Konu Rn. 29; Teichmann ZGR 2002, 383 (412); Habersack/Drinhausen/Habersack Rn. 6; aA Hirte NZG 2002, 1 (3)). Die ausl. TochterGes kann auch nur zu diesem Zweck gegründet werden (MüKoAktG/Oechsler Rn. 13, 26). Hierdurch kann zwar im Ergebnis die zweijährige Bestehensfrist nach Abs. 4 (→ Rn. 45) umgangen werden (so Hirte NZG 2002, 1 (3)), dennoch sind die vier Varianten nach Art. 2 als gleichrangig anzusehen. Zum Preis der Auflösung der TochterGes muss der Mehrstaatenbezug eben nur kurz bestanden haben, zumal dieses Merkmal ohnehin bei den verschiedenen Gründungsvarianten unterschiedlich stark ausgeprägt ist. IÜ zeigt Art. 31, dass Konzernverschmelzungen nicht ausgeschlossen sein (Lutter/Hommelhoff/Teichmann/Bayer Rn. 13).

11   **c) Mehrstaatenbezug.** Jede der von Abs. 1–4 vorgegebenen Gründungsvarianten enthält einen – allerdings teilw. unterschiedlich ausgestalteten – Mehrstaatenbezug. Ein Grund hierfür könnte sein, dass die SE zur Flucht vor dem ggf. strengeren nat. Aktienrecht genutzt werden könnte, obwohl grenzüberschreitende Aktivitäten gar nicht vorhanden sind (Merkt BB 1992, 652 (655 f.); Manz/Mayer/Schröder Rn. 42; vgl. auch Hommelhoff AG 2001, 279 (281)). Ferner wird damit dem Subsidiaritätsgebot des Art. 5 EUV Rechnung getragen (Hirte NZG 2002, 1 (4); Hirte DStR 2005, 653 (655); Manz/Mayer/Schröder Rn. 43; vgl. auch Hommelhoff AG 2001, 279 (281)). Bei der Gründung durch Verschm verlangt Abs. 1, dass mindestens zwei der sich verschmelzenden AG dem **Recht verschiedener Mitgliedstaaten** unterliegen. Nach dem klaren Wortlaut ist es ausreichend, wenn bei mindestens zwei beteiligten AG unterschiedliche Personalstatute bestehen (ebenso Habersack/Drinhausen/Habersack Rn. 9; MüKoAktG/Oechsler Rn. 26; Maulbetsch/Klumpp/Rose/Konu Rn. 30; Spindler/Stilz/Casper Rn. 8; BeckOGK/Casper Rn. 8). Demnach ist es unschädlich, wenn bei einer Gründung durch mehr als zwei AG einzelne Gründer dem Recht desselben Mitgliedstaats unterliegen. Zur Verschm von voneinander abhängigen Ges → Rn. 10.

12   **Welchem Recht** die beteiligten AG unterliegen, richtet sich nach dem **Ort ihrer Gründung,** nicht nach dem Ort des aktuellen Verwaltungssitzes. Soweit ein Gründungsstaat der Gründungstheorie folgt, tritt auch durch einen Wechsel des Verwaltungssitzes eine Änderung des Personalstatuts nicht ein. Dies ist bei der Verlegung des Verwaltungssitzes in einen anderen Mitgliedstaat auch von dem anderen Staat anzuerkennen (EuGH NJW 2002, 3614 – Überseering). Die (europäische) AG unterliegt damit unverändert dem Recht ihres Gründungsstaates (Hirte DStR 2005, 653 (654); Ihrig/Wagner BB 2004, 1749 (1750); vgl. auch Wagner NZG 2002, 985 (986)). Anderes kann bei der Verlegung des Verwaltungssitzes eines Rechtsträgers, der nach dem Recht eines Mitgliedstaats, der die Sitztheorie anwendet, gegründet wurde, gelten (näher → UmwG § 1 Rn. 40 ff.). Für eine dt. AG hat die Verlegung des Verwaltungssitzes indes keine Auswirkungen auf das Personalstatut (→ Rn. 8).

Infolgedessen ist in dem Beispiel → Rn. 8 (Verschm einer dt. AG mit Satzungs- 13 und Verwaltungssitz in Deutschland mit einer niederländischen NV mit Verwaltungssitz in Deutschland) auch der Mehrstaatenbezug gegeben, da die Ges den Rechtsordnungen verschiedener Mitgliedstaaten unterliegen (vgl. auch Lutter/Hommelhoff/Teichmann/Bayer Rn. 12; Habersack/Drinhausen/Habersack Rn. 9).

Der Mehrstaatenbezug muss nur **während der Gründung,** also bis zur konstitu- 14 tiven Eintragung der SE (Art. 27 I) bestehen (Schwarz Rn. 48 f.; Thoma/Leuering NJW 2002, 1449 (1451) Fn. 34; Manz/Mayer/Schröder Rn. 39; MüKoAktG/Oechsler Rn. 5; vgl. auch Lutter/Hommelhoff/Teichmann/Bayer Rn. 14 und Habersack/Drinhausen/Habersack Rn. 10: bis zur Anmeldung). Eine Perpetuierung der Mehrstaatlichkeit kann weder aus Art. 2 noch aus anderen Vorschriften der SE-VO abgeleitet werden. Dies wäre iÜ eine unangemessene Beschränkung der wirtschaftlichen Betätigungsfreiheit.

3. Gründung einer Holding-SE

a) Anwendbare Rechtsvorschriften. Eine weitere Gründungsvariante enthält 15 Abs. 2. Danach können AG und GmbH die Gründung einer gemeinsamen Holding-SE anstreben. Neben den allg. Vorschriften für die Gründung (Art. 15, 16) sind hierfür Art. 32–34 zu beachten. Daneben gelten §§ 1–4 und §§ 9–11 SEAG für dt. GründungsGes. Über Art. 15 sind ergänzend die nat. Gründungsvorschriften für AG (insbes. §§ 23 ff. AktG) anwendbar, wenn die Holding-SE ihren Sitz in Deutschland haben soll. Zum Verhältnis zu § 71a II AktG vgl. MüKoAktG/Oechsler Rn. 28.

b) Gründer. aa) AG und GmbH. Anders als bei der Gründung durch Verschm 16 (→ Rn. 5) können bei der Gründung einer Holding-SE neben AG auch GmbH beteiligt sein. Die erfassten Rechtsformen (AG und GmbH) der EU-Mitgliedstaaten ergeben sich abschließend aus Anh. 2 SE-VO (zur zwischenzeitlichen Erweiterung um die Ges der Beitrittsstaaten → Rn. 5). Als GmbH gilt auch die UG (Habersack/Drinhausen/Habersack Rn. 13; Lutter/Hommelhoff/Teichmann/Bayer Rn. 16; zur KGaA → Rn. 5). Ebenso kann eine bereits **bestehende SE** beteiligt sein, da diese für Gründungszwecke als AG des Rechts des Sitzmitgliedstaats gilt (Art. 3 I; Lutter/Hommelhoff/Teichmann/Bayer Rn. 26; Manz/Mayer/Schröder Rn. 15; Habersack/Drinhausen/Habersack Rn. 13, 5). Wie bei Abs. 1 (→ Rn. 5) können auch Ges in Liquidation grds. beteiligt sein (Habersack/Drinhausen/Habersack Rn. 13; aA MüKoAktG/Oechsler Rn. 29; Spindler/Stilz/Casper Rn. 10; BeckOGK/Casper Rn. 10).

bb) Gründung nach dem Recht eines Mitgliedstaats. Ebenso wie bei der 17 Verschm müssen die die Gründung der Holding-SE anstrebenden Ges nach dem Recht eines Mitgliedstaats gegründet worden sein (→ Rn. 6).

cc) Sitz und Hauptverwaltung in der Gemeinschaft. Wie bei der Gründung 18 durch Verschm müssen die Gründer zum Zeitpunkt der Gründung ihren Satzungssitz und ihre Hauptverwaltung in der Gemeinschaft, nicht aber im gleichen Mitgliedstaat, haben (→ Rn. 7).

dd) Gemeinschaftsgebiet. Vgl. → Rn. 9. 19

c) Mehrstaatenbezug. aa) Allgemeines. Sämtliche Gründungsvarianten nach 20 Abs. 1–4 zeichnen sich dadurch aus, dass die Gründer einen – teilw. unterschiedlich ausgestalteten – Bezug zu mindestens zwei Mitgliedstaaten haben (auch → Rn. 11). Für die Gründung einer Holding-SE bedeutet dies, dass entweder mindestens zwei Gründer dem **Recht verschiedener Mitgliedstaaten** unterliegen **oder** mindestens zwei Gründer seit mindestens zwei Jahren eine dem Recht eines anderen Mitgliedstaates unterliegende **TochterGes oder Zweigniederlassung** in einem anderen Mitgliedstaat haben müssen. Wenigstens eine dieser alternativen Anforderungen muss von mindestens **zwei Gründern** erfüllt werden (Schwarz Rn. 46; Hirte NZG 2002, 1 (3); Teichmann ZGR 2002, 383 (411); Manz/Mayer/Schröder Rn. 60; Habersack/Drinhausen/Habersack Rn. 14; Spindler/Stilz/Casper Rn. 11; BeckOGK/Casper Rn. 11; Lutter/Hommelhoff/Teichmann/Bayer Rn. 18 Fn. 38; aA wohl Hommelhoff AG 2001, 279 (281) Fn. 15; → Rn. 28).

21   bb) **Unterschiedliche Personalstatute.** Ein ausreichender Mehrstaatenbezug für die Gründung einer Holding-SE ist gegeben, wenn mindestens zwei der Gründer dem Recht verschiedener Mitgliedstaaten unterliegen. Die Voraussetzungen entsprechen denen von Abs. 1 (→ Rn. 11 ff.).

22   cc) **Tochtergesellschaft.** Der Mehrstaatenbezug besteht auch, wenn mindestens zwei Gründer seit mindestens zwei Jahren eine dem Recht eines anderen Mitgliedstaats unterliegende TochterGes oder eine Zweigniederlassung in einem anderen Mitgliedstaat haben. Der Begriff „TochterGes" ist in der SE-VO nicht definiert. Auch das SEAG enthält hierfür keine Festlegung. Er ist daher europarechtlich autonom auszulegen. Zur Bestimmung der möglichen **Rechtsformen** einer TochterGes bietet sich der Rückgriff auf Art. 54 AEUV an (Widmann/Mayer/Heckschen Rn. 89; Habersack/Drinhausen/Habersack Rn. 15; Spindler/Stilz/Casper Rn. 12; BeckOGK/Casper Rn. 12). TochterGes in Deutschland einer GründungsGes können daher neben den HandelsGes (OHG, KG, auch KapGes & Co.), KapGes (GmbH, AG, KGaA und SE), Genossenschaften und juristische Personen, die einen Erwerbszweck verfolgen, sein. Auch eine GbR kann eine TochterGes sein, da sie nach dem heutigem Verständnis (BGH NJW 2001, 1056) teilrechtsfähig ist (Spindler/Stilz/Casper Rn. 12; BeckOGK/Casper Rn. 12; MüKoAktG/Oechsler Rn. 34). Eine wirtschaftliche Betätigung muss die TochterGes nicht ausüben (Habersack/Drinhausen/Habersack Rn. 15).

23   Hingegen begründet **nicht jede Beteiligung** eine TochterGes. Denn der Mehrstaatenbezug soll gewährleisten, dass die Gründer tatsächlich bereits in anderen Staaten unternehmerisch tätig sind (→ Rn. 11). Denkbar wäre die Heranziehung der Begriffsbestimmung nach Art. 2 lit. c SE-RL (→ Einl. Rn. 1), wonach TochterGes ein Unternehmen ist, auf das die betreffende Ges einen beherrschenden Einfluss iSd Art. 3 II–VII RL 94/45/EG (Europäischer Betriebsrats-RL) ausübt (so etwa Manz/Mayer/Schröder Rn. 61; MüKoAktG/Oechsler Rn. 33; Habersack/Drinhausen/Habersack Rn. 15). Die Formulierung in Art. 2 SE-RL, wonach die Begriffsbestimmungen „für Zwecke dieser Richtlinie" gelten, lässt zwar eine Einschränkung nur für Zwecke dieser RL nicht erkennen (so aber Lutter/Hommelhoff SE/Bayer S. 31; Lutter/Hommelhoff/Teichmann/Bayer Rn. 18). Indes ist die Begriffsbestimmung in Art. 2 lit. c SE-RL von dem sachlichen Zusammenhang mit dem Regelungsgegenstand der SE-RL geprägt. Der Mehrstaatenbezug stellt hingegen auf eine unternehmerische Betätigung in verschiedenen Mitgliedstaaten ab (vgl. auch Erwägungsgrund 1 SE-VO). Eine der MutterGes zurechenbare unternehmerische Betätigung der TochterGes liegt auf jeden Fall bei einem Konzernverhältnis vor. Sachnäher ist daher eine Heranziehung der Begriffsbestimmung nach (bisher) Art. 1 Bilanz-RL 1983 (und Art. 2 Bilanz-RL 1983) (7. RL 83/349/EWG) und nunmehr Art. 2 Nr. 10 Bilanz-RL (so auch Lutter/Hommelhoff/Teichmann/Bayer Rn. 18; vgl. auch Spindler/Stilz/Casper Rn. 12; BeckOGK/Casper Rn. 12: auch Art. 67 GesR-RL, früher Art. 24a Kapital-RL 1977).

24   **TochterGes sind** danach Unternehmen, die von einem Mutterunternehmen kontrolliert werden, einschl. jedes mittelbar kontrollierten Tochterunternehmens eines Mutterunternehmens; dies ist anzunehmen, wenn ein Mutterunternehmen
– *die Mehrheit der Stimmrechte* hat, oder
– *das Recht hat, die Mehrheit der Mitglieder des Verwaltungs-, Leitungs- oder Aufsichtsorgans zu bestellen oder abzuberufen* und gleichzeitig Gesellschafter dieses Unternehmens ist, oder

– das Recht hat, einen beherrschenden Einfluss aufgrund eines mit diesem Unternehmen geschlossenen Vertrags oder aufgrund einer Satzungsbestimmung dieses Unternehmens auszuüben oder allein durch die Ausübung seiner Stimmrechte die Mehrheit der Mitglieder des Verwaltungs-, Leitungs- oder Aufsichtsorgans des Tochterunternehmens bestellt worden sind, oder
– aufgrund einer Vereinbarung mit anderen Aktionären oder Gesellschaftern dieses Unternehmens allein über die Mehrheit der Stimmrechte der Aktionäre oder Gesellschafter dieses Unternehmens (Tochterunternehmens) verfügt.

Hierbei sind auch **indirekte Kontrollrechtsstellungen** zu berücksichtigen. 24a
Maßgeblich ist also grds., ob durch die Stimmrechte oder auf andere Weise **beherrschender Einfluss** – ggf. vermittelt durch Dritte – ausgeübt werden kann.

dd) Zweigniederlassung. Der Mehrstaatenbezug kann auch durch eine Zweig- 25
niederlassung hergestellt sein. Dieser Begriff ist europarechtlich nicht definiert, sondern wird etwa auch von der GesR-RL (früher 11. RL 89/666/EWG) vorausgesetzt. Nach nat. Verständnis, auf das zurückgegriffen werden kann (Manz/Mayer/Schröder Rn. 62), ist Zweigniederlassung eine räumlich von der Hauptniederlassung getrennte Einrichtung, die dauerhaft und mit einer gewissen Selbstständigkeit mittels der dafür erforderlichen Organisation eigene Geschäfte schließt (vgl. Hopt/Hopt HGB § 13 Rn. 3; vgl. auch Habersack/Drinhausen/Habersack Rn. 16; Lutter/Hommelhoff/Teichmann/Bayer Rn. 19). Allerdings ist nach der Rspr. des EuGH (NJW 2003, 3331 – Inspire Art) bereits eine Zweigniederlassung ausreichend, in der praktisch sämtliche Geschäfte der Ges ausgeübt werden, während die „Hauptniederlassung" nur der Aufrechterhaltung des Satzungssitzes dient (Widmann/Mayer/Heckschen Rn. 82). Denn grds. sind die Gründe, aus denen die Ges in dem anderen Mitgliedstaat errichtet wurde, sowie der Umstand, dass sie ihre Tätigkeit ausschließlich oder nahezu ausschließlich im Mitgliedstaat der Niederlassung ausübt, unbeachtlich (EuGH NJW 2003, 3331 – Inspire Art).

ee) Zwei-Jahres-Zeitraum. Jede TochterGes oder Zweigniederlassung muss seit 26
mindestens **zwei Jahren** bestehen. Damit soll verhindert werden, dass nur zum Zweck der Gründung einer Holding-SE TochterGes oder Zweigniederlassungen gegründet/errichtet werden (Hommelhoff AG 2001, 279 (281); Schwarz Rn. 75; Habersack/Drinhausen/Habersack Rn. 17). Nicht unproblematisch ist die Fristberechnung. Für den **Fristbeginn** einer Zweigniederlassung in Deutschland kommt es nicht auf die Eintragung im zuständigen Register an (so aber Manz/Mayer/Schröder Rn. 64), da diese immer nur deklaratorische Bedeutung hat (Hopt/Hopt HGB § 13 Rn. 10). Maßgeblich ist der Zeitpunkt des tatsächlichen Entstehens der Zweigniederlassung durch Aufnahme des Geschäftsbetriebs (ebenso Widmann/Mayer/Heckschen Rn. 84). Der Zeitpunkt des Entstehens einer **TochterGes** richtet sich nach den jeweiligen nationalen Vorschriften. Soweit eine Registereintragung nicht nur deklaratorisch ist, ist diese maßgeblich. Die Zwei-Jahres-Frist muss spätestens zum Zeitpunkt der Anmeldung der Eintragung der SE erfüllt sein (Lutter/Hommelhoff SE/Bayer S. 32; Lutter/Hommelhoff/Teichmann/Bayer Rn. 20; Schwarz Rn. 76; Manz/Mayer/Schröder Rn. 64; MüKoAktG/Oechsler Rn. 38; Spindler/Stilz/Casper Rn. 14; BeckOGK/Casper Rn. 14).

Nach dem klaren Wortlaut müssen die Gründer **selbst** die TochterGes oder 27
Zweigniederlassung **seit** mindestens **zwei Jahren** haben. Beim **Erwerb** einer schon zuvor bestehenden TochterGes/Zweigniederlassung beginnt die Frist erst mit diesem (Widmann/Mayer/Heckschen Rn. 87). Die Zwei-Jahres-Frist bezieht sich jedoch nur auf das Bestehen der TochterGes/Zweigniederlassung, nicht auf die Gesellschaftsform sowohl der TochterGes als auch der Gründer. TochterGes oder Zweigniederlassung müssen während der zwei Jahre dem Gründer zugeordnet werden können („haben"; MüKoAktG/Oechsler Rn. 34; Schwarz Rn. 74). Während des gesamten Zeitraums muss auch die Kontrolle (→ Rn. 24) bestehen (Habersack/

Drinhausen/Habersack Rn. 17; Spindler/Stilz/Casper Rn. 14; BeckOGK/Casper Rn. 14). Die Gründer können auch innerhalb des Zwei-Jahres-Zeitraums in eine AG/GmbH umgewandelt worden sein.

28 **ff) Tochtergesellschaft/Zweigniederlassung in einem anderen Mitgliedstaat.** Der Mehrstaatenbezug setzt voraus, dass mindestens zwei Gründer seit mindestens zwei Jahren eine dem Recht eines anderen Mitgliedstaats unterliegende TochterGes oder eine Zweigniederlassung in einem anderen Mitgliedstaat haben. Nach dem klaren Wortlaut genügt es nicht, wenn nur ein Gründer diesen Mehrstaatenbezug erfüllt, vielmehr müssen mindestens zwei Gründer eine TochterGes oder Zweigniederlassung in einem anderen Mitgliedstaat haben (Schwarz Rn. 44; Manz/Mayer/Schröder Rn. 60; Habersack/Drinhausen/Habersack Rn. 14; Spindler/Stilz/Casper Rn. 11; BeckOGK/Casper Rn. 11; Lutter/Hommelhoff/Teichmann/Bayer Rn. 18 Fn. 38; aA wohl Hommelhoff AG 2001, 279 (281) Fn. 15; zur Frage derselben TochterGes MüKoAktG/Oechsler Rn. 33). Ausreichend ist es, wenn ein Gründer eine TochterGes und der andere Gründer eine Zweigniederlassung hat. Das Erfordernis des anderen Mitgliedstaats bezieht sich immer nur auf die jeweilige MutterGes/TochterGes bzw. Hauptniederlassung/Zweigniederlassung. Unschädlich ist es, wenn die TochterGes/Zweigniederlassung in einem Mitgliedstaat besteht, in dem ein anderer Gründer seinen Satzungssitz/seine Hauptniederlassung hat oder die TochterGes/Zweigniederlassung der Gründer aus verschiedenen Mitgliedstaaten im selben Mitgliedstaat angesiedelt sind. Ausreichend ist es ferner, wenn mindestens zwei Gründer ihren Sitz im selben Mitgliedstaat haben und sie jeweils TochterGes oder Zweigniederlassung in einem anderen (aber beide durchaus in demselben anderen) Mitgliedstaat haben (grds. ebenso Horn DB 2005, 147 (148)). Sofern mindestens zwei Gründer die Voraussetzungen erfüllen, können weitere AG/GmbH an der Gründung der Holding-SE beteiligt sein, auch wenn sie selbst keinen Mehrstaatenbezug haben.

4. Gründung einer Tochter-SE

29 **a) Anwendbare Rechtsvorschriften.** Abs. 3 behandelt den Fall der Gründung einer Tochter-SE. Weitere Vorschriften hierfür enthalten Art. 15, 16 als allg. Vorschriften für die Gründung einer SE und Art. 35, 36 SE-VO. Das SEAG enthält neben den allg. Vorschriften in §§ 1–4 SEAG für die Gründung einer Tochter-SE keine besonderen Regelungen. Soweit die Tochter-SE dem dt. Personalstatut unterliegt, gelten über Art. 15 ergänzend die für dt. AG zu beachtenden Gründungsvorschriften (insbes. §§ 23 ff. AktG).

30 **b) Gründer. aa) Rechtsformen der Gründer.** Anders als bei der Gründung durch Verschm oder der Gründung einer Holding-SE kann an der Gründung einer Tochter-SE ein größerer Kreis von Rechtsträgern beteiligt sein. Dies sind zunächst **Ges iSv Art. 54 AEUV** (früher: Art. 48 II EGV), also die Ges des bürgerlichen Rechts und die HandelsGes einschließlich der eG. Aus dt. Sicht kommen als Gründer damit GbR (→ Rn. 22), PhG (OHG, KG), PartGes und neben eG sowie eV sämtliche KapGes (GmbH, AG, KGaA, SE) in Betracht (Lutter/Hommelhoff/Teichmann/Bayer Rn. 22; MüKoAktG/Oechsler Rn. 40; Habersack/Drinhausen/Habersack Rn. 19). Die Ges müssen einen Erwerbszweck verfolgen (Manz/Mayer/Schröder Rn. 20; Schwarz Rn. 85; MüKoAktG/Oechsler Rn. 40; aA Lutter/Hommelhoff/Teichmann/Bayer Rn. 22; Habersack/Drinhausen/Habersack Rn. 19). Gewinnerzielungsabsicht muss aber nicht der Hauptzweck sein (Schwarz Rn. 85). *Bei den ebenfalls erwähnten* (sonstigen; Spindler/Stilz/Casper Rn. 15; BeckOGK/Casper Rn. 15) juristischen Personen des öffentlichen und privaten Rechts besteht das Erfordernis des Erwerbszwecks nicht (Spindler/Stilz/Casper Rn. 15; BeckOGK/Casper Rn. 15; Habersack/Drinhausen/Habersack Rn. 19).

bb) Mindestens zwei Gründer. Abs. 3 gestattet nur die Gründung einer 31
gemeinsamen Tochter-SE durch mindestens zwei Gründer. Die Gründung einer
100%igen Tochter-SE steht nur einer bereits bestehenden SE offen (Art. 3 II; vgl.
dort).

cc) Gründung nach dem Recht eines Mitgliedstaats. Wie bei allen von 32
Art. 2 umfassten Gründungsformen müssen die Gründer nach dem Recht eines
Mitgliedstaats gegründet worden sein (→ Rn. 6).

dd) Sitz und Hauptverwaltung in der Gemeinschaft. Wie bei allen Grün- 33
dungsformen nach Abs. 1–4 müssen die Gründer ihren Satzungssitz und ihre Hauptverwaltung in der Gemeinschaft haben. Zu den Anforderungen → Rn. 7 f.

c) Mehrstaatenbezug. Alle Gründungsvarianten nach Abs. 1–4 setzen einen, 34
teilw. unterschiedlich ausgestalteten Mehrstaatenbezug voraus (→ Rn. 11). Die
Gründung einer Tochter-SE kann nur erfolgen, wenn mindestens zwei der Gründer
dem Recht verschiedener Mitgliedstaaten unterliegen oder mindestens zwei der
Gründer seit mindestens zwei Jahren eine dem Recht eines anderen Mitgliedstaats
unterliegende TochterGes oder Zweigniederlassung haben. Die Anforderungen entsprechen denjenigen nach Abs. 2 (→ Rn. 20 ff.).

d) Gründung durch Zeichnung ihrer Aktien. Nach Abs. 3 kann die Grün- 35
dung der Tochter-SE durch Zeichnung ihrer Aktien erfolgen. Soweit die Tochter-SE unter dem dt. Personalstatut gegründet wird, kann dies sowohl eine Bar- als
auch eine Sachgründung sein (Habersack/Drinhausen/Habersack Rn. 18; Spindler/
Stilz/Casper Rn. 16; BeckOGK/Casper Rn. 16; MüKoAktG/Oechsler Rn. 43;
Teichmann ZGR 2003, 367 (395 f.); Kalss ZGR 2003, 593 (615)). Die Gründung
einer Tochter-SE mittels **Ausgliederung** nach § 123 III Nr. 2 UmwG ist nicht
möglich (Hirte NZG 2002, 1 (4)). Unabhängig davon, ob die Ausgliederung dem
Erfordernis der „Zeichnung" der Aktien genügen würde, können Ausgliederungen
mit Beteiligung von mehr als einem übertragenden Rechtsträger nicht durchgeführt
werden (→ UmwG § 123 Rn. 18 ff.; Habersack/Drinhausen/Habersack Rn. 18;
Spindler/Stilz/Casper Rn. 16; BeckOGK/Casper Rn. 16). Zur Gründung durch
eine SE mittels Ausgliederung → Art. 3 Rn. 7.

5. Umwandlung einer Aktiengesellschaft

a) Anwendbare Rechtsvorschriften. Abs. 4 bestimmt die vierte Variante für 36
die Gründung einer SE. Eine AG kann unmittelbar in eine SE umgewandelt werden.
Es handelt sich um einen identitätswahrenden Formwechsel. Eine Sitzverlegung
kann mit der Umw nicht verbunden werden (→ Art. 37 Rn. 3). Neben Art. 15,
16 (allgemeine Vorschriften für die Gründung einer SE) enthält nur Art. 37 weitere
Bestimmungen. Besondere Vorschriften im SEAG bestehen nicht. Vgl. → Art. 37
Rn. 1 ff.

b) Gründer. aa) Aktiengesellschaften. Nur AG können unmittelbar in eine 37
SE umgewandelt werden. Anders als Abs. 1 und 2 erfolgt keine Bezugnahme auf
Anh. I bzw. Anh. II SE-VO. Dies ist grds. auch überflüssig, da die AG nach dem
Recht eines Mitgliedstaates gegründet sein muss (→ Rn. 43). Aus der fehlenden
Bezugnahme auf Anh. I oder II kann trotz der teilw. Anwendung des AktG (§ 278 III
AktG) nicht abgeleitet werden, dass eine **KGaA** in eine SE umgewandelt werden
kann (Lutter/Hommelhoff/Teichmann/Bayer Rn. 24; aA MüKoAktG/Oechsler
Rn. 47). Da Art. 3 I nicht auf Art. 2 IV verweist, steht in diesem Fall eine SE nicht
einer AG gleich (Habersack/Drinhausen/Habersack Rn. 22).

bb) Gründung nach dem Recht eines Mitgliedstaats. Die Anforderungen 38
entsprechen denjenigen von Abs. 1–3 (→ Rn. 6).

39 **cc) Sitz und Hauptverwaltung in der Gemeinschaft.** Die AG, die in eine SE umgewandelt werden soll, muss sowohl ihren Satzungssitz als auch die Hauptverwaltung in der Gemeinschaft haben. Dies entspricht den Anforderungen in Abs. 1–3 (→ Rn. 7).

40 **c) Mehrstaatenbezug.** Voraussetzung für die Umw einer AG in eine SE ist, dass sie seit mindestens **zwei Jahren** eine dem Recht eines anderen Mitgliedstaats unterliegende **TochterGes** hat (→ Rn. 22 ff.). Eine **Zweigniederlassung** (vgl. indes Abs. 2 lit. b) genügt **nicht** (Habersack/Drinhausen/Habersack Rn. 22; Hirte NZG 2002, 1 (3); Schwarz ZIP 2001, 1847 (1850)).

6. Beteiligung von Gesellschaften ohne Hauptverwaltung in der Gemeinschaft

41 Abs. 5 ermächtigt die Mitgliedstaaten vorzusehen, dass sich Ges, die nach dem Recht eines Mitgliedstaats gegründet wurden, aber ihre Hauptverwaltung nicht in der Gemeinschaft haben, an der Gründung einer SE beteiligen. Voraussetzungen sind der unveränderte Satzungssitz in dem Gründungsstaat und eine tatsächliche und dauerhafte Verbindung mit der Wirtschaft eines Mitgliedstaats. Besteht eine derartige nat. Regelung, haben dies die Rechtsordnungen aller Mitgliedstaaten, deren Rechtsträger an einer Gründung beteiligt sind, anzuerkennen. Hintergrund ist, dass einige Mitgliedstaaten der Gründungstheorie folgen, demzufolge führt die Verlegung des Hauptsitzes außerhalb des Gebiets der Gemeinschaft weder zum Verlust der Rechtspersönlichkeit noch zu einer Änderung des Personalstatuts. **Deutschland** hat – wohl auf der Grundlage der Sitztheorie (vgl. Neye/Teichmann AG 2003, 169 (171)) – von der Ermächtigung keinen Gebrauch gemacht. Im Ergebnis kann dies zu einem Standortnachteil für Deutschland führen, da außereuropäische Konzerne ggf. Staaten bevorzugen werden, die der Gründungstheorie folgen und die Ermächtigung nutzen (etwa Niederlande; vgl. demgegenüber aber Neye/Teichmann AG 2003, 169 (171): dt. Unternehmen könnten eine Regelung als Benachteiligung empfinden, da ihnen die Ansiedlung von Sitz und Verwaltung in verschiedenen Staaten nicht eröffnet sei). Nach der zwischenzeitlichen Zulässigkeit einer ausl. Hauptverwaltung für dt. AG/GmbH (→ Rn. 8) sollte dies geändert werden (vgl. auch MüKoAktG/Oechsler Rn. 51; Lutter/Hommelhoff/Teichmann/Bayer Rn. 30).

7. Brexit

42 Das Vereinigte Königreich Großbritannien und Nordirland ist mit Ablauf des 31.1.2020 (MEZ) aus der EU ua ausgeschieden. Die SE-VO wurde gleichwohl gemäß den Regelungen des European Union (Withdrawal) Act 2018 in Großbritannien und Nordirland bis zum 31.12.2020 für weiterhin anwendbar erklärt. SE mit Satzungssitz und Hauptverwaltung in Großbritannien oder Nordirland bestehen damit – zumindest für diese Übergangszeit – nach den Vorschriften nationalen Rechts (allerdings in der Rechtsform „UK Societas", vgl. „The European Public Limited-Liability Company (Amendment etc) (EU Exit) Regulations 2018") fort; sie sind aber nicht mehr als SE im Sinne des europäischen Rechts zu behandeln (Manz/Mayer/Schröder Rn. 102 ff.). Eine vor dem Brexit wirksam unter Beteiligung einer britischen Gesellschaft gegründete SE mit Sitz und Hauptverwaltung in einem anderen Mitgliedstaat bleibt in ihrer Existenz durch den Brexit unberührt (vgl. Mayer/Manz BB 2016, 1731 (1735); Manz/Mayer/Schröder Rn. 107 ff.).

Art. 3 SE als Aktiengesellschaft

(1) Die SE gilt als Aktiengesellschaft, die zum Zwecke der Anwendung des Artikels 2 Absätze 1, 2 und 3 dem Recht des Sitzmitgliedstaats unterliegt.

(2) ¹Eine SE kann selbst eine oder mehrere Tochtergesellschaften in Form einer SE gründen. ²Bestimmungen des Sitzmitgliedstaats der Tochter-SE, gemäß denen eine Aktiengesellschaft mehr als einen Aktionär haben muss, gelten nicht für die Tochter-SE. ³Die einzelstaatlichen Bestimmungen, die aufgrund der Zwölften Richtlinie 89/667/EWG des Rates vom 21. Dezember 1989 auf dem Gebiet des Gesellschaftsrechts betreffend Gesellschaften mit beschränkter Haftung mit einem einzigen Gesellschafter[1] angenommen wurden, gelten sinngemäß für die SE.

1. Allgemeines

Abs. 1 stellt klar, dass eine bestehende SE an primären Gründungen nach Art. 2 I– III beteiligt sein kann und hierbei als AG des Sitzstaates gilt. Abs. 2 schafft neben den primären Gründungsmöglichkeiten einer SE nach Art. 2 I–IV eine weitere, sekundäre oder abgeleitete Form der SE-Gründung. Danach kann eine bereits bestehende SE selbst eine oder mehrere 100%ige TochterGes in der Form einer SE gründen. Nur eine SE kann **alleine** eine TochterGes in der Rechtsform der SE gründen, während Ges anderer Rechtsform lediglich gemeinsam (mindestens zwei Gründer) eine SE gründen können (Art. 2 III; → Art. 2 Rn. 36). 1

2. SE als Aktiengesellschaft (Abs. 1)

Nach Abs. 1 gilt die SE als AG, die zum Zwecke der Anwendung des Art. 2 I–III dem Recht des Sitzmitgliedstaats unterliegt (zu Art. 2 IV → Art. 2 Rn. 37). Eine SE kann daher zusammen mit einer AG oder einer anderen SE als aufnehmender oder übertragender Rechtsträger an einer Verschm zur Aufnahme beteiligt sein oder zu einer neuen SE verschmolzen werden (Art. 2 I), mit einer AG, einer anderen SE oder einer GmbH eine gemeinsame Holding-SE gründen (Art. 2 II) oder mit einer anderen Ges iSv Art. 2 III eine gemeinsame Tochter-SE gründen (auch → Art. 2 Rn. 5, → Art. 2 Rn. 16, → Art. 2 Rn. 30). Weitere Besonderheiten bei der Beteiligung einer SE bestehen nicht. Insbes. müssen sämtliche sonstigen Voraussetzungen der Art. 2 I–III erfüllt sein. Auch die SE ist nicht von den Erfordernissen des Mehrstaatenbezugs befreit (Widmann/Mayer/Heckschen Rn. 522; Manz/Mayer/Schröder Rn. 3 ff.; MüKoAktG/Oechsler Rn. 1; aA Schwarz Rn. 10; Lutter/Hommelhoff/Teichmann/ Bayer Rn. 4; Habersack/Drinhausen/Habersack Rn. 4; Spindler/Stilz/Casper Rn. 1; BeckOGK/Casper Rn. 1; BeckOGK/Casper Art. 2 Rn. 32 ff., 36; BeckOGK/Casper Art. 2 Rn. 32 ff., 36; aber → Rn. 4 zur abgeleiteten Gründung einer Tochter-SE). Abs. 1 stellt dies klar, indem die SE (nur) als AG, dem Recht des Sitzmitgliedstaats unterliegt, gilt (MüKoAktG/Oechsler Rn. 1). Auch bei der Anwendung der sonstigen Regelungen der SE-VO und der jeweiligen nationalen Vorschriften ist die an den Gründungsmaßnahmen nach Art. 2 I–III beteiligte SE als AG zu behandeln (Wagner NZG 2002, 985 (990); vgl. auch Manz/Mayer/Schröder Rn. 7). 2

Daneben kann eine der dt. Rechtsordnung unterliegende SE wie eine AG (Art. 10) als übernehmender und übertragender Rechtsträger bzw. als formwechselnder Rechtsträger an Umw nach dem **UmwG** beteiligt sein, soweit diese Umw nicht die Gründung einer SE zum Gegenstand haben, da die Gründungsformen abschließend in der SE-VO geregelt sind (→ UmwG § 124 Rn. 10 ff., → UmwG § 124 Rn. 31 ff., → UmwG § 191 Rn. 13). 3

3. Abgeleitete Gründung einer Tochter-SE

a) **Allgemeines.** Die Besonderheit der Gründung einer Tochter-SE durch eine SE besteht darin, dass nur **ein Gründer**, die SE, beteiligt ist. Ferner **fehlt** bei 4

---

[1] **Amtl. Anm.:** ABl. L 395 vom 30.12.1989, S. 40. Zuletzt geändert durch die Beitrittsakte von 1994.

dieser Gründungsvariante der **Mehrstaatenbezug** (Schwarz Rn. 21; Manz/Mayer/ Schröder Rn. 17; Habersack/Drinhausen/Habersack Rn. 9; Spindler/Stilz/Casper Rn. 4; BeckOGK/Casper Rn. 4; MüKoAktG/Oechsler Rn. 5). Weder muss die SE den zu ihrer eigenen Gründung vorausgesetzten Mehrstaatenbezug beibehalten haben (vgl. auch → Art. 2 Rn. 14), noch muss die TochterGes im Verhältnis zur die Gründung der SE durchführenden Mutter-SE einen Mehrstaatenbezug aufweisen. Die TochterGes kann daher ihren Sitz auch in dem Mitgliedstaat haben, in dem die gründende SE ihren Sitz hat.

5   **b) Gründer.** Ausschließlich SE können alleine eine TochterGes in der Form einer SE gründen. Anderen Rechtsformen steht nur die Möglichkeit der Gründung einer gemeinsamen TochterGes nach Art. 2 III zur Verfügung. Dies setzt mindestens zwei Gründer und einen Mehrstaatenbezug voraus (näher → Art. 2 Rn. 34 ff.). Damit ist auch festgelegt, dass die gründende SE immer zunächst 100%ige Anteilsinhaberin der Tochter-SE werden muss (Habersack/Drinhausen/Habersack Rn. 8; Lutter/Hommelhoff/Teichmann/Bayer Rn. 8). Die Möglichkeit späterer Anteilsveränderungen bleibt hiervon unberührt.

4. Sitz/Personalstatut der Tochtergesellschaft

6   Abs. 2 verlangt im Gegensatz zu Art. 2 I–IV keinen Mehrstaatenbezug (→ Rn. 4). Voraussetzung für die Gründung einer SE-TochterGes durch eine SE ist auch nicht, dass die TochterGes ihren Sitz in einem anderen Mitgliedstaat haben muss. Sitz und Hauptverwaltung (vgl. Art. 7) können aber in einem anderen Mitgliedstaat sein. Nach dem Brexit können SE (nunmehr: „UK Societas") mit Satzungssitz und Hauptverwaltung in Großbritannien oder Nordirland keine SE-TochterGes mehr gründen; sie sind aber nicht mehr als SE im Sinne des europäischen Rechts zu behandeln (→ Art. 2 Rn. 42; vgl. Manz/Mayer/ Schröder Rn. 104).

5. Gründungsverfahren

7   Abs. 1 S. 1 spricht nur von der Gründung, ohne nähere Anforderungen hierfür aufzustellen. Hierbei ist zwischen den Verfahrensschritten bei der Mutter-SE und denjenigen zur Gründung der Tochter-SE zu unterscheiden (zutr. Lutter/Hommelhoff/Teichmann/Bayer Rn. 11; Habersack/Drinhausen/Habersack Rn. 10). Für das Gründungsverfahren ist damit neben Art. 15, 16 das jeweilige nationale Gründungsrecht für AG desjenigen Mitgliedstaats maßgeblich, in dem die Tochter-SE ihren statutarischen Sitz haben soll (Art. 15 I; Schwarz Rn. 26; MüKoAktG/Oechsler Rn. 7; Lutter/Hommelhoff/Teichmann/Bayer Rn. 13; Habersack/Drinhausen/ Habersack Rn. 10; Spindler/Stilz/Casper Rn. 2; BeckOGK/Casper Rn. 2). Für eine Gründung in Deutschland gelten daher die §§ 23 ff. AktG (MüKoAktG/Oechsler Rn. 6; Habersack/Drinhausen/Habersack Rn. 11). Es kann eine Bargründung wie auch eine Sachgründung erfolgen. Möglich ist auch eine Gründung mittels Ausgliederung durch Neugründung einer SE nach §§ 123 ff. UmwG (Lutter/Hommelhoff/Teichmann/Bayer Rn. 16; Schwarz Rn. 29; Spindler/Stilz/Casper Art. 2 Rn. 18; BeckOGK/Casper Art. 2 Rn. 18; MüKoAktG/Oechsler Rn. 8; Habersack/Drinhausen/Habersack Rn. 12; Casper AG 2007, 97 (104); auch → UmwG § 124 Rn. 35), da bei dieser Spaltungsform die Anteile an neu gegründeten Rechtsträgern dem übertragenden Rechtsträger selbst gewährt werden (§ 123 III 2 UmwG), wenn sowohl die Mutter-SE wie auch die Tochter-SE ihren Sitz im Inland haben (sollen). Auf- und Abspaltungen zur Gründung einer SE – auch durch eine SE – sind hingegen wegen des numerus clausus der Gründungsarten nicht möglich (Habersack/Drinhausen/Habersack Rn. 12; Spindler/Stilz/Casper Art. 2 Rn. 40;

BeckOGK/Casper Art. 2 Rn. 40; Casper AG 2007, 97 (104); aA MüKoAktG/ Oechsler Rn. 9; auch → UmwG § 124 Rn. 13).

Soweit in einem Mitgliedstaat eine AG bei der Gründung **mehr als einen Aktio-** **när** haben muss, gilt das nicht für eine Tochter-SE (Abs. 2 S. 2). In Deutschland ist ohnehin die Einmanngründung einer AG zulässig (§ 2 AktG). Hierfür gelten die einzelstaatlichen Bestimmungen, die aufgrund der 12. RL 89/667/EWG v. 21.12.1989 (jetzt: RL 2009/102/EG v. 16.9.2009) getroffen worden sind, sinngemäß für die SE (Abs. 2 S. 3). Danach ist der Umstand, dass die Ges einen Gesellschafter hat, und dessen Identität in der Akte zu hinterlegen oder im Register zu vermerken. Die Befugnisse der Gesellschafterversammlung übt der Alleingesellschafter aus; die Beschlüsse sind schriftlich oder in Niederschrift zu erfassen und Verträge zwischen der Ges und dem Alleingesellschafter mit Ausnahme lfd. Geschäfte müssen ebenfalls schriftlich oder in Niederschrift erfasst werden (Art. 5 RL 2009/102/EG). Nach Art. 7 RL 2009/102/EG musste in Deutschland auch eine Umsetzung für AG erfolgen, da Deutschland mit dem Gesetz für kleine AG und zur Deregulierung des Aktienrechts v. 2.8.1994 (BGBl. 1994 I 1961) die Gründung einer AG durch eine Person zugelassen hat. Außer der Regelung in § 42 AktG bedurfte es keiner Umsetzungshandlungen, da bereits § 118 AktG und § 130 I AktG die Anforderungen der RL erfüllten. Verträge des Aktionärs mit der von ihm vertretenen Ges können nach § 112 AktG nicht vorkommen.

Titel II. Gründung

Abschnitt 1. Allgemeines

Art. 15 Gründung nach Recht des Sitzstaats

(1) **Vorbehaltlich der Bestimmungen dieser Verordnung findet auf die Gründung einer SE das für Aktiengesellschaften geltende Recht des Staates Anwendung, in dem die SE ihren Sitz begründet.**

(2) **Die Eintragung einer SE wird gemäß Artikel 13 offen gelegt.**

1. Anwendung der Gründungsvorschriften (Abs. 1)

Nach Abs. 1 gilt neben den Bestimmungen der SE-VO für die Gründung einer SE das für AG geltende Recht des Staates, in dem die SE ihren Sitz begründet. Dies ist von den Verweisungen nach Art. 9, 18 abzugrenzen. **Art. 15** gilt zunächst für **alle Gründungen.** Aber auch bei Verschm sind beide Verweisungen (Art. 15 und Art. 18) nebeneinander anzuwenden (Habersack/Drinhausen/Diekmann Rn. 7; Lutter/Hommelhoff/Teichmann/Bayer Rn. 7; Spindler/Stilz/Casper Rn. 3; BeckOGK/Casper Rn. 3; Teichmann ZGR 2002, 383 (416 f.)). **Art. 18** erfasst das Verschmelzungsverfahren, also die Vorschriften, die die beteiligten Ges zur Durchführung der Verschm beachten müssen. Art. 15 bewirkt, dass zusätzlich die nationalen Gründungsvorschriften anwendbar sind, weil die Verschm im Ergebnis zur Gründung der SE führt (Habersack/Drinhausen/Diekmann Rn. 7; Lutter/Hommelhoff/Teichmann/Bayer Rn. 7; Spindler/Stilz/Casper Rn. 3; BeckOGK/Casper Rn. 3). Bei einem Sitz in Deutschland sind bei einer Verschm durch Neugründung daher auch die aktienrechtlichen Gründungsvorschriften anwendbar. Dies entspricht der Rechtslage nach dem nationalen Verschmelzungsrecht (§ 36 II UmwG; daher → UmwG § 36 Rn. 17 ff.). **Art. 9** enthält schließlich für bestehende SE eine allgemeine Verweisung auf nationale Vorschriften.

2. Offenlegung der SE-Eintragung (Abs. 2)

2 Die von Abs. 2 geforderte Offenlegung der Eintragung der SE nach Art. 13 hat nur deklaratorische Bedeutung. Denn nach Art. 16 I erwirbt die SE die Rechtspersönlichkeit am Tag ihrer Eintragung in das in Art. 12 genannte Register; zu diesem Zeitpunkt entsteht die SE (Lutter/Hommelhoff/Teichmann/Bayer Rn. 10; Spindler/Stilz/Casper Rn. 1, BeckOGK/Casper Rn. 1; Habersack/Drinhausen/Diekmann Rn. 24). Die von Abs. 2 geforderte Offenlegung der Eintragung der SE verpflichtet die Registergerichte (Schwarz Rn. 26). Neben der Offenlegung der Eintragung nach Art. 13 erfolgt nach **Art. 14 I** eine Bekanntmachung der Eintragung einer SE zu Informationszwecken im Amtsblatt der Europäischen Gemeinschaft.

Abschnitt 2. Gründung einer SE durch Verschmelzung

Vorbemerkung

1. Regelungsgegenstand und anwendbare Rechtsvorschriften

1 Art. 17–31 enthalten spezielle Vorschriften für die Gründung einer SE durch Verschm, die erste von Art. 2 ermögliche Form einer SE-Gründung (→ Art. 2 Rn. 4 ff.). Diese gelten unmittelbar für alle an der Gründung beteiligten AG/SE, unabhängig von ihrem Sitz. Neben diesen Vorschriften, Art. 15, 16 (Vorschriften für alle Gründungsformen; → Art. 15 Rn. 1) und Art. 2 (Anforderungen an die Gründer) sind über Art. 18 auch die jeweiligen nat. Verschmelzungsvorschriften auf die einzelnen Gründer anwendbar, wenn ein Bereich von der SE-VO nicht oder nicht abschließend geregelt ist.

2 IÜ sind aufgrund einzelner Ermächtigungen geschaffene nationalen Rechtsvorschriften, die speziell die Verschm nach der SE-VO betreffen, zu beachten. In Deutschland sind dies neben §§ 1–4 **SEAG** die §§ 5–8 SEAG. Schließlich gilt in Deutschland das **SEBG** als nationales Ausführungsgesetz zur SE-RL (→ Vor Art. 1 Rn. 1). Für die Anwendung der nat. Vorschriften ist das Personalstatut des jeweiligen Gründers maßgebend (auch → Art. 2 Rn. 8). Schließlich gelten über Art. 15 I (→ Art. 15 Rn. 1) die jeweiligen aktienrechtlichen Gründungsvorschriften des Sitzstaates der SE.

2. Ablauf einer Verschmelzung

3 Für die Gründung einer SE durch Verschm müssen unter Berücksichtigung dt. Vorschriften ua folgende Schritte durchgeführt werden:
- Die Leitungs- oder Verwaltungsorgane der beteiligten AG/SE müssen einen gleichlautenden **Verschmelzungsplan** aufstellen (Art. 20).
- Die Leitungs- oder Verwaltungsorgane der beteiligten AG/SE haben regelmäßig einen – ggf. gemeinsamen – **Verschmelzungsbericht** zu erstellen (→ Art. 18 Rn. 4 ff.).
- Die gleichlautenden Verschmelzungspläne sind von einem oder mehreren **Verschmelzungsprüfer(n)** zu prüfen (Art. 22).
- Die Verschmelzungspläne sind beim Handelsregister zu hinterlegen; dies und andere Angaben zur Verschm sind **bekannt zu machen** (Art. 21).
- Die **ArbN-Vertretungen** sind zu informieren und zur Bildung des besonderen Verhandlungsgremiums aufzufordern (§ 4 SEBG).
- Die Hauptversammlung, die über den Verschmelzungsplan zu beschließen hat, ist einzuberufen und vorzubereiten (→ Art. 23 Rn. 2 ff.).

Gründung einer SE durch Verschmelzung 1, 2 **Art. 17 SE-VO C**

- Die **Hauptversammlung** muss dem Verschmelzungsplan zustimmen (→ Art. 23 Rn. 6 f.).
- Gläubigern ist ggf. Sicherheit zu leisten (→ Art. 24 Rn. 2 ff.).
- Mit dem besonderen Verhandlungsgremium ist ggf. eine Vereinbarung über die Beteiligung der ArbN zu schließen.
- Die Leitungs- oder Verwaltungsorgane der beteiligten AG/SE haben die Verschm bei den jeweiligen Registern **anzumelden** (→ Art. 25 Rn. 3 ff.). Ggf. ist auch die durch die Verschm neu entstehende SE anzumelden (→ Art. 25 Rn. 8 f.).
- Die beteiligten **Register prüfen** die Rechtmäßigkeit der Verschm und der Gründung der SE in einem zweistufigen Verfahren (vgl. Art. 25, 26).
- Mit Eintragung der SE treten die **Wirkungen der Verschm** ein (Art. 27; zu den Wirkungen vgl. Art. 29).
- Ggf. ist ein **Spruchverfahren** durchzuführen (→ Art. 24 Rn. 12 ff.).

Art. 17 Gründung einer SE durch Verschmelzung

(1) **Eine SE kann gemäß Artikel 2 Absatz 1 durch Verschmelzung gegründet werden.**

(2) [1] **Die Verschmelzung erfolgt**
a) **entweder nach dem Verfahren der Verschmelzung durch Aufnahme gemäß Artikel 3 Absatz 1 der Richtlinie 78/855/EWG**[1]
b) **oder nach dem Verfahren der Verschmelzung durch Gründung einer neuen Gesellschaft gemäß Artikel 4 Absatz 1 der genannten Richtlinie.**
[2] [1]**Im Falle einer Verschmelzung durch Aufnahme nimmt die aufnehmende Gesellschaft bei der Verschmelzung die Form einer SE an.** [2]**Im Falle einer Verschmelzung durch Gründung einer neuen Gesellschaft ist die neue Gesellschaft eine SE.**

1. Allgemeines

Abs. 1 hat keinen eigenen materiellen Regelungsgehalt. Bereits Art. 2 I bestimmt, 1 dass eine SE durch Verschm gegründet werden kann. Zudem stellt Art. 2 I weitere Anforderungen an die Gründer und an den sog. Mehrstaatenbezug (näher → Art. 2 Rn. 4 ff.). Abs. 2 gibt vor, dass die Gründung durch Verschm sowohl in einem Verfahren der Verschm durch Aufnahme als auch in einem Verfahren der Verschm durch Gründung einer neuen Ges stattfinden kann. Hierzu wird auf Art. 3 I RL 78/855/EWG und Art. 4 I RL 78/855/EWG (jetzt Art. 89, 90 GesR-RL) Bezug genommen, ohne darüber hinaus auf diese RL zu verweisen (Habersack/Drinhausen/Keinath Rn. 1; Lutter/Hommelhoff/Teichmann/Bayer Rn. 13: Kein Anwendungsbefehl). Soweit nicht eine SE aufnehmende Ges ist (zur Beteiligung von SE als Gründer → Art. 3 Rn. 2), nimmt diese bei der Verschm die Form einer SE an. Im Falle der Verschm durch Gründung einer neuen Ges ist die neue Ges unmittelbar eine SE. Zur Beteiligung von Beteiligung von SE an Umw nach dem UmwG → Art. 3 Rn. 3.

2. Verschmelzung durch Aufnahme

a) Allgemeines. Nach Abs. 2 lit. a kann die Gründung einer SE durch Verschm 2 nach dem Verfahren der Verschm durch Aufnahme gem. Art. 3 I RL 78/855/EWG

---

[1] **Amtl. Anm.:** Dritte Richtlinie 78/855/EWG des Rates vom 9. Oktober 1978 gemäß Artikel 54 Absatz 3 Buchstabe g des Vertrages *[Red. Anm.: nunmehr Art. 50 AEUV durch Vertrag von Lissabon v. 13.12.2007 (ABl. Nr. C 306 S. 1).]* betreffend die Verschmelzung von Aktiengesellschaften (ABl. L 295 vom 20.10.1978, S. 36). Zuletzt geändert durch die Beitrittsakte von 1994.

(→ Rn. 1; jetzt Art. 89 I GesR-RL) durchgeführt werden. Danach ist eine Verschm durch Aufnahme nach der SE-VO ein Vorgang, durch den eine oder mehrere AG/SE ihr gesamtes Aktiv- und Passivvermögen im Wege der Auflösung ohne Abwicklung auf eine andere AG übertragen, und zwar gegen Gewährung von Aktien der übernehmenden AG an die Aktionäre der übertragenden AG und ggf. einer baren Zuzahlung, die den zehnten Teil des Nennbetrags oder, wenn ein Nennbetrag nicht vorhanden ist, des rechnerischen Werts der Aktien nicht übersteigt. Der Umstand, dass Art. 29 I lit. c das Erlöschen der übertragenden Gesellschaft anordnet (und nicht Gesellschaften), dürfte ein Redaktionsversehen sein. Art. 3 I RL 78/855/EWG (→ Rn. 1; jetzt Art. 89 I GesR-RL) lässt ausdrücklich die Beteiligung mehrerer übertragender Ges an einer Verschm durch Aufnahme zu. Die übernehmende AG nimmt mit Wirksamwerden der Verschm die Rechtsform der SE an (Abs. 2 S. 2).

3 **b) Übertragender Rechtsträger.** Als übertragende Rechtsträger kommen nach Art. 2 I nur AG und nach Art. 3 I der AG gleichgestellte SE in Betracht. Zu den Anforderungen an die Gründer iE → Art. 2 Rn. 4 ff. Eine Verschm durch Aufnahme kann von einem **oder mehreren übertragenden Rechtsträgern** durchgeführt werden (→ Rn. 2).

4 **c) Übernehmender Rechtsträger.** Bei der Verschm durch Aufnahme ist übernehmender Rechtsträger eine bereits bestehende Ges. Auch für den übernehmenden Rechtsträger gilt nach Art. 2 I, dass dieser eine AG oder eine nach Art. 3 I gleichgestellte SE (Lutter/Hommelhoff/Teichmann/Bayer Art. 3 Rn. 3) sein muss. Zu den Anforderungen an die Gründer vgl. näher → Art. 2 Rn. 4 ff. Im Gegensatz zur nationalen Regelung der Verschm in §§ 2 ff. UmwG tritt bei einer AG als übernehmender Rechtsträger zugleich mit den Verschmelzungswirkungen (vgl. Art. 29) der Wechsel in die Rechtsform der SE ein (Abs. 2 S. 2).

5 **d) Gesamtrechtsnachfolge.** Definitions- und Wesensmerkmal der Verschm nach Abs. 2 S. 1 lit. a wie auch einer nationalen Verschm nach § 2 UmwG ist der Vermögensübergang mittels Gesamtrechtsnachfolge. Vgl. zum Wesen und den Wirkungen der Gesamtrechtsnachfolge näher → UmwG § 20 Rn. 23 ff.; iÜ → Art. 29 Rn. 2.

6 **e) Erlöschen der übertragenden Rechtsträger.** Bestandteil der Definition ist, dass sich die übertragenden AG/SE ohne Abwicklung auflösen. Folglich ordnen Art. 29 I lit. c, II lit. c an, dass die vollzogene Verschm ipso jure das Erlöschen der übertragenden AG/SE bewirkt (näher → Art. 29 Rn. 4). Weiterer Handlungen oder gar einer Liquidation bedarf es nicht.

7 **f) Anteilsgewährung.** Ein weiteres Definitions- und Wesensmerkmal der Verschm ist, dass den Aktionären der übertragenden Ges als Gegenleistung Aktien der übernehmenden SE (zum Rechtsformwechsel der übernehmenden AG → Rn. 9) und ggf. eine bare Zuzahlung gewährt werden. Zu den Ausnahmen der Anteilsgewährungspflicht → UmwG § 2 Rn. 17 ff. Bei der Verschm von Schwester-Ges kann auf die Gewährung von Anteilen verzichtet werden (→ UmwG § 2 Rn. 21 ff.).

8 Durch die Bezugnahme auf Art. 3 I RL 78/855/EWG (→ Rn. 1; jetzt Art. 89 I GesR-RL) ist klargestellt, dass neben der Gewährung von Aktien **auch bare Zuzahlungen,** die den zehnten Teil des Nennbetrags oder, wenn ein Nennbetrag nicht vorhanden ist, des rechnerischen Werts der gewährten Aktien nicht übersteigen dürfen, gewährt werden können. Für nationale Verschm hat der Gesetzgeber dies in § 68 III UmwG umgesetzt (näher → UmwG § 68 Rn. 16).

9 **g) Rechtsformwechsel.** An der Gründung einer SE durch Verschm durch Aufnahme können als übertragende und als aufnehmende Rechtsträger nur AG und SE beteiligt sein (→ Art. 2 Rn. 4 ff., → Art. 3 Rn. 2). Ist aufnehmender Rechtsträger eine AG, nimmt diese mit Wirksamwerden der Verschm die Rechtsform der SE an (Abs. 2 S. 2; vgl. auch Art. 29 I lit. d). Die Gründung einer SE durch Verschm ist also mit einem Formwechsel kombiniert (Lutter/Hommelhoff/Teichmann/Bayer Rn. 3 Schwarz Rn. 6; Habersack/Drinhausen/Keinath Rn. 3). Eine Verbindung mit einer Sitzverlegung scheidet jedoch aus (str.; vgl. MüKoAktG/Schäfer Rn. 10; Kölner Komm AktG/Maul Rn. 27; Habersack/Drinhausen/Keinath Rn. 4; Spindler/Stilz/Eberspächer Rn. 8, BeckOGK/Eberspächer Rn. 8).

3. Verschmelzung durch Neugründung

a) Allgemeines. Nach Abs. 2 S. 1 lit. b kann die Gründung einer SE auch durch eine Verschm durch Neugründung nach Art. 4 I RL 78/855/EWG (→ Rn. 1; jetzt Art. 90 I GesR-RL) durchgeführt werden. Eine Verschm durch Neugründung ist danach ein Vorgang, durch den mehrere AG/SE ihr gesamtes Aktiv- und Passivvermögen im Wege der Auflösung ohne Abwicklung auf eine SE, die sie dadurch gründen, übertragen, und zwar gegen Gewährung von Aktien der neuen SE und ggf. einer baren Zuzahlung, die den zehnten Teil des Nennbetrags oder, wenn ein Nennbetrag nicht vorhanden ist, des rechnerischen Werts der Aktien nicht übersteigt. Anders als bei der Verschm durch Aufnahme entsteht also der übernehmende Rechtsträger erst durch die Verschm und zwar unmittelbar in der Rechtsform einer SE (Abs. 2 S. 3).   10

b) Übertragender Rechtsträger. Eine Verschm durch Neugründung setzt mindestens zwei übertragende AG/SE voraus. Die Anforderungen an diese Gründer richten sich nach Art. 2 I (iE → Art. 2 Rn. 4 ff.). An Stelle einer AG kann auch eine bereits bestehende SE als Gründer beteiligt sein (Art. 3 I; → Art. 3 Rn. 2).   11

c) Sitz der neuen SE. Der Sitz und die Hauptverwaltung der neuen SE müssen nur in der Gemeinschaft liegen (vgl. Art. 7), eine Bindung an einen Mitgliedstaat, in denen eine der GründungsGes ihren Sitz hat, besteht nicht (allgM; Lutter/Hommelhoff/Teichmann/Bayer Rn. 4; Schwarz Art. 20 Rn. 21; Habersack/Drinhausen/Keinath Rn. 8; Kallmeyer/Keinath Rn. 48, jeweils mwN).   12

d) Sonstiges. Auch bei der Verschm durch Neugründung erfolgt die Vermögensübertragung durch Gesamtrechtsnachfolge. Die übertragenden Rechtsträger erlöschen; die Anteilsinhaberschaften an den übertragenden Rechtsträgern werden aufgrund der als Gegenleistung gewährten Anteile an den neuen Rechtsträger fortgesetzt. Neben Anteilen können bare Zuzahlungen gewährt werden (→ Rn. 5, → Rn. 7 ff.).   13

Art. 18 Anwendung geltender Rechtsvorschriften

In den von diesem Abschnitt nicht erfassten Bereichen sowie in den nicht erfassten Teilbereichen eines von diesem Abschnitt nur teilweise abgedeckten Bereichs sind bei der Gründung einer SE durch Verschmelzung auf jede Gründungsgesellschaft die mit der Richtlinie 78/855/EWG in Einklang stehenden, für die Verschmelzung von Aktiengesellschaften geltenden Rechtsvorschriften des Mitgliedstaats anzuwenden, dessen Recht sie unterliegt.

1. Allgemeines

Die Gründung einer SE durch Verschm richtet sich zunächst nach den Bestimmungen der SE-VO (auch → Einl. Rn. 2 ff.). Die SE-VO regelt die Gründung durch Verschm aber nicht umfassend. Daher enthält Art. 18 eine allgemeine Verweisungsvorschrift auf die jeweiligen nationalen Verschmelzungsvorschriften. Vorausset-   1 zung ist, dass ein Bereich in den Art. 17–31 nicht oder nur teilweise abgedeckt ist. Dann sind auf jede GründungsGes die für Verschm von AG geltenden Rechtsvorschriften des Mitgliedstaats anzuwenden, dessen Recht die GründungsGes unterliegt, soweit diese Rechtsvorschriften mit der RL 78/855/EWG (jetzt Art. 87 ff. GesR-RL) in Einklang stehen. Für GründungsGes, die dem dt. Recht unterliegen, sind damit die §§ 2–38 UmwG und §§ 60–77 UmwG ergänzend anwendbar.

2. Persönlicher Anwendungsbereich

2   Auf jede GründungsGes ist das jeweilige nationale Verschmelzungsrecht für AG anwendbar, dessen Recht die GründungsGes unterliegt. Da Art. 2 I voraussetzt, dass die Gründer mindestens zwei verschiedenen Personalstatuten unterliegen (→ Art. 2 Rn. 6 ff.), kommen über Art. 18 bei einer Verschm mindestens **zwei nationale Rechtsordnungen** ergänzend zur Anwendung. Für jede GründungsGes sind die Rechtsvorschriften des Mitgliedstaates ergänzend anzuwenden, dessen Recht sie unterliegt. Dies ist für jede GründungsGes zunächst zu bestimmen. Die SE-VO trifft hierzu keine Aussage (Schwarz Rn. 21). Ist eine GründungsGes nach dem Recht eines Mitgliedstaats gegründet worden, der der Gründungstheorie folgt, so ist unabhängig von dem Ort des tatsächlichen Verwaltungssitzes (zur Notwendigkeit des Ortes der Hauptverwaltung in der Gemeinschaft → Art. 2 Rn. 7) das Recht des Gründungsstaates anzuwenden. Anderes kann für GründungsGes gelten, die nach dem Recht eines Staates gegründet worden sind, der der Sitztheorie folgt (→ UmwG § 1 Rn. 40 ff.). Für eine dt. AG hat die Verlegung des Verwaltungssitzes indes keine Auswirkungen auf das Personalstatut (→ Rn. 8). Für **inl. AG** sind damit ergänzend die Vorschriften des **UmwG** und des **AktG** heranzuziehen (Lutter/Hommelhoff/Teichmann/Bayer Rn. 6; MüKoAktG/Schäfer Rn. 2; Habersack/Drinhausen/Keinath Rn. 7).

3. Sachlicher Anwendungsbereich

3   Ein Rückgriff auf die nationalen Verschmelzungsvorschriften kommt nur in Betracht, soweit Art. 17–31 einen Regelungsbereich entweder nicht oder nur teilweise erfassen. Zunächst ist also immer zu prüfen, ob Art. 17–31 eine eigene, vorrangige Regelung enthalten und diese abschließend ist. **Wesentliche Bereiche,** in denen der **Rückgriff** auf nationale Vorschriften notwendig ist, sind der Verschmelzungsbericht, die Verschmelzungsprüfung sowie die näheren Modalitäten des Verschmelzungsbeschlusses. **Weitgehend abschließende Regelungen** für (Teil-)Bereiche enthalten Art. 20 (Inhalt der Verschmelzungspläne), Art. 21 (Bekanntmachung), Art. 25, 26 (Rechtmäßigkeitskontrolle), Art. 27 (Wirksamwerden der Verschm und Gründung der SE), Art. 28 (Offenlegung), Art. 29 (Wirkungen der Verschm), Art. 30 (Unumkehrbarkeit) und Art. 31 (Besonderheiten bei Mehrheitsbeteiligungen).

4. Einzelne Anwendungsbereiche

4   **a) Verschmelzungsbericht.** Die SE-VO enthält keine Regelung hinsichtlich des Ob und des Wie eines Verschmelzungsberichts. Dies war entbehrlich, da bereits Art. 9, 23 RL 78/855/EWG (→ Rn. 1; jetzt Art. 95, 109 GesR-RL) und mithin die nationalen Vorschriften eine Berichtspflicht bei der Verschm von AG vorsehen. Die Regelungen zum Verschmelzungsbericht folgen somit **vollumfänglich aus** der **Verweisung** durch Art. 18 **auf das nationale UmwR** (Widmann/Mayer/Heckschen Rn. 210; Teichmann ZGR 2002, 383 (423); Kalss ZGR 2003, 593 (618); Lutter/Hommelhoff SE/Bayer S. 39; Lutter/Hommelhoff/Teichmann/Bayer Art. 20 Rn. 29; Manz/Mayer/Schröder Art. 20 Rn. 40; MüKoAktG/Schäfer Art. 22 Rn. 13; Habersack/Drinhausen/Keinath Art. 20 Rn. 39; HK-UmwG/

Konu Rn. 76; Walden/Meyer-Landrut DB 2005, 2119 (2125)). Für Rechtsträger, die der dt. Rechtsordnung unterliegen, ist damit § 8 **UmwG** einschlägig. Die Verweisung auf § 8 UmwG gilt indes nur für die der dt. Rechtsordnung unterliegenden AG, nicht für beteiligte AG, die dem Recht anderer Mitgliedstaaten unterliegen.
Zu den Einzelheiten hinsichtlich der Anforderungen an den Verschmelzungsbericht vgl. → UmwG § 8 Rn. 1 ff. Nach § 8 I 1 Hs. 2 UmwG kann auch ein **gemeinsamer Verschmelzungsbericht** erstattet werden. Art. 9 RL 78/855/ EWG (→ Rn. 1; jetzt Art. 95 GesR-RL) enthält hierzu keine Vorgaben, verbietet ihn aber auch nicht. Soweit mehrere an der Gründung durch Verschm beteiligte Rechtsträger der dt. Rechtsordnung unterliegen (→ Art. 2 Rn. 11), können wenigstens die Vorstände dieser AG einen gemeinsamen Verschmelzungsbericht erstellen. Darüber hinaus ist ein gemeinsamer Verschmelzungsbericht auch dann ausreichend, wenn die Rechtsordnungen aller beteiligten AG/SE nach den eigenen Verschmelzungsvorschriften einen gemeinsamen Verschmelzungsbericht zulassen (Widmann/Mayer/Heckschen Rn. 213; Lutter/Hommelhoff/Teichmann/Bayer Art. 20 Rn. 30; Kallmeyer/Marsch-Barner/Wilk Rn. 48; Schwarz Art. 20 Rn. 59; MüKoAktG/Schäfer Art. 22 Rn. 14). Fehlen hingegen in der Rechtsordnung einzelner GründungsGes Vorschriften für eine gemeinsame Berichterstattung, muss das Leitungs- oder Verwaltungsorgan dieser Ges einen eigenen Bericht erstellen.

Auch § 8 III UmwG ist auf GründungsGes, die der dt. Rechtsordnung unterliegen, anwendbar. Danach können alle Aktionäre auf die Erstattung in notarieller Erklärung **verzichten** (Schwarz Art. 20 Rn. 60; Lutter/Hommelhoff/Teichmann/ Bayer Art. 20 Rn. 33; MüKoAktG/Schäfer Art. 22 Rn. 15; HK-UmwG/Konu Rn. 77; → UmwG § 8 Rn. 36 ff.). Ein Verzicht der Aktionäre der ausl. AG ist nicht notwendig (MüKoAktG/Schäfer Art. 22 Rn. 15; Kallmeyer/Marsch-Barner/ Wilk Rn. 48; Habersack/Drinhausen/Keinath Rn. 48). Auch die zweite Ausnahme von § 8 III UmwG ist anwendbar (Lutter/Hommelhoff/Teichmann/Bayer Art. 20 Rn. 32; Widmann/Mayer/Heckschen Rn. 215). Danach erübrigt sich ein Verschmelzungsbericht, wenn eine 100%ige Tochter-AG auf eine Mutter-AG verschmolzen wird. Zur Zulässigkeit von Konzernverschmelzungen im Rahmen der Gründung einer SE nach Art. 2 I → Art. 2 Rn. 10. Die Erleichterung in § 8 III UmwG geht auf Art. 24 RL /855/EWG (→ Rn. 1; jetzt Art. 114 GesR-RL) zurück. Wenn zusätzlich andere GründungsGes, zu denen kein 100%iges Beteiligungsverhältnis besteht, an der Verschm beteiligt sind, ist für diese ein Verschmelzungsbericht von den Leitungs- oder Verwaltungsorganen zu erstatten. Vgl. iÜ Art. 31.

b) Verschmelzungsprüfung. Die Verschmelzungsprüfung ist in Art. 22 nur hinsichtlich der Bestellung und des Auskunftsrechts der Prüfer geregelt. Ergänzend ist § 7 III SEAG zu beachten. IÜ bestimmen sich die Verschmelzungsprüfung und der Prüfbericht nach §§ 9–12 UmwG (Walden/Meyer-Landrut DB 2005, 2119 (2125); vgl. näher → Art. 22 Rn. 1 ff.).

c) Verschmelzungsplan. Der Verschmelzungsplan ist weitgehend eigenständig in Art. 20 geregelt. Weitere inhaltliche Anforderungen folgen aus § 7 SEAG. Ergänzend gilt über Art. 18 hinsichtlich der Formerfordernisse § 6 UmwG (vgl. näher → Art. 20 Rn. 1 ff.).

d) Verschmelzungsbeschluss. Für den Verschmelzungsbeschluss enthält Art. 23 I nur die Bestimmung, dass die HV jeder der sich verschmelzenden Ges dem Verschmelzungsplan zustimmt. Die weiteren Voraussetzungen zur Einberufung und zum Ablauf der HV wie auch zu den notwendigen Mehrheiten folgen für GründungsGes, die der dt. Rechtsordnung unterliegen, aus der Verweisung in Art. 18 auf das UmwG (§§ 13, 62–65 UmwG; vgl. näher → Art. 23 Rn. 1 ff.).

10 **e) Handelsregisteranmeldungen, Rechtmäßigkeitskontrolle.** Die SE-VO enthält selbst keine Regelungen zu den notwendigen **Registeranmeldungen.** Insoweit gelten über Art. 18 die Vorschriften des UmwG (insbes. §§ 16, 17 UmwG) entsprechend (näher → Art. 25 Rn. 3 ff.). Die **Rechtmäßigkeitskontrolle** ist hingegen umfassend in Art. 25, 26 geregelt.

11 **f) Gläubigerschutz, Minderheitenschutz.** Der Schutz der **Gläubiger** und der Inhaber von Sonderrechten richtet sich gem. Art. 24 nach den jeweiligen nationalen Verschmelzungsvorschriften derjenigen GründungsGes, zu der die Sonderbeziehung besteht (näher → Art. 24 Rn. 2 ff.). Für den Schutz von **Minderheitsaktionären** enthält Art. 24 II nur die Ermächtigung, dass die nationalen Rechtsordnungen hierfür Regelungen festlegen können (näher → Art. 24 Rn. 12 ff.).

12 **g) Wirkungen der Verschmelzung.** Art. 29 regelt selbstständig die Wirkungen der Verschm; (vgl. → Art. 29 Rn. 1 ff.). Auch Art. 30 enthält abschließende Regelungen hinsichtlich der Unumkehrbarkeit der Verschm und der Möglichkeit einer Amtslöschung (vgl. → Art. 30 Rn. 1 ff.).

Art. 19 [Einspruch gegen eine Verschmelzung]

[1] **Die Rechtsvorschriften eines Mitgliedstaates können vorsehen, dass die Beteiligung einer Gesellschaft, die dem Recht dieses Mitgliedstaates unterliegt, an der Gründung einer SE durch Verschmelzung nur möglich ist, wenn eine zuständige Behörde dieses Mitgliedstaats vor der Erteilung der Bescheinigung gemäß Artikel 25 Absatz 2 dagegen Einspruch erhebt.**
[2] ¹**Dieser Einspruch ist nur aus Gründen des öffentlichen Interesses zulässig.** ²**Gegen ihn muss ein Rechtsmittel eingelegt werden können.**

1 Die Vorschrift ermächtigt die Mitgliedstaaten zu Rechtsvorschriften, wonach zuständige Behörden des Mitgliedstaats vor der Erteilung der Bescheinigung gem. Art. 25 II Einspruch erheben können. Der dt. Gesetzgeber hat von dieser Ermächtigung keinen Gebrauch gemacht. Ggf. ist aber eine beteiligte ausl. Ges betroffen (Kallmeyer/Marsch-Barner/Wilk Rn. 12; HK-UmwG/Konu Rn. 34). Andere Zustimmungserfordernisse, insbes. im Rahmen einer kartellrechtlichen Fusionskontrolle, bleiben unberührt (Kallmeyer/Marsch-Barner/Wilk Rn. 13).

Art. 20 [Verschmelzungsplan]

(1) ¹**Die Leitungs- oder die Verwaltungsorgane der sich verschmelzenden Gesellschaften stellen einen Verschmelzungsplan auf.** ²**Dieser Verschmelzungsplan enthält**
a) **die Firma und den Sitz der sich verschmelzenden Gesellschaften sowie die für die SE vorgesehene Firma und ihren geplanten Sitz,**
b) **das Umtauschverhältnis der Aktien und gegebenenfalls die Höhe der Ausgleichsleistung,**
c) **die Einzelheiten hinsichtlich der Übertragung der Aktien der SE,**
d) **den Zeitpunkt, von dem an diese Aktien das Recht auf Beteiligung am Gewinn gewähren, sowie alle Besonderheiten in Bezug auf dieses Recht,**
e) **den Zeitpunkt, von dem an die Handlungen der sich verschmelzenden Gesellschaften unter dem Gesichtspunkt der Rechnungslegung als für Rechnung der SE vorgenommen gelten,**
f) **die Rechte, welche die SE den mit Sonderrechten ausgestatteten Aktionären der Gründungsgesellschaften und den Inhabern anderer Wertpapiere als Aktien gewährt, oder die für diese Personen vorgeschlagenen Maßnahmen,**

g) jeder besondere Vorteil, der den Sachverständigen, die den Verschmelzungsplan prüfen, oder den Mitgliedern der Verwaltungs-, Leitungs-, Aufsichts- oder Kontrollorgane der sich verschmelzenden Gesellschaften gewährt wird,
h) die Satzung der SE,
i) Angaben zu dem Verfahren, nach dem die Vereinbarung über die Beteiligung der Arbeitnehmer gemäß der Richtlinie 2001/86/EG geschlossen wird.

(2) **Die sich verschmelzenden Gesellschaften können dem Verschmelzungsplan weitere Punkte hinzufügen.**

Übersicht

	Rn.
1. Allgemeines	1
2. Rechtsnatur	2
3. Form	4
4. Aufstellungskompetenz	6
5. Inhalt	7
a) Firma und Sitz	8
b) Umtauschverhältnis	9
c) Einzelheiten zur Übertragung der Aktien der SE	10
d) Beteiligung am Gewinn	11
e) Verschmelzungsstichtag	12
f) Sonderrechte	13
g) Vorteile für sonstige Beteiligte	14
h) Satzung der SE	15
i) Angaben zum Verfahren über die Vereinbarung zur Arbeitnehmerbeteiligung	17
6. Weitere Punkte des Verschmelzungsplans	18
a) Barabfindungsangebot	18
b) Nachgründung und Sperrfrist	19
c) Hinweis auf Gläubigerschutz	20
d) Fakultativer Inhalt	21

1. Allgemeines

Die Vorschrift regelt den Verschmelzungsplan. Unverkennbar ist die Ähnlichkeit zu Art. 5 RL 78/855/EWG (jetzt Art. 91 GesR-RL). Ebenso wie in der RL 78/855/EWG wird der Begriff „Verschmelzungsplan" verwendet, während das nat. Recht (auch in Umsetzung der RL 78/855/EWG) einen Verschmelzungsvertrag (§ 4 UmwG) vorsieht (vgl. aber jetzt § 307). Der Verschmelzungsplan regelt die **wesentlichen Modalitäten der Verschm.** Hierfür enthält Abs. 1 S. 2 die Anforderungen an den Mindestinhalt, während nach Abs. 2 die sich verschmelzenden Ges weitere Punkte hinzufügen können. Weitere Vorschriften enthält die SE-VO für den Verschmelzungsplan nicht. § 7 SEAG ergänzt jedoch die inhaltlichen Anforderungen. Ferner ist § 6 UmwG (notarielle Beurkundung) anwendbar.

2. Rechtsnatur

Abs. 1 S. 1 verlangt die Aufstellung eines Verschmelzungsplans. Auch Art. 5 RL 78/855/EWG (→ Rn. 1; jetzt Art. 91 GesR-RL) verwendet diesen Begriff. Nach nat. Verschmelzungsrecht haben die an der Verschm beteiligten Rechtsträger – auch soweit dadurch die RL 78/855/EWG umgesetzt wurde – einen Verschmelzungsvertrag abzuschließen (§ 4 I UmwG). Einen Umwandlungsplan kennt das nat. UmwR nur als Spaltungsplan bei der Spaltung durch Neugründung (§ 136 UmwG) und bei der grenzüberschreitenden Verschmelzung als Verschmelzungsplan in § 307 UmwG. Die Begriffe Verschmelzungsvertrag und Verschmelzungsplan entsprechen sich nicht (Teichmann ZGR 2002, 383 (418); Heckschen DNotZ 2003, 251 (256 ff.)). Der Verschmelzungsplan ist zwar ebenso wie ein Verschmelzungsvertrag ein gesellschaftsrechtlicher **Organisationsakt,** der selbst noch keine dingliche Wirkung entfaltet. Dem Verschmelzungsplan **fehlen** allerdings die **schuldrechtlichen Wirkungen** des Verschmelzungsvertrags (Lutter/Hommelhoff/Teichmann/Bayer Rn. 3 f.; Schwarz Art. 20 Rn. 13; MüKoAktG/Schäfer Rn. 3; Kölner Komm AktG/Maul Rn. 10; Habersack/Drinhausen/Keinath Rn. 2). Eine Bindung der Parteien vor dem Wirksamwerden der Verschm tritt nicht ein (ergänzend → UmwG § 4 Rn. 4 ff.; zum Verschmelzungsplan nach → UmwG 307 Rn. 4). Mangels Bindung ist daher etwa § 7 UmwG nicht anwendbar. Zur Anwendung von § 4 II UmwG (Entwurf) → Rn. 5. Da anders als die RL 78/855/EWG (jetzt GesR-RL 2017) die SE-VO unmittelbar gilt und Art. 20 als abschließende Regelung anzusehen ist (MüKoAktG/Schäfer Rn. 8; BeckOGK/Eberspächer Rn. 3; Habersack/Drinhausen/Keinath Rn. 3; Teichmann ZGR 2002, 383 (418 ff.); Kölner Komm AktG/Maul Rn. 10; Casper FS Ulmer, 2003, 51 (65 f.)), kann bei Verschm nach der SE-VO ein Verschmelzungsvertrag nicht gefordert werden. Dies gilt selbst dann, wenn alle beteiligten Rechtsordnungen nach nat. Verschmelzungsvorschriften einen Verschmelzungsvertrag vorsehen. Die Parteien können allerdings den Verschmelzungsplan auch in Form eines Verschmelzungsvertrags schließen und/oder ggf. ergänzende schuldrechtliche Vereinbarungen **(business combination agreement)** aufnehmen (Lutter/Hommelhoff SE/Bayer S. 34; Schwarz Art. 20 Rn. 14; MüKoAktG/Schäfer Rn. 9; Manz/Mayer/Schröder Rn. 3; Kallmeyer/Marsch-Barner Rn. 17; Habersack/Drinhausen/Keinath Rn. 3; HK-UmwG/Konu Rn. 47; auch → UmwG § 307 Rn. 4; zu derartigen Vereinbarungen vgl. Aha BB 2001, 2225).

3 Es bedarf auch – anders als nach § 307 UmwG – keines **gemeinsamen** Verschmelzungsplans. Notwendig und zugleich ausreichend ist ein inhaltlich übereinstimmender Verschmelzungsplan (vgl. Art. 26 III: gleichlautender Verschmelzungsplan; Teichmann ZGR 2002, 383 (417); Lutter/Hommelhoff/Teichmann/Bayer Rn. 2; Kallmeyer/Marsch-Barner Rn. 16; Habersack/Drinhausen/Keinath Rn. 4; Sagasser/Bula/Brünger Umwandlungen/Sagasser/Clasen § 14 Rn. 37; aA Schwarz Rn. 10 f.; Kölner Komm AktG/Maul Rn. 13). **Gleichlautend** bedeutet allerdings nur inhaltlich übereinstimmend, nicht wörtlich identisch (Kallmeyer/Marsch-Barner Rn. 16; Lutter/Hommelhoff/Teichmann/Bayer Rn. 2; Widmann/Mayer/Heckschen Rn. 152; HK-UmwG/Konu Rn. 48). Aufgrund der Beteiligung der AG verschiedener Mitgliedstaaten werden die Verschmelzungspläne meist in unterschiedlichen **Sprachen** abgefasst. Dies ist unschädlich, soweit inhaltliche Übereinstimmung besteht. Die Praxis erstellt Verschmelzungspläne vornehmlich mehrsprachig mit der Festlegung einer maßgeblichen Sprache, ggf. ergänzt um beglaubigte Übersetzungen für die Registerverfahren (vgl. auch Lutter/Hommelhoff/Teichmann/Bayer Rn. 10; Sagasser/Bula/Brünger Umwandlungen/Sagasser/Clasen § 14 Rn. 40). Dies hat den Vorteil, dass Auslegungsschwierigkeiten durch die Übersetzungen vermieden werden. Eine materielle Vorgabe für eine bestimmte Sprache enthält weder die SE-VO noch das nat. AktienR (LG Düsseldorf GmbHR 1999, 609; *Hirte* NZG 2002, 1 (5)). Es sind nur – etwa bei der Beurkundung (§ 5 II BeurkG) – Besonderheiten zu beachten, und für das Registerverfahren werden ggf. beglaubigte Abschriften benötigt (§ 142 III ZPO analog). Hierzu → UmwG § 307 Rn. 42.

3. Form

Art. 20 enthält keine Angaben zur Form des Verschmelzungsplans. Anders als Art. 5 I RL 78/855/EWG (→ Rn. 1; jetzt Art. 91 GesR-RL) wird nicht einmal ein schriftlicher Verschmelzungsplan gefordert. Das Mindesterfordernis Schriftform folgt aber aus der Funktion des Verschmelzungsplans und aus der Notwendigkeit des Registerverfahrens. Zu Recht wird indes überwiegend angenommen, dass über Art. 18 für der dt. Rechtsordnung unterliegenden GründungsGes § 6 UmwG Anwendung findet. Der Verschmelzungsplan ist daher **notariell zu beurkunden** (Lutter/Hommelhoff/Teichmann/Bayer Rn. 6; Schwarz Rn. 51; MüKoAktG/Schäfer Rn. 6; Sagasser/Bula/Brünger Umwandlungen/Sagasser/Clasen § 14 Rn. 38; Walden/Meyer-Landrut DB 2005, 2119 (2125); Heckschen DNotZ 2003, 251 (257 ff.); Teichmann ZGR 2002, 383 (420 f.); Hirte NZG 2002, 1 (3); Lutter/Drygala UmwG § 6 Rn. 15; Lutter/Hommelhoff SE/Bayer S. 34 f.; Habersack/Drinhausen/Keinath Rn. 5; BeckOGK/Eberspächer Rn. 6; aA Schulz/Geismar DStR 2001, 1078 (1080)). Eine Pflicht zur notariellen Beurkundung auch der Verschmelzungspläne der anderen GründungsGes folgt aus § 6 UmwG indes nicht (so aber Manz/Mayer/Schröder Rn. 9; Schwarz Rn. 50; wie hier Lutter/Hommelhoff/Teichmann/Bayer Rn. 6; Habersack/Drinhausen/Keinath Rn. 5). Dies richtet sich ausschließlich nach den jew. nat. Bestimmungen. Aus der bei grenzüberschreitenden Verschm grds. geltenden Vereinigungstheorie (→ UmwG § 1 Rn. 58) kann nichts anderes abgeleitet werden, da kein gemeinsamer Verschmelzungsplan erstellt wird (→ Rn. 3; unklar insoweit Teichmann ZGR 2002, 383 (420)). Da Art. 20 keine Regelung trifft, ist für jede an der Gründung beteiligte AG das jew. nat. Recht maßgebend. Ebenso wie bei nat. Verschmelzungsverträgen ist eine **Auslandsbeurkundung** grds. zulässig (→ UmwG § 6 Rn. 13 ff., → UmwG § 307 Rn. 42 ff., vgl. dazu zuletzt das KG, wonach die Beurkundung einer Verschmelzung nebst Anmeldung zum Handelsregister durch einen Notar mit Amtssitz im Kanton Basel-Stadt in Deutschland anzuerkennen ist, KG NJW 2018, 1828). Unabhängig von den allg. Anforderungen an die Wirksamkeit einer Auslandsbeurkundung muss angesichts des supranationalen Charakters der SE wenigstens eine Beurkundung nach den Vorschriften des künftigen Sitzstaats der SE oder nach den Vorschriften eines Mitgliedstaats der Verschmelzungspartner ausreichend sein (ebenso Lutter/Hommelhoff SE/Bayer S. 35; Habersack/Drinhausen/Keinath Rn. 7; weitergehend Lutter/Hommelhoff/Teichmann/Bayer Rn. 8; Brandt/Scheifele DStR 2002, 547 (554): in jedem Mitgliedstaat; aA Widmann/Mayer/Heckschen Rn. 203 ff.; MüKoAktG/Schäfer Rn. 7; BeckOGK/Eberspächer Rn. 6).

Grundlage der HV kann auch der **Entwurf** eines Verschmelzungsplans sein (Widmann/Mayer/Heckschen Rn. 233; Lutter/Hommelhoff/Teichmann/Bayer Rn. 9; MüKoAktG/Schäfer Rn. 6; Kallmeyer/Marsch-Barner Rn. 21; Habersack/Drinhausen/Keinath Rn. 6; BeckOGK/Eberspächer Rn. 6). § 4 II UmwG ist über Art. 18 anwendbar. Hiervon ging auch der dt. Gesetzgeber aus (vgl. § 7 I 1 SEAG). Der Entwurf, der die Zustimmung der HV erhalten hat, muss im Anschluss unverändert notariell beurkundet werden. Zur vergleichbaren Situation beim Spaltungsplan → UmwG § 135 Rn. 8.

4. Aufstellungskompetenz

Der Verschmelzungsplan ist durch die Leitungs- oder die Verwaltungsorgane der sich verschmelzenden Ges aufzustellen. Dies gilt für jede Ges, da ein gemeinsamer Verschmelzungsplan nicht erstellt wird (→ Rn. 3). Die Anforderungen hieran richten sich nach dem nat. GesR. Nach dt. Recht handeln die Vorstände der AG in vertretungsberechtigter Anzahl (→ UmwG § 4 Rn. 13 f.; dort auch zur unechten Gesamtvertretung). Bei einer beteiligten SE ist das Verwaltungs- (monistisches

Modell) oder das Leitungsorgan (dualistisches Modell) zuständig. Bei einer nach dem monistischen System organisierten SE ist fraglich, ob richtlinienkonform auch nicht geschäftsführende Direktoren handeln können (dagegen MüKoAktG/Schäfer Rn. 4; → UmwG § 307 Rn. 8).

5. Inhalt

7   Abs. 1 S. 2 legt die inhaltlichen Mindestanforderungen an den Verschmelzungsplan fest. Die Anforderungen werden teilw. durch nat. Vorschriften (§§ 2, 7 SEAG) ergänzt. Weitere Punkte können von den sich verschmelzenden Ges aufgenommen werden (Abs. 2).

8   **a) Firma und Sitz.** Der Verschmelzungsplan muss sowohl die Firma und den Sitz der sich verschmelzenden Ges als auch die für die SE vorgesehene Firma und ihren geplanten Sitz angeben (Abs. 1 S. 2 lit. a). Die Angaben für die sich verschmelzenden Ges folgen aus den nat. GesR (→ UmwG § 5 Rn. 3). Gemeint ist der Satzungssitz (Lutter/Hommelhoff/Teichmann/Bayer Rn. 15; Habersack/Drinhausen/Keinath Rn. 11). Für die **Firma** der SE beachte Art. 11. Zum **Sitz der SE** enthielt zunächst § 2 SEAG aF eine ergänzende Bestimmung zu Art. 7, wonach die Satzung der SE als Sitz den (inl.) Ort zu bestimmen hat, wo die Hauptverwaltung geführt wird. Diese Regelung ging auf die Ermächtigung in Art. 7 S. 2 zurück. Hierdurch sollte „soweit wie möglich" der Gleichlauf mit § 5 II AktG aF hergestellt werden (Begr. RegE, BT-Drs. 15/3405 zu § 2 SEAG; Neye/Teichmann AG 2003, 169). Die Regelung wurde im Rahmen des MoMiG (BGBl. 2008 I 2026) wie auch § 5 II AktG aF gestrichen (auch → Art. 2 Rn. 8). Für SE ist aber Art. 7 zu beachten (vgl. auch § 52 SEAG). Eine Bindung des Sitzes an den bisherigen Sitz der sich gründenden Ges besteht nicht. Der Sitz muss nur innerhalb der Gemeinschaft liegen.

9   **b) Umtauschverhältnis.** Abs. 1 S. 2 lit. b verlangt die Angabe des Umtauschverhältnisses der Aktien und ggf. die Höhe der Ausgleichsleistung. Ebenso wie bei nat. Verschm wird die Bestimmung des Umtauschverhältnisses oftmals einen wesentlichen Stellenwert haben. Auch bei Verschm nach der SE-VO gilt der Grundsatz, dass die Verschm auf der Ebene der Aktionäre zu **keinem Wertverlust** führen darf. Das Umtauschverhältnis ist daher so zu bemessen, dass der Wert der untergehenden Aktien an den sich verschmelzenden Ges dem Wert der als Gegenleistung gewährten Aktien an der SE entspricht. Bei einem unangemessen niedrigen Umtauschverhältnis kann ggf. eine bare Zuzahlung verlangt werden (→ Art. 24 Rn. 13 f.). Im Regelfall setzt die Ermittlung des Umtauschverhältnisses eine **Unternehmensbewertung** voraus (zu rechtlichen Fragen der Bewertung mit internationalen Bezügen Reuter AG 2007, 881; Kiem ZGR 2007, 542; vgl. auch Großfeld NZG 2002, 353). Die Angabe eines Umtauschverhältnisses erübrigt sich nur, wenn die aufnehmende AG Inhaberin sämtlicher Aktien ist (Art. 31 I). Zum Verzicht auf Anteilsgewährung (vgl. für dt. übernehmende AG § 68 I 3 UmwG) vgl. Habersack/Drinhausen/Keinath Rn. 15; Widmann/Mayer/Heckschen Rn. 159.1. Vgl. iÜ zum Umtauschverhältnis → UmwG § 5 Rn. 5 ff. Bei AG genügt die Angabe eines echten Umtauschverhältnisses, also der **Anzahl der Aktien** an der SE, die für jede untergehende Aktie an der jew. übertragenden AG/SE gewährt wird. Zum Ausgleich von **Spitzenbeträgen** können entweder Ausgleichsleistungen gewährt werden, deren Angabe im Verschmelzungsplan Abs. 1 S. 2 lit. b vorschreibt. Hierfür ist über Art. 18 (MüKoAktG/Schäfer Rn. 14; Kölner Komm AktG/Maul Rn. 36; Kallmeyer/Marsch-Barner Rn. 24; Habersack/Drinhausen/Keinath Rn. 16; HK-UmwG/Konu Rn. 53) oder Art. 15 (Lutter/Hommelhoff/Teichmann/Bayer Rn. 19) für eine der dt. Rechtsordnung unterliegende AG/SE § 68 III UmwG zu beachten. Die Ausgleichsleistung ist als bare Zuzahlung auszugestalten und darf den zehnten Teil des auf die gewährten Aktien der übernehmenden Ges entfallenden anteiligen Betrag ihres Grundkapitals

nicht übersteigen (näher → UmwG § 68 Rn. 16 f.; auch → Art. 17 Rn. 2: Definition der Verschm).

c) Einzelheiten zur Übertragung der Aktien der SE. Die SE-VO stellt keine 10 besonderen Anforderungen an die Übertragung der Aktien. Notwendig sind aber nach Abs. 1 S. 2 lit. b Angaben zur Abwicklung des Aktientausches über einen **Treuhänder.** §§ 71 f. UmwG sind auf der dt. Rechtsordnung unterliegende GründungsGes über Art. 18 anwendbar (Lutter/Hommelhoff/Teichmann/Bayer Rn. 20; Kallmeyer/Marsch-Barner Rn. 25; Lutter/Hommelhoff SE/Bayer S. 38; Widmann/ Mayer/Heckschen Rn. 160; Schwarz Rn. 30; Kölner Komm AktG/Maul Rn. 37; Habersack/Drinhausen/Keinath Rn. 18; Theisen/Wenz Eur. AG/Neun S. 88). Die Angaben erübrigen sich bei der Verschm einer 100%igen TochterGes auf die MutterGes (Art. 31 I).

d) Beteiligung am Gewinn. Abs. 1 S. 1 lit. d verpflichtet zur Angabe des Zeit- 11 punkts, von dem an die Aktien an der SE das Recht auf Beteiligung am Gewinn gewähren, sowie alle Besonderheiten in Bezug auf dieses Recht. Dies entspricht der nat. Regelung in § 5 I Nr. 5 UmwG. Vgl. iE → UmwG § 5 Rn. 69 f. Die Angaben erübrigen sich bei der Verschm einer 100%igen TochterGes auf die MutterGes (Art. 31 I).

e) Verschmelzungsstichtag. Nach Abs. 1 S. 2 lit. f muss der Verschmelzungs- 12 plan den Zeitpunkt angeben, von dem an die Handlungen der sich verschmelzenden Ges unter dem Gesichtspunkt der Rechnungslegung als für Rechnung der SE vorgenommen gelten. Die Vorschrift entspricht Art. 5 II lit. e RL 78/855/EWG (→ Rn. 1; jetzt Art. 91 II lit. e GesR-RL) und UmwG § 307 II Nr. 6 und weist inhaltliche Parallelen zu § 5 I Nr. 6 UmwG auf. Üblicherweise wird dieser Zeitpunkt als Verschmelzungsstichtag bezeichnet. Zur Abhängigkeit zwischen dem Stichtag der Schlussbilanz und dem Verschmelzungsstichtag → UmwG § 17 Rn. 37 ff. und → UmwG § 5 Rn. 75. Bedeutung hat der Verschmelzungsstichtag für die **Überleitung des Rechnungswesens.** Mit Wirksamwerden der Verschm sind die Geschäftsvorfälle der übertragenden GründungsGes im Rechnungswesen der SE so abzubilden, als wären sie schon von der SE vollzogen worden. Die Pflicht zur Rechnungslegung endet hingegen nicht schon am (meist in der Vergangenheit liegenden) Verschmelzungsstichtag, sondern frühestens mit dem Übergang des wirtschaftlichen Eigentums und spätestens mit Wirksamwerden der Verschm (iE → UmwG § 17 Rn. 67 ff.). Ergänzend zum Verschmelzungsstichtag → UmwG § 5 Rn. 73 ff.

f) Sonderrechte. Nach Abs. 1 S. 2 lit. f muss der Verschmelzungsplan die Rechte 13 angeben, welche die SE den mit Sonderrechten ausgestatteten Aktionären der GründungsGes und den Inhabern anderer Wertpapiere als Aktien gewährt, oder die für diese Personen vorgeschlagenen Maßnahmen. Die Vorschrift entspricht Art. 5 II lit. f RL 78/855/EWG (→ Rn. 1; jetzt Art. 91 II lit. f GesR-RL). Vergleichbares regeln § 5 I Nr. 7 UmwG und § 307 II Nr. 7 UmwG. Sonderrechte betreffen in erster Linie Besonderheiten bei der Stimmrechtsausübung und iRd Gewinnverwendung. Anders als nach § 5 I Nr. 7 UmwG, aber vglbar mit § 307 II Nr. 7 UmwG (→ UmwG § 307 Rn. 24), bedarf es nur der Angabe von Rechten, die als Ersatz für **bereits bestehende** Sonderrechte gewährt werden (Schwarz Rn. 35; Lutter/ Hommelhoff/Teichmann/Bayer Rn. 23; Habersack/Drinhausen/Keinath Rn. 22; aA MüKoAktG/Schäfer Rn. 18; BeckOGK/Eberspächer Rn. 8). Ferner sind Sonderrechte auch anzugeben, wenn sie allen Aktionären in gleicher Weise gewährt werden (Schwarz Rn. 35; Lutter/Hommelhoff/Teichmann/Bayer Rn. 23; Habersack/Drinhausen/Keinath Rn. 23; aA MüKoAktG/Schäfer Rn. 18). Andere Wertpapiere sind bei Gründungs-AG, die der dt. Rechtsordnung unterliegen, in erster Linie Schuldverschreibungen und Genussrechte (näher → UmwG § 5 Rn. 81 f.).

14 g) Vorteile für sonstige Beteiligte. Abs. 1 S. 2 lit. g bestimmt die Angabe jedes besonderen Vorteils, der den Sachverständigen, die den Verschmelzungsplan prüfen (Verschmelzungsprüfer), oder den Mitgliedern der Verwaltungs-, Leitungs-, Aufsichts- oder Kontrollorgane der sich verschmelzenden Ges gewährt wird. Die Vorschrift stimmt mit Art. 5 II lit. f RL 78/855/EWG (→ Rn. 1; jetzt Art. 91 II lit. f GesR-RL) überein und weist inhaltliche Ähnlichkeiten zu § 5 I Nr. 8 UmwG auf; vgl. auch UmwG § 307 II Nr. 8. Die Aktionäre sollen sich einen Eindruck verschaffen können, ob die Objektivität der genannten Personen wegen besonderer Vorteile beeinträchtigt sein könnte. Zu den Organen zählen bei inl. beteiligten AG und SE die **Vertretungsorgane** (Vorstand) und die gesetzlichen oder gesellschaftsvertraglichen (Lutter/Hommelhoff/Teichmann/Bayer Rn. 24; Schwarz Rn. 38; Habersack/Drinhausen/Keinath Rn. 24) **Aufsichtsorgane** (AR, Ausschüsse etc; vgl. auch Manz/Mayer/Schröder Rn. 28). Bei einer monistisch strukturierten SE zählen sowohl die geschäftsführenden Direktoren als auch die sonstigen Mitglieder des Verwaltungsrats dazu. Anders als in § 5 I Nr. 8 UmwG, indes wie in § 307 II Nr. 8 UmwG sind besondere Vorteile für die **Abschlussprüfer** nicht genannt. Abs. 1 S. 2 lit. g ist insoweit allerdings abschl., sodass ein Rückgriff auf § 5 I Nr. 8 UmwG ausscheidet. Die **üblichen Kosten** für die **Verschmelzungsprüfung** stellen keinen besonderen Vorteil dar und sind daher nicht angabepflichtig. Besondere Vorteile für Organmitglieder wären insbes. Entschädigungen für die vorzeitige Beendigung der Organstellung oder Prämien für das Zustandekommen der Verschm (iÜ → UmwG § 5 Rn. 83 ff.).

15 h) Satzung der SE. Nach Abs. 1 S. 2 lit. h muss der Verschmelzungsplan auch die Satzung der SE (vgl. das Muster einer Satzung für eine mittelständische SE bei Lutter/Kollmorgen/Feldhaus BB 2005, 2473) beinhalten. Entsprechendes gilt nach nat. Recht für Verschm durch Neugründung (§ 37 UmwG) und für grenzüberschreitende Verschm (§ 307 II Nr. 9 UmwG). Der Unterschied folgt daraus, dass auch bei der Verschm durch Aufnahme die übernehmende AG die Rechtsform einer SE annimmt (Art. 29 I lit. d). Die Angabe der Satzung erübrigt sich, wenn eine bereits bestehende SE übernehmender Rechtsträger ist (→ Art. 3 Rn. 3) und Änderungen der Satzung nicht vorgenommen werden.

16 Soweit die aus der Verschm entstehende SE der dt. Rechtsordnung unterliegt, verweist Art. 15 auf §§ 23 ff. AktG. Obwohl die Gründung durch Verschm eine Sacheinlage ist, bedarf es entgegen § 27 I AktG nicht der Angabe der Personen, die die Sacheinlage erbringen (zutr. Brandes AG 2005, 177 (182): teleologische Reduktion; zust. auch Widmann/Mayer/Heckschen Rn. 170). Unabhängig von der Verpflichtung zur Beurkundung des Verschmelzungsplans (→ Rn. 4) bedarf die Satzung einer SE, die der dt. Rechtsordnung unterliegt, nach Art. 15 SE-VO iVm § 23 I AktG der notariellen Beurkundung (Brandes AG 2005, 177 (182); Widmann/Mayer/Heckschen Rn. 170.1; Schwarz Rn. 43; Habersack/Drinhausen/Keinath Rn. 27; HK-UmwG/Konu Rn. 60; Sagasser/Bula/Brünger Umwandlungen/Sagasser/Clasen § 14 Rn. 58). Über Art. 15 ist ferner § 37 UmwG anwendbar (Brandes AG 2005, 177 (182)).

17 i) Angaben zum Verfahren über die Vereinbarung zur Arbeitnehmerbeteiligung. Nach Abs. 1 S. 2 lit. i muss der Verschmelzungsplan Angaben zu dem Verfahren, nach dem die Vereinbarung über die Beteiligung der ArbN gemäß der RL 2001/86/EG geschlossen wird, enthalten. Weiterer arbeitsrechtlicher Angaben bedarf es nicht. Aufgrund des abschl. Charakters der Regelung in Art. 20 ist über Art. 18 nicht ergänzend **§ 5 I Nr. 9 UmwG** anwendbar (Brandes AG 2005, 177 (181 f.); MüKoAktG/Schäfer Rn. 12). Hintergrund ist, dass die umfassende Information nach den Bestimmungen des SEBG durchgeführt wird. Da bereits § 4 II SEBG eine umfassende Information der Arbeitnehmervertretungen verlangt, ist auch **§ 5 III UmwG** über Art. 18 nicht anwendbar (Brandes AG 2005, 182; Kallmeyer/Marsch-Barner Rn. 50: aber vorsorglich; aA MüKoAktG/Schäfer Rn. 10; Teichmann ZGR 2002, 383 (421); Lutter/Hommelhoff/Teichmann/Bayer Art. 21 Rn. 11; Widmann/Mayer/Heckschen Rn. 226; Theisen/Wenz Eur. AG/Neun S. 120; Kölner Komm AktG/Maul Rn. 21; Habersack/Drinhausen/Keinath Art. 18 Rn. 7; Sagasser/Bula/Brünger Umwandlungen/Sagasser/Clasen § 14 Rn. 61). Die SE-RL (→ Vor Art. 1 Rn. 1)/das SEBG sehen vorrangig eine Einigung mit den Arbeitnehmervertretungen vor. Das Verfahren, nach dem die Vereinbarung geschlossen werden soll, ist kurz darzustellen.

6. Weitere Punkte des Verschmelzungsplans

a) Barabfindungsangebot. Eine ergänzende inhaltliche Anforderung an den Verschmelzungsplan stellt § 7 SEAG auf. Danach hat bei der Gründung einer SE, die ihren Sitz im Ausland haben soll, eine dt. übertragende Ges im Verschmelzungsplan oder in seinem Entwurf jedem Aktionär, der gegen den Verschmelzungsbeschluss der Ges Widerspruch zur Niederschrift erklärt, den Erwerb seiner Aktien gegen eine angemessene Barabfindung anzubieten (krit. zur Verankerung im Verschmelzungsplan Brandes AG 2005, 177 (181)). Die Regelung geht auf die Ermächtigung in Art. 24 II zurück (vgl. auch § 307 II Nr. 13). Das Barabfindungsangebot ist nur den Aktionären der jew. übertragenden Ges zu unterbreiten. Dennoch ist es in jedem (gleichlautenden; → Rn. 3) Verschmelzungsplan aufzuführen. Auch die Aktionäre der anderen beteiligten GründungsGes haben ein schutzwürdiges Informationsinteresse, da die Barabfindung durch die SE zu leisten ist. Zum Ausschluss einer Anfechtungsklage wegen eines nicht ordnungsgemäßen Barabfindungsangebotes → Art. 24 Rn. 19. Ist das Barabfindungsangebot zu niedrig, oder ist eine Barabfindung nicht ordnungsgemäß angeboten, können die einzelnen Aktionäre ein Spruchverfahren einleiten (§ 7 VII SEAG; → SpruchG § 1 Rn. 6 f.). 18

b) Nachgründung und Sperrfrist. Über Art. 18 ist § 67 UmwG (entsprechende Anwendung der Nachgründungsvorschriften, Sperrfrist für übertragende AG; vgl. iE → UmwG § 67 Rn. 1 ff.) für dt. AG anwendbar (Lutter/Hommelhoff SE/Bayer S. 39; Widmann/Mayer/Heckschen Rn. 238.3; Kallmeyer/Marsch-Barner Rn. 59). Zur Anwendung von § 76 UmwG → Art. 23 Rn. 8. 19

c) Hinweis auf Gläubigerschutz. Liegt der künftige Sitz der aufnehmenden SE im Ausland, haben die Gläubiger einer dt. GründungsGes nach § 8 SEAG iVm § 13 I, II SEAG einen Anspruch auf Sicherheitsleistung. Hierauf ist im Verschmelzungsplan hinzuweisen (näher → Art. 24 Rn. 8). 20

d) Fakultativer Inhalt. Abs. 2 erlaubt den sich verschmelzenden Ges, dem Verschmelzungsplan weitere Punkte hinzuzufügen. Zu möglichen Inhalten etwa → UmwG § 126 Rn. 111. Hierbei ist allerdings zu beachten, dass der Verschmelzungsplan im Gegensatz zum Verschmelzungsvertrag keine schuldrechtlichen Wirkungen entfaltet (→ Rn. 2). Einerseits bedarf es daher keiner Regelungen wie etwa Bedingungen, Rücktrittsvorbehalte, Kündigungsmöglichkeiten und dgl., andererseits können in einem bloßen Verschmelzungsplan wirksam auch keine Vereinbarungen zwischen den beteiligten GründungsGes, etwa über die Kostentragung bei einem Scheitern, getroffen werden. Dies bedarf ergänzender schuldrechtlicher Regelungen zwischen den Rechtsträgern (zu derartigen Vereinbarungen → Rn. 2). 21

Art. 21 [Angaben im Amtsblatt]

Für jede der sich verschmelzenden Gesellschaften und vorbehaltlich weiterer Auflagen seitens des Mitgliedstaates, dessen Recht die betreffende Gesellschaft unterliegt, sind im Amtsblatt dieses Mitgliedstaats nachstehende Angaben bekannt zu machen:

a) Rechtsform, Firma und Sitz der sich verschmelzenden Gesellschaften,
b) das Register, bei dem die in Artikel 3 Absatz 2 der Richtlinie 68/151/EWG genannten Urkunden für jede der sich verschmelzenden Gesellschaften hinterlegt worden sind, sowie die Nummer der Eintragung in das Register,
c) einen Hinweis auf die Modalitäten für die Ausübung der Rechte der Gläubiger der betreffenden Gesellschaft gemäß Artikel 24 sowie die Anschrift, unter der erschöpfende Auskünfte über diese Modalitäten kostenlos eingeholt werden können,
d) einen Hinweis auf die Modalitäten für die Ausübung der Rechte der Minderheitsaktionäre der betreffenden Gesellschaft gemäß Artikel 24 sowie die Anschrift, unter der erschöpfende Auskünfte über diese Modalitäten kostenlos eingeholt werden können,
e) die für die SE vorgesehene Firma und ihr künftiger Sitz.

1. Allgemeines

1   Die Vorschrift regelt die Bekanntmachung verschiedener Angaben **während der Vorbereitungsphase**. Ergänzende nat. Bestimmungen enthält § 5 SEAG. Weitere Bekanntmachungspflichten folgen aus Art. 28 (Offenlegung der Durchführung der Verschm für jede sich verschmelzende AG) und aus Art. 15 II iVm Art. 13 (Offenlegung der Eintragung der SE). Vgl. auch Art. 14.

2. Bekanntmachung nach Art. 21

2   **a) Verfahren.** Die Bekanntmachung erfolgt durch das Gericht. Die nach Art. 21 notwendigen Angaben (→ Rn. 3 ff.) hat eine dt. GründungsGes nach § 5 S. 1 SEAG dem für sie zuständigen HR mitzuteilen. Das Gericht hat die Angaben zusammen mit dem nach § 61 S. 2 UmwG vorgeschriebenen Hinweis bekannt zu machen. Für die Bekanntmachung gilt § 10 HGB; sie hat damit in elektronischer Form zu erfolgen. Aus § 5 S. 1 SEAG folgt zugleich der **Zeitpunkt** der Mitteilung. Der Verschmelzungsplan selbst ist nach Art. 18 iVm § 61 S. 1 UmwG vor der Einberufung der HV zum Register einzureichen (→ Rn. 4), nicht aber selbst bekannt zu machen (Lutter/Hommelhoff/Teichmann/Bayer Rn. 12; Habersack/Drinhausen/Keinath Rn. 8 f.; aA Widmann/Mayer/Heckschen Rn. 229). Die nach Art. 21 notwendigen Angaben sind „mit dem Verschmelzungsplan in einem besonderen Schriftstück zum Handelsregister einzureichen" (MüKoAktG/Schäfer Rn. 10; Neye/Teichmann AG 2003, 169 (173)). Vgl. iÜ auch § 308 UmwG.

3   **b) Inhalt der Bekanntmachung.** Nach Art. 21 sind bekannt zu machen:
– Rechtsform, Firma und Sitz der sich verschmelzenden Ges;
– das Register, bei dem die nach Art. 3 II Publizitäts-RL v. 9.3.1968 (ABl. 1968 L 65, 8; jetzt Art. 16 III GesR-RL 2017 v. 14.7.2017, ABl. 2017 L 169, 46) genannten Urkunden für jede der sich verschmelzenden Ges hinterlegt worden sind, sowie die Nummer der Eintragung in das Register. Nach nat. Recht handelt es sich hierbei um das HR, in dem die jew. GründungsGes eingetragen ist. Anzugeben ist auch die HRB-Nr.;
– ein Hinweis auf die Modalitäten für die Ausübung der Rechte der Gläubiger der betreffenden Ges nach Art. 24 sowie die Anschrift, unter der erschöpfende Auskünfte über diese Modalitäten kostenlos eingeholt werden können. Erforderlich ist mithin eine Erläuterung der Rechte, die nach Art. 24 je nach nat. Recht den Gläubigern zustehen (auch → Art. 24 Rn. 2 ff.);
– einen entsprechenden Hinweis für die Rechte der Minderheitsaktionäre (auch → Art. 24 Rn. 12 ff.);
– die für die SE vorgesehene Firma und ihr künftiger Sitz.

3. Ergänzungen nach nationalem Recht

Die Regelung in Art. 21 ist nicht abschließend. Über Art. 18 ist ferner **§ 61 UmwG** für dt. GründungsGes anwendbar (MüKoAktG/Schäfer Rn. 1; Manz/Mayer/Schröder Rn. 14; Habersack/Drinhausen/Marsch-Barner Rn. 9; Lutter/Hommelhoff/Teichmann/Bayer Rn. 3; BeckOGK/Eberspächer Rn. 2; Teichmann ZGR 2002, 383 (422)). Danach ist der Verschmelzungsplan oder sein Entwurf vor der HV, die nach Art. 23 I dem Verschmelzungsplan zustimmt, zum Register einzureichen. Zusammen mit der Einreichung sind dem Gericht die Angaben nach Art. 21 mitzuteilen (§ 5 I SEAG; dazu → Rn. 2). Diese Angaben sind zusammen mit dem Hinweis nach § 61 UmwG bekannt zu machen. Zu weiteren Einzelheiten vgl. die Komm. zu § 61 UmwG. **4**

Art. 22 [Unabhängige Sachverständige]

[1] Als Alternative zur Heranziehung von Sachverständigen, die für Rechnung jeder der sich verschmelzenden Gesellschaften tätig sind, können ein oder mehrere unabhängige Sachverständige im Sinne des Artikels 10 der Richtlinie 78/855/EWG, die auf gemeinsamen Antrag dieser Gesellschaften von einem Gericht oder einer Verwaltungsbehörde des Mitgliedstaats, dessen Recht eine der sich verschmelzenden Gesellschaften oder die künftige SE unterliegt, dazu bestellt wurden, den Verschmelzungsplan prüfen und einen für alle Aktionäre bestimmten einheitlichen Bericht erstellen.

[2] Die Sachverständigen haben das Recht, von jeder der sich verschmelzenden Gesellschaften alle Auskünfte zu verlangen, die sie zur Erfüllung ihrer Aufgabe für erforderlich halten.

1. Allgemeines

Die SE-VO regelt in Art. 22 die Verschmelzungsprüfung nur rudimentär, indem die Prüfung durch einen gemeinsamen Verschmelzungsprüfer ermöglicht (Art. 22 S. 1) und ein eigenes Auskunftsrecht der Prüfer geschaffen wird (Art. 22 S. 2). Diese Beschränkung ist möglich, weil die nat. Verschmelzungsvorschriften für AG aufgrund der Vorgaben durch Art. 10 RL 78/855/EWG (jetzt Art. 96 GesR-RL) bereits eine Verschmelzungsprüfung vorsehen. Hierauf verweist Art. 18. Ergänzend ist § 7 III SEAG (Prüfung der Angemessenheit einer anzubietenden Barabfindung) zu beachten. **1**

2. Verschmelzungsprüfung

a) Pflicht zur Prüfung. aa) Prüfungsbefehl. Die SE-VO enthält keine Aussage, dass eine Verschmelzungsprüfung stattzufinden hat (aA Schwarz Rn. 7: Pflicht zur Prüfung aus Art. 22 SE-VO; vgl. auch MüKoAktG/Schäfer Rn. 1; Habersack/Drinhausen/Keinath Rn. 2; Kallmeyer/Marsch-Barner Rn. 45; HK-UmwG/Konu Rn. 72). Dies folgt aber für die der dt. Rechtsordnung unterliegende GründungsGes aus Art. 18 iVm **§ 60 UmwG**. Danach ist der Verschmelzungsplan oder sein Entwurf für jede AG nach §§ 9–12 zu prüfen. **2**

bb) Ausnahmen. Die Verweisung durch Art. 18 umfasst auch § 9 II UmwG, § 8 III UmwG. Danach können die Aktionäre einer der dt. Rechtsordnung unterliegenden GründungsGes auf die Verschmelzungsprüfung verzichten (Schwarz Rn. 9; Lutter/Hommelhoff/Teichmann/Bayer Rn. 19; MüKoAktG/Schäfer Rn. 15; Habersack/Drinhausen/Keinath Rn. 23; Kallmeyer/Marsch-Barner Rn. 46; HK-UmwG/Konu Rn. 73). Voraussetzung sind notariell beurkundete Verzichtserklärungen aller Anteilsinhaber (§ 9 II UmwG, § 8 III 2 UmwG). Einer Verschmelzungs- **3**

prüfung bedarf es ferner nicht, wenn sämtliche Anteile an der übertragenden GründungsGes von der übernehmenden GründungsGes gehalten werden (Lutter/Hommelhoff/Teichmann/Bayer Rn. 18; Habersack/Drinhausen/Keinath Rn. 22). Diese Entbehrlichkeit der Verschmelzungsprüfung folgt unmittelbar aus Art. 31 I (Lutter/Hommelhoff/Teichmann/Bayer Art. 31 Rn. 10; Habersack/Drinhausen/Keinath Rn. 22).

4   **b) Gemeinsame Prüfung.** Nach Art. 22 S. 1 kann unabhängig von den nat. Vorschriften ein gemeinsamer Verschmelzungsprüfer bestellt werden. Dies entspricht der nat. Rechtslage (§ 10 I 2 UmwG). Art. 22 S. 1 hat aber insofern Bedeutung, als die Verschmelzungspläne der Ges verschiedener Mitgliedstaaten gemeinsam geprüft werden können. Voraussetzung für die gemeinsame Verschmelzungsprüfung ist die **Bestellung des Prüfers durch ein Gericht** oder eine Verwaltungsbehörde des Mitgliedstaats, dessen Recht eine der sich verschmelzenden AG oder die zukünftige SE unterliegt. Die Auswahl unter den Mitgliedstaaten ist frei. Das zuständige Gericht oder die Verwaltungsbehörde bestimmt sich nach dem nat. Recht (ergänzend → UmwG § 10 Rn. 11 ff.). Das SEAG enthält hierfür keine Regelung. Daher ist über Art. 18 in Deutschland § 10 II UmwG (LG, in dessen Bezirk die dt. GründungsGes oder die neue SE ihren Sitz hat/haben wird; Lutter/Hommelhoff/Teichmann/Bayer Rn. 8; MüKoAktG/Schäfer Rn. 7; Habersack/Drinhausen/Keinath Rn. 7) anwendbar. Die Ges können aber auch in einem anderen betroffenen Mitgliedstaat den gemeinsamen Prüfer bestellen lassen. Erforderlich ist weiter ein **gemeinsamer Antrag** der Leitungs- bzw. Verwaltungsorgane der sich verschmelzenden Ges. Die gemeinsame Verschmelzungsprüfung muss nicht für alle an der Verschm beteiligten Ges erfolgen. Soweit sie einzelne GründungsGes nicht umfasst, müssen diese eine getrennte Verschmelzungsprüfung durchführen (Habersack/Drinhausen/Keinath Rn. 3; Lutter/Hommelhoff/Teichmann/Bayer Rn. 5).

5   Wird der **Antrag** auf eine gemeinsame Verschmelzungsprüfung **nicht gestellt**, ist der Verschmelzungsprüfer für jede beteiligte GründungsGes nach den jew. nat. Vorschriften zu bestellen. Für Rechtsträger, die der dt. Rechtsordnung unterliegen, gilt über Art. 18 SE-VO § 10 I 1 UmwG. Zwischenzeitlich werden danach Verschmelzungsprüfer auf Antrag des Vertretungsorgans immer vom Gericht ausgewählt und bestellt. Soweit mehrere der dt. Rechtsordnung unterliegende GründungsGes beteiligt sind (→ Art. 2 Rn. 11), können diese für sich nach Art. 18 SE-VO iVm § 10 I 2 UmwG auf gemeinsamen Antrag der Vertretungsorgane einen gemeinsamen Verschmelzungsprüfer vom Gericht bestellen lassen (→ Rn. 4).

6   **c) Qualifikation der Prüfer.** Bei dem **gemeinsamen Prüfer** nach Art. 22 S. 1 muss es sich um einen unabhängigen Sachverständigen iSv Art. 10 RL 78/855/EWG (→ Rn. 1, jetzt Art. 96 GesR-RL) handeln. Die nähere Ausgestaltung ist dem nat. Recht vorbehalten. Für die dt. Rechtsordnung gilt insoweit § 11 I 1 UmwG, der auf § 319 HGB verweist. Der gemeinsame Verschmelzungsprüfer iSv S. 1 muss jedoch nicht Qualifikationen erfüllen, die in dem Mitgliedstaat gelten, dessen Gericht aufgrund des Antrags entscheidet. Möglich ist die Bestellung eines Sachverständigen, der die Qualifikation nach dem Rechtsordnung des Mitgliedstaats einer der beteiligten Ges erfüllt (Schwarz Rn. 25; MüKoAktG/Schäfer Rn. 5; Habersack/Drinhausen/Keinath Rn. 13; BeckOGK/Eberspächer Rn. 4; aA Lutter/Hommelhoff/Teichmann/Bayer Rn. 10).

7   Bei einer **getrennten Verschmelzungsprüfung** richtet sich die notwendige Qualifikation des Prüfers für eine dt. GründungsGes unmittelbar nach Art. 18 SE-VO iVm § 11 I 1 UmwG (Habersack/Drinhausen/Keinath Rn. 13).

8   **d) Prüfungsgegenstand. aa) Prüfung des Verschmelzungsplans.** Art. 22 enthält selbst keine Aussage zum Prüfungsgegenstand. Innerhalb der Gemeinschaft bestehen aber durch Art. 10 I 1 RL 78/855/EWG (→ Rn. 1; jetzt Art. 96 GesR-

RL) harmonisierte Regelungen, wonach der Verschmelzungsplan zu prüfen ist (vgl. § 9 I UmwG; näher → UmwG § 9 Rn. 5 f.).

bb) Barabfindung. Unter den Voraussetzungen von § 7 I SEAG (→ Art. 24 Rn. 15 ff.) muss der Verschmelzungsplan ein angemessenes Barabfindungsangebot enthalten. Dessen Angemessenheit ist nach § 7 III SEAG stets zu prüfen. Hierauf sind §§ 10–12 UmwG entsprechend anzuwenden. Die Berechtigten können auf die Prüfung oder den Prüfungsbericht in notariell zu beurkundenden Verzichtserklärungen verzichten. Die Regelung entspricht § 30 II UmwG (näher → UmwG § 30 Rn. 13 f.). Auch ein gemeinsamer Verschmelzungsprüfer (→ Rn. 4 f.) muss das Barabfindungsangebot prüfen, selbst wenn nicht den Aktionären aller beteiligten GründungsGes ein Barabfindungsangebot unterbreitet werden muss. Entsprechendes gilt bei einer getrennten Prüfung für den Prüfer einer Ges, die kein Angebot unterbreiten muss. 9

e) Auskunftsrecht. Art. 22 S. 2 schafft ein eigenständiges Auskunftsrecht der Prüfer. Einen vergleichbaren Regelungsauftrag enthält bereits Art. 10 III RL 78/855/EWG (→ Rn. 1; jetzt Art. 96 III GesR-RL), weswegen auch die nat. Vorschriften Regelungen zum Auskunftsrecht enthalten (vgl. § 11 I 1, 4 UmwG iVm § 320 I 2, II 1, 2 HGB). Hintergrund der eigenständigen Regelung in Art. 22 S. 2 ist die Notwendigkeit, dass der Auskunftsanspruch gegenüber allen beteiligten Rechtsträgern besteht, diese indes verschiedenen Rechtsordnungen unterliegen (Schwarz Rn. 31; Teichmann ZGR 2002, 383 (424)). § 11 I 1, 4 UmwG ist daher bei einer getrennten Verschmelzungsprüfung nicht mehr anwendbar. Die Änderung des Wortlauts von „zweckdienliche Auskünfte" in SE-VOE 1991 in „erforderliche Auskünfte" (vgl. auch Art. 10 III RL 78/855/EWG, → Rn. 1, jetzt Art. 96 III GesR-RL: alle zweckdienlichen Auskünfte) führte zu keiner Einschränkung des Auskunftsrechts (Teichmann ZGR 2002, 383 (424); Widmann/Mayer/Heckschen Rn. 218; MüKoAktG/Schäfer Rn. 11; Kölner Komm AktG/Maul Rn. 20; zweifelnd Schwarz ZIP 2001, 1847 (1851)). Es ist ein umfassendes Informationsrecht (Habersack/Drinhausen/Keinath Rn. 14; Lutter/Hommelhoff/Teichmann/Bayer Rn. 11; BeckOGK/Eberspächer Rn. 6). 10

3. Prüfungsbericht

a) Inhalt. Die Notwendigkeit eines Prüfungsberichts folgt für gemeinsame Prüfungen aus Art. 22 S. 1 und bei getrennten Prüfungen aus den nat., aufgrund Art. 10 RL 78/855/EWG (→ Rn. 1; jetzt Art. 96 GesR-RL) harmonisierten Vorschriften. Danach haben die Verschmelzungsprüfer einen schriftlichen Bericht für die Aktionäre zu erstellen (Art. 10 I RL 78/855/EWG, → Rn. 1, jetzt Art. 96 I GesR-RL; § 12 I 1 UmwG). Die gemeinsamen Prüfer haben einen einheitlichen Bericht zu erstellen (Art. 22 S. 1). Ein gemeinsamer Verschmelzungsbericht kann auch bei getrennten Verschmelzungsprüfungen erstellt werden, wenn dies die Rechtsordnungen aller beteiligten GründungsGes vorsehen (vgl. § 12 I 2 UmwG). Der Inhalt des Prüfungsberichts ergibt sich über Art. 18 aus den auf Grund der Vorgabe von Art. 10 II RL 78/855/EWG (jetzt Art. 96 II GesR-RL) harmonisierten nat. Rechtsvorschriften (vgl. § 12 II UmwG; vgl. näher → UmwG § 12 Rn. 1 ff.). Unter den Voraussetzungen von § 7 I SEAG hat der Prüfbericht auch auf die Angemessenheit eines Barabfindungsangebots einzugehen (§ 7 III SEAG). Dies gilt auch für einen gemeinsamen Prüfungsbericht, auch wenn nicht alle übertragenden GründungsGes eine derartige Barabfindung anbieten müssen. Ein gemeinsamer Prüfungsbericht ist bei Beteiligung dt. AG oder Gründung einer dt. SE auch in dt. Sprache zu verfassen (Habersack/Drinhausen/Keinath Rn. 20). 11

b) Ausnahmen vom Prüfungsbericht. Nach Art. 18 SE-VO iVm § 12 III UmwG, § 8 III 1 UmwG können die Aktionäre einer der dt. Rechtsordnung 12 unterliegenden GründungsGes auf den Prüfungsbericht **verzichten**. Ein Prüfungsbericht erübrigt sich auch, wenn eine 100%ige Tochter- auf die MutterGes verschmolzen wird. Vgl. iÜ Art. 31.

Art. 23 Zustimmung zum Verschmelzungsplan

(1) **Die Hauptversammlung jeder der sich verschmelzenden Gesellschaften stimmt dem Verschmelzungsplan zu.**

(2) [1]**Die Beteiligung der Arbeitnehmer in der SE wird gemäß der Richtlinie 2001/86/EG festgelegt.** [2]**Die Hauptversammlung jeder der sich verschmelzenden Gesellschaften kann sich das Recht vorbehalten, die Eintragung der SE davon abhängig zu machen, dass die geschlossene Vereinbarung von ihr ausdrücklich genehmigt wird.**

1. Allgemeines

1   Die Gründung einer SE durch Verschm ist ein gesellschaftsrechtlicher Organisationsakt, der ua zum Erlöschen der übertragenden GründungsGes führt. **Abs. 1** ordnet daher die Zustimmung der Hauptversammlung jeder der sich verschmelzenden Ges zum Verschmelzungsplan an. Weitere Bestimmungen zur Vorbereitung und Durchführung der Hauptversammlung und nähere Modalitäten der Beschlussfassung regelt die SE-VO nicht; sie ergeben sich aus den über Art. 18 anwendbaren nationalen Verschmelzungsvorschriften und teilweise aus dem nationalen GesR. **Abs. 2** betrifft die Arbeitnehmerbeteiligung in der SE. Nach Abs. 2 S. 1 wird sie gemäß der SE-RL (→ Einl. Rn. 1) festgelegt. Danach ist vorrangig eine Vereinbarung zu treffen, die zum Zeitpunkt der Hauptversammlung vielfach noch nicht vorliegen wird. Daher kann sich die Hauptversammlung jeder der sich verschmelzenden Ges das Recht vorbehalten, die Eintragung der SE davon abhängig zu machen, dass die geschlossene Vereinbarung von ihr ausdrücklich genehmigt wird. Insoweit bestehen Parallelen zu § 312 I UmwG. Zur Frage der Anwendung von § 62 V UmwG (verschmelzungsrechtliches Squeeze-out) → Rn. 14.

2. Vorbereitung und Durchführung der Hauptversammlung

2   **a) Allgemeines.** Zur Bekanntmachung des Verschmelzungsplans und sonstigen bekannt zu machenden Mitteilungen vgl. Art. 21. IÜ enthält die SE-VO keine Bestimmungen zur Einberufung der Hauptversammlung und zu deren Vorbereitung. Nach Art. 18 sind daher die **nationalen Rechtsvorschriften für Verschm** anzuwenden (ebenso Lutter/Hommelhoff/Teichmann/Bayer Rn. 2; Habersack/Drinhausen/Keinath Rn. 4; Widmann/Mayer/Heckschen Rn. 231; HK-UmwG/Konu Rn. 78; Teichmann ZGR 2002, 383 (425); Brandes AG 2005, 177 (183)).

3   **b) Einberufung der Hauptversammlung.** Das UmwG enthält für die Einberufung der Hauptversammlung keine besonderen Regelungen. Diese richtet sich nach §§ 121 ff. AktG (Lutter/Hommelhoff/Teichmann/Bayer Rn. 2; Widmann/Mayer/Heckschen Rn. 231, 237; Habersack/Drinhausen/Keinath Rn. 1, 4; Walden/Meyer-Landrut DB 2005, 2619 (2620)). Die Hauptversammlung ist nach § 123 I AktG mindestens **einen Monat** (nicht 30 Tage; Lutter/Hommelhoff/Teichmann/Bayer Rn. 5; Habersack/Drinhausen/Keinath Rn. 5; Kölner Komm AktG/Maul Rn. 5) vor dem Tage der Versammlung einzuberufen. Mit der Einberufung ist die Tagesordnung bekannt zu machen (§ 121 III 2 AktG). Vgl. iE die aktienrechtliche Speziallit.

4   **c) Vorbereitung der Hauptversammlung.** Über Art. 18 ist für der dt. Rechtsordnung unterliegende GründungsGes **§ 63 UmwG** anwendbar (Lutter/Hommel-

hoff/Teichmann/Bayer Rn. 7; Kallmeyer/Keinath Rn. 51; Habersack/Drinhausen/ Keinath Rn. 6; MüKoAktG/Schäfer Rn. 5; HK-UmwG/Konu Rn. 80; Walden/ Meyer-Landrut DB 2005, 2619 (2620)). Danach sind von der Einberufung der Hauptversammlung an in dem Geschäftsraum der Ges zur Einsicht der Aktionäre der Verschmelzungsplan oder sein Entwurf, die Jahresabschlüsse und Lageberichte der an der Verschm beteiligten Rechtsträgern für die letzten drei Gj., ggf. eine Zwischenbilanz (für die Fristberechnung zählt die Aufstellung des Verschmelzungsplans, MüKoAktG/Schäfer Rn. 5; Lutter/Hommelhoff/Teichmann/Bayer Rn. 7 Fn. 21), die Verschmelzungsberichte und die Prüfungsberichte auszulegen (§ 63 I UmwG). Auf Verlangen ist jedem Aktionär unverzüglich und kostenlos eine Abschrift dieser Unterlagen zu erteilen (§ 63 III UmwG). Vgl. näher hierzu die Komm. zu § 63 UmwG. Alternativ zur Auslage und Abschrifterteilung kann eine Zugänglichmachung über die Internetseite erfolgen (§ 63 IV UmwG; Kallmeyer/ Keinath Rn. 51; Habersack/Drinhausen/Keinath Rn. 6; Lutter/Hommelhoff/ Teichmann/Bayer Rn. 7). Angesichts des Informationszwecks wird man die Auslage/Abschrifterteilung der Unterlagen – auch der Jahresabschlüsse der anderen beteiligten Rechtsträger, vgl. § 63 I 2 UmwG – in **dt. Sprache** verlangen müssen (so auch Widmann/Mayer/Heckschen Rn. 234). Ungenügende Informationen bewirken jedenfalls immer das Risiko einer erfolgreichen Anfechtungsklage.

d) Durchführung der Hauptversammlung. Die Bestimmungen für die 5 Durchführung der Hauptversammlung einer dt. GründungsGes ergeben sich neben den aktienrechtlichen Vorschriften aus Art. 18 SE-VO iVm **§ 64 UmwG** (Schwarz Rn. 15; MüKoAktG/Schäfer Rn. 6; Lutter/Hommelhoff/Teichmann/Bayer Rn. 9; Habersack/Drinhausen/Keinath Rn. 9). Danach sind die in § 63 I UmwG bezeichneten Unterlagen auch während der Hauptversammlung auszulegen. Der Vorstand hat den Verschmelzungsplan oder seinen Entwurf zu Beginn der Verhandlung mündlich zu erläutern. Jedem Aktionär ist auf Verlangen in der Hauptversammlung Auskunft auch über alle für die Verschm wesentlichen Angelegenheiten der anderen Rechtsträger zu geben. Vgl. iE → UmwG § 64 Rn. 1 ff.

3. Zustimmungsbeschluss

a) Beschlussmehrheiten. Die SE-VO enthält keine Bestimmung zu den not- 6 wendigen Mehrheiten für den Verschmelzungsbeschluss. Für dt. GründungsGes gilt über Art. 18 SE-VO § 65 UmwG (Spindler/Stilz/Eberspächer Rn. 3; BeckOGK/ Eberspächer Rn. 3; Habersack/Drinhausen/Keinath Rn. 13; HK-UmwG/Konu Rn. 81). Der Verschmelzungsbeschluss der Hauptversammlung bedarf daher grds. einer Mehrheit von mindestens drei Vierteln des bei der Beschlussfassung vertretenen Grundkapitals, soweit nicht die Satzung strengere Voraussetzungen festlegt (zu Einzelheiten → UmwG § 65 Rn. 3 ff.). § 62 I UmwG, wonach bei einer mindestens 90%igen Beteiligung an einer übertragenden KapGes ein Verschmelzungsbeschluss bei der übernehmenden AG nicht erforderlich ist, findet keine Anwendung (MüKoAktG/Schäfer Rn. 4; Kallmeyer/Keinath Rn. 66; Lutter/Hommelhoff/Teichmann/ Bayer Art. 31 Rn. 14; auch → Art. 31 Rn. 2). Hinsichtlich der Notwendigkeit eines Beschlusses ist Abs. 1, der für alle Fälle einen Beschluss der Hauptversammlung verlangt, abschließend (vgl. demgegenüber Art. 8 RL 78/855/EWG (jetzt Art. 94 GesR-RL). Dies zeigt auch Art. 31 I. Auch die nunmehrige Möglichkeit, auf einen Verschmelzungsbeschluss bei einem Upstream-Merger der 100%igen TochterGes zu verzichten (§ 62 IV UmwG), besteht bei Verschm nach der SE-VO nicht (Widmann/Mayer/Heckschen Rn. 238.6).

b) Form des Verschmelzungsbeschlusses. Eine Bestimmung zur Form des 7 Verschmelzungsbeschlusses in der SE-VO fehlt. Für der dt. Rechtsordnung unterliegende GründungsGes gilt über Art. 18 § 13 III UmwG (Schwarz Rn. 21; Habersack/Drinhausen/Keinath Rn. 13; Kölner Komm AktG/Maul Rn. 12; MüKo-AktG/Schäfer Rn. 6). Danach sind der Verschmelzungsbeschluss und ggf. erforderliche Zustimmungserklärungen einzelner Anteilsinhaber notariell zu beurkunden. Bei der Hauptversammlung einer AG erfolgt dies regelmäßig durch notariell aufgenommene Niederschrift über die Verhandlung (§§ 36 ff. BeurkG). Der Verschmelzungsplan oder sein Entwurf sind dem Beschluss als Anlage beizufügen (§ 13 III 2 UmwG). Auf Verlangen ist jedem Anteilsinhaber auf dessen Kosten unverzüglich eine Abschrift des Verschmelzungsplans oder seines Entwurfs und der Niederschrift des Beschlusses zu erteilen (§ 13 III 3 UmwG; Schwarz Rn. 21).

8   c) **Nachgründung.** Nach § 76 I UmwG darf eine übertragende AG die Verschm erst beschließen, wenn sie und jede andere übertragende AG bereits zwei Jahre im Register eingetragen sind. Damit soll eine verdeckte Nachgründung vermieden werden (→ UmwG § 73 Rn. 17). Die Vorschrift ist über Art. 18 entsprechend anwendbar (Lutter/Hommelhoff/Teichmann/Bayer Rn. 12; Schwarz Rn. 19; Kallmeyer/Keinath Rn. 59; Habersack/Drinhausen/Keinath Rn. 15; Spindler/Stilz/Eberspächer Rn. 4; BeckOGK/Eberspächer Rn. 4; MüKoAktG/Schäfer Rn. 7; aA Manz/Mayer/Schröder Rn. 33: Verstoß gegen Art. 2 I; Widmann/Mayer/Heckschen Rn. 238.3: Art. 2 I sei abschließend; Kölner Komm AktG/Maul Rn. 11). Das Beschlussverbot besteht für die dt. Ges auch, wenn die ausl. Ges noch nicht zwei Jahre eingetragen ist, selbst wenn diese nach ihrem Recht keinem Verbot unterliegt (Schwarz Rn. 20).

4. Beschlussmängel

9   Mängel der Beschlussfassung können nach den jeweiligen nationalen Vorschriften durch Unwirksamkeitsklage geltend gemacht werden. In Deutschland kommt eine aktienrechtliche Anfechtungs- oder Nichtigkeitsklage in Betracht (Schwarz Rn. 34). Zu den notwendigen Erklärungen der Vertretungsorgane und zur Überwindung einer Registersperre bei Anfechtungsklagen → Art. 25 Rn. 4. Die Anfechtungsklage kann nach § 6 I SEAG nicht darauf gestützt werden, dass das **Umtauschverhältnis** der Anteile nicht angemessen ist, wenn die Aktionäre der anderen beteiligten GründungsGes aus Mitgliedstaaten, die ein Spruchverfahren nicht kennen, der Durchführung des Spruchverfahrens nach Art. 25 III 1 zugestimmt haben. Stattdessen besteht nach § 6 II ein Anspruch auf einen Ausgleich durch bare Zuzahlung, der im Spruchverfahren geltend zu machen ist → Art. 24 Rn. 13 ff.). Entsprechendes gilt nach § 7 V SEAG für ein nicht ordnungsgemäßes Barabfindungsangebot. Vgl. iÜ zu Beschlussmängeln → UmwG § 65 Rn. 14 f.

5. Weitere Beschlüsse

10   a) **Kapitalerhöhung.** Bei einer Verschm durch Aufnahme muss die übernehmende Ges regelmäßig ihr Kapital erhöhen, um die als Gegenleistung zur gewährenden Aktien zu gewähren (→ Art. 17 Rn. 7). Die Durchführung der Erhöhung des Grundkapitals muss nach Art. 18 SE-VO iVm § 66 UmwG vor Eintragung der SE durchgeführt werden (Habersack/Drinhausen/Keinath Rn. 16). Die Hauptversammlung, die den Verschmelzungsbeschluss fasst, muss daher regelmäßig auch über die KapErh beschließen. Es gelten hierfür die §§ 182 ff. AktG (Habersack/Drinhausen/Keinath Rn. 16).

11   b) **Zustimmung zum Spruchverfahren.** Nach Art. 25 III 1 kann ein Spruchverfahren wegen eines unangemessenen Umtauschverhältnisses oder einer unangemessenen oder nicht ordnungsgemäß angebotenen Barabfindung (vgl. § 6 IV SEAG, § 7 VII SEAG) nur durchgeführt werden, wenn die anderen sich verschmelzenden Ges in Mitgliedstaaten, in denen ein derartiges Spruchverfahren nicht besteht, bei der Zustimmung zu dem Verschmelzungsplan ausdrücklich akzeptieren, dass die Aktionäre der betreffenden sich verschmelzenden Ges auf ein solches Verfahren zurückgreifen können. Die Voraussetzungen für einen derartigen gesonderten Zustimmungsbeschluss können für deutsche GründungsGes nicht eintreten, da § 6 IV SEAG, § 7 VII SEAG ein Spruchverfahren ermöglichen (→ Art. 24 Rn. 12 ff.). Zum Spruchverfahren → SpruchG § 1 Rn. 6 f.

c) **Zustimmung zur Satzung.** Da die Satzung der SE sowohl bei einer Verschm 12 durch Aufnahme als auch durch Neugründung Bestandteil des Verschmelzungsplans ist (Art. 20 I 2 lit. a; → Art. 20 Rn. 15), umfasst der Verschmelzungsbeschluss auch die Satzung der SE. Eines Rückgriffs auf § 76 II 1 UmwG bedarf es nicht (zur Überflüssigkeit dieser Vorschrift → UmwG § 76 Rn. 1).

6. Beteiligung der Arbeitnehmer

Abs. 2 S. 1 hat nur klarstellenden Charakter (Spindler/Stilz/Eberspächer Rn. 2; 13 BeckOGK/Eberspächer Rn. 2; Habersack/Drinhausen/Keinath Rn. 18). Die SE-RL (→ Einl. Rn. 1) wie auch das nationale Ausführungsgesetz (SEBG) gehen davon aus, dass grds. eine Vereinbarung zur Frage der Beteiligung der ArbN durch Verhandlungen erzielt wird. Diese werden oftmals zum Zeitpunkt der Hauptversammlung nicht abgeschlossen sein. Abs. 2 S. 2 sieht daher vor, dass sich die **Hauptversammlung** jeder der sich verschmelzenden Ges das **Recht vorbehält,** die Eintragung der SE davon abhängig zu machen, dass die geschlossene **Vereinbarung von ihr ausdrücklich genehmigt** wird. Der Vorbehalt kann, muss aber nicht erfolgen. Die fehlende Zustimmung hindert die Eintragung, lässt aber die Zustimmung zum Verschmelzungsbeschluss unberührt. Der Vorbehalt erfolgt durch einen Beschluss der Hauptversammlung mit Dreiviertelmehrheit (Art. 18 SE-VO iVm § 65 I UmwG analog; Kölner Komm AktG/Maul Rn. 20; aA die hM; Schwarz Rn. 27; MüKoAktG/Schäfer Rn. 11; Lutter/Hommelhoff/Teichmann/Bayer Rn. 17; Habersack/Drinhausen/Keinath Rn. 20; Spindler/Stilz/Eberspächer Rn. 7; BeckOGK/Eberspächer Rn. 7; auch → UmwG § 312 Rn. 8). Eine vorbehaltene Zustimmung muss in einer erneuten Hauptversammlung beschlossen werden. Für die Einberufung und Durchführung der Hauptversammlung gelten die nationalen Vorschriften. Der Zustimmungsbeschluss bedarf nach Art. 18 SE-VO iVm § 65 I UmwG analog einer Mehrheit von drei Vierteln des bei der Beschlussfassung vertretenen Grundkapitals (aA hM; Schwarz Rn. 32; MüKoAktG/Schäfer Rn. 12; Lutter/Hommelhoff/Teichmann/Bayer Rn. 20; Kallmeyer/Marsch-Barner/Wilk Rn. 56; Habersack/Drinhausen/Keinath Rn. 22). Eine Delegation der Zustimmung auf andere Organe kann nicht erfolgen (Widmann/Mayer/Heckschen Rn. 242; Kölner Komm AktG/Maul Rn. 21; Lutter/Hommelhoff/Teichmann/Bayer Rn. 21; aA Spindler/Stilz/Eberspächer Rn. 8; BeckOGK/Eberspächer Rn. 8; Kallmeyer/Marsch-Barner/Wilk Rn. 57; Habersack/Drinhausen/Keinath Rn. 24). Die fehlende Zustimmung ist ein **Eintragungshindernis** (Habersack/Drinhausen/Keinath Rn. 25; Widmann/Mayer/Heckschen Rn. 241; Lutter/Hommelhoff/Teichmann/Bayer Rn. 18; Kallmeyer/Marsch-Barner/Wilk Rn. 56; MüKoAktG/Schäfer Rn. 13; Spindler/Stilz/Eberspächer Rn. 9; BeckOGK/Eberspächer Rn. 9;).

7. Verschmelzungsrechtlicher Squeeze-out

Mit dem 3. UmwGÄndG (BGBl. 2011 I 1338) wurde mit § 62 V UmwG die 14 Möglichkeit eines verschmelzungsrechtlichen Squeeze-out geschaffen (iE → UmwG § 62 Rn. 18 ff.). Dies gilt über Art. 18 auch bei Verschm nach der SE-VO, wenn die übertragende GründungsGes der dt. Rechtsordnung unterliegt (so auch Widmann/Mayer/Heckschen Rn. 211.1, 216.1, 238.7). Die SE-VO trifft hierzu keine Aussage; § 62 V UmwG ist eine Umsetzung des Art. 28 S. 2 RL 78/

855/EWG (→ Rn. 6; jetzt Art. 114 S. 2 GesR-RL). Aus Art. 31 ist insoweit nichts abzuleiten. Eine Anwendung auf Aktionäre ausl. GründungsGes ist indes trotz der europarechtlichen Grundlage mangels Kompetenz des inl. Gesetzgebers ausgeschlossen (aA Widmann/Mayer/Heckschen Rn. 238.7).

Art. 24 [Schutz der Rechteinhaber]

(1) **Das Recht des Mitgliedstaats, das jeweils für die sich verschmelzenden Gesellschaften gilt, findet wie bei einer Verschmelzung von Aktiengesellschaften unter Berücksichtigung des grenzüberschreitenden Charakters der Verschmelzung Anwendung zum Schutz der Interessen**
a) **der Gläubiger der sich verschmelzenden Gesellschaften,**
b) **der Anleihegläubiger der sich verschmelzenden Gesellschaften,**
c) **der Inhaber von mit Sonderrechten gegenüber den sich verschmelzenden Gesellschaften ausgestatteten Wertpapieren mit Ausnahme von Aktien.**

(2) **Jeder Mitgliedstaat kann in Bezug auf die sich verschmelzenden Gesellschaften, die seinem Recht unterliegen, Vorschriften erlassen, um einen angemessenen Schutz der Minderheitsaktionäre, die sich gegen die Verschmelzung ausgesprochen haben, zu gewährleisten.**

Übersicht

	Rn.
1. Allgemeines	1
2. Gläubigerschutz	2
a) Erfasster Personenkreis	2
aa) Gläubiger	2
bb) Anleihegläubiger	3
cc) Inhaber von mit Sonderrechten ausgestatteten Wertpapieren	4
b) Anwendbares Recht	5
c) Gläubigerschutz bei deutschen Gründungsgesellschaften	6
aa) Übernehmende SE mit Sitz im Inland	6
bb) Übernehmende SE mit Sitz im Ausland	9
3. Schutz von Minderheitsaktionären	12
a) Rechtsgrundlage	12
b) Bare Zuzahlung nach § 6 SEAG	13
c) Barabfindungsangebot nach § 7 SEAG	15

1. Allgemeines

1   Die Vorschrift beschäftigt sich mit dem Schutz der Gläubiger, Anleihegläubiger und Inhaber von mit Sonderrechten ausgestatteten Wertpapieren (Abs. 1) sowie mit dem Schutz der Minderheitsaktionäre (Abs. 2). Für den Gläubigerschutz bestimmt Abs. 1 die grds. („unter Berücksichtigung des grenzüberschreitenden Charakters") Anwendung des Rechts des Mitgliedstaats der jew. verschmelzenden Ges, zu der die Sonderverbindung besteht. Diese Schutzvorschriften sind indes durch Art. 13–15 RL 78/855/EWG (jetzt Art. 99–101 GesR-RL) harmonisiert. Neben den über Art. 18 anwendbaren §§ 22, 23 UmwG sind daher §§ 8, 13 I, II SEAG zu beachten. Abs. 2 ist eine Ermächtigung für die nat. Gesetzgeber. Der dt. Gesetzgeber hat diese durch §§ 6, 7 SEAG wahrgenommen.

2. Gläubigerschutz

a) Erfasster Personenkreis. aa) Gläubiger. Erfasst sind zunächst Gläubiger. 2
Der **Begriff** ist nicht näher definiert. Er entspricht demjenigen von Art. 13 RL 78/
855/EWG (→ Rn. 1; jetzt Art. 99 GesR-RL). Wie bei § 22 UmwG sind nur
die Inhaber eines obligatorischen Anspruchs, nicht hingegen diejenigen, die einen
dinglichen Anspruch geltend machen können, geschützt. IÜ ist der Rechtsgrund
(Rechtsgeschäft, gesetzliches Schuldverhältnis) und der Inhalt der Forderung unerheblich (näher → UmwG § 22 Rn. 5). Anspruchsberechtigt sind sowohl die Gläubiger des übertragenden als auch diejenigen des übernehmenden Rechtsträgers
(→ UmwG § 22 Rn. 4).

bb) Anleihegläubiger. Erfasst sind die Inhaber von Wandel-, Options- und 3
Gewinnanleihen, die ein Recht zum Bezug von Aktien oder einer Beteiligung am
Gewinn vermitteln.

cc) Inhaber von mit Sonderrechten ausgestatteten Wertpapieren. Nicht 4
erfasst sind Aktionäre mit Sonderrechten, jedoch Inhaber von Genussrechten, soweit
diese nicht Wandel- und Optionsanleihen sind (→ Rn. 3).

b) Anwendbares Recht. Die SE-VO trifft selbst keine Schutzbestimmungen 5
für die Gläubiger. Abs. 1 verweist insoweit auf das nat. Recht der Mitgliedstaaten.
Maßgeblich ist das Recht des Mitgliedstaats, dem die jew. sich verschmelzende Ges
unterliegt, zu der die Sonderbeziehung (→ Rn. 2 ff.) besteht. Die „Berücksichtigung des grenzüberschreitenden Charakters" erfolgte im dt. Recht durch § 8 SEAG
(Begr. RegE, BT-Drs. 15/3004 zu § 8 SEAG).

c) Gläubigerschutz bei deutschen Gründungsgesellschaften. aa) Über- 6
nehmende SE mit Sitz im Inland. Hat die aus der Verschm entstehende SE
(durch Neugründung oder Wechsel der Rechtsform der übernehmenden AG)
ihren Sitz in Deutschland, richtet sich der Schutz der **Gläubiger** iSv Art. 24 I
lit. a und lit. b ausschließlich nach § 22 UmwG (Lutter/Hommelhoff/Teichmann/
Bayer Rn. 8; MüKoAktG/Schäfer Rn. 9; Habersack/Drinhausen/Keinath Rn. 5;
BeckOGK/Eberspächer Rn. 6). Danach können die Gläubiger von **dt.** übertragenden oder übernehmenden **Ges** (nicht Gläubiger der ausl. Ges – Lutter/Hom-
melhoff/Teichmann/Bayer Rn. 8) grds. Sicherheitsleistung verlangen (vgl. iE
→ UmwG § 22 Rn. 1 ff.). Die Frist für die Geltendmachung (§ 22 I 1 UmwG)
beginnt mit Ablauf des Tages (§ 19 III 2 UmwG) der Bekanntmachung nach
Art. 28 (zutr. Habersack/Drinhausen/Keinath Rn. 5; Lutter/Hommelhoff/Teich-
mann/Bayer Rn. 9; aA MüKoAktG/Schäfer Rn. 10; BeckOGK/Eberspächer
Rn. 7: Bekanntmachung nach Art. 21; anders noch → 7. Aufl. 2016).

Der Hinweis nach Art. 21 lit. c verdrängt § 22 I 3 UmwG (zutr. Habersack/Drin- 7
hausen/Keinath Rn. 5; anders noch → 7. Aufl. 2016, Rn. 7). Zum **Hinweis** auf
die anwendbaren **Gläubigerschutzbestimmungen** nach Art. 21 lit. c → Art. 21
Rn. 3.

Für die **Inhaber von Rechten** iSv Abs. 1 lit. c gilt § 23 UmwG (MüKoAktG/ 8
Schäfer Rn. 9; Kölner Komm AktG/Maul Rn. 13; Habersack/Drinhausen/Keinath
Rn. 12; BeckOGK/Eberspächer Rn. 6). Danach sind gleichwertige Rechte an dem
übernehmenden Rechtsträger zu gewähren. Vgl. iE → UmwG § 23 Rn. 1 ff.

bb) Übernehmende SE mit Sitz im Ausland. Hat die übernehmende SE 9
ihren Sitz im Ausland, richtet sich der Schutz der **Gläubiger** iSv Art. 24 I lit. a
und lit. b der inl. GründungsGes nicht nach § 22 UmwG, sondern nach **§ 8
SEAG.** Der Gesetzgeber sah in diesem Fall die bloße Anwendung des ungeord-
neten Gläubigerschutzes nach dem UmwG als problematisch an. Die nun in § 8
SEAG getroffene Regelung setze die „Berücksichtigung des grenzüberschreitenden Charakters" um (Begr. RegE, BT-Drs. 15/3004 zu § 8 SEAG). § 8 S. 1

SEAG erklärt in diesem Fall § 13 I und II SEAG für entsprechend anwendbar. Danach entsteht anders als nach § 22 UmwG der Anspruch auf Sicherheitsleistung nicht erst nach Wirksamwerden der Verschm. Den Gläubigern ist Sicherheit zu leisten, wenn sie binnen zwei Monaten nach dem Tag, an dem der Verschmelzungsplan offengelegt worden ist (Art. 18 SE-VO iVm § 61 UmwG; → Art. 21 Rn. 9; vgl. auch § 314 UmwG), ihren Anspruch nach Grund und Höhe schriftlich anmelden, soweit sie nicht Befriedigung verlangen können. Auf dieses Recht sind die Gläubiger bei der Bekanntmachung nach Art. 21 lit. c hinzuweisen (→ Art. 21 Rn. 3). Da der Anspruch auf Sicherheitsleistung bereits vor dem Wirksamwerden der Verschm entsteht, bestimmt § 13 II SEAG, dass nur für solche Forderungen Sicherheit zu leisten ist, die vor oder bis zu 15 Tage nach Offenlegung des Verschmelzungsplans entstanden sind. Gläubiger, deren Ansprüche nach dieser Frist entstehen, könnten sich selbst schützen, indem sie mit der SE keine Verträge mehr abschließen (so Begr. RegE, BT-Drs. 15/3004 zu § 13 SEAG; Habersack/Drinhausen/Keinath Rn. 8). Ein Recht auf vorzugsweise Befriedigung (§ 22 II UmwG) schließt den Anspruch nach § 8 S. 1 SEAG nicht aus (Kallmeyer/Marsch-Barner/Wilk Rn. 64). Zum Verhältnis zu § 22 → Rn. 9. Eine ähnl. Problematik tritt bei Art. 24 SE-VO auf (→ SE-VO Art. 24 Rn. 9). Vgl. iÜ den inhaltsgleichen Anforderungen → UmwG § 22 Rn. 1 ff., ferner → UmwG § 314 Rn. 1 ff.

9a Der EuGH hat indes zwischenzeitlich entschieden, dass bei einer grenzüberschreitenden Verschm von KapGes nach Erwägungsgrund 3 RL 2005/56/EG und Art. 4 RL 2005/56/EG (jetzt Erwägungsgrund 56 GesR-RL und Art. 121 GesR-RL; → Rn. 1) für eine an der Verschm beteiligte Gesellschaft, was den Schutz ihrer Gläubiger angeht, weiterhin die Vorschriften und Formalitäten des innerstaatlichen Rechts gelten, das im Rahmen einer innerstaatlichen Verschm anwendbar wäre. Da die Mitgliedstaaten im Rahmen einer innerstaatlichen Verschm, was den Gläubigerschutz angeht, die Art. 13–15 RL 78/855/EWG (jetzt Art. 101–103 GesR-RL) einhalten müssen, haben sie diese Bestimmungen folglich auch im Rahmen einer grenzüberschreitenden Verschm zu beachten (EuGH NZG 2016, 513 Rn. 60, 62 – **KA Finanz**). Dies wird teilweise dahingehend interpretiert, dass der nat. Gesetzgeber nicht dazu ermächtigt sei, mittels dem früheren § 122j UmwG aF (jetzt: § 314 UmwG) einen speziellen vorgelagerten Gläubigerschutz für Gläubiger einer an einer grenzüberschreitenden Verschm beteiligten dt. Ges zu schaffen (Bayer/Schmid ZIP 2016, 841 (847); Kallmeyer/Marsch-Barner UmwG § 122j Rn. 3; HK-UmwG/Becker/Uxa UmwG § 122j Rn. 10). Der frühere § 122j UmwG sei unionsrechtswidrig und daher unanwendbar (Bayer/Schmid ZIP 2016, 841 (847)). Gleiches soll für § 8 S. 1 SEAG iVm § 13 SEAG gelten, da Art. 24 I ein Verweis in das nat. Recht sei (Kallmeyer/Marsch-Barner/Wilk Rn. 64a; Habersack/Drinhausen/Keinath Rn. 10). Dies lässt sich indes aus dem Urteil nicht mit Sicherheit ableiten. Ob eine abw. Regelung zulässig wäre, war nicht Gegenstand der Vorlage und damit der Entscheidung (Habersack/Drinhausen/Kiem UmwG § 122j Rn. 5; Teichmann LMK 2016, 380518; Sagasser/Bula/Brünger Umwandlungen/Gutkès § 13 Rn. 171; skeptisch auch Stiegler EuZW 2016, 339 (343)). Der Gesetzgeber hat noch nicht reagiert.

10 Zur **Überprüfung der Sicherheitsleistung** bestimmt § 8 S. 2 SEAG, dass die Bescheinigung nach Art. 25 II nur ausgestellt wird, wenn die Vorstandsmitglieder die Versicherung abgeben, dass allen Gläubigern, die nach S. 1 einen Anspruch auf Sicherheitsleistung haben, eine angemessene Sicherheitsleistung geleistet wurde. Die Angabe einer unrichtigen Versicherung ist nach § 53 III 1 SEAG strafbewehrt.

11 Für die **Rechteinhaber iSv Abs. 1 lit. c** verbleibt es bei der Anwendung von § 23 UmwG (vgl. Art. 18 RL 78/855/EWG, → Rn. 1; jetzt Art. 104 GesR-RL).

3. Schutz von Minderheitsaktionären

a) Rechtsgrundlage. Abs. 2 wie auch die sonstigen Bestimmungen der SE-VO enthalten keinen eigenen Schutz von Minderheitsaktionären, die sich gegen die Verschm ausgesprochen haben. Abs. 2 ermächtigt jedoch die nat. Gesetzgeber, entsprechende Vorschriften zu erlassen. Der dt. Gesetzgeber hat diese Ermächtigung mit §§ 6, 7 SEAG umgesetzt. Zwar ist zweifelhaft, ob § 6 SEAG auf die Ermächtigung nach Abs. 2 gestützt werden kann (so aber Begr. RegE, BT-Drs. 15/3004 zu § 6 SEAG), da der Anspruch auf bare Zuzahlung bei einem unangemessenen Umtauschverhältnis nicht voraussetzt, dass die Aktionäre der Verschm widersprechen. Indes folgt aus Art. 25 III 1, dass die nat. Rechtsvorschriften einen derartigen Anspruch und eine Geltendmachung dieses Anspruchs im Spruchverfahren regeln können (vgl. auch MüKoAktG/Schäfer Rn. 12; Habersack/Drinhausen/Keinath Rn. 15). 12

b) Bare Zuzahlung nach § 6 SEAG. Die Vorschrift beruht auf Abs. 2 (aber → Rn. 12) und lehnt sich an § 14 II UmwG und § 15 UmwG an. Eine Anfechtungs- oder Nichtigkeitsklage kann grds. nicht darauf gestützt werden, dass das Umtauschverhältnis (→ Art. 20 Rn. 9) unangemessen ist. Anders als nach § 14 II UmwG gilt der Ausschluss der Klagemöglichkeit allerdings nach § 6 I SEAG nur, wenn die anderen sich verschmelzenden Ges in Mitgliedstaaten, in denen ein derartiges Verfahren nicht besteht, durch Verschmelzungsbeschluss ausdrücklich akzeptieren, dass die Aktionäre der betreffenden sich verschmelzenden Ges auf ein Verfahren zur Änderung des Umtauschverhältnisses zurückgreifen können **(Art. 25 III 1;** nach Manz/Mayer/Schröder Rn. 45 ff. folge dies nicht unmittelbar aus § 6 I SEAG, die Vorschrift müsse einschränkend so ausgelegt werden. Unterbleibt die Zustimmung, kann ein unangemessenes Umtauschverhältnis (nur) durch Unwirksamkeitsklage geltend gemacht werden (Schwarz Rn. 25; Lutter/Hommelhoff/Teichmann/Bayer Rn. 34; Ihrig/Wagner BB 2004, 1749 (1751); Lutter/Hommelhoff SE/Vetter S. 121 f.; Habersack/Drinhausen/Keinath Rn. 34). Greift indes der Ausschluss der Klagemöglichkeit nach § 6 I SEAG, gewährt § 6 II SEAG einen Anspruch, von der SE einen **Ausgleich durch bare Zuzahlung** oder nach § 6 V SEAG iVm § 72a UmwG die Gewährung zusätzlicher Aktien zu verlangen. **Anspruchsberechtigt** sind wie nach § 15 UmwG sowohl Anteilsinhaber des übertragenden Rechtsträgers als auch Anteilsinhaber des übernehmenden Rechtsträgers, diese indes unabhängig davon, ob sie für oder gegen die Verschm gestimmt haben (MüKoAktG/Schäfer Rn. 17). Der Anspruch der Aktionäre der übertragenden Ges ist im **Spruchverfahren** geltend zu machen (§ 6 IV SEAG; näher → SpruchG § 1 Rn. 6 f.). **Problematisch** ist indes die Anknüpfung des Ausschlusses der auf ein unangemessenes Umtauschverhältnis gestützten Anfechtungsklage an die Zustimmung der anderen beteiligten Ges zur Durchführung des Spruchverfahrens durch Verschmelzungsbeschluss (vgl. Art. 25 III). Eine Fristenregelung für die Unwirksamkeitsklage enthält § 6 SEAG nicht. Nach § 14 I UmwG kann die **Unwirksamkeitsklage** gegen einen Verschmelzungsbeschluss nur **binnen Monatsfrist** nach der Beschlussfassung erhoben werden. Ggf. steht zu diesem Zeitpunkt indes noch nicht fest, ob die Aktionäre der anderen Ges dem Spruchverfahren zustimmen und die Unwirksamkeitsklage daher ausgeschlossen ist. Um den Aktionären nicht beide Möglichkeiten – Unwirksamkeitsklage und Spruchverfahren – zu nehmen, wird man annehmen müssen, dass die **Klagefrist** frühestens mit der letzten Beschlussfassung über die Zustimmung nach Art. 25 III zu laufen beginnt. Im Hinblick auf die Versicherungen nach § 16 II UmwG (→ Art. 25 Rn. 4) sollte daher die Reihenfolge der HV koordiniert werden. 13

Vgl. iÜ zum Anspruch auf bare Zuzahlung die Komm. zu **§ 15 UmwG** (→ UmwG § 15 Rn. 1 ff.). 14

c) Barabfindungsangebot nach § 7 SEAG. Die Voraussetzungen für das Recht zum Ausscheiden gegen Barabfindung nach §§ 29 ff. UmwG sind bei Verschm nach 15 der SE-VO streng genommen grds. nicht gegeben, da übertragender Rechtsträger zwingend eine AG oder SE ist (→ Art. 2 Rn. 5) und auch der übernehmende Rechtsträger zwingend die Rechtsform der SE hat, die nach Art. 10 wie eine AG zu behandeln ist (vgl. § 29 I 1 UmwG). Aufgrund der Ermächtigung nach Art. 24 II hat der nat. Gesetzgeber aber in § 7 I 1 SEAG die Verpflichtung einer dt. übertragenden Ges aufgenommen, bei der Gründung einer SE, die ihren **Sitz im Ausland** (also in einem anderen Mitgliedstaat) haben soll, jedem Aktionär, der gegen den Verschmelzungsbeschluss der Ges **Widerspruch** zur Niederschrift erklärt, den Erwerb seiner Aktien gegen eine angemessene Barabfindung anzubieten (vgl. dazu Teichmann AG 2004, 67 (68 f.); vgl. nun auch § 314 UmwG). Das Angebot muss – anders als nach § 29 UmwG – durch die übertragende GründungsGes erfolgen, auch wenn die Barabfindung von der SE geleistet wird. Die Verpflichtung aus dem Angebot geht durch Gesamtrechtsnachfolge nach Art. 29 auf die übernehmende SE über (Begr. RegE, BT-Drs. 15/3004 zu § 7 SEAG; Lutter/Hommelhoff/Teichmann/Bayer Rn. 53; Habersack/Drinhausen/Keinath Rn. 45).

16 Für den Erwerb gelten die Vorschriften über den Erwerb eigener Aktien entsprechend, jedoch ist **§ 71 IV 2 AktG** nicht anzuwenden. Dies erstaunt, da das Ausscheiden gegen Barabfindung voraussetzt, dass die übernehmende SE ihren Sitz im Ausland hat und mithin nicht der dt. Rechtsordnung unterliegt (vgl. auch Brandes AG 2005, 177 (180)). Nach Ansicht des Gesetzgebers sei dies aber auch für die nicht dem dt. Recht unterliegende Ges verbindlich, da die Regelung sich auf die Ermächtigung des Art. 24 II stützen könne und Art. 25 III deutlich mache, dass auch die Möglichkeit einer Barabfindung vorgesehen werden könne (Begr. RegE, BT-Drs. 15/3004 zu § 7 SEAG; MüKoAktG/Schäfer Art. 20 Rn. 24; krit. Schwarz Rn. 34; vgl. auch Teichmann ZGR 2003, 367 (378); Lutter/Hommelhoff/Teichmann/Bayer Rn. 56; aA Habersack/Drinhausen/Keinath Rn. 49). Die Kosten der Aktienübertragung hat die SE als Gesamtrechtsnachfolgerin (Art. 29) der Ges zu tragen (→ UmwG § 29 Rn. 23).

17 Voraussetzung für den Anspruch auf Barabfindung ist, dass der Aktionär gegen den Verschmelzungsbeschluss der Ges **Widerspruch zur Niederschrift** erklärt hat § 7 I 1 SEAG). Dem steht es gleich, wenn ein nicht erschienener Anteilsinhaber zu der Versammlung der Anteilsinhaber zu Unrecht nicht zugelassen worden ist oder die Versammlung nicht ordnungsgemäß einberufen oder der Gegenstand der Beschlussfassung nicht ordnungsgemäß bekannt gemacht worden ist (§ 7 I 5 UmwG iVm § 29 II UmwG; insges. hierzu → UmwG § 29 Rn. 15 ff.). Zur Aufnahme des Barabfindungsangebots im Verschmelzungsplan → Art. 20 Rn. 18. § 7 II SEAG entspricht § 30 I UmwG und § 15 II UmwG, auf den in § 30 I 2 UmwG verwiesen wird. Vgl. näher → UmwG § 30 Rn. 4 ff.

18 § 7 III SEAG, wonach die Angemessenheit einer anzubietenden Barabfindung stets durch **Verschmelzungsprüfer** zu prüfen ist, entspricht § 30 II UmwG (→ Art. 22 Rn. 9, → UmwG § 30 Rn. 13 f.). Das Angebot kann nur **binnen zwei Monaten** nach dem Tag angenommen werden, an dem die Verschm im Sitzstaat der SE nach den dort geltenden Vorschriften eingetragen und bekannt gemacht worden ist. Maßgeblich ist die Eintragung der SE nach Art. 12 (Art. 27 I) und die Bekanntmachung nach Art. 15 II, Art. 13. Ebenso wie nach § 31 UmwG bestimmt § 7 IV 2 SEAG eine Verlängerung der Annahmefrist, wenn ein Spruchverfahren durchgeführt wird (→ UmwG § 31 Rn. 5 ff.).

19 Vergleichbar mit § 6 I, II SEAG und § 32 UmwG kann eine Klage gegen die Wirksamkeit des Verschmelzungsbeschlusses nicht darauf gestützt werden, dass das Barabfindungsangebot zu niedrig bemessen ist oder die Barabfindung im Verschmelzungsplan nicht oder nicht ordnungsgemäß angeboten worden ist. Dieser **Ausschluss der Klage** gilt allerdings nur, wenn nach Art. 25 III 1 die anderen sich verschmelzenden Ges in Mitgliedstaaten, in denen ein derartiges Verfahren nicht besteht, bei der Zustimmung zu dem Verschmelzungsplan ausdrücklich akzeptieren, dass die Aktionäre der sich verschmelzenden Ges ein **Spruchverfahren** durchführen können. Liegt diese Zustimmung vor, kann eine zu niedrig bemessene oder nicht ordnungsgemäß angebotene Barabfindung im Spruchverfahren überprüft oder geltend gemacht werden (§ 7 VII SEAG). Vgl. → SpruchG § 1 Rn. 6 f. Zur Verlängerung der **Klagefrist** → Rn. 13.

§ 7 VI SEAG, wonach Verfügungsbeschränkungen einer anderweitigen Veräußerung des Anteils durch den Aktionär nach der Fassung des Verschmelzungsbeschlusses bis zum Ablauf der in § 7 IV SEAG bestimmten Frist nicht entgegenstehen, entspricht § 33 UmwG (vgl. → UmwG § 33 Rn. 1 ff.).

Art. 25 [Rechtmäßigkeitsprüfung]

(1) **Die Rechtmäßigkeit der Verschmelzung wird, was die die einzelnen sich verschmelzenden Gesellschaften betreffenden Verfahrensabschnitte anbelangt, nach den für die Verschmelzung von Aktiengesellschaften geltenden Rechtsvorschriften des Mitgliedstaats kontrolliert, dessen Recht die jeweilige verschmelzende Gesellschaft unterliegt.**

(2) **In jedem der betreffenden Mitgliedstaaten stellt das zuständige Gericht, der Notar oder eine andere zuständige Behörde eine Bescheinigung aus, aus der zweifelsfrei hervorgeht, dass die der Verschmelzung vorangehenden Rechtshandlungen und Formalitäten durchgeführt wurden.**

(3) **¹Ist nach dem Recht eines Mitgliedstaats, dem eine sich verschmelzende Gesellschaft unterliegt, ein Verfahren zur Kontrolle und Änderung des Umtauschverhältnisses der Aktien oder zur Abfindung von Minderheitsaktionären vorgesehen, das jedoch der Eintragung der Verschmelzung nicht entgegensteht, so findet ein solches Verfahren nur dann Anwendung, wenn die anderen sich verschmelzenden Gesellschaften in Mitgliedstaaten, in denen ein derartiges Verfahren nicht besteht, bei der Zustimmung zu dem Verschmelzungsplan gemäß Artikel 23 Absatz 1 ausdrücklich akzeptieren, dass die Aktionäre der betreffenden sich verschmelzenden Gesellschaft auf ein solches Verfahren zurückgreifen können. ²In diesem Fall kann das zuständige Gericht, der Notar oder eine andere zuständige Behörde die Bescheinigung gemäß Absatz 2 ausstellen, auch wenn ein derartiges Verfahren eingeleitet wurde. ³Die Bescheinigung muss allerdings einen Hinweis auf das anhängige Verfahren enthalten. ⁴Die Entscheidung in dem Verfahren ist für die übernehmende Gesellschaft und ihre Aktionäre bindend.**

1. Allgemeines

Art. 25, 26 begründen ein **zweistufiges System** der **Rechtmäßigkeitskontrolle** (vgl. nun auch § 316 und § 318 UmwG). Nach **Abs. 1** wird **zunächst** die Rechtmäßigkeit der Verschm, was die die einzelnen sich verschmelzenden Ges betreffenden Verfahrensabschnitte anbelangt, nach den für die Verschm von AG geltenden Rechtsvorschriften des Mitgliedstaats kontrolliert, dessen Recht die jew. verschmelzende Ges unterliegt. Dieses Verfahren muss **jede** sich verschmelzenden **GründungsGes** durchführen. Bei der Verschm durch Aufnahme gilt dies auch für die übernehmende Ges (Schwarz Rn. 5; Habersack/Drinhausen/Keinath Rn. 2; → Rn. 4), wenngleich die Prüfung für die übernehmende Ges regelmäßig in dem Verfahren nach Art. 26 erfolgt (Habersack/Drinhausen/Keinath Rn. 2). Über die Prüfung auf der ersten Stufe wird eine Bescheinigung ausgestellt (**Abs. 2**). Sodann wird auf der **zweiten Stufe** die Rechtmäßigkeit der Verschm, was den Verfahrensabschnitt der Durchführung der Verschm und der Gründung der SE anbelangt, von der für den künftigen Sitzstaat der SE zuständigen Stelle kontrolliert (Art. 26 I). Hierzu sind dieser Stelle die Bescheinigungen nach Abs. 2 vorzulegen (Art. 26 II). Die für den künftigen Sitzstaat der SE zuständige Behörde bewirkt sodann die nach Art. 27 I konstitutive Eintragung der SE.

2 **Abs. 3** enthält besondere Regelungen bei der Verschm von GründungsGes verschiedener Mitgliedstaaten, wenn nicht in allen Mitgliedstaaten ein Verfahren zur Kontrolle des Umtauschverhältnisses oder zur Kontrolle eines Barabfindungsangebots vorgesehen ist.

2. Registeranmeldungen

3 **a) Allgemeines.** Die SE wird nach Art. 12 I in ein von den Mitgliedstaaten bestimmtes Register eingetragen. Für eine dt. SE ist dies das HR (§ 3 SEAG). Die Eintragung der SE bewirkt die Rechtsfolgen der Verschm und die Gründung der SE (Art. 27 I). Zum Verfahren der Anmeldung der Verschm zur Erlangung der Registerbescheinigung (Art. 25) und Durchführung und Gründung der SE (Art. 26) enthält die SE-VO keine Bestimmungen. Dieses richtet sich nach dem jew. nat. Recht der beteiligten Ges und des künftigen Sitzstaats der SE. Die Verweisungsnormen Art. 18 und Art. 15 I sind nebeneinander anwendbar.

4 **b) Anmeldung der Rechtmäßigkeitsbescheinigung bei den übertragenden Gründungsgesellschaften.** Die SE-VO enthält keine Vorschriften für die **Anmeldung der Prüfung nach Abs. 1** zum Register der übertragenden Ges. Über Art. 18 sind hierfür die nat. Verschmelzungsvorschriften für AG maßgeblich, auch wenn nicht die Verschm, sondern die Erteilung der Rechtmäßigkeitsbescheinigung beantragt wird (zutr. Habersack/Drinhausen/Keinath Rn. 8). Danach gelten für dt. GründungsGes §§ 16, 17, 38 UmwG. Die **Anmeldung** (§ 16 I UmwG) hat durch die Vertretungsorgane in das HR am Sitz des Rechtsträgers zu erfolgen (§ 4 SEAG). Vgl. hierzu näher → UmwG § 16 Rn. 6 ff. Ferner besteht nach § 16 I 2 UmwG die Zuständigkeit des Vertretungsorgans des übernehmenden Rechtsträgers (Kölner Komm AktG/Maul Rn. 10). Ferner haben die Vertretungsorgane zu erklären, dass eine **Klage gegen die Wirksamkeit** des Verschmelzungsbeschlusses nicht oder nicht fristgemäß erhoben oder eine solche Klage rkr. abgewiesen oder zurückgenommen worden ist (§ 16 II UmwG; Schwarz Rn. 9; Lutter/Hommelhoff/Teichmann/Bayer Rn. 11; Kallmeyer/Marsch-Barner Rn. 81; Habersack/Drinhausen/Keinath Rn. 14). Hierbei ist zu beachten, dass der Ausschluss der Unwirksamkeitsklage wegen eines unangemessenen Umtauschverhältnisses ggf. davon abhängig ist, dass die Aktionäre der anderen Ges einem Spruchverfahren zustimmen. Dies beeinflusst die Klagefrist (→ Art. 24 Rn. 13). Die durch eine derartige Klage zunächst verursachte Registersperre kann durch das **summarische Verfahren** nach § 16 III UmwG überwunden werden (iE → UmwG § 16 Rn. 28 ff.). Vor Abgabe der Negativerklärung oder Abschluss des Freigabeverfahrens kann die Registerbescheinigung nicht erteilt werden (Lutter/Hommelhoff/Teichmann/Bayer Rn. 11: Bescheinigungssperre). Liegt der Sitz der SE im Ausland, müssen die Vorstandsmitglieder einer übertragenen Ges ferner nach § 8 S. 2 SEAG die Versicherung abgeben, dass allen Gläubigern, die einen Anspruch auf **Sicherheitsleistung** haben (→ Art. 24 Rn. 9), eine angemessene Sicherheit geleistet wurde.

5 Die notwendigen **Anlagen** der Anmeldung ergeben sich aus § 17 UmwG (→ UmwG § 17 Rn. 4 ff.). In zeitlicher Hinsicht problematisch ist die Verpflichtung nach § 17 II UmwG, der Anmeldung zum Register einer dt. übertragenden Ges eine **Schlussbilanz** beizufügen, deren Stichtag höchstens acht Monate vor dem Tag der Anmeldung (Habersack/Drinhausen/Keinath Rn. 10) liegt (hierzu näher → UmwG § 17 Rn. 35 ff.). Oftmals wird zu diesem Zeitpunkt die für die Eintragung der SE-Gründung notwendige Vereinbarung über die Beteiligung der ArbN noch nicht vorliegen (wohl auch Brandes AG 2005, 177 (181); Kölner Komm

AktG/Maul Art. 17 Rn. 17). Ggf. ist daher die Anmeldung bereits vor Abschluss der Vereinbarung vorzunehmen und diese nachzureichen (auch → UmwG § 17 Rn. 44 ff.).

c) Anmeldung bei der übernehmenden Gründungsgesellschaft. Auch eine dt. übernehmende Ges muss die Erlangung der Rechtsmäßigkeitsbescheinigung nach Art. 25 beantragen (Schwarz Rn. 5; Habersack/Drinhausen/Keinath Rn. 2), wenngleich die Prüfung für die übernehmende Ges regelmäßig in dem Verfahren nach Art. 26 erfolgt (Habersack/Drinhausen/Keinath Rn. 2). Vgl. demgegenüber §§ 316, 318 UmwG. Über Art. 18 sind bei dt. Ges wiederum §§ 16, 17 I UmwG einschlägig. Die **Anmeldung** (§ 16 I UmwG) hat durch die Vertretungsorgane beim HR am Sitz des Rechtsträgers zu erfolgen (§ 4 SEAG). Vgl. hierzu näher → UmwG § 16 Rn. 6 ff. Eine Schlussbilanz nach § 17 II bedarf es beim übernehmenden Rechtsträger nicht (Habersack/Drinhausen/Keinath Rn. 10; Empt NZG 2010, 1013; auch → UmwG § 17 Rn. 8), ebenso wenig der Versicherung nach § 8 S. 2 SEAG, weil die SE nicht den Sitz im Ausland hat (§ 8 S. 1 SEAG; iÜ → Rn. 4 f.). Ferner ist die Negativerklärung nach § 16 II UmwG abzugeben oder die Entscheidung im Freigabeverfahren vorzulegen. 6

Bei einer Verschm durch Aufnahme ist neben der Anmeldung der Verschm beim für den übernehmenden Rechtsträger zuständigen Register **auch die Anmeldung der SE** vorzunehmen (→ Art. 26 Rn. 2), da die übernehmende Ges mit Wirksamwerden der Verschm die Rechtsform der SE annimmt (Art. 29 I lit. d). Diese kann, muss aber nicht mit der Anmeldung der Verschm verbunden werden. 7

Bei einer Verschm durch Aufnahme ist das Registergericht **sowohl** für die Prüfung nach **Art. 25 als auch** für die Prüfung nach **Art. 26** zuständig (→ Rn. 1, → Rn. 6). Für die der eigenen Zuständigkeit unterliegende Ges bedarf es daher keiner Bescheinigung nach Abs. 2. 8

d) Anmeldung der neu gegründeten SE. Von der Anmeldung der Verschm zur Erreichung der Registerbescheinigung ist die Anmeldung der SE zu unterscheiden. Dies ist Gegenstand der zweiten Stufe nach Art. 26 (→ Art. 26 Rn. 2). 9

3. Rechtmäßigkeitsprüfung erster Stufe (Abs. 1)

a) Prüfungsmaßstab. Nach Abs. 1 sind die Verfahrensabschnitte nach den für die Verschm von AG geltenden **Rechtsvorschriften** des **Mitgliedstaats**, dessen Rechte die jew. verschmelzende Ges unterliegt, zu kontrollieren. Diese Verweisung betrifft das Verfahren, das sich über Art. 18 nach §§ 16, 17 UmwG richtet (→ Rn. 3 ff.). Die materielle Prüfung erstreckt sich indes nicht nur auf die neben der SE-VO in nicht abschließend geregelten Bereichen geltenden nat. Verschmelzungsvorschriften für AG (Art. 18), sondern insbes. auf die Einhaltung der Bestimmungen der SE-VO (Schwarz Rn. 12). 10

b) Prüfungsumfang. Zunächst wird die Rechtmäßigkeit der Verschm hinsichtlich der die einzelnen sich verschmelzenden Ges betreffenden Verfahrensabschnitte geprüft. Die jew. nat. Behörde (in Deutschland das für die GründungsGes zust. RegG, § 4 S. 1 SEAG) prüft hierbei **nur die Rechtshandlungen** der in ihren Zuständigkeitsbereich fallenden **GründungsGes.** Überprüft werden insbes. (vgl. auch MHdB GesR IV/Austmann § 84 Rn. 30; Schwarz Rn. 13; Habersack/Drinhausen/Keinath Rn. 6 f.): 11
– die **Gründungsberechtigung** der GründungsGes;
– der **Verschmelzungsplan,** zu dessen Bestandteil auch die Satzung der SE gehört (zur inhaltlichen Kontrolle → UmwG § 19 Rn. 18);
– die **Bekanntmachung** der angestrebten Verschm nach Art. 21;
– das Vorliegen eines **Verschmelzungsberichts;**
– die Durchführung der **Verschmelzungsprüfung;**

- das Vorliegen eines wirksamen **Verschmelzungsbeschlusses** und ggf. des Bestätigungsbeschlusses nach Art. 23 II 2 (→ Art. 23 Rn. 13) der HV;
- das Vorliegen der **Erklärung** der Vorstände nach Art. 18 iVm § 16 II UmwG oder das Vorliegen einer Entscheidung nach § 16 III UmwG;
- das Vorliegen der **Erklärung** der Vorstände nach § 8 S. 2 SEAG;
- die Einhaltung der **Schutzvorschriften** zugunsten der **Gläubiger,** Anleihegläubiger und Inhaber von Sonderrechten (insbes. → Art. 24 Rn. 10);
- die Übergabe der neuen Aktien an den Treuhänder nach § 71 UmwG (Kallmeyer/ Marsch-Barner Rn. 83);
- die Einhaltung der Schutzvorschriften zugunsten der Minderheitsaktionäre.

12 Eine Kontrolle der (wirtschaftlichen) Zweckmäßigkeit der Verschm und der Angemessenheit des Umtauschverhältnisses erfolgt nicht (Schwarz Rn. 9; MHdB GesR IV/Austmann § 84 Rn. 30; Kölner Komm AktG/Maul Rn. 15).

4. Bescheinigung der zuständigen Behörde (Abs. 2)

13 Die **Zuständigkeit** für die Erteilung der Bescheinigung richtet sich nach dem jew. Recht. Für Deutschland bestimmt § 4 S. 1 SEAG die Zuständigkeit des nach § 376 FamFG berufenen Amtsgerichts als **HR.** Für die örtliche Zuständigkeit wird man auf § 14 AktG zurückgreifen können. Für das Verfahren gelten die nat. Verfahrensvorschriften, in Deutschland mithin die für das Handelsregisterverfahren geltenden Vorschriften, insbes. FamFG und HRV.

14 Da eine **Bescheinigung** auszustellen ist, ist **Schriftform** notwendig, die auch den Aussteller erkennen lässt (Schwarz Rn. 17; Lutter/Hommelhoff/Teichmann/ Bayer Rn. 15; BeckOGK/Eberspächer Rn. 6; Habersack/Drinhausen/Keinath Rn. 25). Inhaltliche Anforderungen stellt Abs. 2 nicht auf. Aus der Bescheinigung muss jedoch „zweifelsfrei" hervorgehen, dass die der Verschm vorangehenden Rechtshandlungen und Formalitäten durchgeführt worden sind. Sinnvoll ist eine Orientierung an dem Wortlaut in Abs. 1 abstrakt dargestellten Prüfungsumfangs und des in Abs. 2 umschriebenen Bescheinigungsinhalts. Die Bescheinigung muss aber nur das Ergebnis der Prüfung wiedergeben (Schwarz Rn. 18; MüKoAktG/ Schäfer Rn. 6; Habersack/Drinhausen/Keinath Rn. 25), muss dieses jedoch nicht begründen (so aber Lutter/Hommelhoff/Teichmann/Bayer Rn. 15; diff. Kölner Komm AktG/Maul Rn. 5: Begründung bei Ablehnung). Eine isolierte Verschmelzungsbescheinigung ist für eine inl. übernehmende GründungsGes überflüssig, wenn dasselbe Registergericht die Überprüfung nach Art. 26 durchführt (Walden/Meyer-Landrut DB 2005, 2619 (2622)).

15 Eine **vorläufige Eintragung** der Verschm (vgl. § 19 UmwG) erfolgt nicht, da das Eintragungsverfahren abschl. in Art. 27, 28 geregelt ist (Lutter/Hommelhoff/ Teichmann/Bayer Rn. 18; MüKoAktG/Schäfer Rn. 10; Schwarz Rn. 25; aA Walden/Meyer-Landrut DB 2005, 2619 (2622); Seibt/Saame AnwBl 2005, 225 (231)). Die Eintragungsnachricht kann daher nicht als Bescheinigung angesehen werden.

16 Die Bescheinigung darf erst ausgestellt werden, wenn die Vorstandsmitglieder einer übertragenden Ges nach § 8 S. 2 SEAG die Versicherung abgegeben haben, dass allen Gläubigern, die einen Anspruch auf Sicherheitsleistung haben (→ Art. 24 Rn. 9), eine angemessene Sicherheit geleistet wurde. Ein anhängiges Spruchverfahren ist nur anzugeben, hindert die Ausstellung der Bescheinigung indes nicht (→ Rn. 19).

5. Zustimmung zum Spruchverfahren (Abs. 3 S. 1–3)

17 Eine Anfechtungs- oder Nichtigkeitsklage kann grds. nicht auf ein unangemessenes Umtauschverhältnis oder ein unangemessenes oder fehlendes bzw. nicht ordnungsgemäßes Barabfindungsangebot gestützt werden, sofern den Aktionären die

Überprüfung bzw. Geltendmachung dieser Ansprüche im Spruchverfahren möglich ist. Sind an einer Verschm auch GründungsGes beteiligt, deren Rechtsordnung ein derartiges Spruchverfahren nicht kennt, kann das Spruchverfahren nur durchgeführt werden, wenn die Aktionäre dieser Ges bei der Zustimmung zum Verschmelzungsplan ausdrücklich akzeptieren, dass die anderen Aktionäre auf ein solches Verfahren zurückgreifen können (→ Art. 24 Rn. 12 ff.). Für die Zustimmung sollte regelmäßig geworben werden, da nur bei der Statthaftigkeit eines Spruchverfahrens die Aktionäre der dt. GründungsGes ein unangemessenes Umtauschverhältnis oder Barabfindungsangebot nicht mittels Unwirksamkeitsklage angreifen können (vgl. auch Teichmann ZGR 2002, 383 (427 f.)).

Inl. GründungsGes steht der Zustimmungsvorbehalt nie zu, da das dt. Recht **18** die Möglichkeit der Überprüfung im Spruchverfahren eröffnet (Schwarz Rn. 28). Dies ist innerhalb der EU aber die Ausnahme. Der Zustimmungsbeschluss einer ausl. **GründungsGes** kann mit dem Beschluss über die Verschm gekoppelt werden oder isoliert erfolgen (Lutter/Hommelhoff/Teichmann/Bayer Rn. 22; Habersack/ Drinhausen/Keinath Rn. 30; MüKoAktG/Schäfer Rn. 12; aA Schwarz Rn. 29: zwingend getrennte Beschlussfassung; vgl. auch Widmann/Mayer/Heckschen Rn. 187). Unabhängig davon bedarf der Zustimmungsbeschluss derselben Mehrheit wie der Verschmelzungsbeschluss (MüKoAktG/Schäfer Rn. 12; Lutter/Hommelhoff/Teichmann/Bayer Rn. 22; Habersack/Drinhausen/Keinath Rn. 30; BeckOGK/Eberspächer Rn. 9; aA Schwarz Rn. 29: einfache Mehrheit).

Da die Durchführung des Spruchverfahrens die Eintragung der Verschm nicht **19** hindert, hat die nach Abs. 2 zuständige Behörde (in Deutschland das HR, → Rn. 20) die **Bescheinigung** nach Abs. 2 auch auszustellen, wenn ein derartiges Verfahren eingeleitet wurde (Abs. 3 S. 2). Auf das anhängige Verfahren ist allerdings **hinzuweisen** (Abs. 3 S. 3).

6. Bindung des Spruchverfahrens (Abs. 3 S. 4)

Entscheidungen im Spruchverfahren wirken für und gegen alle (§ 13 S. 2 **20** SpruchG; → SpruchG § 13 Rn. 3 ff.). Das SpruchG als nat. Rechtsvorschrift kann eine entsprechende Bindung jedoch für die anderen Rechtsträger und für die durch die Verschm entstehende SE nicht anordnen. Daher bestimmt Abs. 3 S. 4, dass die Entscheidung im Spruchverfahren auch für die übernehmende Ges und ihre Aktionäre bindend ist. Damit ist auch die internationale Zuständigkeit eröffnet (MüKoAktG/Schäfer Rn. 12).

Art. 26 [Kontrolle der Rechtmäßigkeitsprüfung]

(1) **Die Rechtmäßigkeit der Verschmelzung wird, was den Verfahrensabschnitt der Durchführung der Verschmelzung und der Gründung der SE anbelangt, von dem/der im künftigen Sitzstaat der SE für die Kontrolle dieses Aspekts der Rechtmäßigkeit der Verschmelzung von Aktiengesellschaften zuständigen Gericht, Notar oder sonstigen Behörde kontrolliert.**

(2) **Hierzu legt jede der sich verschmelzenden Gesellschaften dieser zuständigen Behörde die in Artikel 25 Absatz 2 genannte Bescheinigung binnen sechs Monaten nach ihrer Ausstellung sowie eine Ausfertigung des Verschmelzungsplans, dem sie zugestimmt hat, vor.**

(3) **Die gemäß Absatz 1 zuständige Behörde kontrolliert insbesondere, ob die sich verschmelzenden Gesellschaften einem gleich lautenden Verschmelzungsplan zugestimmt haben und ob eine Vereinbarung über die Beteiligung der Arbeitnehmer gemäß der Richtlinie 2001/86/EG geschlossen wurde.**

(4) **Diese Behörde kontrolliert ferner, ob gemäß Artikel 15 die Gründung der SE den gesetzlichen Anforderungen des Sitzstaates genügt.**

1. Allgemeines

1   Zum zweistufigen Verfahren der Rechtmäßigkeitsüberprüfung zunächst → Art. 25 Rn. 1. Art. 26 regelt die **zweite Stufe** der Rechtmäßigkeitskontrolle. Hierbei wird der Verfahrensabschnitt der Durchführung der Verschm und der Gründung der SE kontrolliert (Abs. 1). Zur **Anmeldung** → Art. 25 Rn. 3 ff. Die sich verschmelzenden Ges legen der für die künftige SE zuständigen Behörde die Bescheinigungen nach Art. 25 II und eine Ausfertigung des Verschmelzungsplans, dem sie zugestimmt haben, vor (Abs. 2). Die zuständige Behörde im Sitzstaat kontrolliert selbstständig insbes., ob die Ges einem **gleichlautenden** Verschmelzungsplan zugestimmt haben, eine Vereinbarung über die Beteiligung der ArbN geschlossen wurde und die nach Art. 15 maßgeblich Gründungsvorschriften der SE eingehalten sind (Abs. 3, 4).

2. Anmeldung der neu gegründeten SE

2   Von der Anmeldung der Verschm zur Erreichung der Verschmelzungsbescheinigung (Art. 25) ist die Anmeldung der SE zu unterscheiden. Hierfür bestimmt Abs. 2 nur, dass die sich verschmelzenden Ges binnen sechs Monaten nach ihrer Ausstellung die Bescheinigungen nach Abs. 2 und eine Ausfertigung des Verschmelzungsplans, dem sie zugestimmt haben, vorzulegen haben. IÜ sind über Art. 15 I die nat. Vorschriften des Staats, in dem die SE ihren Sitz haben wird, anzuwenden. Damit wird die SE gemäß den für Aktiengesellschaften geltenden Vorschriften im HR eingetragen (§ 3 SEAG). Maßgeblich sind die §§ 36 ff. AktG (Schwarz Rn. 5; aA MüKoAktG/Schäfer Rn. 6 f.; Lutter/Hommelhoff/Teichmann/Bayer Rn. 7: Art. 26 II SE-VO iVm § 38 II UmwG). In Deutschland ist das Amtsgericht **(HR)** am künftigen Sitz der SE (§ 4 SEAG iVm § 376 FamFG und § 14 AktG) zuständig (→ Rn. 4).

3   Die Anmeldung ist von allen **Gründern,** also **allen** an der Verschm beteiligten **GründungsGes,** diese vertreten durch ihre Leitungs- oder Verwaltungsorgane, und den Mitgliedern des künftigen Vorstands und Aufsichtsrats vorzunehmen (Schwarz Rn. 5; Lutter/Hommelhoff SE/Kleindiek S. 97; MHdB GesR IV/Austmann § 84 Rn. 32; Widmann/Mayer/Heckschen Rn. 259; aA MüKoAktG/Schäfer Rn. 7; Lutter/Hommelhoff/Teichmann/Bayer Rn. 8; Habersack/Drinhausen/Keinath Rn. 6; BeckOGK/Eberspächer Rn. 4: nur die Vertretungsorgane der GründungsGes). Für eine SE mit monistischer Struktur bestimmt § 21 I SEAG die Anmeldung durch die Gründer, die Mitglieder des Verwaltungsrates und die geschäftsführenden Direktoren. Für den Inhalt der Anmeldung gelten § 37 AktG und § 24 HRV.

3. Vorlage der Bescheinigungen und Verschmelzungspläne

4   Die Bescheinigungen nach Art. 25 II (→ Art. 25 Rn. 13) werden nicht von Amts wegen an die für den Sitz der SE zuständige Behörde übermittelt. Die **Vorlageverpflichtung** betrifft nach Abs. 2 die sich verschmelzenden GründungsGes. Ferner ist eine Ausfertigung des Verschmelzungsplans von den GründungsGes vorzulegen. Für eine inl. übernehmende GründungsGes erübrigt sich der Vorlage, wenn dasselbe Registergericht die Überprüfung nach Art. 25 durchgeführt hat (Walden/Meyer-Landrut DB 2005, 2619 (2622); Habersack/Drinhausen/Keinath Art. 25 Rn. 2; vgl. auch MüKoAktG/Schäfer Rn. 8). Die Bescheinigung, nicht aber zwingend die Ausfertigung des Verschmelzungsplans ist binnen sechs Monaten nach ihrer Ausstellung vorzulegen. Für die Fristberechnung gelten bei einem inl. Verfahren die §§ 186 ff. BGB; Fristbeginn (Ereignis nach § 187 I BGB) ist die Ausstellung der

Bescheinigung (Schwarz Rn. 7; Habersack/Drinhausen/Keinath Rn. 9). Die Rechtsfolgen einer **Fristversäumnis** sind unklar. Eine materielle Ausschlussfrist ist nicht anzunehmen. Regelmäßig wird eine neue Bescheinigung zu beantragen und vorzulegen sein. Eine nochmalige Überprüfung durch die nach Art. 25 II zuständige Behörde wird aber meist keinen neuen Befund ergeben.

Des Weiteren verpflichtet Abs. 2 jede beteiligte GründungsGes zur Vorlage des **Verschmelzungsplans,** dem sie zugestimmt hat, und der **Verschmelzungsbeschlüsse.** Dies ermöglicht die Prüfung, ob gleichlautenden Plänen zugestimmt worden ist. Um die Kontrolle nach Abs. 3 zu ermöglichen, muss ferner die Vereinbarung über die **Arbeitnehmerbeteiligung** vorgelegt werden (Schwarz Rn. 9; Lutter/Hommelhoff/Teichmann/Bayer Rn. 9; Kölner Komm AktG/Maul Rn. 13; Habersack/Drinhausen/Keinath Rn. 12; MüKoAktG/Schäfer Rn. 8). Die übrigen von **§ 17 UmwG** geforderten Unterlagen sind nicht (nochmals) vorzulegen, da sie bereits Gegenstand der Prüfung nach Art. 25 (→ Art. 25 Rn. 4 ff.) waren (Lutter/Hommelhoff/Teichmann/Bayer Rn. 9; Habersack/Drinhausen/Keinath Rn. 14; weitergehend BeckOGK/Eberspächer Rn. 6).

4. Rechtsmäßigkeitskontrolle zweite Stufe

a) Zuständigkeit. Die Zuständigkeit für die Rechtmäßigkeitskontrolle nach Art. 26 richtet sich nach den nat. Vorschriften im künftigen Sitzstaat der SE. Der dt. Gesetzgeber hat in **§ 4 S. 1 SEAG** die Zuständigkeit des Amtsgerichts (HR) am Sitz der künftigen SE festgelegt (§ 4 S. 1 SEAG iVm § 376 FamFG und § 14 AktG; zur **Anmeldung** → Rn. 2).

b) Prüfungsumfang. Der Prüfungsumfang erstreckt sich zunächst nach Abs. 3 auf die Zustimmung aller sich verschmelzenden Ges zu einem **gleichlautenden Verschmelzungsplan** und auf den Abschluss (vgl. Art. 12 II) einer Vereinbarung über die Beteiligung der ArbN (Abs. 3). Hinsichtlich des Verschmelzungsplans ist grds. (aber → Rn. 11) nur die inhaltliche Identität zu überprüfen; die inhaltliche Rechtmäßigkeitskontrolle ist bereits im Verfahren nach Art. 25 geprüft und in der Bescheinigung bestätigt worden (Lutter/Hommelhoff/Teichmann/Bayer Rn. 11; MüKoAktG/Schäfer Rn. 10; Kölner Komm AktG/Maul Rn. 12; Habersack/Drinhausen/Keinath Rn. 17; BeckOGK/Eberspächer Rn. 7; HK-UmwG/Konu Rn. 96).

Der Wortlaut der Prüfungspflicht hinsichtlich einer Vereinbarung über die Beteiligung der ArbN (Abs. 3) ist einschränkend auszulegen. Zu prüfen ist, ob das Verfahren in einer ordnungsgemäßen Weise abgeschlossen wurde, da nur dies Eintragungsvoraussetzung nach Art. 12 II ist (Lutter/Hommelhoff/Teichmann/Bayer Rn. 12; Schwarz Rn. 12; Habersack/Drinhausen/Keinath Rn. 18). Der Verfahrensabschluss kann aber auch in anderer Weise als durch eine Vereinbarung erfolgen (Kölner Komm AktG/Maul Rn. 13; Habersack/Drinhausen/Keinath Rn. 19). Ferner ist zu prüfen, ob die Satzung mit der Mitbestimmungsregelung vereinbar ist (Lutter/Hommelhoff/Teichmann/Bayer Rn. 12; BeckOGK/Eberspächer Rn. 7).

Zudem hat die für den künftigen Sitz der SE zuständige Behörde (in Deutschland das Amtsgericht als HR, → Rn. 2) die nach Art. 15 zu beachtenden gesellschaftsrechtlichen **Anforderungen** an die **Gründung** der **SE** im künftigen Sitzstaat zu überprüfen (Schwarz Rn. 13). Hierzu gehört auch die Prüfung der Rechtmäßigkeit und Vollständigkeit der Satzung der SE (MüKoAktG/Schäfer Rn. 12; Schwarz Rn. 13).

Schließlich muss der **Mehrstaatenbezug** (→ Art. 2 Rn. 11) geprüft werden (Lutter/Hommelhoff/Teichmann/Bayer Rn. 14; MüKoAktG/Schäfer Rn. 12; Habersack/Drinhausen/Keinath Rn. 19; Kallmeyer/Marsch-Barner Rn. 85).

11 **c) Bindung an Verschmelzungsbescheinigung.** Unzweifelhaft erstreckt sich auch die Prüfung darauf, ob die **Bescheinigungen** nach Abs. 2 vorliegen. Eine **eigenständige Prüfung** der von den Bescheinigungen nach Art. 25 erfassten Verfahrensabschnitte bedarf es hingegen nicht (so auch Widmann/Mayer/Heckschen Rn. 266; Schwarz Rn. 11; Kallmeyer/Marsch-Barner Rn. 85; HK-UmwG/Konu Rn. 96). Dies bedeutet aber nur, dass bei vorliegender Bescheinigung keine eigenständigen Prüfungshandlungen vorzunehmen sind. Die für den Sitzstaat der SE zuständige Behörde hat aber das Recht, auch die die einzelnen GründungsGes betreffenden Verfahrensabschnitte selbst zu überprüfen, wenn **Auffälligkeiten** bestehen. Denn auch die Einhaltung der Verfahrenshandlungen bei den jew. sich verschmelzenden GründungsGes sind Voraussetzung für die Durchführung der Verschm und der Gründung der SE, gehören also zu dem nach Abs. 1 vorgegebenen Prüfungsumfang (so auch Lutter/Hommelhoff SE/Kleindiek S. 108; Widmann/Mayer/Heckschen Rn. 266; MHdB GesR IV/Austmann § 84 Rn. 32; aA Habersack/Drinhausen/Keinath Rn. 10; HK-UmwG/Konu Rn. 96).

12 **Weitere Prüfungshandlungen** können sich etwa aus einer bei der übernehmenden GründungsGes durchzuführenden KapErh ergeben. Hier ist nach Maßgabe der nat. Vorschriften insbes. die Kapitalaufbringung zu prüfen (MüKoAktG/Schäfer Rn. 9; Habersack/Drinhausen/Keinath Rn. 22; BeckOGK/Eberspächer Rn. 7).

5. Eintragung der SE

13 Kommt die für die zukünftige SE zuständige Stelle zu dem Ergebnis, dass Eintragungshindernisse nicht vorliegen, veranlasst sie die Eintragung der SE, die nach Art. 27 I zum Wirksamwerden der Verschm und der gleichzeitigen Gründung der SE führt. Zur Bekanntmachung vgl. Art. 28.

Art. 27 [Eintragung gemäß Art. 12]

(1) Die Verschmelzung und die gleichzeitige Gründung der SE werden mit der Eintragung der SE gemäß Artikel 12 wirksam.

(2) Die SE kann erst nach Erfüllung sämtlicher in den Artikeln 25 und 26 vorgesehener Formalitäten eingetragen werden.

1. Wirksamwerden der Verschmelzung

1 Nach Abs. 1 ist die Eintragung der SE gem. Art. 12 der konstitutive Akt und zugleich der Zeitpunkt für das Wirksamwerden der Verschm und die gleichzeitige Gründung der SE. Der Zeitpunkt der Bekanntmachung hat für das Wirksamwerden keine Bedeutung. Die Wirkungen der Verschm bestimmt Art. 29 (vgl. iE dort). Eine SE mit Sitz in Deutschland wird bei dem für den (künftigen) Sitz zuständigen HR eingetragen (§ 4 S. 1 SEAG iVm § 376 FamFG und § 14 AktG).

2. Eintragungsvoraussetzungen

2 Zu dem zweistufigen Prüfungsverfahren zunächst → Art. 25 Rn. 1. Abs. 2 stellt klar, dass die Eintragung der SE erst nach Erfüllung sämtlicher in Art. 25 und 26 vorgeschriebener Formalitäten erfolgen kann.

Art. 28 [Offenlegung der Verschmelzung]

Für jede sich verschmelzende Gesellschaft wird die Durchführung der Verschmelzung nach den in den Rechtsvorschriften des jeweiligen Mitglied-

staats vorgesehenen Verfahren in Übereinstimmung mit Artikel 3 der Richtlinie 68/151/EWG offen gelegt.

Die Vorschrift verpflichtet zur Offenlegung der Durchführung der Verschm für jede der sich verschmelzenden Ges nach den Rechtsvorschriften des jew. Mitgliedstaats in Übereinstimmung mit Art. 3 Publizitäts-RL v. 9.3.1968 (ABl. 1968 L 65, 8; jetzt Art. 16 III GesR-RL 2017 v. 14.7.2017, ABl. 2017 L 169, 46). Damit ist das Wirksamwerden der Verschm gemeint (Kölner Komm AktG/Maul Rn. 2). Schuldner der Offenlegungspflicht ist die SE als Rechtsnachfolger der übertragenden Ges und als Rechtsträger neuer Rechtsform (Kölner Komm AktG/Maul Rn. 4; MüKoAktG/Schäfer Rn. 3; Habersack/Drinhausen/Keinath Rn. 4). Die Offenlegung ist deklaratorisch, die Wirkungen der Verschm treten bereits mit der Eintragung der SE ein (Habersack/Drinhausen/Keinath Rn. 2; MüKoAktG/Schäfer Rn. 2); vgl. aber zum Fristbeginn → Rn. 3. Für dt. GründungsGes gelten §§ 8 ff. HGB (Lutter/Hommelhoff/Teichmann/Bayer Rn. 3; Habersack/Drinhausen/Keinath Rn. 5; MüKoAktG/Schäfer Rn. 3). Die Bekanntmachung hat damit in elektronischer Form zu erfolgen. Daneben erfolgt zu Informationszwecken eine Bekanntmachung im Amtsblatt der Europäischen Gemeinschaft (Art. 14 I). **1**

Hat die aus der Verschm hervorgehende SE ihren Sitz in Deutschland, hat das für die Eintragung der SE zuständige Gericht von Amts wegen dem Gericht (der zuständigen Behörde) des Sitzes jedes übertragenden Rechtsträgers den Tag der Eintragung der Verschm den anderen Behörden mitzuteilen (Art. 18 SE-VO iVm § 19 II 2 UmwG; Lutter/Hommelhoff/Teichmann/Bayer Rn. 3). In anderen Fällen (Sitz der SE im Ausland) besteht eine Nachforschungspflicht des HR des Sitzes des übertragenden GründungsGes (zutr. Manz/Mayer/Schröder Rn. 8). Aber auch die SE als Rechtsnachfolger ist Adressat der Offenlegungspflicht und muss daher die Offenlegung der Durchführung anmelden (Schwarz Rn. 7). **2**

Mit der Bekanntmachung beginnen die **Fristen** für den Gläubigerschutz (Art. 24 SE-VO iVm § 22 UmwG; → Art. 24 Rn. 2 ff.), für die Annahme der Barabfindung (Art. 24 SE-VO iVm § 31 UmwG; → Art. 24 Rn. 12 ff.) sowie für die Verjährung von Schadensersatzansprüchen gegen Verwaltungsträger (Art. 18 SE-VO iVm § 25 III UmwG). **3**

Art. 29 [Folgen der Verschmelzung]

(1) **Die nach Artikel 17 Absatz 2 Buchstabe a vollzogene Verschmelzung bewirkt ipso jure gleichzeitig Folgendes:**
a) **Das gesamte Aktiv- und Passivvermögen jeder übertragenden Gesellschaft geht auf die übernehmende Gesellschaft über;**
b) **die Aktionäre der übertragenden Gesellschaft werden Aktionäre der übernehmenden Gesellschaft;**
c) **die übertragende Gesellschaft erlischt;**
d) **die übernehmende Gesellschaft nimmt die Rechtsform einer SE an.**

(2) **Die nach Artikel 17 Absatz 2 Buchstabe b vollzogene Verschmelzung bewirkt ipso jure gleichzeitig Folgendes:**
a) **Das gesamte Aktiv- und Passivvermögen der sich verschmelzenden Gesellschaften geht auf die SE über;**
b) **die Aktionäre der sich verschmelzenden Gesellschaften werden Aktionäre der SE;**
c) **die sich verschmelzenden Gesellschaften erlöschen.**

(3) **Schreibt ein Mitgliedstaat im Falle einer Verschmelzung von Aktiengesellschaften besondere Formalitäten für die Rechtswirksamkeit der Übertragung bestimmter von den sich verschmelzenden Gesellschaften einge-**

brachter Vermögensgegenstände, Rechte und Verbindlichkeiten gegenüber Dritten vor, so gelten diese fort und sind entweder von den sich verschmelzenden Gesellschaften oder von der SE nach deren Eintragung zu erfüllen.

(4) **Die zum Zeitpunkt der Eintragung aufgrund der einzelstaatlichen Rechtsvorschriften und Gepflogenheiten sowie aufgrund individueller Arbeitsverträge oder Arbeitsverhältnisse bestehenden Rechte und Pflichten der beteiligten Gesellschaften hinsichtlich der Beschäftigungsbedingungen gehen mit der Eintragung der SE auf diese über.**

1. Allgemeines

1   Abs. 1 und 2 regeln die Wirkungen der Verschm durch Aufnahme und der Verschm durch Neugründung (hierzu auch Art. 19 RL 78/855/EWG aF (heute Art. 105 GesR-RL) und § 20 UmwG). **Abs. 3** bestimmt die Fortgeltung von in einzelnen Mitgliedstaaten im Falle einer Verschm geforderter besonderer Formalitäten für die Rechtswirksamkeit der Übertragung bestimmter Vermögensgegenstände, Rechte und Verbindlichkeiten gegenüber Dritten. **Abs. 4** ordnet den Übergang von Beschäftigungsbedingungen auf die SE an.

2. Gesamtrechtsnachfolge

2   Sowohl bei der Verschm durch Aufnahme als auch bei der Verschm durch Neugründung geht mit Wirksamwerden der Verschm (Art. 27 I) „ipso jure" das gesamte Aktiv- und Passivvermögen jeder übertragenden Ges auf die übernehmende oder neu gegründete SE über (Abs. 1 lit. a, Abs. 2 lit. a). Der Vermögensübergang erfolgt durch Gesamtrechtsnachfolge. Besonderer Übertragungsakte bedarf es nicht (iE → UmwG § 20 Rn. 23 ff.). Zu besonderen Formalitäten für die Rechtswirksamkeit der Übertragung → Rn. 6.

3. Anteilstausch

3   Die vollzogene Verschm bewirkt ferner, dass die Aktionäre der übertragenden Ges Aktionäre der übernehmenden Ges (Verschm durch Aufnahme) bzw. Aktionäre der neu gegründeten SE (Verschm durch Neugründung) werden (Abs. 1 lit. b, Abs. 2 lit. b). Der Anteilswechsel erfolgt ohne weitere Übertragungsakte (näher → UmwG § 20 Rn. 96 ff.; zum Aktientausch über einen **Treuhänder** → Art. 20 Rn. 10). Soweit die übernehmende Ges Anteile an einer übertragenden Ges hat, findet ein Anteilstausch nicht statt. Dies ordnet Art. 31 I 1 für den Fall der Verschm der 100%igen Tochter auf die Mutter ausdrücklich an. Darüber hinaus greift für eine inl. übernehmende Ges bei eigenen Anteilen einer übertragenden Ges § 20 I Nr. 3 S. 1 Hs. 2 UmwG ein (Lutter/Hommelhoff/Teichmann/Bayer Rn. 8; MüKoAktG/Schäfer Rn. 4; Habersack/Drinhausen/Keinath Rn. 5; MHdB GesR IV/Austmann § 84 Rn. 35).

4. Erlöschen der übertragenden Gesellschaften

4   Die vollzogene Verschm (Art. 27 I) bewirkt nach Abs. 1 lit. c, Abs. 2 lit. c das Erlöschen der übertragenden Ges. Das Erlöschen erfolgt ohne Abwicklung (→ Art. 17 Rn. 6). Eine Liquidation ist damit nicht durchzuführen (näher → UmwG § 20 Rn. 7 ff.). Trotz des Wortlauts von Abs. 1 lit. c („die übertragende Ges") können auch mehr als eine übertragende Ges an einer Verschm durch Aufnahme beteiligt sein (→ Art. 17 Rn. 2).

5. Annahme der Rechtsform der SE

Bei der Verschm durch Aufnahme nimmt die übernehmende AG mit Wirksamwerden der Verschm (Art. 27 I) die Rechtsform der SE an (Abs. 1 lit. d), soweit die übernehmende Ges nicht bereits die Rechtsform einer SE hat (→ Art. 2 Rn. 5, → Art. 3 Rn. 2 f.). Der Wechsel der Rechtsform tritt ohne weitere Rechtshandlungen ein. Eine Vermögensübertragung findet nicht statt. Mit Wirksamwerden der Verschm gilt für den übernehmenden Rechtsträger die im Verschmelzungsplan enthaltene und durch die Verschmelzungsbeschlüsse festgestellte **Satzung** der SE.

6. Besondere Formalitäten

Die in Abs. 3 angesprochenen Formalitäten für die Rechtswirksamkeit der Übertragung bestimmter Vermögensgegenstände, Rechte und Verbindlichkeiten gegenüber Dritten im Falle einer Verschm existieren im nat. Verschmelzungsrecht nicht. Zu Einschränkungen des Vermögensübergangs durch Gesamtrechtsnachfolge etwa → UmwG § 20 Rn. 84 ff. Formalitäten iSv Abs. 3 sind ggf. notwendige Berichtigungen in Registern (etwa Grundbuch, HR, Markenregister etc). Diese haben allerdings nur deklaratorische Bedeutung (etwa → UmwG § 20 Rn. 77).

7. Überleitung von Beschäftigungsbedingungen

Abs. 4 ordnet einen eigenständigen, von entsprechenden nat. Vorschriften (etwa § 613a BGB) unabhängigen Übergang der bestehenden Rechte und Pflichten der beteiligten Ges hinsichtlich der Beschäftigungsbedingungen auf die SE an. Hinsichtlich der individualrechtlichen Rechte und Pflichten aus Arbeitsverhältnissen folgt dies bereits aus dem Prinzip der Gesamtrechtsnachfolge (→ UmwG § 20 Rn. 95 ff.).

Art. 30 [Nichtigerklärung bzw. Auflösung der Verschmelzung]

[1] **Eine Verschmelzung im Sinne des Artikels 2 Absatz 1 kann nach der Eintragung der SE nicht mehr für nichtig erklärt werden.**
[2] **Das Fehlen einer Kontrolle der Rechtmäßigkeit der Verschmelzung gemäß Artikel 25 und 26 kann einen Grund für die Auflösung der SE darstellen.**

1. Unumkehrbarkeit der Verschmelzung

Nach Art. 30 S. 1 kann die Verschm nach Eintragung der SE (wie auch die Eintragung der SE selbst) nicht mehr für nichtig erklärt werden. Dies entspricht grds. der bereits im nat. Recht bestehenden Regelung in § 20 II UmwG. Hintergrund dieser Unumkehrbarkeit sind die rechtlichen wie auch praktischen Probleme einer andernfalls bei Unwirksamkeit notwendigen „Entschmelzung".

Die Regelung ist angesichts des klaren Wortlauts und des mit ihr verfolgten Zwecks abschl. Auch eine **Amtslöschung** kommt grds. nicht in Betracht (näher → UmwG § 131 Rn. 96 ff.). Die **Gründe** für die Unwirksamkeit sind unbeachtlich. Nicht nur Unwirksamkeitsgründe, die noch eines Rechtsakts bedürfen („für nichtig erklärt werden"), sondern auch per se wirkende Nichtigkeitsgründe sind erfasst. Auch eine Nichtigkeit ex nunc (Manz/Mayer/Schröder Rn. 5; Habersack/Drinhausen/Keinath Rn. 1) kann nicht eintreten. Selbst das (vollständige) Fehlen der **Rechtmäßigkeitskontrolle** nach Art. 25, 26 steht der Unumkehrbarkeit grds. nicht entgegen, wie aus dem Vorbehalt nach Art. 30 S. 2 (→ Rn. 6) zu folgern ist.

Voraussetzung ist allerdings, dass überhaupt eine Verschm, die von der SE-VO erfasst ist, vorliegt. Mithin müssen die Definitionsmerkmale von Art. 17 II erfüllt sein. Die Beteiligung eines nach Art. 2 nicht beteiligtenfähigen Rechtsträgers lässt aufgrund des Zwecks von Art. 30 S. 1 die Unumkehrbarkeit hingegen eintreten. Näher zu den Wirkungen → UmwG § 20 Rn. 108 ff.; zur Eintragung trotz rechtshängiger Anfechtungsklage → Art. 25 Rn. 4.

4   Die Unumkehrbarkeit bewirkt indes **keine Heilung** der Unwirksamkeitsgründe (Lutter/Hommelhoff/Teichmann/Bayer Rn. 5; Schwarz Rn. 4; MüKoAktG/Schäfer Rn. 4; BeckOGK/Eberspächer Rn. 3; Habersack/Drinhausen/Keinath Rn. 3). Einzig die Rückabwicklung der Verschm scheidet aus. Sonstige an die Unwirksamkeit anknüpfende Rechtsfolgen, etwa Schadensersatzansprüche, bleiben hiervon unberührt (näher → UmwG § 131 Rn. 96 ff.).

5   Der abschl. Charakter schließt die Anwendung von § 20 I Nr. 4 UmwG **(Heilung von Formmängeln)** über Art. 18 nicht aus (so auch Manz/Mayer/Schröder Rn. 10; MüKoAktG/Schäfer Rn. 5; Schwarz Rn. 6; Habersack/Drinhausen/Keinath Rn. 3; BeckOGK/Eberspächer Rn. 3; zweifelnd Lutter/Hommelhoff/Teichmann/Bayer Rn. 5). Denn die SE-VO regelt nicht abschl. die Form von Rechtsakten der Verschm. Insoweit ist über Art. 18 auf nat. Formvorschriften (etwa §§ 6, 13 III 1 UmwG) zurückzugreifen (→ Art. 20 Rn. 4 und → Art. 23 Rn. 7). Hieran knüpft § 20 I Nr. 4 UmwG an, in dem ein Mangel der notariellen Beurkundung und ggf. erforderliche Zustimmungs- oder Verzichtserklärungen einzelner Anteilsinhaber mit Wirksamwerden der Verschm geheilt wird. Die Wirkung von § 20 I Nr. 4 UmwG geht über Art. 30 S. 1 hinaus (→ Rn. 4), da eine Heilung des Formmangels eintritt. Damit werden auch nicht beurkundete Nebenabreden wirksam (→ UmwG § 20 Rn. 107 und → UmwG § 6 Rn. 4 f.).

2. Fehlende Gründungskontrolle

6   Ein Fehlen einer Kontrolle für die Rechtmäßigkeit der Verschm gem. Art. 25 und 26 kann nach Art. 30 S. 2 einen Grund für die Auflösung der SE darstellen. Die Vorschrift **ermächtigt die nat. Gesetzgeber.** Der dt. Gesetzgeber hat hiervon keinen Gebrauch gemacht. Eine eingetragene inl. SE kann nicht wegen fehlender Rechtmäßigkeitskontrolle gelöscht werden (Lutter/Hommelhoff/Teichmann/Bayer Rn. 8; Schwarz Rn. 11; Kölner Komm AktG/Maul Rn. 10 f.; Habersack/Drinhausen/Keinath Rn. 7; einschränkend MüKoAktG/Schäfer Rn. 7; BeckOGK/Eberspächer Rn. 3). Keinesfalls kann hieraus die Zulässigkeit einer Amtslöschung (→ Rn. 2) abgeleitet werden.

Art. 31 [Nichtparitätische Verschmelzung]

(1) ¹Wird eine Verschmelzung nach Artikel 17 Absatz 2 Buchstabe a durch eine Gesellschaft vollzogen, die Inhaberin sämtlicher Aktien und sonstiger Wertpapiere ist, die Stimmrechte in der Hauptversammlung einer anderen Gesellschaft gewähren, so finden Artikel 20 Absatz 1 Buchstaben b, c und d, Artikel 22 und Artikel 29 Absatz 1 Buchstabe b keine Anwendung. ²Die jeweiligen einzelstaatlichen Vorschriften, denen die einzelnen sich verschmelzenden Gesellschaften unterliegen und die für die Verschmelzungen von Aktiengesellschaften nach Artikel 24 der Richtlinie 78/855/EWG maßgeblich sind, sind jedoch anzuwenden.

(2) [1] Vollzieht eine Gesellschaft, die Inhaberin von mindestens 90 %, nicht aber der in der Hauptversammlung einer anderen Gesellschaft Stimmrecht verleihenden Aktien und sonstigen Wertpapiere ist, eine Verschmelzung durch Aufnahme, so sind die Berichte des Leitungs- oder des Verwaltungsorgans, die Berichte eines oder mehrerer unabhängiger Sachverständiger sowie die zur Kontrolle notwendigen Unterlagen nur insoweit erforderlich, als dies entweder in den einzelstaatlichen Rechtsvorschriften, denen die übernehmende Gesellschaft unterliegt, oder in den für die über-

tragende Gesellschaft maßgeblichen einzelstaatlichen Rechtsvorschriften vorgesehen ist. [2] Die Mitgliedstaaten können jedoch vorsehen, dass dieser Absatz Anwendung auf eine Gesellschaft findet, die Inhaberin von Aktien ist, welche mindestens 90 % der Stimmrechte, nicht aber alle verleihen.

1. Besonderheiten bei 100%igem Anteilsbesitz

Abs. 1 S. 1 schafft Verfahrenserleichterungen, wenn eine 100%ige TochterGes auf 1 die MutterGes verschmolzen wird. Vgl. hierzu iE → Art. 20 Rn. 9–11, → Art. 22 Rn. 12. Voraussetzung ist, dass 100% der Aktien der übertragenden AG von der übernehmenden AG unmittelbar gehalten werden (Manz/Mayer/Schröder Rn. 2 ff.). Dann kommt es zu keinem Anteilstausch (Art. 29 I lit. b; auch → Art. 29 Rn. 3), außerdem sind die mit dem Anteilstausch zusammenhängenden Angaben im Verschmelzungsplan (Art. 20 I lit. b–d) und eine Verschmelzungsprüfung (Art. 22) entbehrlich. Sind noch weitere AG an der Verschm beteiligt, deren Aktien nicht vollständig von der aufnehmenden Ges gehalten werden, gelten die Erleichterungen für die Verschm dieser Ges nicht.

Abs. 1 S. 2 enthält jedoch einen Vorbehalt zugunsten des nat. Rechts. Soweit 2 dort in Übereinstimmung mit Art. 24 Verschm-RL v. 9.10.1978 (jetzt Art. 110 GesR-RL 2017) Vorschriften bestehen, sind diese anzuwenden. Für dt. Gründungs-Ges bedeutet dies, dass § 8 III UmwG **(kein Verschmelzungsbericht)** anwendbar ist (Schwarz Rn. 14, 16; Lutter/Hommelhoff/Teichmann/Bayer Rn. 13; Kölner Komm AktG/Maul Rn. 13; Habersack/Drinhausen/Keinath Rn. 12; BeckOGK/Eberspächer Rn. 12; → Art. 18 Rn. 6). Da nur Art. 24 Verschm-RL (jetzt Art. 110 GesR-RL 2017) angesprochen ist, ein Zustimmungsbeschluss der HV nicht entbehrlich. **§ 62 I UmwG** (kein Beschluss bei der übernehmenden AG bei mindestens 90%igen Anteilsbesitz an der übertragenden AG) ist über Art. 18 nicht anwendbar (Lutter/Hommelhoff/Teichmann/Bayer Rn. 14; Schwarz Rn. 19; Walden/Meyer-Landrut DB 2005, 2619 (2623); BeckOGK/Eberspächer Rn. 13; Habersack/Drinhausen/Keinath Rn. 13; aA Teichmann ZGR 2002, 383 (431); auch → Art. 23 Rn. 6). § 62 UmwG beruht auf Art. 25 (jetzt Art. 111 GesR-RL 2017) und nicht Art. 24 Verschm-RL, sodass Abs. 1 S. 2 unmittelbar nicht greift. Außerdem ist die Interessenlage nicht vglbar, da die übernehmende Ges zugleich die Rechtsform der SE annimmt (Schwarz Rn. 19) und der Zustimmungsbeschluss in der Konzeption der SE-VO zentrale Bedeutung hat (Lutter/Hommelhoff/Teichmann/Bayer Rn. 14).

2. Besonderheiten bei 90%igem Anteilsbesitz

Abs. 2 enthält **zwei Vorbehalte** zugunsten der nat. Gesetzgeber, wenn eine über- 3 nehmende Ges mindestens 90 %, nicht aber alle der in der HV einer übertragenden AG ein Stimmrecht verleihenden Aktien oder sonstigen Wertpapiere innehat. In diesen Fällen sind ein Verschmelzungsbericht und ein Prüfungsbericht sowie die zur Kontrolle notwendigen Unterlagen nur insoweit erforderlich, wenn die einzelstaatlichen Vorschriften entweder der übernehmenden Ges oder der übertragenden Ges dies vorsehen. Derartige nat. Vorschriften sind in Deutschland vorhanden, da sowohl der Verschmelzungsbericht als auch die Verschmelzungsprüfung (und damit auch der Prüfungsbericht) nur bei einer 100%igen Beteiligung der aufnehmenden Ges an der übertragenden Ges entbehrlich sind (§ 8 III UmwG, § 9 II UmwG). Zur HV der übernehmenden AG bei mindestens 90%igen Aktienbesitz → Rn. 2. Zur Anwendung von § 62 V UmwG → Art. 23 Rn. 14.

Abs. 2 S. 2 ermächtigt den nat. Gesetzgeber, für eine ihrer Rechtsordnung unter- 4 liegende übernehmende Ges, welche mindestens 90% der Stimmrechte verleihenden Aktien an einer übertragenden Ges hat, die Erleichterungen nach Abs. 2 S. 1 anzuordnen, obwohl Abs. 2 S. 1 wegen der für die anderen Ges anwendbaren Rechtsvorschriften nicht erfüllt ist. Von der Ermächtigung in Abs. 2 S. 2 hat Deutschland keinen Gebrauch gemacht.

Abschnitt 3. Gründung einer Holding-SE

Vorbemerkungen zu Art. 32–34

1   Art. 32–34 enthalten Vorschriften für die Gründung einer Holding-SE, der zweiten nach Art. 2 II vorgesehenen Möglichkeit der Gründung einer SE (iE → Art. 2 Rn. 15 ff.). Die Ausgestaltung der Gründung einer Holding als Strukturmaßnahme mit einem Gründungsverfahren ist dem nat. Recht fremd. Danach werden Holdinggründungen regelmäßig als Sachkapitalgründungen oder Sachkapitalerhöhungen durchgeführt, die einerseits eine Mitwirkung der Gesellschafter der künftigen Holding (Gründungsverfahren oder KapErh), andererseits die Einbringung der Anteile an der künftigen TochterGes durch deren Gesellschafter notwendig machen.

Art. 32 [Gründung einer Holding-SE]

(1) [1] **Eine SE kann gemäß Artikel 2 Absatz 2 gegründet werden.** [2] **Die die Gründung einer SE im Sinne des Artikels 2 Absatz 2 anstrebenden Gesellschaften bestehen fort.**

(2) [1]**Die Leitungs- oder die Verwaltungsorgane der die Gründung anstrebenden Gesellschaften erstellen einen gleich lautenden Gründungsplan für die SE.** [2]**Dieser Plan enthält einen Bericht, der die Gründung aus rechtlicher und wirtschaftlicher Sicht erläutert und begründet sowie darlegt, welche Auswirkungen der Übergang zur Rechtsform einer SE für die Aktionäre und für die Arbeitnehmer hat.** [3]**Er enthält ferner die in Artikel 20 Absatz 1 Buchstaben a, b, c, f, g, h und i vorgesehenen Angaben und setzt von jeder die Gründung anstrebenden Gesellschaft den Mindestprozentsatz der Aktien oder sonstigen Anteile fest, der von den Aktionären eingebracht werden muss, damit die SE gegründet werden kann.** [4]**Dieser Prozentsatz muss mehr als 50 % der durch Aktien verliehenen ständigen Stimmrechte betragen.**

(3) **Der Gründungsplan ist mindestens einen Monat vor der Hauptversammlung, die über die Gründung zu beschließen hat, für jede der die Gründung anstrebenden Gesellschaften nach den in den Rechtsvorschriften der einzelnen Mitgliedstaaten gemäß Artikel 3 der Richtlinie 68/151/EWG vorgesehenen Verfahren offen zu legen.**

(4) [1]**Ein oder mehrere von den die Gründung anstrebenden Gesellschaften unabhängige Sachverständige, die von einem Gericht oder einer Verwaltungsbehörde des Mitgliedstaats, dessen Recht die einzelnen Gesellschaften gemäß den nach Maßgabe der Richtlinie 78/855/EWG erlassenen einzelstaatlichen Vorschriften unterliegen, bestellt oder zugelassen sind, prüfen den gemäß Absatz 2 erstellten Gründungsplan und erstellen einen schriftlichen Bericht für die Aktionäre der einzelnen Gesellschaften.** [2]**Im Einvernehmen zwischen den die Gründung anstrebenden Gesellschaften kann durch einen oder mehrere unabhängige Sachverständige, der/die von einem Gericht oder einer Verwaltungsbehörde des Mitgliedstaats, dessen Recht eine der die Gründung anstrebenden Gesellschaften oder die künftige**

SE gemäß den nach Maßgabe der Richtlinie 78/855/EWG erlassenen einzelstaatlichen Rechtsvorschriften unterliegt, bestellt oder zugelassen ist/sind, ein schriftlicher Bericht für die Aktionäre aller Gesellschaften erstellt werden.

(5) Der Bericht muss auf besondere Bewertungsschwierigkeiten hinweisen und erklären, ob das Umtauschverhältnis der Aktien oder Anteile angemessen ist, sowie angeben, nach welchen Methoden es bestimmt worden ist und ob diese Methoden im vorliegenden Fall angemessen sind.

(6) [1] Die Hauptversammlung jeder der die Gründung anstrebenden Gesellschaften stimmt dem Gründungsplan für die SE zu. [2] ¹Die Beteiligung der Arbeitnehmer in der SE wird gemäß der Richtlinie 2001/86/EG festgelegt. ²Die Hauptversammlung jeder der die Gründung anstrebenden Gesellschaften kann sich das Recht vorbehalten, die Eintragung der SE davon abhängig zu machen, dass die geschlossene Vereinbarung von ihr ausdrücklich genehmigt wird.

(7) Dieser Artikel gilt sinngemäß auch für Gesellschaften mit beschränkter Haftung.

1. Allgemeines

Die Vorschrift regelt die einzelnen Schritte für die Vorbereitung und den Beschluss über die Gründung einer Holding-SE. Mit der Vollzugsphase befasst sich Art. 33. 1

2. Gründung einer Holding-SE, Abs. 1

Abs. 1 S. 1 hat keine eigenständige Bedeutung. Er wiederholt, dass AG/SE und 2 GmbH unter den weiteren Voraussetzungen von Art. 2 II (insbes. dem Mehrstaatenbezug) eine Holding-SE gründen können (hierzu iE → Art. 2 Rn. 15 ff.). Abs. 1 S. 2 stellt klar, dass die die Holdinggründung anstrebenden Ges fortbestehen.

3. Gründungsplan, Abs. 2

a) **Aufstellung des Gründungsplans.** Ähnl. dem Verschmelzungsplan (vgl. 3 Art. 20) haben die die Gründung anstrebenden Ges einen **gleichlautenden Gründungsplan** für die SE zu erstellen. Der Gründungsplan ist wie der Verschmelzungsplan ein gesellschaftsrechtlicher Organisationsakt ohne schuldrechtliche Wirkung; er ist nicht ein Gründungsvertrag (→ Art. 20 Rn. 2; Lutter/Hommelhoff/Teichmann/Bayer Rn. 21; MüKoAktG/Schäfer Rn. 10; Kölner Komm AktG/Paefgen Rn. 33 f.; Habersack/Drinhausen/Scholz Rn. 35; BeckOGK/Eberspächer Rn. 9). Abs. 2 sieht nicht einen gemeinsamen, sondern nur einen gleichlautenden Gründungsplan vor. Das Vertretungsorgan jeder die Gründung anstrebenden Ges kann einen **eigenen Gründungsplan** erstellen (Lutter/Hommelhoff/Teichmann/Bayer Rn. 21; Kölner Komm AktG/Paefgen Rn. 31; Habersack/Drinhausen/Scholz Rn. 40; aA Schwarz Rn. 9). Die Vertretungsorgane handeln in vertretungsberechtigter Anzahl (→ Art. 20 Rn. 6; Manz/Mayer/Schröder Rn. 14). Da der Gründungsplan die Satzung enthält (→ Rn. 6), ist er unabhängig von einer analogen Anwendung von § 6 UmwG (so etwa Lutter/Hommelhoff/Teichmann/Bayer Rn. 22; MüKoAktG/Schäfer Rn. 23; Habersack/Drinhausen/Scholz Rn. 38) nach § 23 I AktG zu **beurkunden** (Widmann/Mayer/Heckschen Rn. 296; Lutter/Hommelhoff/Teichmann/Bayer Rn. 22; MüKoAktG/Schäfer Rn. 23; Habersack/Drinhausen/Scholz Rn. 38; Stöber AG 2013, 110 (113)).

b) **Gründungsbericht.** Bestandteil des Gründungsplans muss nach Abs. 2 S. 1 4 ein Bericht sein, der die Gründung rechtlich und wirtschaftlich erläutert und begründet sowie darlegt, welche Auswirkungen der Übergang zur Rechtsform einer SE für die Aktionäre und für die ArbN hat. Entsprechendes gilt nach Abs. 7 für GmbH. Die Anforderungen entsprechen zunächst sinngemäß denjenigen an einen Verschmelzungsbericht (daher → UmwG § 8 Rn. 11 ff.). Zusätzlich ist auf die Auswirkungen aufgrund des Übergangs zur Rechtsform der SE für die Aktionäre und die ArbN einzugehen. Hieran sind gesteigerte Anforderungen zu stellen, wenn die Holding-SE einen anderen Sitzstaat als die GründungsGes haben wird und damit die Rechtsverhältnisse mit den Aktionären neben der SE-VO künftig einem anderen Personalstatut (dem Aktienrecht des künftigen Sitzstaates, Art. 10) unterliegen werden. Bei den Auswirkungen für die ArbN ist insbes. auf die vorgesehenen Maßnahmen im Zusammenhang mit der Vereinbarung über die künftige Beteiligung der ArbN einzugehen. Mangels Erlöschen der Rechtsträger und Vermögensübertragung bleiben die individualarbeitsrechtlichen Rechtsverhältnisse der ArbN aber grds. unberührt. Entsprechendes gilt für die kollektivarbeitsrechtliche Situation (Tarifrecht und Betriebsverfassungsrecht).

5   c) **Mindestprozentsatz.** Der Gründungsplan muss ferner einen Mindestprozentsatz der Aktien oder sonstigen Anteile festlegen, der von den Aktionären eingebracht werden muss, damit die SE gegründet werden kann. Zur Übertragung der Aktien → Art. 33 Rn. 2. Dieser Prozentsatz muss nach Abs. 2 S. 4 **mehr als 50% der Stimmrechte** betragen (für eingebrachte Beteiligungen an GmbH vgl. Abs. 7). Maßgeblich sind die Stimmrechte, nicht die Beteiligung am Kapital. Stimmrechtslose Aktien zählen nicht, Mehrstimmrechtsaktien (zur GmbH vgl. Abs. 7) hingegen mit ihrem Stimmgewicht (Lutter/Hommelhoff/Teichmann/Bayer Rn. 38; MüKo-AktG/Schäfer Rn. 16; Kölner Komm AktG/Paefgen Rn. 64; Habersack/Drinhausen/Scholz Rn. 59). Die Mindestprozentsätze können für jede Ges unterschiedlich festgelegt werden (Habersack/Drinhausen/Scholz Rn. 57; BeckOGK/Eberspächer Rn. 12).

6   **d) Weiterer Inhalt des Gründungsplans.** Für den Inhalt des Gründungsplans verweist Abs. 2 S. 3 auf Art. 20 I lit. a, b, c, f, g, h und i. Damit gehören zum **zwingenden Inhalt:**
   – die **Firma** und der **Sitz** der die Gründung anstrebenden Ges sowie die für die Holding-SE vorgesehene Firma und ihren geplanten Sitz (hierzu → Art. 20 Rn. 8);
   – das Umtauschverhältnis der Aktien/Geschäftsanteile an den an der Gründung beteiligten GmbH (Abs. 7) und ggf. die Höhe der Ausgleichsleistung (dazu → Art. 20 Rn. 9);
   – die Einzelheiten hinsichtlich der Übertragung der Aktien der SE, insbes. die Bestellung eines Treuhänders und die Modalitäten der treuhänderischen Abwicklung (→ Art. 20 Rn. 10);
   – die Rechte, welche die Holding-SE den mit **Sonderrechten** ausgestatteten Aktionären/GmbH-Gesellschaftern (Abs. 7) der GründungsGes und den Inhabern anderer Wertpapiere als Aktien gewährt, oder die für diese Personen vorgeschlagenen Maßnahmen (→ Art. 20 Rn. 13);
   – jeder besondere **Vorteil,** der den Gründungsprüfern und den Mitgliedern der Verwaltungs-, Leitungs-, Aufsichts- oder Kontrollorgane der GründungsGes, deren Anteile eingebracht werden sollen, gewährt wird (→ Art. 20 Rn. 14);
   – die **Satzung** der künftigen Holding-SE (dazu → Art. 20 Rn. 15);
   – Angaben zu dem Verfahren, nach dem die Vereinbarung über die Beteiligung der ArbN geschlossen wird (dazu → Art. 20 Rn. 17).

7   Weitere Anforderungen an den Gründungsplan einer dt. GründungsGes folgen aus **§ 9 I SEAG.** Bei der Gründung einer Holding-SE, die ihren Sitz im Ausland haben soll oder die ihrerseits abhängig iSv § 17 AktG ist, hat eine die Gründung anstrebende AG (nicht eine GmbH) im Gründungsplan jedem Anteilsinhaber, der

gegen den Zustimmungsbeschluss dieser Ges zum Gründungsplan Widerspruch zur Niederschrift erklärt, den Erwerb seiner Anteile gegen eine angemessene Barabfindung anzubieten. Die Anforderungen hieran entsprechen im Wesentlichen dem Abfindungsangebot im Verschmelzungsplan (hierzu näher → Art. 20 Rn. 18). GründungsGes in der Rechtsform der **GmbH** müssen kein Barabfindungsangebot unterbreiten, da – so der Gesetzgeber – sich deren Gesellschafter durch Satzungsgestaltung vor unerwünschter Konzernierung schützen könnten. Gemeint sind wohl Vinkulierungsklauseln (Ihrig/Wagener BB 2004, 1749 (1752)).

4. Offenlegung des Gründungsplans, Abs. 3

Nach Abs. 3 ist der Gründungsplan mindestens einen Monat vor der HV, die **8** über die Gründung zu beschließen hat, nach Art. 3 Publizitäts-RL (ABl. 1968 L 65, 8, jetzt Art. 16 GesR-RL 2017)) offenzulegen. Danach erfolgt die Offenlegung, indem die Urkunden oder Angaben im Register hinterlegt oder eingetragen und außerdem in einem Amtsblatt bekannt gemacht werden. Nach nat. Recht ist das HR bei dem AG zuständig, in dem die GründungsGes ihren Sitz hat (§ 14 AktG; § 8 HGB). Für die Bekanntmachung gilt § 10 HGB; sie hat damit in elektronischer Form zu erfolgen. Der Gründungsplan muss indes nicht eingetragen werden (vgl. § 10 HGB) und nicht selbst bekannt gemacht werden. Es genügt die Hinterlegung beim Register und die Bekanntmachung eines Hinweises hierauf (Lutter/Hommelhoff/Teichmann/Bayer Rn. 47; Schwarz Rn. 39; MüKoAktG/Schäfer Rn. 24; Kölner Komm AktG/Paefgen Rn. 84). Auch der Gründungsbericht muss durch Einreichung zum HR offengelegt werden (str.; vgl. Habersack/Drinhausen/Scholz Rn. 73 mwN).

5. Gründungsprüfung, Abs. 4, 5

Abs. 4 bestimmt, dass der Gründungsplan von unabhängigen Sachverständigen **9** geprüft wird und diese einen schriftlichen Bericht für die Aktionäre der Ges erstellen. Möglich ist auch – obwohl der Wortlaut nur einen gemeinsamen Bericht vorsieht – eine Prüfung und Berichterstellung durch einen **gemeinsamen** unabhängigen **Sachverständigen** (Schwarz Rn. 45; MüKoAktG/Schäfer Rn. 27). Die Bestellung erfolgt durch die jew. Ges, vertreten durch die Vertretungsorgane, die Bestellung eines gemeinsamen Gründungsprüfers indes durch das zuständige Gericht (vgl. MüKoAktG/Schäfer Rn. 27; Lutter/Hommelhoff/Teichmann/Bayer Rn. 53; aA Habersack/Drinhausen/Scholz Rn. 80). Der Sachverständige muss von einem Gericht oder einer Verwaltungsbehörde des Mitgliedstaats der GründungsGes bestellt oder zugelassen sein. Ein gemeinsamer Verschmelzungsprüfer muss diesen Anforderungen eines Mitgliedstaats der die Gründung anstrebenden Ges oder des Mitgliedstaats der SE genügen. Für Deutschland sind damit Wirtschaftsprüfer und WirtschaftsprüfungsGes berufen.

Für dt. GründungsGes sind zusätzlich **§ 9 II SEAG, § 7 III SEAG** zu beachten. **10** Danach ist die Angemessenheit einer anzubietenden **Barabfindung** stets durch einen Gründungsprüfer zu prüfen. Vgl. näher, auch zu Verzichtsmöglichkeiten, → Art. 22 Rn. 9.

Gegenstand der Gründungsprüfung ist der Gründungsplan. Der Bericht muss **11** auf besondere Bewertungsschwierigkeiten hinweisen und erklären, ob das Umtauschverhältnis der Aktien oder Anteile angemessen ist, sowie angeben, nach welchen Methoden das Umtauschverhältnis bestimmt worden ist und ob diese Methoden im vorliegenden Fall angemessen sind (Abs. 5). Dies entspricht sinngemäß den Anforderungen an einen Prüfbericht nach § 12 UmwG; vgl. → UmwG § 12 Rn. 7 ff.

6. Zustimmung der Hauptversammlung, Abs. 6 S. 1

12 Dem Gründungsplan müssen die HV jeder der die Gründung anstrebenden Ges zustimmen. Weitere Regelungen hierfür enthält die SE-VO nicht. Für dt. GründungsGes ist für die **Mehrheitsverhältnisse** ergänzend § 10 I SEAG zu beachten. Danach bedarf der Zustimmungsbeschluss bei einer AG mindestens drei Viertel des bei der Beschlussfassung vertretenen Grundkapitals und bei einer GmbH mindestens drei Viertel der abgegebenen Stimmen. Für die **Vorbereitung** und **Durchführung** der HV/Gesellschafterversammlung gelten für dt. Ges die entsprechenden Bestimmungen des AktG bzw. des GmbHG (Schwarz Rn. 60).

7. Beteiligung der Arbeitnehmer, Abs. 6 S. 2, 3

13 Nach Abs. 6 S. 2 richtet sich die Beteiligung der ArbN in der SE nach der auf der Basis der SE-RL (→ Vorb. Rn. 1) getroffenen Vereinbarungen. Diese wird regelmäßig zum Zeitpunkt der über die Gründung der Holding-SE beschließenden HV noch nicht vorliegen. Die HV kann sich daher nach Abs. 6 S. 3 das Recht vorbehalten, die Eintragung der SE davon abhängig zu machen, dass die geschlossene Vereinbarung von ihr ausdrücklich genehmigt wird. Dies entspricht der Regelung in Art. 23 II (näher → Art. 23 Rn. 14).

Art. 33 [Formalitäten einer Gründung]

(1) ¹Die Gesellschafter der die Gründung anstrebenden Gesellschaften verfügen über eine Frist von drei Monaten, um diesen Gesellschaften mitzuteilen, ob sie beabsichtigen, ihre Gesellschaftsanteile bei der Gründung der SE einzubringen. ²Diese Frist beginnt mit dem Zeitpunkt, zu dem der Gründungsplan für die SE gemäß Artikel 32 endgültig festgelegt worden ist.

(2) Die SE ist nur dann gegründet, wenn die Gesellschafter der die Gründung anstrebenden Gesellschaften innerhalb der in Absatz 1 genannten Frist den nach dem Gründungsplan für jede Gesellschaft festgelegten Mindestprozentsatz der Gesellschaftsanteile eingebracht haben und alle übrigen Bedingungen erfüllt sind.

(3) [1] Sind alle Bedingungen für die Gründung der SE gemäß Absatz 2 erfüllt, so hat jede der die Gründung anstrebenden Gesellschaften diese Tatsache gemäß den nach Artikel 3 der Richtlinie 68/151/EWG erlassenen Vorschriften des einzelstaatlichen Rechts, dem sie unterliegt, offen zu legen. [2] Die Gesellschafter der die Gründung anstrebenden Gesellschaften, die nicht innerhalb der Frist nach Absatz 1 mitgeteilt haben, ob sie die Absicht haben, ihre Gesellschaftsanteile diesen Gesellschaften im Hinblick auf die Gründung der künftigen SE zur Verfügung zu stellen, verfügen über eine weitere Frist von einem Monat, um dies zu tun.

(4) Die Gesellschafter, die ihre Wertpapiere im Hinblick auf die Gründung der SE einbringen, erhalten Aktien der SE.

(5) Die SE kann erst dann eingetragen werden, wenn die Formalitäten gemäß Artikel 32 und die in Absatz 2 genannten Voraussetzungen nachweislich erfüllt sind.

1. Allgemeines

1 Die Vorschrift regelt die Vollzugsphase der Gründung der Holding-SE. Hierzu können die Gesellschafter der beteiligten GründungsGes mitteilen, ob sie ihre Aktien oder GmbH-Geschäftsanteile einbringen. Nur wenn der im Gründungsplan festgelegte Mindestprozentsatz erreicht wird, wird die Gründung der Holding-SE durchgeführt.

2. Mitteilung der Einbringungsabsicht

Nach Abs. 1 S. 1 können die Gesellschafter der die Gründung anstrebenden Ges innerhalb einer Frist von drei Monaten diesen Ges mitteilen, ob sie beabsichtigen, ihre Aktien/GmbH-Anteile bei der Gründung der SE einzubringen. Die Frist beginnt mit dem Zeitpunkt, zu dem der Gründungsplan für die SE gem. Art. 32 endgültig festgelegt worden ist. Die Vorschrift ist unklar. Nach Sinn und Zweck muss die Mitteilung nicht nur eine Absichtserklärung, sondern eine **bindende Verpflichtung** darstellen (so auch Lutter/Hommelhoff/Teichmann/Bayer Rn. 9; MüKoAktG/Schäfer Rn. 6; Habersack/Drinhausen/Scholz Rn. 14; Schwarz Rn. 18; Widmann/Mayer/Heckschen Rn. 323; Heckschen DNotZ 2003, 251 (262); Teichmann ZGR 2002, 383 (436)). Innerhalb der Frist muss nur die Verpflichtung begründet werden, der **tatsächliche Vollzug** durch Einbringung der Aktien/GmbH-Anteile als Sacheinlage (dingliche Übertragung) ist eine Frage der Kapitalaufbringung (zutr. MüKoAktG/Schäfer Rn. 9; Lutter/Hommelhoff/Teichmann/Bayer Rn. 15 ff.; Lutter/Hommelhoff SE/Bayer S. 52; Lutter/Bayer Holding-HdB/Marsch-Barner Rn. 18.57). Die dingliche Abtretung muss aber vor der Eintragung erfolgen (MüKoAktG/Schäfer Rn. 9; Lutter/Hommelhoff SE/Bayer S. 52). Die Einbringung erfolgt mithin in die SE-VorGes. Demzufolge sind bei einzubringenden GmbH-Anteilen die Verpflichtungserklärungen notariell zu beurkunden (zutr. Widmann/Mayer/Heckschen Rn. 323; Lutter/Hommelhoff/Teichmann/Bayer Rn. 12 mit Hinweis auf Heilung durch Abtretung). Entsprechendes gilt für die dingliche Übertragung. Die Dreimonatsfrist kann nicht unterschritten werden. Sie ist aber auch keine Mindestfrist (str.), sondern eine **feste,** von der SE-VO vorgegebene **Frist** (Widmann/Mayer/Heckschen Rn. 319; Lutter/Hommelhoff/Teichmann/Bayer Rn. 14; Lutter/Hommelhoff SE/Bayer S. 52 Fn. 155). Die Frist beginnt mit der Zustimmung der HV zum Gründungsplan. Die Frist kann damit für jede GründungsGes unterschiedlich sein (BeckOGK/Eberspächer Rn. 14; aA etwa Habersack/Drinhausen/Scholz Rn. 19). Wurde eine Zustimmung zur Vereinbarung mit den ArbN vorbehalten (→ Art. 23 Rn. 21), beginnt die Frist mit Fassung des Zustimmungsbeschlusses (so auch Widmann/Mayer/Heckschen Rn. 326; Schwarz Rn. 20; Teichmann ZGR 2002, 383 (436)).

3. Erreichung des Mindestprozentsatzes

Die Voraussetzungen für die Gründung sind nur dann erfüllt, wenn innerhalb der Drei-Monats-Frist die nach dem Gründungsplan für jede Ges festgelegten Mindestprozentsätze (→ Art. 32 Rn. 5) erreicht sind. Übertragen die Gesellschafter auch nur einer an der Gründung beteiligten Ges nicht in ausreichender Anzahl Anteile, scheitert insges. die Gründung der Holding-SE. Die weitere Frist nach Art. 33 III 2 beginnt nur zu laufen, wenn der Mindestprozentsatz erreicht ist (Schwarz Rn. 22). Die schon übertragenen Aktien/GmbH-Anteile sind rückzuübertragen.

Die Erfüllung der Mindestprozentsätze und der übrigen Bedingungen hat jede der die Gründung anstrebenden Ges nach Art. 3 Publizitäts-RL (jetzt Art. 16 GesR-RL) offenzulegen. Für eine dt. GründungsGes bedeutet dies Mitteilung gegenüber dem HR und **Bekanntmachung** unter www.handelsregisterbekanntmachungen.de und im Unternehmensregister. Ab Bekanntmachung beginnt eine weitere Monatsfrist, innerhalb der die Gesellschafter, die nicht innerhalb der Frist nach Abs. 1 ihre Bereitschaft zur Einbringung der Beteiligungen mitgeteilt haben, dies nachholen können ("Zaunkönigsphase").

4. Gründungsverfahren

Das eigentliche Gründungsverfahren richtet sich nach dem für den Sitzstaat der Holding-SE geltenden nat. Vorschriften, da die SE-VO insoweit keine Bestimmungen enthält. Demzufolge gelten für eine Holding-SE mit Sitz in Deutschland §§ 23 ff. AktG (Art. 15). Die Anmeldung der Holding-SE erfolgt also durch die Gründer sowie den Mitgliedern des Vorstands und des AR der Holding-SE (§ 36 I AktG). Gründer sind nach der Konzeption der SE-VO nicht die Aktionäre/Gesellschafter der GründungsGes, sondern diese selbst (Habersack/Drinhausen/Scholz Rn. 39; Lutter/Hommelhoff/Teichmann/Bayer Art. 132 Rn. 11; Lutter/Hommelhoff SE/Kleindiek S. 98). Zum Zeitpunkt der Anmeldung müssen die Sacheinlagen in Form der zu übertragenden Beteiligungen vollständig geleistet sein (§ 36a II 2 AktG). Im Gegenzug erhalten die einbringenden Gesellschafter Aktien an der Holding-SE. Zur Anmeldung vgl. auch § 10 II SEAG.

Art. 34 [Interessenschutz bei Gründung]

Ein Mitgliedstaat kann für die eine Gründung anstrebenden Gesellschaften Vorschriften zum Schutz der die Gründung ablehnenden Minderheitsgesellschafter, der Gläubiger und der Arbeitnehmer erlassen.

1   Art. 34 schafft eine Ermächtigung für nat. Gesetzgeber, Vorschriften zum Schutz der die Gründung ablehnenden Minderheitsgesellschafter, der Gläubiger und der ArbN zu erlassen. Der dt. Gesetzgeber hat in **§§ 9, 11 SEAG** teilw. von dieser Ermächtigung Gebrauch gemacht. Erstaunlicherweise enthält Art. 34 keine Art. 25 III 1 entsprechende Regelung, wonach die Möglichkeit der Durchführung eines Spruchverfahrens von der Zustimmung der anderen Ges durch Beschluss abhängig ist (→ Art. 24 Rn. 13). Dies ist eine unbeabsichtigte Regelungslücke, die durch Analogie zu schließen ist (Kölner Komm AktG/Paefgen Rn. 9; Schwarz Rn. 6; Lutter/Hommelhoff/Teichmann/Bayer Rn. 12; Habersack/Drinhausen/Scholz Rn. 3; BeckOGK/Eberspächer Rn. 3; Kalss ZGR 2003, 593 (633); Teichmann ZGR 2002, 383 (437); vgl. auch Begr. RegE, BT-Drs. 15/3405 zu § 11 SEAG). Demzufolge verweist § 11 II SEAG auf § 6 I SEAG. Gegenständlich beschränkt sich der durch § 11 I SEAG geschaffene Anspruch auf einen **Ausgleich durch bare Zuzahlung** bei einem unangemessenen Umtauschverhältnis (näher → Art. 24 Rn. 13).

Abschnitt 4. Gründung einer Tochter-SE

Vorbemerkungen zu Art. 35, 36

1   Die Art. 35, 36 enthalten Regelungen für die von Art. 2 III vorgegebene Möglichkeit der Gründung einer SE, indem mindestens zwei Ges eine **gemeinsame Tochter-SE gründen.** Die materielle Regelung des Gründungsverfahrens in der SE-VO beschränkt sich neben Art. 15, 16 auf die Bestimmung in Art. 36, wonach die Vorschriften über deren Beteiligung an der Gründung einer TochterGes in Form einer AG nat. Rechts Anwendung finden.

Art. 35 [Gründung einer Tochter-SE]

Eine SE kann gemäß Artikel 2 Absatz 3 gegründet werden.

1   Die Bestimmung hat keinen eigenen materiellen Gehalt, sondern wiederholt, dass eine SE auch durch Gründung einer gemeinsamen Tochter-SE nach Art. 2 III gegründet werden kann (iE hierzu → Art. 2 Rn. 34 ff.).

Art. 36 [Anwendung nationaler Vorschriften]

Auf die an der Gründung beteiligten Gesellschaften oder sonstigen juristischen Personen finden die Vorschriften über deren Beteiligung an der Gründung einer Tochtergesellschaft in Form einer Aktiengesellschaft nationalen Rechts Anwendung.

Art. 36 bestimmt **nicht** die **Rechtsvorschriften für die Gründung** der Tochter-SE. Diese richten sich nach Art. 15 I, wonach auf die Gründung einer SE das für AG geltende Recht des Staates Anwendung findet, in dem die SE ihren Sitz begründet. Für eine Tochter-SE mit Sitz im Inland gelten daher §§ 23 ff. AktG. 1

Art. 36 bestimmt indes, dass für die an der Gründung beteiligten Ges oder sonstigen jur. Personen die jew. nat. Vorschriften über **deren Beteiligung** an der Gründung einer TochterGes in Form einer AG nat. Rechts Anwendung finden. Für dt. GründungsGes gilt grds., dass die Gründung einer TochterGes in die Kompetenz der Verwaltungsorgane fällt. Ggf. sind interne Satzungsbeschränkungen zu beachten, die im Außenverhältnis allerdings keine Wirkung entfalten. Im Einzelfall kann die „Holzmüller/Gelatine"-Rspr. zu beachten sein (vgl. hierzu BGHZ 83, 122; BGH NZG 2004, 575; 2004, 571). 2

Abschnitt 5. Umwandlung einer bestehenden Aktiengesellschaft in eine SE

Art. 37 [Umwandlung einer AG in eine SE]

(1) Eine SE kann gemäß Artikel 2 Absatz 4 gegründet werden.

(2) Unbeschadet des Artikels 12 hat die Umwandlung einer Aktiengesellschaft in eine SE weder die Auflösung der Gesellschaft noch die Gründung einer neuen juristischen Person zur Folge.

(3) Der Sitz der Gesellschaft darf anlässlich der Umwandlung nicht gemäß Artikel 8 in einen anderen Mitgliedstaat verlegt werden.

(4) Das Leitungs- oder das Verwaltungsorgan der betreffenden Gesellschaft erstellt einen Umwandlungsplan und einen Bericht, in dem die rechtlichen und wirtschaftlichen Aspekte der Umwandlung erläutert und begründet sowie die Auswirkungen, die der Übergang zur Rechtsform einer SE für die Aktionäre und für die Arbeitnehmer hat, dargelegt werden.

(5) Der Umwandlungsplan ist mindestens einen Monat vor dem Tag der Hauptversammlung, die über die Umwandlung zu beschließen hat, nach den in den Rechtsvorschriften der einzelnen Mitgliedstaaten gemäß Artikel 3 der Richtlinie 68/151/EWG vorgesehenen Verfahren offen zu legen.

(6) Vor der Hauptversammlung nach Absatz 7 ist von einem oder mehreren unabhängigen Sachverständigen, die nach den einzelstaatlichen Durchführungsbestimmungen zu Artikel 10 der Richtlinie 78/855/EWG durch ein Gericht oder eine Verwaltungsbehörde des Mitgliedstaates, dessen Recht die sich in eine SE umwandelnde Aktiengesellschaft unterliegt, bestellt oder zugelassen sind, gemäß der Richtlinie 77/91/EWG[1] sinngemäß

---

[1] **Amtl. Anm.:** Zweite Richtlinie 77/91/EWG des Rates vom 13. Dezember 1976 zur Koordinierung der Schutzbestimmungen, die in den Mitgliedstaaten den Gesellschaften im Sinne des Artikels 58 Absatz 2 des Vertrages *[Red. Anm.: nunmehr Art. 54 AEUV durch Vertrag von Lissabon v. 13.12.2007 (ABl. Nr. C 306 S. 1).]* im Interesse der Gesellschafter sowie Dritter für die Gründung der Aktiengesellschaft sowie für die Erhaltung und Änderung ihres Kapitals vorgeschrieben sind, um diese Bestimmungen gleichwertig zu gestalten (ABl. L 26 vom 31.1.1977, S. 1). Zuletzt geändert durch die Beitrittsakte von 1994.

zu bescheinigen, dass die Gesellschaft über Nettovermögenswerte mindestens in Höhe ihres Kapitals zuzüglich der kraft Gesetzes oder Statut nicht ausschüttungsfähigen Rücklagen verfügt.

(7) ¹Die Hauptversammlung der betreffenden Gesellschaft stimmt dem Umwandlungsplan zu und genehmigt die Satzung der SE. ²Die Beschlussfassung der Hauptversammlung erfolgt nach Maßgabe der einzelstaatlichen Durchführungsbestimmungen zu Artikel 7 der Richtlinie 78/855/EWG.

(8) Ein Mitgliedstaat kann die Umwandlung davon abhängig machen, dass das Organ der umzuwandelnden Gesellschaft, in dem die Mitbestimmung der Arbeitnehmer vorgesehen ist, der Umwandlung mit qualifizierter Mehrheit oder einstimmig zustimmt.

(9) Die zum Zeitpunkt der Eintragung aufgrund der einzelstaatlichen Rechtsvorschriften und Gepflogenheiten sowie aufgrund individueller Arbeitsverträge oder Arbeitsverhältnisse bestehenden Rechte und Pflichten der umzuwandelnden Gesellschaft hinsichtlich der Beschäftigungsbedingungen gehen mit der Eintragung der SE auf diese über.

1. Umwandlung einer bestehenden AG

1   Art. 37 regelt die vierte von Art. 2 IV vorgegebene Möglichkeit für die Gründung einer SE, indem eine bestehende AG in eine SE umgewandelt wird. Insofern ist Abs. 1 ohne eigenständigen materiellen Gehalt. Die Voraussetzungen für die Umw einer AG in eine SE ergeben sich bereits aus Art. 2 IV (→ Art. 2 Rn. 41 ff.).

2. Identitätswahrender Formwechsel

2   Abs. 2 stellt klar, dass die Umw einer AG in eine SE weder die Auflösung der Ges noch die Gründung einer neuen jur. Person zur Folge hat. Die Umw nach Art. 2 IV ist mithin wie auch ein Formwechsel nach den § 190 UmwG identitätswahrend (näher → UmwG § 190 Rn. 5 ff.).

3. Sitzverlegung

3   Die Umw einer AG in eine SE darf nicht zugleich mit einer Sitzverlegung nach Art. 8 in einen anderen Mitgliedstaat verknüpft werden. Das Verfahren zur Sitzverlegung kann erst nach Eintragung der SE eingeleitet werden (Schwarz Rn. 9).

4. Umwandlungsplan

4   Kernstück der Umw einer bestehenden AG in eine SE ist der Umwandlungsplan. Im Gegensatz zu Art. 20 I, Art. 32 II enthält Abs. 4 keine **inhaltlichen Vorgaben** für den Umwandlungsplan. Eine ausdrückliche Verweisung auf das nat. UmwR, insbes. auf §§ 190 ff. UmwG, fehlt ebenso. Ein Rückgriff auf diese Normen scheidet bereits aus, da sie keine europarechtlichen Grundlagen haben (zutr. Seibt/Reinhard Der Konzern 2005, 407 (413); vgl. auch Kowalski DB 2007, 2243 (2245)). Leitbild ist vielmehr Art. 20 (Seibt/Reinhard Der Konzern 2005, 407 (413); Schwarz Rn. 16 ff.; MüKoAktG/Schäfer Rn. 10; Kölner Komm AktG/Paefgen Rn. 28; Habersack/Drinhausen/Bücker Rn. 23; HK-UmwG/Konu Rn. 115; aA Lutter/Hommelhoff/Teichmann/Schmidt Rn. 14; BeckOGK/Eberspächer Rn. 9; Widmann/Mayer/Heckschen Rn. 378: jew. nat. Formwechselvorschriften, § 194 UmwG).

5   Der Inhalt ergibt sich indes bereits aus der Funktion des Umwandlungsplans, Gegenstand des Umwandlungsbeschlusses nach Abs. 7 zu sein. Danach hat der Umwandlungsbeschluss zu **enthalten:**

– die Firma und Sitz der SE (vgl. Art. 11);
– das Umtauschverhältnis, also die Angabe, welche Aktien an der SE anstelle der bisherigen Aktien an der AG gewährt werden; eine abw. Stückelung ist zulässig (Seibt/Reinhard Der Konzern 2005, 407 (414));
– Einzelheiten hinsichtlich der Umw der Mitgliedschaftsrechte in der formwechselnden AG (Kölner Komm AktG/Paefgen Rn. 29);
– Sonderrechte und Sondervorteile iSv Art. 20 I lit. f und g (Schwarz Rn. 23f; Seibt/Reinhard Der Konzern 2005, 407 (414); Habersack/Drinhausen/Bücker Rn. 25);
– die Satzung der SE, der die Hauptversammlung ausdrücklich zustimmt.

Eine besondere **Formvorschrift** enthält Art. 37 nicht. Teilw. Wird § 6 UmwG 6 analog angewandt und damit eine notarielle Beurkundung für notwendig erachtet (etwa Heckschen DNotZ 2003, 251 (264); Schwarz Rn. 29; Lutter/Hommelhoff/Teichmann/Schmidt Rn. 21). Nach aA reicht Schriftform (Seibt/Reinhard Der Konzern 2005, 407 (414); Habersack/Drinhausen/Bücker Rn. 30; Kowalski DB 2007, 2243 (2245)). Die Beurkundungspflicht ergibt sich nicht bereits über Art. 15 I nach § 23 I 1 AktG, da eine Gründung durch Formwechsel vorliegt und hierbei die anzuwendenden Gründungsvorschriften vom UmwR vorgegeben werden (zutr. Seibt/Reinhard Der Konzern 2005, 407 (422); zur Form des Beschlusses → Rn. 10).

5. Umwandlungsbericht

Nach Abs. 4 erstellt das Leitungs- oder Verwaltungsorgan einen Bericht, in dem 7 die rechtlichen und wirtschaftlichen Aspekte der Umw erläutert und begründet sowie die Auswirkungen, die der Übergang zur Rechtsform einer SE für die Aktionäre und für die ArbN hat, dargelegt werden. Die unmittelbare Umw wird, da sie nicht mit einer Sitzverlegung verbunden werden kann (→ Rn. 3), regelmäßig wenig Auswirkungen für die Aktionäre wie auch für die ArbN haben. Anderes gilt bei einer beabsichtigten Einführung eines monistischen Systems nach Art. 43 ff. Die daraus resultierenden Veränderungen sind sodann umfassend zu erläutern und zu begründen.

6. Offenlegung des Umwandlungsplans

Der Umwandlungsplan ist mindestens einen Monat vor dem Tag der HV offenzu- 8 legen. Die Vorschrift entspricht Art. 32 III (→ Art. 32 Rn. 16). Eine Zuleitung an den Betriebsrat erfolgt nicht (Habersack/Drinhausen/Bücker Rn. 34). Zu diesem Zeitpunkt muss der Umwandlungsplan – wenn überhaupt (→ Rn. 6) – noch nicht notariell beurkundet sein (Louven/Ernst BB 2014, 323 (328)).

7. Prüfung des Kapitals

Bei der Umw einer AG in eine SE ist eine Umwandlungsprüfung nicht vorzuneh- 9 men, da der Rechtsträger identisch bleibt und grds. auch keine Veränderungen der Beteiligungsverhältnisse eintreten können. Abs. 6 schreibt jedoch vor, dass vor der HV ein Sachverständiger iSv Art. 10 RL 78/855/EWG (jetzt Art. 96 GesR-RL) in Deutschland: § 11 I 1 UmwG iVm § 319 I HGB) gem. Kapital-RL 1977 (jetzt GesR-RL) sinngemäß zu bescheinigen hat, dass die Ges über Nettovermögenswerte (nach Verkehrswerten; Kallmeyer/Marsch-Barner/Wilk Rn. 96; Habersack/Drinhausen/Bücker Rn. 50) mindestens in Höhe ihres (nicht der künftigen SE) Kapitals zzgl. der kraft Gesetzes oder Statut nicht ausschüttungsfähigen Rücklagen verfügt. Mithin soll trotz der schon bestehenden Rechtsform der AG eine Prüfung der Reinvermögensdeckung erfolgen.

8. Hauptversammlung

10 Die HV der betreffenden Ges muss dem Umwandlungsplan zustimmen und die Satzung der SE genehmigen. Für die Einberufung und Vorbereitung der HV gilt das nat. Recht für AG, in Deutschland mithin §§ 121 ff. AktG. Hinsichtlich der Beschlussfassung verweist Abs. 7 S. 2 auf die nat. Durchführungsbestimmungen zu Art. 7 RL 78/855/EWG (→ Rn. 9; jetzt Art. 93 GesR-RL 2017). Danach gilt § 65 I 1 UmwG, wonach der Zustimmungsbeschluss der HV einer Mehrheit, die mindestens drei Viertel des bei der Beschlussfassung vertretenen Grundkapitals umfasst, bedarf. Sofern die Satzung der AG für Umw größere Kapitalmehrheiten oder weitere Erfordernisse bestimmt, gelten diese (§ 65 I 2 UmwG). Nach § 130 I 1 AktG bedarf der Zustimmungsbeschluss der Beurkundung durch eine über die Verhandlung notariell aufgenommene Niederschrift (Heckschen DNotZ 2003, 251 (264); Seibt/Reinhard Der Konzern 2005, 407 (420); Kallmeyer/Marsch-Barner/Wilk Rn. 115; Habersack/Drinhausen/Bücker Rn. 60; MüKoAktG/Schäfer Rn. 14; iErg auch Schwarz Rn. 56; Kölner Komm AktG/Paefgen Rn. 91). Zum geeigneten Zeitpunkt für die HV vgl. Louven/Ernst BB 2014, 323 (324).

9. Zustimmung des Mitbestimmungsorgans

11 Abs. 8 enthält eine Ermächtigung für den nat. Gesetzgeber, die Umw davon abhängig zu machen, dass das Organ der umzuwandelnden Ges, in dem die Mitbestimmung der ArbN vorgesehen ist, der Umw mit qualifizierter Mehrheit oder einstimmig zustimmt. Deutschland hat von dieser Ermächtigung keinen Gebrauch gemacht.

10. Fortgeltung der Beschäftigungsbedingungen

12 Abs. 9 entspricht Art. 29 IV (→ Art. 29 Rn. 7). Eines Übergangs der Rechte und Pflichten der umzuwandelnden Ges hinsichtlich der Beschäftigungsbedingungen bedarf es bei der Umw einer AG in eine SE aber grds. nicht. Kraft der Identität des Rechtsträgers gelten diese unverändert fort. Allenfalls bei einer Änderung vom dualistischen System zum monistischen System (vgl. Art. 39 ff., Art. 43 ff.) können Änderungen hinsichtlich der Ausgestaltung der Mitbestimmung eintreten.

11. Eintragung der SE

13 Nach einem vorliegenden Zustimmungsbeschluss wird die durch die Umw bewirkte Gründung der SE nach Art. 15 iVm dem nat. Aktienrecht zum HR angemeldet. Mit Eintragung wechselt die AG die Rechtsform.

D. Umwandlungssteuergesetz

vom 7. Dezember 2006 (BGBl. 2006 I 2782, 2791),
zuletzt geändert durch Gesetz vom 22.12.2023 (BGBl. 2023 I Nr. 411)

Einleitung

Übersicht

	Rn.
1. Reform des UmwStG seit 1995	1
a) Gesetzgebungsverfahren 1995	1
b) Europarechtliche Vorgaben	4
c) Gesetzesänderungen	9
aa) Änderungen bis zur Neufassung durch das SEStEG	9
bb) Änderungen durch das SEStEG	14
cc) Weitere Gesetzesänderungen	16
d) Die Umwandlungssteuer-Erlasse 1998 und 2011	18
2. Ziele und Grundprinzipien des UmwStG	21
3. Aufbau und Systematik des UmwStG	27

1. Reform des UmwStG seit 1995

a) Gesetzgebungsverfahren 1995. Das zeitgleich mit dem UmwG verabschiedete UmwStG v. 28.10.1994 (BGBl. 1994 I 3267) löste das Gesetz über stl. Maßnahmen bei Änderung der Unternehmensform (UmwStG 1977) v. 6.9.1976 (BGBl. 1976 I 2641) ab, dessen Vorgänger, das UmwStG 1969 v. 19.8.1969 (BGBl. 1969 I 1163), erstmalig steuerrechtliche Regelungen für die Umw von KapGes in einem Gesetz kodifiziert hatte. **1**

Im Gegensatz zur von langer Hand vorbereiteten und umfangreich diskutierten Reform des UmwG (iE → UmwG Einl. Rn. 7 ff.) durchlief das UmwStG 1995 das Gesetzgebungsverfahren in wenigen Monaten. Einem ersten nicht veröffentlichten RefE v. 14.6.1993 folgte ein gemeinsamer Entwurf der BReg. und der Regierungskoalition als „Regierungsentwurf eines Gesetzes zur Änderung des Umwandlungssteuerrechts" v. 10.2.1994 (BR-Drs. 132/94). Nach der Annahme des Gesetzentwurfs der BReg. durch den BT am 16.6.1994 (BR-Drs. 599/94) verweigerte der BR zunächst am 8.7.1994 die Zustimmung (BT-Drs. 12/8277). Nach kontroversen Diskussionen im Vermittlungsausschuss verabschiedete der BT das Gesetz am 6.9.1994 mit nachfolgender Zustimmung des BR am 23.9.1994 (BR-Drs. 843/94). Es wurde am 28.10.1994 als Gesetz zur Bereinigung des UmwR und Gesetz zur Änderung des UmwStR im BGBl. 1994 I 3267 verkündet und trat zum 1.1.1995 in Kraft. Das UmwStG 1995 war erstmals auf den Übergang von Vermögen anzuwenden, der auf Rechtsakten beruhte, die nach dem 31.12.1994 wirksam wurden (§ 27 I). **2**

Zu den nachfolgenden Änderungen → Rn. 9 ff. Das Gesetz wurde mit dem SEStEG v. 7.12.2006 (BGBl. 2006 I 2782) neu gefasst und seither dreizehnmal geändert (→ Rn. 14 ff.). **3**

b) Europarechtliche Vorgaben. Das UmwStR wurde zunächst nur geringfügig durch europarechtliche Vorgaben beeinflusst. Der Vorschlag des Rates für eine 10. **4**

Hörtnagl 1529

gesellschaftsrechtliche RL zur int. Fusion v. 8.1.1985 (ABl. 1985 C 23, 11) wurde wegen ungelöster arbeits- und mitbestimmungsrechtlicher Fragen lange Zeit nicht vorangetrieben. Mangels handelsrechtlicher Vorgaben unterließ der nat. Gesetzgeber daher überwiegend die Umsetzung der EG-RL v. 23.7.1990 über das gemeinsame Steuersystem für Fusionen, Spaltungen und die Einbringung von Unternehmensteilen und den Austausch von Anteilen, die Ges verschiedener Mitgliedstaaten betrifft (RL 90/434/EWG, ABl. 1990 L 225, 1 – **Fusions-RL 1990**) in nat. Recht. Nur für einen **Teilbereich** – Einbringung von Gesellschaftsanteilen, Betrieben oder Teilbetrieben – wurde die Fusions-RL 1990 durch das StÄndG 1992 v. 25.2.1992 (BGBl. 1992 I 297) in § 20 VI, VIII UmwStG 1977 und in **§ 23 UmwStG 1995** in nat. Recht übernommen (vgl. iE → 4. Aufl. 2006, § 23 Rn. 1 ff.).

5   Dies musste sich ändern. Zunächst trat am 8.10.2004 die **SE-VO** als unmittelbar anwendbares Recht in Kraft (iE → SE-VO Vor Art. 1 Rn. 1 ff.). Die SE-VO sieht als zulässige Form der Gründung einer SE die grenzüberschreitende Verschm von europäischen Aktiengesellschaften vor (iE → SE-VO Art. 2 Rn. 4 ff.). Des Weiteren wurden die EU-Mitgliedstaaten durch die RL 2005/56/EG v. 26.10.2005 über die **Verschm von KapGes** aus verschiedenen Mitgliedstaaten verpflichtet, in ihren nat. Rechtsordnungen Vorschriften vorzusehen, die die grenzüberschreitende Verschm von KapGes ermöglichen. In Deutschland wurde diese Vorgabe der RL mit Gesetz v. 19.4.2007 (BGBl. 2007 I 542) durch Einfügung der §§ 122a aF ff. UmwG umgesetzt. Infolgedessen bestehen seither EU-/EWR-weit die zivilrechtlichen Möglichkeiten für grenzüberschreitende Verschm. Weitere Impulse resultierten aus der Rspr. des **EuGH**. Nachdem der EuGH zunächst mit den Urteilen „Centros", „Überseering" und „Inspire Art" klargestellt hat, dass ein nach dem Recht eines EU-Mitgliedstaats gegründeter Rechtsträger nach einer Verlegung des tatsächlichen Verwaltungssitzes in einen andern EU-Mitgliedstaat vom Zuzugsstaat als Rechtsträger der ausl. Rechtsform anzuerkennen sei (hierzu näher → UmwG § 1 Rn. 35), hat er mit dem Urteil „Sevic" zusätzlich unmissverständlich geklärt, dass die Nichtzulassung EU-grenzüberschreitender Verschm gegen die Niederlassungsfreiheit verstoße, wenn inl. Rechtsträger eine Verschm vornehmen können. Dies wirkte über die zunächst positivrechtlich geregelte grenzüberschreitende Verschm von KapGes hinaus, in dem sich auch Rechtsträger anderer Rechtsformen und alle Rechtsträger hinsichtlich anderer Umwandlungsarten darauf berufen können (→ UmwG § 1 Rn. 45). Weitere Impulse für grenzüberschreitende Umw, insbes. hinsichtlich einer grenzüberschreitenden Sitzverlegung und eines grenzüberschreitenden Formwechsels, resultierten aus den EuGH-Urteilen „Cartesio" (EuGH NJW 2009, 569) und „VALE Epitesi kft" (EuGH NZG 2012, 871; hierzu → UmwG § 1 Rn. 52, → UmwG § 1 Rn. 55). Schließlich hat der EuGH mit dem Urteil „Hughes de Lasteyrie du Saillant" (IStR 2004, 236) festgestellt, die Niederlassungsfreiheit verbiete es, mit dem Wegzug eines EU-Bürgers in einen anderen EU-Mitgliedstaat unmittelbar steuerbelastende Folgen zu verknüpfen. Vgl. aber die Weiterentwicklung durch EuGH IStR 2017, 69 – Kommission/Portugal. Die Anforderungen an eine gemeinschaftskonforme Wegzugsbesteuerung für Ges aufgrund einer Verlegung des Verwaltungssitzes hat der EuGH zwischenzeitlich ebenfalls präzisiert (EuGH DStR 2011, 2334 – National Grid Indus BV). Zu den europarechtlichen Anforderungen an eine Entstrickungsbesteuerung von einzelnen Wirtschaftsgütern vgl. EuGH DStR 2015, 1166 – Verder LabTec GmbH & Co. KG. Vgl. iU auch EuGH DStR 2014, 193 – DMC zur Entstrickung durch Einbringung. Mit dem UmRUG, das die Vorgaben der durch die UmwR-RL geänderten GesR-RL umsetzt, wurden nunmehr in den §§ 305 ff. umfassend Vorschriften für grenzüberschreitende Umw (Verschmelzung, Spaltung und Formwechsel) von europäischen KapGes eingefügt.

6   Zeitnah zum Inkrafttreten der SE-VO (→ Rn. 5) wurde die Fusions-RL mit der RL des Rates v. 17.2.2005 (ABl. 2005 L 58, 19) geändert. Die Änderungen betrafen im Wesentlichen die Aufnahme der Abspaltung (neben der bereits zuvor geregelten

Aufspaltung) als von der RL umfasste Umwandlungsform und die Ergänzung um Regelungen hinsichtlich der in der SE-VO vorgesehenen Möglichkeit einer identitätswahrenden Sitzverlegung einer SE. Die **stl. Fusions-RL** wurde zwischenzeitlich **neu gefasst** (RL 2009/133/EG v. 19.10.2009, ABl. 2009 L 310, 34, zuletzt geändert durch Art. 1 ÄndRL 2013/13/EU v. 13.5.2013, ABl. 2013 L 141, 30).

Seit in umfassender Weise die zivilrechtlichen Möglichkeiten grenzüberschreitender Umw und Sitzverlegungen bestanden, musste der dt. Gesetzgeber in weit umfangreicherem Maße als bisher die Vorgaben der Fusions-RL umsetzen. Denn die Fusions-RL ist auf Fusionen, Spaltungen, Abspaltungen, die Einbringung von Unternehmensteilen und den Austausch von Anteilen anwendbar, wenn daran Ges aus zwei oder mehr Mitgliedstaaten beteiligt sind (Art. 1 lit. a Fusions-RL). Sie ist ferner anwendbar auf Sitzverlegungen einer SE oder einer SCE (Art. 1 lit. b Fusions-RL). Die **Fusions-RL** enthält zwei **Grundaussagen.** Zum einen darf eine Fusion, Spaltung oder Abspaltung und eine Einbringung von Unternehmensteilen keine Besteuerung stiller Reserven auslösen, soweit das übertragene Vermögen weiterhin einer inl. Betriebsstätte zuzuordnen ist (Art. 4, 9 Fusions-RL). Zum anderen darf die Zuteilung von Anteilen an der übernehmenden oder erwerbenden Ges an die Gesellschafter der einbringenden oder übertragenden Ges aufgrund einer Fusion, einer Spaltung, eines Austausches von Anteilen oder Abspaltung für sich allein keine Besteuerung des Veräußerungsgewinns auf der Ebene des Gesellschafters auslösen (Art. 8 Fusions-RL).

Eine Anpassung des UmwStG (und darüber hinaus des Ertragsteuerrechts) an die europarechtlichen Vorgaben ist durch das **SEStEG** erfolgt. Ob damit alle Anforderungen der Fusions-RL und darüber hinaus der europäischen Grundfreiheiten erfüllt sind, ist in vielen Einzelheiten zweifelhaft und streitig (hierzu etwa → Vor § 11 Rn. 6 ff.). Zu den **Änderungen** durch das SEStEG näher → Rn. 14.

c) Gesetzesänderungen. aa) Änderungen bis zur Neufassung durch das SEStEG. Das UmwStG wurde seit Inkrafttreten **bis** zur **Neufassung** durch das **SEStEG** dreizehn Mal – zuletzt durch das StVergAbG v. 16.5.2003 (BGBl. 2003 I 660) – geändert. Mit den Gesetzesänderungen war oftmals eine in den Begr. sog. „Klarstellung" beabsichtigt. Tatsächlich dienten diese „klarstellenden" Gesetzesänderungen der Beseitigung von Missgeschicken und der Unterbindung von Interpretationen, die der FVerw nicht genehm waren (vgl. beispielhaft Lüdicke/Durchlaub FR 1995, 577). Rechtsstaatlich bedenklich ist diese Vorgehensweise, wenn die „klarstellenden" Gesetzesänderungen auf den Rechtszustand vor der Änderung Einfluss nehmen sollen, indem ein angeblich ohnehin immer schon bestehender Wille des Gesetzgebers nachträglich dokumentiert wird. Zwischenzeitlich wurde dies auch gesetzlich institutionalisiert. § 28 – erstmals eingefügt durch Gesetz v. 23.7.2002 (BGBl. 2002 I 2715) – ermächtigt das BMF nicht nur zu Neubekanntmachungen, sondern auch dazu, „Unstimmigkeiten im Wortlaut zu beseitigen". Von dieser – auf redaktionelle Anpassungen beschränkten – Ermächtigung wurde aber bislang kein Gebrauch gemacht.

Oftmals dienten die Gesetzesänderungen aber auch der (zukünftigen) Verhinderung unerwünschter – tatsächlicher oder vermeintlicher – Vorteile durch Umw. Dies betrifft insbes. die Möglichkeiten der Verlustnutzung und der Möglichkeiten der Schaffung von Abschreibungspotenzial. So wurde insbes. das sog. Umwandlungsmodell durch Änderung von §§ 4, 5 und durch Einfügung von § 50c XI EStG aF erschwert und sodann – durch das StSenkG v. 23.10.2000 (BGBl. 2000 I 1433) – unmöglich gemacht (Abschaffung der Berücksichtigung von Umwandlungsverlusten durch Aufstockung der übergehenden WG; vgl. hierzu Hörtnagl INF 2001, 33). Auch die Verschärfung von § 12 III (übergehende Verlustvorträge bei der Verschm von Körperschaften auf Körperschaften) gehören in diesen Kontext. Teilw. sollten die Änderungen auch mit zeitlicher Rückwirkung (im Jahr der Gesetzesänderung) durchgesetzt werden. So galten die Änderungen durch das Gesetz zur Fortsetzung der Unternehmenssteuerreform v. 31.10.1997 (BGBl. 1997 I 2590) zunächst für das gesamte Jahr 1997. Erst nach massiven Protesten und Bedenkenäußerungen wurde der Stichtag durch Gesetz v. 19.12.1997 (BGBl. 1997 I 3121) auf den 5.8.1997 (Zeitpunkt des endgültigen Gesetzesbeschlusses) verlegt (vgl. hierzu etwa Olbing GmbH-StB 1999, 290).

11 Ein lehrreiches Beispiel für die Tendenz zur Nachbesserung ist auch § 18 IV aF (jetzt § 18 III). Die FVerw vertrat bereits zur ursprünglichen Fassung die Auffassung, dass eine Aufstockung der BW nach § 4 VI für die GewSt nicht stattfinde (BMF 25.3.1998, BStBl. I 1998, 268 Rn. 18.02). Eine Stütze im Gesetz fand sich hierfür nicht, weswegen der BFH (DStR 2000, 1510) dieser Verwaltungsauffassung nicht folgte. Der Gesetzgeber hatte aber bereits zuvor – damit wenigstens für die Zukunft – durch das StEntlG 1999/2000/2002 v. 24.3.1999 (BGBl. 1999 I 402) § 18 IV aF entsprechend geändert.

12 Schließlich waren Änderungen des UmwStG durch die Änderungen anderer Steuergesetze bedingt. Im besonderen Maße gilt dies für das **StSenkG** v. 23.10.2000 (BGBl. 2000 I 1433). In diesem Zusammenhang musste insbes. die Abkehr vom kstl. Anrechnungssystem zum Halbeinkünfteverfahren in den §§ 4, 7, 10 umgesetzt werden (vgl. Hörtnagl INF 2001, 33).

13 Insges. kann festgestellt werden, dass die Gesetzesänderungen oftmals eine steuerverschärfende Tendenz hatten. Der Einfluss der FVerw auf das Gesetzgebungsverfahren kommt dabei deutlich zum Ausdruck. Das mit dem UmwStG 1995 verfolgte Ziel, betriebswirtschaftlich erwünschte und handelsrechtlich mögliche Umstrukturierungen stl. nicht zu behindern, wurde manchmal aus dem Auge verloren.

14 **bb) Änderungen durch das SEStEG.** IRd SEStEG v. 7.12.2006 (BGBl. 2006 I 2782) wurde das UmwStG neu gefasst. Ziel des SEStEG war die Anpassung der Vorschriften des UmwStG an die europäischen Vorgaben (→ Rn. 5). Darüber hinaus wurden aber auch methodische Veränderungen vorgenommen, die keinen Bezug zum Europarecht haben. Das UmwStG 1995 ist indes nicht aufgehoben, sondern gilt fort, insbes. hinsichtlich der Regelungen zu § 21 aF und dem Wegfall von Steuererleichterungen (§ 26 aF); vgl. auch § 27.

15 Wesentliche **Änderungen** durch das SEStEG sind:
– Das UmwStG ist europäisiert, in mancher Hinsicht auch globalisiert worden. Es erfasst nun neben inl. Vorgängen grds. auch grenzüberschreitende Umw und vergleichbare ausl. Vorgänge, soweit Rechtsträger aus dem EU-/EWR-Raum betroffen sind (vgl. iE → § 1 Rn. 1 ff.).
– Der Grds. der Maßgeblichkeit gilt generell nicht (→ UmwG § 17 Rn. 66).
– Die übergehenden WG sind im Grds. mit dem gemeinen Wert (bisher Wahlrecht zum TW) zu bewerten. Regelmäßig besteht ein antragsgebundenes Wahlrecht zur Bewertung mit den fortgeführten BW oder einem ZW, soweit das inl. Besteuerungsrecht nicht beschränkt oder ausgeschlossen wird.
– Bei der Verschm einer Körperschaft auf eine PersGes/natürliche Person sind nach § 7 die übergehenden offenen Reserven für jeden Anteilsinhaber als Einkünfte aus KapVerm zu erfassen.
– Die Systematik der Einbringung von Betrieben, Teilbetrieben, Mitunternehmeranteilen und Anteilen an einer KapGes in eine KapGes/eG (§§ 20 ff.) wurde grundlegend geändert. An die Stelle des Entstehens einbringungsgeborener Anteile ist eine nachgelagerte, zeitlich befristete und abgestufte Nachversteuerung des Einbringungsvorgangs bei schädlichen Veräußerungen und der Veräußerung gleichgestellten Ersatztatbeständen getreten (§ 22).

16 **cc) Weitere Gesetzesänderungen.** Das UmwStG ist seit der Neufassung durch das SEStEG bereits dreizehnmal geändert worden. Mit dem Unternehmenssteuerreformgesetz 2008 v. 14.8.2007 (BGBl. 2007 I 1912) wurde zunächst § 4 II 2 dahinge-

hend angepasst, dass neben verrechenbaren Verlusten, verbleibenden Verlustvorträgen, nicht ausgeglichenen negativen Einkünften auch ein Zinsvortrag nach § 4h I 2 EStG nicht übergeht (→ § 4 Rn. 77). Entsprechende Änderungen im Hinblick auf den Zinsvortrag wurden in § 15 III, in § 20 IX und in § 24 VI aufgenommen. Mit dem JStG 2008 (BGBl. 2008 I 3150) wurde § 10 aufgehoben. Die Vorschrift ist durch die Umstellung der Behandlung der EK02-Bestände nach § 38 IV–VIII KStG gegenstandslos geworden. Die an sich folgerichtige Anpassung von § 16 ist nicht erfolgt (→ § 16 Rn. 33). Ferner wurde § 18 III dahingehend geändert, dass bei einer schädlichen Veräußerung ein Aufgabe- oder Veräußerungsgewinn auch dann der GewSt unterliegt, soweit er auf das BV entfällt, das bereits vor der Umw im Betrieb der übernehmenden PersGes oder natürlichen Person vorhanden war. Der Gesetzgeber hat damit auf die zur vorherigen Gesetzesfassung abw. Rechtsauffassung des BFH (BFH/NV 2007, 637) reagiert.

Mit dem JStG 2009 (BGBl. 2009 I 2794) wurde § 2 IV eingefügt. Die Vorschrift **17** soll verhindern, dass nicht trotz eines schädlichen Anteilsinhaberwechsels gem. § 8c KStG durch eine rückwirkende Umw Verlustvorträge und andere Verlustpositionen zur Aufstockung der BW genutzt werden. IÜ erfolgte eine Anpassung an den Wechsel vom Halb- zum Teileinkünfteverfahren und neben redaktionellen Anpassungen eine Klarstellung bei § 22 II 1, dass die tatsächliche Freistellung nach § 8b KStG maßgeblich ist. Mit dem WachstumsbeschleunigungsG v. 22.12.2009 (BGBl. 2009 I 3950) wurden § 2 IV, § 4 II, § 15 III, § 20 IX (Erweiterung um EBITDA-Vortrag) und § 9 (Erweiterung des Verweises auf § 2 IV) angepasst. Mit dem Gesetz zur Umsetzung des EuGH-Urteils v. 20.10.2011 in der Rs. C-284/09 v. 21.3.2013 (BGBl. 2013 I 561) wurde § 24 V 1 UmwStG neu gefasst und in § 27 XI eine eigenständige Anwendungsvorschrift für Bezüge iSv § 8b I iVm IV KStG (Streubesitzdividenden) eingeführt. Durch das AmtshilfeRLUmsG v. 26.6.2013 (BGBl. 2013 I 1809) wurde neben einer redaktionellen Anpassung von § 1 II Nr. 1 die Verrechnung von Verlusten des übernehmenden Rechtsträgers bei rückwirkenden Umw durch Anfügung von § 2 IV 3–6 eingeschränkt (nebst Anwendungsvorschrift in § 27 XII). Das Gesetz zur Anpassung des nat. Steuerrechts an den Beitritt Kroatiens zur EU und zur Änderung weiterer stl. Vorschriften v. 25.6.2014 (BGBl. 2014 I 1266) bewirkte ausschließlich redaktionelle Anpassungen an geänderte europäische und nat. Vorschriften bzw. die Beseitigung von Fehlverweisen in § 1 V Nr. 1, § 3 III 1, § 13 II 1 Nr. 2 S. 1, § 20 VIII, § 21 II 3 Nr. 2, § 27 XII, XIII. Im Jahr 2015 wurden mit dem Steueränderungsgesetz 2015 (BGBl. 2015 I 1834) die sonstigen Gegenleistungen bei Einbringungen nach §§ 20, 21 und 24 (nebst Folgeänderungen bei § 22 I 6 Nr. 2, 4, 5 und bei § 27) eingeschränkt. Durch das Brexit-StBG vom 25.3.2019 (BGBl. 2019 I 357) wurden § 1 (→ § 1 Rn. 67) und § 22 (→ § 22 Rn. 193) angepasst, um die Folgen des Brexits zu mildern. Mit dem Corona-SteuerhilfeG (BGBl. 2020 I 1385) wurden durch § 27 XV die Rückwirkungszeiträume in § 9 S. 3 und § 20 VI S. 1 und 3 (übergangsweise) von acht Monaten auf zwölf Monate verlängert (zur mit der handelsrechtlichen Schlussbilanz verknüpften Rückwirkung nach § 2 (→ § 2 Rn. 18) vgl. § 4 COVMG). Das AbzStEntModG (BGBl. 2021 I 1259) bewirkte die Einfügung von § 2 V, die dem Zeitablauf geschuldete Streichung von § 4 V und die Erstreckung des Verweises in § 9 S. 3 auch auf § 2 V sowie die Ergänzung von § 27 um Abs. 16 und Abs. 17 zur Anwendung der Neuerungen. Mit dem KöMoG (BGBl. 2021 I 2050) wurde § 1 „globalisiert" (nebst Anwendungsvorschrift in § 27 XVIII) und mit dem JStG 2022 (BGBl. 2022 I 2294) wurde § 27 III Nr. 3 infolge der Änderungen von § 6 V AStG angepasst.

d) Die Umwandlungssteuer-Erlasse 1998 und 2011. Die FVerw hat nach **18** Inkrafttreten des UmwStG 1995 mit diversen Vfg., insbes. aber mit BMF-Schr. v. 25.3.1998 (BStBl. I 1998, 268) – angepasst durch BMF-Schr. v. 21.8.2001 (BStBl. I 2001, 543) – Stellung bezogen. Dieser sog. **UmwSt-Erlass** behandelte in Form eines verwaltungsinternen Kommentars beinahe sämtliche Vorschriften des UmwStG und Vorschriften anderer Steuergesetze, die für Umw relevant sind. Durch die weitreichenden Änderungen des UmwStG durch das StSenkG (→ Rn. 9) wurden einige Passagen des UmwSt-Erlasses 1998 Makulatur. Dennoch reagierte die FVerw erst mit **BMF-Schr. v. 16.12.2003** (BStBl. I 2003, 786) umfassend. Vgl. zu diesen beiden Verwaltungsanweisungen 5. Aufl. 2009, Rn. 18 ff., zur Anwendung des UmwSt-Erlasses 1998 auf Altfälle und auf §§ 21, 26 UmwStG aF vgl. BMF 11.11.2011, BStBl. I 2011, 1314 Rn. 00.01.

19 Aufgrund der Neufassung des UmwStG durch das **SEStEG** und der damit verbundenen systematischen Änderungen (→ Rn. 15) waren wiederum **Teile** des UmwSt-Erlasses **1998** nicht mehr aktuell. Trotzdem benötigte die FVerw fünf Jahre seit Inkrafttreten des SEStEG, bis mit BMF-Schr. v. 11.11.2011 (BStBl. I 2011, 1314) der neue UmwSt-Erlass 2011 veröffentlicht wurde. Dem neuen **UmwSt-Erlass 2011** vorangegangen waren mehrere inoffizielle und ein offizieller Entwurf v. 2.5.2011 zum Zwecke der Anhörung der betroffenen Verbände. Trotz umfassender Äußerungen der Verbände (zB DAV- Steuerrechtsausschuss NZG 2011, 819) in knapper Zeit (dazu Geberth DB 22/2011, M1) und vielfältigen kritischen Auseinandersetzungen in der Lit. wurden kaum Anregungen aufgegriffen (zu den Änderungen Förster GmbHR 2012, 237).

20 Der größte Kritikpunkt am UmwSt-Erlass 2011 ist sein spätes Erscheinen. Hierdurch bestand in der Praxis gerade auch zu eher formalen Fragen wie der Antragstellung zur Buchwertfortführung (etwa § 3 II, § 11 II) große Unsicherheit. Die FVerw hat hierauf teilw. reagiert und in BStBl. I 2011, 1314 Rn. S.01–S.08 **Übergangsregelungen** aufgenommen (dazu etwa Olbing GmbH-StB 2012, 89; Roser GmbHR 2012, 245). IÜ ist der UmwSt-Erlass 2011 – wie auch schon der UmwSt-Erlass 1998 – eine umfassende „Kommentierung" der Sichtweise der FVerw zum UmwStG in der Fassung durch das SEStEG. Zusätzlich wurden weitere Entwicklungen aufgrund zwischenzeitlicher BFH-Rspr. (etwa zur Berücksichtigung angeschaffter Drohverlustrückstellungen, vgl. BStBl. I 2011, 1314 Rn. 03.06, 04.16) aufgegriffen. Die wahrscheinlich erstaunlichste Neuerung ist, dass die FVerw umfassend, also auch bei rein nat. Umw, den **europäischen Teilbetriebsbegriff** anwenden möchte (BStBl. I 2011, 1314 Rn. 15.02, 20.06, 24.03). Für die Praxis wenig befriedigend ist die weiterhin sehr restriktive und teilw. im Vergleich zum UmwSt-Erlass 1998 noch strengere Sichtweise der FVerw bei der **Spaltung** von KapGes (§§ 15, 16). Großzügige Regelungen hätte man sich auch im Zusammenhang mit der Behandlung von Umw als schädliche Veräußerungen iSv § 22 (BStBl. I 2011, 1314 Rn. 22.21 ff.) gewünscht. Wie auch schon die Vorgänger-Erlasse enthält der UmwSt-Erlass 2011 über die Regelungen des UmwStG hinaus Aussagen zu den Auswirkungen einer Umw auf eine **Organschaft** (BStBl. I 2011, 1314 Rn. Org.01 ff.) und auf das stl. Einlagenkonto und den Sonderausweis (BStBl. I 2011, 1314 Rn. K.01 ff.). Der UmwSt-Erlass 2011 wurde vor und nach seinem Erscheinen begleitet von einer Flut von vielfach krit. Veröffentlichungen. Manche Aussagen der FVerw werden sicherlich in den kommenden Jahren von der Rspr. nicht bestätigt werden. Vgl. iÜ zum UmwSt-Erlass 2011 die einzelnen Kommentierungen. Zwischenzeitlich gibt es bereits Weiterentwicklungen durch einzelne BMF-Schr. oder ergänzende Ausführungen von Landesfinanzbehörden (etwa BMF 4.2.2016, BStBl. I 2016, 684 zur Gutschrift auf dem Kapitalkonto II und BMF 23.2.2018, BStBl. I 2018, 319 zur Verlustverrechnung bei unterjähriger Abspaltung).

2. Ziele und Grundprinzipien des UmwStG

21 Durch das UmwStG 1995 sollten die steuerrechtlichen Vorschriften an die umfassende Reform des HandelsR angepasst und stl. Hemmnisse bei der Umstrukturierung von Unternehmen beseitigt werden (Begr. RegE UmwStG, BT-Drs. 12/7263,

Allg. Teil). **Hauptaufgabe** des UmwStR war und ist es, betriebswirtschaftlich erwünschte und handelsrechtlich durch das UmwG 1995 in erweitertem Umfang mögliche Umstrukturierungen von Unternehmen nicht durch die Aufdeckung und Versteuerung von stillen Reserven zu behindern (Begr. RegE, BR-Drs. 132/94, Allg. Teil; vgl. Dehmer DStR 1994, 1713 (1714)). Nach früherem Recht war die steuerneutrale Umstrukturierung von Unternehmen nur in Fällen der Umw in KapGes, bei Verschm von KapGes und bei Einbringungen in KapGes iSv § 20 UmwStG 1977 bzw. in PersGes iRd § 24 UmwStG 1977 möglich. Das UmwStG 1995 **erweiterte** den Kreis der steuerneutral **möglichen Umstrukturierungen** auf die Fälle des Vermögensübergangs von Körperschaften auf PersGes bzw. natürliche Personen. Dadurch wurde erstmals die steuerneutrale Rückumwandlung von KapGes in/auf PersGes eröffnet; angesichts unverändert fehlender Rechtsformneutralität entwickelte sich diese Neuregelung für die Praxis zur bedeutsamsten Änderung des UmwStG. Beginnend mit den Änderungen durch das StSenkG v. 23.10.2000 (BGBl. 2000 I 1434) wurde die **Umw** einer **Körperschaft in** eine **PersGes** allerdings wieder unnötig erschwert. Zwar müssen bei Beibehaltung des inl. Besteuerungsrechts weiterhin stille Reserven nicht versteuert werden, die nur teilw. Berücksichtigung eines Umwandlungsverlustes (§ 4 VI) führt aber dazu, dass in vielen Fällen die Umw einer Körperschaft in eine PersGes nachteilig ist (Verlust von AK; allerdings verfassungsgemäß, so BFH BStBl. II 2016, 919). Weitere wichtige Neuregelungen waren der Übergang des verbleibenden **Verlustabzugs** iSv § 10d III 2 EStG aF beim Vermögensübergang von Körperschaften auf Körperschaften, der allerdings durch Änderung von § 12 III aF durch das Gesetz zur Fortsetzung der Unternehmenssteuerreform v. 31.10.1997 (BGBl. 1997 I 2590) wieder erheblich beschränkt und endgültig mit der Neufassung des UmwStG durch das SEStEG abgeschafft wurde. Positiv war die Einführung von Regelungen mit dem UmwStG 1995 zu werten, die die erstmals im Wege der Gesamtrechtsnachfolge mögliche Auf-/Abspaltung von Körperschaften auf Körperschaften bzw. PhG steuerunschädlich ermöglichte. Die §§ 15, 16 traten an die Stelle des Spaltungserlasses v. 9.1.1992 (BMF 9.1.1992, BStBl. I 1992, 47), der eine **Spaltung** von KapGes auf KapGes/eG und eG ermöglichte. Entgegen einiger Stimmen in der Lit. hatte der Spaltungserlass schon seinem Wortlaut nach („bis zu der in Aussicht genommenen Bereinigung des Umwandlungsrechts und des Umwandlungssteuerrechts") mit Inkrafttreten des UmwStG 1995 am 1.1.1995 seine Wirksamkeit verloren.

Mit der Neufassung des UmwStG durch das **SEStEG** wurde schließlich das Ziel 22 verfolgt, das UmwStR aufgrund der zwischenzeitlichen zivilrechtlichen Möglichkeiten grenzüberschreitender Umw an die Vorgaben des Europarechts anzupassen (→ Rn. 4 ff.), zugleich aber den Zugriff auf im Inland steuerverhaftetes Substrat zu sichern.

Durch das UmwStG wird eine eigenständige Steuer für Unternehmensumstruk- 23 turierungen nicht begründet; es enthält vielmehr Regelungen, die ergänzende Sondervorschriften zum **EStG**, **KStG** und **GewStG** sind (BMF 11.11.2011, BStBl. I 2011, 1314 Rn. 01.01; die Bedeutung für das **ErbStG** ist str.; näher → § 2 Rn. 36). Andere Steuerarten behandelt das UmwStG nicht (→ § 1 Rn. 10). Sowohl für Übertragungen im Wege der (partiellen) Gesamtrechtsnachfolge nach dem UmwG als auch für Umstrukturierungen durch Einzelrechtsübertragungen sind insoweit die Regelungen der einschlägigen Steuergesetze maßgebend (etwa **GrEStG, UStG**). Die Besteuerung der beim übertragenden Rechtsträger entstehenden Umsätze unterliegt bspw. den allg. ustl. Vorschriften. Soweit zum Vermögen des umwandelnden Rechtsträgers inl. Grundstücke oder grundstücksgleiche Rechte gehören und diese bei der Umw übertragen werden, wird unabhängig von der ertragstl. Steuerneutralität des Umwandlungsvorgangs der Tatbestand von § 1 I 3 GrEStG erfüllt, sodass GrESt anfällt. Vgl. allerdings § 6a GrEStG (hierzu E. Verkehrsteuern).

D UmwStG Einl. 24–28 Umwandlungssteuergesetz

24 Die **steuerneutrale Umstrukturierung** (Vermeidung der Besteuerung stiller Reserven) wird nach dem UmwStG dadurch ermöglicht, dass der übertragende Rechtsträger die übergehenden WG in seiner stl. Schlussbilanz unter gewissen Voraussetzungen zu BW bewerten und der übernehmende Rechtsträger diese Werte in seiner StB fortführen kann (Fälle der §§ 3–19) bzw. der übernehmende Rechtsträger (Fälle der §§ 20 ff.) das Wahlrecht hat, das übergehende Vermögen mit den bisherigen BW zu erfassen, und dieser Ansatz als Veräußerungspreis für den Einbringenden gilt (**Buchwertfortführung**).

25 Das UmwStG ist in weiten Teilen (§§ 3–19) ein AnnexG zum UmwG bzw. zu vergleichbaren ausl. Vorgängen (→ § 1 Rn. 12 ff.). Der Anwendungsbereich des UmwStG ist aber umfassender. Die §§ 20 ff. erfassen nicht nur Umw nach dem UmwG oder vergleichbare ausl. Vorgänge, sie sind auch auf Umw durch Einzelrechtsnachfolge anwendbar (→ § 1 Rn. 78 ff.).

26 Gemeinsam ist allen Fallgruppen des UmwStG, dass das übergehende Vermögen ein Betrieb, Teilbetrieb, Mitunternehmeranteil oder eine qualifizierte Beteiligung an einer KapGes sein muss. Die Übertragung einzelner WG ist vom UmwStG nicht erfasst. Insoweit finden sich vereinzelte Regelungen in den allg. Steuergesetzen (etwa § 6 V EStG, § 16 III 2 ff. EStG).

3. Aufbau und Systematik des UmwStG

27 Das UmwStG ist in Teilbereichen (Zweiter bis Fünfter Teil) ein AnnexG zum UmwG und den vergleichbaren ausl. Vorgängen (→ § 1 Rn. 12 ff.). Der Sechste bis Achte Teil (§§ 20–25) erfasst neben Umw nach dem UmwG und vergleichbaren ausl. Vorgängen auch Übertragungen durch Einzelrechtsnachfolge (iE → § 1 Rn. 78 ff.). Die nachfolgende Darstellung des Aufbaus des UmwStG bezieht sich daher immer auf die Umwandlungsarten nach dem UmwG und auf die vergleichbaren ausl. Vorgänge sowie auf die inl. Rechtsformen und die mit diesen vergleichbaren (zum Typenvergleich → § 1 Rn. 57 ff.) Rechtsformen ausl. Rechtsträger.

28 Im Einzelnen erfasst das UmwStG folgende Fallgruppen:
– §§ 3–10 regeln die **Verschm** von **Körperschaften** auf **PersGes** und auf den Alleingesellschafter iSv § 1 I Nr. 1 UmwG, §§ 2 ff. UmwG. Bei der Verschm geht das gesamte Vermögen von einem oder mehreren Rechtsträgern im Wege der Gesamtrechtsnachfolge auf einen anderen, bereits bestehenden (Verschm durch Aufnahme) oder neu gegründeten (Verschm durch Neugründung) Rechtsträger unter Auflösung ohne Abwicklung über. Die Anteilsinhaber (Gesellschafter, Genossen, Mitglieder, vgl. § 2 UmwG) der übertragenden Rechtsträger erhalten idR als Gegenleistung Anteile an dem übernehmenden bzw. neu gegründeten Rechtsträger (→ UmwG § 2 Rn. 3 ff.).
– § 9 regelt den **Formwechsel** von **KapGes** in **PersGes** und erklärt hierfür die §§ 3–8 für entsprechend anwendbar. Beim Formwechsel iSv § 1 I Nr. 4 UmwG, §§ 190 ff. UmwG ändert sich die Rechtsform eines Rechtsträgers unter Wahrung seiner rechtlichen Identität und unter grds. Beibehaltung des bisherigen Kreises der Anteilsinhaber. Obwohl damit zivilrechtlich ein Vermögensübergang nicht stattfindet, wird dieser stl. wegen des Systemwechsels beim Formwechsel von einer KapGes in eine PersGes (und umgekehrt) fingiert.
– §§ 11–13 regeln die **Verschm** von **Körperschaften** auf **Körperschaften** und die Vermögensübertragung (**Vollübertragung**). Ergänzend zu § 13 muss § 20 IVa EStG beachtet werden. Bei der Vermögensübertragung (Vollübertragung) iSv § 1 I Nr. 3 UmwG, § 174 I UmwG gehen WG von einer KapGes oder von Versicherungsunternehmen auf die öffentliche Hand bzw. auf Versicherungsunternehmen ähnlich der Verschm über mit dem Unterschied, dass die Anteilsinhaber des übertragenden Rechtsträgers nicht an dem übernehmenden bzw. neu gegrün-

deten Rechtsträger beteiligt werden, sondern vielmehr eine Gegenleistung anderer Art, meist eine Barleistung, erhalten.
- In § 15 und § 16 finden sich Regelungen für die **Auf-/Abspaltung** sowie **Teilübertragung** von **Körperschaften** auf Körperschaften bzw. PhG. Bei der Spaltung iSv § 1 I Nr. 2 UmwG, §§ 123 ff. UmwG handelt es sich um eine Vermögensübertragung von einem übertragenden Rechtsträger auf einen oder mehrere bestehende oder neu gegründete übernehmende Rechtsträger im Wege der Sonderrechtsnachfolge (partielle Gesamtrechtsnachfolge). Es gibt drei Arten: Bei der **Aufspaltung** teilt ein übertragender Rechtsträger unter Auflösung ohne Abwicklung sein gesamtes Vermögen auf und überträgt die Vermögensteile auf mindestens zwei andere Rechtsträger gegen Gewährung von Anteilen an den übernehmenden Rechtsträgern an die Anteilsinhaber des übertragenden Rechtsträgers. Der übertragende Rechtsträger erlischt zum Zeitpunkt der Eintragung der Spaltung. Bei der **Abspaltung** bleibt der übertragende Rechtsträger bestehen und überträgt nur einen Teil seines Vermögens auf einen oder mehrere andere Rechtsträger gegen Gewährung von Anteilen an den übernehmenden Rechtsträgern an die Anteilsinhaber des übertragenden Rechtsträgers. Bei der **Ausgliederung** bleibt der übertragende Rechtsträger ebenfalls bestehen. Sie unterscheidet sich aber von der Abspaltung dadurch, dass die Anteile an den übernehmenden Rechtsträgern nicht den Anteilsinhabern des übertragenden Rechtsträgers, sondern dem übertragenden Rechtsträger selbst gewährt werden. Die Ausgliederung wird nicht von §§ 15, 16 erfasst (§ 1 I 2). Sie ist stl. eine Einbringung iSv §§ 20–24.
- § 15 erfasst überdies die Vermögensübertragung **(Teilübertragung)** von einer Körperschaft auf eine andere Körperschaft. Die Vermögensübertragung (Teilübertragung) iSv § 1 I Nr. 3 UmwG, § 174 II UmwG ist eine nach den Regeln der Spaltung zu behandelnde Übertragung eines Teils des Vermögens von einer KapGes bzw. von Versicherungsunternehmen auf die öffentliche Hand oder auf Versicherungsunternehmen. Die Anteilsinhaber des übertragenden Rechtsträgers erhalten anstelle einer Beteiligung am übernehmenden Rechtsträger eine Gegenleistung anderer Art, insbes. eine Barleistung.
- §§ 18, 19 enthalten Spezialvorschriften für die Ermittlung des Gewerbeertrags für Zwecke der GewSt. Ferner enthält § 18 III einen eigenständigen Realisationstatbestand, um Missbräuchen zu begegnen.

Demgegenüber sind die **§§ 20 ff.** (Teile 6–8) nicht auf die Umw von Körperschaften beschränkt. Sie erfassen neben Einzelrechtsübertragungen folgende Umw nach dem **UmwG:**
- §§ 20, 22, 23 regeln die **Einbringung** eines Betriebs, Teilbetriebs, Mitunternehmeranteils **in eine KapGes.** Diese Vorschriften erfassen neben Fällen der Einzelrechtsnachfolge die Fälle der Verschm und der Auf-/Abspaltung von PersGes in KapGes und die Fälle der Ausgliederung von Körperschaften bzw. PersGes auf eine KapGes.
- §§ 21, 22, 23 regeln den **Anteilstausch,** also die Einbringung eines Anteils an einer KapGes **in eine KapGes.**
- § 24 behandelt die Fälle der **Einbringung** eines Betriebs, Teilbetriebs, Mitunternehmeranteils und einer 100%igen Beteiligung an einer KapGes (aus dem BV) **in eine PersGes.** Neben Fällen der Einzelrechtsnachfolge fallen darunter folgende Fälle der Gesamtrechtsnachfolge nach dem UmwG: Verschm und Auf-/Abspaltung von PersGes auf PersGes und die Ausgliederung von Körperschaften und PersGes auf PersGes.
- § 25 erklärt für Fälle des Formwechsels einer PhG in eine KapGes §§ 20–23 für entsprechend anwendbar.

Der Anwendungsbereich des UmwStG lässt sich anhand der folgenden **Übersicht** verdeutlichen (s. Tabelle nächste Seite).

Umwandlungs-art	von	in/auf	2.–5. Teil UmwStG §§	6. und 8. Teil UmwStG §§	7. Teil UmwStG §§
Verschmelzung	Körperschaft	PersGes,	3 ff., 18		
	Körperschaft	Alleingesellschafter	3 ff., 18		
	Körperschaft	Körperschaft	11 ff., 19		
	PersGes	Körperschaft	–	20 ff.	
	PersGes	PersGes	–	–	24
Spaltung					
– Aufspaltung	Körperschaft	PersGes	16, 18		
	Körperschaft	Körperschaft	15, 19		
	PersGes	KapGes	–	20 ff.	
	PersGes	PersGes	–	–	24
– Ausgliederung	Körperschaft	PersGes	–	–	24
	Körperschaft	KapGes	–	20 ff.	–
	PersGes	KapGes	–	20 ff.	–
	PersGes	PersGes	–	–	24
Vermögensüber-tragung					
– Vollübertragung	KapGes/VersU	Öff.Hand/VersU	11–13, 17, 19	–	
– Teilübertragung			15, 17, 19		
Formwechsel	KapGes	PersGes	9, 18	–	–
	PersGes	KapGes	–	25	–
	KapGes	KapGes	–	–	–
	PersGes	PersGes	–	–	–
Einbringung					
– Einzelrechts-übertragung, erweiterte Anwachsung	Natürliche Person/ PersGes/ Körperschaft/	KapGes	–	20 ff.	
	Natürliche Person/ PersGes/ Körperschaft	PersGes	–	–	24 ff.

Erster Teil. Allgemeine Vorschriften

§ 1 Anwendungsbereich und Begriffsbestimmungen

(1) ¹Der Zweite bis Fünfte Teil gilt nur für
1. die Verschmelzung, Aufspaltung und Abspaltung im Sinne der §§ 2, 123 Abs. 1 und 2 des Umwandlungsgesetzes von Körperschaften oder vergleichbare ausländische Vorgänge sowie des Artikels 17 der Verordnung (EG) Nr. 2157/2001 und des Artikels 19 der Verordnung (EG) Nr. 1435/2003;
2. den Formwechsel einer Kapitalgesellschaft in eine Personengesellschaft im Sinne des § 190 Abs. 1 des Umwandlungsgesetzes oder vergleichbare ausländische Vorgänge;
3. die Umwandlung im Sinne des § 1 Abs. 2 des Umwandlungsgesetzes, soweit sie einer Umwandlung im Sinne des § 1 Abs. 1 des Umwandlungsgesetzes entspricht sowie
4. die Vermögensübertragung im Sinne des § 174 des Umwandlungsgesetzes.

²Diese Teile gelten nicht für die Ausgliederung im Sinne des § 123 Abs. 3 des Umwandlungsgesetzes.

(2) *(aufgehoben)*

(3) **Der Sechste bis Achte Teil gilt nur für**
1. die Verschmelzung, Aufspaltung und Abspaltung im Sinne der §§ 2 und 123 Abs. 1 und 2 des Umwandlungsgesetzes von Personengesellschaften oder vergleichbare ausländische Vorgänge;
2. die Ausgliederung von Vermögensteilen im Sinne des § 123 Abs. 3 des Umwandlungsgesetzes oder vergleichbare ausländische Vorgänge;
3. den Formwechsel einer Personengesellschaft in eine Kapitalgesellschaft oder Genossenschaft im Sinne des § 190 Abs. 1 des Umwandlungsgesetzes oder vergleichbare ausländische Vorgänge;
4. die Einbringung von Betriebsvermögen durch Einzelrechtsnachfolge in eine Kapitalgesellschaft, eine Genossenschaft oder Personengesellschaft sowie
5. den Austausch von Anteilen.

(4) ¹Absatz 3 gilt nur, wenn
1. der übernehmende Rechtsträger eine Europäische Gesellschaft im Sinne der Verordnung (EG) Nr. 2157/2001, eine Europäische Genossenschaft im Sinne der Verordnung (EG) Nr. 1435/2003 oder eine andere Gesellschaft im Sinne des Artikels 54 des Vertrags über die Arbeitsweise der Europäischen Union oder des Artikels 34 des Abkommens über den Europäischen Wirtschaftsraum ist, deren Sitz und Ort der Geschäftsleitung sich innerhalb des Hoheitsgebiets eines dieser Staaten befindet, und
2. in den Fällen des Absatzes 3 Nr. 1 bis 4
    a) beim Formwechsel der umwandelnde Rechtsträger, bei der Einbringung durch Einzelrechtsnachfolge der einbringende Rechtsträger oder bei den anderen Umwandlungen der übertragende Rechtsträger
        aa) eine natürliche Person ist, deren Wohnsitz oder gewöhnlicher Aufenthalt sich innerhalb des Hoheitsgebiets eines der Staaten im Sinne der Nummer 1 befindet und die nicht auf Grund eines Abkommens zur Vermeidung der Doppelbesteuerung mit einem dritten Staat als außerhalb des Hoheitsgebiets dieser Staaten ansässig angesehen wird, oder

bb) eine Gesellschaft im Sinne der Nummer 1 ist und, wenn es sich um eine Personengesellschaft handelt, soweit an dieser Körperschaften, Personenvereinigungen, Vermögensmassen oder natürliche Personen unmittelbar oder mittelbar über eine oder mehrere Personengesellschaften beteiligt sind, die die Voraussetzungen im Sinne der Nummern 1 und 2 Buchstabe a Doppelbuchstabe aa erfüllen,
oder
b) das Recht der Bundesrepublik Deutschland hinsichtlich der Besteuerung des Gewinns aus der Veräußerung der erhaltenen Anteile nicht ausgeschlossen oder beschränkt ist.
²Satz 1 ist in den Fällen der Einbringung eines Betriebs, Teilbetriebs oder Mitunternehmeranteils in eine Personengesellschaft nach § 24 nicht anzuwenden.

(5) Soweit dieses Gesetz nichts anderes bestimmt, ist
1. Richtlinie 2009/133/EG
die Richtlinie 2009/133/EG des Rates vom 19. Oktober 2009 über das gemeinsame Steuersystem für Fusionen, Spaltungen, Abspaltungen, die Einbringung von Unternehmensteilen und den Austausch von Anteilen, die Gesellschaften verschiedener Mitgliedstaaten betreffen, sowie für die Verlegung des Sitzes einer Europäischen Gesellschaft oder einer Europäischen Genossenschaft von einem Mitgliedstaat in einen anderen Mitgliedstaat (ABl. L 310 vom 25.11.2009, S. 34), die zuletzt durch die Richtlinie 2013/13/EU (ABl. L 141 vom 28.5.2013, S. 30) geändert worden ist, in der zum Zeitpunkt des steuerlichen Übertragungsstichtags jeweils geltenden Fassung;
2. Verordnung (EG) Nr. 2157/2001
die Verordnung (EG) Nr. 2157/2001 des Rates vom 8. Oktober 2001 über das Statut der Europäischen Gesellschaft (SE) (ABl. EG Nr. L 294 S. 1), zuletzt geändert durch die Verordnung (EG) Nr. 885/2004 des Rates vom 26. April 2004 (ABl. EU Nr. L 168 S. 1), in der zum Zeitpunkt des steuerlichen Übertragungsstichtags jeweils geltenden Fassung;
3. Verordnung (EG) Nr. 1435/2003
die Verordnung (EG) Nr. 1435/2003 des Rates vom 22. Juli 2003 über das Statut der Europäischen Genossenschaften (SCE) (ABl. EU Nr. L 207 S. 1) in der zum Zeitpunkt des steuerlichen Übertragungsstichtags jeweils geltenden Fassung;
4. Buchwert
der Wert, der sich nach den steuerrechtlichen Vorschriften über die Gewinnermittlung in einer für den steuerlichen Übertragungsstichtag aufzustellenden Steuerbilanz ergibt oder ergäbe.

Übersicht

	Rn.
1. Allgemeines	1
2. Betroffene Steuerarten	10
3. Sachlicher Anwendungsbereich Zweiter bis Fünfter Teil, Abs. 1	12
a) Allgemeines	12
b) Verschmelzung, Aufspaltung und Abspaltung, Abs. 1 S. 1 Nr. 1	13
aa) Allgemeines	13
bb) Körperschaft	15
cc) Übernehmende Rechtsträger	20
dd) Verschmelzung nach UmwG	25

	Rn.
ee) Auf-/Abspaltung	28
ff) Vergleichbare ausländische Vorgänge	31
gg) Verschmelzung nach der SE-VO	42
hh) Verschmelzung nach der SCE-VO	44
c) Formwechsel einer Kapitalgesellschaft in eine Personengesellschaft, Abs. 1 S. 1 Nr. 2	46
aa) Allgemeines	46
bb) Kapitalgesellschaft	47
cc) Vergleichbare ausländische und grenzüberschreitende Vorgänge	49
d) Umwandlung nach § 1 II UmwG (Abs. 1 S. 1 Nr. 3)	51
e) Vermögensübertragung nach § 174 UmwG (Abs. 1 S. 1 Nr. 4)	52
f) Ausschluss der Ausgliederung, Abs. 1 S. 2	55
4. Persönlicher Anwendungsbereich Zweiter bis Fünfter Teil, Abs. 2 für Umwandlungen bis zum 31.12.2021	56
a) Allgemeines	56
b) Gesellschaft iSv Art. 54 AEUV, Art. 34 EWR-Abkommen	57
c) Gründungsstatut	61
d) Sitz und Ort der Geschäftsleitung	62
e) Natürliche Person als übernehmender Rechtsträger	71
f) SE/SCE als beteiligte Rechtsträger	76
g) Umwandelnder, übertragender und übernehmender Rechtsträger	77
5. Sachlicher Anwendungsbereich Sechster bis Achter Teil, Abs. 3	78
a) Allgemeines	78
b) Verschmelzung, Abs. 3 Nr. 1	80
aa) Verschmelzungsarten	80
bb) Beteiligte Rechtsträger	83
cc) Steuerliche Einordnung	85
c) Auf- und Abspaltung, Abs. 3 Nr. 1	86
aa) Spaltungsarten	86
bb) Beteiligte Rechtsträger	87
cc) Steuerliche Einordnung	89
d) Ausgliederung, Abs. 3 Nr. 2	90
aa) Umwandlungsart	90
bb) Beteiligte Rechtsträger	93
cc) Steuerliche Einordnung	95
e) Formwechsel einer Personengesellschaft in eine Kapitalgesellschaft/Genossenschaft, Abs. 3 Nr. 3	96
aa) Umwandlungsart	96
bb) Beteiligte Rechtsträger	98
cc) Steuerliche Einordnung	99
f) Einbringung durch Einzelrechtsnachfolge, Abs. 3 Nr. 4	100
aa) Allgemeines	100
bb) Begriff der Einbringung durch Einzelrechtsnachfolge	101
cc) Einbringung von Betriebsvermögen	105
dd) Beteiligte Rechtsträger	106
g) Anteilstausch, Abs. 3 Nr. 5	108
aa) Begriff des Anteilstausches	108
bb) Beteiligte Rechtsträger	111
6. Persönlicher Anwendungsbereich Sechster bis Achter Teil, Abs. 4	113
a) Allgemeines	113
b) Übernehmender Rechtsträger, Abs. 4 S. 1 Nr. 1	116

	Rn.
c) Übertragender Rechtsträger, Abs. 4 S. 1 Nr. 2	118
aa) Systematik	118
bb) Formwechsel	119
cc) Einbringungen durch Gesamtrechtsnachfolge	123
dd) Einbringung durch Einzelrechtsnachfolge	126
d) Anteilstausch	129
e) Alternative: keine Beschränkung des inländischen Besteuerungsrechts, Abs. 4 S. 1 Nr. 2 lit. b	130
f) Einbringungen nach § 24	133
7. Definitionen	134
8. Beteiligung von Mischformen	136
a) Atypisch stille Gesellschaften	137
b) KGaA	140
9. Gesamtrechtsnachfolge und Sonderrechtsnachfolge im Steuerrecht	142
a) Gesamtrechtsnachfolge im Zivilrecht	142
b) Gesamtrechtsnachfolge im Steuerrecht	143
c) Sonderrechtsnachfolge im Steuerrecht (Spaltung)	148
10. Bindung der Finanzverwaltung an die Eintragung	150
11. Änderung von Steuerbescheiden	154

1. Allgemeines

1 § 1 ist die grundlegende Norm des UmwStG (Widmann/Mayer/Maetz Rn. 1: zentrale Vorschrift; Haase/Hofacker/Haase Rn. 1: Grundnorm). Sie legt die Voraussetzungen fest, unter denen Umstrukturierungsvorgänge überhaupt von den Normen des UmwStG erfasst sein können und eröffnet damit den Anwendungsbereich des UmwStG (Rödder/Herlinghaus/van Lishaut/Graw Rn. 4: „Einstieg in das UmwStG"). Anders als die Vorgängerregelung vor der Neufassung durch das SEStEG erfasst § 1 sämtliche vom UmwStG erfassten Umstrukturierungsvorgänge, also den Zweiten bis Achten Teil. Dies bringt auch die Überschrift zum Ausdruck. Nachdem das SEStEG das UmwStG für europäische Gesellschaften öffnete, bewirkten die seit dem 1.1.2022 geltenden (§ 27 XVIII) Änderungen durch das **KöMoG** (BGBl. 2021 I 2050) eine **Globalisierung** (hierzu näher → Rn. 4). Zuletzt wurde infolge der Aufnahme der eGbR in den Kreis der verschmelzungs- und spaltungsfähigen Rechtsträger (vgl. → UmwG § 3 Rn. 6, → UmwG § 124 Rn. 3, 28) Abs. 3 Nr. 1 angepasst.

2 Die grundlegenden Anforderungen an die Anwendbarkeit des UmwStG nach § 1 sind sowohl **sachlicher** (Art der Umstrukturierung) als auch **persönlicher** (Anforderung an die beteiligten Rechtsträger und teilw. an deren Anteilsinhaber) **Natur.** Liegt nur eine der Voraussetzungen nach Abs. 1 oder Abs. 3, 4 (bis 2021 auch Abs. 2) nicht vor, greift das UmwStG insges. nicht ein (BMF 11.11.2011, BStBl. I 2011, 1314 Rn. 01.02). Ein derartiger Umwandlungsvorgang ist dann nach den allg. Steuergesetzen zu beurteilen, und zwar regelmäßig als Veräußerungs- und Anschaffungsvorgang bzw. als Liquidation (vgl. auch BMF 11.11.2011, BStBl. I 2011, 1314 Rn. 00.02 f.). Darüber hinaus setzen stl. Folgen nach dem UmwStG iVm den Einzelgesetzen voraus, dass die betroffene Person im Inland unbeschränkt oder beschränkt stpfl. ist, da anderenfalls die BRD keine Steuerhoheit hat (BMF 11.11.2011, BStBl. I 2011, 1314 Rn. 01.02; Haase/Hofacker/Haase Rn. 91). Ein wesentlicher Unterschied des UmwStG idF durch das **SEStEG** im Vergleich zu früheren Regelungen war, dass der Anwendungsbereich – im Grds. umfassend – auf EU-ausl. und grenzüberschreitende Umwandlungsvorgänge unter Beteiligung von **EU-ausl. Rechtsträgern** ausgedehnt worden ist; gleiches galt für EWR-Rechtsträger und Umstrukturierungen nach EWR-ausl. Rechtsordnungen. Rechtstechnisch erfolgt dies, indem den vom UmwStG erfassten Umstrukturierungsvorgängen „vergleichbare ausländische Vorgänge" gleichgestellt sind (vgl. Abs. 1 Nr. 1, Nr. 2, Abs. 3 Nr. 1–3). In persönlicher Hinsicht werden nicht nur inl. Rechtsträger einbezogen (vgl. § 1 V idF vor SEStEG: nur Körperschaften, die unbeschränkt stpfl. sind). Den inl. Rechtsträgern grds. gleichgestellt wurden im gesamten Anwendungsbereich zunächst Ges iSd Art. 54 AEUV (früher: Art. 48 EGV) bzw. Art. 34 EWR-Abkommen, die nach dem Recht eines EU/EWR-Mitgliedstaats gegründet worden sind und deren Sitz und Ort der Geschäftsleitung sich innerhalb des Hoheitsgebiets eines dieser Staaten befindet (Abs. 2 S. 1 Nr. 1, Nr. 2, Abs. 4 S. 1 Nr. 1, Nr. 2 lit. a aa idF. des SEStEG; zur Rechtslage ab dem 1.1.2022 vgl. → Rn. 4). Zur temporären Besonderheit bei britischen Gesellschaften vgl. → Rn. 67. Bei **natürlichen Personen** als übernehmende Rechtsträger galt das gesamte UmwStG nur, wenn sie ihren Wohnsitz oder gewöhnlichen Aufenthalt innerhalb des Hoheitsgebiets der EU/EWR haben und nicht kraft eines DBA als in einem Drittstaat ansässig gelten. Besonderheiten gelten in den von Abs. 3 Nr. 1–4 erfassten Einbringungsfällen, wonach der einbringende Rechtsträger unter gewissen Voraussetzungen auch drittstaatenansässig sein kann (dazu → Rn. 130). Bei den Einbringungen nach § 24 gelten die Anforderungen an die Ansässigkeit der beteiligten Rechtsträger nicht (Abs. 4 S. 2; dazu → Rn. 133). IdS ist das UmwStG durch das SEStEG europäisiert worden (Hörtnagl Stbg 2006, 471; Rödder/Herlinghaus/van Lishaut/Graw Rn. 10; vgl. auch Dötsch/Pung/Möhlenbrock/Möhlenbrock/Werner Einf. Rn. 153). Zur teilweisen **Globalisierung seit dem 1.1.2022** vgl. → Rn. 4.

Anlass für die Neufassung und die Erweiterung des Anwendungsbereichs waren **3** verschiedene europarechtliche Entwicklungen der jüngsten Zeit (auch → Einf. Rn. 14 ff.). Zwar existiert bereits seit 1990 eine **stl. Fusionsrichtlinie** (Fusions-RL) (ABl. 1990 L 225, 1; neu gefasst durch RL 2009/133/EG v. 19.10.2009, ABl. 2009 L 310, 34, zuletzt geändert durch Art. 1 ÄndRL 2013/13/EU v. 13.5.2013, ABl. 2013 L 141, 30), die ein gemeinsames Steuersystem für Fusionen, Spaltungen, Abspaltungen, die Einbringung von Unternehmensteilen und den Austausch von Anteilen zum Inhalt hat. Nach Art. 1 Fusions-RL wendet jeder Mitgliedstaat die RL auf Fusionen, Spaltungen, Abspaltungen, die Einbringung von Unternehmensteilen und den Austausch von Anteilen an, wenn daran Ges aus zwei oder mehreren Mitgliedstaaten beteiligt sind. Indessen hatte der Gesetzgeber vor der Neufassung des UmwStG durch das SEStEG die Fusions-RL nur in Form von § 23 aF umgesetzt, während er iÜ mangels zivilrechtlicher Möglichkeiten die Notwendigkeit einer Öffnung des Anwendungsbereichs des UmwStG für grenzüberschreitende und/oder ausl. Vorgänge nicht sah. Dies änderte sich positivrechtlich spätestens mit Wirksamwerden der **SE-VO** am 8.10.2004. Denn die SE-VO regelt explizit als eine der zulässigen Formen der Gründung einer SE die grenzüberschreitende Verschm (Art. 2 I SE-VO; dazu → SE-VO Art. 2 Rn. 4 ff.). Des Weiteren ist Ende 2005 die **RL** über **grenzüberschreitende Verschm** von KapGes mit einer Umsetzungsfrist für die Mitgliedstaaten bis zum 31.12.2007 in Kraft getreten. Infolgedessen hat der nat. Gesetzgeber mit dem Gesetz v. 19.4.2007 (BGBl. 2007 I 542) das UmwG um die §§ 122a ff. aF (inzwischen §§ 305 ff. UmwG) erweitert und damit positivrechtlich die Voraussetzungen für EU/EWR-grenzüberschreitende Verschm von KapGes geschaffen. Parallel zu diesen Rechtsetzungsakten der EU hat auch der **EuGH** Entwicklungen angestoßen, die stl. Regelungsbedarf auslösten. Hier sind die Urteile Überseering, Centros und Inspire Art zur Anerkennung EU-ausl. Rechtsträger bei einem Wechsel des Verwaltungssitzes innerhalb des EU-Hoheitsgebiets zu erwähnen (hierzu iE → UmwG § 1 Rn. 35). Darüber hinaus hat der EuGH mit dem Urteil Sevic festgestellt, die europarechtliche Niederlassungsfreiheit gebiete es grds., dass die Mitgliedstaaten auch grenzüberschreitende Umw zulassen, wenn sie bei Mitgliedstaat nat. Umw geregelt habe (hierzu näher → UmwG § 1 Rn. 49). Vor diesem Hintergrund waren über die grenzüberschreitenden Umwandlungsvorgänge nach der SE-VO, der SCE-VO und (aus dt. Sicht) nach den §§ 122a aF ff. UmwG hinaus EU-grenzüberschreitende Umstrukturierungen möglich. Bedeutung hatte dies sowohl für andere Umwandlungsarten als die Verschm (insbes. Spaltung und Formwechsel) als auch für PersGes, die nicht von der Verschm nach der SE-VO, SCE-VO und den §§ 122a aF ff. UmwG erfasst waren (hierzu näher → UmwG § 1 Rn. 45 ff.). Viele dieser grds. möglichen, aber zunächst nicht positivrechtlich geregelten EU-/EWR-grenzüberschreitenden Umw sind nunmehr mit dem UmRUG in den §§ 305 ff. UmwG kodifiziert worden (grenzüberschreitende Verschmelzungen und Spaltungen sowie grenzüberschreitender Formwechsel). Entsprechende Entwicklungen gibt es in den anderen EU-Staaten, da diese grenzüberschreitenden Umw auf Ergänzungen der GesR-RL zurückgehen (hierzu näher → UmwG vor §§ 305 ff. Rn. 1) Schließlich waren die steuerrechtlichen Urteile des EuGH in den Rechtssachen „Hughes de Lasteyrie du Saillant" (EuGHE 2004 I, 2409) und „N" (DStR 2006, 1691) zu beachten, wonach es mit der Niederlassungsfreiheit nicht vereinbar sei, wenn mit einem Wegzug einer natürlichen Person in einen anderen Mitgliedstaat stl. Nachteile verbunden seien. Zur Entstrickungsbesteuerung bei Ges vgl. indes zwischenzeitlich EuGH DStR 2011, 2334 – National Grid Indus. Ob die nat. Umsetzungen EU-rechtlichen Anforderungen genügen, ist in einzelnen Fragen inzwischen geklärt. Vgl. EuGH DStR 2014, 193 – DMC zur Entstrickung durch Einbringung (vgl. auch Hageböcke/Stangl Ubg 2021, 242) und EuGH DStR 2015, 1166 – Verder LabTec GmbH & Co. KG zu den europarechtlichen Anforderungen an eine Entstrickungsbesteuerung von einzelnen Wirtschaftsgütern. Vgl. im Übrigen Art. 5 der Richtlinie (EU) 2016/1164 (ATAD).

4 Auch nach den Änderungen durch das SEStEG wurden zunächst **Drittstaatenumwandlungen** grds. nicht vom UmwStG erfasst wurden, also Umw, bei denen mindestens ein beteiligter Rechtsträger (zu Ausnahmen bei den Einbringungsfällen → Rn. 130, 133) nicht der EU/dem EWR angehört oder die Umw nach einer Rechtsordnung außerhalb der EU/EWR erfolgt. Einen Teilbereich regelte bisher **§ 12 II KStG. Seit dem 1.1.2022** ist aufgrund der Streichung von Abs. 2 durch das KöMoG der Zweite bis Fünfte Teil des UmwStG (§§ 3–19), also die Umw von Körperschaften nach dem UmwG oder vergleichbaren ausländischen Vorgängen, **globalisiert** worden, während die Anwendung des Sechsten bis Achten Teils (Einbringungstatbestände nach §§ 20–25) weiterhin Rechtsträgern und natürlichen Personen mit einem EU-/EWR-Bezug vorbehalten ist (hierzu näher → Rn. 113 ff.). Von einer vollständigen Globalisierung des Umwandlungssteuerrechts hat der Gesetzgeber abgesehen, da eine aufkommensneutrale einheitliche Regelung (Sicherung des Besteuerungsrechts auf der zweiten Ebene über § 22 hinaus) mit Einschränkungen für Einbringende aus EU/EWR-Staaten nach dem geltenden Rechtslage verbunden gewesen wäre (RegEBegr. KöMoG. BT-Drs. 19/28656, S. 29; kritisch hierzu im Hinblick auf die Kapitalverkehrsfreiheit Hageböcke/Stangl Ubg 2021, 242 und Jacobsen DStZ 2021, 490). Konsequenterweise wurden die Abs. 2 u. 3 von § 12 KStG aufgehoben.

5 § 1 gliedert sich **systematisch** in drei Bereiche. **Abs. 1** erfasst die Verschm, Aufspaltung und Abspaltung von **Körperschaften,** den Formwechsel einer KapGes in eine PersGes, Umw iSv § 1 II UmwG (den Umw nach dem UmwG vglbare Vorschriften nach anderen Bundes- oder Landesgesetzen; dazu → Rn. 51) sowie die Vermögensübertragung nach § 174 UmwG. Ebenso erfasst sind einer Verschm, Aufspaltung, Abspaltung und einem Formwechsel nach dem UmwG vglbare ausl. Vorgänge (zur Einordnung von grenzüberschreitenden Verschm und sonstigen Umw → Rn. 31, 49) sowie Verschm nach der SE-VO und der SCE-VO (Abs. 1 S. 1 Nr. 1, Nr. 2). *Die an diesen Umw beteiligtenfähigen Rechtsträger*, nämlich beim Formwechsel der umwandelnde Rechtsträger und bei den anderen Umw die übertragenden und die übernehmenden Rechtsträger, regelte ursprünglich Abs. 2. **Seit dem 1.1.2022** (vgl. § 27 XVIII) bestehen für die von Abs. 1 erfassten Umw keine persönlichen Anforderungen mehr. Umfasst sind demzufolge seither auch Umw iSv Abs. 1 von Rechtsträgern aus und in Drittstaaten (hierzu näher → Rn. 56). Anforderungen an die Rechtsform oder die Ansässigkeit der **Anteilsinhaber** der beteiligten Rechtsträger stellt Abs. 1 (ebenso wie früher Abs. 2) nicht auf.

Liegen die Voraussetzungen von Abs. 1 vor, ist für diese Umw grds. der Anwendungsbereich des Zweiten bis Fünften Teils des UmwStG eröffnet. Die weiteren Anforderungen richten sich nach der Art der Umw und den beteiligten Rechtsträgern (§§ 3–8: Verschm von Körperschaften auf PersGes/natürliche Personen; § 9: Formwechsel einer KapGes in eine PersGes; §§ 11–13: Verschm von Körperschaften untereinander; § 15: Auf- und Abspaltung von Körperschaften auf Körperschaften; § 16: Auf- und Abspaltung von Körperschaften auf PersGes) (auch → Einf. Rn. 28). Diese Vorschriften des Zweiten bis Fünften Teils stellen weitere Voraussetzungen auf und bestimmen insbes. die Kriterien für eine steuerneutrale Umstrukturierung idS der Vermeidung der Besteuerung stiller Reserven. 6

Damit ist für inl. Umw der Zweite bis Fünfte Teil des UmwStG unverändert ein **AnnexG** zum UmwG. Auch die Erweiterung auf ausl. Vorgänge und Rechtsträger ist nur gegeben, soweit es sich um vglbare ausl. Vorgänge handelt und auch die Qualifikation der Rechtsträger als Körperschaft/KapGes unter Zugrundelegung inl. Grdse vglbar ist. 7

Abs. 3 und 4 behandeln inl. grenzüberschreitende und ausl. **Einbringungsvorgänge.** Anders als nach Abs. 1 (und 2 aF) für die Anwendung des Zweiten bis Fünften Teils unterliegen nicht nur Umw nach dem UmwG oder vglbare ausl. Vorgänge dem Sechsten bis Achten Teil des UmwStG. Erfasst sind nach Abs. 3 Nr. 4 und 5 auch die Einbringung von BV durch Einzelrechtsnachfolge in eine KapGes, eine eG oder PersGes sowie der Austausch von Anteilen (vgl. § 21). Im Gegensatz zu Umw iSv Abs. 1 ist für die Anwendung des Sechsten bis Achten Teils unverändert Voraussetzung, dass der übernehmende Rechtsträger eine nach den Rechtsvorschriften eines EU/EWR-Mitgliedstaats gegründete Ges iSd Art. 54 AEUV bzw. Art. 34 EWR-Abkommen mit Sitz und Ort der Geschäftsleitung innerhalb der EU/EWR ist (vgl. → Rn. 4). Im Grds. entsprechende Anforderungen stellt Abs. 4 S. 1 Nr. 2 lit. a für den umwandelnden, einbringenden oder übertragenden Rechtsträger auf. Bei Beteiligung von anderen umwandelnden, einbringenden oder übertragenden Rechtsträgern gilt das UmwStG hingegen nur, wenn das inl. Recht auf Besteuerung des Gewinns aus der Veräußerung der erhaltenen Anteile nicht ausgeschlossen oder beschränkt ist (Abs. 4 S. 1 Nr. 2 lit. b). Die Anforderungen an die Qualität der beteiligten Rechtsträger gelten nicht für Einbringungen nach § 24 (Abs. 4 S. 2). 8

Schließlich enthält **§ 1 V** Definitionen (dazu → Rn. 134). 9

2. Betroffene Steuerarten

Das UmwStG sollte mit der Neufassung ab 1995 – als Folge umfassender Regelung handelsrechtlicher Umwandlungsvorgänge im UmwG – die Möglichkeit eröffnen, Umstrukturierungen umfassender als zuvor steuerneutral zu vollziehen und die Übertragung von Verlustvorträgen zuzulassen, soweit dem nicht spezifische Belange des StR entgegenstehen. Ziel war es, betriebswirtschaftlich wünschenswerte und handelsrechtlich mögliche Umstrukturierungen nicht durch stl. Folgen zu behindern, die ohne die besondere Regelungen des UmwStR eintreten würden (so ausdrücklich RegEBegr. BT-Drs. 12/6885, Allg. Teil). Gäbe es die besonderen Regelungen des UmwStG nicht, würde eine mit einem Vermögensübergang verbundene Umstrukturierung stl. bewirken, dass der Vorgang als Veräußerungs- bzw. Anschaffungsgeschäft oder als Liquidation durch die Vorschriften des KSt- bzw. EStG sowie GewStG erfasst würde, da der Vermögensübergang entweder zum Erwerb einer Gegenleistung (Veräußerung iSv § 16 EStG) oder zur Auflösung und Abwicklung (§ 11 KStG) der übertragenden Körperschaft führen würde (so RegEBegr. BT- 10

Drs. 12/6885 zu § 1). In beiden Fällen käme es zu einer Besteuerung der stillen Reserven. Dies verhindert das UmwStG, indem es – als Ausnahme zu den allg. Steuergesetzen – die **interpersonale Übertragung stiller Reserven** zulässt. Rechtstechnisch geschieht dies durch die Einräumung des Wahlrechts, unter gewissen Voraussetzungen die BW fortzuführen, wenn die spätere Besteuerung der stillen Reserven sichergestellt ist (auch → Einf. Rn. 21 ff.). An dieser grds. Zweckrichtung des UmwStG hat sich durch die Neufassung mit dem SEStEG nichts geändert (vgl. aber zu den gesetzgeberischen Entwicklungen seit 1995 → Einf. Rn. 9 ff.).

11 Das UmwStG begründet damit keine Steuer für Umstrukturierungen (enthält allerdings in § 18 III und § 22 Realisierungstatbestände). Es ist vielmehr ein Sonderrecht für Umw, regelt grundsätzlich nur die Auswirkungen der Umw auf die **KSt, ESt, GewSt** (BMF 11.11.2011, BStBl. I 2011, 1314 Rn. 01.01; Haritz/Menner/Bilitewski/Werneburg Rn. 100; Widmann/Mayer/Maetz Rn. 9; Dötsch/Pung/Möhlenbrock/Möhlenbrock Einf. Rn. 151; Dötsch/Pung/Möhlenbrock/Möhlenbrock/Werner Rn. 5; HK-UmwStG/G. Kraft Rn. 9; Frotscher/Drüen/Drüen Rn. 158) und – zwischenzeitlich für Altfälle – die **VSt** (Dötsch/Pung/Möhlenbrock/Möhlenbrock/Werner Rn. 5). Besonderheiten und Ergänzungen können sich wiederum aus **Spezialregelungen** außerhalb des UmwStG ergeben (vgl. etwa § 14a FMStFG, § 20 IVa EStG, § 29 KStG, § 6 II EnWG). Str. ist, ob das UmwStG auch auf das **ErbStG** wirkt (dazu → § 2 Rn. 36). Auf andere Steuerarten bezieht sich das UmwStG nicht. Sowohl für Umw durch Gesamt- und Sonderrechtsnachfolge als auch für die nicht im UmwG geregelten Einzelrechtsübertragungen sind diesbzgl. die Vorschriften der einschlägigen Steuergesetze maßgebend. So richtet sich zB die Besteuerung der bei einem übertragenden Rechtsträger entstehenden Umsätze – auch durch die Umw – nach den allg. ustl. Vorschriften. Folge ist, dass der übertragende Rechtsträger bis zum Wirksamwerden der Umw ustl. als Unternehmer zu behandeln ist (keine Rückwirkung nach § 2). **Grunderwerbstl.** werden – bei Verschm, Spaltungen und bei Vermögensübertragungen – die Tatbestände von § 1 I Nr. 3, IIa,-IIIb GrEStG erfüllt, soweit zum Vermögen des umwandelnden Rechtsträgers inl. Grundstücke oder grundstücksgleiche Rechte oder Beteiligungen an grundbesitzenden Rechtsträgern gehören (dazu → E. Verkehrsteuern Rn. 39 ff.). Das Grunderwerbsteuerrecht folgt allerdings, anders als das Ertragsteuerrecht, auch beim sog. kreuzenden Formwechsel der Zivilrechtslage, indem der Formwechsel mangels Vermögensübertragung keinen Grunderwerbsteuertatbestand erfüllt (dazu → E. Verkehrsteuern Rn. 109). Indes können Umw ein Verstoß gegen Behaltensfristen sein. Vgl. zudem **§ 6a GrEStG**. Zur Bedeutung der **Gesamtrechtsnachfolge** für das Steuerschuldverhältnis und steuerrechtliche Positionen → Rn. 142 ff.

3. Sachlicher Anwendungsbereich Zweiter bis Fünfter Teil, Abs. 1

12 **a) Allgemeines.** Abs. 1 regelt den **sachlichen Anwendungsbereich** des Zweiten bis Fünften Teils. Diese Vorschriften gelten nur für die Umw **von Körperschaften** und nehmen im Grds. Bezug auf die vom **UmwG** geregelten Umwandlungsarten der Verschm, Auf- und Abspaltung, Vermögensübertragung und des Formwechsels. Infolge der Europäisierung des UmwStG durch das SEStEG (dazu → Rn. 2) und der zwischenzeitlichen Globalisierung der Vorgänge nach Abs. 1 (vgl. → Rn. 4) sind zudem vglbare ausl. Vorgänge einbezogen. Ferner erfasst der Anwendungsbereich des Zweiten bis Fünften Teils auch die Gründung einer SE/SCE durch Verschm sowie die den Umwandlungsarten des UmwG vglbare Umw nach anderen Bundes-/Landesgesetzen. Ausdrücklich vom Anwendungsbereich des Zweiten bis Fünften Teils ausgenommen ist die Ausgliederung iSv § 123 III UmwG (Abs. 1 S. 2), da sie systematisch ein Einbringungsvorgang ist.

b) Verschmelzung, Aufspaltung und Abspaltung, Abs. 1 S. 1 Nr. 1.

aa) Allgemeines. Nach Abs. 1 S. 1 Nr. 1 gilt der Zweite bis Fünfte Teil für die Verschm, Aufspaltung und Abspaltung von Körperschaften nach dem UmwG und für vglbare ausl. Vorgänge sowie für Verschm nach der SE-VO und der SCE-VO. Diese Teile des UmwStG sind damit wie vor für die genannten inl. Umw von Körperschaften ein AnnexG zum UmwG. Weiteres wesentliches Kriterium ist, dass als übertragender Rechtsträger eine (inl. oder ausl.) Körperschaft beteiligt sein muss.

Welche Vorschriften des Zweiten bis Fünften Teils im Einzelfall gelten, bestimmt § 1 im Gegensatz zur Fassung vor dem SEStEG nicht. Dies erschließt sich aus den jew. Überschriften des Zweiten bis Fünften Teils und den Anforderungen der Einzelregelungen. Danach gelten die §§ 3–8 (und 10 aF), 18 für die Verschm einer Körperschaft auf eine PersGes oder natürliche Person, §§ 9, 18 für den Formwechsel einer KapGes in eine PersGes, §§ 11–13, 19 für die Verschm oder Vermögensübertragung (Vollübertragung) einer Körperschaft auf eine andere Körperschaft, §§ 15, 19 für die Auf-, Abspaltung und Teilübertragung einer Körperschaft auf eine andere Körperschaft und §§ 16, 18 für die Auf- oder Abspaltung einer Körperschaft auf eine PersGes. Hierzu auch → Einf. Rn. 28.

bb) Körperschaft. Der Zweite bis Fünfte Teil des UmwStG gilt nur für die Umw von Körperschaften als übertragende Rechtsträger bzw. umwandelnder Rechtsträger. Die möglichen Rechtsformen der **inl.** Rechtsträger, die beteiligt sein können, folgen zunächst aus der Bezugnahme auf die Umwandlungsarten des UmwG. Dies sind in den Fällen des Abs. 1 S. 1 Nr. 1 KapGes **(AG, SE, KGaA, GmbH)**, eG, eingetragene Vereine, wirtschaftliche Vereine, genossenschaftliche Prüfungsverbände und VVaG (zur Beteiligtenfähigkeit bei Verschm und Auf- und Abspaltungen vgl. iE die Kommentierung zu § 3 und § 124 UmwG). Auch die **UG** (haftungsbeschränkt) ist eine GmbH. Zur Umwandlungsfähigkeit der **UG** (haftungsbeschränkt) → UmwG § 3 Rn. 18 ff., → UmwG § 124 Rn. 14, 36 und → UmwG § 306 Rn. 5. Andere Körperschaften (zu ausl. Körperschaften → Rn. 17) können nur in den Anwendungsbereich des UmwStG fallen, wenn sie nach vglbaren ausl. Vorgängen verschmelzungsfähig oder von Abs. 1 S. 1 Nr. 2–4 (→ Rn. 31 ff.) erfasst sind. Zu **Mischformen** (insbes. Körperschaft und KGaA) → Rn. 136.

Voraussetzung ist, dass die Körperschaft **entstanden** ist und noch besteht. Vorgesellschaften können ggf. stl. schon als Körperschaften behandelt werden (vgl. etwa H 1.1 KStH), sie sind jedoch nach dem UmwG nicht beteiligtenfähig (Dötsch/Pung/Möhlenbrock/Möhlenbrock/Werner Rn. 14; BeckOK UmwStG/Mückl Rn. 77.2; → UmwG § 3 Rn. 23 und → UmwG § 124 Rn. 10). Auch **steuerbefreite Körperschaften** unterfallen dem Zweiten bis Fünften Teil (BeckOK UmwStG/Mückl Rn. 78; Widmann/Bauschatz/Mundhenke/Schlücke Rn. 26; Rödder/Herlinghaus/van Lishaut/Graw Rn. 22; Dötsch/Pung/Möhlenbrock/Möhlenbrock/Werner Rn. 15; aber auch → Rn. 59). Besonderheiten bestehen insoweit nur bei Beteiligung einer steuerbefreiten Körperschaft, da dann mangels Sicherstellung der Besteuerung mit KSt das Wahlrecht nach § 11 II nicht ausgeübt werden kann. Als Körperschaft ist auch eine PhG oder PartGes einzuordnen, die nach **§ 1a I 1 KStG** für Zwecke der Besteuerung nach dem Einkommen zur Besteuerung **wie eine KapGes optiert** hat (Widmann/Mayer/Maetz Rn. 15; Schnitger/Krüger DB 2022, 418; aA Frotscher/Drüen Rn. 92a; Widmann/Mayer/Schießl KStG § 1a Rn. 404). Davon scheint auch die FinVerw auszugehen (vgl. BMF v. 10.11.2021 BStBl. I 2021, 2212 Rn. 50: es finden grundsätzlich alle Regelungen insbesondere des KStG, EStG, GewStG, SolZG, AStG und des UmwStG Anwendung; vgl. auch Rn. 100: einzelne Fallgruppen). Der Wortlaut von Abs. 1 S. 1 Nr. 1 lässt dies zu, da nur auf §§ 2, 123 UmwG verwiesen wird und PhG und PartG nach § 3 I Nr. 1 UmwG und § 124 I UmwG beteiligtenfähig sind (Widmann/Mayer/Maetz Rn. 15; aA Widmann/Mayer/

Schießl § 1a KStG Rn. 404). Anders ist dies allerdings bei grenzüberschreitenden Verschmelzungen und Spaltungen nach §§ 305 ff. UmwG, bei den PersGes nur eingeschränkt beteiligt sein können (vgl. allerdings → Rn. 82). Zu ausgewählten Fragestellungen bei Beteiligung von optierten Ges vgl. Schnitger/Krüger DB 2022, 418.

17 Auch **ausl.** Körperschaften sind bei grenzüberschreitenden Verschm, Auf- und Abspaltungen und bei vglbaren ausl. Vorgängen erfasst. Auf eine unbeschränkte StPfl kommt es entgegen der Rechtslage vor dem SEStEG nicht mehr an (BMF 11.11.2011, BStBl. I 2011, 1314 Rn. 01.54). Voraussetzung ist zunächst, dass die ausl. Körperschaft nach ihrem auf sie anwendbaren Recht (Gesellschaftsstatut; dazu → UmwG § 1 Rn. 35 ff.) befähigt ist, an der grenzüberschreitenden oder der ausl. Umw teilzunehmen (BMF 11.11.2011, BStBl. I 2011, 1314 Rn. 01.26; vgl. dazu auch Haase/Hofacker/Haase Rn. 59). Ob ein ausl. Rechtsträger als Körperschaft einzustufen ist, bestimmt sich allein nach inl. Qualifikationsmerkmalen. Die stl. Qualifikation des ausl. Rechtsträgers in seinem Ansässigkeitsstaat ist unbedeutend (Dötsch/Pung/Möhlenbrock/Möhlenbrock/Werner Rn. 101; Rödder/Herlinghaus/van Lishaut/Graw Rn. 24; Widmann/Mayer/Maetz Rn. 16; Haritz/Menner/Bilitewski/Werneburg Rn. 40; BeckOK UmwStG/Mückl Rn. 81.10). Weitergehend verlangt die FVerw, dass die ausl. Körperschaft einem vglbaren umwandlungsfähigen Rechtsträger inl. Rechts entspricht (BMF 11.11.2011, BStBl. I 2011, 1314 Rn. 01.24, 01.27; ebenso Haase/Hofacker/Haase Rn. 60; Dötsch/Pung/Möhlenbrock/Möhlenbrock/Werner Rn. 98). Ob sich dies aus dem Erfordernis eines vglbaren ausl. Vorgangs ableiten lässt, ist fraglich (vgl. Schmitt/Schloßmacher UmwStE 2011 Rn. 01.27), dürfte aber auch der Ansicht des Gesetzgebers entsprechen (RegE Begr. BT-Drs. 16/2710 zu Abs. 1); die praktische Bedeutung scheint wenigstens im EU-/EWR-Raum gering. Jedenfalls ist hierfür ein **Typenvergleich** vorzunehmen (BMF 11.11.2011, BStBl. I 2011, 1314 Rn. 01.27).

18 Gegenstand des Typenvergleichs ist die Prüfung, ob das ausl. Rechtsgebilde seiner Struktur nach einer dt. KapGes (Körperschaft) vglbar ist (grundlegend RFHE 27, 73 – Venezuela-Rspr.). Wesentliche **Kriterien** sind (Rödder/Herlinghaus/van Lishaut/Graw Rn. 25; Dötsch/Pung/Möhlenbrock/Möhlenbrock/Werner Rn. 99; Haase/Hofacker/Haase Rn. 64; Eisgruber/Früchtl Rn. 27):
– beschränkte Haftung der Gesellschafter (grds. haftet nur das Vermögen der Ges),
– keine Nachschusspflicht der Gesellschafter,
– freie Übertragbarkeit der Anteile,
– unbegrenzte Lebensdauer,
– Unabhängigkeit vom Gesellschafterbestand,
– Fremdorganschaft und
– konstitutive Wirkung der Eintragung in das (vglbare Handels-)Register.

19 Im Grds. erfolgt der Vergleich anhand des gesetzlichen **Leitbilds** der ausl. Körperschaft (BMF 11.11.2011, BStBl. I 2011, 1314 Rn. 01.27). Aufgrund der im Ausland verschiedentlich anzutreffenden flexiblen Gestaltungsmöglichkeiten (vgl. etwa BMF 19.3.2004, BStBl. I 2004, 411 zur US-amerikanischen LLC oder SenFin Berlin DStR 2007, 1034 zur britischen LLP) muss im Einzelfall die konkrete Gestaltung nach den Gesetzesbestimmungen und den Vereinbarungen im Gesellschaftsvertrag zugrunde gelegt werden (BMF 11.11.2011, BStBl. I 2011, 1314 Rn. 01.27; Dötsch/Pung/Möhlenbrock/Möhlenbrock/Werner Rn. 100; Rödder/Herlinghaus/van Lishaut/Graw Rn. 29; Frotscher/Drüen/Drüen Rn. 99a). In den meisten und insbes. In den Fällen von EU-/EWR-ausl. Rechtsträgern ist die Einordnung nicht umstritten. Die Praxis kann sich an den Anlagetabellen 1 und 2 zum BMF v. 24.12.1999, BStBl. I 1999, 1076 orientieren (BMF 11.11.2011, BStBl. I 2011, 1314 Rn. 01.27). Damit sind viele praktisch bedeutsame ausl. Rechtsformen geklärt (ebenso Lademann/Wernicke Rn. 79). Vgl. auch die Übersichten bei Widmann/Mayer/Maetz Rn. 18 ff. und Winkeljohann/Fuhrmann UmwStR-HdB S. 718 ff.

Auch **aufgelöste** ausl. Rechtsträger können unter den Voraussetzungen, die für inl. Rechtsträger gelten (§ 3 III UmwG, § 124 II UmwG), beteiligt sein (BMF 11.11.2011, BStBl. I 2011, 1314 Rn. 01.28).

cc) Übernehmende Rechtsträger. Als übernehmende Rechtsträger kommen 20 bei den vom Zweiten bis Fünften Teil erfassten Umw nicht nur Körperschaften, sondern auch PersGes in Betracht. Die beteiligtenfähigen Rechtsträger bestimmen sich nach dem UmwG und nach den vglbaren ausl. Vorgängen. Neben der Art der Umw ist die Rechtsform des beteiligten übernehmenden Rechtsträgers maßgeblich für die Anwendung der einzelnen Vorschriften des Zweiten bis Fünften Teils. Denn die §§ 3–8, 18 (und § 10 aF) und §§ 16, 18 erfassen die Verschm sowie Auf- und Abspaltung einer Körperschaft auf eine PersGes (§§ 3–8, 18 auch auf eine natürliche Person), während die §§ 11–13, 19 und §§ 15, 19 sich mit der Verschm und Auf- bzw. Abspaltung sowie der Vermögensübertragung einer Körperschaft auf eine Körperschaft befassen.

Die beteiligtenfähigen **inl. PersGes** ergeben sich aus der Beteiligtenfähigkeit 21 nach dem UmwG. Bei Verschm sind dies die eGbR, OHG, die KG und die PartGes (§ 3 I Nr. 1 UmwG; dazu → UmwG § 3 Rn. 6 ff.). An Auf- und Abspaltungen können als übernehmende Rechtsträger ebenfalls eGbR, OHG, KG und PartGes beteiligt sein (§ 124 I UmwG; → UmwG § 124 Rn. 3 ff.). Die EWIV ist der OHG gleichgestellt (→ UmwG § 3 Rn. 11; BMF 11.11.2011, BStBl. I 2011, 1314 Rn. 01.05).

Verschm zur Gründung einer **SE/SCE** können nur unter Beteiligung von AG 22 bzw. eG und den vglbaren EU-/EWR-ausl. AG/eG erfolgen (→ SE-VO Art. 2 Rn. 5).

Bei vglbaren ausl. Vorgängen (→ Rn. 31) und bei grenzüberschreitenden Umw 23 können auch **ausl. PersGes** beteiligt sein. Für die Anwendung des Zweiten bis Fünften Teils ist wiederum ein **Typenvergleich** (ergänzend → Rn. 17) durchzuführen. Wesentliche Strukturmerkmale einer PersGes sind (Rödder/Herlinghaus/van Lishaut/Graw Rn. 36; Eisgruber/Früchtl Rn. 28):
– unbeschränkte Haftung mindestens eines Gesellschafters,
– grds. Abhängigkeit vom Bestand der Gesellschafter,
– Selbstorganschaft und
– eingeschränkte Übertragbarkeit (mit Zustimmung oder gesellschaftsvertraglicher Regelung).

Die Einordnung des Rechtsträgers in seinem Ansässigkeitsstaat wie auch im Ansäs- 24 sigkeitsstaat bestehende Optionsrechte zur KSt sind unbeachtlich (→ Rn. 17; Rödder/Herlinghaus/van Lishaut/Graw Rn. 29; Dötsch/Pung/Möhlenbrock/Möhlenbrock/Werner Rn. 101). Zur Beteiligtenfähigkeit eines ausl. Rechtsträgers mit Verwaltungssitz im Inland iSd UmwG → UmwG § 1 Rn. 35.

dd) Verschmelzung nach UmwG. Vom Zweiten bis Fünften Teil erfasst sind 25 Verschm nach § 2 UmwG (§ 1 I Nr. 1). Konkret gelten hierfür die §§ 3–8 (Verschm auf eine PersGes oder natürliche Person) und §§ 11–13 (Verschm auf Körperschaften) sowie §§ 18, 19 (gewstl. Auswirkungen).

Zivilrechtlich ist die (nationale) Verschm in den §§ 2 ff. UmwG geregelt. Das 26 UmwG kennt zwei Arten der Verschm: Die Verschm durch Aufnahme auf einen bereits bestehenden Rechtsträger und die Verschm durch Neugründung auf einen durch die Verschm neu gegründeten Rechtsträger (vgl. näher § 2 UmwG). Ein stl. Unterschied zwischen diesen Verschmelzungsarten besteht nicht. Bei einer Verschm nach §§ 2 ff. UmwG geht das Vermögen der übertragenden Rechtsträger im Wege der Gesamtrechtsnachfolge auf den übernehmenden Rechtsträger über. Die übertragenden Rechtsträger erlöschen. Demzufolge gehen auch die Anteile am übertragenden Rechtsträger unter. Im Regelfall erhalten die Anteilsinhaber des übertragenden Rechtsträgers als Gegenleistung (neue) Anteile an dem übernehmenden Rechtsträger. Auf die Anteilsgewährung kann aber verzichtet werden (vgl. etwa § 54 I 3 UmwG). Ebenso werden keine Anteile gewährt, soweit der übernehmende Rechtsträger am übertragenden Rechtsträger beteiligt ist (sog. Upstream-Merger). Im umgekehrten Fall des sog. Downstream-Merger besteht regelmäßig ein Wahlrecht, dem Anteilsinhaber des übertragenden Rechtsträgers die bisherigen Anteile des übertragenden Rechtsträgers als übernehmenden Rechtsträger oder andere Anteile (regelmäßig durch KapErh geschaffene) am übernehmenden Rechtsträger zu übertragen (vgl. etwa § 54 I 2 UmwG). Stl. ist in diesem Zusammenhang bedeutsam, dass die Bewertungswahlrechte nach § 3 II und § 11 II voraussetzen, den Anteilsinhabern keine Gegenleistung oder nur eine Gegenleistung in Gesellschaftsrechten zu gewähren (hierzu → § 3 Rn. 102 und → § 11 Rn. 127).

27 Unklar ist Einordnung der grenzüberschreitenden Verschm nach **§§ 305 ff. UmwG**. Vor den Änderungen durch das UmRUG war die grenzüberschreitende Verschm unter Beteiligung eines inl. und EU-EWR-ausländischen KapGes in den §§ 122a aF ff. UmwG und damit im Zweiten Buch des UmwG geregelt, zu dem auch § 2 UmwG gehört. Daher ging die h.M. davon aus, dass Verschm. iSd § 2 UmwG auch **grenzüberschreitende Verschm** nach §§ 122a aF ff. UmwG umfasste (Rödder/Herlinghaus/van Lishaut/Graw Rn. 35; Widmann/Mayer/ MaetzRn. 33; Haritz/Menner/Bilitewski/Werneburg Rn. 24; NK-UmwR/ Kubik/Große Honebrink Rn. 1; BeckOK UmwStG/Möckl Rn. 120; BeckHdB Int. Umwandlungen/Wernicke 1. Teil Rn. 100; Widmann/Bauschatz/Mundhenke/ Schlücke Rn. 42; aA BMF 11.11.2011, BStBl. I 2011, 1314 Rn. 01.21: aber grds. ein vglbarer ausl. Vorgang; ebenso Dötsch/Pung/Möhlenbrock/Möhlenbrock/Werner Rn. 22; Haase/Hofacker/Haase Rn. 10, 40; Frotscher/Drüen/Drüen Rn. 94). Seit den Änderungen durch das UmRUG sind die Regelungen über die EU-/EWR-grenzüberschreitenden Verschm. mit Beteiligung eines inl. Rechtsträgers in den §§ 305 ff. UmwG geregelt, die Bestandteil des Sechsten Buches des UmwG sind. Trotz dieser gesetzessystematischen Änderung, die in erster Linie der Zusammenfassung aller grenzüberschreitenden Umw in einem Buch diente (RegEBegr. BT-Drs. 20/3822 S. 87), sind grenzüberschreitende Verschm weiterhin Verschm iSv § 2 UmwG. Denn unverändert sind auf die Beteiligung der inl. KapGes neben den §§ 305 ff. UmwG ergänzend Vorschriften des Zweiten Buchs anwendbar (§ 305 II UmwG), was aufzeigt, dass die grenzüberschreitende Verschmelzung nur eine besondere Ausgestaltung einer Verschm nach dem UmwG ist. Eine Klarstellung des Steuergesetzgebers infolge der Änd. des UmwG ist indes wünschenswert. Jedenfalls sind grenzüberschreitende Verschm nach §§ 305 ff. UmwG vergleichbare ausl. Vorgänge. Umw nach § 2 UmwG sind ferner grenzüberschreitende Umw unter Beteiligung inl. Rechtsträger auf der Grundlage der sog. **Vereinigungstheorie** der internat. GesR, die aufgrund der europäischen Grundfreiheiten, insbes. der Niederlassungsfreiheit, zulässig sein müssen (hierzu iE → UmwG § 1 Rn. 45 ff.). Bedeutung hat dies für die Beteiligung von ausl. PersGes und grenzüberschreitende Verschm mit Drittstaaten-Ges. Diese müssten regelmäßig wenigstens als vglbare ausl. Vorgänge eingestuft werden können (Körner IStR 2009, 741 (749)). Zu Fallgruppen auch mit Drittstaaten vgl. Kußmaul/Richter/Heyd IStR 2010, 73.

28 **ee) Auf-/Abspaltung.** Vom Zweiten bis Fünften Teil erfasst sind Auf- und Abspaltungen iSv § 123 I und II UmwG. Für diese Umwandlungsarten gelten § 15 (Auf-/Abspaltung einer Körperschaft auf eine Körperschaft), § 16 (Auf-/Abspaltung einer Körperschaft auf eine PersGes) und §§ 18, 19 (gewstl. Folgen). §§ 15, 16 verweisen wiederum auf §§ 11–13 bzw. §§ 3–8.

29 **Zivilrechtlich** sind Auf- und Abspaltungen in den §§ 123 ff. UmwG geregelt. Die dritte vom UmwG vorgegebene Spaltungsform, die Ausgliederung (§ 123 III UmwG), fällt nicht in den Anwendungsbereich des Zweiten bis Fünften Teils (Abs. 1 S. 2), da sie steuersystematisch ein Einbringungsvorgang ist (→ Rn. 55, 90). Kennzeichnend für die **Aufspaltung** ist, dass der übertragende Rechtsträger sich auflöst und hierbei – im Gegensatz zur Verschm – das Vermögen auf mindestens zwei Rechtsträger aufteilt. Demggü. bleibt bei der **Abspaltung** der übertragende Rechtsträger bestehen, er überträgt jedoch einen Teil seines Vermögens auf einen anderen Rechtsträger. In beiden Fällen werden als Gegenleistung für die Vermögensübertragung den Anteilsinhabern des übertragenden Rechtsträgers Anteile an den übernehmenden Rechtsträgern gewährt (vgl. hierzu näher § 123 UmwG). Ebenso wie bei der Verschm kann eine Auf- und Abspaltung zur Aufnahme auf einen bereits bestehenden Rechtsträger und zur Neugründung auf einen durch die Spaltung neu gegründeten Rechtsträger erfolgen (hierzu iE § 123 UmwG). Der Vermögensübergang erfolgt ebenso wie bei der Verschm durch Gesamtrechtsnachfolge (Sonderrechtsnachfolge), wenngleich anders als bei der Verschm eine Aufteilung des Vermögens erfolgen muss (vgl. hierzu § 126 UmwG und § 131 UmwG).

Seit den Änd. durch UmRUG regelt das UmwG in den §§ 320 ff. UmwG ausdrücklich auch die Möglichkeit **grenzüberschreitender Spaltungen** (hier von Interesse: Auf- und Abspaltungen). Diese sind trotz der Verankerung im Sechsten Buch des UmwG – ebenso wie grenzüberschreitende Verschm (vgl. → Rn. 27) – gem. Abs. 1 S. 1 Nr. 1 Auf- oder Abspaltungen iSv § 123 Abs. 1 und 2, wie der Verweis auf die §§ 123 ff. UmwG in § 320 II UmwG zeigt. Jedenfalls sind grenzüberschreitende Spaltungen nach §§ 320 ff. UmwG vergleichbare ausl. Vorgänge. Zur Einordnung von Umw nach der sog. **Vereinigungstheorie** des internat. GesR vgl. → Rn. 27. 30

ff) Vergleichbare ausländische Vorgänge. Unter den Anwendungsbereich des Zweiten bis Fünften Teils fallen nach Abs. 1 S. 1 Nr. 1 auch (mit Verschm, Auf- und Abspaltungen) vglbare ausl. Vorgänge. Nach hier vertretener Auffassung (vgl. → Rn. 27 und → 30) sind dies in erster Linie ausl. Umw ohne Beteiligung von inl. Rechtsträger, hilfsweise aber auch grenzüberschreitende Verschm sowie Auf- und Abspaltungen nach den § 305 ff. UmwG oder nach der Vereinigungstheorie. Vglbare ausl. Vorgänge können sowohl grenzüberschreitende als auch rein nationale ausl. Umw sein (Widmann/Mayer/Maetz Rn. 46). Die endgültige Gesetzesfassung geht auf die Beschlussempfehlung des Finanzausschusses (BT-Drs. 16/3315, 26) zurück, während im RefE und auch noch im RegE (BR-Drs. 542/06, 15) auf vglbare ausl. Vorschriften abgestellt worden war. Mit dieser Wortwahl sollte sichergestellt werden, dass auch Vorgänge, die einer inl. Umw vglbar sind, aber in der jew. ausl. Rechtsordnung nicht speziell gesetzlich geregelt sind, erfasst werden (vgl. dazu etwa Rödder/Herlinghaus/van Lishaut/Graw Rn. 54; Hahn IStR 2005, 677 (679); Widmann/Mayer/Maetz Rn. 40). Ein vglbarer ausl. Vorgang kann auch vorliegen, wenn nur ausl. Rechtsträger mit Verwaltungssitz im Inland, die unbeschränkt stpfl. sind, verschmelzen (BMF 11.11.2011, BStBl. I 2011, 1314 Rn. 01.22; Haritz/Menner/Bilitewski/Werneburg Rn. 24). Naturgemäß müssen die beteiligten Rechtsträger nach der für sie geltenden Rechtsordnung fähig sein, an der Umw teilzunehmen (BMF 11.11.2011, BStBl. I 2011, 1314 Rn. 01.26; Rödder/Herlinghaus/van Lishaut/Graw Rn. 59). 31

Nach der **Gesetzesbegründung** muss der Vorgang seinem Wesen nach einer der Umwandlungsarten des dt. UmwG entsprechen. Es müssen also nicht die Vorschriften iSd angewandten Regelungstechnik, sondern es muss nur der Vorgang an sich vglbar sein (ebenso BMF 11.11.2011, BStBl. I 2011, 1314 Rn. 01.24 f.; Dötsch/Pung/Möhlenbrock/Möhlenbrock/Werner Rn. 97; Haase/Hofacker/Haase Rn. 53; Frotscher/Drüen/Drüen Rn. 97; Brandis/Heuermann/Loose Rn. 10; BeckOK UmwStG/Mückl Rn. 167; Lademann/Wernicke Rn. 80; Widmann/Mayer/Maetz Rn. 41; Widmann/Bauschatz/Mundhenke/Schlücke Rn. 65: wirtschaftlich vglbar). Auf den Umwandlungsakt an sich und nicht auf die Vorschriften abzustellen ist bereits deswegen notwendig, weil in manchen EU-/EWR-Staaten 32 außerhalb der Umsetzung der GesR-RL positivrechtliche Regelungen fehlen. Vgl. hierzu auch die Übersicht bei Ehret/Lausterer DB-Beil. 1/2012, 5 (12). Die Vergleichbarkeitsprüfung umfasse sowohl die Rechtsfolgen des Umwandlungsvorgangs (zB Auflösung ohne Abwicklung, Gesamtrechtsnachfolge) als auch die beteiligten Rechtsträger (Typenvergleich). Zu berücksichtigen seien auch Regelungen zu baren Zuzahlungen (RegEBegr. BT-Drs. 16/2710 zu Abs. 1). Demzufolge kommt es auf die Strukturmerkmale und nicht auf die jew. Regelungstechnik (etwa, ob ein Umwandlungsvertrag zu schließen ist, ob Umwandlungsbeschlüsse zu fassen sind etc; aA aber BMF 11.11.2011, BStBl. I 2011, 1314 Rn. 01.30 f.; dazu → Rn. 35) an. Die **Vergleichbarkeitsprüfung** erfolgt durch die im Einzelfall **zuständige Finanzbehörde** (BMF 11.11.2011, BStBl. I 2011, 1314 Rn. 01.24). Dies ist wohl jede Finanzbehörde, die für von der Verschm betroffene inl. Steuerpflichtige (Ges und Gesellschafter) örtlich und sachlich zuständig ist. Damit sind auch divergierende Entscheidungen denkbar; eine Konzentration wäre wünschenswerte gewesen. Das BMF-Schr. v. 11.11.2011 trifft keine Aussage zu den **Mitwirkungspflichten** von inl. Steuerpflichtigen. Vermutlich wird die FVerw auf § 90 II AO abstellen. Es bleibt zu hoffen, dass die FVerw hier die Anforderungen einzelfallbezogen bemisst. Denn nicht immer ist gewährleistet, dass inl. Beteiligte (etwa als Minderheitsgesellschafter) ausreichend Einfluss haben.

33 Für die Auslegung des Begriffs vglbarer ausl. Vorgang muss auch beachtet werden, dass die Änderungen des UmwStG durch das SEStEG der Umsetzung der Fusions-RL dienen (→ Rn. 3; vgl. auch Frotscher/Drüen/Drüen Rn. 100c). Nach der Fusions-RL ist eine „**Fusion**" der Vorgang, durch den
– eine oder mehrere Ges zum Zeitpunkt ihrer Auflösung ohne Abwicklung ihr gesamtes Aktiv- und Passivvermögen auf eine bereits bestehende Ges gegen Gewährung von Anteilen am Gesellschaftskapital der anderen Ges an ihre eigenen Gesellschafter und ggf. einer baren Zuzahlung (begrenzt auf 10% des Nennwerts) übertragen, oder
– zwei oder mehrere Ges zum Zeitpunkt ihrer Auflösung ohne Abwicklung ihr gesamtes Aktiv- und Passivvermögen auf eine von ihnen gegründete Ges gegen Gewährung von Anteilen am Gesellschaftskapital der neuen Ges an ihre eigenen Gesellschafter und ggf. einer baren Zuzahlung (begrenzt auf 10% des Nennwerts) übertragen, oder
– eine Ges zum Zeitpunkt ihrer Auflösung ohne Abwicklung ihr gesamtes Aktiv- und Passivvermögen auf die Ges überträgt, die sämtliche Anteile an ihrem Gesellschaftskapital besitzt (Art. 2 lit. a Fusions-RL).

34 Demzufolge bedeutet ein der **Verschm** vglbarer ausl. Vorgang, dass folgende **Strukturelemente** gegeben sein müssen:
– die Übertragung des gesamten Aktiv- und Passivvermögens eines oder mehrerer Rechtsträger auf den übernehmenden Rechtsträger;
– das Erlöschen des übertragenden Rechtsträgers ohne Abwicklung;
– die Gewährung von Anteilen am übernehmenden oder neuen Rechtsträger an die Anteilsinhaber des übertragenden Rechtsträgers, soweit nicht hierauf verzichtet wird, dies zur Herstellung der Vermögensneutralität der Umw für die Anteilsinhaber nicht notwendig ist oder elementare Grdse des jew. betroffenen Gesellschaftsrechts dem entgegenstehen (BFH DStR 2021, 2396 Rn. 26 und BFH BStBl. II 2022, 359 Rn. 22 zu § 20 IVa EStG; vgl. auch BMF 11.11.2011, BStBl. I 2011, 1314 Rn. 01.32, 01.40: Anwendung von bspw. § 54 UmwG entsprechenden Vorschriften; Haase/Hofacker/Haase Rn. 76 f.; Brandis/Heuermann/Loose Rn. 11; Widmann/Bauschatz/Mundhenke/Schlücke Rn. 29, 77 f.; weitergehend Dötsch/Pung/Möhlenbrock/Möhlenbrock/Werner Rn. 108: kein eigenständiges Erfordernis der Anteilsgewährung; so auch Rödder/Herlinghaus/van Lishaut/Graw Rn. 68; vgl. auch Widmann/Mayer/Maetz Rn. 43: vglbar auch, wenn eine Kapitalerhöhung auch dann gestattet ist, soweit die übernehmende Gesellschaft

Anteile am übertragenden Rechtsträger hat; kritisch Lademann/Wernicke Rn. 82). Fraglich ist, ob ein vglbarer ausl. Vorgang auch dann vorliegt, wenn das ausl. Umwandlungsrecht weitergehende Kapitalerhöhungsverbote und damit Ausnahmen von der Anteilsgewährungspflicht kennt. Indem die Beteiligten dem insoweit strengeren ausl. Recht folgen, genügen sie indes auch den dt. gesellschaftsrechtlichen Vorgaben, zumal stl. die Anteilsgewährung kein Strukturmerkmal ist (vgl. etwa § 11 II 1 Nr. 3).

Aber auch der Vermögensübergang durch **Gesamtrechtsnachfolge** ist ein iRd 35 Vergleichbarkeitsprüfung zu berücksichtigendes Strukturelement (ebenso BMF 11.11.2011, BStBl. I 2011, 1314 Rn. 01.31; Dötsch/Pung/Möhlenbrock/Möhlenbrock/Werner Rn. 103; Widmann/Mayer/Maetz Rn. 43; Benecke/Schnitger IStR 2006, 769; Dötsch/Pung DB 2006, 2704; im Grds. ebenso Rödder/Herlinghaus/van Lishaut/Graw Rn. 67; Eisgruber/Früchtl Rn. 45; aA BFH BStBl. II 2022, 359 Rn. 27 zu § 20 IVa EStG jedenfalls in Drittstaatenfällen; Haritz/Menner/Bilitewski/Werneburg Rn. 18; Frotscher/Drüen/Drüen Rn. 100c; Rödder/Schumacher DStR 2006, 1526). Dies zeigt sich an der Definition der Verschm in § 2 UmwG. Auch die (zivilrechtliche) Verschm-RL v. 9.10.1978 (RL 78/885/EWG, ABl. 1978 L 295, 36; dort Art. 19 I lit. a; jetzt Art. 105 I lit. a GesR-) und die RL über die Verschm von KapGes aus verschiedenen Mitgliedstaaten (2005/56/EG, Abl. 2005 L 310, 1; dort Art. 14 I lit. a; jetzt Art. 131 I lit. a GesR-RL 2017) gehen als Wesensmerkmal einer Verschm vom Übergang im Wege der Gesamtrechtsnachfolge aus. Insoweit besteht innerhalb der EU/des EWR ein einheitliches Verständnis von dem Begriff der Verschm. Hat demzufolge ein Mitgliedstaat oder zwischenzeitlich ein Drittstaat (vgl. BFH BStBl. II 2022, 359 Rn. 27 zu § 20 IVa EStG) eine einer Verschm nach dem UmwG vglbare Umw mittels Gesamtrechtsnachfolge geregelt, ist nur diese Umw ein vglbarer ausl. Vorgang, selbst wenn die ausl. Rechtsverordnung eine im wirtschaftlichen Ergebnis vglbare Umw auch durch Einzelrechtsnachfolge kennt. Sofern ein Mitgliedstaat einen iÜ vglbaren Vorgang nur im Wege der Einzelrechtsnachfolge zulässt, ist indes aufgrund der Niederlassungsfreiheit bzw. der Kapitalverkehrsfreiheit (vgl. auch BFH BStBl. II 2022, 359 Rn. 17 zu § 20 IVa EStG) eine Vergleichbarkeit anzunehmen (zutr. Rödder/Herlinghaus/van Lishaut/Graw Rn. 67; Sieker/Schänzle/Kaeser in FGS/BDI, Der Umwandlungssteuer-Erlass 2011, Rn. 01.31; BeckOK UmwStG/Mückl Rn. 180; Eisgruber/Früchtl Rn. 45; Widmann/Bauschatz/Mundhenke/Schlücke Rn. 78; aA Dötsch/Pung/Möhlenbrock/Möhlenbrock/Werner Rn. 104; Haase/Hofacker/Haase Rn. 73 und Benecke GmbHR 2012, 113 (119): aber Prüfung, ob § 1 III Nr. 4 einschlägig sei). Die Gewährung von **baren Zuzahlungen** neben der Gewährung von Anteilen ist unschädlich, sofern die Grenze von Art. 2 lit. a Fusions-RL – 10 % des Nennwerts oder – bei Fehlen eines solchen – des rechnerischen Werts der Anteile – nicht überschritten wird, selbst wenn das nat. Recht eine höhere Zuzahlung ermöglichen würde (iErg ebenso BMF 11.11.2011, BStBl. I 2011, 1314 Rn. 01.25, 01.40: Grenze von bspw. § 54 IV UmwG; Rödder/Herlinghaus/van Lishaut/Graw Rn. 78; Frotscher/Drüen/Drüen Rn. 103; Brandis/Heuermann/Loose Rn. 11). Dabei kann es nur auf die ursprünglich festgesetzten baren Zuzahlungen (→ UmwG § 126 Rn. 51) ankommen, spätere Änderungen in einem Spruchverfahren bleiben unberücksichtigt. Die FVerw verlangt als weiteres Vergleichbarkeitskriterium die Übertragung aufgrund eines **Rechtsgeschäftes** und meint damit den Abschluss eines Verschmelzungsvertrags bzw. die Erstellung eines Verschmelzungsplans unter dem Mindestinhalt nach den Vorgaben der (zivilrechtlichen) Verschm-RL (BMF 11.11.2011, BStBl. I 2011, 1314 Rn. 01.30 f.; auch Haase/Hofacker/Haase Rn. 74). Dies ist indes eine Frage der Regelungstechnik und nicht ein Strukturmerkmal, zumal die Einstufung eines gesellschaftsrechtlichen Organisationsaktes höchst unterschiedlich sein kann (dazu → UmwG § 122c Rn. 5). Auch aus der nat. Definition in § 2 UmwG lässt sich – anders als die Gesamtrechtsnachfolge – der Abschluss eines Verschmelzungsvertrags als Strukturmerkmal nicht ableiten (ebenso Frotscher/Drüen/Drüen Rn. 100c; Schmitt/Schloßmacher UmwStE 2011 Rn. 01.31, 01.34). Die Dauer einer gesellschaftsrechtlichen **Rückbeziehungsmöglichkeit** ist nach zutr. Ansicht der Fverw kein Vergleichskriterium (BMF 11.11.2011, BStBl. I 2011, 1314 Rn. 01.41; gemeint ist wohl die Vereinbarung einer in der Vergangenheit liegenden Verschmelzungsstichtags; aber → § 2 Rn. 108 ff.; BeckOK UmwStG/Mückl Rn. 196). Auch das völlige Fehlen einer Rückbeziehungsmöglichkeit dürfte damit für die Vergleichbarkeit unbeachtlich sein.

36 Durchgeführt werden muss die Vergleichbarkeitsprüfung einerseits bei grenzüberschreitenden Verschm (zwischen ausl. Rechtsträgern), andererseits aber auch bei ausschließlich nach einer ausl. Rechtsordnung zu beurteilenden nat. Umwandlungsvorgängen (Dötsch/Pung/Möhlenbrock/Möhlenbrock/Werner Rn. 86; wohl auch BMF 11.11.2011, BStBl. I 2011, 1314 Rn. 01.20). Die Beschränkung auf grenzüberschreitende Vorgänge in der RegEBegr. (BT-Drs. 16/2710 zu § 1 I) ist zu eng (ebenso Widmann/Mayer/Maetz Rn. 46). Grenzüberschreitende Vorgänge idS sind nicht grenzüberschreitende Verschm unter Beteiligung eines inl. Rechtsträgers nach §§ 305 ff. UmwG, da diese schon als Verschm nach § 2 UmwG oder nach der Vereinigungstheorie einzustufen sind (aA BMF 11.11.2011, BStBl. I 2011, 1314 Rn. 01.21 zu §§ 122a aF ff. UmwG: aber grds. ein vglbarer ausl. Vorgang; vgl. näher → Rn. 27).

37 In der Praxis wird die Vergleichbarkeitsprüfung von Verschm nach EU-ausl. Rechtsordnungen vielfach keine Probleme bereiten, da aufgrund der Art. 86 ff. GesR-RL (vormals Verschm-RL 78/855/EWG betreffend die Verschm von AG – Abl. 1978 L 295, 36) die Grundstrukturen oftmals vglbar sind. Nach Ansicht der Fverw sind grenzüberschreitende Verschm unter Beteiligung eines inl. Rechtsträgers nach **122a ff. aF UmwG (jetzt §§ 305 ff. UmwG)** grds. ein vglbarer Vorgang (BMF 11.11.2011, BStBl. I 2011, 1314 Rn. 01.21; indes → Rn. 27). Entsprechendes sollte bei ausl. Grenzüberschreitenden Verschm nach gesetzlichen Vorschriften, die der Umsetzung der Richtlinie über die Verschm von KapGes aus verschiedenen Mitgliedstaaten (RL 2005/56/EG v. 26.10.2005, Abl. 2005 L 310, 1; jetzt Art. 118 ff. GesR-RL) dienen, gelten.

38 Für die Vergleichbarkeitsprüfung wesentlicher Strukturelemente einer **Auf- und Abspaltung** lassen sich wiederum (auch → Rn. 33) aus der Fusions-RL ableiten (vgl. Frotscher/Drüen/Drüen Rn. 100c). Danach (Art. 2 lit. c Fusions-RL) ist eine Aufspaltung („Spaltung") ein Vorgang, durch den eine Ges zum Zeitpunkt ihrer Auflösung ohne Abwicklung ihr gesamtes Aktiv- und Passivvermögen auf zwei oder mehr bereits bestehende oder neu gegründete Ges gegen Gewährung von Anteilen am Gesellschaftskapital der übernehmenden Ges an ihre eigenen Gesellschafter anteilig überträgt. Eine Abspaltung (Art. 2 lit. c Fusions-RL) ist ein Vorgang, durch den eine Ges, ohne sich aufzulösen, einen Teilbetrieb oder mehrere Teilbetriebe auf eine oder mehrere bereits bestehende oder neu gegründete Ges gegen Gewährung von Anteilen am Gesellschaftskapital der übernehmenden Ges an ihre eigenen Gesellschafter anteilig überträgt. Ebenso definiert die (zivilrechtliche) Spaltungs-RL v. 17.12.1982 (RL 82/891/EWG, ABl. 1982 L 378, 47, zuletzt geändert durch RL 2009/109/EG v. 16.9.2009, ABl. 2009 L 259, 14; jetzt Art. 135 ff. GesR-RL; dazu → UmwG Vor § 123 Rn. 14 ff.) die Aufspaltung/Abspaltung von AG (andere Rechtsformen sind nicht Gegenstand dieser RL) als Vorgang, durch den die Ges ihr gesamtes Aktiv- und Passivvermögen im Wege der Auflösung ohne Abwicklung auf mehrere Ges überträgt, und zwar gegen Gewährung von Aktien der Ges, denen die sich aus der Spaltung ergebenden Einlagen zugute kommen, an die Aktionäre der gespaltenen Ges.

39 Demzufolge sind Kriterien für die **Vergleichbarkeitsprüfung** einer **Auf- oder Abspaltung** (vgl. auch BMF 11.11.2011, BStBl. I 2011, 1314 Rn. 01.33 ff.):

Anwendungsbereich und Begriffsbestimmungen 40–43 § 1 UmwStG D

- Übertragung des gesamten Aktiv- und Passivvermögens auf mindestens zwei übernehmende Rechtsträger bei Erlöschen des übertragenden Rechtsträgers ohne Abwicklung (Aufspaltung);
- Übertragung von Teilen des Vermögens ohne Auflösung des übertragenden Rechtsträgers auf mindestens einen übernehmenden Rechtsträger (Abspaltung);
- im Wege der Gesamtrechtsnachfolge (Sonderrechtsnachfolge; dazu → Rn. 35);
- gegen Gewährung von Anteilen des übernehmenden oder neuen Rechtsträgers an die Anteilsinhaber des übertragenden Rechtsträgers, soweit hierauf nicht verzichtet wird, dies zur Beibehaltung der Vermögensneutralität der Spaltung auf der Ebene der Anteilsinhaber nicht notwendig ist oder elementare Grdse des jew. betroffenen Gesellschaftsrechts dem nicht entgegenstehen (BFH DStR 2021, 2396 Rn. 26 und BFH BStBl. II 2022, 359 Rn. 22 zu § 20 IVa EStG; vgl. auch BMF 11.11.2011, BStBl. I 2011, 1314 Rn. 01.35: Anwendung von mit den Kapitalerhöhungsverboten und -wahlrechten des UmwG entsprechenden Vorschriften; dazu → Rn. 34); darüber hinausgehende Anteilsgewährungen nach ausl. Rechtsordnungen erkennt die Fverw nicht an (vgl. BMF 11.11.2011, BStBl. I 2011, 1314 Rn. 01.38; kritisch Frotscher/Drüen/Drüen Rn. 107; HK-UmwStG/G. Kraft Rn. 65).

Ebenso wenig wie bei der Verschm ist der Abschluss eines **Spaltungsvertrags** 40 oder -plans ein bei der Vergleichbarkeit zu berücksichtigendes Merkmal (→ Rn. 35; aA BMF 11.11.2011, BStBl. I 2011, 1314 Rn. 01.34; 01.37). Zur **Gesamtrechtsnachfolge** (Sonderrechtsnachfolge) als Kriterium (BMF 11.11.2011, BStBl. I 2011, 1314 Rn. 01.34) → Rn. 35. Die Übertragung/Zurückbehaltung von stl. Teilbetrieben (vgl. allerdings Art. 2 lit. c Fusions-RL) ist hingegen kein Strukturelement der Auf- und Abspaltung. Dies zeigt sich bereits daran, dass §§ 15, 16 an die Übertragung/Zurückbehaltung von Teilbetrieben lediglich besondere Rechtsfolgen anknüpfen (→ § 15 Rn. 108). Vgl. zu ausl. Abspaltungen auch Becker/Loose IStR 2010, 383.

Zur Prüfung der **Wirksamkeit** der Umw → Rn. 150. 41

gg) Verschmelzung nach der SE-VO. Kraft ausdrücklicher Anordnung gelten 42 der Zweite bis Fünfte Teil für Vorgänge des Art. 17 SE-VO (Verordnung EG Nr. 2157/2001). Art. 17 SE-VO regelt eine der vier primären Möglichkeiten der Gründung einer SE (dazu → SE-VO Art. 2 Rn. 1 ff.), nämlich die Gründung mittels Verschm durch Aufnahme oder mittels Verschm durch Neugründung. Die Gründung einer SE durch Verschm steht nur AG/SE offen, die nach dem Recht eines Mitgliedstaats gegründet worden sind und ihren Sitz und ihre Hauptverwaltung in der Gemeinschaft haben (dazu → SE-VO Art. 2 Rn. 5 ff.). Weitere Voraussetzung ist, dass mindestens zwei von ihnen dem Recht verschiedener Mitgliedstaaten unterliegen (sog. Mehrstaatenbezug, dazu → SE-VO Art. 2 Rn. 11 ff.).

Verschm iSv Art. 17 SE-VO erfüllen immer die Voraussetzungen von Abs. 1 S. 1 43 Nr. 1 (wohl auch BMF 11.11.2011, BStBl. I 2011, 1314 Rn. 01.42). Einer besonderen Vergleichbarkeitsprüfung bedarf es nicht, auch wenn ergänzend zur SE-VO Vorschriften des jew. nat. UmwR heranzuziehen sind (→ SE-VO Art. 2 Rn. 4; Rödder/Herlinghaus/van Lishaut/Graw Rn. 81; Haase/Hofacker/Haase Rn. 86; Haritz/Menner/Bilitewski/Werneburg Rn. 22; Brandis/Heuermann/Loose Rn. 12; Widmann/Bauschatz/Mundhenke/Schlücke Rn. 93). Zur Geltung der SE-VO für die EWR-Staaten → SE-VO Art. 2 Rn. 9. Da an einer Verschm zur Gründung einer SE nach Art. 17 SE-VO nur EU-/EWR-Aktiengesellschaften bzw. bereits existente SE beteiligt sein können und bei einer Verschm zur Neugründung der neu gegründete Rechtsträger SE ist, gelten hierfür stl. die §§ 11–13 und 19. Kein Fall des Zweiten bis Fünften Teils des UmwStG ist die nach Art. 1 IV SE-VO vorgesehene Möglichkeit des Formwechsels einer AG in eine SE. § 9 regelt nur den Formwechsel aus der Rechtsform der KapGes in diejenige der PersGes (Rödder/Herlinghaus/van Lishaut/Graw Rn. 85; Dötsch/Pung/Möhlenbrock/Möhlenbrock/Werner Rn. 38). Der Formwechsel innerhalb der KapGes-Rechtsformen ist mangels Wechsel der Besteuerungssysteme überhaupt nicht vom UmwStG erfasst (Dötsch/Pung/Möhlenbrock/Möhlenbrock/Werner Rn. 38; → Rn. 46). Die weiteren Möglichkeiten der Gründung einer SE nach Art. 2 II, III SE-VO und Art. 3 SE-VO sind hingegen Einbringungsvorgänge.

44 **hh) Verschmelzung nach der SCE-VO.** Nach Abs. 1 S. 1 Nr. 1 gelten der Zweite bis Fünfte Teil auch für Verschm nach Art. 19 VO (EG) Nr. 1435/2003/SCE-VO. Art. 19 SCE-VO regelt die Gründung einer SCE durch Verschm, durch Aufnahme oder durch Neugründung. An einer Verschm idS können nur eG beteiligt sein, die nach dem Recht eines Mitgliedstaats gegründet worden sind und ihren Sitz sowie ihre Hauptverwaltung in der Gemeinschaft haben. Ferner müssen mindestens zwei von ihnen dem Recht verschiedener Mitgliedstaaten unterliegen. Die Voraussetzungen entsprechen insoweit denen der SE-VO (→ Rn. 42).

45 Auf die Verschm von eG zur Gründung einer SCE-VO finden damit die §§ 11–13 und 19 Anwendung.

46 **c) Formwechsel einer Kapitalgesellschaft in eine Personengesellschaft, Abs. 1 S. 1 Nr. 2. aa) Allgemeines.** Der Zweite bis Fünfte Teil des UmwStG, namentlich § 9 (iVm §§ 3–8) und § 18, gelten nach Abs. 1 S. 1 Nr. 2 für den Formwechsel einer KapGes in eine PersGes iSv § 190 UmwG oder vglbare ausl. Vorgänge. Der spiegelbildliche Fall des Formwechsels aus der Rechtsform der PersGes in diejenige der KapGes oder eG ist hingegen stl. als (fiktive) Einbringung zu werten und Gegenstand des Achten Teils (§ 25). Zivilrechtlich zeichnet sich der Formwechsel nach § 190 UmwG durch die Identität des Rechtsträgers aus. Eine Vermögensübertragung findet nicht statt, der identische Rechtsträger besteht unverändert in neuer Rechtsform fort (hierzu näher → UmwG § 190 Rn. 5 ff.). Wenn durch einen Formwechsel eine Änderung der Besteuerungssysteme (Körperschaften einerseits und PersGes andererseits) nicht eintritt, ist eine Regelung über die stl. Folgen des Formwechsels im UmwStG entbehrlich. Ein derartiger Formwechsel (etwa von der AG in die GmbH oder umgekehrt) hat grds. keine stl. Auswirkungen (Dötsch/Pung/Möhlenbrock/Möhlenbrock/Werner Rn. 38; Haritz/Menner/Bilitewski/Werneburg Rn. 31). Anders ist dies bei einem „kreuzenden" Formwechsel, also beim Rechtsformwechsel von KapGes zur PersGes und vice versa (zB §§ 214 ff., 228 ff. UmwG). Obwohl auch in diesen Fällen zivilrechtlich kein Vermögen übertragen wird, muss stl. der Wechsel der Besteuerungssysteme beachtet werden. Die KapGes und ihre Anteilseigner werden stl. als selbstständige Steuersubjekte behandelt; die KapGes unterliegt mit ihrem Einkommen der KSt/GewSt, ihre Anteilseigner je nach Rechtsform der KSt oder der ESt und der GewSt. Hingegen sind PersGes keine Einkommensteuersubjekte. Der Gewinn wird vielmehr unmittelbar den Gesellschaftern zugerechnet und bei ihnen der ESt oder KSt unterworfen. Daher fingiert § 9 für den Fall des Formwechsels von einer KapGes in eine PersGes ertragstl. die Übertragung des Vermögens einer Körperschaft auf eine PersGes. Dieser Formwechsel kann stl. wie eine Verschm einer Körperschaft auf eine PersGes behandelt werden, weshalb § 9 auch auf die §§ 3–8 verweist. Ebenso ist § 18 anwendbar. Zum umgekehrten Fall des Formwechsels einer PersGes in eine KapGes → Rn. 96.

47 **bb) Kapitalgesellschaft.** Nach Abs. 1 S. 1 Nr. 2 ist nur der Formwechsel einer KapGes erfasst. Inl. KapGes sind nach der Legaldefinition in § 1 I Nr. 1 KStG SE, AG, KGaA und GmbH. Auch die UG (haftungsbeschränkt) ist eine GmbH. Rechtsträger dieser Rechtsformen können an einem Formwechsel nach § 190 UmwG beteiligt sein (§ 191 I Nr. 2 UmwG; → UmwG § 191 Rn. 13 ff.). Beim Formwechsel von ausl. KapGes muss der ausl. Rechtsträger in den wesentlichen Strukturelementen einer inl. KapGes entsprechen. Es ist ein **Typenvergleich** durch-

Anwendungsbereich und Begriffsbestimmungen 48–50 § 1 UmwStG D

zuführen (näher → Rn. 17 ff.). Für die Einordnung von KapGes aus der/dem EU-/ EWRbestehen praktisch keine Unsicherheiten (→ Rn. 19).

Abs. 1 Nr. 2 iVm § 9 erfassen nur den Formwechsel in eine PersGes. Bei einem **48** Formwechsel nach § 190 UmwG kommen als **Zielrechtsform** eine OHG, eine KG, eine PartGes und eine GbR in Betracht (§ 191 II Nr. 1 und 2 UmwG; hierzu → UmwG § 191 Rn. 32 f.). Bei ausl. Rechtsträgern ist wiederum ein **Typenvergleich** durchzuführen (→ Rn. 23).

cc) Vergleichbare ausländische und grenzüberschreitende Vorgänge. Vgl. **49** auch → Rn. 31 ff. Einbezogen sind auch einem Formwechsel nach § 190 UmwG vglbare ausl. Vorgänge. Der zwischenzeitlich positivrechtlich geregelte **grenzüberschreitende Formwechsel** von und in EU-/EWR-KapGes nach §§ 333 ff. UmwG ist kein unmittelbarer Anwendungsfall, da Zielrechtsform keine Personengesellschaft sein kann (§ 334 UmwG; vgl. → Rn. 27 und → Rn. 48). Diese Regelungen sind indes bei der Vergleichbarkeitsprüfung zu berücksichtigen. Darüber hinaus müssen nach der neueren Rspr. Des EuGH EU-/EWR-Rechtsträger im Grds. auch einen grenzüberschreitenden Formwechsel in dem Sinne durchführen können, dass dieser Rechtsträger seinen Satzungssitz in einen anderen Mitgliedstaat verlegt und hierbei eine Rechtsform nach der Rechtsordnung des Zuzugsstaats annimmt (hierzu → UmwG § 1 Rn. 52, 55). Die Praxis findet zwischenzeitlich Wege zur zivilrechtlichen Umsetzung (→ UmwG § 1 Rn. 57 ff.). Auf dieser Grundlage können auch grenzüberschreitende Formwechsel in eine PersGes-Rechtsform durchgeführt werden. In diesen Fällen ist der Anwendungsbereich nach Abs. 1 S. 1 Nr. 2 eröffnet, wenn dies vglbarer ausländischer Vorgang ist (Rödder/Herlinghaus/van Lishaut/ Graw Rn. 98; wohl auch Dötsch/Pung/Möhlenbrock/Möhlenbrock/Werner Rn. 111b; Frotscher/Drüen/Drüen Rn. 108; Schönhaus/Müller IstR 2013, 174 (177 f.)).

Die vglbaren ausl. Vorgänge beziehen sich damit auf Formwechsel nach einer **50** ausl. Rechtsordnung oder – bei einem grenzüberschreitenden Formwechsel (→ Rn. 49) – einer Kombination von verschiedenen ausl. Rechtsordnungen oder einer ausländischen mit der inländischen Rechtsordnung (→ UmwG § 1 Rn. 57 ff.). Maßgebliches Kriterium für die Vergleichbarkeit ist die **Identität des Rechtsträgers** vor und nach dem Formwechsel. Eine Vermögensübertragung findet nicht statt (idS auch BMF 11.11.2011, BStBl. I 2011, 1314 Rn. 01.39; Rödder/Herlinghaus/van Lishaut/Graw Rn. 97; Dötsch/Pung/Möhlenbrock/Möhlenbrock/Werner Rn. 111; BeckOK UmwStG/Mückl Rn. 191; Haase/Hofacker/Haase Rn. 84). Soweit daher eine ausl. Rechtsordnung den Formwechsel nur in Form einer übertragenden Umw zulässt (etwa Österreich für den Formwechsel zwischen PersGes und KapGes), ist dies daher kein vglbarer ausl. Vorgang (BMF 11.11.2011, BStBl. I 2011, 1314 Rn. 01.39; Dötsch/Pung/Möhlenbrock/Möhlenbrock/Werner Rn. 111; Rödder/Herlinghaus/van Lishaut/Graw Rn. 97; Haase/Hofacker/Haase Rn. 84; Schmitt/Schloßmacher UmwStE 2011 Rn. 01.39; aA Widmann/Mayer/Maetz Rn. 65; vgl. auch Hahn IstR 2005, 679). Angesichts der Vermögensübertragung, der Auflösung des übernehmenden Rechtsträgers und des Anteilsinhaberwechsels werden allerdings vielfach die Voraussetzungen der Vergleichbarkeit mit einer Verschm (→ Rn. 33 ff.) gegeben sein (BMF 11.11.2011, BStBl. I 2011, 1314 Rn. 01.39; Dötsch/Pung/Möhlenbrock/Möhlenbrock/Werner Rn. 111; Rödder/ Herlinghaus/van Lishaut/Graw Rn. 97). Auch Änderungen des Gesellschaftsvertrags, die nach inl. Grdsen (Typenvergleich → Rn. 17, 23) zu einer Umqualifizierung (PersGes statt KapGes oder vice versa) führen, sind als vglbarer Vorgang einzustufen (so Benecke/Schnitger IstR 2006, 765 (770); ebenso Frotscher/Drüen/Drüen Rn. 110), denn auch nach inl. Grdsen bedarf es lediglich eines Beschlusses der Gesellschafter (§ 193 UmwG). Nicht erfasst ist die grenzüberschreitende **Sitzverlegung einer SE bzw. SCE,** die allerdings hinsichtlich der Auswirkungen auf Gesellschafterebene in § 4 I 5 EStG, § 15 Ia EStG und in § 17 V 2 EStG geregelt ist. Vgl. iÜ § 12 I KStG.

51 **d) Umwandlung nach § 1 II UmwG (Abs. 1 S. 1 Nr. 3).** Der Zweite bis Fünfte Teil gilt auch für Umw iSv § 1 II UmwG, soweit sie einer Umw iSv § 1 I UmwG entsprechen. § 1 II UmwG bestimmt den **numerus clausus** der in § 1 I definierten Umwandlungsarten. Außer nach dem UmwG können Verschm, Spaltungen, Vermögensübertragungen und ein Formwechsel nur dann durchgeführt werden, wenn dies ausdrücklich in einer bundes- oder landesgesetzlichen Regelung vorgesehen ist (näher hierzu → UmwG § 1 Rn. 62 ff.). Praktisch bedeutsam sind landesrechtliche Vorschriften zur Umstrukturierung (Verschm) von Sparkassen sowie § 38a LwAnpG, § 6b VermG (BMF 11.11.2011, BStBl. I 2011, 1314 Rn. 01.07). Sparkassenverschmelzungen unterfielen vor SEStEG nicht unmittelbar dem UmwStG (vgl. dazu BMF 25.3.1998, BStBl. I 1998, 268; OFD Frankfurt a. M. DB 2003, 637). Die auf bundes- oder landesgesetzlicher Grundlage durchgeführte Umw muss ferner mit einer Verschm, Auf- oder Abspaltung oder einem Formwechsel nach dem UmwG vglbar sein. Die Vergleichbarkeit bezieht sich auf die wesentlichen Strukturelemente und entsprechen derjenigen eines vglbaren ausl. Vorgangs (dazu → Rn. 31; BMF 11.11.2011, BStBl. I 2011, 1314 Rn. 01.07; Haase/Hofacker/Haase Rn. 30; BeckOK UmwStG/Mückl Rn. 133). Auch wenn dies in Abs. 1 S. 1 Nr. 3 nicht ausdrücklich erwähnt ist, setzen die Regelungen des Zweiten bis Fünften Teils immer eine Körperschaft als übertragenden/umzuwandelnden Rechtsträger voraus (→ Rn. 15).

52 **e) Vermögensübertragung nach § 174 UmwG (Abs. 1 S. 1 Nr. 4).** Nach Abs. 1 S. 1 Nr. 4 gilt der Zweite bis Fünfte Teil auch für die Vermögensübertragung nach § 174 UmwG. Die Vermögensübertragung ist zivilrechtlich als Vollübertragung (§ 174 I UmwG) und als Teilübertragung (§ 174 II UmwG) möglich. Die Voll- bzw. Teilübertragung entsprechen grds. den Umwandlungsformen der Verschm nach § 2 UmwG oder der Spaltung nach § 123 UmwG. Im Unterschied hierzu wird jedoch den Anteilsinhabern des übertragenden Rechtsträgers eine Gegenleistung gewährt, die nicht in Anteilen oder Mitgliedschaften besteht (§ 174 I UmwG).

53 Der Kreis der **beteiligtenfähigen Rechtsträger** ist begrenzt. Nach § 175 UmwG kann eine Voll- oder Teilübertragung nur von einer KapGes auf den Bund, ein Land, eine Gebietskörperschaft oder einen Zusammenschluss von Gebietskörperschaften sowie von einer Versicherungs-AG auf VVaG oder auf öffentlich-rechtliche Versicherungsunternehmen, von einem VVaG auf Versicherungs-AG oder auf öffentlich-rechtliche Versicherungsunternehmen und von einem öffentlich-rechtlichen Versicherungsunternehmen auf Versicherungs-AG oder auf VVaG erfolgen (vgl. näher Komm. Zu § 175 UmwG). Eine Erweiterung auf vglbare ausl. Vorgänge ist nicht vorgesehen und auch von der Fusions-RL nicht vorgegeben (NK-UmwR/Kubik/Große Honebrink Rn. 21). Zivilrechtlich möglich wären grenzüberschreitende Vermögensübertragungen nur auf der Grundlage der Vereinigungstheorie (dazu → UmwG § 1 Rn. 45 ff.).

54 Stl. ist die Vollübertragung im Grds. von §§ 11–13 und § 19 erfasst. Die beteiligtenfähigen Rechtsträger (→ Rn. 53) sind sämtlich Körperschaften. Eine Vermögensübertragung kann regelmäßig nur steuerneutral durchgeführt werden, da das Bewertungswahlrecht nach § 11 II voraussetzt, dass keine Gegenleistung oder nur eine Gegenleistung in Gesellschaftsrechten gewährt wird (hierzu → § 11 Rn. 4 und BMF 11.11.2011, BStBl. I 2011, 1314 Rn. 11.14 f.). Die Teilübertragung ist grds. von § 15 erfasst. Auch hier scheitert regelmäßig die Anwendung des Bewertungswahlrechts nach § 11 II an der Gewährung einer Gegenleistung, die nicht in Gesellschaftsrechten besteht (dazu → § 15 Rn. 25 f.).

55 **f) Ausschluss der Ausgliederung, Abs. 1 S. 2.** Der Zweite bis Fünfte Teil gilt nicht für die Ausgliederung iSv § 123 III UmwG. Abs. 1 S. 2 stellt dies klar, obwohl

es bereits aus der Nichtaufzählung in Abs. 1 S. 1 Nr. 1 und der Erwähnung in Abs. 3 Nr. 2 folgt. Hintergrund ist, dass die Ausgliederung, bei der die Gegenleistung für die Vermögensübertragung nicht den Anteilsinhabern des übertragenden Rechtsträgers, sondern dem Rechtsträger selbst gewährt wird (vgl. § 123 III UmwG), steuersystematisch ein Einbringungsvorgang ist (BFH BStBl. II 2017, 1265 Rn. 14). Konsequenterweise bestimmt Abs. 3 Nr. 2 für die Ausgliederung die Anwendung des Sechsten bis Achten Teils (dazu → Rn. 90). Die Nichtanwendung des Zweiten bis Fünften Teils gilt auch für vglbare ausl. Vorgänge, die aber von den §§ 20 ff. erfasst sein können (vgl. auch das Beispiel in BMF 11.11.2011, BStBl. I 2011, 1314 Rn. 01.38).

4. Persönlicher Anwendungsbereich Zweiter bis Fünfter Teil, Abs. 2 für Umwandlungen bis zum 31.12.2021

a) Allgemeines. Bis zu den **Änderungen durch das KöMoG** (zur erstmaligen Anwendung vgl. § 27 XVIII: Umw und Einbringungen mit einem steuerlichen Übertragungsstichtag nach dem 31.12.2021) ergänzte Abs. 2 aF die sachlichen Anforderungen nach Abs. 1, indem weitere Anforderungen an die an Umw iSv Abs. 1 beteiligten Rechtsträger aufgestellt wurden. Abs. 2 aF statuierte damit den persönlichen Anwendungsbereich. Die an der Umw beteiligten **Rechtsträger** mussten kumulativ einen zweifachen Bezug zur EU/zum EWR haben: Sie mussten nach dem Recht eines Mitgliedstaats gegründet sein und den Sitz und Ort der Geschäftsleitung innerhalb des Hoheitsgebiets eines Mitgliedstaats haben. Bei **natürlichen Personen** wurde auf den Wohnsitz, gewöhnlichen Aufenthalt und – bei Doppelwohnsitz – auf die DBA-Ansässigkeit innerhalb der EU/des EWR abgestellt. Im Ergebnis wurde damit die für Vorgänge nach Abs. 1 vorgenommene Erweiterung des Anwendungsbereichs des UmwStG auf vglbare ausl. Vorgänge (→ Rn. 31) auf Umw von EU-/EWR-Rechtsträgern nach Rechtsordnungen der EU/des EWR eingeschränkt. Umw iSv Abs. 1 unter Beteiligung von Rechtsträgern aus Drittstaaten fielen sowohl bei grenzüberschreitenden Vorgängen (auch unter Beteiligung von EU-/EWR-Rechtsträgern) als auch bei rein ausl. Umwandlungsvorgängen aus dem Anwendungsbereich des UmwStG heraus, waren aber teilweise in § 12 II KStG geregelt (vgl. auch → Rn. 4). Diese Beschränkungen sind aufgrund der vollständigen Aufhebung von Abs. 2 für Umw mit einem steuerlichen Übertragungsstichtag nach dem 31.12.2021 (§ 27 XVIII) weggefallen. Auf die von Abs. 1 erfassten Umw sind demzufolge die §§ 3–19 auch dann anzuwenden, wenn als wandelnde, übertragende oder übernehmende **Rechtsträger aus Drittstaaten** (Gründung und/oder Sitz und Ort der Geschäftsleitung) und natürliche Personen mit einer Ansässigkeit in einem Drittstaat beteiligt sind (vgl. auch Frotscher/Drüen/Drüen Rn. 114; zu versch. Fallgruppen vgl. Holle/Krüger/Weiss IStR 2021, 489 und Dreßler/Kompolsek WPg 2021, 1243). In diesem Sinne sind die §§ 3–19 **globalisiert** worden (vgl. auch → Rn. 4). Die Gründungs- und Ansässigkeitsanforderungen von Abs. 2 aF gelten aber weiterhin für die von Abs. 3 erfassten Einbringungstatbestände. Gesetzestechnisch wurden die bisherigen Verweise in Abs. 4 auf Abs. 2 aF durch unmittelbare Übernahme der Anforderungen in Abs. 4 ersetzt. (vgl. auch → Rn. 113). Aufgrund der fortwirkenden Bedeutung von Abs. 2 aF für Umw bis zum 31.12.2021 wurden in dieser Auflage die **nachfolgende Kommentierung von Abs. 2 aF** (→ Rn. 57 ff.) und die Verweise in der Kommentierung von Abs. 4 (→ Rn. 113 ff.) beibehalten (vgl. auch → Rn. 113).

Besondere Anforderungen an die **Anteilsinhaber** gelten nach Abs. 2 aF und damit für den Zweiten bis Fünften Teil nicht (Dötsch/Pung/Möhlenbrock/Möhlenbrock/Werner Rn. 152; Haritz/Menner/Bilitewski/Werneburg Rn. 50; Rödder/Herlinghaus/van Lishaut/Graw Rn. 108; Haase/Hofacker/Haase Rn. 90; Frotscher/Drüen/Drüen Rn. 122; Widmann/Mayer/Maetz Rn. 75; auch → Rn. 62).

Diese können im Inland, im EU-/EWR-Ausland oder in einem Drittstaat ansässig sein. Zur stl. Behandlung der Anteilsinhaber in den Fällen der §§ 3–19 vgl. § 4, § 7 und § 13. Auch die **Belegenheit** des **Vermögens** ist ohne Bedeutung (Haase/Hruschka/Geils Rn. 9). Für die Anwendung des **AStG** vgl. auch § 8 I Nr. 9 AStG. Zu den Anforderungen an die Anteilsinhaber von umwandelnden/einbringenden/übertragenden PersGes in **Einbringungsfällen nach Abs. 3** vgl. → Rn. 120, 123, 126.

57   **b) Gesellschaft iSv Art. 54 AEUV, Art. 34 EWR-Abkommen.** Nach Abs. 2 S. 1 Nr. 1 **aF** muss beim Formwechsel der umwandelnde Rechtsträger und bei den anderen Umw der übertragende Rechtsträger eine Ges iSv Art. 54 AEUV oder Art. 34 EWR-Abkommen sein. Gleiches gilt nach Abs. 4 S. 1 Nr. 1 für den übernehmenden Rechtsträger in Einbringungsfällen nach Abs. 3 und nach Abs. 4 S. 1 Nr. 2 lit. a bb für den umwandelnden/einbringenden/übertragenden Rechtsträger in Einbringungsfällen nach Abs. 3 Nr. 1–4 (vgl. näher → Rn. 117, 119, 123, 126). Bei übertragenden Umw (Verschm, Auf- oder Abspaltungen, Umw iSv Abs. 1 S. 1 Nr. 3 und 4) gilt dies für Umw mit einem steuerlichen Übertragungsstichtag bis zum 31.12.2021 (§ 27 XVIII) auch für den übernehmenden Rechtsträger mit Ausnahme der Verschm auf eine natürliche Person, die von Abs. 2 S. 1 Nr. 2 **aF** geregelt ist (dazu → Rn. 71). Die übertragenden Rechtsträger müssen bei Vorgängen nach Abs. 1 S. 1 ferner Körperschaften bzw. – beim Formwechsel – KapGes sein (→ Rn. 15 ff. und → Rn. 47).

58   Der Begriff der Ges nach **Art. 54 AEUV** ist umfassend. Hierzu zählen die Ges des bürgerlichen Rechts und des Handelsrechts (auch EWIV; Dötsch/Pung/Möhlenbrock/Möhlenbrock/Werner Rn. 146; Frotscher/Drüen/Drüen Rn. 116a; BeckOK UmwStG/Mückl Rn. 333) einschl. der eG (aA wohl Lademann/Wernicke Rn. 351) und die sonstigen jur. Personen des öffentlichen und privaten Rechts. Auch Stiftungen sind erfasst (Orth FR 2010, 637 (640)). Ausgenommen sind nur diejenigen Ges, die keinen Erwerbzweck verfolgen (Art. 54 AEUV). Weitere Einschränkungen folgen für den übertragenden Rechtsträger aus Abs. 1, da der Zweite bis Fünfte Teil nur für Körperschaften bzw. KapGes (Formwechsel, Abs. 1 S. 1 Nr. 2) gilt (→ Rn. 15 ff., 47). Hinsichtlich der möglichen inl. Rechtsträger → Rn. 15, 20 ff., 47 f. Ausl. Ges iSv Art. 54 AEUV müssen nach einem Typenvergleich einer inl. Körperschaft/KapGes oder – als Übernehmerin – PersGes entsprechen (dazu → Rn. 17 und → Rn. 23, 47). Ferner müssen die übertragenden und die übernehmenden Rechtsträger fähig sein, an einer nach Abs. 1 vorausgesetzten Umw nach dem UmwG oder an einem vglbaren ausl. Vorgang beteiligt zu sein.

59   Keine Ges iSv Art. 54 AEUV sind Verbände, die **keinen Erwerbszweck** verfolgen. Dies sind etwa die Erbengemeinschaft, die eheliche Gütergemeinschaft, die Miteigentumsgemeinschaft, eine nicht rechtsfähige Anstalt, eine nicht rechtsfähige Stiftung und sonstige Zweckvermögen des privaten Rechts, die keine Anstalt oder Stiftung sind (Widmann/Mayer/Maetz Rn. 82; Dötsch/Pung/Möhlenbrock/Möhlenbrock/Werner Rn. 146; Schmitt/Schloßmacher UmwStE 2011 Rn. 01.50). Für Inlandsfälle hat dies für die §§ 3–19 keine Bedeutung, da diese Gemeinschaften auch nach dem UmwG nicht beteiligtenfähig sind (zur Ausgliederung aber → UmwG § 152 Rn. 4 ff.). Sie sind auch keine geeigneten übernehmende Rechtsträger iSv Abs. 4 S. 1 Nr. 1. Eine Gewinnerzielungsabsicht ist nicht erforderlich (Rödder/Herlinghaus/van Lishaut/Graw Rn. 113; Dötsch/Pung/Möhlenbrock/Möhlenbrock/Werner Rn. 146; Widmann/Bauschatz/Mundhenke/Schlücke Rn. 204). Die Verfolgung eines Erwerbszwecks ist weit auszulegen (BFH BStBl. II 2005, 721). Ausgeschlossen sind nur Ges, die überhaupt nicht auf die Teilnahme am wirtschaftlichen Wettbewerb angelegt sind, also etwa rein religiöse, karitative, kulturelle oder soziale Zielsetzungen verfolgen. Auch rein vermögensverwaltende Aktivitäten können Erwerbszwecken dienen (BFH BStBl. II 2005, 721). Der Umstand, dass eine

Ges **gemeinnützig** und damit steuerbefreit ist, lässt allein den Erwerbszweck noch nicht entfallen (Dötsch/Pung/Möhlenbrock/Möhlenbrock/Werner Rn. 146; Widmann/Bauschatz/Mundhenke/Schlücke Rn. 205; Schmitt/Schloßmacher UmwStE 2011 Rn. 01.50; vgl. auch zu weiteren Fragen bei der Umw (gemeinnütziger) Stiftungen Orth FR 2010, 637). Denn sie nehmen regelmäßig mittels Zweckbetrieben (§§ 65 ff. AO) oder iRd Vermögensverwaltung (dazu BFH BStBl. II 2005, 721) am Wirtschaftsverkehr teil (Dötsch/Pung/Möhlenbrock/Möhlenbrock/Werner Rn. 146; BeckOK UmwStG/Mückl Rn. 335; NK-UmwR/Kubik/Große Honebrink Rn. 51; Haase/Hofacker/Haase Rn. 95: teleologische Reduktion). **Betriebe gewerblicher Art** von jur. Personen des öffentlichen Rechts sind insofern erfasst, als die Trägerkörperschaft Art. 54 AEUV unterfällt (Widmann/Mayer/Maetz Rn. 83; Rödder/Herlinghaus/van Lishaut/Graw Rn. 113; Haase/Hofacker/Haase Rn. 96; Widmann/Bauschatz/Mundhenke/Schlücke Rn. 206; iErg auch BMF 11.11.2011, BStBl. I 2011, 1314 Rn. 01.50: der Betrieb gewerblicher Art sei Ges iSv Art. 54 AEUV). Ferner reicht es aus, wenn der übernehmende Rechtsträger erst nach der Umw einen Erwerbszweck verfolgt, wohingegen der übertragende Rechtsträger bereits zum Zeitpunkt der Umw dieses Kriterium erfüllen muss (Dötsch/Pung/Möhlenbrock/Möhlenbrock/Werner Rn. 146; weitergehend Widmann/Mayer/Maetz Rn. 84: vor oder nach der Umw). Soweit Rechtsträger betroffen sind, die nach dem UmwG umwandlungsfähig sind, ist die Vorschrift ohnehin einschränkend auszulegen.

Art. 34 EWR-Abkommen entspricht in seinen Voraussetzungen Art. 54 AEUV (vgl. auch Hahn in PWC, Reform des UmwStR, 2007, Rn. 767; Dötsch/Pung/Möhlenbrock/Möhlenbrock/Werner Rn. 148).

c) Gründungsstatut. Die beteiligten Rechtsträger müssen für Umw nach Abs. 1 mit einem steuerlichen Übertragungsstichtag bis zum 31.12.2021 (§ 27 XVIII) und für die Erfüllung der Anforderungen nach Abs. 4 S. 1 Nr. 1 und Nr. 2 lit. a bb nach den Rechtsvorschriften eines Mitgliedstaats der EU/des EWR gegründet sein bzw. – bei Umw zur Neugründung – gegründet werden (Dötsch/Pung/Möhlenbrock/Möhlenbrock/Werner Rn. 149). Maßgeblich ist also das bei der Gründung und nicht das aktuell auf den Rechtsträger anwendbare Gesellschaftsstatut (BeckOK UmwStG/Mückl Rn. 339; dazu auch → UmwG § 1 Rn. 27). Dies gilt unabhängig davon, ob der Sitzstaat nach seinem IPR die Gründungs- oder Sitztheorie anwendet (dazu → UmwG § 1 Rn. 26 f.) und wie der aktuelle Sitzstaat den Rechtsträger qualifiziert. Rechtsträger, die nach der Rechtsordnung eines Mitgliedstaats (EU und EWR) vor dessen Beitritt gegründet worden sind, sind erfasst (Widmann/Mayer/Maetz Rn. 79; Haase/Hofacker/Haase Rn. 94; NK-UmwR/Kubik/Große Honebrink Rn. 52). Zur Gründung durch einen grenzüberschreitende Umw einer Drittstaaten-Ges auf eine EU-/EWR-Ges vgl. Dötsch/Pung/Möhlenbrock/Möhlenbrock/Werner Rn. 149a.

d) Sitz und Ort der Geschäftsleitung. Die beteiligten Rechtsträger müssen nach Abs. 2 S. 1 Nr. 1 **aF** für Umw nach Abs. 1 mit einem steuerlichen Übertragungsstichtag bis zum 31.12.2021 (§ 27 XVIII) und für die Erfüllung der Anforderungen nach Abs. 4 S. 1 Nr. 1 und Nr. 2 lit. a bb ihren Sitz und ihre Geschäftsleitung innerhalb der EU/EWR haben (zu natürlichen Personen als übernehmende Rechtsträger → Rn. 71). Bedeutsam ist dies sowohl für Umw nach dem UmwG (→ Rn. 25, 28, 46) als auch für grenzüberschreitende Umw unter Beteiligung von inl. Rechtsträgern und vglbare ausl. Vorgänge (→ Rn. 31). Denn auch ein nach der dt. Rechtsordnung gegründeter Rechtsträger (etwa GmbH, AG) kann identitätswahrend seinen Verwaltungssitz in einen Drittstaat außerhalb der EU/EWR verlegen (→ UmwG § 1 Rn. 40). Demzufolge kann die Situation eintreten, dass die Umw zivilrechtlich zwar nach dem UmwG zu beurteilen ist, das UmwStG aber mangels Orts der Geschäftsleitung außerhalb der EU/EWR nicht anwendbar ist.

Bei **PersGes** muss diese selbst die Anforderungen erfüllen. (Dötsch/Pung/Möhlenbrock/Möhlenbrock/Werner Rn. 152; Haritz/Menner/Bilitewski/Werneburg Rn. 50; BeckOK UmwStG/Mückl Rn. 342; Dötsch/Pung DB 2006, 2704 Fn. 15). Diese können auch in Drittstaaten ansässig sein. Anderes gilt für umwandelnde/einbringende/übertragende PersGes bei **Einbringungen nach Abs. 3**, bei denen zusätzlich auf die Anteilsinhaber abgestellt wird (vgl. näher → Rn. 120, 124, 126).

63 Abs. 2 S. 1 Nr. 1 aF unterscheidet den Sitz und den Ort der Geschäftsleitung. Unter **Sitz** ist daher der statutarische Sitz iSv § 11 AO zu verstehen (Rödder/Herlinghaus/van Lishaut/Graw Rn. 122; Widmann/Mayer/Maetz Rn. 87; Dötsch/Pung/Möhlenbrock/Möhlenbrock/Werner Rn. 149; BeckOK UmwStG/Mückl Rn. 343). Eine **Körperschaft**, Personenvereinigung oder Vermögensmasse hat damit ihren Sitz an dem Ort, der durch Gesetz, Gesellschaftsvertrag, Satzung, Stiftungsgeschäft oder dgl. bestimmt ist. Außer dieser formellen Festlegung bedarf es keines weiteren Bezugs zum Sitzstaat. Insbes. sind der Ort der tatsächlichen Geschäftsführung (Verwaltungssitz; aber → Rn. 65), die Belegenheit des Vermögens, die Ansässigkeit der Gesellschafter oder sonstige Bezugspunkte unbeachtlich (Rödder/Herlinghaus/van Lishaut/Graw Rn. 122; BeckOK UmwStG/Mückl Rn. 343). Str. ist die Einordnung von „Briefkastenfirmen" (vgl. Rödder/Herlinghaus/van Lishaut/Graw Rn. 122).

64 Bei **PersGes** war ein vom Ort der tatsächlichen Verwaltung abw. gesellschaftsvertraglicher Sitz nach bisher überwiegender Ansicht nicht denkbar (Rödder/Herlinghaus/van Lishaut/Graw Rn. 122; Widmann/Mayer/Maetz Rn. 89; BeckOK UmwStG/Mückl Rn. 343; zur Situation nach dem MoPeG vgl. Servatius BGB § 706 Rn. 8; Lieder/Hilser, ZHR 185 (2021), 471 (488)). Dies war angesichts der jüngeren Entwicklung indes fraglich geworden (→ UmwG § 1 Rn. 42).

65 Den **Ort der Geschäftsleitung** definiert § 10 AO als den Mittelpunkt der geschäftlichen Oberleitung. Dieser ist dort, wo der für die Geschäftsführung maßgebliche Wille gebildet wird (BFH BStBl. II 1991, 454; BFH BStBl. II 1995, 175). Maßgeblich ist, wo die für die Geschäftsführung nötigen Maßnahmen von einiger Wichtigkeit angeordnet werden. Dazu zählen die tatsächlichen rechtsgeschäftlichen Handlungen, die der gewöhnliche Betrieb der Ges mit sich bringt, und solche organisatorischen Maßnahmen, die zur gewöhnlichen Verwaltung der Ges gehören („Tagesgeschäfte"). Nicht zu ihnen gehören die Festlegung der Grdse der Unternehmenspolitik und die Mitwirkung der Gesellschafter an ungewöhnlichen Maßnahmen bzw. an Entscheidungen von besonderer wirtschaftlicher Bedeutung (BFH BStBl. II 1995, 175). Maßgeblich sind die tatsächlichen Umstände. Bei einer Ges befindet sich der Mittelpunkt der geschäftlichen Oberleitung regelmäßig an dem Ort, an dem die zur Vertretung der Ges befugte Person der ihr obliegende geschäftsführende Tätigkeit entfaltet (BFH BStBl. II 1991, 554). Bestehen mehrere Orte der Geschäftsleitung, sind die an den verschiedenen Orten ausgeübten Tätigkeiten nach ihrer Bedeutung zu gewichten (BFH BStBl. II 1995, 175). Der zivilrechtliche Begriff des Verwaltungssitzes (BGHZ 97, 269 = NJW 1986, 2194), der sich danach richtet, wo die grundlegenden Entscheidungen der Unternehmensleitung effektiv in lfd. Geschäfte umgesetzt werden, ist damit definitorisch nicht mit dem Ort der Geschäftsleitung deckungsgleich, wenngleich praktisch meist Übereinstimmung besteht (so wohl auch Widmann/Mayer/Maetz Rn. 88; Dötsch/Pung/Möhlenbrock/Möhlenbrock/Werner Rn. 149). Bei ni. **PersGes** war der Ort der Geschäftsleitung zugleich deren Sitz (str., → Rn. 64). Nach den Änderungen durch das MoPeG kann bei eingetragenen PersGes der Verwaltungssitz abweichen und auch im Ausland belegen sein (vgl. Servatius BGB § 706 Rn. 8; Lieder/Hilser ZHR 185 (2021), 471 (488)).

66 Der Sitz und der Ort der Geschäftsleitung von **ausl. Rechtsträgern** bestimmen sich für die Anwendung des UmwStG ebenfalls nach den vorstehenden Grdsen (Rödder/Herlinghaus/van Lishaut/Graw Rn. 124; Dötsch/Pung/Möhlenbrock/

Anwendungsbereich und Begriffsbestimmungen 67–70 **§ 1 UmwStG D**

Möhlenbrock/Werner Rn. 149b; BeckOK UmwStG/Mückl Rn. 345; aA Frotscher/Drüen/Drüen Rn. 118: vorrangig nach DBA).

Sitz und Ort der Geschäftsleitung müssen sich innerhalb des **Hoheitsgebiets** der 67 EU/des EWR befinden. Dies sind nach Art. 52 EUV derzeit folgende **EU-Staaten:** Belgien, Bulgarien, Tschechische Republik, Dänemark, Deutschland, Estland, Irland, Griechenland, Spanien, Frankreich, Kroatien, Italien, Zypern, Lettland, Litauen, Luxemburg, Ungarn, Malta, Niederlande, Österreich, Polen, Portugal, Rumänien, Slowenien, Slowakei, Finnland, Schweden, Vereinigtes Königreich Großbritannien (vor Brexit) und Nordirland. Das Hoheitsgebiet des **EWR** umfasst die Staatsgebiete von Island, Liechtenstein und Norwegen. Zu Abgrenzungsfragen in Bezug auf Dänemark, Frankreich, die Niederlande, Spanien und – früher – das Vereinigte Königreich (insbes. auch die Kanalinseln und die Isle of Man) vgl. iE Widmann/Mayer/Maetz Rn. 90, Anh. 1 Rn. 20). Angesichts des drohenden Brexits hatte der Gesetzgeber mit Einfügung von § 122m UmwG aF eine zeitliche Flexibilisierung für grenzüberschreitende Verschmelzung von britischen KapGes auf inl. Rechtsträger geschaffen. Danach genügte es für die Anwendbarkeit der §§ 122a ff. UmwG aF, wenn der Verschmelzungsplan (§ 122c UmwG aF) vor dem Wirksamwerden des Austritts beurkundet wird, wenn die Verschm unverzüglich, spätestens aber zwei Jahre nach diesem Zeitpunkt mit den erforderlichen Unterlagen zur Registereintragung angemeldet wird (iE → 9. Aufl. UmwG § 122m Rn. 1 ff.). Begleitend ordnete nun **Abs. 2 S. 3** aF an, dass in diesem Fall die übertragende (britische) KapGes als Gesellschaft mit Sitz und Ort der Geschäftsleitung innerhalb des Hoheitsgebiets eines Mitgliedstaats der Europäischen Union gilt.

Sitz und Ort der Geschäftsleitung müssen sich innerhalb des Hoheitsgebiets dieser 68 Staaten, nicht jedoch zwingend in demselben Mitgliedstaat befinden (BMF 11.11.2011, BStBl. I 2011, 1314 Rn. 01.49; Dötsch/Pung/Möhlenbrock/Möhlenbrock/Werner Rn. 150; Rödder/Herlinghaus/van Lishaut/Graw Rn. 125; Widmann/Mayer/Maetz Rn. 92; Frotscher/Drüen/Drüen Rn. 117; BeckOK UmwStG/Mückl Rn. 342; HK-UmwStG/G. Kraft Rn. 60; Benecke/Schnittker IStR 2006, 765 (770)), wenngleich der Wortlaut nicht ganz eindeutig ist. Ebenso wenig müssen der Gründungsstaat und der Sitzstaat identisch sein (RegEBegr. BT-Drs. 16/2710 zu § 1 II; Dötsch/Pung/Möhlenbrock/Möhlenbrock/Werner Rn. 150; Widmann/Mayer/Maetz Rn. 92; Förster/Wendland BB 2007, 631).

Eine **Doppelansässigkeit** innerhalb der EU/des EWR erfüllt unzweifelhaft 69 ebenfalls die Anforderungen (Dötsch/Pung/Möhlenbrock/Möhlenbrock/Werner Rn. 150; Lademann/Wernicke Rn. 351; Frotscher/Drüen/Drüen Rn. 119). Darüber hinaus ist es für die Anwendung des UmwStG ausreichend, wenn bei Doppelansässigkeit (Sitz und Ort der Geschäftsleitung) eine Ansässigkeit in einem EU-/EWR-Mitgliedstaat besteht; weitere Ansässigkeiten in Drittstaaten sind unschädlich (Rödder/Herlinghaus/van Lishaut/Graw Rn. 128; Dötsch/Pung/Möhlenbrock/ Möhlenbrock/Werner Rn. 150; BeckOK UmwStG/Mückl Rn. 342). Dies gilt selbst dann, wenn nach den Regelungen eines DBA der Rechtsträger als außerhalb des Gebiets der EU/des EWR ansässig gilt (Rödder/Herlinghaus/van Lishaut/Graw Rn. 128). Eine Abs. 2 S. 1 Nr. 2 **aF** entsprechende Vorschrift (→ Rn. 75) fehlt bei Abs. 2 S. 1 Nr. 1 aF. Damit geht der Anwendungsbereich des UmwStG über die Fusions-RL hinaus (vgl. Art. 3 lit. b Fusions-RL).

Maßgeblicher **Zeitpunkt** für das Bestehen des Sitzes und des Orts der Geschäfts- 70 leitung innerhalb der EU/des EWR ist das zivilrechtliche Wirksamwerden der Umw (Rödder/Herlinghaus/van Lishaut/Graw Rn. 120; NK-UmwR/Kubik/Große Honebrink Rn. 50a; Schmitt/Schloßmacher UmwStE 2011 Rn. 01.52). Die Verwaltungsauffassung (BMF 11.11.2011, BStBl. I 2011, 1314 Rn. 01.52, 01.55: nur bei Umw zur Neugründung ist Wirksamwerden der Umw, iÜ stl. Übertragungsstichtag und bei im Rückwirkungszeitraum gegründeten Rechtsträgern das Wirksamwerden der Gründung; ebenso Dötsch/Pung/Möhlenbrock/Möhlenbrock/Werner

Rn. 145, 178; Haase/Hofacker/Haase Rn. 92; Frotscher/Drüen/Drüen Rn. 123) hat keine gesetzliche Grundlage. Auf § 2 UmwStG lässt sie sich nicht stützen. Diese Vorschrift regelt eine fiktive Rückbeziehung der Rechtsfolgen, nicht jedoch der Tatbestandsvoraussetzungen. Nach § 38 AO entstehen Ansprüche aus dem Steuerschuldverhältnis, sobald der Tatbestand verwirklicht ist, an den das Gesetz die Leistungspflicht knüpft. Dann muss aber die Prüfung der Tatbestandsmerkmale auch bezogen auf den Zeitpunkt der Tatbestandserfüllung erfolgen. Dies ist hier regelmäßig der Zeitpunkt des zivilrechtlichen Wirksamwerdens der Umw.

71 e) **Natürliche Person als übernehmender Rechtsträger.** Auch natürliche Personen können übernehmende Rechtsträger sein. Sie können ferner einbringender Rechtsträger bei Umw nach Abs. 3 sein (Abs. 4 S. 1 Nr. 2 lit. a aa). Nach § 120 UmwG kann eine KapGes im Wege der Aufnahme mit dem Vermögen eines Gesellschafters oder Aktionärs (als aufnehmender Rechtsträger) verschmolzen werden, sofern sich alle Geschäftsanteile oder alle Aktien der Ges in der Hand des Gesellschafters befinden. Ebenso sind grds. grenzüberschreitende Verschm auf eine natürliche Person als Alleingesellschafter denkbar (zu grenzüberschreitenden Verschm außerhalb der §§ 122a ff. UmwG → Rn. 25 ff.). Schließlich können vglbare ausl. Vorgänge eine natürliche Person als übernehmenden Rechtsträger vorsehen (zu den betroffenen Umwandlungsarten → Rn. 31 ff.).

72 Für die Anwendung des UmwStG für Umw nach Abs. 1 mit einem steuerlichen Übertragungsstichtag **bis zum 31.12.2021** (§ 27 XVIII) und für die Erfüllung der Anforderungen nach Abs. 4 S. 1 Nr. 1 und Nr. 2 lit. a aa ist Voraussetzung, dass die natürliche Person ihren Wohnsitz oder gewöhnlichen Aufenthalt innerhalb des Hoheitsgebiets der EU/des EWR hat und nicht aufgrund eines DBA in einem Drittstaat ansässig ist. Zum Hoheitsgebiet der EU/des EWR → Rn. 67. Eine unbeschränkte StPfl wird nicht vorausgesetzt (Dötsch/Pung/Möhlenbrock/Möhlenbrock/Werner Rn. 155). Eine unbeschränkte Steuerpflicht nach § 1 III EStG (oder vglbar in einem anderen EU-/EWR-Staat) ist ausreichend (Rödder/Herlinghaus/van Lishaut/Graw Rn. 133; Eisgruber/Früchtl Rn. 81).

73 Den **Wohnsitz** bestimmt § 8 AO als den Ort, an dem eine Person eine Wohnung unter Umständen innehat, die darauf schließen lassen, dass sie die Wohnung beibehalten und benutzen wird. Zur umfangreichen Kasuistik vgl. etwa AEAO zu § 8; Tipke/Kruse/Druen AO § 8 Rn. 1 ff.

74 Den **gewöhnlichen Aufenthalt** hat eine Person dort, wo sie sich unter Umständen aufhält, die erkennen lassen, dass sie an diesem Ort oder in diesem Gebiet nicht nur vorübergehend verweilt (§ 9 S. 1 AO). Praktisch bedeutsam ist, dass ein zeitlich zusammenhängender Aufenthalt von mehr als sechs Monaten Dauer stets und von Beginn an den gewöhnlichen Aufenthalt begründet (§ 9 S. 2 AO). Kurzfristige Unterbrechungen bleiben hierbei unberücksichtigt. Dies gilt nicht, wenn der Aufenthalt ausschließlich zu Besuchs-, Erholungs-, Kur- oder ähnl. Privaten Zwecken genommen wird und nicht länger als ein Jahr dauert (§ 9 S. 3 AO). **Grenzpendler** haben keinen gewöhnlichen Aufenthalt am Arbeitsort, wenn sie täglich zum Wohnort zurückkehren (BFH BStBl. II 1990, 687). Maßgeblich ist der gewöhnliche Aufenthalt innerhalb des Hoheitsgebiets der EU/des EWR, nicht unbedingt in einem einzelnen Mitgliedstaat (Widmann/Mayer/Maetz Rn. 106; Dötsch/Pung/Möhlenbrock/Möhlenbrock/Werner Rn. 155). Denkbar ist also der Fall, dass eine Person in keinem einzigen Mitgliedstaat, aber innerhalb der EU/des EWR den gewöhnlichen Aufenthalt hat.

75 Grds. ausreichend ist es, wenn die natürliche Person als übernehmender Rechtsträger auch einen Wohnsitz/den gewöhnlichen Aufenthalt innerhalb der EU/des EWR hat. Bei **Doppelansässigkeiten** in verschiedenen EU-/EWR-Staaten sind die Voraussetzungen von Abs. 2 S. 1 Nr. 2 aF und Abs. 4 S. 1 Nr. 2 lit. a aa immer erfüllt. Besteht auch eine Ansässigkeit in einem Drittstaat, setzt die Anwendung des

UmwStG voraus, dass die natürliche Person nicht nach einem DBA als in dem Drittstaat ansässig gilt. Derartige DBA-Regelungen dienen der Vermeidung von Kollisionen. Regelmäßig ist zunächst auf den Mittelpunkt der Lebensinteressen, sodann auf den gewöhnlichen Aufenthalt und schließlich auf die Staatsangehörigkeit abzustellen. Andernfalls regeln die zuständigen Behörden der Vertragsstaaten die Frage im gegenseitigen Einvernehmen (vgl. Art. 4 II OECD-MA). Maßgeblich ist das DBA zwischen dem EU-/EWR-Staat, in dem der Wohnsitz oder gewöhnlichen Aufenthalt besteht, und dem jew. Drittstaat (Dötsch/Pung/Möhlenbrock/Möhlenbrock/Werner Rn. 156).

f) SE/SCE als beteiligte Rechtsträger. Die SE ist eine supranationale Rechtsform (→ SE-VO Vorb. Rn. 4). Für sie gilt einerseits unmittelbar die SE-VO, andererseits das jew. Aktienrecht des Sitzstaates (Art. 10 SE-VO; → SE-VO Vorb. Rn. 4 ff.). Entsprechendes gilt für eine SCE (Art. 2 SCE-VO). Klarstellend bestimmt daher **Abs. 2 S. 2 aF,** dass eine SE/SCE für die Anwendung von Abs. 2 S. 1 Nr. 1 als eine nach den Rechtsvorschriften des Staates gegründete Ges, in deren Hoheitsgebiet sich der Sitz der Ges befindet, gilt. Dabei ist es unerheblich, ob dies der Sitz bei der Gründung oder der aktuelle Sitz ist, da der Sitz einer SE immer in einem Mitgliedstaat liegen muss (Art. 7 SE-VO). Daneben muss – wie bei anderen Rechtsträgern auch – der Sitz und der Ort der Geschäftsleitung innerhalb des Hoheitsgebiets der EU/des EWR sein (→ Rn. 62). Eine SE/SCE muss zivilrechtlich den Sitz und die Hauptverwaltung in einem (nicht unbedingt demselben) Mitgliedstaat haben; regelmäßig wird der Ort der Hauptverwaltung auch zugleich der Ort der Geschäftsleitung sein. Abweichungen sind jedoch denkbar, da für den Ort der Geschäftsleitung ausschließlich die tatsächlichen Gegebenheiten maßgeblich sind (→ Rn. 65). 76

g) Umwandelnder, übertragender und übernehmender Rechtsträger. Die Anforderungen an das Gründungsstatut, an die europäische Gesellschaftsform und an den Sitz und Ort der Geschäftsleitung (→ Rn. 57 ff.) muss bei einem **Formwechsel** nach Abs. 2 S. 1 Nr. 1 und nach Abs. 4 S. 1 Nr. 2 lit. a der umwandelnde Rechtsträger erfüllen (vgl. auch → Rn. 116, 119). Der Formwechsel zeichnet sich dadurch aus, dass eine Vermögensübertragung nicht stattfindet. Die Identität des Rechtsträgers bleibt erhalten; er wechselt lediglich sein Rechtskleid (→ UmwG § 190 Rn. 5 ff.). Entsprechendes gilt für vglbare ausl. Vorgänge (→ Rn. 49). Nach dem klaren Wortlaut verlangen Abs. 2 S. 1 Nr. 1 **aF** und Abs. 4 S. 1 Nr. 2 lit. a die Erfüllung der dort genannten Voraussetzungen nicht für die durch den Formwechsel entstehende Zielrechtsform. Regelmäßig werden indes insoweit (Ges iSv Art. 54 AEUV/Art. 34 EWR-Abkommen, Sitz und Ort der Geschäftsleitung) durch den Formwechsel Veränderungen nicht eintreten. Denkbar wäre dies bei einem grenzüberschreitenden Formwechsel (vgl. auch Widmann/Mayer/Maetz Rn. 100; dazu → Rn. 49). Bei **übertragenden Umw** iSv Abs. 1 (inl. Umw nach dem UmwG, grenzüberschreitenden Umw und ausl. Umw) mit einem steuerlichen Übertragungsstichtag **bis zum 31.12.2021** (§ 27 XVIII) müssen die Voraussetzungen nach Abs. 2 S. 1 Nr. 1 aF sowohl für den übertragenden Rechtsträger als auch für den übernehmenden Rechtsträger erfüllt sein. Bei Umw nach Abs. 3 (Einbringungsfälle) sind die Anforderungen beim übernehmenden Rechtsträger (Abs. 4 S. 1 Nr. 1) und in den Fällen des Abs. 3 Nr. 1–4 beim umwandelnden/einbringenden/übertragenden Rechtsträger zu erfüllen (vgl. näher → Rn. 116, 119, 123, 126). Zu den Besonderheiten einer natürlichen Person als übernehmendem Rechtsträger → Rn. 71. 77

5. Sachlicher Anwendungsbereich Sechster bis Achter Teil, Abs. 3

a) Allgemeines. Abs. 3 regelt den **sachlichen Anwendungsbereich** des Sechsten bis Achten Teils, also der §§ 20–25. Anders als der Zweite bis Fünfte Teil knüpfen 78 die §§ 20–25 nicht nur an Umw nach dem UmwG und vglbare ausl. Vorgänge an. Erfasst sind auch Einbringungen durch Einzelrechtsnachfolge. Stl. betrachtet umfassen damit der Sechste bis Achte Teil grds. unabhängig von der zivilrechtlichen Ausgestaltung die Übertragung von Betrieben, Teilbetrieben, Mitunternehmeranteilen auf Körperschaften und PersGes gegen Gewährung von Gesellschaftsrechten, die Übertragung von Anteilen an KapGes auf KapGes (Anteilstausch) und den – stl. als fiktive Vermögensübertragung ausgestalteten – Formwechsel einer PersGes in eine KapGes. Es handelt sich damit grds. um die nach Art. 1 lit. a Fusions-RL definierten Vorgänge der Fusionen, Spaltungen, Abspaltungen, Einbringung von Unternehmensteilen und des Austauschs von Anteilen, soweit die Vorgänge nicht schon von Abs. 1 erfasst sind.

79 Neben den Anforderungen hinsichtlich des sachlichen Anwendungsbereichs setzt die Geltung des Sechsten bis Achten Teils noch die Erfüllung **persönlicher Anforderungen** an die beteiligten Rechtsträger und ggf. an deren Anteilsinhaber nach Abs. 4 voraus („Abs 3 gilt nur"); hierzu → Rn. 113 ff. Anforderungen an die beteiligten Rechtsträger folgen iÜ aus der Beteiligtenfähigkeit an den in Abs. 3 genannten Umwandlungsarten und den besonderen Anforderungen der §§ 20 ff. sowie aus der Abgrenzung zum Zweiten bis Fünften Teil.

80 **b) Verschmelzung, Abs. 3 Nr. 1. aa) Verschmelzungsarten.** Abs. 3 Nr. 1 erfasst Verschm nach §§ 2 ff. UmwG oder vglbare ausl. Vorgänge. Dies sind zunächst die Verschm zur Aufnahme und die Verschm zur Neugründung (§ 2 UmwG); hierzu auch → Rn. 25. Verschm iSv § 2 UmwG entsprechen grds. der Definition von Fusionen nach Art. 2 lit. a Fusions-RL. Zivilrechtlich können unter gewissen Voraussetzungen Anteile nicht gewährt werden oder auf die Anteilsgewährung kann verzichtet werden (→ Rn. 26 und → UmwG § 2 Rn. 15 ff.; zum Verzicht auf die Anteilsgewährung vgl. §§ 54, 68 UmwG). Stl. setzen die §§ 20, 21 und 24 (→ Rn. 85) indes die Gewährung von **Gesellschaftsrechten** voraus.

81 Verschm nach der **SE-VO** und der **SCE-VO** sind nur unter Beteiligung von (europäischen) AG oder SE bzw. eG/SCE möglich (Art. 2 I SE-VO; Art. 2 SCE-VO). Sie sind daher mangels Beteiligung einer PersGes (→ Rn. 83) nicht vom Sechsten bis Achten Teil, sondern vom dritten Teil des UmwStG (§§ 11–13) erfasst (→ Rn. 42, 44).

82 Umfasst sind auch **vglbare ausl. Vorgänge** (BMF 11.11.2011, BStBl. I 2011, 1314 Rn. 01.45, 01.48; hierzu iE → Rn. 31 ff.). Ebenso erfasst sind auch **grenzüberschreitende** Verschm. Die §§ 305 ff. UmwG gelten zwar nur für EU-/EWR-KapGes als übertragende Rechtsträger (§ 306 I UmwG) und sind damit den §§ 11–13 oder den §§ 3–7 (vgl. § 306 I Nr. 2 UmwG: inl PhG als übernehmender Rechtsträger) zuzuordnen (→ Rn. 27), grenzüberschreitende Verschm unter Beteiligung von EU-/EWR-Rechtsträgern und damit auch von PersGes als übertragender Rechtsträger sind aber auch darüber hinaus möglich (iE → UmwG § 1 Rn. 45 ff.). Soweit mangels Gesamtrechtsnachfolge kein vglbarer Vorgang gegeben ist (→ Rn. 35), kann die Umw in den von Abs. 3 erfassten Fällen ggf. als Einbringung durch Einzelrechtsnachfolge (Abs. 3 Nr. 4; → Rn. 100) erfasst sein (Schönherr/Lemaitre GmbHR 2007, 459 (460); Förster/Wendland BB 2007, 631 (632); aA Dötsch/Pung/Möhlenbrock/Möhlenbrock/Werner Rn. 50).

83 **bb) Beteiligte Rechtsträger.** Nach Abs. 3 Nr. 1 sind Verschm von PersGes vom Sechsten bis Achten Teil erfasst. Zu weiteren persönlichen Anforderungen an die beteiligten Rechtsträger → Rn. 113 f. Gemeint sind eGbR/PhG/PartGes als **übertragende** Rechtsträger. Verschm von Körperschaften als übertragende Rechtsträger können nicht vom Sechsten bis Achten Teil, sondern nur vom Zweiten bis Fünften Teil erfasst sein (→ Rn. 15). Die Aufzählung erscheint stl. inl. Rechtsträger der Beteiligtenfähigkeit nach dem UmwG. Nach § 3 I 1 UmwG (idF durch das MoPeG) können als übertragender Rechtsträger **eGbR**, **OHG** und **KG** sowie **PartGes** an

einer Verschm nach § 2 UmwG beteiligt sein. Die EWIV ist der OHG gleichgestellt (→ UmwG § 3 Rn. 11; BMF 11.11.2011, BStBl. I 2011, 1314 Rn. 01.05). Auch aufgelöste eGbR/PhG/PartGes sind grds. verschmelzungsfähig (§ 3 III UmwG); vgl. indes §§ 39, 42 UmwG. Erfasst sind unter den weiteren Voraussetzungen von Abs. 4 (→ Rn. 113) auch vglbare ausl. Rechtsträger (HK-UmwStG/G. Kraft Rn. 81). Hierzu ist ein **Typenvergleich** vorzunehmen (iE → Rn. 23). Keine Voraussetzung ist, dass die ausl. übertragende PersGes eine PhG ist. Der Wortlaut von Abs. 3 Nr. 1 verlangt dies zwar. Dieser Wortlaut dürfte aber von der Vorstellung geprägt sein, dass bis zum 31.12.2023 nach dem UmwG neben PartGes nur OHG und KG als übertragende Rechtsträger an einer Verschm beteiligt sein können (vgl. § 3 UmwG). Eine derartige Beschränkung bei iSd Typenvergleichs vglbaren ausl. Rechtsträgern bei grenzüberschreitenden oder vglbaren ausl. Vorgängen ist jedoch nicht angezeigt, da Art. 54 AEUV und Art. 34 EWR-Abkommen auch PersGes wie GbR erfassen (→ Rn. 57; aA Dötsch/Pung/Möhlenbrock/Möhlenbrock/Werner Rn. 53). Nachdem seit dem 1.1.2024 die eGbR ebenfalls umfassend verschmelzungsfähig ist (→ UmwG § 3 Rn. 6), muss man auch für inl. Verschm eine teleologische Auslegung im Sinne der Beteiligung von PersGes vornehmen. Zu den weiteren persönlichen Anforderungen an die beteiligten Rechtsträger nach **Abs. 4** → Rn. 113.

Als **übernehmender** Rechtsträger kommen bei Umw nach §§ 2ff. UmwG AG, **84** SE, KGaA, GmbH, eGbR, PhG, PartGes und eG in Betracht (→ UmwG Einf. Rn. 17). Zur UG (haftungsbeschränkt) als übernehmender Rechtsträger → UmwG § 3 Rn. 19 ff. Für beteiligte ausl. Rechtsträger ist ein **Typenvergleich** maßgeblich (→ Rn. 17, 23). Die zivilrechtlichen entsprechen den stl. Anforderungen, wonach die §§ 20, 21 die Verschm auf eine KapGes oder eG und § 24 die Verschm auf eine PersGes regeln.

cc) Steuerliche Einordnung. Die stl. Einordnung der Verschm einer PersGes/ **85** PartGes oder eines vglbaren ausl. Rechtsträgers innerhalb des Sechsten bis Achten Teils richtet sich nach der Qualifikation des übernehmenden oder neuen Rechtsträgers. Die Verschm auf eine KapGes/eG wird von §§ 20, 21 erfasst, während die Verschm auf eine PersGes (auch → Rn. 133) ein Fall von § 24 sein kann (vgl. auch die **Fallgruppenbildung** in BMF 11.11.2011, BStBl. I 2011, 1314 Rn. 01.43 ff.).

c) Auf- und Abspaltung, Abs. 3 Nr. 1. aa) Spaltungsarten. Nach Abs. 3 **86** Nr. 1 ist der Sechste bis Achte Teil auch auf Auf- und Abspaltungen nach § 123 I, II UmwG und auf vglbare ausl. Vorgänge anwendbar. Zur Ausgliederung → Rn. 90. Zu den Auf- und Abspaltungen nach § 123 I, II UmwG zählen als grenzüberschreitende Rechtsträgers (dazu → UmwG § 1 Rn. 45 ff.). Die §§ 320 ff. UmwG erfassen indes nur grenzüberschreitende Auf- und Abspaltungen mit EU-/EWR-KapGes als übertragende Rechtsträger, die von § 15 iVm. §§ 11–13 erfasst sein können (vgl. → Rn. 30). Außerdem sind vglbare ausl. Vorgänge erfasst (BMF 11.11.2011, BStBl. I 2011, 1314 Rn. 01.45, 01.48; dazu iE → Rn. 31 ff.). Zur **subsidiären Anwendung** von Abs. 3 Nr. 4 → Rn. 82.

bb) Beteiligte Rechtsträger. Vom Sechsten bis Achten Teil des UmwStG erfasst **87** ist nur die Auf- und Abspaltung von eGbR (→ Rn. 83), PhG und PartGes (PersGes) als **übertragende** Rechtsträger. Körperschaften als übertragende Rechtsträger können vom Vierten Teil (§§ 15, 16) erfasst sein (dazu → Rn. 28). Für Auf- und Abspaltungen nach § 123 I und II UmwG entspricht dies der Beteiligtenfähigkeit (→ UmwG § 124 Rn. 3 ff.). Eine natürliche Person als übertragender Rechtsträger kann nur eine Ausgliederung nach § 152 UmwG vornehmen (dazu → Rn. 90). Bei ausl. Rechtsträgern ist ein **Typenvergleich** vorzunehmen (→ Rn. 23). Diese müssen nicht PhG sein (str., → Rn. 83). Zu weiteren persönlichen Anforderungen an die beteiligten Rechtsträger → Rn. 113 f.

88 Als **übernehmende** Rechtsträger kommen bei Auf- und Abspaltungen nach § 123 UmwG AG, SE, KGaA, GmbH, eGbR, PhG, PartGes und eG in Betracht (→ UmwG Einf. Rn. 18, → UmwG § 124 Rn. 3 ff.). Zur UG (haftungsbeschränkt) als übernehmende Rechtsträger → UmwG § 124 Rn. 14. Die Beteiligtenfähigkeit von ausl. Rechtsträgern richtet sich nach der auf den vglbaren ausl. Vorgang anwendbaren Rechtsordnung. Stl. setzen die §§ 20, 21 eine KapGes oder eG und § 24 eine PersGes als übernehmenden Rechtsträger voraus. Dies richtet sich bei ausl. Rechtsträgern nach dem Typenvergleich (→ Rn. 17, 23).

89 **cc) Steuerliche Einordnung.** Die stl. Einordnung der Auf- oder Abspaltung oder des vglbaren ausl. Vorgangs innerhalb des Sechsten bis Achten Teils richtet sich nach der Qualifikation des übernehmenden Rechtsträgers. Die Auf- oder Abspaltung auf eine KapGes oder eG richtet sich nach §§ 20, 21. Ist übernehmender Rechtsträger eine PersGes, ist grds. § 24 anwendbar (vgl. auch die **Fallgruppenbildung** in BMF 11.11.2011, BStBl. I 2011, 1314 Rn. 01.43 ff.). Zu den weiteren Anforderungen an die beteiligten Rechtsträger nach **Abs. 4** → Rn. 113.

90 **d) Ausgliederung, Abs. 3 Nr. 2. aa) Umwandlungsart.** Der Sechste bis Achte Teil gilt nach Abs. 3 Nr. 2 für die Ausgliederung von Vermögensteilen nach § 123 III UmwG oder vglbare ausl. Vorgänge. Die Ausgliederung nach § 123 III UmwG zeichnet sich dadurch aus, dass ein Rechtsträger aus seinem Vermögen einen Teil oder mehrere Teile jew. Als Gesamtheit (Sonderrechtsnachfolge) auf einen oder mehrere bestehende oder neue Rechtsträger (Ausgliederung zur Aufnahme oder zur Neugründung) überträgt. Im Gegensatz zur Auf- oder Abspaltung werden als Gegenleistung die Anteile am übernehmenden Rechtsträger dem übertragenden Rechtsträger selbst gewährt (näher → UmwG § 123 Rn. 11 f.). Aufgrund dieser Gewährung der Anteile am übernehmenden Rechtsträger an den übertragenden Rechtsträger selbst und nicht an dessen Anteilsinhaber ist die Ausgliederung stl. ein Einbringungsvorgang (BFH BStBl. II 2017, 1265 Rn. 14). Demggü. Sind die Auf- und Abspaltung von Körperschaften vom Vierten Teil erfasst (→ Rn. 28), während die Auf- und Abspaltung von PersGes/PartGes zu den Fallgruppen von Abs. 3 Nr. 1 gehört (→ Rn. 86).

91 Erfasst sind auch grenzüberschreitende Ausgliederungen nach §§ 320 ff. und **vglbare ausl. Vorgänge** (hierzu zunächst iE → Rn. 31 ff.; BMF 11.11.2011, BStBl. I 2011, 1314 Rn. 01.45, 01.48). Als Ausgliederung iSv § 123 III UmwG (und nicht als vglbarer ausl. Vorgang) gilt auch die grenzüberschreitende Ausgliederung nach § 320 I Nr. 1 und Nr. 2 UmwG. Dies folgt aus der gesetzessystematischen Zusammenfassung der grenzüberschreitenden Umw einem eigenen Abschnitt (Sechstes Buch des UmwG) durch die ausdrückliche Bezugnahme in § 320 I Nr. 1 und Nr. 2 UmwG auf § 123 UmwG und die subsidiäre Anwendung der Spaltungsvorschriften des Dritten Buchs nach § 320 II UmwG (vgl. auch → Rn. 27 zur grenzüberschreitenden Verschm). Soweit darüber hinaus grenzüberschreitende Ausgliederungen unter Beteiligung von inl. Rechtsträgern (iE → UmwG § 1 Rn. 45 ff.) zu beurteilen sind, müssen diese als vglbare ausl. Vorgänge eingestuft werden können. Das Strukturelement der Sonderrechtsnachfolge (dazu → Rn. 36, 39) hat für die Anwendung des Sechsten bis Achten Teils indes nicht die gleiche Bedeutung wie bei Abs. 1 Nr. 1, da nach Abs. 3 Nr. 4 auch Einbringungen durch Einzelrechtsnachfolge umfasst sind (Rödder/Herlinghaus/van Lishaut/Graw Rn. 153; strenger Dötsch/Pung/Möhlenbrock/Möhlenbrock/Werner Rn. 59). Ausgliederungen durch Einzelrechtsübertragungen nach einer ausl. Rechtsordnung werden hierdurch vom UmwStG erfasst.

92 Erfasst ist auch die Gründung einer Tochter-SE durch eine SE mittels Ausgliederung nach § 123 III UmwG (ebenso Rödder/Herlinghaus/van Lishaut/Graw

Aus §§ 20 und 24 und dem Zweck des UmwStG lässt sich ableiten, dass der Begriff der Einbringung die Überführung des Vermögens aus einem PV oder aus einem BV in ein (anderes) BV voraussetzt. Denn das UmwStG bezweckt bei Einhaltung gewisser Voraussetzungen die Vermeidung der Besteuerung stiller Reserven bei Vorgängen, die nach den allg. Steuergesetzen zu einer Realisation führen würden (→ Einf. Rn. 21 ff.). Werden WG nicht (in ein anderes BV) übertragen, tritt – von Entnahme- und Entstrickungssachverhalten abgesehen – eine Realisation auch nach den allgemeinen Steuergesetzen nicht ein. Der Begriff der Einbringung setzt indes nicht zwingend eine Änderung der Zuordnung des zivilrechtlichen oder wirtschaftlichen Eigentums in den WG voraus. Daher ist es – Überführung in ein anderes BV – für eine Einbringung iSv § 24 ausreichend, wenn die WG teilw. in das **SBV** bei der übernehmenden PersGes **übertragen** werden (BMF 11.11.2011, BStBl. I 2011, 1314 Rn. 24.05; NK-UmwR/Kubik/Große Honebrink Rn. 32; Widmann/Bauschatz/Mundhenke/Schlücke Rn. 172; aA Dötsch/Pung/Möhlenbrock/Patt § 24 Rn. 15; Dötsch/Pung/Möhlenbrock/Möhlenbrock/Werner Rn. 68; dazu → § 24 Rn. 113 f., 34).

Der Begriff der Einbringung ist ferner von einer Veräußerung insofern abzugrenzen, als eine Einbringung eine nach dem UmwStG privilegierte, weil unter gewissen Voraussetzungen unter Fortführung der BW mögliche Veräußerung ist (zu Einbringungen als Veräußerungs- und Anschaffungsgeschäfte → § 20 Rn. 12). Insofern ist aus §§ 20, 21 und 24 ableitbar, dass eine Einbringung voraussetzt, dass **Anteile** am übernehmenden Rechtsträger als Gegenleistung gewährt werden (vgl. auch Widmann/Mayer/Maetz Rn. 160: mindestens zT in einer Beteiligung am übernehmenden Rechtsträger; Rödder/Herlinghaus/van Lishaut/Graw Rn. 160; Dötsch/Pung/Möhlenbrock/Möhlenbrock/Werner Rn. 51). Insofern unterscheidet sich die Einbringung auch von der **(verdeckten) Einlage.** Ausreichend ist es indes, wenn bei einer Bargründung oder Barkapitalerhöhung die Verpflichtung übernommen wird, den Betrieb, Teilbetrieb, Mitunternehmeranteil oder die mehrheitsvermittelnde Beteiligung an einer KapGes als **Aufgeld** zu übertragen (BFH BStBl. II 2010, 1094; BMF 11.11.2011, BStBl. I 2011, 1314 Rn. 01.44, 01.46; BeckOK UmwStG/Mückl Rn. 611). 102

Aus dem Begriff der Einbringung lässt sich nicht ableiten, dass das zivilrechtliche Eigentum auf den übernehmenden Rechtsträger übergehen muss. Bei Einbringungen nach §§ 20, 21 und 24 (zur Überführung in das SBV bei § 24 → Rn. 101 und → § 24 Rn. 113 f., 34) ist es – wie auch in Veräußerungsfällen – ausreichend, dass dem übernehmenden Rechtsträger das **wirtschaftliche Eigentum** (§ 39 II Nr. 1 AO) verschafft wird (BMF 11.11.2011, BStBl. I 2011, 1314 Rn. 01.43: wird der Einzelrechtsnachfolge gleichgestellt; hierzu iE Herlinghaus FR 2007, 286; ebenso Rödder/Herlinghaus/van Lishaut/Graw Rn. 160; Brandis/Heuermann/Loose Rn. 30; Haase/Hofacker/Haase Rn. 117; BeckOK UmwStG/Mückl Rn. 602; aA Patt Der Konzern 2006, 730 (735); Dötsch/Pung/Möhlenbrock/Patt § 24 Rn. 13; Dötsch/Pung/Möhlenbrock/Möhlenbrock/Werner Rn. 66: Billigkeit der FVerw; vgl. auch Bayerisches Landesamt für Steuern FR 2006, 391; weiter → § 20 Rn. 21 und → § 24 Rn. 34; auch → Rn. 104). Denn das UmwStG privilegiert unter gewissen Voraussetzungen die Übertragung von Wirtschaftsgütern auf einen anderen Rechtsträger. Demzufolge kommt es darauf an, dass die Wirtschaftsgüter umwandlungsbedingt (nach dem UmwG oder auf andere Weise) einem anderen Rechtsträger iSv § 39 AO zuzurechnen sind (vgl. auch BFH BStBl. II 2011, 467). 103

Abs. 3 Nr. 4 erfasst die Einbringung durch **Einzelrechtsnachfolge.** Damit bringt das Gesetz indes nur zum Ausdruck, dass nicht nur die von Abs. 3 Nr. 1–2 geregelten Umw mittels Gesamtrechtsnachfolge (Sonderrechtsnachfolge) vom Sechsten bis Achten Teil des UmwStG erfasst sind. Auch aus dem Wortbestandteil „Rechtsnachfolge" lässt sich nicht ableiten, dass die Übertragung des wirtschaftlichen Eigentums oder – in den Fallgruppen des § 24 – die Überführung in das SBV nicht ausreichend 104 sei (dazu bereits → Rn. 101, 103). Abs. 3 Nr. 4 bezweckt idS lediglich die Klarstellung, dass der Sechste bis Achte Teil des UmwStG auch für alle Einbringungen gilt, die nicht mittels Gesamtrechtsnachfolge erfolgen (Rödder/Herlinghaus/van Lishaut/Graw Rn. 160; Widmann/Mayer/Maetz Rn. 161; Herlinghaus FR 2007, 286 (289); aA Dötsch/Pung/Möhlenbrock/Patt § 20 Rn. 7; Dötsch/Pung/Möhlenbrock/Möhlenbrock/Werner Rn. 66 ff.). Hierfür spricht auch die Gesetzesbegründung, wonach zu den Fallgruppen des Sechsten bis Achten Teils „neben den Umwandlungsfällen auf der Grundlage von § 1 UmwG auch die Fälle der Einbringung im Wege der Einzelrechtsnachfolge und des Anteilstauschs" gehören sollen (RegEBegr. BT-Drs. 16/2710 zu § 1 III). In welcher Form die Übertragung durch Einzelrechtsnachfolge zu erfolgen hat, richtet sich nach der jew. anwendbaren Rechtsordnung. Maßgeblich für eine zivilrechtliche Übertragung (zur Verschaffung des wirtschaftlichen Eigentums → Rn. 103) ist der sachenrechtliche Vollzugsakt. Auch Übertragungen auf der Grundlage ausl. Rechtsordnungen sind Einbringungen durch Einzelrechtsnachfolge (Haase/Hofacker/Haase Rn. 117; BeckHdB Int. Umwandlungen/Wernicke 1. Teil Rn. 113). Dies ist vielfach schon durch das IPR vorgegeben (Art. 43 EGBGB). Danach entscheidet die lex rei sitae über die Übertragung dinglicher Rechte (BGH NJW 1996, 2233). Einbringung durch Einzelrechtsnachfolge ist auch die **erweiterte Anwachsung** (str.; BMF 11.11.2011, BStBl. I 2011, 1314 Rn. 01.44, E 20.10 und 01.47; Rödder/Herlinghaus/van Lishaut/Graw Rn. 161; Ege/Klett DStR 2010, 2463; Haase/Hofacker/Haase Rn. 118; BeckOK UmwStG/Mückl Rn. 610; Widmann/Bauschatz/Mundhenke/Schlücke Rn. 174; aA Dötsch/Pung/Möhlenbrock/Möhlenbrock/Werner Rn. 67: Billigkeit der Fverw; → § 20 Rn. 195 und → § 24 Rn. 55). Zu den Einbringungen durch Einzelrechtsnachfolge nach **§ 24** zählen auch die **Aufnahme** eines (weiteren) **Gesellschafters** in ein Einzelunternehmen oder eine PersGes und die Aufstockung einer bestehenden Beteiligung gegen Geld- oder Sacheinlage, ferner auch die Übertragung aller Anteile an einer PersGes auf eine andere PersGes mit anschließender Anwachsung (BMF 11.11.2011, BStBl. I 2011, 1314 Rn. 01.47). Kein Fall von § 24 ist die Rechtsformänderung ohne Veränderung der Vermögensbeteiligung zwischen den PersGes-Rechtsformen (OHG, KG, GbR) sowie die Aufnahme eines nicht am Vermögen beteiligten Gesellschafters (etwa Aufnahme einer Komplementär-GmbH); diese Fälle haben mangels Übertragung keine stl. Folgen (BMF 11.11.2011, BStBl. I 2011, 1314 Rn. 01.47; Dötsch/Pung/Möhlenbrock/Möhlenbrock/Werner Rn. 62; Haritz/Menner/Bilitewski/Wernebung Rn. 31; BeckOK UmwStG/Mückl Rn. 614). Für unentgeltliche Übertragungen ist § 6 III EStG vorrangig (BMF 11.11.2011, BStBl. I 2011, 1314 Rn. 01.47).

105 **cc) Einbringung von Betriebsvermögen.** Abs. 3 Nr. 4 verlangt nur die Einbringung von BV. Weitere Einschränkungen folgen indes aus §§ 20 und 24. Vom Sechsten bis Achten Teil, namentlich von § 20 und § 24, erfasst ist nur die Einbringung eines Betriebs, Teilbetriebs oder Mitunternehmeranteils (hierzu iE → § 20 Rn. 12 ff. und → § 24 Rn. 58 ff.). Nicht erfasst ist die Einbringung von WG des PV. Zur Einbringung einer 100 %igen Beteiligung an einer KapGes aus einem BV in eine PersGes vgl. BMF 11.11.2011, BStBl. I 2011, 1314 Rn. 24.02 und iE → § 24 Rn. 75 ff.

106 **dd) Beteiligte Rechtsträger.** Abs. 3 Nr. 4 setzt die Einbringung in eine KapGes, eine eG oder PersGes als übernehmenden Rechtsträger voraus. Diese Anforderungen werden in § 20 (KapGes oder eG) und § 24 (PersGes) wiederholt (hierzu auch → § 20 Rn. 169 und → § 24 Rn. 112). In den Fällen der Einbringung in eine KapGes oder eine eG folgen weitere persönliche Anforderungen an den übernehmenden Rechtsträger aus **Abs. 4** (→ Rn. 113). Bei Beteiligung ausl. übernehmender Rechtsträger ist ein **Typenvergleich** durchzuführen (→ Rn. 17, 23).

Anwendungsbereich und Begriffsbestimmungen 107–109   § 1 UmwStG D

Besondere Anforderungen an die Person des **Einbringenden** bestehen nach **107** Abs. 3 Nr. 4 nicht. Einbringender können jur. und natürliche Personen sein. Zu Einbringungen aus dem Vermögen einer PersGes → § 20 Rn. 179. Soweit der übertragende Rechtsträger indes keine Ges iSv Abs. 4 S. 1 Nr. 2 lit. a bb oder keine natürliche Person iSv Abs. 4 S. 1 Nr. 2 lit. a aa ist, setzt die Anwendung des Sechsten bis Achten Teils weiter voraus, dass das Recht der BRD hinsichtlich der Besteuerung des Gewinns aus der Veräußerung der erhaltenen Anteile nicht ausgeschlossen oder beschränkt ist (**Abs. 4 S. 1 Nr. 2** lit. b; dazu → Rn. 130).

g) Anteilstausch, Abs. 3 Nr. 5. aa) Begriff des Anteilstausches. Der Sechste **108** bis Achte Teil gilt nach Abs. 3 Nr. 5 auch für den Austausch von Anteilen, ohne dass der Begriff definiert wird. Eine Definition des Begriffes „Austausch von Anteilen" enthält Art. 2 lit. e Fusions-RL, wonach dies ein Vorgang ist, durch den eine Ges an Gesellschaftskapital einer anderen Ges eine Beteiligung, die ihr die Mehrheit der Stimmrechte verleiht, oder – sofern sie die Mehrheit der Stimmrechte bereits hält – eine weitere Beteiligung dadurch erwirbt, dass die Gesellschafter der anderen Ges im Austausch für ihre Anteile Anteile am Gesellschaftskapital der erwerbenden Ges und ggf. eine bare Zuzahlung (begrenzt auf 10 % des Nennwerts) erhalten. Der Begriff des Anteilstausches iSv Abs. 3 Nr. 5 erschließt sich indes aus § 21 (BeckHdB Int. Umwandlungen/Wernicke 1. Teil Rn. 113; Haritz/Menner/Bilitewski/Werneburg Rn. 39; Haase/Hofacker/Haase Rn. 119; BeckOK UmwStG/Mückl Rn. 649; vgl. auch Lademann/Wernicke Rn. 542). Danach liegt ein Anteilstausch vor, wenn Anteile an einer KapGes oder einer eG (erwerbende Ges) in eine KapGes oder eG (übernehmende Ges) gegen Gewährung neuer Anteile an der übernehmenden Ges eingebracht werden (§ 21 I 1). Damit geht der Anwendungsbereich von § 21 über die Definition des Anteilstausches in Art. 2 lit. e Fusions-RL hinaus. § 21 ist bei jeder Einbringung (zum Begriff der Einbringung → Rn. 101) von Anteilen an einer KapGes/eG gegen Gewährung eines neuen Anteils an der übernehmenden KapGes/eG anwendbar, auch wenn Gegenstand der Einbringung nicht eine mehrheitsvermittelnde Beteiligung ist. Die Einbringung einer mehrheitsvermittelnden Beteiligung (qualifizierter Anteilstausch) ist nach § 21 I 2 lediglich Voraussetzung dafür, dass die übernehmende Ges die eingebrachten Anteile auf Antrag mit dem BW oder einem höheren Wert ansetzen kann. Vgl. hierzu iE die Komm. zu § 21. § 21 setzt nur die Gewährung auch neuer Anteile an der übernehmenden KapGes/ eG voraus. Daneben können andere Gegenleistungen gewährt werden (iE → § 21 Rn. 34).

Abgrenzungsschwierigkeiten können insoweit auftreten, als iRe Umw nach **109** Abs. 3 Nr. 1–3 oder einer Einbringung von BV durch Einzelrechtsnachfolge nach Abs. 3 Nr. 4 auch Anteile an KapGes übertragen werden. In diesen Fällen ist zwar nicht die Anwendung des Sechsten bis Achten Teils des UmwStG, aber das Verhältnis zwischen § 20 und § 21 zweifelhaft (hierzu → § 20 Rn. 26 ff.). IÜ kann der Anteilstausch sowohl durch **Gesamtrechtsnachfolge** als auch durch **Einzelrechtsnachfolge** stattfinden (BMF 11.11.2011, BStBl. I 2011, 1314 Rn. 01.46; Benecke GmbHR 2012, 113 (121); Haase/Hofacker/Haase Rn. 119; BeckOK UmwStG/ Mückl Rn. 653; Rödder/Herlinghaus/van Lishaut/Graw Rn. 167; vgl. auch Dötsch/Pung/Möhlenbrock/Möhlenbrock/Werner Rn. 71). Soweit die FVerw anders als in den Fällen nach § 20 (vgl. BMF 11.11.2011, BStBl. I 2011, 1314 Rn. 01.44) nur die Ausgliederung und nicht auch die Auf- oder Abspaltung (von PhG) erwähnt (vgl. BMF 11.11.2011, BStBl. I 2011, 1314 Rn. 01.46; Bedeutung hat dies, weil Abs. 4 S. 1 Nr. 2 für den Anteilstausch nicht gilt), überzeugt dies nicht. Eine derartige Unterscheidung wäre unzutr., da nach § 1 III Nr. 1 der Sechste bis Achte Teil und damit auch § 21 im Grds. generell für Auf- und Abspaltungen von PhG und PartGes gilt. Die (bewusste?) Differenzierung erstaunt auch insoweit, weil die Übertragung von 100%igen Beteiligungen an KapGes (→ Rn. 110) von einer

PhG oder PartGes mittels Auf- und Abspaltung auf eine andere PersGes wiederum von § 24 erfasst sein soll (BMF 11.11.2011, BStBl. I 2011, 1314 Rn. 01.47). Zur Frage, wer bei einer Auf- oder Abspaltung Einbringender ist, vgl. BMF 11.11.2011, BStBl. I 2011, 1314 Rn. 20.03.

110 Kein Anteilstausch ist die Einbringung einer Beteiligung an einer KapGes *in* eine PersGes (Widmann/Mayer/Maetz Rn. 177; Dötsch/Pung/Möhlenbrock/Möhlenbrock/Werner Rn. 73). In diesem Fall werden als Gegenleistung keine Anteile an einer KapGes/eG gewährt. Zur Einbringung einer 100%igen Beteiligung an einer KapGes aus einem BV in eine PersGes vgl. BMF 11.11.2011, BStBl. I 2011, 1314 Rn. 24.02 und iE → § 24 Rn. 75 ff.

111 **bb) Beteiligte Rechtsträger.** Abs. 3 Nr. 5 enthält keine Anforderungen an die beteiligten Rechtsträger. Die Anforderungen an den **übernehmenden Rechtsträger** ergeben sich jedoch aus § 21. Danach liegt ein Anteilstausch definitionsgemäß (→ Rn. 108) nur bei der Einbringung in eine KapGes oder eG vor (auch → § 21 Rn. 15). Weitere Anforderungen an den übernehmenden Rechtsträger folgen aus Abs. 4 S. 1 Nr. 1 (dazu → Rn. 113).

112 **Einbringender** bei einem Anteilstausch kann grds. jede natürliche Person, PersGes oder jur. Person sein. § 21 ist insoweit umfassender als Art. 2 lit. e Fusions-RL (→ Rn. 108). Der einbringende Rechtsträger muss auch nicht eine Ges iSv Abs. 4 S. 1 Nr. 2 lit. a bb oder eine natürliche Person iSv Abs. 4 S. 1 Nr. 2 lit. a aa sein. Als Einbringender kommt damit auch eine Person in Betracht, die in einem Drittstaat ansässig ist. **Abs. 4 S. 1 Nr. 2** erfasst ausdrücklich nicht den Anteilstausch nach Abs. 3 Nr. 5. Auch auf eine beschränkte StPfl des Einbringenden oder die Beibehaltung des Besteuerungsrechts an den erhaltenen Anteilen wird nicht vorausgesetzt (auch → § 21 Rn. 11).

6. Persönlicher Anwendungsbereich Sechster bis Achter Teil, Abs. 4

113 **a) Allgemeines.** Abs. 4 ergänzt Abs. 3 („Abs 3 gilt nur"), indem weitere Anforderungen an die beteiligten Rechtsträger aufgestellt werden. Dies gilt nicht für die Einbringung eines Betriebs, Teilbetriebs oder Mitunternehmeranteils in eine PersGes nach § 24 (→ Rn. 133). Die Vorschrift schafft damit für die §§ 20–23 und 25 Anforderungen an den **persönlichen Anwendungsbereich.** Für die Anwendung des **AStG** vgl. auch § 8 I Nr. 9 AStG. Zum maßgeblichen **Zeitpunkt** des Bestehens der persönlichen Anforderungen → Rn. 70. Zu den Auswirkungen eines späteren Wegfalls → § 22 Rn. 153. Gesetzessystematisch und inhaltlich unterscheidet die Vorschrift zwischen den Anforderungen an den übernehmenden Rechtsträger (Abs. 4 S. 1 Nr. 1) und an den umwandelnden, einbringenden oder übertragenden Rechtsträger (Abs. 4 S. 1 Nr. 2 lit. a). Die Anforderungen an den umwandelnden/einbringenden/übertragenden Rechtsträger müssen nicht beachtet werden, wenn das inl. Besteuerungsrecht an einem Gewinn aus der Veräußerung der erhaltenen Anteile nicht ausgeschlossen oder beschränkt ist (Abs. 4 S. 1 Nr. 2 lit. b; dazu → Rn. 130). Hintergrund der Regelung ist die Öffnung des UmwStG für grenzüberschreitende und vglbare ausl. Vorgänge (→ Rn. 2 ff.). Diese Erweiterung ist jedoch im Wesentlichen auf die Einbeziehung von **EU-/EWR-**Rechtsträgern und Umw nach der Rechtsordnung eines EU-/EWR-Staats beschränkt. Die zwischenzeitliche **Globalisierung** der von Abs. 1 umfassten Umw (→ Rn. 4) wurde bei den Einbringungstatbeständen nach Abs. 3 **nicht nachvollzogen,** da eine aufkommensneutrale einheitliche Regelung (Sicherung des Besteuerungsrechts auf der zweiten Ebene über § 22 hinaus) mit Einschränkungen für Einbringende aus EU/EWR-Staaten gegenüber der geltenden Rechtslage verbunden gewesen wäre (RegEBegr. KöMoG. BT-Drs. 19/28656 S. 29; kritisch hierzu im Hinblick auf die

Kapitalverkehrsfreiheit Hageböcke/Stangl Ubg 2021, 242). Gesetzestechnisch wurde der bisherige Verweis auf Abs. 2 durch unmittelbare Aufnahme der Kriterien an die Rechtsträger und deren Ansässigkeit in Abs. 4 S. 1 ersetzt. Eine inhaltliche Veränderung für die von Abs. 3 erfassten Einbringungen ist damit nicht verbunden (RegE-Begr. KöMoG. BT-Drs. 19/28656, S. 29). Aufgrund der fortwirkenden Bedeutung von Abs. 2 aF für **Umw bis zum 31.12.2021** wurden in dieser Auflage die Kommentierung von Abs. 2 aF (→ Rn. 56 ff.) und nachfolgend die **Verweise auf diese Kommentierung** beibehalten (vgl. auch → Rn. 56).

Die durch Abs. 4 S. 1 angeordneten Anforderungen an die beteiligten Rechtsträger sind in Abhängigkeit von den Einbringungsarten unterschiedlich. Für Einbringungen nach § 24 gelten die Einschränkungen überhaupt nicht (Abs. 4 S. 2; → Rn. 133). Für alle sonstigen von Abs. 3 Nr. 1–5 erfassten Einbringungen bestimmt Abs. 4 S. 1 Nr. 1, dass der **übernehmende** Rechtsträger eine nach den Rechtsvorschriften eines Mitgliedstaats der EU/des EWR gegründete Ges iSv Art. 54 AEUV bzw. Art. 34 EWR-Abkommen mit Sitz und Ort der Geschäftsleitung innerhalb der EU/des EWR sein muss. Für den Austausch von Anteilen (Abs. 3 Nr. 5; dazu → Rn. 108) enthält Abs. 4 S. 1 Nr. 2 keine ergänzenden Bestimmungen für den **umwandelnden/einbringenden/übertragenden** Rechtsträger. Bei den anderen Einbringungen nach Abs. 3 Nr. 1–4 ist das UmwStG (Sechster bis Achter Teil) nur anwendbar, wenn – alternativ – der umwandelnde/einbringende/übertragende Rechtsträger (und ggf. die Anteilsinhaber, → Rn. 120, 126) entweder die persönlichen Anforderungen von Abs. 4 S. 1 Nr. 2 lit. a erfüllt (Gründung nach EU-/EWR-Recht, Ansässigkeit in der EU/dem EWR) oder das inl. Recht hinsichtlich der Besteuerung des Gewinns aus der Veräußerung der erhaltenen Anteile nicht ausgeschlossen oder beschränkt wird (Abs. 4 S. 1 Nr. 2 Nr. 2). Das zweite Kriterium (Abs. 4 S. 1 Nr. 2 lit. b entspricht der früheren Regelung in § 20 III aF, gilt indes als Voraussetzung für die Anwendung des Sechsten bis Achten Teils nur, wenn die Einbringung durch einen Drittstaatansässigen erfolgt.

Damit sind folgende **Fallgruppen** zu unterscheiden:
- Für Einbringungen eines Betriebs, Teilbetriebs oder Mitunternehmeranteils in eine PersGes nach **§ 24** stellt Abs. 4 S. 1 keine persönlichen Anforderungen an die Qualifikation sowohl des Einbringenden als auch der übernehmenden PersGes auf (Abs. 4 S. 2; → Rn. 133).
- Für den **Austausch von Anteilen** (Abs. 3 Nr. 5, § 21) ist nur Abs. 4 S. 1 Nr. 1 anwendbar, wonach der übernehmende Rechtsträger (KapGes/eG; → Rn. 111, 129) eine nach EU-/EWR-Recht gegründete Ges mit Sitz und Ort der Geschäftsleitung in der EU/EWR sein muss (→ Rn. 116). Anforderungen an die Person des Einbringenden enthält Abs. 4 S. 1 Nr. 2 für den Anteilstausch nicht.
- In allen übrigen Einbringungsfällen nach Abs. 3 Nr. 1–4 gilt für den übernehmenden Rechtsträger (KapGes/eG) ebenfalls das Erfordernis der Gründung nach EU-/EWR-Recht und der Ansässigkeit innerhalb der EU/des EWR (→ Rn. 116) sowie zusätzliche Anforderungen an den umwandelnden, einbringenden oder übertragenden Rechtsträger. Sofern dieser nicht die Gründungs- und Ansässigkeitsvoraussetzungen nach Abs. 4 S. 1 Nr. 2 lit. a erfüllt, kann jedoch – alternativ – der Sechste bis Achte Teil des UmwStG dennoch angewandt werden, wenn das Recht der BRD hinsichtlich der Besteuerung des Gewinns aus der Veräußerung der erhaltenen Anteile nicht ausgeschlossen oder beschränkt ist (dazu → Rn. 130).

b) Übernehmender Rechtsträger, Abs. 4 S. 1 Nr. 1. Nach Abs. 4 S. 1 Nr. 1 gelten Abs. 3 und damit der Sechste bis Achte Teil nur, wenn der übernehmende Rechtsträger eine SE, eine SCE oder eine Ges iSv Art. 54 AEUV oder Art. 34 EWR-Abkommen ist. Nach Abs. 4 S. 2 gilt dies nicht für Einbringungen nach § 24.

Betroffen sind also Einbringungen iSv Abs. 3 Nr. 1, Nr. 2 und Nr. 4 von Betrieben, Teilbetrieben und Mitunternehmeranteilen in eine KapGes oder eG (§ 20) und der Austausch von Anteilen (Abs. 3 Nr. 5, § 21) in eine KapGes oder eG. Beim Formwechsel (§ 25) existiert ein übernehmender Rechtsträger nicht (Dötsch/Pung/Möhlenbrock/Möhlenbrock/Werner Rn. 160; Haase/Hofacker/Haase Rn. 125; aA Hruschka/Schicketanz IStR 2015, 164 (165); zum Formwechsel allerdings → Rn. 119).

117 Die übernehmende KapGes/eG muss eine nach EU-/EWR-Recht gegründete Ges iSv Art. 54 AEUV/Art. 34 EWR-Abkommen sein; hierzu zählen auch die ausdrücklich in Abs. 4 Satz 1 Nr. 1 nochmals aufgezählten SE und SCE. Ferner muss sich ihr Sitz und der Ort der Geschäftsleitung innerhalb des Hoheitsgebiets der EU/des EWR befinden (Abs. 4 S. 1 Nr. 1); hierzu iE → Rn. 57 ff. Da nur KapGes/eG übernehmender Rechtsträger bei den von Abs. 4 S. 1 erfassten Einbringungen sein können (vgl. §§ 20, 21; für § 24 gilt Abs. 4 nicht, → Rn. 133; zum Formwechsel nach § 25 → Rn. 116), muss ein EU-/EWR-ausl. übernehmender Rechtsträger nach Maßgabe des sog. **Typenvergleichs** einer inl. KapGes entsprechen (zum Typenvergleich → Rn. 17). Eine inl. unbeschränkte oder beschränkte StPfl wird nicht vorausgesetzt (BMF 11.11.2011, BStBl. I 2011, 1314 Rn. 01.54; Rödder/Herlinghaus/van Lishaut/Graw Rn. 176; Frotscher/Drüen/Drüen Rn. 132). Die §§ 20–25 sind damit anders als die §§ 3–19 generell nicht auf Einbringungen in KapGes/eG aus **Drittstaaten** (Gründungs- und Ansässigkeitserfordernisse nach Abs. 4 S. 1 Nr. 1) anwendbar (vgl. aber → Rn. 133). Dies gilt auch, wenn Deutschland das Recht zur Besteuerung eines Gewinnes aus der Veräußerung der erhaltenen Anteile behält, da Abs. 4 S. 1 Nr. 2 lit. b nur die Anforderungen an den einbringenden Rechtsträger ersetzt.

118 c) **Übertragender Rechtsträger, Abs. 4 S. 1 Nr. 2. aa) Systematik.** Nur in den Einbringungsfällen nach Abs. 3 Nr. 1–4 (zum Anteilstausch → Rn. 112; zum Ausschluss von § 24 → Rn. 133) stellt Abs. 4 S. 1 Nr. 2 zwei alternativ erfüllbare Voraussetzungen für die Anwendung des UmwStG auf. Entweder muss der umwandelnde, einbringende oder übertragende Rechtsträger die Gründungs- und Ansässigkeitsvoraussetzungen nach Abs. 4 S. 1 Nr. 2 lit. a erfüllen oder das Recht der BRD hinsichtlich der Besteuerung des Gewinns aus der Veräußerung der erhaltenen Anteile darf nicht ausgeschlossen oder beschränkt sein. Unter diesen letztgenannten Voraussetzungen ist das UmwStG auch für Rechtsträger aus Drittstaaten eröffnet (→ Rn. 130).

119 bb) **Formwechsel.** Beim Formwechsel muss der umwandelnde Rechtsträger grds. eine Ges iSv Abs. 4 S. 1 Nr. 1 sein. Gemeint ist die Ausgangsrechtsform des Rechtsträgers vor dem Formwechsel (auch → Rn. 116). Dieser muss eine PersGes sein, da innerhalb des Sechsten bis Achten Teils nur der Formwechsel einer PersGes in eine KapGes/eG geregelt ist (§ 25). Der Formwechsel einer natürlichen Person (Abs. 4 S. 1 Nr. 2 lit. a bb) ist wenigstens nach § 190 UmwG zivilrechtlich nicht möglich. Zu den beteiligtenfähigen Rechtsträgern → Rn. 98. Der spiegelbildliche Formwechsel einer KapGes in eine PersGes kann ein Fall von § 9 sein und ist damit im Zweiten bis Fünften Teil geregelt (→ Rn. 46).

120 Zu den Anforderungen an eine Ges iSv Abs. 4 S. 1 Nr. 1 (Abs. 4 S. 1 Nr. 2 lit. a aa) vgl. zunächst → Rn. 57 ff. Bei EU-/EWR-ausl. PersGes ist ein **Typenvergleich** durchzuführen (zum Typenvergleich → Rn. 23). Beim Formwechsel einer PersGes müssen ferner aufgrund der transparenten Struktur auch **deren Gesellschafter** bestimmte Anforderungen erfüllen (Rödder/Herlinghaus/van Lishaut/Graw Rn. 181; Frotscher/Drüen/Drüen Rn. 138; Dötsch/Pung/Möhlenbrock/Möhlenbrock/Werner Rn. 172). **Natürliche Personen** als Gesellschafter müssen demzufolge nach Abs. 4 S. 1 Nr. 2 lit. a bb ihren Wohnsitz oder gewöhnl. Aufenthalt innerhalb der EU/des EWR haben und dürfen nicht aufgrund eines DBA in einem

Drittstaat als ansässig gelten (Verweis auf Abs. 4 S. 1 Nr. 2 lit. a aa); hierzu iE → Rn. 71). **Körperschaften,** Personenvereinigungen und Vermögensmassen als Gesellschafter der umwandelnden PersGes müssen nach Abs. 4 S. 1 Nr. 2 lit. a bb selbst wiederum Ges iSv Abs. 4 S. 1 Nr. 1 sein (Verweis auf Abs. 4 S. 1 Nr. 1; hierzu → Rn. 57 ff.). Dies ist folgerichtig, da Einbringender bei einem Formwechsel nach § 25 die Gesellschafter sind (→ § 25 Rn. 18). Bei **mehrstöckigen PersGes** müssen die Anforderungen auf der obersten Ebene, auf der erstmals nicht-transparente Ges oder natürliche Personen beteiligt sind, erfüllt sein (Rödder/Herlinghaus/van Lishaut/Graw Rn. 181; Frotscher/Drüen/Drüen Rn. 138; Haase/Hofacker/Haase Rn. 127; NK-UmwR/Kubik/Große Honebrink Rn. 58; BeckOK UmwStG/Mückl Rn. 796; Dötsch/Pung/Möhlenbrock/Möhlenbrock/Werner Rn. 174; Widmann/Mayer/Maetz Rn. 193; Lademann/Wernicke Rn. 352; Brandis/Heuermann/Loose Rn. 33; Widmann/Bauschatz/Mundhenke/Schlücke Rn. 233; Benz/Rosenberg BB-Special 8/2006, 51 (76); Schmitt/Schloßmacher UmwStE 2011 Rn. 01.53; wohl auch BMF 11.11.2011, BStBl. I 2011, 1314 Rn. 01.53). Zwischengeschaltete PersGes (iRd Typenvergleichs unabhängig von ihrer nat. Einordnung als PersGes einzuordnende Rechtsträger → Rn. 23) müssen selbst nicht die Anforderungen nach Abs. 2 S. 1 Nr. 1 erfüllen. Derartige zwischengeschaltete PersGes können also auch Drittstaaten-Ges sein (ebenso Dötsch/Pung/Möhlenbrock/Möhlenbrock/Werner Rn. 174; Widmann/Mayer/Maetz Rn. 93; Frotscher/Drüen/Drüen Rn. 139; Rödder/Herlinghaus/van Lishaut/Graw Rn. 178; Haase/Hofacker/Haase Rn. 127; BeckOK UmwStG/Mückl Rn. 796; Schmitt/Schloßmacher UmwStE 2011 Rn. 01.53).

Sind die Anforderungen an den umwandelnden Rechtsträger und an dessen **121** Gesellschafter nicht erfüllt, hängt die Anwendung des UmwStG davon ab, ob das Recht der BRD hinsichtlich der Besteuerung des Gewinns aus der Veräußerung der erhaltenen Anteile nicht ausgeschlossen oder beschränkt ist (Abs. 4 S. 1 Nr. 2 lit. b; dazu → Rn. 130).

Die Nichterfüllung der Gründungs- und Ansässigkeitsvoraussetzungen nach **122** Abs. 2 durch einzelne Gesellschafter bewirkt nicht die vollständige Unanwendbarkeit des UmwStG auf den Formwechsel. § 25 ist in diesem Fall anzuwenden, „soweit" Gesellschafter beteiligt sind, die die Gründungs- und Ansässigkeitsvoraussetzungen erfüllen (Dötsch/Pung/Möhlenbrock/Möhlenbrock/Werner Rn. 175; Rödder/Herlinghaus/van Lishaut/Graw Rn. 182 bei Einbringungen; Haase/Hofacker/Haase Rn. 127; Frotscher/Drüen/Drüen Rn. 139a). Damit wird dem Umstand Rechnung getragen, dass beim Formwechsel einer PersGes in eine KapGes „Einbringender" der Gesellschafter und nicht die Ges ist (→ § 25 Rn. 18). Maßgeblich ist die Beteiligungsquote am Vermögen der PersGes (Dötsch/Pung/Möhlenbrock/Möhlenbrock/Werner Rn. 175).

cc) **Einbringungen durch Gesamtrechtsnachfolge.** Für Einbringungen **123** durch Verschm, Aufspaltung, Abspaltung (Abs. 3 Nr. 1) und durch Ausgliederung (Abs. 3 Nr. 2) setzt die Anwendung des Sechsten bis Achten Teils grds. voraus, dass der **übertragende** Rechtsträger die Gründungs- und Ansässigkeitsvoraussetzungen nach Abs. 4 S. 1 Nr. 1 erfüllt (Abs. 4 S. 1 Nr. 2 lit. a bb; hierzu → Rn. 57 ff.). Für ausl. Rechtsträger ist ein Typenvergleich durchzuführen (→ Rn. 17, 23). Bei PersGes als übertragende Rechtsträger muss nach Abs. 4 S. 1 Nr. 2 lit. a bb nicht nur der übertragende Rechtsträger selbst, sondern müssen auch dessen Gesellschafter auf der obersten Ebene (dazu → Rn. 120) die Gründungs- und Ansässigkeitsvoraussetzungen nach Abs. 4 S. 1 Nr. 1 oder Nr. 2 lit. a aa erfüllen (dazu → Rn. 120). IRe Typenvergleichs als transparente PersGes einzustufende Zwischengesellschaften müssen diese Anforderungen hingegen nicht erfüllen (→ Rn. 120). Soweit nur einzelne Gesellschafter die Anforderungen nicht erfüllen, finden der Sechste bis

Achte Teil quotal Anwendung (→ Rn. 122). Zur Frage, ob eine PersGes Einbringender sein kann, → § 20 Rn. 179 ff.

124 Eine **Ausgliederung** kann nach §§ 123, 152 auch eine **natürliche Person** durchführen (vgl. iE § 152 UmwG). Ggf. kann auch nach vglbaren ausl. Vorschriften eine natürliche Person an einer Umw iSv Abs. 3 Nr. 1 und Nr. 2 beteiligt sein. In diesem Fall (Abs. 4 S. 1 Nr. 2 lit. a aa) muss die natürliche Person als übertragender Rechtsträger ihren Wohnsitz oder gewöhnl. Aufenthalt innerhalb der EU/des EWR haben und darf nicht aufgrund eines DBA in einem Drittstaat als ansässig gelten (dazu → Rn. 71 ff.). Eine **unbeschränkte StPfl** in einem EU-/EWR-Staat ist danach nicht vorausgesetzt (so aber BMF 11.11.2011, BStBl. I 2011, 1314 Rn. 01.53), sie wird aber meistens vorliegen.

125 Soweit die persönlichen Anforderungen an den übertragenden Rechtsträger und an dessen Gesellschafter nicht erfüllt sind, setzt die Anwendung des Sechsten bis Achten Teils (§ 20) voraus, dass das Recht der BRD hinsichtlich der Besteuerung des Gewinns aus der Veräußerung der erhaltenen Anteile nicht ausgeschlossen oder beschränkt ist (dazu → Rn. 130).

126 **dd) Einbringung durch Einzelrechtsnachfolge.** Bei der Einbringung von BV durch Einzelrechtsnachfolge in eine KapGes oder eine eG (zu Einbringungen in eine PersGes nach § 24 → Rn. 133) muss der einbringende Rechtsträger grds. eine Ges iSv Abs. 4 S. 1 Nr. 1 sein (Abs. 4 S. 1 Nr. 2 lit. a bb; hierzu → Rn. 57 ff.). Eine natürliche Person als Einbringender (Abs. 4 S. 1 Nr. 2 lit. a aa) muss ihren Wohnsitz oder gewöhnl. Aufenthalt innerhalb der EU/des EWR haben und darf nicht aufgrund eines DBA in einem Drittstaat als ansässig gelten (dazu → Rn. 71 ff.). Eine **unbeschränkte StPfl** in einem EU-/EWR-Staat ist danach nicht vorausgesetzt (so aber BMF 11.11.2011, BStBl. I 2011, 1314 Rn. 01.53), sie wird aber meistens vorliegen. Bei einer PersGes als einbringenden Rechtsträger (zu der Frage, wer in diesem Fall Einbringender ist, → § 20 Rn. 179 ff.) muss nicht nur die Ges die Gründungs- und Ansässigkeitsvoraussetzungen nach Abs. 4 S. 1 Nr. 1 erfüllen, **zusätzlich** müssen die Gesellschafter auf oberster Ebene (dazu → Rn. 120; dort auch zu zwischengeschalteten PersGes) entweder selbst wiederum Ges iSv Abs. 4 S. 1 Nr. 1 oder natürliche Personen iSv Abs. 4 S. 1 Nr. 2 lit. a aa sein (Dötsch/Pung/ Möhlenbrock/Möhlenbrock/Werner Rn. 174; Widmann/Mayer/Maetz Rn. 193; Frotscher/Drüen/Drüen Rn. 138 f.; Rödder/Herlinghaus/van Lishaut/Graw Rn. 182; Benz/Rosenberg BB-Special 8/2006, 51 (53); Schönherr/Lemaitre GmbHR 2007, 459 (461); Benecke/Schnitger IStR 2006, 765 (770 f.); aA Rödder/ Schumacher DStR 2007, 369 (370)). Das Gründungs- und Ansässigkeitserfordernis bei Einbringungen durch PersGes nur auf die Gesellschafter anzuwenden, widerspricht dem klaren Wortlaut von Abs. 4 S. 1 Nr. 2 lit. a bb („und"). Auch aus der Gesetzesbegründung (RegEBegr. BT-Drs. 16/2710 zu § I IV) wird deutlich, dass die Voraussetzungen nach Abs. 4 S. 1 Nr. 1 und Nr. 2 lit. a aa (damals Verweis auf Abs. 2) sowohl auf der Ebene der PersGes als auch bei den (obersten) beteiligten Mitunternehmern erfüllt sein müssen (auch → § 20 Rn. 2, dort auch zur Frage, wer Einbringender ist).

127 Sofern der einbringende Rechtsträger und – bei PersGes – die Gesellschafter auf der obersten Ebene nicht die Gründungs- und Ansässigkeitsvoraussetzungen nach Abs. 4 S. 1 Nr. 1 und Nr. 2 lit a bb erfüllen, setzt die Anwendung von § 20 voraus, dass das Recht der BRD hinsichtlich der Besteuerung des Gewinns aus der Veräußerung der erhaltenen Anteile nicht ausgeschlossen oder beschränkt ist (dazu → Rn. 130).

128 Zur **quotalen Anwendung,** wenn nur einzelne Gesellschafter einer einbringenden PersGes die Anforderungen nach Abs. 4 S. 1 Nr. 1 und Nr. 2 lit a bb nicht erfüllen, → Rn. 122.

d) Anteilstausch. Für den Anteilstausch (Abs. 3 Nr. 5, § 21) stellt Abs. 4 nur **129** Anforderungen für den übernehmenden Rechtsträger auf (→ Rn. 114, 116 ff.). Weitere Anforderungen an den Einbringenden bestehen nicht. Als Einbringende kommen damit auch Ges oder natürliche Personen aus Drittstaaten in Betracht (BMF 11.11.2011, BStBl. I 2011, 1314 Rn. 21.03; Rödder/Herlinghaus/van Lishaut/Graw Rn. 190; Frotscher/Drüen/Drüen Rn. 152; Haase/Hofacker/Haase Rn. 123; BeckOK UmwStG/Mückl Rn. 758; Benecke/Schnitger IStR 2007, 22 (25); Rödder/Schumacher DStR 2007, 369 (370); Benz/Rosenberg BB-Special 8/2006, 51 (59)). Ebenso wenig ist beim Anteilstausch die Beibehaltung (kein Ausschluss und keine Beschränkung) des dt. Besteuerungsrechts Voraussetzung für die Anwendung von § 21. Die Anteile, die eingebracht werden, können auch an Drittstaaten-Ges bestehen (BMF 11.11.2011, BStBl. I 2011, 1314 Rn. 21.02; BeckOK UmwStG/Mückl Rn. 759; Haase/Hofacker/Haase Rn. 123; Dötsch/Pung/Möhlenbrock/Möhlenbrock/Werner Rn. 165).

e) Alternative: keine Beschränkung des inländischen Besteuerungsrechts, **130**
Abs. 4 S. 1 Nr. 2 lit. b. Sofern in den Einbringungsfällen nach Abs. 3 Nr. 1–4 (zum Anteilstausch → Rn. 129; zum Ausschluss von § 24 → Rn. 133) der umwandelnde, einbringende oder übertragende Rechtsträger oder – bei PersGes – deren Gesellschafter auf oberster Ebene (→ Rn. 120, 123, 126) oder die einbringende natürliche Person die Anforderungen nach Abs. 4 S. 1 Nr. 2 (Gründungs- und/oder Ansässigkeitsvoraussetzungen) nicht erfüllen, sind der Sechste bis Achte Teil dennoch anwendbar, wenn das Recht der BRD hinsichtlich der Besteuerung des Gewinns aus der Veräußerung der erhaltenen Anteile nicht ausgeschlossen oder beschränkt ist (Abs. 4 S. 1 Nr. 2 lit. b). Zu den Anforderungen an den **übernehmenden** Rechtsträger → Rn. 116. Die Regelung kam erst auf Empfehlung des Finanzausschusses in das Gesetz (Bericht des Finanzausschusses BT-Drs. 16/3369 zu § 1 III und IV). Hierdurch sollte die vor den Änderungen durch das SEStEG geltende Rechtslage (§ 20 III aF) beibehalten werden (Bericht Finanzausschuss BT-Drs. 16/3369 zu § 1 III und IV; Rödder/Herlinghaus/van Lishaut/Graw Rn. 192; Rödder/Schumacher DStR 2007, 369 (370); Benecke/Schnitger IStR 2007, 22 (25)). Kritisch im Hinblick auf die Kapitalverkehrsfreiheit Hageböcke/Stangl Ubg 2021, 242 und Jacobsen DStZ 2021, 490; ebenso Böhmer/Schewe/Schlücke FR 2021, 765 (772), Prinz FR 2021, 561.

Maßgeblich ist das Besteuerungsrecht hinsichtlich eines **Gewinns aus der Veräu-** **131**
ßerung der erhaltenen Anteile. Ein Ausschluss des Besteuerungsrechts liegt vor, wenn die BRD überhaupt kein Besteuerungsrecht hat. Dies ist etwa der Fall bei Anteilen eines im Inland nicht ansässigen und auch nicht beschränkt stpfl. Anteilsinhabers an einer ausl. KapGes/eG. Ebenso ist das dt. Besteuerungsrecht ausgeschlossen, wenn Deutschland aufgrund eines DBA einen Veräußerungsgewinn nicht besteuern darf. Eine Beschränkung des Besteuerungsrechts liegt vor, wenn Deutschland zwar ein Besteuerungsrecht hat, aber Deutschland aufgrund nat. oder bilateraler Vorschriften (DBA) ausl. Steuern anzurechnen hat.

In DBA-Fällen steht das Besteuerungsrecht regelmäßig dem Staat zu, in dem der **132**
Gesellschafter ansässig ist (Art. 13 V OECD-MA). Im Einzelfall bestehen jedoch Abweichungen, insbes. bei Grundstücksgesellschaften. Auch bei einem im Inland ansässigen Gesellschafter ist das Besteuerungsrecht ausgeschlossen, wenn die erhaltenen Anteile einer ausl. Freistellungs-Betriebsstätte zuzuordnen sind. Sind sie einer Anrechnungs-Betriebsstätte (nach DBA oder §§ 34c, 34d EStG) zuzuordnen, liegt eine Beschränkung des dt. Besteuerungsrechts vor. Eine Beibehaltung des inl. Besteuerungsrechts ist indes etwa gegeben, wenn die erhaltenen Anteile zu einer inl. Betriebsstätte gehören (vgl. BMF 11.11.2011, BStBl. I 2011, 1314 Rn. 01.53) oder – bei einem inl. übernehmenden Rechtsträger – das dt. Besteuerungsrecht aufgrund eines DBA nicht ausgeschlossen ist (Haritz/Menner/Bilitewski/Werne-

burg Rn. 83; Dötsch/Pung DB 2006, 2763; Förster/Wendland BB 2007, 631 (632)). Zu weiteren Fallgruppen ausf. Mutscher IStR 2007, 799. Zu Fragen im Zusammenhang mit einer Geschäftsleitungs-Betriebsstätte auch Schönfeld IStR 2011, 497 und Patt/Rupp/Aßmann Der neue Umwandlungssteuererlass/Rupp, 2011, 2.1.2. Eine Steuerbefreiung nach § 8b KStG ist kein Ausschluss oder Beschränkung idS (Dötsch/Pung/Möhlenbrock/Möhlenbrock/Werner Rn. 167a; Rödder/Herlinghaus/van Lishaut/Graw Rn. 194; Haritz/Menner/Bilitewski/Werneburg Rn. 83; BeckOK UmwStG/Mückl Rn. 803). Entsprechendes gilt für die teilw. Freistellung nach § 3 Nr. 40 EStG (Haritz/Menner/Bilitewski/Werneburg Rn. 83). Wegen § 17 VI EStG tritt allein wegen des Erhalts einer Beteiligung von 1% oder weniger kein Ausschluss des Besteuerungsrechts ein (Dötsch/Pung/Möhlenbrock/Möhlenbrock/Werner Rn. 167a; Haritz/Menner/Bilitewski/Werneburg Rn. 83; Mutscher IStR 2007, 799 (801)). Zu besonderen Problemen bei Einbringungen in EU-/EWR-ausl. KapGes vgl. Dötsch/Pung/Möhlenbrock/Möhlenbrock/Werner Rn. 169a; Mutscher IStR 2007, 799 (801)). Bei Beteiligung von nach § 1a KStG optierten PersGes (vgl. auch → Rn. 16) ist für die Frage der Beibehaltung des Besteuerungsrechts auch § 50d XIV EStG zu beachten (Schnitger/Krüger DB 2022, 418 (421)).

133 **f) Einbringungen nach § 24.** Nach Abs. 4 S. 2 gelten für Einbringungen nach § 24 ausdrücklich nicht die Gründungs- und Ansässigkeitsvoraussetzungen sowohl für den übernehmenden Rechtsträger als auch für den übertragenden/einbringenden Rechtsträger. § 24 gilt damit global (Rödder/Herlinghaus/van Lishaut/Graw Rn. 197; Dötsch/Pung/Möhlenbrock/Möhlenbrock/Werner Rn. 176; BeckOK UmwStG/Mückl Rn. 725). Sowohl der einbringende als auch der übernehmende Rechtsträger als auch die jew. Gesellschafter können drittstaatenansässig sein. Lediglich das Bewertungswahlrecht nach § 24 II ist davon abhängig, dass das inl. Besteuerungsrecht hinsichtlich des eingebrachten Betriebsvermögens nicht ausgeschlossen oder beschränkt wird (hierzu → § 24 Rn. 210 ff.).

7. Definitionen

134 Abs. 5 enthält Definitionen von im Gesetz verwendeten Begriffen. Dies sind zunächst die Fusions-RL (Abs. 5 Nr. 1), also die RL über das gemeinsame Steuersystem für Fusionen, Spaltungen, Abspaltungen, die Einbringung von Unternehmensteilen und den Austausch von Anteilen, die SE-VO (§ 5 Nr. 2), also die Verordnung über das Statut der europäischen Ges (dazu → SE-VO Vorb. Rn. 1), und die SCE-VO (§ 5 Nr. 3), die Verordnung über das Statut der europäischen eG. Diese sind in der am st. Übertragungsstichtag jew. geltenden Fassung anzuwenden, was bei den zivilrechtlichen RL wenig Sinn macht.

135 Abs. 5 Nr. 4 definiert ferner den Begriff des **BW,** der in verschiedenen Normen des Gesetzes verwendet wird (§ 3 II 1, § 4 I 2, § 4 III 1, § 5 III, § 11 II, § 12 II 1, § 13 II, § 20 II 1, § 21 I 2, § 22 I 6 Nr. 2 und § 24 II 2). BW ist danach der Wert, der sich nach den steuerrechtlichen Vorschriften über die Gewinnermittlung in einer für den stl. Übertragungsstichtag aufzustellenden StB ergibt oder ergäbe. Damit werden die bisher in § 4 IV 2 aF und § 20 II 3 aF enthaltenen Definitionen „vor die Klammer gezogen" (Widmann/Mayer/Maetz Rn. 223). Aus dem Wort „ergäbe" folgt, dass es sich nicht um einen tatsächlichen Bilanzansatz handeln muss (etwa, soweit in den Fällen des § 20 eine „Schlussbilanz" nicht aufzustellen ist; vgl. Widmann/Mayer/Maetz Rn. 223; Dötsch/Pung/Möhlenbrock/Möhlenbrock/Werner Rn. 205; wohl auch BMF 11.11.2011, BStBl. I 2011, 1314 Rn. 01.57). Außerdem ist damit auch bislang nicht betrieblich verstricktes Vermögen erfasst (Haritz/Menner/Bilitewski/Werneburg Rn. 14). Maßgeblich sind die am stl. Übertragungsstichtag geltenden stl. Vorschriften (Rödder/Herlinghaus/van Lishaut/Graw Rn. 209). Ebenso sind nur die inl. stl. Vorschriften angesprochen.

8. Beteiligung von Mischformen

Probleme bereitet die Beteiligung von Mischformen (hybride Rechtsträger). **136**
Praktisch bedeutsam sind **atypisch stille Ges** (ausf. hierzu Suchanek Ubg 2012,
431) und die **KGaA**. Zur Beteiligung von ausl. Rechtsträgern → Rn. 57 ff. Diese
sind unabhängig von ihrer stl. Einordnung im Sitzstaat im Wege des sog. Typenvergleichs als PersGes oder Körperschaft einzuordnen (→ Rn. 17, 23).

a) Atypisch stille Gesellschaften. Eine atypisch stille Ges (zivilrechtlich also **137**
eine Ges iSd §§ 230 ff. HGB) ist eine InnenGes; im Außenverhältnis tritt nur der
Inhaber des Handelsgeschäfts auf (§ 230 II HGB). Der Begriff atypisch stille Ges ist
ausschließlich stl. Natur. Er bezeichnet eine derartige Abweichung vom Regelstatut
der §§ 230 ff. HGB, dass nach dem Gesamtbild von einem MU iSv § 15 I 1 Nr. 2
EStG auszugehen ist (vgl. näher hier Schmidt/Wacker EStG § 15 Rn. 341 ff.). Die
atypisch stille Beteiligung begründet eine Mitunternehmerschaft (BFH BStBl. II
1995, 171). Dennoch richtet sich die Umw einer **übertragenden Körperschaft,**
an der ein Dritter atypisch still beteiligt ist, nach den §§ 3–19 (BMF 23.3.1998,
BStBl. I 1998, 268 Rn. 01.04; das BMF 11.11.2011, BStBl. I 2011, 1314 trifft keine
Aussage mehr; Haritz/Menner/Bilitewski/Werneburg Rn. 87; Widmann/Mayer/
Martini § 3 Rn. 165 f.; Lutter/Schumacher UmwG Anh. 1 nach § 122m Rn. 4;
Dötsch/Pung/Möhlenbrock/Möhlenbrock/Werner Rn. 136; Rödder/Herlinghaus/van Lishaut/Rödder Einführung Rn. 68, § 11 Rn. 104; Frotscher/Drüen/
Drüen Rn. 154; HK-UmwStG/G. Kraft Rn. 38; Lademann/Wernicke Rn. 161;
Suchanek Ubg 2012, 431 (435); auch → § 11 Rn. 11).

Dies folgt daraus, dass nicht die Mitunternehmerschaft, sondern der Inhaber des **138**
Handelsgeschäfts Gegenstand der Umw ist (Frotscher/Drüen/Drüen Rn. 154;
Dötsch/Pung/Möhlenbrock/Möhlenbrock/Werner Rn. 136; Rödder/Herlinghaus/van Lishaut/Rödder Einführung Rn. 68, § 11 Rn. 104; Oenings DStR 2008,
279 (283)). Die stille Ges bleibt trotz der Umw erhalten und setzt sich regelmäßig
am übernehmenden Rechtsträger fort (→ UmwG § 20 Rn. 68). Dem Stillen sind
beim übernehmenden Rechtsträger nach § 23 UmwG vglbare Rechte einzuräumen
(→ UmwG § 23 Rn. 8). Auch der **Stille** realisiert regelmäßig nicht durch die Umw
des Geschäftsinhabers die stillen Reserven in der stillen Beteiligung. Zwar setzt
sich die durch die atypisch stille Ges begründete Mitunternehmerschaft trotz des
zivilrechtlichen Übergangs (→ UmwG § 20 Rn. 68) meist nicht unverändert fort
(so wohl aber Dötsch/Pung/Möhlenbrock/Möhlenbrock/Werner Rn. 136), da sich
fast immer der „Betrieb" des Geschäftsinhabers durch die Verschm oder Spaltung
ändern wird. IdR wird der Wechsel der Rechtsstellung des Stillen aber – isoliert
von der Umw des Geschäftsinhabers – nach **§ 24** zu beurteilen sein (so auch Haritz/
Menner/Bilitewski/Werneburg Rn. 87).

Das Bestehen einer atypisch stillen Beteiligung ist umwandlungsstl. aber auch auf **139**
Seiten des **übernehmenden Rechtsträgers** unbeachtlich. Wird eine Körperschaft
auf eine andere Körperschaft verschmolzen, an der ein Dritter atypisch still beteiligt
ist, liegt zwar eine Mitunternehmerschaft vor, die umwandlungsstl. Folgen richten
sich aber nach §§ 11–13 (ebenso Haritz/Menner/Bilitewski/Werneburg Rn. 87;
wohl auch BMF 23.3.1998, BStBl. I 1998, 268 Rn. 01.04; Widmann/Mayer/Martini § 3 Rn. 167; Rödder/Herlinghaus/van Lishaut/Rödder § 11 Rn. 105; Dötsch/
Pung/Möhlenbrock/Möhlenbrock/Werner Rn. 137a; HK-UmwStG/G. Kraft
Rn. 40; Suchanek Ubg 2012, 431 (435); auch → § 11 Rn. 11). Auch insoweit ist
maßgeblich, dass nicht die (atypisch) stille Ges, sondern der Inhaber des Handelsgeschäfts (die Körperschaft) Beteiligter der Umw ist. Die stille Ges ist nach § 3 UmwG
kein verschmelzungsfähiger Rechtsträger. Es liegen auch die Voraussetzungen von
§ 11 II 1 Nr. 1 (Sicherstellung der Besteuerung mit KSt) vor (dazu → § 11 Rn. 103).
Eine atypisch stille Ges kann indes PersGes (Mitunternehmerschaft) iSv § 24 sein
(Dötsch/Pung/Möhlenbrock/Möhlenbrock/Werner Rn. 54; → § 24 Rn. 112).

140 **b) KGaA.** Das UmwStG enthält keine besonderen Vorschriften für die Umw von KGaA. Auch die FVerw nimmt hierzu nicht Stellung. Dabei hat die Rechtsform der KGaA praktisch an Bedeutung gewonnen, seit die Streitfrage gelöst ist, ob auch eine GmbH oder GmbH & Co. KG die Stellung als Komplementär übernehmen kann (BGH DStR 1997, 1012). Die **Besonderheit** beruht darauf, dass die KGaA einerseits nach § 3 I Nr. 2 UmwG KapGes und nach § 1 Nr. 1 KStG kstpfl. ist, andererseits die Rechtsstellung des phG sich zivilrechtlich (§ 278 II AktG) nach dem Recht der KG richtet und er stl. wie ein MU zu behandeln ist (BFH BStBl. II 1989, 881). **Probleme** bereitet diese Mischbehandlung bei Umw, wenn die Komplementäre auch vermögensmäßig beteiligt sind. Das Fehlen einer ausdrücklichen Regelung im UmwStG wird zu Recht als gesetzliche Lücke angesehen, die durch Analogie zu schließen sei (Haritz DStR 1996, 1192; Schaumburg DStZ 1998, 525 (542)). Denn unzweifelhaft ist die KGaA ein Rechtsträger, der Umw nach dem UmwG vornehmen kann. Nach dem grundlegenden Gesetzeszweck des UmwStG (→ Einf. Rn. 13 ff.) sollte die Umw daher auch steuerneutral möglich sein.

141 Nach zutr. hM ist die Umw unter Beteiligung einer KGaA mit einem vermögensbeteiligten Komplementär **kombiniert** von verschiedenen **Fallgruppen** des **UmwStG** erfasst (Haritz/Menner/Bilitewski/Werneburg Rn. 92; Haritz DStR 1996, 1192; Haritz GmbHR 1997, 590; Lutter/Schumacher UmwG Anh. 1 nach § 122m Rn. 5 f.; Dötsch/Pung/Möhlenbrock/Möhlenbrock/Werner Rn. 138; Rödder/Herlinghaus/van Lishaut/Rödder § 11 Rn. 106; HK-UmwStG/G. Kraft Rn. 36; Schaumburg DStZ 1998, 525 (542); aA Thiel/Eversberg/van Lishaut/Neumann GmbHR 1998, 397 (399); Kusterer DStR 1998, 1412). Anders als bei der atypisch stillen Ges (→ Rn. 137 ff.) ist die KGaA selbst beteiligter Rechtsträger und zugleich ein umwandlungsfähiger Rechtsträger (§ 3 I Nr. 2 UmwG). Lediglich die stl. Beurteilung ist zweigeteilt. Demnach beurteilt sich die **Umw einer KGaA** mit einem vermögensbeteiligten Komplementär auf eine andere KapGes nach §§ 11–13 (soweit die Körperschaft betroffen ist) und nach § 20 (soweit der Komplementär betroffen ist). § 20 ist ebenso entsprechend auf die „Einbringung" des Mitunternehmeranteils eines Komplementärs beim **Formwechsel** einer KGaA anzuwenden. Bei der Umw einer KapGes **in** eine derartige **KGaA** sind die §§ 3–10 (für den Komplementär) und die §§ 11–13 (für die Körperschaft) anzuwenden (ergänzend → § 11 Rn. 11 und → § 20 Rn. 157).

9. Gesamtrechtsnachfolge und Sonderrechtsnachfolge im Steuerrecht

142 **a) Gesamtrechtsnachfolge im Zivilrecht.** Das UmwG definiert die Gesamtrechtsnachfolge (Sonderrechtsnachfolge) als Übertragung des Vermögens (oder Teilen hiervon) eines Rechtsträgers (oder mehrerer Rechtsträger) als Ganzes auf einen anderen bestehenden Rechtsträger (§§ 2, 123 UmwG). Bei der Gesamtrechtsnachfolge geht ein Gesamtvermögen (praktisch alle Aktiva und Passiva) als Ganzes durch einen Rechtsakt (uno actu) auf den neuen Rechtsträger über (zur Sonderrechtsnachfolge bei Spaltungen vgl. → UmwG § 131 Rn. 4), während bei der Einzelrechtsübertragung jeder einzelne Vermögensgegenstand (Aktiva wie Passiva) gesondert in der jew. vorgeschriebenen Form und ggf. mit den entsprechenden Zustimmungen übertragen werden muss (näher → UmwG § 20 Rn. 23 ff. und → UmwG § 131 Rn. 4 ff.). Die Gesamtrechtsnachfolge ist damit eine besondere Form der sachenrechtlichen Übertragung (→ Rn. 145).

143 **b) Gesamtrechtsnachfolge im Steuerrecht.** Das UmwStG folgt dem Prinzip der zivilrechtlichen Gesamtrechtsnachfolge (→ Rn. 142) nicht generell. Es trifft hierzu lediglich einzelne Anordnungen, ergänzend sind die allg. Vorschriften zu beachten.

So geht etwa ein **Steuerschuldverhältnis** auf den Gesamtrechtsnachfolger über 144
(§ 45 I 1 AO), und zwar in dem Stand, in dem es sich im Zeitpunkt des Übergangs
befindet (vgl. auch Haritz/Menner/Bilitewski/Werneburg Rn. 105; Götz INF
1996, 449). Forderungen und Verbindlichkeiten aus dem Steuerschuldverhältnis
gehen über (§ 37 AO), wenn die Steuer durch Tatbestandsverwirklichung (§ 38 AO)
beim Rechtsvorgänger entstanden ist (RFHE 48, 266; Haritz/Menner/Bilitewski/
Werneburg Rn. 105; vgl. aber bei Spaltungen → UmwG § 131 Rn. 45). Dagegen
ist der durch Einzelsteuergesetze bestimmte Entstehungszeitpunkt, der davon abweichen
kann, nicht entscheidend (aA Tipke/Kruse/Drüen AO § 45 Rn. 8), zB der
Ablauf des VZ (§ 36 I EStG; § 30 KStG) oder des Voranmeldungszeitraums (§ 13 I
UStG). Schon gar nicht bedarf es einer Festsetzung oder der Fälligkeit. Eine dem
Rechtsvorgänger gewährte Stundung, Aussetzung der Vollziehung oder Vollstreckungsaufschub
bleibt ggü. dem Gesamtrechtsnachfolger wirksam. Die Verjährungsfrist
läuft ununterbrochen weiter (Tipke/Kruse/Drüen AO § 45 Rn. 9). Steuerhinterziehung
oder leichtfertige Steuerverkürzung durch den Rechtsvorgänger bleiben
Eigenschaften des Steueranspruchs und verlängern darum die Festsetzungsfrist auch
ggü. dem Gesamtrechtsnachfolger auf 5 oder 10 Jahre.

§ 45 AO bewirkt hingegen **nicht** einen **generellen Eintritt** des übernehmenden 145
Rechtsträgers (Rechtsträger neuer Rechtsform) in die stl. Situation des übertragenden
Rechtsträgers. Denn die Frage, ob und in welchem Umfang steuerrechtliche
Positionen der Gesamtrechtsnachfolge zugänglich sind oder wegen der Verknüpfung
der Person des bisherigen Inhabers nicht auf den Gesamtrechtsnachfolger übergehen
können, ist auch von den einschlägigen materiell-rechtlichen Normen und Prinzipien
des jew. Einzelsteuergesetzes abhängig (BFH GrS DStR 2008, 545 (547) zur
Vererblichkeit des Verlustabzugs). Hier ist zu berücksichtigen, dass Umw stl. (und
meist auch handelsrechtliche) Veräußerungs- und Anschaffungsgeschäfte sind (vgl.
auch BMF 11.11.2011, BStBl. I 2011, 1314 Rn. 00.02 f.; näher → UmwG § 24
Rn. 10 ff.). Die Gesamtrechtsnachfolge betrifft hierbei nur die Art der Vermögensübertragung,
nämlich das sachenrechtliche Übertragungsgeschäft (→ Rn. 142). Das
dem sachenrechtlichen Übertragungsakt und damit der Gesamtrechtsnachfolge
zugrunde liegende schuldrechtliche Geschäft ist hiervon unberührt. Welche stl. Auswirkungen
der Vermögensübergang, also die Umw, für den übernehmenden
Rechtsträger hat, richtet sich nach den schuldrechtlichen Gegebenheiten. Die
stl. Behandlung des Vermögensübergangs und die hieraus resultierende stl. Situation
beim übernehmenden Rechtsträger ist aufgrund des **entgeltlichen Anschaffungsvorgangs**
bei ihm neu zu bestimmen, **es sei denn,** eine spezielle Vorschrift ordnet
im Einzelfall die Rechtsnachfolge an.

Daher gilt das Prinzip der **Gesamtrechtsnachfolge im StR nicht generell.** 146
Die Gesamtrechtsnachfolge ist ein zivilrechtliches Institut, das nicht ohne Weiteres
auf das StR übertragen werden kann, da das Zivilrecht und das StR unterschiedliche
Ziele verfolgen (ausf. hierzu Schmitt, Zur interpersonalen Übertragung stiller Reserven
beim Erbfall im Einkommensteuerrecht, 1992, 57 ff.; zum Nicht-Übergang
eines Verlustabzugs durch Erbgang vgl. BFH GrS DStR 2008, 545). Es bedarf daher
jew. der **ausdrücklichen Anordnung** der stl. Rechtsnachfolge des übernehmenden
Rechtsträgers (ausf. Schmitt, Grundlagen des UmwStG, 2009, Teil 6 VI 39; vgl.
auch Haritz/Menner/Bilitewski/Werneburg Rn. 108). Diese Bestimmungen modifizieren
die Konsequenzen, die ansonsten aus dem Umstand eines entgeltlichen
Anschaffungsgeschäfts zu ziehen wären.

Das UmwStG enthält daher **bestimmte Regelungen,** die die Rechtsstellung 147
des Rechtsnachfolgers als Folge der Gesamtrechtsnachfolge festlegen, insbes. die
§ 4 II, § 12 III und § 23 I; danach tritt der übernehmende Rechtsträger etwa bzgl.
– der Absetzungen für Abnutzung,
– der erhöhten Absetzungen,
– der Sonderabschreibungen,

– der Inanspruchnahme einer Bewertungsfreiheit,
– der Inanspruchnahme eines Bewertungsabschlags,
– der den stl. Gewinn mindernden Rücklagen,
– der Dauer der Zugehörigkeit eines WG zum BV
in die Rechtsstellung des übertragenden Rechtsträgers ein. Ein Eintritt erfolgt hingegen **nicht** in **Verlustpositionen** und in einen **Zinsvortrag** oder EBITDA-Vortrag nach § 4h EStG (§ 4 II 2, § 12 III 2. Hs.). Näher hierzu → § 4 Rn. 53 ff. und → § 12 Rn. 67 ff.

148 **c) Sonderrechtsnachfolge im Steuerrecht (Spaltung).** Während § 131 UmwG die vermögensmäßigen Rechtsfolgen der Sonderrechtsnachfolge bestimmt und Lücken durch § 131 III UmwG aufzufüllen versucht, enthalten §§ 15, 16 keine entsprechende Regelung.

149 Bei der **Abspaltung** und der **Ausgliederung** bleibt der übertragende Rechtsträger bestehen. Der übertragende Rechtsträger ist daher auch im Anschluss an die Abspaltung und die Ausgliederung Steuerschuldner sowie Adressat von Steuerbescheiden. Im Gegensatz zur Gesamtrechtsnachfolge tritt der übernehmende Rechtsträger daher nicht vollständig in die Rechtsstellung des übertragenden ein. Zur gesamtschuldnerischen Haftung näher → UmwG § 133 Rn. 2 ff. Bei der **Aufspaltung** erlischt demggü. der übertragende Rechtsträger ohne Liquidation. Diese Situation entspricht derjenigen bei der Gesamtrechtsnachfolge durch Verschm (→ Rn. 143 ff.). §§ 15, 16 verweisen insoweit auf die Verschmelzungsvorschriften, insbes. auf § 4 II und § 12 III (näher → § 15 Rn. 272 ff. und → § 16 Rn. 27). Es existieren allerdings **mindestens zwei Rechtsnachfolger.** Zur Zuweisung von Forderungen und Verbindlichkeiten aus dem Steuerschuldverhältnis → § 131 Rn. 45. Steuerbescheide müssen allen übernehmenden Rechtsträgern als Sonderrechtsnachfolger bekannt gegeben werden (Haritz/Menner/Bilitewski/Werneburg Rn. 106). Es liegt ein Fall der notwendigen Hinzuziehung vor, da der Inhalt der Steuerbescheide gleichzeitig mehrere Sonderrechtsnachfolger eines Steuersubjekts betrifft und deshalb ihm ggü. stets einheitlich sein muss.

10. Bindung der Finanzverwaltung an die Eintragung

150 § 1 und damit die Regelungen im Zweiten bis Achten Teil setzen eine nach den Bestimmungen des UmwG **wirksame** Umw voraus (BMF 11.11.2011, BStBl. I 2011, 1314 Rn. 01.02). Entsprechendes gilt für vglbare ausl. Vorgänge (BMF 11.11.2011, BStBl. I 2011, 1314 Rn. 01.23; dazu → Rn. 31 ff.). Die Wirksamkeit bestimmt sich ausschließlich nach dem Zivilrecht und im Besonderen nach dem UmwG oder nach den entsprechenden ausl. Vorschriften. Hierbei ist zu beachten, dass nach den Bestimmungen des UmwG (§ 20 II UmwG, § 131 II UmwG, § 202 III UmwG) die Umw selbst bei schwerwiegenden Fehlern mit der **konstitutiven** Eintragung im Register zwar nicht geheilt, aber **unumkehrbar** wird (näher → UmwG § 20 Rn. 108 ff., → UmwG § 131 Rn. 112 ff., → UmwG § 202 Rn. 11 f.). An diese zivilrechtliche Wertung, eine Rückabwicklung um jeden Preis zu vermeiden, ist das StR gebunden. Den Finanzbehörden steht bei erfolgter konstitutiver Eintragung der Umw ein eigener Beurteilungsspielraum nicht zu (Dötsch/Pung/Möhlenbrock/Möhlenbrock/Werner Rn. 120; Haase/Hofacker/Haase Rn. 38; Lademann/Wernicke Rn. 23; Thiel/Eversberg/van Lishaut/Neumann GmbHR 1998, 397 (399); Bien ua DStR-Beil. zu Heft 17/1998, 5). Die Maßgeblichkeit der registerrechtlichen Entscheidung erkennt die FVerw grds. auch an (BMF 11.11.2011, BStBl. I 2011, 1314 Rn. 01.06, 01.23). Dies soll jedoch nicht gelten, wenn die registerrechtliche Entscheidung trotz rechtlich gravierender Mängel erfolgte. Tatsächlich kann die FVerw lediglich in den seltenen Fallgruppen, in denen auch die Unumkehrbarkeit trotz Eintragung nicht eingreift (→ UmwG § 20

Rn. 108 ff. und → UmwG § 131 Rn. 112), die Wirksamkeit der Umw selbst beurteilen (so wohl auch Dötsch/Pung/Möhlenbrock/Möhlenbrock/Werner Rn. 120; Haase/Hofacker/Haase Rn. 39; Lademann/Hahn Rn. 23; BeckOK UmwStG/ Mückl Rn. 44; Widmann/Bauschatz/Mundhenke/Schlücke Rn. 23; Benecke GmbHR 2012, 113 (116); Schmitt/Schloßmacher UmwStE 2011 Rn. 01.06). Allerdings dürfte es sich um ein in der Praxis kaum auftauchendes Problem handeln, da durch das Erfordernis der notariellen Beurkundung der Umwandlungsverträge und -beschlüsse und das strenge Registerverfahren die Eintragung einer Umw mit derart gravierenden Mängeln kaum denkbar ist. Bei vglbaren ausl. Vorgängen dürfte die FVerw selten in der Lage sein, bessere Erkenntnismöglichkeiten als die zuständigen ausl. Behörden zu haben (vgl. auch Dötsch/Pung/Möhlenbrock/Möhlenbrock/ Werner Rn. 106).

Eine von der Maßgeblichkeit der Eintragung zu unterscheidende Frage ist, ob 151 die Finanzbehörden im Veranlagungsverfahren vor der Registereintragung einen eigenständigen Beurteilungsspielraum hinsichtlich der Anfechtbarkeit von Nichtigkeit von einzelnen Umwandlungsakten (etwa Umwandlungsbeschlüssen) haben. Sie werden vor konstitutiver Eintragung der Umw regelmäßig Steuerbescheide für vorläufig erklären (§ 165 I 1 AO). Zur Änderung von Steuerbescheiden → Rn. 154.

Die Finanzbehörden können auch von sich aus das zuständige Registergericht 152 über Umstände informieren, die einer Eintragung entgegenstehen (Dötsch/Pung/ Möhlenbrock/Möhlenbrock/Werner Rn. 120: etwa Anregung einer Amtslöschung; vgl. auch BFH BStBl. II 1974, 32 (33)). Das Steuergeheimnis verhindert dies nicht (§ 30 IV Nr. 2 AO iVm § 379 II FamFG).

Bei vglbaren **ausl. Vorgängen** (dazu → Rn. 31) gilt Vorstehendes grds. entspre- 153 chend. Die Finanzbehörden sind an die Wertungen des ausl. Rechts ebenso gebunden (vgl. auch Dötsch/Pung/Möhlenbrock/Möhlenbrock/Werner Rn. 106).

11. Änderung von Steuerbescheiden

Der Eintritt der zivilrechtlichen Wirksamkeit der Umw ist ein rückwirkendes 154 Ereignis iSv § 175 I 1 Nr. 2 AO, wenn die Umw mit stl. Rückwirkung (§ 2, § 20 V, VI, § 24 IV) erfolgt (BMF 11.11.2011, BStBl. I 2011, 1314 Rn. 02.16; Dötsch/ Pung/Möhlenbrock/Dötsch/Werner § 2 Rn. 27; Frotscher/Drüen/Drüen § 2 Rn. 23). Geht die FVerw von der **Nichtigkeit/Anfechtbarkeit** eines Umwandlungsbeschlusses aus und erlässt sie entsprechende Steuerbescheide, die nicht für vorläufig erklärt sind (§ 165 I 1 AO), so müssen diese gem. § 175 I 1 Nr. 2 AO berichtigt werden, wenn der Umwandlungsbeschluss in das HR eingetragen wird. Erfolgte eine vorläufige Festsetzung nach § 165 I 1 AO, ist sie mit konstitutiver Eintragung im Register aufzuheben bzw. zu ändern (§ 165 II 2 AO). Wird eingetragen, geht aber die FVerw weiterhin von der Nichtigkeit aus, wird die zivilrechtliche Vorfrage im FG-Verfahren zu klären sein.

Ebenso ist im umgekehrten Fall zu verfahren. Hatte die FVerw die Umw zunächst 155 als wirksam behandelt, scheitert die konstitutive Eintragung aber endgültig, sind die Bescheide nach § 165 II 2 AO oder nach § 175 I 1 Nr. 2 AO zu berichtigen (Dötsch/ Pung/Möhlenbrock/Möhlenbrock/Werner Rn. 120).

Ein angefochtener Umwandlungsbeschluss ist als rechtswirksam zu behan- 156 deln, sobald die Umw eingetragen ist (→ Rn. 150). Dies kann auch vor der Entscheidung über die Unwirksamkeit erfolgen (§ 16 III UmwG; → § 16 Rn. 28 ff.). Ist die Umw noch nicht eingetragen, ist sie schwebend unwirksam; gleichwohl ist das UmwStG vorläufig anwendbar. In einem solchen Fall kommt ebenfalls eine vorläufige Veranlagung iSv § 165 AO in Frage, wobei das FA die Nichteintragung bedingenden Gründe selbst prüfen muss.

§ 2 Steuerliche Rückwirkung

(1) ¹Das Einkommen und das Vermögen der übertragenden Körperschaft sowie des übernehmenden Rechtsträgers sind so zu ermitteln, als ob das Vermögen der Körperschaft mit Ablauf des Stichtags der Bilanz, die dem Vermögensübergang zu Grunde liegt (steuerlicher Übertragungsstichtag), ganz oder teilweise auf den übernehmenden Rechtsträger übergegangen wäre. ²Das Gleiche gilt für die Ermittlung der Bemessungsgrundlagen bei der Gewerbesteuer.

(2) Ist die Übernehmerin eine Personengesellschaft, gilt Absatz 1 Satz 1 für das Einkommen und das Vermögen der Gesellschafter.

(3) Die Absätze 1 und 2 sind nicht anzuwenden, soweit Einkünfte auf Grund abweichender Regelungen zur Rückbeziehung eines in § 1 Abs. 1 bezeichneten Vorgangs in einem anderen Staat der Besteuerung entzogen werden.

(4) ¹Der Ausgleich oder die Verrechnung eines Übertragungsgewinns mit verrechenbaren Verlusten, verbleibenden Verlustvorträgen, nicht ausgeglichenen negativen Einkünften, einem Zinsvortrag nach § 4h Absatz 1 Satz 5 des Einkommensteuergesetzes und einem EBITDA-Vortrag nach § 4h Absatz 1 Satz 3 des Einkommensteuergesetzes (Verlustnutzung) des übertragenden Rechtsträgers ist nur zulässig, wenn dem übertragenden Rechtsträger die Verlustnutzung auch ohne Anwendung der Absätze 1 und 2 möglich gewesen wäre. ²Satz 1 gilt für negative Einkünfte des übertragenden Rechtsträgers im Rückwirkungszeitraum entsprechend. ³Der Ausgleich oder die Verrechnung von positiven Einkünften des übertragenden Rechtsträgers im Rückwirkungszeitraum mit verrechenbaren Verlusten, verbleibenden Verlustvorträgen, nicht ausgeglichenen negativen Einkünften und einem Zinsvortrag nach § 4h Absatz 1 Satz 5 des Einkommensteuergesetzes des übernehmenden Rechtsträgers ist nicht zulässig. ⁴Ist übernehmender Rechtsträger eine Organgesellschaft, gilt Satz 3 auch für einen Ausgleich oder eine Verrechnung beim Organträger entsprechend. ⁵Ist übernehmender Rechtsträger eine Personengesellschaft, gilt Satz 3 auch für einen Ausgleich oder eine Verrechnung bei den Gesellschaftern entsprechend. ⁶Die Sätze 3 bis 5 gelten nicht, wenn übertragender Rechtsträger und übernehmender Rechtsträger vor Ablauf des steuerlichen Übertragungsstichtags verbundene Unternehmen im Sinne des § 271 Absatz 2 des Handelsgesetzbuches sind.

(5) ¹Unbeschadet anderer Vorschriften ist der Ausgleich oder die sonstige Verrechnung negativer Einkünfte des übernehmenden Rechtsträgers, die von diesem infolge der Anwendung der Absätze 1 und 2 erzielt werden, auch insoweit nicht zulässig, als die negativen Einkünfte auf der Veräußerung oder der Bewertung von Finanzinstrumenten oder Anteilen an einer Körperschaft beruhen. ²Als negative Einkünfte im Sinne des Satzes 1 gelten auch Aufwendungen außerhalb des Rückwirkungszeitraums, die darauf beruhen, dass Finanzinstrumente oder Anteile an einer Körperschaft, die dem übernehmenden Rechtsträger auf Grund der Anwendung der Absätze 1 und 2 zugerechnet werden, bis zu dem in Satz 4 bezeichneten Zeitpunkt veräußert werden oder nach den Sätzen 3 und 4 als veräußert gelten. ³Als Veräußerung im Sinne der Sätze 1 und 2 gilt auch die Einlösung, Rückzahlung, Abtretung, Entnahme, verdeckte Einlage in eine Kapitalgesellschaft oder ein sonstiger ertragsteuerlich einer Veräußerung gleichgestellter Vorgang. ⁴Mit Ablauf des nach der Umwandlung endenden Gewinnermittlungszeitraums nach § 4a des Einkommensteuergesetzes oder in

anderen Fällen mit Ablauf des nach der Umwandlung endenden Kalenderjahrs noch nicht veräußerte oder nach Satz 3 als veräußert geltende Wirtschaftsgüter im Sinne des Satzes 2 gelten zu diesem Zeitpunkt als zum gemeinen Wert veräußert und wieder angeschafft. [5]Satz 2 findet keine Anwendung, soweit die Finanzinstrumente oder Anteile an einer Körperschaft ohne die Anwendung der Absätze 1 und 2 beim übertragenden Rechtsträger in dessen steuerlicher Schlussbilanz mit einem anderen als dem gemeinen Wert hätten angesetzt werden können. [6]Die Sätze 1 bis 5 finden keine Anwendung, wenn der Steuerpflichtige nachweist, dass die Verrechnung negativer Einkünfte im Sinne der Sätze 1 und 2 kein Haupt- oder Nebenzweck der Umwandlung war. [7]Ist der übernehmende Rechtsträger an den Finanzinstrumenten oder Anteilen an einer Körperschaft unmittelbar oder mittelbar über eine oder mehrere Personengesellschaften beteiligt, gelten die Sätze 2 bis 6 sinngemäß für Aufwendungen und Einkünfteminderungen infolge der Veräußerung oder eines niedrigeren Wertansatzes der Finanzinstrumente oder Anteile beziehungsweise infolge der Veräußerung von Anteilen an den Personengesellschaften oder deren Auflösung.

Übersicht

	Rn.
I. Allgemeines	1
1. Wesentlicher Inhalt	1
2. Anwendungsbereich	3
3. Fiktiver Übertragungsstichtag	8
4. Rückwirkung als Ausnahmetatbestand	10
5. Wesentliche Probleme der Rückwirkung	11
II. Die Umwandlungszeitpunkte	15
1. Handelsrechtliche Stichtage	15
2. Steuerlicher Übertragungsstichtag	17
a) Allgemeines	17
b) Verknüpfung mit handelsrechtlicher Schlussbilanz	18
c) Exakter Zeitpunkt des fiktiven Vermögensübergangs	24
d) Kettenumwandlungen	27
III. Steuerliche Folgen der Rückwirkung	35
1. Betroffene Steuern	35
2. Nicht betroffene Steuern	38
IV. Ermittlung und Besteuerung von Einkommen und Vermögen	42
1. Ermittlung und Besteuerung des Einkommens	42
a) Grundsatz	42
b) Körperschaft als Übernehmerin	45
c) Personengesellschaft als Übernehmerin	46
aa) Geschäfte zwischen den Rechtsträgern	47
bb) Geschäfte mit den Gesellschaftern	48
cc) Übernahmeergebnis	51
d) Natürliche Person als Übernehmerin	52
2. Einzelheiten	53
a) Gehälter nach dem steuerlichen Übertragungsstichtag	53
b) Nutzungsvergütungen der Übertragerin an ihre Gesellschafter	64
c) Lieferungen und Leistungen	65
d) Steuervorauszahlungen	67
e) Kapitalerhöhungen/Kapitalherabsetzungen	69

	Rn.
f) Gewinnausschüttungen	71
aa) Vor dem steuerlichen Übertragungsstichtag vollständig bewirkte Gewinnausschüttungen	72
bb) Vor dem steuerlichen Übertragungsstichtag begründete Gewinnausschüttungen	74
cc) Nach dem steuerlichen Übertragungsstichtag begründete Gewinnausschüttungen an nicht ausscheidende Gesellschafter	78
dd) Nach dem steuerlichen Übertragungsstichtag begründete Gewinnausschüttungen an ausscheidende Gesellschafter	82
g) Organschaftsverhältnisse	84
aa) Gewinnabführungsvertrag zwischen Übertragerin und Übernehmerin	84
bb) Umwandlung mit Dritten	85
h) Aufsichtsratsvergütungen	87
i) Pensionsrückstellungen	88
j) Steuerliches Einlagekonto	89
k) Einkommensermittlung bei der Übernehmerin	90
l) Zinsbeginn nach § 233a AO	92
3. Gewerbesteuer	93
4. Ausscheidende und neu eintretende Gesellschafter	99
a) Steuerliche Behandlung der ausscheidenden Anteilsinhaber	99
b) Steuerliche Behandlung der neu eintretenden Anteilsinhaber	106
5. Bare Zuzahlungen	107
6. Besonderheiten bei grenzüberschreitenden/ausländischen Umwandlungen	108
a) Allgemeines	108
b) Bestimmung des steuerlichen Übertragungsstichtags	109
c) Keine Rückbeziehung bei Besteuerungsentzug	111
aa) Allgemeines	111
bb) Betroffene Umwandlungsarten	112
cc) Abweichende Regelungen zur Rückbeziehung	116
dd) Rechtsfolgen	119
ee) Doppelbesteuerung	121
7. Ausschluss der Verlustverrechnung mit Übertragungsgewinnen (Abs. 4 S. 1 und 2)	122
a) Allgemeines	122
b) Betroffene Umwandlungen	123
c) Betroffene Rechtsträger	124
d) Ausschluss der Verrechnung mit einem Übertragungsgewinn (Abs. 4 S. 1)	126
aa) Übertragungsgewinn	126
bb) Hypothetischer Vergleich – Statusverbesserung	127
cc) Zeitpunkt des schädlichen Ereignisses (Reihenfolge)	139
dd) Rückwirkung	144
e) Ausschluss der Verrechnung mit negativen Einkünften im Rückwirkungszeitraum (Abs. 4 S. 2)	149
f) Anteiliger Ausschluss	152
g) Zinsvortrag/EBITDA-Vortrag	153
h) Rechtsfolge	154
8. Ausschluss der Verrechnung positiver Einkünfte im Rückwirkungszeitraum (Abs. 4 S. 3–6)	155
a) Allgemeines	155

	Rn.
b) Betroffene Umwandlungen	157
c) Betroffene Rechtsträger	158
d) Ausschluss des Ausgleichs oder der Verrechnung von positiven Einkünften	159
aa) Positive Einkünfte im Rückwirkungszeitraum (Grundfall)	159
bb) Verlustpositionen	164
cc) Organgesellschaft als übernehmende Rechtsträger	165
dd) Personengesellschaft als übernehmende Rechtsträger	166
e) Ausnahme: Verbundene Unternehmen	167
f) Rechtsfolge	171
9. Verrechnungsverbote bei der Realisierung stiller Lasten (Abs. 5)	172
a) Allgemeines	172
b) Betroffene Umwandlungen	175
c) Kein Ausgleich negativer Einkünfte (Grundfall) (Abs. 5 S. 1)	176
aa) Negative, dem übernehmenden Rechtsträger zugerechnete Einkünfte	176
bb) Schädliche Wirtschaftsgüter	178
cc) Veräußerung oder Bewertung	179
dd) Unbeschadet anderer Vorschriften	182
ee) Rechtsfolge	183
d) Nichtberücksichtigung von Aufwendungen außerhalb des Rückwirkungszeitraums (Abs. 5 S. 2 und 4)	184
aa) Aufwendungen außerhalb des Rückwirkungszeitraums	184
bb) Anschaffung durch den übertragenden Rechtsträger	185
cc) Zwangsrealisation (Abs. 5 S. 4)	186
dd) Rechtsfolge	189
e) Ausnahmen (Abs. 5 S. 5 und 6)	190
aa) Fiktiver Ansatz mit dem Buchwert	190
bb) Fehlende Missbrauchsabsicht (Escape-Klausel)	192
f) Zwischenschaltung von Personengesellschaften (Abs. 5 S. 7)	194

I. Allgemeines

1. Wesentlicher Inhalt

§ 2 regelt die **stl. Rückwirkung** der Umw von Körperschaften nach §§ 3–19 **1** (zum Anwendungsbereich → § 1 Rn. 12 ff.). Danach gilt für die Einkommens- und Vermögensermittlung (einschließlich der Bemessungsgrundlagen für die GewSt) der umwandlungsbedingte Vermögensübergang als mit dem Ablauf des stl. Übertragungsstichtages erfolgt (Abs. 1). Zugleich wird dieser Übertragungsstichtag festgelegt. Mangels Vermögensübertragung und damit mangels handelsrechtlicher Umwandlungsbilanzen enthält § 9 S. 3 für den Formwechsel einer KapGes in eine PersGes eine ergänzende Rückwirkungsregelung (→ Rn. 3). Abs. 1 bestimmt selbst – anders als der weitgehend inhaltsgleiche § 2 UmwStG 1977 in dessen Abs. 3 und § 9 S. 3 – keine Frist für die Rückwirkung, sondern ordnet lediglich die **Verknüpfung** des stl. Übertragungsstichtags **mit** dem **Stichtag** der **Bilanz** an, die dem Vermögensübergang zugrunde liegt (Abs. 1 S. 1). Dies ist die handelsrechtliche Schlussbilanz nach § 17 II UmwG (→ Rn. 18). Der Verzicht auf eine eigenständige (womöglich noch abw.) stl. Rückbeziehungsfrist für den 2.–5. Teil (vgl. aber § 20 V, VI, § 24 IV) ist konsequent und sinnvoll (anders noch § 2 III UmwStG 1977), da diese Teile des UmwStG nach § 1 I nur für Umw nach dem UmwG oder für vergleichbare ausl. Vorgänge gelten (→ § 1 Rn. 12 ff.). Damit gilt grds. auch für die stl. Rückbeziehung die im UmwG durchgängig geregelte Achtmonatsfrist (zu den Einzelheiten → Rn. 17 ff.).

2 Die grundlegende Anordnung der Rückbeziehung enthält Abs. 1. **Abs. 2** erweitert die Rückbeziehung auf das Einkommen und das Vermögen der Gesellschafter, wenn eine PersGes Übernehmerin ist. Hintergrund ist, dass diese aufgrund der transparenten Struktur der PersGes für Einkommensteuerzwecke die Steuerpflichtigen sind. Bei Verschm und Auf-/Abspaltungen auf Körperschaften (§§ 11 ff., § 15) tritt auf der Ebene der **Anteilsinhaber** (§ 13) hingegen eine Rückwirkung nicht ein (BFH DStR 2023, 507 Rn. 33; BStBl. II 2021, 359; BStBl. II 2018, 449 Rn. 18; BStBl. II 2011, 467; BMF 11.11.2011, BStBl. I 2011, 1314 Rn. 02.03, 02.17; Dötsch/Pung/Möhlenbrock/Dötsch/Werner Rn. 22; BeckOK UmwStG/Mückl Rn. 768; Rödder/Herlinghaus/van Lishaut/van Lishaut Rn. 25). Zur Behandlung eines im Rückwirkungszeitraum verstorbenen Gesellschafters und anschließender Verschm auf dessen Rechtsnachfolger vgl. BFH BStBl. II 2021, 359. Auch Rechtsbeziehungen mit Dritten sind von der Rückwirkungsfiktion nicht erfasst (BMF 11.11.2011, BStBl. I 2011, 1314 Rn. 02.03). **Abs. 3** schränkt die Rückbeziehung ein, soweit Einkünfte aufgrund abw. Regelungen zur Rückbeziehung in einem anderen Staat in keinem Staat der Besteuerung unterliegen (iE → Rn. 108 ff.). Die Regelung wurde anlässlich der Neufassung des UmwStG durch das SEStEG eingeführt und beruht auf dem Umstand, dass mit dem SEStEG der Anwendungsbereich des UmwStG auf grenzüberschreitende und vergleichbare ausl. Vorgänge erweitert worden ist (→ § 1 Rn. 2). Abs. 1 und 2 sind demgegenüber – abgesehen von einer sprachlichen Anpassung – anlässlich der Neufassung inhaltlich unverändert geblieben (zum unveränderten Anwendungsbereich → Rn. 3). Mit dem JStG 2009 (BGBl. 2008 I 2794) wurde **Abs. 4** angefügt (geändert durch Gesetz v. 22.12.2009, BGBl. 2009 I 3950) und mit dem AmtshilfeRLUmsG (BGBl. 2013 I 1809) erweitert. Abs. 4 S. 1 und 2 sollen verhindern, dass durch rückwirkende Umw trotz eines iSv § 8c KStG schädlichen Anteilsinhaberwechsels Verlustpositionen durch Buchwertaufstockung noch genutzt werden (→ Rn. 122 ff.). Mit Abs. 4 S. 3 ff. sollen modellhafte Gestaltungen bei Umw auf Verlustgesellschaften verhindert werden. Schließlich wurde mit dem AbzStEntModG v. 8.6.2021 (BGBl. 2021 I 1259) **Abs. 5** ergänzt (zur erstmaligen Anwendung vgl. § 27 XVI). Mit dieser Vorschrift soll die Realisierung übergehender stiller Lasten eingeschränkt werden.

2. Anwendungsbereich

3 Der Geltungsbereich von § 2 ergibt sich aus dem Regelungsinhalt, der Systematik des Gesetzes und der historischen Entwicklung. Während vor der Neufassung des UmwStG durch das SEStEG der Erste Teil mit „Allgemeine Vorschriften zu dem Zweiten bis Siebten Teil" überschrieben war, enthält nunmehr der Erste Teil mit § 1 eine Vorschrift, die den Anwendungsbereich des UmwStG regelt und damit für das gesamte UmwStG gilt. Folgerichtig für § 1 lautet die Überschrift des Ersten Teils, zu dem indes auch § 2 gehört, nun „Allgemeine Vorschriften" (vgl. auch Frotscher/Drüen/Drüen Rn. 1). Seinem Wortlaut nach regelt § 2 inhaltlich jedoch nur die Umw von übertragenden Körperschaften auf übernehmende Rechtsträger, die – wie Abs. 2 zeigt – auch PersGes sein können. Ferner wird eine Bilanz, die dem Vermögensübergang zugrunde liegt, vorausgesetzt. Dies entspricht im Grundsatz dem Anwendungsbereich des Zweiten bis Fünften Teils, der Umw nach dem UmwG (und damit eine Schlussbilanz, § 17 UmwG) von Körperschaften voraussetzt (iE → § 1 Rn. 12 ff.). Schließlich lässt sich der Anwendungsbereich negativ auch aufgrund der vorhandenen Sonderregelungen abgrenzen. Da beim Formwechsel zivilrechtlich eine Vermögensübertragung nicht stattfindet und auch handelsrechtliche Schlussbilanz nicht erstellt wird, enthält § 9 S. 3 eine eigene Bestimmung zur Rückbeziehung. Weitere spezielle Rückwirkungsregelungen enthalten § 20 V,

VI und § 24 IV. Hintergrund ist, dass §§ 20, 24 sowohl Umw nach dem UmwG als auch solche außerhalb des UmwG (Einzelrechtsübertragung, Anwachsung) erfassen und § 25 (Formwechsel von PersGes in KapGes) ohnehin auf § 20 verweist. Inhaltlich lehnt sich die Regelung in § 20 V, VI allerdings für die Vermögensübertragungen durch Verschm, Aufspaltung, Abspaltung oder Ausgliederung an diejenige in § 2 an (→ § 20 Rn. 237). Entsprechendes gilt für den Formwechsel einer PersGes in eine KapGes/eG, für den § 25 wiederum auf § 20 V, VI verweist, da dieser Formwechsel stl. wie eine Einbringung in eine KapGes/eG behandelt wird. Schließlich gelten § 20 V und VI entsprechend für Umw im Wege der Gesamtrechtsnachfolge (also nach dem UmwG oder vergleichbaren ausl. Vorschriften), die von § 24 erfasst werden (**§ 24 IV;** → § 24 Rn. 147 ff.). Mithin **gilt § 2** unverändert **nur für** vom **Zweiten bis Fünften Teil** erfasste Umw (BFH BStBl. II 2018, 449 Rn. 15; Rödder/Herlinghaus/van Lishaut/van Lishaut Rn. 7, 19; Dötsch/Pung/Möhlenbrock/Dötsch/Werner Rn. 1; Frotscher/Drüen/Drüen Rn. 2; Lademann/Wernicke Rn. 6; Haritz/Menner/Bilitewski/Slabon Rn. 15; HK-UmwStG/G. Kraft Rn. 1; Dötsch/Pung DB 2006, 2704 (2706); offengelassen von BFH DStR 2013, 575; auch → § 20 Rn. 237 ff., → § 24 Rn. 147). Dies setzt allerdings **nicht** voraus, dass **alle Tatbestandsvoraussetzungen** der §§ 3 ff. erfüllt sein müssen. § 2 ist etwa auch dann anwendbar, wenn die Teilbetriebsvoraussetzungen von § 15 I nicht erfüllt sind (BFH BStBl. II 2011, 467; BMF 11.11.2011, BStBl. I 2011, 1314 Rn. 15.13; Dötsch/Pung/Möhlenbrock/Dötsch/Werner Rn. 1; Lademann/Wernicke Rn. 8, 151; BeckOK UmwStG/Mückl Rn. 767; → § 15 Rn. 85; vgl. aber auch BFH DStR 2013, 575 = BStBl. II 2017, 1265 zur fehlenden Rückwirkung bei der Ausgliederung von Einzelwirtschaftsgütern). Der Anwendungsbereich des UmwStG an sich muss aber nach § 1 I, II eröffnet sein.

§ 2 ist auch in den Fällen des **Anteilstausches** (§ 21) nicht anwendbar, obwohl **4** diese Vorschrift entgegen der früheren Rechtslage (§ 20 I 2 aF) und anders als §§ 20, 24 und 25 keine Bestimmung zur Rückbeziehung enthält (BFH BStBl. II 2015, 303; vgl. bereits BFH BStBl. II 2011, 528 Rn. 13: obiter dictum; Rödder/Herlinghaus/van Lishaut/van Lishaut Rn. 19 Fn. 5; Dötsch/Pung/Möhlenbrock/Dötsch/Werner Rn. 22; Brandis/Heuermann/Loose Rn. 12; Widmann/Bauschatz/Pupeter Rn. 17; Dötsch/Pung DB 2006, 2704 (2706) Fn. 24; aA für Anteilstausch durch Ausgliederung Stengel DB 2008, 2329). Aus den Gesetzesmaterialien lässt sich ein Wille zu einer systematischen Änderung im Vergleich zur Vorgängerregelung (→ Rn. 3) nicht ableiten. Dafür spricht auch, dass § 2 von einer Körperschaft als übertragendem Rechtsträger ausgeht (→ Rn. 3) und für diese Unterscheidung in den Fällen des § 21 nachvollziehbare Gründe nicht ersichtlich wären. Vielmehr wäre auch bei § 21 eine § 20 VI entsprechende Regelung zu erwarten gewesen (auch → § 21 Rn. 35).

Eine ergänzende Rückwirkungsregelung enthält **§ 9 S. 3** für den **Formwechsel. 5** Beim Formwechsel findet zivilrechtlich ein Vermögensübergang nicht statt; demzufolge wird eine handelsrechtliche Schlussbilanz nicht erstellt (näher → UmwG § 17 Rn. 84 f.). Eine Verknüpfung des stl. Übertragungsstichtags mit dem Stichtag der handelsrechtlichen Schlussbilanz funktioniert damit nicht. § 9 S. 3 bestimmt daher, dass *die stl.* Bilanzen auch auf einen Stichtag bis zu acht Monate vor der Handelsregisteranmeldung aufgestellt werden können (näher → § 9 Rn. 16). An dem so ermittelten Stichtag gilt der – für stl. Zwecke fiktive – Vermögensübergang als für die Einkommens- und Vermögensermittlung vollzogen. Insoweit bleibt **§ 2 neben § 9 S. 3 anwendbar** (wie hier BFH/NV 2016, 1313; Widmann/Mayer/Widmann Rn. 11; Streck/Posdziech GmbHR 1995, 357 (365), jew. zu § 14 aF; iErg auch BMF 11.11.2011, BStBl. I 2011, 1314 Rn. 02.06). Seit Wegfall von Abs. 3 aF durch das Gesetz v. 29.10.1997 (vgl. näher → 4. Aufl. 2006, Rn. 125) dürfte indes die Frage, ob § 9 S. 3 eine vollständig eigenständige Regelung ist, keine materielle Bedeutung mehr haben.

6 Die stl. Rückwirkung auf den stl. Übertragungsstichtag gilt sowohl für die Ermittlung des Einkommens und des Vermögens der **übertragenden Körperschaft** als auch **der Übernehmerin** und – bei Umw auf PersGes – deren Gesellschafter (zu § 13 → Rn. 2). Dies bedeutet jedoch nicht zwingend, dass ein Übertragungsgewinn und ein Übernahmeergebnis in demselben VZ entstehen (BMF 11.11.2011, BStBl. I 2011, 1314 Rn. 02.04; Dötsch/Pung/Möhlenbrock/Dötsch/Werner Rn. 25a; BeckOK UmwStG/Mückl Rn. 435). Unterschiede können bei abw. Wj. eintreten (→ Rn. 90 ff.). Zur Behandlung eines im Rückwirkungszeitraum verstorbenen Gesellschafters und anschließender Verschm auf dessen Rechtsnachfolger vgl. BFH BStBl. II 2021, 359.

7 Die Vorschrift enthält wie schon § 2 III UmwStG 1977 **zwingendes Recht.** Andere Stichtage als der Bilanzstichtag können auch dann nicht gewählt werden, wenn sie im Acht-Monats-Bereich liegen (so auch BFH BStBl. II 2000, 2 zu § 2 III UmwStG 1977; BFH/NV 2008, 1550 = GmbHR 2008, 1051; BMF 11.11.2011, BStBl. I 2011, 1314 Rn. 02.03; Widmann/Mayer/Widmann Rn. 20; Goutier/Knopf/Tulloch/Knopf/Hill Rn. 5; Haritz/Menner/Bilitewski/Slabon Rn. 17; Rödder/Herlinghaus/van Lishaut/van Lishaut Rn. 34; Dötsch/Pung/Möhlenbrock/Dötsch/Werner Rn. 27). Darin unterscheidet sich die Regelung von § 20 VI und § 9 S. 3. Der stl. Übertragungsstichtag lässt sich also **nur** durch die **Wahl** des **Stichtags** für die handelsrechtliche **Schlussbilanz** (§ 17 II UmwG) beeinflussen (BFH/NV 2008, 1550 = GmbHR 2008, 1051; näher → Rn. 15 ff.).

3. Fiktiver Übertragungsstichtag

8 Kern der Vorschrift ist die **Fiktion** eines **stl. Übertragungsstichtags,** der von der handelsrechtlichen Regelung abweicht (BFH/NV 2016, 41 = GmbHR 2015, 1334; BFH/NV 2008, 1550 = GmbHR 2008, 1051; Lademann/Wernicke Rn. 1). Denn zivilrechtlich treten die wesentlichen Wirkungen (Vermögensübergang, Anteilstausch und – ggf. – Erlöschen des übertragenden Rechtsträgers) einer Umw nach dem UmwG (zum Anwendungsbereich → Rn. 3; zu vergleichbaren ausl. Vorgängen → Rn. 108 ff.) mit der konstitutiven Eintragung in das Register ein (vgl. zB § 20 UmwG für Verschm, § 131 UmwG für Spaltungen, §§ 176, 177 UmwG für Vermögensübertragungen, § 202 UmwG für Formwechsel). Da der Zeitpunkt der Eintragung ungewiss und insbes. von den beteiligten Rechtsträgern nicht mit Sicherheit beeinflussbar ist (Dauer des Registerverfahrens, Anfechtungsklagen etc), müsste bei einem Abstellen auf den Zeitpunkt des tatsächlichen Wirksamwerdens meist eine eigenständige Bilanz erstellt werden. Außerdem würde die Planungssicherheit der beteiligten Rechtsträger erheblich leiden. Daher gestattet das UmwStG aus Vereinfachungsgründen und aus rein praktischen Überlegungen (Dötsch/Pung/Möhlenbrock/Dötsch/Werner Rn. 3; Widmann/Mayer/Widmann Rn. 2; Haritz/Menner/Bilitewski/Slabon Rn. 3; HessFG EFG 1996, 908 (909)) die stl. Rückbeziehung auf den Stichtag der handelsrechtlichen Schlussbilanz (→ Rn. 18), die ohnehin zu erstellen ist (§ 17 II UmwG), zumal die handelsrechtliche Schlussbilanz meistens die reguläre Jahresbilanz (als Bestandteil des Jahresabschlusses) ist. Ferner wird hierdurch hinsichtlich der Ergebniszurechnung wiederum der Gleichlauf mit der handelsrechtlichen Rechtslage hergestellt, da ab dem Umwandlungsstichtag (§ 5 I Nr. 6, § 126 I Nr. 6) die Handlungen des übertragenden Rechtsträgers als für Rechnung des übernehmenden Rechtsträgers vorgenommen gelten (zur Abhängigkeit des Stichtags der handelsrechtlichen Schlussbilanz vom Umwandlungsstichtag → Rn. 18).

9 Für die Gestaltungspraxis hat die Rückwirkungsfiktion den weiteren Vorteil, dass durch die Wahl des Bilanzstichtages in gewisem Umfang der **maßgebliche VZ** und damit etwa die für diesen Zeitraum geltende Rechtslage (etwa bei Änderungen des Steuersatzes) gewählt werden kann (BFH/NV 2008, 1550 = GmbHR 2008,

1051). Bei Änderungen des UmwStG bestand allerdings in der Vergangenheit die Tendenz, derartige „Nachwirkungszeiträume" zu verhindern (vgl. etwa § 27 Ia idF vor SEStEG für die Änderung durch das StSenkG v. 23.10.2000; auch für die erstmalige Anwendung des UmwStG idF des SEStEG ist auf die Handelsregisteranmeldung und nicht auf den stl. Übertragungsstichtag abzustellen, § 27 I; → § 27 Rn. 1 ff.). Vgl. nunmehr auch § 27 XVI für die erstmalige Anwendung von Abs. 5. Insbes. kann aber hierdurch der Zeitpunkt des Entstehens eines Übertragungsgewinns gesteuert werden (vgl. aber § 2 IV). Vgl. zu **Gestaltungsansätzen** Jacobsen DB 2009, 1674. **Bilanziell** wird der stl. Übertragungsstichtag dadurch berücksichtigt, dass die stl. Schlussbilanz des übertragenden Rechtsträgers (vgl. § 3 I, § 11 I, § 15 I, § 16 S. 1) auf den stl. Übertragungsstichtag aufzustellen ist (BMF 11.11.2011, BStBl. I 2011, 1314 Rn. 03.01, 11.02, 15.14; Haritz/Menner/Bilitewski/Slabon Rn. 16; Lutter/Schumacher UmwG Anh. 1 nach § 122m Rn. 25; Widmann/Mayer/Widmann Rn. 25; Dötsch/Pung/Möhlenbrock/Dötsch/Werner Rn. 35). Durch die Bindung des übernehmenden Rechtsträgers an diese Werte (vgl. § 4 I 1, § 12 I 1, § 15 I 1, § 16 I 1) wird die **Bilanzkontinuität** zum stl. Übertragungsstichtag hergestellt. Dies korrespondiert mit der handelsbilanziellen Situation (→ UmwG § 24 Rn. 5, → UmwG § 17 Rn. 83).

4. Rückwirkung als Ausnahmetatbestand

Regelmäßig kann ein Sachverhalt, der einmal verwirklicht ist, steuerrechtlich nicht rückwirkend beseitigt werden. Dies ergibt sich aus § 38 AO, der die Entstehung der Ansprüche aus dem Steuerschuldverhältnis an die Verwirklichung des gesetzlichen Tatbestands knüpft (Klein/Ratschow AO § 38 Rn. 5). Ebenso kann ein Sachverhalt regelmäßig nicht mit rückwirkender steuerrechtlicher Wirkung gestaltet werden (hierzu etwa Schmidt/Weber-Grellet EStG § 2 Rn. 43 ff.). Ausdrücklich verneint hat die Rspr. etwa die Möglichkeit der rückwirkenden Gestaltung einer Gesellschaftsgründung (RFH RStBl. 1934, 835), des Eintritts oder Austritts eines Gesellschafters in eine oder aus einer PersGes (BFH BStBl. II 1973, 287 und 389) oder einer Entnahme (BFH/NV 2006, 1819). Konsequenterweise hatte die Rspr. vor der Einführung gesetzlicher Bestimmungen für das UmwStR dem Grundsatz der Nichtanerkennung rückwirkender Gestaltungen folgend die rückwirkende Gestaltung einer Verschm (RFH RStBl. 1940, 527) stl. nicht anerkannt. Vgl. auch BFH DStR 2013, 575 = BStBl. II 2017, 1265 zur fehlenden Rückwirkung bei der Ausgliederung von Einzelwirtschaftsgütern. § 2 enthält eine Durchbrechung dieses allg. Grundsatzes (vgl. BFH BStBl. II 1973, 389, wo auf S. 391 – re. Sp. – von einem „gesetzlich fixierten Sondertatbestand" die Rede ist; vgl. weiter BFH BStBl. II 1983, 387). § 2 ist daher (wie auch § 9 S. 3, § 20 V, VI, § 24 IV) eine **spezialgesetzliche Ausnahmevorschrift** (vgl. auch BMF 11.11.2011, BStBl. I 2011, 1314 Rn. 02.09; FG Hmb DStRE 2017, 400), die in ihrer Wirkung weiter als das Zivilrecht geht. Während zivilrechtlich ab dem Umwandlungsstichtag (zum Begriff → UmwG § 5 Rn. 73 ff.) lediglich die Handlungen der übertragenden Rechtsträger als für Rechnung des übernehmenden Rechtsträgers vorgenommen gelten (vgl. § 5 I Nr. 6 UmwG, § 126 I Nr. 6 UmwG), aber auch nach konstitutiver Registereintragung keine sachenrechtliche Rückwirkung eintritt (auch → Rn. 16), **„gilt"** nach Abs. 1 S. 1 die **Vermögensübertragung als erfolgt**.

5. Wesentliche Probleme der Rückwirkung

Abs. 1 und 2 ordnen lediglich an, dass das Vermögen und das Einkommen der übertragenden Körperschaft, der Übernehmerin und deren Gesellschafter so zu ermitteln sind, als ob das Vermögen zum stl. Übertragungsstichtag bereits übergegangen wäre. Zu einzelnen Konsequenzen dieser stl. Rückwirkung trifft die Vorschrift keine Aussagen. Diese müssen sich aus den allg. Steuergesetzen – soweit die Rückwirkung für die jew. Steuerart gilt (→ Rn. 35 ff.) – ergeben.

12 Die stl. Rückwirkung führt im Besonderen bei einem Vermögensübergang oder Formwechsel von einer **Körperschaft auf/in eine PersGes** (§§ 3–19 behandeln nur Körperschaften als Ausgangsrechtsträger, § 1 I 1; → § 1 Rn. 12) wegen des damit verbundenen Wechsels der Besteuerungssysteme zu Problemen. Denn Sachverhalte, die die Körperschaft und deren Anteilsinhaber bereits verwirklicht haben, müssen fiktiv so gewertet und behandelt werden, als wären sie bereits bei der Übernehmerin und deren Anteilsinhabern eingetreten. **Wesentliche Problembereiche** sind:
- Soweit eine Vermögensübertragung erfolgt, müssen **Geschäfte** und Rechtsbeziehungen **zwischen den Rechtsträgern** – bei der Spaltung ggf. teilw. – ab dem stl. Übertragungsstichtag neutralisiert werden.
- **Geschäfte** der übertragenden Körperschaft **mit Dritten** gelten bereits ab dem stl. Übertragungsstichtag als Geschäfte mit der Übernehmerin.
- **Leistungsbeziehungen** zwischen der übertragenden Körperschaft und ihren **Gesellschaftern** gelten ab dem stl. Übertragungsstichtag als solche der Übernehmerin und ihrer Anteilsinhaber. Ist die Übernehmerin eine PersGes, muss bereits im Rückwirkungszeitraum die unterschiedliche einkommenstl. Behandlung von Gesellschaftern einer KapGes und von Gesellschaftern einer PersGes berücksichtigt werden.
- Ein entsprechender Anpassungs- bzw. Korrekturbedarf besteht ab dem stl. Übertragungsstichtag bei offenen wie auch bei verdeckten **Gewinnausschüttungen.**
- Einer besonderen Behandlung bedürfen im Rückwirkungszeitraum (oder ggf. später) **ausscheidende Gesellschafter.** Dies gilt sowohl für die Bewertung ihrer Beziehungen (Entgelte, Gewinnausschüttungen etc) zur übertragenden Körperschaft als auch für die stl. Behandlung ihres Ausscheidens. Erschwerend kommt für die stl. Behandlung hinzu, dass das UmwG ein Ausscheiden von Gesellschaftern anlässlich der Umw, aber nach deren Wirksamwerden zulässt (Ausscheiden gegen Barabfindung, §§ 29 ff., 207 UmwG).
- Besonderheiten können auch durch das rückwirkende Entstehen bestimmter Besteuerungsmerkmale, etwa der Voraussetzungen für eine **Organschaft,** entstehen.

13 Zu den einzelnen Problembereichen umfassend → Rn. 42 ff.

14 Weitere Besonderheiten bestehen bei **grenzüberschreitenden Vorgängen** und vergleichbaren ausl. Vorgängen. Hierbei ist zu beachten, dass sich der Zeitpunkt des Wirksamwerdens (ggf.) nach ausl. Recht richtet, die Anforderungen an die handelsrechtlichen Rechnungslegung abweichen können und ggf. keine oder andere stl. Rückbeziehungsregelungen existieren (→ Rn. 108).

II. Die Umwandlungszeitpunkte

1. Handelsrechtliche Stichtage

15 Abs. 1 S. 1 definiert keinen eigenen Zeitpunkt der Rückwirkung, sondern verknüpft den stl. Übertragungsstichtag mit dem Stichtag der handelsrechtlichen Schlussbilanz (→ Rn. 1). Zivilrechtlich sind bei Umw nach dem UmwG verschiedene Zeitpunkte zu unterscheiden. Im **Außenverhältnis** (dingliche Wirkung) werden Umw mit der konstitutiven Eintragung im HR wirksam (§§ 20, 131, 176, 177, 202 UmwG). Erst in diesem Moment findet der sachenrechtliche Vermögensübergang statt, kommt es zu den Änderungen bei den Anteilsinhabern hinsichtlich ihrer Beteiligungen an den Rechtsträgern, erlischt ggf. der übertragende Rechtsträger oder erlangt der Rechtsträger die neue Rechtsform.

Von diesem Zeitpunkt des zivilrechtlichen Wirksamwerdens der Umw ist für **16** Verschm, Spaltungen und Vermögensübertragungen der **Umwandlungsstichtag** zu unterscheiden. Dieser bestimmt – vgl. § 5 I Nr. 6 UmwG, § 126 I Nr. 6 UmwG, § 307 I Nr. 7 UmwG – den Zeitpunkt, von dem an die Handlungen der übertragenden Rechtsträger als für Rechnung der übernehmenden Rechtsträger vorgenommen gelten. Damit erfolgt zwar zivilrechtlich keine dingliche Rückwirkung der Umw, aber **eine fiktive Zuordnung von Geschäftsvorfällen** in der Interimszeit. Bedeutung hat die Festlegung des Umwandlungsstichtages in erster Linie für die **Erfolgsabgrenzung** (→ UmwG § 5 Rn. 73 ff., → UmwG § 17 Rn. 77 ff.). Da die Geschäfte ab dem Umwandlungsstichtag bereits dem übernehmenden Rechtsträger zugerechnet werden, können sie beim übertragenden Rechtsträger mit Wirksamwerden der Umw trotz seiner zivilrechtlichen Existenz keine Erfolgsauswirkungen mehr haben. Die Umw erfolgt also hinsichtlich der Ergebniszurechnung mit wirtschaftlicher Wirkung ab dem Umwandlungsstichtag. Dies wiederum beeinflusst etwa den Anspruch der Anteilsinhaber des übertragenden Rechtsträgers auf Teilhabe am Erfolg (Gewinnbeteiligung). Diese Bedeutung des Umwandlungsstichtages bedingt schließlich eine Abhängigkeit mit dem **Stichtag** der handelsrechtlichen **Schlussbilanz** (näher → UmwG § 17 Rn. 37 ff.). Der Stichtag der Schlussbilanz nach § 17 II UmwG ist zwingend unmittelbar vor dem Umwandlungsstichtag (str.; → UmwG § 17 Rn. 37 ff.; vgl. auch BMF 11.11.2011, BStBl. I 2011, 1314 Rn. 02.02; FG Köln EFG 2023, 584 Rn. 33).

2. Steuerlicher Übertragungsstichtag

a) Allgemeines. Der stl. **Übertragungsstichtag** wird in Abs. 1 S. 1 als der **17** Zeitpunkt des Ablaufs des Stichtags der Bilanz, die dem Vermögensübergang zugrunde liegt, definiert. Obwohl zu diesem Zeitpunkt das Vermögen dinglich nicht übergegangen und die übertragende Körperschaft nicht aufgelöst ist (→ Rn. 15 f.), unterstellt § 2 für die ESt, KSt und GewSt (zu den betroffenen Steuerarten → Rn. 35) den **Vermögensübergang und** ggf. die **Auflösung** der KapGes als mit Ablauf des stl. Übertragungsstichtags bereits abgeschlossen (BMF 11.11.2011, BStBl. I 2011, 1314 Rn. 02.10). Die Vorschrift ordnet damit eine stl. Fiktion an (→ Rn. 8), die nicht nur den Vermögensübergang erfasst. Bei Verschm und Aufspaltungen sowie den entsprechenden Formen der Vermögensübertragung erlischt die Körperschaft stl. fiktiv bereits zum stl. Übertragungsstichtag. Der **übernehmende Rechtsträger** entsteht stl. fiktiv zu einem Zeitpunkt, in dem er zivilrechtlich ggf. noch nicht existent ist (BMF 11.11.2011, BStBl. I 2011, 1314 Rn. 02.11; BStBl. II 2004, 538 zu § 20 VII UmwStG aF). Dies gilt nicht nur für Umw zur Neugründung, sondern auch für Umw zur Aufnahme (BMF 11.11.2011, BStBl. I 2011, 1314 Rn. 02.11; auch → Rn. 26). Auch die stl. Qualifikation der **Beziehungen zwischen** den **Rechtsträgern und** ihren **Anteilsinhabern** wird fiktiv ab dem Übertragungsstichtag nach den durch die Umw geänderten Umständen beurteilt. Bei Umw nach §§ 3–9, 16 auf PersGes gilt die Rückwirkungsfiktion auch für die Gesellschafter, und zwar bei mehrstöckigen PersGes auf allen Ebenen (BMF 11.11.2011, BStBl. I 2011, 1314 Rn. 02.12). Für Zwecke der Anwendung von § 15a EStG ist bereits am stl. Übertragungsstichtag und während der Interimsphase von einer PersGes und von der Haftungsverfassung (etwa) einer KG auszugehen (BFH BStBl. II 2010, 942; Lademann/Wernicke Rn. 153; BeckOK UmwStG/Mückl Rn. 800; → Rn. 51).

b) Verknüpfung mit handelsrechtlicher Schlussbilanz. § 2 enthält keine **18** eigene Rückwirkungsfrist. Der Beginn des **Rückwirkungszeitraumes** ergibt sich aus der Verknüpfung des stl. Übertragungsstichtags mit dem Stichtag („mit Ablauf des Stichtags") der Bilanz, die dem Vermögensübergang zugrunde liegt. Dies ist die **handelsrechtliche Schlussbilanz** nach § 17 II UmwG (BFH DStR 2018, 1011

Rn. 17; BStBl. II 2011, 467; im Grundsatz auch BFH/NV 2008, 1550 = GmbHR 2008, 1051; vgl. auch BFH/NV 2008, 1538: Schlussbilanz auf den 31.12., obwohl Umwandlungsstichtag der 31.12. war; BMF 11.11.2011, BStBl. I 2011, 1314 Rn. 02.02; Haritz/Menner/Bilitewski/Slabon Rn. 6, 49; Goutier/Knopf/Tulloch/Knopf/Hill Rn. 6; Widmann/Mayer/Widmann Rn. 7; Sagasser/Bula/Brünger Umwandlungen/Schlösser/Reichl/Rapp § 11 Rn. 32; Rödder/Herlinghaus/van Lishaut/van Lishaut Rn. 32; Brandis/Heuermann/Loose Rn. 18 f.; Lademann/Wernicke Rn. 21; Dötsch/Pung/Möhlenbrock/Dötsch/Werner Rn. 31; Frotscher/Drüen/Drüen Rn. 26; Haase/Hofacker/Geils Rn. 27; Widmann/Bauschatz/Pupeter Rn. 42; zu grenzüberschreitenden und vergleichbaren **ausl.** Vorgängen → Rn. 108). Diese Schlussbilanz kann nach § 17 II 4 UmwG auf einen **höchstens acht Monate vor der Anmeldung liegenden Stichtag** aufgestellt werden. Demzufolge kann auch der stl. Übertragungsstichtag max. acht Monate vor dem Zeitpunkt der Anmeldung der Umw beim für den übertragenden Rechtsträger zuständigen Register (→ UmwG § 17 Rn. 35 ff.) liegen. Der Zeitpunkt der Anmeldung der Umw beim Register des übernehmenden Rechtsträgers ist unbedeutend. Zur Wahrung der Achtmonatsfrist iE → UmwG § 17 Rn. 44 ff. Zum **Verhältnis** zwischen Stichtag der **Schlussbilanz** und **Umwandlungsstichtag** → UmwG § 17 Rn. 37 ff.

19 Innerhalb des durch § 17 II 4 UmwG vorgegebenen Zeitrahmens kann **jeder Zeitpunkt** für den Umwandlungsstichtag und damit für den Stichtag der Schlussbilanz und zugleich für den stl. Übertragungsstichtag gewählt werden (→ UmwG § 17 Rn. 36; Haritz/Menner/Bilitewski/Slabon Rn. 49; Lademann/Wernicke Rn. 22; BeckOK UmwStG/Mückl Rn. 264). Insoweit können die beteiligten Rechtsträger den stl. Übertragungsstichtag frei bestimmen (vgl. auch Widmann/Bauschatz/Pupeter Rn. 54; auch → Rn. 9).

20 Die Achtmonatsfrist nach § 17 II 4 UmwG ist **zwingend** (→ UmwG § 17 Rn. 43). Zu den maßgeblichen Handlungen für die Fristeinhaltung → UmwG § 17 Rn. 44 ff. Wird die Umw trotz Fristüberschreitung eingetragen, ist sie unumkehrbar (§ 20 II UmwG, § 131 II UmwG). Damit tritt auch die stl. Rückwirkung auf den Stichtag der Schlussbilanz ein (wie hier Haritz/Menner/Bilitewski/Slabon Rn. 53; Widmann/Mayer/Widmann Rn. 13; Rödder/Herlinghaus/van Lishaut/van Lishaut Rn. 38; Dötsch/Pung/Möhlenbrock/Dötsch/Werner Rn. 20, 23; Goutier/Knopf/Tulloch/Knopf/Hill Rn. 16; Haase/Hofacker/Geils Rn. 43; BeckOK UmwStG/Mückl Rn. 262; Schwedhelm/Streck/Mack GmbHR 1995, 100). Die FVerw ist an die registergerichtliche Eintragung gebunden und hat insoweit keinen eigenen Beurteilungsspielraum (→ § 1 Rn. 150).

21 Eine nachträgliche Änderung des stl. Übertragungsstichtages durch eine **Bilanzänderung** wäre allenfalls bei einem Formwechsel nach § 9 denkbar, da in den anderen Fällen der stl. Übertragungsstichtag durch den Stichtag der handelsrechtlichen Schlussbilanz bestimmt wird (→ Rn. 18). Das Wahlrecht ist indes durch die Einreichung einer der Bilanzen iSv § 9 S. 2 ausgeübt (zutr. Dötsch/Pung/Möhlenbrock/Dötsch/Werner Rn. 41, 20; vgl. auch vgl. BFH/NV 2016, 1313). Anders als bei § 20 V setzt bei § 9 die Festlegung des stl. Übertragungsstichtages keinen Antrag voraus. Maßgebend ist die tatsächliche Bilanzierung. Die Änderung des Stichtags wäre aber eine rückwirkende und daher unzulässige Sachverhaltsgestaltung (BFH BStBl. II 1981, 620).

22 Zweifelhaft ist die Bestimmung des stl. Übertragungsstichtags, wenn – praktisch äußerst selten – eine Umw eingetragen wird, obwohl eine handelsrechtliche Schlussbilanz fehlt. Auch in diesen Fällen ist die Umw unumkehrbar wirksam (§ 20 II UmwG, § 131 II UmwG). In diesem Fall ist stl. Übertragungsstichtag der Stichtag, auf den die handelsrechtliche Schlussbilanz hätte aufgestellt werden müssen, also (→ UmwG § 17 Rn. 37 ff.) unmittelbar vor dem Umwandlungsstichtag (aA Rödder/Herlinghaus/van Lishaut/van Lishaut Rn. 38: Tag der Eintragung oder der ggf.

vorangehenden Zeitpunkt des Übergangs des wirtschaftlichen Eigentums; idS auch Widmann/Mayer/Widmann Rn. 28; BeckOK UmwStG/Mückl Rn. 263; Dötsch/Pung/Möhlenbrock/Dötsch/Werner Rn. 23). Denn die zivilrechtlichen Wirkungen der Umw bleiben durch die fehlende handelsrechtliche Schlussbilanz unberührt, insbes. gelten auch in diesem Fall die Handlungen des übertragenden Rechtsträgers als für Rechnung des übernehmenden Rechtsträgers vorgenommen (§ 5 I Nr. 6 UmwG, § 126 I Nr. 6 UmwG). Dann ist es sinnvoll, auch stl. trotz der fehlenden Registerunterlage „Schlussbilanz" für die Ergebniszurechnung hieran anzuknüpfen (zum System der Stichtage → Rn. 15 ff.).

Soweit bei einer Verschm **mehrere** übertragende **Rechtsträger** beteiligt sind, müssen die Umwandlungsstichtage und damit die Stichtage der handelsrechtlichen Schlussbilanzen nicht übereinstimmen (Rödder/Herlinghaus/van Lishaut/van Lishaut Rn. 35; Dötsch/Pung/Möhlenbrock/Dötsch/Werner Rn. 18; Eisgruber/Früchtl Rn. 24). Trotz des zeitgleichen zivilrechtlichen Wirksamwerdens durch die Eintragung der Verschm im HR des übernehmenden Rechtsträgers (§ 20 I UmwG) treten die stl. Rechtsfolgen in diesem Fall zu unterschiedlichen Zeitpunkten ein. Der stl. Übertragungsstichtag bestimmt sich nach der jew. Schlussbilanz des einzelnen übertragenden Rechtsträgers (§ 17 II UmwG) für das von ihm übertragene Vermögen. Zur Behandlung von Kettenumwandlungen → Rn. 27.

c) Exakter Zeitpunkt des fiktiven Vermögensübergangs. Nach Abs. 1 S. 1 ist das Einkommen und das Vermögen der übertragenden Körperschaft und der Übernehmerin (und ggf. deren Gesellschafter, Abs. 2) so zu ermitteln, als ob das Vermögen der Körperschaft **mit Ablauf** des Stichtages der Schlussbilanz nach § 17 II UmwG (→ Rn. 18) auf die Übernehmerin übergegangen wäre. Damit erfolgen der fiktive Vermögensübergang und die fiktive Einkommensermittlung am Ende des maßgeblichen Stichtages, also in der denkbar letzten Zeiteinheit (BFH DStR 1999, 1983 zu § 2 I UmwStG 1977; anders Vorinstanz HessFG EFG 1996, 908). Der Stichtag der Schlussbilanz nach § 17 II UmwG und damit der stl. Übertragungsstichtag muss aber nicht am **Ende eines Tages** sein; es kann auch ein Zeitpunkt während des Tages sein (FG Köln DStRE 2005, 890; im Revisionsverfahren offengelassen von BFH/NV 2008, 1550 = GmbHR 2008, 1051; Brandis/Heuermann/Loose Rn. 25; Lademann/Wernicke Rn. 63; aA Widmann/Bauschatz/Pupeter Rn. 44). Denn der Stichtag der Schlussbilanz nach § 17 II UmwG ist der Zeitpunkt unmittelbar vor dem Umwandlungsstichtag (→ UmwG § 17 Rn. 37). Eine Rechtsgrundlage dafür, dass der Umwandlungsstichtag nicht auf einen Zeitpunkt innerhalb eines Tages gelegt werden kann, ist nicht ersichtlich (vgl. aber Rödder/Herlinghaus/van Lishaut/van Lishaut Rn. 33, der auf die Fristenberechnung nach dem BGB verweist). Wird der Umwandlungsstichtag etwa auf den 1.1.2023, 00.01 Uhr, vereinbart, ist der Stichtag der Schlussbilanz nach § 17 II UmwG unmittelbar zuvor, mithin also im Jahr 2023 und nicht im Jahr 2022 (offengelassen von BFH/NV 2008, 1550 = GmbHR 2008, 1051 und von BFH BStBl. II 2011, 467; vgl. aber BFH/NV 2008, 1538, dort: „Auch wenn […] als Verschmelzungsstichtag […] der 31.12.1998 festgelegt war, wurde doch auf den Schluss des **vorangehenden Tages** […] keine gesonderte Schlussbilanz […] aufgestellt"; Haritz/Menner/Bilitewski/Slabon Rn. 47, 3; aA BMF 11.11.2011, BStBl. I 2011, 1314 Rn. 02.02: Aufstellung der Schlussbilanz auf den Schluss des Tages, der dem Umwandlungsstichtag vorangeht; Rödder/Herlinghaus/van Lishaut/van Lishaut Rn. 33; Dötsch/Pung/Möhlenbrock/Dötsch/Werner Rn. 33; krit. Bien ua DStR-Beil. zu Heft 17/1998, 5; vgl. auch Thiel/Eversberg/van Lishaut/Neumann GmbHR 1998, 397 (400); Widmann/Mayer/Widmann Rn. 8). Aufgrund der Stellungnahme der FVerw (BMF 11.11.2011, BStBl. I 2011, 1314 Rn. 02.02) ist in der **Praxis** aber eine Berechnung nach **Tagesschritten** zu empfehlen (ebenso Dötsch/Pung/Möhlenbrock/Dötsch/Werner Rn. 33: unnötige theoretische Spielerei; BeckOK UmwStG/Mückl Rn. 265; Wüllenkemper EFG 2008, 266 (267)). Bei einer beabsichtigten Verlagerung des stl. Übertragungsstichtages in das lfd. Kj. (etwa 2023) müsste als Umwandlungsstichtag der Beginn des 2.1.2023 gewählt werden. Stichtag der Schlussbilanz wäre in diesem Fall der Ablauf des 1.1.2023. Der stl. Übertragungsstichtag wäre dann der Ablauf des 1.1.2023, also die denkbar letzte Zeiteinheit des 1.1.2023 (BFH DStR 1999, 1983; idS auch Dötsch/Pung/Möhlenbrock/Dötsch/Werner Rn. 33).

25 Aus § 2 ergibt sich ebenso wenig wie aus § 17 II UmwG, dass zum Zeitpunkt der Anmeldung der Umw die Schlussbilanz bereits aufgestellt sein muss (iE hierzu → UmwG § 17 Rn. 46). Zur fortbestehenden **Rechnungslegungsverpflichtung** des übertragenden Rechtsträgers → UmwG § 17 Rn. 67 ff.

26 Die stl. Rückwirkung setzt nicht voraus, dass der übernehmende Rechtsträger zum stl. Übertragungsstichtag bereits **zivilrechtlich existierte** (BFH DStR 2022, 41; BMF 11.11.2011, BStBl. I 2011, 1314 Rn. 02.11; Widmann/Mayer/Widmann Rn. 227 f.; Haritz/Menner/Bilitewski/Slabon Rn. 35; Dötsch/Pung/Möhlenbrock/Dötsch/Werner Rn. 37, 43; Lutter/Schumacher UmwG Anh. 1 nach § 122l Rn. 25; Lademann/Wernicke Rn. 152; BeckOK UmwStG/Mückl Rn. 152; Widmann/Bauschatz/Pupeter Rn. 58; vgl. auch BFH BStBl. I 2011, 528). Bei der Umw zur Neugründung entsteht der übernehmende Rechtsträger zivilrechtlich ohnehin erst mit Wirksamwerden der Umw. Aber auch bei einer Umw ist zivilrechtlich allein maßgeblich, dass der beteiligte Rechtsträger zum Zeitpunkt der Umwandlungshandlungen existent und damit ein beteiligtenfähiger (vgl. §§ 3, 124 UmwG) Rechtsträger ist. Der Umwandlungsstichtag, der wiederum den Stichtag der Schlussbilanz nach § 17 II UmwG und damit den stl. Übertragungsstichtag bestimmt (→ Rn. 18), kann auch in diesen Fällen zivilrechtlich auf einen Zeitpunkt vor der Existenz des übernehmenden Rechtsträgers gelegt werden. Hieran ist das StR gebunden. Für stl. Zwecke entsteht damit der übernehmende Rechtsträger bereits am stl. Übertragungsstichtag. Die Erfassung des Vermögens und ggf. die Ergebnisauswirkungen (Übernahmegewinn, Einkünfte nach § 7) sind dann der einzige Geschäftsvorfall (Dötsch/Pung/Möhlenbrock/Dötsch/Werner Rn. 25a; BeckOK UmwStG/Mückl Rn. 435; Rödder/Herlinghaus/van Lishaut/van Lishaut Rn. 52).

27 **d) Kettenumwandlungen.** Problematisch kann die Rückwirkung bei sog. **Kettenumwandlungen** sein, wenn also mehrere ineinandergreifende Umw stattfinden und sich die Rückwirkungszeiträume überschneiden. Soweit sämtliche Umw nach §§ 3–19 zu beurteilen sind und § 2 damit anwendbar ist, ist die Reihenfolge der Umwandlungsstichtage maßgeblich (Dötsch/Pung/Möhlenbrock/Dötsch/Werner Rn. 38; Widmann/Mayer/Widmann Rn. 240; Brandis/Heuermann/Loose Rn. 33; Haritz/Menner/Bilitewski/Slabon Rn. 56; Frotscher/Drüen/Drüen Rn. 46; BeckOK UmwStG/Mückl Rn. 395; Lademann/Wernicke Rn. 163; Haase/Hofacker/Geils Rn. 47 ff.). Die Umw werden stl. fiktiv zum jew. Zeitpunkt vollzogen. Die von Abs. 1 S. 1 angeordnete Fiktion umfasst auch die Person des Umwandelnden (Widmann/Mayer/Widmann Rn. 240; aA wohl FG Hmb EFG 1967, 371 zu § 2 II UmwStG 1957).

Beispiel (nach Widmann/Mayer/Widmann Rn. 240):

28 Der C-KG gehören alle Anteile an der B-GmbH, die wiederum einziger Anteilsinhaber der A-GmbH ist.

29 **Alt. 1:** Die A-GmbH wird mit stl. Übertragungsstichtag 31.3. auf die B-GmbH verschmolzen, die B-GmbH wird zugleich mit stl. Übertragungsstichtag 30.4. auf die C-KG verschmolzen. Beide Verschm werden am 1.8. eingetragen.

30 **Alt. 2:** Wie Alt. 1, nur mit umgekehrten Stichtagen.

31 Bei der Alt. 1 vollzieht sich die Verschm der A-GmbH auf die B-GmbH stl. bereits am 31.3. Die §§ 11–13 sind anwendbar. Die weitere Verschm der B-GmbH auf die C-KG erfasst stl. auch das von der A-GmbH auf die B-GmbH fiktiv bereits übergegangene Vermögen. Hierauf sind insgesamt die §§ 3–10 anzuwenden. Das Einkommen der A-GmbH wird mit Ablauf des 31.3. der B-GmbH und mit Ablauf des 30.4. der C-KG zugerechnet (Widmann/Mayer/Widmann Rn. 240; Rödder/ Herlinghaus/van Lishaut/van Lishaut Rn. 41; Haase/Hofacker/Geils Rn. 50).

In der Alt. 2 erfolgt stl. fiktiv zuerst die Verschm der B-GmbH auf die C-KG **32** (Fall nach §§ 3–10). Vermögen und Einkommen der B-GmbH gehen für stl. Zwecke mit Ablauf des 31.3. auf die C-KG über. Zum stl. Übertragungsstichtag der Verschm der A-GmbH auf die B-GmbH (30.4.) existiert jene stl. nicht mehr. Nach Abs. 1 S. 1 ist stl. daher von einem unmittelbaren Übergang des Vermögens der A-GmbH auf die C-KG auszugehen, der nach §§ 3–10 zu beurteilen ist (Widmann/Mayer/ Widmann Rn. 240; Rödder/Herlinghaus/van Lishaut/van Lishaut Rn. 41; Haase/ Hofacker/Geils Rn. 53).

Problematisch sind Kettenumwandlungen mit **identischen Stichtagen.** Ein **33** Wahlrecht (so Widmann/Mayer/Widmann Rn. 240; Frotscher/Drüen/Drüen Rn. 47; vgl. auch Lademann/Wernicke Rn. 164) besteht angesichts des zwingenden Charakters (→ Rn. 7) nicht (ebenso Dötsch/Pung/Möhlenbrock/Dötsch/Werner Rn. 39; vgl. auch BFH BStBl. II 2000, 2). Deswegen muss aber nicht auf andere zeitliche Abfolgen abgestellt werden (so aber Widmann/Mayer/Widmann Rn. 241: Eintragungsreihenfolge; idS auch Rödder/Herlinghaus/van Lishaut/van Lishaut Rn. 42: vorrangig Auslegung, im Zweifel Reihenfolge des zivilrechtlichen Wirksamwerdens; ebenso Dötsch/Pung/Möhlenbrock/Dötsch/Werner Rn. 39; Brandis/ Heuermann/Loose Rn. 34; Haase/Hofacker/Geils Rn. 54 ff.; Maier/Funke DStR 2015, 2703 (2704); Frotscher/Drüen/Drüen Rn. 48: Auslegung oder auch Reihenfolge der Beschlüsse). In diesen Fällen ist tatsächlich ein (stl. fiktiver) zeitgleicher Vollzug anzunehmen (HK-UmwStG/G. Kraft Rn. 35). Für die Beispielsfälle (→ Rn. 28 ff.) würde das bedeuten, dass das Vermögen sowohl der A-GmbH als auch der B-GmbH für stl. Zwecke zum identischen Zeitpunkt auf die C-KG übergeht, mithin beide Verschm von §§ 3–10 erfasst wären. Die **Praxis** sollte diese Unklarheiten indes durch zeitlich versetzte Stichtage vermeiden.

Die vorstehenden Grundsätze gelten entsprechend, wenn bei Kettenumwandlun- **34** gen Umw nach §§ 3–19 mit solchen nach **§§ 20 ff. kombiniert** werden (BeckOK UmwStG/Mückl Rn. 398; Brandis/Heuermann/Loose Rn. 33).

III. Steuerliche Folgen der Rückwirkung

1. Betroffene Steuern

Nach Abs. 1 S. 1 ist das Einkommen und das Vermögen so zu ermitteln, als ob **35** das Vermögen der übertragenden Körperschaft am stl. Übertragungsstichtag bereits übergegangen wäre. Die Rückbeziehung wirkt damit für alle **einkommens- und vermögensbezogenen Steuern** (BFH BStBl. II 2004, 534 zu § 20 VII aF; Haritz/Menner/Biletewski/Slabon Rn. 26; Goutier/Knopf/Tulloch/Knopf/Hill Rn. 10; Brandis/Heuermann/Loose Rn. 37; Lutter/Schumacher UmwG Anh. 1 § 122m Rn. 25; Rödder/Herlinghaus/van Lishaut/van Lishaut Rn. 14; Dötsch/ Pung/Möhlenbrock/Dötsch/Werner Rn. 8 ff.; BeckOK UmwStG/Mückl Rn. 77). Dies entspricht den Steuerarten, für die das UmwStG überhaupt Regelungen enthält (→ § 1 Rn. 10). Die Rückwirkung beeinflusst auch die einkommensbezogenen Steuern, die sich nach den vorstehenden Steuern bemessen, insbes. den Solidaritätszuschlag und die KiSt (Widmann/Mayer/Widmann Rn. 248; Rödder/Herlinghaus/van Lishaut/van Lishaut Rn. 14; BeckOK UmwStG/Mückl Rn. 77). Die Rückwirkung gilt – wie das gesamte UmwStG – **nicht** für **Verkehrsteuern** (auch → Rn. 38 ff.), also insbes. nicht für die USt und die GrESt (Lutter/

Schaumburg/Schumacher UmwG Anh. 1 nach § 122l Rn. 25; Brandis/Heuermann/Loose Rn. 37; Dötsch/Pung/Möhlenbrock/Dötsch/Werner Rn. 10; Lademann/Wernicke Rn. 9; HK-UmwStG/G. Kraft Rn. 23; BeckOK UmwStG/Mückl Rn. 79; Widmann/Bauschatz/Pupeter Rn. 23; vgl. hierzu Götz GmbHR 1998, 349). Betroffen sind danach
– die Steuern vom Einkommen (ESt, KSt, GewErtrSt) und
– die Steuern vom Vermögen (GrSt, ErbSt (str.); früher auch VSt, GewKapSt).

36 Ob allerdings § 2 für die **ErbSt** als vermögensbezogene Steuer gilt, wenn ein Anteil an einer KapGes durch Erbanfall oder Schenkung zwischen dem (später beschlossenen) stl. Übertragungsstichtag und der Anmeldung der Umw zum Register des übernehmenden Rechtsträgers an den Erben/Beschenkten übergeht und die Umw nach dem Erwerb beschlossen wird, ist **str.** Die FVerw geht davon aus, dass das UmwStG stl. Folgen für die ErbSt nicht regelt (BMF 11.11.2011, BStBl. I 2011, 1314 Rn. 01.01; ebenso R E 11 ErbStR 2011). Demzufolge sei eine nach dem Tod des Erblassers bzw. nach Ausführung einer Schenkung unter Lebenden beschlossene Umw einer KapGes in eine PersGes oder umgekehrt mit stl. Rückwirkung auf einen stl. Übertragungsstichtag vor dem Zeitpunkt der Steuerentstehung für die Frage, welches Vermögen Gegenstand der Übertragung war, unbeachtlich (R E 11 ErbStR 2019). IdS hatte bereits der BFH (BStBl. II 1984, 772 zu § 3 UmwStG 1969) mit der Begr. entschieden, die Rückwirkung berühre nicht die Frage nach dem Gegenstand einer unentgeltlichen Zuwendung (ebenso Lutter/Schumacher UmwG Anh. 1 nach § 122m Rn. 25; Felix/Stahl DStR 1986, Heft 3 Beiheft Abschn. B I 3). Dieser Rspr. und Verwaltungsauffassung ist indes nicht zuzustimmen (wie hier Heinz GmbHR 2001, 485 (488); Lüdicke ZEV 1995, 132 (135); Goutier/Knopf/Tulloch/Knopf/Hill Rn. 10; Widmann/Mayer/Widmann Rn. 85; Herrmann/Heuer/Raupach/Hübl UmwStG 1977 Rn. 34; Widmann/Bauschatz/Pupeter Rn. 24; aA Lutter/Schumacher UmwG Anh. 1 § 122m Rn. 25; Lademann/Wernicke Rn. 10; Wolf FS Widmann, 2000, 657 ff.; diff. v. Rechenberg GmbHR 1998, 976: vom Erblasser bereits eingeleitete Umw; idS auch Rödder/Herlinghaus/van Lishaut/van Lishaut Rn. 18; Haritz/Menner/Bilitewski/Slabon Rn. 27; BeckOK UmwStG/Mückl Rn. 78). Denn auch die ErbSt stellt als Bemessungsgrundlage auf das (übergehende) Vermögen ab. Dieses ist im Erbfall zu bewerten; es findet als eine Ermittlung iSv Abs. 1 S. 1 statt (so auch Widmann/Mayer/Widmann Rn. 85). Auf die Frage, was Gegenstand der Zuwendung ist (so BFH BStBl. II 1984, 772), kommt es nicht an. Maßgeblich ist dessen Bewertung, die aufgrund der Fiktion in § 2 modifiziert wird. Eine Unterscheidung danach, ob ein Erbfall oder eine Schenkung unter Lebenden vorliegt, oder danach, ob noch der Erblasser/Schenker die Umw eingeleitet hat (vgl. hierzu von Rechenberg GmbHR 1998, 976; Wolf FS Widmann, 2000, 657 ff.; Rödder/Herlinghaus/van Lishaut/van Lishaut Rn. 18; Haritz/Menner/Bilitewski/Slabon Rn. 27; BeckOK UmwStG/Mückl Rn. 78), hat keine gesetzliche Stütze. Im Einzelfall ist § 42 AO zu prüfen (von Rechenberg GmbHR 1998, 976; Lüdicke ZEV 1995, 132). Hierbei ist aber zu berücksichtigen, dass die (frühere) unterschiedliche Behandlung von Beteiligungen an KapGes und an PersGes im Erbschaft- und Schenkungsteuerrecht an sich bedenklich ist (BVerfG BStBl. II 2007, 192). Es verstößt grds. nicht gegen § 42 AO, wenn der Steuerpflichtige eine für ihn günstige Situation wählt, die gesetzlich vorgesehen ist. Seit der grds. Angleichung der Bewertung von KapGes und PersGes durch die ErbSt-Reform 2009 hat die Frage indes erheblich an praktischer Bedeutung verloren.

37 Für das Ende der Fristen nach **§ 13a VI ErbStG** (§ 13a V ErbStG aF) hat der stl. Übertragungsstichtag keine Bedeutung. Die Frist beginnt mit dem Erwerb von Todes wegen oder durch Schenkung unter Lebenden. Soweit nachfolgende Umw schädlichen Veräußerungen gleichgestellt waren (vgl. aber auch § 13a VI Nr. 1 S. 2 ErbStG aF), knüpft dies an einen Vorgang und nicht an die Bewertung an. § 2 bewirkt aber nur eine Rückbeziehung der Einkommens- und Vermögensermittlung, nicht eine Rückbeziehung des Vorgangs an sich. Maßgeblich ist daher das zivilrechtliche Wirksamwerden der schädlichen Umw (Rödder/Herlinghaus/van Lishaut/van Lishaut Rn. 18; siehe auch Haritz/Menner/Bilitewski/Slabon Rn. 29). Die Problematik wurde durch die Neufassung von § 13a VI ErbStG erheblich entschärft (vgl. auch für frühere Fälle R E 13a.6 III ErbStR 2011).

2. Nicht betroffene Steuern

Die stl. Rückwirkung gilt nicht für die Steuerarten, die nicht an das Einkommen 38 oder Vermögen anknüpfen, also vor allem nicht für die **Verbrauch- und Verkehrsteuern** (USt, GrESt; vgl. näher Götz GmbHR 1998, 349; vgl. auch BMF 11.11.2011, BStBl. I 2011, 1314 Rn. 01.01; auch → Rn. 35).

Bei der **Ust** sind zB in der Zeit zwischen dem stl. Übertragungsstichtag und dem 39 tatsächlichen Vermögensübergang **zwischen** der **Übertragerin** und der **Übernehmerin ausgetauschte Leistungen** entsprechend der handelsrechtlichen Lage vor der Eintragung der Umw in das zuständige Register steuerbar; daran ändert auch die abweichende ertragstl. Behandlung eben dieser Umsätze nichts (ebenso Widmann/Mayer/Widmann Rn. 290; Rödder/Herlinghaus/van Lishaut/van Lishaut Rn. 17; HK-UmwStG/G. Kraft Rn. 27). Für Umsätze mit fremden Dritten ist die übertragende Körperschaft bis zu ihrem Erlöschen Schuldner der USt und Gläubiger des Vorsteueranspruchs (vgl. auch OFD FFM DStR 2016, 539). Bis zu diesem Zeitpunkt besteht auch ihre Erklärungspflicht nach § 18 UstG (OFD Erfurt 21.7.1997, DStR 1997, 1810 (1812); Haritz/Menner/Bilitewski/Slabon Rn. 32). Zur Abgabe von monatlichen Umsatzsteuer-Voranmeldungen in Neugründungsfällen vgl. UstAE 18.7. Grunderwersteuerpfl. Rechtsgeschäfte zwischen den an der Umw beteiligten Rechtsträgern im Rückwirkungszeitraum sind steuerbar (Widmann/Mayer/Widmann Rn. 225; Rödder/Herlinghaus/van Lishaut/van Lishaut Rn. 17; HK-UmwStG/G. Kraft Rn. 28).

Von der VerkehrStPfl während des Rückwirkungszeitraums zu unterscheiden ist 40 die Frage, ob die **Umw selbst Verkehrsteuern auslöst.** Umw sind ustl. regelmäßig Geschäftsveräußerungen nach § 1 Ia UstG und unterliegen damit nicht der USt (hierzu → E. Verkehrsteuern; Götz GmbHR 1998, 349; vgl. aber Pyszka DStR 2011, 545). Umw mit Vermögensübertragungen sind grds. grunderwerbsteuerpfl. (dazu Götz GmbHR 1998, 349; Fleischer DStR 1996, 1390; Ott INF 1996, 581), für Umstrukturierungen im Konzern greift aber oftmals die Vergünstigung nach **§ 6a GrEStG.** Der Formwechsel ist mangels zivilrechtlicher Vermögensübertragung grunderbsteuerfrei (BFH BStBl. II 1997, 661; → E. Verkehrsteuern Rn. 109), er kann indes schädlich für vorherige Befreiungen sein (BFH BStBl. II 2014, 329). Vgl. weiter → **E. Verkehrsteuern.**

Schließlich hat die Rückwirkung keine Bedeutung für Steuern, für die die betei- 41 ligten Rechtsträger nicht Steuerschuldner sind. Dies gilt insbes. für die von der übertragenden Körperschaft abzuführende **LSt** (Haritz/Menner/Bilitewski/Slabon Rn. 32; Rödder/Herlinghaus/van Lishaut/van Lishaut Rn. 16; Dötsch/Pung/Möhlenbrock/Dötsch/Werner Rn. 10; BeckOK UmwStG/Mückl Rn. 80; Widmann/Bauschatz/Pupeter Rn. 25). § 2 I 1 gilt auch nicht für die **Investitionszulage** (BFH BStBl. II 1989, 805; Widmann/Mayer/Widmann Rn. 233; Haritz/Menner/Bilitewski/Slabon Rn. 32; Rödder/Herlinghaus/van Lishaut/van Lishaut Rn. 16; HK-UmwStG/G. Kraft Rn. 31; BeckOK UmwStG/Mückl Rn. 82). In der **Praxis** wird vielfach hinsichtlich LSt und Sozialversicherung (idR gehen die Arbeitsverhältnisse auf den übernehmenden Rechtsträger über) nicht taggenau auf den Zeitpunkt der Registereintragung abgegrenzt, sondern die Umstellung wird am dem Eintragungstag folgenden Monatsende vorgenommen. Zu **§ 15a EStG** vgl. → Rn. 17, → Rn. 51.

IV. Ermittlung und Besteuerung von Einkommen und Vermögen

1. Ermittlung und Besteuerung des Einkommens

42 a) **Grundsatz.** Ausgangspunkt für die steuerrechtliche Behandlung ist der durch Abs. 1 S. 1 angeordnete Grundsatz, dass das Vermögen der übertragenden Körperschaft als bereits mit dem stl. Übertragungsstichtag auf die Übernehmerin übergegangen gilt und alle **nach** dem Übertragungsstichtag anfallenden Vorgänge mit Auswirkung auf Einkommen und Vermögen, die sich bei der handelsrechtlich bis zur Eintragung bestehenden Übertragerin ereignen, der **Übernehmerin zugeordnet** werden, selbst wenn diese noch nicht existiert (BMF 11.11.2011, BStBl. I 2011, 1314 Rn. 02.03, 02.10f; Widmann/Mayer/Widmann Rn. 30; Brandis/Heuermann/Loose Rn. 40; Dötsch/Pung/Möhlenbrock/Dötsch/Werner Rn. 24; NK-UmwR/Kubik/Große Honebrink Rn. 16; Rödder/Herlinghaus/van Lishaut/van Lishaut Rn. 53; zur zivilrechtlichen Existenz auch → Rn. 26). Bei der **Abspaltung** gilt dies nur hinsichtlich des abgespaltenen Vermögens (vgl. Abs. 1 S. 1: „ganz oder teilweise"). Bei der **Aufspaltung** geht zwar das gesamte Vermögen der übertragenden Körperschaft über, bei den übernehmenden Rechtsträgern und deren Gesellschaftern sind die Vermögens- und Einkommensauswirkungen am bzw. ab dem stl. Übertragungsstichtag aber nur hinsichtlich der jew. Teilvermögen zu erfassen (so auch Widmann/Mayer/Widmann Rn. 32).

43 Dagegen **endet** (nicht hingegen rückwirkender Wegfall der Existenz – BFH/NV 2008, 1538; Dötsch/Pung/Möhlenbrock/Dötsch/Werner Rn. 24; vgl. aber Frotscher/Drüen/Drüen Rn. 53: gilt steuerlich als nicht mehr existent; auch Widmann/Bauschatz/Pupeter Rn. 57) die **KSt- und GewSt-Pflicht** der Übertragerin bei Verschm und Aufspaltungen mit Ablauf des stl. Übertragungsstichtags (BFH/NV 2008, 1538; BFH BStBl. II 2006, 469; BFH/NV 2004, 305; BMF 25.3.1998, BStBl. I 1998, 268 Rn. 02.06; weniger deutlich BMF 11.11.2011, BStBl. I 2011, 1314 Rn. 02.03, 02.10: keine Zurechnung des Einkommens und Vermögens; so auch Rödder/Herlinghaus/van Lishaut/van Lishaut Rn. 49; wie hier Dötsch/Pung/Möhlenbrock/Dötsch/Werner Rn. 24; Widmann/Mayer/Widmann Rn. 34; Lutter/Schumacher UmwG Anh. 1 nach § 122m Rn. 25; Lademann/Wernicke Rn. 45 f.; Haase/Hofacker/Geils Rn. 78; vgl. dazu Stangl/Aichberger Ubg 2013, 685 (687 ff.)). Das bis zum stl. Übertragungsstichtag entstehende lfd. Ergebnis ist in der stl. Schlussbilanz zu erfassen und von der übertragenden Körperschaft zu versteuern. Ein von der übertragenden Körperschaft bis zum stl. Übertragungsstichtag erwirtschafteter Gewinn kann nicht mit Verlusten der Übernehmerin verrechnet werden (BFH/NV 2008, 1538). Auch die Folgen der Umw für die übertragende Körperschaft gehen in die stl. Schlussbilanz ein. Ein **Übertragungsgewinn** ist daher für die **übertragende Körperschaft** am stl. Übertragungsstichtag (= Stichtag der stl. Schlussbilanz nach §§ 3, 11, 15, 16) zu ermitteln (BMF 11.11.2011, BStBl. I 2011, 1314 Rn. 02.04; FG Hmb DStRE 2017, 400; Rödder/Herlinghaus/van Lishaut/van Lishaut Rn. 47, 49; Frotscher/Drüen/Drüen Rn. 59; Haase/Hofacker/Geils Rn. 76; Widmann/Bauschatz/Pupeter Rn. 34). Für die Prüfung des Ausschlusses oder der Beschränkung des inl. **Besteuerungsrechts** (§ 3 II, § 11 II) sind die Verhältnisse am stl. Übertragungsstichtag maßgebend (BMF 11.11.2011, BStBl. I 2011, 1314 Rn. 02.15; Dötsch/Pung/Möhlenbrock/Dötsch/Werner Rn. 28). Zum maßgeblichen Zeitpunkt für das Vorliegen der Teilbetriebsvoraussetzungen → § 15 Rn. 85, → § 20 Rn. 90. Stimmt der stl. Übertragungsstichtag nicht mit dem Geschäftsjahresende überein, entsteht ein Rumpfwirtschaftsjahr (BFH BStBl. II 2006, 469; FG Köln EFG 2023, 584 Rn. 34; BMF 11.11.2011, BStBl. I 2011, 1314 Rn. 02.04, 03.01; Dötsch/Pung/Möhlenbrock/Dötsch/Werner Rn. 26, 34; Lademann/Wernicke Rn. 45; vgl. auch NdsFG EFG 2008, 263 (265)). Eines Einvernehmens mit den FA gem. § 7 IV 3 KStG bedarf es nicht (BFH BStBl. II 2006, 469; FG Köln EFG 2023, 584 Rn. 34; Dötsch/Pung/Möhlenbrock/Dötsch/Werner Rn. 26, 34; NK-UmwR/Kubik/Große Honebrink Rn. 18). Zur stl. Erfassung der Abspaltung → § 15 Rn. 111. Für das am stl. Übertragungsstichtag endende Wj. sind noch Veranlagungen der KSt und GewSt für die übertragende Körperschaft durchzuführen (BFH/NV 2008, 1538; 2004, 305; FG BW EFG 2007, 1365; Dötsch/Pung/Möhlenbrock/Dötsch/Werner Rn. 26). Die **Bescheide** sind an die übernehmende Ges als Rechtsnachfolgerin der übertragenden Ges zu richten (BFH/NV 2008, 1538; 2004, 305; BFH GrS BStBl. II 1986, 230; AEAO zu § 122 Rn. 2.12). Umgekehrt **beginnt** am stl. Übertragungsstichtag die **StPfl** eines durch Umw zur Neugründung entstehenden Rechtsträgers, also bereits vor seiner zivilrechtlichen Existenz (BMF 11.11.2011, BStBl. I 2011, 1314 Rn. 02.11; BFH BStBl. II 2006, 469; Widmann/Mayer/Widmann Rn. 35; Dötsch/Pung/Möhlenbrock/Dötsch/Werner Rn. 37, 43; auch → Rn. 26).

Die Zuordnung aller auf einen späteren Zeitpunkt fallenden Vorgänge zur **Übernehmerin** bewirkt, dass damit unmittelbar **eigene Gewinne/Verluste** der Übernehmerin entstehen, für deren Besteuerung alleine die für die Übernehmerin geltenden Vorschriften maßgebend sind (zu Verlusten vgl. BFH BStBl. II 2006, 380 und BMF 7.4.2006, BStBl. I 2006, 344). Dies gilt nicht nur für die lfd. Geschäftsvorfälle ab dem stl. Übertragungsstichtag. Auch die Vermögens- und Ergebniswirkungen der Umw selbst werden bei der Übernehmerin und bei ihren Gesellschaftern mit Ablauf des stl. Übertragungsstichtags erfasst. Ein **Übernahmeergebnis** (§ 4 IV ff.), ein **Konfusionsgewinn** nach § 6 und ein Beteiligungskorrekturgewinn nach § 4 I 2, § 11 II 2, § 12 I 2 fallen am stl. Übertragungsstichtag an (BMF 11.11.2011, BStBl. I 2011, 1314 Rn. 02.04; FG Hmb DStRE 2017, 400; Dötsch/Pung/Möhlenbrock/Dötsch/Werner Rn. 25a; Widmann/Mayer/Widmann Rn. 39; Rödder/Herlinghaus/van Lishaut/van Lishaut Rn. 47, 114; Haase/Hofacker/Geils Rn. 79 f. Widmann/Bauschatz/Pupeter Rn. 34; → Rn. 90). Entsprechendes gilt für die Einkünfte nach § 7 (BMF 11.11.2011, BStBl. I 2011, 1314 Rn. 02.04; Frotscher/Drüen/Drüen Rn. 59; Rödder/Herlinghaus/van Lishaut/van Lishaut Rn. 114; Dötsch/Pung/Möhlenbrock/Dötsch/Werner Rn. 25a; weiter → Rn. 51). Auch mit dem Vermögensübergang verbundene mittelbare Folgen sind am stl. Übertragungsstichtag zu erfassen. Tritt etwa infolge der Umw eine **Anwachsung** bei einer PersGes, an der die Rechtsträger beteiligt sind, ein (Vereinigung aller Anteile an der PersGes beim übernehmenden Rechtsträger), erfolgt auch das Erlöschen der PersGes und der Übergang deren Vermögens am stl. Übertragungsstichtag (BFH/NV 2010, 1492; Haase/Hofacker/Geils Rn. 110; auch → Rn. 91; vgl. auch BMF 11.11.2011, BStBl. I 2011, 1314 Rn. Org.18). Ein Verlustabzug nach **§ 10a GewStG** bei einer Unter-PersGes geht am stl. Übertragungsstichtag unter (BFH/NV 2010, 1492). Nicht von der Rückwirkung erfasst ist die Gewährung einer Gegenleistung aus dem Vermögen des übernehmenden Rechtsträgers (BFH BStBl. II 2018, 449).

Liegt der stl. Übertragungsstichtag im vorherigen **VZ**, ist er dort zu erfassen. Zur Behandlung von im Rückwirkungszeitraum und gegen Barabfindung (§§ 29, 207 UmwG) **ausscheidenden** Gesellschaftern → Rn. 99 ff.

b) Körperschaft als Übernehmerin. Ist die Übernehmerin eine Körperschaft (§§ 11–13, 15), sind die nach dem stl. Übertragungsstichtag liegenden Geschäftsvorfälle bei der Übernehmerin nach den Vorschriften des KStG/GewStG zu behandeln, obwohl die übertragende Körperschaft diese Geschäfte nach außen in ihrem Namen und auf ihre Rechnung abgeschlossen und durchgeführt hat. Zu Umqualifizierungen wegen des Wechsels vom KSt- zum ESt-Recht (→ Rn. 46 ff.) kommt es dabei nicht; die stl. Behandlung bei Übertragerin und Übernehmerin ist idR identisch. Dies gilt insbes. für die Beziehungen zu den Gesellschaftern (Dötsch/Pung/Möhlenbrock/Dötsch/Werner Rn. 45; auch → Rn. 53). Allerdings treten auch bei der

Vermögensübertragung auf eine andere Körperschaft **Abgrenzungsschwierigkeiten** auf und müssen aufgrund der Rückwirkung Anpassungen vorgenommen werden. So müssen **tatsächliche Lieferungen und Leistungen** zwischen den beiden beteiligten Rechtsträgern ab dem stl. Übertragungsstichtag bis zur Eintragung der Umw in das HR als reine Innengeschäfte der Übernehmerin behandelt und damit stl. neutralisiert werden (näher → Rn. 65). Insoweit besteht ein Unterschied zu einer übernehmenden PersGes oder einer übernehmenden natürlichen Person nicht (→ Rn. 47). Mit der Umw auf eine PersGes/natürliche Person vergleichbare Probleme treten bei Gewinnausschüttungen (→ Rn. 71 ff.) und bei im Rückwirkungszeitraum ausscheidenden Gesellschaftern auf (→ Rn. 99 ff.). Auch bei einer Aufwärtsverschmelzung ist indes eine verdeckte Einlage der Anteile an der übertragenden Körperschaft in die übernehmende Körperschaft im Rückwirkungszeitraum weiterhin als solche zu qualifizieren (BFH DStR 2023, 507 Rn. 34).

46 c) **Personengesellschaft als Übernehmerin.** Bei einer PersGes als übernehmendem Rechtsträger treten zunächst durch Geschäftsvorfälle und andere Ereignisse im Rückwirkungszeitraum vergleichbare Probleme wie bei einer Körperschaft als übernehmendem Rechtsträger auf (→ Rn. 45). Auch in diesem Fall sind Rechtsgeschäfte zwischen den beteiligten Rechtsträgern im Rückwirkungszeitraum als stl. Innengeschäfte grds. zu neutralisieren (→ Rn. 45). Ebenso ist die Zuordnung von Gewinnausschüttungen (→ Rn. 71 ff.) und die Behandlung von im Rückwirkungszeitraum oder gegen Barabfindung ausscheidenden Gesellschaftern (→ Rn. 99 ff.) zu klären. Darüber hinaus müssen bei einer PersGes als Übernehmerin die rechtlichen Beziehungen zwischen der übertragenden Körperschaft und der PersGes bzw. deren Gesellschaftern im Rückwirkungszeitraum **einkommensteuerrechtlich** und – wegen der Höhe des Gewerbeertrags – auch **gewerbesteuerrechtlich umqualifiziert** werden (Lademann/Wernicke Rn. 141). Anders als bei Übertragungen auf Körperschaften gilt hier die Rückwirkungsfiktion auch für die **Gesellschafter** (Abs. 2). Auch der Umfang des BV (SBV) ändert sich bereits im Rückwirkungszeitraum (Lademann/Wernicke Rn. 243; → Rn. 50). Für die GewSt gilt wiederum Abs. 1, weil die PersGes selbst Steuerschuldner ist (§ 2 I GewStG; Haritz/Menner/Bilitewski/Slabon Rn. 34; → Rn. 93 ff.). Grds. ist daher zu unterscheiden:

47 aa) **Geschäfte zwischen den Rechtsträgern.** Alle **lfd. Geschäfte** der übertragenden **Körperschaft mit** der **PersGes** aus Tätigkeiten, Kreditgeschäften, Nutzungsüberlassungen und Warengeschäften sind (wie bei einer übernehmenden Körperschaft, → Rn. 45) ertragstl. **Innengeschäfte** der Übernehmerin ohne Auswirkung auf das stl. Ergebnis (BMF 11.11.2011, BStBl. I 2011, 1314 Rn. 02.13; näher → Rn. 65).

48 bb) **Geschäfte mit den Gesellschaftern.** Dagegen sind die **lfd. Geschäfte** der **Körperschaft mit** den **Gesellschaftern** der übernehmenden PersGes keine zu eliminierenden innerbetrieblichen Vorgänge. Sie sind aber ab dem stl. Übertragungsstichtag ggf. anders zu qualifizieren und wirken sich daher auf das einkommenstl. und gewstl. Ergebnis aus, soweit sie **Sondervergütungen** iSv § 15 I 1 Nr. 2 EStG, § 18 IV 2 EStG sind. Sie werden dann zu gewerblichen/freiberuflichen Einkünften und einem Gewinnvoraus an die Gesellschafter der PersGes (MU) umqualifiziert (BMF 11.11.2011, BStBl. I 2011, 1314 Rn. 02.36; Dötsch/Pung/Möhlenbrock/Dötsch/Werner Rn. 46; Widmann/Mayer/Widmann Rn. 40; Brandis/Heuermann/Loose Rn. 45; Lutter/Schumacher UmwG Anh. 1 nach § 122m Rn. 27; Rödder/Herlinghaus/van Lishaut/van Lishaut Rn. 134 f.; Goutier/Knopf/Tulloch/Knopf/Hill Rn. 33; BeckOK UmwStG/Mückl Rn. 509). Sonstige Leistungsbeziehungen mit den Gesellschaftern, die keine Sondervergütungen darstellen (etwa Warenlieferungen), werden nicht umqualifiziert (→ Rn. 66).

Steuerliche Rückwirkung 49–53 § 2 UmwStG D

So werden bspw. **Vergütungen an den Gesellschafter** für Tätigkeiten, Kredit- 49
geschäfte, Nutzungsüberlassungen und Warengeschäfte jedenfalls dann von § 15 I
Nr. 2 EStG erfasst, wenn ein gewisser Zusammenhang zwischen der Tätigkeit der
PersGes und derjenigen ihres Gesellschafters besteht, das Zusammentreffen jedenfalls
nicht eher zufällig ist (ausf. Schmidt/Wacker EStG § 15 Rn. 560; vgl. auch Dötsch/
Pung/Möhlenbrock/Dötsch/Werner Rn. 46). Zu weiteren Einzelheiten
→ Rn. 53 ff.

Auch die ggf. durch die Umw in eine PersGes eintretende Umqualifizierung 50
von WG des stl. **PV** in solche des **(S)BV** erfolgt bereits rückwirkend zum stl.
Übertragungsstichtag (wie hier Goutier/Knopf/Tulloch/Knopf/Hill Rn. 35; Lademann/Wernicke Rn. 243; BeckOK UmwStG/Mückl Rn. 510; Widmann/Bauschatz/Pupeter Rn. 113; Knopf/Söffing NWB Fach 18, 3625 (3629)). Hierbei handelt es sich um eine Einlage, die grds. nach § 6 I Nr. 5 EStG mit dem TW zu
bemessen ist. Eine Veräußerung (vgl. BFH DStR 1999, 366) liegt insoweit nicht vor,
da die Überführung des weiterhin im zivilrechtlichen Eigentum des Gesellschafters
stehenden WG in das SBV nicht eine Gegenleistung für die Gewährung der Anteile
am übernehmenden Rechtsträger darstellt. Demzufolge tritt eine Gewinnrealisierung nicht ein. § 7 I 5 EStG, § 23 I 5 EStG sind zu beachten. Befand sich das WG
bereits zuvor in einem BV, greift ggf. § 6 V EStG ein (Rödder/Herlinghaus/van
Lishaut/van Lishaut Rn. 139; BeckOK UmwStG/Mückl Rn. 511).

cc) Übernahmeergebnis. Auch das den einzelnen **Gesellschaftern** zuzurech- 51
nende Übernahmeergebnis nach **§ 4 IV ff.**, § 5 entsteht am stl. Übertragungsstichtag
(BMF 11.11.2011, BStBl. I 2011, 1314 Rn. 02.04; Dötsch/Pung/Möhlenbrock/
Dötsch/Werner Rn. 25a; Rödder/Herlinghaus/van Lishaut/van Lishaut Rn. 114;
Haase/Hofacker/Geils Rn. 80; → Rn. 44, → Rn. 90). Entsprechendes gilt für die
Einkünfte nach **§ 7** (BMF 11.11.2011, BStBl. I 2011, 1314 Rn. 02.04, 07.07; Rödder/Herlinghaus/van Lishaut/van Lishaut Rn. 116; zu § 7 UmwStG 1995 vgl.
BFH/NV 2016, 1313). Für Zwecke der Anwendung von § 15a EStG ist bereits
am stl. Übertragungsstichtag und während der Interimsphase von einer PersGes und
von der Haftungsverfassung (etwa) einer KG auszugehen (BFH BStBl. II 2010, 942;
Lademann/Wernicke Rn. 153; BeckOK UmwStG/Mückl Rn. 800; → Rn. 17).

d) Natürliche Person als Übernehmerin. Ist die Übernehmerin eine natürli- 52
che Person, so führt die Rückbeziehung stl. ebenfalls häufig zu einer Umqualifizierung der zwischen dem stl. Übertragungsstichtag und Eintragung ausgetauschten
Leistungen. **Entgelte** der Körperschaft an die natürliche Person werden ab dem stl.
Übertragungsstichtag nicht mehr berücksichtigt. Sie sind keine BA, sondern stl.
unbeachtliche Entnahmen (BeckOK UmwStG/Mückl Rn. 509; Rödder/Herlinghaus/van Lishaut/van Lishaut Rn. 144). Bislang von der Körperschaft genutzte **WG**
werden regelmäßig ab dem stl. Übertragungsstichtag ebenfalls BV des EU. Insoweit
besteht kein materieller Unterschied zu den Folgen bei einer übernehmenden PersGes (→ Rn. 46 ff.).

2. Einzelheiten

a) Gehälter nach dem steuerlichen Übertragungsstichtag. Bei einer Umw 53
auf eine andere **Körperschaft** (§§ 11 ff., § 15) tritt eine Umqualifizierung der nach
dem stl. Übertragungsstichtag geleisteten Gehaltszahlungen an Gesellschafter der
übertragenden Körperschaft nicht ein. Sie sind allerdings aufgrund der stl. Rückwirkungsfiktion bereits BA der übernehmenden Körperschaft (Dötsch/Pung/Möhlenbrock/Dötsch/Werner Rn. 45; Rödder/Herlinghaus/van Lishaut/van Lishaut
Rn. 107; Haritz/Menner/Bilitewski/Slabon Rn. 71; Frotscher/Drüen/Drüen
Rn. 76; Lademann/Wernicke Rn. 232; HK-UmwStG/G. Kraft Rn. 51); beim
empfangenden Gesellschafter stellen sie unverändert Einkünfte aus nichtselbststándi-

ger Tätigkeit (§ 19 EStG) dar. Die tatsächlich noch vom übertragenden Rechtsträger einbehaltene und abgeführte LSt für ArbN gilt als vom übernehmenden Rechtsträger geleistet.

54 Anderes gilt bei einer Vermögensübertragung **auf eine PersGes** oder auf eine **natürliche Person** (§§ 3 ff., 16). Gehaltszahlungen an Gesellschafter der KapGes, die für Zeiträume nach dem stl. Übertragungsstichtag geleistet werden, sind einschl. der ArbG-Anteile zur SozVers (BFH BStBl. II 1971, 177; Widmann/Mayer/Widmann Rn. 99) nicht BA und beim Gesellschafter nicht Einkünfte aus nichtselbstständiger Arbeit, sondern zählen als Sondervergütungen nach § 15 I 1 Nr. 2 EStG, § 18 IV 2 EStG zu den gewerblichen/freiberuflichen Einkünften (BMF 11.11.2011, BStBl. I 2011, 1314 Rn. 02.36; Widmann/Mayer/Widmann Rn. 102; Haritz/Menner/Bilitewski/Slabon Rn. 71; Brandis/Heuermann/Loose Rn. 44; Lutter/Schumacher UmwG Anh. 1 nach § 122m Rn. 27; Lademann/Wernicke Rn. 232; Rödder/Herlinghaus/van Lishaut/van Lishaut Rn. 135; Dötsch/Pung/Möhlenbrock/Dötsch/Werner Rn. 46; HK-UmwStG/G. Kraft Rn. 51; Frotscher/Drüen/Drüen Rn. 78). Die Zahlungen sind Entnahmen und zugleich – bei einer übernehmenden PersGes – Vorabgewinn des empfangenden Gesellschafters (Widmann/Mayer/Widmann Rn. 99, 101). Dies gilt im vollen Umfang auch für Anteilsinhaber, die in der Rückwirkungszeit nur teilw. ausscheiden (BMF 11.11.2011, BStBl. I 2011, 1314 Rn. 02.36, 02.29; auch → Rn. 105).

55 Sind in der stl. Schlussbilanz **offene Gehaltsforderungen** eines Gesellschafters für Zeiträume **vor** dem stl. **Übertragungsstichtag** ausgewiesen, erstreckt sich die Umqualifikation auf sie nicht (Haritz/Menner/Bilitewski/Slabon Rn. 71; Dötsch/Pung/Möhlenbrock/Dötsch/Werner Rn. 46). Sie sind als Verbindlichkeiten in der stl. Schlussbilanz der Körperschaft auszuweisen (Dötsch/Pung/Möhlenbrock/Dötsch/Werner Rn. 46; Widmann/Mayer/Widmann Rn. 100; Frotscher/Drüen/Drüen Rn. 80).

56 Ermittelt der übernehmende Gesellschafter oder die übernehmende PersGes die Einkünfte nach **§ 4 I EStG oder § 5 EStG,** ist zu beachten, dass die Umw stl. zum Erlöschen von Forderungen einerseits und Verbindlichkeiten andererseits führt, auch wenn handelsrechtlich (etwa im Fall der rechtsgeschäftlichen Beziehung der PersGes zum Gesellschafter) eine Vereinigung von Forderung und Verbindlichkeiten nicht eintritt. Die Schlussbilanz der KapGes muss eine entsprechende Verbindlichkeit ausweisen, während stl. – entgegen der zivilrechtlichen Lage – bei der übernehmenden PersGes eine Konfusion eintritt (str.; → § 6 Rn. 14 ff., → § 6 Rn. 20 ff.). Das stl. Erlöschen der Verbindlichkeiten der übertragenden Körperschaft bewirkt das **Zufließen** des Gehalts am stl. Übertragungsstichtag und eine Einlage der Forderung, die zu einer Erhöhung des stl. Kapitalkontos des Gesellschafters führt (Widmann/Mayer/Widmann Rn. 100 und Widmann/Mayer/Widmann § 6 Rn. 200; Haritz/Menner/Bilitewski/Slabon Rn. 72; Rödder/Herlinghaus/van Lishaut/van Lishaut Rn. 138; Dötsch/Pung/Möhlenbrock/Dötsch/Werner Rn. 46; Widmann/Bauschatz/Pupeter Rn. 114; Jorde/Wetzel BB 1996, 1246 (1248); Goutier/Knopf/Tulloch/Knopf/Hill Rn. 33; vgl. iÜ → § 6 Rn. 1 ff.). Dies gilt auch, wenn der übernehmende Gesellschafter bzw. die übernehmende PersGes die Einkünfte nach **§ 4 III EStG** ermittelt, da für die Erfassung des Vermögens ein Übergang zum Bestandsvergleich notwendig ist (auch → § 4 Rn. 19 f.).

57 Durch die Berücksichtigung der Gehaltsforderung in einer stl. Sonderbilanz wird erreicht, dass die in der HB der Übernehmerin ausgewiesene Verbindlichkeit gegenüber dem Gesellschafter in der Gesamtbilanz (HB und Sonderbilanz) *in ein stl. Kapitalkonto des Gesellschafters umqualifiziert wird.* Dabei stehen sich in der Gesamtbilanz die „Gehaltsforderungen" und „Gehaltsverbindlichkeiten" zunächst inhalts- und betragsgleich gegenüber, sodass eine „stl." Aufrechnung möglich ist.

Hierzu folgendes

Beispiel: 58

HB der Übernehmerin

Sonstige Aktiva	1000	200	Kapital
		300	„Gehaltsverbindlichkeit" (Gesellschafter)
		500	sonstige Passiva
	1000	1000	

Sonderbilanz des Gesellschafters 59

„Gehaltsforderung"	300	300	Mehrkapital

Umstritten ist, ob eine Rücklage iSv § 6 gebildet werden kann (so zutr. Herrmann/Heuer/Raupach UmwStG 1977 § 8 Rn. 18; Meyer-Arndt Steuerbegünstigt umwandeln, 1970, Rn. 131; Loos, Umwandlungsteuergesetz 1969, 2. Aufl. 1976, Rn. 271) oder ob eine Verteilung der Einkünfte entsprechend § 6 nicht möglich ist (so Widmann/Mayer/Widmann § 6 Rn. 200 ohne Begr.). 60

Entsprechendes gilt für **Diensterfindungen** des Gesellschafters (wohl auch Widmann/Mayer/Widmann Rn. 98 und BFH BStBl. II 1976, 746). Maßgeblich ist der Zeitpunkt der Inanspruchnahme der Diensterfindung. 61

Die Umqualifizierung tritt **nicht** für Leistungen an im Rückwirkungszeitraum oder gegen Barabfindung **ausscheidende Gesellschafter** ein (→ Rn. 99 ff.). Ein nur teilw. Ausscheiden genügt hierfür nicht. In diesem Fall gelten die vorstehenden Ausführungen vollumfänglich; eine Aufteilung der Einkünfte findet nicht statt (BMF 11.11.2011, BStBl. I 2011, 1314 Rn. 02.36; Widmann/Mayer/Widmann Rn. 103). 62

Kommt es zu einer Umqualifizierung der Gehaltszahlungen, ist die bereits einbehaltene und abgeführte **LSt** zu erstatten oder bei der EStVeranlagung zu verrechnen (Widmann/Mayer/Widmann Rn. 104; Jorde/Wetzel BB 1996, 1246 (1248) Fn. 27). Die Pflicht der übertragenden Körperschaft zur Einbehaltung und Abführung der LSt endet grds. erst mit Wirksamwerden der Umw, da eine wirksame Umw selbst wiederum Voraussetzung für das Eintreten der stl. Rückbeziehung ist. In der Praxis wird vielfach bereits zuvor – etwa ab Anmeldung der Umw – auf den LSt-Abzug verzichtet (Rödder/Herlinghaus/van Lishaut/van Lishaut Rn. 137; Widmann/Mayer/Widmann Rn. 104). 63

b) Nutzungsvergütungen der Übertragerin an ihre Gesellschafter. Für Vergütungen aus der Nutzungsüberlassung von **WG** oder **Darlehen** gilt das zu Tätigkeitsvergütungen Ausgeführte (→ Rn. 53 ff.) entsprechend (BMF 11.11.2011, BStBl. I 2011, 1314 Rn. 02.36). 64

c) Lieferungen und Leistungen. Tatsächliche Lieferungen und Leistungen zwischen den **beteiligten Rechtsträgern** ab dem stl. Übertragungsstichtag bis zur Eintragung der Umw in das HR müssen als (fiktive) Innengeschäfte der Übernehmerin behandelt und damit stl. neutralisiert werden (FG Köln FR 2017, 726, BeckRS 2017, 113551; BMF 11.11.2011, BStBl. I 2011, 1314 Rn. 02.13; Rödder/Herlinghaus/van Lishaut/van Lishaut Rn. 75; Haritz/Menner/Bilitewski/Slabon Rn. 70; Widmann/Mayer/Widmann Rn. 260; Lutter/Schumacher UmwG Anh. 1 nach § 122m Rn. 27; Lademann/Wernicke Rn. 46, 234; Haase/Hofacker/Geils Rn. 101; Brandis/Heuermann/Loose Rn. 41; Frotscher/Drüen/Drüen Rn. 62; Goutier/Knopf/Tulloch/Knopf/Hill Rn. 25; BeckOK UmwStG/Mückl Rn. 1005; Eisgruber/Früchtl Rn. 54; Widmann/Bauschatz/Pupeter Rn. 72; Jorde/Wetzel BB 1996, 1246 (1248)). Die verkehrstl. Konsequenzen (USt, GrESt; vgl. auch → Rn. 38 ff.) 65

bleiben unberührt (BeckOK UmwStG/Mückl Rn. 1007). Bei der Veräußerung eines WG an die Übernehmerin im Rückwirkungszeitraum ist ein dadurch entstehender Gewinn zu eliminieren und das WG beim Erwerber mit dem bisherigen BW des Veräußerers, ggf. erhöht um tatsächliche Anschaffungsnebenkosten wie GrESt, anzusetzen (Rödder/Herlinghaus/van Lishaut/van Lishaut Rn. 76; auch → § 4 Rn. 36). Eine bereits verwirklichte vGA im Zusammenhang mit Lieferungen und Leistungen zwischen den Rechtsträgern entfällt damit (Dötsch/Pung/Möhlenbrock/Dötsch/Werner Rn. 43a; Rödder/Herlinghaus/van Lishaut/van Lishaut Rn. 54, 70; Widmann/Bauschatz/Pupeter Rn. 73). Nur diese Sichtweise wird der von Abs. 1 S. 1 angeordneten Rückwirkungsfiktion gerecht (vgl. zu möglichen Wertungswidersprüchen Rogall DB 2010, 1035; Panzer/Gebert DStR 2010, 520). Zur **handelsbilanziellen** Behandlung → UmwG § 17 Rn. 83. Dies gilt bei Verschm und Aufspaltungen uneingeschränkt. Bei **Abspaltungen** und **Ausgliederungen,** bei denen der übertragende Rechtsträger bestehen bleibt und nur Teile seines Vermögens übertragen werden, ist zu differenzieren. Leistungsbeziehungen zwischen dem übertragenden Rechtsträger und dem übernehmenden Rechtsträger, die auf Seiten des übertragenden Rechtsträgers dem übergehenden Vermögen (etwa Teilbetrieb) zuzuordnen sind, sind wie bei der Verschm zu eliminieren. Lieferungen und Leistungen, die in keinem Zusammenhang mit den übertragenen Vermögensteilen bestehen, sind indes unverändert stl. zu berücksichtigen (Haritz/Menner/Bilitewski/Slabon Rn. 70; Dötsch/Pung/Möhlenbrock/Dötsch/Werner Rn. 44; Frotscher/Drüen/Frotscher Rn. 63). Die Rückwirkungsfiktion führt indes **nicht** dazu, dass – bei Spaltungen – **Lieferungs- und Leistungsbeziehungen fingiert** werden können, die zivilrechtlich in der Interimsphase innerbetriebliche Vorgänge waren (Dötsch/Pung/Möhlenbrock/Dötsch/Werner Rn. 44). Denn die Rückwirkungsfiktion erstreckt sich nur auf den Vermögensübergang und auf die Ergebniszurechnung ab dem stl. Übertragungsstichtag (Abs. 1 S. 1). Demzufolge sind die Aufwendungen und Erträge den zurückbleibenden und übergehenden Vermögensteilen zuzuordnen und damit zwischen dem übertragenden Rechtsträger und den übernehmenden Rechtsträgern aufzuteilen (BMF 11.11.2011, BStBl. I 2011, 1314 Rn. 02.13; Lademann/Wernicke Rn. 91; Widmann/Bauschatz/Pupeter Rn. 74). Dies hat anhand der Zuordnung im Spaltungs- und Übertragungsvertrag (Spaltungsplan) zu erfolgen (Lademann/Wernicke Rn. 91; unklar insoweit BMF 11.11.2011, BStBl. I 2011, 1314 Rn. 02.13: wirtschaftliche Zusammenhänge). Dies gilt unabhängig davon, ob eine Körperschaft, eine PersGes oder eine natürliche Person übernehmender Rechtsträger ist. Forderungen und Verbindlichkeiten zwischen den beteiligten Rechtsträgern erlöschen mit stl. Wirkung zum stl. Übertragungsstichtag, soweit es zur Konfusion kommt (Dötsch/Pung/Möhlenbrock/Dötsch/Werner Rn. 42).

66 Lieferungen und Leistungen **zwischen** der **Übertragerin** und einem **Anteilsinhaber** der übernehmenden PersGes, die **keine** Leistungen iSv § 15 I 1 Nr. 2 EStG, § 18 IV 2 EStG **(Sondervergütungen)** sind (etwa Warenlieferungen), werden auch nach dem stl. Übertragungsstichtag nicht umqualifiziert (Widmann/Mayer/Widmann Rn. 264; Rödder/Herlinghaus/van Lishaut/van Lishaut Rn. 133; Dötsch/Pung/Möhlenbrock/Dötsch/Werner Rn. 46; BeckOK UmwStG/Mückl Rn. 1008; Widmann/Bauschatz/Pupeter Rn. 74). Derartige Rechtsbeziehungen zwischen dem Gesellschafter und einer PersGes werden grds. auch stl. wie Rechtsgeschäfte unter fremden Dritten behandelt. Bei **Warenlieferungen** liegen Anschaffungs- und Veräußerungsgeschäfte vor (Dötsch/Pung/Möhlenbrock/Dötsch/Werner Rn. 46). Der Gesellschafter erzielt unverändert ab dem stl. Übertragungsstichtag diejenige Art von Einkünften, die er auch bei Lieferungen und Leistungen gegenüber der übertragenden Körperschaft erzielt hätte. Die Rechtsgeschäfte werden indes ab dem stl. Übertragungsstichtag bereits der Übernehmerin zugerechnet. Zur Abgrenzung zu Sondervergütungen vgl. Schmidt/Wacker EStG § 15 Rn. 562. Zu Leistungsbeziehungen im Rückwirkungszeitraum oder gegen Barabfindung **ausscheidenden Gesellschaftern**

→ Rn. 105. Auch bei einer Aufwärtsverschmelzung ist indes eine **verdeckte Einlage der Anteile** an der übertragenden Körperschaft in die übernehmende Körperschaft im Rückwirkungszeitraum weiterhin als solche zu qualifizieren (BFH DStR 2023, 507 Rn. 34).

d) Steuervorauszahlungen. Die Verpflichtungen aus den gegen die Übertragerin ergangenen Vorauszahlungsbescheiden gehen **erst beim Erlöschen** des übertragenden Rechtsträgers gem. § 45 I AO auf die übernehmenden Rechtsträger ganz oder (zB nach dem Spaltungsplan) teilw. über (Widmann/Mayer/Widmann Rn. 327; BeckOK UmwStG/Mückl Rn. 870; zum Übergang auch → § 1 Rn. 144 ff., → UmwG § 131 Rn. 45). Die Zahlungsverpflichtung des übertragenden Rechtsträgers bleibt auch nach dem stl. Übertragungsstichtag unberührt. 67

Soweit sich Vorauszahlungen zur KSt auf das Einkommen beziehen, das nach dem stl. Übertragungsstichtag anfällt und bei der Übernehmerin zu erfassen ist, kann die Übertragerin die **Anpassung des Vorauszahlungsbescheides** beantragen (wie hier Widmann/Mayer/Widmann Rn. 328); nach Eintragung geht das Antragsrecht auf die Übernehmerin über (auch → § 1 Rn. 143). Der Antrag auf Anpassung der Vorauszahlungen kann auch dann noch gestellt werden, wenn die Vorauszahlungstermine bereits abgelaufen und die Vorauszahlungen entrichtet sind. Das FA kann dann allerdings zugleich die Vorauszahlungen der Übernehmerin nach vorheriger Gewährung von rechtlichem Gehör anpassen (vgl. App INF 1988, 220; BeckOK UmwStG/Mückl Rn. 871). 68

e) Kapitalerhöhungen/Kapitalherabsetzungen. Nach dem Übertragungsstichtag durchgeführte **KapErh** gegen Einlagen bei der übertragenden Körperschaft sind stl. auf den stl. Übertragungsstichtag einschl. des Agios zurückzubeziehen (IDW (Steuerfachausschuss) WPg 1997, 439, 443; Lademann/Wernicke Rn. 233; Widmann/Mayer/Widmann Rn. 234; Dötsch/Pung/Möhlenbrock/Dötsch/Werner Rn. 67d; Rödder/Herlinghaus/van Lishaut/van Lishaut Rn. 103; Frotscher/Drüen/Drüen Rn. 53; aA Eisgruber/Früchtl Rn. 65). Die neuen Anteile nehmen an der Umw teil (§ 5 entsprechend). Andernfalls würden sachlich nicht begründete Unterschiede zur Behandlung von Anteilsinhabern, die durch den Erwerb bestehender Anteile hinzutreten (→ Rn. 99 ff.), entstehen, wenn die neuen Anteile durch bislang nicht beteiligte Personen gezeichnet werden. Das erhöhte Kapital ist bereits in der stl. Schlussbilanz zu erfassen. Zugleich sind bei der Ermittlung des Übernahmeergebnisses (§ 4 IV) die erhöhten AK/BW zu berücksichtigen (Dötsch/Pung/Möhlenbrock/Dötsch/Werner Rn. 67d; vgl. auch Rödder/Herlinghaus/van Lishaut/van Lishaut Rn. 103). Auch bei der Zeichnung durch einen ausscheidenden Gesellschafter tritt die Erhöhung seines Anteils stl. fiktiv schon am stl. Übertragungsstichtag ein (ebenso Widmann/Mayer/Widmann Rn. 234; Rödder/Herlinghaus/van Lishaut/van Lishaut Rn. 103). Seine AK erhöhen sich entsprechend. Entsprechendes gilt für nicht in das Nennkapital geleistete Einlagen (Dötsch/Pung/Möhlenbrock/Dötsch/Werner Rn. 67a; Rödder/Herlinghaus/van Lishaut/van Lishaut Rn. 105). Zum stl. Einlagenkonto → Rn. 89. Eine nach dem Übertragungsstichtag vorgenommene **Kapitalherabsetzung** gem. §§ 222 ff. AktG und §§ 58, 58a GmbHG ist hingegen eine unbeachtliche Vermögensumschichtung, soweit der übernehmende Rechtsträger beteiligt ist, da das Vermögen der Körperschaft stl. bereits dem **übernehmenden Rechtsträger** zugerechnet wird; iÜ gelten die allgemeinen Grundsätze, also Minderung der AK und Einkünfte nach § 20 I 1 Nr. 2 EStG (Widmann/Mayer/Widmann Rn. 236; Rödder/Herlinghaus/van Lishaut/van Lishaut Rn. 104; Dötsch/Pung/Möhlenbrock/Dötsch/Werner Rn. 67e; IDW FN 1996, 194a, 194g). Ebenso erfolgsneutrale Vermögensumschichtungen sind Kapitalerhöhungen aus Gesellschaftsmitteln (Rödder/Herlinghaus/van Lishaut/van Lishaut Rn. 100; Dötsch/Pung/Möhlenbrock/Dötsch/Werner Rn. 67c). 69

Anders ist die Kapitalherabsetzung zu beurteilen, wenn tatsächlich Kapital an einen im Rückwirkungszeitraum oder gegen Barabfindung **ausscheidenden** 70

Anteilsinhaber zurückbezahlt wird. Dieser nimmt an der Umw nicht mehr teil (näher → Rn. 99 ff.). Der Vermögensabfluss kann auch nicht in eine Entnahme aus der PersGes umqualifiziert werden. Der Abfluss ist bereits in der stl. Schlussbilanz zu berücksichtigen. Für den Ausscheidenden gelten die allg. Grundsätze bei Kapitalrückzahlungen (Widmann/Mayer/Widmann Rn. 236; Dötsch/Pung/Möhlenbrock/Dötsch/Werner Rn. 67e; BeckOK UmwStG/Mückl Rn. 593).

71 **f) Gewinnausschüttungen.** Bei Gewinnausschüttungen für vergangene Wj. und bei anderen Ausschüttungen (insbes. vGA und Vorabausschüttungen) im Rückwirkungszeitraum ist danach zu diff., wann der Anspruch begründet wurde bzw. wann der tatsächliche Abfluss stattfand. Weiter unterscheidet sich die stl. Behandlung danach, ob Übernehmerin eine Körperschaft oder eine PersGes/natürliche Person ist (Umqualifizierung), und ob die Ausschüttung an einen im Rückwirkungszeitraum oder gegen Barabfindung (§§ 29, 207 UmwG) ausscheidenden oder an einen verbleibenden Gesellschafter fließt. Zu Besonderheiten im **VZ 2000 und 2001** im Zusammenhang mit dem Wechsel vom Anrechnungsverfahren zum Halbeinkünfteverfahren durch das StSenkG vgl. → 4. Aufl. 2006, Rn. 70 ff. iE:

72 **aa) Vor dem steuerlichen Übertragungsstichtag vollständig bewirkte Gewinnausschüttungen.** Bei vor dem stl. Übertragungsstichtag bereits abgeflossenen Gewinnausschüttungen treten durch die Rückwirkungsfiktion grds. Besonderheiten nicht auf. Dies gilt auch für vGA und Vorabausschüttungen im Wj., in dem der stl. Übertragungsstichtag liegt. Sie haben das Vermögen der übertragenden Körperschaft bereits vor dem stl. Übertragungsstichtag vermindert; Korrekturen der stl. Schlussbilanz bedarf es daher nicht (BMF 11.11.2011, BStBl. I 2011, 1314 Rn. 02.25; Widmann/Mayer/Widmann Rn. 135; Haritz/Menner/Bilitewski/Slabon Rn. 62; Rödder/Herlinghaus/van Lishaut/van Lishaut Rn. 85; Dötsch/Pung/Möhlenbrock/Dötsch/Werner Rn. 57; Haase/Hofacker/Geils Rn. 105). Die Rückwirkungsfiktion greift nicht.

73 Die ausschüttungsbedingten Folgen für das **stl. Einlagenkonto** sind noch bei der übertragenden Körperschaft in deren stl. Schlussbilanz zu erfassen (BMF 16.12.2003, BStBl. I 2003, 786 Rn. 24; Rödder/Herlinghaus/van Lishaut/van Lishaut Rn. 85). Für die Anwendung von § 29 II, III KStG ist der Bestand am stl. Übertragungsstichtag maßgeblich. Die übertragende Körperschaft hat die KapESt einzubehalten und abzuführen (Dötsch/Pung/Möhlenbrock/Dötsch/Werner Rn. 57). Für den Zufluss und die Besteuerung bei den Anteilsinhabern gelten die allg. Grundsätze (BMF 11.11.2011, BStBl. I 2011, 1314 Rn. 02.26).

74 **bb) Vor dem steuerlichen Übertragungsstichtag begründete Gewinnausschüttungen.** Vor dem stl. Übertragungsstichtag beschlossene, aber erst danach abgeflossene **Gewinnausschüttungen** für vergangene Wj. fallen nicht unter die Rückwirkungsfiktion. Sie sind stl. noch bei der übertragenden Körperschaft zu erfassen; bei der Umw auf eine PersGes/natürliche Person kommt es nicht zu einer Umqualifizierung. Die beschlossenen Gewinnausschüttungen sind als Schuldposten (Ausschüttungsverbindlichkeiten) in der stl. Schlussbilanz der übertragenden Körperschaft zu passivieren (BMF 11.11.2011, BStBl. I 2011, 1314 Rn. 02.27; Widmann/Mayer/Widmann Rn. 140; Haritz/Menner/Bilitewski/Slabon Rn. 63; Rödder/Herlinghaus/van Lishaut/van Lishaut Rn. 86; Dötsch/Pung/Möhlenbrock/Dötsch/Werner Rn. 58; Lademann/Wernicke Rn. 202; Haase/Hofacker/Geils Rn. 105; Jorde/Wetzel BB 1996, 1246 (1248); Mahlow/Franzen GmbHR 2000, 12 (18)). Entsprechendes gilt für vor dem stl. Übertragungsstichtag beschlossene, aber erst danach abgeflossene **Vorabausschüttungen** (BMF 11.11.2011, BStBl. I 2011, 1314 Rn. 02.27; Widmann/Mayer/Widmann Rn. 140; Haritz/Menner/Bilitewski/Slabon Rn. 64; Rödder/Herlinghaus/van Lishaut/van Lishaut Rn. 86; Dötsch/Pung/Möhlenbrock/Dötsch/Werner Rn. 58). Für vor dem stl. Übertragungsstichtag begründete **vGA,** die erst im Rückwirkungszeitraum oder später zahlungswirksam werden (etwa überhöhte Tantieme), ist in der stl. Schlussbilanz ein gesonderter Schuldposten hingegen nicht zu bilden, weil dies schon aus den allg. Grundsätzen folgt (BMF 11.11.2011, BStBl. I 2011, 1314 Rn. 02.27; Widmann/Mayer/Widmann Rn. 151, 159; Rödder/Herlinghaus/van Lishaut/van Lishaut Rn. 87; BeckOK UmwStG/Mückl Rn. 551; Dötsch/Pung/Möhlenbrock/Dötsch/Werner Rn. 58).

Die Ausschüttungen gelten unabhängig von ihrer tatsächlichen Auszahlung und 75 der Behandlung beim Anteilsinhaber (→ Rn. 77) als am stl. Übertragungsstichtag erfolgt (BMF 11.11.2011, BStBl. I 2011, 1314 Rn. 02.27). Die stl. Auswirkungen der Leistungen auf das **stl. Einlagenkonto** (§ 27 KStG) erfolgen noch bei der Übertragerin (BMF 11.11.2011, BStBl. I 2011, 1314 Rn. 02.27; Rödder/Herlinghaus/van Lishaut/van Lishaut Rn. 86; Lademann/Wernicke Rn. 202). Die Steuerbescheinigung nach § 27 III KStG ist von der übertragenden Körperschaft oder der übernehmenden PersGes/natürlichen Person als Rechtsnachfolger auszustellen (BMF 11.11.2011, BStBl. I 2011, 1314 Rn. 02.27). Für die Anwendung von § 29 II, III KStG sind die Bestände am stl. Übertragungsstichtag maßgeblich. Für den **übernehmenden Rechtsträger** stellt der Abfluss der Gewinnausschüttung lediglich eine erfolgsneutrale Erfüllung der Ausschüttungsverbindlichkeit dar (BMF 11.11.2011, BStBl. I 2011, 1314 Rn. 02.30; Rödder/Herlinghaus/van Lishaut/van Lishaut Rn. 88; Dötsch/Pung/Möhlenbrock/Dötsch/Werner Rn. 58). Je nach Zeitpunkt der Auszahlung ist ggf. die übernehmende PersGes oder natürliche Person als Rechtsnachfolger der übertragenden Körperschaft zur Einbehaltung und Abführung der KapESt verpflichtet (BMF 11.11.2011, BStBl. I 2011, 1314 Rn. 02.30).

Die vorstehenden Grundsätze gelten unabhängig davon, ob eine Körperschaft 76 oder eine PersGes/natürliche Person Übernehmerin ist (Haritz/Menner/Bilitewski/Slabon Rn. 65; Rödder/Herlinghaus/van Lishaut/van Lishaut Rn. 125; Dötsch/Pung/Möhlenbrock/Dötsch/Werner Rn. 58; vgl. aber BMF 11.11.2011, BStBl. I 2011, 1314 Rn. 02.34). Auch bei der Verschm/Spaltung auf eine Körperschaft sind die vor dem stl. Übertragungsstichtag beschlossenen Gewinnausschüttungen oder zuvor begründeten vGA noch bei der übertragenden Körperschaft zu erfassen. Für die stl. Behandlung der vorstehend beschriebenen Gewinnausschüttungen bei der übertragenden Körperschaft ist es ohne Bedeutung, ob die Gewinnausschüttung an Personen erfolgt, die im Rückwirkungszeitraum **ausscheiden.**

Diff. ist hingegen der **Zufluss** beim Anteilsinhaber zu behandeln. Bei Umw auf 77 eine **KapGes/eG** gilt für die Anteilsinhaber die Rückwirkungsfiktion nach Abs. 2 nicht, es sei denn (Abs. 1), der übernehmende Rechtsträger ist selbst der Anteilsinhaber (→ Rn. 2; BMF 11.11.2011, BStBl. I 2011, 1314 Rn. 02.34). Demzufolge gelten die allg. Grundsätze für den Zufluss (BMF 11.11.2011, BStBl. I 2011, 1314 Rn. 02.34, 02.28; Dötsch/Pung/Möhlenbrock/Dötsch/Werner Rn. 58; anderes Verständnis von Rn. 02.34 des BMF-Schr. v. 11.11.2011 bei Schneider/Ruoff/Sistermann/Schwahn UmwSt-Erlass 2011, Rn. 2.65). Der Zufluss ist als Ausschüttung der übertragenden Körperschaft als Einnahme nach § 20 I Nr. 1 EStG zu behandeln (BMF 11.11.2011, BStBl. I 2011, 1314 Rn. 02.34). Die Ausschüttungen gelten aber für Zwecke des § 27 KStG als am stl. Übertragungsstichtag abgeflossen (BMF 11.11.2011, BStBl. I 2011, 1314 Rn. 02.34; auch → Rn. 75). Ebenso gelten die allg. Zufluss- und Besteuerungsgrundsätze für Anteilsinhaber, die bei einer Umw auf eine **PersGes** im Rückwirkungszeitraum oder gegen Barabfindung (§§ 29, 207 UmwG) **ausscheiden** (BMF 11.11.2011, BStBl. I 2011, 1314 Rn. 02.28, 02.17 ff.; Dötsch/Pung/Möhlenbrock/Dötsch/Werner Rn. 58). Diese Gesellschafter nehmen an der Rückwirkung nicht teil (→ Rn. 99 ff.). IÜ – Anteile, die unter die **Rückwirkungsfiktion** fallen – gelten die Ausschüttungen als mit dem Vermögensübergang am stl. Übertragungsstichtag zugeflossen (BMF 11.11.2011, BStBl. I 2011, 1314 Rn. 02.28). Die stl. Behandlung richtet sich danach, ob ein Übernahmeergebnis (§ 4 IV, § 5) für den Anteilsinhaber zu ermitteln ist oder nicht. Ist dies der Fall, erfolgt wegen der Einlagefiktion eine Umqualifizierung in gewerbliche oder freiberufliche Einkünfte (§ 20 I Nr. 1, VIII EStG), anderenfalls sind sie als Einkünfte aus KapVerm (§ 20 I Nr. 1 EStG) zu behandeln (BMF 11.11.2011, BStBl. I 2011, 1314 Rn. 02.28; Dötsch/Pung/Möhlenbrock/Dötsch/Werner Rn. 58). Beim **Upstream-Merger** unter Körperschaften und bei der Verschm auf den Alleingesellschafter gelten die vorstehenden Grundsätze entsprechend (wohl auch BMF 11.11.2011, BStBl. I 2011, 1314 Rn. 02.34; Rn. 02.35 bezieht sich wohl auf nach dem stl. Übertragungsstichtag beschlossene Ausschüttungen). Die übernehmende Körperschaft nimmt an der Rückwirkungsfiktion teil (BMF 11.11.2011, BStBl. I 2011, 1314 Rn. 02.03). Die **KapESt** auf die Ausschüttungen entsteht in dem Zeitpunkt, in dem die Kapitalerträge dem Gläubiger zufließen. Dies ist gesetzlich in § 44 II EStG definiert. Danach fließen die Kapitalerträge dem Gläubiger an dem Tag zu, der im Beschluss als Tag der Auszahlung bestimmt ist, bei fehlender Festlegung am Tag der Beschlussfassung.

78 **cc) Nach dem steuerlichen Übertragungsstichtag begründete Gewinnausschüttungen an nicht ausscheidende Gesellschafter.** Bei nach dem stl. Übertragungsstichtag beschlossenen Gewinnausschüttungen sowie vGA und Vorabausschüttungen im Rückwirkungszeitraum ist zu differenzieren, ob auch für die Anteilsinhaber die Rückwirkungsfiktion gilt. **Nicht** an der **Rückwirkung** nehmen zunächst die Gesellschafter teil, die im Rückwirkungszeitraum oder gegen Barabfindung (§§ 29, 207 UmwG) ausscheiden (BMF 11.11.2011, BStBl. I 2011, 1314 Rn. 02.17 ff.; → Rn. 82). Entsprechendes gilt aber auch bei Umw **auf eine Körperschaft,** da die Rückwirkungsfiktion nach Abs. 1 für § 13 nicht gilt (→ Rn. 2). Dann liegen trotz der Rückwirkungsfiktion auf der Ebene des Rechtsträgers noch Ausschüttungen der übertragenden KapGes vor (BMF 11.11.2011, BStBl. I 2011, 1314 Rn. 02.31; Rödder/Herlinghaus/van Lishaut/van Lishaut Rn. 91; Dötsch/Pung/Möhlenbrock/Dötsch/Werner Rn. 64; vgl. auch BFH BStBl. II 2011, 467 zur Herstellung der Ausschüttungsbelastung; vgl. auch Pyszka DStR 2016, 2683 zur vGA im Dreiecksverhältnis). Demzufolge ist in der stl. Schlussbilanz ein passiver Korrekturposten zu bilden, der durch Korrektur außerhalb der stl. Schlussbilanz das stl. Einkommen nicht mindert, aber für die Ermittlung der offenen Rücklagen iSv § 7 zu berücksichtigen ist (BMF 11.11.2011, BStBl. I 2011, 1314 Rn. 02.31). Die FVerw lässt aber aus Vereinfachungsgründen zu, die Gewinnausschüttungen so zu behandeln, als hätte die übernehmende Körperschaft sie vorgenommen, wenn die Verpflichtung zum Einbehalt und zur Abführung der KapESt hierdurch nicht beeinträchtigt wird (BMF 11.11.2011, BStBl. I 2011, 1314 Rn. 02.34). Dies dürfte im Regelfall eine praxisgerechte Lösung sein (Dötsch/Pung/Möhlenbrock/Dötsch/Werner Rn. 64). Die Anteilsinhaber erzielen dann Einkünfte nach § 20 I Nr. 1 EStG, die nach den allg. Grundsätzen zu besteuern sind (BMF 11.11.2011, BStBl. I 2011, 1314 Rn. 02.33).

79 Bei der Verschm einer MutterKapGes auf die TochterKapGes (**Downstream-Merger**) entfallen mit Wirksamwerden der Umw die Wirkungen einer nach dem stl. Übertragungsstichtag beschlossenen Gewinnausschüttung (Dötsch/Pung/Möhlenbrock/Dötsch/Werner Rn. 67; Rödder/Herlinghaus/van Lishaut/van Lishaut Rn. 71). Dies gilt unabhängig von einer sog. phasengleichen Aktivierung der Ausschüttung bei der MutterKapGes (wie hier Widmann/Mayer/Widmann Rn. 174). Entsprechendes gilt für einen **Upstream-Merger;** die Ausschüttung ist eine stl. unbeachtliche Vorwegübertragung (BMF 11.11.2011, BStBl. I 2011, 1314 Rn. 02.35; zuvor schon OFD Berlin, GmbHR 2000, 635, dort auch zur Behandlung der **KapESt;** vgl. auch Dötsch/Pung/Möhlenbrock/Dötsch/Werner Rn. 66; Rödder/Herlinghaus/van Lishaut/van Lishaut Rn. 70; zur KapESt bei einer Gewinnausschüttung im Rückwirkungszeitraum nach § 20 V vgl. BFH DStR 2022, 1485).

Anderes gilt bei der Umw **auf** eine **PersGes,** wenn die Anteilsinhaber der übertragenden Körperschaft Anteilsinhaber der übernehmenden PersGes werden, und bei der Umw auf eine **natürliche Person,** da in diesem Fall die Anteilsinhaber nach Abs. 2 bzw. nach Abs. 1 an der Rückwirkungsfiktion teilnehmen. Insoweit besteht kein Grund, die tatsächliche Abführung noch der übertragenden Körperschaft zuzuordnen. Dann liegen keine Gewinnausschüttungen vor, vielmehr ist der Vorgang stl. als eine (gewinnneutrale) Entnahme zu behandeln (BMF 11.11.2011, BStBl. I 2011, 1314 Rn. 02.32; Dötsch/Pung/Möhlenbrock/Dötsch/Werner Rn. 59; Widmann/Mayer/Widmann Rn. 171; Haritz/Menner/Bilitewski/Slabon Rn. 67; Rödder/Herlinghaus/van Lishaut/van Lishaut Rn. 126). 80

KapESt ist für die Gewinnausschüttung nicht abzuführen. Dies gilt allerdings erst, wenn die Umw und damit die Rückwirkungsfiktion wirksam werden. Dann sind die ursprünglich angemeldeten und abgeführten Steuerbeträge zu erstatten (Dötsch/Pung/Möhlenbrock/Dötsch/Werner Rn. 59; vgl. auch OFD Berlin GmbHR 2000, 635). Ob die Abführungspflicht bereits endet, wenn das Wirksamwerden der Umw hinreichend sicher ist (so Berg DStR 1999, 1219), ist zweifelhaft und sollte im Einzelfall mit der zuständigen Finanzbehörde abgestimmt werden. 81

dd) Nach dem steuerlichen Übertragungsstichtag begründete Gewinnausschüttungen an ausscheidende Gesellschafter. Im Rückwirkungszeitraum oder gegen Barabfindung (§§ 29, 207 UmwG) ausscheidende Gesellschafter nehmen stl. an der Umw und damit an der Rückwirkung nicht mehr teil (BMF 11.11.2011, BStBl. I 2011, 1314 Rn. 02.17 ff.). Bezogen auf diese Anteile werden im Rückwirkungszeitraum beschlossene Gewinnausschüttungen für frühere Wj. und Vorabausschüttungen sowie vGA im Rückwirkungszeitraum stl. noch der übertragenden Körperschaft zugerechnet (BMF 11.11.2011, BStBl. I 2011, 1314 Rn. 02.31 f.; Widmann/Mayer/Widmann Rn. 176; Haritz/Menner/Bilitewski/Slabon Rn. 68; Bien ua DStR-Beil. zu Heft 17/1998, 6; Mahlow/Franzen GmbHR 2000, 12 (20); Dötsch/Pung/Möhlenbrock/Dötsch/Werner Rn. 60; Rödder/Herlinghaus/van Lishaut/van Lishaut Rn. 127). Demzufolge ist die Ausschüttungsverpflichtung (Vermögensminderung) auch in der stl. Schlussbilanz der übertragenden Körperschaft durch einen passiven Korrekturposten (Ausschüttungsverbindlichkeit) zu berücksichtigen (BMF 11.11.2011, BStBl. I 2011, 1314 Rn. 02.31). Der stl. Korrekturposten lässt das stl. Ergebnis der übertragenden Körperschaft unberührt. Die durch die Einbuchung des Korrekturpostens (Vermögensminderung) eintretende Ergebnisauswirkung ist außerhalb der StB zu korrigieren (BMF 11.11.2011, BStBl. I 2011, 1314 Rn. 02.31; Widmann/Mayer/Widmann Rn. 177; Mahlow/Franzen GmbHR 2000, 12 (20)). Der passive Korrekturposten mindert das Eigenkapital für die Ermittlung der Einkünfte nach § 7 (BMF 11.11.2011, BStBl. I 2011, 1314 Rn. 02.31, 02.33). Er ist auch in der StB des übernehmenden Rechtsträgers auszuweisen; die spätere Gewinnausschüttung ist gewinnneutral mit dem passiven Korrekturposten zu verrechnen (Widmann/Mayer/Widmann Rn. 177; Mahlow/Franzen GmbHR 2000, 12 (20)). 82

Der ausscheidende **Anteilsinhaber** hat die Ausschüttung so zu versteuern, als hätte die Umw nicht stattgefunden; sie ist demnach auch bei der Umw in eine PersGes als Ausschüttung der übertragenden Körperschaft zu behandeln (BMF 11.11.2011, BStBl. I 2011, 1314 Rn. 02.31). Der Zeitpunkt der Erfassung richtet sich nach den allg. Grundsätzen (BMF 11.11.2011, BStBl. I 2011, 1314 Rn. 02.33; Widmann/Mayer/Widmann Rn. 180). Die Ausschüttung im Rückwirkungszeitraum zählt nicht zum Veräußerungspreis, den der Anteilsinhaber anlässlich seines Ausscheidens erzielt (Widmann/Mayer/Widmann Rn. 180). **KapESt** ist nach allg. Grundsätzen von der übertragenden Körperschaft einzubehalten und abzuführen. Die Steuerbescheinigung nach § 44 KStG ist von der übertragenden Körperschaft 83

D UmwStG § 2 84, 85

oder deren Rechtsnachfolgerin auszustellen (BMF 11.11.2011, BStBl. I 2011, 1314 Rn. 02.33, 02.30).

84   **g) Organschaftsverhältnisse. aa) Gewinnabführungsvertrag zwischen Übertragerin und Übernehmerin.** Obwohl ein **GAV** handelsrechtlich über den stl. Übertragungsstichtag hinaus bis zur Eintragung der Umw in das HR Bestand hat, kann es nach dem stl. Übertragungsstichtag nicht mehr zur stl. Ergebniszurechnung kommen, wenn die OrganGes im Organträger aufgegangen ist. Der GAV verliert aus stl. Sicht vom stl. Übertragungsstichtag an seine Wirkung (BMF 11.11.2011, BStBl. I 2011, 1314 Rn. Org.04 für Abwärtsverschmelzung; Widmann/Mayer/Widmann Rn. 124; IDW (Arbeitskreis KStR) FN 1996, 194a, 194g; Haritz/Menner/Bilitewski/Slabon Rn. 81; Dötsch/Pung/Möhlenbrock/Dötsch Anh. 1 UmwStG Rn. 43; Rödder/Herlinghaus/van Lishaut/van Lishaut Rn. 78; BeckOK UmwStG/Mückl Rn. 627; Rödder DStR 2011, 1053 (1054); Dötsch Ubg 2011, 20 (22)). Bei Umw ist der Zeitraum vom vorangegangenen Wj. bis zum stl. Übertragungsstichtag ein Wj. (Haritz/Menner/Bilitewski/Slabon Rn. 81; Schneider/Ruoff/Sistermann/Sistermann Rn. Org.9; BeckOK UmwStG/Mückl Rn. 628). Hierauf ist der GAV letztmals noch anzuwenden (Schneider/Ruoff/Sistermann/Sistermann UmwSt-Erlass 2011 Rn. Org.9). Das Ergebnis bis zum stl. Übertragungsstichtag wird noch dem Organträger zugerechnet (Widmann/Mayer/Widmann Rn. 125; Rödder/Herlinghaus/van Lishaut/van Lishaut Rn. 78). Die Umw ist regelmäßig ein wichtiger Grund iSv § 14 I 1 Nr. 3 S. 2 KStG, weswegen auch die vorzeitige Beendigung vor Ablauf der Fünf-Jahres-Frist unschädlich ist (BMF 11.11.2011, BStBl. I 2011, 1314 Rn. Org.04, Org.12 für Abwärtsverschmelzung; R 14.5 Abs. 6 KStR 2015; Rödder/Herlinghaus/van Lishaut/van Lishaut Rn. 78; Widmann/Mayer/Widmann Rn. 126; Haritz/Menner/Bilitewski/Slabon Rn. 81; Dötsch/Pung/Möhlenbrock/Dötsch Anh. 1 UmwStG Rn. 43; Thill/Antoszkiewicz FR 2006, 7 (11); Dötsch Ubg 2011, 20 (22)).

85   **bb) Umwandlung mit Dritten.** Wird der **Organträger** auf ein anderes gewerbliches Unternehmen verschmolzen, tritt der übernehmende Rechtsträger in den GAV ein (BMF 11.11.2011, BStBl. I 2011, 1314 Rn. Org.01). Die Verschm eines anderen Rechtsträgers auf den Organträger lässt die Organschaft unberührt (BMF 11.11.2011, BStBl. I 2011, 1314 Rn. Org.20). Entsprechendes gilt, wenn bei einer Abspaltung oder Ausgliederung die Beteiligung an der OrganGes und der GAV nicht übertragen werden bzw. eine die Mehrheit der Stimmrechte vermittelnde Beteiligung zurückbleibt (BMF 11.11.2011, BStBl. I 2011, 1314 Rn. Org.09; Dötsch/Pung/Möhlenbrock/Dötsch Anh. 1 UmwStG Rn. 30). Aufgrund des Eintritts in die Rechtsstellung der übertragenden Körperschaft (§ 4 II, § 12 III 1) liegen die Voraussetzungen der finanziellen Eingliederung zum übernehmenden Rechtsträger ab dem stl. Übertragungsstichtag und damit ohne Unterbrechung vor (BFH BStBl. II 2011, 529). Hierdurch ist gewährleistet, dass die Organschaft ununterbrochen wirkt. Fällt der stl. Übertragungsstichtag auf den letzten Tag des lfd. Wj. der OrganGes, entfaltet die Organschaft zur Übernehmerin erstmals für das anschl. Wj. der OrganGes Wirkung (Dötsch/Pung/Möhlenbrock/Dötsch Anh. 1 UmwStG Rn. 24). Liegt der stl. Übertragungsstichtag an einem früheren Tag des lfd. Wj. der OrganGes, ist das Organschaftsverhältnis zur Übernehmerin schon für das lfd. Wj. anzuerkennen (Dötsch/Pung/Möhlenbrock/Dötsch Anh. 1 UmwStG Rn. 24). Das Einkommen der OrganGes ist demjenigen Rechtsträger zuzurechnen, der zum Schluss des Wj. der OrganGes als Organträger anzusehen ist (BMF 11.11.2011, BStBl. I 2011, 1314 Rn. Org.19). Auf die rückwirkende Zurechnung der Beteiligung an der OrganGes nach § 2 I oder § 20 V, VI oder § 24 IV zum Beginn des Wj. der OrganGes kommt es entgegen der Ansicht der FVerw (BMF 11.11.2011, BStBl. I 2011, 1314 Rn. Org.02 S. 2) nicht an (Dötsch/Pung/Möhlenbrock/Dötsch Anh. 1 UmwStG Rn. 23; Schmitt/Schloßmacher UmwStE 2011 Rn. Org.02;

Schneider/Ruoff/Sistermann/Sistermann UmwSt-Erlass 2011 Rn. Org.5; Rödder DStR 2011, 1053 (1054); Blumenberg/Lechner DB-Beil. 1/2012, 57 (58)). Bedeutung hat dies bei einem im Verhältnis zum Wj. der OrganGes unterjährigem stl. Übertragungsstichtag (Dötsch/Pung/Möhlenbrock/Dötsch Anh. 1 UmwStG Rn. 22). Dies ist iÜ eine Verschlechterung im Vergleich zur bisherigen Sichtweise der FVerw, wonach bei einem stl. Übertragungsstichtag an einem früheren Tag des lfd. Wj. der OrganGes das Organschaftsverhältnis zur Übernehmerin schon für das lfd. Wj. anzuerkennen war (BMF 25.3.1998, BStBl. I 1998, 268 Rn. Org.02). Vgl. ferner für die Ausgliederung der Beteiligung im Falle eines Anteilstausches, bei dem keine stl. Rückwirkung eintritt, BMF 11.11.2011, BStBl. I 2011, 1314 Rn. Org.08. Entsprechendes gilt, wenn der GAV bei einer Spaltung (→ UmwG § 131 Rn. 69) übertragen wird (Haritz/Menner/Bilitewski/Slabon Rn. 84; Dötsch/Pung/Möhlenbrock/Dötsch Anh. 1 UmwStG Rn. 30; vgl. im Grundsatz auch BMF 11.11.2011, BStBl. I 2011, 1314 Rn. Org.06, Org.07).

Die **erstmalige Begr. eines Organschaftsverhältnisses** mit der Übernehmerin 86 als Organträger ist mit Wirkung zum Beginn des Wj. der OrganGes möglich, das nach dem stl. Übertragungsstichtag beginnt, wenn die Voraussetzungen der finanziellen Eingliederung (§ 14 I 1 Nr. 1 KStG) schon beim übertragenden Rechtsträger erfüllt waren. Dies beruht auf dem Eintritt des übernehmenden Rechtsträgers in die stl. Rechtsstellung der übertragenden Körperschaft (BFH BStBl. II 2011, 467). Auf die stl. rückwirkende Zurechnung der Beteiligung an der OrganGes zum Beginn des Wj. der OrganGes kommt es entgegen der Ansicht der FVerw (vgl. BMF 11.11.2011, BStBl. I 2011, 1314 Rn. Org.03) nicht an (Schmitt/Schloßmacher UmwStE 2011 Rn. Org 03; Dötsch/Pung/Möhlenbrock/Dötsch Anh. 1 UmwStG Rn. 22a). Die stl. rückwirkende Zurechnung der Beteiligung an der OrganGes ist nur bedeutsam, wenn erst durch die Umw die Voraussetzungen der finanziellen Eingliederung geschaffen werden **(Beispiel:** erst durch die umwandlungsbedingte Übertragung einer weiteren Beteiligung wird der übernehmende Rechtsträger mehrheitlich an der OrganGes beteiligt). Denn in diesem Fall besteht die finanzielle Eingliederung zur Übernehmerin aufgrund der Rückwirkung ab dem stl. Übertragungsstichtag (aA BMF 11.11.2011, BStBl. I 2011, 1314 Rn. Org.03; vgl. auch Blumenberg/Lechner DB-Beil. 1/2012, 57 (59); vgl. auch BFH DStR 2017, 2112). Entsprechendes gilt für Spaltungen (im Grundsatz auch BMF 11.11.2011, BStBl. I 2011, 1314 Rn. Org.06 ff.). Der GAV muss dann bis zum Ende dieses Wj. wirksam werden (§ 14 I 2 KStG). Bei einer Umw der **OrganGes** endet die Organschaft (BMF 11.11.2011, BStBl. I 2011, 1314 Rn. Org.21). Die Beendigung tritt zum stl. Übertragungsstichtag ein, da ab diesem Zeitpunkt das Vermögen der OrganGes dem übernehmenden Rechtsträger zugerechnet wird (vgl. auch Dötsch/Pung/Möhlenbrock/Dötsch Anh. 1 UmwStG Rn. 54). Zu Unsicherheiten bei unterjährigem Verschm vgl. Stangl/Aichberger Ubg 2013, 685. In diesen Fällen kann aber ggf. ab dem nach dem stl. Übertragungsstichtag liegenden Wj. der Übernehmerin ein neues Organschaftsverhältnis begründet werden. Soweit erst durch die Gewährung von Anteilen an der Übernehmerin die Voraussetzungen der finanziellen Eingliederung geschaffen werden, greift § 2 I nicht (BMF 11.11.2011, BStBl. I 2011, 1314 Rn. Org.21). Für die Berechnung der **Mindestdauer** des Gewinnabführungsvertrags iSv § 14 I 1 Nr. 3 S. 1 KStG ist auf den stl. Übertragungsstichtag abzustellen, auch wenn der übernehmende Rechtsträger zivilrechtlich zu diesem Zeitpunkt noch nicht existierte (BFH BStBl. II 2019, 81; Hölzer DB 2015, 1249). Zur Zurechnung eines **Übertragungsgewinns** vgl. BFH DStR 2021, 2783.

h) Aufsichtsratsvergütungen. Aufsichtsratsvergütungen sind nach § 10 Nr. 4 87 KStG zur Hälfte nichtabziehbare Aufwendungen einer Körperschaft. Auf andere Rechtsformen ist diese Einschränkung nicht zu übertragen, insbes. nicht auf PersGes. Das ESt-Recht enthält eine den § 10 Nr. 4 KStG entsprechende Vorschrift nicht, die Vergütungen fallen aber unter § 15 I 1 Nr. 2 S. 2 EStG, soweit Gesellschafter sie erhalten. Werden Aufsichtsratsvergütungen nach dem stl. Übertragungsstichtag an Dritte bezahlt, unterliegen sie nur dann dem teilw. Abzugsverbot des § 10 Nr. 4 KStG, wenn die Übernehmerin ihrerseits eine kstpfl. Körperschaft ist (BMF 11.11.2011, BStBl. I 2011, 1314 Rn. 02.37). Andernfalls mindern diese Aufwendungen den Gewinn in vollem Umfang, es sei denn, dass Empfänger der Übernehmer selbst oder ein Gesellschafter der Übernehmerin ist. In diesem Fall handelt es sich um Entnahmen (Haritz/Menner/Bilitewski/Slabon Rn. 74; Dötsch/Pung/Möhlenbrock/Dötsch/Werner Rn. 48; Lademann/Wernicke Rn. 231). Zahlungen an im Rückwirkungszeitraum oder gegen Barabfindung (§§ 29, 207 UmwG) ausscheidende Gesellschafter sind hingegen als BA abzusetzen; der ausgeschiedene Anteilseigner hat die Aufsichtsratsvergütungen als Einkünfte iSv § 18 I Nr. 3 EStG zu versteuern. Die Steuerabzugsverpflichtung geht auf den übernehmenden Rechtsträger über (BMF 11.11.2011, BStBl. I 2011, 1314 Rn. 02.37).

88 **i) Pensionsrückstellungen.** Bei der Umw einer Körperschaft auf eine PersGes ist eine zugunsten eines Gesellschafters bei der Körperschaft zulässigerweise gebildete Pensionsrückstellung nicht aufzulösen (BMF 11.11.2011, BStBl. I 2011, 1314 Rn. 06.04), sondern mit dem Anschaffungsbarwert fortzuführen und um die jährlichen Zinsen zu erhöhen (näher → § 6 Rn. 18; Neumann GmbHR 2002, 996). Zuführungen nach dem stl. Übertragungsstichtag sind Vergütungen iSd § 15 I 1 Nr. 2 EStG (BMF 11.11.2011, BStBl. I 2011, 1314 Rn. 06.06; zur stl. Behandlung vgl. BFH DStR 2006, 741; DStRE 2006, 1307; BMF 29.1.2008, DStR 2008, 299). Bei der Vermögensübertragung auf eine natürliche Person ist die bei der Körperschaft gebildete Pensionsrückstellung aufzulösen (näher → § 6 Rn. 24). Diese Rechtsfolgen treten kraft der Rückwirkungsfiktion ab dem stl. Übertragungsstichtag ein (BeckOK UmwStG/Mückl Rn. 904). Zuführungen an im Rückwirkungszeitraum oder gegen Barabfindung (§§ 29, 207 UmwG) ausscheidende Gesellschafter sind auch nach dem stl. Übertragungsstichtag aufwandswirksam (BeckOK UmwStG/Mückl Rn. 905). Derartige Gesellschafter nehmen an der Umw stl. nicht teil (→ Rn. 99 ff.).

89 **j) Steuerliches Einlagenkonto.** Die verschmelzungs- oder spaltungsbedingten Auswirkungen auf das stl. Einlagenkonto (→ § 15 Rn. 299 ff.) sind am stl. Übertragungsstichtag zu erfassen. Bei vom stl. Übertragungsstichtag abw. Wj. erfolgt die Erfassung in dem VZ, in dem der stl. Übertragungsstichtag liegt (Dötsch/Pung/Möhlenbrock/Dötsch/Werner Rn. 25a). In der Interimszeit erfolgende Einlagen beim übertragenden Rechtsträger erhöhen bereits zum stl. Übertragungsstichtag das stl. Einlagenkonto (Dötsch/Pung/Möhlenbrock/Dötsch/Werner Rn. 67a; aA Karcher DStR 2018, 2173). Vgl. auch → Rn. 73, → Rn. 75 und → Rn. 77. Vgl. iÜ umfassend Karcher DStR 2018, 2173.

90 **k) Einkommensermittlung bei der Übernehmerin.** Nach § 2 I ist das Einkommen und Vermögen auch der Übernehmerin (und – bei PersGes – deren Gesellschafter, Abs. 2) so zu ermitteln, als wäre die Vermögensübertragung bereits zum stl. Übertragungsstichtag erfolgt. Demzufolge entsteht am stl. Übertragungsstichtag nicht nur ein Übertragungsgewinn der übertragenden Körperschaft (§§ 3, 11, 15), sondern auch ein **Übernahmeergebnis**, ein **Beteiligungskorrekturgewinn** nach § 4 I 2 f., § 12 I 2, ein **Übernahmefolgegewinn** nach § 6 und ein Gewinn infolge der Regelung in § 8 (vgl. BMF 11.11.2011, BStBl. I 2011, 1314 Rn. 02.04; Widmann/Mayer/Widmann Rn. 286 ff.; Dötsch/Pung/Möhlenbrock/Dötsch/Werner Rn. 25a; Rödder/Herlinghaus/van Lishaut/van Lishaut Rn. 47, 114). Ebenso sind die **Kapitaleinkünfte nach § 7** am stl. Übertragungsstichtag zu erfassen (Rödder/Herlinghaus/van Lishaut/van Lishaut Rn. 114; Dötsch/Pung/Möhlenbrock/Dötsch/Werner Rn. 25a). Ein Übertragungsgewinn und ein Übernahmeergebnis entstehen nicht stets im selben VZ. Abw. können sich bei unterschiedlichen Wj. ergeben (BMF 11.11.2011, BStBl. I 2011, 1314 Rn. 02.04; Dötsch/Pung/Möhlenbrock/Dötsch/Werner Rn. 25a; Haase/Hofacker/Geils Rn. 84). Bei Umw zur Neugründung kann ein „Ein-Sekunden-Wirtschaftsjahr" entstehen (Dötsch/Pung/Möhlenbrock/Dötsch/Werner Rn. 43; NK-UmwR/Kubik/Große Honebrink Rn. 19).

Auch mit dem Vermögensübergang verbundene mittelbare Folgen sind am stl. **91** Übertragungsstichtag zu erfassen. Tritt etwa infolge der Umw eine **Anwachsung** bei einer PersGes, an der die Rechtsträger beteiligt sind, ein (Vereinigung aller Anteile an der PersGes beim übernehmenden Rechtsträger), erfolgt auch das Erlöschen der PersGes und der Übergang deren Vermögen am stl. Übertragungsstichtag (BFH/NV 2010, 1492; Haase/Hofacker/Geils Rn. 110). Ein Verlustabzug nach § **10a GewStG** bei einer Unter-PersGes geht am stl. Übertragungsstichtag unter (BFH/NV 2010, 1492). Zum Entstehen von SBV → Rn. 50.

l) **Zinsbeginn nach § 233a AO.** Die Rückbeziehung wirkt sich auch auf den **92** Beginn der Vollverzinsung (§ 233a AO) aus (Haase/Hofacker/Geils Rn. 74). Die Verschm ist ein rückwirkendes Ereignis iSv § 233a IIa AO. Rückwirkendes Ereignis ist das Wirksamwerden der Verschm (auch → § 1 Rn. 154). Demzufolge beginnt die Verzinsung erst 15 Monate nach Ablauf des Kalenderjahrs, in dem die Verschm zivilrechtlich wirksam wird (Rödder/Herlinghaus/van Lishaut/van Lishaut Rn. 14 Fn. 3; vgl. auch Centrale-Gutachtendienst GmbHR 2002, 1232).

3. Gewerbesteuer

Nach Abs. 1 S. 2 gilt „das Gleiche" für die Ermittlung der Bemessungsgrundlage **93** bei der GewSt. Demzufolge ist auch zu GewSt-Zwecken das Einkommen und das Vermögen der übertragenden Körperschaft und des übernehmenden Rechtsträgers so zu ermitteln, als ob das Vermögen am stl. Übertragungsstichtag ganz oder teilw. auf den übernehmenden Rechtsträger übergegangen wäre (BFH/NV 2010, 1492).

Die GewStPfl der **Körperschaft** endet bei einer Verschm oder Aufspaltung mit **94** dem Ablauf des stl. Übertragungsstichtags (BFH BStBl. II 2006, 469). Nach § 2 V 1 GewStG gilt der Gewerbebetrieb der Übertragerin als am stl. Übertragungsstichtag eingestellt (Widmann/Mayer/Widmann Rn. 110; BeckOK UmwStG/Mückl Rn. 938; vgl. auch FG BW EFG 2007, 1365). Bis zu diesem Zeitpunkt ist die GewSt bei der übertragenden Körperschaft zu veranlagen (FG BW EFG 2007, 1365).

Für die GewStPfl der **Übernehmerin** muss unterschieden werden: **95**
Besteht bereits ein Gewerbebetrieb bei der Übernehmerin (Umw zur Aufnahme), **96** vereinigt sich der Betrieb der Übertragerin mit dem bestehenden Gewerbebetrieb (§ 2 V 2 GewStG; vgl. Widmann/Mayer/Widmann Rn. 111; BeckOK UmwStG/Mückl Rn. 939); ein neuer Gewerbebetrieb wird nicht gegründet.

Besteht dagegen ein Betrieb beim Übernehmer noch nicht (zB in den Fällen der **97** Umw zur Neugründung oder ggf. der Verschm auf den Alleingesellschafter), gilt der Gewerbebetrieb als am stl. Übertragungsstichtag durch den Übernehmer neu gegründet (§ 2 V 2 GewStG). Besteuerungsmerkmale, die sich bereits bei der Übertragerin verwirklicht haben, sind der Übernehmerin nicht zuzurechnen. Ein neuer Steuerpflichtiger ist entstanden.

Auch für die Anwendung der §§ 8, 9 GewStG ist von einem Vermögensübergang **98** am stl. Übertragungsstichtag auszugehen. Schachtelbeteiligungen (§ 9 Nr. 2a GewStG und Nr. 7 GewStG) sind der Übernehmerin bereits ab dem stl. Übertragungsstichtag zuzurechnen (Rödder/Herlinghaus/van Lishaut/van Lishaut Rn. 66; BeckOK UmwStG/Mückl Rn. 940).

4. Ausscheidende und neu eintretende Gesellschafter

99 **a) Steuerliche Behandlung der ausscheidenden Anteilsinhaber.** Im Rückwirkungszeitraum, also nach dem stl. Übertragungsstichtag, aber vor dem Wirksamwerden der Umw **ausscheidende** Anteilsinhaber der übertragenden Körperschaft nehmen stl. an der Umw nicht teil. Die **Rückwirkungsfiktion gilt für sie nicht** (BFH NZG 2009, 197; BMF 11.11.2011, BStBl. I 2011, 1314 Rn. 02.17 ff.). Für die stl. Behandlung der sie im Rückwirkungszeitraum betreffenden Vorgänge sind sie unverändert als Anteilsinhaber der übertragenden Körperschaft zu behandeln (BMF 11.11.2011, BStBl. I 2011, 1314 Rn. 02.18; FG Münster EFG 2008, 343; Widmann/Mayer/Widmann Rn. 49; Haritz/Menner/Bilitewski/Slabon Rn. 37; Dötsch/Pung/Möhlenbrock/Dötsch/Werner Rn. 71; Brandis/Heuermann/Loose Rn. 48; Rödder/Herlinghaus/van Lishaut/van Lishaut Rn. 127; BeckOK UmwStG/Mückl Rn. 154). Zur Behandlung eines im Rückwirkungszeitraums verstorbenen Gesellschafters und anschließender Verschm auf dessen Rechtsnachfolger vgl. BFH BStBl. II 2021, 359.

100 Entsprechend sind Anteilsinhaber zu behandeln, die nach §§ 29, 207 UmwG gegen **Barabfindung** ausscheiden (BMF 11.11.2011, BStBl. I 2011, 1314 Rn. 02.19; Haritz/Menner/Bilitewski/Slabon Rn. 38; Brandis/Heuermann/Loose Rn. 48; Rödder/Herlinghaus/van Lishaut/van Lishaut Rn. 127; Dötsch/Pung/Möhlenbrock/Dötsch/Werner Rn. 51; Lademann/Wernicke Rn. 193; BeckOK UmwStG/Mückl Rn. 156). Zivilrechtlich scheiden diese Anteilsinhaber zwar erst nach Wirksamwerden der Umw und damit aus dem übernehmenden Rechtsträger aus (vgl. zB § 31 UmwG). Die abw. stl. Betrachtung folgt aber aus § 5 I Alt. 2. Danach gelten die Anteile von gegen Barabfindung ausscheidenden Anteilsinhabern als vom übernehmenden Rechtsträger zum stl. Übertragungsstichtag angeschafft. Die Anschaffung durch den übernehmenden Rechtsträger setzt eine zeitgleiche Veräußerung von Anteilen an einer Körperschaft durch den ausscheidenden Anteilsinhaber voraus. **Darüber hinaus** soll dies auch für Anteilsinhaber gelten, die die Anteile erst nach dem Umwandlungsbeschluss erworben haben und gegen eine erweiterte (über §§ 29, 207 UmwG hinausgehende) Barabfindung aus dem umgewandelten Rechtsträger ausscheiden (FG Münster EFG 2008, 343).

101 Die Nichtteilnahme der im Rückwirkungszeitraum ausscheidenden Gesellschafter an der Umw und damit an der Rückwirkungsfiktion hat verschiedene **Konsequenzen:**
Die ausscheidenden Gesellschafter **veräußern** unabhängig von der zivilrechtlichen Situation (auch bei Ausscheiden gegen Barabfindung nach §§ 29, 207 UmwG) stl. ihre **Beteiligung** an der übertragenden **Körperschaft** (BMF 11.11.2011, BStBl. I 2011, 1314 Rn. 02.18 f., 02.20, 02.23; FG Münster EFG 2008, 343; Rödder/Herlinghaus/van Lishaut/van Lishaut Rn. 96, 98, 128, 130 mit dem Hinweis, dass dies auch bei Nachteilen gilt; Widmann/Mayer/Widmann Rn. 53, 294 ff.; Haritz/Menner/Bilitewski/Slabon Rn. 37; Dötsch/Pung/Möhlenbrock/Dötsch/Werner Rn. 52, 71; Lademann/Wernicke Rn. 192). Die Besteuerung dieser Veräußerung richtet sich nach den allg. Grundsätzen (etwa §§ 17 oder 20 II 1 Nr. 1 EStG). Bezüge iSv § 7 werden dem ausscheidenden Gesellschafter nicht zugerechnet (BMF 11.11.2011, BStBl. I 2011, 1314 Rn. 02.20).

102 Ein **Veräußerungsgewinn** fällt in dem **VZ** an, in dem tatsächlich die Veräußerung (Übergang des wirtschaftlichen Eigentums, § 39 AO) erfolgt (vgl. auch BMF 11.11.2011, BStBl. I 2011, 1314 Rn. 02.23 f.; Dötsch/Pung/Möhlenbrock/Dötsch/Werner Rn. 52; Haase/Hofacker/Geils Rn. 107). Die Anteile gelten zwar nach § 5 I als bereits zum stl. Übertragungsstichtag angeschafft (→ Rn. 100, → Rn. 106), die ausscheidenden Anteilsinhaber nehmen aber gerade an der Rückwirkungsfiktion nicht teil (→ Rn. 99; vgl. auch Widmann/Mayer/Widmann Rn. 53; Rödder/Herlinghaus/van Lishaut/van Lishaut Rn. 96).

Gewinnausschüttungen an ausscheidende Gesellschafter gelten unabhängig 103
vom Zeitpunkt des Gewinnausschüttungsbeschlusses (vor oder nach dem stl.
Übertragungsstichtag) als Gewinnausschüttungen der übertragenden Körperschaft. Entsprechendes gilt für die Besteuerung der Gewinnausschüttung in der Person des
ausscheidenden Anteilsinhabers. Bei der Umw in eine PersGes tritt eine Umqualifizierung nicht ein. Die übertragende Körperschaft hat die Gewinnausschüttung in
der stl. Schlussbilanz bezogen auf die ausscheidenden Anteilinhaber auch dann zu
berücksichtigen, wenn der Gewinnverwendungsbeschluss nach dem stl. Übertragungsstichtag gefasst wurde (für nicht ausscheidende Gesellschafter → Rn. 78 ff.;
iÜ → Rn. 82 ff.).

Tätigkeitsvergütungen oder Vergütungen für die Hingabe von Darlehen oder 104
die Überlassung von WG, die im Rückwirkungszeitraum von der übertragenden
Körperschaft an ausscheidende Anteilsinhaber geleistet werden, gelten stl. als Leistungen an fremde Dritte. Bei der Umw auf eine PersGes tritt eine Umqualifizierung
in gewerbliche Einkünfte nach § 15 I 1 Nr. 2 EStG nicht ein (BMF 11.11.2011,
BStBl. I 2011, 1314 Rn. 02.36; Lademann/Wernicke Rn. 192). Sie stellen damit
weiterhin BA der übernehmenden PersGes dar (für nicht ausscheidende Anteilsinhaber → Rn. 54 ff.). Entsprechendes gilt für Aufsichtsratsvergütungen/Beiratsvergütungen, die ein ausscheidender Anteilsinhaber bei der PersGes bezieht (BMF
11.11.2011, BStBl. I 2011, 1314 Rn. 02.37).

Die vorstehenden Folgen treten nur ein, soweit der ausscheidende Gesellschafter 105
seine Beteiligung veräußert. Veräußert er nur einen **Teil seiner Anteile**, nimmt er
mit den übrigen Anteilen an der Umw und damit auch an der Rückwirkungsfiktion
teil (Brandis/Heuermann/Loose Rn. 48). Gewinnausschüttungen (→ Rn. 78 ff.,
→ Rn. 82 ff.) sind dann aufzuteilen und ggf. unterschiedlich zu behandeln (BMF
11.11.2011, BStBl. I 2011, 1314 Rn. 02.29). Eine Aufteilung erfolgt nicht hinsichtlich der Umqualifizierung von Sondervergütungen (→ Rn. 53 ff., → Rn. 64; BMF
11.11.2011, BStBl. I 2011, 1314 Rn. 02.36; Brandis/Heuermann/Loose Rn. 48).

b) Steuerliche Behandlung der neu eintretenden Anteilsinhaber. Im 106
Rückwirkungszeitraum neu eintretende Anteilsinhaber der übertragenden Körperschaft (etwa durch Erwerb einer Beteiligung) werden stl. als bereits am stl. Übertragungsstichtag beteiligt behandelt. In entsprechender Anwendung von § 5 gelten die
Anteile als zum stl. Übertragungsstichtag angeschafft (BMF 11.11.2011, BStBl. I
2011, 1314 Rn. 02.21; Haritz/Menner/Bilitewski/Slabon Rn. 36; Jorde/Wetzel BB
1996, 1246 (1248); BeckOK UmwStG/Mückl Rn. 157; → § 5 Rn. 9 ff.). Sie nehmen damit auch stl. an der Umw im vollen Umfang teil (Dötsch/Pung/Möhlenbrock/Dötsch/Werner Rn. 70; Lademann/Wernicke Rn. 194; Frotscher/Drüen/
Drüen Rn. 70 f.). Für sie ist ein Übernahmeergebnis (§§ 4 IV ff.) zu ermitteln und
sie erzielen Einkünfte nach § 7 (BMF 11.11.2011, BStBl. I 2011, 1314 Rn. 02.21).
Soweit allerdings Zahlungen, Gewinnausschüttungen etc im Rückwirkungszeitraum
betroffen sind, ist maßgeblich, ob der hinzutretende Gesellschafter die Leistungen
tatsächlich erhalten hat.

5. Bare Zuzahlungen

Das UmwG sieht vor, dass neben der Anteilsgewährung für einen Spitzenausgleich 107
bare Zuzahlungen geleistet werden können (vgl. § 5 I Nr. 3 UmwG, § 126 I Nr. 3
UmwG, § 307 II Nr. 2 UmwG, § 322 II UmwG; zur Höhe vgl. § 54 IV UmwG,
§ 56 UmwG (GmbH), § 68 III UmwG, § 73 UmwG (AG), § 68 III UmwG, §§ 73,
78 UmwG (KGaA) und § 87 II 2 UmwG (eG)). Ferner können die Anteilsinhaber
im Rahmen des Spruchverfahrens nach dem SpruchG einen Anspruch auf Verbesserung des Umtauschverhältnisses durch bare Zuzahlung durchsetzen. Derartige bare
Zuzahlungen sind stl. als anteilige Veräußerungen zu werten (str.; → § 13 Rn. 16).
Zur Behandlung barer Zuzahlungen bei der Verschm von Körperschaften in der stl.

Schlussbilanz der übertragenden Körperschaft → § 11 Rn. 137. Der Charakter der baren Zuzahlungen als anteilige Veräußerungsentgelte führt dazu, dass die stl. Folgen – ebenso wie bei einem vollständigen Ausscheiden des Gesellschafters; → Rn. 99 ff. – bei der übertragenden Körperschaft am stl. Übertragungsstichtag zu erfassen sind (Rödder/Herlinghaus/van Lishaut/van Lishaut Rn. 97; Dötsch/Pung/Möhlenbrock/Dötsch/Werner Rn. 54; Lademann/Wernicke Rn. 193; aA Widmann/Mayer/Widmann Rn. 341: Zeitpunkt der maßgebenden Eintragung). Der Anteilsinhaber erzielt einen entsprechenden Veräußerungsgewinn erst mit Wirksamwerden der Verschm (Rödder/Herlinghaus/van Lishaut/van Lishaut Rn. 97; Widmann/Mayer/Widmann Rn. 341; Dötsch/Pung/Möhlenbrock/Dötsch/Werner Rn. 54; auch → Rn. 102).

6. Besonderheiten bei grenzüberschreitenden/ausländischen Umwandlungen

108 **a) Allgemeines.** Das UmwStG und damit ebenso § 2 erfassen neben inl. auch grenzüberschreitende und vergleichbare ausl. Vorgänge (BMF 11.11.2011, BStBl. I 2011, 1314 Rn. 02.07; → § 1 Rn. 12 ff.). Insoweit können hinsichtlich der Rückwirkung Besonderheiten eintreten. Dann muss ggf. für die Feststellung des stl. Übertragungsstichtags auf die ausl. Rechtsordnung zurückgegriffen werden (→ Rn. 109). Des Weiteren kann die Situation eintreten, dass die inl. Rückbeziehungsregelung nach Abs. 1 und Abs. 2 mit der entsprechenden Regelung der ausl. Rechtsordnung nicht übereinstimmt (in zeitlicher und inhaltlicher Hinsicht) oder die ausl. Rechtsordnung keine Rückbeziehung kennt (BMF 11.11.2011, BStBl. I 2011, 1314 Rn. 02.38). Vgl. zu Rückwirkungsregelungen in 21 EU-Staaten die Übersicht bei von Brocke/Goebel/Ungemach/von Cossel DStZ 2011, 684 (688). Für den Fall, dass Einkünfte aufgrund abw. Regelungen zur Rückbeziehung in einem anderen Staat der Besteuerung entzogen werden, bestimmt Abs. 3 die Nichtanwendung der Abs. 1 und 2. Stimmen die ausl. und die inl. Regelungen überein, ist der Anwendungsbereich von Abs. 3 nicht eröffnet (Dötsch/Pung/Möhlenbrock/Dötsch/Werner Rn. 78; BeckOK UmwStG/Mückl Rn. 1077; Goebel/Ungemach/Glaser DStZ 2009, 853 (856)).

109 **b) Bestimmung des steuerlichen Übertragungsstichtags.** Der stl. Übertragungsstichtag ist der Stichtag der Bilanz, die dem Vermögensübergang zugrunde liegt. Bei Umw nach dem UmwG ist dies die handelsrechtliche Schlussbilanz des übertragenden Rechtsträgers nach § 17 II UmwG (→ Rn. 18). Auch bei **grenzüberschreitenden Hinausumwandlungen** mit einer inl. übertragenden Körperschaft (etwa nach §§ 305 ff. UmwG, aber auch nach der Vereinigungstheorie; → UmwG § 1 Rn. 45 ff.) hat die übertragende Körperschaft eine Schlussbilanz nach § 17 II UmwG anlässlich der Anmeldung zum HR beizufügen (→ § 17 Rn. 8; von Brocke/Goebel/Ungemach/von Cossel DStZ 2011, 684). Entsprechendes gilt bei einer grenzüberschreitenden Verschm nach der SE-VO für eine übertragende inl. AG (→ UmwG § 17 Rn. 8). In diesem Fall treten Besonderheiten zur Ermittlung des stl. Übertragungsstichtags nicht auf. Die stl. Rückbeziehung erfolgt, soweit nicht Abs. 3 greift (→ Rn. 111).

110 Im umgekehrten Fall der **Hereinumwandlung** oder einer **Auslandsumwandlung** mit Übertragung inl. Vermögens (ausl. übertragender Rechtsträger) ist zur Bestimmung des stl. Übertragungsstichtags auf den Stichtag der Bilanz nach ausl. GesR abzustellen (Begr. RegE, BT-Drs. 16/2710 zu § 2; Rödder/Herlinghaus/van Lishaut/van Lishaut Rn. 145; Dötsch/Pung DB 2006, 2704 (2706); Haritz/Menner/Bilitewski/Slabon Rn. 105; BeckOK UmwStG/Mückl Rn. 1218; Haase/Hofacker/Geils Rn. 157; Ettinger/Königer GmbHR 2009, 590 (594); vgl. aber BMF 11.11.2011, BStBl. I 2011, 1314 Rn. 02.07: Ermittlung des Umwandlungsstichtags).

Maßgeblich ist das Recht des Ansässigkeitsstaates (für SE vgl. Art. 18 SE-VO). Auch die Rückbeziehungsfrist (Bilanzstichtag) richtet sich dann nach der ausl. Rechtsordnung. Diese kann kürzer oder länger als die inl. Rückbeziehungsfrist von acht Monaten sein. Besondere Probleme treten dadurch nicht auf, solange auch das ausl. StR für die Ermittlung des stl. Übertragungsstichtages auf diesen Bilanzstichtag abstellt. Wenn der ausl. Rechtsträger nach seinem StR ein Wahlrecht zur Rückbeziehung auf den Bilanzstichtag hat und er dieses nicht ausübt, kann es zu einem Besteuerungsentzug iSv Abs. 3 kommen (→ Rn. 111). Kennt die ausl. Rechtsordnung keine dem Vermögensübergang zugrunde liegende Bilanz, ist der stl. Übertragungsstichtag der Zeitpunkt des Wirksamwerdens der Umw (Widmann/Mayer/Widmann (SEStEG) R 119, 3; vgl. aber auch Rödder/Herlinghaus/van Lishaut/van Lishaut Rn. 146: Übergang des wirtschaftlichen bzw. des rechtlichen Eigentums; so auch BeckOK UmwStG/Mückl Rn. 1218 und Haase/Hofacker/Geils Rn. 157).

c) Keine Rückbeziehung bei Besteuerungsentzug. aa) Allgemeines. 111
Abs. 3 ordnet an, dass die Abs. 1 und 2 nicht anzuwenden sind, soweit Einkünfte aufgrund abw. Regelungen zur Rückbeziehung in einem anderen Staat der Besteuerung entzogen werden. Die Vorschrift bezweckt die Verhinderung nicht besteuerter („weißer") Einkünfte aufgrund abw. Regelungen zur Rückwirkung von Umw in anderen Staaten (Begr. RegE, BT-Drs. 16/2710 zu § 2 III; BMF 11.11.2011, BStBl. I 2011, 1314 Rn. 02.38). Sie ist ohne vergleichbare Vorgängerregelung anlässlich der Neufassung des UmwStG durch das SEStEG eingefügt worden. Hintergrund ist die Öffnung der Anwendbarkeit des UmwStG für grenzüberschreitende und vergleichbare ausl. Vorgänge (→ § 1 Rn. 2). Sie ist sprachlich ungenau (vgl. auch Dötsch/Pung/Möhlenbrock/Dötsch/Werner Rn. 78a; HK-UmwStG/G. Kraft Rn. 74) und regelt nur einen Teilaspekt der Schwierigkeiten bei abw. Regelungen zur Rückbeziehung von Umw in verschiedenen betroffenen Staaten. Insbes. ist die auch mögliche Doppelbesteuerung von Geschäftsvorfällen in der Interimszeit ausgeklammert (Widmann/Mayer/Widmann Rn. R 119; Frotscher/Drüen/Drüen Rn. 131).

bb) Betroffene Umwandlungsarten. Abs. 3 gilt – wie § 2 insgesamt 112
(→ Rn. 3) – unmittelbar für die vom 2.–5. Teil des UmwStG erfassten Umw. Denn Abs. 3 nimmt ausdrücklich auf die in § 1 bezeichnete Vorgänge Bezug. Allerdings **verweisen** § 9 III Hs. 2, § 20 VI 4 und § 24 IV Hs. 2 (mittelbar) auf Abs. 3 und ordnen die entsprechende Geltung an. Demzufolge gilt der in Abs. 3 angeordnete Ausschluss der Rückwirkung für alle Rückbeziehungsvorschriften des UmwStG (Rödder/Herlinghaus/van Lishaut/van Lishaut Rn. 157; Frotscher/Drüen/Frotscher Rn. 118).

Der Anwendungsbereich von Abs. 3 beschränkt sich ferner auf Vorgänge, bei 113
denen das inl. Besteuerungsrecht beschränkt oder ausgeschlossen wird. Es muss also eine **Entstrickung** eintreten (Rödder/Herlinghaus/van Lishaut/van Lishaut Rn. 156; Frotscher/Drüen/Drüen Rn. 126; BeckOK UmwStG/Mückl Rn. 1078; Haase/Hofacker/Geils Rn. 132; Ettinger/Königer GmbHR 2009, 590; Rödder/Schumacher DStR 2006, 1525 (1529)).

Bei **Inlandsumwandlungen** ohne Auslandsbezug (Umw von inl. Rechtsträgern 114
mit inl. Vermögen und inl. Anteilsinhabern) kann ein Ausschluss/eine Beschränkung des Besteuerungsrechts nicht eintreten. Sehr wohl denkbar ist dies aber bei Umw nach dem UmwG von inl. Rechtsträgern mit ausl. Vermögen und ausl. Anteilsinhabern (etwa bei Verschm einer inl. KapGes auf eine inl. PersGes). In diesem Fall kann es – gesellschafterbezogen – zu einer Beschränkung/einem Ausschluss des inl. Besteuerungsrechts hinsichtlich des ausl. Vermögens kommen (→ § 3 Rn. 84 ff.). Aus inl. Sicht wird diese „Entstrickung" am stl. Übertragungsstichtag erfasst, während das ausl. Recht die „Verstrickung" ggf. erst zu einem späteren Zeitpunkt annimmt. Zwischenzeitliche Erträge aus den WG wären dann unversteuert.

115 Bei einer **Hereinumwandlung** wird es idR nicht zu einer Beschränkung/einem Ausschluss des inl. Besteuerungsrechts kommen. Hier sind häufiger Doppelbesteuerungssituationen denkbar (→ Rn. 121). Der häufigste Anwendungsfall von Abs. 3 sind Fälle der **Hinausumwandlung** (Dötsch/Pung/Möhlenbrock/Dötsch/Werner Rn. 78; Rödder/Herlinghaus/van Lishaut/van Lishaut Rn. 150; Haritz/Menner/ Bilitewski/Slabon Rn. 104; von Brocke/Goebel/Ungemach/von Cossel DStZ 2011, 684 (685)). In diesen Fällen ist regelmäßig auf den Stichtag der Schlussbilanz (§ 17 II UmwG) des übertragenden inl. Rechtsträgers abzustellen (→ Rn. 109). Zum Zeitpunkt der Entstrickung → § 3 Rn. 95. Nimmt das ausl. StR einen anderen Zeitpunkt der „Verstrickung" an, wären die zwischenzeitlichen Erträge nicht besteuert. Schließlich wird es bei rein ausl. Umw idR nicht zu einer Beschränkung/ zu einem Ausschluss des inl. Besteuerungsrechts kommen (→ § 3 Rn. 101).

116 **cc) Abweichende Regelungen zur Rückbeziehung.** Abs. 3 setzt abw. Regelungen zur Rückbeziehung voraus. Unklar ist, worauf sich der Satzbestandteil „in einem anderen Staat" bezieht. Denkbar sind die Lesarten „abweichende Regelungen zur Rückbeziehung eines in § 1 I bezeichneten Vorgangs in einem anderen Staat", „eines in § 1 I bezeichneten Vorgangs in einem anderen Staat" und „in einem anderen Staat der Besteuerung entzogen werden". Die Beschränkung auf „Vorgänge in einem anderen Staat", mithin auf vergleichbare ausl. Vorgänge iSv § 1 I 1 Nr. 1 und Nr. 2 (→ § 1 Rn. 31 ff.), entspräche nicht dem Zweck der Vorschrift (→ Rn. 108). Denn gerade die Fälle der Hinausumwandlung, etwa nach §§ 305 ff. UmwG (zuvor §§ 122a ff. UmwG aF) oder nach der SE-VO (→ Rn. 114), können bei Bestehen abw. Rückbeziehungsregelungen zu dem Entstehen der weißen Einkünfte führen (für diese Lesart aber Dötsch/Pung/Möhlenbrock/Dötsch/Werner Rn. 78a; Dötsch/Pung DB 2006, 2704 (2706)). Dem Gesetzeszweck entspricht die Lesart, dass „abweichende Regelungen zur Rückbeziehung in einem anderen Staat" bestehen müssen (so auch Frotscher/Drüen/Drüen Rn. 124; Haase/Hofacker/Geils Rn. 132; Lademann/Wernicke Rn. 251; HK-UmwStG/G. Kraft Rn. 75; BeckOK UmwStG/Mückl Rn. 1074; Brandis/Heuermann/Loose Rn. 73; Schaflitzl/Widmayer BB Special 8/2006, 36 (39); Ettinger/Königer GmbHR 2009, 590 (591)). Denn nur aufgrund abw. Rückbeziehungsregelungen in einem anderen Staat kann es zu den Besteuerungslücken kommen. Der Umstand, dass Einkünfte „in einem anderen Staat der Besteuerung entzogen werden", ist aus Sicht des inl. Gesetzgebers hingegen irrelevant, da er das inl. und nicht ein ausl. Steueraufkommen schützen möchte (vgl. auch Dötsch/Pung/Möhlenbrock/Dötsch/Werner Rn. 78a; Lademann/Hahn Rn. 251; Frotscher/Drüen/Drüen Rn. 124). Daher setzt die Vorschrift voraus, dass ein nach den allg. Steuergesetzen (ohne Berücksichtigung der Rückbeziehung) bestehendes inl. Besteuerungsrecht nicht ausgeübt werden kann, weil aufgrund der Rückbeziehungsregelung in Abs. 1 und Abs. 2 der Übergang des Vermögens und des Einkommens fiktiv vorverlagert ist, und zugleich der ausl. Staat sein Besteuerungsrecht nicht wahrnimmt. Das Privileg der Vereinfachung durch die Rückwirkung und der Herstellung des Gleichlaufes mit dem Wechsel der Ergebniszurechnung soll also nur gewährt werden, wenn – Inlandsfall – sich das inl. Besteuerungsrecht beim übernehmenden Rechtsträger fortsetzt oder – Entstrickungsfall – wenigstens der ausl. Staat zeitgleich sein Besteuerungsrecht wahrnimmt. IdS ist Abs. 3 funktionell eine Rückfallklausel (Subject-to-Tax-Klausel) (PWC, Reform des UmwStR/Hahn, 2007, Rn. 862; Brandis/Heuermann/Loose Rn. 73).

117 **Maßstab** für die Bestimmung der **Abweichung** von Regelungen zur Rückbeziehung ist die inl. Regelung in Abs. 1 und 2. Diese muss in zeitlicher und/oder *inhaltlicher* Weise abweichen. Ferner muss die Abweichung dazu führen, dass Einkünfte der Besteuerung entzogen werden (zur Doppelbesteuerung → Rn. 120). In **zeitlicher Hinsicht** bedeutet dies, dass die ausl. Rechtsordnung keine oder eine kürzere Rückbeziehungsfrist vorsehen muss. So würden bei einer Hinausumwandlung etwa weiße Einkünfte entstehen, wenn nach Abs. 1 für die Ermittlung des Einkommens und des Vermögens von einem Vermögensübergang am stl. Übertragungsstichtag (= Stichtag der Schlussbilanz nach § 17; → Rn. 18) auszugehen wäre, der ausl. Staat hingegen die anlässlich der Umw bei ihm verstrickten WG erst mit dem Wirksamwerden der Umw erfassen würde. In diesem Fall wären die Einkünfte aus dem übergehenden Vermögen zwischen dem stl. Übertragungsstichtag nach Abs. 1 und dem stl. Übertragungsstichtag nach der ausl. Rechtsordnung weder in Deutschland noch in dem ausl. Staat der Besteuerung unterworfen. Entsprechendes gilt bei einer zeitlich kürzeren Rückbeziehungsfrist (Dötsch/Pung/Möhlenbrock/Dötsch/Werner Rn. 78; Rödder/Herlinghaus/van Lishaut/van Lishaut Rn. 156; Haase/Hofacker/Geils Rn. 135; Ettinger/Königer GmbHR 2009, 590 (592); Dötsch/Pung DB 2006, 2704 (2706)).

Denkbar sind aber auch bei zeitlich kongruenten Rückbeziehungsfristen Abweichungen hinsichtlich der **Qualifikation von Geschäftsvorfällen** in der Interimszeit zwischen dem stl. Übertragungsstichtag und dem endgültigen Wirksamwerden der Umw (Dötsch/Pung/Möhlenbrock/Dötsch/Werner Rn. 81; Rödder/Herlinghaus/van Lishaut/van Lishaut Rn. 160; Haritz/Menner/Bilitewski/Slabon Rn. 106; Lademann/Wernicke Rn. 255; Brandis/Heuermann/Loose Rn. 75; PWC, Reform des UmwStR/Hahn, 2007, Rn. 861; von Brocke/Goebel/Ungemach/von Cossel DStZ 2011, 684 (685 f.); Goebel/Ungemach/Glaser DStZ 2009, 854 (855); Benecke/Schnitger IStR 2006, 765 (771)). So können etwa die Behandlung von Gewinnausschüttungen, die zeitliche Rückbeziehung von Veräußerungen von Anteilen an beteiligten Rechtsträgern in der Interimsphase, die Behandlung von Leistungen an in der Interimsphase ausgeschiedene Anteilsinhaber und bei Beteiligung von PersGes insbes. die stl. Behandlung von Sondervergütungen divergieren. Soweit in diesem Zusammenhang permanente, also über den Zeitpunkt des Wirksamwerdens der Umw zeitlich hinausgehende Qualifikationskonflikte eintreten (etwa unterschiedliche Behandlung von Sondervergütungen aus ausl. Betriebsstätten), regelt Abs. 3 nur eine Verkürzung oder einen Ausschluss der Rückbeziehung, nicht jedoch den Qualifikationskonflikt an sich (Rödder/Herlinghaus/van Lishaut/van Lishaut Rn. 160 mit Beispiel; vgl. auch Widmann/Mayer/Widmann (SEStEG) R 118 mit Beispiel; BeckOK UmwStG/Mückl Rn. 1082).

dd) Rechtsfolgen. Abs. 3 ordnet die Nichtanwendung von Abs. 1 und Abs. 2 an, „soweit" Einkünfte der Besteuerung entzogen werden. Einkünfte in diesem Sinne sind sowohl positive als auch negative Einkünfte (Frotscher/Drüen/Drüen Rn. 123; Rödder/Herlinghaus/van Lishaut/van Lishaut Rn. 153; BeckOK UmwStG/Mückl Rn. 1119; Ettinger/Königer GmbHR 2009, 590 (591); von Brocke/Goebel/Ungemach/von Cossel DStZ 2011, 684 (686)). Die von Abs. 3 angeordnete Rechtsfolge ist damit nicht nur in **zeitlicher Hinsicht,** sondern auch auf diejenigen **Geschäftsvorfälle,** die der Besteuerung entzogen werden, beschränkt (ebenso Rödder/Herlinghaus/van Lishaut/van Lishaut Rn. 156; Lademann/Wernicke Rn. 257; BeckOK UmwStG/Mückl Rn. 1115; Ettinger/Königer GmbHR 2009, 590 (591); von Brocke/Goebel/Ungemach/von Cossel DStZ 2011, 684 (686)). Gelten in dem ausl. Staat kürzere Rückbeziehungsfristen, werden die Geschäftsvorfälle iÜ aber in gleicher Weise qualifiziert, bedeutet „soweit", dass der stl. Übertragungsstichtag an einem zeitlich späteren, von der ausl. Rechtsordnung vorgegebenen Übertragungsstichtag eintritt (Haritz/Menner/Bilitewski/Slabon Rn. 108; BeckOK UmwStG/Mückl Rn. 1116; Ettinger/Königer GmbHR 2009, 590 (593)). Eine generelle Maßgeblichkeit des Zeitpunktes des Wirksamwerdens der Umw ist in diesem Fall mit dem Zweck nicht vereinbar; dies ist nur anzunehmen, wenn die ausl. Rechtsordnung überhaupt keine Rückbeziehung kennt.

IÜ gilt der Ausschluss oder die Beschränkung der Rückbeziehung auch nur für diejenigen WG und damit in Zusammenhang stehenden Geschäftsvorfälle, für die das inl. Besteuerungsrecht aufgrund der Umw ausgeschlossen oder beschränkt wird (auch → Rn. 113). Für andere anlässlich der Umw übertragene WG, für die das inl. Besteuerungsrecht weder ausgeschlossen noch beschränkt wird (etwa bisher schon kein Besteuerungsrecht oder keine Änderung im stl. Status durch die Umw), verbleibt es hingegen bei den durch Abs. 1 angeordneten, stl. fiktiven Vermögensübergang am nach inl. Vorschriften ermittelten stl. Übertragungsstichtag (Rödder/Herlinghaus/van Lishaut/van Lishaut Rn. 105).

121 **ee) Doppelbesteuerung.** Keine Regelung enthält Abs. 3 für den Fall, dass durch unterschiedliche Rückbeziehungsfristen oder unterschiedliche Qualifikation von Geschäftsvorfällen in der Interimsphase eine doppelte Besteuerung eintritt. Der Fall kann bei einer **Hinausumwandlung** etwa eintreten, wenn das ausl. Recht einen zeitlich früheren stl. Übertragungsstichtag annimmt (Dötsch/Pung/Möhlenbrock/Dötsch/Werner Rn. 88; Frotscher/Drüen/Drüen Rn. 131; Haritz/Menner/Bilitewski/Slabon Rn. 107; BeckOK UmwStG/Mückl Rn. 1318). Entsprechendes gilt bei einer **Hereinumwandlung,** wenn Deutschland den Vermögensübergang und die damit verbundene Verstrickung bereits ab dem Stichtag der Schlussbilanz des ausl. Rechtsträgers annimmt, wohingegen der Sitzstaat von einer Entstrickung der übergehenden WG erst zum Zeitpunkt des Wirksamwerdens ausgeht (Frotscher/Drüen/Drüen Rn. 131; Haase/Hofacker/Geils Rn. 154 f.; BeckOK UmwStG/Mückl Rn. 1318; HK-UmwStG/G. Kraft Rn. 86). Das Fehlen einer derartigen Regelung ist systematisch inkonsequent (Rödder/Schumacher DStR 2006, 1525 (1529); Haase/Hofacker/Geils Rn. 156; Lademann/Wernicke Rn. 258). Im Einzelfall kann Abhilfe nur über ein Verständigungsverfahren erfolgen (Dötsch/Pung/Möhlenbrock/Dötsch/Werner Rn. 88; Rödder/Herlinghaus/van Lishaut/van Lishaut Rn. 155; Haase/Hofacker/Geils Rn. 156; Lademann/Wernicke Rn. 258; BeckOK UmwStG/Mückl Rn. 1318; Ettinger/Königer GmbHR 2009, 590 (591)).

7. Ausschluss der Verlustverrechnung mit Übertragungsgewinnen (Abs. 4 S. 1 und 2)

122 **a) Allgemeines.** Der Anwendungsbereich der mit dem JStG 2009 (BGBl. 2009 I 2794) eingefügten und mit dem WachstumsbeschleunigungsG (BGBl. 2009 I 3950) ergänzten Regelungen in Abs. 4 S. 1 und 2 ist in verschiedener Hinsicht unklar. Der Sinn und Zweck der Vorschrift erschließt sich nur aus der Gesetzesbegründung und ist im Grundsatz nachvollziehbar. Danach soll so verhindern, dass durch Umw mit stl. Rückwirkung ein Übertragungsgewinn mit Verlustpositionen verrechnet wird, obwohl dies dem übertragenden Rechtsträger nach dem stl. Übertragungsstichtag wegen eines Untergangs der Verlustpositionen aufgrund eines Anteilsinhaberwechsels iSv § 8c KStG nicht mehr möglich wäre (Abs. 4 S. 1). Diese Beschränkung soll auch für negative Einkünfte im Rückwirkungszeitraum gelten (Abs. 4 S. 2). Dieses Ziel kommt aber im Wortlaut nicht zum Ausdruck, der daher einschränkend auszulegen ist, damit die Vorschrift überhaupt noch verfassungsmäßigen Maßstäben genügt und keine überschießende Tendenz aufweist. Leider hat sich auch die FVerw nur sehr kursorisch geäußert (vgl. BMF 11.11.2011, BStBl. I 2011, 1314 Rn. 02.39 f.). Rechtssystematisch handelt es sich um eine spezialgesetzliche Missbrauchsverhinderungsvorschrift (ebenso Sistermann/Brinkmann DStR 2008, 2455 (2457)). Durch die zwischenzeitliche Einfügung von § 8c I 6–9 KStG hat die Vorschrift an praktischer Bedeutung verloren (→ Rn. 152). Zur erstmaligen Anwendung vgl. § 27 IX, X UmwStG.

123 **b) Betroffene Umwandlungen.** Abs. 4 ist unmittelbar nur auf die von § 2 erfassten Umw nach §§ 3–19 anwendbar (→ Rn. 3 ff.). Dies gilt auch für den Formwechsel von KapGes in PersGes (§ 9 S. 3 Hs. 2). Nach § 20 VI 4 sind Abs. 4 S. 1 und 2 bei rückwirkenden Einbringungen nach § 20 (einschließlich Formwechsel von PersGes in KapGes, § 25 UmwStG) indes entsprechend anwendbar. Über die Verweisung in § 24 IV auf § 20 VI sind auch Einbringungen nach § 24 erfasst.

c) Betroffene Rechtsträger. Abs. 4 S. 1 schränkt die Verrechnung oder den Ausgleich eines Übertragungsgewinns mit Verlustpositionen ein. Ein Übertragungsgewinn (§ 3, § 11, § 20 III, § 24 III) entsteht beim übertragenden Rechtsträger; er ist Adressat der Vorschrift (Rödder/Schönfeld DStR 2009, 560; Dötsch/Pung/ Möhlenbrock/Dötsch/Werner Rn. 93; Frotscher/Drüen/Drüen Rn. 141; Haritz/ Menner/Bilitewski/Slabon Rn. 109; Rödder/Herlinghaus/van Lishaut/van Lishaut Rn. 170; Haase/Hofacker/Geils Rn. 172; BeckOK UmwStG/Mückl Rn. 1387). Im unmittelbaren Anwendungsbereich von Abs. 4 S. 1, 2 (§§ 3–19; → Rn. 3 ff.) sind dies immer Körperschaften (→ § 1 Rn. 15). Aufgrund des Zusammenhangs mit § 8c KStG (→ Rn. 131) ist die Vorschrift aber auch in Einbringungsfällen nach §§ 20, 24 nur auf Körperschaft als übertragende Rechtsträger anwendbar.

Abs. 4 **S. 2** bezieht sich hingegen auf den übernehmenden Rechtsträger, dem aufgrund der stl. Rückwirkung die Verluste des übertragenden Rechtsträgers im Rückwirkungszeitraum als eigene Verluste zugerechnet werden (Dötsch/Pung/ Möhlenbrock/Dötsch/Werner Rn. 93; Frotscher/Drüen/Drüen Rn. 161; Rödder/ Herlinghaus/van Lishaut/van Lishaut Rn. 170).

d) Ausschluss der Verrechnung mit einem Übertragungsgewinn (Abs. 4 S. 1). aa) Übertragungsgewinn. Abs. 4 S. 1 setzt einen **Übertragungsgewinn** voraus (FG Köln EFG 2023, 584 Rn. 44; FM Brandenburg DStR 2015, 586; Rödder/Herlinghaus/van Lishaut/van Lishaut Rn. 170). Ein derartiger Übertragungsgewinn entsteht, wenn der übertragende Rechtsträger in seiner stl. Schlussbilanz die übergehenden WG mit einem über dem BW liegenden Wert – maximal mit dem gemeinen Wert – ansetzt (vgl. §§ 3, 11). Bei der entsprechenden Anwendung nach §§ 20, 24 entsteht beim übertragenden Rechtsträger ein Gewinn (Einbringungsgewinn), wenn der übernehmende Rechtsträger das eingebrachte BV mit einem über dem bisherigen BW liegenden Wert, maximal mit dem gemeinen Wert, ansetzt. Denn der Wert, mit dem der übernehmende Rechtsträger die eingebrachten WG ansetzt, gilt für den Einbringenden als Veräußerungspreis (vgl. § 20 III, § 24 III). Ein **Übertragungsverlust** ist hingegen nicht erfasst (Rödder/Schönfeld DStR 2009, 560).

bb) Hypothetischer Vergleich – Statusverbesserung. Abs. 4 S. 1 verlangt einen **hypothetischen Vergleich**. Der übertragende Rechtsträger kann einen Übertragungsgewinn mit Verlusten nur dann ausgleichen oder verrechnen, wenn ihm die Verlustnutzung (in Abs. 4 S. 1 definiert als Ausgleich oder Verrechnung eines Übertragungsgewinns mit verrechenbaren Verlusten, verbleibenden Verlustvorträgen, nicht ausgeglichenen negativen Einkünften, einem Zinsvortrag und einem EBITDA-Vortrag) auch ohne stl. Rückwirkung möglich gewesen wäre. Die Bezugnahme auf Abs. 1 und 2 und die Formulierung im Konjunktiv („gewesen wäre") zeigt, dass ein hypothetischer Vergleich zwischen der Möglichkeit der Verlustnutzung am stl. Übertragungsstichtag einerseits und zu einem späteren Zeitpunkt andererseits durchzuführen ist (Dötsch/Pung/Möhlenbrock/Dötsch/Werner Rn. 96; Rödder/Schönfeld DStR 2009, 560 (561); Frotscher/Drüen/Drüen Rn. 141; HK-UmwStG/G. Kraft Rn. 92; Haase/Hofacker/Geils Rn. 174). Dieser spätere Zeitpunkt (**Vergleichszeitpunkt**) kann nur der Zeitpunkt des zivilrechtlichen Wirksamwerdens der Umw sein (Dötsch/Pung/Möhlenbrock/Dötsch/Werner Rn. 96; BeckOK UmwStG/Mückl Rn. 1428; unklar Frotscher/Drüen/Drüen Rn. 142). Dies folgt aus dem vom Gesetz vorgegebenen Vergleichsmaßstab, dass die Verlustnutzung „auch ohne Anwendung der Absätze 1 und 2" möglich gewesen wäre. Denn ohne die Anwendung der Abs. 1 und 2, die die fiktive stl. Rückwirkung von Umw festlegen, würden die stl. Wirkungen der Umw nach den allg. Grundsätzen (§ 38 AO) im Zeitpunkt des zivilrechtlichen Wirksamwerdens eintreten.

128 Weitere Folge des lediglich hypothetischen Vergleichs ist, dass der übertragende Rechtsträger zu diesem Zeitpunkt zwar zivilrechtlich noch existent sein muss (letzte logische Sekunde), seine Steuerpflicht indes wegen der stl. Rückwirkung bereits beendet sein kann (→ Rn. 43).

129 Es ist also (hypothetisch) der **Vergleich vorzunehmen,** ob der übertragende Rechtsträger einen Übertragungsgewinn (i) am stl. Übertragungsstichtag mit verrechenbaren Verlusten, verbleibenden Verlustvorträgen oder nicht ausgeglichenen negativen Einkünften ausgleichen oder verrechnen kann und (ii) er dies – ohne stl. Rückwirkung – auch im Zeitpunkt des zivilrechtlichen Wirksamwerdens der Umw **(Vergleichszeitpunkt)** könnte (BMF 11.11.2011, BStBl. I 2011, 1314 Rn. 02.39; Dötsch/Pung/Möhlenbrock/Dötsch/Werner Rn. 96 f.; Frotscher/Drüen/Drüen Rn. 141; BeckOK UmwStG/Mückl Rn. 1426 ff.; Rödder/Schönfeld DStR 2009, 560 (561)).

130 Hieran schließt sich die Frage an, **welche Beschränkungen** eines Ausgleichs oder einer Verrechnung der Verlustnutzung erfasst sind. Der Wortlaut von Abs. 4 S. 1 lässt dies nicht klar erkennen. Aus dem Erfordernis des hypothetischen Vergleichs („Verlustnutzung auch ohne Anwendung der Abs. 1 und 2 möglich gewesen wäre") lässt sich aber schließen, dass Maßstab ist, ob die als Verlustnutzung definierten Verlustpositionen noch abziehbar sind (zur für den Vergleich maßgeblichen Höhe der Verlustpositionen am Vergleichszeitpunkt → Rn. 152). Kein Maßstab ist hingegen, ob die Verlustnutzung am stl. Übertragungsstichtag und im Vergleichszeitpunkt (→ Rn. 127) die gleiche stl. Wirkung gehabt hätte (näher → Rn. 132 ff.).

131 Für die weitere **Auslegung** kann auf die Gesetzesmaterialien zurückgegriffen werden. Denn maßgebend für die Auslegung ist der in der Vorschrift zum Ausdruck kommende objektivierte Wille des Gesetzgebers, so wie er sich aus dem Wortlaut der Norm und dem Sinnzusammenhang ergibt. Im Rahmen des möglichen Wortsinns hat die Auslegung den Bedeutungszusammenhang des Gesetzes, die systematische Stellung der Norm sowie den Gesetzeszweck zu beachten. Ergänzend kommt der Entstehungsgeschichte der Vorschrift für deren Auslegung Bedeutung zu (vgl. etwa BFH BStBl. II 2013, 785). Danach sollte die Vorschrift verhindern, „dass aufgrund der steuerlichen Rückwirkungsfiktion in § 2 I und II UmwStG 2006 gestalterisch eine Verlustnutzung eines oder ein Erhalt des Zinsvortrags erreicht werden kann, obwohl der Verlust oder Zinsvortrag wegen § 8c KStG bereits untergegangen ist" (BT-Drs. 16/11108, 40). Folglich ging es dem Gesetzgeber darum, eine Statusverbesserung hinsichtlich der Verlustnutzung durch eine rückwirkende Umw auszuschließen, wenn die Verlustpositionen wegen eines schädlichen Anteilsinhaberwechsels nach § 8c KStG im Vergleichszeitpunkt nicht mehr (oder nicht mehr im vollen Umfang; → Rn. 152) vorhanden sind. Dieser gesetzgeberische Wille kommt auch in der Anwendungsvorschrift in § 27 IX 1 zum Ausdruck, wonach Abs. 4 erstmals auf Umw und Einbringungen anzuwenden ist, „bei denen der schädliche Beteiligungserwerb oder ein anderes die Verlustnutzung ausschließendes Ereignis nach dem 28. November 2008 eintritt". Damit kann angesichts des offenen Wortlauts angenommen werden, dass ein Ausgleich oder eine Verrechnung eines Übertragungsgewinns nur dann ausgeschlossen ist, wenn im Vergleichszeitpunkt (→ Rn. 127) die Verlustnutzung aufgrund eines schädlichen Anteilsinhaberwechsels iSv § 8c KStG ausgeschlossen wäre. Dieser gesetzgeberische Wille ist vom Wortsinn gedeckt und daher einschränkend zu Gunsten des Steuerpflichtigen zu berücksichtigen. Das Vorliegen eines **schädlichen Beteiligungserwerbs** ist damit ein **ungeschriebenes Tatbestandsmerkmal** (so auch Rödder/Schönfeld DStR 2009, 560 (561 f.); Sistermann/Brinkmann DStR 2008, 2457: teleologische Reduktion; Hubertus/Krenzin GmbHR 2009, 647 (649); Dörfler/Rautenstrauch/Adrian BB 2009, 580; Dötsch/Pung/Möhlenbrock/Dötsch/Werner Rn. 99; Haritz/Menner/

Bilitewski/Slabon Rn. 110; Rödder/Herlinghaus/van Lishaut/van Lishaut Rn. 179; Haase/Hofacker/Geils Rn. 171; BeckOK UmwStG/Mückl Rn. 1393; vgl. auch FM Brandenburg BeckVerw 313155; aA Frotscher/Drüen/Drüen Rn. 152; nicht eindeutig BMF 11.11.2011, BStBl. I 2011, 1314 Rn. 02.39: zB § 8c KStG). Dies gilt allerdings nicht nur für die aktuelle Mantelkaufregelung in § 8c KStG, sondern auch für schädliche Vorgänge iSv § 8 IV KStG aF (so auch Sistermann/Brinkmann DStR 2008, 2455 (2457); Hubertus/Krenzin GmbHR 2009, 647 (649); Suchanek Ubg 2009, 178 (185); Dötsch/Pung/Möhlenbrock/Dötsch/Werner Rn. 99; Rödder/Herlinghaus/van Lishaut/van Lishaut Rn. 179). Vorgänge, die zur Anwendung von § 8 IV KStG aF führen, sind iSv § 27 IX 1 ein „anderes die Verlustnutzung ausschließendes Ereignis". Zur maßgeblichen Höhe der fiktiven Verlustnutzung → Rn. 152.

Damit führt **nicht jede Statusverbesserung** zu einem Ausschluss der Verlustnutzung nach Abs. 4 S. 1. Die Verlustnutzung am stl. Übertragungsstichtag und die hypothetische Verlustnutzung am Vergleichszeitpunkt (→ Rn. 127) muss nicht die gleiche stl. Wirkung haben. Dies gilt insbes. für unterschiedliche Auswirkungen der Mindestbesteuerung (§ 10d II EStG) am stl. Übertragungsstichtag und am hypothetischen Vergleichszeitpunkt. Derartige Effekte können eintreten, sie sind aber unbeachtlich für die Anwendung von Abs. 4 S. 1 (Rödder/Schönfeld DStR 2009, 560 (562); Rödder/Herlinghaus/van Lishaut/van Lishaut Rn. 179; Widmann/Mayer/Widmann Rn. R 120.8, R 127.5; Dötsch/Pung/Möhlenbrock/Dötsch/Werner Rn. 100).

Beispiel:

Die V-GmbH erzielt bis zum 31.12.00 einen lfd. Verlust in Höhe von 10 Mio. Euro. Ein Verlustvortrag ist nicht vorhanden. Am 1.6.01 (Wirksamwerden) gliedert die V-GmbH mit stl. Rückwirkung auf den 31.12.00 einen Teilbetrieb auf ihre Tochter-Ges T-GmbH aus. Hierbei entsteht durch entsprechende Wahlrechtsausübung (§ 20 II, III) ein Einbringungsgewinn in Höhe von 10 Mio. Euro.

Die Verrechnung des stl. am 31.12.00 entstehenden Einbringungsgewinns unterliegt nicht den Beschränkungen der Mindestbesteuerung, da eine Verrechnung mit dem lfd. Verlust des Geschäftsjahres 00 erfolgt. Demgegenüber könnte der hypothetisch am 1.6.01 entstehende Einbringungsgewinn im VZ 01 mit dem Verlustvortrag aus dem Vorjahr nur nach Maßgabe der Mindestbesteuerung verrechnet werden. Die Regelungen zur **Mindestbesteuerung** sind indes kein die Verlustnutzung ausschließendes Ereignis (→ Rn. 131), sondern eine Rechtsfolge, die auf einen feststehenden Sachverhalt angewendet wird (ebenso Rödder/Schönfeld DStR 2009, 560 (562); Sistermann/Brinkmann DStR 2008, 2455 (2457); Hubertus/Krenzin GmbHR 2009, 647 (648); Dötsch/Pung/Möhlenbrock/Dötsch/Werner Rn. 101; Widmann/Mayer/Widmann Rn. R 120.8, R 127.5; Frotscher/Drüen/Drüen Rn. 154; Rödder/Herlinghaus/van Lishaut/van Lishaut Rn. 179; BeckOK UmwStG/Mückl Rn. 1430). IÜ beschränken sie nur die Verlustnutzung in zeitlicher Hinsicht (Rödder/Schönfeld DStR 2009, 560 (562); Hubertus/Krenzin GmbHR 2009, 647 (648); Frotscher/Drüen/Drüen Rn. 154). Demzufolge können rückwirkende Umw unverändert genutzt werden, die Auswirkungen der Mindestbesteuerung abzumildern.

Beispiel:

Die V-GmbH hat zum 31.12.00 einen Verlustvortrag in Höhe von 2 Mio. Euro. Sie beabsichtigt, in 01 einen Teilbetrieb zu veräußern. Sie gliedert daher den Teilbetrieb am 1.6.01 (Wirksamwerden) stl. rückwirkend auf den 31.12.00 auf eine Tochter-GmbH & Co. KG aus. Hierbei entsteht durch entsprechende Wahlrechtsausübung (§ 24 II, III) ein Einbringungsgewinn in Höhe von 1 Mio. Euro. Am 1.8.01 veräußert die V-GmbH ihre Beteiligung an der Tochter-

GmbH & Co. KG und erzielt hierbei einen Veräußerungsgewinn in Höhe von 1 Mio. Euro. Im Übrigen erwirtschaftet sie im Geschäftsjahr 01 ein ausgeglichenes Ergebnis.

136 Mangels eines schädlichen Anteilsinhaberwechsels kann die V-GmbH den rückwirkend am 31.12.00 entstehenden Übertragungsgewinn ohne Begrenzung durch die Mindestbesteuerung mit dem Verlustvortrag verrechnen. In gleicher Weise kann sie im VZ 01 den Veräußerungsgewinn mit dem verbleibenden Verlustvortrag in Höhe von 1 Mio. Euro verrechnen.

137 Ebenso wenig ist das Entstehen eines **Zinsvorteils** oder eine sonstige günstigere stl. Situation (etwa **Steuersatz**) im VZ, in dem der stl. Übertragungsstichtag liegt, ein die Verlustnutzung ausschließendes Ereignis (Rödder/Schönfeld DStR 2009, 560 (561); Dötsch/Pung/Möhlenbrock/Dötsch/Werner Rn. 100; Widmann/Mayer/Widmann Rn. R 120.6; BeckOK UmwStG/Mückl Rn. 1431).

138 Zu weiteren **Gestaltungsmöglichkeiten** ohne schädliche Anteilsinhaberwechsel vgl. Sistermann/Brinkmann DStR 2008, 2455 (2456 f.).

139 **cc) Zeitpunkt des schädlichen Ereignisses (Reihenfolge).** Voraussetzung für den Ausschluss oder die Verrechnung eines Übertragungsgewinns mit Verlustpositionen ist der Eintritt eines schädlichen Anteilsinhaberwechsels iSv § 8c KStG oder eines anderen Ereignisses iSv § 8 IV KStG aF (→ Rn. 131). Weitere Voraussetzung ist ein bestimmter zeitlicher Zusammenhang zwischen dem Wirksamwerden der Umw und dem für die Verlustnutzung schädlichen Ereignis. Vermutlich wollte der Gesetzgeber jedenfalls den folgenden – in mannigfaltigen Umwandlungsvariationen darstellbaren – **Grundfall** erfassen:

Beispiel:

140 Die V-GmbH hat zum 31.12.00 einen Verlustvortrag von 1 Mio. Euro. Am 1.6.01 werden sämtliche Anteile an der V-GmbH an die E-GmbH veräußert (schädlicher Anteilsinhaberwechsel iSv § 8c KStG). Anschließend wird mit stl. Rückwirkung auf den 31.12.00 die V-GmbH auf die E-GmbH verschmolzen (Wirksamwerden am 1.10.01). Hierbei entsteht durch entsprechende Wahlrechtsausübung (§ 11 II) ein Übertragungsgewinn in Höhe von 1 Mio. Euro.

141 In dem Beispielsfall ist im Grundsatz (aber → Rn. 152 zur Stillen-Reserven-Klausel) durch den schädlichen Anteilsinhaberwechsel am 1.6.01 der Verlustvortrag weggefallen. Wäre der Übertragungsgewinn nicht wegen der stl. Rückwirkung am stl. Übertragungsstichtag, sondern zum Vergleichszeitpunkt (dem Wirksamwerden der Verschm, → Rn. 127) entstanden, hätte mangels Vorhandenseins eines Verlustvortrags zum Ende des VZ 01 eine Verrechnung des Übertragungsgewinns nicht stattfinden können. Entsprechendes gilt, wenn die V-GmbH am 31.12.00 nicht einen Verlustvortrag, sondern einen lfd. Verlust im Gj. 00 erzielt hätte (Rödder/Schönfeld DStR 2009, 560 (562); Hubertus/Krenzin GmbHR 2009, 649).

142 Vom Wortlaut gedeckt ist aber auch die folgende **Fallvariante:**

Beispiel:

Die V-GmbH hat zum 31.12.00 einen Verlustvortrag von 1 Mio. Euro. Am 1.6.01 (Wirksamwerden) gliedert die V-GmbH mit stl. Rückwirkung auf den 31.12.00 einen Teilbetrieb auf ihre Tochtergesellschaft T-GmbH aus. Hierbei entsteht durch entsprechende Wahlrechtsausübung (§ 20 II, III) ein Einbringungsgewinn in Höhe von 1 Mio. Euro. Am 1.9.01 werden sämtliche Anteile an der V-GmbH veräußert (schädlicher Anteilsinhaberwechsel iSv § 8c KStG). Im Geschäftsjahr 01 erwirtschaftet die V-GmbH iÜ ein ausgeglichenes Ergebnis.

143 Auch in diesem Beispielsfall könnte ein hypothetisch im Zeitpunkt des Wirksamwerdens der Ausgliederung (1.6.01) stl. zu erfassender Übertragungsgewinn aufgrund des Wegfalls des Verlustvortrags im VZ 01 nicht verrechnet werden. Da hier – wenigstens im Grundsatz – keine gestalterische Maßnahme im Sinne der Gesetzesbegründung vorliegt (→ Rn. 131), wird für diesen Fall eine teleologische

Reduzierung gefordert (Rödder/Schönfeld DStR 2009, 560 (562 f.); Widmann/ Mayer/Widmann Rn. R 120.9; BeckOK UmwStG/Mückl Rn. 1433; vgl. auch Hubertus/Krenzin GmbHR 2009, 647 (650): nur bei Gesamtplan; vgl. auch Dötsch/Pung/Möhlenbrock/Dötsch/Werner Rn. 105). Die FVerw scheint dieser Ansicht zu folgen (BMF 11.11.2011, BStBl. I 2011, 1314 Rn. 02.39: bis zur Eintragung der Umw; vgl. auch FM Brandenburg BeckVerw 313155). Ob der Sinn und Zweck der Regelung tatsächlich gebietet, zwischen einem schädlichen Anteilsinhaberwechsel vor oder nach der rückwirkenden Umw zu unterscheiden, erscheint indes fraglich (Frotscher/Drüen/Drüen Rn. 158 f.). Unschädlich ist auf jeden Fall ein Anteilsinhaberwechsel oder ein sonstiges die Verlustnutzung beeinträchtigendes Ereignis im VZ nach dem VZ, in dem der Vergleichszeitpunkt (→ Rn. 127) liegt. Auch eine Abkürzung des Wj. vor dem schädlichen Ereignis stellt die Verlustnutzung nicht sicher, da hierdurch der VZ nicht verschoben wird (vgl. hierzu Rödder/ Schönfeld DStR 2009, 560 (563)).

dd) Rückwirkung. Angesichts des klaren Wortlauts ist eine Verrechnung eines **144** Übertragungsgewinns mit Verlusten oder Verlustvorträgen nur dann ausgeschlossen, wenn eine Umw mit Rückwirkung erfolgt (Rödder/Schönfeld DStR 2009, 560 (563); Dötsch/Pung/Möhlenbrock/Dötsch/Werner Rn. 103). Denn der hypothetische Vergleich (→ Rn. 127 ff.) hat zum Gegenstand, ob die Verlustnutzung auch ohne Anwendung der Abs. 1 und Abs. 2, also ohne stl. Rückwirkung, möglich gewesen wäre.

Beispiel:

Die V-GmbH erwirtschaftet bis zum 30.6.01 einen lfd. Verlust in Höhe von 1 Mio. Euro. **145** Sie gliedert am 1.6.01 (Wirksamwerden) einen Teilbetrieb auf ihre Tochter T-GmbH aus. Hierbei entsteht ein Einbringungsgewinn in Höhe von 1 Mio. Euro. Ein Antrag auf Rückwirkung (§ 20 V) wird nicht gestellt. Am 1.9.01 werden sämtliche Anteile an der V-GmbH veräußert (schädlicher Anteilsinhaberwechsel iSv § 8c KStG).

Mangels rückwirkender Umw greift die Beschränkung der Verlustnutzung nach **146** Abs. 4 S. 1 nicht ein. Zwar würde in dem Beispielsfall aufgrund des schädlichen Anteilsinhaberwechsels der noch am 1.9.01 bestehender lfd. Verlust untergehen (vgl. BMF 28.11.2017, BStBl. I 2017, 1645 Rn. 33), dieser ist jedoch vor dem Anteilsinhaberwechsel durch den Einbringungsgewinn ausgeglichen (zur Aufteilung des lfd. Verlustes vgl. BMF 28.11.2017, BStBl. I 2017, 1645 Rn. 35). Keine Voraussetzung für die Anwendung von Abs. 4 S. 1 ist jedoch, dass der stl. Übertragungsstichtag in einem vorangegangenen VZ liegt (wie hier Dötsch/Pung/Möhlenbrock/Dötsch/ Werner Rn. 105; aA Rödder/Schönfeld DStR 2009, 560 (564); wohl auch aA Sistermann/Brinkmann DStR 2008, 2457; vgl. auch Hubertus/Krenzin GmbHR 2009, 647 (649 f.)).

Beispiel:

Die V-GmbH erwirtschaftet bis zum 30.6.01 einen lfd. Verlust in Höhe von 1 Mio. Euro. **147** Am 1.7.01 werden sämtliche Anteile an der V-GmbH veräußert (schädlicher Anteilsinhaberwechsel iSv § 8c KStG). Sie gliedert am 1.8.01 (Wirksamwerden) einen Teilbetrieb mit stl. Rückwirkung auf den 1.1.01 auf ihre Tochter T-GmbH aus. Hierbei entsteht ein Einbringungsgewinn in Höhe von 1 Mio. Euro. In der Zeit vom 1.7.01 bis 1.12.01 entsteht ein weiterer lfd. Verlust in Höhe von 0,5 Mio. Euro.

Der bis zum 30.6.01 entstandene lfd. Verlust ist aufgrund des schädlichen Anteils- **148** inhaberwechsels ab dem 1.7.01 nicht mehr abziehbar. Ein hypothetisch am 1.8.01 (Vergleichszeitpunkt, → Rn. 127) entstehender Einbringungsgewinn könnte daher mit dem lfd. Verlust nicht mehr verrechnet werden. Das Ergebnis irritiert zwar, wenn insges. im Jahr des schädlichen Anteilsinhaberwechsels kein Verlust entsteht (BMF 4.7.2008, BStBl. I 2008, 736 Rn. 32; vgl. dazu Rödder/Schönfeld DStR

2009, 560 (564)), der Gesetzgeber wollte aber genau die Nutzung der Rückwirkung ausschließen. In der Praxis sollte daher im vorstehenden Beispiel von einer Rückwirkung abgesehen werden.

149 **e) Ausschluss der Verrechnung mit negativen Einkünften im Rückwirkungszeitraum (Abs. 4 S. 2).** Nach Abs. 4 S. 2 gilt S. 1 für negative Einkünfte des übertragenden Rechtsträgers im Rückwirkungszeitraum entsprechend. Hintergrund der Regelung dürfte sein, dass aufgrund der stl. Rückwirkung negative Einkünfte des übertragenden Rechtsträgers im Rückwirkungszeitraum bereits dem übernehmenden Rechtsträger zugerechnet werden. Im strengen Wortsinne erzielt damit der übertragende Rechtsträger im Rückwirkungszeitraum keine negativen Einkünfte mehr. Damit hätte die Vorschrift tatsächlich keinen Anwendungsbereich (vgl. Sistermann/Brinkmann DStR 2008, 2455 (2457)). Dies erscheint indes fraglich, wenngleich der Wortlaut missglückt ist (vgl. auch Dötsch/Pung/Möhlenbrock/Dötsch/ Werner Rn. 110; Frotscher/Drüen/Frotscher Rn. 161a; Lademann/Wernicke Rn. 279; BeckOK UmwStG/Mückl Rn. 1504). Auch die entsprechende Geltung von Abs. 4 S. 1 macht hinsichtlich dessen Tatbestandsvoraussetzungen keinen Sinn, da der Übertragungsgewinn gerade wegen der stl. Rückwirkung am stl. Übertragungsstichtag entsteht und eine Verrechnung mit negativen Einkünften im Rückwirkungszeitraum von vornherein ausscheidet. Bei einer (gerade noch) vom Wortsinn gedeckten Auslegung nach dem gesetzgeberischen Willen (→ Rn. 131) muss die Vorschrift so verstanden werden, dass durch eine rückwirkende Umw auch Verluste nicht genutzt werden können, die die zivilrechtlich noch nicht existente übertragende Körperschaft erwirtschaftet hat, die wegen der stl. Rückwirkung aber bereits dem übernehmenden Rechtsträger zugerechnet werden (FG Köln EFG 2023, 584 Rn. 45). In diesem Sinne ist die entsprechende Anwendung von Abs. 4 S. 1 indes nicht nur als Rechtsfolgenverweisung zu interpretieren (so aber Hubertus/Krenzin GmbHR 2009, 647 (650); Haase/Hofacker/Geils Rn. 194), denn auch Abs. 4 S. 2 setzt voraus, dass ein schädlicher Anteilsinhaberwechsel iSv § 8c KStG oder ein anderes die Verlustnutzung ausschließendes Ereignis stattgefunden hat (→ Rn. 131; ebenso Dötsch/Pung/Möhlenbrock/Dötsch/Werner Rn. 110; BeckOK UmwStG/ Mückl Rn. 1505; FM Brandenburg BeckVerw 313155). Ferner muss die Umw mit Rückwirkung erfolgt sein (→ Rn. 144). Die Wirkung von Abs. 4 S. 2 lässt sich an folgendem Beispiel verdeutlichen:

Beispiel:

150 Die K-GmbH erwirbt am 1.7.01 sämtliche Anteile an der V-GmbH (schädlicher Anteilsinhaberwechsel iSv § 8c KStG). Die V-GmbH erwirtschaftet in der Zeit v. 1.1.01 bis zum 30.6.01 einen Verlust in Höhe von 1 Mio. Euro. Die V-GmbH wird am 1.8.01 (Wirksamwerden) mit stl. Rückwirkung auf den 1.1.01 auf die K-GmbH verschmolzen. In der Zeit v. 1.7.01 bis zum 1.8.01 hat die V-GmbH einen weiteren Verlust in Höhe von 0,5 Mio. Euro erwirtschaftet.

151 Aufgrund der stl. Rückwirkung wäre der von der V-GmbH in der Zeit v. 1.1.01 bis zum 30.6.01 erwirtschaftete Verlust in Höhe von 1 Mio. Euro stl. bei der K-GmbH bereits als eigener Verlust zu erfassen. Damit könnte die K-GmbH den zivilrechtlich von der V-GmbH erwirtschafteten Verlust trotz des Untergangs aufgrund des schädlichen Anteilsinhaberwechsels am 1.7.01 noch nutzen. Dies will Abs. 4 S. 2 verhindern (so auch Dötsch/Pung/Möhlenbrock/Dötsch/Werner Rn. 110). Demgegenüber kann die K-GmbH nach dem Sinn und Zweck der Vorschrift und aufgrund des Zusammenhangs mit § 8c KStG (→ Rn. 131) den ab dem *1.7.01 bis zum 1.8.01* erzielten Verlust aufgrund der Rückwirkung als eigenen Verlust nutzen (so auch Dötsch/Pung/Möhlenbrock/Dötsch/Werner Rn. 110; FM Brandenburg BeckVerw 313155). Denn Verluste, die nach dem Anteilsinhaberwechsel entstehen, gehen nicht unter (vgl. BMF 28.11.2017, BStBl. I 2017, 1645 Rn. 33).

f) Anteiliger Ausschluss. Aus dem Erfordernis des hypothetischen Vergleichs 152
der Verlustnutzung am stl. Übertragungsstichtag und am Vergleichszeitpunkt
(→ Rn. 127) folgte früher, dass bei einem nur anteiligen Untergang der Verlustpositionen (vgl. § 8c I 1 KStG aF) der Ausschluss oder die Verrechnung des Übertragungsgewinns (Abs. 4 S. 1) oder des Gewinns der übertragenden Körperschaft in
der Rückwirkungszeit (Abs. 4 S. 2) nicht ausgeschlossen ist, soweit die Verlustpositionen zum Vergleichszeitpunkt noch vorhanden sind. Der anteilige Verlustuntergang
bei schädlichen Beteiligungserwerben zwischen 25 % und weniger als 50 % wurde
zwischenzeitlich – rückwirkend – gestrichen (UStAVermG, BGBl. 2018 I 2338).
Entsprechendes gilt indes weiterhin, soweit die Verluste bei einem schädlichen
Anteilsinhaberwechsel aufgrund der **Stille-Reserven-Klausel** (§ 8c I 5 ff. KStG)
weiterhin genutzt werden können. Die verbleibenden Verlustpositionen sind damit
der Maßstab für den hypothetischen Vergleich (→ Rn. 127 ff.). Das „wenn" in
Abs. 4 S. 1 ist also als „soweit" zu lesen (Dötsch/Pung/Möhlenbrock/Dötsch/Werner Rn. 98; Haase/Hofacker/Geils Rn. 187; Rödder/Herlinghaus/van Lishaut/van
Lishaut Rn. 174 ff., 180; BeckOK UmwStG/Mückl Rn. 1432). Da das Entstehen
eines Übertragungsgewinns (Einbringungsgewinns) das Bestehen von stillen Reserven voraussetzt, ist seit Einführung der **Stille-Reserven-Klausel** der Anwendungsbereich von Abs. 4 beschränkt (vgl. dazu iE Ropohl/Buschmann DStR 2011, 1407;
Schnitker DB 2011, 1718 (1721 f.); vgl. auch Widmann/Mayer/Widmann
Rn. R 120.1; Widmann/Bauschatz/Pupeter Rn. 145). Vgl. aber auch die weitere
Rückwirkungssperre in **§ 8c I 8 KStG** (vgl. dazu Rödder/Herlinghaus/van Lishaut/
van Lishaut Rn. 177; Widmann/Mayer/Widmann Rn. R 120.2).

g) Zinsvortrag/EBITDA-Vortrag. Nach § 8a I 3 KStG gilt § 8c KStG entspre- 153
chend für einen Zinsvortrag nach § 4h I 5 EStG. Vor diesem Hintergrund ist es
zunächst konsequent, dass auch der Zinsvortrag nach einem Anteilsinhaberwechsel
nicht noch durch eine rückwirkende Umw genutzt werden kann. Der Wortlaut ist
jedoch auch in dieser Hinsicht unklar, da ein Zinsvortrag nicht mit einem Übertragungsgewinn verrechnet werden kann. Noch verwirrender ist die mit dem WachstumsbeschleunigungsG (BGBl. 2009 I 3950) erfolgte Ergänzung um einen EBITDA-
Vortrag, da dieser durch § 8c KStG nicht beeinflusst wird (vgl. auch Widmann/
Mayer/Widmann Rn. R 126.1 und Rödder/Herlinghaus/van Lishaut/van Lishaut
Rn. 120: geht ins Leere). Eine (kaum mehr vom Wortsinn umfasste) Auslegung
kann daher nur bedeuten, dass der Übertragungsgewinn unter den Voraussetzungen
von Abs. 4 S. 1 nicht das EBITDA erhöhen und damit die Nutzung des Zinsvortrags
ermöglichen darf (zutr. Schnitker DB 2011, 1718 (1722); vgl. auch Dötsch/Pung/
Möhlenbrock/Dötsch/Werner Rn. 94; Rödder/Herlinghaus/van Lishaut/van Lishaut Rn. 183).

h) Rechtsfolge. Rechtsfolge des Eingreifens von Abs. 4 **S. 1** ist, dass ein Übertra- 154
gungsgewinn nicht mit den lfd. Verlusten des VZ, in dem der stl. Übertragungsstichtag liegt, oder einem Verlustvortrag verrechnet werden kann (Dötsch/Pung/Möhlenbrock/Dötsch/Werner Rn. 98). Die Erfüllung der Voraussetzungen von Abs. 4
S. 2 bewirkt, dass der von dem übertragenden Rechtsträger im Rückwirkungszeitraum erzielte, wegen der stl. Rückwirkung aber dem übernehmenden Rechtsträger
bereits zugerechnete Verlust aufgrund des Anteilsinhaberwechsels ebenfalls (anteilig)
nicht mehr abziehbar ist. Mangels Erwähnung der Fehlbeträge nach § 10a GewStG
gilt der Ausschluss der Verlustverrechnung nach Abs. 4 S. 1 nicht für die **GewSt**
(Widmann/Mayer/Widmann Rn. R 127 f.; NK-UmwR/Kubik/Große Honebrink
Rn. 33; Behrendt/Klages BB 2013, 1815 (1820); Schnitker DB 2011, 1718; zweifelnd auch Dötsch/Pung/Möhlenbrock/Dötsch/Werner Rn. 95; **aA BFH** BStBl.
II 2023, 888 Rn. 20 zu Abs. 4 S. 3 (allerdings dort lfd. Gewerbeverlust); Rödder/
Herlinghaus/van Lishaut/van Lishaut Rn. 185; Frotscher/Drüen/Drüen Rn. 133;
Melan/Wecke DB 2011, 1447). Anderes gilt für negative Gewerbeerträge im Rück-

wirkungszeitraum (Abs. 4 S. 2; BFH BStBl. II 2023, 888 Rn. 20 zu Abs. 4 S. 3; Widmann/Mayer/Widmann Rn. R 127.3). IÜ bleiben die Wirkungen der stl. Rückwirkung unberührt, da sich Abs. 4 S. 1 ausdrücklich nur auf die Verlustnutzung bezieht (Sistermann/Brinkmann DStR 2008, 2455 (2456); Dötsch/Pung/Möhlenbrock/Dötsch/Werner Rn. 91). Zur Rechtsfolge hinsichtlich des Zinsvortrags und EBITDA-Vortrags → Rn. 153.

8. Ausschluss der Verrechnung positiver Einkünfte im Rückwirkungszeitraum (Abs. 4 S. 3–6)

155 a) **Allgemeines.** Mit dem AmtshilfeRLUmsG v. 26.6.2013 (BGBl. 2013 I 1809) wurde Abs. 4 um die S. 3–6 ergänzt. Die weiteren Regelungen sind erstmals auf Umw und Einbringungen anzuwenden, bei denen die Anmeldung zur Eintragung in das für die Wirksamkeit des jew. Vorgangs maßgebende öffentliche Register nach dem 6.6.2013 erfolgt (§ 27 XII). Anders als Abs. 4 S. 1 und 2 stellen die Vorschriften nicht auf die Verlustpositionen des übertragenden Rechtsträgers (Abs. 4 S. 1) bzw. die Erwirtschaftung negativer Einkünfte durch den übertragenden Rechtsträger (Abs. 2 S. 2) ab. Die Vorschriften verhindern vielmehr unter gewissen Voraussetzungen die Verrechnung von positiven Einkünften des übertragenden Rechtsträgers im Rückwirkungszeitraum mit Verlustpositionen des übernehmenden Rechtsträgers. Gesetzgeberisches Ziel war es, ua von Banken modellhaft betriebene Gestaltungen zu unterbinden, bei denen unter Nutzung der stl. Rückwirkung die Besteuerung von Gewinnen bei Gesellschaften mit hohen stillen Reserven durch die Verrechnung mit stl. Verlusten einer anderen Ges vermieden worden ist (BT-Drs. 139/13, 176 f.). Die Gestaltung sei vor allem für Objektgesellschaften im Zusammenhang mit der Finanzierung von hochpreisigen Wirtschaftsgütern (etwa Flugzeugleasing) genutzt worden (Rödder/Herlinghaus/van Lishaut/van Lishaut Rn. 193; BeckOK UmwStG/Mückl Rn. 1547; FM Brandenburg BeckVerw 313155). Die Nutzung von Verlustpositionen des übernehmenden Rechtsträgers durch Verschm einer profitablen „Gewinngesellschaft" ist jedenfalls nicht generell ein Gestaltungsmissbrauch nach § 42 AO (BFH BStBl. II 2021, 580; BFH/NV 2014, 904). Eine Missbrauchsabsicht ist keine Anwendungsvoraussetzung (BFH BStBl. II 2023, 888 Rn. 12, 15; zuvor schon FG Berlin-Brandenburg DStRE 2021, 1194). Ob dies den rechtssystematischen Bruch rechtfertigt, dass auf der Ebene eines Rechtsträgers innerhalb eines VZ nur das saldierte Ergebnis besteuert wird, ist fraglich. Teilweise werden die Regelungen als verfassungswidrig eingestuft (Frotscher/Drüen/Drüen Rn. 170a; vgl. auch Mückl GmbHR 2013, 1084 (1086)). Aufgrund der Nichtanwendung bei der Umw von verbundenen Unternehmen (Abs. 4 S. 6) ist die praktische Bedeutung stark abgemildert. Nichtsdestotrotz werden auch „Kollateralschäden" eintreten (Rödder/Herlinghaus/van Lishaut/van Lishaut Rn. 198). Andererseits kann die Wirkung leicht dadurch ausgeschlossen werden, dass der Verkauf der Wirtschaftsgüter mit den hohen stillen Reserven durch den übernehmenden Rechtsträger erst nach Wirksamwerden der Umw erfolgt (Rödder/Herlinghaus/van Lishaut/van Lishaut Rn. 197; Haritz/Menner/Bilitewski/Slabon Rn. 114). Zu beachten ist auch, dass die Verlustverrechnung nur temporär ausgeschlossen ist. Ein Untergang von Verlustpositionen tritt nicht ein. Auch die Rückwirkung iÜ bleibt unberührt. Zur ergänzenden Anwendung von § 42 AO vgl. Meier DStR 2019, 2231.

156 Die Regelung ist so aufgebaut, dass Abs. 4 S. 3 die Verlustverrechnung unterbindet und Abs. 4 S. 4 und Abs. 4 S. 5 diese Wirkung auf den Organträger und bei übernehmenden PersGes auf die Gesellschafter erweitert. Abs. 4 S. 6 enthält die Ausnahme für Umw zwischen verbundenen Unternehmen. Anders als bei Abs. 4 S. 1 und 2 (→ Rn. 131) kommt es auf einen schädlichen Anteilsinhaberwechsel iSv § 8c KStG nicht an.

b) Betroffene Umwandlungen. Ebenso wie die Abs. 4 S. 1 und 2 (→ Rn. 123) **157** gelten Abs. 2 S. 3 ff. unmittelbar für die von § 2 erfassten Umw nach §§ 3–19 und über die Verweisungen in § 20 IV 4 und § 24 IV auch für rückwirkende Einbringungen nach §§ 20, 24 (Dötsch/Pung/Möhlenbrock/Dötsch/Werner Rn. 114). Beim Formwechsel von KapGes in PersGes (vgl. § 9 S. 3 Hs. 2) oder umgekehrt kann die von Abs. 4 S. 3 ff. erfasste Situation (unterschiedliche Verlust- und Gewinn-Rechtsträger im selben Zeitraum) nicht eintreten (aA Frotscher/Drüen/Drüen Rn. 179; Behrendt/Klages BB 2013, 1815 (1819 f.)).

c) Betroffene Rechtsträger. Anders als Abs. 4 S. 1, 2 (→ Rn. 124) beschränken **158** Abs. 4 S. 3–5 die Nutzung der Verlustpositionen des übernehmenden Rechtsträgers bzw. aufgrund der Einkommenszurechnung bei Organschaften des Organträgers einer übernehmenden OrganGes. Da sowohl im unmittelbaren Anwendungsbereich von § 2 (§§ 3–8, 16) als auch im Bereich der entsprechenden Geltung (§ 24; → Rn. 157) auch PersGes übernehmende Rechtsträger sein können, ist in diesen Fällen die Verlustverrechnung bei den Gesellschaftern des übernehmenden Rechtsträgers beschränkt. Zur GewSt → Rn. 164. Der übertragende Rechtsträger ist insofern betroffen, als die von ihm erzielten positiven Einkünfte, die aufgrund der Rückwirkung stl. aber bereits dem übernehmenden Rechtsträger zugerechnet werden, nicht mit Verlustvorträgen oder lfd. negativen Einkünften des übernehmenden Rechtsträgers verrechnet werden können. Die Vorschrift ist auch auf erst durch die Umw gegründete Rechtsträger (Umw zur Neugründung) anwendbar (BFH BStBl. II 2023, 888 Rn. 17; zuvor schon FG Berlin-Brandenburg DStRE 2021, 1194).

d) Ausschluss des Ausgleichs oder der Verrechnung von positiven Ein- 159 künften. aa) Positive Einkünfte im Rückwirkungszeitraum (Grundfall). Abs. 4 S. 3 verbietet den Ausgleich oder die Verrechnung von positiven Einkünften des übertragenden Rechtsträgers im Rückwirkungszeitraum mit Verlustpositionen des übernehmenden Rechtsträgers. Ein Verlustrücktrag ist nicht ausgeschlossen (FG Hamburg DStRE 2022, 1110 Rn. 19 ff. – Rev. I R 36/21; Frotscher/Drüen/Drüen Rn. 171; aA Dötsch/Pung/Möhlenbrock/Dötsch/Werner Rn. 115; FM Schleswig-Holstein DB 2017, 1746). Ebenso nicht eingeschränkt ist die Nutzung von Verlusten des übertragenden Rechtsträgers im Rückwirkungszeitraum (Dötsch/Pung/Möhlenbrock/Dötsch/Werner Rn. 115; Viebrock/Loose DStR 2013, 1364 (1366)). Die Unzulässigkeit des Ausgleichs oder der Verrechnung beschränkt sich in zeitlicher Hinsicht auf die positiven Einkünfte des übertragenden Rechtsträgers im Rückwirkungszeitraum. Diese beginnt mit Ablauf des steuerlichen Übertragungsstichtags und endet mit Ablauf des Tages der Eintragung im Handelsregister (BFH BStBl. II 2023, 888 Rn. 11, 22; zuvor schon FG Berlin-Brandenburg DStRE 2021, 1194). Nach Wirksamwerden der Umw entstehende positive Einkünfte aus dem Betrieb des übertragenden Rechtsträgers, die nunmehr auch zivilrechtlich vom übernehmenden Rechtsträger erwirtschaftet werden, können uneingeschränkt verrechnet werden (Widmann/Mayer/Widmann Rn. R 132). Positive Einkünfte bis zum stl. Übertragungsstichtag einschließlich eines Übertragungsgewinns können ohnehin nicht verrechnet werden (Dötsch/Pung/Möhlenbrock/Dötsch/Werner Rn. 116; Widmann/Mayer/Widmann Rn. R 131).

Positive Einkünfte im Rückwirkungszeitraum sind der stl. Gewinn, den der **160** übertragende Rechtsträger in der Zeit vom stl. Übertragungsstichtag bis zum Wirksamwerden der Umw erwirtschaftet, mithin derjenige Gewinn, der aufgrund der stl. Rückwirkung bereits dem übernehmenden Rechtsträger zugeordnet wird (→ Rn. 44; vgl. zur Berechnung auch FG Berlin-Brandenburg DStRE 2021, 1194 Rn. 91 ff.). Der Wortlaut ist unglücklich, da der übertragende Rechtsträger aufgrund der stl. Rückwirkung gerade ab dem stl. Übertragungsstichtag keine (positiven wie negativen) Einkünfte mehr erzielt (Dötsch/Pung/Möhlenbrock/Dötsch/Werner Rn. 116; Widmann/Mayer/Widmann Rn. R 136;

Frotscher/Drüen/Drüen Rn. 173; Adrian/Franz BB 2013, 1879 (1889); vgl. nunmehr Abs. 5 S. 1; → Rn. 172). Für die Ermittlung des Zwischengewinns gelten die stl. Grundsätze (Neumann-Tomm DB 2014, 2617 (2618)). § 8b KStG und § 3 Nr. 40 EStG sind anzuwenden.

161 Problematisch hieran ist, dass regelmäßig eine **Gewinnabgrenzung** auf den Zeitpunkt des Wirksamwerdens der Umw (regelmäßig HR-Eintragung) nicht erfolgt, da die Umw mit Vermögensübertragung aus der Perspektive des übernehmenden Rechtsträgers sowohl stl. als auch handelsrechtlich lfd. Geschäftsvorfälle sind (→ UmwG § 24 Rn. 4, → § 4 Rn. 20). Maßgeblich kann nur diejenige Gewinnermittlungsmethode sein, der der übernehmende Rechtsträger unterliegt. Für Rechtsträger, die ihren Gewinn nach § 4 I EStG, § 5 EStG ermitteln, muss daher der Zwischengewinn nach Bilanzierungsgrundsätzen (Betriebsvermögensvergleich) ermittelt werden (Neumann-Tomm DB 2014, 2617 (2618); vgl. auch Viebrock/Loose DStR 2013, 1364 (1367)). Wie bei § 16 II 2 EStG (vgl. Schmidt/Wacker EStG § 16 Rn. 311) bedarf es aber keiner tatsächlichen Aufstellung eines Jahresabschlusses (**aA BFH** BStBl. II 2023, 888 Rn. 23: regelmäßig stl. Zwischenbilanz; zuvor schon FG Berlin-Brandenburg DStRE 2021, 1194 Rn. 91; dort auch zur Schätzung und zeitanteiligen Berücksichtigung von Aufwendungen; Widmann/Mayer/Widmann Rn. R 135: Zwischenbilanz; ebenso Neumann-Tomm DB 2014, 2617 (2619); wohl auch Behrendt/Klages BB 2013, 1815 (1822); vgl. auch Dötsch/Pung/Möhlenbrock/Dötsch/Werner Rn. 116: Schätzung; ebenso Widmann/Bauschatz/Pupeter Rn. 179). Auch RSt auf den fiktiven Stichtag sind zu berücksichtigen (vgl. FG Berlin-Brandenburg DStRE 2021, 1194 Rn. 91 ff.; nicht beanstandet durch BFH BStBl. II 2023, 888 Rn. 24 ff.). Bei einem übernehmenden Rechtsträger, der sein Ergebnis nach § 4 III EStG ermittelt, muss der Einnahmenüberschuss bis zum Zeitpunkt des Wirksamwerdens der Umw ermittelt werden. Die Ergebnisse aus OrganGes, die organschaftlich mit dem übertragenden Rechtsträger verbunden waren, sind zeitanteilig zuzurechnen, wenn die Organschaft mit dem übernehmenden Rechtsträger fortgeführt wird (aA Dötsch/Pung/Möhlenbrock/Dötsch/Werner Rn. 125; Behrendt/Klages BB 2013, 1815 (1822 f.)). Entsprechendes gilt für das Zwischenergebnis von Mitunternehmerschaften, die infolge der Umw vom übertragenden Rechtsträger auf den übernehmenden Rechtsträger übergehen (vgl. auch Mückl GmbHR 2013, 1084 (1087) Fn. 26; aA Behrendt/Klages BB 2013, 1815 (1822)).

162 Bei der Ermittlung des Zwischengewinns im Rückwirkungszeitraum sind indes bereits die Auswirkungen der Umw zu berücksichtigen. Denn dem Ausgleichsbzw. Verrechnungsverbot unterliegen die aufgrund der Rückwirkung stl. dem übernehmenden Rechtsträger zuzurechnenden positiven Einkünfte. Demzufolge sind etwa die Abschreibungen nach den erhöhten Bemessungsgrundlagen zu berechnen, wenn der übertragende Rechtsträger in der stl. Schlussbilanz höhere Werte als die bisherigen BW angesetzt hat und der übernehmende Rechtsträger an diese Werte (vgl. etwa § 4 I 1, § 12 I 1) gebunden ist (zutr. Behrendt/Klages BB 2013, 1815 (1822)). Ebenso sind die Ergebnisauswirkungen aus Rechtsgeschäften zwischen den beteiligten Rechtsträgern als ertragstl. Innengeschäfte (→ Rn. 47) herauszurechnen (Dötsch/Pung/Möhlenbrock/Dötsch/Werner Rn. 116; Neumann-Tomm DB 2014, 2617 (2620); Mückl GmbHR 2013, 1084 (1087) Fn. 26).

163 Bei **Spaltungen** sind nur die positiven Einkünfte, die im Rückwirkungszeitraum in dem übertragenen Vermögen erwirtschaftet werden und mit stl. Rückwirkung dem übernehmenden Rechtsträger zugerechnet werden, zu berücksichtigen (Frotscher/Drüen/Drüen Rn. 173; Behrendt/Klages BB 2013, 1815 (1823)). Unbeachtlich sind die Einkünfte, die aus dem beim übertragenden Rechtsträger verbleibenden oder auf andere Rechtsträger übergehenden Vermögen im Rückwirkungszeitraum resultieren. Insofern erfolgt auch keine Saldierung.

bb) Verlustpositionen. Ebenso wie bei Abs. 4 S. 1 ist der Ausgleich oder die **164** Verrechnung mit verrechenbaren Verlusten, verbleibenden Verlustvorträgen, nicht ausgeglichenen negativen Einkünften und einem Zinsvortrag nach § 4h I 5 EStG – in diesem Fall allerdings jew. des übernehmenden Rechtsträgers – ausgeschlossen. Investitionsabzugsbeträge nach § 7g EStG sind zu berücksichtigen (BFH BStBl. II 2023, 888 Rn. 21; aA FG Berlin-Brandenburg DStRE 2021, 1194 Rn. 79 ff.). Ein EBITDA-Vortrag fehlt in der Aufzählung; dessen Erwähnung ist aber auch bei Abs. 4 S. 1 unklar (→ Rn. 153). Verrechenbare Verluste (§ 15a EStG) können bei dem übernehmenden Rechtsträger aufgrund einer Beteiligung an einer Mitunternehmerschaft vorliegen. Bei den nicht ausgeglichenen negativen Einkünften (lfd. Verlust) erfolgt – anders als bei den positiven Einkünften des übertragenden Rechtsträgers – keine Beschränkung auf diejenigen im Rückwirkungszeitraum (ab dem stl. Übertragungsstichtag bis zum Wirksamwerden der Umw). Eine entsprechende Einschränkung für die negativen Einkünfte enthält der Wortlaut nicht (BFH BStBl. II 2023, 888 Rn. 18). Auf die Mindestbesteuerung beim übernehmenden Rechtsträger kann die Regelung mittelbar Einfluss haben, da die positiven Einkünfte im Rückwirkungszeitraum gerade nicht mit den verbleibenden Verlustvorträgen verrechnet werden (vgl. dazu Widmann/Mayer/Widmann Rn. R 142 ff.). Hinsichtlich des Zinsvortrags bedeutet die Regelung, dass der Zinsvortrag nicht durch die Erhöhung des EBITDA zur Verrechnung kommt (Frotscher/Drüen/Drüen Rn. 172; auch → Rn. 153). Mangels Erwähnung der Fehlbeträge nach § 10a GewStG gilt der Ausschluss der Verlustverrechnung nicht hierfür (FG Berlin-Brandenburg DStRE 2021, 1194 Rn. 67 ff.; Widmann/Mayer/Widmann Rn. R 163; Dodenhoff FR 2014, 687 (690); Behrendt/Klages BB 2013, 1815 (1820); BeckOK UmwStG/Mückl Rn. 1623; zweifelnd auch Dötsch/Pung/Möhlenbrock/Dötsch/Werner Rn. 114, 95; **aA** allerdings **BFH** BStBl. II 2023, 888 Rn. 20 zu Abs. 4 S. 3 (allerdings dort lfd. Gewerbeverlust); Frotscher/Drüen/Drüen Rn. 174, 133; Melan/Wecke DB 2011, 1447; FM Brandenburg BeckVerw 313155; Widmann/Bauschatz/Pupeter Rn. 185). Anderes gilt für die Unzulässigkeit des Ausgleichs mit lfd. negativen Einkünften für den Gewerbeertrag (BFH BStBl. II 2023, 888 Rn. 20; Widmann/Mayer/Widmann Rn. R 164; aA Dodenhoff FR 2014, 687 (690 f.); vgl. iÜ auch → Rn. 154).

cc) Organgesellschaft als übernehmende Rechtsträger. Bei der Umw auf **165** eine OrganGes werden die im Rückwirkungszeitraum erwirtschafteten positiven Einkünfte des übertragenden Rechtsträgers bereits dem Organträger zugerechnet. Demzufolge erweitert Abs. 4 S. 4 den Ausschluss des Ausgleichs oder der Verrechnung auf den Organträger. Die positiven Einkünfte des übertragenden Rechtsträgers im Rückwirkungszeitraum werden zwar bei der übernehmenden OrganGes noch ermittelt, auf der Ebene des Organträgers tritt dann aber die Ausgleichs- bzw. Verrechnungssperre ein (Dötsch/Pung/Möhlenbrock/Dötsch/Werner Rn. 121, 122; Behrendt/Klages BB 2013, 1815 (1818); FM Brandenburg BeckVerw 313155). Das „auch" im Gesetzestext hat insoweit keine Bedeutung. Dies gilt in mehrstufigen Organschaftsstrukturen nach Sinn und Zweck für den obersten Organträger (Widmann/Mayer/Widmann Rn. R 156; Dötsch/Pung/Möhlenbrock/Dötsch/Werner Rn. 124; Frotscher/Drüen/Drüen Rn. 175; Behrendt/Klages BB 2013, 1815 (1818); vgl. auch FM Brandenburg BeckVerw 313155; aA HK-UmwStG/G. Kraft Rn. 120; BeckOK UmwStG/Mückl Rn. 1702; Viebrock/Loose DStR 2013, 1364 (1367); Mückl GmbHR 2013, 1084 (1088); Böttcher NWB 2014, 3146 (3152)). Dabei ist es unerheblich, ob die dem Organträger zugerechneten lfd. Verluste (negative Einkünfte) aus dem übernehmenden Rechtsträger, aus anderen OrganGes oder aus einer eigenen Tätigkeit resultieren (Frotscher/Drüen/Drüen Rn. 175; HK-UmwStG/G. Kraft Rn. 119; Behrendt/Klages BB 2013, 1815 (1818); aA Dötsch/Pung/Möhlenbrock/Dötsch/Werner Rn. 122; Viebrock/Loose DStR 2013, 1364

(1367)). Die Ergebnisse aus den anderen OrganGes sind indes nur zeitanteilig zu berücksichtigen.

166 **dd) Personengesellschaft als übernehmende Rechtsträger.** Ebenso wie bei Umw auf Organgesellschaften (→ Rn. 165) wird bei Umw auf übernehmende PersGes (§§ 3–8, 24) ertragstl. das im Rückwirkungszeitraum vom übertragenden Rechtsträger erwirtschaftete Ergebnis nicht beim übernehmenden Rechtsträger selbst, sondern bei dessen Gesellschaftern besteuert (zur GewSt → Rn. 164). Daher ordnet Abs. 4 S. 5 an, dass in diesem Fall die Unzulässigkeit des Ausgleichs oder der Verrechnung mit Verlustpositionen auch für die Gesellschafter gilt. Bei mehrstöckigen PersGes-Strukturen gilt dies für die Gesellschafter auf der obersten Ebene (Dötsch/Pung/Möhlenbrock/Dötsch/Werner Rn. 126; Behrendt/Klages BB 2013, 1815 (1818)). Damit unterliegen die Gesellschafter (natürliche Personen und KapGes) dem Verbot der Verrechnung bzw. des Ausgleichs mit ihren persönlichen Verlustvorträgen und lfd. negativen Einkünften. Der nicht ausgleichsfähige und verrechenbare Betrag ist gesondert und einheitlich festzustellen (Dötsch/Pung/Möhlenbrock/Dötsch/Werner Rn. 126; Behrendt/Klages BB 2013, 1815 (1818)). Für den Zinsvortrag verbleibt es bei der Schranke nach Abs. 4 S. 3, da die aufnehmende PersGes ein Betrieb iSv § 4h EStG ist (Dötsch/Pung/Möhlenbrock/Dötsch/Werner Rn. 126; Viebrock/Loose DStR 2013, 1364 (1367)).

167 **e) Ausnahme: Verbundene Unternehmen.** Nach Abs. 4 S. 6 gilt die Unzulässigkeit des Ausgleichs bzw. der Verrechnung nach den vorstehenden Abs. 4 S. 3–5 nicht, wenn sowohl der übertragende als auch der übernehmende Rechtsträger vor Ablauf des stl. Übertragungsstichtags verbundene Unternehmen iSv § 271 II HGB sind. Verbundene Unternehmen sind demnach solche Unternehmen, die als Mutter- oder Tochterunternehmen (§ 290 HGB) in den Konzernabschluss eines Mutterunternehmens nach den Vorschriften über die Vollkonsolidierung einzubeziehen sind, das als oberstes Mutterunternehmen den am weitestgehenden Konzernabschluss aufzustellen hat, auch wenn die Aufstellung unterbleibt, oder das einen befreienden Konzernabschluss nach § 291 HGB oder nach einer nach § 292 HGB erlassenen Rechtsverordnung aufstellt oder aufstellen könnte; Tochterunternehmen, die nach § 296 nicht einbezogen werden, sind ebenfalls verbundene Unternehmen.

168 Demzufolge kommt es nicht darauf an, ob tatsächlich ein Konzernabschluss aufgestellt wird und die beteiligten Rechtsträger konsolidiert werden bzw. ein Konzernabschluss aufgestellt werden muss (Widmann/Mayer/Widmann Rn. R 174; Frotscher/Drüen/Drüen Rn. 177; Dötsch/Pung/Möhlenbrock/Dötsch/Werner Rn. 127; BeckOK UmwStG/Mückl Rn. 1737; Behrendt/Klages BB 2013, 1815 (1819); Adrian/Franz BB 2013, 1879 (1889); ausf. Jasper DStR 2015, 321). Es genügt, wenn ein übergeordnetes Unternehmen unmittelbar oder mittelbar beherrschenden Einfluss auf die beteiligten Rechtsträger ausüben kann, etwa dadurch, dass dem Mutterunternehmen die Mehrheit der Stimmrechte am übertragenden und übernehmenden Rechtsträger zusteht (vgl. iE § 290 II HGB).

169 Aufgrund des Gesetzeszwecks, missbräuchliche Gestaltungen verhindern zu wollen (→ Rn. 155), kann es nicht darauf ankommen, dass die Rechtsträger handelsrechtlich tatsächlich die Definition von § 271 HGB erfüllen. Demzufolge sind die beteiligten Rechtsträger auch dann verbundene Unternehmen iSv Abs. 4 S. 6, wenn sie unmittelbares oder mittelbares Beteiligungsunternehmen eines ausl. Mutterunternehmens (EU/EWR und Drittstaaten) sind (Frotscher/Drüen/Drüen Rn. 177; Dötsch/Pung/Möhlenbrock/Dötsch/Werner Rn. 127; Adrian/Franz BB 2013, 1879 (1889); Behrendt/Klages BB 2013, 1815 (1819)). Das Mutterunternehmen muss aber ein Unternehmen im konzernrechtlichen Sinne sein. Bloße Beteiligungsidentität an den beteiligten Rechtsträgern (Beispiel: A und B sind jew. hälftig am übertragenden und übernehmenden Rechtsträger beteiligt) genügt nicht. Zur Anwendung beim Formwechsel → Rn. 157.

Die Eigenschaft der beteiligten Rechtsträger als verbundenes Unternehmen muss **170** nach dem Gesetzestext vor Ablauf des stl. Übertragungsstichtags bestehen. Diese unglückliche Wortwahl kann nur so verstanden werden, dass auf den stl. Übertragungsstichtag (am stl. Übertragungsstichtag) abzustellen ist (Dötsch/Pung/Möhlenbrock/Dötsch/Werner Rn. 128; Frotscher/Drüen/Drüen Rn. 178). Nach dem jedoch insoweit klaren Wortlaut sind die Verhältnisse nach dem stl. Übertragungsstichtag unbeachtlich (Widmann/Mayer/Widmann Rn. R 185; Behrendt/Klages BB 2013, 1815 (1818)). Nach dem Gesetzeszweck ist die Ausnahme nach Abs. 4 S. 6 bei der Umw mehrerer verbundener Unternehmen zur Neugründung auch dann erfüllt, wenn auch der neu gegründete Rechtsträger ein verbundenes Unternehmen sein wird (Dötsch/Pung/Möhlenbrock/Dötsch/Werner Rn. 127; Behrendt/Klages BB 2013, 1815 (1819)).

f) Rechtsfolge. Rechtsfolge des Eingreifens der Voraussetzungen von Abs. 4 **171** S. 3 ff. ist, dass die im Rückwirkungszeitraum noch vom übertragenden Rechtsträger erwirtschafteten positiven Einkünfte trotz der stl. Rückwirkung nicht mit eigenen verrechenbaren Verlusten, verbleibenden Verlustvorträgen und nicht ausgeglichenen negativen Einkünften des übernehmenden Rechtsträgers verrechnet bzw. ausgeglichen werden können (zum Zinsvortrag → Rn. 164). Diese positiven Einkünfte werden also in dem VZ, indem der Rückwirkungszeitraum endet, endgültig besteuert. Die verrechenbaren Verluste und Verlustvorträge gehen indes nicht unter und können nach den allg. Grundsätzen mit späteren positiven Einkünften auch aus dem Betrieb, der infolge der Umw vom übertragenden Rechtsträger übergegangen ist, verrechnet werden (FG Berlin-Brandenburg DStRE 2021, 1194 Rn. 65; wohl auch BFH BStBl. II 2023, 888 Rn. 14). Insofern hat das Verrechnungsverbot nur temporären Charakter.

9. Verrechnungsverbote bei der Realisierung stiller Lasten (Abs. 5)

a) Allgemeines. Abs. 5 wurde mit dem AbzStEntModG (BGBl. 2021 I 1259) **172** eingefügt. Inhaltlich ist die Regelung eine spezialgesetzliche Missbrauchsvorschrift (vgl. näher → Rn. 182). Anders als bei Abs. 4 geht es nicht um die Berücksichtigung bereits realisierter Verluste, sondern um Einkünfteminderungen aufgrund der Realisierung vorhandener stiller Lasten nach dem steuerlichen Übertragungsstichtag, die im Grundsatz (vgl. → Rn. 176) auf den übernehmenden Rechtsträger übergehen (vgl. auch Frotscher/Drüen/Drüen Rn. 185, 188; Dötsch/Pung/Möhlenbrock/Dötsch/Werner Rn. 131, 137; BeckOK UmwStG/Mückl Rn. 1775). **Adressat** der Regelung ist wie bei Abs. 4 S. 3 ff. (→ Rn. 155) der übernehmende Rechtsträger, bei dem die Nutzung negativer Einkünfte, die wirtschaftlich beim übertragenden Rechtsträger begründet wurden, eingeschränkt wird (Dötsch/Pung/Möhlenbrock/Dötsch/Werner Rn. 138). Die Regelung wird in erster Linie Banken, Versicherungen und Finanzunternehmen treffen, da bei diesen Unternehmen die Verlustabzugsbeschränkung nach § 8b III 3 KStG regelmäßig nach § 8b VII und VIII KStG nicht greift (Brandis/Heuermann/Loose Rn. 94; Frotscher/Drüen/Drüen Rn. 194), wenngleich dies keine Tatbestandsvoraussetzung ist (vgl. aber → Rn. 182). **Gesetzeszweck** ist die Verhinderung von Gestaltungen, die darauf abzielen, von Dritten im steuerlichen Rückwirkungszeitraum geschaffenes Verlustpotenzial (noch nicht realisierte stille Lasten) zur Verrechnung mit positiven Einkünften nach einer Umw zur Verfügung zu stellen (Begr. RegE AbzStEntModG, BT-Drs. 19/27632 zu § 2 V). Nach Ansicht des Gesetzgebers geschieht dies etwa (beispielhafter **Grundfall**) dadurch, dass eine Körperschaft die Beteiligung an einer Tochtergesellschaft, die innerhalb des steuerlichen Rückwirkungszeitraum ein Finanzinstrument angeschafft hat, das nach der Anschaffung erheblich an Wert verloren hat, an eine andere Körperschaft veräußert, sodann die Tochtergesellschaft die stillen Lasten im Rückwirkungszeitraum realisiert und schließlich auf die erwerbende Körperschaft verschmolzen wird (Begr. RegE AbzStEntModG, BT-Drs. 19/27632 zu § 2 V). Ohne die Regelungen des Abs. 5 wäre der Verlust durch die Veräußerung des Finanzinstruments aufgrund der Rückwirkung nach Abs. 1 bereits der Erwerberin zuzurechnen. Die in dem Beispiel in der Gesetzesbegründung beschriebene Veräußerung der Anteile an der Tochtergesellschaft ist indes keine Tatbestandsvoraussetzung, sondern soll vermutlich aufzeigen, dass die Nutzung der negativen Einkünfte nach § 8c KStG nicht verhindert werden kann (Realisierung erst nach dem Anteilsinhaberwechsel).

173 Abs. 5 S. 1 soll diesen Grundfall erfassen. Er regelt die grundlegenden Voraussetzungen für den Ausschluss der Nutzung der vom übertragenden Rechtsträger noch realisierten, aber wegen der Rückwirkung bereits dem übernehmenden Rechtsträger und dessen Gesellschaftern zuzurechnenden negativen Einkünfte. Abs. 5 **S. 2** erweitert die Anwendung auf Aufwendungen wegen schädlicher Veräußerungen von Finanzinstrumenten/Anteilen an Körperschaften, die nach dem Rückwirkungszeitraum, aber noch im Gewinnermittlungszeitraum nach der Umw stattfinden oder in diesem Zeitraum aufgrund der Veräußerungsfiktion nach Abs. 5 S. 4 entstehen. Abs. 5 **S. 3** enthält eine nicht abschließende Aufzählung von veräußerungsgleichen Vorgängen. Soweit die Finanzinstrumente/Anteile an Körperschaften bis zum Ende des Gewinnermittlungszeitraum nach der Umw weder veräußert noch durch einen veräußerungsgleichen Vorgang realisiert werden, gelten sie nach Abs. 5 S. 4 als zu diesem Zeitpunkt veräußert und wieder angeschafft. Abs. 5 **S. 5** enthält eine Ausnahme (zulässige Verlustverrechnung) von der in S. 2 geregelten nachträglichen Realisation, wenn der Ansatz zum (unter dem Buchwert liegenden) gemeinen Wert nicht zwingend war, weil der gemeine Wert der Sachgesamtheit höher als der Buchwert (BMF 11.11.2011, BStBl. I 2011, 1314 Rn. 03.12) ist (Begr. RegE AbzStEntModG, BT-Drs. 19/27632 zu § 2 V). Ferner eröffnet Abs. 5 **S. 6** als Ausnahme zu S. 1 und S. 2 dem Steuerpflichtigen die Möglichkeit des Nachweises, dass die Verrechnung der negativen Einkünfte aus der Realisierung der stillen Lasten kein Haupt- oder Nebenzweck der Umw war (Escape-Klausel). Abs. 5 **S. 7** regelt schließlich die sinngemäße Anwendung bei der Zwischenschaltung einer oder mehrerer PersGes.

174 Zur **erstmaligen Anwendung** vgl. § 27 XVI (krit. zur Anknüpfung an die Veröffentlichung des Referentenentwurfs Frotscher/Drüen/Drüen Rn. 190). Verfassungsrechtlich problematisch ist die nach § 27 XVI S. 2 mögliche rückwirkende Anwendung auf offene Fälle, in denen die äußeren Umstände darauf schließen lassen, dass die Verrechnung übergehender stiller Lasten wesentliche Zweck der Umw oder Einbringung war und der Steuerpflichtige dies nicht widerlegen kann (ebenso BeckOK UmwStG/Mückl Rn. 1776; vgl. auch Frotscher/Drüen/Drüen Rn. 190; Dötsch/Pung/Möhlenbrock/Dötsch/Werner Rn. 152; Widmann/Bauschatz/Pupeter Rn. 9). Dies beruht vermutlich darauf, dass der Gesetzgeber die von Abs. 5 erfassten Verlustnutzungen durch rückwirkende Umw bereits mit der geltenden Rechtslage nicht vereinbar ansieht (Begr. RegE AbzStEntModG BT-Drs. 19/27632 zu § 2 V).

175 **b) Betroffene Umwandlungen.** Abs. 5 gilt unmittelbar für die von § 2 ordinär erfassten Umw nach §§ 3–19. Die Regelungen sind aber durch die zeitgleich ergänzten **Verweise** in § 9 S. 3 und § 20 VI S. 4 auch beim Formwechsel nach § 9 und bei den Einbringungen nach § 20 anwendbar. Damit erstrecken sich die Verweise in § 24 IV Hs. 2 (Einbringung nach § 24 bei Übertragung durch Gesamtrechtsnachfolge) auf § 20 VI und in § 25 S. 2 auf § 9 S. 3 auch auf § 2 Abs. 5 (Dötsch/Pung/Möhlenbrock/Dötsch/Werner Rn. 136).

c) Kein Ausgleich negativer Einkünfte (Grundfall) (Abs. 5 S. 1). **176**
aa) Negative, dem übernehmenden Rechtsträger zugerechnete Einkünfte.
Nach Abs. 5 S. 1 können negative Einkünfte des übernehmenden Rechtsträgers, die von diesem infolge der Anwendung der Abs. 1 und 2 erzielt werden, nicht ausgeglichen oder verrechnet werden, soweit („als") die negativen Einkünfte auf der Veräußerung oder Bewertung von Finanzinstrumenten oder Anteilen an einer Körperschaft beruhen. Voraussetzung sind also negative Einkünfte, die tatsächlich noch der **übertragende Rechtsträger im Rückwirkungszeitraum** erzielt hat, die aber wegen der rückwirkenden Zurechnung der Einkünfte steuerlich bereits dem übernehmenden Rechtsträger (Abs. 1) und dessen Gesellschaftern (Abs. 2) zugerechnet werden (Frotscher/Drüen/Drüen Rn. 193; Dötsch/Pung/Möhlenbrock/Dötsch/Werner Rn. 138; auch Brandis/Heuermann/Loose Rn. 94). Anders als bei Abs. 4 S. 3 (vgl. → Rn. 160; zur Nichtanpassung krit. vgl. Dötsch/Pung/Möhlenbrock/Dötsch/Werner Rn. 138) spricht der Gesetzestext zutreffenderweise – da rückwirkend schon zugerechnet – von negativen Einkünften des übernehmenden Rechtsträgers. Negative Einkünfte, die der übernehmende Rechtsträger originär selbst im Rückwirkungszeitraum erwirtschaftet, sind nicht erfasst. Ebenso wenig gilt das Verrechnungsverbot für negative Einkünfte des übertragenden Rechtsträgers, die vor dem oder am steuerlichen Übertragungsstichtag realisiert werden, etwa durch Veräußerung oder Bewertung unterhalb der Anschaffungskosten (§ 6 I Nr. 2 EStG) in der steuerlichen Schlussbilanz. Diese sind bereits in der steuerlichen Schlussbilanz des übertragenden Rechtsträgers zu erfassen. Zu Aufwendungen nach dem Rückwirkungszeitraum vgl. → Rn. 184.

Anders als bei Abs. 5 S. 2 (vgl. → Rn. 184) muss der übertragende Rechtsträger **177** im Rückwirkungszeitraum **negative Einkünfte** erwirtschaftet haben. Es muss also im **Saldo** in der Zeit vom steuerlichen Übertragungsstichtag bis zum zivilrechtlichen Wirksamwerden der Umw ein Verlust entstanden sein (Widmann/Bauschatz/Pupeter Rn. 213). Nicht maßgeblich ist das isolierte Ergebnis aus der Realisierung des Finanzinstruments (auch Brandis/Heuermann/Loose Rn. 94). Positive Ergebnisbeiträge aus anderen Geschäftsvorfällen oder der Veräußerung anderer Finanzinstrumente sind zu berücksichtigen. Demzufolge muss auf den Zeitpunkt des Wirksamwerdens der Umw (wohl zum Ende des Tages der konstitutiven Eintragung der Umw, vgl. etwa § 20 I UmwG, § 131 I UmwG) nur für diesen Zweck eine Ergebnisermittlung nach den für den übertragenden Rechtsträger geltenden Vorschriften erfolgen. Für die meisten inländischen Rechtsträger gelten damit die Grundsätze des Betriebsvermögensvergleichs (§ 5 I 1 EStG, § 4 I 1 EStG). Die Praxis muss sich hierauf einstellen, da auf den Zeitpunkt des zivilrechtlichen Wirksamwerdens der Umw bislang keine Ergebnisermittlung erfolgt. Ob tatsächlich eine weitere steuerliche „Schluss*bilanz*" zu erstellen ist, ist unklar. Zutreffenderweise ist eine steuerliche Nebenrechnung nach Bilanzierungsgrundsätzen ausreichend (vgl. allerdings BFH BStBl. II 2018, 778 zu § 16 II EStG und BFH BStBl. II 2023, 888 Rn. 23 zu Abs. 4 S. 3), wenngleich der damit verbundene Aufwand nicht nennenswert geringer ist. Da in der Praxis regelmäßig der übertragende Rechtsträger bis zum Wirksamwerden der Verschm selbst noch seine Geschäftsvorfälle erfasst (vgl. → UmwG § 17 Rn. 67 ff.), sollte künftig in Fällen, in denen Abs. 5 einschlägig sein könnte, eine taggenaue Überleitung erfolgen. Bei ausl. übertragenden Rechtsträgern sind die für diesen Rechtsträger maßgeblichen ausl. Ergebnisermittlungsgrundsätze anzuwenden.

bb) Schädliche Wirtschaftsgüter. Die negativen Einkünfte müssen auf der Ver- **178** äußerung oder Bewertung von **Finanzinstrumenten** oder Anteilen an einer Körperschaft (schädliche Wirtschaftsgüter) beruhen. Andere Wirtschaftsgüter wie Immobilien oder Maschinen wurden bewusst nicht einbezogen (Begr. RegE AbzStEntModG, BT-Drs. 19/27632 zu § 2 V). Der Begriff der Finanzinstrumente ist steuerlich nicht definiert. Nach der Gesetzesbegründung (Begr. RegE AbzStEntModG, BT-Drs. 19/27632 zu § 2 V) sind „insbesondere" die Finanzinstrumente nach § 1 XI KWG sowie § 2 IV WpHG erfasst. Demzufolge sind Finanzinstrumente insbesondere Aktien, Schuldtitel, Anteile an Investmentvermögen, Geldmarktinstrumente, derivative Geschäfte, Emissionszertifikate, Kryptowerte etc. **Anteile** an einer **Körperschaft** umfasst insbesondere Anteile an Kapitalgesellschaften, aber etwa auch Genossenschaftsanteile. Auf die Tätigkeit der Körperschaft kommt es nicht an, obwohl nach der Gesetzesbegründung Gestaltungen erfasst werden sollen, bei denen Wirtschaftsgüter genutzt werden, die kurzfristigen Wertschwankungen unterliegen (Begr. RegE AbzStEntModG, BT-Drs. 19/27632 zu § 2 V). Im Ergebnis ist damit jede Beteiligung an einer Körperschaft, deren gemeiner Wert niedriger als der Buchwert ist, erfasst. Dies ist wegen der Zwangsrealisation (vgl. → Rn. 186) sehr bedenklich. Der Zeitpunkt der **Anschaffung** der schädlichen Wirtschaftsgüter ist nicht bedeutsam (vgl. aber auch Brandis/Heuermann/Loose Rn. 94; Dötsch/Pung/Möhlenbrock/Dötsch/Werner Rn. 133). Erfasst sind auch schädliche Wirtschaftsgüter, die der übertragende Rechtsträger vor dem steuerlichen Übertragungsstichtag angeschafft hatte und bei denen seit dem steuerlichen Übertragungsstichtag (letzter Bewertungsstichtag) Wertverluste eingetreten sind oder eine Abwertung in der steuerlichen Schlussbilanz des übertragenden Rechtsträgers nicht stattgefunden hat (Wahlrecht nach § 6 I Nr. 2 S. 2 EStG; zur Bedeutung des Werts der Sachgesamtheit vgl. → Rn. 190).

179 **cc) Veräußerung oder Bewertung.** Die negativen Einkünfte müssen durch die **Veräußerung** oder Bewertung der Finanzinstrumente/Anteile an einer Körperschaft (schädliche Wirtschaftsgüter) entstanden sein. Veräußerung ist die entgeltliche Übertragung der zivilrechtlichen Inhaberschaft oder wenigstens des wirtschaftlichen Eigentums iSv § 39 II Nr. 1 S. 1 AO an den schädlichen Wirtschaftsgütern auf eine andere Person (BFH DStR 2021, 2396 Rn. 18). Die Veräußerung muss für die von Abs. 5 S. 1 erfassten Vorgänge im Rückwirkungszeitraum (steuerlicher Übertragungsstichtag bis Wirksamwerden der Umw.) erfolgen. Hierdurch wird bezogen auf das schädliche Wirtschaftsgut das steuerliche Ergebnis realisiert (§ 38 AO). Als Veräußerung gilt nach Abs. 5 **S. 3** auch die Einlösung, Rückzahlung, Abtretung (Widmann/Bauschatz/Pupeter Rn. 209), Entnahme, verdeckte Einlage in eine Kapitalgesellschaft oder ein sonstiger ertragsteuerlich einer **Veräußerung gleichgestellter Vorgang.** Der Wortlaut orientiert sich an § 20 II 2 EStG, was sich wegen der Nichtberücksichtigung negativer Einkünfte im Zusammenhang mit Finanzinstrumenten tatsächlich anbietet. Die verdeckte Einlage in eine Kapitalgesellschaft (ohne Gewährung von Gesellschaftsrechten) ist auch in anderen Zusammenhängen einer Veräußerung gleichgestellt (§ 17 I 2 EStG, § 20 II 2 EStG, § 23 I 5 Nr. 2 EStG). Der Begriff der Entnahme ist in § 4 I 2, 3 EStG legaldefiniert.

180 Zur Realisation kommt es im Grundsatz auch bei einer **Entnahme** iSv § 4 I 2 EStG, da das entnommene Wirtschaftsgut mit dem Teilwert oder gemeinen Wert anzusetzen ist (§ 6 I Nr. 4 S. 1 EStG). Denkbar ist dies, wenn der übertragende Rechtsträger selbst eine Mitunternehmerschaft ist (Einbringungsfälle nach §§ 20 ff.) oder der übertragende Rechtsträger an Mitunternehmerschaften beteiligt ist. Keine Realisation tritt ein, wenn die Voraussetzungen von § 6 V EStG vorliegen. Sonstige ertragsteuerlich einer Veräußerung **gleichgestellte Vorgänge** sind – wie nach § 17 IV EStG – insbesondere bei den Anteilen an einer Körperschaft die Auflösung, die Kapitalherabsetzung, wenn das Kapital zurückgezahlt wird, und die Ausschüttung oder Zurückzahlung von Beträgen aus dem steuerlichen Einlagenkonto iSv § 27 KStG, soweit die Bezüge nicht zu den Einnahmen aus Kapitalvermögen gehören (Dötsch/Pung/Möhlenbrock/Dötsch/Werner Rn. 142; Frotscher/Drüen/Drüen Rn. 198; auch Brandis/Heuermann/Loose Rn. 94; Liedgens Ubg 2021, 283 (286)). Ebenso ist nach § 16 II 1 EStG die Aufgabe des Gewerbebetriebs der Veräußerung gleichgestellt (Dötsch/Pung/Möhlenbrock/Dötsch/Werner Rn. 142; Frotscher/ Drüen/Drüen Rn. 198).

Unklar ist, wie negative Einkünfte durch eine **Bewertung** der schädlichen Wirtschaftsgüter entstehen können. Außerhalb von Veräußerungen und veräußerungsgleichen Vorgängen bestehen ergebniswirksame Bewertungsanlässe zum Ende eines Gewinnermittlungszeitraums (Schluss des Wirtschaftsjahres, § 4 I 1 EStG). Zu diesem Zeitpunkt können (Wahlrecht) die schädlichen Wirtschaftsgüter mit den niedrigeren Teilwert angesetzt werden, wenn eine voraussichtlich dauernde Wertminderung vorliegt (§ 6 I Nr. 2 S. 2 EStG). Beim übertragenden Rechtsträger kann im Rückwirkungszeitraum ein derartiger Bewertungsanlass nicht mehr entstehen, da ab dem steuerlichen Übertragungsstichtag dessen Ertragsteuerpflicht endet (→ Rn. 43). Selbst wenn im Rückwirkungszeitraum ein Wirtschaftsjahr des übertragenden Rechtsträgers endet, folgt zu diesem Zeitpunkt keine steuerliche Ergebnisermittlung, da die Wirtschaftsgüter und Geschäftsvorfälle bereits nach Abs. 1 dem übernehmenden Rechtsträger zuzuordnen sind. Damit können negative Einkünfte durch eine Bewertung nur entstehen, wenn im Rückwirkungszeitraum ein Wirtschaftsjahr des übernehmenden Rechtsträgers endet und zu diesem Zeitpunkt das schädliche Wirtschaftsgut vom übertragenden Rechtsträger bereits angeschafft wurde. Dennoch muss auch in diesem Fall der Saldo der negativen Einkünfte über den gesamten Rückwirkungszeitraum ermittelt werden (vgl. → Rn. 177).

dd) Unbeschadet anderer Vorschriften. Der Ausschluss des Ausgleichs oder der sonstigen Verrechnung der negativen Einkünfte tritt nach Abs. 5 S. 1 „unbeschadet anderer Vorschriften" ein. Ferner ist der Ausgleich oder die sonstige Verrechnung „auch insoweit nicht zulässig", als sie auf der Veräußerung oder Bewertung der schädlichen Wirtschaftsgüter beruhen. Die damit verbundene gesetzgeberische Absicht ist nicht klar. In der Gesetzesbegründung wird darauf hingewiesen, dass „das von der Gestaltung beabsichtige Ergebnis bereits [...] mit der geltenden Rechtslage [nicht] zu vereinbaren" sein dürfte (Begr. RegE AbzStEntModG, BT-Drs. 19/27632 zu § 2 V). Zunächst wird durch den Wortlaut klargestellt, dass der Ausschluss der Berücksichtigung der negativen Einkünfte sich zugleich aus anderen Vorschriften ergeben kann. Bei anderen Unternehmen als Banken, Versicherungen und Finanzinstituten (vgl. → Rn. 172) ist hier insbesondere § 8b III 3 KStG bedeutsam (Dötsch/Pung/Möhlenbrock/Dötsch/Werner Rn. 139). Ebenso könnte die Berücksichtigung der negativen Einkünfte bereits nach § 15 IV 1 EStG ausgeschlossen sein (Dötsch/Pung/Möhlenbrock/Dötsch/Werner Rn. 139). Der Gesetzgeber dürfte aber insbesondere an eine parallele Anwendung von § 42 AO gedacht haben (ebenso Dötsch/Pung/Möhlenbrock/Dötsch/Werner Rn. 139; Frotscher/Drüen/ Drüen Rn. 189). In diesem Zusammenhang ist bedeutsam, dass durch eine spezialgesetzliche Missbrauchsvorschrift, die Abs. 5 ist (Dötsch/Pung/Möhlenbrock/Dötsch/ Werner Rn. 151; Liedgens Ubg 2021, 283 (290)), der Rückgriff auf § 42 AO nicht generell ausgeschlossen ist. Eine Verdrängung von § 42 AO tritt indes ein, wenn die spezielle Missbrauchsvorschrift tatbestandlich einschlägig ist (vgl. iE → § 15 Rn. 241). Demzufolge tritt die Nichtberücksichtigung negativer Einkünfte nicht ein, wenn sie auf der Realisation stiller Lasten in anderen Wirtschaftsgütern beruhen (vgl. → Rn. 178). Insofern wäre durch die Wertung in Abs. 5 der Rückgriff auf § 42 AO ausgeschlossen (vgl. auch Frotscher/Drüen/Drüen Rn. 189). Gegebenenfalls beabsichtigte der Gesetzgeber mit dem Gesetzeswortlaut, dieses Subsidiaritätsverhältnis aufzuheben.

ee) Rechtsfolge. Ausgeschlossen ist der **Ausgleich** oder die **sonstige Verrechnung** der negativen Einkünfte. Unter Ausgleich der negativen Einkünfte ist die Saldierung der negativen Einkünfte mit positiven Einkünften, die der übernehmende Rechtsträger im Wirtschaftsjahr, in dem der Rückwirkungszeitraum liegt, selbst erwirtschaftet, zu verstehen. Insofern hat eine außerbilanzielle Korrektur stattzufinden. Zur Saldierung für die Ermittlung der negativen Einkünfte vgl. → Rn. 177. Eine sonstige Verrechnung wäre die Nutzung der negativen Einkünfte für einen Verlustrücktrag oder einen Verlustvortrag. Abs. 5 gilt wie Abs. 4 nicht für die GewSt (vgl. → Rn. 164, → Rn. 166).

184 **d) Nichtberücksichtigung von Aufwendungen außerhalb des Rückwirkungszeitraums (Abs. 5 S. 2 und 4). aa) Aufwendungen außerhalb des Rückwirkungszeitraums.** Der Ausgleich der negativen Einkünfte aufgrund der Realisation der stillen Lasten in schädlichen Wirtschaftsgütern (zum Begriff → Rn. 178) ist nicht auf den Rückwirkungszeitraum beschränkt. Nach Abs. 5 **S. 2** gelten auch Aufwendungen „außerhalb des Rückwirkungszeitraums" als negative Einkünfte, die darauf beruhen, dass die schädlichen Wirtschaftsgüter bis zum Ende des Gewinnermittlungszeitraum des übernehmenden Rechtsträger veräußert werden oder als veräußert gelten (zur Veräußerung vgl. → Rn. 179). Anders als nach Abs. 5 S. 1 (vgl. → Rn. 177) ist in diesen Fällen nicht der Saldo der negativen Einkünfte maßgeblich, sondern sind die **konkreten Aufwendungen** aufgrund der Realisation der stillen Lasten in den schädlichen Wirtschaftsgütern vom Ausgleich oder der sonstigen Verrechnung ausgeschlossen (BeckOK UmwStG/Mückl Rn. 1790; auch Brandis/Heuermann/Loose Rn. 94). Dies beruht darauf, dass außerhalb des Rückwirkungszeitraums der übernehmende Rechtsträger originär eigene Einkünfte erzielt. Die Realisation muss also in dem **Zeitraum** zwischen dem zivilrechtlichen Wirksamwerden der Umw (vgl. etwa § 20 I UmwG, § 131 I UmwG) als dem Ende des Rückwirkungszeitraums (vgl. auch BFH BStBl. II 2023, 888 Rn. 11, 22 zu Abs. 4 S. 3) bis zum Ende des Gewinnermittlungszeitraum des übernehmenden Rechtsträgers stattfinden oder durch die Veräußerungsfunktion anzunehmen sein (Abs. 5 S. 4). Aufgrund der Zwangsrealisation (vgl. → Rn. 186) ist eine Realisation der stillen Lasten aufgrund **Bewertung** (vgl. → Rn. 181) in den Fällen des Abs. 5 S. 2 nicht erfasst, da diese zum gleichen Zeitpunkt wie die Zwangsrealisation eintreten würde (so auch BeckOK UmwStG/Mückl Rn. 1791; Widmann/Bauschatz/Pupeter Rn. 220; vgl. aber Frotscher/Drüen/Drüen Rn. 196; Dötsch/Pung/Möhlenbrock/Dötsch/Werner Rn. 140).

185 **bb) Anschaffung durch den übertragenden Rechtsträger.** Auch bei Abs. 5 S. 2 müssen die schädlichen Wirtschaftsgüter (zum Begriff → Rn. 178) vom übertragenden Rechtsträger angeschafft worden sein. Zum Zeitpunkt der Anschaffung vgl. → Rn. 178. Denn es muss sich um schädliche Wirtschaftsgüter handeln, „die dem übernehmenden Rechtsträger auf Grund der Absätze 1 und 2 zugerechnet werden". Gemeint sind damit schädliche Wirtschaftsgüter, die anlässlich der Umw vom übertragenden auf den übernehmenden Rechtsträger übergegangen sind und für die Ermittlung des Einkommens und des Vermögens nach Abs. 1 bereits dem übernehmenden Rechtsträger zuzurechnen sind. Negative Einkünfte aufgrund der Veräußerung von originär vom übernehmenden Rechtsträger angeschafften schädlichen Wirtschaftsgüter sind ebenso wie in den Fällen nach Abs. 5 S. 1 (vgl. → Rn. 176) vom Ausgleich oder der sonstigen Verrechnung nicht ausgeschlossen. Zum Begriff der **Veräußerung** und veräußerungsgleichen Vorgängen vgl. → Rn. 179. Zur Zwangsrealisation vgl. → Rn. 186.

186 **cc) Zwangsrealisation (Abs. 5 S. 4).** Während die Anwendung von Abs. 5 S. 1 eine tatsächliche Realisation noch in der Person des übertragenden Rechtsträgers voraussetzt, tritt in den Fällen von Abs. 5 S. 2 mit Ablauf des Gewinnermittlungszeitraums des übernehmenden Rechtsträgers eine **Zwangsrealisation** ein. Denn Abs. 5 **S. 4** bestimmt, dass zu diesem Zeitpunkt noch nicht veräußerte oder noch nicht als veräußert geltende schädliche Wirtschaftsgüter (zum Begriff → Rn. 178) als zum gemeinen Wert veräußert und wieder angeschafft gelten. Nach dem Gesetzeswortlaut würde dies auch gelten, wenn der gemeine Wert zu diesem Zeitpunkt höher als der Buchwert ist und damit ein Gewinn entstehen würde. Nach dem Gesetzeszweck (vgl. → Rn. 172) soll indes der Ausgleich oder die sonstige Verrechnung von negativen Einkünften verhindert werden. Auch die Bezugnahme auf S. 2 („Wirtschaftsgüter im Sinne des Satzes 2") macht deutlich, dass als **ungeschriebenes Tatbestandsmerkmal** durch die Zwangsrealisation Aufwendungen entstehen müssen. Zu diesem Zeitpunkt muss also der gemeine Wert der schädlichen Wirtschaftsgüter geringer als der Buchwert oder die Anschaffungskosten sein (ebenso Dötsch/Pung/Möhlenbrock/Dötsch/Werner Rn. 144; Widmann/Bauschatz/Pupeter Rn. 232; wohl auch Liedgens Ubg 2021, 283 (286)). Nur für diese Fälle geht Abs. 5 S. 4 der Bewertungsvorschrift nach § 6 I Nr. 4 EStG vor, bei der ein Wahlrecht zur Teilwert-Afa besteht. Anders als bei der Bewertung nach § 6 I Nr. 4 EStG ist auch immer der gemeine Wert und nicht der Teilwert maßgeblich.

Die Zwangsrealisation mag im Zusammenhang mit Finanzinstrumenten vom Gesetzeszweck (vgl. → Rn. 172) gedeckt sein, wenigstens wenn man den im Beispielsfall des Gesetzgebers (Begr. RegE AbzStEntModG, BT-Drs. 19/27632 zu § 2 V; vgl. zum Beispielsfall auch Dötsch/Pung/Möhlenbrock/Dötsch/Werner Rn. 132) beschriebenen gezielten Erwerb des übertragenden Rechtsträgers unterstellt, der indes keine Tatbestandsvoraussetzungen für die Anwendung von Abs. 5 ist. Als schädliche Wirtschaftsgüter gelten aber auch jegliche **Anteile an einer Körperschaft** (vgl. → Rn. 178). In diesem Fall tritt eine Zwangsrealisation unabhängig von etwa der Haltedauer, einem gezielten Erwerb oder anderen Umständen bereits dann ein, wenn der gemeine Wert der Anteile an einer Körperschaft, deren Anteilsinhaber der übertragende Rechtsträger war, zum Ende des ersten Gewinnermittlungszeitraums des übernehmenden Rechtsträgers geringer als der Buchwert oder die Anschaffungskosten ist (vgl. auch Liedgens Ubg 2021, 283 (290 f.)). In diesem Fall bleibt dem übernehmenden Rechtsträger nur die Nachweismöglichkeit nach Abs. 5 S. 6 (vgl. → Rn. 192).

Maßgeblicher **Zeitpunkt** für die Zwangsrealisation ist nach Abs. 5 S. 4 der Ablauf des nach der Umw endenden Gewinnermittlungszeitraums nach § 4a EStG oder in anderen Fällen der Ablauf des nach der Umw endenden Kalenderjahrs. Andere Fälle in diesem Sinne dürften bei Umw selten sein und würden voraussetzen, dass die schädlichen Wirtschaftsgüter beim übernehmenden Rechtsträger dem PV zuzuordnen sind (Dötsch/Pung/Möhlenbrock/Dötsch/Werner Rn. 143). Mit „nach der Umwandlung" kann nach dem Gesetzeszweck und dem Zusammenspiel von Abs. 5 S. 1 und S. 2 nur der Zeitpunkt des zivilrechtlichen Wirksamwerdens der Umw (vgl. etwa § 20 I UmwG, § 131 I UmwG) gemeint sein. Zur Bewertung bei einem im Rückwirkungszeitraum endenden Gewinnermittlungszeitraum des übernehmenden Rechtsträgers vgl. → Rn. 181.

dd) Rechtsfolge. Auch in den Fällen nach Abs. 5 S. 2 ist die **Rechtsfolge,** dass die Aufwendungen aufgrund der Realisation der stillen Lasten in den schädlichen Wirtschaftsgütern mit positiven Einkünften des übernehmenden Rechtsträgers ausgeglichen werden dürfen. Sie stehen auch für einen Verlustrücktrag oder Verlustvortrag nicht zur Verfügung, müssen also gegebenenfalls aus einem originären Verlust des übernehmenden Rechtsträgers herausgerechnet werden (vgl. bereits → Rn. 184). Die Korrektur hat außerbilanziell zu erfolgen.

e) Ausnahmen (Abs. 5 S. 5 und 6). aa) Fiktiver Ansatz mit dem Buchwert. Abs. 5 **S. 5** regelt einen Ausnahmefall zu Abs. **5 S. 2.** Danach können negative Einkünfte aufgrund einer Veräußerung schädlicher Wirtschaftsgüter (zum Begriff → Rn. 178) (oder eines veräußerungsgleichen Vorgangs; → Rn. 179) nach dem Rückwirkungszeitraum ausgeglichen oder in sonstiger Weise verrechnet werden, soweit die schädlichen Wirtschaftsgüter ohne die Anwendung der Abs. 1 und 2 beim übertragenden Rechtsträger in dessen steuerlicher Schlussbilanz mit einem anderen als dem gemeinen Wert hätten angesetzt werden können. In diesem Fall tritt auch keine Zwangsrealisation nach Abs. 5 S. 4 ein. Nach der Gesetzesbegründung betrifft dies insbesondere Konstellationen, in denen schädliche Wirtschaftsgüter mit stillen Lasten vorhanden sind, der gemeine Wert der Sachgesamtheit insgesamt den Buchwert jedoch nicht unterschreitet (Begr. RegE AbzStEntModG, BT-Drs. 19/27632 zu § 2 V). Unter dieser Voraussetzung können nach umstrittener Ansicht der Finanzverwaltung (BMF 11.11.2011, BStBl. I 2011, 1314 Rn. 03.12; vgl. → § 3 Rn. 48) die Wirtschaftsgüter mit stillen Lasten in der steuerlichen Schlussbilanz mit dem Buchwert angesetzt werden, obwohl deren gemeiner Wert geringer ist.

191 Auf den tatsächlichen Ansatz der schädlichen Wirtschaftsgüter in der steuerlichen Schlussbilanz kommt es nicht an („hätten angesetzt werden können"). Dies folgt schon daraus, dass die schädlichen Wirtschaftsgüter auch nach dem steuerlichen Übertragungsstichtag angeschafft sein können. Der Wortlaut ist im Übrigen unglücklich. Abs. 5 S. 5 erfasst nur die echten oder fiktiven Realisationen nach dem Rückwirkungszeitraum („Satz 2 findet keine Anwendung"). Zu diesem Zeitpunkt bedarf es aber der Rückwirkungsfiktion nach Abs. 1 und Abs. 2 nicht mehr. Vielmehr werden Geschäftsvorfälle mit den übergegangenen Wirtschaftsgütern nach dem Rückwirkungszeitraum bereits unmittelbar dem übernehmenden Rechtsträger zugeordnet. Daher ist unklar, welche Bedeutung dem Satzteil „ohne die Anwendung der Absätze 1 und 2" zukommt. Gemeint ist wohl, dass auf den **Zeitpunkt der tatsächlichen** Realisation oder der Zwangsrealisation abzustellen ist (ebenso Dötsch/Pung/Möhlenbrock/Dötsch/Werner Rn. 145; Frotscher/Drüen/Drüen Rn. 201; Liedgens Ubg 2021, 283 (287); aA Brandis/Heuermann/Loose Rn. 95; BeckOK UmwStG/Mückl Rn. 1791; Widmann/Bauschatz/Pupeter Rn. 221: Wirksamkeit der Umw). Auf diesem Zeitpunkt ist (und bei mehreren schädlichen Wirtschaftsgütern gegebenenfalls mehrfach) festzustellen, ob der gemeine Wert der auf den übernehmenden Rechtsträger übergehenden Sachgesamtheit höher ist als die Summe der Buchwerte (Dötsch/Pung/Möhlenbrock/Dötsch/Werner Rn. 146). Diese Prüfung ist sehr aufwändig, da das übergehende Vermögen regelmäßig ständigen Veränderungen unterliegt. Man wird jedenfalls unabhängig vom Bewertungsstichtag auf die Vermögenszusammensetzung zum Zeitpunkt des Wirksamwerdens der Umw abzustellen haben, da es nur auf die vom übertragenden Rechtsträger herrührenden Wirtschaftsgüter und Verbindlichkeiten ankommt. Sollte sich die Ansicht der Finanzverwaltung zur Bewertung der Sachgesamtheit höchstrichterlich nicht bestätigen, wäre hingegen Abs. 5 S. 5 immer erfüllt (Liedgens Ubg 2021, 283 (287)).

192 bb) **Fehlende Missbrauchsabsicht (Escape-Klausel).** Nach Abs. 5 S. 6 finden die S. 1–5 insgesamt keine Anwendung, wenn der Steuerpflichtige nachweist, dass die Verrechnung negativer Einkünfte iSv S. 1 und 2 kein Haupt- oder Nebenzweck der Umw war. Die Vorschrift hat den Charakter einer Escape-Klausel (Dötsch/Pung/Möhlenbrock/Dötsch/Werner Rn. 148; Frotscher/Drüen/Drüen Rn. 202). Der Begriff der Verrechnung dürfte als Oberbegriff zum Ausgleich oder sonstige Verrechnung im Sinne von Abs. 5 S. 1 zu verstehen sein. Der Nachweis obliegt dem Steuerpflichtigen, der den Ausgleich oder die sonstige Verrechnung der negativen Einkünfte vornehmen möchte, also regelmäßig dem übernehmenden Rechtsträger. Wie der Nachweis zu führen ist, ist im Gesetz nicht geregelt. Besondere Form- und Fristerfordernisse bestehen nicht (Brandis/Heuermann/Loose Rn. 95). Demzufolge kann der Nachweis bis zur materiellen Bestandskraft des Steuerbescheides, in dem der Ausgleich oder die sonstige Verrechnung der negativen Einkünfte berücksichtigt werden soll, erbracht werden.

193 In der Praxis wird man auf objektive **Beweisanzeichen** abstellen müssen. Da bereits ein Nebenzweck ausreichend ist, wird der Nachweis nur selten gelingen (vgl. auch Brandis/Heuermann/Loose Rn. 95; BeckOK UmwStG/Mückl Rn. 1793).

Erfolgreich ist der Nachweis jedenfalls dann, wenn zum Zeitpunkt der Registeranmeldung der Umw stille Lasten in den schädlichen Wirtschaftsgütern (zum Begriff → Rn. 178) nicht vorhanden waren. In den Fällen der Zwangsrealisation (vgl. → Rn. 186) kann der Nachweis bei Anteilen an einer Körperschaft auch dadurch erbracht werden, dass die Beteiligung aus operativen Gründen gehalten wird und tatsächlich eine zeitnahe Veräußerung nach der Umw nicht stattfindet. Ob das Bestehen außersteuerlicher Gründe für die Umw (so etwa Dötsch/Pung/Möhlenbrock/Dötsch/Werner Rn. 148; Liedgens Ubg 2021, 283 (288)) ausreicht, ist angesichts der Schädlichkeit bereits eines Nebenzwecks fraglich. Teilweise werden als Kriterien auch verhältnismäßig niedrige stille Lasten im übergegangenen Vermögen oder ein hoher Anteil sonstiger Wirtschaftsgüter angesehen (Dötsch/Pung/Möhlenbrock/Dötsch/Werner Rn. 148).

f) Zwischenschaltung von Personengesellschaften (Abs. 5 S. 7). Nach **194** Abs. 5 S. 7 gelten die S. 2–6 sinngemäß für Aufwendungen und Einkünfteminderungen infolge der Veräußerung oder eines niedrigeren Wertansatzes der schädlichen Wirtschaftsgüter (zum Begriff → Rn. 178) auch dann, wenn der übernehmende Rechtsträger an den schädlichen Wirtschaftsgütern unmittelbar oder mittelbar über eine oder mehrere PersGes beteiligt ist. Der Veräußerung der schädlichen Wirtschaftsgüter gleichgestellt ist die Veräußerung von Anteilen an den PersGes oder deren Auflösung. Nach dem klaren Wortlaut gelten nur die S. 2–6 sinngemäß. Der Ausschluss der Berücksichtigung der negativen Einkünfte nach **S. 1** ist damit nicht erfasst. Dies könnte damit zusammenhängen, dass der Gesetzgeber bei einer Veräußerung/Bewertung der schädlichen Wirtschaftsgüter durch/bei einer PersGes, an der der übertragende Rechtsträger unmittelbar oder mittelbar beteiligt ist, im Rückwirkungszeitraum davon ausging, dass sie für Zwecke der KSt/ESt aufgrund der transparenten Besteuerung ohnehin dem übertragenden Rechtsträger und wegen der Rückwirkung dem übernehmenden Rechtsträger zuzurechnen sind. Dies gilt allerdings auch für die Fallgruppen von Abs. 5 S. 2, sodass die unterschiedliche Behandlung kein Versehen ist und zu berücksichtigen ist. Demzufolge sind negative Einkünfte aufgrund der Veräußerung/Bewertung der schädlichen Wirtschaftsgüter im Rückwirkungszeitraum, die von zwischengeschalteten PersGes des übertragenden Rechtsträgers erzielt werden, nicht von der Verrechnung ausgeschlossen. Erfasst werden nur Aufwendungen aufgrund der Veräußerung/Bewertung der schädlichen Wirtschaftsgüter durch eine zwischengeschaltete PersGes außerhalb des Rückwirkungszeitraums (vgl. → Rn. 184) einschließlich der Erfüllung veräußerungsgleicher Tatbestände (vgl. → Rn. 179) und der Zwangsrealisation (vgl. → Rn. 186).

Die Aufwendungen müssen durch die Veräußerung/Bewertung der schädlichen **195** Wirtschaftsgüter (zum Begriff → Rn. 178) durch eine/bei einer PersGes, an der ursprünglich der übertragende Rechtsträger und aufgrund der Umw nun der übernehmende Rechtsträger unmittelbar oder mittelbar beteiligt ist, erfolgen. Auch mehrstöckige Strukturen sind erfasst („eine oder mehrere Personengesellschaften"). Die Veräußerung von schädlichen Wirtschaftsgütern durch PersGes, an denen der übernehmende Rechtsträger bereits originär beteiligt war, ist ebenso wie die Veräußerung eigener schädlicher Wirtschaftsgüter (vgl. → Rn. 176) nicht von der Berücksichtigung ausgeschlossen. Zur Realisation durch Bewertung vgl. → Rn. 181.

Der Veräußerung der schädlichen Wirtschaftsgüter (zum Begriff → Rn. 178) ist **196** die **Veräußerung** von Anteilen an der PersGes oder deren Auflösung gleichgestellt. Ersteres hängt damit zusammen, dass bei der Veräußerung von Anteilen an der PersGes die stillen Lasten in den schädlichen Wirtschaftsgütern ebenfalls realisiert werden. Ebenso ist bei der unmittelbaren Anwendung von Abs. 5 S. 2 ist insoweit nicht auf das Gesamtergebnis, sondern auf die konkreten Aufwendungen im Zusammenhang mit den schädlichen Wirtschaftsgütern abzustellen (vgl. → Rn. 184).

Schädlich ist ferner die **Auflösung** der PersGes. Dies ist handelsrechtlich zu verstehen (vgl. etwa § 131 I, II HGB). Die Auflösung bewirkt nicht zwangsläufig eine Betriebsaufgabe (BFH DStR 2021, 1648), die nach § 16 III 1 EStG der Veräußerung gleichgestellt ist und auch iSv Abs. 5 S. 3 ein veräußerungsgleicher Vorgang ist (vgl. → Rn. 180).

197 Die sinngemäße Anwendung bezieht sich auf die Nichtberücksichtigung von Aufwendungen und Einkünfteminderungen beim übernehmenden Rechtsträger, die ihm aufgrund der unmittelbaren oder mittelbaren Beteiligung an PersGes steuerlich zugerechnet werden. Unerheblich ist, ob die Beteiligung mitunternehmerisch oder vermögensverwaltend (Zebragesellschaft) ist (BeckOK UmwStG/Mückl Rn. 1794; auch Brandis/Heuermann/Loose Rn. 96). Die PersGes, bei der die Aufwendungen realisiert werden, kann – etwa für die Gewerbesteuer – die Aufwendungen nach den allgemeinen Regeln berücksichtigen. Soweit der übertragende Rechtsträger nicht allein an der PersGes beteiligt ist, tritt die Rechtsfolge nur in Höhe seiner Beteiligungsquote ein. Die Zwangsrealisation (vgl. → Rn. 186) tritt in diesem Fall nur für die Einkünfteermittlung des übernehmenden Rechtsträgers, nicht jedoch für andere an der PersGes, aber nicht an der Umw beteiligte Gesellschafter ein. Zwischengeschaltete Kapitalgesellschaften unterbrechen nach dem klaren Wortlaut die mittelbare Beteiligung, selbst wenn aufgrund einer bestehenden Organschaft (§§ 14 ff. KStG) eine Einkommenszurechnung beim übernehmenden Rechtsträger eintritt. Der Begriff der Einkünfteminderungen führt zu keiner Erweiterung gegenüber der originären Anwendung von Abs. 5 S. 2. Insbesondere lässt sich hieraus keine Erweiterung auf die Fallgruppen des Abs. 5 S. 1 (vgl. → Rn. 194) ableiten. Nicht berücksichtigt werden demnach die durch die schädlichen Aufwendungen entstehenden Einkünfteminderungen.

198 **Sinngemäß** sind die S. 2–6 anzuwenden. Demzufolge gilt auch hier **Escape-Klausel** nach Abs. 5 S. 6 uneingeschränkt (vgl. → Rn. 192). Gleiches gilt für die sinngemäße Anwendung des **Bewertungsvorbehalts** nach Abs. 5 S. 5. Für die Beurteilung des Werts der Sachgesamtheit ist demzufolge auf das gesamte übergehende Vermögen einschließlich der PersGes, an denen der übertragende Rechtsträger beteiligt war, einzugehen.

Zweiter Teil. Vermögensübergang bei Verschmelzung auf eine Personengesellschaft oder auf eine natürliche Person und Formwechsel einer Kapitalgesellschaft in eine Personengesellschaft

Vorbemerkung (Vor § 3)

1. Anwendungsbereich des 2. Teils

Der 2. Teil des UmwStG (§§ 3–9) betrifft die Verschm iSv §§ 2 ff. UmwG oder 1 vergleichbare ausl. Vorgänge von Körperschaften (KapGes, eG, eingetragene Vereine sowie wirtschaftliche Vereine) auf eine durch die Verschm neu gegründete oder eine bereits bestehende PersGes bzw. natürliche Person als übernehmender Rechtsträger. Mit dem SEStEG wurde der Anwendungsbereich der §§ 3–9 auf EU/EWR-Sachverhalte erweitert. Durch das KöMoG (BGBl. 2021 I 2050) ist der Anwendungsbereich globalisiert worden, und zwar durch Aufhebung von § 1 II; dies gilt für Umwandlungen, deren stl. Übertragungsstichtag nach dem 31.12.2021 liegt (→ § 1 Rn. 4).

Rechtslage für Verschm, deren **stl. Übertragungsstichtag vor dem 1.1.2022** 2 liegt: Als **übertragender Rechtsträger** kommen die in § 1 II genannten Körperschaften in Betracht. Es muss sich hierbei um EU/EWR-Ges mit Sitz und Ort der Geschäftsleitung in der EU/EWR handeln. Die europäischen AG bzw. europäischen Gen erfüllen stets diese Voraussetzungen. §§ 3 ff. sind auf Umw innerhalb der EU/EWR beschränkt. Eine in einem Drittstaat ansässige Gesellschaft kann nicht übertragender Rechtsträger sein. Für die Anwendung der §§ 3 ff. spielt es jedoch keine Rolle, wenn die Gesellschafter der übertragenden Gesellschaft in Drittstaaten ansässig sind (→ § 1 Rn. 56; Dötsch/Pung/Möhlenbruck/Möhlenbrock/Pung Rn. 7; Brandis/Heuermann/Klingberg/Loose Rn. 8a; HK-UmwStG/Bron Rn. 16), es sei denn, dieser ist auch der übernehmende Rechtsträger (BMF 11.11.2011, BStBl. I 2011, 1314 Rn. 01.49). Die persönlichen Anwendungsvoraussetzungen müssen nach Auffassung der FVerw im Grundsatz spätestens am stl. Übertragungsstichtag vorliegen (BMF 11.11.2011, BStBl. I 2011, 1314 Rn. 01.52; auch → § 3 Rn. 11).

Als **übernehmende Rechtsträger** kommen die in § 1 II genannten Gesellschaf- 2a ten und natürlichen Personen in Betracht (→ § 1 Rn. 56 ff.). Es muss sich hierbei um eine EU-EWR-Gesellschaft mit Sitz und Ort der Geschäftsleitung in der EU/EWR handeln bzw. sofern der übernehmende Rechtsträger eine natürliche Person ist, muss sie ihren Wohnsitz oder gewöhnlichen Aufenthaltsort innerhalb der EU/EWR haben. Gesellschaften, die in Drittstaaten ansässig sind, können nicht übernehmende Rechtsträger sein. Anwendbar sind jedoch die §§ 3 ff., wenn die Gesellschafter des übernehmenden Rechtsträgers in Drittstaaten ansässig sind (Dötsch/Pung/Möhlenbruck/Pung/Möhlenbrock Rn. 13; HK-UmwStG/Bron Rn. 34). Die persönlichen Anwendungsvoraussetzungen müssen nach Auffassung der FVerw im Grundsatz am stl. Übertragungsstichtag vorliegen. Bei der Verschm zur Neugründung ist auf den Zeitpunkt der zivilrechtlichen Wirksamkeit der Umw abzustellen (BMF 11.11.2011, BStBl. I 2011, 1314 Rn. 01.52; → § 3 Rn. 11, → § 3 Rn. 20 f.).

Rechtslage für Verschmelzungen, deren stl. Übertragungsstichtag nach 3 **dem 31.12.2021 liegt:** Durch das KöMoG vom 25.6.2021 wurde § 1 II ersatzlos gestrichen und damit der persönliche Anwendungsbereich der §§ 3–9 globalisiert. Die Vorschriften sind damit auch auf Drittstaaten-Verschmelzungen/Formwechsel (vgl. Holle/Krüger/Weiss IStR 2021, 489) anwendbar, falls diese mit einer inländischen Umwandlung iSd UmwG vergleichbar sind (→ § 1 Rn. 4).

4 Die §§ 3–9 erfassen thematisch nicht nur Inlands-Umwandlungen, sondern auch grenzüberschreitende oder sogar Auslands-Umwandlungen. So wird bspw. die Verschm einer EU/EWR-Auslandskörperschaft auf eine inl. PersGes bzw. natürliche Person durch den 2. Teil des UmwStG erfasst. Gleiches gilt für das Verschmelzen einer inl. Körperschaft auf eine EU/EWR ausl. PersGes bzw. natürliche Person. Insoweit kann es sich insbes. um sog. transparente Ges als übernehmende Rechtsträger handeln, die nach ausl. Recht als Körperschaft, nach dt. rechtlicher Beurteilung jedoch als PersGes zu behandeln sind. Auch reine Auslandsumwandlungen mit Inlandsbezug können zur Anwendung der §§ 3–9 führen; eine solche liegt bspw. vor, wenn die übertragende Körperschaft inl. Betriebsstättenvermögen besitzt oder einen im Inland ansässigen Gesellschafter hat.

5 Für die Frage, ob eine Verschm iSd §§ 3 ff. vorliegt, ist regelmäßig von der registergerichtlichen Entscheidung auszugehen (BMF 11.11.2011, BStBl. I 2011, 1314 Rn. 01.06); dies gilt auch für Verschm, auf die ausl. Rechtsvorschriften Anwendung finden (BMF 11.11.2011, BStBl. I 2011, 1314 Rn. 01.23), wobei die Frage, ob der ausl. Vorgang einer Verschm iSd UmwG vergleichbar ist, von der FVerw eigenständig geprüft wird (BMF 11.11.2011, BStBl. I 2011, 1314 Rn. 01.24). Mängel der Umw, die durch die Registereintragung geheilt werden, sind aus stl. Sicht unbeachtlich (wohl enger BMF 11.11.2011, BStBl. I 2011, 1314 Rn. 01.06; wie hier Lademann/Staats Rn. 20; Benecke GmbHR 2012, 113).

2. Steuersystematische Einordnung

6 Während das UmwR zum Ziel hat, die Übertragung von Sachen, Rechten und Rechtsverhältnissen zu erleichtern, ist es Aufgabe des UmwStR, die ertragstl. Hindernisse insoweit zu beseitigen. Durch das UmwStR werden Realisationstatbestände des allg. Ertragsteuerrechts auf entsprechenden Antrag hin aufgehoben und die Besteuerung der stillen Reserven auf einen späteren Zeitpunkt verschoben (vgl. BT-Drs. 12/6885, 14). Bei der Verschm einer Körperschaft auf eine PersGes handelt es sich im Grundsatz aus der Sicht des übertragenden Rechtsträgers um einen Veräußerungs- und aus der Sicht des übernehmenden Rechtsträgers um einen Anschaffungsvorgang (vgl. BMF 11.11.2011, BStBl. I 2011, 1314 Rn. 00.02; BFH/NV 2004, 137; BFH BStBl. II 2003, 10; BFH BStBl. II 2002, 875; FG BW EFG 1998, 1529; Frotscher/Drüen/Schnitter Rn. 26; Lademann/Staats Rn. 11; Hageböke Ubg 2011, 689; aA Widmann/Mayer/Martini Rn. 15: vergleichbar einer Liquidation). Davon ging bereits der Gesetzgeber in der Gesetzesbegr. zum UmwStG 1957 aus (BT-Drs. 2/3497, 13).

7 Die §§ 3 ff. verhindern, dass es auf entsprechenden Antrag hin bei der Verschm einer Körperschaft auf eine PersGes zu einer Aufdeckung von stillen Reserven im übertragenen Vermögen kommt, die an sich wegen des Charakters der Verschm als tauschähnlichen Vorgang eintreten müsste. Die Verschm einer Körperschaft auf eine PersGes kann jedoch insoweit zu einem ertragstpfl. Gewinn führen, als die Gewinnrücklagen des übertragenden Rechtsträgers gem. § 7 als Kapitalertrag besteuert werden; die fiktive Auskehrung der Gewinnrücklagen unterliegt der KapESt gem. § 43 I 1 Nr. 1 EStG.

3. Übertragender Rechtsträger (§ 3)

8 § 3 regelt die Auswirkung auf den Gewinn der übertragenden Körperschaft im Falle der Verschm auf eine PersGes oder eine natürliche Person. Die Vorschrift sieht vor, dass die übergehenden WG, einschl. nicht entgeltlich erworbener und selbst geschaffener immaterieller WG, in der stl. Schlussbilanz der übertragenden Körperschaft im Grundsatz mit dem gemeinen Wert anzusetzen sind. Für die Bewertung von Pensionsrückstellungen gilt § 6a EStG. Auf Antrag können die übergehenden WG in der stl. Schlussbilanz einheitlich mit dem BW oder einem höheren Wert, höchstens jedoch mit dem Wert nach § 3 I angesetzt werden, soweit sie BV der übernehmenden PersGes oder natürlichen Person werden und sichergestellt ist, dass sie später der Besteuerung mit ESt oder KSt unterliegen, das Recht der BRD hinsichtlich der Besteuerung des Gewinns aus der Veräußerung der übertragenen WG bei den Gesellschaftern der übernehmenden PersGes oder bei der natürlichen Person nicht ausgeschlossen oder beschränkt wird und keine Gegenleistung gewährt wird oder diese in Gesellschaftsrechten besteht. Für diese stl. Schlussbilanz gilt der **Grundsatz der Maßgeblichkeit** der HB für die StB nicht (allgM, BT-Drs. 16/2710, 37; BMF 11.11.2011, BStBl. I 2011, 1314 Rn. 03.04, 03.10; Dötsch/Pung/Möhlenbruck/Pung/Möhlenbrock Rn. 56; Rödder/Herlinghaus/van Lishaut/Birkemeier Rn. 97; Brandis/Heuermann/Klingberg Rn. 15; Widmann/Mayer/Martini Rn. 213; BeckOK UmwStG Dürrschmidt/Mückl/Weggenmann Rn. 104; HK-UmwStG/Bron Rn. 59; Lademann/Staats Rn. 29; Lemaitre/Schönherr GmbHR 2007, 173.

4. Übernehmende Personengesellschaft/natürliche Person

§ 4 befasst sich mit der Ermittlung des Übernahmegewinns im Falle der Verschm einer Körperschaft auf eine PersGes bzw. natürliche Person. Die übernehmende PersGes/natürliche Person hat gem. § 4 I die auf sie iRd Verschm übergehenden WG mit den Wertansätzen der stl. Schlussbilanz der übertragenden Körperschaft zu übernehmen (**Buchwertverknüpfung**). Trotz der zwingend vorgeschriebenen Buchwertfortführung durch die übernehmende PersGes/natürliche Person vollzieht sich die Verschm auf der Ebene der übernehmenden PersGes/natürlichen Person idR **nicht völlig steuerneutral**. Durch die Verschm der Körperschaft auf die PersGes/natürliche Person geht das eigenständige Besteuerungsrecht der Körperschaft ersatzlos unter.

§ 7 bestimmt, dass den Anteilseignern der übertragenden Körperschaft die offenen Rücklagen als Einnahmen aus Kapitalvermögen iSd § 20 I Nr. 1 EStG zuzurechnen sind. Diese fiktiven Ausschüttungen sind gem. § 43 I 1 Nr. 1 EStG kapitalertragstpfl. Bei ausl. Gesellschaftern kann die KapESt eine definitive Wirkung entfalten.

Die übernehmende PersGes bzw. natürliche Person hat zudem **stpfl. Zuschreibung** auf die Anteile an der übertragenden Körperschaft iHd auf diese Anteile in der Vergangenheit vorgenommenen steuerwirksamen Teilwertabschreibung und Abzüge nach § 6b EStG oÄ vorzunehmen (§ 4 I 2). Die Zuschreibung ist auf den gemeinen Wert der Anteile begrenzt. Die übernehmende PersGes muss zudem gem. § 4 IV einen Übernahmegewinn/Übernahmeverlust (**Übernahmeergebnis**) ermitteln. Das Übernahmeergebnis wird für jeden Gesellschafter personenbezogen und ausnahmsweise nicht anteilsbezogen errechnet und gesondert festgestellt. Es ist der Unterschiedsbetrag zwischen dem BW des übernommenen Vermögens und dem AK/BW der Anteile an der übertragenden Körperschaft abzgl. der Umwandlungskosten. Für die Ermittlung des Übernahmeergebnisses sind die übergehende WG in jedem Fall insoweit mit dem gemeinen Wert anzusetzen, als an ihnen kein Recht der BRD zur Besteuerung des Gewinns aus einer Veräußerung bestand. Bei der Ermittlung des Übernahmeergebnisses bleibt der Wert der übergegangenen WG außer Ansatz, soweit er auf Anteile entfällt, die am stl. Übertragungsstichtag nicht zum BV des übernehmenden Rechtsträgers gehören (sog. **Übernahmeergebnis erster Stufe**).

Nach § 4 V 1 aF (vgl. § 27 XVII) erhöht sich ein Übernahmegewinn erster Stufe oder vermindert sich ein Übernahmeverlust erster Stufe um einen Sperrbetrag iSd § 50c EStG aF, soweit die Anteile an der übertragenden Körperschaft am stl. Übertragungsstichtag zum BV des übernehmenden Rechtsträgers gehören. Nach § 4 V 2 nF vermindert sich ein Übernahmegewinn erster Stufe oder erhöht sich ein Übernahmeverlust erster Stufe um die offenen Rücklagen, die nach § 7 zu den Einkünften iSd § 20 I Nr. 1 EStG gehören (**sog. Übernahmeergebnis zweiter Stufe**).

13 Soweit ein Übernahmegewinn auf eine Körperschaft, Personenvereinigung oder Vermögensmasse als MU der PersGes entfällt, ist auf diesen § 8b KStG anzuwenden; fünf Prozent des Übernahmegewinns gelten damit als nicht abzugsfähige BA. In den übrigen Fällen ist § 3 Nr. 40 S. 1, 2 sowie § 3c EStG anzuwenden. Ein Übernahmeverlust bleibt nach § 4 VI 1 außer Ansatz, soweit er auf eine Körperschaft, Personenvereinigung oder Vermögensmasse als MU der in der übernehmenden PersGes entfällt; dies gilt jedoch nicht für Anteile an der übertragenden Körperschaft, die die Voraussetzungen des § 8b VII, VIII 1 KStG erfüllen. In den übrigen Fällen ist ein Übernahmeverlust in Höhe von 60 vH, höchstens in Höhe von 60 vH der Bezüge nach § 7 zu berücksichtigen; ein danach verbleibender Übernahmeverlust bleibt außer Ansatz. Ein Übernahmeverlust wird nach § 4 VI 6 nicht mit den Einkünften nach § 7 verrechnet, wenn es sich um Anteile handelt, bei deren Veräußerung ein Veräußerungsverlust nach § 17 II 6 EStG nicht zu berücksichtigen wäre oder soweit die Anteile an der übertragenden Körperschaft innerhalb der letzten fünf Jahre vor dem stl. Übertragungsstichtag entgeltlich erworben wurden.

14 **Die übernehmende PersGes** bzw. natürliche Person **tritt** nach § 4 II 1 **in die stl. Rechtsstellung** der übertragenden Körperschaft **ein**. Verrechenbare Verluste, verbleibende Verlustvorträge, vom übertragenden Rechtsträger nicht ausgeglichene negative Einkünfte, ein Zinsvortrag nach § 4h I 5 EStG und ein EBITDA-Vortrag nach § 4h I 3 EStG gehen nicht über.

15 Bestehen bei der Verschm zwischen der übertragenden Körperschaft und der übernehmenden PersGes/Einzelunternehmer Forderungen und Verbindlichkeiten, so erlöschen diese zivilrechtlich eine logische Sekunde nach der Eintragung der Umw in das Handelsregister. Es kommt beim übernehmenden Rechtsträger zu einer Konfusion. Ein **Übernahmefolgegewinn** entsteht, wenn eine Forderung und die korrespondierende Schuld bei dem übertragenden und übernehmenden Rechtsträger mit unterschiedlichen Werten angesetzt sind. Ein Übernahmefolgegewinn entsteht auch dann, wenn zwischen den an der Umw beteiligten Rechtsträgern eine ungewisse Verbindlichkeit bestand, einer der Rechtsträger eine RSt gebildet hat und in der Bilanz des anderen Rechtsträgers insoweit keine Forderung ausgewiesen wurde, was der Regelfall ist, da ungewisse Forderungen nicht bilanziert werden dürfen (§ 252 I Nr. 4 HGB). Der Übernahmefolgegewinn ist nicht Teil des Übernahmeergebnisses iSd § 4, er stellt vielmehr einen lfd. Gewinn dar, der, soweit er auf eine natürliche Person entfällt, der ESt, soweit er auf eine Körperschaft entfällt, der KSt unterliegt. Ermittelt der übernehmende Rechtsträger seinen Gewinn durch Bestandsvergleich, ist er berechtigt, den Übernahmefolgegewinn durch Bildung einer Rücklage zu neutralisieren. Die Rücklage muss pro Wj. mit mindestens einem Drittel aufgelöst werden (§ 6 I 2).

§ 3 Wertansätze in der steuerlichen Schlussbilanz der übertragenden Körperschaft

(1) ¹**Bei einer Verschmelzung auf eine Personengesellschaft oder natürliche Person sind die übergehenden Wirtschaftsgüter, einschließlich nicht entgeltlich erworbener und selbst geschaffener immaterieller Wirtschaftsgüter, in der steuerlichen Schlussbilanz der übertragenden Körperschaft mit dem gemeinen Wert anzusetzen.** ²**Für die Bewertung von Pensionsrückstellungen gilt § 6a des Einkommensteuergesetzes.**

(2) ¹Auf Antrag können die übergehenden Wirtschaftsgüter abweichend von Absatz 1 einheitlich mit dem Buchwert oder einem höheren Wert, höchstens jedoch mit dem Wert nach Absatz 1, angesetzt werden, soweit
1. sie Betriebsvermögen der übernehmenden Personengesellschaft oder natürlichen Person werden und sichergestellt ist, dass sie später der Besteuerung mit Einkommensteuer oder Körperschaftsteuer unterliegen, und
2. das Recht der Bundesrepublik Deutschland hinsichtlich der Besteuerung des Gewinns aus der Veräußerung der übertragenen Wirtschaftsgüter bei den Gesellschaftern der übernehmenden Personengesellschaft oder bei der natürlichen Person nicht ausgeschlossen oder beschränkt wird und
3. eine Gegenleistung nicht gewährt wird oder in Gesellschaftsrechten besteht.

²Der Antrag ist spätestens bis zur erstmaligen Abgabe der steuerlichen Schlussbilanz bei dem für die Besteuerung der übertragenden Körperschaft zuständigen Finanzamt zu stellen.

(3) ¹Haben die Mitgliedstaaten der Europäischen Union bei Verschmelzung einer unbeschränkt steuerpflichtigen Körperschaft Artikel 10 der Richtlinie 2009/133/EG anzuwenden, ist die Körperschaftsteuer auf den Übertragungsgewinn gemäß § 26 des Körperschaftsteuergesetzes um den Betrag ausländischer Steuer zu ermäßigen, der nach den Rechtsvorschriften eines anderen Mitgliedstaats der Europäischen Union erhoben worden wäre, wenn die übertragenen Wirtschaftsgüter zum gemeinen Wert veräußert worden wären. ²Satz 1 gilt nur, soweit die übertragenen Wirtschaftsgüter einer Betriebsstätte der übertragenden Körperschaft in einem anderen Mitgliedstaat der Europäischen Union zuzurechnen sind und die Bundesrepublik Deutschland die Doppelbesteuerung bei der übertragenden Körperschaft nicht durch Freistellung vermeidet.

Übersicht

	Rn.
1. Regelungsinhalt	1
2. Sachlicher Anwendungsbereich	5
3. Übertragender Rechtsträger	8
4. Übernehmender Rechtsträger: Personengesellschaft	14
5. Übernehmender Rechtsträger: Natürliche Person	21
6. Steuerliche Schlussbilanz	22
7. Ansatz und Bewertung der übergehenden Wirtschaftsgüter in der steuerlichen Schlussbilanz	27
a) Begriff des Wirtschaftsguts	27
b) Steuerliche Ansatz- und Bewertungsvorschriften	31
c) Abbildung stiller Lasten	35
d) Bewertungszeitpunkt	37
8. Ansatz der übergehenden Wirtschaftsgüter mit dem gemeinen Wert	38
a) Grundsätzliches	38
b) Ermittlung des gemeinen Werts für einzelne Wirtschaftsgüter und für die Sachgesamtheit	39
9. Ansatz der übergehenden Wirtschaftsgüter mit dem Buchwert	52
10. Ansatz mit Zwischenwerten	58
11. Ausübung des Antragswahlrechts; Bilanzberichtigung	65
a) Grundsätzliches	65
b) Frist für den Antrag	68

	Rn.
c) Form und Inhalt	70
d) Zuständiges Finanzamt	71
e) Keine Rücknahme	72
f) Antragsberechtigung	73
g) Bilanzberichtigung	74
12. Das übertragene Vermögen wird Betriebsvermögen und Sicherstellung der späteren Besteuerung der stillen Reserven mit Einkommensteuer oder Körperschaftsteuer, Abs. 2 S. 1 Nr. 1	75
a) Betriebsvermögen bei der übernehmenden Personengesellschaft bzw. natürlichen Person	75
b) Die Sicherstellung der Besteuerung der stillen Reserven mit Einkommensteuer oder Körperschaftsteuer	79
aa) Grundsätzliches	79
bb) Eigene Anteile	82
cc) Beteiligung der übertragenden Körperschaft an der übernehmenden Personengesellschaft	83
13. Sicherstellung des deutschen Besteuerungsrechts	84
a) Gesellschafterbezogene und objektbezogene Betrachtungsweise	84
b) Verlust oder Beschränkung des Besteuerungsrechts	85
c) Inlandsverschmelzung ohne Auslandsbezug	89
d) Inlandsverschmelzung mit Auslandsbezug	90
e) Hinausverschmelzen	94
f) Hereinverschmelzen	98
g) Reine ausländische Verschmelzung	101
14. Keine Gegenleistung, Gegenleistung in Gesellschaftsrechten (Abs. 2 S. 1 Nr. 3)	102
a) Grundsätzliches	102
b) Keine Gegenleistung für den Vermögensübergang	103
c) Gegenleistung in Gesellschaftsrechten	105
d) Gegenleistung, die nicht in Gesellschaftsrechten besteht	108
15. Einzelne Posten der steuerlichen Schlussbilanz	111
a) Abfindungsverpflichtung gegenüber ausscheidenden Gesellschaftern	111
b) Änderung der steuerlichen Schlussbilanz	112
c) Ausländisches Vermögen; ausländische Betriebsstätte	113
d) Ausstehende Einlagen	116
e) Beteiligungen	117
f) Beteiligung der übertragenden Körperschaft an der Übernehmerin	119
g) Downstream-Merger	120
h) Eigene Anteile	121
i) Firmen-/Geschäftswert	122
j) Forderungen und Verbindlichkeiten	123
k) Forderungsverzicht mit Besserungsschein	124
l) Grunderwerbsteuer	125a
m) Immaterielle Wirtschaftsgüter	126
n) Kapitalersetzende Darlehen	127
o) Kapitalertragsteuer	128
p) Körperschaftsteuerguthaben/Körperschaftsteuererhöhung	129
q) Organschaft	130
r) Passivierungsverbote in der steuerlichen Schlussbilanz	131
s) Pensionsrückstellungen	132
t) Privatvermögen	133

	Rn.
u) Steuerfreie Rücklagen	134
v) Steuernachforderungen	135
w) Umwandlungskosten	136
x) Zebragesellschaft	139
16. Rückwirkung	140
17. Vermögensübergang in das Privatvermögen	141
18. Übertragungsgewinn	147
19. Verschmelzung innerhalb der EU	153

1. Regelungsinhalt

§ 3 regelt die Auswirkung auf den Gewinn der übertragenden Körperschaft im **1** Falle der Verschm auf eine PersGes bzw. natürliche Person. Die übergehenden WG sind in der stl. Schlussbilanz der übertragenden Körperschaft abw. vom Buchwertansatz in der HB (§ 17 UmwG) im Grundsatz mit dem gemeinen Wert anzusetzen; eine Ausnahme bilden die Pensionsrückstellungen, die nach § 6a EStG zu bewerten sind. Der Grundsatz der Maßgeblichkeit der HB für die StB findet keine Anwendung. Nach Auffassung der FVerw handelt es sich bei der stl. Schlussbilanz des übertragenden Rechtsträgers um eine eigenständige Bilanz, die von der Gewinnermittlung iSv § 4 I EStG, § 5 EStG zu unterscheiden ist (BMF 11.11.2011, BStBl. I 2011, 1314 Rn. 03.01; ebenso BFH BStBl. II 2021, 517; vgl. → Rn. 22). Auf Antrag kann das übergehende Vermögen mit dem BW oder einem höheren Wert, höchstens jedoch mit dem gemeinen Wert angesetzt werden, soweit es BV der übernehmenden PersGes oder natürlichen Person wird und sichergestellt ist, dass die übergehenden WG später der Besteuerung mit ESt oder KSt unterliegen, das Recht der BRD hinsichtlich der Besteuerung des Gewinns aus der Veräußerung der übertragenen WG bei den Gesellschaftern der übernehmenden PersGes oder bei der natürlichen Person nicht ausgeschlossen oder beschränkt wird und eine Gegenleistung nicht gewährt wird oder in Gesellschaftsrechten besteht.

Ein **Übertragungsgewinn** entsteht, soweit die übertragende Körperschaft in **2** ihrer stl. Schlussbilanz ganz oder teilw. die übergehenden WG mit dem gemeinen Wert ansetzt oder aber einen Zwischenwertansatz wählt. Der Übertragungsgewinn unterliegt, soweit er nicht nach DBA oder wegen einer Zuordnung zu einer ausl. Betriebsstätte vom Gewerbeertrag auszunehmen ist, bei der übertragenden Körperschaft den allg. Vorschriften der KSt und gem. § 18 I 1 der GewSt. Ausnahmsweise kann auch ein Übertragungsverlust entstehen (vgl. BMF 11.11.2011, BStBl. I 2011, 1314 Rn. 03.12).

Durch das SEStEG ist der Anwendungsbereich der §§ 3–9 auf nat. und europä- **3** ische Verschm ausgedehnt worden; es werden nicht nur Inlandsverschmelzungen, sondern auch grenzüberschreitendes Hinaus- und Hereinverschmelzen bzw. Auslandsverschmelzungen innerhalb des EU-/EWR-Raumes, nicht jedoch in bzw. aus Drittstaaten erfasst. Durch das KöMoG vom 25.6.2021 (BGBl. 2021 I 2050) wurde § 1 II ersatzlos gestrichen. Damit wurde der Anwendungsbereich der §§ 3–9 globalisiert, und zwar für Umwandlungen, deren stl. Übertragungsstichtag nach dem 31.12.2021 liegt (→ § 1 Rn. 4).

Teilweise sind die vorgenannten grenzüberschreitenden Umw derzeit zivilrecht- **4** lich noch nicht ausdrücklich geregelt, deren Zulässigkeit kann sich aber aus den EU-Grundfreiheiten ergeben (Dötsch/Pung/Möhlenbrock/Möhlenbrock/Pung Rn. 9; vgl. auch AG Amsterdam DB 2007, 677).

2. Sachlicher Anwendungsbereich

Der Zweite Teil des UmwStG und damit auch § 3 knüpft an gesellschaftsrechtliche **5** Umwandlungsvorgänge an. Gem. § 1 I 1 Nr. 1 gilt § 3 für eine Verschm iSv §§ 2 ff.

UmwG (→ § 1 Rn. 25 ff.). Auch ein einer Verschm iSd UmwG vergleichbarer ausl. Vorgang wird durch § 3 thematisch erfasst (§ 1 I 1 Nr. 1). Es muss sich nach Auffassung des Gesetzgebers (BT-Drs. 16/710, 35) bei dem Umwandlungsvorgang nach ausl. Recht um einen gesellschaftsrechtlichen Umwandlungsvorgang handeln, der seinem Wesen nach einer Verschm des dt. UmwG entspricht. Eine Vergleichbarkeitsprüfung der relevanten Strukturmerkmale des ausl. Umwandlungsvorgangs ist daher notwendig (→ § 1 Rn. 31 ff.; BMF 11.11.2011, BStBl. I 2011, 1314 Rn. 01.30 ff.).

6 §§ 3–9 gelten sowohl für die Verschm zur Neugründung als auch für die Verschm durch Aufnahme.

7 Die Verschm werden mit der Eintragung im jew. Register wirksam. Auch die Verschm auf eine natürliche Person bedarf zu ihrer Wirksamkeit der Eintragung in das HR. Der übernehmende Alleingesellschafter hat sich, soweit dies noch nicht der Fall ist, als Einzelkaufmann gem. § 18 HGB in das HR eintragen zu lassen. Nach § 122 II UmwG treten die in § 20 UmwG genannten Wirkungen durch die Eintragung der Verschm in das Register des Sitzes der übertragenden KapGes ein, sofern der übernehmende Alleingesellschafter nicht in das Register eingetragen werden kann. Aufgrund der Eintragung steht für die Steuerbehörde der Vermögensübergang bindend fest. Dies gilt auch für ausl. Verschmelzungsvorgänge (Frotscher/Drüen/Schnitter Rn. 64; vgl. auch Lademann/Staats Rn. 20). Mängel der Umw, die durch die Registereintragung geheilt werden (→ UmwG § 20 Rn. 121 ff.), sind aus stl. Sicht grds. unbeachtlich (Rödder/Herlinghaus/van Lishaut/Birkemeier Rn. 69; Lademann/Staats Rn. 20; Benecke GmbHR 2012, 113; wohl enger BMF 11.11.2011, BStBl. I 2011, 1314 Rn. 01.06, 01.23; Dötsch/Patt/Pung/Möhlenbrock/Pung/Möhlenbrock § 1 Rn. 123). Bei ausl. Verschm hat jedoch die FVerw das Prüfungsrecht, ob eine Vergleichbarkeit des ausl. Umwandlungsvorgangs mit einer inl. Verschm gegeben ist (BMF 11.11.2011, BStBl. I 2011, 1314 Rn. 01.24). Die FVerw entscheidet zudem selbstständig darüber, ob die Voraussetzungen des Abs. 2 aF vorliegen.

3. Übertragender Rechtsträger

8 § 3 ist nur anwendbar, wenn eine Körperschaft auf eine PersGes oder natürliche Person verschmolzen wird. Körperschaften sind insbes. KapGes (AG, KGaA, GmbH), eG, eingetragene Vereine, wirtschaftliche Vereine sowie vergleichbare ausl. Rechtsträger. Die FVerw (BMF-Schr. v. 10.11.2021, BStBl. I 2021, 2212 Rn. 100) geht davon aus, dass eine nach **§ 1a KStG zur Körperschaftsteuer optierende PersGes** als übertragender Rechtsträger iSd § 3 anzusehen ist (ebenso BeckOK KStG/Brühl § 1a Rn. 93; Dötsch/Pung/Möhlenbrock/Pung KStG § 1a Rn. 13; Streck/Mückl KStG § 1a Rn. 25; Böhmer/Schewe FR 2022, 69; Schnitger/Krüger DB 2022, 418; → § 1 Rn. 16). Davon ging offensichtlich auch der Gesetzgeber aus (BT-Drs. 19/28656, 21 f.), obwohl dieser ausdrücklich feststellt, dass die Ausübung der Option nichts daran ändert, dass die Gesellschaft, die für Zwecke der Besteuerung nach dem Einkommen „wie eine Kapitalgesellschaft" zu behandeln ist, zivilrechtlich nach wie vor eine PersGes ist. Dieser Auffassung der FVerw kann nicht gefolgt werden, da das UmwStG für inländische Umwandlungen iSv §§ 3 ff. an das UmwG anknüpft. Nach § 1 Abs. 1 S. 1 Nr. 1 gilt der Zweite bis Fünfte Teil für die Verschm, Aufspaltung und Abspaltung von Körperschaften nach dem UmwG und für vergleichbare ausl. Vorgänge sowie für Verschm nach der SE-VO und der SCE-VO. Diese Teile des UmwStG sind damit nach wie vor für die genannten inl. Umw *von Körperschaften* ein AnnexG zum UmwG (§ 1 Rn. 13). Der Zweite bis Fünfte Teil des UmwStG gilt nur für die Umw von Körperschaften als übertragender Rechtsträger bzw. umwandelnder Rechtsträger. Die möglichen Rechtsformen der inl. Rechtsträger, die beteiligt sein können, folgen zunächst aus der Bezugnahme auf die Umwandlungsarten des UmwG. Dies sind in den Fällen des § 1 Abs. 1 S. 1 Nr. 1 KapGes (AG, SE, KGaA, GmbH), eG, eingetragene Vereine, wirtschaftliche Vereine, genossenschaftliche Prüfungsverbände und VVaG (§ 3 UmwG). Auch ausl. Körperschaften sind bei grenzüberschreitenden Verschm, Auf- und Abspaltungen bei vergleichbaren ausl. Vorgängen erfasst. Ob ein ausl. Rechtsträger als Körperschaft einzustufen ist, bestimmt sich allein nach inl. Qualifikationsmerkmalen. Weitergehend verlangt die FVerw, dass die ausl. Körperschaft einem vergleichbaren umwandlungsfähigen Rechtsträger inl. Rechts entspricht (BMF 11.11.2011 BStBl. I 2011, 1314 Rn. 01.24, 01.27). Eine zur Körperschaftsteuer optierende PersGes ist keine Körperschaft in diesem Sinne, sie ist gesellschaftsrechtlich eine PersGes und keine Körperschaft iSd UmwG (ebenso Widmann/Mayer/Schießl KStG § 1a Rn. 404). Die Verschmelzung einer zur Körperschaft optierenden PersGes als übertragender Rechtsträger auf eine PersGes wird somit nicht durch §§ 3 ff erfasst (Patt EStB 2021, 391), es liegt vielmehr ein Fall der Verschmelzung einer PersGes als übertragender Rechtsträger vor. § 1a IV 7 KStG trifft insoweit keine Aussage. Richtigerweise weist Widmann/Mayer/Schießl KStG § 1a Rn. 404 darauf hin, dass es geboten gewesen wäre, dass der Gesetzgeber den Anwendungsbereich des UmwG bzw. des UmwStG durch Aufnahme der optierenden Gesellschaft hätte anpassen müssen. Vergleichbare ausl. Rechtsträger liegen vor, wenn es sich hierbei nach dem Gesamtbild um eine mit dt. Körperschaften vergleichbare Gesellschaft handelt (**Typenvergleich;** → § 1 Rn. 17 ff.; BMF 11.11.2011, BStBl. I 2011, 1314 Rn. 01.27; Rödder/Herlinghaus/van Lishaut/Birkemeier Rn. 26, HK-UmwStG/Bron Rn. 20). Auf die stl. Einordnung des ausl. Rechtsträgers im Ansässigkeitsstaat kommt es bei dem Typenvergleich nicht an (BMF 11.11.2011, BStBl. I 2011, 1314 Rn. 01.27).

Beim übertragenden Rechtsträger muss es sich bei Umwandlungen, deren stl. **9** Übertragungsstichtag vor dem 1.1.2022 liegt, um eine nach dem Recht eines EU- oder EWR-Staates gegründete Gesellschaft iSd Art. 54 AEUV oder des Art. 34 EWR-Abkommens (→ § 1 Rn. 57 ff.) handeln. Die Gesellschaft muss ihren Sitz und ihre Geschäftsleitung (→ § 1 Rn. 62 ff.) im Hoheitsgebiet eines Mitgliedstaats der EU oder eines Staates, auf den das EWR-Abkommen Anwendung findet, haben. In einem Drittstaat ansässige Körperschaften können übertragender Rechtsträger sein. Der Anwendung der §§ 3 ff. steht, sofern der stl. Übertragungsstichtag nach dem 31.12.2021 liegt, nicht entgegen, wenn die Gesellschafter des übertragenden Rechtsträgers in einem Drittstaat ansässig sind (Dötsch/Pung/Möhlenbrock/Möhlenbrock/Pung Rn. 7; Brandis/Heuermann/Klingberg/Loose Rn. 8a; HK-UmwStG/Bron 16; Winkeljohann/Fuhrmann UmwStR-HdB S. 739; Lemaitre/Schönherr GmbHR 2007, 173).

Die Steuerfreiheit der übertragenden Körperschaft steht der Anwendung des § 3 **10** nicht entgegen (Brandis/Heuermann/Klingberg/Loose Rn. 8a). Auch die **europäische AG** und die europäische Gen können als übertragende Rechtsträger in Frage kommen (Rödder/Herlinghaus/van Lishaut/Birkemeier Rn. 25; HK-UmwStG/Bron Rn. 22; Haritz/Menner/Bilitewski/Mertgen Rn. 25). Kommt es zu einer Verschm einer **KGaA** auf eine PersGes, wird § 3 angewendet, soweit das „Kommanditkapital" betroffen ist; die Folgen der Verschm für den „Komplementär-Teil" fallen unter die Regelungen des § 24 (Rödder/Herlinghaus/van Lishaut/Birkemeier Rn. 24). Besteht eine **atypisch stille Beteiligung** an der übertragenden Körperschaft, so steht dies der Anwendung des § 3 nicht entgegen (Frotscher/Drüen/Schnitter Rn. 35; Brandis/Heuermann/Klingberg/Loose Rn. 8a).

Die durch das Gesetz gestellten persönlichen Anforderungen an den übertragen- **11** den Rechtsträger müssen nach hM in der Lit. (Haritz/Menner/Brinkhaus/Grabbe Rn. 22; Brandis/Heuermann/Klingberg/Loose Rn. 8b; Frotscher/Drüen/Schnitter Rn. 56; HK-UmwStG/Bron Rn. 19; Neu/Schiffers/Watermeyer GmbHR 2011, 729) spätestens zum **Zeitpunkt** der Eintragung der Umw in das maßgebliche Register gegeben sein; auf den stl. Übertragungsstichtag iSd § 2 I kommt es insoweit nicht an. Nach Meinung der FVerw müssen die persönlichen Anwendungsvoraussetzungen spätestens am stl. Übertragungsstichtag vorliegen (BMF 11.11.2011, BStBl. I 2011, 1314 Rn. 01.52; ebenso Dötsch/Pung/Möhlenbrock/Möhlenbrock/Pung Rn. 12; Rödder/Herlinghaus/van Lishaut/Birkemeier Rn. 36). Bei der Verschm zur Neugründung sei aber auf den Zeitpunkt der zivilrechtlichen Wirksamkeit der Gründung abzustellen (BMF 11.11.2011, BStBl. I 2011, 1314 Rn. 01.52; Kaeser DStR-Beihefter zu Heft 2/2012, 3). Richtig ist aber, dass der stl. Übertragungsstichtag ohne Bedeutung ist, da § 1 für die Frage der Festlegung des Anwendungsbereichs auf die zivilrechtlichen Vorgaben abstellt. Ab dem Zeitpunkt der Eintragung der Verschm müssen damit die Anwendungsvoraussetzungen erfüllt sein. Wird eine GmbH auf eine PhG verschmolzen, so finden nach der hier vertretenen Meinung die §§ 3–8 Anwendung, selbst wenn im Rückwirkungszeitraum die GmbH, zB durch Formwechsel einer PhG in eine GmbH, erst entstanden ist. Nach Auffassung der FVerw müsste unter diesen Voraussetzungen eigentlich § 24 zur Anwendung kommen, wenn zum Verschmelzungsstichtag die GmbH noch die Rechtsform einer PhG hatte, was aber vor dem Hintergrund der strengen Akzessorietät des UmwG für § 1 UmwStG nicht möglich ist, soweit das UmwStG sich ausdrücklich auf Vorgänge des UmwG bezieht.

12 Weder eine **VorgründungsGes** noch eine **VorGes** können übertragende KapGes (→ UmwG § 3 Rn. 23 f.; Dötsch/Pung/Möhlenbrock/Möhlenbrock/Pung Rn. 11; Rödder/Herlinghaus/van Lishaut/Birkemeier Rn. 27; Frotscher/Drüen/Schnitter Rn. 37; HK-UmwStG/Bron Rn. 24) sein; denn die Eintragung in das HR stellt den Beginn der Umwandlungsfähigkeit dar.

13 Hingegen kann auch eine **aufgelöste Körperschaft** noch verschmolzen werden, wenn die Fortsetzung beschlossen werden könnte, § 3 III UmwG (BMF 11.11.2011, BStBl. I 2011, 1314 Rn. 01.28; HK-UmwStG/Bron Rn. 19; Rödder/Herlinghaus/van Lishaut/Birkemeier Rn. 27). Zur Fortsetzung einer **KapGes** → UmwG § 3 Rn. 46 ff.; mit der Vermögensverteilung darf noch nicht begonnen werden, das Haftkapital muss noch unversehrt erhalten sein (Frotscher/Drüen/Schnitter Rn. 37).

4. Übernehmender Rechtsträger: Personengesellschaft

14 Als übernehmende Rechtsträger kommen die in § 1 I genannten Gesellschaften in Betracht. Ursprünglich musste es sich wg. § 1 II aF hierbei um EU/EWR-Ges mit Sitz und Ort der Geschäftsleitung in der EU/EWR handeln. In Drittstaaten ansässige Gesellschaften kommen zukünftig als übernehmende Rechtsträger für Umwandlungen in Betracht, deren stl. Übertragungsstichtag nach dem 31.12.2021 liegt. Anwendbar ist § 3 auch, soweit die Gesellschafter der übernehmenden PersGes in Drittstaaten ansässig sind (Dötsch/Pung/Möhlenbrock/Möhlenbrock/Pung Rn. 13; Haritz/Menner/Brinkhaus/Grabbe Rn. 45). Als übernehmende PersGes kommen nach bisher geltendem dt. Recht die PhG (OHG, KG) und die PartGes in Betracht sowie beschränkt auf den Formwechsel die GbR. Ab dem 1.1.2024 sind auch eingetragene GbR iSd § 707 I BGB idF des MoPeG (BGBl. 2021 I 3436) nach § 3 I Nr. 1 UmwG nF als verschmelzungsfähige Rechtsträger anerkannt und damit in den Anwendungsbereich des § 3 einbezogen. Die Anwendung des § 3 setzt nicht voraus, dass das übergehende Vermögen BV des übernehmenden Rechtsträgers wird (Rödder/Herlinghaus/van Lishaut/Birkemeier Rn. 40). Zu den PhG gehört auch die **GmbH & Co KG.** Gleiches gilt für die AG & Co. KG bzw. die Stiftung & Co. KG. Nach hM (Dötsch/Pung/Möhlenbrock/Möhlenbrock/Pung Rn. 16; Rödder/Herlinghaus/van Lishaut/Birkemeier Rn. 53; Frotscher/Drüen/Schnitter Rn. 44) ist die EWIV übernehmender Rechtsträger sein, ist stl. wie eine OHG zu behandeln (aA Widmann/Mayer/Martini Rn. 92). Eine **GbR** kommt bisher nur als neuer Rechtsträger bei der formwechselnden Umw einer KapGes in

Betracht, sie kann nicht übernehmender Rechtsträger iRe Verschm sein (→ UmwG § 3 Rn. 17; Widmann/Mayer/Martini Rn. 82; Haritz/Menner/Brinkhaus/Grabbe Rn. 34; Dötsch/Pung/Möhlenbrock/Möhlenbrock/Pung Rn. 14). Ab dem 1.1.2024 ist die eingetragene GbR in den Anwendungsbereich des § 3 einbezogen. Ist übernehmender Rechtsträger eine KGaA, so sind die §§ 3 ff. insoweit anzuwenden, als das übergehende Vermögen auf phG der KGaA entfällt (Dötsch/Pung/Möhlenbrock/Möhlenbrock/Pung Rn. 8; Haritz/Menner/Bilitewski/Mertgen Rn. 38; Frotscher/Drüen/Schnitter Rn. 45) und zwar auch insoweit, als es sich bei dem phG um eine KapGes handelt.

Ob der übernehmende Rechtsträger PhG (OHG, KG, GbR) oder PartGes ist, **15** richtet sich nach §§ 105 ff. HGB (für die OHG), nach §§ 161 ff. HGB (für die KG), nach § 707 I BGB nF. (für die GbR) bzw. den Vorschriften des PartGG. Es ist nicht entscheidend, welche Gesellschaftsform sich die Beteiligten, ggf. aus stl. Gründen, vorgestellt haben, vielmehr kommt es allein darauf an, ob objektiv die Voraussetzungen einer OHG oder KG oder einer anderen PersGes tatsächlich vorliegen (BGHZ 32, 307 = NJW 1960, 1664; Widmann/Mayer/Martini Rn. 80 ff.).

Auch eine **aufgelöste PersGes** kann übernehmender Rechtsträger sein (Frot- **16** scher/Drüen/Schnitter Rn. 47; Dötsch/Pung/Möhlenbrock/Möhlenbrock/Pung Rn. 14); § 3 III UmwG spricht zwar lediglich den aufgelösten übertragenden Rechtsträger bei der Verschm an, allerdings lässt sich aus dem Schweigen des Gesetzes zum übernehmenden Rechtsträger kein Rückschluss dahingehend ziehen, dass eine Verschm in diesem Fall ausgeschlossen wäre; der Rechtsgedanke in Abs. 3 UmwG ist nach hM entsprechend auf den übernehmenden Rechtsträger anzuwenden (→ UmwG § 3 Rn. 47). Allerdings darf die Vermögensverteilung noch nicht abgeschlossen, vollständige Beendigung noch nicht eingetreten sein, was solange nicht der Fall ist, als noch Aktivvermögen vorhanden ist. Fortsetzungsfähig ist eine PersGes nach hM auch dann noch, wenn mit der Verteilung des Vermögens begonnen wurde (Dötsch/Pung/Möhlenbrock/Möhlenbrock/Pung Rn. 14; Haritz/Menner/Brinkhaus/Grabbe Rn. 46; Rödder/Herlinghaus/van Lishaut/Birkemeier Rn. 57; Frotscher/Drüen/Schnitter Rn. 47).

Nicht als übernahmefähiger bzw. als neuer Rechtsträger im Rahmen der Verschm **17** nach § 3 kommt die sog. **atypisch stille** Gesellschaft in Betracht (Widmann/Mayer/Martini Rn. 95; Brandis/Heuermann/Klingberg/Loose Rn. 8b; Haritz/Menner/Brinkhaus/Grabbe Rn. 36; Dötsch/Pung/Möhlenbrock/Möhlenbrock/Pung Rn. 17; Frotscher/Drüen/Schnitter Rn. 50; so zum alten Recht BMF 25.3.1998, BStBl. I 1998, 268 Rn. 01.04). Die GmbH & atypisch Stille ist nicht in der abschl. Regelung des § 3 UmwG zu umwandlungsfähiger Rechtsträger genannt, sodass handelsrechtlich keine Umw auf eine GmbH & atypisch Stille erfolgen kann; § 3 findet damit keine Anwendung, sondern vielmehr § 11, übernehmender Rechtsträger ist die GmbH (Dötsch/Pung/Möhlenbrock/Möhlenbrock/Pung Rn. 17; Widmann/Mayer/Martini Rn. 167).

Die **Erbengemeinschaft** stellt keinen umwandlungsfähigen Rechtsträger dar, **18** auch wenn sie steuerrechtlich wie eine Mitunternehmerschaft (ggf. zT) behandelt wird (Frotscher/Drüen/Schnitter Rn. 49; Rödder/Herlinghaus/van Lishaut/Birkemeier Rn. 56; Widmann/Mayer/Martini Rn. 101). In diesem Fall besteht jedoch die Möglichkeit, die Erbengemeinschaft in eine OHG umzuformen und sodann die KapGes auf diese HandelsGes zu verschmelzen.

Übernehmende Rechtsträger können auch die einer PersGes vergleichbaren ausl. **19** Rechtsträger sein. Vergleichbare ausl. Rechtsträger liegen vor, wenn es sich hierbei nach dem Gesamtbild um eine mit einer dt. PhG vergleichbare Gesellschaft handelt (**Typenvergleich;** → § 1 Rn. 58; zur Abgrenzung PhG zur GbR vgl. Widmann/Mayer/Martini Rn. 88). Auf die stl. Einordnung des ausl. Rechtsträgers im Ansässigkeitsstaat kommt es beim Typenvergleich nicht an (BMF 11.11.2011, BStBl. I 2011, 1314 Rn. 01.27). Damit finden die §§ 3 ff. auch Anwendung, wenn eine Gesellschaft in ihrem Ansässigkeitsstaat der KSt unterliegt, von Deutschland, als Ansässigkeitsstaat eines Gesellschafters, als stl. transparent klassifiziert wird (ausf. zu diesen sog. **hybriden Gesellschaft** Brähler/Heerdt StuW 2007, 260). Beispiele für hybride Gesellschaft sind die französische société civiles, die ungarische közkereseti társaság und die niederländische commanditaire vennotschap (vgl. insoweit ausf. Hey/Bauersfeld IStR 2005, 649).

20 Die durch das Gesetz gestellten persönlichen Anforderungen an den übernehmenden Rechtsträger (PersGes) müssen nach hM in der Lit. (→ Rn. 11) spätestens zum **Zeitpunkt** der Eintragung der Umw in das maßgebliche Register gegeben sein; auf den stl. Übertragungsstichtag iSd § 2 I kommt es insoweit nicht an. Nach Meinung der FVerw müssen die persönlichen Anwendungsvoraussetzungen spätestens am stl. Übertragungsstichtag vorliegen. Bei der Verschm zur Neugründung sei aber auf den Zeitpunkt der zivilrechtlichen Wirksamkeit der Gründung abzustellen (BMF 11.11.2011, BStBl. I 2011, 1314 Rn. 01.52; Kaeser DStR-Beihefter zu Heft 2/2012, 3).

5. Übernehmender Rechtsträger: Natürliche Person

21 Übernehmender Rechtsträger kann auch eine natürliche Person sein. Sie musste nach § 1 bisher ihren Wohnsitz oder gewöhnlichen Aufenthalt zum Zeitpunkt der Eintragung der Umw in das maßgebliche Register innerhalb der EU/EWR haben; auf den stl. Übertragungsstichtag iSd § 2 I kommt es insoweit nicht an (aA BMF 11.11.2011, BStBl. I 2011, 1314 Rn. 01.51 f.; auch → Rn. 20). Für Umw, deren stl. Übertragungsstichtag nach dem 31.12.2021 liegt, gilt ein globalisierter persönlicher Anwendungsbereich, da § 1 II aF ab diesem Zeitpunkt ersatzlos aufgehoben wurde. Bei inl. Umw kann übertragender Rechtsträger nur eine KapGes (AG, KGaA, GmbH) sein (vgl. §§ 120 ff. UmwG).

6. Steuerliche Schlussbilanz

22 Nach Abs. 1 ist bei der Verschm einer Körperschaft auf eine PersGes bzw. auf eine natürliche Person der übertragende Rechtsträger verpflichtet, eine stl. Schlussbilanz aufzustellen. Diese Verpflichtung gilt unabhängig davon, ob die übertragende Körperschaft im Inland stpfl. oder im Inland zur Führung von Büchern verpflichtet ist (BT-Drs. 16/2710, 40; BMF 11.11.2011, BStBl. I 2011, 1314 Rn. 03.01). Eine stl. Schlussbilanz muss damit auch eine im Ausland ansässige EU/EWR-Körperschaft als übertragender Rechtsträger aufstellen, wenn dieser Verschmelzungsvorgang mit einem inl. Verschmelzungsvorgang vergleichbar und damit von § 3 thematisch erfasst ist. Die stl. Schlussbilanz hat in jedem Fall den Vorgaben des § 3 (Ansatz- und Bewertung) zu entsprechen, eine Bindung an eine ggf. notwendige **ausl. stl. Schlussbilanz** besteht nicht (Frotscher/Drüen/Schnitter Rn. 75; Brandis/Heuermann/Klingberg Rn. 16a; BeckOK UmwStG Dürrschmidt/Mückl/Weggemann Rn. 104; Dötsch/Pung/Möhlenbrock/Möhlenbrock/Pung Rn. 23; Rödder/Herlinghaus/van Lishaut/Birkemeier Rn. 63; HK-UmwStG/Bron Rn. 95; Hruschka DStR-Beihefter zu Heft 2/2012, 3; Stimpel GmbHR 2012, 123). Eine **Überleitungsrechnung** iSv § 60 II 1 EStDV soll nach verbreiteter Meinung eine stl. Schlussbilanz iSv § 3 I darstellen können (Rödder/Herlinghaus/van Lishaut/Birkemeier Rn. 90; sofern ausdrücklich erklärt wird, dass es sich hierbei um eine Schlussbilanz handelt. Die stl. Schlussbilanz iSv § 3 I ist nach Meinung der FVerw eine **eigenständige,** von der Gewinnermittlungsbilanz iSv § 4 I EStG, § 5 I EStG zu unterscheidende **Bilanz** (BMF 11.11.2011, BStBl. I 2011, 1314 Rn. 03.01; ebenso BFH BStBl. II 2021, 517; FG BW EFG 2016, 1571). Als Abgabe der stl. Schlussbilanz soll auch die ausdrückliche Erklärung gelten, dass die Gewinnermittlungsbilanz iSv § 4 I EStG, § 5 I EStG gleichzeitig die stl. Schlussbilanz sein soll, wenn diese Bilanz

der stl. Schlussbilanz entspricht (BMF 11.11.2011, BStBl. I 2011, 1314 Rn. 03.01; konkludenter Antrag reicht nach FG BW EFG 2016, 1571). Der Antrag ist von den gesetzlichen Vertretern des übertragenden Rechtsträgers bzw. nach Verschm durch die gesetzlichen Vertreter der übernehmenden PersGes zu stellen (Stadler/Elser/Bindl DB-Beil. 1/2012, 14). Er kann so lange gestellt werden, bis die Veranlagung des übertragenden Rechtsträgers noch nicht bestandskräftig abgeschlossen ist (Stadler/Elser/Bindl DB-Beil. 1/2012, 14). Ein einmal auch mündlich gestellter Antrag ist unwiderruflich (BMF 11.11.2011, BStBl. I 2011, 1314 Rn. 03.29). Für die Auffassung der FVerw, dass es sich bei der stl. Schlussbilanz iSv § 3 I um eine **eigenständige Bilanz** handelt, spricht, dass in einer Gewinnermittlungsbilanz iSv § 4 I EStG, § 5 I EStG ein Veräußerungsvorgang anders abgebildet wird als in der Bilanz nach § 3 I (Brandis/Heuermann/Klingberg Rn. 13, 18a; krit. Stimpel GmbHR 2012, 123; Rödder/Herlinghaus/van Lishaut/Birkemeier Rn. 91; HK-UmwStG/Bron Rn. 60). Eine **Überleitungsrechnung** iSv § 60 II 1 EStDV soll nach verbreiteter Meinung eine stl. Schlussbilanz iSv Abs. 1 darstellen können (Rödder/Herlinghaus/van Lishaut/Birkemeier Rn. 90), sofern ausdrücklich erklärt wird, dass es sich hierbei um eine stl. Schlussbilanz handelt. Entgegen der Auffassung der FVerw (BMF 11.11.2011, BStBl. I 2011, 1314 Rn. 03.04) ist die stl. Schlussbilanz mangels gesetzlicher Grundlage nicht in **elektronischer Form** beim FA einzureichen (Frotscher/Drüen/Schnitter Rn. 78; HK-UmwStG/Bron Rn. 61; Rödder/Herlinghaus/van Lishaut/Birkemeier Rn. 98; Haase/Hofacker/Steierberg Rn. 29); § 5b EStG ist nur anzuwenden, wenn die StB gleichzeitig auch die stl. Schlussbilanz ist (vgl. auch Rödder/Herlinghaus/van Lishaut/Birkemeier Rn. 98).

Die **Vorlage** einer stl. Schlussbilanz ist **nicht erforderlich,** wenn sie nicht für inl. Besteuerungszwecke benötigt wird (BT-Drs. 16/2010, 40; BMF 11.11.2011, BStBl. I 2011, 1314 Rn. 03.02; Frotscher/Drüen/Schnitter Rn. 74; Rödder/Herlinghaus/van Lishaut/Birkemeier Rn. 93; Lademann/Staats Rn. 81; Dötsch/Pung/Möhlenbrock/Möhlenbrock/Pung Rn. 22). Ob eine stl. Schlussbilanz des übertragenden Rechtsträgers für inl. Besteuerungszwecke benötigt wird, ist sowohl aus der Sicht des übertragenden als auch des übernehmenden Rechtsträgers bzw. deren Gesellschafter zu beurteilen (Rödder/Herlinghaus/van Lishaut/Birkemeier Rn. 93; Hagemann/Jakob/Ropohl/Viebrock NWB-Sonderheft 1/2007, 23; auch → § 7 Rn. 9). So muss bspw. eine ausl. Körperschaft eine stl. Schlussbilanz im Rahmen der von ihr im Ausland vorgenommenen Verschm auf eine ebenfalls in diesem ausl. Staat ansässige PersGes grds. erstellen, wenn an der übertragenden Körperschaft oder aber übernehmenden PersGes ein in Deutschland unbeschränkt stpfl. Gesellschafter beteiligt ist, da die ausl. Verschm sich grds. auch auf die Ebene des in Deutschland unbeschränkt stpfl. Gesellschafters auswirkt (BMF 11.11.2011, BStBl. I 2011, 1314 Rn. 03.02; Brandis/Heuermann/Klingberg Rn. 16; auch → Rn. 98 ff.).

Abs. 1 regelt nicht, auf welchen **Zeitpunkt** die stl. Schlussbilanz aufgestellt werden muss. Nach § 2 I ist das Einkommen und das Vermögen der übertragenden Körperschaft und des übernehmenden Rechtsträgers so zu ermitteln, als ob das Vermögen der übertragenden Körperschaft mit Ablauf des Stichtages der Bilanz, die dem Vermögensübergang zugrunde liegt (stl. Übertragungsstichtag), auf den übernehmenden Rechtsträger übergegangen wäre. Die Bilanz, die diesem Vermögensübergang zugrunde liegt, ist die handelsrechtliche Schlussbilanz iSd § 17 II UmwG (BFH BStBl. II 2021, 517). Einer solchen Schlussbilanz bedarf es auch bei grenzüberschreitenden Verschm. Damit ist die stl. Schlussbilanz zwingend auf den stl. Übertragungsstichtag zu erstellen. Dies gilt auch bei Umw ausl. Körperschaften (PWC, Reform des UmwStR/Benecke, 2007, 148). Fällt der stl. Übertragungsstichtag nicht auf das Ende eines Wj., entsteht ein **Rumpfwirtschaftsjahr** (BMF 11.11.2011, BStBl. I 2011, 1314 Rn. 03.01; Rödder/Herlinghaus/van Lishaut/Birkemeier Rn. 90; Lademann/Staats Rn. 73).

25 Nicht geklärt ist, welche steuerrechtlichen Folgen eintreten, wenn eine **stl. Schlussbilanz** des übertragenden Rechtsträgers **nicht vorgelegt wird**. Dieses Problem kann bspw. dann auftreten, wenn ein inl. Minderheitsgesellschafter einer ausl. KapGes bei der Verschm nach ausl. UmwR auf eine dort ansässige PersGes nicht in der Lage ist, eine nach inl. Grundsätzen aufgestellte stl. Schlussbilanz iSv § 3 vorzulegen. Die Nichtvorlage der stl. Schlussbilanz führt nicht dazu, dass zwingend das übertragene Vermögen in der stl. Schlussbilanz als mit dem gemeinen Wert angesetzt gilt (wie hier FG NS Urt. v. 25.2.2022 – 7 K 11215/18, BeckRS 2022, 28321; Dötsch/Pung/Möhlenbrock/Dötsch/Stimpel § 11 Rn. 44; Haritz/Menner/Bilitewski/Mertgen Rn. 82; Haase/Hofacker/Steierberg Rn. 26; wohl auch Dötsch/Pung/Möhlenbrock/Möhlenbrock/Pung Rn. 51; aA Rödder/Herlinghaus/van Lishaut/van Lishaut § 4 Rn. 40; Frotscher/Drüen/Schnitter Rn. 76; Hruschka DStR-Beihefter zu Heft 2/2012, 4). Nach § 3 II sind der Ansatz und die Bewertung des übergehenden Vermögens ausschließlich von einem gestellten Antrag und nicht von der Vorlage einer stl. Schlussbilanz abhängig. Im Falle der Nichtvorlage einer stl. Schlussbilanz muss ggf. das FA unter Berücksichtigung des ausgeübten Antragswahlrechts den Wertansatz des Vermögens nach § 162 AO schätzen, nur wenn kein Antragswahlrecht ausgeübt wird, sind die übergehenden WG mit dem gemeinen Wert zu bewerten (Haritz/Menner/Brinkhaus/Grabbe Rn. 82). Es wird vorgeschlagen, dass zur Vermeidung von Härten das Antragswahlrecht nach Abs. 2 ausnahmsweise von dt. Minderheitsgesellschaftern ausgeübt werden kann (Haritz/Menner/Bilitewski/Mertgen Rn. 82).

26 Der Ansatz und die Bewertung in der stl. Schlussbilanz der übertragenden Körperschaft erfolgt ausschließlich nach Maßgabe des § 3. Der **Grundsatz der Maßgeblichkeit der HB für die StB** existiert insoweit nicht (BT-Drs. 16/2010, 37; allgM vgl. BMF 11.11.2011, BStBl. I 2011, 1314 Rn. 03.04, 03.10; Widmann/Mayer/Martini Rn. 213; Haritz/Menner/Bilitewski/Mertgen Rn. 73; NK-UmwR/Große Honebrink Rn. 14; Rödder/Herlinghaus/van Lishaut/Birkemeier Rn. 97; Dötsch/Pung/Möhlenbrock/Möhlenbrock/Pung Rn. 56; Frotscher/Drüen/Schnitter Rn. 81; Brandis/Heuermann/Klingberg Rn. 15).

7. Ansatz und Bewertung der übergehenden Wirtschaftsgüter in der steuerlichen Schlussbilanz

27 **a) Begriff des Wirtschaftsguts.** Bei der Verschm einer Körperschaft auf eine PersGes bzw. natürliche Person sind die übergehenden WG, einschl. nicht entgeltlich erworbener und selbstgeschaffener immaterieller WG, in der stl. Schlussbilanz der übertragenden Körperschaft mit dem gemeinen Wert „anzusetzen". Für die Bewertung von Pensionsrückstellungen gilt § 6a EStG. Unter den Begriff WG fallen sowohl **aktive als auch passive WG** (BMF 11.11.2011, BStBl. I 2011, 1314 Rn. 03.04; FG München EFG 2019, 443; Lademann/Staats Rn. 87; Rödder/Herlinghaus/van Lishaut/Birkemeier Rn. 73; Haritz/Menner/Bilitewski/Mertgen Rn. 87; Widmann/Mayer/Martini Rn. 236; Brandis/Heuermann/Klingberg Rn. 17; Bogenschütz Ubg 2011, 393; Hruschka DStR-Beihefter zu Heft 2/2012, 4; Desens GmbHR 2007, 1202; Ley/Bodden FR 2007, 265).

28 Anzusetzen sind auch **steuerfreie Rücklagen** nach § 6b EStG, Rücklagen für Ersatzbeschaffungen nach 6.6. EStR sowie Rücklagen nach § 7g EStG, § 6 UmwStG (BMF 11.11.2011, BStBl. I 2011, 1314 Rn. 03.04; Lademann/Staats Rn. 87; Frotscher/Drüen/Schnitter Rn. 86; Brandis/Heuermann/Klingberg Rn. 19a; aA Widmann/Mayer/Martini Rn. 240) und ein Sammelposten nach § 6 IIa EStG (Haase/Hofacker/Steierberg Rn. 34).

29 Das Ansatzverbot originärer **immaterieller WG** des Anlagevermögens einschl. eines Geschäfts- oder Firmenwerts gilt ausweislich des § 3 I nicht. Auch gelten die stl. Ansatzverbote des § 5 EStG nach Meinung der FVerw nicht (BMF 11.11.2011,

BStBl. I 2011, 1314 Rn. 03.06; ebenso Rödder/Herlinghaus/van Lishaut/Birkemeier Rn. 75; Lademann/Staats Rn. 94; HK-UmwStG/Bron Rn. 84; Brandis/Heuermann/Klingberg Rn. 18a).

Dies kann damit begründet werden, dass die Verschm einer Körperschaft auf eine PersGes im Grundsatz auf der Ebene des übertragenden und übernehmenden Rechtsträgers einen Veräußerungs- bzw. Anschaffungsvorgang darstellt und diese Umw im Grundsatz zu einer gewinnrealisierenden Aufdeckung aller stiller Reserven und Lasten führt (vgl. BT-Drs. 2/3497, 13; BFH/NV 2004, 137; BFH BStBl. II 2003, 10; BFH BStBl. II 2002, 875; FG BW EFG 1998, 1529; Brandis/Heuermann/Klingberg Rn. 18a). **29a**

Bei Abs. 2 handelt es sich bezogen auf die stl. Schlussbilanz nach dem Bericht des Finanzausschusses um eine stl. **Ansatz- und Bewertungsvorschrift** (BT-Drs. 16/3369, 10). Trotz des insoweit ungenauen Wortlauts beziehen sich der Ansatz und die Bewertung der übergehenden WG nicht nur auf das jew. einzelne WG, sondern auch auf die insges. übergehende **Sachgesamtheit** in Form des übergehenden BVs (vgl. BT-Drs. 16/2710, 28). Auch wenn die Aussage der Bewertung einer Sachgesamtheit in der Gesetzesbegründung nur im Zusammenhang mit den allg. Entstrickungssachverhalten gemacht wurde, gilt diese Sichtweise auch für das UmwStG, denn § 3 ist Teil des neuen Entstrickungsprinzips (BMF 11.11.2011, BStBl. I 2011, 1314 Rn. 03.07; Dötsch/Pung/Möhlenbrock/Möhlenbrock/Pung Rn. 29; Haritz/Menner/Bilitewski/Mertgen Rn. 93; Rödder/Herlinghaus/van Lishaut/Birkemeier Rn. 104; Kaeser DStR-Beihefter zu Heft 2/2012, 4; Widmann/Mayer/Martini Rn. 244; BeckOK UmwStG/Kaiser/Moeller-Gosoge Rn. 108; Frotscher/Drüen/Junior Rn. 55a). Die Bewertung des gesamten Vermögens in seiner Zusammensetzung als Sachgesamtheit ist im Regelungsbereich des § 3 auch erforderlich, da ansonsten der Ansatz eines Firmenwertes in der stl. Schlussbilanz – so wie sie das Gesetz fordert – überhaupt nicht möglich wäre. Der Firmenwert ist der Mehrwert, der in einem Unternehmen über dem Substanzwert der einzelnen materiellen und immateriellen WG abzgl. der Schulden hinaus innewohnt („Residualgröße"). Der gemeine Wert der Sachgesamtheit ist nach Meinung der FVerw im Verhältnis der TW der übergehenden WG auf die einzelnen WG zu verteilen (BMF 11.11.2011, BStBl. I 2011, 1314 Rn. 03.09; vgl. auch IDW Ubg 2011, 549). Richtig ist aber eine Verteilung des Werts der Sachgesamtheit im Verhältnis der gemeinen Werte der übergehenden WG, da der gemeine Wert der nach § 3 I entscheidende Wert ist (Rödder/Herlinghaus/van Lishaut/Birkemeier Rn. 112). **30**

b) Steuerliche Ansatz- und Bewertungsvorschriften. Bestimmte WG dürfen nach den ertragstl. Vorschriften über die Gewinnermittlung nicht angesetzt werden. Dazu gehören insbes. originäre immaterielle WG des Anlagevermögens. Abs. 1 ordnet jedoch für die stl. Schlussbilanz an, dass originäre immaterielle WG des Anlagevermögens anzusetzen sind. IÜ verweist die Vorschrift nicht auf die stl. Vorschrift über die Gewinnermittlung, sondern bestimmt den gemeinen Wert zum Wertmaßstab. Fraglich ist daher, ob und inwieweit § 3 die stl. Vorschrift über die Gewinnermittlung verdrängt. **31**

§ 1 V Nr. 4 definiert den **BW.** BW ist danach der Wert, der sich nach den stl. Vorschriften über die Gewinnermittlung in einer auf den stl. Übertragungsstichtag aufzustellenden Bilanz ergibt bzw. ergäbe. Kommt es damit zu einer Buchwertfortführung in der stl. Schlussbilanz, gelten die bilanzsteuerrechtlichen Aktivierungs- und Passivierungsverbote (Frotscher/Drüen/Schnitter Rn. 85; Dötsch/Pung/Möhlenbrock/Möhlenbrock/Pung Rn. 126); aktive und passive Vermögensposten sind damit in der stl. Schlussbilanz nach den bilanzsteuerrechtlichen Regelungen anzusetzen. Gleiches gilt bei der Buchwertfortführung für stl. Rücklagen nach § 6b EStG uä und stl. Ausgleichsposten zu den übergehenden WG. Wird ein Antrag auf Buchwertfortführung wirksam gestellt, kommt § 4f EStG nicht zur Anwendung, denn **32** diese Vorschrift setzt eine erfolgswirksame Übertragung voraus (Rödder/Herlinghaus/van Lishaut/Birkemeier Rn. 77; Kirchhof/Gosch EStG § 4f Rn. 13; Brandis/Heuermann/Krumm EStG § 4f Rn. 34; Herrmann/Heuer/Raupach/Schober EStG § 4f Rn. J 13–8; Förster/Staaden Ubg 2014, 1; Benz/Placke DStR 2013, 2653; iE wohl ebenso OFD Magdeburg 2.6.2014, DStR 2014, 1546). Etwas anderes kann nur gelten, wenn der gemeine Wert der Sachgesamtheit geringer ist als die Summe der BW der übertragenen WG (→ Rn. 54).

33 Im Grundsatz stellt Abs. 1 aber auf die Bewertung mit dem **gemeinen Wert** ab, auf die steuerrechtlichen Vorschriften über die Gewinnermittlung wird gerade nicht Bezug genommen. Damit müssen in der stl. Schlussbilanz des übertragenden Rechtsträgers auch solche übergehenden WG mit dem gemeinen Wert angesetzt werden, die nach den stl. Vorschriften über die Gewinnermittlung nicht angesetzt werden dürfen, insbes. sind stille Lasten zu berücksichtigen (vgl. BMF 11.11.2011, BStBl. I 2011, 1314 Rn. 03.06; (Widmann/Mayer/Martini Rn. 280 ff.; Brandis/Heuermann/Klingberg Rn. 18a; PWC, Reform des UmwStR/Benecke, 2007, Rn. 1015; Frotscher/Drüen/Schnitter Rn. 87 f.; Dötsch/Pung/Möhlenbrock/Möhlenbrock/Pung Rn. 38; Rödder/Herlinghaus/van Lishaut/Birkemeier Rn. 80; Rödder/Rogall Ubg 2011, 753; speziell zu Drohverlustrückstellungen Siegel FR 2011, 781). Dies entspricht dem Willen des Gesetzgebers. Er beabsichtigt durch die Einführung allg. Entstrickungsregelungen, zu denen auch § 3 gehört, unabhängig von den ansonsten bestehenden ertragstl. Gewinnermittlungsgrundsätzen, bei Verlust des dt. Besteuerungsrechts, sämtliche stillen Reserven (selbstverständlich unter Berücksichtigung möglicherweise bestehender stiller Lasten) einer Besteuerung zuzuführen (ultima-ratio-Besteuerung). Hinzu kommt Folgendes:

34 Die Verschm einer Körperschaft auf eine PersGes stellt rechtstechnisch einen tauschähnlichen Vorgang dar (→ Vor §§ 3–9 Rn. 6). Die Verschm ist aus der Sicht des übertragenden Rechtsträgers eine Veräußerung und aus der Sicht des übernehmenden Rechtsträgers eine Anschaffung der übergehenden WG. Die vom übertragenden Rechtsträger fortzuführenden Werte aus der stl. Schlussbilanz des übertragenden Rechtsträgers sind seine „AK" für das auf ihn übergehende Vermögen. Die Abbildung dieses Anschaffungsvorgangs erfolgt dabei im Regelungsbereich der §§ 3, 4 nicht erst in der lfd. Buchhaltung des übernehmenden Rechtsträgers, sondern wegen der Regelung in § 3, der in § 4 I angeordneten Buchwertverknüpfung und der damit verbundenen Sicherstellung der Besteuerung der stillen Reserven bereits in der stl. Schlussbilanz des übertragenden Rechtsträgers. In der stl. Schlussbilanz des übertragenden Rechtsträgers sind damit im Ergebnis die mit dem gemeinen Wert bewerteten, übergehenden WG so anzusetzen wie bei einem „normalen" Anschaffungsvorgang in der Bilanz eines Erwerbers (Brandis/Heuermann/Klingberg Rn. 18a; aA Dötsch/Pung/Möhlenbrock/Möhlenbrock/Pung Rn. 40).

35 c) Abbildung stiller Lasten. Auch der gemeine Wert von **negativen WG** kann höher sein als deren BW, was insbes. für die Passivierungsverbote und Ansatzbeschränkungen des § 5 EStG und die Bewertungsvorbehalte in § 6 EStG gilt. Handelt es sich bspw. um Verlustrückstellungen iSv § 5 IVa EStG, so entspricht der isolierte gemeine Wert dieser RSt dem Betrag, der sich ergeben würde, wenn das Passivierungsverbot insoweit nicht gelten würde.

36 Die Vorschrift des **§ 4f EStG** gilt gem. § 52 VIII EStG jedenfalls dann nicht, wenn der **Verschmelzungsstichtag vor dem 29.11.2013** liegt, da zu diesem Stichtag das Wj. des übertragenden Rechtsträgers endet (Dötsch/Pung/Möhlenbrock/Möhlenbrock/Pung Rn. 40; Rödder/Herlinghaus/van Lishaut/Birkemeier Rn. 81). Unter diesen Voraussetzungen werden unterschiedliche Meinungen bzgl. der Berücksichtigung stiller Lasten in der stl. Schlussbilanz des übertragenden Rechtsträgers vertreten: Nach Meinung der **FVerw** gelten die Ansatzverbote des § 5 EStG nicht für die stl. Schlussbilanz, es sei denn, dass die BW fortgeführt werden (BMF

11.11.2011, BStBl. I 2011, 1314 Rn. 03.06; vgl. Lademann/Staats Rn. 93 f.; Dötsch/Pung/Möhlenbrock/Möhlenbrock/Pung Rn. 38), wobei der Ansatz mit dem BW ausgeschlossen ist, wenn der gemeine Wert der übertragenen Sachgesamtheit geringer ist als dessen BW (BMF 11.11.2011, BStBl. I 2011, 1314 Rn. 03.12; vgl. dazu Zimmermann Ubg 2018, 17). Nach der (bisher) **hM in der Lit.** (Rödder/Herlinghaus/van Lishaut/Birkemeier Rn. 80; FGS/BDI UmwStE 2011/Rödder/Schmidt-Fehrenbacher, 234 f.; Stadler/Elser/Bindl DB-Beil. 1/2012, 14; aA Widmann/Mayer/Martini Rn. 284, 287, der stille Lasten als solche passivieren will) werden diese Minderwerte bei der Bewertung einer Sachgesamtheit durch einen Käufer im Firmenwert berücksichtigt. Nichts anderes könne aufgrund der Einordnung der Verschm als Anschaffungsvorgang gelten, wobei zu beachten ist, dass dieses Anschaffungsgeschäft bereits in der stl. Schlussbilanz des übertragenden Rechtsträgers im Ergebnis abgebildet wird. Dabei ist auch zu berücksichtigen, dass ein gemeiner Wert iSv § 9 II BewG bzgl. eines Firmenwerts mangels Einzelveräußerbarkeit nicht existiert (BFH BStBl. II 1994, 309; DStR 1998, 887; Dötsch/Patt/Pung/Möhlenbrock/Pung/Möhlenbrock Rn. 14; Bodden FR 2007, 66; vgl. auch Jäschke FR 2010, 10; Desens GmbHR 2007, 1202), sodass die Ermittlung des Firmenwertes im Rahmen des Abs. 1 nach den allg. Grundsätzen der Ertragsbewertung vorzunehmen ist. Stille Lasten seien damit in der stl. Schlussbilanz nicht anzusetzen, sondern vielmehr entsprechend den allg. Bewertungsgrundsätzen bei der **Ermittlung des Geschäfts- oder Firmenwerts** ertragsmindernd zu berücksichtigen (so Rödder/Herlinghaus/van Lishaut/Rödder § 11 Rn. 67; Brandis/Heuermann/Klingberg Rn. 18a; Stadler/Elser/Bindl DB-Beil. 1/2012, 14; Schaflitzl/Widmayer BB Special 8/2006, 36; Ley/Bodden FR 2007, 265; Lemaitre/Schönherr GmbHR 2007, 173). Zu der Bewertung von Pensionsrückstellungen → Rn. 38, → Rn. 47.

Sowohl die Meinung der FVerw als auch die der hM stehen im Widerspruch zur **36a** Auffassung des **BFH** (vgl. BFH DStR 2012, 452). Geht man zu Recht (→ Rn. 34) davon aus, dass es sich bei der Verschm um ein Veräußerungsgeschäft auf der Ebene des übertragenden und um ein Anschaffungsgeschäft auf der Ebene des übernehmenden Rechtsträgers handelt, ist in der stl. Schlussbilanz des übertragenden Rechtsträgers, in dem der Anschaffungsvorgang durch den übernehmenden Rechtsträger bereits abgebildet wird (→ Rn. 34), nach Meinung des BFH für stille Lasten, die auf Grund von Ansatz- und Bewertungsverboten bestehen, eine **ungewisse Verbindlichkeit** zu passivieren. Mit Urt. v. 16.12.2009 (BFH BStBl. II 2011, 566; ebenso BFH DStR 2012, 452) hat der BFH darauf hingewiesen, dass bei einer Betriebsveräußerung betriebliche Verbindlichkeiten, die beim Veräußerer auf Grund von Rückstellungsverboten nicht passiviert werden dürfen, beim Erwerber keinem Passivierungsverbot unterworfen sind, wenn er diese Verbindlichkeit gegen Schuldbefreiung übernommen hat; solche betrieblichen Verbindlichkeiten sind unabhängig von der rechtlichen Einordnung beim übertragenden Rechtsträger in der Person des übernehmenden Rechtsträgers als ungewisse Verbindlichkeiten auszuweisen und vom übernehmenden Rechtsträger auch an den nachfolgenden Bilanzstichtagen mit den AK oder ihrem höheren TW zu bewerten (ebenso Widmann/Mayer/Martini Rn. 287; Widmann/Mayer/Schießl § 11 Rn. 47). Diese Auffassung wird mit dem Grundsatz der erfolgsneutralen Behandlung von Anschaffungsvorgängen begründet. Der BFH macht in den angesprochenen Urteilen deutlich, dass für Verbindlichkeiten, für die in der Person des übertragenden Rechtsträgers ein Ansatzverbot gilt, aus der Sicht des übernehmenden Rechtsträgers die für ungewisse Verbindlichkeiten geltenden Grundsätze anzuwenden sind und damit eine Passivierungspflicht besteht. Der BFH (BFH DStR 2012, 452) hat sich auch gegen die unmittelbare Verrechnung der stillen Lasten durch Abstockung des erworbenen Firmenwertes wegen einer fehlenden Rechtsgrundlage ausgesprochen. Damit sind in der stl. Schlussbilanz des übertragenden Rechtsträgers stille Lasten als ungewisse Verbindlichkeiten zu passivieren. Zu stillen Lasten in Pensionsrückstellungen → Rn. 47.

36b Liegt der **Verschmelzungsstichtag nach dem 28.11.2013,** so stellt sich die Frage, ob in der stl. Schlussbilanz des übertragenden Rechtsträgers bzgl. der stillen Lasten die Regelung des § 4f EStG zur Anwendung kommt. Werden Verpflichtungen übertragen, die beim ursprünglich Verpflichteten Ansatzverboten, -beschränkungen oder Bewertungsvorbehalten unterlegen haben, so ist der sich aus diesem Vorgang ergebende Aufwand nach § 4f I 1 EStG im Wj. der Schuldübernahme und in den nachfolgenden 14 Jahren als BA abziehbar. Diese Vorschrift geht in Anlehnung an die Rspr. des BFH (→ Rn. 36a) damit davon aus, dass bei der Übertragung stiller Lasten in der Person des übertragenden Rechtsträgers diese Verpflichtung realisiert wird und es damit zu einem Aufwand kommt. Der sich aus der Verpflichtungsübertragung ergebende Aufwand ist dann aber im Wj. der Schuldenübernahme und in den nachfolgenden 14 Jahren gleichmäßig verteilt als Betriebsausgaben außerhalb der Bilanz (BT-Drs. 18/68 [neu], 73; Kirchhof/Gosch EStG § 4f Rn. 9; Brandis/Heuermann/Krumm EStG § 4f Rn. 23; Littmann/Bitz/Pust/Hoffmann EStG § 4f Rn. 16; Schmidt/Weber-Grellet EStG § 4f Rn. 2; Benz/Placke DStR 2013, 2653; aA Herrmann/Heuer/Raupach/Schober EStG § 4f Rn. J 13–26; Riedel FR 2014, 11) in der Person des übertragenden Rechtsträgers abziehbar. Die Übertragung einer Verpflichtung iSv § 4f I EStG liegt vor, wenn die Verpflichtung zivilrechtlich auf eine andere Person übergeht, wobei die Übertragung im Wege der Einzelrechts-, Sonderrechts- oder Gesamtrechtsnachfolge vorgenommen werden kann (Kirchhof/Gosch EStG § 4f Rn. 12; Herrmann/Heuer/Raupach/Schober EStG § 4f Rn. J 13–26; Littmann/Bitz/Pust/Hoffmann EStG § 4f Rn. 5; Förster/Staaden Ubg 2014, 1). Die hM (Dötsch/Pung/Möhlenbrock/Möhlenbrock/Pung Rn. 40 ff.; Widmann/Mayer/Martini Rn. 293 ff.; Kirchhof/Gosch EStG § 4f Rn. 12; Herrmann/Heuer/Raupach/Schober EStG § 4f Rn. J 13–26; Brandis/Heuermann/Krumm EStG § 4f Rn. 34; Littmann/Bitz/Pust/Hoffmann EStG § 4f Rn. 5; Förster/Staaden Ubg 2014, 1; Benz/Placke DStR 2013, 2653) geht in Übereinstimmung mit dem Willen des Gesetzgebers (BT-Drs. 18/68 [neu], 73) davon aus, dass § 4f I 1 EStG auch bei der Verschm einer KapGes als übertragender Rechtsträger im Grundsatz Anwendung findet, falls die Umw nicht unter Buchwertfortführung erfolgt (→ Rn. 31). § 4f I EStG kann aber nach richtiger Meinung auch dann nicht auf Umwandlungsfälle im Sinne des UmwStG angewendet werden, wenn es zu einem Ansatz der übergehenden WG zum ZW oder gemeinen Wert kommt (wie hier Lademann/Staats § 4 Rn. 31; Phillipp/Kröger DB 2016, 857; aA Dötsch/Pung/Möhlenbrock/Möhlenbrock/Pung Rn. 40; Rödder/Herlinghaus/van Lishaut/Birkemeier Rn. 82 f.; Widmann/Mayer/Martini Rn. 293 ff.; Melan/Wecke Ubg 2017, 253; vgl. auch BMF 30.11.2017, BStBl. I 2017, 1619). Entscheidend für die Anwendung des § 4f I EStG ist, ob im Zeitpunkt der Übertragung der Verpflichtung die Voraussetzungen dieser Norm vorliegen (Herrmann/Heuer/Raupach/Schober EStG § 4f Rn. J 13–4). Nach Abs. 1 unterliegen die übergehenden WG, zu denen auch nicht oder nur beschränkt passivierte Verpflichtungen gehören, und die mit dem gemeinen Wert oder einem Zwischenwert angesetzt oder bewertet werden, in der stl. Schlussbilanz des übertragenden Rechtsträgers keinen Ansatz- bzw. Bewertungsbeschränkungen. In der stl. Schlussbilanz des übertragenden Rechtsträgers ist die stille Last unter Berücksichtigung der Rspr. des BFH nach der hier vertretenen Auffassung (→ Rn. 36) als ungewisse Verbindlichkeit zu passivieren. Da die stl. Schlussbilanz aber den Zeitpunkt markiert, an dem die Verpflichtung übertragen wird, liegen die Voraussetzungen des § 4f I EStG nicht vor (aA Dötsch/Pung/Möhlenbrock/Möhlenbrock/Pung Rn. 40; Rödder/Herlinghaus/van Lishaut/Birkemeier Rn. 83; Melan/Wecke Ubg 2017, 253). Dass der Ansatz der Verpflichtung in der stl. Schlussbilanz des übertragenden Rechtsträgers der maßgebende Wert sein muss, wird durch den Anwendungsbereich des UmwStG bestätigt. Bei Umw mit Auslandsbezug, grenzüberschreitenden oder reinen ausl. Umw, die thematisch vom UmwStG erfasst sind (→ Rn. 89 ff.), kann es nämlich (nicht nur ausnahmsweise) vorkommen, dass der übertragende, ausl. Rechtsträger die dt. Bewertungsvorschriften erstmals in der stl. Schlussbilanz anwendet, weil er iÜ insoweit ausl. Regelungen befolgen muss (aA Dötsch/Pung/Möhlenbrock/Möhlenbrock/Pung Rn. 40). § 4f I 7 EStG bezieht sich aber nur auf inl. Steuerbilanzierungsvorschriften (Herrmann/Heuer/Raupach/Schober EStG § 4f Rn. J 13–11; vgl. auch BMF 30.11.2017, BStBl. I 2017, 1619 Rn. 8). Hinzu kommt, dass gem. § 4f I 7 EStG ein beim übertragenden Rechtsträger noch nicht berücksichtigter Aufwand nicht untergeht, sondern entgegen § 4 II 2 auf den Rechtsnachfolger übergeht. § 4 II 2 sieht vor, dass verrechenbare Verluste, Verlustvorträge ua des übertragenden Rechtsträgers nicht von der umwandlungssteuerrechtlichen Rechtsnachfolge umfasst sind. § 4 II 2 ist zu entnehmen, dass Aufwendungen, die in der Person des übertragenden Rechtsträgers ihre Ursache haben, nur seine Einnahmen mindern sollen, iÜ im Rahmen der Umw trotz Rechtsnachfolge untergehen (vgl. dazu auch Melan/Wecke Ubg 2017, 253). Wendet man § 4f EStG auf Umw an, würde der hinter einer spezielleren Regelung (§ 4 II 2 UmwStG) liegende Sinn durch eine allgemeine Regelung (§ 4f I 7 EStG) relativiert, ohne dass die speziellere Regelung auf die allgemeine Regelung verweist.

Wendet man § 4f EStG trotz der dargestellten Bedenken auf Umwandlungsvorgänge an, so ist Folgendes zu beachten: Die durch § 4f I 1 EStG angeordnete zeitliche Streckung des realisierten Verlustes unterbleibt gem. Abs. 1 S. 3 dieser Vorschrift, wenn die Schuldenübernahme im Rahmen einer Veräußerung oder Aufgabe des ganzen Betriebes oder des gesamten Mitunternehmeranteils erfolgt; in diesem Fall kann der Aufwand unmittelbar im Wj. seiner Realisation in voller Höhe durch den übertragenden Rechtsträger geltend gemacht werden. Bei der Verschm einer Körperschaft auf eine PersGes veräußert rechtstechnisch der übertragende Rechtsträger sein gesamtes Vermögen, dh seinen Betrieb, an den übernehmenden Rechtsträger, sodass nach dem Wortlaut des § 4f 3 EStG in der Person des übertragenden Rechtsträgers eine Realisation der stillen Last unmittelbar im Wj. der Übertragung in voller Höhe geltend gemacht werden kann. Nach dem Willen des Gesetzgebers soll jedoch die Ausnahme des § 4f 3 EStG nicht gelten, „wenn die unternehmerische Tätigkeit auf Grund von Umwandlungsvorgängen nach dem UmwStG in anderer Rechtsform oder durch einen anderen Rechtsträger fortgesetzt wird" (BT-Drs. 18/68 [neu], 73). Nicht abschließend geklärt ist in diesem Zusammenhang, ob der dargestellte Wille des Gesetzgebers berücksichtigt werden kann (vgl. dazu Kirchhof/Gosch EStG § 4f Rn. 16; Brandis/Heuermann/Krumm EStG § 4f Rn. 34; Förster/Staaden Ubg 2014, 1; Fuhrmann DB 2014, 1; Riedel FR 2014, 6; Benz/Placke DStR 2013, 2653; Korn/Strahl KÖSDI 2014, 18746). Gegen die Berücksichtigung des gesetzgeberischen Willens, § 4f I 3 EStG auf Umwandlungsfälle iSd UmwStG nicht anzuwenden, spricht nicht nur der Wortlaut dieser Vorschrift (Rödder/Herlinghaus/van Lishaut/Birkemeier Rn. 83; aA Benz/Placke DStR 2013, 2653), sondern auch die durch die Nichtanwendung dieser Norm sich ergebenden Wertungswidersprüche zum UmwStG. Das UmwStG soll gerade Umw im Verhältnis zu normalen Veräußerungsvorgängen privilegieren (dagegen Dötsch/Pung/Möhlenbrock/Möhlenbrock/Pung Rn. 40). Die Nichtanwendung des § 4f I 3 EStG auf Umwandlungsvorgänge würde zum Gegenteil führen. Wird bspw. eine PersGes auf eine KapGes steuerneutral nach § 20 UmwStG verschmolzen, so soll nach dem Willen des Gesetzgebers § 4f I 1 EStG Anwendung finden und damit eine sofortige Verlustverrechnung aus der Aufdeckung stiller Lasten unterbleiben. Wird aber im Rahmen der Verschm der PersGes auf die KapGes eine funktional wesentliche Betriebsgrundlage aus dem SBV nicht auf den übernehmenden Rechtsträger übertragen, kommt es zu einer Aufdeckung stiller Reserven im übertragenen Vermögen, das SBV gilt in der Regel als entnommen und auf die insoweit vorliegende Betriebsaufgabe würde man § 4f I 3 EStG anwenden (ebenso Blümich/

Krumm EStG § 4f Rn. 34). Unabhängig von alledem bleibt es jedenfalls für die Bewertung einer **Pensionsrückstellung** allein bei der Regelung des § 3.

37 **d) Bewertungszeitpunkt.** Die **Bewertung** der Sachgesamtheit mit dem gemeinen Wert bzw. dem TW iSd § 6a EStG in der stl. Schlussbilanz erfolgt **zum Verschmelzungsstichtag** (BMF 11.11.2011, BStBl. I 2011, 1314 Rn. 03.09; Frotscher/Drüen/Schnitter Rn. 98; Lademann/Staats Rn. 106; Brandis/Heuermann/Klingberg Rn. 24; Rödder/Herlinghaus/van Lishaut/Birkemeier Rn. 100). Wertaufhellungen sind zu berücksichtigen.

8. Ansatz der übergehenden Wirtschaftsgüter mit dem gemeinen Wert

38 **a) Grundsätzliches.** Nach der Gesetzessystematik bezieht sich die Bewertung der übergehenden WG auf die insges. übergehende Sachgesamtheit (→ Rn. 30). Die Verteilung des Wertes der Sachgesamtheit erfolgt sodann auf die einzelnen übertragenen WG im Verhältnis des gemeinen Wertes (str., → Rn. 30), sodass auch deren Wert ermittelt werden muss. Die Bewertung mit dem gemeinen Wert hat zum Verschmelzungsstichtag zu erfolgen (BMF 11.11.2011, BStBl. I 2011, 1314 Rn. 03.09). Der **gemeine Wert** ist die **Obergrenze**; ausgenommen sind nur Bewertungen von Pensionsrückstellungen, für die auch beim Ansatz der gemeinen Werte weiterhin § 6a EStG gilt. Ist der gemeine **Wert der Sachgesamtheit** geringer als die Summe der BW der übergehenden WG, ist der Ansatz zum BW nach Auffassung der FVerw ausgeschlossen (BMF 11.11.2011, BStBl. I 2011, 1314 Rn. 03.12; ebenso Dötsch/Pung/Möhlenbrock/Möhlenbrock/Pung Rn. 47; Bogenschütz Ubg 2011, 393; aA Rödder/Herlinghaus/van Lishaut/Birkemeier Rn. 106; Schumacher/Neitz-Hackstein Ubg 2011, 409: BW ist die Untergrenze für den Wertansatz), es erfolgt eine entsprechende Abstockung (vgl. dazu auch BFH BStBl. II 2016, 913; DStR 2014, 2120; Helios/Philipp DB 2014, 2923). Wird festgestellt, dass einzelne WG über dem gemeinen Wert angesetzt wurden, so ist der entsprechende Wert nach Meinung der FVerw nur zu korrigieren, wenn der BW der Sachgesamtheit über dessen gemeinen Wert liegt (ebenso Dötsch/Pung/Möhlenbrock/Möhlenbrock/Pung Rn. 135; Bogenschütz Ubg 2011, 393; aA Widmann/Mayer/Martini Rn. 217 ff.). Dagegen spricht der Wortlaut des § 3 I. Richtig ist zwar, dass das übergehende Vermögen als Sachgesamtheit zu bewerten ist, da andernfalls ein Firmenwert in der stl. Schlussbilanz nicht anzusetzen wäre (→ Rn. 30). § 3 I bezieht sich aber auch auf „die übergehenden Wirtschaftsgüter", die mit dem gemeinen Wert anzusetzen sind, was dafür sprechen könnte, dass der gemeine Wert als Höchstgrenze sich auch auf jedes einzelne WG bezieht (Widmann/Mayer/Martini Rn. 217 ff.; aA Frotscher/Drüen/Schnitter Rn. 99; Rödder/Herlinghaus/van Lishaut/Rödder § 11 Rn. 184; Dötsch/Pung/Möhlenbrock/Möhlenbrock/Pung Rn. 135; Rödder DStR 2011, 1059; FG Münster DStRE 2016, 26 zu § 20 aF).

Beispiel:

38a Die M-GmbH kauft die 100%-Beteiligung an der T-GmbH. Der gemeine Wert der Anteile an der T-GmbH beträgt 1 Mio. Euro. Die M-GmbH bezahlt für diese Anteile einen Kaufpreis iHv 1,5 Mio. Euro, da sie für sich auf ihrer Ebene erhebliche Synergien und damit zusätzliche Erträge erwartet. Nachdem diese Erwartungen tatsächlich eingetreten sind, wird die M-GmbH auf die AB-OHG verschmolzen. In diesem Zeitpunkt soll der gemeine Wert der Beteiligung an der T-GmbH weiterhin 1 Mio. Euro betragen. Geht man davon aus, dass der gemeine Wert sich auch auf jedes einzelne WG bezieht, wäre in der stl. Schlussbilanz eine Abstockung des Beteiligungsansatzes auf 1 Mio. Euro vorzunehmen, da Synergie und Konzerneffekte bei der Ermittlung des gemeinen Wertes der Beteiligung ohne Bedeutung sind (Dötsch/Pung/Möhlenbrock/Dötsch § 11 Rn. 27; Rödder/Herlinghaus/van Lishaut/Rödder § 11 Rn. 160; vgl. auch Widmann/Mayer/Martini Rn. 220 ff.).

b) Ermittlung des gemeinen Werts für einzelne Wirtschaftsgüter und für die Sachgesamtheit. Weder das EStG, das KStG noch das UmwStG definieren den Begriff des gemeinen Wertes. Damit kommt der erste Teil des BewG für die Bestimmung des gemeinen Werts zur Anwendung (§ 1 BewG). Der gemeine Wert wird nach **§ 9 II BewG** in erster Linie durch den **Preis** bestimmt, der im **gewöhnlichen Geschäftsverkehr** (→ Rn. 40) nach der Beschaffenheit des WG bei einer Veräußerung zu erzielen wäre, wobei **ungewöhnliche** (→ Rn. 42) oder **persönliche Verhältnisse** (→ Rn. 42) nicht zu berücksichtigen sind. Maßgebend ist gem. § 9 II 1 BewG der erzielbare Verkaufspreis, wobei Veräußerungskosten unbeachtlich sind (Widmann/Mayer/Martini Rn. 229, 233). Als Bewertungsmethode kommen zur Bewertung **eines einzelnen WG** primär die Vergleichsmethode, dann die Ertragswertmethode und hilfsweise die Sachwertmethode in Betracht (Widmann/Mayer/Martini Rn. 232). 39

Grundsatz maßgebend sind die für das zu bewertende WG erzielbaren Verkaufspreise, soweit der Verkaufspreis im gewöhnlichen Geschäftsverkehr (→ Rn. 43) nach der Beschaffenheit des WG bei Veräußerungen zu erzielen ist, **Vergleichswertmethode** (Haase/Hofacker/Steierberg Rn. 39; Dötsch/Pung/Möhlenbrock/Möhlenbrock/Pung Rn. 30). Der gemeine Wert kann auch aus Verkäufen nahezu vollständig vergleichbarer WG abgeleitet werden. Ein einzelner Verkauf bietet idR keinen ausreichenden Vergleichsmaßstab (BFH BStBl. II 1987, 769). Liegen mehrere voneinander abw. Vergleichspreise vor, ist ein Durchschnittswert zu bilden (Stenger/Loose/Knittel BewG § 9 Rn. 42). 40

Ergibt sich der gemeine Wert nicht aus Vergleichspreisen, ist er unter Heranziehung der **Ertragswertmethode** zu ermitteln. Schwierigkeiten bei einer ggf. notwendigen Schätzung ist durch eine verstärkte Anwendung des Vorsichtsprinzips zu Gunsten des Steuerpflichtigen zu begegnen. Die Ertragswertmethode kommt als Bewertungsmethode bei WG in Betracht, die zukünftige Erträge erwirtschaften (Stenger/Loose/Knittel BewG § 9 Rn. 51). Dies sind zB Erfindungen, Patente, Warenzeichen usw (vgl. BFH BStBl. II 1970, 484). Der gemeine Wert wird durch Kapitalisierung der Zukunftserträge ermittelt (Stenger/Loose/Knittel BewG § 9 Rn. 52; zum Firmenwert → Rn. 47). Existieren keine Marktpreise für gleiche oder vergleichbare WG und scheidet die Ertragswertmethode aus, kommt die **Sachwertmethode** zur Anwendung (SächsFG EFG 2003, 25). Der gemeine Wert wird hierbei auf Grundlage der durchschnittlichen HK für vergleichbare WG ermittelt (Stenger/Loose/Knittel BewG § 9 Rn. 58). Die zu berücksichtigenden Kosten umfassen dabei idR die durchschnittlichen Material-, Fertigungs- und Verwaltungskosten. Zwischenzeitliche Preisänderungen der bei der Herstellung verwendeten Güter sind ebenso zu berücksichtigen wie der technische Fortschritt (Stenger/Loose/Knittel BewG § 9 Rn. 60). Unter **gewöhnlichen Geschäftsverkehr** iSd § 9 II 1 BewG ist der Handel nach marktwirtschaftlichen Grundsätzen mit identischen oder vergleichbaren WG zu verstehen (BFH BStBl. II 1981, 353). Maßgebend ist das Marktgeschehen an dem Ort, an dem eine Veräußerung des zu bewertenden WG wahrscheinlich ist. Befindet sich ein WG im Ausland, so ist das Marktgeschehen dort von Relevanz (Stenger/Loose/Knittel BewG § 9 Rn. 67). Bei Bar- oder Kreditgeschäften handelt es sich um Geschäfte im gewöhnlichen Geschäftsverkehr (BFH BStBl. III 1960, 492). Der Kauf bzw. Verkauf aus der Insolvenzmasse stellt keinen gewöhnlichen Geschäftsverkehr dar (FG Münster EFG 1999, 247). Es sind bei der Bewertung **alle Umstände zu berücksichtigen,** die den Preis des WG beeinflussen (§ 9 II 2 BewG). Solche können wirtschaftlicher oder tatsächlicher Art sein (Stenger/Loose/Knittel BewG § 9 Rn. 81). Als rechtliche Umstände kommen dingliche, idR aber nicht schuldrechtliche (vgl. Stenger/Loose/Knittel BewG 41

§ 9 Rn. 83) Beschränkungen in Betracht. Lärm- und Geruchsbelästigungen stellen tatsächliche Umstände dar.

42 Nach § 9 II 3 BewG sind **ungewöhnliche oder persönliche Verhältnisse** nicht zu berücksichtigen. Ein überhöhter Kaufpreis, der seinen Grund in spekulativen Erwägungen hat oder aber in unüblichen Zahlungsbedingungen, kann nicht als Vergleichsmaßstab herangezogen werden (Stenger/Loose/Knittel BewG § 9 Rn. 90; Haase/Hofacker/Steierberg Rn. 38). Ein Preis ist durch persönliche Umstände beeinflusst, wenn für seine Bemessung persönliche Umstände auf Seiten des Käufers oder Verkäufers zumindest mitentscheidend waren (Stenger/Loose/Knittel BewG § 9 Rn. 96). Nach § 9 III 1 BewG gelten als persönliche Verhältnisse auch Verfügungsbeschränkungen, die in der Person des Steuerpflichtigen oder seines Rechtsnachfolgers begründet sind.

43 Der gemeine Wert erfasst nicht die **USt** (Stenger/Loose/Knittel BewG § 9 Rn. 2; Haase/Hofacker/Steierberg Rn. 38). Im Gegensatz zum Begriff des TW geht der gemeine Wert nicht von der Fortführung des Betriebs durch den Erwerber aus (BFH BStBl. II 1990, 117; Haase/Hofacker/Steierberg Rn. 40). Der gemeine Wert umfasst auch einen Gewinnaufschlag auf die HK (Dötsch/Pung/Möhlenbrock/Dötsch § 11 Rn. 25; vgl. BT-Drs. 16/2710, 45). Synergie- und Konzerneffekte sind bei der Ermittlung des gemeinen Wertes eines WG nicht zu berücksichtigen (Dötsch/Pung/Möhlenbrock/Dötsch § 11 Rn. 27; Rödder/Herlinghaus/van Lishaut/Rödder § 11 Rn. 160; Rödder/Schumacher DStR 2006, 1481).

44 Die FVerw geht zutr. davon aus, dass die **Ermittlung des gemeinen Wertes** des übergehenden aktiven und passiven Vermögens (im Grundsatz) als **Sachgesamtheit** erfolgen muss (BMF 11.11.2011, BStBl. I 2011, 1314 Rn. 03.07 ebenso Dötsch/Pung/Möhlenbrock/Möhlenbrock/Pung Rn. 29; Haritz/Menner/Bilitewski/Mertgen Rn. 93; Frotscher/Drüen/Schnitter Rn. 95; Rödder/Herlinghaus/van Lishaut/Rödder § 11 Rn. 169; HK-UmwStG/Bron Rn. 89; Lademann/Staats Rn. 103; vgl. auch Widmann/Mayer/Martini Rn. 217 ff.). Gem. § 3 I ist nämlich in der stl. Schlussbilanz auch ein **selbst geschaffener Firmenwert** mit dem gemeinen Wert anzusetzen. Diesem fehlt es jedoch grds. an der Einzelveräußerbarkeit. Der Firmenwert ist der Mehrwert, der einem gewerblichen Unternehmen über den Substanzwert der einzelnen materiellen und immateriellen WG abzgl. Schulden innewohnt (vgl. BFH BStBl. II 1996, 576; BStBl. II 2001, 477). Er ist den Grunde und der Höhe nach durch die Gewinnaussichten bestimmt, die, losgelöst von der Person des Unternehmers, auf Grund besonderer, dem Unternehmen zukommenden Vorteile (zB Ruf, Kundenkreis usw) höher oder gesicherter erscheinen als bei einem anderen Unternehmen mit sonst vergleichbaren WG. Der Firmenwert ist damit an den Betrieb gebunden und kann nicht ohne diesen veräußert werden (BFH BStBl. II 1994, 903; DStR 1998, 887). Ein Einzelveräußerungspreis bezogen auf den Geschäfts-/Firmenwert existiert damit nicht. Der Ansatz eines Firmenwerts in der stl. Schlussbilanz des übertragenden Rechtsträgers setzt damit voraus, dass es zu einer Bewertung der Sachgesamtheit in Form des übertragenen Betriebes kommen muss (ebenso Rödder/Herlinghaus/van Lishaut/Birkemeier Rn. 103; Desens GmbHR 2007, 1202).

45 § 109 II 2 BewG verweist umfassend auf § 11 II 2 BewG, woraus sich die Rangfolge der Bewertung ergibt (aA Brandis/Heuermann/Klingberg Rn. 20). Der **gemeine Wert der Sachgesamtheit** ist zunächst aus Verkäufen abzuleiten. Dies dürfte in der Praxis nur möglich sein, wenn kurz vor der Verschm das Unternehmen, sei es auch mittelbar über den Kauf der Anteile an dem übertragenen Rechtsträger, entgeltlich von einem Dritten erworben wurde (Brandis/Heuermann/Klingberg Rn. 20; BeckOK UmwStG/Kaiser/Moeller-Gosogen Rn. 108).

46 Liegen solche Verkäufe nicht vor, kann anhand eines allg. anerkannten Ertrags- oder Zahlungsstrom orientierten Verfahrens die entsprechende Ermittlung des Wertes erfolgen, welches ein gedachter Erwerber des Betriebs der übertragenden Körper-

Wertansätze in der stl. Schlussbilanz 46a, 47 **§ 3 UmwStG D**

schaft bei der Bemessung des Kaufpreises zu Grunde legen würde (BMF 11.11.2011, BStBl. I 2011, 1314 Rn. 03.07; 93; Dötsch/Pung/Möhlenbrock/Dötsch/Stimpel § 11 Rn. 32; Frotscher/Drüen/Schnitter Rn. 95 f.; Rödder/Herlinghaus/van Lishaut/Birkemeier Rn. 112; Haritz/Menner/Brinkhaus/Grabbe Rn. 93; Bogenschütz Ubg 2011, 393; Stadler/Elser/Bindl DB-Beil. 1/2012, 14). Diese Sichtweise entspricht § 109 I 2 BewG iVm § 11 II BewG. Gem. § 11 II 4 BewG kommt auch das vereinfachte Ertragswertverfahren iSd §§ 199–203 BewG zur Anwendung (BMF 11.11.2011, BStBl. I 2011, 1314 Rn. 03.07; 22.7.2011, BStBl. I 2011, 859; Dötsch/ Patt/Pung/Möhlenbrock/Pung/Möhlenbrock Rn. 13; Widmann/Mayer/Martini Rn. 261; Bogenschütz Ubg 2011, 393; Neu/Schiffers/Watermeyer GmbHR 2011, 729; krit. Rödder/Rogall Ubg 2011, 753). Die FVerw akzeptiert das vereinfachte Ertragswertverfahren jedoch nicht bei komplexen Konzernstrukturen (gemeinsamer Ländererlass vom 17.5.2011, BStBl. I 2011, 606; krit. Widmann/Mayer/Martini Rn. 264). Zum genauen Wert einer nicht operativ tätigen Holding vgl. HessFG BeckRS 2021, 41459.

Der Substanzwert des übertragenen Vermögens gem. § 11 II 3 BewG darf nicht **46a** unterschritten werden (vgl. Bogenschütz Ubg 2011, 393; Rödder DStR 2011, 1089; Schumacher/Neitz-Hackstein Ubg 2011, 409; Drosdzol DStR 2011, 1258; Neu/ Schiffers/Watermeyer GmbHR 2011, 731; krit. zur Anwendung des IDW-Stellungnahme Ubg 2011, 549; zur Geltung der Liquidationswerte vgl. Bogenschütz Ubg 2011, 393; FG RhPf EFG 2013, 352). Die Bewertung erfolgt nach den **Verhältnissen zum stl. Übertragungsstichtag** (→ Rn. 37). Die Bewertung der übergehenden Sachgesamtheit mit dem gemeinen Wert erfolgt unabhängig davon, wie das übergehende Vermögen vor der Verschm steuerbilanziell bei übertragenden Rechtsträgern abgebildet war (→ Rn. 35 ff.).

Die FVerw geht davon aus, dass der gemeine Wert der Sachgesamtheit in analoger **47** Anwendung zu § 6 I Nr. 7 EStG im Verhältnis der TW der übergehenden WG auf die einzelnen WG zu verteilen ist (BMF 11.11.2011, BStBl. I 2011, 1314 Rn. 03.09; ebenso Dötsch/Pung/Möhlenbrock/Pung/Möhlenbrock Rn. 13). Richtig ist es aber, eine **Verteilung des Wertes der Sachgesamtheit** im Verhältnis der gemeinen Werte der übergehenden WG vorzunehmen, da der gemeine Wert der nach § 3 I entscheidende Wert ist (→ Rn. 30; ebenso iE Widmann/Mayer/Martini Rn. 281). Soweit stille Reserven in dem übertragenen aktiven Vermögen vorhanden sind, kommt es damit zu einer Aufdeckung der stillen Reserven. Dies gilt auch für originäre immaterielle WG, insbes. eines Firmenwerts. Zur Berücksichtigung stiller Lasten → Rn. 35 ff. Der Bewertungsvorbehalt für Pensionsrückstellungen, nämlich diese höchstens mit dem TW nach **§ 6a EStG** anzusetzen, ist nach Auffassung der FVerw in jedem Fall zu berücksichtigen (BMF 11.11.2011, BStBl. I 2011, 1314 Rn. 03.07), was bedeuten soll, dass ein tatsächlich höherer gemeiner Wert der Pensionsverpflichtungen stl. nicht den gemeinen Wert des Unternehmens iSv § 3 I mindern soll (BMF 11.11.2011, BStBl. I 2011, 1314 Rn. 03.08; aA Schaflitzl/Widmayer BB Special 8/2006, 36; Ley/Bodden FR 2007, 265). Diese Auffassung der FVerw führt zu einer Übermaßbesteuerung (Rödder DStR 2011, 1059; Frotscher/Drüen/ Schnitter Rn. 103) und ist mit den ansonsten von der FVerw anzuwendenden anerkannten ertragswert- oder zahlungsorientierten Verfahren, welche ein gedachter Erwerber des Betriebs der übertragenden Körperschaft bei der Bemessung des Kaufpreises zu Grunde legen würde, nicht in Übereinstimmung zu bringen, da bei diesen Bewertungsmethoden der im Vergleich zum TW einer Pensionsrückstellung iSd § 6a EStG höhere, tatsächlich gemeine Wert der Pensionsverpflichtung berücksichtigt würde. Geht man mit der hM in der Lit. davon aus, dass die sich aus den Bilanzierungsverboten des § 5 EStG ergebenden stillen Lasten beim Firmenwert zu berücksichtigen sind (→ Rn. 35), käme es insoweit nicht zu einer Passivierung der stillen Lasten, vielmehr finden diese ihren Niederschlag in einem geringeren Firmenwert. Offen ist, wie die Rspr. des BFH im Regelungsbereich des § 3 die stillen Lasten in Bezug auf die Pensionsverpflichtungen beurteilt, da das Gesetz ausdrücklich bestimmt, dass Pensionsverpflichtungen höchstens mit dem TW nach § 6a EStG anzusetzen sind (vgl. Widmann/Mayer/Schießl § 11 Rn. 14.24).

48 Ist der gemeine Wert der Sachgesamtheit niedriger als die Summe der BW des übertragenen Vermögens, scheidet nach Auffassung der FVerw ein Ansatz zum BW aus (BMF 11.11.2011, BStBl. I 2011, 1314 Rn. 03.12; ebenso Dötsch/Pung/Möhlenbrock/Möhlenbrock/Pung Rn. 47; Rödder/Herlinghaus/van Lishaut/Rödder § 11 Rn. 184; aA Schumacher/Neitz-Hackstein Ubg 2011, 409: BW ist die Untergrenze für den Wertansatz; zum Grundsatz der Einzelbeurteilung; vgl. auch Zimmermann Ubg 2018, 17; → Rn. 38). Eine Abstockung der übergehenden WG scheidet insoweit aus, als deren BW dem gemeinen Wert entspricht. Wegen der Nichtgeltung der stl. Ansatzverbote des § 5 EStG müssen nach bisheriger Auffassung der FVerw die insoweit bestehenden stillen Lasten passiviert werden (BMF 11.11.2011, BStBl. I 2011, 1314 Rn. 03.06). Dadurch kann ein **„negativer Firmenwert"** entstehen (Rödder/Herlinghaus/van Lishaut/Rödder § 11 Rn. 180), und zwar in Form eines negativen Ausgleichspostens (ebenso Dötsch/Pung/Möhlenbrock/Möhlenbrock/Pung Rn. 44; Brandis/Heuermann/Klingberg Rn. 21; vgl. auch BFH BStBl. II 2016, 913); Gleiches kann vorkommen, wenn man mit der hM in der Lit. davon ausgeht, dass stille Lasten unmittelbar beim Firmenwert zu berücksichtigen sind bzw. insoweit der Rspr. folgend (→ Rn. 36) eine ungewisse Verbindlichkeit zu passivieren ist (vgl. zum negativen Ausgleichsposten BFH DStR 2006, 1113; SchlHFG EFG 2004, 1324 (1315); Lemaitre/Schönherr GmbHR 2007, 173; Desens GmbHR 2007, 1202; Dötsch/Patt/Pung/Möhlenbrock/Dötsch § 11 Rn. 31). Der passive Ausgleichsposten ist gem. § 4 I vom übernehmenden Rechtsträger fortzuführen. Nicht abschl. geklärt ist, ob dieser Ausgleichsposten entsprechend § 7 I 3 EStG (Schmidt/Weber-Grellet EStG § 5 Rn. 226; vgl. auch Möhrle DStR 1999, 1414) oder aber erst bei Veräußerung oder Aufgabe des Betriebes gewinnerhöhend aufzulösen ist (Dötsch/Pung/Möhlenbrock/Dötsch/Stimpel § 11 Rn. 36; vgl. auch Preißer DStR 2011, 133; Roser/Haupt GmbHR 2007, 78; FG Düsseldorf DStR 2011, 112). Im Zusammenhang mit § 20 UmwStG geht der BFH (BStBl. II 2016, 913) von einer Abstockung der BW aus.

49 Beim Ansatz mit dem gemeinen Wert sind **steuerfreie Rücklagen** aufzulösen (BMF 11.11.2011, BStBl. I 2011, 1314 Rn. 03.04; Dötsch/Pung/Möhlenbrock/Möhlenbrock/Pung Rn. 151; Rödder/Herlinghaus/van Lishaut/Birkemeier Rn. 151; Brandis/Heuermann/Klingberg Rn. 21).

50 Gehört zum übergehenden Vermögen ein **Mitunternehmeranteil** und wird durch die übertragende Körperschaft der gemeine Wert in der stl. Schlussbilanz angesetzt, so kommt es auch zu einem entsprechenden Wertansatz bei der Mitunternehmerschaft durch Bildung einer entsprechenden Ergänzungsbilanz (Widmann/Mayer/Martini Rn. 353). Der Mitunternehmerschaft steht dann kein eigenständiges Wahlrecht mehr zu (Widmann/Mayer/Martini Rn. 735; Dötsch/Pung/Möhlenbrock/Möhlenbrock/Pung Rn. 73, 142; Rödder/Herlinghaus/van Lishaut/Birkemeier Rn. 142, „Mitunternehmeranteil"; Lademann/Staats Rn. 96; aA Haase/Hofacker/Steierberg Rn. 34), so wohl auch die FVerw, vgl. BMF 11.11.2011, BStBl. I 2011, 1314 Rn. 03.27; vgl. aber auch BFH BStBl. II 2004, 804. Gehört zum übergehenden Vermögen ein Mitunternehmeranteil an einer Mitunternehmerschaft, die ihrerseits an einer Mitunternehmerschaft beteiligt ist **(doppelstöckige PersGes)**, so sind, soweit stille Reserven in der UnterGes vorhanden sind, entsprechende Aufstockungen auch bezogen auf das Vermögen bei der UnterGes vorzunehmen (vgl. zur steuerbilanziellen Abbildung Mische BB 2010, 2945). Der gemeine Wert entspricht bei **börsennotierten Wertpapieren** nach § 11 I BewG dem Kurswert, Paketzuschläge sind gem. § 11 III BewG zu berücksichtigen (BMF 17.5.2011, BStBl. I 2011, 606). Anteile an KapGes sind im Übrigen für ertragstl. Zwecke mit dem gemeinen Wert anzusetzen, der sich auch aus Verkäufen ableiten lässt, die weniger als ein Jahr zurückliegen (Vergleichswertmethode, → Rn. 40). Liegen solche Verkäufe nicht vor, kommt das Ertragswertverfahren oder eine andere anerkannte Methode zur Anwendung (§ 11 II 2 BewG; BMF 17.5.2011, BStBl. I 2011, 606). Zum Problem der Einzelbewertung einer Beteiligung, wenn sie Teil eines Betriebs des übertragenden Rechtsträgers ist, → Rn. 38a.

WG, die nicht auf die übernehmende PersGes übergehen (zB eigene Anteile des 51 übertragenden Rechtsträgers → Rn. 121), werden in der stl. Schlussbilanz nicht angesetzt, sondern eine logische Sekunde vor der Verschm beim übertragenden Rechtsträger erfolgsneutral ausgebucht; der daraus resultierende buchmäßige Verlust ist außerbilanziell zu korrigieren (BeckOK UmwStG/Kaiser/Möller-Gosoge Rn. 110).

9. Ansatz der übergehenden Wirtschaftsgüter mit dem Buchwert

Ein **Buchwertansatz** der übergehenden WG ist gem. Abs. 2 S. 1 auf Antrag 52 (→ Rn. 65 ff.) zulässig, soweit (Abs. 2 S. 1 Nr. 1) sie BV der übernehmenden PersGes oder natürlichen Person werden und sichergestellt ist, dass sie später der Besteuerung mit ESt oder KSt unterliegen, (Abs. 2 S. 1 Nr. 2) das Recht der BRD hinsichtlich der Besteuerung des Gewinns aus der Veräußerung der übertragenen WG bei den Gesellschaftern der übernehmenden PersGes oder bei der natürlichen Person nicht ausgeschlossen oder beschränkt wird und (Abs. 2 S. 1 Nr. 3) eine Gegenleistung nicht gewährt wird oder in Gesellschaftsrechten besteht. BW ist nach § 1 V Nr. 4 der Wert, der sich nach den stl. Vorschriften über die Gewinnermittlung in einer für den stl. Übertragungsstichtag aufzustellenden StB ergibt oder ergäbe. Unterscheiden sich die BW im Hinblick auf die KSt und die GewSt, sind diese unterschiedlichen BW fortzuführen (Rödder/Herlinghaus/van Lishaut/Birkemeier Rn. 240). Zu den angesprochenen stl. Gewinnermittlungsvorschriften gehören insbes. die § 5 II–VI EStG, § 7 EStG; § 4f EStG findet keine Anwendung (→ Rn. 32). Maßgeblich ist insoweit nicht die vom übertragenden Rechtsträger vorgenommene tatsächliche Bilanzierung, sondern die in seiner Person nach den genannten stl. Gewinnermittlungsvorschriften zulässige Bilanzierung. Die dt. Gewinnermittlungsvorschriften gelten auch für **ausl. Rechtsträger**, selbst wenn sie keine Betriebsstätte in Deutschland haben, sie aber verpflichtet sind, eine stl. Schlussbilanz zu erstellen (→ Rn. 22; Rödder/Herlinghaus/van Lishaut/Birkemeier Rn. 242; Brandis/Heuermann/Klingberg Rn. 33; HK-UmwStG/Bron Rn. 136; Dötsch/Pung/Möhlenbrock/Möhlenbrock/Pung Rn. 126). Dies führt in der Praxis zu erheblichen Problemen, insbes. wenn der übertragende Rechtsträger bereits längere Zeit besteht (Brandis/Heuermann/Klingberg Rn. 33). Im BMF-Schr. v. 11.11.2011 (BStBl. I 2011, 1314) wurden insoweit eigentlich notwendige Vereinfachungsregelungen nicht vorgesehen. Der Grundsatz der Maßgeblichkeit der HB für die StB gilt nicht (BMF 11.11.2011, BStBl. I 2011, 1314 Rn. 03.10; → Rn. 26).

Liegen zum stl. Übertragungsstichtag die Voraussetzungen einer **Teilwertab-** 53 **schreibung** bei einzelnen übergehenden WG vor, so können diese WG mit dem TW angesetzt werden (Rödder/Herlinghaus/van Lishaut/Birkemeier Rn. 243).

Nach Auffassung der FVerw gelten die stl. Ansatzverbote und Ansatzbeschränkun- 54 gen für die stl. Schlussbilanz, wenn bzw. soweit die BW fortgeführt werden (BMF 11.11.2011, BStBl. I 2011, 1314 Rn. 03.06). Ist der gemeine Wert der Sachgesamtheit geringer als die Summe der BW der übergehenden WG, ist der Ansatz zum BW ausgeschlossen (BMF 11.11.2011, BStBl. I 2011, 1314 Rn. 03.12; ebenso Dötsch/Pung/Möhlenbrock/Möhlenbrock/Pung Rn. 47, 126; Bogenschütz Ubg 2011, 393; Rödder/Herlinghaus/van Lishaut/Rödder § 11 Rn. 184; HK-UmwStG/Bron Rn. 139; aA Schumacher/Neitz-Hackstein Ubg 2011, 409; Haritz/Menner/Bilitewski/Mertgen Rn. 134; vgl. auch BFH DStR 2014, 2120; zum

Grundsatz der Einzelbeurteilung → Rn. 38; in der stl. Schlussbilanz sind dann stille Lasten zu berücksichtigen (→ Rn. 36 ff.).

55 Ändern sich die Ansätze in der stl. Schlussbilanz des übertragenden Rechtsträgers, so löst dies eine Folgeänderung beim übernehmenden Rechtsträger aus (BFH BStBl. II 2015, 759). Zur Rechtsbehelfsbefugnis → Rn. 74.

56 Gehört zum übergehenden Vermögen ein **Mitunternehmeranteil** und wird durch die übertragende Körperschaft der BW in der stl. Schlussbilanz angesetzt, so kommt es auch zu einem entsprechenden Wertansatz bei der Mitunternehmerschaft. Der Mitunternehmerschaft steht dann kein eigenständiges Wahlrecht mehr zu (Widmann/Mayer/Martini Rn. 736, Frotscher/Drüen/Junior Rn. 17; Rödder/Herlinghaus/van Lishaut/Birkemeier Rn. 142 „Mitunternehmeranteil", so wohl auch BMF 11.11.2011, BStBl. I 2011, 1314 Rn. 03.27; vgl. aber auch BFH BStBl. II 2004, 804; Haase/Hofacker/Steierberg Rn. 34). Entsprechendes gilt, wenn zum übergehenden Vermögen ein Mitunternehmeranteil an einer Mitunternehmerschaft gehört, die ihrerseits an einer Mitunternehmerschaft beteiligt ist **(doppelstöckige PersGes)**. Zum stl. BW eines Mitunternehmeranteils gehören auch eine etwaig bestehende Ergänzungsbilanz sowie eine Sonderbilanz (BMF 11.11.2011, BStBl. I 2011, 1314 Rn. 03.10).

57 Soweit die Voraussetzungen des Abs. 2 S. 1 vorliegen und der Antrag auf Buchwertfortführung gestellt wird, muss der Ansatz mit dem BW **einheitlich** erfolgen (BMF 11.11.2011, BStBl. I 2011, 1314 Rn. 03.13). Es ist nicht zulässig, dass ein WG „überbewertet", ein anderes dagegen „unterbewertet" wird und im Saldo damit der bisherige BW wieder erreicht wird (Saldierungsverbot; Widmann/Mayer/Martini Rn. 719; Dötsch/Pung/Möhlenbrock/Möhlenbrock/Pung Rn. 128; Rödder/Herlinghaus/van Lishaut/Birkemeier Rn. 251; Haritz/Menner/Bilitewski/Mertgen Rn. 135; Klingebiel Der Konzern 2006, 600). Da die Voraussetzungen des Abs. 2 grds. (aber → Rn. 75 ff., → § 8 Rn. 10) betr. Betriebsvermögeneigenschaft iSv § 3 II 1 Nr. 1 gesellschafterbezogen zu prüfen sind (→ Rn. 80, (→ Rn. 84; BMF 11.11.2011, BStBl. I 2011, 1314 Rn. 03.11; Rödder/Herlinghaus/van Lishaut/Birkemeier Rn. 157; Haritz/Menner/Bilitewski/Mertgen Rn. 136; Schaflitzl/Widmayer BB Special 8/2006, 40; Damas DStZ 2007, 129), kann es zu einem gesellschafterbezogenen Ansatz mit dem gemeinen Wert kommen, soweit die Besteuerung der stillen Reserven bei einem Gesellschafter nicht sichergestellt ist, bei anderen Gesellschaftern aber zum Ansatz mit dem anteiligen BW kommt; Letzterer ist dann einheitlich und gesellschafterbezogen bei allen WG vorzunehmen, soweit die Voraussetzungen des Abs. 2 vorliegen. Dies gilt auch für in Deutschland nicht steuerverstricktes Vermögen, wenn insoweit die Voraussetzungen des Abs. 2 S. 1 vorliegen.

10. Ansatz mit Zwischenwerten

58 Alt. und unter denselben Voraussetzungen wie der Buchwertansatz (→ Rn. 52) können auf Antrag auch ZW in der stl. Schlussbilanz angesetzt werden. Soweit die Voraussetzungen des Abs. 2 S. 1 vorliegen, muss bzgl. der einzelnen WG des übergehenden Vermögens das Antragswahlrecht einheitlich ausgeübt werden (BMF 11.11.2011, BStBl. I 2011, 1314 Rn. 03.25; Haritz/Menner/Bilitewski/Mertgen Rn. 139; Dötsch/Pung/Möhlenbrock/Möhlenbrock/Pung Rn. 128; Rödder/Herlinghaus/van Lishaut/Birkemeier Rn. 248). Es ist nicht zulässig, einige WG mit dem BW, andere mit dem gemeinen Wert, wieder andere mit ZW anzusetzen; eine zeitlich vorherige „selektive" Höherbewertung im Rahmen einer **Wertaufholung** ist jedoch möglich (→ Rn. 67). Die Voraussetzungen des Abs. 2 S. 1 sind jedoch gesellschafterbezogen zu prüfen (→ Rn. 57; BMF 11.11.2011, BStBl. I 2011, 1314 Rn. 03.26 iVm 03.13; zur Betriebsvermögenseigenschaft iSv § 3 I 1 Nr. 1 → Rn. 75 ff., → § 8 Rn. 10), sodass bspw., weil die Besteuerung der stillen Reserven bei einigen Gesellschaftern nicht sichergestellt ist, es insoweit zu einem anteiligen

Ansatz mit dem gemeinen Wert kommt, iÜ aber das Antragswahlrecht dahingehend ausgeübt wird, dass ZW angesetzt werden sollen. Dies gilt auch für in Deutschland nicht steuerverstricktes Vermögen, wenn insoweit die Voraussetzungen des Abs. 2 S. 1 vorliegen. Auch beim Zwischenwertansatz ist ein Geschäfts- oder Firmenwert gleichmäßig und verhältnismäßig aufzustocken. Die stillen Reserven sind nicht vorrangig bei den materiellen WG aufzustocken, sondern gleichmäßig auf alle WG, einschl. eines Geschäfts- oder Firmenwertes aufzuteilen (→ § 11 Rn. 59; BMF 11.11.2011, BStBl. I 2011, 1314 Rn. 03.25, 5.03; Dötsch/Pung/Möhlenbrock/Möhlenbrock/Pung Rn. 128; Rödder/Herlinghaus/van Lishaut/Birkemeier Rn. 127; Frotscher/Drüen/Schnitter Rn. 126 f.; Haritz/Menner/Brinkhaus/Grabbe Rn. 249; HK-UmwStG/Bron Rn. 146; NK-UmwR/Große Honebrink Rn. 32; Brandis/Heuermann/Klingberg Rn. 36; BeckOK UmwStG/Kaiser/Möller-Gosoge Rn. 179; aA Bodden FR 2007, 6; IDW Ubg 2011, 549).

Stille Lasten sind verhältnismäßig zu berücksichtigen (→ Rn. 35 f.). **59**

Gehört zum BV der übertragenden Körperschaft auch ein **Mitunternehmeranteil**, so sind beim Zwischenwertansatz auch die stillen Reserven in diesem Mitunternehmeranteil, dh in den WG der PersGes, an der die übertragende Körperschaft beteiligt ist, in einer Ergänzungsbilanz (→ Rn. 50) in demselben Verhältnis aufzudecken wie die stillen Reserven iÜ Vermögen der Übertragerin (Widmann/Mayer/Martini Rn. 726). Die PersGes ist an die Wahlrechtsausübung der übertragenden Körperschaft gebunden. **60**

Soweit ein Antrag auf Zwischenwertansatz vorgenommen wird und die Voraussetzungen des Abs. 2 S. 1 vorliegen, sind die BW **gleichmäßig und verhältnismäßig aufzustocken;** eine gezielte unterschiedliche Aufstockung dahin, dass bspw. schnell abschreibbare WG mit einem höheren Aufstockungsbetrag versehen werden als nur auf lange Sicht oder gar nicht abschreibbare WG, ist nicht zulässig (BMF 11.11.2011, BStBl. I 2011, 1314 Rn. 03.25, 5.03; Widmann/Mayer/Martini Rn. 719; Dötsch/Pung/Möhlenbrock/Möhlenbrock/Pung Rn. 128; Frotscher/Drüen/Schnitter Rn. 126; Brandis/Heuermann/Klingberg Rn. 35; Haritz/Menner/Bilitewski/Mertgen Rn. 139; BeckOK UmwStG/Kaiser/Möller-Gosoge Rn. 179; aA Haritz/Slabon FR 1997, 108). Entsprechendes gilt, soweit sich die BW im Hinblick auf die KSt und GewSt unterscheiden. **61**

Um gleichmäßig aufstocken zu können, müssen die stillen Reserven der Sachgesamtheit und danach die Höhe der stillen Reserven in jedem einzelnen WG festgestellt werden, wobei Wertmaßstab der gemeine Wert ist (Haritz/Menner/Brinkhaus/Grabbe Rn. 139). Originäre immaterielle WG sind dabei zu berücksichtigen, ebenso stille Lasten (→ Rn. 59). **62**

Um zu einer gleichmäßigen Aufstockung zu kommen, müssen die stillen Reserven in den einzelnen WG gleichmäßig um den Prozentsatz aufgelöst werden, der dem Verhältnis des Aufstockungsbetrags zum Gesamtbetrag der vorhandenen stillen Reserven des übergehenden Vermögens einschließl. der stillen Reserven in den originären immateriellen WG und den steuerfreien Rücklagen entspricht (Rödder/Herlinghaus/van Lishaut/Birkemeier Rn. 248; Widmann/Mayer/Widmann Rn. 442 f.). **63**

Beispiel:

Die stl. BW des BV der übertragenden Körperschaft betragen insges. 250.000 Euro, der gemeine Wert 500.000 Euro. Die stillen Reserven iHv insges. 250.000 Euro sind mit 50.000 Euro bei Grund und Boden, 100.000 Euro bei Gebäuden, 50.000 Euro bei Maschinen und 50.000 Euro bei den Vorräten enthalten. Der Aufstockungsbetrag soll 100.000 Euro betragen, er steht damit zum Gesamtbetrag der vorhandenen stillen Reserven im Verhältnis von 40 : 100, die stillen Reserven sind damit um 40% aufzustocken. Die Aufteilung lautet im Beispielsfall also: Aufstockungen bei Grund und Boden um 20.000 Euro, bei Gebäuden um 40.000 Euro, **64** bei Maschinen und Warenbeständen um je 20.000 Euro. Die stl. BW sind bei der übernehmenden PersGes danach mit 350.000 Euro anzusetzen.

11. Ausübung des Antragswahlrechts; Bilanzberichtigung

65 **a) Grundsätzliches.** Auf Antrag können bei Vorliegen der Voraussetzungen des Abs. 2 S. 1 die übergehenden WG mit dem BW oder einem ZW angesetzt werden. Der Antrag hat keine Wirkung, soweit WG aufgrund zwingender Vorschriften mit dem gemeinen Wert anzusetzen sind (Widmann/Mayer/Martini Rn. 789; Haritz/Menner/Bilitewski/Mertgen Rn. 103; Haase/Hofacker/Steierberg Rn. 67). Der Antrag ist grds. von der übertragenden Körperschaft zu stellen bzw. von der übernehmenden Körperschaft als deren Gesamtrechtsnachfolgerin (BMF 11.11.2011, BStBl. I 2011, 1314 Rn. 03.28; Dötsch/Pung/Möhlenbrock/Möhlenbrock/Pung Rn. 63; Rödder/Herlinghaus/van Lishaut/Birkemeier Rn. 271, 273; HK-UmwStG/Bron Rn. 152; Widmann/Mayer/Martini Rn. 770; vgl. auch BFH/NV 2016, 41). Maßgebend ist allein der rechtzeitig gestellte oder aber der nicht gestellte Antrag, auf eine etwaige Bilanzierung kommt es nicht an (Frotscher/Drüen/Schnitter Rn. 111), ebenso nicht auf die Vorlage einer stl. Schlussbilanz (str., → Rn. 25). Setzt der übertragende Rechtsträger die WG unter dem gemeinen Wert an, obwohl ein Antrag nicht gestellt wurde, ist der Ansatz unrichtig. Ob der gestellte Antrag vertraglichen Vereinbarungen widerspricht, ist für seine Wirksamkeit ohne Bedeutung (BFH/NV 2016, 41; Dötsch/Pung/Möhlenbrock/Möhlenbrock/Pung Rn. 61; Rödder/Herlinghaus/van Lishaut/Birkemeier Rn. 270; Schmitt/Schloßmacher DB 2010, 522; vgl. auch Koch BB 2011, 1067); eine in dem Verschmelzungsvertrag aufgenommene Vereinbarung, die BW fortzuführen, stellt keinen Antrag iSv Abs. 2 S. 1 dar (Rödder/Herlinghaus/van Lishaut/Birkemeier Rn. 265; Dötsch/Pung/Möhlenbrock/Möhlenbrock/Pung Rn. 61; vgl. aber FG NS EFG 2023, 440; FG NS 22.12.2022 – 7 K 105/18, BeckRS 2022, 46453). Ein vereinbarungswidrig gestellter Antrag kann jedoch zu Schadenersatzansprüchen führen. Wird kein Antrag gestellt, so ist das Vermögen in der stl. Schlussbilanz zwingend mit dem gemeinen Wert anzusetzen.

66 Soweit die Voraussetzungen des Abs. 2 vorliegen, kann das Antragsrecht nur einheitlich für die übergehenden WG ausgeübt werden (→ Rn. 57; BMF 11.11.2011, BStBl. I 2011, 1314; Rödder/Herlinghaus/van Lishaut/Birkemeier Rn. 259; Dötsch/Pung/Möhlenbrock/Möhlenbrock/Pung Rn. 66; PWC, Reform des UmwStR/Benecke, 2007, 155; zum Problem der Verstrickung → § 4 Rn. 27). Soweit das Antragswahlrecht eröffnet ist, ist weder eine selektive Aufstockung einzelner WG noch eine unterschiedliche Wahlrechtsausübung bzgl. unterschiedlicher Anteilseigner möglich. Bezogen auf das übergehende Vermögen muss der Ansatz des Buch-, Zwischen- oder gemeinen Werts für das im In- und Ausland gelegene Vermögen gleichermaßen erfolgen, unabhängig davon, ob die WG vor der Verschm im Inland steuerverstrickt waren (Widmann/Mayer/Martini Rn. 730; Rödder/Herlinghaus/van Lishaut/Birkemeier Rn. 253).

67 Liegen zum Umwandlungsstichtag die Voraussetzungen einer **Teilwertabschreibung** bei einzelnen übergehenden WG vor, so können diese WG in der stl. Schlussbilanz mit dem TW angesetzt werden. In der stl. Schlussbilanz sind zudem evtl. Wertaufholungen iSv § 6 I 1 Nr. 1 S. 4, Nr. 2 S. 2 f. EStG vorzunehmen. Die Teilwertabschreibung und Wertaufholung sind eine logische Sekunde vor der anteiligen Aufstockung der stillen Reserven vorzunehmen.

68 **b) Frist für den Antrag.** Der Antrag ist spätestens bis zur erstmaligen Abgabe der stl. Schlussbilanz zu stellen (Abs. 2 S. 2). Eine spätere Antragstellung ist nicht wirksam möglich, jedoch eine solche bereits vor Abgabe der stl. Schlussbilanz (Rödder/Herlinghaus/van Lishaut/Birkemeier Rn. 255). Eine Antragstellung zusammen mit der Abgabe der stl. Schlussbilanz ist aber nach der Gesetzesbegründung ausrei-

chend (BT-Drs. 16/2710, 37; allgM vgl. nur BMF 11.11.2011, BStBl. I 2011, 1314 Rn. 03.28; Frotscher/Drüen/Schnitter Rn. 116; Widmann/Mayer/Martini Rn. 776). Der Antrag muss damit spätestens erfolgen, wenn die stl. Schlussbilanz des übertragenden Rechtsträgers so in den Bereich des zuständigen FA gelangt, dass es unter normalen Umständen die Möglichkeit hat, davon Kenntnis zu erlangen. Die Ausübung des Wahlrechts löst keine besonderen Dokumentations- und Aufzeichnungspflichten aus; § 5 I 2, 3 EStG sind nicht anzuwenden (BMF 13.2.2011, BStBl. I 2011, 339 Rn. 19; Dötsch/Pung/Möhlenbrock/Pung/Möhlenbrock Rn. 69). Wird keine stl. Schlussbilanz abgegeben, kann der Antrag bis zum Schluss der letzten mündlichen Verhandlung beim FG gestellt werden (Widmann/Mayer/Martini Rn. 777).

Die Frist für die Stellung des Antrags ist auch dann abgelaufen, wenn die stl. **69** Schlussbilanz unrichtige Ansätze enthält (Widmann/Mayer/Martini Rn. 775).

c) Form und Inhalt. Einer besonderen **Form** bedarf der Antrag nicht, er kann **70** auch mündlich oder konkludent zB durch Abgabe der Steuererklärung gestellt werden (allgM vgl. nur BMF 11.11.2011, BStBl. I 2011, 1314 Rn. 03.29; FG NS BeckRS 2022, 28321; FG BW EFG 2016, 1571; Dötsch/Pung/Möhlenbrock/ Möhlenbrock/Pung Rn. 60; Rödder/Herlinghaus/van Lishaut/Birkemeier Rn. 264; Haase/Hofacker/Steierberg Rn. 70; Frotscher/Drüen/Schnitter Rn. 119): Für die Auslegung des Antrags gelten die allg. zivilrechtlichen Grundsätze (Lademann/Staats Rn. 170; Dötsch/Pung/Möhlenbrock/Möhlenbrock/Pung Rn. 60). Nur beim ZW-Ansatz muss nach Meinung der FVerw ausdrücklich angegeben werden, in welcher Höhe oder zu welchem Prozentsatz die stillen Reserven aufzudecken sind (BMF 11.11.2011, BStBl. I 2011, 1314 Rn. 03.29). Ein unklarer Antrag gilt als nicht gestellt (Widmann/Mayer/Martini Rn. 764). Möglich ist es, die Antragstellung auf einen absoluten Betrag der stillen Reserven in der stl. Schlussbilanz zu beziehen oder bei Zwischenwertansatz einen Prozentsatz anzugeben (Rödder/Herlinghaus/van Lishaut/Birkemeier Rn. 264). Die Antragstellung ist **bedingungsfeindlich** (allgM vgl. nur BMF 11.11.2011, BStBl. I 2011, 1314 Rn. 03.29; Widmann/Mayer/Martini Rn. 766; Frotscher/Drüen/Schnitter Rn. 118; Brandis/ Heuermann/Klingberg Rn. 40; Lademann/Staats Rn. 169). Nicht möglich ist es, den Antrag an außerhalb des Verschmelzungsvorgangs liegende Umstände zu knüpfen; geschieht dies, so gilt der Antrag als nicht gestellt (Widmann/Mayer/Martini Rn. 766; Dötsch/Pung/Möhlenbrock/Möhlenbrock/Pung Rn. 62; Rödder/Herlinghaus/van Lishaut/Birkemeier Rn. 267). Ein Antrag, der den Ansatz der übergehenden WG von einem vorhandenen Verlustvortrag abhängig macht (bedingter Antrag), wäre damit nicht möglich (Dötsch/Pung/Möhlenbrock/Möhlenbrock/ Pung Rn. 62; Rödder/Herlinghaus/van Lishaut/Birkemeier Rn. 267; Brandis/ Heuermann/Klingberg Rn. 40; Widmann/Mayer/Martini Rn. 766), es käme damit zu einem Ansatz der WG mit dem gemeinen Wert.

d) Zuständiges Finanzamt. Der Antrag ist bei dem für die Ertragsbesteuerung **71** der übertragenden Körperschaft nach § 20 AO zuständigen FA zu stellen. Ist für die Besteuerung des übertragenden Rechtsträgers ein anderes FA zuständig als für den übernehmenden Rechtsträger, kommt es in Folge der Verschm zu einem Zuständigkeitswechsel nach § 26 I AO (Beermann/Gosch/Schmieszek AO § 26 Rn. 7; ebenso Frotscher/Drüen/Schnitter Rn. 114; Dötsch/Pung/Möhlenbrock/Möhlenbrock/ Pung Rn. 70; Haritz/Menner/Bilitewski/Mertgen Rn. 101; Rödder/Herlinghaus/ van Lishaut/Birkemeier Rn. 280; BMF 11.11.2011, BStBl. I 2011, 1314 Rn. 03.27), was bei der Antragstellung zu berücksichtigen ist; davon unberührt bleibt jedoch die Möglichkeit, dass das bisher für den übertragenden Rechtsträger zuständige FA nach § 26 S. 2 AO bzw. § 27 AO die Zuständigkeit behält. Ist die übertragende Körperschaft im Inland nicht stpfl., wird die Verschm aber dennoch von § 3 thematisch erfasst, ist das für die gesonderte und einheitliche Feststellung der Einkünfte der übernehmenden PersGes zuständige FA maßgebend (BMF 11.11.2011, BStBl. I 2011, 1314 Rn. 03.27; Rödder/Herlinghaus/van Lishaut/Birkemeier Rn. 284; vgl. auch Widmann/Mayer/Martini Rn. 786). Unterbleibt eine Feststellung der Einkünfte der übernehmenden PersGes, ist das FA zuständig, das nach §§ 19, 20 AO für die Besteuerung dieses Gesellschafters oder dieser natürlichen Person zuständig ist (BMF 11.11.2011, BStBl. I 2011, 1314 Rn. 03.27; Dötsch/Pung/Möhlenbrock/Möhlenbrock/Pung Rn. 71; Rödder/Herlinghaus/van Lishaut/Birkemeier Rn. 284; vgl. auch Widmann/Mayer/Martini Rn. 765). Dies ändert jedoch nichts daran, dass das Antragswahlrecht von der übertragenden Körperschaft bzw. übernehmenden PersGes und nicht von den Anteilseigner ausgeübt werden muss (auch → Rn. 25). Gehört zum übertragenen Vermögen auch ein Mitunternehmeranteil, hat dies keine Auswirkungen auf die Zuständigkeit des FA (BMF 11.11.2011, BStBl. I 2011, 1314 Rn. 03.27; Dötsch/Pung/Möhlenbrock/Möhlenbrock/Pung Rn. 142; Frotscher/Drüen/Schnitter Rn. 113).

72 **e) Keine Rücknahme.** Der einmal wirksam gestellte Antrag nach Abs. 2 kann weder **zurückgenommen** (BMF 11.11.2011, BStBl. I 2011, 1314 Rn. 03.29; FG BW EFG 2016, 1571; Lademann/Staats Rn. 168; Brandis/Heuermann/Klingberg Rn. 40) noch geändert, noch wegen Irrtums **angefochten** werden (Widmann/Mayer/Martini Rn. 765; vgl. auch Lademann/Staats Rn. 176). Dies gilt auch, wenn die stl. Schlussbilanz des übertragenden Rechtsträgers noch nicht beim zuständigen FA eingereicht wurde (wie hier Dötsch/Pung/Möhlenbrock/Möhlenbrock/Pung Rn. 65; Rödder/Herlinghaus/van Lishaut/Birkemeier Rn. 285; aA Haritz/Menner/Bilitewski/Mertgen Rn. 102; Frotscher/Drüen/Schnitter Rn. 117; HK-UmwStG/Bron Rn. 163). Geht man entgegen der hier vertretenen Meinung davon aus, dass eine Anfechtung möglich ist (vgl. FG Bln-Bbg EFG 2009, 1695; Gosch BFH-Pr 2008, 485; Koch BB 2010, 2619), ist zu beachten, dass dann die ursprüngliche Erklärung anfechtbar ist, sodass kein Antrag gestellt wurde. Wurde bereits vor der Anfechtungserklärung die stl. Schlussbilanz abgegeben, so hat dies zur Folge, dass es zu einem Ansatz der übergehenden WG mit dem gemeinen Wert kommt. Der Antrag kann auch nicht mit **Zustimmung des FA** geändert werden. Es handelt sich bei dem Antragserfordernis um ein steuerbegründendes Tb-Merkmal. Bereits mit der Antragstellung ist der Anspruch aus dem Steuerschuldverhältnis entstanden, der durch die Antragstellung verwirklichte Sachverhalt kann rückwirkend nicht mehr geändert werden (vgl. BFH DStRE 2005, 984; BFH/NV 2006, 1099; NK-UmwR/Große Honebrink Rn. 28; aA PWC, Reform des UmwStR/Benecke, 2007, 155, wonach der Antrag auch nach Abgabe der stl. Schlussbilanz geändert wird).

73 **f) Antragsberechtigung.** Das Wahlrecht wird durch die dafür nach Maßgabe des jew. anzuwendenden Rechts **zuständigen, dh vertretungsberechtigten Organe** des übertragenden Rechtsträgers ausgeübt (Widmann/Mayer/Martini Rn. 771; Dötsch/Pung/Möhlenbrock/Möhlenbrock/Pung Rn. 63; Rödder/Herlinghaus/van Lishaut/Birkemeier Rn. 271). Das sind bspw. der Vorstand bei der AG, der phG bei der KGaA, der Geschäftsführer bei der GmbH usw. Nach Eintragung der Verschm in das Register geht das Wahlrecht auf das bei der übernehmenden PersGes zuständige Organ bzw. die übernehmende natürliche Person über (Frotscher/Drüen/Schnitter Rn. 112; Widmann/Mayer/Martini Rn. 772; Dötsch/Pung/Möhlenbrock/Möhlenbrock/Pung Rn. 63; Rödder/Herlinghaus/van Lishaut/Birkemeier Rn. 273). Stellvertretung ist möglich (HK-UmwStG/Bron Rn. 154); zumindest eine zeitnahe Genehmigung der Stellvertretung dürfte mit Rückwirkung möglich sein.

74 **g) Bilanzberichtigung. Fehlerhafte Bilanzansätze** sind nach § 4 II 1 EStG zu berichtigen, und zwar bis zur Einreichung der Bilanz ohne Einschränkungen;

nach Einreichung muss der Fehler, der zu einer Steuerverkürzung führen kann, gem. § 153 AO bis zum Ablauf der Festsetzungsfrist richtiggestellt werden. Nach Ablauf der Festsetzungsfrist ist die Berichtigung ausgeschlossen (zu Einzelheiten vgl. Schmidt/Heinicke EStG § 4 Rn. 680 ff.). Auch im Rahmen von § 3 ist davon auszugehen, dass eine Bilanzberichtigung möglich ist, wenn die übertragende Körperschaft das Vermögen mit dem gemeinen Wert ansetzt und sich zB im Rahmen einer Außenprüfung ergibt, dass der gemeine Wert tatsächlich höher oder niedriger anzusetzen ist, als im Einzelfall geschehen (BMF 11.11.2011, BStBl. I 2011, 1314 Rn. 03.30; Dötsch/Pung/Möhlenbrock/Möhlenbrock/Pung Rn. 65; Lademann/ Staats Rn. 175; Rödder/Herlinghaus/van Lishaut/Birkemeier Rn. 291). Sondert sich der Ansatz der stl. Übertragungsbilanz nachträglich bzw. im Rahmen einer BP, ist die Übernahmebilanz der übernehmenden PersGes entsprechend zu ändern (Widmann/ Mayer/Martini Rn. 525). Weichen die Ansätze in der stl. Schlussbilanz von den durch wirksamen Antrag bestimmten Werten ab, sind sie entsprechend dem Antrag zu berichtigen (BMF 11.11.2011, BStBl. I 2011, 1314 Rn. 03.30; Dötsch/Pung/ Möhlenbrock/Möhlenbrock/Pung Rn. 65; Haritz/Menner/Brinkhaus/Grabbe Rn. 102; vgl. auch Koch BB 2011, 1067). Eine Änderung der Wahlrechtsausübung im Wege der Bilanzberichtigung ist damit nicht möglich. Der übernehmende Rechtsträger ist als Rechtsnachfolger des übertragenden Rechtsträgers **rechtsbehelfsbefugt** (Dötsch/Pung/Möhlenbrock/Möhlenbrock/Pung Rn. 129; auch Brühl/Weiss Ubg 2017, 629). Ist der übertragende Rechtsträger zB wegen einer „Nullfestsetzung" nicht beschwert, kann ggf. aber der übernehmende Rechtsträger beschwert sein und hat dann die Möglichkeit, seine Frage in dem seine eigene Steuerfestsetzung betreffenden Verfahren rechtlich klären zu lassen (BFH/NV 2016, 521).

Nach Auffassung der FVerw (BMF 11.11.2011, BStBl. I 2011, 1314 Rn. 03.30) soll bei einem **Zwischenwertansatz** der entsprechende Wertansatz nicht mehr über eine Bilanzberichtigung korrigiert werden können, sofern dieser Wert oberhalb des BW und unterhalb des gemeinen Wertes liegt. Dies ist nur richtig, soweit der Antrag auf Zwischenwertansatz sich auf einen bestimmten Betrag bezogen hat und dieser Betrag den stillen Reserven zumindest entspricht. Auch bei einem Antrag auf Zwischenwertansatz kann eine Bilanzberichtigung notwendig sein, wenn in dem Antrag ein Prozentsatz angegeben wurde, um den die stillen Reserven im übergehenden Vermögen aufgedeckt werden sollten, in Abweichung von der Bilanzierung in der stl. Schlussbilanz der Umfang der stillen Reserven sich aber später als unrichtig erweist (Rödder/Herlinghaus/van Lishaut/Birkemeier Rn. 293).

Beispiel:

Die X-GmbH soll auf die AB-OHG verschmolzen werden. Die X-GmbH verfügt über einen Verlustvortrag iHv 500.000 Euro. Vor diesem Hintergrund wird der Antrag auf Zwischenwertansatz gewählt, und zwar in der Form, dass 50% der stillen Reserven aufgedeckt werden sollen. Im Rahmen einer späteren Betriebsprüfung stellt sich heraus, dass die stillen Reserven im übertragenen Vermögen nicht 1 Mio. Euro betragen, wie ursprünglich angenommen, sondern 1,5 Mio. Euro. In diesem Fall muss nachträglich ein Zwischenwertansatz iHv 750.000 Euro angenommen werden, eine Bilanzberichtigung ist vorzunehmen, es entsteht rückwirkend ein stpfl. Übertragungsgewinn iHv 250.000 Euro.

12. Das übertragene Vermögen wird Betriebsvermögen und Sicherstellung der späteren Besteuerung der stillen Reserven mit Einkommensteuer oder Körperschaftsteuer, Abs. 2 S. 1 Nr. 1

a) Betriebsvermögen bei der übernehmenden Personengesellschaft bzw. natürlichen Person. Der Antrag auf Buchwert- oder Zwischenwertansatz in der stl. Schlussbilanz der übertragenden Körperschaft ist bei zusätzlichem Vorliegen der übrigen Voraussetzungen des Abs. 2 S. 1 Nr. 1 nur dann wirksam möglich, soweit die übergehenden WG BV der übernehmenden PersGes (BMF 11.11.2011, BStBl. I 2011, 1314 Rn. 03.11, 03.16) werden. Ob bei der übernehmenden PersGes BV vorliegt, entscheidet sich nach den Verhältnissen im Zeitpunkt des **stl. Übertragungsstichtages;** da auch ab diesem Zeitpunkt die Einkünfte bei dem übernehmenden Rechtsträger ermittelt und besteuert werden. Zu diesem Zeitpunkt müssen die übergehenden WG bei der übernehmenden PersGes BV werden. Irrelevant für die Bewertung der übergehenden WG in der stl. Schlussbilanz ist dagegen, wenn sich diese Situation nach dem Verschmelzungsstichtag ändert (BMF 11.11.2011, BStBl. I 2011, 1314 Rn. 03.11; Frotscher/Drüen/Schnitter Rn. 143; Dötsch/Pung/ Möhlenbrock/Möhlenbrock/Pung Rn. 78; Rödder/Herlinghaus/van Lishaut/Birkemeier Rn. 166; Haase/Hofacker/Steierberg Rn. 51; PWC, Reform des UmwStR/Benecke, 2007, 156; Widmann/Mayer/Martini Rn. 800), es liegt dann eine Entnahme aus dem BV der PersGes/natürlichen Person vor. Unbeachtlich ist, ob das BV im Inland oder im Ausland belegen ist (BMF 11.11.2011, BStBl. I 2011, 1314 Rn. 03.15). Zu Treuhandvermögen vgl. Pyszka/Jüngling BB Special 1/2011, 4; zum sog. **Treuhandmodell,** bei dem der Kommanditanteil treuhänderisch für den Komplementär gehalten wird (vgl. OFD Niedersachsen 7.2.2014, GmbHR 2014, 504; Dötsch/Pung/Möhlenbrock/Möhlenbrock/Pung Rn. 80; Suchanek/ Hesse GmbHR 2014, 466; Rödder/Herlinghaus/van Lishaut/Birkemeier Rn. 61 ff.).

76 BV ist nicht nur gewerbliches BV iSv **§ 15 EStG,** sondern auch dasjenige Vermögen, das der Erzielung von Einkünften aus selbständiger Arbeit iSv **§ 18 EStG,** und dasjenige, das zur Erzielung von Einkünften aus LuF iSv **§ 13 EStG** dient (Widmann/Mayer/Martini Rn. 805, 815; Dötsch/Pung/Möhlenbrock/Möhlenbrock/Pung Rn. 76; Lademann/Staats Rn. 125; Rödder/Herlinghaus/van Lishaut/ Birkemeier Rn. 160; Blümich/Klingberg Rn. 27). Der Betriebsvermögensbegriff ist bei den Einkunftsarten LuF, Gewerbebetrieb und selbständiger Arbeit (§ 2 I 1 Nr. 1–3 EStG) identisch. Zum BV gehören auch Immobilien iSv § 49 I Nr. 2f EStG (Dötsch/Pung/Möhlenbrock/Möhlenbrock/Pung Rn. 125; Frotscher/Drüen/ Schnitter Rn. 140 Rödder/Herlinghaus/van Lishaut/Birkemeier Rn. 171).

77 Ist der übernehmende Rechtsträger eine gewerblich geprägte PersGes iSd § 15 III Nr. 2 EStG oder bezieht sie gewerbliche Einkünfte iSd § 15 I 1 Nr. 2 EStG, ohne selbst gewerblich tätig zu sein, so wird das übergehende Vermögen BV (BMF 11.11.2011, BStBl. I 2011, 1314 Rn. 03.15; Dötsch/Pung/Möhlenbrock/Möhlenbrock/Pung Rn. 76; Frotscher/Drüen/Schnitter Rn. 137; Rödder/Herlinghaus/ van Lishaut/Birkemeier Rn. 173). Zur Verschm auf eine **ZebraGes** → Rn. 139, → § 8 Rn. 10.

78 Soweit das übergehende Vermögen nicht BV des übernehmenden Rechtsträgers wird, ist es in der stl. Schlussbilanz mit dem gemeinen Wert anzusetzen, dabei ist nach Meinung der FVerw auch ein Geschäfts- oder Firmenwert anzusetzen (BMF 11.11.2011, BStBl. I 2011, 1314 Rn. 03.14; Lademann/Staats Rn. 123; Rödder/ Herlinghaus/van Lishaut/Birkemeier Rn. 176). Dies ist bspw. der Fall, wenn die übertragende Körperschaft nur vermögensverwaltend tätig ist und dieser Rechtsträger auf eine natürliche Person oder PersGes verschmolzen wird, die Einkünfte aus VuV oder aus privater Vermögensverwaltung erwirtschaftet. Die sich daraus ergebenden Rechtsfolgen für den übernehmenden Rechtsträger ergeben sich aus § 8 (ebenso Dötsch/Pung/Möhlenbrock/Möhlenbrock/Pung Rn. 81).

79 b) Die Sicherstellung der Besteuerung der stillen Reserven mit Einkommensteuer oder Körperschaftsteuer. aa) Grundsätzliches. Der Antrag auf Buchwert- oder Zwischenwertansatz in der stl. Schlussbilanz des übertragenden Rechtsträgers ist bei Vorliegen der übrigen Voraussetzungen des Abs. 2 S. 1 nur

Wertansätze in der stl. Schlussbilanz 80–82 § 3 UmwStG D

dann wirksam möglich, soweit sichergestellt ist, dass die in dem übergegangenen Vermögen enthaltenen stillen Reserven „später", dh im Zeitpunkt des Verschmelzungsstichtages (Dötsch/Pung/Möhlenbrock/Möhlenbrock/Pung Rn. 87; Haase/Hofacker/Steierberg Rn. 58; Widmann/Mayer/Martini Rn. 834 f.; Frotscher/Drüen/Schnitter Rn. 149), der Besteuerung mit **ESt** oder **KSt** unterliegen. Irrelevant ist dagegen, wenn sich diese Situation nach dem Verschmelzungsstichtag ändert. KSt bzw. ESt iSd Abs. 2 S. 1 Nr. 1 ist nicht nur die inl., sondern auch die ausl. KSt bzw. ESt (Rödder/Herlinghaus/van Lishaut/Birkemier Rn. 183; HK-UmwStG/Bron Rn. 219; PWC, Reform des UmwStR/Benecke, 2007, 156; Dötsch/Pung/Möhlenbrock/Möhlenbrock/Pung Rn. 86; Frotscher/Drüen/Schnitter Rn. 144). Eine Sicherstellung der späteren Besteuerung mit KSt bzw. ESt ist damit auch dann gegeben, wenn das übergehende Vermögen bzw. die darin ruhenden stillen Reserven eine logische Sekunde nach dem stl. Übertragungsstichtag einer ausl. mit der dt. KSt bzw. EStG unterliegt (Dötsch/Pung/Möhlenbrock/Möhlenbrock/Pung Rn. 83; Widmann/Mayer/Martini Rn. 835). Nicht abschl. geklärt ist, ob die Sicherstellung der Besteuerung der stillen Reserven mit ESt oder KSt bei Immobilienvermögen iSv § 49 I 2 f. EStG vorliegt (vgl. Dötsch/Patt/Pung/Möhlenbrock/Pung/Möhlenbrock Rn. 35; Haritz/Menner/Bilitewski/Mertgen Rn. 111). Eine Sicherstellung der stillen Reserven für die **GewSt** ist nicht erforderlich (allgM vgl. nur BMF 11.11.2011, BStBl. I 2011, 1314 Rn. 03.17).

Das Vorliegen der Voraussetzungen einer Sicherstellung der Besteuerung mit ESt **80** oder KSt ist bei einer PersGes als übernehmender Rechtsträger **gesellschafterbezogen** zu prüfen (Dötsch/Pung/Möhlenbrock/Möhlenbrock/Pung Rn. 82 f.; Haase/Hofacker/Steierberg Rn. 58; Widmann/Mayer/Martini Rn. 838; Rödder/Herlinghaus/van Lishaut/Birkemeier Rn. 179; Lademann/Staats Rn. 129; Förster/Felchner DB 2006, 1072). Entscheidend sind die Beteiligungsverhältnisse im Zeitpunkt des Wirksamwerdens der Umw (→ § 5 Rn. 7 ff.). Sicherstellung idS bedeutet dabei aber nicht, dass die durch Auflösung der stillen Reserven entstehende Gewinnerhöhung bei den Gesellschaftern der übernehmenden PersGes bzw. bei der übernehmenden natürlichen Person tatsächlich zu einer Steuerzahllast führt (Rödder/Herlinghaus/van Lishaut/Birkemeier Rn. 186). Von einer Sicherstellung der Besteuerung mit KSt bzw. ESt ist auch dann auszugehen, wenn die spätere Aufdeckung der stillen Reserven zu keiner Steuerzahllast führt, weil der durch die Aufdeckung der stillen Reserven entstehende Gewinn mit einem Verlust verrechnet wird (Dötsch/Pung/Möhlenbrock/Möhlenbrock/Pung Rn. 82; Haritz/Menner/Bilitewski/Mertgen Rn. 116; Widmann/Mayer/Martini Rn. 836; HK-UmwStG/Bron Rn. 220).

Eine Sicherstellung der Besteuerung der im übergehenden Vermögen enthaltenen **81** stillen Reserven mit KSt ist gegeben, wenn an der übernehmenden PersGes eine Körperschaft beteiligt ist, die persönlich von der KSt befreit ist (vgl. § 5 KStG), das Vermögen aber in den stpfl. Bereich übergeht (vgl. § 5 I Nr. 9 KStG; Brandis/Heuermann/Klingberg Rn. 28).

bb) Eigene Anteile. Seit Inkrafttreten des BilMoG sind eigene Anteile gem. **82** § 272 Ia HGB in der Handelsbilanz nicht mehr auszuweisen. Dies soll nach hM (Rödder/Herlinghaus/van Lishaut/Birkemeier Rn. 129; Dötsch/Pung/Möhlenbrock/Möhlenbrock/Pung Rn. 143) auch für die Steuerbilanz gelten. Geht man davon aus, dass insoweit der Maßgeblichkeitsgrundsatz nicht gilt (Lademann/Wernicke § 11 Rn. 42), so gehen diese mit der Umw unter und damit nicht auf den übernehmenden Rechtsträger über (BMF 11.11.2011, BStBl. I 2011, 1314 Rn. 03.05). Die eigenen Anteile sind bereits in der stl. Schlussbilanz der übertragenden Körperschaft nicht mehr zu erfassen. Abs. 2 S. 1 findet insoweit keine Anwendung, da er sich nur auf das übergehende Vermögen bezieht, die eigenen Anteile an der übertragenden Körperschaft aber nicht auf den übernehmenden Rechtsträger übergehen.

83 **cc) Beteiligung der übertragenden Körperschaft an der übernehmenden Personengesellschaft.** Ist die übertragende Körperschaft an der übernehmenden PersGes als MU beteiligt, so gehören zum übergehenden Vermögen auch die der übertragenden Körperschaft anteilig zuzurechnenden WG der PersGes (vgl. BMF 11.11.2011, BStBl. I 2011, 1314 Rn. 04.01). Eine Besteuerung des insoweit übergehenden Vermögens muss damit grds. sichergestellt sein.

13. Sicherstellung des deutschen Besteuerungsrechts

84 **a) Gesellschafterbezogene und objektbezogene Betrachtungsweise.** Eine antragsabhängige Bewertung der bei der Verschm übergehenden WG mit dem BW oder einem höheren ZW ist – neben den sonstigen Voraussetzungen des Abs. 2 S. 1 – nur insoweit zulässig, als das Recht der BRD hinsichtlich der Besteuerung des Gewinns aus der Veräußerung der übergehenden WG bei den Gesellschaftern der übernehmenden PersGes oder bei der natürlichen Person nicht ausgeschlossen oder beschränkt wird. Zur Vereinbarkeit der Entstrickungsregelung mit EU-Recht → Vor § 11 Rn. 9 ff. Ob das Recht zur Besteuerung von Veräußerungsgewinnen bei den übergehenden WG ausgeschlossen oder beschränkt wird, entscheidet sich zum **stl. Verschmelzungsstichtag** (BMF 11.11.2011, BStBl. I 2011, 1314 Rn. 02.15, 03.11; Dötsch/Pung/Möhlenbrock/Möhlenbrock/Pung Rn. 92; Lademann/Staats Rn. 137; Haase/Hofacker/Steierberg Rn. 61; Musil/Weber-Grellet/Desens UmwStG § 3 Rn. 14; Rödder/Herlinghaus/van Lishaut/Birkemeier Rn. 191; Beinert/Benecke FR 2010, 1009) nach den Verhältnissen der Gesellschafter der übernehmenden PersGes bzw. den Verhältnissen der übernehmenden natürlichen Person. Der Verlust bzw. die Beschränkung des dt. Besteuerungsrechts ist damit **gesellschafterbezogen** zu prüfen, auch wenn diese nicht an der übertragenden Körperschaft, sondern nur an der übernehmenden PersGes beteiligt sind (BMF 11.11.2011, BStBl. I 2011, 1314 Rn. 04.24; Dötsch/Pung/Möhlenbrock/Möhlenbrock/Pung Rn. 89; Haritz/Menner/Bilitewski/Mertgen Rn. 117; Frotscher/Drüen/Schnitter Rn. 151; Brandis/Heuermann/Klingberg Rn. 29). Diese gesellschafterbezogene Betrachtungsweise kann dazu führen, dass bezogen auf einen Gesellschafter die anteilig übergehenden WG mit dem gemeinen Wert anzusetzen sind und bezogen auf einen anderen Gesellschafter die BW fortgeführt werden können (BMF 11.11.2011, BStBl. I 2011, 1314 Rn. 03.18 ff.; Haritz/Menner/Bilitewski/Mertgen Rn. 117; Dötsch/Pung/Möhlenbrock/Möhlenbrock/Pung Rn. 89, 93; Rödder/Herlinghaus/van Lishaut/Birkemeier Rn. 115; Brandis/Heuermann/Klingberg Rn. 29; Trossen FR 2006, 617; Hagemann/Jakob/Ropohl/Viebrock NWB-Sonderheft 1/2007, 14). Entscheidend sind die Beteiligungsverhältnisse im Zeitpunkt des Wirksamwerdens der Umw (BMF 11.11.2011, BStBl. I 2011, 1314 Rn. 02.18 ff.; Dötsch/Pung/Möhlenbrock/Möhlenbrock/Pung Rn. 92; → § 5 Rn. 7 ff.). Im Einzelfall kann neben der gesellschafterbezogenen auch eine **objektbezogene** Betrachtungsweise notwendig sein (BMF 11.11.2011, BStBl. I 2011, 1314 Rn. 03.18 und 04.24; Dötsch/Pung/Möhlenbrock/Möhlenbrock/Pung Rn. 93; Frotscher/Drüen/Schnitter Rn. 152; Brandis/Heuermann/Klingberg Rn. 29). Bei der objektbezogenen Betrachtung ist zu prüfen, inwieweit bei einem einzelnen WG das dt. Besteuerungsrecht ausgeschlossen oder beschränkt wird (Stimpel GmbHR 2012, 123).

85 **b) Verlust oder Beschränkung des Besteuerungsrechts.** Es kommt ausschließlich auf das Besteuerungsrecht der BRD hinsichtlich eines Veräußerungsgewinns der übergehenden WG an, es spielt keine Rolle, wem nach der Verschm das Recht zur Besteuerung von Erträgen aus der Nutzung der WG zusteht. Ausschluss bzw. Beschränkung des dt. Besteuerungsrechts bezieht sich ausschließlich auf die **KSt oder ESt,** auf die GewSt kommt es insoweit nicht an (BMF 11.11.2011, BStBl. I 2011, 1314 Rn. 03.18; Dötsch/Pung/Möhlenbrock/Möhlenbrock/Pung Rn. 98; Rödder/Herlinghaus/van Lishaut/Birkemeier Rn. 190; Rödder/Schumacher DStR 2006, 1525). Eine Beschränkung oder ein Ausschluss des dt. Besteuerungsrechts iSv Abs. 2 S. 1 Nr. 2 kann nur dann vorliegen, wenn **vor der Verschm** in der Person des übertragenden Rechtsträgers auch ein dt. **Besteuerungsrecht** hinsichtlich der Veräußerung der übergehenden WG bestanden hat (BT-Drs. 16/2710, 38; BMF 11.11.2011, BStBl. I 2011, 1314 Rn. 03.19; Rödder/Herlinghaus/van Lishaut/Birkemeier Rn. 189; HK-UmwStG/Bron Rn. 229; Dötsch/Pung/Möhlenbrock/Möhlenbrock/Pung Rn. 96; Lademann/Staats Rn. 36; Frotscher/Drüen/Schnitter Rn. 160; PWC, Reform des UmwStR/Benecke, 2007, 158; Lemaitre/Schönherr GmbHR 2007, 173; Schaflitzl/Widmayer BB Special 8/2006, 41; Trossen FR 2006, 617). Ein solches dt. Besteuerungsrecht existiert, soweit die übergehenden WG inl. BV oder ausl. BV in einem Nicht-DBA-Staat bzw. in einem DBA-Staat mit Anrechnungsmethode oder einem DBA-Staat mit Freistellungsmethode bei Eingreifen des § 20 II AStG sind. Zudem hat Deutschland das Besteuerungsrecht hinsichtlich inl. unbeweglichen Vermögens. Zur Vereinbarkeit des § 3 II 1 Nr. 2 mit **EU-Recht** vgl. Widmann/Mayer/Martini Rn. 880 f.; Musil/Weber-Grellet/Desens UmwStG § 3 Rn. 38 ff.

Streitig ist, wann das dt. Besteuerungsrecht beeinträchtigt wird, insbes. vor dem Hintergrund, dass der BFH die **Theorie der finalen Entnahme** im Jahr 2008 aufgegeben hat (BFH BStBl. II 2009, 464; BFH/NV 2010, 432; 2010, 346). Die Rspr. geht in diesem Zusammenhang davon aus, dass es nicht zu einem Ausschluss oder einer Beschränkung des dt. Besteuerungsrechts, bezogen auf in Deutschland gelegene stille Reserven, kommt, wenn WG ins Ausland verbracht werden und in Deutschland eine Betriebsstätte verbleibt. Die FVerw wendet diese Rspr. nicht an (BMF 20.5.2009, BStBl. I 2009, 671). Durch das JStG 2010 sind § 4 I EStG und § 12 I KStG geändert worden, wonach die Zuordnung eines WG zu einer ausl. Betriebsstätte als Regelbeispiel zu einem Verlust oder einer Beschränkung des dt. Besteuerungsrechts führt (vgl. dazu auch Körner IStR 2009, 741; Schönfeld IStR 2010, 133; Mitschke Ubg 2010, 355; Mitschke/Körner IStR 2010, 95). Nach Auffassung der FVerw (BMF 11.11.2011, BStBl. I 2011, 1314 Rn. 03.18) sind bei der Prüfung des Abs. 2 S. 1 Nr. 2 die durch das JStG 2010 vorgenommenen Änderungen der allg. Entstrickungsvorschriften des **§ 4 I 3 EStG, § 12 I KStG** zu beachten, obwohl die umwandlungssteuerrechtlichen Entstrickungsvorschriften nicht vergleichbar angepasst wurden. Nach § 4 I 4 EStG und § 12 I KStG liegt ein Ausschluss oder eine Beschränkung des Besteuerungsrechts hinsichtlich dieses Gewinns aus der Veräußerung eines WG insbes. vor, wenn ein bisher einer inl. Betriebsstätte des Steuerpflichtigen zuzurechnendes WG einer ausl. Betriebsstätte zuzuordnen ist. Da Abs. 2 S. 1 Nr. 2 im Verhältnis zu den allg. Entstrickungsvorschriften eine speziellere Vorschrift ist, kann diese Auffassung nicht überzeugen (ebenso Stadler/Elser/Bindl DB-Beil. 1/2012, 14; Ungemach Ubg 2011, 251; Frotscher/Drüen/Schnitter Rn. 154; HK-UmwStG/Bron Rn. 229f; vgl. auch Dötsch/Pung/Möhlenbrock/Möhlenbrock/Pung Rn. 97; aA Lademann/Staats Rn. 140). Daher ist bei der Verschm einer Körperschaft auf eine PersGes immer konkret zu prüfen und nicht nur zu unterstellen, ob bzw. inwieweit das dt. Besteuerungsrecht entfällt oder eingeschränkt wird. Das dt. Besteuerungsrecht wird in folgenden Fällen ausgeschlossen oder eingeschränkt:

– Das dt. Besteuerungsrecht **entfällt** durch die Verschm vollumfänglich, wenn nach inl. StR das Besteuerungsrecht entfällt bzw. das dt. Besteuerungsrecht zwar grds. erhalten bleibt, aber aufgrund DBA anders als vor der Verschm beim übernehmenden Rechtsträger durch Freistellung vermieden wird (BMF 11.11.2011, BStBl. I 2011, 1314 Rn. 03.19).

– Das dt. Besteuerungsrecht wird **beschränkt,** wenn vor der Umw ein dt. Besteuerungsrecht bestand und im Vergleich dazu nach der Umw ein der Höhe oder dem Umfang nach eingeschränktes dt. Besteuerungsrecht fortbesteht (BMF 11.11.2011, BStBl. I 2011, 1314 Rn. 03.19).

86a Ob bereits die abstrakte Gefahr eines Ausschlusses oder einer Beschränkung den Ansatz der übergehenden WG mit dem gemeinen Wert zur Folge hat oder eine tatsächliche Berücksichtigung der ausl. Steuer notwendig ist, ist nicht abschließend geklärt (vgl. Herrmann/Heuer/Raupach/Kolbe KStG § 12 Rn. J 06–16; Wassermeyer DB 2006, 1176; Rödder/Schumacher DStR 2006, 1481). Abs. 2 Nr. 2 betrifft nach richtiger Meinung nur eine konkreten Verlust bzw. eine **konkrete Beschränkung,** die bloße abstrakte Möglichkeit eines Verlusts oder einer Beschränkung ist nicht tatbestandsmäßig (Lohmar FR 2013, 591; Haase/Hofacker/Steierberg Rn. 61; Lademann/Wernicke § 11 Rn. 190; Musil/Weber-Grellet/Desens UmwStG § 3 Rn. 14; Rödder/Herlinghaus/van Lishaut/Rödder § 11 Rn. 275; aA Dötsch/Pung/Möhlenbrock/Möhlenbrock/Pung Rn. 95; Widmann/Mayer/Martini Rn. 870). Maßgeblich ist, ob im Falle einer gedachten Veräußerung eine logische Sekunde nach dem Verschmelzungsstichtag das dt. Besteuerungsrecht nach Maßgabe des zu diesem Zeitpunkt geltenden nat. und zwischenstaatlichen Rechts ausgeschlossen oder beschränkt ist. Die Regelung stellt darauf ab, ob das Besteuerungsrecht der BRD „ausgeschlossen oder beschränkt wird", daraus lässt sich schließen, dass es nicht darauf ankommt, ob das Besteuerungsrecht theoretisch ausgeschlossen oder beschränkt sein könnte. Zudem will der Gesetzgeber mit der Einführung von Entstrickungsklauseln, zu denen Abs. 2 Nr. 2 zählt, das dt. Besteuerungsrecht sichern (BT-Drs. 16/2710, 2). Im Falle der Anrechnung bzw. des Abzugs ausl. Steuer ist das dt. Steueraufkommen dann nicht in Gefahr, wenn eine ausl. anzurechnende oder abzuziehende Steuer nicht festgesetzt wird (Becker-Pennrich IStR 2007, 684). Zudem verstößt es gegen den Grundsatz der Verhältnismäßigkeit, wenn nur die theoretische Möglichkeit eines Verlusts oder einer Beschränkung des dt. Besteuerungsrechts zur Auflösung der stillen Reserven im übertragenen Vermögen führt, da dem Fiskus nichts verloren geht, der Steuerpflichtige ohne Liquiditätszufluss dennoch eine Besteuerung hinnehmen muss. Nicht geklärt ist weiter, ob eine Beschränkung des dt. Besteuerungsrechts auch dann vorliegt, wenn die ausl. Steuer zB nach § 34c II, III EStG die stl. **Bemessungsgrundlage reduziert** (so BMF 11.11.2011, BStBl. I 2011, 1314 Rn. 03.19; Musil/Weber-Grellet/Desens UmwStG § 3 Rn. 14; Herrmann/Heuer/Raupach/Kolbe KStG § 12 Rn. J 06–16; Becker-Pennrich IStR 2007, 684; Blumenberg/Lechner BB Special 8/2006, 26 f.; aA für den Fall des § 34c EStG Wassermeyer DB 2006, 1176; Bilitewski FR 2007, 57). Der Abzug ausl. Steuer ist mE tatbestandsmäßig eine Beschränkung iSd Abs. 2 Nr. 2, denn das Steueraufkommen des Staates wird durch den Abzug geringer. Keine Beschränkung des dt. Besteuerungsrechts liegt vor, wenn im Fall der Freistellung nach Art. 23A OECD-MA die Möglichkeit der Anwendung des **Progressionsvorbehaltes** entfällt, denn unabhängig von der Anwendung des Progressionsvorbehalts besteht bei der Freistellungsmethode iSv Art. 23A OECD-MA kein Besteuerungsrecht, was damit auch nicht beschränkt werden kann (Dötsch/Pung/Möhlenbrock/Möhlenbrock/Pung Rn. 96; Musil/Weber-Grellet/Desens UmwStG § 3 Rn. 14; Herrmann/Heuer/Raupach/Kolbe KStG § 12 Rn. J 06–16; Stadler/Elser BB Special 8/2006, 20).

87 Fraglich ist, ob die Nichtanwendbarkeit der **§§ 7 ff. AStG** nach der Umw eine Beschränkung des dt. Besteuerungsrechts darstellt (dagegen Dötsch/Pung/Möhlenbrock/Möhlenbrock/Pung Rn. 96; Haritz/Menner/Bilitewski/Mertgen Rn. 119; Musil/Weber-Grellet/Desens UmwStG § 3 Rn. 14; HK-UmwStG/Bron Rn. 240; Lemaitre/Schönherr GmbHR 2007, 173; zweifelnd Schaflitzl/Widmayer BB Special 8/2006, 41). Verbleibt das ursprüngliche Besteuerungsrecht aufgrund einer sog. Rückfallklausel (vgl. BFH/NV 2008, 677) in Deutschland, liegt weder ein Ausschluss noch eine Beschränkung des Besteuerungsrechts vor (Musil/Weber-Grellet/ Desens UmwStG § 3 Rn. 14).

Maßgeblicher Zeitpunkt dafür, ob die spätere Besteuerung eines Veräußerungsgewinns der übergehenden WG sichergestellt ist, ist grds. (aber → Rn. 84 aE) der **stl. Übertragungsstichtag.** Bereits ab diesem Zeitpunkt würden Veräußerungsgewinne beim übernehmenden Rechtsträger ermittelt werden (BMF 11.11.2011, BStBl. I 2011, 1314 Rn. 03.11; Haritz/Menner/Bilitewski/Mertgen Rn. 117; Dötsch/Pung/Möhlenbrock/Möhlenbrock/Pung Rn. 92; Lademann/Staats Rn. 137; Rödder/Herlinghaus/van Lishaut/Birkemeier Rn. 191; Frotscher/Drüen/ Schnitter Rn. 153; Haase/Hofacker/Steierberg Rn. 63; PWC, Reform des UmwStR/Benecke, 2007, 158; Breuninger FS Schaumburg, 2009, 587; Stadler/ Elser/Bindl DB-Beil. 1/2012, 14). Bestand zum stl. Übertragungsstichtag noch das dt. Besteuerungsrecht hinsichtlich der übergehenden WG und wird dies erst danach beschränkt, erfolgt die Entstrickung nach § 4 I 3 ff. EStG; die Bildung eines Ausgleichspostens nach § 4g EStG ist dann möglich (BMF 11.11.2011, BStBl. I 2011, 1314 Rn. 03.11; Dötsch/Pung/Möhlenbrock/Möhlenbrock/Pung Rn. 94; Rödder/Herlinghaus/van Lishaut/Birkemeier Rn. 191; Brandis/Heuermann/Klingberg Rn. 29; vgl. auch Becker-Pennrich IStR 2007, 684; dazu Beispiel → Rn. 96). 88

c) Inlandsverschmelzung ohne Auslandsbezug. Wird eine in Deutschland unbeschränkt stpfl. Körperschaft auf eine natürliche Person verschmolzen, die in Deutschland unbeschränkt stpfl. ist, oder aber auf eine PersGes, deren sämtliche MU in Deutschland unbeschränkt stpfl. sind und besitzt die übertragende Körperschaft ausschließlich inl. BV, ergibt sich im Rahmen der Verschm keine Beschränkung des dt. Besteuerungsrechts. Abs. 2 S. 1 Nr. 2 steht damit einem antragsmäßigen Ansatz der übergehenden WG in der stl. Schlussbilanz der übertragenden Körperschaft mit dem BW oder einem ZW nicht entgegen. 89

d) Inlandsverschmelzung mit Auslandsbezug. Wird eine in Deutschland unbeschränkt stpfl. Körperschaft auf eine PersGes verschmolzen und ist an der übertragenden Körperschaft ein **beschränkt stpfl. Gesellschafter** beteiligt, so wird das inl. Besteuerungsrecht in aller Regel nicht ausgeschlossen oder beschränkt, sofern ausschließlich inl. Betriebsstättenvermögen übertragen wird. Der beschränkt stpfl. Gesellschafter der übernehmenden PersGes erzielt regelmäßig inl. Einkünfte iSd § 49 I Nr. 2 EStG. Im Regelfall erfolgt die Besteuerung der Einkünfte iSd § 49 I Nr. 2 EStG im Staat der Betriebsstätte und damit in Deutschland (Dötsch/Pung/ Möhlenbrock/Möhlenbrock/Pung Rn. 99 ff.; Rödder/Herlinghaus/van Lishaut/ Birkemeier Rn. 199). Nicht abschließend geklärt ist, ob bei einer Verschm auf eine gewerblich geprägte PersGes unter Beteiligung von beschränkt Steuerpflichtigen das dt. Besteuerungsrecht gesichert ist (vgl. BMF 26.9.2014, BStBl. I 2014, 1258 Rn. 2.3.3; Dötsch/Pung/Möhlenbrock/Möhlenbrock/Pung Rn. 100; Nitzschke IStR 2011, 838). 90

Wird eine inl. Körperschaft auf eine inl. PersGes verschmolzen und besitzt der übertragende Rechtsträger **ausl. Betriebsstättenvermögen,** können in der stl. Schlussbilanz die BW des ausl. Betriebsstättenvermögens fortgeführt werden, wenn dieses sich in einem DBA-Staat mit Freistellungsmethode befindet, und zwar unabhängig davon, ob neben unbeschränkt stpfl. auch beschränkt stpfl. MU beteiligt sind (Rödder/Herlinghaus/van Lishaut/Birkemeier Rn. 200; Dötsch/Pung/Möhlenbrock/Möhlenbrock/Pung Rn. 103; Schaflitzl/Widmayer BB Special 8/2006, 42). In diesem Fall ist aber für die Ermittlung des Übernahmegewinns § 4 IV 2 zu beachten. Etwas anderes ist denkbar, wenn vor der Verschm ein Besteuerungsrecht mit Anrechnungsverpflichtung bestand, der übernehmende Rechtsträger in einem DBA-Staat bereits über eine Betriebsstätte verfügt, aus der aktive Einkünfte erzielt werden und durch die Verschm die Voraussetzung für das Vorliegen passiver Einkünfte auch hinsichtlich des übertragenen Vermögens wegfällt. 91

92 Ist an der übertragenden Körperschaft bzw. an der übernehmenden PersGes ein **beschränkt stpfl. Gesellschafter** beteiligt, ist insoweit gesellschafterbezogen der gemeine Wert in der stl. Schlussbilanz für das übergehende Vermögen anteilig anzusetzen, das einer ausl. Betriebsstätte in einem Nicht-DBA-Staat oder in einem DBA-Staat mit Anrechnungsmethode zuzuordnen ist; Gleiches gilt, wenn § 20 II AStG eingreift. Durch die Verschm hat Deutschland bzgl. der ausl. Betriebsstätte nur noch bezogen auf die inl. MU ein Besteuerungsrecht (Haritz/Menner/Bilitewski/Mertgen Rn. 122; Dötsch/Pung/Möhlenbrock/Möhlenbrock/Pung Rn. 103; Rödder/Herlinghaus/van Lishaut/Birkemeier Rn. 201 f.; Bogenschütz Ubg 2011, 393). Abs. 3 ist zu beachten.

93 Erkennt das Recht des **ausl. Staates** den Vermögensübergang im Wege der **Gesamtrechtsnachfolge bezogen auf das ausl. Betriebsstättenvermögen nicht an,** so kann das ausl. Vermögen im Wege der Einzelrechtsnachfolge auf den übernehmenden Rechtsträger übertragen werden. Geschieht dies im zeitlichen und sachlichen Zusammenhang mit der Umw, so sind die Einzelrechtsübertragungen in die Regelung des UmwStG miteinzubeziehen, eine Buchwertfortführung ist damit grds. unter den Voraussetzungen des Abs. 2 S. 1 möglich (Haritz/Menner/Bilitewski/Mertgen Rn. 162f.; Frotscher/Drüen/Schnitter Rn. 167). Wird das ausl. Vermögen nicht auf die PersGes bzw. den alleinigen Gesellschafter übertragen oder fehlt es an einer gewissen sachlichen und zeitlichen Nähe, wird das im Ausland gelegene Vermögen steuerrechtlich nicht in den Umwandlungsvorgang einbezogen. Unter den Voraussetzungen des § 12 I KStG kommt es zu einer Aufdeckung der stillen Reserven (Frotscher/Drüen/Schnitter Rn. 168).

94 **e) Hinausverschmelzen.** Zu einem Ausschluss bzw. einer Beschränkung des dt. Besteuerungsrechts kann es bei grenzüberschreitender Hinausverschmelzung einer inl. Körperschaft auf einen EU- bzw. eine EWR-ausl. übernehmenden Rechtsträger (zB transparente Ges) kommen. Inl. **Immobilienvermögen** bleibt bei der Verschm aber stets gem. § 49 I Nr. 2 f. EStG, Art. 6 OECD-MA steuerverstrickt; unerheblich ist insoweit, dass das bloße Halten von Immobilienvermögen einer ausl. Gesellschaft per se keine inl. Betriebsstätte begründet (vgl. BMF 16.5.2011, BStBl. I 2011, 530; Dötsch/Pung/Möhlenbrock/Möhlenbrock/Pung Rn. 106; BFH BStBl. II 1988, 653; BFH BStBl. II 2004, 344; zu Immobilienvermögen und § 49 I Nr. 2 f. EStG → Rn. 76). Ob und ggf. inwieweit es zu einer Aufdeckung der stillen Reserven im übertragenen Vermögen ansonsten kommt, hängt bei dem Verbleib einer dt. **Betriebsstätte** entscheidend davon ab, welche WG dieser der in Deutschland steuerverhafteten verbleibenden Betriebsstätte und welche der im Ausland abgewanderten Betriebsstätte tatsächlich zuzuordnen sind. Dies hängt davon ab, welcher Betriebsstätte das einzelne WG dient, der ausländischen Betriebsstätte oder der dt. Betriebsstätte. Dieses tatsächliche Dazugehören zu einer Betriebsstätte wird im Sinne einer funktionalen Zuordnung interpretiert (vgl. BFH DStR 2007, 473; Dötsch/Pung/Möhlenbrock/Möhlenbrock/Pung Rn. 105; krit. Blumers DB 2007, 312).

95 Probleme entstehen dann, wenn mangels funktionaler Bedeutung eines WG dieses nicht zwangsläufig einer bestimmten Betriebsstätte zugeordnet werden kann. Dies kann bspw. für den Geschäftswert, Beteiligungen, Patente etc gelten, die nach hM grds. dem ausl. Stammhaus zugeordnet werden (**sog. Zentralfunktion des Stammhauses;** vgl. BMF 11.11.2011, BStBl. I 2011, 1314 Rn. 03.20 iVm BMF 24.12.1999, BStBl. I 1999, 1076 Rn. 2.4, zuletzt geändert durch BMF 25.8.2009, BStBl. I 2009, 888; vgl. Musil/Weber-Grellet/Desens UmwStG § 3 Rn. 14; Lademann/Staats Rn. 139; Lohmar FR 2013, 591; Schaumburg GmbHR 2010, 1341; *Breuninger FS Schaumburg*, 2009, 587; Schaden/Ropohl BB Special 1/2011, 11; Schönfeld IStR 2011, 497). Die These von der Zentralfunktion des Stammhauses dürfte mit der Umsetzung der „Authorized OECD Approach" in § 1 V AStG nur noch schwer vertretbar sein (Dötsch/Pung/Möhlenbrock/Möhlenbrock/Pung

Rn. 105). In jedem Fall stellt sich aber die Frage, **wann es zu einer Entstrickung kommt.**

Beispiel:

Die in Deutschland unbeschränkt stpfl. D-GmbH wird rückwirkend auf den 31.12.2010 auf eine EU-PersGes verschmolzen. Diese Rückwirkung wird auch vom EU-Auslandsstaat anerkannt. Die Verschmelzungsbeschlüsse uÄ werden am 1.7.2011 gefasst, die Eintragung in die entsprechenden Register erfolgt am 1.8.2011. Am 2.8.2011 nehmen die Geschäftsführer der D-GmbH ihre geschäftsführende Tätigkeit bei der EU-PersGes im EU-Ausland auf. Zum übertragenen Vermögen der D-GmbH gehören Patente und ein Geschäftswert. Nach § 2 I wird das Einkommen und Vermögen der übertragenden D-GmbH sowie für die Gesellschafter der übernehmenden PersGes so ermittelt, als ob das übergehende Vermögen bereits am Verschmelzungsstichtag auf den übernehmenden Rechtsträger übergegangen wäre. Die Verbringung der Betriebsstätte bzgl. des übertragenen Betriebs erfolgt jedoch erst am 2.8.2011 ins EU-Ausland. Da es sich insoweit um einen tatsächlichen Vorgang handelt, kommt es erst zu diesem Zeitpunkt zu der Entstrickung der dem Stammhaus insoweit zuzuordnenden WG, und zwar durch die übernehmende PersGes, auf die diese WG bereits zum Verschmelzungsstichtag als übergegangen gelten. Dann kommt es aber zu einer Entstrickung dieser WG nach dem Verschmelzungsstichtag (ebenso BMF 11.11.2011, BStBl. I 2011, 1314 Rn. 02.15; Musil/Weber-Grellet/Desens UmwStG § 3 Rn. 19; Dötsch/Pung/Möhlenbrock/Möhlenbrock/Pung Rn. 108; Frotscher/ Drüen/Schnitter Rn. 157; Stadler/Elser/Bindl DB-Beil. 1/2012, 14), in der stl. Schlussbilanz könnten diese WG – unter den sonstigen Voraussetzungen des Abs. 2 – mit dem BW oder einem ZW angesetzt werden. Rechtsgrundlage für die Entstrickung ist dann § 4 I 3 EStG (Rödder/Herlinghaus/van Lishaut/Birkemeier Rn. 193; Frotscher/Drüen/Schnitter Rn. 157; Stadler/Elser/Bindl DB-Beil. 1/2012, 14; Breuninger FS Schaumburg, 2009, 587). § 4g EStG findet Anwendung (Musil/Weber-Grellet/Desens UmwStG § 3 Rn. 19). Befanden sich die WG des übertragenden Rechtsträgers vor der Verschm in einer Betriebsstätte in einem ausl. Staat ohne DBA-Freistellung, tritt die Entstrickung zum stl. Übertragungsstichtag ein, weil zu dem Zeitpunkt Deutschland sein Besteuerungsrecht bezogen auf beschränkt stpfl. Gesellschafter der übernehmenden PersGes verliert (Dötsch/Pung/Möhlenbrock/Möhlenbrock/Pung Rn. 108).

Hatte Deutschland vor der Verschm kein Besteuerungsrecht an den übergehenden WG, ist für die Ermittlung des Übernahmegewinns **§ 4 IV 2** zu beachten.

f) Hereinverschmelzen. Wird eine ausl. Körperschaft auf eine dt. PersGes verschmolzen, so wird das inl. Besteuerungsrecht idR weder ausgeschlossen noch beschränkt, soweit der übertragende ausl. Rechtsträger inl. Betriebsstättenvermögen bzw. inl. Immobilienvermögen besitzt. Beim Hereinverschmelzen stellt sich idR die **sog. Verstrickungsfrage,** soweit für WG des übertragenden Rechtsträgers erstmalig das Besteuerungsrecht Deutschlands begründet wird. Eine stl. Schlussbilanz ist wegen der Ermittlung des Übernahmeergebnisses nach § 4 und der Einnahmen iSd § 7 in der Regel notwendig (Dötsch/Pung/Möhlenbrock/Möhlenbrock/Pung Rn. 116; Förster/Felchner DB 2006, 1072). Ob inl. und ausl. Vermögen einheitlich mit dem BW, ZW oder gemeinen Wert angesetzt werden müssen, ist nicht abschließend geklärt, soweit durch die Verschm WG in Deutschland erstmalig verstrickt werden (vgl. Dötsch/Pung/Möhlenbrock/Möhlenbrock/Pung Rn. 116; Rödder/ Herlinghaus/van Lishaut/Birkemeier Rn. 211, 259; Rödder/Herlinghaus/van Lishaut/Rödder § 11 Rn. 350; Brandis/Heuermann/Klingberg Rn. 38; Frotscher/ Drüen/Schnitter Rn. 172; Schaflitzl/Widmayer BB Special 8/2006, 42 andererseits; auch → § 4 Rn. 27).

Wird durch die Verschm das Besteuerungsrecht Deutschlands für WG begründet, kommt es nach der hier vertretenen Auffassung (→ Rn. 96) erst dann zu einer Verstrickung, wenn der Unternehmensteil des übertragenden Rechtsträgers tatsächlich nach Deutschland verlagert wird.

Beispiel:

100 Die im EU-Ausland unbeschränkt stpfl. EU-KapGes wird rückwirkend auf den 31.12.2010 auf die dt. D-PersGes verschmolzen. Diese Rückwirkung wird auch vom EU-Auslandsstaat anerkannt. Die Verschmelzungsbeschlüsse uÄ werden am 1.7.2011 gefasst, die Eintragung in die entsprechenden Register erfolgt am 1.8.2011. Am 2.8.2011 nehmen die Geschäftsführer der EU-KapGes ihre geschäftsführende Tätigkeit bei der D-PersGes in Deutschland auf. Zum übertragenen Vermögen der EU-KapGes gehören Patente und ein Geschäftswert. Nach § 2 I wird das Einkommen und Vermögen der übertragenden EU-KapGes sowie für die Gesellschafter der übernehmenden PersGes so ermittelt, als ob das übergehende Vermögen bereits am Verschmelzungsstichtag auf den übernehmenden Rechtsträger übergegangen wäre. Die Verbringung der Betriebsstätte bzw. der WG bzgl. des übertragenen Betriebs erfolgt jedoch erst am 2.8.2011 nach Deutschland. Da es sich insoweit um einen tatsächlichen Vorgang handelt, kommt es erst zu diesem Zeitpunkt zu der Verstrickung der dem Stammhaus insoweit zuzuordnenden WG, und zwar bei der übernehmenden PersGes, auf die diese WG bereits zum Verschmelzungsstichtag als übergegangen gelten. Dann kommt es aber zu einer Verstrickung dieser WG nach dem Verschmelzungsstichtag. In der stl. Schlussbilanz könnten diese WG – unter den sonstigen Voraussetzungen des Abs. 2 – mit dem BW oder einem ZW angesetzt werden. Rechtsgrundlage für die Verstrickung ist dann § 4 I 8 EStG (Brandis/Heuermann/Klingberg Rn. 38).

101 **g) Reine ausländische Verschmelzung.** Soweit eine ausl. Körperschaft auf eine ausl. PersGes verschmolzen wird, findet Abs. 2 S. 1 Nr. 2 idR Anwendung, soweit es sich um inl. Immobilienvermögen bzw. inl. Betriebsstättenvermögen handelt. Solche rein ausl. Umw zwischen EU-/EWR-Ges führen idR nicht zu einer Beschränkung oder zu einem Ausschluss des dt. Besteuerungsrechts bzgl. des übergehenden Vermögens, sodass BW oder ZW in der stl. Schlussbilanz angesetzt werden können (Förster/Felchner DB 2006, 1072; Lemaitre/Schönherr GmbHR 2007, 173).

14. Keine Gegenleistung, Gegenleistung in Gesellschaftsrechten (Abs. 2 S. 1 Nr. 3)

102 **a) Grundsätzliches.** Das Antragswahlrecht des Abs. 2 ist nach Nr. 3 nur gegeben, soweit für den Vermögensübergang keine Gegenleistung bzw. nur eine solche Gegenleistung gewährt wird, die in Gesellschaftsrechten besteht.

103 **b) Keine Gegenleistung für den Vermögensübergang.** Das Antragswahlrecht des Abs. 2 besteht, soweit für den Vermögensübergang eine Gegenleistung nicht gewährt ist. Eine Gegenleistung iSv Abs. 2 S. 1 Nr. 3 setzt voraus, dass den verbleibenden Anteilseignern des übertragenden Rechtsträgers oder diesen nahestehenden Personen ein Vermögensvorteil im Zusammenhang mit der Verschm gewährt wird (BMF 11.11.2011, BStBl. I 2011, 1314 Rn. 03.21; Dötsch/Pung/Möhlenbrock/Möhlenbrock/Pung Rn. 120). Eine Gegenleistung wird damit nicht gewährt, soweit die übernehmende PersGes am übertragenden Rechtsträger beteiligt ist, und zwar iHd bisherigen Beteiligung (Upstream-Merger), obwohl zivilrechtlich in diesen Fällen eine Gegenleistung in Form der Aufgabe von Anteilen am übertragenden Rechtsträger vorliegt (BMF 11.11.2011, BStBl. I 2011, 1314 Rn. 03.21; FG BW EFG 1998, 1529; HK-UmwStG/Bron Rn. 278; Frotscher/Drüen/Schnitter Rn. 188). Keine Gegenleistung liegt zudem vor, wenn der Wert des in das Gesamthandsvermögen übertragenen Betriebs allein einem Kapitalkonto beim übernehmenden Rechtsträger gutgeschrieben wird, das für die maßgeblichen Gesellschaftsrechte ohne Bedeutung ist (BFH BStBl. II 2016, 595; BMF 26.7.2016, DStR 2016, 1749; Rödder/Herlinghaus/van Lishaut/Birkemeier Rn. 217).

104 Die Übernahme von Verbindlichkeiten des übertragenden Rechtsträgers, die zu einer betrieblichen Einheit gehören, stellen keine Gegenleistung iSd Abs. 2 Nr. 3 dar. Die durch die Verschm entstehende Kapitalertragsteuer für die Einnahmen iSv

§ 7, die der übernehmende Rechtsträger als stl. Rechtsnachfolger des übertragenden Rechtsträgers zu entrichten hat, ist keine Gegenleistung iSd Abs. 2 Nr. 3 (BMF 11.11.2011, BStBl. I 2011, 1314 Rn. 21; Dötsch/Pung/Möhlenbrock/Möhlenbrock/Pung Rn. 122; BeckOK UmwStG/Kaiser/Möller-Gosoge Rn. 251; HK-UmwStG/Bron Rn. 278; IDW Ubg 2011, 549).

c) Gegenleistung in Gesellschaftsrechten. Das Antragswahlrecht des Abs. 2 **105** gilt – neben den sonstigen Voraussetzungen – auch dann, wenn als Gegenleistung für die Vermögensübertragung Gesellschaftsrechte gewährt werden. Bei diesen Gesellschaftsrechten muss es sich um solche am übernehmenden Rechtsträger handeln (Dötsch/Pung/Möhlenbrock/Möhlenbrock/Pung Rn. 120; Rödder/Herlinghaus/van Lishaut/Birkemeier Rn. 217; Haritz/Menner/Bilitewski/Mertgen Rn. 124 f.). Die Gewährung von Gesellschaftsrechten setzt die erstmalige Einräumung eines MU-Anteils oder – im Falle einer bereits bestehenden MU-Stellung – eine Erhöhung des Kapitalanteils voraus, nach dem sich die maßgeblichen Gesellschaftsrechte, insbes. das Gewinnbezugsrecht, richten (BFH BStBl. II 2016, 593; BMF 26.7.2016, DStR 2016, 1749; Rödder/Herlinghaus/van Lishaut/Birkemeier Rn. 217; BeckOK UmwStG/Kaiser/Möller-Gosoge Rn. 249).

Werden neben Gesellschaftsrechten auch andere Gegenleistungen wie zB bare **106** Zuzahlung oder Darlehensforderungen (→ Rn. 108 ff.), durch den übernehmenden Rechtsträger an die Gesellschafter des übertragenden Rechtsträgers erbracht, so schließt dies die Anwendbarkeit des Abs. 2 nicht vollständig aus. In diesem Fall ist eine anteilige Anwendung des Abs. 2 weiterhin möglich. Das Gesetz schließt solche Mischfälle nicht aus, das Wahlrecht kann ausgeübt werden, soweit die Voraussetzungen des Abs. 2 gegeben sind (allgM vgl. BMF 11.11.2011, BStBl. I 2011, 1314 Rn. 03.23).

Empfänger der Gesellschaftsrechte am übernehmenden Rechtsträger müssen die **107** bisherigen Gesellschafter des übertragenden Rechtsträgers sein. Gesellschaftsrechte, die an Dritte gewährt werden, stellen keine Gewährung von Gesellschaftsrechten iSd Abs. 2 Nr. 3 dar, es sei denn, die Gewährung an den Dritten erfolgt wirtschaftlich für Rechnung des bisherigen Rechtsinhabers am übertragenden Rechtsträger (Dötsch/Pung/Möhlenbrock/Möhlenbrock/Pung Rn. 120).

d) Gegenleistung, die nicht in Gesellschaftsrechten besteht. Soweit eine **108** Gegenleistung gewährt wird, die nicht in Gesellschaftsrechten besteht, gilt das Antragswahlrecht des Abs. 2 nicht. Das Gesetz äußert sich nicht dazu, an wen, für was und durch wen Zahlungen geleistet werden müssen, damit eine Gegenleistung im Sinne dieser Vorschrift vorliegt. Ebenso wie im Regelungsbereich des § 11 sind Gegenleistungen iSd Abs. 2 Nr. 3 nur solche, die **von dem übernehmenden Rechtsträger** (Frotscher/Drüen/Schnitter Rn. 183; Rödder/Herlinghaus/van Lishaut/Birkemeier Rn. 214; Haritz/Menner/Bilitewski/Mertgen Rn. 126) oder diesem nahestehenden Personen im Rahmen der Verschm erbracht werden (BMF 11.11.2011, BStBl. I 2011, 1314 Rn. 03.21; Rödder/Herlinghaus/van Lishaut/Birkemeier Rn. 214; Widmann/Mayer/Martini Rn. 890). Diese Gegenleistung muss an die verbleibenden Gesellschafter des übertragenden Rechtsträgers oder diesen nahestehenden Personen erfolgen (BMF 11.11.2011, BStBl. I 2011, 1314 Rn. 03.21; Frotscher/Drüen/Schnitter Rn. 184; Rödder/Herlinghaus/van Lishaut/Birkemeier Rn. 215; HK-UmwStG/Bron Rn. 282 f.). Verbleibende Gesellschafter idS sind solche, die an der Verschm teilnehmen und damit Gesellschafter der übernehmenden PersGes werden. Es ist nicht erforderlich, dass die Gegenleistung auf Grund umwandlungsrechtlicher Regelungen erfolgt (BMF 11.11.2011, BStBl. I 2011, 1314 Rn. 03.21). Wird eine Körperschaft auf eine natürliche Person verschmolzen, scheidet eine Gegenleistung iSd § 3 aus (ebenso Dötsch/Pung/Möhlenbrock/Möhlenbrock/Pung Rn. 121; Rödder/Herlinghaus/van Lishaut/Birkemeier Rn. 215). Von einer Gegenleistung iSd Abs. 2 Nr. 3 ist im Grundsatz auszugehen, wenn die übernehmende PersGes eine Zuzahlung an verbleibende Gesellschafter des übertragenden Rechtsträgers erbringt (BMF 11.11.2011, BStBl. I 2011, 1314 Rn. 03.21; Dötsch/Pung/Möhlenbrock/Möhlenbrock/Pung Rn. 121 mwN; BeckOK UmwStG/Kaiser/Möller-Gosoge Rn. 250). Keine Gegenleistung iSd Abs. 2 S. 1 Nr. 3 stellt jedoch die **Barabfindung iSd §§ 29 ff. UmwG** an einen der Umw widersprechenden Anteilseigner dar (BMF 11.11.2011, BStBl. I 2011, 1314 Rn. 3.22; Dötsch/Pung/Möhlenbrock/Möhlenbrock/Pung Rn. 124; Rödder/ Herlinghaus/van Lishaut/Birkemeier Rn. 221; HK-UmwStG/Bron Rn. 282; Frotscher/Drüen/Schnitter Rn. 188; Widmann/Mayer/Martini Rn. 892; vgl. FG Münster EFG 2008, 343). Dies ergibt sich aus § 5 I. Bei einem Anteilseigner, der gegen Barabfindung ausscheidet, wird unterstellt, dass der der Verschm widersprechende Anteilseigner Anteile an der übertragenden Körperschaft veräußert und nicht solche am übernehmenden Rechtsträger. Die Fiktion hat zur Konsequenz, dass die übernehmende PersGes die Abfindung nicht deshalb leistet, um WG der übertragenden Körperschaft zu erlangen, sondern vielmehr die Abfindung deshalb bezahlt, um die Anteile des ausscheidenden Gesellschafters zu erwerben. Unter diesen Voraussetzungen liegt damit eine Gegenleistung iSd Abs. 2 S. 1 Nr. 3 nicht vor (→ Rn. 111). **Zur Zuzahlung iSv § 15 UmwG** → Rn. 21. **Zahlungen zwischen den Gesellschaftern,** um Wertunterschiede auszugleichen, stellen nach richtiger Meinung keine sonstige Gegenleistung dar (Dötsch/Pung/Möhlenbrock/Dötsch § 11 Rn. 106; Haritz/Menner/Bilitewski/Mertgen Rn. 126; Rödder/Herlinghaus/van Lishaut/Birkemeier Rn. 222; HK-UmwStG/Bron Rn. 283; aA möglicherweise BMF 11.11.2011, BStBl. I 2011, 1314 Rn. 03.21: nahestehende Personen); gleiches sollte auch für Zahlungen durch die übertragenden Rechtsträger an dessen Gesellschafter gelten (Rödder/Herlinghaus/van Lishaut/Birkemeier Rn. 223). **Rechte Dritter an Anteilen** des übertragenden Rechtsträgers, die sich von Gesetzes wegen an den neuen Anteilen am übernehmenden Rechtsträger fortsetzen, stellen keine sonstige Gegenleistung dar. Gleiches gilt, wenn sich solche Rechte auf Grund einer schuldrechtlichen Vereinbarung, auch wenn diese erst im Zusammenhang mit der Verschm geschlossen wird, an den Anteilen am übernehmenden Rechtsträger fortsetzen sollen (zB Vorkaufsrechte).

109 Räumt die übernehmende PersGes verbleibenden Gesellschaftern des übertragenden Rechtsträgers ein **Darlehen** iRd Verschm ein, stellt dies eine schädliche Gegenleistung dar (allgM vgl. nur BMF 11.11.2011, BStBl. I 2011, 1314 Rn. 03.21; Widmann/Mayer/Martini Rn. 891; Dötsch/Pung/Möhlenbrock/Möhlenbrock/Pung Rn. 121). Ausschlaggebend für die Frage, ob die Verschm gegen Gewährung von Gesellschaftsrechten erfolgt oder aber gegen Einräumung einer Darlehensforderung, ist die Qualifizierung des Gesellschafterkontos, auf dem die entsprechenden Beträge des übergehenden Vermögens verbucht werden. Erfolgt die Verbuchung auf einem **Kapitalkonto,** so liegt keine sonstige Gegenleistung vor, erfolgt sie auf einem Forderungskonto des Gesellschafters, ist Abs. 2 Nr. 3 insoweit nicht anwendbar. Die Abgrenzung richtet sich nicht nach den Kontenbezeichnungen, sondern danach, ob Zu- und Abgänge gesellschaftsrechtlicher oder schuldrechtlicher Natur sind (Dötsch/Pung/Möhlenbrock/Möhlenbrock/Pung Rn. 122; Frotscher/Drüen/ Schnitter Rn. 185; Haritz/Menner/Bilitewski/Mertgen Rn. 127; Lademann/Staats Rn. 154; HK-UmwStG/Bron 277). Von einem Kapitalkonto ist auszugehen, wenn auf diesem auch Verlustanteile gebucht werden. Es gelten die gleichen Grundsätze wie bei § 24 (Brandis/Heuermann/Klingberg Rn. 32). Kommt es zunächst zu einer Verbuchung der entsprechenden Beträge auf dem Kapitalkonto, werden diese Beträge aber in einem sachlichen und zeitlichen Zusammenhang mit der Verschm entnommen, liegt eine schädliche Gegenleistung vor (ebenso Dötsch/Pung/Möhlenbrock/Möhlenbrock/Pung Rn. 122; HK-UmwStG/Bron Rn. 279; BMF 11.11.2011, BStBl. I 2011, 1314 Rn. 03.21 iVm Rn. 24.11; Widmann/Mayer/Martini Rn. 894; Lademann/Staats Rn. 154). Die durch die Verschm entstehende **KapESt** ist keine sonstige Gegenleistung (→ § 7 Rn. 15).

Soweit eine Gegenleistung iSd Abs. 2 Nr. 3 erfolgt, die nicht in Gesellschaftsrechten besteht, hat dies folgende Konsequenzen: Die **übergehenden WG** sind in der stl. Schlussbilanz des übertragenden Rechtsträgers insoweit mit dem gemeinen Wert der Gegenleistung anzusetzen (BMF 11.11.2011, BStBl. I 2011, 1314 Rn. 03.21; Dötsch/Pung/Möhlenbrock/Möhlenbrock/Pung Rn. 130; Lademann/Staats Rn. 157; Widmann/Mayer/Martini Rn. 894; Brandis/Heuermann/Klingberg Rn. 32). Daraus ergibt sich ein Übertragungsgewinn in Höhe der Differenz zwischen dem Wert der sonstigen Gegenleistung abzgl. der auf die Gegenleistung entfallenden BW der übertragenen WG. Der anteilige BW ergibt sich aus dem Verhältnis des Gesamtwertes der Gegenleistung zum Wert der Sachgesamtheit, die übertragen wird. In Höhe des Übertragungsgewinns sind die WG in der stl. Schlussbilanz des übertragenden Rechtsträgers aufzustocken. Nach Auffassung der FVerw ermittelt sich der Aufstockungsbetrag aus dem Verhältnis des Übertragungsgewinns zu den gesamten stillen Reserven und stillen Lasten, jedoch mit Ausnahme der stillen Lasten in den Pensionsrückstellungen. Die sog. modifizierte Stufentheorie, nach der die Aufstockung in einer ersten Stufe bei bereits bilanzierten WG und den immateriellen WG erfolgte, und erst in einer zweiten Stufe bei einem nicht angesetzten Geschäfts- oder Firmenwert erfolgt, hat die FVerw zu Recht aufgegeben (Dötsch/Pung/Möhlenbrock/Möhlenbrock/Pung Rn. 130 iVm 128; Lademann/Staats Rn. 157; Widmann/Mayer/Martini Rn. 894; aA Bodden FR 2007, 6; IDW Ubg 2011, 549; zur Übergangsregelung vgl. BMF 11.11.2011, BStBl. I 2011, 1314 Rn. S 03). Wird als Gegenleistung eine Sachleistung gewährt und kommt es zu einer Aufdeckung von stillen Reserven in dieser Sachleistung, entsteht dieser Gewinn nicht rückwirkend zum Umwandlungsstichtag (BFH DStRE 2017, 400). Des Weiteren geht die FVerw davon aus, dass bei den Anteilseignern des übertragenden Rechtsträgers ein **Veräußerungserlös bezogen auf die Anteile** des übertragenden Rechtsträgers entsteht, soweit eine Gegenleistung gewährt wird, die nicht in Gesellschaftsrechten besteht (BMF 11.11.2011, BStBl. I 2011, 1314 Rn. 03.21; zu Recht krit. Dötsch/Pung/Möhlenbrock/Möhlenbrock/Pung Rn. 123; Frotscher/Drüen/Schnitter Rn. 191).

15. Einzelne Posten der steuerlichen Schlussbilanz

a) Abfindungsverpflichtung gegenüber ausscheidenden Gesellschaftern. Beim Ausscheiden durch Mehrheitsbeschluss steht dem ausscheidenden Gesellschafter ein Anspruch auf **angemessene Barabfindung** zu (zu Einzelheiten vgl. die Komm. in §§ 29, 30 UmwG). Der Abfindungsanspruch richtet sich nicht gegen die übertragende Körperschaft, sondern allein gegen den übernehmenden Rechtsträger, § 29 I 1 UmwG; der Anspruch entsteht mit Eintragung der Verschm im HR und ist sofort fällig. Da die übertragende Körperschaft nicht Schuldnerin des Abfindungsanspruchs ist und auch nicht werden kann, ist die Abfindungsverpflichtung gegenüber dem Ausscheidenden in der stl. Schlussbilanz der übertragenden Körperschaft nicht zu berücksichtigen. Es handelt sich dabei um Aufwand im Zusammenhang *mit der Anschaffung der vom Ausscheidenden erworbenen Anteile* durch die übernehmende PersGes (BMF 11.11.2011, BStBl. I 2011, 1314 Rn. 03.22; FG Münster DStRE 2009, 5; Widmann/Mayer/Martini Rn. 892; Rödder/Herlinghaus/van Lishaut/Birkemeier Rn. 117; Dötsch/Pung/Möhlenbrock/Möhlenbrock/Pung Rn. 137; HK-UmwStG/Bron Rn. 305; Haase/Hofacker/Steierberg Rn. 34). Eine Barabfindung idS soll auch dann gegeben sein, wenn die übernehmende PersGes den Gesellschaftern des übertragenden Rechtsträgers, die Gesellschafter der übernehmenden PersGes wurden, nach der Umw ein Abfindungsangebot macht, welches diese annehmen (FG Münster DStRE 2009, 5). Die Abfindungsverpflichtung stellt keine Gegenleistung iSv Abs. 2 Nr. 3 dar (→ Rn. 108).

112 b) Änderung der steuerlichen Schlussbilanz. Ändern sich die Ansätze der stl. Schlussbilanz nachträglich, zB aufgrund einer BP, ist die Übernahmebilanz des übernehmenden Rechtsträgers wg. der Regelung in § 4 I 1 entsprechend zu ändern (BMF 25.3.1998, BStBl. I 1998, 268 Rn. 03.14; Dötsch/Pung/Möhlenbrock/Möhlenbrock/Pung Rn. 156; Lademann/Staats Rn. 175; Widmann/Mayer/Martini Rn. 525). Die Änderung erfolgt nach § 175 I 1 Nr. 2 AO (Dötsch/Pung/Möhlenbrock/Möhlenbrock/Pung Rn. 156; Widmann/Mayer/Martini Rn. 525).

113 c) Ausländisches Vermögen; ausländische Betriebsstätte. In der stl. Schlussbilanz des übertragenden Rechtsträgers ist auch ausl. BV auszuweisen. Dies gilt unabhängig davon, ob Deutschland insoweit ein Besteuerungsrecht hat oder nicht (Dötsch/Pung/Möhlenbrock/Möhlenbrock/Pung Rn. 111; Haritz/Menner/Bilitewski/Mertgen Rn. 160; Rödder/Herlinghaus/van Lishaut/Birkemeier Rn. 199; Rödder/Schumacher DStR 2006, 1525; Lemaitre/Schönherr GmbHR 2007, 173; Hagemann/Jakob/Ropohl/Viebrock NWB-Sonderheft 1/2007, 23). Sind die Voraussetzungen des Abs. 2 S. 1 erfüllt, bezieht sich das Antragswahlrecht auch auf das ausl. BV des übertragenden Rechtsträgers. Es gilt das Einheitlichkeitserfordernis, dh die übergehenden WG sind in der stl. Schlussbilanz der übertragenden Körperschaft einheitlich entweder mit dem BW, dem gemeinen Wert oder einem ZW anzusetzen (vgl. aber auch Widmann/Mayer/Martini Rn. 537). Dies gilt auch für WG, die erst mit der Verschm im Inland steuerverstrickt werden (dazu aber → Rn. 98, → § 4 Rn. 27), oder solchen, die einer DBA-Freistellungsbetriebsstätte zuzuordnen sind (Dötsch/Pung/Möhlenbrock/Möhlenbrock/Pung Rn. 112; Hagemann/Jakob/Ropohl/Viebrock NWB-Sonderheft 1/2007, 21; krit. insoweit Rödder/Schumacher DStR 2006, 1525; Schaflitzl/Widmayer BB-Beil. 8/2006, 40).

114 Hat die übertragende Körperschaft ausl. Betriebsstättenvermögen und besteht insoweit eine **DBA-Freistellung**, so hat Deutschland ohnehin kein Besteuerungsrecht des sich bei Ansatz von ZW bzw. gemeinen Werten ergebenden Übertragungsgewinns. Zu beachten ist, dass die erhöhten Wertansätze in der stl. Schlussbilanz des übertragenden Rechtsträgers insoweit eine Erhöhung des stl. Übernahmegewinns/-verlustes beim übernehmenden Rechtsträger zur Folge haben (→ § 4 Rn. 27). Liegt das ausl. Vermögen des übertragenden Rechtsträgers in einem Staat ohne DBA-Freistellung, ändert die Verschm nichts daran, dass das ausl. BV in Deutschland steuerverhaftet bleibt; etwas anderes gilt nur, soweit ausl. Anteilseigner beteiligt sind. Dieses ausl. BV ist damit sowohl in Deutschland als auch im Ausland steuerverhaftet. Kommt es zu einer Doppelbesteuerung im Hinblick auf den Übertragungsgewinn, wird diese durch Anrechnung der ausl. Steuer nach § 26 KStG gemindert bzw. beseitigt. Kommt es aus dt. Sicht bezogen auf das ausl. Vermögen wegen der Buchwertfortführung in der stl. Schlussbilanz nicht zu einer Gewinnrealisierung, geht jedoch der ausl. Staat, in dem das Vermögen liegt, von einer Aufdeckung der stillen Reserven in diesem Vermögen aus, so kann die ausl. Steuer nicht angerechnet werden (Dötsch/Patt/Pung/Möhlenbrock/Pung/Möhlenbrock Rn. 43; Schaumburg GmbHR 1996, 414). Bei einer später der dt. Steuer unterliegenden Realisierung der stillen Reserven kommt es dann zu einer zweiten Besteuerung.

115 Zur Anrechnung fiktiver ausl. Steuern → Rn. 153; zur Hereinverschmelzung → Rn. 98 ff.; zur Hinausverschmelzung → Rn. 94 ff.

116 d) Ausstehende Einlagen. Nach Auffassung der FVerw (BMF 11.11.2011, BStBl. I 2011, 1314 Rn. 03.05; vgl. auch Dötsch/Pung/Möhlenbrock/Möhlenbrock/Pung Rn. 140; Rödder/Herlinghaus/van Lishaut/Birkemeier Rn. 122b; HK-UmwStG/Bron Rn. 311 bzgl. nicht eingeforderter ausstehender Einlagen) sind ausstehende Einlagen mangels Verkehrsfähigkeit keine WG, sondern Wertberichtigungsposten zum Grund- oder Stammkapital. Sie sollen daher in der stl. Schlussbilanz der übertragenden Körperschaft nicht zu berücksichtigen sein. Diese Auffassung kann jedoch nicht überzeugen, da ausstehende Einlagen echte Forderungen der

Wertansätze in der stl. Schlussbilanz   117–120   **§ 3 UmwStG D**

übertragenden Körperschaft gegen ihre Gesellschafter sind, auf welche die Gesellschaft nicht verzichten kann, die abgetreten, verpfändet und gepfändet werden können und die daher im Wege der Gesamtrechtsnachfolge auf die übernehmende Gesellschaft übergehen (Haritz/Menner/Bilitewski/Mertgen Rn. 187; Widmann/Mayer/Martini Rn. 579; Brandis/Heuermann/Klingberg Rn. 19a; Frotscher/Drüen/Schnitter Rn. 193; Haase/Hofacker/Steierberg § 4 Rn. 33). Diese Einzahlungsforderungen sind daher in der Schlussbilanz zu aktivieren, und zwar selbst dann, wenn sie sich gegen die Übernehmerin richten, da eine Konfusion iSd § 6 erst unmittelbar nach Eintragung der Umw ins HR wirksam werden kann. Zu den Auswirkungen bei der Ermittlung des Übernahmegewinns → § 4 Rn. 30.

e) Beteiligungen. Ist die übertragende Körperschaft an einer **Mitunternehmerschaft** beteiligt, so wirkt sich das Antragswahlrecht auch auf diesen Mitunternehmeranteil aus. Kommt es zu einem Zwischenwert- bzw. gemeinen Wertansatz, so sind die stillen Reserven, die auf die Übertragerin entfallen, aufzustocken. Dies gilt auch für originäre immaterielle WG, insbes. einen selbstgeschaffenen Firmenwert. Die Aufstockung der stillen Reserven, die der Übertragerin zustehen, erfolgt in der Ergänzungsbilanz der Mitunternehmerschaft (→ Rn. 50). Die Ausübung des Antragswahlrechts durch die übertragende Körperschaft ist für die Mitunternehmerschaft bindend (Widmann/Mayer/Martini Rn. 736; Dötsch/Pung/Möhlenbrock/Möhlenbrock/Pung Rn. 73, 142; Rödder/Herlinghaus/van Lishaut/Birkemeier Rn. 142; HK-UmwStG/Bron Rn. 331; wohl auch BMF 11.11.2011, BStBl. I 2011, 1314 Rn. 03.27. Zur doppelstöckigen PersGes → Rn. 50. Zur Zurechnung von Einkünften einer Mitunternehmerschaft bei unterjähriger Verschmelzung des MU vgl. Behrendt/Uterhark BB 2018, 2603.   117

Setzt die übertragende Körperschaft in ihrer stl. Schlussbilanz eine **Beteiligung an einer anderen Körperschaft** mit einem über dem BW liegenden Wert an, so findet § 8b II KStG Anwendung, da die Verschm einer Körperschaft auf eine PersGes bzw. den Alleingesellschafter ein Übertragungsvorgang in Form eines Anschaffungs- und Veräußerungsgeschäftes darstellt (Haritz/Menner/Brinkhaus/Grabbe Rn. 183; Dötsch/Pung/Möhlenbrock/Möhlenbrock/Pung Rn. 141; Haase/Hofacker/Steierberg Rn. 34). § 8b III 1, VII, VIII KStG ist zu beachten (Rödder/Herlinghaus/van Lishaut/Birkemeier Rn. 123; HK-UmwStG/Bron Rn. 325). Zu § 8c KStG → § 4 Rn. 77.   118

f) Beteiligung der übertragenden Körperschaft an der Übernehmerin. Ist die übertragende Körperschaft an der übernehmenden PersGes beteiligt, so gehören zum übergehenden Vermögen auch die der übertragenden Körperschaft anteilig zuzurechnenden WG der PersGes, sodass auch diesbzgl. die Aufstockung der stillen Reserven in einer Ergänzungsbilanz bei der übernehmenden PersGes notwendig sein kann (BMF 11.11.2011, BStBl. I 2011, 1314 Rn. 03.10; Rödder/Herlinghaus/van Lishaut/Birkemeier Rn. 127; Rödder/Herlinghaus/van Lishaut/van Lishaut § 4 Rn. 24; Widmann/Mayer/Martini Rn. 358).   119

g) Downstream-Merger. Eine Umw iSd § 1 I Nr. 1 UmwG ist auch die Verschm einer Mutter-KapGes auf ihre Tochter-PersGes (Dötsch/Pung/Möhlenbrock/Pung/Werner § 4 Rn. 116). Zum übergehenden Vermögen gehören auch die der übertragenden Körperschaft anteilig zuzurechnenden WG der PersGes, sodass auch diesbzgl. die Aufstockung der stillen Reserven notwendig sein kann (Rödder/Herlinghaus/van Lishaut/van Lishaut § 4 Rn. 24; → Rn. 119). Übergehendes Vermögen der Mutter-KapGes ist damit das Vermögen des übertragenden Rechtsträgers einschl. der Beteiligung an der Tochter-PersGes, was gegen einen Direkterwerb der Beteiligung an der Tochter-PersGes durch die Gesellschafter der Mutter-KapGes spricht (vgl. dazu ausf. Hannemann DB 2000, 2497; Dieterlen/   120

Schaden BB 2000, 2552; Dötsch/Pung/Möhlenbrock/Pung/Werner § 4 Rn. 116 ff.).

121 **h) Eigene Anteile.** Besitzt die übertragende Körperschaft vor Inkrafttreten des BilMoG am stl. Übertragungsstichtag eigene Anteile, so gehen diese mit der Umw unter, sie werden damit nicht auf die übernehmende PersGes übertragen. In der stl. Schlussbilanz der übertragenden Körperschaft sind die eigenen Anteile nicht zu erfassen (BMF 11.11.2011, BStBl. I 2011, 1314 Rn. 03.05; Widmann/Mayer/Widmann Rn. 364; Haritz/Menner/Bilitewski/Mertgen Rn. 188; Dötsch/Pung/Möhlenbrock/Möhlenbrock/Pung Rn. 143; Frotscher/Drüen/Schnitter Rn. 197). Der vor Inkrafttreten des BilMoG durch den Wegfall der eigenen Anteile entstehende buchmäßige Verlust war dem Gewinn der KapGes außerhalb der Bilanz wieder hinzuzurechnen oder gewinnneutral über Rücklagen für eigene Anteile auszubuchen (Dötsch/Pung/Möhlenbrock/Möhlenbrock/Pung Rn. 143; BMF 11.11.2011, BStBl. I 2011, 1314 Rn. 03.05). Zur Veräußerung der eigenen Anteile im Rückwirkungszeitraum → § 4 Rn. 32. Nach Inkrafttreten des BilMoG ist der Ausweis eigener Anteile nicht mehr zulässig, das Problem stellt sich dann nicht mehr (vgl. BMF 27.11.2013, DStR 2013, 2700; Frotscher/Drüen/Schnitter Rn. 198 (Brandis/Heuermann/Klingberg Rn. 19a).

122 **i) Firmen-/Geschäftswert.** Das Ansatzverbot originärer immaterieller WG des Anlagevermögens einschl. eines Geschäfts- oder Firmenwertes gilt ausweislich von Abs. 1 nicht. Dies ist konsequent, da der Verschmelzungsvorgang sich aus der Sicht des übernehmenden Rechtsträgers als Anschaffung darstellt. Werden die WG in der stl. Schlussbilanz mit einem ZW angesetzt, so kommt es auch bezogen auf originäre immaterielle WG insbes. eines Firmenwertes zu einer anteiligen Aufstockung; die sog. modifizierte Stufentheorie (vgl. BMF 25.3.1998, BStBl. I 1998, 268 Rn. 22.08), nach der ein selbst geschaffener Firmenwert nur in den Fällen zu berücksichtigen war, in denen die übrigen bilanzierten und nicht bilanzierten WG (einschließl. der immateriellen WG) bereits auf den TW (jetzt: gemeiner Wert) aufgestockt wurden, hat die FVerw aufgegeben (BMF 11.11.2011, BStBl. I 2011, 1314 Rn. 03.26 iVm Rn. 03.04; ebenso Dötsch/Pung/Möhlenbrock/Möhlenbrock/Pung Rn. 128; Rödder/Herlinghaus/van Lishaut/Birkemeier Rn. 249; Stadler/Elser/Bindl DB-Beil. 1/2012, 14; aA Bodden FR 2007, 6; zur Übergangsregelung vgl. BMF 11.11.2011, BStBl. I 2011, 1314 Rn. S 03; zum Problem der stillen Lasten → Rn. 36 ff.). Zum Ansatz des Geschäfts- und Firmenwertes, wenn der Betrieb durch den übernehmenden Rechtsträger nicht fortgeführt wird, vgl. BMF 11.11.2011, BStBl. I 2011, 1314 Rn. 11.03. Zur Behandlung eines durch den übertragenden Rechtsträger angeschafften Firmenwertes → § 11 Rn. 78.

123 **j) Forderungen und Verbindlichkeiten.** Forderungen und Verbindlichkeiten zwischen der übertragenden Körperschaft und dem übernehmenden Rechtsträger erlöschen erst mit der Eintragung in das HR (in der logischen Sekunde danach); sie sind damit in der stl. Schlussbilanz der übertragenden Körperschaft weiterhin zu aktivieren; ihr Wegfall durch Konfusion ist erst in der stl. Übernahmebilanz des übernehmenden Rechtsträgers zu verbuchen (BMF 11.11.2011, BStBl. I 2011, 1314 Rn. 03.05, 06.11; Rödder/Herlinghaus/van Lishaut/Birkemeier Rn. 130; Widmann/Mayer/Martini Rn. 375). Wurde die Forderung in der Vergangenheit wertberichtigt, so ist zu prüfen, ob zum Verschmelzungsstichtag die Voraussetzungen für eine **Zuschreibung gem. § 6 I Nr. 2 S. 3 iVm Nr. 1 S. 4 EStG** vorliegen. Hat der übertragende Rechtsträger eine abgeschriebene Forderung bilanziert, so muss er noch in der stl. Schlussbilanz die Teilwertabschreibung rückgängig machen, falls die Voraussetzungen der Zuschreibung zum Umwandlungsstichtag vorliegen. In diesem Fall entsteht beim übernehmenden Rechtsträger insoweit kein Übernahmefolgegewinn. Das Gleiche gilt auch, wenn die übernehmende PersGes eine Forderung gegenüber dem übertragenden Rechtsträger teilwertberichtigt hat und Verschmelzungsstichtag das Ende des Wj. der PersGes ist. Ist die übernehmende PersGes verpflichtet, gem. § 6 I Nr. 2 S. 3 iVm Nr. 1 S. 4 EStG die Wertminderung rückgängig zu machen, so ist ein daraus entstehender Gewinn kein Übernahmefolgegewinn, eine Rücklagenbildung ist ausgeschlossen. Allein die Tatsache, dass es durch die Verschm zu einer Konfusion kommt, führt nicht dazu, dass eine wertberichtigte Forderung wieder werthaltig wird (HK-UmwStG/Bron Rn. 316). Wurde die Abschreibung einer Forderung nach § 8b III 4 ff. KStG stl. nicht anerkannt, so stellt der im Rahmen einer Verschm insoweit entstehende Übernahmefolgegewinn keinen Gewinn aus einer Wertaufholung nach § 6 I Nr. 2 S. 3 EStG dar, der nach § 8b III 8 KStG außer Ansatz bleiben würde, die Regelung ist aber analog auf diesen Fall anzuwenden (ebenso Behrendt/Klages GmbHR 2010, 190; Töben FR 2010, 249; aA BMF 11.11.2011, BStBl. I 2011, 1314 Rn. 06.02; Dötsch/Pung/Möhlenbrock/Pung/Werner § 6 Rn. 16; Krohn/Gräulich DStR 2008, 646; vgl. auch FG BW EFG 2016, 1571).

k) Forderungsverzicht mit Besserungsschein. Verzichtet ein **Nicht-Gesellschafter** auf eine Forderung gegenüber der übertragenden Körperschaft mit Besserungsschein iSv § 5 IIa EStG (vgl. BFH DStR 2017, 925), so ist in der stl. Schlussbilanz der übertragenden Körperschaft eine Schuld nicht mehr auszuweisen (Rödder/Herlinghaus/van Lishaut/Birkemeier Rn. 131; HK-UmwStG/Bron Rn. 317; Widmann/Mayer/Martini Rn. 586); die Verpflichtung der übertragenden Körperschaft ist durch den Forderungsverzicht mit Besserungsschein bedingt und entsteht erst wieder, sobald die übertragende Körperschaft Gewinne erwirtschaftet. Erst zu diesem Zeitpunkt ist die Schuld wieder passivierungsfähig. Die bedingte Verpflichtung aus dem Forderungsverzicht mit Besserungsschein geht durch die Verschm im Wege der Gesamtrechtsnachfolge auf die Übernehmerin über (Rödder/Herlinghaus/van Lishaut/Birkemeier Rn. 131; Frotscher/Drüen/Schnitter Rn. 200). Sobald sie Gewinne erwirtschaftet, muss die Verbindlichkeit eingebucht werden. Es entsteht ein steuerwirksamer Aufwand (vgl. BMF 2.12.2003, BStBl. I 2003, 648; FG Hmb EFG 2016, 1721; Widmann/Mayer/Widmann Rn. 152 f.). Tritt die Bedingung in Form der Besserung der finanziellen Situation bereits durch die Verschm ein, kann die Einbuchung der Verbindlichkeit frühestens mit der zivilrechtlichen Wirksamkeit des Verschmelzungsvertrages erfolgen (FG Hmb EFG 2016, 1721).

Verzichtet ein **Gesellschafter** oder eine diesem nahestehende Person, muss danach diff. werden, ob die Forderung werthaltig ist. Soweit die Forderung nicht werthaltig ist, gelten die gleichen Grundsätze wie beim fremden Dritten. Hinsichtlich des werthaltigen Teils liegt eine Einlage vor (Rödder/Herlinghaus/van Lishaut/Birkemeier Rn. 131; Haase/Hofacker/Steierberg Rn. 34), die zu nachträglichen AK führt, welche im Rahmen der Ermittlung des Übernahmeergebnisses zu berücksichtigen sind (Dötsch/Pung/Möhlenbrock/Möhlenbrock/Pung Rn. 154; Rödder/Herlinghaus/van Lishaut/Birkemeier Rn. 131). Im Besserungsfall wird auf der Ebene der PersGes eine Verbindlichkeit passiviert und korrespondierend dazu ein entsprechender Ertrag in der Sonderbilanz aktiviert (Dötsch/Pung/Möhlenbrock/Möhlenbrock/Pung Rn. 154; Widmann/Mayer/Martini Rn. 587), was frühestens mit der zivilrechtlichen Wirksamkeit des Verschmelzungsvertrages erfolgt.

l) Grunderwerbsteuer. Der Übergang von Grundstücken auf Grund einer Verschm stellt einen Erwerbsvorgang dar, der gem. § 1 I Nr. 3 GrEStG der Grunderwerbsteuer unterliegen kann. Da die Grunderwerbsteuer bei der Verschm zur Aufnahme mit der Eintragung der Verschm in das Register des Sitzes des übernehmenden Rechtsträgers, bei der Verschm zur Neugründung zum Zeitpunkt der Eintragung der neuen Gesellschaft im HR entsteht, kann der übertragende Rechtsträger insoweit keine Rückstellung bilden (vgl. BMF 18.1.2010, BStBl. I 2010, 70; Rödder/Herlinghaus/van Lishaut/Birkemeier Rn. 134; Frotscher/Drüen/Schnitter

Rn. 209; HK-UmwStG/Bron Rn. 322; Brandis/Heuermann/Klingberg Rn. 19a). Zum Betriebsausgabenabzug von GrESt nach § 1 III Nr. 3 GrEStG vgl. SächsFG DStRE 2017, 596.

126 **m) Immaterielle Wirtschaftsgüter.** Setzt die übertragende Körperschaft in ihrer stl. Schlussbilanz die WG mit einem ZW oder gemeinen Wert an, so sind die originären immateriellen WG des Anlagevermögens (anteilig) in der Schlussbilanz anzusetzen (auch → Rn. 122).

127 **n) Kapitalersetzende Darlehen.** Bei kapitalersetzenden Darlehen handelt es sich um „normale" Verbindlichkeiten, die in der stl. Schlussbilanz zu passivieren sind (BFH BStBl. II 1992, 532). Zu weiteren Einzelheiten vgl. auch § 6.

128 **o) Kapitalertragsteuer.** Eine Verpflichtung zur KapESt-Abführung kann durch die Verschm ausgelöst werden, soweit die Gesellschafter gem. § 7 ihren Anteil am ausschüttbaren Gewinn als Einnahmen iSv § 20 I Nr. 1 EStG zu versteuern haben. Die KapESt wird nicht in der Schlussbilanz der übertragenden Körperschaft abgebildet, sondern mindert erst auf der Ebene der PersGes das Kapitalkonto des jeweiligen Gesellschafters (BMF 11.11.2011, BStBl. I 2011, 1314 Rn. 03.21, 07.08; Rödder/Herlinghaus/van Lishaut/Birkemeier Rn. 137; Stimpel GmbH-StB 2008, 74).

129 **p) Körperschaftsteuerguthaben/Körperschaftsteuererhöhung.** Nach § 37 IV KStG ist bei der Umw einer Körperschaft auf eine PersGes oder natürliche Person das **KSt-Guthaben** bei einem vor dem 31.12.2006 liegenden stl. Übertragungsstichtag letztmalig festzustellen. Der Anspruch auf ratierliche Auszahlung des KSt-Guthabens ist in abgezinster Höhe in der stl. Schlussbilanz des übertragenden Rechtsträgers zu aktivieren. Der Ansatz des KSt-Guthabens sowie die Aufzinsungsbeträge führen nach § 37 VII KStG zu keinen Einkünften auf Ebene der übertragenden Körperschaft. Der aktivierte Anspruch auf ratierliche Auszahlung des KSt-Guthabens geht auf die PersGes über und führt zu einem entsprechend höheren Übernahmeergebnis bzw. zu höheren Einnahmen iSd § 7 UmwStG (Dötsch/Pung/Möhlenbrock/Möhlenbrock/Pung Rn. 148; Haritz/Menner/Bilitewski/Mertgen Rn. 227). Nach Meinung der FVerw ist § 37 VII KStG nur bei Körperschaften anwendbar, sodass die Aufzinsungserträge bei der übernehmenden PersGes in voller Höhe stpfl. sein sollen (BMF 14.1.2008, BStBl. I 2008, 280; Stimpel GmbH-StB 2008, 74; aA BFH BStBl. II 2020, 104 falls an der PersGes entweder unmittelbar oder mittelbar ausschließlich Körperschaften beteiligt sind; Förster/Felchner DStR 2007, 280). Liegt der stl. Übertragungsstichtag vor dem 1.1.2007, kommt es im VZ der Verschm zu einer **KSt-Erhöhung** nach § 10, sofern der übertragende Rechtsträger über einen positiven Teilbetrag EK 02 (iSd § 38 KStG) verfügt (vgl. BMF 16.12.2003, BStBl. I 2003, 768 Rn. 13). Bei einem stl. Übertragungsstichtag nach dem 31.12.2006 gilt die Neuregelung des § 38 IV–X KStG. Sie sieht vor, dass die KapGes 3% des EK 02 ausschüttungsunabhängig in zehn gleichen Jahresraten in den Jahren 2008–2017 entrichten muss. Dieser pauschale Erhöhungsbetrag entsteht am 1.1.2007 und ist in der StB abgezinst zu passivieren. Der Aufwand ist bei der Einkommensermittlung hinzuzurechnen (§ 38 X KStG; zu weiteren Einzelheiten vgl. Neumann/Simpel GmbHR 2008, 57). Die Umw als solche löst grds. (vgl. aber § 34 XVI KStG) keine KSt-Erhöhung mehr aus. Die Verpflichtung zur Zahlung des pauschalierten Erhöhungsbetrags geht auf die übernehmende PersGes über.

130 **q) Organschaft.** Wird ein **Organträger** auf einen anderen Rechtsträger verschmolzen, tritt der übernehmende Rechtsträger in den bestehenden Gewinnabführungsvertrag grds. ein (BMF 11.11.2011, BStBl. I 2011, 1314 Rn. Org.01; Dötsch/Patt/Pung/Möhlenbrock/Pung/Möhlenbrock Anh. Rn. 4 mwN). Für den übernehmenden Rechtsträger stellt die Verschm jedoch einen wichtigen Grund dar, den Ergebnisabführungsvertrag zu kündigen oder im gegenseitigen Einvernehmen zu beenden (BMF 11.11.2011, BStBl. I 2011, 1314 Rn. Org.12). Nach Auffassung der FVerw (BMF 26.8.2003, BStBl. I 2003, 437 Rn. 43) stellten die nach § 14 IV KStG aF zu bildenden aktiven und passiven Ausgleichsposten Korrekturposten auf den Beteiligungsbuchwert dar (vgl. FG Münster EFG 2016, 587). Zweck der Bildung von Ausgleichsposten war es sicherzustellen, dass die innerhalb der Organschaft erzielten Gewinne oder Verluste nur einmal der Besteuerung unterworfen werden. Ausgleichsposten wurden nur dann gebildet, wenn es zu sog. Minder- oder Mehrabführungen kommt, die ihre Ursachen in der organschaftlichen Zeit haben. Die FVerw geht zu Recht davon aus, dass die Verschm auf der Ebene des übertragenden Rechtsträgers eine Veräußerung darstellt (BMF 11.11.2011, BStBl. I 2011, 1314 Rn. 00.02) mit der Folge, dass grds. die Ausgleichsposten erfolgswirksam aufzulösen sind. Erfolgt die Verschm zum BW und war das Organschaftsverhältnis vom übernehmenden Rechtsträger fortgeführt, ordnete die FVerw die Beibehaltung des Ausgleichspostens an. Wurde in der stl. Schlussbilanz der gemeine Wert angesetzt, so war der Ausgleichsposten in jedem Fall in voller Höhe aufzulösen. Bei Zwischenwertansatz wurden bei fortbestehender Organschaft die Ausgleichsposten anteilig, bei Nichtfortführung in voller Höhe aufgelöst (vgl. dazu insges. BMF 11.11.2011, BStBl. I 2011, 1314 Rn. Org.05). § 14 IV KStG wurde mit Wirkung zum 1.1.2022 geändert, seit dieser Zeit gilt die sog. Einlagelösung (vgl. BMF-Schr. v. 29.9.2022 DStR 2022, 2104). Bei der Verschm einer **OrganGes** auf eine PersGes endet der Gewinnabführungsvertrag, und zwar mit der Handelsregistereintragung der Verschm (BMF 11.11.2011, BStBl. I 2011, 1314 Rn. Org.21). Zur Abführung eines Übertragungsgewinns vgl. BFH BStBl. II 2023, 195; BMF-Schr. v. 10.2.2023 BStBl. I 2023, 250.

r) Passivierungsverbote in der steuerlichen Schlussbilanz. Zur Berücksichtigung stiller Lasten in der stl. Schlussbilanz → Rn. 32, → Rn. 36 ff. **131**

s) Pensionsrückstellungen. Nach Abs. 1 S. 2 sind Pensionsrückstellungen nicht mit dem gemeinen Wert, sondern mit dem Wert nach § 6a EStG in der stl. Schlussbilanz anzusetzen. Pensionsrückstellungen iSd Abs. 1 S. 2 sind solche iSd § 6a EStG (vgl. dazu Schmidt/Weber-Grellet § 6a Rn. 7; zur Kritik vgl. Rödder/Schumacher DStR 2006, 1481). Durch die gesetzliche Anordnung in Abs. 1 S. 2 werden stille Lasten bei der Bewertung der Pensionsrückstellungen nicht berücksichtigt. Da sich jedoch auch diese stillen Lasten im Ertragswert des Unternehmens niederschlagen, sollen diese stillen Lasten im Firmenwert berücksichtigt werden (Haritz/Menner/Brinkhaus/Grabbe Rn. 95; Ley/Bodden FR 2007, 265; aA BMF 11.11.2011, BStBl. I 2011, 1314 Rn. 03.07 f.). **132**

t) Privatvermögen. Wird das Vermögen der übertragenden Körperschaft nicht BV der Übernehmerin, sind die WG in der stl. Schlussbilanz der übertragenden Körperschaft mit dem gemeinen Wert anzusetzen. Ob bei der übernehmenden PersGes BV vorliegt, entscheidet sich nach dem Verhältnis im Zeitpunkt des stl. Übertragungsstichtags (BMF 11.11.2011, BStBl. I 2011, 1314 Rn. 03.11; → Rn. 75). Werden nur einzelne WG der übertragenden Körperschaft, nicht jedoch sämtliche WG bei der Übernehmerin zu PV, so steht dies der Ausübung des Antragswahlrechts bezogen auf die WG, die BV werden, nicht entgegen (Widmann/Mayer/Martini Rn. 661 ff.). **133**

u) Steuerfreie Rücklagen. Steuerfreie Rücklagen sind bei Buch- und Zwischenwertansatz in der stl. Schlussbilanz auszuweisen (BMF 11.11.2011, BStBl. I 2011, 1314 Rn. 03.04; Frotscher/Drüen/Schnitter Rn. 203; vgl. auch BFH BStBl. II 2021, 517). Zu § 7g EStG aF vgl. BFH BStBl. II 2015, 1007; FG SA 1.6.2023 – 1 K 98/23, BeckRS 2023, 16546; Widmann/Mayer/Martini Rn. 240). Bisher war nicht geklärt, ob es in der Pers des übertragenden Rechtsträgers zu einer gewinnerhöhenden Auflösung einer § 6b EStG-Rücklage kommt, wenn der Umwandlungs- **134**

stichtag exakt mit dem Ende des Reinvestitionszeitraumes übereinstimmt (vgl. FG Bln-Bdg EFG 2019, 739; FG Münster EFG 2019, 370). Nach Auffassung des BFH (BStBl. II 2021, 517) erfolgt diese Auflösung noch in der Person der übertragenden Gesellschaft.

135 **v) Steuernachforderungen.** Alle auf die Zeit vor dem stl. Übertragungsstichtag entfallenden Steuerschulden des übertragenden Rechtsträgers sind in der stl. Schlussbilanz zurückzustellen. Dies gilt für KSt- und GewSt-Schulden, und zwar auch für solche, die durch einen etwaigen Übertragungsgewinn entstehen (Widmann/Mayer/Martini Rn. 681; Dötsch/Pung/Möhlenbrock/Möhlenbrock/Pung Rn. 145; Frotscher/Drüen/Schnitter Rn. 204; HK-UmwStG/Bron Rn. 336). Ergeben sich für die übertragende Körperschaft Steuernachforderungen (zB aufgrund einer Außenprüfung), so sind diese zu Lasten der Wj. zu passivieren, zu denen sie wirtschaftlich gehören (Widmann/Mayer/Martini Rn. 678). Die zu bildenden Steuerrückstellungen mindern das übergehende Vermögen.

136 **w) Umwandlungskosten.** Ausschlaggebend für die Zuordnung der Verschmelzungskosten ist, in wessen Sphäre bei den an der Umw beteiligten Rechtsträger diese entstanden sind. Dabei hat jeder Beteiligte die auf ihn entfallenden Kosten selbst zu tragen (BFH DStR 1998, 1420; Widmann/Mayer/Martini Rn. 617 ff.; Dötsch/Pung/Möhlenbrock/Möhlenbrock/Pung Rn. 152; im Grundsatz ebenso BMF 11.11.2011, BStBl. I 2011, 1314 Rn. 03.34). Die Kostenzuordnung richtet sich nach dem **objektiven wirtschaftlichen Veranlassungsprinzip** und steht nach Auffassung des BFH (DStR 2023, 212; DStR 1998, 1420; ebenso FG RhPf EFG 2016, 1392) nicht zur Disposition der Verschmelzungsbeteiligten (Dötsch/Pung/Möhlenbrock/Möhlenbrock/Pung Rn. 152; HK-UmwStG/Bron Rn. 337; Rödder/Herlinghaus/van Lishaut/Birkemeier Rn. 300; Widmann/Mayer/Martini Rn. 600 ff.; Frotscher/Drüen/Schnitter Rn. 208; aA Haritz/Menner/Bilitewski/Mertgen Rn. 215).

137 Eine gesetzliche Regelung der stl. Behandlung von Umwandlungskosten findet sich nur für den übernehmenden Rechtsträger (§ 4 IV 1), wobei bzgl. der Zuordnung von Kosten insoweit keine Aussage gemacht wird. Beim übertragenden Rechtsträger sind solche Kosten zu berücksichtigen, die durch die Verschm in seiner Person verursacht werden (vgl. dazu Krohn DB 2018, 1755; Scheifele Ubg 2018, 129; Holle/Weiss DStR 2018, 167; Ronneberger NWB 2017, 954). Dazu gehören auch Kosten der Vorbereitungsphase wie Beratungskosten oder Kosten der Erteilung einer verbindlichen Auskunft, wobei § 10 Nr. 2 KStG iVm § 3 IV AO zu beachten sein soll (vgl. Dötsch/Pung/Möhlenbrock/Möhlenbrock/Pung Rn. 153; Tipke/Kruse/Seer AO § 89 Rn. 77; Schwarz/Pahlke/Volquardsen AO § 89 Rn. 101b). Auch Kosten des Verschmelzungsbeschlusses, der Anmeldung und Eintragung des Beschlusses, Löschungskosten, Kosten für die Beratung, Kosten der Gesellschafterversammlung, auf der dem Verschmelzungsvertrag zugestimmt wurde, die Kosten für die Erstellung der stl. Schlussbilanz iSv § 3 I, die Hälfte der Kosten für die Erstellung des Verschmelzungsvertrages bzw. dessen Entwurf ua (vgl. FG RhPf EFG 2016, 1392; Widmann/Mayer/Martini Rn. 617; Dötsch/Pung/Möhlenbrock/Möhlenbrock/Pung Rn. 152 f.; Haritz/Menner/Bilitewski/Mertgen Rn. 216 f.; BFH DStR 1998, 1420; vgl auch Krohn DB 2018, 1755) sind Umwandlungskosten. Solche Kostenpositionen mindern den lfd. Gewinn der Übertragerin. Soweit sie am stl. Übertragungsstichtag noch nicht beglichen sind, sind sie in der stl. Schlussbilanz als Schuld zu berücksichtigen. Nach Meinung der FVerw (BMF 11.11.2011, BStBl. I 2011, 1314 Rn. 04.34; ebenso FG RhPf EFG 2016, 1392; Lademann/Staats Rn. 48) *sind nicht objektbezogene Kosten, die dem übertragenden Rechtsträger nach dem objektiven wirtschaftlichen Veranlassungsprinzip zuzuordnen sind, dem übernehmenden Rechtsträger zuzuordnen, wenn sie nach dem stl. Übertragungsstichtag entstanden sind.* Dies wird zT als nicht überzeugend angesehen (Bogenschütz Ubg

2011, 393) und soll im Widerspruch zur Rspr. des BFH (BFH DStR 1998, 1420) stehen. Diese durch den übertragenden Rechtsträger verursachten Kosten sollen, wenn sie im Rückwirkungszeitraum entstehen, in der stl. Schlussbilanz als Rückstellungen zu passivieren sein (Widmann/Mayer/Martini Rn. 616; Rödder/Herlinghaus/van Lishaut/Birkemeier Rn. 300; Orth GmbHR 1998, 513; aA FG RhPf EFG 2016, 1392). Inwieweit Kosten nach dem zivilrechtlichen Vollzug der Verschm noch Umwandlungskosten darstellen, ist iE str. (vgl. Krohn DB 2018, 1755; Stimpel GmbHR 2012, 199; → § 4 Rn. 43 ff.). Übernimmt die Übernehmerin Kosten, die eigentlich von der Übertragerin zu begleichen sind, liegt eine verdeckte Einlage vor, wenn die Übernehmerin an der Übertragerin beteiligt ist (Widmann/Mayer/Martini Rn. 628).

Kosten, die bei dem **übernehmenden Rechtsträger** entstanden sind, sind insbes. die Hälfte der Kosten für die Erstellung des Verschmelzungsvertrages, die Beurkundungskosten für den Verschmelzungsvertrag zur Hälfte, Kosten des Verschmelzungsbeschlusses, der Anmeldung und Eintragung des Beschlusses, Kosten für die Beratung, die sich auf den Verschmelzungsbeschluss beziehen, Kosten der Gesellschafterversammlung, auf der dem Verschmelzungsvertrag zugestimmt wurde (Widmann/Mayer/Martini Rn. 618). Die Kosten, die vom übernehmenden Rechtsträger zu tragen sind, sollen nach bisheriger Auffassung der FVerw (BMF 25.3.1998, BStBl. I 1998, 268 Rn. 04.43) grds. als **lfd. BA** abziehbar sein, was auch gelten soll, wenn „objektbezogene" Kosten vorliegen, die Anschaffungs- und Anschaffungsnebenkosten iSd allg. Regelung des StR sind. Diese lfd. BA sind nunmehr gem. § 4 IV 1 bei der Ermittlung des Übernahmeergebnisses zu berücksichtigen. Objektbezogene Kosten, insbes. die GrESt, stellen jedoch keine sofort lfd. BA dar, sie sind vielmehr als zusätzliche AK zu aktivieren, da es sich bei dem Verschmelzungsvorgang um ein Anschaffungsgeschäft handelt (Dötsch/Pung/Möhlenbrock/Pung/Werner § 4 Rn. 47; Lademann/Staats Rn. 46; BMF 11.11.2011, BStBl. I 2011, 1314 Rn. 04.34; BMF 18.1.2010, BStBl. I 2010, 70; BFH DStR 1998, 1420 zum UmwStG 1977; Krohn DB 2018, 1755; vgl. auch BFH BStBl. II 2004, 686; BFH DStR 2023, 212; Bogenschütz Ubg 2011, 393). Zum Betriebsausgabenabzug von GrESt nach § 1 III Nr. 3 GrEStG vgl. SächsFG DStRE 2017, 596.

x) Zebragesellschaft. Ein Buch- oder Zwischenwert ist gem. Abs. 2 Nr. 1 nur insoweit zulässig, soweit die übergehenden WG „Betriebsvermögen der übernehmenden Personengesellschaft oder einer natürlichen Person werden". Liegt eine PersGes vor, die reine Vermögensverwaltung betreibt, und werden die Anteile an der vermögensverwaltenden PersGes (teilw.) im BV der Gesellschafter gehalten, so handelt es sich um eine sog. ZebraGes. Bei einer ZebraGes erfolgt die Ermittlung der Einkünfte auf der Ebene der Ges, die Qualifizierung der Einkünfte als gewerblich, freiberuflich, vermögensverwaltend uä aber auf der Ebene der Gesellschafter. Wird eine vermögensverwaltende GmbH auf eine solche ZebraGes verschmolzen, so geht das Vermögen auf der Ebene der ZebraGes nicht in das BV über, auf der Ebene der Anteilseigner liegt (teilweise) BV vor. Die FVerw geht bei der Verschm auf eine ZebraGes davon aus, dass das Wahlrecht des Abs. 2 keine Anwendung findet, denn das übergehende Vermögen würde nicht BV bei der übernehmenden PersGes (BMF 11.11.2011, BStBl. I 2011, 1314 Rn. 03.16, 08.03; ebenso Widmann/Mayer/Martini Rn. 824). Formal ist diese Betrachtungsweise richtig, sie wird jedoch nicht dem Sinn und Zweck des Abs. 2 Nr. 1 gerecht. Diese Vorschrift will unter Bezugnahme auf die Betriebsvermögensvoraussetzungen die Besteuerung der stillen Reserven im übergehenden Vermögen sicherstellen (Stadler/Elser/Bindl DB-Beil. 1/2012, 14). Hinzu kommt, dass die durch Abs. 2 normierten Voraussetzungen für eine steuerneutrale Umw objektbezogen zu prüfen sind. Damit kann die Auffassung der FVerw im Ergebnis nicht überzeugen (ebenso Frotscher/Drüen/Schnitter Rn. 141; Bogenschütz Ubg 2011, 393; Stadler/Elser/Bindl DB-Beil. 1/2012, 14; aA Dötsch/

Pung/Möhlenbrock/Möhlenbrock § 8 Rn. 11; Widmann/Mayer/Martini Rn. 824; Haase/Hofacker/Steierberg Rn. 57).

16. Rückwirkung

140 Für die Abgrenzung des Einkommens und des Vermögens der übertragenden Körperschaft von dem der Übernehmerin stellt das Gesetz auf den stl. Übertragungsstichtag ab, auf den die stl. Schlussbilanz zu erstellen ist. Auf diese stl. Schlussbilanz nimmt § 3 Bezug, sodass der Verschmelzungsvorgang auf diese stl. Schlussbilanz rückbezogen werden kann. Durch das Abstellen auf die dem Vermögensübergang zugrunde liegende Bilanz gelten über § 1 I insoweit die handelsrechtlichen Vorschriften und damit auch § 17 II UmwG. Der stl. Übertragungsstichtag darf damit höchstens acht Monate vor der Anmeldung der Verschm zum HR liegen. Durch § 4 COVMG v. 27.3.2020 (BGBl. 2020 I 569) wurde die in § 17 II UmwG geregelte rückwärts zu berechnende Höchstfrist für den Stichtag der Schlussbilanz des übertragenden Rechtsträgers für Anmeldungen zur Eintragung, die im Jahr 2020 vorgenommen werden, auf zwölf Monate verlängert. Durch eine Verordnung vom 22.10.2020 (BGBl. 2020 I 2258) wurde die Höchstfrist auch für Umwandlungen im Jahre 2021 auf 12 Monate verlängert. Diese Verlängerung gilt auch für steuerliche Zwecke (BeckOK UmwStG/Mückl § 2 Rn. 260; Wübbelsmann DStR 2020, 636; Hageböke BB 2020, 752). Zur Frage der Zurechnung von Einkünften einer Mitunternehmerschaft bei Umwandlung des MU vgl. Behrendt/Uterhark BB 2018, 2603. Zu weiteren Einzelheiten der Rückwirkung → § 2 Rn. 42 ff.

17. Vermögensübergang in das Privatvermögen

141 Geht das Vermögen der übertragenden Körperschaft im Rahmen der Verschm nicht in das BV der übernehmenden PersGes oder natürlichen Person über, so hat die übertragende Körperschaft die WG in ihrer stl. Schlussbilanz mit dem **gemeinen Wert** anzusetzen. Zu einem Übergang in das PV kann es auch kommen, wenn die übernehmende PersGes eine OHG oder KG ist. Das HRefG v. 22.6.1998 (BGBl. 1998 I 1474) lässt es zu, dass eine PhG sich auf die Verwaltung eigenen Vermögens beschränkt. Es besteht daher keine Vermutung, dass eine PhG tatsächlich betriebliches Vermögen besitzt. Zu einer Überführung in das PV kommt es insbes. dann, wenn eine rein vermögensverwaltende GmbH auf eine PersGes verschmolzen wird und diese PersGes keine gewerbliche oder selbstständige Arbeit ausübt oder einen LuF-Betrieb nicht betreibt. Auch die Erklärung der Absicht, die übernehmende PersGes wolle sich zukünftig gewerblich betätigen, kann nicht bewirken, dass vom Zeitpunkt der Erklärung an die Tätigkeit dieser übernehmenden PersGes als gewerblich zu beurteilen ist. Mit der gewerblichen Tätigkeit wird erst dann begonnen, sobald der Entschluss der gewerblichen Betätigung gefasst ist und mit Maßnahmen begonnen wird, der der Vorbereitung der Tätigkeit dienen und mit ihr in unmittelbarem wirtschaftlichen Zusammenhang stehen (vgl. BFH/NV 1997, 762). Etwas anderes gilt, wenn die übertragende Körperschaft früher einen Gewerbebetrieb hatte und dieser im Zeitpunkt der Verschm ruht (BFH/NV 1997, 762).

142 Eine Überführung in das PV findet nicht allein deshalb statt, weil die übernehmende PersGes ihren Gewinn nach § 4 III EStG ermittelt (Widmann/Mayer/Widmann Vor § 3 Rn. 60).

143 Ob bei der übernehmenden PersGes BV vorliegt, entscheidet sich nach dem Verhältnis zum stl. Übertragungsstichtag (BMF 11.11.2011, BStBl. I 2011, 1314 Rn. 03.11; Haritz/Menner/Brinkhaus/Grabbe Rn. 113; Rödder/Herlinghaus/van Lishaut/Birkemeier/Grabbe Rn. 166; Dötsch/Pung/Möhlenbrock/Möhlenbrock/Pung Rn. 78; Widmann/Mayer/Martini Rn. 800). Nimmt die Übernehmerin erst nach dem stl. Übertragungsstichtag eine gewerbliche Tätigkeit auf, so wird das

Vermögen der Übertragerin bei ihr PV (Widmann/Mayer/Martini Rn. 800), es sei denn, die übertragende Körperschaft ist im Grunde freiberuflich tätig oder betreibt LuF (Rödder/Herlinghaus/van Lishaut/Birkemeier Rn. 166).

Geht das Vermögen der übertragenden Körperschaft mit der Umw in vollem Umfang in das PV der Übernehmerin über, so fällt dieser Vorgang thematisch in den Bereich der §§ 3 ff., wie sich aus § 3 und § 8 ergibt; die Rechtsfolgen beim übernehmenden Rechtsträger ergeben sich nicht aus § 4. **144**

Das Vermögen der übertragenden Körperschaft ins PV ist mit dem **gemeinen Wert** anzusetzen. Zur sog. ZebraGes → Rn. 139. Wird das Vermögen der übertragenden Körperschaft nicht BV der Übernehmerin, so ist auch ein **originärer Geschäfts- oder Firmenwert**, der jedoch nur ausnahmsweise vorliegen wird, mit dem gemeinen Wert anzusetzen. **145**

Zu den Rechtsfolgen für die Anteilsinhaber vgl. → § 8 Rn. 1 ff. **146**

18. Übertragungsgewinn

Setzt die übertragende Körperschaft in ihrer stl. Schlussbilanz die WG zu ZW oder den gemeinen Wert an, so kommt es zu einer Aufdeckung von stillen Reserven und zur Entstehung eines Übertragungsgewinnes. Dieser unterliegt, sofern er nicht aufgrund DBA freigestellt ist, der **GewSt** und **KSt**. Spezielle Vergünstigungen sieht das Gesetz nicht vor. Auf den Teil des Übertragungsgewinns, der auf eine ausl. Betriebsstätte entfällt, ist für gewstl. Zwecke § 9 Nr. 3 GewStG anzuwenden (Dötsch/Pung/Möhlenbrock/Möhlenbrock/Pung Rn. 132; Rödder/Herlinghaus/van Lishaut/Birkemeier Rn. 299; Frotscher/Drüen/Schnitter Rn. 220). Zu den Umwandlungskosten → Rn. 136 ff. Der Übertragungsgewinn ist gegenüber dem lfd. Ergebnis der Übertragerin nicht gesondert zu ermitteln. Der Übertragungsgewinn erhöht das in der StB ausgewiesene EK der Übertragerin, da er in der stl. Schlussbilanz der Übertragerin zu berücksichtigen ist. Zur Möglichkeit des Entstehens eines Übertragungsverlustes → Rn. 38. **147**

Die Verschm einer Körperschaft auf eine PersGes stellt eine Vermögensübertragung und damit einen Veräußerungs- und Anschaffungsvorgang dar (→ Vor §§ 3–9 Rn. 6 f.). Die Bildung einer Rücklage nach § 4g EStG kommt auch in den Fällen des Abs. 2 S. 1 Nr. 2 nicht in Betracht (Lademann/Staats Rn. 38; krit. Kußmaul/Richter/Heyd IStR 2010, 73). **148**

Der Übertragungsgewinn wird, da es sich aus stl. Sicht um eine Art Veräußerungsgewinn handelt, im Grundsatz von einem **EAV** erfasst (BFH BStBl. II 2023, 195; Rödder/Herlinghaus/van Lishaut/Rödder § 11 Rn. 208; aA BMF 11.11.2011, BStBl. I 2011, 1314 Rn. Org.27; Lademann/Staats Rn. 39; Widmann/Mayer/Martini Rn. 911, der aber von einer Art Liquidationsgewinn ausgeht; vgl. auch BMF-Schr. v. 10.2.2023 BStBl. I 2023, 250). **149**

Der Übertragungsgewinn mindert den lfd. Verlust der Übertragerin. Er kann jedenfalls durch einen Verlustabzug im Rahmen der Beschränkungen der Mindestbesteuerung reduziert werden, wobei es möglicherweise verfassungswidrig ist, wenn durch die Anwendung der Mindestbesteuerung es zu einer vollständigen Beseitigung der Abzugsmöglichkeit oder zu einem Ausschluss des Verlustausgleiches kommt (vgl. BFH DStR 2014, 1761; BFH BStBl. II 2013, 508; FG Düsseldorf DStRE 2019, 671; BMF 19.10.2011, BStBl. I 2011, 974; Dötsch/Pung/Möhlenbrock/Möhlenbrock/Pung Rn. 133). Entsprechendes gilt für einen Fehlbetrag gem. **§ 10a GewStG**. Entsteht der Übertragungsgewinn durch Aufdeckung stiller Reserven in einem Mitunternehmeranteil, an dem die übertragende Körperschaft beteiligt ist, so kann er durch einen verrechenbaren Verlust iSd **§ 15a EStG** neutralisiert werden (Dötsch/Pung/Möhlenbrock/Möhlenbrock/Pung Rn. 133; Rödder/Herlinghaus/van Lishaut/Rödder § 11 Rn. 207). **§ 2 IV** schränkt aber die Möglichkeit, den Übertra- **150** gungsgewinn mit verrechenbaren Verlusten, Verlustvorträgen uÄ des übertragenden Rechtsträgers zu verrechnen, erheblich ein (→ § 2 Rn. 122 ff.).

151 Entsteht der Übertragungsgewinn durch die Aufdeckung stiller Reserven in Anteilen an einer KapGes, auf die die Voraussetzungen des **§ 8b II KStG** zutreffen, so findet § 8b II KStG Anwendung (Dötsch/Pung/Möhlenbrock/Möhlenbrock/Pung Rn. 141; Haritz/Menner/Bilitewski/Mertgen Rn. 230; Widmann/Mayer/Martini Rn. 927; Rödder/Herlinghaus/van Lishaut/Birkemeier Rn. 299). § 8b III 1 KStG ist zu beachten; § 8b IV KStG nF gilt nicht (vgl. Benz/Jetter DStR 2013, 489). Die Aufdeckung der stillen Reserven in den Anteilen an der Gesellschaft führt dazu, dass ein höherer Übernahmegewinn entsteht bzw. ein Übernahmeverlust sich verringert (zur GewSt → § 18 Rn. 9 ff.).

152 Führt die Umw für im Ausland gelegenes Vermögen im Ausland zu einer Gewinnrealisierung, ist die dadurch im Ausland entstandene Steuer nach den allg. Grundsätzen des § 26 KStG auf die KSt des Übertragungsgewinns anrechenbar (Dötsch/Pung/Möhlenbrock/Möhlenbrock/Pung Rn. 134; Widmann/Mayer/Martini Rn. 931; Trossen FR 2006, 617; Lemaitre/Schönherr GmbHR 2007, 173). Wegen des Leerlaufes der Anrechnung in Fällen, in denen der BW in der stl. Schlussbilanz des übertragenden Rechtsträgers angesetzt wird, → Rn. 114. Wegen der Anrechnung fiktiver ausl. Steuer → Rn. 153.

19. Verschmelzung innerhalb der EU

153 Abs. 3 betrifft den Fall der grenzüberschreitenden Hinausverschmelzung einer unbeschränkt stpfl. Körperschaft ins EU-Ausland bei Vorhandensein einer in einem anderen EU-Mitgliedstaat gelegenen Betriebsstätte, für die Deutschland nicht auf sein Besteuerungsrecht verzichtet hat, und das jew. DBA bzw. § 20 II AStG die Freistellungsmethode ausschließt. Durch die Hinausverschmelzung verliert Deutschland bzgl. der Betriebsstätte sein Besteuerungsrecht, das übertragene Vermögen in der Betriebsstätte ist damit in der stl. Schlussbilanz mit dem gemeinen Wert anzusetzen. Die KSt auf den Übertragungsgewinn ist entsprechend Art. 10 II Fusions-RL, der im Abs. 3 umgesetzt worden ist, um eine fiktive ausl. Steuer zu ermäßigen, die erhoben würde, wenn das Betriebsstättenvermögen dort zum gemeinen Wert veräußert worden wäre. Die Ermäßigung ist begrenzt auf die auf den Übertragungsgewinn anfallende dt. KSt. Die Anrechnung dieser fiktiven ausl. Steuer erfolgt nach den Grundsätzen des § 26 KStG mit dem Betrag der ausl. Steuer, der nach den Vorschriften des anderen Mitgliedstaats erhoben worden wäre, wenn das übergehende Vermögen zum Zeitpunkt der Übertragung zum gemeinen Wert veräußert worden wäre. Zur Ermittlung des Betrages der anrechenbaren ausl. Steuer ist idR ein Auskunftsersuchen an den ausl. Betriebsstättenstaat erforderlich (BMF 11.11.2011, BStBl. I 2011, 1314 Rn. 03.32). Erhebt der andere EU-Mitgliedstaat anlässlich der Verschm tatsächlich Steuern, so erfolgt eine Anrechnung dieser Steuern nach den Grundsätzen des § 26 KStG (Rödder/Herlinghaus/van Lishaut/Birkemeier Rn. 302; Frotscher/Drüen/Schnitter Rn. 228 ff.; Dötsch/Pung/Möhlenbrock/Möhlenbrock/Pung Rn. 157).

§ 4 Auswirkungen auf den Gewinn des übernehmenden Rechtsträgers

(1) **¹Der übernehmende Rechtsträger hat die auf ihn übergegangenen Wirtschaftsgüter mit dem in der steuerlichen Schlussbilanz der übertragenden Körperschaft enthaltenen Wert im Sinne des § 3 zu übernehmen. ²Die Anteile an der übertragenden Körperschaft sind bei dem übernehmenden Rechtsträger zum steuerlichen Übertragungsstichtag mit dem Buchwert, erhöht um Abschreibungen, die in früheren Jahren steuerwirksam vorgenommen worden sind, sowie um Abzüge nach § 6b des Einkommensteuer-**

gesetzes und ähnliche Abzüge, höchstens mit dem gemeinen Wert, anzusetzen. ³Auf einen sich daraus ergebenden Gewinn finden § 8b Abs. 2 Satz 4 und 5 des Körperschaftsteuergesetzes sowie § 3 Nr. 40 Satz 1 Buchstabe a Satz 2 und 3 des Einkommensteuergesetzes Anwendung.

(2) ¹Der übernehmende Rechtsträger tritt in die steuerliche Rechtsstellung der übertragenden Körperschaft ein, insbesondere bezüglich der Bewertung der übernommenen Wirtschaftsgüter, der Absetzungen für Abnutzung und der den steuerlichen Gewinn mindernden Rücklagen. ²Verrechenbare Verluste, verbleibende Verlustvorträge, vom übertragenden Rechtsträger nicht ausgeglichene negative Einkünfte, ein Zinsvortrag nach § 4h Absatz 1 Satz 5 des Einkommensteuergesetzes und ein EBITDA-Vortrag nach § 4h Absatz 1 Satz 3 des Einkommensteuergesetzes gehen nicht über. ³Ist die Dauer der Zugehörigkeit eines Wirtschaftsguts zum Betriebsvermögen für die Besteuerung bedeutsam, so ist der Zeitraum seiner Zugehörigkeit zum Betriebsvermögen der übertragenden Körperschaft dem übernehmenden Rechtsträger anzurechnen. ⁴Ist die übertragende Körperschaft eine Unterstützungskasse, erhöht sich der laufende Gewinn des übernehmenden Rechtsträgers in dem Wirtschaftsjahr, in das der Umwandlungsstichtag fällt, um die von ihm, seinen Gesellschaftern oder seinen Rechtsvorgängern an die Unterstützungskasse geleisteten Zuwendungen nach § 4d des Einkommensteuergesetzes; § 15 Abs. 1 Satz 1 Nr. 2 Satz 2 des Einkommensteuergesetzes gilt sinngemäß. ⁵In Höhe der nach Satz 4 hinzugerechneten Zuwendungen erhöht sich der Buchwert der Anteile an der Unterstützungskasse.

(3) Sind die übergegangenen Wirtschaftsgüter in der steuerlichen Schlussbilanz der übertragenden Körperschaft mit einem über dem Buchwert liegenden Wert angesetzt, sind die Absetzungen für Abnutzung bei dem übernehmenden Rechtsträger in den Fällen des § 7 Abs. 4 Satz 1 und Abs. 5 des Einkommensteuergesetzes nach der bisherigen Bemessungsgrundlage, in allen anderen Fällen nach dem Buchwert, jeweils vermehrt um den Unterschiedsbetrag zwischen dem Buchwert der einzelnen Wirtschaftsgüter und dem Wert, mit dem die Körperschaft die Wirtschaftsgüter in der steuerlichen Schlussbilanz angesetzt hat, zu bemessen.

(4) ¹Infolge des Vermögensübergangs ergibt sich ein Übernahmegewinn oder Übernahmeverlust in Höhe des Unterschiedsbetrags zwischen dem Wert, mit dem die übergegangenen Wirtschaftsgüter zu übernehmen sind, abzüglich der Kosten für den Vermögensübergang und dem Wert der Anteile an der übertragenden Körperschaft (Absätze 1 und 2, § 5 Abs. 2 und 3). ²Für die Ermittlung des Übernahmegewinns oder Übernahmeverlusts sind abweichend von Satz 1 die übergegangenen Wirtschaftsgüter der übertragenden Körperschaft mit dem Wert nach § 3 Abs. 1 anzusetzen, soweit an ihnen kein Recht der Bundesrepublik Deutschland zur Besteuerung des Gewinns aus einer Veräußerung bestand. ³Bei der Ermittlung des Übernahmegewinns oder des Übernahmeverlusts bleibt der Wert der übergegangenen Wirtschaftsgüter außer Ansatz, soweit er auf Anteile an der übertragenden Körperschaft entfällt, die am steuerlichen Übertragungsstichtag nicht zum Betriebsvermögen des übernehmenden Rechtsträgers gehören.

(5) ¹Ein Übernahmegewinn erhöht sich und ein Übernahmeverlust verringert sich um einen Sperrbetrag im Sinne des § 50c des Einkommensteuergesetzes, soweit die Anteile an der übertragenden Körperschaft am steuerlichen Übertragungsstichtag zum Betriebsvermögen des übernehmenden Rechtsträgers gehören. ²Ein Übernahmegewinn vermindert sich oder ein

Übernahmeverlust erhöht sich um die Bezüge, die nach § 7 zu den Einkünften aus Kapitalvermögen im Sinne des § 20 Abs. 1 Nr. 1 des Einkommensteuergesetzes gehören.

(6) ¹Ein Übernahmeverlust bleibt außer Ansatz, soweit er auf eine Körperschaft, Personenvereinigung oder Vermögensmasse als Mitunternehmerin der Personengesellschaft entfällt. ²Satz 1 gilt nicht für Anteile an der übertragenden Gesellschaft, die die Voraussetzungen des § 8b Abs. 7 oder des Abs. 8 Satz 1 des Körperschaftsteuergesetzes erfüllen. ³In den Fällen des Satzes 2 ist der Übernahmeverlust bis zur Höhe der Bezüge im Sinne des § 7 zu berücksichtigen. ⁴In den übrigen Fällen ist er in Höhe von 60 Prozent, höchstens jedoch in Höhe von 60 Prozent der Bezüge im Sinne des § 7 zu berücksichtigen; ein danach verbleibender Übernahmeverlust bleibt außer Ansatz. ⁵Satz 4 gilt nicht für Anteile an der übertragenden Gesellschaft, die die Voraussetzungen des § 3 Nr. 40 Satz 3 und 4 des Einkommensteuergesetzes erfüllen; in diesen Fällen gilt Satz 3 entsprechend. ⁶Ein Übernahmeverlust bleibt abweichend von den Sätzen 2 bis 5 außer Ansatz, soweit bei Veräußerung der Anteile an der übertragenden Körperschaft ein Veräußerungsverlust nach § 17 Abs. 2 Satz 6 des Einkommensteuergesetzes nicht zu berücksichtigen wäre oder soweit die Anteile an der übertragenden Körperschaft innerhalb der letzten fünf Jahre vor dem steuerlichen Übertragungsstichtag entgeltlich erworben wurden.

(7) ¹Soweit der Übernahmegewinn auf eine Körperschaft, Personenvereinigung oder Vermögensmasse als Mitunternehmerin der Personengesellschaft entfällt, ist § 8b des Körperschaftsteuergesetzes anzuwenden. ²In den übrigen Fällen ist § 3 Nr. 40 sowie § 3c des Einkommensteuergesetzes anzuwenden.

Übersicht

	Rn.
1. Allgemeines	1
2. Wertansätze der Übernehmerin	11
a) Wertverknüpfung im Steuerrecht	11
b) Keine Wertverknüpfung im Handelsrecht	15
c) Keine Maßgeblichkeit der HB für die StB	16
3. Steuerliche Übernahmebilanz/Ergänzungsbilanzen	18
4. Einzelfälle der Bilanzierung	25
a) Abfindung an ausscheidenden Gesellschafter	25
b) Änderung der steuerlichen Schlussbilanz	26
c) Ausländisches Vermögen	27
d) Ausstehende Einlagen	30
e) Beteiligung der übertragenden Körperschaft an der Übernehmerin	31
f) Eigene Anteile	32
g) Firmen-/Geschäftswert	33
h) Forderungen und Verbindlichkeiten	34
i) Forderungsverzicht mit Besserungsschein	35
j) Geschäftsvorfälle in dem Rückwirkungszeitraum	36
k) Korrekturposten für Ausschüttungen im Rückwirkungszeitraum	37
l) Pensionsrückstellungen	38
m) *Stille Lasten*	40a
n) Vermögen wird Privatvermögen	41
o) Sonderbetriebsvermögen	42
p) Umwandlungskosten	43

	Rn.
q) Zebragesellschaft	46
5. Beteiligungskorrekturgewinn/-verlust (Abs. 1 S. 2, 3)	47
6. Eintritt in die steuerliche Rechtsstellung der übertragenden Körperschaft (Abs. 2)	53
a) Anschaffungsvorgang und Umfang der Rechtsnachfolge	53
b) AfA	58
c) Absetzung für außergewöhnliche technische oder wirtschaftliche Abnutzung	63
d) Sonderabschreibung	65
e) Inanspruchnahme einer Bewertungsfreiheit, eines Bewertungsabschlags, Fortführung eines Sammelpostens, Bewertungseinheit	67
f) Gewinnmindernde Rücklage	68
g) Teilwertabschreibung und Wertaufholung	71
h) Besitzzeitanrechnung	75
i) Kein Übergang von Verlusten bzw. eines Zinsvortrages (Abs. 2 S. 2)	77
j) Umwandlung einer Unterstützungskasse (Abs. 2 S. 4, 5)	78
7. AfA-Bemessungsgrundlage bei Aufstockung (Abs. 3)	79
8. Ermittlung des Übernahmeergebnisses im Überblick	93
a) Fingierte Ausschüttung der offenen Rücklagen des übertragenden Rechtsträgers	93
b) Ermittlung des Übernahmegewinns/-verlusts	94
c) Berechnungsschema	98
9. Ermittlung des Übernahmeergebnisses 1. Stufe (Abs. 4)	100
a) Wertansatz der übergegangenen Wirtschaftsgüter	100
b) Buchwert der Anteile	104
c) Kosten des Vermögensübergangs	110
d) Sog. neutrales Vermögen (Abs. 4 S. 2)	111
e) Abs. 4 S. 3	116
10. Erhöhung des Übernahmeergebnisses (Abs. 5)	118
a) Erhöhung um einen Sperrbetrag nach § 50c EStG 1999	118
b) Kürzung um Bezüge nach § 7, § 4 V 1	119
11. Übernahmeverlust (Abs. 6)	120
a) Ursachen des Entstehens eines Übernahmeverlusts	120
b) Körperschaft, Personenvereinigung oder Vermögensmasse als Mitunternehmer der übernehmenden Personengesellschaft, Abs. 6 S. 1–3	122
c) Natürliche Person als übernehmender Rechtsträger bzw. Mitunternehmer der übernehmenden Personengesellschaft	124
d) Verrechnung eines Übernahmeverlusts mit den Bezügen iSd § 7 bei beschränkt steuerpflichtigem Anteilseigner	125
e) Berücksichtigung eines Übernahmeverlustes unter den Voraussetzungen des Abs. 6 S. 6	129
aa) Überblick	129
bb) Beteiligungen iSd § 17 II 6 EStG	131
cc) Entgeltlicher Erwerb der Anteile am übertragenden Rechtsträger innerhalb der letzten fünf Jahre vor dem steuerlichen Übertragungsstichtag (Abs. 6 S. 6 Hs. 2)	138
12. Besteuerung des Übernahmegewinns	143
a) Allgemeines	143
b) Körperschaft, Personenvereinigung oder Vermögensmasse als Mitunternehmer des übernehmenden Rechtsträgers (Abs. 7 S. 1)	146

c) Natürliche Person als übernehmender Rechtsträger bzw. als Mitunternehmer des übernehmenden Rechtsträgers (Abs. 7 S. 2) ... 149

1. Allgemeines

1   Die Auswirkungen des Vermögensübergangs auf den Gewinn der übernehmenden PersGes bzw. des alleinigen Gesellschafters – sofern es sich hierbei um eine natürliche Person handelt – im Fall der Verschm einer Körperschaft auf diese Rechtsträger regelt § 4, der zudem beim Formwechsel einer KapGes in eine PersGes (§ 9 S. 1) und die Auf- oder Abspaltung einer Körperschaft auf eine PersGes (§ 16 S. 1) anzuwenden ist. § 4 wird ergänzt durch §§ 5, 6.

2   Die übernehmende PersGes bzw. natürliche Person hat gem. **Abs. 1** die auf sie zum stl. Übertragungsstichtag übergehenden WG mit den Wertansätzen in der stl. Schlussbilanz der übertragenden Körperschaft zu übernehmen. Gleiches gilt für die Bilanzansätze in der stl. Schlussbilanz, bei denen es an der WG-Eigenschaft fehlt (BMF 11.11.2011, BStBl. I 2011, 1314 Rn. 04.01; auch → § 3 Rn. 11). Kommt es zu einer Verschm einer Körperschaft auf eine neu gegründete PersGes, ist deren Eröffnungsbilanz gleichzeitig die **Übernahmebilanz** (Widmann/Mayer/Martini Rn. 83). Besteht die PersGes bereits vor der Verschm, muss eine besondere Übernahmebilanz nicht erstellt werden, die Übernahme des BV stellt einen lfd. Geschäftsvorfall dar (BMF 11.11.2011, BStBl. I 2011, 1314 Rn. 04.03; Widmann/Mayer/Martini Rn. 80). Trotz der zwingend vorgeschriebenen Buchwertfortführung durch den übernehmenden Rechtsträger vollzieht sich die Verschm auf dessen Ebene bzw. auf der Ebene der Gesellschafter der PersGes idR **nicht völlig steuerneutral.** Nach Abs. 1 S. 2 sind Anteile an der übertragenden Körperschaft zum stl. Übertragungsstichtag mit dem BW (§ 1 V Nr. 4), erhöht um steuerwirksame Teilwertabschreibungen sowie um Abzüge nach § 6b EStG und ähnliche Abzüge, höchstens mit dem gemeinen Wert, in der StB der übernehmenden PersGes bzw. natürlichen Person anzusetzen. Es entsteht ein lfd. Gewinn, der einer vollen Besteuerung unterliegt, sofern die ursprünglichen Abzugsbeträge steuerwirksam waren.

3   Aufgrund des Erlöschens von gegenseitigen Forderungen und Verbindlichkeiten kann ein Übernahmefolgegewinn entstehen (→ § 6 Rn. 27 f.).

4   Einem Gesellschafter der umgewandelten Körperschaft werden als Folge der Umw gem. § 7 iHd auf ihn entfallenden ausschüttbaren Gewinns der Körperschaft (EK – Einlagekonto nach Anwendung des § 29 I KStG) Einkünfte aus Kapitalvermögen zugewiesen. Sie werden auf der Ebene der Gesellschafter/des Alleingesellschafters wie eine Gewinnausschüttung besteuert und unterliegen dem Kapitalertragsteuerabzug.

5   Soweit die Anteile der untergehenden Körperschaft zum BV der übernehmenden PersGes gehören, wobei sich die Zuordnung der Anteile auch aus § 5 ergibt, entsteht auf Grund des Vermögensübergangs in der Bilanz der übernehmenden PersGes ein Übernahmegewinn bzw. Übernahmeverlust iHd Unterschiedsbetrages zwischen dem Wert, mit dem die WG durch die übernehmende PersGes zu übernehmen sind abzgl. der Kosten für den Vermögensübergang, und dem BW der Anteile der untergehenden Körperschaft. Der Wert des übergehenden Vermögens ergibt sich aus dem Ansatz der übergehenden WG in der stl. Schlussbilanz der übertragenden Rechtsträgers. Für Zwecke der Ermittlung des Übernahmeergebnisses erhöht sich nach Abs. 4 S. 2 der Wert des übergehenden Vermögens um die Diff. zwischen dem gemeinen Wert und dem Wert in der stl. Schlussbilanz der WG, soweit an den übergehenden WG kein Recht der BRD zur Besteuerung des Gewinns aus der Veräußerung dieser WG vor der Verschm bestanden hat **(sog. neutrales Vermögen).** Beim neutralen Vermögen handelt es sich um WG der übertragenden Körperschaft, die zB aufgrund der Freistellungsmethode in einem DBA nicht der dt. Besteu-

erung unterlegen haben oder welche bei ausl. übertragenden Körperschaften mangels StPfl nicht der dt. Besteuerung unterliegen. Nach Abs. 5 S. 1 vermindert sich ein Übernahmegewinn oder erhöht sich ein Übernahmeverlust um die offenen Rücklagen, die nach § 7 zu den Einkünften iSd § 20 I Nr. 1 EStG gehören (**Übernahmeergebnis zweiter Stufe**).

Auf einen **Übernahmegewinn** ist § 8b KStG anzuwenden (Abs. 7 S. 1), soweit dieser auf eine Körperschaft oder Personenvereinigung oder Vermögensmasse als Mitunternehmerin der PersGes entfällt. Nach § 8b III KStG gelten 5% des Übernahmegewinns als nicht abzugsfähige BA. Der Übernahmegewinn wird ebenso besteuert wie die Veräußerung einer von einer KapGes gehaltenen Beteiligung an der Körperschaft; § 8b IV KStG nF kommt nicht zur Anwendung (Benz/Jetter DStR 2013, 489). In allen übrigen Fällen erfolgt eine Besteuerung gem. § 3 Nr. 40 S. 1 und 2 EStG und § 3c EStG (Abs. 7 S. 2).

Ein **Übernahmeverlust** bleibt nach Abs. 6 S. 1 grds. außer Ansatz, soweit er auf eine Körperschaft, Personenvereinigung oder Vermögensmasse als MU der übernehmenden PersGes entfällt. Für Anteile an der übertragenden Körperschaft, die die Voraussetzungen des § 8b VII und VIII 1 KStG erfüllen, gilt dies nicht. In diesen Fällen ist nach Abs. 6 S. 3 der Übernahmeverlust bis zur Höhe der Bezüge nach § 7 zu berücksichtigen. In den übrigen Fällen ist – vorbehaltlich Abs. 6 S. 5 – ein Übernahmeverlust iHv 60 vH, höchstens iHv 60 vH der Bezüge nach § 7 zu berücksichtigen; ein danach verbleibender Übernahmeverlust bleibt außer Ansatz. Ein Übernahmeverlust kann aber nicht mit den Einkünften nach § 7 verrechnet werden, soweit er auf Anteile an übertragenden Rechtsträger entfällt, (1) bei deren Veräußerung ein Veräußerungsverlust nach § 17 II 6 EStG nicht zu berücksichtigen wäre oder (2) soweit die Anteile an der übertragenden Körperschaft innerhalb der letzten fünf Jahre vor dem stl. Übertragungsstichtag entgeltlich erworben wurden.

Am stl. Übertragungsstichtag müssen jedoch nicht alle Anteile an der übertragenden Körperschaft auch unter Berücksichtigung des § 5 zum BV der übernehmenden PersGes gehört haben. Nach **Abs. 4 S. 3** bleibt aus diesem Grund bei der Ermittlung des Übernahmegewinns/-verlustes der Wert des übergegangenen WG außer Ansatz, der auf die Anteile an der übertragenden Körperschaft entfällt, die am stl. Übertragungsstichtag nicht zum BV der übernehmenden PersGes gehört haben. Für diese Anteilseigner richten sich die stl. Konsequenzen der Umw ausschließlich nach § 7; diese Anteilseigner treten mit dem anteiligen stl. EK (anteiliger Nettobuchwert des übernommenen BVs) der PersGes in die stl. Mitunternehmerstellung ein.

Gem. **Abs. 2, 3** tritt die übernehmende PersGes/natürliche Person grds. aus stl. Sicht in die Rechtsstellung der übertragenden Körperschaft ein.

Hinsichtlich der Ermittlung des Übernahmeergebnisses knüpft § 4 an die Ermittlung eines Auflösungsgewinns/-verlustes iSv § 17 IV EStG an. Nach § 17 IV 3 EStG sind die Bezüge iSd § 20 I Nr. 1 oder Nr. 2 EStG aus dem Veräußerungsgewinn iSd § 17 EStG auszusondern. Eine entsprechende Trennung von Veräußerungsgewinnen und Kapitaleinkünften erfolgt auch durch die §§ 4, 7. Dies ändert aber nichts daran, dass sich die Verschm aus der Sicht des **übertragenden Rechtsträgers** als Veräußerungs- und aus der Sicht der übernehmenden **PersGes** als **Anschaffungsvorgang** darstellt (BFH BStBl. II 1998, 168; BFH BStBl. II 2003, 10; BFH BStBl. II 2004, 686; BMF 11.11.2011, BStBl. I 2011, 1314 Rn. 00.02).

2. Wertansätze der Übernehmerin

a) Wertverknüpfung im Steuerrecht. Die übernehmende PersGes bzw. die übernehmende natürliche Person hat die auf sie **übergegangenen WG** mit den in der Schlussbilanz der übertragenden Körperschaft enthaltenen Werten gem. Abs. 1 zu übernehmen. Gleiches gilt für die Bilanzansätze in der stl. Schlussbilanz, bei denen es an der Wirtschaftsguteigenschaft fehlt (BMF 11.11.2011, BStBl. I 2011,

1314 Rn. 04.01; Dötsch/Pung/Möhlenbrock/Pung/Werner Rn. 11; Haritz/Menner/Bilitewski/Bohnhardt Rn. 66; Frotscher/Drüen/Schnitter Rn. 25; aA Widmann/Mayer/Martini § 3 Rn. 250; zur späteren Änderung der Wertansätze in der stl. Schlussbilanz des übertragenden Rechtsträgers → Rn. 14, → Rn. 26). Die Wertverknüpfung ist eine materiell-rechtliche Bindung und keine verfahrensrechtliche Verknüpfung im Wege eines Grundlagenbescheides (BFH BStBl. II 2015, 753; BFH/NV 2013, 743; Haritz/Menner/Bohnhardt Rn. 35). Fehlerhafte Bilanzumsätze in der stl. Schlussbilanz sind nach § 4 II EStG zu berichtigen. Zur **Rechtsbehelfsbefugnis** → § 3 Rn. 74.

12 Strittig war und ist weiterhin (→ § 3 Rn. 36 ff.), wie stille Lasten durch die **Passivierungsverbote** und die Ansatzbeschränkungen des § 5 EStG und die Bewertungsvorbehalte in § 6 I EStG in der stl. Schlussbilanz des übertragenden Rechtsträgers abgebildet werden. Auf Grund der strikten Buchwertverknüpfung ist die übernehmende PersGes jedenfalls zunächst an diese Bilanzansätze in der stl. Schlussbilanz gebunden. Fraglich ist, ob diese ursprünglich beim übertragenden Rechtsträger bestehenden Passivierungsverbote, Ansatzbeschränkungen oder Bewertungsvorbehalte in der nächsten regulären Bilanz der übernehmenden PersGes wieder zu berücksichtigen sind. Nach § 5 VII EStG muss der übernehmende Rechtsträger unabhängig davon, ob auf Seiten des übertragenden Rechtsträgers § 4f EStG zur Anwendung kam, die ursprünglichen Passivierungsbeschränkungen, die für den übertragenden Rechtsträger galten, in der StB, die auf das Ende des Wj. aufzustellen ist, in das die Übertragung der stillen Last fällt, wieder berücksichtigen. Infolge der Anwendung der Ansatzverbote, -beschränkungen bzw. Bewertungsvorbehalte kommt es beim übernehmenden Rechtsträger zum Ende des Wj., welches der Übernahme folgt, zu einer Gewinnrealisierung. Nach § 5 VII 5 EStG kann der so entstandene Gewinn iHv 14/15 durch eine Rücklage neutralisiert werden. Wird eine solche Rücklage gebildet, ist sie in den folgenden 14 Wj. jeweils mit mindestens einem weiteren 14tel gewinnerhöhend aufzulösen. Ein höherer Auflösungsbetrag kann gewählt werden (Brandis/Heuermann/Krumm EStG § 5 Rn. 242 f.; Benz/Placke DStR 2013, 2653; Förster/Staaden Ubg 2014, 1). § 5 VII EStG gilt erstmals für nach dem 28.11.2013 endende Wj. (§ 52 IX EStG). Die durch § 5 VII EStG angeordnete Gewinnrealisierung tritt erst nach diesem Zeitpunkt ein. Das Gesetz knüpft aber auch an solche Vorgänge an, die vor dem 28.11.2013 liegen, da es nicht darauf ankommt, wann die Verpflichtung übernommen worden ist. Eine Verpflichtungsübernahme im Jahr 2011 bleibt also bis zum 31.12.2012 bei einem kalenderjahrgleichen Wj. erfolgsneutral, zu einer Gewinnrealisierung kommt es aber dann zum 31.12.2013 (vgl. nur Brandis/Heuermann/Krumm EStG § 5 Rn. 242h).

12a Nach richtiger Meinung (Lademann/Staats Rn. 31; Phillipp/Kröger Ubg 2016, 857; Bolik/Selig-Kraft NWB 2018, 851) kann § 5 VII EStG auf Umwandlungsvorgänge keine Anwendung finden (aA Dötsch/Pung/Möhlenbrock/Pung/Werner Rn. 11a; Haritz/Menner/Bilitewski/Bohnhardt Rn. 99; Brandis/Heuermann/Klingberg Rn. 18; Widmann/Mayer/Martini § 3 Rn. 293 ff.; Melan/Wecke Ubg 2017, 253; vgl. auch BMF 30.11.2017, BStBl. I 2017, 1619). § 5 VII EStG setzt voraus, dass die übernommenen Verpflichtungen beim ursprünglich Verpflichteten Ansatzverboten, -beschränkungen oder Bewertungsvorbehalten unterlegen haben. Nach § 3 I unterliegen die übergehenden WG, zu denen auch nicht oder nur beschränkt passivierbare Verpflichtungen gehören, und die mit dem gemeinen Wert angesetzt oder bewertet werden, in der stl. Schlussbilanz des übertragenden Rechtsträgers als ursprünglich Verpflichteten aber keinen Ansatz- und Bewertungsbeschränkungen (→ § 3 Rn. 36a). In der stl. Schlussbilanz des übertragenden Rechtsträgers *ist die stille Last unter Berücksichtigung der Rspr. des BFH nach der hier vertretenen Auffassung* (→ § 3 Rn. 36) als ungewisse Verbindlichkeit zu passivieren. Hinzu kommt, dass der übernehmende Rechtsträger die Werte aus der stl. Schlussbilanz übernehmen muss und gem. Abs. 2 S. 1 in die stl. Rechtsstellung der übertragenden

Körperschaft, insbes. bzgl. der Bewertung der übernommenen WG eintritt. Eine zeitliche Beschränkung der sich aus der Buchwertverknüpfung und der Rechtsnachfolge ergebenen Folgen sieht das Gesetz nicht vor. So sind zB die in der stl. Schlussbilanz des übertragenden Rechtsträgers aktivierten Werte betreffend originärer immaterieller WG, insbes. ein Firmenwert, dauerhaft vom übernehmenden Rechtsträger fortzuführen. § 3, der im Grundsatz eine Bewertung zum gemeinen Wert vorsieht, ist eine spezielle Ansatz- und Bewertungsvorschrift, die die allg. ertragstl. Ansatz- und Bewertungsvorschriften verdrängt (iE ebenso Lademann/Staats Rn. 30f). Diese spezielle Bewertung wirkt sich über die Buchwertverknüpfung des Abs. 1 S. 1 und die angeordnete Rechtsnachfolge bzgl. der Bewertung des übertragenen Vermögens auch auf die Person des übernehmenden Rechtsträgers aus und verdrängt damit auch für diesen bzgl. des übergehenden Vermögens die Ansatz- und Bewertungsregelung des § 5 VII EStG (aA Dötsch/Pung/Möhlenbrock/Pung/Werner Rn. 11a; Brandis/Heuermann/Klingberg Rn. 18; Haritz/Menner/Bilitewski/Bohnhardt Rn. 98; Melan/Wecke Ubg 2017, 253).

Vor Inkrafttreten des § 5 VII EStG wurden im Zusammenhang mit den stillen **12b** Lasten unterschiedliche Auffassungen vertreten.

Nach Meinung der FVerw gelten für die stl. Schlussbilanz des übertragenden **12c** Rechtsträgers die **Ansatzverbote des § 5 EStG** nicht, es sei denn, dass der BW fortgeführt werden (BMF 11.11.2011, BStBl. I 2011, 1314 Rn. 03.06), wobei der Ansatz mit dem BW ausgeschlossen ist, wenn der gemeine Wert der übertragenen Sachgesamtheit geringer ist als dessen BW (BMF 11.11.2011, BStBl. I 2011, 1314 Rn. 03.12; zur Kritik an dieser Sichtweise → § 3 Rn. 35 f.). Der übernehmende Rechtsträger hat nach Meinung der FVerw diese, entgegen dem Ansatzverbot ausgewiesene Passiva zu übernehmen, muss diese aber zum nächsten Bilanzstichtag erfolgswirksam auflösen, es sei denn, es handelt sich um in der stl. Schlussbilanz des übertragenden Rechtsträgers aktivierte immaterielle WG, insbes. einen Firmenwert; diese sind durch den übernehmenden Rechtsträger über die Nutzungsdauer abzuschreiben. Dass die entgegen dem Ansatzverbot in der stl. Schlussbilanz des übertragenden Rechtsträgers angesetzten Passiva durch den übernehmenden Rechtsträger zum nächsten Bilanzstichtag erfolgswirksam aufzulösen sind, wird in der Lit. zu Recht kritisiert (Rödder DStR 2011, 1062; Bogenschütz Ubg 2011, 399; Schumacher/Neitz-Hackstein Ubg 2011, 409; Kpyszka/Jüngling BB Special I/2011, 4; Stadler/Elser/Bindl DB-Beil. 1/2012, 14). Zunächst ist darauf hinzuweisen, dass auch die FVerw davon ausgeht, dass es sich bei der Verschm aus der Sicht des übernehmenden Rechtsträgers um einen Anschaffungsvorgang handelt (BMF 11.11.2011, BStBl. I 2011, 1314 Rn. 00.02). Dann widerspricht aber dieses Auflösungsgebot der Rspr. der Finanzgerichte (BFH DStR 2012, 452; BFH BStBl. II 2011, 566; FG Düsseldorf EFG 2011, 34; FG Münster BeckRS 2011, 96792). Mit Urteil v. 16.12.2009 (BFH BStBl. II 2011, 566; ebenso BFH DStR 2012, 452) hat der BFH darauf hingewiesen, dass bei einer Betriebsveräußerung betriebliche Verbindlichkeiten, die beim Veräußerer auf Grund von Rückstellungsverboten (zB Drohverlustrückstellung) nicht passiviert werden durften, beim Erwerber keinem Passivierungsverbot unterworfen sind, wenn er diese Verbindlichkeiten gegen Schuldbefreiung übernommen hat; solche betrieblichen Verbindlichkeiten sind als ungewisse Verbindlichkeiten in der Bilanz des Käufers auszuweisen und von ihm auch an den nachfolgenden Bilanzstichtagen mit ihren Anschaffungskosten oder ihrem höheren TW zu bewerten. Die hM in der Lit. (→ § 3 Rn. 35) geht bzw. ging davon aus, dass solche **stillen Lasten im Firmenwert** zu berücksichtigen sind, das dargestellte Problem der Folgebewertung stellt sich damit nicht. Auch diese Auffassung, nach der die stillen Lasten unmittelbar beim Firmenwert zu berücksichtigen seien, steht im Widerspruch zur Rspr. des BFH (BFH DStR 2012, 452; ebenso Frotscher/Drüen/Schnitter Rn. 26). Für eine unmittelbare Verrechnung der stillen Lasten durch Abstockung des erworbenen Firmenwerts fehlt es nämlich an einer

Rechtsgrundlage. Die **stillen Lasten** sind vielmehr als **ungewisse Verbindlichkeiten** auszuweisen, eine Abstockung des Firmenwerts erfolgt damit nicht.

13 Die Buchwertverknüpfung gilt unabhängig davon, ob die übertragende Körperschaft in ihrer stl. Schlussbilanz das übergehende Vermögen mit einem BW, mit einem ZW oder dem gemeinen Wert angesetzt hat. Dies gilt bei reinen Inlandsumwandlungen, bei Inlandsumwandlungen mit ausl. BV sowie bei grenzüberschreitenden Umw oder reinen Auslandsumwandlungen mit Inlandsbezug, sofern bei Letzterem eine Schlussbilanz iSd § 3 aufgestellt werden musste (→ § 3 Rn. 22 f.). Dies soll nach überwiegender Meinung (vgl. Dötsch/Pung/Möhlenbrock/Pung/Werner Rn. 12; Rödder/Herlinghaus/van Lishaut/van Lishaut Rn. 43; Haritz/Menner/Biletewski/Bohnhardt Rn. 89; Lemaitre/Schönherr GmbHR 2007, 173; aA Lademann/Staats Rn. 26; Schaflitzl/Widmayer BB Special 8/2006, 40) auch dann gelten, wenn ausl. BV zum Verschmelzungsstichtag **erstmalig in Deutschland** durch den Verschmelzungsvorgang **verstrickt wird**, die § 4 I 8 EStG iVm § 6 I Nr. 5a EStG sollen insoweit im Grundsatz keine Anwendung finden. Es ist aber nicht zweifelsfrei, ob nach dem Willen des Gesetzgebers Abs. 1 tatsächlich in diesen Fällen die Anwendung des § 4 I 8 EStG ausschließt (→ Rn. 27).

13a § 6 I Nr. 5a EStG kommt zur Anwendung, wenn es zu einer Verstrickung der übertragenen WG erst nach dem stl. Übertragungsstichtag kommt (Rödder/Herlinghaus/van Lishaut/van Lishaut Rn. 44; Dötsch/Pung/Möhlenbrock/Pung/Werner Rn. 12; HK-UmwStG/Weigert Rn. 15; → § 3 Rn. 98 ff.). Musste der übertragende Rechtsträger keine inl. stl. Schlussbilanz iSd § 3 aufstellen, weil sie für inl. Besteuerungszwecke nicht benötigt wurde (zB Verschm einer ausl. EU-KapGes mit ausl. Anteilseignern und ohne inl. Betriebsstättenvermögen auf eine inl. PersGes), soll eine Buchwertverknüpfung ausscheiden (vgl. Haritz/Menner/Biletewski/Bohnhardt Rn. 89; Dötsch/Pung/Möhlenbrock/Pung/Werner Rn. 12).

14 Der Wertansatz nach Abs. 1 S. 1 hat Bedeutung für die weitere Abschreibung, etc (Abs. 2, 3), für die Ermittlung des Übernahmegewinns nach Abs. 4 ff. sowie für die Höhe des Kapitalkontos der MU des übernehmenden Rechtsträgers (BFH DStR 2012, 1805). Werden die zwingenden Wertansätze von der PersGes nicht befolgt, so müssen die Bilanzansätze entsprechend korrigiert werden (Brandis/Heuermann/Klingberg Rn. 15). **Ändern** sich später die **Wertansätze** in der Übertragungsbilanz, zB aufgrund einer stl. Außenprüfung, sind entsprechende Bilanzansätze bei der Übernehmerin nach § 175 I 1 Nr. 2 AO zu berichtigen (BFH/NV 2014, 74; Dötsch/Pung/Möhlenbrock/Pung/Werner Rn. 8; Rödder/Herlinghaus/van Lishaut/van Lishaut Rn. 52 ff.; Brandis/Heuermann/Klingberg Rn. 15; BeckOK UmwStG/Kaiser/Möller-Gosoge Rn. 43; vgl. auch BFH BStBl. II 2015, 759). Zur **Klagebefugnis** des übernehmenden Rechtsträgers bzgl. der Bewertung in der Schlussbilanz des übertragenden Rechtsträgers vgl. BFH/NV 2016, 521; 2014, 74; 2013, 743.

15 b) **Keine Wertverknüpfung im Handelsrecht.** Gem. § 17 II 2 UmwG gelten für die handelsrechtliche Schlussbilanz des übertragenden Rechtsträgers die allg. Vorschriften über die Jahresbilanz entsprechend. Damit ist der Wertansatz der übertragenen WG nach § 253 I 1 HGB durch die historischen Anschaffungskosten vermindert um Abschreibungen begrenzt. Eine Aufstockung der WG auf einen höheren Wert ist grds. ausgeschlossen. Diese Werte hat der übernehmende Rechtsträger in seiner Handelsbilanz nicht zwangsläufig fortzuführen. Die Verschm einer Körperschaft auf eine PersGes bzw. eine natürliche Person stellt aus der Sicht des übernehmenden Rechtsträgers einen **Anschaffungsvorgang** dar (→ Rn. 10). Dem Anschaffungskostenprinzip des § 253 I HGB entsprechend sind die übernommenen Vermögensgegenstände und Schulden in der HB mit ihren AK anzusetzen. § 24 UmwG gibt der übernehmenden PersGes die Möglichkeit, die in der Schlussbilanz der übertragenden Körperschaft ausgewiesenen BW fortzuführen, er kann aber auch die übertragenen WG mit den AK, dh mit dem Verkehrswert ansetzen. In der Begr. RegE zu § 24 UmwG (BT-Drs. 12/6699) wird insoweit vom Übergang auf **eine durch das Anschaffungskostenwertprinzip modifizierte Buchwertfortführung** gesprochen, womit vom Grundsatz her eine allg. Gültigkeit des Anschaffungskostenprinzips (§ 253 I HGB) gesetzlich verankert werden soll.

c) Keine Maßgeblichkeit der HB für die StB. Der übernehmende Rechtsträ- 16 ger hat die auf ihn übertragenen WG mit Wirkung zum stl. Übertragungsstichtag zwingend mit den Wertansätzen zu übernehmen, die die übertragende Körperschaft in der stl. Schlussbilanz angesetzt hat (hM vgl. nur BMF 11.11.2011, BStBl. I 2011, 1314 Rn. 04.01). Dies gilt unabhängig davon, wie der übernehmende Rechtsträger sein handelsbilanzielles Wahlrecht gem. § 24 UmwG ausgeübt hat, der Grundsatz der Maßgeblichkeit der HB für die StB gilt nicht (BeckOK UmwStG/Kaiser/Möller-Gosoge Rn. 40).

Zum UmwStG 1995 vertrat die FVerw noch die sog. phasenverschobene Wertauf- 17 holung (vgl. BMF 25.3.1998, BStBl. I 1998, 268 Rn. 03.02). Setzte die übernehmende PersGes in ihrer Jahresbilanz nach § 24 UmwG höhere Werte an als in der handelsrechtlichen Schlussbilanz der übertragenden Körperschaft, so waren nach Meinung der FVerw die WG in dem der Umw folgenden Bilanzstichtag auch in der StB der übernehmenden PersGes insoweit bis zur Höhe der stl. Anschaffungs- oder Herstellungskosten der übertragenden Körperschaft, gemindert um AfA, erfolgswirksam aufzustocken. Daran hält die FVerw in Übereinstimmung mit der ganz überwiegenden Auffassung in der Lit. nicht mehr fest (vgl. BMF 11.11.2011, BStBl. I 2011, 1314 Rn. 04.04; Dötsch/Pung/Möhlenbrock/Pung/Werner Rn. 10; Rödder/Herlinghaus/van Lishaut/van Lishaut Rn. 20; Haritz/Menner/Bilitewski/Bohnhardt Rn. 55; BeckOK UmwStG/Kaiser/Möller-Gosoge Rn. 40; Brandis/Heuermann/Klingberg Rn. 14a; Frotscher/Drüen/Schnitter Rn. 33; Bogenschütz Ubg 2011, 393; Koch BB 2011, 1067; Behrens BB 2009, 318).

3. Steuerliche Übernahmebilanz/Ergänzungsbilanzen

§ 4 bezieht sich thematisch sowohl auf die Verschm einer Körperschaft auf eine 18 bereits bestehende PersGes **(Verschm durch Aufnahme)** als auch auf den Fall, dass zwei oder mehrere übertragende Körperschaften auf eine im Rahmen der Verschm erst neu entstehende PersGes verschmolzen werden **(Verschm durch Neugründung).**

§ 4 enthält eine ausdrückliche Regelung zur Aufstellung einer stl. Übernahmebi- 19 lanz nicht. Die Übernahme der in der stl. Schlussbilanz der übertragenden Körperschaft enthaltenen WG erfolgt bei der Verschm durch **Neugründung** in der **stl. Eröffnungsbilanz,** die zugleich stl. Übernahmebilanz ist (BMF 11.11.2011, BStBl. I 2011, 1314 Rn. 04.03; Dötsch/Pung/Möhlenbrock/Pung/Werner Rn. 7; Rödder/Herlinghaus/van Lishaut/van Lishaut Rn. 13; Lademann/Staats Rn. 29; HK-UmwStG/Weigert Rn. 19). Die stl. Eröffnungsbilanz ist auf den stl. Übertragungsstichtag zu erstellen, auch wenn der übernehmende Rechtsträger zu diesem Zeitpunkt zivilrechtlich noch nicht existierte (HK-UmwStG/Weigert Rn. 19). Bei der Verschm zur Neugründung ist eine stl. Übernahmebilanz/Eröffnungsbilanz auch dann erforderlich, wenn die durch die Verschm entstehende PersGes ihren Gewinn nach Einnahme-Überschussrechnung ermitteln will (Widmann/Mayer/Martini Rn. 82; aA BFH DStR 2016, 796). Der Übergang vom Betriebsvermögensvergleich zu einer Einnahmeüberschussrechnung erfolgt im Anschluss an die Verschm auf der Ebene der PersGes (Widmann/Mayer/Martini Rn. 85; Rödder/Herlinghaus/van Lishaut/van Lishaut Rn. 15).

Bei der Verschm durch **Aufnahme** wird eine besondere Übernahmebilanz grds. 20 (→ Rn. 24) nicht erstellt; die Umw stellt einen **lfd. Geschäftsvorfall** bei der Übernehmerin dar (BMF 11.11.2011, BStBl. I 2011, 1314 Rn. 04.03; Dötsch/

Pung/Möhlenbrock/Pung/Werner Rn. 7; Widmann/Mayer/Martini Rn. 80; Rödder/Herlinghaus/van Lishaut/van Lishaut Rn. 13). Soweit die übernehmende **PersGes an der übertragenden Körperschaft beteiligt** ist, treten im Rahmen der Verschm bei der PersGes an die Stelle der untergehenden Beteiligung an der übertragenden Körperschaft die übergehenden WG. Die übergehenden WG werden auf ein Übernahmeverrechnungskonto eingebucht, über das zugleich die untergehenden Anteile an der übertragenden Körperschaft ausgebucht werden (Widmann/Mayer/Martini Rn. 80). Bei der Verschm zur Aufnahme ist ausnahmsweise dann eine stl. Übernahmebilanz erforderlich, wenn die übernehmende PersGes bis zum Umwandlungsstichtag den Gewinn nicht nach Bilanzierungsgrundsätzen ermittelt (Rödder/Herlinghaus/van Lishaut/van Lishaut Rn. 14; Lademann/Staats Rn. 18; aA BFH DStR 2016, 796; Dötsch/Pung/Möhlenbrock/Pung/Wener Rn. 7). Durch den Übergang auf die Bilanzierungsgrundsätze kann es zu sog. Mehr- oder Wenigergewinnen kommen. Diese Korrekturrechnung bezieht sich jedoch ausschließlich auf die Vermögensposition der übernehmenden PersGes, da die übertragende Körperschaft ihr übergehendes Vermögen nach Bilanzierungsgrundsätzen ermittelt hat (Widmann/Mayer/Martini Rn. 90). Zur Verteilung eines ggf. entstehenden Übernahmegewinns bzw. Übernahmeverlustes auf die Gesellschafter der übernehmenden PersGes → Rn. 96.

21 Sofern die übernehmende PersGes nicht zu 100% an der übernehmenden Körperschaft beteiligt ist, kann es notwendig sein, im Rahmen der Verschm die **Kapitalkonten** bei der übernehmenden PersGes **neu festzulegen**.

Beispiel:

22 An der AB GmbH, deren StK 1 Mio. Euro beträgt, sind A und B jew. zu 50% beteiligt. Rücklagen, Verbindlichkeiten und Rückstellungen existieren bei der GmbH nicht. Der Verkehrswert des übergehenden Vermögens der GmbH soll 5 Mio. Euro betragen. An der übernehmenden PersGes sind C und D jew. mit einem Kapitalanteil iHv 1,5 Mio. Euro beteiligt; auch hier existieren keine sonstigen gesamthänderisch gebundenen Rücklagen, Verbindlichkeiten oder Rückstellungen. Das Vermögen der KG hat einen Wert iHv 5 Mio. Euro. Nach der Verschm der AB GmbH auf die CD KG sollen A, B, C und D jew. zu gleichen Teilen an der PersGes beteiligt sein. Geht man davon aus, dass die übertragende Körperschaft ihre BW iHv 1 Mio. Euro fortführt, so steht bei der übernehmenden PersGes stl. ein Kapital iHv 4 Mio. Euro zur Vfg., das auf die Gesellschafter A, B, C und D verteilt werden kann. In solchen Fällen kann es sich anbieten, die Kapitalanteile von A und B iHv 500.000 Euro festzulegen und die Verteilung der Gewinne, der Stimmrechte und der Vermögensbeteiligung unabhängig von der Kapitalbeteiligung gesellschaftsvertraglich festzulegen.

23 Da der Grundsatz der Maßgeblichkeit der HB für die StB im Rahmen der Verschm einer Körperschaft auf eine PersGes nicht gilt (→ Rn. 11 ff.), ist es möglich, dass die Gesellschafter C und D ihr Kapitalkonto iHv 1,5 Mio. Euro fortführen, den Gesellschaftern A und B ebenso jew. ein Kapitalkonto iHv 1,5 Mio. Euro gewährt wird. In der stl. Bilanz könnte die Aufstockung durch **negative Ergänzungsbilanzen** rückgängig gemacht werden. Die Ergänzungsbilanzen dienen in diesem Zusammenhang ausschließlich dazu, die Handelsbilanzwerte an die Steuerbilanzwerte anzupassen (Dötsch/Pung/Möhlenbrock/Pung/Werner Rn. 13; vgl. auch Haritz/Menner/Bilitewski/Bohnhardt Rn. 395 ff.; Rödder/Herlinghaus/van Lishaut/van Lishaut Rn. 18). Zu berücksichtigen ist dabei jedoch, dass die späteren Gewinne oder Verluste einschl. von Veräußerungsgewinnen und -verlusten aus der Beteiligung an der PersGes durch die Ergänzungsbilanzen beeinflusst werden (→ § 24 Rn. 217 ff.). Es ist zudem möglich, dass die Gesellschafter ihren Kapitalanteil auf jew. 1 Mio. Euro festlegen. In der Lit. (Rödder/Herlinghaus/van Lishaut/van Lishaut Rn. 15; Dötsch/Pung/Möhlenbrock/Pung/Werner Rn. 13; Mayer FR 2004, 698; vgl. auch Frotscher/Drüen/Schnitter Rn. 29; Lademann/Staats Rn. 22) wird demgegenüber die Meinung vertreten, eine neue Festlegung der Kapitalkonten in der Gesamthandsbilanz, ohne dass Ergänzungsbilanzen erstellt werden, könne nicht überzeugen (vgl. auch HK-UmwStG/Weigert Rn. 20), da dadurch stille Reserven auf andere Gesellschafter überspringen. Insofern wird aber verkannt, dass das UmwStG gerade eine interpersonale Übertragung stiller Reserven steuerneutral ermöglichen soll, der Grundsatz der Personengebundenheit von stillen Reserven wird damit durch das UmwStG relativiert. Dies zeigt sich auch bei der Verschm einer Körperschaft auf eine PersGes, da stille Reserven im übertragenen Vermögen sich vom übertragenden Rechtsträger auf die Mitunternehmer der PersGes verlagern (vgl. BFH DStR 2012, 1805). Es kommt damit in jedem Fall zu einer interpersonalen Übertragung stiller Reserven. Darin eine vGA zu sehen (so Dötsch/Pung/Möhlenbrock/Pung/Werner Rn. 13; HK-UmwStG/Weigert Rn. 20), kann nicht überzeugen.

Ist an der übertragenden Körperschaft oder der übernehmenden PersGes auch ein **24** **ausl. Anteilseigner** bzw. Mitunternehmer beteiligt und verfügt die übertragende Körperschaft über Betriebsvermögen in einem ausl. Staat, mit dem kein DBA besteht, geht das Besteuerungsrecht der Bundesrepublik Deutschland an diesem Betriebsvermögen in dem Verhältnis verloren, wie der ausl. Anteilseigner bzw. Mitunternehmer am übernehmenden Rechtsträger beteiligt wird oder ist. Nach Auffassung der FVerw (BMF 11.11.2011, BStBl. I 2011, 1314 Rn. 04.24) soll dann in dem Umfang, in dem stille Reserven im Betriebsvermögen der Betriebsstätte in dem ausl. Staat aufzudecken sind, für die inl. Beteiligten der Aufstockungsbetrag anteilig – entsprechend ihrer Beteiligung am übernehmenden Rechtsträger – in einer negativen Ergänzungsbilanz auszuweisen sein. Für die ausl. Beteiligten ergäbe sich korrespondierend ein anteiliger Ausweis des Aufstockungsbetrages in einer positiven Ergänzungsbilanz. Die personenbezogene Aufstockung in der Ergänzungsbilanz kann nicht überzeugen (ebenso Dötsch/Pung/Möhlenbrock/Pung/Werner Rn. 13a; HK-UmwStG/Weigert Rn. 21; vgl. auch Schell IStR 2011, 704; Kpyszka/Jüngling BB Special 1/2011, 4). Die Auffassung der FVerw steht nicht im Einklang mit dem Wortlaut des § 4 I. Danach hat die übernehmende PersGes in der StB die Werte des übertragenen Vermögens zu übernehmen. Ein gesetzlicher Zwang, Ergänzungsbilanzen zu erstellen, besteht nicht. Hinzu kommt, dass die durch die Aufstockung möglicherweise entstehende Steuer in der Person des übertragenden Rechtsträgers im Wege der Gesamtrechtsnachfolge auf die PersGes übergeht und von dieser beglichen werden muss, sodass durch diese Steuer alle Mitunternehmer der übernehmenden PersGes wirtschaftlich belastet werden. Zu weiteren Kritikpunkten vgl. auch Dötsch/Pung/Möhlenbrock/Pung/Werner Rn. 13a.

4. Einzelfälle der Bilanzierung

a) Abfindung an ausscheidenden Gesellschafter. Widerspricht ein Anteilsin- **25** haber des übertragenden Rechtsträgers dem Verschmelzungsbeschluss, so muss der übernehmende Rechtsträger ihm gem. § 29 I 1 UmwG eine angemessene Barabfindung anbieten. Der Abfindungsanspruch richtet sich ausschließlich gegen den übernehmenden Rechtsträger. Die Abfindungszahlung stellt Aufwand dar, und zwar in Form von AK der vom Ausscheidenden erworbenen Anteile am übertragenden Rechtsträger durch den übernehmenden Rechtsträger, und hat Einfluss auf die Ermittlung des Übernahmeergebnisses nach Abs. 4, da sich der BW der Anteile am übertragenden Rechtsträger um die Abfindungszahlung erhöht (vgl. Widmann/Mayer/Martini Rn. 892; Rödder/Herlinghaus/van Lishaut/van Lishaut Rn. 23; Dötsch/Pung/Möhlenbrock/Pung/Werner Rn. 65; Haritz/Menner/Bilitewski/Bohnhardt Rn. 73; BMF 11.11.2011, BStBl. I 2011, 1314 Rn. 03.22; FG Münster DStR 2009, 5; → § 3 Rn. 111).

26 **b) Änderung der steuerlichen Schlussbilanz.** Ändern sich bspw. aufgrund einer BP die Ansätze in der stl. Schlussbilanz, sind wg. der Regelung in Abs. 1 S. 1 entsprechend die Bilanzansätze bei der Übernehmerin nach § 175 I 1 Nr. 2 AO zu berichtigen (BFH BStBl. II 2015, 759; BFH/NV 2013, 743; BMF 11.11.2011, BStBl. I 2011, 1314 Rn. 03.14; Widmann/Mayer/Martini Rn. 861; Dötsch/Pung/Möhlenbrock/Pung/Werner Rn. 8; Rödder/Herlinghaus/van Lishaut/van Lishaut Rn. 52; Haritz/Menner/Bilitewski/Bohnhardt Rn. 41; Lademann/Staats Rn. 27). Kann die Veranlagung des übertragenden Rechtsträgers nicht mehr geändert werden, gelten für den übernehmenden Rechtsträger insoweit die allg. Regelungen der AO und die Grundsätze der Bilanzberichtigung (Dötsch/Pung/Möhlenbrock/Pung/Werner Rn. 8; Frotscher/Drüen/Schnitter Rn. 32; Haritz/Menner/Bilitewski/Bohnhardt Rn. 41) zur Klagebefugnis des übernehmenden Rechtsträgers bzgl. der Bewertung → Rn. 14.

27 **c) Ausländisches Vermögen.** In der stl. Schlussbilanz der übertragenden Körperschaft ist auch das ausl. Vermögen anzusetzen. Der übernehmende Rechtsträger hat diese Werte zum Verschmelzungsstichtag zu übernehmen. Dies gilt unabhängig davon, ob das Auslandsvermögen der dt. Besteuerung unterliegt oder nicht (BT-Drs. 16/2710, 39). Diese Wertansätze erfolgen unabhängig von einem ggf. abw. Wertansatz nach ausl. Recht (BT-Drs. 16/2710, 37). Bei der Ermittlung des Übernahmegewinns ist das ausl. BV als Bestandteil des übergehenden BV miteinzubeziehen. Nach Abs. 4 S. 2 (→ Rn. 111 ff.) sind übergehende WG, soweit ein Gewinn aus der Veräußerung der WG beim übertragenden Rechtsträger nicht in Deutschland besteuert werden konnte, für die Ermittlung des Übernahmegewinns zwingend mit dem gemeinen Wert anzusetzen. Wird Vermögen des übertragenden Rechtsträgers in Folge der Verschm erstmals in Deutschland steuerverstrickt, so stellt sich die Frage, ob eine logische Sekunde nach dem Verschmelzungsvorgang auf dieses Vermögen § 4 I 8 EStG (vgl. dazu einerseits Dötsch/Pung/Möhlenbrock/Pung/Werner Rn. 12; Rödder/Herlinghaus/van Lishaut/van Lishaut Rn. 43; Haritz/Menner/Bilitewski/Bohnhardt Rn. 83; andererseits Frotscher/Drüen/Schnitter § 3 Rn. 172; Lademann/Staats Rn. 26; → § 3 Rn. 99 f.) Anwendung findet, oder aber, ob Abs. 1 die Regelung des § 4 I 8 EStG ausschließt. Im Zusammenhang mit § 20 hat der Gesetzgeber dieses Problem in der Gesetzesbegründung (BT-Drs. 16/2710, 43) erörtert. Danach soll in den Fällen, in denen durch den Einbringungsvorgang das dt. Besteuerungsrechts erstmals begründet wird, § 6 I Nr. 5a EStG iVm § 4 I 8 EStG entsprechend anzuwenden sein, dh dieses eingebrachte BV soll mit dem gemeinen Wert angesetzt werden. Das Antragswahlrecht für das bereits vor der Einbringung im Inland steuerverstrickte Vermögen soll nach Auffassung des Gesetzgebers davon jedoch unberührt bleiben. Dem würde es für die Fälle der Verschm entsprechen, dass eine logische Sekunde nach der Verschm solches Vermögen, bei dem das dt. Besteuerungsrecht erstmalig begründet wird, beim übernehmenden Rechtsträger mit dem gemeinen Wert anzusetzen ist (Lademann/Staats Rn. 26; Kraft/Poley FR 2014, 1; Böhmer/Wegener Ubg 2015, 69). Ein Ansatz mit dem gemeinen Wert scheidet jedoch aus, wenn das inl. Besteuerungsrecht nicht begründet, sondern nur „gestärkt" wird (Überführung eines bisher der DBA-Anrechnungsmethode unterliegenden WG in dem Bereich der unbeschränkten StPfl; vgl. Schmidt/Lohschelder EStG § 4 Rn. 255). Da sich der Ansatz dieser WG mit dem gemeinen Wert eine logische Sekunde nach dem Verschmelzungsvorgang vollzieht, wäre die Aufstockung dieser WG ohne stpfl. Auswirkung. Zum Eintritt in die stl. Rechtsstellung → Rn. 61.

28 § 6 I Nr. 5a EStG kommt in jedem Fall zur Anwendung, wenn es zu einer **Verstrickung** der übertragenen WG erst **nach dem stl. Übertragungsstichtag** kommt (Rödder/Herlinghaus/van Lishaut/van Lishaut Rn. 44; Dötsch/Pung/

Möhlenbrock/Pung/Werner Rn. 12; Blümich/Klingberg Rn. 16; HK-UmwStG/ Weigert Rn. 15; ausf. Böhmer/Wegener Ubg 2015, 69). → § 3 Rn. 98 ff.
Zu den stl. Folgen der **Nichtvorlage einer stl. Schlussbilanz** des übertragenden 29 Rechtsträgers → § 3 Rn. 25.

d) Ausstehende Einlagen. Ausstehende Einlagen sollen nach Auffassung der 30 FVerw (BMF 11.11.2011, BStBl. I 2011, 1314 Rn. 03.05; vgl. auch Dötsch/Pung/ Möhlenbrock/Möhlenbrock/Pung § 3 Rn. 140) nicht in der stl. Schlussbilanz des übertragenden Rechtsträgers zu berücksichtigen sein. Da jedoch ausstehende Einlagen echte Forderungen der übertragenden Körperschaft gegen ihre Gesellschafter sind, auf welche die Gesellschaft nicht verzichten kann, die abgetreten, verpfändet und gepfändet werden können, gehen diese zivilrechtlich im Wege der Gesamtrechtsnachfolge auf die übernehmende Gesellschaft über (Haritz/Menner/Bilitewski/Mertgen § 3 Rn. 187; Widmann/Mayer/Martini § 3 Rn. 579; Haase/Hruschka/Steierberg Rn. 33) und sind in der stl. Schlussbilanz des übertragenden Rechtsträgers anzusetzen (→ § 3 Rn. 116; aA Rödder/Herlinghaus/van Lishaut/van Lishaut Rn. 33). Die auf den übernehmenden Rechtsträger übergehenden außenstehenden Einlagen beeinflussen jedoch nicht das Übernahmeergebnis. Das gezeichnete Kapital ist um die eingeforderte sowie die nicht eingeforderte ausstehende Einlage zu kürzen, soweit diese nicht vom gezeichneten Kapital nach § 272 I 3 HGB abgesetzt wurde (BMF 11.11.2011, BStBl. I 2011, 1314 Rn. 03.05). Die Anschaffungskosten der Anteile beim übertragenden Rechtsträger sind ggf. um die ausstehenden Einlagen zu korrigieren (BMF 11.11.2011, BStBl. I 2011, 1314 Rn. 04.31; Brandis/Heuermann/Klingberg Rn. 18; Frotscher/Drüen/Schnitter Rn. 55).

e) Beteiligung der übertragenden Körperschaft an der Übernehmerin. Ist 31 die übertragende Körperschaft an der übernehmenden PersGes als MU beteiligt, so ist die Beteiligung in der Schlussbilanz der übertragenden Körperschaft weiterhin anzusetzen. Die in der StB dem übertragenden Rechtsträgers betragsmäßig angesetzten anteiligen WG gehen zivilrechtlich nicht auf die übernehmende PersGes über. Steuerrechtlich gehören zum übergehenden Vermögen auch die der übertragenden Körperschaft anteilig anzurechnenden WG der PersGes, sodass auch diesbzgl. die in der Schlussbilanz des übertragenden Rechtsträgers angesetzten Werte aus dem Kapitalkonto bei der PersGes zzgl. etwaiger Sonder- und Ergänzungsbilanzen anteilig den Kapitalkonten der Gesellschafter der übertragenden Körperschaft und künftigen Gesellschaftern der übernehmenden PersGes gutgeschrieben werden (BMF 11.11.2011, BStBl. I 2011, 1314 Rn. 03.10; Dötsch/Pung/Möhlenbrock/Pung/ Werner Rn. 64; Frotscher/Drüen/Schnitter Rn. 56; Rödder/Herlinghaus/van Lishaut/van Lishaut Rn. 24; Brandis/Heuermann/Klingberg Rn. 18; Haase/Hofacker/Steierberg Rn. 35). Wegen der Beteiligung des übertragenden Rechtsträgers an anderen PersGes → § 3 Rn. 117.

f) Eigene Anteile. Besitzt die übertragende Körperschaft vor Inkrafttreten des 32 BilMoG am stl. Übertragungsstichtag eigene Anteile, so gehen diese mit der Umw unter. Bei der übernehmenden PersGes werden die Anteile nicht erfasst (→ § 3 Rn. 121; BMF 11.11.2011, BStBl. I 2011, 1314 Rn. 03.05). Der Übernahmegewinn ermittelt sich aus der Diff. zwischen dem Wert, mit dem die übergegangenen WG (mit Ausnahme der eigenen Anteile) nach Abs. 1 zu übernehmen sind, und dem BW der der PersGes gehörenden oder ihr nach § 5 zuzurechnenden Beteiligung an der übertragenden Körperschaft. Da die eigenen Anteile in der übertragenden Körperschaft nicht berücksichtigt werden, verringert sich der BW des übergehenden Vermögens um den entsprechenden Betrag. Wurden die eigenen Anteile im Rückwirkungszeitraum durch die übertragende Körperschaft veräußert, so ist dieses Veräußerungsgeschäft noch der übertragenden Körperschaft zuzurechnen (ebenso

Dötsch/Pung/Möhlenbrock/Pung/Werner Rn. 63; Frotscher/Drüen/Schnitter Rn. 61; Rödder/Herlinghaus/van Lishaut/van Lishaut Rn. 49), was sich aus dem Rechtsgedanken des § 5 I ergibt; auf den Anteilserwerber sind §§ 5, 7 anzuwenden. Nach Inkrafttreten des BilMoG ist ein Ausweis eigener Anteile nicht mehr zulässig (§ 272 Ia HGB).

33 **g) Firmen-/Geschäftswert.** Das Ansatzverbot originärer immaterieller WG des Anlagevermögens einschließl. eines Geschäfts- oder Firmenwerts gilt ausweislich von § 3 I nicht für die stl. Schlussbilanz des übertragenden Rechtsträgers. Die in der stl. Schlussbilanz nach § 3 I anzusetzenden originären Geschäfts- oder Firmenwerte der übertragenden Körperschaft werden durch den übernehmenden Rechtsträger fortgeführt. Dieser hat den Geschäfts- oder Firmenwert entsprechend den allg. Grundsätzen nach § 7 I 3 EStG über 15 Jahre abzuschreiben. Die gesetzliche Fiktion der Nutzungsdauer von 15 Jahren gilt für den Geschäfts- und Firmenwert eines Gewerbebetriebs, eines land- und forstwirtschaftlichen Betriebes und auf Grund der Rechtsnachfolge auch für den aus der Sicht des übernehmenden Rechtsträgers bestehenden Praxiswert einer freiberuflichen Kanzlei. Hat die übertragende Körperschaft einen Geschäfts- oder Firmenwert entgeltlich erworben und ist dieser in der stl. Schlussbilanz ausgewiesen, so muss dieser von der übernehmenden PersGes mit dem bei der übertragenden Körperschaft bilanzierten BW übernommen werden. Fraglich ist aber, ob eine Aufstockung des BW des **derivativen Firmenwerts** möglich ist. Letzteres dürfte zweifelhaft sein, da sich der entgeltlich erworbene Geschäftswert allmählich verflüchtigt und durch einen selbst geschaffenen Geschäftswert ersetzt wird (Einheitstheorie). Dies hat nach Meinung der FVerw (BMF 11.11.2011, BStBl. I 2011, 1314 Rn. 04.10; aA Brandis/Heuermann/Klingberg Rn. 18) zur Konsequenz, dass Wertabnahmen und Wertzunahmen sich nicht trennen lassen, sodass eine Aufstockung des BW des derivativen Firmenwertes vorgenommen werden muss, dann aber insges. ein originärer Geschäfts- oder Firmenwert vorliegen soll, der insges. über 15 Jahre abgeschrieben wird; auch → Rn. 91.

34 **h) Forderungen und Verbindlichkeiten.** Bestehen zwischen der übertragenden Körperschaft und der übernehmenden PersGes Forderungen und Verbindlichkeiten, so erlöschen diese zivilrechtlich eine logische Sekunde nach der Eintragung der Umw in das HR. Es kommt zu einer Konfusion auf der Ebene der übernehmenden PersGes, die in der stl. Übernahmebilanz abgebildet wird (Widmann/Mayer/Martini § 3 Rn. 375; Rödder/Herlinghaus/van Lishaut/van Lishaut Rn. 29; Dötsch/Pung/Möhlenbrock/Pung/Werner Rn. 62). Seit dem 1.1.2008 (zur Rechtslage davor vgl. NdsFG BB 2008, 1661) fallen auch Gewinnminderungen im Zusammenhang mit kapitalersetzenden Darlehen unter das Abzugsverbot des **§ 8b III 3 KStG,** Gewinne aus dem Ansatz der Darlehensforderung aus Zuschreibungen bleiben bei der Ermittlung des Einkommens außer Ansatz, soweit auf die vorangegangene TW-AfA § 8 III 3 KStG anzuwenden war. Dies dürfte auch für den Mitunternehmer der übernehmenden PersGes gelten, soweit es sich um Körperschaften handelt (§ 8b VI KStG). Ein Übernahmefolgegewinn stellt keinen Gewinn aus einer Wertaufholung nach § 6 I Nr. 2 EStG dar, der nach § 8b III 8 KStG außer Ansatz bleiben würde, die Regelung ist aber analog auf diesen Fall anzuwenden (Behrendt/Klages GmbHR 2010, 190; aA BMF 11.11.2011, BStBl. I 2011, 1314 Rn. 06.02; FG SH EFG 2023, 507; Dötsch/Pung/Möhlenbrock/Pung/Werner § 6 Rn. 16; Krohn/Greulich DStR 2008, 646; vgl. auch FG BW EFG 2016, 1571). Der Gesetzgeber wollte mit dieser Regelung Buchgewinne dann keiner Besteuerung zuführen, wenn die vorherigen Buchverluste sich stl. nicht ausgewirkt haben. Dieser Gedanke entspricht dem objektiven Nettoprinzip und muss daher aus verfassungsrechtlichen Gründen auch bei Übernahmefolgegewinnen gelten.

35 **i) Forderungsverzicht mit Besserungsschein.** Verzichtet ein **Nicht-Gesellschafter** auf eine Forderung gegenüber der übertragenden Körperschaft mit Besse-

rungsschein iSv § 5 Ia EStG (vgl. BFH DStR 2017, 925), so ist in der stl. Schlussbilanz der übertragenden Körperschaft eine Schuld nicht mehr auszuweisen (Rödder/Herlinghaus/van Lishaut/Birkemeier § 3 Rn. 131; HK-UmwStG/Bron § 3 Rn. 317; Widmann/Mayer/Martini § 3 Rn. 586); die Verpflichtung der übertragenden Körperschaft ist durch den Forderungsverzicht mit Besserungsschein bedingt und entsteht erst wieder, sobald die übertragende Körperschaft Gewinne erwirtschaftet. Erst zu diesem Zeitpunkt ist die Schuld wieder passivierungsfähig. Die bedingte Verpflichtung aus dem Forderungsverzicht mit Besserungsschein geht im Wege der Gesamtrechtsnachfolge auf die Übernehmerin über. Sobald sie Gewinne erwirtschaftet, muss die Verbindlichkeit eingebucht werden. Es entsteht ein steuerwirksamer Aufwand (vgl. BMF 2.12.2003, BStBl. I 2003, 648; Dötsch/Pung/Möhlenbrock/Möhlenbrock/Pung § 3 Rn. 154; Widmann/Mayer/Martini Rn. 277; HK-UmwStG/Weigert Rn. 47). Tritt die Bedingung in Form der Besserung der finanziellen Situation bereits durch die Verschm ein, kann die Einbuchung der Verbindlichkeit frühestens mit der zivilrechtlichen Wirksamkeit des Verschmelzungsvertrages erfolgen (FG Hamburg EFG 2016, 1721). Verzichtet **ein Gesellschafter** oder eine diesem nahestehende Person, muss danach diff. werden, ob die Forderung werthaltig ist. Soweit die Forderung nicht werthaltig ist, gelten die gleichen Grundsätze wie beim fremden Dritten. Hinsichtlich des werthaltigen Teils liegt eine Einlage vor, es erhöhen sich insoweit die AK der Beteiligung nach den allg. Grundsätzen (Dötsch/Pung/Möhlenbrock/Pung/Werner Rn. 70). Im Besserungsfall wird auf Ebene der PersGes eine Verbindlichkeit passiviert und korrespondierend dazu ein entsprechender Ertrag in der Sonderbilanz ausgewiesen (Dötsch/Pung/Möhlenbrock/Pung/Werner Rn. 70; Rödder/Herlinghaus/van Lishaut/van Lishaut Rn. 36; vgl. auch BFH DStR 2018, 1284), was frühestens mit der zivilrechtlichen Wirksamkeit des Verschmelzungsvertrages erfolgt (FG Hamburg EFG 2016, 1721).

j) Geschäftsvorfälle in dem Rückwirkungszeitraum. Hat die übertragende 36 Körperschaft im Rückwirkungszeitraum Lieferungen an die übernehmende PersGes erbracht, so muss die dadurch ggf. verursachte Gewinnrealisation stl. rückgängig gemacht werden. Die übernehmende PersGes hat auch in diesem Fall den in der stl. Schlussbilanz der übertragenden Körperschaft angesetzten Wert fortzuführen (ebenso BMF 11.11.2011, BStBl. I 2011, 1314 Rn. 02.31; Dötsch/Pung/Möhlenbrock/Pung/Werner Rn. 114; Haritz/Menner/Bilitewski/Slabon § 2 Rn. 70). Entsprechendes gilt für Lieferung des übertragenen Rechtsträgers im Rückwirkungszeitraum. Die Rückwirkungsfiktion zwingt damit auch zu einer steuerbilanziellen Neuermittlung und Besteuerung des Vermögens beim übernehmenden Rechtsträger (vgl. FG Köln EFG 2017, 1012).

k) Korrekturposten für Ausschüttungen im Rückwirkungszeitraum. Zur 37 eingeschränkten Rückwirkung bei Gewinnausschüttungen im Rückwirkungszeitraum → § 2 Rn. 71 ff.; BMF 11.11.2011, BStBl. I 2011, 1314 Rn. 02.25 ff.

l) Pensionsrückstellungen. Kommt es zu einer Verschm einer Körperschaft 38 **auf eine PersGes,** ist eine zu Gunsten des Gesellschafter-Geschäftsführers bei der KapGes zulässigerweise gebildete Pensionsrückstellung nicht aufzulösen, sondern nach hM in der Lit. mit dem Anschaffungsbarwert fortzuführen (§ 6a III 2 EStG) und um die jährlichen Zinsen zu erhöhen (Dötsch/Pung/Möhlenbrock/Pung/Werner Rn. 72; Rödder/Herlinghaus/van Lishaut/Birkemeier § 6 Rn. 41 ff.; Koch BB 2011, 2667; Ott StuB 2007, 331; FG Münster BB 2011, 1904). Der Anschaffungsbarwert nach § 6a III Nr. 2 EStG ist idR geringer als der von der PersGes übernommene Wert gem. § 6a III Nr. 1 EStG. Der bisherige Wert der Pensionsrückstellung wird in der Gesamthandsbilanz unverändert fortgeführt, der Differenzbetrag zwischen dem Anschaffungsbarwert und der Pensionsrückstellung ist in der Sonderbilanz ertragswirksam zu aktivieren (Dötsch/Pung/Möhlenbrock/

Pung/Werner Rn. 72; Frotscher/Drüen/Schnitter Rn. 72; FG Nürnberg DStRE 2002, 1292; Rödder/Herlinghaus/van Lishaut/Birkemeier § 6 Rn. 41). Der Auflösungsertrag stellt einen Übernahmefolgegewinn iSv § 6 I 1 dar. Die FVerw geht von einem Fortbestehen des Dienstverhältnisses aus mit der Folge, dass die Pensionsrückstellung mit dem TW nach § 6a III Nr. 1 anzusetzen ist (BMF 11.11.2011, BStBl. I 2011, 1314 Rn. 06.05; ebenso FG BaWü EFG 2020, 1140; Haritz/Menner/Bilitewski/Bohnhardt Rn. 82; Frotscher/Drüen/Schnitter Rn. 73); ein Übernahmefolgegewinn entsteht damit nicht. Die während der Tätigkeit bei der KapGes erdiente Anwartschaft ist unter Berücksichtigung des § 6a III 3 EStG mit 6% fortzuentwickeln; dieser jährliche Erhöhungsbetrag ist BA bei der PersGes, die nicht gem. § 15 I Nr. 2 EStG durch entsprechende Sonderbetriebseinnahmen neutralisiert werden (FG Köln EFG 2008, 871; Gosch KStG § 8 Rn. 470; Ott StuB 2007, 331).

39 Spätere Zuführungen nach dem stl. Übertragungsstichtag, die durch die Gesellschafterstellung veranlasst sind, stellen Vergütungen iSd § 15 I 1 Nr. 2 EStG dar (BMF 11.11.2011, BStBl. I 2011, 1314 Rn. 06.06; FG Köln EFG 2008, 871). Die Zuführungen mindern zwar den stl. Gewinn der PersGes in der Gesamthandsbilanz, dem begünstigten Gesellschafter sind aber korrespondierend die Sondervergütungen in der Sonderbilanz zu aktivieren (vgl. BMF 29.1.2008, DStR 2008, 299 Rn. 5; BFH/NV 2006, 1293; Dötsch/Pung/Möhlenbrock/Pung/Werner Rn. 72; Frotscher/Drüen/Schnitter Rn. 74; Fuhrmann/Demuth DStZ 2007, 823; Fuhrmann/Demuth WPg 2007, 77; Ott StuB 2007, 331) und führen dort zu einer vorgelagerten Besteuerung von Altersversorgungsbezügen. Ist die Pensionszusage rückgedeckt, führt die PersGes in ihrer StB den Rückdeckungsanspruch mit dem versicherungsgemäßem Deckungskapital zunächst fort. Nach dem Umwandlungsstichtag vorzunehmende Aufstockungen dieses Versicherungsanspruchs während der Zeit als MU werden korrigiert, soweit die Versicherungsjahre nach dem Umwandlungsstichtag betroffen sind (vgl. BMF 29.1.2008, DStR 2008, 299 Rn. 5; Ott StuB 2007, 331; Fuhrmann/Demuth KÖSDI 2006, 1582; Neumann GmbHR 2002, 996). Soweit die Zeit vor dem Umwandlungsstichtag betroffen ist, stellt die Erhöhung des Aktivwerts eine Betriebseinnahme dar. Die Prämienzahlung führt dagegen zu einer abzugsfähigen Betriebsausgabe. Bei Eintritt des Versorgungsfalls sind die Zahlungen aufzuteilen (FG Köln EFG 2008, 871). Soweit sie auf die ursprüngliche Zeit als Gesellschafter der KapGes entfallen, liegen Einnahmen iSd § 19 EStG vor (Dötsch/Pung/Möhlenbrock/Pung/Werner Rn. 72c), soweit sie auf die Zeit bei der PersGes entfallen, liegen Einkünfte iSd § 15 I 1 Nr. 2 EStG iVm § 24 EStG vor, wobei der Rückgang des aktivierten Postens in der Sonderbilanz gewinnmindernd gegenzurechnen ist (BMF 11.11.2011, BStBl. I 2011, 1314 Rn. 06.06; Dötsch/Pung/Möhlenbrock/Pung/Werner Rn. 72; Frotscher/Drüen/Schnitter Rn. 74). Die Aufteilung der Versorgungsbezüge kann nach den Verhältnissen der Erdienungszeiträume vor und nach der Umw erfolgen (Neumann GmbHR 2002, 996), § 12 EStG steht dem nicht entgegen (FG Köln EFG 2008, 871).

40 Besteht bei der übertragenden Körperschaft eine Pensionsrückstellung zu Gunsten des übernehmenden **Alleingesellschafters,** so entsteht im Rahmen der Verschm ein Übernahmefolgegewinn iHd durch Konfusion erlöschenden Pensionsrückstellung. Die Pensionsrückstellung ist von dem übernehmenden Einzelunternehmen ertragswirksam aufzulösen (BMF 11.11.2011, BStBl. I 2011, 1314 Rn. 06.07; Dötsch/Pung/Möhlenbrock/Pung/Werner Rn. 74; Frotscher/Drüen/Schnitter Rn. 75). Es entsteht ein stpfl. Gewinn, der jedoch nach Maßgabe des § 6 durch Bildung einer steuerfreien Rücklage zunächst neutralisiert werden kann (Rödder/Herlinghaus/van Lishaut/van Lishaut Rn. 31). Die Zwangsauflösung der Pensionsrückstellung lässt sich dadurch vermeiden, dass die Verschm der KapGes nicht auf eine natürliche Person erfolgt, sondern noch vor der Verschm in das Einzelunternehmen ein weiterer Gesellschafter (zB Ehefrau oder Kinder) mit einer Beteiligung aufgenommen wird (vgl. hierzu Ott StuB 2007, 331). Wird im Falle einer Rückdeckungsversicherung die Versicherung von der übernehmenden natürlichen Person fortgeführt, geht der Rückdeckungsanspruch nach Auffassung der FVerw (BMF 11.11.2011, BStBl. I 2011, 1314 Rn. 06.08; DPPM UmwStR/Pung Rn. 74; Frotscher/Drüen/Schnitter Rn. 75) auf diese über und wird dadurch Privatvermögen. Die Entnahme ist mit dem TW zu bewerten. Wird die Rückdeckungsversicherung noch von der übertragenden Körperschaft gekündigt, ist der Rückkaufswert mit dem Rückdeckungsanspruch zu verrechnen, ein eventueller Restbetrag ist ergebniswirksam aufzulösen (BMF 11.11.2011, BStBl. I 2011, 1314 Rn. 06.08; Dötsch/Pung/Möhlenbrock/Pung/Werner Rn. 74; vgl. auch Neufrank StBp 2008, 228).

m) Stille Lasten. Werden in der stl. Schlussbilanz die WG mit einem ZW oder **40a** dem gemeinen Wert angesetzt, sind stille Lasten zu passivieren. Der übernehmende Rechtsträger führt diese fort; § 5 VII EStG findet nach der hier vertretenen Meinung keine Anwendung (→ Rn. 12 f.).

n) Vermögen wird Privatvermögen. Vermögen der übertragenden Körper- **41** schaft, welches bei der Übernehmerin nicht BV wird, ist in der stl. Schlussbilanz der übertragenden Körperschaft mit dem gemeinen Wert anzusetzen (→ § 3 Rn. 141 ff.). Ob bei der übernehmenden PersGes BV vorliegt, entscheidet sich nach dem Verhältnis zum Zeitpunkt des stl. Übertragungsstichtags (BMF 11.11.2011, BStBl. I 2011, 1314 Rn. 03.11; Rödder/Herlinghaus/van Lishaut/van Lishaut Rn. 50). Solche WG scheiden eine logische Sekunde nach dem Umwandlungszeitpunkt aus dem BV der übernehmenden PersGes aus (Rödder/Herlinghaus/van Lishaut/van Lishaut Rn. 50).

o) Sonderbetriebsvermögen. Durch die Verschm einer Körperschaft auf eine **42** PersGes kann zum Umwandlungsstichtag SBV entstehen. Dies ist dann der Fall, wenn ein Gesellschafter der übertragenden Körperschaft diese WG zur Nutzung überlassen hat. Waren die WG bisher PV, so gelten sie zum stl. Übertragungsstichtag in das SBV der übernehmenden PersGes als eingelegt (Rödder/Herlinghaus/van Lishaut/van Lishaut Rn. 51; Haase/Hofacker/Steierberg Rn. 40; Widmann/Mayer/Martini Rn. 362; Brandis/Heuermann/Klingberg Rn. 18). Für die Anwendung der Drei-Jahres-Frist des § 6 I Nr. 5a EStG kommt es auf den Verschmelzungsstichtag an (Rödder/Herlinghaus/van Lishaut/van Lishaut Rn. 51). Darlehensforderungen eines Gesellschafters gegenüber der übertragenden KapGes werden SBV; hieraus resultiert eine iSd § 4 IVa EStG zu berücksichtigende Einlage (OFD Rheinland 29.6.2011, DStR 2011, 1666; Dötsch/Pung/Möhlenbrock/Pung/Werner Rn. 75). Waren die Anteile an der übertragenden KapGes fremdfinanziert, so wird diese Verbindlichkeit in Folge der Umw ebenfalls zu SBV bei der übernehmenden PersGes, die nach dem stl. Übertragungsstichtag entstehenden Zinsen sind Sonderbetriebsausgaben (BMF 11.11.2011, BStBl. I 2011, 1314 Rn. 04.36; Dötsch/Pung/Möhlenbrock/Pung/Werner Rn. 75; Brandis/Heuermann/Klingberg Rn. 18; Haase/Hofacker/Steierberg Rn. 40). Das durch die Umw entstehende SBV hat keinen Einfluss auf die Ermittlung des Übernahmegewinns (Dötsch/Pung/Möhlenbrock/Pung/Werner Rn. 75).

p) Umwandlungskosten. Die Zuordnung der Verschmelzungskosten richtet **43** sich danach, in wessen Sphäre bei den an der Umw beteiligten Rechtsträgern diese entstanden sind. Jeder Beteiligte hat die auf ihn entfallenden Kosten selbst zu tragen (BFH DStR 1998, 1420; Widmann/Mayer/Martini § 3 Rn. 617 ff.; Haase/Hofacker/Steierberg Rn. 97; im Grundsatz ebenso BMF 11.11.2011, BStBl. I 2011, 1314 Rn. 03.34). Die **Kostenzuordnung** richtet sich grds. nach dem **objektiven wirtschaftlichen Veranlassungsprinzip** (ausf. dazu Stimpel GmbHR 2012, 199) und steht nach Auffassung des BFH (DStR 2023, 212; 1998, 1420; ebenso FG RhPf

EFG 2016, 1392) nicht zur Disposition der an der Verschm beteiligten Rechtsträger (Dötsch/Pung/Möhlenbrock/Möhlenbrock/Pung § 3 Rn. 152).

44 Eine gesetzliche Regelung der stl. Behandlung von Umwandlungskosten für den übernehmenden Rechtsträger findet sich in § 4 IV 1. Die Vorschrift besagt, dass Umwandlungskosten des übernehmenden Rechtsträgers, die lfd. Betriebsausgaben sind, bei der Ermittlung des Übernahmeergebnisses berücksichtigt werden müssen. Bezüglich der Zuordnung von Kosten trifft die Norm keine Regelung. Zu den lfd. Umwandlungskosten des übernehmenden Rechtsträgers gehören externe Rechts- und Beratungskosten. Zu den weiteren Kosten, die bei dem übernehmenden Rechtsträger entstehen, zählen insbes. die Hälfte der Kosten für die Erstellung des Verschmelzungsvertrages, die Beurkundungskosten für den Verschmelzungsvertrag zur Hälfte, die Kosten des Verschmelzungsbeschlusses, der Anmeldung und der Eintragung des Beschlusses, die Kosten für die Ermittlung des Übernahmeergebnisses uÄ (FG RhPf EFG 2016, 1392). Inwieweit Kosten nach dem zivilrechtlichen Vollzug der Verschm noch Umwandlungskosten darstellen, ist im Einzelnen strittig (vgl. Stimpel GmbHR 2012, 199). Solche nach der Eintragung der Verschm in das Handelsregister entstehenden Kosten stellen nur dann Umwandlungskosten dar, wenn ein unmittelbarer Zusammenhang dieser Kosten mit der Umw gegeben ist (zu weitgehend Stimpel GmbHR 2012, 199; vgl. auch Kron DB 2018, 1755). Für objektbezogene Kosten findet Abs. 4 S. 1 keine Anwendung (BMF 11.11.2011, BStBl. I 2011, 1314 Rn. 04.34), sie sind vielmehr als Anschaffungskosten zu aktivieren, da es sich bei dem Verschmelzungsvorgang um ein Anschaffungsgeschäft handelt. Zu solchen objektbezogenen Kosten gehört insbes. die GrESt, die ausschließlich Aufwand des übernehmenden Rechtsträgers darstellt (BMF 18.1.2010, BStBl. I 2010, 70; BFH BStBl. II 1998, 168). Die im Rahmen der Verschm anfallende GrESt iSd § 1 III GrEStG stellt nach Auffassung des BFH (BFH BStBl. II 2011, 761; ebenso SächsFG DStRE 2017, 596) keine Anschaffungskosten auf die erworbene Beteiligung dar. Nach Meinung der FVerw (BMF 11.11.2011, BStBl. I 2011, 1314 Rn. 04.34; ebenso Dötsch/Pung/Möhlenbrock/Pung/Werner Rn. 47; aA SächsFG DStRE 2017, 596) handelt es sich um Umwandlungskosten, für die Abs. 4 S. 1 gilt. Soweit für einen Anteilseigner des übertragenden Rechtsträgers wegen Abs. 4 S. 3 ein Übernahmeergebnis nicht ermittelt wird, sollen dessen Umwandlungskosten insges. nicht abzugsfähig sein, obwohl er Einkünfte aus § 7 erzielt (BMF 11.11.2011, BStBl. I 2011, 1314 Rn. 04.35; ebenso DPPM UmwStR/Pung Rn. 47a; Brandis/Heuermann/Klingberg Rn. 38; aA zu Recht Frotscher/Drüen/Schnitter Rn. 172; Haritz/Menner/Bohnhardt Rn. 243; auch → § 7 Rn. 21).

45 Die FVerw (BMF 11.11.2011, BStBl. I 2011, 1314 Rn. 04.34) geht davon aus, dass nicht objektbezogene Kosten, die dem übertragenden Rechtsträger nach dem Veranlassungsprinzip zuzuordnen sind, dem übernehmenden Rechtsträger zuzuordnen sind, wenn sie nach dem stl. Übertragungsstichtag entstanden sind (→ § 3 Rn. 137).

46 **q) Zebragesellschaft.** Liegt eine PersGes vor, die Vermögensverwaltung betreibt, und werden die Anteile an der vermögensverwaltenden PersGes teils im PV, teils im BV gehalten, so liegt eine ZebraGes vor (vgl. Schmidt/Wacker EStG § 15 Rn. 203 f.). Bei der ZebraGes erfolgt die Ermittlung der Einkünfte auf der Ebene der Ges, die Qualifizierung der Einkünfte als gewerblich, freiberuflich, vermögensverwaltend uÄ aber erst auf der Ebene der Gesellschafter (Schmidt/Wacker EStG § 15 Rn. 203 f.). Die FVerw geht bei der Verschm auf eine ZebraPersGes davon aus, dass das Wahlrecht des § 3 II keine Anwendung findet, denn das übergehende Vermögen würde nicht Betriebsvermögen bei der übernehmenden PersGes (BMF 11.11.2011, BStBl. I 2011, 1314 Rn. 03.16). Diese Auffassung kann nicht überzeugen (→ § 3 Rn. 139 mwN).

5. Beteiligungskorrekturgewinn/-verlust (Abs. 1 S. 2, 3)

Nach Abs. 1 S. 2 sind Anteile an der übertragenden Körperschaft beim übernehmenden Rechtsträger zum stl. Übertragungsstichtag mit dem BW erhöht um Abschreibungen, die in früheren Jahren steuerwirksam vorgenommen worden sind – und zwischenzeitlich nicht rückgängig gemacht wurden –, so wie um Abzüge nach § 6b EStG und ähnliche Abzüge (§ 30 Gesetz zur Förderung der Rationalisierung im Steinkohlenbergbau; R 6.6 EStR), höchstens jedoch mit dem gemeinen Wert, anzusetzen. Mit diesem korrigierten Wert gehen die Anteile in die Ermittlung des Übernahmeergebnisses ein (Abs. 5 S. 1). 47

Die Wertkorrektur nach Abs. 1 S. 2 gilt unmittelbar nur für Anteile, die zum Verschmelzungsstichtag zum BV des übernehmenden Rechtsträgers gehören (Frotscher/Drüen/Schnitter Rn. 35; Rödder/Herlinghaus/van Lishaut/van Lishaut Rn. 56). Für Anteile, die nach § 5 III in das BV des übernehmenden Rechtsträgers als eingelegt gelten, enthält diese Vorschrift eine entsprechende Regelung. Wurden die Anteile nach § 24 in die übernehmende PersGes zum BW oder ZW eingebracht, so gilt im Hinblick auf den Eintritt in die Rechtsstellung des Einbringenden der Wertaufholungsgrundsatz; zu einer Nachfolge in die Rechtsstellung bei einer Einlage nach § 6 V 3 EStG kommt es jedenfalls dann nicht, wenn sie gegen Gewährung von Gesellschaftsrechten erfolgt (Frotscher/Drüen/Schnitter Rn. 35; Rödder/Herlinghaus/van Lishaut/van Lishaut Rn. 56; Dötsch/Pung/Möhlenbrock/Pung/Werner Rn. 16). Die Wertkorrektur nach Abs. 1 S. 2 gilt nicht für im PV gehaltene Anteile und erst recht nicht für steuerverstrickte Anteile, auf die nur § 7 anzuwenden ist (Rödder/Herlinghaus/van Lishaut/van Lishaut Rn. 56). 48

Nach § 1 V Nr. 4 ist der BW iSd Abs. 1 S. 2, der Wert, der sich nach den stl. Vorschriften über die Gewinnermittlung in einer für den stl. Übertragungsstichtag aufzustellender StB ergibt oder ergäbe. Daraus muss geschlossen werden, dass zum stl. Übertragungsstichtag zunächst das **Wertaufholungsgebot des § 6 I 1 Nr. 1 S. 4, Nr. 2 S. 3 EStG** durchgeführt werden muss, bevor es zur Zuschreibung nach Abs. 1 S. 2 kommt (BMF 11.11.2011, BStBl. I 2011, 1314 Rn. 04.07; Rödder/Herlinghaus/van Lishaut/van Lishaut Rn. 62; Dötsch/Pung/Möhlenbrock/Pung/Werner Rn. 17; Frotscher/Drüen/Schnitter Rn. 37; Lademann/Staats Rn. 42). Sollte die Wertaufholung zwischen der letzten Bilanzstichtag des übernehmenden Rechtsträgers und dem Verschmelzungsstichtag eingetreten sein, so ist die Wertaufholung iSv § 6 I 1 Nr. 1 S. 4, Nr. 2 S. 3 EStG vorzunehmen; BW iSd Abs. 1 S. 2 ist nämlich gem. § 1 V Nr. 4 „der Wert, der sich nach den steuerrechtlichen Vorschriften über die Gewinnermittlung in einer für den steuerlichen Übertragungsstichtag aufzustellenden Steuerbilanz ergibt oder **ergäbe**" (BMF 11.11.2011, BStBl. I 2011, 1314 Rn. 04.07; Rödder/Herlinghaus/van Lishaut/van Lishaut Rn. 62; Dötsch/Pung/Möhlenbrock/Pung/Werner Rn. 17; Frotscher/Drüen/Schnitter Rn. 38). Wird bereits durch die Wertaufholung iSd § 6 I 1 Nr. 1 S. 4, Nr. 2 S. 2 f. EStG der gemeine Wert erreicht, so bleibt für die Anwendung des Abs. 1 S. 2 grds. kein Raum mehr (BMF 11.11.2011, BStBl. I 2011, 1314 Rn. 04.07; Dötsch/Pung/Möhlenbrock/Pung/Werner Rn. 17; BeckOK UmwStG/Kaiser/Möller-Gosoge Rn. 80; Rödder/Herlinghaus/van Lishaut/van Lishaut Rn. 62; PWC, Reform des UmwStR/Benecke, 2007, 164). 49

Wurden auf die Anteile am übertragenden Rechtsträger sowohl eine steuerwirksame als auch eine **nicht steuerwirksame Teilwertabschreibung** vorgenommen, stellt sich das Problem, welche dieser Teilwertabschreibung zuerst rückgängig gemacht werden muss, wenn der gemeine Wert der Anteile höher ist als die Summe der vorgenommenen Teilwertabschreibungen. Ein vergleichbares Problem stellt sich im Anwendungsbereich des § 6 I 1 Nr. 1 S. 4, Nr. 2 S. 3 EStG. Insoweit wird vertreten, dass zunächst die zeitlich jüngste, dh steuerunwirksame Teilwertabschreibung aufzuholen ist, bevor die ältere steuerwirksame Teilwertabschreibung rück- 50 gängig gemacht wird (BFH BStBl. II 2010, 760; Förster/Felchner DB 2006, 1072; Zieren/Adrian DB 2006, 301). Für diese Meinung spricht, dass es für das stl. Ergebnis keinen Unterschied machen kann, ob der Anteilswert nach der steuerwirksamen Wertminderung konstant bleibt oder ob er eine weitere steuerneutrale Wertminderung erfährt, die anschl. wieder durch eine entsprechende Wertsteigerung ausgeglichen wird. Nach Abs. 1 S. 2 sind Minderungen, „die in früheren Jahren steuerwirksam vorgenommen worden sind", rückgängig zu machen. Auf Grund dieser Formulierung des Gesetzes sind daher nach hM die in früheren Jahren vorgenommenen steuerwirksamen Abschreibungen und Abzüge rückgängig zu machen, erst dann die nicht steuerwirksamen vorgenommenen Minderungen (BMF 11.11.2011, BStBl. I 2011, 1314 Rn. 04.07; Dötsch/Pung/Möhlenbrock/ Pung/Werner Rn. 15; vgl. auch Bogenschütz Ubg 2011, 393; IDW WPg 2011, 852). Wegen der Vorrangigkeit der Wertaufholung nach § 6 Nr. 1 S. 4, Nr. 2 S. 2 EStG stellt sich die Frage der vorstehend dargestellten Reihenfolge in der Regel nicht (Lademann/Staats Rn. 43; Rödder/Herlinghaus/van Lishaut/van Lishaut Rn. 62; Haritz/Menner/Bilitewski/Bohnhardt Rn. 111; BeckOK UmwStG/Kaiser/Möller-Gosoge Rn. 81).

51 Der gemeine Wert bildet die **Obergrenze der Zuschreibung** nach Abs. 1 S. 2. Der gemeine Wert entspricht nach § 11 I BewG dem Kurswert, Paketzuschläge sind gem. § 11 III BewG zu berücksichtigen. Wegen der Ermittlung des gemeinen Wertes → § 3 Rn. 50; BMF 17.5.2011, BStBl. I 2011, 606. Kommt es zu einem höheren Wertansatz gem. Abs. 1 S. 2, so ergibt sich ein Beteiligungskorrekturgewinn durch Gegenüberstellung des aufgrund von Abs. 1 S. 2 ermittelten Wertes mit dem entsprechenden BW. Dieser Beteiligungskorrekturgewinn ist gem. § 4 I 3 iVm § 8b II 4 KStG bei Körperschaften bzw. iVm § 3 Nr. 40 S. 1 lit. a S. 2, 3 EStG bei natürlichen Personen „voll" stpfl.; er ist nicht Teil des Übernahmeergebnisses (BMF 11.11.2011, BStBl. I 2011, 1314 Rn. 04.08; BFH BStBl. I 2015, 199; Dötsch/ Pung/Möhlenbrock/Pung/Werner Rn. 14; Rödder/Herlinghaus/van Lishaut/van Lishaut Rn. 55; Frotscher/Drüen/Schnitter Rn. 34; Bodden FR 2007, 66). Die Erhöhung des BW der Anteile am übertragenden Rechtsträger bewirkt, dass sich ein niedrigerer Übernahmegewinn bzw. ein höherer Übernahmeverlust ergibt.

52 Nach seinem Wortlaut, der insoweit § 3 II 1 entspricht, regelt Abs. 1 S. 2 nicht nur die Obergrenze einer Zuschreibung, sondern bestimmt auch, dass die Anteile an der übertragenden Körperschaft höchstens mit dem gemeinen Wert anzusetzen sind. Liegt der gemeine Wert der Anteile an der übertragenden Körperschaft unter dem BW, so muss eine logische Sekunde vor der Verschm eine **Abstockung** der Anteile vorgenommen werden (BFH DStR 2014, 2120; HK-UmwStG/Weigert Rn. 83; BeckOK UmwStG/Kaiser/Möller-Gosoge Rn. 85; Brandis/Heuermann/ Klingberg Rn. 19; Krohn/Greulich DStR 2008, 646; Frotscher/Drüen/Schnitter Rn. 40; Haase/Hruschka/Steierberg Rn. 51; aA BMF 11.11.2011, BStBl. I 2011, 114 Rn. 04.06; Dötsch/Pung/Möhlenbrock/Pung/Werner Rn. 14a; Rödder/Herlinghaus/van Lishaut/van Lishaut Rn. 65; Lademann/Staats Rn. 44). Dies gilt auch, wenn die Wertminderung voraussichtlich nicht dauerhaft war und damit eine Teilwertabschreibung insoweit ausscheidet (HK-UmwStG/Weigert Rn. 83; BeckOK UmwStG/Kaiser/Möller-Gosoge Rn. 85). Der Grundsatz der Maßgeblichkeit der HB für die StB gilt nicht. Bestätigt wird dieses Ergebnis durch die Systematik des UmwStG sowie die Wertungen des Gesetzgebers. Im UmwStG idF des SEStEG wird nämlich für alle Bewertungssituationen der Ansatz des gemeinen Wertes als Bewertungsobergrenze angeordnet, so zB in § 3 I 1, II 1, § 11 I 1, § 20 II 1–2, § 21 I 1–2, § 23 I, III 1 und § 24 II 1–2 (Frotscher/Drüen/Schnitter Rn. 40). Auf den **Beteiligungskorrekturverlust** ist § 8b KStG bzw. § 3 Nr. 40 EStG anzuwenden (BFH DStR 2014, 2120; BeckOK UmwStG/Kaiser/Möller-Gosoge Rn. 85). Die Abstockung bewirkt, dass sich ein höherer Übernahmegewinn und ein niedrigerer Übernahmeverlust ergeben.

6. Eintritt in die steuerliche Rechtsstellung der übertragenden Körperschaft (Abs. 2)

a) Anschaffungsvorgang und Umfang der Rechtsnachfolge. Die Verschm stellt sich aus der Sicht der übernehmenden PersGes als **Anschaffungsvorgang** dar. Darauf wies bereits der Gesetzgeber zum UmwStG 1957 ausdrücklich hin. In der Gesetzesbegründung heißt es: „Die Übertragung der Wirtschaftsgüter der Kapitalgesellschaft auf die übernehmende Personengesellschaft bedeutet für diese eine Anschaffung" (BT-Drs. 2/3497, 13). Diese Auffassung wird geteilt vom BFH im Urteil v. 23.1.2002 (BStBl. II 2002, 875; ebenso BFH BStBl. II 2003, 10; FG BW EFG 1998, 1529; BFH/NV 2004, 137 zur Verschm zweier Körperschaften; BMF 11.11.2011, BStBl. I 2011, 1314 Rn. 00.02; Dötsch/Pung/Möhlenbrock/Pung/Werner Rn. 21; Rödder/Herlinghaus/van Lishaut/van Lishaut Rn. 67; Widmann/Mayer/Martini Rn. 141; Lademann/Staats Rn. 51; Hageböke Ubg 2011, 689; aA Haritz/Menner/Bilitewski/Bohnhardt Rn. 140; Bogenschütz Ubg 2011, 393; Neu/Schiffers/Watermeyer GmbHR 2011, 729), in dem er ausführt: „Gegenstand dieser Anschaffung bzw. Veräußerung ist das Vermögen eines Rechtsträgers (der GmbH), das als Ganzes auf einen anderen Rechtsträger (den Alleingesellschafter) übergeht, wobei die übertragende GmbH sowie die an ihr bestehenden Anteile gleichzeitig untergehen. Der Vorgang unterscheidet sich damit von der bloßen Gewinnausschüttung, die den Fortbestand der ausgeschütteten Kapitalgesellschaft und den Anteil an denselben unberührt lässt [...]. Die Übertragung erfolgt zum anderen auch ausdrücklich unter Ausschluss der Liquidation; das Vermögen geht ohne Zerschlagung als Ganzes auf den neuen Rechtsträger über." Dass sich der Vermögensübergang im Wege der Gesamtrechtsnachfolge vollzieht, steht dem nicht entgegen (so aber Haritz/Menner/Bilitewski/Bohnhardt Rn. 140). Durch die Gesamtrechtsnachfolge als Vfg. im rechtstechnischen Sinne gehen zwar unmittelbar Rechte und Pflichten über, eine solche Vfg. ist aber abstrakt, dh losgelöst von schuldrechtlichen Vereinbarungen. Ob eine Vfg. entgeltlich erfolgt oder nicht, hängt von dem zugrunde liegenden Kausalgeschäft ab (Hahn DStZ 1998, 561; ebenso BFH/NV 2004, 137; Lademann/Staats Rn. 7). Der Verschmelzungsvertrag und die entsprechenden Gesellschafterbeschlüsse sind als rechtliche Grundlage der Umw auf einen Leistungsaustausch gerichtet. Vor diesem Hintergrund verwundert es nicht, dass auch das HandelsR in § 24 UmwG davon ausgeht, dass die übergegangenen WG durch den übernehmenden Rechtsträger angeschafft werden.

Die sich normalerweise aus dem entgeltlichen Vorgang ergebenden **steuerrechtlichen Konsequenzen** sind aufgrund der Abs. 2, 3 im Umfang erheblich **eingeschränkt** (Dötsch/Pung/Möhlenbrock/Pung/Werner Rn. 21). Der übernehmende Rechtsträger tritt grds. gem. Abs. 2 S. 1 in die Rechtsstellung der übertragenden Körperschaft ein. Dies gilt gem. Abs. 3 auch dann, wenn die übergegangenen WG in der stl. Schlussbilanz der übertragenden Körperschaft mit einem über dem BW liegenden Wert angesetzt sind (ausf. → Rn. 79 ff.).

Abs. 2 S. 1 **aF** sah vor, dass die übernehmende PersGes bzgl. der AfA, der erhöhten Absetzung, der Sonder-AfA, der Inanspruchnahme von Bewertungsfreiheiten oder eines Bewertungsabschlags, der stl. gewinnmindernden Rücklage sowie der Anwendung des § 6 I 2 Nr. 2 und 3 EStG in die Rechtsstellung der übertragenden Körperschaft eintrat. Soweit Besteuerungsmerkmale in Abs. 2 S. 1 aF nicht aufgenommen waren, kam es zu keinem Eintritt in die Rechtsstellung der Übertragerin (aA Haritz/Menner/Bilitewski/Bohnhardt Rn. 140; vgl. auch BMF 25.3.1998, BStBl. I 1998, 268 Rn. 04.38; BFH BStBl. II 2015, 1007). Ein generelles Einrücken in die Rechtsstellung der übertragenden Körperschaft kann nicht mit dem Grundsatz der Gesamtrechtsnachfolge begründet werden. Dabei handelt es sich um ein zivilrechtliches Institut, das ohne Weiteres auf das EStRecht übertragen werden kann, da das Zivilrecht und das StR unterschiedliche Ziele verfolgen (vgl. ausf. dazu Schmitt, Zur interpersonalen Übertragung stiller Reserven beim Erbfall im Einkommensteuerrecht, 1992, S. 57 ff.). Ein **Eintreten in stl. Rechtspositionen** ist wegen des das dt. Einkommensteuerrecht beherrschenden Leistungsfähigkeitsprinzips (Rödder/Herlinghaus/van Lishaut/Rödder § 12 Rn. 281; vgl. dazu amtl. Begr. zum EStRG 1974, BT-Drs. 7/1470, 211; Kirchhof/Söhn/Mellinghoff/Kirchhof EStG § 2 Rn. A 258 ff.; Birk, Leistungsfähigkeitsprinzip als Maßstab der Steuernormen, 1982, S. 3 ff. mwN) **nur aufgrund einer ausdrücklich gesetzlichen Regelung** möglich. Eine solche liegt vor, **Abs. 2 S. 1** ist **als Generalklausel** gefasst (Dötsch/Pung/Möhlenbrock/Pung/Werner Rn. 18; Frotscher/Drüen/Schnitter Rn. 81; Lademann/Staats Rn. 52; HK-UmwStG/Weigert Rn. 86). Die übernehmende PersGes/natürliche Person tritt damit grds. in die stl. Rechtsstellung der übertragenden Körperschaft ein (BFH BStBl. II 2011, 528; HK-UmwStG/Weigert Rn. 86; Lademann/Staats Rn. 52).

56 Zu einem Eintritt in die Rechtsstellung des übertragenden Rechtsträgers kommt es gem. Abs. 2 S. 2 nicht bzgl. verrechenbarer **Verluste,** verbleibendem Verlustvorträge, vom übertragenden Rechtsträger nicht ausgeglichener negativer Einkünfte sowie eines Zinsvortrags nach § 4h I 5 EStG und eines EBITDA-Vortrag nach § 4h I 3 EStG (→ § 12 Rn. 69). Mit dem Erlöschen des übertragenden Rechtsträgers gehen diese „Positionen" ersatzlos unter; ein Verstoß gegen das objektive Nettoprinzip liegt nur dann nicht vor, wenn der Gesetzgeber es dem übertragenden Rechtsträger ermöglicht, die verbleibenden Verlustvorträge usw noch in eigener Person zu nutzen. Dies kann bspw. dadurch geschehen, dass der übertragende Rechtsträger in der stl. Schlussbilanz ZW oder aber gemeine Werte ansetzt. ME sollte für diese Fälle die sog. Mindestbesteuerung nicht gelten, widrigenfalls liegt ein Verstoß gegen das objektive Nettoprinzip vor (→ § 3 Rn. 150; BFH DStR 2014, 1761; BFH BStBl. II 2013, 508; BFH BStBl. II 2011, 826; BFH/NV 2010, 2356; FG Düsseldorf DStRE 2019, 671; Frotscher/Drüen/Schnitter Rn. 100; BeckOK UmwStG/Kaiser/Möller-Gosoge Rn. 163; Lindner BB 2010, 3133; vgl. auch BMF 19.10.2011, BStBl. I 2011, 974; Lademann/Staats Rn. 74). Nach dem **stl. Übertragungsstichtag** erlittene Verluste sind gem. § 2 I 1 bereits dem übernehmenden Rechtsträger zuzurechnen, sie gehen nicht gem. Abs. 2 S. 2 unter (Rödder/Herlinghaus/van Lishaut/van Lishaut Rn. 97; Dötsch/Pung/Möhlenbrock/Pung/Werner Rn. 25; Haritz/Menner/Bilitewski/Bohnhardt Rn. 206; Frotscher/Drüen/Schnitter Rn. 104); **§ 2 IV** ist zu beachten (→ § 2 Rn. 122 ff.).

57 Der **Eintritt in die stl. Rechtsstellung** ist jedoch **nicht umfassend,** sondern ist nur insoweit möglich, wie der übernehmende Rechtsträger bzw. dessen Gesellschafter diese Rechtsposition innehaben kann (Rödder/Herlinghaus/van Lishaut/van Lishaut Rn. 68; HK-UmwStG/Weigert Rn. 88; Lademann/Staats Rn. 69; Brandis/Heuermann/Klingberg Rn. 20; Haritz/Menner/Bilitewski/Bohnhardt Rn. 144). Enthält das übergehende Vermögen zB Anteile an KapGes, so kommt die PersGes bei Veräußerung dieser Anteile an der KapGes nicht in den Genuss des **§ 8b KStG,** soweit an der übernehmenden PersGes natürliche Personen beteiligt sind. Die übernehmende PersGes tritt gem. Abs. 2 nur insoweit in die stl. Rechtsstellung der übertragenden Körperschaft ein, als die Rechtsstellung der übertragenden Körperschaft auch den Gesellschaftern der übernehmenden PersGes zustehen kann (Frotscher/Drüen/Schnitter Rn. 83; Rödder/Herlinghaus/van Lishaut/van Lishaut Rn. 68). Zu einer Rechtsnachfolge kommt es iÜ auch nicht bzgl. der Betriebsvermögenseigenschaft der übergehenden WG. Nach § 37 IV KStG ist bei der Umw einer Körperschaft auf eine PersGes oder natürliche Person das **KSt-Guthaben** bei einem vor dem 31.12.2006 liegenden stl. Übertragungsstichtag letztmalig festzustellen. Der Anspruch auf ratierliche Auszahlung des KSt-Guthabens ist in abgezinster Höhe in der stl. Schlussbilanz des übertragenden Rechtsträgers zu aktivieren. Der Ansatz des KSt-Guthabens sowie die Aufzinsungsbeträge führen nach § 37 VII KStG zu keinen Einkünften auf Ebene der übertragenden Körperschaft. Nach Meinung der FVerw ist § 37 VII KStG nur bei Körperschaften anwendbar, sodass die Aufzinsungserträge bei der übernehmenden PersGes in voller Höhe stpfl. sein sollen (BMF 14.1.2008, BStBl. I 2008, 280; DPPM UmwStR/Möhlenbrock/Pung § 3 Rn. 148; Stimpel GmbH-StB 2008, 74; aA FG Köln EFG 2016, 1924; BFH BStBl. II 2020, 104; → § 3 Rn. 129; Förster/Felchner DStR 2007, 280). Die bis zum stl. Übertragungsstichtag durch den übertragenden Rechtsträger verwirklichten Besteuerungsgrundlagen sind diesem zuzurechnen, er ist bis zum Ablauf des stl. Übertragungsstichtags zu veranlagen. Ein bis zum stl. Übertragungsstichtag durch den übertragenden Rechtsträger erzielter Gewinn kann damit nicht mit dem vom übernehmenden Rechtsträger erwirtschafteten Verlust verrechnet werden (BFH/NV 2008, 1538). Zum Eintritt in die stl. Rechtsstellung ausl. Rechtsträger → Rn. 61.

b) AfA. Der übernehmende Rechtsträger tritt gem. § 4 II 1 in die stl. Rechtsstel- **58** lung des übertragenden Rechtsträgers auch hinsichtlich der historischen AK/HK ein. Trotz Buchwertverknüpfung gem. Abs. 1 sind objektbezogene Kosten, wie zB die GrESt, zusätzlich AK der übertragenen WG und entsprechend zu aktivieren (→ Rn. 44; BMF 11.11.2011, BStBl. I 2011, 1314 Rn. 04.34; Widmann/Mayer/Martini Rn. 153; BFH FR 2004, 774). Die GrESt gehört nicht zum BW des übertragenen Vermögens, sondern stellt eine originäre Aufwendung der übernehmenden PersGes dar; zu der Frage, ob diese eigenen AK unabhängig von den Regelungen des UmwStG nach allg. Grundsätzen abgeschrieben werden müssen, vgl. Freikamp DB 2022, 212. Wurde durch die übertragende Körperschaft ein Gebäude angeschafft, so gehören die übernehmenden Rechtsträgers für Instandsetzungs- oder Modernisierungsmaßnahmen, die innerhalb von drei Jahren nach der Gebäudeanschaffung durchgeführt wurden, zu den HK des Gebäudes, wenn die Aufwendungen 15 vH der AK des Gebäudes übersteigen (sog. **anschaffungsnahe Aufwendungen,** § 6 I Nr. 1a EStG), wie hier Lademann/Staats Rn. 64. Diese übernommenen BW stellen **nicht die Anschaffungspreise** der übernehmenden PersGes dar, sondern vielmehr tritt die übernehmende PersGes bzgl. der Bewertung der übernommenen WG und der AfA in die Rechtsstellung der übertragenden Körperschaft ein (Widmann/Mayer/Martini Rn. 141). Dies gilt auch dann, wenn die übergegangenen WG in der stl. Schlussbilanz der übertragenden Körperschaft mit einem über dem BW liegenden Wert angesetzt werden. Gleiches gilt für eine ggf. steuerrechtlich relevante **Hersteller-** oder **Gründereigenschaft** der übertragenden Körperschaft (ebenso Widmann/Mayer/Martini Rn. 141; Frotscher/Drüen/Schnitter Rn. 89; Rödder/Herlinghaus/van Lishaut/van Lishaut Rn. 84). Die von der übertragenden Körperschaft gewählte **Abschreibungsmethode** ist durch die übernehmende PersGes fortzuführen, da insoweit der übertragende Rechtsträger ein Wahlrecht ausgeübt und sich hinsichtlich seiner Rechtsposition festgelegt hat. Die Übernehmerin kann deshalb hinsichtlich der auf sie übergegangenen WG nicht von einer linearen AfA, die von der übertragenden Körperschaft gewählt worden ist, auf eine Abschreibung in fallenden Jahresbeträgen übergehen (FG Hamburg EFG 2003, 57; Widmann/Mayer/Martini Rn. 142; Rödder/Herlinghaus/van Lishaut/van Lishaut Rn. 81; Dötsch/Pung/Möhlenbrock/Pung/Werner Rn. 18; Frotscher/Drüen/Schnitter Rn. 85; Lademann/Staats Rn. 63). Hat die übertragende Körperschaft ein WG **degressiv** abgeschrieben, so muss die übernehmende PersGes die entsprechende Abschreibungsmethode mit dem zugrunde gelegten Hundertsatz fortführen (Widmann/Mayer/Martini Rn. 142).

Entsteht durch die Verschm der Körperschaft auf die PersGes **SBV** bei der PersGes, **59** bspw. dadurch, dass ein Gesellschafter wesentliche Betriebsgrundlagen bisher der KapGes zur Nutzung überlassen hat, so kommt es insoweit nicht zum Eintritt in die Rechtspositionen des Rechtsvorgängers, da insoweit kein Vermögensübergang aufgrund der Verschm vorliegt. Waren die überlassenen WG bisher PV, so gelten sie als zum stl. Umwandlungsstichtag in das SBV eingelegt; sie sind dann gem. § 6 I Nr. 5 EStG grds. mit dem TW anzusetzen (Widmann/Mayer/Martini Rn. 363; Dötsch/Pung/Möhlenbrock/Pung/Werner Rn. 75; Frotscher/Drüen/Schnitter Rn. 87; Goutier/Knopf/ Tulloch/Knopf/Hill § 2 Rn. 35; Knopf/Söffing NWB Fach 18, 3625).

60 Nicht abschließend geklärt ist, ob die übernehmende PersGes an die von der übertragenden Körperschaft zugrunde gelegte **betriebsgewöhnliche Nutzungsdauer** der übertragenen WG gebunden ist. Die FVerw (BMF 11.11.2011, BStBl. I 2011, 1314 Rn. 04.10; ebenso BFH DStR 2008, 611; FG Hamburg EFG 2003, 57; Dötsch/Pung/Möhlenbrock/Pung/Werner Rn. 35; Haritz/Menner/Bilitewski/ Bohnhardt Rn. 170; Rödder/Herlinghaus/van Lishaut/van Lishaut Rn. 107; Frotscher/Drüen/Schnitter Rn. 86; HK-UmwStG/Weigert Rn. 101) geht davon aus, dass in den Fällen, in denen der übertragende Rechtsträger die **BW aufstockt**, die Restnutzungsdauer der WG zum Umwandlungsstichtag neu zu bestimmen ist. Diese Auffassung wird von Teilen der Lit. mit der Begr. abgelehnt, dass der Wortlaut des § 4 eine Neuschätzung der Restnutzungsdauer nicht hergebe (Widmann/Mayer/ Martini Rn. 158, 160), sodass aufgrund stl. Rechtsnachfolge die übernehmende PersGes an den von der übertragenden Körperschaft zugrunde gelegten Abschreibungszeitraum gebunden ist. Die Neuschätzung der Restnutzungsdauer durch die übernehmende PersGes für den Fall, dass der übertragende Rechtsträger nicht die BW fortführt, überzeugt, da aus der Sicht des übernehmenden Rechtsträgers ein Anschaffungsgeschäft vorliegt und tatsächliche AK des übernehmenden Rechtsträgers bzw. deren Gesellschafter auf die übertragenen WG verteilt werden (so FG Hamburg EFG 2003, 57; HK-UmwStG/Weigert Rn. 104).

61 Zu einer Rechtsnachfolge in **ausl. Abschreibungsmethoden** kommt es jedoch nicht, soweit die übergehenden WG durch die Verschm bzw. in Anschluss daran (→ § 3 Rn. 98 ff.) dem dt. Recht unterliegen.

62 Zur Abschreibung der WG bei der übernehmenden PersGes, falls die übertragende KapGes in ihrer stl. Schlussbilanz nicht die BW fortgeführt hat, → Rn. 79 ff.

63 **c) Absetzung für außergewöhnliche technische oder wirtschaftliche Abnutzung.** Hat die übertragende Körperschaft Abschreibungen für außergewöhnliche technische oder wirtschaftliche Abnutzungen (§ 7 I 7 EStG) vorgenommen, so tritt die übernehmende PersGes in diese Stellung der übertragenden Körperschaft ein. § 7 I 7 EStG sieht vor, dass in den Fällen der Gewinnermittlung nach § 4 I EStG, § 5 EStG eine **gewinnerhöhende Zuschreibung** und damit eine Erhöhung der AfA-Bemessungsgrundlage vorzunehmen ist, wenn der Grund für die außergewöhnliche Abschreibung entfallen ist. Eine solche Zuschreibung muss auch die übernehmende PersGes durchführen, wenn die Voraussetzungen für die außergewöhnliche Abschreibung nach dem Umwandlungsstichtag entfallen (Widmann/ Mayer/Martini Rn. 145; HK-UmwStG/Weigert Rn. 106). Der Betrag der Zuschreibung ergibt sich aus der Diff. des BW zum Zeitpunkt der Rückgängigmachung der Abschreibung für außergewöhnliche Abnutzung und den unter Berücksichtigung der Normal-AfA fortgeführten AK oder HK des entsprechenden WG.

64 Zur Rückgängigmachung der Absetzung für außergewöhnliche technische und wirtschaftliche Abnutzung → Rn. 73 f.

65 **d) Sonderabschreibung.** Die übernehmende PersGes tritt hinsichtlich der Möglichkeit einer Sonderabschreibung in die Rechtsstellung der übertragenden Körperschaft ein. Sie kann damit Sonder-AfA noch in der Höhe und in dem Zeitraum vornehmen, wie es auch die übertragende Körperschaft hätte tun können (BMF 14.7.1995, DB 1995, 1439; HK-UmwStG/Weigert Rn. 107; für den Fall des Formwechsels vgl. BMF 17.9.1998, DStR 1998, 1516).

66 Kommt es im Rahmen der Verschm der Körperschaft auf die PersGes zur Aufdeckung stiller Reserven in der Schlussbilanz des übertragenden Rechtsträgers, so hat dies keinen Einfluss auf die Sonderabschreibung, sondern lediglich auf die normale AfA.

67 **e) Inanspruchnahme einer Bewertungsfreiheit, eines Bewertungsabschlags, Fortführung eines Sammelpostens, Bewertungseinheit.** Bzgl. der

Inanspruchnahme einer Bewertungsfreiheit (vgl. § 7f EStG, § 82f EStDV) oder eines Bewertungsabschlages tritt die übernehmende PersGes in die Rechtsstellung der übertragenden Körperschaft ein (Haritz/Menner/Bilitewski/Bohnhardt Rn. 154 f.; Dötsch/Pung/Möhlenbrock/Pung/Werner Rn. 18; Frotscher/Drüen/Schnitter Rn. 92). Hat der übertragende Rechtsträger die Bewertungsfreiheit gem. § 6 II EStG nicht in Anspruch genommen, so ist der übernehmende Rechtsträger daran gebunden (Rödder/Herlinghaus/van Lishaut/van Lishaut Rn. 84; Widmann/Mayer/Martini Rn. 166). Gleiches gilt, wenn der übertragende Rechtsträger einen Sammelposten gem. § 6 IIa EStG nicht gebildet hat. Bestand in der Person des übertragenden Rechtsträgers ein Sammelposten gem. § 6 IIa EStG, geht dieser auf den übernehmenden Rechtsträger über (Lademann/Staats Rn. 63; Haritz/Menner/Bilitewski/Bohnhardt Rn. 172; Rödder/Herlinghaus/van Lishaut/van Lishaut Rn. 81). Hat der übertragende Rechtsträger eine Bewertungseinheit gem. § 5 Ia 2 EStG gebildet, muss der übernehmende Rechtsträger diesen handelsrechtlichen und stl. Buchwertansatz fortführen (Rödder/Herlinghaus/van Lishaut/van Lishaut Rn. 84; Helios/Meinert Ubg 2011, 592).

f) Gewinnmindernde Rücklage. Die übernehmende PersGes kann die bei der **68** übertragenden Körperschaft gebildete gewinnmindernde Rücklage (zB § 6b III EStG, § 6, R 6.6 IV EStR 2012) fortführen, auch wenn die für die Schaffung der Rücklage erforderlichen Voraussetzungen nur bei der übertragenden Körperschaft vorlagen (Rödder/Herlinghaus/van Lishaut/van Lishaut Rn. 82; Dötsch/Pung/Möhlenbrock/Pung/Werner Rn. 18; Frotscher/Drüen/Schnitter Rn. 93; Lademann/Staats Rn. 65; zu § 7g EStG aF vgl. BFH BStBl. II 2015, 1007; FG SA 1.6.2023 – 1 K 98/23, juris; Widmann/Mayer/Martini Rn. 170). Hat die übertragende Körperschaft in ihrer Schlussbilanz trotz Vorliegen der entsprechenden Voraussetzungen die steuerfreie Rücklage nicht gebildet, so soll die Übernehmerin in ihrer StB ein entsprechendes Wahlrecht nicht ausüben können. Nach Auffassung von Widmann/Mayer/Martini Rn. 171 kann jedoch die übernehmende PersGes als Gesamtrechtsnachfolgerin der übertragenden Körperschaft das Bilanzierungswahlrecht noch in der Bilanz der Übertragerin ausüben.

Entsteht durch die Umw ein Rumpfwirtschaftsjahr, so zählt dieses iSv § 6b III **69** EStG als volles Wj. (Widmann/Mayer/Martini Rn. 175; Rödder/Herlinghaus/van Lishaut/van Lishaut Rn. 89; FG Bremen EFG 1995, 471; vgl. auch OFD Frankfurt a. M. 9.8.2010, BB 2010, 2234). Bisher nicht geklärt war die Frage, ob es in der Pers des übertragenden Rechtsträgers zu einer gewinnerhöhenden Auflösung einer § 6b EStG Rücklage kommt, wenn der Umwandlungsstichtag exakt mit dem Ende des Reinvestitionszeitraums übereinstimmt (vgl. FG Berlin-Brandenburg EFG 2019, 739; FG Münster EFG 2019, 370). Nach Auffassung des BFH (BStBl. II 2021, 517) erfolgt die Auflösung noch in der Person des übertragenden Rechtsträgers.

Die übernehmende PersGes kann die Rücklage iSd § 6b III EStG auf solche WG **70** übertragen, die sie in dem Wj. angeschafft hat, in dem die Rücklage auf sie übergeht (Widmann/Mayer/Martini Rn. 176).

g) Teilwertabschreibung und Wertaufholung. Die übernehmende PersGes **71** hat gem. Abs. 1 die auf sie übergegangenen WG mit dem in der stl. Schlussbilanz der übertragenden Körperschaft enthaltenen Werte zu übernehmen. Diese Werte stellen jedoch nicht die stl. AK der übernehmenden PersGes dar (Widmann/Mayer/Martini Rn. 141; Dötsch/Pung/Möhlenbrock/Pung/Werner Rn. 18; HK-UmwStG/Weigert Rn. 91); aufgrund des Eintritts in die Rechtsstellung der übernehmenden PersGes in die der übertragenden Körperschaft gelten die ursprünglichen bzw. fortgeführten AK und HK der übertragenden Körperschaft als fortgeführte AK bzw. HK bei der übernehmenden PersGes (BMF 11.11.2011, BStBl. I 2011, 1314 Rn. 04.09; Widmann/Mayer/Martini

Rn. 135, 141; HK-UmwStG/Weigert Rn. 91; Lademann/Staats Rn. 83; offengelassen von PWC, Reform des UmwStR/Benecke, 2007, 165).

72 Gem. § 6 I Nr. 1 S. 4, Nr. 2 S. 3 EStG sind WG, die bereits zum Schluss des vorangegangenen Wj. zum BV des Steuerpflichtigen gehört haben, in den folgenden Wj. mit den AK/HK abzgl. planmäßiger Abschreibung, erhöhter Absetzung und Sonder-AfA anzusetzen und damit zuzuschreiben, es sei denn, der Steuerpflichtige weist nach, dass ein niedriger TW weiterhin angesetzt werden kann. Es besteht damit ein **strenges stl. Wertaufholungsgebot**, ungeachtet der Bewertung in der HB (Begr. RegE, BT-Drs. 14/443, 50 zu § 6 I). Liegen die Voraussetzungen der Rückgängigmachung einer Teilwertabschreibung bereits zum Umwandlungsstichtag vor, so muss die Rückgängigmachung noch in der Schlussbilanz des übertragenden Rechtsträgers erfolgen, danach ist die übernehmende PersGes zu einer Wertaufholung verpflichtet, wenn nach vorausgegangener TW-AfA durch die übertragende Körperschaft der Grund für die TW-AfA inzwischen ganz oder teilweise weggefallen oder wegen vorübergehender Wertminderung eine solche nicht mehr zulässig ist und auch nicht beibehalten werden darf (BMF 11.11.2011, BStBl. I 2011, 1314 Rn. 04.11; Frotscher/Drüen/Schnitter Rn. 96; Dötsch/Pung/Möhlenbrock/Pung/Werner Rn. 18; Rödder/Herlinghaus/van Lishaut/van Lishaut Rn. 70; Widmann/Mayer/Martini Rn. 181). Dies soll selbst dann gelten, wenn bzw. soweit die übergehenden WG in der stl. Schlussbilanz des übertragenden Rechtsträgers mit dem gemeinen Wert angesetzt wurden und dieser unter den ursprünglichen bzw. fortgeführten AK liegt, nachfolgend aber noch weitere Wertaufholungen stattfinden (BMF 11.11.2011, BStBl. I 2011, 1314 Rn. 04.10; Dötsch/Pung/Möhlenbrock/Pung/Werner Rn. 20; Rödder/Herlinghaus/van Lishaut/van Lishaut Rn. 70; Widmann/Mayer/Martini Rn. 181; aA PWC, Reform des UmwStR/Benecke, 2007, 165), denn auch in diesem Fall tritt der übernehmende Rechtsträger in die Rechtsstellung des übertragenden Rechtsträgers ein. Der übernehmende Rechtsträger muss daher gem. § 6 I Nr. 1 S. 4, Nr. 2 S. 3 EStG jährlich nachweisen, dass der von der übertragenden Körperschaft bzw. der von ihm fortgeführte Wert in dieser Höhe beibehalten werden darf. Bei der Ermittlung der Wertobergrenze sind Abschreibungen, erhöhte Absetzungen, Absetzungen, Sonderabschreibungen sowie Abzüge gewinnmindernder Rücklagen sowohl des übertragenden Rechtsträgers (bis zum stl. Übertragungsstichtag) als auch des übernehmenden Rechtsträgers (ab dem stl. Übertragungsstichtag bis zum Wertaufholungsstichtag) zu berücksichtigen (Rödder/Herlinghaus/van Lishaut/van Lishaut Rn. 70; Haritz/Menner/Bohnhardt Rn. 151).

Beispiel 1:

73 Die X GmbH ist eine 100%ige Tochter der AB OHG. Die X GmbH hat am 1.1.01 eine Maschine zum Preis von 50.000 Euro erworben, die Nutzungsdauer der Maschine beträgt 10 Jahre. Im Jahre 04 kommt es zu einer Teilwertabschreibung iHv. 6.000 Euro. Mit Wirkung zum 31.12.05 wird die X GmbH auf die AB OHG verschmolzen. Im Jahr 07 stellt sich heraus, dass die Teilwertabschreibung rückgängig gemacht werden muss.

AK	50.000 Euro
AfA in den Jahren 01 bis 04 um je 5.000 Euro	./. 20.000 Euro
Teilwertabschreibung in 04	./. 6.000 Euro
BW zum 31.12.04	24.000 Euro
AfA im Jahr 05	4.000 Euro
BW zum 31.12.05 (= stl. Übertragungsstichtag)	20.000 Euro
AfA im Jahr 06	4.000 Euro
BW zum 31.12.06	16.000 Euro
AfA im Jahr 07	4.000 Euro
Zuschreibung	3.000 Euro
BW zum 31.12.07	15.000 Euro

Die Zuschreibung errechnet sich, indem der BW zum 31.12.07 ohne Berücksichtigung der vorgenommenen Teilwertabschreibung ermittelt wird. In diesem Falle wäre für sieben Jahre ein Betrag von je 5.000 Euro von der Bemessungsgrundlage 50.000 Euro abgesetzt worden, sodass sich ein BW zum 31.12.07 iHv 15.000 Euro ergibt. Der BW zum 31.12.07 unter Berücksichtigung der TW-AfA beträgt 12.000 Euro, sodass es zu einer Zuschreibung von 3.000 Euro kommen muss (vgl. Widmann/Mayer/Martini Rn. 183). **74**

h) Besitzzeitanrechnung. Nach **Abs. 2 S. 3** ist der Zeitraum der Zugehörigkeit eines WG zum BV der übertragenden Körperschaft der übernehmenden PersGes zuzurechnen, wenn die Zugehörigkeit zum BV für die Besteuerung bedeutsam ist. Zu einer Anrechnung der Vorbesitzzeit bzw. der Mindestbehaltefrist kommt es nach Meinung der FVerw insbes. in den Fällen des § 6b EStG, § 9 Nr. 2a, Nr. 7 GewStG, § 2 S. 1 Nr. 2 InvZulG uä (BMF 11.11.2011, BStBl. I 2011, 1314 Rn. 04.15; vgl. auch FG Düsseldorf EFG 2023, 419; Rödder/Herlinghaus/van Lishaut/van Lishaut Rn. 98; HK-UmwStG/Weigert Rn. 113; Widmann/Mayer/Martini Rn. 211; BeckOK UmwStG/Kaiser/Möller-Gosoge Rn. 197 f.; vgl. auch Ernst Ubg 2012, 678; → § 18 Rn. 14). Der BFH weist darauf hin, dass die Besitzzeitanrechnung des Abs. 2 S. 3 auf einen Zeitraum („Dauer der Zugehörigkeit") abstellt, der für die Besteuerung von Bedeutung ist (BFH DStR 2014, 1229). Soweit eine Vorschrift wie bspw. § 9 Nr. 2a GewStG nicht auf einen Zeitraum, sondern auf einen Zeitpunkt, nämlich den Beginn des Erhebungszeitraums abstellt, sei Abs. 2 S. 3 nicht anwendbar. Bezogen auf die Regelungen, die auf einen Zeitpunkt abstellen, hilft nach Auffassung der BFH auch nicht die Generalklausel des § 4 II 1, da diese durch Abs. 2 S. 3 verdrängt würde (vgl. dazu Lenz/Adrian DB 2014, 2670). Ob ein stichtagsbezogenes Beteiligungserfordernis durch stl. Rückwirkung nach § 2 I erfüllt werden kann (→ § 12 Rn. 92), ließ der BFH offen, wird teilweise von der Literatur aber bejaht (Dötsch/Pung/Möhlenbrock/Pung/Werner Rn. 28; Widmann/Mayer/Martini Rn. 219). Wird die Körperschaft auf eine PersGes verschmolzen, so gilt Abs. 2 S. 1 hingegen nicht für das **Schachtelprivileg nach DBA,** da dieses Privileg nur KapGes, nicht aber PersGes zusteht (Dötsch/Pung/Möhlenbrock/Pung/Werner Rn. 30; Lademann/Staats Rn. 77). **75**

Zu den Auswirkungen des Eintritts in die Rechtsstellung des übertragenden Rechtsträgers bei **Organschaftsverhältnissen** → § 12 Rn. 82 ff. **76**

i) Kein Übergang von Verlusten bzw. eines Zinsvortrages (Abs. 2 S. 2). **77**
Verrechenbare Verluste, verbleibende Verlustvorträge, vom übertragenden Rechtsträger nicht ausgeglichene negative Einkünfte, ein Zinsvortrag nach § 4h I 5 EStG und ein EBITDA-Vortrag nach § 4h I 3 EStG gehen nicht auf den übernehmenden Rechtsträger über (FG Köln EFG 2023, 584). Bei den **„verrechenbaren Verlusten"** handelt es sich um solche iSd § 15a IV EStG oder iSd § 15b IV EStG (Lademann/Staats Rn. 72; BeckOK UmwStG/Kaiser/Möller-Gosoge Rn. 159). **„Verbleibende Verlustvorträge"** sind alle förmlich festgestellten Abzugsbeträge, insbes. nach §§ 2a, 10d EStG, § 15 IV EStG, § 15a EStG, § 10 III 5 EStG iVm § 10d EStG (Rödder/Herlinghaus/van Lishaut/van Lishaut Rn. 95; Brandis/Heuermann/Klingberg Rn. 24). Vom übertragenden Rechtsträger „nicht ausgeglichene negative Einkünfte" sind lfd. Verluste des übertragenden Rechtsträgers, die noch nicht in einem verbleibenden Verlustvortrag förmlich festgestellt wurden. Dabei handelt es sich um lfd., im Wj. der Verschm, aber vor dem stl. Übertragungsstichtag erlittene Verluste des übertragenden Rechtsträgers (Dötsch/Pung/Möhlenbrock/Pung/Werner Rn. 25; Rödder/Herlinghaus/van Lishaut/van Lishaut Rn. 91; Brandis/Heuermann/Klingberg Rn. 24; vgl. auch BFH BStBl. II 2006, 380 sowie BMF 7.4.2006, BStBl. I 2006, 344). Umstritten ist, ob Abs. 2 S. 2 auch lfd. Verluste von der Übertragerin nachgeordneten PersGes erfasst (vgl. Dötsch/Pung/Möhlenbrock/Pung/Werner Rn. 25; Heinz/Wilke GmbHR 2010, 360). Da durch die Verschm der übertra-

gende Rechtsträger erlischt, sollte im Hinblick auf das objektive Nettoprinzip die sog. Mindestbesteuerung nicht zur Anwendung kommen (→ Rn. 56). Lfd. Verluste des übertragenden Rechtsträgers nach dem stl. Übertragungsstichtag sind gem. § 2 I 1 bereits dem übernehmenden Rechtsträger zuzurechnen (Dötsch/Pung/Möhlenbrock/Pung/Werner Rn. 25; Haritz/Menner/Bilitewski/Bohnhardt Rn. 206; Rödder/Herlinghaus/van Lishaut/van Lishaut Rn. 97; Frotscher/Drüen/Schnitter Rn. 104); § 2 IV 2 ist insoweit zu beachten. Verluste des übernehmenden Rechtsträger werden von § 4 II 2 nicht erfasst. Die Verschm einer „Gewinngesellschaft" auf eine „Verlustgesellschaft") stellt keinen Gestaltungsmissbrauch iSv § 42 AO dar (BFH BStBl. II 2021, 580). Das Übertragungsverbot gilt nach § 18 I 2 auch für die GewSt, und zwar hinsichtlich eines Gewerbeverlustes iSd § 10a GewStG und der Fehlbeträge des lfd. Erhebungszeitraums der übertragenden Körperschaft vor dem Übertragungsstichtag. Gehören zum übertragenen Vermögen Anteile an einer Körperschaft, ist § 8c KStG zu beachten (Widmann/Mayer/Widmann Rn. 1073.8; Lademann/Staats Rn. 25). Keinen schädlichen Beteiligungserwerb iSv § 8c KStG stellt die formwechselnde Umw dar (Widmann/Mayer/Martini Rn. 207).

78 **j) Umwandlung einer Unterstützungskasse (Abs. 2 S. 4, 5).** Im Falle der Verschm einer Unterstützungskasse auf ihr Trägerunternehmen sind gem. Abs. 2 S. 4 die von dem übernehmenden Rechtsträger, seinen Gesellschaftern oder seinen Rechtsvorgängern einer Unterstützungskasse geleisteten Zuwendungen nach § 4d EStG dem lfd. Gewinn des übernehmenden Rechtsträgers hinzuzurechnen (BMF 11.11.2011, BStBl. I 2011, 1314 Rn. 04.13). Dies gilt nach Abs. 2 S. 4 Hs. 2 iVm § 15 I 1 Nr. 2 S. 2 EStG nicht nur, wenn das Trägerunternehmen unmittelbar Gesellschafterin der Unterstützungskasse ist, sondern auch dann, wenn das Trägerunternehmen an dem übernehmenden Rechtsträger über eine oder mehrere zwischengeschaltete PersGes beteiligt ist. Der durch die Hinzurechnung der Zuwendung nach § 4d EStG entstehende Gewinn ist nicht Teil des Übernahmeergebnisses iSd Abs. 4, sondern Bestandteil des lfd. Gewinns des übernehmenden Rechtsträgers, in das der stl. Verschmelzungsstichtag fällt. Nach Abs. 2 S. 5 erhöhen die nach Abs. 2 S. 1 hinzuzurechnenden Zuwendungen den BW der Anteile an der Unterstützungskasse.

7. AfA-Bemessungsgrundlage bei Aufstockung (Abs. 3)

79 Der Wertansatz und die weitere Abschreibung bei dem übernehmenden Rechtsträger werden gem. Abs. 1 bestimmt durch den Schlussbilanzansatz der übertragenden Körperschaft. Zu einem **Eintritt** des übernehmenden Rechtsträgers **in die Rechtsstellung** der übertragenden Körperschaft kommt es unabhängig davon, wie die übergegangenen WG in der stl. Schlussbilanz der übertragenden Körperschaft angesetzt worden sind (BMF 11.11.2011, BStBl. I 2011, 1314 Rn. 04.10; Dötsch/Pung/Möhlenbrock/Pung/Werner Rn. 20). Abs. 3 Hs. 1 regelt die Bemessungsgrundlage für Abschreibungen bei dem übernehmenden Rechtsträger in den Fällen des § 7 IV 1, V EStG, falls die WG in der stl. Schlussbilanz der übertragenden Körperschaft mit einem ZW oder dem gemeinen Wert angesetzt worden sind. Abs. 3 Hs. 2 regelt die Bemessungsgrundlage für die zukünftige Abschreibung in allen anderen Fällen, in denen ein höherer Wert als der BW in der stl. Schlussbilanz angesetzt wurde.

80 Die weitere Abschreibung bei **Gebäuden,** deren ursprünglicher BW aufgestockt wurde und die bisher gem. § 7 IV 1 EStG abgeschrieben wurden, bemisst sich nach dem Wortlaut des Abs. 3 „nach der bisherigen Bemessungsgrundlage"; Aufstockungen sollen damit keine Auswirkungen auf die Höhe der AfA haben (so Widmann/Mayer/Martini Rn. 156), auch wenn sich der BW des Gebäudes um den Aufstockungsbetrag erhöht. Sie führen entsprechend dem Wortlaut des Gesetzes dazu, dass sich der Abschreibungszeitraum verlängert (Rödder/Herlinghaus/van Lishaut/ van Lishaut Rn. 106; Widmann/Mayer/Martini Rn. 156).

Beispiel 2:

In der Bilanz der A GmbH zum 31.12.07 wird ein Betriebsgebäude mit dem BW iHv 260.000 Euro ausgewiesen. Die HK des Gebäudes betrugen 300.000 Euro. Das Gebäude ist vier Jahre alt und wurde jährlich mit 3% (300.000 Euro = 10.000 Euro) abgeschrieben. Im Rahmen der Umw auf die B GmbH & Co. KG ergab sich für das Gebäude ein Aufstockungsbetrag von 126.000 Euro. **81**

Entsprechend dem Gesetzeswortlaut ergibt sich bezogen auf die Höhe der AfA danach Folgendes: **82**

Bisherige HK	300.000 Euro
AfA bis zum 31.12.07	./. 40.000 Euro
	260.000 Euro
Aufstockungsbetrag	+ 126.000 Euro
Ansatz bei der Übernehmerin zum 31.12.07	386.000 Euro
AfA bei der Übernehmerin 08	./. 10.000 Euro
Ansatz zum 31.12.08	376.000 Euro

Es zeigt sich, dass sich entsprechend dem Wortlaut des Gesetzes der Abschreibungszeitraum erheblich verlängert. **83**

Nach Meinung der **FVerw** (BMF 11.11.2011, BStBl. I 1314 Rn. 04.10; ebenso Dötsch/ Pung/Möhlenbrock/Pung/Werner Rn. 34; Rödder/Herlinghaus/van Lishaut/van Lishaut Rn. 106; Haritz/Menner/Bilitewski/Bohnhardt Rn. 166; Frotscher/Drüen/Schnitter Rn. 113; Lademann/Staats Rn. 84; Widmann/Mayer/Martini Rn. 156: „Billigkeitsmaßnahme der FVerw") ermittelt sich die neue Bemessungsgrundlage bei der übernehmenden PersGes aus der bisherigen Bemessungsgrundlage der übertragenden Körperschaft, vermehrt um den Unterschiedsbetrag zwischen dem BW der Gebäude und dem Wert, mit dem die Körperschaft das Gebäude in der stl. Schlussbilanz angesetzt hat. Auf diese so ermittelte Bemessungsgrundlage ist der bisherige Vomhundertsatz weiter anzuwenden. Wird in den Fällen des § 7 IV 1 EStG die volle Absetzung innerhalb der tatsächlichen Nutzungsdauer nicht erreicht, kann die AfA nach der Restnutzungsdauer des Gebäudes bemessen werden. Unter Berücksichtigung dieser Auffassung ergibt sich Folgendes: **84**

Bisherige HK		300.000 Euro
AfA bis zum 31.12.07		./. 40.000 Euro
		260.000 Euro
Aufstockungsbetrag		+ 126.000 Euro
Ansatz bei der Übernehmerin zum 31.12.07		386.000 Euro
bisherige Bemessungsgrundlage	300.000 Euro	
Aufstockung	126.000 Euro	
neue Bemessungsgrundlage	426.000 Euro	
davon 3 vH	12.780 Euro	./. 12.780 Euro
Ansatz zum 31.12.08		373.220 Euro

Werden die **Gebäude** nicht linear gem. § 7 IV 1 EStG, sondern degressiv gem. § 7 V EStG abgeschrieben, so gelten die Ausführungen unter → Rn. 80 ff. entsprechend. **85**

Bei den **übrigen WG** und bei **Gebäuden,** die gem. § 7 IV 2 EStG entsprechend der tatsächlichen Nutzungsdauer abgeschrieben werden, findet der von der umgewandelten Körperschaft angewendete AfA-Satz auf den aufgestockten BW Anwendung (Abs. 3 Alt. 2). Nicht abschließend geklärt ist, ob die Nutzungsdauer des **86** übertragenen WG zum Umwandlungsstichtag neu bestimmt werden muss (→ Rn. 60).

Beispiel 3:

87 Die AK einer Maschine betragen 10.000 Euro, Nutzungsdauer zehn Jahre. Im Zeitpunkt des stl. Übertragungsstichtages beträgt der BW 5.000 Euro und wird in der stl. Schlussbilanz um 1.000 Euro aufgestockt.

BW 31.12.02	5.000 Euro
Aufstockungsbetrag	1.000 Euro
neue Bemessungsgrundlage	6.000 Euro

88 Ist in der stl. Schlussbilanz das WG der übertragenden Körperschaft bereits auf einen **Erinnerungswert** abgeschrieben, so ist nach Auffassung der FVerw (→ Rn. 60; BMF 11.11.2011, BStBl. I 2011, 1314 Rn. 04.10; BFH BStBl. II 2008, 407; ebenso Frotscher/Drüen/Schnitter Rn. 119; Rödder/Herlinghaus/van Lishaut/van Lishaut Rn. 107; aA Haase/Hofacker/Steierberg Rn. 61) die Abschreibung des Aufstockungsbetrages als neuem BW auf die zum Umwandlungsstichtag neu zu bestimmende Restnutzungsdauer vorzunehmen. Geht man demgegenüber davon aus, dass die Restnutzungsdauer nicht neu zu bestimmen ist, so kann der übernehmende Rechtsträger für den aufgestockten Betrag in dem Wj., in das der Umwandlungsstichtag fällt, eine sofortige Abschreibung vornehmen (Lademann/Staats Rn. 85; Haase/Hruschka/Steierberg Rn. 61).

89 Werden **geringwertige WG** iSd § 6 II EStG in der stl. Schlussbilanz aufgestockt, so scheidet eine Sofortabschreibung der geringwertigen WG aus (Frotscher/Drüen/Schnitter Rn. 120; Haritz/Menner/Bilitewski/Bohnhardt Rn. 172; aA Lademann/Staats Rn. 86; Widmann/Mayer/Martini Rn. 166); Gleiches gilt für einen Sammelposten nach § 6 IIa EStG (Widmann/Mayer/Martini Rn. 167). Zwar liegt eine Anschaffung vor (→ Rn. 10), diese ist aber durch die Regelungen in Abs. 2 und 3 modifiziert (→ Rn. 53 f.).

90 Hat die übertragende Körperschaft in ihrer stl. Schlussbilanz einen **originären Geschäfts- oder Firmenwert angesetzt,** so ist dieser entsprechend den allg. Grundsätzen nach § 7 I 3 EStG über 15 Jahre abzuschreiben (BMF 11.11.2011, BStBl. I 2011, 1314 Rn. 04.10; Widmann/Mayer/Martini Rn. 164; Lademann/Staats Rn. 87; aA Haase/Hofacker/Steierberg Rn. 60). Die gesetzliche Fiktion der Nutzungsdauer von 15 Jahren gilt nur für Geschäfts- oder Firmenwerte von Gewerbebetrieben und luf-Betrieben (Schmidt/Wacker EStG § 18 Rn. 202). Die FVerw geht offensichtlich davon aus, dass auf Grund der gesetzlich angeordneten Rechtsnachfolge die Fiktion der Nutzungsdauer von 15 Jahren auch für den aus der Sicht des übernehmenden Rechtsträgers übertragenen Praxiswert einer freiberuflichen Kanzlei gilt (BMF 11.11.2011, BStBl. I 2011, 1314 Rn. 04.10; aA Haritz/Menner/Bilitewski/Bohnhardt Rn. 164; Rödder/Herlinghaus/van Lishaut/van Lishaut Rn. 109; Frotscher/Drüen/Schnitter Rn. 122a; Lademann/Staats Rn. 87; Widmann/Mayer/Martini Rn. 164; offengelassen durch Dötsch/Pung/Möhlenbrock/Pung/Werner Rn. 38).

91 Hat die übertragende Körperschaft einen **Geschäfts- oder Firmenwert entgeltlich erworben** und ist dieser in der stl. Schlussbilanz ausgewiesen, so ist dieser nach Auffassung der FVerw auch dann über 15 Jahre abzuschreiben, wenn der übertragende Rechtsträger die BW fortgeführt hat (BMF 11.11.2011, BStBl. I 2011, 1314 Rn. 04.10). Gleiches soll gelten, wenn der übertragende Rechtsträger Zwischenwerte oder aber den gemeinen Wert angesetzt hat (BMF 11.11.2011, BStBl. I 2011, 1314 Rn. 04.10; ebenso Dötsch/Pung/Möhlenbrock/Pung/Werner Rn. 38). Dies kann nicht überzeugen, der derivative Firmenwert ist – bei Buchwertansatz – auf Grund der eingetretenen Rechtsnachfolge so abzuschreiben, wie dies in der Person des übertragenden Rechtsträgers geschehen ist. Kam es zu einem Zwischen-

wertansatz oder wurde der gemeine Wert angesetzt, so ist neben dem derivativen Firmenwert ein zweiter Firmenwert auszuweisen, der über 15 Jahre abgeschrieben wird (ebenso Haritz/Menner/Bilitewski/Bohnhardt Rn. 164; Brandis/Heuermann/Klingberg Rn. 18; aA Rödder/Herlinghaus/van Lishaut/van Lishaut Rn. 108; Lademann/Staats Rn. 89; ebenso noch BMF 25.3.1998, BStBl. I 1998, 268 Rn. 115; vgl. auch Widmann/Mayer/Martini Rn. 164).
(nicht belegt) 92

8. Ermittlung des Übernahmeergebnisses im Überblick

a) Fingierte Ausschüttung der offenen Rücklagen des übertragenden 93 **Rechtsträgers.** Jedem Anteilseigner des übertragenden Rechtsträgers werden nach § 7 entsprechend seiner Beteiligung das in der StB ausgewiesene EK abzgl. des stl. Einlagekontos, welches sich nach der Anwendung des § 29 I ergibt, als Einkünfte aus Kapitalvermögen iSd § 20 I 1 EStG zugerechnet. Zu diesen offenen Rücklagen zählt auch der Gewinn der übertragenden Körperschaft, die aufgrund Ansatz der übergehenden WG in der stl. Schlussbilanz mit höheren Werten als dem bisherigen BW angesetzt wurde. Die Einkünfte aus Kapitalvermögen unterliegen dem Kapitalertragsteuerabzug nach § 43 I 1 Nr. 1 EStG, die KapESt entsteht mit dem zivilrechtlichen Wirksamwerden der Umw (→ § 7 Rn. 15).

b) Ermittlung des Übernahmegewinns/-verlusts. In Folge des Vermögens- 94 übergangs ergibt sich nach Abs. 4 S. 1 ein Übernahmegewinn bzw. Übernahmeverlust iHd Unterschiedsbetrages zwischen dem Wert, mit dem die WG durch den übernehmenden Rechtsträger zu übernehmen sind zzgl. des Zuschlags für neutrales Vermögen (§ 4 IV 2) abzgl. der Kosten für den Vermögensübergang und des BW der Anteile an der übertragenden Körperschaft. Der Wert des übergehenden Vermögens ergibt sich aus der Schlussbilanz des übertragenden Rechtsträgers, an diese Werte ist der übernehmende Rechtsträger gebunden. Dieses sog. **Übernahmeergebnis erster Stufe** wird nach Abs. 5 S. 1 aF um einen ggf. vorhandenen Sperrbetrag iSd § 50c EStG erhöht. Nach Abs. 5 S. 2 aF bzw. 1 nF vermindert sich ein Übernahmegewinn oder erhöht sich ein Übernahmeverlust um die offenen Rücklagen, die nach § 7 zu den Einkünften iSd § 20 I 1 EStG gehören **(Übernahmeergebnis zweiter Stufe).**

Der Gesamtbetrag des Übernahmegewinns bzw. Übernahmeverlustes wird durch 95 das für die übernehmende PersGes zuständige FA im Rahmen der gesonderten Feststellung der Einkünfte nach **§ 180 AO** einheitlich und gesondert festgestellt (BMF 11.11.2011, BStBl. I 2011, 1314 Rn. 04.27; BFH BStBl. II 2021, 359; Haritz/Menner/Bilitewski/Bohnhardt Rn. 228; Rödder/Herlinghaus/van Lishaut/van Lishaut Rn. 122; Widmann/Mayer/Martini Rn. 1102; Dötsch/Pung/Möhlenbrock/Pung/Werner Rn. 82; Frotscher/Drüen/Schnitter Rn. 133; Lademann/Staats Rn. 106).

Der Übernahmegewinn entsteht mit Ablauf des **stl. Übertragungsstichtags** 96 (BMF 11.11.2011, BStBl. I 2011, 1314 Rn. 04.26; Haritz/Menner/Bilitewski/Bohnhardt Rn. 227; Widmann/Mayer/Martini Rn. 1095; Frotscher/Drüen/Schnitter Rn. 132). Der Übernahmegewinn wird nach Auffassung von Martini (Widmann/Mayer/Martini Rn. 1009; ebenso grds. Haritz/Menner/Bilitewski/Bohnhardt Rn. 327 ff.) im Grundsatz nach dem für die PersGes geltenden allg. **Gewinnverteilungsschlüssel** auf die einzelnen Gesellschafter aufgeteilt. Soll eine andere Aufteilung vorgenommen werden, so bedarf dies einer Änderung der Gewinnverteilungsabrede bezogen auf den Übernahmegewinn (Widmann/Mayer/Martini Rn. 1009; vgl. auch Haritz/Menner/Bilitewski/Bohnhardt Rn. 327). Diese Auffassung ist jedoch nur der Ausgangspunkt der Gewinnverteilung, denn der Übernahmegewinn/-verlust wird durch zwei Komponenten bestimmt, nämlich das auf die PersGes übergehende BV sowie als zweite Rechengröße den BW der Anteile

(→ Rn. 104 ff.) an der übertragenden Körperschaft (Widmann/Mayer/Martini Rn. 1010. Dieser BW kann bezogen auf die Gesellschafter unterschiedlich sein, sodass der **Übernahmegewinn/-verlust personenbezogen** unter Berücksichtigung der AK bzw. BW der Beteiligung **zu ermitteln ist** (→ Rn. 122; BMF 11.11.2011, BStBl. I 2011, 1314 Rn. 04.19; Brandis/Heuermann/Klingberg Rn. 33; Dötsch/Pung/Möhlenbrock/Pung/Werner Rn. 78 ff.; Rödder/Herlinghaus/van Lishaut/van Lishaut Rn. 122; Frotscher/Drüen/Schnitter Rn. 134). In den Fällen, in denen die Anteile am übertragenden Rechtsträger neben der Gesamthandsbilanz auch in der Ergänzungsbilanz erfasst sind oder die Anteile SBV sind, wird nach hM eine getrennte Berechnung des Übernahmeergebnisses für jeden Gesellschafter gefordert (BMF 11.11.2021 BStBl. I 2011, 1314 Rn. 04.20; so auch Widmann/Mayer/Martini Rn. 1010; Haritz/Menner/Bilitewski/Bohnhardt Rn. 335 ff.; Rödder/Herlinghaus/van Lishaut/van Lishaut Rn. 210; Lademann/ Staats Rn. 104). Fraglich ist, ob die fiktive Einlage nach § 5 II, III in das SBV (so Widmann/Mayer/Widmann § 5 Rn. 121: alte Kommentierung) oder in das Gesamthandsvermögen der PersGes (so Rödder/Herlinghaus/van Lishaut/Birkemeier § 7 Rn. 68; BFH DStR 2019, 1305) insoweit als erfolgt gilt.

97 Der durch die Verschm der Körperschaft auf die PersGes entstehende Übernahmegewinn kann nicht durch **Ergänzungsbilanzen** korrigiert werden (Frotscher/ Drüen/Schnitter Rn. 135). Zur Bildung von Ergänzungsbilanzen bei der Verschm → Rn. 23.

98 **c) Berechnungsschema.** Der Übernahmegewinn bzw. Übernahmeverlust ist entsprechend den nachfolgenden Rechenschemata zu ermitteln (BMF 11.11.2011, BStBl. I 2011, 1314 Rn. 04.27).

  Wert des übergehenden WG (Abs. 1 S. 1)
+ Zuschläge für neutrales Vermögen (Abs. 4 S. 2)
− BW der Anteile an der übertragenden Körperschaft, ggf. nach Korrektur gem. Abs. 1 S. 2 f.
− Kosten für den Vermögensübergang

= Übernahmeergebnis erster Stufe (Abs. 4)
+ Sperrbetrag iSd § 50c EstG
− anteilige offene Rücklagen, die als Einnahmen aus Kapitalvermögen gem. § 7 iVm § 20 I Nr. 1 EStG zu versteuern sind

= Übernahmegewinn/-verlust

99 Gehören am stl. Übertragungsstichtag unter Berücksichtigung des § 5 **nicht alle Anteile** an der übertragenden Körperschaft **zum BV** der übernehmenden PersGes, bleibt der auf diese Anteile entfallende Wert der übergegangenen WG bei der Ermittlung des Übernahmeergebnisses insoweit außer Ansatz (Abs. 4 S. 3; vgl. BMF 11.11.2011, BStBl. I 2011, 1314 Rn. 04.30; Rödder/Herlinghaus/van Lishaut/van Lishaut Rn. 114, 110; Lademann/Staats Rn. 102).

9. Ermittlung des Übernahmeergebnisses 1. Stufe (Abs. 4)

100 **a) Wertansatz der übergegangenen Wirtschaftsgüter.** Die übernehmende PersGes hat gem. Abs. 1 die auf sie im Rahmen der Verschm übergehenden WG mit den Wertansätzen der stl. Schlussbilanz der übertragenden Körperschaft zu übernehmen. Der zu übernehmende Wertansatz der übergehenden WG schließt also insbes. auch das Auslandsvermögen des übertragenden Rechtsträgers mit ein, und zwar auch dann, wenn es selbst der Besteuerung in Deutschland nicht unterliegt (aber auch → § 3 Rn. 98 ff.). Überlässt ein Gesellschafter der übertragenden Körperschaft WG und werden diese WG bei der übernehmenden PersGes SBV, so stellen diese WG keine übergegangenen WG iSd Abs. 4 S. 1 dar (Dötsch/Pung/ Möhlenbrock/Pung/Werner Rn. 45; Frotscher/Drüen/Schnitter Rn. 143).

Besitzt die übertragende Körperschaft vor Inkrafttreten des MoMiG am stl. Übertragungsstichtag **eigene Anteile,** so gehen diese mit der Umw unter, sie werden nicht auf die übernehmende PersGes mit übertragen (BMF 11.11.2011, BStBl. I 2011, 1314 Rn. 04.32; Dötsch/Pung/Möhlenbrock/Pung/Werner Rn. 63; Frotscher/Drüen/Schnitter Rn. 144). Das Übernahmeergebnis ergibt sich in diesem Fall unter Außerachtlassung der untergehenden eigenen Anteile nach dem Unterschiedsbetrag zwischen dem Wert, mit dem die übergegangenen WG nach Abs. 1 zu übernehmen sind (ohne Berücksichtigung der eigenen Anteile), und dem BW der restlichen, der PersGes gehörenden oder ihr nach § 5 zuzurechnenden Beteiligung an der übertragenden Körperschaft (Dötsch/Pung/Möhlenbrock/Pung/Werner Rn. 63; BMF 11.11.2011, BStBl. I 2011, 1314 Rn. 04.33). **101**

Ist die **übertragende Körperschaft an der übernehmenden PersGes beteiligt,** wird das der übertragenden Körperschaft zustehende Kapitalkonto anteilig den Kapitalkonten der Gesellschafter der übertragenden Körperschaft und künftigen Gesellschaftern der übernehmenden PersGes gutgeschrieben (→ Rn. 31). **102**

Hat die übertragende Körperschaft im **Rückwirkungszeitraum Lieferungen** an die übernehmende PersGes erbracht, so muss die übernehmende PersGes die in der Interimszeit auf sie übertragene WG mit dem in der stl. Schlussbilanz der übertragenden Körperschaft angesetzten Wert fortführen. Eine ggf. eingetretene Gewinnrealisation ist stl. rückgängig zu machen (→ Rn. 36). **103**

b) Buchwert der Anteile. Das Übernahmeergebnis ergibt sich aus dem positiven bzw. negativen Unterschiedsbetrag zwischen dem Wert, mit dem die übergegangenen WG von der PersGes zu übernehmen sind, und dem BW der Anteile an der übertragenden Körperschaft. Das Gesetz definiert in § 1 V Nr. 4 den BW als den Wert, der nach den stl. Vorschriften über die Gewinnermittlung in einer für den stl. Übertragungsstichtag aufzustellenden StB **anzusetzen ist oder anzusetzen wäre.** BW der Anteile an der übertragenden Körperschaft ist der Wert, mit dem die Anteile in der Gesamthandsbilanz der PersGes unter Berücksichtigung von Ergänzungsbilanzen anzusetzen sind, oder der sich nach § 5 II, III bzw. § 27 III Nr. 1 iVm § 5 IV aF ergibt. Das Wertaufholungsgebot nach § 6 I Nr. 2 S. 3 iVm Nr. 1 S. 4 EStG bzw. die Regelungen der § 4 I 2, §§ 3, 5 III 2 sind zu beachten. Ändern sich die AK nach der Umw bspw. dadurch, dass sich der Kaufpreis für die Anteile nachträglich erhöht, so liegt ein rückwirkendes Ereignis vor, der Übernahmegewinn/-verlust ist gem. § 175 I 1 Nr. 2 AO zu ändern (Widmann/Mayer/Martini Rn. 458; aA Berg DStR 1997, 1390). Ändern sich die AK durch **offene oder verdeckte Einlage** nach dem stl. Übertragungsstichtag, so hat dies für die Ermittlung des Übernahmeergebnisses grds. keine Auswirkungen (FG Bln-Bbg DStRE 2014, 861; Rödder/Herlinghaus/van Lishaut/van Lishaut Rn. 134; Frotscher/Drüen/Schnitter Rn. 164; Bünning BB 2014, 1458). Gleiches gilt, falls ein Gesellschafter nach dem stl. Übertragungsstichtag auf eine Forderung gegenüber der zu diesem Zeitpunkt noch zivilrechtlich bestehenden KapGes verzichtet; es liegt insoweit aus stl. Sicht ein Forderungsverzicht gegenüber der übernehmenden PersGes vor (Dötsch/Pung/Möhlenbrock/Pung/Werner Rn. 54; Rödder/Herlinghaus/van Lishaut/van Lishaut Rn. 135). Verzichtet die übernehmende PersGes nach dem Übertragungsstichtag auf eine Forderung gegenüber der übernehmenden KapGes, so geht dies stl. nicht durch Verzicht, sondern vielmehr durch Konfusion unter (Dötsch/Pung/Möhlenbrock/Pung/Werner Rn. 54). **104**

Besitzt **ein Gesellschafter mehrere Beteiligungen** an der übertragenden Körperschaft und hat er diese zu unterschiedlichen Zeiten und zu unterschiedlichen AK erworben, ist für die Ermittlung des Übernahmegewinns/-verlustes von einem einheitlichen BW auszugehen (BMF 11.11.2011, BStBl. I 2011, 1314 Rn. 04.21; Widmann/Mayer/Martini Rn. 461; Dötsch/Pung/Möhlenbrock/Pung/Werner Rn. 51; Rödder/Herlinghaus/van Lishaut/van Lishaut Rn. 131; Haritz/Menner/ **105**

Bilitewski/Bohnhardt Rn. 251; Lademann/Staats Rn. 120; Frotscher/Drüen/ Schnitter Rn. 160). Von einer einheitlichen Beteiligung und damit einem Gesamtbuchwert bezogen auf einen Gesellschafter ist auch dann auszugehen, wenn einzelne Anteile eines Gesellschafters nach § 5 II–IV als in das BV der PersGes eingelegt gelten (Frotscher/Drüen/Schnitter Rn. 160). Ist ein Gesellschafter sowohl unmittelbar an der übertragenden Körperschaft als auch **mittelbar** über die übernehmende PersGes **beteiligt,** sollen aber für die Ermittlung des Übernahmeergebnisses diese Anteile getrennt voneinander zu betrachten sein (Widmann/Mayer/Martini Rn. 465 f.). Bei der Ermittlung des Übernahmeergebnisses wirkt sich das Abstellen auf die Beteiligung eines Gesellschafters und nicht auf den einzelnen Anteil insoweit aus, als für einen Gesellschafter entweder ein Übernahmegewinn oder ein Übernahmeverlust entsteht. Bei einer anteilsbezogenen Ermittlung könnte sich für einen Gesellschafter sowohl ein Übernahmegewinn als auch ein Übernahmeverlust ergeben (ebenso Dötsch/Pung/Möhlenbrock/Pung/Werner Rn. 51). Unterliegen Anteile eines Gesellschafters unterschiedlichen stl. Bedingungen (zB wegen Abs. 6 S. 5), kann nicht nur eine gesellschafter-, sondern auch noch anteilsbezogene Betrachtung notwendig sein (BMF 11.11.2011, BStBl. I 2011, 1314 Rn. 04.21; Rödder/Herlinghaus/van Lishaut/van Lishaut Rn. 81; Lademann/Staats Rn. 120; Frotscher/Drüen/ Schnitter Rn. 160).

106 Die AK der Anteile müssen nicht unbedingt dem BW entsprechen. Bspw. kann bei Einlagerückzahlung der BW unter die AK absinken. Gleiches gilt, wenn auf die Beteiligung eine **Teilwertabschreibung** vorgenommen wurde (Dötsch/Pung/ Möhlenbrock/Pung/Werner Rn. 50).

107 Kommt es zu einer **KapErh gegen Einlage** durch einen Gesellschafter, so erhöht sich der BW der Anteile. Ohne Einfluss auf den BW bleiben jedoch solche KapErh, die erst nach dem Umwandlungsstichtag durchgeführt wurden (Widmann/Mayer/ Martini Rn. 522; Frotscher/Drüen/Schnitter Rn. 164; Dötsch/Pung/Möhlenbrock/Pung/Werner Rn. 53; Rödder/Herlinghaus/van Lishaut/van Lishaut Rn. 134). Der BW bzw. die AK der Anteile sind um **ausstehende Einlagen** zu kürzen (Frotscher/Drüen/Schnitter Rn. 162; auch → Rn. 30). Kommt es zu einer **KapErh aus Gesellschaftsmitteln,** so verteilen sich gem. § 3 KapErhStG die ursprünglichen AK auf die Alt- und Neuanteile (Widmann/Mayer/Martini Rn. 515). Die Bestimmung des § 3 KapErhStG geht von dem Gedanken der wertmäßigen Abspaltung der neuen Anteilsrechte von den alten Anteilsrechten aus und macht im Wege der Fiktion die AK der alten Anteile zu gemeinschaftlichen AK für die alten und für die neuen Anteile.

108 Anteile an der übertragenden Körperschaft, die am Übertragungsstichtag zum BV eines Gesellschafters gehören, sowie Beteiligungen iSd § 17 EStG und einbringungsgeborene Anteile iSd § 21 aF gelten nach näherer Maßgabe des **§ 5 II–III, § 27 III Nr. 1 iVm § 5 IV aF** mit den dort aufgeführten Werten in das BV (vgl. → Rn. 105) der übernehmenden PersGes als eingelegt. Hat die übernehmende PersGes Anteile an der übertragenden Körperschaft nach dem stl. Übertragungsstichtag angeschafft, so ist der Übernahmegewinn gem. **§ 5 I** so zu ermitteln, als hätte sie die Anteile zum Umwandlungsstichtag angeschafft. Bei der Regelung des § 5 handelt es sich um eine gesetzliche Fiktion bezogen auf die Anschaffung in das BV der übernehmenden PersGes. Kommt es zu einer **tatsächlichen Einlage** in das BV der übernehmenden PersGes, ermittelt sich der BW dieser Anteile nach den allg. Vorschriften (Widmann/Mayer/Martini Rn. 552). Dabei ist zu beachten, dass nach Auffassung des BFH (DStR 1999, 366; ebenso BMF 29.3.2000, DStR 2000, 820; Schmidt/Wacker EStG § 15 Rn. 664; van Lishaut DB 2000, 1784) die Einbringung einer Beteiligung aus dem PV in das betriebliche Gesamthandsvermögen einer PersGes gegen Gewährung von Gesellschaftsrechten als tauschähnlicher Vorgang angesehen wird. Bei dem einbringenden Gesellschafter kommt es zu einer entgeltlichen Veräußerung iSd § 17 EStG und bei der aufnehmenden PersGes zu einem Anschaffungsgeschäft. Erfolgte die **Veräußerung bzw. Anschaffung im Rückwirkungszeitraum**, so gilt die Beteiligung der übertragenden Körperschaft gem. § 5 I durch die aufnehmende PersGes als zum Umwandlungsstichtag angeschafft. Der BW dieses Anteils entspricht den AK und damit dem gemeinen Wert des Gesellschaftsanteils. Kommt es zu einer Einlage eines Anteils einer Beteiligung an einer KapGes aus dem PV in das SBV der übernehmenden PersGes, gilt § 6 I Nr. 5 EStG. War ein Anteilseigner zum stl. Übertragungsstichtag an der übertragenden Körperschaft beteiligt, hat er diese Beteiligung aber im Rückwirkungszeitraum vollumfänglich veräußert, unentgeltlich übertragen oder vererbt (BFH BStBl. II 2021, 359), nimmt er an der Umw nicht mehr teil, für ihn wird ein Übernahmeergebnis nicht ermittelt. Für die Ermittlung und Besteuerung des Veräußerungsgewinns gelten die allg. Grundsätze (BMF 11.11.2011, BStBl. I 2011, 1314 Rn. 02.17). Ein Anteilseigner, der zum stl. Übertragungsstichtag noch nicht an der übertragenden Körperschaft beteiligt war, eine Beteiligung an dieser Gesellschaft aber im Rückwirkungszeitraum entgeltlich oder unentgeltlich erwirbt, nimmt auf Grund der stl. Rückwirkungsfiktion des § 2 II an der Umw teil. Für ihn ist ein Übernahmeergebnis unter den Voraussetzungen des § 5 II, III zu ermitteln (BMF 11.11.2011, BStBl. I 2011, 1314 Rn. 05.04; vgl. auch BFH BStBl. II 2021, 359).

Befinden sich die Anteile an der übertragenden Körperschaft im Gesamthandsvermögen der übernehmenden PersGes und existiert **bezogen auf die Beteiligung eine Ergänzungsbilanz** eines oder mehrerer Gesellschafter, so ermittelt sich der BW des Anteils an der Übertragerin aus der Gesamthandsbilanz und der positiven bzw. negativen Ergänzungsbilanz (Widmann/Mayer/Martini Rn. 559 ff.; Dötsch/Pung/Möhlenbrock/Pung/Werner Rn. 79; Haritz/Menner/Bilitewski/Bohnhardt Rn. 335 ff.; Lademann/Staats Rn. 104; HK-UmwStG/Bron Rn. 198). 109

c) Kosten des Vermögensübergangs. Nach Abs. 4 S. 1 sind bei der Verschm einer Körperschaft auf eine PersGes oder auf eine natürliche Person Umwandlungskosten bei der Ermittlung des Übernahmeergebnisses abzuziehen. Dies hat zur Folge, dass wegen Abs. 6, 7 idR die volle bzw. teilweise Nichtabziehbarkeit der Kosten eintritt. Zu dem Umfang der Kosten des Vermögensübergangs → Rn. 44. 110

d) Sog. neutrales Vermögen (Abs. 4 S. 2). Der Wert des übergehenden Vermögens ergibt sich aus dem Ansatz in der stl. Schlussbilanz des übertragenden Rechtsträgers. **Für Zwecke der Ermittlung des Übernahmeergebnisses** erhöht sich dieser Wert nach Abs. 4 S. 2 um die Diff. zwischen dem gemeinen Wert und dem Wert in der stl. Schlussbilanz bezogen auf die WG, an denen Deutschland ein Recht zur Besteuerung eines Veräußerungsgewinns vor der Verschm nicht hatte (sog. **neutrales Vermögen,** BT-Drs. 16/2710, 39). Bei dem neutralen Vermögen handelt es sich idR um ausl. Betriebsstättenvermögen, das aufgrund einer mit Art. 13 II OECD-MA iVm Art. 23A OECD-MA vglbaren Regelungen im jew. DBA von der dt. Besteuerung freizustellen ist, oder um im Ausland gelegenen Grundbesitz, der nach einer mit Art. 13 I OECD-MA iVm Art. 23A OECD-MA vglbaren Regelungen im jew. DBA in Deutschland nicht besteuert wird. Bei einer im Inland nicht unbeschränkt stpfl. Körperschaft mit Sitz in einem DBA-Staat gehören zum neutralen Vermögen alle WG, die nicht einer dt. Betriebsstätte zuzurechnen sind bzw. nicht in Deutschland gelegenes unbewegliches Vermögen darstellen. Abs. 4 S. 2 erfasst auch eine nicht in Deutschland unbeschränkt stpfl. Körperschaft mit Betriebsstätte in einem im Verhältnis zu Deutschland Nicht-DBA-Staat oder einem Staat mit DBA im Verhältnis zu Deutschland nach Anrechnungsmethode. Insoweit hat die Regelung des Abs. 4 S. 2 eine überschießende Wirkung (Dötsch/Pung/Möhlenbrock/Pung/Werner Rn. 60; vgl. Bogenschütz Ubg 2011, 393; Stadler/Elser/Bindl DB-Beil. 1/2012, 14); hier besteht vor der Umw kein dt. Besteuerungsrecht für die WG der Betriebsstätte und nach der Umw ein durch Steueranrechnung 111 beschränktes dt. Besteuerungsrecht bezogen auf die in Deutschland unbeschränkt stpfl. MU (krit. insoweit Förster/Felchner DB 2006, 1072).

112 Da das dt. Besteuerungsrecht für neutrales Vermögen nicht beschränkt wird, weil es vor der Verschm nicht bestanden hat, kann die übertragende Körperschaft diese WG gem. § 3 II mit dem BW oder einem ZW ansetzen. Der übernehmende Rechtsträger führt diese Werte zum Umwandlungsstichtag fort, lediglich für Zwecke des Übernahmegewinns ordnet Abs. 4 S. 2 den Ansatz mit dem gemeinen Wert an (Rödder/Herlinghaus/van Lishaut/van Lishaut Rn. 147; Dötsch/Pung/Möhlenbrock/Pung/Werner Rn. 58).

113 **Abs. 4 S. 2 schließt** eine – im UmwStG aF noch bestehende – **Regelungslücke** (Dötsch/Pung/Möhlenbrock/Pung/Werner Rn. 59; Rödder/Herlinghaus/van Lishaut/van Lishaut Rn. 144). Anteile an einer KapGes repräsentieren nämlich auch stille Reserven in Auslandsbetriebsstätten, obwohl die WG in der Auslandsbetriebsstätte selber unmittelbar nicht der dt. Besteuerung unterliegen. Werden die Anteile an der Körperschaft veräußert, werden bei der Ermittlung des Veräußerungspreises auch der Wert der Auslandsbetriebsstätte und damit auch die stillen Reserven in dieser Betriebsstätte berücksichtigt; sie haben unmittelbar Auswirkung auf einen stpfl. Anteilsveräußerungsgewinn. Wird aber die Körperschaft in eine PersGes umgewandelt, wobei die Gesellschafter nach der Umw ihre Anteile an der PersGes veräußern, ist der Veräußerungsgewinn in Deutschland steuerfrei, soweit er auf die DBA-Freistellungsbetriebsstätte etc entfällt. Diese Sichtweise hat mE Auswirkungen auf die Ermittlung des gemeinen Wertes im Rahmen des Abs. 4 S. 2. Der gemeine Wert ist grds. ein Wert vor Berücksichtigung der Steuern auf den Veräußerungsgewinn. Werden die Anteile an der übertragenden Körperschaft aber vor der Umw veräußert, so wirkt sich die **latente ausl. Steuer** auf den Kaufpreis aus. Nach dem Sinn und Zweck des Abs. 4 S. 2 kann bei der Ermittlung des Wertes der neutralen WG nichts anderes gelten (ebenso Rödder/Herlinghaus/van Lishaut/van Lishaut Rn. 149; Frotscher/Drüen/Schnitter Rn. 152; Haase/Hruschka/Steierberg Rn. 89).

114 Abs. 4 S. 2 ordnet nicht an, dass die betreffenden WG für dt. Besteuerungszwecke mit einem entsprechend höheren Wert in der Bilanz des übernehmenden Rechtsträgers angesetzt werden, die Höherbewertung erfolgt auf der Ebene des übernehmenden Rechtsträgers nach Abs. 4 S. 2 ausschließlich für Zwecke der Ermittlung des Übernahmeergebnisses (Dötsch/Pung/Möhlenbrock/Pung/Werner Rn. 58; Rödder/Herlinghaus/van Lishaut/van Lishaut Rn. 147; anders vom Ansatz her Schaflitzl/Widmayer BB-Special 8/2006, 36). Damit hat Abs. 4 S. 2 keine Bedeutung im Zusammenhang mit der Ermittlung der Einkünfte nach § 7 (Dötsch/Pung/Möhlenbrock/Pung/Werner Rn. 61; Rödder/Herlinghaus/van Lishaut/van Lishaut Rn. 145). Wird Vermögen des übertragenden Rechtsträgers in Folge der Verschm erstmals in Deutschland steuerverstrickt, so stellt sich aber zusätzlich die Frage, ob eine logische Sekunde nach dem Verschmelzungsvorgang auf dieses Vermögen § 4 I 8 EStG Anwendung findet, oder aber, ob Abs. 1 die Regelung des § 4 I 8 EStG ausschließt (→ Rn. 27). Zur Verstrickung von übergehendem Vermögen bei Hereinverschmelzungen → § 3 Rn. 98 f.

115 Zur möglichen EU-Rechtswidrigkeit der Regelung des Abs. 4 S. 2 vgl. Rödder/Herlinghaus/van Lishaut/van Lishaut Rn. 150; Benecke/Beinert FR 2009, 1120; Förster FS Schaumburg, 2009, 629, Förster/Felchner DB 2006, 1072; Werra/Teiche DB 2006, 1455; Lemaitre/Schönherr GmbHR 2007, 173; Klingebiel Der Konzern 2004, 600. Zur Anwendung des Abs. 4 S. 2 auf **hybride Ges,** dh solche Ges, die im Ausland der KSt unterliegen, in Deutschland hingegen als stl. transparent klassifiziert werden, vgl. Brähler/Heerdt StuW 2007, 260.

116 **e) Abs. 4 S. 3.** Zum stl. Übertragungsstichtag müssen nicht alle Anteile an der übertragenden Körperschaft auch unter Berücksichtigung des § 5 zum BV der übernehmenden PersGes gehört haben. Natürliche Personen, die ihre Anteile am über-

tragenden Rechtsträger im PV halten und deren Anteile die Voraussetzungen des § 17 EStG nicht erfüllen, oder Anteile an der übertragenden Körperschaft, die von inl. steuerbefreiten Anteilseignern und jur. Personen des öffentlichen Rechts gehalten werden, die nicht iSd § 17 EStG beteiligt sind, werden von § 5 nicht erfasst. Solche Anteile werden für die Ermittlung des Übernahmegewinns/-verlusts der übernehmenden PersGes nicht zugerechnet. Für diese Personen wird ein Übernahmegewinn nicht ermittelt (BMF 11.11.2011, BStBl. I 2011, 1314 Rn. 04.25). Abs. 4 S. 3 schreibt deshalb vor, dass dann, wenn nicht alle Anteile an der Körperschaft als in das BV der PersGes eingelegt bzw. überführt gelten, auch das von der Körperschaft auf die PersGes übergehende BV, als Vergleichsgröße zur Ermittlung des Übernahmeergebnisses, nur mit dem entsprechenden prozentualen Anteil angesetzt werden darf (Dötsch/Pung/Möhlenbrock/Pung/Werner Rn. 85; Widmann/Mayer/Martini Rn. 596; Frotscher/Drüen/Schnitter Rn. 165). Die prozentuale Kürzung erfolgt aber nur für die Ermittlung des Übernahmeergebnisses, das auf diese Gesellschafter entfallende anteilige BV geht tatsächlich auf die übernehmende PersGes über (Widmann/Mayer/Martini Rn. 596). Nach Meinung von Pung (Dötsch/Pung/Möhlenbrock/Pung/Werner Rn. 85) soll diese prozentuale Kürzung auch für Umwandlungskosten gelten (aber → Rn. 44).

Abs. 4 S. 3 bezieht sich von seiner systematischen Stellung nur auf das Übernahmeergebnis erster Stufe, nach richtiger Auffassung hat die Vorschrift jedoch auch Bedeutung für das Übernahmeergebnis zweiter Stufe nach Abs. 5 (ebenso Dötsch/Pung/Möhlenbrock/Pung/Werner Rn. 88; Haritz/Menner/Bilitewski/Bohnhardt Rn. 359 f.).

10. Erhöhung des Übernahmeergebnisses (Abs. 5)

a) Erhöhung um einen Sperrbetrag nach § 50c EStG 1999. Nach Abs. 5 S. 1 aF ist der Übernahmegewinn/-verlust erster Stufe um einen Sperrbetrag iSd § 50c EStG zu erhöhen. § 50c EStG ist auslaufendes Recht. Nach § 52 LIX EStG ist die Neubildung eines Sperrbetrags nach § 50c EStG 1999 bis zum Ablauf des VZ 2001 (bei abw. Wj. 2000/2001 der Körperschaft bis zum Ablauf des Wj. 2001/2002) möglich gewesen; ein entstandener Sperrbetrag wirkte maximal bis zum Ablauf der zehnjährigen Sperrfrist des § 50c EStG fort, also längstens bis zum Jahre 2011.

b) Kürzung um Bezüge nach § 7, § 4 V 1. Die offenen Rücklagen der übertragenden Körperschaft (stl. EK abzgl. des bestandsteuerlichen Einlagekontos) werden nach § 7 allen Anteilseignern des übertragenden Rechtsträgers prozentual entsprechend ihrer Beteiligung am Nennkapital als Einnahmen aus Kapitalvermögen nach § 20 I 1 EStG bzw. als Einnahmen aus Gewerbebetrieb zugerechnet. Dies gilt unabhängig davon, ob für den jew. Anteilseigner ein Übernahmeergebnis nach Abs. 4, 5 S. 1 iVm § 5 ermittelt wird. Zu weiteren Einzelheiten → § 7 Rn. 1 ff. Weil aber der Betrag der offenen Rücklagen auch im Übernahmeergebnis iSd Abs. 4, 5 S. 1 enthalten ist, ordnet Abs. 5 S. 2 zur Vermeidung einer Doppelbesteuerung eine Kürzung des Übernahmeergebnisses um die Bezüge iSd § 7 an. Die Kürzung erfolgt für jeden Gesellschafter einzeln (Rödder/Herlinghaus/van Lishaut/van Lishaut Rn. 154). Soweit damit für einen Gesellschafter an der übertragenden Körperschaft ein Übernahmeergebnis zu ermitteln ist, erzielt dieser Einkünfte iSd § 7, die als Kapitalertrag besteuert werden, und einen Übernahmegewinn/-verlust iSd Abs. 4, 5 S. 1 iVm § 5, der aber um die Bezüge nach § 7 gekürzt wird (DPPM UmwStR/Pung Rn. 90; Haritz/Menner/Bilitewski/Bohnhardt Rn. 279; Bogenschütz Ubg 2009, 604; Förster/Felchner DB 2006, 1072; Bodden FR 2007, 66; Schaflitzl/Hell/Widmayer BB Special 8/2006, 36).

11. Übernahmeverlust (Abs. 6)

120 **a) Ursachen des Entstehens eines Übernahmeverlusts.** Ein Übernahmeverlust entsteht, wenn der BW bzw. die AK der Anteile an der übertragenden Körperschaft abzgl. der Umwandlungskosten des übernehmenden Rechtsträgers höher sind als der für die Ermittlung des Übernahmeergebnisses relevante Wert des übernommenen Vermögens (Übernahmeverlust erster Stufe, Abs. 4). Er entsteht auf der Ebene der Anteilseigner idR dadurch, dass diese bei der Bemessung des Kaufpreises für die Anteile am übertragenden Rechtsträger stille Reserven im Vermögen des übertragenden Rechtsträgers berücksichtigt haben, die im Rahmen der Umw nicht aufgedeckt worden sind. Der Übernahmeverlust erster Stufe kann zudem darauf zurückzuführen sein, dass die übertragende Körperschaft ein negatives BV hat bzw. nach Erwerb der Anteile Verluste erwirtschaftete, die bislang nicht durch eine Teilwertabschreibung auf der Ebene des Gesellschafters geltend zu machen waren. Nach Abs. 5 ist das Übernahmeergebnis erster Stufe um Bezüge iSd § 7 zu mindern, dh der Übernahmeverlust erster Stufe erhöht sich entsprechend. Die Ermittlung des Übernahmeverlusts erfolgt personenbezogen, dh für jeden Gesellschafter gesondert (BMF 11.11.2011, BStBl. I 2011, 1314 Rn. 04.19; Dötsch/Pung/Möhlenbrock/Pung/Werner Rn. 127; Rödder/Herlinghaus/van Lishaut/van Lishaut Rn. 158; Frotscher/Drüen/Schnitter Rn. 205), wenn die Anteile unterschiedlichem Steuerstatus unterliegen, ggf. zusätzlich auch anteilsbezogen (→ Rn. 105). Der Übernahmeverlust stellt einen **lfd. Verlust** dar, der zum stl. Übertragungsstichtag entsteht (vgl. BMF 11.11.2011, BStBl. I 2011, 1314 Rn. 04.26; Dötsch/Pung/Möhlenbrock/Pung/Werner Rn. 127; Frotscher/Drüen/Schnitter Rn. 206). Unabhängig davon, ob ein Übernahmeverlust stl. berücksichtigt werden kann oder nicht, wird der Kapitalanteil des Mitunternehmeranteils in Folge der Verschm iHd anteiligen Kapitals der übertragenden Körperschaft gem. Abs. 1 S. 1 festgelegt (BFH BStBl. II 2016, 919; DStR 2014, 1716). Es ist nicht möglich, die durch die „außer Ansatz" bleibenden AK repräsentierten stillen Reserven nach der Umw in einer **positiven Ergänzungsbilanz** festzuhalten, die im Falle der späteren Veräußerung des Mitunternehmeranteils zu berücksichtigen wären (BFH NV 2018; 246; BStBl. II 2016, 919; DStR 2014, 1716; BStBl. II 2012, 728; FG Köln EFG 2016, 165; aA Strahl KÖSDI 2007, 15 519). Nach Auffassung des 8. Senats (DStR 2014, 1716; vgl. dazu FG Köln EFG 2016, 165; Koch BB 2014, 2603; Heß BB 2014, 2159) kann jedoch das objektive Nettoprinzip dann tangiert sein, wenn der durch Abs. 6 bedingte Ausschluss der stl. Abzugsfähigkeit des Übernahmeverlusts dazu führt, dass Erwerbsaufwendungen ohne nachvollziehbare sachliche Rechtfertigungsgründe endgültig der Abzug versagt bleibt. Der 3. und der 4. Senat des BFH (BFH BStBl. II 2016, 468; BStBl. II 2016, 468 ebenso FG Düsseldorf EFG 2016, 165; vgl. dazu Schmitt StuW 2018, 147) betonen, dass § 4 VI zwar eine Durchbrechung des objektiven Nettoprinzips darstellt, der Gesetzgeber sich insoweit jedoch für eine Typisierung entschieden habe, die sich in den durch Art. 3 I GG gezogenen Grenzen hält. Im Einzelfall ist nach Auffassung des BFH Raum eröffnet für die Prüfung, ob wegen sachlicher Unbilligkeit von der Festsetzung oder der Erhebung von Einkommensteuer nach §§ 163, 227 AO abzusehen ist (vgl. dazu Wendt FR 2016, 722 ff.; Bodden DStR 2016, 1714; Ott DStR 2016, 769). In diesem Zusammenhang ist zu beachten, dass gem. Abs. 6 idF des SEStEG ein Übernahmeverlust, der auf eine natürliche Person entfällt, zu 60 vH, höchstens aber iHv 60 vH der nach § 7 anzusetzenden fiktiven Schlussdividende zu berücksichtigen ist (Heß BB 2014, 2159).

121 Ein Übernahmeverlust hat keine Auswirkung auf die stl. Schlussbilanz des übertragenden Rechtsträgers. Er führt nicht zwangsläufig zu einem handelsbilanziellen Übernahmeverlust, selbst wenn die übertragende Körperschaft eine Tochter-Ges der übernehmenden PersGes ist. Der übernehmende Rechtsträger hat nämlich handelsrechtlich das nach § 24 UmwG bestehende Wahlrecht, die BW fortzuführen bzw. die Verkehrswerte anzusetzen.

b) Körperschaft, Personenvereinigung oder Vermögensmasse als Mitunternehmer der übernehmenden Personengesellschaft, Abs. 6 S. 1–3. Gem. Abs. 6 S. 1 ist der Abzug des Übernahmeverlustes ausgeschlossen, soweit er auf eine Körperschaft, Personenvereinigung oder Vermögensmasse als MU der übernehmenden PersGes entfällt. Ist MU der übernehmenden PersGes wiederum eine PersGes, an der eine Körperschaft, Personenvereinigung oder Vermögensmasse als MU beteiligt ist (mittelbare Beteiligung), gilt Abs. 6 S. 1 insoweit entsprechend (Rödder/Herlinghaus/van Lishaut/van Lishaut Rn. 161; Lademann/Staats Rn. 143; Frotscher/Drüen/Schnitter Rn. 209). Erzielt die beteiligte Körperschaft, Personenvereinigung oder Vermögensmasse Bezüge iSd § 7 iVm § 8b I, V KStG, so sind diese Bezüge idR in Höhe von 5% zu versteuern (zur Verfassungsmäßigkeit der Pauschalierung nach § 8b V KStG vgl. BVerfG DB 2010, 2590; vgl. auch FG Nürnberg DStRE 2014, 1053; zu möglichen Billigkeitsmaßnahmen → Rn. 121); ein Übernahmeverlust ändert daran nichts (Dötsch/Pung/Möhlenbrock/Pung/Werner Rn. 130; Widmann/Mayer/Martini Rn. 914 f.; Frotscher/Drüen/Schnitter Rn. 207; Lademann/Staats Rn. 143). Ein Übernahmeverlust ist nach der Gesetzeslage auch dann nicht zu berücksichtigen, wenn Anteile iSv § 8b IV KStG nF betroffen sind (Benz/Jetter DStR 2013, 489; vgl. auch BR-Drs. 302/12, 72). Handelt es sich bei der Mitunternehmerkörperschaft um eine OrganGes, ist § 15 I Nr. 2 KStG zu beachten, sodass Abs. 6 nicht bei der OrganGes, sondern bei dem Organträger nach Maßgabe der für ihn geltenden Regeln anzuwenden ist (Rödder/Herlinghaus/van Lishaut/van Lishaut Rn. 162; Widmann/Mayer/Martini Rn. 916).

Abs. 6 S. 2, 3 lassen – vorbehaltlich Abs. 6 – einen Abzug des Übernahmeverlustes in gewissem Umfang zu, wenn Gesellschafter der übernehmenden PersGes eine Körperschaft ist, die auf die Anteile am übertragenden Rechtsträger § 8b VII oder VIII KStG anwendet. Dabei handelt es sich um Anteile, die bei Kredit- und Finanzdienstleistungsinstituten dem Handelsbuch zuzurechnen sind (§ 8b VII 1 KStG), die von Finanzunternehmen gehalten und mit dem Ziel der kurzfristigen Erzielung eines Eigenhandelserfolgs erworben wurden (§ 8b VII 2 KStG) bzw. die von Lebens- und Krankenversicherungsunternehmen gehalten werden und die den Kapitalanlagen zuzurechnen sind (§ 8b VIII 1 KStG). Soweit Anteile am übertragenden Rechtsträger iSd § 8b VII, VIII 1 KStG gehalten werden, können Übernahmeverluste nach Abs. 6 S. 3 bis zur Höhe der Bezüge nach § 7 berücksichtigt werden. Diese Regelung ist systematisch nicht überzeugend und verfassungsrechtlich bedenklich (ausf. → § 12 Rn. 52 f.; vgl. BFH DStR 2014, 1716; FG Nürnberg DStRE 2014, 1053; FG Köln StE 2011, 730; FG Düsseldorf EFG 2010, 1356). Ist der Übernahmeverlust niedriger als die Bezüge iSd § 7, ist er in voller Höhe zu berücksichtigen; sind die Bezüge iSd § 7 jedoch niedriger als der Übernahmeverlust, so ist der dann verbleibende Übernahmeverlust nicht abzugsfähig. Bei doppelstöckigen Strukturen wird auch insoweit auf den letzten MU in der Kette abgestellt (Frotscher/Drüen/Schnitter Rn. 209). Ist Gesellschafterin der übertragenden Körperschaft eine OrganGes, so kommt es für die Anwendung des Abs. 6 nicht auf die OrganGes, sondern auf die Person des Organträgers an (§ 15 I Nr. 2 KStG). Zu der Frage, ob bei beschränkt stpfl. Anteilseignern eine Verrechnung des Übernahmeverlustes mit den Bezügen iSd § 7 möglich ist, → Rn. 127.

c) Natürliche Person als übernehmender Rechtsträger bzw. Mitunternehmer der übernehmenden Personengesellschaft. Der Übernahmeverlust ist nach Abs. 6 S. 4 im Grundsatz zu 60 vH abzugsfähig, soweit er auf eine natürliche Person als übernehmender Rechtsträger bzw. als MU der übernehmenden PersGes entfällt, höchstens jedoch iHv 60 vH der Bezüge iSd § 7. Diese Begrenzung des Übernahmeverlustes auf 60 vH der Bezüge iSd § 7 ist nicht gerechtfertigt, soweit das Teileinkünfteverfahren im Grundsatz im Veräußerungsfall keine Anwendung findet. Daher wurde durch das JStG 2009 Art. 4 VI durch einen neuen Satz 5 ergänzt. Danach ist in den Fällen des § 3 Nr. 40 S. 3, 4 EStG der Übernahmeverlust maximal in Höhe der Bezüge iSd § 7, stl. abzugsfähig (Dötsch/Pung/Möhlenbrock/Pung/Werner Rn. 140; Haritz/Menner/Bilitewski/Bohnhardt Rn. 298; krit. zur früheren Rechtslage Rödder/Schumacher DStR 2006, 1525). Soweit der Übernahmeverlust höher ist als die Bezüge iSd § 7, ist er nicht abzugsfähig. IÜ kann sich die Nichtabzugsfähigkeit des Übernahmeverlustes aus Abs. 6 S. 6 ergeben. Abs. 6 S. 4 findet auch Anwendung, wenn die natürliche Person an der übertragenden Körperschaft nicht unmittelbar, sondern mittelbar über eine PersGes beteiligt ist. Ist Gesellschafterin der übertragenden Körperschaft eine OrganGes, so kommt es für die Anwendung des Abs. 6 nicht auf die OrganGes, sondern auf die Person des Organträgers an (§ 15 I Nr. 2 KStG).

125   **d) Verrechnung eines Übernahmeverlustes mit Bezügen iSd § 7 bei beschränkt steuerpflichtigem Anteilseigner.** Auch bei beschränkt stpfl. Anteilseignern der übertragenden Körperschaft kommt es zu einer Aufspaltung des Übernahmeergebnisses in die dem Gesellschafter zuzurechnenden Gewinnrücklagen (EK abzgl. Nennkapital und stl. Einlagekonto) der übertragenden Körperschaft gem. § 7 und der Ermittlung des verbleibenden Übernahmeergebnisses gem. Abs. 4, 5. Die stl. Auswirkungen der Spaltung des Übernahmeergebnisses für beschränkt stpfl. Anteilseigner hängen entscheidend von der Zuordnung ihrer Kapitalgesellschaftsbeteiligung ab:

126   – Gehört die Beteiligung an der übertragenden Körperschaft funktional zu einer **inl. Betriebsstätte** (vgl. dazu Beinert/Benecke FR 2010, 1009; Haase/Brändel Ubg 2010, 859; BMF 16.4.2010, BStBl. I 2010, 354 Abschn. 2.2.4.1; Schönfeld IStR 2011, 497), sind die Bezüge iSd § 7 nach § 49 I Nr. 2 lit. a EStG stpfl. Da inl. Betriebsstätteneinkünfte zu veranlagen sind, hat in diesen Fällen der Quellensteuereinbehalt keine abgeltende Wirkung, sodass die Verrechnung eines nach Abs. 6 abzugsfähigen Übernahmeverlustes mit den Bezügen iSd § 7 möglich ist (Rödder/Herlinghaus/van Lishaut/van Lishaut Rn. 167; Dötsch/Pung/Möhlenbrock/Pung/Werner Rn. 5; Förster FS Schaumburg, 2009, 629; Damas DStZ 2007, 129).

127   – Ist ein **beschränkt stpfl. Gesellschafter** iSd § 17 EStG an der übertragenden Gesellschaft beteiligt, gelten diese Anteile auch bezogen auf einen beschränkt stpfl. Gesellschafter nach § 5 II für die Ermittlung des Gewinns als zum Umwandlungsstichtag in das BV des übernehmenden Rechtsträgers eingelegt (BMF 11.11.2011, BStBl. I 2011, 1314 Rn. 05.07; → § 5 Rn. 29). Eine Einlagefiktion gilt auch für Zwecke des § 7 (→ § 7 Rn. 17; Dötsch/Pung/Möhlenbrock/Pung/Werner § 7 Rn. 20; aA Förster/Felchner DB 2006, 1072; Behrendt/Arjes DB 2007, 824). Die Einlagefiktion des § 5 II reicht aber nicht aus, um diese Beteiligung an dem übertragenden Rechtsträger dem BV des übernehmenden Rechtsträgers und damit einer inl. Betriebsstätte zuzurechnen (ebenso DPPM UmwStR/Pung Rn. 5; Rödder/Herlinghaus/van Lishaut/van Lishaut Rn. 165; Lemaitre/Schönherr GmbHR 2007, 173; Hagemann/Jakob/Ropohl/Viebrock NWB-Sonderheft 1/2007, 20; Benecke/Schnitger IStR 2006, 765). Damit liegen luf, gewerbliche oder freiberufliche Einkünfte vor, wenn Deutschland das Besteuerungsrecht zusteht, dh ein DBA nicht besteht oder das DBA dem Ansässigkeitsstaat der Körperschaft das Besteuerungsrecht zuweist, sodass sich die beschränkte StPfl aus § 49 I Nr. 2 lit. a, Nr. 3, Nr. 1 EStG ergibt (ebenso Dötsch/Pung/Möhlenbrock/Pung/Werner Rn. 5; Lemaitre/Schönherr GmbHR 2007, 173; aA Förster/Felchner DB 2006, 1072; Rödder/Schumacher DStR 2006, 1525) und die Einkünfte iSd § 7 mit einem Übernahmeverlust verrechnet werden können. Der Quellensteuerabzug nach § 50 II 1 EStG hat dann keine abgeltende Wirkung

(DPPM UmwStR/Pung Rn. 5; Hagemann/Jakob/Ropohl/Viebrock NWB-Sonderheft 1/2007, 50; vgl. Rödder/Herlinghaus/van Lishaut/van Lishaut Rn. 115). Demgegenüber wird in der Lit. (vgl. Förster/Felchner DB 2006, 1072) die Auffassung vertreten, dass Bezüge iSd § 7 stets solche nach § 49 I Nr. 5 lit. a EStG seien, da die Einlagefiktion des § 5 II nicht die Kapitaleinkünfte iSd § 7 betreffe. Eine Veranlagung findet dann nicht statt, vielmehr gilt die ESt bzw. KSt des Gesellschafters mit der KapESt insoweit als abgegolten (§ 50 II 1 EStG, § 32 I KStG). Die KapESt auf die Bezüge wird damit grds. definitiv. Da aber die KapESt nach Abs. 6 S. 4 den Verlustausgleich nur der Höhe nach begrenzt, seine Verrechnung nach dem Gesetzeswortlaut aber nicht auf die Einkünfte iSd § 7 beschränkt ist, könne der Übernahmeverlust daher bis zur Höhe der Bezüge iSd § 7 mit anderen Einkünften des Steuerpflichtigen, die einer Veranlagung in Deutschland unterliegen, verrechnet werden (Förster/Felchner DB 2006, 1072; Förster FS Schaumburg, 2009, 629).

– Sind die **Gewinne** aus der Veräußerung der Anteile am übertragenden Rechtsträger **durch ein DBA** ausschließlich dem **ausl. Ansässigkeitsstaat zugewiesen,** kann ein steuerwirksamer Übernahmeverlust nicht entstehen (Dötsch/Pung/Möhlenbrock/Pung/Werner Rn. 5; Förster/Felchner DB 2006, 1072).

e) Berücksichtigung eines Übernahmeverlustes unter den Voraussetzungen des Abs. 6 S. 6. aa) Überblick. Ein Übernahmeverlust bleibt in jedem Falle außer Ansatz, soweit bei der Veräußerung der Anteile an der übertragenden Körperschaft ein Veräußerungsverlust nach § 17 II 6 EStG nicht zu berücksichtigen wäre oder soweit die Anteile an der übertragenden Körperschaft innerhalb der letzten fünf Jahre vor dem stl. Übertragungsstichtag entgeltlich erworben worden sind. Zur Verfassungsmäßigkeit des Abs. 6 S. 6 vgl. FG Nürnberg DStR 2014, 1053.

Im Rahmen des Abs. 6 S. 6 ist jeder Anteil gesondert zu beurteilen (BMF 11.11.2011, BStBl. I 2011, 1314 Rn. 04.21; Dötsch/Pung/Möhlenbrock/Pung/Werner Rn. 144; Rödder/Herlinghaus/van Lishaut/van Lishaut Rn. 172; Frotscher/Drüen/Schnitter Rn. 226), nur soweit die Voraussetzungen des Abs. 6 S. 6 vorliegen, bleibt der Übernahmeverlust außer Ansatz. Die **anteilsbezogene Betrachtungsweise** führt dazu, dass ein Anteilseigner bei einem Anteil anteilig einen Übernahmeverlust nicht nutzen kann. Sind die Anteile nicht mehr rechtlich selbstständig, sondern zusammengelegt worden, ist nicht abschließend geklärt, in welchem Verhältnis die Aufteilung in einen teilweise abziehbaren und einen teilweise nicht abziehbaren Übernahmeverlust zu erfolgen hat (vgl. dazu Dötsch/Pung/Möhlenbrock/Pung/Werner Rn. 144; Frotscher/Drüen/Schnitter Rn. 226; Patt EStB 1999, 18).

bb) Beteiligungen iSd § 17 II 6 EStG. Nach **Abs. 6 S. 6 Hs. 1** ist ein Übernahmeverlust nicht zu berücksichtigen, soweit bei einer unterstellten Veräußerung der Anteile ein dabei entstehender Verlust nach § 17 II 6 EStG nicht zu berücksichtigen wäre. Gem. § 17 II 6 EStG ist der Verlust aus der Veräußerung einer wesentlichen Beteiligung „nicht zu berücksichtigen, soweit er auf Anteile entfällt, (a) die der Steuerpflichtige innerhalb der letzten fünf Jahre unentgeltlich erworben hatte. Dies gilt nicht, soweit der Rechtsvorgänger anstelle des Steuerpflichtigen den Veräußerungsverlust hätte geltend machen können; (b) die entgeltlich erworben worden sind und nicht innerhalb der gesamten letzten fünf Jahre zu einer Beteiligung des Steuerpflichtigen iSv Abs. 1 S. 1 gehört haben. Dies gilt nicht für innerhalb der letzten fünf Jahre erworbene Anteile, deren Erwerb zur Begründung einer Beteiligung des Steuerpflichtigen iSv Abs. 1 S. 1 geführt hat oder die nach Begründung der Beteiligung iSv Abs. 1 S. 1 erworben worden sind."

Abs. 6 S. 6 Hs. 1 gilt nur für Anteile, die der Anteilseigner des übertragenden Rechtsträgers im **PV** hält und die nach § 5 II in das BV des übernehmenden Rechtsträgers eingelegt gelten (Frotscher/Drüen/Schnitter Rn. 216; Rödder/Herlinghaus/

van Lishaut/van Lishaut Rn. 173; HK-UmwStG/Bron Rn. 328; Widmann/Mayer/ Martini Rn. 925). Er gilt weder für Anteile im BV (§ 5 III) noch für einbringungsgeborene Anteile iSd § 21 aF (vgl. § 27 III Nr. 1 iVm § 5 IV aF). Werden Anteile iSd § 17 EStG nach dem stl. Übertragungsstichtag in das BV eingelegt, so hat dies für die Anwendung des Abs. 6 S. 6 Hs. 1 keine Auswirkung, es sei denn, es handelt sich um Anteile an einer KapGes, die aus dem PV des Gesellschafters in das Gesamthandsvermögen der PersGes gegen Gewährung von Gesellschaftsrechten eingebracht werden. In diesem Fall handelt es sich nämlich um einen tauschähnlichen Vorgang und damit aus der Sicht der übernehmenden PersGes um eine Anschaffung iSd § 5 I. Aber auch in diesem Fall bleibt ein Übernahmeverlust nach Abs. 6 S. 6 Hs. 2 ohne stl. Auswirkungen (Dötsch/Pung/Möhlenbrock/Pung/Werner Rn. 145; Frotscher/Drüen/Schnitter Rn. 217).

133 Abs. 6 S. 6 Hs. 1 iVm § 17 II 6 EStG gilt auch für solche Anteile am übertragenden Rechtsträger, bei denen zum Zeitpunkt der Verschm im Fall ihrer tatsächlichen Veräußerung ein Veräußerungsgewinn nicht gem. § 17 EStG, sondern gem. § 23 EStG aF (Spekulationsgeschäft) zu besteuern wäre (Dötsch/Pung/Möhlenbrock/ Pung/Werner Rn. 148); § 23 II 2 EStG aF verdrängt nicht die Vorschriften des Abs. 6 S. 6 Hs. 1. Für nach dem 31.12.2008 erworbene Anteile stellt sich diese Frage nicht mehr, da § 17 EStG gegenüber § 20 II 1 Nr. 1 EStG vorrangig anzuwenden ist.

134 § 17 II 6 EStG unterscheidet zwischen einem voll entgeltlichen und einem voll unentgeltlichen Erwerb. Sind die Anteile an der übertragenden Körperschaft innerhalb der letzten fünf Jahre durch den Anteilseigner **unentgeltlich** erworben worden, so findet Abs. 6 S. 6 Hs. 1 keine Anwendung, wenn der Rechtsvorgänger einen Verlust im Rahmen der Veräußerung hätte geltend machen können (§ 17 II 6 lit. a EStG). Fraglich ist, ob es ausreicht, dass der Rechtsvorgänger im Zeitpunkt der unentgeltlichen Übertragung den Veräußerungsverlust hätte geltend machen können, oder aber ob es erforderlich ist, dass im Zeitpunkt der Veräußerung durch den Rechtsnachfolger, dh im Zeitpunkt des Wirksamwerdens der Umw bzw. zum steuerlichen Übertragungsstichtag, der Veräußerungsverlust hätte geltend gemacht werden können (vgl. dazu Widmann/Mayer/Martini Rn. 929; Frotscher/Drüen/ Schnitter Rn. 218; Schmidt/Weber-Grellet EStG § 17 Rn. 198; Herzig/Förster DB 1999, 711). Bei **teilentgeltlichem Erwerb** sind die Anteile wertmäßig in voll entgeltlich und voll unentgeltlich erworbene Anteile aufzuteilen (Trennungstheorie; Frotscher/Drüen/Schnitter Rn. 219; Rödder/Herlinghaus/van Lishaut/van Lishaut Rn. 172; vgl. Schmidt/Weber-Grellet EStG § 17 Rn. 197).

135 Wurden die Anteile am übertragenden Rechtsträger innerhalb der letzten fünf Jahre vor der Eintragung **entgeltlich** erworben, findet Abs. 6 S. 6 Hs. 1 keine Anwendung, soweit der Erwerb zur Begr. einer wesentlichen Beteiligung geführt hat oder der Erwerb nach Begr. der Beteiligung iSd § 17 EStG stattfand. Die in § 17 II 6 EStG genannte „Fünfjahresfrist" ist vom Zeitpunkt der zivilrechtlichen Wirksamkeit der Umw (Eintragung im HR) zurückzurechnen (Dötsch/Pung/Möhlenbrock/Pung/Werner Rn. 152; Frotscher/Drüen/Schnitter Rn. 220; Rödder/ Herlinghaus/van Lishaut/van Lishaut Rn. 175; aA Widmann/Mayer/Martini Rn. 932).

136 Für die Anwendung des Abs. 6 S. 5 Hs. 1 kommt es nicht darauf an, ob im Fall einer gedachten Veräußerung des Anteils iSd § 17 II 6 EStG ein Veräußerungsverlust tatsächlich entsteht, sondern darauf, ob die Tatbestandsvoraussetzungen des § 17 II 6 EStG erfüllt sind (ebenso Rödder/Herlinghaus/van Lishaut/van Lishaut Rn. 172; vgl. auch BMF 25.3.1998, BStBl. I 1998, 268 Rn. 05.05 zu der Vorgängerregelung in § 5 II 2 aF).

137 Abs. 6 S. 5 Hs. 1 gilt nur, wenn ein Übernahmeverlust entsteht (Rödder/Herlinghaus/van Lishaut/van Lishaut Rn. 172). Kommt es bei dem Anteilseigner zu einem Übernahmegewinn, ist dieser nach Abs. 7 S. 2 stpfl. (→ Rn. 149).

cc) Entgeltlicher Erwerb der Anteile am übertragenden Rechtsträger **138**
innerhalb der letzten fünf Jahre vor dem steuerlichen Übertragungsstichtag
(Abs. 6 S. 6 Hs. 2). Abw. vom Abs. 6 S. 2–4 ist ein Übernahmeverlust nach **Abs. 6 S. 6 Hs. 2** nicht zu berücksichtigen, soweit die Anteile an der übertragenden Körperschaft innerhalb der letzten fünf Jahre vor dem stl. Übertragungsstichtag entgeltlich erworben wurden. Abs. 6 S. 6 Hs. 2 betrifft alle Anteile, die bei der Übernahmeergebnisermittlung nach Abs. 4 zu berücksichtigen sind, also auch Anteile iSd § 17 EStG, Anteile im BV sowie (theoretisch, → Rn. 139) einbringungsgeborene Anteile iSd § 21 aF. Zur Verfassungsmäßigkeit des Abs. 6 S. 6 vgl. FG Nürnberg DStR 2014, 1053.

Abs. 6 S. 6 Hs. 2 gilt nicht, wenn die Anteile innerhalb der letzten fünf Jahre **139** vor dem stl. Übertragungsstichtag unentgeltlich erworben wurden, er betrifft nur entgeltlich erworbene Anteile. Erwerb von Anteilen idS ist in erster Linie ein solcher, der auf einen entgeltlichen Übertragungsakt durch einen Dritten (abgeleiteter Erwerb) zurückzuführen ist. Entgeltlich erworben ist die relevante Beteiligung bei gleichwertiger Barzahlung. An einem abgeleiteten Erwerb fehlt es bei einem Anteil an einer KapGes, der durch Sacheinlage oder im Rahmen der Gründung der Gesellschaft bzw. einer KapErh erworben wurde, da diese Anteile in der Person des Gründers bzw. des Stammeinlage zeichnenden Anteilseigners originär entstehen (Frotscher/Drüen/Schnitter Rn. 223; BFH BStBl. II 2007, 60 zu § 8b VII 2 KStG; aA Dötsch/Pung/Möhlenbrock/Pung/Werner Rn. 155; Rödder/Herlinghaus/van Lishaut/van Lishaut Rn. 180). Wurden die relevanten Beteiligungen teilentgeltlich erworben, sind die Anteile wertmäßig in vollentgeltliche und vollunentgeltliche erworbene Anteile aufzuteilen (sog. Trennungstheorie).

Der entgeltliche Erwerb muss innerhalb der letzten fünf Jahre vor dem stl. Über- **140** tragungsstichtag erfolgen (Rödder/Herlinghaus/van Lishaut/van Lishaut Rn. 179; Dötsch/Pung/Möhlenbrock/Pung/Werner Rn. 156). Auf den Zeitpunkt der zivilrechtlichen Wirksamkeit der Umw kommt es insoweit nicht an.

Nach Meinung der FVerw (BMF 11.11.2011, BStBl. I 2011, 1314 Rn. 04.43; FG **141** Schleswig-Holstein EFG 2020, 1888; Rödder/Herlinghaus/van Lishaut/van Lishaut Rn. 179; Frotscher/Drüen/Schnitter Rn. 225; aA Widmann/Mayer/Martini Rn. 950) findet Abs. 6 S. 6 Hs. 2 auch Anwendung, wenn Anteile am übertragenden Rechtsträger nach dem stl. Übertragungsstichtag entgeltlich erworben wurden. Hat die übernehmende PersGes diese Anteile erworben, ergibt sich dies unmittelbar aus § 5 I, ansonsten aus der entsprechenden Anwendung dieser Norm (→ § 5 Rn. 14).

Abs. 6 S. 6 Hs. 2 ist auf einen Übernahmegewinn nicht anzuwenden. **142**

12. Besteuerung des Übernahmegewinns

a) Allgemeines. Nach Anwendung der Abs. 4, 5 dürfte sich nur noch in Ausnah- **143** mefällen ein Übernahmegewinn zweiter Stufe ergeben (vgl. dazu Jacobsen DStZ 2010, 205), weil das Übernahmeergebnis erster Stufe um den Dividendenanteil gemindert wird, der nach § 7 als an die Gesellschafter ausgeschüttet gilt. Ein Übernahmegewinn ist aber insbes. dann denkbar, wenn der Kaufpreis für die Anteile unter der Summe aus dem Nennkapital und dem Einlagekonto liegt, bzw. der gemeine Wert in der stl. Schlussbilanz nach Abs. 4 S. 2 angesetzt werden musste.

Bei dem Übernahmegewinn zweiter Stufe handelt es sich um einen **lfd. Gewinn**, **144** der mit Ablauf des stl. Übertragungsstichtags entsteht und den Gesellschaftern personenbezogen zuzurechnen ist (Dötsch/Pung/Möhlenbrock/Pung/Werner Rn. 161, 171; Rödder/Herlinghaus/van Lishaut/van Lishaut Rn. 210; Frotscher/Drüen/Schnitter Rn. 230). Nicht abschließend ist geklärt, ob die Anteilseigner der übertragenden Körperschaft ihre im Rahmen der Verschm untergehenden Anteile rechtstechnisch veräußern (so BMF 11.11.2011, BStBl. I 2011, 1314 Rn. 00.02; BFH BStBl. II 2019, 45) und der Übernahmegewinn damit ein **Veräußerungsgewinn** ist, was insbes. bei sperrfristverhafteten Anteilen iSv § 22 I, II von Bedeutung ist. Gegen eine Veräußerung spricht, dass die Anteile am übertragenden Rechtsträger nicht entgeltlich auf einen Dritten übertragen werden, sondern untergehen (ausf. Hageböke Ubg 2011, 689). Es besteht aber wohl Einigkeit darüber, dass der Übernahmegewinn jedenfalls im Ergebnis wie ein Veräußerungsgewinn besteuert werden soll (Frotscher/Drüen/Schnitter Rn. 229). Der Übernahmegewinn wird für alle Gesellschafter mit steuerverstrickten Anteilen durch das für die übernehmende PersGes zuständige FA nach § 180 AO einheitlich und gesondert festgestellt (→ Rn. 95f; BMF 11.11.2011, BStBl. I 2011, 1314 Rn. 04.20; Rödder/Herlinghaus/van Lishaut/van Lishaut Rn. 210; Lademann/Staats Rn. 153). Soweit der Übernahmegewinn auf Anteile entfällt, die Gesamthandsvermögen der übernehmenden PersGes darstellen, gilt der allg. Gewinnverteilungsschlüssel, wobei für einzelne MU bestehende Ergänzungsbilanzen zu berücksichtigen sind (Rödder/Herlinghaus/van Lishaut/van Lishaut Rn. 210). Stellen Anteile SBV dar, ist der insoweit ermittelte Übernahmegewinn unmittelbar diesem Gesellschafter zuzurechnen (Rödder/Herlinghaus/van Lishaut/van Lishaut Rn. 210). Die Steuerbefreiung nach § 3 Nr. 40 EStG bzw. § 3c II EStG wird jedoch bei der einheitlichen und gesonderten Gewinnfeststellung noch nicht berücksichtigt, die entsprechende Steuerfreistellung erfolgt erst auf der Ebene der einzelnen MU. Als lfd. Gewinn ist der Übernahmegewinn mit verrechenbaren Verlusten iSd § 15a EStG ganz oder teilweise neutralisierbar (Dötsch/Pung/Möhlenbrock/Pung/Werner Rn. 161; Widmann/Mayer/Martini Rn. 1006; Frotscher/Drüen/Schnitter Rn. 230; Rödder/Herlinghaus/van Lishaut/van Lishaut Rn. 210). Zur Anwendbarkeit des § 34a EStG vgl. Widmann/Mayer/Martini Rn. 1041; BFH BStBl. II 2019, 754.

145 Entsteht bei einem **ausl. Anteilseigner** bzw. für in einem ausl. BV gehaltene Anteile nach Anwendung der Abs. 4, 5 ein Übernahmegewinn zweiter Stufe, muss auf Grundlage des § 49 EStG bzw. der einschlägigen DBA-Regelung geprüft werden, ob ein dt. Besteuerungsrecht besteht. Das Übernahmeergebnis fällt grds. unter Art. 13 V OECD-Musterabkommen (Wassermeyer/Wassermeyer DBA-MA Art. 13 Rn. 136; Förster/Felchner DB 2006, 1072; Widmann FS Wassermeyer, 2000, 581). Ein dt. Besteuerungsrecht besteht damit idR nur, wenn ein DBA nicht besteht oder die Beteiligung an dem übertragenden Rechtsträger funktional einer inl. Betriebsstätte zuzurechnen ist (Art. 13 II OECD-MA) oder in den Fällen des § 17 EStG, wenn das einschlägige DBA nicht dem Wohnsitzstaat des Anteilseigners, sondern dem Sitzstaat der KapGes das Besteuerungsrecht zuweist (vgl. Art. 13 V OECD-MA). Die in § 5 angeordnete Einlagefiktion der Anteile in das BV der PersGes ist abkommensteuerrechtlich ohne Bedeutung. Es ist vielmehr auf die tatsächliche Zuordnung der Beteiligung abzustellen (Dötsch/Pung/Möhlenbrock/Pung/Werner Rn. 5; Rödder/Herlinghaus/van Lishaut/van Lishaut Rn. 165; Benecke/Schnitger IStR 2006, 765; Lemaitre/Schönherr GmbHR 2007, 181; vgl. dazu Beinert/Benecke FR 2010, 1009; Haase/Brändel Ubg 2010, 859; BMF 16.4.2010, BStBl. I 2010, 354 Abschn. 2.2.4.1.; Schönfeld IStR 2011, 497). Hat Deutschland das Besteuerungsrecht, handelt es sich nach der insoweit maßgeblichen dt. Qualifikation stets um gewerbliche, freiberufliche oder LuF-Einkünfte. Die beschränkte StPfl ergibt sich aus § 49 I Nr. 1 EStG (Einkünfte aus LuF), Nr. 2 lit. a (Gewerbebetrieb), Nr. 3 (selbständige Arbeit). Dies gilt nach der hier vertretenen Auffassung (→ § 5 Rn. 28) im Grundsatz auch für Anteile, die nach § 5 II, III für die Ermittlung des Übernahmeergebnisses in das BV der übernehmenden PersGes eingelegt gelten (ebenso Dötsch/Pung/Möhlenbrock/Pung/Werner Rn. 5; Lemaitre/Schönherr GmbHR 2007, 173; aA Widmann FS Wassermeyer, 2000, 581; Förster/Felchner DB 2006, 1072, die von einer StPfl nach § 49 I Nr. 2 lit. e EStG bei Anteilen iSd § 17 EStG ausgehen).

146 **b) Körperschaft, Personenvereinigung oder Vermögensmasse als Mitunternehmer des übernehmenden Rechtsträgers (Abs. 7 S. 1).** Soweit der

Übernahmegewinn auf eine Körperschaft, Personenvereinigung oder Vermögensmasse als Mitunternehmerin der übernehmenden PersGes entfällt, ist gem. Abs. 7 S. 1 KStG die Vorschrift des § 8b KStG anzuwenden. Der Übernahmegewinn ist nach **§ 8b II KStG** steuerfrei, wobei nach § 8b III 1 die Pauschalierung der nicht abzugsfähigen BA mit 5% erfolgt. Der Übernahmegewinn ist damit im Ergebnis zu 95% steuerfrei (Dötsch/Pung/Möhlenbrock/Pung/Werner Rn. 164; Haritz/Menner/Bilitewski/Bohnhardt Rn. 318; Rödder/Herlinghaus/van Lishaut/van Lishaut Rn. 198; krit. insoweit Lemaitre/Schönherr GmbHR 2007, 173, die darauf hinweisen, dass es zu einer Besteuerung kommt, ohne dass ein Liquiditätszufluss erfolgt). Handelt es sich bei den Anteilen am übertragenden Rechtsträger um solche iSd **§ 8b VII oder VIII 1 KStG**, ist der Übernahmegewinn in voller Höhe stpfl. (BMF 11.11.2011, BStBl. I 2011, 1314 Rn. 04.44; Dötsch/Pung/Möhlenbrock/Pung/Werner Rn. 165; Haritz/Menner/Bilitewski/Bohnhardt Rn. 319; Rödder/Herlinghaus/van Lishaut/van Lishaut Rn. 198).

Fraglich ist, ob ein Übernahmegewinn auch dann in voller Höhe stpfl. ist, wenn **147** die Anteile am übertragenden Rechtsträger einbringungsgeboren iSd **§ 21 aF** sind und die Verschm innerhalb der Sperrfrist von sieben Jahren durchgeführt wird. Abs. 7 S. 1 erklärt § 8b KStG für anwendbar und damit ggf. auch dessen gem. § 34 V KStG fortgeltenden Abs. 4, was für eine volle StPfl des Übernahmegewinns spricht (Frotscher/Drüen/Schnitter Rn. 232; Dötsch/Pung/Möhlenbrock/Pung/Werner Rn. 165; Hagemann/Jakob/Ropohl/Viebrock NWB-Sonderheft 1/2007, 17; Schetlik GmbHR 2007, 574; Förster/Felchner DB 2006, 1072; Rödder/Herlinghaus/van Lishaut/van Lishaut Rn. 203).

Ist MU der übernehmenden PersGes wiederum eine PersGes, an der eine Körper- **148** schaft, Personenvereinigung oder Vermögensmasse als MU beteiligt ist, ist für die Frage, ob Abs. 7 S. 1 Anwendung findet, auf den letzten MU in der Kette abzustellen (ebenso Rödder/Herlinghaus/van Lishaut/van Lishaut Rn. 102; Dötsch/Pung/Möhlenbrock/Pung/Werner Rn. 166; Frotscher/Drüen/Schnitter Rn. 233; Lademann/Staats Rn. 152; Schumacher DStR 2004, 590; Prinz/Ley GmbHR 2002, 842; ebenso BMF 16.12.2006, BStBl. I 2006, 786 Rn. 3). Ist die Körperschaft an der Übernehmerin über eine OrganGes beteiligt, gilt § 8b KStG auf der Ebene der Körperschaft (§ 15 S. 1 Nr. 2 KStG).

c) Natürliche Person als übernehmender Rechtsträger bzw. als Mitunter- 149 nehmer des übernehmenden Rechtsträgers (Abs. 7 S. 2). Gem. Abs. 7 S. 2 ist § 3 Nr. 40 EStG sowie § 3c EStG anzuwenden, soweit eine natürliche Person übernehmender Rechtsträger ist bzw. MU einer übernehmenden PersGes. Ist MU der übernehmenden PersGes wiederum eine PersGes, an der eine natürliche Person beteiligt ist, gilt Entsprechendes. Ein umfassender Verweis auf § 3 Nr. 40 EStG erfolgte auf Grund Änderung des Abs. 7 S. 2 durch das JStG 2009. § 3 Nr. 40 EStG findet für Umw, deren stl. Übertragungsstichtag nach dem 31.12.2008 liegt, auch dann Anwendung, wenn es sich bei den Anteilen am übertragenden Rechtsträger um einbringungsgeborene Anteile iSd § 21 aF handelt (Dötsch/Pung/Möhlenbrock/Pung/Werner Rn. 170; Haritz/Menner/Bilitewski/Bohnhardt Rn. 322). Davor verwies Abs. 7 S. 2 nur auf § 3 Nr. 40 S. 1 und 2, sodass bei einem Umwandlungsstichtag vor dem 1.1.2009 für einbringungsgeborene Anteile iSd § 21 aF das Halbeinkünfteverfahren gilt (Dötsch/Pung/Möhlenbrock/Pung/Werner Rn. 170; Frotscher/Drüen/Schnitter Rn. 235; BMF 11.11.2011, BStBl. I 2011, 1314 Rn. 04.45).

Der Übernahmegewinn stellt betriebliche Einkünfte entsprechend der Einkunfts- **150** art dar, der die lfd. Gewinne der PersGes unterliegen, das gilt auch für Anteile, die nach § 5 II, III als in die PersGes eingelegt gelten. Auf den stpfl. Teil des Übernahmegewinns ist § 35 EStG (GewSt-Anrechnung) nicht anwendbar, da der Übernahmegewinn nach § 18 II 1 nicht der GewSt unterliegt (Rödder/Herlinghaus/van Lishaut/van Lishaut Rn. 208). Wegen ausl. Anteilseigner → Rn. 127, → § 5 Rn. 31.

§ 5 Besteuerung der Anteilseigner der übertragenden Körperschaft

(1) **Hat der übernehmende Rechtsträger Anteile an der übertragenden Körperschaft nach dem steuerlichen Übertragungsstichtag angeschafft oder findet er einen Anteilseigner ab, so ist sein Gewinn so zu ermitteln, als hätte er die Anteile an diesem Stichtag angeschafft.**

(2) **Anteile an der übertragenden Körperschaft im Sinne des § 17 des Einkommensteuergesetzes, die an dem steuerlichen Übertragungsstichtag nicht zu einem Betriebsvermögen eines Gesellschafters der übernehmenden Personengesellschaft oder einer natürlichen Person gehören, gelten für die Ermittlung des Gewinns als an diesem Stichtag in das Betriebsvermögen des übernehmenden Rechtsträgers mit den Anschaffungskosten eingelegt.**

(3) [1]**Gehören an dem steuerlichen Übertragungsstichtag Anteile an der übertragenden Körperschaft zum Betriebsvermögen eines Anteilseigners, ist der Gewinn so zu ermitteln, als seien die Anteile an diesem Stichtag zum Buchwert, erhöht um Abschreibungen sowie um Abzüge nach § 6b des Einkommensteuergesetzes und ähnliche Abzüge, die in früheren Jahren steuerwirksam vorgenommen worden sind, höchstens mit dem gemeinen Wert, in das Betriebsvermögen des übernehmenden Rechtsträgers überführt worden.** [2]**§ 4 Abs. 1 Satz 3 gilt entsprechend.**

Übersicht

	Rn.
1. Allgemeines	1
a) Regelungsinhalt, Bedeutung der Vorschrift	1
b) Verhältnisse der Absätze zueinander	6
2. Anschaffung nach dem steuerlichen Übertragungsstichtag (Abs. 1 Alt. 1)	7
a) Anschaffung, Einlage	7
b) Anschaffung durch die Personengesellschaft	13
c) Anschaffung durch Gesellschafter der übernehmenden Personengesellschaft	14
d) Wertsteigerungen im Vermögen der übertragenden Körperschaft zwischen dem Umwandlungsstichtag und der Anschaffung der Anteile	15
e) Ausscheiden eines Anteilseigners im Rückwirkungszeitraum durch Veräußerung seiner Anteile	16
3. Abfindung von ausscheidenden Gesellschaftern (Abs. 1 Alt. 2)	17
a) Handelsrecht	17
b) Steuerrecht	18
4. Einlagefiktion einer Beteiligung iSd § 17 EStG (Abs. 2)	22
a) Tatbestandsvoraussetzungen	22
b) Anteile iSd § 17 EStG	23
c) Beschränkt steuerpflichtige und steuerbefreite iSv § 17 EStG beteiligte Gesellschafter	27
d) Rechtsfolgen gem. Abs. 2	31
5. Anteile im Betriebsvermögen eines Gesellschafters (Abs. 3)	33
a) Inländisches und ausländisches Betriebsvermögen eines Gesellschafters	33

	Rn.
b) Einlagewert nach Abs. 3	35
6. Einbringungsgeborene Anteile iSd § 21 aF, § 27 III Nr. 1 iVm § 5 IV aF	38

1. Allgemeines

a) Regelungsinhalt, Bedeutung der Vorschrift. Gehören die Anteile an der **1** übertragenden Körperschaft am stl. Übertragungsstichtag **zum BV der übernehmenden PersGes,** so findet § 4 IV unmittelbar Anwendung. Zum BV der übernehmenden PersGes gehören sowohl die Anteile an der Übertragerin, die sich im Gesamthandsvermögen befinden, als auch solche, die **SBV** bei der übernehmenden PersGes darstellen (BMF 11.11.2011, BStBl. I 2011, 1314 Rn. 05.02; Dötsch/Pung/Möhlenbrock/Pung Rn. 3; Frotscher/Drüen/Schnitter Rn. 16; HK-UmwStG/Bron Rn. 30; Lademann/Behrens/Jäschke Rn. 7).

Die Vorschrift des § 4 IV geht bzgl. der **Ermittlung des Übernahmeergebnis-** **2** **ses** grds. davon aus, dass sich am stl. Übertragungsstichtag die Anteile an der übertragenden Körperschaft im BV der übernehmenden PersGes befinden. Nach § 4 IV 1 iVm § 4 I ist der **BW der Anteile** zum stl. Übertragungsstichtag zu ermitteln. § 5 ergänzt die Regelung des § 4 IV bzgl. der Ermittlung des Übernahmeergebnisses. § 5 bestimmt, welche Anteile an der übertragenden Körperschaft, die am Umwandlungsstichtag nicht zum BV der PersGes gehört haben, zu diesem Zeitpunkt zur Ermittlung des Übernahmeergebnisses in das BV der übernehmenden PersGes als eingelegt gelten.

Die **Fiktion der Einlage** in das BV der übernehmenden PersGes nach § 5 erfolgt **3** zur Ermittlung des Übernahmeergebnisses. Daraus ergibt sich, dass Abs. 2 und Abs. 3 voraussetzen, dass die dort genannten Anteilseigner der übertragenden Körperschaft durch die Umw zu Mitunternehmern der übernehmenden PersGes werden bzw. deren Mitunternehmerstellung sich erhöht und damit an der Verschm teilnehmen (FG Berlin-Brandenburg DStRE 2014, 861; Dötsch/Pung/Möhlenbrock/Pung Rn. 7; Haritz/Menner/Bilitewski/Werneburg Rn. 12; Frotscher/Drüen/Schnitter Rn. 11). Ist ein Anteilseigner zum stl. Übertragungsstichtag an der übertragenden Körperschaft beteiligt, veräußert er aber seine Beteiligung im Rückwirkungszeitraum oder überträgt er sie unentgeltlich (BFH BStBl. II 2021, 359), nimmt dieser Gesellschafter nicht mehr an der Umw teil, für ihn wird ein Übernahmeergebnis nicht ermittelt (vgl. BMF 11.11.2011, BStBl. I 2011, 1314 Rn. 02.17; Dötsch/Pung/Möhlenbrock/Pung Rn. 7; Stadler/Elser/Bindl DB-Beil. 1/2012, 14; Brandis/Heuermann/Loose Rn. 11). Hat ein Anteilseigner, der zum stl. Übertragungsstichtag noch nicht an der übertragenden Körperschaft beteiligt ist, seine Beteiligung im Rückwirkungszeitraum entgeltlich oder unentgeltlich erworben, gilt für ihn die Rückwirkungsfiktion, die Anteile gelten unter den Voraussetzungen des Abs. 2 oder Abs. 3 als zum stl. Übertragungsstichtag in das BV der übernehmenden PersGes als eingelegt bzw. überführt (BMF 11.11.2011, BStBl. I 2011, 1314 Rn. 05.04; BFH BStBl. II 2021, 359; Dötsch/Pung/Möhlenbrock/Pung Rn. 22; Widmann/Mayer/Widmann Rn. 14 f.).

§ 5 erfasst nach seinem Wortlaut **folgende Sachverhalte:** **4**
– Anteile an der übertragenden Körperschaft, die die übernehmende PersGes nach dem stl. Übertragungsstichtag, jedoch vor Eintragung der Verschm in das HR angeschafft hat, gelten zur Ermittlung des Übernahmeergebnisses zum stl. Übertragungsstichtag als angeschafft **(Abs. 1 Alt. 1).**
– Findet die übernehmende PersGes einen Anteilseigner der übertragenden Körperschaft nach dem stl. Übertragungsstichtag ab, so gelten diese Anteile des ausscheidenden Gesellschafters durch die übernehmende PersGes zum stl. Übertragungsstichtag als angeschafft **(Abs. 1 Alt. 2).**

- Wird eine Beteiligung iSd § 17 EStG durch den Anteilseigner zum Umwandlungsstichtag (vgl → Rn. 22) im PV gehalten und stellt der Anteil keinen einbringungsgeborenen Anteil iSd § 21 aF dar, so gilt dieser Anteil für die Ermittlung des Übernahmeergebnisses als zum Umwandlungsstichtag in das BV der PersGes bzw. der übernehmenden natürlichen Person mit den AK eingelegt (**Abs. 2**).
- Gehören Anteile an der übertragenden Körperschaft am stl. Übertragungsstichtag zwar nicht zum BV einschließlich des SBV der übernehmenden PersGes, aber zu einem BV eines Gesellschafters der übernehmenden PersGes, gelten diese Anteile aus dem bisherigen BV in das BV der übernehmenden PersGes als mit dem BW, erhöht um Abschreibungen sowie Abzüge nach § 6b EStG und ähnliche Abzüge, die in früheren Jahren steuerwirksam vorgenommen worden sind, höchstens mit dem gemeinen Wert, als überführt.
- Für einbringungsgeborene Anteile iSd § 21 aF aus Einbringungen bis 2006 gilt gem. § 27 III Nr. 1 im Grundsatz § 5 IV fort. Die Einlage in das BV erfolgt jedoch zu den sich aus § 5 II, III ergebenden Werten, sodass einbringungsgeborene Anteile, die zum BV gehören, mit dem BW, aufgestockt um frühere steuerwirksame Teilwertabschreibungen bzw. Rücklagenübertragung maximal bis zum gemeinen Wert bei der übernehmenden PersGes, anzusetzen sind (**Abs. 4**).

5 Soweit die Voraussetzungen des § 4 IV 1 bzw. des § 5 bezogen auf die Anteile an der übertragenden Körperschaft nicht vorliegen, wird das Vermögen der übertragenden Körperschaft, soweit es auf diese Anteile entfällt, nicht in die Berechnung des Übernahmeergebnisses mit einbezogen. Dabei handelt es sich um Anteile, die sich im PV befinden und keine Beteiligung iSd § 17 EStG oder des § 21 aF darstellen.

6 **b) Verhältnisse der Absätze zueinander.** Die Vorschrift des Abs. 1 ist im Verhältnis zu Abs. 2, 3 bzw. § 27 III Nr. 1 iVm § 5 IV aF lex specialis (Haase/Hofacker/Lüdemann Rn. 32; BeckOK UmwStG/Möller-Gosoge Rn. 7; Haritz/Menner/Bilitewski/Werneburg Rn. 53; Frotscher/Drüen/Schnitter Rn. 21; Haase/Hruschka/Lüdemann Rn. 32). Abs. 3 ist lex specialis gegenüber Abs. 2, da erstgenannte Vorschrift an ein BV anknüpft, unabhängig von der Höhe der Beteiligung (Dötsch/Pung/Möhlenbrock/Pung Rn. 25; Rödder/Herlinghaus/van Lishaut/van Lishaut/Heinemann Rn. 11; Haase/Hofacker/Lüdemann Rn. 32). Werden die Anteile an dem übertragenden Rechtsträger nach dem stl. Übertragungsstichtag aus dem PV in ein inl. BV eingelegt, so findet Abs. 3 keine Anwendung, da nach dieser Vorschrift die Anteile am stl. Übertragungsstichtag zum BV des Gesellschafters gehört haben müssen (Dötsch/Pung/Möhlenbrock/Pung Rn. 25; Rödder/Herlinghaus/van Lishaut/van Lishaut/Heinemann Rn. 22; Frotscher/Drüen/Schnitter Rn. 43).

2. Anschaffung nach dem steuerlichen Übertragungsstichtag (Abs. 1 Alt. 1)

7 **a) Anschaffung, Einlage.** Werden Anteile an der übertragenden Körperschaft durch die übernehmende PersGes erst nach dem stl. Übertragungsstichtag erworben, so könnten sie ohne die Regelung des Abs. 1 nicht in die Berechnung des Übernahmegewinns nach § 4 IV einbezogen werden, da diese Anteile am stl. Übertragungsstichtag nicht zum BV der übernehmenden PersGes gehört haben (§ 4 IV 3). Für die Berechnung des Übernahmegewinns gelten gem. Abs. 1 die nach dem stl. Übertragungsstichtag von der übernehmenden PersGes erworbenen Anteile unmittelbar vor dem Umwandlungszeitpunkt als erworben. Dies gilt unabhängig davon, ob die Übernehmerin die gesamte Beteiligung oder nur Teile der Anteile anschafft (BFH BStBl. II 2021, 359; Dötsch/Pung/Möhlenbrock/Pung Rn. 10; Widmann/Mayer/Martini Rn. 39). § 4 VI 5 ist zu beachten, obwohl diese Regelung von dem Erwerb von Anteilen vor dem Umwandlungsstichtag und Abs. 1 Alt. 1 von dem Erwerb "an diesem Stichtag" spricht (BMF 11.11.2011, BStBl. I 2011, 1314 Rn. 04.43). Bei dem übernehmenden Rechtsträger kann es sich sowohl um einen inl. als auch um einen ausl. Rechtsträger iSv § 1 II handeln (Frotscher/Drüen/Schnitter Rn. 7). Gleiches gilt für die Anteile an der übertragenden Körperschaft, auch sie können Anteile an einer inl. oder ausl. Körperschaft iSv § 1 II sein (Frotscher/Drüen/Schnitter Rn. 7).

Eine **Anschaffung** durch die übernehmende PersGes nach dem stl. Übertragungsstichtag liegt dann vor, wenn die Anteile **entgeltlich** durch diese **erworben** wurden (Haritz/Menner/Biletewski/Werneburg Rn. 23; Dötsch/Pung/Möhlenbrock/Pung Rn. 10 f.; Widmann/Mayer/Martini Rn. 35; Frotscher/Drüen/Schnitter Rn. 22; offen gelassen von BFH BStBl. II 2021, 359). Nach hM in der Lit. soll Abs. 1 nur bei der Verschm durch Aufnahme anwendbar sein, die Vorschrift setzt eine im Zeitpunkt des zivilrechtlichen Wirksamwerdens bereits bestehende übernehmende PersGes voraus (Dötsch/Pung/Möhlenbrock/Pung Rn. 9; Haritz/Menner/Biletewski/Werneburg Rn. 22; Frotscher/Drüen/Schnitter Rn. 19; Eisgruber/Früchtl Rn. 24; Brandis/Heuermann/Loose Rn. 15; BeckOK UmwStG/Möller-Gosoge Rn. 42; vgl. auch FG Berlin-Brandenburg DStRE 2014, 861). 8

Die FVerw hat ihre bisher bestehende Auffassung (vgl. BMF 25.3.1998, BStBl. I 1998, 268 Rn. 05.01: **verdeckte Einlage**) nunmehr (BMF 11.11.2011, BStBl. I 2011, 1314 Rn. 05.01) insoweit geändert, dass auch der **unentgeltliche Erwerb** für Zwecke des Abs. 1 einer Anschaffung gleichsteht (ebenso Lademann/Behrens/Jäschke Rn. 7; aA FG München EFG 2019, 443; FG Berlin-Brandenburg DStRE 2014, 861; Brandis/Heuermann/Klingberg Rn. 15; Haase/Hofacker/Lüdemann Rn. 15; Dötsch/Pung/Möhlenbrock/Pung Rn. 11; vgl. auch BFH BStBl. II 2021, 359; BMF 26.7.2016, DStR 2016, 1749). Diese Meinung erscheint zweifelhaft, richtig dürfte es sein, in diesem Fall Abs. 3 anzuwenden (ebenso Dötsch/Pung/Möhlenbrock/Pung Rn. 11; vgl. auch FG München EFG 2019, 443: ggf. ist Abs. 2 anzuwenden). Dabei ist darauf hinzuweisen, dass anders als in Abs. 1 bei der Anwendung des Abs. 3 ein stpfl. Beteiligungskorrekturgewinn entstehen kann. Eine unentgeltliche Übertragung der Anteile auf den übernehmenden Rechtsträger setzt nach hM voraus, dass die Gutschrift ausschließlich auf einem gesamthänderisch gebundenen Rücklagekonto erfolgt (vgl. BMF 11.7.2011, BStBl. I 2011, 713). 9

Werden die Anteile an der übertragenden Körperschaft **gegen Gewährung von Gesellschaftsrechten** (vgl. dazu BFH DStR 2016, 1749; 2016, 1749) in die übernehmende PersGes eingelegt, so liegt eine Anschaffung iSd Abs. 1 vor (BFH BStBl. II 2000, 230; BStBl. II 2011, 617; Dötsch/Pung/Möhlenbrock/Pung Rn. 11; Rödder/Herlinghaus/van Lishaut/van Lishaut/Heinemann Rn. 16; Frotscher/Drüen/Schnitter Rn. 23; Haase/Hofacker/Lüdemann Rn. 15; vgl. auch BFH DStR 2016, 662; 2016, 1749). Wird der Anteil an der übertragenden Körperschaft in das Gesamthandsvermögen der übernehmenden PersGes eingebracht und erfolgt die Verbuchung dieses Mehrwertes auf einem Darlehenskonto bei der übernehmenden PersGes, liegt eine Anschaffung vor (vgl. BMF 11.11.2011, BStBl. I 2011, 1314 Rn. 04.07; 11.7.2011, BStBl. I 2011, 713; Rödder/Herlinghaus/van Lishaut/van Lishaut/Heinemann Rn. 16). Erfolgt die Einbringung gegen Gewährung von Gesellschaftsrechten und wird teilweise der Wert der übertragenden Anteile auf eine gesamthänderisch gebundene Rücklage verbucht, liegt insges. eine Anschaffung vor (vgl. BMF 26.7.2017, DStR 2016, 1749). 10

Ist die Beteiligung der übertragenen KapGes gegen Gewährung von Gesellschaftsrechten nach dem Umwandlungsstichtag aber vor Eintragung der Umw in das HR in das Gesamthandsvermögen der übernehmenden PersGes steuerneutral nach § 24 eingebracht worden, so liegt insoweit eine Anschaffung (dazu → § 24 Rn. 1; ebenso Schmidt/Kulosa EStG § 6 Rn. 698) vor, sodass die Voraussetzungen des Abs. 1 Alt. 1 vorliegen. Gleiches gilt, wenn eine Beteiligung an der KapGes aus einem eigenen BV oder SBV bei (dieser oder einer anderen) Mitunternehmerschaft 11 gegen Gewährung von Gesellschaftsrechten (vgl. dazu BMF 26.11.2004, DB 2004, 2667; Meyer DStR 2003, 1553; Crezelius DB 2004, 397) in das Gesamthandsvermögen der übernehmenden PersGes übertragen wird. Zwar sind insoweit nach **§ 6 V 3 Nr. 1 iVm S. 1 EStG** die BW zwingend fortzuführen. Dies ändert jedoch nichts daran, dass es sich bei diesem Vorgang um eine entgeltliche Veräußerung und Anschaffung handelt (BFH BStBl. II 2002, 420; Rödder/Herlinghaus/van Lishaut/van Lishaut/Heinemann Rn. 16; aA Kirchhof/Reis EStG § 15 Rn. 455; Rosa FR 2002, 309). Auch in diesem Fall liegen die Voraussetzungen des Abs. 1 Alt. 1 vor (Rödder/Herlinghaus/van Lishaut/van Lishaut/Heinemann Rn. 16; Dötsch/Pung/Möhlenbrock/Pung Rn. 12; Frotscher/Drüen/Schnitter Rn. 24).

12 Hat die übernehmende PersGes nach dem stl. Übertragungsstichtag weitere Anteile an der übertragenden Körperschaft entgeltlich erworben, so erhöht sich der BW der Beteiligung an der übertragenden Körperschaft für die Berechnung des Übernahmeergebnisses um diese AK; war die übernehmende PersGes zum stl. Übertragungsstichtag an der übertragenden Körperschaft nicht beteiligt, so stellen die AK den BW der Anteile dar. Zu den **AK** gehören der Anschaffungspreis, die Anschaffungsnebenkosten und die nachträglichen Aufwendungen (vgl. dazu Schmidt/Weber-Grellet EStG § 17 Rn. 156 ff.). Hat die übernehmende PersGes auf eine nach dem stl. Übertragungsstichtag beschlossene KapErh bei der übertragenden Körperschaft eine Einzahlung vorgenommen oder kam es zu sonstigen Einzahlungen nach dem stl. Übertragungsstichtag, so erhöht sich der BW der Anteile nicht um den eingezahlten Betrag (→ § 4 Rn. 104; FG Berlin-Brandenburg DStRE 2014, 861; Dötsch/Pung/Möhlenbrock/Pung Rn. 18; Rödder/Herlinghaus/van Lishaut/van Lishaut/Heinemann Rn. 20).

13 **b) Anschaffung durch die Personengesellschaft.** Eine Anschaffung durch die übernehmende PersGes liegt dann vor, wenn die Anteile **für das Gesamthandsvermögen** erworben werden (BMF 11.11.2011, BStBl. I 2011, 1314 Rn. 05.01 f.; Dötsch/Pung/Möhlenbrock/Pung Rn. 10). Abs. 1 ist auch dann anwendbar, wenn die übernehmende PersGes von einem ihrer Gesellschafter nach dem stl. Übertragungsstichtag einen Anteil an der übertragenden Körperschaft erwirbt, selbst wenn dieser Anteil bereits vor dem Erwerb zum BV in Form des SBV der übernehmenden PersGes gehört hat (Widmann/Mayer/Martini Rn. 41; Dötsch/Pung/Möhlenbrock/Pung Rn. 10; Rödder/Herlinghaus/van Lishaut/van Lishaut Rn. 9; Lademann/Behrens/Jäschke Rn. 7).

14 **c) Anschaffung durch Gesellschafter der übernehmenden Personengesellschaft.** Wird der Anteil der übertragenden Körperschaft nach dem stl. Übertragungsstichtag durch einen Gesellschafter der übernehmenden PersGes erworben und erfolgt dieser Erwerb in das SBV der übernehmenden PersGes, so findet **Abs. 1 unmittelbar Anwendung** (BMF 11.11.2011, BStBl. I 2011, 1314 Rn. 05.02; Widmann/Mayer/Martini Rn. 55; Haritz/Menner/Biletewski/Werneburg Rn. 31; Dötsch/Pung/Möhlenbrock/Pung Rn. 15; Lademann/Behrens/Jäschke Rn. 15; Frotscher/Drüen/Schnitter Rn. 27; Haase/Hofacker/Lüdemann Rn. 16; aA Rödder/Herlinghaus/van Lishaut/van Lishaut/Heinemann Rn. 19; vgl. auch BMF 25.3.1998, BStBl. I 1998, 268 Rn. 05.03). Demgegenüber ist die Vorschrift des **Abs. 1 nur entsprechend anwendbar,** wenn der (spätere) Gesellschafter der übernehmenden PersGes nach dem stl. Übertragungsstichtag Anteile an der übernehmenden Körperschaft erwirbt, die gem. Abs. 2, 3 in das BV der übernehmenden PersGes als überführt gelten (str.; ebenso Widmann/Mayer/Martini Rn. 51 f.; Dötsch/Pung/Möhlenbrock/Pung Rn. 15, 22; vgl. auch FG München EFG 2019, 443; Rödder/Herlinghaus/van Lishaut/van Lishaut Rn. 27). Kommt es nach dem stl. Umwandlungsstichtag zu einem **entgeltlichen Gesellschafterwechsel bei der übernehmenden PersGes,** so findet Abs. 1 Anwendung, soweit dadurch Anteile an der übertragenden Körperschaft betroffen sind bspw. dadurch, dass die Anteile sich im Gesamthandsvermögen der übernehmenden Gesellschaft befinden (Widmann/Mayer/Martini Rn. 56; Haritz/Menner/Biletewski/Werneburg Rn. 35; Dötsch/Pung/Möhlenbrock/Pung Rn. 14). Die AK, die teilweise in der Ergänzungsbilanz ausgewiesen worden sind, sind iRd Übernahmegewinnermittlung zu berücksichtigen (Widmann/Mayer/Martini Rn. 56; Haase/Hofacker/Lüdemann Rn. 17).

d) Wertsteigerungen im Vermögen der übertragenden Körperschaft zwi- 15 **schen dem Umwandlungsstichtag und der Anschaffung der Anteile.** Gemäß der **Rückbeziehungsvorschrift des § 2 I** werden vom stl. Übertragungsstichtag an das Einkommen und das Vermögen der übertragenden Körperschaft der übernehmenden PersGes bzw. deren Gesellschafter auch insoweit hinzugerechnet, als das Vermögen bzw. Einkommen auf Anteile an der übertragenden Körperschaft entfällt, die erst nach dem stl. Übertragungsstichtag angeschafft wurden. Für Gesellschafter, die die Anteile nach dem stl. Übertragungsstichtag angeschafft haben, gilt Abs. 1 entsprechend (→ Rn. 14). Diese Einkommensbestandteile bzw. Vermögenspositionen, die bei der übertragenden Körperschaft zwischen dem Umwandlungsstichtag und der Anschaffung der Anteile entstanden sind, können bei der Kaufpreisfindung einen erheblichen Niederschlag in Form der Erhöhung des Kaufpreises für die Anteile gefunden haben. Die in den AK mitbezahlten und in der Interimszeit entstandenen offenen Reserven wirken sich mindernd auf das Übernahmeergebnis aus (Widmann/Mayer/Martini Rn. 65; Dötsch/Pung/Möhlenbrock/Pung Rn. 9; Rödder/Herlinghaus/van Lishaut/van Lishaut/Heinemann Rn. 15; Haase/Hofacker/Lüdemann Rn. 17).

e) Ausscheiden eines Anteilseigners im Rückwirkungszeitraum durch 16 **Veräußerung seiner Anteile.** Anteilseigner der übertragenden Körperschaft, die in der Zeit zwischen dem stl. Übertragungsstichtag und der Eintragung der Umw im HR aus der übertragenden Körperschaft durch Veräußerung ihrer Beteiligung ausscheiden, **nehmen an der Rückwirkung des § 2 I nicht teil** (Dötsch/Pung/Möhlenbrock/Pung Rn. 22; BMF 11.11.2011, BStBl. I 2011, 1314 Rn. 05.03; Frotscher/Drüen/Schnitter Rn. 14; NK-UmwR/Große Honebrink Rn. 11). Bei dem Veräußerer der Anteile richtet sich die Besteuerung nach den allg. Vorschriften (Widmann/Mayer/Martini Rn. 75; Dötsch/Pung/Möhlenbrock/Pung Rn. 21; Stadler/Elser/Bindl DB-Beil. 1/2012, 14), dh er kat jdn ein Veräußerungsgewinn nach §§ 17, 23 EStG, § 21 aF zu versteuern; ein Veräußerungsgewinn entsteht nicht rückwirkend auf den Verschmelzungsstichtag (Frotscher/Drüen/Schnitter Rn. 19a; Widmann/Mayer/Martini Rn. 76). Werden an den Veräußerer neben dem Veräußerungspreis noch sonstige Leistungen wie bspw. Geschäftsführergehälter, Mieten, Zinsen geleistet, so haben diese sonstigen Zahlungen keine Auswirkung auf die AK der Anteile des Erwerbers. Beim Veräußerer sind diese sonstigen Zahlungen der Einkunftsart zuzurechnen, bei der sie nach den allg. Vorschriften anfallen, durch die Umw ändert sich insoweit nichts (Widmann/Mayer/Martini Rn. 77 f.).

3. Abfindung von ausscheidenden Gesellschaftern (Abs. 1 Alt. 2)

a) Handelsrecht. Die Anteilseigner und die an der Verschm beteiligte Gesell- 17 schaft müssen über die Umw gem. § 13 UmwG beschließen. Ist der übertragende Rechtsträger eine GmbH, bedarf der Beschluss nach § 50 I UmwG einer Dreiviertelmehrheit der abgegebenen Stimmen, bei einer AG nach § 65 I UmwG drei Viertel des vertretenen Grundkapitals, sofern die Satzung nicht eine größere Mehrheit vorsieht. Einem Gesellschafter, der gegen den Verschmelzungsbeschluss des übertragenden Rechtsträgers Widerspruch erhoben hat, muss eine **angemessene Abfindung** in bar im Verschmelzungsvertrag angeboten werden (§ 29 UmwG). **Bare Zuzahlungen** zur Verbesserung des Umtauschverhältnisses können an Gesellschafter der übertragenden Körperschaft nach § 15 UmwG ebenfalls bei Verschm durch Aufnahme und bei Verschm durch Neugründung erfolgen. Das Angebot nach § 29 UmwG kann zwei Monate nach dem Tag angenommen werden, an dem die Eintragung der Verschm in das Register des Sitzes des übernehmenden Rechtsträgers als bekannt gegeben gilt (§ 31 UmwG). Das Ausscheiden des Gesellschafters wird erst mit der Annahme des Barabfindungsangebotes wirksam, die Abfindung erst zu diesem Zeitpunkt bezahlt. Bis zur Annahme des Barabfindungsangebotes liegt ein schwebendes, beiderseitig nicht erfülltes Geschäft vor, das bilanziell nicht erfasst wird (Widmann/Mayer/Martini Rn. 82; HK-UmwStG/Bron Rn. 48).

18   b) Steuerrecht. Zum stl. Übertragungsstichtag ist der Abfindungsanspruch des ausscheidenden Gesellschafters noch nicht erfasst. Abs. 1 Alt. 2 zieht die nach dem stl. Übertragungsstichtag gezahlte **Abfindung** in die Berechnung des Übernahmegewinns dadurch ein, dass unterstellt wird, die Abfindungszahlung erfolge kurz vor dem stl. Übertragungsstichtag und die übernehmende PersGes habe den Anteil des ausscheidenden Gesellschafters am Umwandlungsstichtag angeschafft. In Höhe der gezahlten Abfindung erhöht sich der BW der Anteile iSd § 4 IV. Das FG Münster (DStRE 2009, 5) vertritt die Meinung, dass das Vorstehende auch für sog. erweiterte Barabfindungsangebote gelte (vgl. dazu Rödder/Herlinghaus/van Lishaut/van Lishaut/Heinemann Rn. 23; Widmann/Mayer/Martini Rn. 96; Dötsch/Pung/Möhlenbrock/Pung Rn. 15b; Haritz/Menner/Biletewski/Werneburg Rn. 15b; Eisgruber/Früchtl Rn. 27).

19   Die Abfindungszahlung **mindert nicht den lfd. Gewinn** der übernehmenden PersGes; der Aufwand ist außerhalb der Bilanz wieder hinzuzurechnen (Widmann/Mayer/Martini Rn. 98; HK-UmwStG/Bron Rn. 48; Dötsch/Pung/Möhlenbrock/Pung Rn. 16; Suchan/Peykan DStR 2003, 136).

20   Obwohl der abgefundene Anteilseigner damit erst nach der Eintragung der Verschm in das HR aus der auch zivilrechtlich bereits bestehenden übernehmenden PersGes ausscheidet, wird diese zivilrechtliche Konstruktion steuerrechtlich nicht nachvollzogen. Für stl. Zwecke ist davon auszugehen, dass der **abgefundene Gesellschafter noch aus der übertragenden Körperschaft ausscheidet** (BMF 11.11.2011, BStBl. I 2011, 1314 Rn. 02.19; Dötsch/Pung/Möhlenbrock/Pung Rn. 15a; Rödder/Herlinghaus/van Lishaut/van Lishaut/Heinemann Rn. 22; Frotscher/Drüen/Schnitter Rn. 31; Haritz/Menner/Biletewski/Werneburg Rn. 37 ff.; Widmann/Mayer/Martini Rn. 105 ff.; Haase/Hofacker/Lüdemann Rn. 22; Renner, Die Rückwirkung im Umwandlungssteuergesetz, 2002, 69; vgl. FG Münster EFG 2008, 343). Für den abgefundenen Gesellschafter stellt die Abfindung aus stl. Sicht einen Veräußerungserlös für seinen Anteil an der übertragenden Körperschaft dar. Erhält der ausscheidende Gesellschafter neben der Abfindung sonstige Zahlungen (Geschäftsführergehalt, Miete, Zinsen), so sind diese sonstigen Zahlungen der Einkunftsart zuzurechnen, unter die sie nach den allg. Vorschriften anfallen würden (Lademann/Behrens/Jäschke Rn. 10; Widmann/Mayer/Martini Rn. 105).

21   Erhält der Gesellschafter der übertragenden Körperschaft zur Verbesserung des Umtauschverhältnisses **bare Zuzahlungen** (§ 5 I Nr. 3 UmwG), so findet Abs. 1 Alt. 2 entsprechend Anwendung (Rödder/Herlinghaus/van Lishaut/van Lishaut/Heinemann Rn. 22; Widmann/Mayer/Widmann Rn. 59; Haritz/Menner/Biletewski/Werneburg Rn. 38; Suchan/Peykan DStR 2003, 136; aA Dötsch/Pung/Möhlenbrock/Pung Rn. 15b; vgl. auch BMF 11.11.2011, BStBl. I 2011, 1314 Rn. 03.21).

4. Einlagefiktion einer Beteiligung iSd § 17 EStG (Abs. 2)

22   **a) Tatbestandsvoraussetzungen.** Abs. 2 setzt voraus, dass der Gesellschafter der übertragenden Körperschaft **Anteile iSd § 17 EStG** besitzt, die zum stl. Übertragungsstichtag kein BV darstellen (Dötsch/Pung/Möhlenbrock/Pung Rn. 24; Röd-

der/Herlinghaus/van Lishaut/van Lishaut/Heinemann Rn. 27), und der Gesellschafter der übertragenden Körperschaft iRd Verschm Gesellschafter der übernehmenden PersGes wird (→ Rn. 3; FG Berlin-Brandenburg DStRE 2014, 861). Abs. 2 gilt auch für Anteile ausl. Gesellschafter an der übertragenden Körperschaft, wenn es sich um solche iSd § 17 EStG handelt (→ Rn. 24). Ebenfalls von der Einlagefiktion erfasst werden Anteile von steuerbefreiten Anteilseignern und jur. Personen des öffentlichen Rechts (Dötsch/Pung/Möhlenbrock/Pung Rn. 26). Auch Anteile an ausländischen Rechtsträgern können Anteile iSv § 17 EStG sein (Widmann/Mayer/Martini Rn. 114). Hat der Gesellschafter Anteile iSd § 17 EStG an dem übertragenden Rechtsträger erst nach dem stl. Übertragungsstichtag erworben, ist dennoch gem. Abs. 1 analog davon auszugehen, dass er die Anteile bereits zum stl. Übertragungsstichtag innehat; diese Beteiligung gilt dann nach Abs. 2 S. 1 als zum stl. Übertragungsstichtag in das BV der PersGes eingelegt (BMF 11.11.2011, BStBl. I 2011, 1314 Rn. 05.05; Dötsch/Pung/Möhlenbrock/Pung Rn. 25; Widmann/Mayer/Martini Rn. 136; Lademann/Behrens/Jäschke Rn. 11; Haase/Hofacker/Lüdemann Rn. 27; FG Hmb EFG 2008, 1422; vgl. auch BFH BStBl. II 2021, 359; Rödder/Herlinghaus/van Lishaut/van Lishaut/Heinemann Rn. 22). Einbringungsgeborene Anteile iSd § 21 aF fallen nicht in den Regelungsbereich des Abs. 2, da § 27 III Nr. 1 iVm § 5 IV aF insoweit die speziellere Vorschrift ist (BMF 16.12.2003, BStBl. I 2003, 786 Rn. 5; Haritz/Menner/Biletewski/Werneburg Rn. 45; Dötsch/Pung/Möhlenbrock/Pung Rn. 25). Die Anteile dürfen zum **stl. Übertragungsstichtag nicht zu einem BV** eines Gesellschafters **gehört haben** (Rödder/Herlinghaus/van Lishaut/van Lishaut Rn. 27; Frotscher/Drüen/Schnitter Rn. 43); werden Anteile iSd § 17 EStG nach diesem Stichtag in ein BV eingelegt, so hat dies für die Anwendung des Abs. 2 keine Auswirkung, es sei denn, es handelt sich um Anteile an einer KapGes, die aus dem PV des Gesellschafters in das Gesamthandsvermögen der PersGes gegen Gewährung von Gesellschaftsrechten eingelegt werden (Dötsch/Pung/Möhlenbrock/Pung Rn. 25; Rödder/Herlinghaus/van Lishaut/van Lishaut Rn. 27; Frotscher/Drüen/Schnitter Rn. 23; vgl. auch BMF 11.11.2011, BStBl. I 2011, 1314 Rn. 05.01: Bei unentgeltlicher Einlage der Anteile in das BV des übernehmenden Rechtsträgers im Rückwirkungszeitraum soll Abs. 1 gelten). In diesem Fall handelt es sich nämlich um einen tauschähnlichen Vorgang und aus der Sicht der übernehmenden PersGes um eine Anschaffung iSd Abs. 1 (→ Rn. 10 f.).

b) Anteile iSd § 17 EStG. Abs. 2 betrifft Anteile an der übertragenden Körperschaft iSd § 17 EStG, die weder die Qualifikation des § 21 aF erfüllen, noch am stl. Übertragungsstichtag zu einem BV gehört haben. Die Zuordnung der Anteile zum PV richtet sich nach dt. Steuerrecht (BMF 11.11.2011, BStBl. I 2011, 1314 Rn. 05.07; Frotscher/Drüen/Schnitter Rn. 43; Widmann/Mayer/Martini Rn. 185). Bei beschränkt stpfl. Anteilseignern ist dabei § 49 II EStG zu berücksichtigen; bei Anteilen in einem ausl. BV ist auf Grund der isolierenden Betrachtungsweise von Anteilen auszugehen, die im Privatvermögen gehalten werden (Frotscher/Drühe/Schnitter Rn. 43; Widmann/Mayer/Martini Rn. 185; Lademann/Behrens/Jäschke Rn. 15). Ein nicht unbeschränkt stpfl. Anteilseigner, der seine Anteile in einer inl. Betriebsstätte hält, hält die Anteile im BV (Widmann/Mayer/Martini Rn. 315). Hält ein in Deutschland unbeschränkt Steuerpflichtiger Anteile in einem ausl. BV, kommt § 5 II nicht zur Anwendung, weil die Anteile zu einem wenn auch ausl. BV gehören; insoweit findet die isolierende Betrachtungsweise keine Anwendung (Widmann/Mayer/Martini Rn. 187). 23

Anteile an der übertragenden Körperschaft iSd § 17 EStG gelten zur Ermittlung des Übernahmegewinns als am stl. Übertragungsstichtag mit den AK in das BV der übernehmenden PersGes eingelegt. 23a

24 Eine Beteiligung iSd § 17 EStG liegt vor, wenn der Anteilseigner oder im Falle des unentgeltlichen Erwerbs sein Rechtsvorgänger (BFH BStBl. II 2021, 359; FG München EFG 2019, 443; Rödder/Herlinghaus/van Lishaut/van Lishaut/Heinemann Rn. 29; Widmann/Mayer/Martini Rn. 154) an der übertragenden KapGes innerhalb der letzten fünf Jahre am Kapital der Gesellschaft zu mindestens 1 vH unmittelbar oder mittelbar beteiligt gewesen ist. Maßgebend ist der Übergang des wirtschaftlichen Eigentums (BFH BStBl. II 2004, 651; Rödder/Herlinghaus/van Lishaut/van Lishaut/Heinemann Rn. 29). Abs. 2 erfasst auch Anteile iSd § 17 VI EStG (Dötsch/Pung/Möhlenbrock/Pung Rn. 28; Rödder/Herlinghaus/van Lishaut/van Lishaut/Heinemann Rn. 31; Frotscher/Drüen/Schnitter Rn. 41; Benecke/Schnitter IStR 2006, 765). Bei diesen Anteilen an einer KapGes handelt es sich um solche, an der der Anteilseigner bzw. im Fall des unentgeltlichen Erwerbs der Rechtsvorgänger innerhalb der letzten fünf Jahre nicht zu mindestens 1% beteiligt war, wenn (1) die Anteile aufgrund einer Sach- (§ 20) oder Anteilseinbringung (§ 21) unterhalb des gemeinen Wertes erworben worden sind (§ 17 VI Nr. 1 EStG) und (2) die eingebrachten Anteile solche iSd § 17 I EStG waren oder die Anteile auf einer Sacheinbringung nach § 20 I beruhen (§ 17 VI Nr. 2 EStG). Zu den Anteilen iSd Abs. 2 gehören auch Anteile iSd § 17 VII EStG (Genossenschaftsanteile), soweit die Höhe der Beteiligung die Voraussetzungen des § 17 I erfüllt bzw. die Voraussetzungen des § 17 VI vorliegen und Anteile iSd § 13 II 2 (verschmelzungsgeborene Anteile; → § 13 Rn. 48). Auch verschmelzungs- oder spaltungsgeborene Anteile iSv § 13 II 2 gelten als Anteile iSv § 17 EStG, sofern diese stl. an die Stelle von Beteiligungen iSv § 17 EStG getreten sind (Frotscher/Drüen/Schnitter Rn. 41). Zur Berücksichtigung von Anteilen aus einer beschlossenen Kapitalerhöhung bei der Berechnung der Beteiligungsquote iSv § 17 EStG vgl. FG Düsseldorf EFG 2011, 961.

25 **Maßgebender Zeitpunkt** dafür, ob die Beteiligungsgrenze **iSd Abs. 2 iVm § 17 EStG** erreicht ist, ist nicht der Zeitpunkt des stl. Übertragungsstichtags, sondern die Eintragung der Umw in das HR (FG München EFG 2019, 443; Dötsch/Pung/Möhlenbrock/Pung Rn. 27; Frotscher/Drüen/Schnitter Rn. 41; Haase/Hofacker/Lüdemann Rn. 28; BMF 16.12.2003, BStBl. I 2003, 786 Rn. 5; Widmann/Mayer/Martini Rn. 136; Rödder/Herlinghaus/van Lishaut/van Lishaut/Heinemann Rn. 29; Haritz/Wisniewski GmbHR 2004, 150). Demnach kommt Abs. 2 auch dann zur Anwendung, wenn Anteile iSd § 17 EStG erst nach dem stl. Übertragungsstichtag, aber vor Eintragung der Umw in das HR entstanden sind.

26 **Eigene Anteile der KapGes** werden mit ihrem Nennwert vom Grund- oder Stammkapital abgezogen. Die Beteiligungshöhe eines Gesellschafters bestimmt sich dann nicht nach der Nominalbeteiligung dieses Gesellschafters, sondern es ist auf die Summe aller Beteiligungen ohne die eigenen Anteile abzustellen (BMF 11.11.2011, BStBl. I 2011, 1314 Rn. 05.06; Dötsch/Pung/Möhlenbrock/Pung Rn. 29; Frotscher/Drüen/Schnitter Rn. 45).

27 **c) Beschränkt steuerpflichtige und steuerbefreite iSv § 17 EStG beteiligte Gesellschafter.** Nach bisheriger Auffassung der **FVerw** (BMF 25.3.1998, BStBl. I 1998, 268 Rn. 05.12) war von einer Beteiligung nach § 17 EStG iRd Abs. 2 nur auszugehen, wenn die Veräußerung der Anteile zu einer Besteuerung nach § 17 EStG oder nach § 49 I Nr. 2 lit. e EStG führen würde. Für **beschränkt stpfl. Gesellschafter,** welche iRd Umw Gesellschafter der übernehmenden PersGes werden, galt demnach die Einlagefiktion des Abs. 2 insbes. dann nicht, wenn es sich bei den Anteilen um Beteiligung iSd § 17 EStG handelt, deren Veräußerung durch ein DBA steuerfrei gestellt ist (ebenso FG Köln EFG 2008, 1187). Dann sollten weder die Anteile noch der Wert der auf diese entfallenden WG an der Ermittlung des Übernahmeergebnisses teilnehmen.

Diese ursprüngliche Auffassung der FVerw kann im Ergebnis nicht überzeugen, **28** da Abs. 2 nur auf Anteile an der übertragenden Körperschaft iSd § 17 EStG Bezug nimmt und damit nur auf die tatbestandlichen Voraussetzungen und nicht auf die Rechtsfolgen dieser Vorschrift abstellt (Widmann/Mayer/Widmann Rn. 450; Füger/Rieger IStR 1995, 275; Herfort/Strunk IStR 1995, 415). Daher hat die FVerw ihre Auffassung zu Recht geändert, die Einlagefiktion gilt damit auch nach Auffassung der FVerw unabhängig davon, ob eine Veräußerung der Anteile bei dem Anteilseigner im Rahmen der **beschränkten StPfl** zu erfassen bzw. ob ein dt. Besteuerungsrecht auf Grund eines DBA ausgeschlossen ist (BMF 11.11.2011, BStBl. I 2011, 1314 Rn. 05.07; Dötsch/Pung/Möhlenbrock/Pung Rn. 32; Widmann/Mayer/Martini Rn. 186; Lademann/Behrens/Jäschke Rn. 12; Stadler/Elser/Bindl DB-Beil. 1/2012, 14; Köhler/Kaeshammer GmbHR 2012, 301; Stimpel GmbHR 2012, 123).

Nicht abschließend geklärt ist, ob die nach Abs. 2 als für die Ermittlung des **29** Übernahmeergebnisses eingelegt geltenden Anteile mit den **Anschaffungskosten** oder aber nach § 4 I 8 EStG iVm § 6 I Nr. 5a EStG mit dem gemeinen Wert anzusetzen sind. Die überwiegende Meinung geht dahin, dass auch in diesen Fällen die Einlage mit den Anschaffungskosten erfolgt (Dötsch/Pung/Möhlenbrock/Pung Rn. 31; Haritz/Menner/Biletewski/Werneburg Rn. 78; Frotscher/Drüen/Schnitter Rn. 47; Stadler/Elser/Bindl DB-Beil. 1/2012, 14; vgl. auch Lemaitre/Schönherr GmbHR 2007, 173; Widmann DStZ 1996, 459; Bredow WiB 1996, 129).

Die Einlage- und Überführungsfiktion bzgl. beschränkt stpfl. Gesellschafter des **30** übertragenden Rechtsträgers führt dazu, dass nach innerstaatlichem Steuerrecht bei dem Übernahmeergebnis im Grundsatz inl. Einkünfte iSv § 49 I Nr. 2 Buchst. a EStG entstehen. Besteht kein DBA, unterliegt das Übernahmeergebnis damit der dt. Besteuerung. Bei Vorliegen eines DBA zwischen Deutschland und dem Ansässigkeitsstaat ist das Übernahmeergebnis von der dt. Besteuerung regelmäßig freigestellt (vgl. Art. 13 V OECD-MA); die innerstaatliche Einlagefiktion ändert nichts an der abkommensrechtlichen Qualifizierung des Übernahmeergebnisses als Anteilsveräußerungsgewinn. Abkommensrechtlich wird der Übernahmegewinn nicht in einen inl. Betriebsstättengewinn umqualifiziert (→ § 4 Rn. 145). Der Kapitalertragsteuerabzug auf Einkünfte iSd § 7 hat keine abgeltende Wirkung (§ 50 II 2 Nr. 1 EStG iVm § 49 I Nr. 2 Buchst. a EStG), und zwar unabhängig davon, ob ein DBA besteht oder nicht.

d) Rechtsfolgen gem. Abs. 2. Gehören die Anteile am übertragenden Rechts- **31** träger nicht zum BV eines Gesellschafters der übernehmenden PersGes, so sind für den bei der Berechnung des Übernahmeergebnisses anzusetzenden fiktiven BW die AK maßgebend, wenn es sich um Anteile iSd § 17 EStG handelt. Zu den AK gehören die Aufwendungen, die geleistet werden, um den Anteil zu erwerben, einschl. der Anschaffungsnebenkosten sowie der nachträglichen AK. Der Begriff der AK ist ebenso wie in § 17 II 1 EStG auszulegen (vgl. insoweit Schmidt/Weber-Grellet EStG § 17 Rn. 156; Widmann/Mayer/Martini Rn. 205 ff.). Die AK sind selbst dann maßgebend, wenn zum stl. Übertragungsstichtag der **gemeine Wert oder TW der Anteile** unter diesem Wert liegt. Dies ergibt sich aus der Fiktion der Einlage der Beteiligung mit den AK (BFH BStBl. II 1999, 298; BFH BStBl. II 2010, 162; Rödder/Herlinghaus/van Lishaut/van Lishaut/Heinemann Rn. 50; Haritz/Menner/Biletewski/Werneburg Rn. 48; Widmann/Mayer/Martini Rn. 206). Nicht abschl. geklärt ist, welche Auswirkungen die Entscheidung des **BVerfG** zur Absenkung der Beteiligungsquote (BVerfG BStBl. II 2011, 86) im Zusammenhang mit Abs. 2 hat. Nach Auffassung des BVerfG verstößt § 17 I 4 EStG iVm § 52 I 4 EStG idF des StEntlG 1999 ff. gegen die verfassungsrechtlichen Grundsätze des Vertrauensschutzes und ist nichtig, soweit Wertsteigerungen stl. erfasst werden, die bis zur Verkündung des StEntlG 1999 ff. entstanden sind und die entweder bei einer Veräußerung bis zu diesem Zeitpunkt nach der zuvor geltenden Rechtslage steuerfrei realisiert worden sind oder bei einer Veräußerung nach Verkündigung des Gesetzes sowohl zum Zeitpunkt der Verkündigung als auch zum Zeitpunkt der Veräußerung nach der zuvor geltenden Rechtslage steuerfrei hätten realisiert werden können. Die FVerw (vgl. BMF 21.12.2011, BStBl. I 2012, 42; ebenso Stimpel GmbHR 2012, 123; aA zu Recht Dötsch/Pung/Möhlenbrock/Pung Rn. 31; Haritz/Menner/Biletewski/Werneburg Rn. 48; Rödder/Herlinghaus/van Lishaut/van Lishaut Rn. 52; Neu/Schiffers/Watermeyer GmbHR 2011, 729) geht wohl davon aus, dass der Beschluss des BVerfG keine Auswirkungen auf die Besteuerung der Umw hat. Dazu wird angeführt, dass die Fiktion der Einlage von Anteilen iSd § 17 EStG mit den Anschaffungskosten im Ergebnis dazu führt, dass der Anteilseigner die auf ihn entfallenden offenen Rücklagen im Rahmen des Halb- bzw. Teileinkünfteverfahrens nach § 7 UmwStG versteuern muss. Diese Rechtsfolgen träfen aber auch nicht wesentlich iSv § 17 EStG beteiligte Anteilseigner. Zu beachten ist aber, dass der Übernahmegewinn/-verlust rechtstechnisch ein Veräußerungsgewinn/-verlust ist.

32 Die Anteile an der übertragenden Körperschaft iSd Abs. 2 S. 1 iVm § 17 EStG gelten für die Ermittlung des Übernahmegewinns als zum Umwandlungsstichtag in das BV der PersGes mit den AK eingelegt. Nicht abschließend geklärt ist, inwieweit nach dem stl. Übertragungsstichtag entstehende nachträgliche AK bei der Ermittlung des Übernahmegewinns zu berücksichtigen sind. Ändern sich die AK der Anteile nach der Umw dadurch, dass sich der Kaufpreis für die Anteile nachträglich erhöht bzw. liegt ansonsten ein rückwirkendes Ereignis iSd § 175 AO vor, so hat diese Änderung der AK Auswirkungen auf die Ermittlung des Übernahmegewinns/-verlustes (Rödder/Herlinghaus/van Lishaut/van Lishaut/Heinemann Rn. 51). Werden die AK der Anteile iSd § 17 EStG an der übertragenden Körperschaft dadurch erhöht, dass in diese Gesellschaft offene oder verdeckte Vermögenswerte nach dem stl. Übertragungsstichtag eingelegt werden, so hat dies für die Ermittlung des Übernahmegewinns/-verlustes grds. keine Bedeutung (→ § 4 Rn. 107 mwN). Gleiches gilt, falls der Gesellschafter der übertragenden KapGes nach dem stl. Übertragungsstichtag auf eine Forderung verzichtet (ebenso Rödder/Herlinghaus/van Lishaut/van Lishaut/Heinemann Rn. 50; Frotscher/Drüen/Schnitter Rn. 47).

5. Anteile im Betriebsvermögen eines Gesellschafters (Abs. 3)

33 **a) Inländisches und ausländisches Betriebsvermögen eines Gesellschafters.** Gehören am stl. Übertragungsstichtag Anteile an der übertragenden Körperschaft zum BV eines Anteilseigners, so ist der Übernahmegewinn so zu ermitteln, als seien die Anteile am stl. Übertragungsstichtag mit dem um Zuschreibungen erhöhten BW in das BV des übernehmenden Rechtsträgers überführt worden (Abs. 3 S. 1). Zum BV des Gesellschafters einer PersGes iSd Abs. 3 S. 1 gehört nicht das SBV des Gesellschafters bei der übernehmenden PersGes, da dieses SBV BV der PersGes darstellt und damit bereits unter den gesetzlichen Grundtatbestand des § 4 IV 1 fällt (→ Rn. 14; aA Rödder/Herlinghaus/van Lishaut/van Lishaut/Heinemann Rn. 57). Abs. 3 diff. nicht mehr zwischen **inl. oder ausl. BV**. Dies hat zur Folge, dass künftig auch in einem ausl. BV gehaltene Anteile als an der übertragenden Körperschaft in das BV der übernehmenden PersGes eingelegt gelten (BMF 11.11.2011, BStBl. I 2011, 1314 Rn. 05.07; Dötsch/Pung/Möhlenbrock/Pung Rn. 45; Rödder/Herlinghaus/van Lishaut/van Lishaut/Heinemann Rn. 61; Lademann/Behrens/Jäschke Rn. 15; Frotscher/Drüen/Schnitter Rn. 55; Stadler/Elser/Bindl DB-Beil. 1/2012, 14; Köhler/Käshammer GmbHR 2012, 301). Für diese Anteile wird nach der hier vertretenen Auffassung ein Übernahmeergebnis ermittelt und unter bestimmten Voraussetzungen besteuert (→ § 4 Rn. 127 f.). Die Zuordnung der Beteiligung zum Betriebs- oder Privatvermögen richtet sich nach dt.

Steuerrecht (BMF 11.11.2011, BStBl. I 2011, 1314 Rn. 05.07; → Rn. 23). Von der Einlagefiktion sind ebenfalls erfasst Anteile von jur. Personen des öffentlichen Rechts, soweit diese in einem stpfl. Betrieb gewerblicher Art gehalten werden oder von im Grundsatz steuerbefreiten Körperschaften, wenn die Anteile einem stpfl. wirtschaftlichen Geschäftsbetrieb zugeordnet sind (Rödder/Herlinghaus/van Lishaut/van Lishaut/Heinemann Rn. 60; Dötsch/Pung/Möhlenbrock/Pung Rn. 45). BV kann gewerblich, luf oder selbstständiger Art sein (Frotscher/Drüen/Schnitter Rn. 51; Dötsch/Pung/Möhlenbrock/Pung Rn. 45). Ob es sich bei den Anteilen um notwendiges oder gewillkürtes BV handelt, ist unerheblich (Dötsch/Pung/Möhlenbrock/Pung Rn. 39; Frotscher/Drüen/Schnitter Rn. 51; Rödder/Herlinghaus/van Lishaut/van Lishaut/Heinemann Rn. 56).

Maßgebender Zeitpunkt zur Beurteilung der **Betriebsvermögenseigen-** 34 **schaft der Anteile** ist iRd Abs. 3 der stl. **Übertragungsstichtag,** dh zum stl. Übertragungsstichtag müssen die Anteile zum BV des Gesellschafters der übernehmenden PersGes gehört haben (BMF 11.11.2011, BStBl. I 2011, 1314 Rn. 05.08; Dötsch/Pung/Möhlenbrock/Pung Rn. 25; Widmann/Mayer/Martini Rn. 318; Rödder/Herlinghaus/van Lishaut/van Lishaut/Heinemann Rn. 63; FG BW EFG 2000, 882). Hat eine Person zwischen dem stl. Übertragungsstichtag und der Eintragung der Umw in das HR Anteile an der übertragenden Körperschaft in sein BV erworben, so gilt diese Beteiligung nach Abs. 1 analog als zum stl. Übertragungsstichtag angeschafft und nach Abs. 3 S. 1 ggf. als zum stl. Übertragungsstichtag in das BV der PersGes überführt (Widmann/Mayer/Martini Rn. 318). Werden von den Gesellschaftern der übernehmenden PersGes nach dem stl. Übertragungsstichtag die Anteile an der übertragenden Körperschaft aus dem PV in ein inl. BV eingelegt, so findet Abs. 3 keine Anwendung, denn entscheidend ist nach dem Gesetzeswortlaut, dass die Anteile zum stl. Übertragungsstichtag im BV eines Gesellschafters der übernehmenden PersGes waren. Überträgt ein Gesellschafter der übernehmenden PersGes **nach dem stl. Übertragungsstichtag Anteile** an der übertragenden Körperschaft tatsächlich **aus dem PV in ein BV** und liegen die Voraussetzungen des Abs. 1 vor, weil bspw. der Gesellschafter die Beteiligung gegen Gewährung von Gesellschaftsrechten auf die PersGes überträgt, so findet nach der hier vertretenen Auffassung Abs. 1 Anwendung (→ Rn. 10). Werden nach dem stl. Übertragungsstichtag die Anteile **aus dem BV entnommen,** so hat dies keine ertragstl. Konsequenzen für den an der Umw teilnehmenden Gesellschafter, da durch die Verschm ab dem stl. Übertragungsstichtag die Anteile an dem übertragenden Rechtsträger nicht mehr bestehen (Rödder/Herlinghaus/van Lishaut/van Lishaut/Heinemann Rn. 63; Widmann/Mayer/Martini Rn. 326).

b) Einlagewert nach Abs. 3. Für Zwecke der Ermittlung des Übernahmeer- 35 gebnisses fingiert Abs. 3 S. 1 eine Überführung der in einem BV gehaltenen Anteile zum stl. Übertragungsstichtag in das BV der übernehmenden PersGes. Zu einer tatsächlichen Einlage kommt es nicht (aA wohl Mayer FR 2004, 698). Zur nachträglichen Änderung des BW in der Zeit zwischen dem stl. Übertragungsstichtag und der Eintragung der Verschm in das HR → § 4 Rn. 107.

Die Anteile gelten als zum stl. Übertragungsstichtag mit dem BW – erhöht um 36 steuerwirksam vorgenommene Teilwertabschreibung sowie Abzüge nach § 6b EStG und ähnl. Abzüge – in das BV des übernehmenden Rechtsträgers überführt, höchstens ist jedoch der gemeine Wert anzusetzen. Werden Anteile aus dem ausl. BV überführt, so ist der BW nach den dt. Grundsätzen über die Ermittlung des BW abzustellen (Dötsch/Pung/Möhlenbrock/Pung Rn. 43; Lademann/Behrens/Jäschke Rn. 16). Zum BW der Beteiligung → § 4 Rn. 104. Wird im Rückwirkungszeitraum ein dt. Besteuerungsrecht durch Überführung von einem ausl. in ein inl. BV begründet, sind die Anteile nach § 4 I 5 EStG iVm § 6 I Nr. 5a EStG mit dem gemeinen Wert anzusetzen (Dötsch/Pung/Möhlenbrock/Pung Rn. 45; Rödder/Herlinghaus/van Lishaut/van Lishaut/Heinemann Rn. 64).

37 Bzgl. der **Zuschreibung um steuerwirksame Teilwertabschreibung** bzw. § 6b EStG Übertragung verweist Abs. 3 S. 2 auf § 4 I 3. Daraus ergibt sich, dass die Rückgängigmachung der Teilwertabschreibung bzw. § 6b EStG Übertragung noch in der Person des Anteilseigners erfolgen soll, und zwar in dem BV, von dem aus die Anteile am übertragenden Rechtsträger zum stl. Übertragungsstichtag in das BV des übernehmenden Rechtsträgers als überführt gelten (ebenso BMF 11.11.2011, BStBl. I 2011, 1314 Rn. 05.11; Rödder/Herlinghaus/van Lishaut/van Lishaut/Heinemann Rn. 67; Dötsch/Pung/Möhlenbrock/Pung Rn. 44; PWC, Reform des UmwStR/Benecke, 2007, 169). Mit Ausnahme der Rückgängigmachung früherer steuerwirksamer Teilwertabschreibungen bzw. Übertragung von Rücklagen nach § 6b EStG ist dieser Vorgang für ihn im Grundsatz steuerneutral (ebenso Dötsch/Pung/Möhlenbrock/Pung Rn. 47; Frotscher/Drüen/Schnitter Rn. 59; zum Beteiligungskorrekturverlust → § 4 Rn. 52).

6. Einbringungsgeborene Anteile iSd § 21 aF, § 27 III Nr. 1 iVm § 5 IV aF

38 Durch das SEStEG wurde das Konzept der „einbringungsgeborenen Anteile" für Einbringungen nach §§ 20 ff. im Grundsatz aufgegeben, sodass in § 5 keine Einlagefiktion mehr für Anteile iSd § 21 aF vorgesehen ist (zum Begriff der einbringungsgeborenen Anteile → § 20 Rn. 220 ff.). Abs. 4 aF gilt nach § 27 III Nr. 1 mit der Maßgabe fort, dass (alte) einbringungsgeborene Anteile als mit den Werten iSd der Abs. 2, 3 in das BV überführt gelten. Zu beachten ist, dass auch nach dem vollzogenen Konzeptwechsel der §§ 20 ff. wegen § 20 III 4 bzw. § 21 II 6 künftig weiterhin sog. „alte" einbringungsgeborene Anteile entstehen können, die einbringungsgeborene Anteile iSd § 27 III Nr. 1 sind (Dötsch/Pung/Möhlenbrock/Pung Rn. 52; Frotscher/Drüen/Schnitter Rn. 62).

39 Hält der MU bzw. die übernehmende natürliche Person die einbringungsgeborenen Anteile im PV, gelten sie als zum stl. Übertragungsstichtag mit den AK (einschl. nachträglicher AK) in das BV der übernehmenden PersGes. eingelegt. Werden die einbringungsgeborenen Anteile in einem BV gehalten, gelten diese als mit dem BW aufgestockt um frühere steuerwirksame Teilwertabschreibungen bzw. Rücklagenübertragung in das BV der übernehmenden PersGes eingelegt (→ Rn. 36 f.).

40 § 27 III Nr. 1 iVm § 5 IV aF erfasst auch einbringungsgeborene Anteile, die von steuerbefreiten Anteilseignern oder von jur. Personen des öffentlichen Rechts gehalten werden (ebenso Rödder/Herlinghaus/van Lishaut/van Lishaut/Heinemann Rn. 63).

41 Einbringungsgeborene Anteile müssen in dem Zeitpunkt des zivilrechtlichen Wirksamwerdens der Umw, dh im Zeitpunkt der Eintragung in das HR vorliegen (Widmann/Mayer/Martini Rn. 340; Rödder/Herlinghaus/van Lishaut/van Lishaut/Heinemann Rn. 70; Frotscher/Drüen/Schnitter Rn. 63; Dötsch/Pung/Möhlenbrock/Pung Rn. 54). Wurden die einbringungsgeborenen Anteile **nach dem stl. Übertragungsstichtag veräußert,** gelten für den Erwerber die Vorschriften des Abs. 1–3; Abs. 4 aF findet keine Anwendung, da in der Person des Käufers keine einbringungsgeborenen Anteile mehr vorliegen (Rödder/Herlinghaus/van Lishaut/van Lishaut/Heinemann Rn. 70; Frotscher/Drüen/Schnitter Rn. 63, 66). Wurden die Anteile im Rückwirkungszeitraum unentgeltlich übertragen, so erwirbt der unentgeltliche Rechtsnachfolger Anteile iSd § 21 aF, Abs. 4 aF ist für ihn anwendbar. Wird nach dem stl. Übertragungsstichtag der Antrag nach § 21 II aF gestellt, so ist Abs. 4 aF nicht anwendbar, es liegen keine einbringungsgeborenen Anteile zum Zeitpunkt des zivilrechtlichen Wirksamwerdens der Umw mehr vor (Dötsch/Patt/Pung/Möhlenbrock/Pung Rn. 55; Frotscher/Drüen/Schnitter Rn. 66); Entsprechendes gilt, wenn das dt. Besteuerungsrecht nach dem stl. Übertragungsstichtag ausgeschlossen wird (§ 21 II 1 Nr. 2 aF).

§ 6 Gewinnerhöhung durch Vereinigung von Forderungen und Verbindlichkeiten

(1) ¹Erhöht sich der Gewinn des übernehmenden Rechtsträgers dadurch, dass der Vermögensübergang zum Erlöschen von Forderungen und Verbindlichkeiten zwischen der übertragenden Körperschaft und dem übernehmenden Rechtsträger oder zur Auflösung von Rückstellungen führt, so darf der übernehmende Rechtsträger insoweit eine den steuerlichen Gewinn mindernde Rücklage bilden. ²Die Rücklage ist in den auf ihre Bildung folgenden drei Wirtschaftsjahren mit mindestens je einem Drittel gewinnerhöhend aufzulösen.

(2) ¹Absatz 1 gilt entsprechend, wenn sich der Gewinn eines Gesellschafters des übernehmenden Rechtsträgers dadurch erhöht, dass eine Forderung oder Verbindlichkeit der übertragenden Körperschaft auf den übernehmenden Rechtsträger übergeht oder dass infolge des Vermögensübergangs eine Rückstellung aufzulösen ist. ²Satz 1 gilt nur für Gesellschafter, die im Zeitpunkt der Eintragung des Umwandlungsbeschlusses in das öffentliche Register an dem übernehmenden Rechtsträger beteiligt sind.

(3) ¹Die Anwendung der Absätze 1 und 2 entfällt rückwirkend, wenn der übernehmende Rechtsträger den auf ihn übergegangenen Betrieb innerhalb von fünf Jahren nach dem steuerlichen Übertragungsstichtag in eine Kapitalgesellschaft einbringt oder ohne triftigen Grund veräußert oder aufgibt. ²Bereits erteilte Steuerbescheide, Steuermessbescheide, Freistellungsbescheide oder Feststellungsbescheide sind zu ändern, soweit sie auf der Anwendung der Absätze 1 und 2 beruhen.

Übersicht

	Rn.
1. Regelungsgegenstand	1
2. Anwendungsbereich	8
3. Forderungen, Verbindlichkeiten, Rückstellungen zwischen übertragender Körperschaft und der übernehmenden Personengesellschaft	9
4. Forderungen, Verbindlichkeiten, Rückstellungen zwischen übertragender Körperschaft und einem Gesellschafter der übernehmenden Personengesellschaft	14
a) Zivilrechtliche Konsequenzen	14
b) Einkommensteuerrechtliche Konsequenzen	15
c) Behandlung von Pensionsrückstellungen	18
5. Forderungen, Verbindlichkeiten, Rückstellungen zwischen übertragender Körperschaft und übernehmendem Alleingesellschafter	20
a) Zivilrechtliche Konsequenzen	20
b) Einkommensteuerrechtliche Konsequenzen	22
6. Entstehen und Besteuerung des Übernahmefolgegewinns	27
7. Rücklagenbildung	29
8. Missbrauchsregelung (Abs. 3)	33
9. Einbringung, Veräußerung oder Aufgabe des übergegangenen Betriebes	35
a) Übergegangener Betrieb	35

	Rn.
b) Zeitraum von fünf Jahren	39
c) Einbringung in eine Kapitalgesellschaft	40
d) Veräußerung	43
e) Aufgabe	44
f) Fehlen eines triftigen Grundes bei der Veräußerung bzw. Aufgabe	45
g) Rechtsfolgen	47

1. Regelungsgegenstand

1 Am stl. Übertragungsstichtag können zwischen der übertragenden Körperschaft und der übernehmenden PersGes/natürlichen Person Forderungen und Verbindlichkeiten existieren. Mit der Eintragung der Verschm in das HR des übernehmenden Rechtsträgers geht das Vermögen des übertragenden Rechtsträgers auf die übernehmende PersGes bzw. den Alleingesellschafter über. Gegenseitige Forderungen und Verbindlichkeiten erlöschen zivilrechtlich infolge von **Konfusion.** Konfusion bedeutet, dass sich Forderungen und gegenüberstehende Verbindlichkeiten in einem Rechtsträger vereinigen. Eine Konfusion kann auch vorkommen, wenn Forderungen und Verbindlichkeiten zwischen mehreren Körperschaften bestehen, die gemeinsam auf eine übernehmende PersGes bzw. den Alleingesellschafter verschmolzen werden (Dötsch/Pung/Möhlenbrock/Pung/Werner Rn. 11; Widmann/Mayer/Martini Rn. 32). § 6 findet keine Anwendung in den Fällen des Vermögensübergangs auf einen Rechtsträger ohne Betriebsvermögen (BMF 11.11.2011, BStBl. I 2011, 1314 Rn. 06.01; Dötsch/Pung/Möhlenbrock/Pung/Werner Rn. 1; Widmann/Mayer/Martini Rn. 21; BeckOK UmwStG/Möller-Gosoge Rn. 45; Frotscher/Drüen/Schnitter Rn. 11; Lademann/Stöber Rn. 3; aber auch → Rn. 20), da § 8 nicht auf § 6 verweist.

2 Zu einem **Übernahmefolgegewinn** oder Übernahmefolgeverlust kommt es, wenn die Forderung und die korrespondierenden Schulden bei der Übertragerin und der Übernehmerin mit unterschiedlichen Werten angesetzt sind. Ein Übernahmefolgegewinn entsteht, wenn die Forderung mit einem niedrigeren Wert als die Verbindlichkeit bilanziert ist oder zwischen den an der Umw beteiligten Rechtsträgern eine ungewisse Verbindlichkeit bestand, einer der Rechtsträger dafür eine RSt gebildet hat und in der Bilanz des anderen Rechtsträgers insoweit keine Forderung ausgewiesen wurde, was der Regelfall ist, da ungewisse Forderungen nicht bilanziert werden dürfen (§ 252 I 4 HGB). Der Übernahmefolgegewinn gehört zum laufenden Gewinn des übernehmenden Rechtsträgers (Widmann/Mayer/Martini Rn. 33; BeckOK UmwStG/Müller-Gosoge Rn. 82). Ist die Forderung hingegen mit einem höheren Wert als die Verbindlichkeit bilanziert, entsteht durch die Konfusion ein Übernahmefolgeverlust, der als lfd. Verlust sofort abzugsfähig ist (Rödder/Herlinghaus/van Lishaut/Birkemeier Rn. 73).

3 Zu der Konfusion kommt es aus stl. Sicht eine logische Sekunde nach dem stl. Übertragungsstichtag (Rödder/Herlinghaus/van Lishaut/Birkemeier Rn. 75; HK-UmwStG/Bron Rn. 31; Widmann/Mayer/Martini Rn. 39). In der stl. Schlussbilanz des übertragenden Rechtsträgers sind die Forderungen gegen den übernehmenden Rechtsträger bzw. Schulden gegenüber dem übernehmenden Rechtsträger noch auszuweisen. Ein ggf. entstehender Übernahmefolgegewinn entsteht damit bei der **übernehmenden PersGes** bzw. deren Gesellschaftern eine logische Sekunde **nach Ablauf des stl. Übertragungsstichtags** (Widmann/Mayer/Martini Rn. 39; Dötsch/Pung/Möhlenbrock/Pung/Werner Rn. 22; Rödder/Herlinghaus/van Lishaut/Birkemeier Rn. 75; Frotscher/Drüen/Schnitter Rn. 4; HK-UmwStG/Bron Rn. 31; NK-UmwR/Große Honebrink Rn. 3; ungenau BMF 11.11.2011, BStBl. I 2011, 1314 Rn. 06.01: „mit Ablauf des steuerlichen Übertragungsstichtags"). Liegt der stl. Umwandlungsstichtag am 31.12., so fällt der Übernahmefolgegewinn oder -verlust aus dem Vermögensübergang noch in das dann endende Wj. (Widmann/Mayer/Martini Rn. 39; Frotscher/Drüen/Schnitter Rn. 4).

Entscheidend für die **Höhe des Übernahmefolgegewinns** sind die zum Zeit- 4 punkt des Übertragungsstichtags bestehenden Wertdifferenzen zwischen den Forderungen und den Verbindlichkeiten bei der übertragenden Körperschaft und der übernehmenden Rechtsträger bzw. die zu diesem Zeitpunkt bilanzierten RSt. Nach dem stl. Übertragungsstichtag entstehende Inkongruenzen idS haben keinen Einfluss auf den Übernahmefolgegewinn (Dötsch/Pung/Möhlenbrock/Pung/Werner Rn. 7). Wurden nach dem stl. Übertragungsstichtag Forderungen und Verbindlichkeiten zwischen den an der Umw beteiligten Rechtsträgern begründet oder ändert sich deren BW, so hat dies keine stl. Auswirkungen, da das Vermögen der übertragenden Körperschaft am stl. Übertragungsstichtag gem. § 2 als übergegangen gilt (BMF 11.11.2011, BStBl. I 2011, 1314 Rn. 06.01; Dötsch/Pung/Möhlenbrock/Pung/Werner Rn. 7; Haase/Hofacker/Behrendt Rn. 12; Frotscher/Drüen/Schnitter Rn. 20). Mangels zivilrechtlicher Konfusion soll kein Übernahmefolgegewinn entstehen, wenn die Forderung im Rückwirkungszeitraum an einen Dritten veräußert wird (Frotscher/Drüen/Schnitter Rn. 20; vgl. auch Rödder/Herlinghaus/van Lishaut/Birkemeier Rn. 27).

Die Beteiligungsverhältnisse bei der übertragenden Körperschaft haben keine 5 Auswirkungen auf die Höhe des Übernahmefolgegewinns. Für die Höhe des Übernahmefolgegewinns ist es auch ohne Bedeutung, ob oder in welchem Umfang am stl. Übertragungsstichtag Anteile der übertragenden Körperschaft zum BV der übernehmenden PersGes gehören bzw. in das BV als eingelegt gelten; § 4 IV 3 gilt für den Übernahmefolgegewinn nicht (BMF 11.11.2011, BStBl. I 2011, 1314 Rn. 06.02; Dötsch/Pung/Möhlenbrock/Pung/Werner Rn. 23; Widmann/Mayer/Martini Rn. 36; Haase/Hofacker/Behrendt Rn. 16).

Der **Übernahmefolgegewinn ist nicht Teil des Übernahmeergebnisses iSd** 6 **§ 4 IV-VII**, ein Konfusionsgewinn kann damit nicht mit dem Übernahmeverlust saldiert werden (BMF 11.11.2011, BStBl. I 2011, 1314 Rn. 06.02; FG SH EFG 2023, 507; BeckOK UmwStG/Möller-Gosoge Rn. 82; Frotscher/Drüen/Schnitter Rn. 3; Dötsch/Pung/Möhlenbrock/Pung/Werner Rn. 6; Rödder/Herlinghaus/van Lishaut/Birkemeier Rn. 77).

Der Übernahmefolgegewinn ist dadurch begünstigt, dass der Gewinn in dem 7 Wj., in das der stl. Übertragungsstichtag fällt, durch eine **Rücklage** gem. Abs. 1 neutralisiert werden kann. Diese Rücklage ist in den darauffolgenden drei Jahren zu je einem Drittel gewinnerhöhend aufzulösen.

2. Anwendungsbereich

§ 6 betrifft die Verschm einer Körperschaft auf eine übernehmende PersGes/ 8 natürliche Person. § 6 erfasst auch grenzüberschreitende Verschm (Widmann/Mayer/Martini Rn. 25; Haase/Hofacker/Behrendt Rn. 5); ihm kommt jedoch iE nur Bedeutung zu, soweit der übernehmende Rechtsträger im Inland unbeschränkt oder beschränkt stpfl. ist (Brandis/Heuermann/Klingberg/Loose Rn. 12; Lademann/Stöber Rn. 5). § 6 findet auch bei der Verschm auf den alleinigen Gesellschafter der Körperschaft Anwendung. Durch Verweis findet die Vorschrift auch Anwendung bei der Verschm oder Vermögensübertragung auf eine andere Körperschaft (§ 12 IV), in den Fällen der Auf- oder Abspaltung auf eine Körperschaft (§ 15 I 1 iVm § 12 IV) und eine PersGes (§ 16) sowie für die GewSt (§ 18). Für die Einbringungsfälle wird in § 23 VI, § 24 IV iVm § 23 VI auf die Vorschrift des § 6 Bezug genommen. Beim Formwechsel nach §§ 9, 25 kommt nach hM nur Abs. 2, 3 zur Anwendung (Dötsch/Pung/Möhlenbrock/Pung/Werner Rn. 1; Rödder/Herlinghaus/van Lishaut/Birkemeier Rn. 8; Frotscher/Drüen/Schnitter Rn. 12; vgl. auch

Widmann/Mayer/Martini Rn. 15; → § 9 Rn. 36 f.). § 6 findet keine Anwendung bei Vermögensübertragungen auf einen Rechtsträger ohne Betriebsvermögen (→ Rn. 1). Die Anwendbarkeit des § 6 kann unter den Voraussetzungen des Abs. 3 rückwirkend in den dort genannten Fällen entfallen.

3. Forderungen, Verbindlichkeiten, Rückstellungen zwischen übertragender Körperschaft und der übernehmenden Personengesellschaft

9   Ist die übernehmende **PersGes Inhaber einer Forderung** gegenüber der übertragenden Körperschaft und geht das Vermögen der übertragenden Körperschaft auf das BV der PersGes über, vereinigen sich die Forderung der übernehmenden PersGes mit der Verbindlichkeit der übertragenden Körperschaft; es tritt eine Konfusion ein. Ist die Verbindlichkeit in der stl. Schlussbilanz der übertragenden Körperschaft mit einem höheren Wert angesetzt als die korrespondierende Forderung bei der übernehmenden PersGes, so entsteht ein Übernahmefolgegewinn eine logische Sekunde nach Ablauf des stl. Übertragungsstichtages auf der Ebene der übernehmenden Pers-Ges. Das gleiche Ergebnis tritt dann ein, wenn die **übertragende Körperschaft eine Forderung** gegenüber der PersGes zum stl. Übertragungsstichtag besitzt und die Forderung mit einem niedrigeren Wert angesetzt ist als die Verbindlichkeit.

10 Wurde die Forderung in der Vergangenheit wertberichtigt, so ist zu prüfen, ob zum Verschmelzungsstichtag die Voraussetzungen für eine **Zuschreibung gem. § 6 I Nr. 2 S. 3 iVm Nr. 1 S. 4 EStG** vorliegen. Hat der übertragende Rechtsträger eine abgeschriebene Forderung bilanziert, so muss er noch in der stl. Schlussbilanz die Teilwertabschreibung rückgängig machen, falls die Voraussetzungen der Zuschreibung zum Umwandlungsstichtag vorliegen. In diesem Fall entsteht beim übertragenden Rechtsträger insoweit eine Übernahmefolgegewinn. Das Gleiche gilt auch, wenn die übernehmende PersGes eine Forderung gegenüber dem übertragenden Rechtsträger teilwertberichtigt hat. Ist die übernehmende PersGes verpflichtet, gem. § 6 I Nr. 2 S. 3 iVm Nr. 1 S. 4 EStG die Wertminderung rückgängig zu machen, so ist ein daraus entstehender Gewinn kein Übernahmefolgegewinn, eine Rücklagenbildung ist insoweit ausgeschlossen (Dötsch/Pung/Möhlenbrock/Pung/ Werner Rn. 8; vgl. auch Widmann/Mayer/Widmann Rn. 30). Allein die Tatsache, dass es durch die Verschm zu einer Konfusion kommt, führt nicht dazu, dass eine wertberichtigte Forderung wieder werthaltig wird (FG SH EFG 2023, 507). Seit dem 1.1.2008 (zur Rechtslage davor vgl. NdsFG BB 2008, 1661) fallen bei Körperschaften, die MU der übernehmenden PersGes sind (vgl. § 8b VI KStG), Gewinnminderungen im Zusammenhang mit kapitalersetzenden Darlehen unter das Abzugsverbot des **§ 8b III 3 KStG**, Gewinne aus dem Ansatz der Darlehensforderung aus Zuschreibungen bleiben bei der Ermittlung des Einkommens außer Ansatz, soweit auf die vorangegangene TW-AfA § 8 III 3 KStG anzuwenden war. Der Übernahmefolgegewinn stellt zwar keinen Gewinn aus einer Wertaufholung nach § 6 I Nr. 2 S. 3 EStG dar, der nach § 8b III 8 KStG außer Ansatz bleiben würde, die Regelung ist aber analog auf diesen Fall anzuwenden (Rödder/Herlinghaus/ van Lishaut/Birkemeier Rn. 78; NK-UmwR/Große Honebrink Rn. 16; Haase/ Hofacker/Behrendt Rn. 17; Frotscher/Drüen/Schnitter Rn. 18b; Neu/Schiffers/ Watermeyer GmbHR 2011, 729; IDW Ubg 2011, 549; Pyszka/Jüngling BB Special 1.2011, 4; aA BMF 11.11.2011, BStBl. I 2011, 1314 Rn. 06.02; FG SH EFG 2023, 507; FG BW EFG 2016, 1571; (Widmann/Mayer/Martini Rn. 35; Dötsch/Pung/ Möhlenbrock/Pung/Werner Rn. 16; Krohn/Greulich DStR 2008, 646; Schell/ Krohn DB 2012, 1172 mit Gestaltungshinweisen). Der Gesetzgeber wollte mit dieser Regelung Buchgewinne dann keiner Besteuerung zuführen, wenn die vorherigen Buchverluste sich stl. nicht ausgewirkt haben (aA FG SH EFG 2023, 507). Dieser

Gedanke entspricht dem objektiven Nettoprinzip und muss daher aus verfassungsrechtlichen Gründen auch bei Übernahmefolgegewinne gelten.

Nach richtiger Auffassung (BMF 11.11.2011, BStBl. I 2011, 1314 Rn. 06.01) **11** scheidet ein Übernahmegewinn bei einer **verdeckten Gewinnausschüttung** vor dem stl. Umwandlungsstichtag aus. War eine Barforderung des übertragenden Rechtsträgers gegenüber seinem Gesellschafter bereits vor dem Verschmelzungsstichtag nicht werthaltig und liegt damit eine vGA vor, ist die Forderung in der Schlussbilanz nicht auszuweisen (Widmann/Mayer/Martini Rn. 98). Folgerichtig ist daher in diesen Fällen kein Übernahmefolgegewinn anzunehmen, widrigenfalls käme es insoweit zu einer Doppelerfassung (FGS/BDI UmwStE/Cordes/Dremel/Carstens, 2011, 208; Hruschka DStR Beihefter zu Heft 2/2012, 4; Schell/Krohn DB 2012, 1172).

Hat ein an der Verschm beteiligter Rechtsträger zugunsten des anderen an der **12** Verschm beteiligten Rechtsträgers eine RSt ausgewiesen, so fällt diese **RSt** im Zeitpunkt des Umwandlungsstichtages grds. fort. Sie ist beim übernehmenden Rechtsträger aufzulösen. Sofern der andere Rechtsträger keine Forderung iHd RSt ausgewiesen hat, was aufgrund des § 252 I 4 HGB der Regelfall ist, entsteht ein entsprechender Übernahmefolgegewinn. Die Auflösung der RSt bzw. die Ausbuchung der Verbindlichkeit erfolgt beim übernehmenden Rechtsträger über ein Erfolgskonto, die Ausbuchung der Forderung erfolgt über ein Aufwandskonto (Haase/Hofacker/Behrendt Rn. 14; Frotscher/Drüen/Schnitter Rn. 5). In Höhe der Diff. zwischen den Schulden bzw. RSt und den Forderungen entsteht ein Übernahmefolgegewinn.

Hat die **übernehmende PersGes bis zum Umwandlungsstichtag den** **13** **Gewinn nicht nach Bilanzierungsgrundsätzen ermittelt,** muss sie ausnahmsweise eine stl. Übernahmebilanz erstellen (Widmann/Mayer/Widmann § 4 Rn. 32; Rödder/Herlinghaus/van Lishaut/Birkemeier Rn. 72; Frotscher/Drüen/Schnitter § 4 Rn. 50; aA BFH DStR 2016, 796; Dötsch/Pung/Möhlenbrock/Pung/Werner Rn. 21). Soweit eine Forderung des übertragenden Rechtsträgers in der stl. Schlussbilanz unter dem Nominalwert ausgewiesen wurde, entsteht daher bei der Übernehmerin ein Konfusionsgewinn iHd Diff. zwischen der beim übertragenden Rechtsträger ausgewiesenen Forderung und der bei der übernehmenden PersGes eingebuchten Verbindlichkeit. Hat die übernehmende PersGes, die ihren Gewinn bisher nach § 4 III EStG ermittelt hat, eine Forderung gegenüber dem übertragenden Rechtsträger, so ist bei Aufstellung der stl. Übernahmebilanz die Forderung mit ihrem TW einzubuchen (Rödder/Herlinghaus/van Lishaut/Birkemeier Rn. 72). Ein durch den Übergang zur Bilanzierung entstehender Gewinn/Verlust ist als lfd. Gewinn bzw. Verlust weder Teil des Übernahmeergebnisses nach § 4 IV noch des Übernahmefolgegewinns iSd § 6 (Dötsch/Pung/Möhlenbrock/Pung/Werner Rn. 21; Rödder/Herlinghaus/van Lishaut/Birkemeier Rn. 72; Widmann/Mayer/Martini Rn. 33; BeckOK UmwStG/Müller-Gosoge Rn. 82). Hat die in der Übernahmebilanz aktivierte Forderung einen anderen Wert als die insoweit beim übertragenen Rechtsträger bilanzierte Schuld, entsteht ein Differenzbetrag, der unter Abs. 1 fällt; eine Rücklagenbildung soll nach wohl vorwiegender Meinung ausscheiden (Dötsch/Pung/Möhlenbrock/Pung/Werner Rn. 21), was jedoch nur dann gelten sollte, wenn die übernehmende PersGes im unmittelbaren Anschluss an die Verschm wieder zur Gewinnermittlung nach § 4 III EStG zurückkehrt.

4. Forderungen, Verbindlichkeiten, Rückstellungen zwischen übertragender Körperschaft und einem Gesellschafter der übernehmenden Personengesellschaft

a) Zivilrechtliche Konsequenzen. Hat ein **Gesellschafter der übernehmen-** **14** **den PersGes** eine Forderung gegenüber der übertragenden Körperschaft, liegen zivilrechtlich die Voraussetzungen einer Konfusion nicht vor (Widmann/Mayer/Martini Rn. 185; BeckOK UmwStG/Möller-Gosoge Rn. 124). Die Rechtsbeziehungen zwischen einer PersGes und ihren Gesellschaftern werden bürgerlich-rechtlich uneingeschränkt anerkannt. Forderung und korrespondierende Verbindlichkeiten gehen damit im Rahmen der Verschm der Körperschaft auf die PersGes nicht unter. Handelsrechtlich kann damit ein „Übernahmefolgegewinn" in diesen Fällen nicht entstehen.

15 **b) Einkommensteuerrechtliche Konsequenzen.** Ob es zu einer steuerrechtlichen Konfusion kommt, wenn bei der Umw einer Körperschaft auf eine PersGes Forderungen oder Verbindlichkeiten der übertragenden Körperschaft auf eine PersGes übergehen und der Schuldner bzw. Gläubiger der Forderung oder Verbindlichkeit im Zeitpunkt der Eintragung des Umwandlungsbeschlusses in das HR an der übernehmenden PersGes als Gesellschafter beteiligt ist (Abs. 2 S. 2), ist im Einzelnen umstritten. Teilw. wird in der Lit. die Auffassung vertreten, dass nach Aufgabe der Bilanzbündeltheorie (vgl. BFH GrS 25.6.1984, BStBl. II 1984, 761) Forderungen und Verbindlichkeiten zwischen den Gesellschaftern einer PersGes und der PersGes auch **steuerrechtlich uneingeschränkt anerkannt werden** (Haritz/Menner/Biletewski/Werneburg Rn. 27; vgl. auch FGS/BDI UmwStE/Cordes/Dremel/Carstens, 2011, 207 f.). Eine Forderung, die ein Gesellschafter der übernehmenden Gesellschaft gegenüber der übertragenden Körperschaft innehat, sei nicht durch das Gesellschaftsverhältnis zur übernehmenden PersGes veranlasst, sodass nach der Verschm dieses ursprünglich zu der übertragenden Körperschaft bestehende Rechtsverhältnis auch gegenüber der PersGes anerkannt werden müsste (Haritz/Menner/Biletewski/Werneburg Rn. 27).

16 Demgegenüber geht die hM (Dötsch/Pung/Möhlenbrock/Pung/Werner Rn. 30 ff.; ebenso Widmann/Mayer/Martini Rn. 186; Brandis/Heuermann/Klingberg Rn. 34; BeckOK UmwStG/Möller-Gosoge Rn. 125; Frotscher/Drüen/Schnitter Rn. 47; vgl. auch Rödder/Herlinghaus/van Lishaut/Birkemeier Rn. 30 ff.) davon aus, dass Rechtsbeziehungen zwischen den Gesellschaftern und der PersGes **stl.** weitgehend **nicht anerkannt werden** (vgl. dazu auch Schmidt/Wacker EStG § 15 Rn. 404). Unmittelbar nach dem stl. Übertragungsstichtag bringt der Gesellschafter der übernehmenden PersGes seine Darlehensforderung gegenüber der übertragenden Körperschaft in das SBV der übernehmenden PersGes ein. Abs. 2 ist auch anzuwenden, wenn der Gesellschafter an der übertragenden Gesellschaft erst aufgrund der Umwandlung MU der übernehmenden PersGes wird (Widmann/Mayer/Martini Rn. 188; Rödder/Herlinghaus/van Lishaut/Birkemeier Rn. 97). Die Einlage erfolgt zum TW, sofern die Forderung gegenüber dem übertragenden Rechtsträger zum PV des Gesellschafters zum Verschmelzungsstichtag gehört hat (FG BW EFG 2016, 1571; vgl. auch BFH FR 2020, 1101); falls sie BV zu diesem Zeitpunkt war, gilt sie nach § 6 V 1 EStG eine logische Sekunde nach dem Verschmelzungsstichtag in das SBV der übernehmenden PersGes eingelegt. Sofern die Forderung im PV gehalten wird, kann es zu den Einkünften iSd §§ 19, 20, 21 oder 22 EStG kommen (Haase/Hofacker/Behrendt Rn. 28). Im Anschluss daran kommt es aus steuerrechtlicher Sicht auf der Ebene der PersGes zu einer Konfusion. Der MU, der seine Forderung aus dem PV zum TW in das SBV der übernehmenden PersGes zum Umwandlungsstichtag eingelegt hat, muss wegen § 15 I Nr. 2 EStG (spiegelbildliche Bilanzierung) seine Forderung sodann mit dem Nennwert ansetzen und erzielt nach hM (Dötsch/Pung/Möhlenbrock/Pung/Werner Rn. 30; FG BW EFG 2016, 1571; auch → Rn. 10) einen Gewinn, für den § 6 II gilt (Dötsch/Pung/Möhlenbrock/Pung/Werner Rn. 30; Widmann/Mayer/Martini Rn. 194; BeckOK UmwStG/Möller-Gosoge Rn. 126). Gleiches gilt, falls die Forderung, die eingelegt wurde, vorher BV war (aA Dötsch/Pung/Möhlenbrock/Pung/Werner Rn. 30). Eine Zuschreibung iSv Abs. 1 Nr. 2 S. 3 liegt nicht vor (→ Rn. 10).

Der **BFH** geht in seinem Urt. v. 8.12.1982 (BStBl. II 1983, 570) davon aus, dass **17** es zu einer **Konfusion aus steuerrechtlicher Sicht** kommt, wenn eine Forderung oder Verbindlichkeit der übertragenden Körperschaft auf die übernehmende PersGes übergeht und der Schuldner bzw. der Gläubiger der Forderung oder Verbindlichkeit im Zeitpunkt der Eintragung des Umwandlungsbeschlusses in das HR Gesellschafter der übernehmenden PersGes ist. Aus der Verweisung des § 8 VI UmwStG 1977, welcher dem heutigen Abs. 2 entspricht, auf § 8 I–V UmwStG 1977 ergebe sich, dass auch in den Fällen, in denen Forderungen und Verbindlichkeiten zwischen der übertragenden Körperschaft und den Gesellschaftern der übernehmenden PersGes existieren, es steuerrechtlich zu einem Erlöschen von Forderungen und Verbindlichkeiten kommt. Da ein solcher Vorgang zivilrechtlich nicht zur Beendigung des Schuldverhältnisses führt, müsse aus der Sonderregelung in § 8 VI UmwStG 1977 (entsprechend § 6 II) geschlossen werden, dass das UmwStG von einer Konfusion ausgehe. Für diese Meinung spricht iÜ der Grundsatz der **additiven Gewinnermittlung mit korrespondierender Bilanzierung,** bezogen auf die Rechtsbeziehungen in der stl. Gesamthandsbilanz der Gesellschaft und den Sonderbilanzen der Gesellschafter (vgl. Schmidt/Wacker EStG § 15 Rn. 404; NK-UmwR/Große Honebrink Rn. 20). Danach sind Darlehensforderungen eines Gesellschafters gegenüber der PersGes idR in der Gesamthandsbilanz als EK auszuweisen, gewinnmindernde Wertberichtigungen können demnach in der Sonderbilanz nicht vorgenommen werden (vgl. Schmidt/Wacker EStG § 15 Rn. 404).

c) Behandlung von Pensionsrückstellungen. Kommt es zu einer Verschm **18** einer Körperschaft auf eine PersGes, ist eine zugunsten des Gesellschafter-Geschäftsführers bei der KapGes zulässigerweise gebildete **Pensionsrückstellung** auch dann **nicht aufzulösen,** wenn dieser Gesellschafter-Geschäftsführer MU der übernehmenden PersGes ist bzw. im Rahmen der Verschm wird. Nach bisher hM (BMF 25.3.1998, BStBl. I 1998, 268 Rn. 06.03; Dötsch/Pung/Möhlenbrock/Pung/Werner Rn. 34; Haritz/Menner/Haritz Rn. 32) ist die bei der KapGes gebildete Pensionsrückstellung auf der Ebene der übernehmenden PersGes mit dem Anschaffungsbarwert gem. § 6a III Nr. 2 EStG fortzuführen. Da dieser regelmäßig niedriger ist als der TW iSd § 6a III Nr. 1 EStG, entsteht in Höhe der Diff. ein Übernahmefolgegewinn. Strittig war und ist, ob dieser Übernahmefolgegewinn allen Gesellschaftern (Dötsch/Pung/Möhlenbrock/Pung/Werner Rn. 34) oder jew. nur dem begünstigten Gesellschafter (Widmann/Mayer/Widmann Rn. 92) zugerechnet werden muss. Nunmehr geht die FVerw (BMF 11.11.2011, BStBl. I 2011, 1314 Rn. 06.05) davon aus, dass die Pensionsrückstellung weiterhin mit dem TW nach § 6a III 2 Nr. 1 EStG zu bewerten ist. Die Auffassung wird damit begründet, dass ein zwischen dem Anteilseigner und dem zukünftigen Mitunternehmer und der übertragenden Körperschaft bestehendes Dienstverhältnis auf die übernehmende PersGes übergeht und nicht im stl. Sinne mit der Verschm endet (koordinierter Ländererlass v. 23.12.2009, DStR 2009, 2318).

Soweit es zu Zuführungen nach dem stl. Übertragungsstichtag kommt und diese **19** ihren Grund in einem fortbestehenden Dienstverhältnis haben, liegen Sondervergütungen iSd § 15 I 1 Nr. 2 EStG vor. Zu weiteren Einzelheiten → § 4 Rn. 38 f.

5. Forderungen, Verbindlichkeiten, Rückstellungen zwischen übertragender Körperschaft und übernehmendem Alleingesellschafter

a) Zivilrechtliche Konsequenzen. Wird eine Körperschaft auf einen Alleinge- **20** sellschafter verschmolzen, so erlischt bürgerlich-rechtlich eine Forderung des Alleingesellschafters gegenüber der übertragenden Körperschaft durch Konfusion. Dies gilt unabhängig davon, ob die Forderung des Alleingesellschafters zum stl. BV oder PV gehört (BFH BStBl. II 2019, 483).

21 Die Verschm auf den Alleingesellschafter ist in §§ 120–122 UmwG geregelt, ergänzend sind gem. § 121 UmwG auf die KapGes die für ihre Rechtsform geltenden Vorschriften des Ersten und Zweiten Teils des UmwG anzuwenden. Die Verschm auf den Alleingesellschafter erfolgt im Wege der Aufnahme. Spätestens mit Abschluss des Verschmelzungsvertrages muss der übernehmende Alleingesellschafter die 100%ige Beteiligung an der übertragenden KapGes besitzen. Eigene Anteile der übertragenden KapGes sind nach § 120 II UmwG dem Alleingesellschafter zuzurechnen.

22 **b) Einkommensteuerrechtliche Konsequenzen.** Hält der **EU die Forderung** gegenüber der übertragenden KapGes in seinem **PV**, kommt es aus steuerrechtlicher Sicht eine logische Sekunde nach dem Umwandlungszeitpunkt (BFH BStBl. II 2019, 483; Widmann/Mayer/Martini Rn. 81; Dötsch/Pung/Möhlenbrock/Pung/Werner Rn. 9; Frotscher/Drüen/Schnitter Rn. 23) zu einer Einlage der Forderung mit dem TW in das BV (vgl. auch BFH BStBl. II 2019, 483), sofern ein BV verschmolzen wird, und zu einer anschl. Konfusion zwischen der Darlehensverbindlichkeit der übertragenden KapGes und der Forderung des übernehmenden Alleingesellschafters. Entsprechend der TW der Forderung der bei der übertragenden Körperschaft bilanzierten Verbindlichkeit ist der Vorgang erfolgsneutral (Widmann/Mayer/Martini Rn. 82). Soweit der TW der Forderung unter dem Nennbetrag der Verbindlichkeit liegt, entsteht im Grundsatz ein Übernahmefolgegewinn; ((BFH BStBl. II 2019, 483; Widmann/Mayer/Martini Rn. 82; Dötsch/Pung/Möhlenbrock/Pung/Werner Rn. 9). Die Forderung gilt eine logische Sekunde nach dem stl. Übertragungsstichtag dem Einzelunternehmer iHd TW als zugeflossen, da Forderungen und Verbindlichkeiten durch Konfusion erlöschen. Sofern die Forderung zu den Einkünften iSd §§ 19, 20, 21 oder 22 EStG gehört, kann dies zu stpfl. Einnahmen führen (Dötsch/Pung/Möhlenbrock/Pung/Werner Rn. 9; Frotscher/Drüen/Schnitter Rn. 24). Ist der übernehmende Rechtsträger eine Körperschaft (vgl. § 12 IV), so ist § 8b III 8 KStG analog anzuwenden (→ Rn. 10). Wurde das Gesellschafterdarlehen nach dem stl. Übertragungsstichtag gewährt, hat dies keine stl. Auswirkungen, da das Vermögen der übertragenden Körperschaft am stl. Übertragungsstichtag gem. § 2 als übergegangen gilt.

23 Ein Übernahmefolgegewinn entsteht stets, wenn die übertragende Körperschaft eine **RSt** gebildet hat, die im Rahmen der Verschm auf die Einzelperson durch Konfusion erlischt, wenn die übernehmende Einzelperson insoweit keine Forderung bilanziert hat, was regelmäßig der Fall ist.

24 Besteht bei der übertragenden Körperschaft eine Pensionsrückstellung zugunsten des übernehmenden Alleingesellschafters, so entsteht im Rahmen der Verschm auf ein BV ein Übernahmefolgegewinn iHd durch Konfusion erlöschenden **Pensionsrückstellung.** Die Pensionsrückstellung ist von der übernehmenden Einzelperson ertragswirksam aufzulösen (BMF 11.11.2011, BStBl. I 2011, 1314 Rn. 06.07). Besteht insoweit eine Rückdeckungsversicherung, so ist dieser Versicherungsanspruch aufzulösen und mit dem Übernahmefolgegewinn zu verrechnen (BMF 11.11.2011, BStBl. I 2011, 1314 Rn. 06.08; Dötsch/Pung/Möhlenbrock/Pung/Werner Rn. 18).

25 Wird die Körperschaft auf ein BV ihres Alleingesellschafters verschmolzen und hat die **übertragende Körperschaft eine Forderung** gegenüber dem Alleingesellschafter, so kommt es zivilrechtlich zu einer Konfusion. Aus steuerrechtlicher Sicht wird die Forderung eine logische Sekunde nach dem Umwandlungszeitpunkt aus dem BV zum TW entnommen, sofern der Alleingesellschafter die Verbindlichkeit im PV hält. Da die Entnahme zum TW erfolgt, entsteht grds. kein Entnahmegewinn (Dötsch/Pung/Möhlenbrock/Pung/Werner Rn. 8; aA Widmann/Mayer/Martini

Rn. 88). Wurde die Verbindlichkeit bei der übernehmenden Einzelperson in einem BV bilanziert, auf das verschmolzen wird, so kann ein Übernahmefolgegewinn iHd Diff. zwischen der ausgewiesenen Verbindlichkeit beim übernehmenden Einzelunternehmer und dem in der stl. Schlussbilanz der übertragenden Körperschaft ausgewiesenen BW der Forderung entstehen. Zur Wertaufholung iSv § 6 I Nr. 2 S. 3 → Rn. 10. Zum Nichtentstehen eines Übernahmefolgegewinns, wenn der Erhöhungsbetrag bereits auf Grund einer vGA der Besteuerung unterlag → Rn. 11.

Eine natürliche Person kann mehrere selbstständige Gewerbebetriebe haben (vgl. **26** Schmidt/Wacker EStG § 15 Rn. 125). Wird in einem solchen Fall der übertragende Rechtsträger auf den Gewerbebetrieb A verschmolzen, besteht aber die schuldrechtliche Beziehung in Form einer Forderung bzw. Verbindlichkeit zwischen dem übertragenden Rechtsträger und dem Gewerbebetrieb B, so wird die Forderung aus dem einen Gewerbebetrieb zum BW entnommen (§ 6 V 1 EStG) und in den anderen Gewerbebetrieb überführt, in dem sich nach der Verschm die Schuld befindet (Dötsch/Pung/Möhlenbrock/Pung Rn. 10).

6. Entstehen und Besteuerung des Übernahmefolgegewinns

Bestehen zwischen der übertragenden Körperschaft und der übernehmenden **27** PersGes/Einzelunternehmer Forderungen und Verbindlichkeiten, so erlöschen diese zivilrechtlich eine logische Sekunde nach der Eintragung der Umw in das HR. Es kommt beim übernehmenden Rechtsträger zu einer Konfusion. Der Übernahmefolgegewinn entsteht steuerrechtlich eine **logische Sekunde nach dem stl. Übertragungsstichtag** (Widmann/Mayer/Martini Rn. 30; Dötsch/Pung/Möhlenbrock/Pung/Werner Rn. 22; HK-UmwStG/Bron Rn. 31; Frotscher/Drüen/Schnitter Rn. 4; Rödder/Herlinghaus/van Lishaut/Birkemeier Rn. 75; ungenau BMF 11.11.2011, BStBl. I 2011, 1314 Rn. 06.01: „mit Ablauf des steuerlichen Übertragungsstichtags"). Fällt der stl. Übertragungsstichtag mit dem Bilanzstichtag des übernehmenden Rechtsträgers zusammen, entsteht der Übernahmefolgegewinn noch in dem Wj., das mit dem Bilanzstichtag abschließt (Dötsch/Pung/Möhlenbrock/Pung/Werner Rn. 22; Haase/Hofacker/Behrendt Rn. 13; Frotscher/Drüen/Schnitter Rn. 4).

Der Übernahmegewinn gehört zum **lfd. Gewinn** der übernehmenden PersGes **28** (BMF 11.11.2011, BStBl. I 2011, 1314 Rn. 06.02; Rödder/Herlinghaus/van Lishaut/Birkemeier Rn. 74; Dötsch/Pung/Möhlenbrock/Pung/Werner Rn. 16; Widmann/Mayer/Martini Rn. 33; BeckOK UmwStG/Möller-Gosoge Rn. 82). Entsteht der Gewinn in der Gesamthandsbilanz der übernehmenden PersGes, verteilt er sich nach dem allg. Verteilungsschlüssel, entsteht er in der Sonderbilanz der übernehmenden PersGes, ist er dem jew. Gesellschafter zuzurechnen (Dötsch/Pung/Möhlenbrock/Pung/Wermer Rn. 22; Frotscher/Drüen/Schnitter Rn. 34; Rödder/Herlinghaus/van Lishaut/Birkemeier Rn. 74). Der Übernahmefolgegewinn/-verlust ist als lfd. Gewinn der PersGes auch dann in voller Höhe anzusetzen, wenn am stl. Übertragungsstichtag nicht alle Anteile an der übertragenden Körperschaft zum Betriebsvermögen der übernehmenden PersGes zuzurechnen waren, Abs. 4 S. 3 gilt für den Folgegewinn nicht (Dötsch/Pung/Möhlenbrock/Pung/Werner Rn. 23; Rödder/Herlinghaus/van Lishaut/Birkemeier Rn. 77; Widmann/Mayer/Martini Rn. 36; Frotscher/Drüen/Schnitter Rn. 29). Der Übernahmefolgegewinn ist nicht Teil des Übernahmeergebnisses nach § 4 IV–VII (BMF 11.11.2011, BStBl. I 2011, 1314 Rn. 06.02). Soweit der Übernahmefolgegewinn auf eine natürliche Person entfällt, unterliegt er der **ESt,** soweit er auf eine kstpfl. Gesellschaft entfällt, der **KSt.** § 3 Nr. 40 EStG bzw. § 8b KStG finden auf den Übernahmefolgegewinn im Grundsatz keine Anwendung. Entsteht der Übernahmefolgegewinn innerhalb eines Gewerbebetriebs, so fällt **GewSt** an; § 18 II stellt den Übernahmefolgegewinn nicht von der GewSt frei (Widmann/Mayer/Martini Rn. 34). Auf den Übernahmefolgegewinn als lfd. Gewinn ist auch die Steuerermäßigung nach § 35 EStG anzuwenden (BMF 11.11.2011, BStBl. I 2011, 1314 Rn. 06.02; Rödder/Herlinghaus/van Lishaut/Birkemeier Rn. 80; Dötsch/Patt/Pung/Möhlenbrock/Pung Rn. 16). Entsteht der Übernahmefolgegewinn durch eine Vereinigung von Forderungen und Verbindlichkeiten, ist er nach der hier vertretenen Auffassung (→ Rn. 10) **dann nicht stpfl.**, wenn sich die Forderungsabschreibung ganz oder zum Teil (zB wegen § 3c II EStG oder § 8b III 4 ff. KStG) stl. nicht ausgewirkt hat (aA BMF 11.11.2011, BStBl. I 2011, 1314 Rn. 06.02; FG SH EFG 2023, 507; FG BW EFG 2016, 1571).

7. Rücklagenbildung

29   Ermittelt der übernehmende Rechtsträger seinen Gewinn durch Bestandsvergleich (Rödder/Herlinghaus/van Lishaut/Birkemeier Rn. 85), ist er berechtigt, den Übernahmefolgegewinn zunächst durch Bildung einer Rücklage zu neutralisieren (Dötsch/Pung/Möhlenbrock/Pung/Werner Rn. 24; Widmann/Mayer/Martini Rn. 158). Eine Rücklage ist auch dann in vollem Umfang zu bilden, wenn die Anteile am übertragenden Rechtsträger nicht oder nicht zu 100% zum Betriebsvermögen des übernehmenden Rechtsträgers gehört haben (vgl. dazu aber auch Dötsch/Pung/Möhlenbrock/Pung/Werner Rn. 24). Der Übernahmefolgegewinn entsteht eine logische Sekunde nach Ablauf des stl. Übertragungsstichtags, sodass die Rücklage auch in dem Wj. zu bilden ist, in das der stl. Übertragungsstichtag fällt (Widmann/Mayer/Martini Rn. 158). Nach Inkrafttreten des BilMoG ist eine Rücklagenbildung in der Handelsbilanz nicht mehr Voraussetzung für die Bildung einer entsprechenden Rücklage in der StB. Auch ist eine Aufnahme in das nach § 5 I 2, 3 EStG zu führende Verzeichnis nicht erforderlich (Widmann/Mayer/Martini Rn. 164; Dötsch/Pung/Möhlenbrock/Pung/Werner Rn. 24; Rödder/Herlinghaus/van Lishaut/Birkemeier Rn. 82).

30   Ist der übernehmende Rechtsträger eine PersGes, so wird die Rücklage grds. einheitlich gebildet, es sei denn, der Übernahmefolgegewinn entsteht ausschließlich in der Person eines Gesellschafters (→ Rn. 15 ff.; Widmann/Mayer/Martini Rn. 163). Letzteren Falls ist die Rücklage in der Sonderbilanz des Gesellschafters auszuweisen.

31   Da der übernehmende Rechtsträger bei Entstehung eines Übernahmefolgegewinns ein **Wahlrecht** zur normalen Versteuerung oder aber zur Rücklagenbildung hat, ist die Bildung einer Rücklage auch nur für einen Teil des Übernahmefolgegewinns möglich (Dötsch/Pung/Möhlenbrock/Pung/Werner Rn. 24; Widmann/Mayer/Martini Rn. 160).

32   Die Rücklage muss **pro Wj. mit** mindestens **einem Drittel aufgelöst werden.** Mit der Auflösung der Rücklage muss an dem Bilanzstichtag begonnen werden, der dem Bilanzstichtag folgt, zu dem die Rücklage gebildet wurde. Ein Rumpfwirtschaftsjahr gilt als Wj. iSd Abs. 1 S. 2. Da die Rücklage mindestens mit einem Drittel jährlich aufzulösen ist, kann in einem Wj. auch ein höherer Betrag aufgelöst werden (Rödder/Herlinghaus/van Lishaut/Birkemeier Rn. 88). Wird in einem Wj. ein höherer als der gesetzliche Mindestbetrag aufgelöst, so ist im Folgejahr weiter mindestens ein Drittel bezogen auf die Höhe der ursprünglichen RSt aufzulösen (Widmann/Mayer/Martini Rn. 168). Diese Auflösung der Rücklage führt zu einem lfd. Gewinn (Rödder/Herlinghaus/van Lishaut/Birkemeier Rn. 89).

8. Missbrauchsregelung (Abs. 3)

33   Abs. 3 bestimmt, dass bei einer Umw die Vergünstigung des Abs. 1, 2 hinsichtlich des Übernahmefolgegewinns rückwirkend entfällt, wenn der übernehmende Rechtsträger innerhalb von fünf Jahren nach dem stl. Übertragungsstichtag den auf ihn übergegangenen Betrieb in eine KapGes einbringt oder ohne triftigen Grund

veräußert oder aufgibt. Der Fortfall der Steuererleichterung gem. Abs. 3 betrifft alle Umw, in denen Abs. 1 S. 2 angewendet worden ist. Dies ist der Fall der Verschm einer Körperschaft auf eine PersGes bzw. natürliche Person, der Verschm einer Körperschaft auf eine andere Körperschaft, in den Fällen der Aufspaltung, Abspaltung oder Vermögensübertragung in Form der Teilübertragung einer Körperschaft auf eine andere Körperschaft bzw. auf eine PersGes, bei den Vorschriften hinsichtlich der GewSt sowie in den Fällen der Einbringung.

Abs. 3 geht als besondere Missbrauchsvorschrift der allg. Missbrauchsvorschrift **34** des § 42 AO vor, letztere Vorschrift kann dann im Grundsatz nicht mehr angewendet werden (vgl. BFH BStBl. II 2021, 5880). Ausführlich zum Verhältnis von § 42 AO zu speziellen Missbrauchsvorschriften _→ § 22 Rn. 9). Nur wenn man davon ausgeht, dass Abs. 3 wegen seiner typisierenden Missbrauchsvermutung (vgl. dazu Gille IStR 2007, 194; Graw FR 2009, 837) gegen die Vorgaben der Fusions-RL verstößt (Frotscher/Drüen/Schnitter Rn. 57; Widmann/Mayer/Martini Rn. 27; HK-UmwStG/Bron Rn. 122) und damit keine Anwendung findet, kann bei grenzüberschreitenden Sachverhalten auf § 42 AO zurückgegriffen werden (Dötsch/Pung/Möhlenbrock/Pung/Werner Rn. 39; BeckOK UmwStG/Möller-Gosoge Rn. 161.1; NK-UmwR/Große Honebrink Rn. 36; Widmann/Mayer/Martini Rn. 28).

9. Einbringung, Veräußerung oder Aufgabe des übergegangenen Betriebes

a) Übergegangener Betrieb. Wird der auf die Übernehmerin übergegangene **35** Betrieb innerhalb von fünf Jahren nach dem stl. Übertragungsstichtag in eine KapGes eingebracht oder ohne triftigen Grund veräußert oder aufgegeben, so entfällt die stl. Vergünstigung des § 6 rückwirkend.

Der in Abs. 3 verwendete **Begriff des Betriebes** umfasst die wesentlichen **36** Grundlagen des übergehenden Vermögens; es gilt nach hM funktionale und quantitative Betrachtungsweise (BMF 11.11.2011, BStBl. I 2011, 1314 Rn. 06.09; Widmann/Mayer/Martini Rn. 218; BeckOK UmwStG/Möller-Gosoge Rn. 163.1; Brandis/Heuermann/Klingberg Rn. 37; HK-UmwStG/Bron Rn. 126; aA Rödder/Herlinghaus/van Lishaut/Birkemeier Rn. 102: funktionale Betrachtungsweise), soweit es um die Veräußerung oder Aufgabe des Betriebes geht. Wird der Betrieb eingebracht, ist allein auf die funktionale Betrachtungsweise abzustellen (Dötsch/Pung/Möhlenbrock/Pung/Werner Rn. 40; Brandis/Heuermann/Klingberg Rn. 37; aA BMF 11.11.2011, BStBl. I 2011, 1314 Rn. 06.09). Abs. 3 liegt somit vor, wenn die wesentlichen Betriebsgrundlagen des übergehenden Vermögens in eine KapGes eingebracht oder ohne triftigen Grund veräußert oder aufgegeben werden.

Wird aus dem übertragenen Vermögen lediglich ein Teil, sei es auch ein Teilbe- **37** trieb, eingebracht, veräußert oder aufgegeben, so findet Abs. 3 keine Anwendung (BMF 11.11.2011, BStBl. I 2011, 1314 Rn. 06.03; Dötsch/Pung/Möhlenbrock/Pung/Werner Rn. 40; Frotscher/Drüen/Schnitter Rn. 60; Rödder/Herlinghaus/van Lishaut/Birkemeier Rn. 103; Haritz/Menner/Biletewski/Werneburg Rn. 41). Wurde der übergegangene Betrieb bei dem übernehmenden Rechtsträger inzwischen vergrößert oder verkleinert, findet Abs. 3 nur dann Anwendung, wenn das Vermögen wirtschaftlich gesehen mit dem bei der Umw an die Übernehmerin übergegangenen Vermögen identisch ist (ebenso Widmann/Mayer/Martini Rn. 221; Frotscher/Drüen/Schnitter Rn. 59). Wird der übergehende Betrieb bei der Übernehmerin in einen Gesamtbetrieb eingegliedert, kommt Abs. 3 nur dann zur Anwendung, wenn der gesamte Betrieb der Übernehmerin veräußert, aufgegeben oder eingebracht wird (Widmann/Mayer/Martini Rn. 221; aA Dötsch/Pung/Möhlenbrock/Pung/Werner Rn. 40).

38 Steuerschädlich ist nur die Veräußerung oder Aufgabe bzw. Einbringung des übergegangenen Betriebes in eine KapGes. Ist der übernehmende Rechtsträger eine PersGes, kommt Abs. 3 selbst dann nicht zur Anwendung, wenn innerhalb des Fünf-Jahres-Zeitraumes sämtliche Mitunternehmeranteile veräußert werden (Haritz/Menner/Biletewski/Werneburg Rn. 41; Frotscher/Drüen/Schnitter Rn. 61; Lademann/Stöber Rn. 43; BeckOK UmwStG/Möller-Gosoge Rn. 164; aA BMF 11.11.2011, BStBl. I 2011, 1314 Rn. 06.09; Widmann/Mayer/Martini Rn. 214; Dötsch/Pung/Möhlenbrock/Pung/Werner Rn. 40; Rödder/Herlinghaus/van Lishaut/Birkemeier Rn. 103). Das Gesetz unterscheidet zwischen Betrieb, Teilbetrieb und Mitunternehmeranteil (vgl. zB § 18 III), sodass bei Abs. 3 der Mitunternehmeranteil einem Betrieb nicht gleichgestellt werden kann.

39 **b) Zeitraum von fünf Jahren.** Nach Abs. 3 ist die Begünstigung der Abs. 1, 2 rückwirkend rückgängig zu machen, wenn der übergegangene Betrieb innerhalb von fünf Jahren in eine KapGes eingebracht, veräußert oder aufgegeben wird. Die **Fünfjahresfrist beginnt** mit Ablauf des stl. Übertragungsstichtages (BMF 11.11.2011, BStBl. I 2011, 1314 Rn. 06.10; Frotscher/Drüen/Schnitter Rn. 69; Widmann/Mayer/Martini Rn. 254; BeckOK UmwStG/Möller-Gosoge Rn. 165; Dötsch/Pung/Möhlenbrock/Pung/Werner Rn. 41; Haritz/Menner/Biletewski/Werneburg Rn. 42). Bis zum Ablauf der Fünfjahresfrist muss das wirtschaftliche Eigentum an den Betrieb übertragen worden sein (Dötsch/Pung/Möhlenbrock/Pung/Werner Rn. 41; Lademann/Stöber Rn. 40; BMF 11.11.2011, BStBl. I 2011, 1314 Rn. 06.10; Rödder/Herlinghaus/van Lishaut/Birkemeier Rn. 105). Liegt eine Betriebsaufgabe vor, so ist der Zeitpunkt entscheidend, in dem der Betrieb als selbstständiger Organismus zu bestehen aufhört (Widmann/Mayer/Martini Rn. 256; BeckOK UmwStG/Möller-Gosoge Rn. 172.1; Dötsch/Pung/Möhlenbrock/Pung/Werner Rn. 41; Rödder/Herlinghaus/van Lishaut/Birkemeier Rn. 106; Frotscher/Drüen/Schnitter Rn. 69; aA BMF 11.11.2011, BStBl. I 2011, 1314 Rn. 06.10).

40 **c) Einbringung in eine Kapitalgesellschaft.** Eine **Einbringung liegt vor**, wenn der Betrieb gegen Gewährung von Gesellschaftsrechten auf eine KapGes übertragen wird. Die formwechselnde Umw einer PersGes in eine KapGes soll ebenso wie die Verschm einer PersGes auf eine KapGes bzw. die Ausgliederung in eine KapGes eine Einbringung iSv Abs. 3 darstellen, weil diese Vorgänge in den Regelungsbereich des § 20 fallen (ebenso Widmann/Mayer/Martini Rn. 225; Frotscher/Drüen/Schnitter Rn. 63; HK-UmwStG/Bron Rn. 146; Dötsch/Pung/Möhlenbrock/Pung/Werner Rn. 42). Bezgl. des Formwechsels ist dieses jedoch fraglich, wenn man davon ausgeht, dass nicht ein Betrieb, sondern MU-Anteile eingebracht werden (→ Rn. 38, → § 25 Rn. 19). Die **Einbringung in eine PersGes** stellt sich als Veräußerung dar (vgl. Rödder/Herlinghaus/van Lishaut/Birkemeier Rn. 108 zur Buchwerteinbringung).

41 KapGes iSd Abs. 3 sind alle Inlands- wie Auslandskapitalgesellschaften (Widmann/Mayer/Martini Rn. 227). Abs. 3 S. 1 gilt nur für Einbringungen in KapGes, nicht hingegen in andere Körperschaften (Frotscher/Drüen/Schnitter Rn. 64; Widmann/Mayer/Martini Rn. 227). § 20 lässt seit Inkrafttreten des SEStEG nunmehr aber auch Einbringungen in Gen zu; Abs. 3 S. 1 blieb jedoch unverändert.

42 Die Anwendung des Abs. 3 setzt nicht voraus, dass die ursprüngliche Umw oder die nachfolgende Einbringung zum BW erfolgt (BMF 11.11.2011, BStBl. I 2011, 1314 Rn. 06.11; Haritz/Menner/Biletewski/Werneburg Rn. 44; Widmann/Mayer/Martini Rn. 240; Dötsch/Pung/Möhlenbrock/Pung/Werner Rn. 44; HK-UmwStG/Bron Rn. 145). Ebenso wenig ist die Anwendung des Abs. 3 davon abhängig, dass die aufnehmende KapGes im Wesentlichen gesellschafteridentisch mit dem übertragenden Rechtsträger ist (Widmann/Mayer/Martini Rn. 229; Dötsch/Patt/Pung/Möhlenbrock/Pung Rn. 44; Frotscher/Drüen/Schnitter

Rn. 64). Eine Einbringung ist im Gegensatz zur Veräußerung bzw. Betriebsaufgabe auch dann schädlich, wenn sie aus triftigem Grund erfolgt (Dötsch/Pung/Möhlenbrock/Pung/Werner Rn. 44).

d) Veräußerung. Bei der **entgeltlichen Übertragung** des rechtlichen oder 43 wirtschaftlichen Eigentums an den WG auf einen anderen Rechtsträger liegt eine Veräußerung im steuerrechtlichen Sinne vor (Dötsch/Pung/Möhlenbrock/Pung/Werner Rn. 46; zum Begriff der Veräußerung → § 22 Rn. 24 ff., zur Einordnung von Umw als Veräußerung → § 22 Rn. 35a ff.). Wird der übergegangene Betrieb von der Übernehmerin in eine KapGes gegen Gewährung von Gesellschaftsrechten eingebracht, liegt keine Veräußerung, sondern vielmehr eine Einbringung iSd Abs. 3 vor. Keine Veräußerung ist die Schenkung, die vorweggenommene Erbfolge (Widmann/Mayer/Martini Rn. 240) sowie grds. auch die Erbauseinandersetzung (Dötsch/Pung/Möhlenbrock/Pung/Werner Rn. 46; Widmann/Mayer/Martini Rn. 241). Liegt ein **teilentgeltliches Geschäft** vor, so findet Abs. 3 nur Anwendung, wenn der entgeltliche Teil den unentgeltlichen überwiegt (Widmann/Mayer/Widmann Rn. 280; vgl. auch Dötsch/Pung/Möhlenbrock/Pung/Werner Rn. 46).

e) Aufgabe. Betriebsaufgabe liegt vor, wenn aufgrund eines Entschlusses des 44 Steuerpflichtigen die wesentlichen Betriebsgrundlagen (vgl. → Rn. 36) des Betriebes in einem einheitlichen Vorgang in das PV überführt oder aber für andere betriebsfremde Zwecke verwendet werden und damit die Existenz des Betriebes als selbstständiger Organismus des Wirtschaftslebens zu bestehen aufhört (Widmann/Mayer/Martini Rn. 246; auch → § 18 Rn. 56). Entnehmen die Gesellschafter das im Wege der Umw auf die PersGes übergegangene Vermögen innerhalb von fünf Jahren nach dem Umwandlungsstichtag schrittweise, so liegt eine Betriebsaufgabe vor, sobald die letzte wesentliche Betriebsgrundlage in das PV überführt wird (vgl. OFD Frankfurt 30.5.1996, DStR 1996, 1203; Dötsch/Pung/Möhlenbrock/Pung/Werner Rn. 47; BeckOK UmwStG/Möller-Gosoge Rn. 172.1). Bei der verdeckten Einlage in eine KapGes liegt eine Betriebsaufgabe iSd Abs. 3 vor (Widmann/Mayer/Martini Rn. 233; BeckOK UmwStG/Möller-Gosoge Rn. 172; vgl. Rödder/Herlinghaus/van Lishaut/Birkemeier Rn. 109: Veräußerung). Fraglich ist, ob die Realteilung einer PersGes eine Betriebsaufgabe oder die Aufgabe bei Veräußerung von Mitunternehmeranteilen darstellt (vgl. Schmidt/Wacker EStG § 16 Rn. 535 ff.).

f) Fehlen eines triftigen Grundes bei der Veräußerung bzw. Aufgabe. 45 Nach Abs. 3 entfällt die Anwendbarkeit von Abs. 1, 2 rückwirkend, wenn die spätere Veräußerung oder Aufgabe ohne triftigen Grund erfolgt. Bei der Einbringung spielt es keine Rolle, ob ein triftiger Grund vorliegt, sodass jede Einbringung auch mit triftigem Grund zum Wegfall der Anwendung von Abs. 1, 2 führt.

Nach Auffassung der Rspr. (BFH BStBl. II 1985, 342 zu § 24 UmwStG 1969) 46 ist bei der Auslegung des Begriffs „**triftiger Grund**" insbes. darauf abzustellen, ob die Veräußerung bzw. Aufgabe wirtschaftlich wegen veränderter Verhältnisse vorgenommen wurde. Die wirtschaftlichen Verhältnisse müssen sich nach Abschluss des Umwandlungsvorgangs so verändert haben, dass die Veräußerung bzw. Aufgabe des Betriebes sich als wirtschaftlich vernünftige Reaktion auf die veränderten Verhältnisse darstellt (BFH BStBl. II 1985, 342; BMF 11.11.2011, BStBl. I 2011, 1314 Rn. 06.11; Dötsch/Pung/Möhlenbrock/Pung/Werner Rn. 48). Ist der Grund für die spätere Aufgabe bzw. Veräußerung bereits zum Zeitpunkt der Beschlussfassung über die Unternehmensumwandlung vorhersehbar, so soll dieser Grund nicht triftig iSd Abs. 3 sein (BFH BStBl. II 1985, 342; aA Haritz/Menner/Biletewski/Werneburg Rn. 48). Als triftige Gründe kommen insbes. in Betracht Krankheit, falls die persönliche Mitarbeit des Unternehmers erforderlich ist, Absinken von Rentabilität, notwendige Rationalisierung ohne die entsprechenden finanziellen Mittel, Tod des Unternehmers und Veräußerung durch die Erben, Liquiditätsprobleme uÄ (vgl.

weiter Widmann/Mayer/Martini Rn. 258 ff.). Ein günstiger Veräußerungspreis wird nicht als triftiger Grund anerkannt (Dötsch/Pung/Möhlenbrock/Pung/Werner Rn. 48; Widmann/Mayer/Martini Rn. 269; aA Haritz/Menner/Biletewski/Werneburg Rn. 47; Lademann/Stöber Rn. 45).

47 **g) Rechtsfolgen.** Liegen die Voraussetzungen des Abs. 3 vor, so kommt es zu einem **nachträglichen Wegfall der Vergünstigung des Abs. 1, 2**, die Rücklagenzuführung nach Abs. 1 ist rückgängig zu machen. Dadurch tritt eine nachträgliche Erhöhung des Gewinns in dem Wj. ein, in dem der stl. Übertragungsstichtag liegt, die Gewinne in den folgenden Wj. ermäßigen sich entsprechend. Nach Abs. 3 S. 2 sind die Finanzbehörden ermächtigt, alle Steuerbescheide, Steuermessbescheide, Freistellungsbescheide oder Feststellungsbescheide zu ändern, um die Veranlagung diesem Rechtszustand anzupassen. Abs. 3 S. 2 ist eine eigenständige Änderungsvorschrift (BMF 11.11.2011, BStBl. I 2011, 1314 Rn. 06.12). Str. ist, ob § 175 I 1 Nr. 2 AO anwendbar ist (vgl. dazu Rödder/Herlinghaus/van Lishaut/Birkemeier Rn. 115; Widmann/Mayer/Martini Rn. 284 f.; BeckOK UmwStG/Möller-Gosoge Rn. 175; Lademann/Stöber Rn. 46).

§ 7 Besteuerung offener Rücklagen

¹Dem Anteilseigner ist der Teil des in der Steuerbilanz ausgewiesenen Eigenkapitals abzüglich des Bestands des steuerlichen Einlagekontos im Sinne des § 27 des Körperschaftsteuergesetzes, der sich nach Anwendung des § 29 Abs. 1 des Körperschaftsteuergesetzes ergibt, in dem Verhältnis der Anteile zum Nennkapital der übertragenden Körperschaft als Einnahmen aus Kapitalvermögen im Sinne des § 20 Abs. 1 Nr. 1 des Einkommensteuergesetzes zuzurechnen. ²Dies gilt unabhängig davon, ob für den Anteilseigner ein Übernahmegewinn oder Übernahmeverlust nach § 4 oder § 5 ermittelt wird.

Übersicht

	Rn.
1. Allgemeines	1
a) Regelungsinhalt	1
b) Zielsetzung des § 7	2
2. Persönlicher und sachlicher Anwendungsbereich	3
a) Anteilseigner der übertragenden Körperschaft	3
b) Übertragende Körperschaft	5
3. Ermittlung der Einkünfte iSd § 7	7
4. Besteuerung der Bezüge iSv § 7 S. 1	14
a) Allgemeines	14
b) Besteuerung der Anteilseigner, für die ein Übernahmeergebnis ermittelt wird	17
c) Besteuerung der Anteilseigner, für die ein Übernahmeergebnis nicht zu ermitteln ist	21

1. Allgemeines

1 **a) Regelungsinhalt.** Jedem Gesellschafter des übertragenden Rechtsträgers, der an der Umw teilnimmt, dh der MU der übernehmenden PersGes wird, wird gem. § 7 der seinem Anteil am Nennkapital entsprechende Teil des in der StB der übertragenden Körperschaft ausgewiesenen EK abzgl. des Bestandes des stl. Einlagekontos, welcher sich nach Anwendung des § 29 I KStG ergibt, als Einnahmen aus Kapitalvermögen iSd § 20 I Nr. 1 EStG zugerechnet. Durch diese Regelung werden sämtlichen

Anteilseignern des übertragenden Rechtsträgers dessen offene Rücklagen, soweit sie keine Einlagen darstellen, anteilig zugerechnet, sodass im Ergebnis eine Vollausschüttung der Gewinnrücklagen fingiert wird (BFH BStBl. II 2019, 754). Anders als im UmwStG 1995 findet § 7 unabhängig davon Anwendung, ob für den Anteilseigner ein Übernahmeergebnis nach §§ 4, 5 zu ermitteln ist oder nicht (§ 7 S. 2). Soweit für den Anteilseigner ein Übernahmeergebnis nach § 4 IV ermittelt werden muss, schreibt § 4 V 2 zur Vermeidung einer Doppelbesteuerung der Gewinnrücklagen vor, dass bei der Berechnung des Übernahmeergebnisses ein entsprechender Abzug iHd nach § 7 erfassten Beträge vorzunehmen ist. Auf diese Weise wird sich regelmäßig kein Übernahmegewinn, sondern ein Übernahmeverlust bei den Anteilseignern des übertragenden Rechtsträgers ergeben.

b) Zielsetzung des § 7. Mit der neuen Konzeption des § 7 beabsichtigte der Gesetzgeber, das dt. Besteuerungsrecht hinsichtlich der offenen Rücklagen sicherzustellen (BT-Drs. 16/2710, 40). Nach § 7 aF konnte die Umw einer KapGes in eine PersGes zu Besteuerungslücken führen, wenn ausl. Anteilseigner am übertragenden Rechtsträger beteiligt waren, für die kein Übernahmeergebnis nach § 4 IV ff. ermittelt werden musste (vgl. dazu BFH DStR 2019, 1305; Rödder/Herlinghaus/van Lishaut/Birkemeier Rn. 2).

2. Persönlicher und sachlicher Anwendungsbereich

a) Anteilseigner der übertragenden Körperschaft. § 7 regelt die Besteuerung der offenen Rücklagen der übertragenden Körperschaft bezogen auf deren Anteilseigner, die an der Umw teilnehmen, dh die Anteilseigner müssen MU der übernehmenden PersGes werden (vgl. nur BMF 11.11.2011, BStBl. I 2011, 1314 Rn. 07.02; Rödder/Herlinghaus/van Lishaut/Birkemeier Rn. 18; Haase/Hofacker/Haase Rn. 20; Frotscher/Drüen/Schnitter Rn. 9; Dötsch/Pung/Möhlenbrock/Pung/Werner Rn. 5). Maßgeblich ist die Anteilseignereigenschaft im Zeitpunkt der Eintragung der Umw in das öffentliche Register (BMF 11.11.2011, BStBl. I 2011, 1314 Rn. 07.05; Dötsch/Pung/Möhlenbrock/Pung/Werner Rn. 5; Rödder/Herlinghaus/van Lishaut/Birkemeier Rn. 19; Lademann/Stöber Rn. 6; NK-UmwR/Große Honebrink Rn. 9; Stadler/Elser/Bindl DB-Beil. 1/2012, 14). Scheidet ein Gesellschafter des übertragenden Rechtsträgers gem. §§ 29, 207 nach der Eintragung der Umw aus, gilt er bereits als zum stl. Übertragungsstichtag ausgeschieden, ihm können daher keine Einkünfte gem. § 7 zugerechnet werden (Dötsch/Pung/Möhlenbrock/Pung/Werner Rn. 5; Widmann/Mayer/Martini Rn. 66; Frotscher/Drüen/Schnitter Rn. 9; Lademann/Stöber Rn. 6; Haase/Hofacker/Haase Rn. 24).

Bei den Anteilseignern kann es sich um natürliche Personen und Körperschaften handeln. Erfasst werden auch steuerfreie Körperschaften und jur. Personen des öffentlichen Rechts (Rödder/Herlinghaus/van Lishaut/Birkemeier Rn. 20). Ob der Anteilseigner unbeschränkt oder beschränkt in Deutschland stpfl. ist, ist für die Anwendung des § 7 ohne Bedeutung (BMF 11.11.2011, BStBl. I 2011, 1314 Rn. 07.02; Haritz/Menner/Bilitewski/Börst Rn. 22; Dötsch/Pung/Möhlenbrock/Pung/Werner Rn. 6; Rödder/Herlinghaus/van Lishaut/Birkemeier Rn. 21; Frotscher/Drüen/Schnitter Rn. 11; Widmann/Mayer/Martini Rn. 8; Haritz/Menner/Bilitewski/Börst Rn. 31; Lemaitre/Schönherr GmbHR 2007, 173).

b) Übertragende Körperschaft. Bei der übertragenden Körperschaft kann es sich um eine inl. Körperschaft iSd § 3 UmwG handeln. § 7 findet auf alle Körperschaften Anwendung, die übertragender Rechtsträger iSv § 3 iVm § 1 sein können. Damit kann es sich auch um Körperschaften handeln, die nach dem Recht eines EU- oder EWR-Staates gegründete Gesellschaft iSv Art. 54 AEUV (früher Art. 48 EGV) oder Art. 34 EWR-Abkommen, deren Sitz und Geschäftsleitung sich in einem EU-/EWR-Staat befindet. Weiter kommen die europäischen AG und die europäischen Gen als übertragende Rechtsträger in Betracht. Bei Umwandlungen mit stl. Übertragungsstichtag nach dem 31.12.2021 gilt § 7 auch für Umwandlungen mit Drittstaatenbezug (→ § 3 Rn. 9). § 7 erfasst damit nicht nur reine Inlandsumwandlungen, sondern auch grenzüberschreitende Hinaus- und Hineinverschmelzungen sowie reine Auslandsumwandlungen (BMF 11.11.2011, BStBl. I 2011, 1314 Rn. 07.01 f.; Dötsch/Pung/Möhlenbrock/Pung/Werner Rn. 6).

6 § 7 gilt unabhängig davon, ob das Vermögen der übertragenden Körperschaft bei der übernehmenden PersGes bzw. beim Alleingesellschafter BV oder aber PV wird (Haritz/Menner/Bilitewski/Börst Rn. 108; vgl. aber auch Dötsch/Pung/Möhlenbrock/Pung/Werner Rn. 1). Die Anwendbarkeit für den Fall, dass das Vermögen PV wird, ergibt sich aus § 8 I 2, der auf § 7 verweist (BMF 11.11.2011, BStBl. I 2011, 1314 Rn. 08.03; ebenso Widmann/Mayer/Martini Rn. 22; Haase/Hofacker/Haase Rn. 17; Frotscher/Drüen/Schnitter Rn. 7; aA Dötsch/Pung/Möhlenbrock/Pung/Werner Rn. 1).

3. Ermittlung der Einkünfte iSd § 7

7 Allen Anteilseignern des übertragenden Rechtsträgers ist nach § 7 S. 1 das anteilig auf sie entfallende EK lt. StB abzgl. des Bestands des stl. Einlagekontos iSd § 27 KStG, das sich nach der Anwendung des § 29 I KStG ergibt, als Einnahmen aus Kapitalvermögen iSd § 20 I Nr. 1 EStG zuzurechnen. Außerbilanzielle Korrekturen sind nach Auffassung des BFH von Bedeutung (BFH DStR 2019, 1305; aA Rödder/Herlinghaus/van Lishaut/Birkemeier Rn. 33). Soweit die Einkünfte iSd § 7 iVm § 20 I Nr. 1 EStG zu den Einkünften aus LuF, aus Gewerbebetrieb, aus selbstständiger Arbeit gehören, sind sie nach **§ 20 VIII EStG** dieser Einkunftsart zuzurechnen. Dies bedeutet, dass bei Anteilseignern, für die ein Übernahmeergebnis zu ermitteln ist, eine Umqualifizierung der Einkünfte in gewerblich, freiberuflich oder luf Einkünfte vorzunehmen ist (→ Rn. 17; Dötsch/Pung/Möhlenbrock/Pung/Werner Rn. 7; Rödder/Herlinghaus/van Lishaut/Birkemeier Rn. 42; Frotscher/Drüen/Schnitter Rn. 29; vgl. auch Behrendt/Arjes DB 2007, 824; aA Stimpel GmbH-StB 2008, 74).

8 Ausgangspunkt für die den Anteilseignern des übertragenden Rechtsträgers zuzurechnenden offenen Rücklagen ist die auf den **stl. Übertragungsstichtag** aufzustellende Schlussbilanz des übertragenden Rechtsträgers (BFH GmbHR 2016, 942; BeckOK UmwStG/Kaiser/Möller-Gosoge Rn. 79; Widmann/Mayer/Martini Rn. 42). Hat der übertragende Rechtsträger in der stl. Schlussbilanz nicht die BW fortgeführt und entsteht dadurch in seiner Person ein Übertragungsgewinn, so erhöht dies zum stl. Übertragungsstichtag das stl. EK des übertragenden Rechtsträgers (Rödder/Herlinghaus/van Lishaut/Birkemeier Rn. 8; Dötsch/Pung/Möhlenbrock/Pung/Werner Rn. 8; Widmann/Mayer/Martini Rn. 42; Frotscher/Drüen/Schnitter Rn. 14; Haase/Hofacker/Haase Rn. 38; Benecke/Schnittger Ubg 2011, 1; vgl. auch Neu/Schiffers/Watermeyer GmbHR 2011, 729; Schaflitzl/Widmayer BB Special 8/2006, 43).

9 Das in der stl. Schlussbilanz ausgewiesene EK ist um den Bestand des stl. Einlagekontos iSd § 27 KStG, das sich nach Anwendung des § 29 I KStG ergibt, zu kürzen. Maßgeblich ist das stl. Einlagekonto zum stl. Übertragungsstichtag (SchlHFG EFG 2017, 437; Rödder/Herlinghaus/van Lishaut/Birkemeier Rn. 34; Dötsch/Pung/Möhlenbrock/Pung/Werner Rn. 8). Handelt es sich bei der übertragenden Körperschaft um eine ausl. EU-/EWR-KapGes, ist nach hM in entsprechender Anwendung der § 29 VI KStG, § 27 VIII KStG auf Antrag der Bestand der Einlagen bei der übertragenden Körperschaft, dh ein stl. Einlagekonto zu ermitteln (BMF 11.11.2011, BStBl. I 2011, 1314 Rn. 07.04; Rödder/Herlinghaus/van Lishaut/Birkemeier Rn. 24; Haase/Hofacker/Haase Rn. 42 f.; Widmann/Mayer/Martini Rn. 53b; Dötsch/Pung/Möhlenbrock/Pung/Werner Rn. 8). Unterbleibt die

gesonderte Feststellung, soll die gesamte Zuführung gem. § 27 VIII 9 KStG als Gewinnausschüttung gelten, die beim Anteilseigner zu Einnahme iSv § 20 I Nr. 1 EStG führt (Frotscher/Drüen/Schnitter Rn. 13; Hruschka DStR-Beihefter zu Heft 2/2012, 4; zweifelnd Brandis/Heuermann/Klingberg/Loose Rn. 14). Entsprechendes gilt bei ausl. Umw.

Als ausgeschüttet gilt das anteilig auf den entsprechenden Anteil in der StB der **10** übertragenden Körperschaft **auf den Übertragungsstichtag** (BFH GmbHR 2016, 942; SchlHFG EFG 2017, 437; Frotscher/Drüen/Schnitter Rn. 21; Dötsch/Pung/ Möhlenbrock/Pung/Werner Rn. 8; Rödder/Herlinghaus/van Lishaut/Birkemeier Rn. 24) ausgewiesene EK abzgl. des Bestandes des stl. Einlagekontos, der sich nach fiktiver Nennkapitalherabsetzung (§ 29 I iVm § 28 II KStG) ergibt. Es wird darauf hingewiesen, dass § 29 I KStG auf Umwandlungsfälle iSd § 1 UmwG Bezug nimmt, und nur insoweit das Nennkapital des übertragenden Rechtsträgers als in vollem Umfang nach § 28 II 1 KStG als herabgesetzt gilt. Fraglich ist daher, wie bei Umw zu verfahren ist, die zwar von § 7 erfasst werden, nicht jedoch von § 1 UmwG (Dötsch/Pung/Möhlenbrock/Pung/Werner Rn. 9).

Existiert zum stl. Übertragungsstichtag ein **Sonderausweis iSd § 28 I 3 KStG**, **11** so führt die Nennkapitalherabsetzung nur insoweit zu einem Zugang zum stl. Einlagekonto, als das Nennkapital der übertragenden Körperschaft den Sonderausweis übersteigt und eingezahlt ist. Da es auf die tatsächliche Leistung der Einlage auf das Nennkapital ankommt, führen **ausstehende Einlagen** im Zusammenhang mit der fiktiven Nennkapitalherabsetzung nicht zu einer Erhöhung des stl. Einlagekontos (vgl. BMF 11.11.2011, BStBl. I 2011, 1314 Rn. 07.04; Dötsch/Pung/Möhlenbrock/Pung/Werner Rn. 11; Rödder/Herlinghaus/van Lishaut/Birkemeier Rn. 29; Haritz/Menner/Bilitewski/Börst Rn. 39; Frotscher/Drüen/Schnitter Rn. 16). Die nach dem stl. Übertragungsstichtag aber vor der Eintragung der **Umw beschlossene Gewinnausschüttung** an Anteilseigner, die im Rückwirkungszeitraum aus dem übertragenden Rechtsträger ausscheiden und für die die Rückwirkungsfiktion damit nicht gilt, verringert den für die Ermittlung der Bezüge nach § 7 S. 1 maßgeblichen Bestand des stl. Einlagekontos (BMF 11.11.2011, BStBl. I 2011, 1314 Rn. 07.04, 02.33; Rödder/Herlinghaus/van Lishaut/Birkemeier Rn. 26; Dötsch/Pung/Möhlenbrock/Pung/Werner Rn. 13; Widmann/Mayer/ Martini Rn. 48; Frotscher/Drüen/Schnitter Rn. 14a; Haritz/Menner/Bilitewski/ Börst Rn. 41). Insoweit erfolgt eine Verrechnung dieser Ausschüttung mit dem Anfangsbestand des stl. Einlagekontos im Wj. der Umw (vgl. dazu BMF 11.11.2011, BStBl. I 2011, 1314 Rn. 02.27; Dötsch/Pung/Möhlenbrock/Pung/Werner Rn. 13; Frotscher/Drüen/Schnitter Rn. 14a). Maßgebend für die Ermittlung der Einkünfte iSd § 7 ist damit das stl. Einlagekonto iSd § 27, das sich nach der Verrechnung dieser Gewinnausschüttung ergibt.

Nur der Teil des in der StB ausgewiesenen EK abzgl. der dargestellten Korrekturen **12** ist iRd § 7 relevant, der dem Anteil des jew. Anteilseigners am Nennkapital der übertragenden Körperschaft entspricht. Maßgebend für die Ermittlung der **Beteiligungsquote** ist der Zeitpunkt der Eintragung der Verschm in das öffentliche Register (BMF 11.11.2011, BStBl. I 2011, 1314 Rn. 07.05; Widmann/Mayer/Martini Rn. 65; Brandis/Heuermann/Klingberg/Loose Rn. 15a; Rödder/Herlinghaus/van Lishaut/Birkemeier Rn. 34; Dötsch/Pung/Möhlenbrock/Pung/Werner Rn. 15). Der Anteil des jew. Anteilseigners am Nennkapital ist dann nicht maßgebend, wenn die übertragende Körperschaft **eigene Anteile** besitzt. Maßgeblich für die Ermittlung der Beteiligungsquote ist dann das Verhältnis des Nennbetrags seines Anteils zur Summe der um die eigenen Anteile des übertragenden Rechtsträgers gekürzten Nennbetrag aller Anteile (BMF 11.11.2011, BStBl. I 2011, 1314 Rn. 07.05; Dötsch/Pung/Möhlenbrock/Pung/Werner Rn. 16; Rödder/Herlinghaus/van Lishaut/Birkemeier Rn. 34). Erfolgt im Rückwirkungszeitraum eine Ausschüttung an Anteilseigner, die an der Umw teilnehmen, dh Gesellschafter des übernehmenden

Rechtsträgers werden, so gilt für diese Anteilseigner die Ausschüttung als zum stl. Übertragungsstichtag als zugeflossen (vgl. BMF 11.11.2011, BStBl. I 2011, 1314 Rn. 02.28; vgl. → Rn. 14). Das dann verbleibende Eigenkapital laut StB soll entsprechend der prozentualen Beteiligung aller Anteilseigner verteilt werden (vgl. BMF 11.11.2011, BStBl. I 2011, 1314 Rn. 07.06, 02.31, 02.33). Dies hat insbes. Auswirkungen auf Anteilseigner, die im Rückwirkungszeitraum neue Anteilseigner des übertragenden Rechtsträgers wurden (vgl. dazu BMF 11.11.2011, BStBl. I 2011, 1314 Rn. 02.33; Frotscher/Drüen/Schnitter Rn. 15a; Haritz/Menner/Bilitewski/Börst 41; zu Recht krit. Dötsch/Pung/Möhlenbrock/Pung/Werner Rn. 15). Wird eine inl. Körperschaft auf eine inl. PersGes verschmolzen und besitzt die übertragende Körperschaft ausl. Betriebsvermögen, so soll nach Auffassung der FVerw (BMF 11.11.2011, BStBl. I 2011, 1314 Rn. 04.24) gesellschafterbezogen der gemeine Wert in der stl. Schlussbilanz für das übergehende Vermögen anteilig anzusetzen sein, wenn Deutschland das Besteuerungsrecht bezogen auf einen Gesellschafter am übertragenden oder übernehmenden Rechtsträger verliert, weil dieser Gesellschafter beschränkt stpfl. ist und zB die Betriebsstätte des übertragenden Rechtsträgers sich in einem ausl. Staat befindet, mit dem kein DBA besteht. Die personenbezogene Aufstockung soll in der Ergänzungsbilanz dieses Gesellschafters erfolgen (krit. → § 4 Rn. 24). Zum Teil wird vertreten, dass es in diesen Fällen auch zu einer disquotalen Aufteilung der Bezüge iSd § 7 kommen soll (vgl. Dötsch/Pung/Möhlenbrock/Pung/Werner § 4 Rn. 13a; Benecke/Beinert FR 2009, 1120; Schell IStR 2011, 704; Klingenberg/Nitzschke Ubg 2011, 451).

13 **Ändert sich das EK** lt. StB oder der Bestand des stl. Einlagekontos nachträglich (zB durch eine Außenprüfung), wirkt sich dies nur dann auf die Besteuerung des Anteilseigners iSd § 7 aus, wenn hinsichtlich des gegen diesen erlassenen Steuerbescheids eine Änderungsmöglichkeit nach den Vorschriften der AO besteht (Rödder/Herlinghaus/van Lishaut/Birkemeier Rn. 67; Dötsch/Pung/Möhlenbrock/Pung/Werner Rn. 14).

4. Besteuerung der Bezüge iSv § 7 S. 1

14 **a) Allgemeines.** Die fiktiven Einnahmen iSd § 7 iVm § 20 I Nr. 1 EStG gelten bei den Anteilseignern des übertragenden Rechtsträgers mit dem Ablauf des stl. Übertragungsstichtags als zugeflossen (BMF 11.11.2011, BStBl. I 2011, 1314 Rn. 07.07; BFH GmbHR 2016, 942; SchlHFG EFG 2017, 437; FG Bln-Bbg EFG 2013, 1621; Dötsch/Pung/Möhlenbrock/Pung/Werner Rn. 17; Rödder/Herlinghaus/van Lishaut/Birkemeier Rn. 56; Haritz/Menner/Bilitewski/Börst Rn. 50; Widmann/Mayer/Martini Rn. 73; Frotscher/Drüen/Schnitter Rn. 21; Bogenschütz Ubg 2011, 393). Ist der Umwandlungsstichtag der 31.12.01, 24.00 Uhr, erfolgt die Zurechnung der Einnahmen iSv § 7 damit noch im Jahr 01. § 7 bestimmt, dass es sich bei den Einnahmen um solche aus Kapitalvermögen iSd **§ 20 I Nr. 1 EStG** handelt. Auch abkommensteuerrechtlich sind diese Einnahmen nach hM als Dividendeneinkünfte (Art. 10 OECD-MA) und nicht als Veräußerungsgewinne (Art. 13 V OECD-MA) zu qualifizieren, da die DBA für den abkommensteuerrechtlichen Dividendenbegriff auch auf die innerstaatlichen Regelungen des Quellenstaats verweist (Art. 10 III OECD-MA; Stadler/Elser/Bindl DB-Beil. 1/2012, 14; Förster/Felchner DB 2008, 245; Köhler/Käshammer GmbHR 2012, 301).

14a Zu beachten ist, dass nach **§ 20 VIII EStG** Einkünfte aus Kapitalvermögen gegenüber anderen Einkunftsarten subsidiär sind. Dies bedeutet, dass bei Anteilseignern, für die ein Übernahmeergebnis zu ermitteln ist, nach hM eine Umqualifizierung der Einkünfte in gewerbliche, freiberufliche oder luf Einkünfte vorzunehmen ist (BFH DStR 2019, 1305; SchlHFG EFG 2017, 437; Dötsch/Pung/Möhlenbrock/Pung/Werner Rn. 7; Rödder/Herlinghaus/van Lishaut/Birkemeier Rn. 20; Frotscher/Drüen/Schnitter Rn. 27; Haritz/Menner/Bilitewski/Börst Rn. 81; BeckOK

Besteuerung offener Rücklagen 14b–16 § 7 UmwStG D

UmwStG/Kaiser/Möller-Gosoge Rn. 116; Benecke/Beinert FR 2010, 1120; Bogenschütz Ubg 2011, 393; Schell IStR 2011, 704). Die FVerw folgt dieser Auffassung (BMF 11.11.2011, BStBl. I 2011, 1314 Rn. 07.07). Für diese Auffassung spricht die Regelung des § 18 II. Demgegenüber wird insbes. von Förster (FS Schaumburg, 2009, 929; Förster/Felchner DB 2008, 245; ebenso Blöchle/Weggemann IStR 2008, 87) die Meinung vertreten, die Einlagefiktion des § 5 gelte nur für Zwecke der Ermittlung des Übernahmeergebnisses nach § 4, nicht hingegen für die Einnahmen iSd § 7 (so auch Brandis/Heuermann/Klingberg/Loose Rn. 17a).

Entscheidend für die Einordnung der Einkünfte als solche iSd §§ 13, 15, 18 **14b** EStG ist, welche Einkunftsart die übernehmende PersGes bzw. der übernehmende Einzelunternehmer erfüllt, nicht entscheidend ist, welcher Einkunftsart die Anteile an dem übertragenden Rechtsträger zuvor zuzurechnen waren (→ Rn. 17). Die Einnahmen iSd § 7 unterliegen der Kapitalertragsteuerpflicht nach § 43 I 1 Nr. 1 EStG (BT-Drs. 16/2710, 40; BMF 11.11.2011, BStBl. I 2011, 1314 Rn. 07.08; DPPM UmwStR/Pung Rn. 24; Rödder/Herlinghaus/van Lishaut/Birkemeier Rn. 55; BeckOK UmwStG/Kaiser/Möller-Gosoge Rn. 118; Bogenschütz Ubg 2011, 393; Stadler/Elser/Bindl DB-Beil. 1/2012, 14; Hruschka DStR-Beihefter zu Heft 2/2012, 4).

Ist der übertragende Rechtsträger in Deutschland unbeschränkt stpfl., sind von **15** den Bezügen iSd § 7 **Kapitalertragsteuern** einzubehalten und vom übernehmenden Rechtsträger als stl. Rechtsnachfolger abzuführen (BMF 11.11.2011, BStBl. I 2011, 1314 Rn. 07.08; Dötsch/Pung/Möhlenbrock/Pung/Werner Rn. 18; Widmann/Mayer/Martini Rn. 115; Frotscher/Drüen/Schnitter Rn. 23; Rödder/Herlinghaus/van Lishaut/Birkemeier Rn. 55; krit. Brandis/Heuermann/Klingberg/Loose Rn. 21). Die KapErSt wird technisch aber nicht in der Schlussbilanz der übertragenden Körperschaft abgebildet, sondern mindert erst auf der Ebene der PersGes das Kapitalkonto des jew. Gesellschafters, dem die Einnahmen iSv § 7 zuzurechnen sind (Dötsch/Pung/Möhlenbrock/Pung/Werner Rn. 18; Rödder/Herlinghaus/van Lishaut/Birkemeier Rn. 57; Frotscher/Drüen/Schnitter Rn. 24; vgl. auch BMF 11.11.2011, BStBl. I 2011, 1314 Rn. 07.08; Stimpel GmbH-StB 2008, 74). Die KapESt **entsteht** mit dem Zeitpunkt des Wirksamwerdens der Umw, dh **mit der Eintragung der Umw** in das öffentliche Register (BMF 11.11.2011, BStBl. I 2011, 1314 Rn. 07.08; Dötsch/Pung/Möhlenbrock/Pung/Werner Rn. 18; Rödder/Herlinghaus/van Lishaut/Birkemeier Rn. 56; Widmann/Mayer/Martini Rn. 121; Haritz/Menner/Börst Rn. 69; Frotscher/Drüen/Schnitter Rn. 24). Die Abführung der KapESt durch die PersGes stellt keine Gegenleistung der übernehmenden PersGes an deren Gesellschafter iSd **§ 3 II 1 Nr. 3** dar (BMF 11.11.2011, BStBl. I 2011, 1314 Rn. 03.21; Dötsch/Pung/Möhlenbrock/Pung/Werner Rn. 18; Rödder/Herlinghaus/van Lishaut/Birkemeier Rn. 57). § 44a VII 2, VIII EStG sind bei steuerbefreiten Anteilseignern und jur. Personen des öffentlichen Rechts zu beachten (Dötsch/Pung/Möhlenbrock/Pung/Werner Rn. 18; Rödder/Herlinghaus/van Lishaut/Birkemeier Rn. 60). Nach § 43 I 4 EStG finden die Vorteile der „**Mutter-Tochter-RL**" keine Anwendung (BMF 11.11.2011, BStBl. I 2011, 1314 Rn. 07.09; Dötsch/Pung/Möhlenbrock/Pung/Werner Rn. 19; Rödder/Herlinghaus/van Lishaut/Birkemeier Rn. 58; BeckOK UmwStG/Kaiser/Möller-Gosoge Rn. 168; Lemaitre/Schönherr GmbHR 2007, 173; Benecke/Schnittger IStR 2007, 22; krit. Haritz/Menner/Bilitewski/Börst Rn. 77; Krohn/Greulich DStR 2008, 646; Frotscher/Drüen/Schnitter Rn. 26a). Die Bezüge iSd § 7 können nach § 49 I Nr. 5 lit. a bzw. Nr. 2 lit. a EStG der beschränkten StPfl unterliegen (→ Rn. 17).

§ 7 enthält keine Regelung, ob und in welcher Höhe **Werbungskosten** bzw. **16** **BA** zum Abzug zugelassen werden. Soweit für einen Gesellschafter ein Übernahmeergebnis iSd § 4 IV ermittelt wird, ist zu beachten, dass dessen Umwandlungskosten bereits bei der Ermittlung des Übernahmeergebnisses zu berücksichtigen sind. Danach bleiben die Übernahmekosten nach Maßgabe des § 4 VI, VIII außer Ansatz bzw. wirken sich zur Hälfte oder voll umfänglich aus. Soweit § 4 IV 1 zur Anwendung kommt, werden die allg. Grundsätze über den Betriebsausgabenabzug verdrängt, eine Aufteilung der Übernahmekosten auf den Dividendenanteil nach § 7 und den Veräußerungsteilen nach § 4 IV ff. scheidet damit aus (BMF 11.11.2011, BStBl. I 2011, 1314 Rn. 04.35; Dötsch/Pung/Möhlenbrock/Pung/Werner Rn. 21; Widmann/Mayer/Widmann Rn. 36). Wird für einen Gesellschafter ein Übernahmeergebnis nicht ermittelt (§ 4 IV 3), gelten die allg. Grundsätze über die Berücksichtigung von BA und Werbungskosten (→ Rn. 21; BMF 11.11.2011, BStBl. I 2011, 1314 Rn. 04.35; Rödder/Herlinghaus/van Lishaut/Birkemeier Rn. 49; vgl. auch Widmann/Meyer/Martini Rn. 168).

17 **b) Besteuerung der Anteilseigner, für die ein Übernahmeergebnis ermittelt wird.** Bei den Einnahmen iSd § 7 handelt es sich um Einnahmen aus Kapitalvermögen iSd § 20 I Nr. 1 EStG. Soweit die Anteile an der übertragenden Körperschaft zu BV der übernehmenden PersGes gehören oder aber nach § 5 II, III zum Umwandlungsstichtag in das BV der übernehmenden PersGes als eingelegt gelten, sind aufgrund von § 20 VIII EStG die Einkünfte iSd § 7 der Einkunftsart zuzurechnen, die die übernehmende PersGes erzielt. Die Einlagefiktion des § 5 II, III gilt auch für Einkünfte iSd § 7 (str., → Rn. 14a). Dass die Einkunftsart der übernehmenden PersGes maßgeblich ist, ergibt sich im Umkehrschluss aus § 18 II 2 iVm mit den Einlage- und Überführungsfiktionen in § 5 II, III (BFH DStR 2019, 1305). Das Vorstehende gilt sowohl für unbeschränkt als auch für beschränkt stpfl. Anteilseigner des übertragenden Rechtsträgers (Widmann/Mayer/Martini Rn. 108 ff.; Frotscher/Drüen/Schnitter Rn. 29), sofern bei Letzteren Deutschland das Besteuerungsrecht zusteht, dh ein DBA nicht besteht oder das DBA dem Ansässigkeitsstaat der Körperschaft das Besteuerungsrecht zuweist, sodass sich die beschränkte StPfl. aus § 49 I Nr. 2 lit. a, Nr. 3, Nr. 1 EStG ergibt (→ § 4 Rn. 127). Der Quellensteuerabzug hat damit keine abgeltende Wirkung; § 50 II Nr. 2, I EStG bzw. § 32 I Nr. 2 KStG (Dötsch/Pung/Möhlenbrock/Pung/Werner Rn. 24; Frotscher/Drüen/Schnitter Rn. 29; Viebrock/Hagemann FR 2009, 737; Schell IStR 2011, 724; vgl. Rödder/Herlinghaus/van Lishaut/Birkemeier Rn. 62; Köhler/Käshammer GmbHR 2012, 301).

18 Soweit für die Anteilseigner des übernehmenden Rechtsträgers ein Übernahmeergebnis zu ermitteln ist, sind auch die Einnahmen iSd § 7 bei der übernehmenden PersGes iRd **einheitlich und gesonderten Gewinnfeststellung** der PersGes zu erfassen (BMF 11.11.2011, BStBl. I 2011, 1314 Rn. 07.07; SchlHFG EFG 2017, 437; Frotscher/Drüen/Schnitter Rn. 28; Rödder/Herlinghaus/van Lishaut/Birkemeier Rn. 68; HK-UmwStG/Bron Rn. 80; Dötsch/Pung/Möhlenbrock/Pung/Werner Rn. 23; Krohn/Greulich DStR 2008, 646; Frotscher, Internationalisierung des ErtragStR, 2007, Rn. 265; Damas DStZ 2007, 129; aA Behrendt/Arjes DB 2007, 824). Nach Auffassung des BFH (DStR 2019, 1305; ebenso Rödder/Herlinghaus/van Lishaut/Birkemeier Rn. 68) sind die Einkünfte iSd § 7 Teil des Gesamthandsergebnisses, und zwar auch bezogen auf die Anteile, die gem. § 5 II, III in das Betriebsvermögen der übernehmenden PersGes als eingelegt gelten. Diese Meinung des BFH hat aber nicht zur Folge, dass die Einkünfte nach § 7 auch in den Fällen des § 5 II, III nach dem Gewinnverteilungsschlüssel der PersGes den Gesellschaftern steuerlich zugerechnet werden (vgl. → § 4 Rn. 144). Zur Anwendbarkeit des § 34a EStG vgl. FG Münster EFG 2018, 371; BMF 11.11.2011 BStBl. I 2011, 1314 Rn. 07.03; BeckOK UmwStG/Kaiser/Möller-Gosoge Rn. 244). Soweit die Bezüge iSd § 7 auf eine **natürliche Person als Anteilseigner** des übertragenden Rechtsträgers entfallen, unterliegen die Einnahmen der Besteuerung nach § 3 Nr. 40 EStG (BMF 11.11.2011, BStBl. I 2011, 1314 Rn. 07.07; Dötsch/Pung/Möhlenbrock/Pung/Werner Rn. 24). Soweit Einnahmen iSd § 7 auf eine **Körperschaft** entfallen, sind sie grds. nach § 8b I 1 KStG bei der Einkommensermittlung insges. außer Ansatz zu lassen, wobei nach § 8b V 1 KStG ein pauschales Betriebsausgabenabzugsverbot in Höhe von 5% der Einnahmen iSd § 8b KStG besteht. In den Fällen des § 8b VII, VIII KStG sind die Bezüge in voller Höhe stpfl. (BMF 11.11.2011, BStBl. I 2011, 1314 Rn. 07.07; Dötsch/Pung/Möhlenbrock/Pung/Werner Rn. 24; Frotscher/Drüen/Schnitter Rn. 28a); Gleiches gilt für Anteile iSv § 8b IV KStG nF (Haritz/Menner/Bilitewski/Börst Rn. 56; HK-UmwStG/Bron Rn. 83; Benz/Jetter DStR 2013, 489). Die Umwandlungskosten der Anteilseigner des übertragenden Rechtsträgers sind nicht im Zusammenhang mit den Einnahmen iSd § 7 abziehbar, da § 4 IV 1 zur Anwendung kommt (→ Rn. 16). Ist Gesellschafter der übernehmenden PersGes wiederum eine PersGes, ist im Hinblick auf die Besteuerung der Einnahmen nach § 7 auf die Anteilseigner der obersten PersGes abzustellen (BMF 11.11.2011, BStBl. I 2011, 1314 Rn. 07.07; Dötsch/Pung/Möhlenbrock/Pung/Werner Rn. 24). Ist eine Körperschaft MU der übernehmenden PersGes, die ihrerseits OrganGes ist, ist auf der Ebene der OrganGes die Steuerbefreiung nach § 8b KStG für Bezüge iSd § 7 nicht zu gewähren (§ 15 S. 1 Nr. 2 KStG). Die Anwendung des § 8b KStG bzw. § 3 Nr. 40 EStG erfolgt erst auf der Ebene des Organträgers (Dötsch/Pung/Möhlenbrock/Pung/Werner Rn. 26).

Gem. § 4 VI 1 ist der Abzug des **Übernahmeverlustes** ausgeschlossen, soweit **19** er auf eine **Körperschaft**, Personenvereinigung oder Vermögensmasse als MU der übernehmenden PersGes entfällt. § 4 VI 2, 3 lassen – vorbehaltlich § 4 VI 5 – einen Abzug des Übernahmeverlustes in gewissem Umfang zu, wenn Gesellschafter der übernehmenden PersGes eine Körperschaft ist, die auf die Anteile am übertragenden Rechtsträger § 8b VII oder VIII KStG anwendet. Soweit Anteile am übertragenden Rechtsträger iSd § 8b VII, VIII 1 KStG gehalten werden, können Übernahmeverluste nach § 4 VI 3 bis zur Höhe der Bezüge nach § 7 berücksichtigt werden. Der Übernahmeverlust ist nach § 4 VI 4 im Grundsatz zu 60 vH abzugsfähig, soweit er auf eine **natürliche Person** als übernehmender Rechtsträger bzw. als MU der übernehmenden PersGes entfällt, – vorbehaltlich § 4 VI 5 – höchstens jedoch iHv 60 vH der Bezüge iSd § 7. Soweit der Übernahmeverlust höher ist als die Bezüge iSd § 7, ist er nicht abzugsfähig. IÜ kann sich die Nichtabzugsfähigkeit des Übernahmeverlustes auch hier aus § 4 VI 6 ergeben. Soweit sich ein nach § 4 VI stl. zu berücksichtigender Übernahmeverlust für einen Anteilseigner des übertragenden Rechtsträgers ergibt, kann er diesen Verlust mit den Einkünften iSd § 7 unmittelbar verrechnen. Zur Berücksichtigung und Verrechnung eines Übernahmeverlustes bei beschränkt stpfl. Anteilseignern → § 4 Rn. 127.

Ist ein in Deutschland **unbeschränkt stpfl. Gesellschafter an einer ausl. Kör-** **20** **perschaft** beteiligt, findet § 7 auf diesen Anteilseigner ggf. Anwendung (→ Rn. 14). Für die ausl. Körperschaft ist zwar ein stl. Einlagekonto nicht festzustellen, da die ausl. Körperschaft nicht unbeschränkt stpfl. ist, jedoch ist nach der hier vertretenen Auffassung (→ Rn. 9) gem. § 29 VI KStG, § 27 VIII KStG der Bestand der Einlagen bei der übertragenden Körperschaft – in entsprechender Anwendung der Regelung zum stl. Einlagekonto – zu ermitteln. Qualifiziert der Ansässigkeitsstaat der übertragenden Körperschaft die offene Rücklage ebenfalls als Dividende und sind diese in Deutschland stpfl., so unterliegen die Bezüge unter Anrechnung der ausl. Quellensteuer der dt. Besteuerung (Dötsch/Pung/Möhlenbrock/Pung/Werner Rn. 27; Förster/Felchner DB 2006, 1072).

c) Besteuerung der Anteilseigner, für die ein Übernahmeergebnis nicht **21** **zu ermitteln ist.** Für Anteilseigner des übertragenden Rechtsträgers, bei denen ein Übernahmeergebnis nicht zu ermitteln ist und die nach der Umw MU der übernehmenden PersGes werden, ist § 7 anzuwenden. Die Einnahmen iSd § 7 sind nicht im Rahmen der einheitlichen und gesonderten Gewinnfeststellung der übernehmenden PersGes zu erfassen (BMF 11.11.2011, BStBl. I 2011, 1314 Rn. 07.07; Dötsch/Pung/Möhlenbrock/Pung/Werner Rn. 29; Frotscher/Drüen/Schnitter

Rn. 31; Rödder/Herlinghaus/van Lishaut/Birkemeier Rn. 68; aA Krohn/Greulich DStR 2008, 646). Die Anteilseigner erzielen Einkünfte iSv § 20 I Nr. 1 EStG. Die Bezüge iSd § 7 unterliegen bei natürlichen Personen als Anteilseigner der übertragenden Körperschaft bis zum 31.12.2008 der Besteuerung nach § 3 Nr. 40 EStG, danach der Abgeltungsteuer. Die Bezüge unterliegen nicht der GewSt (Dötsch/Pung/Möhlenbrock/Pung/Werner Rn. 30). § 7 enthält keine Regelung, ob und in welcher Höhe **Werbungskosten** bzw. **BA** zum Abzug zugelassen werden. Es gelten daher die allg. Grundsätze, ein Abzug tatsächlicher Werbungskosten ist gem. § 20 IX 1 EStG ausgeschlossen (Rödder/Herlinghaus/van Lishaut/Birkemeier Rn. 21; Frotscher/Drüen/Schnitter Rn. 172; aA BMF 11.11.2011, BStBl. I 2011, 1314 Rn. 04.35; Dötsch/Pung/Möhlenbrock/Pung/Werner § 4 Rn. 47a). Ein beschränkt stpfl. Gesellschafter, bei dem die KapESt abgeltende Wirkung hat, kann seine Umwandlungskosten stl. nicht geltend machen. Der EuGH hat mit Urt. v. 20.10.2011 (EuGH IStR 2011, 840; vgl. dazu Linn GmbHR 2011, 1211; Behrens RdF 2012, 52) entschieden, dass die abgeltende Wirkung der dt. Kapitalertragsteuer gegenüber EU- bzw. EWR-Kapitalgesellschaften gegen die Kapitalverkehrsfreiheit verstößt. Da bei natürlichen Personen, für die ein Übernahmeergebnis nicht zu ermitteln ist, die Kapitalertragsteuer ab 2009 gem. § 43 V 1 EStG auch für unbeschränkt stpfl. Gesellschafter eine abgeltende Wirkung hat, dürfte das Urteil nicht einschlägig sein, da insoweit keine Ungleichbehandlung gegeben ist (Köhler/Käshammer GmbHR 2012, 301).

22 Soweit ein Anteilseigner nicht an der Übernahmegewinnermittlung teilnimmt, ergibt sich der Ansatz seines Mitunternehmeranteils aus dem Kapitalkonto laut Gesamthands-, Ergänzungs- und Sonderbilanz (FG Münster EFG 2011, 532; Dötsch/Pung/Möhlenbrock/Pung/Werner Rn. 33; Rödder/Herlinghaus/van Lishaut/Birkemeier Rn. 51). Auch bei einer späteren Veräußerung des Mitunternehmeranteils sind diese Werte relevant, ein Ansatz der anteilig auf diesen Anteil entfallenden WG mit dem gemeinen Wert scheidet grds. aus (BFH BStBl. II 2012, 728; Frotscher/Drüen/Schnitter Rn. 33; Dötsch/Pung/Möhlenbrock/Pung/Werner Rn. 33; aA Haritz/Menner/Bilitewski/Börst Rn. 53). Zu möglichen Billigkeitsmaßnahmen → § 4 Rn. 120.

§ 8 Vermögensübergang auf einen Rechtsträger ohne Betriebsvermögen

(1) ¹**Wird das übertragene Vermögen nicht Betriebsvermögen des übernehmenden Rechtsträgers, sind die infolge des Vermögensübergangs entstehenden Einkünfte bei diesem oder den Gesellschaftern des übernehmenden Rechtsträgers zu ermitteln.** ²**Die §§ 4, 5 und 7 gelten entsprechend.**

(2) **In den Fällen des Absatzes 1 sind § 17 Abs. 3 und § 22 Nr. 2 des Einkommensteuergesetzes nicht anzuwenden.**

Übersicht

	Rn.
1. Allgemeines	1
2. Vermögensübergang auf eine Personengesellschaft ohne Betriebsvermögen	5
3. Besteuerung des übertragenden Rechtsträgers	11
4. Überblick über die Besteuerung des Umwandlungsvorgangs beim übernehmenden Rechtsträger	14
5. Steuerliche Behandlung der übernehmenden natürlichen Person	21
a) Natürliche Person ist iSv § 17 EStG beteiligt	21
b) Natürliche Person ist iSv § 21 aF beteiligt	22
c) Natürliche Person hält Beteiligung im Betriebsvermögen	23

	Rn.
d) Gesellschafter hält steuerlich „nicht verstrickte Anteile"	24
6. Steuerliche Behandlung der übernehmenden Personengesellschaft	25
a) Laufende Gewinnermittlung	25
b) Eintritt in die steuerliche Rechtsstellung (Abs. 1 S. 2 iVm § 4 II)	26

1. Allgemeines

Wird das **Vermögen** der übertragenden Körperschaft **nicht BV** der PersGes 1 bzw. der übernehmenden natürlichen Person, sind nach § 3 die WG in der stl. Schlussbilanz der übertragenden Körperschaft mit dem gemeinen Wert anzusetzen (→ § 3 Rn. 142). Es kommt nur auf das durch die Körperschaft übertragene Vermögen an; ob die Anteile am übertragenden Rechtsträger BV oder PV sind, ist ohne Bedeutung (Widmann/Mayer/Martini Rn. 11; Lademann/Stöber Rn. 9). Die bei der übertragenden Körperschaft aufgedeckten stillen Reserven unterliegen der KSt und GewSt. Hauptanwendungsfall des § 8 sind die Verschmelzung einer vermögensverwaltenden KapGes auf eine vermögensverwaltende PersG bzw. auf ihren Alleingesellschafter, wenn dieser die übergehenden WG im PV übernimmt (Frotscher/Drüen/Schnitter Rn. 2).

§ 8 regelt die stl. Folgen aus der Sicht des übernehmenden Rechtsträgers; die §§ 4, 2 5 und 7 gelten entsprechend. Die infolge des Vermögensübergangs entstehenden Einkünfte sind gem. § 8 **bei den Gesellschaftern** der PersGes zu ermitteln. Wie die Einkünfte konkret zu ermitteln sind und welcher **Einkunftsart** sie zugerechnet werden, ist davon abhängig, welche stl. Qualität die Anteile an der übertragenden Körperschaft bei den einzelnen Gesellschaftern zum Umwandlungsstichtag gehabt haben. Wurden die Anteile an der übertragenden Körperschaft in einem betrieblichen Vermögen des Gesellschafters gehalten, so entstehen Einkünfte aus LuF, Gewerbebetrieb oder selbstständiger Tätigkeit (Dötsch/Pung/Möhlenbrock/Möhlenbrock Rn. 22). Hielt der Gesellschafter seine Anteile im PV, so liegen Einkünfte iSd § 17 EStG vor bzw. Einkünfte aus Kapitalvermögen, soweit Einkünfte iSd § 7 gegeben sind. Sind die Anteile einbringungsgeboren und wurden sie im PV gehalten, entsteht ein Veräußerungsgewinn iSd § 21 aF (→ Rn. 22).

§ 8 kommt nicht zur Anwendung, wenn das übergehende **Vermögen** bei der 3 übernehmenden PersGes gewerbliches, freiberufliches oder luf **BV wird.** Gehen nur **einzelne WG** im Rahmen der Verschm der Körperschaft auf die PersGes ins PV, das übrige Vermögen aber in ein BV über, findet § 8 keine Anwendung (→ Rn. 12; Rödder/Herlinghaus/van Lishaut/Trossen Rn. 23; Widmann/Mayer/Martini Rn. 30; Haritz/Menner/Bilitewski/Greve Rn. 10; Brandis/Heuermann/Loose Rn. 9; BeckOK UmwStG/Möller-Gosoge Rn. 75; Haase/Hofacker/Geils Rn. 13; Lademann/Stöber Rn. 12; zur **ZebraGes** → Rn. 10). BV des übernehmenden Rechtsträgers liegt auch dann vor, wenn die übernehmende PersGes **gewerblich geprägt** ist (Rödder/Herlinghaus/van Lishaut/Trossen Rn. 21; Haritz/Menner/Bilitewski/Greve Rn. 3; Lademann/Stöber Rn. 6) oder gewerbliche Einkünfte iSv § 15 I 1 Nr. 2 EStG bezieht, auch wenn sie selbst nicht gewerblich tätig ist (§ 15 III 1 Nr. 1 EStG).

Kommt es zur Verschm einer Körperschaft auf die PersGes/natürliche Person 4 ohne BV, so gelten vom Zweiten Teil des UmwStG die §§ 4, 5 und 7 entsprechend. Der übernehmende Rechtsträger hat die in der stl. Schlussbilanz angesetzten Werte zu übernehmen und ggf. einen **Übernahmegewinn bzw. -verlust** zu ermitteln. Die offenen Rücklagen sind auf Ebene der Gesellschafter der übernehmenden PersGes bzw. bei der übernehmenden Einzelperson nach § 7 als **Einnahmen aus Kapitalvermögen** zu versteuern. Als allg. Vorschrift zum Zweiten bis Siebten Teil findet die Vorschrift über die stl. Rückwirkung nach § 2 I Anwendung (Widmann/Mayer/

Martini Rn. 15; Haase/Hofacker/Geils Rn. 17; Rödder/Herlinghaus/van Lishaut/ Trossen Rn. 10).

2. Vermögensübergang auf eine Personengesellschaft ohne Betriebsvermögen

5   Geht das Vermögen der übertragenden Körperschaft auf eine PersGes über und wird es dort gewerbliches, luf oder freiberufliches BV, so findet § 8 keine Anwendung. Kein Fall des § 8 liegt vor, wenn die Betriebs-GmbH auf eine Besitz-PersGes verschmolzen wird (Dötsch/Pung/Möhlenbrock/Möhlenbrock Rn. 12; Rödder/ Herlinghaus/van Lishaut/Trossen Rn. 21; Widmann/Mayer/Martini Rn. 37; Haritz/Menner/Bilitewski/Greve Rn. 11; Lademann/Stöber Rn. 11; Haase/Hofacker/Geils Rn. 14).

6   § 8 findet auch dann keine Anwendung, wenn der übernehmende Rechtsträger vor der Umw nur vermögensverwaltend tätig war, aber durch die Verschm von der übertragenden Körperschaft einen lebenden Betrieb erwirbt. Der übernehmende Rechtsträger besitzt dann nämlich rückwirkend ab dem stl. Übertragungsstichtag gewerbliches, luf oder freiberufliches BV (Frotscher/Drüen/Schnitter Rn. 9). Gleiches gilt für den Fall, dass die übertragende Körperschaft ihren **Betrieb verpachtet** hat. Das Verpächterwahlrecht setzt sich in der Person des übernehmenden Rechtsträgers fort, der übernehmende Rechtsträger besitzt damit eine logische Sekunde nach dem Verschmelzungsstichtag BV (Rödder/Herlinghaus/van Lishaut/Trossen Rn. 22; Widmann/Mayer/Martini Rn. 36).

7   Durch das **HRefG** v. 22.6.1998 (BGBl. 1998 I 1474) wurde die Möglichkeit geschaffen, dass auch eine Ges, deren Gewerbebetrieb nicht schon nach § 1 II HGB ein Handelsgewerbe ist oder die nur eigenes Vermögen verwaltet, als OHG oder KG in das HR eingetragen werden kann. Es besteht daher spätestens seit Inkrafttreten des HRefG keine Vermutung dahingehend, dass eine PhG einen Gewerbebetrieb im steuerrechtlichen Sinne besitzt (Dötsch/Pung/Möhlenbrock/Möhlenbrock Rn. 2; Haritz/Menner/Bilitewski/Greve Rn. 3; Frotscher/Drüen/Schnitter Rn. 12).

8   Das Vermögen der übertragenden Körperschaft, welches im Rahmen der Verschm auf die PersGes übergeht, darf bei dieser nicht BV werden. Allein auf Grund der in § 4 II 1 angeordneten stl. Rechtsnachfolge besteht bei dem übernehmenden Rechtsträger kein BV. Zu einer Überführung in das **Nicht-BV** kommt es insbes. dann, wenn eine rein vermögensverwaltende GmbH auf eine PersGes verschmilzt und diese PersGes keine gewerbliche oder selbstständige Arbeit ausübt oder keinen luf Betrieb betreibt. Auch die Erklärung der **Absicht,** die übernehmende PersGes wolle sich **zukünftig gewerblich betätigen,** kann nicht bewirken, dass vom Zeitpunkt der Erklärung an die Tätigkeit dieser übernehmenden PersGes als gewerblich zu beurteilen ist (BMF 11.11.2011, BStBl. I 2011, 1314 Rn. 08.02; Haritz/Menner/ Bilitewski/Greve Rn. 21; Rödder/Herlinghaus/van Lishaut/Trossen Rn. 24; BeckOK UmwStG/Möller-Gosoge, Rn. 86). Mit der gewerblichen Tätigkeit wird erst begonnen, sobald der Entschluss der gewerblichen Betätigung gefasst ist und mit Maßnahmen begonnen wird, die der Vorbereitung der Tätigkeit dienen und mit ihr in unmittelbarem wirtschaftlichen Zusammenhang stehen (vgl. BFH/NV 1997, 762; Lademann/Stöber Rn. 15). Etwas anderes gilt, wenn die übertragende Körperschaft früher einen Gewerbebetrieb hatte und dieser im Zeitpunkt der Verschm ruht (BFH/NV 1997, 762; Haritz/Menner/Bilitewski/Greve Rn. 20; Haase/Hofacker/Geils Rn. 16).

9   Ob bei dem übernehmenden Rechtsträger BV vorliegt, entscheidet sich nach dem Verhältnis im **Zeitpunkt des stl. Übertragungsstichtags** (BMF 11.11.2011, BStBl. I 2011, 1314 Rn. 08.02; Rödder/Herlinghaus/van Lishaut/Trossen Rn. 24; Dötsch/Pung/Möhlenbrock/Möhlenbrock Rn. 13; Frotscher/Drüen/Schnitter Rn. 14; Haase/Hofacker/Geils Rn. 17; aA Widmann/Mayer/Martini Rn. 39;

Haritz/Menner/Bilitewski/Greve Rn. 20; Lademann/Stöber Rn. 15; ausführlich dazu BeckOK UmwStG/Möller-Gosoge Rn. 83 f.).

Liegt eine PersGes vor, die reine Vermögensverwaltung betreibt, und werden die Anteile an der vermögensverwaltenden PersGes teils im PV und teils im BV gehalten, so handelt es sich um eine sog. **ZebraGes** (vgl. Schmidt/Wacker EStG § 15 Rn. 201). Bei einer ZebraGes erfolgt die Ermittlung der Einkünfte auf der Ebene der Ges, die Qualifizierung der Einkünfte als gewerblich, freiberuflich, vermögensverwaltend uÄ aber erst auf der Ebene der Gesellschafter (BFH GrS FR 2006, 1026). Wird eine vermögensverwaltende GmbH auf eine solche ZebraGes verschmolzen, so geht das Vermögen zT in ein BV, zT in ein PV über. Ob bei einer Verschm auf eine ZebraGes das Wahlrecht des § 3 II anwendbar ist oder § 8 Anwendung findet, ist str. (→ § 3 Rn. 139; BMF 11.11.2011, BStBl. I 2011, 1314 Rn. 08.03, 03.16).

3. Besteuerung des übertragenden Rechtsträgers

Werden die übergehenden WG des übertragenden Rechtsträgers beim übernehmenden Rechtsträger PV, ist das übergehende Vermögen in der stl. Schlussbilanz des übertragenden Rechtsträgers mit dem gemeinen Wert anzusetzen. Dies ergibt sich aus § 3 I, II 1 Nr. 1 (Rödder/Herlinghaus/van Lishaut/Trossen Rn. 25; Brandis/Heuermann/Loose Rn. 5; Haase/Hofacker/Geils Rn. 22; Dötsch/Pung/Möhlenbrock/Möhlenbrock Rn. 9; BeckOK UmwStG/Möller-Gosoge Rn. 118), obwohl § 8 nicht ausdrücklich auf § 3 verweist). Auch originäre immaterielle WG, insbes. eines selbst geschaffenen Geschäfts- oder Firmenwertes, sind mit dem gemeinen Wert zu bewerten (BMF 11.11.2011, BStBl. I 2011, 1314 Rn. 08.01; Rödder/Herlinghaus/van Lishaut/Trossen Rn. 26; Dötsch/Pung/Möhlenbrock/Möhlenbrock Rn. 9; Haritz/Menner/Bilitewski/Greve Rn. 23; Haase/Hofacker/Geils Rn. 23). Das Vorliegen eines Firmenwerts dürfte aber bei einem vermögensverwaltenden Rechtsträger ausgeschlossen sein (vgl. Rödder/Herlinghaus/van Lishaut/Trossen Rn. 27).

Werden nur einzelne WG PV des übernehmenden Rechtsträgers, findet § 8 keine Anwendung (→ Rn. 3). Die Überführung ins PV erfolgt im Grundsatz im Anschluss an die Umw durch den übernehmenden Rechtsträger; es liegt eine Entnahme iSd § 6 I Nr. 4 EStG vor (Haritz/Menner/Bilitewski/Greve Rn. 10; Rödder/Herlinghaus/van Lishaut/Trossen Rn. 23).

Der durch die Aufdeckung der stillen Reserven des in der stl. Schlussbilanz entstehenden Übertragungsgewinns unterliegt beim übertragenden Rechtsträger ungemildert der KSt und der GewSt (zu weiteren Einzelheiten → § 3 Rn. 148 ff.).

4. Überblick über die Besteuerung des Umwandlungsvorgangs beim übernehmenden Rechtsträger

Wird das Vermögen der übertragenden Körperschaft nicht BV der übernehmenden PersGes bzw. der übernehmenden natürlichen Person, gelten nach Abs. 1 S. 2 die §§ 4, 5 und § 7 entsprechend. Den bisherigen Gesellschaftern des übertragenden Rechtsträgers sind dessen offene Rücklagen gem. § 7 zuzurechnen (vgl. Komm. zu § 7; BeckOK UmwStG/Möller-Gosoge Rn. 155; Dötsch/Pung/Möhlenbrock/Möhlenbrock Rn. 15), die KapESt ist einzubehalten und abzuführen.

Der übernehmende Rechtsträger muss die Werte aus der stl. Schlussbilanz der übertragenden Körperschaft übernehmen (§ 4 I 1, **Wertverknüpfung**). Der Übernahmegewinn oder -verlust ist damit auf Basis der gemeinen Werte des übernommenen Vermögens zu ermitteln. Die übernehmende vermögensverwaltende PersGes bzw. der übernehmende Alleingesellschafter muss aber keine Übernahmebilanz aufstellen, da der übernehmende Rechtsträger in eigener Person Einkünfte erzielt, die als Überschuss der Einnahmen über die Werbungskosten ermittelt werden. Die WG sind damit entsprechend den Wertansätzen in der stl. Schlussbilanz der übertragenden Körperschaft beim übernehmenden Rechtsträger im Anlageverzeichnis mit dem gemeinen Wert anzusetzen (Rödder/Herlinghaus/van Lishaut/Trossen Rn. 47; Haritz/Menner/Bilitewski/Greve Rn. 33; Lademann/Stöber Rn. 20).

16 Da Abs. 1 S. 2 uneingeschränkt auf die §§ 4, 5 Bezug nimmt und dabei insbes. auch auf die Überführungsfiktionen nach § 5 II, III verwiesen wird, sind das Übernahmeergebnis und die Bezüge iSd § 7 gesellschafterbezogen im Rahmen einer **gesonderten und einheitlichen Feststellung** zu ermitteln, sofern der übernehmende Rechtsträger eine PersGes ist (BMF 11.11.2011, BStBl. I 2011, 1314 Rn. 08.03; Dötsch/Pung/Möhlenbrock/Möhlenbrock Rn. 21; Lademann/Stöber Rn. 21; Frotscher/Drüen/Schnitter Rn. 21; aA Rödder/Herlinghaus/van Lishaut/Trossen Rn. 43). Diese gesonderte und einheitliche Feststellung hat aber keine Bindungswirkung für die Gesellschafter der übernehmenden PersGes (BMF 11.11.2011, BStBl. I 2011, 1314 Rn. 08.03).

17 Hat der übernehmende Rechtsträger bzw. die Gesellschafter der übernehmenden PersGes nach dem stl. Übertragungsstichtag, aber vor Eintragung der Verschm in das HR der übernehmenden PersGes, die Anteile an der übertragenden Körperschaft angeschafft, ist das Übernahmeergebnis so zu ermitteln, als ob die Anteile am stl. Übertragungsstichtag bereits durch den übernehmenden Rechtsträger bzw. die Gesellschafter der übernehmenden PersGes angeschafft worden sind **(Abs. 1 S. 2 iVm § 5 I).**

18 Das **Übernahmeergebnis** nach Abs. 1 S. 2 iVm § 4 IV–VII, § 5 I, II, III ergibt sich aus der Diff. zwischen dem sich aus der stl. Schlussbilanz des übertragenden Rechtsträgers ergebenden gemeinen Wertes des übergehenden Vermögens und den AK der untergehenden Anteile am übertragenden Rechtsträger. Soweit die Beteiligung am übertragenden Rechtsträger im PV gehalten wurde, kommt die erweiterte Wertaufholung nach § 4 I 2 f. nicht zur Anwendung (Rödder/Herlinghaus/van Lishaut/Trossen Rn. 34; Haritz/Menner/Bilitewski/Greve Rn. 32). Das Übernahmeergebnis reduziert sich um die gem. § 7 zu versteuernden Kapitaleinkünfte (Abs. 1 S. 1 iVm § 4 V). Durch die entsprechende Anwendung des § 4 V 2 dürfte in aller Regel ein **Übernahmeverlust** (vgl. Dötsch/Pung/Möhlenbrock/Möhlenbrock Rn. 25) auf der Ebene der übernehmenden PersGes bzw. deren Gesellschafter mit Ablauf des **stl. Übertragungsstichtags** (Rödder/Herlinghaus/van Lishaut/Trossen Rn. 44) entstehen, der den Gesellschaftern personenbezogen zuzurechnen ist. Ein Übernahmeverlust bleibt im Grds. gem. § 4 VI 1 außer Ansatz, soweit Gesellschafter des übertragenden Rechtsträgers eine Körperschaft ist. In den übrigen Fällen ist er gem. § 4 VI 4 zur Hälfte, höchstens jedoch iHd Hälfte der Bezüge iSd § 7 zu berücksichtigen, allerdings gelten die in § 4 VI 6 genannten Ausschlusstatbestände. Nicht abschließend geklärt ist, ob die Anteilseigner der übertragenen Körperschaft ihre im Rahmen der Verschm untergehenden Anteile rechtstechnisch veräußern (so Rödder/Herlinghaus/van Lishaut/Trossen Rn. 36; aA Haritz/Menner/Bilitewski/Greve Rn. 41; offengelassen durch Dötsch/Pung/Möhlenbrock/Möhlenbrock Rn. 25; vgl. auch BMF 11.11.2011, BStBl. I 2011, 1314 Rn. 00.02) und der Übernahmegewinn/-verlust damit ein Veräußerungsgewinn ist. Der Gesetzgeber geht von einem Veräußerungsgewinn aus. Gegen das Vorliegen einer Veräußerung spricht aber, dass die Anteile am übertragenden Rechtsträger nicht entgeltlich auf einen Dritten veräußert werden, sondern untergehen. Im Regelungsbereich des § 8 besteht Einigkeit darüber, dass der Übernahmegewinn wie ein Veräußerungsgewinn besteuert wird.

19 Die **offenen Rücklagen** des übertragenden Rechtsträgers gelten nach Abs. 1 S. 2 iVm § 7 als Kapitalertrag iSd § 20 I Nr. 1 (Rödder/Herlinghaus/van Lishaut/Trossen Rn. 31; BeckOK UmwStG/Möller-Gosoge Rn. 155; Dötsch/Pung/Möhlenbrock/Möhlenbrock Rn. 19), sind ggf. in die einheitliche und gesonderte Feststellung (→ Rn. 16) einzubeziehen (BMF 11.11.2011, BStBl. I 2011, 1314

Rn. 08.03; Lademann/Stöber Rn. 21) und werden den Anteilsinhabern zum Umwandlungsstichtag zugerechnet (Dötsch/Pung/Möhlenbrock/Möhlenbrock Rn. 19; Haritz/Menner/Bilitewski/Greve Rn. 35). Kapitalertragsteuer, die im Zeitpunkt der zivilrechtlichen Wirksamkeit der Umwandlung entsteht (→ § 7 Rn. 15) ist einzubehalten und abzuführen (vgl. Komm. zu § 7). Ein Kapitalertrag iSv § 20 I Nr. 1 EStG liegt unabhängig davon vor, ob die Anteile an dem übertragenden Rechtsträger zum BV oder PV des Anteilseigners gehört haben (Dötsch/Pung/Möhlenbrock/Möhlenbrock Rn. 19).

Bei welcher **Einkunftsart** die Bezüge iSd § 7 bzw. ein Übernahmegewinn/-verlust bei den Gesellschaftern der übernehmenden PersGes stl. zu erfassen sind, richtet sich nach der Art der Steuerverhaftung der von ihnen gehaltenen Anteile am übernehmenden Rechtsträger (Dötsch/Pung/Möhlenbrock/Möhlenbrock Rn. 22).

5. Steuerliche Behandlung der übernehmenden natürlichen Person

a) Natürliche Person ist iSv § 17 EStG beteiligt. Ist eine natürliche Person am übertragenden Rechtsträger iSd § 17 EStG beteiligt, erzielt dieser zum stl. Übertragungsstichtag (Widmann/Mayer/Widmann Rn. 37) Einkünfte iSd § 17 EStG iHd Diff. zwischen dem anteilig auf ihn entfallenden Wert aus der stl. Schlussbilanz des übertragenden Rechtsträgers, der Umwandlungskosten und der AK der Anteile am übertragenden Rechtsträger, reduziert um die gem. § 7 zu versteuernden Kapitaleinkünfte (Abs. 1 S. 2 iVm § 4 V). Erfolgte die Umw innerhalb der Spekulationsfrist iSd § 23 I 2 Nr. 2 EStG aF, so bleibt es bei der Besteuerung nach § 17 EStG aF. Der Freibetrag nach § 17 III EStG ist nicht zu gewähren (Dötsch/Pung/Möhlenbrock/Möhlenbrock Rn. 26). Für nach dem 31.12.2008 erworbene Anteile unterliegen die betreffenden Vorgänge dem Teileinkünfteverfahren (§ 20 VIII EStG iVm § 3 Nr. 40 lit. c EStG). IÜ findet über § 4 VII 2 EStG § 3 Nr. 40 S. 1, 2 EStG sowie § 3c EStG Anwendung. Ein Übernahmeverlust kann gem. § 4 VI 3, 4 beschränkt genutzt werden, allerdings gelten die in § 4 VI 5 genannten Ausschlusstatbestände.

b) Natürliche Person ist iSv § 21 aF beteiligt. Ist eine natürliche Person am übertragenden Rechtsträger iSd § 21 aF beteiligt, erzielt dieser Einkünfte iSd § 21 UmwStG aF iVm § 16 EStG iHd Diff. zwischen dem anteilig auf ihn entfallenden Wert aus der stl. Schlussbilanz des übertragenden Rechtsträgers, der Umwandlungskosten und der AK der Anteile am übertragenden Rechtsträger, reduziert um die gem. § 7 zu versteuernden Kapitaleinkünfte (Abs. 1 S. 2 iVm § 4 V). Die einbringungsgeborenen Anteile iSd § 21 aF gelten gem. Abs. 1 S. 2 iVm § 5 IV aF gem. § 27 III Nr. 1 am stl. Übertragungsstichtag in das Vermögen der übernehmenden PersGes für die Ermittlung des Übernahmeergebnisses mit den AK als eingelegt (vgl. Rödder/Herlinghaus/van Lishaut/Trossen Rn. 39; Dötsch/Pung/Möhlenbrock/Möhlenbrock Rn. 30; Frotscher/Drüen/Schnitter Rn. 31; aA Haritz/Menner/Bilitewski/Greve Rn. 43). Ein Übernahmeverlust kann gem. § 4 VI 3, 4 beschränkt genutzt werden. Der Freibetrag nach § 16 IV EStG ist zu gewähren, da Abs. 2 nur den Freibetrag nach § 17 III EStG ausschließt (Frotscher/Drüen/Schnitter Rn. 31). IÜ findet § 3 Nr. 40 EStG Anwendung.

c) Natürliche Person hält Beteiligung im Betriebsvermögen. In aller Regel dürfte auf diese Anteile § 6 nach der hier vertretenen Meinung (→ Rn. 10) keine Anwendung finden, da die als Gegenleistung für die Anteile am übertragenden Rechtsträger gewährten Anteile an der übernehmenden PersGes auf der Ebene des Gesellschafters BV darstellen. §§ 4 ff. finden damit unmittelbar Anwendung. § 18 III 2 Alt. 2 kommt zur Anwendung, wenn der Gesellschafter seine im BV gehaltene Beteiligung an der übernehmenden PersGes innerhalb von fünf Jahren nach der Verschm aufgibt oder veräußert. Geht man mit der FVerw davon aus, dass bei der

D UmwStG § 9 Umwandlungssteuergesetz

Verschm auf eine ZebraGes § 8 Anwendung findet, gelten die Anteile am übertragenden Rechtsträger zum stl. Übertragungsstichtag als entnommen (Dötsch/Pung/ Möhlenbrock/Möhlenbrock Rn. 32). Es entsteht ein lfd. Gewinn im BV, das Übernahmeergebnis soll in PV entstehen (Dötsch/Pung/Möhlenbrock/Möhlenbrock Rn. 32).

24 **d) Gesellschafter hält steuerlich „nicht verstrickte Anteile".** Soweit der Anteilseigner am übertragenden Rechtsträger nicht steuerverstrickte Anteile besitzt, werden diesen Anteilseignern nur Einkünfte iSd § 7 zugerechnet.

6. Steuerliche Behandlung der übernehmenden Personengesellschaft

25 **a) Laufende Gewinnermittlung.** Die Art der durch die PersGes im Anschluss an die Verschm erzielten Einkünfte richtet sich nach der Tätigkeit der Ges. Diese Einkünfte werden als lfd. Einkünfte bei der PersGes einheitlich und gesondert festgestellt und dann auf die Gesellschafter verteilt.

25a Ist an der vermögensverwaltenden PersGes ein Gesellschafter betrieblich beteiligt (dazu aber → Rn. 10, nach der hier vertretenen Meinung gilt § 8 insoweit nicht), wandeln sich bei ihm die ihm zuzurechnenden Beteiligungseinkünfte in betriebliche Einkünfte um (BFH GrS BStBl. II 2005, 679, BFH/NV 2006, 1247; Schmidt/ Wacker EStG § 15 Rn. 201 ff.).

26 **b) Eintritt in die steuerliche Rechtsstellung (Abs. 1 S. 2 iVm § 4 II).** Im Wege der Gesamtrechtsnachfolge geht das Vermögen der übertragenden Körperschaft auf den übernehmenden Rechtsträger über. Nach Abs. 1 S. 2 iVm § 4 II tritt der übernehmende Rechtsträger in die stl. Rechtsstellung der übertragenden Körperschaft ein. An die in der stl. Schlussbilanz der übertragenden Körperschaft angesetzten Werte ist der übernehmende Rechtsträger gebunden, Abs. 1 S. 2 verweist auch auf § 4 I (→ Rn. 15). Die WG sind damit entsprechend den Wertansätzen in der stl. Schlussbilanz der übertragenden Körperschaft beim übernehmenden Rechtsträger im Anlageverzeichnis mit dem gemeinen Wert anzusetzen (Rödder/ Herlinghaus/van Lishaut/Trossen Rn. 47).

27 Das übergehende Vermögen wird bei dem übernehmenden Rechtsträger **PV,** zu einem Eintritt in die Qualifikation BV kommt es nicht. Soweit die Anwendung einer stl. Norm BV voraussetzt, findet diese Vorschrift nach der Verschm bei dem vermögensverwaltenden übernehmenden Rechtsträger keine Anwendung mehr (Dötsch/Pung/Möhlenbrock/Möhlenbrock Rn. 16). Hat bspw. die übertragende KapGes AfA gem. § 7 IV 1 Nr. 1 EStG bzw. § 7 V 1 Nr. 1 EStG geltend gemacht, so kann der übernehmende, vermögensverwaltende Rechtsträger eine Abschreibung nach dieser Vorschrift nicht mehr vornehmen (Rödder/Herlinghaus/van Lishaut/ Trossen Rn. 50). Zu einer Besitzzeitanrechnung gem. § 4 II 2 kann es nur kommen, soweit ein Gesellschafter der übernehmenden, vermögensverwaltenden PersGes seine Beteiligung an dieser in seinem BV hält; dann aber gilt nach der hier vertretenen Meinung (→ Rn. 10) diese Regelung unmittelbar.

28 Aus der Sicht des übernehmenden Rechtsträgers handelt es sich bezogen auf den Vermögensübergang um eine Anschaffung; der übernehmende Rechtsträger wendet seine Anteile an dem übertragenden Rechtsträger auf, um dessen Vermögen zu erhalten (vgl. BFH BStBl. II 2004, 686; BFH BStBl. II 1998, 168; offengelassen durch BFH BStBl. II 2003, 10; zu weiteren Einzelheiten der Rechtsnachfolge → § 4 Rn. 53 ff.).

§ 9 Formwechsel in eine Personengesellschaft

¹**Im Falle des Formwechsels einer Kapitalgesellschaft in eine Personengesellschaft sind die §§ 3 bis 8 und 10 entsprechend anzuwenden.** ²**Die Kapital-**

gesellschaft hat für steuerliche Zwecke auf den Zeitpunkt, in dem der Formwechsel wirksam wird, eine Übertragungsbilanz, die Personengesellschaft eine Eröffnungsbilanz aufzustellen. ³Die Bilanzen nach Satz 2 können auch für einen Stichtag aufgestellt werden, der höchstens acht Monate vor der Anmeldung des Formwechsels zur Eintragung in ein öffentliches Register liegt (Übertragungsstichtag); § 2 Absatz 3 bis 5 gilt entsprechend.

Übersicht

	Rn.
1. Allgemeines	1
a) Überblick	1
b) Wesen der formwechselnden Umwandlung	2
2. Zivilrechtliche Grundlagen	4
3. Steuerrechtliche Grundlagen	8
4. Formwechsel einer Kapitalgesellschaft in eine Personengesellschaft mit Betriebsvermögen	9
a) Übertragende Kapitalgesellschaft	9
aa) Steuerliche Schlussbilanz	9
bb) Ansatz und Bewertung der übergehenden Wirtschaftsgüter in der steuerlichen Schlussbilanz	10
cc) Besteuerung des Übertragungsgewinns	14
dd) Weitere Einzelheiten	15
b) Rückwirkung (§ 9 S. 3)	16
c) Übernehmende Personengesellschaft	18
aa) Eröffnungsbilanz	18
bb) Eintritt in die steuerliche Rechtsstellung	20
cc) AfA-Bemessungsgrundlage bei Aufstockung (§ 9 S. 1; § 4 III)	23
d) Besteuerung der offenen Rücklagen	24
e) Übernahmeergebnis erster Stufe	25
aa) Ermittlung des Übernahmeergebnisses erster Stufe	25
bb) Die Anschaffung nach dem steuerlichen Übertragungsstichtag (§ 5 I Alt. 1)	26
cc) Abfindung von ausscheidenden Gesellschaftern (§ 5 I Alt. 2)	27
dd) Einlagefiktion einer Beteiligung iSd § 17 EStG (§ 5 II)	28
ee) Anteile im Betriebsvermögen eines Gesellschafters (§ 5 III)	29
ff) Alte einbringungsgeborene Anteile	31
f) Übernahmeergebnis zweiter Stufe	32
g) Gesellschafterbezogene Ermittlung des Übernahmeergebnisses	33
h) Besteuerung des Übernahmegewinns	34
i) Berücksichtigung eines Übernahmeverlustes	35
j) Übernahmefolgegewinn (§ 9 S. 1; § 6)	36
5. Formwechsel einer Kapitalgesellschaft in eine Personengesellschaft ohne Betriebsvermögen	40
6. Besonderheiten beim Formwechsel einer KGaA in eine Personengesellschaft	43
7. Gewerbesteuer	45
8. Grunderwerbsteuer	46
9. Umsatzsteuer	47

1. Allgemeines

a) Überblick. § 9 regelt die stl. Behandlung des Formwechsels einer KapGes **1** in eine PersGes. Es gelten die §§ 3–8 entsprechend. Das HandelsR kennt keine

Rückbeziehung des Formwechsels, die in § 2 enthaltene Rückbeziehungsregelung hilft für den Formwechsel nicht weiter, daher normiert § 9 eine eigenständige steuerrechtliche Rückwirkungsregelung (Rödder/Herlinghaus/van Lishaut/Birkemeier Rn. 1; Haritz/Menner/Bilitewski/Greve Rn. 5; Brandis/Heuermann/Loose Rn. 2) und erklärt § 2 III–V für entsprechend anwendbar.

2   **b) Wesen der formwechselnden Umwandlung.** Für eine formwechselnde Umw ist charakteristisch, dass an ihr nur ein Rechtsträger beteiligt ist, es weder zu einer Gesamtrechtsnachfolge eines Rechtsträgers in das Vermögen eines anderen kommt, noch der Übertragung der einzelnen Vermögensgegenstände bedarf. Die formwechselnde Umw wird handelsrechtlich durch das Prinzip der Identität des Rechtsträgers, der Kontinuität seines Vermögens (wirtschaftliche Identität) und der Diskontinuität seiner Verfassung bestimmt (BFH BStBl. II 1997, 661; Widmann/ Mayer/Martini Rn. 1).

3   Das StR folgt der handelsrechtlichen Identität des Rechtsträgers für den Formwechsel einer KapGes in eine KapGes anderer Rechtsform, da die Identität des Steuersubjekts durch die Umw unberührt bleibt. Es kommt grds. zu keiner Gewinnrealisierung (BT-Drs. 12/6885, 22; Brandis/Heuermann/Loose Rn. 4), weder auf Gesellschafts- noch auf Gesellschafterebene. Das StR kann dem HandelsR jedoch nicht folgen, soweit es um den Formwechsel einer KapGes in eine PersGes und umgekehrt geht. Das Konzept der Besteuerung einer KapGes und einer PersGes unterscheidet sich nämlich grundlegend. Das StR beurteilt die KapGes und deren Anteilseigner als selbstständige Steuersubjekte. Bei der PersGes sind demgegenüber ausschließlich die Gesellschafter mit ihrem Einkommen selbst stpfl. Der Gewinn der PersGes wird unmittelbar den Gesellschaftern zugerechnet und bei diesen der ESt oder KSt unterworfen. Das UmwStG regelt daher die formwechselnde Umw einer KapGes in eine PersGes und umgekehrt eigenständig und wie eine übertragende Umw (so Begr. RegE, BT-Drs. 12/6885, 22; BFH BStBl. II 2008, 73). Beim Formwechsel einer PersGes in eine KapGes findet über § 25 S. 1 der Sechste Teil des UmwStG (Einbringung eines Betriebs, Teilbetriebs oder Mitunternehmeranteils in eine KapGes gegen Gewährung von Gesellschaftsrechten, §§ 20–23) entsprechende Anwendung (vgl. → § 25 Rn. 1 ff.). Der Formwechsel einer KapGes in eine PersGes ist in den Vorschriften der §§ 9, 18 geregelt. § 9 verweist auf den Zweiten Teil betreffend den Vermögensübergang auf eine PersGes, also auf die Vorschriften der §§ 3–8.

2. Zivilrechtliche Grundlagen

4   § 9 setzt eine zivilrechtlich zulässige Möglichkeit des Formwechsels einer KapGes in eine PersGes voraus. Die dt. handelsrechtlichen Vorschriften zum Formwechsel finden sich in den §§ 190–304 UmwG. § 191 I UmwG bestimmt, welcher Rechtsträger seine Rechtsform wechseln kann, § 191 II UmwG regelt, wer Rechtsträger der neuen Rechtsform sein kann, dh welche neuen Rechtsträger überhaupt im Rahmen einer formwechselnden Umw in Betracht kommen. Nach § 191 I iVm § 226 I, II UmwG besteht nach dt. Recht die Möglichkeit des Formwechsels einer **SE, AG, KGaA, GmbH** (→ § 1 Rn. 47) in eine **KG, OHG, eGbR, EWIV** sowie in eine **PartGes.** Nach § 191 III UmwG ist der Formwechsel eines aufgelösten Rechtsträgers möglich, wenn seine Fortsetzung in der bisherigen Form beschlossen werden könnte. Demgegenüber können weder eine Vorgründungs-Ges noch eine Vor- Ges formwechselnder Rechtsträger sein, weil die Umwandlungsfähigkeit erst mit der Registereintragung beginnt (Frotscher/Drüen/Schnitter Rn. 10; Rödder/ Herlinghaus/van Lishaut/Birkemeier Rn. 14; Lademann/Anissimov Rn. 8). Der Formwechsel einer KapGes in eine PersGes ist auch dann zulässig, wenn an der PersGes eine oder mehrere KapGes beteiligt sind. Damit ist eine formwechselnde Umw einer KapGes in eine GmbH & Co. KG möglich. Ob ein solcher Formwechsel in eine GmbH & Co. KG voraussetzt, dass vor der formwechselnden Umw die zukünftige Komplementär-GmbH am gezeichneten Kapital der formwechselnden GmbH zivilrechtlich beteiligt ist, wird unterschiedlich beantwortet (→ UmwG § 226 Rn. 3; BFH HFR 2005, 1223). Handelsrechtlich nicht möglich ist der Formwechsel einer KapGes in ein Einzelunternehmen (Dötsch/Pung/Möhlenbrock/Möhlenbrock Rn. 3; Frotscher/Drüen/Schnitter Rn. 13).

Eine KapGes kann auch dann in eine PersGes formwechselnd umgewandelt werden, wenn die „übernehmende" PersGes kein stl. **BV** besitzt (Dötsch/Pung/Möhlenbrock/Möhlenbrock Rn. 21; Frotscher/Drüen/Schnitter Rn. 20). Der Formwechsel in eine PersGes ohne BV führt aber zur Aufdeckung und Versteuerung der stillen Reserven im BV des formwechselnden Rechtsträgers (§ 9 iVm § 3 II 1 Nr. 1).

Für die Anwendung des § 9 ist es unerheblich, ob an der KapGes **inl. oder ausl. Gesellschafter,** auch solche in **Drittstaaten,** beteiligt sind (Rödder/Herlinghaus/van Lishaut/Birkemeier Rn. 12; Lademann/Anissimov Rn. 6).

Von § 9 sind auch Formwechsel einer KapGes in eine PersGes nach **ausl. UmwG** erfasst (→ § 1 Rn. 49 f.), wenn der umwandelnde Rechtsträger eine nach den Rechtsvorschriften eines Mitgliedstaates der EU bzw. der EWR gegründete Gesellschaft mit Sitz und Geschäftsleitung im EU-/EWR-Bereich ist (§ 1 II 1 Nr. 1). Für Umwandlungen, deren stl. Übertragungsstichtag nach dem 31.12.2021 liegt, wird § 1 II ersatzlos aufgehoben, so dass sich nunmehr ein globalisierter persönl Anwendungsbereich ergibt. Dabei muss der formwechselnde Rechtsträger nach dt. rechtlicher Beurteilung mit einer dt. KapGes vglbar sein; Gleiches gilt für den Rechtsträger neuer Rechtsformen, der nach dt. rechtlicher Beurteilung mit einer dt. PersGes vglbar sein muss (**Typenvergleich;** dazu → § 1 Rn. 47, → § 1 Rn. 23). Damit findet § 9 iVm §§ 3 ff. keine Anwendung, wenn eine Gesellschaft in ihrem Ansässigkeitsstaat der KSt unterliegt, von Deutschland, als Ansässigkeitsstaat eines Gesellschafters, als stl. transparent klassifiziert wird (vgl. dazu Brähler/Heerdt StuW 2007, 260). Die durch das Gesetz gestellten Forderungen an den formwechselnden Rechtsträger bzw. Rechtsträger neuer Rechtsform müssen im Zeitpunkt der Eintragung der Umw in das maßgebliche Register gegeben sein, auf den stl. Übertragungsstichtag kommt es insoweit nicht an (str., → § 3 Rn. 11). Voraussetzung für die Anwendung des § 9 ist weiter, dass der andere Staat die **Umw zivilrechtlich identitätswahrend,** dh ohne Vermögensübergang regelt (Dötsch/Pung/Möhlenbrock/Möhlenbrock Rn. 7; Rödder/Herlinghaus/van Lishaut/Birkemeier Rn. 24; Lademann/Anissimov Rn. 12; vgl. auch Hagemann/Jakob/Ropohl/Viebrock NWB-Sonderheft 1/2007, 32). Zum grenzüberschreitenden Formwechsel → § 1 Rn. 49.

3. Steuerrechtliche Grundlagen

Die formwechselnde Umw führt handelsrechtlich zu keiner Vermögensübertragung. Aufgrund des unterschiedlichen Besteuerungskonzeptes zwischen einer KapGes und ihren Gesellschaftern im Vergleich zur PersGes **fingiert** jedoch das **UmwStG** einen **Vermögensübergang** (BT-Drs. 12/6885, 26; BFH BStBl. II 2016, 919; BFH BStBl. II 2008, 73; FG Bln-Bbg EFG 2017, 744; Frotscher/Drüen/Schnitter Rn. 3; Rödder/Herlinghaus/van Lishaut/Birkemeier Rn. 26). Der Formwechsel einer KapGes in eine PersGes wird daher aus steuerrechtlicher Sicht wie die Verschm einer KapGes auf eine PersGes behandelt. Die Vorschrift des § 9 verweist in S. 1 auf die §§ 3–8, 10. § 9 S. 2 bestimmt, dass die KapGes für stl. Zwecke auf den Zeitpunkt, in dem der Formwechsel wirksam wird, eine **Übertragungsbilanz,** und die Gesellschaft neuer Rechtsform eine **Eröffnungsbilanz** aufzustellen hat. Nach § 9 S. 3 der Vorschrift müssen diese Bilanzen für einen Stichtag aufgestellt werden, der höchstens acht Monate (→ Rn. 16) vor der Anmeldung des Formwechsels zur Eintragung in das öffentliche Register liegt. Diese Rückwirkung in § 9 S. 3 gilt ausschließlich für das StR, und zwar unabhängig davon, ob am stl.

Übertragungsstichtag die gesellschaftsrechtlichen Voraussetzungen für den Formwechsel vorlagen (Rödder/Herlinghaus/van Lishaut/Birkemeier Rn. 57; Dötsch/Pung/Möhlenbrock/Möhlenbrock Rn. 24). Zur Umw einer KapGes in eine KG im Rahmen des Treuhandmodells vgl. OFD Niedersachsen 7.2.2014, DStR 2014, 533; Suchanek/Hesse GmbHR 2014, 466.

4. Formwechsel einer Kapitalgesellschaft in eine Personengesellschaft mit Betriebsvermögen

9 **a) Übertragende Kapitalgesellschaft. aa) Steuerliche Schlussbilanz.** Die formwechselnde KapGes hat gem. § 9 S. 2 eine stl. Schlussbilanz aufzustellen. Diese Verpflichtung gilt unabhängig davon, ob die formwechselnde KapGes im Inland stpfl. oder im Inland zur Führung von Büchern verpflichtet ist. Diese stl. Schlussbilanz hat den **Vorgaben des § 3** (Ansatz und Bewertung) zu entsprechen, eine Bindung an ggf. notwendige ausl. stl. Schlussbilanzen besteht nicht (→ § 3 Rn. 22). Die Vorlage einer stl. Schlussbilanz ist nur dann nicht erforderlich, wenn sie für inl. Besteuerungszwecke nicht benötigt wird. Ob eine stl. Schlussbilanz der formwechselnden KapGes für inl. Besteuerungszwecke benötigt wird, ist sowohl aus der Sicht des formwechselnden Rechtsträgers als auch des Rechtsträgers neuer Rechtsform bzw. deren Gesellschafter zu beurteilen. Wird somit eine im Ausland ansässige KapGes mit einem in Deutschland unbeschränkt stpfl. Gesellschafter formwechselnd umgewandelt, muss eine stl. Schlussbilanz vorgelegt werden, da die stl. Schlussbilanz für die Besteuerung des in Deutschland unbeschränkt stpfl. Gesellschafters formwechselnde Bedeutung hat (→ § 7 Rn. 9). Die stl. Schlussbilanz ist auf den **Übertragungsstichtag** iSd § 9 S. 3 aufzustellen. Der Grds. der Maßgeblichkeit der HB für die StB existiert bereits deshalb nicht, weil handelsrechtlich für die formwechselnde Gesellschaft keine Schlussbilanz aufgestellt werden kann, eine nicht aufgestellte HB für die StB aber nicht maßgeblich sein kann. IÜ wurde der Grds. der Maßgeblichkeit der HB für die StB im Regelungsbereich des UmwStG nunmehr nach dem ausdrücklichen Willen des Gesetzgebers endgültig aufgegeben (BT-Drs. 16/2010, 37). Zu den Folgen der Nichtvorlage einer stl. Schlussbilanz → § 3 Rn. 25.

10 **bb) Ansatz und Bewertung der übergehenden Wirtschaftsgüter in der steuerlichen Schlussbilanz.** Bei der formwechselnden Umw einer KapGes in eine PersGes sind die übergehenden WG, einschl. nicht entgeltlich erworbener und selbst geschaffener immaterieller WG, in der stl. Schlussbilanz der formwechselnden Körperschaft mit dem **gemeinen Wert** anzusetzen. Dies gilt für alle aktiven und passiven WG (→ § 3 Rn. 27). Zum Begriff des „gemeinen Werts" → § 3 Rn. 39 ff.

11 Ein **Buchwertansatz** der übergehenden WG ist gem. § 9 S. 1 iVm § 3 II 1 auf Antrag zulässig, soweit (§ 3 II 1 Nr. 1) sie BV der übernehmenden PersGes werden und sichergestellt ist, dass sie später der Besteuerung mit ESt oder KSt unterliegen (→ § 3 Rn. 75 ff.; § 3 II 1 Nr. 2) das Recht der BRD hinsichtlich der Besteuerung des Gewinns aus der Veräußerung der übertragenen WG bei den Gesellschaftern der übernehmenden PersGes nicht ausgeschlossen oder beschränkt wird (→ § 3 Rn. 84 ff.) und (§ 3 II 1 Nr. 3) eine Gegenleistung nicht gewährt wird oder in Gesellschaftsrechten besteht (→ § 3 Rn. 102 ff.). Ob die Voraussetzungen des § 3 II 1 vorliegen, ist im Grds. (aber → § 8 Rn. 10) für jeden Gesellschafter des formwechselnden Rechtsträgers gesondert zu prüfen (→ § 3 Rn. 80, → § 3 Rn. 84).

12 Alternativ und unter denselben Voraussetzungen wie der Buchwertansatz können auf Antrag auch **ZW** in der stl. Schlussbilanz des formwechselnden Rechtsträgers angesetzt werden. § 50i EStG ist zu beachten (→ § 3 Rn. 65). Soweit ein Antrag auf Zwischenwertansatz gestellt wird und die Voraussetzungen des § 3 II 2 vorliegen, sind die BW gleichmäßig und verhältnismäßig aufzustocken; eine gezielte unterschiedliche Aufstockung dahin, dass bspw. schnell abschreibbare WG mit einem höheren Aufstockungsbetrag versehen werden als nur auf lange Sicht oder gar nicht abschreibbare WG, ist nicht zulässig. Zur Anwendbarkeit des § 4f EStG vgl. → § 3 Rn. 36 ff.; speziell zum Formwechsel Brandis/Heuermann/Loose Rn. 15.

Das Antragswahlrecht wird durch die dafür zuständigen Organe der KapGes ausgeübt. Das sind bspw. nach dt. Recht der Vorstand der AG oder der Geschäftsführer bei der GmbH. Nach Eintragung der Umw in das Register geht das Wahlrecht auf das bei der übernehmenden PersGes zuständige Organ über (zur Bilanzberichtigung → § 3 Rn. 74). Zu weiteren Einzelheiten der Ausübung des Antragswahlrechts → § 3 Rn. 65 ff. **13**

cc) Besteuerung des Übertragungsgewinns. Der sich aufgrund der Aufstockung in der StB ergebende Gewinn der KapGes ist für den letzten Besteuerungszeitraum zu erfassen und unterliegt sowohl der KSt als auch der GewSt. Eine Stundung oder eine (pro rata aufzulösende) RSt für Steuerverbindlichkeiten aus Anlass des Formwechsels sieht das Gesetz nicht vor. Entsteht der Übertragungsgewinn durch die Aufdeckung stiller Reserven in Anteilen an einer KapGes, bei denen die Voraussetzungen des § 8b II KStG gegeben sind, so ist dieser dadurch entstehende Übertragungsgewinn steuerfrei (→ § 3 Rn. 152), falls der Veräußerungsgewinn nach Maßgabe des § 8b KStG steuerfrei ist; § 8b III 1 KStG ist zu beachten. Die Aufdeckung der stillen Reserven führt dazu, dass ein höherer Übernahmegewinn entsteht bzw. ein Übernahmeverlust sich verringert. **14**

dd) Weitere Einzelheiten. Vgl. → § 3 Rn. 1 ff. **15**

b) Rückwirkung (§ 9 S. 3). Nach § 9 S. 3 kann die KapGes die Übertragungsbilanz und die PersGes die Eröffnungsbilanz für einen Stichtag aufstellen, der höchstens acht Monate vor der Anmeldung des Formwechsels zur Eintragung in das öffentliche Register liegt. Durch das Corona-Steuerhilfegesetz v. 19.6.2020 (BGBl. 2020 I 1385) wurde die Höchstfrist auf zwölf Monate verlängert (→ § 27 Rn. 40), sofern die Anmeldung im Jahr 2020 erfolgt; durch VO vom 20.10.2020 (BGBl. 2020 I 2258) wurde diese Regelung auf das Jahr 2021 ausgedehnt. Für den Formwechsel wird durch diese Vorschrift eine **eigene stl. Rückwirkungsregelung** geschaffen (BFH GmbHR 2016, 942; FG Bln-Bbg DStR 2014, 352; Rödder/Herlinghaus/van Lishaut/Birkemeier Rn. 1; Haritz/Menner/Bilitewski/Greve Rn. 5; BeckOK UmwStG/Weggemann Rn. 388; HK-UmwStG/C.Kraft Rn. 5). Erforderlich ist dies, weil es beim Formwechsel an einem zivilrechtlichen Vermögensübergang fehlt, mit der Folge, dass die auf den Vermögensübergang abstellende steuerrechtliche Rückwirkung des § 2 auf den Formwechsel keine Anwendung finden kann (vgl. BMF 11.11.2011, BStBl. I 2011, 1314 Rn. 09.01; Dötsch/Pung/Möhlenbrock/Möhlenbrock Rn. 22). Materiell-rechtlich stimmt § 9 S. 3 mit der des § 2 überein. Das Einkommen und das Vermögen der formwechselnden KapGes bzw. der PersGes sind damit so zu ermitteln, als ob das Vermögen der KapGes mit Ablauf des Stichtages der Bilanz, die dem Formwechsel zugrunde liegt, auf die PersGes übergegangen wäre (Dötsch/Pung/Möhlenbrock/Möhlenbrock Rn. 24; HK-UmwStG/C.Kraft Rn. 5). Der vom Tag der Eintragung abw. steuerrechtliche Umwandlungsstichtag entsteht gem. § 9 S. 3 nicht durch Erklärung, sondern durch Aufstellung von Übertragungs- und Eröffnungsbilanz, die auf denselben Stichtag aufzustellen sind. Entscheidend ist jedenfalls der Stichtag der Übertragungsbilanz, bei Abweichung nicht der Eröffnungsbilanz (BFH GmbHR 2016, 942; FG Bln-Bbg DStRE 2014, 352). Auf die materielle Rechtmäßigkeit einzelner Bilanzansätze in der Übertragungsbilanz kommt es nicht an (BFH GmbHR 2016, 942). Wird die Achtmonatsfrist nicht eingehalten bzw. liegt der Stichtag der Umwandlungsbilanz mehr als acht Monate vor der Anmeldung des Formwechsels, ist der Tag der Eintragung der Umw in das Register der stl. Übertragungsstichtag (Dötsch/Pung/Möhlenbrock/Möhlenbrock **16**

Rn. 23; Frotscher/Drüen/Schnitter Rn. 27; Widmann/Mayer/Martini Rn. 104). Fällt der Umwandlungsstichtag nicht auf das Ende eines Wj., so entsteht stl., nicht aber handelsrechtlich ein Rumpfwirtschaftsjahr (Dötsch/Pung/Möhlenbrock/Möhlenbrock Rn. 16; Widmann/Mayer/Martini Rn. 102). Zu einer stl. Rückwirkung kommt es unabhängig davon, ob am stl. Übertragungsstichtag die gesellschaftsrechtlichen Voraussetzungen für den Formwechsel auch tatsächlich vorliegen (Dötsch/Pung/Möhlenbrock/Möhlenbrock Rn. 24; Rödder/Herlinghaus/van Lishaut/Birkemeier Rn. 57; Frotscher/Drüen/Schnitter Rn. 30; BeckOK UmwStG/Weggemann Rn. 391). Es ist somit ein rückwirkender Formwechsel einer GmbH in eine GmbH & Co. KG stl. möglich, selbst wenn zum stl. Umwandlungsstichtag die Komplementär-GmbH zivilrechtlich zu diesem Zeitpunkt noch gar nicht existiert hat (Dötsch/Pung/Möhlenbrock/Möhlenbrock Rn. 24; Frotscher/Drüen/Schnitter Rn. 30; BeckOK UmwStG/Weggemann Rn. 391). Die Haftungsverfassung des durch den Formwechsel entstehenden Rechtsträgers wird auf den stl. Übertragungsstichtag zurückbezogen (BFH BStBl. II 2010, 942; Dötsch/Pung/Möhlenbrock/Möhlenbrock Rn. 25). Sofern für ausl. Sachverhalte das ausl. Recht eine längere Rückwirkungsfrist bestimmt, verbleibt es aus deutscher Sicht bei der Frist des § 9 S. 3 (BeckOK UmwStG/Weggemann Rn. 389).

17 Nach § 9 S. 3 Hs. 2 gilt auch für den Formwechsel einer KapGes in eine PersGes § 2 III–V entsprechend.

18 **c) Übernehmende Personengesellschaft. aa) Eröffnungsbilanz.** Die übernehmende PersGes hat auf den Zeitpunkt, in dem der Formwechsel wirksam wird, für stl. Zwecke eine Eröffnungsbilanz aufzustellen. Die in der Schlussbilanz der übertragenden KapGes enthaltenen Werte sind gem. § 9 S. 1 iVm § 4 I zu übernehmen. Stockt die KapGes die BW in ihrer stl. Schlussbilanz auf, so hat die übernehmende PersGes diese aufgestockten BW zu übernehmen. Der Grds. der Maßgeblichkeit der HB für die StB gilt nicht. Die Bindung der „übernehmenden Ges" an die Werte in der Schlussbilanz ist nur materiell-rechtlicher Natur; eine Änderung in der Schlussbilanz wirkt nur über § 175 I 1 Nr. 2 AO (BFH/NV 2014, 74; 2013, 743). Zur Beschwer bei formwechselnder Umw vgl. BFH/NV 2016, 521; 2014, 74; 2013, 743.

19 Zu Einzelfällen der Bilanzierung → § 4 Rn. 25 ff.

20 **bb) Eintritt in die steuerliche Rechtsstellung.** Die PersGes tritt grds. gem. § 9 S. 1 iVm § 4 II 1 in die Rechtsstellung der formwechselnden KapGes ein. Dies gilt gem. § 4 III auch dann, wenn die WG in der stl. Schlussbilanz der KapGes mit einem über dem BW liegenden Wert angesetzt werden.

21 Die PersGes führt die Werte der übergehenden WG aus der stl. Schlussbilanz der formwechselnden KapGes gem. § 4 I fort und tritt bzgl. der übernommenen WG und der AfA in die Rechtsstellung der KapGes ein, was auch für eine ggf. stl. relevante Herstellereigenschaft der formwechselnden KapGes gilt. Die PersGes kann daher hinsichtlich der auf sie übergegangenen WG nicht von der linearen AfA, die die KapGes gewählt hat, auf eine Abschreibung in fallenden Jahresbeträgen übergehen; hat die KapGes ein WG degressiv abgeschrieben, so muss die PersGes die Abschreibungsmethode mit dem zugrunde gelegten Vomhundertsatz fortführen. Nicht abschließend geklärt ist, ob die PersGes als Gesellschaft neuer Rechtsform an die von der Körperschaft zugrunde gelegte betriebsgewöhnliche Nutzungsdauer der übertragenen WG gebunden ist. Nach Meinung der FVerw (→ § 4 Rn. 60 mwN) wird die betriebsgewöhnliche Nutzungsdauer der übertragenen WG durch die übernehmende PersGes bzw. ihre Gesellschafter neu geschätzt (vgl. auch BFH DStR 2008, 611; FG Hmb EFG 2003, 57; BMF 25.3.1998, BStBl. I 1998, 268 Rn. 04.05). Hat die KapGes eine Abschreibung für außergewöhnliche technische oder wirtschaftliche Abnutzungen (§ 7 I 6 EStG) vorgenommen, so tritt die durch den Formwechsel entstehende PersGes in die Stellung der KapGes ein und muss ggf. zu einem späteren VZ eine gewinnerhöhende Zuschreibung vornehmen; Gleiches gilt für vorgenommene Teilwertabschreibungen (→ § 4 Rn. 71 ff.). Die PersGes kann Sonder-AfA noch in der Höhe und in dem Zeitraum vornehmen, wie es auch die KapGes hätte tun können (BMF 17.9.1998, DStR 1998, 1516; Eisolt DStR 1999, 267). Kommt es im Rahmen der Umw zur Aufdeckung stiller Reserven in der stl. Schlussbilanz, so hat dies keinen Einfluss auf die Sonderabschreibung, sondern lediglich auf die normale Abschreibung (→ § 4 Rn. 92). Die PersGes kann die bei der KapGes gebildeten gewinnmindernden Rücklagen fortführen, auch wenn die für die Schaffung der Rücklage erforderlichen Voraussetzungen nur bei der KapGes vorlagen (→ § 4 Rn. 68 ff.). Der Zeitraum der Zugehörigkeit eines WG zum BV der KapGes ist der übernehmenden PersGes zuzurechnen, wenn die Zugehörigkeit zum BV für die Besteuerung bedeutsam ist.

Verrechenbare Verluste, verbleibende Verlustvorträge, von der formwechselnden **22** KapGes nicht ausgeglichene negative Einkünfte, ein Zinsvortrag nach § 4h I 5 EStG und ein EBITDA-Vortrag nach § 4h I 3 EStG gehen nicht auf die PersGes über (§ 9 S. 1 iVm § 4 II 2). Gehören zum Vermögen des formwechselnden Rechtsträgers Anteile an einer Körperschaft, liegt insoweit kein schädlicher Beteiligungserwerb iSd § 8c KStG vor (BMF 28.11.2017 BStBl. I 2017, 1645 Rn. 11; Brandis/Heuermann/Loose Rn. 17). Die formwechselnde Umw führt nicht zu einer Übertragung oder Überführung der WG iSv § 9 Nr. 1 S. 5 Nr. 2 GewStG (FG Bln-Bbg EFG 2017, 744; vgl. FG Köln EFG 2019, 1697).

cc) AfA-Bemessungsgrundlage bei Aufstockung (§ 9 S. 1; § 4 III). Werden **23** in der stl. Schlussbilanz des formwechselnden Rechtsträgers die übergehenden WG mit dem gemeinen Wert oder mit ZW angesetzt, ist die AfA für Gebäude in den Fällen des § 7 IV 1, V EStG nach der bisherigen Bemessungsgrundlage vorzunehmen (→ § 4 Rn. 79 ff.). In allen anderen Fällen erhöht sich die AfA-Bemessungsgrundlage durch die Neubewertung in der Schlussbilanz des formwechselnden Rechtsträgers. Die jew. Abschreibungsmethoden sind fortzuführen (→ § 4 Rn. 58).

d) Besteuerung der offenen Rücklagen. Nach § 7 gelten die stl. Gewinnrück- **24** lagen, dh das anteilige EK in der StB der formwechselnden KapGes abzgl. des Bestands des stl. Einlagekontos iSd § 27 KStG, der sich nach Anwendung des § 29 KStG ergibt, an den Anteilseigner im Verhältnis seines Anteils am Nennwert als ausgeschüttet. Dies gilt unabhängig davon, ob für den Anteilseigner ein Übernahmeergebnis ermittelt wird oder nicht. § 7 qualifiziert den Dividendenanteil als Bezüge iSd § 20 I Nr. 1 EStG. Die Einlagefiktion nach § 5 II, III bewirkt bei Anteilen, die an der Übernahmeergebnisermittlung teilnehmen, dass die auf diese Anteile entfallenden Einkünfte iSd § 7 gem. § 20 VIII EStG betriebliche Einkünfte sind (str., → § 7 Rn. 14a). Soweit die Einnahmen iSd § 20 I Nr. 1 EStG iVm § 7 S. 1 auf eine Körperschaft entfallen, sind sie grds. nach § 8b I 1 KStG bei der Einkünfteermittlung insges. außer Ansatz zu lassen. Nach § 8b V 1 KStG gilt jedoch ein pauschales Betriebsausgabenabzugsverbot in Höhe von 5% der Einnahmen iSd § 8b I KStG. § 8b VII ff. KStG ist zu beachten. Soweit natürliche Personen an der übernehmenden PersGes beteiligt sind, sind die Einkünfte iSd § 7 nach § 3 Nr. 40b EStG zu besteuern. § 3 Nr. 40 S. 3, 4 EStG ist zu beachten. Die Bezüge unterliegen dem Kapitalertragsteuerabzug nach § 43 I Nr. 1 EStG. Zu weiteren Einzelheiten vgl. → § 7 Rn. 1 ff.

e) Übernahmeergebnis erster Stufe. aa) Ermittlung des Übernahmeer- 25 gebnisses erster Stufe. In Folge des fingierten Vermögensübergangs ergibt sich ein Übernahmegewinn bzw. Übernahmeverlust iHd Unterschiedsbetrags zwischen dem Wert, mit dem die übergegangenen WG durch die PersGes zu übernehmen sind, abzgl. der Kosten für den Vermögensübergang und dem Wert der Anteile an der übertragenden Körperschaft (§ 9 S. 1 iVm § 4 IV 1). Der **Wert des übergehenden**

Vermögens ergibt sich aus der stl. Schlussbilanz des formwechselnden Rechtsträgers. Für Zwecke der Ermittlung des Übernahmeergebnisses erhöht sich nach § 4 IV 2 dieser Wert um die Diff. zwischen dem gemeinen Wert und dem Wert in der stl. Schlussbilanz der WG, soweit an ihnen kein Recht der BRD zur Veräußerung dieser WG bestand **(sog. neutrales Vermögen).** Hierbei handelt es sich um Vermögen der formwechselnden Körperschaft, das zB aufgrund der Freistellungsmethode in einem DBA nicht der dt. Besteuerung unterliegt oder welches bei ausl. formwechselnden KapGes mangels StPfl nicht der dt. Besteuerung unterliegt (zu weiteren Einzelheiten → § 4 Rn. 111 ff.). Das Übernahmeergebnis ist nur für die Anteile an der formwechselnden KapGes zu ermitteln, die am stl. Übertragungsstichtag dem BV der übernehmenden PersGes zuzuordnen sind. Die übernehmende PersGes iSd § 9 S. 1 iVm § 4 IV entsteht zivilrechtlich aber erst im Zeitpunkt des Untergangs der KapGes. Die Anteile an der formwechselnden KapGes werden am stl. Übertragungsstichtag ausschließlich von den Gesellschaftern der KapGes in deren PV oder BV gehalten, es liegt zivilrechtlich zu keinem Zeitpunkt eine Beteiligung durch die erst im Rahmen des Formwechsels entstehende PersGes vor (Dötsch/Pung/Möhlenbrock/Möhlenbrock Rn. 19; Widmann/Mayer/Martini Rn. 57; Haritz/Menner/Bilitewski/Greve Rn. 57). Zur Ermittlung des Übernahmeergebnisses erster Stufe findet beim Formwechsel einer KapGes in eine PersGes stets die Einlagefiktion des § 5 Anwendung.

26 **bb) Die Anschaffung nach dem steuerlichen Übertragungsstichtag (§ 5 I Alt. 1).** Werden Anteile an der KapGes durch die übernehmende PersGes nach dem stl. Übertragungsstichtag erworben, so gelten diese Anteile für die Berechnung des Übernahmegewinns gem. § 5 I Alt. 1 durch diese unmittelbar vor dem Umwandlungszeitpunkt als erworben; da der Zielrechtsträger erst durch den Formwechsel entsteht, scheidet eine unmittelbare Anwendung von § 5 I Alt 1 insoweit aus. § 5 I Alt. 1 findet **entsprechend Anwendung** für den Fall, in dem ein späterer **Gesellschafter** der übernehmenden PersGes **nach dem stl. Übertragungsstichtag Anteile** an der KapGes **erwirbt,** die gem. § 5 als in das BV der übernehmenden PersGes überführt gelten (→ § 5 Rn. 14; ebenso Widmann/Mayer/Martini Rn. 57). § 5 I Alt. 1 findet damit beim Formwechsel in den Fällen Anwendung, in denen ein Gesellschafter der formwechselnden KapGes Anteile an dieser zwischen dem stl. Übertragungsstichtag und der Eintragung der Umw in das HR anschafft (zu weiteren Einzelheiten → § 5 Rn. 14 f.).

27 **cc) Abfindung von ausscheidenden Gesellschaftern (§ 5 I Alt. 2).** Auch im Rahmen des Formwechsels einer KapGes in eine PersGes kann ein Angebot auf Barabfindung unterbreitet werden (§§ 231, 207–209 UmwG). Zum stl. Übertragungsstichtag ist der Abfindungsanspruch des ausscheidenden Gesellschafters noch nicht zu erfassen. § 5 I Alt. 2 zieht die, nach dem stl. Übertragungsstichtag gezahlte Abfindung in die Berechnung des Übernahmegewinns erster Stufe dadurch ein, dass unterstellt wird, die Abfindungszahlung erfolge kurz vor dem stl. Übertragungsstichtag. IHd gezahlten Abfindung erhöht sich der Wert der Anteile, ein Übernahmegewinn mindert sich bzw. ein Übernahmeverlust erhöht sich entsprechend (ebenso Widmann/Mayer/Martini Rn. 57).

28 **dd) Einlagefiktion einer Beteiligung iSd § 17 EStG (§ 5 II).** Besitzt ein Gesellschafter der formwechselnden KapGes Anteile iSd § 17 EStG (→ § 5 Rn. 22 ff.), die kein BV darstellen, und wird der Gesellschafter der KapGes im Rahmen des Formwechsels auch Gesellschafter der PersGes, so gelten diese Anteile gem. § 5 II zur Ermittlung des Übernahmeergebnisses in das BV der PersGes als eingelegt (BFH DStR 2019, 1305). Hat der Gesellschafter die Anteile an der KapGes erst nach dem stl. Übertragungsstichtag erworben, ist dennoch gem. § 5 I Alt. 1 analog davon auszugehen (aA FG München EFG 2019, 443), dass er die Anteile zum stl. Übertragungsstichtag innehatte. Einbringungsgeborene Anteile iSd § 21 aF fallen nicht unmittelbar in den Regelungsbereich des § 5 II → § 5 Rn. 39 f. Die Anteile dürfen zum stl. Übertragungsstichtag nicht zu einem BV des Gesellschafters gehört haben. Maßgebender Zeitpunkt dafür, ob die Beteiligungsgrenze iSd § 5 II UmwStG iVm § 17 EStG erreicht ist, ist nicht der Zeitpunkt des stl. Übertragungsstichtags, sondern die Eintragung der Umw in das HR (→ § 5 Rn. 25). Für die Berechnung der Fünf-Jahres-Frist iSd § 17 EStG ist auf den Zeitpunkt des zivilrechtlichen Wirksamwerdens der Umw abzustellen (→ § 5 Rn. 25). Auch Anteile eines beschränkt Steuerpflichtigen gelten als eingelegt (→ § 5 Rn. 27).

ee) Anteile im Betriebsvermögen eines Gesellschafters (§ 5 III). Gehören 29 die Anteile an der formwechselnden KapGes zum stl. Übertragungsstichtag (dazu → § 5 Rn. 34) zu einem BV eines Gesellschafters, ist das Übernahmeergebnis bei der PersGes so zu ermitteln, als wären die Anteile an der KapGes zum stl. Übertragungsstichtag in das BV der „übernehmenden" PersGes überführt worden. Legt der Gesellschafter nach dem stl. Übertragungsstichtag die Anteile an der KapGes tatsächlich aus dem PV in ein BV ein, so ist § 5 III 1 nicht anzuwenden, die Anteile gelten unter den Voraussetzungen des § 5 II als in das BV der PersGes eingelegt. Es spielt keine Rolle, ob sich die Anteile in einem **inl. oder ausl. BV** befinden (→ § 5 Rn. 33). Die Beurteilung der Frage, ob es sich um Anteile im BV handelt, hat nach den Kriterien des dt. Steuerrechts zu erfolgen.

Die Überführung der Anteile in das BV der PersGes erfolgt zum BW der Anteile, 30 erhöht um steuerwirksam vorgenommene Teilwertabschreibungen sowie Abzüge nach § 6b EStG und ähnl. Abzüge, höchstens jedoch mit dem gemeinen Wert. Diese Zuschreibung um steuerwirksame Teilwertabschreibungen und Abzüge iSd § 6b EStG erfolgen im jew. BV des Anteilseigners und nicht auf der Ebene der übernehmenden PersGes (→ § 5 Rn. 37).

ff) Alte einbringungsgeborene Anteile. Aufgrund der Abschaffung des Kon- 31 zepts der „einbringungsgeborenen Anteile" iSd § 21 aF ist in § 5 keine Einlagefiktion mehr für solche Anteile vorgesehen. § 5 IV aF gilt nach § 27 III Nr. 1 mit der Maßgabe fort, dass die alten einbringungsgeborenen Anteile mit dem Wert iSd § 5 II oder III in das BV überführt gelten (→ § 5 Rn. 39 ff.).

f) Übernahmeergebnis zweiter Stufe. Das Übernahmeergebnis erster Stufe 32 wird nach § 4 V 1 um einen ggf. vorhandenen Sperrbetrag iSd § 50c EStG erhöht. Nach § 4 V 2 mindert sich ein Übernahmegewinn oder erhöht sich ein Übernahmeverlust um die offenen Rücklagen, die nach § 7 zu den Einkünften iSd § 20 I Nr. 1 EStG gehören.

g) Gesellschafterbezogene Ermittlung des Übernahmeergebnisses. Das 33 Übernahmeergebnis ist für jeden Gesellschafter getrennt zu ermitteln. Die getrennte Ermittlung des Übernahmeergebnisses ist notwendig, weil sich für jeden Gesellschafter ein unterschiedlicher Wert der Beteiligung iSd § 4 IV 1, des Sperrbetrags nach § 50c EStG und der Bezüge nach § 7 ergeben kann. Das Übernahmeergebnis entsteht mit Ablauf des stl. Übertragungsstichtags.

h) Besteuerung des Übernahmegewinns. Auf einen Übernahmegewinn ist 34 § 8b KStG anzuwenden (§ 4 VII 1), soweit dieser auf eine Körperschaft, Personenvereinigung oder Vermögensmasse als MU der übernehmenden PersGes entfällt. In allen übrigen Fällen erfolgt eine Besteuerung nach § 3 Nr. 40 S. 1, 2 EStG, § 3c EStG (§ 4 VII 2). Zur Besteuerung der offenen Rücklagen → Rn. 24.

i) Berücksichtigung eines Übernahmeverlustes. Ein Übernahmeverlust 35 bleibt außer Ansatz, soweit er auf eine Körperschaft, Personenvereinigung oder Vermögensmasse als MU der übernehmenden PersGes entfällt. Etwas anderes gilt für Anteile an der übertragenden Körperschaft, die die Voraussetzungen des § 8b

VII, VIII 1 KStG erfüllen; in diesen Fällen ist nach § 4 VI 3 der Übernahmeverlust bis zur Höhe der Bezüge iSd § 7 zu berücksichtigen. In den übrigen Fällen ist ein Übernahmeverlust zu 60 vH, – vorbehaltlich § 4 VI 5 –, höchstens jedoch iHv 60 vH der Bezüge nach § 7 zu berücksichtigen, ein danach verbleibender Übernahmeverlust bleibt außer Ansatz. Nach § 4 VI 6 ist ein Übernahmeverlust nicht mit den Einkünften nach § 7 verrechenbar, wenn es sich um Anteile handelt, bei deren Veräußerung ein Veräußerungsverlust nach § 17 II 6 EStG nicht zu berücksichtigen wäre oder soweit die Anteile an der übertragenden Körperschaft innerhalb der letzten fünf Jahre vor dem stl. Übertragungsstichtag entgeltlich erworben wurden (zu weiteren Einzelheiten → § 4 Rn. 120 ff.).

36 **j) Übernahmefolgegewinn (§ 9 S. 1; § 6).** § 9 S. 1 verweist uneingeschränkt auf § 6. Nach § 6 I kann die PersGes eine den stl. Gewinn mindernde Rücklage bilden, wenn sich ihr Gewinn dadurch erhöht, dass der Vermögensübergang zum Erlöschen von Forderungen und Verbindlichkeiten zwischen der übertragenden Körperschaft und der übernehmenden PersGes führt. Im Falle des § 9 wechselt die KapGes ohne Zwischenschritt in die Rechtsform der PersGes, sodass Forderungen und Verbindlichkeiten zwischen diesen beiden Rechtsträgern nicht existieren können (ebenso Haritz/Menner/Greve Rn. 67; Rödder/Herlinghaus/van Lishaut/Birkemeier Rn. 3).

37 Nach § 6 II kann es jedoch zu einer Konfusion aus steuerrechtlicher Sicht kommen, wenn eine Forderung oder Verbindlichkeit der formwechselnden KapGes besteht und der Schuldner bzw. Gläubiger der Forderung oder Verbindlichkeit im Zeitpunkt der Eintragung des Umwandlungsbeschlusses in das HR Gesellschafter der übernehmenden PersGes wird (Haritz/Menner/Bilitewski/Greve Rn. 67). Der **BFH** geht in seinem Urt. v. 8.12.1982 (BStBl. II 1983, 570) in diesen Fällen von einer **Konfusion aus steuerrechtlicher Sicht** aus. Aus der Verweisung des § 8 VI UmwStG 1977, welcher dem heutigen § 6 II entspricht, auf § 8 I–V UmwStG 1977 ergebe sich, dass das Gesetz auch in den Fällen, in denen Forderung und Verbindlichkeit zwischen der übertragenden Körperschaft und den Gesellschaftern der übernehmenden PersGes existieren, es steuerrechtlich zu einem Erlöschen von Forderungen und Verbindlichkeiten komme. Da ein solcher Vorgang zivilrechtlich nicht zur Beendigung des Schuldverhältnisses führt, muss aus der Sonderregelung in § 8 VI UmwStG 1977 (entsprechend § 6 II) geschlossen werden, dass das UmwStG von einer Konfusion ausgeht (→ § 6 Rn. 14 ff.).

38 Zur Auflösung von **Pensionsrückstellungen** → § 6 Rn. 18 ff.

39 Der Übernahmefolgegewinn entsteht steuerrechtlich eine logische Sekunde nach dem stl. Übertragungsstichtag. Er gehört zum lfd. Gewinn der übernehmenden PersGes. Er ist **nicht Teil des Übernahmeergebnisses** nach § 4 IV–VII. Soweit der Übernahmefolgegewinn auf eine natürliche Person entfällt, unterliegt er der ESt, soweit er auf eine kstl. Gesellschaft entfällt, der KSt. § 3 Nr. 40 EStG bzw. § 8b II KStG finden auf den Übernahmefolgegewinn keine Anwendung. Entsteht der Übernahmefolgegewinn innerhalb eines Gewerbebetriebs, so fällt GewSt an; § 18 II stellt den Übernahmefolgegewinn nicht von der GewSt frei. Ermittelt die übernehmende PersGes ihren Gewinn durch Bestandsvergleich, so kann der Gesellschafter, bei dem der Übernahmefolgegewinn entsteht, eine **Rücklage** in der Sonderbilanz ausweisen. Die Rücklage muss pro Jahr mit mindestens einem Drittel aufgelöst werden. Mit der Auflösung der Rücklage muss an dem Bilanzstichtag begonnen werden, der dem Bilanzstichtag folgt, zu dem die Rücklage gebildet wurde.

5. Formwechsel einer Kapitalgesellschaft in eine Personengesellschaft ohne Betriebsvermögen

40 Wird das Vermögen der formwechselnden KapGes bei der übernehmenden PersGes nicht gewerbliches, luf oder freiberufliches BV, so findet gem. § 9 S. 1 die

Vorschrift des § 8 Anwendung. Es kommt zu einer Realisierung der stillen Reserven beim formwechselnden Rechtsträger. Die KapGes hat in der **stl. Schlussbilanz** nach § 3 die WG mit dem **gemeinen Wert anzusetzen.** Dies gilt auch für selbst geschaffene immaterielle WG einschl. eines etwaigen Geschäfts- bzw. Firmenwertes (→ § 3 Rn. 146). Ob bei der PersGes BV vorliegt, entscheidet sich nach den Verhältnissen im Zeitpunkt des stl. Übertragungsstichtags (→ § 8 Rn. 9). Die bloße Absicht der übernehmenden PersGes, sich zukünftig gewerblich zu betätigen, bewirkt nicht, dass vom Zeitpunkt der Erklärung an die Tätigkeit dieser PersGes als gewerblich zu beurteilen ist. Mit der gewerblichen Tätigkeit wird erst begonnen, sobald der Entschluss der gewerblichen Tätigkeit gefasst und mit Maßnahmen begonnen wird, die der Vorbereitung der Tätigkeit dienen und mit ihr in unmittelbarem wirtschaftlichen Zusammenhang stehen (BFH/NV 1997, 762). Im Rahmen des Formwechsels der KapGes in die PersGes muss daher bereits mit den entsprechenden Maßnahmen bei der KapGes begonnen worden sein.

Betreibt die KapGes und damit auch die im Rahmen des Formwechsels entstehende PersGes eine reine Vermögensverwaltung, und werden die Anteile an dieser vermögensverwaltenden PersGes bei den Gesellschaftern teilweise im PV, teilweise im BV gehalten, so liegt bezogen auf die entstehende PersGes eine sog. **ZebraGes** vor (→ § 8 Rn. 10). Soweit die Anteile an der KapGes bzw. im Anschluss an den Formwechsel die Anteile an der PersGes durch einen Gesellschafter im BV gehalten werden, richten sich die Rechtsfolgen der formwechselnden Umw nach der hier vertretenen Auffassung insoweit nach den Vorschriften der §§ 3–6. § 8 gilt nicht, soweit das Vermögen bei der übernehmenden PersGes bzw. auf der Ebene der Gesellschafter im BV verbleibt (→ § 8 Rn. 10; aA BMF 11.11.2011, BStBl. I 2011, 1314 Rn. 08.03). Aus der Diff. zwischen den BW der Anteile an der KapGes und dem auf diese entfallenden Teil des Vermögens der KapGes, so wie es in der stl. Schlussbilanz ausgewiesen ist, ist ein Übernahmeergebnis zu ermitteln.

Zu den weiteren Einzelheiten vgl. → § 8 Rn. 1 ff.

6. Besonderheiten beim Formwechsel einer KGaA in eine Personengesellschaft

Die KGaA ist eine rechtsfähige Ges, bei der mindestens ein Gesellschafter den Gesellschaftsgläubigern unbeschränkt haftet (Komplementär) und die übrigen Gesellschafter an dem in Aktien zerlegten Grundkapital beteiligt sind, ohne für die Verbindlichkeiten der Gesellschaft persönlich zu haften (Kommanditaktionäre). Persönlich haftende Gesellschafter der KGaA können natürliche oder jur. Personen sein (BGH DStR 1997, 1012). Die KGaA stellt damit ein Zwittergebilde zwischen einer KapGes und einer Mitunternehmerschaft dar (Haritz/Menner/Bilitewski/Greve Rn. 69). Ist der phG der KGaA eine natürliche Person, stellen die Gewinnanteile Einkünfte aus Gewerbebetrieb dar; Gleiches gilt, sofern phG eine PersGes ist, für die an der PersGes beteiligten natürlichen Personen. Soweit phG eine KapGes ist, stellen die Gewinnanteile des phG kstpfl. Einkünfte dar (vgl. dazu ausf. Schmidt/Wacker EStG § 15 Rn. 890 f.).

Bei der formwechselnden Umw ebenso wie bei der Verschm einer KGaA in/auf eine PersGes ergeben sich im Hinblick auf diese Zwitterstellung Besonderheiten: In Bezug auf die nicht auf das Grundkapital gemachte Vermögenseinlage des phG (§ 281 II AktG) wird bei der formwechselnden Umw der KGaA in eine PersGes der Übergang des BV der KGaA als Einbringung in eine PersGes nach § 24 behandelt. Die Vorschriften des § 9 iVm §§ 3–8 finden Anwendung, soweit das in Aktien zerlegte Grundkapital der KGaA auf die PersGes übergeht (vgl. Haritz/Menner/Bilitewski/Greve Rn. 69; Lademann/Anissimov Rn. 14; Lademann/Anissimov § 4 Rn. 183).

7. Gewerbesteuer

45   Zur GewSt gelten beim Formwechsel keine Besonderheiten; der Übertragungsgewinn ist gewstpfl., ein Übernahmegewinn dagegen nicht (vgl. § 18 II), die Missbrauchsvorschrift des § 18 III ist zu beachten (vgl. iE → § 18 Rn. 1 ff.).

8. Grunderwerbsteuer

46   Ertragstr. stellt sich der Formwechsel einer KapGes in eine PersGes nach § 9 als Vermögensübertragung dar. Gehört zum BV des formwechselnden Rechtsträgers ein Grundstück, wird durch den Formwechsel der KapGes in eine PersGes dennoch keine GrESt ausgelöst. Ein steuerbarer Vorgang liegt insoweit nicht vor (BFH BStBl. II 1997, 661; FM Baden-Württemberg 18.9.1997, DStR 1997, 1576; Boruttau/Fischer GrEStG § 1 Rn. 545 ff.; Hofmann GrEStG § 1 Rn. 9 ff.).

9. Umsatzsteuer

47   Die formwechselnde Umw einer Körperschaft in eine PersGes stellt einen nicht steuerbaren Vorgang iSd UStG dar, da es nicht zu einem Wechsel des Unternehmers kommt.

§ 10 [aufgehoben]

1   § 10 wurde aufgehoben mWv 29.12.2007 durch Gesetz v. 20.12.2007 (BGBl. 2007 I 3150). Zur Komm. → 7. Aufl. 2016, § 10 Rn. 1 ff. Die Vorschrift hatte folgenden Wortlaut:

§ 10 aF Körperschaftsteuererhöhung

Die Körperschaftsteuerschuld der übertragenden Körperschaft erhöht sich für den Veranlagungszeitraum der Umwandlung um den Betrag, der sich nach § 38 des Körperschaftsteuergesetzes ergeben würde, wenn das in der Steuerbilanz ausgewiesene Eigenkapital abzüglich des Betrags, der nach § 28 Abs. 2 Satz 1 des Körperschaftsteuergesetzes in Verbindung mit § 29 Abs. 1 des Körperschaftsteuergesetzes dem steuerlichen Einlagekonto gutzuschreiben ist, als am Übertragungsstichtag für eine Ausschüttung verwendet gelten würde.

Dritter Teil. Verschmelzung oder Vermögensübertragung (Vollübertragung) auf eine andere Körperschaft

Vorbemerkung (Vor § 11)

Übersicht

	Rn.
1. Allgemeines	1
2. Steuersystematische Einordnung	2
3. Übertragender Rechtsträger	3
4. Übernehmender Rechtsträger	4
5. Gesellschafter der übertragenden Körperschaft	5
6. Grenzüberschreitende Verschmelzungen, europarechtliche Vorgaben des Verschmelzungsrechtes	6
a) Grenzüberschreitende Umwandlung nach dem UmwG und nach der Verordnung über das Statut der Europäischen Gesellschaft	6
b) Steuerrechtliche Beurteilung grenzüberschreitender Verschmelzungen	8
c) Mögliche Auswirkungen der Europäischen Grundfreiheiten auf das derzeitige Verschmelzungsrecht	9

1. Allgemeines

Der 3. Teil des UmwStG befasst sich mit den stl. Folgen einer **Verschm oder** 1
**Vermögensübertragung (Vollübertragung) von einer Körperschaft auf eine
andere Körperschaft.** Durch das SEStEG wurde der Anwendungsbereich der
§§ 11–13 an die Vorgaben der Fusions-RL angepasst. §§ 11–13 gelten aufgrund des
durch SEStEG erweiterten Anwendungsbereichs des UmwStG für Verschm inl.
Körperschaften, grenzüberscheitende Verschm von Körperschaften und Verschm
ausl. Körperschaften, soweit an der Verschm Körperschaften mit Sitz und Ort der
Geschäftsleitung innerhalb der EU/EWR beteiligt sind. § 13 gilt darüber hinaus
auch bei Verschm in Drittstaaten weltweit (vgl. § 12 II 2 KStG aF). Durch das
KöMoG vom 25.6.2021 (BGBl. I 2021, 2050) ist der Anwendungsbereich globalisiert worden, und zwar durch Aufhebung von § 1 II aF. Dies gilt für Umw, deren
stl. Übertragungsstichtag nach dem 31.12.2021 liegt. Seit diesem Zeitpunkt sind
Verschm unter Beteiligung von Drittstaatengesellschaften von §§ 11 ff. erfasst. Für
die Frage, ob eine Verschm iSd § 11 vorliegt, ist regelmäßig von der registergerichtlichen Entscheidung auszugehen (BMF 11.11.2011, BStBl. I 2011, 1314 Rn. 01.06);
dies gilt im Grundsatz auch für Verschm, auf die ausl. Rechtsvorschriften Anwendung finden (BMF 11.11.2011, BStBl. I 2011, 1314 Rn. 01.23), wobei die Frage,
ob der ausl. Vorgang einer Verschm iSd UmwG vglbar ist, von der FVerw eigenständig geprüft wird (BMF 11.11.2011, BStBl. I 2011, 1314 Rn. 01.24). Mängel der
Umw, die durch die Registereintragung geheilt werden, sind aus stl. Sicht unbeachtlich (wohl enger BMF 11.11.2011, BStBl. I 2011, 1314 Rn. 01.06; Dötsch/Pung/
Möhlenbruck/Dötsch/Stimpel Vor §§ 11–13 Rn. 2; Rödder/Herlinghaus/van Lishaut/Rödder Rn. 44; wie hier Benecke GmbHR 2012, 113).

2. Steuersystematische Einordnung

Während das UmwR es zum Ziel hat, die Übertragung von Sachen, Rechten 2
und Rechtsverhältnissen, insbes. zum Zweck der Fusion von Unternehmen, zu

erleichtern, ist es Aufgabe des UmwStR, ertragstl. Hindernisse insoweit zu beseitigen. Durch das UmwStR werden Realisationstatbestände des allg. ErtrStR unter gewissen Voraussetzungen und auf entsprechenden Antrag hin aufgehoben und die Besteuerung der stillen Reserven auf einen späteren Zeitpunkt verschoben (vgl. BT-Drs. 12/6885, 14). Weder auf der Ebene der an der Verschm beteiligten Gesellschaft noch auf der Ebene der Gesellschafter soll ein ertragstpfl. Gewinn entstehen müssen, soweit das Besteuerungsrecht der BRD hinsichtlich des übergehenden BV bzw. der als Gegenleistung erhaltenen Anteile nicht ausgeschlossen oder beschränkt wird. Das Ziel der Steuerneutralität wird idR dadurch erreicht, dass die an sich im Zeitpunkt der Verschm nach allg. Grundsätzen eintretende Gewinnrealisierung auf Antrag unterbleibt und die vorhandenen stillen Reserven auf einen anderen Rechtsträger (§ 12 I 1) bzw. auf ein anderes WG (§ 13 II) übergehen. Die Verschm enthält „wesentliche Elemente eines entgeltlichen Tauschgeschäftes" (BFH DStR 2008, 545), die bei der übertragenden Körperschaft eigentlich entstehende Veräußerungsgewinn (BMF 11.11.2011, BStBl. I 2011, 1314 Rn. 00.02; Dötsch/Pung/Möhlenbruck/Dötsch Rn. 25; Lademann/Wernicke Rn. 82; Brandis/Heuermann/Klingberg Rn. 18; vgl. dazu ausf. Hageböke Ubg 2011, 689; BFH BStBl. II 2003, 11; aA Bogenschütz Ubg 2011, 393; Rödder/Herlinghaus/van Lishaut/Rödder Rn. 9 „Sachausschüttung") wird vermieden, die BW in der stl. Schlussbilanz des übertragenden Rechtsträgers werden nach Maßgabe des § 11 fortgeführt, der übernehmende Rechtsträger ist an diese Werte gebunden.

3. Übertragender Rechtsträger

3   § 11 regelt die Auswirkungen auf den Gewinn der übertragenden Körperschaft im Falle der Verschm oder Vermögensübertragung (Vollübertragung) auf eine andere Körperschaft. Die Vorschrift sieht vor, dass die übergehenden WG, einschl. selbst geschaffener immaterieller WG, in der stl. Schlussbilanz der übertragenden Körperschaft im Grundsatz mit dem gemeinen Wert anzusetzen sind. Für die Bewertung von Pensionsrückstellungen gilt § 6a EStG. Auf Antrag können die übergehenden WG in der stl. Schlussbilanz einheitlich mit dem BW oder einem höheren Wert, höchstens jedoch mit dem Wert nach § 11 I angesetzt werden, soweit bei der übernehmenden Körperschaft deren spätere Besteuerung mit KSt sichergestellt ist, das Recht der BRD hinsichtlich der Besteuerung des Gewinns aus der Veräußerung der übertragenen WG bei der übernehmenden Körperschaft nicht ausgeschlossen oder beschränkt wird und keine Gegenleistung gewährt wird oder diese in Gesellschaftsrechten besteht. Für diese stl. Schlussbilanz gilt der **Grundsatz der Maßgeblichkeit** der HB für die StB nicht (BT-Drs. 16/2710, 34; BMF 11.11.2011, BStBl. I 2011, 1314 Rn. 11.04; Dötsch/Pung/Möhlenbruck/Dötsch Rn. 20; Lademann/Wernicke Rn. 84; Haritz/Menner/Bärwaldt § 11 Rn. 34; Widmann/Mayer/Schießl Rn. 63; Brandis/Heuermann/Klingberg Rn. 22; Rödder/Herlinghaus/van Lishaut/Rödder Rn. 116; Benecke/Schnitger IStR 2006, 765; Rödder/Schumacher DStR 2006, 1525; Rödder/Schumacher DStR 2007, 369; vgl. zum UmwStG vor seiner Änderung durch das SEStEG BMF 25.3.1998, BStBl. I 1998, 268 Rn. 11.01; BFH/NV 2007, 2220). Beim sog. Downstream-Merger ist § 11 II 2 zu beachten.

4. Übernehmender Rechtsträger

4   Während § 11 die Auswirkungen auf den Gewinn der übertragenden Körperschaft *im Fall der Verschm oder Vermögensübertragung (Vollübertragung) auf eine andere Körperschaft* regelt, bezieht sich § 12 auf die Auswirkung der Verschm und der Vermögensübertragung in Form der Vollübertragung bei der übernehmenden Körperschaft. § 12 I bestimmt, dass die übernehmende Körperschaft an die Wertansätze

der übergegangenen WG aus der stl. Schlussbilanz der übertragenden Körperschaft gebunden ist **(Buchwertverknüpfung).** Ein sich aus der Verschm ergebender **Übernahmegewinn** oder -**verlust,** abzgl. der Kosten für den Vermögensübergang, bleibt grds. nach § 12 II außer Ansatz; § 8b KStG findet auf den korrigierten Übernahmegewinn Anwendung. In den Abs. 3 und 4 dieser Vorschrift werden weiter die Auswirkungen des Vermögensübergangs auf die zukünftige Besteuerung geregelt. Dabei geht das Gesetz davon aus, dass die übernehmende Körperschaft grds. in die stl. **Rechtsstellung** der übertragenden Körperschaft **eintritt,** was aber nicht für verrechenbare Verluste verbleibender Verlustvorträge, vom übertragenden Rechtsträger nicht ausgeglichene negative Einkünfte und einen Zinsvortrag nach § 4h I 5 EStG und einen EBITDA-Vortrag nach § 4h I 3 EStG gilt (§ 12 I 2 iVm § 4 I 2). § 12 wird ergänzt durch **§ 29 KStG.**

5. Gesellschafter der übertragenden Körperschaft

§ 13 betrifft die stl. Auswirkungen der Verschm auf die Situation der Anteilseigner der übertragenden Körperschaft und zielt darauf ab, den Vermögensübergang auf der Ebene der Anteilseigner auf Antrag gewinnneutral zu gestalten. Im Grundsatz gelten die Anteile an der übertragenden Körperschaft als zum gemeinen Wert veräußert und die an ihre Stelle tretenden Anteile an der übernehmenden Körperschaft als zu diesem Wert angeschafft (§ 13 I). Abw. davon sind auf Antrag die Anteile an der übernehmenden Körperschaft mit dem BW der Anteile an der übertragenden Körperschaft anzusetzen, wenn das Recht der BRD hinsichtlich der Besteuerung des Gewinns aus der Veräußerung der Anteile an der übernehmenden Körperschaft nicht ausgeschlossen oder beschränkt wird, oder die Mitgliedstaaten der EU bei einer Verschm Art. 8 Fusions-RL anzuwenden haben. Ein Zwischenwertansatz ist nicht zulässig (BMF 11.11.2011, BStBl. I 2011, 1314 Rn. 13.10). Werden die Anteile an der übertragenden Körperschaft zum BW angesetzt, treten die Anteile an der übernehmenden Körperschaft – vorbehaltlich § 8b IV KStG – stl. an die Stelle der Anteile an der übertragenden Körperschaft **(Fußstapfentheorie).** Gehören die Anteile an der übertragenden Körperschaft nicht zu einem BV und liegen die Voraussetzungen des § 13 II vor, treten im Fall der Antragsstellung die AK an die Stelle des BW.

6. Grenzüberschreitende Verschmelzungen, europarechtliche Vorgaben des Verschmelzungsrechtes

a) Grenzüberschreitende Umwandlung nach dem UmwG und nach der Verordnung über das Statut der Europäischen Gesellschaft. Eine grenzüberschreitende Verschm ist spätestens nach Inkrafttreten der §§ 122a ff. UmwG unter bestimmten Voraussetzungen möglich. Bereits davor wurden jedoch entsprechende Verschm durchgeführt (vgl. Gesell/Krömker DB 2006, 2558; Wenglorz BB 2004, 1061).

Bereits seit dem 8.10.2004 besteht die zivilrechtliche Möglichkeit einer grenzüberschreitenden Verschm. Die Gründung einer Europa AG durch grenzüberschreitende Verschm (Übertragung des Gesellschaftsvermögens als Ganzes unter Auflösung ohne Abwicklung auf eine andere Gesellschaft gegen Gewährung von Gesellschaftsrechten an der übernehmenden Gesellschaft an die Gesellschafter der übertragenden Gesellschaft) kann gem. Art. 2 I SE-VO, Art. 17 SE-VO durch Aktiengesellschaften mit Sitz und Hauptverwaltung in der EU aus mindestens zwei verschiedenen Mitgliedstaaten erfolgen, und zwar durch Aufnahme oder Neugründung (ausf. → SE-VO Art. 2 Rn. 1 ff., → SE-VO Art. 17 Rn. 1 ff.).

b) Steuerrechtliche Beurteilung grenzüberschreitender Verschmelzungen. Da eine Verschm nach §§ 305 ff. UmwG eine Verschm iSd § 2 UmwG darstellt, liegen die Voraussetzungen des § 1 I vor, die entsprechende Umw fällt damit grds. (→ § 1 Rn. 27; Rödder/Herlinghaus/van Lishaut/Rödder § 11 Rn. 47; HK-UmwStG/Edelmann Rn. 25; aA BMF 11.11.2011, BStBl. I 2011, 1314 Rn. 01.21: Die grenzüberschreitende Verschm iSd § 305 UmwG ist ein mit einer Verschm iSd § 2 UmwG vglbarer ausl. Vorgang) in den Regelungsbereich der §§ 11 ff. Nach § 1 I 1 Nr. 1 erfassen die §§ 11 ff. auch die einer Verschm iSd UmwG vglbaren ausl. Vorgänge (→ § 1 Rn. 31 ff.). Der Anwendungsbereich des UmwStG erstreckt sich damit nicht mehr nur auf rein inl. Umw, sondern auch Verschm im Gebiet der EU, des EWR und in Drittstaaten (→ Rn. 1). Das UmwStG erfasst damit Umwandlungsvorgänge zwischen Rechtsträgern, die in einem oder verschiedenen Mitgliedstaaten der EU oder des EWR ansässig sind (BT-Drs. 16/2710, 34). Wegen des EU/EWR- bzw. weltweiten Anwendungsbereichs des UmwStG ist in Fällen der Verschm einer Körperschaft auf eine andere Körperschaft bei der übertragenden Körperschaft der Ansatz des gemeinen Werts der WG in der stl. Schlussbilanz vorgesehen (§ 11 I). Der Ansatz des BW oder eines Zwischenwerts kommt in Betracht, soweit das Besteuerungsrecht der BRD hinsichtlich der Besteuerung der stillen Reserven in den übertragenen WG sichergestellt ist (§ 11 II). Wird bspw. eine dt. KapGes auf eine in Österreich ansässige KapGes verschmolzen und entfällt infolge der Verschm das Besteuerungsrecht der BRD hinsichtlich der stillen Reserven aus dem übergehenden Vermögen (→ § 11 Rn. 106 ff.), so kommt es zu einer Aufdeckung der stillen Reserven und deren sofortiger Besteuerung. Diese Besteuerung der stillen Reserven verstößt nicht gegen die Grundsätze einer Besteuerung nach der wirtschaftlichen Leistungsfähigkeit. Stille Reserven erhöhen nämlich bereits vor ihrer Realisierung die wirtschaftliche Leistungsfähigkeit eines Steuersubjektes und sind damit grds. immer dann zu realisieren, wenn ansonsten die dt. Besteuerung dieses Einkommens nicht mehr gesichert ist (aA Werra/Teiche DB 2006, 1455).

9 c) **Mögliche Auswirkungen der Europäischen Grundfreiheiten auf das derzeitige Verschmelzungsrecht.** Das Recht der EU, insbes. das Diskriminierungsverbot und die Grundfreiheiten des EG-Vertrages, spielen bei den direkten Steuern eine besondere Rolle. Den Mitgliedstaaten ist es zwar freigestellt, welche Steuern sie erheben und wie sie ihre Bemessungsgrundlagen ausgestalten, europäische Grundfreiheiten genießen aber nahezu uneingeschränkten Vorrang und setzen insbes. keine Harmonisierung der nat. Steuergesetze voraus (vgl. dazu Rödder DStR 2004, 1659 mwN). Die Grundfreiheiten sind nach der Rspr. des EuGH unmittelbar anwendbares Recht. Ob eine Maßnahme gegen Grundfreiheiten verstößt, ergibt sich aus ihrem sachlichen und **persönlichen Schutzbereich** (vgl. insoweit EuGH DStR 2014, 193; 2011, 2334 – National Grid Indus; Musil/Weber-Grellet/Musil AEUV Art. 49 Rn. 13 f.; Hahn DStZ 2005, 433). Der persönliche Schutzbereich aller Grundfreiheiten ist den Staatsangehörigen der EG-Mitgliedstaaten eröffnet, als „Unionsbürger" gelten auch Gesellschaften sowie jur. Personen des öffentlichen Rechts und des Privatrechts, die nach den Rechtsvorschriften eines Mitgliedstaates gegründet wurden und ihren satzungsmäßigen Sitz, ihre Hauptverwaltung oder ihre Hauptniederlassung innerhalb der Gemeinschaft haben. Der **sachliche Schutzbereich** umfasst nahezu jede wirtschaftliche Betätigung im Binnenmarkt. Eine dominierende Rolle im Bereich der direkten Besteuerung von KapGes nimmt die **Niederlassungsfreiheit** ein. Sie ist berührt, sobald ein Unternehmen eine dauerhafte Betätigung in einem anderen Mitgliedstaat ausübt. Ausgangspunkt ist das in den Grundfreiheiten konkretisierte europarechtliche Diskriminierungsverbot von Ausländern gegenüber Inländern. Kriterien sind dabei nicht nur die Staatsangehörigkeit, sondern zB auch die Ansässigkeit. In dieser Wirkungsweise richtet sich die Grundfreiheit gegen den Zielstaat einer wirtschaftlichen Betätigung des Steuerpflichtigen. Daneben verpflichtet sie aber auch den Herkunftsstaat, der grenzüberschreitende Betätigung nicht schlechter behandeln darf als den Inlandsfall (EuGH DStR 2011,

2334 – National Grid Indus; Gosch IWB 21/2012, 779). Verboten sind bereits geringfügige Behinderungen. In diesem Zusammenhang spricht der EuGH von einem Beschränkungsverbot. Ist der Schutzbereich einer Grundfreiheit beschränkt, so ist eine solche gerechtfertigt, wenn zwingende Gründe des allg. Interesses insoweit vorliegen, die Beschränkung zur Erreichung dieser Gründe geeignet ist und nicht über das hinausgeht, was zur Erreichung des Ziels erforderlich ist (vgl. EuGH DStR 2014, 193 – DMC Beteiligungsgesellschaft mbH; DStR 2011, 2334 – National Grid Indus; DStRE 2009, 1439 – Aberdeen Property Fininvest; DStR 2005, 2168 – Marks & Spencer; DStR 2004, 552 – Hughes de Lasteyrie du Saillant; FR 2003, 84 – X + Y Riksskateverk; Musil/Weber-Grellet/Musil AEUV Art. 49 Rn. 37 ff.). Im stl. Bereich kommen als zwingende Gründe idS der Kampf gegen die Steuerumgehung, die Wirksamkeit der Steuerkontrolle und die Kohärenz der Steuersysteme in Betracht (vgl. zuletzt EuGH DStR 2014, 193; 2011, 2334 mwN; Gosch IWB 21/2012, 779). Die Kohärenz des Steuersystems als Rechtfertigungsgrund erfordert aber, dass ein in der Gegenwart gewährter Vorteil in unauflösbarem Zusammenhang damit steht, dass dasselbe Steuersubjekt die vorläufig aufgeschobene Steuer zu einem späteren Zeitpunkt dem Steuergläubiger zahlt (EuGH Slg. 1995 I 2493 Rn. 24 f.). Bei der konkreten Ausgestaltung des Prinzips der Kohärenz des Steuersystems muss aber ein Mitgliedstaat den Grundsatz der Verhältnismäßigkeit ieS beachten (ausf. dazu Körner IStR 2004, 426; Sedemund IStR 2004, 595). Stellt der EuGH einen nicht zu rechtfertigenden Eingriff des nat. Rechts in eine Grundfreiheit fest, so hat dies zur Folge, dass auch andere als am Verfahren beteiligte Unionsbürger das Ergebnis des Vorlageentscheidungsersuchens für sich in Anspruch nehmen können (vgl. Hahn DStZ 2003, 459). Anders als das BVerfG gewährt der EuGH dem betreffenden Mitgliedstaat idR keine Übergangsfrist, innerhalb derer der rechtswidrige Zustand vorerst fortbestehen und eine neue Regelung geschaffen werden kann.

§§ 3, 11, 20 könnten zu einer **Beschränkung der freien Niederlassungsfreiheit** nach Art. 49 AEUV (vgl. zuletzt EuGH DStR 2011, 2334 mwN; ausf. Rautenstrauch/Seitz Ubg 2012, 14; Gosch IWB 21/2012, 779) oder der Kapitalverkehrsfreiheit (EuGH DStR 2014, 193; krit. Sydow DB 2014, 265) führen. Nach der vom dt. Gesetzgeber getroffenen Grundsatzentscheidung setzt eine erfolgsneutrale Verschm einer in Deutschland unbeschränkt stpfl. KapGes auf eine im europäischen Ausland ansässige KapGes voraus, dass stille Reserven in Deutschland steuerverhaftet bleiben; ist dies nicht der Fall, kommt es zu einer sofortigen stpfl. Aufdeckung von stillen Reserven. Verschmilzt eine unbeschränkt kstpfl. KapGes von Deutschland auf eine im EU-Ausland ansässige KapGes, ist der persönliche und sachliche Schutzbereich des Art. 49 AEUV eröffnet. Nach Auffassung des EuGH verbietet es nämlich Art. 49 AEUV, dass der Herkunftsstaat die Niederlassung seiner Staatsangehörigen oder einer nach seinem Recht gegründeten Gesellschaft in einem anderen Mitgliedstaat behindert. § 11 dürfte jedoch zu einer solchen Behinderung führen. Eine in Deutschland unbeschränkt stpfl. KapGes, die auf eine andere in Deutschland unbeschränkt stpfl. KapGes verschmolzen wird, muss keine Schlussbesteuerung nach § 11 I durchführen (Vergleichspaar). Die auf eine im europäischen Ausland ansässige KapGes wird folglich bei der Aufdeckung ihrer stillen Reserven in der Ausübung *ihrer* Niederlassungsfreiheit „behindert" bzw. die Ausübung der Niederlassungsfreiheit ist dadurch weniger „attraktiv". Von einer Beeinträchtigung der Niederlassungsfreiheit durch § 11 ist daher im Grundsatz auszugehen (vgl. zuletzt Rautenstrauch/Seitz Ubg 2012, 14; Gosch IWB 21/2012, 779; Brinkmann/Reiter DB 2012, 16; Körner IStR 2012, 1; aA Mitsche IStR 2012, 6). 10

Es stellt sich daher die Frage einer **Rechtfertigung** der Beschränkung der Niederlassungsfreiheit, und zwar, ob die Verschm ins europäische Ausland dem Grunde nach zu einer Realisierung der stillen Reserven führen darf und eine sofortige Besteuerung der stillen Reserven durch die BRD zulässig ist. Dabei ist daran zu erinnern, dass nach der Rspr. des EuGH (vgl. EuGH IStR 2004, 680; 2006, 19) 11 der Rückgang von Steuereinnahmen nicht als zwingender Grund des allg. Interesses anerkannt wird, so dass damit ein Verstoss gegen Grundfreiheiten nicht gerechtfertigt werden kann.

12 Der **Zweck der Regelung** des § 11 I besteht darin, das Besteuerungsrecht der BRD hinsichtlich stiller Reserven sicherzustellen. Bislang nicht realisierte stille Reserven sollen beim Ausscheiden aus der dt. Besteuerung aufgedeckt und einer Besteuerung zugeführt werden, soweit ein späterer Zugriff des Staates nicht mehr möglich ist (ultima-ratio-Besteuerung). Es stellt sich daher die Frage, ob die Regelung des § 11 I und das dahinterstehende System gerechtfertigt werden kann.

13 Stille Reserven erhöhen die wirtschaftliche Leistungsfähigkeit eines Steuersubjektes bereits vor ihrer Realisierung, es liegt im Grunde nach Einkommen vor. Dass dieses Einkommen noch nicht besteuert wird, rechtfertigt sich mit dem verfassungsrechtlich fundierten **Verhältnismäßigkeitsgrundsatz,** der insoweit das Leistungsfähigkeitsprinzip einschränkt (vgl. Tipke DStJG 4 (1981), 1 ff.; Wissenschaftlicher Beirat beim BMF, Schriftenreihe des BMF-Heft 9, 23). Auch bei rein innerdeutschen Vorgängen ist die Besteuerung der bei den zur Einkunftserzielung verwendeten WG gelegten stillen Reserven weitestgehend üblich, und zwar spätestens zu dem Zeitpunkt, zu dem ansonsten die stillen Reserven nicht mehr in Deutschland besteuert werden können (zB Entnahme aus dem BV, Betriebsaufgabe). Für internationale Sachverhalte kommt hinzu, dass es für einen fairen Steuerwettbewerb im Grundsatz unverzichtbar ist, dass die Mitgliedstaaten das Recht besitzen, die während ihrer Steuerhoheit aufgebauten stillen Reserven selbst zu besteuern (EuGH DStR 2014, 197; Engert DStR 2004, 664; Lehner DStJG 23 (2000), 263; Knobbe-Keuk DB 1991, 298). Dies gilt insbes., wenn die stillen Reserven unmittelbar zu Lasten des Steueraufkommens gebildet wurden (zB Herstellung immaterieller WG des Anlagevermögens). Weiter beabsichtigten Abschreibung und RSt, die zur Bildung stiller Reserven geführt haben, oftmals einen zeitweiligen Steuerungsaufschub, nicht aber einen endgültigen Verzicht (Hey StuW 2004, 193). Vor diesem Hintergrund überrascht es nicht, dass auch die Fusions-RL auf einer historischen Zuordnung stiller Reserven basiert (Hey StuW 2004, 193; Herrmann/Heuer/Raupach/Kolbe KStG § 12 Rn. 17; vgl. auch Rödder DStR 2004, 1629; Rödder DStR 2005, 893; Schön IStR 2004, 298; Schindler IStR 2005, 551, die die Frage aufwerfen, ob ggf. sekundäres Gemeinschaftsrecht den Grundfreiheiten widersprechen).

14 Hinzu kommt: Das in der Fusions-RL aufgestellte Konzept einer Besteuerung von stillen Reserven ist geprägt durch die Annahme, dass das Recht der Mitgliedstaaten, die unter ihrer Steuerhoheit gebildeten stillen Reserven zu besteuern, vom Grundsatz her bestehen bleiben soll. Die Mitgliedstaaten werden zwar zu einem Besteuerungsaufschub verpflichtet, ein Verzicht der Besteuerung zu Gunsten eines anderen Mitgliedstaats wird in der **Fusions-RL** aber nicht normiert (Hey StuW 2004, 193; Schön IStR 2004, 298). Nach der Fusions-RL muss der Mitgliedstaat einen „Besteuerungsverzicht" nur für diejenigen WG leisten, die auch nach vollzogenem Wegzug iRe inl. Betriebsstätte stl. verhaftet bleiben. Scheidet das Besteuerungsrecht eines Staates bzgl. der stillen Reserven aus, so kann der nat. Gesetzgeber nach Vorgaben der Fusions-RL die Steuerneutralität versagen (Hey StuW 2004, 193; Knobbe-Keuk DB 1991, 298; Tumpel DStJG 23 [2000], 321; Musil/Weber-Grellet/Desens UmwStG § 11 Rn. 33). Im Ergebnis gehen somit sowohl der nat. Gesetzgeber als auch der Richtliniengeber davon aus, dass der durch die Nichtbesteuerung von stillen Reserven gewährte „Steuervorteil" in unauflösbarem Zusammenhang damit steht, dass dasselbe Steuersubjekt die vorläufig aufgeschobene Steuer zu einem späteren Zeitpunkt an denselben Steuergläubiger zahlt. Dass die stillen Reserven *am letztmöglichen Zeitpunkt* gem. § 11 I versteuert werden, kann damit auch unter Berücksichtigung der nunmehr geltenden allg. Entstrickungs-/Verstrickungsvorschriften und im Hinblick auf eine Besteuerung nach der Leistungsfähigkeit als **kohärente Regelung** des dt. Steuerrechts angesehen werden.

Es bleibt daher zu prüfen, ob die Kohärenz auf der Ebene des nat. Rechts nicht **15** durch einen Verzicht des Besteuerungsrechts auf Abkommensebene aufgehoben wird (vgl. dazu EuGH FR 2003, 84). Art. 7 OECD-MA weist das Recht der Besteuerung stiller Reserven in WG einer KapGes dem Vertragsstaat zu, in dem die KapGes ansässig ist. Wird diese KapGes auf eine ausl. KapGes verschmolzen, endet ihre Ansässigkeit und es kann zu einem Verlust bzw. zur Einschränkung des Besteuerungsrechts bzgl. der stillen Reserven kommen. Man könnte daher die Auffassung vertreten, dass mit der Verschm einer KapGes in das europäische Ausland der ausl. Staat, in dem die übernehmende KapGes ansässig ist, das Besteuerungsrecht erhalte und eine Regelung, die auf nat. Ebene die Aufdeckung stiller Reserven vorsieht, nicht kohärent sei (idS noch EuGH FR 2003, 84). Diese Ansicht kann jedoch nicht überzeugen. Aus Art. 7 OECD-MA lässt sich nicht ableiten, dass der Ansässigkeitsstaat der übertragenden KapGes auf die Besteuerung der stillen Reserven verzichten will (vgl. Gosch IWB 21/2012, 779; Schön StbJb 2003/2004, 50). § 11 I ist daher auch vor dem Hintergrund des Abkommensrechts als eine kohärente Regelung zu qualifizieren.

Bei der konkreten Ausgestaltung des Prinzips der Kohärenz des Steuersystems **16** muss ein Mitgliedstaat den **Grundsatz der Verhältnismäßigkeit** ieS beachten. Bei der Beurteilung der **Geeignetheit** des Mittels steht dem Mitgliedstaat ein weiter Beurteilungsspielraum zu. Lediglich gänzlich untaugliche Mittel legitimieren keine Beschränkung. Die Aufdeckung stiller Reserven im Regelungsbereich des § 11 I ist jedenfalls ein geeignetes Mittel zur Sicherstellung der Besteuerung der stillen Reserven im übertragenen Vermögen (vgl. EuGH IStR 2006, 702).

§ 11 I ordnet an, dass es bei Verlust oder Beschränkung des dt. Besteuerungsrechts **17** zu einer sofortigen Besteuerung kommt. Es stellt sich daher die Frage, ob die **Zeitpunkt der Besteuerung** dem Grundsatz der Verhältnismäßigkeit entspricht. Insoweit könnten verschiedene Urteile des EuGH von Interesse sein:

Der EuGH hat im Urteil v. 21.11.2002 (FR 2003, 84 – **X und Y**), bei dem es **18** um die Aufdeckung von stillen Reserven bei der Übertragung von Anteilen an einer KapGes ging, in einem obiter dictum ausgeführt, es sei im Hinblick auf die Verhältnismäßigkeit des Besteuerungszugriffs notwendig, die Besteuerung der durch Wegzug entstandenen stillen Reserven bis zu einer späteren tatsächlichen Realisierung mit entsprechendem Liquiditätszufluss aufzuschieben. Am 11.3.2004 äußerte sich der EuGH zu der Frage der Auslegung der Niederlassungsfreiheit im Rahmen des französischen Rechts, nach dem nichtrealisierte Wertsteigerungen von Wertpapieren besteuert werden, wenn ein Steuerpflichtiger seinen Wohnsitz ins Ausland verlegt (EuGH DStR 2004, 511 – **De Lasteyrie du Saillant**). Der EuGH stellte fest, dass die Bindung eines möglichen Zahlungsaufschubs an eine Voraussetzung, wie zB die Hinterlegung von Sicherheiten, nicht verhältnismäßig sei. Auch könne der Zahlungsaufschub nicht an Bedingungen geknüpft werden, wie die Benennung eines im Ursprungsland bestellten Vertreters. Im Urt. v. 7.9.2006 (EuGH IStR 2006, 702 – **N**) führt der EuGH aus, dass bei Verlegung des Wohnsitzes durch einen Steuerpflichtigen verlangt werden kann, die für die Berechnung der Einkommensteuer erforderlichen Angaben in einer Steuererklärung zu machen. Im Hinblick auf das legitime Ziel der Aufteilung der Besteuerung, insbes. zur Beseitigung der Doppelbesteuerung, sei diese Vorgehensweise verhältnismäßig. Unverhältnismäßig sei jedoch, die Stundung der Steuer von dem Stellen einer Sicherheit abhängig zu machen. Zudem sei es unverhältnismäßig, Wertminderungen, die möglicherweise nach der Verlegung des Wohnsitzes bei den Anteilen an KapGes eintreten und die nicht im Zuzugsstaat berücksichtigt worden sind, im Wegzugsstaat nicht zu berücksichtigen.

Die Urteile vom EuGH v. 21.11.2002, v. 11.3.2004 bzw. v. 7.9.2006 sind jeden- **19** falls nicht uneingeschränkt auf den Fall übertragbar, dass Deutschland durch eine Verschm einer dt. KapGes ins Ausland das Besteuerungsrecht an einzelnen, insbes.

abschreibbaren WG verliert. Anteile an KapGes, und um solche WG ging es bei den angeführten Urteilen, repräsentieren nämlich den Wert eines lebenden Unternehmens, welches gekennzeichnet ist durch den Verbrauch und die Ersetzung der dem Unternehmen gewidmeten WG. Der Wert der Anteile wird insbes. bestimmt durch die Ertragskraft des Unternehmens. Demgegenüber kann sich der Wert eines einzelnen WG durch technischen oder wirtschaftlichen Verbrauch mindern, ohne dass diese Wertminderung beim selben WG kompensiert wird.

20 Mit Urt. v. 29.11.2011 (EuGH DStR 2011, 2334 – **National Grid Indus;** vgl. dazu Gosch IWB 21/2012, 779) hat der EuGH sich mit der Vereinbarkeit der niederländischen Entstrickungsregeln und der europäischen Niederlassungsfreiheit anlässlich eines Wegzugs einer niederländischen Gesellschaft nach Großbritannien beschäftigt. Unter Anwendung der Gründungstheorie behält die Gesellschaft dabei ihren Sitz und ihre Identität. Im Zeitpunkt des Wegzugs erfolgte nach niederländischem Recht eine Besteuerung der ins Ausland verbrachten stillen Reserven, eine Stundungsmöglichkeit sah das niederländische Gesetz nicht vor. In dieser sofortigen Besteuerung der stillen Reserven bei einem grenzüberschreitenden Wegzug im Vergleich zu einem rein nat. Umzug sieht das Gericht eine Beschränkung der Niederlassungsfreiheit. Das Gericht führt sodann aus, dass der abkommensteuerrechtliche Verteilungsmechanismus es rechtfertigt, wenn der Wegzugstaat die auf seinem Hoheitsgebiet entstandenen stillen Reserven besteuert (vgl. dazu aber auch BFH DStR 2010, 40; BMF 20.5.2009, BStBl. I 2009, 671). Das Gericht stellt fest, dass die Besteuerung der stillen Reserven anlässlich des grenzüberschreitenden Wegzugs geeignet ist, die Wahrung der Aufteilung der Besteuerungsbefugnis zu erreichen (vgl. auch BFH BStBl. II 2019, 136). Verhältnismäßig und daher akzeptabel sei im Zeitpunkt des Wegzugs die Steuerfestsetzung, wobei Wertminderungen nach dem Wegzug nicht zu berücksichtigen seien. Soweit aber das nat. Gesetz von einer sofortigen Fälligkeit der Steuer ausgehe, sei dies unverhältnismäßig. Dem Steuerpflichtigen sei vielmehr ein Wahlrecht dahingehend einzuräumen, zwischen der sofortigen Begleichung der Steuerschuld bei Wegzug und einer bis zum Zeitpunkt der Wertrealisation aufgeschobenen Begleichung des Steuerbetrages zu wählen. Würde der Steuerpflichtige sich für eine Aufschiebung der Zahlung des Steuerbetrages entscheiden, müsse er eine präzise grenzüberschreitende Nachverfolgung des Schicksals sämtlicher zum Anlage- und Umlaufvermögen gehörenden Gegenstände bis zur Realisierung der stillen Reserven sicherstellen. Insoweit wird vorgeschlagen (vgl. EU-KOM, Mitteilung zur Wegzugsbesteuerung und die Notwendigkeit einer Koordinierung der Steuerpolitik der Mitgliedstaaten v. 19.12.2006, KOM (2006) 825, 7), dass der Steuerpflichtige eine jährliche Erklärung abgeben muss mit dem Inhalt, dass er noch im Besitz der übertragenen Vermögenswerte sei. Durch Letzteres soll sichergestellt werden, dass der Wegzugstaat von der Realisierung der stillen Reserven in den überführten WG erfährt. Im Fall der aufgeschobenen Einziehung des Steuerbetrages erlaubt es der EuGH zur Absicherung der späteren Steuereinnahmen, Bankgarantien zu verlangen und die Verzinslichkeit der Steuerforderung anzuordnen.

21 Obwohl im Vergleich zum Wegzug eines Rechtsträgers bei der grenzüberschreitenden Umw der übertragende Rechtsträger bspw. bei der Verschm nicht mehr existiert, sind diese Grundsätze auch bei der auf Grund der Umw nach dem UmwStG eintretenden Entstrickung (dazu aber auch → § 11 Rn. 107 ff.) zu berücksichtigen (ebenso Rautenstrauch/Seitz Ubg 2012, 14; Brinckmann/Reiter DB 2012, 16; Körner IStR 2012, 1; aA Mitschke IStR 2012, 6).

22 Mit Urt. v. 23.1.2014 – **DMC Beteiligungsgesellschaft mbH** (EuGH DStR 2014, 193; dazu auch EuGH DStR 2015, 1166 – Verder LabTec; Sydow DB 2014, 265; Gosch IDW 5/2014, 183; Thömmes StuB 2014, 288; Mitschke IStR 2014, 111; Linn IStR 2014, 136; Musil FR 2014, 470; FG Düsseldorf DStRE 2014, 577) hat der EuGH die Vereinbarkeit des § 20 III UmwStG 1995 im Hinblick auf die Beschränkung der Kapitalverkehrsfreiheit überprüft. § 20 III UmwStG 1995 sah bei

der Einbringung eines Betriebes, Teilbetriebes oder Mitunternehmeranteils in eine KapGes vor, dass der übernehmende Rechtsträger das eingebrachte BV mit seinem TW anzusetzen hat, wenn das Besteuerungsrecht der Bundesrepublik Deutschland hinsichtlich des Gewinns aus einer Veräußerung der dem Einbringenden gewährten Gesellschaftsanteile im Zeitpunkt der Sacheinlage ausgeschlossen ist. Durch diesen zwangsweisen Ansatz der eingebrachten WG mit dem TW erzielte der Einbringende gem. § 20 IV UmwStG 1995 iSd Diff. zwischen dem ursprünglichen BW des eingebrachten Vermögens und deren TW einen stpfl. Veräußerungsgewinn. Nach den damals gültigen Regeln konnte der Einbringende beantragen, die auf den Veräußerungsgewinn entfallende Steuer zinsfrei in jährlichen Teilbeträgen von mindestens einem Fünftel zu zahlen, sofern die Entrichtung der Teilbeträge sichergestellt war. Der EuGH sah in dieser Regelung bei grenzüberschreitenden Einbringungen innerhalb der EU zunächst eine Beschränkung der Kapitalverkehrsfreiheit (Art. 63 AEUV). Eine solche sei nur dann zu rechtfertigen, wenn sie durch zwingende Gründe des Allgemeininteresses gerechtfertigt sei. Das Gericht wiederholt, dass die Wahrung der Aufteilung der Besteuerungsbefugnisse zwischen den Mitgliedstaaten insoweit ein anerkanntes legitimes Ziel ist, durch das sich die Regelung des § 20 III UmwStG 1995 rechtfertigen lasse. Eine solche Regelung gehe iU grds. nicht über das hinaus, was erforderlich ist, um das Ziel der Wahrung der Aufteilung der Besteuerungsbefugnisse zwischen den Mitgliedstaaten zu erreichen. Unter Verweis auf das Urt. v. 29.11.2011 (EuGH DStR 2011, 2334) wiederholt es, dass das dt. UmwStG bei der Erhebung einer Steuer auf nicht realisierte Wertzuwächse dem Steuerpflichtigen das Wahlrecht einzuräumen sei, zwischen einerseits der sofortigen Zahlung der Steuer auf die nicht realisierten Wertzuwächse oder andererseits einer Stundung des Steuerbetrages ggf. zzgl. Zinsen nach der geltenden nat. Regelung. Weiter wird ausgeführt, dass die Staffelung der Zahlung vor der tatsächlichen Realisierung der stillen Reserven, die entstandenen Steuern in fünf Jahresraten zu zahlen, in Anbetracht des mit der Zeit steigenden Risikos der Nichteinbringung der Steuer angemessen und verhältnismäßig ist. Die Ratenzahlung von der Stellung einer Sicherheit abhängig zu machen, setzt nach Meinung des Gerichts aber eine vorherige Bewertung des Nichteinbringungsrisikos voraus.

Im Ergebnis bestehen daher Zweifel, ob die umwandlungsbedingten Entstrickungsregelungen den europäischen Vorgaben entsprechen (vgl. dazu Rödder/Herlinghaus/van Lishaut/Rödder Rn. 284 ff.; Dötsch/Pung/Möhlenbruck/Dötsch Rn. 79; aA Lademann/Wernicke Rn. 210; Musil/Weber-Grellet/Dresens § 11 Rn. 43). Im Urt. v. 30.5.2018 (BFH BStBl. II 2019, 136) geht der BFH davon aus, dass im Rahmen der Verhältnismäßigkeitsprüfung zu berücksichtigen sei, ob der Stpfl. den Realisationsakt selbst herbeigeführt hat. Zudem führt er aus, dass bei der Realisierung von stillen Reserven in Anteilen an einer KapG, die von einer anderen KapGes gehalten werden, diese stillen Reserven steuerfrei aufgedeckt werden. 23

§ 11 Wertansätze in der steuerlichen Schlussbilanz der übertragenden Körperschaft

(1) ¹Bei einer Verschmelzung oder Vermögensübertragung (Vollübertragung) auf eine andere Körperschaft sind die übergehenden Wirtschaftsgüter, einschließlich nicht entgeltlich erworbener oder selbst geschaffener immaterieller Wirtschaftsgüter, in der steuerlichen Schlussbilanz der übertragenden Körperschaft mit dem gemeinen Wert anzusetzen. ²Für die Bewertung von Pensionsrückstellungen gilt § 6a des Einkommensteuergesetzes.

(2) ¹Auf Antrag können die übergehenden Wirtschaftsgüter abweichend von Absatz 1 einheitlich mit dem Buchwert oder einem höheren Wert, höchstens jedoch mit dem Wert nach Absatz 1, angesetzt werden, soweit

1. sichergestellt ist, dass sie später bei der übernehmenden Körperschaft der Besteuerung mit Körperschaftsteuer unterliegen und
2. das Recht der Bundesrepublik Deutschland hinsichtlich der Besteuerung des Gewinns aus der Veräußerung der übertragenen Wirtschaftsgüter bei der übernehmenden Körperschaft nicht ausgeschlossen oder beschränkt wird und
3. eine Gegenleistung nicht gewährt wird oder in Gesellschaftsrechten besteht.

²Anteile an der übernehmenden Körperschaft sind mindestens mit dem Buchwert, erhöht um Abschreibungen sowie um Abzüge nach § 6b des Einkommensteuergesetzes und ähnliche Abzüge, die in früheren Jahren steuerwirksam vorgenommen worden sind, höchstens mit dem gemeinen Wert, anzusetzen. ³Auf einen sich daraus ergebenden Gewinn findet § 8b Abs. 2 Satz 4 und 5 des Körperschaftsteuergesetzes Anwendung.

(3) § 3 Abs. 2 Satz 2 und Abs. 3 gilt entsprechend.

Übersicht

	Rn.
1. Allgemeines	1
2. Sachlicher Anwendungsbereich	5
3. Übertragender Rechtsträger und übernehmender Rechtsträger	9
4. Steuerliche Schlussbilanz	15
5. Ansatz und Bewertung der übergehenden Wirtschaftsgüter in der steuerlichen Schlussbilanz	20
a) Begriff des Wirtschaftsguts	20
b) Steuerliche Ansatz- und Bewertungsvorschriften	24
c) Abbildung stiller Lasten	28
d) Bewertungszeitpunkt	30
6. Ansatz der übergehenden Wirtschaftsgüter mit dem gemeinen Wert	31
a) Grundsätzliches	31
b) Ermittlung des gemeinen Werts für einzelne Wirtschaftsgüter und für die Sachgesamtheit	33
7. Ansatz der übergehenden Wirtschaftsgüter mit dem Buchwert	49
8. Ansatz mit Zwischenwerten	58
9. Ausübung des Antragswahlrechts, Bilanzberichtigung	60
a) Ausübung des Antragswahlrechts	60
b) Frist für den Antrag	62
c) Form und Inhalt des Antrags	64
d) Zuständiges Finanzamt	65
e) Keine Rücknahme	66
f) Antragsberechtigt	67
g) Bilanzberichtigung	68
10. Einzelne Posten der steuerlichen Schlussbilanz	70
a) Ausländisches Vermögen	70
b) Ausstehende Einlagen	71
c) Beteiligungen	72
d) Beteiligung der übertragenden Körperschaft an der übernehmenden Körperschaft (Downstream-Merger)	74
e) Eigene Anteile	77
f) Firmenwert/Geschäftswert	78
g) Forderungen und Verbindlichkeiten	79
h) Forderungsverzicht mit Besserungsschein	80

	Rn.
i) Grunderwerbsteuer	82
j) Körperschaftsteuerguthaben/Körperschaftsteuererhöhung	83
k) Organschaft	85
l) Passivierungsverbote in der steuerlichen Schlussbilanz	86
m) Pensionsrückstellungen	87
n) Steuerfreie Rücklagen	88
o) Umwandlungskosten der übertragenden Körperschaft	89
11. Sicherstellung der späteren Körperschaftsbesteuerung der übergehenden WG bei der übernehmenden Körperschaft (Abs. 2)	92
a) Grundsatz	92
b) Steuerbefreiung der übernehmenden Körperschaft	97
c) Eigene Anteile	98
d) Anteile der übertragenden Körperschaft an der Übernehmerin („Downstream-Merger")	99
e) Wechselseitige Beteiligungen	102
f) Verschmelzung auf eine Körperschaft und atypisch Still	103
g) Verschmelzung auf eine Organgesellschaft	104
h) Keine Sicherstellung der Besteuerung mit Körperschaftsteuer	105
12. Kein Ausschluss oder Beschränkung des deutschen Besteuerungsrechts für den Gewinn aus der Veräußerung der übertragenen Wirtschaftsgüter bei der übernehmenden Körperschaft	106
a) Grundsätzliches	106
b) Inlandsverschmelzung ohne Auslandsbezug	109
c) Inlandsverschmelzung mit Auslandsbezug	110
d) Hinausverschmelzung	114
e) Hereinverschmelzung	120
f) Reine ausländische Verschmelzung	123
g) Downstream-Merger	124
13. Keine Gegenleistung, Gegenleistung in Gesellschaftsrechten (Abs. 2 S. 1 Nr. 3)	127
a) Grundsätzliches	127
b) Keine Gegenleistung für den Vermögensübergang	128
c) Gegenleistung in Gesellschaftsrechten	131
14. Gegenleistung, die nicht in Gesellschaftsrechten besteht	135
15. Rückwirkung	146
16. Der Beteiligungskorrekturgewinn/-verlust bei einer Abwärtsverschmelzung (Abs. 2 S. 2 und 3)	147
17. Ermittlung und Besteuerung eines Übertragungsgewinns	153
a) Besteuerung des Übertragungsgewinns	153
b) Ermittlung des Übertragungsgewinns	156
18. Grenzüberschreitende Verschmelzung innerhalb der EU	157
19. Keine verdeckte Gewinnausschüttung der übertragenden Körperschaft in Folge der Verschmelzung	158
20. Verschmelzung und Anwachsung	161

1. Allgemeines

§ 11 regelt die Auswirkungen auf den Gewinn der übertragenden Körperschaft **1** im Falle der Verschm oder Vermögensübertragung (Vollübertragung) auf eine andere Körperschaft. In der stl. **Schlussbilanz** sind die übergehenden WG abw. vom Buchwertansatz in der HB (§ 17 UmwG) grds. mit dem gemeinen Wert anzusetzen; eine Ausnahme bilden die Pensionsrückstellungen, die gem. § 6a EStG zu bewerten sind. Der **Grundsatz der Maßgeblichkeit** der HB für die StB findet keine Anwendung

(→ Rn. 19). Nach Auffassung der FVerw handelt es sich bei der stl. Schlussbilanz des übertragenden Rechtsträgers um eine eigenständige Bilanz, die von der Gewinnermittlungsbilanz iSv § 4 I EStG, § 5 EStG zu unterscheiden ist (BMF 11.11.2011, BStBl. I 2011, 1314 Rn. 11.02 iVm Rn. 03.01; ebenso FG BW EFG 2016, 1571). Auf Antrag kann das übergehende Vermögen statt mit dem gemeinen Wert, zu BW oder ZW angesetzt werden, (1) soweit sichergestellt ist, dass die übergehenden WG später bei der übernehmenden Körperschaft der Besteuerung mit KSt unterliegen und (2) das dt. Besteuerungsrecht hinsichtlich dieser WG bei deren Veräußerung nicht ausgeschlossen oder eingeschränkt wird und (3) entweder eine Gegenleistung nicht gewährt wird oder lediglich in Gesellschaftsrechten besteht. Beim sog. Downstream-Merger sind die Anteile an der übernehmenden Körperschaft in der stl. Schlussbilanz der übertragenden Körperschaft zwingend mit dem stl. BW erhöht, um steuerwirksame Abschreibungen und Abzüge nach § 6b EStG und ähnlichen Abzügen, maximal aber mit dem gemeinen Wert anzusetzen.

2 Ein **Übertragungsgewinn** entsteht, soweit die übertragende Körperschaft in ihrer stl. Schlussbilanz ganz oder teilweise die übergehende WG mit dem gemeinen Wert ansetzt oder aber einen Zwischenwertansatz wählt. Der Übertragungsgewinn unterliegt, soweit er nicht nach DBA oder wegen einer Zuordnung zu einer ausl. Betriebsstätte vom Gewerbeertrag auszunehmen ist, bei der übertragenden Körperschaft nach den allg. Vorschriften der KSt und gem. § 19 I der GewSt (→ Rn. 154 f.). Es kann auch ein Übertragungsverlust entstehen (vgl. BMF 11.11.2011, BStBl. I 2011, 1314 Rn. 11.06 iVm Rn. 03.12).

3 § 11 behandelt die stl. Folgen der Verschm und der Vermögensübertragung im Wege einer Vollübertragung (§ 174 I UmwG, §§ 176 ff. UmwG) einer Körperschaft auf eine andere bezogen auf den Gewinn der übertragenden Ges, § 12 die stl. Folgen bei der aufnehmenden Körperschaft. Die stl. Wirkungen der Verschm beim Anteilseigner der übertragenden Körperschaft ergeben sich aus **§ 13,** soweit die übernehmende Körperschaft nicht an der übertragenden Körperschaft beteiligt ist. Durch das SEStEG ist der Anwendungsbereich des § 11 auf zunächst nationale und europäische Verschm ausgedehnt worden; er erfasst damit nicht nur Inlandsverschmelzungen, sondern auch grenzüberschreitende Hinaus- und Hereinverschmelzungen bzw. Auslandsverschmelzungen innerhalb der EU bzw. des EWR, nicht jedoch in bzw. aus Drittstaaten. Durch das KöMoG vom 25.6.2021 (BGBl. 2021 I 2050) ist der Anwendungsbereich der §§ 11 ff. globalisiert worden, und zwar durch Aufhebung von § 1 II aF. Verschm unter Beteiligung von Drittstaatengesellschaften werden von §§ 11 ff. nunmehr erfasst, wenn der stl. Übertragungsstichtag nach dem 31.12.2021 liegt. Die §§ 11–13 werden ergänzt durch § 29 KStG. Ein Anspruch auf Auszahlung des KSt-Guthabens iSv § 37 V KStG und die Verpflichtung zur Zahlung des Körperschaftsteuererhöhungsbetrags (§ 37 V KStG) geht durch Gesamtrechtsnachfolge auf die übernehmende Körperschaft über (zu weiteren Einzelheiten → § 12 Rn. 67 ff.).

4 Abs. 2 setzt gem. Nr. 3 voraus, dass dem bisherigen Anteilseigner entweder keine Gegenleistung gewährt wird oder eine solche ausschließlich in Gesellschaftsrechten besteht. Bei der **Vermögensübertragung nach §§ 174 ff. UmwG** wird definitionsgemäß (§ 174 I UmwG) eine Gegenleistung gewährt, die nicht in Anteilen oder Mitgliedschaften besteht. Demzufolge scheidet die Möglichkeit der Buchwertfortführung in der stl. Schlussbilanz nach Abs. 2 grds. aus (BMF 11.11.2011, BStBl. I 2011, 1314 Rn. 11.14). Der einzige Fall, in dem eine Vermögensübertragung unter den sonstigen Voraussetzungen steuerneutral zu BW möglich ist, liegt vor, wenn das Vermögen auf den alleinigen Gesellschafter übertragen wird (die 100%ige Tochter-GmbH wird auf eine Gemeinde als deren alleinigem Anteilsinhaber übertragen). In diesen Fällen liegt eine Gegenleistung nicht vor, da der Wegfall der Beteiligung an der übertragenden KapGes keine Gegenleistung iSd Abs. 2 Nr. 3 darstellt (BMF 11.11.2011, BStBl. I 2011, 1314 Rn. 11.15).

2. Sachlicher Anwendungsbereich

Der 3. Teil des UmwStG und damit die Regelung des § 11 knüpfen an gesellschaftsrechtliche Umwandlungsvorgänge an. § 11 findet nach Abs. 1 S. 1 Anwendung auf die Fälle der Verschm einer Körperschaft auf eine andere Körperschaft. Gem. § 1 I 1 Nr. 1 gilt § 11 damit für ein Vermögensübergang durch Verschm iSv §§ 2 ff. UmwG. Eine Verschm nach §§ 305 ff. UmwG (bzw. §§ 122a ff. UmwG aF) erfüllt die Voraussetzungen des § 1 I Nr. 1, denn es handelt sich um eine Verschm iSd § 2 UmwG (→ § 1 Rn. 27; Dötsch/Pung/Möhlenbrock/Dötsch Rn. 6; Frotscher/Drüen/Frotscher Rn. 14; Rödder/Herlinghaus/van Lishaut/Rödder Rn. 47; Lademann/Wernicke Rn. 21; aA BMF 11.11.2011, BStBl. I 2011, 1314 Rn. 01.21: Die grenzüberschreitende Verschm iSd § 122a UmwG ist ein mit einer Verschm iSd § 2 UmwG vergleichbarer ausl. Vorgang). Auch einer Verschm iSd UmwG vergleichbarer ausl. Vorgang wird durch § 11 thematisch erfasst (§ 1 I 1 Nr. 1). Es muss sich nach Auffassung des Gesetzgebers (BT-Drs. 16/710, 35) bei der Verschm nach ausl. Recht um einen gesellschaftsrechtlichen Umwandlungsvorgang handeln, der seinem Wesen nach einer der Verschm des dt. UmwG entspricht. Eine Vergleichbarkeitsprüfung der relevanten Strukturmerkmale des ausl. Umwandlungsvorgangs ist daher notwendig (ausf. → § 1 Rn. 31 ff.; BMF 11.11.2011, BStBl. I 2011, 1314 Rn. 01.24; zum Vermögensübergang aufgrund ausl. Umwandlung durch Einzelrechtsnachfolge vgl. Rödder/Herlinghaus/van Lishaut/Rödder Rn. 54). § 11 erfasst zudem die Gründungen von SE und SCE durch Verschm gemäß SE-VO und der SCE-VO (→ § 1 Rn. 13). Ebenso ist die Vermögensübertragung iSd § 174 UmwG (Vollübertragung) gem. § 1 I 1 Nr. 4 von einer Körperschaft auf eine andere Körperschaft von § 11 erfasst.

§§ 11–13 gelten sowohl für die Verschm zur **Neugründung** als auch für die Verschm durch **Aufnahme** (BMF 11.11.2011, BStBl. I 2011, 1314 Rn. 01.08). Die Vermögensübertragung (Vollübertragung) ist demgegenüber nur auf einen anderen bestehenden Rechtsträgers (§ 174 I UmwG) möglich.

§ 11 gilt auch für nationale Umw außerhalb des UmwG, wenn sie durch ein anderes Bundesgesetz oder Landesgesetz ausdrücklich vorgesehen und wenn diese Art der Umw mit einer Verschm iSd § 2 UmwG vergleichbar ist. Es existieren landesrechtliche Vorschriften, die die **Vereinigung öffentlich-rechtlicher Kreditinstitute** oder **öffentlich-rechtlicher Versicherungsunternehmen** im Wege der Gesamtrechtsnachfolge zulassen. Solche Verschm können damit erfolgsneutral gestaltet werden. § 11 findet auf die Vereinigung öffentlich-rechtlicher Kreditinstitute oder öffentlich-rechtlicher Versicherungsunternehmen Anwendung (BMF 11.11.2011, BStBl. I 2011, 1314 Rn. 01.07, 11.16; Dötsch/Pung/Möhlenbrock/Dötsch Vor §§ 11–13 Rn. 48 f.; Haritz/Menner/Bilitewski/Werneburg § 1 Rn. 34). Zur Umw eines Eigenbetriebs in eine Anstalt öffentlichen Rechts vgl. BFH HFR 2011, 1044; zur Umw eines Betriebs gewerblicher Art in eine Anstalt öffentlichen Rechts BFH/NV 2011, 1194; Herden/Engel NWG 2011, 2706.

Die Verschm werden mit der Eintragung im jeweiligen Register wirksam. Im Fall der Verschm durch Aufnahme kommt es auf die Eintragung im Register des Sitzes des übernehmenden Rechtsträgers an (§ 20 I UmwG), im Falle der Verschm durch Neugründung auf die Eintragung im Register des neuen Rechtsträgers (§ 36 I 2 UmwG iVm § 20 I UmwG). Aufgrund der Eintragung steht für die Steuerbehörde der Vermögensübergang bindend fest. Dies gilt auch für ausl. Verschmelzungsvorgänge. Mängel der Umw, die durch die Registereintragung geheilt werden, sind aus stl. Sicht grds. unbeachtlich (wohl enger BMF 11.11.2011, BStBl. I 2011, 1314 Rn. 01.06; 01.23; Dötsch/Pung/Möhlenbrock/Dötsch/Stimpel Vor §§ 11–13 Rn. 2; Rödder/Herlinghaus/van Lishaut/Rödder Rn. 44). Bei ausl. Verschm hat jedoch die FVerw das Prüfungsrecht dahingehend, ob eine Vergleichbarkeit des ausl. Umwandlungsvorgangs mit einer inl. Verschm gegeben ist (BMF 11.11.2011,

BStBl. I 2011, 1314 Rn. 01.24; Rödder/Herlinghaus/van Lishaut/Rödder Rn. 51; Lademann/Wernicke Rn. 5). Zudem entscheidet die FVerw darüber, ob die Voraussetzungen des Abs. 2 vorliegen.

3. Übertragender Rechtsträger und übernehmender Rechtsträger

9 Bei dem übertragenden und dem übernehmenden Rechtsträger muss es sich bisher um eine nach dem Recht eines EU- oder EWR-Staates gegründete Gesellschaft iSd Art. 54 AEUV (früher Art. 48 EGV) oder des Art. 34 EWR-Abkommen (→ § 1 Rn. 56 ff.) handeln. Die Gesellschaft muss ihren Sitz und ihre Geschäftsleitung (→ § 1 Rn. 62 ff.) im Hoheitsgebiet eines Mitgliedstaates der EU oder eines Staates, auf den das EWR-Abkommen Anwendung findet, haben. Für Umw mit einem Umwandlungsstichtag nach dem 31.12.2021 sind Verschm unter Beteiligung von Drittstaatengesellschaften von §§ 11 ff. erfasst (→ Rn. 3).

10 Die von § 11 erfassten Umwandlungsvorgänge betreffen Körperschaften. Körperschaften sind KapGes (SE, AG, KGaA, GmbH), eingetragene Gen, eingetragene Vereine, wirtschaftliche Vereine (nur als übertragende Rechtsträger), genossenschaftliche Prüfungsverbände, VVaG sowie vergleichbare ausl. Rechtsträger. Die FVerw (BMF-Schreiben v. 10.11.2021, BStBl. I 2021, 2212 Rn. 100) geht davon aus, dass eine nach **§ 1a KStG zur Körperschaftsteuer optierende PersGes** als übertragender bzw. übernehmender Rechtsträger iSd §§ 11–13 anzusehen ist (ebenso Frotscher/Drüen/Junior Rn. 11a; BeckOK KStG/Brühl § 1a Rn. 93; Dötsch/Pung/Möhlenbrock/Pung KStG § 1a Rn. 13; Streck/Mückl KStG § 1a Rn. 25; Böhmer/Schewe FR 2022, 69; Schnitger/Krüger DB 2022, 418; → § 1 Rn. 16). Davon ging offensichtlich auch der Gesetzgeber aus (BT-Drs 19/28656, 21 f.), obwohl dieser ausdrücklich feststellt, dass die Ausübung der Option nichts daran ändert, dass die Ges, die für Zwecke der Besteuerung nach dem Einkommen „wie eine KapGes" zu behandeln ist, zivilrechtlich nach wie vor eine PersGes ist. Dieser Auffassung der FVerw kann nicht gefolgt werden, da das UmwStG (§ 1 I) für inl. Umw iSv §§ 11 ff. an das UmwG anknüpft. Nach § 1 Abs. 1 S. 1 Nr. 1 gilt der 2.–5. Teil für die Verschm, Aufspaltung und Abspaltung „von Körperschaften" nach dem UmwG und für vergleichbare ausl. Vorgänge sowie für Verschm nach der SE-VO und der SCE-VO. Der 2.–5. Teil des UmwStG sind damit nach wie vor für die genannten inl. Umw von Körperschaften ein AnnexG zum UmwG (→ § 1 Rn. 13). Der 2.–5. Teil des UmwStG gilt nach § 1 Abs. 1 S. 1 Nr. 1 nur für die Umw von Körperschaften als übertragende Rechtsträger bzw. umwandelnder Rechtsträger. Die möglichen Rechtsformen der inl. Rechtsträger, die beteiligt sein können, folgen zunächst aus der Bezugnahme auf die Umwandlungsarten des UmwG. Dies sind in den Fällen des § 1 Abs. 1 S. 1 Nr. 1 KapGes (AG, SE, KGaA, GmbH), eG, eingetragene Vereine, wirtschaftliche Vereine, genossenschaftliche Prüfungsverbände und VVaG (§ 3 UmwG). Auch ausl. Körperschaften sind bei grenzüberschreitenden Verschm und bei vergleichbaren ausl. Vorgängen erfasst. Ob ein ausl. Rechtsträger als Körperschaft einzustufen ist, bestimmt sich allein nach inl. Qualifikationsmerkmalen. Weitergehend verlangt die FVerw, dass die ausl. Körperschaft einem vergleichbaren umwandlungsfähigen Rechtsträger inl. Rechts entspricht (BMF 11.11.2011 BStBl. I 2011, 1314 Rn. 01.24, 01.27). Eine zur Körperschaftsteuer optierende PersGes ist keine Körperschaft in diesem Sinne, sie ist gesellschaftsrechtlich eine PerGes iSd UmwG (ebenso Widmann/Mayer/Schießl KStG § 1a Rn. 404). Die Verschm einer zur Körperschaft optierenden PersGes als übertragender Rechtsträger auf eine KapGes wird somit nicht durch §§ 11–13 erfasst (Patt EStB 2021, 391), es liegt vielmehr ein Fall der Verschm einer PersGes als übertragender Rechtsträger vor. Fraglich ist, ob auf die Verschm einer optierenden PersGes auf eine (andere) Körperschaft die §§ 11–13 aufgrund des **§ 1a IV 7 KStG** Anwendung finden (vgl. einerseits Widmann/Mayer/Schießl KStG § 1a Rn. 399; Dötsch/Pung/Möhlenbrock/Pung KStG § 1a

Wertansätze in der stl. Schlussbilanz   **11, 12**   **§ 11 UmwStG D**

Rn. 160 f.; andererseits BeckOK KStG/Brühl KStG § 1a Rn. 596; Brühl/Weiss DStR 2021, 945). Nach § 1a IV 7 KStG gilt die Umwandlung einer optierenden PersGes „in" eine Körperschaft iSd UmwStG als Umwandlung einer KapGes „in" eine Körperschaft. Nach der Gesetzesbegründung zu dieser Norm soll eine solche Umwandlung „stl. wie eine Umwandlung von zwei Körperschaftsteuersubjekten" (BR-Drs. 244/21, 22 f.) zu behandeln sein, was dafür sprechen könnte, dass § 1a IV 7 KStG auch eine übertragende Umwandlung in Form der Verschm betreffen könnte. Dagegen aber spricht der Wortlaut des § 1a IV KStG, der von einer Umwandlung „in" eine Körperschaft spricht. Eine entsprechende Formulierung findet sich im UmwStG aber nur im Zusammenhang mit einem Formwechsel (§§ 9, 25), nicht aber bei der übertragenden Verschm, insoweit wird nach dem Gesetzeswortlaut (§§ 3, 11) die Umwandlung auf einen anderen Rechtsträger vorgenommen. Diese Konstellation wird von § 20 UmwStG erfasst, wenn diese PersGes auf eine KapGes verschm wird (vgl. → § 20 Rn. 185a). Die zur Körperschaftsteuer optierende Pers-Ges kann dementsprechend auch nicht übernehmender Rechtsträger iSd § 12 sein. Wird eine Körperschaft auf eine solche nach § 1a KStG zur Körperschaftsteuer optierende PersGes verschmolzen, fällt dies im Grundsatz in den Regelungsbereich der §§ 3 ff. UmwStG, diese Vorschriften regeln aber einen solchen Fall von den stl. Rechtsfolgen her thematisch nicht. Richtigerweise weist Schießl darauf hin, dass es geboten gewesen wäre, dass der Gesetzgeber den Anwendungsbereich des UmwG bzw. des UmwStG durch Aufnahme der optierenden Ges hätte anpassen müssen (Widmann/Mayer/Schießl KStG § 1a Rn. 404). Vergleichbare ausl. Rechtsträger liegen vor, wenn es sich hierbei nach dem Gesamtbild um eine mit dt. Körperschaften vergleichbare Gesellschaft handelt (**Typenvergleich;** → § 1 Rn. 17 ff.; BMF 11.11.2011, BStBl. I 2011, 1314 Rn. 01.27; Rödder/Herlinghaus/van Lishaut/Rödder Rn. 80). Auf die stl. Einordnung des ausl. Rechtsträgers im Ansässigkeitsstaat kommt es beim Typenvergleich nicht an (BMF 11.11.2011, BStBl. I 2011, 1314 Rn. 01.27). Eine Vermögensübertragung iSv §§ 174, 175 UmwG ist möglich von einer KapGes auf die BRD, im Bundesland oder eine sonstige Gebietskörperschaft oder auf einen Zusammenschluss von Gebietskörperschaften, wie zB einen Zweckverband. Ferner ist die Vollübertragung möglich zwischen VVaG, öffentlich-rechtlichen Versicherungsunternehmen und Versicherungs-AG, wobei Überträgerin und Übernehmerin jeweils unterschiedlicher Rechtsform sein müssen (zu weiteren Einzelheiten → UmwG § 174 Rn. 1 ff.).

Die Steuerfreiheit der übertragenden bzw. der übernehmenden Körperschaft steht **11** der Anwendung der §§ 11 ff. nicht entgegen. Es kann jedoch in diesen Fällen gem. Abs. 2 S. 1 Nr. 1 zu einer Gewinnrealisierung bei der übertragenden Körperschaft kommen. Auch die **europäische AG** und die europäische Gen kommen als übertragende bzw. übernehmender Rechtsträger in Frage. Kommt es zu einer Verschm von einer **KGaA** auf eine andere KapGes, wird §§ 11 ff. angewendet, soweit das „Kommanditaktienkapital" betroffen ist (Lademann/Wernicke Rn. 49); die Folgen der Verschm für den „Komplementär-Teil" fallen unter die Regelung der §§ 20 ff. (Frotscher/Drüen/Junior Rn. 11; → § 20 Rn. 173). Wird eine AG oder GmbH auf eine KGaA verschmolzen, findet § 11 ff. Anwendung, soweit „Kommanditaktienkapital" gewährt wird, iÜ §§ 3 ff. (Rödder/Herlinghaus/van Lishaut/Rödder Rn. 106; Lademann/Wernicke Rn. 50). Besteht eine **atypisch stille Beteiligung** an der übertragenden oder der übernehmenden Körperschaft, so finden die §§ 11–13 Anwendung (dazu auch → Rn. 95; wie hier Rödder/Herlinghaus/van Lishaut/Rödder Rn. 104; Frotscher/Drüen/Junior Rn. 9; HK-UmwStG/Edelmann Rn. 38).

Die durch das Gesetz gestellten persönlichen Anforderungen (Ansässigkeit und **12** Gründungsvoraussetzungen) an den übertragenden und übernehmenden Rechtsträgern müssen nach hM in der Lit. spätestens im **Zeitpunkt der Eintragung der Umw** in das maßgebliche Register gegeben sein; auf den stl. Übertragungsstichtag iSd § 2 I kommt es insoweit nicht an (so auch Rödder/Herlinghaus/van Lishaut/ Rödder Rn. 103; HK-UmwStG/Edelmann Rn. 39 f.; BeckOK UmwStG/Groß Rn. 85). Die gegenteilige Auffassung würde dazu führen, dass eine Verschm zur Neugründung nicht möglich wäre (so auch Rödder/Herlinghaus/van Lishaut/Rödder Rn. 103). Nach Meinung der FVerw müssen die persönlichen Anwendungsvoraussetzungen spätestens am stl. Übertragungsstichtag vorliegen. Bei der Verschm zur Neugründung sei aber auf den Zeitpunkt der zivilrechtlichen Wirksamkeit der Gründung abzustellen (BMF 11.11.2011, BStBl. I 2011, 1314 Rn. 01.52; Dötsch/Pung/Möhlenbrock/Möhlenbrock/Pung § 3 Rn. 12; Brandis/Heuermann/Nitzschke Rn. 7). Richtig ist aber, dass der stl. Übertragungsstichtag ohne Bedeutung ist, da § 1 II für die Frage der Festlegung des Anwendungsbereiches auf die zivilrechtlichen Vorgaben abstellt. Ab dem Zeitpunkt der Eintragung der Verschm müssen damit die Anwendungsvoraussetzungen erfüllt sein. Wird eine GmbH auf eine AG verschmolzen, so findet nach der hier vertretenen Meinung die §§ 11–13 Anwendung, selbst wenn im Rückwirkungszeitraum die GmbH zB durch Formwechsel einer PhG in eine GmbH erst entstanden ist. Nach Auffassung der FVerw müsste unter diesen Voraussetzungen eigentlich § 20 zur Anwendung kommen, wenn zum Verschmelzungsstichtag die GmbH noch die Rechtsform einer PersGes hatte (vgl. dazu Schmitt Jahrbuch Fachanwalt für Steuerrecht, 2016/2017 was aber vor dem Hintergrund der strengen Akzessorietät des UmwG für § 1 UmwStG nicht möglich ist, soweit das UmwStG sich ausdrücklich auf Vorgänge des UmwG bezieht.

13 Weder eine **VorgründungsGes** noch eine **VorGes** können übertragende KapGes iSv § 11 sein (→ UmwG § 3 Rn. 24 mwN; Rödder/Herlinghaus/van Lishaut/ Rödder Rn. 94; Widmann/Mayer/Schießl Vor § 11 Rn. 38 ff.), denn die Eintragung in das Handelsregister stellt den Beginn der Umwandlungsfähigkeit dar. Vor der Eintragung in das Handelsregister existiert die KapGes als solche noch nicht. Eine **aufgelöste Körperschaft** kann demgegenüber verschmolzen werden, wenn die Fortsetzung beschlossen werden kann (§ 3 III UmwG).

14 Eine aufgelöste KapGes kann übernehmender Rechtsträger sein; § 3 III UmwG spricht zwar lediglich den aufgelösten übertragenden Rechtsträger bei der Verschm an, allerdings lassen sich aus dem Schweigen des Gesetzes zum übernehmenden Rechtsträger keine Rückschlüsse dahingehend ziehen, dass eine Verschm in diesem Fall ausgeschlossen wäre; der Rechtsgedanke in § 3 III UmwG ist zumindest entsprechend auf den übernehmenden Rechtsträger anzuwenden, dh übernehmender Rechtsträger kann auch eine aufgelöste Körperschaft sein, wenn die Fortsetzung dieses Rechtsträgers beschlossen werden kann (→ UmwG § 3 Rn. 47). Eine **VorgründungsGes** kann nicht übernehmende KapGes iSv § 12 sein (→ § 1 Rn. 16), wohl aber die VorGes (zB Verschm zur Neugründung; so auch Rödder/Herlinghaus/van Lishaut/Rödder Rn. 94); sie muss allerdings zum Wirksamkeitszeitpunkt der Umw im Handelsregister eingetragen werden (BeckOK UmwStG/Groß Rn. 81.3; Widmann/Mayer/Schießl Vor § 11 Rn. 41 ff.).

4. Steuerliche Schlussbilanz

15 Nach Abs. 1 ist bei der Verschm einer Körperschaft auf eine andere Körperschaft der übertragende Rechtsträger **verpflichtet, eine stl. Schlussbilanz aufzustellen.** Diese Verpflichtung gilt unabhängig davon, ob die übertragende Körperschaft im Inland stpfl. oder im Inland zur Führung von Büchern verpflichtet ist (BT-Drs. 16/2710, 40; BMF 11.11.2011, BStBl. I 2011, 1314 Rn. 11.02 iVm Rn. 03.01; Rödder/Herlinghaus/van Lishaut/Rödder Rn. 112; Frotscher/Drüen/Junior Rn. 43; Widmann/Mayer/Schießl Rn. 82; BeckOK UmwStG/Groß Rn. 121). Eine stl. Schlussbilanz muss damit auch eine im Ausland ansässige Körperschaft als übertragender Rechtsträger aufstellen, wenn dieser Verschmelzungsvorgang mit einem inl. Verschmelzungsvorgang vergleichbar und damit von § 11 thematisch erfasst ist (krit.

Lademann/Wernicke Rn. 122). Die stl. Schlussbilanz muss in jedem Fall den Vorgaben des § 11 (Ansatz und Bewertung) entsprechen; eine Bindung an ggf. notwendige **ausl. stl. Schlussbilanz** besteht nicht (BMF 11.11.2011, BStBl. I 2011, 1314 Rn. 11.02; Rödder/Herlinghaus/van Lishaut/Rödder Rn. 112; Brandis/Heuermann/Klingberg Rn. 22; Dötsch/Pung/Möhlenbrock/Dötsch Rn. 17; Haase/Hofacker/Ropohl/Sonntag Rn. 61; Rödder/Schumacher DStR 2006, 1525; Winkeljohann/Fuhrmann UmwStR-HdB S. 747). Dies führt in der Praxis zu erheblichen Problemen, insbes. wenn der übertragende Rechtsträger bereits längere Zeit besteht (vgl. Käbisch/Bunzek IWB 2011, 392; Klingenberg/Nitzschke Ubg 2011, 451). Im BMF 11.11.2011 (BStBl. I 2011, 1314) wurden insoweit Vereinfachungsregeln nicht vorgesehen. Die stl. Schlussbilanz iSv § 11 I ist nach Meinung der FVerw eine eigenständige, von der Gewinnermittlungsbilanz iSv § 4 I EStG, § 5 I EStG zu unterscheidende Bilanz (BMF 11.11.2011, BStBl. I 2011, 1314 Rn. 11.02 iVm Rn. 03.01; ebenso BFH BStBl. II 2021, 517; Widmann/Mayer/Schießl Rn. 86; vgl. auch FG München BeckRS 2015, 95450). Als Abgabe der stl. Schlussbilanz soll auch die ausdrückliche Erklärung gelten, dass die Gewinnermittlungsbilanz iSv § 4 I EStG, § 5 I EStG gleichzeitig die stl. Schlussbilanz sein soll, wenn diese Bilanz der stl. Schlussbilanz entspricht (BMF 11.11.2011, BStBl. I 2011, 1314 Rn. 11.02 iVm Rn. 03.01; konkludenter Antrag reicht nach FG BW EFG 2016, 1571). Der Antrag der Gleichstellung der Bilanzen ist von den gesetzlichen Vertretern des übertragenden Rechtsträgers bzw. nach Verschm durch die gesetzlichen Vertreter des übernehmenden Rechtsträgers zu stellen (vgl. dazu Stadler/Elser/Bindl DB-Beil. 1/2012, 14). Er kann so lange gestellt werden, bis die Veranlagung des übertragenden Rechtsträgers noch nicht bestandskräftig abgeschlossen ist. Ein einmal auch mündlich gestellter Antrag ist unwiderruflich (BMF 11.11.2011, BStBl. I 2011, 1314 Rn. 11.11 iVm Rn. 03.25). Für die Auffassung der FVerw, dass es sich bei der stl. Schlussbilanz iSv Abs. 1 um eine **eigenständige Bilanz** handelt, spricht, dass in der Gewinnermittlungsbilanz iSv § 4 I EStG, § 5 I EStG ein Veräußerungsvorgang anders abgebildet wird, als in der Bilanz nach Abs. 1 (krit. Lademann/Wernicke Rn. 87; Schumacher/Neitz-Hackstein Ubg 2011, 409; Stimpel GmbHR 2010, 123). Entgegen der Auffassung der FVerw (BMF 11.11.2011, BStBl. I 2011, 1314 Rn. 11.03 iVm Rn. 03.04; ebenso Dötsch/Pung/Möhlenbrock/Dötsch Rn. 21; Haase/Hofacker/Ropohl/Sonntag Rn. 59; Brandis/Heuermann/Klingberg Rn. 21) muss die Übertragungsbilanz nicht in **elektronischer Form** beim FA eingereicht werden, da § 5b EStG nur die Vermögensaufstellung nach § 4 I EStG und die Bilanz nach §§ 5, 5a EStG erwähnt, es sich bei der stl. Schlussbilanz aber um eine eigenständige Bilanz handelt (Frotscher/Drüen/Junior Rn. 45; Widmann/Mayer/Schießl Rn. 86). § 5b EStG ist nur anzuwenden, wenn die StB gleichzeitig auch die stl. Schlussbilanz ist.

Die **Vorlage** einer stl. Schlussbilanz ist **nicht erforderlich,** wenn sie für inl. **16** Besteuerungszwecke nicht benötigt wird (BT-Drs. 16/2710, 40; BMF 11.11.2011, BStBl. I 2011, 1314 Rn. 11.02 iVm Rn. 03.02; Widmann/Mayer/Schießl Rn. 88; Lademann/Staats § 3 Rn. 81; Rödder/Herlinghaus/van Lishaut/Rödder Rn. 129). Ob eine stl. Schlussbilanz des übertragenden Rechtsträgers für inl. Besteuerungszwecke benötigt wird, ist sowohl aus der Sicht der übertragenden als auch der übernehmenden Körperschaft zu beurteilen. Dies ergibt sich daraus, dass die übertragende Körperschaft im Grundsatz unabhängig davon, ob sie im Inland bereits stpfl. ist, eine solche aufstellen muss (BT-Drs. 16/2710; ebenso Plewka/Marquardt Umstrukturierungs-HdB S. 296). Eine stl. Schlussbilanz muss auch dann abgegeben werden, soweit im Hinblick auf die in § 12 angeordnete Wertverknüpfung der Ansatz bzw. die Bewertung in der stl. Schlussbilanz des übertragenden Rechtsträgers ausschließlich für die übernehmende Körperschaft von Bedeutung ist. Letzteres liegt nach hM vor (aber auch → Rn. 122), wenn WG aufgrund der Verschm erstmals einem inl. Betrieb des übernehmenden Rechtsträgers zuzuordnen sind (hineinverschmelzen).

17 Abs. 1 regelt nicht, auf welchen **Zeitpunkt die stl. Schlussbilanz** aufgestellt werden muss. Nach § 2 I sind das Einkommen und das Vermögen der übertragenden und der übernehmenden Körperschaft so zu ermitteln, als ob das Vermögen der übertragenden Körperschaft mit Ablauf des Stichtages der Bilanz, die dem Vermögensübergang zugrunde liegt (stl. Übertragungsstichtag) auf den übernehmenden Rechtsträger übergegangen wäre. Die Bilanz, die diesem Vermögensübergang zugrunde liegt, ist die handelsrechtliche Schlussbilanz iSd § 17 II UmwG (BFH BStBl. II 2021, 517). Damit ist die stl. Schlussbilanz zwingend auf den stl. Übertragungsstichtag zu erstellen (BMF 11.11.2011 BStBl. I 2011, 1314 Rn. 11.02; Frotscher/Drüen/Junior Rn. 43a; Rödder/Herlinghaus/van Lishaut/Rödder Rn. 118; HK-UmwStG/Edelmann Rn. 142; Lademann/Wernicke Rn. 82). Dies gilt auch bei der Umw ausl. Körperschaften (Lademann/Wernicke Rn. 121; Rödder/Herlinghaus/van Lishaut/Rödder Rn. 130; Benecke in PWC, Reform des UmwStR, 2007, 148). Fällt der stl. Übertragungsstichtag nicht auf das Ende eines Wj., entsteht ein Rumpfwirtschaftsjahr (BMF 11.11.2011, BStBl. I 2011, 1314 Rn. 11.02 iVm Rn. 03.01; Frotscher/Drüen/Junior Rn. 43a; HK-UmwStG/Edelmann Rn. 145; Rödder/Herlinghaus/van Lishaut/Rödder Rn. 120; Widmann/Mayer/Schießl Rn. 89).

18 Nicht geklärt ist, welche steuerrechtlichen Folgen eintreten, wenn eine stl. **Schlussbilanz** des übertragenden Rechtsträgers **nicht vorgelegt wird.** Die Nichtvorlage der stl. Schlussbilanz führt nicht dazu, dass zwingend das übertragene Vermögen in der stl. Schlussbilanz mit dem gemeinen Wert als angesetzt gilt (wie hier NdsFG 25.2.2022 – 7 K 11215/18, BeckRS 2022, 28321; Widmann/Mayer/Schießl Rn. 85; Haritz/Menner/Bärwaldt Rn. 13; BeckOK UmwStG/Groß Rn. 123; Dötsch/Pung/Möhlenbrock/Dötsch/Stimpel Rn. 44; Haase/Hofacker/Ropohl/Sonntag Rn. 63; NK-UmwR/Schrade Rn. 79; aA Rödder/Herlinghaus/van Lishaut/van Lishaut § 4 Rn. 40; Frotscher/Drüen/Schnitter § 3 Rn. 76; Lademann/Wernicke Rn. 108; Hruschka DStR-Beihefter zu Heft 2/2012, 4). Nach Abs. 2 ist der Ansatz und die Bewertung des übergehenden Vermögens ausschließlich von einem gestellten Antrag und nicht von der Vorlage einer stl. Schlussbilanz abhängig. Im Falle der Nichtvorlage einer stl. Schlussbilanz muss das FA unter Berücksichtigung des ausgeübten Antragswahlrechts ggf. den Wertansatz des Vermögens nach § 162 AO schätzen. Nur wenn kein Antragswahlrecht ausgeübt wird, sind die übergehenden WG mit dem gemeinen Wert zu bewerten.

19 Der Ansatz und die Bewertung in der stl. Schlussbilanz der übertragenden Körperschaft erfolgt zum Übertragungsstichtag und ausschließlich nach Maßgabe des § 11. Der Grundsatz der **Maßgeblichkeit der HB** für die StB existiert insoweit nicht (allgM, BT-Drs. 16/2010, 34; BMF 11.11.2011, BStBl. I 2011, 1314 Rn. 11.04; Dötsch/Pung/Möhlenbrock/Dötsch Rn. 20; Haritz/Menner/Bärwaldt Rn. 34; Rödder/Herlinghaus/van Lishaut/Rödder Rn. 116; Brandis/Heuermann/Klingberg Rn. 22; Frotscher/Drüen/Junior Rn. 43; Lademann/Wernicke Rn. 84; Haase/Hofacker/Ropohl/Sonntag Rn. 67; Benecke/Schnitger IStR 2006, 765; Dötsch/Pung DB 2006, 704; Rödder/Schumacher DStR 2006, 1525; Rödder/Schumacher DStR 2007, 369; Haritz DStR 2006, 977).

5. Ansatz und Bewertung der übergehenden Wirtschaftsgüter in der steuerlichen Schlussbilanz

20 **a) Begriff des Wirtschaftsguts.** Bei der Verschm einer Körperschaft auf eine andere Körperschaft sind die übergehenden WG, einschl. nicht entgeltlich erworbener oder *selbstgeschaffener* immaterieller WG, in der stl. Schlussbilanz der übertragenden Körperschaft mit dem gemeinen Wert „anzusetzen". Unter den Begriff WG fallen sowohl **aktive als auch passive WG** (BMF 11.11.2011, BStBl. I 2011, 1314 Rn. 11.03 iVm Rn. 03.04; Dötsch/Pung/Möhlenbrock/Dötsch Rn. 21; Rödder/

Herlinghaus/van Lishaut/Rödder Rn. 136; Frotscher/Drüen/Junior Rn. 54; BeckOK UmwStG/Groß Rn. 155; Lademann/Wernicke Rn. 91; Blümich/Klingberg Rn. 24; Desens GmbHR 2007, 1207; Ley/Bodden FR 2007, 265; Benecke in PWC, Reform des UmwStR, 2007, 151). Für die Bewertung von Pensionsrückstellungen gilt § 6a EStG. Str. ist, ob die Anteile an der übernehmenden Körperschaft, die die übertragende Körperschaft beim sog. Downstream-Merger hält, zum übergehenden Vermögen gehören (vgl. → Rn. 99 f.) § 12 I regelt den Wert, mit dem die übergehenden WG von dem übernehmenden Rechtsträger fortzuführen sind. Wird dabei auf den Ansatz der übergehenden WG in der stl. Schlussbilanz abgestellt, können damit nur alle WG, auch negative gemeint sein. Dies wird bestätigt durch die Regelung betreffend die Ermittlung des Übernahmegewinns (§ 12 II); diese Regelung ist nur verständlich, wenn zu den übergehenden WG iSd § 11 auch passive WG gehören. Wenn der Übernahmegewinn/-verlust in der Weise ermittelt wird, dass auf den Wert abgestellt wird, mit dem die übergegangenen WG zu übernehmen sind und diese Werte sich aus der stl. Schlussbilanz des übertragenden Rechtsträgers ergeben, muss sich der Ausdruck „übergehende WG" notwendigerweise auch auf negative WG erstrecken. Wollte man anders entscheiden, käme es zu einer systemwidrigen Besteuerung des Übernahmegewinns nach § 8b KStG. Aus § 12 III iVm § 4 II 1 kann geschlossen werden, dass bei Buchwert- oder Zwischenwertansatz auch steuerfreie Rücklagen in der stl. Schlussbilanz nicht (vollständig) aufgelöst, sondern fortgeführt werden können, da ansonsten eine stl. Rechtsnachfolge insoweit nicht denkbar ist (Benecke in PWC, Reform des UmwStR, 2007, 152). Anzusetzen sind damit auch **steuerfreie Rücklagen** nach § 6b EStG, Rücklagen für Ersatzbeschaffungen nach R 6.6. EStR sowie Rücklagen nach § 7g EStG, § 6 UmwStG (BMF 11.11.2011, BStBl. I 2011, 1314 Rn. 11.03 iVm Rn. 03.04; Rödder/Herlinghaus/van Lishaut/Rödder Rn. 149; BeckOK UmwStG/Groß Rn. 156; Widmann/Mayer/Schießl Rn. 488).

Das Ansatzverbot **originärer immaterieller WG** des Anlagevermögens einschl. eines Geschäfts- oder Firmenwert gilt ausweislich von Abs. 1 nicht. Auch gelten die stl. **Ansatzverbote** des § 5 EStG nach Meinung der FVerw nicht, es sei denn die Buchwerte werden fortgeführt (BMF 11.11.2011, BStBl. I 2011, 1314 Rn. 11.03 iVm Rn. 03.04; ebenso Dötsch/Pung/Möhlenbrock/Dötsch Rn. 25; Widmann/Mayer/Schießl Rn. 47; aA Lademann/Wernicke Rn. 87). Dies kann damit begründet werden, dass der Verschmelzungsvorgang auf der Ebene des übertragenden und übernehmenden Rechtsträgers einen tauschähnlichen Vorgang darstellt. **21**

Abw. vom Grundsatz des Ansatzes der übergehenden WG mit dem gemeinen Wert können auf Antrag auch die stl. **BW** des übertragenen Vermögens oder **ZW** in der stl. Schlussbilanz „angesetzt" werden, soweit die in Abs. 2 S. 1 Nr. 1–3 genannten Voraussetzungen vorliegen. **22**

Bei Abs. 1 handelt es sich bezogen auf die stl. Schlussbilanz nach dem Bericht des Finanzausschusses um einen stl. **Ansatz- und Bewertungsvorschrift** (BT-Drs. 16/3369, 10). Trotz des insoweit ungenauen Wortlautes bezieht sich der Ansatz und die Bewertung der übergehenden WG nicht auf das jeweilige einzelne WG, sondern auch auf die insgesamt übergehende **Sachgesamtheit** in Form des übergehenden Betriebs (vgl. BT-Drs. 16/2710, 28; BMF 11.11.2011, BStBl. I 2011, 1314 Rn. 11.04 iVm Rn. 03.07; Dötsch/Pung/Möhlenbrock/Dötsch Rn. 32; Rödder/Herlinghaus/van Lishaut/Rödder Rn. 169; HK-UmwStG/Edelmann Rn. 198; Lademann/Wernicke Rn. 98; Schumacher/Neitz-Hackstein Ubg 2011, 403; Rödder DStR 2011, 1059; Bogenschütz Ubg 2011, 393; Stadler/Elser/Bindl DB-Beil. 1/2012, 14; FG Münster DStRE 2016, 26 zu § 20 aF; zweifelnd Widmann/Mayer/Schießl Rn. 223; Haase/Hofacker/Ropohl/Sonntag Rn. 84). Auch wenn diese Aussage zur Bewertung von Sachgesamtheiten in der Gesetzesbegründung im Zusammenhang mit den allg. Entstrickungsgrundsätzen gemacht wurde, **23** gilt dies für die Entstrickungsnormen des UmwStG entsprechend (→ § 3 Rn. 30). Eine Bewertung des gesamten BV in seiner Zusammensetzung als Sachgesamtheit muss erfolgen, da ansonsten der Ansatz eines Firmenwertes in der stl. Schlussbilanz – so wie sie das Gesetz fordert – überhaupt nicht möglich ist (→ Rn. 41). Firmenwert ist nämlich der Mehrwert, der in einem Unternehmen über dem Substanzwert der einzelnen materiellen und immateriellen WG abzgl. der Schulden hinaus innewohnt („Residualgröße"). Der gemeine Wert der Sachgesamtheit ist nach Meinung der FVerw im Verhältnis der Teilwerte der übergehenden WG auf die einzelnen WG zu verteilen (BMF 11.11.2011, BStBl. I 2011, 1314 Rn. 11.04 iVm Rn. 03.09; NK-UmwR/Schrade Rn. 89; Frotscher/Drüen/Junior Rn. 83; wohl auch HK-UmwStG/Edelmann Rn. 213). Richtig ist aber eine Verteilung des Wertes der Sachgesamtheit im Verhältnis der gemeinen Werte der übergehenden WG, da der gemeine Wert der nach Abs. 1 entscheidende Wert ist (ebenso Dötsch/Pung/Möhlenbrock/Dötsch Rn. 33; Rödder/Herlinghaus/van Lishaut/Rödder Rn. 186; Brandis/Heuermann/Klingberg Rn. 29; BeckOK UmwStG/Groß Rn. 225).

24 **b) Steuerliche Ansatz- und Bewertungsvorschriften.** Bestimmte WG dürfen nach den ertragstl. Vorschriften über die Gewinnermittlung in der StB nicht angesetzt werden. Dazu gehören insbes. originäre immaterielle WG des Anlagevermögens. Abs. 1 ordnet jedoch für die stl. Schlussbilanz an, das originäre immaterielle WG des Anlagevermögens anzusetzen sind. IÜ verweist Abs. 1 nicht auf die stl. Vorschrift über die Gewinnermittlung, sondern bestimmt den gemeinen Wert zum Wertmaßstab. Fraglich ist daher, ob und inwieweit § 11 die stl. Vorschrift über die Gewinnermittlung verdrängt.

25 § 1 V Nr. 4 definiert den BW. **BW** ist danach der Wert, der sich nach den steuerrechtlichen Vorschriften über die Gewinnermittlung in einer auf den stl. Übertragungsstichtag aufzustellenden StB ergibt bzw. ergäbe. Werden in der stl. Schlussbilanz gem. Abs. 2 die BW fortgeführt, gelten die bilanzsteuerrechtlichen Aktivierungs- und Passivierungsverbote; aktive und passive Vermögensposten sind in der stl. Schlussbilanz nach den bilanzsteuerrechtlichen Regelungen anzusetzen. Gleiches gilt bei der Buchwertfortführung für steuerrechtliche Rücklagen nach § 6b EStG uÄ und stl. Ausgleichsposten zu den übergehenden WG. Wird ein Antrag auf Buchwertfortführung gestellt, kommt § 4f EStG nicht zur Anwendung, denn diese Vorschrift setzt eine erfolgswirksame Übertragung voraus (Kirchhof/Gosch EStG § 4f Rn. 13; Blümich/Krumm EStG § 4f Rn. 34; Herrmann/Heuer/Raupach/Schober EStG § 4f Rn. J 13–8; Förster/Staaden Ubg 2014, 1; Benz/Placket DStR 2013, 2653; iE wohl ebenso OFD Magdeburg 2.6.2014, DStR 2014, 1546). Etwas anderes kann nur gelten, wenn der gemeine Wert der Sachgesamtheit geringer ist als die Summe der BW der übertragenen WG (→ Rn. 31).

26 Im Grundsatz stellt aber Abs. 1 auf eine Bewertung mit dem **gemeinen Wert** ab, auf die steuerrechtlichen Vorschriften über die Gewinnermittlung wird nicht verwiesen. Damit müssen nach Abs. 1 in der stl. Schlussbilanz des übertragenden Rechtsträgers auch solche übergehenden WG mit dem gemeinen Wert angesetzt werden, die nach den stl. Vorschriften über die Gewinnermittlung nicht angesetzt werden dürfen, insbes. sind stille Lasten zu berücksichtigen (vgl. BMF 11.11.2011, BStBl. I 2011, 1314 Rn. 11.03 iVm Rn. 03.06; auch → § 3 Rn. 33). Dies entspricht dem Willen des Gesetzgebers. Er beabsichtigt gerade durch die Einführung allgemeinen Entstrickungsregelungen, zu denen auch § 11 gehört, unabhängig von den ansonsten bestehenden Gewinnermittlungsgrundsätzen, bei Verlust des dt. Besteuerungsrechts, sämtliche stillen Reserven (selbstverständlich unter Berücksichtigung möglicherweise bestehender stiller Lasten), einer Besteuerung zuzuführen (ultima ratio Besteuerung). Hinzu kommt Folgendes:

27 Die in der stl. Schlussbilanz des übertragenden Rechtsträgers aufgedeckten stillen Reserven erhöhen den BW der übergehenden WG, der übernehmende Rechtsträger muss diese Werte fortführen, diese Werte stellen seine „AK" dar. Dabei ist zu berücksichtigen, dass die Verschm einer Körperschaft auf eine PersGes „wesentliche Elemente eines entgeltlichen Tauschgeschäftes enthält" (BFH DStR 2008, 545; → § 3 Rn. 34). Gleiches gilt auch für die Verschm einer Körperschaft auf eine andere Körperschaft (BMF 11.11.2011, BStBl. I 2011, 1314 Rn. 00.02; → Vor §§ 11–13 Rn. 2 mwN). Die Abbildung dieses Anschaffungsvorgang erfolgt im Regelungsbereich der §§ 11, 12 aufgrund der zwingenden Buchwertverknüpfung und der damit verbundenen Sicherstellung der Besteuerung von stillen Reserven im übertragenen Vermögen bereits in der stl. Schlussbilanz des übertragenden Rechtsträgers und nicht erst in der Buchhaltung des übernehmenden Rechtsträgers. In der stl. Schlussbilanz des übertragenden Rechtsträgers sind damit im Ergebnis die mit dem gemeinen Wert bewerteten, übergehenden WG so anzusetzen, wie bei einem „normalen" Anschaffungsvorgangs in der Bilanz eines Erwerbers (→ § 3 Rn. 34).

c) Abbildung stiller Lasten. Auch der **gemeine Wert von negativen WG** kann höher sein, als deren BW, was insbes. für die Passivierungsverbote und Ansatzbeschränkungen des § 5 EStG und die Bewertungsvorbehalte in § 6 EStG gilt. Handelt es sich bspw. um Drohverlustrückstellungen iSv § 5 IVa EStG, so entspricht der isolierte gemeine Wert dieser Rückstellung, dem Betrag, der sich ergeben würde, wenn das Passivierungsverbot insoweit nicht gelten würde.

Die Vorschrift des § 4f EStG gilt gem. § 52 VIII EStG jedenfalls dann nicht, wenn der **Verschmelzungsstichtag vor dem 29.11.2013** liegt, da zu diesem Stichtag das Wj. des übertragenden Rechtsträgers endet (→ Rn. 17). Unter diesen Voraussetzungen werden unterschiedliche Meinungen bzgl. der Berücksichtigung stiller Lasten in der stl. Schlussbilanz des übertragenden Rechtsträgers vertreten: Nach Meinung der **FVerw** gelten die Ansatzverbote des § 5 EStG nicht für die stl. Schlussbilanz, es sei denn, das BW der übernommenen WG wird fortgeführt werden (BMF 11.11.2011, BStBl. I 2011, 1314 Rn. 11.03 iVm Rn. 03.06), wobei der Ansatz mit dem BW ausgeschlossen ist, wenn der gemeine Wert der übertragenen Sachgesamtheit geringer ist, als dessen BW (BMF 11.11.2011, BStBl. I 2011, 1314 Rn. 11.06 iVm Rn. 03.12; vgl. dazu Zimmermann Ubg 2018, 17). Nach (bisher) **hM in der Lit.** (Rödder DStR 2011, 1059; Schumacher/Neitz-Hackstein Ubg 2011, 409; Stadler/Elser/Bindl DB-Beil. 1/2012, 14; aA Widmann/Mayer/Martini § 3 Rn. 284, 287, der stille Lasten als solche passivieren will) werden diese „Minderwerte" bei der Bewertung einer Sachgesamtheit durch einen Käufer im Rahmen seiner Kaufpreisfestlegung berücksichtigt und dann steuerbilanziell im Ergebnis im Firmenwert abgebildet. Nichts anderes könne aufgrund des Charakters der Verschm als Anschaffung durch den übernehmenden Rechtsträger gelten, wobei zu berücksichtigen ist, dass dieser Anschaffungsvorgang im Regelungsbereich der §§ 11, 12 bereits in der stl. Schlussbilanz des übertragenden Rechtsträgers und nicht erst in der Buchhaltung des übernehmenden Rechtsträgers abgebildet wird. Ein gemeiner Wert des Firmenwertes iSv § 9 II BewG existiere mangels Einzelveräußerbarkeit insoweit nicht (Dötsch/Pung/Möhlenbrock/Dötsch/Stimpel Rn. 29; Jäschke FR 2010, 10; Bodden FR 2007, 66). Die Ermittlung des Firmenwertes erfolgt daher auch im Rahmen des Abs. 1 nach den allgemeinen Grundsätzen der Ertragswertbewertung (→ Rn. 35). Stille Lasten seien damit in der Lit. nicht anzusetzen, sondern vielmehr in einem nach der allg. Bewertungsgrundsätzen bei der **Ermittlung des Geschäfts- oder Firmenwertes** ertragsmindernd zu berücksichtigen (Rödder/Herlinghaus/van Lishaut/Rödder Rn. 67; Brandis/Heuermann/Klingberg § 3 Rn. 18a; Stadler/Elser/Bindl DB-Beil. 1/2012, 14; Schaflitzl/Widmayer BB Special 8/2006, 36; Ley/Bodden FR 2007, 265; Bodden FR 2007, 66; Lemaitre/Schönherr GmbHR 2007, 173).

Sowohl die Meinung der FVerw als auch der hM stehen im Widerspruch zur Auffassung des **BFH** (BFH DStR 2012, 452). Geht man zu Recht (→ Rn. 27) davon aus, dass es sich bei der Verschm um ein Veräußerungsgeschäft auf der Ebene des übertragenden und um ein Anschaffungsgeschäft auf der Ebene des übernehmenden Rechtsträgers handelt, ist in der stl. Schlussbilanz des übertragenden Rechtsträgers, in der der Anschaffungsvorgang durch den übernehmenden Rechtsträger bereits abgebildet wird (→ Rn. 27), nach Meinung des BFH für stille Lasten, die auf Grund von Ansatz- und Bewertungsverboten bestehen, eine **ungewisse Verbindlichkeit** zu passivieren. Mit Urteil v. 16.12.2009 (BFH BStBl. II 2011, 566; ebenso BFH DStR 2012, 452) hat der BFH darauf hingewiesen, dass bei einer Betriebsveräußerung betriebliche Verbindlichkeiten, die beim Veräußerer auf Grund von Rückstellungsverboten nicht passiviert werden durften, beim Erwerber keinem Passivierungsverbot unterworfen sind, wenn er diese Verbindlichkeiten gegen Schuldbefreiung übernommen hat; solche Verbindlichkeiten sind unabhängig von der rechtlichen Einordnung beim übertragenden Rechtsträger in der Person des übernehmenden Rechtsträgers als ungewisse Verbindlichkeiten in der Bilanz des Käufers auszuweisen und von ihm auch an den nachfolgenden Bilanzstichtag mit den Anschaffungskosten oder ihrem höheren TW zu bewerten (ebenso Widmann/Mayer/Schießl Rn. 47; Widmann/Mayer/Martini § 3 Rn. 287). Diese Auffassung wird mit dem Grundsatz der erfolgsneutralen Behandlung von Anschaffungsvorgängen begründet. Der BFH macht in den angesprochenen Urteilen deutlich, dass für Verbindlichkeiten, für die in der Person des übertragenden Rechtsträgers ein Ansatzverbot gilt, aus der Sicht des übernehmenden Rechtsträgers die für ungewisse Verbindlichkeiten geltenden Grundsätze anzuwenden sind und damit eine Passivierungspflicht besteht, und zwar nicht nur im Erwerbszeitpunkt, sondern gleichermaßen auch an den nachfolgenden Bilanzstichtagen. Für eine unmittelbare Verrechnung der stillen Lasten durch Abstockung des erworbenen Firmenwerts fehlt es nach Auffassung des BFH (BFH DStR 2012, 452) an einer Rechtsgrundlage. Die stillen Lasten sind damit als ungewisse Verbindlichkeiten auszuweisen, eine Abstockung des Firmenwerts erfolgt nicht (zu stillen Lasten in Pensionsrückstellungen → Rn. 44).

29a Liegt der **Verschmelzungsstichtag nach dem 28.11.2013**, so stellt sich die Frage, ob in der stl. Schlussbilanz des übertragenden Rechtsträgers bzgl. der stillen Lasten die Regelung des **§ 4f EStG** zur Anwendung kommt. Werden Verpflichtungen übertragen, die beim ursprünglich Verpflichteten Ansatzverboten, -beschränkungen oder Bewertungsvorbehalten unterliegen haben, so ist der sich aus diesem Vorgang ergebende Aufwand nach § 4f I EStG im Wj. der Schuldübernahme und in den nachfolgenden 14 Jahren als BA abziehbar. Diese Vorschrift geht in Anlehnung an die Rspr. des BFH (→ Rn. 29) davon aus, dass bei der Übertragung stiller Lasten in der Person des übertragenden Rechtsträgers diese Verpflichtung realisiert wird und es damit zu einem Aufwand kommt. Der sich aus der Verpflichtungsübertragung ergebende Aufwand ist dann aber im Wj. der Schuldenübernahme und in den nachfolgenden 14 Jahren gleichmäßig verteilt als Betriebsausgaben außerhalb der Bilanz (BT-Drs. 18/68 (neu), 73; Kirchhof/Gosch EStG § 4f Rn. 9; Brandis/Heuermann/Krumm EStG § 4f Rn. 23; Littmann/Bitz/Pust/Hoffmann EStG § 4f Rn. 16; Schmidt/Weber-Grellet EStG § 4f Rn. 2; Benz/Placke DStR 2013, 2653; aA Herrmann/Heuer/Raupach/Schober EStG § 4f Rn. J 13–26; Riedel FR 2014, 11) in der Person des übertragenden Rechtsträgers abziehbar. Die Übertragung einer Verpflichtung iSv § 4f I EStG liegt vor, wenn die Verpflichtung zivilrechtlich auf eine andere Person übergeht, wobei die Übertragung im Wege der Einzelrechts-, Sonderrechts- oder Gesamtrechtsnachfolge vorgenommen werden kann (Kirchhof/Gosch EStG § 4f Rn. 12; Herrmann/Heuer/Raupach/Schober EStG § 4f Rn. J 13–26; Littmann/Bitz/Pust/Hoffmann EStG § 4f Rn. 5; Förster/Staaden Ubg 2014, 1). Die hM (Dötsch/Pung/Möhlenbrock/Dötsch Rn. 25; Rödder/Herlinghaus/van Lishaut/Rödder Rn. 147; Widmann/Mayer/Schießl Rn. 52; Frotscher/Drüen Junior Rn. 69; Brandis/Heuermann/Klingberg § 12 Rn. 24; HK-UmwStG/Edelmann Rn. 714; Haritz/Menner/Bilitewski/Bärwaldt Rn. 13; Kirchhof/Gosch EStG

§ 4f Rn. 12; Herrmann/Heuer/Raupach/Schober EStG § 4f Rn. J 13–26; Brandis/ Heuermann/Krumm EStG § 4f Rn. 34; Littmann/Bitz/Pust/Hoffmann EStG § 4f Rn. 5; Förster/Staaden Ubg 2014, 1; Benz/Placke DStR 2013, 2653) geht in Übereinstimmung mit dem Willen des Gesetzgebers (BT-Drs. 18/68 (neu), 73) davon aus, dass § 4f I 1 EStG auch bei der Verschm einer KapGes als übertragender Rechtsträger im Grundsatz Anwendung findet, falls die Umw nicht unter Buchwertfortführung erfolgt (→ Rn. 25). § 4f I EStG kann aber nach richtiger Meinung auch dann nicht auf Umwandlungsfälle iSd UmwStG angewendet werden, wenn es zu einem Ansatz der übergehenden WG zum ZW oder gemeinen Wert kommt (wie hier Lademann/Staats § 4 Rn. 31; BeckOK UmwStG/Groß § 12 Rn. 44; Phillipp/Kröger DB 2016, 857; aA Melan/Wecke Ubg 2017, 253). Entscheidend für die Anwendung des § 4f I EStG ist, ob im Zeitpunkt der Übertragung der Verpflichtung die Voraussetzungen dieser Norm vorliegen (Herrmann/Heuer/Raupach/Schober EStG § 4f Rn. J 13–4). Nach Abs. 1 unterliegen die übergehenden WG, zu denen auch nicht oder nur beschränkt passivierte Verpflichtungen gehören, und die mit dem gemeinen Wert oder einem Zwischenwert angesetzt oder bewertet werden, in der stl. Schlussbilanz des übertragenden Rechtsträgers keinen Ansatz- bzw. Bewertungsbeschränkungen. In der stl. Schlussbilanz des übertragenden Rechtsträgers ist die stille Last unter Berücksichtigung der Rspr. des BFH nach der hier vertretenen Auffassung (→ Rn. 30) als ungewisse Verbindlichkeit zu passivieren. Da die stl. Schlussbilanz aber den Zeitpunkt markiert, an dem die Verpflichtung übertragen wird, liegen die Voraussetzungen des § 4f I EStG nicht vor (aA Dötsch/Pung/ Möhlenbrock/Dötsch Rn. 25 ff.; Widmann/Mayer/Schießl Rn. 25; Melan/Wecke Ubg 2017, 253; vgl. auch BMF 30.11.2017, BStBl. I 2017, 1619). Dass der Ansatz der Verpflichtung in der stl. Schlussbilanz des übertragenden Rechtsträgers der maßgebende Wert sein muss, wird durch den Anwendungsbereich des UmwStG bestätigt. Bei Umw mit Auslandsbezug, grenzüberschreitenden oder reinen ausl. Umw, die thematisch vom UmwStG erfasst sind (→ Rn. 5 ff.), kann es nämlich (nicht nur ausnahmsweise) vorkommen, dass der übertragende ausl. Rechtsträger die dt. Bewertungsvorschriften erstmals in der stl. Schlussbilanz anwendet, weil er iÜ insoweit ausl. Regelungen befolgen muss (aA Dötsch/Pung/Möhlenbrock/Möhlenbrock/Pung § 3 Rn. 40). § 4f I 7 EStG bezieht sich aber nur auf inl. Steuerbilanzierungsvorschriften (Herrmann/Heuer/Raupach/Schober EStG § 4f Rn. J 13–11; vgl. auch BMF 30.11.2017 BStBl. I 2017, 1619 Rn. 8). Hinzu kommt, dass gem. § 4f I 7 EStG ein beim übertragenden Rechtsträger noch nicht berücksichtigter Aufwand nicht untergeht, sondern entgegen § 12 III iVm § 4 II 2 auf den Rechtsnachfolger übergeht. § 4 II 2 sieht vor, dass verrechenbare Verluste, Verlustvorträge ua des übertragenden Rechtsträgers nicht von der umwandlungssteuerrechtlichen Rechtsnachfolge umfasst sind. § 4 II 2 ist zu entnehmen, dass Aufwendungen, die in der Person des übertragenden Rechtsträgers ihre Ursache haben, nur seine Einnahmen mindern sollen, iÜ im Rahmen der Umw trotz Rechtsnachfolge untergehen (vgl. dazu auch Melan/Wecke Ubg 2017, 253). Wendet man § 4f EStG auf Umw an, würde der hinter einer spezielleren Regelung (§ 4 II 2 UmwStG) liegende Sinn durch eine allgemeine Regelung (§ 4f I 7 EStG) relativiert, ohne dass die speziellere Regelung auf die allg. Regelung verweist.

Wendet man § 4f EStG trotz der dargestellten Bedenken auf Umwandlungsvorgänge an, so ist Folgendes zu beachten: Die durch § 4f I 1 EStG angeordnete zeitliche Streckung des realisierten Verlustes unterbleibt nach Abs. 1 S. 3 dieser Vorschrift, wenn die Schuldenübernahme im Rahmen einer Veräußerung oder Aufgabe des ganzen Betriebes oder des gesamten Mitunternehmeranteils erfolgt; in diesem Fall kann der Aufwand unmittelbar im Wj. seiner Realisation in voller Höhe durch den übertragenden Rechtsträger geltend gemacht werden. Bei der Verschm einer Körperschaft auf eine PersGes veräußert rechtstechnisch der übertragende Rechtsträger sein gesamtes Vermögen, dh seinen Betrieb an den übernehmenden Rechtsträger, sodass nach dem Wortlaut des § 4f I 3 EStG in der Person des übertragenden Rechtsträgers eine Realisation der stillen Last unmittelbar im Wj. der Übertragung in voller Höhe geltend gemacht werden kann (vgl. dazu Förster/Staaden Ubg 2014, 1; Riedel FR 2014, 6). Nach dem Willen des Gesetzgebers soll jedoch die Ausnahme des § 4f I 3 EStG nicht gelten, „wenn die unternehmerische Tätigkeit auf Grund von Umwandlungsvorgängen nach dem UmwStG in andere Rechtsform oder durch einen anderen Rechtsträger fortgesetzt wird" (BT-Drs. 18/68 (neu), 73; ebenso Dötsch/Pung/Möhlenbrock/Dötsch Rn. 25b). Nicht abschließend geklärt ist in diesem Zusammenhang, ob der dargestellte Wille des Gesetzgebers berücksichtigt werden kann (vgl. dazu Rödder/Herlinghaus/van Lishaut/Rödder Rn. 147; Brandis/Heuermann/Klingberg Rn. 30a; Widmann/Mayer/Schießl Rn. 52 ff.; HK-UmwStG/Edelmann Rn. 173 ff.; Haritz/Menner/Bilitewski/Bärwaldt Rn. 13; Kirchhof/Gosch EStG § 4f Rn. 16; Fuhrmann DB 2014, 9; Schindler GmbHR 2014, 561; Förster/Staaden Ubg 2014, 1; Benz/Placke DStR 2013, 2653; Korn/Strahl KÖSDI 2014, 18746). Gegen die Berücksichtigung des gesetzgeberischen Willens, § 4f I 3 EStG auf Umwandlungsfälle iSd UmwStG nicht anzuwenden, spricht nicht nur der Wortlaut dieser Vorschrift (Rödder/Herlinghaus/van Lishaut/Rödder Rn. 147; aA Benz/Placke DStR 2013, 2653), sondern auch die durch die Nichtanwendung dieser Norm sich ergebenden Wertungswidersprüche zum UmwStG. Das UmwStG soll gerade Umw im Verhältnis zu normalen Veräußerungsvorgängen privilegieren (dagegen Dötsch/Pung/Möhlenbrock/Möhlenbrock/Pung § 3 Rn. 40). Die Nichtanwendung des § 4f I 3 EStG auf Umwandlungsvorgänge würde zum Gegenteil führen. Wird bspw. eine PersGes auf eine KapGes steuerneutral nach § 20 UmwStG verschmolzen, so soll nach dem Willen des Gesetzgebers § 4f I 1 EStG Anwendung finden und damit eine sofortige Verlustverrechnung aus der Aufdeckung stiller Lasten unterbleiben. Wird aber im Rahmen der Verschm der PersGes auf die KapGes eine funktional wesentliche Betriebsgrundlage aus dem SBV nicht auf den übernehmenden Rechtsträger übertragen, kommt es zu einer Aufdeckung stiller Reserven im übertragenen Vermögen, das SBV gilt idR als entnommen und auf die insoweit vorliegende Betriebsaufgabe würde man § 4f I 3 EStG anwenden (ebenso Brandis/Heuermann/Krumm EStG § 4f Rn. 34). Unabhängig von alledem bleibt es jedenfalls für die Bewertung einer **Pensionsrückstellung** allein bei der Regelung des § 3.

30 d) **Bewertungszeitpunkt.** Die Bewertung der Sachgesamtheit mit dem gemeinen Wert bzw. dem TW iSd § 6a EStG in der stl. Schlussbilanz erfolgt zum **Verschmelzungsstichtag** (BMF 11.11.2011, BStBl. I 2011, 1314 Rn. 11.04 iVm Rn. 03.09; Widmann/Mayer/Schießl Rn. 45; Frotscher/Drüen/Junior Rn. 71; Dötsch/Pung/Möhlenbrock/Dötsch/Stimpel § 11 Rn. 27). Wertaufhellungen sind zu berücksichtigen.

6. Ansatz der übergehenden Wirtschaftsgüter mit dem gemeinen Wert

31 a) **Grundsätzliches.** Nach der Gesetzessystematik bezieht sich die Bewertung der übergehenden WG auf die übergehende Sachgesamtheit (→ Rn. 23), die Verteilung des Wertes der Sachgesamtheit erfolgt sodann auf die einzelnen übertragenen WG im Verhältnis des gemeinen Wertes (str., → Rn. 44), sodass auch deren Wert ermittelt werden muss. Die Bewertung mit dem gemeinen Wert hat zum Verschmelzungsstichtag zu erfolgen (BMF 11.11.2011, BStBl. I 2011, 1314 Rn. 11.04 iVm Rn. 03.09; Dötsch/Pung/Möhlenbrock/Dötsch/Stimpel Rn. 27). Der gemeine Wert ist die **Obergrenze**; ausgenommen sind nur Bewertungen von Pensionsrückstellungen, für die auch beim Ansatz der gemeinen Werte weiterhin § 6a EStG gilt. Ist der gemeine **Wert der Sachgesamtheit** geringer als die Summe der BW der

übergehenden WG, ist der Ansatz zum BW nach Auffassung der FVerw ausgeschlossen (BMF 11.11.2011, BStBl. I 2011, 1314 Rn. 11.06 iVm Rn. 03.12; ebenso Dötsch/Pung/Möhlenbrock/Dötsch/Stimpel Rn. 35; Lademann/Wernicke Rn. 103; Bogenschütz Ubg 2011, 393; vgl. auch Rödder/Herlinghaus/van Lishaut/ Rödder Rn. 184, 328; Zimmermann Ubg 2018, 17; aA Schumacher/Neitz-Hackstein Ubg 2011, 409: BW ist die Untergrenze für den Wertansatz), es erfolgt eine entsprechende Abstockung (vgl. dazu auch BFH BStBl. II 2016, 913 BFH DStR 2014, 2120; Helios/Philipp DB 2014, 2923; FG Münster DStRE 2016, 26 zu § 20 aF). Wird festgestellt, dass einzelne WG über dem gemeinen Wert angesetzt wurden, so ist der entsprechende Wert nach Meinung der FVerw nur zu korrigieren, wenn der BW der Sachgesamtheit über dessen gemeinen Wert liegt (Dötsch/Pung/Möhlenbrock/Dötsch/Stimpel Rn. 35; aA Widmann/Mayer/Schießl Rn. 44). Dagegen spricht der Wortlaut des § 11 I. Richtig ist zwar, dass das übergehende Vermögen als Sachgesamtheit zu bewerten ist, da andernfalls ein Firmenwert in der stl. Schlussbilanz nicht anzusetzen wäre (→ Rn. 23). § 11 I bezieht sich aber auch auf die „übergehenden Wirtschaftsgüter", die mit dem gemeinen Wert anzusetzen sind, was dafür sprechen könnte, dass der gemeine Wert als Höchstwert sich auch auf jedes einzelne WG bezieht (Widmann/Mayer/Schießl Rn. 44 ff.; vgl. Frotscher/ Drüen/Schnitter § 3 Rn. 99; Dötsch/Pung/Möhlenbrock/Dötsch/Stimpel Rn. 35; Rödder DStR 2011, 1059; FG Münster DStRE 2016, 26 zu § 20 aF).

Beispiel:

Die M-GmbH kauft die 100%ige Beteiligung an der T-GmbH. Der gemeine Wert der 32 Anteile an der T-GmbH beträgt 1 Mio. Euro. Die M-GmbH bezahlt für diesen Anteil einen Kaufpreis iHv 1,5 Mio. Euro, da sie auf ihrer Ebene erhebliche Synergien und damit zusätzliche Erträge erwartet. Nachdem diese Erwartungen tatsächlich eingetreten sind, wird die M-GmbH auf die X-AG verschmolzen. Zu diesem Zeitpunkt soll der gemeine Wert der Beteiligung an der T-GmbH weiterhin 1 Mio. Euro betragen. Geht man davon aus, dass der gemeine Wert sich auf jedes einzelne WG bezieht, wäre in der stl. Schlussbilanz eine Abstockung des Beteiligungsansatzes auf 1 Mio. Euro vorzunehmen, da Synergien und Konzerneffekte bei der Ermittlung des gemeinen Wertes ohne Bedeutung sind (Dötsch/Pung/Möhlenbrock/Dötsch/Stimpel Rn. 27; Rödder/Herlinghaus/van Lishaut/Rödder Rn. 161).

b) Ermittlung des gemeinen Werts für einzelne Wirtschaftsgüter und für 33 **die Sachgesamtheit.** Weder das EStG, das KStG noch das UmwStG definieren den Begriff des gemeinen Wertes. Damit kommt der 1. Teil des BewG für die Bestimmung des gemeinen Werts zur Anwendung (Widmann/Mayer/Schießl Rn. 25 iVm Widmann/Mayer/Schießl § 3 Rn. 232; BeckOK UmwStG/Groß Rn. 223). Der gemeine Wert wird nach **§ 9 II BewG** in erster Linie durch den **Preis** bestimmt, der im **gewöhnlichen Geschäftsverkehr** (→ Rn. 34) nach der Beschaffenheit des WG bei einer Veräußerung zu erzielen wäre, wobei **ungewöhnliche** (→ Rn. 39) oder **persönliche Verhältnisse** (→ Rn. 39) nicht zu berücksichtigen sind. Maßgebend ist gem. § 9 II 1 BewG der erzielbare Verkaufspreis, wobei Veräußerungskosten unbeachtlich sind (Widmann/Mayer/Martini Rn. 232). Als Bewertungsmethode kommen zur Bewertung eines **einzelnen WG** primär die Vergleichsmethode, dann die Ertragswertmethode und hilfsweise die Sachwertmethode in Betracht (Widmann/Mayer/Martini § 3 Rn. 232).

Grundsatz maßgebend sind die für das zu bewertende WG erzielbaren Verkaufs- 34 preise, soweit der Verkaufspreis im gewöhnlichen Geschäftsverkehr nach der Beschaffenheit des WG bei Veräußerungen zu erzielen ist **(Vergleichswertmethode).** Der gemeine Wert kann auch aus Verkäufen nahezu vollständig vergleichbarer WG abgeleitet werden. Ein einzelner Verkauf bietet idR keinen ausreichenden Vergleichsmaßstab (BFH BStBl. II 1987, 769). Liegen mehrere voneinander abw. Vergleichspreise vor, ist ein Durchschnittswert zu bilden (Stenger/Loose/Knittel BewG § 9 Rn. 42).

35 Ergibt sich der gemeine Wert nicht aus Vergleichspreisen, ist er unter Heranziehung der **Ertragswertmethode** zu ermitteln. Schwierigkeiten bei einer ggf. notwendigen Schätzung sind durch eine verstärkte Anwendung des Vorsichtsprinzips zu Gunsten des Steuerpflichtigen zu begegnen. Die Ertragswertmethode kommt als Bewertungsmethode bei WG in Betracht, die zukünftige Erträge erwirtschaften (Stenger/Loose/Knittel BewG § 9 Rn. 51). Dies sind zB Erfindungen, Patente, Warenzeichen usw (vgl. BFH BStBl. II 1970, 484). Der gemeine Wert wird durch Kapitalisierung der Zukunftserträge ermittelt (Stenger/Loose/Knittel BewG § 9 Rn. 52; zum Firmenwert → Rn. 41).

36 Existieren keine Marktpreise für gleiche oder vergleichbare WG und scheidet die Ertragswertmethode aus, kommt die **Sachwertmethode** zur Anwendung (SächsFG EFG 2003, 25). Der gemeine Wert wird hierbei auf Grundlage der durchschnittlichen HK für vergleichbare WG ermittelt (Stenger/Loose/Knittel BewG § 9 Rn. 58). Die zu berücksichtigenden Kosten umfassen dabei idR die durchschnittlichen Material-, Fertigungs- und Verwaltungskosten. Zwischenzeitliche Preisänderungen der bei der Herstellung verwendeten Güter sind ebenso zu berücksichtigen wie der technische Fortschritt (Stenger/Loose/Knittel BewG § 9 Rn. 60).

37 Unter **gewöhnlichen Geschäftsverkehr** iSd § 9 II 1 BewG ist der Handel nach marktwirtschaftlichen Grundsätzen mit identischen oder vergleichbaren WG zu verstehen (BFH BStBl. II 1981, 353). Maßgebend ist das Marktgeschehen an dem Ort, an dem eine Veräußerung des zu bewertenden WG wahrscheinlich ist. Befindet sich ein WG im Ausland, so ist das Marktgeschehen dort von Relevanz (Stenger/Loose/Knittel BewG § 9 Rn. 67). Bei Bar- oder Kreditgeschäften handelt es sich um Geschäfte im gewöhnlichen Geschäftsverkehr (BFH BStBl. III 1960, 492). Der Kauf bzw. Verkauf aus der Insolvenzmasse stellt keinen gewöhnlichen Geschäftsverkehr dar (FG Münster EFG 1999, 247).

38 Es sind bei der Bewertung **alle Umstände zu berücksichtigen,** die den Preis des WG beeinflussen (§ 9 II 2 BewG). Solche können wirtschaftlicher, rechtlicher oder tatsächlicher Art sein (Stenger/Loose/Knittel BewG § 9 Rn. 81). Als rechtliche Umstände kommen dingliche idR aber nicht schuldrechtliche (vgl. Stenger/Loose/Knittel BewG § 9 Rn. 83) Beschränkungen in Betracht. Lärm- und Geruchsbelästigungen stellen tatsächliche Umstände dar.

39 Nach § 9 II 3 BewG sind **ungewöhnliche oder persönliche Verhältnisse** nicht zu berücksichtigen. Ein überhöhter Kaufpreis, der seinen Grund in spekulativen Erwägungen hat oder aber in unüblichen Zahlungsbedingungen, kann nicht als Vergleichsmaßstab herangezogen werden (Stenger/Loose/Knittel BewG § 9 Rn. 90). Ein Preis ist durch persönliche Umstände beeinflusst, wenn für seine Bemessung persönliche Umstände auf Seiten des Käufers oder Verkäufers zumindest mitentscheidend waren (Stenger/Loose/Knittel BewG § 9 Rn. 96). Nach § 9 III BewG gelten als persönliche Verhältnisse auch Verfügungsbeschränkungen, die in der Person des Steuerpflichtigen oder seines Rechtsnachfolgers begründet sind.

40 Der gemeine Wert erfasst nicht die **USt** (Stenger/Loose/Knittel BewG § 9 Rn. 2; Haase/Hofacker/Steierberg § 3 Rn. 38). Im Gegensatz zum Begriff des TW geht der gemeine Wert nicht von der Fortführung des Betriebs durch den Erwerber aus (BFH BStBl. II 1990, 117; Haase/Hofacker/Steierberg § 3 Rn. 40). Der gemeine Wert umfasst auch einen Gewinnaufschlag auf die Herstellungskosten (vgl. BT-Drs. 16/2710, 45). Synergien- und Konzerneffekte sind bei der Ermittlung des gemeinen Wertes eines WG nicht zu berücksichtigen (Rödder/Herlinghaus/van Lishaut/Rödder Rn. 160; Dötsch/Pung/Möhlenbrock/Dötsch/Stimpel Rn. 27; Rödder/Schumacher DStR 2006, 1481).

41 Die FVerw geht zutr. davon aus, dass die **Ermittlung des gemeinen Wertes** übergehenden aktiven und passiven Vermögens (im Grundsatz) als **Sachgesamtheit**

erfolgen muss (BMF 11.11.2011, BStBl. I 2011, 1314 Rn. 11.04 iVm Rn. 03.07; Dötsch/Pung/Möhlenbrock/Dötsch Rn. 32; Rödder/Herlinghaus/van Lishaut/ Rödder Rn. 169; Frotscher/Drüen/Schnitter § 3 Rn. 95 Lademann/Wernicke Rn. 98; Rödder DStR 2011, 1059; vgl. auch Widmann/Mayer/Schießl Rn. 44). Gem. § 11 I ist nämlich in der stl. Schlussbilanz auch ein **selbst geschaffener Firmenwert** mit dem gemeinen Wert anzusetzen. Diesem fehlt es jedoch grds. an der Einzelveräußerbarkeit. Der Firmenwert ist der Mehrwert, der einem gewerblichen Unternehmen über den Substanzwert der einzelnen materiellen und immateriellen WG abzgl. Schulden innewohnt (vgl. BFH BStBl. II 1996, 576; BFH BStBl. I 2001, 477). Er ist dem Grunde und der Höhe nach durch die Gewinnaussichten bestimmt, die, losgelöst von der Person des Unternehmers auf Grund besonderer, dem Unternehmen zukommenden Vorteile (zB Ruf, Kundenkreis usw) höher oder gesicherter erscheint als bei einem anderen Unternehmen mit sonst vergleichbaren WG. Der Firmenwert ist damit an den Betrieb gebunden und kann nicht ohne diesen veräußert werden (BFH BStBl. II 1994, 903; DStR 1998, 887). Ein Einzelveräußerungspreis bezogen auf den Geschäfts-/Firmenwert existiert damit nicht. Der Ansatz eines Firmenwerts in der stl. Schlussbilanz des übertragenden Rechtsträgers setzt damit voraus, dass es zu einer Bewertung der Sachgesamtheit in Form des übertragenen Betriebes kommen muss.

§ 109 II 2 BewG verweist umfassend auf § 11 II 2 BewG, woraus sich die **Rang- 42 folge der Bewertung** ergibt (aA Brandis/Heuermann/Klingberg § 3 Rn. 20). Der **gemeine Wert der Sachgesamtheit** ist zunächst aus Verkäufen abzuleiten. Dies dürfte in der Praxis nur möglich sein, wenn kurz vor der Verschm das Unternehmen, sei es auch mittelbar über den Kauf der Anteile an dem übertragenden Rechtsträger, entgeltlich von einem Dritten erworben wurde (Brandis/Heuermann/Klingberg § 3 Rn. 20; BeckOK UmwStG/Kaiser/Möller-Gosoge § 3 Rn. 108)

Liegen solche Verkäufe nicht vor, kann anhand eines am allg. anerkannten 43 **Ertrags- oder Zahlungsstrom orientierten Verfahrens** die entsprechende Ermittlung des Wertes erfolgen, welches ein gedachter Erwerber des Betriebs der übertragenden Körperschaft bei der Bemessung des Kaufpreises zu Grunde legen würde (BMF 11.11.2011, BStBl. I 2011, 1314 Rn. 11.04 iVm Rn. 03.07; Dötsch/ Pung/Möhlenbrock/Dötsch/Stimpel Rn. 32; Rödder/Herlinghaus/van Lishaut/ Rödder Rn. 172 ff.; BeckOK UmwStG/Groß Rn. 223.1; Frotscher/Drüen/Junior Rn. 79; Lademann/Wernicke Rn. 99; Bogenschütz Ubg 2011, 393; Stadler/Elser/ Bindl DB-Beil. 1/2012, 14). Diese Sichtweise entspricht § 109 I 2 BewG. Gem. § 11 II 4 BewG kommt auch das vereinfachte Ertragswertverfahren iSd §§ 199–203 zur Anwendung (BMF 11.11.2011, BStBl. I 2011, 1314 Rn. 11.04 iVm Rn. 03.07; BMF 22.7.2011, BStBl. I 2011, 859; Dötsch/Pung/Möhlenbrock/Dötsch Rn. 32; Haase/Hofacker/Ropohl/Sonntag Rn. 86; Frotscher/Drüen/Junior Rn. 79; Widmann/Mayer/Schießl Rn. 44; Bogenschütz Ubg 2011, 393; Neu/Schiffers/Watermeyer GmbHR 2011, 729; krit. Rödder/Rogall Ubg 2011, 753). Die FVerw akzeptiert das vereinfachte Ertragswertverfahren jedoch nicht bei komplexen Konzernstrukturen (gemeinsamer Ländererlass v. 17.5.2011, BStBl. I 2011, 606). Zum gemeinen Wert einer nicht operativ tätigen Holding vgl. HessFG 2.12.2021 – 4 K 130/20, BeckRS 2021, 41459. Der Substanzwert des übertragenen Vermögens gem. § 11 II 3 BewG darf nicht unterschritten werden (Bogenschütz Ubg 2011, 393; Rödder DStR 2011, 1089; Schumacher/Neitz-Hackstein Ubg 2011, 409; Drosdzol DStR 2011, 1258; vgl. auch Neu/Schiffers/Watermeyer GmbHR 2011, 731; krit. IDW-Stellungnahme Ubg 2011, 549; zur Geltung der Liquidationswerte vgl. Bogenschütz Ubg 2011, 393). Die Bewertung erfolgt nach den Verhältnissen zum stl. Übertragungsstichtag (→ Rn. 30). Die Bewertung der übergehenden Sachgesamtheit mit dem gemeinen Wert erfolgt unabhängig davon, wie das übergehende Vermögen vor der Verschm steuerbilanziell beim übertragenden Rechtsträger abgebildet war.

44 Bzgl. der Aufteilung des gemeinen Werts der Sachgesamtheit geht die FVerw davon aus, dass das Verhältnis der TW der übergehenden WG entscheidend ist (BMF 11.11.2011, BStBl. I 2011, 1314 Rn. 11.04 iVm Rn. 03.09; ebenso Dötsch/Pung/Möhlenbrock/Dötsch/Stimpel Rn. 34). Richtig ist es aber, eine **Verteilung des Werts der Sachgesamtheit** im Verhältnis der gemeinen Werte der übergehenden WG vorzunehmen, da der gemeine Wert der nach § 11 I entscheidende Wert ist (→ Rn. 23). Soweit stille Reserven in dem übertragenen aktiven Vermögen vorhanden sind, kommt es damit zu einer Aufdeckung der stillen Reserven. Dies gilt auch für originäre immaterielle WG, insbes. eines Firmenwertes. Zur Berücksichtigung stiller Lasten → Rn. 28 f. Der Bewertungsvorbehalt für Pensionsrückstellungen, nämlich diese höchstens mit dem TW nach § 6a EStG anzusetzen, ist nach Auffassung der FVerw in jedem Fall zu berücksichtigen (BMF 11.11.2011, BStBl. I 2011, 1314 Rn. 11.04 iVm Rn. 03.07), was bedeuten soll, dass ein tatsächlich höherer gemeiner Wert der Pensionsverpflichtung stl. nicht den gemeinen Wert iSv § 11 I mindern soll (BMF 11.11.2011, BStBl. I 2011, 1314 Rn. 11.04 iVm Rn. 03.08; aA Schaflitzl/Widmayer BB Special 8/2006, 36; Ley/Bodden FR 2007, 265). Diese Auffassung der FVerw führt zu einer Übermaßbesteuerung (Rödder DStR 2011, 1059) und ist mit dem ansonsten von der FVerw anzuwendenden anerkannten Ertragswert oder zahlungsorientierten Verfahren, welche ein gedachter Erwerber des Betriebs der übertragenden Körperschaft bei der Bemessung des Kaufpreises zu Grunde legen würde, nicht in Übereinstimmung zu bringen, da bei diesen Bewertungsmethoden der im Vergleich zum TW einer Pensionsrückstellung iSd § 6a EStG höhere tatsächliche Gemeinwert dieser Verpflichtung im Kaufpreis berücksichtigt würde. Geht man mit der (bisher) hM in der Lit. davon aus, dass die sich aus dem Bilanzierungsverbot des § 5 EStG ergebenden stillen Lasten beim Firmenwert zu berücksichtigen sind (→ Rn. 28), käme es insoweit nicht zu einer Passivierung der stillen Lasten, vielmehr finden diese ihren Niederschlag in einem geringeren Firmenwert. Sowohl die Meinung der FVerw als auch die der hM steht im Widerspruch zur Auffassung des BFH (DStR 2012, 452), der davon ausgeht, dass für stille Lasten, die auf Grund von Ansatz- und Bewertungsvorbehalten besteht, eine unangemessene Verbindlichkeit zu passivieren ist. Ob dies auch für stille Lasten bei den **Pensionsrückstellungen** gilt, ist jedoch offen, da § 11 I insoweit eine ausdrückliche Regelung der Bewertung von Pensionsrückstellungen enthält.

45 Ist der gemeine Wert der Sachgesamtheit niedriger als die Summe der BW des übertragenen Vermögens, scheidet nach Auffassung der FVerw ein Ansatz zum BW aus (BMF 11.11.2011, BStBl. I 2011, 1314 Rn. 11.06 iVm Rn. 03.12; ebenso Dötsch/Pung/Möhlenbrock/Dötsch Rn. 35; vgl. auch Rödder/Herlinghaus/van Lishaut/Rödder Rn. 184, 328; Limmermann Ubg 2018, 17; aA Schumacher/Neitz-Hackstein Ubg 2011, 409: BW ist die Untergrenze für den Wertansatz; dazu auch Zimmermann Ubg 2018, 17; → Rn. 30). Eine Abstockung der übergehenden WG scheidet insoweit aus, als deren BW dem gemeinen Wert entspricht. Wegen der Nichtgeltung der stl. Ansatzverbote des § 5 EStG muss nach (bisheriger) Auffassung der FVerw die insoweit bestehende Lasten passiviert werden (BMF 11.11.2011, BStBl. I 2011, 1314 Rn. 11.04 iVm Rn. 03.06). Dadurch kann ein **„negativer Firmenwert"** entstehen, und zwar in Form eines negativen Ausgleichspostens (ebenso Dötsch/Pung/Möhlenbrock/Dötsch Rn. 25c; Brandis/Heuermann/Klingberg § 3 Rn. 21; vgl. auch BFH BStBl. II 2016, 913; Rödder/Herlinghaus/van Lishaut/Rödder Rn. 180). Gleiches gilt, wenn man mit der hM in der Lit. davon ausgeht, dass stille Lasten unmittelbar beim Firmenwert zu berücksichtigen sind bzw. insoweit der Rspr. folgend (→ Rn. 29) eine ungewisse Verbindlichkeit zu passivieren ist (vgl. *zum negativen Ausgleichsposten* BMF DStR 2006, 1113; FG Düsseldorf DStR 2011, 112; SchlHFG EFG 2004, 1324; Lemaitre-Schönherr GmbHR 2007, 173; Desens GmbHR 2007, 1202). Der passive Ausgleichsposten ist gem. § 12 I vom übernehmenden Rechtsträger fortzuführen. Nicht abschließend geklärt ist, ob dieser

Wertansätze in der stl. Schlussbilanz 46–49 § 11 UmwStG D

Ausgleichsposten entsprechend § 7 I 3 EStG gewinnerhöhend aufzulösen ist (Schmidt/Weber-Grellet EStG § 5 Rn. 226; vgl. auch Lademann/Wernicke Rn. 102; Möhrle DStR 1999, 1414) oder aber erst bei Veräußerung oder Aufgabe des Betriebs gewinnerhöhend aufgelöst werden muss (Dötsch/Pung/Möhlenbrock/Dötsch/Stimpel Rn. 35; vgl. auch Preißer DStR 2011, 133; FG Düsseldorf DStR 2011, 112). Im Zusammenhang mit § 20 UmwStG geht der BFH (BStBl. II 2016, 913) von einer Abstockung der BW aus.

Beim Ansatz mit dem gemeinen Wert sind **steuerfreie Rücklagen** und stille 46 Reserven, die aufgrund von Überbewertung von Passiva entstanden sind, aufzulösen (BMF 11.11.2011, BStBl. I 2011, 1314 Rn. 11.03 iVm Rn. 03.04; Dötsch/Pung/Möhlenbrock/Dötsch/Stimpel Rn. 51).

Gehört zum übergehenden Vermögen ein **Mitunternehmeranteil** und wird 47 durch die übertragende Körperschaft der gemeine Wert in der stl. Schlussbilanz angesetzt, so kommt es über die Bildung einer Ergänzungsbilanz zwingend zu einem entsprechenden Wertansatz bei der Mitunternehmerschaft; ein eigenständiges Wahlrecht kommt dieser nicht zu (Widmann/Mayer/Martini § 3 Rn. 736; Rödder/Herlinghaus/van Lishaut/Rödder Rn. 376; Dötsch/Pung/Möhlenbrock/Dötsch/Stimpel Rn. 51, so wohl auch FVerw BMF 11.11.2011, BStBl. I 2011, 1314 Rn. 03.27; vgl. aber BFH BStBl. II 2004, 804; Dötsch/Pung/Möhlenbrock/Patt § 20 Rn. 209c). Gehört zum übergehenden Vermögen ein Mitunternehmeranteil an einer Mitunternehmerschaft, die ihrerseits an einer Mitunternehmerschaft beteiligt ist **(doppelstöckige PersGes)**, so sind, soweit stille Reserven in der UnterGes vorhanden sind, entsprechende Aufstockungen auch bezogen auf das Vermögen bei der UnterGes vorzunehmen (vgl. zur stl. Abbildung Mische BB 2010, 2946). Bereits bestehende Ergänzungsbilanzen beim Mitunternehmeranteil werden durch die neu zu bildende Ergänzungsbilanz ersetzt. Der gemeine Wert entspricht bei **börsennotierten Wertpapieren** nach § 11 I BewG dem Kurswert, Paketzuschläge sind gem. § 11 III BewG zu berücksichtigen (BMF 17.5.2011, BStBl. I 2011, 606). Anteile an KapGes sind im Übrigen für ertragstl. Zwecke mit dem gemeinen Wert anzusetzen, der sich auch aus zeitnahen Verkäufen ableiten lässt, die weniger als ein Jahr zurückliegen (Vergleichswertmethode, → Rn. 32). Liegen solche Verkäufe nicht vor, kommt das Ertragswertverfahren und nicht das sog. Stuttgarter Verfahren zur Anwendung. Soweit die Anteile nicht börsennotiert sind, dürften daher die Bewertung der Beteiligung an der übernehmenden Gesellschaft idR nach dem Ertragswertverfahren oder eine andere anerkannte Methode zur Anwendung (§ 11 II 2 BewG; BMF 17.5.2011, BStBl. I 2011, 606). Zum Problem der Einzelbewertung einer Beteiligung, wenn sie Teil eines Betriebs des übertragenden Rechtsträgers ist, → Rn. 32.

WG, die nicht auf den übernehmenden Rechtsträger **übergehen** (zB eigene 48 Anteile der übertragenden Körperschaft), werden im Grundsatz (vgl. → Rn. 74 ff.) der stl. Schlussbilanz nicht angesetzt, sondern eine logische Sekunde vor dem Verschmelzungsstichtag beim übertragenden Rechtsträger ausgebucht; der daraus resultierende buchmäßige Verlust ist außerbilanziell zu korrigieren (BeckOK UmwStG/Kaiser/Müller-Gosoge § 3 Rn. 110).

7. Ansatz der übergehenden Wirtschaftsgüter mit dem Buchwert

Ein Buchwertansatz der übergehenden WG ist gem. Abs. 2 S. 1 auf Antrag zuläs- 49 sig, soweit (Abs. 2 S. 1 Nr. 1) sichergestellt ist, dass die WG bei der übernehmenden Körperschaft der Besteuerung mit KSt unterliegen (→ Rn. 92 ff.), (Abs. 2 S. 1 Nr. 2) das inl. Besteuerungsrecht bzgl. der übertragenen WG nicht beschränkt wird (→ Rn. 106 ff.) und (Abs. 2 S. 1 Nr. 3) eine Gegenleistung nicht gewährt wird oder die in Gesellschaftsrechten besteht (→ Rn. 127). BW ist nach § 1 V Nr. 4 der Wert, der sich nach den stl. Vorschriften über die Gewinnermittlung in einer für den stl.

Übertragungsstichtag aufzustellende StB ergibt oder ergäbe. Unterscheiden sich die BW im Hinblick auf die KSt und die GewSt, sind diese unterschiedlichen BW fortzuführen.

50 Der Grundsatz der Maßgeblichkeit der Handelsbilanz für die StB gilt nicht (allgM; → Rn. 19). Zu den angesprochenen stl. Gewinnermittlungsvorschriften gehören insbes. die § 5 II–VI EStG, §§ 7, 4f EStG findet keine Anwendung (→ Rn. 25). Maßgeblich ist insoweit nicht die vom übertragenden Rechtsträger vorgenommene tatsächliche Bilanzierung, sondern die in seiner Person nach den genannten stl. Gewinnermittlungsvorschriften zulässige Bilanzierung zum Verschmelzungsstichtag. Die dt. Gewinnermittlungsvorschriften gelten auch für **ausl. Rechtsträger**, selbst wenn sie keine Betriebsstätte in Deutschland haben, sie aber verpflichtet sind, eine stl. Schlussbilanz zu erstellen (→ Rn. 15). Dies führt in der Praxis zu erheblichen Problemen, insbes. wenn der übertragende Rechtsträger bereits längere Zeit besteht. Im BMF-Schreiben v. 11.11.2011 (BStBl. I 2011, 1314) wurde eine notwendige Vereinfachungsregelung nicht vorgesehen.

51 Soweit die Voraussetzungen des Abs. 2 S. 1 vorliegen und der Antrag auf Buchwertfortführung gestellt wird, muss der Ansatz mit dem BW **einheitlich** erfolgen. Es ist nicht zul., dass ein WG „überbewertet", ein anderes dagegen „unterbewertet" wird (Saldierungsverbot).

52 Nach Auffassung der FVerw gelten die stl. Ansatzverbote und Ansatzbeschränkungen für die stl. Schlussbilanz, wenn bzw. soweit die BW fortgeführt werden (BMF 11.11.2011, BStBl. I 2011, 1314 Rn. 03.06). Ist der gemeine Wert der Sachgesamtheit geringer als die Summe der BW der übergehenden WG, ist der Ansatz zum Buchwert nach Auffassung der FVerw ausgeschlossen (BMF 11.11.2011, BStBl. I 2011, 1314 Rn. 11.06 iVm Rn. 03.12; ebenso Dötsch/Pung/Möhlenbrock/Dötsch/Stimpel Rn. 35; vgl. auch Rödder/Herlinghaus/van Lishaut/Rödder Rn. 184, 328; Zimmermann Ubg 2018, 17; Bogenschütz Ubg 2011, 393; aA Schumacher/Neitz-Hackstein Ubg 2011, 409; vgl. auch BFH DStR 2014, 2120).

53 Zum Grundsatz der Einzelbewertung → Rn. 32 f.

54 Liegen zum Umwandlungsstichtag die Voraussetzungen einer Teilwertabschreibung bei einzelnen übergehenden WG vor, so können diese WG in der stl. Schlussbilanz mit dem **TW** angesetzt werden. In der stl. Schlussbilanz sind zudem evtl. **Wertaufholungen** iSv § 6 I 1 Nr. 1 S. 4, Nr. 2 S. 2 f. EStG vorzunehmen. Unterlassene Wertaufholungen auf WG sind nachträglich zu korrigieren, soweit für den übertragenden Rechtsträger noch keine bestandskräftige Veranlagung vorliegt oder noch eine Änderung nach § 172 AO in Betracht kommt.

55 Ändern sich die Ansätze in der stl. Schlussbilanz des übertragenden Rechtsträgers, so löst dies eine Folgeänderung beim übernehmenden Rechtsträger aus (BFH BStBl. II 2015, 759).

56 Gehört zum übergehenden Vermögen ein **Mitunternehmeranteil** und wird dieser durch die übertragende Körperschaft der BW in der stl. Schlussbilanz angesetzt, so kommt es auch zu einem entsprechenden Wertansatz bei der Mitunternehmerschaft; ein eigenständiges Wahlrecht kommt dieser nicht zu (Widmann/Mayer/Martini § 3 Rn. 736; Rödder/Herlinghaus/van Lishaut/Rödder Rn. 386; Dötsch/Pung/Möhlenbrock/Dötsch Rn. 39; so wohl auch FVerw BMF 11.11.2011, BStBl. I 2011, 1314 Rn. 03.27; vgl. aber BFH BStBl. II 2004, 804). Entsprechendes gilt, wenn zum übergehenden Vermögen ein Mitunternehmeranteil an einer Mitunternehmerschaft gehört, die ihrerseits an einer Mitunternehmerschaft beteiligt ist **(doppelstöckige PersGes).** Zum stl. BW eines Mitunternehmeranteils gehören auch eine etwaig bestehende Ergänzungsbilanz sowie eine Sonderbilanz (BMF 11.11.2011, BStBl. I 2011, 1314 Rn. 11.05).

57 Ist die übertragende Körperschaft an der übernehmenden Körperschaft beteiligt (sog. **Downstream-Verschm** der Mutter- auf die Tochterkörperschaft) sind auch beim Buchwertansatz die Anteile an der übernehmenden Tochterkörperschaft gem.

Abs. 2 S. 2 in der Schlussbilanz der übertragenden Mutterkörperschaft mindestens mit dem BW erhöht um steuerwirksam vorgenommene Abschreibungen sowie sonstige Abzüge insbes. nach § 6b EStG, höchstens jedoch mit dem gemeinen Wert, anzusetzen (zu weiteren Einzelheiten → Rn. 147 ff.). Eine Bewertung unterhalb des BW ist ggf. zwingend (Abstockung), wenn der gemeine Wert der Anteile geringer ist ab deren BW (→ Rn. 52).

8. Ansatz mit Zwischenwerten

Alternativ und unter denselben Voraussetzungen wie der Buchwertansatz (→ Rn. 49) können auf Antrag hin auch ZW in der stl. Schlussbilanz angesetzt werden. Das Antragswahlrecht zum Zwischenwertansatz bzgl. der einzelnen WG des übergehenden Vermögens muss einheitlich ausgeübt werden, soweit die Voraussetzungen des Abs. 2 S. 1 vorliegen. Die BW sind im Falle des Zwischenwertansatzes **gleichmäßig und verhältnismäßig** aufzustocken. Es ist nicht zul., einzelne WG mit dem BW, andere mit dem gemeinen Wert, wieder andere mit ZW anzusetzen (Dötsch/Pung/Möhlenbrock/Dötsch Rn. 40; Rödder/Herlinghaus/van Lishaut/Rödder Rn. 345; Frotscher/Drüen/Junior Rn. 174; vgl. auch zum UmwStG aF BMF 25.3.1998, BStBl. I 1998, 268 Rn. 11.18; Haritz/Menner/Bilitewski/Bärwaldt Rn. 36). Um zu einer gleichmäßigen Aufstockung zu kommen, müssen die stillen Reserven bei der übertragenen Sachgesamtheit, einschl. originärer immaterieller WG (→ Rn. 59), um einen einheitlichen Prozentsatz aufgelöst werden, der dem Verhältnis des Aufstockungsbetrages zum Gesamtbetrag der vorhandenen stillen Reserven des übergehenden Vermögens entsprechen (→ § 3 Rn. 63 f.). Entsprechendes gilt, wenn sich die BW im Hinblick auf KSt und GewSt unterscheiden. Stille Lasten sind beim Zwischenwertansatz – ohne Berücksichtigung der **stillen Lasten** in den Pensionsrückstellungen – anteilig zu berücksichtigen (→ Rn. 28 ff.). Dies gilt auch für in Deutschland nicht steuerverstricktes Vermögen, wenn insoweit die Voraussetzungen des Abs. 2 S. 1 vorliegen (zu **Teilwertabschreibungen** und Wertaufholungen → Rn. 54). Gehört zum BV der übertragenden Körperschaft ein **Mitunternehmeranteil,** so sind beim Zwischenwertansatz auch die stillen Reserven in diesem Mitunternehmeranteil, dh in den WG der PersGes, an die die übertragende Körperschaft beteiligt ist, in demselben Verhältnis aufzudecken, wie die stillen Reserven im übrigen Vermögen des übertragenden Rechtsträgers; dies gilt auch für originäre immaterielle WG der Mitunternehmerschaft. Die Aufstockung der stillen Reserven erfolgt in einer Ergänzungsbilanz (str., → Rn. 47) der Mitunternehmerschaft, ein eigenständiges Wahlrecht kommt dieser nicht zu (→ Rn. 56).

Früher ging die FVerw beim Ansatz zum Zwischenwert von der sog. **modifizierten Stufentheorie** aus (BMF 25.3.1998, BStBl. I 1998, 268 Rn. 22.08). Danach war ein selbst geschaffener Firmenwert nur in den Fällen zu berücksichtigen, in denen die übrigen bilanzierten und nicht bilanzierten WG bereits auf den TW (jetzt: gemeiner Wert) aufgestockt wurden, aber das Aufstockungsvolumen noch nicht ausgeschöpft war. Diese Meinung hat die FVerw aufgegeben und geht nunmehr in Übereinstimmung mit der hM davon aus, dass beim Zwischenwertansatz auch der Firmenwert anteilig aufzustocken ist (BMF 11.11.2011, BStBl. I 2011, 1314 Rn. 11.11 iVm Rn. 03.25; ebenso Dötsch/Pung/Möhlenbrock/Dötsch Rn. 54; Rödder/Herlinghaus/van Lishaut/Rödder Rn. 343, 348; Frotscher/Drüen/Junior Rn. 174a). Zur Übergangsregelung BMF 11.11.2011, BStBl. I 2011, 1314 Rn. S.03. Die jetzige Auffassung der FVerw kann im Ergebnis überzeugen, da Abs. 2 von den „übergehenden Wirtschaftsgütern einschließl. nicht entgeltlich erworbener oder selbstgeschaffener immaterieller Wirtschaftsgüter" spricht, wozu auch der Firmenwert gehört (ebenso Rödder/Herlinghaus/van Lishaut/Rödder Rn. 348).

9. Ausübung des Antragswahlrechts, Bilanzberichtigung

60 **a) Ausübung des Antragswahlrechts.** Auf Antrag können bei Vorliegen der Voraussetzungen des Abs. 2 die übergehenden WG mit BW oder einem ZW angesetzt werden. Der Antrag hat keine Wirkung, soweit WG aufgrund zwingender Vorschriften mit dem gemeinen Wert anzusetzen sind (Widmann/Mayer/Martini § 3 Rn. 789; Frotscher/Drüen/Junior Rn. 101; BeckOK UmwStG/Groß Rn. 336). Der Antrag ist grds. von der übertragenden Körperschaft zu stellen bzw. von dem übernehmenden Rechtsträger als deren Gesamtrechtsnachfolger (BMF 11.11.2011, BStBl. I 2011, 1314 Rn. 11.12 iVm Rn. 03.28; Rödder/Herlinghaus/van Lishaut/ Rödder Rn. 226; Lademann/Wernicke Rn. 252; Dötsch/Pung/Möhlenbrock/ Dötsch Rn. 42; Koch BB 2011, 1067; vgl. auch BFH/NV 2016, 41). Maßgebend ist allein der rechtzeitig wirksam gestellte oder aber der nicht gestellte Antrag; auf eine etwaige Bilanzierung kommt es nicht an, ebenso nicht auf die Vorlage einer stl. Schlussbilanz (str., → Rn. 18). Setzt der übertragende Rechtsträger die WG unter dem gemeinen Wert an, obwohl ein Antrag nicht gestellt wurde, ist der Ansatz unrichtig und muss berichtigt werden. Das Antragswahlrecht kann nur einheitlich für die übergehenden WG ausgeübt werden. Ob der gestellte Antrag vertraglichen Vereinbarungen widerspricht, ist für seine Wirksamkeit ohne Bedeutung (BFH/NV 2016, 41; Rödder/Herlinghaus/van Lishaut/Rödder Rn. 227; Schmitt/Schloßmacher DB 2010, 522; vgl. auch Koch BB 2011, 1067); eine in dem Verschmelzungsvertrag aufgenommene Vereinbarung, die BW fortzuführen, stellt keinen Antrag iSv Abs. 2 dar (BFH/NV 2016, 41; vgl. aber FG Niedersachen EFG 2023, 440; BeckRS 2022, 46453). Ein vereinbarungswidrig gestellter Antrag kann jedoch zu Schadensatzansprüchen führen. Wird kein Antrag gestellt, so ist das Vermögen in der stl. Schlussbilanz zwingend mit dem gemeinen Wert anzusetzen (Rödder/Herlinghaus/ van Lishaut/Rödder Rn. 228; HK-UmwStG/Edelmann Rn. 234). Das Antragswahlrecht kann unabhängig von der Höhe der beim übernehmenden Rechtsträger vorgenommenen Kapitalerhöhung ausgeübt werden.

61 Liegen zum Umwandlungsstichtag die Voraussetzungen einer **Teilwertabschreibung** bei einzelnen übergehenden WG vor, so können diese WG in der stl. Schlussbilanz mit dem TW angesetzt werden. In der stl. Schlussbilanz sind zudem evtl. Wertaufholungen iSv § 6 I 1 Nr. 1 S. 4, Nr. 2 S. 2 f. EStG vorzunehmen. Die Teilwertabschreibung bzw. Wertaufholung und Abstockung sind eine logische Sekunde vor der anteiligen Aufstockung der stillen Reserven vorzunehmen.

62 **b) Frist für den Antrag.** Der Antrag ist spätestens bis zur erstmaligen Abgabe der stl. Schlussbilanz zu stellen (Abs. 3 iVm § 3 II 2). Eine spätere Antragstellung ist nicht wirksam möglich, jedoch eine solche bereits vor Abgabe der stl. Schlussbilanz (vgl. dazu Dötsch/Pung/Möhlenbrock/Dötsch/Stimpel Rn. 44; HK-UmwStG/ Edelmann Rn. 233). Eine Antragstellung zusammen mit der Abgabe der stl. Schlussbilanz ist aber nach der Gesetzesbegründung ausreichend (BT-Drs. 16/2710, 37; allgM vgl. nur BMF 11.11.2011, BStBl. I 2011, 1314 Rn. 11.12 iVm Rn. 03.28; Widmann/Mayer/Schießl Rn. 132; NK-UmwR/Schrade 104; Frotscher/Drüen/ Junior Rn. 90). Der Antrag muss damit spätestens erfolgen, wenn die stl. Schlussbilanz des übertragenden Rechtsträgers so in den Bereich des zuständigen FA gelangt, dass es unter normalen Umständen die Möglichkeit hat, davon Kenntnis zu nehmen. Wird keine stl. Schlussbilanz abgegeben, kann der Antrag bis zum Schluss der letzten mündlichen Verhandlung beim FG gestellt werden (→ § 3 Rn. 68; BeckOK UmwStG/Groß Rn. 335). Die Ausübung des Wahlrechts löst keine besondere Aufzeichnungs- und Dokumentationspflicht aus; § 5 I 2, 3 EStG sind nicht anzuwenden (BMF 13.2.2010, BStBl. I 2010, 339 Rn. 19; Widmann/Mayer/Schießl Rn. 123).

63 Die Frist für die Stellung des Antrags ist auch dann abgelaufen, wenn die stl. Schlussbilanz unrichtige Ansätze enthält (BeckOK UmwStG/Groß Rn. 335).

Wertansätze in der stl. Schlussbilanz 64–66 § 11 UmwStG D

c) Form und Inhalt des Antrags. Einer besonderen **Form** bedarf der Antrag 64 nicht, er kann auch mündlich oder konkludent, zB durch Abgabe der Steuererklärung, gestellt werden (vgl. nur BMF 11.11.2011, BStBl. I 2011, 1314 Rn. 11.12 iVm Rn. 03.29; NdsFG 25.2.2022 – 7 K 11215/18, BeckRS 2022, 28321; FG BW EFG 2016, 1571; Lademann/Wernicke Rn. 255; Rödder/Herlinghaus/van Lishaut/Rödder Rn. 219; HK-UmwStG/Edelmann Rn. 235; Dötsch/Pung/Möhlenbrock/Dötsch/Stimpel Rn. 43; Widmann/Mayer/Schießl Rn. 142; BeckOK UmwStG/Groß Rn. 335). Für die Auslegung des Antrags gelten die allgemeinen zivilrechtlichen Grundsätze (Lademann/Wernicke Rn. 251; Rödder/Herlinghaus/van Lishaut/Rödder Rn. 218; Frotscher/Drüen/Junior Rn. 90b). Nur beim Zwischenwertansatz muss nach Meinung der FVerw ausdrücklich angegeben werden, in welcher Höhe oder zu welchem Prozentsatz die stillen Reserven aufzudecken sind (BMF 11.11.2011, BStBl. I 2011, 1314; Frotscher/Drüen/Junior Rn. 93). Ein unklarer Antrag gilt als nicht gestellt (Widmann/Mayer/Schießl Rn. 149; Frotscher/Drüen/Junior Rn. 90b). Möglich ist es, die Antragstellung auf einen absoluten Betrag der stillen Reserven in der stl. Schlussbilanz zu beziehen oder bei Zwischenwertansatz einen Prozentsatz anzugeben (Rödder/Herlinghaus/van Lishaut/Rödder Rn. 255; HK-UmwStG/Edelmann Rn. 237). Die Antragstellung ist **bedingungsfeindlich** (allgM BMF 11.11.2011, BStBl. I 2011, 1314; Widmann/Mayer/Schießl Rn. 150; Frotscher/Drüen/Junior Rn. 92; Rödder/Herlinghaus/van Lishaut/Rödder Rn. 218). Nicht möglich ist es, den Antrag an außerhalb des Verschmelzungsvorgangs liegende Umstände zu knüpfen; geschieht dies, so gilt der Antrag als nicht gestellt (Widmann/Mayer/Martini § 3 Rn. 766). Ein Antrag, der den Ansatz der übergehenden WG von einem vorhandenen Verlustvortrag abhängig macht (bedingter Antrag), wäre damit nicht möglich, es käme damit zu einem Ansatz der WG mit dem gemeinen Wert (Frotscher/Drüen/Frotscher Rn. 93; Dötsch/Pung/Möhlenbrock/Dötsch/Stimpel Rn. 43; Lademann/Wernicke Rn. 267; Widmann/Mayer/Martini § 3 Rn. 766).

d) Zuständiges Finanzamt. Der Antrag ist bei dem für die Ertragsbesteuerung 65 der übertragenden Körperschaft nach § 20 AO zuständigen FA zu stellen. Ist für die Besteuerung des übertragenden Rechtsträgers ein anderes FA zuständig als für den übernehmenden Rechtsträger, kommt es in Folge der Verschm zu einem Zuständigkeitswechsel nach § 26 I AO (Beermann/Gosch/Schmieszek AO § 26 Rn. 7; ebenso BMF 11.11.2011, BStBl. I 2011, 1314 Rn. 11.12 iVm Rn. 03.27; Lademann/Wernicke Rn. 253; Rödder/Herlinghaus/van Lishaut/Rödder Rn. 229), was bei der Antragsstellung zu berücksichtigen ist (ebenso Rödder/Herlinghaus/van Lishaut/Rödder Rn. 229). Unberührt hiervon bleibt die Möglichkeit, dass das bisher für den übernehmenden Rechtsträger zuständige FA nach § 26 S. 2 AO bzw. § 27 AO die Zuständigkeit behält. Nicht gesetzlich geregelt ist der Fall der Verschm einer ausl. Körperschaft als übertragende Rechtsträgerin, insoweit findet § 26 I AO Anwendung, dh das FA des übernehmenden Rechtsträgers wird für die Antragstellung zuständig (Rödder/Herlinghaus/van Lishaut/Rödder Rn. 232; vgl. auch Lademann/Wernicke Rn. 254). Gehört zum übertragenen Vermögen auch ein Mitunternehmeranteil, hat dies keine Auswirkungen auf die Zuständigkeit des FA (BMF 11.11.2011, BStBl. I 2011, 1314 Rn. 11.12 iVm Rn. 03.27; Schmitt/Schloßmacher DB 2010, 522; Rödder/Herlinghaus/van Lishaut/Rödder Rn. 229; Frotscher/Drüen/Schnitter § 3 Rn. 113).

e) Keine Rücknahme. Der einmal wirksam gestellte Antrag nach Abs. 2 S. 1 66 kann weder **zurückgenommen** (BMF 11.11.2011, BStBl. I 2011, 1314 Rn. 11.12 iVm Rn. 03.23; FG BW EFG 2016, 1571; aA Brandis/Heuermann/Klingberg Rn. 37), geändert (Rödder/Herlinghaus/van Lishaut/Rödder Rn. 233; Haritz/Menner/Bilitewski/Bärwaldt Rn. 35; BeckOK UmwStG/Groß Rn. 336), noch wegen Irrtums **angefochten** werden (Widmann/Mayer/Martini § 3 Rn. 765; Frotscher/Drüen/Junior Rn. 92; wohl anders Lademann/Wernicke Rn. 266). Das gilt auch, wenn die stl. Schlussbilanz des übertragenden Rechtsträgers noch nicht beim zuständigen FA eingereicht wurde (Dötsch/Pung/Möhlenbrock/Dötsch Rn. 49; Rödder/Herlinghaus/van Lishaut/Rödder Rn. 233; vgl. auch NK-UmwR/ Schrade Rn. 110; aA Frotscher/Drüen/Junior Rn. 92). Geht man entgegen der hier vertretenen Meinung davon aus, dass eine Anfechtung möglich ist (vgl. FG Bln-Bbg EFG 2009, 1695; Gosch BFH/PR 2008, 486; Koch BB 2010, 2619), ist zu beachten, dass dann die ursprüngliche Erklärung anfechtbar ist, sodass kein Antrag gestellt wurde. Wurde bereits vor der Anfechtungserklärung die stl. Schlussbilanz abgegeben, so hat dies zur Folge, dass es zu einem Ansatz der übergehenden WG mit dem gemeinen Wert kommt. Der Antrag kann auch nicht mit **Zustimmung des FA** geändert werden. Es handelt sich bei dem Antragserfordernis um ein gesetzliches Tb-Merkmal. Bereits mit der Antragstellung ist der Anspruch aus dem Steuerschuldverhältnis entstanden und der durch die Antragstellung verwirklichte Sachverhalt kann rückwirkend nicht mehr geändert werden (vgl. BFH DStRE 2005, 984; BFH/NV 2006, 1099).

67 **f) Antragsberechtigt.** Das Antragswahlrecht wird durch die dafür **zuständigen Organe** des übertragenden Rechtsträgers ausgeübt (BeckOK UmwStG/Groß Rn. 335). Dies sind bspw. der Vorstand bei der AG, der phG bei der KGaA, der Geschäftsführer bei der GmbH usw. Nach Eintragung der Umw in das Register geht das Wahlrecht nach Abs. 3 iVm § 3 II 2 auf das bei der übernehmenden Körperschaft zuständige Organ über (Rödder/Herlinghaus/van Lishaut/Rödder Rn. 226; Widmann/Mayer/Schießl Rn. 127). Stellvertretung ist möglich (HK-UmwStG/Bron § 3 Rn. 154; Lademann/Wernicke Rn. 252); zumindest eine zeitnahe Genehmigung der Stellvertretung dürfte mit Rückwirkung möglich sein.

68 **g) Bilanzberichtigung.** Fehlerhafte Bilanzansätze sind nach § 4 II 1 EStG zu berichtigen, und zwar bis zur Einreichung der Bilanz ohne Einschränkung, nach Einreichung muss der Fehler, der zu einer Steuerkürzung führen kann, gem. § 153 AO bis zum Ablauf der Festsetzungsfrist richtig gestellt werden. Nach Ablauf der Festsetzungsfrist ist die Berichtigung ausgeschlossen (zu Einzelheiten vgl. Schmidt/ Heinicke EStG § 4 Rn. 680 ff.; → § 3 Rn. 74). Auch im Rahmen von § 11 ist davon auszugehen, dass eine Bilanzberichtigung möglich ist, wenn die übertragende Körperschaft das Vermögen mit dem gemeinen Wert ansetzt und sich zB im Rahmen einer Betriebsprüfung ergibt, dass der gemeine Wert höher oder niedriger anzusetzen ist, als im Einzelfall geschehen (BMF 11.11.2011, BStBl. I 2011, 1314 Rn. 11.12 iVm Rn. 03.30). Ändert sich der Ansatz oder die Bewertung der stl. Schlussbilanz des übertragenden Rechtsträgers nachträglich, zB im Rahmen einer Betriebsprüfung, ist die Übernahmebilanz der übernehmenden Körperschaft entsprechend zu ändern. Weichen die Ansätze in der stl. Schlussbilanz von denen durch einen wirksamen Antrag bestimmten Werten ab, sind sie entsprechend dem Antrag zu berichtigen. Eine Änderung der Wahlrechtsausübung im Wege der Bilanzberichtigung ist damit nicht möglich. Der übernehmende Rechtsträger ist als Rechtsnachfolger des übertragenden Rechtsträgers rechtsbehelfsbefugt (Dötsch/Pung/Möhlenbrock/Möhlenbrock/Pung § 3 Rn. 129; vgl. auch Brühl/Weiss Ubg 2017, 629). Ist der übertragende Rechtsträger zB wegen einer „Nullfestsetzung" nicht beschwert, kann aber ggf. der übernehmende Rechtsträger beschwert sein und hat die Möglichkeit, die Frage in dem seine eigene Steuerfestsetzung betreffenden Verfahren rechtlich klären zu lassen (BFH/NV 2016, 521).

69 Nach Auffassung der FVerw (BMF 11.11.2011, BStBl. I 2011, 1314 Rn. 11.12 iVm Rn. 03.30) soll bei einem **Zwischenwertansatz** der entsprechende Wertansatz nicht mehr über eine Bilanzberichtigung korrigiert werden können, sofern dieser Wert oberhalb des BW und unterhalb des gemeinen Wertes liegt. Dies ist nur richtig, soweit der Antrag auf Zwischenwertansatz sich auf einen bestimmten Betrag bezogen hat und dieser Betrag den stillen Reserven zumindest entspricht. Auch bei einem Antrag auf Zwischenwertansatz kann eine Bilanzberichtigung notwendig sein, wenn in dem Antrag ein Prozentsatz angegeben wurde, um den die stillen Reserven im übergehenden Vermögen aufgedeckt werden sollten, in Abweichung von der Bilanzierung in der stl. Schlussbilanz der Umfang der stillen Reserven sich aber später als unrichtig erweist (Beispiel → § 3 Rn. 74b).

10. Einzelne Posten der steuerlichen Schlussbilanz

a) Ausländisches Vermögen. In die stl. Schlussbilanz des übertragenden Rechtsträgers ist auch ausl. BV auszuweisen. Dies gilt unabhängig davon, ob Deutschland insoweit ein Besteuerungsrecht hat oder nicht (Dötsch/Pung/Möhlenbrock/Dötsch/Stimpel Rn. 51; Haritz/Menner/Bilitewski/Bärwaldt Rn. 49; Widmann/Mayer/Schießl Rn. 50.12; Lademann/Wernicke Rn. 107/2; Haase/Hofacker/Ropohl/Sonntag Rn. 235; Rödder/Herlinghaus/van Lishaut/Rödder Rn. 2359). Sind die Voraussetzungen des Abs. 2 S. 1 erfüllt (→ Rn. 92 ff.), bezieht sich das Antragswahlrecht auch auf das ausl. BV des übertragenden Rechtsträgers. Es gilt das Einheitlichkeitserfordernis, dh die übergehenden WG sind in der stl. Schlussbilanz der übertragenden Körperschaft einheitlich entweder mit dem BW, dem gemeinen Wert oder einem ZW anzusetzen (vgl. aber auch Widmann/Mayer/Martini § 3 Rn. 537). Dies gilt auch für WG, die einer der Verschm im Inland steuerverstrickt werden (str., → § 4 Rn. 27), sowie für WG, die einer DBA-Freistellungsbetriebsstätte zuzuordnen sind (Dötsch/Pung/Möhlenbrock/Dötsch/Stimpel Rn. 51; krit. insoweit Rödder/Schumacher DStR 2006, 1525; Schaflitzl/Widmayer BB-Special 8/2006, 40). Zur Frage, was geschehen sollte, falls der ausl. Staat das Institut der Gesamtrechtsnachfolge nicht anerkennt, → Rn. 12. Hat die übertragende Körperschaft ausl. Betriebsstättenvermögen und besteht insoweit eine DBA-Freistellung, so hat Deutschland kein Besteuerungsrecht des sich bei Ansatz von Zwischenwerten bzw. gemeinen Werten ergebenden Übertragungsgewinns. Liegt das ausl. Vermögen des übertragenden Rechtsträgers in einem Staat ohne DBA-Freistellung, ändert dies im Grundsatz idR nichts daran, dass das ausl. Betriebsvermögen in Deutschland steuerverhaftet bleibt. Kommt es zu einer Doppelbesteuerung im Hinblick auf den Übertragungsgewinn, wird dies durch Anrechnung der ausl. Steuer nach § 26 gemindert bzw. beseitigt. Kommt es aus dt. Sicht bezogen auf das ausl. Vermögen wegen der Buchwertfortführung in der stl. Schlussbilanz nicht zu einer Gewinnrealisierung, geht jedoch der ausl. Staat, in dem das Vermögen liegt, von einer Aufdeckung der stillen Reserven in diesem Vermögen aus, so kann die ausl. Steuer nicht angerechnet werden (vgl. Schaumburg GmbHR 1996, 414). Bei einer später der dt. Steuer unterliegenden Realisierung der stillen Reserven kommt es dann zu einer zweiten Besteuerung.

b) Ausstehende Einlagen. Nach Auffassung der FVerw (vgl. BMF 11.11.2011, BStBl. I 2011, 1314 Rn. 03.05; ebenso Dötsch/Pung/Möhlenbrock/Dötsch Rn. 51; Widmann/Mayer/Schießl Rn. 399) sind ausstehende Einlagen einer KapGes mangels Verkehrsfähigkeit keine WG, sondern Wertberichtigungsposten zum Grund- oder Stammkapital. Sie sollen daher in der stl. Schlussbilanz der übertragenden KapGes nicht zu berücksichtigen sein. Da ausstehende Einlagen echte Forderungen der übertragenden KapGes gegen ihre Gesellschafter sind, auf welche die Gesellschaft nicht verzichten kann, die abgetreten, verpfändet und gepfändet werden können und daher im Wege der Gesamtrechtsnachfolge auf die übernehmende Körperschaft übergehen, sind diese auch in der stl. Schlussbilanz zu berücksichtigen (vgl. Haritz/Menner/Bilitewwski/Mertgen § 3 Rn. 187; Haase/Hofacker/Ropohl/Sonntag Rn. 240; Widmann/Mayer/Martini § 3 Rn. 579; Frotscher/Drüen/Schnitter § 3 Rn. 193). Die Einzahlungsforderungen sind auch dann in der Schlussbilanz zu aktivieren, wenn sie sich gegen die übernehmende Körperschaft richten, da es zu einer Konfusion iSd § 6 erst unmittelbar nach der Eintragung der Umw in das Handelsregister kommt. Zu den Auswirkungen bei der Ermittlung des Übernahmeergebnisses → § 12 Rn. 22.

72 **c) Beteiligungen.** Ist die übertragende Körperschaft an einer **Mitunternehmerschaft** beteiligt, so wirkt sich das Antragswahlrecht auch auf diesen Mitunternehmeranteil aus. Kommt es zu einem Zwischenwert- bzw. gemeinen Wertansatz, so sind die stillen Reserven, die auf den übertragenden Rechtsträger entfallen, aufzustocken. Dies gilt auch für originäre immaterielle WG, insbes. einem selbstgeschaffenen Firmenwert (→ Rn. 41). Die Aufstockung der stillen Reserven erfolgt insoweit in einer Ergänzungsbilanz der Mitunternehmerschaft (str., → Rn. 47). Die Antragstellung durch die übertragende Körperschaft ist für die Mitunternehmerschaft bindend (Dötsch/Pung/Möhlenbrock/Dötsch Rn. 42; Rödder/Herlinghaus/van Lishaut/Rödder Rn. 222; Widmann/Mayer/Martini § 3 Rn. 736; Frotscher/Drüen/Junior Rn. 61c; Schmitt/Schloßmacher DB 2010, 522; wohl auch BMF 11.11.2011, BStBl. I 2011, 1314 Rn. 11.12 iVm Rn. 03.27). Zur Zurechnung von Einkünften einer Mitunternehmerschaft bei der Verschm des MU vgl. Berendt/Uterhark BB 2018, 2603.

73 Setzt die übertragende Körperschaft in ihrer stl. Schlussbilanz eine **Beteiligung an einer anderen Körperschaft** mit einem über dem BW liegenden Wert an, so findet § 8b II KStG Anwendung, da es sich bei der Verschm einer Körperschaft auf eine andere Körperschaft um einen Anschaffungs- und Veräußerungsvorgang handelt (Haritz/Menner/Bilitewski/Mertgen § 3 Rn. 181; Rödder/Herlinghaus/van Lishaut/Rödder Rn. 357; Dötsch/Pung/Möhlenbrock/Dötsch/Stimpel Rn. 51). § 8b III 1, VII, VIII KStG ist zu beachten.

74 **d) Beteiligung der übertragenden Körperschaft an der übernehmenden Körperschaft (Downstream-Merger).** Hält die übertragende Körperschaft Anteile an der übernehmenden Körperschaft, die nach dem Vermögensübergang **eigene Anteile** der übernehmenden Körperschaft werden, so bezieht sich das Antragswahlrecht der übertragenden Körperschaft auch auf diese Anteile, da sie zum übergehenden Vermögen iSd Abs. 1 gehören (vgl. Widmann/Mayer/Schießl Rn. 409). Die Körperschaft braucht die in diesen Anteilen enthaltenen stillen Reserven bei Vorliegen der Voraussetzungen des Abs. 2 S. 1 selbst dann nicht zwangsweise aufzudecken, wenn die übernehmende Gesellschaft diese Anteile einzieht. Die Einziehung ist ein körperschaftsrechtlich neutraler gesellschaftsrechtlicher Vorgang und schmälert nicht das tatsächliche Vermögen (Dötsch/Pung/Möhlenbrock/Dötsch Vor §§ 11–13 Rn. 16; vgl. auch Lademann/Wernicke Rn. 36).

75 Werden die **Anteile**, die der übertragende Rechtsträger am übernehmenden Rechtsträger hält, **als Gegenleistung den Gesellschaftern der übertragenden Gesellschaft** für ihre im Rahmen der Verschm untergehenden Anteile an der übertragenden Gesellschaft gewährt, erwerben die Gesellschafter des übertragenden Rechtsträgers diese direkt; sie werden zu keinem Zeitpunkt Vermögen der übernehmenden Ges. Aus der Regelung des § 20 I Nr. 1 UmwG ergibt sich, dass die bisherigen Anteilsinhaber des übertragenden Rechtsträgers die Anteile an dem übernehmenden Rechtsträger im Wege des Direkterwerbs erhalten (BMF 11.11.2011, BStBl. I 2011, 1314 Rn. 11.18; BFH BStBl. II 2011, 315; FG RhPf EFG 2016, 1392; FG Düsseldorf DStRE 2017, 218; Dötsch/Pung/Möhlenbrock/Dötsch/Stimpel Rn. 90; Widmann/Mayer/Schießl Vor § 11 Rn. 101; Haritz/Menner/Bilitewski/Bärwaldt Rn. 66; Schaflitzl/Götz DB-Beil. 1/2012, 25; Schumacher/Neitz-Hackstein Ubg 2011, 403). Die Eintragung der Verschm bewirkt gem. § 20 I Nr. 1 UmwG, dass die Anteilsinhaber der übertragenden Körperschaft Anteilsinhaber des übernehmenden Rechtsträgers werden. Ein Durchgangserwerb ist § 20 I Nr. 1 UmwG nicht zu entnehmen. Die Anteile des übertragenden Rechtsträgers an dem übernehmenden Rechtsträger werden damit im Zeitpunkt der Eintragung der

Verschm unmittelbar an die Anteilseigner ausgekehrt. Da die Anteile damit keine „übergegangenen WG" iSd Abs. 1 darstellen, bezieht sich das Wahlrecht des Abs. 2 nach bisher hM nicht auf Anteile des übertragenden Rechtsträgers am übernehmenden Rechtsträger, wenn diese Anteile an die Gesellschaft des übertragenden Rechtsträgers als Gegenleistung ausgekehrt werden (vgl. → Rn. 101). Zum Fall der Abwärtsverschmelzung, wenn ausl. Anteilseigner am übertragenden Rechtsträgers beteiligt sind, → Rn. 124 ff.

Die FVerw (OFD Koblenz 9.1.2006, GmbHR 2006, 503; OFD Hannover **76** 5.1.2007, DB 2007, 428; ebenso Dötsch/Pung/Möhlenbrock/Dötsch Vor §§ 11–13 Rn. 30; vgl. Lademann/Wernicke Rn. 37) geht davon aus, dass beim Downstream-Merger mit Schuldenüberhang eine vGA vorliegt, soweit es beim übernehmenden Rechtsträger in Folge der Verschm zu einer unzulässigen Unterdeckung des Stammkapitals kommt.

e) Eigene Anteile. Seit Inkrafttreten des BilMoG sind eigene Anteile gem. § 272 **77** Ia HGB in der Handelsbilanz nicht mehr auszuweisen. Dies gilt auch für die Steuerbilanz (Rödder/Herlinghaus/van Lishaut/Rödder Rn. 290). Geht man davon aus, dass insoweit der Maßgeblichkeitsgrundsatz nicht gilt (Lademann/Wernicke § 11 Rn. 42), so gehen diese mit der Umw unter. Sie werden daher nicht auf die übernehmende Körperschaft übertragen. In der stl. Schlussbilanz der übertragenden Körperschaft sind die eigenen Anteile nicht zu erfassen (vgl. BMF 11.11.2011, BStBl. I 2011, 1314 Rn. 11.03 iVm Rn. 03.05; Dötsch/Pung/Möhlenbrock/Dötsch Rn. 51; auch → § 3 Rn. 121).

f) Firmenwert/Geschäftswert. Das Ansatzverbot originärer immaterieller WG **78** des Anlagevermögens einschl. eines Geschäfts- oder Firmenwerts gilt ausweislich des Abs. 1 nicht. Dies ist konsequent, da der Verschmelzungsvorgang sich aus der Sicht des übernehmenden Rechtsträgers als Anschaffung darstellt. Stille Lasten, die in der stl. Schlussbilanz des übertragenden Rechtsträgers nicht passiviert werden dürfen, sind nach hM in der Lit. bei der Ermittlung des Firmenwertes zu berücksichtigen (→ Rn. 28 f.). Ggf. kann auch ein negativer Firmenwert in Form eines passiven Ausgleichspostens entstehen (→ Rn. 45; zum Problem der stillen Lasten → Rn. 28 ff.). Werden die WG in der stl. Schlussbilanz mit einem Zwischenwert angesetzt, so kommt es auch bezogen auf originäre immaterielle WG, insbes. eines Firmenwerts, zu einer anteiligen Aufstockung. Die sog. **modifizierte Stufentheorie,** nach der ein selbst geschaffener Firmenwert nur in den Fällen zu berücksichtigen ist, in denen die übrigen bilanzierten und nicht bilanzierten WG (einschl. der immateriellen WG) bereits auf den gemeinen Wert aufgestockt wurden, hat die FVerw aufgegeben (BMF 11.11.2011, BStBl. I 2011, 1314 Rn. 11.11 iVm Rn. 03.26, 03.04; Rödder/Herlinghaus/van Lishaut/Rödder Rn. 343, 348; aA Bodden FR 2007, 6; zur Übergangsregelung vgl. BMF 11.11.2011, BStBl. I 2011, 1314 Rn. S.03). Der Ansatz eines Geschäfts- oder Firmenwertes erfolgt nach der Auffassung der FVerw auch dann, wenn der Betrieb durch den übernehmenden Rechtsträger nicht fortgeführt wird (BMF 11.11.2011, BStBl. I 2011, 1314 Rn. 11.03). Hat die **übertragende Körperschaft** einen Geschäfts- oder **Firmenwert entgeltlich erworben** und ist dieser in der stl. Schlussbilanz ausgewiesen, so muss dieser vom übernehmenden Rechtsträger mit dem bei der übertragenden Körperschaft bilanzierten BW übernommen werden. Fraglich ist aber, ob eine Aufstockung des BW des derivativen Firmenwerts möglich ist. Letzteres wird in Zweifel gezogen, da sich der entgeltlich erworbene Geschäftswert allmählich verflüchtigt und durch einen selbst geschaffenen Geschäftswert ersetzt wird (Einheitstheorie). Dies hat nach Meinung der FVerw zur Folge, dass Wertabnahme und -zunahme sich nicht trennen lassen, sodass eine Aufstockung des BW des derivativen Firmenwerts vorgenommen werden muss, dann aber insgesamt ein originärer Geschäfts- oder Firmenwert vorliegt, der insgesamt über 15 Jahre abgeschrieben wird (aber → § 4 Rn. 91).

79 **g) Forderungen und Verbindlichkeiten.** Forderungen und Verbindlichkeiten zwischen der übertragenden Körperschaft und der übernehmenden Körperschaft erlöschen eine logische Sekunde nach Eintragung der Verschm in das Handelsregister. Sie sind damit in der stl. Schlussbilanz der übertragenden Körperschaft weiterhin zu aktivieren. Zu einer Konfusion kommt es erst in der stl. Übernahmebilanz der übernehmenden Körperschaft (BMF 11.11.2011, BStBl. I 2011, 1314 Rn. 06.01; Dötsch/Pung/Möhlenbrock/Dötsch/Stimpel Rn. 51; Rödder/Herlinghaus/van Lishaut/Rödder Rn. 369). Wurde die Forderung in der Vergangenheit wertberichtigt, so ist zu prüfen, ob zum Verschmelzungsstichtag die Voraussetzungen für eine **Zuschreibung gem. § 6 I Nr. 2 S. 3 iVm Nr. 1 S. 4 EStG** vorliegen. Hat der übertragende Rechtsträger eine abgeschriebene Forderung bilanziert, so muss er noch in der stl. Schlussbilanz die Teilwertabschreibung rückgängig machen, falls die Voraussetzungen der Zuschreibung zum Umwandlungsstichtag vorliegen. In diesem Fall entsteht beim übernehmenden Rechtsträger insoweit kein Übernahmefolgegewinn. Das Gleiche gilt auch, wenn die übernehmende Körperschaft eine Forderung gegenüber dem übertragenden Rechtsträger teilwertberichtigt hat. Ist die übernehmende Körperschaft verpflichtet, gem. § 6 I Nr. 2 S. 3 iVm Nr. 1 S. 4 EStG die Wertminderung rückgängig zu machen, so ist ein daraus entstehender Gewinn kein Übernahmefolgegewinn; eine Rücklagenbildung ist insoweit ausgeschlossen. Allein die Tatsache, dass es durch die Verschm zu einer Konfusion kommt, führt nicht dazu, dass eine wertberichtigte Forderung wieder werthaltig wird. Wurde die Abschreibung einer Forderung nach § 8b III 4 ff. KStG stl. nicht anerkannt, so stellt der im Rahmen einer Verschm insoweit entstehende Übernahmefolgegewinn keinen Gewinn aus einer Wertaufholung nach § 6 I Nr. 2 S. 3 EStG dar, der nach § 8b III 8 KStG außer Ansatz bleiben würde, die Regelung ist aber analog auf diesen Fall anzuwenden (ebenso Widmann/Mayer/Schießl Rn. 459; Behrendt/Klages GmbHR 2010, 190; Töben FR 2010, 249; aA BMF 11.11.2011, BStBl. I 2011, 1314 Rn. 06.02; Dötsch/Pung/Möhlenbrock/Dötsch/Stimpel Rn. 51; Krohn/Greulich DStR 2008, 646; vgl. auch FG BW EFG 2016, 1571).

80 **h) Forderungsverzicht mit Besserungsschein.** Verzichtet ein **Nichtgesellschafter** auf eine Forderung gegenüber der übertragenden Körperschaft mit Besserungsschein iSv § 5 IIa EStG (vgl. BFH DStR 2017, 925), so ist in der stl. Schlussbilanz der übertragenden Körperschaft eine Schuld nicht mehr auszuweisen (Widmann/Mayer/Martini § 3 Rn. 586). Die bedingte Verpflichtung aus dem Forderungsverzicht mit Besserungsschein geht jedoch durch die Verschm im Wege der Gesamtrechtsnachfolge auf die übernehmende Körperschaft über (Rödder/Herlinghaus/van Lishaut/Rödder Rn. 370; Frotscher/Drüen/Schnitter § 3 Rn. 200). Sobald diese Gewinne erwirtschaftet sind, muss die Verbindlichkeit eingebucht werden. Es entsteht dann ein stl. Aufwand (BMF 2.12.2003, BStBl. I 2003, 648; FG Hmb EFG 2016, 1721; Dötsch/Pung/Möhlenbrock/Dötsch/Stimpel Rn. 51; Rödder/Herlinghaus/van Lishaut/Rödder Rn. 370; Schwedhelm/Obling/Binnewies GmbHR 2004, 1489 mwN). Tritt die Bedingung in Form der Besserung der finanziellen Situationen bereits durch die Verschm ein, kann die Einbuchung der Verbindlichkeit frühestens mit Erlangung der zivilrechtlichen Wirksamkeit des Verschmelzungsvertrages erfolgen (FG Hmb EFG 2016, 1721).

81 Verzichtet ein **Gesellschafter** oder eine diesem nahe stehende Person auf seine Forderung, muss danach diff. werden, ob die Forderung werthaltig ist oder nicht. Soweit die Forderung nicht werthaltig ist, gelten die gleichen Grundsätze wie beim fremden Dritten. Hinsichtlich des werthaltigen Teils liegt eine Einlage vor, die zu nachträglichen AK führt. Im Besserungsfall wird insoweit nicht von einer Ausschüttung, sondern von einer Rückgewähr der Einlage ausgegangen (BMF 2.12.2003, BStBl. I 2003, 648; Dötsch/Pung/Möhlenbrock/Dötsch/Stimpel Rn. 51; Rödder/Herlinghaus/van Lishaut/Rödder Rn. 370), die frühestens mit Erlangung der zivilrechtlichen Wirksamkeit des Verschmelzungsvertrages erfolgt. Wird eine vermögenslose und inaktive KapGes, deren Gesellschafter ihr gegenüber auf Darlehensforderungen mit Besserungsschein verzichtet hat, auf eine finanziell gut ausgestattete SchwesterGes verschmolzen, so kann die beim übernehmenden Rechtsträger ausgelöste Passivierungspflicht eine vGA auslösen (BFH DStR 2018, 1284; Klein FR 2018, 748; Ott DStZ 2018, 524).

i) Grunderwerbsteuer. Der Übergang von Grundstücken auf Grund einer Verschm stellt einen Erwerbsvorgang dar und kann gem. § 1 I Nr. 3 GrEStG der GrESt unterliegen. Da die GrESt bei der Verschm zur Aufnahme mit der Eintragung der Verschm in das Register des Sitzes des übernehmenden Rechtsträgers, bei der Verschm zur Neugründung im Zeitpunkt der Eintragung der neuen Gesellschaft im Handelsregister entsteht, kann der übertragende Rechtsträger insoweit keine Rückstellung bilden (vgl. BMF 18.1.2010, BStBl. I 2010, 70). Zum Betriebsausgabenabzug von GrESt nach § 1 III Nr. 3 GrESt (vgl. SächsFG DStR 2017, 596). 82

j) Körperschaftsteuerguthaben/Körperschaftsteuererhöhung. Der Anspruch auf ratierliche Auszahlung des Körperschaftsteuerguthabens ist in abgezinster Höhe in der stl. Schlussbilanz des übertragenden Rechtsträgers zu aktivieren. Bezüglich der Körperschaftsteuererhöhung gilt Folgendes: 83

Bei einem stl. Übertragungsstichtag nach dem 31.12.2006 gilt die Neuregelung des § 38 IV–X KStG. Sie sieht vor, dass die KapGes 3% des EK 02 ausschüttungsunabhängig in zehn gleichen Jahresraten in den Jahren 2008–2017 entrichten muss. Dieser pauschale Erhöhungsbetrag entsteht am 1.1.2007 und ist in der StB abgezinst zu passivieren. Der Aufwand ist bei der Einkommensermittlung hinzuzurechnen (§ 38 X KStG; zu weiteren Einzelheiten vgl. Neumann/Simpel GmbHR 2008, 57). Die Verpflichtung zur Zahlung des pauschalierten Erhöhungsbetrags (§ 38 V KStG) geht auf den übernehmenden Rechtsträger über. 84

k) Organschaft. Wird ein Organträger auf einen anderen Rechtsträger verschmolzen, tritt der übernehmende Rechtsträger in den bestehenden Gewinnabführungsvertrag grds. ein (BMF 11.11.2011, BStBl. I 2011, 1314 Rn. Org.01; Dötsch/Patt/Pung/Möhlenbrock/Dötsch Anh. Rn. 4 mwN). Für den übernehmenden Rechtsträger stellt die Verschm jedoch einen wichtigen Grund dar, den EAV zu kündigen oder im gegenseitigen Einvernehmen zu beenden (BMF 11.11.2011, BStBl. I 2011, 1314 Rn. Org.12). Nach Auffassung der FVerw (BMF 26.8.2003, BStBl. I 2003, 437 Rn. 43) stellten die nach § 14 IV KStG aF zu bildenden aktiven und passiven Ausgleichsposten Korrekturposten auf den Beteiligungsbuchwert dar. Zweck der Bildung von Ausgleichsposten war es, sicherzustellen, dass die innerhalb der Organschaft erzielten Gewinne oder Verluste nur einmal der Besteuerung unterworfen werden. Ausgleichsposten wurden nur dann gebildet, wenn es zu sog. Minder- oder Mehrabführungen kommt, die ihre Ursache in der organschaftlichen Zeit haben. Die FVerw geht zu Recht davon aus, dass die Verschm auf der Ebene des übertragenden Rechtsträgers eine Veräußerung darstellt (BMF 11.11.2011, BStBl. I 2011, 1314 Rn. 00.02) mit der Folge, dass grds. die Ausgleichsposten erfolgswirksam aufzulösen waren. Erfolgte die Verschm zum BW und wurde das Organschaftsverhältnis vom übernehmenden Rechtsträger fortgeführt, ordnete die FVerw die Beibehaltung des Ausgleichspostens an. Wurde in der stl. Schlussbilanz der gemeine Wert angesetzt, so war in jedem Fall der Ausgleichsposten in voller Höhe aufzulösen. Bei Zwischenwertansatz war bei fortbestehender Organschaft die Ausgleichsposten anteilig, bei Nichtfortführung in voller Höhe aufzulösen (vgl. dazu insgesamt BMF 11.11.2011, BStBl. I 2011, 1314 Rn. Org.05). § 14 IV KStG wurde mit Wirkung zum 1.1.2022 geändert, seit dieser Zeit gilt die sog. Einlagenlösung (vgl. BMF-Schreiben v. 29.9.2022, DStR 2022, 2104). Zur Abführung eines Übertragungsge- 85 winns vgl. BFH BStBl. II 2023, 195; BMF-Schreiben v. 10.2.2023, BStBl. I 2023, 250.

86 **l) Passivierungsverbote in der steuerlichen Schlussbilanz.** Zur Berücksichtigung stiller Lasten in der stl. Schlussbilanz → Rn. 28 ff.

87 **m) Pensionsrückstellungen.** Nach Abs. 1 S. 2 sind Pensionsrückstellungen nicht mit dem gemeinen Wert, sondern mit dem Wert nach § 6a EStG in der stl. Schlussbilanz anzusetzen. Pensionsrückstellungen iSd Abs. 1 S. 2 sind nur solche iSd § 6a EStG; vgl. dazu Schmidt/Weber-Grellet EStG § 6a Rn. 7 ff.; zur Krit vgl. Rödder/Schumacher DStR 2006, 1481). Durch die gesetzliche Anordnung in Abs. 1 S. 2 werden stille Lasten bei der Bewertung der Pensionsrückstellungen nicht berücksichtigt. Da sich jedoch auch diese stillen Lasten im Ertragswert des Unternehmens niederschlagen, müssen diese stillen Lasten nach (bisher) hM in der Lit. im Firmenwert berücksichtigt werden (Rödder/Herlinghaus/van Lishaut/Rödder Rn. 198; Ley/Bodden FR 2007, 265; Rödder DStR 2011, 1053; Schumacher/Neitz-Hackstein Ubg 2011, 409; Dötsch/Patt/Pung/Möhlenbrock/Pung/Möhlenbrock § 3 Rn. 16; Schaflitzl/Widmayer BB Special 8/2006, 39; aA BMF 11.11.2011, BStBl. I 2011, 1314 Rn. 11.04 iVm Rn. 03.07 f.).

88 **n) Steuerfreie Rücklagen.** Steuerfreie Rücklagen sind bei Buchwertansatz in der stl. Schlussbilanz auszuweisen; bei Zwischenwertansatz sind sie anteilig aufzulösen (BMF 11.11.2011, BStBl. I 2011, 1314 Rn. 11.03 iVm Rn. 03.04; Dötsch/Pung/Möhlenbrock/Dötsch Rn. 51; Rödder/Herlinghaus/van Lishaut/Rödder Rn. 388; vgl. auch BFH BStBl. II 2021, 517; aA Widmann/Mayer/Martini § 3 Rn. 240). Zu § 7g EStG aF vgl. BFH BStBl. II 2015, 1007; FG SA 1.6.2023 – 1 K 98/23, juris. Bisher war nicht geklärt, ob es in der Person des übertragenden Rechtsträgers zu einer gewinnerhöhenden Auflösung einer § 6b EStG Rücklage kommt, wenn der Umwandlungsstichtag exakt mit dem Ende des Reinvestitionszeitraums übereinstimmt (vgl. FG Berlin-Brandenburg EFG 2019, 739; FG Münster EFG 2019, 370). Nach Auffassung des BFH (BStBl. II 2021, 517) erfolgt diese Auflösung noch in der Person der übertragenden Ges.

89 **o) Umwandlungskosten der übertragenden Körperschaft.** Ausschlaggebend für die Zuordnung von Verschmelzungskosten ist, in wessen Sphäre bei den an der Umw beteiligten Rechtsträgern diese entstanden sind. Dabei hat jeder Beteiligte die auf ihn entfallenden Kosten selbst zu tragen (BFH DStR 1998, 1420; Dötsch/Pung/Möhlenbrock/Dötsch Rn. 120; Widmann/Mayer/Martini § 3 Rn. 617 ff.; im Grundsatz ebenso BMF 11.11.2011, BStBl. I 2011, 1314 Rn. 03.34). Die teilweise im Schrifttum vertretene Auffassung, wonach bzgl. der Verschmelzungskosten grds. ein Zuordnungswahlrecht besteht (vgl. Christiansen FS Widmann, 2000, 231; Neumann DStR 1997, 2041; Dieterlen/Schaden BB 1997, 2297), wurde vom BFH ausdrücklich abgelehnt. Die Zuordnung richtet sich nach dem **objektiven wirtschaftlichen Veranlassungsprinzip** und steht nach Auffassung des BFH (BStBl. II 2023, 612; DStR 1998, 1420; ebenso FG RhPf EFG 2016, 1392) nicht zur Disposition der an der Verschm Beteiligten (ebenso Rödder/Herlinghaus/van Lishaut/Rödder Rn. 393; HK-UmwStG/Edelmann Rn. 185; Widmann/Mayer/Martini § 3 Rn. 600 ff.; Krohn DB 2018, 1755; Holle/Weiss DStR 2018, 167; Scheifele Ubg 2018, 129).

90 Eine gesetzliche Regelung der stl. Behandlung von Umwandlungskosten findet sich nur für den übernehmenden Rechtsträger (§ 12 II 1), wobei bzgl. der Zuordnung der Kosten insoweit keine Aussage gemacht wird. Bei der übertragenden Körperschaft sind solche Kosten zu berücksichtigen, die durch die Verschm in seiner Person verursacht sind. Dazu gehören auch Kosten der Vorbereitungsphase wie Beratungskosten oder Kosten der Erteilung einer verbindlichen Auskunft, wobei § 10 Nr. 2 KStG iVm § 3 IV AO zu beachten sein soll (Dötsch/Pung/Möhlenbrock/

Möhlenbrock/Pung § 3 Rn. 153; Tipke/Kruse AO § 89 Rn. 77; Schwarz/Pahlke/ Volquardsen AO § 89 Rn. 101b; Stimpel GmbHR 2012, 199). Auch Kosten des Verschmelzungsbeschlusses, der Anmeldung und der Eintragung des Beschlusses, Beurkundungskosten, Kosten für die Beratung, Kosten der Gesellschafterversammlung, auf der dem Verschmelzungsvertrag zugestimmt wurde, die Kosten für die Erstellung der stl. Schlussbilanz iSv § 11 I, die Hälfte der Kosten für die Erstellung des Verschmelzungsvertrages bzw. des Entwurfs ua sind Umwandlungskosten (vgl. BFH DStR 1998, 1420; Widmann/Mayer/Martini § 3 Rn. 617). Kosten mindern den lfd. Gewinn des übertragenden Rechtsträgers. Sind sie am stl. Übertragungsstichtag noch nicht beglichen worden, sind sie in der stl. Schlussbilanz als Schuld zu passivieren.

Nach Meinung der FVerw sind bei der Verschm einer Körperschaft auf eine **91** PersGes nicht objektbezogene Kosten, die dem übertragenden Rechtsträger nach dem objektiven wirtschaftlichen Veranlassungsprinzip zuzuordnen sind, dem übernehmenden Rechtsträger zuzuordnen, wenn sie nach dem stl. Übertragungsstichtag entstanden sind (BMF 11.11.2011, BStBl. I 2011, 1314 Rn. 04.34). Dies wird zum Teil als nicht überzeugend angesehen (ebenso Bogenschütz Ubg 2011, 393) und stände im Widerspruch zur Rspr. des BFH (DStR 1998, 1420). Diese durch den übertragenden Rechtsträger verursachten Kosten sollen, wenn sie im Rückwirkungszeitraum entstehen, in der stl. Schlussbilanz des übertragenden Rechtsträgers als Rückstellungen zu passivieren sein (Widmann/Mayer/Martini § 3 Rn. 616; Orth GmbHR 1998, 513; aA FG RhPf EFG 2016, 1392). Inwieweit Kosten nach dem zivilrechtlichen Vollzug der Verschm noch Umwandlungskosten darstellen, ist iE str. (vgl. Stimpel GmbHR 2012, 199; Krohn DB 2018, 1755).

11. Sicherstellung der späteren Körperschaftsbesteuerung der übergehenden WG bei der übernehmenden Körperschaft (Abs. 2)

a) Grundsatz. Der Antrag auf Buchwert- oder Zwischenwertansatz in der stl. **92** Schlussbilanz der übertragenden Körperschaft ist bei zusätzlichem Vorliegen der übrigen Voraussetzungen des Abs. 2 S. 1 nur dann wirksam möglich, **soweit** sichergestellt ist, dass die in dem übergegangenen Vermögen enthaltenen stillen Reserven bzw. nach hM auch die aus der Nutzung des übergehenden Vermögens erzielten Erträge (Rödder/Herlinghaus/van Lishaut/Rödder Rn. 238; Dötsch/Pung/Möhlenbrock/Dötsch/Stimpel Rn. 56; BeckOK UmwStG/Groß Rn. 435; Frotscher/ Drüen/Junior Rn. 104; vgl. auch Widmann/Mayer/Schießl Rn. 157; BMF 11.11.2011, BStBl. I 2011, 1314 Rn. 11.07 iVm Rn. 03.17; Blümich/Klingberg Rn. 42) später bei der übernehmenden Körperschaft der KSt unterliegen. KSt iSd Abs. 2 S. 1 Nr. 1 ist nicht nur die inl., sondern auch die **ausl. KSt** (Dötsch/Pung/ Möhlenbrock/Dötsch/Stimpel Rn. 60; Lademann/Wernicke Rn. 161; Widmann/ Mayer/Schießl Rn. 157; Frotscher/Drüen/Junior Rn. 105a; BMF 11.11.2011, BStBl. I 2011, 1314 Rn. 11.07 iVm Rn. 03.17; Rödder/Herlinghaus/van Lishaut/ Rödder Rn. 249; HK-UmwStG/Edelmann Rn. 243; Benecke in PWC, Reform des UmwStR, 2007, 156). Eine Sicherstellung der späteren Besteuerung mit KSt ist damit auch dann gegeben, wenn das übergehende Vermögen bei der übernehmenden Körperschaft grds. ausl. KSt unterliegt, in diesem Fall stellt sich jedoch die Frage, ob die Voraussetzungen des Abs. 2 S. 1 Nr. 2 erfüllt sind. Entscheidend für die Sicherstellung der späteren Besteuerung mit inl. oder ausl. KSt ist der stl. **Übertragungsstichtag;** zu diesem Zeitpunkt müssen die übergehenden WG der Besteuerung mit KSt beim übernehmenden Rechtsträger unterliegen. Irrelevant für die Ausübung des Antragswahlrechts ist dagegen, wenn sich diese Situation nach dem Verschmelzungsstichtag ändert (Dötsch/Pung/Möhlenbrock/Dötsch/Stimpel Rn. 56; Lademann/Wernicke Rn. 152; Rödder/Herlinghaus/van Lishaut/Rödder

Rn. 252; HK-UmwStG/Edelmann Rn. 246; Widmann/Mayer/Schießl Rn. 157; BeckOK UmwStG/Groß Rn. 436; Frotscher/Drüen/Junior Rn. 104; Benecke in PWC, Reform des UmwStR, 2007, 156). Ist die Besteuerung bei der übernehmenden Körperschaft nicht sichergestellt, sind die stillen Reserven anlässlich des Vermögensübergangs insoweit aufzudecken und zu besteuern. Sicherstellung idS bedeutet dabei aber nicht, dass die durch die Auflösung der stillen Reserven entstehende Gewinnerhöhung bei der übernehmenden Körperschaft tatsächlich zu einer KSt-Zahllast führt. Es reicht vielmehr grds. aus, wenn die realisierten Gewinne bei der Ermittlung des Einkommens der übernehmenden Körperschaft überhaupt erfasst werden, dh dass die übernehmende Körperschaft im Grundsatz körperschaftsteuerpflichtig ist (Rödder/Herlinghaus/van Lishaut/Rödder Rn. 239; HK-UmwStG/ Edelmann Rn. 247; Haritz/Menner/Bilitewski/Bärwaldt Rn. 41; Widmann/ Mayer/Schießl Rn. 165; Schaflitzl/Götz DB-Beil. 1/2012, 25; Neu/Schiffers/ Watermeyer GmbHR 2011, 729; Blümich/Klingberg Rn. 48; aA BMF 11.11.2011, BStBl. I 2011, 1314 Rn. 1108). Von einer Sicherstellung der Besteuerung ist damit auch dann auszugehen, wenn die spätere Aufdeckung der stillen Reserven bei der übernehmenden Körperschaft zu keiner KSt-Zahllast führt, weil der durch die Aufdeckung der stillen Reserven entstehende Gewinn mit einem Verlustvortrag verrechnet wird (vgl. Dötsch/Pung/Möhlenbrock/Dötsch/Stimpel Rn. 58; Widmann/ Mayer/Schießl Rn. 165; Haritz/Menner/Bilitewski/Bärwaldt Rn. 39; Lademann/ Wernicke Rn. 162).

93 Abs. 2 bezieht sich **nur auf die KSt,** es spielt daher keine Rolle, ob die Besteuerung der stillen Reserven für die GewSt sichergestellt ist (BMF 11.11.2011, BStBl. I 2011, 1314 Rn. 11.07 iVm Rn. 03.17; Widmann/Mayer/Schießl Rn. 157; Haritz/ Menner/Bilitewski/Bärwaldt Rn. 39; Dötsch/Pung/Möhlenbrock/Dötsch/Stimpel Rn. 57; Haase/Hofacker/Ropohl/Sonntag Rn. 101; Rödder/Herlinghaus/van Lishaut/Rödder Rn. 250).

94 Für eine Sicherstellung nach Abs. 2 S. 1 Nr. 1 genügt es grds., wenn die aufgelösten stillen Reserven bei der Einkommensermittlung der übernehmenden Körperschaft nach § 8 KStG als Einkommen gelten. Besitzt der übertragende Rechtsträger Anteile iSd § 8b II KStG, bei deren Veräußerung bzw. bei Ausschüttungen die erzielten Gewinne nicht bei der Ermittlung des Einkommens berücksichtigt werden, so liegt eine Sicherstellung iSv Abs. 2 S. 1 Nr. 1 vor (Dötsch/Pung/Möhlenbrock/ Dötsch/Stimpel Rn. 58; Widmann/Mayer/Schießl Rn. 168; BeckOK UmwStG/ Groß Rn. 437; Rödder/Herlinghaus/van Lishaut/Rödder Rn. 239).

95 Abs. 2 S. 1 Nr. 1 bezieht sich ausschließlich auf die **Gesellschaftsebene;** es soll sichergestellt werden, dass die stillen Reserven in WG, die im Rahmen der Verschm von der übertragenden Körperschaft auf die übernehmende Körperschaft übergehen, bei der übernehmenden Körperschaft der KSt unterliegen. Voraussetzung für die Steuerneutralität des Verschmelzungsvorgangs **auf Gesellschaftsebene** ist damit **nicht** die **Sicherstellung der Besteuerung der stillen Reserven in den Anteilen** an der übernehmenden Gesellschaft (Dötsch/Pung/Möhlenbrock/Dötsch/ Stimpel Rn. 59; Widmann/Mayer/Schießl Rn. 169; Rödder/Wochinger FR 1999, 1).

96 Die Besteuerung der stillen Reserven im übergehenden Vermögen wird auf der Ebene des übernehmenden Rechtsträgers grds. dadurch sichergestellt, dass der übernehmende Rechtsträger gem. § 12 I 1 iVm § 4 I zur Fortführung der von der übertragenden Körperschaft in deren Schlussbilanz angesetzten Werte verpflichtet ist **(Buchwertverknüpfung).** Übernimmt die übernehmende Körperschaft diese Werte nicht, so kommt es zu einem unzutr. Ansatz in ihrer Bilanz, der wegen § 12 zu ändern ist.

97 b) Steuerbefreiung der übernehmenden Körperschaft. Die spätere Besteuerung mit KSt ist nicht sichergestellt, wenn die übernehmende Körperschaft persönlich von der KSt befreit ist (vgl. § 5 KStG). Eine REIT als solche ist von der KSt freigestellt (§ 16 I REITG). Die übertragende Körperschaft muss daher in der stl. Schlussbilanz die gemeinen Werte ansetzen (BMF 11.11.2011, BStBl. I 2011, 1314 Rn. 11.07; Dötsch/Pung/Möhlenbrock/Dötsch/Stimpel Rn. 61; Rödder/Herlinghaus/van Lishaut/Rödder Rn. 240; Thiel/Eversberg/van Lishaut/Neumann GmbHR 1998, 397). Zu einer Aufdeckung der stillen Reserven in der Schlussbilanz der übertragenden Körperschaft kommt es auch dann, wenn das Vermögen in den nicht stpfl. Bereich einer jur. Person des öffentlichen Rechts übergeht und es sich bei dem übertragenen Vermögen nicht um einbringungsgeborene Anteile handelt (BMF 11.11.2011, BStBl. I 2011, 1314 Rn. 11.07; Dötsch/Pung/Möhlenbrock/ Dötsch/Stimpel Rn. 61; Widmann/Mayer/Schießl Rn. 163).

c) Eigene Anteile. Besitzt die übertragende Körperschaft am stl. Übertragungsstichtag eigene Anteile, so gehen diese mit der Umw (→ Rn. 77) unter. Die eigenen Anteile sind in der stl. Schlussbilanz der übertragenden Körperschaft nicht zu erfassen. Abs. 2 S. 1 Nr. 1 findet insoweit keine Anwendung, da er sich nur auf das übergehende Vermögen bezieht, die eigenen Anteile der übertragenden Körperschaft aber nicht auf die übernehmende Körperschaft übergehen. **98**

d) Anteile der übertragenden Körperschaft an der Übernehmerin ("Downstream-Merger"). Zum Vermögen der übertragenden Körperschaft können auch Anteile an der übernehmenden KapGes gehören. Die übertragende Gesellschaft ist damit an der aufnehmenden KapGes beteiligt. Handelsrechtlich ist der Downstream-Merger zwar nicht ausdrücklich geregelt, wird aber im Prinzip durch § 54 I 2 Nr. 2 UmwG, § 68 I 2 Nr. 2 UmwG als zulässig angesehen. Auch beim sog. Downstream-Merger ist eine Verschm mit und ohne Kapitalerhöhung denkbar. **99**

Gehören zum Vermögen der übertragenden Körperschaft auch Anteile an der übernehmende KapGes und werden diese im Zuge der Verschm tatsächlich zu **eigenen Anteilen** der übernehmenden KapGes (→ Rn. 77), so besteht nach derzeit hM unter den Voraussetzungen des Abs. 2 nicht die Notwendigkeit, die stillen Reserven in diesen Anteilen beim übertragenden Rechtsträger aufzudecken. Dies gilt selbst dann, wenn die übernehmende Gesellschaft die Anteile einzieht, da dies körperschaftsteuerrechtlich ein neutraler gesellschaftsrechtlicher Vorgang ist und das tatsächliche Vermögen der übernehmenden Rechtsträgers sich nicht schmälert. **100**

Werden die **Anteile,** die der übertragende Rechtsträger am übernehmenden Rechtsträger hält, den Gesellschaftern der übertragenden Gesellschaft **als Gegenleistung** für ihre im Rahmen der Verschm untergehenden Anteile an der übertragenden Gesellschaft gegeben, so werden diese Anteile nach hM (→ Rn. 75) ohne Durchgangserwerb durch den übernehmenden Rechtsträger an die Gesellschafter ausgekehrt. Die Anteile stellen damit nach der hier vertretenen Meinung keine „übergehenden WG" iSd § 11 dar. Es kommt nicht auf eine Sicherstellung der Besteuerung der stillen Reserven mit KSt bzgl. der Anteile des übertragenen Rechtsträgers am übernehmenden Rechtsträger an (ebenso Rödder/Herlinghaus/van Lishaut/Rödder Rn. 256; Haritz/Menner/Bilitewski/Bärwaldt Rn. 43; HK-UmwStG/Edelmann Rn. 253). Nach Auffassung des BFH (BStBl. II 2019, 136, vgl. dazu Micker/Kühn Ubg 2020, 196; Kempf/Nitzschke IStR 2022, 73; Kühn IStR 2022, 906) gehört die Beteiligung an einer TochterKapGes zu den übergehenden Wirtschaftsgütern iSv Abs. 1 S. 1, wenn die MutterKapGes verschmolzen wird und die Beteiligung an der TochterKapGes an die Anteilseigner der MutterKapGes ausgekehrt werden. Im Urteil heißt es: „Auch § 11 Abs. 2 Satz 1 UmwStG 2006 verwendet den Begriff „übergehende Wirtschaftsgüter" und erfasst damit ebenfalls die Beteiligung an der Tochtergesellschaft. Soweit die Nr. 1 und 2 der genannten Vorschrift weitere Anforderungen für den Buchwertansatz in Bezug auf die „übernehmende Körperschaft" stellen, ist auf diejenige Person abzustellen, die die Beteiligung an der Tochtergesellschaft erwirbt." Ist Anteilseigner der MutterKapGes beim **101** sog. Downstream-Merger eine natürliche Person, käme es in den Anteilen an der TochterKapGes damit zu einer Aufdeckung der stillen Reserven, da die Besteuerung mit KSt insoweit nicht sichergestellt ist (zu Recht ablehnend Rödder/Herlinghaus/van Lishaut/Rödder Rn. 256 ff.; HK-UmwStG/Edelmann Rn. 253; Haritz/Menner/Bilitewski/Bärwaldt Rn. 43; Widmann/Meyer/Schießl Rn. 409, 412 ff.; vgl. auch BMF 11.11.2011, BStBl. I 2011, 1314 Rn. 11.18; Micker/Kühn Ubg 2020, 196; Kempf/Nitzschke IStR 2022, 73; Kühn IStR 2022, 906).

102   **e) Wechselseitige Beteiligungen.** Sind übertragende und übernehmende Körperschaften wechselseitig beteiligt, so ist jede Körperschaft zum einen MutterGes, zum anderen TochterGes der anderen. Da die Vorschriften der §§ 11–13 jeweils isoliert sowohl beim Downstream-Merger als auch beim Upstream-Merger (vgl. § 12) Anwendung finden, sind keine Gründe ersichtlich, den Ansatz von BW, ZW oder gemeinem Wert auch bei einer wechselseitigen Beteiligung zweier Körperschaften untereinander nicht zu gewähren (ebenso Dötsch/Pung/Möhlenbrock/Dötsch Vor §§ 11–13 Rn. 17; Rödder/Herlinghaus/van Lishaut/Rödder Rn. 47; Streck/Posdziech GmbHR 1995, 359).

103   **f) Verschmelzung auf eine Körperschaft und atypisch Still.** Die übergehenden WG müssen zum Zeitpunkt des Verschmelzungsstichtags „später" bei der übernehmenden Körperschaft der Besteuerung mit KSt unterliegen. Ohne Bedeutung ist, ob sich diese Voraussetzung später ändert. Bei der durch § 11 II Nr. 1 geforderten Sicherstellung der Besteuerung der übergehenden WG mit KSt kommt es nach hM auf die grds. KStPfl an (Rödder/Herlinghaus/van Lishaut/Rödder Rn. 110; Dötsch/Pung/Möhlenbrock/Dötsch Rn. 56; BeckOK UmwStG/Groß Rn. 440; Widmann/Mayer/Schießl Rn. 170; Frotscher/Drüen/Junior Rn. 111; Schaflitzl/Götz DB-Beil. 1/2012, 25; Neu/Schiffers/Watermeyer GmbHR 2011, 729). Kommt es zu einer Verschm einer KapGes auf eine KapGes & atypisch Still, wobei der stille Teilhaber keine Körperschaft ist, erfolgt die Übertragung für eine logische Sekunde in den kstl. Bereich der übernehmenden Körperschaft. Dem folgt gedanklich in einem Zweitschritt die Überführung in eine atypisch stille Mitunternehmerschaft. Aufgrund dieser Reihenfolge liegen die Voraussetzungen des Abs. 2 S. 1 Nr. 1 vor. Die FVerw stellt im Gegensatz dazu nunmehr nicht mehr auf die generelle KStPfl des übernehmenden Rechtsträgers ab, sondern vielmehr darauf, ob die übertragenen WG konkret beim übernehmenden Rechtsträger der KSt unterliegen (vgl. BMF 11.11.2011, BStBl. I 2011, 1314 Rn. 11.08; ebenso Dötsch/Pung/Möhlenbrock/Dötsch Rn. 65; aA Lademann/Wernicke Rn. 172; Haritz/Menner/Bilitewski/Bärwaldt Rn. 41; Rödder/Herlinghaus/van Lishaut/Rödder Rn. 253). Danach wäre die Besteuerung des übergehenden Vermögens mit KSt allenfalls dann sichergestellt, wenn auf eine Körperschaft verschmolzen wird und der an der Körperschaft beteiligte atypische Stille seinerseits der KSt unterliegt, wobei auch dann keine Sicherstellung „bei der übernehmenden Körperschaft" gegeben wäre. Handelt es sich bei dem atypisch Stillen um eine natürliche Person, so wäre insoweit jedenfalls nach Meinung der FVerw die Besteuerung der übergehenden WG mit KSt nicht sichergestellt, es käme zu einer Aufdeckung der stillen Reserven in der stl. Schlussbilanz des übertragenden Rechtsträgers.

104   **g) Verschmelzung auf eine Organgesellschaft.** Wird die übertragende KapGes auf eine OrganGes verschmolzen, reicht es für die Anwendung des Abs. 2 S. 1 Nr. 1 aus, wenn die OrganGes grds. kstl. ist. Wie das bei der OrganGes ermittelte Einkommen auf der Ebene des Organträgers besteuert wird, ist ohne Relevanz (Rödder/Herlinghaus/van Lishaut/Rödder Rn. 242; HK-UmwStG/Edelmann Rn. 250; Haritz/Menner/Bilitewski/Bärwaldt Rn. 43; Brandis/Heuermann/Klingberg Rn. 48; Schaflitzl/Götz DB-Beil. 1/2012, 25; Neu/Schiffers/Watermeyer GmbHR 2011, 729; Rödder DStR 2011, 1059). Demgegenüber stellt die FVerw auf die konkreten bzw. tatsächlichen Gegebenheiten ab (BMF 11.11.2011, BStBl. I 2011, 1314 Rn. 11.08; ebenso Dötsch/Pung/Möhlenbrock/Dötsch Rn. 62 ff.; Frotscher/Drüen/Frotscher Rn. 106). Eine Sicherstellung der übergehenden WG mit KSt sei nur gegeben, wenn bei der Verschm auf eine OrganGes deren Organträger kstpfl. ist. Unterliegt das Einkommen beim Organträger der Einkommensteuer, so sei eine Aufdeckung der stillen Reserven bei den übergehenden WG nur auf Grund einer **Billigkeitsmaßnahme** möglich (zum Problem der Billigkeit → § 22 Rn. 35c); ein Buch- oder Zwischenwertansatz sei nur möglich, wenn alle an der Umw beteiligten Rechtsträger, dh der übertragende und der übernehmende Rechtsträger sowie deren Anteilseigner, in einem übereinstimmenden schriftlichen Antrag sich damit einverstanden erklären, dass auf die aus der Verschm resultierten organschaftlichen Mehrabführungen § 14 III 1 KStG anzuwenden sei. Da sich die Auffassung der FVerw insoweit geändert hat, sieht der Umwandlungssteuererlass eine Übergangsregelung vor (vgl. BMF 11.11.2011, BStBl. I 2011, 1314 Rn. S.06). Vgl. zur Kritik an der Auffassung der FVerw Schaflitzl/Götz DB-Beil. 1/2012, 25; Sistermann DStR Beihefter zu Heft 2/2012, 9; Drüen DStR Beihefter zu Heft 2/2012, 22; Rödder DStR 2011, 1059; Hageböke/Stangl GmbHR 2011, 744).

h) Keine Sicherstellung der Besteuerung mit Körperschaftsteuer. Abs. 2 S. 1 Nr. 1 erlaubt den Buchwert- bzw. Zwischenwertansatz nur, soweit sichergestellt ist, dass die in dem übergehenden Vermögen enthaltenen stillen Reserven bzw. lfd. Gewinne (→ Rn. 92) später bei der übernehmenden Körperschaft der KSt unterliegen. Ist dies nicht der Fall, sind die übergehenden WG insoweit in der Schlussbilanz der übertragenden Gesellschaft zwingend mit dem gemeinen Wert anzusetzen. Dies gilt auch für **originäre immaterielle WG** einschl. eines Geschäfts- und Firmenwertes. **105**

12. Kein Ausschluss oder Beschränkung des deutschen Besteuerungsrechts für den Gewinn aus der Veräußerung der übertragenen Wirtschaftsgüter bei der übernehmenden Körperschaft

a) Grundsätzliches. Eine antragsabhängige Bewertung der bei der Verschm übergehenden WG mit dem BW oder einem höheren ZW ist – neben den sonstigen Voraussetzungen des Abs. 2 S. 1 – nur insoweit zulässig, als das Recht der BRD hinsichtlich der Besteuerung des Gewinns aus der Veräußerung der übergehenden WG bei dem übernehmenden Rechtsträger durch die Verschm nicht ausgeschlossen oder beschränkt wird. Zur **Vereinbarkeit der Entstrickungsregelung mit EU-Recht** → Vor §§ 11–13 Rn. 9 ff. Ob das Recht zur Besteuerung von Veräußerungsgewinnen bei den übergehenden WG ausgeschlossen oder beschränkt wird, entscheidet sich damit nach den Verhältnissen bei dem übernehmenden Rechtsträger zum Verschmelzungsstichtag (→ Rn. 108 aE). Ob ein Zuordnungsakt des übernehmenden Rechtsträgers insoweit von Bedeutung ist, wird unterschiedlich beantwortet (→ Rn. 118 f.). Abs. 2 S. 1 Nr. 2 spricht von „übertragenen WG", gemeint sind die übergehenden WG iSd Abs. 1. Es kommt ausschließlich auf das Besteuerungsrecht der BRD hinsichtlich eines Veräußerungsgewinnes der übergehenden WG an, es spielt keine Rolle, wem nach der Verschm das Recht zur Besteuerung von Erträgen aus der Nutzung der WG zusteht (BMF 11.11.2011, BStBl. I 2011, 1314 Rn. 11.09; Rödder/Herlinghaus/van Lishaut/Rödder Rn. 267; Frotscher/Drüen/Junior Rn. 127; BeckOK UmwStG/Groß Rn. 472; Lademann/Wernicke Rn. 181). Der Ausschluss bzw. die Beschränkung des dt. Besteuerungsrechts bezieht sich ausschließlich auf die KSt, auf die **GewSt** kommt es insoweit nicht an (BMF 11.11.2011, BStBl. I 2011, 1314 Rn. 11.09 iVm Rn. 03.18; Frotscher/Drüen/Junior Rn. 112; Rödder/Herlinghaus/van Lishaut/Rödder Rn. 268; Rödder/Schumacher DStR 2006, 1525). **106**

107 Eine Beschränkung oder ein Ausschluss des dt. Besteuerungsrechts kann nur dann vorliegen, wenn **vor der Verschm** auch ein dt. **Besteuerungsrecht bestanden hat** (BT-Drs. 16/2710, 38; BMF 11.11.2011, BStBl. I 2011, 1314 Rn. 11.09 iVm Rn. 03.19; Dötsch/Pung/Möhlenbrock/Dötsch Rn. 70; Widmann/Mayer/Schießl Rn. 189; Haritz/Menner/Bilitewski/Bärwaldt Rn. 47; Frotscher/Drüen/Junior Rn. 125; Lademann/Wernicke Rn. 185; Rödder/Herlinghaus/van Lishaut/Rödder Rn. 119; Lemaitre/Schönherr GmbHR 2007, 173; Schafflitzl/Widmayer BB Special 8/2006, 41; Trossen FR 2006, 617). Ein solches dt. Besteuerungsrecht existiert, wenn die übergehenden WG inl. BV sind oder ausl. BV in einem Nicht-DBA-Staat bzw. in einem DBA-Staat mit Anrechnungsmethode bzw. DBA-Staat mit Freistellungsmethode bei Eingreifen des § 20 II AStG. Zudem hat Deutschland das Besteuerungsrecht hinsichtlich inl. unbeweglichen Vermögens. Zu einer Beschränkung des dt. Besteuerungsrechts kommt es nicht, soweit Deutschland bereits bei der übertragenden Körperschaft an der Besteuerung der stillen Reserven der übergehenden WG gehindert war (BT-Drs. 16/2710, 38; Rödder/Herlinghaus/van Lishaut/Rödder Rn. 269; Haritz/Menner/Bilitewski/Bärwaldt Rn. 47; Winkeljohann/Fuhrmann UmwStR-HdB S. 753).

108 Streitig ist, wann das dt. Besteuerungsrecht beeinträchtigt wird, insbes. vor dem Hintergrund, dass der BFH die **Theorie der finalen Entnahme** im Jahr 2008 aufgegeben hat (BFH BStBl. II 2009, 464; BFH/NV 2010, 432; 2010, 346). Die Rspr. geht in diesem Zusammenhang davon aus, dass es nicht zu einem Ausschluss oder einer Beschränkung des dt. Besteuerungsrechts bezogen auf in Deutschland gelegte stille Reserven kommt, wenn WG ins Ausland verbracht werden und in Deutschland eine Betriebsstätte verbleibt. Die FVerw wendet diese Rspr. nicht an (BMF 20.5.2009, BStBl. I 2009, 671; vgl. auch EuGH DStR 2012, 2334 – National Grid Indus). Durch das JStG 2010 sind § 4 I EStG und § 12 I KStG geändert worden, wonach die Zuordnung eines WG zu einer ausl. Betriebsstätte als Regelfall zu einem Verlust oder einer Beschränkung des dt. Besteuerungsrechts führt (vgl. dazu Körner IStR 2009, 741; Schönfeld IStR 2010, 133; Mitschke Ubg 2010, 355; Mitschke/Körner IStR 2010, 95, 208; Widmann/Mayer/Schießl Rn. 50.08 ff.). Nach Auffassung der FVerw sind bei der Prüfung des § 11 II 1 Nr. 2 diese durch das JStG 2010 vorgenommenen Änderungen der allg. Entstrickungsvorschriften des § 4 I 3 EStG, § 12 I KStG zu beachten, obwohl die umwandlungssteuerrechtlichen Entstrickungsvorschriften nicht vergleichbar angepasst wurden. Nach § 4 I 4 EStG und § 12 I 2 KStG liegt ein Ausschluss oder eine Beschränkung des dt. Besteuerungsrechts hinsichtlich des Gewinns aus der Veräußerung eines WG insbes. vor, wenn ein bisher einer inl. Betriebsstätte des Steuerpflichtigen zuzuordnendes WG einer ausl. Betriebsstätte zuzuordnen ist (vgl. BMF 11.11.2011, BStBl. I 2011, 1314 Rn. 11.09 iVm Rn. 03.18). Da § 11 II 1 Nr. 2 im Verhältnis zu den allg. Entstrickungsvorschriften eine spezielle Vorschrift ist, kann diese Auffassung nicht überzeugen (ebenso Stadler/Elser/Bindl DB-Beil. 1/2012, 14; Ungemach Ubg 2011, 251; Rödder/Herlinghaus/van Lishaut/Rödder Rn. 264; aA Lademann/Wernicke Rn. 189). Daher ist bei der Verschm einer Körperschaft auf eine andere Körperschaft immer konkret zu prüfen und nicht nur zu vermuten, ob bzw. inwieweit das dt. Besteuerungsrecht entfällt oder eingeschränkt wird. Das dt. Besteuerungsrecht wird in folgenden Fällen ausgeschlossen oder beschränkt:
– Das dt. Besteuerungsrecht entfällt durch die Verschm vollumfänglich, wenn nach inl. Steuerrecht das Besteuerungsrecht entfällt bzw. das dt. Besteuerungsrecht zwar grds. erhalten bleibt, aber auf Grund DBA anders als vor der Verschm beim übernehmenden Rechtsträger durch Freistellung vermieden wird (BMF 11.11.2011, BStBl. I 2011, 1314 Rn. 11.09 iVm Rn. 03.18).
– Das dt. Besteuerungsrecht wird beschränkt, wenn vor der Umw ein dt. Besteuerungsrecht bestanden und nach der Umw ein der Höhe oder dem Umfang nach

Wertansätze in der stl. Schlussbilanz **108a § 11 UmwStG D**

im Vergleich dazu eingeschränktes dt. Besteuerungsrecht fortbesteht (BMF 11.11.2011, BStBl. I 2011, 1314 Rn. 11.09 iVm Rn. 03.18).
Ob bereits die abstrakte Gefahr eines Ausschlusses oder einer Beschränkung den **108a** Ansatz der übergehenden WG mit dem gemeinen Wert zur Folge hat oder eine tatsächliche Berücksichtigung der ausl. Steuer notwendig ist, ist nicht abschließend geklärt (vgl. Herrmann/Heuer/Raupach/Kolbe KStG § 12 Rn. J 06–16; Wassermeyer DB 2006, 1176; Rödder/Schumacher DStR 2006, 1481). Abs. 2 Nr. 2 betrifft nach richtiger Meinung nur einen konkreten Verlust oder eine **konkrete Beschränkung,** die bloße abstrakte Möglichkeit einer Beschränkung ist nicht tatbestandsmäßig (Lademann/Wernicke Rn. 190; Rödder/Herlinghaus/van Lishaut/ Rödder Rn. 275; Musil/Weber-Grellet/Desens UmwStG § 3 Rn. 14; Haase/Hofacker/Steierberg § 3 Rn. 61; Lohmar FR 2013, 591; aA Dötsch/Pung/Möhlenbrock/Möhlenbrock/Pung § 3 Rn. 95; vgl. dazu aber auch Widmann/Mayer/Martini § 3 Rn. 870). Maßgeblich ist, ob im Falle einer gedachten Veräußerung eine logische Sekunde nach dem Verschmelzungsstichtag das dt. Besteuerungsrecht nach Maßgabe des zu diesem Zeitpunkt geltenden nationalen und zwischenstaatlichen Rechts ausgeschlossen oder beschränkt ist. Die Regelung stellt darauf ab, ob das Besteuerungsrecht der BRD „ausgeschlossen oder beschränkt wird", daraus lässt sich schließen, dass es nicht darauf ankommt, ob das Besteuerungsrecht theoretisch ausgeschlossen oder beschränkt sein könnte. Zudem will der Gesetzgeber mit der Einführung von Entstrickungsklauseln, zu denen Abs. 2 Nr. 2 zählt, das dt. Besteuerungsrecht sichern (BT-Drs. 16/2710, 2). Im Falle der **Anrechnung** bzw. des **Abzugs ausl. Steuer** ist das dt. Steueraufkommen dann nicht in Gefahr, wenn eine ausl. anzurechnende oder abzuziehende Steuer nicht festgesetzt wird (Becker-Pennrich IStR 2007, 684). Zudem verstößt es gegen den Grundsatz der Verhältnismäßigkeit, wenn nur die theoretische Beschränkung des dt. Besteuerungsrechts zur Auflösung der stillen Reserven im übertragenen Vermögen führt, da dem Fiskus nichts verloren geht, der Steuerpflichtige ohne Liquiditätszufluss dennoch eine Besteuerung hinnehmen muss. Nicht geklärt ist weiter, ob eine Beschränkung des dt. Besteuerungsrechts dann vorliegt, wenn die ausl. Steuer, zB nach § 34c II, III EStG, die stl. **Bemessungsgrundlage reduziert** (so BMF 11.11.2011, BStBl. I 2011, 1314 Rn. 11.09 iVm Rn. 03.19; Musil/Weber-Grellet/Desens UmwStG § 3 Rn. 14; Herrmann/Heuer/Raupach/Kolbe KStG § 12 Rn. J 06–16; Becker-Pennrich IStR 2007, 684; Blumenberg/Lechner BB Special 8/2006, 26 f.; aA für den Fall des § 34c EStG Wassermeyer DB 2006, 1176; Haase/Hofacker/Ropohl/Sonntag Rn. 120; Bilitewski FR 2007, 57). Der Abzug ausl. Steuer ist mE tatbestandsmäßig eine Beschränkung iSd Abs. 2 Nr. 2, dann das Steueraufkommen des Staates wird durch den Abzug geringer. Zu einer **Beschränkung des dt. Besteuerungsrechts** kann es kommen, wenn nach der Verschm die Einkünfte aus einer ausl. Betriebsstätte nur noch über die **Hinzurechnungsbesteuerung** nach AStG erfasst werden, während sie vor der Verschm deshalb erfasst werden konnten, weil aus der Betriebsstätte passive Einkünfte iSd DBA oder iSd § 20 II AStG erzielt wurden (Lademann/ Wernicke Rn. 208). Die Erfassung innerhalb der Hinzurechnungsbesteuerung hängt nämlich gegenüber der unmittelbaren Erfassung als passive Einkünfte von weiteren Voraussetzungen ab (Widmann/Mayer/Widmann § 20 Rn. R 481). Geht man davon aus, dass die Hinzurechnungsbesteuerung gegen EU-Recht verstößt (vgl. EuGH DB 2006, 2045) liegt in jedem Fall ein Wegfall des dt. Besteuerungsrechts vor (Widmann/Mayer/Widmann § 20 Rn. R 481). Keine Beschränkung des dt. Besteuerungsrechts liegt vor, wenn im Fall der Freistellung Art. 23A OECD-MA die Möglichkeit der Anwendung des **Progressionsvorbehaltes** entfällt, denn unabhängig von der Anwendung des Progressionsvorbehalts besteht bei der Freistellungsmethode iSv Art. 23A OECD-MA kein Besteuerungsrecht, was damit auch nicht beschränkt werden kann (Herrmann/Heuer/Raupach/Kolbe KStG § 12 Rn. J 06– 16; Stadler/Elser BB Special 8/2006, 20). Fraglich ist, ob die Nichtanwendbarkeit

der §§ 7 ff. AStG nach der Umw eine Beschränkung des dt. Besteuerungsrechts darstellt (→ § 3 Rn. 87). Verbleibt das ursprüngliche Besteuerungsrecht aufgrund einer sog. Rückfallklausel (vgl. BFH/NV 2008, 677) in Deutschland, liegt weder ein Ausschluss noch eine Beschränkung des Besteuerungsrechts vor. **Maßgeblicher Zeitpunkt** dafür, ob die spätere Besteuerung eines Veräußerungsgewinns der übergehenden WG sichergestellt ist, ist der stl. Übertragungsstichtag, denn bereits ab diesem Zeitpunkt würde ein Veräußerungsgewinn beim übernehmenden Rechtsträger ermittelt werden (BMF 11.11.2011, BStBl. I 2011, 1314 Rn. 11.09 iVm Rn. 03.18; Lademann/Wernicke Rn. 152; HK-UmwStG/Edelmann Rn. 263; Widmann/Mayer/Schießl Rn. 181; Rödder/Herlinghaus/van Lishaut/Rödder Rn. 271; Benecke in PWC, Reform des UmwStR, 2007, 158). Bestand zum stl. Übertragungsstichtag noch das dt. Besteuerungsrecht hinsichtlich der übergehenden WG und wird dieses erst nach dem Verschmelzungsstichtag beschränkt, erfolgt die Entstrickung nach allgemeinen Entstrickungsgrundsätzen (Rödder/Herlinghaus/van Lishaut/Rödder Rn. 264 ff.; Dötsch/Pung/Möhlenbrock/Dötsch Rn. 75; Breuninger FS Schaumburg, 2009, 587; aA Widmann/Mayer/Schießl Rn. 181 f., der einen unmittelbaren Zusammenhang mit der Verschm auch im Rückwirkungszeitraum für möglich hält).

109 b) **Inlandsverschmelzung ohne Auslandsbezug.** Werden zwei in Deutschland unbeschränkt stpfl. Körperschaften miteinander verschmolzen und besitzt die übertragende Körperschaft ausschließlich inl. BV, ergibt sich im Rahmen der Verschm keine Beschränkung des dt. Besteuerungsrechts. Abs. 2 S. 1 Nr. 2 steht damit einem antragsgemäßen Ansatz der übergehenden WG in der stl. Schlussbilanz der übertragenden Körperschaft mit dem BW oder einem ZW nicht entgegen. Ohne Bedeutung ist dabei, ob an der übertragenden oder übernehmenden Gesellschaft im Ausland ansässige Gesellschafter beteiligt sind.

110 c) **Inlandsverschmelzung mit Auslandsbezug.** Wird eine inl. Körperschaft, die auch ausl. Betriebsstättenvermögen besitzt, auf eine andere inl. Körperschaft verschmolzen, so wird dadurch in aller Regel das dt. Besteuerungsrecht weder ausgeschlossen noch beschränkt. Existiert eine DBA-Freistellung, hat Deutschland hinsichtlich des ausl. Betriebsstättenvermögens ohnehin kein Besteuerungsrecht; der bei Ansatz von ZW bzw. gemeinen Werten sich ergebender Übertragungsgewinn darf nach dem entsprechenden DBA nicht besteuert werden (Widmann/Mayer/Schießl Rn. 215). Besteht keine DBA-Freistellung, ändert sich durch die Verschm nichts daran, dass das ausl. Betriebsstättenvermögen in Deutschland steuerverhaftet bleibt (Widmann/Mayer/Schießl Rn. 215). Etwas anderes ist denkbar, wenn vor der Verschm ein Besteuerungsrecht mit Anrechnungsverpflichtung bestand, der übernehmende Rechtsträger in einem DBA-Staat bereits über eine Betriebsstätte verfügt, aus der aktive Einkünfte erzielt werden und durch die Verschm die Voraussetzung für das Vorliegen passiver Einkünfte auch hinsichtlich des übertragenen Vermögens wegfällt (Rödder/Herlinghaus/van Lishaut/Rödder Rn. 277).

111 Wertet der ausl. Staat den in Deutschland vorgenommenen Verschmelzungsvorgang als Veräußerungstatbestand, so kann es im ausl. Staat trotz Buchwertfortführung in der dt. stl. Schlussbilanz des übertragenden Rechtsträgers im Ausland zu einer Gewinnrealisierung kommen; in diesem Fall sind die im Ausland entstehenden Steuern im Inland mangels Vorliegen inl. Einkünfte nicht anrechenbar (Dötsch/Pung/Möhlenbrock/Dötsch Rn. 83).

112 Kennt das Recht des **ausl. Staates** den Vermögensübergang **im Wege der Gesamtrechtsnachfolge nicht an,** so kann das ausl. Vermögen im Wege der Einzelrechtsnachfolge auf die übernehmende Körperschaft übertragen werden. Geschieht dies im zeitlichen und sachlichen Zusammenhang mit der Verschm, so sind die Einzelübertragungen in die Regelung des UmwStG mit einzubeziehen (→ § 3 Rn. 93). Besteht bezogen auf das ausl. Vermögen ein dt. Besteuerungsrecht

Wertansätze in der stl. Schlussbilanz 113–116 § 11 UmwStG D

(Anrechnungsbetriebsstätte) und wird das ausl. Vermögen nicht auf die übernehmende Körperschaft übertragen bzw. fehlt es an einer gewissen zeitlichen Nähe, wird das im Ausland gelegene Vermögen steuerrechtlich nicht in den Umwandlungsvorgang einbezogen; der Vorgang wird dann so behandelt als verlege die übertragende Körperschaft hinsichtlich des ausl. Vermögens ihre Geschäftsleitung in das Ausland, sodass unter den Voraussetzungen des § 12 I KStG die stillen Reserven in dem ausl. Vermögen aufzulösen und der dt. KSt zu unterwerfen sind.
Zu beachten ist, dass das Antragsrecht iSd Abs. 2 nur einheitlich – bezogen auf 113 das übergehende Vermögen – ausgeübt werden kann (→ Rn. 60).

d) Hinausverschmelzung. Zu einem Ausschluss bzw. einer Beschränkung des 114 dt. Besteuerungsrechts kann es bei grenzüberschreitender Hinausverschmelzung einer inl. Körperschaft auf eine Auslandskörperschaft kommen. Inl. Immobilienvermögen bleibt bei der Verschm gem. § 49 I Nr. 2 f. EStG iVm § 8 I KStG und Art. 6 OECD-MA steuerverstrickt (Lademann/Wernicke Rn. 205); unerheblich ist insoweit, dass das bloße Halten von Immobilienvermögen einer ausl. Gesellschaft per se keine inl. Betriebsstätte begründet (vgl. BFH BStBl. II 2004, 344; BStBl. II 1988, 653; HessFG EFG 2000, 218; Dötsch/Pung/Möhlenbrock/Dötsch Rn. 84). Dies führt nur dazu, dass das Immobilienvermögen nicht mehr der GewSt unterliegt, was für die Anwendung des Abs. 2 S. 1 Nr. 2 keine Rolle spielt (→ Rn. 108). Zur Anwendung des § 12 V, falls der übernehmende Rechtsträger in Deutschland nicht beschränkt stpfl. ist, → § 12 Rn. 102. Verbleibt nach der Verschm in Deutschland eine **dt. Betriebsstätte**, hängt die Besteuerung der übergehenden WG davon ab, welche WG dieser in Deutschland verbleibenden Betriebsstätte und welche dem ausl. Stammhaus tatsächlich zugeordnet werden (vgl. Lademann/Wernicke Rn. 202 f.). Entscheidend ist insoweit, welcher Betriebsstätte das einzelne WG dient, der Geschäftsleitungsbetriebsstätte („Stammhaus") oder einer anderen Betriebsstätte (vgl. Wassermeyer/Wassermeyer DBA-MA Art. 7 (2000) Rn. 240, Stand Oktober 2015). Dieses tatsächliche Dazugehören zu einer Betriebsstätte wird im Sinne einer funktionalen Zuordnung interpretiert (vgl. BFH DStRE 2007, 473; krit. Blumers DB 2007, 312). Zur Anwendung des § 12 V dort.

Probleme entstehen dann, wenn mangels funktionaler Bedeutung eines WG dieses 115 nicht zwangsläufig einer bestimmten Betriebsstätte zugeordnet werden kann. Dies gilt bspw. für den Geschäftswert, Beteiligungen, Patente etc, die nach hM grds. dem ausl. Stammhaus zugeordnet werden; sog. **Zentralfunktion des Stammhauses** (vgl. BMF 11.11.2011, BStBl. I 2011, 1314 Rn. 11.09 iVm Rn. 3.20 iVm BMF 24.12.1999, BStBl. I 1999, 1076 Rn. 2.4, zuletzt geändert durch BMF 25.8.2009, BStBl. I 2009, 888; vgl. Musil/Weber-Grellet/Desens § 3 Rn. 14; Schaumburg GmbHR 2010, 1341; Breuninger FS Schaumburg, 2009, 587; Schönfeld IStR 2011, 497; Blumers DB 2006, 856; speziell zur Holding vgl. Kessler/Hueck IStR 2006, 433). Die These von der Zentralfunktion des Stammhauses dürfte mit der Umsetzung der „Authorized OECD Approach" in § 1 V AStG nur noch schwer vertretbar sein (Dötsch/Pung/Möhlenbrock/Dötsch Rn. 74; vgl. Rödder/Herlinghaus/van Lishaut/Rödder Rn. 273 f.; Hanse/Hofacker/Ropohl/Sonntag Rn. 133). In jedem Fall stellt sich aber die **Frage, wann es zu einer Entstrickung kommt.**

Beispiel:

Die in Deutschland unbeschränkt stpfl. D-GmbH wird rückwirkend auf den 31.12.2010 auf 116 eine ausl. EU-KapGes verschmolzen. Diese Rückwirkung wird auch vom EU-Auslandsstaat anerkannt. Die Verschmelzungsbeschlüsse uÄ werden am 1.7.2011 gefasst, die Eintragung in die entsprechenden Register erfolgt am 1.8.2011. Am 2.8.2011 nehmen die Geschäftsführer der D-GmbH ihre geschäftsführende Tätigkeit bei der EU-KapGes im EU-Ausland auf. Zum übertragenen Vermögen der D-GmbH gehören Patente und ein Geschäftswert. Nach § 2 I wird das Einkommen und Vermögen der übertragenden D-GmbH und der übernehmenden EU-

KapGes so ermittelt, als ob das übergehende Vermögen bereits am Verschmelzungsstichtag auf den übernehmenden Rechtsträger übergegangen wäre. Die Verbringung der Betriebsstätte bzw. der WG bzgl. des übertragenen Betriebs erfolgt jedoch erst am 2.8.2011 ins EU-Ausland. Da es sich insoweit um einen tatsächlichen Vorgang handelt, kommt es erst zu diesem Zeitpunkt zu der Entstrickung der dem Stammhaus insoweit zuzuordnenden WG, und zwar durch die übernehmende EU-KapGes, auf die diese WG bereits zum Verschmelzungsstichtag als übergegangen gelten. Dann kommt es aber zu einer Entstrickung dieser WG nach dem Verschmelzungsstichtag (ebenso BMF 11.11.2011, BStBl. I 2011, 1314 Rn. 02.15; Dötsch/Pung/Möhlenbrock/Dötsch Rn. 80; Brandis/Heuermann/Klingberg Rn. 58, 61; Rödder/Herlinghaus/van Lishaut/Rödder Rn. 280; HK-UmwStG/Edelmann Rn. 263; Stadler/Elser/Bindl DB-Beil. 1/2012 zu Heft 2, 14; Schönfeld IStR 2011, 497; Breuninger FS Schaumburg, 2009, 587), in der stl. Schlussbilanz können diese WG – unter den sonstigen Voraussetzungen des Abs. 2 – mit dem BW oder einem ZW angesetzt werden. Rechtsgrundlage für die Entstrickung ist dann § 12 KStG.

117 Das dt. Besteuerungsrecht wird bei der Hinausverschmelzung grds. dann nicht ausgeschlossen bzw. beschränkt, wenn die ausl. Betriebsstätte des übertragenden Rechtsträgers in einem ausl. Staat mit DBA-Freistellungsmethode liegt (Dötsch/Pung/Möhlenbrock/Dötsch Rn. 84 f.). Hat der übertragende Rechtsträger eine **ausl. Betriebsstätte** in einem Nicht-DBA-Staat, einem Staat in dem nach DBA die Anrechnungsmethode gilt oder eine im Ausland belegene Betriebsstätte, für die § 20 II AStG gilt, verliert Deutschland sein Besteuerungsrecht, da dieses Betriebsstättenvermögen nach der Verschm dem übernehmenden Rechtsträger zusteht und somit Deutschland hinsichtlich des übertragenen Vermögens kein Besteuerungsrecht hat (Widmann/Mayer/Schießl Rn. 50.54; Dötsch/Pung/Möhlenbrock/Dötsch Rn. 77; Rödder/Herlinghaus/van Lishaut/Rödder Rn. 278). Auch insoweit stellt sich die Frage, wann es zu einem Verlust bzw. Beschränkung des dt. Besteuerungsrechts kommt. Da Deutschland am Übertragungsstichtag insoweit sein Besteuerungsrecht verliert, erfolgt die Entstrickung zu diesem Stichtag auf Grund der Verschm gem. Abs. 2 I Nr. 2 (Dötsch/Pung/Möhlenbrock/Dötsch Rn. 77; Klingberg/Nitzschke Ubg 2011, 451). Im Falle von EU-Betriebsstätten ist Abs. 3 iVm § 3 III zu beachten (→ Rn. 157).

118 Ob das Besteuerungsrecht der übergehenden WG durch die Verschm ausgeschlossen oder beschränkt wird, entscheidet sich nach den Verhältnissen bei dem übernehmenden Rechtsträger. Bleibt erst durch einen **Zuordnungsakt** des übernehmenden Rechtsträgers das dt. Besteuerungsrecht bestehen, so ist fraglich, ob bei einer entsprechenden Zuordnung zu einer dt. Betriebsstätte die Voraussetzungen des Abs. 2 S. 1 Nr. 2 gegeben sind (vgl. auch Widmann/Mayer/Schießl Rn. 182).

Beispiel:

119 Die in Deutschland unbeschränkt stpfl. D-GmbH wird auf die in Luxemburg unbeschränkt stpfl. Y-SA verschmolzen. Im Anschluss an die Verschm ordnet die Lux-SA WG, die keiner dt. Betriebsstätte funktional zuzuordnen sind, ihrer Betriebsstätte in Deutschland zu. Erfolgt die Zuordnung der WG zur dt. Betriebsstätte, bevor in tatsächlicher Hinsicht die Geschäftsleitung der D-GmbH nach Luxemburg verlegt wurde, wird dass Besteuerungsrecht der BRD weder ausgeschlossen noch beschränkt (→ Rn. 116).

120 **e) Hereinverschmelzung.** Wird eine ausl. Körperschaft auf eine in Deutschland unbeschränkt stpfl. Körperschaft verschmolzen, so wird das inl. Besteuerungsrecht weder ausgeschlossen noch eingeschränkt, soweit der übertragende, ausl. Rechtsträger inl. Betriebsstättenvermögen bzw. inl. Immobilienvermögen besitzt. Bei dem Hereinverschmelzen stellt sich in aller Regel die **sog. Verstrickungsfrage,** soweit für WG des übertragenden Rechtsträgers erstmalig das Besteuerungsrecht Deutschlands begründet wird (vgl. Rödder/Herlinghaus/van Lishaut/Rödder Rn. 350; Lademann/Wernicke Rn. 44; Brandis/Heuermann/Klingberg Rn. 61; → § 3

Rn. 98). Eine stl. Schlussbilanz iSd § 11 I ist wegen der Ermittlung des Übernahmegewinns aufzustellen (Dötsch/Pung/Möhlenbrock/Dötsch/Stimpel Rn. 87). Für die im EU-/EWR-Ausland ansässige übertragende Körperschaft ist erstmalig ein Einlagekonto zu ermitteln (→ § 12 Rn. 9).

Wird durch die Verschm das Besteuerungsrecht Deutschlands für WG begründet, **121** kommt es nach der hier vertretenen Auffassung (→ Rn. 116) erst dann zu einer Verstrickung, wenn die Geschäftsführung des übertragenden Rechtsträgers tatsächlich nach Deutschland verlagert wird.

Beispiel:

Die im EU-Ausland unbeschränkt stpfl. EU-KapGes wird rückwirkend auf den 31.12.2010 **122** auf die dt. D-GmbH verschmolzen. Diese Rückwirkung wird auch vom EU-Auslandsstaat anerkannt. Die Verschmelzungsbeschlüsse uÄ werden am 1.7.2011 gefasst, die Eintragung in die entsprechenden Register erfolgt am 1.8.2011. Am 2.8.2011 nehmen die Geschäftsführer der EU-KapGes ihre geschäftsführende Tätigkeit bei der D-GmbH in Deutschland auf. Zum übertragenen Vermögen der EU-KapGes gehören Patente und ein Geschäftswert. Nach § 2 I ist das Einkommen und Vermögen der übertragenden EU-KapGes sowie der übernehmenden D-GmbH so zu ermitteln, als ob das übergehende Vermögen bereits am Verschmelzungsstichtag auf den übernehmenden Rechtsträger übergegangen wäre. Die Verbringung der Betriebsstätte bzw. der WG bzgl. des übertragenen Betriebs erfolgt jedoch erst am 2.8.2011 nach Deutschland. Da es sich insoweit um einen tatsächlichen Vorgang handelt, dürfte es erst zu diesem Zeitpunkt zu der Verstrickung der dem Stammhaus insoweit zuzuordnenden WG kommen, und zwar bei der übernehmenden D-GmbH, auf die diese WG bereits zum Verschmelzungsstichtag als übergegangen gelten. Dann kommt es aber zu einer Verstrickung dieser WG nach dem Verschmelzungsstichtag. In der stl. Schlussbilanz könnten diese WG – unter den sonstigen Voraussetzungen des Abs. 2 – mit dem BW oder einem ZW angesetzt werden, was insbes. für die Ermittlung des Übernahmegewinns (vgl. § 12 II) von Bedeutung ist.

f) Reine ausländische Verschmelzung. Soweit eine ausl. Körperschaft auf eine **123** andere ausl. Körperschaft verschmolzen wird, findet Abs. 2 S. 1 Nr. 2 idR Anwendung, soweit es sich um inl. Immobilienvermögen bzw. inl. Betriebsstättenvermögen handelt. Lagen beim übertragenden Rechtsträger die Voraussetzungen der §§ 7 ff. AStG vor (Niedrigsteuergebiet) und sind diese Voraussetzungen beim übernehmenden Rechtsträger nicht mehr gegeben, so führt die Umw nach hM nicht zu einer Beschränkung oder eines Ausschlusses des dt. Besteuerungsrechts (→ Rn. 108, → § 3 Rn. 87).

g) Downstream-Merger. Abs. 2 S. 1 Nr. 2 bezieht sich ausschließlich auf die **124** übergehenden WG iSd § 11. Für diese übergehende WG darf das Besteuerungsrecht bei der übernehmenden Körperschaft nicht ausgeschlossen oder beschränkt sein. Für WG des übertragenden Rechtsträgers, die nicht auf den übernehmenden Rechtsträger übergehen, gelten die Voraussetzungen des Abs. 2 S. 1 Nr. 2 nicht. Dazu gehören eigene Anteile des übertragenden Rechtsträgers (→ Rn. 77) und ggf. auch Anteile des übertragenden Rechtsträgers am übernehmenden Rechtsträger (Downstream-Merger; → Rn. 99 ff.; aA BFH BStBl. II 2019, 136). Sie werden beim übertragenden Rechtsträger erfolgsneutral ausgebucht.

Es stellt sich die Frage, ob es beim Downstream-Merger noch in der Person des **125** übertragenden Rechtsträgers ausnahmsweise zu einer Aufdeckung der stillen Reserven in den Anteilen am übernehmenden Rechtsträger kommen kann, wenn das Besteuerungsrecht der BRD hinsichtlich dieser Anteile durch die Verschm ausgeschlossen oder beschränkt wird: Werden die Anteile, die der übertragende Rechtsträger am übernehmenden Rechtsträger erhält, als Gegenleistung den Gesellschaftern des übertragenden Rechtsträgers für ihre im Rahmen der Verschm untergehenden Anteile an der übertragenden Gesellschaft gewährt, erwerben die Gesellschafter des übertragenden Rechtsträgers diese direkt, sie werden zu keinem Zeitpunkt Vermögen des übernehmenden Rechtsträgers (BMF 11.11.2011, BStBl. I 2011, 1314 Rn. 11.18; BFH BStBl. II 2011, 315; FG RhPf EFG 2016, 1392; Dötsch/Pung/Möhlenbrock/ Dötsch/Stimpel Rn. 90; Widmann/Mayer/Schießl Vor § 11 Rn. 101; Rödder/Herlinghaus/van Lishaut/Rödder Rn. 256; Schaflitzl/Götz DB-Beil. 1/2012, 25; Schumacher/Neitz-Hackstein Ubg 2011, 409; Schmitt/Schloßmacher DStR 2010, 673). Dazu im Widerspruch steht die Meinung der FVerw, dass im Falle der Verschm der MutterGes auf die TochterGes die Anteile an der TochterGes nach § 11 II 2 in der stl. Schlussbilanz des übertragenden Rechtsträgers nur dann mit einem Wert unterhalb des gemeinen Werts angesetzt werden können, wenn die übrigen Voraussetzungen des § 11 II 1 Nr. 1 und Nr. 2 vorliegen. Statt auf die übernehmende Körperschaft ist nach Meinung der FVerw bezogen auf die Anteile an der TochterGes auf die übernehmenden Anteilseigner der MutterGes abzustellen (BMF 11.11.2011, BStBl. I 2011, 1314 Rn. 11.19; ebenso Dötsch/Pung/Möhlenbrock/Dötsch/Stimpel Rn. 92). Diese Meinung der FVerw hat sich der BFH angeschlossen (BFH BStBl. II 2019, 136; vgl. → Rn. 101). Da § 11 II 1 Nr. 2 aber gerade auf das dt. Besteuerungsrecht bei der übernehmenden Körperschaft abstellt, kann diese Auffassung nicht überzeugen (FG RhPf EFG 2016, 1392; FG Düsseldorf EFG 2016, 951; Rödder/Herlinghaus/van Lishaut/Rödder Rn. 291; Widmann/Mayer/Schießl Rn. 409 ff.; Rode EFG 2016, 953; Moritz DB 2016, 2022; Schaflitzl/Götz DB-Beil. 1/2012, 25; Rödder DStR 2011, 1059; Rödder/Schaden Ubg 2011, 40; Schumacher/Neitz-Hackstein Ubg 2011, 409; Kessler/Philipp DB 2011, 1658; Schönfeld IStR 2011, 497; Schmitt/Schloßmacher DStR 2010, 673; ausführlich dazu Kempf/Nitzschke IStR 2022, 73; Kühn IStR 2022, 906).

Beispiel:

126   Die in Deutschland unbeschränkt stpfl. M-GmbH wird auf ihre 100%ige Tochter, die in Deutschland unbeschränkt stpfl. T-GmbH verschmolzen. Alleiniger Gesellschafter der M-GmbH ist die Corp Y, die in den USA ansässig ist. IRd Verschm der M-GmbH auf die T-GmbH kommt es zu keiner Kapitalerhöhung bei der T-GmbH, vielmehr werden die Anteile der übertragenden M-GmbH an der aufnehmenden T-GmbH der alleinigen Gesellschafterin der M-GmbH, der Corp Y, als Abfindung gewährt. Durch die Verschm der M-GmbH auf die T-GmbH verliert Deutschland das unmittelbare Besteuerungsrecht hinsichtlich der stillen Reserven der Anteile an der T-GmbH im Fall der Veräußerung der Anteile an der T-GmbH durch die amerikanische Corp Y (vgl. Art. 13 DBA D/USA). Abs. 2 S. 1 Nr. 2 findet keine Anwendung, da die Anteile an der T-GmbH auch nicht für eine logische Sekunde zu eigenen Anteilen werden (→ Rn. 75). § 13 findet auf diesen Fall keine Anwendung, da diese Vorschrift die stl. Erfassung der stillen Reserven in den Anteilen an der schwindenden MutterGes (M-GmbH) zum Gegenstand hat (→ § 13 Rn. 36 f.), wie sich aus Abs. 2 S. 2 ergibt. Es kommt auch nach § 12 KStG in der Person des übertragenden Rechtsträgers nicht zu einer Besteuerung, da diese Regelung durch § 11 verdrängt wird. Im Gegensatz dazu kommt es nach Auffassung des BFH und der FVerw in der Person der M-GmbH zu einer steuerpflichtigen Aufdeckung der stillen Reserven in den Anteilen an der T-GmbH.

13. Keine Gegenleistung, Gegenleistung in Gesellschaftsrechten (Abs. 2 S. 1 Nr. 3)

127   **a) Grundsätzliches.** Das Antragswahlrecht des Abs. 2 ist nach Abs. 2 S. 1 Nr. 3 nur gegeben, soweit für den Vermögensübergang keine Gegenleistung bzw. eine solche Gegenleistung gewährt wird, die in Anteilen an der übernehmenden Körperschaft bestehen.

128   **b) Keine Gegenleistung für den Vermögensübergang.** Das Antragswahlrecht des Abs. 2 zum Buchwert- oder Zwischenwertansatz besteht, soweit für den Vermögensübergang eine Gegenleistung nicht gewährt wird. Damit ist von vornherein der Vermögensübergang **(Vollübertragung)** iSv § 174 I UmwG, §§ 175 ff.

UmwG ausgeschlossen (BMF 11.11.2011, BStBl. I 2011, 1314 Rn. 11.14; BeckOK UmwStG/Groß Rn. 508.2), da dieser nur möglich ist, wenn eine Gegenleistung an die Anteilseigner des übertragenden Rechtsträgers gewährt wird, die nicht in Anteilen oder Mitgliedschaften besteht (§ 174 I UmwG).

Eine Gegenleistung iSv Abs. 2 Nr. 3 setzt voraus, dass den verbleibenden Anteilseignern des übertragenden Rechtsträgers oder diesen nahestehende Personen ein Vermögensvorteil im Zusammenhang mit der Verschm gewährt wird (BMF 11.11.2011, BStBl. I 2011, 1314 Rn. 11.10 iVm Rn. 03.21). Eine Gegenleistung iSd Abs. 2 Nr. 3 wird nicht gewährt, soweit die übernehmende Rechtsträger am übertragenden Rechtsträger beteiligt ist, und zwar iHd bisherigen Beteiligung **(Upstream-Merger)**, obwohl zivilrechtlich in diesen Fällen eine Gegenleistung in Form der Aufgabe von Anteilen am übertragenden Rechtsträger vorliegt (BMF 11.11.2011, BStBl. I 2011, 1314 Rn. 11.10 iVm Rn. 03.21; FG BW EFG 1998, 1529; Rödder/Herlinghaus/van Lishaut/Rödder Rn. 300; Haritz/Menner/Bilitewski/Bärwaldt Rn. 52; HK-UmwStG/Edelmann Rn. 276; Dötsch/Pung/Möhlenbrock/Dötsch Rn. 95; Lademann/Wernicke Rn. 225; Frotscher/Drüen/Junior Rn. 157). Eine Gegenleistung iSv Abs. 2 Nr. 3 setzt nämlich voraus, dass der übernehmende Rechtsträger sowohl etwas aufwendet, um die WG des übertragenden Rechtsträgers zu erlangen, als auch, dass dieser Aufwand zu einer Vermögensmehrung beim übertragenden Rechtsträger bzw. deren Gesellschaft führt.

Auch beim **Downstream-Merger** wendet der übernehmende Rechtsträger aus seinem Vermögen nichts auf, um die WG des übertragenden Rechtsträgers zu erlangen, sofern die Anteilseigner des übertragenden Rechtsträgers die vom übertragenden Rechtsträger gehaltenen Anteile am übernehmenden Rechtsträger erhalten; es liegt ein Fall der Verschm ohne Gewährung einer Gegenleistung iSd Abs. 2 S. 1 Nr. 3 vor (Rödder/Herlinghaus/van Lishaut/Rödder Rn. 301; HK-UmwStG/Edelmann Rn. 278; aA Widmann/Mayer/Schießl Rn. 350: Gewährung von Gesellschaftsrechten). Gleiches gilt, wenn **SchwesterGes** miteinander verschmolzen werden und die übernehmende Körperschaft nach § 54 I UmwG auf eine Kapitalerhöhung verzichtet (Frotscher/Drüen/Frotscher Rn. 157; Rödder/Herlinghaus/van Lishaut/Rödder Rn. 301; HK-UmwStG/Edelmann Rn. 279). Soweit bei einer Verschm nach ausl. Recht eine Kapitalerhöhung nicht vorgeschrieben ist, erfolgt die Verschm ohne Gewährung einer Gegenleistung iSd Abs. 2 S. 1 Nr. 3.

c) Gegenleistung in Gesellschaftsrechten. Das Antragswahlrecht des Abs. 2 gilt – neben den sonstigen Voraussetzungen – auch dann, wenn als Gegenleistung für die Vermögensübertragung Gesellschaftsrechte gewährt werden.

Abs. 2 S. 1 Nr. 3 spricht zwar von „Gesellschaftsrechten", gemeint sind aber **Gesellschaftsrechte** und **Mitgliedschaftsrechte**. Bei den Gesellschaftsrechten bzw. Mitgliedschaftsrechten muss es sich um solche am übernehmenden Rechtsträger handeln (Dötsch/Pung/Möhlenbrock/Dötsch Rn. 97; Lademann/Wernicke Rn. 223; Rödder/Herlinghaus/van Lishaut/Rödder Rn. 305; Haritz/Menner/Bilitewski/Bärwaldt Rn. 54; Frotscher/Drüen/Junior Rn. 160; aA Widmann/Mayer/Schießl Rn. 351), wobei es sich bei den Gesellschaftsrechten nicht um **neue Anteile** aus einer Kapitalerhöhung handeln muss. Die Gewährung bereits **bestehender eigener Anteile** zur Erfüllung der in Abs. 1 S. 1 Nr. 2 genannten Voraussetzungen genügt (Rödder/Herlinghaus/van Lishaut/Rödder Rn. 306; Haritz/Menner/Bilitewski/Bärwaldt Rn. 57; Dötsch/Pung/Möhlenbrock/Dötsch Rn. 97; Widmann/Mayer/Schießl Rn. 349; Lademann/Wernicke Rn. 223; Frotscher/Drüen/Junior Rn. 160; Buchna DStZ 1995, 449; Brandis/Heuermann/Klingberg Rn. 64). Werden eigene Anteile des übernehmenden Rechtsträgers ausgegeben, so führt dies wegen Abs. 2 S. 1 Nr. 3 bei dem übergehenden Vermögen nicht zur Aufdeckung von stillen Reserven in der stl. Schlussbilanz des übertragenden Rechtsträgers, der übernehmende Rechtsträger muss gem. § 12 I 1 diese Werte fortführen. Nach Inkrafttreten des BilMoG ist die Ausgabe eigener Anteile ebenso wie deren entgeltlicher Übertragung stl. kein Veräußerungsvorgang (BMF 27.11.2013, DStR 2013, 2700), sondern ist wie eine Erhöhung des Nennkapitals bzw. des stl. Einlagekontos zu behandeln (vgl. Dötsch/Pung/Möhlenbrock/Dötsch Rn. 43; Rödder/Herlinghaus/van Lishaut/Rödder Rn. 306; BMF 27.11.2013, DStR 2013, 2700). Ob **Genussscheine** unter den Begriff der „Gesellschaftsrechte" fallen, ist streitig (vgl. Widmann/Mayer/Schießl Rn. 315; Brandis/Heuermann/Klingberg Rn. 64 einerseits und Dötsch/Pung/Möhlenbrock/Dötsch Rn. 98, Frotscher/Drüen/Junior Rn. 160, Haritz/Menner/Bilitewski/Bärwaldt Rn. 55 andererseits; vgl. auch Lademann/Wernicke Rn. 224). Werden einem Gesellschafter des übertragenden Rechtsträgers als Gegenleistung für die Verschm Genussrechte gewährt und wird diese Verschm in das Handelsregister eingetragen, so soll dieser Gesellschafter Gesellschaftsrechte iSd Abs. 2 S. 1 Nr. 3 erlangen. Die Vorschrift des § 17 EStG definiere, was unter Anteilen an einer KapGes und damit auch indirekt, was unter Gesellschaftsrechten zu verstehen ist, wobei Genussscheine als Anteile an einer KapGes aufgefasst werden. Es sei kein Grund ersichtlich, im Rahmen des Abs. 2 S. 1 Nr. 3 anders zu verfahren (so Dötsch/Pung/Möhlenbrock/Dötsch Rn. 98; aA Widmann/Mayer/Schießl Rn. 315).

133 Werden neben Gesellschaftsrechten auch andere Gegenleistungen, wie zB **bare Zuzahlungen** (→ Rn. 135 ff.), an die Gesellschafter des übertragenden Rechtsträgers erbracht, so schließt dies die Anwendbarkeit des Abs. 2 nicht vollständig aus. In diesem Fall ist eine anteilige Anwendung des Abs. 2 weiterhin möglich. Das Gesetz schließt solche Mischfälle nicht aus, da das Wahlrecht ausgeübt werden kann, soweit die Voraussetzungen des Abs. 2 gegeben sind (allgM vgl. BMF 11.11.2011, BStBl. I 2011, 1314 Rn. 11.10 iVm Rn. 03.23).

134 Empfänger der Gesellschaftsrechte am übernehmenden Rechtsträger müssen die bisherigen Inhaber von Rechten an der übertragenden Körperschaft sein (Rödder/Herlinghaus/van Lishaut/Rödder Rn. 305; Haritz/Menner/Bilitewski/Bärwaldt Rn. 54). Leistungen an Dritte stellen keine Gewährung von Gesellschaftsrechten iSd Vorschrift dar, es sei denn, die Gewährung an den Dritten erfolgt wirtschaftlich auf Rechnung des bisherigen Rechtsinhabers am übertragenden Rechtsträger (vgl. Rödder/Herlinghaus/van Lishaut/Rödder Rn. 305 Fn. 3; Haritz/Menner/Bilitewski/Bärwaldt Rn. 54; Widmann/Mayer/Schießl Rn. 312; → Rn. 136).

14. Gegenleistung, die nicht in Gesellschaftsrechten besteht

135 Soweit eine Gegenleistung gewährt wird, die nicht in Gesellschaftsrechten besteht, gilt das Antragswahlrecht des Abs. 2 nicht. Das Gesetz äußert sich aber nicht dazu, an wen, für was und durch wen Zahlungen geleistet werden müssen, damit eine Gegenleistung iSd Vorschrift vorliegt.

136 Ebenso wie im Regelungsbereich des § 3 sind Gegenleistungen iSd Abs. 2 Nr. 3 nur solche, die **von dem übernehmenden Rechtsträger** oder diesem nahe stehende Personen im Rahmen der Verschm erbracht werden (BMF 11.11.2011, BStBl. I 2011, 1314 Rn. 11.10 iVm Rn. 03.21; Rödder/Herlinghaus/van Lishaut/Rödder Rn. 307; Dötsch/Pung/Möhlenbrock/Dötsch Rn. 102; Haase/Hofacker/Ropohl/Sonntag Rn. 178). Diese Gegenleistung muss an die verbleibenden Gesellschafter des übertragenden Rechtsträgers oder diesen nahe stehenden Personen erfolgen (BMF 11.11.2011, BStBl. I 2011, 1314 Rn. 11.10 iVm Rn. 03.21; Dötsch/Pung/Möhlenbrock/Dötsch Rn. 102; Rödder/Herlinghaus/van Lishaut/Rödder Rn. 310; Haritz/Menner/Bilitewski/Bärwaldt Rn. 58; aA Frotscher/Drüen/Junior Rn. 163a). Zum Teil wird davon ausgegangen, dass auch eine Gegenleistung an den übertragenden Rechtsträger eine Gegenleistung iSd Abs. 2 S. 1 Nr. 3 ist (Widmann/Mayer/Schießl Rn. 293, 307). Verbleibende Gesellschafter in diesem Sinne sind solche, die an der Verschm teilnehmen und damit Gesellschafter des übernehmenden Rechtsträgers werden (Dötsch/Pung/Möhlenbrock/Dötsch Rn. 102; Haritz/Menner/Bilitewski/Bärwaldt Rn. 58; Rödder/Herlinghaus/van Lishaut/Rödder Rn. 307; Frotscher/Drüen/Junior Rn. 156). Es ist nicht erforderlich, dass die Gegenleistung auf Grund umwandlungsrechtlicher Regelungen erfolgt (BMF 11.11.2011, BStBl. I 2011, 1314 Rn. 11.10 iVm Rn. 03.21; Dötsch/Pung/Möhlenbrock/Dötsch Rn. 102). Wird der übertragende Rechtsträger auf einen Anteilseigner verschmolzen, scheidet eine Gegenleistung aus (→ Rn. 129).

Von einer Gegenleistung iSd Abs. 2 S. 1 Nr. 3 ist auszugehen, wenn eine **Zuzahlung**, zB in Form eines Spitzenausgleichs nach § 54 IV UmwG oder § 68 III UmwG, gezahlt wird (BMF 11.11.2011, BStBl. I 2011, 1314 Rn. 11.10 iVm Rn. 03.21; Dötsch/Pung/Möhlenbrock/Dötsch Rn. 102; BeckOK UmwStG/Groß Rn. 509; Haritz/Menner/Bilitewski/Bärwaldt Rn. 56; Rödder/Herlinghaus/van Lishaut/ Rödder Rn. 308; Frotscher/Drüen/Junior Rn. 156). Gleiches gilt, wenn der übernehmende Rechtsträger den Anteilseignern des übertragenden Rechtsträgers bzw. deren nahe stehenden Personen ein Darlehen im Rahmen der Umw gewährt.

Keine Gegenleistung iSd Abs. 2 S. 1 Nr. 3 stellt die **Barabfindung** iSd §§ 29, 125 und 207 an einen der Umw widersprechenden Anteilseigner dar (BMF 11.11.2011, BStBl. I 2011, 1314 Rn. 11.10 iVm Rn. 3.22; Dötsch/Pung/Möhlenbrock/Dötsch Rn. 104; Rödder/Herlinghaus/van Lishaut/Rödder Rn. 310; BeckOK UmwStG/ Groß Rn. 510; Haritz/Menner/Bilitewski/Bärwaldt Rn. 53; Lademann/Wernicke Rn. 230; aA Widmann/Mayer/Schießl Rn. 299; Thiel/Eversberg/van Lishaut/ Neumann GmbHR 1998, 387). § 12 II 3 verweist auf § 5 I. Bei einem Anteilseigner, der gegen Barabfindung ausscheidet, wird daher unterstellt, dass der der Verschm widersprechende Anteilseigner Anteile an der übertragenden Körperschaft veräußert und nicht solche an der übernehmenden Körperschaft. Die Fiktion hat zur Konsequenz, dass die übernehmende Körperschaft die Abfindung nicht deshalb leistet, um WG der übertragenden Körperschaft zu erlangen, sondern vielmehr die Abfindung deshalb bezahlt wird, um den Anteil des ausscheidenden Gesellschafters zu erwerben. Unter diesen Voraussetzungen liegt damit eine Gegenleistung iSd Abs. 2 S. 1 Nr. 3 nicht vor, da aus stl. Sicht die übernehmende Körperschaft Anteile an der übertragenden Körperschaft erwirbt. Für den abgefundenen Gesellschafter an der übertragenden Körperschaft stellt die Abfindung aus stl. Sicht einen Veräußerungserlös für einen Anteil an der übertragenden Körperschaft dar. Eine Barabfindung in diesem Sinne soll auch dann gegeben sein, wenn der übernehmende Rechtsträger den Gesellschaftern des übertragenden Rechtsträgers, die Gesellschafter des übernehmenden Rechtsträgers wurden, nach der Umw ein Abfindungsangebot macht, welches diese annehmen (FG Düsseldorf DStRE 2009, 5).

Zahlungen zwischen den Gesellschaftern des übertragenden und des übernehmenden Rechtsträgers, um Wertunterschiede auszugleichen, stellen nach richtiger Meinung keine sonstige Gegenleistung dar (Dötsch/Pung/Möhlenbrock/Dötsch Rn. 106; BeckOK UmwStG/Groß Rn. 510; Rödder/Herlinghaus/van Lishaut/ Rödder Rn. 311; aA möglicherweise BMF 11.11.2011, BStBl. I 2011, 1314 Rn. 11.10 iVm Rn. 03.21: nahe stehende Personen; Widmann/Mayer/Schießl Rn. 311); Gleiches gilt auch für Zahlungen des übertragenden Rechtsträgers an seine Gesellschafter (Lademann/Wernicke Rn. 230; Dötsch/Pung/Möhlenbrock/ Dötsch Rn. 106). **Rechte Dritter** an Anteilen des übertragenden Rechtsträgers, die sich von Gesetzes wegen an den neuen Anteilen am übernehmenden Rechtsträger fortsetzen, stellen keine sonstige Gegenleistung dar. Gleiches gilt, wenn solche Rechte auf Grund einer schuldrechtlichen Vereinbarung, auch wenn diese erst im Zusammenhang mit der Verschm geschlossen wird, sich an den Anteilen am übernehmenden Rechtsträger fortsetzen sollen (zB Vorkaufsrechte, Nießbrauch uÄ).

Soweit eine Gegenleistung iSd Abs. 2 Nr. 3 erfolgt, die nicht in Gesellschaftsrechten besteht, hat dies zur Folge, dass die übergehenden WG in der stl. Schlussbilanz des übertragenden Rechtsträgers insoweit mit dem gemeinen Wert der Gegenleistung anzusetzen sind (BMF 11.11.2011, BStBl. I 2011, 1314 Rn. 11.10 iVm

Rn. 03.21; Dötsch/Pung/Möhlenbrock/Dötsch Rn. 107; Haritz/Menner/Bilitewski/Bärwaldt Rn. 60; Rödder/Herlinghaus/van Lishaut/Rödder Rn. 312; Frotscher/Drüen/Junior Rn. 168; BeckOK UmwStG/Groß Rn. 512). Daraus ergibt sich ein Übertragungsgewinn in Höhe der Differenz zwischen dem Wert der sonstigen Gegenleistung abzgl. der auf die Gegenleistung entfallenden BW der übertragenen WG (Rödder/Herlinghaus/van Lishaut/Rödder Rn. 312). Der anteilige BW ergibt sich aus dem Verhältnis des Gesamtwertes der Gegenleistung zum Wert der Sachgesamtheit, die übertragen wird. In Höhe des Übertragungsgewinns sind die WG in der stl. Schlussbilanz des übertragenden Rechtsträgers aufzustocken. Nach Auffassung der FVerw ermittelt sich der Aufstockungsbetrag aus dem Verhältnis des Übertragungsgewinns zu den gesamten stillen Reserven und stillen Lasten, jedoch mit Ausnahme der stillen Lasten in den Pensionsrückstellungen (BMF 11.11.2011, BStBl. I 2011, 1314 Rn. 11.10 iVm Rn. 03.24 mit einem entsprechenden Beispiel; ebenso Dötsch/Pung/Möhlenbrock/Dötsch Rn. 107; vgl. auch Rödder/Herlinghaus/van Lishaut/Rödder Rn. 313 ff.). Nach der hier vertretenen Auffassung wird der Aufstockungsbetrag bezogen auf die einzelnen übergehenden WG wie folgt ermittelt:

141 Die sich ergebende Verhältniszahl aus

$$\frac{\text{Gesamtgegenleistung}}{\text{Gesamtwert}}$$

wird bei der Ermittlung des hinsichtlich der einzelnen WG anzusetzenden Werts wie folgt berücksichtigt:

BW lt. allg. Gewinnermittlungsvorschriften
./. auf Gegenleistung entfallender BW
\+ auf das WG entfallender Teil der Gegenleistung

Die auf die Gegenleistung entfallenden Teile des BW werden durch Anwendung der Verhältniszahl ermittelt:

$$\frac{\text{Gesamtgegenleistung} \times \text{BW}}{\text{Gesamtwert}}$$

Der auf das einzelne WG entfallende Teil der Gegenleistung wird ebenfalls durch die Anwendung der Verhältniszahl ermittelt:

$$\frac{\text{Gesamtgegenleistung} \times \text{GW des einzelnen WG}}{\text{Gesamtwert}}$$

142 Der Gesamtwert (gemeiner Wert) des übergehenden Vermögens beträgt 240, die Gegenleistung beträgt 48 = 20%. Dann ergeben sich folgende Werte:

	BW	gW	auf Gegenleistung entfallender BW	auf das WG entfallender Teil der Gegenleistung	anzusetzender Wert des einzelnen WG
Firmenwert	–	40	–	8	8
orig. immaterielle WG	–	20	–	4	4
Anlagevermögen	50	100	10	20	60
Umlaufvermögen	30	80	6	16	40
	80	240	16	48	112

Die Aufstockung erfolgt **quotal** im Verhältnis der Gegenleistung zum gemeinen 143
Wert (Rödder/Herlinghaus/van Lishaut/Rödder Rn. 147; Frotscher/Drüen/Junior
Rn. 168). Die Gegenleistung ist gleichmäßig auf alle übergegangenen WG zu verteilen. Die sog. **modifizierte Stufentheorie,** nach der die Aufstockung in einer
ersten Stufe bei bereits bilanzierten WG und den (auch nicht angesetzten) immateriellen WG erfolgt und erst in einem zweiten Schritt bei einem nicht angesetzten
Geschäfts- oder Firmenwert erfolgt, hat die FVerw zu Recht aufgegeben (ebenso
Rödder/Herlinghaus/van Lishaut/Rödder Rn. 313; Dötsch/Patt/Pung/Möhlenbrock/Pung/Möhlenbrock § 3 Rn. 51; Frotscher/Drüen/Junior Rn. 169; aA Bodden FR 2007, 6; zur Übergangsregelung vgl. BMF 11.11.2011, BStBl. I 2011, 1314
Rn. S.03).

Die FVerw geht des Weiteren davon aus, dass bei den Anteilseignern des übertra- 144
genden Rechtsträgers ein **Veräußerungserlös bezogen auf die Anteile des übertragenden Rechtsträgers** entsteht, soweit eine Gegenleistung iSd Abs. 2 Nr. 3
gewährt wird, die nicht in Gesellschaftsrechten besteht (BMF 11.11.2011, BStBl. I
2011, 1314 Rn. 11.10 iVm Rn. 03.21; ebenso Dötsch/Pung/Möhlenbrock/Dötsch
Rn. 109; str., → § 3 Rn. 110).

Kommt es zu einer **Zahlung durch die übertragende Körperschaft** an ihre 145
bisherigen Anteilseigner, so liegt auf der Ebene des Anteilseigners je nach den
Umständen des Einzelfalls der Erwerb eigener Anteile, eine vGA oder eine andere
Ausschüttung vor (vgl. Dötsch/van Lishaut/Wochinger DB-Beil. 7/1998, 25).

15. Rückwirkung

Die §§ 11–13 enthalten keine eigenen Regelungen über die stl. Rückbeziehung, 146
es gilt insoweit § 2. Zu den einzelnen Voraussetzungen und stl. Auswirkungen der
Rückwirkung vgl. → § 2 Rn. 1 ff.

16. Der Beteiligungskorrekturgewinn/-verlust bei einer Abwärtsverschmelzung (Abs. 2 S. 2 und 3)

Im Falle der Abwärtsverschmelzung einer Mutter- auf ihre TochterGes sind nach 147
Abs. 2 S. 2 Anteile am übernehmenden Rechtsträger in der stl. Schlussbilanz des
übertragenden Rechtsträgers mit dem BW, erhöht um Teilwertabschreibung, die in
früheren Jahren steuerwirksam vorgenommen – und zwischenzeitlich nicht rückgängig gemacht wurden –, sowie um steuerwirksame Abzüge nach § 6b EStG und
ähnliche Abzüge, höchstens jedoch mit dem gemeinen Wert, anzusetzen. Ein sich
daraus ergebender sog. Beteiligungskorrekturgewinn/-verlust (→ Rn. 152) ist
Bestandteil des Übertragungsgewinns (Dötsch/Pung/Möhlenbrock/Dötsch/Stimpel Rn. 116; Rödder/Herlinghaus/van Lishaut/Rödder Rn. 413; Haritz/Menner/
Bilitewski/Bärwaldt Rn. 67).

Steuerwirksame Abschreibungen iSd Abs. 2 S. 2 konnten bis zur Einführung des 148
§ 8b III KStG vorgenommen werden. Andere Abzüge iSd Abs. 2 S. 1 sind zB
Abzüge nach 6.6. EStR.

Geht man davon aus, dass im Rahmen der Abwärtsverschmelzung die Anteile an 149
der TochterGes zu den übergehenden WG gehören (vgl. → Rn. 75, → Rn. 99 f.),
gilt Folgendes: Nach § 1 V Nr. 4 ist der BW iSd § 11 II 2 der Wert, der sich nach
den stl. Vorschriften über die Gewinnermittlung in einer für den stl. Übertragungsstichtag aufzustellenden StB ergibt oder ergäbe. Daraus muss geschlossen werden,
dass zum stl. Übertragungsstichtag zunächst das Wertaufholungsgebot des § 6 I 1
Nr. 1 S. 4, Nr. 2 S. 2 f. EStG durchgeführt werden muss, bevor es zu Zuschreibungen
nach Abs. 2 S. 2 kommt (BMF 11.11.2011, BStBl. I 2011, 1314 Rn. 11.17; Rödder/
Herlinghaus/van Lishaut/Rödder Rn. 404; Dötsch/Pung/Möhlenbrock/Dötsch/
Stimpel Rn. 113). Sollte die Wertaufholung zwischen dem letzten Bilanzstichtag

des übertragenden Rechtsträgers und dem Verschmelzungsstichtag eingetreten sein, so ist die Wertaufholung iSd § 6 I 1 Nr. 1 S. 4, Nr. 2 S. 2 f. EStG vorzunehmen, BW iSd Abs. 2 S. 2 ist nämlich gem. § 1 V Nr. 4 „der Wert, der sich nach den steuerrechtlichen Vorschriften über die Gewinnermittlung in einer für den steuerlichen Übertragungsstichtag aufzustellenden StB ergibt oder **ergäbe**" (BMF 11.11.2011, BStBl. I 2011, 1314 Rn. 11.17; aA wohl Rödder/Herlinghaus/van Lishaut/Rödder Rn. 404). Wird bereits durch die Wertaufholung iSd § 6 I 1 Nr. 1 S. 4, Nr. 2 S. 2 f. EStG der gemeine Wert erreicht, so bleibt für die Anwendung des Abs. 2 S. 2 kein Raum mehr (Rödder/Herlinghaus/van Lishaut/Rödder Rn. 404; Dötsch/Pung/Möhlenbrock/Dötsch/Stimpel Rn. 113; Widmann/Mayer/Schießl Rn. 568).

150 Wurde auf die Anteile am übernehmenden Rechtsträger sowohl eine steuerwirksame als auch eine **nicht steuerwirksame Teilwertabschreibung** vorgenommen, stellt sich das Problem, welche dieser Teilwertabschreibungen zuerst rückgängig gemacht werden muss, wenn der gemeine Wert der Anteile niedriger ist als die Summe der vorgenommenen Teilwertabschreibungen. Ein vergleichbares Problem stellt sich im Anwendungsbereich des § 6 I 1 Nr. 1 S. 4, Nr. 2 S. 2 f. EStG iVm § 8b II 4 KStG (Wertaufholung). Insoweit wird vertreten, dass zunächst die zeitlich jüngste, dh steuerunwirksame Teilwertabschreibung aufzuholen ist, bevor die ältere steuerwirksame Teilwertabschreibung rückgängig gemacht wird (BFH BStBl. II 2010, 760; Förster/Felchner DB 2006, 1072; Zieren/Adrian DB 2006, 301). Für diese Meinung spricht, dass es für das stl. Ergebnis keinen Unterschied machen kann, ob der Anteilswert nach der steuerwirksamen Wertminderung konstant bleibt oder ob eine weitere steuerneutrale Wertminderung erfährt, die ausschließlich wieder durch eine Wertsteigerung ausgeglichen wird. Nach Abs. 2 S. 2 sind Minderungen „die in früheren Jahren steuerwirksam vorgenommen worden sind" rückgängig zu machen. Auf Grund dieser Formulierung des Gesetzes sind daher nach hM die in früheren Jahren vorgenommenen steuerwirksamen Abschreibungen und Abzüge rückgängig zu machen, erst danach die nicht steuerwirksam vorgenommenen Minderungen (BMF 11.11.2011, BStBl. I 2011, 1314 Rn. 11.17; Dötsch/Pung/Möhlenbrock/Dötsch Rn. 112; Widmann/Mayer/Schießl Rn. 568; Rödder/Herlinghaus/van Lishaut/Rödder Rn. 403; aA Förster/Felchner DB 2006, 1672; Bogenschütz Ubg 2011, 393; IDW WPg 2011, 852). Wegen der Vorrangigkeit der Wertaufholung nach § 6 EStG (→ Rn. 149) stellt sich die Frage der vorstehend dargestellten Reihenfolge idR nicht (Rödder/Herlinghaus/van Lishaut/Rödder Rn. 404). Abs. 2 S. 2 findet daher insbes. unmittelbare Anwendung, wenn man davon ausgeht, dass idR die Anteile an der TochterGes nicht zum übergehenden Vermögen gehören (vgl. → Rn. 75, → Rn. 99 ff.).

151 Der gemeine Wert bildet die Obergrenze der Zuschreibung nach Abs. 2 S. 2. Der gemeine Wert entspricht bei börsennotierten Wertpapieren nach § 11 I BewG dem Kurswert, Paketzuschläge sind gem. § 11 III BewG zu berücksichtigen (Dötsch/Pung/Möhlenbrock/Dötsch Rn. 114; Rödder/Herlinghaus/van Lishaut/Rödder Rn. 400; BMF 17.5.2011, BStBl. I 2011, 606). IÜ ermittelt sich der gemeine Wert gem. § 11 II BewG. Zu beachten ist jedoch, dass das vereinfachte Ertragswertverfahren iSd §§ 109–203 BewG bei komplexeren Konzernstrukturen nach Auffassung der FVerw nicht gilt (vgl. gemeinsamer Ländererlass v. 17.5.2011, BStBl. I 2011, 606). Kommt es zu einem höheren Wertansatz gem. Abs. 2 S. 2, so ergibt sich ein Beteiligungskorrekturgewinn durch Gegenüberstellung des aufgrund von Abs. 2 S. 2 ermittelten Werts mit dem entsprechenden BW. Zu organschaftlichen Ausgleichsposten vgl. Rödder/Herlinghaus/van Lishaut/Rödder Rn. 413. Dieser Beteiligungskorrekturgewinn ist nach Maßgabe des § 8b II 4, 5 KStG voll stpfl. Er wirkt sich sowohl körperschaftsteuerrechtlich als auch gewerbesteuerrechtlich aus (Rödder/Herlinghaus/van Lishaut/Rödder Rn. 414).

Nach seinem Wortlaut regelt Abs. 2 S. 2 nicht nur die Obergrenze einer Zuschreibung, sondern bestimmt auch, dass die Anteile an der übernehmenden Körperschaft höchstens mit dem gemeinen Wert anzusetzen sind. Liegt der gemeine Wert der Anteile an der übernehmenden Körperschaft unter dem BW, so muss eine logische Sekunde vor der Verschm eine **Abstockung** der Anteile vorgenommen werden (BFH DStR 2014, 2120; Rödder/Herlinghaus/van Lishaut/Rödder Rn. 415; Frotscher/Drüen/Junior Rn. 189a; BeckOK UmwStG/Groß Rn. 548; Krohn/Greulich DStR 2008, 646; Frotscher/Drüen/Schnitter § 4 Rn. 40; Haase/Hruschka/Steierberg § 3 Rn. 51; aA Dötsch/Pung/Möhlenbrock/Pung/Werner § 4 Rn. 14a; Widmann/Mayer/Schießl Rn. 283; Rödder/Herlinghaus/van Lishaut § 4 Rn. 646), in jedem Fall muss eine Abstockung auf den gemeinen Wert aufgrund von Abs. 2 S. 1 iVm Abs. 1 erfolgen. Dies gilt auch, wenn die Wertminderung voraussichtlich nicht dauerhaft war und damit eine Teilwertabschreibung insoweit ausscheidet. Der Grundsatz der Maßgeblichkeit der HB für die StB gilt nicht. Bestätigt wird dieses Ergebnis durch die Systematik des UmwStG sowie den Wertungen des Gesetzgebers. Im UmwStG idF des SEStEG wird nämlich für alle Bewertungssituationen der Ansatz des gemeinen Werts als Bewertungsobergrenze angeordnet, so zB in § 3 I 1, § II 1, § 11 I 1, § 20 II 1–2, § 21 I 1–2, § 23 I, III 1 und § 24 II 1–2 (aA Dötsch/Pung/Möhlenbrock/Pung/Werner § 4 Rn. 14a). Auf den **Beteiligungskorrekturverlust** ist § 8b KStG anzuwenden. Die Abstockung bewirkt, dass sich ein höherer Übernahmegewinn und ein niedrigerer Übernahmeverlust ergeben.

17. Ermittlung und Besteuerung eines Übertragungsgewinns

a) Besteuerung des Übertragungsgewinns. Übt die übertragende Körperschaft ein ihr nach Abs. 2 zustehendes Antragswahlrecht dahingehend aus, dass sie entweder ZW ansetzt, oder kommt es zum Ansatz mit dem gemeinen Wert, entsteht mit Ablauf des Übertragungsstichtages ein Übertragungsgewinn (Widmann/Mayer/Schießl Rn. 533; Frotscher/Drüen/Junior Rn. 192), der ggf. gegenüber der übernehmenden Körperschaft als Rechtsnachfolger festgesetzt wird (BFH HFR 2008, 1171). Zur Möglichkeit des Entstehens eines Übertragungsverlustes → Rn. 52.

Der Übertragungsgewinn unterliegt bei der übertragenden Körperschaft – soweit nicht eine DBA-Freistellung eingreift – der **Besteuerung nach allg. Vorschriften** des KStG und gem. § 19 I der GewSt (Dötsch/Pung/Möhlenbrock/Dötsch/Stimpel Rn. 119; Widmann/Mayer/Schießl Rn. 534 ff.; Rödder/Herlinghaus/van Lishaut/ Rödder Rn. 206). DBA-Freistellungen sind zu beachten. Der Übertragungsgewinn kann jedenfalls durch einen Verlustabzug im Rahmen der Beschränkungen der Mindestbesteuerung reduziert werden, wobei es möglicherweise verfassungswidrig ist, wenn durch die Anwendung der Mindestbesteuerung es zu einer vollständigen Beseitigung der Abzugsmöglichkeit oder zu einem Ausschluss des Verlustausgleichs kommt (vgl. BFH DStR 2014, 1761; BStBl. II 2013, 508; DStR 2010, 2179, BMF 19.10.2011, BStBl. I 2011, 974; Dötsch/Patt/Pung/Möhlenbrock/Pung/Möhlenbrock § 3 Rn. 52a). **§ 2 IV** schränkt aber die Möglichkeit den Übertragungsgewinn mit verrechenbaren Verlusten, Verlustvorträgen uA des übertragenden Rechtsträgers zu verrechnen erheblich ein (→ § 2 Rn. 122 ff.). Entsteht der Übertragungsgewinn durch die Aufdeckung stiller Reserven in einem Mitunternehmerteil, an dem die übertragende Körperschaft beteiligt ist, so kann er durch einen verrechenbaren Verlust iSv § 15a EStG neutralisiert werden (Rödder/Herlinghaus/van Lishaut/Rödder Rn. 207; Widmann/Mayer/Schießl Rn. 542). Setzt die übertragende Körperschaft in ihrer stl. Schlussbilanz eine Beteiligung an einer anderen Körperschaft mit einem über dem BW liegenden Wert an, so findet § 8b KStG Anwendung (Rödder/ Herlinghaus/van Lishaut/Rödder Rn. 206; Dötsch/Pung/Möhlenbrock/Dötsch/ Stimpel Rn. 119; Widmann/Mayer/Schießl Rn. 535; BMF 28.4.2003, BStBl. I

2003, 292 Rn. 23; Füger/Rieger FR 2003, 543). § 8b IV KStG aF ist anwendbar (Widmann/Mayer/Schießl Rn. 535). Die Bildung einer Rücklage nach § 4g EStG kommt auch in den Fällen des Abs. 2 Nr. 2 nicht in Betracht (Widmann/Mayer/Schießl Rn. 265.1). Der Übertragungsgewinn erhöht das in der StB ausgewiesene EK der übertragenden Körperschaft, da er in der stl. Schlussbilanz des übertragenden Rechtsträgers zu berücksichtigen ist. Der Übertragungsgewinn wird, da es sich aus stl. Sicht um Veräußerungsgewinn handelt, von einem **GAV** erfasst (Frotscher/Drüen/Junior Rn. 202; Rödder/Herlinghaus/van Lishaut/Rödder Rn. 208, 120; BFH BStBl. II 2023, 195: zur Abspaltung; aA BMF 11.11.2011, BStBl. I 2011, 1314 Rn. 25; Dötsch/Pung/Möhlenbrock/Dötsch Rn. 121; BeckOK UmwStG/Groß Rn. 299; Kessler/Weber/Aberle Ubg 2008, 209; Widmann/Mayer/Schießl Rn. 266; vgl. auch BMF 10.3.2023, BStBl. I 2023, 250).

155 Führt die Umw für im Ausland gelegenes Vermögen im Ausland zu einer Gewinnrealisierung, ist die dadurch im Ausland entstehende Steuer nach allg. Grundsätzen des § 26 KStG auf die KStG des übertragenen Gewinns anrechenbar. Wegen des Leerlaufens der Anrechnung in den Fällen, in denen der BW in der stl. Schlussbilanz des übertragenden Rechtsträgers angesetzt wird, → Rn. 70. Wegen der Anrechnung fiktiver ausl. Steuer → Rn. 157. Ist die übertragende Körperschaft nach § 5 I KStG von der KSt befreit, ist der Übertragungsgewinn steuerfrei.

156 b) Ermittlung des Übertragungsgewinns. Der Übertragungsgewinn ergibt sich rechnerisch aus der Diff. zwischen den Ansätzen in der stl. Schlussbilanz gem. Abs. 1, 2 und der StB auf den Übertragungsstichtag unter Fortschreibung der bisherigen stl. BW. Die Diff. entspricht dem Übertragungsgewinn. Er kann nach folgendem Schema berechnet werden:

+ übergehendes Vermögen zu ZW oder gemeinem Wert einschl. Beteiligungskorrekturgewinn iSv Abs. 2 S. 2
− BW der übergehenden WG

= Buchgewinn
− Kosten und Aufwand der Verschm

= Übertragungsgewinn/-verlust vor KSt/GewSt
− GewSt auf Übertragungsgewinn (ab 2008) gem. § 4 V lit. b EStG als nicht abzugsfähige BA wieder hinzuzurechnen)
− KSt auf Übertragungsgewinn (ist gem. § 10 II KStG als nicht abzugsfähige BA wieder hinzuzurechnen)

= Übertragungsgewinn

Zur Berücksichtigung von Umwandlungskosten → Rn. 89 f.

18. Grenzüberschreitende Verschmelzung innerhalb der EU

157 Nach Abs. 3 gilt für den übertragenden Rechtsträger bei einer Verschm § 3 III entsprechend. Abs. 3 iVm § 3 III betreffen den Fall der grenzüberschreitenden Hinausverschmelzung einer unbeschränkt stpfl. Körperschaft ins EU-Ausland bei Vorhandensein einer in einem anderen EU-Mitgliedstaat gelegenen Betriebsstätte, für die Deutschland nicht auf sein Besteuerungsrecht verzichtet hat und das jeweilige DBA bzw. § 20 II AStG die Freistellungsmethode ausschließt. Durch die Hinausverschmelzung kann Deutschland bzgl. der Betriebsstätte sein Besteuerungsrecht verlieren (→ Rn. 114 ff.), das übertragene Vermögen in der Betriebsstätte ist dann in der stl. Schlussbilanz mit dem gemeinen Wert anzusetzen. Entsprechend Art. 10 II Fusions-RL, der in § 3 III umgesetzt worden ist, ist auf die insoweit erhobene inl. Steuer eine fiktive ausl. Steuer anzurechnen. Die Anrechnung dieser fiktiven ausl. Steuer erfolgt nach den Grundsätzen des § 26 KStG mit dem Betrag ausl. Steuer, der nach den Rechtsvorschriften des anderen Mitgliedstaats erhoben worden wäre, wenn das übergehende Vermögen zum Zeitpunkt der Übertragung zum gemeinen

Wert veräußert worden wäre. Erhebt der andere EU-Mitgliedstaat anlässlich der Verschm tatsächliche Steuern, so erfolgt eine Anrechnung dieser Steuer nach den Grundsätzen des § 26 KStG (Rödder/Herlinghaus/van Lishaut/Rödder Rn. 420). Zur Ermittlung des Betrages der anrechenbaren ausl. Steuer ist idR ein Auskunftsersuchen an den ausl. Betriebsstättenstaat erforderlich (BMF 11.11.2011, BStBl. I 2011, 1314 Rn. 11.13 iVm Rn. 03.32).

19. Keine verdeckte Gewinnausschüttung der übertragenden Körperschaft in Folge der Verschmelzung

Die Verschm einer Körperschaft auf eine andere Körperschaft stellt aus der Sicht **158** der übertragenden Gesellschaft ein veräußerungsgleiches Geschäft dar (→ Vor § 11 Rn. 2). Die sich daraus eigentlich ergebenen stl. Konsequenzen der Aufdeckung der stillen Reserven im übertragenen Vermögen kann jedoch durch die Vorschriften des § 11 vermieden werden. Die als Gegenleistung für die Übertragung des Vermögens durch den übernehmenden Rechtsträger gewährten Anteile sind zu keinem Zeitpunkt bei der übertragenden Körperschaft zu erfassen, sie werden unmittelbar den Gesellschaftern der übertragenden Körperschaft gewährt. Auf der Ebene der Gesellschafter der übertragenden Körperschaft vollzieht sich die Verschm unter den Voraussetzungen des § 13 II steuerneutral, obwohl die Gesellschafter Anteile am übertragenden Rechtsträger gegen solche am übernehmenden Rechtsträger tauschen. Es stellt sich die Frage, ob die Steuerneutralität eines Verschmelzungsvorgangs iSd §§ 11 ff. aufgrund der allgemeine Grundsätze zur verdeckten Einlage bzw. vGA möglicherweise zu einer Aufdeckung von stillen Reserven führt, obwohl gem. den Voraussetzungen der §§ 11–13 die Verschm steuerneutral ist.

Allgemein wird davon ausgegangen, dass der Vermögensübergang durch Verschm **159** einer Körperschaft auf eine andere Körperschaft **grds. keine vGA** der übertragenden Gesellschaft darstellt (Widmann/Mayer/Schießl Rn. 650; Haase/Hofacker/Ropohl/Sonntag Rn. 398 ff.). Dies gelte auch dann, wenn das Vermögen der übertragenen Gesellschaft mehr wert ist, als die von der übernehmenden Gesellschaft den Anteilseigner der übertragenden Gesellschaft neu gewährten Anteile und die Gesellschafter der übertragenden und übernehmenden Gesellschaft identisch sind (ebenso iErg BMF 11.11.2011, BStBl. I 2011, 1314 Rn. 13.09 iVm Rn. 13.03; Kroschweski GmbHR 2002, 761; Schmitt BB 2002, 435). Füger/Rieger (FS Widmann, 2000, 287) vertreten, dass die Verschm einer Körperschaft auf eine andere Körperschaft im Grundsatz eine vGA auf der Ebene des übertragenden Rechtsträgers auslöst, wenn die Gesellschafter des übertragenden Rechtsträgers zu Gunsten eines anderen Gesellschafters eine Vermögenseinbuße im Rahmen der Verschm hinnehmen (vgl. dazu auch BFH GmbHR 2005, 240: Grundsätze der vGA gehen dem Bewertungswahlrecht nach § 24 vor; ebenso Briese GmbHR 2005, 207). Aus Gründen der Billigkeit sollen die Rechtsfolgen der vGA jedoch nicht eintreten, wenn dem Fiskus aufgrund der Verlagerung der stillen Reserven keine stl. Nachteile entstünden. Zu solchen stl. Nachteilen könnte es insbes. bei Auslandsberührungen kommen. Zur Verschm einer MutterKapGes auf ihre TochterKapGes mit Schuldenüberhang → Rn. 76. Zur verdeckten Gewinnausschüttung durch unentgeltliche Leistung zwischen Schwestergesellschaften im Rückwirkungszeitraum Pyszka DStR 2016, 2683.

Richtig ist, dass die Verschm einer Körperschaft auf eine andere Körperschaft im **160** Grundsatz die Voraussetzung einer vGA beim übertragenden Rechtsträger erfüllt. Die übertragende Körperschaft überträgt ihr gesamtes Vermögen auf einen anderen Rechtsträger, die als Gegenleistung gewährten Anteile erhält aber nicht der übertragende Rechtsträger, sondern vielmehr deren Gesellschafter. Der Grund dieser Vermögensminderung beim übertragenden Rechtsträger liegt im Gesellschaftsverhältnis, die Gesellschafter stimmen der Verschm durch Beschluss zu. Soweit die übertragende Körperschaft die BW fortführt und keine Gegenleistung erhält, hat die Verschm auch Auswirkungen auf die Höhe des Einkommens des übertragenden Rechtsträgers. Die Rechtsfolgen einer vGA **auf der Ebene des übertragenden Rechtsträgers** treten aber nicht ein, da das UmwStG davon ausgeht, dass die speziellen Vorschriften des § 11 die allg. Grundsätze zur vGA auf der Ebene des übertragenden Rechtsträgers ausschließen. Die Steuerneutralität des Verschmelzungsvorgangs erfolgt unabhängig davon, ob die Gesellschafter der übernehmenden Gesellschaft und übertragenden Gesellschaft identisch sind oder ob es zu Wertverschiebungen auf der Gesellschaftsebene kommt. Davon geht offensichtlich auch die Rspr. des BFH aus (BStBl. II 2011, 799). Kommt es im Rahmen einer Verschm auf der **Ebene der Gesellschafter** zu interpersonalen Wertverschiebungen, liegen nach Auffassung des BFH verdeckte Einlagen auf Anteilseignerebene in der Form vor, dass entweder „Geschäftsanteile" des übernehmenden oder des übertragenden Rechtsträgers verdeckt eingelegt werden (→ § 13 Rn. 14). Da der BFH als Gegenstand der verdeckten Einlage Anteile und nicht Gewinnausschüttungsansprüche ansieht, scheidet wohl auch nach Auffassung des Gerichts seine verdeckte Gewinnausschüttung des übertragenden Rechtsträgers aus (ebenso wohl BMF 11.11.2011, BStBl. I 2011, 1314 Rn. 13.03; vgl. auch Bode FR 2011, 336; Haase/Hofacker/Ropohl/Sonntag Rn. 398 ff.; Widmann/Mayer/Schießl § 13 Rn. 307; Dötsch/Pung/Möhlenbrock/Dötsch/Stimpel Vor §§ 11–13 Rn. 53 f.; Rödder/Herlinghaus/van Lishaut/Rödder § 12 Rn. 176 ff.; Lademann/Wernicke Rn. 7).

20. Verschmelzung und Anwachsung

161 In der Lit. (Krebs/Bödefeld GmbHR 1996, 347; Dötsch/Patt/Pung/Möhlenbrock/Dötsch/Stimpel Vor §§ 11–13 Rn. 54; Haase/Hofacker/Ropohl/Sonntag Rn. 355 ff.) wird teilweise die Frage gestellt, ob der Verschmelzungsvorgang auch dann steuerneutral möglich ist, wenn zum BV der übertragenden sowie der übernehmenden Körperschaft eine Beteiligung an einer zweigliedrigen PersGes gehört und diese PersGes durch den Verschmelzungsvorgang, dh durch den Untergang des übertragenden Rechtsträgers, aufgelöst wird.

Beispiel:

162 Die M-GmbH ist alleinige Gesellschafterin sowohl der A- als auch der B-GmbH. Die A-GmbH soll auf die B-GmbH verschmolzen werden. Sowohl die A- als auch die B-GmbH sind jeweils mit 50 vH an der Y-OHG beteiligt. Im Rahmen der Verschm geht der Gesellschaftsanteil an der OHG auf die B-GmbH über und eine logische Sekunde nach der Verschm kommt es zu einer Anwachsung des Vermögens der OHG bei der übernehmenden B-GmbH.

163 Kommt es zu einer Auflösung einer Mitunternehmerschaft und zu einer **Anwachsung** von deren Vermögen auf eine KapGes, so wird teilweise in der Lit. davon ausgegangen, dass der aus der Mitunternehmerschaft ausscheidende Gesellschafter eine verdeckte Einlage in die übernehmende KapGes vorgenommen hat, sofern der ausscheidende Gesellschafter keine neuen Anteile an der übernehmenden KapGes erhalten hat (vgl. Wacker BB-Beil. 8/1998, 17). Selbst wenn man im Anwachsungsprozess auf eine KapGes eine verdeckte Einlage sehen sollte, wenn der aus der PersGes ausscheidende Gesellschafter keine neuen Gesellschaftsanteile erhält, so führt dies jedoch nicht dazu, dass es zu einer Gewinnrealisierung kommt, falls ein solcher Anwachsungsprozess die Rechtsfolge einer Verschm ist. Für die Verschm einer Körperschaft auf eine andere Körperschaft regeln die §§ 11–13 abschließend deren Rechtsfolgen. Der Vorgang ist damit unter den Voraussetzungen dieser Vorschrift steuerneutral möglich (ebenso Krebs/Bödefeld GmbHR 1996, 347; Haase/Hofacker/Ropohl/Sonntag Rn. 366; Dötsch/Pung/Möhlenbrock/Dötsch/Stimpel Vor §§ 11–13 Rn. 54; Haritz/Menner/Bilitewski/Bärwaldt Rn. 42; Rödder/Herlinghaus/van Lishaut/Rödder § 12 Rn. 165; vgl. auch FG Düsseldorf EFG 2011,

477). Zur Frage, wem die Einkünfte der PersGes zuzurechnen sind, wenn die Gesellschafterstellung erst im Rückwirkungszeitraum begründet wurde, vgl. Schmid/Dietel DStR 2008, 529.

§ 12 Auswirkungen auf den Gewinn der übernehmenden Körperschaft

(1) ¹Die übernehmende Körperschaft hat die auf sie übergegangenen Wirtschaftsgüter mit dem in der steuerlichen Schlussbilanz der übertragenden Körperschaft enthaltenen Wert im Sinne des § 11 zu übernehmen. ²§ 4 Abs. 1 Satz 2 und 3 gilt entsprechend.

(2) ¹Bei der übernehmenden Körperschaft bleibt ein Gewinn oder ein Verlust in Höhe des Unterschieds zwischen dem Buchwert der Anteile an der übertragenden Körperschaft und dem Wert, mit dem die übergegangenen Wirtschaftsgüter zu übernehmen sind, abzüglich der Kosten für den Vermögensübergang, außer Ansatz. ²§ 8b des Körperschaftsteuergesetzes ist anzuwenden, soweit der Gewinn im Sinne des Satzes 1 abzüglich der anteilig darauf entfallenden Kosten für den Vermögensübergang, dem Anteil der übernehmenden Körperschaft an der übertragenden Körperschaft entspricht. ³§ 5 Abs. 1 gilt entsprechend.

(3) Die übernehmende Körperschaft tritt in die steuerliche Rechtsstellung der übertragenden Körperschaft ein; § 4 Abs. 2 und 3 gilt entsprechend.

(4) § 6 gilt sinngemäß für den Teil des Gewinns aus der Vereinigung von Forderungen und Verbindlichkeiten, der der Beteiligung der übernehmenden Körperschaft am Grund- oder Stammkapital der übertragenden Körperschaft entspricht.

(5) Im Falle des Vermögensübergangs in den nicht steuerpflichtigen oder steuerbefreiten Bereich der übernehmenden Körperschaft gilt das in der Steuerbilanz ausgewiesene Eigenkapital abzüglich des Bestands des steuerlichen Einlagekontos im Sinne des § 27 des Körperschaftsteuergesetzes, der sich nach Anwendung des § 29 Abs. 1 des Körperschaftsteuergesetzes ergibt, als Einnahme im Sinne des § 20 Abs. 1 Nr. 1 des Einkommensteuergesetzes.

Übersicht

	Rn.
1. Allgemeines	1
2. Übernehmender Rechtsträger	7
3. Wertansätze der Übernehmerin	10
a) Wertverknüpfung im Steuerrecht, Ausnahmen	10
b) Keine Wertverknüpfung im Handelsrecht	12
c) Keine Maßgeblichkeit der Handelsbilanz für die Steuerbilanz	13
4. Beteiligungskorrekturgewinn/-verlust bei der Aufwärtsverschmelzung (Abs. 1 S. 2)	14
5. Einzelfälle der Bilanzierung	20
a) Ausgabe eigener Anteile durch die übernehmende Körperschaft	20
b) Ausländisches Vermögen	21
c) Ausstehende Einlagen	22
d) Beteiligung der übertragenden Körperschaft an der übernehmenden Körperschaft (Downstream-Merger)	23
e) Eigene Anteile	24
f) Firmenwert	25
g) Forderungen und Verbindlichkeiten	26

	Rn.
h) Forderungsverzicht mit Besserungsschein	27
i) Geschäftsvorfälle im Rückwirkungszeitraum	28
j) Grunderwerbsteuer	29
k) Körperschaftsteuerguthaben/Körperschaftsteuererhöhung	30
l) Organschaft	31
m) Passivierungsverbote	32
n) Steuerfreie Rücklagen	33
o) Steuerliches Minuskapital	34
p) Umwandlungskosten des übernehmenden Rechtsträgers	35
q) Verdeckte Gewinnausschüttung, verdeckte Einlage	37
6. Übernahmeergebnisse im Überblick	38
7. Übernahmegewinn/-verlust (Abs. 2)	41
a) Übernahmegewinn/-verlust iSv Abs. 2 S. 1	41
b) Besteuerung des Übernahmeergebnisses (Abs. 2 S. 2)	47
c) Umwandlungskosten und Übernahmeergebnis	59
d) Rückwirkungsfiktion (Abs. 2 S. 3 iVm § 5 I)	60
8. Übernahmefolgegewinn (Abs. 4 iVm § 6)	61
9. Eintritt in die steuerliche Rechtsstellung (Abs. 3)	67
a) Anschaffungsvorgang und Umfang der Rechtsnachfolge	67
b) AfA	70
c) Absetzung für außergewöhnliche technische und wirtschaftliche Abnutzung	73
d) Sonderabschreibung	74
e) Inanspruchnahme von Bewertungsfreiheiten, Fortführung eines Sammelpostens, Bewertungseinheit	76
f) Gewinnmindernde Rücklage	77
g) Teilwertabschreibung und Wertaufholung	78
h) Besitzzeitanrechnung	80
i) Einlagekonto	81
j) Organschaftsverhältnisse	82
aa) Verschmelzung des Organträgers auf eine andere Körperschaft	82
bb) Verschmelzung einer Körperschaft auf einen Organträger	86
cc) Verschmelzung der Organgesellschaft auf einen dritten Rechtsträger	87
dd) Verschmelzung einer Körperschaft auf eine Organgesellschaft	89
k) Gesellschafterfremdfinanzierung, § 8a KStG	91
l) Zusammenrechnung von Anteilen	92
10. Kein Übergang von Verlusten und Zinsvorträgen (Abs. 3 iVm § 4 II 2)	93
11. Gliederung des Eigenkapitals der übernehmenden Körperschaft	95
12. Vermögensübergang in den nicht steuerpflichtigen oder steuerbefreiten Bereich der übernehmenden Körperschaft	102
13. Keine verdeckte Einlage bei der übernehmenden Körperschaft in Folge der Verschmelzung	103

1. Allgemeines

1   Während § 11 die Auswirkung auf den Gewinn der übertragenden Körperschaft im Falle der Verschm einer Körperschaft auf eine andere Körperschaft nach dem UmwG, die ertragstl. Folgen vergleichbarer ausl. Vorgänge und die ertragstl. Folgen von der Gründung von SE und SCE gem. Art. 17 SE-VO bzw. des Art. 19 SCE-VO regelt, bezieht sich § 12 auf die Auswirkung der Verschm, der Vermögensüber-

tragung in Form der Vollübertragung bzw. vergleichbarer ausl. Vorgänge bei der **übernehmenden Körperschaft.** Durch das SEStEG ist der Anwendungsbereich des § 12 auf europäische Verschm ausgedehnt worden. Er erfasst damit nicht nur Inlandsverschmelzungen, sondern auch grenzüberschreitende Hinaus- und Hereinverschmelzungen bzw. Auslandsverschmelzungen innerhalb der EU bzw. des EWR. Durch das KöMoG v. 25.6.2021 (BGBl. 2021 I 2050) ist der Anwendungsbereich der §§ 11 ff. globalisiert worden, und zwar durch Aufhebung von § 1 II aF. Verschm unter Beteiligung von Drittstaatengesellschaften werden von §§ 11 ff. nunmehr erfasst, wenn der stl. Übertragungsstichtag nach dem 31.12.2021 liegt (→ § 1 Rn. 4). Sofern es sich um Verschm nach ausl. Recht handelt, muss diese Verschm nach Auffassung des Gesetzgebers (BT-Drs. 16/710, 35) ihrem Wesen nach einer Verschm des dt. UmwG entsprechen. Eine Vergleichbarkeitsprüfung der relevanten Strukturmerkmale des ausl. Umwandlungsvorgangs ist daher notwendig (ausf. → § 1 Rn. 31 ff.). §§ 11–13 gelten sowohl für die Verschm **zur Neugründung** als auch für die Verschm **durch Aufnahme** (BMF 11.11.2011, BStBl. I 2011, 1314 Rn. 01.08). § 12 gilt für nationale Umw außerhalb des UmwG, wenn sie durch ein anderes Bundesgesetz oder Landesgesetz ausdrücklich vorgesehen und wenn diese Art der Umw mit einer Verschm iSd § 2 UmwG vergleichbar ist. Es existieren landesrechtliche Vorschriften, die die Vereinigung öffentlich-rechtlicher Kreditinstitute oder öffentlich-rechtlicher Versicherungsunternehmen im Wege der Gesamtrechtsnachfolge zulassen. Solche Verschm können damit erfolgsneutral gestaltet werden; § 12 findet auf die Vereinigung öffentlich-rechtlicher Kreditinstitute und öffentlich-rechtlicher Versicherungsunternehmen Anwendung (BMF 11.11.2011, BStBl. I 2011, 1314 Rn. 01.07, 11.16). Die Verschm werden zivilrechtlich mit der Eintragung im jeweiligen Register wirksam. Aufgrund der Eintragung steht für die Steuerbehörde der Vermögensübergang bindend fest. Dies gilt auch für ausl. Verschmelzungsvorgänge. Mängel der Umw, die durch die Registereintragung geheilt werden, sind aus stl. Sicht grds. unbeachtlich (enger BMF 11.11.2011, BStBl. I 2011, 1314 Rn. 01.06, 01.23). Bei ausl. Verschm hat jedoch die FVerw das Prüfungsrecht dahingehend, ob eine Vergleichbarkeit des ausl. Umwandlungsvorgangs mit einer inl. Verschm gegeben ist (BMF 11.11.2011, BStBl. I 2011, 1314 Rn. 01.24).

Kommt es zu einer Verschm einer Körperschaft auf eine andere Körperschaft, so sind gem. **§ 2** das Einkommen und das Vermögen der übernehmenden Körperschaft so zu ermitteln, als ob das Vermögen der übertragenden Körperschaft mit Ablauf des stl. Übertragungsstichtages auf die übernehmende Körperschaft übergegangen wäre (zu weiteren Einzelheiten vgl. § 2; BFH GmbHR 2004, 263). Die sich aus § 12 ergebenden stl. Auswirkungen treten am stl. Übertragungsstichtag ein. **Abs. 1 S. 1** bestimmt in diesem Zusammenhang, dass die übernehmende Körperschaft an die Wertansätze der übergegangenen WG aus der stl. Schlussbilanz der übertragenden Körperschaft gebunden ist (Wertverknüpfung). Die Wertverknüpfung erfolgt zum stl. Übertragungsstichtag (Rödder/Herlinghaus/van Lishaut/Rödder Rn. 39; Lademann/Wernicke Rn. 11). Bei Verschm durch **Neugründung** hat die übernehmende Körperschaft auf den stl. Übertragungsstichtag eine Eröffnungsbilanz aufzustellen. Kommt es zur Verschm **durch Aufnahme,** ist der Vermögensübergang ein lfd. Geschäftsvorfall, zum Übertragungsstichtag wird keine eigene stl. Bilanz aufgestellt, der Vermögensübergang wird vielmehr im nächstfolgenden stl. Jahresabschluss abgebildet (BMF 11.11.2011, BStBl. I 2011, 1314 Rn. 12.02 iVm Rn. 04.03; Dötsch/Pung/Möhlenbrock/Dötsch/Stimpel Rn. 7; HK-UmwStG/Edelmann Rn. 60; Rödder/Herlinghaus/van Lishaut/Rödder Rn. 41; Lademann/Wernicke Rn. 11).

Werden Gesellschaftern des übertragenden Rechtsträgers aus einer Kapitalerhöhung beim übernehmenden Rechtsträger Gesellschaftsanteile gewährt und unterschreitet der in der stl. Schlussbilanz des übertragenden Rechtsträgers angesetzte

D UmwStG § 12 4–7   Umwandlungssteuergesetz

Wert des übertragenen Vermögens den Nennwert der neuen Anteile, so ist dieser stl. Minusbetrag in Form eines stl. **APs** auf der Aktivseite der StB des übernehmenden Rechtsträgers auszuweisen. Eine Aufstockung in der stl. Schlussbilanz des übertragenden Rechtsträgers ist nicht notwendig (Rödder/Herlinghaus/van Lishaut/Rödder Rn. 158).

4   Durch den übernehmenden Rechtsträger sind sämtliche „Positionen" aus der stl. Schlussbilanz des übertragenden Rechtsträgers zu übernehmen. Dazu gehören nicht nur aktive und passive WG, sondern auch steuerfreie Rücklagen nach § 6b, Rücklagen für Ersatzbeschaffungen nach 6.6. EStR sowie Rücklagen nach § 6 UmwStG; Gleiches gilt für RAP uä (BMF 11.11.2011, BStBl. I 2011, 1314 Rn. 12.02 iVm Rn. 04.01; Rödder/Herlinghaus/van Lishaut/Rödder Rn. 65). Zum Problem der verdeckten Einlage bei der übernehmenden Körperschaft in Folge der Verschm → § 11 Rn. 158 ff., → § 13 Rn. 14. Zum Anwachsungsprozess als Folge der Verschm → § 11 Rn. 161 ff.

5   **Abs. 1 S. 2** regelt durch Verweis auf § 4 I 2, 3 die Nachversteuerung einer früheren Teilwertabschreibung bzw. § 6b EStG Übertragung für den Fall der Verschm einer TochterGes auf die MutterGes. **Abs. 2** betrifft die stl. Behandlung eines Übernahmegewinns oder -verlustes sowie die Behandlung der Kosten für den Vermögensübergang. **Abs. 3** regelt iVm § 4 II 1, 2 den Eintritt der übernehmenden Körperschaft in die stl. Rechtsstellung der übertragenden Körperschaft. Verrechenbare Verluste, verbleibende Verlustvorträge, von der übertragenden Körperschaft nicht ausgeglichene negative Einkünfte, ein Zinsvortrag nach § 4h I 5 EStG und ein EBITDA-Vortrag nach § 4h I 3 EStG sind vom Übergang ausgenommen. **Abs. 4** regelt iVm § 6 den sog. Übernahmefolgegewinn, Abs. 5 vor der Vorschrift enthält Regelungen für den Sonderfall des Vermögensübergangs in den nicht stpfl. oder steuerbefreiten Bereich einer übernehmenden Körperschaft.

6   § 29 KStG ergänzt § 12. Ein verbleibender Anspruch auf Auszahlung des Körperschaftsteuerguthabens iSd § 37 V KStG geht im Rahmen der Verschm durch Gesamtrechtsnachfolge auf die übernehmende Körperschaft über. Die Verpflichtung zur Zahlung des pauschalierten Erhöhungsbetrags (§ 38 V KStG) geht auf den übernehmenden Rechtsträger über.

2. Übernehmender Rechtsträger

7   Die von § 12 erfassten Umwandlungsvorgänge betreffen Körperschaften. Körperschaften sind KapGes (SE, AG, KGaA, GmbH), eG, eingetragene Vereine, genossenschaftliche Prüfungsverbände, VVaG sowie vergleichbare ausl. Rechtsträger. Vergleichbare ausl. Rechtsträger liegen vor, wenn es sich hierbei nach dem Gesamtbild um eine mit den dt. Körperschaften vergleichbare Gesellschaft handelt (**Typenvergleich;** → § 1 Rn. 17 ff.). Auf die stl. Einordnung des ausl. Rechtsträgers im Ansässigkeitsstaat kommt es beim Typenvergleich nicht an (zu weiteren Einzelheiten → § 11 Rn. 9 ff.). Ein entsprechender Qualifikationskonflikt ergibt sich bei den sog. **hybriden Gesellschaft,** die in ihrem Sitzstaat als stl. intransparent behandelt werden, wohingegen aus dt. Sicht eine PersGes und damit ein transparenter Rechtsträger vorliegt. Beispiele für hybride Gesellschaft sind die französische societé civiles, die ungarische közkereseti társaság und die niederländische commanditaire vennotschap (vgl. insoweit Hey/Bauersfeld IStR 2005, 649). Aufgrund der Beurteilung hybrider Gesellschaften als transparente Einheiten wird eine Umw einer solchen Gesellschaft nicht durch die §§ 11–13 gefasst (Brähler/Heerdt StuW 2007, 260). Zu einer nach § 1a KStG zur Körperschaftsteuer optierenden PersGes vgl. → § 11 Rn. 10. Die Steuerfreiheit der übernehmenden Körperschaft steht der Anwendung des § 12 nicht entgegen; es kann jedoch in diesen Fällen gem. § 11 II 1 Nr. 1 zu einer Gewinnrealisierung bei der übertragenden Körperschaft kommen. Auch die **europäische AG** und die europäische Gen kommen als übernehmende Rechtsträ-

ger in Frage. Kommt es zu einer Verschm einer KapGes auf eine KGaA, wird § 12 angewendet, soweit das „Kommanditkapital" betroffen ist. Besteht eine atypisch stille Beteiligung an der übernehmenden Körperschaft, so findet § 12 Anwendung (→ § 11 Rn. 11).

Die durch das Gesetz gestellten Forderungen an den übernehmenden Rechtsträ- **8** ger müssen spätestens **im Zeitpunkt der Eintragung der Umw** in das maßgebliche Register gegeben sein, auf den stl. Übertragungsstichtag iSd § 2 I kommt es insoweit nicht an (→ § 11 Rn. 12). Nach Meinung der FVerw müssen die persönlichen Anwendungsvoraussetzungen spätestens am stl. Übertragungsstichtag vorliegen. Bei der Verschm zur Neugründung sei aber auf den Zeitpunkt der zivilrechtlichen Wirksamkeit der Gründung abzustellen (BMF 11.11.2011, BStBl. I 2011, 1314 Rn. 01.52; Käser DStR-Beihefter zu Heft 2/2012, 3). Richtig ist aber, dass der stl. Übertragungsstichtag ohne Bedeutung ist, da § 1 II für die Frage der Festlegung des Anwendungsbereichs auf die zivilrechtlichen Vorgaben abstellt. Ab dem Zeitpunkt der Eintragung der Verschm müssen damit die Anwendungsvoraussetzungen erfüllt sein. Wird eine AG auf eine GmbH verschmolzen, so finden nach der hier vertretenen Meinung die §§ 11–13 Anwendung, selbst wenn im Rückwirkungszeitraum die GmbH zB durch Formwechsel einer PhG in eine GmbH entstanden ist. Nach Auffassung der FVerw müssten unter diesen Voraussetzungen eigentlich die §§ 3–8 zur Anwendung kommen, wenn zum Verschmelzungsstichtag die GmbH noch der Rechtsform einer PhG hatte, was aber vor dem Hintergrund der strengen Akzessorietät des UmwG für § 1 UmwStG nicht möglich ist, soweit das UmwStG sich ausdrücklich auf Vorgänge des UmwG bezieht.

Eine **aufgelöste KapGes** kann übernehmender Rechtsträger sein, sofern die **9** Fortsetzung dieses Rechtsträgers beschlossen werden kann; gleiches gilt für eine VorGes, falls sie zum Wirksamkeitszeitpunkt der Verschm im Handelsregister eingetragen wird (→ § 11 Rn. 14).

3. Wertansätze der Übernehmerin

a) **Wertverknüpfung im Steuerrecht, Ausnahmen.** Die übernehmende Kör- **10** perschaft hat die auf sie übergegangenen WG mit dem in der Schlussbilanz der übertragenden Körperschaft enthaltenen Wert gem. Abs. 1 zu übernehmen (Wertverknüpfung). Gleiches gilt für die Bilanzansätze in der stl. Schlussbilanz, bei denen es an der Wirtschaftsguteigenschaft fehlt (BMF 11.11.2011, BStBl. I 2011, 1314 Rn. 12.02 iVm Rn. 04.1; Dötsch/Pung/Möhlenbrock/Dötsch/Stimpel Rn. 14). Die Buchwertverknüpfung gilt unabhängig davon, ob der übertragende Rechtsträger in der stl. Schlussbilanz auf entsprechenden Antrag hin die BW oder Zwischenwerte angesetzt hat oder eine Bewertung mit dem gemeinen Wert erfolgte. **Ändern sich** später **die Wertansätze** in der Übertragungsbilanz, zB aufgrund einer stl. Außenprüfung, sind die Bilanzansätze beim übernehmenden Rechtsträger nach § 175 I Nr. 2 AO zu berichtigen. Die Wertverknüpfung ist eine materiell-rechtliche Bindung und keine verfahrensrechtliche Verknüpfung im Wege eines Grundlagenbescheids (BFH BStBl. II 2015, 759; BFH/NV 2013, 743; Lademann/Wernicke Rn. 12). Zur **Klagebefugnis** des übernehmenden Rechtsträgers bzgl. der Bewertung in der Schlussbilanz des übertragenden Rechtsträgers → § 11 Rn. 68. Das Prinzip der **Wertverknüpfung** gewährleistet, dass die spätere Besteuerung der in den übergegangenen WG enthaltenen stillen Reserven bei der übernehmenden Körperschaft sichergestellt ist. Zur erstmals in Deutschland durch den Verschmelzungsvorgang eintretenden **Verstrickung von WG** → § 11 Rn. 120, → § 4 Rn. 13, → § 4 Rn. 27.

Strittig war und ist weiterhin (→ § 11 Rn. 28 ff.), wie stille Lasten durch die **11** **Passivierungsverbote** und die Ansatzbeschränkungen des § 5 EStG und die Bewertungsvorbehalte in § 6 I EStG in der stl. Schlussbilanz des übertragenden Rechtsträgers abgebildet werden. Auf Grund der strikten Buchwertverknüpfung ist der übernehmende Rechtsträger jedenfalls zunächst an diese Bilanzansätze in der stl. Schlussbilanz gebunden. Fraglich ist, ob diese ursprünglich beim übertragenden Rechtsträger bestehenden Passivierungsverbote, Ansatzbeschränkungen oder Bewertungsvorbehalte in der nächsten regulären Bilanz der übernehmenden PersGes wieder zu berücksichtigen sind. Nach **§ 5 VII EStG** muss der übernehmende Rechtsträger unabhängig davon, ob auf Seiten des übertragenden Rechtsträgers § 4f EStG zur Anwendung kam, die ursprünglichen Passivierungsbeschränkungen, die für den übertragenden Rechtsträger galten, in der StB, die auf das Ende des Wj. aufzustellen ist, in das die Übertragung der stillen Last fällt, wieder berücksichtigen. Infolge der Anwendung der Ansatzverbote, -beschränkung bzw. Bewertungsvorbehalte kommt es beim übernehmenden Rechtsträger zum Ende des Wj., welches der Übernahme folgt, zu einer Gewinnrealisierung. Nach § 5 VII 5 EStG kann der so entstandene Gewinn iHv 14/15 durch eine Rücklage neutralisiert werden. Wird eine solche Rücklage gebildet, ist sie in den folgenden 14 Wj. jew. mit mindestens einem weiteren 14tel gewinnhöhend aufzulösen. Ein höherer Auflösungsbetrag kann gewählt werden (Blümich/Krumm EStG § 5 Rn. 242f; Benz/Placke DStR 2013, 2653; Förster/Staaden Ubg 2014, 1). § 5 VII EStG gilt erstmals für das nach dem 28.11.2013 endende Wj. (§ 52 IX EStG). Die durch § 5 VII EStG angeordnete Gewinnrealisierung tritt erst nach diesem Zeitpunkt ein. Das Gesetz knüpft aber auch an solche Vorgänge an, die vor dem 28.11.2013 liegen, da es nicht darauf ankommt, wann die Verpflichtung übernommen worden ist. Eine Verpflichtungsübernahme im Jahr 2011 bleibt also bis zum 31.12.2012 bei einem kalenderjahrgleichen Wj. erfolgsneutral, zu einer Gewinnrealisierung kommt es aber dann zum 31.12.2013 (vgl. nur Blümich/Krumm EStG § 5 Rn. 242h).

11a Nach richtiger Meinung (Lademann/Staats § 4 Rn. 31; BeckOK UmwStG/Groß Rn. 44; Philipp/Kröger Ubg 2016, 857) kann § 5 VII EStG auf Umwandlungsvorgänge keine Anwendung finden (aA Dötsch/Pung/Möhlenbrock/Pung/Werner § 3 Rn. 11a; Rödder/Herlinghaus/van Lishaut/Rödder Rn. 63; Lademann/Wernicke Rn. 123; Melan/Wecke Ubg 2017, 253; vgl. auch BMF 30.11.2017, BStBl. I 2017, 1619). § 5 VII EStG setzt voraus, dass die übernommenen Verpflichtungen beim ursprünglich Verpflichteten Ansatzverboten, -beschränkungen oder Bewertungsvorbehalten unterlegen haben. Nach § 11 I unterliegen die übergehenden WG, zu denen auch nicht oder nur beschränkt passivierte Verpflichtungen gehören, und die mit dem gemeinen Wert angesetzt oder bewertet werden, in der stl. Schlussbilanz des übertragenden Rechtsträgers als ursprünglich Verpflichtetem aber keinen Ansatz- und Bewertungsbeschränkungen (→ § 11 Rn. 28 ff.). In der stl. Schlussbilanz des übertragenden Rechtsträgers ist die stille Last unter Berücksichtigung der Rspr. des BFH nach der hier vertretenen Auffassung (→ § 11 Rn. 29) als ungewisse Verbindlichkeit zu passivieren. Hinzu kommt, dass der übernehmende Rechtsträger die Werte aus der stl. Schlussbilanz übernehmen muss und gem. Abs. 3 S. 1 in die stl. Rechtsstellung der übertragenden Körperschaft, insbes. bzgl. der Bewertung der übernommenen WG eintritt. Eine zeitliche Beschränkung der sich aus der Buchwertverknüpfung und der Rechtsnachfolge ergebenen Folgen sieht das Gesetz nicht vor. So sind zB die in der stl. Schlussbilanz des übertragenden Rechtsträgers aktivierten Werte betreffend originärer immaterieller WG, insbes. ein Firmenwert, dauerhaft vom übernehmenden Rechtsträger fortzuführen. § 11, der im Grds. eine Bewertung zum gemeinen Wert vorsieht, ist eine spezielle Ansatz- und Bewertungsvorschrift, die die allg. ertragstl. Ansatz- und Bewertungsvorschriften verdrängt (iE ebenso Lademann/Staats § 3 Rn. 30f; BeckOK UmwStG/Groß Rn. 44). Diese spezielle Bewertung wirkt über die Buchwertverknüpfung des Abs. 1 S. 1 und die angeordnete Rechtsnachfolge bzgl. der Bewertung des übertragenden Vermögens auch auf die Person des übernehmenden Rechtsträgers aus und verdrängt damit auch für diesen bzgl. des übergehenden Vermögens die Ansatz- und Bewertungsregelung des § 5 VII EStG (aA Rödder/Herlinghaus/van Lishaut/Rödder § 12 Rn. 63).

Vor Inkrafttreten des § 5 VIII EStG wurden im Zusammenhang mit stillen Lasten unterschiedliche Auffassungen vertreten. Nach Meinung der FVerw gelten für die stl. Schlussbilanz des übertragenden Rechtsträgers die **Ansatzverbote des § 5 EStG** nicht, es sei denn, dass die BW fortgeführt werden. (BMF 11.11.2011, BStBl. I 2011, 1314 Rn. 11.03 iVm Rn. 03.06), wobei der Ansatz mit dem BW ausgeschlossen ist, wenn der gemeine Wert der übertragenen Sachgesamtheit geringer ist als dessen BW (BMF 11.11.2011, BStBl. I 2011, 1314 Rn. 11.06 iVm Rn. 03.12; zur Kritik an dieser Sichtweise → § 11 Rn. 31f, 52). Der übernehmende Rechtsträger hat nach Meinung der FVerw diese entgegen dem Ansatzverbot ausgewiesenen Passiva zu übernehmen, muss diese aber zum nächsten regulären Bilanzstichtag erfolgswirksam auflösen, es sei denn, es handelt sich um in der stl. Schlussbilanz des übertragenden Rechtsträgers aktivierte immaterielle WG, insbes. um einen Firmenwert; diese sind durch den übernehmenden Rechtsträger über die Nutzungsdauer abzuschreiben. Dass die entgegen dem Ansatzverbot in der stl. Schlussbilanz des übertragenden Rechtsträgers angesetzten Passiva durch den übernehmenden Rechtsträger zum nächsten Bilanzstichtag erfolgswirksam aufzulösen sind, wird in der Lit. zu Recht kritisiert (Dötsch DStR 2011, 1062; Bogenschütz Ubg 2011, 399; Rödder DStR 2011, 1062; Schumacher/Neitz-Hackstein Ubg 2011, 409; Stadler/Elser/Bindl DB-Beil. 1/2012, 14). Zunächst ist darauf hinzuweisen, dass auch die FVerw davon ausgeht, dass es sich bei der Verschm aus der Sicht des übernehmenden Rechtsträgers um einen Anschaffungsvorgang handelt (BMF 11.11.2011, BStBl. I 2011, 1314 Rn. 00.02). Dann widerspricht aber dieses Auflösungsgebot der Rspr. der Finanzgerichte (BFH DStR 2012, 452; BStBl. II 2011, 566; FG Düsseldorf EFG 2011, 34; FG Münster BeckRS 2011, 96792). Mit Urteil v. 16.12.2009 (BFH BStBl. II 2011, 566; ebenso BFH DStR 2012, 452) hat der BFH darauf hingewiesen, dass bei einer Betriebsveräußerung betriebliche Verbindlichkeiten, die beim Veräußerer auf Grund von Rückstellungsverboten nicht passiviert werden durften, beim Erwerber keinem Passivierungsverbot unterworfen sind, wenn er diese Verbindlichkeiten gegen Schuldbefreiung übernommen hat; solche betrieblichen Verbindlichkeiten sind unabhängig von der rechtlichen Einordnung beim übertragenden Rechtsträger in der Person des übernehmenden Rechtsträgers als ungewisse Verbindlichkeiten in der Bilanz des Käufers auszuweisen und von ihm auch an den nachfolgenden Bilanzstichtagen mit der AK oder ihrem höheren TW zu bewerten. Die hM in der Lit. (→ § 11 Rn. 28) geht davon aus, dass solche **stille Lasten im Firmenwert** zu berücksichtigen sind, das dargestellte Problem der Folgebewertung stellt sich damit nicht. Auch diese Auffassung, nach der die stillen Lasten unmittelbar im Firmenwert zu berücksichtigen seien, steht im Widerspruch zur Rspr. des BFH (DStR 2012, 452). Für eine unmittelbare Verrechnung der stillen Lasten durch Abstockung des erworbenen Firmenwerts fehlt es nämlich an einer Rechtsgrundlage. Die stillen Lasten sind vielmehr als ungewisse Verbindlichkeiten auszuweisen, eine Abstockung des Firmenwertes erfolgt damit nicht. Zu stillen Lasten in Pensionsrückstellungen → § 11 Rn. 44.

b) Keine Wertverknüpfung im Handelsrecht. Die übertragende Körperschaft hat auf den Verschmelzungsstichtag eine handelsrechtliche Schlussbilanz nach § 17 II UmwG aufzustellen. Für diese Bilanz gelten die Vorschriften über den Jahresabschluss und deren Prüfung entsprechend, stille Reserven dürfen nicht aufgedeckt werden (vgl. → UmwG § 17 Rn. 1 ff.). Zulässig ist lediglich eine Wertaufholung nach § 253 V I HGB. Vor Inkrafttreten des UmwG musste der übernehmende Rechtsträger nach § 348 I AktG 1965 bzw. § 27 I KapErhG die Wertansätze in der Schlussbilanz des übertragenden Rechtsträgers übernehmen. In der Begr. RegE zum UmwG (BT-Drs. 12/6699, 93) wird ausgeführt, dass diese zwingende Buchwertverknüpfung eine Durchbrechung des in § 253 I HGB geregelten Anschaffungskostenprinzips darstelle und daher mit § 24 UmwG dem übernehmenden Rechtsträger das Wahlrecht eingeräumt werden soll, in seiner Jahresbilanz als AK iSd § 253 I HGB auch die in der Schlussbilanz des übertragenden Rechtsträgers angesetzten Werte anzusetzen. Alternativ zur Buchwertfortführung besteht aber auch die Möglichkeit, die übernommenen Vermögensgegenstände und Schulden mit den tatsächlichen AK in der Übernahmebilanz zu bilanzieren. Im Ergebnis besteht daher aufgrund der Regelung des § 24 UmwG keine zwingende Wertverknüpfung zwischen der handelsrechtlichen Schlussbilanz des übertragenden Rechtsträgers und der Bilanz der übernehmenden Körperschaft.

13 **c) Keine Maßgeblichkeit der Handelsbilanz für die Steuerbilanz.** Der übernehmende Rechtsträger hat die auf ihn übertragenen WG mit Wirkung zum stl. Übertragungsstichtag zwingend mit den Wertansätzen zu übernehmen, die die übertragende Körperschaft in der stl. Schlussbilanz angesetzt hat (unbestritten vgl. nur BMF 11.11.2011, BStBl. I 2011, 1314 Rn. 12.01). Dies gilt unabhängig davon, wie der übernehmende Rechtsträger sein handelsbilanzielles Wahlrecht gem. § 24 UmwG ausgeübt hat, der Grds. der Maßgeblichkeit der HB für die StB gilt nicht (vgl. nur BeckOK UmwStG/Groß Rn. 40.3; Frotscher/Drüen/Frotscher Rn. 15). Zum UmwStG 1995 vertrat die FVerw noch die sog. **phasenverschobene Wertaufholung** (vgl. BMF 25.3.1998, BStBl. I 1998, 268 Rn. 03.02). Setzte der übernehmende Rechtsträger in seiner Jahresbilanz gem. § 24 UmwG höhere Werte an als in der handelsrechtlichen Schlussbilanz des übertragenden Rechtsträgers, so waren nach Meinung der FVerw die WG in dem der Umw folgenden Bilanzstichtag auch in der StB der übernehmenden PersGes insoweit bis zur Höhe der stl. Anschaffungs- oder Herstellungskosten der übertragenden Körperschaft gemindert um AfA erfolgswirksam aufzustocken. Daran hält die FVerw in Übereinstimmung mit der ganz überwiegenden Auffassung in der Lit. nicht mehr fest (vgl. BMF 11.11.2011, BStBl. I 2011, 1314 Rn. 12.02 iVm Rn. 04.04; Dötsch/Pung/Möhlenbrock/Dötsch/Stimpel Rn. 17; Lademann/Wernicke Rn. 15; Haritz/Menner/Bilitewski/Wisniewski Rn. 11; Frotscher/Drüen/Frotscher Rn. 16; HK-UmwStG/Edelmann Rn. 89; Dörfler/Adrian Ubg 2009, 385; Behrends BB 2009, 318; Ley/Bodden FR 2007, 265; zum UmwStG 1995 vgl. BFH BStBl. II 2009, 187).

4. Beteiligungskorrekturgewinn/-verlust bei der Aufwärtsverschmelzung (Abs. 1 S. 2)

14 Für die stl. Behandlung von Anteilen des übernehmenden Rechtsträgers an dem übertragenden Rechtsträger verweist Abs. 1 S. 2 auf § 4 I 2, 3. Nach § 4 I 2 sind Anteile an der übertragenden Körperschaft beim übernehmenden Rechtsträger zum stl. Übertragungsstichtag mit dem BW erhöht um Abschreibungen, die in früheren Jahren steuerwirksam vorgenommen worden sind – und zwischenzeitlich nicht rückgängig gemacht wurden –, sowie um Abzüge nach § 6b EStG und ähnl. Abzüge (6.6. EStR), höchstens jedoch mit dem gemeinen Wert anzusetzen. Insoweit erhöht sich der lfd. Gewinn des übernehmenden Rechtsträgers (BMF 11.11.2011, BStBl. I 2011, 1314 Rn. 12.03), der nicht zum Übernahmegewinn gehört (Rödder/Herlinghaus/van Lishaut/Rödder Rn. 210). Wie lange die noch nicht rückgängig gemachte Teilwert-AfA oder der Abzug nach § 6b EStG zurückliegt, ist ohne Bedeutung (HK-UmwStG/Edelmann Rn. 104).

15 Die Wertkorrektur nach Abs. 1 S. 2 iVm § 4 I 2 gilt nur für Anteile, die der übernehmende Rechtsträger am übertragenden Rechtsträger zum stl. Übertragungsstichtag hält (Rödder/Herlinghaus/van Lishaut/Rödder Rn. 52; Dötsch/Pung/Möhlenbrock/Dötsch/Stimpel Rn. 24; Lademann/Wernicke Rn. 21; BeckOK UmwStG/Groß Rn. 78), § 12 II 3 iVm § 5 I ist dabei zu beachten. Wird die Mutter-

Ges auf die TochterGes verschmolzen, so findet § 11 I 2, 3 Anwendung. Hat eine MutterGes im Vorfeld eines Sidestream-Mergers zwischen zwei TochterGes die Beteiligung an einer TochterGes durch Abschreibungen wertberichtigt und wird diese TochterGes auf ihre SchwesterGes verschmolzen, kommt es zum Zeitpunkt dieser Verschm nicht zu einer Hinzurechnung nach Abs. 1 S. 2; es kann jedoch auf der Ebene der MutterGes bezogen auf die Anteile am übernehmenden Rechtsträger zu einer „Rechtsnachfolge" nach § 13 II kommen. Zur Hinzurechnungsbesteuerung beim Downstream-Merger bzw. Sidestream-Merger vor Inkrafttreten des UmwStG idF des SEStEG vgl. → 4. Aufl. 2006, § 12 Rn. 42 ff. Gelangten die Anteile des übertragenden Rechtsträgers aufgrund eines Umwandlungs- oder Einbringungsvorgangs in das Vermögen des übernehmenden Rechtsträgers, so findet Abs. 1 S. 2 auch für diese Anteile Anwendung, soweit es im Rahmen der damaligen Umw bzw. Einbringung zu einer stl. Rechtsnachfolge kam. Bei der Frage der Steuerwirksamkeit kommt es aufgrund des systematischen Zusammenhangs in § 12 ausschließlich auf die KSt an (Rödder/Herlinghaus/van Lishaut/Rödder Rn. 195).

Nach § 1 V Nr. 4 ist der BW iSd § 12 I 2 iVm § 4 I 2 der Wert, der sich nach den stl. Vorschriften über die Gewinnermittlung in einer für den stl. Übertragungsstichtag aufzustellenden StB ergibt oder ergäbe. Daraus muss geschlossen werden, dass zum stl. Übertragungsstichtag zunächst das **Wertaufholungsgebot des § 6 I 1 Nr. 1 S. 4, Nr. 2 S. 2 f.** EStG iVm § 8b II 4 KStG durchgeführt werden muss, bevor es zu Zuschreibungen nach Abs. 1 S. 2 kommt (BMF 11.11.2011, BStBl. I 2011, 1314 Rn. 12.03; Dötsch/Pung/Möhlenbrock/DötschStimpel Rn. 23, 27; BeckOK UmwStG/Groß Rn. 78; vgl. Rödder/Herlinghaus/van Lishaut/Rödder Rn. 201 und HK-UmwStG/Edelmann Rn. 101). Sollte die Wertaufholung zwischen dem letzten Bilanzstichtag des übernehmenden Rechtsträgers und dem Verschmelzungsstichtag eingetreten sein, so ist die Wertaufholung iSd § 6 I Nr. 2 S. 2 EStG iVm § 8b II 4 KStG vorzunehmen, BW iSd Abs. 1 S. 2 iVm § 4 I 2 ist nämlich gem. § 1 V Nr. 4 „der Wert, der sich nach den steuerrechtlichen Vorschriften über die Gewinnermittlung in einer für den steuerlichen Übertragungsstichtag aufzustellenden Steuerbilanz ergibt oder **ergäbe**" (BMF 11.11.2011, BStBl. I 2011, 1314 Rn. 12.03; Dötsch/Pung/Möhlenbrock/Dötsch/Stimpel Rn. 27; aA Rödder/Herlinghaus/van Lishaut/Rödder Rn. 201; HK-UmwStG/Edelmann Rn. 101). Wird bereits durch die Wertaufholung iSd § 6 I 4 Nr. 2 S. 2 EStG iVm § 8b II 4 KStG der gemeine Wert erreicht, so bleibt für die Anwendung des Abs. 1 S. 2 iVm § 4 I 2 kein Raum mehr (BMF 11.11.2011, BStBl. I 2011, 1314 Rn. 12.03; Rödder/Herlinghaus/van Lishaut/Rödder Rn. 201).

Wurden auf die Anteile am übertragenden Rechtsträger sowohl eine **steuerwirksame** als auch eine **nicht steuerwirksame Teilwertabschreibung** vorgenommen, stellt sich das Problem, welche dieser Teilwertabschreibungen zuerst rückgängig gemacht werden muss, wenn der gemeine Wert der Anteile niedriger ist als die Summe der vorgenommenen Teilwertabschreibungen. Ein vergleichbares Problem stellt sich im Anwendungsbereich des § 6 I 1 Nr. 1 S. 4, Nr. 2 S. 2 EStG. Insoweit wird vertreten, dass zunächst die zeitlich jüngste, dh steuerunwirksame Teilwertabschreibung aufzuholen ist, bevor die ältere steuerwirksame Teilwertabschreibung rückgängig gemacht wird (BFH BStBl. II 2010, 760; Förster/Felchner DB 2006, 1072; Zieren/Adrian DB 2006, 301). Für diese Meinung spricht, dass es für das stl. Ergebnis keinen Unterschied machen kann, ob der Anteilswert nach der steuerwirksamen Wertminderung konstant bleibt oder ob er eine weitere steuerneutrale Wertminderung erfährt, die anschließend wieder durch eine entsprechende Wertsteigerung ausgeglichen wird. Nach § 4 I 2 sind Minderungen, „die in früheren Jahren steuerwirksam vorgenommen worden sind", rückgängig zu machen. Auf Grund dieser Formulierung des Gesetzes sind daher nach hM die in früheren Jahren vorgenommenen steuerwirksamen Abschreibungen und Abzüge rückgängig zu machen, erst dann die nicht steuerwirksam vorgenommenen Minderungen (BMF

11.11.2011, BStBl. I 2011, 1314 Rn. 12.03 iVm Rn. 04.07; Dötsch/Pung/Möhlenbrock/Dötsch/Stimpel Rn. 30; Rödder/Herlinghaus/van Lishaut/Rödder Rn. 200; Lademann/Wernicke Rn. 23; Widmann/Mayer/Widmann § 4 Rn. 173.1; vgl. auch Bogenschütz Ubg 2011, 393; IDW WPg 2011, 852). Wegen der Vorrangigkeit der Wertaufholung nach § 6 Nr. 1 S. 4, Nr. 2 S. 2 EStG iVm § 8b II 4 KStG stellt sich die Frage der vorstehend dargestellten Reihenfolge in der Regel nicht. Der gemeine Wert bildet die **Obergrenze der Zuschreibung** nach Abs. 1 S. 2 iVm § 4 I 2 (zum Begriff des gemeinen Werts → § 11 Rn. 151 ff.).

18 Kommt es zu einem höheren Wertansatz gem. Abs. 1 S. 2 iVm § 4 I 2, so ergibt sich ein Beteiligungskorrekturgewinn durch Gegenüberstellung des aufgrund von diesen Vorschriften ermittelten Wertes mit dem entsprechenden BW. Dieser Beteiligungskorrekturgewinn ist gem. Abs. 1 S. 2, § 4 I 3 UmwStG iVm § 8b IV 4 KStG bei Körperschaften „voll" stpfl. (BMF 11.11.2011, BStBl. I 2011, 1314 Rn. 12.03 iVm Rn. 04.08); er ist nicht Teil des Übernahmeergebnisses (BFH DStR 2014, 2120: Rödder/Herlinghaus/van Lishaut/Rödder Rn. 210). Die resultierende StPfl wirkt sich nicht nur kstl., sondern auch gewstl. aus (Rödder/Herlinghaus/van Lishaut/Rödder Rn. 211). Die Erhöhung des BW der Anteile am übertragenden Rechtsträger bewirkt, dass sich ein niedrigerer Übernahmegewinn bzw. ein höherer Übernahmeverlust nach Abs. 2 ergibt (Dötsch/Patt/Pung/Möhlenbrock/Dötsch Rn. 25; Rödder/Herlinghaus/van Lishaut/Rödder Rn. 211).

19 Nach seinem Wortlaut regelt Abs. 1 S. 2 iVm § 4 I 2 nicht nur die Obergrenze einer Zuschreibung, sondern bestimmt auch, dass die Anteile an der übertragenden Körperschaft **höchstens mit dem gemeinen Wert anzusetzen** sind. Liegt der gemeine Wert der Anteile an der übertragenden Körperschaft unter dem BW, so muss eine logische Sekunde vor der Verschm eine Abstockung der Anteile vorgenommen werden (BFH DStR 2014, 2120; Dötsch/Pung/Möhlenbrock/Dötsch/ Stimpel Rn. 28a; Rödder/Herlinghaus/van Lishaut/Rödder Rn. 212; BeckOK UmwStG/Groß Rn. 80; HK-UmwStG/Edelmann Rn. 103; Krohn/Greulich DStR 2008, 646; Frotscher/Drüen/Frotscher Rn. 33a; Brandis/Heuermann/ Nitzschke Rn. 31; Haase/Hofacker/Steierberg § 3 Rn. 51; aA BMF 11.11.2011, BStBl. I 2011, 1314 Rn. 12.03 iVm Rn. 04.06). Dies gilt auch, wenn die Wertminderung voraussichtlich nicht dauerhaft war und damit eine Teilwertabschreibung insoweit ausscheidet. Der Grds. der Maßgeblichkeit der HB für die StB gilt nicht. Bestätigt wird dieses Ergebnis durch die Systematik des UmwStG sowie die Wertungen des Gesetzgebers. Im UmwStG idF des SEStEG wird nämlich für alle Bewertungssituationen der Ansatz des gemeinen Wertes als Bewertungsobergrenze angeordnet, so zB in § 3 I 1, § 3 II 1, § 11 I 1, § 20 II 1–2, § 21 I 1–2, § 23 I, III 1 und § 24 I 1–2 (Frotscher/Drüen/Schnitter § 4 Rn. 40). Auf den **Beteiligungskorrekturverlust** ist § 8b KStG anzuwenden (BFH DStR 2014, 2120; Dötsch/Pung/ Möhlenbrock/Dötsch Rn. 28a; Rödder/Herlinghaus/van Lishaut/Rödder Rn. 212). Die Abstockung bewirkt, dass sich ein höherer Übernahmegewinn und ein niedrigerer Übernahmeverlust ergeben.

5. Einzelfälle der Bilanzierung

20 **a) Ausgabe eigener Anteile durch die übernehmende Körperschaft.** Nicht geregelt war bis zum Inkrafttreten des BilMoG die Frage, ob die Ausgabe eigener Anteile aus der Sicht der übernehmenden Körperschaft einen stpfl. Gewinn auslöst. Ein steuerfreier Übernahmegewinn iSd Abs. 2 S. 1 liegt jedenfalls nicht vor, da diese Vorschrift nur gilt, soweit der übernehmende Rechtsträger am übertragenden Rechtsträger beteiligt ist. Die eigenen Anteile werden aufgewendet, um das Eigentum am Vermögen des übertragenden Rechtsträgers zu erlangen. Es kommt damit auf der Ebene des übernehmenden Rechtsträgers zu einem Tausch. Im Grds. werden damit stille Reserven in den eigenen Anteilen aufgedeckt, es entstand nach bisherigem Verständnis ein lfd. Gewinn (Widmann/Mayer/Schießl Rn. 63; Rödder/Herlinghaus/van Lishaut/Rödder Rn. 153). Da aus der Sicht des übernehmenden Rechtsträgers diese Anteile quasi veräußert werden, um das Vermögen des übertragenden Rechtsträgers zu erlangen, war § 8b KStG anwendbar. Nach Inkrafttreten des BilMoG ist die Ausgabe eigener Anteile ebenso wie deren entgeltlicher Übertragung stl. kein Veräußerungsvorgang, sondern ist wie eine Erhöhung des Nennkapitals bzw. des stl. Einlagekontos zu behandeln (Dötsch/Pung/Möhlenbrock/Dötsch Rn. 43; Rödder/Herlinghaus/van Lishaut/Rödder Rn. 153; BMF 27.11.2013, DStR 2013, 2700).

b) Ausländisches Vermögen. Der Wertansatz des ausl. Vermögens in der Schlussbilanz der übertragenden Körperschaft muss von der übernehmenden Körperschaft fortgeführt werden. Wird eine ausl. Körperschaft auf eine in Deutschland unbeschränkt stpfl. Körperschaft verschmolzen, so wird das inl. Besteuerungsrecht weder ausgeschlossen noch beschränkt, soweit der übertragende ausl. Rechtsträger ausl. Betriebsstättenvermögen besitzt. Bei dem Hereinverschmelzen stellt sich idR die sog. **Verstrickungsfrage,** soweit für WG des übertragenden Rechtsträgers erstmalig das Besteuerungsrecht von Deutschland begründet wird (→ § 4 Rn. 27). Wird durch die Verschm das Besteuerungsrecht Deutschland für WG begründet, kommt es nach der hier vertretenen Auffassung (→ § 11 Rn. 120ff.) erst dann zu einer Verstrickung, wenn die Geschäftsführung des übertragenden Rechtsträgers tatsächlich nach Deutschland verlegt wird.

c) Ausstehende Einlagen. Da ausstehende Einlagen echte Forderungen der übertragenden Körperschaft gegen ihre Gesellschaft sind, und zwar unabhängig davon, ob sie bereits eingefordert wurden oder nicht, gehen diese im Wege der Gesamtrechtsnachfolge auf die übernehmende Körperschaft über (aA BMF 11.11.2011, BStBl. I 2011, 1314 Rn. 03.05; Widmann/Mayer/Schießl § 11 Rn. 399). Die entsprechenden Werte der stl. Schlussbilanz des übertragenden Rechtsträgers sind von der übernehmenden Körperschaft fortzuführen (→ § 11 Rn. 71). Die auf den übernehmenden Rechtsträger übergehenden außenstehenden Einlagen beeinflussen jedoch das Übernahmeergebnis nicht. Das gezeichnete Kapital ist um die eingeforderte sowie die nicht eingeforderte ausstehende Einlage zu kürzen, soweit diese nicht vom gezeichneten Kapital nach § 272 I 3 HGB abgesetzt wurde (BMF 11.11.2011, BStBl. I 2011, 1314 Rn. 03.05). Die AK der Anteile beim übertragenden Rechtsträger sind zudem um die ausstehenden Einlagen zu korrigieren (BMF 11.11.2011, BStBl. I 2011, 1314 Rn. 04.31; Frotscher/Drüen/Schnitter § 3 Rn. 55; Rödder/Herlinghaus/van Lishaut/Rödder Rn. 149).

d) Beteiligung der übertragenden Körperschaft an der übernehmenden Körperschaft (Downstream-Merger). Hält die übertragende Körperschaft Anteile an der übernehmenden Körperschaft, so werden diese Anteile eigene Anteile, soweit sie den Gesellschaftern der übertragenden Gesellschaft nicht als Gegenleistung für ihre im Rahmen der Verschm untergehenden Anteile an der übertragenen Gesellschaft gewährt werden. Werden die Anteile, die der übertragende Rechtsträger am übernehmenden Rechtsträger hält, als Gegenleistung den Gesellschaftern der übertragenden Gesellschaft für ihre im Rahmen der Verschm untergehenden Anteile an der übertragenden Gesellschaft gewährt, erwerben die Gesellschafter des übertragenden Rechtsträgers diese direkt, so dass zu keinem Zeitpunkt Vermögen des übernehmenden Rechtsträgers (BMF 11.11.2011, BStBl. I 2011, 1314 Rn. 11.18; BFH BStBl. II 2011, 315; FG RhPf EFG 2016, 1392; FG Düsseldorf EFG 2017, 218; Dötsch/Pung/Möhlenbrock/Dötsch/Stimpel § 11 Rn. 90; Widmann/Mayer/Schießl Vor § 11 Rn. 101). Die FVerw (OFD Koblenz 9.1.2006, GmbHR 2006, 503; OFD Hannover 5.1.2007, DB 2007, 428) geht davon aus, dass beim Downstream-Merger mit Schuldenüberhang eine vGA auf der Ebene des übernehmenden Rechtsträgers vorliegt, soweit es beim übernehmenden Rechtsträger in Folge der Verschm zu einer unzulässigen Unterdeckung des Stammkapitals kommt.

24 **e) Eigene Anteile.** Besitzt die übertragende Körperschaft am stl. Übertragungsstichtag eigene Anteile, so gehen diese mit der Umw unter. Sie werden nicht auf die übernehmende Körperschaft übertragen, sondern bereits in der stl. Schlussbilanz der übertragenden Körperschaft nicht mehr erfasst (→ § 11 Rn. 77).

25 **f) Firmenwert.** Hat die übertragende Körperschaft in der stl. Schlussbilanz einen Geschäfts- oder Firmenwert aktiviert, so hat die übernehmende Körperschaft diesen fortzuführen. Werden die WG in der stl. Schlussbilanz mit einem Zwischenwert angesetzt, so kommt es auch bezogen auf originäre immaterielle WG insbes. eines Firmenwerts zu einer anteiligen Aufstockung. Die sog. **modifizierte Stufentheorie,** nach der ein selbstgeschaffener Firmenwert nur in den Fällen zu berücksichtigen ist, in denen die übrigen bilanzierten und nicht bilanzierten WG einschließlich immaterieller WG bereits auf den gemeinen Wert aufgestockt wurden, hat die FVerw aufgegeben (BMF 11.11.2011, BStBl. I 2011, 1314 Rn. 11.11 iVm Rn. 03.26, 03.04; zur Übergangsregelung vgl. BMF 11.11.2011, BStBl. I 2011, 1314 Rn. 11.11 iVm Rn. 03.26, 03.04). Zum Problem der stillen Lasten → Rn. 118, → § 11 Rn. 37 ff. Der übernehmende Rechtsträger hat den Geschäfts- oder Firmenwert entsprechend den allg. Grundsätzen nach § 7 I EStG über 15 Jahre abzuschreiben. Hat die übertragende Körperschaft einen Geschäfts- oder Firmenwert entgeltlich erworben und ist dieser in der stl. Schlussbilanz ausgewiesen, so muss dieser vom übernehmenden Rechtsträger mit dem bei der übertragenden Körperschaft bilanzierten BW übernommen werden. Fraglich ist, ob eine Aufstockung des BW des derivativen Firmenwerts möglich ist (→ § 4 Rn. 91, → § 11 Rn. 78).

26 **g) Forderungen und Verbindlichkeiten.** Bestehen zwischen der übertragenden Körperschaft und der übernehmenden Körperschaft Forderungen und Verbindlichkeiten, so erlöschen diese eine logische Sekunde nach der Eintragung der Umw in das Handelsregister des übernehmenden Rechtsträgers. Es kommt zu einer Konfusion auf der Ebene der übernehmenden Körperschaft. Wurde die Abschreibung einer Forderung nach § 8b III 4 ff. KStG stl. nicht anerkannt, so stellt der im Rahmen einer Verschm insoweit entstehende Übernahmefolgegewinn keinen Gewinn aus einer Wertaufholung nach § 6 I Nr. 2 S. 3 EStG dar, der nach § 8b 10 KStG außer Ansatz bleiben würde, die Regelung ist aber analog auf diesen Fall anzuwenden (vgl. → § 8 Rn. 10).

27 **h) Forderungsverzicht mit Besserungsschein.** Wird durch einen Nicht-Gesellschafter auf eine Forderung gegenüber der übertragenden Körperschaft mit Besserungsschein iSv § 5 IIa EStG (vgl. BFH DStR 2017, 1721) verzichtet, so geht diese bedingte Verpflichtung aus dem Forderungsverzicht mit Besserungsschein im Wege der Gesamtrechtsnachfolge auf die übernehmende Körperschaft über. Sobald die Voraussetzungen des Besserungsscheins vorliegen, müssen die Verbindlichkeiten beim übernehmenden Rechtsträger eingebucht werden; es entsteht ein steuerwirksamer Aufwand (BMF 2.12.2003, BStBl. I 2003, 648; FG Hmb EFG 2016, 1721; Rödder/Herlinghaus/van Lishaut/Rödder § 11 Rn. 370). Tritt die Bedingung in Form der Besserung der finanziellen Situation bereits durch die Verschm ein, kann die Einbuchung der Verbindlichkeit frühestens mit der zivilrechtlichen Wirksamkeit des Verschmelzungsvertrages erfolgen (FG Hmb EFG 2016, 1721). Verzichtet ein *Gesellschafter* oder eine diesem nahestehende Person, muss danach diff. werden, ob die Forderung werthaltig ist oder nicht. Soweit die Forderung nicht werthaltig ist, gelten die gleichen Grundsätze wie beim fremden Dritten. Hinsichtlich des werthaltigen Teils liegt eine Einlage vor. Im Besserungsfall wird insoweit nicht von

einer Ausschüttung, sondern von einer Rückgewähr der Einlage ausgegangen (BMF 2.12.2003, BStBl. I 2003, 648; Dötsch/Pung/Möhlenbrock/Dötsch § 11 Rn. 51; Rödder/Herlinghaus/van Lishaut/Rödder § 11 Rn. 370), die frühestens mit der Erlangung der zivilrechtlichen Wirksamkeit des Verschmelzungsvertrages erfolgt. Zum Fall, dass eine vermögenslose und inaktive Gesellschaft übertragender Rechtsträger ist, vgl. → § 11 Rn. 81.

i) Geschäftsvorfälle im Rückwirkungszeitraum. Kam es im Rückwirkungszeitraum zwischen der übertragenden und der übernehmenden Körperschaft zu Lieferungen und Leistungen, so muss die dadurch ggf. in der Buchhaltung ausgewiesene Gewinnrealisation stl. rückgängig gemacht werden. Die übernehmende Körperschaft hat auch in diesen Fällen den in der stl. Schlussbilanz der übertragenden Körperschaft angesetzten Wert fortzuführen (vgl. → § 4 Rn. 36). Geschäfte mit Dritten gelten ab dem Verschmelzungsstichtag als Geschäfte des übernehmenden Rechtsträgers. Zum Problem von vGAs durch unentgeltliche Leistungen im Rückwirkungszeitraum von SchwesterGes vgl. Pyszka DStR 2016, 2683. 28

j) Grunderwerbsteuer. Der Übergang von Grundstücken auf Grund einer Verschm stellt einen Erwerbsvorgang dar, der gem. § 1 Nr. 3 GrEStG grds. der GrESt unterliegt. Da die GrESt bei der Verschm zur Aufnahme mit der Eintragung der Verschm in das Register des Sitzes des übernehmenden Rechtsträgers, bei der Verschm zur Neugründung im Zeitpunkt der Eintragung der neuen Gesellschaft im Handelsregister entsteht, kann der übertragende Rechtsträger insoweit keine Rückstellung bilden. Es liegen vielmehr objektbezogene Kosten vor, die ausschließlich Aufwand des übernehmenden Rechtsträgers darstellen und dort zu aktivieren sind (vgl. BMF 11.11.2011, BStBl. I 2011, 1314 Rn. 04.34; BFH DStR 2023, 212). Die im Rahmen der Verschm anfallende GrESt iSd § 1 III GrEStG stellen nach Auffassung des BFH (BStBl. II 2011, 761; vgl. auch SächsFG DStR 2017, 596) keine AK auf die erworbene Beteiligung dar, sondern sind Betriebsausgaben. Nach Auffassung der FVerw (BMF 11.11.2011, BStBl. I 2011, 1314 Rn. 04.34) handelt es sich um Umwandlungskosten des übernehmenden Rechtsträgers. 29

k) Körperschaftsteuerguthaben/Körperschaftsteuererhöhung. Ein aktivierter verbleibender Anspruch auf Auszahlung des Steuerguthabens iSd § 37 V KStG der übertragenden Körperschaft geht im Wege der Gesamtrechtsnachfolge auf die übernehmende Körperschaft über. Der Ansatz des KSt-Guthabens sowie die Aufzinsungsbeträge führen nach § 37 VII KStG zu keinen Einkünften auf Ebene der übertragenden und übernehmenden Körperschaft. Bei einem stl. Übertragungsstichtag nach dem 31.12.2006 gilt die Neuregelung des § 38 IV–X KStG. Sie sieht vor, dass die KapGes 3% des EK 02 ausschüttungsunabhängig in zehn gleichen Jahresraten in den Jahren 2008–2017 entrichten muss. Dieser pauschale Erhöhungsbetrag entsteht am 1.1.2007 und ist in der StB abgezinst zu passivieren. Der Aufwand ist bei der Einkommensermittlung hinzuzurechnen (§ 38 X KStG; zu weiteren Einzelheiten vgl. Neumann/Simpel GmbHR 2008, 57). Die Verpflichtung zur Zahlung des pauschalierten Erhöhungsbetrags geht auf den übernehmenden Rechtsträger über. 30

l) Organschaft. Wird ein **Organträger** auf einen anderen Rechtsträger verschmolzen, tritt der übernehmende Rechtsträger in den bestehenden Gewinnabführungsvertrag grds. ein (BMF 11.11.2011, BStBl. I 2011, 1314 Rn. Org.01; Rödder/Herlinghaus/van Lishaut/Herlinghaus Anh. 4 Rn. 20). Für den übernehmenden Rechtsträger stellt die Verschm jedoch einen wichtigen Grund dar, den EAV zu kündigen oder im gegenseitigen Einvernehmen zu beenden (BMF 11.11.2011, BStBl. I 2011, 1314 Rn. Org.12; vgl. auch HessFG EFG 2015, 736). Nach Auffassung der Fverw (BMF 26.8.2003, BStBl. I 2003, 437 Rn. 43) stellten die nach § 14 IV KStG aF zu bildenden aktiven und passiven Ausgleichsposten Korrekturposten 31 auf den Beteiligungsbuchwert dar. Zweck der Bildung von Ausgleichsposten war es sicherzustellen, dass die innerhalb der Organschaft erzielten Gewinne oder Verluste nur einmal der Besteuerung unterworfen wurden. Die Fverw geht zu Recht davon aus, dass die Verschm auf der Ebene des übertragenden Rechtsträgers eine Veräußerung darstellt (BMF 11.11.2011, BStBl. I 2011, 1314 Rn. 00.02) mit der Folge, dass grds. die Ausgleichsposten erfolgswirksam aufzulösen waren. Erfolgt die Verschm des Organträgers jedoch zu BW und wurde das Organschaftsverhältnis vom übernehmenden Rechtsträger fortgeführt, ordnete die FVerw die Beibehaltung des Ausgleichspostens an. Wurde in der stl. Schlussbilanz der gemeine Wert angesetzt, so war in jedem Fall der Ausgleichsposten in voller Höhe aufzulösen. Bei Zwischenwertansatz waren bei fortbestehender Organschaft die Ausgleichsposten anteilig, bei Nichtfortführung der Organschaft in voller Höhe aufzulösen (vgl. dazu BMF 11.11.2011, BStBl. I 2011, 1314 Rn. Org.05). Ist übertragender Rechtsträger eine OrganGes, so wird ein bestehender EAV beendet (→ Rn. 87). Auf dieses Organschaftsverhältnis entfallende organschaftliche Ausgleichsposten waren nach § 14 IV 2 KStG stets in voller Höhe aufzulösen (BMF 11.11.2011, BStBl. I 2011, 1314 Rn. Org.21). § 14 IV KStG aF wurde mit Wirkung zum 1.1.2022 geändert, seit dieser Zeit gilt die sog. Einlagelösung (vgl. BMF Schreiben v. 29.9.2022, DStR 2022, 2104; Hannig Ubg 2022, 625).

32   **m) Passivierungsverbote.** Zur Berücksichtigung bzw. Behandlung stiller Lasten → Rn. 11 ff., → § 11 Rn. 37 ff.

33   **n) Steuerfreie Rücklagen.** Steuerfreie Rücklagen nach § 6b EStG, Rücklagen für Ersatzbeschaffungen nach 6.6 EStR sind nach Abs. 3 iVm § 4 I 1 bei Buchwertansatz durch den übernehmenden Rechtsträger fortzuführen (BMF 11.11.2011, BStBl. I 2011, 1314 Rn. 11.03 iVm Rn. 03.04). Zu § 7g EStG aF vgl. BFH BStBl. II 2015, 1007. Fällt der Umwandlungsstichtag exakt mit dem Ende des Reinvestitionszeitraums des § 6b EStG zusammen, erfolgt die gewinnerhöhende Auflösung der § 6b EStG-Rücklage noch in der Person des übertragenden Rechtsträgers (BFH BStBl. II 2021, 517).

34   **o) Steuerliches Minuskapital.** Ist die vorgenommene Kapitalerhöhung höher als das Nettobuchwertvermögen des übertragenden Rechtsträgers, so wie es sich aus der stl. Schlussbilanz des übertragenden Rechtsträgers ergibt, führt dies nicht zu einer Aufstockung der stillen Reserven im übertragenen Vermögen beim übernehmenden Rechtsträger. Der Differenzbetrag ist vielmehr als stl. Minuskapital auf der Aktivseite auszuweisen. Dieses stl. Minuskapital kann nicht abgeschrieben werden, ist jedoch ggf. mit künftig entstehenden stl. Mehrkapital verrechenbar (Widmann/Mayer/Schießl Rn. 62; Rödder/Herlinghaus/van Lishaut/Rödder Rn. 158).

35   **p) Umwandlungskosten des übernehmenden Rechtsträgers.** Die Zuordnung der Verschmelzungskosten richtet sich danach, in wessen Sphäre der an der Umw beteiligten Rechtsträger diese entstanden sind. Jeder Beteiligte hat die auf ihn entfallenden Kosten selbst zu tragen (BFH DStR 1998, 1420; Widmann/Mayer/Martini § 3 Rn. 681; Brandis/Heuermann/Klingberg Rn. 46; BeckOK UmwStG/Groß Rn. 120; im Grundsatz ebenso BMF 11.11.2011, BStBl. I 2011, 1314 Rn. 03.34). Die Kostenzuordnung richtet sich grds. nach dem **objektiven wirtschaftlichen Veranlassungsprinzip** und steht nach Auffassung des BFH (BStBl. II 2023, 612; DStR 1998, 1420) nicht zur Disposition der an der Verschm beteiligten Rechtsträger (BFH DStR 2023, 212; BFH DStR 1998, 1420; FG RhPf EFG 2016, 1392; vgl. ausf. dazu Stimpel GmbHR 2012, 199 und → § 11 Rn. 89 f.). Nach Meinung der FVerw (BMF 11.11.2011, BStBl. I 2011, 1314 Rn. 12.05 iVm 04.34; BeckOK UmwStG/Groß Rn. 121) sollen nicht objektbezogene Kosten, die bei der Verschm einer Körperschaft auf eine andere Körperschaft dem übertragenden Rechtsträger nach dem Veranlassungsprinzip zuzuordnen sind, dem übernehmenden

Rechtsträger zuzuordnen sein, wenn sie nach dem stl. Übertragungsstichtag entstanden sind (→ § 11 Rn. 91), sie sind damit Bestandteil des nicht zu berücksichtigenden Übernahmeergebnisses (BeckOK UmwStG/Groß Rn. 121.1).

36 Eine gesetzliche Regelung der stl. Behandlung von Umwandlungskosten für den übernehmenden Rechtsträger findet sich in Abs. 2 S. 2. Die Vorschrift besagt, dass Umwandlungskosten des übernehmenden Rechtsträgers, die lfd. Betriebsausgaben sind, bei der Ermittlung des Übernahmeergebnisses berücksichtigt werden müssen. Bzgl. der Zuordnung von Kosten trifft die Vorschrift keine Regelung. Zu den lfd. Umwandlungskosten gehören externe Rechts- und Beratungskosten, Kosten für die Einholung der Erteilung einer verbindlichen Auskunft durch den übernehmenden Rechtsträger, wobei § 10 Nr. 2 KStG iVm § 3 IV AO zu beachten sein soll (vgl. BFH DStR 2022, 1256; Dötsch/Pung/Möhlenbrock/Möhlenbrock/Pung § 3 Rn. 153; Tipke/Kruse/Seer AO § 89 Rn. 77; Schwarz/Pahlke/Volquardsen AO § 89 Rn. 101b; Stimpel GmbHR 2012, 199). Zu den weiteren Kosten, die beim übernehmenden Rechtsträger entstehen, zählen insbes. die Hälfte der Kosten für die Erstellung des Verschmelzungsvertrages, die Beurkundungskosten für den Verschmelzungsvertrag zur Hälfte, die Kosten des Verschmelzungsbeschlusses, der Anmeldung und der Eintragung des Beschlusses, die Kosten für die Ermittlung des Übernahmeergebnisses uÄ. Inwieweit Kosten nach dem zivilrechtlichen Vollzug der Verschm noch Umwandlungskosten darstellen, ist im Einzelnen strittig (vgl. Stimpel GmbHR 2012, 199; vgl. auch Krohn DB 2018, 1755). Solche nach der Eintragung der Verschm in das Handelsregister entstehenden Kosten stellen nur dann Umwandlungskosten dar, wenn ein unmittelbarer Zusammenhang dieser Kosten mit der Umw gegeben ist (zu weitgehend Stimpel GmbHR 2012, 199). Für objektbezogene Kosten findet Abs. 2 S. 1 keine Anwendung (vgl. BMF 11.11.2011, BStBl. I 2011, 1314 Rn. 04.34; BFH BStBl. II 2023, 612), sie sind vielmehr als AK zu aktivieren, da es sich bei dem Verschmelzungsvorgang um ein Anschaffungsgeschäft handelt. Zu solchen objektbezogenen Kosten gehört insbes. die GrESt einschließlich grundstücksbezogener Notar- und Grundbuchkosten, die ausschließlich Aufwand des übernehmenden Rechtsträgers darstellt (BMF 18.1.2010, BStBl. I 2010, 70; BFH BStBl. II 1998, 168; Frotscher/Drüen/Frotscher Rn. 63). Die im Rahmen der Verschm anfallende GrESt iSd § 1 III GrEStG wird nach Auffassung des BFH (BStBl. II 2011, 761) nicht zu AK auf die erworbene Beteiligung. Nach Auffassung der FVerw (BMF 11.11.2011, BStBl. I 2011, 1314 Rn. 04.34) handelt es sich um Umwandlungskosten, für die Abs. 2 S. 1 gilt.

37 q) **Verdeckte Gewinnausschüttung, verdeckte Einlage.** Vgl. → Rn. 103.

6. Übernahmeergebnisse im Überblick

38 Ist die übernehmende Körperschaft an der übertragenden Körperschaft beteiligt und entspricht der BW der Beteiligung dem Nettobuchwertvermögen der übertragenden Körperschaft, so wie es sich aus der Schlussbilanz ergibt, löst die Verschm auf der Seite der übernehmenden Körperschaft grds. kein **Übernahmeergebnis** in Form eines Übernahmegewinns oder -verlusts aus. In der Praxis ist dies jedoch der Ausnahmefall. In aller Regel entsteht bei der Verschm einer Körperschaft auf eine andere Körperschaft ein Übernahmeergebnis iHd Differenz zwischen dem Wert, mit dem das übergegangene Vermögen bei der Übernehmerin anzusetzen ist und dem BW der durch die Verschm untergehenden Anteile. Ob ein Übernahmegewinn idS auch dann entsteht, wenn bzw. soweit die übernehmende Körperschaft an der übertragenden Körperschaft nicht beteiligt ist, ist umstritten (→ Rn. 43).

39 Soweit der für die Ermittlung des Übernahmeergebnisses zu berücksichtigende BW der Anteile geringer als die historischen AK ist, zuvor also eine Teilwertabschreibung auf die Beteiligung am übertragenden Rechtsträger oder ein Übertrag nach § 6b EStG stattgefunden hat, wird diese Korrektur des Beteiligungswertes nach

Abs. 1 S. 2 iVm § 4 I 2 stpfl. rückabgewickelt. Es entsteht ein sog. **Beteiligungskorrekturgewinn** nach der hier vertretenen Meinung, ggf. auch ein Verlust (→ Rn. 19). Dieser stpfl. Beteiligungskorrekturgewinn entsteht eine logische Sekunde vor Ablauf des stl. Übertragungsstichtages beim übernehmenden Rechtsträger. Der Beteiligungskorrekturgewinn kann nicht mit einem evtl. entstehenden Übernahmeverlust saldiert werden (Rödder/Herlinghaus/van Lishaut/Rödder Rn. 210). § 11 I 2 kommt zur Anwendung, wenn eine MutterGes auf ihre TochterGes verschmolzen wird.

40   Führt die Verschm zum Erlöschen von Forderungen und Verbindlichkeiten, die zwischen den an der Verschm beteiligten Körperschaften bestanden haben, oder kommt es zu einer Auflösung von Rückstellungen, entsteht auf der Ebene des übernehmenden Rechtsträgers eine logische Sekunde nach Ablauf des Umwandlungsstichtages ein **Übernahmefolgegewinn,** der als lfd. Gewinn den allgemeinen Besteuerungsgrundsätzen der KSt und GewSt unterliegt (→ Rn. 26).

7. Übernahmegewinn/-verlust (Abs. 2)

41   a) **Übernahmegewinn/-verlust iSv Abs. 2 S. 1.** Nach Abs. 2 S. 1 bleibt bei der Ermittlung des Gewinns der übernehmenden Körperschaft ein Gewinn oder ein Verlust iHd Unterschieds zwischen dem ggf. durch die Wertaufholung gem. Abs. 1 S. 2 iVm § 4 I 2, 3 erhöhten oder auf den gemeinen Wert abzustockenden BW der Anteile und dem Wert, mit dem die übergegangenen WG aus der stl. Schlussbilanz des übertragenden Rechtsträgers zu übernehmen sind, außer Ansatz. Dies gilt gem. § 19 I auch für die GewSt. Dass der Gewinn außer Ansatz bleibt, bedeutet im Ergebnis, dass der Übernahmegewinn/-verlust zunächst innerhalb des Jahresabschlusses zu ermitteln und sodann außerhalb der Bilanz zu eliminieren ist (BMF 11.11.2011, BStBl. I 2011, 1314 Rn. 12.05; Lademann/Wernicke Rn. 33; Widmann/Mayer/Schießl Rn. 27; HK-UmwStG/Edelmann Rn. 133; Brandis/Heuermann/Klingberg Rn. 35; Rödder/Herlinghaus/van Lishaut/Rödder Rn. 245).

42   Abs. 2 S. 1 ist vom Wortlaut her auf den Fall zugeschnitten, dass der übernehmende Rechtsträger am stl. Übertragungsstichtag sämtliche Anteile am übertragenden Rechtsträger hält, wobei Anteile an der übertragenden Körperschaft, die erst nach dem stl. Übertragungsstichtag angeschafft wurden, zum stl. Übertragungsstichtag als angeschafft gelten (Abs. 3 S. 3 iVm § 5 I).

43   Nicht abschließend geklärt ist die Frage, ob ein Übernahmegewinn/-verlust iSd Abs. 2 S. 1 nur dann und insoweit entsteht, als der übernehmende Rechtsträger an der übertragenden Körperschaft beteiligt ist (so Rödder/Herlinghaus/van Lishaut/Rödder Rn. 217 ff.; Widmann/Mayer/Schießl Rn. 267.14; Haritz/Menner/Bilitewski/Wisniewski Rn. 37; Brandis/Heuermann/Klingberg Rn. 35; Frotscher/Drüen/Frotscher Rn. 41 ff.; NK-UmwR/Hummel Rn. 51; Schumacher/Neitz-Hackstein Ubg 2011, 409). Demgegenüber geht der BFH (DStR 2013, 582) und die FVerw (BMF 11.11.2011, BStBl. I 2011, 1314 Rn. 12.05; ebenso Dötsch/Pung/Möhlenbrock/Dötsch Rn. 52; BeckOK UmwStG/Groß Rn. 123; vgl. auch Frotscher/Drüen/Frotscher Rn. 48 f.; ausf. zu dem Gesamtproblem Graf JbFAStR 2010/2011, 270 ff.) davon aus, dass ein Übernahmeergebnis iSd Abs. 2 S. 1 in allen Fällen der **Auf-, Ab- und Seitwärtsverschmelzung** – ungeachtet einer Beteiligung an der übertragenden Körperschaft – zu ermitteln ist. Dieser Auffassung kann nicht gefolgt werden. Zutr. wird darauf hingewiesen, dass bei der Verschm der Mutter durch den Wegfall der eigenen Anteile ein Buchverlust entsteht, der als gesellschaftsrechtlicher Vorgang das Einkommen der KapGes nicht mindert (Widmann/Mayer/Schießl Rn. 267.14). Hinzu kommt, dass durch Abs. 2 S. 1 aF nach dem Willen des Gesetzgebers erreicht werden sollte, dass neben der Besteuerung des Gewinns der übertragenden Körperschaft die Besteuerung der in den untergehenden Anteilen

des übernehmenden Rechtsträgers am übertragenden Rechtsträger ruhenden stillen Reserven nicht eintritt (BT-Drs. 12/6885, 21; BT-Drs. 7/4803, 29).

Daran hat sich auch durch die Neufassung des Abs. 2 S. 1 durch das SEStEG **44** nichts geändert (ebenso Ley/Bodden FR 2007, 265). Soweit der übernehmende Rechtsträger an der übertragenden Körperschaft beteiligt ist, gehen diese Anteile am übertragenden Rechtsträger unter. Das Besteuerungsrecht der BRD hinsichtlich des Gewinns aus der Veräußerung dieser Anteile ist damit ausgeschlossen, was – ohne die Regelung des Abs. 2 S. 1 – ggf. eine Besteuerung nach § 12 I KStG zur Folge hätte. Abs. 2 S. 1 bestimmt damit wie bereits bisher, dass es zu einer Aufdeckung der stillen Reserven in den Anteilen, die der übernehmende Rechtsträger am übertragenden Rechtsträger hält, nicht kommt. Daraus ergibt sich, dass ein Übernahmegewinn/-verlust nur dann und insoweit entsteht, als der übernehmende Rechtsträger an der übertragenden Körperschaft beteiligt ist (aA BFH DStR 2013, 582; BMF 11.11.2011, BStBl. I 2011, 1314 Rn. 12.05; Dötsch/Pung/Möhlenbrock/Dötsch Rn. 52; wie hier Rödder/Herlinghaus/van Lishaut/Rödder Rn. 217 ff.; Haritz/Menner/Bilitewski/Wisniewski Rn. 37 ff.; Widmann/Mayer/Schießl Rn. 61; Brandis/Heuermann/Klingberg Rn. 35). Nur wenn man die Beteiligungsquote des übernehmenden Rechtsträgers am übertragenden Rechtsträger bereits bei der Ermittlung des Übernahmeergebnisses iSd Abs. 2 S. 1 berücksichtigt, wird im Rahmen des Abs. 2 S. 2 ein mit der Zielsetzung dieser Norm entsprechendes Ergebnis besteuert (→ Rn. 49 f.). Kommt es im Rahmen der Verschm. bei dem übernehmenden Rechtsträger zu einer **Kapitalerhöhung,** entsteht kein Übernahmegewinn iSd Abs. 2 S. 1. Die Vermögensmehrung beim übernehmenden Rechtsträger stellt keinen Gewinn, sondern eine Einlage dar, die bei einer Einkommensermittlung in Übereinstimmung mit der allg. Gewinnermittlungsgrundsätzen nach § 8 I KStG iVm §§ 4 ff. EStG nicht zu berücksichtigen ist (ebenso Widmann/Mayer/Schießl Rn. 61; Haritz/Menner/Bilitewski/Wisniewski Rn. 43; Rödder/Herlinghaus/van Lishaut/Rödder Rn. 217 ff.). Ist der Übernahmewert höher als der Nennbetrag bzw. Ausgabebetrag der neuen Anteile am übernehmenden Rechtsträger, so ist dieser Mehrbetrag bei der Ermittlung des Einkommens des übernehmenden Rechtsträgers abzusetzen, es liegt ein steuerfreier Agiogewinn vor (Widmann/Mayer/Schießl Rn. 61; Haritz/Menner/Bilitewski/Wisniewski Rn. 42; Rödder/Herlinghaus/van Lishaut/Rödder Rn. 217 ff.; Frotscher/Drüen/Frotscher Rn. 48; aA Dötsch/Pung/Möhlenbrock/Dötsch Rn. 52; vgl. auch Perlwein GmbHR 2008, 747). Gewährt die übernehmende Körperschaft als Gegenleistung für die Vermögensübertragung neue aus der Kapitalerhöhung entstehende Gesellschaftsrechte an die Anteilseigner der übertragenden Körperschaft, deren Nennwert höher ist als das Nettobuchwertvermögen des übertragenden Rechtsträgers, so wie er sich aus der stl. Schlussbilanz des übertragenden Rechtsträgers ergibt, führt dies nicht zu einer Aufstockung der stillen Reserven in der stl. Übernahmebilanz; der Differenzbetrag ist vielmehr als stl. **Minuskapital** auf der Aktivseite auszuweisen (Rödder/Herlinghaus/van Lishaut/Rödder Rn. 158; Frotscher/Drüen/Frotscher Rn. 48). Dieser AP kann nicht abgeschrieben werden, soll jedoch ggf. mit künftig entstehenden stpfl. Gewinnen aus der Aufdeckung stiller Reserven verrechenbar sein (vgl. Frotscher/Drüen/Frotscher Rn. 48; Widmann/Mayer/Schießl Rn. 62; Haritz/Menner/Bilitewski/Wisniewski Rn. 43). Weder der Agiogewinn noch das stl. Minuskapital haben wegen § 13 Auswirkungen auf die AK der neu gewährten Anteile am übernehmenden Rechtsträger.

Hat die übernehmende Körperschaft eigene Anteile als Gegenleistung an die **45** Gesellschafter des übertragenden Rechtsträgers ausgegeben, so entsteht in der Person des übernehmenden Rechtsträgers kein Übernahmegewinn iSd Abs. 2 S. 1 (→ Rn. 20).

Der **BW der Anteile** an der übertragenden Körperschaft ist der Wert, der sich **46** nach den stl. Vorschriften über die Gewinnermittlung in einer für den Übertragungsstichtag aufzustellenden StB ergibt oder ergäbe (§ 1 V Nr. 4), wobei zunächst die erweiterte Wertaufholung nach Abs. 1 S. 2 iVm § 4 I 2 bzw. eine Abstockung auf den gemeinen Wert (→ Rn. 19) vorzunehmen ist. Ändert sich dieser Wert durch offene oder verdeckte Einlagen des übernehmenden Rechtsträgers, die nach dem Verschmelzungsstichtag durchgeführt werden, so hat dies für die Ermittlung des Übernahmeergebnisses keine Auswirkungen (vgl. FG Bln-Bbg DStRE 2014, 861). Gleiches gilt, falls der übernehmende Rechtsträger nach dem stl. Übertragungsstichtag auf eine werthaltige Forderung verzichtet; diese geht zum Verschmelzungsstichtag durch Konfusion unter. Zur Kapitalerhöhung gegen Einlage oder Kapitalerhöhung aus Gesellschaftsmitteln vgl. die Ausführungen unter → § 4 Rn. 107. Leistungen des übernehmenden Rechtsträgers an Dritte im Rückwirkungszeitraum können Einfluss auf den relevanten BW haben, was insbes. für den Fall des Erwerbs von Anteilen am übertragenden Rechtsträger gilt (Abs. 2 S. 3 iVm § 5 I). **Besitzt der übernehmende Rechtsträger mehrere Anteile** an der übertragenden Körperschaft und haben diese unterschiedliche BW, ist für die Ermittlung des Übernahmeergebnisses im Grds. von einem einheitlichen BW auszugehen (Rödder/Herlinghaus/van Lishaut/Rödder Rn. 229; Dötsch/Pung/Möhlenbrock/Dötsch Rn. 47; BeckOK UmwStG/Groß Rn. 119; ebenso zu § 4 BMF 11.11.2011, BStBl. I 2011, 1314 Rn. 04.21). Dagegen spricht nicht, dass Anteile an KapGes, die der Steuerpflichtige zu unterschiedlichen Zeiten und AK erworben hat, grds. ihre Selbstständigkeit behalten (BFH BStBl. II 2004, 556; Schmidt/Weber-Grellet EStG § 17 Rn. 162); Abs. 2 stellt den BW der Anteile insges. ab; es wird nicht für jeden Anteil isoliert ein Übernahmeergebnis ermittelt. Zu einer **anteilsbezogenen Betrachtungsweise** kommt es ausnahmsweise nur, soweit die Anteile unterschiedlichen Bedingungen unterliegen und diese für die Besteuerung des Übernahmeergebnisses von Relevanz sind (vgl. BMF 11.11.2011, BStBl. I 2011, 1314 Rn. 04.21).

47   **b) Besteuerung des Übernahmeergebnisses (Abs. 2 S. 2).** Nach Abs. 2 S. 1 bleibt der Übernahmegewinn bzw. Übernahmeverlust, abzgl. der Kosten für den Vermögensübergang, bei der Ermittlung des Gewinns der übernehmenden Körperschaft außer Ansatz. Gem. Abs. 2 S. 2 ist auf den „Gewinn" iSd Abs. 2 S. 1, abzgl. der anteilig auf den Vermögensübergang entfallenden Kosten, § 8b KStG anzuwenden, soweit dieser Gewinn dem Anteil der übernehmenden an der übertragenden Körperschaft entspricht. Soweit der übernehmende Rechtsträger nicht an dem übertragenden Rechtsträger beteiligt ist (Seitwärtsverschmelzung, Abwärtsverschmelzung), findet Abs. 2 S. 2 im Gegensatz zu Abs. 2 S. 1 (vgl. → Rn. 43) damit keine Anwendung, dh insoweit scheidet eine Pauschalierung von nicht abziehbaren Ausgaben iHv 5 % aus (Rödder/Herlinghaus/van Lishaut/Rödder Rn. 248, 255; Widmann/Mayer/Schießl Rn. 61; Haritz/Menner/Bilitewski/Wisniewski Rn. 56; Ley/Bodden FR 2007, 265; PWC, Reform des UmwStR/Klingberg, 2007, 190; Dötsch/Pung/Möhlenbrock/Dötsch Rn. 60), ein stpfl. Gewinn entsteht insoweit nicht, die Rechtsfolgen auf der Anteilseignerebene ergeben sich in diesen Fällen aus § 13 UmwStG.

48   Auf den Teil des **Gewinns** iSd Abs. 2 S. 1, der dem Anteil der übernehmenden Körperschaft an der übertragenden Körperschaft entspricht, findet § 8b KStG Anwendung (Abs. 2 S. 2). Aufgrund dieses Verweises gelten im Grds. 5% des Übernahmegewinns als nicht abzugsfähige BA. Der Verschmelzungsvorgang wird damit aus der Sicht des übernehmenden Rechtsträgers im Regelungsbereich des Abs. 2 S. 2 bezogen auf die durch ihn am übertragenden Rechtsträger gehaltenen Anteile einem Veräußerungsvorgang gleichgestellt (so auch BT-Drs. 16/2710, 41; BT-Drs. 16/3369, 10; Haritz/Menner/Bilitewski/Wisniewski Rn. 57; Dötsch/Pung/Möhlenbrock/Stimpel Rn. 62). Da der Übernahmegewinn einem Veräußerungsgewinn gleichgestellt ist, muss die Stpfl eines solchen Gewinns nach **§ 8b IV KStG nF (Streubesitzanteile)** abgelehnt werden (Dötsch/Pung/Möhlenbrock/

Dötsch/Stimpel Rn. 62; Haritz/Menner/Bilitewski/Wisniewski Rn. 57; Rödder/ Herlinghaus/van Lishaut/Rödder Rn. 257; Schießl DStZ 2015, 442)

§ 8b KStG soll anzuwenden sein, „soweit der Gewinn iSd Satzes 1 [...] dem Anteil der übernehmenden Körperschaft entspricht". Geht man – entgegen der hier vertretenen Meinung (→ Rn. 42 ff.) – davon aus, dass nach Abs. 2 S. 1 das Übernahmeergebnis unabhängig von der Beteiligungsquote des übernehmenden Rechtsträgers am übertragenden Rechtsträger zu ermitteln ist und auf diesen Gewinn des übernehmenden Rechtsträgers anteilig § 8b KStG anzuwenden ist, ergibt sich ein unsystematisch zu hoher Gewinn für den übernehmenden Rechtsträger (ebenso Plewka/Marquardt Umstrukturierungs-HdB, 306; Hagemann/Jakob/ Ropohl/Viebrock NWB-Sonderheft 1/2007, 26).

Beispiel:

Die M-GmbH ist zu 50% am StK der T-GmbH beteiligt. Diese Anteile stehen bei der M-GmbH mit 100.000 Euro zu Buche. Das Nettobuchwertvermögen der T-GmbH soll 1.000.000 Euro betragen. Würde die T-GmbH auf die M-GmbH verschmolzen, so würde sich ein Übernahmegewinn iSd Abs. 2 S. 1 in Höhe von 900.000 Euro ergeben, an dem die M-GmbH zu 50% beteiligt wäre (so BMF 11.11.2011, BStBl. I 2011, 1314 Rn. 12.06). Korrekt ist aber, den steuerrelevanten Übernahmegewinn so zu errechnen, indem man den Differenzbetrag zwischen dem anteilig auf die M-GmbH entfallenden Teil des Nettobuchwertvermögens der T-GmbH (500.000 Euro) mit dem BW der Anteile der M-GmbH an der T-GmbH (100.000 Euro) ermittelt. Damit ergibt sich ein anteiliger Übernahmegewinn in Höhe von 400.000 Euro und nicht ein solcher von 450.000 Euro. Betrachtet man die Vorschrift des Abs. 2 S. 2 vor dem Hintergrund, dass der Gesetzgeber eine steuerfreie Ausschüttung der Gewinnrücklagen ohne eine 5%ige steuerfreie Ausschüttung iSd § 8b III 1 KStG im Zuge der Verschm verhindern wollte (Hagemann/Jakob/Ropohl/Viebrock NWB-Sonderheft 1/2007, 26; Plewka/Marquardt Umstrukturierungs-HdB, 306), so muss der anteilige Übernahmegewinn im Beispiel 400.000 Euro betragen (ebenso Widmann/Mayer/Schießl Rn. 267.24; Ley/Bodden FR 2007, 273). Zu diesem Ergebnis gelangt man aber, wenn ein Übernahmegewinn/-verlust iSd Abs. 2 S. 1 nur dann und insoweit entsteht, als der übernehmende Rechtsträger an der übertragenden Körperschaft beteiligt ist.

Diese Besteuerungsfolge dürfte bei grenzüberschreitenden Verschm mit Art. 7 Fusions-RL unvereinbar sein, wenn die dort vorausgesetzte Mindestbeteiligungsquote (seit 2009 10%) gegeben ist (ausf. dazu Ley/Bodden FR 2007, 265; Haritz/ Menner/Bilitewski/Wisniewski Rn. 58; Rödder/Herlinghaus/van Lishaut/Rödder Rn. 259; Musil/Weber-Grellet/Desens UmwStG § 12 Rn. 25; PWC, Reform des UmwStR/Klingberg, 2007, 190; aA FG Schleswig-Holstein EFG 2022, 979; Dötsch/Pung/Möhlenbrock/Dötsch/Stimpel Rn. 60). Auf rein nationale Verschm findet Art. 7 Fusions-RL keine Anwendung. Gem. Art. 1 lit. a Fusions-RL hat jeder Mitgliedstaat die Richtlinie auf Fusionen anzuwenden, „wenn daran Gesellschaften aus zwei oder mehr Mitgliedstaaten beteiligt sind". Die Fusions-RL ist daher im Grds. auf rein nationale Sachverhalte nicht anwendbar (vgl. der Lademann/Wernicke Rn. 49). Der EuGH hat allerdings in zwei Fällen Bestimmungen der Fusions-RL ausgelegt, obwohl den Streitfällen rein innerstaatliche Sachverhalte zugrunde lagen (EuGH BeckRS 2004, 75946 – Leur-Bloem, zum Anteilstausch in den Niederlanden; DStRE 2002, 456 – Andersen og Jensen, zur Teilbetriebseinbringung in Dänemark). Gegenstand dieser Entscheidungen waren Vorschriften des niederländischen bzw. dänischen Rechts, die in Umsetzung der Fusions-RL ergangen waren. Dabei hatte sich der nationale Gesetzgeber entschieden, rein innerstaatliche Sachverhalte und unter die Richtlinie fallende (grenzüberschreitende) Sachverhalte gleich zu behandeln. Der nationale Gesetzgeber hatte daher die für innerstaatliche Sachverhalte geltenden Rechtsvorschriften dem Gemeinschaftsrecht angeglichen, um Wettbewerbsverzerrungen und Benachteiligungen der eigenen Staatsangehörigen zu vermeiden. Dabei hatte der nationale Gesetzgeber in der Gesetzesbegründung auf die Fusions-RL verwiesen und Teile der Fusions-RL wortgleich in das nationale Gesetz übernommen. In solchen Fällen besteht nach Ansicht des EuGH ein klares Interesse der Gemeinschaft daran, dass die aus dem Gemeinschaftsrecht übernommenen Bestimmungen oder Begriffe unabhängig davon, unter welchen Voraussetzungen sie angewandt werden, einheitlich ausgelegt werden, um künftige Auslegungsunterschiede zu verhindern. Aus diesem Grund sei der Gerichtshof für die Auslegung der Bestimmungen der Fusions-RL zuständig, auch wenn sie den rein innerstaatlichen Ausgangssachverhalt nicht unmittelbar regelt. Der dt. Gesetzgeber hat jedoch bei Erlass des SEStEG eine solche „Überumsetzung" der Fusions-RL nicht beabsichtigt. Der Gesetzgeber wollte die Fusions-RL ausdrücklich nur in deren tatsächlichem Anwendungsbereich (grenzüberschreitende Sachverhalte) umsetzen (→ § 20 Rn. 82 ff.). Für Abs. 2 ist nicht erkennbar, dass der dt. Gesetzgeber bei der Kodifizierung gerade dieser Vorschrift Begriffsbestimmungen oder Regelungsinhalte der Fusions-RL allgemeingültig in das dt. Steuerrecht übernehmen wollte. Abs. 2 S. 1 bestand sogar bereits vor Erlass des SEStEG. In der Gesetzesbegründung zum Entwurf des SEStEG (BT-Drs. 16/2710, 41, zu Abs. 2) bringt der Gesetzgeber zum Ausdruck, dass er die Vorgaben des Art. 7 Fusions-RL beachten und umsetzen wollte: „Bei der übernehmenden Körperschaft bleibt das Übernahmeergebnis wie bisher stl. außer Ansatz. Dies entspricht auch den Vorgaben des Art. 7 Fusions-RL." Dass Art. 7 Fusions-RL über deren Anwendungsbereich hinaus auch für alle rein innerstaatliche Verschmelzungsfälle gelten soll, lässt sich der Gesetzesbegründung nicht entnehmen. Obwohl im Anwendungsbereich der Fusions-RL ein Verstoß gegen die Richtlinie vorliegt, ist Abs. 2 dadurch nicht insges. unwirksam noch nichtig. Ein Verstoß gegen die Fusions-RL führt lediglich zur Unanwendbarkeit des Abs. 2 im Anwendungsbereich der Richtlinie.

52 Handelt es sich bei der übernehmenden Körperschaft um ein **Kreditinstitut** oder ein **Lebens- oder Krankenversicherungsunternehmen**, so stellt sich die Frage, ob § 8b VII und VIII KStG auch im Rahmen des Abs. 2 S. 2 mit der Folge zur Anwendung kommen, dass der anteilige Übernahmegewinn abzgl. der Kosten für den Vermögensübergang voll stpfl. ist. In der Lit. (Rödder/Herlinghaus/van Lishaut/Rödder Rn. 262; Haritz/Menner/Bilitewski/Wisniewski Rn. 59; PWC, Reform des UmwStR/Klingberg, 2007, 191) wird dies verneint. Nach Abs. 2 S. 1 bleibe ein Übernahmegewinn – wie ein Übernahmeverlust – bei der Ermittlung des Einkommens außer Ansatz. Ein Ergebnis, das „außer Ansatz" bleibe und bei der Ermittlung des Einkommens keine Berücksichtigung finde, könne insoweit auch kein stpfl. Ergebnis entstehen lassen. Für die Anwendung des § 8b VII, VIII KStG bleibe daher kein Raum. Da § 8b VII und VIII KStG die Anwendung der Abs. 1–6 gerade ausschließe, könne zudem auch § 8b III KStG nicht zur Anwendung kommen. Diese Auffassung steht im Widerspruch zum Willen des Gesetzgebers. Dieser wollte durch den Verweis in Abs. 2 S. 2 auf § 8b KStG dem Umstand Rechnung tragen, „dass der Übertragungsvorgang insoweit einem Veräußerungsvorgang gleichsteht. Die Regelungen zum Betriebsausgabenabzugsverbot sowie Sonderregelungen für Kreditinstitute, Versicherungsunternehmen etc gelten auch für diesen Teil des Übernahmegewinns" (BT-Drs. 16/3369, 10). Ist die übernehmende Körperschaft ein Kreditinstitut oder ein Lebens- oder Krankenversicherungsunternehmen iSd § 8b VII und VIII KStG, bedeutet dies entsprechend dem Willen des Gesetzgebers, dass ein Übernahmegewinn nicht steuerfrei ist (ebenso BMF 11.11.2011, BStBl. I 2011, 1314 Rn. 12.06; Widmann/Mayer/Schießl Rn. 267.31; Dötsch/Pung/Möhlenbrock/Dötsch/Stimpel Rn. 63; Ley/Bodden FR 2007, 65; Benecke/Schnittger IStR 2007, 22; vgl. auch BFH DStR 2019, 682).

53 Da Abs. 2 S. 2 den **Übernahmeverlust** nicht anspricht, bleibt es nach Auffassung des BFH (DStR 2014, 2120), der FVerw (BMF 11.11.2011, BStBl. I 2011, 1314 Rn. 12.06) und Teilen der Lit. insoweit bei der Regelung des Abs. 2 S. 1, wonach der

Verlust nicht stl. zu berücksichtigen sei (Rödder/Herlinghaus/van Lishaut/Rödder Rn. 267; Widmann/Mayer/Schießl Rn. 267.32 ff.; Dötsch/Pung/Möhlenbrock/Dötsch/Stimpel Rn. 63; PWC, Reform des UmwStR/Klingenberg, 2007, 192; aA Frotscher/Drüen/Frotscher Rn. 72 f.; BeckOK UmwStG/Groß Rn. 195; Benecke/Schnittger IStR 2007, 22; Ley/Bodden FR 2007, 265). Nach Meinung des 8. Senats (DStR 2014, 1716; vgl. dazu Koch BB 2014, 2603; Heß BB 2014, 2159) kann jedoch das objektive Nettoprinzip dann tangiert sein, wenn der durch § 4 VI bedingte Ausschluss der stl. Abzugsfähigkeit des Übernahmeverlusts dazu führt, dass Erwerbsaufwendungen ohne nachvollziehbare sachliche Rechtfertigungsgründe endgültig der Abzug versagt bleibt; in diesem Fall ist nach Auffassung des Senats Raum eröffnet für die Prüfung, ob wegen sachlicher Unbilligkeit von der Festsetzung oder der Erhebung von Einkommensteuer nach §§ 163, 227 AO abzusehen ist. Die Nichtberücksichtigung des Übernahmeverlustes kann nicht überzeugen, soweit die übernehmende Körperschaft ein Kreditinstitut oder ein Versicherungsunternehmen iSd § 8b VII oder VIII KStG ist, der Verweis in Abs. 2 S. 2 auf § 8b KStG führt dazu, dass auch ein Übernahmeverlust auf der Ebene des übernehmenden Rechtsträgers berücksichtigt werden muss (ebenso FG BW Bescheid v. 9.7.2012 – 6 K 5258/09, Rev/R58/12, BeckRS 2014, 96300; HK-UmwStG/Edelmann Rn. 143; aA BFH DStR 2014, 2120). Das ergibt sich aus folgenden Überlegungen:

Nach dem Willen des Gesetzgebers sollte und soll durch Abs. 2 S. 1 sichergestellt **54** werden, dass es im Rahmen der Verschm einer TochterGes auf ihre MutterGes nicht zu einer Besteuerung der in den untergehenden Anteilen des übernehmenden Rechtsträgers am übertragenden Rechtsträger ruhenden stillen Reserven kommt (→ Rn. 43f). Zudem regelt Abs. 2 S. 1, dass jede nur buchmäßige Vermögensänderung auf der Ebene des übernehmenden Anteilseigners ohne stl. Auswirkungen bleibt, dies gilt sowohl für buchmäßige Gewinne wie auch Verluste. Soweit Abs. 2 S. 1 anordnet, dass stille Reserven in den untergehenden Anteilen des übertragenden Rechtsträgers nicht aufgedeckt werden, wiederholt Abs. 2 S. 2 diesen Regelungsinhalt, schränkt jedoch die Folgen einer buchmäßigen Vermögensänderung auf der Ebene des übernehmenden Rechtsträgers ein und verdrängt damit die Regelung des Abs. 2 S. 1. Der Gesetzgeber wollte diese buchmäßige Vermögensänderung beim übernehmenden Rechtsträger ebenso besteuern wie einen Veräußerungsvorgang (BT-Drs. 16/3369, 10). Zwar verwendet Abs. 2 S. 2 ausschließlich den Begriff „Gewinn", was jedoch nicht zwangsläufig dazu führt, dass Verluste unberücksichtigt bleiben, denn der Gesetzgeber verwendet in einer Vielzahl von steuerrechtlichen Vorschriften den Begriff Gewinn, der zumeist auch begrifflich „Verluste" umfasst (vgl. Schmidt/Heinicke EStG § 4 Rn. 2). Die Verwendung des Begriffs „Gewinn" in der Regelung des Abs. 2 S. 2 steht damit einer Berücksichtigung von Verlusten nicht zwingend entgegen. Nach der hier vertretenen Meinung ist ein Übernahmegewinn beim Kreditinstitut oder ein Lebens- oder Krankenversicherungsunternehmen iSd § 8b VII oder VIII KStG stpfl. Würde man aber einen Übernahmeverlust unberücksichtigt lassen, so bedarf diese ungleiche Behandlung von Vermögensmehrungen und Vermögensminderung einer Rechtfertigung im Hinblick auf das objektive Nettoprinzip. Eine solche Rechtfertigung ist nicht ersichtlich.

Der Besteuerungsmechanismus gem. § 8b VIII KStG, § 21 KStG wird durchbro- **55** chen, wenn ein (stl.) Übernahmeverlust gem. Abs. 2 S. 1 außer Ansatz bleibt. Dies gilt sowohl in dem Fall, dass die übernehmende Körperschaft einen handelsbilanziellen Übernahmeverlust ausweist, als auch im Fall der Vermeidung des Übernahmeverlusts durch Höherbewertung der übertragenen Vermögensgegenstände: Hat sich der übernehmende Rechtsträger dafür entschieden, die BW gem. § 24 UmwG fortzuführen (Wahlrecht zur Buchwertverknüpfung) und entsteht handelsrechtlich ein Übernahmeverlust in Höhe von 10 Mio. Euro (Diff. zwischen dem Wert, mit dem der übernehmende Rechtsträger die übergegangenen Aktiva und Passiva zu übernehmen hat, und dem BW der Beteiligung am übertragenden Rechtsträger), wird der handelsrechtliche Übernahmeverlust als außerordentliche Aufwendung behandelt. Dadurch wird die Zuführung zur RfB verringert, wodurch die steuerwirksamen BA entsprechend gemindert werden. Denn Grundlage für die Zuführungen zur RfB ist das nach Handelsrecht ermittelte Jahresergebnis. In der StB führt der übernehmende Rechtsträger die BW der übernommenen WG fort. Dadurch entsteht stl. ebenfalls ein Übernahmeverlust in Höhe von 10 Mio. Euro. Wird dieser Übernahmeverlust nicht steuermindernd berücksichtigt, so entsteht ein doppelter Steuernachteil: Dem übernehmenden Rechtsträger wird außerbilanziell der Übernahmeverlust gem. Abs. 2 S. 1 hinzugerechnet, der handelsbilanziell in voller Höhe aufwandswirksam ist. Das stl. Ergebnis ist damit in Höhe des Übernahmeverlustes höher als das handelsrechtliche Ergebnis. Es tritt genau der Zustand ein, den der Gesetzgeber mit der Einfügung des § 8b VIII KStG vermeiden wollte. Im Ergebnis kommt es zu einer Besteuerung von nicht realisierten „Scheingewinnen". Ein „Scheingewinn" liegt deshalb vor, weil die sich in den AK der Anteile am übertragenden Rechtsträger widerspiegelnden stillen Reserven in den WG des Rechtsträgers besteuert werden, ohne dass die stillen Reserven in den übergehenden WG tatsächlich aufgedeckt werden. Werden sie später beim übernehmenden Rechtsträger realisiert, kommt es insoweit zu einer Doppelbesteuerung. Hat bspw. der übernehmende Rechtsträger vor der Verschm und ohne Berücksichtigung der sog. Rückstellungen für Beitragserstattungen ein Ergebnis von 10 Mio. Euro und entsteht durch die Verschm der TochterGes auf die MutterGes ein Verschmelzungsverlust in Höhe von 9 Mio. Euro, so entsteht zunächst ein handelsrechtlicher Gewinn vor Steuern in Höhe von 1 Mio. Euro und ein stl. Gewinn in Höhe von 10 Mio. Euro. Unterstellt man eine Ertragsteuerbelastung von 30%, entstehen Steuern in Höhe von 3 Mio. Euro, was zu einem handelsrechtlichen Verlust in Höhe von 2 Mio. Euro führt.

56 Nichts anderes ergibt sich, wenn die Verschm handelsrechtlich erfolgsneutral vollzogen wird, indem es zur Aufstockung der übergehenden WG kommt und dadurch der Ausweis eines Übernahmeverlusts in der HB des übernehmenden Rechtsträgers vermieden wird. Die in der HB vorgenommene Wertaufstockung der übergegangenen Vermögensgegenstände führt zu einer Erhöhung des handelsrechtlichen AfA-Volumens. In der Folgezeit entsteht ein erhöhter handelsrechtlicher AfA-Aufwand, der das handelsrechtliche Jahresergebnis mindert. Entsprechend verringern sich in den Folgejahren auch die Zuführungen zur RfB. Denn Grundlage für die Zuführungen zur RfB ist das nach Handelsrecht ermittelte Jahresergebnis für das selbst abgeschlossene Geschäft. Werden in der StB die BW der übernommenen WG fortgeführt, entsteht dadurch stl. ein Übernahmeverlust in entsprechender Höhe. Der handelsrechtlich entstehende AfA-Mehraufwand wird in der StB nicht nachvollzogen, weil das stl. Abschreibungsvolumen infolge der Buchwertverknüpfung geringer ist. In der HB ergibt sich eine Mehrabschreibung gegenüber der StB. Die MehrAfA vermindert zwar das handelsrechtliche Jahresergebnis, nicht aber den stl. Gewinn. Auch in diesem Fall muss also ein Ertrag versteuert werden, der handelsrechtlich nicht erzielt wird. Zugleich kann der übernehmende Rechtsträger stl. nur den durch die handelsrechtlichen Mehrabschreibungen verminderten Betrag der Zuführung zur RfB als BA gem. § 21 II KStG abziehen. Der Umfang der stl. abzugsfähigen BA wird durch einen Umstand gemindert, der sich in der StB nicht widerspiegelt. Im Ergebnis entsteht wiederum ein doppelter stl. Nachteil: Erstens wirkt sich die handelsrechtliche MehrAfA stl. nicht gewinnmindernd aus. Zweitens wird die Höhe der steuerwirksamen BA vermindert. Dieser doppelte Steuernachteil kann in den Folgejahren nach der Verschm nicht mehr kompensiert werden; er kann einzig durch Berücksichtigung des Übernahmeverlusts im Rahmen der Verschm vermieden werden. Anderenfalls müsste der übernehmende Rechtsträger einen Ertrag versteuern, den er handelsrechtlich nicht erzielt hat, den der Gesetzgeber durch § 8b VIII KStG vermeiden wollte. Das systematische Argument, dass die Nichtberücksichtigung des Übernahmeverlusts gem. Abs. 2 S. 1 den Besteuerungsmechanismus der § 8b VIII KStG, § 21 KStG außer Kraft setzen würde, greift damit auch im Fall der Aufstockung mit dem Ziel der Vermeidung eines Übernahmeverlusts.

Besitzt die übernehmende Körperschaft Anteile iSd **§ 8b IV KStG aF**, entsteht 57 kein voll stpfl. Übernahmegewinn. Abs. 2 S. 2 verweist nur auf § 8b KStG idF des SEStEG und nicht auf § 34 VIIa KStG, der für die von § 8b IV KStG aF betroffenen Anteile dessen Geltung auch für die Zukunft vorschreibt. Das Übernahmeergebnis bei **einbringungsgeborenen Anteilen** iSd § 8b IV KStG aF wird damit nach den allg. Regelungen des § 8b II, III 1, 3 KStG behandelt (ebenso Haritz/Menner/ Bilitewski/Wisniewski Rn. 59; Brandis/Heuermann/Klingberg Rn. 53; Ley/Bodden FR 2007, 265; vgl. auch Widmann/Mayer/Schießl Rn. 267.27 ff.; aA Dötsch/ Pung/Möhlenbrock/Dötsch/Stimpel Rn. 62; Hagemann/Jakob/Ropohl/Viebrock NWB-Sonderheft 1/2007, 17; Förster/Felchner DB 2006, 1072).

Bisher nicht abschließend geklärt war die Anwendung des § 8b KStG, wenn 58 es sich bei der übernehmenden Körperschaft um eine **OrganGes** handelt. Nach Auffassung der FVerw (BMF 11.11.2011, BStBl. I 2011, 1314 Rn. 12.07) ist bei der Anwendung Abs. 2 S. 2 bei einer Aufwärtsverschmelzung § 15 S. 1 Nr. 2 KStG aF zu beachten. Ist Organträger eine natürliche Person bzw. eine PersGes, an der natürliche Personen als Mitunternehmer beteiligt sind, soll anstelle des § 8b KStG § 3 Nr. 40 EStG und § 3c II EStG Anwendung finden. Mit Urt. v. 26.9.2018 hat der BFH (DStR 2019, 682) der Meinung der FVerw widersprochen und entschieden, dass bei der Verschm einer KapGes auf ihre MutterGes, die ihrerseits OrganGes mit einer KapGes ist, auf den „Verschmelzungsgewinn" weder auf der Ebene der MutterGes noch auf der Ebene der Organträgerin das Betriebsausgaben-Abzugsverbot nach § 8b II 1 KStG anzuwenden ist (ebenso Rödder/Herlinghaus/van Lishaut/ Rödder Rn. 263 ff.; HK-UmwStG/Edelmann Rn. 144 f.; Haritz/Menner/Bilitewski/Wisniewski Rn. 60). Für Umwandlungen, bei denen die Anordnung zur Eintragung in das für die Wirksamkeit der Umwandlung maßgebende öffentliche Register nach dem 12.12.2019 erfolgt ist, ist Abs. 2 erst auf Ebene des Organträgers anzuwenden (§ 15 S. 1 Nr. 2 KStG).

c) Umwandlungskosten und Übernahmeergebnis. Die Umwandlungskos- 59 ten (→ Rn. 35) des übernehmenden Rechtsträgers mindern nach Abs. 2 S. 2 den Übernahmegewinn bzw. erhöhen einen Übernahmeverlust. Soweit nach Abzug der Umwandlungskosten ein Übernahmegewinn verbleibt, ist § 8b KStG anzuwenden, daher kann es insoweit zu einer zusätzlichen Pauschalierung nicht abzugsfähiger Ausgaben mit 5% kommen, was jedoch nur für die prozentuale Beteiligung der Übernehmerin an dem übertragenden Rechtsträger entsprechenden Teil des Übernahmegewinns gilt (→ Rn. 43 f.; BMF 11.11.2011, BStBl. I 2011, 1314 Rn. 12.06; BFH 9.1.2013 – I R 24/12).

d) Rückwirkungsfiktion (Abs. 2 S. 3 iVm § 5 I). Wurden durch die überneh- 60 mende Körperschaft nach dem stl. Übertragungsstichtag, aber vor Eintragung der Verschm in das Register der übernehmenden Körperschaft, Anteile an der übertragenden Körperschaft angeschafft oder findet der übernehmende Rechtsträger einen Anteilseigner an der übertragenden Körperschaft ab, der der Verschm widersprochen hat, ist der Übernahmegewinn/-verlust beim übernehmenden Rechtsträger so zu ermitteln, als ob dieser die Anteile am stl. Übertragungsstichtag bereits angeschafft hätte.

8. Übernahmefolgegewinn (Abs. 4 iVm § 6)

Am stl. Übertragungsstichtag können zwischen der übertragenden Körperschaft 61 und der übernehmenden Körperschaft Forderungen und Verbindlichkeiten existieren. Mit der Eintragung der Verschm in das Handelsregister des übernehmenden

Rechtsträgers geht das Vermögen des übertragenden Rechtsträgers auf den übernehmenden Rechtsträger über. Gegenseitige Forderungen und Verbindlichkeiten erlöschen zivilrechtlich infolge von Konfusion. Eine Konfusion kann auch dann vorkommen, wenn Forderungen und Verbindlichkeiten zwischen mehreren übertragenden Körperschaften bestehen, die gemeinsam auf eine übernehmende Körperschaft verschmolzen werden.

62 Ein **Übernahmefolgegewinn** entsteht, wenn die Forderung und die korrespondierenden Schulden bei der übertragenden Körperschaft und der übernehmenden Körperschaft zu unterschiedlichen Werten angesetzt sind oder zwischen den an der Umw beteiligten Rechtsträgern ungewisse Verbindlichkeiten bestanden, einer der Rechtsträger dafür eine Rückstellung gebildet hat und in der Bilanz des anderen Rechtsträgers insoweit keine Forderung ausgewiesen wurde. Zu einer Konfusion kommt es aus stl. Sicht eine logische Sekunde **nach dem stl. Übertragungsstichtag** (Dötsch/Pung/Möhlenbrock/Dötsch/Stimpel Rn. 68). In der Schlussbilanz des übertragenden Rechtsträgers sind die Forderungen bzw. die Schulden gegen den übernehmenden Rechtsträger noch auszuweisen. Bei dem Übernahmefolgegewinn handelt es sich um einen lfd. Gewinn, der nach allgemeinen Grundsätzen der KSt und GewSt unterliegt (vgl. nur Dötsch/Pung/Möhlenbrock/Dötsch/Stimpel Rn. 82). Entscheidend für die Höhe des Übernahmefolgegewinnes sind die zum Zeitpunkt des Übertragungsstichtages bestehenden Wertdifferenzen zwischen den Forderungen und den Verbindlichkeiten zwischen den an der Umw beteiligten Rechtsträgern bzw. die zu diesem Zeitpunkt bilanzierten Rückstellungen. Wurde die Forderung in der Vergangenheit wertberichtigt, so ist zu prüfen, ob zum Verschmelzungsstichtag die Voraussetzungen für eine **Zuschreibung gem. § 6 I Nr. 2 S. 3 iVm Nr. 1 S. 4 EStG** vorliegen. Hat der übertragende Rechtsträger eine abgeschriebene Forderung bilanziert, so muss er noch in der stl. Schlussbilanz die Teilwertabschreibung rückgängig machen, falls die Voraussetzungen der Zuschreibung zum Umwandlungsstichtag vorliegen. In diesem Fall entsteht bei dem übertragenden Rechtsträger insoweit kein Übernahmefolgegewinn. Das Gleiche gilt auch, wenn der übernehmende Rechtsträger eine Forderung gegenüber dem übertragenden Rechtsträger teilwertberichtigt hat. Ist der übernehmende Rechtsträger verpflichtet, gem. § 6 I Nr. 2 S. 3 iVm Nr. 1 S. 4 EStG die Wertminderung rückgängig zu machen, so ist ein daraus entstehender Gewinn kein Übernahmefolgegewinn, eine Rücklagenbildung ist insoweit ausgeschlossen. Allein die Tatsache, dass es durch die Verschm zu einer Konfusion kommt, führt nicht dazu, dass eine wertberichtigte Forderung wieder werthaltig wird. Seit dem 1.1.2008 (zur Rechtslage davor vgl. NdsFG BB 2008, 1661) fallen auch Gewinnminderungen im Zusammenhang mit **kapitalersetzenden Darlehen** unter das Abzugsverbot des **§ 8b III 3 KStG;** Gewinne aus dem Ansatz der Darlehensforderung aus Zuschreibungen bleiben bei der Ermittlung des Einkommens außer Ansatz, soweit auf die vorangegangene TW-AfA § 8 III 3 KStG anzuwenden war. Der Übernahmefolgegewinn stellt zwar keinen Gewinn aus einer Wertaufholung nach § 6 I Nr. 2 EStG dar, der nach 8b III 8 KStG außer Ansatz bleiben würde, die Regelung ist aber analog auf diesen Fall anzuwenden (str. → § 6 Rn. 10).

63 Abs. 4 erklärt § 6 sinngemäß für anwendbar, jedoch mit folgenden **Einschränkungen:**

64 Ist die übernehmende Körperschaft nicht die alleinige Anteilseignerin der übertragenden Körperschaft, gilt § 6 nur für denjenigen Teil des Übernahmefolgegewinns/-verlusts, der dem Verhältnis der Beteiligung der Übernehmerin am Kapital der übertragenden Körperschaft entspricht (Dötsch/Pung/Möhlenbrock/Dötsch/Stimpel Rn. 83; Haase/Hofacker/Herfort/Viebrock Rn. 209). Maßgebend für die Höhe der Beteiligung ist dabei der Zeitpunkt der Eintragung der Umw in das Handelsregister, sodass die auch nach stl. Übertragungsstichtag liegende Beteiligungsänderung zu berücksichtigen ist (Abs. 4 S. 1 iVm § 5 I).

§ 12 IV iVm § 6 gilt nur für den Teil des Gewinns aus der Vereinigung von 65
Forderungen und Verbindlichkeiten, nicht aber aus der Auflösung von Rückstellungen. Eine gewinnmindernde Rücklage nach § 6 kann deshalb nur für den Übernahmefolgegewinn aus der Vereinigung von Forderungen und Verbindlichkeiten gebildet werden, nicht aber aus der Auflösung von Rückstellungen.

Die gebildete Rücklage ist für die Dauer von drei Jahren der Rücklagenbildung 66
folgenden Wj. zu bilden und vom Zeitpunkt ihrer Bildung an mit mindestens einem Drittel pro Jahr aufzulösen. § 6 III ist zu beachten. Zu weiteren Einzelheiten vgl.
→ § 6 Rn. 1 ff.

9. Eintritt in die steuerliche Rechtsstellung (Abs. 3)

a) Anschaffungsvorgang und Umfang der Rechtsnachfolge. Die Verschm 67
einer Körperschaft auf eine andere Körperschaft stellt sich aus der Sicht des übernehmenden Rechtsträgers als **Anschaffungsvorgang** dar (vgl. BFH BStBl. II 2002, 875; 2003, 10; BFH/NV 2004, 137; FG BW EFG 1998, 1529; BMF 11.11.2011, BStBl. I 2011, 1314 Rn. 00.02; Hageböke Ubg 2011, 689; aA Rödder/Herlinghaus/van Lishaut/Rödder § 11 Rn. 9; Widmann/Mayer/Schießl Rn. 393; Haritz/Menner/Bilitewski/Bohnhardt § 4 Rn. 140; vgl. auch BT-Drs. 2/3497, 13). Der übernehmende Rechtsträger übernimmt das BV der übertragenden Körperschaft und wendet, soweit er an der übertragenden Körperschaft beteiligt ist, seine untergehenden Anteile an dieser Körperschaft als Gegenleistung auf (FG BW EFG 1998, 1529). Kommt es beim übernehmenden Rechtsträger zu einer Kapitalerhöhung, wird durch die Verschm die zuvor begründete Einlageverpflichtung zum Erlöschen gebracht, der übernehmende Rechtsträger wendet somit die Einlageforderung auf, um das auf ihn übergehende Vermögen zu erlangen. Dem Anschaffungsgeschäft aus der Sicht des übernehmenden Rechtsträgers steht nicht entgegen, dass sich der Vermögensübergang im Wege der Gesamtrechtsnachfolge vollzieht (aA Haritz/Menner/Bilitewski/Bohnhardt § 4 Rn. 140). Durch die Gesamtrechtsnachfolge als Verfügung im rechtstechnischen Sinne gehen zwar unmittelbar Rechte und Pflichten über, eine solche Verfügung ist aber abstrakt, dh losgelöst von der schuldrechtlichen Vereinbarung. Ob eine Verfügung entgeltlich erfolgt und aus der Sicht des übernehmenden Rechtsträgers ein Anschaffungsgeschäft vorliegt, hängt von der der Verschm zugrunde liegenden Kausalgeschäft ab (Hahn DStZ 1998, 561; ebenso BFH/NV 2004, 167). Der Verschmelzungsvertrag und die entsprechenden Gesellschafterbeschlüsse sind als rechtliche Grundlage der Umw auf einen Leistungsaustausch gerichtet. Vor diesem Hintergrund verwundert es nicht, dass auch das HandelsR in § 24 UmwG davon ausgeht, dass die übergehenden WG durch die übernehmende Körperschaft angeschafft werden.

Die sich normalerweise aus dem entgeltlichen Vorgang ergebenden steuerrechtli- 68
chen Konsequenzen sind jedoch aufgrund der §§ 11–13 in erheblichen Umfang eingeschränkt. **Der übernehmende Rechtsträger tritt trotz Anschaffung gem. § 12 III** grds. **in die Rechtsstellung der übertragenden Körperschaft** ein. Dies gilt auch dann, wenn die übergegangenen WG in der stl. Schlussbilanz der übertragenden Körperschaft mit einem über dem BW liegenden Wert angesetzt wurden (BMF 11.11.2011, BStBl. I 2011, 1314 Rn. 12.04 iVm Rn. 04.10; Rödder/Herlinghaus/van Lishaut/Rödder Rn. 274).

Trotz des durch Abs. 3 angeordneten Eintritts in die Rechtsstellung des übertra- 69
genden Rechtsträgers kommt es **nicht zu einer Vereinigung der Leistungsfähigkeiten beider Rechtsträger** in der Person des übernehmenden Rechtsträgers (vgl. auch BFH BStBl. II 2015, 1007; NK-UmwR/Hummel Rn. 71; Rödder/Herlinghaus/van Lishaut/Rödder Rn. 280). Der übernehmende Rechtsträger tritt zwar nach Abs. 3 in die Rechtsstellung der übertragenden Körperschaft ein, Abs. 3 erklärt aber § 4 II, III für entsprechend anwendbar. In § 4 II 1 wird konkretisiert, dass die

Rechtsnachfolge insbes. für die „Bewertung der übernommenen Wirtschaftsgüter, der AfA und der den steuerlichen Gewinn mindernde Rücklage" gilt. Soweit der Gesetzgeber die Rechtsnachfolge konkretisiert, handelt es sich immer um objektbezogene steuerrechtlich relevante Umstände, die den jeweiligen, im Wege der Verschm übergehenden WG anhaften (vgl. BT-Drs. 14/2070, 24; Rödder/Herlinghaus/van Lishaut/Rödder Rn. 280; vgl. → § 4 Rn. 55). Zu einer Rechtsnachfolge kommt es nicht, soweit verrechenbare **Verluste**, verbleibende Verlustvorträge oder von der übertragenden Körperschaft nicht ausgeglichene negative Einkünfte, ein Zinsvortrag nach § 4h I 5 EStG und ein EBITDA-Vortrag nach § 4h I 3 EStG des übertragenden Rechtsträgers betroffen sind (auch → Rn. 93 f.; zu § 8c KStG → Rn. 93). Die bis zum stl. Übertragungsstichtag durch den übertragenden Rechtsträger verwirklichten Besteuerungsgrundlagen sind ihm zuzurechnen, er ist bis zum Ablauf des stl. Übertragungsstichtags zu veranlagen. Ein bis zum stl. Übertragungsstichtag durch den übertragenden Rechtsträger erzielter Gewinn kann damit nicht mit einem vom übernehmenden Rechtsträger erwirtschafteten Verlust verrechnet werden (BFH/NV 2008, 1538). Zu Verlusten des übertragenden Rechtsträgers nach dem Verschmelzungsstichtag → Rn. 93. Zum Hinzurechnungsvolumen nach § 2a III EStG aF vgl. FG München EFG 2011, 1117.

70 **b) AfA.** Die übernehmende Körperschaft führt die BW der übertragenden Körperschaft gem. Abs. 2 S. 1 iVm § 4 I fort. Objektbezogene Kosten, wie zB die GrESt stellen zusätzliche AK der übertragenen WG dar und sind entsprechend zu aktivieren (BMF 11.11.2011, BStBl. I 2011, 1314 Rn. 12.04 iVm Rn. 04.34; → Rn. 30, → Rn. 35; BFH FR 2004, 774; zu der Frage, ob diese eigenen AK unabhängig von den Regelungen des UmwStG nach allg. Grundsätzen abgeschrieben werden müssen, vgl. Freikamp DB 2022, 212). Wurde durch die übertragende Körperschaft ein Gebäude angeschafft, so gehören Aufwendungen des übernehmenden Rechtsträgers für Instandsetzungs- oder Modernisierungsmaßnahmen, die innerhalb von drei Jahren nach der Anschaffung des Gebäudes geführt werden, zu den möglichen anschaffungsnahen Aufwendungen iSd § 6 I Nr. 1a EStG (Rödder/Herlinghaus/van Lishaut/Rödder Rn. 291; Haase/Hofacker/Herfort/Viebrock Rn. 143). Die **übernommenen BW** stellen wegen der Rechtsnachfolge **nicht die Anschaffungspreise** der übernehmenden Körperschaft dar (insoweit krit. Rödder/Herlinghaus/van Lishaut/Rödder Rn. 289), sondern vielmehr tritt die übernehmende Körperschaft bzgl. der Bewertung der übernommenen WG und der **AfA** in die Rechtsstellung der übertragenden Körperschaft ein (Frotscher/Drüen/Frotscher Rn. 89; Rödder/Herlinghaus/van Lishaut/Rödder Rn. 290). Gleiches gilt für eine ggf. steuerrechtlich relevante **Gründer- oder Herstellereigenschaft** der übertragenden Körperschaft (Frotscher/Drüen/Schnitter § 4 Rn. 89; Haase/Hofacker/Herfort/Viebrock Rn. 143; Rödder/Herlinghaus/van Lishaut/van Lishaut Rn. 84). Die von der übertragenden Körperschaft gewählte **Abschreibungsmethode** ist durch die übernehmende Körperschaft fortzuführen, da insoweit der übertragende Rechtsträger ein Wahlrecht ausgeübt und hinsichtlich seiner Rechtsposition festgelegt hat (Rödder/Herlinghaus/van Lishaut/Rödder Rn. 283). Die übernehmende Körperschaft kann deshalb hinsichtlich der auf sie übergegangenen WG nicht von einer linearen AfA, die von der übertragenden Körperschaft gewählt worden ist, auf die Abschreibung entfallende Jahresbeträgen übergehen (vgl. FG Hmb EFG 2003, 57; → § 4 Rn. 58 f.). Hat die übertragende Körperschaft ein WG degressiv abgeschrieben, so muss der übernehmende Rechtsträger die entsprechende Abschreibungsmethode mit dem zugrunde gelegten Prozentsatz fortführen.

71 Nicht abschl. geklärt ist, ob die übernehmende Körperschaft an die von der übertragenden Körperschaft zugrunde gelegten **betriebsgewöhnlichen Nutzungsdauer** der übertragenen WG gebunden ist (→ § 4 Rn. 60). Die FVerw (vgl. BMF 11.11.2011, BStBl. I 2011, 1314 Rn. 04.34; vgl. auch BFH DStR 2008, 611;

FG Hmb EFG 2003, 57; Dötsch/Pung/Möhlenbrock/Pung/Werner § 4 Rn. 35; Haritz/Menner/Bilitewski/Bohnhardt § 4 Rn. 170; Frotscher/Drüen/Schnitter § 4 Rn. 86) geht davon aus, dass jedenfalls in den Fällen, in denen der übertragende Rechtsträger die BW aufstockt, die Restnutzungsdauer der WG zum Umwandlungsstichtag neu zu bestimmen ist. Dieser Auffassung wird von Teilen der Lit. mit der Begründung abgelehnt, dass der Wortlaut des § 4 eine neue Schätzung der Restnutzungsdauer nicht hergebe (Widmann/Mayer/Martini § 4 Rn. 158, 160), sodass aufgrund stl. Rechtsnachfolge der übernehmende Rechtsträger an den von der übertragenden Körperschaft zugrunde gelegten Abschreibungszeitraum gebunden ist.

Zu einer Rechtsnachfolge in **ausl. Abschreibungsmethoden** kommt es jedoch 72 nicht, soweit die übergehenden WG durch die Verschm. bzw. im unmittelbaren Anschluss daran (→ § 11 Rn. 120 ff.), dem dt. Recht unterliegen. Zur Abschreibung der WG bei der übernehmenden Körperschaft, falls die übertragende Körperschaft in ihrer stl. Schlussbilanz nicht die BW fortgeführt hat, → § 4 Rn. 79 ff.

c) Absetzung für außergewöhnliche technische und wirtschaftliche 73 **Abnutzung.** Hat die übertragende Körperschaft Abschreibungen für außergewöhnlich technische oder wirtschaftliche Abnutzung (§ 7 I 7 EStG) vorgenommen, so tritt die übernehmende Körperschaft in diese Rechtsstellung ein. § 7 I 7 EStG schreibt vor, dass in den Fällen der Gewinnermittlung nach §§ 4, 5 EStG eine gewinnerhöhende Zuschreibung und damit eine Erhöhung der AfA-Bemessungsgrundlage vorzunehmen ist, wenn der Grund für die außergewöhnliche Abschreibung entfallen ist. Eine solche Zuschreibung muss auch die übernehmende Körperschaft vornehmen, wenn die Voraussetzungen für die außergewöhnliche Abschreibung nach dem Umwandlungsstichtag entfallen (Widmann/Mayer/Martini § 4 Rn. 145). Der Betrag der Zuschreibung ergibt sich aus der Diff. des BW zum Zeitpunkt der Rückgängigmachung der Abschreibung für außerbliche Abnutzung und den unter Berücksichtigung der normalen AfA fortgeführten Anschaffungs- oder Herstellungskosten des entsprechenden WG (iÜ → § 4 Rn. 73 f.).

d) Sonderabschreibung. Die übernehmende Körperschaft tritt hinsichtlich der 74 Möglichkeit einer Sonderabschreibung in die Rechtsstellung der übertragenden Körperschaft ein. Sie kann damit Sonder-AfA in der Höhe und in dem Zeitraum vornehmen, wie es die übertragende Körperschaft hätte tun können (BMF 14.7.1995, DB 1995, 1439).

Kommt es im Rahmen der Verschm der Körperschaft auf eine andere Körper- 75 schaft zur Aufdeckung stiller Reserven in der Schlussbilanz des übertragenden Rechtsträgers, so hat dies grds. keinen Einfluss auf die Sonderabschreibung, sondern lediglich auf die normale AfA.

e) Inanspruchnahme von Bewertungsfreiheiten, Fortführung eines Sam- 76 **melpostens, Bewertungseinheit.** Bzgl. der Inanspruchnahme einer Bewertungsfreiheit (vgl. § 7f EStG, § 82f EStDV) oder eines Bewertungsabschlages tritt die übernehmende Körperschaft in die Rechtsstellung der übertragenden Körperschaft ein (Haritz/Menner/Bilitewski/Bohnhardt § 4 Rn. 154 f.; Dötsch/Pung/Möhlenbrock/Pung/Werner § 4 Rn. 18). Hat der übertragende Rechtsträger die Bewertungsfreiheit gem. § 6 II EStG nicht in Anspruch genommen, so ist die übernehmende Körperschaft daran gebunden (Rödder/Herlinghaus/van Lishaut/van Lishaut § 4 Rn. 84). Gleiches gilt, wenn der übertragende Rechtsträger einen Sammelposten gem. § 6 IIa EStG nicht gebildet hat. Bestand in der Person des übertragenden Rechtsträgers ein Sammelposten gem. § 6 IIa EStG, geht dieser auf den übernehmenden Rechtsträger über (Lademann/Staats § 4 Rn. 63; Rödder/Herlinghaus/van Lishaut/van Lishaut § 4 Rn. 81). Hat der übertragende Rechtsträger eine Bewertungseinheit gem. § 5 Ia 2 EStG gebildet, muss der übernehmende Rechtsträger diesen handelsrechtlichen und steuerrechtlichen Buchwertansatz fortführen (Rödder/Herlinghaus/van Lishaut/van Lishaut § 4 Rn. 84).

77 **f) Gewinnmindernde Rücklage.** Die übernehmende Körperschaft kann die bei der übertragenden Körperschaft gebildeten gewinnmindernden Rücklagen fortführen, auch wenn die für die Schaffung der Rücklage erforderlichen Voraussetzungen nur bei der übertragenden Körperschaft vorlagen (weiter → § 4 Rn. 68). Zu § 7g EStG aF vgl. BStBl. II 2015, 1007; FG SA 1.6.2023 – 1 K 98/23, BeckRS 2023, 16546. Bisher nicht geklärt war die Frage, ob es in der Person des übertragenden Rechtsträgers zu einer gewinnerhöhenden Auflösung einer § 6b EStG Rücklage kommt, wenn der Umwandlungsstichtag exakt mit dem Ende des Reinvestitionszeitraums übereinstimmt (vgl. FG Berlin-Brandenburg EFG 2019, 739; FG Münster EFG 2019, 370). Nach Auffassung des BFH (BStBl. II 2021, 517) erfolgt die Auflösung noch in der Person des übertragenden Rechtsträgers.

78 **g) Teilwertabschreibung und Wertaufholung.** Die übernehmende Körperschaft hat gem. Abs. 1 S. 1 iVm § 4 I die auf sie übergegangenen WG mit den in der stl. Schlussbilanz der übertragenden Körperschaft enthaltenen Werten zu übernehmen. Diese Werte stellen wegen der Rechtsnachfolge nicht die stl. AK der übernehmenden Körperschaft dar (vgl. Widmann/Mayer/Martini § 4 Rn. 141; Dötsch/Pung/Möhlenbrock/Pung/Werner § 4 Rn. 18), vielmehr gelten aufgrund des Eintritts der übernehmenden Körperschaft in die Rechtsstellung der übertragenden Körperschaft die **ursprünglichen bzw. fortgeführten AK und HK** der übernommenen WG bei der übertragenden Körperschaft als AK bzw. HK des übernehmenden Rechtsträgers (BMF 11.11.2011, BStBl. I 2011, 1314 Rn. 12.04 iVm Rn. 04.09; Widmann/Mayer/Martini § 4 Rn. 135, 141; Rödder/Herlinghaus/van Lishaut/Rödder Rn. 290).

79 Liegen die Voraussetzungen der Rückgängigmachung der Teilwertabschreibung bereits zum Umwandlungsstichtag vor, so muss die Rückgängigmachung noch in der Schlussbilanz der übertragenden Körperschaft erfolgen. Die übernehmende Körperschaft ist zu einer Wertaufholung verpflichtet, wenn nach vorangegangener TW-AfA durch die übertragende Körperschaft der Grund für die TW-AfA inzwischen ganz oder teilweise weggefallen ist oder wegen vorübergehender Wertminderung eine solche nicht mehr zulässig ist und auch nicht beibehalten werden darf (BMF 11.11.2011, BStBl. I 2011, 1314 Rn. 12.04 iVm Rn. 04.11). Dies gilt auch, wenn bzw. soweit die übergehenden WG in der stl. Schlussbilanz des übertragenden Rechtsträgers mit dem gemeinen Wert angesetzt wurden, nachfolgend aber noch weitere Wertaufholungen stattfinden (BMF 11.11.2011, BStBl. I 2011, 1314 Rn. 12.04 iVm Rn. 04.10; Dötsch/Pung/Möhlenbrock/Pung/Werner § 4 Rn. 20; Rödder/Herlinghaus/van Lishaut/van Lishaut § 4 Rn. 70; Widmann/Mayer/Martini § 4 Rn. 181; aA PWC, Reform des UmwStR/Benecke, 2007, 165), denn auch in diesem Fall tritt der übernehmende Rechtsträger die Rechtsstellung des übertragenden Rechtsträgers ein. Der übernehmende Rechtsträger muss daher gem. § 6 I Nr. 1 S. 4, Nr. 2 S. 3 EStG jährlich nachweisen, dass der von der übertragenden Körperschaft bzw. von ihr fortgeführter Wert in dieser Höhe beibehalten werden darf. Bei der Ermittlung der Wertobergrenze sind Abschreibungen, erhöhte Absetzung, Absetzungen, Sonderabschreibungen sowie Abzüge gewinnmindernder Rücklagen sowohl des übertragenden Rechtsträgers (bis zum stl. Übertragungsstichtag) als auch des übernehmenden Rechtsträgers (ab dem stl. Übertragungsstichtag bis zum Wertaufholungsstichtag) zu berücksichtigen (dazu das Beispiel → § 4 Rn. 73).

80 **h) Besitzzeitanrechnung.** Nach Abs. 3 iVm § 4 II 3 ist der Zeitraum der Zugehörigkeit eines WG zum BV der übertragenden Körperschaft der übernehmenden Körperschaft zuzurechnen, wenn die Zugehörigkeit zum BV für die Besteuerung bedeutsam ist. Dies betrifft nach Meinung der FVerw neben den Vorbesitzzeiten (§ 9 Nr. 2a und Nr. 7 GewStG, DBA Schachtelprivilegien, § 6b IV 1 Nr. 2 EStG) auch Behaltensfristen (§ 2 I 1 Nr. 2 InvZulG; § 8b IV KStG aF), die durch die Umw nicht unterbrochen werden (Rödder/Herlinghaus/van Lishaut/Rödder Rn. 294). Der BFH (DStR 2014, 1229; vgl. auch FG Düsseldorf EFG 2023, 419) weist darauf hin, dass die Besitzzeitanrechnung des § 4 II 3 auf einen Zeitraum („Dauer der Zugehörigkeit") abstellt, der für die Besteuerung von Bedeutung ist. Soweit eine Vorschrift wie bspw. § 9 Nr. 2a, Nr. 7 GewStG nicht auf einen Zeitraum, sondern auf einen Zeitpunkt, nämlich den Beginn des Erhebungszeitraums abstellt, sei § 4 II 3 nicht anwendbar. Bezogen auf die Regelungen, die auf einen Zeitpunkt abstellen, hilft nach Auffassung der BFH auch nicht die Generalklausel des § 4 II 1, da diese durch § 4 II 3 verdrängt würde (ebenso Lademann/Wernicke Rn. 94; vgl. dazu Lenz/Adrian DB 2014, 2670). Ob ein stichtagbezogenes Beteiligungserfordernis durch stl. Rückwirkung nach § 2 I erfüllt werden kann (→ Rn. 92), ließ der BFH offen.

i) Einlagekonto. Die stl. Folgen der Verschm von Körperschaften auf andere 81 Körperschaften auf das Einlagekonto sind in § 29 KStG geregelt (→ Rn. 95 ff.).

j) Organschaftsverhältnisse. aa) Verschmelzung des Organträgers auf 82 **eine andere Körperschaft.** Wird der Organträger auf einen anderen Rechtsträger verschmolzen, tritt der übernehmende Rechtsträger in einen bestehenden EAV ein (BMF 11.11.2011, BStBl. I 2011, 1314 Rn. Org.01; OLG Karlsruhe ZIP 1991, 101; LG Bonn GmbHR 1996, 774; Rödder/Herlinghaus/van Lishaut/Rödder Rn. 311; Haritz/Menner/Bilitewski/Wisniewski Rn. 90; HK-UmwStG/Edelmann Rn. 221; Haase/Hofacker/Herfort/Viebrock Rn. 176). Bei der Berechnung der fünfjährigen **Mindestlaufzeit** (§ 14 I 1 Nr. 3 KStG) werden die Laufzeiten bei der übertragenden und übernehmenden Körperschaft zusammengerechnet (BMF 11.11.2011, BStBl. I 2011, 1314 Rn. Org.11; Lademann/Wernicke Rn. 133; Haritz/Menner/Bilitewski/Wisniewski Rn. 90; Rödder/Herlinghaus/van Lishaut/Rödder Rn. 311). Für den **Organträgerwechsel,** dem ein **Fortbestand der Organschaft** zu Grunde liegt, gilt: Das Ergebnis für das abgelaufene Wj. wird noch dem alten Organträger als den übertragenden Rechtsträger zugerechnet, sofern der stl. Übertragungsstichtag der Verschm auf das Ende des Wj. der OrganGes fällt (BMF 11.11.2011, BStBl. I 2011, 1314 Rn. Org.19; Dötsch/Patt/Pung/Möhlenbrock/Dötsch Anh. Rn. 4, 53; Haase/Hofacker/Herfort/Viebrock Rn. 177; vgl. auch Rödder/Herlinghaus/van Lishaut/Rödder Rn. 317). Haben die OrganGes und der Organträger ein kalenderjahrgleiches Wj. und erfolgt die Verschm auf einen neuen Rechtsträger zum 1.1.2002 mit stl. Übertragungsstichtag 31.12.2001, ist das Organeinkommen in 2001 noch dem bisherigen Organträger zuzurechnen. Erfolgt die Verschm unterjährig unter Fortbestand des Organschaftsverhältnisses, erfolgt die Einkommenszurechnung bei derjenigen MutterGes, die zum Schluss des Wj. der OrganGes der Organträger ist (BMF 11.11.2011, BStBl. I 2011, 1314 Rn. Org.19). Wird der Organträger auf die OrganGes verschmolzen, so endet die Organschaft mit Wirkung zum stl. Übertragungsstichtag (BMF 11.11.2011, BStBl. I 2011, 1314 Rn. Org.04; Rödder/Herlinghaus/van Lishaut/Rödder Rn. 327). Bei Beendigung des Gewinnabführungsvertrages vor Ablauf von fünf Jahren ist in diesen Fällen ein wichtiger Grund iSd § 14 I 1 Nr. 3 S. 2 KStG gegeben (BMF 11.11.2011, BStBl. I 2011, 1314 Rn. Org.04).

Wird der Organträger auf einen anderen Rechtsträger verschmolzen, so stellt dies 83 einen wichtigen Grund dar, den **EAV** vorzeitig zu **kündigen** oder im gegenseitigen Einvernehmen aufzuheben (BMF 11.11.2011, BStBl. I 2011, 1314 Rn. Org.2, Org.4; Haase/Hofacker/Herfort/Viebrock Rn. 192; Rödder/Herlinghaus/van Lishaut/Rödder Rn. 311). Die Kündigung aus wichtigem Grund wirkt stl. auf den Beginn des betreffenden Wj. zurück (§ 14 I 1 Nr. 3 S. 1 KStG), zivilrechtlich wirkt er nur ex nunc (Koch AktG § 296 Rn. 2–4). Ein wichtiger Grund ist allerdings dann nicht anzunehmen, wenn die Beendigung des EAV vor Ablauf der in § 14 I 1 Nr. 3 KStG vorgesehenen Fünf-Jahres-Zeitraums schon im Zeitpunkt des Vertragsabschlusses feststand (Dötsch/Patt/Pung/Möhlenbrock/Dötsch Anh. Rn. 11).

84 Im Falle einer Verschm des Organträgers auf eine andere Körperschaft ordnet Abs. 3 Hs. 1 eine spezifische steuerrechtliche Rechtsnachfolge an, die „umfassend" ist (BFH BStBl. II 2011, 529). Die von dem Organträger bis zum Verschmelzungsstichtag realisierte **finanzielle Eingliederung** ist damit dem übernehmenden Rechtsträger ohne weitere Einschränkung zuzurechnen, insbes. für den Zeitraum vom stl. Übertragungsstichtag bis zur Eintragung in das Handelsregister. Soweit die FVerw (BMF 11.11.2011, BStBl. I 2011, 1314 Rn. Org.02 f.) darüber hinaus für die stl. Anerkennung einer durchgängigen Organschaft fordert, dass den übernehmenden Rechtsträgern nach § 2 die Beteiligung an der Organschaft stl. rückwirkend zum Beginn des Wj. der OrganGes zuzurechnen ist, kann dies mangels rechtlicher Grundlage nicht überzeugen und steht im Widerspruch zur Rspr. des BFH (DStR 2023, 2607; DStR 2023, 2613; Hess FG DStR 2021, 342; Brühl DStR 2021, 773; Rödder DStR 2011, 1053; Rödder/Rogall Ubg 2011, 753; Dötsch/Patt/Pung/ Möhlenbrock/Dötsch Anh. Rn. 22; Lademann/Wernicke Rn. 152). Nur eine dem übertragenden Rechtsträger gegenüber bereits bestehende finanzielle Eingliederung kann dem übernehmenden Rechtsträger zugerechnet werden. Werden durch die Verschm in der Person des übernehmenden Rechtsträgers erst die Voraussetzungen der finanziellen Eingliederung erfüllt, wirkt diese dem übernehmenden Rechtsträger zuzurechnende finanzielle Eingliederung nicht auf den Verschmelzungsstichtag zurück (vgl. BMF 11.11.2011, BStBl. I 2011, 1314 Rn. Org.03; Dötsch/Patt/Pung/ Möhlenbrock/Dötsch Anh. Rn. 27; Frotscher/Drüen/Frotscher KStG § 14 Rn. 919).

85 Zur Auswirkung der Verschm des Organträgers auf einen organschaftlichen Ausgleichsposten → Rn. 89.

86 **bb) Verschmelzung einer Körperschaft auf einen Organträger.** Wird ein dritter Rechtsträger auf den Organträger als übernehmender Rechtsträger verschmolzen, so hat dies auf den Fortbestand eines EAV keinen Einfluss und berührt das Organschaftsverhältnis nicht (BMF 11.11.2011, BStBl. I 2011, 1314 Rn. 20; Lademann/Wernicke Rn. 153; Rödder/Herlinghaus/van Lishaut/Rödder Rn. 323; Haase/Hofacker/Herfort/Viebrock Rn. 2). Etwas anderes gilt nur dann, wenn die OrganGes auf den Organträger verschmolzen wird. In diesem Fall endet der EAV zum stl. Übertragungsstichtag.

87 **cc) Verschmelzung der Organgesellschaft auf einen dritten Rechtsträger.** Wird die OrganGes auf eine andere Körperschaft verschmolzen, so endet ein bestehender EAV (BMF 11.11.2011, BStBl. I 2011, 1314 Rn. Org.21, Org.23; OLG Karlsruhe DB 1994, 1917; vgl. auch Gosch/Neumann KStG § 14 Rn. 288). Die Organschaft endet zum stl. Übertragungsstichtag (Dötsch/Patt/Pung/Möhlenbrock/Dötsch Anh. Rn. 12; Frotscher/Drüen/Frotscher KStG § 14 Rn. 87; vgl. auch BMF 11.11.2011, BStBl. I 2011, 1314 Rn. Org.21). Entsteht ein Übertragungsgewinn, so wird dieser nach der hier vertretenen Auffassung (→ § 11 Rn. 154) von dem EAV erfasst.

88 Wird eine OrganGes auf eine Schwesterkapitalgesellschaft verschmolzen, kann durch Abschluss eines neuen EAV mit der übernehmenden SchwesterGes im Verhältnis zur MutterGes ein Organschaftsverhältnis begründet werden, wenn die MutterGes bereits seit dem Beginn des Wj. der übernehmenden Körperschaft in ausreichendem Maße an dieser finanziell beteiligt war (Rödder/Herlinghaus/van Lishaut/ Rödder Rn. 325). Wird die OrganGes auf eine Körperschaft verschmolzen, an welcher der Organträger der übertragenden Gesellschaft bisher nicht beteiligt war, ist eine rückbezogene Zurechnung der finanziellen Eingliederung am übernehmenden Rechtsträger nach Auffassung der FVerw nicht möglich, ein Organschaftsverhältnis kann erst mit Beginn desjenigen Wj. begründet werden, für welches während des gesamten Wj. eine finanzielle Eingliederung gegeben war (BMF 11.11.2011, BStBl. I 2011, 1314 Rn. Org.21). Richtig ist in diesem Zusammenhang, dass der Regelungsbereich des § 13 weder § 2 I noch § 5 I grds. Anwendung finden, dh der Gesellschafter des übertragenden Rechtsträgers wird erst mit der Eintragung der Verschm in das Handelsregister und nicht schon bereits zum stl. Übertragungsstichtag Gesellschafter des übernehmenden Rechtsträgers. Zu beachten ist jedoch, dass nach § 13 II 2 die Anteile am übernehmenden Rechtsträger an die Stelle des Anteils am übertragenden Rechtsträger treten. Daraus wird in der Lit. der Schluss gezogen, dass eine nahtlose Anschlussorganschaft möglich ist (Rödder/Herlinghaus/van Lishaut/Rödder Rn. 325; Rödder DStR 2011, 1053).

dd) Verschmelzung einer Körperschaft auf eine Organgesellschaft. 89 Besteht nach der Verschm auf die OrganGes die finanzielle Eingliederung fort, so bleibt die bestehende Organschaft durch die Umw unberührt (BMF 11.11.2011, BStBl. I 2011, 1314 Rn. Org.29; Dötsch/Patt/Pung/Möhlenbrock/Dötsch Anh. Rn. 48; Rödder/Herlinghaus/van Lishaut/Rödder Rn. 326; Haase/Hofacker/Herfort/Viebrock Rn. 198). Durch die Verschm auf die OrganGes kann in der Person der OrganGes ein Übernahmegewinn bzw. -verlust entstehen (vgl. auch → Rn. 58). Wird eine TochterGes auf ihre MutterOrganGes verschmolzen, kann ein Übernahmegewinn dann entstehen, wenn das übertragende Nettobuchwertvermögen höher ist als der Buchwertansatz der Anteile des übernehmenden Rechtsträgers am übertragenden Rechtsträger. Dieser Übernahmegewinn unterliegt der handelsrechtlichen Gewinnabführung, da er lfd. Betriebsergebnis ist (BMF 11.11.2011, BStBl. I 2011, 1314 Rn. Org.30; BFH/NV 2001, 1455; Frotscher/Drüen/Frotscher KStG § 14 Rn. 284). Entsteht ein Übernahmeverlust, wirkt dieser sich handelsrechtlich ergebnismindernd aus und unterliegt der Ausgleichsverpflichtung durch den Organträger nach § 302 AktG (BMF 11.11.2011, BStBl. I 2011, 1314 Rn. Org.32). Ein Übernahmegewinn bzw. -verlust bleibt nach Abs. 2 S. 1 bei der Einkommensermittlung der übernehmenden OrganGes stl. außer Ansatz und wird insoweit außerbilanziell korrigiert. Sofern das Übernahmeergebnis zu einer Mehr- oder Minderabführung führt, also Bewertungsunterschiede zwischen Handels- und Steuerbilanz vorliegen, geht die FVerw davon aus, dass es zu Mehr- oder Minderabführungen kommt, die ihre Ursache in vororganschaftlichen Zeiten haben und bejaht nach § 14 III 1, 2 KStG eine Gewinnausschüttung bzw. Einlage (vgl. BMF 11.11.2011, BStBl. I 2011, 1314 Rn. Org.33). Soweit die übernehmende OrganGes nicht am übertragenden Rechtsträger beteiligt ist, kommt es in der Regel in der Person des übernehmenden Rechtsträgers im Rahmen der Verschm zur Ausgabe neuer Anteile. Soweit der „Übernahmegewinn" zur Aufstockung des Nennkapitals zwecks Ausgabe neuer Anteile erfolgt oder eine Einstellung in die Kapitalrücklage nach § 272 II Nr. 1 HGB kommen muss, unterliegt dieser „Übernahmegewinn" nicht der Gewinnabführungspflicht (BMF 11.11.2011, BStBl. I 2011, 1314).

Wird eine Körperschaft auf eine Organschaft verschmolzen, so konnten sich bis- 90 her Probleme im Zusammenhang mit § 14 III KStG (Mehr- oder Minderabführung mit Verursachung in vororganschaftlichen Zeiten) und § 14 IV KStG aF (Mehr- oder Minderabführung mit Ursache in organschaftlicher Zeit) hinsichtlich organschaftlicher Ausgleichsposten ergeben (vgl. dazu ausf. Dötsch/Patt/Pung/Möhlenbrock/Dötsch Anh. Rn. 60 ff.; Vogel DB 2011, 1239; Rödder DStR 2011, 1053; Kröner BB Special 1/2011, 24; Dötsch Ubg 2011, 20; Vogel Ubg 2010, 618; BMF 11.11.2011, BStBl. I 2011, 1314 Rn. Org.33 f.; Schmitt/Schloßmacher UmwStE 2011, 402; Schumacher FS Schaumburg, 2009, 477). Zum Wechsel zur Einlagelösung durch KöMoG vgl. BMF-Schr. 29.9.2022 DStR 2022, 2104; Hannig Ubg 2022, 625.

91 **k) Gesellschafterfremdfinanzierung, § 8a KStG.** Vgl. → 5. Aufl. 2009, § 12 Rn. 89–91; Prinz FR 1995, 772; Orth DB 1995, 1985.

92 **l) Zusammenrechnung von Anteilen.** Ob es zu einer rückwirkenden Zusammenrechnung von Anteilen kommt, die der übertragende und der übernehmende Rechtsträger an einer gemeinsamen TochterGes halten, ist nicht abschl. geklärt (vgl. Schaumberger/Stößel FR 2021, 773. Diese Frage ist insbes. dann von Bedeutung, wenn sowohl der übertragende als auch der übernehmende Rechtsträger eine Minderheitsbeteiligung besitzen und durch die Verschm erst die Voraussetzungen bspw. des § 14 I 1 Nr. 1 KStG, des § 9 Nr. 2a GewStG (vgl. dazu aber BFH DStR 2014, 1229; Lenz/Adrian DB 2014, 2670) oder die Voraussetzungen des § 8b IV KStG nF (vgl. dazu auch Benz/Jetter DStR 2013, 489) in der Person des übernehmenden Rechtsträgers geschaffen werden. Der Wortlaut des § 2 spricht für eine rückwirkende Zusammenrechnung (ebenso Rödder/Herlinghaus/van Lishaut/van Lishaut § 2 Rn. 41; Widmann/Mayer/Schießl Rn. 800; Ernst Ubg 2012, 678). Ob die FVerw eine rückwirkende Zusammenrechnung anerkennt, ist aber im Hinblick auf die zu § 20 V, VI, § 23 I (vgl. BMF 26.8.2003, BStBl. II 2003, 437 Rn. 12; BMF 11.11.2011, BStBl. I 2011, 1314 Rn. Org.03.51 zur finanziellen Eingliederung) vertretene Meinung zur rückwirkenden Begründung von Eingliederungsvoraussetzungen zweifelhaft (vgl. Rödder/Herlinghaus/van Lishaut/van Lishaut § 2 Rn. 61; auch → § 19 Rn. 15).

10. Kein Übergang von Verlusten und Zinsvorträgen (Abs. 3 iVm § 4 II 2)

93 Die übernehmende Körperschaft tritt gem. Abs. 3 Hs. 1 grds. in die stl. Rechtsstellung des übertragenden Rechtsträgers ein. Nach Abs. 3 Hs. 2 iVm § 4 II 2 gehen verrechenbare Verluste, verbleibende Verlustvorträge, vom übertragenden Rechtsträger nicht ausgeglichene negative Einkünfte, ein Zinsvortrag nach § 4h I 5 EStG und ein EBITDA-Vortrag nach § 4h I 3 EStG nicht auf die übernehmende Körperschaft über (vgl. dazu FG Köln EFG 2023, 584). Bei den **„verrechenbaren Verlusten"** handelt es sich um solche iSd § 15a IV EStG, § 15b IV EStG. **„Verbleibende Verlustvorträge"** sind alle förmlich festgestellten Abzugsbeträge (insbes. nach §§ 2a, 10d EStG, § 5 IV EStG, § 15a EStG, § 10 III 5 AStG iVm § 10d EStG). Vom übertragenden Rechtsträger **„nicht ausgeglichene negative Einkünfte"** sind lfd. Verluste des übertragenden Rechtsträgers, die noch nicht in einem verbleibenden Verlustvortrag förmlich festgestellt wurden. Dabei handelt es sich um einen lfd., im Wj. der Verschm erlittenen Verlust des übertragenden Rechtsträgers, der vor dem stl. Übertragungsstichtag erwirtschaftet wurde (FG Köln EFG 2023, 584; Rödder/Herlinghaus/van Lishaut/Rödder Rn. 336; Dötsch/Pung/Möhlenbrock/Pung/Werner § 4 Rn. 25; vgl. auch BFH BStBl. II 2006, 380 sowie BMF 7.4.2006, BStBl. I 2006, 344). Umstritten ist, ob Abs. 3 iVm § 4 II 2 auch lfd. Verluste von der der Übertragerin nachgeordneten PersGes erfasst (vgl. Dötsch/Pung/Möhlenbrock/Pung/Werner § 4 Rn. 25; Heinz/Wilke GmbHR 2010, 360). Lfd. Verluste des übertragenden Rechtsträgers nach dem stl. Übertragungsstichtag sind gem. § 2 I 1 bereits dem übernehmenden Rechtsträger zuzurechnen (Dötsch/Pung/Möhlenbrock/Pung/Werner § 4 Rn. 25; Haritz/Menner/Bilitewski/Bohnhardt § 4 Rn. 206; Rödder/Herlinghaus/van Lishaut/van Lishaut/Birkemeier § 4 Rn. 97); **§ 2 IV** ist insoweit zu beachten (→ § 2 Rn. 122 ff.). Das Übergangsverbot gilt nach § 19 II auch für die GewSt, und zwar hinsichtlich eines Gewerbeverlustes iSd § 10a GewStG und der Fehlbeträge des lfd. Erhebungszeitraums der übertragenden Körperschaft. Gehören zum übertragenen Vermögen Anteile an einer Körperschaft, ist insoweit § 8c KStG zu beachten (BMF 4.7.2008, BStBl. I 2008, 736 Rn. 7; vgl. auch Schick/Franz DB 2008, 1987). Lfd. Verluste des übernehmenden Rechtsträgers

werden von diesen Regelungen nicht erfasst. Die Verschm einer „GewinnGes" auf eine „VerlustGes" stellt keinen Gestaltungsmissbrauch iSv § 42 AO dar (BFH BStBl. II 2021, 580).

Der Übertragungsgewinn mindert einen lfd. Verlust des übertragenden Rechtsträ- **94** gers. Er kann jedenfalls durch einen Verlustabzug im Rahmen der Beschränkung der Mindestbesteuerung reduziert werden, wobei es möglicherweise verfassungswidrig ist, wenn durch die Anwendung der Mindestbesteuerung es zu einer vollständigen Beseitigung der Abzugsmöglichkeit oder zu einem Ausschluss des Verlustabzuges kommt (vgl. BFH DStR 2014, 1761; BStBl. II 2013, 508; DStR 2010, 2179; BMF 19.10.2011, BStBl. I 2011, 974).

11. Gliederung des Eigenkapitals der übernehmenden Körperschaft

In dem stl. Einlagekonto iSd § 27 I 1 KStG wird die nicht in das Nennkapital **95** geleistete Einlage ausgewiesen. Kommt es zu Rückzahlungen aus dem Einlagekonto, so liegt eine Rückgewähr von Einlagen an die Gesellschaft vor, die nicht der Dividendenbesteuerung unterliegen. Nach § 27 I 3 KStG gilt für Leistungen der KapGes an die Anteilseigner von Einlagen nur der Teil und dann das stl. Einlagekonto als verwendet (Einlagerückgewähr). Als ausschüttbare Gewinne gelten dabei nach § 27 I 5 KStG das um das gezeichnete Kapital geminderte in der StB ausgewiesene EK abzgl. des Bestands des stl. Einlagekontos. Kommt es zu einer Kapitalerhöhung aus Gesellschaftsmitteln, so kann es nach Maßgabe des § 28 I KStG dazu kommen, dass auch Gewinnrücklagen in Nennkapital umgewandelt werden. Diese sind gesondert nach § 28 I 3 KStG auszuweisen. § 29 KStG trifft die Kapitalveränderungen bei Umw. Durch die Vorschrift soll sichergestellt werden, dass der ausschüttbare Gewinn durch Umw nicht verfälscht wird. Nach § 29 I KStG gilt bei der Verschm das Nennkapital der übertragenden Körperschaft zum stl. Übertragungsstichtag fiktiv als auf 0 herabgesetzt. Soweit im Nennkapital Einlagen gebunden sind, werden sie dem Einlagekonto gutgeschrieben. Bei der Verschm einer KapGes auf eine unbeschränkt stpfl. Körperschaft ist der Bestand des stl. Einlagekontos des übertragenden Rechtsträgers dem stl. Einlagekonto des übernehmenden Rechtsträgers hinzuzurechnen (§ 29 II 1 KStG). Soweit die an der Verschm beteiligten Körperschaften untereinander beteiligt sind, wird das Einlageguthaben nach Maßgabe des § 29 II 2, 3 KStG gekürzt. Im Anschluss daran werden die Nennkapitalien der an der Umw beteiligten Körperschaften aneinander angepasst (§ 29 IV KStG).

§ 29 I–IV KStG gilt für KapGes und über § 29 V KStG sinngemäß auch für **96** andere unbeschränkt stpfl. Körperschaften und Personenvereinigungen, die Leistung iSd § 20 I Nr. 1, 9, 10 EStG gewähren können. § 29 VI KStG trifft eine Regelung für grenzüberschreitende **Hineinverschmelzung** ausl. Körperschaften, für die ein stl. Einlagekonto bisher nicht festgestellt wurde, und ordnet eine entsprechende Anwendung des § 29 I–V KStG an. § 29 VI KStG betrifft Körperschaften und Personenvereinigungen aus einem Mitgliedstaat der EU (§ 29 VI 2 KStG iVm § 27 VIII KStG). Zum Fall des **Herausverschmelzens** auch → Rn. 102.

Der Bestand des stl. Einlagekontos ist bei der übertragenden Körperschaft letztmals **97** auf den stl. Übertragungsstichtag festzustellen (vgl. BMF 11.11.2011, BStBl. I 2011, 1314 Rn. K.04). Bei der Verschm zur Aufnahme berücksichtigt die übernehmende Körperschaft das zugehende Einlageguthaben zum Schluss desjenigen Wj., in das der stl. Übertragungsstichtag fällt (BMF 11.11.2011, BStBl. I 2011, 1314 Rn. K.09). Das zugehende Einlageguthaben kann daher ab dem folgenden Wj. unter den Voraussetzungen des § 27 I 3 KStG für eine Ausschüttung verwendet werden. Kommt es zu einer Verschm zur Neugründung, so hat die übernehmende Körperschaft kein „vorangegangenes Wj." iSd § 27 I 3 KStG. Für diese Fälle soll nunmehr § 27 II 3 KStG zur Anwendung kommen. Danach ist der „bei Eintritt in die StPfl" vorhandene Einlagebestand gesondert festzustellen und gilt als Bestand des stl. Einlagekontos aE des vorangegangenen Wj. (vgl. Benecke/Staats FR 2010, 893). Die Regelung bezieht sich eigentlich auf den Zuzug von Körperschaften aus dem Ausland (Rödder/Herlinghaus/van Lishaut/van Lishaut Anh. 2 Rn. 22), sie soll aber ausweislich der Gesetzesbegründung (BT-Drs. 16/2710, 32) auch für die Fälle der Neugründung gelten.

98 Der Zugang von Einlageguthaben der übertragenden Körperschaft ist bei der übernehmenden Körperschaft für eine etwaige **Anpassung des Nennkapitals** zu verwenden (§ 29 IV KStG iVm § 28 I KStG). Aufgrund von § 2 erfolgt die Anpassung zum Schluss des Wj., in dem der stl. Übertragungsstichtag liegt. Verbleibt nach der Nennkapitalanpassung noch ein Bestand auf dem Einlagekonto, so ist dieser „Mehrbestand" gem. § 29 IV KStG iVm § 28 III KStG mit einem etwaigen vorhandenen Sonderausweis des übernehmenden Rechtsträgers zu verrechnen. Wird eine TochterGes auf ihre MutterGes verschmolzen, unterbleibt eine Hinzurechnung des Bestandes des stl. Einlagekontos des übertragenden Rechtsträgers zu dem stl. Einlagekonto des übernehmenden Rechtsträgers im Verhältnis des Anteils des übertragenden Rechtsträgers am übernehmenden Rechtsträger (§ 29 II 2 KStG, vgl. dazu BMF 11.11.2011, BStBl. I 2011, 1314 Rn. K.10; Rödder DStR 2002, 710). Hat der übernehmende Rechtsträger im Rückwirkungszeitraum Anteile am übertragenden Rechtsträger erworben, ist dies für § 29 II 2 KStG zu berücksichtigen, und zwar so, als wäre der Erwerb bereits zum Stichtag erfolgt.

99 Wird eine MutterGes auf ihre TochterGes verschmolzen, ist § 29 II 3 KStG zu beachten (BMF 11.11.2011, BStBl. I 2011, 1314 Rn. K.12). Nach dieser Regelung mindert sich der Bestand des Einlagekontos des übernehmenden Rechtsträgers anteilig im Verhältnis des Anteils des übertragenden Rechtsträgers am übernehmenden Rechtsträger. Die Minderung des stl. Einlagekontos der Tochtergesellschaft hat unabhängig davon zu erfolgen, ob die Einlage von dem übertragenden Rechtsträger oder früheren Anteilseignern erbracht wurde. Es spielt ebenso keine Rolle, ob das Beteiligungskonto des übertragenden Rechtsträgers und das stl. Einlagekonto der übernehmenden Tochtergesellschaft deckungsgleich sind (FG BW GmbHR 2014, 997).

100 Kommt es zu einem Hereinverschmelzen aus dem Ausland, so ist zu berücksichtigen, dass eine nicht in Deutschland unbeschränkt stpfl. Körperschaft nicht verpflichtet ist, ein Einlagekonto iSd § 27 I 1 KStG zu führen (vgl. auch § 27 VIII KStG).

101 Ein aktivierter verbleibender Anspruch auf Auszahlung des Steuerguthabens iSd § 37 V KStG der übertragenden Körperschaft geht im Wege der Gesamtrechtsnachfolge auf die übernehmende Körperschaft über. Der Ansatz des KSt-Guthabens sowie die Aufzinsungsbeträge führen nach § 37 VII KStG zu keinen Einkünften auf Ebene der übertragenden und übernehmenden Körperschaft. Bei einem stl. Übertragungsstichtag nach dem 31.12.2006 gilt die Neuregelung des § 38 IV–X KStG. Sie sieht vor, dass die KapGes 3% des EK 02 ausschüttungsunabhängig in zehn gleichen Jahresraten in den Jahren 2008–2017 entrichten muss. Dieser pauschale Erhöhungsbetrag entsteht am 1.1.2007 und ist in der StB abgezinst zu passivieren. Der Aufwand ist bei der Einkommensermittlung hinzuzurechnen (§ 38 X KStG; zu weiteren Einzelheiten vgl. Neumann/Simpel GmbHR 2008, 57). Die Verpflichtung zur Zahlung des pauschalierten Erhöhungsbetrags geht auf den übernehmenden Rechtsträger über.

12. Vermögensübergang in den nicht steuerpflichtigen oder steuerbefreiten Bereich der übernehmenden Körperschaft

102 Ist der übernehmende Rechtsträger eine Körperschaft, die nicht stpfl. oder die (teilweise) steuerbefreit ist und geht das Vermögen des übertragenden Rechtsträgers in den nicht stpfl. (zB jur. Personen des öffentlichen Rechts, wenn kein Übergang auf einen Betrieb gewerblicher Art erfolgt) oder steuerbefreiten Bereich (Übergang auf einen gem. § 5 I KStG steuerbefreiten Bereich), findet Abs. 5 Anwendung. Wird eine KapGes auf eine im Inland auch **nicht beschränkt stpfl.** Körperschaft verschmolzen, findet Abs. 5 keine Anwendung, der übernehmende Rechtsträger ist in diesem Fall nicht von der Steuer befreit, sondern vielmehr nicht steuerbar (Frotscher/Drüen/Frotscher Rn. 135; Dötsch/Pung/Möhlenbrock/Dötsch/Stimpel Rn. 86; Herbort/Schwenke IStR 2016, 567; vgl. auch Schell IStR 2008, 397; Figna/Fürstenau BB Special 1/2010, 12). Abs. 5 fingiert eine Totalausschüttung. Als ausgeschüttet gilt das in der StB der übernehmenden Körperschaft ausgewiesene EK abzgl. des Standes des stl. Einlagekontos (§ 27 KStG), der sich nach der fiktiven Nennkapitalherabsetzung (§ 29 I KStG iVm § 28 II KStG) ergibt. Die entsprechenden Positionen sind jew. auf den Übertragungsstichtag zu ermitteln. Die übernehmende Körperschaft muss die auf sie übergegangenen offenen Reserven einschl. des Teils des Nennkapitals, der aus einer Umw von offenen Gewinnrücklagen stammt, versteuern. Diese fiktiven Einnahmen iSd § 20 I Nr. 1 EStG iVm § 12 V gelten dem übernehmenden Rechtsträger mit Ablauf des stl. Übertragungsstichtags als zugeflossen (Rödder/Herlinghaus/van Lishaut/Rödder Rn. 366). Für diese Bezüge ist nach § 43 I 1 Nr. 1 EStG KapESt einzubehalten. Diese Verpflichtung zum Kapitalertragsteuerabzug geht im Rahmen der Gesamtrechtsnachfolge auf die übernehmende Körperschaft über (Dötsch/Pung/Möhlenbrock/Dötsch/Stimpel Rn. 85). Maßgebender Zeitpunkt für die Einbehaltung der KapESt ist nicht der stl. Übertragungsstichtag, was praktisch unmöglich ist, da die Verschm regelmäßig rückwirkend erfolgt (Rödder/Herlinghaus/van Lishaut/Rödder Rn. 371). Die Abführungsverpflichtung entsteht im Zeitpunkt der Eintragung der Verschm in das Handelsregister (Dötsch/Pung/Möhlenbrock/Dötsch/Stimpel Rn. 85; Rödder/Herlinghaus/van Lishaut/Rödder Rn. 371; Widmann/Mayer/Schießl Rn. 825).

13. Keine verdeckte Einlage bei der übernehmenden Körperschaft in Folge der Verschmelzung

103 Allg. wird davon ausgegangen, dass der Vermögensübergang durch Verschm einer Körperschaft auf eine andere Körperschaft grds. weder für den übertragenden noch für den übernehmenden Rechtsträger eine vGA bzw. verdeckte Einlage darstellt (→ § 11 Rn. 159 f.). Dies gilt auch dann, wenn das Vermögen der übertragenden Gesellschaft mehr wert ist als die von der übernehmenden Gesellschaft und den Anteilseignern der übertragenden Gesellschaft neu gewährten Anteile und die Gesellschafter der übertragenden und übernehmenden Gesellschaft nicht personenidentisch sind. In diesem Fall kann es bei solchen interpersonalen Wertverschiebungen auf Gesellschafterebene zu verdeckten Einlagen bzw. vGA auf Anteilseignerebene kommen (→ § 13 Rn. 14 ff.).

104 Die FVerw (OFD Koblenz 9.1.2006, GmbHR 2006, 503; OFD Hannover 5.1.2007, DB 2007, 428) geht davon aus, dass beim Downstream-Merger mit Schuldenüberhang eine vGA vorliegt, soweit es beim übernehmenden Rechtsträger in Folge der Verschm zu einer unzulässigen Unterdeckung des Stammkapitals kommt. Dies kann nicht überzeugen, denn § 12 verdrängt nach der hier vertretenen Meinung die Grundsätze zur vGA (ebenso iErg Wassermeyer Der Konzern 2005, 424; Rödder/Wochinger DStR 2006, 684; vgl. auch FG Münster EFG 2005, 1561).

§ 13 Besteuerung der Anteilseigner der übertragenden Körperschaft

(1) Die Anteile an der übertragenden Körperschaft gelten als zum gemeinen Wert veräußert und die an ihre Stelle tretenden Anteile an der übernehmenden Körperschaft gelten als mit diesem Wert angeschafft.

(2) ¹Abweichend von Absatz 1 sind auf Antrag die Anteile an der übernehmenden Körperschaft mit dem Buchwert der Anteile an der übertragenden Körperschaft anzusetzen, wenn
1. das Recht der Bundesrepublik Deutschland hinsichtlich der Besteuerung des Gewinns aus der Veräußerung der Anteile an der übernehmenden Körperschaft nicht ausgeschlossen oder beschränkt wird oder
2. die Mitgliedstaaten der Europäischen Union bei einer Verschmelzung Artikel 8 der Richtlinie 2009/133/EG anzuwenden haben; in diesem Fall ist der Gewinn aus einer späteren Veräußerung der erworbenen Anteile ungeachtet der Bestimmungen eines Abkommens zur Vermeidung der Doppelbesteuerung in der gleichen Art und Weise zu besteuern, wie die Veräußerung der Anteile an der übertragenden Körperschaft zu besteuern wäre. ²§ 15 Abs. 1a Satz 2 des Einkommensteuergesetzes ist entsprechend anzuwenden.
²Die Anteile an der übernehmenden Körperschaft treten steuerlich an die Stelle der Anteile an der übertragenden Körperschaft. ³Gehören die Anteile an der übertragenden Körperschaft nicht zu einem Betriebsvermögen, treten an die Stelle des Buchwerts die Anschaffungskosten.

Übersicht

	Rn.
1. Allgemeines	1
a) Regelungsinhalt	1
b) Anschaffungs- und Veräußerungsgeschäfte; Umfang der gesetzlichen Fiktion	5
c) Anwendungsbereich	7
d) Upstream-Merger	11
e) Downstream-Merger	12
f) Sidestream-Merger	13
g) Interpersonale Wertverschiebung auf Gesellschafterebene (nicht verhältniswahrende Verschmelzung)	14
h) Bare Zuzahlungen, Barabfindung	15
2. Anteilstausch zum gemeinen Wert (Abs. 1)	17
a) Veräußerung und Anschaffung zum gemeinen Wert	17
b) Besteuerung eines Veräußerungsgewinns	21
c) Keine Rechtsnachfolge bezogen auf die „an ihre Stelle tretenden Anteile"	23
3. Auf Antrag Ansatz des Buchwertes (Abs. 2)	31
a) Allgemeines	31
b) Antragswahlrecht	33
c) Buchwert	35
d) Keine Einschränkung des deutschen Besteuerungsrechts (Abs. 2 S. 1 Nr. 1)	36
e) Anwendung des Art. 8 Fusions-RL (Abs. 2 S. 1 Nr. 2)	41
f) Rechtsfolgen einer wirksamen Antragstellung nach Abs. 2	48
g) Organschaft	55
h) Fortführung der Anschaffungskosten (Abs. 2 S. 3)	56
i) Interpersonelle Qualifikationsverlagerung	57

1. Allgemeines

1   **a) Regelungsinhalt.** Während § 11 die stl. Folgen der Verschm und der Vermögensübertragung im Wege der Vollübertragung einer Körperschaft auf eine andere

bezogen auf die übertragende Ges, § 12 die stl. Folgen bei der aufnehmenden Körperschaft regelt, betrifft § 13 die stl. Wirkungen der Verschm für die Anteilseigner der übertragenden Ges, die Anteilseigner der Übernehmerin werden. § 13 findet nur Anwendung auf Anteile am übertragenden Rechtsträger, die im BV gehalten werden, die Anteile iSv § 17 EStG oder § 21 UmwStG aF sind. Für alle übrigen Anteile am übertragenden Rechtsträger gilt § 20 IVa 1, 2 EStG (BMF 11.11.2011, BStBl. I 2011, 1314 Rn. 13.01; Rödder/Herlinghaus/van Lishaut/Neumann Rn. 15; Dötsch/Pung/Möhlenbrock/Dötsch/Werner Rn. 4; Widmann/Mayer/Schießl Rn. 2.4 f.; Frotscher/Drüen/Frotscher Rn. 8; Brandis/Heuermann/Nitzschke Rn. 6).

Die Anteile an der übertragenden Körperschaft gelten nach **Abs. 1** grds. als im 2 Zuge der Verschm zum gemeinen Wert veräußert und korrespondierend hierzu die an ihre Stelle tretenden Anteile an der übernehmenden Körperschaft als mit diesem Wert angeschafft. Die Anteile an der übernehmenden Körperschaft können jedoch auf Antrag des betreffenden Anteilseigners gem. **Abs. 2 S. 1** mit dem BW bzw. den AK der Anteile an der übertragenden Körperschaft angesetzt werden, wenn (1) das dt. Besteuerungsrecht hinsichtlich des Gewinns aus der Veräußerung der Anteile an der übernehmenden Körperschaft nicht ausgeschlossen oder beschränkt wird oder (2) die Mitgliedstaaten der EU bei einer Verschm Art. 8 VI Fusions-RL anzuwenden haben; in diesem Fall versteuert Deutschland den Gewinn aus einer späteren Veräußerung der Anteile an der übernehmenden Körperschaft ungeachtet der Bestimmungen eines DBAs in gleicher Art und Weise, wie die Veräußerung der Anteile an der übertragenden Körperschaft zu besteuern wäre. Wird das Antragswahlrecht, die BW bzw. AK fortzuführen, ausgeübt, treten die Anteile an der übernehmenden Körperschaft an die Stelle der Anteile an der übertragenden Körperschaft, also in deren stl. Verhältnisse ein. Ein Antrag auf **Zwischenwertansatz** ist gesetzlich nicht vorgesehen und damit unzulässig (BMF 11.11.2011, BStBl. I 2011, 1314 Rn. 13.10; HK-UmwStG/Edelmann Rn. 107; Haase/Hofacker/Hagemann/Stürken Rn. 30; Rödder/Herlinghaus/van Lishaut/Neumann Rn. 57; Haritz/Menner/Bilitewski/Schroer Rn. 3; BeckOK UmwStG/Groß Rn. 3).

Das Antragswahlrecht des Abs. 2 wird **durch jeden Anteilseigner eigenständig** 3 **ausgeübt,** der Antrag ist für alle Anteile eines Anteilseigners einheitlich zu stellen (str., → Rn. 31). Die BW bzw. AK können auch fortgeführt werden, wenn auf Ebene des übertragenden Rechtsträgers BW, ZW oder der gemeine Wert in der stl. Schlussbilanz angesetzt wird bzw. die Voraussetzungen des § 11 II nicht vorliegen (BMF 11.11.2011, BStBl. I 2011, 1314 Rn. 13.08; Dötsch/Pung/Möhlenbrock/Dötsch/Werner Rn. 3; Rödder/Herlinghaus/van Lishaut/Neumann Rn. 8).

§ 13 gilt nicht nur für rein inl., sondern auch für der Verschm vergleichbare Umw 4 sowie Hinaus- und Hereinverschmelzungen im **EU-/EWR-Raum** (§ 1 I Nr. 1, 2). Die Anteilseigner des übertragenden Rechtsträgers müssen jedoch mit ihren Anteilen in Deutschland unbeschränkt oder beschränkt stpfl. sein (Dötsch/Pung/Möhlenbrock/Dötsch/Werner Rn. 12). § 13 kommt damit auch zur Anwendung bei Verschm zweier Körperschaften in einem oder mehreren EU-/EWR-Drittstaaten, soweit eine in Deutschland unbeschränkt bzw. beschränkt stpfl. Gesellschaft beteiligt ist. Auf Verschm in einem Drittstaat war § 13 über **§ 12 II 2 KStG** aF anzuwenden. Für Umwandlungen, deren stl. Übertragungsstichtag nach dem 31.12.2021 liegt, erfasst § 13 aufgrund der Streichung des § 1 II auch Verschm, die iSv § 2 UmwG vergleichbare Vorgänge unter Beteiligung von DrittstaatenGes darstellen (Brandis/Heuermann/Nitzschke Rn. 11; vgl. → § 1 Rn. 4).

b) Anschaffungs- und Veräußerungsgeschäfte; Umfang der gesetzlichen 5 **Fiktion.** Nach **Abs. 1** gelten die Anteile an der übertragenden Körperschaft als zum gemeinen Wert veräußert und die an ihre Stelle tretenden Anteile an der übernehmenden Körperschaft als mit diesem Wert angeschafft. In der Lit. (Dötsch/

Pung/Möhlenbrock/Dötsch/Werner Rn. 1; Haase/Hofacker/t/Hagemann/Stürken Rn. 22; Frotscher/Drüen/Frotscher Rn. 18; ebenso BMF 11.11.2011, BStBl. I 2011, 1314 Rn. 13.05, vgl. aber auch Rn. 00.03; Hageböke Ubg 2011, 689; Ley/Bodden FR 2007, 265; Rödder/Herlinghaus/van Lishaut/Neumann Rn. 2; Haritz/Menner/Bilitewski/Schroer Rn. 21; BFH BStBl. II 2009, 13; FG Düsseldorf BB 2023, 1070) wird die Auffassung vertreten, § 13 I **fingiere** eine Anteilsveräußerung. Die Anteilsinhaber des übertragenden Rechtsträgers wenden ihre Anteile am übertragenden Rechtsträger auf, um Anteile am übernehmenden Rechtsträger zu erhalten oder zumindest eine Werterhöhung bereits an der Übernehmerin gehaltener Anteile zu erfahren; sie veräußern diese aber nicht. Veräußerung bedeutet nämlich die entgeltliche Übertragung des zivilrechtlichen oder wirtschaftlichen Eigentums eines WG auf einen anderen Rechtsträger (BFH DStR 2006, 2206). Zu einer solchen Übertragung der Anteile am übertragenden Rechtsträger auf einen anderen Rechtsträger kommt es jedoch im Rahmen der Verschm nicht. Vor diesem Hintergrund fingiert Abs. 1 aus der Sicht der Anteilseigner des übertragenden Rechtsträgers ein Veräußerungsgeschäft. Soweit der übernehmende Rechtsträger eigene Anteile an die Gesellschaft des übertragenden Rechtsträgers ausgibt, liegt ein abgeleiteter Erwerb und damit eine Anschaffung vor. Ob rechtstechnisch eine Anschaffung vorliegt, wenn die übernehmende Körperschaft ihr Kapital erhöht und die Anteilseigner des übertragenden Rechtsträgers diese neuen Anteile als Gegenleistung erhalten, erscheint fraglich, da ein abgeleiteter Erwerb nicht gegeben ist (vgl. BFH BStBl. II 2007, 60; FG Münster EFG 2008, 392; Hageböke Ubg 2011, 689; aA BFH BStBl. II 2009, 13), die Anteile wurden nicht durch einen Dritten übertragen; sollte man eine Anschaffung für solche Fälle verneinen, fingiert Abs. 1 eine solche.

6   **Abs. 2** erlaubt auf Antrag bei Vorliegen der dort genannten Voraussetzungen die Fortführung der BW bzw. AK. In diesem Fall treten die Anteile an der übernehmenden Körperschaft stl. grds. (vgl. § 8b IV 2 KStG) an die Stelle der Anteile an der übertragenden Körperschaft. Dieses „an die Stelle treten" bedeutet, dass die Beteiligung am übernehmenden Rechtsträger (quotenmäßig → Rn. 50) **„wesensidentisch"** mit den Anteilen am übertragenden Rechtsträger ist (FG Düsseldorf EFG 2023, 757; Hageböke Ubg 2011, 689). Die Anteile am übernehmenden Rechtsträger besitzen **quotal** die gleiche stl. Qualifikation, die den Anteilen am übertragenden Rechtsträger zukam. Ein Veräußerungs- und Anschaffungsvorgang liegt unter den Voraussetzungen des Abs. 2 nicht vor (wie hier Widmann/Mayer/Schießl Rn. 15.4; HK-UmwStG/Edelmann Rn. 104; Rödder/Herlinghaus/van Lishaut/Neumann Rn. 7; aA BMF 11.11.2011, BStBl. I 2011, 1314 Rn. 00.02).

7   **c) Anwendungsbereich.** § 13 findet nur auf Anteile im Betriebsvermögen, Anteile iSd § 17 EStG und alte einbringungsgeborene Anteile iSd § 21 I aF Anwendung. Für alle übrigen Anteile wird § 13 durch **§ 20 IVa 1, 2 EStG** verdrängt (allgM, BMF 11.11.2011, BStBl. I 2011, 1314 Rn. 13.01; Dötsch/Pung/Möhlenbrock/Dötsch/Werner Rn. 17; Rödder/Herlinghaus/van Lishaut/Neumann Rn. 44; Widmann/Mayer/Schießl Rn. 2.4; Heinemann GmbHR 2012, 133; Schaflitzl/Götz DB-Beil. 1/2012, 25). Abs. 2 S. 2 findet zudem auf Schachtelbeteiligungen iSv § 8b IV KStG grds. keine Anwendung (Widmann/Mayer/Schießl Rn. 15.83.1; Benz/Jetter DStR 2013, 489). Ob Anteile in diesem Sinne vorliegen, richtet sich nach dem Zeitpunkt des zivilrechtlichen Wirksamwerdens der Verschm, dh dem Zeitpunkt der Eintragung in das Handelsregister, da die Rückwirkungsfiktion des § 2 I auf Anteilseignerebene nicht gilt (vgl. BMF 11.11.2011, BStBl. I 2011, 1314 Rn. 13.06; FG Köln EFG 2015, 1362; Dötsch/Pung/Möhlenbrock/Dötsch/Werner Rn. 25; Rödder/Herlinghaus/van Lishaut/Neumann Rn. 21; HK-UmwStG/Edelmann Rn. 105; Frotscher/Drüen/Frotscher Rn. 20; Brandis/Heuermann/Nitzschke Rn. 12; BeckOK UmwStG/Groß Rn. 5). Soweit der übernehmende Rechtsträger zum Verschmelzungsstichtag am übertragenden Rechtsträger

beteiligt ist, kommt ausschließlich § 12 II und nicht § 13 zur Anwendung (→ Rn. 11). § 13 gilt weiter nicht, soweit den Gesellschaftern des übertragenden Rechtsträgers eine Gegenleistung gewährt wird, die nicht in Gesellschaftsrechten besteht (→ Rn. 15). Zudem soll § 13 auch dann nicht gelten, soweit es auf Grund der Umw zu einer Wertverschiebung zwischen den Anteilen der beteiligten Anteilseigner kommt (→ Rn. 14). Auf Grund des erweiterten Anwendungsbereichs des UmwStG gilt § 13 auch für Anteilseigner, die an EU-/EWR-KapGes beteiligt sind (→ Rn. 4).

§ 13 findet nach § 1 I Nr. 3 auch auf die Vereinigung öffentlich-rechtlicher Kreditinstitute sowie öffentlich-rechtlicher Versicherungsunternehmen Anwendung (BMF 11.11.2011, BStBl. I 2011, 1314 Rn. 11.16; aA Dötsch/Patt/Pung/Möhlenbrock/Dötsch Vor §§ 11–13 Rn. 28 bzgl. der Vereinigung von Sparkassen). Da bei der **Vollübertragung** die bisherigen Anteilseigner des übertragenden Rechtsträgers nicht mit Anteilen oder Mitgliedschaftsrechten abgefunden werden, sondern eine Barabfindung erhalten, gilt § 13 insoweit nicht (Dötsch/Pung/Möhlenbrock/ Dötsch/Werner Rn. 10; Lademann/Heß Rn. 20; Haritz/Menner/Bilitewski/ Schroer Rn. 5; Widmann/Mayer/Schießl Rn. 8; Rödder/Herlinghaus/van Lishaut/ Neumann Rn. 28; Brandis/Heuermann/Nitzschke Rn. 22). **8**

Bei den Anteilen an der übernehmenden Körperschaft, die im Rahmen der Verschm an die Anteilsinhaber der übertragenden Körperschaft gewährt werden, muss es sich nicht um neue Anteile handeln (BMF 11.11.2011, BStBl. I 2011, 1314 Rn. 13.09; Dötsch/Pung/Möhlenbrock/Dötsch/Werner Rn. 5; Widmann/Mayer/ Schießl Rn. 5). Werden **eigene Anteile** des übernehmenden Rechtsträgers im Rahmen der Verschm den Anteilsinhabern des übertragenden Rechtsträgers als Gegenleistung gewährt, so kann es insoweit zu einer Aufdeckung der stillen Reserven der ausgegebenen eigenen Anteile des übertragenden Rechtsträgers in dessen Person kommen. Nach Inkrafttreten des BilMoG ist die Ausgabe eigener Anteile ebenso wie deren entgeltliche Übertragung stl. kein Veräußerungsvorgang (→ § 12 Rn. 20). Werden Schwesterkapitalgesellschaften miteinander verschmolzen, so kann unter gewissen Voraussetzungen (vgl. § 54 I, § 68 I) auf eine **Kapitalerhöhung verzichtet** werden. § 13 ist auch auf diesen Fall anzuwenden, sofern es nicht zu einer interpersonalen Wertverschiebung auf Anteilseignerebene kommt (BMF 11.11.2011, BStBl. I 2011, 1314 Rn. 13.09; Dötsch/Pung/Möhlenbrock/Dötsch/ Werner Rn. 8; Widmann/Mayer/Schießl Rn. 10.2; Rödder/Herlinghaus/van Lishaut/Neumann Rn. 16; Lademann/Heß Rn. 26; Frotscher/Drüen/Frotscher Rn. 67; Haritz/Menner/Bilitewski/Schroer Rn. 17; Schaflitzl/Götz DB-Beil. 1/ 2012, 25; Sistermann DStR-Beihefter zu Heft 2/2012, 9; BeckOK UmwStG/Groß Rn. 40). **9**

§ 13 spricht zwar von Anteilen, er findet aber ungeachtet dieses Wortlautes auch Anwendung, wenn im Rahmen der Umw „**Mitgliedschaften**" ausgegeben werden oder untergehen, zB bei der Verschm von Versicherungsvereinen auf Gegenseitigkeit oder bei Genossenschaften (BMF 11.11.2011, BStBl. I 2011, 1314 Rn. 13.12; Rödder/Herlinghaus/van Lishaut/Neumann Rn. 28; Dötsch/Pung/Möhlenbrock/ Dötsch/Werner Rn. 10; HK-UmwStG/Edelmann Rn. 26; Lademann/Heß Rn. 27; Haritz/Menner/Schroer Rn. 6; Frotscher/Drüen/Frotscher Rn. 4). Treten an die Stelle von Mitgliedschaften Anteile, so sollen nach Meinung der FVerw (BMF 11.11.2011, BStBl. I 2011, 1314 Rn. 13.12; ebenso Dötsch/Pung/Möhlenbrock/ Dötsch/Werner Rn. 10) die AK der Anteile 0 Euro betragen, was jedoch nicht überzeugt, da die Höhe der AK sich nach § 13 richtet. Nur wenn keine AK bezogen auf die Rechte am übertragenden Rechtsträger vorliegen, ist von AK in Höhe von 0 Euro auszugehen (HK-UmwStG/Edelmann Rn. 26). **10**

d) Upstream-Merger. Wird die TochterGes auf ihre MutterGes verschmolzen, kommt § 13 nicht zur Anwendung, weil die Anteilseigner der übernehmenden **11**

MutterGes keine Anteile an der übertragenden Körperschaft aufgeben und es zudem zu keiner Wertsteigerung bei ihren Anteilen kommt. Soweit die MutterGes an der TochterGes beteiligt ist, gilt ausschließlich § 12 II (BMF 11.11.2011, BStBl. I 2011, 1314 Rn. 13.01; Rödder/Herlinghaus/van Lishaut/Neumann Rn. 9b; Frotscher/ Drüen/Frotscher Rn. 6; Dötsch/Pung/Möhlenbrock/Dötsch/Werner Rn. 6; Widmann/Mayer/Schießl Rn. 9).

12   **e) Downstream-Merger.** Beim Downstream-Merger wird die MutterGes auf die TochterGes verschmolzen. § 13 findet im Fall des Downstream-Mergers für die Anteilsigner der übertragenden MutterGes nach allgemeiner Meinung Anwendung (BMF 11.11.2011, BStBl. I 2011, 1314 Rn. 11.19, BFH/NV 2013, 40; Widmann/ Mayer/Schießl Rn. 10; Dötsch/Pung/Möhlenbrock/Dötsch/Werner Rn. 7; Rödder/Herlinghaus/van Lishaut/Neumann Rn. 18; Frotscher/Drüen/Frotscher Rn. 7; BeckOK UmwStG/Groß Rn. 40). Zu beachten ist aber: Nach Auffassung des BFH (BStBl. II 2019, 136; vgl. dazu Micker/Kühn Ubg 2020, 196) gehört die Beteiligung an der TochterKapGes zu dem übergehenden Vermögen iSv § 11 I 1, wenn die MutterKapGes auf die TochterKapGes verschmolzen wird und die Beteiligung an der TochterKapGes an die Anteilseigner der MutterKapGes ausgekehrt wird. Im Urteil heißt es: „Auch § 11 Abs. 2 Satz 1 UmwStG 2006 verwendet den Begriff ‚übergehende Wirtschaftsgüter' und erfasst damit ebenfalls die Beteiligung an der Tochterkapitalgesellschaft. Soweit die Nr. 1 und 2 der genannten Vorschrift weitere Anforderungen für den Buchwertansatz in Bezug auf die ‚übernehmende Körperschaft' stellen, ist auf diejenige Person abzustellen, die die Beteiligung an der Tochtergesellschaft erwirbt." Ist Anteilsigner der MutterKapGes beim sog. Downstream-Merger eine natürliche Person, kommt es in den Anteilen an der TochterKapGes damit in der Person des übertragenden Rechtsträger zu einer Aufdeckung der stillen Reserven (→ § 11 Rn. 101). Die Besteuerung der stillen Reserven in den Anteilen am übertragenden Rechtsträger (→ Rn. 36 f.) ist nur dann iSv Abs. 2 Nr. 1 sichergestellt, wenn die Anteile an der übernehmenden TochterKapGes mit dem Buchwert der Anteile an der MütterKapGes angesetzt werden (vgl. Rödder/Herlinghaus/van Lishaut/Neumann Rn. 19). Ein Buchwertansatz ist bei entsprechender Wahlrechtsausübung möglich, da die Buchwerte bzw. AK auch fortgeführt werden können, wenn auf Ebene des übertragenden Rechtsträgers die Voraussetzungen des § 11 II nicht vorliegen (→ Rn. 3).

13   **f) Sidestream-Merger.** § 13 setzt im Grunde voraus, dass die Anteilseigner der übertragenden Körperschaft als Gegenleistung für den Untergang der Anteile an der übertragenden Körperschaft Anteile an der übernehmenden Körperschaft erhalten. Ist der Gesellschafter des übertragenden Rechtsträgers bereits vor der Verschm am übernehmenden Rechtsträger beteiligt, und werden im Rahmen der Verschm keine Anteile am übernehmenden Rechtsträger ausgegeben oder aber Anteile, deren Wert den untergehenden Anteilen am übertragenden Rechtsträger nicht entspricht, so findet aufgrund der bei den bereits bestehenden Anteilen eintretenden Werterhöhung § 13 Anwendung (→ Rn. 19, → Rn. 27). Unter den Voraussetzungen des Abs. 2 ist damit auch eine BW-Fortführung möglich, wenn SchwesterGes verschmolzen und Anteile an dem übernehmenden Rechtsträger nicht ausgegeben werden (BMF 11.11.2011, BStBl. I 2011, 1314 Rn. 13.03; Dötsch/Pung/Möhlenbrock/Dötsch/Werner Rn. 8; Rödder/Herlinghaus/van Lishaut/Neumann Rn. 6, 47 ff.; dazu auch Pupeter/Schnittker FR 2008, 160).

14   **g) Interpersonale Wertverschiebung auf Gesellschafterebene (nicht verhältniswahrende Verschmelzung).** Nach allgM (BMF 11.11.2011, BStBl. I 2011, 1314 Rn. 13.03; BFH BStBl. II 2011, 799; Dötsch/Pung/Möhlenbrock/Dötsch/Werner Rn. 9; Widmann/Mayer/Schießl Rn. 306; Sistermann DStR Beihefter zu Heft 2/2012, 9; Rödder/Herlinghaus/van Lishaut/Neumann Rn. 26f;

Schumacher/Neitz-Hackstein Ubg 2011, 409; Schaflitzl/Götz DB-Beil. 1/2012, 25; krit. Mentel SteuK 2011, 193; vgl. auch BFH DStR 2020, 2192) soll § 13 keine Anwendung finden, soweit es infolge der Verschm zu einer Wertverschiebung auf Ebene der Anteilseigner kommt und die Voraussetzungen einer vGA oder einer verdeckten Einlage vorliegen (auch → § 11 Rn. 158 f., → § 12 Rn. 103). Solche Wertverlagerungen sind nach allgemeinen Grundsätzen entweder vGA in Form der Sachauskehrung zum gemeinen Wert oder aber verdeckte Einlagen. Gegenstand der Vorteilszuwendung sind Kapitalgesellschaftsanteile (BFH BStBl. II 2011, 799; Dötsch/Pung/Möhlenbrock/Dötsch Vor §§ 11–13 Rn. 29; Rödder/Herlinghaus/van Lishaut/Neumann Rn. 26f; Sistermann DStR Beihefter zu Heft 2/2012, 9; Schumacher/Neitz-Hackstein Ubg 2011, 409; Rödder/Schmidt-Fahrenbacher UmwStE 2011, 2012, 264 f.). Gemeint sind nur **Wertverschiebungen** auf Anteilseignerebene **zwischen verschiedenen Anteilseignern.** Eine Wertverschiebung in diesem Sinne liegt damit nicht vor, wenn das Vermögen des übertragenden Rechtsträgers mehr wert ist als die von der übernehmenden Gesellschaft gewährten Anteile und es zu keiner interpersonalen Wertverschiebung auf Anteilseignerebene kommt (vgl. BMF 11.11.2011, BStBl. I 2011, 1314 Rn. 13.09; Frotscher/Drüen/Frotscher Rn. 10 f.; Rödder/Herlinghaus/van Lishaut/Neumann Rn. 56; Brandis/Heuermann/Nitzschke Rn. 19).

Beispiel:

Der unbeschränkt steuerpflichtige A hält sämtliche Anteile an der A-GmbH und der B-GmbH. Der A hat diese Gesellschaften bar vor einigen Jahren gegründet. Das StK der Gesellschaft beträgt jeweils 25.000 Euro. Der Verkehrswert der Beteiligung an der A-GmbH beläuft sich auf 500.000 Euro, der an der B-GmbH auf 1 Mio. Euro. Die A-GmbH soll auf die B-GmbH verschmolzen werden, wobei das StK der B-GmbH um 100 Euro erhöht werden soll. In diesem Fall ist § 13 anwendbar, da es zu keiner interpersonalen Wertverschiebung auf Anteilseignerebene kommt. Eine interpersonale Wertverschiebung auf Anteilseignerebene ist nur gegeben, wenn im Rahmen der Verschm ein Anteilseigner einen Wertverlust zu Gunsten eines anderen Anteilseigners erfährt. **14a**

Beispiel:

Der unbeschränkt stpfl. A hält sämtliche Anteile an der B-GmbH sowie an der C-GmbH. Die C-GmbH ist alleiniger Gesellschafter der D-GmbH. Der Verkehrswert der Beteiligung des A an der B-GmbH soll sich auf 1 Mio. Euro belaufen. Der Verkehrswert der Beteiligung des A an der C-GmbH und der Verkehrswert der Beteiligung der C-GmbH an der D-GmbH sollen jeweils 500.000 Euro betragen. Das Nennkapital der D-GmbH beläuft sich auf 50.000 Euro. Die B-GmbH soll auf die D-GmbH verschmolzen werden, wobei sich das StK der D-GmbH von 50.000 Euro um 50.000 Euro auf 100.000 Euro erhöht. Durch die Verschm der B-GmbH auf die D-GmbH hat sich der Wert der Beteiligung der C-GmbH an der D-GmbH um 250.000 Euro erhöht. Es kam damit auf der Ebene der Anteilseigner der übernehmenden D-GmbH zu einer interpersonalen Wertverschiebung, sodass nach hM § 13 insoweit keine Anwendung findet, vielmehr die allgemeinen Grundsätze gelten. Es kommt zu einer verdeckten Einlage. Eine solche liegt vor, wenn im Gesellschafter einer Kapitalgesellschaft dieser einen Vermögensgegenstand zuwendet, die Zuwendung außerhalb der gesellschaftsrechtlichen Einlage und ohne wertentsprechende Gegenleistung erfolgt und die Zuwendung ihre Ursache im Gesellschaftsverhältnis hat. Auf Grund der Verschm der B-GmbH auf die D-GmbH hat sich der Wert des Anteils der C-GmbH an der D-GmbH und damit der Wert des Anteils an der C-GmbH zu Lasten des Anteils des A an der B-GmbH erhöht. Diese Erhöhung des Wertes der Anteile an der C-GmbH erfolgte nicht im Rahmen einer gesellschaftsrechtlichen Einlage. Es kann unterstellt werden, dass die Wertverschiebung zwischen dem ursprünglichen Anteil des A an der B-GmbH und dem Anteil an der C-GmbH nur im Hinblick auf das bestehende Gesellschaftsverhältnis zwischen A und C geduldet wurde. Die Voraussetzungen einer verdeckten Einlage liegen damit vor. Wäre im Beispielsfall die D-GmbH auf die B-GmbH verschmolzen worden und **14b** wäre dadurch der Anteil des A an der B-GmbH wertvoller geworden, so hätte nach Auffassung der hM die C-GmbH Anteile an der D-GmbH verdeckt an A ausgeschüttet (auch → § 11 Rn. 158 ff.).

15 **h) Bare Zuzahlungen, Barabfindung.** Scheidet ein Anteilseigner des übertragenden Rechtsträgers im Zusammenhang mit der Verschm gegen **Barabfindung** gem. § 29 UmwG aus, so findet § 13 keine Anwendung. Der ausscheidende Anteilsinhaber erzielt iHd Differenz zwischen dem BW bzw. den AK der Anteile und der erhaltenen Barabfindung einen Veräußerungsgewinn (Dötsch/Pung/Möhlenbrock/Dötsch/Werner Rn. 18; Rödder/Herlinghaus/van Lishaut/Neumann Rn. 11; BeckOK UmwStG/Groß Rn. 43.2; Haritz/Menner/Schroer Rn. 16; Widmann/Mayer/Schießl Rn. 237; Lademann/Heß Rn. 36; BMF 11.11.2011, BStBl. I 2011, 1314 Rn. 13.02). Der Veräußerungsgewinn ist nach den allgemeinen Grundsätzen zu besteuern. Der Gewinn aufgrund einer Barabfindung eines ausscheidenden Gesellschafters iSd § 29 UmwG entsteht am stl. Übertragungsstichtag. Nach § 12 II 3 iVm § 5 I gelten diese Anteile durch die übernehmende Körperschaft für die Ermittlung des Übernahmeergebnisses nämlich zum stl. Übertragungsstichtag als angeschafft. Nichts anderes sollte dann für den Gewinn des ausscheidenden Gesellschafters gelten (aA Widmann/Mayer/Schießl Rn. 245: Dingliche Übertragung ist entscheidend; Rödder/Herlinghaus/van Lishaut/Neumann Rn. 29: Eintragung der Umwandlung in das Handelsregister).

16 Kommt es auf der Ebene der Anteilseigner zu Ausgleichszahlungen, unterliegen diese den allg. ertragsteuerrechtlichen Regelungen. Ist das Umtauschverhältnis der Anteile zu niedrig bemessen, kann neben der Gewährung von Anteilen an der übernehmenden Körperschaft auch eine **bare Zuzahlung** an den Anteilsinhaber im Verschmelzungsvertrag vereinbart werden. Dieses steht der Anwendbarkeit von § 13 im Hinblick auf die gewährten Anteile im Grundsatz nicht entgegen (BMF 11.11.2011, BStBl. I 2011, 1314 Rn. 13.02; Dötsch/Pung/Möhlenbrock/Dötsch/Werner Rn. 19; Haritz/Menner/Bilitewski/Schroer Rn. 11). Solche Zahlungen durch die übernehmende Körperschaft stellen keine Ausschüttung dar und führen beim Anteilseigner nicht zu Einnahmen aus KapVerm. Vielmehr liegt auf der Ebene des verbleibenden Anteilseigners ein anteiliges Veräußerungsgeschäft vor (BMF 11.11.2011, BStBl. I 2011, 1314 Rn. 13.02; Dötsch/Pung/Möhlenbrock/Dötsch/Werner Rn. 19; Rödder/Herlinghaus/van Lishaut/Neumann Rn. 29; Haritz/Menner/Bilitewski/Schroer Rn. 11; Widmann/Mayer/Schießl Rn. 225 ff.; Frotscher/Drüen/Frotscher Rn. 79; Lademann/Heß Rn. 37; Bien ua DStR-Beil. zu Heft 17/1998, 28). Ein Veräußerungsgewinn entsteht jedoch nicht iHd baren Zuzahlung, vielmehr ist die bare Zuzahlung dem anteiligen BW/AK gegenüberzustellen, der gewinnmindernd berücksichtigt wird (BMF 11.11.2011, BStBl. I 2011, 1314 Rn. 13.02; Dötsch/Pung/Möhlenbrock/Dötsch Werner Rn. 19; Rödder/Herlinghaus/van Lishaut/Neumann Rn. 29; Widmann/Mayer/Schießl Rn. 238). Der anteilige BW/AK ergibt sich aus dem Verhältnis des Wertes der nicht in Anteile bestehenden Gegenleistung zum gemeinen Wert der gesamten Anteile am übertragenden Rechtsträger (Frotscher/Drüen/Frotscher Rn. 80). Soweit es nicht zu einer Gewinnrealisierung kommt, findet Abs. 2 Anwendung (Rödder/Herlinghaus/van Lishaut/Neumann Rn. 29). Werden im Verschmelzungsvertrag bare Zuzahlungen vereinbart, so entsteht der Gewinn/Verlust mit der für die Umw maßgebenden Eintragung der Umw in das Handelsregister (Widmann/Mayer/Schießl Rn. 246; Rödder/Herlinghaus/van Lishaut/Neumann Rn. 29).

16a Ebenso wie die bare Zuzahlung werden auch Zahlungen behandelt, die im Rahmen der **Verbesserung des Umtauschverhältnisses** (§§ 15, 34, 176, 305 ff. UmwG) erfolgen. Auch solche Leistungen stehen der Anwendbarkeit von § 13 im Hinblick auf die gewährten Anteile im Grundsätzlichen nicht entgegen (Haritz/Menner/Bilitewski/Schroer Rn. 11; Rödder/Herlinghaus/van Lishaut/Neumann

Rn. 29). Bei solchen Zuzahlungen entsteht der Gewinn/Verlust mit der Rechtskraft der Entscheidung im Spruchverfahren (Widmann/Mayer/Schießl Rn. 246; Rödder/Herlinghaus/van Lishaut/Neumann Rn. 29).

2. Anteilstausch zum gemeinen Wert (Abs. 1)

a) Veräußerung und Anschaffung zum gemeinen Wert. Nach Abs. 1 gelten die Anteile an der übertragenden Körperschaft als zum gemeinen Wert **veräußert** und die an ihre Stelle tretenden Anteile an der übernehmenden Körperschaft gelten als mit diesem Wert **angeschafft**.

Der **gemeine Wert** bestimmt sich nach dem BewG. Er entspricht bei börsennotierten Wertpapieren nach § 11 I BewG dem Kurswert, Paketzuschläge sind gem. § 11 III BewG zu berücksichtigen. Soweit ein Börsenkurs nicht existiert, ist der gemeine Wert gem. § 11 II BewG zunächst aus Verkäufen unter fremden Dritten abzuleiten, die weniger als ein Jahr zurückliegen, im Übrigen unter Berücksichtigung der Ertragsaussichten der KapGes oder einer anderen anerkannten, auch im gewöhnlichen Geschäftsverkehr für nicht stl. Zwecke üblichen Methode zu ermitteln (§ 11 II 2 BewG). Gem. § 11 II 4 BewG sind die §§ 199–203 BewG zu berücksichtigen.

Nach dem Gesetzeswortlaut ist der **gemeine Wert der untergehenden Anteile** maßgebend und nicht der gemeine Wert der als Gegenleistung erlangten Anteile an der übernehmenden Körperschaft (BMF 11.11.2011, BStBl. I 2011, 1314 Rn. 13.05; Dötsch/Pung/Möhlenbrock/Dötsch/Werner Rn. 11; HK-UmwStG/Edelmann Rn. 6; Lademann/Heß Rn. 44; Haritz/Menner/Bilitewski/Schroer Rn. 23; Frotscher/Drüen/Frotscher Rn. 24; Rödder/Herlinghaus/van Lishaut/Neumann Rn. 37; BeckOK UmwStG/Groß Rn. 77). Der gemeine Wert der Anteile am übertragenden Rechtsträger bestimmt den Veräußerungspreis der untergehenden Anteile und die AK der erhaltenen Anteile. Werden SchwesterGes miteinander verschmolzen, so muss der Wert der am übernehmenden Rechtsträger erhaltenen Anteile nicht dem Wert der am übertragenden Rechtsträger untergehenden Anteile entsprechen (→ Rn. 14). Die übernehmende Schwesterkapitalgesellschaft kann unter den Voraussetzungen des § 54 I 3 UmwG sogar auf eine KapErh gänzlich verzichten. In diesen Fällen kommt es zu einer Werterhöhung der Anteile am übernehmenden Rechtsträger, die bereits von den Gesellschaftern des übertragenden Rechtsträgers an dem übernehmenden Rechtsträger gehalten wurden. Diese Werterhöhung gilt als Anschaffung iSd § 13 (BMF 11.11.2011, BStBl. I 2011, 1314 Rn. 13.05; → Rn. 9). Wird eine **OrganGes** auf eine andere KapGes verschmolzen, gelten die Anteile als zum gemeinen Wert als veräußert, ein organschaftlicher Ausgleichsposten ist gem. § 14 IV 2 KStG aF gewinnwirksam aufzulösen (aber → Rn. 15). Zum Wechsel zur Einlagelösung durch KöMoG vgl. BMF Schreiben v. 29.9.2022, DStR 2022, 2104; Hannig UbG 2022, 625.

Da im Regelungsbereich des § 13 weder § 2 I noch § 5 I grds. (→ Rn. 15) anwendbar sind, vollzieht sich auch steuerrechtlich die **Anteilsveräußerung** der Anteile am übertragenden Rechtsträger **bzw. Anschaffung** der Anteile am übernehmenden Rechtsträger **mit der Eintragung der Verschm in das Handelsregister** (BMF 11.11.2011, BStBl. I 2011, 1314 Rn. 13.06; Dötsch/Pung/Möhlenbrock/Dötsch/Werner Rn. 25; Haritz/Menner/Bilitewski/Schroer Rn. 30; Rödder/Herlinghaus/van Lishaut/Neumann Rn. 38; Widmann/Mayer/Schießl Rn. 15.10) und nicht etwa schon zum stl. Übertragungsstichtag.

b) Besteuerung eines Veräußerungsgewinns. Der sich mit der Eintragung der Verschm im Handelsregisteraufgrund der Anteilsveräußerung ergebende Gewinn unterliegt nach allg. Grundsätzen (§ 17, § 20 aF oder § 4 I EStG, § 5 EStG) der **Besteuerung**. § 8b KStG, § 3 Nr. 40 EStG und die Regelung im DBA sind anzuwenden (Rödder/Herlinghaus/van Lishaut/Neumann Rn. 39; Dötsch/Pung/Möhlenbrock/Dötsch/Werner Rn. 23; Lademann/Heß Rn. 51 ff.; Widmann/Mayer/ Schießl Rn. 15.5 ff.). Veräußerungskosten sind nach den allg. Grundsätzen (§ 17 II 1 EStG, § 20 IV EStG, § 8b II 2 KStG usw) zu berücksichtigen (ebenso Rödder/ Herlinghaus/van Lishaut/Neumann Rn. 40; Dötsch/Pung/Möhlenbrock/Dötsch/ Werner Rn. 23a). Handelt es sich bei den Anteilen des übertragenden Rechtsträgers um einbringungsgeborene iSd **§ 21 aF** und ist die siebenjährige Sperrfrist im Zeitpunkt der Eintragung der Verschm im Handelsregister noch nicht abgelaufen, findet § 8b IV KStG aF iVm § 34 VIIa KStG bzw. § 3 Nr. 40 EStG iVm § 52 IVb EStG Anwendung. Nicht abschließend geklärt ist, ob bzgl. der Berechnung der Sperrfrist § 108 III AO zu beachten ist (vgl. BFH BStBl. II 2012, 599; BStBl. II 2003, 2; Tipke/Kruse/Tipke AO § 108 Rn. 8, 22; aA Hübschmann/Hepp/Spitaler/Söhn AO § 108 Rn. 65). Hält eine natürliche Person einbringungsgeborene Anteile iSd § 21 aF im PV, unterliegt nach den allgemeinen Grundsätzen des GewG der Gewinn nicht der GewSt. Nach allgM (BFH BStBl. II 1982, 738; BMF 25.3.1998, BStBl. I 1998, 268 Rn. 21.13) ist die Veräußerung einbringungsgeborener Anteile, die zu einem BV gehören, gewerbesteuerfrei, wenn auch die Veräußerung des eingebrachten Betriebs-, Teilbetriebs- oder Mitunternehmeranteils, die als Gegenleistung für die einbringungsgeborenen Anteile übertragen wurden, gewerbesteuerfrei gewesen wäre. Die Gewerbesteuerfreiheit erstreckt sich auch auf die nach der Sacheinlage erwirtschafteten stillen Reserven in den Anteilen (vgl. auch OFD Koblenz 27.12.2004, DStR 2005, 194; → 4. Aufl. 2006, § 21 Rn. 147 ff.).

22 Die Veräußerungsfiktion des Abs. 1 soll auch im Regelungsbereich des **§ 22 I, II** gelten (vgl. BMF 11.11.2011, BStBl. I 2011, 1314 Rn. 00.03; → § 22 Rn. 42; vgl. auch FG Hamburg EFG 2015, 657).

23 **c) Keine Rechtsnachfolge bezogen auf die „an ihre Stelle tretenden Anteile".** Im Falle des Abs. 1 kommt es nicht zu einer Rechtsnachfolge, die stl. Merkmale bei den Anteilen an der übertragenden Körperschaft, wie zB Besitzzeiten, latente Wertaufholungsverpflichtungen etc, gehen nicht auf die „an ihre Stelle tretenden Anteile an der übernehmenden Körperschaft" über (Rödder/Herlinghaus/ van Lishaut/Neumann Rn. 41; Dötsch/Pung/Möhlenbrock/Dötsch/Werner Rn. 24; Frotscher/Drüen/Frotscher Rn. 22; Lademann/Heß Rn. 62), die „an ihre Stelle tretenden Anteile" gelten als angeschafft. Die Anschaffung wird steuerrechtlich nicht auf den Verschmelzungsstichtag zurückbezogen, **§ 2 I findet keine Anwendung,** da er sich nur auf das Einkommen und das Vermögen der übertragenden und der übernehmenden Körperschaft bezieht (Widmann/Mayer/Schießl Rn. 15.10).

24 Die Anteile am übertragenden Rechtsträger gehen unter und die „an ihre Stelle tretenden Anteile an der übernehmenden Körperschaft" gelten nach Abs. 1 mit dem gemeinen Wert der untergehenden Anteile an der übertragenden Körperschaft als angeschafft. Ursprünglich sollte Abs. 1 wie folgt lauten: „Die Anteile an der übertragenden Körperschaft gelten als zum gemeinen Wert veräußert, die Anteile an der übernehmenden Körperschaft als zum gemeinen Wert angeschafft". Es stellt sich die Frage, was das Gesetz meint, wenn es von **„an ihre Stelle tretenden Anteile an der übernehmenden Körperschaft"** spricht. Dabei ist zu beachten, dass nach dem Wortlaut des Abs. 2 die Anteile an der übernehmenden Körperschaft insgesamt stl. an die Stelle der untergehenden Anteile an der übertragenden Körperschaft treten, eine solche Formulierung jedoch bei Abs. 1 nicht gewählt wurde. Der Gesetzgeber geht wohl davon aus, dass im Regelungsbereich des Abs. 1 nicht alle Anteile am übernehmenden Rechtsträger an die Stelle der untergehenden Anteile treten, sondern insoweit eine **„isolierende Betrachtungsweise"** notwendig ist. Danach ist wie folgt zu diff.:

25 Entspricht der gemeine Wert der untergehenden Anteile am übertragenden Rechtsträger dem Wert der als Gegenleistung erhaltenen Anteile am übernehmenden Rechtsträger, so treten nur die als Gegenleistung erhaltenen Anteile an die Stelle der untergegangenen Anteile.

Beispiel:
Die M-GmbH ist jeweils zu 100% am StK der A-GmbH und der B-GmbH beteiligt. Die **26** B-GmbH soll auf die A-GmbH verschmolzen werden. Das StK der A-GmbH soll 25.000 Euro betragen, die Anteile an der A-GmbH stehen bei der M-GmbH mit 25.000 Euro zu Buche, der gemeine Wert der Anteile an der A-GmbH soll 500.000 Euro betragen. Im Rahmen der Verschm wird das StK der A-GmbH von 25.000 Euro (Anteil 1) um 500.000 Euro (Anteil 2) auf 75.000 Euro erhöht. Der gemeine Wert der Anteile an der B-GmbH soll 1 Mio. Euro betragen. Nach der Verschm besitzt die M-GmbH insges. Anteile an der übernehmenden A-GmbH zum gemeinen Wert in Höhe von 1,5 Mio. Euro. Der bei der übernehmenden A-GmbH aus der KapErh neu entstandene Anteil 2 tritt an die Stelle der Anteile an der übertragenden Körperschaft. Die AK des Anteils 2 betragen gem. Abs. 1 1.000.000 Euro (= gemeiner Wert der Anteile an der B-GmbH). Der BW der Anteile 1 beträgt weiterhin 25.000 Euro.

Werden **SchwesterGes** miteinander verschmolzen, so muss der Wert der am **27** übernehmenden Rechtsträger erhaltenen Anteile nicht dem Wert der am übertragenden Rechtsträger untergehenden Anteile entsprechen (Kroschewski GmbHR 2002, 761; Schmitt BB 2000, 435); die übernehmende Schwesterkapitalgesellschaft kann unter den Voraussetzungen des § 54 I 3 UmwG sogar auf eine KapErh gänzlich verzichten. In diesen Fällen kommt es zu einer Werterhöhung der Anteile an übernehmenden Rechtsträger, die bereits von den Gesellschaftern des übertragenden Rechtsträgers an dem übernehmenden Rechtsträger gehalten wurden. Auch diese Werterhöhung gilt als Anschaffung iSd § 13 (BeckOK UmwStG/Groß Rn. 117; Brandis/Heuermann/Nitzschke Rn. 18). Alternativ kann der gemeine Wert der erhaltenen Anteile am übernehmenden Rechtsträger auch größer sein als der gemeine Wert der Anteile am übertragenden Rechtsträger.

Beispiel:
Die M-GmbH ist jeweils zu 100% am StK der A-GmbH und der B-GmbH beteiligt. Die **28** B-GmbH soll auf die A-GmbH verschmolzen werden. Das StK der A-GmbH soll 25.000 Euro betragen, die Anteile an der A-GmbH stehen bei der M-GmbH mit 25.000 Euro zu Buche, der gemeine Wert der Anteile an der A-GmbH soll 500.000 Euro betragen. Im Rahmen der Verschm wird das StK der A-GmbH von 25.000 Euro (Anteil 1) um 25.000 Euro (Anteil 2) auf 50.000 Euro erhöht. Der gemeine Wert der Anteile an der B-GmbH soll 1 Mio. Euro betragen. Nach der Verschm besitzt die M-GmbH insges. Anteile an der übernehmenden A-GmbH zum gemeinen Wert in Höhe von 1,5 Mio. Euro. Die bei der übernehmenden A-GmbH aus der KapErh neu entstandenen Anteile 2 treten (primär) an die Stelle der Anteile an der übertragenden Körperschaft. Ihre AK betragen gem. Abs. 1 750.000 Euro (= gemeiner Wert der Anteile 2). Es kommt bezogen auf die Anteile 1 zu einer Werterhöhung. Die AK dieser Anteile erhöhen sich um 250.000 Euro (gemeiner Wert des Anteils an der B-GmbH abzgl. gemeiner Wert der Anteile 2 an der A-GmbH) auf 275.000 Euro (Lademann/Heß Rn. 61; aA Haritz/Menner/Bilitewski/Schroer Rn. 17).

Ist der gemeine Wert der erhaltenen Anteile am übernehmenden Rechtsträger **29** größer als der gemeine Wert der Anteile am übertragenden Rechtsträger, so ergibt sich Folgendes:

Beispiel:
Die M-GmbH ist jew. zu 100% am StK der A-GmbH und der B-GmbH beteiligt. Die B-GmbH soll auf die A-GmbH verschmolzen werden. Das StK der A-GmbH soll 25.000 Euro betragen, die Anteile an der A-GmbH stehen bei der M-GmbH mit 25.000 Euro zu Buche, der gemeine Wert der Anteile an der A-GmbH soll 500.000 Euro betragen. IRd Verschm wird das StK der A-GmbH von 25.000 Euro (Anteil 1) um 75.000 Euro (Anteil 2) auf 100.000 Euro

erhöht. Der gemeine Wert der Anteile an der B-GmbH soll 1 Mio. Euro betragen. Nach der Verschm besitzt die M-GmbH insges. Anteile an der übernehmenden A-GmbH zum gemeinen Wert in Höhe von 1,5 Mio. Euro. Die bei der übernehmenden A-GmbH aus der KapErh neu entstandenen Anteile 2 treten an die Stelle der Anteile an der übertragenden Körperschaft. Ihre AK betragen gem. Abs. 1 1.000.000 Euro (= gemeiner Wert der Anteile an der B-GmbH; tatsächlicher gemeiner Wert der Anteile 2 nach der Verschm 1.125.000 Euro). Es kommt bezogen auf die Anteile 1 zu einer Wertreduzierung. Der BW dieser Anteile bleibt davon jedoch unberührt, da der gemeine Wert dieser Anteile noch über dem BW liegt.

30 Diese „isolierende Betrachtungsweise" ist für jeden Anteilseigner des übertragenden Rechtsträgers gesondert durchzuführen. Besitzt ein Anteilseigner mehrere Anteile am übertragenden Rechtsträger, so sind diese Anteile bezogen auf den gegebenen Anschaffungsvorgang als Einheit zu betrachten.

3. Auf Antrag Ansatz des Buchwertes (Abs. 2)

31 **a) Allgemeines.** Nach Abs. 2 können auf entsprechenden Antrag hin die Anteile an der übernehmenden Körperschaft mit dem BW bzw. bei Anteilen des PV nach Abs. 2 S. 3 mit den AK der Anteile an der übertragenden Körperschaft angesetzt werden, wenn (1) das Recht der BRD hinsichtlich der Besteuerung der Anteile an der übernehmenden Körperschaft nicht ausgeschlossen oder beschränkt wird oder (2) Deutschland als EU-Mitgliedstaat bei der Verschm Art. 8 Fusions-RL anzuwenden hat. Die in Abs. 2 S. 1 Nr. 1 und Nr. 2 genannten Voraussetzungen müssen nicht kumulativ vorliegen, es reicht aus, wenn eine der Voraussetzungen in Abs. 2 S. 1 Nr. 1 oder Nr. 2 gegeben ist (Dötsch/Pung/Möhlenbrock/Dötsch/Werner Rn. 27). Abs. 2 S. 2 findet auf Schachtelbeteiligungen iSv **§ 8b IV KStG nF** gem. S. 2 dieser Vorschrift im Grundsätzlichen keine Anwendung (Widmann/Mayer/ Schießl Rn. 15.83.1; Benz/Jetter DStR 2013, 489).

32 Abs. 2 gilt für unbeschränkt oder beschränkt stpfl. Anteilseigner (Rödder/Herlinghaus/van Lishaut/Neumann Rn. 59) unabhängig davon, ob auf der Ebene der übertragenden Körperschaft § 11 II angewendet worden ist (BT-Drs. 16/2710, 41; → Rn. 3). Das Wahlrecht nach Abs. 2 wird durch jeden Anteilseigner eigenständig ausgeübt. Besitzt ein Anteilseigner mehrere Anteile an der übertragenden Körperschaft, kann das Wahlrecht nach Abs. 1 bzw. Abs. 2 für die Anteile nur einheitlich ausgeübt werden (Dötsch/Pung/Möhlenbrock/Dötsch/Werner Rn. 28; Rödder/ Herlinghaus/van Lishaut/Neumann Rn. 58; Lademann/Heß Rn. 69; Frotscher/ Drüen/Frotscher Rn. 65; Brandis/Heuermann/Nitzschke Rn. 12; BeckOK UmwStG/Groß Rn. 151; aA Widmann/Mayer/Schießl Rn. 15.12; PWC, Reform des UmwStR/Klingberg, 2007, Rn. 1382). Unter den Voraussetzungen des Abs. 2 ist eine Buchwertfortführung auch möglich, wenn SchwesterGes verschmolzen und Anteile am übernehmenden Rechtsträger nicht ausgegeben werden (BMF 11.11.2011, BStBl. I 2011, 1314 Rn. 13.09; Dötsch/Pung/Möhlenbrock/Dötsch Werner Rn. 38; vgl. Pupeter/Schnittker FR 2008, 160).

33 **b) Antragswahlrecht.** Auf Antrag können bei Vorliegen der Voraussetzungen des Abs. 2 S. 1 Nr. 1 oder Nr. 2 die Anteile an der übernehmenden Körperschaft mit dem BW der Anteile an der übertragenden Körperschaft angesetzt werden. Zum Teil wird die Meinung vertreten, dass Wahlrecht dürfte gegen Art. 8 Fusions-RL verstoßen (so Haritz/Menner/Bilitewski/Schroer Rn. 34; aA Widmann/ Mayer/Schießl Rn. 15.14). Der Antrag hat keine Wirkung, soweit die Voraussetzungen des Abs. 2 S. 1 Nr. 1 oder Nr. 2 nicht vorliegen (Widmann/Mayer/Schießl Rn. 15.14). Der Antrag ist von dem jew. Anteilseigner zu stellen, und zwar bei dem für ihn zuständigen FA (Lademann/Heß Rn. 69; BeckOK UmwStG/Groß Rn. 151; Haritz/Menner/Bilitewski/Schroer Rn. 32). Hält die Gesamthandgemeinschaft Anteile an der übertragenden Körperschaft in ihrem BV, so wird der Antrag durch das vertretungsberechtigte Organ ausgeübt und zwar mit Wirkung für alle MU (Rödder/Herlinghaus/van Lishaut/Neumann Rn. 58; HK-UmwStG/Edelmann Rn. 99). Befinden sich Anteile an der übertragenden Körperschaft im SBV einer Mitunternehmerschaft, wird der Antrag durch den einzelnen MU bei dem für die Gesamthandsgemeinschaft zuständigen FA gestellt (Dötsch/Pung/Möhlenbrock/ Dötsch/Werner Rn. 28; BeckOK UmwStG/Groß Rn. 151). Werden Anteile zT im Gesamthandsvermögen und zT im SBV gehalten, können die Anträge unterschiedlich ausgeübt werden (Dötsch/Pung/Möhlenbrock/Dötsch/Werner Rn. 28; Lademann/Heß Rn. 71; Rödder/Herlinghaus/van Lishaut/Neumann Rn. 58). Werden Anteile durch eine vermögensverwaltende PersGes gehalten, hat jeder Gesellschafter der PersGes das Antragswahlrecht eigenständig auszuüben (§ 39 II Nr. 2 AO). Der Antrag ist **nicht befristet** und kann damit bis zur Bestandskraft der Veranlagung des betroffenen Anteilseigners erfolgen (Rödder/Herlinghaus/van Lishaut/Neumann Rn. 49; Widmann/Mayer/Schießl Rn. 15.17; Brandis/Heuermann/Nitzschke Rn. 33). Er bedarf keiner besonderen Form und kann damit **konkludent** gestellt werden (Frotscher/Drüen/Frotscher Rn. 66; Rödder/Herlinghaus/ van Lishaut/Neumann Rn. 50). In der Regel dürfte der Antrag durch die Einreichung der Bilanz bei Anteilen im BV bzw. mit der Einreichung der Einkommensteuererklärung bei Anteilen im PV gestellt worden sein (Lademann/Heß Rn. 70; HK-UmwStG/Edelmann Rn. 102; Rödder/Herlinghaus/van Lishaut/Neumann Rn. 50; vgl. aber Dötsch/Pung/Möhlenbrock/Dötsch/Werner Rn. 31), wenn das FA die Abgabe der Erklärung nach objektiven Kriterien als entsprechende Antragstellung verstehen durfte. Unklare Anträge gelten als nicht gestellt (Widmann/ Mayer/Schießl Rn. 15.30). Die Antragstellung ist **bedingungsfeindlich** (BMF 11.11.2011, BStBl. I 2011, 1314 Rn. 13.10; Dötsch/Pung/Möhlenbrock/Dötsch/ Werner Rn. 29; Rödder/Herlinghaus/van Lishaut/Neumann Rn. 51; Brandis/ Heuermann/Nitzschke Rn. 33). Ein Antrag auf Zwischenwertansatz ist unwirksam (Widmann/Mayer/Schießl Rn. 15.16) und entfaltet damit keine Wirkung.

Der einmal wirksam gestellte Antrag nach Abs. 2 kann weder zurückgenommen 34 noch geändert werden. Es handelt sich nämlich bei dem Antragserfordernis um ein steuerbegründendes Tb-Merkmal. Bereits mit der Antragstellung ist der Anspruch aus dem Steuerschuldverhältnis entstanden, der durch die Antragstellung verwirklichte Sachverhalt kann rückwirkend nicht mehr geändert werden (BMF 11.11.2011, BStBl. I 2011, 1314 Rn. 13.10; Dötsch/Pung/Möhlenbrock/Dötsch/Werner Rn. 29; Brandis/Heuermann/Nitzschke Rn. 33; Widmann/Mayer/Schießl Rn. 15.32; vgl. BFH DStRE 2005, 984; BFH/NV 2006, 1099; aA Rödder/Herlinghaus/van Lishaut/Neumann Rn. 52 für Anteile im PV; krit. Frotscher/Drüen/ Frotscher Rn. 66). Wegen Irrtums kann der Antrag nicht angefochten werden (Widmann/Mayer/Schießl Rn. 15.32).

c) Buchwert. Der BW der Anteile am übertragenden Rechtsträger ist nach § 1 35 V Nr. 4 der Wert, der sich nach den stl. Vorschriften über die Gewinnermittlung in einer für den Stichtag des Anteilstausches aufzustellende StB ergibt oder ergäbe. Dieser Stichtag entspricht dem Tag der Eintragung der Verschm in das Handelsregister (Widmann/Mayer/Schießl Rn. 15.41; Rödder/Herlinghaus/van Lishaut/Neumann Rn. 48; Dötsch/Pung/Möhlenbrock/Dötsch/Werner Rn. 35; BeckOK UmwStG/Groß Rn. 152). Liegen zu diesem Stichtag die Voraussetzungen einer Teilwertabschreibung vor, so kann diese durchgeführt werden, evtl. Wertaufholungen iSv § 6 I Nr. 1 S. 4, Nr. 2 S. 2 EStG sind vorzunehmen. Liegt der gemeine Wert unterhalb des BW, so ist keine Abstockung vorzunehmen (Widmann/Mayer/ Schießl Rn. 15.36).

d) Keine Einschränkung des deutschen Besteuerungsrechts (Abs. 2 S. 1 36 **Nr. 1).** Nach Abs. 2 S. 1 Nr. 1 sind auf Antrag die Anteile an der übernehmenden Körperschaft mit dem BW der Anteile an der übertragenden Körperschaft anzusetzen, wenn das Recht der BRD hinsichtlich der Besteuerung des Gewinns aus der Veräußerung der Anteile an der übernehmenden Körperschaft nicht ausgeschlossen oder beschränkt wird (→ § 11 Rn. 106 ff.). Es kommt auf den konkreten und nicht auf den abstrakten Ausschluss bzw. Beschränkung des dt. Besteuerungsrechts an (Dötsch/Pung/Möhlenbrock/Dötsch/Werner Rn. 36; HK-UmwStG/Edelmann Rn. 75; BeckOK UmwStG/Groß Rn. 189.1; Brandis/Heuermann/Nitzschke Rn. 34; Schmitt/Schloßmacher DB 2009, 1425; aA Widmann/Mayer/Schießl Rn. 15.47; Rödder/Herlinghaus/van Lishaut/Neumann Rn. 65), und zwar zum Zeitpunkt der Eintragung der Verschm in das Handelsregister (→ Rn. 20; Widmann/Mayer/Schießl Rn. 15.44; HK-UmwStG/Edelmann Rn. 77; aA Haritz/Menner/Bilitewski/Schroer Rn. 48). Hatte Deutschland vor der Verschm kein Besteuerungsrecht an den Anteilen des übertragenden Rechtsträgers, so wird dieses durch die Verschm weder ausgeschlossen noch beschränkt (ebenso Rödder/Herlinghaus/van Lishaut/Neumann Rn. 61; Widmann/Mayer/Schießl Rn. 14.48). Abs. 2 S. 1 Nr. 1 stellt zwar auf die Sicherstellung der Besteuerung des Gewinns aus der Veräußerung der Anteile an der **„übernehmenden Körperschaft"** ab. Da aber § 13 die Besteuerung der stillen Reserven in den Anteilen am übertragenden Rechtsträger sicherstellen will, kommt es gedanklich zunächst zu einer Surrogation nach Abs. 2 S. 2 und erst danach sind die Voraussetzungen des Abs. 2 S. 1 Nr. 1 zu prüfen (Widmann/Mayer/Schießl Rn. 15.45; Frotscher/Drüen/Frotscher Rn. 42).

Beispiel:

37 Die in Deutschland unbeschränkt stpfl. M-GmbH wird auf ihre 100%ige Tochter, die in Deutschland unbeschränkt stpfl. T-GmbH verschmolzen. Alleiniger Gesellschafter der M-GmbH ist die Corp Y, die in den USA ansässig ist. IRd Verschm der M-GmbH auf die T-GmbH kommt es zu keiner KapErh bei der T-GmbH, vielmehr werden die Anteile der übertragenden M-GmbH an der übernehmenden T-GmbH der alleinigen Gesellschafterin der M-GmbH, der Corp Y, als Abfindung gewährt. Durch die Verschm der M-GmbH auf die T-GmbH verliert Deutschland das unmittelbare Besteuerungsrecht hinsichtlich der stillen Reserven der Anteile an der T-GmbH im Fall der Veräußerung der Anteile an der T-GmbH durch die amerikanische Corp Y (vgl. Art. 13 DBA D/USA). § 11 II 1 Nr. 2 findet nach der hier vertretenen Meinung (→ § 11 Rn. 125, → § 11 Rn. 101; aA BMF 11.11.2011, BStBl. I 2011, 1314 Rn. 11.19; BFH BStBl. II 2019, 136; vgl. dazu Micker/Kühn Ubg 2020, 196) keine Anwendung, da die Anteile an der T-GmbH auch nicht für eine logische Sekunde zu eigenen Anteilen werden. § 13 findet auf diesen Fall keine Anwendung, da diese Vorschrift die stl. Erfassung der stillen Reserven in den Anteilen an der schwindenden MutterGes (M-GmbH) zum Gegenstand hat, die Besteuerung der stillen Reserven in den WG des übertragenden Rechtsträgers soll durch § 11 II 2 sichergestellt werden.

Beispiel:

38 Die in Deutschland unbeschränkt stpfl. M-GmbH wird auf ihre 100%ige Tochter, die in Deutschland unbeschränkt stpfl. T-GmbH verschmolzen. Alleiniger Gesellschafter der M-GmbH ist der in Deutschland unbeschränkt stpfl. P, der Anteile iSd § 17 EStG besitzt. Die Anteile an der T-GmbH sind solche iSd § 21 aF, die siebenjährige Sperrfrist ist noch nicht abgelaufen. Nach Abs. 2 S. 1 Nr. 1 sind auf Antrag die Anteile an der übernehmenden Körperschaft mit den AK der Anteile an der übertragenden Körperschaft anzusetzen, das Recht der BRD hinsichtlich der Besteuerung des Gewinns aus der Veräußerung der Anteile an der übernehmenden Körperschaft wird nach Anwendung des Abs. 2 S. 2 nicht ausgeschlossen oder beschränkt (vgl. aber auch → Rn. 12). Aufgrund der Verschm werden die Anteile an der T-GmbH zu solchen iSv § 17 EStG (Abs. 2 S. 2).

39 Das dt. Besteuerungsrecht wird ausgeschlossen, wenn es hinsichtlich der Anteile am übertragenden Rechtsträger bestand, aber hinsichtlich der Anteile an dem übernehmenden Rechtsträger durch ein DBA mit Freistellungsmethode einem anderen Staat zugewiesen ist. Zu einem Ausschluss des dt. Besteuerungsrechts kommt es auch, wenn vor der Verschm ein Besteuerungsrecht mit Anrechnungsverpflichtung bestand und nach der Verschm kein Besteuerungsrecht mehr existiert. Eine Beschränkung des dt. Besteuerungsrechts liegt vor, wenn vor der Verschm ein dt. Besteuerungsrecht ohne Pflicht zur Anrechnung ausl. Steuer bestand und nachher kein Besteuerungsrecht oder ein Besteuerungsrecht mit Anrechnungsverpflichtung (Widmann/Mayer/Schießl Rn. 15.46; Rödder/Herlinghaus/van Lishaut/Neumann Rn. 65; HK-UmwStG/Edelmann Rn. 85). Eine Änderung in der bloßen Höhe der Steueranrechnung (zB Änderung des Steuersatzes) führt nicht zu einer Beschränkung des deutschen Besteuerungsrechts (Rödder/Herlinghaus/van Lishaut/Neumann Rn. 66; Widmann/Mayer/Schießl Rn. 15.46).

Beispiel:

Der in Deutschland unbeschränkt stpfl. D ist an der in Deutschland unbeschränkt stpfl. D-GmbH iSv § 17 EStG beteiligt. Die D-GmbH verschmilzt auf die in Österreich unbeschränkt stpfl. Ö-GmbH, bei der es sich um eine Grundstücksgesellschaft iSv Art. 13 II DBA Deutschland-Österreich handelt. Dies hat zur Folge, dass für Gewinne aus der Veräußerung von Anteilen an österreichischen Immobiliengesellschaften iSd Art. 13 II DBA Deutschland-Österreich nach Art. 23 Ib dd DBA Deutschland-Österreich die Doppelbesteuerung nach der Anrechnungsmethode zu vermeiden ist. Durch die Verschm der D-GmbH auf die österreichische Grundstücks-GmbH wird das dt. Besteuerungsrecht beschränkt. Der Vorgang ist daher nicht nach Abs. 2 S. 1 Nr. 1 begünstigt. Zur Anwendung von Abs. 2 S. 1 Nr. 2 → Rn. 41 ff. **40**

e) Anwendung des Art. 8 Fusions-RL (Abs. 2 S. 1 Nr. 2). Abs. 2 S. 1 Nr. 2 **41** erweitert die Möglichkeit einer steuerneutralen Verschm auf Anteilseignerebene. Selbst wenn die Voraussetzungen des Abs. 2 S. 1 Nr. 1 nicht erfüllt sind, Deutschland also hinsichtlich der Besteuerung seines Gewinns aus der Veräußerung der Anteile an der übernehmenden Körperschaft ausgeschlossen oder beschränkt wird, kann aufgrund von Abs. 2 S. 1 Nr. 2 der Vorgang dennoch steuerneutral auf Anteilseignerebene sein, und zwar dann, wenn Deutschland Art. 8 Fusions-RL auf den Verschmelzungsvorgang anzuwenden hat.

Nach Art. 8 I Fusions-RL darf die „Zuteilung von Anteilen am Gesellschaftskapi- **42** tal der übernehmenden oder erwerbenden Gesellschaft an einen Gesellschafter [...] aufgrund einer Fusion [...] für sich allein keine Besteuerung des Veräußerungsgewinns dieses Gesellschafters auslösen". Voraussetzung dafür ist jedoch, dass der Gesellschafter den als Gegenleistung erhaltenen Anteilen keinen höheren Wert beimisst als den am übertragenden Rechtsträger untergehenden Anteilen (Art. 8 IV Fusions-RL). Bare Zuzahlungen dürfen jedoch besteuert werden (Art. 8 IX Fusions-RL).

Abs. 2 S. 1 Nr. 2 gilt nur für den EU-, nicht aber für den EWR-Raum, weil die **43** Fusions-RL bei Letzterem keine Anwendung findet (Dötsch/Pung/Möhlenbrock/Dötsch/Werner Rn. 50; Rödder/Herlinghaus/van Lishaut/Neumann Rn. 72; HK-UmwStG/Edelmann Rn. 96; BeckOK UmwStG/Groß Rn. 223.1).

Abs. 2 S. 1 Nr. 1 iVm Art. 8 I Fusions-RL verbietet Deutschland die Besteuerung, **44** wenn bei Verschm innerhalb des EU-Raumes das Besteuerungsrecht für Anteile an der übernehmenden Körperschaft beschränkt oder ausgeschlossen ist. Dies kann insbes. dann der Fall sein, wenn zwischen Deutschland und dem Ansässigkeitsstaat der übernehmenden Körperschaft vom OECD-MA abw. DBAs abgeschlossen wurden. Dies ist im Verhältnis zu Tschechien, der Slowakei und Zypern der Fall. Zu beachten sind ferner die Sonderregelungen bzgl. Grundstücksgesellschaften (Beispiel → Rn. 40; HK-UmwStG/Edelmann Rn. 81). Art. 8 Fusions-RL findet gem. **Art. 1 lit. a Fusions-RL** bei Inlandsumwandlungen und bei Verschm in demselben EU-Mitgliedstaat keine Anwendung (Widmann/Mayer/Schießl Rn. 15.78; Lademann/Heß Rn. 93; HK-UmwStG/Edelmann Rn. 96). Bei der übertragenden und der übernehmenden Gesellschaft muss es sich um KapGes handeln, die im Anhang der Fusions-RL in der Liste der Gesellschaften iSv Art. 3 lit. a Fusions-RL enthalten sind (HK-UmwStG/Edelmann Rn. 96; Rödder/Herlinghaus/van Lishaut/Neumann Rn. 72; Haritz/Menner/Bilitewski/Schroer Rn. 45).

Beispiel:

45 Der in Deutschland unbeschränkt stpfl. D ist an der in Österreich ansässigen Ö 1 GmbH und Ö 2 GmbH beteiligt. Die Ö 1 GmbH soll auf die Ö 2 GmbH verschmolzen werden, wobei es sich bei der Ö 2 GmbH (vor und nach der Verschm) um eine Grundstücks-GmbH iSv Art. 13 II DBA Deutschland-Österreich handelt. Für die Gewinne aus der Veräußerung von Anteilen an der österreichischen Immobiliengesellschaft iSd Art. 13 II DBA Deutschland-Österreich ist nach Art. 23 Ib bb Deutschland-Österreich die Doppelbesteuerung nach der Anrechnungsmethode zu vermeiden. Es kommt damit zu einer Beschränkung des dt. Besteuerungsrechts iSd Abs. 2 S. 1 Nr. 1. Abs. 2 S. 1 Nr. 2 iVm Art. 8 Fusions-RL findet aber gem. Art. 1 lit. a Fusions-RL keine Anwendung (Lademann/Heß Rn. 93; HK-UmwStG/Edelmann Rn. 96; Haritz/Menner/Bilitewski/Schroer Rn. 45).

46 Zum Ausgleich für den Verlust des dt. Besteuerungsrechts erlaubt es Art. 8 VI Fusions-RL, dass Deutschland als Wohnsitzstaat des Anteilseigners den Gewinn aus einer späteren Veräußerung der erworbenen Anteile an der übernehmenden Körperschaft in gleicher Weise besteuert wie den Gewinn aus einer Veräußerung der Anteile am übertragenden Rechtsträger. Deutschland hat durch Abs. 2 S. 1 Nr. 2 von dieser Ausnahme Gebrauch gemacht. Gewinne aus einer späteren Veräußerung der erworbenen Anteile sind unabhängig von den DBA-Regelungen in der gleichen Art und Weise zu besteuern, wie die Veräußerung der Anteile an der übertragenden Körperschaft zu besteuern wäre.

47 Nach Abs. 2 S. 1 Nr. 1 S. 2 ist § 15 Ia 2 EStG entsprechend anzuwenden. Nach § 15 Ia 2 EStG werden (1) die verdeckte Einlage, (2) die Auflösung, (3) die Kapitalherabsetzung, (4) die Kapitalrückzahlung und (5) Ausschüttung/Rückzahlung von Beträgen aus dem stl. Einlagekonto iSd § 27 KStG bzw. allgemein für die Auflösung und Rückzahlung von Kapitalrücklagen nach Maßgabe des ausl. Rechts (Rödder/Herlinghaus/van Lishaut/Neumann Rn. 76; Dötsch/Pung/Möhlenbrock/Dötsch/Werner Rn. 54; Auskehrung von Beträgen aus dem stl. Einlagekonto der ausl. Körperschaft nur möglich in den in § 27 VIII KStG genannten Fällen) einer Veräußerung gleichgestellt (auch → § 22 Rn. 74 ff.).

48 **f) Rechtsfolgen einer wirksamen Antragstellung nach Abs. 2.** In den Fällen des Abs. 2 S. 1 treten die Anteile an der übernehmenden Körperschaft stl. an die Stelle der Anteile an der übertragenden Körperschaft (BT-Drs. 16/2710, 41). Obwohl dies durch Abs. 2 S. 1 nicht ausdrücklich geregelt ist, hat dies zunächst zur Folge, dass es in den untergehenden Anteilen am übertragenden Rechtsträger nicht zu einer stpfl. Aufdeckung der stillen Reserven kommt bzw. die Anteile nicht als veräußert gelten (Haritz/Menner/Bilitewski/Schroer Rn. 55; BeckOK UmwStG/Groß Rn. 293). Abs. 2 S. 2 regelt zudem, dass bezogen auf den jeweiligen Gesellschafter des übertragenden Rechtsträgers die stl. Merkmale der Anteile am übertragenden Rechtsträger auf Anteile desselben Gesellschafters am übernehmenden Rechtsträger übergehen (FG Düsseldorf BB 2023, 1070). Dies hat vorbehaltlich **§ 8b IV KStG nF** (Dötsch/Pung/Möhlenbrock/Dötsch/Werner Rn. 56a; Benz/Jetter DStR 2013, 489 mit Beispielen) insbes. folgende Konsequenz (vgl. auch die Beispiele in BMF 11.11.2011, BStBl. I 2011, 1314 Rn. 13.11):

i) Eine Wertaufholungsverpflichtung nach § 6 I Nr. 1, 4 EStG bleibt bei im BV gehaltenen Anteilen erhalten (BT-Drs. 16/2710, 41).

ii) Ein Sperrbetrag iSd § 50c EStG aF geht auf die Anteile am übernehmenden Rechtsträger über.

iii) Besaß ein Gesellschafter am übertragenden Rechtsträger zu Beginn des Erhebungszeitraums Anteile iSd § 9 Nr. 2a GewStG, so sind die Anteile am übernehmenden Rechtsträger in jedem Fall quotal solche iSd § 9 Nr. 2a GewStG (Schroer/Stark FR 2007, 488; Dötsch/Pung/Möhlenbrock/Dötsch/Werner Rn. 56a; Rödder/Herlinghaus/van Lishaut/Neumann Rn. 79; Widmann/Mayer/Schießl Rn. 15.80; Brandis/Heuermann/Nitzschke Rn. 38; vgl. auch BFH GmbHR 2014, 775: dieses Urteil steht der hier vertretenen Auffassung nicht entgegen).

iv) Die Besitzzeit der Anteile am übertragenden Rechtsträger sind den Anteilen am übernehmenden Rechtsträger zuzurechnen (zB § 6b X EStG).

v) Die Sieben-Jahres-Frist iSd § 22, § 8b IV KStG aF läuft weiter.

vi) War der Anteilseigner an der übertragenden Körperschaft iSd § 17 EStG beteiligt, gelten auch die Anteile an der übernehmenden Körperschaft als solche iSd § 17 EStG, auch wenn diese Beteiligung nicht mehr als 1% beträgt (sog. **verschmelzungsgeborene Anteile;** BT-Drs. 16/2710, 41). Unklar ist allerdings, ob für die Anteile an der übernehmenden Körperschaft, die nicht mehr als 1% betragen, schon mit dem Anteilstausch die zum Wegfall der Steuerverhaftung iSd § 17 EStG führenden Fünf-Jahres-Frist zu laufen beginnt (so Rödder/Herlinghaus/van Lishaut/Neumann Rn. 79; Dötsch/Pung/Möhlenbrock/Dötsch/Werner Rn. 56; BeckOK UmwStG/Groß Rn. 295). Aufgrund der angeordneten Rechtsnachfolge verlieren die Anteile somit erst dann ihre Verstrickung, wenn die Grenze zurückberechnet auf die Verhältnisse bei der übertragenden Körperschaft unterschritten wird (Widmann/Mayer/Schießl Rn. 15.80 mwN; Lademann/Heß Rn. 105). Ob eine Beteiligung iSd § 17 EStG bei dem übertragenden Rechtsträger gegeben ist, entscheidet sich nach den Verhältnissen im Zeitpunkt der Eintragung der Umw in das Handelsregister. Es reicht insoweit aus, dass der Anteil innerhalb der letzten fünf Jahre vor der Eintragung der Verschm in das Handelsregister die Voraussetzungen des § 17 EStG erfüllt hat.

vii) Eine **unwesentliche Beteiligung** am übertragenden Rechtsträger kann zu einer wesentlichen Beteiligung beim übernehmenden Rechtsträger erstarken. Denkbar ist dieser Fall, wenn der Anteilseigner des übertragenden Rechtsträgers auch an der übernehmenden Gesellschaft beteiligt ist. Die neuen Anteile sind dann quotal nicht wesentlich iSd § 17 EStG (Widmann/Mayer/Schießl Rn. 15.82; aA Rödder/Herlinghaus/van Lishaut/Neumann Rn. 79; Lademann/Heß Rn. 104).

Nach Abs. 2 treten – im Gegensatz zu Abs. 1 – die Anteile eines Gesellschafters an der übernehmenden Körperschaft stl. an die Stelle der Anteile an der übertragenden Körperschaft. Zu einer Rechtsnachfolge bzw. stl. Identität (FG Düsseldorf BB 2023, 1070) kommt es grds. **anteilseignerbezogen.** Besitzt ein Anteilseigner **mehrere Anteile mit unterschiedlicher steuerrechtlicher Qualifikation,** erfolgt daneben auch eine **anteilsbezogene Betrachtungsweise.** Bei der Verschm einer TochterGes auf ihre hundertprozentige MutterGes kommt es zu keiner Rechtsnachfolge auf Ebene der Anteilseigner der MutterGes.

War ein Anteilseigner des übertragenden Rechtsträgers auch an der übernehmenden Gesellschaft beteiligt, treten nach dem Gesetzeswortlaut auch die bereits vor der Verschm vorhandenen Anteile dieses Gesellschafters am übernehmenden Rechtsträger an die Stelle der Anteile am übertragenden Rechtsträger. Da aber auch die vor der Verschm bereits bestehenden Anteile am übernehmenden Rechtsträger nach Abs. 2 die Rechtsnachfolge bezogen auf stl. Merkmale betreffend die Anteile an der übertragenden Gesellschaft antreten, die ursprünglichen Anteile am übernehmenden Rechtsträger aber eigene stl. Merkmale besitzen, können sich die stl. Merkmale der Anteile an der übertragenden Körperschaft nur **quotal** auf sämtliche Anteile des jeweiligen Anteilseigners an der übernehmenden Körperschaft fortsetzen (Dötsch/Pung/Möhlenbrock/Dötsch/Werner Rn. 59; Rödder/Herlinghaus/van Lishaut/Neumann Rn. 80; Lademann/Heß Rn. 108; Haase/Hofacker/Hagemann/

Stürcken Rn. 42; Widmann/Mayer/Schießl Rn. 15.80; zweifelnd Brandis/Heuermann/Nitzschke Rn. 40a; aA Frotscher/Drüen/Frotscher Rn. 35a). Eine quotale Berücksichtigung der stl. Merkmale sowohl der Anteile am übertragenden als auch der ursprünglichen Anteile am übernehmenden Rechtsträger bezogen auf sämtliche nach der Verschm bestehenden Anteile am übernehmenden Rechtsträger eines Gesellschafters erfolgt aufgrund der von Abs. 2 angeordneten einheitlichen Betrachtungsweise so, als hätte der Gesellschafter am übernehmenden Rechtsträger nur noch einen Anteil (Dötsch/Pung/Möhlenbrock/Dötsch/Werner Rn. 59; Widmann/Mayer/Schießl Rn. 15.80). Wie die quotale Aufteilung zu erfolgen hat, ist abhängig von dem jew. relevanten stl. Merkmal. Die das stl. Merkmal determinierende Größe (zB Beteiligungshöhe, stille Reserven usw) bestimmt die quotale Aufteilung (Haase/Hofacker/Hagemann/Stürcken Rn. 42). Dies hat bspw. folgende Konsequenzen:

Beispiel:

51 Die M-GmbH ist jew. zu 100% am StK der A-GmbH und der B-GmbH beteiligt. Die B-GmbH soll auf die A-GmbH verschmolzen werden. Das StK der A-GmbH und der B-GmbH soll jew. 25.000 Euro betragen. Die Anteile an der A-GmbH stehen mit 25.000 Euro und die Anteile an der B-GmbH mit 75.000 Euro zu Buche. IRd Verschm wird das StK der A-GmbH von 25.000 Euro (Anteil 1) um 25.000 Euro (Anteil 2) auf 50.000 Euro erhöht. Da sowohl Anteil 1 als auch Anteil 2 an der übernehmenden A-GmbH an die Stelle der Anteile an der B-GmbH treten, dürften beide Anteile nach der Verschm je einen BW von 50.000 Euro haben. Wird das StK um 50.000 Euro erhöht, hätte der Anteil 1 einen BW von 33.333,33 Euro (= 100.000 / 75.000 * 25.000) und der Anteil 2 einen solchen von 66.666,67 (= 100.000 / 75.000 * 50.000).

Beispiel:

52 Die M-GmbH ist jew. zu 100% am StK der A-GmbH und der B-GmbH beteiligt. Die B-GmbH soll auf die A-GmbH verschmolzen werden. Das StK der A-GmbH soll 25.000 Euro betragen, ebenso das StK der B-GmbH. Der gemeine Wert der Anteile an der A-GmbH soll 500.000 Euro betragen und der gemeine Wert der Anteile an der B-GmbH 1 Mio. Euro. Der BW der Anteile entspricht dem StK (Bargründung). Bei den Anteilen an der B-GmbH handelt es sich um solche iSd § 22. IRd Verschm wird das StK der A-GmbH von 25.000 Euro (Anteil 1) um 25.000 Euro (Anteil 2) auf 50.000 Euro erhöht. Da sowohl der Anteil 1 als auch der Anteil 2 an die Stelle der Beteiligung am übertragenden Rechtsträger treten, dürften sowohl der Anteil 1 als auch der Anteil 2 zu ⅔ als Anteil iSd § 22 gelten (dazu auch → § 22 Rn. 42). Diese Quote ergibt sich im Beispiel aus dem Verhältnis der stillen Reserven der beiden Anteile zueinander.

Beispiel:

53 Die M-GmbH ist zu 5% am StK der A-GmbH und mit 20% am StK der B-GmbH zum 1.1.2007 beteiligt. Die B-GmbH wird auf die A-GmbH verschmolzen, wobei bezogen auf die M-GmbH das StK der A-GmbH wertentsprechend so erhöht wird, dass die M-GmbH nach der Verschm mit 7% am StK der A-GmbH beteiligt ist. Auf diese 7%ige Beteiligung ist § 9 Nr. 2a GewStG quotal in Höhe von insges. ⅗ anzuwenden, und zwar solange bis bspw. durch Veräußerung der Beteiligung der M-GmbH an der A-GmbH die ursprüngliche Beteiligung an der übertragenden B-GmbH rechnerisch auf unter 15% gesunken wäre (Schroer/Starke FR 2007, 488; Widmann/Mayer/Schießl Rn. 15.80).

Beispiel:

54 Die M-GmbH ist zu 5% am StK der A-GmbH und mit 20% am StK der B-GmbH zum 1.1.2007 beteiligt. Die A-GmbH wird auf die B-GmbH verschmolzen, wobei bezogen auf die M-GmbH das StK der B-GmbH wertentsprechend so erhöht wird, dass die M-GmbH nach der Verschm mit 22% am StK der B-GmbH beteiligt ist. Auf diese 22%ige Beteiligung ist § 9 Nr. 2a GewStG quotal in Höhe von insges. 20/22 anzuwenden, und zwar solange bis bspw. durch Ankauf der Beteiligung der M-GmbH an der B-GmbH die ursprüngliche Beteiligung an der übertragenden A-GmbH rechnerisch auf über 15% gestiegen wäre (ebenso Haase/Hofacker/Hagemann/Stürcken Rn. 43).

g) Organschaft. Wird eine OrganGes auf eine andere KapGes verschmolzen und werden die BW fortgeführt, ist in der StB des Organträgers der bisher als Zusatzposten zu den untergehenden Anteilen an der übertragenden OrganGes ausgewiesene Ausgleichsposten künftig als Zusatzposten zu der an die Stelle tretenden Beteiligung an den Anteilen am übernehmenden Rechtsträger auszuweisen, und zwar auch dann, wenn mit dem übernehmenden Rechtsträger das Organschaftsverhältnis nicht fortbesteht (Dötsch/Pung/Möhlenbrock/Dötsch/Werner Rn. 56; Lademann/Heß Rn. 109; Widmann/Mayer/Schießl Rn. 15.80). § 14 IV KStG aF wurde mWv 1.1.2022 geändert, seit dieser Zeit gilt die sog. Einlagelösung; vgl. dazu BMF Schreiben v. 29.9.2022, DStR 2022, 2104; Hannig Ubg 2022, 625. 55

h) Fortführung der Anschaffungskosten (Abs. 2 S. 3). Gehören die Anteile an der übertragenden Körperschaft nicht zu einem BV, treten im Fall der Antragstellung die AK an die Stelle des BW, wenn die Voraussetzungen des Abs. 2 vorliegen. 56

i) Interpersonelle Qualifikationsverlagerung. Abs. 2 S. 2 regelt, dass bezogen auf jeden Gesellschafter des übertragenden Rechtsträgers die stl. Merkmale seiner Anteile am übertragenden Rechtsträger auf die Anteile dieses Gesellschafters am übernehmenden Rechtsträger übergehen. Im Rahmen der Verschm einer Körperschaft auf eine andere Körperschaft kann es aber auch zu einer interpersonellen Qualifikationsverlagerung kommen, dh die stl. Merkmale des Anteils eines Gesellschafters am übertragenden Rechtsträger setzen sich nicht nur an seinen Anteilen am übernehmenden Rechtsträger fort, sondern auch auf Anteile anderer Gesellschafter des übernehmenden Rechtsträgers (vgl. aber auch → Rn. 14). Diese Qualifikationsnachfolge ergibt sich jedoch nicht aus Abs. 2 S. 2 (Rödder/Herlinghaus/van Lishaut/Neumann Rn. 56), sondern richtet sich nach anderen steuerrechtlichen Vorschriften wie bspw. § 22 VI, VII (Dötsch/Pung/Möhlenbrock/Dötsch/Werner Rn. 57; vgl. auch Widmann/Mayer/Schießl Rn. 15.80; Rödder/Herlinghaus/van Lishaut/Neumann Rn. 56; aA Haritz/Menner/Bilitewski/Schroer Rn. 17). 57

Beispiel:

Vater V ist alleiniger Gesellschafter der V-GmbH und sein Sohn S alleiniger Gesellschafter der S-GmbH. Bei den Anteilen an der V-GmbH handelt es sich um solche iSd § 22 I. Die V-GmbH soll auf die S-GmbH verschmolzen werden. Die im Rahmen der Verschm der V-GmbH auf die S-GmbH vorgenommene Kapitalerhöhung bei der S-GmbH ist so bemessen, dass es zu einer Verlagerung von stillen Reserven zu Gunsten des Anteils des S an der S-GmbH kommt. Soweit V an der S-GmbH beteiligt wird, treten diese Anteile nach Abs. 2 S. 2 in die Qualifikation ein, Anteil iSd § 22 I zu sein. Soweit es zu einer Verlagerung von stillen Reserven zu Gunsten der Beteiligung des S an der S-GmbH kommt, hat diese Qualifikationsverlagerung seine Grundlage in § 22 VI, VII. 58

§ 14 *(weggefallen)*

Vierter Teil. Aufspaltung, Abspaltung und Vermögensübertragung (Teilübertragung)

Vorbemerkung (Vor § 15)

1. Allgemeines

1 Der 4. Teil des UmwStG besteht aus den §§ 15, 16. Sie regeln die umwandlungsstl. Behandlung der **Auf- und Abspaltung** (§ 123 I, II UmwG, § 320 I UmwG, § 332 UmwG) sowie der Teilübertragung (§ 174 II UmwG) von **Körperschaften** (§ 1 I; näher → § 1 Rn. 13 ff.).

2 Das UmwG 1995 regelte **erstmals** umfassend die **Spaltung** von Rechtsträgern verschiedener Rechtsformen durch Gesamtrechtsnachfolge (Sonderrechtsnachfolge). Zuvor war die Spaltung durch Sonderrechtsnachfolge nur für Treuhandunternehmen und für landwirtschaftliche Produktionsgenossenschaften normiert (→ UmwG Vor § 123 Rn. 2, → UmwG Vor § 123 Rn. 12 f.). Parallel wurde erstmals mit dem UmwStG 1995 eine gesetzliche Regelung für die steuerneutrale Auf- und Abspaltung von Körperschaften geschaffen (hierzu auch → § 15 Rn. 1).

3 Das UmwG kennt **drei Spaltungsarten.** Nach § 123 I UmwG (vgl. auch § 320 I UmwG, § 332 UmwG) kann ein übertragender Rechtsträger unter Auflösung ohne Abwicklung sein gesamtes Vermögen auf mindestens zwei andere Rechtsträger gegen Gewährung von Anteilen oder Mitgliedschaften dieser Rechtsträger an die Anteilsinhaber des übertragenden Rechtsträgers **aufspalten.** Der übertragende Rechtsträger erlischt bei dieser Form der Spaltung. Demgegenüber bleibt der übertragende Rechtsträger bei der **Abspaltung** (§ 123 II UmwG) bestehen. Er überträgt lediglich einen oder mehrere Teile seines Vermögens auf mindestens einen anderen Rechtsträger gegen Gewährung von Anteilen oder Mitgliedschaften dieses Rechtsträgers an die Anteilsinhaber des übertragenden Rechtsträgers. Die **Ausgliederung** unterscheidet sich von den vorstehenden Spaltungsformen dadurch, dass die Gegenleistung in Form der Anteile an dem übernehmenden Rechtsträger nicht den Anteilsinhabern des übertragenden Rechtsträgers, sondern dem übertragenden Rechtsträger selbst gewährt wird, § 123 III UmwG. Die Ausgliederung ist nicht von §§ 15, 16 erfasst (§ 1 I 2). Sie ist stl. ein Einbringungstatbestand iSd §§ 20 ff. (→ § 1 Rn. 90 ff.).

4 Die **Vermögensübertragung** ist in § 174 UmwG definiert. Diese Umwandlungsart lehnt sich an die Verschm (Vollübertragung iSv § 174 I UmwG) bzw. an die Spaltung (Teilübertragung iSv § 174 II UmwG) an. Von der Verschmelzung/Spaltung unterscheidet sich die Vermögensübertragung (Teilübertragung) dadurch, dass als Gegenleistung nicht Anteile oder Mitgliedschaften, sondern meist Geldleistungen gewährt werden. Daher sind bei einer Vermögensübertragung regelmäßig die Voraussetzungen für eine Buchwertfortführung nach § 11 II 1 Nr. 3 nicht erfüllt (→ § 11 Rn. 128, → § 15 Rn. 26). Die Vermögensübertragung steht als Umwandlungsform nur Rechtsträgern bestimmter Rechtsformen zur Verfügung (vgl. § 175 UmwG).

5 Sowohl die Spaltung als auch die Teilübertragung sind grds. als Spaltung/Teilübertragung **zur Aufnahme** auf einen bestehenden Rechtsträger (bei grenzüberschreitenden Spaltungen vgl. auch § 332 UmwG) und als Spaltung/Teilübertragung **zur Neugründung** auf einen anlässlich der Umw neu gegründeten Rechtsträger möglich. Zu Kombinationsmöglichkeiten → UmwG § 123 Rn. 13.

6 Anlässlich der Neufassung des UmwStG durch das **SEStEG** sind §§ 15, 16 nur geringfügig angepasst worden. Steuersystematisch wesentlich ist, dass bei einem

Verstoß gegen die Teilbetriebsvoraussetzungen (→ § 15 Rn. 49 ff.) auf Ebene der Anteilsinhaber nunmehr keine Liquidations- oder Sachausschüttungsbesteuerung erfolgt, sondern aufgrund der generellen Geltung von § 13 (vgl. § 15 I 1) eine Veräußerungsgewinnbesteuerung stattfindet. Die Streichung von § 15 II aF hat keine materiellen Auswirkungen (→ § 15 Rn. 112). Die Missbrauchsregelungen von § 15 III aF sind – entgegen einem früheren inoffiziellen Gesetzesentwurf – wortlautgetreu in § 15 II übernommen worden. Zu der Frage der Maßgeblichkeit des europäischen **Teilbetriebsbegriffs** der **Fusions-RL** → § 15 Rn. 56. Zur Behandlung **grenzüberschreitender Spaltungen** → § 15 Rn. 28.

2. Regelungsgegenstand und Aufbau

Die §§ 15, 16 erfassen nur einen Teil der handelsrechtlich möglichen Spaltungen bzw. Teilübertragungen. Zunächst gelten diese Normen nur für die **Auf- und Abspaltung,** nicht hingegen für die Ausgliederung, § 1 I 2 (→ § 1 Rn. 90 ff.). Bei der Ausgliederung wird die Gegenleistung für die Vermögensübertragung dem übertragenden Rechtsträger selbst gewährt (§ 123 III UmwG; → Rn. 3). Dies ist stl. ein Einbringungstatbestand, der in den Regelungsbereich von §§ 20 f., 24 fällt (→ § 1 Rn. 90 ff.). 7

Ferner setzen die §§ 15, 16 die Auf- oder Abspaltung einer übertragenden **Körperschaft** bzw. die Teilübertragung aus dem Vermögen einer Körperschaft voraus (§ 1 I 1 Nr. 1; näher → § 1 Rn. 15). 8

Zivilrechtlich bestehen bei Spaltungen kaum Einschränkungen hinsichtlich der **Aufteilung** des Vermögens. Es können auch einzelne Gegenstände, selbst einzelne Verbindlichkeiten übertragen werden (→ UmwG § 126 Rn. 64). Dem folgt das StR nur eingeschränkt. Zwar ordnet § 15 I 1 für die Aufspaltung oder Abspaltung oder Teilübertragung einer Körperschaft auf andere Körperschaften die generelle Geltung der §§ 11–13 an, die Möglichkeit der Fortführung der BW/AK sowohl des übertragenen Vermögens als auch der „getauschten" Anteile nach § 11 II und § 13 II ist indes nur eröffnet, wenn (fiktive) Teilbetriebe übertragen werden und bei Abspaltungen auch ein (fiktiver) Teilbetrieb zurückbleibt. Entsprechendes gilt für Auf- und Abspaltungen von Körperschaften auf PersGes, wonach über die Verweiskette in § 16 das Bewertungswahlrecht nach § 3 II nur bei der Übertragung/Zurückbehaltung eines (fiktiven) Teilbetriebs gilt (→ § 16 Rn. 11). Neben den echten Teilbetrieben gelten nach § 15 I 3 auch Mitunternehmeranteile und 100%ige Beteiligungen an einer KapGes als (fiktive) Teilbetriebe (iE → § 15 Rn. 49 ff.). Zivilrechtlich besteht eine derartige Beschränkung nicht. Nach §§ 123 ff., 174 ff., 320 ff. UmwG können auch einzelne WG im Wege der Sonderrechtsnachfolge durch eine Spaltung bzw. Teilübertragung auf andere Rechtsträger übertragen werden (hierzu → UmwG § 126 Rn. 60 ff.). Der Gesetzgeber sah sich zu dieser Abkoppelung des StR vom HandelsR veranlasst, weil ansonsten die Gefahr bestünde, dass in Zukunft „Einzelveräußerungen im Wege der Einzelrechtsnachfolge" mit der Folge der Besteuerung der in den einzelnen WG enthaltenen stillen Reserven praktisch ausgeschlossen seien (Begr. RegE, BT-Drs. 12/6865 zu § 15). Mit dem **SEStEG** erfolgte die **steuersystematische Änderung,** dass bei einem Verstoß gegen das Teilbetriebserfordernis auf Anteilsinhaberebene nunmehr eine Veräußerungsgewinnbesteuerung und nicht mehr eine Besteuerung wie bei einer Liquidation oder Sachausschüttung erfolgt (→ § 15 Rn. 108). 9

Diese wenigstens für eine steuerneutrale Übertragung bestehende Beschränkung auf die Übertragung/Zurückbehaltung von (fiktiven) Teilbetrieben (Nichtanwendung der § 11 II, § 13 II gem. § 15 I 2) ist innerhalb der §§ 3–19 (Zweiter bis Siebter Teil des UmwStG) ein **Systembruch,** da diese Normen ausweislich § 1 I im Grundsatz das stl. Annexrecht zum UmwG sind (→ § 1 Rn. 13). Sieht man den Grund der Gewährung der steuerneutralen Umwandlungsmöglichkeiten (Vermei- 10 dung der Besteuerung der stillen Reserven) durch §§ 3–19 allein darin, dass die Besteuerung der stillen Reserven zugunsten des dt. Fiskus weiterhin gesichert ist, wäre die Beschränkung in § 15 I auch rechtssystematisch widersinnig und allein fiskalisch motiviert (so Crezelius FS Widmann, 2000, 257 ff.). Das UmwStG stellt aber nicht nur auf die Sicherung des dt. Besteuerungsrechts ab. Auch die §§ 20, 24 verlangen für die Erreichung der Steuerneutralität (keine Aufdeckung der stillen Reserven) die Übertragung einer Sachgesamtheit in Form eines Betriebs, Teilbetriebs oder fiktiven Teilbetriebs. Das UmwStG als **Sonderrecht zur Aufgabe- bzw. Liquidationsbesteuerung** (auch → Einl. Rn. 21 ff.) ist auch davon geprägt, dass das Privileg der zunächst aufgeschobenen Besteuerung der stillen Reserven nur dann gewährt wird, wenn das unternehmerisch gebundene Vermögen beim neuen Rechtsträger als Einheit weiterhin unternehmerisch genutzt wird. Demzufolge muss wegen der spaltungsbedingten Aufteilung des Vermögens die Steuerneutralität der Vermögensübertragung an engere Voraussetzungen als bei der Verschm (§§ 3–10, 11–13) und beim Formwechsel (§ 9) geknüpft werden. Der Umstand, dass sich das **Teilbetriebserfordernis** in der Praxis (neben § 15 II) als **Spaltungsbremse** herausgestellt hat, hängt auch mit dem Verständnis des Teilbetriebsbegriffs und mit der restriktiven Haltung der FVerw zusammen (iE → § 15 Rn. 49 ff.). Das Gesetz böte Möglichkeiten, die durchaus praxistauglich sind.

11   Weitere Einschränkungen hinsichtlich der Qualität der fiktiven Teilbetriebe (Mitunternehmeranteile und 100%ige Beteiligungen an KapGes) und damit ergänzende Anforderungen an die Steuerneutralität enthält **§ 15 II 1**. Die Vorschrift ist eine spezialgesetzliche **Missbrauchsregelung**, die verhindern will, dass zur Ermöglichung der steuerneutralen Spaltung Vermögensgegenstände, die kein Teilbetrieb sind, durch vorbereitende Maßnahmen in fiktive Teilbetriebe umgewandelt werden. Die Missbräuchlichkeit derartiger Gestaltungen wird pauschal durch eine zeitliche Grenze von drei Jahren festgelegt. Hierzu → § 15 Rn. 117.

12   Weitere spezialgesetzliche **Missbrauchsregelungen** enthalten **§ 15 II 2–5**. Die Steuerneutralität des Vermögensübergangs wird – auch nachwirkend – nicht gewährt, wenn die Auf- oder Abspaltung einer Veräußerung des (fiktiven) Teilbetriebs durch die übertragende Körperschaft gleichkommt. Diese innerhalb von fünf Jahren nach dem stl. Übertragungsstichtag geltenden Beschränkungen haben sich in der Praxis ebenfalls als Spaltungshindernis herausgestellt (→ § 15 Rn. 133 ff.). Außerdem setzt eine Trennung von Gesellschafterstämmen voraus, dass die Beteiligungen an der übertragenden Körperschaft bereits fünf Jahre bestanden haben (→ § 15 Rn. 216 ff.).

13   § 15 behandelt die Auf- und Abspaltung bzw. Teilübertragung von **Körperschaften auf Körperschaften** (ergänzend → § 1 Rn. 12 ff.). Zivilrechtlich handelt es sich hierbei um eine Teilverschmelzung, da zwar nicht das gesamte, aber (jeweils) ein Teil des Vermögens auf einen oder mehrere Rechtsträger übergeht und – ebenso wie bei der Verschm – im Grds. die Anteilsinhaber des übertragenden Rechtsträgers als Gegenleistung Anteile an den übernehmenden Rechtsträgern erhalten. Folgerichtig verweist § 15 I 1 vollumfänglich („gelten entsprechend") auf die §§ 11–13, also auf die für die Verschm von Körperschaften untereinander geltenden Regelungen. Eine Ergänzung zu § 12 III, auf den § 15 I 1 verweist, enthält § 15 III. Da nicht das gesamte Vermögen der Körperschaft übertragen wird, bedurfte es einer weiteren Bestimmung, in welchem Verhältnis sich verrechenbare Verluste, verbleibende Verlustvorträge, nicht ausgeglichene negative Einkünfte und ein Zinsvortrag nach einer Abspaltung beim fortbestehenden übertragenden Rechtsträger mindern.

14   **§ 16 UmwStG** regelt die Auf- und Abspaltung einer **Körperschaft** auf eine **PersGes** (die Teilübertragung auf eine PersGes ist zivilrechtlich nicht möglich). § 16 S. 1 verweist zunächst auf § 15. Auch bei der Auf- bzw. Abspaltung einer Körperschaft auf eine PersGes gilt grds. das Teilbetriebserfordernis und gelten die Missbrauchsvorschriften nach § 15 II. Liegen diese Voraussetzungen vor, verweist § 16

S. 1 entsprechend der zivilrechtlichen Wertung der Auf- und Abspaltung als Teilverschmelzung iÜ auf §§ 3–8, 10 aF. Es sind mithin bezogen auf das übergehende Vermögen die Regelungen für die Verschm einer Körperschaft auf eine PersGes entsprechend anwendbar. § 16 S. 2 enthält eine ergänzende Regelung für die entsprechende Anwendung von § 10 aF, da bei der Abspaltung die Körperschaft nicht aufgelöst wird; trotz zwischenzeitlicher Aufhebung ist der Verweis geblieben (→ § 16 Rn. 33).

Außerhalb des UmwStG ist bei einer Auf- bzw. Abspaltung einer Körperschaft 15 § 29 KStG zu beachten (zu § 38a KStG idF vor der Änderung durch das StSenkG vgl. 4. Aufl. 2006, § 15 Rn. 311 ff.). § 29 III KStG regelt die Aufteilung des stl. Einlagekontos (→ § 15 Rn. 300). § 40 II KStG aF bestimmt die Aufteilung und den Übergang des Körperschaftsteuererhöhungspotenzials nach § 38 KStG. Die Vorschrift ist aufgrund der systematischen Umstellung der Behandlung des Körperschaftsteuererhöhungspotenzials (ratierliche Zahlung) durch Gesetz v. 20.12.2007 (BGBl. 2007 I 3150) aufgehoben worden. Zur partiellen Weitergeltung vgl. § 34 XIV KStG.

Zur **handelsbilanziellen** Behandlung der Spaltung → UmwG § 17 Rn. 49 ff. 16 und → UmwG § 24 Rn. 93 ff. Ebenso wie bei der Verschm gilt bei von §§ 15, 16 erfassten Spaltungen der Grundsatz der **Maßgeblichkeit** nicht (→ UmwG § 17 Rn. 66, → UmwG § 24 Rn. 108; ferner → § 15 Rn. 109 ff.).

§ 15 Aufspaltung, Abspaltung und Teilübertragung auf andere Körperschaften

(1) ¹Geht Vermögen einer Körperschaft durch Aufspaltung oder Abspaltung oder Teilübertragung auf andere Körperschaften über, gelten die §§ 11 bis 13 vorbehaltlich des Satzes 2 und des § 16 entsprechend. ²§ 11 Abs. 2 und § 13 Abs. 2 sind nur anzuwenden, wenn auf die Übernehmerinnen ein Teilbetrieb übertragen wird und im Falle der Abspaltung oder Teilübertragung bei der übertragenden Körperschaft ein Teilbetrieb verbleibt. ³Als Teilbetrieb gilt auch ein Mitunternehmeranteil oder die Beteiligung an einer Kapitalgesellschaft, die das gesamte Nennkapital der Gesellschaft umfasst.

(2) ¹§ 11 Abs. 2 ist auf Mitunternehmeranteile und Beteiligungen im Sinne des Absatzes 1 nicht anzuwenden, wenn sie innerhalb eines Zeitraums von drei Jahren vor dem steuerlichen Übertragungsstichtag durch Übertragung von Wirtschaftsgütern, die kein Teilbetrieb sind, erworben oder aufgestockt worden sind. ²§ 11 Abs. 2 ist ebenfalls nicht anzuwenden, wenn durch die Spaltung die Veräußerung an außenstehende Personen vollzogen wird. ³Das Gleiche gilt, wenn durch die Spaltung die Voraussetzungen für eine Veräußerung geschaffen werden. ⁴Davon ist auszugehen, wenn innerhalb von fünf Jahren nach dem steuerlichen Übertragungsstichtag Anteile an einer an der Spaltung beteiligten Körperschaft, die mehr als 20 Prozent der vor Wirksamwerden der Spaltung an der Körperschaft bestehenden Anteile ausmachen, veräußert werden. ⁵Bei der Trennung von Gesellschafterstämmen setzt die Anwendung des § 11 Abs. 2 außerdem voraus, dass die Beteiligungen an der übertragenden Körperschaft mindestens fünf Jahre vor dem steuerlichen Übertragungsstichtag bestanden haben.

(3) **Bei einer Abspaltung mindern sich verrechenbare Verluste, verbleibende Verlustvorträge, nicht ausgeglichene negative Einkünfte, ein Zinsvortrag nach § 4h Absatz 1 Satz 5 des Einkommensteuergesetzes und ein EBITDA-Vortrag nach § 4h Absatz 1 Satz 3 des Einkommensteuergesetzes der übertragenden Körperschaft in dem Verhältnis, in dem bei Zugrundelegung des gemeinen Werts das Vermögen auf eine andere Körperschaft übergeht.**

Übersicht

	Rn.
1. Allgemeines	1
2. Umwandlungsarten	18
a) Bezugnahme auf das Umwandlungsgesetz	18
b) Auf- und Abspaltung	21
c) Teilübertragung	25
d) Grenzüberschreitende Vorgänge, ausländische Vorgänge	28
3. Beteiligte Rechtsträger	31
a) Körperschaft als übertragender Rechtsträger	31
b) Körperschaft als übernehmender Rechtsträger	38
c) Übersichten	41
4. Qualifikation des übergehenden Vermögens	44
a) Teilbetrieb als Tatbestandsvoraussetzung für Bewertungswahlrecht	44
b) Verhältnis zum Zivilrecht	47
5. Echter Teilbetrieb iSv Abs. 1 S. 2	49
a) Problemstellung	49
b) Begriff des Teilbetriebs	52
aa) Bisheriges Verständnis (nationaler Teilbetriebsbegriff)	52
bb) Teilbetriebsbegriff der Fusionsrichtlinie	56
c) Doppeltes Teilbetriebserfordernis	62
d) Begriff der wesentlichen Betriebsgrundlagen	66
e) Nach wirtschaftlichen Zusammenhängen zuordenbare Wirtschaftsgüter	68
f) Übertragung der Wirtschaftsgüter	73
g) Spaltungshindernde Wirtschaftsgüter	75
h) Neutrales Vermögen	80
i) Teilbetrieb im Aufbau	84
j) Zeitpunkt	85
6. Mitunternehmeranteil	88
a) Grundsatz	88
b) Begriff des Mitunternehmeranteils	89
c) Bruchteil eines Mitunternehmeranteils	90
d) Sonderbetriebsvermögen	91
e) Zuordnung von neutralem Vermögen	96
7. Hundertprozentige Beteiligung an Kapitalgesellschaft	98
a) Grundsatz	98
b) Beteiligung an Kapitalgesellschaft	99
c) Zuordnung von neutralem Vermögen	102
8. Zurückbleibendes Vermögen	104
9. Rechtsfolgen des Fehlens der Teilbetriebsvoraussetzungen	108
10. Bilanzen bei der Spaltung	109
a) Handelsbilanzen	109
aa) Übertragende Körperschaft	109
bb) Übernehmende Körperschaft	110
b) Steuerbilanzen	111
aa) Übertragende Körperschaft	111
bb) Übernehmende Körperschaft	115
11. Weitere Anforderungen an fiktive Teilbetriebe (Abs. 2 S. 1)	117
a) Allgemeines	117
b) Übertragung fiktiver Teilbetriebe	120

§ 15 UmwStG D

	Rn.
c) Erwerb oder Aufstockung	122
d) Wirtschaftsgüter, die kein Teilbetrieb sind	129
e) Drei-Jahres-Zeitraum	130
f) Rechtsfolgen	131
12. Missbräuchliche Anteilsveräußerungen (Abs. 2 S. 2–4)	133
a) Allgemeines	133
b) Vollzug der Veräußerung an außenstehende Personen, Abs. 2 S. 2	138
13. Vorbereitung der Veräußerung (Abs. 2 S. 3–4)	147
a) Zweck der Regelung	147
b) Eigenständige Bedeutung von Abs. 2 S. 3	149
aa) Veräußerungsabsicht	149
bb) Nachfolgende Veräußerungen	150
cc) Unwiderlegbare Vermutung	151
c) Begriff der Veräußerung	153
aa) Entgeltliche Übertragungen	153
bb) Unentgeltliche Übertragungen	154
cc) Realteilung	156
dd) Kapitalerhöhungen	157
ee) Umwandlung	159
ff) Liquidation	162
gg) Mittelbare Veräußerungen	163
hh) Barabfindungen	164
ii) Eigene Anteile	165
jj) Einziehung	166
d) Anteile der beteiligten Rechtsträger	167
e) Bagatellgrenze (20 %)	177
aa) Grundsatz	177
bb) Ermittlung der Bagatellgrenze	180
cc) Zusammenrechnung der Veräußerungen	191
f) Außenstehende Personen	198
aa) Grundsatz	198
bb) Bisherige Anteilsinhaber	199
cc) Konzernveräußerungen	202
g) Fünf-Jahres-Zeitraum	209
h) Rechtsfolgen	211
aa) Verlust des Wahlrechts	211
bb) Rückwirkender Wegfall	214
14. Trennung von Gesellschafterstämmen (Abs. 2 S. 5)	216
a) Allgemeines	216
b) Begriff des Gesellschafterstammes	218
c) Trennung von Gesellschafterstämmen	228
aa) Nichtverhältniswahrende Spaltung	228
bb) Trennung durch nachfolgende Veräußerungen	229
cc) Vollständige Trennung	233
d) Innerhalb von fünf Jahren	234
e) Rechtsfolgen	240
15. Anwendung von § 42 AO, Einfluss der Fusions-RL	241
16. Entsprechende Anwendung von § 11	244
a) Grundsatz	244
b) Wahlrecht nach § 11 II	247
c) Ausübung des Wahlrechts	248
d) Nichtverhältniswahrende Spaltung	254

	Rn.
e) Teilübertragungen	259
f) Wertaufholung bei Abwärtsspaltung	260
g) Entsprechende Anwendung von § 11 III	261
17. Entsprechende Anwendung von § 12	262
a) Grundsatz	262
b) Wertansätze der übernehmenden Körperschaften (§ 12 I)	264
c) Wertaufholung bei Aufwärtsspaltung (§ 12 I 2)	266
d) Übernahmeergebnis, Übernahmefolgegewinn, § 12 II, IV	268
e) Eintritt in steuerliche Rechtspositionen, § 12 III	272
f) Aufteilung von Verlustpositionen	276
g) Vermögensübergang iSv § 12 V	280
18. Entsprechende Anwendung von § 13	281
a) Grundsatz	281
b) Aufteilungsmaßstab	287
c) Nichtverhältniswahrende Spaltung	295
d) Barabfindung/bare Zuzahlungen	297
19. Steuerliches Einlagenkonto, Körperschaftsteuerguthaben, -zahllast	299
a) Allgemeines	299
b) Aufteilung des Einlagenkontos	300
c) Körperschaftsteuerguthaben, -zahllast	305

1. Allgemeines

1 § 15 regelt die **Auf- und Abspaltung** (§ 123 I, II UmwG) sowie die entsprechenden Formen der **Teilübertragung** (§ 174 II UmwG) **von Körperschaften auf Körperschaften** (zur Spaltung auf PersGes vgl. § 16). Die **Ausgliederung** (§ 123 III UmwG), die dritte vom UmwG vorgegebene Variante der Spaltung, ist stl. ein Einbringungstatbestand und wird nicht von §§ 15, 16, sondern von §§ 20, 21, 24 erfasst (§ 1 I 2; → § 1 Rn. 90 ff., → Vor § 15 Rn. 3). Der 2.–5. Teil des UmwStG, mithin auch die §§ 15, 16 (4. Teil), regeln ausschließlich die stl. Folgen (zu den betroffenen **Steuerarten** (→ § 1 Rn. 10) von Umw nach dem **UmwG** und vergleichbarer ausl. Vorgänge sowie nach der SE-VO und der SCE-VO (zur Anwendbarkeit von § 15 auch → § 1 Rn. 12 ff.). Demzufolge erfasst § 15 nur **Auf- und Abspaltungen** bzw. **Teilübertragungen** durch Gesamtrechtsnachfolge (Sonderrechtsnachfolge) nach §§ 123 ff., 174 ff., 320 ff. UmwG und ggf. ausl. Spaltungen (→ Rn. 28). Die Gründung einer SE oder SCE durch eine Auf- oder Abspaltung ist indes nicht möglich (→ UmwG § 124 Rn. 13, → UmwG § 124 Rn. 17). Andere Gestaltungen zur Spaltung von Körperschaften, die vor Inkrafttreten des UmwG 1995 gebräuchlich waren, fallen nicht in den Regelungsbereich von § 15. Sie sind umwandlungsstl. nicht privilegiert und daher nach den allg. Steuergesetzen zu behandeln. Der sog. **Spaltungserlass** (BMF 9.1.1992, BStBl. I 1992, 47) ist seit Inkrafttreten des UmwStG 1995 nicht mehr anwendbar (→ Einl. Rn. 21).

2 **Welche Körperschaften** beteiligt sein können, folgt aus § 1 I 1 Nr. 1, 4. Bei ausschließlich nach dem UmwG zu beurteilenden Auf- und Abspaltungen inl. Rechtsträger ist damit die Beteiligtenfähigkeit maßgeblich (vgl. §§ 124, 125 UmwG; → § 1 Rn. 1 ff., → Rn. 31 ff.). Ergänzend eröffnet § 1 I 1 Nr. 1 den Anwendungsbereich von § 15 für vergleichbare ausl. Vorgänge und für Umw nach der SE-VO und der SCE-VO. Dies umfasst grenzüberschreitende Spaltungen nach (auch) dem UmwG und vergleichbare ausl. Vorgänge (→ Rn. 28), während die Auf- und Abspaltung keine von der SE-VO/SCE-VO vorgegebene Form der Gründung einer SE/SCE ist (→ UmwG § 124 Rn. 13, → UmwG § 124 Rn. 17).

3 § 15 ordnet unter gewissen Voraussetzungen die **entsprechende Anwendung** der **§§ 11–13** an. Diese Verweisung auf die Vorschriften über die Verschm von

Körperschaften untereinander bietet sich an, da die Auf- und Abspaltung und die entsprechenden Formen der Teilübertragung zivilrechtlich als **Teilverschmelzung** zu werten sind (auch → Vor § 15 Rn. 13). Während bei einer Verschm das gesamte Vermögen des übertragenden Rechtsträgers auf den übernehmenden Rechtsträger gegen Gewährung von Anteilen/Mitgliedschaften am übernehmenden Rechtsträger an die Anteilsinhaber des übertragenden Rechtsträgers übergeht, beschränkt sich bei der Auf- oder Abspaltung bzw. bei der Teilübertragung der (jeweilige) Vermögensübergang auf einen Teil des Gesamtvermögens des übertragenden Rechtsträgers; es werden also Teile des Vermögens des übertragenden Rechtsträgers gegen Gewährung von Gesellschaftsrechten oder gegen eine andere Gegenleistung (Teilübertragung) mit dem übernehmenden Rechtsträger verschmolzen.

Während nach früherer Rechtslage § 15 aF insgesamt nur anwendbar war, wenn **4** (fiktive) Teilbetriebe übertragen und – bei Abspaltungen – zurückbehalten worden sind, ordnet § 15 I 1 nF (Änderung durch das SEStEG) generell die Geltung der §§ 11–13 für die Vermögensübertragung einer Körperschaft auf eine Körperschaft durch Auf-/Abspaltung und Teilübertragung an. Lediglich die Anwendung der Bewertungswahlrechte nach § 11 II und § 13 II setzt voraus, dass ein (fiktiver) stl. Teilbetrieb übertragen und – bei der Abspaltung – zurückbehalten wird, Abs. 1 S. 2. Neben den echten Teilbetrieben gelten auch Mitunternehmeranteile und 100 %ige Beteiligungen an KapGes als **fiktive** Teilbetriebe, Abs. 1 S. 3. Dies bedeutet eine Einschränkung im Vergleich zu den zivilrechtlichen Möglichkeiten. Denn die §§ 123 ff., 174 ff. UmwG setzen nicht die Übertragung von Sachgesamtheiten oder bestimmten Vermögensgegenständen (Mitunternehmeranteile, 100 %ige Beteiligungen an KapGes) voraus (→ UmwG § 126 Rn. 60 ff.; auch → Rn. 47 f., → Vor § 15 Rn. 8 f.). Folge eines Verstoßes gegen das **Teilbetriebserfordernis** ist, dass die übertragende Körperschaft das übergehende Vermögen in der stl. Schlussbilanz mit dem gemeinen Wert anzusetzen hat (kein Wahlrecht zur Buchwertfortführung oder zum Zwischenwertansatz nach § 11 II) und deren Anteilsinhaber einer Veräußerungsgewinnbesteuerung unterliegen (kein steuerneutraler „Tausch" von Anteilen nach § 13 II).

Nach **Abs. 2 aF** hatte der übertragende Rechtsträger auf den stl. Übertragungs- **5** stichtag eine StB zu erstellen. Hintergrund dieser Regelung war, dass bei der **Abspaltung** die übertragende Körperschaft fortbesteht, mithin eine stl. „Schlussbilanz", die § 11 voraussetzt, nicht zu erstellen wäre. Die Vorschrift wurde im Zuge der Neufassung des UmwStG durch das SEStEG ersatzlos gestrichen (iE → Rn. 111 ff.).

Abs. 2 S. 1 (vor SEStEG Abs. 3 S. 1 aF) enthält eine weitere Einschränkung **6** hinsichtlich der für die Anwendung von § 11 II (Steuerneutralität) notwendige Qualifikation der **fiktiven** Teilbetriebe, Mitunternehmeranteile und 100 %igen Beteiligungen an einer KapGes. Betroffen sind zeitlich vorgelagerte Gestaltungen zur Schaffung von fiktiven Teilbetrieben. Die Regelung hat damit den Charakter einer spezialgesetzlichen **Missbrauchsregelung** (iE → Rn. 117 ff.).

Ebenfalls spezialgesetzliche **Missbrauchsregelungen** enthalten **Abs. 2 S. 2–5** **7** (vor SEStEG Abs. 3 S. 2–5 aF), die teilweise an nach der Spaltung vollzogene Sachverhalte (Nachwirkungszeitraum) anknüpfen. Diese Vorschriften sollen verhindern, dass Spaltungen zur Umgehung der Besteuerung der Veräußerung von Vermögen durch die übertragende Körperschaft vorgenommen werden (iE → Rn. 133 ff.).

Abs. 3 ergänzt den Verweis in Abs. 1 auf § 12, in dem bei Abspaltungen (der **8** übertragende Rechtsträger erlischt nicht) der Maßstab für die Minderung der verrechenbaren Verluste, verbleibenden Verlustvorträge, nicht ausgeglichenen negativen Einkünfte und eines Zinsvortrags festgelegt wird (näher → Rn. 276; zur entsprechenden Anwendung → Rn. 275, → Rn. 280, → Rn. 291).

Die eigentliche umwandlungsstl. Behandlung der Auf-, Abspaltung oder Teilüber- **9** tragung folgt aus der **entsprechenden Anwendung der §§ 11–13**. § 11 regelt die stl. Folgen für die **übertragende Körperschaft.** Im Wesentlichen wird – entsprechend der Regelung bei der Verschm von Körperschaften – der übertragenden

Körperschaft das **Ansatz- und Bewertungswahlrecht** eingeräumt, bei Vorliegen der Anforderungen von § 15 I, II und der weiteren Voraussetzungen von § 11 II die WG des übertragenen Vermögensteils in der stl. „Schlussbilanz" statt mit dem gemeinen Wert mit den fortentwickelten BW oder mit einem ZW anzusetzen. Das Wahlrecht zur Buchwertfortführung ermöglicht die **steuerneutrale** Spaltung (Vermeidung der Besteuerung stiller Reserven) (→ Rn. 247 ff.).

10 Die stl. Erfassung des übergehenden Vermögens bei der **übernehmenden Körperschaft** wird durch die entsprechende Anwendung von § 12 festgelegt und hinsichtlich des Maßstabs der Minderung der Verlustpositionen und des Zinsvortrags durch Abs. 3 ergänzt. Schließlich bestimmt sich die stl. Behandlung bei den **Anteilsinhabern** der übertragenden Körperschaft nach den entsprechend anwendbaren Regelungen in § 13, wobei die Steuerneutralität auf Anteilsinhaberebene (Anwendung von § 13 II) ebenfalls die Übertragung/Zurückbehaltung von (fiktiven) Teilbetrieben voraussetzt.

11 Bei den § 15 erfassten Auf- und Abspaltungen bzw. Teilübertragungen von Körperschaften sind außerhalb des UmwStG ergänzend § 29 KStG und ggf. § 40 II KStG aF (→ Rn. 305; zu § 38a KStG idF vor dem StSenkG vgl. 4. Aufl. 2006, Rn. 311 ff.) zu beachten. Die Vorschriften regeln die Aufteilung des **stl. Einlagekontos** und des Körperschaftsteuererhöhungspotenzials (→ Rn. 299 ff.).

12 Zusammenfassend **setzt** eine **steuerneutrale** Auf- oder Abspaltung (zur Teilübertragung vgl. → Rn. 25) von Körperschaften auf Körperschaften **voraus:**

13 – Die Übertragung des Vermögens muss durch eine Auf-/Abspaltung iSv § 123 I, II UmwG oder § 320 I UmwG (zur Teilübertragung vgl. → Rn. 25) oder einen vergleichbaren ausländischen Vorgang stattfinden, § 1 I 1 Nr. 1.

14 – Gegenstand der Übertragung muss ein echter oder fiktiver Teilbetrieb sein; bei der Abspaltung muss auch bei der übertragenden Körperschaft nur ein Teilbetrieb verbleiben.

15 – Bei Mitunternehmeranteilen und 100 %igen Anteilen an einer KapGes als fiktiven Teilbetrieben dürfen im Zeitraum von drei Jahren vor dem stl. Übertragungsstichtag missbräuchliche Gestaltungen iSv Abs. 2 S. 1 nicht erfolgt sein.

16 – Die Missbrauchsregelungen nach Abs. 2 S. 2–5 dürfen – auch im Nachwirkungszeitraum von fünf Jahren – nicht erfüllt sein.

17 – Die Voraussetzungen von § 11 II und § 13 II für das Wahlrecht zur Buchwertfortführung müssen gegeben sein.

2. Umwandlungsarten

18 **a) Bezugnahme auf das Umwandlungsgesetz.** § 15 gilt – ebenso wie § 16 – bei inl. Vorgängen (zu grenzüberschreitenden/ausl. Sachverhalten vgl. auch → Rn. 28) nur für Auf- und Abspaltungen iSv **§ 123 I, II UmwG** und **§ 320 I UmwG** sowie für Teilübertragungen iSv **§ 174 II Nr. 1 und Nr. 2 UmwG**. Dies ergibt sich bereits aus dem Wortlaut von Abs. 1 S. 1, folgt aber ausdrücklich aus § 1 I 1 Nr. 1 (→ § 1 Rn. 12 ff.). Andere Gestaltungen, die wirtschaftlich einer Auf- oder Abspaltung gleichkommen, insbes. solche im Wege der Einzelrechtsübertragung, werden nicht erfasst und sind damit stl. nicht privilegiert. Der sog. **Spaltungserlass** (BMF 9.1.1992, BStBl. I 1992, 47) gilt für die vor Inkrafttreten des UmwG 1995 gebräuchlichen Hilfskonstruktionen seit Inkrafttreten des UmwStG 1995 nicht mehr (→ Einl. Rn. 21). Eine Erweiterung auf **landesrechtliche Vorschriften** hinsichtlich der Auf- oder Abspaltung/Teilübertragung, etwa von öffentlich-rechtlichen Kreditinstituten und öffentlich-rechtlichen Versicherungsunternehmen, ist momentan wohl mangels entsprechender Regelungen nicht notwendig, wäre im Bedarfsfalle aber durch § 1 I 1 Nr. 3 eröffnet (→ § 1 Rn. 51; BMF 11.11.2011, BStBl. I 2011, 1314 Rn. 01.07).

19 § 15 setzt ebenso wie die anderen Vorschriften des UmwStG eine **wirksame** Auf- oder Abspaltung bzw. Teilübertragung voraus. Die Finanzbehörden sind hierbei

grds. an die registergerichtliche Entscheidung gebunden. Nach § 131 II UmwG, der für Teilübertragungen entsprechend gilt (§ 179 I UmwG), sind die Wirkungen der Auf- und Abspaltung nach deren Wirksamwerden (§ 131 I 1 UmwG: Eintragung in das Register des Sitzes des übertragenden Rechtsträgers) **unumkehrbar** (→ UmwG § 131 Rn. 112 ff.). Dies ist selbst bei Vorliegen schwerer Mängel auch stl. zu beachten (→ § 1 Rn. 150 ff.).

Die **Bindungswirkung** erstreckt sich jedoch nur auf die **zivilrechtlichen Wirkungen** der Spaltung. Die Erfüllung der eigenen Tatbestandsvoraussetzungen der §§ 15, 11–13 ist hiervon unberührt. Insbes. ist allein stl. zu prüfen, ob das übertragene und ggf. das zurückbleibende Vermögen echte oder fiktive Teilbetriebe iSv Abs. 1 S. 2, 3 sind. Aus der zivilrechtlichen Wirksamkeit kann dies nicht abgeleitet werden, da die Auf- und Abspaltung bzw. Teilübertragung zivilrechtlich nicht die Übertragung von Sachgesamtheiten voraussetzt (→ UmwG § 126 Rn. 60 ff.). 20

b) Auf- und Abspaltung. Ein Anwendungsfall von § 15 ist die **Aufspaltung** einer Körperschaft auf eine andere Körperschaft. Aus § 1 I 1 Nr. 1 folgt, dass damit **ausschließlich** eine Aufspaltung iSv § 123 I UmwG oder iSv § 320 I UmwG (oder ein vergleichbarer ausl. Vorgang; → Rn. 28) gemeint ist. Danach kann die übertragende Körperschaft unter Auflösung ohne Abwicklung ihr Vermögen durch gleichzeitige Übertragung der Vermögensteile jeweils als Gesamtheit auf mindestens zwei andere Rechtsträger gegen Gewährung von Anteilen oder Mitgliedschaften an den übernehmenden Rechtsträgern an die Anteilsinhaber der übertragenden Körperschaft aufspalten. Die entscheidenden Wesensmerkmale der Aufspaltung sind also die Auflösung der übertragenen Körperschaft, die Übertragung der jeweiligen Vermögensteile im Wege der Gesamtrechtsnachfolge (Sonderrechtsnachfolge) und die Gewährung von Anteilen oder Mitgliedschaften an den übernehmenden Rechtsschaften an die Anteilsinhaber der übertragenden Körperschaft. Zur Definition und zum Wesen der Aufspaltung → UmwG § 123 Rn. 3 ff., → UmwG § 123 Rn. 6 ff. 21

§ 15 erfasst ferner **Abspaltungen** von Vermögensteilen einer Körperschaft auf andere Körperschaften iSv § 123 II UmwG oder nach vergleichbaren ausl. Vorschriften (→ Rn. 28). Im Gegensatz zur Aufspaltung bleibt bei der Abspaltung die übertragende Körperschaft bestehen. Der übertragende Rechtsträger überträgt lediglich einen oder mehrere Teile seines Vermögens jeweils als Gesamtheit auf mindestens einen übernehmenden Rechtsträger gegen Gewährung von Anteilen oder Mitgliedschaften an den übernehmenden Rechtsträgern an die Anteilsinhaber des übertragenden Rechtsträgers. Hierzu → UmwG § 123 Rn. 3 ff., → UmwG § 123 Rn. 9 ff. 22

Die weitere Spaltungsform des UmwG, die (grenzüberschreitende) **Ausgliederung** nach § 123 III UmwG und nach § 320 I UmwG, wird nicht von § 15 erfasst, § 1 I 2 (→ Rn. 1, → Vor § 15 Rn. 3 und → § 1 Rn. 90 ff.). Die Ausgliederung unterscheidet sich von der Auf- und Abspaltung durch die Gewährung der Gegenleistung (Anteile/Mitgliedschaften am übernehmenden Rechtsträger) an den übertragenden Rechtsträger selbst. Stl. ist dies ein Einbringungstatbestand, der von §§ 20 ff. erfasst sein kann (→ § 1 Rn. 90 ff.). 23

Auf- und Abspaltungen können nach § 123 I, II UmwG und nach § 320 I UmwG, § 322 UmwG sowohl durch Übertragung der Teilvermögen auf bestehende Rechtsträger **(Spaltung zur Aufnahme)** als auch durch Übertragung auf anlässlich der Umw neu gegründete Rechtsträger **(Spaltung zur Neugründung)** erfolgen. § 123 IV UmwG lässt ausdrücklich auch Kombinationen von Spaltungen zur Aufnahme und Spaltungen zur Neugründung zu (→ UmwG § 123 Rn. 13). § 15 unterscheidet nicht zwischen Spaltungen zur Aufnahme und zur Neugründung. Bedeutung hat dies nur für die Erfassung des Vermögensübergangs. Bei der Auf- und Abspaltung zur Neugründung ist auf den stl. Übertragungsstichtag (vgl. § 2) eine stl. **Eröffnungsbilanz** des neu gegründeten Rechtsträgers zu erstellen (auch → Rn. 116). Zur stl. Rückwirkung bei Umw zur Neugründung → § 2 Rn. 26 f. 24

25 **c) Teilübertragung.** Neben der Auf- und Abspaltung von Körperschaften erfasst § 15 auch Teilübertragungen iSv § 174 II Nr. 1 und Nr. 2 UmwG. Dies folgt aus dem Wortlaut von Abs. 1 S. 1 und aus § 1 I 1 Nr. 4. Die der Ausgliederung entsprechende Form der Teilübertragung nach § 174 II Nr. 3 UmwG ist – ebenso wie die Ausgliederung selbst – keine von § 15 geregelte Umwandlungsart (→ Rn. 23).

26 Die **Teilübertragungen** nach § 174 II Nr. 1 und Nr. 2 UmwG **unterscheiden** sich von Auf- und Abspaltungen (→ Rn. 21 ff.) lediglich durch die Art der für die Vermögensübertragung gewährten Gegenleistung. Während bei der Auf- und Abspaltung die Anteilsinhaber des übertragenden Rechtsträgers als Gegenleistung Beteiligungen an den übernehmenden Rechtsträgern erhalten, ist Wesensmerkmal der Teilübertragung die Gewährung einer Gegenleistung, die nicht aus Anteilen/Mitgliedschaften besteht. Demzufolge können Teilübertragungen **regelmäßig nicht steuerneutral** durchgeführt werden, da § 11 II 1 Nr. 3, auf den § 15 I 1 verweist, voraussetzt, dass keine Gegenleistung oder eine lediglich in Gesellschaftsrechten bestehende Gegenleistung gewährt wird (BMF 11.11.2011, BStBl. I 2011, 1314 Rn. 11.14; Rödder/Herlinghaus/van Lishaut/Schumacher Rn. 23; Widmann/Mayer/Schießl Vor § 15 Rn. 41, § 15 Rn. 549; Sagasser/Bula/Brünger Umwandlungen/Schöneberger § 24 Rn. 15, 7; auch → Rn. 259, → § 11 Rn. 4, → § 11 Rn. 128). Eine steuerneutrale Teilübertragung ist daher nur möglich, wenn die zweite Variante von § 11 II 1 Nr. 3 erfüllt ist, also eine Gegenleistung nicht gewährt wird. Denkbar ist dies bei Teilübertragungen von Körperschaften auf ihren alleinigen Anteilsinhaber (**Beispiel:** KapGes, deren sämtliche Anteile vom Bund, einem Land oder einer Gebietskörperschaft gehalten werden; vgl. auch BMF 11.11.2011, BStBl. I 2011, 1314 Rn. 11.15; Rödder/Herlinghaus/van Lishaut/Schumacher Rn. 23; Lademann/Stuber-Köth Rn. 37; Haase/Hofacker/Luce/Claß Rn. 2; → § 11 Rn. 4).

27 Die Teilübertragung ist zivilrechtlich nur auf bestehende Rechtsträger, also nur zur Aufnahme möglich. Die der Ausgliederung entsprechende Teilübertragung nach § 174 II 3 UmwG ist nicht von §§ 15, 16 (→ Rn. 1) und mangels Anteilsgewährung auch nicht von §§ 20, 24 erfasst.

28 **d) Grenzüberschreitende Vorgänge, ausländische Vorgänge.** Nach § 1 I 1 Nr. 1 gilt § 15 auch für mit Auf- und Abspaltungen iSv § 123 I und II UmwG vergleichbare ausl. Vorgänge sowie nach der SE-VO und der SCE-VO. Auch die Fusions-RL erfasst die Aufspaltung und Abspaltung (Art. 1 lit. a Fusions-RL, Art. 2 lit. b und c Fusions-RL). Nachdem für EU-grenzüberschreitende Verschm (vgl. §§ 305 ff. UmwG; früher §§ 122a ff. UmwG aF) bereits seit 2007 spezifische zivilrechtliche Bestimmungen bestehen, wurden die entsprechenden Regelungen für EU-grenzüberschreitende Spaltungen für EU-KapGes erst mit dem UmRUG geschaffen (§§ 320 ff. UmwG). Diese Ergänzungen beruhen wiederum auf den Vorgaben der durch die UmwR-RL erweiterten GesR-RL, so dass EU-/EWR-weit harmonisierte Regelungen bestehen. Dennoch waren auch zuvor aufgrund der Niederlassungsfreiheit grenzüberschreitende Spaltungen von EU-Rechtsträgern grds. möglich (→ UmwG § 1 Rn. 45 ff.). In diesen Fällen war stl. § 15 anwendbar, wenn die grenzüberschreitende Auf- oder Abspaltung hinsichtlich des inl. Rechtsträgers nach §§ 123 ff. UmwG und hinsichtlich des ausl. Rechtsträgers nach den Rechtsvorschriften für einen vergleichbaren ausl. Vorgang (zur Kombination der Rechtsvorschriften → UmwG § 1 Rn. 57 ff.) zu beurteilen ist (§ 1 I 1 Nr. 1; → § 1 Rn. 30) und die beteiligten Rechtsträger die Qualifikation nach § 1 II erfüllten (→ § 1 Rn. 56 ff.; auch → Rn. 35; Widmann/Mayer/Schießl Rn. 3.8; Rödder/Herlinghaus/van Lishaut/Schumacher Rn. 49; BeckOK UmwStG/Oppel/Rehberg Rn. 71.2). Zu Drittstaatenspaltungen vgl. Krauß/Köstler BB 2017, 924. Für die nunmehr privatrechtlich geregelten **grenzüberschreitenden Spaltungen nach §§ 320 ff. UmwG** gilt § 15 nach § 1 I 1 Nr. 1, da diese Spaltungen wenigstens ein vergleichbarer ausl. Vorgang sind (näher → § 1 Rn. 30, → § 1 Rn. 27).

Die Öffnung des Anwendungsbereichs des UmwStG in § 1 I 1 Nr. 1 auf vergleich- 29
bare ausl. Vorgänge hat indes nicht nur für grenzüberschreitende Spaltungen Bedeutung. § 15 erfasst auch **ausschließlich nach ausl. Rechtsordnungen** zu beurteilende Spaltungen (→ § 1 Rn. 31 ff.), die inl. Vermögen haben (etwa eine inl. Betriebsstätte) oder an denen im Inland stpfl. Personen beteiligt sind. Unter den Voraussetzungen von § 1 I 1 Nr. 1 (→ § 1 Rn. 12 ff., → Rn. 56 ff.) und den weiteren Voraussetzungen von §§ 15, 11–13 kann dieser Vorgang aus dt. Sicht steuerneutral erfolgen (ebenso Dötsch/Pung/Möhlenbrock/Dötsch/Stimpel Rn. 15; Haritz/Menner/Bilitewski/Asmus Rn. 32; Rödder/Herlinghaus/van Lishaut/Schumacher Rn. 49 f.; Eisgruber/Vogt Rn. 54; Rödder/Schumacher DStR 2007, 369 (370)). Seit der Globalisierung der von § 1 I erfassten Umw (→ § 1 Rn. 4) sind auch ausl. Spaltungen in Drittstaaten erfasst. Zur stl. Behandlung von inl. Anteilsinhabern in diesen Fällen vgl. Rödder/Herlinghaus/van Lishaut/Schumacher Rn. 55. Vgl. iÜ auch → Rn. 35.

Die in § 1 I 1 Nr. 1 ebenfalls in Bezug genommenen **SE-VO** und **SCE-VO** 30
haben hingegen für § 15 keine Bedeutung, da die Auf- und Abspaltungen keine zulässigen Formen zur Gründung einer SE bzw. SCE sind (→ Rn. 2).

3. Beteiligte Rechtsträger

a) Körperschaft als übertragender Rechtsträger. § 15 regelt **ausschließlich** 31
die Aufspaltung, Abspaltung und die Teilübertragung einer **Körperschaft** auf eine andere Körperschaft (vgl. demgegenüber § 16: auf eine PersGes). Welche Körperschaften dies sein können, folgt für **inl. Rechtsträger** aus § 1 I 1 Nr. 1 iVm §§ 124, 3 UmwG, die die an einer Auf-/Abspaltung bzw. Teilübertragung beteiligungsfähigen Rechtsträger festlegen (zu grenzüberschreitenden Auf-/Abspaltungen vgl. → Rn. 35). Danach kommen als übertragende Körperschaften in Betracht: KapGes (GmbH, AG, KGaA, bestehende SE; zur Beteiligtenfähigkeit von SE → UmwG § 124 Rn. 12), eG, eV, wirtschaftliche Vereine, genossenschaftliche Prüfungsverbände, VVaG und öffentlich-rechtliche Versicherungsunternehmen (→ UmwG § 124 Rn. 10 ff. und § 175 UmwG; ergänzend → § 1 Rn. 15 ff.).

§ 15 setzt voraus, dass die übertragende Körperschaft wirksam **entstanden** ist 32
(Rechtsfähigkeit). Eine **VorgründungsGes** kann ebenso wenig wie eine **VorGes** übertragende Körperschaft (vgl. insoweit Widmann/Mayer/Schießl Vor § 15 Rn. 6: bei VorgründungsGes ggf. Auf- oder Abspaltung als OHG) sein. Sie entsteht als KapGes erst mit der Eintragung im Handelsregister und ist noch nicht spaltungsfähig (→ UmwG § 124 Rn. 10; Widmann/Mayer/Schießl Vor § 15 Rn. 6 f.; BeckOK UmwStG/Oppel/Rehberg Rn. 37; auch → § 11 Rn. 13). Die ggf. schon bestehende KStPfl der VorGes (BFH BStBl. II 1993, 352) ändert hieran nichts. Auch eG entstehen erst mit der Eintragung im Register, § 13 GenG. Eine entsprechende Wirkung hat die Eintragung eines Vereins in das Vereinsregister nach § 21 BGB. Für wirtschaftliche Vereine vgl. § 22 BGB.

Demgegenüber sind **aufgelöste Körperschaften** kraft ausdrücklicher Regelung 33
(§ 124 II iVm § 3 III UmwG) befähigt, übertragende Rechtsträger bei einer Auf-/Abspaltung und bei einer Teilübertragung zu sein (→ UmwG § 124 Rn. 55 ff.). Die aufgelösten Körperschaften sind bis zum vollständigen Abschluss der Liquidation stl. noch als Körperschaften zu behandeln (R 11 II KStR 2015). Sie unterfallen damit dem Anwendungsbereich von § 15 (BeckOK UmwStG/Oppel/Rehberg Rn. 37).

Zur Beteiligung von hybriden Rechtsformen, insbes. von **KGaA** und von KapGes 34
mit **atypisch stillen** Beteiligungen, → § 1 Rn. 136 ff.

Ausländische Rechtsträger sind ebenso von § 15 erfasst. Die frühere Beschrän- 35
kung auf unbeschränkt stpfl. Rechtsträger (§ 1 V aF) ist mit der Neufassung des UmwStG durch das SEStEG weggefallen. Der Anwendungsbereich des Zweiten bis Fünften Teils des UmwStG und damit von § 15 bestimmt sich nach Wegfall von § 1 II ausschließlich nach § 1 I 1 Nr. 1. Danach muss die ausl. übertragende Körperschaft

zunächst fähig sein, an einer Auf- und Abspaltung iSv § 1 I 1 Nr. 1 beteiligt zu sein. Ein nach einer ausl. Rechtsordnung gegründeter Rechtsträger kann nicht Beteiligter an einer Auf- oder Abspaltung nach § 123 I und II UmwG sein, selbst wenn sich der Verwaltungssitz dieses Rechtsträgers im Inland befindet (→ UmwG § 1 Rn. 35). EU-/EWR-ausl. Körperschaften können neben inl. KapGes jedoch Beteiligte von grenzüberschreitenden Spaltungen gem. §§ 320 ff. UmwG sein, die im Sinne von § 1 I Nr. 1 wenigstens ein vergleichbarer ausl. Vorgang sind (näher → § 1 Rn. 30, → Rn. 27). Ferner können ausl. Körperschaften Beteiligte an einem einer Auf- und Abspaltung vergleichbaren ausl. Vorgang sein (§ 1 I 1 Nr. 1; → § 1 Rn. 31 ff., → Rn. 29). Nach Wegfall von § 1 II besteht auch keine Beschränkung mehr auf EU-/EWR-Kapitalgesellschaften (weder Gründungs- noch Sitzanforderungen); demzufolge sind auch Drittstaaten-KapGes von § 15 erfasst (näher → § 1 Rn. 56 ff.). Die Frage, ob der ausl. Rechtsträger als Körperschaft iSv § 15 einzustufen ist, richtet sich nach dem **Rechtstypenvergleich** (iE → § 1 Rn. 17). Vgl. auch → Rn. 29.

36 Maßgeblicher **Zeitpunkt** für die Erfüllung der Voraussetzungen nach § 1 I, II ist die Eintragung der Umw im Register der übertragenden Körperschaft. Der stl. Übertragungsstichtag nach § 2 ist unbeachtlich, da nur eine Rückbeziehung der stl. Wirkung auf diesen Zeitpunkt erfolgt. Für die Erfüllung der Tatbestandsvoraussetzungen kommt es auf den Zeitpunkt des zivilrechtlichen Wirksamwerdens der Umw an (aA BMF 11.11.2011, BStBl. I 2011, 1314 Rn. 01.52, 01.55: nur bei Umw zur Neugründung Wirksamwerden der Umw, iÜ stl. Übertragungsstichtag und bei im Rückwirkungszeitraum gegründetem Rechtsträger das Wirksamwerden der Gründung; dazu näher → § 1 Rn. 70).

37 Inl. **steuerbefreite** Körperschaften erfüllen indes grds. die Voraussetzungen von § 1 I, II und sind damit von § 15 erfasst (zur Frage, ob steuerbefreite Ges von Art. 54 AEUV / Art. 34 EWRAbk erfasst sind, → § 1 Rn. 16, → § 1 Rn. 59). Zu den Auswirkungen der Vermögensübertragung auf eine steuerbefreite übernehmende Körperschaft → Rn. 40. Zu PersGes, die nach § 1a I 1 KStG zur Körperschaftsteuer optiert haben, vgl. → § 1 Rn. 16.

38 **b) Körperschaft als übernehmender Rechtsträger.** § 15 setzt nach Abs. 1 S. 1 ferner voraus, dass die Vermögensübertragung **auf andere Körperschaften** erfolgt. Auf- und Abspaltungen von Körperschaften auf PersGes werden nicht von § 15, sondern von § 16 erfasst. Vgl. allerdings zu PersGes, die nach § 1a I 1 KStG zur Körperschaftsteuer optiert haben, → § 1 Rn. 16. In diesem Fall greift § 15 ein (vgl. auch Schnitger/Krüger DB 2022, 418).

Als übernehmende **inl.** Rechtsträger kommen bei einer Auf- und Abspaltung KapGes (GmbH, AG, KGaA, SE; zur Beteiligtenfähigkeit einer bestehenden SE → UmwG § 124 Rn. 13), eG, eV, genossenschaftliche Prüfungsverbände und VVaG in Betracht (→ UmwG § 124 Rn. 2 ff.). Übernehmende Rechtsträger bei einer Teilübertragung nach § 174 II Nr. 1 und 2 UmwG können nach § 175 UmwG die öffentliche Hand, VVaG, Versicherungs-AG und öffentlich-rechtliche Versicherungsunternehmen sein. Zur Beteiligung **ausl. Körperschaften** → Rn. 35.

39 **VorGes** können zwar kstpfl. sein (BFH BStBl. II 1993, 352), sie sind aber nicht beteiligungsfähiger Rechtsträger bei einer Spaltung/Teilübertragung, §§ 124, 175 UmwG (Widmann/Mayer/Schießl Vor § 15 Rn. 7). Entsprechendes gilt für **VorgründungsGes** (auch → Rn. 32, → UmwG § 124 Rn. 10). Obwohl sich § 3 III UmwG (iVm § 124 II UmwG) ausdrücklich nur auf übertragende Rechtsträger bezieht, können **aufgelöste Körperschaften** auch als übernehmende Rechtsträger an einer Auf- und Abspaltung/Teilübertragung beteiligt sein. IdR muss allerdings ein Fortsetzungsbeschluss gefasst werden (zu weiteren Einzelheiten → UmwG § 124 Rn. 76.).

40 §§ 15, 11 sind auch anwendbar, wenn die übernehmende Körperschaft **steuerbefreit** ist (etwa nach § 5 KStG; BMF 11.11.2011, BStBl. I 2011, 1314 Rn. 11.07;

Goutier/Knopf/Tulloch/Knopf/Hill § 1 Rn. 33; vgl. auch → Rn. 37). Zur Frage, ob steuerbefreite Körperschaften Ges iSv Art. 56 AEUV/Art. 34 EWRAbk sind, vgl. → § 1 Rn. 16, → § 1 Rn. 59. Die Auf- oder Abspaltung bzw. Teilübertragung kann in diesem Fall aber nicht steuerneutral (Buchwertfortführung) durchgeführt werden, da die Voraussetzung von § 11 II 1 Nr. 1 (Sicherstellung der späteren Besteuerung der stillen Reserven) nicht erfüllt ist; → § 11 Rn. 97. Das Wahlrecht zur Buchwertfortführung besteht auch nicht, wenn das Teilvermögen in die nicht stpfl. Sphäre einer jur. Person des öffentlichen Rechts übergeht (etwa Teilübertragung iSv § 175 Nr. 1 UmwG); anderes gilt, wenn das übergehende Vermögen bei der übernehmenden Körperschaft einen stpfl. wirtschaftlichen Geschäftsbetrieb bildet oder zu einem bereits vorher bestehenden stpfl. wirtschaftlichen Geschäftsbetrieb gehört (BMF 11.11.2011, BStBl. I 2011, 1314 Rn. 11.07).

c) Übersichten. Eine Zusammenstellung der von § 15 (und § 16) erfassten Auf- und Abspaltungen sowie Teilübertragungen unter Beteiligung von **inl. Rechtsträgern** zeigen die nachfolgenden Übersichten:

Übersicht über die Möglichkeiten der Teilübertragung § 15 UmwStG

Übernehmender/neuer Rechtsträger	Öffentliche Hand	VVaG	Öffentlich-rechtlicher VersUnternehmer	Versicherungs-AG
Übertragender Rechtsträger	UmwStG	UmwStG	UmwStG	UmwStG
GmbH/AG/KGaA/SE	15	–	–	–
Versicherungs-AG	–	15	15	–
VVaG	–	–	15	15
öffentlich-rechtlicher VersUnternehmer	–	15	–	15
– = zivilrechtlich nicht mögl. (vgl. § 175 UmwG)				

Übersicht über die Möglichkeiten der Aufspaltung/Abspaltung §§ 15, 16 UmwStG

Übernehmender/ neuer Rechtsträger	PersH Ges, PartG	GmbH	AG/ KGaA SE	eG	eV	Gen Prüfungsverbände	VVaG
Übertragender Rechtsträger	UmwStG	UmwStG	UmwStG	UmwStG	UmwStG	UmwStG	UmwStG
GmbH	16	15	15	15	–	15	–
AG/KGaA/SE	16	15	15	15	–	15	–
eG	16	15	15	15	–	15	–
eV/wirtschaftlicher Verein	16	15	15	15	15	–	–
Gen Prüfungsverbände	–	–	–	–	15	–	–
VVaG	–	–	15	–	–	15	15
– = zivilrechtlich nicht möglich							

4. Qualifikation des übergehenden Vermögens

44 **a) Teilbetrieb als Tatbestandsvoraussetzung für Bewertungswahlrecht.** Nach Abs. 1 S. 1 sind die §§ 11–13 unabhängig davon entsprechend anwendbar, ob (fiktive) Teilbetriebe übertragen werden bzw. zurückbleiben. Die entsprechende Anwendung der Bewertungswahlrechte gem. § 11 II und § 13 II erfordert nach Abs. 1 S. 2 indes, dass auf die übernehmenden Körperschaften ein Teilbetrieb übertragen wird (zu den Rechtsfolgen bei einem Verstoß → Rn. 108). Bei einer Abspaltung (die übertragende Körperschaft bleibt bestehen, § 123 II UmwG) und bei einer der Abspaltung entsprechenden Teilübertragung (§ 174 II Nr. 2 UmwG) muss zusätzlich bei der übertragenden Körperschaft ein Teilbetrieb verbleiben (zur Teilübertragung vgl. aber → Rn. 25). Als Teilbetrieb gelten nach Abs. 1 S. 3 auch Mitunternehmeranteile und 100 %ige Beteiligungen an einer KapGes. Nur unter diesen Voraussetzungen kann die Auf- oder Abspaltung sowohl auf Ebene der übertragenden Körperschaft als auch auf Ebene der Anteilsinhaber **steuerneutral** (ohne Aufdeckung stiller Reserven) durchgeführt werden, da hierfür die Bewertungswahlrechte nach § 11 II und § 13 II anwendbar sein müssen (vgl. allgemein auch → Rn. 12 ff.).

45 Dies ist eine materielle Änderung im Vergleich zur Rechtslage vor der Neufassung des UmwStG durch das SEStEG. Denn nach § 15 I aF waren die §§ 11–13 insgesamt nicht anwendbar, wenn das Teilbetriebserfordernis nicht erfüllt war (vgl. auch BMF 25.4.1998, BStBl. I 1998, 268 Rn. 15.01). Bedeutung hat dies für die Rechtsfolgen bei einem Verstoß gegen das Teilbetriebserfordernis (→ Rn. 108). Insoweit ist nunmehr teilweise eine Gleichstellung mit den Rechtsfolgen eines Verstoßes gegen die Missbrauchsregelungen in Abs. 2 (Nichtanwendung von § 11 II) eingetreten.

46 Abs. 1 S. 2 begründet mit dem Teilbetriebserfordernis im Vergleich zur zivilrechtlichen Situation **zusätzliche Anforderungen** an die Auf- und Abspaltung bzw. Teilübertragung, wenn sie steuerneutral (auf der Ebene der übertragenden Körperschaft und der Anteilsinhaber) mit dem Ansatz des übergehenden Vermögens mit Zwischenwerten in der stl. Schlussbilanz durchgeführt werden soll (auch → Rn. 4). Das Teilbetriebserfordernis geht darauf zurück, dass das UmwStG nicht nur auf die Sicherung der Besteuerung der stillen Reserven abstellt, sondern das Privileg der Vermeidung einer Aufgabe- oder Liquidationsbesteuerung nur dann gewährt, wenn die bislang in der Person des übertragenden Rechtsträgers ausgeübte unternehmerische Tätigkeit im Wesentlichen in der Person des übernehmenden Rechtsträgers fortgeführt wird (→ Vor § 15 Rn. 9).

47 **b) Verhältnis zum Zivilrecht.** Das in Abs. 1 festgelegte Teilbetriebserfordernis korrespondiert nicht mit der zivilrechtlichen Situation (auch → Rn. 4). Zivilrechtlich können grds. auch einzelne Vermögensgegenstände, selbst einzelne Verbindlichkeiten, übertragen werden. Die Übertragung eines (stl.) Teilbetriebs oder einer anders definierten Sachgesamtheit ist nicht Wirksamkeitsvoraussetzung. Die in § 126 I Nr. 9 UmwG erwähnten Begriffe „Betrieb und Betriebsteile" haben einen arbeitsrechtlichen Hintergrund und führen zu keiner Beschränkung der zivilrechtlichen Aufteilungsfreiheit (→ UmwG § 126 Rn. 60 ff.).

48 Die strengeren steuerrechtlichen Anforderungen (Teilbetriebserfordernis) beeinflussen fast immer die zivilrechtliche Gestaltung. Regelmäßig ist es das Bestreben der beteiligten Rechtsträger, den Anwendungsbereich der § 11 II und § 13 II zu eröffnen. Demzufolge werden in der Praxis bei Spaltungen bei Vorhandensein von nicht unerheblichen stillen Reserven fast immer echte oder fiktive Teilbetriebe übertragen bzw. zurückbehalten (vgl. auch Rödder/Herlinghaus/van Lishaut/Schumacher Rn. 129: Von entscheidender Bedeutung für die tatsächliche Durchführbarkeit). Aus den Abgrenzungs- und Bestimmungsschwierigkeiten, ob tatsächlich ein Teilbetrieb übertragen bzw. zurückbehalten wird, resultieren jedoch erhebliche

Unsicherheiten. Aufgrund der unterschiedlichen zivilrechtlichen und steuerrechtlichen Anforderungen tritt durch die konstitutive Eintragung der Umw eine Bindung für die Finanzbehörde nicht ein (auch → Rn. 20). Die Erfüllung des Teilbetriebserfordernisses unterliegt in vollem Umfang der Überprüfung durch die Finanzbehörden und notfalls durch die Finanzrechtsprechung. Oftmals wird eine vorherige Abstimmung mit der FVerw notwendig sein.

5. Echter Teilbetrieb iSv Abs. 1 S. 2

a) Problemstellung. Voraussetzung für die entsprechende Anwendung der § 11 II und § 13 II (Bewertungswahlrechte) ist, dass durch die Auf- oder Abspaltung bzw. Teilübertragung ein Teilbetrieb oder mehrere Teilbetriebe auf einen oder mehrere übernehmende Rechtsträger übertragen werden; bei Abspaltungen muss auch bei der übertragenden Körperschaft ein Teilbetrieb verbleiben (zum doppelten Teilbetriebserfordernis → Rn. 62). Der Umfang der Vermögensübertragung richtet sich nach den Festlegungen im Spaltungsvertrag nach § 126 I Nr. 9 UmwG (→ UmwG § 126 Rn. 60 ff.). Der **Begriff** des Teilbetriebs ist weder im UmwStG (Abs. 1 S. 1, § 20 I 1, § 23 I 1, § 24 I) noch in anderen Steuergesetzen (zB § 6 III EStG, § 16 EStG) gesetzlich definiert (zum Teilbetriebsbegriff der Fusions-RL → Rn. 56). Dies erstaunt nicht, da eine gesetzliche Definition (oder Definitionen) letztlich nicht mehr leisten könnte(n) als die von der Rspr., von der FVerw und von der Lehre herausgebildeten Merkmale. Im Gegenteil birgt, das Fehlen einer gesetzlichen Definition den Vorteil, dass der Begriff des Teilbetriebs dem ständigen Wandel der tatsächlichen Verhältnisse in den Unternehmen (Bildung neuartiger betriebswirtschaftlicher Strukturen) Rechnung tragen kann. Damit bleibt ferner die Möglichkeit offen, den verschiedentlich in den Steuergesetzen auftauchenden Teilbetriebsbegriff jeweils **normspezifisch** auszulegen. Dies gilt nicht nur für die eigentliche Begriffsdefinition, sondern auch für die Frage, welche WG übertragen werden müssen (→ Rn. 66 f., → Rn. 68 ff.) und in welcher Form (Übertragung des – wenigstens – wirtschaftlichen Eigentums oder bloße Nutzungsüberlassung) die Übertragung erfolgen muss (→ Rn. 73 ff.).

Weder der Begriff des Teilbetriebs noch die damit eng zusammenhängenden Fragen, welche WG konstitutiv für den Teilbetrieb sind (etwa wesentliche Betriebsgrundlagen) und welche Form der Übertragung notwendig ist, sind abschließend geklärt. Die Diskussion wurde in der Vergangenheit etwa durch das Inkrafttreten von §§ 15, 16 (vgl. etwa Blumers DB 1995, 496; Hörger/Schulz DStR 1998, 233), aber auch durch die zeitweilige Abschaffung der stl. Privilegierung der Teilbetriebsveräußerung durch das StEntlG 1999/2000/2002 (vgl. Rödder/Beckmann DStR 1999, 751; Rödder/Wochinger FR 2000, 1; Haarmann FS Widmann, 2000, 375) und zuletzt durch die Öffnung des UmwStG für EU-/EWR-grenzüberschreitende Vorgänge aufgrund neuer zivilrechtlicher Möglichkeiten und der damit verbundenen erweiterten Geltung der Fusions-RL (→ Rn. 56) immer wieder belebt. Dies wird auch in Zukunft so sein, da betriebswirtschaftliche Strukturen einem permanenten Wandel unterworfen sind und die sicherlich zunehmende Zahl grenzüberschreitender Umstrukturierungen neue Fragen aufwerfen werden. Von besonderer Bedeutung ist, dass die **FVerw** seit den Änderungen durch das SEStEG (vgl. allerdings die Übergangsregelung in BMF 11.11.2011, BStBl. I 2011, 1314 Rn. S.05) generell – also auch in reinen Inlandsfällen – von der Geltung des **Teilbetriebsbegriffs der Fusions-RL** ausgeht (BMF 11.11.2011, BStBl. I 2011, 1314 Rn. 15.02; → Rn. 56). Neue Herausforderungen entstehen durch die nun positivrechtlich geregelten EU-/EWR-grenzüberschreitenden Spaltungen (§§ 320 ff. UmwG), da ggf. unterschiedliche Vorstellungen in den verschiedenen Rechtsordnungen zu beachten sind.

51 In der Diskussion wird indes nicht immer exakt zwischen der Definition des Teilbetriebs und den Anforderungen an die Übertragung eines Teilbetriebs unterschieden. Für die Rechtsanwendung von Abs. 1 ist zu diff. Ausgangspunkt ist die Frage, ob bei der übertragenden Körperschaft überhaupt Teilbetriebe existieren, die durch die Auf- oder Abspaltung/Teilübertragung auf die übernehmenden Rechtsträger übertragen werden bzw. bei der übertragenden Körperschaft verbleiben können. Hierfür ist der Teilbetriebsbegriff maßgeblich (→ Rn. 52 ff.). Erst nach Feststellung der Existenz von Teilbetrieben kommt es darauf an, ob die jeweiligen Teilbetriebe übertragen worden sind bzw. das verbleibende Vermögen bei der übertragenden Körperschaft noch einen Teilbetrieb bildet (ebenso Semler/Stengel/Leonard/Moszka Rn. 456). In diesem Zusammenhang ist es bedeutsam, welche WG übertragen werden müssen bzw. zurückbleiben müssen (wesentliche Betriebsgrundlagen, wirtschaftlich zuordenbare WG) und in welcher Form die Übertragung erfolgen muss (→ Rn. 66 f., → Rn. 68 ff., → Rn. 73 ff.). Für Unternehmen der Energiewirtschaft ist § 6 II EnWG zu beachten. Danach gelten die in engem wirtschaftlichem Zusammenhang mit der rechtlichen und operationellen Entflechtung eines Verteilnetzes, eines Transportnetzes oder eines Betreibers von Gasspeicheranlagen übertragenen WG als Teilbetrieb. Dies gilt nur für diejenigen WG, die unmittelbar auf Grund des Organisationsakts der Entflechtung übertragen werden. Auch das Vermögen gilt als zu einem Teilbetrieb gehörend, das der übertragenden Körperschaft im Rahmen des Organisationsakts der Entflechtung verbleibt (hierzu etwa Widmann/Mayer/Schießl Rn. 1180 ff.; Haritz/Menner/Bilitewski/Asmus Rn. 240; Rödder/Herlinghaus/van Lishaut/Schumacher Rn. 65 ff.).

52 **b) Begriff des Teilbetriebs. aa) Bisheriges Verständnis (nationaler Teilbetriebsbegriff).** Für den Teilbetrieb iSv § 16 EStG hat die Rspr. zwischenzeitlich eine gefestigte **Definition** entwickelt. Danach ist ein Teilbetrieb ein mit einer gewissen Selbstständigkeit ausgestatteter, organisch geschlossener Teil des Gesamtbetriebs, der für sich allein lebensfähig ist (vgl. etwa BFH BStBl. II 2011, 467; BStBl. II 2007, 772; GrS BStBl. II 2000, 123; BStBl. II 1996, 409; 1995, 403; R 16 III EStR; Schmidt/Wacker EStG § 16 Rn. 118; Haarmann FS Widmann, 2000, 365 (385 ff.); Schulze zur Wiesche StBp 2019, 110 (111 ff.); vgl. umfassend Uphues DStR 2022, 2521). Diese Definition beruht auf dem Verständnis, dass ein Teilbetrieb idR die wesentlichen Merkmale eines Betriebs im stl. Sinne erfüllen muss (BFH BStBl. II 1968, 123; vgl. auch R 16 III 1 EStR). Eine völlig selbstständige Organisation mit eigener Buchführung ist allerdings nicht notwendig (BFH BStBl. II 1984, 486; FG Köln DStRE 2000, 854; R 16 III 2 EStR). Die Möglichkeit der technischen Aufteilung des Betriebs genügt nicht (R 16 III 3 EStR). Zu Funktionsbereichen als Teilbetrieb vgl. Ropohl DB 2014, 2673. Zu verschiedenen Fallgruppen auch Goebel/Ungemach DStZ 2012, 353 (357). Nicht abschließend geklärt ist, ob der Teilbetriebsbegriff eine originär gewerbliche (oder LuF/freiberufliche) Tätigkeit voraussetzt (BFH/NV 2011, 10; vgl. dazu Schulze zur Wiesche StBp 2019, 110 (112 ff.).

53 Zur Ausfüllung der vorstehenden Definition stellt die Rspr. auf bestimmte wesentliche, im Einzelfall aber unterschiedlich gewichtige **Kriterien** ab. Die **selbstständige Lebensfähigkeit** setze voraus, dass in dem Teilbetrieb seiner Struktur nach eigenständig eine bestimmte Tätigkeit ausgeübt werden könne (BFH BStBl. II 1976, 415). Gewinnerzielung ist nicht stets erforderlich (BFH BStBl. II 1996, 409). IdR müssen aber eigene Kunden- und Einkaufsbeziehungen vorhanden sein (BFH/NV 1992, 516; BStBl. II 1990, 55; BStBl. II 1984, 486; vgl. auch BFH/NV 1998, 1209; Oho/Remmel BB 2003, 2539 (2541)). Auch geschäftsleitende **HoldingGes** können neben den Beteiligungen, die fiktive Teilbetriebe gem. Abs. 1 S. 3 sein können, (→ Rn. 88 ff., → Rn. 98 ff.) einen eigenständigen Teilbetrieb haben (Rödder/Herlinghaus/van Lishaut/Schumacher Rn. 149; Widmann/Mayer/Schießl Rn. 19; Frotscher/Drüen/Bleifeld Rn. 138; BeckOK UmwStG/Oppel/

Rehberg Rn. 241.2). Dies ist wichtig, um das Nur-Teilbetriebserfordernis (→ Rn. 62 ff.) erfüllen zu können.

Die Kriterien für die **gewisse Selbstständigkeit** müssen ein Anhaltspunkt dafür sein, dass sich die Betätigung des Teilbetriebs von den übrigen gewerblichen Betätigungen abhebt und unterscheidet (BFH BStBl. II 1979, 557). Dies ist einzelfallbezogen und nach dem Gesamtbild der beim Veräußerer bestehenden Verhältnisse zu bestimmen (BFH/NV 1999, 38). Zu dem Erfordernis der originär gewerblichen Tätigkeit und den Anforderungen bei einer Betriebsaufspaltung vgl. auch BFH BStBl. II 2005, 395. **Wesentliche Merkmale** sind die räumliche Trennung und die Nutzung jeweils anderer Betriebsmittel (BFH BStBl. II 1996, 409: eigene Räume; Oho/Remmel BB 2003, 2539 (2541)), der Einsatz unterschiedlichen Personals (BFH BStBl. II 1983, 113; 1989, 653), eine eigene Buchführung/Kostenrechnung (BFH BStBl. II 1980, 51; zu Besonderheiten bei Banken: Oho/Remmel BB 2003, 2539 (2541)), eine selbstständige Preisgestaltung (BFH BStBl. II 1989, 376; vgl. auch BFH/NV 1998, 1209, wonach es ggf. nicht notwendig ist, dass eigenes Personal bei der Preisgestaltung der Ware mitwirkt). Für die Gewichtung der Merkmale im konkreten Einzelfall ist es insbes. bedeutsam, ob es sich um einen Fertigungs-, Handels- oder Dienstleistungsbetrieb handelt (BFH/NV 1992, 516; FG Köln EFG 2000, 622; ergänzend → § 20 Rn. 85, → § 20 Rn. 104 ff. mit Beispielen aus der Rspr.).

Dem dritten Merkmal **organisch geschlossener Teil** des Gesamtbetriebs kommt bei Vorliegen der vorstehenden Kriterien regelmäßig keine eigenständige Bedeutung zu (ebenso Haarmann FS Widmann, 2000, 377; HK-UmwStG/Dworschak Rn. 49). Bedeutung hat dieses Merkmal für die Abgrenzung zwischen Teilbetrieben einerseits und mehreren selbstständigen Gewerbebetrieben einer natürlichen Person andererseits (Einzelunternehmer mit verschiedenen Betrieben; vgl. Schmidt/Wacker EStG § 16 Rn. 146).

bb) Teilbetriebsbegriff der Fusionsrichtlinie. Nach **bisheriger** Ansicht der FVerw und der hM in der Lit. wie auch der Rspr. galt der nationale Teilbetriebsbegriff (→ Rn. 52 ff.) **einheitlich für alle Steuernormen** und damit auch für das UmwStG, also auch für Abs. 1 (vgl. nur BMF 25.3.1998, BStBl. II 1998, 268 Rn. 15.02, BFH BStBl. II 2011, 467). Davon ist die FVerw mit dem UmwStE 2011 (vgl. BMF 11.11.2011, BStBl. I 2011, 1314 Rn. 15.02) abgerückt. Danach sei ein Teilbetrieb iSv § 15 die Gesamtheit der in einem Unternehmensteil einer Ges vorhandenen aktiven und passiven WG, die in organisatorischer Hinsicht einen selbstständigen Betrieb, dh eine aus eigenen Mitteln funktionsfähige Einheit, darstellen. Dies ist die Definition des **Teilbetriebs** in Art. 2 lit. j **Fusions-RL.** Ob der Gesetzgeber des SEStEG mit der Neufassung des UmwStG tatsächlich generell – also auch für Inlandsfälle – die Anwendung des europäischen Teilbetriebsbegriffs anordnen wollte, ist indes zweifelhaft (hierzu iE → § 20 Rn. 79 ff.; Schmitt DStR 2011, 1108; vgl. auch Goebel/Ungemach DStZ 2012, 353 (363); offengelassen von BFH/NV 2019, 56). Denn eine Verpflichtung des Gesetzgebers zur Umsetzung der Fusions-RL und damit letztlich ein Anspruch des Steuerpflichtigen besteht nur für grenzüberschreitende Umw und vergleichbare ausl. Vorgänge iSv § 1 I 1 Nr. 1, da die Fusions-RL nur auf Umw anwendbar ist, wenn daran Ges aus zwei oder mehr Mitgliedstaaten beteiligt sind (Art. 1 lit. a Fusions-RL; vgl. allerdings die Entscheidung EuGH IStR 2002, 94 – Andersen og Jensen, die einen nationalen dänischen Fall betraf). Demzufolge ging die wohl bislang hM davon aus, dass für nationale Umw nach der Neufassung des UmwStG durch das SEStEG weiterhin der nationale Teilbetriebsbegriff anzuwenden ist bzw. der nationale Teilbetriebsbegriff weiterhin anwendbar ist, wenn dies **günstiger** ist (vgl. dazu etwa Rödder/Herlinghaus/van Lishaut/Schumacher Rn. 142; Rasche GmbHR 2012, 149 (153); → § 20 Rn. 84;

vgl. auch die Meinungsübersicht bei Dötsch/Pung/Möhlenbrock/Dötsch/Stimpel Rn. 110 und Micker/Uphues Ubg 2021, 320).

57 Die **Fusions-RL** erfasst im Grundsatz (für grenzüberschreitende Vorgänge) auch die in §§ 15, 16 geregelten Auf- und Abspaltungen und wendet hierauf den Teilbetriebsbegriff der Richtlinie an. Denn Art. 2 lit. c Fusions-RL definiert die **Abspaltung** als Vorgang, durch den eine Ges, ohne sich aufzulösen, einen oder mehrere Teilbetriebe auf eine oder mehrere bereits bestehende oder neu gegründete Ges gegen Gewährung von Anteilen am Gesellschaftskapital der übernehmenden Ges an ihre eigenen Gesellschafter anteilig überträgt, wobei mindestens ein Teilbetrieb in der einbringenden Ges verbleiben muss. Ob auch die **Aufspaltung** (in der Terminologie der Fusions-RL: Spaltung) nach den Vorgaben der Fusions-RL die Übertragung von Teilbetrieben voraussetzt, ist umstritten (vgl. etwa Körner IStR 2006, 469 (471); Gille IStR 2007, 194 (196)). Denn die Definition der „Spaltung" (Aufspaltung) in Art. 2 lit. b Fusions-RL erwähnt nicht die Übertragung von Teilbetrieben anlässlich der Aufteilung des gesamten Aktiv- und Passivvermögens. Indes folgt mittelbar aus der Definition der übernehmenden Ges in Art. 2 lit. g Fusions-RL (Ges, die das Aktiv- und Passivvermögen oder einen oder mehrere Teilbetriebe von der einbringenden Ges übernimmt), dass auch bei der Aufspaltung iSd Fusions-RL das Teilbetriebserfordernis gilt (Rödder/Herlinghaus/van Lishaut/Schumacher Rn. 137).

58 Damit ist – bei unterstellter Geltung des Teilbetriebsbegriffs der Fusions-RL (→ Rn. 56, → § 20 Rn. 79 ff.) – von besonderer Bedeutung, welche **Unterschiede** zwischen dem (bisherigen) nationalen Teilbetriebsbegriff und dem Teilbetriebsbegriff der Fusions-RL bestehen. Dies ist in vielerlei Hinsicht noch nicht geklärt (iE → § 20 Rn. 87 ff.; vgl. auch Uphues DStR 2022, 2584). Der BFH hat sich bisher nur zu Teilaspekten und auch nur in einem obiter dictum geäußert (vgl. BFH BStBl. II 2011, 467: bloße Nutzungsüberlassung wäre auch bei Anwendung des Teilbetriebsbegriffs der Fusions-RL nicht ausreichend; offenlassend auch BFH/NV 2019, 56). Der EuGH hat insbes. betont, dass ein Teilbetrieb als solcher funktionsfähig sein müsse, ohne dass es hierfür zusätzliche Investitionen oder Einbringungen bedürfe (EuGH IStR 2002, 94 Rn. 35 – Andersen og Jensen). Er muss also aus sich heraus lebensfähig sein, was eine positive Fortführungsprognose voraussetzt (HK-UmwStG/Dworschak Rn. 54, 58; Uphues DStR 2022, 2584 (2585)), wobei unklar ist, aus welcher Perspektive dies zu erfolgen hat (HK-UmwStG/Dworschak Rn. 59; Uphues DStR 2022, 2584 (2587); vgl. aber BMF 11.11.2011, BStBl. I 2011, 1314 Rn. 15.02: übertragender Rechtsträger). Zu besonderen Problemen bei **Dauerverlustbetrieben** vgl. Essing/Funke DStR 2014, 1253. Ferner ist bedeutsam, welche ggf. anderen Anforderungen an eine **Teilbetriebsübertragung** zu stellen sind (→ Rn. 66 ff., → Rn. 68 ff.). Für die Anwendung von §§ 15, 16 kommt noch ergänzend hinzu, dass nach Abs. 1 S. 2, 3 **auch Mitunternehmeranteile** und 100 %ige Beteiligungen an KapGes als **fiktive Teilbetriebe** gelten, diese aber nicht von der Fusions-RL erfasst sind (auch → Rn. 88, → Rn. 96).

59 Des Weiteren ist für die Rechtsanwendung von Bedeutung, welche **Anforderungen an eine Teilbetriebsübertragung** zu stellen sind. Vor den Änderungen durch das SEStEG war nach Ansicht der Rspr. (BFH BStBl. II 2011, 467), der FVerw (BMF 25.3.1998, BStBl. I 1998, 268 Rn. 15.07 ff.) und der hM in der Lit. für eine Teilbetriebsübertragung die Übertragung der wesentlichen Betriebsgrundlagen notwendig, aber auch ausreichend. Der EuGH hat demgegenüber festgestellt, eine Einbringung im Sinne der Fusions-RL setze voraus, dass die aktiven und passiven WG eines Teilbetriebs in ihrer Gesamtheit übertragen werden (EuGH IStR 2002, 94 Rn. 25 – Andersen og Jensen).

60 Die **FVerw** folgert hieraus, dass zu einem Teilbetrieb alle funktional wesentlichen Betriebsgrundlagen sowie diesem Teilbetrieb nach wirtschaftlichen Zusammenhängen zuordenbaren WG gehören. Die Voraussetzungen eines Teilbetriebs seien nach

Maßgabe der einschlägigen Rspr. unter Zugrundelegung der funktionalen Betrachtungsweise aus der Perspektive des übertragenden Rechtsträgers zu beurteilen (BMF 11.11.2011, BStBl. I 2011, 1314 Rn. 15.02). Demzufolge müssen für die **Übertragung** eines Teilbetriebs nicht nur sämtliche funktional wesentlichen Betriebsgrundlagen, sondern auch die nach wirtschaftlichen Zusammenhängen zuordenbaren WG übertragen werden (BMF 11.11.2011, BStBl. I 2011, 1314 Rn. 15.07). Lediglich BV, das weder zu den funktional wesentlichen Betriebsgrundlagen noch zu den nach wirtschaftlichen Zusammenhängen zuordenbaren WG gehöre, könne jedem der Teilbetriebe zugeordnet werden (BMF 11.11.2011, BStBl. I 2011, 1314 Rn. 15.09). 100 %igen Beteiligungen an KapGes oder einem Mitunternehmeranteil könnten hingegen nur die WG einschl. der Schulden zugeordnet werden, die in unmittelbarem wirtschaftlichem Zusammenhang mit der Beteiligung oder dem Mitunternehmeranteil stehen (BMF 11.11.2011, BStBl. I 2011, 1314 Rn. 15.11).

Vgl. ergänzend → § 20 Rn. 88 ff. und zu den **Anforderungen iE** → Rn. 66 ff., → Rn. 68 ff., → Rn. 73 ff.

c) Doppeltes Teilbetriebserfordernis. Abs. 1 S. 2 verlangt für die Anwendung von § 11 II und § 13 II, dass auf die Übernehmerin ein Teilbetrieb übertragen wird und im Falle der Abspaltung oder Teilübertragung bei der übertragenden Körperschaft ein Teilbetrieb verbleibt (sog. doppeltes Teilbetriebserfordernis; vgl. Begr. RegE, BT-Drs. 16/2710 zu § 15 I). Bei mehreren übernehmenden Körperschaften (bei § 16: PersGes) muss auf jede Übernehmerin (mindestens) ein Teilbetrieb übergehen (Rödder/Herlinghaus/van Lishaut/Schumacher Rn. 130; Dötsch/Pung/Möhlenbrock/Dötsch/Stimpel Rn. 86; Widmann/Mayer/Schießl Rn. 27; Brandis/Heuermann/Nitzschke Rn. 58). Ebenso ist das Erfordernis der Übertragung eines Teilbetriebs erfüllt, wenn auf eine übernehmende Körperschaft **mehrere** Teilbetriebe übergehen (Rödder/Herlinghaus/van Lishaut/Schumacher Rn. 130; Dötsch/Pung/Möhlenbrock/Dötsch/Stimpel Rn. 86: mindestens je ein Teilbetrieb) oder mehrere Teilbetriebe bei der übertragenden Körperschaft zurückbleiben (Dötsch/Pung/Möhlenbrock/Dötsch/Stimpel Rn. 95).

Dieses im Grds. auch nach § 15 I aF bestehende doppelte Teilbetriebserfordernis ist anlässlich der Neufassung durch das **SEStEG** sprachlich modifiziert worden. § 15 I 2 aF lautete: „Im Falle der Abspaltung oder Teilübertragung muss das der übertragenden Körperschaft verbleibende Vermögen ebenfalls zu einem Teilbetrieb gehören". Nunmehr muss nach Abs. 1 S. 2 „bei der übertragenden Körperschaft ein Teilbetrieb verbleiben". Bezeichnenderweise hat die FVerw diesen sprachlichen Unterschied nicht aufgegriffen und spricht weiterhin – wie schon im BMF 25.3.1998, BStBl. I 1998, 268 Rn. 15.01 – davon, dass das zurückbleibende Vermögen ebenfalls zu einem Teilbetrieb „gehören" müsse (BMF 11.11.2011, BStBl. I 2011, 1314 Rn. 15.01). Die FVerw interpretiert Abs. 1 S. 2 weiterhin dahingehend, dass das Zurückbleiben von WG, die keinem Teilbetrieb zuzuordnen sind, schädlich ist. Es dürfe nach diesem Verständnis mithin nur ein Teilbetrieb (ein **Nur-Teilbetrieb**) zurückbleiben (vgl. das Beispiel bei BMF 11.11.2011, BStBl. I 2011, 1314 Rn. 15.02). **Praktische Probleme** bereitet dies bei Vorhandensein fiktiver Teilbetriebe (Mitunternehmeranteile und 100 %ige KapGes-Beteiligungen, Abs. 1 S. 3), da nach Auffassung der FVerw (BMF 11.11.2011, BStBl. I 2011, 1314 Rn. 15.11) fiktiven Teilbetrieben (neutrale) WG nur eingeschränkt zugeordnet werden können (vgl. auch Neumann GmbHR 2012, 141 (142); → Rn. 96, → Rn. 102).

Aufgrund der Änderung des Wortlauts wird demgegenüber teilweise vertreten, dass es unschädlich sei, wenn andere WG neben einem Teilbetrieb zurückbleiben, lediglich das übertragene Vermögen müsse ein „Nur-Teilbetrieb" sein (Ley/Bodden FR 2007, 265 (279); Ott INF 2007, 465 (471)). Dies ist indes fraglich. Wenigstens eine differenzierte Behandlung des übertragenen und des verbleibenden Vermögens ist aus dem Wortlaut nicht ableitbar (ebenso Dötsch/Pung/Möhlenbrock/Dötsch/

Stimpel Rn. 93; Rödder/Herlinghaus/van Lishaut/Schumacher Rn. 132; Schumacher/Neumann DStR 2008, 325; BeckOK UmwStG/Oppel/Rehberg Rn. 409). Aus der Wortlautänderung könnte zwar gefolgert werden, dass das Ausschließlichkeitserfordernis weder beim übertragenen noch beim zurückbleibenden Vermögen gilt. Die Gesetzesmaterialien bieten hierfür aber keine Stütze, denn aus ihnen lässt sich ein Wille des Gesetzgebers zu einer materiellen Änderung nicht ableiten (so auch BFH/NV 2019, 56; vgl. dazu auch Kraft DStZ 2019, 261). In der Begr. RegE (BT-Drs. 16/2710 zu § 15 I) heißt es, dass der Ansatz eines Wertes unter dem gemeinen Wert nach wie vor die Übertragung und den Verbleib eines Teilbetriebs voraussetze. Im Bericht des Finanzausschusses (BT-Drs. 16/3369) wird der Fortbestand der bestehenden Rechtslage wenigstens für spaltungshindernde WG ebenfalls angenommen (spaltungshindernde WG sind nach dem Verständnis der FVerw allerdings nur wesentliche Betriebsgrundlagen, die von mehreren Teilbetrieben eines Unternehmens genutzt werden, vgl. BMF 11.11.2011, BStBl. I 2011, 1314 Rn. 15.08; zuvor BMF 25.3.1998, BStBl. I 1998, 268 Rn. 15.07; vgl. auch Schumacher/Neumann DStR 2008, 325 (326)). Teilweise wird auch aus der Fusions-RL gefolgert, dass nur mindestens ein Teilbetrieb zurückbleiben müsse, das Zurückbleiben weiterer WG hingegen unschädlich sei (Widmann/Mayer/Schießl Rn. 62.6; krit. im Hinblick auf die Fusions-RL auch Blumers BB 2011, 2204 (2206)). Dies würde aber voraussetzen, dass der Gesetzgeber tatsächlich bei § 15 die Fusions-RL vollständig umsetzen wollte (→ Rn. 56, → § 20 Rn. 84 ff.). Demzufolge ist unverändert vom **doppelten „Nur-Teilbetriebserfordernis"**, also sowohl hinsichtlich des übertragenen als auch des zurückbleibenden Vermögens, auszugehen (BMF 11.11.2011, BStBl. I 2011, 1314 Rn. 15.02, vgl. dort das Beispiel; Dötsch/Pung/Möhlenbrock/Dötsch/Stimpel Rn. 93; Brandis/Heuermann/Nitzschke Rn. 57; BeckOK UmwStG/Oppel/Rehberg Rn. 409; Widmann/Bauschatz/Jacobsen/Happel Rn. 120; aA etwa Rödder/Herlinghaus/van Lishaut/Schumacher Rn. 133; HK-UmwStG/Dworschak Rn. 40; umfassend zum Meinungsstand Kraft Ubg 2019, 95). Das doppelte Teilbetriebserfordernis ist auch dann nicht teleologisch zu reduzieren, wenn nur WG, die keine stillen Reserven enthalten, zurückbleiben (BFH/NV 2019, 56).

65 Die **eigentliche Problematik** (ebenso Neumann GmbHR 2012, 141 (142); vgl. auch Brandis/Heuermann/Nitzschke Rn. 56) ist indes, ob neutrale WG (also nicht wesentliche Betriebsgrundlagen; vgl. zu den nach wirtschaftlichen Zusammenhängen zuordenbaren WG → Rn. 68 ff.) beliebig sowohl echten als fiktiven Teilbetrieben zugeordnet werden können. Dies ist anzunehmen (ebenso Rödder/Herlinghaus/van Lishaut/Schumacher Rn. 132 f.). Eine sachgerechte Unterscheidung zwischen echten und fiktiven Teilbetrieben lässt sich in diesem Zusammenhang – auch unter Berücksichtigung des Teilbetriebsbegriffs der Fusions-RL – nicht begründen (→ Rn. 79, → Rn. 96, → Rn. 102). Demzufolge ist das doppelte Teilbetriebserfordernis in Abs. 1 S. 2 auch erfüllt, wenn echte oder fiktive Teilbetriebe übertragen und zurückbehalten werden und die neutralen WG und Schulden den übertragenen oder zurückbleibenden echten oder fiktiven Teilbetrieben zugeordnet werden (aA BMF 11.11.2011, BStBl. I 2011, 1314 Rn. 15.02; Widmann/Bauschatz/Jacobsen/Happel Rn. 119; iErg ebenso Rödder/Herlinghaus/van Lishaut/Schumacher Rn. 132 f.).

66 **d) Begriff der wesentlichen Betriebsgrundlagen.** Vom Teilbetriebsbegriff (→ Rn. 52 ff.) zu unterscheiden sind die Anforderungen an die **Teilbetriebsübertragung** (Uphues DStR 2022, 2521 (2525)). Abs. 1 S. 2 setzt voraus, dass jeweils mindestens ein Teilbetrieb (→ Rn. 62) durch Auf- oder Abspaltung/Teilübertragung **insgesamt** auf die übernehmenden Rechtsträger übertragen wird. Dies bedeutet, dass jedenfalls (weitergehend → Rn. 68) die dem Teilbetrieb zugeordneten **wesentlichen Betriebsgrundlagen** auf den übernehmenden Rechtsträger übergehen müssen; des Weiteren müssen bei der Abspaltung/bei der entsprechenden Form der Teilübertragung die wesentlichen Betriebsgrundlagen des zurückbleibenden Teilbetriebs bei der übertragenden Körperschaft verbleiben (BFH BStBl. II 2011, 467; Rödder/Herlinghaus/van Lishaut/Schumacher Rn. 150; Blumers DB 1995, 496; Blumers/Siegels DB 1996, 7; Lutter/Schumacher UmwG Anh. 1 nach § 151 Rn. 17; Goutier/Knopf/Tulloch/Knopf/Hill Rn. 20; Thiel DStR 1995, 240). Dies ist aus der **Sicht der übertragenden Körperschaft** zu beurteilen (BFH BStBl. II 2011, 467; BMF 11.11.2011, BStBl. I 2011, 1314 Rn. 15.02). Davon geht unverändert auch die FVerw aus (BMF 11.11.2011, BStBl. I 2011, 1314 Rn. 15.02, 15.07), verlangt aber zusätzlich, dass auch alle nach wirtschaftlichen Zusammenhängen zuordenbaren WG übertragen werden bzw. zurückbleiben (→ Rn. 68 ff.). Die wesentlichen Betriebsgrundlagen eines Teilbetriebs können nicht auf mehrere übernehmende Rechtsträger verteilt werden, sondern müssen **insgesamt auf eine übernehmende Körperschaft** übertragen werden (→ Rn. 62; Rödder/Herlinghaus/van Lishaut/Schumacher Rn. 130; Widmann/Mayer/Schießl Rn. 28; Brandis/Heuermann/Nitzschke Rn. 58; Herzig/Förster DB 1995, 338 (342)).

Der **Begriff** der **wesentlichen Betriebsgrundlagen** ist **normspezifisch** und damit für Zwecke des § 15 anders als im Zusammenhang mit § 16 EStG auszulegen (BFH BStBl. II 2011, 467; BMF 16.8.2000, BStBl. I 2000, 1253; Rödder/Herlinghaus/van Lishaut/Schumacher Rn. 151; Brandis/Heuermann/Nitzschke Rn. 65; Blumers DB 1995, 496; Bien ua/Hörger DStR-Beil. zu Heft 17/1998, 29; Hörger/Schulz DStR 1998, 233; Rödder/Beckmann DStR 1999, 751; Haarmann FS Widmann, 2000, 375). Während bei § 16 EStG funktional nicht bedeutsame WG, in denen aber erhebliche stille Reserven gebunden sind, ebenfalls wesentliche Betriebsgrundlagen sind (quantitative Sichtweise), gilt für die §§ 15, 16, 20, 24 eine **ausschließlich funktionale Betrachtungsweise.** Davon geht unverändert auch die FVerw aus (BMF 11.11.2011, BStBl. I 2011, 1314 Rn. 15.02, 15.07 ff.; zuvor bereits BMF 16.8.2000, BStBl. I 2000, 1253). Die rein funktionale und damit vom Verständnis bei § 16 EStG abw. Sichtweise ist darin begründet, dass §§ 15, 20 zwar einen Spezialfall der Teilbetriebsveräußerung regeln, hierbei aber berücksichtigt werden muss, dass das UmwStG die Fortführung des bisherigen unternehmerischen Engagements in einer anderen Rechtsform ohne stl. Auswirkungen hinsichtlich der stillen Reserven ermöglichen will (→ Einl. Rn. 21 ff.). Demgegenüber ist bei § 16 EStG auf die geballte Besteuerung der stillen Reserven abzustellen. **Wesentliche Betriebsgrundlagen im UmwStG** sind damit alle WG, die zur Erreichung des Betriebszwecks erforderlich sind und denen ein besonderes wirtschaftliches Gewicht für die Betriebsführung zukommt (BFH BStBl. II 1998, 388) bzw. alle WG, die für den Betriebsablauf ein erhebliches Gewicht haben, mithin für die Fortführung des Betriebs notwendig sind oder dem Betrieb das Gepräge geben (BFH BStBl. II 2011, 467; Rödder/Herlinghaus/van Lishaut/Schumacher Rn. 151). 67

e) **Nach wirtschaftlichen Zusammenhängen zuordenbare Wirtschaftsgüter.** Die **FVerw** verlangt für eine Teilbetriebsübertragung nicht nur die Übertragung sämtlicher funktional wesentlicher Betriebsgrundlagen, sondern auch die Übertragung der nach wirtschaftlichen Zusammenhängen zuordenbaren WG (BMF 11.11.2011, BStBl. I 2011, 1314 Rn. 15.07). Nichts anderes dürfte nach dem Verständnis der FVerw für nach einer Abspaltung zurückbleibende Teilbetriebe gelten. Dieses Erfordernis scheint die FVerw aus dem Teilbetriebsbegriff der Fusions-RL abzuleiten, wonach ein Teilbetrieb die Gesamtheit der in einem Unternehmensteil einer Ges vorhandenen aktiven und passiven WG, die in organisatorischer Hinsicht einen selbstständigen Betrieb, dh eine aus eigenen Mitteln funktionsfähige Einheit, darstellen, ist (→ Rn. 56). Dies ist aus der Perspektive des übertragenden Rechtsträgers zu beurteilen (BMF 11.11.2011, BStBl. I 2011, 1314 Rn. 15.07). Die **genauen Voraussetzungen,** nach denen ein WG nach wirtschaftlichen Zusammenhängen 68 zuordenbar ist, werden von der FVerw nicht näher erläutert. Ausgehend von der Anknüpfung der FVerw an den Teilbetriebsbegriff der Fusions-RL dürften hierzu auch **Verbindlichkeiten** zählen (vgl. die Definition des Teilbetriebs nach der Fusions-RL, → Rn. 56: Aktive und passive WG). Zu den (funktional wesentlichen Betriebsgrundlagen sowie) nach wirtschaftlichen Zusammenhängen zuordenbaren WG können auch **Anteile** an **KapGes** gehören (BMF 11.11.2011, BStBl. I 2011, 1314 Rn. 15.02; → Rn. 103). Letztlich dürfte bei der Sichtweise der FVerw der Begriff der funktional wesentlichen Betriebsgrundlage keine eigenständige Bedeutung mehr haben, da funktional wesentliche Betriebsgrundlagen immer auch nach wirtschaftlichen Zusammenhängen zuordenbare WG sein werden (vgl. aber BMF 11.11.2011, BStBl. I 2011, 1314 Rn. 15.08 (spaltungshindernde WG), wo nur auf funktional wesentliche Betriebsgrundlagen abgestellt wird; → Rn. 75 ff.).

69 Letztlich kann auch auf der Basis des Teilbetriebsbegriffs der Fusions-RL, wonach ein Teilbetrieb für sich funktionsfähig sein muss (EuGH IStR 2002, 94 – Andersen og Jensen; → Rn. 58), wie auch beim Begriff der wesentlichen Betriebsgrundlage (→ Rn. 67) nur eine **funktionale Betrachtung** maßgeblich sein (so auch Uphues DStR 2022, 2584, 2585 und Neumann GmbHR 2012, 141 (143); wohl auch Schell/Krohn DB 2012, 1119 (1121); Rödder/Herlinghaus/van Lishaut/Schumacher Rn. 162). **Aktive WG** sind damit zuordenbar, die der Tätigkeit des Teilbetriebs dienen oder sie Folge der Tätigkeit des Teilbetriebs sind (etwa Forderungen aus Lieferungen und Leistungen oder fertige und unfertige Erzeugnisse oder sonstige Vorräte). **Passive WG** dürften dann einem Teilbetrieb zuordenbar sein, wenn sie durch die Tätigkeit des Teilbetriebs verursacht wurden (Verbindlichkeiten aus Lieferungen und Leistungen, Gewährleistungsrückstellungen, ggf. Prozessrückstellungen), oder wenn sie zur Finanzierung von WG des Teilbetriebs verwandt wurden (vgl. auch Widmann/Bauschatz/Jacobsen/Happel Rn. 107). Ob auch Steuerschulden oder Steuerrückstellungen (etwa USt) zuordenbar sind, ist fraglich, da sie regelmäßig durch die Ergebnisse aller Teilbetriebe beeinflusst sind. Zur Zuordnung von Verbindlichkeiten aus Ergebnisabführungsverträgen vgl. Möbus/Posnak/Hansen Ubg 2013, 146. Regelmäßig nicht zuordenbar sind auch allgemein der Finanzierung des gesamten Unternehmens dienende Verbindlichkeiten (ähnlich Brandis/Heuermann/Nitzschke Rn. 66: Betriebsmittelkredite). Zur Zuordnung von **Pensionsrückstellungen** vgl. BMF 11.11.2011, BStBl. I 2011, 1314 Rn. 15.10 und → Rn. 82. Unklar ist die Zuordnung etwa von **liquiden oder liquiditätsnahen Mitteln,** zumal hier vielfach eine „Vermischung" eintritt (dazu etwa Schell/Krohn DB 2012, 1119 (1121 f.); vgl. auch Rödder/Rogall Ubg 2011, 753 (756); Rödder/Herlinghaus/van Lishaut/Schumacher Rn. 162: Cash-Pool). Bei nach wirtschaftlichen Zusammenhängen zuordenbaren WG, die von mehreren Teilbetrieben genutzt werden (zu spaltungshindernden WG aber → Rn. 75), soll es auf den größten Nutzungsanteil ankommen (Dötsch/Pung/Möhlenbrock/Dötsch/Stimpel Rn. 138; Neumann GmbHR 2012, 141 (144 f.); Heurung/Engel/Schröder GmbHR 2012, 273 (274); aA HK-UmwStG/Dworschak Rn. 72: Freie Zuordnung).

70 Im Detail sind viele Fragen ungeklärt. Erschwerend kommt hinzu, dass in der Praxis der Betriebsprüfungen unterschiedliche Vorstellungen existieren, mit welchem **Genauigkeitsgrad** die Zuordnung zu erfolgen hat bzw. von der FVerw geprüft wird (vgl. Rödder/Rogall Ubg 2011, 753 (756): Jeder Kugelschreiber und jeder Schreibtisch?; vgl. auch Dötsch/Pung/Möhlenbrock/Dötsch/Stimpel Rn. 135: erheblicher Ermessensspielraum; Widmann/Bauschatz/Jacobsen/Happel Rn. 110: unvorhersehbar). Angesichts der schwerwiegenden Folgen einer fehlerhaften Zuordnung – Verstoß gegen das Teilbetriebserfordernis und damit Nichtanwendung der § 11 II, § 13 II (→ Rn. 108); vgl. auch: Zuordnung nach Nutzungsanteilen – werden damit Spaltungen nochmals unvorhersehbarer. Auch Anträge auf verbindliche Auskünfte, die eigentlich umso notwendiger geworden sind, werden durch den notwendigen Detaillierungsgrad der Sachverhaltsbeschreibung erschwert und zugleich wird hierdurch ihre Bindungswirkung gefährdet. Bei einer strengen Sichtweise der FVerw dürften kaum mehr neutrale WG, also WG, die weder funktional wesentlich noch nach wirtschaftlichen Zusammenhängen zuordenbar sind, existieren (vgl. auch Dötsch/Pung/Möhlenbrock/Dötsch/Stimpel Rn. 146). Zur Nichtanerkennung von Catch-All-Klausel vgl. Dötsch/Pung/Möhlenbrock/ Dötsch/Stimpel Rn. 147, aber auch Rödder/Herlinghaus/van Lishaut/Schumacher Rn. 168.

Indes ist schon die **These der FVerw,** aus dem Teilbetriebsbegriff der Fusions- **71** RL folge, dass **alle** nach wirtschaftlichen Zusammenhängen zuordenbaren WG übertragen oder zurückbehalten werden müssen, **unzutr.** Auch in diesem Fall wird nicht ausreichend zwischen dem Teilbetriebsbegriff (das Bestehen eines Teilbetriebs) und den Anforderungen an eine Teilbetriebsübertragung unterschieden (→ Rn. 51). Zwar besteht („ist") ein Teilbetrieb iSd Fusions-RL aus der Gesamtheit der in einem Unternehmensteil vorhandenen aktiven und passiven WG, daraus lässt sich aber noch nicht die Schlussfolgerung ziehen, dass auch alle WG, die zum Teilbetrieb gehören, übertragen werden müssen. Denn auch nach der Definition der Fusions-RL ist entscheidend, dass eine „aus eigenen Mitteln **funktionsfähige Einheit**" (Art. 2 lit. j Fusions-RL) übergeht. Mithin ist es auch auf der Grundlage der Fusions-RL für eine Teilbetriebsübertragung ausreichend, wenn diejenigen WG übergehen, die – ähnlich wesentlichen Betriebsgrundlagen (→ Rn. 67) – für die Erreichung des Betriebszwecks erforderlich sind und denen ein besonderes wirtschaftliches Gewicht für die Betriebsführung zukommt. Denn mit diesen WG kann die aus eigenen Mitteln funktionsfähige Einheit fortgeführt werden (ebenso Widmann/Bauschatz/Jacobsen/Happel Rn. 110; Uphues DStR 2022, 2584 (2586); Werthebach FR 2021, 341 (345); Graw DB 2013, 1011 (1014); Förster GmbHR 2012, 237 (241); Schmitt DStR 2011, 1108 (1109); wohl ebenso Blumers BB 2011, 2204 (2207); vgl. auch Goebel/Ungemach/Seidenfeld DStZ 2009, 354 (360)). Dieses selbstständige Funktionieren des Betriebs ist in erster Linie unter einem funktionellen Aspekt zu sehen. Die übertragenen Unternehmensteile müssen als selbstständiges Unternehmen funktionsfähig sein, ohne dass sie hierfür zusätzlicher Investitionen oder Einbringungen bedürfen (EuGH IStR 2002, 94 Rn. 35 – Andersen og Jensen). Maßgeblich ist damit nicht eine Zuordnung nach wirtschaftlichen Zusammenhängen, sondern die Bedeutung bzw. die **Wesentlichkeit der WG für die Funktionsfähigkeit** des Teilbetriebs. Zu besonderen Problemen bei **Dauerverlustbetrieben** vgl. Essing/Funke DStR 2014, 1253.

Zu den danach für die Funktionsfähigkeit wesentlichen WG können allerdings **72** auch Passiva, also **Verbindlichkeiten** gehören (EuGH IStR 2002, 94 – Andersen og Jensen; auch → Rn. 82). Auch nach Auffassung des BFH (BStBl. II 2011, 467) bestehen im Grds. keine anderen Anforderungen an eine Teilbetriebsübertragung, wenn der Teilbetriebsbegriff der Fusions-RL zugrunde gelegt wird. Im **Ergebnis** bedeutet dies, dass auch bei unterstellter Absicht des Gesetzgebers (→ Rn. 56), im UmwStG und auch bei § 15, bei dem immerhin von der Fusions-RL nicht erfasste fiktive Teilbetriebe dem echten Teilbetrieb gleichgestellt sind (Abs. 1 S. 3; dazu auch Rödder/Herlinghaus/van Lishaut/Schumacher Rn. 142), den Teilbetriebsbegriff der Fusions-RL festzuschreiben, für eine Teilbetriebs**übertragung** die Übertragung bzw. Zurückbehaltung derjenigen **WG (einschl. Passiva)** notwendig ist, die die **Funktionsfähigkeit der Einheit ausmachen.** Mit Ausnahme der grds. Berücksichtigung von Passiva dürften dann aber keine nennenswerten Unterschiede zum Begriff der wesentlichen WG (→ Rn. 66) bestehen (vgl. auch Uphues DStR 2022, 2584 (2586)). Andere WG können echten und fiktiven (→ Rn. 96, → Rn. 102) zugeordnet werden.

f) Übertragung der Wirtschaftsgüter. Abs. 1 S. 1 verlangt, dass auf die über- **73** nehmende Körperschaft ein Teilbetrieb **übertragen** wird. Demzufolge muss das zivilrechtliche oder wenigstens das wirtschaftliche Eigentum (§ 39 II Nr. 1 AO) an den wesentlichen Betriebsgrundlagen bzw. an den für die Funktionsfähigkeit notwendigen WG (→ Rn. 71), die diesem Teilbetrieb zugeordnet sind, auf die übernehmende Körperschaft übergehen (BFH BStBl. II 2011, 467; BMF 11.11.2011, BStBl. I 2011, 1314 Rn. 15.07; Rödder/Herlinghaus/van Lishaut/Schumacher Rn. 153). Die Übertragung des **wirtschaftlichen Eigentums** ist ausreichend (offengelassen von BFH BStBl. II 2011, 467; so aber auch BMF 11.11.2011, BStBl. I 2011, 1314 Rn. 15.07; vgl. auch – nicht ausreichend – FG Bln-Bbg DStRE 2015, 666; wie hier Rödder/Herlinghaus/van Lishaut/Schumacher Rn. 153; Dötsch/Pung/Möhlenbrock/Dötsch/Stimpel Rn. 102; Widmann/Bauschatz/Jacobsen/Happel Rn. 104). Dies gilt jedenfalls dann, wenn bereits die übertragende Körperschaft (nur) wirtschaftlicher Eigentümer ist und diese Stellung infolge der Spaltung (→ UmwG § 131 Rn. 28) überträgt (Braatz/Brühl Ubg 2015, 122 (124); BeckOK UmwStG/Oppel/Rehberg Rn. 275.1; Pyszka DStR 2016, 2017 (2023)). Die FVerw scheint darüber hinaus auch die Begründung wirtschaftlichen Eigentums durch ergänzende Vereinbarungen anlässlich der Spaltung anzuerkennen (BMF 11.11.2011, BStBl. I 2011, 1314 Rn. 15.07: Ergänzend; so auch Rödder/Herlinghaus/van Lishaut/Schumacher Rn. 153; Braatz/Brühl Ubg 2015, 122 (126); Dötsch/Pung/Möhlenbrock/Dötsch/Stimpel Rn. 85, 102; HK-UmwStG/Dworschak Rn. 104; aA FG Bln-Bbg DStRE 2015, 666). Dies ist begrüßenswert, aber es ist durchaus fraglich, ob damit noch eine Übertragung „durch Aufspaltung oder Abspaltung" (Abs. 1 S. 1) vorliegt (vgl. auch Sistermann/Beutel DStR 2011, 1162 f.; vgl. auch BeckOK UmwStG/Oppel/Rehberg Rn. 275.1). Zur Nichtanerkennung von Catch-All-Klausel vgl. Dötsch/Pung/Möhlenbrock/Dötsch/Stimpel Rn. 147, aber auch Rödder/Herlinghaus/van Lishaut/Schumacher Rn. 167). IÜ ist darauf zu achten, dass keine schädliche Gegenleistung iSv § 11 II 1 Nr. 3 vereinbart wird (Rödder/Herlinghaus/van Lishaut/Schumacher Rn. 153; Braatz/Brühl Ubg 2015, 122 (125)). Die bloße – auch langfristig gesicherte – **Nutzungsüberlassung**, etwa durch Vermietung oder Verpachtung, reicht hingegen nicht (BFH BStBl. II 2011, 467; BStBl. II 1996, 342 zu § 20; BMF 11.11.2011, BStBl. I 2011, 1314 Rn. 15.07; Rödder/Herlinghaus/van Lishaut/Schumacher Rn. 154; Widmann/Mayer/Schießl Rn. 26; Dötsch/Pung/Möhlenbrock/Dötsch/Stimpel Rn. 138; Widmann/Bauschatz/Jacobsen/Happel Rn. 104; aA Semler/Stengel/Moszka Rn. 462; Rödder/Beckmann DStR 1999, 751; Haarmann FS Widmann, 2000, 375; Herzig DB 2000, 2236; diff. Blumers BB 2011, 2204 (2207)). Zwar ist der Teilbetriebsbegriff (auch derjenige der Fusions-RL) ebenso wie derjenige des Betriebs **tätigkeitsorientiert** (vgl. auch BFH BStBl. II 2011, 467). Hieraus folgt jedoch nicht, dass eine Nutzungsüberlassung der wesentlichen Betriebsgrundlagen genügt. Die von § 15 erfassten Auf- und Abspaltungen bzw. Teilübertragungen stellen ebenso wie Verschm und Einbringungen nach §§ 20, 24 **tauschähnliche Anschaffungs- und Veräußerungsgeschäfte** dar (BFH BStBl. II 2004, 686 zu § 20; BMF 11.11.2011, BStBl. I 2011, 1314 Rn. 02.02). Demzufolge regelt § 15 (ebenso wie §§ 20, 24) den Fall einer privilegierten Teilbetriebsveräußerung. Die Vermeidung der Besteuerung der stillen Reserven ist deshalb nur gerechtfertigt, wenn die übertragende Körperschaft die Tätigkeit, die sie mit den dem Teilbetrieb zugeordneten wesentlichen Betriebsgrundlagen bislang entfaltet hat, endgültig einstellt, während der übernehmende Rechtsträger sie in gleichem Umfang fortsetzt. Überträgt die übertragende Körperschaft nicht das wirtschaftliche Eigentum an sämtlichen wesentlichen Betriebsgrundlagen des Teilbetriebs, sondern räumt sie insoweit nur ein obligatorisches Nutzungsrecht ein, beendet sie die gewerbliche Tätigkeit mit den wesentlichen Betriebsgrundlagen des Teilbetriebs nicht. Dann kann nicht von einer Übertragung des Teilbetriebs durch die übertragende Körperschaft und einer Fortführung durch die übernehmende Körperschaft gesprochen werden (BFH BStBl. II 2011, 467). Dies steht nicht im Widerspruch zur ausschließlich **funktional-orientierten** Bestimmung, ob ein WG eine wesentliche Betriebsgrundlage oder für die Funktionsfähigkeit notwendig ist (→ Rn. 67, → Rn. 71). Die Notwendigkeit der **Übertragung** des (wirtschaftlichen) Eigentums folgt vielmehr gerade aus der funktionalen Betrachtungsweise. Denn nur durch eine Übertragung des wirtschaftlichen Eigentums wird die bisherige **Funktion** für die gewerbliche Tätigkeit bei der übertragenden Körperschaft beendet und bei der übernehmenden Körperschaft fortgeführt. Der Umstand, dass ein (Teil-)Betrieb grds. auch mit WG geführt werden kann, die nicht im Eigentum des Unternehmens stehen (bspw. ausschließlich geleaste oder gemietete Gegenstände), führt zu keiner anderen Beurteilung. Denn zu Besteuerungszwecken ist immer nur auf die tatsächlichen im (wirtschaftlichen) Eigentum stehenden Gegenstände abzustellen, da nur die stillen Reserven in diesen WG steuerverhaftet sind. Für die **Bestimmung** der wesentlichen Betriebsgrundlagen und der nach wirtschaftlichen Zusammenhängen zuordenbaren WG besteht demnach ein aus dem Normzweck und den Rechtsfolgen erheblicher Unterschied zwischen § 16 I EStG einerseits und den Normen des UmwG andererseits (→ Rn. 67); für die **Übertragung** gilt dies nicht.

Eine bloße **Nutzungsüberlassung** ist auch bei Zugrundelegung des Teilbetriebsbegriffs der **Fusions-RL** nicht ausreichend (BFH BStBl. II 2011, 467; aA etwa Blumers DB 2001, 722 (725); vgl. aber Blumers BB 2011, 2204 (2207): anders bei alleiniger Nutzung durch den Teilbetrieb; Neumann EStB 2002, 437 (441); Thömmes FS Widmann, 2000, 583 (598); diff. auch Goebel/Ungemach/Seidenfeld DStZ 2009, 354 (360)). Auch der EuGH geht davon aus, dass die aktiven und passiven WG eines Teilbetriebs in ihrer Gesamtheit übertragen werden müssen (EuGH IStR 2002, 94 Rn. 25 – Andersen og Jensen). Schließlich ist der Wortlaut von Art. 2 lit. b, c und g Fusions-RL zu beachten, der von einem „Übertragen" bzw. „Übernehmen" spricht (zutr. Rödder/Herlinghaus/van Lishaut/Schumacher Rn. 154). Insoweit besteht auch bei unmittelbarer Geltung der Fusions-RL kein Unterschied. 74

g) Spaltungshindernde Wirtschaftsgüter. Die FVerw definiert in Rn. 15.08 75 des BMF 11.11.2011, BStBl. I 2011, 1314 sog. **spaltungshindernde WG.** Nach Ansicht der FVerw bestehe ein Spaltungshindernis, wenn eine **wesentliche Betriebsgrundlage** von mehreren Teilbetrieben eines Unternehmens genutzt werde. Anders als früher (BMF 25.3.1998, BStBl. I 1998, 268 Rn. 15.07) wird aber nicht mehr bestritten, dass dennoch Teilbetriebe vorliegen (können). Demzufolge müssten **Grundstücke** zivilrechtlich **real** bis zum Zeitpunkt des Spaltungsbeschlusses aufgeteilt werden. Sei der übertragenden Körperschaft eine reale Teilung des Grundstücks nicht zumutbar, bestünden im Einzelfall aus Billigkeitsgründen keine Bedenken, eine ideelle Teilung (Buchteilseigentum) im Verhältnis der tatsächlichen Nutzung unmittelbar nach der Spaltung ausreichen zu lassen. Auch der Gesetzgeber geht von der möglichen Existenz spaltungshindernder WG unverändert aus (Bericht Finanzausschuss BT-Drs. 16/3369 zu § 15 I 2). Im Grds. nimmt auch der BFH auf der Grundlage des Erfordernisses der Übertragung aller wesentlichen Betriebsgrundlagen an, dass derartige spaltungshindernde WG bestehen können (BFH BStBl. II 2011, 467). Die von der FVerw beschriebene Situation war und ist Anlass, die Teilbetriebsübertragung iSd UmwStG anders, nämlich nutzungsorientiert, zu interpretieren und eine Nutzungsüberlassung ausreichen zu lassen (vgl. Blumers DB 1995, 496).

Unabhängig hiervon (zur – nicht ausreichenden – Nutzungsüberlassung 76 → Rn. 72) ist der **FVerw nicht zuzustimmen.** Zunächst ist festzuhalten, dass Teilbetriebe auch dann vorliegen, wenn wesentliche Betriebsgrundlagen von mehreren Teilbetrieben genutzt werden (vgl. aber noch BMF 25.3.1998, BStBl. I 1998, 268 Rn. 15.07; wie hier Rödder/Herlinghaus/van Lishaut/Schumacher Rn. 155; Gude DStR 2022, 1463 (1467); skeptisch Dötsch/Pung/Möhlenbrock/Dötsch/

Stimpel Rn. 137). Nach der Rspr. des BFH ist es etwa für die organisatorische Verselbstständigung eines Teilbetriebs ausreichend, wenn die jeweiligen Teilbetriebe in eigenen Räumlichkeiten untergebracht sind. Die gemeinsame Nutzung desselben Betriebsgrundstücks (einer wesentlichen Betriebsgrundlage) steht der Annahme mehrerer selbstständiger Teilbetriebe nicht entgegen (BFH BStBl. II 2011, 467; BStBl. II 1996, 409 (410)). Nichts anderes dürfte sich aus dem Teilbetriebsbegriff der Fusions-RL ergeben. Soweit der BFH (BStBl. II 1996, 409 (410)) dennoch die Voraussetzung einer Teilbetriebsveräußerung iSv §§ 16, 34 EStG mangels Übertragung der wesentlichen Betriebsgrundlage gemeinsam mit dem veräußerten Teilbetrieb verneint, erfolgt dies erkennbar vor dem Hintergrund des **Normzwecks** von §§ 16, 34 EStG. Denn in der Entscheidung wird betont, dass die steuerbegünstigte Veräußerung voraussetze, dass alle wesentlichen Betriebsgrundlagen an einen Erwerber veräußert und dadurch die in dem veräußerten Teilbetrieb gebildeten stillen Reserven von Bedeutung in einem einheitlichen Vorgang aufgelöst werden (BFH BStBl. II 1996, 409 (411)). Die (geballte) Besteuerung der stillen Reserven ist jedoch für die „Teilbetriebsveräußerung" durch Auf- oder Abspaltung/Teilübertragung/ Einbringung nicht konstitutiv (BFH BStBl. II 2011, 467; BStBl. II 1998, 104; → Rn. 67). Voraussetzung für die Gewährung dieses Steuerprivilegs ist, dass die übertragende Körperschaft ihre bislang in dem Teilbetrieb ausgeübte gewerbliche Betätigung beendet und diese mittels der wesentlichen Betriebsgrundlagen auf die übernehmende Körperschaft überträgt. Dieser **Normzweck** – Förderung der Fortführung der gewerblichen Tätigkeit durch den übernehmenden Rechtsträger – erlaubt es, **WG**, die für mehrere Teilbetriebe wesentliche Betriebsgrundlage sind, im Falle der Auf- oder Abspaltung **dem** Teilbetrieb, der sie überwiegend nutzt, **zuzuordnen** (ausdrücklich offengelassen von BFH BStBl. II 2011, 467). Zur Kritik an der Sichtweise der FVerw vgl. auch Haritz/Menner/Bilitewski/Asmus Rn. 85 ff. und speziell im Zusammenhang mit immateriellen WG als Spaltungshindernis Gude DStR 2022, 1463.

77 Dies bedeutet, dass für eine Teilbetriebsübertragung iSv Abs. 1 S. 1 das (wirtschaftliche) Eigentum an allen wesentlichen Betriebsgrundlagen bzw. an für die Funktionsfähigkeit notwendigen WG (→ Rn. 66, → Rn. 71), die nur dem übertragenen Teilbetrieb zuzuordnen sind, auf den übernehmenden Rechtsträger übergehen müssen bzw. – bei einer Abspaltung – alle wesentlichen Betriebsgrundlagen bzw. für die Funktionsfähigkeit notwendigen WG, die nur dem verbleibenden Teilbetrieb zugeordnet werden können, bei der übertragenden Körperschaft verbleiben müssen. Wesentliche Betriebsgrundlagen bzw. für die Funktionsfähigkeit notwendige WG, die **mehreren** Teilbetrieben dienen, können anlässlich der Auf- und Abspaltung/Teilübertragung dem Teilbetrieb zugeordnet werden, der sie überwiegend nutzt (ebenso Krebs BB 1998, 2082). Dies gilt unabhängig davon, ob dem jeweiligen anderen Teilbetrieb ein (gesichertes) Nutzungsrecht eingeräumt wird.

78 Dennoch muss sich die **Praxis** auf die restriktive Sichtweise der Verwaltung (→ Rn. 75) einstellen und bei Grundstücken die „reale Teilung" durchführen. Regelmäßig setzt dies eine intensive Vorabstimmung mit der FVerw bzw. – zur Erlangung von Rechtssicherheit – eine **verbindliche Auskunft** voraus (ebenso Widmann/Mayer/Schießl Rn. 24). Dies gilt etwa für die Frage, ob eine reale Teilung „nicht zumutbar" (vgl. BMF 11.11.2011, BStBl. I 2011, 1314 Rn. 15.08; dazu auch Haritz/Menner/Bilitewski/Asmus Rn. 87) ist. Leider lässt sich feststellen, dass die Verfahren auf Erteilung einer verbindlichen Auskunft in Umwandlungsfällen meist sehr zeitaufwändig sind und nicht immer eine Auskunft auch erteilt wird. Bedenklich ist zudem, dass die FVerw (BMF 11.11.2011, BStBl. I 2011, 1314 Rn. 15.08) eine zivilrechtlich reale Teilung verlangt, nachdem sie an anderer Stelle (BMF 11.11.2011, BStBl. I 2011, 1314 Rn. 15.07) die Begründung wirtschaftlichen Eigentums für ausreichend erachtet. Für die stl. Zuordnung eines WG ist aber nach § 39 II Nr. 1 AO das **wirtschaftliche Eigentum** vorrangig. Dies gilt ohne ernsthafte Zweifel auch für das UmwStG (Lutter/Schumacher UmwG Anh. 1 nach § 151 Rn. 17; Rödder/Herlinghaus/van Lishaut/Schumacher Rn. 155; Haritz/Menner/Bilitewski/Asmus Rn. 87; aber → Rn. 74). Die „reale Teilung" durch Einräumung des **wirtschaftlichen (Mit-)Eigentums** ist also ausreichend (vgl. auch Gebert DStR 2010, 1774).

Die Praxis muss ferner beachten, dass die FVerw die Bildung von Bruchteilseigentum (aus Billigkeitsgründen im Einzelfall) **ausdrücklich nur** für **Grundstücke** vorsieht (BMF 11.11.2011, BStBl. I 2011, 1314 Rn. 15.08). Hieraus kann gefolgert, dass die FVerw für andere wesentliche Betriebsgrundlagen eine ideelle Teilung oder die Bildung von (wirtschaftlichem) Bruchteilseigentum nicht anerkennt (Dötsch/Pung/Möhlenbrock/Dötsch/Stimpel Rn. 149; Schneider/Ruoff/Sistermann FR 2012, 1 (6); kritisch hierzu auch Gude DStR 2022, 1463 (1469)). Keine Aussage trifft die FVerw auch zu WG, die nach **wirtschaftlichen Zusammenhängen** mehreren Teilbetrieben zuzuordnen sind, ohne zugleich wesentliche Betriebsgrundlage zu sein. Wenigstens hier muss man von einer Zuordenbarkeit – idR nach dem größten Nutzungsanteil – ausgehen (so auch Dötsch/Pung/Möhlenbrock/Dötsch/Stimpel Rn. 138; Heurung/Engel/Schröder GmbHR 2012, 273 (274); Neumann GmbHR 2012, 141 (144f.); wohl auch Schneider/Ruoff/Sistermann FR 2012, 1 (5 f.); aA HK-UmwStG/Dworschak Rn. 72; Rödder/Herlinghaus/van Lishaut/Schumacher Rn. 164: freie Zuordnung; auch → Rn. 69); vgl. speziell zu immateriellen WG als Spaltungshindernis Gude DStR 2022, 1463.

h) Neutrales Vermögen. WG, die bei keinem Teilbetrieb zu den wesentlichen 80 Betriebsgrundlagen gehören und auch nicht für die Funktionsfähigkeit notwendig sind (→ Rn. 66 und → Rn. 68) (sog. neutrales Vermögen), können **grds. auf jeden Teilbetrieb** übertragen bzw. jedem zurückbleibenden Teilbetrieb **zugeordnet** werden (im Grds. auch BMF 11.11.2011, BStBl. I 2011, 1314 Rn. 15.09, allerdings neutrale WG enger definiert; → Rn. 68 ff.; Rödder/Herlinghaus/van Lishaut/Schumacher Rn. 156; Widmann/Mayer/Schießl Rn. 45; Dötsch/Pung/Möhlenbrock/Dötsch/Stimpel Rn. 146; Haritz/Menner/Bilitewski/Asmus Rn. 89; Lutter/Schumacher UmwG Anh. 1 nach § 151 Rn. 17; Semler/Stengel/Leonard/Moszka Rn. 466; Widmann/Bauschatz/Jacobsen/Happel Rn. 112). Bei der Zuordnung zu echten Teilbetrieben (zur Behandlung bei fiktiven Teilbetrieben → Rn. 85 f., → Rn. 91 f.) kommt es auf einen sachlichen oder rechtlichen Zusammenhang nicht an (Blumers/Siegels DB 1996, 7).

Neutrales Vermögen **sind WG,** die entweder keinem Teilbetrieb zugeordnet sind 81 oder zu einem Teilbetrieb oder zu mehreren Teilbetrieben gehören, dort aber keine wesentliche Betriebsgrundlage darstellen und auch nicht für die Funktionsfähigkeit notwendig sind (→ Rn. 67, → Rn. 71). Dies sind vor allem **liquide Mittel** (Rödder/Herlinghaus/van Lishaut/Schumacher Rn. 156; Haritz/Menner/Bilitewski/Asmus Rn. 90) und sonstige Vermögensgegenstände des **Umlaufvermögens.** Im Einzelfall können auch andere Vermögensgegenstände des Anlage- und Umlaufvermögens zum neutralen Vermögen zählen (Haritz/Menner/Bilitewski/Asmus Rn. 90; dazu auch Thiel DStR 1995, 237 (240); Schwedhelm/Streck/Mack GmbHR 1995, 101). **Kundenforderungen** sind im Allg. nicht wesentliche Betriebsgrundlage (BFH BStBl. II 1973, 219). Ob der **Warenbestand** zu den wesentlichen Betriebsgrundlagen zählt, richtet sich nach den Umständen des Einzelfalls (vgl. Schmidt/Wacker EStG § 16 Rn. 90; Widmann/Mayer/Schießl Rn. 46).

Auch **Verbindlichkeiten** sind grds. keine wesentlichen Betriebsgrundlagen. Sie 82 können aber Einfluss auf die Funktionsfähigkeit des Teilbetriebs haben (→ Rn. 71; zur Zuordnung zu fiktiven Teilbetrieben → Rn. 96, → Rn. 102). Hier ist im Einzelfall zu entscheiden, ob durch eine Trennung der Verbindlichkeit vom Teilbetrieb, dem sie zugeordnet ist (auch → Rn. 68 ff.), die eigenständige (ohne weitere Zuführung von außen) Funktionsfähigkeit des übergehenden **oder** auch des zurückbleibenden Teilbetriebs beeinträchtigt wird (ähnlich Widmann/Bauschatz/Jacobsen/ Happel Rn. 113; großzügiger Rödder/Herlinghaus/van Lishaut/Schumacher Rn. 166; Haritz/Menner/Bilitewski/Asmus Rn. 93; aA Dötsch/Pung/Möhlenbrock/Dötsch/Stimpel Rn. 135). Denn die übertragenen Unternehmensteile müssen als selbstständiges Unternehmen funktionsfähig sein, ohne dass sie hierfür zusätzlicher Investitionen oder Einbringungen bedürfen (EuGH IStR 2002, 94 Rn. 35 – Andersen og Jensen). Dies könnte etwa dann nicht mehr gewährleistet sein, wenn die Darlehensvaluta zurückbehalten und die Darlehensverbindlichkeit übertragen wird (vgl. EuGH IStR 2002, 94 Rn. 35 – Andersen og Jensen). **Pensionsrückstellungen** gehören danach zu dem Teilbetrieb, in dem die ArbN, denen die Versorgungszusage gewährt wurde, tätig sind oder tätig waren (BMF 11.11.2011, BStBl. I 2011, 1314 Rn. 15.10; für aktive Mitarbeiter ebenso Rödder/Herlinghaus/van Lishaut/Schumacher Rn. 167). Zivilrechtlich ist die Zuordnungsfreiheit bei Versorgungszusagen gegenüber ArbN in einem bestehenden ArbVerh wegen **§ 613a BGB** ohnehin oft eingeschränkt (→ UmwG Vor § 35a Rn. 32). Zur Zuordnung von Verbindlichkeiten aus Ergebnisabführungsverträgen vgl. Möbus/Posnak/Hansen Ubg 2013, 146.

83 Die Zuordnung erfolgt wie generell die Aufteilung des übergehenden Vermögens durch die **Festlegungen** im **Spaltungsvertrag**, § 126 I 9 UmwG (Widmann/ Bauschatz/Jacobsen/Happel Rn. 115). Zur Behandlung „vergessener" Aktiva und Passiva → UmwG § 131 Rn. 100 ff.; zum Zeitpunkt → Rn. 85.

84 **i) Teilbetrieb im Aufbau.** Nach früherer Sichtweise der FVerw genügte ein Teilbetrieb im Aufbau für die Erfüllung des Teilbetriebserfordernisses nach Abs. 1 S. 1 und 2 (BMF 25.3.1998, BStBl. I 1998, 268 Rn. 15.10; so auch Rödder/Herlinghaus/van Lishaut/Schumacher Rn. 146; Widmann/Mayer/Schießl Rn. 34). Ein Teilbetrieb im Aufbau liegt vor, wenn die wesentlichen Betriebsgrundlagen bereits vorhanden sind und bei zielgerichteter Weiterverfolgung des Aufbauplanes ein selbstständig lebensfähiger Organismus zu erwarten ist (grundlegend BFH BStBl. II 1989, 458; vgl. auch H 16 Abs. 3 EStH). Nicht notwendig ist die Aufnahme der werbenden Tätigkeit. Die Figur des Teilbetriebs im Aufbau kann ein hilfreiches Gestaltungsinstrument sein, um frühzeitig eine steuerneutrale Spaltung durchzuführen. Es muss allerdings eine ernsthafte Absicht vorhanden sein (Blumers BB 1995, 1821 (1822)). Von dieser Auffassung ist die FVerw mit dem UmwStE 2011 unter Hinweis auf den Teilbetriebsbegriff der Fusions-RL abgerückt (BMF 11.11.2011, BStBl. I 2011, 1314 Rn. 15.03). Zur **Übergangsregelung** vgl. BMF 11.11.2011, BStBl. I 2011, 1314 Rn. S.05. Dies ist auf dieser Grundlage („funktionsfähige Einheit", → Rn. 56) konsequent (so wohl auch Kessler/Philipp DStR 2011, 1065 (1067 f.); Stangl/Grundke DB 2010, 1851 (1854); zweifelnd Beutel SteuK 2012, 1; auch → § 20 Rn. 104). Anderenfalls – auf der Grundlage des **nationalen Teilbetriebsbegriffs** – würde es der Rspr. des BFH widersprechen (BFH GmbHR 2011, 92; so auch Kessler/Philipp DStR 2011, 1065 (1067)).

85 **j) Zeitpunkt.** Die zu übertragenden bzw. verbleibenden Teilbetriebe müssen im Zeitpunkt des **Wirksamwerdens** der Spaltung bestehen (BFH BStBl. II 2011, 467 zum Zeitpunkt der Qualifikation als wesentliche Betriebsgrundlage; ebenso BFH DStR 2012, 648; 2010, 802; vgl. auch BFH GmbHR 2011, 92; Lutter/Schumacher UmwG Anh. 1 nach § 151 Rn. 12; Rödder/Herlinghaus/van Lishaut/Schumacher Rn. 169; Widmann/Mayer/Schießl Rn. 32 ff.; Widmann/Bauschatz/Jacobsen/ Happel Rn. 97; Kessler/Philipp DStR 2011, 1065 (1066); Lademann/Stuber-Köth Rn. 48, 63 (Spaltungsbeschluss); Beutel SteuK 2012, 1; Bien ua/Hörger DStR-Beil. zu Heft 17/1998, 30; BeckOK UmwStG/Oppel/Rehberg Rn. 375.1: Übergang des wirtschaftlichen Eigentums; ebenso Pyszka DStR 2016, 2017 (2019) zum Zeitpunkt der Qualifikation als wesentliche Betriebsgrundlage). Die **FVerw** hielt zunächst das Bestehen der Teilbetriebe spätestens zum Zeitpunkt der Fassung des

Spaltungsbeschlusses für ausreichend (BMF 25.3.1998, BStBl. I 1998, 268 Rn. 15.10). Nach nunmehriger Ansicht (zur Übergangsregelung vgl. BMF 11.11.2011, BStBl. I 2011, 1314 Rn. S.05) müssen die Teilbetriebsvoraussetzungen zum stl. Übertragungsstichtag (§ 2) vorliegen (BMF 11.11.2011, BStBl. I 2011, 1314 Rn. 15.03). Ergänzend bestimmt BMF 11.11.2011, BStBl. I 2011, 1314 Rn. 02.14, dass es für das Vorliegen eines Teilbetriebs auf die Verhältnisse am stl. Übertragungsstichtag ankomme. Lediglich die Zuordnung neutraler WG und die reale Teilung von spaltungshindernden WG könne bis zur Fassung der Spaltungsbeschlüsse erfolgen (BMF 11.11.2011, BStBl. I 2011, 1314 Rn. 15.08 f.). Diese neue Sichtweise der FVerw ist **unzutr.** Mit dem Teilbetriebsbegriff der **Fusions-RL** kann sie nicht begründet werden, da die Fusions-RL keine Aussage zur Rückwirkung enthält (Kessler/Philipp DStR 2011, 1065 (1067) mit dem Hinweis, dass eine Erschwerung ein Verstoß gegen die Fusions-RL wäre; Stangl/Grundke DB 2010, 1851 (1854); Schaflitzl/Götz DB-Beil. 1/2012, 25 (33)). Schließlich kann die Ansicht der FVerw auch nicht mit der **Rückwirkung** des stl. Übertragungsstichtag begründet werden. Denn § 2 bewirkt nach dem ausdrücklichen Wortlaut und nach dem Sinn und Zweck nur eine Rückbeziehung der Rechtsfolgen. Das Vorliegen eines Teilbetriebs ist hingegen eine Frage der Tatbestandserfüllung (Rödder/Herlinghaus/van Lishaut/Schumacher Rn. 169; Haase/Hofacker/Luce/Claß Rn. 27; Kessler/Philipp DStR 2011, 1065 (1067); Stangl/Grundke DB 2010, 1851 (1853); Schmitt DStR 2011, 1108 (1111); Schneider/Ruoff/Sistermann FR 2012, 1 (5 f.); Feldgen Ubg 2012, 459 (464)). Nach Ansicht der FVerw müssen am stl. Übertragungsstichtag nicht nur die Teilbetriebe vorhanden sein, zu diesem Zeitpunkt müssen die WG mit Ausnahme der neutralen **WG** (BMF 11.11.2011, BStBl. I 2011, 1314 Rn. 15.09) auch den Teilbetrieben **zugeordnet** worden sein. Unschädlich sei nur eine Änderung des Nutzungszusammenhangs nach dem stl. Übertragungsstichtag (BMF 11.11.2011, BStBl. I 2011, 1314 Rn. 15.09). Damit müssten konsequenterweise im Rückwirkungszeitraum hinzuerworbene WG (wesentliche Betriebsgrundlagen oder nach wirtschaftlichen Zusammenhängen zuordenbare WG) nicht zugeordnet werden, auch wenn sie zivilrechtlich von der Spaltung erfasst werden (so auch Dötsch/Pung/Möhlenbrock/Dötsch/Stimpel Rn. 119 mwN). Teilweise wird hieraus allerdings die Schlussfolgerung gezogen, dass ein im Rückwirkungszeitraum hinzuerworbener Teilbetrieb nicht abgespalten werden könne (Neumann GmbHR 2012, 141 (143 f.): gemeint ist wohl: nicht steuerneutral abgespalten werden könne; denn die zivilrechtliche Übertragbarkeit ist nicht zweifelhaft). Jedenfalls muss das Ausscheiden von wesentlichen Betriebsgrundlagen bzw. nach wirtschaftlichen Zusammenhängen zuordenbaren WG in der Interimszeit unschädlich sein (Dötsch/Pung/Möhlenbrock/Dötsch/Stimpel Rn. 119; auch → Rn. 87). Zur Zuordnung des dadurch bewirkten Ergebnisses → § 2 Rn. 42. Ferner ist unklar, wie die Zuordnung am stl. Übertragungsstichtag dokumentiert werden soll. Ein entsprechendes Problem taucht auf, wenn die FVerw bei **fiktiven Teilbetrieben** (Mitunternehmeranteilen und 100 %igen Beteiligungen an KapGes) verlangt, dass diese bereits am stl. Übertragungsstichtag vorgelegen haben (BMF 11.11.2011, BStBl. I 2011, 1314 Rn. 15.04, 15.05). Auch hierfür besteht keine Stütze im Gesetz, da § 15 auf diejenigen WG anzuwenden ist, die tatsächlich übergehen oder zurückbleiben. Lediglich die Rechtsfolgen werden nach § 2 zurückbezogen.

Im Ergebnis führt die Sichtweise der FVerw zu seltsamen Ergebnissen (Dötsch/Pung/Möhlenbrock/Dötsch/Stimpel Rn. 119); sie verzögert Auf- und Abspaltungen um ein Jahr (vgl. auch Stangl/Grundke DB 2010, 1851; Schneider/Ruoff/Sistermann FR 2012, 1 (6); Schaflitzl/Götz DB-Beil. 1/2012, 25 (33)), da in der Praxis regelmäßig die endgültigen Voraussetzungen für das Vorliegen von Teilbetrieben (etwa Abbildung im Rechnungswesen) und für eine Teilbetriebsübertragung (zB die Beseitigung spaltungshindernder WG) erst in der Zeit nach dem stl. Übertragungsstichtag bis zum Spaltungsbeschluss geschaffen werden können. Daher war die frühere Sichtweise der FVerw, dass die Teilbetriebe spätestens zum Zeitpunkt der Fassung des Spaltungsbeschlusses bestehen (BMF 25.3.1998, BStBl. I 1998, 268 Rn. 15.10), zwar ebenfalls nicht gesetzeskonform (→ Rn. 85: Wirksamwerden der Spaltung), aber praxistauglich (vgl. auch Lademann/Stuber-Köth Rn. 48). Denn die **Aufteilung** des übergehenden und verbleibenden Vermögens und damit die **Zuordnung zu den Teilbetrieben** erfolgt im Spaltungsvertrag (§ 126 I Nr. 9 UmwG). Daher müssen bis zum Zeitpunkt des Spaltungsbeschlusses tatsächlich die Teilbetriebe existieren und die Zuordnung der WG bzw. der mehreren Teilbetrieben dienenden wesentlichen Betriebsgrundlagen (→ Rn. 75 ff.) erfolgt sein, da der Spaltungsvertrag für die übertragende Körperschaft ab Beschlussfassung bindend ist und damit grds. nicht mehr geändert werden kann (vgl. auch Haase/Hofacker/Luce/Claß Rn. 28). Auch bei einer Beschlussfassung auf der Grundlage eines Entwurfs (vgl. § 126 I UmwG) sind die Organe verpflichtet, den Entwurf ohne materielle Änderungen umzusetzen (→ UmwG § 126 Rn. 7 ff.).

87 Die echten Teilbetriebe können auch kurz vor dem maßgeblichen Zeitpunkt geschaffen werden (Widmann/Mayer/Schießl Rn. 33; Sagasser/Bula/Brünger Umwandlungen/Schöneberger/Bultmann § 20 Rn. 23; Lademann/Stuber-Köth Rn. 48). Die Missbrauchsvorschrift nach Abs. 2 S. 1 gilt ausdrücklich nur für Mitunternehmeranteile und 100 %ige Anteile an KapGes (fiktive Teilbetriebe); → Rn. 117. Ebenso können bis zu diesem Zeitpunkt WG, die wesentliche Betriebsgrundlagen oder nach wirtschaftlichen Zusammenhängen zuordenbar sind, auch veräußert werden. Die **Gesamtplanrechtsprechung** greift insoweit nicht (BFH BStBl. II 2012, 638). Zu Anforderungen bei Kettenumwandlungen vgl. Maier/Funke DStR 2015, 2703 (2704).

6. Mitunternehmeranteil

88 **a) Grundsatz.** Nach der ausdrücklichen Bestimmung in Abs. 1 S. 3 **gelten** auch Mitunternehmeranteile als Teilbetriebe iSv Abs. 1 S. 1 und 2. Die Gleichstellung mit dem Teilbetrieb entspricht den Regelungen in §§ 20, 24 (wenngleich dort nicht als Fiktion ausgestaltet) und in § 16 EStG (dort allerdings nur der gesamte Mitunternehmeranteil). Demzufolge können aus dem Vermögen der übertragenden Körperschaft Mitunternehmeranteile grds. durch Auf- und Abspaltung bzw. Teilübertragung auf andere Körperschaften übertragen werden bzw. Mitunternehmeranteile zurückbehalten werden (zum Bruchteil eines Mitunternehmeranteils → Rn. 90). Entgegen der Aussage der FVerw im Entwurf des UmwStE v. 2.5.2011 (dort Rn. 15.05) wird im BMF 11.11.2011, BStBl. I 2011, 1314 eines zutreffenderweise nicht mehr die Ansicht vertreten, dass auch ein **Mitunternehmeranteil wesentliche Betriebsgrundlage** eines Teilbetriebs sein könne und in diesem Fall kein selbstständiger fiktiver Teilbetrieb mehr sei (dazu auch Pyszka DStR 2016, 2017 (2021); Dötsch/Pung/Möhlenbrock/Dötsch/Stimpel Rn. 166; Widmann/Bauschatz/Jacobsen/Happel Rn. 99; Schaflitzl/Götz DB-Beil. 1/2012, 25 (33)). Die **Fusions-RL** enthält keine Bestimmungen zu fiktiven Teilbetrieben.

89 **b) Begriff des Mitunternehmeranteils.** Der Begriff des Mitunternehmeranteils stimmt mit demjenigen in § 20 I 1, § 24 I überein (Haritz/Menner/Bilitewski/Asmus Rn. 99). Mitunternehmeranteil iSv Abs. 1 S. 3 ist ein Anteil der übertragenden Körperschaft an einer Mitunternehmerschaft, die eine **gewerbliche**, eine **luf** Tätigkeit oder eine **freiberufliche** Tätigkeit mit Gewinnerzielungsabsicht zum Gegenstand hat. Auch die Beteiligung an einer iSv § 15 III 2 EStG gewerblich geprägten oder an einer gewerblich infizierten PersGes führt grds. zu einer Mitunternehmerschaft (Widmann/Mayer/Schießl Rn. 63; Haritz/Menner/Bilitewski/Asmus Rn. 99; Haase/Hofacker/Luce/Claß Rn. 49). Begünstigt sind auch Beteiligungen an Innengesellschaften, die als Mitunternehmeranteile zu qualifizieren sind (etwa atypisch stille Beteiligungen, Untergesellschaften.) Ebenso sind Anteile an **ausl.**

Aufspaltung, Abspaltung und Teilübertragung 90–92 § 15 UmwStG D

Mitunternehmerschaften erfasst (Haase/Hofacker/Luce/Claß Rn. 50). Insoweit ist ein Typenvergleich vorzunehmen (→ § 1 Rn. 23). Aufgrund der Parallelität der Begriffe vgl. zu den Arten und zu den weiteren Anforderungen an den Mitunternehmeranteil → § 20 Rn. 132 ff. Zum **Zeitpunkt** des Vorhandenseins des Mitunternehmeranteils → Rn. 85 ff.

c) Bruchteil eines Mitunternehmeranteils. Auch der Bruchteil eines Mitunternehmeranteils ist ein fiktiver Teilbetrieb iSv Abs. 1 S. 3 (BMF 11.11.2011, BStBl. I 2011, 1314 Rn. 15.04; Rödder/Herlinghaus/van Lishaut/Schumacher Rn. 178; Widmann/Mayer/Schießl Rn. 65; Haritz/Menner/Bilitewski/Asmus Rn. 104; Sagasser/Bula/Brünger Umwandlungen/Schöneberger/Bultmann § 20 Rn. 27; Dötsch/Pung/Möhlenbrock/Dötsch/Stimpel Rn. 162). Er kann erfolgsneutral abgespalten werden. Der bei der übertragenden Körperschaft zurückbleibende Teil des Mitunternehmeranteils ist ebenfalls ein fiktiver Teilbetrieb (Widmann/Bauschatz/Jacobsen/Happel Rn. 99; Brandis/Heuermann/Nitzschke Rn. 70; Haritz/Menner/Bilitewski/Asmus Rn. 87; Lademann/Stuber-Köth Rn. 77; NK-UmwR/Scholz Rn. 53; Eisgruber/Vogt Rn. 214). Diese ergänzende Aussage enthält BMF 11.11.2011, BStBl. I 2011, 1314 Rn. 15.04 im Gegensatz zum BMF 25.3.1998, BStBl. I 1998, 268 Rn. 15.04 zwar nicht mehr, dies dürfte aber nicht auf eine geänderte Sichtweise zurückgehen. Der Umstand, dass Veräußerungs-/Einbringungsgewinne seit 2002 (UntStFG) bei Teilen von Mitunternehmeranteilen nicht mehr begünstigt sind (§ 16 I Nr. 2 EStG, § 20 IV 1, § 24 III 2), ändert hieran nichts (Widmann/Mayer/Schießl Rn. 65; Dötsch/Pung/Möhlenbrock/Dötsch/Stimpel Rn. 162). Im Gegenteil: Der Gesetzgeber bestätigte mit den wiederholten Änderungen im UmwStG, dass Teile von Mitunternehmeranteilen taugliche Übertragungsobjekte sind (zur Vorsicht ratend Semler/Stengel/Leonard/Moszka Rn. 473; ergänzend → § 20 Rn. 154; zur anteiligen Übertragung von SBV → Rn. 94). 90

d) Sonderbetriebsvermögen. Zum Mitunternehmeranteil gehört auch das **SBV** (BFH BStBl. II 2001, 316; DStR 2000, 1768; BStBl. II 1998, 383; 1994, 458). Zum SBV zählen WG, die im zivilrechtlichen oder wirtschaftlichen Eigentum (§ 39 II 1 AO) eines MU (übertragende Körperschaft) stehen, wenn sie dazu geeignet und dazu bestimmt sind, dem Betrieb der Mitunternehmerschaft zu dienen (SBV I) oder der Beteiligung des MU zumindest förderlich sind (SBV II). Vgl. hierzu etwa Schmidt/Wacker EStG § 15 Rn. 506. Auch Verbindlichkeiten können SBV sein. Zur Überführung von WG in das SBV **innerhalb von drei Jahren** vor der Spaltung auch → Rn. 127. 91

SBV, das eine **wesentliche Betriebsgrundlage** des Mitunternehmeranteils ist, **muss** ebenso wie bei echten Teilbetrieben (→ Rn. 69 ff.) gemeinsam mit dem Mitunternehmeranteil übertragen werden oder gemeinsam mit dem zurückbleibenden Mitunternehmeranteil bei der übertragenden Körperschaft verbleiben (Widmann/Mayer/Schießl Rn. 66; Dötsch/Pung/Möhlenbrock/Dötsch/Stimpel Rn. 164; Rödder/Herlinghaus/van Lishaut/Schumacher Rn. 181; Eisgruber/Vogt Rn. 215; vgl. auch BMF 11.11.2011, BStBl. I 2011, 1314 Rn. 15.04). Wesentliche Betriebsgrundlagen werden regelmäßig nur solche des **SBV I** sein (Dötsch/Pung/Möhlenbrock/Dötsch/Stimpel Rn. 164; Widmann/Mayer/Schießl Rn. 69; Haase/Hofacker/Luce/Claß Rn. 70; Widmann/Bauschatz/Jacobsen/Happel Rn. 106; weitergehend Haritz/Menner/Bilitewski/Asmus Rn. 102; gesamte SBV). Dies ist aber immer einzelfallbezogen zu prüfen (ebenso Dötsch/Pung/Möhlenbrock/Dötsch/Stimpel Rn. 164). Praktisch sehr bedeutsam ist dies für die Beteiligung eines Kommanditisten an der Komplementär-GmbH (dazu BFH BStBl. II 2010, 471; OFD NRW 21.6.2016, DB 2016, 1907; OFD Frankfurt 3.12.2015, DStR 2016, 676; Schulze zur Wiesche DB 2010, 638) bzw. die Beteiligung des atypischen stillen Gesellschafters bei einer GmbH & atypisch Still. Ob ein WG des SBV wesentliche Betriebsgrundlage ist, richtet sich wie beim echten Teilbetrieb **ausschließlich** nach 92 funktionalen Gesichtspunkten (→ Rn. 66 f.; vgl. auch BMF 16.8.2000, BStBl. I 2000, 1253). Demgegenüber können WG des SBV, die keine wesentliche Betriebsgrundlage sind (neutrales Vermögen), beliebig zugeordnet werden (aA Neumann GmbHR 2012, 141 (146); → Rn. 96 ff.). Ferner können WG einschl. Schulden, die in unmittelbarem wirtschaftlichem Zusammenhang mit dem Mitunternehmeranteil stehen, diesem zugeordnet und damit mitübertragen bzw. zurückbehalten werden (BMF 11.11.2011, BStBl. I 2011, 1314 Rn. 15.11); aufgrund des unmittelbaren wirtschaftlichen Zusammenhangs werden diese WG regelmäßig SBV sein. Darüber hinaus können aber auch sämtliche WG des **SBV**, auch wenn sie **keine wesentliche Betriebsgrundlage** sind, immer mit dem Mitunternehmeranteil übertragen werden oder mit diesem zurückbleiben. Dies ist keine Frage der Zuordnung von WG, da die WG des SBV **Bestandteil des Mitunternehmeranteils** sind (vgl. auch Neumann GmbHR 2012, 141 (146)). Damit ergeben sich durch die Willkürung von SBV Möglichkeiten der Aufteilung aktiver WG (Rödder/Herlinghaus/van Lishaut/Schumacher Rn. 185; vgl. auch → Rn. 96; vgl. aber auch → Rn. 127).

93 **Verbindlichkeiten** im SBV sind keine wesentliche Betriebsgrundlage (→ Rn. 82). Sie können mit dem Mitunternehmeranteil übertragen, im Grds. aber anderen übergehenden Teilbetrieben oder fiktiven Teilbetrieben zugeordnet oder zurückbehalten werden (aber → Rn. 82: keine Zuordnung zu echten Teilbetrieben, wenn dadurch die Funktionsfähigkeit beeinträchtigt wird).

94 Bei der Übertragung eines **Bruchteils** eines Mitunternehmeranteils (→ Rn. 90) muss das **SBV** nicht anteilig mitübertragen werden (wie hier Widmann/Mayer/Schießl Rn. 67; Lutter/Schumacher UmwG Anh. 1 nach § 151 Rn. 19; Rödder/Herlinghaus/van Lishaut/Schumacher Rn. 183; **aA BMF** 11.11.2011, BStBl. I 2011, 1314 Rn. 15.04; Dötsch/Pung/Möhlenbrock/Dötsch/Stimpel Rn. 166; Haritz/Menner/Bilitewski/Asmus Rn. 104; Lademann/Stuber-Köth Rn. 79; Eisgruber/Vogt Rn. 215; Widmann/Bauschatz/Jacobsen/Happel Rn. 106; Rogall DB 2006, 66 (67)), denn in diesem Fall behält das WG die Qualität des SBV bei dem verbleibenden Mitunternehmeranteil. Dies gilt auch, obwohl der BFH für die Tarifbegünstigung nach §§ 16, 34 EStG bei der Veräußerung auch die quotale Übertragung der wesentlichen Betriebsgrundlagen des SBV verlangt (BFH DStR 2000, 1768; BStBl. II 2001, 26). Die im Vergleich zu §§ 16, 34 EStG unterschiedliche Behandlung rechtfertigt sich aus dem Umstand, dass es bei § 15 nicht auf die geballte Versteuerung der stillen Reserven, sondern auf die Fortsetzung des unternehmerischen Engagements ankommt (→ Rn. 75). Bei der Übertragung eines Teils eines Mitunternehmeranteils ist dies sowohl hinsichtlich des übertragenen als auch hinsichtlich des zurückbleibenden Teils gegeben. Das SBV bleibt damit auch bei nicht quotal gleicher Übertragung unternehmerisch gebunden. Ein zum SBV eines Mitunternehmeranteils zählendes WG, das zugleich wesentliche Betriebsgrundlage des Mitunternehmeranteils und eines anderen (echten oder fiktiven) Teilbetriebs ist (sog. **spaltungshinderndes WG,** etwa ein Grundstück), kann nach den in → Rn. 75 ff. angeführten Grundsätzen einem (echten oder fiktiven) Teilbetrieb zugeordnet werden. Insoweit bestehen Unterschiede zwischen echtem Teilbetrieb und Mitunternehmeranteilen nicht.

95 Zur Behandlung einer 100 %igen Beteiligung an einer KapGes als wesentliche Betriebsgrundlage eines Mitunternehmeranteils → Rn. 103.

96 **e) Zuordnung von neutralem Vermögen.** Neutrales Vermögen (zum Begriff → Rn. 80 f.) kann beliebig auch einem Mitunternehmeranteil zugeordnet werden (wie hier Sagasser/Bula/Brünger Umwandlungen/Schöneberger/Bultmann § 20 Rn. 32; *BeckOK UmwStG*/Oppel/Rehberg Rn. 343.1; Blumers/Siegels DB 1996, 7 (8)). Dies setzt nicht voraus, dass die WG zuvor gewillkürtes SBV werden (so aber Widmann/Mayer/Schießl Rn. 71), was aber regelmäßig der Fall sein wird (vgl. auch Rödder/Herlinghaus/van Lishaut/Schumacher Rn. 185). Zur Überführung von

WG in das SBV **innerhalb von drei Jahren** vor der Spaltung auch → Rn. 127. Abs. 1 verlangt, dass echte oder fiktive Teilbetriebe übertragen werden und – bei der Abspaltung – zurückbleiben. Damit muss zwingend eine Zuordnung von neutralem Vermögen erfolgen. Eine **unterschiedliche Behandlung** von echten Teilbetrieben iSv Abs. 1 S. 1 und fiktiven Teilbetrieben iSv Abs. 1 S. 3 lässt sich aus **dem Gesetz nicht ableiten.** Sie ist auch durch den Gesetzeszweck nicht gerechtfertigt, denn das neutrale Vermögen prägt definitionsgemäß nicht den Teilbetrieb (→ Rn. 66 ff.). Aus dem Teilbetriebsbegriff der Fusions-RL (→ Rn. 52 ff.) kann hierzu nichts abgeleitet werden, da diese fiktive Teilbetriebe iSv Abs. 1 S. 3 nicht erfasst. Der nationale Gesetzgeber hat insoweit den Anwendungsbereich für steuerneutrale Spaltungen erweitert.

Nach Ansicht der **FVerw** können einem Mitunternehmeranteil oder einer 97 100 %igen Beteiligung an einer KapGes nur WG einschließlich Schulden zugeordnet werden, die in unmittelbarem wirtschaftlichem Zusammenhang mit der Beteiligung oder dem Mitunternehmeranteil stehen (BMF 11.11.2011, BStBl. I 2011, 1314 Rn. 15.11; ebenso Rödder/Herlinghaus/van Lishaut/Schumacher Rn. 185, vgl. allerdings dort Rn. 186). Der FVerw zufolge sind dies bei einer 100 %igen Beteiligung an einer KapGes alle WG, die für die Verwaltung der Beteiligung erforderlich sind (zB Ertragniskonten, Einrichtung). Diese Darstellung der FVerw gibt selbst auf der Grundlage ihrer restriktiven Haltung der Gestaltungspraxis keine Sicherheit (vgl. auch Widmann/Mayer/Schießl Rn. 95 ff.). Es bleibt unklar, was unter einem unmittelbaren wirtschaftlichen Zusammenhang zu verstehen ist. Vorrangig dürfte auf jeden Fall sein, wenn die Voraussetzungen der Willkürung gegeben sind (Rödder/Herlinghaus/van Lishaut/Schumacher Rn. 185; vgl. auch → Rn. 92). Eine vorherige verbindliche Auskunft ist dennoch anzuraten. Insbes. bei der Zuordnung von **Verbindlichkeiten** (→ Rn. 93) besteht die Gefahr, dass eine **zusätzliche Gegenleistung** (nicht in Gesellschaftsrechten, § 11 I 1 Nr. 2) und damit insoweit eine Gewinnrealisierung angenommen wird (vgl. Widmann/Mayer/Schießl Rn. 103). Dies gilt allerdings nicht, wenn die Verbindlichkeit als passives SBV einzustufen ist und damit als Bestandteil des Mitunternehmeranteils übertragen wird.

7. Hundertprozentige Beteiligung an Kapitalgesellschaft

a) Grundsatz. Neben einem Mitunternehmeranteil (→ Rn. 88 ff.) gelten nach 98 der ausdrücklichen Anordnung in Abs. 1 S. 3 auch Beteiligungen an KapGes, die das gesamte Nennkapital der Ges umfassen, als **fiktive Teilbetriebe.** Demzufolge können derartige Beteiligungen grds. im Wege der Auf- und Abspaltung/Teilübertragung von der übertragenden Körperschaft steuerneutral auf eine übernehmende Körperschaft übertragen werden bzw. hindert deren Zurückbehaltung nicht die steuerneutrale Übertragung anderer echter oder fiktiver Teilbetriebe.

b) Beteiligung an Kapitalgesellschaft. Abs. 1 S. 3 erfasst nur Beteiligungen an 99 KapGes, nicht an anderen Körperschaften. KapGes sind nach der Legaldefinition von § 1 I 1 KStG AG, SE, KGaA und GmbH. Auch die UG (haftungsbeschränkt) ist eine GmbH. Entsprechend der kstl. Behandlung (BFH BStBl. II 1993, 352) sind Anteile an einer **VorGes** (ab dem notariellen Gründungsakt bis zur Eintragung im Handelsregister) bereits als Anteile an einer KapGes aufzufassen (Haase/Hofacker/Luce/Claß Rn. 54a; auch → § 21 Rn. 22). Auch Beteiligungen an steuerbefreiten Körperschaften sind erfasst (Sagasser/Bula/Brünger Umwandlungen/Schöneberger/Bultmann § 20 Rn. 29; Widmann/Mayer/Schießl Rn. 88). Schließlich unterscheidet Abs. 1 S. 3 – wie auch § 21 – nicht zwischen Anteilen an **inl. und ausl.** KapGes (Haritz/Menner/Bilitewski/Asmus Rn. 108; Widmann/Mayer/Schießl Rn. 88; Dötsch/Pung/Möhlenbrock/Dötsch/Stimpel Rn. 167; Rödder/Herlinghaus/van Lishaut/Schumacher Rn. 167; Semler/Stengel/Leonard/Moszka Rn. 474; Haase/

Hofacker/Luce/Claß Rn. 54a; Goutier/Knopf/Tulloch/Knopf/Hill Rn. 22; BeckOK UmwStG/Oppel/Rehberg Rn. 546; Herzig/Förster DB 1995, 338 (342)). Die ausl. KapGes, deren Anteile übertragen/zurückbehalten werden, muss nicht beschränkt stpfl. sein. Maßgeblich ist, ob die ausl. Ges mit einer dt. KapGes vergleichbar ist (Typenvergleich), sie also wie eine jur. Person körperschaftlich strukturiert ist und die Beteiligung Gesellschaftsrechte wie bei einer dt. KapGes vermittelt (hierzu näher → § 1 Rn. 17). Eine Beschränkung auf ausl. EU-KapGes ist aus dem Gesetz nicht ableitbar (Rödder/Herlinghaus/van Lishaut/Schumacher Rn. 187; auch → § 21 Rn. 21).

100 Die Beteiligung muss – anders als bei § 21 (→ § 21 Rn. 42) – das **gesamte Nennkapital** umfassen; eigene Anteile der KapGes werden hierbei nicht gezählt (Rödder/Herlinghaus/van Lishaut/Schumacher Rn. 190; Haritz/Menner/Bilitewski/Asmus Rn. 108; Sagasser/Bula/Brünger Umwandlungen/Schöneberger/Bultmann § 20 Rn. 29; Goutier/Knopf/Tulloch/Knopf/Hill Rn. 23; Dötsch/Pung/Möhlenbrock/Dötsch/Stimpel Rn. 168; Brandis/Heuermann/Nitzschke Rn. 73; NK-UmwR/Scholz Rn. 59; BeckOK UmwStG/Oppel/Rehberg Rn. 547; Widmann/Bauschatz/Jacobsen/Happel Rn. 100). Bestehen auch stimmrechtslose Anteile, müssen auch diese der übertragenden Körperschaft gehören (Dötsch/Pung/Möhlenbrock/Dötsch/Stimpel Rn. 168, 170; Frotscher/Drüen/Bleifeld Rn. 131). Zur **Aufstockung** einer Beteiligung an einer KapGes innerhalb von drei Jahren vor dem stl. Übertragungsstichtag → Rn. 117 ff. Maßgeblich ist das wirtschaftliche Eigentum iSv § 39 II Nr. 1 AO. Demzufolge liegt eine 100 %ige Beteiligung auch dann vor, wenn die Anteile vollständig oder teilweise von einem **Treuhänder** für die übertragende Körperschaft (= Treugeberin) gehalten werden. In diesem Fall muss im Spaltungsvertrag das Treuhandverhältnis übertragen werden (Haritz/Menner/Bilitewski/Asmus Rn. 109; Widmann/Mayer/Schießl Rn. 86; Dötsch/Pung/Möhlenbrock/Dötsch/Stimpel Rn. 168; Sagasser/Bula/Brünger Umwandlungen/Schöneberger/Bultmann § 20 Rn. 29; Rödder/Herlinghaus/van Lishaut/Schumacher Rn. 191). Umgekehrt liegt eine 100 %ige Beteiligung der übertragenden Körperschaft nicht vor, sofern sie die Anteile treuhänderisch für einen Dritten hält (Haritz/Menner/Bilitewski/Asmus Rn. 109; Widmann/Mayer/Schießl Rn. 87). Der Begriff der Beteiligung ist nicht iSv § 271 I HGB zu verstehen. Abs. 1 S. 3 stellt nur auf die zivilrechtliche (oder wirtschaftliche) Gesellschafterstellung ab (Haritz/Menner/Bilitewski/Asmus Rn. 108). Teilweise wird auch eine kombinierte unmittelbare und mittelbare 100 %ige Beteiligung als tauglicher fiktiver Teilbetrieb angesehen (Rödder/Herlinghaus/van Lishaut/Schumacher Rn. 190; aA zu Recht Dötsch/Pung/Möhlenbrock/Dötsch/Stimpel Rn. 170). Entsprechendes soll gelten, wenn die Anteile über eine vermögensverwaltende PersGes gehalten werden (Rödder/Herlinghaus/van Lishaut/Schumacher Rn. 191). Nicht ausreichend ist es ferner, wenn alle anderen Anteile vom übernehmenden Rechtsträger gehalten werden (Frotscher/Drüen/Bleifeld Rn. 132). Beteiligungen von weniger als 100 % des Nennkapitals können nur durch Zuordnung zu einem (fiktiven) Teilbetrieb begünstigt übertragen werden bzw. müssen bei einer Abspaltung einem zurückbleibenden (fiktiven) Teilbetrieb zugeordnet werden können.

101 Begünstigt ist nur die **vollständige Übertragung** (oder Zurückbehaltung) der 100 %igen Beteiligung auf eine übernehmende Körperschaft. Hierzu zählen auch stimmrechtslose Anteile (→ Rn. 100), nicht hingegen Genussrechtskapital (Frotscher/Drüen/Bleifeld Rn. 131; Dötsch/Pung/Möhlenbrock/Dötsch/Stimpel Rn. 168). Eine Aufteilung der Beteiligung auf verschiedene Körperschaften kommt ebenso wenig wie die Übertragung lediglich eines Teils der Beteiligung in Betracht (ebenso Rödder/Herlinghaus/van Lishaut/Schumacher Rn. 189; Haritz/Menner/Bilitewski/Asmus Rn. 108; Sagasser/Bula/Brünger Umwandlungen/Schöneberger/Bultmann § 20 Rn. 29; Widmann/Mayer/Schießl Rn. 90; BeckOK UmwStG/Beutel/Großkreuz Rn. 548).

c) **Zuordnung von neutralem Vermögen.** Hinsichtlich der Zuordnung von 102 neutralem Vermögen zu 100 %igen Beteiligungen an KapGes gelten dieselben Erwägungen wie bei Mitunternehmeranteilen (→ Rn. 96). Weder nach dem Gesetzestext noch nach dem Normzweck ist eine unterschiedliche Behandlung von echten und fiktiven Teilbetrieben gerechtfertigt (vgl. aber BMF 11.11.2011, BStBl. I 2011, 1314 Rn. 15.11; → Rn. 103; aA auch Widmann/Mayer/Schießl Rn. 95 ff.; Rödder/Herlinghaus/van Lishaut/Schumacher Rn. 192, vgl. aber dort Rn. 193; wie hier BeckOK UmwStG/Oppel/Rehberg Rn. 343.1). Demzufolge können neutrale WG, also WG, die keinem Teilbetrieb zugeordnet sind bzw. bei keinem Teilbetrieb eine wesentliche Betriebsgrundlage oder für die Funktionsfähigkeit notwendig sind (→ Rn. 67, → Rn. 71), beliebig einer zu übertragenden oder zurückbleibenden 100 %igen Beteiligung an einer KapGes zugeordnet werden (ebenso Blumers/Siegel DB 1996, 7 (8 f.); Köster/Prinz GmbHR 1997, 336 (341); Stegemann DStR 2002, 1549 (1551); auf der Grundlage eines anderen Verständnisses zum Erfordernis eines Nur-Teilbetriebs (→ Rn. 64) iErg auch Rödder/Herlinghaus/van Lishaut/Schumacher Rn. 193). Zum maßgeblichen **Zeitpunkt** → Rn. 85 ff. Bei der Zuordnung von **Verbindlichkeiten** ist allerdings zu beachten, dass die Schuldbefreiung – anders als bei Mitunternehmeranteilen (→ Rn. 97) – regelmäßig eine andere Gegenleistung iSv § 11 II 1 Nr. 3 ist (Widmann/Mayer/Schießl Rn. 103).

Die Ansicht der **FVerw,** eine 100 %ige Beteiligung an einer KapGes, die **wesent-** 103 **liche Betriebsgrundlage eines Teilbetriebs** ist, stelle keinen Teilbetrieb dar (BMF 11.11.2011, BStBl. I 2011, 1314 Rn. 15.06; ebenso Widmann/Mayer/Schießl Rn. 91; Dötsch/Pung/Möhlenbrock/Dötsch/Stimpel Rn. 171), ist abzulehnen (so auch Haritz/Menner/Bilitewski/Asmus Rn. 114; Semler/Stengel/Loenard/Moszka Rn. 477; Brandis/Heuermann/Nitzschke Rn. 73; Rödder/Herlinghaus/van Lishaut/Schumacher Rn. 188; BeckOK UmwStG/Oppel/Rehberg Rn. 478; Widmann/Bauschatz/Jacobsen/Happel Rn. 103; Blumers BB 1997, 1876 (1878); Stegemann DStR 2002, 1549 (1551); auch → § 20 Rn. 26). Diese Meinung missachtet, dass Abs. 1 S. 3 die 100 %ige Beteiligung an einer KapGes ausdrücklich einem Teilbetrieb gleichstellt. Demzufolge ist Abs. 1 S. 3 lex specialis gegenüber Abs. 1 S. 1.

8. Zurückbleibendes Vermögen

Nach Abs. 1 S. 2 muss bei der **Abspaltung** bzw. bei der der Abspaltung entspre- 104 chenden Teilübertragung das der übertragenen Körperschaft **verbleibende Vermögen** ebenfalls zu einem Teilbetrieb gehören. Zum **doppelten Teilbetriebserfordernis** auch → Rn. 62 ff. Bei der Aufspaltung und der der Aufspaltung entsprechenden Form der Teilübertragung kann diese Situation nicht eintreten, da der übertragende Rechtsträger erlischt (§ 123 I UmwG, § 174 II 1 UmwG). Der Begriff des Teilbetriebs in Abs. 1 S. 2 umfasst sowohl den echten Teilbetrieb nach Abs. 1 S. 1 als auch den fiktiven Teilbetrieb nach Abs. 1 S. 3 (ebenso Widmann/Mayer/Schießl Rn. 107; Rödder/Herlinghaus/van Lishaut/Schumacher Rn. 175; Dötsch/Pung/Möhlenbrock/Dötsch/Stimpel Rn. 161; Herzig/Förster DB 1995, 338 (342); Herzig/Momen DB 1994, 2157 (2160)). Demnach sind die Voraussetzungen von Abs. 1 S. 2, 3 erfüllt, wenn die übertragende Körperschaft einen echten Teilbetrieb überträgt und ein oder mehrere fiktive Teilbetriebe bei der übertragenden Körperschaft zurückbleiben (im Grds. auch BMF 11.11.2011, BStBl. I 2011, 1314 Rn. 15.02; vgl. das Beispiel). Ebenso ist bei der Übertragung eines Teils eines Mitunternehmeranteils der zurückbleibende Teil ein (fiktiver) Teilbetrieb (→ Rn. 90).

Der Wortlaut von Abs. 1 S. 2 ist allerdings zu eng. Ausreichend ist es, wenn 105 ein **Betrieb** zurückbleibt (BFH DStR 2022, 41 Rn. 19; Rödder/Herlinghaus/van Lishaut/Schumacher Rn. 175). Dies wäre etwa der Fall, wenn die übertragende

Körperschaft nur einen echten Betrieb und daneben lediglich fiktive Teilbetriebe iSv Abs. 1 S. 3 hat (BFH DStR 2022, 41 Rn. 19). Auch in diesem Fall kann sie die fiktiven Teilbetriebe übertragen, wenn der Betrieb zurückbleibt bzw. den gesamten Betrieb übertragen und die fiktiven Teilbetriebe zurückbehalten, denn die übertragende Körperschaft hat im Rechtssinne mehrere Teilbetriebe (zu HoldingGes → Rn. 53).

106 Die Zurückbehaltung eines echten oder fiktiven Teilbetriebs setzt ebenso wie dessen Übertragung voraus, dass die übertragende Körperschaft das (wirtschaftliche) Eigentum an allen dem verbleibenden Teilbetrieb zuzurechnenden **wesentlichen Betriebsgrundlagen** behält (Widmann/Mayer/Schießl Rn. 108; → Rn. 66 ff., → Rn. 69 ff., → Rn. 71 f., → Rn. 91). Wesentliche Betriebsgrundlagen, die einem verbleibenden und einem übergehenden Teilbetrieb als wesentliche Betriebsgrundlage zuzurechnen sind (sog. spaltungshindernde WG), können einem Teilbetrieb zugeordnet werden, können demnach sowohl übertragen als auch zurückbehalten werden (aber → Rn. 75 ff.). **Neutrales Vermögen** kann einem zurückbehaltenen Teilbetrieb ebenso wie einem übergehenden Teilbetrieb zugeordnet werden (→ Rn. 80 ff., → Rn. 96 ff., → Rn. 102 f.). Auch einem Mitunternehmeranteil und einer 100 %igen Beteiligung an einer KapGes als zurückbehaltenem Teilbetrieb können WG des neutralen Vermögens zugeordnet werden (→ Rn. 96 ff., → Rn. 102 f.).

107 Die Zuordnung des neutralen Vermögens erfolgt durch die Aufnahme bzw. Nichtaufnahme im **Spaltungsvertrag**, § 126 I Nr. 9 UmwG. Eines besonderen Widmungsaktes bedarf es nicht (vgl. aber etwa Widmann/Mayer/Schießl Rn. 120, der bei einem zurückbleibenden Mitunternehmeranteil eine Zuordnung zum SBV verlangt; auch → Rn. 96).

9. Rechtsfolgen des Fehlens der Teilbetriebsvoraussetzungen

108 Entgegen der Rechtslage vor der Änderung durch das SEStEG führt eine Nichterfüllung des doppelten Teilbetriebserfordernisses (→ Rn. 44 ff.) nicht dazu, dass die §§ 11–13 überhaupt nicht anwendbar sind. Rechtsfolge eines Verstoßes gegen das doppelte Teilbetriebserfordernis ist nach Abs. 1 S. 2, dass § 11 II und § 13 II, mithin die **Bewertungswahlrechte** auf der Ebene der übertragenden Körperschaft und der Anteilsinhaber, nicht anzuwenden sind (BMF 11.11.2011, BStBl. I 2011, 1314 Rn. 15.12). IÜ verbleibt es bei der entsprechenden Geltung von §§ 11–13 (BMF 11.11.2011, BStBl. I 2011, 1314 Rn. 15.13; hierzu iE → Rn. 244 ff.). Auch die stl. **Rückwirkung** tritt ein (BFH BStBl. II 2011, 467; BMF 11.11.2011, BStBl. I 2011, 1314 Rn. 15.13; → § 2 Rn. 3). Demzufolge hat die übertragende Körperschaft das **übergehende Vermögen** nach § 11 I zwingend mit dem gemeinen Wert anzusetzen (BMF 11.11.2011, BStBl. I 2011, 1314 Rn. 15.12; auch → Rn. 245). Das Bewertungswahlrecht nach § 11 II kann nicht ausgeübt werden (→ Rn. 247). Eine auf der Ebene der übertragenden Körperschaft steuerneutrale Auf- oder Abspaltung scheidet damit aus. Bei einer Abspaltung sind die stillen Reserven aber nur im übertragenen Vermögen aufzudecken (BMF 11.11.2011, BStBl. I 2011, 1314 Rn. 15.12; → Rn. 245). Auf **Anteilsinhaberebene** gilt im Grds. § 13 I, wonach eine Veräußerung der Anteile an der übertragenden Körperschaft zum gemeinen Wert und eine Anschaffung der als Gegenleistung erhaltenen Anteile zum gemeinen Wert fingiert wird (näher → Rn. 281). Diese Rechtsfolge tritt bei einem Verstoß gegen das Teilbetriebserfordernis unabhängig davon ein, ob eine Auf- oder Abspaltung vorliegt. Der Anteilsinhaber hat mithin keine Kapitalerträge iSv § 20 EStG, er erzielt vielmehr einen (fiktiven) **Veräußerungsgewinn**. Für beschränkt stpfl. Gesellschafter ist dies bedeutsam, weil bei Bestehen eines DBA Deutschland regelmäßig kein Besteuerungsrecht hat (Art. 13 V OECD-MA; Rödder/Schumacher DStR 2007, 369 (374)). Bei einer **Abspaltung** führt die entsprechende Anwendung von

§ 13 I dazu, dass eine Teilveräußerung fingiert wird (BMF 11.11.2011, BStBl. I 2011, 1314 Rn. 15.12). Als Veräußerungspreis gilt der gemeine Wert des als Gegenleistung erhaltenen Anteils; dieser lässt sich vielfach, aber nicht zwingend aus dem gemeinen Wert des übertragenen Vermögens (so BMF 11.11.2011, BStBl. I 2011, 1314 Rn. 15.12) ableiten. Zur Aufteilung des BW bzw. der AK → Rn. 291. Für Gesellschafter iSv § 20 II 1 Nr. 1 greift **§ 20 IVa** EStG (BMF 11.11.2011, BStBl. I 2011, 1314 Rn. 15.12).

10. Bilanzen bei der Spaltung

a) Handelsbilanzen. aa) Übertragende Körperschaft. Die übertragende 109 Körperschaft hat nach §§ 125, 17 II UmwG auf den Zeitpunkt unmittelbar vor dem Spaltungsstichtag (§ 126 I Nr. 6 UmwG; → UmwG § 17 Rn. 37 ff.) eine handelsrechtliche Schlussbilanz zu erstellen. Für diese Schlussbilanz gelten die Vorschriften über die Jahresbilanz (als Bestandteil des handelsrechtlichen Jahresabschlusses) und deren Prüfung entsprechend, § 17 II 2 UmwG. Zu den Anforderungen an die Schlussbilanz → UmwG § 17 Rn. 8 ff. Zu den bei der Spaltung zu beachtenden Besonderheiten → UmwG § 17 Rn. 49 ff.

bb) Übernehmende Körperschaft. Die übernehmende Körperschaft erfasst 110 den Vermögensübergang anlässlich der Auf-/Abspaltung/Teilübertragung handelsbilanziell im Zeitpunkt des Übergangs des wirtschaftlichen Eigentums, spätestens mit Wirksamwerden der Spaltung (§ 131 I UmwG), als **lfd. Geschäftsvorfall** (→ UmwG § 24 Rn. 4). Demnach wird der Vermögenserwerb im ersten auf diesen Zeitpunkt folgenden regulären Jahresabschluss der übernehmenden Körperschaft abgebildet (→ UmwG § 24 Rn. 4 ff.). Lediglich bei einer Spaltung **zur Neugründung** muss die übernehmende Körperschaft eine Eröffnungsbilanz erstellen (→ UmwG § 24 Rn. 7 ff.; zur Bilanzierung in der Interimszeit → UmwG § 17 Rn. 67 ff.). Die übernehmende Körperschaft hat handelsbilanziell nach §§ 125, 24 UmwG das **Wahlrecht,** das übergehende Vermögen nach den allg. Grundsätzen oder unter Fortführung der BW der Schlussbilanz iSv § 17 II UmwG zu erfassen (→ UmwG § 24 Rn. 20 ff.; zu den Besonderheiten der Spaltung insbes. → UmwG § 24 Rn. 93 ff.).

b) Steuerbilanzen. aa) Übertragende Körperschaft. Abs. 1 S. 1 verweist auf 111 §§ 11–13. Unter den weiteren Voraussetzungen nach Abs. 1 S. 2 (Übertragung/Zurückbehaltung eines Teilbetriebs) und bei Nichteingreifen der Missbrauchsregelungen nach Abs. 2 können in der stl. **Schlussbilanz** für das letzte Wj. der übertragenden Körperschaft Buchwerte ausgeübt werden (→ Rn. 244 ff. und → § 11 Rn. 15 ff., → § 11 Rn. 20 ff.). **Stichtag** der stl. Schlussbilanz ist der stl. Übertragungsstichtag (→ § 2 Rn. 9; Dötsch/Pung/Möhlenbrock/Dötsch/Stimpel Rn. 380).

Abs. 2 aF (vor Änderung durch das SEStEG) ordnete ausdrücklich an, dass die 112 übertragende Körperschaft auf den stl. Übertragungsstichtag eine StB aufzustellen hat. Die Regelung ist mit der Neufassung des UmwStG durch das SEStEG ersatzlos gestrichen worden. Die Erforderlichkeit einer stl. Schlussbilanz resultiert aber unverändert aus der in Abs. 1 S. 1 angeordneten entsprechenden Geltung von § 11 (siehe auch Dötsch/Pung/Möhlenbrock/Dötsch/Stimpel Rn. 380). Bei **Aufspaltungen** treten Besonderheiten im Vergleich zur Verschm (unmittelbare Anwendung von § 11) nicht auf, da die übertragende Körperschaft erlischt. Abs. 2 aF hatte demzufolge eigenständige Bedeutung nur für die **Abspaltung** (§ 123 II UmwG) und für die der Abspaltung entsprechende Form der Teilübertragung (§ 174 II Nr. 2 UmwG), da in diesen Fällen der übertragende Rechtsträger nicht erlischt.

Stimmt der stl. Übertragungsstichtag mit dem Ende des Wj. überein, bedeutet 113 die entsprechende Anwendung von § 11 bei einer **Abspaltung,** dass die Bewertung desjenigen Vermögens, das durch die Abspaltung übertragen wird, mit dem gemeinen Wert oder die Ausübung der Wahlrechte nach § 11 II in der StB des (fortbestehenden) übertragenden Rechtsträgers zum Ende des Wj. auszuüben sind (wohl auch Rödder/Herlinghaus/van Lishaut/Schumacher Rn. 95; Haritz/Menner/Bilitewski/Asmus Rn. 38; Semler/Stengel/Leonard/Moszka Rn. 432). Nach **aA (BMF** 11.11.2011, BStBl. I 2011, 1314 Rn. 15.14) ist bei der Abspaltung eines Teilbetriebs eine stl. Schlussbilanz auf den stl. Übertragungsstichtag isoliert nur für den abgespaltenen Teilbetrieb zu erstellen (ebenso Dötsch/Pung/Möhlenbrock/Dötsch/Stimpel Rn. 380; Widmann/Bauschatz/Jacobsen/Happel Rn. 123). Dies dürfte damit zusammenhängen, dass nach Ansicht der FVerw die stl. Schlussbilanz iSv § 11 keine StB iSv § 4 I EStG, § 5 I EStG ist (BMF 11.11.2011, BStBl. I 2011, 1314 Rn. 11.02 iVm Rn. 03.01; → § 3 Rn. 22). Aus dem Gesetz lässt sich die Abgabe einer eigenen Schlussbilanz für die abgespaltenen Teile nicht ableiten, da die Bilanz nur der Ermittlung des Übertragungsgewinns und der Festlegung der Werte für die übernehmenden Rechtsträger (§ 12 I 1) dient. Dies kann auch eine Gesamtbilanz leisten, die damit für die entsprechende Anwendung von § 11 genügt. Daher sollte auch die Gesamtbilanz der übertragenden Körperschaft nach § 4 I EStG, § 5 I EStG mit Entsprechenserklärung (BMF 11.11.2011, BStBl. I 2011, 1314 Rn. 11.02 iVm Rn. 03.01) ausreichend sein.

114 Problematisch ist indes, wenn der stl. **Übertragungsstichtag** vom Ende des **Wj. abweicht.** Nach dem Wegfall von Abs. 2 aF stellt sich die Frage, ob allein aus der entsprechenden Anwendung von § 11 I das Erfordernis der Aufstellung einer stl. „Schlussbilanz" folgt. Hierfür spricht, dass § 11 I anders als § 11 I aF nicht mehr von einer stl. Schlussbilanz „für das letzte Wj. der übertragenden Körperschaft" spricht (zutr. Rödder/Herlinghaus/van Lishaut/Schumacher Rn. 94). Allerdings lässt sich aus der entsprechenden Anwendung nicht ableiten, dass ein stl. Rumpfwirtschaftsjahr entsteht (wie hier Rödder/Herlinghaus/van Lishaut/Schumacher Rn. 94; Haritz/Menner/Bilitewski/Asmus Rn. 37; aA Dötsch/Pung/Möhlenbrock/Dötsch/Stimpel Rn. 380). Die Grundsätze der Verschm (vgl. BFH BStBl. II 2006, 469) können aufgrund des Fortbestehens des übertragenden Rechtsträgers bei der Abspaltung nicht übertragen werden. Indes bedeutet eine entsprechende Anwendung in diesem Fall nicht, dass tatsächlich eine stl. „Schlussbilanz" auf den stl. Übertragungsstichtag aufzustellen ist (wie hier Semler/Stengel/Leonard/Moszka Rn. 432; aA Rödder/Herlinghaus/van Lishaut/Schumacher Rn. 94; Dötsch/Pung/Möhlenbrock/Dötsch/Stimpel Rn. 380; Haritz/Menner/Bilitewski/Asmus Rn. 37). Das übergehende Vermögen (→ Rn. 248) ist vielmehr für die Ermittlung des Übertragungsgewinns (→ § 11 Rn. 153 ff.) so zu bewerten, als würde auf den stl. Übertragungsstichtag eine Schlussbilanz aufgestellt werden. Das stl. Ergebnis einschl. des auf die Abspaltung zurückgehenden Ergebnisses wird indes erst im Rahmen der Gewinnermittlung für das gesamte Vermögen bis zum Ende des Wj. erfasst (so auch Rödder/Herlinghaus/van Lishaut/Schumacher Rn. 94). Dies kann Einfluss auf den verbleibenden Verlustvortrag haben (Rödder/Herlinghaus/van Lishaut/Schumacher Rn. 94; zum Verlustvortrag → Rn. 276). Angesichts der **aA der FVerw** (BMF 11.11.2011, BStBl. I 2011, 1314 Rn. 15.14) ist die Praxis gezwungen, auf den vom Wj. abw. stl. Übertragungsstichtag eine nur das übergehende Vermögen umfassende Teil-Schlussbilanz aufzustellen. Zur **handelsbilanziellen** Situation → UmwG § 17 Rn. 50 ff. Zur teilbetriebsbezogenen Ausübung der Wahlrechte nach § 11 I → Rn. 249 ff. Die stl. Schlussbilanz (ggf. die Berechnung wie in einer Schlussbilanz; vgl. oben) ist auch maßgeblich für die Überleitung des stl. Einlagenkontos (→ Rn. 299).

115 bb) **Übernehmende Körperschaft.** Für die übernehmende Körperschaft besteht bei einer Spaltung **zur Aufnahme** keine Verpflichtung, auf den stl. Übertragungsstichtag (vgl. § 2) eine stl. **Übernahmebilanz** zu erstellen. Der Vermögensübergang ist stl. ebenso wie handelsbilanziell (→ UmwG § 24 Rn. 4 ff.) ein **lfd. Geschäftsvorfall** (Haritz/Menner/Bilitewski/Asmus Rn. 45; Dötsch/Pung/Möhlenbrock/Dötsch/Stimpel Rn. 384). Stimmt der stl. Übertragungsstichtag mit dem regulären Abschlussstichtag überein, wird der Vermögensübergang stl. aufgrund der Rückwirkung nach § 2 I bereits in der auf diesen Stichtag aufzustellenden StB erfasst. Anderenfalls wird der Vermögensübergangs im nächsten auf den stl. Übertragungsstichtag folgenden Abschluss (StB) erfasst.

Bei einer Spaltung **zur Neugründung** hat die übernehmende Körperschaft hingegen auf den stl. Übertragungsstichtag eine stl. Eröffnungsbilanz aufzustellen (Dötsch/Pung/Möhlenbrock/Dötsch/Stimpel Rn. 384; Haritz/Menner/Bilitewski/Asmus Rn. 45; iÜ → § 12 Rn. 2 ff.). 116

11. Weitere Anforderungen an fiktive Teilbetriebe (Abs. 2 S. 1)

a) Allgemeines. Abs. 2 S. 1 enthält eine Einschränkung der Verweisung in Abs. 1 auf § 11 II. Danach ist § 11 II nicht auf Mitunternehmeranteile und Beteiligungen iSv Abs. 1 anzuwenden, wenn sie innerhalb eines Zeitraums von drei Jahren vor dem stl. Übertragungsstichtag durch Übertragung von WG, die kein Teilbetrieb sind, erworben oder aufgestockt worden sind. Dies ist – ebenso wie die weiteren Bestimmungen in Abs. 2 – eine **spezialgesetzliche Missbrauchsregelung,** die anlässlich der Neufassung des UmwStG durch das SEStEG inhaltlich unverändert geblieben ist (allerdings nun Abs. 2 statt Abs. 3). Zum Verhältnis zu § 42 AO → Rn. 241. Dort auch zur Frage der Vereinbarkeit mit der Fusions-RL. Es soll verhindert werden, dass einzelne WG, die kein Teilbetrieb sind, durch vorherige Übertragung auf Mitunternehmerschaften/KapGes steuerneutral vom Vermögen der übertragenden Körperschaft abgespalten werden können (vgl. Begr. RegE, BT-Drs. 12/6885 zu § 15; vgl. auch BMF 11.11.2011, BStBl. I 2011, 1314 Rn. 15.16). Der Gesetzgeber befürchtete insbes. vorbereitende Gestaltungen, die eine steuerneutrale Übertragung der Einzelwirtschaftsgüter ermöglichen (bspw. eine nach § 21 I 2 steuerneutrale Einbringung einer nicht 100 %igen Beteiligung an einer KapGes in eine neu gegründete KapGes; die als Gegenleistung gewährte 100 %ige Beteiligung an der übernehmenden KapGes wäre sodann ein Teilbetrieb iSv Abs. 1 S. 3). Vgl. auch die Beispiele im BMF 25.3.1998, BStBl. I 1998, 268 Rn. 15.16. 117

Die Missbrauchsregelung betrifft ausdrücklich **nur Mitunternehmeranteile und 100 %ige Beteiligungen an KapGes** (→ Rn. 120); echte Teilbetriebe iSv Abs. 1 S. 1 können auch kurz vor der Spaltung begründet werden (→ Rn. 87). Sie ist zudem zeitlich auf Übertragungen innerhalb von drei Jahren vor dem stl. Übertragungsstichtag befristet. 118

Die Missbrauchsregelung kommt nur zur Anwendung, wenn iÜ die Anforderungen von Abs. 1 erfüllt sind. **Rechtsfolge** ist, dass das Bewertungswahlrecht nach § 11 II nicht besteht. Anders als bei der Nichterfüllung des Teilbetriebserfordernisses nach Abs. 1 bleibt § 13 II anwendbar (näher → Rn. 131). 119

b) Übertragung fiktiver Teilbetriebe. Der Anwendungsbereich der Missbrauchsvorschrift ist begrenzt. Nach dem klaren Wortlaut bezieht sich Abs. 2 S. 1 nur auf **fiktive** Teilbetriebe iSv Abs. 1 S. 3 (BMF 11.11.2011, BStBl. I 2011, 1314 Rn. 15.16; Haritz/Menner/Bilitewski/Asmus Rn. 134; HK-UmwStG/Dworschak Rn. 110; Widmann/Mayer/Schießl Rn. 174; Dötsch/Pung/Möhlenbrock/Dötsch/ Stimpel Rn. 181; Goutier/Knopf/Tulloch/Knopf/Hill Rn. 31; Widmann/Bauschatz/Jacobsen/Happel Rn. 150; Herzig/Förster DB 1995, 338 (343)). Echte Teilbetriebe können rechtlich bis zum Wirksamwerden, praktisch hingegen nur bis zur Fassung des Umwandlungsbeschlusses bei der übertragenden Körperschaft (nach Ansicht der FVerw nur zum stl. Übertragungsstichtag, → Rn. 85 ff.) gebildet werden. Entsprechendes gilt für die Zuordnung von WG zu den Teilbetrieben. Ob fiktive Teilbetriebe, die wesentliche Betriebsgrundlage eines echten Teilbetriebs sind, 120 von der Missbrauchsregelung nicht erfasst werden, ist zweifelhaft (so aber Haritz/ Menner/Bilitewski/Asmus Rn. 134; Herzig/Förster DB 1995, 338 (343); Lutter/ Schumacher UmwG Anh. 1 nach § 151 Rn. 28; Rödder/Herlinghaus/van Lishaut/ Schumacher Rn. 211; Widmann/Mayer/Schießl Rn. 177: wie hier für Mitunternehmeranteile, anders für 100 %ige Beteiligung an KapGes; ebenso Dötsch/Pung/ Möhlenbrock/Dötsch/Stimpel Rn. 185; wie hier HK-UmwStG/Dworschak Rn. 110; vgl. auch Widmann/Bauschatz/Jacobsen/Happel Rn. 150). Denn nach Abs. 1 S. 3 gelten Mitunternehmeranteile und 100 %ige Beteiligungen an KapGes immer als Teilbetrieb. Sie können daher auch isoliert übertragen bzw. zurückbehalten werden, wenn sie wesentliche Betriebsgrundlage eines echten Teilbetriebs sind (→ Rn. 90). Daher sind sie auch bei Abs. 2 S. 1 selbstständig zu beurteilen.

121   Die von Abs. 2 S. 1 erfassten Mitunternehmeranteile bzw. 100 %igen Beteiligungen an KapGes müssen **übertragen** werden. Die Zurückbehaltung von iSv Abs. 2 S. 1 erworbenen oder aufgestockten Mitunternehmeranteilen/100 %igen Beteiligungen an KapGes bei der übertragenden Körperschaft (Abspaltung) schließt das Bewertungswahlrecht nach § 11 II nicht aus (ganz hM; vgl. etwa Haritz/Menner/ Bilitewski/Asmus Rn. 132; Widmann/Mayer/Schießl Rn. 219; Sagasser/Bula/ Brünger Umwandlungen/Schöneberger/Bultmann § 20 Rn. 50; Brandis/Heuermann/Nitzschke Rn. 94; BeckOK UmwStG/Oppel/Rehberg Rn. 650.2; Semler/ Stengel/Leonard/Moszka Rn. 484; Rödder/Herlinghaus/van Lishaut/Schumacher Rn. 215 f.; HK-UmwStG/Dworschak Rn. 111; Schumacher/Neitz-Hackstein Ubg 2011, 409 (417); Heurung/Engel/Schröder GmbHR 2011, 617 (621); Hörger FR 1994, 765 (767); Rödder DStR 1995, 322 (324); Herzig/Förster DB 1995, 338 (344); **aA BMF 11.11.2011, BStBl. I 2011, 1314 Rn. 15.17**; Dötsch/Pung/Möhlenbrock/Dötsch/Stimpel Rn. 184; Frotscher/Drüen/Bleifeld Rn. 157; Thiel DStR 1995, 237 (241)). Zwar heißt es in der Begr. RegE (BT-Drs. 12/6885 zu § 15), dass sich die Missbrauchsvorschrift in Abs. 3 S. 1 (= Abs. 2 S. 1 nF) auf das übergehende und das verbleibende Vermögen beziehe. Diese Absicht wurde im Gesetzeswortlaut aber nicht ausreichend verankert. Da § 11 II das Bewertungswahlrecht immer nur für das übertragene Vermögen einräumt (→ Rn. 131, → Rn. 248) und Abs. 2 S. 1 nach dem klaren Wortlaut die **Anwendung von § 11 II** lediglich „**auf**" fiktive Teilbetriebe ausschließt, setzt die Missbrauchsvorschrift nach Abs. 2 S. 1 die Übertragung eines derartigen Teilbetriebs voraus. Die gegenteilige Ansicht der FVerw geht vermutlich auf die frühere Regelung im Spaltungserlass (BStBl. I 1992, 47, Anm. 2 lit. e) zurück. Hierbei verkennt sie aber, dass Abs. 2 S. 1 anders als die frühere Regelung im Spaltungserlass nicht die Qualifikation als Teilbetrieb, sondern lediglich die Anwendung von § 11 II ausschließt (Haritz/Menner/Bilitewski/Asmus Rn. 131 f.; vgl. auch Rödder/Herlinghaus/van Lishaut/Schumacher Rn. 216). Zur Klarstellung sei darauf hingewiesen, dass auch die **FVerw** bei Zurückbleiben von iSv Abs. 2 S. 1 schädlichen fiktiven Teilbetrieben **nicht im zurückbleibenden Vermögen** die stillen Reserven aufdeckt; betroffen vom Ausschluss der Anwendung von § 11 II ist das übergehende Vermögen (BMF 11.11.2011, BStBl. I 2011, 1314 Rn. 15.21; dazu auch Haritz/Menner/Bilitewski/Asmus Rn. 130 f.).

122   **c) Erwerb oder Aufstockung.** Schädlich ist der **Erwerb** oder die **Aufstockung** eines Mitunternehmeranteils oder einer 100 %igen Beteiligung an einer KapGes **durch Übertragung** von WG, die **kein** Teilbetrieb sind, innerhalb von drei Jahren vor dem stl. Übertragungstichtag.

123   Der Begriff **Erwerb** bezeichnet die erstmalige Anschaffung, derjenige der **Aufstockung** den Hinzuerwerb von Anteilen an einer Mitunternehmerschaft oder an einer KapGes (Haritz/Menner/Bilitewski/Asmus Rn. 140; Rödder/Herlinghaus/ van Lishaut/Schumacher Rn. 217; Haase/Hofacker/Luce/Claß Rn. 116; Widmann/Mayer/Schießl Rn. 188: Aufstockung betrifft Einbringung in PersGes, bei der Einbringende bereits MU ist). Auch die Übertragung spaltungshindernder

Aufspaltung, Abspaltung und Teilübertragung 124–126 **§ 15 UmwStG D**

WG auf eine KapGes, an der bereits zuvor eine 100 %ige Beteiligung bestand, gegen Gewährung einer neuen Beteiligung (Sachkapitalerhöhung), führt zur Anwendung von Abs. 2 S. 1.

Beispiel:

Die übertragende Körperschaft überträgt innerhalb von drei Jahren vor dem stl. Übertragungsstichtag Einzelwirtschaftsgüter, die keinen Teilbetrieb bilden, im Wege der Sachkapitalerhöhung auf eine TochterKapGes, deren alleiniger Anteilsinhaber sie ist. Der neu gewährte Anteil aus der Sachkapitalerhöhung ist eine schädliche „Aufstockung" iSv Abs. 2 S. 1. Denn die Missbrauchsvorschrift knüpft nicht an die Bildung von Teilbetrieben, sondern an die Übertragung von einzelnen WG, die für sich nicht steuerneutral ab- oder aufgespalten werden könnten, an (aA Widmann/Mayer/Schießl Rn. 188: keine Aufstockung, da dieser Begriff nur die Erhöhung der Beteiligung an einer Mitunternehmerschaft umfasse → Rn. 123; kein Erwerb einer 100 %igen Beteiligung, da zuvor schon eine 100 %ige Beteiligung bestand). Das Ergebnis lässt sich allerdings durch eine Übertragung mittels verdeckter Einlage vermeiden (→ Rn. 126). 124

Der Erwerb oder die Aufstockung muss **durch Übertragung** von WG, die keinen Teilbetrieb bilden, erfolgt sein. Demzufolge muss die übertragende Körperschaft den Mitunternehmeranteil oder die Beteiligung an der KapGes als **Gegenleistung** für die Übertragung der WG erhalten haben. Unschädlich ist ein entgeltlicher oder unentgeltlicher (Hinzu-)Erwerb der Beteiligung (MU-Anteil oder 100 %ige Beteiligung an KapGes), der nicht auf die Übertragung von WG zurückgeht. Hierzu zählen etwa der **Kauf** oder der Erwerb durch **Schenkung** bzw. **Erbanfall** einer (weiteren) Beteiligung von einem Dritten (BMF 11.11.2011, BStBl. I 2011, 1314 Rn. 15.20; Haritz/Menner/Bilitewski/Asmus Rn. 137; Lademann/Stuber-Köth Rn. 125; Haase/Hofacker/Luce/Claß Rn. 121; Widmann/Mayer/Schießl Rn. 192 f.; Goutier/Knopf/Tulloch/Knopf/Hill Rn. 33; Sagasser/Bula/Brünger Umwandlungen/Schöneberger/Bultmann § 20 Rn. 46; Brandis/Heuermann/Nitzschke Rn. 92; Dötsch/Pung/Möhlenbrock/Dötsch/Stimpel Rn. 187; Rödder/Herlinghaus/van Lishaut/Schumacher Rn. 217 f.). Ebenso wenig greift die Missbrauchsvorschrift ein, wenn der Erwerb oder die Aufstockung auf die Überführung der (weiteren) Beteiligung durch **einen Dritten** in das Vermögen der übertragenden Körperschaft zurückgeht. Dies ist bspw. der Fall, wenn ein Anteilsinhaber der übertragenden Körperschaft den Mitunternehmeranteil bzw. die (restliche) Beteiligung an der KapGes innerhalb von drei Jahren vor dem stl. Übertragungsstichtag in die übertragende Körperschaft eingelegt oder eingebracht hat (BMF 11.11.2011, BStBl. I 2011, 1314 Rn. 15.19; Rödder/Herlinghaus/van Lishaut/Schumacher Rn. 218; Dötsch/Pung/Möhlenbrock/Dötsch/Stimpel Rn. 192; Widmann/Bauschatz/Jacobsen/Happel Rn. 151). Auch in diesem Fall erfolgt der Erwerb bzw. die Aufstockung nicht durch Übertragung von WG durch die übertragende Körperschaft. Schließlich ist der **Verkauf von Einzelwirtschaftsgütern** durch die übertragende Körperschaft an die Mitunternehmerschaft bzw. an die KapGes unschädlich (Sagasser/Bula/Brünger Umwandlungen/Schöneberger/Bultmann § 20 Rn. 48; Widmann/Mayer/Schießl Rn. 185; Haritz/Menner/Bilitewski/Asmus Rn. 140; Haritz/Wisniewski FR 2003, 549 (552)), selbst wenn anschließend die Kaufpreisforderung eingelegt wird (Widmann/Mayer/Schießl Rn. 185; Haritz/Wisniewski FR 2003, 549 (552)). 125

Weder ein Erwerb noch eine Aufstockung liegt vor, wenn die übertragende Körperschaft Einzelwirtschaftsgüter durch eine **verdeckte Einlage** (also ohne Gewährung von Gesellschaftsrechten) in eine **KapGes** überführt (so noch ausdrücklich BMF 25.3.1998, BStBl. I 1998, 268 Rn. 15.18; Widmann/Mayer/Schießl Rn. 182; Goutier/Knopf/Tulloch/Knopf/Hill Rn. 33; Dötsch/Pung/Möhlenbrock/Dötsch/Stimpel Rn. 191; Haritz/Menner/Bilitewski/Asmus Rn. 142; BeckOK UmwStG/Oppel/Rehberg Rn. 653.2; Rödder/Herlinghaus/van Lishaut/Schumacher 126

Rn. 217, 222; NK-UmwR/Scholz Rn. 70; Widmann/Bauschatz/Jacobsen/Happel Rn. 153; Herzig/Förster DB 1995, 338 (344); Heurung/Engel/Schröder GmbHR 2011, 617 (621 f.), die wegen des Fehlens einer Aussage im BMF 11.11.2011, BStBl. I 2011, 1314 von einem geänderten Verständnis der FVerw ausgehen; anders insoweit Schaflitzl/Götz DB-Beil. 1/2012, 25 (35); vgl. auch Lademann/Stuber-Köth Rn. 127). Daher ist auch ein Verkauf der WG (→ Rn. 125) unter dem Verkehrswert unschädlich, weil iÜ eine verdeckte Einlage vorliegt (Haritz/Menner/Bilitewski/Asmus Rn. 140, 143). Nichts anderes gilt für **verdeckte Einlagen** in eine **PersGes** (wie hier Rödder/Herlinghaus/van Lishaut/Schumacher Rn. 217, 222; Haase/Hofacker/Luce/Claß Rn. 120; Widmann/Mayer/Schießl Rn. 182; NK-UmwR/Scholz Rn. 71; Frotscher/Drüen/Bleifeld Rn. 150; Rogall DB 2006, 66 (70); Bien ua/Hörger DStR-Beil. zu Heft 17/1998, 20; **aA BMF** 11.11.2011, BStBl. I 2011, 1314 Rn. 15.18; Haritz/Menner/Bilitewski/Asmus Rn. 141; Goutier/Knopf/Tulloch/Knopf/Hill Rn. 33; Herzig/Förster DB 1995, 338 (344)). Eine verdeckte Einlage – also ohne Gewährung bzw. Erhöhung von Gesellschaftsrechten in Form einer (höheren) Beteiligung am Vermögen, am Ergebnis und an den Stimmen – ist kein tauschähnliches Anschaffungs- und Veräußerungsgeschäft. Demnach kann auch bei der verdeckten Einlage in eine PersGes nicht von einem Erwerb oder einer Aufstockung ausgegangen werden. Ob die Überführung steuerneutral (vgl. § 6 V 3 EStG) oder unter Aufdeckung der stillen Reserven (verdeckte Einlage in eine KapGes, § 6 VI 2 EStG) erfolgt, ist insoweit unerheblich (→ Rn. 128).

127 Schließlich ist auch die **Überführung** von WG (Einlage) in das eigene **SBV** einer Mitunternehmerschaft durch die übertragende Körperschaft nicht schädlich (wie hier Widmann/Mayer/Schießl Rn. 189; Rödder/Herlinghaus/van Lishaut/Schumacher Rn. 218; Frotscher/Drüen/Bleifeld Rn. 150; Haritz/Menner/Bilitewski/Asmus Rn. 138; HK-UmwStG/Dworschak Rn. 118; Haase/Hofacker/Luce/Claß Rn. 120; Rogall DB 2006, 66 (70); Widmann/Bauschatz/Jacobsen/Happel Rn. 152; **aA BMF** 11.11.2011, BStBl. I 2011, 1314 Rn. 15.18 mit dem weiteren Erfordernis, dass die WG stille Reserven enthalten; Goutier/Knopf/Tulloch/Knopf/Hill Rn. 33; Herzig/Förster DB 1995, 338 (344); Dötsch/Pung/Möhlenbrock/Dötsch/Stimpel Rn. 193). Zwar umfasst der Mitunternehmeranteil nicht nur den Anteil am Gesamthandsvermögen, sondern auch das SBV (→ Rn. 91), der Mitunternehmeranteil wird aber durch die Einlage in das SBV (also ohne Gewährung von Gesellschaftsrechten) nicht aufgestockt, da die Einlage in das SBV kein Anschaffungs- und Veräußerungsgeschäft ist. Ebenso fehlt es an einer Übertragung der schädlichen WG, da kein Eigentumswechsel stattfindet (Widmann/Mayer/Schießl Rn. 189; Haritz/Menner/Bilitewski/Asmus Rn. 138; Frotscher/Drüen/Bleifeld Rn. 150; Rödder/Herlinghaus/van Lishaut/Schumacher Rn. 218; Rogall DB 2006, 66 (70)). Eine mögliche Absicht des Gesetzgebers, zu Umgehungszwecken auch die Einlage in das SBV zu erfassen, hat im Gesetzeswortlaut keinen Niederschlag gefunden. Der Umstand, dass WG, die wesentliche Betriebsgrundlage eines Mitunternehmeranteils sind, gemeinsam mit dem Mitunternehmeranteil übertragen bzw. zurückbehalten werden müssen (→ Rn. 92), rechtfertigt es nicht, die Einlage in das SBV als Aufstockung aufzufassen (so aber Herzig/Förster DB 1995, 338 (344)). Zur Zuordnung von neutralem Vermögen zu einem Mitunteranteil → Rn. 96.

128 Nach dem Gesetzeswortlaut ist es unerheblich, ob die Einbringung der Einzelwirtschaftsgüter **steuerneutral** erfolgt ist. Bei einer Überführung der WG **zum TW/gemeinen Wert** ist ein **Missbrauchsfall** allerdings **nicht** gegeben. Denn Abs. 2 S. 1 bezweckt die Verhinderung der steuerneutralen Übertragung einzelner WG, die keinen Teilbetrieb bilden (→ Rn. 117). Die Vorschrift will hingegen nicht die Übertragung von fiktiven Teilbetrieben erschweren. Soweit bereits die Überführung der Einzelwirtschaftsgüter anlässlich des Erwerbs oder der Aufstockung des Mitunternehmeranteils bzw. der 100 %igen Beteiligung an einer KapGes zur Aufdeckung der stillen Reserven in den WG führt, ist der Normzweck erfüllt. Diesem

Normzweck entsprechend ist Abs. 2 S. 1 durch **teleologische Reduktion** so auszulegen, dass die Überführung der WG zum TW/gemeinen Wert innerhalb des Drei-Jahres-Zeitraums nicht schädlich ist (jetzt auch BMF 11.11.2011, BStBl. I 2011, 1314 Rn. 15.16, 15.18; Lutter/Schumacher UmwG Anh. 1 nach § 151 Rn. 28; Rödder/Herlinghaus/van Lishaut/Schumacher Rn. 223; Sagasser/Bula/Brünger Umwandlungen/Schöneberger/Bultmann § 20 Rn. 48; Haritz/Menner/Bilitewski/Asmus Rn. 140; Herzig/Förster DB 1995, 338 (344); Goutier/Knopf/Tulloch/Knopf/Hill Rn. 34; Lademann/Stuber-Köth Rn. 130; Dötsch/Pung/Möhlenbrock/Dötsch/Stimpel Rn. 187; Eisgruber/Vogt Rn. 249; Widmann/Bauschatz/Jacobsen/Happel Rn. 152; aA Widmann/Mayer/Schießl Rn. 208). Natürlich ist damit auch die Überführung von WG ohne stille Reserven (etwa Geld) unschädlich, auch wenn dadurch die Beteiligung erworben oder aufgestockt wird (Dötsch/Pung/Möhlenbrock/Dötsch/Stimpel Rn. 187; Neumann GmbHR 2012, 141 (147)).

d) Wirtschaftsgüter, die kein Teilbetrieb sind. Schädlich ist lediglich der Erwerb und die Aufstockung durch die Übertragung von WG, die kein Teilbetrieb sind. Der Begriff des Teilbetriebs entspricht demjenigen von Abs. 1. Auch fiktive Teilbetriebe iSv Abs. 1 S. 3 werden erfasst (Rödder/Herlinghaus/van Lishaut/Schumacher Rn. 219; Widmann/Mayer/Schießl Rn. 199; Goutier/Knopf/Tulloch/Knopf/Hill Rn. 33; Lademann/Stuber-Köth Rn. 122; Dötsch/Pung/Möhlenbrock/Dötsch/Stimpel Rn. 189; Widmann/Bauschatz/Jacobsen/Happel Rn. 152). Demzufolge ist die Missbrauchsvorschrift nicht anwendbar, wenn innerhalb des Drei-Jahres-Zeitraums der Mitunternehmeranteil oder die 100 %ige Beteiligung durch die Einbringung eines Betriebs (hierzu Widmann/Mayer/Schießl Rn. 200), eines Teilbetriebs, eines Mitunternehmeranteils oder einer 100 %igen Beteiligung an einer KapGes erworben oder aufgestockt worden ist. Schädlich ist mithin nur die Übertragung einzelner WG (auch des neutralen Vermögens) einschl. Beteiligungen an KapGes, die nicht das gesamte Nennkapital umfassen. Demzufolge liegt ein schädlicher Erwerb vor, wenn die übertragende Körperschaft innerhalb des Drei-Jahres-Zeitraums eine nicht 100 %ige Beteiligung an einer KapGes nach § 21 zu BW oder ZW (zum Ansatz mit dem gemeinen Wert → Rn. 128) gegen Gewährung einer 100 %igen Beteiligung auf eine andere KapGes überträgt (vgl. das Beispiel in BMF 25.3.1998, BStBl. I 1998, 268 Rn. 15.16; auch → Rn. 117). Der Erwerb eines Mitunternehmeranteils oder einer 100 %igen Beteiligung an einer KapGes durch einen **Formwechsel** oder eine **erweiterte Anwachsung** (**Beispiel 1:** Die übertragende Körperschaft ist an einer GmbH zu 50 % beteiligt, die GmbH wird in eine OHG formgewechselt. **Beispiel 2:** Die übertragende Körperschaft ist einziger Kommanditist einer GmbH & Co. KG, die formwechselnd in eine GmbH unter Austritt der Komplementär-GmbH umgewandelt wird. **Beispiel 3:** Wie zuvor, aber die übertragende Körperschaft bringt ihre Kommanditbeteiligung gegen Gewährung eines neuen Anteils in die Komplementär-GmbH ein) beruht auf einer Veräußerung der GmbH-Beteiligung und einer Anschaffung des Mitunternehmeranteils (Beispiel 1; § 9 iVm §§ 3 ff.) bzw. auf der Einbringung eines Mitunternehmeranteils (Beispiel 2 und 3; §§ 25, 20) und ist damit mangels Erwerbs oder Aufstockung durch Übertragung von einzelnen WG nicht schädlich (Widmann/Mayer/Schießl Rn. 190; Haase/Hofacker/Luce/Claß Rn. 118; HK-UmwStG/Dworschak Rn. 119; **aA** Dötsch/Pung/Möhlenbrock/Dötsch/Stimpel Rn. 194).

e) Drei-Jahres-Zeitraum. Der Erwerb oder die Aufstockung eines Mitunternehmeranteils/einer 100 %igen Beteiligung an einer KapGes durch Übertragung von Einzelwirtschaftsgütern ist nur schädlich, wenn der Erwerb oder die Aufstockung innerhalb eines Zeitraums von drei Jahren vor dem stl. Übertragungsstichtag stattgefunden hat. Zum stl. Übertragungsstichtag vgl. § 2. Maßgeblich ist nicht der Zeitpunkt der Übertragung der WG, sondern derjenige des Erwerbs oder der Aufstockung des Mitunternehmeranteils/der 100 %igen Beteiligung an der KapGes.

Damit kommt es auf den Zeitpunkt der zivilrechtlichen oder wirtschaftlichen (§ 39 AO) Inhaberschaft an der (neuen) Beteiligung an (Widmann/Mayer/Schießl Rn. 207; Rödder/Herlinghaus/van Lishaut/Schumacher Rn. 224; Dötsch/Pung/Möhlenbrock/Dötsch/Stimpel Rn. 182; Widmann/Bauschatz/Jacobsen/Happel Rn. 154). Bei KapGes ist auf die Eintragung der Gründung bzw. der Kapitalerhöhung im Handelsregister abzustellen (Widmann/Mayer/Schießl Rn. 207; Eisgruber/Vogt Rn. 254).

131 **f) Rechtsfolgen.** Abs. 2 S. 1 schließt lediglich die entsprechende Anwendung von § 11 II aus. IÜ bleibt es bei der entsprechenden Anwendung der §§ 11–13 (BMF 11.11.2011, BStBl. I 2011, 1314 Rn. 15.21). Auch die stl. Rückwirkung bleibt unberührt (BMF 11.11.2011, BStBl. I 2011, 1314 Rn. 15.21; vgl. auch BFH BStBl. II 2011, 467; → § 2 Rn. 3). Ein Verstoß gegen die Missbrauchsregelungen lässt also – anders als bei einem Verstoß gegen das doppelte Teilbetriebserfordernis (→ Rn. 108) – die Ebene der **Anteilsinhaber** unberührt. Die Bewertung des gesamten fiktiven Teilbetriebs erfolgt dann nach § 11 I mit dem gemeinen Wert (näher → § 11 Rn. 31 ff.). Diese Rechtsfolge tritt nach dem klaren Wortlaut („auf Mitunternehmeranteile und Beteiligungen") **nur** hinsichtlich der **übertragenen fiktiven** Teilbetriebe, bei denen ein schädlicher Erwerb oder eine schädliche Aufstockung stattgefunden hat, ein (Haritz/Menner/Bilitewski/Asmus Rn. 135; Widmann/Mayer/Schießl Rn. 211; Haase/Hofacker/Luce/Claß Rn. 124; Herzig/Förster DB 1995, 338 (344); Goutier/Knopf/Tulloch/Knopf/Hill Rn. 32; Eisgruber/Vogt Rn. 259; Schwedhelm/Streck/Mack GmbHR 1995, 100 (102); wohl auch Thiel DStR 1995, 237 (241); Frotscher/Drüen/Bleifeld Rn. 160; anders aber, wenn im zurückbleibenden Vermögen gegen Abs. 2 S. 1 verstoßen wurde; → Rn. 121). IÜ bleibt die Steuerneutralität der Spaltung (Bewertungswahlrecht nach § 11 II) gewahrt (**aA wohl BMF** 11.11.2011, BStBl. I 2011, 1314 Rn. 15.21; Pung/Möhlenbrock/Dötsch/Stimpel Rn. 186, 196). Dies bedeutet insbes., dass die WG anderer übertragener echter und fiktiver Teilbetriebe, die nicht von Abs. 2 S. 1 erfasst werden, von der übertragenden Körperschaft unter den weiteren Voraussetzungen nach § 11 II mit dem BW oder einem ZW in der Schlussbilanz angesetzt werden können. Beim zurückbleibenden Vermögen tritt eine Realisation ohnehin nicht ein, weswegen zwingend die BW fortzuführen sind (BMF 11.11.2011, BStBl. I 2011, 1314 Rn. 15.21; Dötsch/Pung/Möhlenbrock/Dötsch/Stimpel Rn. 197). Wird ein(e) iSv Abs. 2 S. 1 schädlich erworbene(r) oder aufgestockte(r) Mitunternehmeranteil bzw. 100 %ige Beteiligung an der KapGes zurückbehalten, ist der Tatbestand der Missbrauchsvorschrift nicht erfüllt (str.; → Rn. 121). Abs. 2 ist nach **§ 6 II 4 EnWG** auf Spaltungen iSv § 6 II 1 EnWG nicht anzuwenden, sofern diese Maßnahme bis zum 3.3.2012 ergriffen worden ist; vgl. dazu Widmann/Mayer/Schießl Rn. 1180; auch → Rn. 245).

132 Für **Teilübertragungen** hat der Ausschluss von § 11 II regelmäßig keine Bedeutung, da das Wahlrecht meist ohnehin nicht besteht (→ Rn. 26). Zur Besteuerung des **Übertragungsgewinnes** → § 11 Rn. 153 ff. Bei einer von Abs. 2 S. 1 erfassten Übertragung einer 100 %igen Beteiligung an der KapGes kann insbes. die 95 %ige Steuerfreiheit nach § 8b KStG eintreten (Widmann/Mayer/Schießl Rn. 214; Haritz/Wisniewski FR 2003, 544 (551); vgl. auch BMF 28.4.2003, BStBl. I 2003, 292 Rn. 23; aA Pung DB 2000, 1835 (1838)).

12. Missbräuchliche Anteilsveräußerungen (Abs. 2 S. 2–4)

133 **a) Allgemeines.** Abs. 2 S. 2–4 enthalten **weitere gesetzliche Missbrauchstatbestände,** bei deren Eingreifen der übertragenden Körperschaft das Ansatz- und Bewertungswahlrecht nach § 11 II nicht zusteht (zu den Rechtsfolgen iE → Rn. 211 ff.). Diese **setzen voraus,** dass

– durch die Spaltung die Veräußerung an außenstehende Personen vollzogen wird **134**
(Abs. 2 S. 2) oder (aber → Rn. 146);
– durch die Spaltung die Voraussetzungen für eine Veräußerung geschaffen werden **135**
(Abs. 2 S. 3); hiervon ist auszugehen, wenn innerhalb von fünf Jahren nach dem
stl. Übertragungsstichtag Anteile an einer an der Spaltung beteiligten Körperschaft
veräußert werden, die mehr als 20 % der vor Wirksamwerden der Spaltung an
der Körperschaft bestehenden Anteile ausmachen (Abs. 2 S. 4).

Die Regelungen in Abs. 2 S. 2–4 **sollen verhindern,** dass anstelle einer stpfl. **136**
Veräußerung eines Teilbetriebs, eines Mitunternehmeranteils oder einer 100 %igen
Beteiligung an einer KapGes durch die übertragende Körperschaft eine steuerneutrale Abspaltung und danach eine – ggf. nicht stpfl. (→ Rn. 148) – Veräußerung der
Anteile durchgeführt wird (Begr. RegE, BT-Drs. 12/6885 zu § 15).

Die Vorschriften sind in verschiedener Hinsicht unklar und schaffen damit Unsi- **137**
cherheiten (vgl. auch Widmann/Mayer/Schießl Rn. 222: „eine Meisterleistung des
Gesetzgebers"; idS auch BeckOK UmwStG/Oppel/Rehberg Rn. 685.2). Einige
Problembereiche sind von der FVerw im UmwStG-Erlass 1998 (BMF 25.3.1998,
BStBl. I 1998, 268) wie auch im UmwStG-Erlass 2011 (BMF 11.11.2011, BStBl. I
2011, 1314) unbeantwortet geblieben. Aufgrund des langen Nachwirkungszeitraums
von fünf Jahren für die Missbrauchsregelungen in Abs. 2 S. 3, 4 können für die
beteiligten Rechtsträger unvorhersehbare Situationen eintreten. Die schädliche Veräußerungsquote von 20 % ist für PublikumsGes, insbes. für börsennotierte Unternehmen, ein oft unüberwindbares Hindernis (→ Rn. 197). Neben dem Teilbetriebserfordernis nach Abs. 1 sind daher die Missbrauchsregelungen in Abs. 2 S. 2–
5 in der Praxis eine **Spaltungsbremse.** Eine gewisse Klärung erfolgte zwischenzeitlich durch den **BFH** (DStR 2022, 41; vgl. → Rn. 149).

b) Vollzug der Veräußerung an außenstehende Personen, Abs. 2 S. 2. **138**
Nach Abs. 2 S. 2 steht der übertragenden Körperschaft das Ansatz- und Bewertungswahlrecht nach § 11 II nicht zu, wenn durch die Spaltung die Veräußerung an
außenstehende Personen vollzogen wird. Die Vorschrift ist unklar und hat nach zutr.
hM **keinen eigenständigen Anwendungsbereich** (Goutier/Knopf/Tulloch/
Knopf/Hill Rn. 37; Sagasser/Bula/Brünger Umwandlungen/Schöneberger/Bultmann § 20 Rn. 56; Dötsch/Pung/Möhlenbrock/Dötsch/Stimpel Rn. 262, 272;
Momen DStR 1997, 355 (356 f.); Krebs BB 1997, 1817 (1818 f.)) bzw. nur einen
sehr eingeschränkten Anwendungsbereich (Rödder/Herlinghaus/van Lishaut/Schumacher Rn. 237; Widmann/Mayer/Schießl Rn. 223 ff., 230; Haritz/Menner/Bilitewski/Asmus Rn. 149; NK-UmwR/Scholz Rn. 87; Frotscher/Drüen/Bleifeld
Rn. 195). Denn ein Vollzug der Veräußerung **durch** die **Spaltung an außenstehende Personen** kann zivilrechtlich nicht eintreten (insoweit anderer Ansatz
Haritz/Menner/Bilitewski/Asmus Rn. 147, 149). Dies setzt immer vor- oder nachgelagerte weitere Übertragungsakte voraus (aber → Rn. 142).

Nach dem Zweck der Vorschrift kann sich das Merkmal Veräußerung nur auf **139**
die Veräußerung eines Teilbetriebs, fiktiven Mitunternehmeranteils oder einer
100 %igen Beteiligung an einer KapGes beziehen. Denn die Vorschrift will verhindern, dass durch eine Spaltung die Besteuerung einer Teilbetriebsveräußerung (echte
und fiktive Teilbetriebe) durch die übertragende Körperschaft selbst umgangen wird
(→ Rn. 136). Mit dem Begriff der Veräußerung kann nicht eine unmittelbare Veräußerung des Teilbetriebs im stl. Sinne gemeint sein. Denn Umw mit Vermögensübertragungen, damit auch Auf- und Abspaltungen, sind entgeltliche Veräußerungs-
und Anschaffungsgeschäfte, die lediglich gegenüber den allg. Steuergesetzen durch
die Regelungen im UmwStG privilegiert sind. Die übernehmende Körperschaft
wäre bei diesem Verständnis kraft ihrer eigenen Rechtspersönlichkeit und der ihr
zukommenden Steuersubjektqualität auch eine außenstehende Person, mithin wäre
jede Spaltung eine schädliche Veräußerung. Die Regelung in Abs. 2 S. 2 stellt daher

nach ihrem Normzweck darauf ab, ob im **wirtschaftlichen Ergebnis** durch die Abspaltung eine der **Veräußerung** eines echten oder fiktiven Teilbetriebs durch die übertragende Körperschaft **vergleichbare Situation** entsteht (vgl. auch Widmann/Mayer/Schießl Rn. 223; aA etwa Haase/Hofacker/Luce/Claß Rn. 127; Dötsch/Pung/Möhlenbrock/Dötsch/Stimpel Rn. 261: Anteilsveräußerung).

140 Eine derart vergleichbare Situation kann durch eine Auf- oder Abspaltung nicht eintreten. Bei der Auf- oder Abspaltung **zur Neugründung** sind an der übernehmenden Körperschaft zwingend nur – wenigstens teilweise, vgl. § 128 UmwG – die Anteilsinhaber der übertragenden Körperschaft beteiligt. Denn ein Hinzutreten bislang nicht beteiligter Anteilsinhaber anlässlich der Spaltung ist zivilrechtlich nicht möglich (→ UmwG § 124 Rn. 6; insoweit anderer Ansatz Haritz/Menner/Bilitewski/Asmus Rn. 147, 149). Demnach kann durch diese Form der Spaltung eine Veräußerung (im wirtschaftlichen Sinne) an außenstehende Personen nicht erfolgen, da die bisherigen Anteilsinhaber der übertragenden Körperschaft jedenfalls nicht außenstehende Personen (→ Rn. 199) sind (ebenso Widmann/Mayer/Schießl Rn. 223; Dötsch/Pung/Möhlenbrock/Dötsch/Stimpel Rn. 263).

141 Aber auch bei einer Spaltung **zur Aufnahme** tritt bei wirtschaftlicher Betrachtungsweise nicht eine Veräußerung an außenstehende Personen ein. Zwar können an der bereits bestehenden übernehmenden Körperschaft auch Anteilsinhaber beteiligt sein, die keine Anteile an der übertragenden Körperschaft halten. Die Anteilsinhaber der übertragenden Körperschaft werden aber an der übernehmenden Körperschaft entsprechend dem Wert des von der übertragenden Körperschaft übertragenen Vermögens beteiligt (→ UmwG § 126 Rn. 19 ff.), sodass im wirtschaftlichen Sinne eine Veräußerung an die anderen Anteilsinhaber der übernehmenden Körperschaft nicht stattfindet (so auch Haritz/Menner/Bilitewski/Asmus Rn. 150; Dötsch/Pung/Möhlenbrock/Dötsch/Stimpel Rn. 261; Rödder/Herlinghaus/van Lishaut/Schumacher Rn. 39; Krebs BB 1997, 1817 (1818)).

142 Eine Veräußerung an außenstehende Dritte **könnte nur** angenommen werden, wenn – bewusst – den Anteilsinhabern des übertragenden Rechtsträgers eine im Verhältnis zum übertragenen Vermögen zu geringe Beteiligung eingeräumt wird und hierfür ein Ausgleich zwischen den Anteilsinhabern der übertragenden Körperschaft und den außenstehenden Anteilsinhabern der übernehmenden Körperschaft erfolgt (so etwa Rödder/Herlinghaus/van Lishaut/Schumacher Rn. 239; Haritz/Menner/Bilitewski/Asmus Rn. 150; Schumacher DStR 2003, 2066). Dies ist zwar zugleich eine (Teil-)Veräußerung der Beteiligung am übertragenden Rechtsträger, wenigstens seit der Begünstigung von Veräußerungsgewinnen (§ 3 Nr. 40 EStG, § 8b KStG) könnte die Gestaltung aber als missbräuchlich angesehen werden. Treffender dürfte sein, dies als Fallgruppe von Abs. 2 S. 3, 4 einzustufen (Dötsch/Pung/Möhlenbrock/Dötsch/Stimpel Rn. 262; Widmann/Mayer/Schießl Rn. 271 ff.).

143 Selbst bei einer **nichtverhältniswahrenden** Spaltung kommt es nicht zu einer Veräußerung an außenstehende Personen (Widmann/Mayer/Schießl Rn. 223, 270; Dötsch/Pung/Möhlenbrock/Dötsch/Stimpel Rn. 418). Die nichtverhältniswahrende Spaltung zeichnet sich dadurch aus, dass nicht alle Anteilsinhaber der übertragenden Körperschaft mit den gleichen Beteiligungsquoten an den übernehmenden Körperschaften beteiligt werden bzw. auch Veränderungen in den Beteiligungsverhältnissen bei der übertragenden Körperschaft eintreten können (vgl. § 128 UmwG). Dennoch können auch bei der nichtverhältniswahrenden Spaltung nur bislang schon an der übertragenden Körperschaft beteiligten Anteilsinhabern Anteile an den an der Spaltung beteiligten Rechtsträgern gewährt werden; ein Hinzutritt weiterer Anteilsinhaber scheidet aus (→ UmwG § 124 Rn. 6; insoweit anderer Ansatz Haritz/Menner/Bilitewski/Asmus Rn. 147, 149).

144 Das in der Begr. RegE (BT-Drs. 12/6885 zu § 15 UmwStG) angeführte **Beispiel** ist kein Vollzug der Veräußerung an außenstehende Personen durch die Spaltung. Es lautet wie folgt:

"Eine inländische GmbH M, deren alleinige Gesellschafterin die ausländische Holding H ist, beherrscht zwei inländische Tochtergesellschaften T1 und T2. Die Beteiligungen beider Gesellschaften sind gleich viel wert und enthalten erhebliche stille Reserven. M möchte die Anteile an T2 an X (inländische Gesellschaft) veräußern. Die Veräußerung der Beteiligung an T2 durch M würde KSt und GewSt auslösen. Die Ausschüttung des Veräußerungserlöses an H würde zwar zu einer Minderung der KSt führen (36 vom Hundert). Die KSt würde jedoch definitiv, da H nicht anrechnungsberechtigt ist. Dazu käme die Kapitalertragsteuer. Um diese Steuerbelastung zu vermeiden, wird folgender Weg über eine Spaltung gewählt: Vor der Spaltung wird die Beteiligung an M strukturiert, indem zuerst H an X die Hälfte seiner Beteiligung an M veräußert. Die Veräußerung der Beteiligung an M durch H unterliegt aufgrund DBA-Bestimmungen nicht der inländischen Besteuerung. Danach erfolgt die Spaltung von M (Trennung der Gesellschafter-Stämme H und X im Wege der Abspaltung). M bringt die Beteiligung an T2 in die neu gegründete GmbH gegen Gewährung von Gesellschaftsrechten ein. Anschließend tauscht M mit X die von der H-GmbH erhaltenen Anteile gegen eigene Anteile und zieht die eigenen Anteile, ohne eine entsprechende Kapitalherabsetzung, ein.".

Die Veräußerung erfolgt in dem Beispiel gerade nicht durch die Abspaltung. **145** Zunächst beschreibt das Beispiel keine von § 15 erfasste Auf- oder Abspaltung, sondern eine von § 21 geregelte Ausgliederung, denn die Gegenleistung für die Übertragung der Beteiligung an der T2 in Form der Beteiligung an der Y-GmbH wird der GmbH M und nicht deren Anteilsinhaber, der Holding H, gewährt (vgl. § 123 III UmwG; ebenso Krebs BB 1997, 1817 (1819)). Die Gestaltung könnte aber auch so durchgeführt werden, dass die Anteilsinhaber der GmbH M, die Holding H und X, eine nichtverhältniswahrende Spaltung der GmbH M durch Übertragung des Teilbetriebs T2 auf die GmbH Y vereinbaren. Hierbei werden X sämtliche Anteile an Y eingeräumt, während seine bisherige Beteiligung an der GmbH M auf H übergeht (→ UmwG § 128 Rn. 18 ff.). Auch dann erfolgt keine Veräußerung an **außenstehende Personen durch Spaltung** (→ Rn. 199), da X bereits zuvor Anteilsinhaber der GmbH M war. Ein Vollzug der Veräußerung des Teilbetriebs T2 tritt daher nur durch die Kombination der Beteiligung des X an der GmbH M mit der anschl. Abspaltung ein. Damit beschreibt das Beispiel den von Abs. 2 S. 5 (Trennung von Gesellschafterstämmen) geregelten Missbrauchsfall (ebenso Widmann/Mayer/Schießl Rn. 232; Goutier/Knopf/Tulloch/Knopf/Hill Rn. 37; vgl. zu dem Beispiel auch Dötsch/Pung/Möhlenbrock/Dötsch/Stimpel Rn. 261; Rödder/Herlinghaus/van Lishaut/Schumacher Rn. 238; Krebs BB 1997, 1817 (1819); Momen DStR 1997, 355).

Im Ergebnis beschränkt sich daher die Bedeutung von Abs. 2 S. 2 auf die Funktion **146** als **Einleitungssatz** zu den nachfolgenden Abs. 2 S. 3 und 4 (Haritz/Menner/Bilitewski/Asmus Rn. 149; Sagasser/Bula/Brünger Umwandlungen/Schöneberger/Bultmann § 20 Rn. 56; Dötsch/Pung/Möhlenbrock/Dötsch/Stimpel Rn. 262, 272; Rödder/Herlinghaus/van Lishaut/Schumacher Rn. 237; Eisgruber/Vogt Rn. 283). Bedeutsam ist dies für das Merkmal der **Veräußerung an außenstehende Personen** (→ Rn. 198).

13. Vorbereitung der Veräußerung (Abs. 2 S. 3–4)

a) Zweck der Regelung. Abs. 2 S. 3 knüpft hinsichtlich der Rechtsfolge an den **147** vorstehenden S. 2 an. § 11 II ist nicht anzuwenden („das Gleiche gilt"), wenn durch die Spaltung die Voraussetzungen für eine Veräußerung geschaffen werden (zur Bedeutung von Abs. 2 S. 2 als Einleitungssatz → Rn. 133 ff.). Davon ist nach Abs. 2 S. 4 auszugehen, wenn innerhalb von fünf Jahren nach dem stl. Übertragungsstichtag Anteile an einer an der Spaltung beteiligten Körperschaft, die mehr als 20 % der vor Wirksamwerden der Spaltung an der Körperschaft bestehenden Anteile ausmachen, veräußert werden.

148 Die einheitliche (→ Rn. 133 ff. und Rn. 149 ff.) Regelung in Abs. 2 S. 2–4 **bezweckt,** die Umgehung der Besteuerung einer **Teilbetriebsveräußerung** (echte oder fiktive Teilbetriebe iSv Abs. 1) durch die übertragende Körperschaft mittels steuerneutraler Spaltung und anschließender Veräußerung der Anteile an einer beteiligten Körperschaft zu verhindern. Die Teilbetriebsveräußerung durch die übertragende Körperschaft wäre idR kstpfl. Und auch bei Veräußerung eines Mitunternehmeranteils (§ 7 S. 2 GewStG idF durch das UntStFG – seit 2002) gewstpfl. Demgegenüber ist die Veräußerung von Anteilen an der übertragenden Körperschaft oder an den übernehmenden Körperschaften (beteiligte Rechtsträger; → Rn. 167 ff.) ggf. steuerfrei bzw. stl. privilegiert. Bei Inkrafttreten von § 15 konnte der Gesetzgeber insbes. an Anteilsveräußerungen durch Steuerausländer, bei denen der Veräußerungsgewinn durch DBA-Bestimmungen nicht der dt. Besteuerung unterliegt, und durch steuerbefreite Körperschaften (vgl. Begr. RegE, BT-Drs. 12/6885 zu § 15). Die damalige Erstreckung auf alle Veräußerungsfälle war bedenklich. Die zwischenzeitliche Privilegierung von Anteilsveräußerungen durch Steuerinländer nach § 3 Nr. 40 EStG und § 8b II KStG hat indes entsprechende Gestaltungen attraktiver gemacht und damit nachträglich zur grds. Rechtfertigung der Missbrauchsregelung beigetragen.

149 **b) Eigenständige Bedeutung von Abs. 2 S. 3. aa) Veräußerungsabsicht.** Nach dem Gesetzeswortlaut und -aufbau ist unklar, ob Abs. 2 S. 3 eine eigenständige Bedeutung hat und demnach der Tatbestand der Schaffung der Voraussetzung für eine Veräußerung auch ohne nachfolgende Veräußerung von Anteilen innerhalb von fünf Jahren erfüllt sein kann. Dies ist im Ergebnis nicht der Fall. Abs. 2 S. 3 und 4 bilden gemeinsam eine **einheitliche** Missbrauchsregelung (mit Abs. 2 S. 2 als Einleitungssatz, → Rn. 133 ff.), deren Erfüllung tatbestandlich voraussetzt, dass innerhalb von fünf Jahren Anteilsveräußerungen in der von Abs. 2 S. 4 geforderten Höhe erfolgen (BFH DStR 2022, 41 (anders noch Vorinstanz FG Hamburg DStR 2019, 260); FG Bln-Bbg DStRK 2019, 83 = EFG 2018, 1681; Rödder/Herlinghaus/van Lishaut/Schumacher Rn. 242; Dötsch/Pung/Möhlenbrock/Dötsch/Stimpel Rn. 277; Frotscher/Drüen/Bleifeld Rn. 200; Brandis/Heuermann/Nitzschke Rn. 106; BeckOK UmwStG/Oppel/Rehberg Rn. 756 mit verbleibenden Zweifeln wegen des geänderten § 42 AO; Eisgruber/Vogt Rn. 283; Dötsch/van Lishaut/Wochinger DB-Beil. 7/1998, 32; Broemel/Kölle DStR 2022, 513; Bumiller NWB 2019, 1738; **aA** FinBeh Hamburg DStR 2015, 1871; FM Brandenburg DStR 2014, 2180; Widmann/Mayer/Schießl Rn. 294: wenn durch die Auf-/Abspaltung die Voraussetzungen für die Veräußerung geschaffen werden, sind auch Veräußerungen außerhalb des Fünf-Jahres-Zeitraums oder von weniger als 20 % schädlich; Krebs BB 1997, 1817 (1819 f.); vgl. auch BMF 11.11.2011, BStBl. I 2011, 1314 Rn. 15.24, 15.30, 15.32; dazu jedoch FinBeh Hamburg DStR 2015, 1871 und FM Brandenburg DStR 2014, 2180 und Bln-Bbg DStRK 2019, 83 = EFG 2018, 1681 mit Hinweis auf BMF 18.12.2013 (IV C 2 – S 1978-b/0-01, 2013/1090738; vgl. auch Weißgerber Ubg 2022, 159, 165). Jede Auf-/Abspaltung von Teilbetrieben bzw. deren Zurückbehaltung schafft objektiv die Voraussetzung für die spätere Anteilsveräußerung und damit im wirtschaftlichen Sinne (→ Rn. 139) die Voraussetzung für die Veräußerung eines Teilbetriebs mittels Veräußerung der Anteile an der Körperschaft, die den Teilbetrieb erhalten hat bzw. bei der der Teilbetrieb zurückbehalten wurde. Damit würde jede Auf-/Abspaltung den Tatbestand erfüllen (vgl. auch BFH DStR 2022, 41 Rn. 29). Die Missbrauchsregelung in Abs. 2 S. 3 stellt daher auf die mit der Spaltung verbundene **Veräußerungsabsicht** ab (so auch FG Hamburg DStR 2019, 260; Haritz/Menner/Bilitewski/Asmus Rn. 160). Die bloße Veräußerungsabsicht zum Zeitpunkt der Spaltung reicht aber für die Erfüllung der Missbrauchsregelung nicht aus (aA FG Hamburg DStR 2019, 260 Rn. 74, aufgehoben durch BFH DStR 2022, 41). Neumann GmbHR

2012, 141 (148); → Rn. 150). Denn solange die Veräußerung nicht erfolgt (im Fall von FG Hamburg DStR 2019, 260 erfolgte indes die Veräußerung nach Ablauf von fünf Jahren; ebenso Widmann/Mayer/Schießl Rn. 293, der eine tatsächliche Veräußerung verlangt), ist der vom Gesetzgeber befürchtete Steuerausfall (→ Rn. 148) nicht eingetreten. Die **bloße Gefährdung** ist keine Rechtfertigung für die Besteuerung der stillen Reserven, da im wirtschaftlichen Sinne eine Realisation noch nicht eingetreten ist, demnach kein Grund besteht, die grds. Privilegierung der Vermögensübertragung durch die Spaltung zu versagen.

bb) Nachfolgende Veräußerungen. Der Missbrauchstatbestand setzt demnach **zwingend** eine anschl. **Veräußerung** innerhalb der Fünf-Jahres-Frist voraus (BFH DStR 2022, 41; BeckOK UmwStG/Oppel/Rehberg Rn. 756; Dötsch/Pung/ Möhlenbrock/Dötsch/Stimpel Rn. 272, 277; Widmann/Mayer/Schießl Rn. 293, vgl. aber Rn. 294; HK-UmwStG/Dworschak Rn. 134; vgl. bereits BFH BStBl. II 2006, 391). Die weiteren Voraussetzungen einer schädlichen Veräußerung regelt Abs. 2 S. 4. Danach erfüllen die nach der Spaltung erfolgenden Veräußerungen von Anteilen an einer an der Spaltung beteiligten Körperschaft **nur dann** den Missbrauchstatbestand, wenn sie innerhalb von fünf Jahren nach dem stl. Übertragungsstichtag stattfinden und wertmäßig mehr als 20 % der ursprünglichen Anteile ausmachen (BFH DStR 2022, 41; FG Bln-Bbg DStRK 2019, 83 = EFG 2018, 1681; Rödder/Herlinghaus/van Lishaut/Schumacher Rn. 242; Dötsch/Pung/ Möhlenbrock/Dötsch/Stimpel Rn. 272, 277, 283; Brandis/Heuermann/Nitzschke Rn. 105; Breuninger/Schade GmbHR 2006, 219; Schwarz GmbHR 2006, 1144; vgl. auch BMF 11.11.2011, BStBl. I 2011, 1314 Rn. 15.32; aA FG Hmb DStR 2019, 260 – Rev. BFH I R 39/18; FinBeh Hamburg DStR 2015, 1871 und FM Brandenburg DStR 2014, 2180; Widmann/Mayer/Schießl Rn. 294). Diese Regelung hinsichtlich der nachfolgenden Veräußerungen ist zudem **abschließend.** Dies folgt zunächst aus dem Wortlaut, der keine Anhaltspunkte dafür bietet, dass neben dem geregelten Sachverhalt weitere Veräußerungen schädlich sein können. Die Regelung lautet, „davon ist auszugehen" und nicht, davon ist „etwa" oder „insbesondere" auszugehen. Der Gesetzgeber hat mithin die übliche Gesetzestechnik bei Regelbeispielen (vgl. etwa § 8 IV KStG aF) nicht angewandt (BFH DStR 2022, 41 Rn. 28; BStBl. II 2006, 391; aA Widmann/Mayer/Schießl Rn. 294 unter Hinweis auf Abs. 2 S. 2; → Rn. 138 ff.). Auch der Gesetzeszweck rechtfertigt nicht eine Erweiterung auf andere Veräußerungstatbestände (dazu iE BFH DStR 2022, 41 Rn. 30 ff.). Abs. 2 S. 4 dient schließlich der Rechtssicherheit, indem eine gesetzliche Beweisregel für das Vorhandensein oder Nichtvorhandensein einer Veräußerungsabsicht geschaffen wird.

cc) Unwiderlegbare Vermutung. Abs. 2 S. 4 enthält demnach eine **gesetzliche Fiktion** oder **gesetzliche Vermutung, die abschließend** und **unwiderlegbar** (BFH BStBl. II 2006, 391; FG Bln-Bbg DStRK 2019, 83 = EFG 2018, 1681; BMF 11.11.2011, BStBl. I 2011, 1314 Rn. 15.27; FinBeh Hamburg DStR 2015, 1871; FM Brandenburg DStR 2014, 2180; Frotscher/Drüen/Bleifeld Rn. 203; aA Haritz/Menner/Bilitewski/Asmus Rn. 160: widerlegbare Vermutung; ebenso Rödder/Herlinghaus/van Lishaut/Schumacher Rn. 244; → Rn. 152) ist. Dies bedeutet, dass ohne eine anschließende Veräußerung iSv Abs. 2 S. 4 auch eine zunächst bestehende (dokumentierte) tatsächliche Veräußerungsabsicht für sich alleine nicht schädlich ist (→ Rn. 150). Darüber hinaus sind weder Veräußerungen von weniger als 20 % der Anteile (iSv Abs. 2 S. 4) innerhalb von fünf Jahren noch Veräußerungen in beliebiger Höhe nach Ablauf der Fünf-Jahres-Frist schädlich (BFH DStR 2022, 41 Rn. 33; BMF 11.11.2011, BStBl. I 2011, 1314 Rn. 15.32: Veräußerungen nach Ablauf der Fünf-Jahres-Frist sind unschädlich; ebenso Dötsch/van Lishaut/Wochinger DB-Beil. 7/1998, 32; Dötsch/Pung/Möhlenbrock/Dötsch/Stimpel Rn. 283, 284; Goutier/Knopf/Tulloch/Knopf/Hill Rn. 50; Rödder/Herlinghaus/van Lishaut/Schumacher Rn. 242; Schaumburg/Rödder UmwG/UmwStG Rn. 56; Herzig/Förster DB 1995, 338 (345); aA FG Hmb DStR 2019, 260, aufgehoben durch BFH DStR 2022, 41; Widmann/Mayer/Schießl Rn. 294; Neumann GmbHR 2012, 141 (148): auch Veräußerungen nach Ablauf von fünf Jahren bei Spaltung zur Veräußerung oder weniger als 20 %; FinBeh Hamburg DStR 2015, 1871 und FM Brandenburg DStR 2014, 2180: auch Veräußerungen von weniger als 20 %; auch → Rn. 241).

152 Nach dem Wortlaut von Abs. 2 S. 4 ist die gesetzliche Vermutung **unwiderlegbar** (BFH BStBl. II 2006, 391; FG Bln-Bbg DStRK 2019, 83 = EFG 2018, 1681; BMF 11.11.2011, BStBl. I 2011, 1314 Rn. 15.27; FinBeh Hamburg DStR 2015, 1871; FM Brandenburg DStR 2014, 2180; Dötsch/Pung/Möhlenbrock/Dötsch/Stimpel Rn. 282). Die (nachträgliche) Versagung des Wahlrechts nach § 11 II tritt auch ein, wenn die Veräußerung ursprünglich nicht geplant war und etwa aufgrund äußerer Umstände (wirtschaftlicher Notlage, Erkrankung oder Tod des Gesellschafters etc) unter (wirtschaftlichem) Zwang erfolgt (ebenso FG Düsseldorf GmbHR 2004, 1292; Thiel DStR 1995, 237 (242) Fn. 32; Goutier/Knopf/Tulloch/Knopf/Hill Rn. 50; Dötsch/Pung/Möhlenbrock/Dötsch/Stimpel Rn. 216; aA Widmann/Mayer/Schießl Rn. 298 ff.: Gegenbeweis möglich; Haritz/Menner/Bilitewski/Asmus Rn. 160; Herzig/Momen DB 1994, 2210 (2211); Bien ua/Hörger DStR-Beil. zu Heft 17/1998, 30; Rödder/Herlinghaus/van Lishaut/Schumacher Rn. 244: im Einzelfall teleologische Reduktion und aufgrund mit der Fusions-RL konformer Auslegung – → Rn. 243; vgl. auch den Diskurs bei Schumacher/Neumann DStR 2008, 325 (329)). Im Einzelfall können Billigkeitsmaßnahmen nach §§ 163, 227 AO in Betracht kommen (Thiel DStR 1995, 237 (242) Fn. 32). Eine Erweiterung der Missbrauchsvorschrift auf ähnlich gelagerte Sachverhalte über § 42 AO scheidet aus (→ Rn. 239). Zur Bedeutung der **EU-rechtlichen Schranken** und der **Fusions-RL** → Rn. 243.

153 **c) Begriff der Veräußerung. aa) Entgeltliche Übertragungen.** Unter Veräußerung ist die **entgeltliche Übertragung** der zivilrechtlichen Inhaberschaft oder wenigstens des wirtschaftlichen Eigentums iSv § 39 II Nr. 1 S. 1 AO an Anteilen an einem der beteiligten Rechtsträger zu verstehen (BFH DStR 2021, 2396 Rn. 18; Widmann/Mayer/Schießl Rn. 311; Haritz/Menner/Bilitewski/Asmus Rn. 162; Sagasser/Bula/Brünger Umwandlungen/Schöneberger/Bultmann § 20 Rn. 60; Dötsch/Pung/Möhlenbrock/Dötsch/Stimpel Rn. 208, 210; Rödder/Herlinghaus/van Lishaut/Schumacher Rn. 246; Widmann/Bauschatz/Jacobsen/Happel Rn. 160; Hörger FR 1994, 765 (768); Lademann/Stuber-Köth Rn. 132). Der bloße Abschluss eines schuldrechtlichen Vertrages reicht vor dem Übergang des (wenigstens wirtschaftlichen) Eigentums nicht aus (Widmann/Mayer/Schießl Rn. 313; Haritz/Menner/Bilitewski/Asmus Rn. 162). Für den Übergang des **wirtschaftlichen Eigentums** gelten die allg. Grundsätze. Er setzt voraus, dass der Erwerber die tatsächliche Herrschaft über die Anteile in der Art ausübt, sodass er den zivilrechtlichen Inhaber im Regelfall für die gewöhnliche Nutzungsdauer von der Einwirkung **ausschließen** kann (BFH/NV 2012, 1099). Zum Übergang des wirtschaftlichen Eigentums durch Optionsrechte vgl. BFH BStBl. II 2007, 296; BStBl. II 2007, 937; Haritz/Menner/Bilitewski/Asmus Rn. 172 f. und Seibt DStR 2000, 2061. Unerheblich ist, ob die Veräußerung **stpfl.** ist oder überhaupt ein Gewinn entsteht (Widmann/Mayer/Schießl Rn. 315; Dötsch/Pung/Möhlenbrock/Dötsch/Stimpel Rn. 215; Lademann/Stuber-Köth Rn. 132).

154 **bb) Unentgeltliche Übertragungen.** Unentgeltliche Übertragungen sind keine Veräußerungen iSv Abs. 2 S. 3, 4 (BMF 11.11.2011, BStBl. I 2011, 1314 Rn. 15.23; Sagasser/Bula/Brünger Umwandlungen/Schöneberger/Bultmann § 20 Rn. 60; Haritz/Menner/Bilitewski/Asmus Rn. 166; Widmann/Mayer/Schießl Rn. 395; Rödder/Herlinghaus/van Lishaut/Schumacher Rn. 247; Frotscher/Drüen/Bleifeld

Rn. 168; Lademann/Stuber-Köth Rn. 132; Widmann/Bauschatz/Jacobsen/Happel Rn. 161). Daher schaden Übertragungen durch **Erbfall** oder durch **Schenkung** nicht (Haritz/Menner/Bilitewski/Asmus Rn. 166; Frotscher/Drüen/Bleifeld Rn. 168). Zur Unentgeltlichkeit von Vermögensübertragungen im Wege der vorweggenommenen Erbfolge bzw. gegen wiederkehrende Leistungen vgl. Schmidt/Wacker EStG § 16 Rn. 50 ff. Auch Übertragungen im Zusammenhang mit **Erbauseinandersetzungen** sind unentgeltlich, wenn Ausgleichszahlungen nicht erfolgen (BMF 11.11.2011, BStBl. I 2011, 1314 Rn. 15.23; Frotscher/Drüen/Bleifeld Rn. 168; Dötsch/Pung/Möhlenbrock/Dötsch/Stimpel Rn. 211; iE Schmidt/Wacker EStG § 16 Rn. 610 ff.). Nach einer unentgeltlichen Veräußerung sind **spätere** entgeltliche **Veräußerungen** durch den Rechtsnachfolger unter den weiteren Voraussetzungen von Abs. 2 S. 4 wiederum schädlich (Widmann/Mayer/Schießl Rn. 397; Dötsch/van Lishaut/Wochinger DB-Beil. 7/1998, 31).

Bei **teilentgeltlichen** Veräußerungen ist eine Aufteilung in einen entgeltlichen und einen unentgeltlichen Teil vorzunehmen (Widmann/Mayer/Schießl Rn. 394; Brandis/Heuermann/Nitzschke Rn. 99; Haritz/Menner/Bilitewski/Asmus Rn. 166; Dötsch/Pung/Möhlenbrock/Dötsch/Stimpel Rn. 212; BeckOK UmwStG/Oppel/Rehberg Rn. 765.1; Rödder/Herlinghaus/van Lishaut/Schumacher Rn. 247; Lademann/Stuber-Köth Rn. 132; Schwarz ZEV 2003, 272 (276); Bien ua/Hörger DStR-Beil. zu Heft 17/1998, 31; Hörger FR 1994, 765 (768)). Demzufolge ist für die Bestimmung der schädlichen Quote von 20 % (→ Rn. 174 ff.) der teilentgeltlich übertragene Anteil rechnerisch in einen entgeltlich und in einen unentgeltlich übertragenen Teilanteil aufzuteilen; nur der entgeltliche Anteil zählt (Widmann/Mayer/Schießl Rn. 394). Dies gilt auch in den Fallgruppen der **modifizierten Trennungstheorie** (vgl. zusammenfassend BFH DStRE 2014, 1025), da dies das Vorliegen einer Veräußerung (allerdings ohne Gewinn) unberührt lässt (offengelassen Widmann/Mayer/Schießl Rn. 394). 155

cc) **Realteilung.** Ebenfalls nicht Veräußerung ist die Übertragung im Rahmen einer echten oder unechten (BMF 19.12.2018, BStBl. I 2019, 6) Realteilung nach § 16 III 2 ff. EStG ohne Ausgleichsleistung bei Überführung in ein BV (BMF 25.3.1998, BStBl. I 1998, 268 Rn. 15.23: Schädlich sei Realteilung, die nicht zum BW erfolgt; so nicht mehr in BMF 11.11.2011, BStBl. I 2011, 1314 Rn. 15.23; Dötsch/Pung/Möhlenbrock/Dötsch/Stimpel Rn. 211; Frotscher/Drüen/Bleifeld Rn. 168; Haritz/Menner/Bilitewski/Asmus Rn. 166; Dötsch/van Lishaut/Wochinger DB-Beil. 7/1998, 31; HK-UmwStG/Dworschak Rn. 140; aA Widmann/Mayer/Schießl Rn. 386: Veräußerung unabhängig davon, ob BW, ZW oder TW angesetzt werden oder ein Spitzenausgleich erfolgt; vgl. auch BMF 11.11.2011, BStBl. I 2011, 1314 Rn. 22.20 und 22.41). Dies gilt unabhängig davon, ob die Übertragung zum BW oder nach § 16 III 3, 4 EStG zum gemeinen Wert erfolgt. Denn die Realteilung ist eine unentgeltliche Übertragung, die der Betriebsaufgabe gleichgestellt ist (BFH DStR 2017, 1381). Die Realteilung **mit Ausgleichszahlungen** ist hingegen eine teilentgeltliche Veräußerung; ebenso die unechte Realteilung mit Überführung in das PV (BMF 19.12.2018, BStBl. I 2019, 6 Rn. 10). Keine Veräußerung ist die **Entnahme** eines Anteils an einer beteiligten Körperschaft aus einem BV (Einzelunternehmen oder Mitunternehmerschaft einschl. SBV; ebenso Widmann/Mayer/Schießl Rn. 373). Gleiches gilt für die **Betriebsaufgabe**. 156

dd) **Kapitalerhöhungen.** Kapitalerhöhungen bei einer an der Spaltung beteiligten Körperschaft innerhalb der Fünf-Jahres-Frist sind unschädlich, wenn bislang nicht beteiligte Anteilsinhaber ein **angemessenes Aufgeld** (Agio) leisten (BMF 11.11.2011, BStBl. I 2011, 1314 Rn. 15.25; Rödder/Herlinghaus/van Lishaut/Schumacher Rn. 248; Widmann/Mayer/Schießl Rn. 359; Haritz/Menner/Bilitewski/Asmus Rn. 167; Sagasser/Bula/Brünger Umwandlungen/Schöneberger/Bultmann § 20 Rn. 60; Lademann/Stuber-Köth Rn. 133; HK-UmwStG/Dworschak 157

Rn. 140; Widmann/Bauschatz/Jacobsen/Happel Rn. 161; Goutier/Knopf/Tulloch/Knopf/Hill Rn. 47; Bien ua/Hörger DStR-Beil. zu Heft 17/1998, 31; Rödder DStR 1995, 322 (324)). Unter diesen Voraussetzungen sind Kapitalerhöhungen keine Veräußerungsvorgänge (BFH BStBl. II 1992, 761 (763, 764)). Anderes gilt, wenn die nachfolgende Kapitalerhöhung unter Aufnahme neuer Gesellschafter wirtschaftlich als Veräußerung von Anteilen durch die Gesellschafter zu werten ist (BMF 11.11.2011, BStBl. I 2011, 1314 Rn. 15.25). Hiervon ist auszugehen, wenn das Agio im unmittelbaren Zusammenhang mit dem Hinzutreten der neuen Gesellschafter an die bisherigen Gesellschafter ausbezahlt wird (vgl. BFH BStBl. II 1993, 477; Sagasser/Bula/Brünger Umwandlungen/Schöneberger/Bultmann § 20 Rn. 60; Bien ua/Hörger DStR-Beil. zu Heft 17/1998, 31). Dies ist im Einzelfall zu prüfen. Die FVerw (BMF 11.11.2011, BStBl. I 2011, 1314 Rn. 15.25) stellt auf die Auszahlung des Agios innerhalb des Fünf-Jahres-Zeitraums nach Abs. 2 S. 4 ab (ebenso Widmann/Mayer/Schießl Rn. 360); dies ist zu schematisch (wie hier BeckOK UmwStG/Oppel/Rehberg Rn. 768; Bien ua/Hörger DStR-Beil. zu Heft 17/1998, 31; vgl. auch Haritz/Menner/Bilitewski/Asmus Rn. 167: die Zuwendung muss zu einer erheblichen Senkung des Beteiligungswerts führen). Ebenso ist ein **Bezugsrechtsverkauf** als Veräußerung zu werten (Haritz/Menner/Bilitewski/Asmus Rn. 167; Widmann/Mayer/Schießl Rn. 365; Dötsch/Pung/Möhlenbrock/Dötsch/Stimpel Rn. 219). Eine gleichmäßige **Kapitalherabsetzung** ist keine Veräußerung (Haritz/Menner/Bilitewski/Asmus Rn. 174; Widmann/Mayer/Schießl Rn. 379).

158 Kapitalerhöhungen unter ausschließlicher **Beteiligung** der **bisherigen Anteilsinhaber** sind niemals schädliche Veräußerungen. Dies gilt selbst dann, wenn nur einzelne Anteilsinhaber an der Kapitalerhöhung teilnehmen und ein angemessenes Agio hierfür nicht geleistet wird und/oder für den Verzicht auf das Bezugsrecht unter den Gesellschaftern ein Ausgleich geleistet wird. Denn in diesem Fall läge allenfalls eine Veräußerung an die bisherigen Anteilsinhaber und damit nicht an außenstehende Personen vor (→ Rn. 198 ff.; ebenso Rödder/Herlinghaus/van Lishaut/Schumacher Rn. 248; aA Widmann/Mayer/Schießl Rn. 378). Zur Bedeutung von Kapitalerhöhungen bei Anteilsinhabern der beteiligten Körperschaften (ggf. mittelbare Anteilsveräußerung) → Rn. 171. Schließlich ist die Übertragung von Anteilen an einer beteiligten Körperschaft durch eine **verdeckte Einlage** in eine KapGes oder PersGes keine schädliche Veräußerung (vgl. BFH BStBl. II 1989, 271; ebenso Widmann/Mayer/Schießl Rn. 401; Rödder/Herlinghaus/van Lishaut/Schumacher Rn. 247; Haritz/Menner/Bilitewski/Asmus Rn. 166; BeckOK UmwStG/Oppel/Rehberg Rn. 767; Frotscher/Drüen/Bleifeld Rn. 173; Bien ua/Hörger DStR-Beil. zu Heft 17/1998, 31; Dötsch/Pung/Möhlenbrock/Dötsch/Stimpel Rn. 218).

159 **ee) Umwandlung.** Eine schädliche Veräußerung der Anteile an einem beteiligten Rechtsträger kann vorliegen, wenn eine an der Spaltung beteiligte Körperschaft nach der Spaltung wiederum selbst als übertragender Rechtsträger an einer Verschm, Auf- oder Abspaltung beteiligt ist und den Anteilsinhabern als Gegenleistung Anteile an den übernehmenden Rechtsträgern gewährt werden (BMF 11.11.2011, BStBl. I 2011, 1314 Rn. 15.24: aber unklar, ob die Umw des Anteilsinhabers gemeint ist, da kein Verweis auf Rn. 00.03 erfolgt; → Rn. 161; idS aber OFD Nürnberg GmbHR 2000, 519; Widmann/Mayer/Schießl Rn. 402; Dötsch/van Lishaut/Wochinger DB-Beil. 7/1998, 31; vgl. auch BFH BStBl. II 2019, 45 zu § 22 II 1; aA Haritz/Menner/Bilitewski/Asmus Rn. 169; Rödder/Herlinghaus/van Lishaut/Schumacher Rn. 250 f.; HK-UmwStG/Dworschak Rn. 140; NK-UmwR/Scholz Rn. 82; Schmitt DStR 2011, 1108 (1112); vgl. auch Frotscher/Drüen/Bleifeld Rn. 170: Billigkeitsregelung notwendig). Eine tatsächliche Veräußerung (Übertragung der Anteile am übertragenden oder übernehmenden Rechtsträger auf einen anderen Rechtsträger) findet zwar nicht statt (auch → § 13 Rn. 5). Indes liegt sowohl bei einer Seitwärtsverschmelzung als auch bei einem Upstream- oder Downstream-Merger ein tauschähnlicher Umsatz vor, der nach § 13 I einer Veräußerung gleichgestellt wird (aA Rödder/Herlinghaus/van Lishaut/Schumacher Rn. 251; Haritz/Menner/Bilitewski/Asmus Rn. 169). Auch der Upstream-Merger ist seiner Natur nach tauschähnlich. Weitere Voraussetzung ist allerdings, dass die Veräußerung an **außenstehende Dritte** erfolgt (→ Rn. 198). Unschädlich ist daher die Umw auf einen übernehmenden Rechtsträger, an dem keine anderen Anteilseigner beteiligt sind (Rödder/Herlinghaus/van Lishaut/Schumacher Rn. 250; Haritz/Menner/Bilitewski/Asmus Rn. 169; Dötsch/Pung/Möhlenbrock/Dötsch/Stimpel Rn. 224).

Veräußerung ist auch die **Einbringung** eines Anteils an einer an der Spaltung beteiligten Körperschaft **in** eine **KapGes** oder **in** eine **PersGes** gegen Gewährung von Gesellschaftsrechten (vgl. BFH BStBl. II 2000, 230; BMF 11.11.2011, BStBl. I 2011, 1314 Rn. 15.24; vgl. auch BMF 11.7.2011, BStBl. I 2011, 713; BMF 8.12.2011, BStBl. I 2011, 1279). Der Veräußerungscharakter ist unabhängig davon, ob die Einbringung nach §§ 21, 24 oder § 6 V EStG steuerneutral erfolgen kann (ebenso Rödder/Herlinghaus/van Lishaut/Schumacher Rn. 252; Widmann/Mayer/Schießl Rn. 371; Haritz/Menner/Bilitewski/Asmus Rn. 170 f.; Dötsch/van Lishaut/Wochinger DB-Beil. 7/1998, 31). Eine andere Frage ist, ob durch die Umw eine Anteilsveräußerung an eine **außenstehende Person** erfolgt (→ Rn. 198 ff.). Keine Anteilsveräußerung und damit keine Veräußerung bewirkt ein **Formwechsel** einer an der Spaltung beteiligten Körperschaft nach der Spaltung (ebenso Widmann/Mayer/Schießl Rn. 375; Haritz/Menner/Bilitewski/Asmus Rn. 169; Haase/Hofacker/Luce/Claß Rn. 142; HK-UmwStG/Dworschak Rn. 140; BeckOK UmwStG/Oppel/Rehberg Rn. 766; Schmitt DStR 2011, 1108 (1112); Hageböke Ubg 2011, 689 (702); Heurung/Engel/Schröder GmbHR 2011, 617 (622)). Denn beim Formwechsel bleiben die Identität des Rechtsträgers und damit die Identität der Beteiligungen gewahrt. §§ 14, 25 ordnen lediglich die stl. Fiktion einer Vermögensübertragung an. **Vgl. allerdings BMF** 11.11.2011, BStBl. I 2011, 1314 Rn. 00.02, 22.07 (dazu ausf. Hageböke Ubg 2011, 689).

Auch die Beteiligung eines **Anteilsinhabers als übertragender Rechtsträger** an einer nachfolgenden Verschm, Spaltung oder Teilübertragung ist grds. Veräußerung iSv Abs. 2 S. 3, 4 (OFD Nürnberg GmbHR 2000, 519; BMF 11.11.2011, BStBl. I 2011, 1314 Rn. 15.24 iVm Rn. 00.02; Widmann/Mayer/Schießl Rn. 403; Schmitt DStR 2011, 1108 (1112); Dötsch/van Lishaut/Wochinger DB-Beil. 7/1998, 31; aA Rödder/Herlinghaus/van Lishaut/Schumacher Rn. 253; Haritz/Menner/Bilitewski/Asmus Rn. 169; vgl. auch Dötsch/Pung/Möhlenbrock/Dötsch/Stimpel Rn. 220: die Verwaltungsauffassung wirkt eng). Denn der Vermögensübergang anlässlich einer Verschm, Spaltung oder Vermögensübertragung ist ein entgeltliches Veräußerungs- und Anschaffungsgeschäft (BMF 11.11.2011, BStBl. I 2011, 1314 Rn. 00.02; → UmwG § 24 Rn. 10 ff.). Ob die Übertragung steuerneutral oder unter Aufdeckung der stillen Reserven erfolgt, ist unerheblich (Widmann/Mayer/Schießl Rn. 403). Voraussetzung ist allerdings, dass anlässlich der Umw des Anteilsinhabers die Beteiligung an einer an der Spaltung beteiligten Körperschaft übertragen wird. Dies ist nicht der Fall, soweit die Beteiligung bei einer Spaltung oder Teilübertragung zurückbleibt (HK-UmwStG/Dworschak Rn. 140; Haritz GmbHR 2000, 520). Mangels Übertragung ist auch ein **Formwechsel** eines Gesellschafters keine Veräußerung (HK-UmwStG/Dworschak Rn. 140; Schmitt DStR 2011, 1108 (1112); Schaflitzl/Götz DB-Beil. 1/2012, 25 (35 f.); **aA BMF** 11.11.2011, BStBl. I 2011, 1314 Rn. 15.24, 00.02; dazu ausf. Hageböke Ubg 2011, 689). Weitere Voraussetzung ist, dass die Umw des Anteilsinhabers eine Veräußerung **an außenstehende Personen** darstellt (→ Rn. 198), also diese die Anteile am übernehmenden Rechtsträger halten oder erhalten (OFD Nürnberg GmbHR 2000, 519; Schumacher DStR 2002, 2066 (2067); Haritz GmbHR 2000, 519).

162 **ff) Liquidation.** Die Liquidation einer beteiligten Körperschaft stellt keine Veräußerung dar (Haritz/Menner/Bilitewski/Asmus Rn. 174; Widmann/Mayer/Schießl Rn. 382; Lademann/Stuber-Köth Rn. 133; Widmann/Bauschatz/Jacobsen/Happel Rn. 161); die Begründung → Rn. 167 gilt entsprechend. Die Übertragung einer Beteiligung an einer an der Spaltung beteiligten Körperschaft bei der Liquidation des Anteilsinhabers ist indes eine Veräußerung (Widmann/Mayer/Schießl Rn. 381).

163 **gg) Mittelbare Veräußerungen.** Vgl. → Rn. 171.

164 **hh) Barabfindungen.** Das Ausscheiden eines Anteilsinhabers gegen Barabfindung (§ 29 UmwG) ist grds. eine Veräußerung des Anteils (Widmann/Mayer/Schießl Rn. 356; Widmann/Bauschatz/Jacobsen/Happel Rn. 161). Weiter ist aber zu prüfen, ob eine Veräußerung an außenstehende Personen (→ Rn. 198) erfolgt. Daher ist die Veräußerung unschädlich, soweit sich die rechnerische Beteiligungsquote von Anteilsinhabern des übernehmenden Rechtsträgers erhöht, die bereits am übertragenden Rechtsträger beteiligt waren.

165 **ii) Eigene Anteile.** Der **Erwerb** eigener Anteile durch einen der beteiligten Rechtsträger ist Anteilsveräußerung (Widmann/Mayer/Schießl Rn. 368; HK-UmwStG/Dworschak Rn. 140; aA Frotscher/Drüen/Bleifeld Rn. 173: wie Kapitalherabsetzung). Eine Veräußerung an außenstehende Personen erfolgt aber nur insoweit, wie sich die rechnerische Beteiligungsquote von Personen erhöht, die nicht zuvor am übertragenden Rechtsträger beteiligt waren (→ Rn. 198). Entsprechendes gilt für die **Veräußerung** von eigenen Anteilen an außenstehende Personen, da dies wirtschaftlich einer Anteilsveräußerung gleichkommt (vgl. auch Widmann/Mayer/Schießl Rn. 367; aA Rödder/Herlinghaus/van Lishaut/Schumacher Rn. 248: wie Kapitalerhöhung; dies kann wirtschaftlich zutr. sein, lässt aber die Wertung als Veräußerung unberührt; ebenso aA Haritz/Menner/Bilitewski/Asmus Rn. 167: keine Veräußerung durch die nicht außenstehenden Anteilseigner).

166 **jj) Einziehung.** Die entgeltliche Einziehung eines Anteils an einem beteiligten Rechtsträger bewirkt eine Erhöhung der Beteiligungsquote der übrigen Anteilsinhaber und ist daher Veräußerung iSv Abs. 2 S. 4 (Widmann/Mayer/Schießl Rn. 372; Haritz/Menner/Bilitewski/Asmus Rn. 174). Schädlich ist dies, soweit die Beteiligungsquote zugunsten außenstehender Personen (→ Rn. 198) steigt. Zu unentgeltlichen Übertragungen → Rn. 154.

167 **d) Anteile der beteiligten Rechtsträger.** Die Missbrauchsregelung in Abs. 2 S. 3, 4 knüpft an die Veräußerung von Anteilen an den an der Spaltung beteiligten Rechtsträgern an. **Kein Missbrauchsfall** ist die **Veräußerung** von **einzelnen WG** oder von echten oder fiktiven Teilbetrieben **durch** die beteiligten Körperschaften (BMF 11.11.2011, BStBl. I 2011, 1314 Rn. 15.28; Widmann/Mayer/Schießl Rn. 398 f.; Goutier/Knopf/Tulloch/Knopf/Hill Rn. 48; Dötsch/Pung/Möhlenbrock/Dötsch/Stimpel Rn. 207; Haase/Hofacker/Luce/Claß Rn. 139; HK-UmwStG/Dworschak Rn. 126; Haritz/Menner/Bilitewski/Asmus Rn. 158; Rödder/Herlinghaus/van Lishaut/Schumacher Rn. 225; Thiel DStR 1995, 237 (242); Bien ua/Hörger DStR-Beil. zu Heft 17/1998, 31). Dies war zum Spaltungserlass (BMF 9.1.1992, BStBl. I 1992, 47) noch umstritten (vgl. Wochinger DB 1992, 163 (169)), folgt aber neben dem Wortlaut zweifelsfrei auch daraus, dass bei der Veräußerung von Einzelwirtschaftsgütern/Teilbetrieben durch eine der beteiligten Körperschaften die Besteuerung eintritt, deren Umgehung Abs. 2 S. 3, 4 verhindern will (→ Rn. 148).

168 Anteile an einer an der Spaltung **beteiligten Körperschaft** sind sowohl Anteile an den übernehmenden Körperschaften wie auch Anteile an der übertragenden Körperschaft (BFH BStBl. II 2006, 391; BMF 11.11.2011, BStBl. I 2011, 1314

Aufspaltung, Abspaltung und Teilübertragung **169–171** **§ 15 UmwStG D**

Rn. 15.27; Widmann/Mayer/Schießl Rn. 306; Rödder/Herlinghaus/van Lishaut/ Schumacher Rn. 256; Dötsch/Pung/Möhlenbrock/Dötsch/Stimpel Rn. 288; Frotscher/Drüen/Bleifeld Rn. 204; Haritz/Menner/Bilitewski/Asmus Rn. 158; Herzig/Förster DB 1995, 338 (345)). Eine Beschränkung auf die Anteile an den übernehmenden Körperschaften (so Krebs BB 1997, 1817 (1820)) verstößt gegen den klaren Gesetzeswortlaut und ist vom Gesetzeszweck nicht gedeckt, denn die Umgehung der Besteuerung einer Teilbetriebsveräußerung durch die übertragende Körperschaft (→ Rn. 148) könnte auch durch Veräußerung der Anteile an der übertragenden Körperschaft erreicht werden, wenn der „zu veräußernde" Teilbetrieb bei ihr verbliebe (vgl. auch BFH BStBl. II 2006, 391).

Eine aus dem Normzweck resultierende, **einschränkende Auslegung** ist bei **169** Auf- und Abspaltungen **zur Aufnahme,** also auf einen bestehenden Rechtsträger, geboten. Anteile iSv Abs. 2 S. 3, 4 sind bei Spaltung zur Aufnahme neben den Anteilen am übertragenden Rechtsträger grds. **nur** die den Anteilsinhabern des übertragenden Rechtsträgers **gewährten Anteile** an den übernehmenden Rechtsträgern (so zutr. Widmann/Mayer/Schießl Rn. 343; Sagasser/Bula/Brünger Umwandlungen/Schöneberger/Bultmann § 20 Rn. 68; Rödder/Herlinghaus/van Lishaut/Schumacher Rn. 257 f.; Bien ua/Hörger DStR-Beil. zu Heft 17/1998, 31; Frotscher/Drüen/Bleifeld Rn. 205; aA NK-UmwR/Scholz Rn. 95). **Unschädlich** ist die Veräußerung von Anteilen an den übernehmenden Körperschaften durch Anteilsinhaber, die nicht an der übertragenden Körperschaft beteiligt waren, soweit nicht stille Reserven auf diese Anteile übergegangen sind (Widmann/Mayer/Schießl Rn. 346; BeckOK UmwStG/Oppel/Rehberg Rn. 760; Rödder/Herlinghaus/van Lishaut/Schumacher Rn. 258; Haritz/Menner/Bilitewski/Asmus Rn. 158; Eisgruber/Vogt Rn. 298; Frotscher/Drüen/Bleifeld Rn. 205). Denn die Missbrauchsvorschrift will nur verhindern, dass anstelle einer Teilbetriebsveräußerung Anteile veräußert werden, die wirtschaftlich betrachtet den (echten oder fiktiven) Teilbetrieb repräsentieren (→ Rn. 148). Dies sind bei einer Spaltung zur Aufnahme nur die den Anteilsinhabern der übertragenden Körperschaft gewährten Anteile. **Schädlich** ist allerdings auch die Veräußerung von bereits zuvor bestehenden Anteilen an der übernehmenden Körperschaft, wenn sie durch Anteilsinhaber, die auch an der übertragenden Körperschaft beteiligt waren, erfolgt (Eisgruber/Vogt Rn. 298; aA Rödder/Herlinghaus/van Lishaut/Schumacher Rn. 258).

Beispiel:

An der übertragenden GmbH X sind A und B zu gleichen Teilen beteiligt. Die GmbH X **170** spaltet einen Teilbetrieb auf die bereits bestehende GmbH Y ab, an der A und B ebenfalls jeweils hälftig beteiligt sind. Als Gegenleistung werden A und B neue Anteile an der GmbH Y gewährt. In diesem Fall kann es nach dem Normzweck keinen Unterschied machen, ob A und/oder B neue oder bereits zuvor bestehende Anteile an der GmbH Y veräußern.

Die veräußerten Anteile müssen an den beteiligten Rechtsträgern bestehen. Die **171** Veräußerung von Anteilen an Anteilsinhabern der beteiligten Rechtsträger (**mittelbare Anteilsveräußerung**) fällt nicht in den Anwendungsbereich von Abs. 2 S. 3, 4 (Rödder/Herlinghaus/van Lishaut/Schumacher Rn. 225, 254; Dötsch/Pung/ Möhlenbrock/Dötsch/Stimpel Rn. 213; Widmann/Mayer/Schießl Rn. 383; Haritz/Menner/Bilitewski/Asmus Rn. 164; Haase/Hofacker/Luce/Claß Rn. 142; Widmann/Bauschatz/Jacobsen/Happel Rn. 159; Alber Wpg 2020, 171 (178); Haritz GmbHR 2000, 519 (520); Ehlermann/Löhr DStR 2003, 1509 (1514); Neyer DStR 2002, 2200 (2204); Schumacher DStR 2002, 2066 (2067); Fey/Neyer IStR 1998, 161 (165); Blumers DB 2000, 589 (594); Thies DB 1999, 2179 (2182): Die dort genannten „unmittelbaren Anteile an der C-GmbH" sind aber wohl der übertragene fiktive Teilbetrieb und nicht Anteile an einem beteiligten Rechtsträger, vgl. das Beispiel in DB 1999, 2179 f.; vgl. auch OFD Nürnberg GmbHR 2000,

519: Veräußerung, wenn Anteilsinhaber verschmolzen/gespalten wird und die neuen Anteile am übernehmenden Rechtsträger an außenstehende Personen fallen; in diesem Fall bewirkt die Umw aber eine Veräußerung der Anteile an den beteiligten Rechtsträger, → Rn. 161). Dies folgt aus dem insoweit klaren Wortlaut: Die Anteilsinhaber sind nicht „an der Spaltung beteiligte Körperschaften". Zwar können auch durch mittelbare Anteilsveräußerungen Situationen eintreten, die Abs. 2 S. 2–4 verhindern will. In diesem Fall kann eine Korrektur aber nur über § 42 AO erfolgen (Rödder/Herlinghaus/van Lishaut/Schumacher Rn. 254; Haase/Hofacker/Luce/Claß Rn. 142; Widmann/Mayer/Schießl Rn. 508; Blumers DB 2000, 589 (594); zur Bedeutung von § 42 AO neben den Missbrauchsfällen von Abs. 2 → Rn. 241 f.). Dies scheint auch die Ansicht der **FVerw** zu sein, da sie bei einer mittelbaren Veräußerung nach der Übertragung mittels einer Umstrukturierung innerhalb von verbundenen Unternehmen nicht die mittelbare Veräußerung, sondern die Übertragung durch die Umstrukturierung für schädlich hält (BMF 11.11.2011, BStBl. I 2011, 1314 Rn. 15.26; → Rn. 208). Vgl. iÜ auch BMF 11.11.2011, BStBl. I 2011, 1314 Rn. 15.28: durch die Gesellschafter. Da mittelbare Anteilsveräußerungen nicht zum Anwendungsbereich zählen, ist es unerheblich, auf welche Weise (entgeltliche oder unentgeltliche Veräußerung, Umw, Kapitalerhöhung etc) die Anteile an den Anteilsinhaber übertragen werden. Es kommt insoweit auch nicht darauf an, ob die Übertragung an außenstehende Personen oder nicht erfolgt (vgl. aber OFD Nürnberg GmbHR 2000, 519). Unschädlich ist die mittelbare Anteilsveräußerung sowohl bei KapGes als auch bei mitunternehmerischen PersGes als Anteilsinhaber (Widmann/Mayer/Schießl Rn. 385; Haritz/Menner/Bilitewski/Asmus Rn. 164). Eine **Ausnahme** gilt bei vermögensverwaltenden (nicht mitunternehmerischen) PersGes, da insoweit eine (anteilige) Veräußerung der WG stattfindet (§ 39 II 2 AO).

172 Anteile an einer an der Spaltung beteiligten Körperschaft sind auch **eigene Anteile** dieser Körperschaften (Widmann/Mayer/Schießl/Jacobsen/Happel Rn. 159; auch → Rn. 165). Dies gilt sowohl für die übertragende Körperschaft als auch für übernehmende Körperschaften. Denn eigene Anteile erhöhen die rechnerischen Beteiligungsquoten der Anteilsinhaber.

Beispiel:

173 An einer GmbH mit einem StK von 100.000 Euro sind drei Gesellschafter mit jeweils einem Geschäftsanteil von 25.000 Euro beteiligt; die Ges hält eigene Geschäftsanteile iHv ebenfalls 25.000 Euro. Die Gesellschafter sind zu je einem Drittel an der GmbH beteiligt. Damit tritt durch die Veräußerung der eigenen Anteile (an außenstehende Personen, → Rn. 198 ff.) diejenige wirtschaftliche Verlagerung ein, die als missbräuchlich angesehen wird (zum Gesetzeszweck → Rn. 148).

174 Bei einer Spaltung zur Aufnahme ist die Veräußerung von Anteilen an einer übernehmenden Körperschaft durch einen Anteilsinhaber, der an der übertragenden Körperschaft nicht beteiligt war, unschädlich (→ Rn. 169). Die Veräußerung von eigenen Anteilen ist daher in eine schädliche und in eine unschädliche Quote aufzuteilen.

Beispiel:

175 Die B-GmbH (StK: 60.000 Euro) ist übernehmende Körperschaft bei einer Abspaltung. Vor der Spaltung hält der Alleingesellschafter B einen Geschäftsanteil iHv 50.000 Euro, die B-GmbH hält einen eigenen Geschäftsanteil iHv 10.000 Euro. Anlässlich der Spaltung wird ein neu geschaffener Geschäftsanteil iHv 50.000 Euro dem einzigen Anteilsinhaber der übertragenden A-GmbH, dem A, gewährt. Nach der Spaltung sind A und B jeweils hälftig an der B-GmbH beteiligt. Eine Veräußerung des eigenen Anteils durch die B-GmbH ist hälftig dem A zuzurechnen und damit schädlich iSv Abs. 2 S. 3, 4.

Die Missbrauchsvorschrift umfasst nicht die **Veräußerung** von Anteilen an einer 176 anderen KapGes **durch** eine an der Spaltung **beteiligte Körperschaft** (BMF 11.11.2011, BStBl. I 2011, 1314 Rn. 15.28; Widmann/Mayer/Schießl Rn. 399). Dies gilt auch für die Veräußerung einer als fiktiver Teilbetrieb (Abs. 1 S. 3) geltenden 100 %igen Beteiligung an einer KapGes (zur Unschädlichkeit der Veräußerung von WG und Teilbetrieben durch die beteiligten Körperschaften → Rn. 167).

e) Bagatellgrenze (20 %). aa) Grundsatz. Nicht jede Veräußerung ist schäd- 177 lich (auch → Rn. 146, → Rn. 150). Voraussetzung ist, dass **insgesamt** Anteile veräußert werden, die **mehr als 20 %** der vor Wirksamwerden der Spaltung an der Körperschaft bestehenden Anteile **ausmachen.** Die Quote von 20 % (in der Begr. RegE noch 10 %) soll verhindern, dass zB bei PublikumsGes die Veräußerung eines einzigen Anteils zum Verlust der Steuerneutralität führt (Begr. RegE, BT-Drs. 12/6885 zu § 15). Dieses Ziel wird durch die Quote von 20 % nur unzulänglich erreicht. Die Missbrauchsregelung ist daher bei Beteiligung von PublikumsGes, insbes. von börsennotierten Ges, nur schwer handhabbar und äußert problematisch (→ Rn. 197).

Die Missbrauchsregelung bezieht sich auf die Veräußerung von Anteilen an **allen** 178 **beteiligten Körperschaften** (BFH DStR 2022, 41 Rn. 33; BStBl. I 2006, 391; BMF 11.11.2011, BStBl. I 2011, 1314 Rn. 15.27; → Rn. 167 ff.). Bei deren Veräußerung ist jeweils zu bestimmen, welchen Wert die veräußerten Anteile im Verhältnis zum Gesamtwert aller Anteile an der übertragenden Körperschaft vor der Spaltung **repräsentieren** (BFH DStR 2022, 41 Rn. 19; Rödder/Herlinghaus/van Lishaut/Schumacher Rn. 260; Frotscher/Drüen/Bleifeld Rn. 211; Lademann/Stuber-Köth Rn. 139). Als Vergleichsmaßstab (= 100 %) für das Überschreiten der 20 %-Grenze ist mithin allein auf die gesamten Anteile an der übertragenden Körperschaft vor der Spaltung abzustellen (BMF 11.11.2011, BStBl. I 2011, 1314 Rn. 15.29; Widmann/Mayer/Widmann Rn. 321; Haritz/Menner/Bilitewski/Asmus Rn. 183; Brandis/Heuermann/Nitzschke Rn. 107; Dötsch/Pung/Möhlenbrock/Dötsch/Stimpel Rn. 305; Widmann/Bauschatz/Jacobsen/Happel Rn. 169).

Beispiel:

Die A-GmbH mit zwei wertgleichen Teilbetrieben wird auf die jeweils neu gegründete 179 B-GmbH und C-GmbH aufgespalten. Die Anteile an der B-GmbH und an der C-GmbH repräsentieren jeweils 50 % des Wertes der gesamten Anteile an der A-GmbH vor der Spaltung. Demzufolge wird die schädliche Quote von 20 % etwa überschritten, wenn mehr als 40 % der Anteile an der B-GmbH oder an der C-GmbH oder bspw. 30 % der Anteile an der B-GmbH und mehr als 10 % der Anteile an der C-GmbH (zur Zusammenrechnung von verschiedenen Anteilsveräußerungen → Rn. 191 ff.) veräußert werden.

bb) Ermittlung der Bagatellgrenze. Zur Bestimmung der Bagatellgrenze muss 180 der Wert der Anteile an der übertragenden Körperschaft vor der Spaltung (= 100 %) und die Aufteilung dieses Wertes auf die verbleibenden Anteile an der übertragenden Körperschaft nach der Spaltung und/oder auf die Anteile an den übernehmenden Körperschaften ermittelt werden. Maßgeblich ist ausschließlich der jeweilige **gemeine Wert** (BFH DStR 2022, 41 Rn. 33; Rödder/Herlinghaus/van Lishaut/Schumacher Rn. 260; Dötsch/Pung/Möhlenbrock/Dötsch/Stimpel Rn. 309; Semler/Stengel/Moszka Rn. 506; Sagasser/Bula/Brünger Umwandlungen/Schöneberger/Bultmann § 20 Rn. 62; Haase/Hofacker/Luce/Claß Rn. 146; vgl. auch Widmann/Mayer/Schießl Rn. 322: tatsächlicher Wert; ebenso Haritz/Menner/Bilitewski/Asmus Rn. 182: fiktiver Verkehrswert bzw. gemeiner Wert). Denn nur durch die Bestimmung des gemeinen Werts der ursprünglichen Anteile an der übertragenden Körperschaft (vor der Spaltung) und der übertragenen Teilbetriebe ist eine sachgerechte Aufteilung der Werte auf die verbleibenden Anteile an der übertragenden Körperschaft und/oder auf die Anteile an den übernehmenden Körperschaften möglich. Die jeweiligen **Nennkapitalien** der beteiligten Körperschaften sind ohne Bedeutung, da sie keinen Rückschluss auf die Wertverhältnisse (stille Reserven, Ertragswert) zulassen (BMF 11.11.2011, BStBl. I 2011, 1314 Rn. 15.29; Haritz/Menner/Bilitewski/Asmus Rn. 182; Widmann/Mayer/Widmann Rn. 323; Sagasser/Bula/Brünger Umwandlungen/Schöneberger/Bultmann § 20 Rn. 62; Brandis/Heuermann/Nitzschke Rn. 107; Hörger FR 1994, 765 (769)). Entsprechendes gilt für das gesamte **EK** (Hörger FR 1994, 765 (769)).

181 Maßgeblich ist der gemeine Wert der Anteile an der übertragenden Körperschaft **zum stl. Übertragungsstichtag** (BFH DStR 2022, 41 Rn. 33; Rödder/Herlinghaus/van Lishaut/Schumacher Rn. 260; Haritz/Menner/Bilitewski/Asmus Rn. 182; Semler/Stengel/Moszka Rn. 506; Haase/Hofacker/Luce/Claß Rn. 146; Dötsch/Pung/Möhlenbrock/Dötsch/Stimpel Rn. 309; Brandis/Heuermann/NitzschkeRn. 107; NK-UmwR/Scholz Rn. 100; **aA** Widmann/Mayer/Schießl Rn. 328; Frotscher/Drüen/Bleifeld Rn. 212; Bien ua/Hörger DStR-Beil. zu Heft 17/1998, 31; Hörger FR 1994, 765 (769); Goutier/Knopf/Tulloch/Knopf/Hill Rn. 52: Wirksamwerden der Spaltung; wohl auch Sagasser/Bula/Brünger Umwandlungen/Schöneberger/Bultmann § 20 Rn. 62). Denn der stl. Übertragungsstichtag liegt unmittelbar vor dem Spaltungsstichtag iSv § 126 I Nr. 6 UmwG (→ § 2 Rn. 17 ff.) und stimmt damit mit dem Zeitpunkt überein, auf den regelmäßig technisch die Wertverhältnisse für die Bestimmung des Umtauschverhältnisses (§ 126 I Nr. 3 UmwG) ermittelt werden (→ UmwG § 5 Rn. 28). Dieser für die Beteiligungsverhältnisse maßgebliche Zeitpunkt ist nach dem Sinn und Zweck der Regelung (→ Rn. 147) auch der geeignete Zeitpunkt für die Festlegung der Wertverhältnisse zur Anwendung der Missbrauchsregelung, da die Missbrauchsregelung darauf abstellt, ob die Anteilsinhaber des übertragenden Rechtsträgers wirtschaftlich betrachtet einen Teilbetrieb veräußern. Der Wortlaut („vor Wirksamwerden") steht dem nicht entgegen (so aber Widmann/Mayer/Schießl Rn. 328). Damit ist nicht zwingend das zivilrechtliche Wirksamwerden gemeint. Stl. wird der Vermögensübergang am stl. Übertragungsstichtag fingiert (→ § 2 Rn. 8), sodass zu diesem Zeitpunkt vom stl. Wirksamwerden auszugehen ist.

182 Demzufolge bleiben **spätere Wertveränderungen** unberücksichtigt (BMF 11.11.2011, BStBl. I 2011, 1314 Rn. 15.29; Rödder/Herlinghaus/van Lishaut/Schumacher Rn. 261; Goutier/Knopf/Tulloch/Knopf/Hill Rn. 52; Widmann/Mayer/Schießl Rn. 329; Brandis/Heuermann/Nitzschke Rn. 107; Widmann/Bauschatz/Jacobsen/Happel Rn. 170; Bien ua/Hörger DStR-Beil. zu Heft 17/1998, 31; Hörger FR 1994, 765 (769); Dötsch/Pung/Möhlenbrock/Dötsch/Stimpel Rn. 309; Haase/Hofacker/Luce/Claß Rn. 146). Dies gilt sowohl für Werterhöhungen als auch für Wertminderungen (Widmann/Mayer/Schießl Rn. 329). Insbes. ist **nicht** der **tatsächliche Veräußerungspreis** der innerhalb der Fünf-Jahres-Frist veräußerten Anteile maßgeblich (Widmann/Mayer/Schießl Rn. 330). Es ist vielmehr eine (fiktive) Wertrelation zum stl. Übertragungsstichtag zu ermitteln und festzuschreiben (vgl. auch Haritz/Menner/Bilitewski/Asmus Rn. 182).

183 Die **Aufteilung** der fiktiven Anteilswerte auf die Anteile an der übertragenden Körperschaft nach der Abspaltung und/oder auf die Anteile an den übernehmenden Körperschaften nach der Auf- und Abspaltung ergibt sich **nicht** aus dem **Umtauschverhältnis** (so aber BMF 11.11.2011, BStBl. I 2011, 1314 Rn. 15.29; Thiel DStR 1995, 237 (242)). Maßgeblich ist allein das Wertverhältnis der jeweils übergehenden bzw. der übergehenden und verbleibenden (fiktiven oder echten) Teilbetriebe, bezogen auf den Wert der Anteile an der übertragenden Körperschaft vor der Spaltung (ebenso Rödder/Herlinghaus/van Lishaut/Schumacher Rn. 260; HK-UmwStG/Dworschak Rn. 156; vgl. auch Widmann/Mayer/Schießl Rn. 327, 971 f.; Haase/Hofacker/Luce/Claß Rn. 147; unklar Dötsch/Pung/Möhlenbrock/Dötsch/Stimpel Rn. 306, 308). Das Umtauschverhältnis ist ein untauglicher Maßstab, weil es das Verhältnis zwischen dem übergehenden Teilvermögen und dem

Aufspaltung, Abspaltung und Teilübertragung 184–189 § 15 UmwStG D

beim übernehmenden Rechtsträger nach der Spaltung vorhandenen Vermögen ausdrückt (→ UmwG § 126 Rn. 19 ff.), aber keinen Rückschluss auf die Wertverhältnisse zwischen den übertragenen bzw. verbleibenden Teilbetrieben und damit auf die Verkörperung („ausmachen") der jeweiligen Werte in den Anteilen zulässt.

Beispiel 1:

Die A 1-AG besitzt zwei Teilbetriebe mit einem gemeinen Wert von 1 Mio. Euro (T1) **184** und 2 Mio. Euro (T2). Durch Aufspaltung überträgt die A 1-AG ihren Teilbetrieb T1 auf die bestehende B-AG (gemeiner Wert vor der Spaltung: 1 Mio. Euro) und ihren Teilbetrieb T2 auf die bestehende C-AG (gemeiner Wert vor der Spaltung: 8 Mio. Euro). Das Grundkapital aller beteiligten AG ist vor der Spaltung in jeweils 100.000 Stückaktien aufgeteilt. Die als Gegenleistung zu gewährenden Anteile werden durch Kapitalerhöhung geschaffen.

Beispiel 2:

Die A 2-AG besitzt zwei Teilbetriebe mit einem gemeinen Wert von 2 Mio. Euro (T1) **185** und 1 Mio. Euro (T2). Durch Aufspaltung überträgt die A 2-AG ihren Teilbetrieb T1 auf die bestehende B-AG (gemeiner Wert vor der Spaltung: 1 Mio. Euro) und ihren Teilbetrieb T2 auf die bestehende C-AG (gemeiner Wert vor der Spaltung: 4 Mio. Euro). Das Grundkapital der A2-AG und der C-AG ist vor der Spaltung in jeweils 100.000 Stückaktien, dasjenige der B-AG in 50.000 Stückaktien aufgeteilt. Die als Gegenleistung zu gewährenden Anteile werden durch Kapitalerhöhung geschaffen.

Bei einer korrekten Bestimmung des Umtauschverhältnisses werden sowohl den **186** Anteilsinhabern der A 1-AG als auch denjenigen der A 2-AG 100.000 Aktien der B-AG und 25.000 Aktien der C-AG gewährt. Das Umtauschverhältnis lautet damit, dass für jeweils 4 Aktien der A 1-AG bzw. der A 2-AG 4 Aktien der B-AG und 1 Aktie der C-AG gewährt werden.

Aus diesen identischen Umtauschverhältnissen lässt sich nicht ermitteln, welchen **187** Wert die Aktien an der B-AG und an der C-AG im Verhältnis zum Wert der ursprünglichen Aktien an der A-AG repräsentieren. Denn die Bagatellgrenze von 20 % (gemeiner Wert bezogen auf die Aktien an der A-AG: 0,6 Mio. Euro) wird im Beispiel 1 bei der Veräußerung von 60.000 Aktien an der B-AG und von 7.500 Aktien an der C-AG erreicht. Im Beispiel 2 genügt bereits die Veräußerung von mehr als 30.000 Aktien an der B-AG für die Überschreitung der Bagatellgrenze, während mehr als 15.000 Aktien der C-AG veräußert werden müssen. Richtig ist allerdings, dass die für die Bestimmung der korrekten Umtauschverhältnisse durchgeführte **Bewertung der** Teilbetriebe für die Bestimmung des Aufteilungsmaßstabes heranzuziehen ist. Denn im Beispiel 1 müssen die von der B-AG gewährten Aktien insgesamt einen Wert von einem Drittel und die von der C-AG gewährten Aktien insgesamt einen Wert von zwei Dritteln (= Wertverhältnis der Teilbetriebe T1 und T2) der ursprünglichen Aktien an der A-AG repräsentieren, während im Beispiel 2 die umgekehrten Wertrelationen bestehen.

Zur **Ermittlung der Bagatellgrenzen** ist demnach wie folgt vorzugehen: **188**
- Zunächst ist der gemeine Wert sämtlicher Anteile an der übertragenden Körperschaft zum stl. Übertragungsstichtag festzustellen.
- Bei der **Abspaltung** ist ferner zum stl. Übertragungsstichtag der (fiktive) gemeine **188a** Wert der Anteile an der übertragenden Körperschaft nach der Abspaltung, mithin unter Berücksichtigung des Wertverlustes durch die Vermögensübertragung, festzustellen. Zudem ist der (fiktive) gemeine Wert jeweils aller Anteile an den übernehmenden Körperschaften unter Berücksichtigung des Vermögenszugangs durch die Abspaltung zum stl. Übertragungsstichtag zu bestimmen.
- Bei einer **Aufspaltung** sind nur die (fiktiven) gemeinen Werte der Anteile an den **189** übernehmenden Körperschaften unter Berücksichtigung des Vermögenszugangs durch die Aufspaltung zum stl. Übertragungsstichtag zu ermitteln.

Hörtnagl

190 – Die **Bagatellgrenze** ist **überschritten**, wenn Anteile an der übertragenden Körperschaft und/oder an den übernehmenden Körperschaften veräußert werden, die zusammen nach ihrem rechnerischen gemeinen Wert zum stl. Übertragungsstichtag **mehr als 20 %** des gemeinen Werts aller Anteile an der übertragenden Körperschaft vor der Spaltung zum stl. Übertragungsstichtag ausmachen.

191 **cc) Zusammenrechnung der Veräußerungen.** Zur Ermittlung des Überschreitens der schädlichen 20 %-Grenze sind **mehrere Veräußerungen** innerhalb des Fünf-Jahres-Zeitraums (→ Rn. 209 ff.) durch denselben oder durch verschiedene Anteilsinhaber der übertragenden Körperschaft (nur deren Anteile zählen, → Rn. 169) **zusammenzurechnen** (BMF 11.11.2011, BStBl. I 2011, 1314 Rn. 15.30 f.; Widmann/Mayer/Schießl Rn. 348; Haritz/Menner/Bilitewski/Asmus Rn. 184; Goutier/Knopf/Tulloch/Knopf/Hill Rn. 53; Dötsch/Pung/Möhlenbrock/Dötsch/Stimpel Rn. 315; Rödder/Herlinghaus/van Lishaut/Schumacher Rn. 263; Lademann/Stuber-Köth Rn. 141; Thiel DStR 1995, 237 (242); Hörger FR 1994, 765 (769); vgl. auch BFH BStBl. I 2006, 391). Auch die Veräußerung von Anteilen **an mehreren** beteiligten **Körperschaften** wird **zusammengerechnet** (Haritz/Menner/Bilitewski/Asmus Rn. 184; Rödder/Herlinghaus/van Lishaut/Schumacher Rn. 263; Widmann/Mayer/Schießl Rn. 349; Haase/Hofacker/Luce/Claß Rn. 148; Hörger FR 1994, 765 (769); vgl. auch BFH BStBl. I 2006, 391; **aA** Sagasser/Bula/Brünger Umwandlungen/Schöneberger/Bultmann § 20 Rn. 63; Dötsch/Pung/Möhlenbrock/Dötsch/Stimpel Rn. 312; Frotscher/Drüen/Bleifeld Rn. 209; NK-UmwR/Scholz Rn. 101; Schwedhelm/Streck/Mack GmbHR 1995, 100 (102)). Zwar ist der Wortlaut von Abs. 2 S. 4 insoweit nicht eindeutig (ebenso Widmann/Mayer/Schießl Rn. 349; darauf stützen sich Sagasser/Bula/Brünger Umwandlungen/Schöneberger/Bultmann § 20 Rn. 63; Dötsch/Pung/Möhlenbrock/Dötsch/Stimpel Rn. 312 Frotscher/Drüen/Bleifeld Rn. 209 und Schwedhelm/Streck/Mack GmbHR 1995, 100 (102)). Klarer wäre die Formulierung gewesen, dass die Veräußerung der Anteile an **den** beteiligten Körperschaften schädlich sei. Der Wortlaut lässt aber auch die Interpretation zu, dass die Veräußerungen bei allen beteiligten Körperschaften zusammenzurechnen sind. Gestützt wird dies durch den Gesetzeszweck (→ Rn. 147). Denn der Gesetzgeber sah Anteilsveräußerungen generell als schädlich an und nahm die Bagatellgrenze lediglich auf, damit nicht bereits „zB bei Publikumsgesellschaften die Veräußerung eines einzigen Anteils innerhalb von fünf Jahren nach der Spaltung zum Verlust der steuerneutralen Spaltung nach § 15 führt" (Begr. RegE, BT-Drs. 12/6885 zu § 15). Vor diesem Hintergrund ist die Ausnahme der Unschädlichkeit aufgrund des Nichterreichens der Bagatellgrenze restriktiv zu interpretieren. Eine Anwendung der Bagatellgrenze bei jeder beteiligten Körperschaft würde dem abstrakt-generell bestimmten Gesetzeszweck, mittelbare Teilbetriebsveräußerungen durch (stfreie) Anteilsveräußerungen zu verhindern (→ Rn. 147), zuwiderlaufen (ebenso Widmann/Mayer/Schießl Rn. 349; Haritz/Menner/Bilitewski/Asmus Rn. 184).

Beispiel:

192 Die übertragende Körperschaft hat fünf gleich wertvolle Teilbetriebe. Sie überträgt durch Aufspaltung jeden Teilbetrieb auf eine jeweils neu gegründete Körperschaft. Bezöge man die Bagatellgrenze auf jede einzelne übernehmende Körperschaft, könnten im Anschluss sämtliche Anteile aller beteiligten übernehmenden Körperschaften veräußert werden, ohne dass ein Missbrauchsfall vorläge (ebenso Haritz/Menner/Bilitewski/Asmus Rn. 184).

193 Soweit aufgrund der Wertverhältnisse sämtliche Anteile an einer an der Spaltung beteiligten Körperschaft ohne Überschreiten der Bagatellgrenze veräußert werden können, ist dies aufgrund des klaren Wortlauts unschädlich (ebenso Widmann/Mayer/Schießl Rn. 350; Rödder/Herlinghaus/van Lishaut/Schumacher Rn. 262; Sagasser/Bula/Brünger Umwandlungen/Schöneberger/Bultmann § 20 Rn. 63), obwohl dadurch der Umgehungstatbestand (mittelbare Teilbetriebsveräußerung; → Rn. 147) eintritt, der verhindert werden soll.

Beispiel:

Die übertragende A-GmbH spaltet einen Teilbetrieb, der 20 % ihres Gesamtwertes ausmacht, **194** auf die neu gegründete B-GmbH ab. Im Anschluss daran können sämtliche Anteile an der B-GmbH veräußert werden. Erst bei der Veräußerung von weiteren Anteilen an der A-GmbH innerhalb von fünf Jahren liegt ein schädlicher Missbrauchsfall vor. Insoweit ist die abstrakt-generelle Regelung vorrangig, auch wenn im Einzelfall die Umgehung eintritt, die verhindert werden soll. § 42 AO kann in diesem Fall nicht neben Abs. 2 S. 3, 4 angewandt werden (→ Rn. 241 f.).

Wird **derselbe Anteil mehrmals** veräußert, zählt nur die erste Veräußerung **195** (Haritz/Menner/Bilitewski/Asmus Rn. 184; Widmann/Mayer/Schießl Rn. 317; Rödder/Herlinghaus/van Lishaut/Schumacher Rn. 263; Lademann/Stuber-Köth Rn. 141; Frotscher/Drüen/Bleifeld Rn. 215; Goutier/Knopf/Tulloch/Knopf/Hill Rn. 54; Brandis/Heuermann/Nitzschke Rn. 112; Dötsch/Pung/Möhlenbrock/Dötsch/Stimpel Rn. 314; Eisgruber/Vogt Rn. 329; Widmann/Bauschatz/Jacobsen/Happel Rn. 170; Herzig/Förster DB 1995, 338 (345)). Denn durch die Veräußerung desselben Anteils wird der Gesetzeszweck (Verhinderung der mittelbaren Teilbetriebsveräußerung → Rn. 147) nicht gefährdet.

Unerheblich ist, ob anlässlich der Abspaltung überhaupt **Anteile gewährt** wer- **196** den. Die Missbrauchsklausel in Abs. 2 S. 3, 4 greift etwa auch ein, wenn auf eine 100 %ige SchwesterGes unter Verzicht auf eine Anteilsgewährung (§ 54 I 3 UmwG, § 68 I 3 UmwG) abgespalten wird. Zwar wird nach einer Ab- oder Aufspaltung zur Aufnahme die Veräußerung von zuvor schon bestehenden Anteilen an den übernehmenden Rechtsträger nicht gezählt; dies gilt allerdings nur, soweit Personen veräußern, die nicht an der übertragenden Körperschaft beteiligt waren (→ Rn. 169). Dies verlangt der Gesetzeszweck, der eine mittelbare Veräußerung eines Teilbetriebs verhindern will (→ Rn. 147). Anders ist der Fall zu beurteilen, wenn von einer 100 %igen TochterGes ein Teilbetrieb auf die MutterGes abgespalten wird (partieller **Upstream-Merger** ohne Anteilsgewährung). Nach einer derartigen Abspaltung ist nur die Veräußerung von Anteilen an der übertragenden TochterGes bei Überschreiten der Bagatellgrenze schädlich, während die Veräußerung von Anteilen an der übernehmenden MutterGes nicht mitgezählt wird. Der Gesetzeszweck der Verhinderung einer mittelbaren Veräußerung eines Teilbetriebs (→ Rn. 147) ist nicht betroffen, da der Teilbetrieb vor (mittelbar) und nach (unmittelbar) Abspaltung zum Vermögen der übertragenden Körperschaft gehört und damit die stillen Reserven unverändert in den Anteilen an der übertragenden Körperschaft erfasst sind (vgl. Löffler/Hansen DB 2010, 1369 (1372)). Die Anteilsinhaber der übertragenden Körperschaft verbessern ihre Situation nicht. Da Abs. 2 S. 2–4 eine abstrakte Missbrauchsvorschrift ist, ist sie teleologisch zu reduzieren, um eine überschießende Tendenz zu verhindern (ausf. dazu Löffler/Hansen DB 2010, 1369; Rödder/Herlinghaus/van Lishaut/Schumacher Rn. 258; Frotscher/Drüen/Bleifeld Rn. 207; Bien ua/Hörger DStR-Beil. zu Heft 17/1998, 32; Schumacher/Neitz-Hackstein Ubg 2011, 409 (417); aA Widmann/Mayer/Schießl Rn. 344; Dötsch/Pung/Möhlenbrock/Dötsch/Stimpel Rn. 296).

Die Beschränkung auf 20 % kann in Einzelfällen die steuerneutrale Spaltung **197** unmöglich machen. Bei **PublikumsGes** und insbes. bei Beteiligung von **börsennotierten Ges** können der Spaltung nachfolgende Anteilsveräußerungen nur schwer oder überhaupt nicht bzw. verhindert werden. Dennoch enthält Abs. 2 S. 3, 4 keine „Börsenklausel", die eine unterschiedliche Behandlung zuließe (Goutier/Knopf/Tulloch/Knopf/Hill Rn. 51; Dötsch/Pung/Möhlenbrock/Dötsch/Stimpel Rn. 271; Thiel DStR 1995, 237 (242); krit. auch Haritz/Menner/

Bilitewski/Asmus Rn. 186 und Lademann/Stuber-Köth Rn. 142). Die Spaltung einer börsennotierten Ges als übertragender Rechtsträger mit breit gestreutem Anteilsbesitz ist damit ein unkalkulierbares Risiko (vgl. die Beispiele bei Widmann/Mayer/Schießl Rn. 342 und Sagasser/Bula/Brünger Umwandlungen/Schöneberger/Bultmann § 20 Rn. 67; Dötsch/Pung/Möhlenbrock/Dötsch/Stimpel Rn. 316; zu Nachweisschwierigkeiten der FVerw vgl. Rödder/Herlinghaus/van Lishaut/Schumacher Rn. 264; Sagasser/Bula/Brünger Umwandlungen/Schöneberger/Bultmann § 20 Rn. 64; Bien ua/Hörger DStR-Beil. zu Heft 17/1998, 32). Bei der Spaltung auf eine börsennotierte Ges als übernehmender Rechtsträger tritt eine gewisse Entspannung dadurch ein, dass nur die an die Anteilsinhaber der übertragenden Körperschaft gewährten Aktien und schon vorher bestehende Aktien dieser Anteilsinhaber an der übernehmenden Ges für die Überschreitung der Schädlichkeitsgrenze zählen (→ Rn. 169; hierzu auch Bien ua/Hörger DStR-Beil. zu Heft 17/1998, 31). Eine Billigkeitsregelung im Erlasswege liegt bislang nicht vor. Der UmwSt-Erlass (BMF 11.11.2011, BStBl. I 2011, 1314) enthält keine Aussage zu dieser Problematik. IÜ wird in der Praxis versucht, durch **Vinkulierungsklauseln** oÄ den Eintritt eines Missbrauchsfalls zu verhindern (vgl. auch Dötsch/Pung/Möhlenbrock/Dötsch/Stimpel Rn. 321: Schicksalsgemeinschaft). Sinnvoll ist auch eine Regelung über die Verteilung der wirtschaftlichen Belastung bei Eintritt eines Missbrauchsfalls.

198 f) **Außenstehende Personen. aa) Grundsatz.** Nur Veräußerungen an **außenstehende Personen** werden gezählt und sind bei Überschreiten der Bagatellgrenze schädlich (Rödder/Herlinghaus/van Lishaut/Schumacher Rn. 228; Haritz/Menner/Bilitewski/Asmus Rn. 165; Sagasser/Bula/Brünger Umwandlungen/Schöneberger/Bultmann § 20 Rn. 59; Frotscher/Drüen/Bleifeld Rn. 202; Goutier/Knopf/Tulloch/Knopf/Hill Rn. 38; Dötsch/Pung/Möhlenbrock/Dötsch/Stimpel Rn. 231; Haase/Hofacker/Luce/Claß Rn. 145; Eisgruber/Vogt Rn. 283; Oho/Remmel BB 2003, 2539 (2542); Schumacher DStR 2002, 2066; Thies DB 1999, 2179 (2181); Dötsch/van Lishaut/Wochinger DB-Beil. 7/1998, 30; Herzig/Förster DB 1995, 338 (345); Fey/Neyer GmbHR 1999, 274; Thiel DStR 1995, 237 (242); aA Widmann/Mayer/Schießl Rn. 320, 295); auch die FVerw scheint davon auszugehen (vgl. BMF 11.11.2011, BStBl. I 2011, 1314 Rn. 15.26; OFD Nürnberg GmbHR 2000, 519). Dies folgt zunächst daraus, dass Abs. 2 S. 2, der anders als Abs. 2 S. 3, 4 ausdrücklich auf die Veräußerung an außenstehende Personen abstellt, keine eigenständige Bedeutung und Einleitungssatz für die folgenden Abs. 2 S. 3, 4 ist (→ Rn. 133 ff.; insofern aA Widmann/Mayer/Schießl Rn. 320, 295). Darüber hinaus wäre eine unterschiedliche Behandlung des Vollzugs der Veräußerung durch die Spaltung (Abs. 2 S. 2) und der bloßen Vorbereitung (Abs. 2 S. 3, 4) nicht begründet (ebenso Sagasser/Bula/Brünger Umwandlungen/Schöneberger/Bultmann § 20 Rn. 59; Fey/Neyer GmbHR 1999, 274 (278)). Anhaltspunkte, dass der Gesetzgeber insoweit eine Verschärfung gegenüber der Regelung im Spaltungserlass (BMF 9.1.1992, BStBl. I 1992, 47) wollte, existieren iÜ nicht (Goutier/Knopf/Tulloch/Knopf/Hill Rn. 38). Der Wortlaut ist offen (anders wohl Thies DB 1999, 2179 (2181), die die einleitenden Worte „Das Gleiche gilt" nicht nur auf die Rechtsfolge, sondern auch auf die Tatbestandsmerkmale bezieht) und deckt auch die vorstehende Interpretation (Rödder/Herlinghaus/van Lishaut/Schumacher Rn. 228).

199 bb) **Bisherige Anteilsinhaber.** Außenstehende Personen sind jedenfalls **nicht** die weiteren **Anteilsinhaber der übertragenden Körperschaft** zum Zeitpunkt des Wirksamwerdens der Spaltung (BMF 11.11.2011, BStBl. I 2011, 1314 Rn. 15.28; Rödder/Herlinghaus/van Lishaut/Schumacher Rn. 229; Dötsch/Pung/Möhlenbrock/Dötsch/Stimpel Rn. 231 f.; Sagasser/Bula/Brünger Umwandlungen/Schöneberger/Bultmann § 20 Rn. 57; Haritz/Menner/Bilitewski/Asmus

Rn. 152; Goutier/Knopf/Tulloch/Knopf/Hill Rn. 41; Widmann/Mayer/Schießl Rn. 237; Brandis/Heuermann/Nitzschke Rn. 100; Herzig/Förster DB 1995, 338 (345)). Damit ist auch ein Anteilsinhaber der übertragenden Körperschaft, der aufgrund einer nichtverhältniswahrenden Spaltung an der Körperschaft, deren Anteile veräußert werden, nicht mehr beteiligt ist, als nicht außenstehende Person zu qualifizieren (Goutier/Knopf/Tulloch/Knopf/Hill Rn. 41; Widmann/Bauschatz/Jacobsen/Happel Rn. 166). Maßgeblicher **Zeitpunkt** für das Bestehen der Beteiligung des Erwerbers ist der stl. Übertragungsstichtag (BMF 11.11.2011, BStBl. I 2011, 1314 Rn. 15.26; Brandis/Heuermann/Nitzschke Rn. 101; Dötsch/Pung/Möhlenbrock/Dötsch/Stimpel Rn. 245; Schmitt DStR 2011, 1108 (1112); aA Widmann/Mayer/Schießl Rn. 238; Rödder/Herlinghaus/van Lishaut/Schumacher Rn. 230; Schumacher/Neitz-Hackstein Ubg 2011, 409 (415): zivilrechtliches Wirksamwerden), da Erwerbe und Veräußerungen von Anteilen im Interimszeitraum (Zeitraum vom stl. Übertragungsstichtag bis zum zivilrechtlichen Wirksamwerden der Spaltung durch Registereintragung) bei §§ 15, 13 nicht auf den stl. Übertragungsstichtag zurückbezogen werden. Demzufolge sind Veräußerungen an einen Anteilsinhaber, der seine Beteiligung an der übertragenden Körperschaft im **Interimszeitraum** erworben hat, schädlich (auch → Rn. 210).

Der Erwerb **eigener Anteile** (auch → Rn. 165) durch die beteiligten Körperschaften ist nach Auf- und Abspaltungen zur Neugründung unschädlich, da sie rechnerisch nur die Anteilsquote der bisherigen Anteilsinhaber erhöht. Bei einem Erwerb eigener Anteile durch eine übernehmende Körperschaft nach einer Spaltung zur Aufnahme ist die Veräußerung (durch einen bisherigen Anteilsinhaber der übertragenden Körperschaft, → Rn. 169) nur insoweit zu zählen, als sich die rechnerische Beteiligungsquote der zuvor nicht an der übertragenden Körperschaft beteiligten Anteilsinhaber erhöht (Dötsch/Pung/Möhlenbrock/Dötsch/Stimpel Rn. 243). Entsprechendes gilt für die entgeltliche **Einziehung** von Anteilen (auch → Rn. 165 f.). **200**

Die Veränderungen in den Beteiligungsverhältnissen an der übertragenden Körperschaft durch eine **nichtverhältniswahrende Spaltung** sind mangels Übertragung an außenstehende Personen keine schädliche Veräußerung (BMF 11.11.2011, BStBl. I 2011, 1314 Rn. 15.44; Haritz/Menner/Bilitewski/Asmus Rn. 154; Dötsch/Pung/Möhlenbrock/Dötsch/Stimpel Rn. 263; Haritz/Wagner DStR 1997, 181 (182)). **201**

cc) Konzernveräußerungen. Zum Kreis der außenstehenden Personen zählen zudem **nicht Unternehmen eines Konzerns,** zu dem ein Anteilsinhaber der übertragenden Körperschaft gehört (BMF 11.11.2011, BStBl. I 2011, 1314 Rn. 15.26 hinsichtlich Umstrukturierungen; Haritz/Menner/Bilitewski/Asmus Rn. 155; Dötsch/Pung/Möhlenbrock/Dötsch/Stimpel Rn. 234; Haase/Hofacker/Luce/Claß Rn. 145; Goutier/Knopf/Tulloch/Knopf/Hill Rn. 44; Sagasser/Bula/Brünger Umwandlungen/Schöneberger/Bultmann § 20 Rn. 57; Dötsch/van Lishaut/Wochinger DB-Beil. 7/1998, 30; Thiel DStR 1995, 237 (242); Herzig/Förster DB 1995, 338 (345); Fey/Neyer IStR 1998, 161 (164); Blumers DB 2000, 589 (592 f.); weitergehend Rödder/Herlinghaus/van Lishaut/Schumacher Rn. 231: nahestehend nach § 1 Abs. 2 Nr. 1 u. 2 AStG). Abzustellen ist auf die Konzernzugehörigkeit des veräußerten Anteilsinhabers der übertragenden Körperschaft (nicht auf diejenige der übertragenden Körperschaft) und des Erwerbers selbst (Dötsch/Pung/Möhlenbrock/Dötsch/Stimpel Rn. 235). Unschädlich sind also Veräußerungen zwischen verbundenen Unternehmen, aber auch Veräußerungen an verbundene Unternehmen eines anderen Anteilsinhabers (→ Rn. 203; Rödder/Herlinghaus/van Lishaut/Schumacher Rn. 232; Haritz/Menner/Bilitewski/Asmus Rn. 155; aA wohl BMF 11.11.2011, BStBl. I 2011, 1314 Rn. 15.26: innerhalb). Unschädlich sind **nicht nur Umstrukturierungen** zwischen nicht außenstehenden Personen **202**

(so aber BMF 11.11.2011, BStBl. I 2011, 1314 Rn. 15.26), sondern alle Vorgänge, die **Veräußerungen** (→ Rn. 153 ff.) darstellen (Rödder/Herlinghaus/van Lishaut/ Schumacher Rn. 232). Das Gesetz gibt keine Anhaltspunkte für eine derartige Differenzierung. Juristische Personen des öffentlichen Rechts und deren Betriebe gewerblicher Art sind Konzernen gleichzusetzen (BMF 11.11.2011, BStBl. I 2011, 1314 Rn. 15.26).

Beispiel:

203 An der übertragenden A-GmbH und an der durch verhältniswahrende Abspaltung zur Neugründung entstandenen B-GmbH ist ein zum Z-Konzern zählendes Unternehmen mit jeweils 21 % beteiligt. Die restlichen 79 % werden von einer Person gehalten, die nicht zum Konzern zählt. Die Veräußerung der 79 %-Beteiligung an das Konzernunternehmen, das bereits die unmittelbare Beteiligung an der A-GmbH und der B-GmbH hält, ist unschädlich, da dies eine Veräußerung an einen bisherigen Anteilsinhaber darstellt (→ Rn. 199). Aber auch die Veräußerung an jedes andere Unternehmen des Konzerns ist unschädlich, da die Konzernunternehmen nicht außenstehende Person sind. Ebenso wenig ist eine entgeltliche Übertragung der 21 %igen Anteile auf ein anderes Konzernunternehmen schädlich.

204 Für die Abgrenzung ist eine Orientierung am Begriff der **verbundenen Unternehmen** iSv § 271 II HGB sinnvoll (so – jeweils zu § 271 II HGB aF – wohl auch BMF 11.11.2011, BStBl. I 2011, 1314 Rn. 15.26; Haritz/Menner/Bilitewski/ Asmus Rn. 156; Sagasser/Bula/Brünger Umwandlungen/Schöneberger/Bultmann § 20 Rn. 57; Dötsch/Pung/Möhlenbrock/Dötsch/Stimpel Rn. 236: einschränkend für ausl. Gesellschaften; Schumacher DStR 2002, 2066; Blumers DB 2000, 589 (592 f.)). Dies kann aber nur eine Auslegungshilfe sein (vgl. auch Haase/Hofacker/ Luce/Claß Rn. 130). Das Gesetz verwendet den Begriff „außenstehende Personen" und nimmt selbst keinen Bezug auf den ohnehin unterschiedlich gebräuchlichen Begriff „verbundene Unternehmen" (vgl. etwa § 15 AktG; § 271 II HGB). Eine Anknüpfung an den Begriff des ausstehenden Aktionärs iSv §§ 304, 305 AktG scheidet wegen der völlig unterschiedlichen Regelungszwecke ohnehin aus (ebenso Widmann/Mayer/Schießl Rn. 240).

205 Nach dem Zweck von Abs. 2 S. 2–4 (Verhinderung der Umgehung einer Teilbetriebsveräußerung, → Rn. 147) kann Veräußerung an eine außenstehende Person nur bedeuten, dass nicht nur ein rechtlicher, sondern auch ein wirtschaftlicher Anteilsinhaberwechsel stattfinden muss (wohl ebenso Schumacher DStR 2002, 2066 (2067); vgl. auch Rödder/Herlinghaus/van Lishaut/Schumacher Rn. 231). Daran fehlt es, wenn die Anteile zwischen verbundenen Unternehmen iSv § 271 II HGB übertragen werden. Das entscheidende Kriterium kann aber wegen der unterschiedlichen Regelungsgegenstände der Vorschriften – einerseits Konzernrechnungslegung, andererseits Missbrauchsverhinderung – nicht sein, ob Veräußerer und Erwerber bei einer Vollkonsolidierung in einem Konzernabschluss einbezogen sind oder werden könnten (so aber Dötsch/Pung/Möhlenbrock/Dötsch/Stimpel Rn. 236). Ein **wirtschaftlicher Anteilsinhaberwechsel** liegt vielmehr **dann nicht** vor, wenn der Erwerber an dem veräußernden Anteilsinhaber oder an einem anderen Anteilsinhaber (→ Rn. 202 f.) selbst – mittelbar oder unmittelbar – mehrheitlich beteiligt ist oder an dem veräußernden oder einem anderen Anteilsinhaber und dem Erwerber dieselbe Person oder mehrere Personen beteiligungsidentisch mehrheitlich beteiligt sind (vgl. auch Rödder/Herlinghaus/van Lishaut/Schumacher Rn. 232; HK-UmwStG/Dworschak Rn. 110: § 271 II HGB (aF) abstrakt erfüllt; ebenso Haase/Hofacker/Luce/Claß Rn. 130; Schumacher DStR 2002, 2066 (2067): §§ 271 Abs. 2, 290 HGB); aA Widmann/Mayer/Schießl Rn. 245; vgl. nun auch § 271 II HGB nF). Wegen der Maßgeblichkeit des wirtschaftlichen Anteilsinhaberwechsels kommt es nicht auf die Mehrheit der Stimmrechte, sondern auf die Kapitalmehrheit an.

IdS ist der Begriff „außenstehende Personen" anders als derjenige der verbunde- **206**
nen Unternehmen iSv § 271 II HGB aF, aber im Einklang mit § 271 II HGB nF
rechtsformunabhängig. Ebenso muss der Unternehmensbegriff nicht erfüllt sein.
Keine Veräußerungen an eine außenstehende Person sind deshalb etwa die Veräußerung an eine **natürliche Person,** die mehrheitlich an dem Veräußerer oder an
einem anderen Anteilsinhaber (→ Rn. 202 f.) beteiligt ist, oder an einen anderen
Rechtsträger, an dem dieselben natürlichen Personen beteiligungsidentisch mehrheitlich beteiligt sind (so auch HK-UmwStG/Dworschak Rn. 148; Rödder/Her-
linghaus/van Lishaut/Schumacher Rn. 233; Widmann/Bauschatz/Jacobsen/Happel
Rn. 164; Schumacher DStR 2002, 2066 (2067)), obwohl die Voraussetzungen von
§ 271 II HGB ggf. hier nicht vorliegen. Keine außenstehende Person ist daher auch
eine **ausl.** natürliche oder juristische **Person** (BeckOK UmwStG/Oppel/Rehberg
Rn. 722; Oho/Remmel BB 2003, 2539 (2541); Blumers DB 2000, 589; Thies DB
1999, 2179; Rödder/Herlinghaus/van Lishaut/Schumacher Rn. 233; Schumacher
DStR 2002, 2066; Haase/Hofacker/Luce/Claß Rn. 130), die mittelbar oder unmittelbar mehrheitlich am Veräußerer beteiligt ist, oder an einen Rechtsträger, zu dem
die Verbundenheit im vorstehenden Sinne durch eine ausl. Person vermittelt wird.
Dies gilt unabhängig davon, ob die Voraussetzungen von §§ 291, 292 HGB erfüllt
sind oder erfüllt werden könnten (krit. Dötsch/Pung/Möhlenbrock/Dötsch/Stim-
pel Rn. 236).

Außenstehende Personen sind hingegen lediglich **nahestehende Personen** (etwa **207**
Angehörige iSv § 15 AO oder iSv § 1 II AStG), wenn sie weder im vorstehenden
Sinne (→ Rn. 204 ff.) verbundene Unternehmen noch bereits zum Zeitpunkt der
Spaltung Anteilsinhaber der übertragenden Körperschaft sind (Widmann/Mayer/
Schießl Rn. 241; Lademann/Stuber-Köth Rn. 137; Widmann/Bauschatz/Jacobsen/
Happel Rn. 165 Dötsch/van Lishaut/Wochinger DB-Beil. 7/1998, 30; vgl. aber
Rödder/Herlinghaus/van Lishaut/Schumacher Rn. 231).

Veräußerungen **nach einer unschädlichen Veräußerung** an einen Mitgesell- **208**
schafter oder ein Konzernunternehmen sind im Grds. unverändert Veräußerungen
von Anteilen an einem beteiligten Rechtsträger und damit bei Überschreiten der
Bagatellgrenze (→ Rn. 177 ff.) innerhalb des Fünf-Jahres-Zeitraums (→ Rn. 209 ff.)
schädlich. Nach geänderter Ansicht der FVerw (zur zeitlichen Anwendung vgl.
BMF 11.11.2011, BStBl. I 2011, 1314 Rn. S.07) ist eine Umstrukturierung innerhalb verbundener Unternehmen und eine Veräußerung innerhalb des bisherigen
Gesellschafterkreises nur dann keine schädliche Veräußerung, wenn im Anschluss
an diesen Vorgang keine unmittelbare oder mittelbare Veräußerung an eine außenstehende Person erfolgt (BMF 11.11.2011, BStBl. I 2011, 1314 Rn. 15.26). Danach
ist es etwa nicht (mehr) möglich, Anteile an einem beteiligten Rechtsträger in eine
verbundene KapGes zu BW einzubringen und anschließend die Anteile an dieser
Ges an eine außenstehende Person zu veräußern (vgl. auch Dötsch/Pung/Möhlen-
brock/Dötsch/Stimpel Rn. 234; Neumann GmbHR 2012, 141 (148)). Eine zeitliche Grenze nennt die FVerw nicht; jedenfalls dürften anschließende Veräußerungen
nach Ablauf der Fünf-Jahres-Frist unschädlich sein, da dann auch unmittelbare Veräußerungen unschädlich wären (BMF 11.11.2011, BStBl. I 2011, 1314 Rn. 15.32;
→ Rn. 151; vgl. auch Dötsch/Pung/Möhlenbrock/Dötsch/Stimpel Rn. 234).
Ohnehin bleibt unklar, worauf sich die Ansicht der FVerw stützt. Denn mittelbare
Anteilsveräußerungen sind an sich nicht schädlich, da § 15 II 4 UmwStG ausdrücklich auf die Anteile an einer an der Spaltung beteiligten Körperschaft abstellt
(→ Rn. 171). Die von der FVerw dargestellte Situation kann indes im Einzelfall
ein Missbrauchsfall iSv § 42 AO sein (so wohl auch Haritz/Menner/Bilitewski/
Asmus Rn. 155; Rödder/Herlinghaus/van Lishaut/Schumacher Rn. 235; aA
Dötsch/Pung/Möhlenbrock/Dötsch/Stimpel Rn. 239; BMF 11.11.2011, BStBl. I
2011, 1314 Rn. 15.26 sei Billigkeitsregelung, die insofern eingeschränkt werde).

209 **g) Fünf-Jahres-Zeitraum.** Schädlich sind nach Abs. 2 S. 4 nur Veräußerungen innerhalb von fünf Jahren ab dem stl. Übertragungsstichtag. Nach Ablauf des Fünf-Jahres-Zeitraums können Anteile an den beteiligten Körperschaften in beliebiger Höhe auch an außenstehende Personen ohne Beeinflussung des Bewertungswahlrechts nach § 11 II veräußert werden (BFH DStR 2022, 41 – anders noch Vorinstanz FG Hamburg DStR 2019, 260; BMF 11.11.2011, BStBl. I 2011, 1314 Rn. 15.32; vgl. hierzu → Rn. 151). Maßgeblich ist der Zeitpunkt der dinglichen Übertragung des Anteils; ausreichend ist allerdings die Übertragung des wirtschaftlichen Eigentums iSv § 39 II 1 AO (auch → Rn. 153).

210 Veräußerungen innerhalb des **Rückwirkungszeitraums** zwischen dem stl. Übertragungsstichtag und dem zivilrechtlichen Wirksamwerden der Spaltung durch Eintragung im Register (§ 131 I UmwG) zählen zu den schädlichen Veräußerungen (Widmann/Mayer/Schießl Rn. 389; Dötsch/Pung/Möhlenbrock/Dötsch/Stimpel Rn. 245; Schmitt DStR 2011, 1108 (1113); aA Haritz/Menner/Bilitewski/Asmus Rn. 177 ff.; Rödder/Herlinghaus/van Lishaut/Schumacher Rn. 266; vgl. auch → Rn. 199). Dies gilt auch für Veräußerungen von Anteilen an einem übernehmenden Rechtsträger. Diese Veräußerungen werden nicht stl. fiktiv auf den stl. Übertragungsstichtag zurückbezogen, da § 2 auf der Anteilsinhaberebene keine Rückwirkung bewirkt (→ § 2 Rn. 2 und → Rn. 199). Entsprechendes gilt für Anteilsveräußerungen aufgrund des Ausscheidens von Anteilsinhabern gegen **Barabfindung** (vgl. §§ 29 ff. UmwG). Es ist aber immer zu prüfen, inwieweit eine Veräußerung an außenstehende Dritte erfolgt (→ Rn. 198).

211 **h) Rechtsfolgen. aa) Verlust des Wahlrechts.** Werden die Voraussetzungen der Missbrauchsregelung in Abs. 2 S. 2–4 innerhalb des Fünf-Jahres-Zeitraums erfüllt, steht der übertragenden Körperschaft das Bewertungswahlrecht nach § 11 II nicht zu. Es sind demzufolge – nachträglich – **alle übergehenden** echten oder fiktiven Teilbetriebe in der stl. Schlussbilanz (→ Rn. 111 ff.) der übertragenden Körperschaft nach § 11 I 1 mit dem **gemeinen Wert** anzusetzen (BMF 11.11.2011, BStBl. I 2011, 1314 Rn. 15.33; auch → Rn. 245; → § 11 Rn. 31 ff.). Bei der Übertragung von Anteilen an KapGes greift ggf. § 8b KStG. Das (bei einer Abspaltung) bei der übertragenden Körperschaft **verbleibende Vermögen** ist nicht betroffen (BMF 11.11.2011, BStBl. I 2011, 1314 Rn. 15.33, auch Rn. 15.21; Sagasser/Bula/Brünger Umwandlungen/Schöneberger/Bultmann § 20 Rn. 69; Dötsch/Pung/Möhlenbrock/Dötsch/Stimpel Rn. 325; Haritz/Menner/Bilitewski/Asmus Rn. 211; Rödder/Herlinghaus/van Lishaut/Schumacher Rn. 269; Widmann/Mayer/Schießl Rn. 412; Haase/Hofacker/Luce/Claß Rn. 151; Widmann/Bauschatz/Jacobsen/Happel Rn. 172). Das Bewertungswahlrecht nach § 11 II bezieht sich nur auf das übergehende Vermögen. Das verbleibende Vermögen ist in der stl. Schlussbilanz immer mit den Werten anzusetzen, die sich zu diesem Stichtag nach den stl. Gewinnermittlungsvorschriften ergeben würden (Fortschreibung der BW). Abs. 2 ist nach **§ 6 II 4 EnWG** für Spaltungen iSv § 6 II 1 EnWG nicht anzuwenden, sofern diese Maßnahmen bis zum 3.3.2012 ergriffen worden sind; vgl. dazu Widmann/Mayer/Schießl Rn. 1180.

212 Eine Beschränkung des Ausschlusses des Wahlrechts auf diejenigen Vermögensteile, die auf Körperschaften übertragen wurden, deren Anteile veräußert worden sind, lässt sich nicht begründen (so Schwedhelm/Streck/Mack GmbHR 1995, 100 (102); wie hier Widmann/Mayer/Schießl Rn. 409, 413; Dötsch/Pung/Möhlenbrock/Dötsch/Stimpel Rn. 323; Haase/Hofacker/Luce/Claß Rn. 151; Haritz/Menner/Bilitewski/Asmus Rn. 211; Rödder/Herlinghaus/van Lishaut/Schumacher Rn. 268; Sagasser/Bula/Brünger Umwandlungen/Schöneberger/Bultmann § 20 Rn. 69). Dies folgt zunächst aus dem **Wortlaut**, der generell die Anwendung von § 11 II für die Spaltung ausschließt („Das Gleiche gilt"). IÜ diff. auch der Tatbestand der Missbrauchsregelung nicht zwischen den beteiligten Rechtsträgern.

Die Veräußerungen von Anteilen an mehreren beteiligten Rechtsträgern werden zusammengerechnet (→ Rn. 191 ff.; insofern aA Schwedhelm/Streck/Mack GmbHR 1995, 100 (102)). Aber auch der **Gesetzeszweck** (→ Rn. 147) verlangt einen Ausschluss des Ansatz- und Bewertungswahlrechts für alle übergehenden Teilbetriebe, da anderenfalls sanktionslos eine mittelbare Teilbetriebsveräußerung durch Veräußerung der Anteile an der übertragenden Körperschaft nach der Abspaltung vorgenommen werden könnte. Diese Umgehung der Umgehungsvorschrift war vom Gesetzgeber nicht beabsichtigt und ist teleologisch nicht zu rechtfertigen.

IÜ bleiben § 12 und auch § 13 – anders als bei Fehlen des Teilbetriebserfordernisses (→ Rn. 108) auch § 13 II – unverändert anwendbar (BMF 11.11.2011, BStBl. I 2011, 1314 Rn. 15.33). Auch die stl. Rückwirkung bleibt unberührt (BMF 11.11.2011, BStBl. I 2011, 1314 Rn. 15.33; vgl. auch BFH BStBl. II 2011, 467). Durch den höheren Wertansatz des übergehenden Vermögens wird allerdings die Bewertung des übergehenden Vermögens bei den übernehmenden Körperschaften Abs. 1 S. 1, § 12 I 1 beeinflusst.

bb) Rückwirkender Wegfall. Die Besonderheit der Missbrauchsregelung nach Abs. 2 S. 3, 4 ist, dass die Voraussetzungen für die Anwendung von § 11 II **rückwirkend** wegfallen. Hat die übertragende Körperschaft die übergehenden Vermögensgegenstände bislang nicht nach § 11 I mit dem gemeinen Wert bewertet, müssen nachträglich die Ansätze und Bewertung in der stl. Schlussbilanz sowie die damit verknüpften (§ 12 I 1) Wertansätze bei den übernehmenden Rechtsträgern korrigiert werden.

Steuerbescheide sind nach § 175 I 1 Nr. 2 AO zu ändern (BMF 11.11.2011, BStBl. I 2011, 1314 Rn. 15.34; Widmann/Mayer/Schießl Rn. 420; Dötsch/Pung/ Möhlenbrock/Dötsch/Stimpel Rn. 326), soweit die FVerw nicht ohnehin eine vorläufige Steuerfestsetzung nach § 165 AO vorgenommen hat (vgl. Thiel DStR 1995, 237 (242); auch → § 1 Rn. 154). Die Festsetzungsverjährungsfrist beginnt mit Ablauf des Kj., in dem die schädliche Veräußerung erfolgt, § 175 I 2 AO. Bei mehreren Veräußerungen beginnt die Verjährung mit dem Ende des Kj., in dem diejenige Veräußerung erfolgt, die zum Überschreiten der Bagatellgrenze führt (BMF 11.11.2011, BStBl. I 2011, 1314 Rn. 15.35). Unmittelbarer **Steuerschuldner** ist die übertragende Körperschaft. Die anderen beteiligten Körperschaften haften gem. § 133 I 1 UmwG als Gesamtschuldner (Widmann/Mayer/Schießl Rn. 426; Dötsch/ Pung/Möhlenbrock/Dötsch/Stimpel Rn. 327; Rödder/Herlinghaus/van Lishaut/ Schumacher Rn. 270; Haase/Hofacker/Claß Rn. 152; Dötsch/van Lishaut/ Wochinger DB-Beil. 7/1998, 32). Die Steuerverbindlichkeiten sind bei der übertragenden Körperschaft bereits **begründet** gewesen (→ UmwG § 133 Rn. 10 ff.). Sie unterliegen demzufolge bei den übernehmenden Körperschaften der Nachhaftungsbegrenzung (→ UmwG § 133 Rn. 33 ff.). Bei einer Aufspaltung haftet diejenige übernehmende Körperschaft, der die Steuerschuld im Spaltungsvertrag zugewiesen worden ist, unmittelbar und damit zeitlich unbegrenzt. Ist keine Zuweisung erfolgt, greifen die Grundsätze über „vergessene Verbindlichkeiten" ein (→ UmwG § 131 Rn. 109 ff.). Zu weiteren Einzelheiten und zur Behandlung von Ausgleichsverpflichtungen vgl. Widmann/Mayer/Schießl Rn. 431 ff. Zur **Bekanntgabe von Steuerbescheiden** in Spaltungsfällen vgl. AEAO zu § 122 Rn. 2.15.

14. Trennung von Gesellschafterstämmen (Abs. 2 S. 5)

a) Allgemeines. Eine weitere Missbrauchsvorschrift enthält Abs. 2 S. 5. Bei der Trennung von Gesellschafterstämmen besteht für die übertragende Körperschaft das Bewertungswahlrecht nach § 11 II nur, wenn die Beteiligungen an der übertragenden Körperschaft mindestens fünf Jahre vor dem stl. Übertragungsstichtag bestanden haben. Die Vorschrift knüpft an die handelsrechtlichen Möglichkeiten einer sog. **nichtverhältniswahrenden** Spaltung an, die zu einer Neuordnung der Beteiligungsverhältnisse innerhalb des Kreises der bisherigen Anteilsinhaber führen kann (§ 128 UmwG). Sie bereitet erhebliche Probleme und schafft Unsicherheiten, da fast alle Tatbestandsmerkmale (Trennung, Gesellschafterstamm, Bestehen der Beteiligungen) auslegungsbedürftig sind. Viele Einzelfragen sind nicht abschließend geklärt. Die FVerw hat bislang nur punktuell Stellung bezogen (vgl. BMF 11.11.2011, BStBl. I 2011, 1314 Rn. 15.36 ff.).

217 Angesichts des unzulänglichen Wortlauts kommt dem **Zweck** der Vorschrift besondere Bedeutung zu. Die Gesetzesmaterialien geben hierüber keinen Aufschluss. Der Zweck erschließt sich aber aus einer Gesamtschau von Abs. 2 S. 2–5. Ebenso wie die Regelungen in Abs. 2 S. 2–4 dient die Missbrauchsvorschrift in Abs. 2 S. 5 der Umgehung einer (stpfl.) Teilbetriebsveräußerung durch die übertragende Körperschaft mittels einer steuerneutralen Auf- oder Abspaltung (→ Rn. 147). Abs. 2 S. 5 will verhindern, dass eine mittelbare Teilbetriebsveräußerung dadurch erfolgt, dass ein neuer Gesellschafter kurz vor der Spaltung hinzutritt, sodann eine nichtverhältniswahrende Spaltung durchgeführt und hierbei dem hinzutretenden Gesellschafter die Anteile derjenigen Körperschaft zugeordnet werden, auf die der zu „veräußernde" Teilbetrieb übertragen worden ist bzw. bei der dieser Teilbetrieb zurückbehalten wurde (Sagasser/Bula/Brünger Umwandlungen/Schöneberger/Bultmann § 20 Rn. 71; Rödder/Herlinghaus/van Lishaut/Schumacher Rn. 271). Denn dies ist mangels Übertragung auf eine außenstehende Person kein nach Abs. 2 S. 2–4 schädlicher Vorgang (vgl. auch → Rn. 143, → Rn. 145, → Rn. 201).

218 **b) Begriff des Gesellschafterstammes.** Abs. 2 S. 5 setzt die Trennung von **Gesellschafterstämmen** voraus, ohne diesen Begriff zu definieren. Auch das UmwG, insbes. § 128 UmwG, und andere Gesetze enthalten keine Bestimmung, was unter einem Gesellschafterstamm zu verstehen ist. Die Zulässigkeit einer nichtverhältniswahrenden Spaltung, die der einzige Anwendungsfall von Abs. 2 S. 5 ist (→ Rn. 228 ff.), setzt nur die Zustimmung aller beteiligten Anteilsinhaber, nicht jedoch eine Trennung von Gesellschafterstämmen voraus (vgl. § 128 UmwG).

219 Der Begriff des Gesellschafterstammes ist **nicht gleichbedeutend** mit demjenigen des **Gesellschafters** (so aber Wiese GmbHR 1997, 60 (61)), denn es ist anzunehmen, dass anderenfalls der Gesetzgeber auch den Begriff Gesellschafter verwendet hätte (aA wohl BMF 11.11.2011, BStBl. I 2011, 1314 Rn. 15.37, da nach Ansicht der FVerw eine Trennung von Gesellschafterstämmen (bereits dann) vorliege, wenn nach der Auf- oder Abspaltung **nicht mehr alle** Anteilsinhaber an allen beteiligten Rechtsträgern beteiligt sind; Widmann/Mayer/Schießl Rn. 453 Fn. 5 versteht die FVerw nicht so; wie hier Haritz/Menner/Bilitewski/Asmus Rn. 190; Rödder/Herlinghaus/van Lishaut/Schumacher Rn. 273 Fn. 4, Rn. 274; NK-UmwR/Scholz Rn. 106; Sagasser/Bula/Brünger Umwandlungen/Schöneberger/Bultmann § 20 Rn. 75; Haase/Hofacker/Luce/Claß Rn. 156; BeckOK UmwStG/Oppel/Rehberg Rn. 801; Ruoff/Beutel DStR 2015, 609 (612); → Rn. 233). Wäre der Begriff Gesellschafterstamm mit demjenigen des Gesellschafters gleichzusetzen, würde die Trennung von Gesellschafterstämmen (wenigstens die vollständige Trennung; → Rn. 233) voraussetzen, dass nach der Spaltung an jeder beteiligten Körperschaft nur noch jeweils einer der ursprünglichen Anteilsinhaber der übertragenden Körperschaft beteiligt ist, was zu eng wäre.

220 Gesellschafterstamm kann aber auch eine **einzelne** natürliche oder jur. **Person** sein (Haritz/Menner/Bilitewski/Asmus Rn. 189; Widmann/Mayer/Schießl Rn. 458; Dötsch/Pung/Möhlenbrock/Dötsch/Stimpel Rn. 338; Frotscher/Drüen/Bleifeld Rn. 230). Dies folgt zwingend aus dem Gesetzeszweck, da anderenfalls bereits bei einfachen Sachverhaltskonstellationen die mittelbare Teilbetriebsveräußerung nicht verhindert werden könnte.

§ 15 UmwStG D

Beispiel:

Der bisherige Alleingesellschafter A veräußert eine Beteiligung an der A-GmbH an den mit ihm in keiner Weise verbundenen Gesellschafter B. Im Anschluss wird die A-GmbH auf die B-GmbH und die C-GmbH aufgespalten, wobei die Beteiligung an der B-GmbH **ausschließlich** dem A und die Beteiligung an der C-GmbH **ausschließlich** dem B zugeordnet wird. A und B müssen jeweils Gesellschafterstämme sein, damit in dem Beispiel eine Trennung von Gesellschafterstämmen vorliegt (ebenso Widmann/Mayer/Schießl Rn. 459).

Demzufolge setzt der Begriff des Gesellschafterstammes **nicht** eine **Mehrheit** oder **Gruppe** von Gesellschaftern voraus, die sich entweder selbst als einander zugehörig begreifen oder von anderen als zusammengehörend angesehen werden (so aber Haritz/Menner/Biletwski/Asmus Rn. 188; ebenso Dötsch/Pung/Möhlenbrock/Dötsch/Stimpel Rn. 337; Rödder/Herlinghaus/van Lishaut/Schumacher Rn. 273; Frotscher/Drüen/Bleifeld Rn. 227; Ruoff/Beutel DStR 2015, 609 (612)). Der Begriff des Gesellschafterstammes leitet sich **ausschließlich** aus der Verfolgung **gleichgerichteter Interessen** ab (insoweit weiter Rödder/Herlinghaus/van Lishaut/Schumacher Rn. 73: gewisses Zugehörigkeitsverhältnis, etwa durch Zugehörigkeit zu einem Familienstamm, zu einem Konzern, aber auch durch sonstige gleichgerichtete Interessen). Unterschiedliche Gesellschafterstämme existieren daher, wenn verschiedene Anteilsinhaber oder Gruppen von Anteilsinhabern **unterschiedliche Interessen** hinsichtlich der **Fortführung des bislang gemeinsamen unternehmerischen Engagements in Bezug auf die** Teilbetriebe haben (ebenso HK-UmwStG/Dworschak Rn. 167; Haase/Hofacker/Luce/Claß Rn. 154 f.; Widmann/Bauschatz/Jacobsen/Happel Rn. 175). Einen Gesellschafterstamm bilden diejenigen Anteilsinhaber, die insoweit gleichgerichtete Interessen verfolgen.

Beispiel:

A ist mit 50 % und B 1 und B 2 sind mit jeweils 25 % an der AB-GmbH beteiligt. Die AB-GmbH, die zwei Teilbetriebe besitzt, wird aufgespalten. A übernimmt sämtliche Anteile an der aus der Spaltung hervorgehenden A-GmbH, während B 1 und B 2 sämtliche Anteile an der ebenfalls aus der Spaltung hervorgehenden B-GmbH zugeordnet werden. A einerseits und B 1 und B 2 anderseits sind jeweils Gesellschafterstämme, da sie hinsichtlich der Fortführung des unternehmerischen Engagements in den Teilbetrieben unterschiedliche Interessen verfolgen. Die Trennung ist bei Beitritt eines Gesellschafters innerhalb der Fünf-Jahres-Frist (→ Rn. 234 ff.) schädlich.

Beispiel:

(nach Sagasser/Bula/Brünger Umwandlungen/Schöneberger/Bultmann § 20 Rn. 76): Am Nennkapital der X-GmbH sind vier Gesellschafter (A, B, C, D) mit jeweils 25 % beteiligt. A hat seinen Anteil vor weniger als fünf Jahren erworben. Die X-GmbH wird auf zwei Kapitalgesellschaften, die Y-GmbH und die Z-GmbH, zur Neugründung aufgespalten. Auf die Z-GmbH geht ein relativ unbedeutender Teilbetrieb der X-GmbH über, dessen Verkehrswert lediglich rund 15 % des gesamten Werts der X-GmbH ausmacht. Da A die Fortführung dieses Teilbetriebs als nicht mehr rentabel erachtet, möchte er lediglich an der Y-GmbH beteiligt bleiben. Die Beteiligungen an den neu gegründeten Ges Y-GmbH und Z-GmbH sollen wie folgt sein:

Y-GmbH: A 29,5 %, B, C und D: jeweils 23,5 %.
Z-GmbH: B, C und D mit jeweils einem Drittel.

Der Fall beschreibt eine Trennung von Gesellschafterstämmen (aA Sagasser/Bula/Brünger Umwandlungen/Schöneberger/Bultmann § 20 Rn. 78). A (Gesellschafterstamm 1) einerseits und B, C und D (Gesellschafterstamm 2) anderseits verfolgen hinsichtlich des auf die Z-GmbH übergehenden Teilbetriebs unterschiedliche Interessen. Dass wirtschaftlich betrachtet der auf die Y-GmbH übertragene Teilbetrieb durch die Spaltung nicht an den A veräußert worden ist (so Sagasser/Bula/Brünger Umwandlungen/Schöneberger/Bultmann § 20 Rn. 77), ändert die Beurteilung nicht. Dies ist lediglich Folge des abstrakt-generellen Charakters der Missbrauchsvorschrift, die im Einzelfall auch nicht missbräuchliche Gestaltungen erfasst.

225 Nicht jede Trennung der Gesellschafter anlässlich der Spaltung ist zugleich eine Trennung von Gesellschafterstämmen. Dies ist dann nicht der Fall, wenn durch die Trennung **keine unterschiedlichen Interessen** hinsichtlich der Fortführung des unternehmerischen Engagements in Bezug auf die Teilbetriebe der übertragenden Körperschaft verfolgt werden. Daher liegt mangels unterschiedlicher Stämme keine Trennung von Gesellschafterstämmen vor, wenn die Anteile an den an der Spaltung beteiligten Rechtsträgern **mittelbar** – auf übergeordneter Ebene – **unverändert der gleichen Person oder den gleichen Personen zustehen.** Derartige Konstellationen treten insbes. bei Auf- und Abspaltungen unter untergeordneten **Konzern-Ges** auf (iErg ebenso Rödder/Herlinghaus/van Lishaut/Schumacher Rn. 274; Dötsch/Pung/Möhlenbrock/Dötsch/Stimpel Rn. 354; Goutier/Knopf/Tulloch/Knopf/Hill Rn. 57; HK-UmwStG/Dworschak Rn. 169; BeckOK UmwStG/Oppel/Rehberg Rn. 802; Herzig/Förster DB 1995, 338 (346); Ott INF 1996, 46 (76, 79); Thies DB 1999, 2179 (2183); **aA BMF** 11.11.2011, BStBl. I 2011, 1314 Rn. 15.37; Widmann/Mayer/Schießl Rn. 460).

Beispiel:

226 An der übertragenden X-GmbH sind jeweils hälftig die B-GmbH und die C-GmbH beteiligt. Einziger Anteilsinhaber sowohl der B-GmbH als auch der C-GmbH ist die A-AG (Konzernmutter). Die X-GmbH wird auf die Y-GmbH und auf die Z-GmbH durch Übertragung jeweils eines Teilbetriebs aufgespalten. Die Anteile an der Y-GmbH werden ausschließlich von der B-GmbH, diejenigen an der Z-GmbH ausschließlich von der C-GmbH übernommen. Die B-GmbH und die C-GmbH als unmittelbare Anteilsinhaber der X-GmbH verfolgen bei der Spaltung keine unterschiedlichen Interessen. Aufgrund der Konzernzugehörigkeit wird bei der Aufspaltung ausschließlich das einheitliche Konzerninteresse der A-AG verfolgt. Demzufolge sind die B-GmbH und die C-GmbH ein einheitlicher Gesellschafterstamm. Bei der Aufspaltung werden zwar die Gesellschafter getrennt, es erfolgt aber nicht eine Trennung von Gesellschafterstämmen.

227 Die Ansicht der FVerw, dass eine Trennung von Gesellschafterstämmen vorliege, wenn nach der Spaltung nicht mehr alle Anteilsinhaber an allen Körperschaften beteiligt sind (BMF 11.11.2011, BStBl. I 2011, 1314 Rn. 15.37), ist daher unzutr. Die Trennung von Gesellschafterstämmen setzt einerseits weniger als die Trennung von Gesellschaftern voraus, da nicht alle Anteilsinhaber nach der Spaltung alleine an unterschiedlichen Rechtsträgern beteiligt sein müssen. Andererseits ist nicht jede Trennung der Gesellschafter auch eine Trennung von Gesellschafterstämmen.

228 **c) Trennung von Gesellschafterstämmen. aa) Nichtverhältniswahrende Spaltung.** Die Missbrauchsregelung in Abs. 2 S. 5 setzt eine **Trennung** von Gesellschafterstämmen voraus. Aus dem Wortlaut ergibt sich nicht ausdrücklich, auf welche Weise die Trennung stattfinden muss. Ein Anwendungsfall ist zweifelsohne die Trennung von Gesellschafterstämmen durch eine **nichtverhältniswahrende Spaltung.** Die nichtverhältniswahrende Spaltung zeichnet sich dadurch aus, dass die bisherigen Beteiligungsverhältnisse an der übertragenden Körperschaft nach der Spaltung an den beteiligten Körperschaften nicht fortgesetzt werden. Bei einer nichtverhältniswahrenden Spaltung können einzelne Anteilsinhaber der übertragenden Körperschaft an einzelnen übernehmenden Körperschaften überhaupt nicht beteiligt werden; weiterhin können – zwischenzeitlich vom Gesetzgeber „klargestellt" – ohne nachfolgende Handlungen auch die Beteiligungsverhältnisse bei der übertragenden Körperschaft verändert werden. Zu weiteren Einzelheiten vgl. → UmwG § 128 Rn. 1 ff.

229 **bb) Trennung durch nachfolgende Veräußerungen.** Nur Trennungen durch Auf- oder Abspaltung sind schädlich (Widmann/Mayer/Schießl Rn. 469; Rödder/Herlinghaus/van Lishaut/Schumacher Rn. 277; Dötsch/Pung/Möhlenbrock/Dötsch/Stimpel Rn. 353; Haase/Hofacker/Luce/Claß Rn. 156; Frotscher/Drüen/

Bleifeld Rn. 234; Haritz/Menner/Bilitewski/Asmus Rn. 194; Widmann/Bauschatz/Jacobsen/Happel Rn. 176). Abs. 2 S. 5 ist eigenständig und ergänzt nicht Abs. 2 S. 2–4, die für Veräußerungen abschließend sind. Auch das Wort „außerdem" schafft keinen Bezug zu den voranstehenden Sätzen, sondern nur zu den sonstigen Voraussetzungen von § 11 II (zutr. Widmann/Mayer/Schießl Rn. 469).

Dies ermöglicht Gestaltungen, die im Ergebnis Teilbetriebsveräußerungen darstellen (vgl. auch Dötsch/Pung/Möhlenbrock/Dötsch/Stimpel Rn. 353; Rödder/Herlinghaus/van Lishaut/Schumacher Rn. 277 Fn. 1; HK-UmwStG/Dworschak Rn. 173). 230

Beispiel:

Der Gesellschafter Z erwirbt kurz vor der Spaltung von den bisherigen Anteilsinhabern A und B eine geringfügige Beteiligung an der AB-GmbH (zwei Teilbetriebe). Die AB-GmbH führt eine Abspaltung durch, indem ein Teilbetrieb auf die neu gegründete Z-GmbH übertragen wird. An der Z-GmbH sind zunächst A, B und Z entsprechend ihrer Beteiligungsquoten an der AB-GmbH beteiligt (verhältniswahrende Spaltung). Nach der Spaltung erwirbt Z von A und B die restlichen Beteiligungen an der Z-GmbH. 231

Das Beispiel beschreibt keinen Missbrauchsfall nach Abs. 2 S. 3, 4, da Z bereits vor der Spaltung Anteilsinhaber der AB-GmbH war und damit nicht eine außenstehende Person ist (→ Rn. 198). Auch werden Gesellschafterstämme nicht getrennt, da alle Gesellschafter beteiligungsidentisch Anteile am übernehmenden Rechtsträger erhalten (verhältniswahrende Spaltung). Ein Missbrauchsfall nach Abs. 2 S. 5 liegt also nicht vor. Im Einzelfall ist § 42 AO zu prüfen, der trotz Bestehen spezieller Missbrauchsvorschriften erfüllt sein kann (auch → Rn. 241). 232

cc) Vollständige Trennung. Die Trennung der Gesellschafterstämme durch die nichtverhältniswahrende Spaltung muss **vollständig** erfolgen. Soweit nur Anteilsverschiebungen erfolgen und alle Gesellschafterstämme an wenigstens **noch einem** beteiligten Rechtsträger beteiligt sind, greift Abs. 2 S. 5 nicht ein (Haritz/Menner/Bilitewski/Asmus Rn. 192; Rödder/Herlinghaus/van Lishaut/Schumacher Rn. 275; HK-UmwStG/Dworschak Rn. 172; NK-UmwR/Scholz Rn. 109; Sagasser/Bula/Brünger Umwandlungen/Schöneberger/Bultmann § 20 Rn. 78; Haase/Hofacker/Luce/Claß Rn. 156; Brandis/Heuermann/Nitzschke Rn. 119; grds. auch Widmann/Mayer/Schießl Rn. 462, zweifelnd bei nur geringfügigen Restbeteiligungen des anderen Stammes, → Rn. 463; ähnlich Herzig/Förster DB 1995, 338 (346): Trennung auch dann, wenn der noch beteiligte Gesellschafterstamm gegenüber dem überwiegend beteiligten Gesellschafterstamm und im Vergleich zu den bisherigen Rechten keine nennenswerten eigenen Mitwirkungs- und Widerspruchsrechte entfalten kann. Die Ansicht der FVerw scheint insofern enger zu sein, als eine Trennung von Gesellschafterstämmen bereits dann vorliege, „wenn im Fall der Aufspaltung an den übernehmenden Körperschaften und im Fall der Abspaltung an der übernehmenden und an der übertragenden Körperschaft nicht mehr alle Anteilsinhaber der übertragenden Körperschaft beteiligt sind" (BMF 11.11.2011, BStBl. I 2011, 1314 Rn. 15.37). Mithin verlangt die FVerw, dass **an allen** beteiligten Rechtsträgern **noch alle** Anteilsinhaber der übertragenden Körperschaft beteiligt sind (vgl. auch Dötsch/Pung/Möhlenbrock/Dötsch/Stimpel Rn. 344, allerdings darauf abstellend, ob an einer beteiligten Körperschaft nicht mehr alle **Gesellschafterstämme** beteiligt sind; auch Dötsch/Pung/Möhlenbrock/ Dötsch/Stimpel Rn. 351, 352). Die vollständige Trennung ist dem Begriff der Trennung aber immanent. Abs. 2 S. 5 bestimmt anders als Abs. 2 S. 4 keine Quote. Auch aus dem Gesetzeszweck lässt sich keine typische Quote für einen Missbrauch ableiten. Eine einschränkende Auslegung hat weder im Wortlaut noch in der Gesetzesbegründung eine Stütze (vgl. Begr. RegE, BT-Drs. 12/6885 zu § 15). Im Einzelfall bleibt der Rückgriff auf § 42 AO (aber → Rn. 241) offen (iErg ebenso Haritz/ 233

Menner/Bilitewski/Asmus Rn. 192, zu den dort Rn. 193 genannten Gestaltungen → Rn. 229 ff.; Rödder/Herlinghaus/van Lishaut/Schumacher Rn. 276). Im Grds. lässt sich die Anwendung von Abs. 2 S. 5 mithin leicht vermeiden, wenn anlässlich der nichtverhältniswahrenden Spaltung alle Gesellschafter der übertragenden Körperschaft an allen beteiligten Rechtsträgern (so BMF 11.11.2011, BStBl. I 2011, 1314 Rn. 15.37) mit abw. geringen Anteilen beteiligt bleiben (vgl. auch Dötsch/Pung/Möhlenbrock/Dötsch/Stimpel Rn. 345). Zur späteren Bereinigung durch Anteilsveräußerungen → Rn. 299 ff.

234   **d) Innerhalb von fünf Jahren.** Die Trennung von Gesellschafterstämmen ist unschädlich, wenn die Beteiligungen an der übertragenden Körperschaft mindestens fünf Jahre vor dem stl. Übertragungsstichtag bestanden haben. Damit stellt Abs. 2 S. 5 **nicht** auf eine bestimmte **Beteiligungsquote** ab. Die Beteiligung muss innerhalb des Fünf-Jahres-Zeitraums vor dem stl. Übertragungsstichtag nur **dem Grunde nach** bestanden haben (BMF 11.11.2011, BStBl. I 2011, 1314 Rn. 15.36; Goutier/Knopf/Tulloch/Knopf/Hill Rn. 59; Rödder/Herlinghaus/van Lishaut/Schumacher Rn. 280; Frotscher/Drüen/Bleifeld Rn. 238; Sagasser/Bula/Brünger Umwandlungen/Schöneberger/Bultmann § 20 Rn. 72; Widmann/Mayer/Schieß Rn. 483; Dötsch/Pung/Möhlenbrock/Dötsch/Stimpel Rn. 358; BeckOK UmwStG/Oppel/Rehberg Rn. 804; Widmann/Bauschatz/Jacobsen/Happel Rn. 177; Herzig/Förster DB 1995, 338 (346); Schwedhelm/Streck/Mack GmbHR 1995, 100 (102)). Maßgebend ist, dass der **Gesellschafterstamm** innerhalb der Fünf-Jahres-Frist dem Grunde nach beteiligt war (wie hier Haritz/Menner/Bilitewski/Asmus Rn. 197; Rödder/Herlinghaus/van Lishaut/Schumacher Rn. 280; HK-UmwStG/Dworschak Rn. 175; aA Widmann/Mayer/Schieß Rn. 472; Frotscher/Drüen/Bleifeld Rn. 237; aA wohl auch die FVerw, die im BMF 11.11.2011, BStBl. I 2011, 1314 Rn. 15.36 auf den einzelnen Gesellschafter abzustellen scheint; vgl. auch Dötsch/Pung/Möhlenbrock/Dötsch/Stimpel Rn. 359, 360, wonach ein neu eintretender Anteilsinhaber immer einen neuen Gesellschafterstamm bildet). Daher ist es unrichtig, wenn die FVerw innerhalb verbundener Unternehmen iSv § 271 II HGB die Vorbesitzzeit eines anderen verbundenen Unternehmens nicht anrechnet (BMF 11.11.2011, BStBl. I 2011, 1314 Rn. 15.39).

Beispiel:

235   An der X-GmbH (zwei Teilbetriebe) ist die natürliche Person A seit zehn Jahren und seit drei Jahren die zu einem Konzern gehörende B-GmbH jeweils hälftig beteiligt. Die Beteiligung an der X-GmbH hat die B-GmbH vor drei Jahren von der ebenfalls zum Konzern gehörenden C-GmbH erworben. Zum Zeitpunkt des Erwerbs bestand die Beteiligung der C-GmbH an der X-GmbH seit fünf Jahren. Die X-GmbH spaltet ihre Teilbetriebe auf die neu gegründete Y-GmbH und auf die neu gegründete Z-GmbH. Die Anteile an der Y-GmbH werden ausschließlich von A, diejenigen an der Z-GmbH ausschließlich von der B-GmbH übernommen. Die Spaltung stellt eine Trennung von Gesellschafterstämmen dar, da A und die B-GmbH unterschiedliche Interessen verfolgen (→ Rn. 222 ff.). Der von der B-GmbH repräsentierte Gesellschafterstamm ist aber nicht erst seit drei, sondern bereits seit acht Jahren beteiligt, da sowohl die B-GmbH als auch die C-GmbH einheitlich die Konzerninteressen vertreten haben (Schumacher DStR 2002, 2066 (2068); aA Widmann/Mayer/Schieß Rn. 493; Sagasser/Bula/Brünger Umwandlungen/Schöneberger/Bultmann § 20 Rn. 72: neue Gesellschafter).

236   Da die Beteiligung dem Grunde nach ausreicht, ist ein Hinzuerwerb weiterer Anteile durch **Kapitalerhöhung** unbeachtlich, wenn die ursprüngliche Beteiligung seit mehr als fünf Jahren bestand (Haritz/Menner/Bilitewski/Asmus Rn. 196; Widmann/Mayer/Schieß Rn. 488; Widmann/Bauschatz/Jacobsen/Happel Rn. 177). Besteht die übertragende Körperschaft **noch keine fünf Jahre,** ist es ausreichend, dass die zum Zeitpunkt der Spaltung beteiligten Gesellschafterstämme die Gründungsgesellschafter sind (Haritz/Menner/Bilitewski/Asmus Rn. 200; Widmann/

Aufspaltung, Abspaltung und Teilübertragung 237–241 § 15 UmwStG D

Mayer/Schießl Rn. 490; Rödder/Herlinghaus/van Lishaut/Schumacher Rn. 279; Sagasser/Bula/Brünger Umwandlungen/Schöneberger/Bultmann § 20 Rn. 73; Semler/Stengel/Moszka Rn. 513; Widmann/Bauschatz/Jacobsen/Happel Rn. 178; **aA BMF** 11.11.2011, BStBl. I 2011, 1314 Rn. 15.38). In diesem Fall ist der befürchtete Missbrauch offensichtlich ausgeschlossen. Ist die übertragende Körperschaft innerhalb der letzten fünf Jahre durch **Formwechsel** einer PersGes entstanden, ist die Zeit der Beteiligung der Gesellschafterstämme an der PersGes zu berücksichtigen (so auch BMF 11.11.2011, BStBl. I 2011, 1314 Rn. 15.40).

Bei einem **unentgeltlichen Erwerb** innerhalb der Fünf-Jahres-Frist ist die Vorbesitzzeit des Rechtsvorgängers anzurechnen (Haritz/Menner/Bilitewski/Asmus Rn. 199; Wiese GmbHR 1997, 60 (62); Rödder/Herlinghaus/van Lishaut/Schumacher Rn. 282; Haase/Hofacker/Luce/Claß Rn. 160; aA Widmann/Mayer/Schießl Rn. 495; vgl. auch Dötsch/Pung/Möhlenbrock/Dötsch/Stimpel Rn. 356: nur Gesamtrechtsnachfolge (zB Erbfall)). Dies gilt nicht nur für den unentgeltlichen Erwerb durch **Erbfall** (dafür auch Widmann/Mayer/Schießl Rn. 495), sondern für alle Arten der unentgeltlichen Übertragung (zur unentgeltlichen Übertragung → Rn. 154). Die **Anrechnung** der **Vorbesitzzeit** eines Rechtsvorgängers des Gesellschafterstammes erfolgt darüber hinaus, wenn dies **spezialgesetzlich** angeordnet ist (Haase/Hofacker/Luce/Claß Rn. 160; Rödder/Herlinghaus/van Lishaut/Schumacher Rn. 282; HK-UmwStG/Dworschak Rn. 177). Eine derartige Regelung enthalten etwa § 4 II 3 und § 12 III und § 23 I. Demzufolge sind bei Gesellschafterstämmen, die ihre Beteiligung an der übertragenden Körperschaft durch eine Verschm oder Spaltung nach §§ 3 ff., 11 ff., 15 f. erworben haben, die Vorbesitzzeiten des übertragenden Rechtsträgers anzurechnen. Zur Anrechnung von Vorbesitzzeiten bei Einbringungen nach §§ 20 ff. vgl. § 23. 237

Eine Anrechnung der Besitzzeit kann auch erfolgen, soweit die übertragende Körperschaft vor der Spaltung selbst übernehmender Rechtsträger einer Verschm oder Spaltung war und ein nach **§ 13 zu beurteilender Anteilstausch** stattgefunden hat. Denn § 13 II 2 ordnet bei einer Buchwertfortführung an, dass die Anteile an der übernehmenden Körperschaft stl. an die Stelle der Anteile an der übertragenden Körperschaft treten (→ § 13 Rn. 48; Rödder/Herlinghaus/van Lishaut/Schumacher Rn. 280). Anderes gilt in den Fällen nach § 13 I (Ansatz mit dem gemeinen Wert). Insoweit liegt ein tauschähnlicher Vorgang vor, der gesetzlich als Anschaffungsfiktion ausgestaltet ist. 238

Ausgangspunkt für die **Fristberechnung** ist nach Abs. 2 S. 5 der stl. Übertragungsstichtag. Von diesem Zeitpunkt ist nach § 108 AO, § 187 I BGB, § 188 II BGB zurückzurechnen (vgl. Rödder/Herlinghaus/van Lishaut/Schumacher Rn. 283; Widmann/Bauschatz/Jacobsen/Happel Rn. 177). 239

e) Rechtsfolgen. Die Erfüllung des Missbrauchstatbestands nach Abs. 2 S. 5 schließt für die übertragende Körperschaft das Bewertungswahlrecht nach § 11 II hinsichtlich **aller übergehenden** Teilbetriebe aus (Dötsch/Pung/Möhlenbrock/Dötsch/Stimpel Rn. 363; Widmann/Mayer/Schießl Rn. 501); im zurückbleibenden Vermögen sind die stillen Reserven nicht zu realisieren. Die Rechtsfolgen stimmen mit demjenigen bei einem Verstoß gegen die Missbrauchsvorschrift nach Abs. 2 S. 3, 4 überein (→ Rn. 211 ff.). Abs. 2 ist nach **§ 6 II 4 EnWG** auf Spaltungen iSv § 6 II 1 EnWG nicht anzuwenden, sofern diese Maßnahmen bis zum 3.3.2012 ergriffen worden sind (vgl. dazu Widmann/Mayer/Schießl Rn. 1180). 240

15. Anwendung von § 42 AO, Einfluss der Fusions-RL

Abs. 2 enthält **spezielle gesetzliche Missbrauchsregelungen.** Daneben gilt § 42 AO, der gerade vor dem Hintergrund des Verhältnisses der allg. Missbrauchsvorschrift zu speziellen Regelungen zuletzt durch das JStG 2008 geändert wurde. „Klargestellt" (zur Methodik Drüen Ubg 2008, 31) ist nunmehr durch § 42 I 2 AO, dass 241 bei Erfüllung der Tatbestandsvoraussetzungen der speziellen Missbrauchsregelung (hier: Abs. 2) sich die Rechtsfolgen ausschließlich aus der speziellen Regelung ergeben (Drüen Ubg 2008, 33). Vor dem Hintergrund der nunmehrigen Regelung in § 42 I 3 AO idF des JStG 2008 stellt sich indes die Frage, ob bei Nichterfüllung eines Tb-Merkmals der speziellen Missbrauchsvorschrift ein Rückgriff auf die allg. Missbrauchsvorschrift möglich bleibt. Gesetzgeberische Absicht war dies bereits bei § 42 II AO idF des StÄndG 2001 (BGBl. 2001 I 3794). Diese Änderung wurde jedoch vielfach als zur Zielerreichung untauglich angesehen (vgl. BFH BStBl. II 2003, 50; vgl. auch BFH DStRE 2022, 151 Rn. 28; DStR 2022, 41 Rn. 36). Durch die Neufassung ist indes klargestellt, dass auch bei Bestehen einer spezialgesetzlichen Missbrauchsvorschrift ein Rückgriff auf § 42 AO nicht generell ausgeschlossen ist; die Verdrängung setzt voraus, dass die spezielle (einzelgesetzliche) Missbrauchsvorschrift tatbestandlich einschlägig ist (BFH BStBl. II 2021, 580 Rn. 20; vgl. auch BFH BStBl. II 2021, 743 Rn. 16 ff.; Eilers/Roderburg ISR 2022, 303, 307; Weißgerber Ubg 2022, 159, 164). Der Kern der Problematik ist auch bei den verschiedenen Gesetzesfassungen allerdings unverändert geblieben. Im Einzelfall ist zu prüfen, ob und in welchem Umfang der Gesetzgeber durch die Schaffung einer spezialgesetzlichen Missbrauchsvorschrift einen Sachverhalt wertend als Missbrauch eingestuft hat. Unterfällt ein Lebenssachverhalt (eine Gestaltung) grds. dem von der Missbrauchsnorm umschriebenen Tatbestand, fehlt jedoch ein einzelnes Tatbestandsmerkmal, hat der Gesetzgeber seinen Wertungsspielraum ausgeübt. Eine subsidiäre Anwendung der allg. Missbrauchsnorm würde gegen das Gebot der Widerspruchsfreiheit verstoßen (Drüen Ubg 2008, 31). Hier ist die spezielle Missbrauchsvorschrift abschließend (BFH BStBl. II 2003, 50; Drüen Ubg 2008, 31; auch → § 4 Rn. 151 ff.). Es ist also notwendig, durch Auslegung der spezialgesetzlichen Missbrauchsvorschrift festzustellen, ob durch die subsidiäre Anwendung von § 42 II AO ein Wertungswiderspruch eintreten würde (BFH BStBl. II 2021, 580 Rn. 21; vgl. auch BFH DStR 2022, 41 Rn. 36 zu § 42 AO aF; vgl. auch BFH DStR 2021, 2003 Rn. 16 ff. zu § 42 AO nF; vgl. auch Schumacher FR 2022, 215 (220); Eilers/Roderburg ISR 2022, 303 (307)). Dies gilt insbes. für in speziellen Missbrauchsregelungen – wie hier – angeordnete **Fristen,** da hierdurch typisierend festgelegt wird, dass nach Ablauf der Frist keine Umgehungsgestaltung mehr vorliegt (BFH BStBl. II 2021, 580 Rn. 21; BFH DStRE 2022, 151 Rn. 29; vgl. auch Graw Ubg 2022, 162). Erfolgt eine grds. vom Gesetzgeber als missbräuchlich eingestufte Gestaltung außerhalb der Fristen, scheidet eine Nichtanerkennung der Gestaltung nach § 42 AO aus (BFH BStBl. II 2021, 580 Rn. 21; zutr. daher BMF 11.11.2011, BStBl. I 2011, 1314 Rn. 15.32; Widmann/Mayer/Schießl Rn. 507; vgl. auch Rödder/Herlinghaus/van Lishaut/Schumacher Rn. 210; → Rn. 151, → Rn. 209). Vor diesem Hintergrund war es aber auch bedenklich, wenn die FVerw einen möglicherweise nach § 42 AO zu beurteilenden Missbrauch darin sah, soweit bei einer Betriebsaufspaltung eine Übertragung zu BW möglich sei und durch die Betriebsaufspaltung spaltungsfähige Teilbetriebe geschaffen würden (BMF 25.3.1998, BStBl. I 1998, 268 Rn. 15.41). Denn für die Schaffung spaltungsfähiger Teilbetriebe enthält Abs. 2 S. 1 eine spezialgesetzliche Missbrauchsvorschrift, die als abschließend gelten kann. Das von der FVerw angeführte Beispiel hat zwischenzeitlich allerdings aufgrund der Einschränkung der Möglichkeit, zur Begründung einer Betriebsaufspaltung einzelne WG steuerneutral auf eine KapGes zu übertragen, kaum noch Bedeutung; es wurde auch in den neuen UmwSt-Erlass (BMF 11.11.2011, BStBl. I 2011, 1314) nicht übernommen. Zum Zeitpunkt der Schaffung spaltungsfähiger Teilbetriebe und der Bedeutung der Gesamtplanrechtsprechung → Rn. 87.

242 Soweit der von einer speziellen Missbrauchsvorschrift grds. umschriebene Lebenssachverhalt nicht betroffen ist, unterliegen Umw jedoch der allgemeinen Missbrauchsvorschrift des § 42 AO (vgl. etwa BFH BStBl. II 2021, 580: Verschmelzung einer Gewinn- auf eine Verlustgesellschaft grundsätzlich kein Gestaltungsmissbrauch;

die Vorinstanz FG Hessen DStRE 2019, 91 hatte noch auf die Subsidiarität von § 42 AO gegen über § 12 III und § 8c KStG abgestellt). Entsprechendes gilt, soweit Gestaltungen dazu dienen, die Anwendung der Missbrauchsregelungen in Abs. 2 zu umgehen (etwa → Rn. 171, → Rn. 232 f.; auch Widmann/Mayer/Schießl Rn. 508; Rödder/Herlinghaus/van Lishaut/Schumacher Rn. 210). Rechtsfolge von § 42 AO ist in diesen Fällen, dass die spezialgesetzliche Missbrauchsregelung nach Abs. 2 anzuwenden ist.

Eine davon zu unterscheidende Problematik ist die Frage, ob die Missbrauchsregelungen in Abs. 2 mit der Fusions-RL vereinbar sind. Nach Art. 15 I lit. a Fusions-RL kann ein Mitgliedstaat die Anwendung der Begünstigungen ganz oder teilweise versagen oder rückgängig machen, wenn diese als hauptsächlicher Beweggrund oder als einer der hauptsächlichen Beweggründe die Steuerhinterziehung oder -umgehung haben; vom Vorliegen eines solchen Beweggrundes kann ausgegangen werden, wenn die Umstrukturierung nicht auf vernünftigen wirtschaftlichen Gründen – insbes. der Umstrukturierung oder der Rationalisierung der beteiligten Ges – beruht. Nach der Rspr. des EuGH (EuGH Slg. 1997, I-4161 Rn. 41, 44 – Leur/Bloem) bedeutet dies, dass in jedem Einzelfall eine gerichtlich nachprüfbare globale Untersuchung stattfinden muss. Eine generelle systematische Einstufung bestimmter Vorgänge und ein damit verbundener Ausschluss von den Begünstigungen der Fusions-RL wäre nicht mit der Fusions-RL vereinbar. Vor diesem Hintergrund sind die Missbrauchsvorschriften in Abs. 2 – soweit die Fusions-RL Anwendung findet (→ Rn. 56 f.) – ein Verstoß gegen die Fusions-RL, da sie als typisierende Missbrauchsregelungen keinen Gegenbeweis zulassen (so auch Rödder/Herlinghaus/van Lishaut/Schumacher Rn. 240 zu Abs. 2 S. 2; Eisgruber/Vogt Rn. 55; Haritz/Menner/Biletewski/Asmus Rn. 121 ff.; Sistermann Beihefter zu DStR 2/2012, 9 (13); Hahn GmbHR 2006, 462 (464); Gille IStR 2007, 194 (196 f.); vgl. auch Frotscher/Drüen/Bleifeld Rn. 163 ff.). **243**

16. Entsprechende Anwendung von § 11

a) Grundsatz. Nach Abs. 1 S. 1 gelten für die Vermögensübertragung von einer Körperschaft auf eine andere Körperschaft durch Aufspaltung, Abspaltung oder Teilübertragung die §§ 11–13 entsprechend. Die Erfüllung des doppelten Teilbetriebserfordernisses (→ Rn. 44 ff.) ist lediglich Voraussetzung für die Anwendung von § 11 II und § 13 II (zu den Rechtsfolgen der Nichterfüllung des Teilbetriebserfordernisses → Rn. 108). Ebenso schließt ein Verstoß gegen eine Missbrauchsvorschrift nach Abs. 2 nur die Anwendung von § 11 II, nicht jedoch diejenige der sonstigen Regelungen in §§ 11–13 aus (zu den Rechtsfolgen → Rn. 131, → Rn. 211, → Rn. 240). Die stl. Folgen der Auf-/Abspaltung bzw. Teilübertragung für die **übertragende Körperschaft** werden damit durch die entsprechende Anwendung von § 11 bestimmt. Danach hat die übertragende Körperschaft die übergehenden WG, einschließlich nicht entgeltlich erworbener oder selbst geschaffener immaterieller WG, in ihrer stl. Schlussbilanz mit dem gemeinen Wert anzusetzen (§ 11 I 1). Unter gewissen Voraussetzungen und auf Antrag können die übergehenden WG abw. hiervon einheitlich mit dem BW oder einem ZW angesetzt werden (§ 11 II). Die Besonderheit bei Auf- und Abspaltungen im Vergleich zu Verschm besteht darin, dass eine Aufteilung der WG auf verschiedene Rechtsträger erfolgt (bei Aufspaltungen auf mindestens zwei übernehmende Körperschaften, bei Abspaltungen erfolgt eine Übertragung auf mindestens eine übernehmende Körperschaft, während Teile des Vermögens zurückbleiben). Zur stl. **Schlussbilanz** bei Auf- und Abspaltungen → Rn. 111 ff. Die Übertragung durch Auf- oder Abspaltung kann eine schädliche **Veräußerung** iSv **§ 22** darstellen (→ § 22 Rn. 35 a f.; OFD Niedersachsen 22.8.2014, DStR 2014, 2397). Zur Behandlung eines Übertragungsgewinns bei Aufspaltung einer Organgesellschaft vgl. BFH BStBl. II 2023, 195. **244**

245 Die **entsprechende Anwendung** bedeutet, dass die Rechtsfolgen von § 11 (Ansatz mit dem gemeinen Wert, ggf. Ausübung des Wahlrechts nach § 11 II) nur für den übergehenden Teil des Vermögens eintreten. Das bei einer Abspaltung **verbleibende Vermögen** ist zwingend – unabhängig von der Ausübung des Wahlrechts – mit den BW fortzuführen, da ein Realisierungstatbestand nicht eintritt (Rödder/Herlinghaus/van Lishaut/Schumacher Rn. 95, 196; Dötsch/Pung/Möhlenbrock/Dötsch/Stimpel Rn. 155, 373; Haritz/Menner/Bilitewski/Asmus Rn. 204; Widmann/Mayer/Schießl Rn. 536; BeckOK UmwStG/Oppel/Rehberg Rn. 136; Lademann/Stuber-Köth Rn. 174; auch → Rn. 108, → Rn. 131, → Rn. 211, → Rn. 240, → Rn. 248). Der durch den Vermögensabgang eintretende bilanzielle Gewinn oder Verlust ist aufgrund seiner gesellschaftsrechtlichen Veranlassung im Rahmen der Gewinnermittlung außerbilanziell zu neutralisieren (Rödder/Herlinghaus/van Lishaut/Schumacher Rn. 95; Dötsch/Pung/Möhlenbrock/Dötsch/Stimpel Rn. 376).

246 Zum Ansatz der übergehenden WG mit dem **gemeinen Wert** nach § 11 I vgl. zunächst → § 11 Rn. 31 ff. Besonderheiten treten hinsichtlich des Ansatzes eines **Firmenwerts** ein. Auch ein Teilbetrieb kann einen Geschäftswert haben (BFH BStBl. II 1987, 455; BStBl. II 1996, 576). Dieser ist nicht mit dem Bruchteil des Geschäftswertes des Gesamtunternehmens anzunehmen (Eisgruber/Vogt Rn. 105). Er ist als der Betrag zu ermitteln, um den dem (gedachten) Erwerber der Erwerb des Teilbetriebs mehr wert wäre als die Summe der Werte der Einzelwirtschaftsgüter, die in ihrer Gesamtheit noch keinen funktionsfähigen Betrieb darstellen (BFH BStBl. II 1987, 455). Demzufolge ist bei einer Abspaltung nur unter diesen Voraussetzungen – also bei tatsächlichem Übergang eines Firmenwerts – nach § 11 I ein Firmenwert anzusetzen (ebenso Rödder/Herlinghaus/van Lishaut/Schumacher Rn. 78). Bei einer **Aufspaltung** ist der Firmenwert nur anzusetzen, wenn der einheitliche Firmenwert tatsächlich auf einen oder mehrere übernehmende Körperschaften übergeht, er sich also nicht im Zuge der Aufspaltung verflüchtigt, bzw. wenn unterschiedliche Firmenwerte auf verschiedene Rechtsträger übergehen (Lademann/Stuber-Köth Rn. 168; Haase/Hofacker/Luce/Claß Rn. 89; BeckOK UmwStG/Oppel/Rehberg Rn. 136.1). Vgl. allerdings BMF 11.11.2011, BStBl. I 2011, 1314 Rn. 11.03.

247 b) Wahlrecht nach § 11 II. Die Ausübung des Bewertungswahlrechts nach § 11 II hat **drei Voraussetzungen**: Zum einen muss das Teilbetriebserfordernis nach Abs. 1 S. 2, 3 erfüllt sein (iE → Rn. 44 ff.; zu den Rechtsfolgen → Rn. 108); zum anderen darf kein Missbrauchstatbestand nach Abs. 2 gegeben sein (→ Rn. 117 ff.; zu den Rechtsfolgen bei Vorliegen eines Missbrauchsfalls → Rn. 131, → Rn. 211, → Rn. 240). Sind diese Voraussetzungen nicht erfüllt, verbleibt es bei der Bewertung nach § 11 I. Schließlich müssen die weiteren Voraussetzungen nach § 11 II erfüllt sein. Ist dies der Fall, können die übergehenden WG einheitlich mit dem BW oder einem ZW angesetzt werden. Das Wahlrecht setzt einen entsprechenden **Antrag** voraus (→ § 11 Rn. 60). Das Bewertungswahlrecht gilt nur für die übergehenden WG; das bei der Abspaltung verbleibende Vermögen ist stets mit den bisherigen BW fortzuführen (→ Rn. 245). Darüber hinaus muss sichergestellt sein, dass die in den übergehenden Vermögen enthaltenen stillen Reserven bei der übernehmenden Körperschaft später der KSt unterliegen (§ 11 II 1 Nr. 1; iE → § 11 Rn. 92). Das Wahlrecht besteht ferner nur, soweit das Recht der BRD hinsichtlich der Besteuerung des Gewinns aus der Veräußerung der übertragenen WG bei der übernehmenden Körperschaft nicht ausgeschlossen oder beschränkt wird (§ 11 II 1 Nr. 2; → § 11 Rn. 106). Zu den Möglichkeiten der grenzüberschreitenden Spaltung → Rn. 28. Schließlich darf für die spaltungsbedingte Vermögensübertragung eine Gegenleistung nicht gewährt werden oder eine Gegenleistung nur in Gesellschaftsrechten bestehen (§ 11 II 1 Nr. 3; → § 11 Rn. 127). Zu den Besonderheiten bei einer nichtverhältniswahrenden Spaltung → Rn. 254.

c) Ausübung des Wahlrechts. Die übertragende Körperschaft kann das aus § 11 I resultierende Ansatz- und Bewertungswahlrecht nur hinsichtlich des **übergehenden Vermögens** ausüben (→ Rn. 245). Das bei einer Abspaltung bei der übertragenden Körperschaft verbleibende Vermögen ist zwingend mit den (fortentwickelten) BW anzusetzen und zu bewerten (→ Rn. 245). Denn die Verweisung auf § 11 bezieht sich nur auf das übergehende Vermögen; iÜ fehlt es an einem Realisationstatbestand, der eine Aufstockung der WG rechtfertigen würde. 248

Das Ansatz- und Bewertungswahlrecht nach § 11 I kann **für jeden** übertragenen **Vermögensteil** (echter oder fiktiver Teilbetrieb iSv Abs. 1) **unterschiedlich** ausgeübt werden (Rödder/Herlinghaus/van Lishaut/Schumacher Rn. 197; Haritz/Menner/Bilitewski/Asmus Rn. 206; Widmann/Mayer/Schießl Rn. 537; Haase/Hofacker/Luce/Claß Rn. 105; Dötsch/Pung/Möhlenbrock/Dötsch/Stimpel Rn. 374; Sagasser/Bula/Brünger Umwandlungen/Schöneberger/Bultmann § 20 Rn. 34; Brandis/Heuermann/Nitzschke Rn. 78; Frotscher/Drüen/Bleifeld Rn. 246; BeckOK UmwStG/Oppel/Rehberg Rn. 138; aA Thiel DStR 1995, 237 (239); Goutier/Knopf/Tulloch/Knopf/Hill Rn. 67). Die gleich gelagerte Ausübung des Wahlrechts für alle übergehenden Teilbetriebe kann nicht aus dem Wort „einheitlich" in § 11 II 1 gefolgert werden. Denn Abs. 1 S. 1 ordnet lediglich die entsprechende Anwendung von § 11 an. Dies bedeutet, dass die spaltungsspezifischen Besonderheiten zu berücksichtigen sind. Anders als bei der Verschm/Vollübertragung können bei der Spaltung/Teilübertragung verschiedene Teilbetriebe auf verschiedene Rechtsträger übertragen werden. Der Begriff „einheitlich" bezieht sich hierbei jeweils nur auf das übergehende Teilvermögen, also auf die übergehenden Teilbetriebe iSv Abs. 1 (Haritz/Menner/Bilitewski/Asmus Rn. 206; Widmann/Mayer/Schießl Rn. 537; BeckOK UmwStG/Oppel/Rehberg Rn. 138; Haase/Hofacker/Luce/Claß Rn. 105; Herzig/Momen DB 1994, 2157 (2158)). Denn die Übertragung von Teilbetrieben ist nicht nur Anwendungsvoraussetzung für das Wahlrecht nach § 11 II, die übergehenden (echten oder fiktiven) Teilbetriebe repräsentieren auch das „übergehenden WG" iSv § 11 II 1. 249

Werden auf **einen** übernehmenden **Rechtsträger verschiedene** echte oder fiktive Teilbetriebe übertragen, kann auch hinsichtlich dieser Teilbetriebe das Wahlrecht unterschiedlich ausgeübt werden (Widmann/Mayer/Schießl Rn. 537; Rödder/Herlinghaus/van Lishaut/Schumacher Rn. 197; Dötsch/Pung/Möhlenbrock/Dötsch/Stimpel Rn. 374; Haase/Hofacker/Luce/Claß Rn. 105; Frotscher/Drüen/Bleifeld Rn. 246). Denn § 11 II stellt auf die „übergehenden WG" ab; dies sind bei der nach Abs. 1 S. 1 angeordneten entsprechenden Anwendung diejenigen des jeweils übergehenden Teilbetriebs. Da das Gesetz die Übertragung der Teilbetriebe auf verschiedene Rechtsträger zulässt, kann weder aus dem Gesetzeswortlaut noch aus dem Gesetzeszweck eine einheitliche Ausübung des Wahlrechts bei der Übertragung verschiedener Teilbetriebe auf einen Rechtsträger abgeleitet werden. 250

Hinsichtlich der **WG des jeweiligen Teilbetriebs** kann das Wahlrecht allerdings nur **einheitlich** ausgeübt werden (Frotscher/Drüen/Bleifeld Rn. 246; Dötsch/Pung/Möhlenbrock/Dötsch/Stimpel Rn. 374; Widmann/Mayer/Schießl Rn. 540; Herzig/Förster DB 1995, 338 (347); Herzig/Momen DB 1994, 2157 (2158)). Insoweit gilt die Regelung in § 11 II 1, dass das Wahlrecht einheitlich auszuüben ist. Demzufolge müssen die WG des jeweiligen Teilbetriebs entweder insgesamt mit dem BW angesetzt oder mit einem einheitlichen Prozentsatz aufgestockt werden (→ § 11 Rn. 51, → § 11 Rn. 58 ff.). 251

Die isolierte Betrachtung des jeweils übergehenden Teilbetriebs führt iÜ dazu, dass das Vorliegen der **weiteren Voraussetzungen von § 11 II 1** (Sicherstellung der Besteuerung stiller Reserven, keine Gegenleistung oder Gegenleistung nur in 252

Gesellschaftsrechten; → Rn. 247) **für jeden übergehenden** Teilbetrieb **isoliert** geprüft werden muss. Liegen diese Voraussetzungen bei einzelnen Teilbetrieben nicht vor (vielfach bezogen auf alle Teilbetriebe, die auf einen übernehmenden Rechtsträger übergehen), entfällt das Ansatz- und Bewertungswahlrecht nur für diese Vermögensteile (Haritz/Menner/Bilitewski/Asmus Rn. 205 f.; Widmann/Mayer/ Schießl Rn. 547, 553). Zur Behandlung von Mischfällen, bei denen auch eine nicht in Gesellschaftsrechten bestehende Gegenleistung gewährt wird (insbes. bare Zuzahlungen), → § 11 Rn. 135 ff. Zur Prüfung des Erfordernisses der Beibehaltung des **inl. Besteuerungsrechts** → § 11 Rn. 106.

253 Die Wahlrechte setzen einen **Antrag** (§ 11 II 1) voraus und werden in der stl. **Schlussbilanz** der übertragenden Körperschaft abgebildet. Der Grundsatz der Maßgeblichkeit der HB für die StB gilt nicht (→ § 11 Rn. 1, → UmwG § 17 Rn. 66; zur stl. Schlussbilanz der übertragenden Körperschaft → Rn. 111 ff.).

254 **d) Nichtverhältniswahrende Spaltung.** Die nichtverhältniswahrende Spaltung zeichnet sich durch eine nicht den ursprünglichen Beteiligungsverhältnissen an der übertragenden Körperschaft entsprechende Gewährung von Anteilen an der übertragenden Körperschaft und an den übernehmenden Körperschaften an die Anteilsinhaber der übertragenden Körperschaft aus. Eine nichtverhältniswahrende Spaltung kann auch so durchgeführt werden, dass einzelne Anteilsinhaber an einzelnen beteiligten Rechtsträgern nach der Spaltung überhaupt nicht mehr beteiligt sind. Zu den möglichen Konstellationen vgl. § 128 UmwG.

255 Nach Inkrafttreten des UmwG war zunächst umstritten, ob unmittelbar durch die Spaltung eine Veränderung der **Beteiligungsverhältnisse** beim **übertragenden Rechtsträger** eintreten kann. Bereits sehr rasch wurde durch entsprechende Änderung von § 126 I Nr. 10 UmwG, § 131 I Nr. 3 UmwG klargestellt (vgl. dazu Neye DB 1998, 1652), dass auch die **Anteilsübertragungen** bei dem **übertragenden Rechtsträger** eine **unmittelbare Folge** der Spaltung sein können (→ UmwG § 128 Rn. 18 f., → UmwG § 131 Rn. 102).

256 Dennoch ist die stl. **Behandlung** der nichtverhältniswahrenden Spaltung, insbes. bei einer Trennung von Gesellschafterstämmen, nicht abschließend geklärt (→ Rn. 216 ff.). Teilweise wird angenommen, die Gewährung einer weiteren Beteiligung an der übertragenden Körperschaft oder die rechnerische Erhöhung der Beteiligungsquote durch den Wegfall anderer Anteile sei eine schädliche Gegenleistung iSv § 11 I 1 Nr. 2, da insofern nicht Gesellschaftsrechte an den übernehmenden Rechtsträger gewährt werden (Haritz/Wagner DStR 1997, 181 (183); vgl. auch Rogall DB 2006, 66 (68): Ergebnis könnte auch durch Aufspaltung erreicht werden).

257 Diese Auffassung ist wenigstens in den Fällen unzutr., in denen Anteile am übertragenden Rechtsträger als Spaltungsfolge übertragen werden (wohl auch BMF 11.11.2011, BStBl. I 2011, 1314 Rn. 15.44: ggf. Vorteilszuwendung unter den Anteilsinhabern; ebenso Rödder/Herlinghaus/van Lishaut/Schumacher Rn. 203; Dötsch/Pung/Möhlenbrock/Dötsch/Stimpel Rn. 417; Widmann/Mayer/Schießl Rn. 554; NK-UmwR/Scholz Rn. 25; Haritz/Menner/Bilitewski/Asmus Rn. 208; Ruoff/Beutel DStR 2015, 609 (614); Rogall DB 2006, 66 (68)). Die Gewährung von **Gesellschaftsrechten an** der **übertragenden Körperschaft** bei einer nichtverhältniswahrenden Spaltung ist eine **unschädliche** Gegenleistung iSv § 11 II 1 Nr. 3. Zwar verlangt § 11 II 1 Nr. 3 bei der unmittelbaren Anwendung auf Verschm/ Vermögensübertragungen die Gewährung von Gesellschaftsrechten an der übernehmenden Körperschaft (→ § 11 Rn. 132), da als unmittelbare Folge der Verschm nur Anteile an der übernehmenden Körperschaft gewährt werden können. Anderes gilt nach § 126 I Nr. 10 UmwG, § 131 I Nr. 3 UmwG für die Spaltung (→ Rn. 255). Auch aus § 123 UmwG lässt sich nicht ableiten, dass Gesellschaftsrechte iSv § 11 II 1 Nr. 3 nur solche an übernehmenden Körperschaften und nicht auch Anteile an der übertragenden Körperschaft sein können. Zwar gehört zum

Wesensmerkmal der Spaltung die Gewährung von Gesellschaftsrechten an den übernehmenden Rechtsträger, die Definition in § 123 UmwG wird für die nichtverhältniswahrende Spaltung allerdings durch § 126 I Nr. 10 UmwG, § 131 I Nr. 3 UmwG überlagert. Aus der Gesamtschau der Vorschriften wird deutlich, dass auch die Gesellschaftsrechte am übertragenden Rechtsträger zur anlässlich der Spaltung gewährten Gegenleistung zählen. Dies ist bei der entsprechenden Anwendung von § 11 II 1 Nr. 3 zu beachten (Dötsch/Pung/Möhlenbrock/Dötsch/Stimpel Rn. 417; Rödder/Herlinghaus/van Lishaut/Schumacher Rn. 203; Walpert DStR 1998, 361 (362); vgl. auch Momen DStR 1997, 355 (356); Rödder DStR 1997, 483; Wochinger FS Widmann, 2000, 639 (649)). Kommt es anlässlich der nichtverhältniswahrenden Spaltung zu **Wertverschiebungen** zwischen den Gesellschaftern und werden diese zwischen den Gesellschaftern ausgeglichen (→ UmwG § 128 Rn. 22 ff.), liegen regelmäßig **Anteilsveräußerungen** vor (Frotscher/Drüen/Bleifeld Rn. 284; BeckOK UmwStG/Oppel/Rehberg Rn. 139). Zu beachten ist ferner, dass die FVerw bei nichtverhältniswahrenden Spaltungen mit Wertverschiebungen zugunsten der anderen Gesellschafter oder diesen nahestehenden Personen einen **schenkungstpfl. Vorgang** annimmt (BMF 11.11.2011, BStBl. I 2011, 1314 Rn. 15.44, 13.03; vgl. dazu auch Perwein DStR 2009, 1892; Dötsch/Pung/Möhlenbrock/Dötsch/Stimpel Rn. 415; BeckOK UmwStG/Oppel/Rehberg Rn. 139; Beutel SteuK 2012, 1). Diese können – z.B. Entnahme aus einem BV – wiederum auch ertragstl. Folgen haben (BMF 11.11.2011, BStBl. I 2011, 1314 Rn. 15.44, 13.03; Dötsch/Pung/Möhlenbrock/Dötsch/Stimpel Rn. 415). Die Wertverschiebung an sich lässt die Anwendung von § 15 I 1 iVm § 13 unberührt (BFH DStR 2020, 2192 Rn. 25; Dötsch/Pung/Möhlenbrock/Dötsch/Stimpel Rn. 415). Eine nachfolgende Entnahme wird indes nicht durch die entsprechende Anwendung von § 13 ausgeschlossen (BFH DStR 2020, 2192 Rn. 26). Eine solche Entnahme liegt aber nicht bereits in einer Wertverschiebung zwischen den Anteilen, ohne dass das WG „Anteil" selbst entnommen wird (siehe auch BFH DStR 2020, 2192; Dötsch/Pung/Möhlenbrock/Dötsch/Stimpel Rn. 415). Vgl. hierzu auch → Rn. 282. Ebenso können bei Wertverschiebungen verdeckte Einlagen und verdeckte Gewinnausschüttungen vorliegen, die den Regelungen des UmwStG vorgehen (BFH BStBl. II 2011, 799; BMF 11.11.2011, BStBl. I 2011, 1314 Rn. 15.44, 13.03; Dötsch/Pung/Möhlenbrock/Dötsch/Stimpel Rn. 416; Rödder/Herlinghaus/van Lishaut/Schumacher Rn. 62; ausf. dazu Lupczyk Ubg 2020, 124; Heurung/Engel/Schröder GmbHR 2011, 617 (626 ff.); vgl. auch Ruoff/Beutel DStR 2015, 609 (616); auch → Rn. 295). Zu verdeckten Gewinnausschüttungen anlässlich Spaltungen auch BFH/NV 2017, 1466 = BeckRS 2017, 123265. Zur Bedeutung der Veränderungen in den Beteiligungsverhältnissen für Abs. 2 S. 2–4 vgl. → Rn. 201.

258 Nichts anderes gilt, wenn die Anpassung der Beteiligungsverhältnisse beim übertragenden Rechtsträger auf andere Weise, etwa durch **Einziehung, Kapitalherabsetzung, rechtsgeschäftliche Übertragung** von Anteilen, erfolgt, obwohl zivilrechtlich eine Notwendigkeit hierzu nicht mehr besteht (→ UmwG § 128 Rn. 18 f., → UmwG § 131 Rn. 102). Auch in diesem Fall wird keine andere Gegenleistung gewährt, da nur Anteilsveränderungen bei den „beteiligten" Rechtsträgern eintreten (Widmann/Mayer/Schießl Rn. 556; Rödder/Herlinghaus/van Lishaut/Schumacher Rn. 204; Haritz/Menner/Bilitewski/Asmus Rn. 207 f.; Rödder DStR 1997, 483; Wochinger FS Widmann, 2000, 639 (649); zweifelnd Semler/Stengel/Moszka Rn. 518). Jedenfalls bei der übernehmenden Körperschaft tritt daher eine Gewinnrealisierung nicht ein. Mangels zivilrechtlicher Notwendigkeit derartiger Gestaltungen bilden sie aber keine Einheit mit der Spaltung. Daher können auf Anteilsinhaberebene Veräußerungen anzunehmen sein (→ Rn. 257, → Rn. 296).

259 **e) Teilübertragungen.** Bei Teilübertragungen wird definitionsgemäß eine Gegenleistung gewährt, die nicht in Gesellschaftsrechten besteht (vgl. § 174 II

UmwG). Demzufolge verstoßen Teilübertragungen regelmäßig gegen § 11 II 1 Nr. 3. Eine Teilübertragung ist steuerneutral nur durchführbar, soweit eine Gegenleistung nicht gewährt wird, weil die Vermögensübertragung auf den Anteilsinhaber der übertragenden Körperschaft erfolgt (iE → Rn. 26).

260 **f) Wertaufholung bei Abwärtsspaltung.** Nach § 11 II 2 sind die Anteile an der übernehmenden Körperschaft in der stl. Schlussbilanz mindestens mit dem BW, erhöht um Abschreibungen sowie um Abzüge nach § 6b EStG und ähnliche Abzüge, die in früheren Jahren steuerwirksam vorgenommen worden sind, höchstens mit dem gemeinen Wert, anzusetzen. Der originäre Anwendungsbereich der Vorschrift sind Abwärtsverschmelzungen (Downstream-Merger; → § 11 Rn. 147). Es können jedoch auch Abwärtsspaltungen vorgenommen werden. Eine entsprechende Anwendung von § 11 II 2 ist indes nur bei einer **Aufspaltung**, bei der die Anteile an den übernehmenden Körperschaften entweder eigene Anteile werden oder an die Anteilsinhaber der übertragenden Körperschaft gewährt werden, gerechtfertigt. Bei einer **Abwärtsabspaltung** bleibt jedoch die Beteiligung der übertragenden Körperschaft an der übernehmenden Körperschaft grds. unberührt; es ändert sich lediglich deren Beteiligungsquote. Der Wert und damit das Wertaufholungspotenzial bleiben bei korrekter Ermittlung des Umtauschverhältnisses unberührt. Aufgrund der mit der Verschm nicht vergleichbaren Situation ist in diesen Fällen § 11 II 2 nicht entsprechend anzuwenden (zutr. Rödder/Herlinghaus/van Lishaut/Schumacher Rn. 201 f.; Widmann/Mayer/Schießl Rn. 580; Frotscher/Drüen/Bleifeld Rn. 249; Widmann/Bauschatz/Jacobsen/Happel Rn. 128).

261 **g) Entsprechende Anwendung von § 11 III.** Vgl. → § 11 Rn. 157.

17. Entsprechende Anwendung von § 12

262 **a) Grundsatz.** Abs. 1 S. 1 ordnet unabhängig von der Erfüllung des doppelten Teilbetriebserfordernisses nach Abs. 1 S. 2, 3 die entsprechende Anwendung von § 12 an. Dies gilt auch, soweit ein Missbrauchsfall nach Abs. 2 vorliegt (zu den Rechtsfolgen → Rn. 131, → Rn. 211, → Rn. 240). § 12 regelt die stl. Auswirkungen des spaltungsbedingten Übergangs von Vermögen bei den **übernehmenden Körperschaften.** Auch in dieser Hinsicht ist die grds. übereinstimmende Behandlung von Verschm/Vermögensübertragung einerseits und Auf-/Abspaltung bzw. Teilübertragung andererseits gerechtfertigt, da die Spaltung/Teilübertragung eine **Teilverschmelzung** ist (→ Rn. 3).

263 Die Regelungen in § 12 sind davon geprägt, dass die übernehmenden Körperschaften im Wesentlichen ohne eigene Wahlrechte in die stl. Rechtspositionen der übertragenden Körperschaft eintreten. Für Spaltungen/Teilübertragungen führt die in Abs. 1 S. 1 angeordnete **entsprechende Anwendung** dazu, dass der Eintritt in die stl. Rechtspositionen für jede übernehmende Körperschaft in Bezug auf das jeweils übergehende Teilvermögen (Teilbetrieb) nachzuvollziehen ist. Grds. treten bei Spaltungen/Teilübertragungen von Körperschaften auf Körperschaften die gleichen Fragestellungen wie bei Verschm zwischen Körperschaften auf. Daher ist umfassend auf die Komm. von § 12 zu verweisen. Die **Besonderheiten** resultieren größtenteils daraus, dass eine Aufteilung auf verschiedene übernehmende Körperschaften bzw. auf übernehmende Körperschaften und auf die übertragende Körperschaft vorzunehmen ist.

264 **b) Wertansätze der übernehmenden Körperschaften (§ 12 I).** Nach § 12 I 1 hat jede übernehmende Körperschaft die auf sie übergegangenen WG mit den in der Schlussbilanz der übertragenden Körperschaft enthaltenen Werten zu übernehmen. Die übernehmenden Körperschaften sind zwingend an die Wahlrechtsausübung hinsichtlich der einzelnen auf sie übergehenden Teilvermögen (zur isolierten

Aufspaltung, Abspaltung und Teilübertragung 265–268 **§ 15 UmwStG D**

Wahlrechtsausübung → Rn. 248 ff.) gebunden. Durch die Wertverknüpfung ist grds. sichergestellt, dass die stillen Reserven weiterhin steuerverhaftet sind.

Die Erfassung des Vermögensübergangs ist für jede übernehmende Körperschaft **265** **getrennt** zu bestimmen. Zur **handelsbilanziellen** Erfassung des Vermögensübergangs → § 12 Rn. 12 ff., → UmwG § 24 Rn. 4 ff. Zur getrennten Ausübung der Bewertungswahlrechte durch den übertragenden Rechtsträger vgl. → Rn. 249.

c) Wertaufholung bei Aufwärtsspaltung (§ 12 I 2). § 12 I 2 verweist auf § 4 **266** I 2 und 3. Danach hat die übernehmende Körperschaft die Anteile an der übertragenden Körperschaft (Aufwärtsverschmelzung) zum stl. Übertragungsstichtag mit dem BW, erhöht um steuerwirksam vorgenommene Abschreibungen sowie um Abzüge nach § 6b EStG und ähnl. Abzüge, höchstens mit dem gemeinen Wert anzusetzen. Ein dabei entstehender Gewinn ist unprivilegiert stpfl. Die Regelung ist an die Stelle der früheren Bestimmung hins. eines sog. Beteiligungskorrekturgewinn nach § 12 II 3 aF getreten (iE → § 12 Rn. 14 ff.). Bei Aufwärtsspaltungen bestehen aber **Besonderheiten.** Denn bei einer **Abspaltung** geht der übertragende Rechtsträger und damit die Beteiligung des übernehmenden Rechtsträgers am übertragenen Rechtsträger regelmäßig nicht (vollständig) unter (denkbare Ausnahme: nichtverhältniswahrende Abspaltung, bei der die Anteile an der übertragenden Körperschaft ausschließlich den weiteren Gesellschaftern zugeordnet werden). Bei einer **Aufspaltung** erfolgt die Übertragung auf mindestens zwei übernehmende Körperschaften (Ausnahme für einen mit der Aufwärtsverschmelzung vergleichbaren Fall: Aufspaltung auf zwei MutterGes, Rödder/Herlinghaus/van Lishaut/Schumacher Rn. 100).

Demzufolge führt die entsprechende Anwendung von § 12 I 2 dazu, dass der **267** Beteiligungskorrekturgewinn bei einer Aufwärtsabspaltung (partieller Upstream-Merger) nur **anteilig** zu ermitteln ist (Rödder/Herlinghaus/van Lishaut/Schumacher Rn. 101; Sagasser/Bula/Brünger Umwandlungen/Schöneberger/Bultmann § 20 Rn. 83; Dötsch/Pung/Möhlenbrock/Dötsch/Stimpel Rn. 388; Haase/Hofacker/Luce/Claß Rn. 92; Eisgruber/Vogt Rn. 109). Maßgeblich ist ebenso wie bei der Ermittlung des Übernahmeergebnisses (→ Rn. 268) das Verhältnis des Werts der Beteiligung an der übertragenden Körperschaft nach der Spaltung zum Wert der Beteiligung vor der Spaltung.

d) Übernahmeergebnis, Übernahmefolgegewinn, § 12 II, IV. Nach der **268** entsprechend anwendbaren Regelung in § 12 II 1 bleibt bei der übernehmenden Körperschaft ein Gewinn oder Verlust in Höhe des Unterschieds zwischen dem BW der Anteile an der übertragenden Körperschaft und dem Wert, mit dem die übergegangenen WG zu übernehmen sind, abzgl. der Kosten für den Vermögensübergang, außer Ansatz. Auf einen Übernahmegewinn ist § 8b KStG jedoch anzuwenden, soweit der Übernahmegewinn abzgl. der anteilig darauf entfallenden Kosten für den Vermögensübergang dem Anteil der übernehmenden Körperschaft an der übertragenden Körperschaft entspricht (§ 12 II 2; iE → § 12 Rn. 38 ff.). Ein derartiger Übernahmegewinn bzw./-verlust entsteht, soweit die übernehmende Körperschaft an der übertragenden Körperschaft beteiligt ist (Aufwärtsspaltung; **aA BFH** DStR 2013, 582; **BMF 11.11.2011,** BStBl. I 2011, 1314 Rn. 12.05: auch Abwärts- und Seitwärtsspaltung; Bedeutung hat dies für die Berücksichtigung der Kosten; auch → § 12 Rn. 47). In **Abspaltungsfällen** ist das Übernahmeergebnis nur anteilig zu ermitteln, soweit die übernehmende Körperschaft nach der Spaltung noch an der übertragenden Körperschaft beteiligt ist (Rödder/Herlinghaus/van Lishaut/Schumacher Rn. 103). Dann kommt es zu einer für die Ermittlung des Übernahmeergebnisses zu berücksichtigenden **Buchwertverringerung** in dem Verhältnis des Werts der Beteiligung vor der Spaltung zum Wert der Beteiligung nach der Spaltung (ebenso Widmann/Mayer/Schießl Rn. 623; Thiel DStR 1995, 276 (279); vergleichbar Sagasser/Bula/Brünger Umwandlungen/Schöneberger/

Bultmann § 20 Rn. 76: Verhältnis der gemeinen Werte der übertragenen Vermögensteile zu dem vor der Spaltung bei der übertragenden Körperschaft vorhandenen Vermögen; ebenso Dötsch/Pung/Möhlenbrock/Dötsch/Stimpel Rn. 389).

269 Beispiel:
Die übernehmende A-GmbH ist alleinige Anteilsinhaberin der übertragenden B-GmbH. Der BW der Beteiligung an der B-GmbH beträgt 1.000.000 Euro. Die B-GmbH spaltet einen Teilbetrieb, der 40% des gesamten Werts der B-GmbH ausmacht, auf die A-GmbH ab. Das übergehende Reinbetriebsvermögen zu BW beträgt 1.200.000 Euro. Das Übernahmeergebnis rechnet sich wie folgt:

BW der Beteiligung an der B-GmbH:	1.000.000 Euro
Buchwertreduzierung durch die Abspaltung (40%):	400.000 Euro
Wert des übergehenden Vermögens:	1.200.000 Euro
abzgl. Buchwertreduzierung:	./. 400.000 Euro
Übernahmegewinn:	800.000 Euro

270 Soweit einzelne Vermögensteile auf den Anteilsinhaber und weitere Vermögensteile auf andere Körperschaften übertragen werden, ist ebenfalls der BW der Beteiligung zu reduzieren. Die Höhe des verbleibenden Betrages (Anteilstausch) richtet sich nach § 13 (→ Rn. 281 ff.).

271 Auch bei Auf- und Abspaltungen kann es zu einem **Übernahmefolgegewinn** nach § 12 IV iVm § 6 aufgrund der Konfusion von Forderungen und Verbindlichkeiten kommen (→ § 12 Rn. 61 ff.). Maßgeblich ist, ob durch die Übertragung der Forderungen oder der Verbindlichkeiten von der übertragenden Körperschaft auf die jeweilige übernehmende Körperschaft die Konfusion entsteht.

272 e) Eintritt in steuerliche Rechtspositionen, § 12 III. Zivilrechtlich gehen bei der Auf-/Abspaltung bzw. Teilübertragung ebenso wie bei der Verschm die im Spaltungsvertrag bestimmten WG durch **Gesamtrechtsnachfolge** (Sonderrechtsnachfolge) auf die übernehmenden Körperschaften über (→ UmwG § 131 Rn. 4 ff.). Die Vermögensübertragung durch Gesamtrechtsnachfolge bedeutet jedoch nicht, dass der übernehmende Rechtsträger generell in jede Rechtsposition des übertragenden Rechtsträgers eintritt. Denn die zivilrechtliche Gesamtrechtsnachfolge ist eine besondere Form der sachenrechtlichen Übertragung. Aus ihr folgt nicht, dass der übernehmende Rechtsträger auch stl. in die jeweilige **Rechtsposition des Rechtsvorgängers** eintritt (Haase/Hofacker/Luce/Claß Rn. 96). Hierzu bedarf es einer ausdrücklichen gesetzlichen Anordnung (→ § 1 Rn. 143 ff., → § 12 Rn. 67 ff.).

273 Eine derartige Anordnung des Eintritts der übernehmenden Körperschaft in die stl. Rechtspositionen der übertragenden Körperschaft enthält die entsprechend anwendbare (Abs. 1 S. 1) Regelung in § 12 III. Obwohl Auf- und Abspaltungen bzw. Teilübertragungen aus der Sicht der beteiligten Rechtsträger entgeltliche Veräußerungs- und Anschaffungsgeschäfte sind (→ § 12 Rn. 67, → UmwG § 24 Rn. 10 ff.), ordnet diese Vorschrift unabhängig von der Ausübung der Wahlrechte in der stl. Schlussbilanz den **generellen Eintritt** in die **Rechtsstellung der übertragenden Körperschaft an.**

274 Zu Einzelheiten des Eintritts in stl. Rechtspositionen → § 12 Rn. 67 ff. Anders als bei einer Verschm kann es bei einer Auf- oder Abspaltung bzw. Teilübertragung aber **nicht** zu einem Eintritt in **alle Rechtspositionen** der übertragenden Körperschaft kommen, da nicht das gesamte Vermögen, sondern nur jeweils Vermögensteile auf die übernehmenden Körperschaften übergehen. Die Regelung nach § 12 III gilt **objektbezogen.** Die übernehmende Körperschaft tritt nur hinsichtlich der auf sie übergehenden WG und Rechtsverhältnisse in die damit verbundenen stl. Rechtspositionen (etwa AfA, Besitzzeit etc) ein. Zu einem übergehenden Investitionsabzugsbetrag vgl. BMF 11.11.2011, BStBl. I 2011, 1314 Rn. 16.04. Zum **gewstl. Schachtelprivileg** vgl. BFH BStBl. II 2015, 303.

Soweit ein WG oder ein Rechtsverhältnis nicht als Ganzes auf eine übernehmende Körperschaft übergeht, muss eine **Aufteilung** (etwa bei spaltungshindernden WG, → Rn. 75) stattfinden. Bei mit einem WG verbundenen Rechtspositionen ist Maßstab für die Aufteilung der jeweils übergehende anteilige Wert des WG. Bei stl. Rechtsverhältnissen, die rechtsträgerbezogen sind, fehlt es mit Ausnahme der Regelung in Abs. 3 (Aufteilung von Verlustpositionen) an einer gesetzlichen Bestimmung. Insoweit hat allerdings die Regelung in Abs. 3 Modellcharakter; die Aufteilung ist in entsprechender Anwendung von Abs. 3 vorzunehmen (zu weiteren Einzelheiten → Rn. 276 ff.).

f) Aufteilung von Verlustpositionen. Nach Abs. 1 S. 1 gilt § 12 III Hs. 2 iVm § 4 II 2 entsprechend. Danach gehen trotz des generellen Eintritts in die stl. Rechtsstellung (→ Rn. 272) verrechenbare Verluste, verbleibende Verlustvorträge, nicht ausgeglichene negative Einkünfte, ein Zinsvortrag nach § 4h I 5 EStG und ein EBITDA-Vortrag nach § 4h I 3 EStG nicht auf den übernehmenden Rechtsträger über (hierzu iE → § 12 Rn. 93 ff.). Bei der Abspaltung besteht die Besonderheit, dass die diese Rechtspositionen innehabende übertragende Körperschaft fortbesteht. Daher ordnet **Abs. 3** an, dass sich diese Verlustpositionen bzw. ein Zins-/EBITDA-Vortrag der übertragenden Körperschaft in dem Verhältnis mindern, in dem bei Zugrundelegung des gemeinen Werts das Vermögen auf eine andere Körperschaft übergeht. Die Regelung entspricht methodisch § 16 S. 3 aF. Zur Übergangsregelung bis zur Anpassung von Abs. 3 durch das Unternehmensteuerreformgesetz 2008 vgl. Rödder/Herlinghaus/van Lishaut/Schumacher Rn. 288. Zu den Anforderungen an den teilweise **Übergang von Verlustvorträgen** nach der früheren Rechtslage vgl. BFH DStR 2012, 962. Wegen des Fortbestands des übertragenden Rechtsträgers wird die Regelung als Verstoß gegen das Prinzip der Leistungsfähigkeit und damit als verfassungswidrig eingestuft; auch die unterschiedliche Behandlung zur Ausgliederung wird insoweit kritisch angesehen (Mylich FR 2019, 537).

Maßgeblich für die Aufteilung sind die gemeinen Werte der jeweils übergehenden bzw. zurückbleibenden Vermögensteile der übertragenden Körperschaft (Rödder/Herlinghaus/van Lishaut/Schumacher Rn. 285; Mylich FR 2019, 537). Es hat also eine Bewertung nach § 9 II BewG stattzufinden (Dötsch/Pung/Möhlenbrock/Dötsch/Stimpel Rn. 442; Widmann/Bauschatz/Jacobsen/Happel Rn. 181). Hierbei sei nach Ansicht der FVerw in der Regel auf den sog. Spaltungsschlüssel abzustellen (BMF 11.11.2011, BStBl. I 2011, 1314 Rn. 15.41). Soweit damit das Umtauschverhältnis gemeint ist (vgl. Dötsch/Pung/Möhlenbrock/Dötsch/Stimpel Rn. 445), ist dies eine untaugliche Kennzahl, da das Umtauschverhältnis im eigentlichen Sinne (§ 126 I Nr. 3; → UmwG § 126 Rn. 19 ff.) vom Verhältnis des übergehenden Vermögens zum Vermögen des übernehmenden Rechtsträgers beeinflusst ist. Genutzt werden können aber zumindest Teile der Bewertung für die Ermittlung des Umtauschverhältnisses. Ob und in welchem Umfang der Verlust verursachende Teilbetrieb oder Betriebsteil übergeht oder zurückbleibt, ist unbeachtlich (Rödder/Herlinghaus/van Lishaut/Schumacher Rn. 289; Dötsch/Pung/Möhlenbrock/Dötsch/Stimpel Rn. 444; Haase/Hofacker/Luce/Claß Rn. 163; Widmann/Bauschatz/Jacobsen/Happel Rn. 181).

Auch die Aufteilung eines **Gewerbesteuerverlustvortrages** iSv § 10a GewStG richtet sich gem. § 19 II nach dem in Abs. 3 geregelten Aufteilungsmaßstab (auch → § 19 Rn. 17 ff.).

Zu Besonderheiten bei einer unterjährigen Abspaltung vgl. Rödder/Herlinghaus/van Lishaut/Schumacher Rn. 292 ff. und Dötsch/Pung/Möhlenbrock/Dötsch/Stimpel Rn. 439. Nach Ansicht der FVerw geht auch ein lfd. Verlust anteilig unter

(BMF 11.11.2011, BStBl. I 2011, 1314 Rn. 15.41, neu gefasst durch BMF 23.2.2018, BStBl. I 2018, 319).

280 **g) Vermögensübergang iSv § 12 V.** § 12 V regelt Besonderheiten bei einem Vermögensübergang in den nicht stpfl. oder steuerbefreiten Bereich einer Körperschaft (iE → § 12 Rn. 102). Bei der Spaltung treten diese Besonderheiten anteilig hinsichtlich des auf eine derartige Körperschaft übergehenden Vermögensteils ein. Ein gesetzlich angeordneter Maßstab fehlt. Zutr. dürfte es sein, Abs. 3 entsprechend anzuwenden (Verhältnis der gemeinen Werte des übergehenden Vermögens zum gemeinen Wert des Gesamtvermögens vor der Spaltung; ebenso Rödder/Herlinghaus/van Lishaut/Schumacher Rn. 107; Widmann/Bauschatz/Jacobsen/Happel Rn. 142).

18. Entsprechende Anwendung von § 13

281 **a) Grundsatz.** Abs. 1 S. 1 verweist vollumfänglich auch auf § 13 und regelt damit die stl. Behandlung der Auf-/Abspaltung (zur Teilübertragung → Rn. 285) auf der **Ebene der Anteilsinhaber.** Lediglich die Anwendung des Wahlrechts nach § 13 II ist von der Erfüllung des doppelten Teilbetriebserfordernisses nach Abs. 1 S. 2, 3 (→ Rn. 44 ff.) abhängig (→ Rn. 108). Ein Verstoß gegen die Missbrauchsvorschriften nach Abs. 2 lässt hingegen die Verweisung auf die gesamte Regelung von § 13 unberührt (zu den Rechtsfolgen → Rn. 131, → Rn. 211, → Rn. 240).

282 § 13 I fingiert („gelten als") eine Veräußerung der Anteile an der übertragenden Körperschaft und eine Anschaffung der an ihre Stelle tretenden Anteile an der übernehmenden Körperschaft zum gemeinen Wert (hierzu iE → § 13 Rn. 5 ff., → § 13 Rn. 17 ff.). Unter den weiteren Voraussetzungen von **§ 13 II 1** sind auf Antrag die Anteile an der übernehmenden Körperschaft mit dem BW der Anteile an der übertragenden Körperschaft anzusetzen (hierzu iE → § 13 Rn. 31 ff.). Dies bewirkt, obwohl dies im Wortlaut von § 13 II 1 nicht ausdrücklich angeordnet wird, dass der Anteilstausch auf der Ebene der Anteilsinhaber ohne Aufdeckung der stillen Reserven in den Anteilen erfolgen kann (BeckOK UmwStG/Oppel/Rehberg Rn. 205). Ferner ordnet § 13 II 2 an, dass die Anteile an der übernehmenden Körperschaft stl. an die Stelle der Anteile an der übertragenden Körperschaft treten; vgl. aber **§ 8b IV 2 KStG**. Zu den Auswirkungen auf die Stundung in **Wegzugsfällen** vgl. § 6 V 5 AStG aF (Altfälle; zur Fortgeltung vgl. § 21 III AStG) (dazu Lohmann/Heerdt IStR 2014, 153). Der Anteilstausch anlässlich der Auf- oder Abspaltung kann nach Ansicht der FVerw eine schädliche **Veräußerung iSv § 22** darstellen (→ § 22 Rn. 35a ff.; OFD Niedersachsen 22.8.2014, DStR 2014, 2397). In diesem Fall ist in der Praxis zu prüfen, ob im Absehen von der Besteuerung aus Billigkeitsgründen nach BMF 11.11.2011, BStBl. I 2011, 1314 Rn. 22.23 erreicht werden kann. Unabhängig von der Steuerneutralität nach § 13 II 1 kann eine Ab- oder Aufspaltung auf Anteilsinhaberebene einen **Veräußerungs- oder Entnahmegewinn** auslösen. So können nichtverhältniswahrende und zugleich nichtwertkongruente Spaltungen mit Ausgleichsleistungen zwischen den Anteilsinhabern als Anteilsveräußerungen einzustufen sein (vgl. auch → Rn. 257 und → Rn. 297). Ferner können derartige Wertverlagerungen auf Schenkungen zurückzuführen sein, was ertragsteuerlich als Entnahme der Anteile zu werten sein kann (vgl. weiter → Rn. 257, → Rn. 297). Aber auch bei verhältniswahrenden Ab- und Aufspaltungen kann nach dem nach § 13 II 1 steuerneutralen „Anteilstausch" ein **Entnahmegewinn** entstehen, wenn die Anteile an der übertragenden Körperschaft **SBV** sind. Denn die als Gegenleistung gewährten Anteile an den übernehmenden Körperschaften sind wenigstens für eine juristische Sekunde ebenfalls SBV. In der Folge ist aber zu prüfen, ob für die neu gewährten Anteile die Voraussetzungen der Zuordnung zum Sonderbetriebsvermögen fortbestehen (BFH DStR 2020, 2192 Rn. 23 ff.).

Für Gesellschafter mit Anteilen, die der **Abgeltungssteuer** unterliegen (§ 20 II 283
1 Nr. 1 EStG), greift § 20 IVa 1 EStG. Dies gilt sowohl für Auf- als auch für
Abspaltungen (Rödder/Herlinghaus/van Lishaut/Schumacher Rn. 108; vgl. auch
Rödder/Herlinghaus/van Lishaut/Trossen Anh. 12 Rn. 63 ff.; Beinert GmbHR
2012, 291 (295); für Abspaltungen vgl. seit 1.1.2013 § 20 IVa 7 EStG und zuvor
schon BMF 9.10.2012, BStBl. I 2012, 953 Rn. 113 ff.: in Inlandsfällen; anders noch
BMF 11.11.2011, BStBl. I 2011, 1314 Rn. 15.12: § 20 IVa 5 EStG bei Abspaltungen). Unerheblich ist, ob das Teilbetriebserfordernis nach Abs. 1 S. 2 erfüllt ist (Rödder/Herlinghaus/van Lishaut/Trossen Anh. 12 Rn. 66; Beinert GmbHR 2012, 291
(297)). Zur Anwendung von § 20 IVa 7 EStG auf ausländische vergleichbare Vorgänge vgl. BFH BStBl. II 2022, 359 (Drittstaaten); DStR 2021, 2396 (EU).

Zu weiteren Einzelheiten vgl. zunächst die Komm. von § 13. Bei Auf- und 284
Abspaltungen treten **Besonderheiten** insoweit auf, als nicht zwingend ein vollständiger Anteilstausch stattfindet. Bei **Abspaltungen** treten grds. die Anteile an der
übernehmenden Körperschaft neben die Anteile an der übertragenden Körperschaft,
die allerdings durch die Vermögensübertragung einen inneren Wertverlust erleiden.
Aufgrund der Möglichkeit einer **nichtverhältniswahrenden Spaltung** können
ferner die Anteile unabhängig von den bisherigen Beteiligungsverhältnissen auch
nur einzelnen Anteilsinhabern zugeordnet werden; in diesem Fall sind zudem Übertragungen von Anteilen an der übertragenden Körperschaft zwischen deren Anteilsinhabern anlässlich der Auf- und Abspaltung möglich (→ UmwG § 128 Rn. 18 ff.;
→ Rn. 295).

Die Verweisung auf § 13 hat für **Teilübertragungen** keine Bedeutung. Denn 285
§ 13 setzt die Gewährung von Gesellschaftsrechten voraus, während bei Teilübertragungen definitionsgemäß (vgl. § 174 II UmwG) eine nicht in Gesellschaftsrechten
bestehende Gegenleistung gewährt wird (auch → § 13 Rn. 8).

Die Steuerneutralität auf der Gesellschafterebene ist vom Eingreifen der **Miss-** 286
brauchsklauseln nach Abs. 2 unabhängig. Diese führen nur zu einem Übertragungsgewinn bei der übertragenden Körperschaft (→ Rn. 131, → Rn. 211,
→ Rn. 240).

b) Aufteilungsmaßstab. Bei der Anwendung von § 13 treten Besonderheiten 287
nicht auf, soweit den Anteilsinhabern der übertragenden Körperschaft nur Anteile
an einem beteiligten Rechtsträger zugeordnet werden (nichtverhältniswahrende
Spaltung; dies gilt auch, wenn einzelnen Anteilsinhabern nur Anteile an der übertragenden Körperschaft zugeordnet werden, → Rn. 290). In diesem Fall liegt ein
vollständiger Anteilstausch vor und es gelten nach § 13 I die (bisherigen) Anteile
an der übertragenden Körperschaft als zum gemeinen Wert veräußert und die als
Gegenleistung erhaltenen Anteile an der oder den beteiligten Körperschaften als zu
diesem gemeinen Wert (→ § 13 Rn. 17 ff.) angeschafft. Die Veräußerungs- und
Anschaffungsfiktion gilt auch bei einer nichtverhältniswahrenden Aufspaltung zu
Null (zum Begriff → UmwG § 128 Rn. 12 und das nachfolgende Beispiel) hinsichtlich der Anteile an der übertragenden Körperschaft. Wird das Wahlrecht nach § 13
II ausgeübt, erfolgt der Anteilstausch steuerneutral zu den bisherigen BW. In
beiden Fällen bedarf es keiner Aufteilung der gemeinen Werte/bzw. AK/BW.

Beispiel:
An der AB-GmbH sind jeweils hälftig die Gesellschafter A und B beteiligt. Nach der Aufspal- 288
tung der AB-GmbH erhält A alle Anteile an der A-GmbH und B sämtliche Anteile an der B-
GmbH. Bei Ausübung des Wahlrechts nach § 13 II setzen sich die BW/die AK der Beteiligungen
von A und B an der AB-GmbH jeweils an den Beteiligungen an der A-GmbH und an der B-
GmbH ungeteilt fort.

Entsprechendes gilt bei einer **nichtverhältniswahrenden Abspaltung,** die zu 289
einer Trennung von Gesellschafterstämmen (zu den besonderen Anforderungen
→ Rn. 216 ff.) führt.

Beispiel:

290 Die AB-GmbH, an der A und B beteiligt sind, spaltet einen Teilbetrieb auf die neu gegründete B-GmbH ab. B übernimmt sämtliche Anteile an der B-GmbH, während anlässlich der Abspaltung die Anteile des B an der AB-GmbH auf den A übertragen werden. In diesem Fall werden/wird bei Ausübung des Wahlrechts nach § 13 II die AK/der BW der Beteiligung des B an der AB-GmbH auf die Beteiligung an der B-GmbH übertragen. Die AK/der BW der Beteiligung des A an der AB-GmbH bleiben/bleibt trotz des Erwerbs einer weiteren Beteiligung an der AB-GmbH unverändert (auch → Rn. 295).

291 Wenn einzelne oder alle Anteilsinhaber nach der Auf- oder Abspaltung an mehreren beteiligten Rechtsträgern beteiligt sind, muss eine **Aufteilung** der gemeinen Werte bzw. BW/AK erfolgen. Bei einer Abspaltung unter Beibehaltung der Beteiligung an der übertragenden Körperschaft (insbes. bei einer verhältniswahrenden Abspaltung) tritt bei Nichtausübung des Wahlrechts nach § 13 II nur eine teilweise Veräußerungsfiktion nach § 13 I ein (Rödder/Herlinghaus/van Lishaut/Schumacher Rn. 110). Das UmwStG regelt den **Aufteilungsmaßstab** nicht. Zutr. ist die Aufteilung nach dem gemeinen Wert der Anteile (wie hier BeckOK UmwStG/Oppel/Rehberg Rn. 206; Haase/Hofacker/Luce/Claß Rn. 99; Bien ua/Hörger DStR-Beil. zu Heft 17/1998, 32; Herzig/Momen DB 1994, 2210; Thiel DStR 1995, 276 (279)). Eine analoge Anwendung von Abs. 3, also eine Aufteilung nach dem Wertverhältnis der Vermögensteile (→ Rn. 276 ff.), ist auf der Anteilsinhaberebene nicht sachgerecht (so aber Rödder/Herlinghaus/van Lishaut/Schumacher Rn. 109, 110, 90; Widmann/Mayer/Schießl Rn. 1146; vgl. auch BMF 25.3.1998, BStBl. I 1998, 268 Rn. 15.51: Maßgeblichkeit des Umtauschverhältnisses; vgl. auch Dötsch/Pung/Möhlenbrock/Dötsch/Stimpel Rn. 395; Semler/Stengel/Moszka Rn. 542: Steuerpflichtiger habe Wahlrecht). Denn weder die Wertverhältnisse, die im Umtauschverhältnis zum Ausdruck kommen, noch die gemeinen Werte der Vermögensteile ermöglichen einen Rückschluss auf die **Aufteilung** der Anteile unter den Anteilsinhabern der übertragenden Körperschaft iSv § 126 I Nr. 10 UmwG (→ UmwG § 126 Rn. 101 ff., → UmwG § 128 Rn. 4 ff.). Dies gilt insbes. für eine nichtverhältniswahrende Spaltung.

Beispiel:

292 An der AB-GmbH sind A und B jeweils hälftig beteiligt. Die AB-GmbH besitzt zwei etwa gleich wertvolle Teilbetriebe. Je ein Teilbetrieb wird durch Aufspaltung auf die neu gegründete B-GmbH und auf die neu gegründete C-GmbH übertragen. Der Gesellschafter A erhält 10 % der Anteile an der B-GmbH und 90 % der Anteile an der C-GmbH, während der Gesellschafter B 90 % der Anteile an der B-GmbH und 10 % der Anteile an der C-GmbH bekommt. In diesem Beispiel ist die Aufteilung der BW/AK der Anteile nach dem Verhältnis der übertragenen Vermögensteile (50 % : 50 %) offensichtlich nicht sachgerecht. Maßstab kann nur das Verhältnis des Werts der Beteiligungen nach der Spaltung zueinander sein. Mangels anderer gesetzlicher Regelung ist nach den allgemeinen Grundsätzen demzufolge das Verhältnis der gemeinen Werte der Anteile zu berücksichtigen.

293 Auch die **Wertaufholungsverpflichtung nach § 6 I Nr. 1 S. 4 EStG** muss in diesem Verhältnis aufgeteilt werden, soweit das Bewertungswahlrecht nach § 13 II angewandt wird. Zur Qualifikationsübertragung nach § 13 II 2 → § 13 Rn. 48 ff.

294 Bei der Übertragung von Vermögensteilen auf den Anteilsinhaber (partieller **Upstream-Merger**) werden Gesellschaftsrechte nicht gewährt. In diesem Fall ist der BW der fortbestehenden Beteiligung am übertragenden Rechtsträger zu mindern (BMF 25.3.1998, BStBl. I 1998, 268 Rn. 15.51; Goutier/Knopf/Tulloch/Knopf/Hill Rn. 81 f.; Thiel DStR 1995, 276 (279 f.)). Maßgeblich ist der gemeine Wert des Anteils an der übertragenden Körperschaft nach der Abspaltung.

c) **Nichtverhältniswahrende Spaltung.** Zur Steuerneutralität der nichtverhältniswahrenden Spaltung auch → Rn. 216 ff., → Rn. 254 ff. sowie → Rn. 282. Zum Aufteilungsmaßstab auch → Rn. 287 ff. Bei Spaltungen können als Gegenleistung für die Vermögensübertragung nicht nur Anteile an den übernehmenden Körperschaften, sondern auch Anteile an der übertragenden Körperschaft – etwa zur Trennung von Gesellschafterstämmen – gewährt werden. Auch diese Anteilsgewährungen werden von § 13 erfasst und können demzufolge unter den Voraussetzungen von § 13 II grds. steuerneutral erfolgen (Rödder/Herlinghaus/van Lishaut/Schumacher Rn. 111; Frotscher/Drüen/Bleifeld Rn. 284; Widmann/Mayer/Schießl Rn. 1062 ff.; vgl. auch BeckOK UmwStG/Oppel/Rehberg Rn. 139: bereits keine Realisation; skeptisch Petersen/Ortjohann/Hinz BB 2016, 405; auch → Rn. 290).

Soweit die Veränderung der Beteiligungsverhältnisse an der übertragenden Körperschaft nicht unmittelbar durch die Spaltung erfolgt (etwa nachfolgende Einziehung der Anteile, Kapitalherabsetzung, Anteilsübertragungen; dazu → Rn. 258), ist indes zweifelhaft, ob diese Vorgänge noch unter § 13 zu subsumieren sind (so Widmann/Mayer/Schießl Rn. 1066 mwN; Rödder/Herlinghaus/van Lishaut/Schumacher Rn. 111; vgl. auch Ruoff/Beutel DStR 2015, 609 (614 f.); wie hier Petersen/Ortjohann/Hinz BB 2016, 405 (407)). § 15 iVm §§ 11–13 knüpfen an Umw nach dem UmwG (vgl. § 1 I 1 Nr. 1). Wenigstens seit der gesetzgeberischen Klarstellung in § 126 I Nr. 10 UmwG, § 131 I Nr. 3 UmwG, dass als unmittelbare Rechtsfolge der Spaltung auch Anteile an der übertragenden Körperschaft übertragen werden können (→ UmwG § 131 Rn. 102), können die nachgelagerten Maßnahmen nicht mehr zivilrechtlich der Umw zugeordnet werden. Demzufolge greift für sie das UmwStG nicht ein (auch → Rn. 258).

d) **Barabfindung/bare Zuzahlungen.** Ein gegen Barabfindung anlässlich der Spaltung ausscheidender Gesellschafter (vgl. § 29 UmwG) erzielt iHd Diff. zwischen dem BW/AK der Anteile und der erhaltenen Barabfindung einen Veräußerungsgewinn (zum stl. Zeitpunkt des Ausscheidens → § 2 Rn. 100); § 13 findet keine Anwendung (Rödder/Herlinghaus/van Lishaut/Schumacher Rn. 112; auch → § 13 Rn. 15).

Entsprechendes gilt bei der Leistung von **baren Zuzahlungen** zur Angleichung des Umtauschverhältnisses (vgl. § 126 I 3 UmwG). Diese sind als anteiliges Veräußerungsentgelt zu werten (BMF 11.11.2011, BStBl. I 2011, 1314 Rn. 13.02; näher → § 13 Rn. 15). Sie mindern die AK/den BW der erhaltenen Anteile.

19. Steuerliches Einlagenkonto, Körperschaftsteuerguthaben, -zahllast

a) **Allgemeines.** Die Auf- und Abspaltung bedingt ebenso wie die Verschm (→ § 12 Rn. 95 ff.) eine Anpassung des stl. Einlagenkontos und ggf. des Sonderausweises. Die Regelungen sind nicht im UmwStG, sondern im **KStG** enthalten. Im Vergleich zur Verschm besteht allerdings die Besonderheit, dass das stl. Einlagenkonto auf mehrere Rechtsträger aufzuteilen ist (bei Aufspaltungen auf mehrere übernehmende Körperschaften, bei Abspaltungen auf die übertragende Körperschaft und die übernehmenden Körperschaften).

b) **Aufteilung des Einlagenkontos.** Bei einer Auf- oder Abspaltung muss der Bestand des stl. Einlagenkontos (§ 27 KStG) zum stl. Übertragungsstichtag (Rödder/Herlinghaus/van Lishaut/Schumacher Rn. 114) auf die übernehmenden Körperschaften (Aufspaltung) bzw. auf die übertragende Körperschaft und die übernehmenden Körperschaften (Abspaltung) aufgeteilt werden. Die entsprechende Regelung enthält **§ 29 KStG**.

301 Die Aufteilung und Anpassung der stl. Einlagenkontos erfolgt immer in einem **dreistufigen** Verfahren (Dötsch/Pung DB 2004, 208 (213); Dötsch/Pung/Möhlenbrock/Dötsch/Werner KStG § 29 Rn. 6; vgl. auch BMF 11.11.2011, BStBl. I 2011, 1314 Rn. K.01). Im **ersten Schritt** ist – sowohl bei der Auf- als auch bei der Abspaltung – nach § 29 I KStG bei der übertragenden Körperschaft das Nennkapital fiktiv herabzusetzen und dabei gem. § 28 II 1 KStG ein eventueller Sonderausweis iSv § 28 I 3 KStG aufzulösen (BMF 11.11.2011, BStBl. I 2011, 1314 Rn. K.03). In den Fällen der sog. **Abwärtsspaltung** (Vermögensübertragung von Mutter auf Tochter) ist die fiktive Nennkapitalherabsetzung und Auflösung des Sonderausweises auch bei der übernehmenden Körperschaft vorzunehmen (BMF 11.11.2011, BStBl. I 2011, 1314 Rn. K.12). Gesetzlich ist dies erst mit Wirkung zum 1.1.2005 geregelt (§ 29 I, III 3 KStG iVm § 29 II 3 KStG (nF); EU-RLUmsG BGBl. 2004 I 3316). Die FVerw ging bereits zuvor von einer entsprechenden Anwendung von § 29 I, II 1 KStG aF aus (BMF 16.12.2003, BStBl. I 2003, 786 Rn. 39; dazu Dötsch/Pung DB 2004, 208 (214 ff.)), da andernfalls virtuelle Bestände beim Einlagenkonto entstünden.

302 Sodann erfolgt im **zweiten Schritt** eine Hinzurechnung des Bestandes des stl. Einlagenkontos bei der übernehmenden Körperschaft (§ 29 III KStG). Anders als bei der Verschm ist bei Auf- und Abspaltungen eine **Aufteilung** vorzunehmen. Bei Aufspaltungen werden die gesamten Bestände auf die übernehmenden Körperschaften verteilt, während bei Abspaltungen neben der Verteilung auf die übernehmenden Körperschaften eine entsprechende Verringerung bei der übertragenden Körperschaft eintritt. Als Maßstab bestimmt § 29 III 1, 2 KStG das Verhältnis der übergehenden Vermögensteile zu dem bei der übertragenden KapGes vor der Übertragung bestehenden Vermögen, wie es idR in den Angaben zum Umtauschverhältnis zum Ausdruck kommt, hilfsweise nach dem Verhältnis der gemeinen Werte (vgl. auch BMF 11.11.2011, BStBl. I 2011, 1314 Rn. K.17). Dieser Aufteilungsmaßstab entspricht demjenigen nach § 15 IV 1 aF.

303 Eine Hinzurechnung des stl. Einlagenkontos der übertragenden Körperschaft (§ 27 KStG nach Anwendung von § 28 II 1 KStG) unterbleibt indes in dem Verhältnis, in dem die übernehmende an der übertragenden Körperschaft beteiligt ist (§ 29 II 2, III 3 KStG – **Aufwärtsspaltung;** vgl. dazu BMF 11.11.2011, BStBl. I 2011, 1314 Rn. K.10). Bei der **Abwärtsspaltung** mindert sich das Einlagenkonto der übernehmenden Körperschaft im Verhältnis des Anteils der übertragenden Körperschaft an den übernehmenden Körperschaften, § 29 II 3, III 3 KStG (dazu BMF 11.11.2011, BStBl. I 2011, 1314 Rn. K.12 ff.).

304 Schließlich ist im **dritten Schritt** eine Anpassung des Nennkapitals und ggf. die Neubildung oder Anpassung eines Sonderausweises (§ 29 IV KStG, § 28 I, III KStG) bei der übernehmenden Körperschaft vorzunehmen. Bei Abspaltungen muss nun auch beim übertragenden Rechtsträger eine Erhöhung des fiktiv auf Null herabgesetzten Nennkapitals (→ Rn. 301) auf den verbleibenden Kapitalbetrag und ggf. die Neubildung eines Sonderausweises durchgeführt werden.

305 **c) Körperschaftsteuerguthaben, -zahllast.** Die Behandlung eines Körperschaftsteuerguthabens iSv § 37 KStG (aF) und eines Körperschaftsteuererhöhungsbetrags iSv § 38 KStG (aF) regelte zunächst § 40 KStG aF. Nachdem mit dem SEStEG die Behandlung des Körperschaftsteuerguthabens auf eine ratierliche Auszahlung und mit dem JStG 2008 diejenige des Körperschaftsteuererhöhungsbetrags auf eine ratierliche Bezahlung umgestellt worden ist, ist § 40 KStG ersatzlos gestrichen worden. Zur partiellen Weitergeltung vgl. § 34 XIII KStG. Der Anspruch auf Auszahlung des Körperschaftsteuerguthabens nach § 37 V KStG wie auch die Zahllast nach § 38 VI KStG ist im Rahmen der Spaltung den Rechtsträgern zuzuweisen (zur Behandlung von vergessenen Aktiva und Passiva → UmwG § 131 Rn. 100 ff.; zur gesamtschuldnerischen Haftung vgl. § 133 UmwG.

§ 16 Aufspaltung oder Abspaltung auf eine Personengesellschaftes

¹Soweit Vermögen einer Körperschaft durch Aufspaltung oder Abspaltung auf eine Personengesellschaft übergeht, gelten die §§ 3 bis 8, 10 und 15 entsprechend. ²§ 10 ist für den in § 40 Abs. 2 Satz 3 des Körperschaftsteuergesetzes bezeichneten Teil des Betrags im Sinne des § 38 des Körperschaftsteuergesetzes anzuwenden.

Übersicht

	Rn.
1. Allgemeines	1
2. Umwandlungsarten	6
3. Beteiligte Rechtsträger	7
a) Körperschaft als übertragender Rechtsträger	7
b) Personengesellschaft als übernehmender Rechtsträger	8
4. Entsprechende Anwendung von § 15 I	10
a) Grundsatz	10
b) Teilbetriebserfordernis	11
c) Verweisung auf §§ 11–13	12
d) Rechtsfolgen eines Verstoßes gegen § 15 I	13
5. Steuerliche Schlussbilanz	14
6. Verweisung auf § 15 II	15
a) Grundsatz	15
b) Rechtsfolge	16
7. Entsprechende Anwendung von § 15 III	19
8. Entsprechende Anwendung der §§ 3–8, 10	21
a) Grundsatz	21
b) Entsprechende Anwendung von § 3	25
c) Entsprechende Anwendung von §§ 4, 5	27
d) Entsprechende Anwendung von § 6	31
e) Entsprechende Anwendung von § 7	32
f) Entsprechende Anwendung von § 10 aF	33
9. Anwendung von § 18	35

1. Allgemeines

Während § 15 die Auf- und Abspaltung/Teilübertragung von Körperschaften auf Körperschaften regelt, befasst sich § 16 mit der **Auf- und Abspaltung** (§ 123 I, II UmwG) **von Körperschaften auf PersGes.** Anders als bei § 15 werden Fälle der Teilübertragung (§ 174 II UmwG) von § 16 nicht erfasst, da zivilrechtlich eine Teilübertragung auf eine PersGes nicht vorgesehen ist. Die **Ausgliederung** von Vermögensteilen (§ 123 III UmwG) auf eine PersGes ist stl. ein Einbringungstatbestand, dessen Rechtsfolgen sich nach § 24 und nicht nach § 16 richten (ergänzend → § 15 Rn. 23, → § 1 Rn. 90 ff.).

§ 16 regelt selbst wenig. Die Tatbestandsvoraussetzungen und die Rechtsfolgen ergeben sich im Wesentlichen aus der Verweisung in § 16 S. 1 auf §§ 3–8, 10 und § 15. Diese auch als Baukastenprinzip bezeichnete Regelungstechnik entspricht grds. derjenigen von § 15 (→ § 15 Rn. 9 ff.). Mit der Verweisung auf §§ 3–8, 10 wird auch bei § 16 der Umstand berücksichtigt, dass Auf- und Abspaltungen zivilrechtlich als **Teilverschmelzungen** zu werten sind (→ § 15 Rn. 3). Für Unklarheiten sorgt bei § 16 allerdings der dort enthaltene Verweis auf § 15, da diese Norm nicht nur Tatbestandsvoraussetzungen enthält, sondern selbst wiederum auf §§ 11–13 verweist (→ Rn. 10).

3 Dem Grundprinzip des UmwStG folgend ermöglicht § 16 S. 1 durch die entsprechende Anwendung von § 3 II, § 4 I die **Steuerneutralität** einer Auf-/Abspaltung von Vermögensteilen einer Körperschaft auf eine PersGes, in dem der übertragenden Körperschaft das Wahlrecht zur Buchwertfortführung in der stl. Schlussbilanz eingeräumt wird und die übernehmende PersGes an diese Werte gebunden ist. Bei der Auf- und Abspaltung von Vermögen einer Körperschaft auf eine PersGes tritt allerdings ein Wechsel der **Besteuerungssysteme** ein. Steuerneutralität bedeutet in diesem Zusammenhang lediglich, dass eine Besteuerung der **stillen Reserven** vermieden werden kann. Demgegenüber erfolgt aufgrund des Systemwechsels grds. eine Besteuerung der offenen Reserven (näher → Rn. 21 ff.).

4 Die Regelung in § 16 S. 2 ergänzt die Verweisung auf § 10 aF, in dem mittelbar durch die Bezugnahme auf § 40 II 3 KStG (früher § 38a I 3 KStG aF) ein **Aufteilungsmaßstab** festgelegt wird. Nachdem § 10 durch das JStG 2008 aufgehoben worden ist, geht der Verweis ins Leere. Vgl. auch → Rn. 33.

5 Eine **steuerneutrale** Auf- oder Abspaltung von Vermögensteilen von einer Körperschaft auf eine PersGes setzt nach den entsprechend anwendbaren Vorschriften damit **zusammenfassend** voraus (vgl. auch BMF 11.11.2011, BStBl. I 2011, 1314 Rn. 16.02):
– Die Übertragung des Vermögens muss durch eine Auf- oder Abspaltung nach § 123 I, II UmwG oder einem vglbaren ausl. Vorgang (→ § 15 Rn. 28 f.) erfolgen (§ 1 I 1 Nr. 1; → § 1 Rn. 12 ff.);
– aus der Verweisung auf § 15 folgt, dass Gegenstand der Vermögensübertragung ein echter oder fiktiver Teilbetrieb sein muss. Bei der Abspaltung muss bei der übertragenden Körperschaft mindestens ein Teilbetrieb verbleiben (→ Rn. 11);
– die entsprechend anwendbaren Missbrauchsregelungen nach § 15 II dürfen nicht erfüllt sein (→ Rn. 15 ff.);
– die Voraussetzungen von § 3 für die Ausübung des Wahlrechts zur Buchwertfortführung in der stl. Schlussbilanz müssen gegeben sein (→ Rn. 21 ff.).

2. Umwandlungsarten

6 Ebenso wie § 15 gilt § 16 nur für Auf- und Abspaltungen iSv § 123 I, II UmwG. Teilübertragungen sind zivilrechtlich auf PersGes nicht vorgesehen (vgl. § 175 UmwG). Vgl. iÜ → § 15 Rn. 18 ff.; zur Ausgliederung auch → Rn. 1. **Grenzüberschreitende** Auf- und Abspaltungen nach §§ 320 ff. auf PersGes sind nicht möglich. § 16 kann aber auf grenzüberschreitende Auf- und Abspaltungen auf PersGes, die aufgrund der Niederlassungsfreiheit für EU-Rechtsträger grundsätzlich möglich sein müssen, auf vergleichbare Umw innerhalb eines EU-Staats oder eines Drittstaats anwendbar sein. Vgl. → § 15 Rn. 28 f.

3. Beteiligte Rechtsträger

7 **a) Körperschaft als übertragender Rechtsträger.** § 16 setzt ebenso wie § 15 und die sonstigen im Zweiten bis Fünften Teil des UmwStG geregelten Umwandlungsfälle **eine Körperschaft** als übertragenden Rechtsträger voraus. Unterschiede zu § 15 bestehen nicht. Vgl. – auch zur Beteiligung ausl. Rechtsträger – → § 15 Rn. 31, → § 15 Rn. 35.

8 **b) Personengesellschaft als übernehmender Rechtsträger.** § 16 regelt die Auf- und Abspaltung von Vermögensteilen einer Körperschaft **auf eine PersGes.** Die möglichen Rechtsformen werden für **inl. Rechtsträger** nicht durch das UmwStG bestimmt, sondern folgen aus der Beteiligtenfähigkeit von Rechtsträgern bestimmter Rechtsformen bei Auf- und Abspaltungen nach § 123 I, II UmwG. Nach § 124 I UmwG iVm § 3 I Nr. 1 UmwG können PersGes in der Rechtsform der eGbR, **OHG,** der **KG** und der **PartGes** als übernehmende Rechtsträger betei-

ligt sein. Zur Behandlung von hybriden Rechtsformen wie der KGaA und atypisch stillen Beteiligungen → § 1 Rn. 136 ff. Zur Beteiligung von aufgelösten PersGes → UmwG § 124 Rn. 76. Eine PersGes, die nach § 1a I 1 KStG zur Körperschaftsteuer optimiert hat, ist jedoch als Körperschaft zu behandeln. Demzufolge greift § 15 ein (vgl. näher → § 15 Rn. 38).

Für die Beurteilung eines ausl. Rechtsgebildes als PersGes ist ein Typenvergleich **9** durchzuführen (Lademann/Staiger Rn. 1; → § 1 Rn. 23; ergänzend → § 3 Rn. 19; zur Möglichkeit grenzüberschreitender Spaltungen → Rn. 6, → § 15 Rn. 28 f.).

4. Entsprechende Anwendung von § 15 I

a) Grundsatz. § 15 I 1 bestimmt, dass die – bei § 16 nicht anwendbaren **10** (→ Rn. 16) – §§ 11–13 entsprechend gelten. Die Bewertungswahlrechte nach § 11 II und § 13 II sind indes nur anzuwenden, wenn echte oder fiktive Teilbetriebe übertragen werden und bei einer Abspaltung bei der übertragenden Körperschaft ein (echter oder fiktiver) Teilbetrieb verbleibt (§ 15 I 2, 3). Nach dem – anlässlich der Neufassung durch das SEStEG insoweit unveränderten – unglücklichen Wortlaut von § 16 S. 1 ist zweifelhaft, welche Bedeutung die Verweisung auf § 15 hat. Einerseits ordnet § 16 S. 1 die entsprechende Anwendung der §§ 3–8, 10 an, soweit **Vermögen** übertragen wird, andererseits verweist die Vorschrift uneingeschränkt auf § 15. Diese Ungenauigkeit war bereits im Gesetzgebungsverfahren zum UmwStG 1995 Gegenstand der Kritik des BR (vgl. BR-Stellungnahme, BT-Drs. 12/7265 zu § 16). Aus den weiteren Gesetzesmaterialien, insbes. aus der Gegenäußerung der BReg. (BT-Drs. 12/7265 zu § 16), folgt allerdings unzweifelhaft die gesetzgeberische Absicht, durch den Verweis auf § 15 aF auch zu regeln, dass die entsprechende Anwendung der §§ 3–8, 10 und damit die Steuerneutralität von der Übertragung bzw. Zurückbehaltung von Teilbetrieben iSv § 15 I abhängt. Dies ist zu beachten, zumal diese Auslegung mit dem Wortlaut in Einklang zu bringen ist (so auch die ganz hM; vgl. etwa Widmann/Mayer/Schießl Rn. 15; Rödder/Herlinghaus/van Lishaut/Schumacher Rn. 12, 16; Sagasser/Bula/Brünger Umwandlungen/Schöneberger/Bultmann § 20 Rn. 122; Goutier/Knopf/Tulloch/Knopf/Hill Rn. 3 f.; Dötsch/Pung/Möhlenbrock/Dötsch Rn. 5; Dötsch/van Lishaut/Wochinger DB-Beil. 7/1998, 33; Schwedhelm/Streck/Mack GmbHR 1995, 100 (106); krit. Haritz/Menner/Bilitewski/Asmus Rn. 10 ff.; gegen Teilbetriebserfordernis Blumers/Siegels DB 1996, 7). Diese historische Ansicht des Gesetzgebers ist auch nach der systematischen Änderung von § 15 zu beachten. Nachdem § 15 I nicht mehr die generelle Anwendung der §§ 11–13, sondern lediglich der Bewertungswahlrechte nach § 11 II und § 13 II von der Erfüllung des Teilbetriebserfordernisses abhängig macht (→ § 15 Rn. 44), bedeutet die entsprechende Anwendung in § 16 S. 1, dass die §§ 3–8 in jedem Fall gelten und nur das Bewertungswahlrecht nach § 3 II von der Erfüllung des Teilbetriebserfordernisses abhängig ist (idS auch Rödder/Herlinghaus/van Lishaut/Schumacher Rn. 16; Dötsch/Pung/Möhlenbrock/Dötsch Rn. 5, 7; Lademann/Staiger Rn. 15 ff.; Haritz/Menner/Bilitewski/Asmus Rn. 18; vgl. auch BMF 11.11.2011, BStBl. I 2011, 1314 Rn. 16.02; iÜ → Rn. 11, → Rn. 21 ff.).

b) Teilbetriebserfordernis. Entgegen der Rechtslage vor den Änderungen **11** durch das SEStEG schließt ein Verstoß gegen das (doppelte) Teilbetriebserfordernis im unmittelbaren Anwendungsbereich von § 15 nicht die entsprechende Geltung der §§ 11–13, sondern nur die Ausübung der Bewertungswahlrecht nach § 11 II und § 13 II aus (→ § 15 Rn. 44, → § 15 Rn. 108). Diese systematische Umstellung ist auch iRd in § 16 S. 1 enthaltenen Verweisung zu beachten (auch → Rn. 10). Denn der Verweis auf § 15 soll gewährleisten, dass nur bei Beachtung des Teilbetriebserfordernisses die Auf- oder Abspaltung steuerneutral iSd Vermeidung der Besteuerung stiller Reserven erfolgen kann. Demzufolge gelten die §§ 3–8 bei allen von § 16 erfassten Auf- und Abspaltungen entsprechend. Sofern allerdings das doppelte Teilbetriebserfordernis missachtet wird, greift das Bewertungswahlrecht nach § 3 II nicht (BMF 11.11.2011, BStBl. I 2011, 1314 Rn. 16.02; Rödder/Herlinghaus/van Lishaut/Schumacher Rn. 16; Dötsch/Pung/Möhlenbrock/Dötsch Rn. 5, 7; Lademann/Staiger Rn. 17; vgl. auch → Rn. 10). Der in § 15 I 2 bei einem Verstoß gegen das Teilbetriebserfordernis ebenfalls ausgeschlossene Verweis auf § 13 II findet bei § 16 keine Entsprechung. Denn die Regelung der Besteuerung der Anteilsinhaber nach § 4 IV ff., V und VII folgt einer anderen Systematik (zutr. Rödder/Herlinghaus/van Lishaut/Schumacher Rn. 16; Dötsch/Pung/Möhlenbrock/Dötsch Rn. 5; vgl. auch Semler/Stengel/Leonard/Moszka Rn. 551a). Hierzu auch → Rn. 25 ff.; zur möglichen unmittelbaren Anwendung von § 13 II → Rn. 12.

12   c) **Verweisung auf §§ 11–13.** Obwohl § 16 S. 1 uneingeschränkt auf § 15 verweist, gilt die in § 15 I 1 angeordnete entsprechende Anwendung von §§ 11–13 im Anwendungsbereich von § 16 gleichwohl nicht (BMF 11.11.2011, BStBl. I 2011, 1314 Rn. 16.01). Dies folgt zunächst aus dem **Wortlaut** von § 15 I 1, nach dem die §§ 11–13 lediglich „vorbehaltlich des § 16" entsprechend gelten. Damit wird ausgedrückt, dass diese Rechtsfolge nur bei der unmittelbaren Anwendung von § 15, nicht aber bei der durch § 16 entsprechend angeordneten Anwendung eintritt (Widmann/Mayer/Schießl Rn. 8; Haritz/Menner/Bilitewski/Asmus Rn. 3; Dötsch/Pung/Möhlenbrock/Dötsch Rn. 5; Rödder/Herlinghaus/van Lishaut/Schumacher Rn. 12; Sagasser/Bula/Brünger Umwandlungen/Schöneberger/Bultmann § 20 Rn. 122; Frotscher/Drüen/Bleifeld Rn. 7; HK–UmwStG/Hölzl/Braatz Rn. 11 f.; aA Goutier/Knopf/Tulloch/Knopf/Hill Rn. 7). Die entsprechende Anwendung der §§ 11–13 würde zudem nicht der **Gesetzessystematik** entsprechen. Denn die §§ 11–13 behandeln die Vermögensübertragung von einer Körperschaft auf eine Körperschaft. Die entsprechende Anwendung dieser Normen in den unmittelbaren Fallgruppen des § 15 macht Sinn, da auch Auf- und Abspaltungen von Körperschaften auf Körperschaften Vermögensübertragungen zwischen Körperschaften darstellen. Demgegenüber behandelt § 16 Vermögensübertragungen von Körperschaften auf PersGes, die insoweit den von § 3 ff. erfassten Umw entsprechen. Einziger Unterschied ist, dass nicht das gesamte, sondern nur ein Teil des Vermögens der Körperschaft auf die PersGes übergeht. Eine **Ausnahme** (entsprechende Anwendung von § 13) kann eintreten, wenn anlässlich einer nichtverhältniswahrenden Abspaltung einzelnen Anteilsinhabern der übertragenden Körperschaft zusätzliche Anteile an dieser Körperschaft (→ § 15 Rn. 287, → § 15 Rn. 295) gewährt werden (zutr. Rödder/Herlinghaus/van Lishaut/Schumacher Rn. 13; vgl. auch Dötsch/Pung/Möhlenbrock/Dötsch Rn. 5; Haritz/Menner/Bilitewski/Asmus Rn. 20).

13   d) **Rechtsfolgen eines Verstoßes gegen § 15 I.** Die Rechtsfolgen einer Nichterfüllung der Voraussetzungen von § 15 I haben sich durch die Änderung der Systematik von § 15 durch das SEStEG gewandelt. Es ist zu unterscheiden: Sofern die Auf- oder Abspaltung überhaupt nicht von § 15 I 1 erfasst ist (etwa eine einer Auf- oder Abspaltung vglbare Gestaltung im Wege der Einzelrechtsnachfolge außerhalb des UmwG, oder bei Nichterfüllung der Voraussetzungen von § 1 I, II), sind die §§ 3–8 nicht entsprechend anwendbar. Die stl. Behandlung dieser Gestaltung richtet sich nach den allg. Steuergesetzen (vgl. → 4. Aufl. 2006, § 16 Rn. 16, § 15 Rn. 55 ff.). Ein Verstoß gegen das Teilbetriebserfordernis (§ 15 I 2, 3) lässt hingegen die entsprechende Anwendung der §§ 3–8 unberührt. In entsprechender Anwendung von § 15 I 2 hat die übertragende Körperschaft indes nicht das Bewertungswahlrecht nach § 3 II; die übergehenden WG (nicht die zurückbleibenden, → § 15 Rn. 245) sind zwingend mit dem gemeinen Wert (§ 3 I) anzusetzen (BMF 11.11.2011, BStBl. I 2011, 1314 Rn. 16.01, 16.02; Rödder/Herlinghaus/van Lis-

haut/Schumacher Rn. 18; Dötsch/Pung/Möhlenbrock/Dötsch Rn. 7; Sagasser/ Bula/Brünger Umwandlungen/Schöneberger/Bultmann § 20 Rn. 122, 125; Widmann/Mayer/Schießl Rn. 18; → Rn. 29). Zu den Folgen eines Verstoßes gegen die Missbrauchsregelung in § 15 II → Rn. 15.

5. Steuerliche Schlussbilanz

§ 15 II aF ordnete die Aufstellung einer StB auf den stl. Übertragungsstichtag **14** durch die übertragende Körperschaft an. Hintergrund war, dass bei einer Abspaltung die übertragende Körperschaft fortbesteht. Die Vorschrift ist zum Zuge der Neufassung von § 15 durch das SEStEG ersatzlos weggefallen. Das Erfordernis einer stl. Schlussbilanz folgt indes aus dem Verweis auf § 3. Die Ausführungen in → § 15 Rn. 111 ff. gelten entsprechend.

6. Verweisung auf § 15 II

a) **Grundsatz.** Durch die Verweisung in § 16 S. 1 finden auch die **Missbrauchs-** **15** **regelungen** in § 15 II entsprechende Anwendung (BMF 11.11.2011, BStBl. I 2011, 1314 Rn. 16.02; Rödder/Herlinghaus/van Lishaut/Schumacher Rn. 19; Dötsch/ Pung/Möhlenbrock/Dötsch Rn. 9; Sagasser/Bula/Brünger Umwandlungen/Schöneberger/Bultmann § 20 Rn. 132; Goutier/Knopf/Tulloch/Knopf/Hill Rn. 4; Widmann/Mayer/Schießl Rn. 78; Brandis/Heuermann/Klingberg Rn. 21; HK-UmwStG/Hölzl/Braatz Rn. 20; Widmann/Bauschatz/Jacobsen/Happel Rn. 111; Hörger FR 1994, 765 (768)). Dies folgt neben dem uneingeschränkten Verweis auf § 15 auch aus den Gesetzesmaterialien (→ Rn. 10). Zu den in § 15 II enthaltenen Missbrauchsregelungen iE → § 15 Rn. 117, → § 15 Rn. 133, → § 15 Rn. 147, → § 15 Rn. 216. Die **Veräußerungssperre** (→ § 15 Rn. 147 ff.) bezieht sich in diesem Fall auch auf die anlässlich der Auf- und Abspaltung gewährten Anteile an den übernehmenden PersGes („entsprechende" Anwendung; ebenso BMF 11.11.2011, BStBl. I 2011, 1314 Rn. 16.02; Widmann/Mayer/Schießl Rn. 85; Dötsch/Pung/Möhlenbrock/Dötsch Rn. 9; insoweit aA Rödder/Herlinghaus/van Lishaut/Schumacher Rn. 20: nur Anteile an der übertragenden Körperschaft bei Abspaltung; ebenso Frotscher/Drüen/Bleifeld Rn. 42; HK-UmwStG/Hölzl/Braatz Rn. 23; wohl auch Haritz/Menner/Bilitewski/Asmus Rn. 24). Die Veräußerung der Anteile an der PersGes ist nicht der Veräußerung eines Teilbetriebs durch die Körperschaft gleichzusetzen (zum Gesetzeszweck → § 15 Rn. 136), weil die ESt-/ KSt-Folgen unmittelbar auf Ebene der Anteilsinhaber eintreten; für eine teleologische Reduktion ist daher kein Raum (vgl. aber Rödder/Herlinghaus/van Lishaut/ Schumacher Rn. 20).

b) **Rechtsfolge.** Unmittelbare Rechtsfolge des Eintritts eines Missbrauchsfalls **16** nach § 15 II ist, dass das stl. Ansatz- und Bewertungswahlrecht nach § 11 II nicht gilt. Das übergehende Vermögen ist daher in der stl. Schlussbilanz der übertragenden Körperschaft nach § 11 I mit dem gemeinen Wert anzusetzen und zu bewerten (zu den Rechtsfolgen → § 15 Rn. 131, → § 15 Rn. 211, → § 15 Rn. 240).

Da im Anwendungsbereich von § 16 weder § 11 I noch § 11 II gelten **17** (→ Rn. 12), bedeutet die in § 16 S. 1 angeordnete **entsprechende Anwendung** von § 15 II, dass bei einem Verstoß gegen die Missbrauchsregelungen der übertragenden Körperschaft das **Wahlrecht nach § 3 II nicht** zusteht (Rödder/Herlinghaus/van Lishaut/Schumacher Rn. 22; Dötsch/Pung/Möhlenbrock/Dötsch Rn. 9; Sagasser/Bula/Brünger Umwandlungen/Schöneberger/Bultmann § 20 Rn. 132; Widmann/Mayer/Schießl Rn. 80, 83, 86; Goutier/Knopf/Tulloch/Knopf/Hill Rn. 4; Semler/Stengel/Leonard/Moszka Rn. 557; wohl aA Haritz/Menner/Bilitewski/Asmus Rn. 22 ff.). Denn entsprechende Anwendung heißt, dass die spezifischen Besonderheiten zu berücksichtigen sind. Da bei den Fallgruppen von § 16 die §§ 3–8 und nicht die §§ 11–13 anzuwenden sind, hat die entsprechende Anwendung von § 15 II zur Folge, dass bei einem Verstoß gegen eine Missbrauchsregelung die § 11 II entsprechende Vorschrift, mithin § 3 II, nicht gilt. Zur vglbaren Situation eines Verstoßes gegen das Teilbetriebserfordernis → Rn. 11. Zum Umfang des zu bewertenden Vermögens bei einem Verstoß gegen die Missbrauchsregelung → § 15 Rn. 131, → § 15 Rn. 211, → § 15 Rn. 240.

18   IÜ bleibt es bei der entsprechenden Anwendung der §§ 3–8 (auch → Rn. 13).

7. Entsprechende Anwendung von § 15 III

19   § 16 S. 1 verweist auch auf § 15 III. Danach mindern sich bei einer Abspaltung verrechenbare Verluste, verbleibende Verlustvorträge, nicht ausgeglichene negative Einkünfte und ein Zins- sowie EBITDA-Vortrag in dem Verhältnis, in dem bei Zugrundelegung des gemeinen Werts das Vermögen auf eine andere Körperschaft übergeht (→ § 15 Rn. 276). Dies gilt auch bei einer Abspaltung auf eine PersGes. Ein Verlustübergang auf die PersGes findet nicht statt (§ 4 II 2).

20   Für vortragsfähige Fehlbeträge nach § 10a GewStG gilt § 15 III entsprechend (§ 19 II). Ein anteiliger Übergang auf die übernehmende PersGes erfolgt nicht (§ 18 I 2).

8. Entsprechende Anwendung der §§ 3–8, 10

21   **a) Grundsatz.** § 16 S. 1 ordnet für vom UmwStG erfasste Auf- und Abspaltungen von Körperschaften auf PersGes (auch → § 1 Rn. 12 ff.) die entsprechende Anwendung der §§ 3–8, 10 an. Diese Vorschriften behandeln unmittelbar die vollständige Vermögensübertragung (Verschm) von einer Körperschaft auf eine PersGes. Ferner ist **§ 2 (Rückwirkung)** anwendbar, der grds. für alle Umw des Zweiten bis Fünften Teils gilt (→ § 2 Rn. 1 ff.). Ebenso gilt nach § 1 I 1 Nr. 1 für gewstl. Zwecke auch § 18 (→ Rn. 35 f.).

22   Die entsprechende Anwendung der Verschmelzungsvorschriften auf die Auf- und Abspaltung ist möglich, da der Vermögensübergang bei einer Auf- und Abspaltung als **Teilverschmelzung** aufzufassen ist (→ Rn. 2). Demzufolge treten grds. die gleichen Problemstellungen auf. Die Besonderheit bei der Auf- und Abspaltung ist, dass nicht das gesamte Vermögen der übertragenden Körperschaft auf eine PersGes übergeht. Bei der Aufspaltung wird das Vermögen der übertragenden Körperschaft auf mindestens zwei übernehmende Rechtsträger aufgeteilt (§ 123 I UmwG). Die Abspaltung zeichnet sich dadurch aus, dass Teile des Vermögens auf mindestens einen Rechtsträger übertragen werden, während ein Restvermögen bei der übertragenden Körperschaft zurückbleibt. Zum ausschließlichen stl. Erfordernis (Steuerneutralität) der Übertragung von echten oder fiktiven Teilbetrieben → Rn. 10 f., → § 15 Rn. 44 ff. Diese **Aufteilung des Vermögens** bedingt, dass die Rechtsfolgen nach §§ 3–8 nicht vollumfänglich, sondern nur in Bezug auf die jew. übergehenden Vermögensteile eintreten.

23   Die §§ 3–8 folgen dem grundlegenden Aufbau des UmwStG, indem die stl. Folgen der Umw für die Einkünfte und das Vermögen (zu den betroffenen Steuerarten → § 1 Rn. 10) für die übertragenden Rechtsträger, die übernehmenden Rechtsträger und die Anteilsinhaber geregelt werden. § 3 betrifft den übertragenden Rechtsträger und räumt unter gewissen Voraussetzungen nach § 3 II ein stl. **Ansatz- und Bewertungswahlrecht** für die übergehenden WG ein. Durch die Möglichkeit der Buchwertfortführung in der stl. Schlussbilanz wird die Steuerneutralität gewährleistet. § 4 I–III behandeln die übernehmende PersGes, wobei die einkommenstl. Folgen der Umw aufgrund der fehlenden Steuersubjektqualität einer PersGes unmittelbar die Anteilsinhaber treffen (§ 4 IV ff., §§ 5, 7). Nach § 4 I hat die übernehmende PersGes zunächst die WG grds. mit den in der stl. Schlussbilanz der übertra-

genden Körperschaft ausgewiesenen Werten zu übernehmen. Sie tritt zudem im gewissen Umfang in die stl. Rechtspositionen der übertragenden Körperschaft ein (§ 4 II, III). Sodann sind für alle Anteilsinhaber die Einkünfte nach § 7 und unter den Voraussetzungen von § 4 IV, § 5 ein grds. stpfl. (aber nicht gewerbesteuerbares, § 18 II) **Übernahmeergebnis** zu ermitteln. Hierdurch wird die Besteuerung der bislang auf der Ebene der Anteilsinhaber nicht erfassten offenen Reserven der Körperschaft sichergestellt. Soweit die übernehmende PersGes nicht selbst an der übertragenden Körperschaft beteiligt ist, fingiert § 5 zu stl. Zwecken für verschiedene Fallgruppen eine Einlage der Anteile in die PersGes.

§ 6 behandelt den sog. Übernahmefolgegewinn, während nach § 7 jedem Anteils- 24 inhaber die offenen Rücklagen anteilig als Einnahmen aus KapVerm zugerechnet werden (zur Berücksichtigung der Einkünfte nach § 7 bei der Ermittlung des Übernahmeergebnisses vgl. § 4 V, VI). § 8 regelt den Sonderfall des Vermögensübergangs auf eine PersGes ohne BV. Schließlich bestimmte § 10 aF die Behandlung des Körperschaftsteuererhöhungspotenzials nach § 38 KStG. Die Vorschrift ist mit dem JStG 2008 aufgehoben worden.

b) Entsprechende Anwendung von § 3. Nach § 3 I hat die übertragende Kör- 25 perschaft die übergehenden WG in der stl. Schlussbilanz (zur Schlussbilanz → § 15 Rn. 111 ff.) einschl. nicht entgeltlich erworbener und selbst geschaffener immaterieller WG mit dem gemeinen Wert anzusetzen. Unter den weiteren Voraussetzungen von § 3 II besteht auf Antrag das Wahlrecht, die übergehenden WG einheitlich mit dem BW oder einem ZW anzusetzen. Voraussetzung ist, dass das Vermögen der übertragenden Körperschaft BV der übernehmenden PersGes wird. Vgl. iE → § 3 Rn. 1 ff. Zum Übergang auf eine **PersGes ohne BV** vgl. § 8.

Bei Vermögensübertragungen durch **Abspaltung** besteht das Bewertungs- und 26 Ansatzwahlrecht nur hinsichtlich der **übergehenden WG;** das bei der übertragenden Körperschaft verbleibende Vermögen ist zwingend mit den fortentwickelten BW nach allg. Grundsätzen zu bilanzieren (Rödder/Herlinghaus/van Lishaut/Schumacher Rn. 27; Haritz/Menner/Bilitewski/Asmus Rn. 29; Sagasser/Bula/Brünger Umwandlungen/Schöneberger/Bultmann § 20 Rn. 126; Goutier/Knopf/Tulloch/Knopf/Hill Rn. 7; Widmann/Mayer/Schießl Rn. 29; HK-UmwStG/Hölzl/Braatz Rn. 29; auch → § 15 Rn. 245). Das Wahlrecht kann hinsichtlich **verschiedener Vermögensteile unterschiedlich** ausgeübt werden (Widmann/Mayer/Schießl Rn. 30; Haritz/Menner/Bilitewski/Asmus Rn. 29; auch → § 15 Rn. 249). Auch bei mehreren Vermögensteilen (Teilbetrieben), die auf eine übernehmende PersGes übertragen werden, kann das Wahlrecht unterschiedlich ausgeübt werden. Hinsichtlich der WG eines Teilbetriebs kommt hingegen nur eine gleichmäßige Aufstockung in Betracht. Die Ausführungen in → § 15 Rn. 248 ff. gelten entsprechend.

c) Entsprechende Anwendung von §§ 4, 5. § 16 S. 1 ordnet die entspre- 27 chende Anwendung von § 4 an. Nach § 4 I hat die übernehmende PersGes die auf sie übergegangenen WG zwingend mit dem von der übertragenden Körperschaft in der stl. Schlussbilanz gewählten Wert zu übernehmen (iE → § 4 Rn. 11 ff.). Ferner tritt nach Maßgabe von § 16 S. 1, § 4 II, III die übernehmende Körperschaft bzgl. des übernommenen Vermögens in bestimmte stl. Rechtsstellungen der übertragenden Körperschaft ein (iE → § 4 Rn. 53 ff.). Insoweit treten Besonderheiten bei einer Auf-/Abspaltung nur insoweit auf, als sich die Rechtsfolgen ausschließlich auf das übergehende Vermögen beziehen.

Ferner ist ein **Übernahmeergebnis** zu ermitteln. Das Übernahmeergebnis ent- 28 spricht zunächst dem Unterschiedsbetrag zwischen dem Wert, mit dem die übergegangenen WG zu übernehmen sind, und dem BW der Anteile an der übertragenden Körperschaft (§ 16 S. 1, § 4 IV 1). Hierbei geht das Gesetz im Grundfall davon aus, dass die übernehmende PersGes selbst Anteilsinhaber der übertragenden Körperschaft ist (§ 4 IV 1). Ist dies nicht der Fall, fingieren die Regelungen in § 5 II–III, die nach § 16 S. 1 entsprechend gelten, zu stl. Zwecken die Einlage der Anteile an der übertragenden Körperschaft in die übernehmende PersGes mit den AK bzw. mit dem BW, wenn es sich um Anteile iSv § 17 EStG (§ 5 II) oder um Anteile in einem BV (§ 5 III) handelt. Für alt-einbringungsgeborene Anteile (§ 21 in der Fassung vor SEStEG) vgl. weiter § 27 III Nr. 1. Für andere Anteilsinhaber wird ein Übernahmeergebnis nicht ermittelt (§ 4 IV 1). Die weitere Behandlung des Übernahmeergebnisses und insbes. die Berücksichtigung der Einkünfte nach § 7 regeln § 4 V–VII (iE → § 4 Rn. 93 ff.).

29 Bei der nach § 16 S. 1 angeordneten **entsprechenden Anwendung** von § 4 IV, V ist lediglich ein **anteiliger BW** der Anteile an der übertragenden Körperschaft zu ermitteln, da das Vermögen der übertragenden Körperschaft auf mehrere übernehmende Rechtsträger übergeht (Aufspaltung/Abspaltung) bzw. Vermögensteile bei der übertragenden Körperschaft (Abspaltung) zurückbleiben (Rödder/Herlinghaus/van Lishaut/Schumacher Rn. 29; Dötsch/Pung/Möhlenbrock/Dötsch Rn. 13). Das UmwStG bestimmt für die Aufteilung der BW keinen **Maßstab**. Anders als bei der nach § 15 I 1 angeordneten entsprechenden Anwendung von § 13 (→ § 15 Rn. 287) ist nicht auf das Verhältnis der gemeinen Werte der Anteile, sondern auf das Verhältnis der Werte der übertragenen Vermögensteile bzw. der übertragenen und zurückbleibenden Vermögensteile abzustellen (Dötsch/Pung/Möhlenbrock/Dötsch Rn. 13; Rödder/Herlinghaus/van Lishaut/Schumacher Rn. 26; Haritz/Menner/Bilitewski/Asmus Rn. 48; Sagasser/Bula/Brünger Umwandlungen/Schöneberger/Bultmann § 20 Rn. 146; Widmann/Mayer/Schießl Rn. 37; HK-UmwStG/Hölzl/Braatz Rn. 32; Widmann/Bauschatz/Jacobsen/Happel Rn. 107; Dötsch/van Lishaut/Wochinger DB-Beil. 7/1998, 33).

30 Das Umwandlungsergebnis erhöhte sich um einen anteiligen Sperrbetrag nach § 50c EStG aF (iE → § 4 Rn. 118 ff.). Für die Aufteilung des Sperrbetrages galt der vorstehende (→ Rn. 29) **Aufteilungsmaßstab** entsprechend (Widmann/Mayer/Schießl Rn. 54, 46).

31 d) **Entsprechende Anwendung von § 6.** § 6 regelt den sog. **Übernahmefolgegewinn,** der durch die Konfusion von Forderungen und Verbindlichkeiten in Folge des Vermögensübergangs eintreten kann. Ein derartiger Übernahmefolgegewinn kann auch bei einer Auf- oder Abspaltung entstehen, weswegen § 16 S. 1 auf § 6 vollumfänglich verweist. Zu Einzelheiten vgl. → § 6 Rn. 1 ff.

32 e) **Entsprechende Anwendung von § 7.** Nach § 7 sind bei der Umw auf eine PersGes jedem Anteilsinhaber anteilig die offenen Gewinnrücklagen als Einkünfte nach § 20 I Nr. 1 EStG (Dividendeneinkünfte) zuzurechnen. Bei der nach § 16 S. 1 angeordneten entsprechenden Anwendung gilt dies nur für die Anteilsinhaber, die tatsächlich in Folge der Auf- oder Abspaltung Anteile an der PersGes erhalten (Rödder/Herlinghaus/van Lishaut/Schumacher Rn. 30; HK-UmwStG/Hölzl/Braatz Rn. 39; Widmann/Bauschatz/Jacobsen/Happel Rn. 109). Der Aufteilungsmaßstab entspricht demjenigen bei der Ermittlung des Übernahmeergebnisses (→ Rn. 33). Er orientiert sich mithin am Verhältnis der gemeinen Werte der übertragenen bzw. zurückbehaltenen Vermögensteile.

33 f) **Entsprechende Anwendung von § 10 aF.** § 10 idF des SEStEG bestimmt zunächst, dass sich die Körperschaftsteuerschuld einer übertragenden Körperschaft bei der Verschm einer Körperschaft auf eine PersGes oder natürliche Person um den unbelasteten Teilbetrag iSd § 38 KStG erhöht (fiktive Vollausschüttung). Da bei einer Abspaltung die übertragende Körperschaft bestehen bleibt, traten die Rechtsfolgen des § 10 nur für den Teil des unbelasteten Teilbetrags ein, um den sich aufgrund der Spaltung der Bestand des Teilbetrags nach § 38 KStG minderte. **§ 16 S. 2** verweist zur Bestimmung des Aufteilungsmaßstabes auf § 40 II 3, wonach das

Verhältnis der übergehenden Vermögensteile zu den vor der Spaltung bestehenden Vermögen maßgeblich ist.

Sowohl § 10 als auch § 40 KStG sind mit dem JStG 2008 ersatzlos aufgehoben **34** worden. Die Verweisung in § 16 S. 2 geht seither praktisch (vgl. § 27 VI 2) ins Leere (Sagasser/Bula/Brünger Umwandlungen/Schöneberger/Bultmann § 20 Rn. 150; näher zu Sonderfällen Rödder/Herlinghaus/van Lishaut/Schumacher Rn. 34).

9. Anwendung von § 18

§ 18 ist bei der Auf-/Abspaltung einer Körperschaft auf eine PersGes anwendbar **35** (§ 1 I 1 Nr. 1). Auch § 18 I 1 bestimmt, dass § 16 und damit die §§ 3–8 für die Ermittlung des Gewerbeertrags gelten, wenngleich ein Übernahmegewinn oder -verlust nicht zu erfassen ist (§ 18 II; iE → § 18 Rn. 9 ff.

Auch § 18 III gilt. Innerhalb von fünf Jahren sind sowohl die Veräußerung/Auf- **36** gabe des Betriebs bzw. eines Teilbetriebs durch die PersGes als auch eines Anteils an der PersGes gewstpfl. (iE → § 18 Rn. 31 ff.). Bei Auf-/Abspaltungen bedarf es indes einer Abgrenzung zu Veräußerungsfällen iSv § 15 II 2–4. Hat die übertragende Körperschaft aufgrund des Eintritts eines derartigen Missbrauchsfalles die stillen Reserven aufzudecken, unterliegt dieser Übertragungsgewinn bereits der GewSt. Der Besteuerung nach § 18 III unterliegen damit nur die aufgedeckten stillen Reserven, die nicht bereits im Übertragungsgewinn der übertragenden Körperschaft erfasst waren, also die neu hinzugekommenen stillen Reserven und diejenigen in anderen WG der PersGes (zutr. Widmann/Mayer/Schießl Rn. 131; Sagasser/Bula/Brünger Umwandlungen/Schöneberger/Bultmann § 20 Rn. 162; Rödder/Herlinghaus/van Lishaut/Schumacher Rn. 21). Wenn trotz der Veräußerung kein Missbrauchsfall iSv § 15 II vorliegt (unterhalb der Bagatellgrenze), greift nur § 18 III.

Fünfter Teil. Gewerbesteuer

§ 17 *(weggefallen)*

§ 18 Gewerbesteuer bei Vermögensübergang auf eine Personengesellschaft oder auf eine natürliche Person sowie bei Formwechsel in eine Personengesellschaft

(1) ¹Die §§ 3 bis 9 und 16 gelten bei Vermögensübergang auf eine Personengesellschaft oder auf eine natürliche Person sowie bei Formwechsel in eine Personengesellschaft auch für die Ermittlung des Gewerbeertrags. ²Der maßgebende Gewerbeertrag der übernehmenden Personengesellschaft oder natürlichen Person kann nicht um Fehlbeträge des laufenden Erhebungszeitraums und die vortragsfähigen Fehlbeträge der übertragenden Körperschaft im Sinne des § 10a des Gewerbesteuergesetzes gekürzt werden.

(2) ¹Ein Übernahmegewinn oder Übernahmeverlust ist nicht zu erfassen. ²In Fällen des § 5 Abs. 2 ist ein Gewinn nach § 7 nicht zu erfassen.

(3) ¹Wird der Betrieb der Personengesellschaft oder der natürlichen Person innerhalb von fünf Jahren nach der Umwandlung aufgegeben oder veräußert, unterliegt ein Aufgabe- oder Veräußerungsgewinn der Gewerbesteuer, auch soweit er auf das Betriebsvermögen entfällt, das bereits vor der Umwandlung im Betrieb der übernehmenden Personengesellschaft oder der natürlichen Person vorhanden war. ²Satz 1 gilt entsprechend, soweit ein Teilbetrieb oder ein Anteil an der Personengesellschaft aufgegeben oder veräußert wird. ³Der auf den Aufgabe- oder Veräußerungsgewinnen im Sinne der Sätze 1 und 2 beruhende Teil des Gewerbesteuer-Messbetrags ist bei der Ermäßigung der Einkommensteuer nach § 35 des Einkommensteuergesetzes nicht zu berücksichtigen.

Übersicht

	Rn.
1. Allgemeines	1
a) Gewerbesteuerpflicht	1
b) Inhalt der Vorschrift	4
c) Verhältnis zwischen § 18 und § 19	7
d) Persönlicher Geltungsbereich	8
2. Gewerbesteuerpflicht des Übertragungsgewinns (Abs. 1)	9
3. Eintritt in die steuerliche Rechtsstellung	14
4. Gewerbesteuerliche Behandlung der Einkünfte iSd § 7	17
a) Überblick	17
b) Für Anteilseigner wird Übernahmeergebnis nicht ermittelt	18
c) Für Anteilseigner wird Übernahmeergebnis ermittelt	19
aa) Überblick	19
bb) Natürliche Person	22
cc) Körperschaft	25
5. Übernahmefolgegewinn iSd § 6	28
6. Nichtansatz eines Übernahmegewinns oder -verlustes	29
7. Aufgabe und Veräußerung (Abs. 3)	31
a) Zweck der Vorschrift	31

	Rn.
b) Sachlicher Geltungsbereich	35
c) Veräußerung oder Aufgabe eines Betriebs bzw. Teilbetriebs durch den übernehmenden Rechtsträger	43
d) Veräußerung oder Aufgabe eines Anteils an der Personengesellschaft	47
e) Veräußerung/Aufgabe	51
f) Steuerliche Folgen	59

1. Allgemeines

a) Gewerbesteuerpflicht. Jedes stehende Gewerbe unterliegt gem. § 2 I 1 GewStG der GewSt. Gewerbebetriebe iSd der GewSt können natürliche Personen, PersGes, KapGes, Gen, VVaG, jur. Personen des öffentlichen Rechts und jur. Personen des Privatrechts sowie nicht rechtsfähige Vereine unterhalten. Das GewStG bestimmt, ob eine GewStPfl für die übertragende Körperschaft oder die übernehmende PersGes besteht. Ist dies der Fall, so wird der Gewerbeertrag der übertragenden Körperschaft bzw. der übernehmenden PersGes gem. § 7 GewStG ermittelt. Der Gewerbeertrag ist demgemäß der nach den Vorschriften des EStG oder des KStG zu ermittelnde Gewinn aus Gewerbebetrieb vermehrt und vermindert um die in §§ 8, 9 GewStG bezeichneten Beträge. Der Erhebungszeitraum für die GewSt ist gem. § 14 GewStG das Kj. Besteht die GewStPfl nicht während des ganzen Jahres, so tritt an die Stelle des Kj. der Zeitraum der StPfl, wobei maßgebend der Gewerbeertrag nach § 10 GewStG der im Kj. bezogene, bei abweichendem Wj. der Gewerbeertrag aus dem Wj., das im Erhebungszeitraum endet, ist. Die GewStPfl iSd § 14 GewStG endet nach § 2 V GewStG, sofern ein völliger Unternehmerwechsel vorliegt und der Gewerbebetrieb durch den bisherigen Unternehmer als eingestellt gilt.

§ 18 knüpft an die gewstl. Vorschrift an und ist gegenüber § 7 GewStG **lex** 2 **specialis** (BFH DStRE 2013, 1324; Widmann/Mayer/Schießl Rn. 4; Rödder/Herlinghaus/van Lishaut/Trossen Rn. 2; Frotscher/Drüen/Schnitter Rn. 3; BeckOK UmwStG/Weggemann Rn. 1; Brandis/Heuermann/Klingberg Rn. 2). Er begründet aber **keinen neuen gewstl. Tatbestand** (Dötsch/Pung/Möhlenbrock/Pung Rn. 3; Rödder/Herlinghaus/van Lishaut/Trossen Rn. 9; Widmann/Mayer/Schießl Rn. 15; Haritz/Menner/Bilitewski/Bohnhardt Rn. 25; Haase/Hofacker/Roser Rn. 15). Etwas anderes gilt nur für Abs. 3, der eine Ausnahme von dem gewstl. Grundsatz statuiert, nach dem nur lfd. Gewinne der GewSt unterliegen (BFH BStBl. II 2016, 553; DStRE 2007, 551; Dötsch/Pung/Möhlenbrock/Pung Rn. 33; Rödder/Herlinghaus/van Lishaut/Trossen Rn. 10; Haritz/Menner/Bilitewski/Bohnhardt Rn. 120; Frotscher/Drüen/Schnitter Rn. 6).

§ 18 regelt die gewstl. Folgen einer Verschm oder Spaltung in Form der Auf- 3 und Abspaltung von einer Körperschaft auf eine PersGes bzw. natürlichen Person sowie beim Formwechsel in eine PersGes und bestimmt dabei, dass die **§§ 3–9 und 16** auch für die Ermittlung des Gewerbeertrages nach § 2 V GewStG iVm § 7 GewStG gelten. Nicht abschließend geklärt ist, ob § 2 IV auch für die GewSt gilt (vgl. § 2 Rn. 154; FG Bln-Bbg DStRE 2021, 1194; Melan/Wecke DB 2014, 1447; Dodenhoff FR 2014, 687; Behrendt/Klages BB 2013, 1815).

b) Inhalt der Vorschrift. Gem. **Abs. 1 S. 1** gelten beim Vermögensübergang 4 von einer Körperschaft auf eine PersGes oder eine natürliche Person ebenso wie beim Formwechsel von einer Körperschaft in eine PersGes die §§ 3–9 und § 16 für die Ermittlung des Gewerbeertrages. Nach **Abs. 1 S. 2** kann bei der Verschm, der Auf- und Abspaltung bzw. beim Formwechsel einer Körperschaft in eine PersGes/natürliche Person der Gewerbeertrag der übernehmenden PersGes oder natürlichen Person nicht um Fehlbeträge des lfd. Erhebungszeitraums und die vortragsfähigen Fehlbeträge der übertragenden Körperschaft iSd § 10a GewStG gekürzt werden. Zur Anwendbarkeit des § 2 IV auch für die GewSt → Rn. 3. Abs. 1 begründet **keine eigenständige Sicherstellung der Gewerbebesteuerung** der stillen Reserven, sodass das Antragswahlrecht des § 3 uneingeschränkt auch dann gilt, wenn die gewstl. Erfassung der stillen Reserven beim übernehmenden Rechtsträger nicht gesichert ist (BMF 11.11.2011, BStBl. I 2011, 1314 Rn. 18.01; Dötsch/Pung/Möhlenbrock/Pung Rn. 4; Frotscher/Drüen/Schnitter Rn. 13; Haritz/Menner/Bilitewski/Bohnhardt Rn. 42; Widmann/Mayer/Schießl Rn. 33; BeckOK UmwStG/Weggenmann Rn. 106).

5   **Abs. 2 S. 1** bestimmt, dass ein Übernahmegewinn oder -verlust gewstl. nicht zu erfassen ist. Nach S. 2 des Abs. 2 sind in den Fällen, in denen der übernehmende Rechtsträger bzw. die MU des übernehmenden Rechtsträgers am übertragenden Rechtsträger iSv § 17 EStG beteiligt waren, die Bezüge iSd § 7 gewstl. nicht zu erfassen.

6   **Abs. 3** der Vorschrift enthält eine Missbrauchsverhinderungsregelung. Danach unterliegt ein Gewinn aus der Veräußerung oder Aufgabe des Betriebs bzw. Teilbetriebs des übernehmenden Rechtsträgers oder eines Anteils an der übernehmenden PersGes innerhalb von fünf Jahren nach dem Umw der GewSt. Es spielt insoweit keine Rolle, ob für die Veräußerung/Aufgabe ein triftiger Grund vorliegt oder nicht. Ob die übernehmende PersGes oder die übernehmende natürliche Person selbst gewstpfl. ist, ist im Rahmen des Abs. 3 ohne Bedeutung (BMF 11.11.2011, BStBl. I 2011, 1314 Rn. 18.11; Haritz/Menner/Bilitewski/Bohnhardt Rn. 135; Frotscher/Drüen/Schnitter Rn. 6). Abs. 3 S. 3 bestimmt, dass § 35 EStG keine Anwendung findet.

7   **c) Verhältnis zwischen § 18 und § 19.** § 18 betrifft den Vermögensübergang durch Verschm, Auf- oder Abspaltung sowie den Formwechsel einer Körperschaft auf/in eine PersGes bzw. natürliche Person und ergänzt damit die §§ 3–9 und § 16 für die Ermittlung der GewSt der übertragenden Körperschaft und der übernehmenden PersGes bzw. natürlichen Person. § 19 regelt den Vermögensübergang, insbes. die Verschm, Auf- oder Abspaltung von einer Körperschaft auf eine andere Körperschaft in Ergänzung zu §§ 11–13, 15.

8   **d) Persönlicher Geltungsbereich.** § 18 bezieht sich sowohl auf die übertragende Körperschaft als auch auf die übernehmende PersGes bzw. natürliche Person. Dies ergibt sich daraus, dass § 18 sowohl auf §§ 3, 16 als auch auf §§ 4–9 verweist.

2. Gewerbesteuerpflicht des Übertragungsgewinns (Abs. 1)

9   Abs. 1 verweist auf § 3, der die Wertansätze in der stl. Schlussbilanz der übertragenden Körperschaft regelt. Ein sich bei der übertragenden Körperschaft nach Maßgabe des § 3 ergebender Übertragungsgewinn unterliegt grds. der GewSt, es sei denn, die übertragende Körperschaft bzw. der formwechselnde Rechtsträger unterliegt als solcher nicht der GewSt (Widmann/Mayer/Schießl Rn. 15f); dies ergibt sich daraus, dass Abs. 1 keinen eigenen gewstl. Tatbestand schafft, sondern lediglich eine Aussage bzgl. der Ermittlung der gewstl. Besteuerungsgrundlage betrifft (→ Rn. 2). Eine Kürzung des Gewerbeertrages kommt nach § 9 Nr. 1 S. 2, Nr. 3 GewStG in Betracht (Dötsch/Pung/Möhlenbrock/Pung Rn. 6; Rödder/Herlinghaus/van Lishaut/Trossen Rn. 28; Frotscher/Drüen/Schnitter Rn. 23; Widmann/Mayer/Schießl Rn. 17). § 9 Nr. 1 S. 5 GewStG ist zu beachten (Dötsch/Pung/Möhlenbrock/Pung Rn. 1 ff.; Frotscher/Drüen/Schnitter Rn. 23). Entsteht der Übertragungsgewinn durch die Aufdeckung stiller Reserven in Anteilen an einer PersGes, an der die übertragende Körperschaft beteiligt ist, unterliegt ein Übertragungsgewinn aufgrund der Vorschrift des **§ 7 S. 2 GewStG** der GewSt (Dötsch/Pung/Möhlenbrock/Pung Rn. 6; Widmann/Mayer/Schießl Rn. 18; Frotscher/

Drüen/Schnitter Rn. 17; Eisgruber/Bartelt Rn. 22; Rödder/Herlinghaus/van Lishaut/Trossen Rn. 27). Entfällt der Übertragungsgewinn auf einbringungsgeborene Anteile iSd § 21 aF, entsteht nur dann eine GewStPfl, wenn die Einbringung, die zu den einbringungsgeborenen Anteilen geführt hat, nach dem 31.12.2001 erfolgt ist (OFD Koblenz 27.12.2004, DStR 2005, 194; Dötsch/Pung/Möhlenbrock/Pung Rn. 6; Haritz/Menner/Bilitewski/Bohnhardt Rn. 35).

Der Übertragungsgewinn wird, da es sich aus stl. Sicht um einen Veräußerungsgewinn handelt, von einem **GAV** erfasst (str., → § 3 Rn. 150). **10**

Entsteht der Übertragungsgewinn durch die Aufdeckung stiller Reserven in **11**
Anteilen an einer KapGes und wäre ein Veräußerungsgewinn bezogen auf die Anteile an einer KapGes nach § 8b II KStG idF des StSenkG steuerfrei, so ist der dadurch entstehende Übertragungsgewinn als Veräußerungsgewinn nicht nur von der KSt, sondern auch von der GewSt befreit (Frotscher/Drüen/Schnitter Rn. 16; Dötsch/Pung/Möhlenbrock/Pung Rn. 6; Haritz/Menner/Bilitewski/Bohnhardt Rn. 33). § 8b III 1 KStG ist zu beachten. Ein Übertragungsgewinn ist jedoch insoweit gewstpfl., als ein Anwendungsfall des § 8b II 4, 5 KStG, § 8b IV KStG aF, § 8b VII oder VIII KStG gegeben ist (Dötsch/Pung/Möhlenbrock/Pung Rn. 6; Frotscher/Drüen/Schnitter Rn. 16).

Der Übertragungsgewinn unterliegt nicht der GewSt, wenn es sich bei dem **12**
übertragenden Rechtsträger um eine ausl. Körperschaft ohne inl. Betriebsstätte handelt (Dötsch/Pung/Möhlenbrock/Pung Rn. 8; Widmann/Mayer/Schießl Rn. 22).

Der Übertragungsgewinn **entsteht für den Erhebungszeitraum, in den der 13 stl. Übertragungsstichtag fällt** (BeckOK UmwStG/Weggenmann Rn. 109; Brandis/Heuermann/Klingberg Rn. 25). Der Anfall der GewSt kann dadurch entfallen, dass die übertragende Körperschaft über einen lfd. Verlust im Erhebungszeitraum bzw. über einen Gewerbeverlust gem. § 10a GewStG verfügt (Widmann/Mayer/Schießl Rn. 26; BeckOK UmwStG/Weggenmann Rn. 109). Die Gewerbesteuerschuld entsteht in der Person des übertragenden Rechtsträgers, geht jedoch im Wege der Gesamtrechtsnachfolge auf den übernehmenden Rechtsträger über. Wird die Körperschaft formwechselnd in eine PersGes umgewandelt, wird Letztere ohne Weiteres Schuldnerin der GewSt. Die GewSt ist bei Umwandlungen, bei dem der Übertragungsgewinn in einem Erhebungszeitraum anfällt, der nach dem 31.12.2007 endet, gem. § 4 V lit. b EStG keine Betriebsausgabe der umgewandelten Körperschaft. Wurde bei der umgewandelten Körperschaft wegen der GewSt eine Rückstellung gebildet, so ist der entsprechende Betrag außerhalb der Bilanz dem Einkommen wieder hinzuzurechnen (OFD Rheinland 5.5.2009, DB 2009, 1046; Widmann/Mayer/Schießl Rn. 27). Da für die Berechnung des Übernahmeergebnisses die Ansätze in der stl. Schlussbilanz maßgebend sind, vermindert die GewSt den Übernahmegewinn bzw. erhöht den Übernahmeverlust (Widmann/Mayer/Schießl Rn. 27; Dötsch/Pung/Möhlenbrock/Pung Rn. 7). Die später durch den übernehmenden Rechtsträger zu zahlende Gewerbesteuerschuld ist ein gewinnneutraler Vorgang.

3. Eintritt in die steuerliche Rechtsstellung

Die entsprechende Anwendung des § 4 II, III hat nur bzgl. der **Besitzzeitanrech- 14 nung** eine eigenständige Bedeutung (Widmann/Mayer/Schießl Rn. 40; Dötsch/Pung/Möhlenbrock/Pung Rn. 9; Rödder/Herlinghaus/van Lishaut/Trossen Rn. 51; BeckOK UmwStG/Weggenmann Rn. 141; Brandis/Heuermann/Klingberg Rn. 28). Die Besitzzeit des übertragenden Rechtsträgers und des übernehmenden Rechtsträgers werden zusammengerechnet (→ § 4 Rn. 75). Der BFH (DStR 2014, 1229) weist darauf hin, dass die Besitzzeitanrechnung des Abs. 2 S. 3 auf einen Zeitraum („Dauer der Zugehörigkeit") abstellt, der für die Besteuerung von Bedeutung ist. Soweit eine Vorschrift wie bspw. § 9 Nr. 2a GewStG nicht auf einen

Zeitraum, sondern auf einen Zeitpunkt, nämlich den Beginn des Erhebungszeitraums abstellt, sei Abs. 2 S. 3 nicht anwendbar. Bezogen auf die Regelungen, die auf einen Zeitpunkt abstellen, hilft nach Auffassung der BFH auch nicht die Generalklausel des § 4 II 1, da diese durch Abs. 2 S. 3 verdrängt würde (vgl. → Rn. 23; Lenz/Adrian DB 2014, 2670). Ob ein stichtagbezogenes Beteiligungserfordernis durch stl. Rückwirkung nach § 2 I erfüllt werden kann (→ § 12 Rn. 92), ließ der BFH offen; nach Auffassung der FVerw ist dies nicht möglich (BMF 11.11.2011, BStBl. I 2011, 1314 Rn. 18.04).

15 Der Übergang lfd. gewstl. Fehlbeträge und des vortragsfähigen Gewerbeverlustes nach **§ 10a GewStG** wird durch § 4 II 2 und § 18 I 2 ausgeschlossen. Abs. 1 S. 2 hat damit in erster Linie klarstellende Bedeutung (ebenso Rödder/Herlinghaus/van Lishaut/Trossen Rn. 46; Widmann/Mayer/Schießl Rn. 38). Ein Übergang eines evtl. Zinsvortrags nach **§ 4h EStG** erfolgt nicht. **Lfd. Verluste** des übertragenden Rechtsträgers **nach dem Umwandlungsstichtag** werden bereits auf Grund der Rückwirkung dem übernehmenden Rechtsträger zugerechnet. Nicht abschließend geklärt ist, ob § 2 IV auch für die GewSt gilt (→ Rn. 3; BMF 11.11.2011, BStBl. I 2011, 1314 Rn. 18.02 iVm Rn. 02.40; → § 4 Rn. 77). Gehören zum übergehenden Vermögen auch Anteile an einer PersGes, die über einen Fehlbetrag nach § 10a GewStG verfügt, so entfällt der vortragsfähige Gewerbeverlust, soweit durch die Verschm die Unternehmeridentität bezogen auf die Tochterpersonengesellschaft verloren geht (Dötsch/Pung/Möhlenbrock/Pung Rn. 9; Widmann/Mayer/Schießl Rn. 46; aA Hierstetter DB 2010, 1089). Die Unternehmeridentität bezogen auf die Tochterpersonengesellschaft bleibt aber bei einer formwechselnden Umw der MutterGes gewahrt (Rödder/Herlinghaus/van Lishaut/Trossen Rn. 48; Widmann/Mayer/Schießl Rn. 46), der Formwechsel einer an einer PersGes (UnterGes) beteiligten KapGes in eine PersGes führt daher nicht zum anteiligen Wegfall des Gewerbesteuerverlustes bei der UnterGes (SchlHFG GmbHR 2017, 207). Im Fall der Beteiligung des übertragenden Rechtsträgers an einer doppelstöckigen PersGes hat die Verschm der Körperschaft keinen Einfluss auf der Ebene der UnterGes (Rödder/Herlinghaus/van Lishaut/Trossen Rn. 48).

16 Ein bei der **übernehmenden PersGes** vor der Verschm bereits vorhandener Fehlbetrag besteht nur fort, wenn sowohl die Unternehmensidentität als auch die Unternehmeridentität gewahrt bleibt. Die Unternehmeridentität des übernehmenden Rechtsträgers wird eingeschränkt, soweit ihr die Gesellschafter der übertragenden Körperschaft in Folge der Umw als neuer Gesellschafter beitreten (Rödder/Herlinghaus/van Lishaut/Trossen Rn. 47; Widmann/Mayer/Schießl Rn. 46).

4. Gewerbesteuerliche Behandlung der Einkünfte iSd § 7

17 **a) Überblick.** Abs. 1 S. 1 erklärt für die GewSt auch § 7 für entsprechend anwendbar. § 7 bestimmt, dass die offenen Rücklagen der übertragenden Körperschaft (EK abzgl. Bestand des stl. Einlagekontos) allen Anteilseignern des übertragenden Rechtsträgers prozentual entsprechend ihrer Beteiligung am Nennkapital als Einkünfte aus Kapitalvermögen zuzurechnen sind, und zwar unabhängig davon, ob für die Anteilseigner nach §§ 4, 5 auch ein Anteil am Übernahmegewinn bzw. -verlust ermittelt wird.

18 **b) Für Anteilseigner wird Übernahmeergebnis nicht ermittelt.** Soweit für einen Anteilseigner ein **Übernahmeergebnis nicht ermittelt wird,** erzielt er Einkünfte aus Kapitalvermögen iSd § 20 I Nr. 1 EStG, die nicht der GewSt unterliegen. *Der Hinweis in Abs. 1 S. 1 geht insoweit für diese Anteilseigner, für die ein Übernahmeergebnis nicht ermittelt wird, ins Leere* (Dötsch/Pung/Möhlenbrock/Pung Rn. 16; Rödder/Herlinghaus/van Lishaut/Trossen Rn. 38; Haritz/Menner/Bilitewski/Bohnhardt Rn. 90; Frotscher/Drüen/Schnitter Rn. 37b).

c) Für Anteilseigner wird Übernahmeergebnis ermittelt. aa) Überblick. 19
Soweit die Anteile an der übertragenden Körperschaft zum Gesamthand- oder SBV
der übernehmenden PersGes gehören oder aufgrund von nach § 5 II, III in das
BV der übernehmenden PersGes eingelegt gelten, entstehen auf der Ebene der
übernehmenden PersGes aufgrund von § 20 VIII EStG gewerbliche Einkünfte,
wenn die übernehmende PersGes einen stpfl. Gewerbebetrieb unterhält (hM → § 7
Rn. 17; ebenso Rödder/Herlinghaus/van Lishaut/Trossen Rn. 30; Dötsch/Pung/
Möhlenbrock/Pung Rn. 17; Widmann/Mayer/Schießl Rn. 119; BeckOK
UmwStG/Weggenmann Rn. 144; Krohn/Greulich DStR 2008, 646; wohl auch
BMF 11.11.2011, BStBl. I 2011, 1314 Rn. 18.04; Hagemann/Jakob/Ropohl/Viebrock NWB-Sonderheft 1/2007, 18; aA Behrendt/Arjes DB 2007, 824). Dass die
Einkunftsart der übernehmenden PersGes maßgeblich ist, ergibt sich insbes. aus
dem Umkehrschluss des Abs. 2 S. 2 iVm den Einlage- und Überführungsfiktionen
in § 5 II, III. Die Einlagefiktion des § 5 II, III gilt nach hM auch für Einkünfte iSd
§ 7 (BFH DStR 2019, 1381; Dötsch/Pung/Möhlenbrock/Pung Rn. 17; Rödder/
Herlinghaus/van Lishaut/Trossen Rn. 32f; Widmann/Mayer/Schießl Rn. 119;
Frotscher/Drüen/Schnitter Rn. 37a; Krohn/Greulich DStR 2008, 646; aA Haritz/
Menner/Bilitewski/Bohnhardt Rn. 91; Haase/Hofacker/Roser Rn. 34 ff.; Förster/
Felchner DB 2006, 1072; Behrendt/Arjes DB 2007, 824; Hagemann/Jakob/
Ropohl/Viebrock NWB-Sonderheft 1/2007, 20). Das Vorstehende gilt sowohl für
unbeschränkt als auch für beschränkt stpfl. Anteilseigner des übertragenden Rechtsträgers, sofern bei Letzteren Deutschland das Besteuerungsrecht zusteht, dh ein DBA
nicht besteht oder das DBA dem Ansässigkeitsstaat der Körperschaft das Besteuerungsrecht zuweist, sodass sich die beschränkte StPfl aus § 49 I Nr. 2 lit. a EStG
ergibt (→ § 4 Rn. 127). Der Quellensteuerabzug nach § 50 V 1 EStG hat dann
keine abgeltende Wirkung (Dötsch/Pung/Möhlenbrock/Pung/Werner § 4 Rn. 5;
Hagemann/Jakob/Ropohl/Viebrock NWB-Sonderheft 1/2007, 50; aA Förster/
Felchner DB 2006, 1072).

Die Einkünfte iSd § 7 stellen damit bei Anteilseignern des übertragenden Rechts- 20
trägers, für die ein Übernahmeergebnis ermittelt wird, gewerbliche Einkünfte dar,
die im Grundsatz der GewSt unterliegen, wenn die übernehmende PersGes gewerbliche Einkünfte erzielt (Widmann/Mayer/Schießl Rn. 119). Nach **Abs. 2 S. 2**
unterliegen die Einkünfte bei der übernehmenden PersGes nicht der GewSt, soweit
die Anteile an der übertragenden Körperschaft nach § 5 II für die Ermittlung des
Übernahmeergebnisses als in das BV der übernehmenden PersGes eingelegt gelten.
In der Lit. wird diese Ausnahmeregelung damit erklärt, dass im Anwendungsbereich
des § 5 II sowohl die Veräußerung der Anteile an der übertragenden Körperschaft
durch die bisherigen Gesellschafter als auch eine Ausschüttung der offenen Gewinnrücklagen an diese, nicht der GewSt unterlegen hätten, da die Anteile PV der
Anteilseigner sind (vgl. Benecke/Schnittger IStR 2007, 24). Sollte dies der Grund
sein, so hätte es nahe gelegen, Anteile, die ein Gesellschafter der übertragenden
Körperschaft vor der Umw in einem freiberuflichen oder luf-BV gehalten hat,
auch von der GewStPfl auszunehmen (vgl. dazu Rödder/Herlinghaus/van Lishaut/
Trossen Rn. 32), was jedoch nicht geschehen ist.

Soweit an der übernehmenden PersGes eine Körperschaft als MU beteiligt ist, 21
werden die Einkünfte iSd § 7 nach § 8b KStG, soweit eine natürliche Person Anteilseigner der übernehmenden PersGes ist, nach § 3 Nr. 40 EStG, § 3c II EStG der
Einkommen- bzw. Körperschaftsteuer unterworfen. § 8b KStG, § 3 Nr. 40 EStG,
§ 3c II EStG sind gem. § 7 S. 4 GewStG bei der übernehmenden PersGes im Rahmen der Ermittlung des Gewerbeertrages zu beachten. Für Abs. 1 S. 1 hat dies
folgende Konsequenz:

bb) Natürliche Person. Soweit eine natürliche Person als MU an der überneh- 22
menden PersGes beteiligt ist, sind die Bezüge iSd § 7 idR zu 60% im Gewerbeertrag

erhalten. Eine Kürzung des Gewerbeertrages um diesen Betrag erfolgt unter den Voraussetzungen der § 9 Nr. 2a, Nr. 7 GewStG (Dötsch/Pung/Möhlenbrock/Pung Rn. 17; Frotscher/Drüen/Schnitter Rn. 42; Widmann/Mayer/Schießl Rn. 122; Förster/Felchner DB 2006, 1072).

23 Eine Kürzung nach § 9 Nr. 2a, Nr. 7 GewStG erfolgt, wenn die übernehmende PersGes an der übertragenden Körperschaft zu Beginn des Erhebungszeitraums eine Schachtelbeteiligung von mindestens 15 vH besitzt. Erhebungszeitraum ist grds. das Kj. Da Beginn des Erhebungszeitraums der 1.1. eines Jahres um 0.00 Uhr ist, muss bei der Umwandlung zur Aufnahme der Umwandlungsstichtag genau dieser Zeitpunkt sein, was nach Auffassung der FVerw nicht möglich ist (→ § 2 Rn. 24; vgl. auch Rödder/Herlinghaus/van Lishaut/Trossen Rn. 34 mit entsprechendem Beispiel). Wenn der übernehmende Rechtsträger erst durch die Umw in die GewSt eintritt, entsteht gem. § 14 S. 3 GewStG ein abgekürzter Erhebungszeitraum; dann kommt es auf die Beteiligungsverhältnisse am Übertragungsstichtag an. Auf Grund des abgekürzten Erhebungszeitraums sind die Voraussetzungen des § 9 Nr. 2a bzw. Nr. 7 GewStG auf der Ebene der übernehmenden PersGes erfüllt, wenn es sich um eine Verschm zur Neugründung bzw. um einen Formwechsel handelt (Dötsch/Pung/Möhlenbrock/Pung Rn. 17; Widmann/Mayer/Schießl Rn. 123; Frotscher/Drüen/Schnitter Rn. 43; Rödder/Herlinghaus/van Lishaut/Trossen Rn. 34; Köhler/Käshammer GmbHR 2012, 301). Eine Kürzung nach § 9 Nr. 2a GewStG oder § 9 Nr. 7 GewStG erfolgt auch, wenn nicht die übernehmende PersGes die Beteiligung an der übertragenden Körperschaft iHv 15 vH zum Beginn des Erhebungszeitraums gehalten hat, diese Voraussetzungen aber durch die Gesellschafter des übertragenden Rechtsträgers erfüllt werden, dessen Anteile nach § 5 III für die Ermittlung des Übernahmeergebnisses in das BV der übernehmenden PersGes als eingelegt gelten (Rödder/Herlinghaus/van Lishaut/Trossen Rn. 35; Dötsch/Pung/Möhlenbrock/Pung Rn. 17 Widmann/Mayer/Schießl Rn. 123; aA BMF 11.11.2011, BStBl. I 2011, 1314 Rn. 18.04; Brandis/Heuermann/Klingberg Rn. 40). Dies ergibt sich aus einer analogen Anwendung des § 4 II 3 (aA PWC, Reform des UmwStR/Benecke, 2007, Rn. 1141; wohl auch aA BFH DStR 2014, 1229). Eine entsprechende Anwendung der Besitzzeitanrechnung gem. § 4 II 3 ist notwendig, da nach dieser Vorschrift nur die Besitzzeit des übertragenden Rechtsträgers dem übernehmenden Rechtsträger zugerechnet wird, nicht aber der Besitzzeit von Gesellschaftern des übertragenden Rechtsträgers. War die übernehmende PersGes am übertragenden Rechtsträger mit mehr als 15 vH zum Beginn des Erhebungszeitraums beteiligt, ein Gesellschafter des übertragenden Rechtsträgers aber zum Beginn des Erhebungszeitraums mit weniger als 15 vH, so findet § 9 Nr. 2a GewStG dennoch auf diese Anteile Anwendung, wenn die Anteile gem. § 5 III von der Einlagefiktion erfasst sind (Krohn/Greulich DStR 2008, 646). Nicht abschließend geklärt ist, ob es auch zu einer rückwirkenden Zusammenrechnung bisher nicht schachtelbegünstigter Beteiligungen kommt (→ § 12 Rn. 92; Widmann/Mayer/Schießl Rn. 123).

24 Erfüllt die Beteiligung an der übertragenden KapGes nicht die Voraussetzungen des § 9 Nr. 2a oder Nr. 7 GewStG, sind die im Gewerbeertrag nicht enthaltenen Bezüge nach § 8 Nr. 5 GewStG dem Gewerbeertrag hinzuzurechnen (Widmann/Mayer/Schießl Rn. 121; Dötsch/Pung/Möhlenbrock/Pung Rn. 17). Die dann ausgelöste GewSt ist ggf. gem. § 35 EStG in pauschalierter Form auf die ESt der übernehmenden natürlichen Person bzw. bei der ESt der MU der übernehmenden PersGes anrechenbar (Rödder/Herlinghaus/van Lishaut/Trossen Rn. 37; Frotscher/Drüen/Schnitter Rn. 48; Förster/Felchner DB 2006, 1072).

25 **cc) Körperschaft.** Ist an der übernehmenden PersGes eine Körperschaft als MU beteiligt, sind in den Fällen des § 8b I, V die Bezüge iSd § 7 nicht im Gewerbeertrag enthalten (§ 7 S. 4 GewStG). Soweit die Beteiligung an der übertragenden Körperschaft nicht die Voraussetzungen des § 9 Nr. 2a oder Nr. 7 GewStG erfüllt, sind die im Gewerbeertrag nicht erhaltenen Bezüge nach § 8 Nr. 5 GewStG dem Gewerbeertrag hinzuzurechnen (Rödder/Herlinghaus/van Lishaut/Trossen Rn. 37). Erfüllt die Beteiligung die Voraussetzungen des § 9 Nr. 2a oder Nr. 7 GewStG, wird der Gewerbeertrag nicht mehr korrigiert. Eine Kürzung der nicht abzugsfähigen BA iHv 5 vH der Bezüge nach § 8 V KStG kommt nicht in Betracht (§ 9 Nr. 2a S. 3, Nr. 7 S. 3 GewStG).

Liegen die Voraussetzungen des § 8b VII, VIII KStG vor, sind die vollen Bezüge iSd § 7 im Gewerbeertrag enthalten. Unter den Voraussetzungen des § 9 Nr. 2a, Nr. 7 oder Nr. 8 GewStG ist der Gewerbeertrag um diese Beträge zu kürzen. 26

Handelt es sich bei der Körperschaft um eine OrganGes, so soll aufgrund der Vorrangigkeit des § 7 S. 4 GewStG gegenüber § 7 S. 1 GewStG die Regelung des § 15 S. 1 Nr. 2 KStG keine Anwendung finden (Dötsch/Pung/Möhlenbrock/Pung Rn. 18). 27

5. Übernahmefolgegewinn iSd § 6

Der Übernahmefolgegewinn, der eine logische Sekunde nach dem Umwandlungsstichtag beim übernehmenden Rechtsträger durch Konfusion entsteht, unterliegt bei der Umw auf einen gewerblichen Betrieb der GewSt (BMF 11.11.2011, BStBl. I 2011, 1314 Rn. 18.03; Dötsch/Pung/Möhlenbrock/Pung Rn. 12; Widmann/Mayer/Schießl Rn. 104). Die Möglichkeit der Neutralisierung des Übernahmefolgegewinns durch eine den Gewinn mindernde Rücklage ist auch bei der GewSt zu berücksichtigen. Str. ist, ob der Übernahmefolgegewinn auch dann der GewSt unterliegt, wenn er auf einer Gewinnminderung beruht, die zu einem Zeitpunkt eintrat, als die Übernehmerin nicht gewstpfl. war (vgl. dazu Widmann/Mayer/Schießl Rn. 117; Rödder/Herlinghaus/van Lishaut/Trossen Rn. 44). 28

6. Nichtansatz eines Übernahmegewinns oder -verlustes

Abs. 2 S. 1 bestimmt, dass ein Übernahmegewinn/-verlust bei der GewSt auf der Ebene der übernehmenden PersGes bzw. der übernehmenden natürlichen Person nicht zu erfassen ist. Es handelt sich um eine sachliche Befreiungsvorschrift (BFH BStBl. II 2011, 393; Widmann/Mayer/Schießl Rn. 138; BeckOK UmwStG/Weggenmann Rn. 220), die mit dem Grundgesetz vereinbar ist (BFH BStBl. II 2016, 420). Abs. 2 S. 1 hat nur dann Bedeutung, wenn der übernehmende Rechtsträger gewstpfl. ist (Dötsch/Pung/Möhlenbrock/Pung Rn. 27; BeckOK UmwStG/Weggenmann Rn. 220; Brandis/Heuermann/Klingberg Rn. 37). Betreibt der übernehmende Rechtsträger kein Unternehmen iSd GewStG (zB freiberufliche Tätigkeit, LuF), ergeben sich keine gewstl. Auswirkungen. Der Übernahmegewinn/-verlust ist nach Abs. 1 S. 1 iVm § 4 IV–VII zu ermitteln, sodass die offenen Rücklagen des übertragenden Rechtsträgers nicht mehr Teil des Übernahmeergebnisses sind, sondern nach § 7 besteuert werden (→ Rn. 22 ff.). Dies hat zur Folge, dass die Kapitaleinkünfte iSd § 7, soweit die Voraussetzungen des § 9 Nr. 2a, Nr. 7 GewStG nicht vorliegen, in jedem Fall der GewSt unterworfen sind. Der Übernahmegewinn/-verlust iSd § 4 IV–VII wirkt sich nicht auf die Steuerermäßigung nach § 35 I 3 EStG aus (BMF 24.2.2009, BStBl. I 2009, 440; Rödder/Herlinghaus/van Lishaut/Trossen Rn. 40; Dötsch/Pung/Möhlenbrock/Pung Rn. 31; Widmann/Mayer/Schießl Rn. 142; vgl. auch BMF 19.9.2007, BStBl. I 2007, 701 Rn. 10 für VZ 2004 bis VZ 2007). 29

Ist ein MU der übernehmenden PersGes seinerseits auch gewstpfl. und wird ihm im Rahmen der einheitlichen und gesonderten Gewinnfeststellung ein Gewerbeertrag zugewiesen, so ist auf seiner Ebene § 9 Nr. 2 bzw. § 8 Nr. 8 zu berücksichtigen (Rödder/Herlinghaus/van Lishaut/Trossen Rn. 42; Dötsch/Pung/Möhlenbrock/Pung Rn. 30; Widmann/Mayer/Schießl Rn. 143). 30

7. Aufgabe und Veräußerung (Abs. 3)

31 **a) Zweck der Vorschrift.** Abs. 3 soll verhindern, dass eine Körperschaft durch vorbereitende Umw in eine PersGes gewstfrei liquidiert oder veräußert werden kann (BFH BStBl. II 2015, 837; DStR 2013, 2050; DStR 2013, 1324; NK-UmwR/ Sellmann Rn. 15; Rödder/Herlinghaus/van Lishaut/Trossen Rn. 54). Bei der PersGes ist nämlich der Gewinn aus der Veräußerung oder der Aufgabe eines Betriebs oder Teilbetriebs von der GewSt freigestellt, soweit er auf eine natürliche Person als unmittelbar beteiligter MU entfällt (§ 7 S. 2 GewStG). Rechtsfolge von Abs. 3 ist, dass dieser an sich gewstfreie Auflösungs- oder Veräußerungsgewinn der GewSt unterliegt, wenn der Betrieb, Teilbetrieb oder ein Anteil an der PersGes innerhalb einer Frist von fünf Jahren nach dem stl. Übertragungsstichtag aufgegeben oder veräußert wird (BMF 11.11.2011, BStBl. I 2011, 1314 Rn. 18.05; Dötsch/Pung/ Möhlenbrock/Pung Rn. 33; Haritz/Menner/Bilitewski/Bohnhardt Rn. 124; Widmann/Mayer/Schießl Rn. 160). Durch Abs. 3 soll die gewstl. Verstrickung stiller Reserven bei den WG der übertragenden Körperschaft innerhalb der gesetzlichen Frist aufrechterhalten bleiben. Abs. 3 stellt damit eine Ausnahme von dem (ursprünglichen) Grundsatz dar, wonach nur lfd. Gewinne der GewSt bei einer PersGes unterliegen. Sie besteuert nicht rückwirkend einen Übernahmegewinn bei der PersGes, sondern einen späteren Gewinn aus der Veräußerung bzw. Aufgabe (BFH DStR 2013, 2056; DStRE 2007, 551; Rödder/Herlinghaus/van Lishaut/ Trossen Rn. 55). Aus diesem Zweck des Abs. 3 ergibt sich, dass es für dessen Anwendung ohne Bedeutung ist, ob die Anteile an der übertragenden Körperschaft gewerbesteuerrechtlich verstrickt waren (BFH/NV 2004, 384; BStBl. II 2004, 474; aA Roser FR 2005, 178). Abs. 3 kommt damit ungeachtet dessen zu tragen, ob die Anteile an der umgewandelten Körperschaft zum PV (BFH BStBl. II 2004, 474), BV (BFH DStR 2006, 175) oder zum SBV (BFH DStRE 2007, 551) gehört haben.

32 Eine Sicherstellung der GewSt bezogen auf die stillen Reserven der übertragenden Körperschaft kann nur erreicht werden, wenn die nach Abs. 3 S. 1, 2 ausgelöste GewSt nicht auf die Einkommensteuer der übernehmenden natürlichen Person bzw. den Gesellschaftern der übernehmenden PersGes angerechnet werden kann. Abs. 3 S. 3 schließt daher die Anrechnung nach § 35 EStG im Grundsatz aus (→ Rn. 59; BMF 12.11.2007, BStBl. I 2007, 108 Rn. 9; Rödder/Herlinghaus/van Lishaut/ Trossen Rn. 54; Neu/Hamacher GmbHR 2012, 280).

33 Abs. 3 begründet einen **eigenständigen gewstl. Sondertatbestand** zur Vermeidung von Missbräuchen. Abs. 3 findet auch dann Anwendung, wenn der Veräußerungsgewinn bereits nach allg. Grundsätzen der GewSt unterliegt, da Abs. 3 S. 3 für einen Gewinn iSd Abs. 3 S. 1, 2 die Anwendung des **§ 35 EStG** im Grundsatz ausschließt. Unterliegt ein Gewinn sowohl nach § 7 S. 1, 2 GewStG als auch nach Abs. 3 der GewSt, soll Abs. 3 vorrangig anzuwenden sein (BMF 11.11.2011, BStBl. I 2011, 1314 Rn. 18.09; Dötsch/Pung/Möhlenbrock/Pung Rn. 74; Frotscher/ Drüen/Schnitter Rn. 41; aA Haritz/Menner/Bilitewski/Bohnhardt Rn. 191; vgl. auch Widmann/Mayer/Schießl Rn. 292 f.). Gewinne aus Geschäftsvorfällen, die auf der im Wesentlichen unveränderten Fortführung der bisherigen unternehmerischen Tätigkeit der PersGes beruhen, sind keine Aufgabe- oder Veräußerungsgewinne iSv Abs. 3, selbst wenn sie im zeitlichen Zusammenhang mit der Aufgabe oder Veräußerung des Betriebs entstehen, sodass insoweit eine Einkommensteuerermäßigung nach § 35 EStG in Betracht kommt (BFH/NV 2016, 139; vgl. auch BFH BStBl. II 2015, 837; BStBl. II 2016, 553; Dötsch/Pung/Möhlenbrock/Pung Rn. 746). Auch können die im Anschluss an die Umw einer OrganGes in eine PersGes erzielten und mit der GewSt belasteten Veräußerungs- und Aufgabegewinne der Steuerermäßigung nach § 35 EStG unterliegen (BFH BStBl. II 2015, 837).

34 Abs. 3 ist gegenüber § 42 AO idF des Jahressteuergesetzes 2008 lex specialis (Frotscher/Drüen/Schnitter Rn. 71; Haase/Hofacker/Roser Rn. 50; Rödder/Herlinghaus/van Lishaut/Trossen Rn. 55; aA Dötsch/Pung/Möhlenbrock/Pung Rn. 34; vgl. auch FG Münster DStRE 2014, 616). Zum Verhältnis spezieller Missbrauchsvorschriften zu § 42 AO vgl. → § 22 Rn. 9 f.

b) Sachlicher Geltungsbereich. Abs. 3 begründet im Gegensatz zu den übrigen Regelungen des § 18 eine **eigene GewStPfl** (BMF 11.11.2011, BStBl. I 2011, 1314 Rn. 18.11; FG MV EFG 2022, 453; Haritz/Menner/Bilitewski/Bohnhardt Rn. 120; Widmann/Mayer/Schießl Rn. 160; Brandis/Heuermann/Klingberg Rn. 42; Dötsch/Pung/Möhlenbrock/Pung Rn. 33; OFD Frankfurt a. M. 16.8.2000, FR 2000, 1056; Patt FR 2000, 1115). Abs. 3 beruht als spezialgesetzlicher Ausnahmetatbestand auf der Regelungsidee einer fortdauernden gewstl. Verstrickung des Vermögens der umgewandelten KapGes (BFH FR 2016, 1004; DStR 2013, 1324). Ein Aufgabe- bzw. Veräußerungsgewinn unterliegt danach der GewSt, wenn der Betrieb, Teilbetrieb oder ein Mitunternehmeranteil an der übernehmenden PersGes innerhalb von fünf Jahren nach der Umw aufgegeben oder veräußert wird, und zwar unabhängig davon, wann der Veräußerungserlös dem Verkäufer zufließt (BFH DStR 2013, 2050). Gleiches gilt, falls die übernehmende natürliche Person innerhalb der Fünf-Jahres-Frist ihren Betrieb aufgibt bzw. veräußert. Die Fünf-Jahres-Frist beginnt mit dem **stl. Übertragungsstichtag** (BMF 11.11.2011, BStBl. I 2011, 1314 Rn. 18.05 iVm Rn. 06.10; BFH BStBl. II 2012, 703; HessFG EFG 2009, 1885; Rödder/Herlinghaus/van Lishaut/Trossen Rn. 54; Dötsch/Pung/Möhlenbrock/Pung Rn. 44; Widmann/Mayer/Schießl Rn. 252; BeckOK UmwStG/Weggenmann Rn. 364). Zur Frage, ob bzgl. des Endes dieser Frist § 108 III AO zur Anwendung kommt, → § 22 Rn. 49 mwN. Der Gewinn ist innerhalb der Fünf-Jahres-Frist auch dann der GewSt zu unterwerfen, wenn die übernehmende **PersGes** oder natürliche Person als solche **nicht der GewSt unterliegt** (BMF 11.11.2011, BStBl. I 2011, 1314 Rn. 18.11; BFH DStR 2013, 2050; Haritz/Menner/Bilitewski/Bohnhardt Rn. 135; Dötsch/Pung/Möhlenbrock/Pung Rn. 49). Abs. 3 findet demnach auch Anwendung, wenn das Vermögen der übertragenden Körperschaft bei der entstehenden PersGes BV wird, das der LuF bzw. der selbstständigen Arbeit dient (Widmann/Mayer/Schießl Rn. 172). Abs. 3 findet jedoch keine Anwendung bei übernehmenden Rechtsträgern ohne BV (BMF 11.11.2011, BStBl. I 2011, 1314 Rn. 18.05; BFH DStR 2013, 2050; Widmann/Mayer/Schießl Rn. 168; Dötsch/Pung/Möhlenbrock/Pung Rn. 49; Eisgruber/Bartelt Rn. 87; Rödder/Herlinghaus/van Lishaut/Trossen Rn. 58; Frotscher/Drüen/Schnitter Rn. 79; Neu/Hamacher GmbHR 2012, 280; zur ZebraGes → Rn. 48) und in den Fällen, in denen der übertragende Rechtsträger die WG mit dem gemeinen Wert angesetzt hat (Rödder/Herlinghaus/van Lishaut/Trossen Rn. 56; BeckOK UmwStG/Weggenmann Rn. 400; Neu/Hamacher GmbHR 2012, 280; Förster DB 2016, 789; aA Dötsch/Pung/Möhlenbrock/Pung Rn. 47; Widmann/Mayer/Schießl Rn. 266; zur alten Rechtslage vgl. BMF 25.3.1998, BStBl. I 1998, 268 Rn. 18.07). Die Anwendung des Abs. 3 setzt eine **Missbrauchsabsicht** nicht voraus, anders als die der Vorgängerregelung kommt Abs. 3 auch dann zur Anwendung, wenn für die Veräußerung bzw. Betriebsaufgabe ein **triftiger Grund** gegeben ist (Widmann/Mayer/Schießl Rn. 263; Dötsch/Pung/Möhlenbrock/Pung Rn. 46; Frotscher/Drüen/Schnitter Rn. 117; NK-UmwR/Sellmann Rn. 15; Haase/Hruschka/Roser Rn. 46; BFH DStZ 2002, 449 mAnm Wacker).

Abs. 3 erfasst die stillen Reserven **im Zeitpunkt der Veräußerung oder Aufgabe,** nicht im Zeitpunkt der Umw (BFH FR 2016, 1004; DStR 2013, 2050; BStBl. II 2012, 703; FR 2008, 33; BMF 11.11.2011, BStBl. I 2011, 1314 Rn. 18.05; Dötsch/Pung/Möhlenbrock/Pung Rn. 45; Rödder/Herlinghaus/van Lishaut/Trossen Rn. 75; Widmann/Mayer/Schießl Rn. 264; BeckOK UmwStG/Weggenmann Rn. 399). Damit unterliegen der „Nachversteuerung" auch neue, nach dem Umwandlungsstichtag gebildete stille Reserven (BFH FR 2016, 1004; DStR 2013,

2050; FR 2008, 39; BStBl. II 2004, 474; BMF 11.11.2011, BStBl. I 2011, 1314 Rn. 18.05; Widmann/Mayer/Schießl Rn. 264; Dötsch/Pung/Möhlenbrock/Pung Rn. 4).

37 Str. war ursprünglich, ob sich die GewStPfl nach Abs. 3 auch auf das **bei der übernehmenden PersGes** oder natürlichen Person **bereits vorhandene BV** erstreckt (vgl. Söffing FR 2005, 1007). Der BFH (FR 2016, 1004; DStR 2013, 1324; BStBl. II 2012, 703; DB 2006, 257; BFH/NV 2007, 793; vgl. nunmehr auch OFD Münster 18.3.2008, BB 2008, 824) verneint eine GewStPfl für solche stillen Reserven, die nachweisbar in den WG vorhanden sind, die bereits vor der Umw zum BV des übernehmenden Rechtsträgers gehört haben und widersprach damit der bis dahin von der FVerw vertretenen gegenteiligen Auffassung. Durch das Jahressteuergesetz 2008 wurde Abs. 3 dahingehend geändert, dass nunmehr ausdrücklich der gesamte Auflösungs- oder Veräußerungsgewinn der GewSt auch insoweit unterliegt, als er auf BV des übernehmenden Rechtsträgers entfällt. Abs. 3 S. 1 idF des Jahressteuergesetzes 2008 ist erstmals auf Umw anzuwenden, bei denen die Anmeldung zur Eintragung in das für die Wirksamkeit der Umw maßgebende öffentliche Register nach dem 31.12.2007 erfolgt. Die FVerw (BMF 11.11.2011, BStBl. I 2011, 1314 Rn. 18.09) geht davon aus, dass stille Reserven, die bereits vor der Umw in dem Betrieb des aufnehmenden Rechtsträgers vorhanden waren, der GewSt unterliegen, wenn die Anmeldung zur Eintragung in das maßgebende öffentliche Register nach dem 31.12.2007 erfolgt ist. Dagegen werden im Hinblick auf die Rspr. des BVerfG zur nachträglichen Verstrickung stiller Reserven nach § 17 EStG (vgl. BVerfG GmbHR 2010, 1045) zu Recht verfassungsrechtliche Bedenken geäußert (Haarmann JbFSt 2011/2012, 267; Neu/Hamacher GmbHR 2012, 280; vgl. auch Wernsmann/Desens DStR 2008, 221). Von Abs. 3 S. 1 nicht erfasst sein sollen solche stillen Reserven bei WG im BV, die erst **nach dem Umwandlungsvorgang** durch den übernehmenden Rechtsträger angeschafft wurden (Widmann/Mayer/Schießl Rn. 269; Neu/Hamacher GmbHR 2012, 280; aA BMF 11.11.2011, BStBl. I 2011, 1314 Rn. 18.09; FG Münster EFG 2017, 42; Frotscher/Drüen/Schnitter Rn. 126; Rödder/Herlinghaus/van Lishaut/Trossen Rn. 77). Abs. 3 S. 1 findet keine Anwendung für WG, die bei oder nach der Umwandlung SBV wurden (FG MV EFG 2022, 453).

38 Gehört das übergehende Vermögen zu einer **ausl. Betriebsstätte,** ist auf den insoweit entstehenden Gewinn aus der Veräußerung bzw. Aufgabe GewSt nicht zu erheben. Voraussetzung ist aber, dass das Vermögen auch noch im Zeitpunkt der Veräußerung oder Aufgabe zu einer ausl. Betriebsstätte gehört (Rödder/Herlinghaus/van Lishaut/Trossen Rn. 81; Dötsch/Pung/Möhlenbrock/Pung Rn. 57; BeckOK UmwStG/Weggenmann Rn. 405).

39 Im Hinblick auf den Sinn und Zweck des Abs. 3 unterliegt der **Gewinn** der übernehmenden PersGes dann nicht der GewSt nach Abs. 3, wenn er – **bei Fortbestehen der umgewandelten KapGes** – bei dieser auch der **GewSt nicht unterlegen hätte** (BFH BStBl. II 2015, 837; Rödder/Herlinghaus/van Lishaut/Trossen Rn. 43; Förster DB 2016, 789; vgl. auch Dötsch/Patt/Pung/Möhlenbrock/Pung Rn. 58).

40 Gehören zum Vermögen der übernehmenden PersGes auch Anteile an einer KapGes, deren Veräußerung bei natürlichen Personen als Anteilseigner bzw. MU der PersGes nach **§ 3 Nr. 40 EStG** dem Halbeinkünfte-/Teileinkünfteverfahren und bei Körperschaft als MU der PersGes nach **§ 8b VI KStG** der Steuerfreistellung unterliegen, so war ursprünglich zweifelhaft, ob diese Befreiung auch für den Veräußerungsgewinn nach Abs. 3 gilt. Der durch das RL-Umsetzungsgesetz mit Wirkung ab dem Erhebungszeitraum 2004 eingefügte S. 4 des § 7 GewStG regelt nunmehr, dass § 3 Nr. 40 EStG und § 3c II EStG bei der Ermittlung des Gewerbeertrags einer Mitunternehmerschaft anzuwenden sind, soweit bei einer Mitunternehmerschaft natürliche Personen unmittelbar oder mittelbar über eine oder mehrere andere Pers-

Ges beteiligt sind; iÜ ist, so § 7 S. 4 GewStG, § 8b KStG anzuwenden. Dies gilt auch für Zwecke des Abs. 3 (Dötsch/Pung/Möhlenbrock/Pung Rn. 60; Rödder/Herlinghaus/van Lishaut/Trossen Rn. 95; Förster DB 2016, 789).

Gehört zum Vermögen der übernehmenden PersGes (OberGes) ein Anteil an einer anderen Mitunternehmerschaft (UnterGes), so wird ein Veräußerungsgewinn von Abs. 3 nur erfasst, wenn die OberGes den Anteil an der UnterGes zusammen mit dem übergehenden Betrieb veräußert (Dötsch/Pung/Möhlenbrock/Pung Rn. 59). Wird ein Anteil an der übernehmenden PersGes (OberGes) veräußert, ist PersGes iSd Abs. 3 zwar die OberGes, der Gewinn aus der Veräußerung der Anteile an der OberGes enthält jedoch ggf. auch stille Reserven an der UnterGes. Dieser anteilige Gewinn wird durch Abs. 3 erfasst (Dötsch/Pung/Möhlenbrock/Pung Rn. 59; Neu/Hamacher GmbHR 2012, 280). Ist Gesellschafter der übernehmenden bzw. entstehenden PersGes (UnterGes) eine andere PersGes (OberGes) und wird der Anteil an der OberGes veräußert, ist der insoweit anteilig auf die stillen Reserven der Beteiligung an der UnterGes entstehende Veräußerungsgewinn nicht von Abs. 3 erfasst (Neu/Hamacher GmbHR 2012, 280); es fehlt an einer dem § 15 I Nr. 2 S. 2 EStG entsprechenden Regelung in Abs. 3 (so auch OFD Koblenz 27.12.2004, DB 2005, 78; Dötsch/Pung/Möhlenbrock/Pung Rn. 67; Rödder/Herlinghaus/van Lishaut/Trossen Rn. 88). **41**

Durch das StEntlG 1999/2000/2002 v. 24.3.1999 (BGBl. 1999 I 402) wurde in Abs. 4 S. 1 der Begriff „**Vermögensübergang**" durch den Begriff „**Umwandlung**" ersetzt. Diese Gesetzesänderung hat klarstellende Wirkung, sodass auch für die Rechtslage vor dem 1.1.1999 der Formwechsel von Abs. 3 erfasst wird (BFH/NV 2008, 109; 2007, 793; BStBl. II 2004, 474; Widmann/Mayer/Schießl Rn. 167; aA Rose FR 2005, 1 mwN). Im Rahmen des § 9 wird nämlich die formwechselnde Umw aus ertragstl. Sicht wie eine übertragende Umw behandelt. IÜ entspricht es dem Sinn und Zweck der Vorschrift, auch bei der formwechselnden Umw, die innerhalb des Fünf-Jahres-Zeitraums realisierten stillen Reserven der GewSt zu unterwerfen. **42**

c) Veräußerung oder Aufgabe eines Betriebs bzw. Teilbetriebs durch den übernehmenden Rechtsträger. Abs. 3 S. 1 knüpft hinsichtlich der GewStPfl ua an die Veräußerung eines Betriebs durch den übernehmenden Rechtsträger an. Der Begriff des **Betriebs** ist in Anlehnung an § 16 I 1 EStG auszulegen (Haritz/Menner/Bilitewski/Bohnhardt Rn. 144; Widmann/Mayer/Schießl Rn. 189; Frotscher/Drüen/Schnitter Rn. 34; Dötsch/Pung/Möhlenbrock/Pung Rn. 35; Rödder/Herlinghaus/van Lishaut/Trossen Rn. 69; Haase/Hofacker/Roser Rn. 58; Lademann/Ottersbach Rn. 20; Brandis/Heuermann/Klingberg Rn. 43). Die Veräußerung eines Betriebs liegt vor, wenn sämtliche wesentlichen Betriebsgrundlagen des Betriebs gegen Entgelt in der Weise auf den Erwerber übertragen werden, dass der Betrieb als geschäftlicher Organismus fortgeführt werden kann. Der Begriff „wesentlich" ist funktional-quantitativ zu bestimmen (Widmann/Mayer/Schießl Rn. 189; Rödder/Herlinghaus/van Lishaut/Trossen Rn. 62; Haase/Hofacker/Roser Rn. 58; NK-UmwR/Sellmann Rn. 16; Dötsch/Pung/Möhlenbrock/Pung Rn. 35). **43**

Soweit das Betriebsvermögen der KapGes von der übernehmenden PerGes (PerGes I) auf eine andere PerGes (PerGes II) übertragen worden ist, ohne dass dabei alle stillen Reserven aufgedeckt worden sind, unterliegt auch der Gewinn aus der Weiterveräußerung des Betriebs, Teilbetriebs, Anteils oder Teilanteils an der PerGes II, soweit sie dem gewerbesteuerverstrickten Betriebsvermögen der KapGes zuzuordnen sind, innerhalb der Fünfjahresfrist der GewSt (BFH FR 2016, 1004; HK-UmwStG/G. Kraft Rn. 46). **43a**

Auch bei der Veräußerung bzw. Aufgabe eines **Teilbetriebs** unterliegt der dadurch entstehende Auflösungs- oder Veräußerungsgewinn innerhalb des Fünf- **44**

Jahres-Zeitraums der GewSt. Die Veräußerung eines Teilbetriebs setzt voraus, dass sämtliche wesentlichen Betriebsgrundlagen, die den Teilbetrieb bilden, übertragen werden. Der Begriff des Teilbetriebs ist nach hM (vgl. → Rn. 46) wie in § 16 I 1 EStG auszulegen (Dötsch/Pung/Möhlenbrock/Pung Rn. 64; Widmann/Mayer/Schießl Rn. 199; Haase/Hofacker/Roser Rn. 66; NK-UmwR/Sellmann Rn. 24). Danach liegt eine Veräußerung eines Teilbetriebs vor, wenn sämtliche wesentlichen Betriebsgrundlagen des Teilbetriebs gegen Entgelt in der Weise auf den Erwerber übertragen werden, dass der Teilbetrieb als geschäftlicher Organismus fortgeführt werden kann. Der Begriff „wesentlich" ist funktional-quantitativ zu bestimmen (Haritz/Menner/Bilitewski/Bohnhardt Rn. 144; Rödder/Herlinghaus/van Lishaut/Trossen Rn. 82). Str. ist, ob die Teilbetriebsfiktion des § 16 I Nr. 15.2 EStG Anwendung findet (vgl. Rödder/Herlinghaus/van Lishaut/Trossen Rn. 82; Widmann/Mayer/Schießl Rn. 199; Dötsch/Pung/Möhlenbrock/Pung Rn. 64)

45 Wird ein Teilbetrieb des übernehmenden Rechtsträgers veräußert, so unterliegt dieser Veräußerungsgewinn nur dann der GewSt, wenn der Teilbetrieb zu dem übergehenden Vermögen gehört hat und die Anmeldung zur Eintragung in das für die Wirksamkeit der Umw maßgebende öffentliche Register vor dem 1.1.2008 erfolgte. Da Abs. 3 S. 1 für die Veräußerung eines Teilbetriebs nur entsprechend gilt, dürfte dies auch für die Zeiträume danach gelten (Rödder/Herlinghaus/van Lishaut/Trossen Rn. 84; aA Haase/Hofacker/Roser Rn. 67; Widmann/Mayer/Schießl Rn. 199).

46 Die **FVerw** geht offensichtlich davon aus, dass **Teilbetrieb** iSd Abs. 3 in der fusionsrechtlichen Ausprägung zu verstehen ist (BMF 11.11.2011, BStBl. I 2011, 1314 Rn. 18.05 iVm Rn. 15.02). Die FVerw stellt damit nicht auf die funktional-quantitative Betrachtungsweise ab. Dieses fusionsrechtliche Teilbetriebsverständnis hat insbes. für die Veräußerung bzw. Aufgabe eines Teilbetriebs im Zusammenhang mit Abs. 3 erhebliche Auswirkungen. Wird nämlich nur ein dem Teilbetrieb wirtschaftlich zuordenbares positives oder negatives WG zurückbehalten, liegt keine Teilbetriebsveräußerung vor, Abs. 3 findet keine Anwendung (krit. Dötsch/Pung/Möhlenbrock/Pung Rn. 64 mit dem Hinweis, bei Abs. 3 gehe es nicht um die Umstrukturierung als solche, sondern um die Aufgabe oder Veräußerung eines Teilbetriebs, was durch die Fusions-RL nicht geregelt ist).

47 d) Veräußerung oder Aufgabe eines Anteils an der Personengesellschaft. Ein Veräußerungs- bzw. Aufgabegewinn unterliegt gem. Abs. 3 S. 2 der GewSt, wenn ein Anteil an der übernehmenden bzw. entstehenden PersGes veräußert wird. Abs. 3 S. 2 bezieht sich auf die Veräußerung von Anteilen an der übernehmenden bzw. entstehenden PersGes (Widmann/Mayer/Schießl Rn. 203; Dötsch/Pung/Möhlenbrock/Pung Rn. 67).

48 Wurde auf eine **ZebraGes** verschmolzen (→ § 8 Rn. 10) und wird der im BV gehaltene Anteil an der übernehmenden PersGes innerhalb von fünf Jahren nach der Umw aufgegeben oder veräußert, so findet Abs. 3 S. 2 Alt. 2 Anwendung, da diese Regelung von einem „Anteil an einer PersGes" und nicht von einem Mitunternehmeranteil spricht (Frotscher/Drüen/Schnitter Rn. 79a; aA Rödder/Herlinghaus/van Lishaut/Trossen § 8 Rn. 58; vgl. auch Widmann/Mayer/Schießl Rn. 169). Die FVerw geht davon aus, dass bei der Verschm auf eine ZebraGes das Vermögen der übertragenden Rechtsträgers in keinem Fall Betriebsvermögen der übernehmenden PersGes wird (BMF 11.11.2011, BStBl. I 2011, 1314 Rn. 03.16). Veräußert ein Gesellschafter einer ZebraGes seinen Anteil an dieser Ges, so dürfte nach Auffassung der FVerw Abs. 3 keine Anwendung finden (vgl. BMF 11.11.2011, BStBl. I 2011, 1314 Rn. 18.05; ebenso Frotscher/Drüen/Schnitter Rn. 79a; Haase/Hofacker/Roser Rn. 71).

49 Abs. 3 S. 2 erfasst auch den Fall der Veräußerung eines **Teils eines Mitunternehmeranteils** (BMF 11.11.2011, BStBl. I 2011, 1314 Rn. 18.06; BFH FR 2016,

1004; BFH/NV 2008, 109; Dötsch/Pung/Möhlenbrock/Pung Rn. 68; Rödder/Herlinghaus/van Lishaut/Trossen Rn. 88; Widmann/Mayer/Schießl Rn. 208; Frotscher/Drüen/Schnitter Rn. 108).

Zum Mitunternehmeranteil gehört nicht nur das Gesamthandsvermögen, sondern auch das **SBV**. Wird der Mitunternehmeranteil veräußert oder aufgegeben, gilt Abs. 3 S. 2 auch hinsichtlich der stillen Reserven im SBV (Frotscher/Drüen/Schnitter Rn. 109; vgl. auch Rödder/Herlinghaus/van Lishaut/Trossen Rn. 85f). Abs. 3 S. 2 findet auf den gesamten Gewinn Anwendung. Str. ist, ob das SBV aus dem gewerbesteuerlichen Gewinn auszunehmen ist, wenn und soweit es vor der Umwandlung weder zum BV der KapGes noch zum BV der PersGes gehört hat, es vielmehr erst durch die Umwandlung SBV wurde (Rödder/Herlinghaus/van Lishaut/Trossen Rn. 86; HK-UmwStG/G. Kraft Rn. 54; FG MV, EFG 2022, 453). Wird ausschließlich das SBV veräußert, so findet Abs. 3 keine Anwendung (Frotscher/Drüen/Schnitter Rn. 109). Gleiches gilt, wenn der Mitunternehmeranteil ohne das SBV veräußert wird (Neu/Hamacher GmbHR 2012, 280), es sei denn, der Mitunternehmeranteil wird dadurch aufgegeben (vgl. Rödder/Herlinghaus/van Lishaut/Trossen Rn. 64). Entsprechendes gilt, wenn der Teil eines Mitunternehmeranteils veräußert wird. Werden 50% eines Mitunternehmeranteils und nur 30% des SBVs veräußert, so findet Abs. 3 nur insoweit Anwendung, als der Gewinn sich auf die 30% des übertragenden Mitunternehmeranteils bezieht, denn nur insoweit wurde der Teil eines Mitunternehmeranteils übertragen.

e) Veräußerung/Aufgabe. Veräußerung bedeutet die **entgeltliche Übertragung** des rechtlichen oder wirtschaftlichen Eigentums durch den übernehmenden Rechtsträger bezogen auf einen Betrieb, Teilbetrieb bzw. entgeltliche Übertragung eines Mitunternehmeranteils. Es ist ohne Bedeutung, ob die Veräußerung wegen einer Zwangs- oder Notlage erfolgt ist. Die FVerw (BMF 11.11.2011, BStBl. I 2011, 1314 Rn. 00.02) geht davon aus, dass Umwandlungsvorgänge grds. Veräußerungen darstellen, sodass die entsprechenden Sachverhalte unter Abs. 3 fallen (BMF 11.11.2011, BStBl. I 2011, 1314 Rn. 18.07; vgl. auch Haase/Hofacker/Roser Rn. 60). Gleiches soll gelten, wenn die PersGes nach § 1a KStG optiert (Ott DStZ 2022, 142). Ein gewstpfl. Gewinn entsteht aber nur dann, wenn im Rahmen der Einbringung bzw. Umw es tatsächlich zu einer Aufdeckung von stillen Reserven kommt (BFH FR 2016, 1004; Widmann/Mayer/Schießl Rn. 225; Frotscher/Drüen/Schnitter Rn. 88; Rödder/Herlinghaus/van Lishaut/Trossen Rn. 86; HK-UmwStG/G. Kraft Rn. 46). Bei der Veräußerung gegen wiederkehrende Bezüge gilt Abs. 3, auch wenn der Veräußerer die Zuflussbesteuerung wählt (BFH DStR 2013, 2050; BMF 11.11.2011, BStBl. I 2011, 1314 Rn. 18.06; FG Köln DStRE 2011, 894; Dötsch/Pung/Möhlenbrock/Pung Rn. 35; Widmann/Mayer/Schießl Rn. 286; aA Neu/Hamacher GmbHR 2012, 280; Neu/Schiffers/Watermeyer GmbHR 2011, 729). Besteht die Gegenleistung aus umsatz- oder **gewinnabhängigen Bezügen,** soll Abs. 3 keine Anwendung finden, da nachträgliche Einkünfte vorliegen und damit kein Veräußerungsgewinn erzielt wird (Neu/Hamacher GmbHR 2012, 280). Erfolgt die Übertragung gegen Versorgungsleistungen, kommt es nicht zu einer Aufdeckung von stillen Reserven, sodass ein gewstpfl. Gewinn nicht entsteht (Widmann/Mayer/Schießl Rn. 224; vgl. BMF 11.3.2010, BStBl. I 2010, 227 Rn. 5, 23). Nach Auffassung des NdsFG (EFG 2009, 1691) steht die Veräußerung sämtlicher Mitunternehmeranteile in einem sachlichen und zeitlichen Zusammenhang der Veräußerung des Betriebs gleich. Kommt es zu einer vollentgeltlichen Übertragung, findet auf den Erwerber die fünfjährige Sperrfrist des Abs. 3 keine Anwendung, eine Rechtsnachfolge scheidet insoweit mangels gesetzlicher Grundlage aus (Neu/Hamacher GmbHR 2012, 280; zur Besonderheit der Einbringung → Rn. 54).

52 Die **unentgeltliche Übertragung** nach § 6 III EStG ist keine Veräußerung. Der unentgeltliche Rechtsnachfolger soll nach hM für den Rest der Fünf-Jahres-Frist des Abs. 3 in die Rechtsstellung seines Rechtsvorgängers eintreten (BMF 11.11.2011, BStBl. I 2011, 1314 Rn. 18.08; Dötsch/Pung/Möhlenbrock/Pung Rn. 36; Haritz/Menner/Bohnhardt Rn. 156; Rödder/Herlinghaus/van Lishaut/Trossen Rn. 63; Frotscher/Drüen/Schnitter Rn. 86; Haase/Hofacker/Roser Rn. 59; vgl. auch zur unentgeltlichen Übertragung eines Mitunternehmeranteils im Wege des Erbfalls BFH BStBl. II 2004, 474). Dem kann jedenfalls mit dieser Begründung nicht gefolgt werden, da § 6 III EStG eine solche Rechtsnachfolge nicht vorsieht (zu Recht zweifelnd daher Widmann/Mayer/Schießl Rn. 219). Der BFH kommt aufgrund einer gewstl. Verstricktheit des Vermögens zum gleichen Ergebnis wie die hM (BFH FR 2016, 1004). Werden nicht sämtliche funktional wesentlichen Betriebsgrundlagen (vgl. BMF 3.3.2005, BStBl. I 2005, 458) übertragen, gilt § 6 III EStG nicht. Hinsichtlich der aufgedeckten stillen Reserven soll Abs. 3 anwendbar sein (BMF 11.11.2011, BStBl. I 2011, 1314 Rn. 18.08). Zum Entstehen eines Gewinns auf Grund von § 6 III 2 EStG vgl. Neu/Hamacher GmbHR 2012, 280.

53 Kommt es zu einer **teilentgeltlichen Übertragung,** findet § 6 III EStG Anwendung, wenn der Kaufpreis unter dem BW des übertragenen Vermögens liegt, Abs. 3 gilt nicht. Ist der Kaufpreis höher als der BW, unterliegt die Diff. der Steuer nach Abs. 3 (BMF 11.11.2011, BStBl. I 2011, 1314 Rn. 18.08; Dötsch/Pung/Möhlenbrock/Pung Rn. 37; Frotscher/Drüen/Schnitter Rn. 87; Widmann/Mayer/Schießl Rn. 221; Rödder/Herlinghaus/van Lishaut/Trossen Rn. 64; Neu/Hamacher GmbHR 2012, 280). Nach überwiegender Auffassung in der Lit. (Dötsch/Patt/Pung/Möhlenbrock/Pung Rn. 37; Wacker DStZ 2002, 458; Neu/Hamacher GmbHR 2012, 280; offengelassen durch BFH BStBl. II 2004, 474) soll der teilentgeltliche Rechtsnachfolger für den Rest der Fünf-Jahres-Frist in die Sanktionen des Abs. 3 eintreten (Rödder/Herlinghaus/van Lishaut/Trossen Rn. 64; Frotscher/Drüen/Schnitter Rn. 87; → Rn. 52).

54 Wird ein Betrieb, Teilbetrieb oder Mitunternehmeranteil **gegen Gewährung von Gesellschaftsrechten** in eine KapGes oder PersGes nach §§ 20, 24 eingebracht, so liegt ein Veräußerungsgeschäft vor. Soweit ein Gewinn entsteht, findet Abs. 3 Anwendung (BMF 11.11.2011, BStBl. I 2011, 1314 Rn. 18.07; Dötsch/Pung/Möhlenbrock/Pung Rn. 38; Rödder/Herlinghaus/van Lishaut/Trossen Rn. 66). Dies gilt unabhängig davon, ob die stl. Einbringung sich zivilrechtlich im Wege der Gesamt-, Sonder- oder Einzelrechtsnachfolge vollzieht. Der übernehmende Rechtsträger ist für den Rest der Fünf-Jahres-Frist der Vorschrift des Abs. 3 unterworfen (Rödder/Herlinghaus/van Lishaut/Trossen Rn. 66), es sei denn, die Einbringung erfolgt im Wege der Einzelrechtsnachfolge unter Ansatz des gemeinen Wertes (BMF 11.11.2011, BStBl. I 2011, 1314 Rn. 18.07). Entsprechendes soll für den Formwechsel iSd § 25 gelten (Dötsch/Pung/Möhlenbrock/Pung Rn. 38; Widmann/Mayer/Schießl Rn. 237; aA Haritz/Menner/Bilitewski/Bohnhardt Rn. 157), was nicht zweifelsfrei ist, da der Formwechsel zwar stl. eine Vermögensübertragung darstellt, ein Veräußerungsgeschäft aber im eigentlichen Sinne nicht vorliegt (→ § 22 Rn. 46). Veräußert der Einbringende innerhalb der Sieben-Jahres-Frist des § 22 die als Gegenleistung erhaltenen Anteile, entsteht ein **Einbringungsgewinn I.** Dieser soll unter Abs. 3 fallen, sofern die Fünf-Jahres-Frist dieser Vorschrift zum Einbringungsstichtag noch nicht abgelaufen ist (Dötsch/Pung/Möhlenbrock/Pung Rn. 38; Rödder/Herlinghaus/van Lishaut/Trossen Rn. 62; Frotscher/Drüen/Schnitter Rn. 88; aA Plewka/Herr BB 2009, 2736). Bei der Einbringung eines Betriebs, Teilbetriebs oder Mitunternehmeranteils in eine PersGes gilt das Gesagte entsprechend (vgl. dazu auch BFH FR 2016, 1004). Abs. 3 findet auch insoweit Anwendung, als der Einbringende an der übernehmenden PersGes beteiligt ist (BMF 11.11.2011, BStBl. I 2011, 1314 Rn. 18.09; Rödder/Herlinghaus/van Lishaut/Trossen Rn. 67; vgl. auch Dötsch/Pung/Möhlenbrock/Pung Rn. 39).

§ 18 UmwStG D 54a–57 GewSt bei Vermögensübergang auf PersGes

54a Kommt es zu einer **verdeckten Einlage** eines Betriebs, Teilbetriebs oder Mitunternehmeranteils in eine KapGes, unterliegt der dadurch entstehende Gewinn der GewSt nach Abs. 3, da eine Betriebsaufgabe vorliegt (BMF 11.11.2011, BStBl. I 2011, 1314 Rn. 18.08; Frotscher/Drüen/Schnitter Rn. 95; Dötsch/Pung/Möhlenbrock/Pung Rn. 41; Haase/Hofacker/Roser Rn. 65; Widmann/Mayer/Schießl Rn. 240; vgl. auch BFH BStBl. II 2006, 457; Rödder/Herlinghaus/van Lishaut/Trossen „Veräußerung"). Wird ein Betrieb, Teilbetrieb oder Mitunternehmeranteil verdeckt in eine PersGes eingelegt, liegt ein unentgeltlicher Erwerb vor, ein gewstpfl. Gewinn entsteht nicht (Dötsch/Pung/Möhlenbrock/Pung Rn. 41; Frotscher/Drüen/Schnitter Rn. 95). Die Überführung von einzelnen Wirtschaftsgütern nach § 6 V EStG ist keine Veräußerung, soweit sie unentgeltlich erfolgt; der rückwirkende Teilwertansatz nach § 6 V 4 ff. EStG fällt nicht unter Abs. 3 (Dötsch/Pung/Möhlenbrock/Pung Rn. 41), da in diesem Fall die Veräußerung eines WG und nicht eines Betriebs oder Teilbetriebs gegeben ist.

55 Wird eine **PersGes real geteilt**, so entsteht kein gewstpfl. Gewinn, wenn die Realteilung sich gem. § 16 III 2 ff. EStG steuerneutral vollzieht (Widmann/Mayer/Schießl Rn. 242; Dötsch/Pung/Möhlenbrock/Pung Rn. 77; Haritz/Menner/Bilitewski/Bohnhardt Rn. 162). Nach hM (Widmann/Mayer/Schießl Rn. 242; Haase/Hofacker/Roser Rn. 73) soll der übernehmende MU jedoch in die Rechtsstellung der PersGes eintreten und damit die Fünf-Jahres-Frist des Abs. 3 fortführen. Dem kann mit dieser Begründung nicht gefolgt werden, da § 16 III 2 EStG eine solche Rechtsnachfolge nicht anordnet. Der BFH kommt aufgrund einer Gewerbesteuerverstrickheit des Vermögens zum gleichen Ergebnis wie die hM (BFH FR 2016, 1004). Soweit die Realteilung sich nicht steuerneutral vollzieht, weil bspw. ein Spitzenausgleich geleistet wird, findet Abs. 3 Anwendung (vgl. dazu Widmann/Mayer/Schießl Rn. 242; Rödder/Herlinghaus/van Lishaut/Trossen Rn. 71). Soweit bei der Realteilung einzelne WG übertragen worden sind und es auf Grund des § 16 II 3 EStG nachträglich zu einer Gewinnrealisierung kommt, soll Abs. 3 nicht gelten, da hier nur einzelne WG und nicht ein Betrieb, Teilbetrieb oder Mitunternehmeranteil aufgegeben bzw. veräußert wird (Widmann/Mayer/Schießl Rn. 242; Dötsch/Pung/Möhlenbrock/Pung Rn. 77; aA Haritz/Menner/Bilitewski/Bohnhardt Rn. 162; Rödder/Herlinghaus/van Lishaut/Trossen Rn. 71).

56 **Scheidet eine natürliche Person als Gesellschafter** innerhalb der Fünf-Jahres-Frist aus der übernehmenden PersGes gegen Abfindung in Geld **aus**, so liegt eine Veräußerung seines Anteils an der übernehmenden PersGes vor. Der dadurch entstehende Veräußerungsgewinn ist ggf. nach Abs. 3 gewstpfl. (Widmann/Mayer/Schießl Rn. 246; Haase/Hofacker/Roser Rn. 69; Rödder/Herlinghaus/van Lishaut/Trossen Rn. 87; aA Bien ua DStR-Beil. zu Heft 17/1998, 34, da bei der PersGes das Vermögen verbleibt und diese fortgeführt wird). Gleiches gilt, wenn eine Sachwertabfindung erfolgt und der Ausscheidende die WG in das PV überführt (Rödder/Herlinghaus/van Lishaut/Trossen Rn. 87).

57 Eine **Betriebsaufgabe** liegt vor, wenn die bisherige gewerbliche Tätigkeit endgültig eingestellt wird. Die Betriebsaufgabe setzt des Weiteren voraus, dass als wesentlichen Betriebsgrundlagen in einem einheitlichen Vorgang in das PV überführt oder aber an verschiedene Erwerber veräußert oder teilw. veräußert oder in das PV überführt werden. Von einer Betriebsaufgabe ist nicht auszugehen, wenn nur einige WG aus dem BV der übernehmenden PersGes entnommen werden, da es unter diesen Voraussetzungen nicht zu einer Aufgabe eines Betriebs oder Teilbetriebs kommt (Widmann/Mayer/Schießl Rn. 249; Dötsch/Pung/Möhlenbrock/Pung Rn. 42 f.; Siebert DStR 2000, 758; Bien ua DStR-Beil. zu Heft 17/1998, 34; vgl. auch Patt FR 2000, 1115, der mit der Begründung, bei Abs. 3 handele es sich um eine gesetzl. Vorschrift, die eine stpfl. auslösende Veräußerung bzw. Aufgabe nach GewStR bestimmt). Zu einer GewStPfl nach Abs. 3 kommt es erst dann, wenn innerhalb der Fünf-Jahres-Frist das gesamte Vermögen der übernehmenden PersGes sukzessiv entnommen wird (Widmann/Mayer/Schießl Rn. 249; Bien ua DStR-Beil. zu Heft 17/1998, 34). Kommt es außerhalb des Fünf-Jahres-Zeitraums zur Entnahme der letzten wesentlichen Betriebsgrundlage, findet Abs. 3 keine Anwendung, da der schädliche Zeitraum verstrichen ist (Widmann/Mayer/Schießl Rn. 249; Siebert DStR 2000, 758, der jedoch fälschlicherweise davon ausgeht, dass insoweit ggf. § 42 AO zur Anwendung kommt; → Rn. 34; aA BMF 11.11.2011, BStBl. I 2011, 1314 Rn. 18.05 iVm Rn. 06.10).

58 Abs. 3 kommt auch dann zur Anwendung, wenn die Veräußerung oder Aufgabe aus triftigem Grund erfolgt (BFH BStBl. II 2004, 474; Dötsch/Pung/Möhlenbrock/Pung Rn. 46; Widmann/Mayer/Schießl Rn. 218).

59 **f) Steuerliche Folgen.** Abs. 3 bezieht sich auf den Aufgabe- bzw. Veräußerungsgewinn, der zum Zeitpunkt der Veräußerung/Aufgabe des Betriebs, Teilbetriebs bzw. Mitunternehmeranteils zu ermitteln ist (BMF 11.11.2011, BStBl. I 2011, 1314 Rn. 18.09; BFH FR 2016, 1004; DStR 2013, 2050; FR 2006, 422; Rödder/Herlinghaus/van Lishaut/Trossen Rn. 90; Haritz/Menner/Bilitewski/Bohnhardt Rn. 171; Dötsch/Pung/Möhlenbrock/Pung Rn. 45). Zu einer nachträglichen Versteuerung des Umwandlungsvorgangs selbst kommt es nicht. Der auf den Aufgabe- oder Veräußerungsgewinn iSd Abs. 3 S. 1, 2 beruhende Teil des Gewerbesteuermessbetrags ist bei der Ermäßigung der Einkommensteuer nicht zu berücksichtigen (Abs. 3 S. 3). Die Vorschrift hat nach Auffassung des BFH klarstellende Wirkung (BFH BStBl. II 2010, 912). Unterliegt ein Gewinn sowohl nach § 7 S. 1, 2 GewStG als auch nach Abs. 3 der GewSt, so soll Abs. 3 vorrangig anzuwenden sein (→ Rn. 33). Kommt es zu einer Betriebsaufgabe nach § 16 IIIa EStG, kann die auf diesen Gewinn entfallende festgesetzte Einkommensteuer in EU-/EWR-Fällen nach § 36 V EStG zinslos auf fünf Jahre gestreckt werden. Im Grundsatz wird eine etwaige GewSt wegen der insoweit ausgelösten Steuerermäßigung bei der Ermittlung der festzusetzenden Einkommensteuer mindernd berücksichtigt. Findet jedoch bezogen auf die Entstrickung Abs. 3 Anwendung, scheidet nach **Abs. 3 S. 3** eine Einkommensteuerermäßigung im Grundsatz aus. Gewinne aus Geschäftsvorfällen, die auf der im Wesentlichen unveränderten Fortführung der bisherigen unternehmerischen Tätigkeit der PersGes beruhen, sind keine Aufgabe- oder Veräußerungsgewinne iSv Abs. 3, selbst wenn sie im zeitlichen Zusammenhang mit der Aufgabe oder Veräußerung des Betriebs ua entstehen, sodass insoweit eine Einkommensteuerermäßigung nach § 35 EStG in Betracht kommt (BFH/NV 2016, 139). Auch kann die im Anschluss an die Umw einer OrganGes in eine PersGes erzielten und mit der GewSt belasteten Veräußerungs- und Aufgabegewinne der Steuerermäßigung nach § 35 EStG unterliegen (BFH BStBl. II 2015, 837; Förster DB 2016, 789). Abs. 3 sieht keine Stundung für die GewSt vor (vgl. dazu auch Neu/Hamacher GmbHR 2012, 280). Im Regelungsbereich des Abs. 3 ist der Freibetrag nach **§ 16 IV EStG** nicht zu berücksichtigen (BFH DStR 2015, 1378; Haritz/Menner/Bilitewski/Bohnhardt Rn. 170). § 4 Vb EStG steht dem Abzug von GewSt als BA iSv § 4 IV EStG nur beim Schuldner der GewSt entgegen, nicht auch dem Dritten, der sich vertraglich zur Übernahme der GewSt verpflichtet (BFH DStR 2019, 975).

60 Abs. 3 stellt ausschließlich auf Veräußerungs- bzw. Aufgabe**gewinne** ab, die Vorschrift erwähnt nicht Verluste, obwohl das Gesetz ansonsten zwischen Gewinnen und Verlusten sprachlich diff. (vgl. § 4 IV 1; Abs. 2). Entstehen damit durch die Veräußerung oder Aufgabe Verluste, sollen diese beim Gewerbeertrag nicht berücksichtigt werden (BMF 11.11.2011, BStBl. I 2011, 1314 Rn. 18.10; Widmann/Mayer/Schießl Rn. 282; Dötsch/Pung/Möhlenbrock/Pung Rn. 48; Haritz/Menner/Bilitewski/Bohnhardt Rn. 181; aA Neu/Schiffers/Watermeyer GmbHR 2011, 729).

61 Die erweiterte GewStPfl trifft den übernehmenden Rechtsträger, er ist **Steuerschuldner,** und zwar selbst dann, wenn er iÜ nicht gewstpfl. ist (BFH DStR 2013,

1324; BMF 11.11.2011, BStBl. I 2011, 1314 Rn. 18.11; Rödder/Herlinghaus/van Lishaut/Trossen Rn. 93; Widmann/Mayer/Schießl Rn. 291). Dies gilt auch, wenn ein Mitunternehmeranteil an der übernehmenden PersGes veräußert wird (Rödder/Herlinghaus/van Lishaut/Trossen Rn. 94; Dötsch/Pung/Möhlenbrock/Pung Rn. 54, 72).

§ 19 Gewerbesteuer bei Vermögensübergang auf eine andere Körperschaft

(1) Geht das Vermögen der übertragenden Körperschaft auf eine andere Körperschaft über, gelten die §§ 11 bis 15 auch für die Ermittlung des Gewerbeertrags.

(2) Für die vortragsfähigen Fehlbeträge der übertragenden Körperschaft im Sinne des § 10a des Gewerbesteuergesetzes gelten § 12 Abs. 3 und § 15 Abs. 3 entsprechend.

1. Allgemeines

a) **Gewerbesteuerpflicht.** Jedes stehende Gewerbe unterliegt gem. § 2 I **1** GewStG der GewSt. Nach § 2 II 1 GewStG gilt als Gewerbebetrieb stets und im vollen Umfang die Tätigkeit der KapGes (SE, AG, GmbH, KGaA), eG, VVaG. Gem. § 2 III GewStG gilt als Gewerbebetrieb auch die Tätigkeit der sonstigen jur. Personen des Privatrechts und der nicht rechtsfähigen Vereine, soweit sie einen wirtschaftlichen Geschäftsbetrieb unterhalten. Das GewStG bestimmt, ob eine GewStPfl für die übertragende oder übernehmende Körperschaft besteht. Ist dies der Fall, so wird der Gewerbeertrag der übertragenden Körperschaft bzw. der übernehmenden Körperschaft gem. § 7 GewStG ermittelt. Der Gewerbeertrag ist demgemäß der nach den Vorschriften des KStG zu ermittelnde Gewinn aus Gewerbebetrieb vermehrt und vermindert um die in §§ 8, 9 GewStG bezeichneten Beträge. Der Erhebungszeitraum für die GewSt ist gem. § 14 GewStG das Kj. Besteht die GewStPfl nicht während des ganzen Jahres, so tritt an die Stelle des Kj. der Zeitraum der StPfl, wobei maßgebend der Gewerbeertrag nach § 10 GewStG der im Kj. bezogene, bei abw. Wj. der Gewerbeertrag aus dem Wj., das im Erhebungszeitraum endet, ist. Die GewStPfl iSd § 14 GewStG endet nach § 2 V GewStG, sofern ein völliger **Unternehmerwechsel** vorliegt und der Gewerbebetrieb durch den bisherigen Unternehmer als eingestellt gilt. Zu einem Unternehmenswechsel kommt es auch in den Fällen der Gesamtrechtsnachfolge in Form der Verschm einer Körperschaft auf eine andere Körperschaft. Beim Formwechsel einer Körperschaft in eine andere Körperschaft kommt es zu keinem Unternehmerwechsel; § 2 V GewStG liegt nicht vor.

§ 19 knüpft an die gewstl. Vorschrift an und ist **gegenüber der Vorschrift** **2** **des § 7 GewStG lex specialis** (Rödder/Herlinghaus/van Lishaut/Trossen Rn. 5; Dötsch/Pung/Möhlenbrock/Möhlenbrock Rn. 2; Haase/Hofacker/Roser Rn. 5). Sie begründet keinen neuen gewstl. Tatbestand (Rödder/Herlinghaus/van Lishaut/Trossen Rn. 5; Haritz/Menner/Bilitewski/Wisnieswki Rn. 9; Haase/Hofacker/Roser Rn. 5; NK-UmwR/Sellmann Rn. 3). § 19 trifft lediglich eine Aussage über die Ermittlung der Besteuerungsgrundlage (Widmann/Mayer/Schießl Rn. 4.3; Haritz/Menner/Bilitewski/Wisnieswki Rn. 9).

§ 19 regelt die gewstl. Auswirkungen einer Verschm oder Vermögensübertragung **3** (Vollübertragung) oder Spaltung in Form der Auf- und Abspaltung von einer Körperschaft auf eine andere Körperschaft und bestimmt dabei, dass die §§ 11–13, 15 auch für die Ermittlung des Gewerbeertrages nach § 2 V GewStG iVm § 7 GewStG gelten. § 19 betrifft sowohl die **übertragende Körperschaft**, wie sich aus §§ 11, 15 ergibt, die **übernehmende Körperschaft**, wie sich aus der Verweisung auf § 12 ergibt (Frotscher/Drüen/Schnitter Rn. 2; Brandis/Heuermann/Klingberg Rn. 7;

Widmann/Mayer/Schießl Rn. 4), als auch die Anteilseigner der übertragenden Körperschaft (§ 19 iVm § 13).

4   **b) Inhalt der Vorschrift.** Abs. 1 bestimmt, dass die §§ 11–13, 15 auch für die Ermittlung des Gewerbeertrages nach § 2 V GewStG iVm § 7 GewStG gelten.

5   Abs. 2 regelt – deklaratorisch – die Folgen für die vortragsfähigen Gewerbeverluste iSd § 10a GewStG. Durch den bereits in Abs. 1 vorgenommenen Verweis auf § 12, der in Abs. 3 auf § 4 II 2 verweist, ist die entsprechende Aussage bereits dort enthalten (Rödder/Herlinghaus/van Lishaut/Trossen Rn. 33).

6   **c) Verhältnis zwischen § 19 und § 18.** § 19 regelt den Vermögensübergang, insbes. die Verschm, Auf- oder Abspaltung von einer Körperschaft auf eine andere Körperschaft in Ergänzung zu §§ 11–13, 15. § 18 betrifft demgegenüber den Vermögensübergang durch Verschm, Auf- oder Abspaltung sowie den Formwechsel einer Körperschaft auf/in eine PersGes bzw. natürliche Person und ergänzt damit die §§ 3–9, 15, 16 für die Ermittlung der GewSt der übertragenden Körperschaft und der übernehmenden PersGes bzw. natürlichen Person.

7   **d) Persönlicher Geltungsbereich.** § 19 bezieht sich sowohl auf die **übertragende** und die **übernehmende Körperschaft,** als auch auf die Anteilseigner der übertragenden Körperschaft. Dies ergibt sich daraus, dass § 19 wohl auf §§ 11 und 15 als auch auf §§ 12, 13 verweist (BMF 11.11.2011, BStBl. I 1314 Rn. 19.01; Widmann/Mayer/Schießl Rn. 4; Dötsch/Pung/Möhlenbrock/Möhlenbrock Rn. 2).

2. Gewerbesteuerpflicht des Übertragungsgewinns

8   § 19 verweist auf § 11, der die Wertansätze in der stl. Schlussbilanz der übertragenden Körperschaft regelt. Ein sich bei der übertragenden Körperschaft ergebender **Übertragungsgewinn** unterliegt gem. Abs. 1 grds. der GewSt, und zwar unabhängig davon, ob es zu einer zwangsweisen Aufstockung der Wertansätze in der stl. Schlussbilanz kommt oder ein höherer Wertansatz durch Ausübung des Wahlrechts sich ergibt (Rödder/Herlinghaus/van Lishaut/Trossen Rn. 10 ff.).

9   § 19 begründet keinen neuen GewSt-Tatbestand. Nach Abs. 1 werden solche **Gewinne nicht zum Gewerbeertrag** gerechnet, die als solche nicht zum Gewerbeertrag **gehören** (Rödder/Herlinghaus/van Lishaut/Trossen Rn. 5; Dötsch/Pung/Möhlenbrock/Möhlenbrock Rn. 4; Widmann/Mayer/Schießl Rn. 7). Setzt die übertragende Körperschaft in ihrer stl. Schlussbilanz eine Beteiligung an einer anderen Körperschaft mit einem über dem BW liegenden Wert an, so findet § 8b KStG Anwendung (BMF 28.4.2003, BStBl. I 2003, 292 Rn. 23; Rödder/Herlinghaus/van Lishaut/Trossen Rn. 15; Brandis/Heuermann/Klingberg Rn. 12). Verwaltet und nutzt die übertragende Körperschaft eigenen Grundbesitz iSd § 9 Nr. 1 S. 2 GewStG, greift die Gewerbeertragsteuerkürzung auch hinsichtlich des Übertragungsgewinns (Rödder/Herlinghaus/van Lishaut/Trossen Rn. 15; Haritz/Menner/Bilitewski/Wisniewski Rn. 12; Widmann/Mayer/Schießl Rn. 11; Frotscher/Drüen/Schnitter Rn. 16). Für den Fall, dass Grundbesitz innerhalb von drei Jahren vor der Aufdeckung der stillen Reserven unter dem TW des BV überführt worden ist, regelt § 9 Nr. 1 S. 5 Nr. 2 GewStG idF des RL-Umsetzungsgesetzes v. 15.12.2004 (BGBl. 2004 I 3310), dass die erweiterte Kürzung nach § 9 Nr. 1 S. 2 und 3 GewStG insoweit nicht zu gewähren ist, als der Gewerbeertrag auf stille Reserven fällt, die bis zur Übertragung der Grundstücke auf den veräußernden Gewerbebetrieb entstanden sind; diese gesetzliche Regelung gilt auch für die steuerneutrale Übertragung des Grundbesitzes in einer KapGes nach § 20 (vgl. Dötsch/Pung DB 2005, 10). Aus § 9 Nr. 3 GewStG ergibt sich, dass die Aufdeckung stiller Reserven in ausl. Betriebsstätten nicht der GewSt unterliegt (Widmann/Mayer/Schießl Rn. 12; Haritz/Menner/Bilitewski/Wisniewski Rn. 11; Dötsch/Pung/Möhlenbrock/Möhlenbrock Rn. 5). § 7 S. 2 GewStG gilt für Anteile an PersGes.

Der Übertragungsgewinn entsteht zum **stl. Übertragungsstichtag** (Rödder/ **10**
Herlinghaus/van Lishaut/Trossen Rn. 15). Der Anfall der GewSt kann dadurch
entfallen, dass die übertragende Körperschaft einen lfd. Verlust im Erhebungszeitraum erzielt bzw. über gewstl. Verluste gem. § 10a GewStG verfügt (Widmann/
Mayer/Schießl Rn. 13; Brandis/Heuermann/Klingberg Rn. 12). Die Gewerbesteuerschuld entsteht in der Person des übertragenden Rechtsträgers, geht jedoch im
Wege der Gesamtrechtsnachfolge auf den übernehmenden Rechtsträger über.

Ein im Fall der Aufwärtsverschmelzung entstehender **Beteiligungskorrekturge-** **11**
winn nach § 11 II 2 löst nach § 11 II 3 UmwStG iVm § 8b II 4 f. KStG ggf. GewSt
aus (Rödder/Herlinghaus/van Lishaut/Trossen Rn. 14; Dötsch/Pung/Möhlenbrock/Möhlenbrock Rn. 3; Widmann/Mayer/Schießl Rn. 10.1; Haritz/Menner/
Bilitewski/Wisniewski Rn. 8).

3. Gewerbesteuerliche Erfassung des Übernahmegewinns

Ein Übernahmegewinn/-Verlust ist nach Abs. 1 S. 1 iVm § 12 III auch für Zwe- **12**
cke der Ermittlung des Gewerbertrages grds. außer Ansatz zu lassen (Widmann/
Mayer/Schießl Rn. 17; DPPM UmwStR/Möhlenbrock Rn. 6).

Ein auch für die GewSt bedeutsamer Übernahmegewinn entsteht im Falle der **13**
Aufwärtsverschmelzung nach § 12 II 2 UmwStG iVm § 8b III 1 KStG (fünfprozentige Besteuerung) bzw. in den Fällen des § 12 II 2 UmwStG iVm **§ 8b VII, VIII
KStG** (→ § 12 Rn. 41 ff.).

Wird die TochterGes auf die MutterGes verschmolzen, sind die Anteile an der **14**
übertragenden Körperschaft bei der übernehmenden Körperschaft mit dem BW
erhöht, um in früheren Jahren steuerwirksam vorgenommene Abschreibungen,
Abzüge nach § 6b EStG und ähnliche Abzüge höchstens aber mit dem gemeinen
Wert anzusetzen (→ § 12 Rn. 14 ff.). Dieser sog. **Beteiligungskorrekturgewinn**
unterliegt grds. der GewSt (Dötsch/Pung/Möhlenbrock/Möhlenbrock Rn. 7;
Rödder/Herlinghaus/van Lishaut/Trossen Rn. 21).

Nach Abs. 1 iVm § 12 III, § 4 II, III tritt die übernehmende Körperschaft auch **15**
für die Ermittlung des Gewerbertrages in die stl. Rechtsstellung der übertragenden
Körperschaft ein. Dies hat nach Meinung der FVerw insbes. Bedeutung für die
Besitzzeitanrechnung im Hinblick auf die Regelungen in **§ 8 Nr. 5 GewStG, § 9
Nr. 2a, Nr. 7 GewStG** (vgl. Ernst Ubg 2012, 678) und die weitere Abschreibung
der übergebenen WG beim übernehmenden Rechtsträger. Der BFH (DStR 2014,
1229) weist darauf hin, dass die Besitzzeitanrechnung des § 4 II 3 auf einen Zeitraum
(„Dauer der Zugehörigkeit") abstellt, der für die Besteuerung von Bedeutung ist.
Soweit eine Vorschrift wie bspw. § 9 Nr. 2a GewStG nicht auf einen Zeitraum,
sondern auf einen Zeitpunkt, nämlich den Beginn des Erhebungszeitraums abstellt,
sei § 4 II 3 nicht anwendbar. Bezogen auf die Regelungen, die auf einen Zeitpunkt
abstellen, hilft nach Auffassung der BFH auch nicht die Generalklausel des § 4 II 1,
da diese durch § 4 II 3 verdrängt würde (vgl. dazu Lenz/Adrian DB 2014, 2670).
Ob ein stichtagsbezogenes Beteiligungserfordernis dort stl. Rückwirkung nach § 2 I
erfüllt werden kann (→ § 12 Rn. 92), ließ der BFH offen. Zum Nichtübergehen
von gewstl. Verlustvorträgen → Rn. 17. Ein evtl. Zinsvortrag iSd § 4h EStG geht
nicht über.

Übernahmefolgegewinn iSd § 6 stellt keinen steuerfreien Übernahmegewinn **16**
iSd Abs. 1 iVm § 12 II 1 dar. Der Übernahmefolgegewinn, der eine logische
Sekunde nach dem Umwandlungsstichtag beim übernehmenden Rechtsträger durch
Konfusion entsteht, unterliegt bei der Umw auf einen gewerblichen Betrieb der
GewSt (vgl. BMF 11.11.2011, BStBl. I 1314 Rn. 06.02; Rödder/Herlinghaus/van
Lishaut/Trossen Rn. 25; Dötsch/Pung/Möhlenbrock/Möhlenbrock Rn. 8; Haritz/
Menner/Bilitewski/Wisniewski Rn. 26). Die durch den Übernahmefolgegewinn
entstehende Gewerbesteuerbelastung mindert nicht den Übernahmegewinn.

4. Minderung vortragsfähiger Fehlbeträge iSd § 10a GewStG

17 Abs. 2 regelt – deklaratorisch – die Folgen für die vortragsfähigen Gewerbeverluste des übertragenden Rechtsträgers iSd § 10a GewStG. Durch den in Abs. 1 vorgenommenen Verweis auf § 12, der in Abs. 3 auf § 4 II 2 verweist, ist die entsprechende Aussage des Abs. 2 bereits in Abs. 1 enthalten (Rödder/Herlinghaus/van Lishaut/Trossen Rn. 33). Nach § 12 III iVm § 4 III 2 gehen bei der Verschm verrechenbare Verluste, verbleibende Verlustvorträge, nicht ausgeglichene negative Einkünfte, ein Zinsvortrag nach § 4h I 5 EStG und ein EBITDA-Vortrag nach § 4h I 3 EStG der übertragenden Körperschaft nicht auf den übernehmenden Rechtsträger über. Entsprechendes gilt für die Aufspaltung einer Körperschaft. Es gehen damit sowohl vortragsfähige Fehlbeträge als auch Fehlbeträge des lfd. Erhebungszeitraums unter (Dötsch/Pung/Möhlenbrock/Möhlenbrock Rn. 11). Nicht abschließend geklärt ist, ob § 2 IV auch für die GewSt gilt (vgl. FG Bln-Bbg DStRE 2021, 1194; Dötsch/Pung/Möhlenbrock/Dötsch § 2 Rn. 95, 120; Molan/Wecke DB 2014, 1447; Dodenhoff FR 2014, 687; Behrendt/Klages BB 2013, 1815). Ist die übertragende Körperschaft an einer nachgeordneten Körperschaft beteiligt, kann es zu einem sog. schädlichen Beteiligungserwerb nach § 8c I KStG kommen. Bis zum schädlichen Beteiligungserwerb nicht ausgeglichene oder abgezogene negative Einkünfte der nachgeordneten Körperschaft gehen damit quotal oder vollumfänglich ggf. verloren. Bezogen auf die gewstl. Fehlbeträge der nachgeordneten Körperschaft ist § 10a S. 1 GewStG anzuwenden (Dötsch/Pung/Möhlenbrock/Möhlenbrock Rn. 13; BMF 4.7.2008, BStBl. I 2008, 736 Rn. 11). Ist die übertragende Körperschaft an eine PersGes beteiligt, richtet sich das Schicksal des gewstl. Fehlbetrags der Mitunternehmerschaft nach § 10a S. 10 GewStG idF des JStG 2009.

18 In Fällen der **Aufspaltung** gehen die nicht ausgeglichenen Verluste des übertragenden Rechtsträgers nach Abs. 1 iVm § 12 III, § 15 III, § 4 II 2 unter. In den Fällen der Abspaltung bleibt dagegen für den übertragenden Rechtsträger der auf das zurückbehaltene Vermögen entfallende Teil des Fehlbetrags bestehen (vgl. → § 15 Rn. 1 ff.).

5. Besteuerung der Anteilseigner der übertragenden Körperschaft

19 Abs. 1 verweist auf § 13. Bei einem Anteilseigner des übertragenden Rechtsträgers ist ein gewstpfl. Gewinn im Zusammenhang mit einer Verschm nur denkbar, wenn der Anteilseigner seine Beteiligung in einem gewerblichen BV hält (Dötsch/Pung/Möhlenbrock/Möhlenbrock Rn. 7). Kommt es durch entsprechende Ausübung des Antragswahlrechts zu einer Buchwertverknüpfung auf der Ebene des Anteilseigners, entsteht kein gewstpfl. Gewinn. Werden stille Reserven in den Anteilen des übertragenden Rechtsträgers aufgedeckt und gehören diese Anteile zu einem inl. Gewerbebetrieb, unterliegt der realisierte Gewinn der GewSt, soweit nicht § 8b KStG oder § 3 Nr. 40 EStG eingreifen (Rödder/Herlinghaus/van Lishaut/Trossen Rn. 27).

20 Bei Ausübung des Wahlrechts nach § 13 II treten die Anteile an der übernehmenden Körperschaft an die Stelle der Anteile an der übertragenden Körperschaft. Die Besitzzeit der Anteile an der übertragenden Körperschaft ist den Anteilen an der übernehmenden Körperschaft für Zwecke des § 9 Nr. 2a GewStG zuzurechnen (vgl. Schroer/Starcke FR 2007, 488). Nicht abschließend geklärt ist, ob es auch zu einer rückwirkenden Zusammenrechnung bisher nicht schachtelbegünstigter Beteiligung (zB 7% plus 9%) kommt (vgl. Ernst Ubg 2012, 678); die FVerw dürfte eine rückwirkende Zusammenrechnung nicht akzeptieren.

Sechster Teil. Einbringung von Unternehmensteilen in eine Kapitalgesellschaft oder Genossenschaft und Anteilstausch

Vorbemerkung (Vor § 20)

1. Regelungsinhalt des 6. Teils

Der 6. Teil des UmwStG (§§ 20–23) betrifft die sog. Einbringungstatbestände, dh die Einbringung eines Betriebs, Teilbetriebs oder Mitunternehmeranteils oder von Anteilen an einer KapGes in eine KapGes oder eine Gen gegen Gewährung neuer Anteile am übernehmenden Rechtsträger. Die Einbringung kann zivilrechtlich sowohl im Wege der Einzelrechtsnachfolge als auch im Wege der Gesamtrechtsnachfolge erfolgen. **1**

Der **Anwendungsbereich der §§ 20 ff.** wurde durch das SEStEG erweitert (→ § 20 Rn. 2 ff., → § 21 Rn. 11 ff.), sie gelten insbes. auch für grenzüberschreitende Einbringungen unter Beteiligung von Rechtsträgern, die EU/EWR-Ges oder in der EU oder dem EWR ansässige natürliche Personen sind. Soweit der einbringende Rechtsträger in einem Drittstaat ansässig ist, kann eine steuerneutrale Einbringung unter den sonstigen Voraussetzungen erfolgen, wenn das dt. Recht der Besteuerung des Gewinns aus der Veräußerung der im Rahmen als Gegenleistung erhaltenen Anteile weder ausgeschlossen noch beschränkt ist (§ 1 IV Nr. 2 lit. b). Als übernehmende Rechtsträger kommen nicht mehr nur unbeschränkt stpfl. KapGes (vgl. § 20 I aF) oder in einem EU-Staat ansässige KapGes (vgl. § 23 I–III aF) in Betracht, vielmehr sind zukünftig auch Einbringungen in in einem EWR-Staat ansässige KapGes steuerneutral möglich. Eine steuerneutrale Einbringung in Drittstaaten-KapGes ist aber auch weiterhin steuerneutral nicht zulässig (→ § 1 Rn. 117). **2**

§ 20 aF regelte die Einbringung eines Betriebs, Teilbetriebs, Mitunternehmeranteils und die Einbringung von mehrheitsvermittelnden Anteilen an einer KapGes in eine andere unbeschränkt stpfl. KapGes gegen Gewährung neuer Anteile. Durch das SEStEG wird nunmehr die Einbringung eines Betriebs, Teilbetriebs oder Mitunternehmeranteils durch § 20 und der Anteilstausch durch § 21 geregelt. Sofern Anteile an einer KapGes zu einem Betrieb, Teilbetrieb oder Mitunternehmeranteil gehören und zusammen damit eingebracht werden, findet für diese Anteile § 20, bzgl. der Rechtsfolgen § 22 II Anwendung (→ Rn. 26). **3**

§ 20 II 1, § 21 I 1 bestimmen den Grundsatz, dass die eingebrachten WG bzw. die übertragenen Anteile grds. mit dem gemeinen Wert anzusetzen sind. Auf Antrag ist ein Buchwert- oder Zwischenwertansatz möglich, wenn die gesetzlichen Voraussetzungen erfüllt sind, insbes. bei der Sacheinbringung iSd § 20 das dt. Besteuerungsrecht bezogen auf die Veräußerung der eingebrachten WG nicht ausgeschlossen oder beschränkt wird. Ein steuerneutraler Anteilstausch ist auf entsprechenden Antrag hin möglich, wenn der übernehmende Rechtsträger nach der Einbringung aufgrund seiner Beteiligung einschl. der eingebrachten Anteile nachweislich unmittelbar die Mehrheit der Stimmrechte an der erworbenen Gesellschaft hat (qualifizierter Anteilstausch, § 21 I 2). **4**

Für die Besteuerung des Einbringenden ist der Wertansatz des eingebrachten Vermögens bzw. der eingebrachten Anteile bei der übernehmenden KapGes maßgebend. Etwas anderes gilt beim Anteilstausch nur, wenn für die eingebrachten Anteile nach der Einbringung das Recht der BRD hinsichtlich der Besteuerung des Gewinns aus der Veräußerung dieses Anteils ausgeschlossen oder **5** beschränkt ist, bzw. der Anteilstausch aufgrund Art. 8 RL 2009/133/EG nicht besteuert werden darf; in diesen Fällen ist eine grenzüberschreitende Buchwertverknüpfung nicht mehr Voraussetzung für die Steuerneutralität (§ 21 II 3).

6 Die Besteuerungsfolgen der Einbringung auf der Ebene der Anteilseigner sind nunmehr auch in **§ 22** geregelt. Das ursprüngliche Konzept der einbringungsgeborenen Anteile wurde im Grundsatz aufgegeben. Die als Gegenleistung für die Einbringung nach § 20 gewährten Anteile am übernehmenden Rechtsträger können – vorbehaltlich der Regelung in Abs. 3 S. 4 – zukünftig nach den allg. Grundsätzen (§ 17 VI EStG iVm § 3 Nr. 40 EStG, § 8b II KStG) veräußert werden. Kommt es zu einer Veräußerung dieser als Gegenleistung für eine Einbringung nach § 20 erhaltenen Anteile innerhalb einer Sperrfrist von sieben Jahren, so sind die stillen Reserven zum Einbringungszeitpunkt nachträglich zu ermitteln. Zu einer Besteuerung dieser stillen Reserven kommt es bezogen auf den Einbringungszeitpunkt, es liegt ein rückwirkendes Ereignis iSd § 175 I Nr. 2 AO vor. Der zum Einbringungszeitpunkt ermittelte Einbringungsgewinn ist der Betrag, um den der gemeine Wert des eingebrachten BV (Betrieb, Teilbetrieb, Mitunternehmeranteil) im Einbringungszeitpunkt nach Abzug der Kosten für den Vermögensübergang den Wert, mit dem die übernehmende Gesellschaft dieses eingebrachte BV angesetzt hat, übersteigt. Dieser Gewinn reduziert sich hinsichtlich seiner Besteuerung für jedes seit dem Einbringungszeitpunkt abgelaufene Zeitjahr um ein Siebtel („**Einbringungsgewinn I**"). Der Einbringungsgewinn I gilt als Veräußerungsgewinn iSd § 16 EStG und als nachträgliche AK der bei der ursprünglichen Einbringung erhaltenen Anteile (§ 22 I 4). Nach **§ 23 II** kann der übernehmende Rechtsträger den versteuerten Einbringungsgewinn I auf Antrag „als Erhöhungsbetrag ansetzen", und zwar im Wj. der Veräußerung der Anteile. Dies bedeutet, dass der entsprechende Wert in der StB des übernehmenden Rechtsträgers bei den jeweiligen WG gewinnneutral hinzuaktiviert werden kann. Ein Erhöhungsbetrag ist jedoch nur anzusetzen, soweit das eingebrachte BV im Zeitpunkt der Veräußerung der Anteile noch zum BV gehört hat, es sei denn, dieses wurde zum gemeinen Wert übertragen und der Einbringende hat die auf die Einbringung entfallene Steuer entrichtet. IÜ ergeben sich weitere Auswirkungen einer Einbringung bzgl. des übernehmenden Rechtsträgers aus **§ 23 I, III–VI.** Danach tritt der übernehmende Rechtsträger hinsichtlich des übertragenen Vermögens in die stl. Rechtsstellung des Einbringenden ein. Dies betrifft die Bewertung des übernommenen Vermögens, die Fortführung der Abschreibung sowie die Rücklagen.

7 In den Fällen des qualifizierten Anteilstauschs iSd **§ 21 I** kommt es zu einer rückwirkenden Besteuerung des Einbringungsvorgangs, soweit im Rahmen eines Anteilstauschs unter dem gemeinen Wert eingebrachte Anteile innerhalb eines Zeitraums von sieben Jahren nach dem Einbringungszeitpunkt durch den übernehmenden Rechtsträger veräußert werden und der Einbringende keine durch § 8 I KStG begünstigte Person ist. Auch hier stellt die Veräußerung der erhaltenen Anteile ein rückwirkendes Ereignis iSd § 175 I 1 Nr. 2 AO dar. Es entsteht ein sog. **Einbringungsgewinn II.** Dieser Einbringungsgewinn II ist der Betrag, um den der gemeine Wert der eingebrachten Anteile im Einbringungszeitpunkt nach Abzug der Kosten für den Vermögensübergang den Wert, mit dem der Einbringende die erhaltenen Anteile eingesetzt hat, übersteigt, vermindert um jeweils ein Siebtel für jedes seit dem Einbringungszeitpunkt abgelaufene Zeitjahr. Der im Zeitpunkt der Anteilsveräußerung maßgebende Einbringungsgewinn gilt beim Einbringen als Gewinn aus der Veräußerung von Anteilen und als nachträgliche AK der erhaltenen Anteile. Gem. § 22 II 4 erhöhen sich nachträglich die AK der Anteile entsprechend dem Einbringungsgewinn II.

8 Der Grundsatz der Maßgeblichkeit der HB für die StB wurde auch für die Fälle der Einbringung aufgegeben.

2. Steuersystematische Grundsätze

Die Einbringung iSv §§ 20 ff. stellt aus der Sicht des Einbringenden einen tauschähnlichen Veräußerungsakt und aus der Sicht des übernehmenden Rechtsträgers ein Anschaffungsgeschäft dar (BFH BStBl. II 2015, 1007; BStBl. II 2010, 1094; BFH/NV 2010, 2072; 2011, 1850; BMF 11.11.2011, BStBl. I 2011, 1314 Rn. 20.01; Rödder/Herlinghaus/van Lishaut/Herlinghaus Rn. 3; Brandis/Heuermann/Nitzschke Rn. 12; Frotscher/Drüen/Mutscher Rn. 10; BeckOK UmwStG/Dürrschmidt Rn. 34). Die §§ 20 ff. ermöglichen es jedoch unter den dort näher beschriebenen Voraussetzungen, den Einbringungsvorgang steuerneutral zu gestalten; dh in der Person des Einbringenden entsteht kein stpfl. Veräußerungsgewinn. Damit werden die sich nach allg. stl. Grundsätzen ergebenden Rechtsfolgen durch die §§ 20 ff. modifiziert. Die §§ 20 ff. stellen somit systematisch eine Ausnahme zu dem Grundsatz dar, dass eine Veräußerung zur Aufdeckung von stillen Reserven führt (Rödder/Herlinghaus/van Lishaut/Herlinghaus Rn. 3). Aufgrund ihres Ausnahmecharakters sind die Regelungen der §§ 20 ff. nur dann anwendbar, wenn die Voraussetzungen der Sacheinlage gem. § 20 I bzw. des Anteilstauschs gem. § 21 I vorliegen, eine analoge Anwendung der Regelungen auf andere Sachverhalte (zB verdeckte Einlagen, Ausgliederung einzelner WG) scheidet aus (vgl. BT-Drs. 16/2710, 36; BFH DStR 2013, 575; BStBl. II 2006, 457; BMF 11.11.2011, BStBl. I 2011, 1314 Rn. E 20.10; Dötsch/Pung/Möhlenbruck/Patt Vor §§ 20–23 Rn. 12; Rödder/Herlinghaus/van Lishaut/Herlinghaus Rn. 6). 9

3. Auswirkungen der Einbringung auf bereits verwirklichte Sachverhalte

Zu beachten ist, dass die Einbringung ggf. eine **neue Beurteilung bereits verwirklichter Sachverhalte** in der Person des Einbringenden haben kann, da es im Rahmen der Einbringung zu einem Wechsel von BV auf einen anderen Rechtsträger kommt und der Einbringungsvorgang sich als tauschähnliches Geschäft darstellt. Die Einbringung kann insbes. Auswirkungen ausgeordneten gesetzlich angeordnete **Sperr- und Behaltensfristen** haben (§ 6 III 2 EStG, § 6 V 4 EStG, § 6 V 6 EStG, § 16 III 3 EStG, § 16 V EStG, § 6 III UmwStG, § 18 III UmwStG, § 22 I UmwStG, § 24 V UmwStG, § 5 III GrEStG, § 6 III 2 GrEStG, § 13a V ErbStG). Wurde die Begünstigung wegen nicht entnommener Gewinne gem. § 34a EStG in Anspruch genommen, kommt es zur Nachversteuerung gem. § 34a VI 1 Nr. 2 EStG, und zwar unabhängig von der Ausübung des Antragswahlrechts nach Abs. 2, wenn der Betrieb, bei dem diese Begünstigung in Anspruch genommen wurde, in eine KapGes eingebracht wird. Gleiches gilt bei der Einbringung eines Mitunternehmeranteils, soweit die Begünstigung nach § 34a EStG in Anspruch genommen wurde. 10

§ 20 Einbringung von Unternehmensteilen in eine Kapitalgesellschaft oder Genossenschaft

(1) **Wird ein Betrieb oder Teilbetrieb oder ein Mitunternehmeranteil in eine Kapitalgesellschaft oder eine Genossenschaft (übernehmende Gesellschaft) eingebracht und erhält der Einbringende dafür neue Anteile an der Gesellschaft (Sacheinlage), gelten für die Bewertung des eingebrachten Betriebsvermögens und der neuen Gesellschaftsanteile die nachfolgenden Absätze.**

(2) [1]**Die übernehmende Gesellschaft hat das eingebrachte Betriebsvermögen mit dem gemeinen Wert anzusetzen; für die Bewertung von Pensionsrückstellungen gilt § 6a des Einkommensteuergesetzes.** [2]**Abweichend von Satz 1 kann das übernommene Betriebsvermögen auf Antrag einheitlich**

mit dem Buchwert oder einem höheren Wert, höchstens jedoch mit dem Wert im Sinne des Satzes 1, angesetzt werden, soweit
1. sichergestellt ist, dass es später bei der übernehmenden Körperschaft der Besteuerung mit Körperschaftsteuer unterliegt,
2. die Passivposten des eingebrachten Betriebsvermögens die Aktivposten nicht übersteigen; dabei ist das Eigenkapital nicht zu berücksichtigen,
3. das Recht der Bundesrepublik Deutschland hinsichtlich der Besteuerung des Gewinns aus der Veräußerung des eingebrachten Betriebsvermögens bei der übernehmenden Gesellschaft nicht ausgeschlossen oder beschränkt wird und
4. der gemeine Wert von sonstigen Gegenleistungen, die neben den neuen Gesellschaftsanteilen gewährt werden, nicht mehr beträgt als
   a) 25 Prozent des Buchwerts des eingebrachten Betriebsvermögens oder
   b) 500 000 Euro, höchstens jedoch den Buchwert des eingebrachten Betriebsvermögens.

³Der Antrag ist spätestens bis zur erstmaligen Abgabe der steuerlichen Schlussbilanz bei dem für die Besteuerung der übernehmenden Gesellschaft zuständigen Finanzamt zu stellen. ⁴Erhält der Einbringende neben den neuen Gesellschaftsanteilen auch sonstige Gegenleistungen, ist das eingebrachte Betriebsvermögen abweichend von Satz 2 mindestens mit dem gemeinen Wert der sonstigen Gegenleistungen anzusetzen, wenn dieser den sich nach Satz 2 ergebenden Wert übersteigt.

(3) ¹Der Wert, mit dem die übernehmende Gesellschaft das eingebrachte Betriebsvermögen ansetzt, gilt für den Einbringenden als Veräußerungspreis und als Anschaffungskosten der Gesellschaftsanteile. ²Ist das Recht der Bundesrepublik Deutschland hinsichtlich der Besteuerung des Gewinns aus der Veräußerung des eingebrachten Betriebsvermögens im Zeitpunkt der Einbringung ausgeschlossen und wird dieses auch nicht durch die Einbringung begründet, gilt für den Einbringenden insoweit der gemeine Wert des Betriebsvermögens im Zeitpunkt der Einbringung als Anschaffungskosten der Anteile. ³Soweit neben den Gesellschaftsanteilen auch andere Wirtschaftsgüter gewährt werden, ist deren gemeiner Wert bei der Bemessung der Anschaffungskosten der Gesellschaftsanteile von dem sich nach den Sätzen 1 und 2 ergebenden Wert abzuziehen. ⁴Umfasst das eingebrachte Betriebsvermögen auch einbringungsgeborene Anteile im Sinne von § 21 Abs. 1 in der Fassung der Bekanntmachung vom 15. Oktober 2002 (BGBl. I S. 4133, 2003 I S. 738), geändert durch Artikel 3 des Gesetzes vom 16. Mai 2003 (BGBl. I S. 660), gelten die erhaltenen Anteile insoweit auch als einbringungsgeboren im Sinne von § 21 Abs. 1 in der Fassung der Bekanntmachung vom 15. Oktober 2002 (BGBl. I S. 4133, 2003 I S. 738), geändert durch Artikel 3 des Gesetzes vom 16. Mai 2003 (BGBl. I S. 660).

(4) ¹Auf einen bei der Sacheinlage entstehenden Veräußerungsgewinn ist § 16 Abs. 4 des Einkommensteuergesetzes nur anzuwenden, wenn der Einbringende eine natürliche Person ist, es sich nicht um die Einbringung von Teilen eines Mitunternehmeranteils handelt und die übernehmende Gesellschaft das eingebrachte Betriebsvermögen mit dem gemeinen Wert ansetzt. ²In diesen Fällen ist § 34 Abs. 1 und 3 des Einkommensteuergesetzes nur anzuwenden, soweit der Veräußerungsgewinn nicht nach § 3 Nr. 40 Satz 1 in Verbindung mit § 3c Abs. 2 des Einkommensteuergesetzes teilweise steuerbefreit ist.

(5) ¹Das Einkommen und das Vermögen des Einbringenden und der übernehmenden Gesellschaft sind auf Antrag so zu ermitteln, als ob das

eingebrachte Betriebsvermögen mit Ablauf des steuerlichen Übertragungsstichtags (Absatz 6) auf die Übernehmerin übergegangen wäre. ²Dies gilt hinsichtlich des Einkommens und des Gewerbeertrags nicht für Entnahmen und Einlagen, die nach dem steuerlichen Übertragungsstichtag erfolgen. ³Die Anschaffungskosten der Anteile (Absatz 3) sind um den Buchwert der Entnahmen zu vermindern und um den sich nach § 6 Abs. 1 Nr. 5 des Einkommensteuergesetzes ergebenden Wert der Einlagen zu erhöhen.

(6) ¹Als steuerlicher Übertragungsstichtag (Einbringungszeitpunkt) darf in den Fällen der Sacheinlage durch Verschmelzung im Sinne des § 2 des Umwandlungsgesetzes der Stichtag angesehen werden, für den die Schlussbilanz jedes der übertragenden Unternehmen im Sinne des § 17 Abs. 2 des Umwandlungsgesetzes aufgestellt ist; dieser Stichtag darf höchstens acht Monate vor der Anmeldung der Verschmelzung zur Eintragung in das Handelsregister liegen. ²Entsprechendes gilt, wenn Vermögen im Wege der Sacheinlage durch Aufspaltung, Abspaltung oder Ausgliederung nach § 123 des Umwandlungsgesetzes auf die übernehmende Gesellschaft übergeht. ³In anderen Fällen der Sacheinlage darf die Einbringung auf einen Tag zurückbezogen werden, der höchstens acht Monate vor dem Tag des Abschlusses des Einbringungsvertrags liegt und höchstens acht Monate vor dem Zeitpunkt liegt, an dem das eingebrachte Betriebsvermögen auf die übernehmende Gesellschaft übergeht. ⁴§ 2 Absatz 3 bis 5 gilt entsprechend.

(7) § 3 Abs. 3 ist entsprechend anzuwenden.

(8) Ist eine gebietsfremde einbringende oder erworbene Gesellschaft im Sinne von Artikel 3 der Richtlinie 2009/133/EG als steuerlich transparent anzusehen, ist auf Grund Artikel 11 der Richtlinie 2009/133/EG die ausländische Steuer, die nach den Rechtsvorschriften des anderen Mitgliedstaats der Europäischen Union erhoben worden wäre, wenn die einer in einem anderen Mitgliedstaat belegenen Betriebsstätte zuzurechnenden eingebrachten Wirtschaftsgüter zum gemeinen Wert veräußert worden wären, auf die auf den Einbringungsgewinn entfallende Körperschaftsteuer oder Einkommensteuer unter entsprechender Anwendung von § 26 des Körperschaftsteuergesetzes und von den §§ 34c und 50 Absatz 3 des Einkommensteuergesetzes anzurechnen.

(9) Ein Zinsvortrag nach § 4h Abs. 1 Satz 5 des Einkommensteuergesetzes und ein EBITDA-Vortrag nach § 4h Absatz 1 Satz 3 des Einkommensteuergesetzes des eingebrachten Betriebs gehen nicht auf die übernehmende Gesellschaft über.

Übersicht

	Rn.
I. Einführung – Regelungsinhalt	1
II. Einbringungsobjekt: ein Betrieb	12
1. Der Betrieb als Ganzes	12
2. Übertragung aller wesentlichen Betriebsgrundlagen	19
3. Sonderbetriebsvermögen als wesentliche Betriebsgrundlage	69
4. Zurückbehaltung von Wirtschaftsgütern bei der Einbringung eines Betriebs	73
a) Zurückbehaltung nicht wesentlicher Betriebsgrundlagen	73
b) Zurückbehaltung wesentlicher Betriebsgrundlagen	75
c) Zurückbehaltung von betrieblichen Verbindlichkeiten	76
d) Zurückbehaltung von Wirtschaftsgütern des Sonderbetriebsvermögens	77

	Rn.
e) Zurückbehaltung von Anteilen an der Übernehmerin	78
III. Einbringung eines Teilbetriebs	79
1. Teilbetrieb	79
a) Teilbetrieb isd § 20	79
b) Nationaler Teilbegriff	85
c) Europäischer Teilbetriebsbegriff	87
d) Teilbetriebsverständnis der FVerw	88
e) Zeitpunkt der Existenz des Teilbetriebs	90
f) Übertragung der maßgeblichen Wirtschaftsgüter	91
2. Einzelbeispiele aus der Rechtsprechung zum nationalen „Teilbetriebsbegriff"	104
IV. Mitunternehmeranteil	132
1. Einbringung eines Mitunternehmeranteils	132
a) Anteil an einer Mitunternehmerschaft	132
b) Innengesellschaft	136
c) Treuhand	137
d) Nießbrauch am Gesellschaftsanteil	138
e) Steuerliches Betriebsvermögen	139
f) Abfärbetheorie	140
g) Gewerblich geprägte PersGes	141
h) Mitunternehmerinitiative/-risiko	142
2. Mitunternehmeranteile und Sonderbetriebsvermögen	148
a) Anteil an einer Mitunternehmerschaft	148
b) Funktionale Betrachtungsweise	150
3. Bruchteile von Mitunternehmeranteilen	154
4. Kommanditgesellschaft auf Aktien, Anteil des persönlich haftenden Gesellschafters	157
5. Stille Beteiligung	158
a) Stille Beteiligung als Gegenstand einer Sacheinlage	158
b) Fallkonstellationen	159
6. Unterbeteiligung	161
7. Ausländische gewerbliche Personengesellschaft; transparente Kapitalgesellschaft	164
8. Partnerschaftsgesellschaft; EWIV	165
9. Nießbrauch	167
V. Übernehmender Rechtsträger – Kapitalgesellschaft, Genossenschaft	169
VI. Der Einbringende	176
1. Natürliche Person	176
2. Körperschaft, Personenvereinigungen und Vermögensmasse	177
3. Mitunternehmer und Mitunternehmerschaft als Einbringender	179
a) Mitunternehmer als Einbringender	180
b) Mitunternehmerschaft als Einbringende	181
VII. Einbringungstatbestände	186
1. Übersicht	186
2. Einbringung durch Umwandlung oder Einzelrechtsnachfolge	188
3. Einbringung durch Anwachsung	193
a) Einfache Anwachsung	193
b) Erweiterte Anwachsung	195
4. Einbringung durch Einzelrechtsübertragung	197
5. Formwechselnde Umwandlung	198
6. Verschleierte Sachgründung/Sachkapitalerhöhung	199
7. Wirtschaftliches Eigentum, Nutzungsüberlassung	201
VIII. Gewährung neuer Anteile	204

	Rn.
1. Neue Anteile an der Gesellschaft	204
2. Beteiligungshöhe und weitere Gegenleistungen	212
a) Beteiligungshöhe	212
b) Keine zusätzlichen Gegenleistungen	218
3. Einbringungsgeborene Anteile iSd § 21 aF	220
IX. Zeitpunkt der Einbringung und Rückwirkung	234
1. Zeitpunkt der Sacheinlage	234
2. Rückbeziehung bei Umwandlung nach UmwG (Abs. 5 S. 1, Abs. 6)	237
3. Rückbeziehung bei Umwandlung außerhalb des UmwG (Abs. 6 S. 3)	238
4. Steuerliche Auswirkungen der Rückbeziehung (Abs. 5)	240
5. Antrag auf Rückbeziehung (Abs. 5 S. 1)	258
X. Ansatz des eingebrachten Betriebsvermögens (Abs. 2)	262
1. Ansatz und Bewertung des eingebrachten Betriebsvermögens durch den übernehmenden Rechtsträger	262
a) Antragswahlrecht	262
b) Eingebrachtes Betriebsvermögen	271
c) Steuerliche Ansatz- und Bewertungsvorschriften	274
d) Abbildung stiller Lasten	278
aa) Einbringungen vor dem 29.11.2013	278a
bb) Einbringungen nach Inkrafttreten des § 4f EStG	279a
cc) Einbringungen nach Inkrafttreten des § 5 VII EStG	279c
dd) Bewertungszeitpunkt	279e
2. Ansatz der übergehenden Wirtschaftsgüter mit dem gemeinen Wert	280
a) Grundsätzliches	280
b) Die Ermittlung des gemeinen Werts für einzelne WG und die Sachgesamtheit	285
3. Ansatz der übergehenden Wirtschaftsgüter mit dem Buchwert	292
4. Ansatz des eingebrachten Betriebsvermögens mit Zwischenwerten	300
a) Ansatz von Zwischenwerten	300
b) Materielle und immaterielle Wirtschaftsgüter, insbesondere Geschäfts- und Firmenwerte	306
c) Auflösung steuerfreier Rücklagen	308
5. Ausübung des Antragswahlrechts; Bilanzberichtigung	309
a) Ausübung des Antragswahlrechts	309
b) Frist für den Antrag	314
c) Form und Inhalt des Antrags	316
d) Zuständiges Finanzamt	317
e) Bindungswirkung des Antrags	318
f) Bilanzberichtigung	320
6. Einschränkung des Antragswahlrechts	323
7. Sicherstellung der späteren Körperschaftsbesteuerung des eingebrachten Betriebsvermögens beim übernehmenden Rechtsträger (Abs. 2 S. 2 Nr. 1)	327
a) Grundsatz	327
b) Steuerbefreiung der übernehmenden Körperschaft	328
c) Einbringung auf eine Körperschaft und atypisch Stille	329
d) Einbringung in eine Organgesellschaft	330
8. Negatives steuerliches Kapital (Abs. 2 S. 2 Nr. 2)	331
9. Ausschluss oder Beschränkung des deutschen Besteuerungsrechts	

	Rn.
hinsichtlich des eingebrachten Betriebsvermögens (Abs. 2 S. 2 Nr. 3)	341
10. Gewährung anderer Wirtschaftsgüter (Abs. 2 S. 4 aF)/sonstige Gegenleistung (Abs. 2 S. 2 Nr. 4)	353
a) Rechtslage bis 31.12.2014: Gewährung anderer WG (Abs. 2 S. 4 aF)	353
b) Rechtslage ab 1.1.2015: sonstige Gegenleistung (Abs. 2 S. 2 Nr. 4)	365
11. Pensionszusagen zu Gunsten von Mitunternehmern	367
XI. Veräußerungspreis und Anschaffungskosten (Abs. 3)	372
1. Veräußerungspreis	372
2. Anschaffungskosten der Gesellschaftsanteile (Abs. 3 S. 1, 2)	374
a) Allgemeines	374
b) Erhöhungen oder Verminderungen der Anschaffungskosten	379
aa) Nachträgliche Anschaffungskosten	379
bb) Kosten der Umwandlung	380
cc) Weitere Leistungen	381
dd) Entnahmen und Einlagen	382
c) Anschaffungskosten bei Mitunternehmeranteilen und Mitunternehmerschaften	383
aa) Einbringung durch Mitunternehmer	384
bb) Einbringung durch Mitunternehmerschaft	386
d) Gemeiner Wert als AK der neuen Anteile bei Ausschluss des deutschen Besteuerungsrechts (Abs. 3 S. 2)	394
e) Anschaffungskosten bei Gewährung sonstiger Gegenleistungen (Abs. 3 S. 3)	396
f) Einbringungsgeborene Anteile iSd § 21 I aF	397
g) Änderung der Anschaffungskosten	399
XII. Veräußerungsgewinn/Einbringungsgewinn und Einbringungsverlust	400
1. Ermittlung des Veräußerungsgewinns/Einbringungsgewinns	400
a) Grundlagen der Ermittlung	400
b) Übertragung von Sonderbetriebsvermögen	406
c) Minderung des Einbringungsgewinns durch nicht ausgeglichene verrechenbare Verluste iSv § 15a EStG	407
d) Zurückbehaltung von Wirtschaftsgütern	408
e) Wertaufholung	409
f) Auflösung steuerfreier Rücklagen	410
g) Einkunftsart/Verfahren	411
2. Einbringungsverlust	413
3. Beschränkte Steuerpflicht; DBA, Anrechnung ausländischer Steuer	416
a) Beschränkte Steuerpflicht	416
b) Doppelbesteuerungsabkommen	417
c) Anrechnung ausländischer Steuer	418
4. Besteuerung des Einbringungsgewinns (Abs. 4)	419
a) Einkommensteuerpflicht bei Einbringung durch eine natürliche Person	419
b) Körperschaftsteuerpflicht des Einbringungsgewinns bei Körperschaft	422
c) Einkommensteuerpflicht/Körperschaftsteuerpflicht bei Einbringung durch eine Mitunternehmerschaft	424
d) Veräußerungsfreibetrag (§ 16 IV EStG)	426

	Rn.
e) Außerordentliche Einkünfte (§ 34 EStG)	428
f) Übertragung stiller Reserven nach § 6b EStG	431
5. Einbringungsgewinn und Gewerbeertragsteuer	432
a) Gewerbesteuerpflicht bei natürlicher Person	432
b) Gewerbesteuerpflicht bei Körperschaften	435
c) Gewerbesteuerpflicht bei gewerblicher Mitunternehmerschaft	436
6. Einbringung einer in einem anderen Mitgliedstaat belegenen Betriebsstätte (Abs. 7)	439
7. Fiktive Steueranrechnung bei transparenter Gesellschaft (Abs. 8)	442
8. Kein Übergang eines Zinsvortrages (Abs. 9)	444

I. Einführung – Regelungsinhalt

Nach **Abs. 1** können Betriebe, Teilbetriebe, Mitunternehmeranteile oder Teile eines Mitunternehmeranteils gegen Gewährung neuer Anteile in eine KapGes oder Gen eingebracht werden. Die sich daraus ergebenen Rechtsfolgen regeln die Abs. 2–8. Der Begriff des Teilbetriebs wird durch das Gesetz nicht definiert. Ob der **Teilbetriebsbegriff des Art. 2 lit. e Fusions-RL** nicht nur bei von der Fusions-RL erfassten Sachverhalten, sondern auch bei rein innerdeutschen Einbringungen Anwendung finden soll, ist nicht abschließend geklärt (→ Rn. 79 ff.). Nach den Vorstellungen des Gesetzgebers (BT-Drs. 16/2710, 42) gilt eine zu einem BV gehörende 100%ige Beteiligung an einer KapGes nicht als Teilbetrieb iSd Abs. 1. 1

Abs. 1 bestimmt nicht, wer **Einbringender** iSd Vorschrift sein kann. Einbringender ist der Rechtsträger, dem die Gegenleistung, dh die neuen Anteile am übernehmenden Rechtsträger, zustehen (BMF 11.11.2011, BStBl. I 2011, 1314 Rn. 20.02; Rödder/Herlinghaus/van Lishaut/Herlinghaus Rn. 29; Haritz/Menner/Bilitewski/Menner Rn. 265; HK-UmwStG/Bäuml Rn. 53; Benz/Rosenberg DB-Beil. 1/2012, 38; Förster GmbHR 2012, 237; zu weiteren Einzelheiten → Rn. 176 ff.). Als einbringende Rechtsträger kommen nach § 1 IV 1 Nr. 2 lit. a zunächst in der EU/EWR ansässige natürliche Personen oder Gesellschaften in Betracht. Hierzu gehören natürliche Personen mit Wohnsitz oder gewöhnlichem Aufenthalt in einem EU/EWR-Mitgliedstaat, die nicht aufgrund eines DBA mit einem Drittstaat als außerhalb des Hoheitsgebiets der EU/EWR-Staaten ansässig angesehen werden (§ 1 IV 1 Nr. 2 lit a), sowie Gesellschaften iSv Art. 54 AEUV oder Art. 34 EWR-Abkommen, die nach den Rechtsvorschriften eines EU/EWR-Mitgliedstaats gegründet wurden und deren Sitz und Ort der Geschäftsleitung sich innerhalb des Hoheitsgebiets eines dieser Staaten befindet (§ 1 IV 1 Nr. 2 lit. a iVm IV 1 Nr. 1). Zu den nach den Rechtsvorschriften des Vereinigten Königreichs und Nordirland gegründeten Ges vgl. FM SH 7.5.2021 VI 313-S 1978–172. Ist Einbringender eine PersGes, so greifen die Einbringungsregelungen nur ein, soweit an der PersGes Körperschaften oder Personenvereinigungen oder Vermögensmassen oder natürliche Personen unmittelbar oder mittelbar über eine oder mehrere PersGes beteiligt sind, die die Voraussetzungen iSv § 1 IV 1 Nr. 1, 2 erfüllen. Liegen die Voraussetzungen des § 1 IV 1 Nr. 2 lit. a in der Person des Einbringenden nicht vor (drittstaatansässige oder EU/EWR-ansässige PersGes mit Drittstaaten-MU), so findet gem. § 1 IV 1 Nr. 2 lit. b die Regelung des § 20 Anwendung, wenn das Recht der BRD hinsichtlich der Besteuerung des Gewinns aus der Veräußerung der erhaltenen Anteile im Zeitpunkt des stl. Übertragungsstichtags nicht ausgeschlossen oder beschränkt wird. 2

Die steuerneutrale Einbringung eines Betriebs, Teilbetriebs oder Mitunternehmeranteils setzt weiter voraus, dass die **übernehmende Gesellschaft** eine KapGes oder Gen iSv Art. 54 AEUV oder Art. 34 EWR-Abkommen ist, die nach den Vorschriften eines EU/EWR-Staates gegründet wurde und deren Sitz und Ort der 3

Geschäftsleitung sich innerhalb des Hoheitsgebiets einer dieser Staaten befindet (§ 1 IV 1 Nr. 1, II 1 Nr. 1 aF; ab 2022: § 1 IV 1 Nr. 1). Auf ihre unbeschränkte oder beschränkte StPfl kommt es nicht an. Ohne Bedeutung ist auch, wo das eingebrachte Vermögen gelegen ist. Eine steuerneutrale Einbringung in Drittstaaten-KapGes oder -Gen ist nicht möglich (§ 1 IV Nr. 1).

4 Nach § 1 III ist § 20 anzuwenden auf Verschm, Aufspaltung und Abspaltung von eGbR (ab dem 1.1.2024: BGBl. 2023 I Nr. 411 Art. 34 VIII, 36 III), PershGes und PartGes nach §§ 2, 123 I, II UmwG, auf die Ausgliederung von Vermögensteilen gem. § 123 III UmwG und auf den Formwechsel einer PersGes in eine KapGes oder Gen gem. § 190 I UmwG sowie auf vergleichbare ausl. Vorgänge. Darüber hinaus kann die Einbringung durch Einzelrechtsnachfolge in eine KapGes oder Gen erfolgen, wobei nach hM (→ Rn. 21) die Übertragung des wirtschaftlichen Eigentums an den betroffenen Wirtschaftsgütern ausreicht.

5 Nach **Abs. 2** hat der übernehmende Rechtsträger das eingebrachte BV grds. mit dem gemeinen Wert anzusetzen (Abs. 2 S. 1 Hs. 1). Eine Ausnahme gilt lediglich für Pensionsrückstellungen, die mit den Werten nach § 6a EStG anzusetzen sind (Abs. 2 S. 1 Hs. 2). Auf Antrag hin kann das übernommene BV mit dem BW oder einem ZW angesetzt werden, soweit sichergestellt ist, dass es später bei der übernehmenden Körperschaft der Besteuerung mit KSt unterliegt (Abs. 2 S. 2 Nr. 1), die Passivposten des eingebrachten BV die Aktivposten nicht übersteigen; dabei ist das EK nicht zu berücksichtigen (Abs. 2 S. 2 Nr. 2) und das dt. Besteuerungsrecht hinsichtlich der Besteuerung des Gewinns aus der Veräußerung des eingebrachten BV bei der übernehmenden Gesellschaft nicht ausgeschlossen oder beschränkt (Abs. 2 S. 2 Nr. 3), soweit eine Gegenleistung nicht mehr beträgt als (a) 25 % des eingebrachten BV oder (b) 500.000 Euro, höchstens jedoch den BW des eingebrachten BV (Abs. 2 S. 2 Nr. 4).

6 Abs. 2 S. 3 enthält Regelungen zum **Antragswahlrecht.** Der **Grundsatz der Maßgeblichkeit** der HB für die StB wurde aufgegeben (BT-Drs. 16/2710, 43; zu weiteren Einzelheiten → Rn. 268).

7 Der Wertansatz durch den übernehmenden Rechtsträger bestimmt den **Veräußerungsgewinn** des Einbringenden und die **AK** der neuen Anteile in der Person des Einbringenden **(Abs. 3 S. 1).** Ausnahmsweise gilt der gemeine Wert des BV im Einbringungszeitpunkt als AK der erhaltenen Anteile, wenn das Recht der BRD hinsichtlich der Besteuerung des Gewinns aus der Veräußerung des eingebrachten BV zum Zeitpunkt der Einbringung ausgeschlossen war und dies durch die Einbringung auch nicht begründet wird (Abs. 3 S. 2). Durch diese Regelung soll verhindert werden, dass stille Reserven auf der Anteilseignerebene zumindest teilweise verstrickt werden, obwohl die BRD, bezogen auf diese stillen Reserven, vor der Einbringung kein Besteuerungsrecht besaß. Soweit neben den Anteilen am übernehmenden Rechtsträger dem Einbringenden auch andere WG gewährt wurden, ist deren gemeiner Wert bei der Messung der AK der als Gegenleistung erhaltenen Anteile abzuziehen (Abs. 3 S. 3). Umfasst das eingebrachte BV auch einbringungsgeborene Anteile iSd § 21 I aF, gelten die als Gegenleistung erhaltenen Anteile insoweit auch als einbringungsgeboren iSd § 21 I aF (Abs. 3 S. 4). Setzt die übernehmende KapGes das auf sie übertragene BV mit dem gemeinen Wert oder ZW an, so entsteht ein **Einbringungsgewinn** in der Person des Einbringenden. Dieser ist unter den Voraussetzungen des **Abs. 4** nach §§ 16, 34 EStG begünstigt.

8 Abs. 5, 6 enthalten eine stl. Rückwirkungsregel. Dabei sieht **Abs. 5** vor, dass auf Antrag Einkommen und Vermögen sowohl des Einbringenden als auch des übernehmenden Rechtsträgers so zu ermitteln sind, als ob das BV mit Ablauf des Übertragungsstichtags iSd Abs. 6 übergegangen wäre. Abs. 5 S. 2 und S. 3 enthalten allerdings davon Ausnahmen bei Einlagen bzw. Entnahmen nach dem Übertragungsstichtag, aber vor Eintragung der Umw/KapErh in das zuständige Register. **Abs. 6**

definiert für die jeweils einschlägigen Einbringungsfälle den stl. Übertragungsstichtag. § 2 III, IV, V ist insoweit entsprechend anzuwenden.

Abs. 7 verweist auf § 3 III. Dabei geht es um die Fälle, in denen zum eingebrachten BV eine in einem anderen Mitgliedstaat gelegene Betriebsstätte gehört, hinsichtlich der das dt. Besteuerungsrecht durch den Einbringungsvorgang beschränkt wird. Deutschland darf dann den Einbringungsgewinn besteuern, die fiktive ausl. Steuer auf den Einbringungsgewinn ist aber anzurechnen. **9**

Abs. 8 enthält eine Sonderregelung für den Fall, dass die einbringende Gesellschaft eine in einem anderen Mitgliedstaat ansässige und von der Fusions-RL geschützte Gesellschaft ist, die nach dt. StR als transparent gilt. **10**

Abs. 9 bestimmt, dass ein Zinsvortrag nach § 4h I 5 EStG und ein EBITDA-Vortrag nach § 4h I 3 EStG des eingebrachten Betriebs nicht auf den übernehmenden Rechtsträger übergeht. **11**

II. Einbringungsobjekt: ein Betrieb

1. Der Betrieb als Ganzes

Abs. 1 erfasst die Einbringung eines **Betriebs** in eine KapGes. Das UmwStG enthält keine Begriffsbestimmung des Betriebs. Die Einbringung eines Betriebs in eine KapGes stellt nach hM einen **tauschähnlichen Veräußerungsvorgang** dar, nämlich den Fall der Veräußerung gegen Gewährung neuer Anteilsrechte (BFH DStR 2018, 1014; BStBl. II 2015, 1007; BStBl. II 2010, 1094; BFH/NV 2010, 2072; BMF 11.11.2011, BStBl. I 2011, 1314 Rn. 20.01; BFH GmbHR 2003, 50; Rödder/Herlinghaus/van Lishaut/Herlinghaus Rn. 14; Haritz/Menner/Bilitewski/Menner Rn. 3; Dötsch/Pung/Möhlenbrock/Patt Vor §§ 20–23 Rn. 52; Brandis/Heuermann/Nitzschke Rn. 12; Frotscher/Drüen/Mutscher Rn. 10; BeckOK UmwStG/Dürrschmidt Rn. 34). Dies gilt unabhängig davon, ob sich die Einbringung zivilrechtlich in Form der Einzelrechtsnachfolge bzw. Sonder- oder Gesamtrechtsnachfolge vollzieht (BFH FR 2004, 272; Dötsch/Pung/Möhlenbrock/Patt Vor §§ 20–23 Rn. 52; Rödder/Herlinghaus/van Lishaut/Herlinghaus Rn. 3). Eine Einbringung gegen Gewährung von Gesellschaftsrechten würde nach der Grundregel des § 16 EStG im Zeitpunkt der Übertragung des wirtschaftlichen Eigentums zur Aufdeckung der stillen Reserven führen. § 20 setzt diese Rechtsfolge auf Antrag außer Kraft, dh Einbringungsfälle iSd § 20 sind gegenüber der Grundregel des § 16 EStG privilegiert. Da die Einbringung eines Betriebs grds. eine Betriebsveräußerung iSd § 16 EStG darstellt und damit auch von der Veräußerung einzelner WG abzugrenzen ist, wurde zum UmwStG 1995 zunächst vertreten, der Begriff „Betrieb" sei im UmwR ebenso auszulegen wie im EStG (BMF 25.3.1998, BStBl. I 1998, 268 Rn. 20.08, teilweise überholt durch BMF 16.8.2000, DStR 2000, 1603). Nach Auffassung der Rspr. (BFH BStBl. II 2017, 339; BStBl. II 2010, 471; BStBl. II 2010, 808) und großen Teilen der Lit. muss der Betriebsbegriff, insbes. der Begriff **„Wesentliche Betriebsgrundlage"** normspezifisch ausgelegt werden (Schmidt/Wacker EStG § 16 Rn. 101; Haritz/Menner/Bilitewski/Menner Rn. 65; Rödder/Herlinghaus/van Lishaut/Herlinghaus Rn. 80; Dötsch/Pung/Möhlenbrock/Patt Rn. 43; Haase/Hofacker/Hofacker Rn. 50; HK-UmwStG/Bäuml Rn. 115; Brandis/Heuermann/Nitzschke Rn. 39, 42; Eisgruber/Brandstetter Rn. 115; BT-Drs. 16/2710, 42; Förster GmbHR 2012, 237; Desens DStR-Beihefter zu Heft 46/2010 80). Die FVerw hat sich dieser Meinung bzgl. der Einbringung eines Betriebs (zum Teilbetrieb → Rn. 88 ff.) angeschlossen (BMF 11.11.2011, BStBl. I 2011, 1314 Rn. 20.06). **12**

Im Ergebnis muss der Begriff des Betriebs unter Berücksichtigung der Gesetzessystematik und der mit dem UmwStG beabsichtigten Ziele normspezifisch ausgelegt **13** werden. Ein Betrieb als Ganzes ist dann Gegenstand der Sacheinlage, wenn eine Sachgesamtheit in der sie verbindenden Organisation eingebracht wird, wenn also **alle funktional wesentlichen Betriebsgrundlagen** in einem einheitlichen Vorgang auf die übernehmende KapGes übertragen werden (BFH DStR 2018, 1014). Fraglich ist, ob der Einbringende nach Übertragung seine **bisherige Tätigkeit im Rahmen des eingebrachten Betriebs beenden** muss (vgl. BFH DStR 2018, 1014; BStBl. II 1996, 527; 1994, 856; Schmidt/Wacker EStG § 16 Rn. 97; Lademann/Jäschke Rn. 23a; ausf. dazu Tiedtke/Wälzholz DStR 1999, 217). Dies ist der Fall, was sich aus Folgendem ergibt:

14 Was unter **Gewerbebetrieb** iSd EStG zu verstehen ist, **definiert § 15 II EStG.** Es handelt sich um eine mit Gewinnerzielungsabsicht unternommene, selbstständige und nachhaltige Tätigkeit, die sich als Beteiligung am allg. wirtschaftlichen Verkehr darstellt, wenn die Betätigung weder als Ausübung von LuF noch als Ausübung eines freien Berufes bzw. einer sonstigen selbstständigen Tätigkeit anzusehen ist. Es lässt sich feststellen, dass das EStG den Begriff des Gewerbebetriebs **tätigkeitsorientiert** definiert (ausf. dazu Schmitt, Zur interpersonalen Übertragung stiller Reserven beim Erbfall im Einkommensteuerrecht, 1992, S. 54 ff.). Die Übertragung des Betriebs setzt damit die Beendigung dieser konkreten Betätigung durch den Einbringenden voraus (ebenso Lademann/Jäschke Rn. 23a). Der Gewerbebetrieb hat jedoch auch einen **Objektbezug.** Gewerbliche Einkünfte werden in aller Regel sowohl durch eine spezifische Tätigkeit des Unternehmers als auch mit Hilfe des Einsatzes von Kapital erwirtschaftet. Beides zusammen bildet die wirtschaftliche und stl. Grundlage der Einkommensentstehung. Diese Bikausalität der Einkommensentstehung ist der eigentliche Grund dafür, Wertveränderungen im BV bei der Ermittlung der Gewinneinkünfte zu berücksichtigen (vgl. BFH BStBl. II 1996, 527; Kirchhof/Söhn/Mellinghoff/Kirchhof EStG § 2 Rn. A 105 f.). Gegen die Einstellung der konkreten Tätigkeit durch den Einbringenden spricht, dass auch der Teil eines Mitunternehmeranteils eingebracht werden kann und in diesem Fall der Einbringende seine Mitunternehmerstellung nicht aufgibt. Erforderlich für die Einbringung des Betriebs ist, dass dieser als selbstständiger Organismus des Wirtschaftslebens von der aufnehmenden KapGes **fortgeführt werden kann** (BFH BStBl. II 1982, 707; 1992, 380; Dötsch/Pung/Möhlenbrock/Patt Rn. 67; Lademann/Jäschke Rn. 23a; Bordewin/Brandt/Merkert Rn. 10; Rödder/Herlinghaus/van Lishaut/Herlinghaus Rn. 65; Haritz/Menner/Bilitewski/Menner Rn. 65; Brandis/Heuermann/Nitzschke Rn. 41; aA Blumers DB 1995, 496: Der Betrieb muss fortgeführt werden). Die Übertragung des Betriebs setzt dabei die Einbringung sämtlicher funktional wesentlicher Betriebsgrundlagen voraus (→ Rn. 21 f.). Diese funktionale Sichtweise ist darin begründet, dass das UmwStG die Fortführung des bisherigen unternehmerischen Engagements in einer anderen Rechtsform ohne stl. Auswirkungen hinsichtlich der stillen Reserven ermöglichen will (Haritz/Menner/Bilitewski/Menner Rn. 65). Insoweit unterscheidet sich das UmwStG von § 16 EStG, der primär eine begünstigte Besteuerung bei der Aufdeckung der stillen Reserven auf einen Schlag beabsichtigt.

15 Auch ein erst **entstehender Betrieb,** der noch nicht werbend tätig ist, kann als Betrieb iSd Abs. 1 eingebracht werden, wenn die wesentlichen Betriebsgrundlagen bereits vorhanden sind (vgl. BFH/NV 2011, 10; Dötsch/Pung/Möhlenbrock/Patt Rn. 25; Rödder/Herlinghaus/van Lishaut/Herlinghaus Rn. 65; Haritz/Menner/Bilitewski/Menner Rn. 61; Lademann/Jäschke Rn. 24; Brandis/Heuermann/Nitzschke Rn. 41; BeckOK UmwStG/Dürrschmidt Rn. 800.1; FG Düsseldorf DStRE 2000, 1136, wonach nicht unbedingt alle wesentlichen Betriebsgrundlagen vorhanden sein müssen; zum Teilbetrieb im Aufbau vgl. BFH/NV 2011, 10) und bei zielgerichteter Weiterverfolgung des Aufbauplans ein selbstständig lebensfähiger Organismus zu erwarten ist (BFH BStBl. II 1989, 458 zum Teilbetrieb; Widmann/Mayer/Widmann Rn. 7; Dötsch/Pung/Möhlenbrock/Patt Rn. 25; aA wohl BMF 11.11.2011, BStBl. I 2011, 1314 Rn. 20.06, da insoweit bezogen auf den Zeitpunkt des Vorliegens eines Betriebs (→ Rn. 27) auf Rn. 15.03 UmwStE Bezug genommen wird). Gleiches gilt für einen **auslaufenden** oder einen **verpachteten Betrieb** (BFH/NV 2010, 1450; FG Münster EFG 2009, 1425), solange die wesentlichen Betriebsgrundlagen noch vorhanden sind und der Betriebsinhaber den Willen zur Betriebsaufgabe noch nicht geäußert hat (Widmann/Mayer/Widmann Rn. 7; Lademann/Jäschke Rn. 24; Dötsch/Pung/Möhlenbrock/Patt Rn. 25; Rödder/Herlinghaus/van Lishaut/Herlinghaus Rn. 25; Haritz/Menner/Bilitewski/Menner Rn. 61; Frotscher/Drüen/Mutscher Rn. 79; Brandis/Heuermann/Nitzschke Rn. 41).

Betrieb iSd § 20 ist nicht nur der **gewerbliche Betrieb**, worunter auch **16** Betriebe gewerblicher Art von juristischen Personen des öffentlichen Rechts iSv § 1 I 6 KStG, § 4 KStG zu rechnen sind, sondern auch ein **luf Betrieb** sowie ein **freiberufliches Unternehmen** (Widmann/Mayer/Widmann Rn. 2; Rödder/Herlinghaus/van Lishaut/Herlinghaus Rn. 64; Brandis/Heuermann/Nitzschke Rn. 40; Dötsch/Pung/Möhlenbrock/Patt Rn. 23; Haritz/Menner/Bilitewski/Menner Rn. 61; Lademann/Jäschke Rn. 24; Frotscher/Drüen/Mutscher Rn. 79). Die Art der Gewinnermittlung ist für die Anwendung des Abs. 1 ohne Bedeutung (Dötsch/Pung/Möhlenbrock/Patt Rn. 24; Rödder/Herlinghaus/van Lishaut/Herlinghaus Rn. 64). Unabhängig von der konkreten Tätigkeit erfüllt den Betriebsbegriff auch eine **gewerblich geprägte PersGes** iSv § 15 III 2 EStG (ebenso Widmann/Mayer/Widmann Rn. 3; Rödder/Herlinghaus/van Lishaut/Herlinghaus Rn. 64; Brandis/Heuermann/Nitzschke Rn. 40; vgl. auch Frotscher/Drüen/Mutscher Rn. 89). Das gilt auch für das an sich vermögensverwaltende Besitzunternehmen im Rahmen einer **Betriebsaufspaltung** (BFH DStR 2018, 1014; FR 2018, 312; BStBl. II 2001, 321; FG BW DStRE 2016, 1234; Widmann/Mayer/Widmann Rn. 8 aE; Rödder/Herlinghaus/van Lishaut/Herlinghaus Rn. 64; Brandis/Heuermann/Nitzschke Rn. 40; Lademann/Jäschke Rn. 24; Dötsch/Pung/Möhlenbrock/Patt Rn. 26; BeckOK UmwStG/Dürrschmidt Rn. 804). Eine Einbringung eines Betriebs iSv Abs. 1 ist auch dann gegeben, wenn eine KapGes – unter den weiteren Voraussetzungen von § 20 – Vermögen in eine andere KapGes einbringt, das bei einer natürlichen Person oder einer PersGes PV darstellt bzw. zu Einkünften aus VuV oder KapVerm führen würde (Dötsch/Pung/Möhlenbrock/Patt Rn. 28; Rödder/Herlinghaus/van Lishaut/Herlinghaus Rn. 66; Lademann/Jäschke Rn. 24; BeckOK UmwStG/Dürrschmidt Rn. 799.2; anders Widmann/Mayer/Widmann Rn. 5). Die Begründung, bei einer (einbringenden) KapGes sei Betrieb iSv Abs. 1 nur anzunehmen, wenn die Sacheinlage bei einer Einzelperson kein PV darstellen würde, was auch gelte, wenn eine KapGes lediglich Grundbesitz einbringe, gehörte er einer natürlichen Person, zu Einkünften aus VuV führe, ist nicht überzeugend. Die Tätigkeit einer KapGes gilt stets und in vollem Umfang als Gewerbebetrieb (vgl. FG BW EFG 2000, 1405). Dem entspricht BFH BStBl. II 1991, 250, wonach die Tätigkeit einer KapGes in vollem Umfang einen Gewerbebetrieb darstellt, auch wenn die Tätigkeiten nicht unter die Einkunftsarten von § 2 I EStG fallen. Bei Einbringung von Vermögen durch eine ausl. KapGes ist aber zu beachten, dass die Fiktion des § 8 II KStG ggf. nicht gilt (Frotscher/Drüen/Mutscher Rn. 98; Rödder/Herlinghaus/van Lishaut/Herlinghaus Rn. 66; BeckOK UmwStG/Dürrschmidt Rn. 799.2). Auch eine KapGes, deren Haupttätigkeit sich darauf beschränkt, Beteiligungen an anderen KapGes zu halten, unterhält nach Auffassung der FVerw einen Geschäftsbetrieb (ebenso Rödder/Herlinghaus/van Lishaut/Herlinghaus Rn. 66); das Halten der Beteiligungen an einer KapGes reicht dafür aus (Rödder/Herlinghaus/van Lishaut/Herlinghaus Rn. 66). Die zitierte abweichende Auffassung steht nicht in Übereinstimmung mit Sinn und Regelungszweck von Abs. 1, widerspricht außerdem dem Grundsatz einheitlicher Rechtsauslegung und der Gesetzesbegründung (Begr. RegE, BT-Drs. 12/6885, unter A. Allg. Begr.), wonach betriebswirtschaftlich erwünschte und handelsrechtlich mögliche Umstrukturierungen nicht durch stl. Folgen behindert werden, die ohne die besondere Regelung des UmwStR eintreten würden. Die die abw. Auffassung vertretenden Autoren widersprechen sich, wenn sie die Übertragung des Vermögens einer gewerblich geprägten PersGes als Betriebseinbringung iSv Abs. 1 zulassen (so Widmann/Mayer/Widmann Rn. 3) und (zutr.) bei der Betriebsaufspaltung einen Betrieb iSd Abs. 1 beim Besitzunternehmen annehmen (zB Widmann/Mayer/Widmann Rn. 8 aE; Bordewin/Brandt/Merkert Rn. 11). Bringt eine gewerblich geprägte PersGes, die ausschließlich Anteil an KapGes hält, alle diese Anteile in eine KapGes ein, liegt die Einbringung eines Betriebs iSv § 20 vor (Dötsch/Pung/Möhlenbrock/Patt § 21 Rn. 11a). Gegenstand einer Betriebseinbringung können auch Betriebe gewerblicher Art von juristischen Personen des öffentlichen Rechts (Orth DB 2007, 419; Dötsch/Pung/Möhlenbrock/Patt Rn. 29; Rödder/Herlinghaus/van Lishaut/Herlinghaus Rn. 67), öffentliche Unternehmen oder wirtschaftliche Geschäftsbetriebe einer Körperschaft nach § 14 AO sein (BFH/NV 2003, 277; Orth DB 2007, 419; Dötsch/Pung/Möhlenbrock/Patt Rn. 29) und selbst steuerbefreite Betriebe sein (Dötsch/Pung/Möhlenbrock/Patt Rn. 29; Rödder/Herlinghaus/van Lishaut/Herlinghaus Rn. 65).

17 Die **Fortsetzung des eingebrachten Betriebs** durch die übernehmende KapGes verlangt das Gesetz nicht, sodass sie den eingebrachten Betrieb nicht fortführen muss (Dötsch/Pung/Möhlenbrock/Patt Rn. 676; Lademann/Jäschke Rn. 23a; Brandis/Heuermann/Nitzschke Rn. 41; Widmann/Mayer/Widmann Rn. 11; Rödder/Herlinghaus/van Lishaut/Herlinghaus Rn. 66; BeckOK UmwStG/Dürrschmidt Rn. 34; aA Blumers DB 1995, 496).

18 Während eine natürliche Person mehrere Betriebe iSv Abs. 1 führen kann (zB BFH BStBl. II 1989, 901; BFH/NV 1990, 261; Dötsch/Pung/Möhlenbrock/Patt Rn. 35; Rödder/Herlinghaus/van Lishaut/Herlinghaus Rn. 79; Brandis/Heuermann/Nitzschke Rn. 40), können PersGes und KapGes **nur einen** Betrieb iSv Abs. 1, innerhalb dieses Betriebs aber mehrere Teilbetriebe betreiben (Bordewin/Brandt/Merkert Rn. 12; Rödder/Herlinghaus/van Lishaut/Herlinghaus Rn. 79; aA Widmann/Mayer/Widmann Rn. 5). Der **Betrieb einer PersGes** umfasst auch das in der Sonderbilanz eines Gesellschafters ausgewiesene **SBV** (BFH BStBl. II 1998, 104; 1995, 890 mwN; BMF 11.11.2011, BStBl. I 2011, 1314 Rn. 20.07; Dötsch/Pung/Möhlenbrock/Patt Rn. 40; Frotscher/Drüen/Mutscher Rn. 81; Rödder/Herlinghaus/van Lishaut/Herlinghaus Rn. 74; Schmidt/Wacker EStG § 16 Rn. 112; Kaeser DStR-Beihefter zu Heft 2/2012, 13).

2. Übertragung aller wesentlichen Betriebsgrundlagen

19 Die FVerw (BMF 11.11.2011, BStBl. I 2011, 1314 Rn. 20.05) bestimmt, dass der **Gegenstand der Einbringung** sich nach dem zu Grunde liegenden Rechtsgeschäft richtet, und zwar unabhängig davon, wer Einbringender iSd § 20 (→ Rn. 176 ff.) ist (ebenso Widmann/Mayer/Widmann Rn. 90, 94; Brandis/Heuermann/Nitzschke Rn. 66a; Förster GmbHR 2002, 237; Dötsch/Pung/Möhlenbrock/Patt Rn. 169a; krit. FGS/BDI UmwStE/Hötzel/Kaeser, 2011, 323). Diese Sichtweise hat insbes. für die Umstrukturierung von PersGes Bedeutung. Wird bspw. eine PersGes auf eine KapGes verschmolzen und im zeitlichen und sachlichen Zusammenhang eine wesentliche Betriebsgrundlage des SBV nur eines Gesellschafters auf den übernehmenden Rechtsträger nicht mitübertragen, kommt es zu einer Aufdeckung sämtlicher stiller Reserven im übertragenen Vermögen (aA Rödder/Herlinghaus/van Lishaut/Herlinghaus Rn. 78). Gleiches sollte nach Auffassung der FVerw gelten, wenn der gesamte Betrieb einer PersGes ausgegliedert und in diesem Zusammenhang nur eine wesentliche

Betriebsgrundlage des SBV auf den übernehmenden Rechtsträger nicht mitübertragen wird, und zwar unabhängig davon, wer Einbringender in diesem Fall ist (ebenso Kaeser DStR-Beihefter zu Heft 2/2012, 13; krit. Raschke GmbHR 2012, 149; Rödder/Herlinghaus/van Lishaut/Herlinghaus Rn. 78). Wird im Gegensatz dazu die Mitunternehmerschaft nicht auf eine GmbH verschmolzen bzw. gliedert die PersGes nicht ihren gesamten Betrieb auf eine KapGes aus, sondern bringen die einzelnen Gesellschafter der PersGes ihren Mitunternehmeranteil in die übernehmende KapGes ein, so käme es insoweit nur zu einer gewinnrealisierenden Aufdeckung von stillen Reserven bei dem Gesellschafter, dessen SBV zurückbehalten wurde.

Die **Voraussetzungen eines Betriebes** müssen nach Auffassung der FVerw **20** bereits zum **stl. Einbringungsstichtag** vorliegen (BMF 11.11.2011, BStBl. I 2011, 1314 Rn. 20.06 iVm Rn. 15.03). Maßgeblicher Zeitpunkt für die Beurteilung, ob ein WG wesentliche Betriebsgrundlage darstellt, müsste folglich auch dieser stl. Übertragungsstichtag sein und nicht der Zeitpunkt der Fassung des Umwandlungsbeschlusses oder, wenn es eines solchen nicht bedarf, der Abschluss des Einbringungsvertrages. Diese Sichtweise der FVerw hätte zur Konsequenz, dass Veränderungen im übertragenen Vermögen des Betriebes im Rückwirkungszeitraum keine Auswirkungen auf den Einbringungsvorgang haben (vgl. auch Lademann/Jäschke Rn. 34a; Grashoff/Schwetlik UmwStG 2018, 680). Wird bspw. im Rückwirkungszeitraum eine wesentliche Betriebsgrundlage des eingebrachten Betriebes auf einen anderen Rechtsträger übertragen, so steht dies der Steuerneutralität des Einbringungsvorgangs nicht entgegen, falls die Übertragung auf Rechnung der übernehmenden KapGes erfolgt und für die Steuerneutralität des Einbringungsvorgangs es ohne Bedeutung ist, ob der eingebrachte Betrieb fortgeführt wird, wesentliche Betriebsgrundlagen veräußert werden uÄ (NK-UmwR/Götz/Widmayer Rn. 83; Schell/Krohn DB 2012, 1119; FGS/BDI UmwStE/Dietrich/Kaeser, 2011, 97 f.; krit. Neumann GmbHR 2012, 141). Etwas anderes gilt aber, wenn ein Mitunternehmeranteil eingebracht wird, im Rückwirkungszeitraum aber ein WG des SBV für Rechnung des Einbringenden veräußert oder in anderes BV für Rechnung des Einbringenden übertragen wird. Der Auffassung der FVerw ist im Ergebnis nicht zu folgen. Maßgebender Zeitpunkt für die Beurteilung, ob ein Betrieb vorliegt oder ein WG eine wesentliche Betriebsgrundlage darstellt (→ Rn. 31), ist grds. der **Zeitpunkt der Fassung des Umwandlungsbeschlusses** oder, wenn es eines solchen nicht bedarf, der **Abschluss des Einbringungsvertrages** bzw. der Übergang des wirtschaftlichen Eigentums, wenn dieser erst zu einem späteren Zeitpunkt übergeht (ebenso FG Niedersachsen EFG 2019, 628; Widmann/Mayer/Widmann Rn. 30; Rödder/Herlinghaus/van Lishaut/Herlinghaus Rn. 104; Haritz/Menner/Bilitewski/Menner Rn. 70; BeckOK UmwStG/Dürrschmidt Rn. 811; Lademann/Jäschke Rn. 28; Brandis/Heuermann/Nitzschke Rn. 43a; Graw DB 2013, 1011; Benz/Rosenberg DB-Beil. 1/2012, 38; Desens DStR 2010 Beihefter zu Heft 4, 80; Kaeser DStR-Beihefter zu Heft 2/2012, 9; ebenso wohl auch BFH DStR 2010, 1517; BStBl. II 2010, 471; vgl. auch BFH Urt. v. 21.2.2022 – I R 13/19, BeckRS 2022, 22547). Die FVerw verkennt, dass die Rückbeziehung in § 20 V, VI sich nur auf die Wirkung der Umw, nicht aber auf die Tatbestandsvoraussetzungen der Umw bezieht (Lademann/Jäschke Rn. 28; aA Neumann GmbHR 2012, 141).

Der Betrieb muss im Ganzen eingebracht werden, was bedeutet, dass alle **wesent-** **21** **lichen Grundlagen des Betriebs** auf die KapGes/Gen übergehen. Nach bisher ganz überwiegender Auffassung (BMF 11.11.2011, BStBl. I 2011, 1314 Rn. 01.43, 20.13; Brandis/Heuermann/Nitzschke Rn. 43, 45; Widmann/Mayer/Widmann Rn. 9; Eisgruber/Brandstetter Rn. 120; Weber/Hahne Ubg 2011, 420; vgl. auch BFH/NV 2012, 902 zu § 24; FG Berlin-Brandenburg EFG 2014, 1928 zu § 15) bedeutet Einbringung nicht unbedingt die Übertragung des bürgerlich-rechtlichen Eigentums, es genügt vielmehr, dass der übernehmende Rechtsträger als **wirtschaftlicher Eigentümer** iSd § 39 II Nr. 1 AO nach der Einbringung anzusehen ist.

Unter der Geltung des § 1 III wird dies nunmehr in Frage gestellt. So vertritt Patt (Dötsch/Pung/Möhlenbrock/Patt Rn. 7; ebenso Winkeljohann/Fuhrmann UmwStR-HdB S. 830) die Meinung, dass die Verschaffung des wirtschaftlichen Eigentums keine nach Abs. 1 begünstigte Sacheinlage mehr wäre. § 1 III Nr. 4 knüpfe nämlich ausschließlich auf Rechtsvorgänge an, welche einen „zivilrechtlichen Rechtsträgerwechsel" voraussetzen. Diese Auffassung kann nicht überzeugen (ebenso BMF 11.11.2011, BStBl. I 2011, 1314 Rn. 01.43; Rödder/Herlinghaus/van Lishaut/Herlinghaus Rn. 93; Widmann/Mayer/Widmann Rn. 236; Frotscher/Drüen/Mutscher Rn. 77; Lademann/Jäschke Rn. 30; Brandis/Heuermann/Nitzschke Rn. 45; OFD Hannover 30.1.2007, DB 2007, 888; Herlinghaus FR 2007, 286; Schumacher/Neumann DStR 2008, 325; Förster/Wendland BB 2007, 631; Schönherr/Lemaitre GmbHR 2007, 459). Richtig ist zwar, dass § 1 III Nr. 4 auf eine Einzelrechtsnachfolge abstellt. Der Begriff dient jedoch dazu, solche Vorgänge zu beschreiben, die nicht von § 1 III Nr. 1–3 erfasst sind, dh keine Gesamtrechtsnachfolge, partielle Gesamtrechtsnachfolge oder einen Formwechsel darstellten sondern durch Übertragung einzelner WG verwirklicht werden. Auch spricht § 27 I 2 dafür, dass die Übertragung des wirtschaftlichen Eigentums an den eingebrachten WG die Voraussetzungen des Abs. 1 erfüllt. Wenn der Gesetzgeber das neue UmwStG angewendet wissen will, „wenn das wirtschaftliche Eigentum an den eingebrachten WG nach dem 12.12.2006 übergegangen ist", so will er offensichtlich weiterhin für die Einbringungsfälle auf die Übertragung des wirtschaftlichen Eigentums abstellen. Nach Meinung des FG Berlin-Brandenburg (EFG 2014, 1928) soll bei Umw iSd UmwG die Übertragung des zivilrechtlichen Eigentums notwendig sein.

22 Die Anwendung des § 20 setzt voraus, dass bei der Einbringung eines Betriebes sämtliche funktional wesentlichen Betriebsgrundlagen auf den übernehmenden Rechtsträger übertragen werden. Auch WG, an denen der Unternehmer nicht das zivilrechtliche, sondern nur das wirtschaftliche Eigentum hat, können funktional wesentliche Betriebsgrundlage sein (BFH/NV 2015, 1409; Brandis/Heuermann/Nitzschke Rn. 43). Werden **funktional wesentliche Betriebsgrundlagen** im zeitlichen und wirtschaftlichen Zusammenhang mit der Einbringung in eine KapGes **in ein anderes Vermögen überführt** (BFH DStR 2018, 1014), so sind nach Auffassung der FVerw (BMF 11.11.2011, BStBl. I 2011, 1314 Rn. 20.07) die Grundsätze des BFH 11.12.2001 (BStBl. II 2004, 447) und BFH 25.2.2010 (BStBl. II 2010, 726) zu beachten. Das bedeutet, wird in einem zeitlichen und sachlichen Zusammenhang mit der Betriebseinbringung eine funktional-wesentliche Betriebsgrundlage noch vor der Einbringung (→ Rn. 20) auf einen anderen Rechtsträger übertragen (BFH DStR 2018, 1014), kommt es in dem eingebrachten Vermögen zu einer Aufdeckung von stillen Reserven. Nach Auffassung des BFH (25.11.2009, BStBl. II 2010, 471) ist jedoch die Überführung (BFH DStR 2018, 1014) einer wesentlichen Betriebsgrundlage in ein anderes BV anzuerkennen, sofern sie auf Dauer erfolgt und deshalb andere wirtschaftliche Folgen auslöst als die Einbeziehung des betreffenden WG in den Einbringungsvorgang; § 20 ist unter diesen Voraussetzungen anwendbar (vgl. dazu Brandis/Heuermann/Nitzschke Rn. 47; Benz/Rosenberg DB-Beil. 1/2012, 38; Kaeser DStR-Beihefter zu Heft 2/2012, 13; Jebsen BB 2010, 1192; Schulze zur Wiesche DStZ 2011, 513). Der X. Senat des BFH geht davon aus, dass die Anwendbarkeit des § 24 I weder der Regelung des § 42 AO noch der Rechtsfigur des Gesamtplans entgegensteht, wenn vor der Einbringung eine wesentliche Betriebsgrundlage des einzubringenden Betriebs unter Aufdeckung der stillen Reserven veräußert wird und die Veräußerung auf Dauer angelegt ist (BFH/NV 2012, 902; Frotscher/Drüen/Mutscher Rn. 76; vgl. dazu auch BMF 12.9.2013, BStBl. I 2013, 1164; FG Münster EFG 2014, 1369; Herlinghaus FR 2014, 441; Dornheim DStZ 2014, 46; Brandenberg DB 2013, 17; Nöcker DStR 2013, 1530).

§ 20 UmwStG D

23 Nach richtiger Meinung kann die bloße **Vermietung oder Verpachtung** durch den Einbringenden an die KapGes die Übertragung nicht ersetzen (BMF 11.11.2011, BStBl. I 2011, 1314 Rn. 20.06; BFH DStR 2018, 1014; BStBl. II 2011, 467; Dötsch/Pung/Möhlenbrock/Patt Rn. 8; HK-UmwStG/Bäuml Rn. 140; Brandis/Heuermann/Nitzschke Rn. 45; NK-UmwR/Götz/Widmayer Rn. 34; Haase/Hofacker/Hofacker Rn. 50; Lademann/Jäschke Rn. 30; aA Rödder/Beckmann DStR 1999, 751; Götz DStZ 1997, 551; Blumers DB 1995, 496; offen Rödder/Herlinghaus/van Lishaut/Herlinghaus Rn. 85). Die Einbringung stellt einen tauschähnlichen Veräußerungsakt bzw. ein Anschaffungsgeschäft dar (→ Vor § 20 Rn. 9), deren eigentlich eintretende Rechtsfolgen durch § 20 außer Kraft gesetzt werden. Die Einbringung setzt damit ebenso wie die Veräußerung die Beendigung der bisherigen konkreten gewerblichen, freiberuflichen bzw. luf Tätigkeit beim Einbringenden und damit die Übertragung des Vermögens voraus. Die Einbringung des Betriebs setzt nicht voraus, dass **Miet- bzw. Pachtverhältnisse,** die der Einbringende über WG abgeschlossen hat, von der übernehmenden KapGes fortgesetzt werden (Widmann/Mayer/Widmann Rn. 9; Rödder/Herlinghaus/van Lishaut/Herlinghaus Rn. 85; Haritz/Menner/Bilitewski/Menner Rn. 76, 227; aA Bordewin/Brandt/Merkert Rn. 10; Lademann/Jäschke Rn. 29; Blumers DB 1995, 496; auch → Rn. 25).

24 Ein Betrieb wird als Ganzes dann eingebracht, wenn sämtliche wesentlichen Betriebsgrundlagen auf die übernehmende KapGes übertragen werden, die Mitübertragung von **WG, die lediglich nach wirtschaftlichen Zusammenhängen dem Betrieb zuordenbar sind,** ist auch nach Meinung der FVerw nicht notwendig (BMF 11.11.2011, BStBl. I 2011, 1314 Rn. 20.06; Haritz/Menner/Bilitewski/Menner Rn. 67; Rödder/Herlinghaus/van Lishaut/Herlinghaus Rn. 81; so auch Stangl GmbHR 2012, 253; Rasche GmbHR 2012, 149; Schneider/Ruoff/Sistermann FR 2012, 1; FGS/BDI UmwStE/Hötzel/Kaeser, 2011, 324). Ob alle wesentlichen Betriebsgrundlagen übertragen werden, richtet sich nach ursprünglicher Auffassung der FVerw nach denselben Kriterien wie bei der Vorschrift des § 16 EStG (BMF 25.3.1998, BStBl. I 1998, 268 Rn. 20.08). Danach müssten auch funktional unbedeutende **WG mit erheblichen stillen Reserven** als wesentliche Betriebsgrundlage auf die übernehmende KapGes übertragen werden, selbst wenn diese WG keinerlei Funktion für den Betrieb ausüben. Obwohl die Einbringung im Rahmen des § 20 lediglich einen Spezialfall der Betriebsveräußerung darstellt, muss jedoch berücksichtigt werden, dass § 20 die Fortführung des bisherigen unternehmerischen Engagements in eine andere Rechtsform ohne stl. Auswirkungen ermöglichen will. Mit diesem Zweck ist es nicht vereinbar, eine ggf. wirtschaftlich nicht nachvollziehbare Übertragung quantitativ bedeutsamer WG zur Voraussetzung der Begünstigung nach § 20 zu machen. Ob ein WG im Rahmen des § 20 eine wesentliche Betriebsgrundlage darstellt, richtet sich damit ausschließlich nach der **funktionalen Betrachtungsweise** (BFH DStR 2018, 1014; BStBl. II 2017, 339; BStBl. II 2010, 471; BStBl. II 2010, 808; BMF 11.11.2011, BStBl. I 2011, 1314 Rn. 20.06; Dötsch/Pung/Möhlenbrock/Patt Rn. 43; Haritz/Menner/Bilitewski/Menner Rn. 65; Rödder/Herlinghaus/van Lishaut/Herlinghaus Rn. 80; Eisgruber/Brandstetter Rn. 115; Frotscher/Drüen/Mutscher Rn. 76; BeckOK UmwStG/Dürrschmidt Rn. 809; Brandis/Heuermann/Nitzschke Rn. 42). Die funktionale Betrachtungsweise erfolgt aus der Sicht des individuell zu beurteilenden Betriebs, der übertragen werden soll, und zwar grds. aus der Sicht des Einbringenden (BFH DStR 2010, 802; Haritz/Menner/Bilitewski/Menner Rn. 70; BeckOK UmwStG/Dürrschmidt Rn. 810). Eine abschließende Definition dahingehend, was funktional wesentliche Betriebsgrundlagen sind, ist damit stets von den Umständen des Einzelfalls abhängig (BFH BStBl. II 1998, 388; Rödder/Herlinghaus/van Lishaut/Herlinghaus Rn. 80; Brandis/Heuermann/Nitzschke Rn. 43; BeckOK UmwStG/Dürrschmidt Rn. 809; vgl. auch Widmann/Mayer/Widmann Rn. 13 ff.). Unter

Berücksichtigung der gebotenen Einzelfallbetrachtung sind wesentliche Betriebsgrundlagen eines Betriebs jedenfalls diejenigen WG, die **zur Erreichung des Betriebszwecks erforderlich** sind und denen ein **besonderes wirtschaftliches Gewicht** für die Betriebsführung zukommt (vgl. BFH BStBl. II 1994, 15; Rödder/Herlinghaus/van Lishaut/Herlinghaus Rn. 80; Brandis/Heuermann/Nitzschke Rn. 43; Haritz/Menner/Bilitewski/Menner Rn. 70).

24a Einer steuerneutralen Einbringung eines Betriebs steht nicht entgegen, dass neben den wesentlichen Betriebsgrundlagen auch nicht wesentliche Betriebsgrundlagen bzw. neutrales Vermögen mitübertragen wird (Rödder/Herlinghaus/van Lishaut/Herlinghaus Rn. 80). Bei der Einbringung muss, anders als bei der Spaltung nach § 15 I 2, das **zurückbleibende Vermögen** nicht die Teilbetriebseigenschaft haben (Dötsch/Pung/Möhlenbrock/Patt Rn. 110; Benz/Rosenberg DB-Beil. 1/2012, 38; Dötsch/van Lishaut/Wochinger DB-Beil. 7/1998, 41).

25 Nach stRspr des BFH (BFH/NV 2006, 1812; BStBl. II 2003, 878; BStBl. II 1987, 808) sind **WG** nicht nur Sachen und Rechte iSd BGB, sondern auch tatsächliche Zustände und konkrete Möglichkeiten, damit sämtliche Vorteile für den Betrieb, deren Erlangung sich der Kaufmann etwas kosten lässt, die einer besonderen Bewertung zugänglich sind, idR einen Nutzen für mehrere Wj. erbringen und jedenfalls mit dem Betrieb übertragen werden können. Darunter fallen, wie die Regelung des § 5 II EStG erkennen lässt, grds. auch nicht körperliche immaterielle WG. Zur kassenärztlichen Zulassung vgl. LfSt Niedersachsen DStR 2022, 1001. Dies wirft die Frage auf, ob **Rechte aus Pacht- oder Leasingverträgen** über die Nutzung wesentlicher WG im Betrieb, aus **Lizenzverträgen** über die Nutzung wichtiger **Softwareprogramme**, Leitungsnetze oder Kommunikationssysteme, Rechte aus Dienstanbieterverträgen, Händlerverträgen, Kundenverträgen, Verträgen mit Großabnehmern, behördliche Genehmigung, Konzession, Arbeitsverträge des qualifizierten Personals uÄ als Geschäftswert bildende Faktoren zu den wesentlichen Betriebsgrundlagen iSd § 20 gehören (so Dötsch/Pung/Möhlenbrock/Patt Rn. 63; Lademann/Jäschke Rn. 29; BeckOK UmwStG/Dürrschmidt Rn. 809; aA zu Arbeitsverträgen Kamlah BB 2003, 109; wohl auch Lademann/Jäschke Rn. 29; vgl. auch Kirchhof/Söhn/Mellinghoff/Reiß EStG § 16 Rn. B 238; Rödder/Herlinghaus/van Lishaut/Herlinghaus Rn. 113). Zu beachten ist insoweit zunächst, dass diese Rechtspositionen zum Teil keine „gesicherte Rechtsposition" gewähren (vgl. Schmidt/Weber-Grellet EStG § 5 Rn. 176) und zum Teil weder einzeln noch mit einem Betrieb übertragen werden können (Kirchhof/Söhn/Mellinghoff/Reiß EStG Rn. B 274; zu Arbeitsverträgen Kamlah BB 2003, 109), was bereits das Vorliegen eines WG zweifelhaft erscheinen lässt. Aber selbst wenn man im konkreten Einzelfall von einem WG ausgehen muss, dürfte einem einzelnen Rechtsverhältnis nur ausnahmsweise ein besonderes wirtschaftliches Gewicht für die Betriebsführung zukommen, was insbes. dann gilt, wenn die entsprechende Leistung jederzeit ersetzbar ist (vgl. auch BeckOK UmwStG/Dürrschmidt Rn. 825).

26 Bei der Einbringung eines Betriebs sind auch die dazugehörigen **Anteile an KapGes/Gen** mit einzubringen, sofern sie wesentliche Betriebsgrundlage des Betriebs darstellen (BMF 11.11.2011, BStBl. I 2011, 1314 Rn. 20.06; BStBl. II 2017, 339; DStR 2010, 269; Dötsch/Pung/Möhlenbrock/Patt Rn. 60; Rödder/Herlinghaus/van Lishaut/Herlinghaus Rn. 69, 115; Brandis/Heuermann/Nitzschke Rn. 44; BeckOK UmwStG/Dürrschmidt Rn. 816.5; PWC, Reform des UmwStR/Heß/Schnittger, 2007, 220; Widmann/Mayer/Widmann Rn. 10; auch → Rn. 35). Die Frage, ob dies auch gilt, wenn es sich um eine **100%ige Beteiligung** handelt, ist nicht ausdrücklich im Gesetz behandelt. Dagegen könnte sprechen, dass nach § 16 I 1 EStG eine 100%ige Beteiligung an einer KapGes als Teilbetrieb gilt, was zur Folge hat, dass die 100%ige Beteiligung eine eigenständige betriebliche Einheit ist und damit im Rahmen der Einbringung eines Betriebs nicht mit übertragen werden muss (vgl. aber BFH DStR 2008, 2001); nach Auffassung des Gesetzgebers stellt eine 100%ige Beteiligung an einer KapGes keinen Teilbetrieb iSd Abs. 1 dar (BT-Drs. 16/2710, 42; ebenso Haritz/Menner/Bilitewski/Menner Rn. 110; Rödder/Herlinghaus/van Lishaut/Herlinghaus Rn. 71; Dötsch/Pung/Möhlenbrock/Patt Rn. 32; vgl. auch BFH BStBl. II 2003, 464 zu § 24). Wird ein Betrieb mit dazugehörigen Anteilen an einer KapGes oder Gen eingebracht, liegt insgesamt ein **einheitlicher Einbringungsvorgang** nach Abs. 1 vor, sofern sie wesentliche Betriebsgrundlage des Betriebs darstellen (Dötsch/Pung/Möhlenbrock/Patt Rn. 30; Rödder/Herlinghaus/van Lishaut/Herlinghaus Rn. 71). Selbst wenn die Anteile an der KapGes wesentliche Betriebsgrundlage eines Betriebs sind, können diese Anteile unter den Voraussetzungen des § 21 **isoliert,** dh ohne den Betrieb steuerneutral auf einen übernehmenden Rechtsträger übertragen werden (ebenso Dötsch/Pung/Möhlenbrock/Patt Rn. 33; Haase/Hofacker/Hofacker Rn. 53; Haritz DStR 2000, 1537; Rödder/Herlinghaus/van Lishaut/Herlinghaus Rn. 71).

Ist die **mehrheitsvermittelnde Beteiligung** an einer KapGes/Gen **keine** **27 wesentliche Betriebsgrundlage** des eingebrachten Betriebs, aber notwendiges oder gewillkürtes BV, stellt sich die im Ergebnis zu bejahende Frage, ob auch bei einem **sachlich und zeitlich zusammenhängenden** Einbringungsvorgang für die Einbringung der Beteiligung § 20 angewendet wird (Frotscher/Drüen/Mutscher Rn. 74; Dötsch/Pung/Möhlenbrock/Patt Rn. 32). Handelt es sich um einen einheitlich bzw. sachlich und zeitlich zusammenhängenden Einbringungsvorgang, kann aber eine „Aufspaltung" des Einbringungsvorgangs in eine Sacheinlage iSd § 20 und in einen Anteilstausch iSd § 21, **bezogen auf die als Gegenleistung** gewährten Anteile, im Hinblick auf § 22 I 5 iVm § 22 II bzw. § 20 III 4 sinnvoll sein (→ Rn. 206, → § 22 Rn. 66 f.; Dötsch/Pung/Möhlenbrock/Patt Rn. 32 f.).

Beispiel:

Die X-AG bringt ihren Betrieb zu BW in die zu gründende Y-AG ein. Zu dem übertragenen **28** Vermögen gehört die 100%ige Beteiligung an der Z-GmbH, die keine funktional wesentliche Betriebsgrundlage darstellt. Der BW des übertragenen Vermögens beträgt 200.000 Euro, es existieren stille Reserven iHv 300.000 Euro. Der BW der Anteile soll 100.000 Euro, die stillen Reserven 150.000 Euro betragen. Zwei Jahre nach der Einbringung beabsichtigt die X-AG die Veräußerung von 30% der Aktien an der Y-AG. Es stellt sich die Frage, ob diese Veräußerung anteilig einen Einbringungsgewinn I auslöst, oder ob ein Teil der erhaltenen Anteile veräußert werden kann, ohne dass der Einbringungsgewinn I zu versteuern ist. Ein Einbringungsgewinn I wäre dann nicht zu versteuern, wenn bei der Einbringung die übertragenen Anteile an den Z-GmbH konkreten, als Gegenleistung gewährten Aktien am übernehmenden Rechtsträger zugeordnet werden können (→ Rn. 207).

Gehören zu einem Betrieb **Mitunternehmeranteile,** so sind diese eigenständige **29** betriebliche Einheiten. Diese müssen nicht gemeinsam mit dem Betrieb übertragen werden. Bei einem Mitunternehmeranteil handelt es sich nämlich nicht um ein WG (BFH BStBl. II 2010, 726; DStR 2003, 1743; Littmann/Bitz/Pust/Hoffmann EStG § 6 Rn. 551; Rödder/Herlinghaus/van Lishaut/Herlinghaus Rn. 72; BeckOK UmwStG/Dürrschmidt Rn. 813; Haase/Hofacker/Hofacker Rn. 54; Eisgruber/Brandstetter Rn. 114; Dötsch/Pung/Möhlenbrock/Patt Rn. 34; NK-UmwR/Götz/Widmayer Rn. 76; Schmitt DStR 2011, 1108; Schumacher DStR 2010, 1606), sodass dieser Anteil keinem Betrieb zugeordnet werden kann, weder als funktional-wesentliche noch als funktional-unwesentliche Betriebsgrundlage. Davon geht auch die FVerw aus, wenn sie die Auffassung vertritt, dass, sollte ein Betrieb eingebracht werden, zu dessen BV ein oder mehrere Mitunternehmeranteile gehören, die Einbringung des Betriebs und die Einbringung des bzw. der Mitunternehmeranteile jeweils als gesonderte Einbringungsvorgänge zu behandeln sind (BMF 11.11.2011, BStBl. I 2011, 1314 Rn. 20.12; ebenso Rödder/Herlinghaus/van Lishaut/Herlinghaus Rn. 72; Dötsch/Pung/Möhlenbrock/Patt Rn. 34; Bordewin/

Brandt/Merkert Rn. 30; Brandis/Heuermann/Nitzschke Rn. 48; Haase/Hofacker/ Hofacker Rn. 54; Lademann/Jäschke Rn. 38; vgl. auch Widmann/Mayer/Widmann Rn. 10, der insoweit einen einheitlichen Vorgang annimmt; vgl. aber auch OFD Frankfurt 16.9.2014, DStR 2014, 2180).

30 Eine Einbringung iSd § 20 setzt voraus, dass die wesentlichen Betriebsgrundlagen des einzubringenden Betriebs **in einem einheitlichen Vorgang** auf den übernehmenden Rechtsträger übertragen werden (BFH BStBl. II 2017, 339; Widmann/ Mayer/Widmann Rn. 32; Rödder/Herlinghaus/van Lishaut/Herlinghaus Rn. 105). Erfolgt die Übertragung der WG im Wege der Einzelrechtsnachfolge, müssen die einzelnen Übertragungsakte inhaltlich und zeitlich so miteinander verknüpft sein, dass sie sich noch als einheitlicher Vorgang darstellen. Nicht unbedingt notwendig ist die Übertragung in eine einheitliche Urkunde oder am selben Tag (Rödder/ Herlinghaus/van Lishaut/Herlinghaus Rn. 105; Dötsch/Pung/Möhlenbrock/Patt Rn. 65), es reicht aus, wenn die Übertragung nachweisbar auf einer Willensentscheidung beruht.

31 **Maßgebender Zeitpunkt** für die Beurteilung, ob ein WG eine wesentliche Betriebsgrundlage darstellt, ist nach Meinung der FVerw (BMF 11.11.2011, BStBl. I 2011, 1314 Rn. 20.06 iVm Rn. 15.03) der stl. Einbringungsstichtag. Dem kann nicht gefolgt werden (auch → Rn. 20), da die Rückbeziehung in Abs. 5, 6 sich nur auf die Wirkung der Umw, nicht aber auf die Tatbestandsvoraussetzungen der Umw bezieht (Benz/Rosenberg DB-Beil. 1/2012, 38; Kessler/Philipp DStR 2011, 1065). Maßgebender Zeitpunkt für die Beurteilung, ob ein WG eine wesentliche Betriebsgrundlage darstellt, ist vielmehr grds. der Zeitpunkt der Fassung des Umwandlungsbeschlusses oder, wenn es eines solchen nicht bedarf, der Abschluss des Einbringungsvertrages bzw. der Übergang des wirtschaftlichen Eigentums, wenn dieses erst zu einem späteren Zeitpunkt übergeht (Widmann/Mayer/Widmann Rn. 30; Rödder/Herlinghaus/van Lishaut/Herlinghaus Rn. 105; Haritz/Menner/ Bilitewski/Menner Rn. 70; Lademann/Jäschke Rn. 28; Brandis/Heuermann/ Nitzschke Rn. 47; BeckOK UmwStG/Dürrschmidt Rn. 811; vgl. auch BFH Urt. v. 21.2.2022 – I R 13/19, BeckRS 2022, 22547).

32 Die Rspr. des BFH hat für die Abgrenzung der wesentlichen Betriebsgrundlage eines Betriebs weder eine abstrakte Definition entwickelt noch eine abschließende Festlegung der insoweit relevanten Kriterien vorgenommen. Maßgebend sind die tatsächlichen Umstände des Einzelfalls unter Berücksichtigung der besonderen Verhältnisse des jeweiligen Betriebs. Danach sind funktional wesentliche Betriebsgrundlagen eines Betriebs jedenfalls diejenigen WG, die zur Erreichung des Betriebszwecks erforderlich sind und denen ein besonderes wirtschaftliches Gewicht für die Betriebsführung zukommt. Für die Erteilung einer **verbindlichen Auskunft** in Einbringungsfällen nach § 20 ist nach der Änderung des Anwendungserlasses zur AO v. 11.12.2007 (BStBl. I 2007, 894 Rn. 3.3) das FA zuständig, „das bei Verwirklichung des dem Antrag zugrunde liegenden Sachverhalts für die Besteuerung örtlich zuständig sein würde". Für den Einbringenden hat eine verbindliche Auskunft damit dann nur die gewünschte Wirkung, wenn er bei dem für ihn zuständigen FA bzw., sofern er an einer PersGes beteiligt ist, bei dem für diese PersGes zuständigen FA, betreffend die einheitliche und gesonderte Gewinnfeststellung, einen entsprechenden Antrag stellt (ebenso Dötsch/Pung/Möhlenbrock/Patt Vor §§ 20–23 Rn. 15). Die FVerw geht davon aus, dass für die Erteilung einer verbindlichen Auskunft in Einbringungsfällen gem. § 20 das **FA der aufnehmenden KapGes** örtlich zuständig ist (vgl. Anhang F Rn. 21; Hageböke/Hendricks Der Konzern 2013, 106). Die FVerw geht des Weiteren davon aus, dass bei Beantragung der verbindlichen Auskunft durch den Einbringenden bei dem für ihn zuständigen FA eine erteilte Auskunft unverbindlich sei, was im Hinblick auf § 125 AO nicht überzeugen kann (vgl. FG Münster DStRE 2019, 1412; Hendricks/Rogall/Schönfeld Ubg 2009, 197; ausf. dazu Abschnitt F).

Nachfolgend einige Einzelbeispiele: 33

Adressen/Adresskarteien: Wesentliche Betriebsgrundlage nur in Ausnahmefällen (Rödder/Herlinghaus/van Lishaut/Herlinghaus Rn. 111), zB bei Adresshändlern oder wenn es sich um Kundenadressen handelt (Dötsch/Pung/Möhlenbrock/Patt Rn. 63), wobei auch in diesen Fällen nicht die einzelne Adresse, sondern nur die Gesamtheit der Adressen eine wesentliche Betriebsgrundlage darstellt. 34

Beteiligungen: Wesentliche Betriebsgrundlage nur, wenn die Beteiligung bzw. das dadurch repräsentierte Unternehmen den Betrieb des Anteilsinhabers fördert oder ergänzt und gleichsam eine unselbstständige Betriebsabteilung darstellt (BFH BStBl. II 2620, 534; Dötsch/Pung/Möhlenbrock/Patt Rn. 60; Rödder/Herlinghaus/van Lishaut/Herlinghaus Rn. 115). So ist bspw. eine Beteiligung an einer TochterGes funktional wesentlich, wenn sie den Absatz von Produkten gewährleistet oder aber wenn zwischen dem Betrieb und der TochterKapGes enge geschäftliche Beziehungen bestehen, sodass die Beteiligung an der KapGes objektiv erkennbar unmittelbar dem Betrieb dient (BFH BStBl. II 2020, 534; Dötsch/Pung/Möhlenbrock/Patt Rn. 60) und die Beteiligung keine wirtschaftlich unbedeutende Funktion hat. Nicht jedes notwendige BV ist auch funktional wesentliche Betriebsgrundlage (BFH BStBl. II 2010, 471; OFD Rheinland 23.3.2011, FR 2011, 489; Dötsch/Pung/Möhlenbrock/Patt Rn. 60; Rödder/Herlinghaus/van Lishaut/Herlinghaus Rn. 115). Auch Anteile im SBV II können wesentliche Betriebsgrundlage sein (FG Münster GmbHR 2011, 102; OFD Frankfurt 3.12.2015, DStR 2016, 676; OFD NRW 21.6.2017, DB 2016, 1907; BFH DStR 1998, 76 bzgl. §§ 16, 34 EStG; Dötsch/Pung/Möhlenbrock/Patt Rn. 136 mwN; aA BFH BStBl. II 1996, 342; → Rn. 70). Bestehen enge geschäftliche Beziehungen zu einer EnkelGes, so können auch die Anteile an der MutterKapGes wesentliche Betriebsgrundlage sein, und zwar dann, wenn über die Anteile an der MutterGes ein wesentlicher wirtschaftlicher Einfluss auf die TochterGes ausgeübt werden kann (vgl. auch Rödder/Herlinghaus/van Lishaut/Herlinghaus Rn. 115). Die Beteiligung des Besitzunternehmens an der BetriebsKapGes (**Betriebsaufspaltung**) ist eine wesentliche Betriebsgrundlage (BFH BStBl. II 2007, 772; FG Nürnberg BeckRS 2017, 94464; Dötsch/Pung/Möhlenbrock/Patt Rn. 62; Brandis/Heuermann/Nitzschke Rn. 44; BeckOK UmwStG/Dürrschmidt Rn. 818; Schulze zur Wiesche GmbHR 2008, 238) aber nicht die Beteiligung an einer KapGes, mit der die Organschaft besteht (Dötsch/Pung/Möhlenbrock/Patt Rn. 60; Rödder/Herlinghaus/van Lishaut/Herlinghaus Rn. 115; Brandis/Heuermann/Nitzschke Rn. 44). Ob und unter welchen Voraussetzungen die Beteiligung eines Kommanditisten an der **Komplementär-GmbH** zu den funktional wesentlichen Betriebsgrundlagen eines Mitunternehmeranteils bzw. bei der Einbringung eines Betriebes durch eine PersGes möglicherweise auch zu einer funktional wesentlichen Betriebsgrundlage des eingebrachten Betriebes gehört (→ Rn. 70), ist nicht abschließend geklärt (vgl. OFD Frankfurt 12.12.2022 DStR 2023, 151; OFD Frankfurt 21.7.2022 DB 2022, 1995; FSen Berlin 7.3.2018 III B-S 2241-3/2003, FMNR 254150018; OFD Frankfurt 3.12.2015, DStR 2016, 676; OFD NRW 21.6.2016, DB 2016, 676; Widmann/Mayer/Widmann Rn. 119; BeckOK UmwStG/Dürrschmidt Rn. 816.5; Dötsch/Pung/Möhlenbrock/Patt Rn. 137 mwN; Schmidt/Wacker EStG § 15 Rn. 714 mwN; Rödder/Herlinghaus/van Lishaut/Herlinghaus Rn. 118). Der BFH (BStBl. II 2010, 471; vgl. auch BFH DStR 2010, 802) geht davon aus, dass die Beteiligung eines Kommanditisten an der Komplementär-GmbH nicht deshalb schon eine funktional wesentliche Betriebsgrundlage **des Mitunternehmeranteils** (→ Rn. 70) ist, weil sie zum SBV II des Mitunternehmeranteils zählt (ebenso OFD Frankfurt 3.12.2015, DStR 2016, 676). Eine funktionale Wesentlichkeit könne allenfalls daraus abgeleitet werden, dass die Beteiligung an der Komplementär-GmbH im konkreten Einzelfall die Stellung des Mitunternehmers im Rahmen der Mitunternehmerschaft nachhaltig stärkt. Eine solche Beurteilung komme dann in Betracht, wenn sie den Einfluss des Mitunter- 35 nehmers auf die Geschäftsführung der Mitunternehmerschaft grundlegend erweitert. Daran fehle es jedoch, wenn der MU in der Komplementär-GmbH nicht seinen geschäftlichen Betätigungswillen durchsetzen kann (vgl. zu dieser Problematik auch BFH DB 2015, 1759; FG Münster EFG 2014, 81; GmbHR 2011, 102; NdsFG DStRE 2009, 1110; OFD Frankfurt 3.12.2015, DStR 2016, 767; OFD NRW 21.6.2016, DB 2016, 1907; OFD Rheinland 23.3.2011, FR 2011, 489; Nitzschke DStR 2011, 1068; Bron DStZ 2011, 392; Schwedhelm/Talaska DStR 2010, 1505; Schulze zur Wiesche DStZ 2010, 441; Stangl/Grundke DStR 2010, 1871; Wacker NWB 30/2010, 2383; Goebel/Ungemach/Jacobs DStZ 2010, 340; Wendt FR 2010, 386). Eine GmbH-Beteiligung ist nicht schon dann als funktional wesentlich zu qualifizieren, wenn die Komplementär-GmbH am Vermögen sowie am Gewinn und Verlust beteiligt ist und/oder eine stille Beteiligung an der KG hält (FG Münster EFG 2014, 81; aA OFD Rheinland 23.3.2011, FR 2011, 489) ZT wird angenommen, dass die Beteiligung an der Komplementär-GmbH bei einer vermögensverwaltenden aber gewerblich geprägten GmbH eine funktional wesentliche Betriebsgrundlage ist (Frotscher/Drüen/Mutscher Rn. 82). Ist die Beteiligung an einer KapGes funktional wesentliches SBV, bedeutet dies nicht automatisch, dass sie auch funktional wesentliche Betriebsgrundlage des Betriebs der PersGes ist (→ Rn. 70). Ein **Mitunternehmeranteil** kann keine wesentliche Betriebsgrundlage sein (→ Rn. 29). Gehören zum BV des eingebrachten Betriebs, Teilbetriebs oder Mitunternehmeranteils Anteile an der übernehmenden KapGes, so werden diese Anteile, wenn sie in die KapGes mit eingebracht werden, zu **eigenen Anteilen** der KapGes. Um derart komplexe und zudem zivil- sowie handelsrechtlich durchaus problematische (vgl. § 33 GmbHG) Rechtsfolgen zu vermeiden, lässt die FVerw in diesen Fällen eine Buchwertfortführung auch dann zu, wenn derartige Anteile nicht mit in die übernehmende KapGes eingebracht werden (BMF 11.11.2011, BStBl. I 2011, 1314 Rn. 20.09; ebenso zuletzt FG Nürnberg BeckRS 2017, 94464; ausführlich Stimpel/Bernhagen GmbHR 2023, 209). Die zurückbehaltenen Anteile an der KapGes gelten in diesem Fall künftig in vollem Umfang als aus einer Sacheinlage zum BW erworbener Anteile (BMF 11.11.2011, BStBl. I 2011, 1314 Rn. 20.09; vgl. auch BFH BStBl. II 2008, 533; FG Münster GmbHR 2011, 102; Dötsch/Pung/Möhlenbrock/Patt Rn. 71; Widmann/Mayer/Widmann Rn. 742–744; vgl. auch Haritz/Menner/Bilitewski/Bilitewski § 22 Rn. 217). Dies dürfte jedoch nur unter den Voraussetzungen des Abs. 7 gelten (vgl. BFH BStBl. II 2013, 94). Ein Entnahmegewinn entsteht nicht (Frotscher/Drüen/Mutscher Rn. 83). Diese Grundsätze ergeben sich nach richtiger Auffassung bereits aus einer sachgerechten Auslegung der gesetzlichen Tatbestände der §§ 20, 21; es handelt sich nicht etwa um eine Billigkeitsregelung iSd § 163 S. 2 AO (FG Münster GmbHR 2011, 102; Wacker BB-Beil. 8/1998, 10; Stimpel/Bernhagen GmbHR 2023, 209; aA Dötsch/Pung/Möhlenbrock/Patt Rn. 62). Kommt es im Rahmen der Einbringung zu einem Ansatz des übertragenen Vermögens mit dem gemeinen Wert oder Zwischenwert, werden mögl stille Reserven in dem zurückbehaltenen Anteil nicht entsprechend aufgedeckt (vgl. auch BFH BStBl. II 2013, 94). Zur Übertragung des Rechtsgedankens „Vermeidung eigener Anteile" auf die Konstellation „Vermeidung wechselseitiger Beteiligungen" vgl. Stimpel/Bernhagen GmbH 2023, 209. Werden Anteile eingebracht und verfügt die KapGes bzw. Gen, an der die eingebrachten Anteile bestehen, über einen Verlustabzug, ist **§ 8c KStG** zu beachten (BMF 4.7.2008, BStBl. I 2008, 736 Rn. 3 ff.).

36 **Betriebseinrichtung:** Maschinen und Einrichtungsgegenstände sind funktional wesentliche Betriebsgrundlagen, soweit sie für die Fortführung des Betriebs unentbehrlich oder nicht jederzeit ersetzbar sind (BFH BStBl. II 1996, 527; 1998, 388; Rödder/Herlinghaus/van Lishaut/Herlinghaus Rn. 111; Dötsch/Pung/Möhlenbrock/Patt Rn. 47; Lademann/Jäschke Rn. 29; Brandis/Heuermann/Nitzschke Rn. 44). Wesentliche Grundlagen eines Betriebs sind auch andere WG des Anlage-

vermögens, die zur Erreichung des Betriebszwecks erforderlich sind und die ein besonderes Gewicht für die Betriebsführung haben, es sei denn, es handelt sich um einzelne kurzfristig wieder beschaffbare WG (BFH/NV 2004, 1262; Dötsch/Pung/ Möhlenbrock/Patt Rn. 47; Brandis/Heuermann/Nitzschke Rn. 44). Auch Serienfabrikate können wesentliche Betriebsgrundlagen sein (Dötsch/Pung/Möhlenbrock/Patt Rn. 47; BFH BStBl. II 1989, 1014). Wesentliche Betriebsgrundlage eines Autohauses sind das speziell für den Betrieb hergerichtete Betriebsgrundstück samt Gebäude und Aufbauten sowie die fest mit dem Grund und Boden verbundenen Betriebsvorrichtungen. Demgegenüber gehören zu die beweglichen Anlagegüter, insbes. Werkzeuge und Geräte, regelmäßig nicht zu den wesentlichen Betriebsgrundlagen (BStBl. II 2008, 202; BFH BStBl. II 2010, 222).

Bibliothek: Eine Bibliothek ist im Regelfall keine wesentliche Betriebsgrundlage, außer sie geht in ihrem Umfang über das normale Maß hinaus (Rödder/ Herlinghaus/van Lishaut/Herlinghaus Rn. 111; Widmann/Mayer/Widmann Rn. 16 gut ausgestattete Bibliothek eines Freiberuflers). 37

Darlehensforderungen/-verbindlichkeiten: Nicht zu den wesentlichen Betriebsgrundlagen eines Betriebs gehören Forderungen und Verbindlichkeiten (BFH/NV 2013, 650; Rödder/Herlinghaus/van Lishaut/Herlinghaus Rn. 114; Brandis/Heuermann/Nitzschke Rn. 43; Dötsch/Pung/Möhlenbrock/Patt Rn. 63; Widmann/Mayer/Widmann Rn. 16, 56; Haritz/Menner/Bilitewski/Menner Rn. 75; Haase/Hofacker/Hofacker Rn. 51; BFH DStR 2013, 356 zu § 24). Etwas anderes soll ausnahmsweise gelten, wenn die Forderung gegenüber dem einzubringenden Betrieb strategische Bedeutung hat (Dötsch/Pung/Möhlenbrock/Patt Rn. 63; aA Micker Ubg 2018, 490), was zB der Fall sein soll, wenn die Höhe der Forderung eine wirtschaftliche Einflussnahme auf den einzubringenden Betrieb ermöglicht oder bzgl. Pensionsrückstellungen (Haase/Hofacker/Hofacker Rn. 51). Verbindlichkeiten des einzubringenden Betriebs sind keine Mittel des Betriebs, sondern dienen allein dessen Finanzierung; eine Ausnahme soll auch für Schulden eines Kreditinstituts gegenüber ihren Kunden gelten (Widmann/Mayer/Widmann Rn. 16, 56). Die für die zurückbehaltenen Verbindlichkeiten geleisteten Schuldzinsen sind grds. Werbungskosten bzw. BA bei den Einkünften aus den erlangten Kapitalgesellschaftsanteilen (BFH BStBl. II 1999, 209; Dötsch/Pung/Möhlenbrock/ Patt Rn. 140). Unterschreitet der gemeine Wert der erlangten Kapitalgesellschaftsanteile den Wert der zurückbehaltenen Betriebsschulden, stellen die fortan entstehenden Schuldzinsen bei der natürlichen Person als Einbringendem zum einen Teil Werbungskosten bei den Einkünften aus KapVerm, zum anderen Teil nachträgliche BA im Zusammenhang mit der Beteiligung am Betrieb der Mitunternehmerschaft dar (BFH BStBl. II 1999, 209; Dötsch/Pung/Möhlenbrock/Patt Rn. 140). 38

Dienstleistungen: Keine wesentliche Betriebsgrundlage, da kein WG (weder Sache noch Recht im bürgerlichrechtlichen Sinn noch sonstiger wirtschaftlicher Vorteil, der durch Aufwendungen erlangt und nach der Verkehrsauffassung selbstständig bewertungsfähig ist, vgl. Schmidt/Weber-Grellet EStG § 5 Rn. 187). Daher ist auch die Tätigkeit eines Freiberuflers keine wesentliche Betriebsgrundlage (Rödder/Herlinghaus/van Lishaut/Herlinghaus Rn. 114; Widmann/Mayer/Widmann Rn. 16). 39

Erbbaurecht: Das Erbbaurecht ist ein grundstücksgleiches (§ 11 ErbbauRG), veräußerliches sowie vererbliches Recht (§ 1 ErbbauRG), ein darauf errichtetes Bauwerk dessen wesentlicher Bestandteil (§ 12 ErbbauRG). Erbbaurecht bzw. aufgrund des Erbbaurechts errichtetes Gebäude kann somit unter denselben Voraussetzungen wie ein Grundstück wesentliche Betriebsgrundlage sein; s. daher Grundstück. 40

Erfindungen: s. Lizenz. 41

Fahrzeuge: Wesentliche Betriebsgrundlage bei Transport-, Reise-, Taxi-, Flug- sowie Gütertransportunternehmen hinsichtlich der Omnibusse, Taxen, Flugzeuge 42 bzw. Lkw/Tankzüge (Dötsch/Pung/Möhlenbrock/Patt Rn. 47). Gleiches gilt auch beim Fahrzeugpark eines Filialunternehmens und bei Transport- und Ladefahrzeugen eines Kieswerks oder eines Steinbruchbetriebs; für ein Schlosserei- und Metallbauunternehmen haben Geschäftswagen von ihrer Funktion her ein wesentliches Gewicht für die Betriebsführung, weil ein Unternehmen dieser Art zu seiner Führung auch solcher WG bedarf (BFH BStBl. II 1998, 388). Ein Schulungswagen einer Fahrschule ist demgegenüber nicht unbedingt eine wesentliche Betriebsgrundlage (BFH BStBl. II 2003, 838).

43   Auch Teile des Fahrzeugparks können wesentliche Betriebsgrundlage sein, zB vier von sieben Omnibussen eines Omnibusunternehmers (BFH BStBl. II 1998, 388), nicht aber einer von fünf Omnibussen (FG Bln EFG 1964, 331).

44   **Garagen:** Bei einem Garagenbetrieb sind die Garagen wesentliche Betriebsgrundlage (BFH BStBl. III 1960, 50).

45   **Gaststätten:** Gaststätteninventar soll grds. wesentliche Betriebsgrundlage sein (FG Hamburg EFG 2002, 267; vgl. aber auch Dötsch/Pung/Möhlenbrock/Patt Rn. 47).

46   **Gebäude:** s. Grundstück, bebautes.

47   **Geschäftswert:** Zu den wesentlichen Betriebsgrundlagen gehört der Geschäftswert (BFH/NV 2013, 650; BStBl. II 1986, 311; 1997, 236; FG Münster EFG 2019, 362; BeckOK UmwStG/Dürrschmidt Rn. 820; aA Rödder/Herlinghaus/van Lishaut/Herlinghaus Rn. 113) sowie ggf. immaterielle WG, wie bspw. ungeschützte Erfindungen (BFH/NV 1999, 630; BB 1998, 2617; BStBl. II 1992, 415; Fernverkehrsgenehmigungen BFH BStBl. 1992, 420, sowie auch immaterielle Werte, die üblicherweise in den Geschäftswert eingehen, wie zB Geschäftsbeziehungen, der Kundenstamm (BFH DStR 2005, 554; BStBl. 1997, 236; Rödder/Herlinghaus/van Lishaut/Herlinghaus Rn. 113; Brandis/Heuermann/Nitzschke Rn. 44; Haase/Hofacker/Hofacker Rn. 51; zur kassenärztlichen Zulassung vgl. LfSt Niedersachsen DStR 2022, 1001) oder eingeführte Bezeichnungen eines Betriebs (BFH DStR 2017,1812). Eine Nebentätigkeit, die in den letzten drei Jahren weniger als 10 vH der gesamten Einnahmen eines Betriebs ausmachte, hat kein besonderes wirtschaftliches Gewicht für den Betrieb, ein insoweit vorhandener immaterieller Wert ist keine wesentliche Betriebsgrundlage (BFH DStR 2005, 554; vgl. auch BFH BStBl. II 2009, 803).

48   **Grundstück, bebautes:** Für die Frage, ob ein dem Betriebsinhaber gehörendes betriebliches Grundstück wesentliche Betriebsgrundlage ist, muss auf sein wirtschaftliches Gewicht für den Betrieb abgestellt werden. Ein Betriebsgrundstück ist danach nur dann keine wesentliche Betriebsgrundlage, wenn es für den Betrieb nach der tatsächlichen Nutzung keine oder nur geringe oder untergeordnete Bedeutung besitzt (vgl. BFH DStR 2018, 1014; BFH/NV 2016,19, BFH/NV 2015,1398; BFH/NV 2013, 1650; DB 2008, 672; BStBl. II 2006, 804; 2003, 757; 1998, 388 mwN; FG Berlin-Brandenburg EFG 2014, 1928; Rödder/Herlinghaus/van Lishaut/Herlinghaus Rn. 112; Dötsch/Pung/Möhlenbrock/Patt Rn. 59; Brandis/Heuermann/Nitzschke Rn. 44). Eine wirtschaftliche Bedeutung ist bereits dann anzunehmen, wenn der Betrieb auf das Betriebsgrundstück angewiesen ist, weil er ohne ein Grundstück dieser Art nicht fortgeführt werden könnte. Das einzelne Geschäftslokal eines Filialeinzelhandelsbetriebs ist idR auch dann eine wesentliche Betriebsgrundlage, wenn auf das Geschäftslokal weniger als 10% der gesamten Nutzfläche des Unternehmens entfällt (BFH BStBl. II 2009, 803). Stellt ein Büroraum den Mittelpunkt der Geschäftsleitung eines Unternehmens dar, so liegt eine funktional wesentliche Betriebsgrundlage vor (BFH BStBl. II 2006, 80; Dötsch/Pung/Möhlenbrock/Patt Rn. 55; Brandis/Heuermann/Nitzschke Rn. 44). Daneben ist unerheblich, ob das Grundstück auch von anderen Unternehmen genutzt werden könnte, ob ein vergleichbares Grundstück gemietet oder gekauft werden könnte (BFH DStR 2018, 1014) oder ob die betriebliche Tätigkeit auch auf einem anderen

Grundstück weitergeführt werden könnte (BFH DB 2008, 672; BStBl. II 2006, 2182; vgl. BFH/NV 2004, 180). Auch ein „Allerweltsgebäude" kann funktional wesentliche Betriebsgrundlage sein (BFH BStBl. II 2006, 804). Ein Büro- und Verwaltungsgebäude ist jedenfalls dann eine wesentliche Betriebsgrundlage, wenn es die räumliche und funktionale Grundlage für die Geschäftstätigkeit bildet (BFH/NV 2003, 1321; 2001, 894; DStR 2000, 1864; vgl. auch FG Brandenburg EFG 2000, 549; Richter/Stangl BB 2000, 1166; BMF 18.9.2001, FR 2001, 1074). Ein Büro- oder Verwaltungsgrundstück ist nach Auffassung des BFH wesentliche Betriebsgrundlage, wenn der Betrieb für sein Unternehmen ein Büro- und/oder Verwaltungsgebäude benötigt, das Gebäude für diesen Zweck geeignet ist und das Unternehmen ohne das Gebäude nur bei einer einschneidenden Änderung seiner Organisation fortgeführt werden könnte und es nicht nur von untergeordneter wirtschaftlicher Bedeutung ist. Nicht erforderlich ist, dass das Gebäude in der Weise hergerichtet ist, dass es ohne bauliche Veränderungen für ein anderes Unternehmen nicht verwertbar wäre. Diese Grundsätze gelten auch dann, wenn ein Büro- oder Verwaltungsgebäude nur teilweise für eigenbetriebliche Zwecke (zB eine Etage) und iÜ von einem anderen Unternehmen genutzt wird (vgl. BFH/NV 2001, 438). Für die Wertung eines Büros als wesentliche Betriebsgrundlage ist nicht erforderlich, dass in den Räumen unmittelbar Geschäftsleitungstätigkeiten ausgeübt werden (BStBl. II 2007, 1397). Die Produktionshalle ist wesentliche Betriebsgrundlage (BFH/NV 2000, 484). Wesentliche Betriebsgrundlage eines Autohauses sind das speziell für den Betrieb hergerichtete Betriebsgrundstück samt Gebäude und Aufbauten sowie die fest mit dem Grund und Boden verbundenen Betriebsvorrichtungen. Demgegenüber gehören die beweglichen Anlagegüter, insbes. Werkzeuge und Geräte, regelmäßig nicht zu den wesentlichen Betriebsgrundlagen (BFH DStRE 2008, 212).

Grundstück, landwirtschaftlich genutztes: Ob luf genutzter Boden wesentliche Betriebsgrundlage ist, richtet sich nach dem Verhältnis zwischen der Gesamtfläche des Betriebs und dem jeweiligen Grundstück. Eine feste Verhältniszahl kann nicht festgelegt werden, da es auf den jeweiligen Einzelfall ankommt; zu berücksichtigen sind Lage, Fruchtbarkeit etc des betreffenden Grundstücks (BFH BStBl. II 1985, 508; 1990, 428; vgl. auch BFH BStBl. II 2003, 16).

Grundstück, unbebautes: Unbebaute Grundstücke sind jedenfalls dann keine wesentliche Betriebsgrundlage, wenn sie von geringer Bedeutung für den Betrieb nach der tatsächlichen oder beabsichtigten Nutzung sind (BFH BStBl. II 1998, 478; 1998, 388), außer wenn sie entsprechend den Betriebsbedürfnissen gestaltet sind, so zB bei einem Kfz-Handel mit Reparaturbetrieb (BFH BStBl. II 1981, 376; 1987, 858; 1989, 1014). Zu Grundstücken für Lager- und Vorführzwecke vgl. BFH/NV 2003, 1321; BStBl. II 1998, 478. Reservegelände, das in absehbarer Zeit betrieblich genutzt wird, kann wesentliche Betriebsgrundlage sein (FG Nürnberg EFG 1975, 13; Dötsch/Pung/Möhlenbrock/Patt Rn. 58). Werden Grundstücke ausgebeutet (zB aufgrund Öl-, Mineral-, Basalt-, Kohlevorkommen, Kieslager, Mineralquellen), ist grds. von wesentlichen Betriebsgrundlagen auszugehen (Bordewin/Brandt/Merkert Rn. 14).

Ideeller Anteil an wesentlicher Betriebsgrundlage: Auch ein ideeller Anteil an einer wesentlichen Betriebsgrundlage ist wesentliche Betriebsgrundlage (BFH DStR 2018, 1014; BStBl. II 2006, 176; FG BW EFG 2016, 423; Dötsch/Pung/Möhlenbrock/Patt Rn. 53a; vgl. auch Rödder/Herlinghaus/van Lishaut/Herlinghaus Rn. 119; Brandis/Heuermann/Nitzschke Rn. 44; Widmann/Mayer/Widmann Rn. 80; Haritz/Menner/Menner Rn. 78). Die FVerw verlangt bzgl. der Zuordnung wesentlicher Betriebsgrundlagen, die durch mehrere Teilbetriebe eines Betriebs genutzt werden, dass die Grundstücke zivilrechtlich real geteilt werden müssen. Ist eine solche reale Teilung nicht zumutbar, bestehen aus Billigkeitsgründen im Einzelfall keine Bedenken, eine ideelle Teilung (Bruchteilseigentum) im Verhältnis der tatsächlichen Nutzung ausreichen zu lassen (BMF 25.3.1998, BStBl. I 1998,

268 Rn. 15.07; vgl. auch Haritz/Menner/Bilitewski/Menner Rn. 78). Daraus kann geschlossen werden, dass auch nach Auffassung der FVerw ein ideeller Anteil eine wesentliche Betriebsgrundlage sein kann. Zu den sich daraus ergebenden Problemen vgl. Götz DStZ 1997, 551.

52 **Immaterielle WG:** Immaterielle WG können wesentliche Betriebsgrundlagen eines Betriebs sein, und zwar unabhängig davon, ob diese WG bilanziert werden oder wegen § 5 II EStG nicht aktiviert werden durften (BFH DStR 2005, 554; FG Düsseldorf GmbHR 2011, 1229; Dötsch/Pung/Möhlenbrock/Patt Rn. 49; Haritz/Menner/Menner Rn. 73; HK-UmwStG/Bäuml Rn. 118; Brandis/Heuermann/Nitzschke Rn. 44). Immaterielle WG sind wesentliche Betriebsgrundlage, wenn sie zur Erreichung des Betriebszwecks erforderlich sind und ein besonderes wirtschaftliches Gewicht für die Betriebsführung haben. Ein besonderes wirtschaftliches Gewicht für den Betrieb ist gegeben, wenn die Umsätze des Unternehmens in erheblichem Umfang auf der Verwertung des Rechts oder sonstigen WG beruhen (BFH DStR 2005, 554; BFH/NV 1995, 154: FG Düsseldorf GmbHR 2011, 1229; Lehrmethode; BFH/NV 1990, 58: Patent; BFH BStBl. II 1973, 869: Konzept). Dies ist bei einem Umsatzanteil von 25 vH jedenfalls gegeben. Eine Nebentätigkeit, die in den letzten drei Jahren weniger als 10 vH der gesamten Einnahmen eines Betriebs ausmachte, hat kein besonderes wirtschaftliches Gewicht für den Betrieb (BFH DStR 2005, 554; vgl. aber auch BFH BStBl. II 2009, 803). Unerheblich ist, ob im Betrieb das Recht, Patent etc im Betriebsablauf selbst genutzt wird oder nur durch Weiterüberlassung im Wege der Lizenzvergabe verwertet wird (Dötsch/Pung/Möhlenbrock/Patt Rn. 51; Rödder/Herlinghaus/van Lishaut/Herlinghaus Rn. 113). Ungeschützte Erfindungen müssen grds. mit absoluter Wirkung ausgestattet sein (so Dötsch/Pung/Möhlenbrock/Patt Rn. 50). Rechte am Namen an Zeichen, die als selbstgeschaffene immaterielle Wirtschaftsgüter im SBV nicht bilanzierungsfähig sind und durch die PersGes im Einverständnis mit dem Rechtsinhaber genutzt werden und funktional eine erhebliche Bedeutung haben, sind funktional wesentliche Betriebsgrundlage (BFH GmbHR 2011, 1229; Rödder/Herlinghaus/van Lishaut/Herlinghaus Rn. 113). Zur Vertragsarztzulassung vgl. LfSt Niedersachsen DStR 2022, 1001; Ketteler-Eising/Peplowski DStR 2020, 2463.

53 **Inventar:** Lebendes und totes Inventar eines landwirtschaftlichen Betriebs ist wesentliche Betriebsgrundlage (BFH/NV 1999, 1073; BStBl. II 1988, 260; Rödder/Herlinghaus/van Lishaut/Herlinghaus Rn. 111). Gaststätteninventar ist grds. wesentliche Betriebsgrundlage (FG Hamburg EFG 2002, 267; vgl. auch Dötsch/Pung/Möhlenbrock/Patt Rn. 47). Wesentliche Betriebsgrundlage eines Autohauses sind das speziell für den Betrieb hergerichtete Betriebsgrundstück samt Gebäude und Aufbauten sowie die fest mit dem Grund und Boden verbundenen Betriebsvorrichtungen. Demgegenüber gehören die beweglichen Anlagegüter, insbes. Werkzeuge und Geräte, regelmäßig nicht zu den wesentlichen Betriebsgrundlagen (BFH DStRE 2008, 212; BStBl. II 2010, 222).

54 **Konzessionen:** Fernverkehrsgenehmigung für Lastzug ist wesentliche Betriebsgrundlage (BFH BStBl. II 1997, 236; 1990, 420; Rödder/Herlinghaus/van Lishaut/Herlinghaus Rn. 113), ebenso Kiesausbeuterecht für Kiesgrube (FG Nürnberg EFG 1978, 322) und Schutzrechte (BFH/NV 1999, 630).

55 **Kundenstamm:** Der Kundenstamm ist wesentliche Betriebsgrundlage (BFH/NV 2013, 650; BStBl. II 1997, 573: Versicherungsvertretung; BStBl. II 1976, 672: Einzelhandel; BStBl. II 1982, 348: Reederei; BStBl. II 1985, 245: Druckerei; FG Münster EFG 2019, 362: Tierarztpraxis; Rödder/Herlinghaus/van Lishaut/Herlinghaus Rn. 113). Einer Übertragung der wesentlichen Grundlagen einer freiberuflichen Praxis steht nicht entgegen, dass einzelne Mandate zurückbehalten werden, auf die in den letzten drei Jahren weniger als 10% der gesamten Einnahmen entfielen, BFH BStBl. II 1994, 927; 1993, 182; weitergehend FVerw DB 2007, 314; nach FG

Hamburg EFG 1995, 73, steht entgegen, wenn 50% des Kundenstamms zurückbehalten werden (BFH BStBl. II 1989, 357: Spedition; BStBl. II 1992, 457: Arzt).

Ladenlokal: Ein Ladenlokal im Einzelhandel ist wesentliche Betriebsgrundlage, 56 wenn das Gebäude die örtliche und sachliche Grundlage der betrieblichen Organisation bildet, die Eigenart des Betriebs bestimmt und die Ausübung des Gewerbes ohne ein entsprechendes Objekt nicht möglich ist; dies ist regelmäßig der Fall, da eine Verlegung des Betriebs Veränderungen des Kundenkreises, des Warenangebots, des Warenabsatzes und der Wettbewerbslage mit sich bringt (BFH BStBl. II 1992, 723 mwN). Das einzelne Geschäftslokal eines Filialeinzelhandelsbetriebes ist in aller Regel auch dann eine wesentliche Betriebsgrundlage, wenn auf das Geschäftslokal weniger als 10% der gesamten Nutzfläche des Unternehmens entfällt. Zu Kunden und Büroräumen eines Reisebüros vgl. FG Nürnberg DStRE 1999, 335.

Lagerplätze: s. Grundstück, unbebautes. 57

Liquide Mittel: Geldmittel für sich betrachtet sind keine wesentlichen Betriebs- 58 grundlagen, ebenso wenig Wertpapiere oder Forderungen (Brandis/Heuermann/Nitzschke Rn. 43; Dötsch/Pung/Möhlenbrock/Patt Rn. 63; Rödder/Herlinghaus/van Lishaut/Herlinghaus Rn. 114; Haritz/Menner/Bilitewski/Menner Rn. 72; Haase/Hofacker/Hofacker Rn. 51).

Lizenz: Basiert die gewerbliche Tätigkeit des Betriebs ganz oder in erheblichem 59 Umfang auf gewerblichen Schutzrechten (Patenten, Gebrauchsmustern, Warenzeichen) sowie deren vertraglich begründeten Auswertung (Lizenzüberlassung), sind die gewerblichen Schutzrechte und die Lizenzen wesentliche Betriebsgrundlage (vgl. BFH/NV 1999, 630; BB 1998, 2617; Brandis/Heuermann/Nitzschke Rn. 44; Rödder/Herlinghaus/van Lishaut/Herlinghaus Rn. 113).

Mandantschaft: s. Kundenstamm. 60

Nebentätigkeit: Eine Nebentätigkeit, die in den letzten drei Jahren weniger als 61 10 vH der gesamten Einnahmen eines Betriebs ausmachte, hat kein besonderes wirtschaftliches Gewicht für den Betrieb, ein insoweit vorhandener immaterieller Wert ist keine wesentliche Betriebsgrundlage (BFH DStR 2005, 554). Werden durch die Nebentätigkeit mehr als 26 vH der gesamten Einnahmen eines Betriebs erwirtschaftet, so ist dieser Beitrag der Nebentätigkeit zum Geschäftswert des Gesamtbetriebs nicht von untergeordneter Bedeutung, der Nebentätigkeitsbereich muss mit dem Betrieb eingebracht werden.

Praxiswert: Bei einer Freiberuflerpraxis stellt der Praxiswert stets eine wesentli- 62 che Betriebsgrundlage dar (BFH/NV 2013, 650; vgl. BFH BStBl. II 2003, 838; LfSt Niedersachsen DStR 2022, 1001; Schulze zur Wiesche BB 1995, 593 (599); aA Rödder/Herlinghaus/van Lishaut/Herlinghaus Rn. 113). Eine Nebentätigkeit, die in den letzten drei Jahren mehr als 26 vH der gesamten Einnahmen eines Betriebs ausmachte, hat ein besonderes wirtschaftliches Gewicht für den Betrieb, ein insoweit vorhandener immaterieller Wert ist eine wesentliche Betriebsgrundlage (BFH DStR 2005, 554: Zahnarztpraxis und Dentallabor).

Schiff: Schiffe sind wesentliche Betriebsgrundlage (BFH BStBl. II 1976, 670), 63 vor allem bei Partenreedereien (BFH BStBl. II 1986, 53), nicht aber, wenn Reeder Kunden mit anderen Schiffen weiterbetreuen (BFH BStBl. II 1985, 348).

Sonderbetriebsvermögen: WG, die, wenn sie zum Gesamthandsvermögen 64 (vgl. → § 24 Rn. 1) gehören, wesentliche Betriebsgrundlage sind, sind auch dann wesentliche Betriebsgrundlage, wenn sie im SBV eines Mitunternehmers stehen (hM BFH BStBl. II 2010, 471; BStBl. II 1996, 342; FG Düsseldorf GmbHR 2011, 1229; BMF 11.11.2011, BStBl. I 2011, 1314 Rn. 20.06; OFD Rheinland 23.3.2011, FR 2011, 489; Rödder/Herlinghaus/van Lishaut/Herlinghaus Rn. 116; Brandis/Heuermann/Nitzschke Rn. 49f; BeckOK UmwStG/Dürrschmidt Rn. 816.1, 816.4). Nach Kirchhof/Söhn/Mellinghoff EStG/Reiß EStG § 16 Rn. B 248) kann SBV niemals wesentliche Betriebsgrundlage des Betriebs der Gesellschaft sein. Vgl. auch Nitzschke DStR 2011, 1068; auch → Rn. 69.

65 **Vorräte:** s. Warenbestand.

66 **Warenbestand:** Warenbestand als Bestandteil des Umlaufvermögens ist ausnahmsweise dann wesentliche Betriebsgrundlage, wenn er in seiner konkreten Zusammensetzung nicht kurzfristig wiederbeschaffbar ist (BFH BStBl. II 1976, 672; Brandis/Heuermann/Nitzschke Rn. 43), zB im Einzelhandel mit hochwertigen Waren (Teppich, Schmuck; s. BFH BStBl. II 1989, 602; Rödder/Herlinghaus/van Lishaut/Herlinghaus Rn. 222).

67 **Wertpapiere:** s. liquide Mittel.

68 **Zahnarztpraxis:** Das einer Zahnarztpraxis angeschlossene Dentallabor ohne eigenen Kundenkreis stellt keinen Teilbetrieb dar, sondern ist vielmehr wesentliche Betriebsgrundlage der freiberuflichen Zahnarztpraxis (BFH DStR 2005, 554; FG Köln EFG 2003, 473). Zur Vertragsarztzulassung vgl. LfSt Niedersachsen DStR 2022, 1001; Ketteler-Eising/Peplowski DStR 2020, 2469).

3. Sonderbetriebsvermögen als wesentliche Betriebsgrundlage

69 Gehören WG nicht zum Gesamthandsvermögen (vgl. → § 24 Rn. 1) einer Mitunternehmerschaft, sondern stehen sie im zivilrechtlichen und wirtschaftlichen oder ausschließlich im wirtschaftlichen Eigentum eines Mitunternehmers, sind sie (notwendiges oder gewillkürtes) **SBV,** wenn sie dazu geeignet und auch bestimmt sind, dem Betrieb der Mitunternehmerschaft oder bei atypisch stiller Gesellschaft dem Betrieb des Geschäftsinhabers (SBV) oder lediglich der Beteiligung des Mitunternehmers an der Mitunternehmerschaft (SBV II) zu dienen (BFH BB 1998, 197; OFD Frankfurt 12.12.2022 DStR 2023, 151; OFD Frankfurt 21.7.2022 DB 2022, 1995; Schmidt/Wacker EStG § 15 Rn. 506 mwN). SBV ist beim Einzelunternehmen und bei der KapGes nicht möglich, sodass im Rahmen von Abs. 1 allein die Fälle relevant werden können, bei denen
– eine Mitunternehmerschaft ihren Betrieb/Teilbetrieb in eine KapGes einbringt (BMF 11.11.2011, BStBl. I 2011, 1314 Rn. 20.06; auch → Rn. 19, → Rn. 176 ff.),
– Mitunternehmeranteile (einzelne oder alle) in eine KapGes eingebracht werden,
– eine Mitunternehmerschaft nach den Vorschriften des UmwG in eine KapGes umgewandelt wird, und
– Anteile an KapGes, die als SBV einer Mitunternehmerschaft zu werten sind (etwa einer GmbH & Co. KG), in eine andere KapGes eingebracht werden.

70 Nach Auffassung der FVerw (vgl. BMF 11.11.2011, BStBl. I 2011, 1314 Rn. 20.06; OFD Rheinland 23.3.2011, FR 2011, 489), der Rspr. (BFH DStR 2018, 1014; BStBl. II 1996, 342) und der hM im Schrifttum (Widmann/Mayer/ Widmann Rn. 98; Rödder/Herlinghaus/van Lishaut/Herlinghaus Rn. 116; Haritz/ Menner/Bilitewski/Menner Rn. 80; Frotscher/Drüen/Mutscher Rn. 81; Bordewin/Brandt/Merkert Rn. 33; Brandis/Heuermann/Nitzschke Rn. 49; Dötsch/ Pung/Möhlenbrock/Patt Rn. 40) müssen WG des SBV, sofern sie wesentliche Grundlagen des Betriebs sind, mit dem Gesamthandsvermögen (vgl. → § 24 Rn. 1) auf die aufnehmende KapGes übertragen werden. Ob die WG des SBV wesentliche Betriebsgrundlagen eines Betriebs sind, richtet sich nach der **funktionalen Betrachtungsweise** (→ Rn. 13 ff.). Zu den wesentlichen Betriebsgrundlagen des SBV gehört idR das **SBV I,** zB ein der PersGes zur betrieblichen Nutzung überlassenes Grundstück (BFH BStBl. II 1996, 342). Streitig ist, ob **SBV II** überhaupt eine wesentliche Betriebsgrundlage eines Betriebs sein kann, wovon die hM jedenfalls bezogen auf einen Mitunternehmeranteil ausgeht (BFH BStBl. II 2010, 471; FG Münster EFG 2014, 81; OFD Frankfurt 21.7.2022, DB 2022, 1995; Haritz/Menner/Bilitewski/Menner Rn. 157; HK-UmwStG/Bäuml Rn. 150; Dötsch/Pung/ Möhlenbrock/Patt Rn. 136; Rödder/Herlinghaus/van Lishaut/Herlinghaus Rn. 116; Brandis/Heuermann/Nitzschke Rn. 49; BMF 16.8.2000, BStBl. I 2000,

1253; aA BFH BStBl. II 1996, 342; Frotscher/Drüen/Mutscher Rn. 81; BeckOK UmwStG/Dürrschmidt Rn. 816.4). Die Beteiligung eines Kommanditisten an einer Komplementär-GmbH ist nicht allein deshalb eine funktional wesentliche Betriebsgrundlage des Mitunternehmeranteils, weil sie zum SBV II des Mitunternehmeranteils zählt (BFH BStBl. II 2010, 471; FG Münster EFG 2014, 81; Senatsverwaltung für Finanzen Berlin 7.3.2018 III B-S 2241-3/2003 FMNR 254150018; OFD Frankfurt 12.12.2022 DStR 2023, 151; OFD Frankfurt 21.7.2022, DB 2022, 1995), sondern allenfalls dann, wenn sie den Einfluss des Mitunternehmers auf die Geschäftsführung der KG grundlegend erweitert. Unter diesen Voraussetzungen liegt zwar eine funktional wesentliche Betriebsgrundlage bezogen auf den Mitunternehmeranteil vor, nicht jedoch bezogen auf den Betrieb der PersGes (ebenso Rödder/Herlinghaus/van Lishaut/Herlinghaus Rn. 181). Anteile an einer Komplementär-GmbH können daher nur dann wesentliche Betriebsgrundlage des Betriebes sein, wenn die Beteiligung bzw. das dadurch repräsentierte Unternehmen den Betrieb der Kommanditgesellschaft fördert oder ergänzt und gleichsam eine unselbstständige Betriebsbeteiligung darstellt (→ Rn. 35).

Nach richtiger Auffassung muss das SBV, sofern es **wesentliche Betriebsgrundlage** ist, in Form der **Übertragung des wirtschaftlichen Eigentums auf die KapGes** übergehen (so BMF 11.11.2011, BStBl. I 2011, 1314 Rn. 01.23, 20.13; BStBl. II 1996, 343, welcher sogar von der zivilrechtlichen Übertragung spricht; Widmann/Mayer/Widmann Rn. 9; Rödder/Herlinghaus/van Lishaut/Herlinghaus Rn. 117; Haritz/Menner/Bilitewski/Menner Rn. 80; Schumacher/Neumann DStR 2008, 325; Dötsch/Pung/Möhlenbrock/Patt Rn. 19; vgl. auch FG Berlin-Brandenburg EFG 2014, 1928); die bloße Nutzungsüberlassung ist nicht ausreichend, um eine Einbringung iSd Abs. 1 zu bejahen (BFH DStR 2018, 1014; aA Rödder/Beckmann DStR 1999, 751; Götz DStZ 1997, 551; Dehmer UmwSt-Erlaß 1998 Rn. 20.08; Blumers DB 1995, 496; Herzig DB 2000, 2236; → Rn. 23).

Erfolgt die Einbringung des Betriebs der PersGes nach den **Vorschriften des UmwG** in Form der Verschm, Ausgliederung oder des Formwechsels, nimmt das **SBV** des einzelnen Mitunternehmers nicht unmittelbar an der Umw teil, dh es wird nicht im Zuge der Umw auf die KapGes mitübertragen. In diesem Fall muss das SBV durch gesonderte Vereinbarung zwischen dem wirtschaftlichen Eigentümer und der übernehmenden KapGes auf letztere zum selben Stichtag übertragen werden (ebenso Dötsch/Pung/Möhlenbrock/Patt Rn. 164; Haritz/Menner/Bilitewski/Menner Rn. 80; Rödder/Herlinghaus/van Lishaut/Herlinghaus Rn. 116). Die Übertragung der WG des SBV muss dabei zusammen mit der Umw einen einheitlichen Übertragungsakt darstellen. Eine Übertragung des SBV in das Gesamthandsvermögen (vgl. → § 24 Rn. 1) vor der Umw sollte wegen **§ 6 V 6 EStG** vermieden werden (→ Rn. 101; Dötsch/Pung/Möhlenbrock/Patt Rn. 165; Haritz/Menner/Bilitewski/Menner Rn. 162; Stangl GmbHR 2012, 254; Brandenberg DStZ 2002, 511 (594); Rödder/Herlinghaus/van Lishaut/Rabback § 25 Rn. 50: ob die Übertragung vor oder nach der Umw erfolgt, ist ohne Bedeutung).

4. Zurückbehaltung von Wirtschaftsgütern bei der Einbringung eines Betriebs

a) Zurückbehaltung nicht wesentlicher Betriebsgrundlagen. Werden bei der Einbringung eines Betriebs (zum Teilbetrieb → Rn. 79) WG zurückbehalten, die **nicht wesentliche** Betriebsgrundlagen sind, hindert dies die Anwendung der Vorschriften des Sechsten Teils in Bezug auf das eingebrachte BV nicht (BFH BStBl. II 1996, 342; Haritz/Menner/Bilitewski/Menner Rn. 67; HK-UmwStG/Bäuml Rn. 154; Rödder/Herlinghaus/van Lishaut/Herlinghaus Rn. 103; Widmann/Mayer/Widmann Rn. 12; Brandis/Heuermann/Nitzschke Rn. 46; BeckOK UmwStG/Dürrschmidt Rn. 808).

74 Das stl. Schicksal der zurückbehaltenen nicht wesentlichen Betriebsgrundlagen hängt davon ab, ob die WG im Zeitpunkt des Wirksamwerdens der Einbringung weiterhin BV sind. In diesem Fall werden stille Reserven nicht realisiert (BMF 11.11.2011, BStBl. I 2011, 1314 Rn. 20.09; Haritz/Menner/Bilitewski/Menner Rn. 67; Rödder/Herlinghaus/van Lishaut/Herlinghaus Rn. 103). Werden die WG PV, so kommt es zur Realisierung der in ihnen enthaltenen stillen Reserven iHd Differenzbetrages zwischen dem gemeinen Wert und dem BW zum Einbringungsstichtag (BMF 11.11.2011, BStBl. I 2011, 1314 Rn. 20.08; Haritz/Menner/Bilitewski/Menner Rn. 67; HK-UmwStG/Bäuml Rn. 155). Der Gewinn aus einer zeitlich und wirtschaftlich mit der Einbringung eines Betriebs, Teilbetriebs oder Mitunternehmeranteils in eine KapGes zusammenhängenden **Entnahme** ist nur dann nach Abs. 5 S. 1 UmwStG iVm § 34 EStG **begünstigt,** wenn die KapGes das eingebrachte BV mit dem gemeinen Wert ansetzt oder eine Betriebsaufgabe vorliegt (BFH DStR 2018, 1014; Haritz/Menner/Bilitewski/Menner Rn. 67; Rödder/Herlinghaus/van Lishaut/Herlinghaus Rn. 163).

75 **b) Zurückbehaltung wesentlicher Betriebsgrundlagen.** Behält der Einbringende WG zurück, die **wesentliche Betriebsgrundlagen** sind, ist nach **Auffassung der hM** (BMF 11.11.2011, BStBl. I 2011, 1314 Rn. 20.06 f.; BFH DStR 2018, 1014; Haritz/Menner/Bilitewski/Menner Rn. 66; Brandis/Heuermann/Nitzschke Rn. 46; Rödder/Herlinghaus/van Lishaut/Herlinghaus Rn. 35; Dötsch/Pung/Möhlenbrock/Patt Rn. 64; HK-UmwStG/Bäuml Rn. 151; Haase/Hofacker/Hofacker Rn. 55) eine Betriebseinbringung iSv § 20 nicht anzunehmen, sondern vielmehr die **Übertragung von einzelnen WG.** Dies führt nach allg. Vorschriften zu einer **Gewinnrealisierung** der **eingebrachten WG,** sofern nicht die übertragenen WG einen Teilbetrieb darstellen oder ein nach § 21 privilegierter Anteilstausch vorliegt (Rödder/Herlinghaus/van Lishaut/Herlinghaus Rn. 95). Bei den **nicht eingebrachten WG** ist von einer Privatentnahme auszugehen, sofern sie nicht weiterhin im BV verbleiben (BMF 11.11.2011, BStBl. I 2011, 1314 Rn. 20.08). Der daraus resultierende Gewinn ist dann nach § 34 EStG, § 16 IV EStG, § 17 III EStG **begünstigt,** wenn insgesamt von einer Betriebsaufgabe/Betriebsveräußerung beim Einbringenden auszugehen ist (Rödder/Herlinghaus/van Lishaut/Herlinghaus Rn. 95). Anderes – lfd. Gewinnbesteuerung – ist anzunehmen, wenn Einbringender eine KapGes ist, die die Begünstigungen nicht in Anspruch nehmen kann. **Maßgebender Zeitpunkt** dafür, ob ein WG eine **wesentliche Betriebsgrundlage** des eingebrachten Betriebs darstellt, ist nach der hier vertretenen Meinung der Zeitpunkt der Fassung des Umwandlungsbeschlusses oder, wenn es eines solchen nicht bedarf, der Abschluss des Einbringungsvertrages (str., → Rn. 31; aA BMF 11.11.2011, BStBl. I 2011, 1314 Rn. 20.06 iVm Rn. 15.03). Nach Auffassung der FVerw (BMF 11.11.2011, BStBl. I 2011, 1314 Rn. 20.07) sind die Grundsätze der Gesamtplanrechtsprechung zu prüfen, wenn funktional wesentliche Betriebsgrundlagen eines Betriebes im zeitlichen und wirtschaftlichen Zusammenhang mit der Einbringung in ein anderes BV überführt oder übertragen werden (→ Rn. 22). Zum Fall der Nichteinbringung von Anteilen am übernehmenden Rechtsträger → Rn. 35, → Rn. 78. Da bei der Zurückbehaltung wesentlicher Betriebsgrundlagen § 20 keine Anwendung findet, kommt es zur Gewinnrealisierung im Zeitpunkt der Übertragung des wirtschaftlichen Eigentums und nicht zum „vermeintlichen" Umwandlungsstichtag (vgl. BFH DStR 2013, 575).

76 **c) Zurückbehaltung von betrieblichen Verbindlichkeiten.** Verbindlichkeiten des MU gegenüber der PersGes gehören bei der Einbringung eines Betriebs *nicht* zu den wesentlichen Betriebsgrundlagen; sie können zurückbehalten werden, ohne dass dies die Anwendung des § 20 ausschließt (Dötsch/Pung/Möhlenbrock/Patt Rn. 63; Rödder/Herlinghaus/van Lishaut/Herlinghaus Rn. 114; Haritz/Menner/Bilitewski/Menner Rn. 75, 67; Haase/Hofacker/Hofacker Rn. 58). Verbindlichkeiten sind keine Mittel des Betriebs, sondern dienen allein dessen Finanzierung; eine Ausnahme soll aber für Schulden eines Kreditinstituts gegenüber seinen Kunden gelten (→ Rn. 38). Behält der Einbringende betrieblich begründete Verbindlichkeiten zurück, so können die auf die zurückbehaltenen Schulden entfallenden und gezahlten Zinsen Werbungskosten bei den Einkünften aus den erlangten Kapitalgesellschaftsanteilen sein. Die Verbindlichkeiten sind nunmehr durch die Anschaffung der Anteile veranlasst (Dötsch/Pung/Möhlenbrock/Patt Rn. 140; Haase/Hofacker/Hofacker Rn. 58). Unterschreitet der gemeine Wert der erlangten Kapitalgesellschaftsanteile den Wert der zurückbehaltenen Betriebsschulden, stellen die fortan entstehenden Schuldzinsen zum einen Teil Werbungskosten bei den Einkünften aus KapVerm dar, sofern die Anteile im PV gehalten werden, und zum anderen Teil nachträgliche BA im Zusammenhang mit dem ehemaligen eingebrachten Unternehmen (BFH FR 1999, 204; Dötsch/Pung/Möhlenbrock/Patt Rn. 140; Staccioli FR 2022, 285).

d) Zurückbehaltung von Wirtschaftsgütern des Sonderbetriebsvermögens. Bringt eine PersGes einen Betrieb aus dem Gesamthandsvermögen (vgl. → § 24 Rn. 1) und gegen Gewährung neuer Anteile in eine KapGes ein, so muss der MU auch sein SBV auf die KapGes übertragen, sofern es sich um eine funktional wesentliche Betriebsgrundlage handelt (→ Rn. 69 ff.). Behält der MU in diesem Fall die funktional wesentliche Betriebsgrundlage zurück, so kommt es zu einer Aufdeckung sämtlicher stiller Reserven im übertragenen Betrieb, und zwar im Zeitpunkt der Übertragung des wirtschaftlichen Eigentums (→ Rn. 75). Handelt es sich bei dem SBV um eine unwesentliche Betriebsgrundlage, verliert das bisherige SBV des Mitunternehmeranteils ggf. die Eigenschaft, BV zu sein und wird PV (BFH BStBl. II 1988, 829), und zwar zum Umwandlungsstichtag (BMF 11.11.2011, BStBl. I 2011, 1314 Rn. 20.08). Zum Fall der Nichteinbringung von Anteilen am übernehmenden Rechtsträger → Rn. 35, → Rn. 78.

e) Zurückbehaltung von Anteilen an der Übernehmerin. Gehören zum BV des eingebrachten Betriebs **Anteile an der Übernehmerin**, werden diese zu eigenen Anteilen der Übernehmerin. Der Erwerb eigener Anteile ist durch § 33 GmbHG und durch §§ 71 ff. AktG eingeschränkt. Selbst wenn nach den einschlägigen handelsrechtlichen Vorschriften der Erwerb eigener Anteile durch die Übernehmerin möglich ist, ist die Einbringung aus Gründen des Abs. 1 nicht erforderlich. Denn der Einbringende würde als Gegenleistung (neue) Anteile an der Übernehmerin erhalten und dafür die bisherigen, die dann zu eigenen Anteilen der Übernehmerin würden, hingeben. Aus **Vereinfachungsgründen** (FG Nürnberg BeckRS 2017, 94464) ist es deshalb nicht zu beanstanden, wenn die Anteile an der Übernehmerin **nicht eingebracht,** also zurückbehalten werden. Dies ergibt sich aus einer sachgerechten Auslegung der gesetzlichen Tatbestände der §§ 20, 21. Es handelt sich also nicht um eine Billigkeitsregelung iSd § 163 S. 2 AO (FG Münster GmbHR 2011, 102; Rödder/Herlinghaus/van Lishaut/Herlinghaus Rn. 97; Wacker BB-Beil. 8/1998, 10; wohl auch BFH BStBl. II 2013, 94; aA Dötsch/Pung/Möhlenbrock/Patt Rn. 62, 141; Eisgruber/Brandstetter Rn. 123; zu den sich aus einer Billigkeitsregelung ergebenden Problemen → § 22 Rn. 35c). Gleichwohl gelten die nicht eingebrachten Anteile nicht als entnommen; es liegen **Anteile iSv § 22 I** vor (BMF 11.11.2011, BStBl. I 2011, 1314 Rn. 20.09: ein entsprechender Antrag ist erforderlich; vgl. auch Rödder/Herlinghaus/van Lishaut/Herlinghaus Rn. 97; Brandis/Heuermann/Nitzschke Rn. 44). Würde man auch im Geltungsbereich des SEStEG fingieren, dass die zurückbehaltenen Anteile in die übernehmende KapGes eingebracht wurden, so wäre für sie eigentlich ein Einbringungsgewinn II zu ermitteln, der aber nicht entstehen kann, da die zurückbehaltenen Anteile nicht durch den übernehmenden Rechtsträger veräußert werden können. Die im Zuge der Einbringung ausgegebenen neuen Anteile sind solche iSd § 22 I 1, bei deren Veräußerung ein Einbringungsgewinn I entsteht. Die zurückbehaltenen Anteile sind für die Ermittlung eines Veräußerungspreises im Zusammenhang mit der Einbringung des Betriebs so zu behandeln, als wären sie eingebracht worden (FG Nürnberg BeckRS 2017, 94464); dh werden im Rahmen der Einbringung die übertragenen WG mit dem gemeinen Wert oder einem Zwischenwert angesetzt, entspricht der Veräußerungspreis der nicht eingebrachten Anteile deren gemeinem Wert oder Zwischenwert. Zur Übertragung des Rechtsgedankens „Vermeidung eigener Anteile" auf die Konstellation „Vermeidung wechselseitiger Beteiligungen" vgl. Stimpel/Bernhagen GmbHR 2023, 209.

III. Einbringung eines Teilbetriebs

1. Teilbetrieb

79 **a) Teilbetrieb iSd § 20.** Der Begriff des **Teilbetrieb** wird weder im UmwStG (§ 15 I 1, § 20 I 1, § 21 I 3, § 23 I 1, § 24 I) noch in den anderen nationalen Normen, in denen er enthalten ist (zB § 6 III EStG, § 16 EStG, § 8 Nr. 1, 2 und 7 GewStG), definiert (vgl. aber § 6 II EnWG). Demgegenüber wird der Begriff des Teilbetriebs in Art. 2 lit. j Fusions-RL als die Gesamtheit der in einem Unternehmensteil einer Gesellschaft vorhandenen aktiven und passiven WG, die in organisatorischer Hinsicht einen selbstständigen Betrieb bilden, dh eine aus eigenen Mitteln funktionsfähige Einheit, umschrieben.

80 Der Teilbetriebsbegriff des Art. 2 lit. j Fusions-RL ist nach allgM auf die Fälle anzuwenden, die in den Anwendungsbereich der Fusions-RL fallen, also bei Einbringungen, an denen Gesellschaften aus zwei oder mehreren EU-Staaten beteiligt sind (vgl. nur Desens DStR-Beihefter zu Heft 46/2010, 80; Frotscher/Drüen/Mutscher Rn. 122). Zum alten UmwStG wurden bei Einbringungen, die nicht von der Fusions-RL erfasst werden, die zu § 16 EStG entwickelten Grundsätze herangezogen, jedoch insoweit eingeschränkt, als unter wesentlichen Betriebsgrundlagen nur die funktional wesentlichen Betriebsgrundlagen verstanden wurden. Nicht abschließend geklärt ist, ob unter Anwendung des UmwStG 2006 auch bei Umw, die nicht in den Anwendungsbereich der Fusions-RL fallen, dh bei innerstaatlichen Einbringungen oder solchen von natürlichen Personen, der **Teilbetriebsbegriff der Fusions-RL** Anwendung findet. Zum Teil wird die Auffassung vertreten, dass der Teilbetriebsbegriff des § 20 nur bei grenzüberschreitenden Vorgängen nach europäischen Kriterien auszulegen ist, iÜ aber die nationalen Kriterien gelten (Widmann/Mayer/Widmann Rn. R 5; Frotscher/Drüen/Mutscher Rn. 122; Graw DB 2013, 1011). Nach der Gegenauffassung (Rödder/Herlinghaus/van Lishaut/Herlinghaus Rn. 133; Eisgruber/Brandstetter Rn. 136; Dötsch/Pung/Möhlenbrock/Patt Rn. 76; Haritz/Menner/Bilitewski/Menner Rn. 95; Brandis/Heuermann/Nitzschke Rn. 54; Lademann/Jäschke Rn. 27; Musil/Weber-Grellet/Desens UmwStG Rn. 39; Clasz/Weggenmann BB 2012, 552; Kaeser DStR-Beihefter zu Heft 2/2012, 13; Rasche GmbHR 2012, 149; Blumers BB 2011, 2204; Blumers DB 2010, 1670; ausf. Desens DStR-Beihefter zu Heft 46/2010 80; Rödel, Der Teilbetriebsbegriff, Diss. Passau 2016, S. 57 ff.) ist der Teilbetriebsbegriff iSv § 20 im Grundsatz einheitlich iSd Art. 2 lit. j Fusions-RL zu verstehen. Soweit der nationale Teilbegriff jedoch im Vergleich zum europäischen Teilbegriff günstiger sei, soll jedoch auch der günstigere nationale Teilbetriebsbegriff gelten. Letzteres wird damit begründet, dass die Fusions-RL Fusionen begünstigen soll, es den Mitgliedstaaten aber nicht verbiete, eine einheitlich umgesetzte Begünstigung im selben gesetzlichen Tatbestand noch weiter auszudehnen (Rödder/Herlinghaus/van Lishaut/Herlinghaus Rn. 133; Haritz/Menner/Bilitewski/Menner Rn. 96; Beinert StbJb 2011/2012, 153; Desens DStR-Beihefter zu Heft 46/2010 80; Schumacher/Neumann

DStR 2008, 325; Blumers BB 2011, 2204; aA Rasche GmbHR 2012, 149; Lademann/Jäschke Rn. 27).

81 Weder aus den Normen des UmwStG noch aus der Begr. des SEStEGs ergibt sich aber, dass der **Gesetzgeber** den Teilbetriebsbegriff im Regelungsbereich des § 20 generell in Anlehnung an die Fusions-RL ausgelegt wissen will (Frotscher/Drüen/Mutscher Rn. 120; Graw DB 2013, 1011; aA Rödder/Herlinghaus/van Lishaut/Herlinghaus Rn. 133; Desens DStR-Beihefter zu Heft 46/2010 80; Claß/Weggemann BB 2012, 552; Rödel, Der Teilbetriebsbegriff, Diss. Passau 2016, S. 57 ff.). Gem. Art. 1 lit. a Fusions-RL hat jeder Mitgliedstaat die RL auf Fusionen anzuwenden, „wenn daran Gesellschaften aus zwei oder mehr Mitgliedstaaten beteiligt sind". Die Fusions-RL ist daher im Ausgangspunkt auf rein innerdeutsche Vorgänge nicht anwendbar. Der EuGH hat allerdings in zwei Fällen Bestimmungen der Fusions-RL ausgelegt, obwohl den Streitfällen rein innerstaatliche Sachverhalte zugrunde lagen (EuGH LSK 1997, 480228 – Leur-Bloem, zum Anteilstausch in den Niederlanden; EuGH DStRE 2002, 456 – Andersen og Jensen zur Teilbetriebseinbringung in Dänemark). Gegenstand dieser Entscheidung waren Vorschriften des niederländischen bzw. dänischen Rechts, die in Umsetzung der Fusions-RL ergangen waren. Dabei hatte sich der nationale Gesetzgeber entschieden, rein innerstaatliche Sachverhalte und unter die RL fallende (grenzüberschreitende) Sachverhalte gleich zu behandeln. Der nationale Gesetzgeber hatte daher die für innerstaatliche Sachverhalte geltenden Rechtsvorschriften dem Gemeinschaftsrecht angeglichen, um Wettbewerbsverzerrungen und Benachteiligungen der eigenen Staatsangehörigen zu vermeiden. Dabei hatte der nationale Gesetzgeber in der Gesetzesbegründung auf die Fusions-RL verwiesen und Teile der Fusions-RL wortgleich in das nationale Gesetz übernommen. In solchen Fällen besteht nach Ansicht des EuGH ein klares Interesse der Gemeinschaft daran, dass die aus dem Gemeinschaftsrecht übernommenen Bestimmungen oder Begriffe unabhängig davon, unter welchen Voraussetzungen sie angewandt werden, einheitlich ausgelegt werden, um künftige Auslegungsunterschiede zu verhindern. Aus diesem Grund sei der Gerichtshof für die Auslegung der Bestimmungen der Fusions-RL zuständig, auch wenn sie den rein innerstaatlichen Ausgangssachverhalt nicht unmittelbar regelt.

82 Der dt. Gesetzgeber hat jedoch bei Erlass des SEStEG eine solche „Überumsetzung" der Fusions-RL nicht beabsichtigt (Graw DB 2013, 1011). Der Gesetzgeber wollte die Fusions-RL ausdrücklich nur in deren tatsächlichen Anwendungsbereich (grenzüberschreitende Sachverhalte) umsetzen. In der Begr. RegE zum SEStEG, BT-Drs. 16/2710, 1, Gliederungspunkt B. heißt es wörtlich:

„Mit dem Gesetz über steuerliche Begleitmaßnahmen zur Einführung der Europäischen Gesellschaft und zur Änderung weiterer steuerrechtlicher Vorschriften (SEStEG) werden die Einführung der Europäischen Gesellschaft (SE) und der Europäischen Genossenschaft (SCE) steuerlich begleitet sowie die Richtlinie 2005/19/EG des Rates vom 17.2.2005 zur Änderung der Richtlinie 90/434/EWG über das gemeinsame Steuersystem für Fusionen, Spaltungen, die Einbringung von Unternehmensteilen und den Austausch von Anteilen, die Gesellschaften verschiedener Mitgliedstaaten betreffen, in nationales Recht umgesetzt [...]. Der Gesetzentwurf beseitigt steuerliche Hemmnisse für die als Folge der zunehmenden internationalen wirtschaftlichen Verflechtung immer wichtiger werdende grenzüberschreitende Reorganisation von Unternehmen und verbessert die Möglichkeiten der freien Wahl der Rechtsform."

83 Zwar erwähnt der Bericht des Finanzausschusses zum Entwurf des SEStEG (BT-Drs. 16/3369, 1, Gliederungspunkt II) eine Gleichbehandlung von inl. und grenzüberschreitenden Umstrukturierungen:

„Mit dem Gesetzentwurf ist vorgesehen, künftig europaweit die gleichen steuerlichen Grundsätze für inländische wie für grenzüberschreitende Umstrukturierungen von Unternehmen anzuwenden."

84 Daraus kann jedoch nicht geschlossen werden, dass der dt. Gesetzgeber eine Geltung der Fusions-RL auch für innerstaatliche Sachverhalte erreichen wollte. Anders als in den vom EuGH entschiedenen og Fällen hat der dt. Gesetzgeber in der Gesetzesbegründung zum SEStEG nicht auf eine Geltung der Fusions-RL auch in rein nationalen Fällen verwiesen und hat die Fusions-RL, insbes. die Definition des Teilbetriebs, auch nicht wortgleich ins UmwStG übernommen. Das Gegenteil ist der Fall. In der Gesetzesbegründung heißt es, dass für die Beurteilung der Frage, ob ein WG eine wesentliche Betriebsgrundlage eines Teilbetriebs darstellt, die funktionale Betrachtungsweise maßgeblich sein soll (BT-Drs. 16/2710, 42). Daraus lässt sich schließen, dass der Gesetzgeber weiterhin eine „gespaltene" Auslegung des Teilbetriebs beabsichtigt hat (aA Desens DStR-Beihefter zu Heft 46/2010 83; Haritz/Menner/Bilitewski/Menner Rn. 94 ff.; Rödel, Der Teilbetriebsbegriff, Diss. Passau 2016, S. 57 ff.). Hätte der Gesetzgeber tatsächlich in vollem Umfang die Fusions-RL umsetzen wollen, um „künftig die gleichen stl. Grundsätze für inl. wie grenzüberschreitende Umstrukturierungen von Unternehmen anzuwenden" (vgl. BT-Drs. 16/3369, 1 Gliederungspunkt II), so hätte er auch die pauschalierenden Missbrauchsvorschriften wie zB § 22 nicht in das Gesetz aufgenommen. Zudem hätte es nahe gelegen, dass im Regelungsbereich des § 20 nicht mehr an der Gewährung von neuen Anteilen an übernehmenden Rechtsträger als Voraussetzung für die „Erfolgsneutralität des Einbringungsvorgangs" festgehalten worden wäre, eine solche Voraussetzung kennt die Fusions-RL nämlich nicht (→ Rn. 204). Soweit daher ein Sachverhalt von der Fusions-RL erfasst wird, ist der Begriff iSd Art. 2 lit. j Fusions-RL auszulegen, iÜ nach den bisherigen Grundsätzen der Rspr. (wie hier Widmann/Mayer/Widmann Rn. 5; Frotscher/Drüen/Mutscher Rn. 122; Graw DB 2013, 1011). Nicht abschließend geklärt ist in diesem Zusammenhang, ob und in welchem Umfang der „nationale Teilbetriebsbegriff" Anwendung finden kann, soweit dieser im Vergleich zum europäischen Teilbetriebsbegriff für den Steuerpflichtigen günstiger ist (vgl. dazu Rasche GmbHR 2012, 149; Rödder/Herlinghaus/van Lishaut/Herlinghaus Rn. 133; Rödder/Herlinghaus/van Lishaut/Schumacher § 15 Rn. 126; Neumann GmbHR 2012, 141; Beinert StbJb 2011/2012, 153; Lademann/Jäschke Rn. 27). Soweit nach nationalem Verständnis der Teilbetriebsbegriff günstiger ist als der europäische Teilbetriebsbegriff, könnte darin der EuGH einen Verstoß gegen die Niederlassungsfreiheit sehen (Rasche GmbHR 2012, 149).

85 **b) Nationaler Teilbegriff.** Nach der Rspr. des BFH (DStR 2018, 1014; BStBl. II 2003, 464; BStBl. II 2007, 772; ausf. Feldgen Ubg 2012, 459; Uphues DStR 2022, 2521) ist unter einem Teilbetrieb ein organisatorisch geschlossener, mit einer gewissen Selbstständigkeit ausgestatteter Teil eines Gesamtbetriebs zu verstehen, der – für sich betrachtet – alle Merkmale eines Betriebs iSd EStG bzw. im Regelungsbereich des § 20 aufgrund der funktionalen Betrachtungsweise (→ Rn. 24) aufweist und als solcher lebensfähig ist (BFH DStRE 2002, 423; DStZ 2000, 135; BStBl. II 1996, 409; Schmidt/Wacker EStG § 16 Rn. 143). Ob ein Betriebsteil die für die Annahme eines Teilbetriebs erforderlichen Voraussetzungen erfüllt, ist nach dem Gesamtbild der Verhältnisse **aus der Sicht des Einbringenden** zu entscheiden. Auf Grund einer erheblichen Schnittmenge mit den anderen Merkmalen des Teilbetriebes wird der **„organisatorischen Geschlossenheit"** nur eine geringe Bedeutung beigemessen (vgl. Schmidt/Wacker EStG § 16 Rn. 121; Feldgen Ubg 2012, 459; Blumers DB 2001, 722). Zum Teil wird auf Grund der Anforderung einer organisatorischen Geschlossenheit gefordert, dass die in Frage stehende Betriebseinheit räumlich von anderen Betriebseinheiten des Gesamtunternehmens getrennt sein muss. Eine **gewisse Selbstständigkeit** erfordert, dass die verschiedenen WG zusammen einer Betätigung dienen, die sich von der übrigen gewerblichen Betätigung abhebt und unterscheidet (BFH BStBl. II 1979, 537; BFH/NV 2007, 1661;

Schmidt/Wacker EStG § 16 Rn. 121; Feldgen Ubg 2012, 459). Den Abgrenzungsmerkmalen, zB räumliche Trennung vom Hauptbetrieb, gesonderte Buchführung (vgl. BFH DStRE 2008, 415), eigenes Personal, eigene Verwaltung, selbstständige Organisation, eigenes Anlagevermögen, ungleiche betriebliche Tätigkeit, eigener Kundenstamm, kommt je nachdem, ob es sich um einen Fertigungs-, Handels- oder Dienstleistungsbetrieb, einen freiberuflichen Betrieb oder einen luf Betrieb handelt, unterschiedliches Gewicht zu (vgl. BFH BStBl. II 1990, 55). Eine völlige selbstständige Organisation mit eigener Buchführung ist für die Annahme eines Teilbetriebs nicht unbedingt erforderlich (BFH BStBl. II 2007, 772; BFH/NV 2005, 31; DStZ 2000, 135; BStBl. II 1984, 486). Als wesentliche Kriterien gelten ua eine getrennte Verwaltung und eine gesonderte Betriebsabrechnung, insbes. Kostenrechnung (BFH BStBl. II 1980, 51), räumliche Trennung von anderen Betriebsteilen (BFH BStBl. II 1996, 409: eigene Räume), Einsatz unterschiedlichen Personals (BFH/NV 2005, 31; BStBl. II 1983, 113), abgegrenzter Kundenstamm (BFH DStRE 2002, 423) sowie eigenständige Preisgestaltung (BFH BStBl. II 1989, 376; vgl. aber auch BFH/NV 1998, 1209; DStZ 2000, 135, wonach es ggf. nicht notwendig ist, dass eigenes Personal bei der Preisgestaltung der Ware mitwirkt); **keine Teilbetriebe** sind innerbetriebliche Organisationseinheiten, die nicht selbst am Markt Leistungen anbieten (Schmidt/Wacker EStG § 16 Rn. 119; HessFG EFG 2003, 1383). Ein Teilbetrieb ist dann **lebensfähig**, wenn von ihm seiner Struktur nach eine eigenständige betriebliche Tätigkeit ausgeübt werden kann (BFH BStBl. II 1976, 415; Schmidt/Wacker EStG § 16 Rn. 120; Feldgen Ubg 2012, 459). Nicht erforderlich ist, dass stets Gewinn erzielt wird (BFH BStBl. II 1996, 409; Schmidt/Wacker EStG § 16 Rn. 120; Feldgen Ubg 2012, 459). Entscheidend ist, dass nach der objektiven wirtschaftlichen Struktur der zu beurteilenden Betriebseinheit eine eigenständige betriebliche Tätigkeit ausgeübt werden konnte. Für die Annahme eines Teilbetriebs genügt nicht die Möglichkeit der technischen Aufteilung des Betriebs (R 16 III EStR). Ein Teilbetrieb liegt auch dann vor, wenn dieser zwar die werbende Tätigkeit noch nicht aufgenommen hat, die wesentlichen Betriebsgrundlagen jedoch bereits vorhanden sind (vgl. FG Düsseldorf DStRE 2000, 1136 wonach nicht unbedingt alle wesentlichen Betriebsgrundlagen vorhanden sein müssen) und bei zielgerichteter Weiterverfolgung des Aufbauplans ein selbstständig lebensfähiger Organismus zu erwarten ist (BFH BStBl. II 1989, 458; 1992, 380; Rödder/Herlinghaus/van Lishaut/Herlinghaus Rn. 147); ein solcher **Teilbetrieb im Aufbau** soll ebenfalls im Wege der Einbringung steuerneutral übertragen werden können (Brandis/Heuermann/Nitzschke Rn. 55; Blumers BB 1995, 1821). Bei der Beurteilung ist auf Art und Umfang des Betriebs abzustellen, die einzelnen Merkmale sind unterschiedlich zu gewichten (BFH BStBl. II 1979, 557).

Bei dem Teilbetrieb iSd Abs. 1 kann es sich um einen **luf** Teilbetrieb iSd § 13 EStG, einen gewerblichen Teilbetrieb iSd § 16 EStG, um eine **freiberufliche** Teilpraxis iSd § 18 III EStG (wegen der Besonderheiten im Hinblick auf die Personenbezogenheit der selbstständigen Arbeit vgl. Schmidt/Wacker EStG § 18 Rn. 250) oder den Teilbetrieb einer Körperschaft handeln (Dötsch/Pung/Möhlenbrock/Patt Rn. 79).

c) Europäischer Teilbetriebsbegriff. Nach Art. 2 lit. j Fusions-RL ist der Teilbetrieb definiert als die Gesamtheit der in einem Unternehmensteil einer Gesellschaft vorhandenen aktiven und passiven WG, die in organisatorischer Hinsicht einen selbstständigen Betrieb, dh eine aus eigenen Mitteln funktionsfähige Einheit darstellt. Ob bzw. in welchem Umfang sich der europäische Teilbetriebsbegriff von dem nationalen Teilbetriebsbegriff unterscheidet, ist im Einzelnen streitig (vgl. etwa Frotscher/Drüen/Mutscher Rn. 114 ff.; Musil/Weber-Grellet/Desens UmwStG § 15 Rn. 25 ff.; Lademann/Jäschke Rn. 26; Uphues DStR 2022, 2584; Graw DB 2013, 1011; Rödel, Der Teilbetriebsbegriff, Diss. Passau 2016, S. 57 ff.). Im Urteil des BFH 7.4.2010 (BStBl. II 2011, 467) geht der BFH für den Fall einer Abspaltung gem. § 15 im Grundsatz davon aus, dass der europäische und der nationale Teilbetriebsbegriff im Wesentlichen übereinstimmen. Widmann (Widmann/Mayer/Widmann UmwStE 2011 Rn. 20.06) bezweifelt die praktische Bedeutung der teilweisen Nichtübereinstimmung des nationalen und des europäischen Teilbetriebsbegriffs, da auch die dt. Rspr. den einzelnen Erfordernissen des nationalen Teilbetriebsbegriffs unterschiedliches Gewicht beimesse. Der EuGH hat sich im Urteil v. 15.1.2002 (FR 2002, 298) mit dem Teilbetriebsbegriff iSd Fusions-RL beschäftigt. Das Gericht betont dabei insbes. die Funktionsfähigkeit als Wesensmerkmal eines Teilbetriebsbegriffs iSd Fusions-RL. Einen „selbständigen Betrieb" bilden demnach Einheiten, die als selbstständiges Unternehmen funktionsfähig sein können, ohne dass sie hierfür zusätzlicher Investitionen bedürfen. Eine Grenze der eigenen Funktionsfähigkeit wird durch das Gericht angenommen, wo die finanziellen Verhältnisse dazu führen, dass die übernehmende Gesellschaft aus finanziellen Gründen voraussichtlich nicht überleben kann. Der EuGH geht zudem davon aus, dass Aktiva und Passiva eines bestehenden Teilbetriebs nicht willkürlich voneinander getrennt werden dürfen. Inwieweit sich der nationale und der europäische Teilbetriebsbegriff im Einzelnen unterscheiden, ist nicht abschließend geklärt. Im Einzelnen sollen **folgende Unterschiede** (vgl. zuletzt Uphues DStR 2022, 2584) bestehen:

– Der Teilbetrieb muss als solcher funktionsfähig sein, ohne dass es zusätzlicher Investitionen oder Einbringungen bedarf (EuGH FR 2002, 298; Widmann/Mayer/Widmann UmwStE 2011 Rn. 20.06; Frotscher/Drüen/Mutscher Rn. 118 f.; Musil/Weber-Grellet/Desens UmwStG § 15 Rn. 28; Beinert StbJb 2011/2012, 183). Die Funktionsfähigkeit muss in technischer, kaufmännischer und finanzieller Hinsicht gegeben sein (Haritz/Menner/Bilitewski/Menner Rn. 90); auf die finanziellen Aspekte ist erst in zweiter Linie abzustellen. Es reicht aus, dass zur Fortführung des Teilbetriebs die übernehmende Gesellschaft sich unter marktüblichen Bedingungen finanzieren kann.
– Für die Bestimmung des europäischen Teilbetriebs ist es nicht notwendig, dass sich die Tätigkeit dieses Betriebs gegenüber der Tätigkeit der übrigen einbringenden Unternehmens unterscheidet, es reicht eine organisatorische Verselbständigung aus (Dötsch/Pung/Möhlenbrock/Patt Rn. 90; Rödder/Herlinghaus/van Lishaut/Herlinghaus Rn. 126; Widmann/Mayer/Widmann UmwStE 2011 Rn. 20.06; Frotscher/Drüen/Mutscher Rn. 119; Beinert StbJb 2011/2012, 153; Feldgen Ubg 2012, 459).
– Von einer Einbringung des Teilbetriebs nach der Fusions-RL soll auch dann auszugehen sein, wenn WG teilweise an den übernehmenden Rechtsträger nur „vermietet" werden, sofern eine dauerhafte Nutzung für die Funktionsfähigkeit des eingebrachten Teilbetriebs sichergestellt ist (Rödder/Herlinghaus/van Lishaut/Herlinghaus Rn. 129; Beinert StbJb 2011/2012, 153; Benz/Rosenberg DB 2011, 1354; aA BFH BStBl. II 2011, 467; Dötsch/Pung/Möhlenbrock/Patt Rn. 63; Neumann GmbHR 2012, 141; Widmann/Mayer/Widmann UmwStE 2011 Rn. 20.06; Brandis/Heuermann/Nitzschke Rn. 53; offen Desens DStR-Beihefter zu Heft 46/2010 80).
– Die Teilbetriebseinbringung nach der Fusions-RL setzt die Einbringung sämtlicher aktiver und passiver WG des Teilbetriebs voraus, einerlei ob sie für den Teilbetrieb funktional wesentlich sind oder nicht (EuGH FR 2002, 298); dies gilt insbes. nicht nur für Finanzmittel, sondern auch für Verbindlichkeiten des Teilbetriebs (str. vgl. Dötsch/Pung/Möhlenbrock/Patt Rn. 93; Haritz/Menner/Menner Rn. 101; Musil/Weber-Grellet/Desens UmwStG § 15 Rn. 28; Rödder/Herlinghaus/van Lishaut/Herlinghaus Rn. 128; Rasche GmbHR 2012, 149; Beinert StbJb 2011/2012, 153). Verbindlichkeiten, die nicht dem Teilbetrieb wirtschaftlich zuzuordnen sind, können nicht eingebracht werden, da darin eine

zusätzliche Gegenleistung gesehen werden kann, die nach der Fusions-RL nur eingeschränkt möglich ist.
- Ein Teilbetrieb im Aufbau stellt keinen Teilbetrieb iSd Fusions-RL dar (Dötsch/Pung/Möhlenbrock/Patt Rn. 95; Rödder/Herlinghaus/van Lishaut/Herlinghaus Rn. 131).
- Ob die Voraussetzungen eines Teilbetriebs iSd Fusions-RL gegeben sind, richtet sich nach hM nach den Verhältnissen in der Person des Einbringenden (Dötsch/Pung/Möhlenbrock/Patt Rn. 92; Rödder/Herlinghaus/van Lishaut/Herlinghaus Rn. 145; Haritz/Menner/Bilitewski/Menner Rn. 101; Patt/Rupp/Aßmann UmwStE/Aßmann, S. 87; Lademann/Jäschke Rn. 26; aA Musil/Weber-Grellet/Desens UmwStG § 15 Rn. 28; Beinert StbJb 2011/2012, 153; Blumers BB 2008, 2044).

d) Teilbetriebsverständnis der FVerw. Nach Auffassung der FVerw (BMF 11.11.2011, BStBl. I 2011, 1314 Rn. 20.06 iVm Rn. 15.02 f., Rn. 15.07–15.10) entspricht der in § 20 verwendete Begriff des Teilbetriebs dem in der **Fusions-RL**. Teilbetrieb ist damit die Gesamtheit der in einem Unternehmensteil einer Gesellschaft vorhandenen aktiven und passiven WG, die in organisatorischer Hinsicht einen selbstständigen Betrieb, dh eine aus eigenen Mitteln funktionsfähige Einheit darstellen. Zu diesem Teilbetrieb gehören sowohl alle **funktional wesentlichen Betriebsgrundlagen** sowie die diesem Teilbetrieb nach wirtschaftlichen Zusammenhängen **zuzuordnenden WG**. Die Voraussetzungen eines Teilbetriebs sind nach Auffassung der FVerw „nach Maßgabe der einschlägigen Rechtsprechung unter Zugrundelegung der funktionalen Betrachtungsweise aus der Perspektive des übertragenden Rechtsträgers zu beurteilen (EuGH vom 15.1.2002 – C-43/00, EuGHE I 379; BFH vom 7.4.2010 – I R 96/08, BStBl. 2011 II S. 467).". Der Hinweis auf das BFH-Urteil v. 7.4.2010 ist überraschend, da das Gericht in seiner Entscheidung ausschließlich auf die funktional wesentlichen Betriebsgrundlagen abstellt (ebenso Graw DB 2013, 1011; Neumann GmbHR 2012, 141). Wann und unter welchen Voraussetzungen ein WG einem Teilbetrieb nach wirtschaftlichen Zusammenhängen zuordenbar ist, wird von der FVerw nicht näher erläutert. Die Zuordnung nicht wesentlicher Betriebsgrundlagen dürfte aber nach wirtschaftlichen Gesichtspunkten unter Berücksichtigung der funktionalen Betrachtungsweise erfolgen (Lademann/Jäschke Rn. 34a; Neumann GmbHR 2012, 141; Schell/Krohn DB 2012, 1119; zweifelnd Haritz/Menner/Menner Rn. 109). Dient damit ein aktives WG der betrieblichen Tätigkeit eines Teilbetriebs, ist es diesem Teilbetrieb nach Auffassung der FVerw wohl zuzuordnen. Passive WG, die durch die betriebliche Tätigkeit veranlasst sind, gehören unter wirtschaftlicher Betrachtungsweise zu diesem Teilbetrieb. Forderungen aus Lieferung und Leistung sind dem Teilbetrieb zuzuordnen, wenn sie durch die Tätigkeit dieses Teilbetriebs erwirtschaftet wurden (Schell/Krohn DB 2012, 1119; Schmitt DStR 2011, 1108). Verbindlichkeiten, die aufgewendet wurden, um WG eines Teilbetriebs anzuschaffen, sind diesem Teilbetrieb zuzuordnen. Entsprechendes gilt für Verbindlichkeiten, die dazu verwandt wurden, Aufwandspositionen des Teilbetriebs zu finanzieren (Schell/Krohn DB 2012, 1119; Beinert/Benecke FR 2010, 1009; Möhlenbrock StbJb 2011/2012, 153). Notwendig dürfte eine unmittelbare Zuordnung sein, eine mittelbare wirtschaftliche Zuordnung sollte nicht ausreichen. Gliedert bspw. eine Mitunternehmerschaft einen Teilbetrieb aus und hat ein MU dieser Mitunternehmerschaft vorher einen Anteil an der Mitunternehmerschaft käuflich erworben und den Kaufpreis fremdfinanziert, ist diese Verbindlichkeit nicht anteilig mit dem Teilbetrieb zu übertragen, ein unmittelbarer Bezug zu dem Teilbetrieb fehlt. Auch sollte gewillkürtes BV grds. frei zuordenbar sein (Lademann/Jäschke Rn. 34a; Schell/Krohn DB 2012, 1119; zweifelnd Haritz/Menner/Menner Rn. 109). Wird eine nicht wesentliche Betriebsgrundlage von mehreren Teilbetrieben genutzt, soll dieses WG einem der nutzenden Teilbetriebe

D UmwStG § 20

frei zugeordnet werden können (vgl. Neumann GmbHR 2012, 141; Schell/Krohn DB 2012, 1119; Patt/Rupp/Aßmann UmwStE/Aßmann, S. 88). Ob Bank und Kassenbestände oder Substitute hiervon (etwa Cash-Pool-Forderung) frei zugeordnet werden können, ist nicht abschließend geklärt (vgl. dazu Schell/Krohn DB 2012, 1119; Rödder/Rogall Ubg 2011, 753; Patt/Rupp/Aßmann UmwStE/Aßmann, S. 89). Nach Auffassung der FVerw stellt der **Teilbetrieb im Aufbau** keinen Teilbetrieb iSd § 20 dar (BMF 11.11.2011, BStBl. I 2011, 1314 Rn. 20.06 iVm Rn. 15.03).

89 Die Auffassung der FVerw kann im Ergebnis nicht überzeugen (Rödder/Herlinghaus/van Lishaut/Herlinghaus Rn. 142; Brandis/Heuermann/Klingberg Rn. 56; vgl. dazu auch Rödel, Der Teilbetriebsbegriff, Diss. Passau 2016, S. 121). Auch bei Anwendung des europäischen Teilbetriebsbegriffs ist es nicht notwendig, dass alle WG, die nach wirtschaftlichen Zusammenhängen dem Teilbetrieb zuordenbar sind, im Rahmen der Einbringung eines Teilbetriebs auf den übernehmenden Rechtsträger mitübertragen werden müssen (ebenso Musil/Weber-Grellet/Desens UmwStG § 15 Rn. 28; Graw DB 2013, 1011). Richtig ist zwar, dass der Teilbetrieb iSd Art. 2 lit. j Fusions-RL die Gesamtheit der in einem Unternehmensteil einer Gesellschaft vorhandenen aktiven und passiven WG umfasst. Diese WG müssen aber in organisatorischer Hinsicht einen selbstständigen Betrieb darstellen, dieser muss eine aus eigenen Mitteln funktionsfähige Einheit bilden. Entscheidend für den europäischen Teilbetriebsbegriff ist damit die Funktionsfähigkeit des übertragenen Unternehmensteils (EuGH NZG 2002, 149 = FR 2002, 298; BFH BStBl. II 2011, 467; Goebel/Ungemach/Seidfand DStZ 2009, 360), nicht aber die Übertragung eines jeden einzelnen WG, welches im wirtschaftlichen Zusammenhang mit einem Teilbetrieb steht (ebenso Musil/Weber-Grellet/Desens UmwStG § 15 Rn. 28; Graw DB 2013, 1011).

90 **e) Zeitpunkt der Existenz des Teilbetriebs.** Die Voraussetzungen eines Teilbetriebs müssen nach Auffassung der FVerw bereits zum stl. Einbringungsstichtag vorliegen (BMF 11.11.2011, BStBl. I 2011, 1314 Rn. 20.06 iVm Rn. 15.03; ebenso Haase/Hofacker/Hofacker Rn. 69). Maßgeblicher Zeitpunkt für die Beurteilung, ob ein WG eine wesentliche Betriebsgrundlage darstellt oder aber dem Teilbetrieb zuordenbar ist, müsse folglich auch diesen stl. Übertragungsstichtag und nicht der Zeitpunkt der Fassung des Einbringungsbeschlusses oder, wenn es eines solchen nicht bedarf, der Abschluss des Einbringungsvertrages sein. Diese Sichtweise der FVerw hat zur Konsequenz, dass Veränderungen im übertragenen Vermögen des Teilbetriebs im Rückwirkungszeitraum ggf. keine Auswirkung auf den Einbringungsvorgang haben (→ Rn. 20, → Rn. 31; vgl. dazu auch Lademann/Jäschke Rn. 34a). Wird bspw. im Rückwirkungszeitraum eine wesentliche Betriebsgrundlage des eingebrachten Teilbetriebs veräußert, so steht dies der Steuerneutralität des Einbringungsvorgangs nicht entgegen, wenn die Veräußerung auf Rechnung des übernehmenden Rechtsträgers erfolgt und für die Steuerneutralität des Einbringungsvorgangs es ohne Bedeutung ist, ob der eingebrachte Teilbetrieb fortgeführt wird, wesentliche Betriebsgrundlagen veräußert werden uÄ (→ Rn. 20). Nach Auffassung von Neumann (GmbHR 2012, 141) hat die Meinung der FVerw zur Folge, dass ein Teilbetrieb, der im Rückwirkungszeitraum von dritter Seite zugekauft worden ist, nicht mit stl. Rückwirkung auf einen Zeitpunkt, der vor dem Ankauf liegt, übertragen werden kann. Die Auffassung der FVerw ist im Ergebnis nicht überzeugend. Maßgebender Zeitpunkt für die Beurteilung, ob ein Teilbetrieb vorliegt oder ein WG eine wesentliche Betriebsgrundlage darstellt oder dem Teilbetrieb wirtschaftlich zuordenbar ist, ist grds. der Zeitpunkt der Fassung des Umwandlungsbeschlusses oder, wenn es eines solchen nicht bedarf, der Abschluss des Einbringungsvertrags bzw. der Übergang des wirtschaftlichen Eigentums, wenn dieser erst zu einem späteren Zeitpunkt übergeht (→ Rn. 20). Die FVerw verkennt, dass die Rückbeziehung in § 20 V, VI sich nur auf die Wirkung der Umw, nicht aber auf die

Tatbestandsvoraussetzung der Umw beziehen (Rödder/Herlinghaus/van Lishaut/Herlinghaus Rn. 146; Haritz/Menner/Bilitewski/Menner Rn. 70; Dötsch/Pung/Möhlenbrock/Patt Rn. 113; Graw DB 2013, 1011; Brandis/Heuermann/Nitzschke Rn. 55; aA Neumann GmbHR 2012, 141).

f) Übertragung der maßgeblichen Wirtschaftsgüter. Der Teilbetrieb muss 91 als Ganzes eingebracht werden, was bedeutet, dass die wesentlichen Betriebsgrundlagen bzw. unter Berücksichtigung der Auffassung der FVerw auch die WG, die dem Teilbetrieb wirtschaftlich zuordenbar sind, auf die KapGes übergehen. Die KapGes muss **wirtschaftlicher Eigentümer** iSd § 39 I 1 AO werden (BMF 11.11.2011, BStBl. I 2011, 1314 Rn. 01.43, 20.13; Rödder/Herlinghaus/van Lishaut/Herlinghaus Rn. 142; Widmann/Mayer/Widmann Rn. 236; Lademann/Jäschke Rn. 30; Weber/Hane Ubg 2011, 420; Neumann GmbHR 2012, 141; aA Dötsch/Pung/Möhlenbrock/Patt Rn. 7, der die Übertragung zivilrechtlichen Eigentums verlangt; vgl. auch FG Berlin-Brandenburg EFG 2014, 1928 zu § 15; bei Umw iSd UmwG soll die Übertragung des zivilrechtlichen Eigentums notwendig sein; zu weiteren Einzelheiten → Rn. 21).

Die Anwendung des § 20 setzt voraus, dass bei der Einbringung eines Teilbetriebs 92 sämtliche **funktional wesentlichen Betriebsgrundlagen** bzw. nach Auffassung der FVerw (→ Rn. 88) auch die einem Teilbetrieb zuordenbare WG auf den übernehmenden Rechtsträger übertragen werden. Werden solche WG im zeitlichen und wirtschaftlichen Zusammenhang mit der Einbringung in eine KapGes in ein anderes Vermögen überführt, so ist nach Auffassung der FVerw die Anwendung der BFH-Urteile v. 11.12.2001 (BStBl. II 2004, 747) und v. 25.2.2010 (BStBl. II 2010, 726) zu beachten. Dies bedeutet, wird in einem zeitlichen und sachlichen Zusammenhang mit der Einbringung eine funktional wesentliche Betriebsgrundlage bzw. ein dem Teilbetrieb zuordenbares WG **noch vor der Einbringung auf einen anderen Rechtsträger übertragen** (BFH DStR 2018, 1014), kommt es in dem eingebrachten Vermögen zu einer Aufdeckung von stillen Reserven. Nach Auffassung des BFH (BStBl. II 2010, 471) ist jedoch die Überführung einer wesentlichen Betriebsgrundlage in ein anderes BV anzuerkennen, sofern sie auf Dauer erfolgt und deshalb andere wirtschaftliche Folgen auslöst als die Einbeziehung des betreffenden WG in den Einbringungsvorgang; § 20 ist unter diesen Voraussetzungen anwendbar (vgl. dazu Benz/Rosenberg DB-Beil. 1/2012, 38; Kaeser DStR-Beihefter zu Heft 2/2012, 13; Jebsen BB 2010, 1192; Schulze zur Wiesche DStZ 2011, 513). Der X. Senat des BFH geht davon aus, dass die Anwendbarkeit des § 24 I weder der Vorschrift des § 42 AO noch der Rechtsfigur des Gesamtplans entgegensteht, wenn vor der Einbringung eine wesentliche Betriebsgrundlage des einzubringenden Betriebs unter Aufdeckung der stillen Reserven veräußert wird und die Veräußerung auf Dauer angelegt ist (BFH BStBl. II 2012, 638; vgl. dazu auch Herlinghaus FR 2014, 441; Dornheim DStR 2014, 46; Brandenberg DB 2013, 17; Nöcker DStR 2013, 1530).

Nach richtiger Meinung kann die bloße **Vermietung oder Verpachtung** von 93 WG durch den übernehmenden Rechtsträger die eigentlich notwendige Übertragung des wirtschaftlichen Eigentums nicht ersetzen (BMF 11.11.2011, BStBl. I 2011, 1314 Rn. 8; BFH DStR 2018, 1014BFH BStBl. II 2011, 467; Dötsch/Pung/Möhlenbrock/Patt Rn. 8; Brandis/Heuermann/Nitzschke Rn. 53; Rödder/Herlinghaus/van Lishaut/Herlinghaus Rn. 142; Widmann/Mayer/Widmann UmwStE 2011 Rn. 20.06; Lademann/Jäschke Rn. 30; Neumann GmbHR 2012, 141; aA Haritz/Menner/Bilitewski/Menner Rn. 226; Beinert StbJb 2011/2012, 153; Blumers BB 2011, 2204; Benz/Rosenberg DB 2011, 1354). Gegen die bloße Vermietung und Verpachtung der entsprechenden WG spricht, dass es sich bei der Einbringung um einen tauschähnlichen Veräußerungsvorgang bzw. um ein Anschaffungsgeschäft handelt, welches zur Aufdeckung von stillen Reserven führt, die durch ein solches Geschäft aber eigentlich eintretenden Rechtsfolgen durch § 20 außer Kraft gesetzt werden. Die Einbringung des Teilbetriebs setzt nach richtiger Auffassung nicht voraus, dass **Miet- bzw. Pachtverhältnisse,** die der Einbringende über die WG geschlossen hat, von der übernehmenden KapGes fortgesetzt werden (Widmann/Mayer/Widmann Rn. 9; Haritz/Menner/Bilitewski/Menner Rn. 76; aA Blumers DB 1995, 496; auch → Rn. 23, → Rn. 25). Bei der Einbringung eines Teilbetriebs sind auch die dazugehörigen Anteile an einer KapGes/Gen mit einzubringen, sofern sie wesentliche Betriebsgrundlage des Teilbetriebs darstellen bzw. nach Auffassung der FVerw auch dann, wenn es sich bei den Anteilen an der KapGes um ein nach wirtschaftlichen Zusammenhängen zuordenbares WG handelt (BMF 11.11.2011, BStBl. I 2011, 1314 Rn. 20.06; zu weiteren Einzelheiten → Rn. 26 ff., → Rn. 35).

94 Gehören zu dem Teilbetrieb auch **Mitunternehmeranteile,** so sind diese eigenständige betriebliche Einheiten, selbst wenn sie eine funktional wesentliche Betriebsgrundlage des Teilbetriebs darstellen oder aber der Mitunternehmeranteil dem Teilbetrieb wirtschaftlich zuordenbar ist. Bei einem Mitunternehmeranteil handelt es sich nämlich nicht um ein WG (BFH BStBl. II 2010, 726; DStR 2003, 1743; Dötsch/Pung/Möhlenbrock/Patt Rn. 34; Schmitt DStR 2011, 1108), sodass dieser Anteil keinem Teilbetrieb zugeordnet werden kann, weder als funktional wesentliche noch als funktional unwesentliche Betriebsgrundlage (→ Rn. 35). Davon geht auch die FVerw aus, wenn sie die Auffassung vertritt, dass, sollte ein Betrieb oder Teilbetrieb eingebracht werden, zu dessen BV ein oder mehrere Mitunternehmeranteile gehören, die Einbringung des Betriebs bzw. Teilbetriebs und die Einbringung des bzw. der Mitunternehmeranteile jeweils als gesonderte Einbringungsvorgänge zu behandeln sind (BMF 11.11.2011, BStBl. I 2011, 1314 Rn. 20.12; ebenso Rödder/Herlinghaus/van Lishaut/Herlinghaus Rn. 72; Dötsch/Pung/Möhlenbrock/Patt Rn. 34).

95 Der steuerneutralen Einbringung eines Teilbetriebs steht nicht entgegen, dass **neutrales Vermögen,** welches in keiner Funktion zum vorhandenen Teilbetrieb steht, mitübertragen oder zurückbehalten wird (vgl. Rödder/Herlinghaus/van Lishaut/Herlinghaus Rn. 144; krit. Haritz/Menner/Bilitewski/Menner Rn. 109; Lademann/Jäschke Rn. 34a; Brandis/Heuermann/Nitzschke Rn. 56; auch → Rn. 98).

96 Das Bestehen eines Teilbetriebs setzt jedenfalls nach nationalem Verständnis begrifflich voraus, dass das Unternehmen daneben noch über einen weiteren Teilbetrieb verfügt (Dötsch/Pung/Möhlenbrock/Patt Rn. 78). Besitzt eine PersGes eine **betriebliche Einheit und** einen **Mitunternehmeranteil,** so stellt diese betriebliche Einheit keinen Teilbetrieb, sondern einen Betrieb iSd § 20 dar.

97 Stellt ein WG eine funktional wesentliche Betriebsgrundlage **sowohl beim übertragenden** als auch beim **verbleibenden Teilbetrieb** dar, so steht dies der Annahme von Teilbetrieben nicht entgegen (ebenso Dötsch/Pung/Möhlenbrock/Patt Rn. 110 unter Hinweis auf BFH BStBl. I 1996, 409). Wird dieses WG nicht voll bzw. anteilig mitübertragen, so kommt es zur Aufdeckung der stillen Reserven im übertragenen Teilbetrieb (Dötsch/Pung/Möhlenbrock/Patt Rn. 110; Rödder/Herlinghaus/van Lishaut/Herlinghaus Rn. 154; Benz/Rosenberg DB-Beil. 1/2012, 38). Nach Auffassung der FVerw gelten bei der Einbringung eines Teilbetriebs die Rn. 15.07–15.10 entsprechend (BMF 11.11.2011, BStBl. I 2011, 1314 Rn. 20.06). Bei diesem Verweis ist zu beachten, dass bei der Einbringung anders als bei der Spaltung nach § 15 das zurückbleibende Vermögen nicht selbst Teilbetriebseigenschaft haben muss (Dötsch/Pung/Möhlenbrock/Patt Rn. 110; BeckOK UmwStG/Dürrschmidt Rn. 862). Der steuerneutralen Einbringung steht es damit nicht entgegen, dass der Einbringende das gesamte, gemischt genutzte WG dem übertragenden Teilbetrieb zuordnet und mit diesem auf die KapGes überträgt. Das gemischt genutzte WG kann jedoch nach Auffassung der FVerw bis zum Zeitpunkt der

Fassung des Einbringungsbeschlusses zivilrechtlich real aufgeteilt werden bzw. aus Billigkeitsgründen im Einzelfall eine ideelle Teilung im Verhältnis der tatsächlichen Nutzung ausreichend sein (BMF 11.11.2011, BStBl. I 2011, 1314 Rn. 20.06 iVm Rn. 17.08; ebenso Dötsch/Pung/Möhlenbrock/Patt Rn. 110; Haritz/Menner/Bilitewski/Menner Rn. 78).

Wird ein funktional nicht wesentliches, aber zuordenbares WG von mehreren 98 Teilbetrieben genutzt, so kann dieses WG einem der nutzenden Teilbetriebe zugeordnet werden, wobei offen ist, ob die Zuordnung nach der überwiegenden Nutzung notwendig ist (Neumann GmbHR 2012, 141; vgl. auch Lademann/Jäschke Rn. 26).

Ob ein Teilbetrieb vorliegt, richtet sich nach hM nach der **Sicht des Einbrin-** 99 **genden,** maßgebend sind damit die Gegebenheiten beim Einbringen und nicht bei der übernehmenden KapGes (BFH DStR 2018, 1014; BStBl. II 2011, 467; Dötsch/Pung/Möhlenbrock/Patt Rn. 111; Rödder/Herlinghaus/van Lishaut/Herlinghaus Rn. 145; BeckOK UmwStG/Dürrschmidt Rn. 860; Haase/Hofacker/Hofacker Rn. 67; Haritz/Menner/Bilitewski/Menner Rn. 101; Eisgruber/Brandstetter Rn. 113). Dies gilt nach herrschender, wenn auch strittiger Meinung auch bei Anwendung des europäischen Teilbetriebsbegriffs (→ Rn. 87).

Wird ein **Teilbetrieb durch eine PersGes auf eine KapGes ausgegliedert** bzw. 100 eingebracht, sind auch WG, die im SBV eines MU stehen, mit auf den übernehmenden Rechtsträger zu übertragen, sofern sie funktional wesentliche Betriebsgrundlage des einzubringenden Teilbetriebs sind bzw. es sich um dem Teilbetrieb wirtschaftlich zuordenbare WG handelt (BMF 11.11.2011, BStBl. I 2011, 1314 Rn. 20.06; BFH BStBl. II 2010, 471; auch → Rn. 69 ff.). Dies gilt unabhängig davon, ob die PersGes oder die hinter der PersGes stehenden MU Einbringende iSd § 20 sind. Wird ein Teilbetrieb aus einer GmbH & Co. KG ausgegliedert und stellen die Anteile an der Komplementär-GmbH eine funktional wesentliche Betriebsgrundlage des Mitunternehmeranteils dar, so dürfte dieser Anteil an der GmbH notwendig auch eine funktional wesentliche Betriebsgrundlage des Teilbetriebs sein (→ Rn. 70).

Soweit **SBV** mitübertragen wird, reicht es für die Steuerneutralität aus, dass dieses 101 im zeitlichen und sachlichen Zusammenhang mit der Übertragung des Teilbetriebs durch die PersGes erfolgt (Stangl GmbHR 2012, 253). Eine vorherige Übertragung des SBV auf die PersGes sollte wegen § 6 V 6 EStG nicht erfolgen (→ Rn. 72; Dötsch/Pung/Möhlenbrock/Patt Rn. 165; Stangl GmbHR 2012, 254). Ist Einbringender die PersGes, sollte es ausreichend sein, wenn die Übertragung des SBV nicht gegen gesonderte Ausgabe neuer Anteile an den MU erfolgt. Eine gesonderte Ausgabe neuer Anteile am übernehmenden Rechtsträger an den Inhaber des SBV ist aber auch möglich (Frotscher/Drüen/Mutscher Rn. 65a). Auch dürfte der Steuerneutralität nicht entgegenstehen, wenn die Übertragung des SBV dadurch ausgeglichen wird, dass durch Änderung des Gesellschaftsvertrages der einbringenden PersGes dieser Mehrwert der das SBV übertragenden Gesellschaft wirtschaftlich zugutekommt.

Die Feststellungslast, ob tatsächlich ein Teilbetrieb vorliegt, trifft den Einbringen- 102 den. Zur Erteilung einer **verbindlichen Auskunft** → Rn. 32.

Einen Sonderfall einer gesetzlichen Teilbetriebsfiktion enthält **§ 6 II 1 EnWG.** 103 Dadurch soll es den Energieversorgungsunternehmen ermöglicht werden, in den Genuss der steuerneutralen Umwandlungsmaßnahmen iSd UmwStG zu kommen, auch wenn die von der Rspr. aufgestellten Voraussetzungen eines Teilbetriebs nicht vorliegen. Die Teilbetriebsfiktion des § 6 II 1 EnWG gilt nur für diejenigen WG, die in wirtschaftlich engem Zusammenhang mit der operationellen oder rechtlichen Entflechtung sowie unmittelbar aufgrund des Organisationsaktes der Entflechtung übertragen werden. Die Entflechtungsbestimmungen des EnWG betreffen grds. nur Strom- und Gasnetze. Die Mitübertragung der Bereiche Wasser und Fernwärme werden jedoch ebenfalls von der Teilbetriebsfiktion des § 6 II 1 EnWG erfasst

(Behrendt/Schlereth BB 2006, 2050 mit Hinweis auf BMF-Schr. an die Verbände v. 8.5.2006 – IV B 2 S 1909–11/06). Zur Schaffung betriebswirtschaftlich sinnvoller Strukturen ist es grds. möglich, auch weitere WG, die in engem wirtschaftlichen und/oder technischen Zusammenhang mit den Netzen stehen, dem fiktiven Teilbetrieb zuzuordnen. Dies gilt für sämtliche neutrale WG, die den Netzen funktional dienen können, dass diese eine wesentliche Betriebsgrundlage sind, ist nicht erforderlich (Behrendt/Schlereth BB 2006, 2050). Die durch § 6 EnWG vorgenommene gesetzliche Fiktion ist zeitlich begrenzt, und zwar für Netzbetreiber (§ 7 III EnWG) bis zum 31.12.2008, für die übrigen Energieversorgungsunternehmen bis zum 31.12.2007. Die Steuerbegünstigung erlischt nach Ablauf dieser Zeiträume (Salje EnWG § 6 Rn. 24).

2. Einzelbeispiele aus der Rechtsprechung zum nationalen „Teilbetriebsbegriff"

104 **Aufbau – Teilbetrieb:** Ein Teilbetrieb im Aufbau liegt vor, wenn mit der werbenden Tätigkeit noch nicht begonnen wurde, die wesentlichen Betriebsgrundlagen bereits vorhanden sind und bei zielgerichteter Weiterverfolgung des Aufbauplans ein selbstständig lebensfähiger Organismus zu erwarten ist (BFH BStBl. II 1989, 458). Nach Auffassung des FG Düsseldorf (DStRE 2000, 1136) kann ein Teilbetrieb im Aufbau bereits auch dann vorliegen, wenn noch nicht sämtliche wesentlichen Betriebsgrundlagen vorhanden sind. Nach Auffassung der FVerw erfüllt ein Teilbetrieb im Aufbau nicht die Voraussetzungen des Teilbetriebs iSd § 20 (BMF 11.11.2011, BStBl. I 2011, 1314 Rn. 20.06 iVm Rn. 15.03; aA Widmann/Mayer/Widmann Rn. 80; Dötsch/Pung/Möhlenbrock/Patt Rn. 106; Brandis/Heuermann/Nitzschke Rn. 55; vgl. auch Rödder/Herlinghaus/van Lishaut/Herlinghaus Rn. 147; Haritz/Menner/Bilitewski/Menner Rn. 113).

105 **Besitzunternehmen:** Eine Grundstücksvermietung kann in Gestalt eines Teilbetriebs ausgeübt werden, wenn sie – wie im Fall der Betriebsaufspaltung – für sich gesehen die Voraussetzung eines Gewerbebetriebs erfüllt und wenn sie sich als gesonderter Verwaltungskomplex aus dem Gesamtbild des Besitzunternehmens heraushebt (BFH DStR 2018, 1014; BStBl. II 2005, 395; Dötsch/Pung/Möhlenbrock/Patt Rn. 114; zur Gewerblichkeit als Voraussetzung für einen Teilbetrieb → Rn. 113). Diese Voraussetzungen sind zB bei der Verpachtung eines Grundstücks an mehrere Betriebsgesellschaften erfüllt. Im Fall der Betriebsaufspaltung zwischen einem Besitzunternehmen und mehreren Betriebsgesellschaften liegt demnach ein Teilbetrieb vor, wenn an eine Betriebsgesellschaft räumlich abgegrenzte Grundstücksteile, die ausschließlich dieser Gesellschaft zuzuordnen sind, durch gesonderten Vertrag vermietet werden (BFH/NV 1998, 690). Auch wenn ein Grundstück als Ganzes an eine „Vermietungsbetreibergesellschaft" vermietet wird, kann ein Teilbetrieb vorliegen. Die Anteile an der Betriebskapitalgesellschaft sind wesentliche Betriebsgrundlage des Besitzunternehmens (BFH BStBl. II 2007, 772; Schulze zur Wiesche GmbHR 2008, 238). Wird ein Teilbetrieb in die Betriebskapitalgesellschaft eingebracht, können jedoch die Anteile an der Betriebskapitalgesellschaft zurückbehalten werden (→ Rn. 78).

106 **Beteiligungen:** Eine 100%ige Beteiligung an einer KapGes, die im BV gehalten wird, gilt als Teilbetrieb gemäß gesetzlicher Fiktion (§ 16 I 1 Hs. 2 EStG). Nach Auffassung des Gesetzgebers (BT-Drs. 16/2710, 42; BFH DStR 2008, 2001) stellt eine **100%ige Beteiligung an einer KapGes** im Regelungsbereich des § 20 keinen Teilbetrieb dar, da § 21 für die Beteiligung an einer KapGes eine speziellere Regelung darstellt (Dötsch/Pung/Möhlenbrock/Patt Rn. 103; Rödder/Herlinghaus/van Lishaut/Herlinghaus Rn. 148). Wird ein Teilbetrieb mit dazugehörigen Anteilen an einer KapGes oder Gen eingebracht, liegt insgesamt ein einheitlicher Einbringungsvorgang nach Abs. 1 vor. Selbst wenn die Anteile an einer KapGes wesentliche

Betriebsgrundlage eines Teilbetriebs sind, können diese Anteile unter den Voraussetzungen des § 21 isoliert steuerneutral auf einen übernehmenden Rechtsträger übertragen werden (ebenso Dötsch/Pung/Möhlenbrock/Patt Rn. 33; vgl. auch Rödder/Herlinghaus/van Lishaut/Herlinghaus Rn. 71). Zur Verwaltung von Beteiligungen als Teilbetrieb vgl. BFH DStRE 2008, 415.

Brauereigaststätte: Bei einer Brauerei ist eine von ihr betriebene Gastwirtschaft grds. ein selbstständiger Teilbetrieb (BFH BStBl. III 1967, 47; Schmidt/Wacker EStG § 16 Rn. 130). **107**

Dienstleistungsunternehmen: Eine bei einem Dienstleistungsunternehmen ausgegliederte Verwaltungsabteilung ist ggf. Teilbetrieb, wenn sie einen eigenen Kundenkreis hat und ihr Wirkungskreis von demjenigen des Hauptbetriebs örtlich abgrenzbar ist (Dötsch/Pung/Möhlenbrock/Patt Rn. 86; BFH BStBl. II 1975, 832 für Hausverwaltung; vgl. auch Haarmann FS Widmann, 2000, 375). **108**

Druckerei: Bei einem Zeitungsverlag, der auch einen Druckerei betreibt, können zwei Teilbetriebe vorliegen (Schmidt/Wacker EStG § 16 Rn. 130 mwN). **109**

Filiale: Filialen sind idR Teilbetriebe (Schmidt/Wacker EStG § 16 Rn. 130; Rödder/Herlinghaus/van Lishaut/Herlinghaus Rn. 155). Eine Einzelhandelsfiliale ist Teilbetrieb, wenn die Filialleitung beim Wareneinkauf und bei der Preisgestaltung mitwirkt (BFH BStBl. II 1980, 51; H 16 III EStR), es sei denn, die Ein- und Verkaufspreise können nicht beeinflusst werden (BFH/NV 1998, 1208; vgl. BFH DStZ 2000, 135; Tiedtke/Wälzholz DStZ 2000, 127) oder eigenständig Waren eingekauft (BFH/NV 1992, 516) werden. Unerheblich ist, ob die Filiale von einem Angestellten oder Handelsvertreter geleitet wird (BFH BStBl. II 1979, 15). Verkauft eine Einzelhandelsfiliale Waren, die von der Zentrale zugewiesen werden, ist die Filiale trotz eigener Kassenführung kein Teilbetrieb (BFH/NV 1992, 516; vgl. BFH DStZ 2000, 135; Rödder/Herlinghaus/van Lishaut/Herlinghaus Rn. 155). Mehrere Friseurläden in einer Stadt können Teilbetrieb sein (BFH BStBl. II 1980, 642). Eine Fahrschulfiliale kann Teilbetrieb sein (BFH BStBl. II 1990, 55). **110**

Forstwirtschaftsbetriebe: Beim forstwirtschaftlichen Betrieb ist die lfd. Bewirtschaftung im Grundsatz von untergeordneter Bedeutung, den forstwirtschaftlichen Betrieb verkörpert das Forstareal mit seinem Baumbestand an sich (Dötsch/Pung/Möhlenbrock/Patt Rn. 79; Schmidt/Kulosa EStG § 14 Rn. 7). Im Verhältnis zur landwirtschaftlichen Nutzung ist ein vom selben Steuerpflichtigen betriebener forstwirtschaftlicher Betrieb stets Teilbetrieb (BFH/NV 1996, 316; Schmidt/Kulosa EStG § 14 Rn. 7). Wird eine Teilfläche eines Waldbestandes eingebracht, liegt ein Teilbetrieb vor, falls diese Fläche von ihrer Größe her geeignet ist, als selbstständiges und lebensfähiges Forstrevier geführt zu werden, und zwar unabhängig davon, ob die eingebrachte Fläche einen eigenen Betriebsplan oder Betriebsabrechnung hat (Dötsch/Pung/Möhlenbrock/Patt Rn. 112). Dies soll aus der Sicht des Erwerbers zu beurteilen sein (Dötsch/Pung/Möhlenbrock/Patt Rn. 112). **111**

Gaststätte: Räumlich getrennte Gaststätten sind idR Teilbetriebe (BFH BStBl. II 1998, 735; Schmidt/Wacker EStG § 16 Rn. 130). Wird neben einer Bäckerei ein Café auf einem Grundstück betrieben, stellt die Einbringung des Cafés keine Teilbetriebseinbringung dar, wenn das Grundstück bei der Bäckerei verbleibt (BFH/NV 1999, 1329; BStBl. III 1967, 724; aA Herzig DB 2000, 2236). **112**

Gewerblicher Charakter des Teilbetriebs: Im Gegensatz zum Betrieb muss der Teilbetrieb – isoliert betrachtet – nach hM alle Merkmale eines Betriebs erfüllen, was bedeutet, dass die Tätigkeit im Teilbetrieb gewerblich, freiberuflich oder luf Charakter haben muss (FG BW DStRE 2016, 1234; BFH BStBl. II 2005, 395; BFH/NV 1999, 176; FG Köln DStRE 2012, 612; Frotscher/Drüen/Mutscher Rn. 124; Dötsch/Pung/Möhlenbrock/Patt Rn. 88; krit. Tiedtke/Wälzholz FR 1999, 117; Brandis/Heuermann/Nitzschke Rn. 54a; Rödder/Herlinghaus/van Lishaut/Herlinghaus Rn. 139). Die Gewerblichkeit des Teilbetriebs darf sich damit nicht aus der Rechtsform (zB Tätigkeit einer gewerblich geprägten oder infizierten PersGes nach **113**

§ 15 III 1 und 2 EStG oder einer Körperschaft gem. § 8 II KStG) ausschließlich ergeben (vgl. aber Meining/Glutsch GmbHR 2010, 735; Rödder/Herlinghaus/van Lishaut/Herlinghaus Rn. 139; offengelassen durch BFH/NV 2011, 10). Hat ein Unternehmen neben seiner eigengewerblichen Betätigung noch einen abgegrenzten vermögensverwaltenden Bereich (zB Vermietung von Grundstücken, Verwaltung von Beteiligung an KapGes), so stellt dieser vermögensverwaltende Bereich keinen Teilbetrieb dar. Etwas anderes gilt nur, wenn der vermögensverwaltende Bereich innerhalb einer Betriebsaufspaltung betrieben wird (BFH DStR 2018, 1014; BStBl. II 2005, 395) oder aber die Verwaltung der KapGes-Anteile im Rahmen einer geschäftsleitenden Holding vorgenommen wird.

114 **Grundstück:** Grundsatz sind Grundstücke keine Teilbetriebe, sondern idR wesentliche Betriebsgrundlage eines Betriebs oder Teilbetriebs (BFH GmbHR 2000, 1205; Rödder/Herlinghaus/van Lishaut/Herlinghaus Rn. 153). Ein Geschäftsgrundstück mit Infrastruktur ist ohne die zum Unternehmen gehörenden Aktiva kein Teilbetrieb (FG BW EFG 1987, 50, rkr.). Das Grundstück einer Kiesgrube ist ohne persönliche und materielle Produktionsgüter kein Teilbetrieb (FG Nürnberg EFG 1978, 322 rkr.), ebenso wenig das Grundstück eines Steinbruchs (BFH/NV 1987, 275). Eine Grundstücksverwaltung kann nur dann Teilbetrieb sein, wenn die Vermietungstätigkeit im Rahmen des Gesamtbetriebs ein gewisses Eigenleben geführt hat (BFH BStBl. III 1967, 730; FG Köln DStRE 2012, 612). Zudem muss die Grundstücksverwaltung auch außerhalb des Gewerbetriebs gewerblichen Charakter haben (→ Rn. 113). Die Grundstücksvermietung muss für sich gesehen, wie zB im Fall der Betriebsaufspaltung (FG BW DStR 2016,1234), die Voraussetzungen eines Gewerbebetriebs erfüllen und sich als gesonderter Verwaltungskomplex aus dem Gesamtbetrieb herausheben (BFH DStR 2016, 1234; BStBl. II 2005, 395; FG Köln DStRE 2012, 612; vgl. auch Meining/Glutsch GmbHR 2010, 735). Zur Betriebsaufspaltung vgl. „Besitzunternehmen".

115 **Handelsvertreter:** Einzelne Bezirke sind im Regelfall keine Teilbetriebe (Schmidt/Wacker EStG § 16 Rn. 130).

116 **Handwerker:** Mehrere Betriebszweige sind Teilbetriebe, wenn sie sich in ihrer Ausgestaltung unterscheiden und einen verschiedenen Kundenstamm haben (vgl. aber Schmidt/Wacker EStG § 16 Rn. 130). Unerheblich ist, dass die Gewinne gemeinsam ermittelt werden (BFH BStBl. II 1989, 653: Mastenstreicher).

117 **Hotel:** Örtlich getrennte Hotels mit eigenen wesentlichen Betriebsgrundlagen sind Teilbetriebe (NdsFG EFG 1987, 304 rkr.; s. auch BFH BStBl. III 1964, 504). Ein einer Brauerei gehörendes Hotel kann Teilbetrieb sein (BFH BStBl. II 1987, 691).

118 **Kino:** Räumlich getrennte Kinos sind Teilbetriebe (FG Saarl EFG 1973, 378).

119 **Kraftwerke, verleast:** Kraftwerke und industrielle Großanlagen, die verleast werden, sind keine Teilbetriebe, wenn sie kein eigenes Betriebspersonal haben (FVerw BW BB 1985, 1711).

120 **Lagerstätten:** Lagerstätten sind keine Teilbetriebe, auch wenn sie räumlich getrennt sind und jeweils eigene Lagerverwalter haben; Teilbetriebe sind sie dann, wenn eigenständige Betriebseinrichtung, eigener Kundenstamm und räumliche Trennung von anderen Lagern gegeben ist (BFH StRK EStG § 16 Rn. 90).

121 **Landwirtschaftsbetrieb:** Das gesamte lebende und tote Inventar ist kein Teilbetrieb (BFH BStBl. II 1976, 415), außer wenn dieses ausschließlich wesentliches BV eines Landwirtschaftsbetriebs ist, zB wenn Boden gepachtet ist (BFH BStBl. II 1990, 373). Das Wohngebäude allein ist kein Teilbetrieb (BFH BStBl. II 1968, 411). Eine Gärtnerei, die neben Blumenläden betrieben wird, kann Teilbetrieb sein (BFH BStBl. II 1979, 732). Eine Obstplantage, die sich auf dem Grundstück einer Gärtnerei befindet, kann Teilbetrieb sein, wenn sie mangels Wirtschaftsgebäuden uÄ nicht von der Gärtnerei abgetrennt ist (BFH BStBl. II 1970, 807). Weinbau und Weinhandel können Teilbetriebe sein (BFH BStBl. III 1967, 391). Schweinemast neben

Viehhandel kann Teilbetrieb sein (BFH BStBl. II 1984, 829). Im Verhältnis zur landwirtschaftlichen Nutzung ist ein vom selben Steuerpflichtigen betriebener forstwirtschaftlicher Betrieb stets Teilbetrieb (BFH/NV 1996, 316; Schmidt/Kulosa EStG § 14 Rn. 7).

Praxis eines Selbstständigen: Teilbetrieb bei der Praxis eines Selbstständigen 122 ist möglich, sog. Teilpraxis (BFH/NV 2005, 31; BStBl. II 1990, 55 mwN; Rödder/Herlinghaus/van Lishaut/Herlinghaus Rn. 156). Eine Teilpraxis eines freiberuflich Tätigen liegt vor, wenn er mehrere selbstständige, wesentlich verschiedene Tätigkeiten mit verschiedenen Kundenkreisen ausübt (BFH/NV 2005, 31; Schmidt/Wacker EStG § 18 Rn. 250; Dötsch/Pung/Möhlenbrock/Patt Rn. 100; Rödder/Herlinghaus/van Lishaut/Herlinghaus Rn. 156). Dies kann gegeben sein bei einem Rechtsanwalt und Repetitor, nicht jedoch bei einem Dentallabor, einer Zahnarztpraxis (BFH DStR 2005, 554; FG Köln EFG 2003, 473; BFH BStBl. II 1994, 352) sowie in Bezug auf kassenärztliche und private Patienten (BFH/NV 1997, 746). Eine Teilpraxis kann auch dann vorliegen, wenn die Tätigkeit bei Gleichartigkeit im Rahmen organisatorisch selbstständiger Büros mit besonderem Personal in voneinander entfernten örtlichen Wirkungskreisen mit getrennten Mandantenkreisen ausgeübt wird (BFH/NV 2005, 31; DStR 1993, 236; Schmidt/Wacker EStG § 18 Rn. 250; Dötsch/Pung/Möhlenbrock/Patt Rn. 98 f.; vgl. auch BFH FR 2000, 1137). Bei einem zugleich an verschiedenen Orten als Arzt für Allgemeinmedizin und als Arbeitsmediziner tätigen Arzt sind die Tätigkeiten wesensverschieden, es können zwei Teilpraxen vorliegen (BFH DB 2005, 396; FG RhPf EFG 2003, 860). Zur stl. Bedeutung der Vertragsarztzulassung vgl. LfSt Niedersachsen DStR 2022, 1001; Ketteler-Eising/Peplowski DStR 2020, 2469. Werden Buchführung und Beratung eines Steuerbevollmächtigten in einer einheitlichen Praxis durchgeführt, ist keines von beiden Teilbetrieb (BFH BStBl. II 1970, 566). Auch ein Rechtsanwalt, der Steuerberater ist, kann zwei Teilbetriebe haben, wenn beide Praxen organisatorisch und hinsichtlich der Mandantschaft getrennt sind (SchlHFG EFG 2007, 1174). Betreibt ein Steuerbevollmächtigter neben einer landwirtschaftlichen Buchstelle eine Steuerpraxis für Gewerbetreibende in demselben örtlichen Wirkungskreis, liegt kein Teilbetrieb vor, auch wenn die Tätigkeit in getrennten Büroräumen erfolgt (BFH BStBl. II 1978, 563).

Produktionsunternehmen: Mehrere Produktionszweige sind keine Teilbe- 123 triebe, wenn nur gemeinsame Maschinen für beide Zweige zur Vfg. stehen (BFH BStBl. II 1972, 118; Dötsch/Pung/Möhlenbrock/Patt Rn. 85). Ist ein Zweigbetrieb vom Produktionsunternehmen derart abgetrennt, dass es Verkauf und Kundendienst betreibt, handelt es sich um einen Teilbetrieb (BFH BStBl. II 1973, 838). Ein Betonwerk ist kein Teilbetrieb, wenn es durch einen Betonpumpenbetrieb ergänzt wird (FG Münster EFG 1998, 1465). Eine Torfgewinnung ist kein Teilbetrieb, wenn sie über keine eigene Abbaumaschine verfügt und diese vom Hauptbetrieb gestellt wird (BFH BStBl. II 1989, 458). Neben einem Steinbruch mit Verarbeitungsbetrieb kann ein Sägewerk Teilbetrieb sein (BFH BStBl. II 1982, 62).

Schausteller: Mehrere Kinderparks an verschiedenen Orten mit verschiedenem 124 Kundenstamm sind Teilbetriebe (BFH/NV 1990, 699). Einzelne Fahrgeschäfte sind idR keine Teilbetriebe (FG Köln EFG 1998, 296).

Schiffe: Mehrere Schiffe sind im Regelfall keine Teilbetriebe (BFH BStBl. II 125 1973, 361). Ein im Bau befindliches Schiff ist gleichfalls kein Teilbetrieb (BFH BStBl. III 1966, 271). Ein Schiff stellt lediglich zusammen mit einem selbstständigen Zweigunternehmen einen Teilbetrieb dar (Schmidt/Wacker EStG § 16 Rn. 130).

Sonderbetriebsvermögen: SBV stellt nicht schon deshalb einen Teilbetrieb dar, 126 weil es im Eigentum eines Gesellschafters steht (BFH BStBl. II 1979, 554). Mehrere WG des SBV können jedoch unter den allg. Voraussetzungen einen Teilbetrieb darstellen (Schmidt/Wacker EStG § 16 Rn. 130).

127 **Tankstelle:** Eine von einer anderen Tankstelle völlig abgegrenzte Tankstellenfiliale ist Teilbetrieb (BFH BStBl. II 1989, 973). Die einzelne Tankstelle eines Kraftfahrzeug-Großhandelsunternehmens bildet nicht schon deshalb einen Teilbetrieb, weil sie von einem Pächter betrieben wird (vgl. aber Tiedtke/Wälzholz DStZ 2000, 127; BFH DStZ 2000, 135).

128 **Taxi:** Hat ein Unternehmer mehrere Taxen, ist ein Taxi samt Konzession kein Teilbetrieb (BFH BStBl. II 1973, 361). Dies gilt auch, wenn die Überschüsse für die Taxen getrennt errechnet werden (FG Bln EFG 1972, 237, rkr.). Zu den Voraussetzungen, unter denen ein Taxi- und ein Mietwagenunternehmen im Rahmen des Gesamtbetriebs als mit der notwendigen „gewissen Selbstständigkeit" ausgestattete Teilbetrieb angesehen werden kann, vgl. FG Nürnberg EFG 1992, 600.

129 **Verlag:** Ein Verlag ist im Verhältnis zu einer Redaktion kein Teilbetrieb, wenn beide organisatorisch verbunden und die Erfolgsanstrengungen auf die Herstellung eines Druckerzeugnisses gerichtet sind (BFH BStBl. II 1983, 113). Betreut ein Verlag mehrere Fachgebiete, so ist die verlegerische Betreuung eines Fachgebiets Teilbetrieb, wenn sie innerhalb des Gesamtbetriebs organisatorisch selbstständig und abgeschlossen, dh für sich allein lebensfähig ist (BFH BStBl. II 1984, 486). Wird neben einem Verlag eine Druckerei betrieben, sind Verlag und Druckerei Teilbetrieb, wenn außer vorbereitenden Arbeiten keine Aufträge des Verlags von der Druckerei durchgeführt werden (BFH BStBl. II 1977, 45).

130 **Versicherungsbestand:** Sind Versicherungsbestände aus verschiedenen Versicherungssparten nicht organisatorisch getrennt, können sie kein Teilbetrieb sein (BFHE 96, 227; vgl. auch FG Bremen EFG 2003, 1385).

131 **Zweigniederlassung:** Eine Zweigniederlassung iSv § 13 HGB ist regelmäßig Teilbetrieb (RFH RStBl. 1930, 39; Schmidt/Wacker EStG § 16 Rn. 160). Bei einem Güterfernverkehrsunternehmen wird der örtliche Wirkungskreis wesentlich von dem Standort des Unternehmens bestimmt. Daher ist eine Niederlassung, wenn sie einen ausreichend abgrenzbaren Kundenkreis hat, als Teilbetrieb anzuerkennen (BFH/NV 1994, 694; Rödder/Herlinghaus/van Lishaut/Herlinghaus Rn. 155; s. auch Filiale). Zur Zweigniederlassung eines Fahrschulbetriebs ohne eigenes Schulungsfahrzeug vgl. BFH BStBl. II 2003, 838.

IV. Mitunternehmeranteil

1. Einbringung eines Mitunternehmeranteils

132 **a) Anteil an einer Mitunternehmerschaft.** Gegenstand einer Einbringung nach Abs. 1 kann auch ein **Mitunternehmeranteil** sein. Maßgebender Zeitpunkt für die Beurteilung, ob ein Mitunternehmeranteil vorliegt oder ein WG eine funktional wesentliche Betriebsgrundlage darstellt, ist grds. der **Zeitpunkt der Fassung des Umwandlungsbeschlusses** oder, wenn es eines solchen nicht bedarf, der **Abschluss des Einbringungsvertrages** bzw. der Übergang des wirtschaftlichen Eigentums, wenn dieser erst zu einem späteren Zeitpunkt übergeht (str., → Rn. 20, → Rn. 31). Der Mitunternehmeranteil (= Anteil an einer Mitunternehmerschaft im stl. Sinne) ist weder in § 20 noch etwa in §§ 15, 16 EStG definiert. Er ist nicht inhaltsgleich mit dem Begriff des Gesellschaftsanteils bzw. Geschäftsanteils als Inbegriff für die Gesamtheit aller Rechte und Pflichten eines Gesellschafters aus einem Gesellschaftsverhältnis einschl. eines etwa vorhandenen, aber nicht notwendigen Gesellschaftsvermögens (Rödder/Herlinghaus/van Lishaut/Herlinghaus Rn. 159). Gleiches gilt für die verschiedenen zivilrechtlichen Gemeinschaften (Erbengemeinschaft und Gütergemeinschaft als Gemeinschaften mit einem der PersGes ähnl. Gesamthandsvermögen (vgl. → § 24 Rn. 1); Gemeinschaft nach Bruchteilen an Rechten aller Art, sofern sie eine Mehrheit von bruchteilsmäßig Berechtigten zulassen, §§ 741 ff. BGB). Der Einbringende kann gesellschaftsrechtlich nicht mehrere Mitgliedschaften an einer PersGes haben. Daraus folgt, dass der Mitunternehmeranteil an einer Mitunternehmerschaft im Grundsatz **unteilbar** ist. Es liegen damit nicht mehrere Mitunternehmeranteile an derselben Mitunternehmerschaft vor, wenn der übertragende Rechtsträger seine Beteiligungen sukzessive erworben hat (BFH BStBl. II 2020, 378; Dötsch/Pung/Möhlenbrock/Patt Rn. 123; Rödder/Herlinghaus/van Lishaut/Herlinghaus Rn. 182; Haritz/Menner/Bilitewski/Menner Rn. 146). Die Einbringung eines Mitunternehmeranteils stellt damit nur eine Sacheinlage iSd Abs. 1 dar. Wird ein Mitunternehmeranteil zusammen mit einem Betrieb oder Teilbetrieb eingebracht, so liegt bezogen auf den Mitunternehmeranteil ein gesonderter Einbringungsvorgang vor (→ Rn. 29; BMF 11.11.2011, BStBl. I 2011, 1314 Rn. 20.12; Dötsch/Pung/Möhlenbrock/Patt Rn. 123; Rödder/Herlinghaus/van Lishaut/Herlinghaus Rn. 180; Haritz/Menner/Bilitewski/Menner Rn. 146; aA Widmann/Mayer/Widmann Rn. 10). Wird ein Anteil an einer Mitunternehmerschaft eingebracht, zu deren BV die Beteiligung an einer anderen Mitunternehmerschaft gehört **(doppelstöckige PersGes),** liegt nach Auffassung der FVerw nur ein Einbringungsvorgang vor, die mittelbare Übertragung des Anteils an der UnterGes stellt keinen gesonderten Einbringungsvorgang dar (BMF 11.11.2011, BStBl. I 2011, 1314 Rn. 20.12; Dötsch/Pung/Möhlenbrock/Patt Rn. 123; BeckOK UmwStG/Dürrschmidt Rn. 906; Widmann/Mayer/Widmann UmwStE 2011 Rn. 20.12; auch → Rn. 145 ff.; Rödder/Herlinghaus/van Lishaut/Herlinghaus Rn. 167b). Werden durch einen Steuerpflichtigen Mitunternehmeranteile an unterschiedlichen Mitunternehmerschaften eingebracht, liegen **mehrere** Einbringungsvorgänge vor (BMF 11.11.2011, BStBl. I 2011, 1314 Rn. 20.12; Dötsch/Pung/Möhlenbrock/Patt Rn. 123; Widmann/Mayer/Widmann Rn. 90; BeckOK UmwStG/Dürrschmidt Rn. 906; Haritz/Menner/Bilitewski/Menner Rn. 146; Lademann/Jäschke Rn. 37a). Mehrere Einbringungsvorgänge sind gegeben, wenn ein MU neben seiner Mitunternehmerbeteiligung an einer PersGes bei einem anderen MU dieser PersGes aufgrund einer Unterbeteiligung, Nießbrauchsbestellung uÄ eine weitere Mitunternehmerstellung innehat und beide Rechtspositionen eingebracht werden (Lademann/Jäschke Rn. 37a). Das Gleiche gilt, wenn ein MU neben seiner Mitunternehmerbeteiligung als Gesellschafter einer PersGes an dieser atypisch still beteiligt ist und er sowohl seinen Gesellschaftanteil als auch die atypisch stille Beteiligung einbringt (BFH DStR 2014, 1384).

Dem Normzweck des Abs. 1 entsprechend ist ein Mitunternehmeranteil der **133** Anteil einer natürlichen oder juristischen Person oder einer PersGes an einer Mitunternehmerschaft, die
– einen Gewerbebetrieb,
– die LuF oder
– eine freiberufliche Tätigkeit
zum Gegenstand hat und mit Gewinnerzielungsabsicht tätig ist (Dötsch/Pung/Möhlenbrock/Patt Rn. 116; Rödder/Herlinghaus/van Lishaut/Herlinghaus Rn. 159; Lademann/Jäschke Rn. 36). Mitunternehmerschaft idS kann allerdings auch bei einer dem Gegenstand nach **vermögensverwaltenden** PersGes/Gemeinschaft vorliegen, sofern sie **gewerblich geprägt** iSv § 15 III 2 EStG ist (Dötsch/Pung/Möhlenbrock/Patt Rn. 117; Rödder/Herlinghaus/van Lishaut/Herlinghaus Rn. 159; Brandis/Heuermann/Nitzschke Rn. 57; Frotscher/Drüen/Mutscher Rn. 125; BeckOK UmwStG/Dürrschmidt Rn. 907.1; Haase/Hofacker/Hofacker Rn. 72). Keinen Mitunternehmeranteil soll ein Anteil an einer PersGes darstellen, die weder gewerblich tätig noch gewerblich geprägt ist, auch wenn der Gesellschaftsanteil beim Gesellschafter BV darstellt (**ZebraGes**, vgl. BFH/NV 2001, 1195; Lademann/Jäschke Rn. 36a; vgl. auch OFD Berlin 23.4.2004, DB 2004, 1235; Haase/Hofacker/Hofacker Rn. 72; Brandis/Heuermann/Nitzschke Rn. 57; aA Fichtelmann INF 1998, 78). Ist eine PersGes teilweise gewerblich tätig, stellt grds. (zur Abfärbe-

theorie bei äußerst geringfügiger gewerblicher Tätigkeit vgl. BFH BStBl. II 2015, 996 ff.; BeckOK UmwStG/Dürrschmidt Rn. 907.1) der gesamte Gesellschaftsanteil einschl. SBV den Mitunternehmeranteil dar, weil die Tätigkeit der Gesellschaft dann in vollem Umfang als Gewerbebetrieb gilt (§ 15 III 1 EStG). Ausnahmsweise stellen WG des Gesamthandsvermögens (vgl. → § 24 Rn. 1) einer PersGes kein BV dar, wenn ihre Zugehörigkeit zum BV nicht (mehr) betrieblich veranlasst ist (vgl. BFH BStBl. II 1998, 652; Schmidt/Wacker EStG § 15 Rn. 484). Letzteres gilt auch für eine **Erbengemeinschaft,** welche einen sog. Mischnachlass aus BV und PV besitzt (Schmidt/Wacker EStG § 16 Rn. 603). In diesen Fällen umfasst der Mitunternehmeranteil nicht den gesamten Erbanteil, sondern nur den Anteil am BV (Rödder/Herlinghaus/van Lishaut/Herlinghaus Rn. 174; Dötsch/Pung/Möhlenbrock/Patt Rn. 117). Wird ein solcher Gesellschaftsanteil in eine KapGes gegen Gewährung von Gesellschaftsrechten eingebracht, gilt bezogen auf das PV die Vorschrift des § 20 nicht. Um welche Rechtsformen es sich bezogen auf die Mitunternehmerschaft handelt, bestimmt – für den Gewerbebetrieb – § 15 I S. 2 Nr. 2 EStG, nämlich die OHG, KG und andere Ges, bei denen der Gesellschafter als Unternehmer (MU) des Betriebs anzusehen ist. Als solche „andere Ges" sind nicht KapGes, sondern nur den ausdrücklich genannten PhG vergleichbar andere **PersGes** anzusehen, ebenso aber diesen PersGes wirtschaftlich vergleichbare Gemeinschaftsverhältnisse (BFH GrS BStBl. II 1984, 751). Würde nach **§ 1a KStG** optiert, so ist die Beteiligung an der optierenden Gesellschaft gem. § 1a III 1 KStG keine mitunternehmerische Beteiligung (BMF 10.11.2021 BStBl. I 2021, 2212 Rn. 100).

134 Folgende **zivilrechtliche Ges-/Gemeinschaftsverhältnisse** können danach MU sein:
– GbR, OHG, KG einschl. GmbH & Co. KG,
– die Partenreederei,
– die atypisch stille Gesellschaft in den Rechtsformen der stillen Beteiligung an einer PersGes oder an einer KapGes,
– die Gemeinschaft iSd §§ 741 ff. BGB,
– die eheliche Gütergemeinschaft,
– die Erbengemeinschaft,
– die VorGes vor einer KapGes, falls KapGes nicht entsteht (BFH/NV 2003, 1304),
– die VorgründungsGes,
– der Nießbrauch an einem Personengesellschaftsanteil,
sofern und soweit sie gewerblich, freiberuflich oder im Bereich der LuF tätig sind oder, soweit möglich, gewerblich geprägt sind iSv § 15 III Nr. 2 EStG. Entsprechendes gilt auch für
– die Europäische Wirtschaftliche Interessenvereinigung (EWIV) und
– die PartGes iSd PartGG.

135 Ein Mitunternehmeranteil kann auch die Beteiligung an einer **ausl. gewerblichen PersGes** (→ § 24 Rn. 68, → § 24 Rn. 117; Frotscher/Drüen/Mutscher Rn. 127; Lademann/Jäschke Rn. 36; Rödder/Herlinghaus/van Lishaut/Herlinghaus Rn. 179; Haritz/Menner/Bilitewski/Menner Rn. 141) oder einer juristischen Person sein, wenn diese nach den Wertungen des dt. Steuerrechts als Mitunternehmerschaft zu qualifizieren ist (Frotscher/Drüen/Mutscher Rn. 128; Lademann/Jäschke Rn. 36; Rödder/Herlinghaus/van Lishaut/Herlinghaus Rn. 178; Brandis/Heuermann/Nitzschke Rn. 57). Ob die Ges/Gemeinschaft überhaupt Vermögen besitzt oder nur Gesamthandsvermögen (vgl. → § 24 Rn. 1) oder – in den Fällen der InnenGes – Vermögen das nach außen Handelnden, ist nicht relevant.

136 **b) Innengesellschaft.** Da auch **InnenGes** oder vergleichbare **Innengemeinschaftsverhältnisse** MU sein können (vgl. BFH DStR 2001, 1589; Schmidt/Wacker EStG § 15 Rn. 361), können Mitunternehmeranteile iSv Abs. 1 auch von Rechtsträgern eingebracht werden, die zivilrechtlich nicht Gesellschafter/Gemeinschafter der AußenGes/Außengemeinschaft sind. Neben den übrigen Kriterien des Mitunternehmerbegriffs (Mitunternehmerrisiko, Mitunternehmerinitiative) müssen die fraglichen Rechtsbeziehungen, auch wenn sie als Kredit-, Pacht-, Dienst- oder Beratungsvertrag gekennzeichnet sind, als Gesellschaftsverhältnis oder gesellschaftsähnliches Gemeinschaftsverhältnis zu werten sein (Rödder/Herlinghaus/van Lishaut/Herlinghaus Rn. 171); maßgeblich ist das wirklich Gewollte, nicht die eigene rechtliche Würdigung der Beteiligten (BFH BStBl. II 1996, 66). Von besonderer Bedeutung ist die Qualifikation bei **Ehegatteninnengesellschaften** (dazu bspw. BFH/NV 1993, 538 und BGH NJW-RR 1990, 736). Die Rspr. nimmt **verdeckte Mitunternehmerschaft** (faktische Mitunternehmerschaft) nur noch in Ausnahmefällen an; Voraussetzung ist – neben der Auslegung des nur vorgegebenen Rechtsverhältnisses als Gesellschaft oder gleichgestellte Gemeinschaft – eine **Gewinnbeteiligung** der Beteiligten aufgrund eines Gesellschaftsverhältnisses, woran es fehlt, wenn in sog. Austauschverträgen in Form von Pacht-, Dienstverträgen ua nur eine Umsatzbeteiligung oder eine gewinnabhängige Vergütung in üblicher leistungsgerechter Höhe vereinbart ist (BFH BStBl. II 1994, 282; 1997, 272; BFH/NV 1999, 295, FG Düsseldorf EFG 2003, 457; FG Brandenburg EFG 2003, 1301; Rödder/Herlinghaus/van Lishaut/Herlinghaus Rn. 171; vgl. iÜ zu weiteren Einzelheiten Schmidt/Wacker EStG § 15 Rn. 280 ff.).

c) Treuhand. Ein unmittelbares Ges-/Gemeinschaftsverhältnis ist nicht erforderlich in den Fällen der Treuhand, sofern Gegenstand des zugrunde liegenden schuldrechtlichen Vertrages ein Anteil an einer Mitunternehmerschaft (PersGes, gleichgestellte Gemeinschaft) ist; zivilrechtlich ist zwar allein der Treuhänder Gesellschafter/Gemeinschafter (BFH BStBl. II 1995, 714 allg. Auffassung), aus stl. Sicht ist allerdings der Treugeber MU, sofern der Treuhänder die Gesellschaftsrechte zwar in eigenem Namen, aber im Innenverhältnis nach Weisung des Treugebers und ausschließlich auf dessen Rechnung ausübt (vgl. zB GrS BStBl. II 1991, 691; Haritz/Menner/Bilitewski/Menner Rn. 142; Lademann/Jäschke Rn. 36). Der Treugeber ist jedoch nur dann MU, wenn der Treuhänder als Gesellschafter eine Rechtsstellung innehat, die, würde er auf eigene Rechnung handeln, ihn als MU erscheinen ließe (vgl. zu weiteren Einzelheiten Schmidt/Wacker EStG § 15 Rn. 295 ff.). Allg. Voraussetzung der stl. Anerkennung eines Treuhandverhältnisses ist, dass der Abschluss des Treuhandverhältnisses nachgewiesen und dieses tatsächlich durchgeführt ist (BFH DStR 2001, 1153). Hält der Kommanditist einer KG diese Kommanditbeteiligung treuhänderisch für den Komplementär und besteht die Gesellschaft nur aus diesen beiden Gesellschaftern, so liegt nach hM ein Einzelunternehmen des phG vor (BFH BStBl. II 2010, 751; BStBl. II 1993, 574; vgl. auch OFD Niedersachsen 7.2.2014, DStR 2014, 533). Die Mitunternehmerstellung eines persönlich haftenden Gesellschafters wird durch die Vereinbarung eines Treuhandverhältnisses am Gesellschaftsanteil nicht beeinträchtigt (FG Köln DStRE 2020, 399).

d) Nießbrauch am Gesellschaftsanteil. Auch nach Bestellung eines *Nießbrauchs am Gesellschaftsanteil* (auch → Rn. 167 f.) selbst behält nach Ansicht des BFH (BFH DStR 1994, 1803) der Anteilsinhaber grds. einen hinreichenden Bestand an vermögensrechtlicher Substanz des nießbrauchsbelasteten Gesellschaftsanteils und einen hinreichenden Bestand an gesellschaftsrechtlichen Mitwirkungsrechten zurück, um seine bisherige Stellung als Gesellschafter und MU aufrechtzuerhalten. Er trägt nach Ansicht des BFH auch nach Bestellung des Nießbrauchs grds. weiterhin ein Unternehmerrisiko, und er kann auch weiterhin Unternehmerinitiative ausüben (vgl. auch FG BW EFG 2006, 1672; Haritz/Menner/Bilitewski/Menner Rn. 138). Diese Grundsätze gelten im Ergebnis nicht nur für das dingliche Nießbrauchsrecht, sondern auch für ein **obligatorisch eingeräumtes Nutzungsrecht** am Gesellschaftsanteil (BFH DStR 1994, 1806). Etwas anderes gilt, wenn der Vorbehaltsnießbraucher alle Gesellschaftsrechte wahrnehmen soll (BFH BStBl. II 2010, 555;

Schmidt/Wacker EStG § 15 Rn. 308). Neben dem Nießbrauchbesteller kann auch der Nießbraucher MU sein (BFH BStBl. II 1995, 241; Schmidt/Wacker EStG § 15 Rn. 306 ff.; vgl. auch Gschwendtner NJW 1995, 1875); was jedoch zum Teil von der FVerw im Hinblick auf das Urteil BFH vom 19.7.2018 Rn. 36 (DStR 2018, 2372) in Zweifel gezogen wird (vgl. dazu Levedag GmbHR 2019, 699; Stein BB 2021, 28; BMF BStBl. I 2019, 1291 Rn. 7 zu § 6 III EStG). Der Nießbraucher am sog. Gewinnstammrecht ist nicht MU (Schmidt/Wacker EStG § 15 Rn. 308).

139 **e) Steuerliches Betriebsvermögen.** Ist eine PersGes als **OHG oder KG** in das Handelsregister eingetragen, so wurde früher widerlegbar vermutet, dass ein Gewerbebetrieb iSd § 15 I 1 Nr. 1, II EStG vorliegt. Eine PersGes kann auch nur eigenes Vermögen verwalten. Steuerrechtlich liegt jedoch eine Mitunternehmerschaft nur vor, sofern diese einen Gewerbebetrieb, luf Betrieb oder eine freiberufliche Tätigkeit ausübt bzw. gewerblich geprägt ist.

140 **f) Abfärbetheorie.** Wegen § 15 III Nr. 1 EStG gilt die Tätigkeit einer gewerblich tätigen oder gewerblich geprägten PersGes bzw. Gemeinschaft, die mit Einkunftserzielungsabsicht handelt, in vollem Umfang als Gewerbebetrieb, sodass bei einer gewerblich tätigen PersGes, die darüber hinaus freiberufliche, luf oder vermögensverwaltende Tätigkeitsmerkmale erfüllt, der gesamte Anteil als Mitunternehmeranteil iSv Abs. 1 zu betrachten ist. Diese sog. Abfärbetheorie gilt auch für eine sog. InnenGes in Form der atypisch stillen Gesellschaft (BFH FR 1995, 20; aA FG Köln EFG 1994, 203), nicht aber bei einer PersGes, die zB neben freiberuflichen auch luf oder vermögensverwaltende Tätigkeiten betreibt; auf diese Tätigkeitskombinationen ist § 15 III Nr. 1 EStG nicht anwendbar, vergleichbare Regelungen enthält das EStG für die aufgeführten anderen Bereiche außerhalb der gewerblichen Tätigkeit nicht (BFH BStBl. II 2007, 378; Schmidt/Wacker EStG § 15 Rn. 190 f.). Nach Auffassung des BFH (BFH/NV 2015, 592 (595, 597); BStBl. II 2000, 229) greift nach Maßgabe des Verhältnismäßigkeitsgrundsatzes bei einem äußerst geringen Anteil der originär gewerblichen Tätigkeit die umqualifizierende Wirkung des § 15 III Nr. 1 EStG nicht ein. Beteiligt sich eine vermögensverwaltende PersGes (OberGes) mit Einkünften aus VuV an einer gewerblich tätigen anderen PersGes (UnterGes), so hat das nach § 15 III Nr. 1 EStG zur Folge, dass die gesamten Einkünfte der OberGes als Einkünfte aus Gewerbebetrieb iSd EStG gelten. Die Abfärbetheorie gilt nur für PersGes (Rödder/Herlinghaus/van Lishaut/Herlinghaus Rn. 169) und nicht für die teilweise gewerblich tätige Erbengemeinschaft (BFH BStBl. II 1987, 120; Schmidt/Wacker EStG § 16 Rn. 603) sowie die eheliche Gütergemeinschaft. In diesem Fall ist der Mitunternehmeranteil nicht der gesamte Erbanteil, sondern nur der Anteil am BV (Rödder/Herlinghaus/van Lishaut/Herlinghaus Rn. 174); Gleiches gilt, wenn eine PersGes sowohl BV als auch PV besitzt.

141 **g) Gewerblich geprägte PersGes.** Nach § 15 III 2 EStG gilt die mit Einkunftserzielungsabsicht unternommene Betätigung der nicht gewerblich tätigen PersGes, an der eine oder mehrere KapGes unmittelbar oder mittelbar beteiligt sind, kraft gesetzlicher Fiktion als Gewerbebetrieb (gewerblich geprägte PersGes), sofern bei der PersGes ausschließlich eine oder mehrere KapGes bzw. gewerblich geprägte PersGes iSd § 15 III Nr. 2 EStG phG sind und nur diese oder Personen, die nicht Gesellschafter sind, zur Geschäftsführung befugt sind (vgl. dazu ausf. Schmidt/Wacker EStG § 15 Rn. 211 ff.). Entscheidend ist die Geschäftsführung bei der PersGes, sodass eine GmbH & Co. KG, bei der nur die einzige Komplementär-GmbH zur Geschäftsführung befugt ist, unter § 15 III Nr. 2 EStG fällt, auch wenn Geschäftsführer der GmbH eine natürliche Person ist, die an der KG als Kommanditist beteiligt ist (BFH BStBl. II 1996, 523; Schmidt/Wacker EStG § 15 Rn. 223). Diese Grundsätze gelten auch für die **sog. Einheits-GmbH & Co. KG** (vgl. EStR 15.8 VI 6; BFH DStR 2017, 2031; FG Münster EFG 2015, 121; Schmidt/Wacker

EStG § 15 Rn. 223). Der BGH (DStR 1999, 1704; 2001, 310; 2003, 747; dazu K. Schmidt NJW 2003, 1897) hat entschieden, dass ein Gesellschafter einer GbR für die rechtsgeschäftlichen Schulden der GbR grds. auch persönlich und unbeschränkt mit seinem Vermögen haftet. Durch Beschränkung der Vertretungsmacht des geschäftsführenden Gesellschafters trete eine Beschränkung der Haftung auf das Gesellschaftsvermögen nicht ein. Die damit ursprünglich sowohl von der Rspr. (BFH BStBl. II 1994, 492) als auch von der FVerw vertretene Auffassung, dass eine **GmbH & Co. GbR mbH** gem. § 15 III Nr. 2 EStG gewerblich geprägt sein kann, ist danach nicht mehr haltbar (vgl. BMF17.3.2014, DStR 2014, 654; Schmidt/ Wacker EStG § 15 Rn. 227); dabei bleibt es auch, wenn individual- oder formalvertragliche Haftungsbeschränkungen einbart werden (FG Hamburg EFG 2009, 589; FG München EFG 2009, 253; aA Gronau/Konold DStR 2009, 1965). Auch eine atypisch stille Ges, bei der Inhaber des Handelsgeschäfts nicht eine gewerblich tätige KapGes ist, kann gewerblich geprägte PersGes idS sein (vgl. Haritz/Menner/ Bilitewski/Menner Rn. 123; Schmidt/Wacker EStG § 15 Rn. 228). Die gewerblich geprägte PersGes gilt in vollem Umfang einkommensteuerrechtlich als Gewerbebetrieb, die Gesellschafter sind unter den dafür erforderlichen Voraussetzungen MU und erzielen Einkünfte aus Gewerbebetrieb. Auch die gewerblich geprägte PersGes kann ausnahmsweise PV besitzen. Zur GmbH & Co. KG vor Eintragung in das Handelsregister vgl. Stahl NJW 2000, 3100.

h) Mitunternehmerinitiative/-risiko. MU ist nach stRspr und allg. Auffassung, wer im Rahmen eines Gesellschaftsverhältnisses oder eines damit vergleichbaren Gemeinschaftsverhältnisses (zB Erben-, Güter-, Bruchteilsgemeinschaft, BFH GrS BStBl. II 1984, 751; GrS DStR 1991, 506; DStR 1998, 843; vgl. aber P. Fischer FR 1998, 813) zusammen mit anderen Personen **Unternehmerinitiative** (Mitunternehmerinitiative) entfalten kann und ein **Unternehmerrisiko** (Mitunternehmerrisiko) trägt (BFH GrS BStBl. II 1984, 751, 769; BStBl. II 2019, 131; BStBl. II 2018, 539; BStBl. II 1989, 722; DStR 1994, 1803). Sowohl Mitunternehmerinitiative als auch Mitunternehmerrisiko müssen – wenn auch in unterschiedlicher Ausprägung – vorliegen (BFH FR 2018, 312; DStR 2000, 193). Beide Merkmale müssen auf dem Gesellschaftsvertrag bzw. eines damit vergleichbaren Gemeinschaftsverhältnisses beruhen (BFH BStBl. II 2019, 131; vgl. Schmidt/Wacker EStG § 15 Rn. 257; Rödder/Herlinghaus/van Lishaut/Herlinghaus Rn. 160). Nur wer an unternehmerischen Entscheidungen wie ein leitender Angestellter, phG oder Geschäftsführer teilnehmen kann, zumindest aber Einfluss-, Kontroll- und Widerspruchsrechte hat, wie sie gesetzlich für einen Kommanditisten ausgestaltet sind, entfaltet Mitunternehmerinitiative (BFH GrS BStBl. II 1984, 751; BFH/NV 2008, 1984; Rödder/Herlinghaus/van Lishaut/Herlinghaus Rn. 162; Dötsch/Pung/ Möhlenbrock/Patt Rn. 121). Mitunternehmerrisiko trägt derjenige, der am Erfolg oder Misserfolg eines Betriebs zumindest durch Teilhabe am Vermögen bei Auflösung der Gesellschaft beteiligt ist; regelmäßig ist aber Beteiligung an Gewinn und Verlust sowie an stillen Reserven inkl. eines Geschäftswerts Indiz für das Mitunternehmerrisiko (zB BFH GrS BStBl. II 1984, 751; BFH/NV 2008, 1984; Rödder/ Herlinghaus/van Lishaut/Herlinghaus Rn. 163; Dötsch/Pung/Möhlenbrock/Patt Rn. 121). Wird eine Beteiligung an einer PersGes, insbes. ein Kommanditanteil, nur für eine logische Sekunde eingebracht, so soll nach Meinung des 4. Senats des BFH (DStR 2017, 1376; ebenso Pyszka GmbHR 2017, 721) der Erwerber aufgrund einer stl. Rechtsnachfolge Mitunternehmer sein. MU kann auch sein, wer einen Anteil an einer PersGes erwirbt, um ihn kurze Zeit später weiter zu übertragen (BFH DStR 2017, 2653; vgl. auch BFH BStBl. II 2019, 131; Prinz DB 2019, 1345).

Wesentliche Abweichungen vom Regelstatut des HGB für das Erscheinungsbild eines Gesellschafters einer OHG, eines Kommanditisten einer KG führen zur Ablehnung der Mitunternehmerschaft, insbes. bei Abweichungen von der Gewinn- und

Verlustregelung, der Vermögensbeteiligung, der Teilhabe an den stillen Reserven, den Mitwirkungs- und Kontrollrechten und bei der Schuldenhaftung. Grds. ist MU, wer nach außen unbeschränkt für die Gesellschaftsschulden haftet (BFH BStBl. II 1985, 85), auch bei Freistellungsanspruch (BFH/NV 1999, 1196; BStBl. II 1987, 553; BB 1988, 750; FG Köln DStRE 2020, 399; Schmidt/Wacker EStG § 15 Rn. 264). Wer nicht am Gewinn beteiligt ist und/oder lediglich eine feste Vergütung erhält, ohne am Verlust (ggf. nur bis zur Höhe seiner Einlage) beteiligt zu sein, ist idR nicht MU (BFH BStBl. II 2000, 183). Ein Kommanditist, der nach dem Gesellschaftsvertrag nur eine übliche Verzinsung seiner Kommanditeinlage erhält und auch an den stillen Reserven des Anlagevermögens einschl. eines Geschäftswertes nicht beteiligt ist, ist deshalb auch dann nicht MU, wenn seine gesellschaftsrechtlichen Mitwirkungsrechte denjenigen eines Kommanditisten entsprechen (BFH DStR 2000, 193). Wer nur eine Umsatzbeteiligung erhält, ist nicht MU (BFH DStR 2000, 1594; Schmidt/Wacker EStG § 15 Rn. 264). MU ist ebenfalls nicht, wer vom Stimmrecht ausgeschlossen oder selbst im schwerwiegenden Fall der Änderung → des Gesellschaftsvertrages den oder die Mehrheitsgesellschafter nicht an einer wirksamen Beschlussfassung hindern kann (vgl. BFH BStBl. II 1989, 762; Schmidt/Wacker EStG § 15 Rn. 272). Erhält ein (Schein-)Gesellschaftler einer Freiberuflerpraxis eine von der Gewinnsituation abhängige, nur nach dem eigenen Umsatz bemessene Vergütung und ist zudem an den stillen Reserven nicht beteiligt, kann eine Mitunternehmerstellung nur bejaht werden, wenn eine besonders ausgeprägte Mitunternehmerinitiative vorgelegt (BFH BStBl. II 2016,383). Auch wenn einzelne Gesellschafter nicht MU sind, ist das Gesamthandsvermögen (vgl. → § 24 Rn. 1) dennoch insgesamt BV (BFH BStBl. II 2000, 183; Schmidt/Wacker EStG § 15 Rn. 274).

144 MU können natürliche und juristische Personen unabhängig von ihrer Geschäftsfähigkeit oder ihrer beschränkten oder unbeschränkten StPfl sein, BFH BStBl. II 1988, 663.

145 **Doppelstöckige Personengesellschaft:** Ist an einer PersGes (UnterPersGes) eine andere PersGes (OberPersGes) beteiligt (sog. doppelstöckige PersGes), sind gem. § 15 I 1 Nr. 2 S. 2 EStG neben der OberGes auch deren Gesellschafter als MU des Betriebs der UnterPersGes anzusehen, wenn der Gesellschafter der OberGes selbst MU der OberGes ist und die OberGes ihrerseits MU in der UnterGes, wenn also mit anderen Worten die Mitunternehmerkette ununterbrochen von der UnterPersGes bis zum letztbetroffenen Beteiligten geht (Schmidt/Wacker EStG § 15 Rn. 610 ff.). Hat die OberGes den Mitunternehmeranteil an der UnterGes entgeltlich erworben, so muss bei entsprechenden AK die OberGes, bezogen auf ihren Anteil an der UnterGes, eine entsprechende **Ergänzungsbilanz** bilden. Zudem muss die OberGes, bezogen auf ihren Anteil an der UnterGes, eine Sonderbilanz erstellen, soweit sie bspw. der UnterGes WG zur Nutzung überlässt (vgl. dazu Schmidt/Wacker EStG § 15 Rn. 619 mwN). Erwirbt ein Steuerpflichtiger entgeltlich Anteile an der OberGes, so hat der neue Gesellschafter der OberGes bei dieser eine Ergänzungsbilanz zu bilden, soweit der Mehrwert sich auf WG bezieht, die zum Gesamthandsvermögen (vgl. → § 24 Rn. 1) der OberGes gehören; dies gilt auch für solche WG, die SBV der OberGes bei der UnterGes sind. Soweit sich die Mehrwerte auf WG im Gesamthandsvermögen der UnterGes beziehen, ist bei dieser UnterGes eine weitere Ergänzungsbilanz zu bilden, wobei jedoch strittig ist, ob diese Ergänzungsbilanz für den neuen Gesellschafter der OberGes als MU der UnterGes (BFH DStR 2004, 1327; Wacker JbFfSt 2006/2007, 314) oder für die OberGes als Gesellschafter der UnterGes (Mische BB 2010, 2946) gebildet wird (ausführlich dazu Schmidt/Wacker EStG § 15 Rn. 471; vgl. auch Rund/Junkers Ubg 2021, 393).

146 Bringt ein **Gesellschafter der OberGes** seinen **Anteil an der OberGes** nach Maßgabe des § 20 in eine KapGes gegen Gewährung neuer Anteile ein, so liegt nach Auffassung der FVerw die Einbringung eines Mitunternehmeranteils durch den Einbringenden vor; die nur mittelbare Übertragung des Anteils an der UnterGes stellt in diesem Fall keinen gesonderten Einbringungsvorgang iSv § 20 dar (BMF 11.11.2011, BStBl. I 2011, 1314 Rn. 20.13; Widmann/Mayer/Widmann Rn. 59; str. vgl. Schmidt/Wacker EStG § 16 Rn. 407; krit. Frotscher UmwStE 2011 Anm. zu Rn. 139). Das Antragswahlrecht auf Buchwertfortführung, Zwischenwert oder gemeiner Wertansatz kann daher nur einheitlich hinsichtlich des Mitunternehmeranteils an der OberGes und der UnterGes ausgeübt werden (Widmann/Mayer/Widmann Rn. 59). Der übernehmende Rechtsträger führt bei Buchwertansatz die Ergänzungsbilanz des Einbringenden, sowohl bezogen auf den Mitunternehmeranteil an der OberGes als auch bezogen auf den Mitunternehmeranteil an der UnterGes, fort. Soweit zum Mitunternehmeranteil an der OberGes auch SBV gehört, welches eine wesentliche Betriebsgrundlage darstellt (→ Rn. 69 ff., → Rn. 148), ist dieses SBV im Rahmen des § 20 mitzuübertragen. Gleiches sollte gelten, sofern für den Einbringenden, bezogen auf den Anteil an der UnterGes, eine wesentliche Betriebsgrundlage SBV darstellt; auch dieses SBV nimmt an dem Einbringungsvorgang nach Maßgabe des § 20 teil.

Bringt die OberPersGes ihren **Mitunternehmeranteil an der UnterPersGes** **147** ein, wird nach Auffassung der FVerw auch steuerrechtlich ein Mitunternehmeranteil an der UnterPersGes durch die OberPersGes übertragen, Einbringender ist die OberPersGes, soweit ihr die Anteile am übernehmenden Rechtsträger zustehen (BMF 11.11.2011, BStBl. I 2011, 1314 Rn. 20.03; Widmann/Mayer/Widmann Rn. R 60). Soweit für die OberGes bei der UnterGes SBV ausgewiesen ist und dieses eine wesentliche Betriebsgrundlage darstellt, muss zur Steuerneutralität des Vorgangs auch dieses SBV miteingebracht werden. Der übernehmende Rechtsträger führt die Ergänzungsbilanz der OberGes bei dem Mitunternehmeranteil an der UnterGes fort. Ist ein MU der OberGes nicht unmittelbar an der UnterGes beteiligt, sondern gilt er gem. § 15 I 1 Nr. 2 Hs. 2 EStG auch als MU an der UnterGes und hat dieser Gesellschafter bei der UnterGes eine Ergänzungsbilanz, so wird auch diese durch den übernehmenden Rechtsträger fortgeführt. Ist der MU an der OberGes nicht unmittelbar an der UnterGes beteiligt, gilt er aber gem. § 15 I 1 Nr. 2 Hs. 2 EStG als MU auch an der UnterGes, und hat dieser MU an der OberGes SBV bei der UnterGes, welches eine wesentliche Betriebsgrundlage für die UnterGes darstellt (der MU der OberGes hat unmittelbar ein Grundstück als wesentliche Betriebsgrundlage an die UnterGes vermietet), so dürfte es notwendig sein, dass auch dieses SBV auf die übernehmende KapGes im zeitlichen und sachlichen Zusammenhang mit der Einbringung des Mitunternehmeranteils durch die OberGes an der UnterGes auf den übernehmenden Rechtsträger mitübertragen wird (Rödder/Herlinghaus/van Lishaut/Herlinghaus Rn. 168). Der Steuerneutralität des Einbringungsvorgangs sollte es nicht entgegenstehen, wenn dieses SBV des Gesellschafters an der OberGes, bezogen auf die UnterGes, verdeckt in den übernehmenden Rechtsträger eingebracht wird (vgl. Stangl GmbHR 2012, 253). Nicht abschließend geklärt, aber iE zu bejahen ist, dass in diesem Fall für die Übertragung des SBV dem Gesellschafter an der OberGes unmittelbar Anteile an dem übernehmenden Rechtsträger gewährt werden können (vgl. Stangl GmbHR 2012, 253). Die Einbringung des Mitunternehmeranteils an der UnterGes und die Übertragung des SBV des Mitunternehmers der OberGes, bezogen auf die UnterGes, fällt als einheitlicher Vorgang unter § 20; sofern an der OberGes mehrere MU beteiligt sind, könnte ein Wertausgleich zwischen diesen Gesellschaftern und dem Gesellschafter, der das SBV auf die KapGes überträgt, durch Anpassung des Gesellschaftsvertrags an der OberGes ausgeglichen werden, ohne die Steuerneutralität des Einbringungsvorgangs in Frage zu stellen.

2. Mitunternehmeranteile und Sonderbetriebsvermögen

a) Anteil an einer Mitunternehmerschaft. WG, die zivilrechtliches und wirt- **148** schaftliches, oder nur wirtschaftliches Eigentum eines Mitunternehmers darstellen, sind SBV, wenn sie dazu geeignet und bestimmt sind, dem Betrieb der PersGes zu dienen (SBV I) oder der Beteiligung des Gesellschafters an der PersGes zumindest förderlich sind (SBV II). Zum Mitunternehmeranteil gehört nicht nur der Anteil am Gesellschaftsvermögen in Form des Gesamthandsvermögens (vgl. → § 24 Rn. 1), sondern auch das SBV (BFH BStBl. II 2001, 316; BFH/NV 2000, 1554; Dötsch/Pung/Möhlenbrock/Patt Rn. 124; Rödder/Herlinghaus/van Lishaut/Herlinghaus Rn. 181; Frotscher/Drüen/Mutscher Rn. 125; Haritz/Menner/Bilitewski/Menner Rn. 150; Eisgruber/Brandstetter Rn. 139; Lademann/Jäschke Rn. 36; HK-UmwStG/Bäuml Rn. 211; Haase/Hofacker/Hofacker Rn. 75; BeckOK UmwStG/Dürrschmidt Rn. 912). WG, die Personen gehören, die nicht Mitunternehmer sind, können kein SBV sein (Schmidt/Wacker EStG § 15 Rn. 511). Kein SBV liegt vor, wenn WG, die zum gewerblichen Gesamthandsvermögen einer ganz oder teilweise identischen gewerblich tätigen oder gewerblich geprägten PersGes gehören, ihrer SchwesterPersGes zur Nutzung überlassen werden (BFH BStBl. II 1998, 328). Diese WG sind BV des eigenen Gewerbebetriebs der leistenden PersGes. **SchwesterPersGes**, die nur als BesitzGes im Rahmen einer mitunternehmerischen Betriebsaufspaltung gewerblich tätig sind, stehen einer eigengewerblich tätigen oder geprägten PersGes insoweit gleich (Schmidt/Wacker EStG § 15 Rn. 533). Die Rspr. des BFH (BFH/NV 2002, 185; 2005, 377; BStBl. II 2006, 173) geht davon aus, dass zwischen den Miteigentümern einer **Bruchteilsgemeinschaft**, die WG erworben hat, um diese einer von ihnen beherrschten Betriebspersonengesellschaft als wesentliche Betriebsgrundlage zur Nutzung zu überlassen, es regelmäßig zumindest konkludent zu einer vereinbarten GbR kommt, wenn die Nutzungsüberlassung gegen Entgelt erfolgt. Die Miteigentumsanteile an den überlassenen WG sind in einem solchen Fall SBV I der Bruchteilseigentümer bei der konkludent gegründeten GbR. Die Überlassung von WG seitens einer ganz oder teilweise personenidentischen Miteigentümergemeinschaft an einer **Freiberufler-GbR** begründet aber keine mitunternehmerische Betriebsaufspaltung (BFH BStBl. II 2006, 173; vgl. auch FG Münster EFG 2009, 106; Korn KÖSDI 2007, 15711).

149 Wird ein Mitunternehmeranteil in eine KapGes gem. Abs. 1 eingebracht, so ist im Grundsatz das SBV zu beachten (BMF 11.11.2011, BStBl. I 2011, 1314 Rn. 20.10 iVm Rn. 20.6; Dötsch/Pung/Möhlenbrock/Patt Rn. 124; Rödder/Herlinghaus/van Lishaut/Herlinghaus Rn. 181; Haritz/Menner/Bilitewski/Menner Rn. 150; Widmann/Mayer/Widmann Rn. 98; Stangl GmbHR 2012, 253). Unstreitig ist, dass WG, die eine funktionale wesentliche Betriebsgrundlage des Betriebs bzw. Teilbetriebs der Mitunternehmerschaft darstellen, im Zusammenhang mit der Einbringung des Mitunternehmeranteils mitübertragen werden müssen (→ Rn. 69). Werden **nicht zu den wesentlichen Betriebsgrundlagen** zählende WG des SBV nicht auf die übernehmende KapGes übertragen, so findet nach herrschender Auffassung § 20 dennoch Anwendung (BFH BStBl. II 1988 374; Rödder/Herlinghaus/van Lishaut/Herlinghaus Rn. 181; Dötsch/Pung/Möhlenbrock/Patt Rn. 124; BeckOK UmwStG/Dürrschmidt Rn. 912.4). Dies dürfte auch der Meinung der FVerw entsprechen (Stangl GmbHR 2012, 253; ebenso Dötsch/Pung/Möhlenbrock/Patt Rn. 124; zweifelnd Widmann/Mayer/Widmann UmwStE 2011 Rn. 20.10). Dem steht nicht entgegen, dass im UmwStE im Zusammenhang mit der Einbringung eines Mitunternehmeranteils in eine KapGes auch auf die Ausführung zum europäischen Teilbetriebsbegriff verwiesen wird (vgl. BMF 11.11.2011, BStBl. I 2011, 1314 Rn. 20.10 iVm Rn. 20.06 iVm Rn. 15.02). Im Gegensatz zum Teilbetrieb ist der Mitunternehmeranteil nicht in der Fusions-RL definiert, er ist auch nicht wie in § 15 I 2 einem Teilbetrieb gleichgestellt, sondern vielmehr neben dem Betrieb und Teilbetrieb ein eigenständiges Einbringungsobjekt. Die Einbringung eines Mintunternehmeranteils fordert daher nur, dass die sich im SBV befindlichen funktional wesentlichen Betriebsgrundlagen mitübertragen werden müssen. Eine Mitübertragung solcher WG, die lediglich im wirtschaftlichen Zusammenhang mit dem Mitunternehmeranteil stehen und SBV des Mitunternehmeranteils darstellen, müssen nicht mitübertragen werden (Dötsch/Pung/Möhlenbrock/Patt Rn. 124; Rödder/Herlinghaus/van Lishaut/Herlinghaus Rn. 180; BeckOK UmwStG/Dürrschmidt Rn. 912.4; Stangl GmbHR 2012, 253; Kaeser DStR-Beihefter zu Heft 2/2012, 13; Förster GmbHR 2012, 237).

b) Funktionale Betrachtungsweise. Nach Auffassung der FVerw (BMF 11.11.2011, BStBl. I 2011, 1314 Rn. 20.11 iVm Rn. 20.06; auch → Rn. 149), der Rspr. (BFH BStBl. II 2010, 808; BStBl. II 2010, 471; BStBl. II 1996, 342) und der hM im Schrifttum (Widmann/Mayer/Widmann Rn. 98; Rödder/Herlinghaus/van Lishaut/Herlinghaus Rn. 181; Haritz/Menner/Bilitewski/Menner Rn. 150; Frotscher/Drüen/Mutscher Rn. 125; BeckOK UmwStG/Dürrschmidt Rn. 912.4) müssen WG des SBV, sofern sie wesentliche Grundlage des Betriebs sind, mit dem Mitunternehmeranteil auf die aufnehmende KapGes übertragen werden. Ob die WG des SBV wesentliche Betriebsgrundlage sind, richtet sich nach richtiger Auffassung nach der funktionalen Betrachtungsweise (→ Rn. 20). Zu den funktional wesentlichen Betriebsgrundlagen des SBV gehören regelmäßig diejenigen mit einem wesentlichen Gewicht für das Unternehmen ausgestatteten WG eines Mitunternehmers **(SBV I).** WG, die für die Beteiligung des Gesellschafters an der Gesellschaft nur förderlich sind und damit SBV II darstellen, können auf Grund ihrer wirtschaftlichen Bedeutung funktional wesentliche Betriebsgrundlage sein (BFH BStBl. II 2010, 471; FG Münster EFG 2014, 81; FG Münster GmbHR 2011, 102; OFD Frankfurt 13.2.2014, DB 2014, 1227; Dötsch/Pung/Möhlenbrock/Patt Rn. 136; Rödder/Herlinghaus/van Lishaut/Herlinghaus Rn. 181; Haritz/Menner/Bilitewski/Menner Rn. 157; Frotscher/Drüen/Mutscher Rn. 126). Zu der Frage, ob Anteile an einer Komplementär-GmbH wesentliche Betriebsgrundlage sein können → Rn. 35 mwN. **Gewillkürtes SBV** zählt unter funktionalen Gesichtspunkten regelmäßig nicht zu den wesentlichen Betriebsgrundlagen (Rödder/Herlinghaus/van Lishaut/Herlinghaus Rn. 181; Dötsch/Pung/Möhlenbrock/Patt Rn. 139; Haritz/Menner/Bilitewski/Menner Rn. 155; Haase/Hofacker/Hofacker Rn. 78). Zur Übertragung neutralen Vermögens → Rn. 95. Zum relevanten Zeitpunkt des Vorliegens einer wesentlichen Betriebsgrundlage → Rn. 132. Zur Überführung wesentlicher Betriebsgrundlagen im zeitlichen und wirtschaftlichen Zusammenhang der Einbringung in ein anderes Betriebsvermögen → Rn. 22.

Negative WG in Form von **Verbindlichkeiten** stellen ebenso wie Forderungen keine wesentliche Betriebsgrundlage dar (Dötsch/Pung/Möhlenbrock/Patt Rn. 140; Frotscher/Drüen/Mutscher Rn. 126; Haase/Hofacker/Hofacker Rn. 79; aber → Rn. 38). Handelt es sich bei den Verbindlichkeiten um SBV, so müssen diese nicht auf die KapGes mitübertragen werden (vgl. aber auch Widmann/Mayer/Widmann UmwStE 2011 Rn. 20.10). Die später insoweit entstehenden Schuldzinsen sind grds. Werbungskosten bei den Einkünften aus KapVerm (vgl. BFH BStBl. II 1992, 404; vgl. auch BFH GmbHR 2000, 617; Staccioli FR 2022, 285). Wurde der Mitunternehmeranteil gegen Übernahme einer Rentenverpflichtung übernommen, so muss diese Rentenverpflichtung nicht im Rahmen der Einbringung mit auf die KapGes übertragen werden; die Rentenverpflichtung wird erfolgsneutral in das PV überführt. Kommt es nach Überführung der **Rentenverpflichtung** zu einem vorzeitigen Wegfall, so ist dieser Vorgang steuerneutral (krit. insoweit Ott GStB 2000, 375). Werden **nicht sämtliche wesentlichen Betriebsgrundlagen des SBV** im Rahmen der Einbringung des Mitunternehmeranteils auf die KapGes zumindest zu wirtschaftlichen Eigentum **übertragen** (→ Rn. 21), findet § 20 keine Anwendung, es sei denn, die wesentliche Betriebsgrundlage ist eine Beteiligung am übernehmenden Rechtsträger (→ Rn. 75). Da bei der Zurückbehaltung wesentlicher Betriebsgrundlagen § 20 keine Anwendung findet, kommt es zu einer Gewinnrealisierung im Zeitpunkt der Übertragung des wirtschaftlichen Eigentums des Mitunternehmeranteils und nicht zum „vermeintlichen" Einbringungsstichtag (vgl. BFH DStR 2013, 575).

152 Werden WG des SBV, welche wesentliche Betriebsgrundlagen darstellen, der übernehmenden KapGes durch **Gebrauchsüberlassungs- oder Nutzungsvertrag** zur Vfg. gestellt, so genügt dies nicht für die Anwendung des § 20 (→ Rn. 23; BMF 11.11.2011, BStBl. I 2011, 1314 Rn. 20.10 iVm Rn. 20.06; BFH BStBl. II 2011, 467; Widmann/Mayer/Widmann Rn. R 6 iVm Rn. 98; Dötsch/Pung/Möhlenbrock/Patt Rn. 124; aA Herzig DB 2000, 2236; Rödder/Beckmann DStR 1999, 751; Götz DStZ 1997, 551).

153 Erfolgt eine **Umw nach der (den) Vorschrift(en) des UmwG** und nimmt das SBV des einzelnen Mitunternehmeranteils nicht unmittelbar an der Umw teil, so muss des SBV durch gesonderte Vereinbarung zwischen dem MU und der übernehmenden KapGes auf letztere zum selben Stichtag und im zeitlichen Zusammenhang mit der Umw übertragen werden. Eine Übertragung des SBV in das Gesamthandsvermögen (vgl. → § 24 Rn. 1) vor der Umw sollte wegen § 6 V 6 EStG vermieden werden (Stangl GmbHR 2012, 253; Brandenberg DStZ 2002, 511 (594); Kloster/Kloster GmbHR 2002, 717).

3. Bruchteile von Mitunternehmeranteilen

154 Auch ein **Bruchteil eines Mitunternehmeranteils** kann nach Abs. 1 in eine KapGes eingebracht werden (BMF 11.11.2011, BStBl. I 2011, 1314 Rn. 20.11; BFH/NV 2011, 258; Dötsch/Pung/Möhlenbrock/Patt Rn. 142; Rödder/Herlinghaus/van Lishaut/Herlinghaus Rn. 182; Haritz/Menner/Bilitewski/Menner Rn. 166; HK-UmwStG/Bäuml Rn. 198; Lademann/Jäschke Rn. 37; Widmann/Mayer/Widmann Rn. 94; Frotscher/Drüen/Mutscher Rn. 130). Dies ergibt sich aus Abs. 4 S. 1. Danach darf die Vergünstigung des § 16 IV EStG auf einen entstehenden Veräußerungsgewinn nicht angewendet werden, wenn nur der Teil eines Mitunternehmeranteils eingebracht wird. Eine solche Einschränkung der Begünstigung des Gewinns hätte keine Bedeutung, wenn schon die Einbringung eines Bruchteils eines Mitunternehmeranteils von Abs. 1 nicht erfasst würde (ebenso Dötsch/Pung/Möhlenbrock/Patt Rn. 142; Rödder/Herlinghaus/van Lishaut/Herlinghaus Rn. 182; Haritz/Menner/Bilitewski/Menner Rn. 166). Zudem hat der Gesetzgeber in der Gesetzesbegründung (BT-Drs. 16/2710, 42) ausdrücklich die Einbringung eines Bruchteils eines Mitunternehmeranteils als Einbringung iSd Abs. 1 angesehen.

155 Nach herrschender Auffassung (Dötsch/Pung/Möhlenbrock/Patt Rn. 144; Rödder/Herlinghaus/van Lishaut/Herlinghaus Rn. 183; Haritz/Menner/Bilitewski/Menner Rn. 167 f.; Lademann/Jäschke Rn. 37; Haase/Hofacker/Hofacker Rn. 81; Brandis/Heuermann/Nitzschke Rn. 60; HK-UmwStG/Bäuml Rn. 198; vgl. auch Rogall DB 2005, 410; aA Frotscher/Drüen/Mutscher Rn. 130) muss bei der Übertragung eines Bruchteils eines Mitunternehmeranteils auch **der entsprechende Teil des SBV** mit übertragen werden, sofern es sich dabei um eine wesentliche Betriebsgrundlage handelt.

156 Bringt demnach ein Kommanditist, der an der KG mit 60% beteiligt ist, die Hälfte seines Mitunternehmeranteils in eine KapGes ein und besitzt er ein Grundstück im Alleineigentum, welches wesentliche Betriebsgrundlage ist, müsste wirtschaftlich die Hälfte dieses Grundstücks, und zwar durch Begründung von Bruchteilseigentum, auf die übernehmende KapGes übertragen werden. Kommt es nicht zu einem quotal gleich hohem Anteil am SBV, sondern wird prozentual mehr SBV übertragen, so ist dieser Vorgang nur insoweit nach § 20 steuerneutral, als der Anteil am SBV der Quote des übertragenen Gesellschaftsanteils entspricht, bei dem darüber hinausgehenden Anteil kommt es zu einer Aufdeckung stiller Reserven (Haritz/Menner/Bilitewski/Menner Rn. 168; Dötsch/Pung/Möhlenbrock/Patt Rn. 144; Lademann/Jäschke Rn. 37; Haase/Hofacker/Hofacker Rn. 81; aA Rödder/Herlinghaus/van Lishaut/Herlinghaus Rn. 184; unklar Frotscher/Drüen/Mutscher Rn. 130). Wird demgegenüber ein geringerer Anteil am SBV übertragen, als es der Quote des übertragenen Gesellschaftsanteils entspricht, liegt die Einbringung eines Bruchteils eines Mitunternehmeranteils nur insoweit vor, wie sich die Quote des übertragenen Gesellschaftsanteils und des SBV decken (ebenso Dötsch/Pung/Möhlenbrock/Patt Rn. 144; Haritz/Menner/Bilitewski/Menner Rn. 168; Haase/Hofacker/Hofacker Rn. 81; aA Rödder/Herlinghaus/van Lishaut/Herlinghaus Rn. 184: insgesamt kein Fall des § 20; vgl. auch Rogall DB 2005, 410).

4. Kommanditgesellschaft auf Aktien, Anteil des persönlich haftenden Gesellschafters

Auch der Anteil eines phG einer KGaA ist Mitunternehmeranteil (§ 15 I 1 Nr. 3 und § 16 I Nr. 3 EStG). Ebenso wie der Betrieb der KGaA oder einer ihrer Teilbetriebe kann damit auch der Mitunternehmeranteil des phG auf eine KapGes übertragen werden (Rödder/Herlinghaus/van Lishaut/Herlinghaus Rn. 172; Dötsch/Pung/Möhlenbrock/Patt Rn. 117; Brandis/Heuermann/Nitzschke Rn. 58; Widmann/Mayer/Widmann Rn. 140). Persönlich haftende Gesellschafter einer KGaA können nicht nur natürliche Personen, sondern auch juristische Personen oder PersGes sein (BGH DStR 1997, 1012; Schmidt/Wacker EStG § 15 Rn. 890). Überlässt der phG einer KGaA dieser Grundstücke, so liegt insoweit SBV vor (Schmidt/Wacker EStG § 15 Rn. 891). Besitzt der phG Kommanditaktien an der KGaA, stellen diese kein SBV dar (BFH BStBl. II 1989, 881; Schmidt/Wacker EStG § 15 Rn. 891).

5. Stille Beteiligung

a) Stille Beteiligung als Gegenstand einer Sacheinlage. Eine stille Gesellschaft ist eine gesellschaftsrechtliche Vermögensbeteiligung an einem Handelsgewerbe eines anderen, bei der die Einlage in das Vermögen des Inhabers des Handelsgeschäfts übergeht und der stille Gesellschafter am Gewinn des Handelsgewerbes beteiligt ist (§§ 230 ff. HGB). Mangels eines gemeinsamen gesamthänderisch gebundenen Vermögens ist die stille Gesellschaft lediglich InnenGes, die nach außen grds. nicht in Erscheinung tritt. Von einer **atypisch stillen Gesellschaft** wird gesprochen, wenn der Gesellschaftsvertrag von der gesetzlichen Struktur der stillen Gesellschaft abw. Gewinnanteile aus einer stillen Beteiligung an einem Handelsgewerbe vorsieht und der Gesellschafter als MU anzusehen ist. Letzteres ist der Fall, wenn durch den Gesellschaftsvertrag dem stillen Gesellschafter eine Rechtsstellung eingeräumt wird, die sich derart von den gesetzlichen Vorgaben unterscheidet, dass sie nach dem Gesamtbild dem Typ des MU entspricht (BFH DStR 2018, 2372; BStBl. II 1996, 269; OFD Frankfurt a. M. 14.3.2011, DStR 2001, 1159; ausf. dazu Schmidt/Wacker EStG § 15 Rn. 340 ff.; Levedag GmbHR 2019, 699). Zu beachten ist, dass aufgrund des Gebotes der Gesamtbetrachtung die Mitunternehmerstellung eines Beteiligten nicht nur anhand des Vertrages über die stille Gesellschaft zu beurteilen ist, sondern vielmehr eine Gesamtbetrachtung vorzunehmen ist, in der die wirtschaftlichen und rechtlichen Beziehungen zwischen dem stillen Gesellschafter und der Gesellschaft mit einzubeziehen sind (OFD Frankfurt a. M. 14.3.2011, DStR 2001, 1159). Auf die vertragliche Bezeichnung als MU kommt es nicht an (BFH/NV 2003, 601). Ein stiller Gesellschafter ist dann MU, wenn er Mitunternehmerrisiko trägt und Mitunternehmerinitiative entfaltet. Es müssen zwar beide Merkmale vorliegen, sie können aber mehr oder weniger stark ausgeprägt sein. Eine schwach ausgeprägte Mitunternehmerinitiative reicht für die Annahme einer Mitunternehmerstellung aus, wenn das Mitunternehmerrisiko besonders stark ausgeprägt ist und umgekehrt (BFH DStR 2018, 2372; DStR 1991, 457; zu den Einzelheiten vgl.

Schmidt/Wacker EStG § 15 Rn. 340 ff.). Ist der **atypisch stille Gesellschafter** MU im ertragstl. Sinne, kann die atypisch stille Beteiligung Gegenstand einer Einbringung iSv Abs. 1 sein (Rödder/Herlinghaus/van Lishaut/Herlinghaus Rn. 175; Widmann/Mayer/Widmann Rn. 78; Dötsch/Pung/Möhlenbrock/Patt Rn. 117; Brandis/Heuermann/Nitzschke Rn. 63; Frotscher/Drüen/Mutscher Rn. 134). Ist ein Kommanditist an der Kommanditgesellschaft auch atypisch still beteiligt, liegen zwei separate Mitunternehmeranteile vor (BFH DStR 2014, 1385; Rödder/Herlinghaus/van Lishaut/Herlinghaus Rn. 175).

159 b) **Fallkonstellationen.** Bringt nicht der atypisch stille Gesellschafter, sondern der Inhaber eines Betriebs diesen in die KapGes gegen Gewährung von Gesellschaftsrechten ein, so kann vereinbart werden, dass sich die stille Beteiligung an den Betrieb der aufnehmenden KapGes fortsetzt. Es treten dann keine ertragstl. Auswirkungen ein, insbes. kommt es grds. nicht zu einer Gewinnrealisierung (Rödder/Herlinghaus/van Lishaut/Herlinghaus Rn. 175; Widmann/Mayer/Widmann Rn. 78). Bringt der atypisch stille Gesellschafter seine Beteiligung nach Maßgabe des Abs. 1 gegen Gewährung von Gesellschaftsrechten auf den Geschäftsinhaber als aufnehmende Gesellschaft ein, wird die atypisch stille Gesellschaft zwar durch Konfusion beendet, es kommt aber nicht zur Aufdeckung von stillen Reserven, sofern ihm Anteile am übernehmenden Rechtsträger gewährt werden (Rödder/Herlinghaus/van Lishaut/Herlinghaus Rn. 175).

160 Wird der Betrieb, an dem die atypisch stille Beteiligung begründet wurde, gegen Gewährung von Gesellschaftsrechten in die KapGes eingebracht und erhält der atypisch stille Gesellschafter zukünftig eine Ergebnisbeteiligung aus dem Anteil an der KapGes, ohne dass ihm aber Kapitalgesellschaftsanteile gewährt werden, so wird die Mitunternehmerschaft der stillen Beteiligung aufgelöst und in eine typische Unterbeteiligung an den Kapitalanteilen umgewandelt (FG Düsseldorf EFG 2001, 1383). Es liegt somit eine Aufgabe des Mitunternehmeranteils vor mit der Konsequenz, dass die stillen Reserven aufgedeckt werden (Rödder/Herlinghaus/van Lishaut/Herlinghaus Rn. 175).

6. Unterbeteiligung

161 Die Unterbeteiligung ist eine Sonderform der InnenGes des bürgerlichen Rechts, die an einem Gesellschaftsanteil (PersGes oder KapGes), nicht aber an der Gesellschaft selbst besteht. Sie kann ohne besondere Mitwirkung durch die Mitgesellschafter wirksam begründet werden, ist der stillen Gesellschaft ähnl. und dem Bestand nach mit dem Schicksal der Hauptbeteiligung verknüpft (BGHZ 50, 316 = NJW 1968, 2003). Da zwischen dem Gesellschafter und dem Unterbeteiligten ein **Gesellschaftsverhältnis** besteht, kann die **Unterbeteiligung an einer gewerblichen PersGes als Mitunternehmerschaft** ausgestaltet sein (Schmidt/Wacker EStG § 15 Rn. 365; Levedag GmbHR 2019, 699). Nach Begr. der UnterbeteiligungsGes besteht die HauptGes neben der UnterbeteiligungsGes (BGHZ 50, 316 = NJW 1968, 2003; BFH BStBl. II 1979, 768). Steuerrechtlich ist der Unterbeteiligte an einem gewerblichen Personengesellschaftsanteil sowohl im Verhältnis zum Hauptbeteiligten (BFH BStBl. II 1992, 512), aber auch nach § 15 I 2 S. 2 EStG mittelbar im Verhältnis zur HauptGes MU (BFH BStBl. II 1998, 137), falls seine Rechtsstellung vertraglich so ausgestaltet ist, dass der Gewerbebetrieb der HauptGes mittelbar anteilig auch für Rechnung des Unterbeteiligten betrieben wird und dieser den Voraussetzungen des Typus eines MU genügt (vgl. BFH BStBl. II 1996, 269; Rödder/Herlinghaus/van Lishaut/Herlinghaus Rn. 176). Für die Mitunternehmerinitiative genügen Kontrollrechte gegenüber dem Hauptbeteiligten (BFH BStBl. II 1998, 137; krit. Bodden FR 2002, 559). Wird eine **Unterbeteiligung an einem GmbH-Anteil** begründet, so entsteht dadurch keine Mitunternehmerschaft des Unterbeteiligten, dieser erzielt vielmehr Einkünfte aus KapVerm (BFH BStBl. II 2006, 253;

Rödder/Herlinghaus/van Lishaut/Herlinghaus Rn. 176). Wird eine Unterbeteiligung am Anteil einer **gewerblich geprägten PersGes** begründet, die selbst keine gewerbliche Tätigkeit ausübt, so soll der Unterbeteiligte selbst kein MU sein (Schmidt/Wacker EStG § 15 Rn. 367; Rödder/Herlinghaus/van Lishaut/Herlinghaus Rn. 176; vgl. aber OFD Frankfurt a. M. 14.3.2011, DStR 2001, 1159).

Abs. 1 ist anzuwenden, wenn der atypische Unterbeteiligte seine als Mitunternehmeranteil zu qualifizierende Beteiligung in die übernehmende KapGes einbringt (BFH BStBl. II 1982, 546; 1982, 646). Entsprechendes gilt, wenn die Unterbeteiligung gleichzeitig mit dem Anteil, an dem sie besteht, eingebracht wird und sowohl der Unterbeteiligte als auch der Hauptbeteiligte Anteile an der übernehmenden KapGes erhalten; die bisherige UnterbeteiligungsGes erlischt (Rödder/Herlinghaus/van Lishaut/Herlinghaus Rn. 176). Das gilt nicht im Fall der Umw nach der (den) Vorschrift(en) des UmwG, da grds. nur die Gesellschafter der umzuwandelnden PersGes Gesellschafter der übernehmenden KapGes werden können (vgl. §§ 2, 123 UmwG), es sei denn, der atypische Unterbeteiligte bringt seinen Mitunternehmeranteil spätestens zum selben Umwandlungsstichtag gegen Gewährung von Gesellschaftsrechten in die übernehmende KapGes ein. Zur Umw der HauptGes vgl. Schindhelm DStR 2003, 1444. **162**

Werden nur dem Hauptbeteiligten Gesellschaftsrechte an der übernehmenden KapGes gewährt, erlischt die UnterbeteiligungsGes oder setzt sich als (zwingend typische) Unterbeteiligung an den gewährten Gesellschaftsrechten der übernehmenden KapGes fort; Folge ist die Realisierung eines **Aufgabegewinns** iHd Diff. des Wertes der Unterbeteiligung an den gewährten Gesellschaftsrechten und dem bisherigen Kapitalkonto des Unterbeteiligten (Rödder/Herlinghaus/van Lishaut/Herlinghaus Rn. 176). **163**

7. Ausländische gewerbliche Personengesellschaft; transparente Kapitalgesellschaft

Die Beteiligung an einer ausl. gewerblichen PersGes kann ein Mitunternehmeranteil bilden, wenn der Gesellschafter Mitunternehmerrisiko und Mitunternehmerinitiative hat und die Gesellschaft über eine inl. Betriebsstätte verfügt oder der Einbringende Inländer ist (Dötsch/Pung/Möhlenbrock/Patt Rn. 118). Nachdem das UmwStG auch grenzüberschreitende Sachverhalte erfasst, kommt es nach der hier vertretenen Meinung (→ § 24 Rn. 117; Rödder/Herlinghaus/van Lishaut/Herlinghaus Rn. 178; vgl. auch Haritz/Menner/Bilitewski/Menner Rn. 141; Schmidt/Wacker EStG § 15 Rn. 173) nur noch darauf an, dass der Gesellschafter Mitunternehmerrisiko und Mitunternehmerinitiative hat. Der ausl. Rechtsträger muss aber nach dem Gesamtbild mit einer dt. PersGes vergleichbar sein (Typenvergleich). Auf die stl. Einordnung des ausl. Rechtsträgers im Ansässigkeitsstaat kommt es insoweit nicht an. Damit können auch Anteile an sog. hybriden Ges, die in ihrem Sitzstaat als stl. intransparent behandelt werden, wohingegen aus dt. Sicht eine PersGes und damit ein transparenter Rechtsträger vorliegt (Brähler/Heerdt StuW 2007, 260; Hey/Bauersfeld IStR 2005, 649), einen Mitunternehmeranteil darstellen (Dötsch/Pung/Möhlenbrock/Patt Rn. 118; Rödder/Herlinghaus/van Lishaut/Herlinghaus Rn. 178; Brandis/Heuermann/Nitzschke Rn. 57; vgl. aber auch Frotscher/Drüen/Mutscher Rn. 129). **164**

8. Partnerschaftsgesellschaft; EWIV

Die PartGes ist eine PersGes, die rechts-, grundbuch- und parteifähig ist. Die PartGes erzielt idR Einkünfte aus selbstständiger Tätigkeit iSv § 18 EStG, wenn alle Partner eine freiberufliche Qualifikation haben und leitend und eigenverantwortlich tätig sind (Rödder/Herlinghaus/van Lishaut/Herlinghaus Rn. 173; Schmidt/ **165**

Wacker EStG § 15 Rn. 334). Die Beteiligung an der PartGes ist als Mitunternehmeranteil iSd Abs. 1 anzusehen, wenn der Gesellschafter Mitunternehmerinitiative und Mitunternehmerrisiko trägt (Rödder/Herlinghaus/van Lishaut/Herlinghaus Rn. 173).

166 Die Europäische Wirtschaftliche Interessen Vereinigung (EWIV) ist eine supranationale Gesellschaftsform innerhalb der EU, welche auf der VO (EWG) 2137/85 (ABl. 1985 L 199, 1) basiert. Hat die EWIV ihren Sitz in Deutschland, gelten ergänzend die Vorschriften des EWIV-Ausführungsgesetzes (BGBl. 1988 I 514) bzw. die Vorschriften zur OHG entsprechend. Soweit die EWIV die Voraussetzungen eines Gewerbebetriebs iSd § 15 EStG erfüllt, kann die Beteiligung an der EWIV als Mitunternehmeranteil iSd Abs. 1 angesehen werden (Rödder/Herlinghaus/van Lishaut/Herlinghaus Rn. 173).

9. Nießbrauch

167 Nießbrauch ist die dingliche Belastung einer Sache, eines Rechts oder eines Vermögens; er berechtigt den Nießbraucher, die Nutzungen zu ziehen (§§ 1030 ff. BGB). Neben dem **Unternehmensnießbrauch** ist der Nießbrauch an einem **Anteil** (KapGes, PersGes) als Nießbrauch an Rechten iSv §§ 1068 ff. BGB zulässig (BGH NJW 1999, 571). Das gilt auch für den Anteil an einer PersGes; dabei ist im Gegensatz zur früher hM (vgl. Schulze zur Wiesche BB 2004, 355) nicht die Vollrechtsübertragung auf den Nießbraucher erforderlich, vielmehr kann nach heute überwiegender Auffassung der Inhalt des Nießbrauchs schuldrechtlich bestimmt werden. Der Nießbraucher wird danach nicht Gesellschafter (OLG München DStR 2016, 2000; BFH BStBl. II 1995, 244; BGH NJW 1999, 571), gleichwohl verteilen sich – das gesellschaftsrechtliche Abspaltungsverbot gilt insoweit nicht – die Gesellschafterrechte zwischen Gesellschafter und Nießbraucher (für Letzteren lfd. Geschäftsführung, Informations- und Kontrollrechte, Erträge). Zum Streitstand vgl. Schmidt/Wacker EStG § 15 Rn. 305 ff.).

168 Auch nach Bestellung eines Nießbrauchs am Gesellschaftsanteil selbst behält nach Ansicht des BFH (BFH BStBl. II 1995, 241; vgl. zuletzt BFH BStR 2020, 382 zu § 13a ErbStG) der **Anteilsinhaber** grds. einen hinreichenden Bestand an vermögensrechtlicher Substanz des nießbrauchsbelasteten Gesellschaftsanteils und einen hinreichenden Bestand an gesellschaftsrechtlichen Mitwirkungsrechten zurück, der seine bisherige Stellung als Gesellschafter und MU aufrechterhalten kann. Anders ist es, wenn der Nießbraucher alle Gesellschaftsrechte wahrnehmen soll (BFH BStBl. II 2013, 635; BStBl. II 2010, 555; FG Düsseldorf EFG 2016, 1727; vgl. auch Wälzholz DStR 2010, 1786). Dem **Nießbrauchsberechtigten** stehen grds. Fruchtziehungsrechte zu, die jedoch auf den gesellschaftsrechtlich entnahmefähigen Ertrag beschränkt sind; darüber hinausgehende Ansprüche auf Zahlung von Gewinn stehen dem Nießbraucher nicht zu (BGHZ 58, 316 = NJW 1972, 1755). Insbes. erhält der Nießbrauchsberechtigte nicht den Ertrag, der sich aus der Realisierung der stillen Reserven des Anlagevermögens ergibt; die Ausschüttung stiller Reserven stellt eine Anteilsminderung dar und gebührt deshalb dem Anteilsinhaber und nicht dem Nießbrauchsberechtigten (BFH BStBl. II 1995, 241). Der Nießbrauchsbesteller hat auch nach der Nießbrauchsbestellung weiterhin grds. Mitunternehmerinitiative. Soweit dem Nießbraucher der Gesellschaftsanteil nicht treuhänderisch übertragen worden ist, stehen ihm die Mitwirkungsrechte des Gesellschafters bei Beschlüssen der Gesellschaft über die lfd. Angelegenheiten der Gesellschaft und die zur Sicherung seines Fruchtziehungsrechts notwendigen Kontroll- und Informationsrechte zu. Dem Nießbrauchsbesteller wird die Kompetenz, bei Beschlüssen, welche die Grundlage der Gesellschaft betreffen, selbst abzustimmen, durch die Einräumung eines Nießbrauchs an seinem Anteil grds. nicht genommen (BGH NJW 1999, 571; BFH BStBl. II 1995, 241). Neben dem Nießbrauchsbesteller ist der Nießbraucher dann

MU, wenn er aufgrund der im Einzelfall getroffenen Abrede oder mangels solcher gesetzlich (vgl. dazu Gschwendtner NJW 1995, 1875) eine rechtliche und tatsächliche Stellung erlangt, die den Voraussetzungen des Typusbegriffes des Mitunternehmers entspricht; Letzteres wird zum Teil von der FVerw im Hinblick auf das Urteil des BFH vom 19.7.2018 Rn. 36 (DStR 2018, 2372) in Zweifel gezogen (vgl. dazu Hermes Ubg 2018, 566; Stein ZEV 2019, 131; Levedag GmbHR 2019, 699; Stein BB 2021, 28; BMF BStBl. I 2019, 1291 Rn. 7 zu § 6 III EStG). Neben dem Recht auf Gewinnbeteiligung und einer ggf. vereinbarten Verlustbeteiligung ist dazu weiter erforderlich, dass dem Nießbraucher wenigstens ein Teil der mit der Mitgliedschaft verbundenen Verwaltungsrechte zukommt, bspw. Stimmrechte hinsichtlich lfd. Geschäfte der PersGes (vgl. BFH/NV 2016, 742; DStR 2010, 1374; FG BW EFG 2006, 793; FG Köln EFG 2003, 587; G. Söffing/Jordan BB 2004, 535; Schön StbJb 1996/1997, 66; Schmidt/Wacker EStG § 15 Rn. 306 f.).

V. Übernehmender Rechtsträger – Kapitalgesellschaft, Genossenschaft

169 Übernehmende Gesellschaft können KapGes und Gen sein. Nach dem Gesetz zur Einführung der SCE und zur Änderung des Genossenschaftsrechts v. 14.8.2006 sind gesellschaftsrechtlich bei Gen erstmals Sacheinlagen als Einzahlungen auf Geschäftsanteile zugelassen (§ 7a III GenG). Alle anderen Körperschaften, Personenvereinigungen und Vermögensmassen scheiden als übernehmender Rechtsträger aus; eine analoge Anwendung kommt insoweit nicht in Betracht (Rödder/Herlinghaus/van Lishaut/Herlinghaus Rn. 190; Brandis/Heuermann/Nitzschke Rn. 67).

169a Die FVerw (BMF 10.11.2021 BStBl. I 2021, 2212 Rn. 100) geht davon aus, dass eine nach § 1a KStG zur Körperschaftsteuer optierende PersGes übernehmender Rechtsträger iSd § 20 sein kann (ebenso BeckOK KStG/Brühl § 1a Rn. 93; Dötsch/Pung/Möhlenbrock/Pung KStG § 1a Rn. 13; Streck/Mückl KStG § 1a Rn. 25; Böhmer/Schewe FR 2022, 69). Davon ging offensichtlich auch der Gesetzgeber aus (BT-Drs 19/28656, 21 f.), obwohl dieser ausdrücklich feststellt, dass die Ausübung der Option nichts daran ändert, dass die Gesellschaft, die für Zwecke der Besteuerung nach dem Einkommen „wie eine Kapitalgesellschaft" zu behandeln ist, zivilrechtlich nach wie vor eine PersGes ist. Dieser Auffassung der FVerw kann iE gefolgt werden. Nach § 1 IV Nr. 1 muss im Anwendungsbereich des Sechsten bis Achten Teils des UmwStG übernehmender Rechtsträger eine Europäische Gesellschaft iSd VO (EG) 2157/2001, eine Europäische Genossenschaft iSd VO (EG) 1435/2003 oder eine andere Gesellschaft iSd Art. 54 des Vertrags über die Arbeitsweise der Europäischen Union oder des Art. 34 des Abkommens über den Europäischen Wirtschaftsraum ist, deren Sitz und Ort der Geschäftsleitung sich innerhalb des Hoheitsgebiets eines dieser Staaten befindet. Diese Voraussetzungen erfüllt eine PershGes, sie kann damit im Grundsatz übernehmender Rechtsträger sein. Der Anwendungsbereich des § 20 ist damit eröffnet. Übernehmender Rechtsträger iSd Abs. 1 muss eine KapGes oder GenGes sein. Gemäß § 1a I 1 KStG gilt: Auf unwiderruflichen Antrag sind für Zwecke der Besteuerung nach dem Einkommen eine PershGes oder PartGes wie eine KapGes (optierende Ges) und ihre Gesellschafter wie die nicht persönlich haftenden Gesellschafter einer KapGes zu behandeln. Diese Fiktion gilt auch im Anwendungsbereich des Abs. 1. Der Einbringungsstichtag muss eine logische Sekunde nach dem Einbringungszeitpunkt iSd § 1a II 3 KStG liegen.

170 Das Gesetz verlangt nicht, dass die übernehmende KapGes/Gen vor der Einbringung bereits rechtlich bestanden hat. Deshalb kann die übernehmende KapGes auch erst mit der Einbringung gegründet werden und später mit der Eintragung entstehen. Die Rückbeziehung des Einbringungsvorgangs hängt nicht davon ab, ob die übernehmende KapGes zum stl. Übertragungsstichtag bereits existierte oder nicht (BMF

D UmwStG § 20 171–173 Umwandlungssteuergesetz

11.11.2011, BStBl. I 2011, 1314 Rn. 20.15 iVm Rn. 02.11; Rödder/Herlinghaus/ van Lishaut/Herlinghaus Rn. 190; Dötsch/Pung/Möhlenbrock/Patt Rn. 155; Widmann/Mayer/Widmann Rn. 393; Brandis/Heuermann/Nitzschke Rn. 69). Eine **Vorgründungsgesellschaft** (eine zukünftige KapGes vor notarieller Beurkundung des Gesellschaftsvertrages) kann nicht übernehmende KapGes sein (Rödder/Herlinghaus/van Lishaut/Herlinghaus Rn. 116a; Haritz/Menner/Bilitewski/Menner Rn. 291; Brandis/Heuermann/Nitzschke Rn. 47), da sie als PersGes zu werten ist, mit der Folge, dass sie – falls sie gewerblich tätig wird – stl. als Mitunternehmerschaft iSv § 15 I Nr. 2 EStG behandelt wird (BFH BStBl. II 1990, 91). Entsprechendes gilt nach herrschender Auffassung auch für die Aufgabe oder das Scheitern der beabsichtigten Gründung einer KapGes (BFH BStBl. III 1952, 172; FG Hamburg EFG 1989, 594; Rödder/Herlinghaus/van Lishaut/Herlinghaus Rn. 192; aA Streck BB 1972, 261). Hingegen kann die **VorGes** (das ist die Gesellschaft zwischen notarieller Beurkundung und Entstehung durch Eintragung in das Handelsregister) übernehmender Rechtsträger iSv Abs. 1 sein, falls es später zu deren Eintragung kommt (Rödder/Herlinghaus/van Lishaut/Herlinghaus Rn. 192), da sie der mit der Gründung beabsichtigten KapGes nähersteht als der PersGes und folglich wie die KapGes kstpfl. ist (BFH BStBl. II 1993, 352; Widmann/Mayer/Widmann § 21 Rn. 555; Rödder/Herlinghaus/van Lishaut/Herlinghaus Rn. 192; Brandis/Heuermann/ Nitzschke Rn. 67). Steuerrechtlich treten die Wirkungen der Einbringung unabhängig von der zivilrechtlichen Übertragung zum stl. Übertragungsstichtag ein.

171 IRv Abs. 1 ist es unerheblich, ob es sich bei dem übernehmenden Rechtsträger um eine aktive Gesellschaft oder um einen bloßen Mantel handelt (Rödder/Herlinghaus/van Lishaut/Herlinghaus Rn. 190). Abs. 1 ist unabhängig davon anwendbar, ob die übernehmende Gesellschaft **unbeschränkt** oder **beschränkt kstpfl.** ist (BMF 11.11.2011, BStBl. I 2011, 1314 Rn. 01.54; Dötsch/Pung/Möhlenbrock/Patt Rn. 9; Widmann/Mayer/Widmann Rn. R 26; Rödder/Herlinghaus/van Lishaut/ Herlinghaus Rn. 191; Haritz/Menner/Bilitewski/Menner Rn. 290; BeckOK UmwStG/Dürrschmidt Rn. 731; Haase/Hofacker/Hofacker Rn. 37).

172 Übernehmender Rechtsträger kann grds. jede inl. oder ausl. KapGes oder Gen sein, soweit diese die Ansässigkeitserfordernisse des § 1 IV 1 erfüllt (BT-Drs. 16/ 2710, 42; Widmann/Mayer/Widmann Rn. R 7 ff.; Dötsch/Pung/Möhlenbrock/ Patt Rn. 155; Rödder/Herlinghaus/van Lishaut/Herlinghaus Rn. 189, 191). Nach **§ 1 IV 1 Nr. 1** kommen nur in- oder ausl. KapGes oder Gen als übernehmende Rechtsträger in Betracht. Der übernehmende Rechtsträger muss damit nach den Rechtsvorschriften eines Mitgliedstaates der EU oder des EWR gegründet worden sein und in einem der Mitgliedstaaten auch seinen Sitz und Ort der Geschäftsleitung haben (BMF 11.11.2011, BStBl. I 2011, 1314 Rn. 01; Widmann/Mayer/Widmann Rn. R 12 ff.; Rödder/Herlinghaus/van Lishaut/Herlinghaus Rn. 191; Brandis/ Heuermann/Nitzschke Rn. 67; Frotscher/Drüen/Mutscher Rn. 70). Die Geschäftsleitung muss sich nicht in dem Staat befinden, nach dessen Recht die KapGes bzw. Gen gegründet worden ist (Frotscher/Drüen/Mutscher Rn. 70; ebenso BMF 11.11.2011, BStBl. I 2011, 1314 Rn. 01.49). Die persönlichen Anwendungsvoraussetzungen müssen nach Auffassung der FVerw (BMF 11.11.2011, BStBl. I 2011, 1314 Rn. 01.55) am stl. Übertragungsstichtag vorliegen. Wurde der übernehmende Rechtsträger im stl. Rückwirkungszeitraum neu gegründet, ist für diesen auf den Zeitpunkt der zivilrechtlichen Wirksamkeit der Gründung abzustellen. Bei der Einbringung zur Neugründung ist der Zeitpunkt der zivilrechtlichen Wirksamkeit der Einbringung maßgebend (BMF 11.11.2011, BStBl. I 2011, 1314 Rn. 01.55 iVm Rn. 01.52; zu weiteren Einzelheiten → § 1 Rn. 70).

173 Als übernehmende KapGes kommen in Betracht die **AG** und die **GmbH.** Soweit übernehmender Rechtsträger die **KGaA** ist, liegt die Gewährung neuer Anteile an der Gesellschaft iSd Abs. 1 nur insoweit vor, als der Einbringende dafür Aktien erhält. Erfolgt die Einbringung eines Betriebs, Teilbetriebs oder Mitunternehmeranteils nicht in das Grundkapital der KGaA, sondern als Vermögenseinlage des phG, scheidet die Anwendung des § 20 aus. Ebenso erfasst wird die **europäische Gesellschaft** (Widmann/Mayer/Widmann Rn. 8; Dötsch/Pung/Möhlenbrock/Patt Rn. 155; Rödder/Herlinghaus/van Lishaut/Herlinghaus Rn. 193; Frotscher, Internationalisierung des ErtragStR, 2007, Rn. 343). § 20 findet auch für ausl. übernehmende Gesellschaften Anwendung, wenn sie dem Typus der in § 1 I Nr. 1 KStG genannten Gesellschaft entsprechen (→ § 1 Rn. 23; Rödder/Herlinghaus/van Lishaut/Herlinghaus Rn. 194; Dötsch/Pung/Möhlenbrock/Patt Rn. 155).

Übernehmender Rechtsträger kann vorbehaltlich der Ansässigkeitserfordernisse 174 in § 1 IV 1 auch eine Gen sein. Neben europäischen Gen kommen inl. und nach den Grundsätzen des Typenvergleichs inl. Gen vergleichbare ausl. Gen als übernehmender Rechtsträger in Betracht (Widmann/Mayer/Widmann Rn. R 10 f., 16; Rödder/Herlinghaus/van Lishaut/Herlinghaus Rn. 195; Dötsch/Pung/Möhlenbrock/Patt Rn. 155; Brandis/Heuermann/Nitzschke Rn. 67).

Obwohl der Gesetzestext von einer KapGes oder einer Gen spricht, in die ein 175 Betrieb, Teilbetrieb oder Mitunternehmeranteil eingebracht werden kann, ist § 20 auch bei Einbringung einer Vermögensmasse nach Teilung auf **mehrere übernehmende Rechtsträger** anwendbar. Das setzt voraus, dass gegenüber jedem übernehmenden Rechtsträger die Voraussetzungen des § 20 erfüllt sind; denkbar wäre zB die Einbringung mehrerer Teilbetriebe in mehrere übernehmende Rechtsträger. Gleiches gilt für die Einbringung mehrerer Mitunternehmeranteile bzw. Teile von Mitunternehmeranteilen (Widmann/Mayer/Widmann Rn. 418; Brandis/Heuermann/Nitzschke Rn. 70).

VI. Der Einbringende

1. Natürliche Person

Einbringender kann eine natürliche Person sein, die in Deutschland unbeschränkt 176 stpfl. ist, oder wenn sie entweder den Wohnsitz oder den gewöhnlichen Aufenthaltsort in einem EU- oder EWR-Staat hat und nicht aufgrund eines DBA mit einem Drittstaat als außerhalb des EU- bzw. EWR-Raumes ansässig gilt (BT-Drs. 16/2710, 42; Widmann/Mayer/Widmann Rn. R 30; Rödder/Herlinghaus/van Lishaut/Herlinghaus Rn. 203; Brandis/Heuermann/Nitzschke Rn. 65). Hat eine natürliche Person ihren Wohnsitz und gewöhnlichen Aufenthalt außerhalb der EU/des EWR-Bereichs, kommt Abs. 1 zur Anwendung, wenn Deutschland das Besteuerungsrecht hinsichtlich des Gewinns aus der Veräußerung der erhaltenen Anteile zusteht (§ 1 IV 1 Nr. 1 lit. b). Die Prüfung, ob das Besteuerungsrecht Deutschlands ausgeschlossen oder beschränkt ist, erfolgt zum stl. Übertragungsstichtag zeitpunktbezogen (Dötsch/Pung/Möhlenbrock/Patt Rn. 14; Rödder/Herlinghaus/van Lishaut/Herlinghaus Rn. 204; Haritz/Menner/Bilitewski/Menner Rn. 277; Brandis/Heuermann/Nitzschke Rn. 65; aA BMF 11.11.2011 BStBl. I 2011, 1314 Rn. 01.55). Ob das Besteuerungsrecht nach dem Einbringungsstichtag verloren geht, ist für Zwecke des persönlichen Anwendungsbereichs des § 20 ohne Bedeutung (Dötsch/Pung/Möhlenbrock/Patt Rn. 14; Haritz/Menner/Bilitewski/Menner Rn. 281; vgl. aber § 22 I 6 Nr. 6).

2. Körperschaft, Personenvereinigungen und Vermögensmasse

Einbringende können nach § 1 IV 1 Nr. 2 Gesellschaft iSd Art. 54 AEUV/ 177 Art. 34 EWRAbk sein, die nach den Vorschriften eines Mitgliedstaates der EU oder des EWR gegründet worden sind und im Hoheitsgebiet eines dieser Staaten ihren Sitz und den Ort der Geschäftsleitung haben. Insoweit sind zunächst alle Körperschaften, Personenvereinigungen und Vermögensmassen nach § 1 KStG erfasst (Rödder/Herlinghaus/van Lishaut/Herlinghaus Rn. 199; Widmann/ Mayer/Widmann Rn. R 31 ff.; Brandis/Heuermann/Nitzschke Rn. 65). Dazu zählen insbes. die KapGes und Gen einschl. der SE und der SCE, wenn sie die Ansässigkeitserfordernisse erfüllen. Auch steuerbefreite Körperschaften können übertragende Rechtsträger sein (Widmann/Mayer/Widmann Rn. R 40; Rödder/ Herlinghaus/van Lishaut/Herlinghaus Rn. 200; Brandis/Heuermann/Nitzschke Rn. 65), ebenso wie juristische Personen des öffentlichen und Privatrechts, soweit diese einen Erwerbszweck verfolgen (Haritz/Menner/Bilitewski/Menner Rn. 270; Rödder/Herlinghaus/van Lishaut/Herlinghaus Rn. 201). Einbringende können daher insbes. sein VVaG, rechtsfähige Vereine und rechtsfähige Stiftungen sowie Betriebe gewerblicher Art von juristischen Personen des öffentlichen Rechts (Widmann/Mayer/Widmann Rn. R 32 f.). Bringt eine juristische Person des öffentlichen Rechts einen von ihr betriebenen Betrieb gewerblicher Art iSv § 1 IV Nr. 6 KStG ein, so ist sie selbst als Einbringender iSv § 20 anzusehen (Widmann/Mayer/ Widmann Rn. R 32; BMF 11.11.2011, BStBl. I 2011, 1314 Rn. 01.53). Ist die Körperschaft an einer Mitunternehmerschaft beteiligt, deren Gegenstand bei ihr selbst einen Betrieb gewerblicher Art im vorbezeichneten Sinne darstellen würde, gilt die Beteiligung als selbstständiger Betrieb gewerblicher Art (BFH BStBl. II 1984, 726; Widmann/Mayer/Widmann Rn. R 34). Auch in diesem Fall ist Einbringender die Körperschaft selbst. Ob ein nicht rechtsfähiger Verein Einbringender sein kann, ist nicht abschließend geklärt (vgl. Orth DB 2007, 419; Rödder/ Herlinghaus/van Lishaut/Herlinghaus Rn. 30; Dötsch/Pung/Möhlenbrock/Patt Rn. 14; Widmann/Mayer/Widmann Rn. R 38 f.).

178 Liegen die Voraussetzungen des § 1 IV Nr. 1, Nr. 2 lit. a in der Person des Einbringenden nicht vor, kommt der 6. Teil des UmwStG dennoch zur Anwendung, wenn das Besteuerungsrecht hinsichtlich des Gewinns aus der Veräußerung der erhaltenen Anteile nicht ausgeschlossen oder beschränkt wird (§ 1 IV 1 Nr. 2 lit. b). Die Prüfung erfolgt zeitpunktbezogen auf den stl. Übertragungsstichtag (Dötsch/ Pung/Möhlenbrock/Patt Rn. 14; Haritz/Menner/Bilitewski/Menner Rn. 277; Rödder/Herlinghaus/van Lishaut/Herlinghaus Rn. 205; aA BMF 11.11.2011 BStBl. I 2011, 1314 Rn. 01.55).

3. Mitunternehmer und Mitunternehmerschaft als Einbringender

179 Einbringender iSv Abs. 1 kann ein MU oder eine **Mitunternehmerschaft** sein. § 1 IV 1 Nr. 2 erfasst auch PersGes oder transparente Gesellschaft (→ § 3 Rn. 19) als einbringende Rechtsträger, soweit an der PersGes Körperschaften, Personenvereinigungen, Vermögensmassen oder natürliche Personen unmittelbar oder mittelbar über eine oder mehrere PersGes beteiligt sind, welche ihrerseits kumulativ die Voraussetzungen des § 1 IV erfüllen (BMF 11.11.2011, BStBl. I 2011, 1314 Rn. 01.53; → § 1 Rn. 123 ff.). Liegen die Voraussetzungen nicht vor, werden die stl. Konsequenzen bei den jeweiligen MU gezogen (BT-Drs. 16/2710, 42; Dötsch/ Pung/Möhlenbrock/Patt Rn. 169; Rödder/Herlinghaus/van Lishaut/Herlinghaus Rn. 202).

180 **a) Mitunternehmer als Einbringender.** Ist der **Einbringende** MU, kann eine Einbringung durch ihn vorliegen, wenn er seinen Mitunternehmeranteil, einen Bruchteil davon, eine in seinem SBV stehende Beteiligung an einer anderen KapGes oder einen in seinem SBV stehenden Betrieb oder Teilbetrieb einbringt und dafür neue Anteile am übernehmenden Rechtsträger erhält. In diesen Fällen tritt entweder die übernehmende KapGes als MU an die Stelle des Einbringenden oder sie tritt als weiterer MU neben den Einbringenden; denkbar ist weiter, dass die gewährten Geschäftsanteile **SBV** des Einbringenden bei der ursprünglichen und weiterbestehenden Mitunternehmerschaft werden.

b) Mitunternehmerschaft als Einbringende. Ob bzw. unter welchen Voraussetzungen eine Mitunternehmerschaft als solche Einbringende iSd § 20 sein kann, ist im Einzelnen umstritten. Im UmwStE 1998 (BMF 25.3.1998, BStBl. I 1998, 268 Rn. 20.05) ging die FVerw davon aus, dass bei der Einbringung durch eine PersGes unabhängig von der zivilrechtlichen Rechtslage jeweils die an dieser PersGes beteiligten natürlichen/juristischen Personen Einbringende iSd § 20 I seien. Diese Auffassung hat die FVerw aufgegeben. Nunmehr ist nach Auffassung der FVerw **einbringender Rechtsträger** der Rechtsträger, **dem die Gegenleistung zusteht** (BMF 11.11.2011, BStBl. I 2011, 1314 Rn. 20.02; krit. Rasche GmbHR 2012, 149; BeckOK UmwStG/Dürrschmidt Rn. 636.1). Gegenleistungen idS sind die am übernehmenden Rechtsträger neu gewährten Anteile. Nicht ganz klar ist, ob sich das Zustehen dieser Anteile aus der Sicht der FVerw nach zivilrechtlichen oder aber steuerrechtlichen Vorgaben richtet. So soll nach Auffassung der FVerw Einbringender iSd § 20 der MU einer PersGes sein, wenn die PersGes, deren BV übertragen wird, in Folge der Einbringung aufgelöst wird und die Anteile an der übernehmenden KapGes daher zivilrechtlich den MU zustehen. Beispielhaft wird hier die Verschm einer PersGes auf eine KapGes genannt (vgl. BMF 11.11.2011, BStBl. I 2011, 1314 Rn. 20.03 S. 1, 2). Andererseits wird aber auch ausgeführt, dass die übertragende PersGes als Einbringende gilt, wenn sie als Mitunternehmerschaft nach der Einbringung fortbesteht und ihr die Anteile am übertragenden Rechtsträger gewährt werden; insoweit wird auf die Ausgliederung auf eine KapGes Bezug genommen (BMF 11.11.2011, BStBl. I 2011, 1314 Rn. 20.03 Abs. 2 S. 2). Nach richtiger Auffassung tritt die zivilrechtliche Betrachtungsweise hinter der **steuerrechtlichen Betrachtungsweise** zurück (Haritz/Menner/Bilitewski/Menner Rn. 273). Gliedert eine Mitunternehmerschaft ihren gesamten Betrieb auf eine Tochterkapitalgesellschaft aus, so sind nach richtiger Auffassung die hinter der Mitunternehmerschaft stehenden MU als Einbringende anzusehen, selbst wenn die neuen Anteile am übernehmenden Rechtsträger der PersGes als Gegenleistung gewährt werden, falls die PersGes nach der Ausgliederung kein BV mehr besitzt. In diesem Fall sind nämlich die neuen Anteile am übernehmenden Rechtsträger zwar zivilrechtliches Gesamthandsvermögen (vgl. → § 24 Rn. 1) der übertragenden PersGes, aber steuerrechtlich gem. § 39 II Nr. 2 AO unmittelbar den hinter der PersGes stehenden Gesellschaftern in ihrer Beteiligungsquote zuzurechnen (Dötsch/Pung/Möhlenbrock/Patt Rn. 169a; Widmann/Mayer/Widmann Rn. 46; Rödder/Herlinghaus/van Lishaut/Herlinghaus Rn. 77; Haritz/Menner/Bilitewski/Menner Rn. 273; vgl. auch BFH BStBl. II 1996, 342; Frotscher/Drüen/Mutscher Rn. 66).

Einbringender iSd § 20 ist damit **eine Mitunternehmerschaft,** wenn sie einen Betrieb, Teilbetrieb oder einen Mitunternehmeranteil auf den übernehmenden Rechtsträger überträgt, die neuen Anteile am übernehmenden Rechtsträger erhält und nach der Einbringung als Mitunternehmerschaft fortbesteht (Dötsch/Pung/Möhlenbrock/Patt Rn. 169a; Widmann/Mayer/Widmann Rn. 49 ff.; Brandis/Heuermann/Nitzschke Rn. 66 ff.; Rödder/Herlinghaus/van Lishaut/Herlinghaus Rn. 77; Haritz/Menner/Bilitewski/Menner Rn. 273; BeckOK UmwStG/Dürrschmidt Rn. 696.1; vgl. auch BFH DStR 2014, 1384).

Wird eine **PersGes auf eine KapGes verschmolzen,** so stehen nicht nur zivilrechtlich, sondern auch steuerrechtlich die neuen Anteile am übernehmenden Rechtsträger dem Mitunternehmern der übertragenden PersGes zu, sie sind damit Einbringende iSd § 20 (BMF 11.11.2011, BStBl. I 2011, 1314 Rn. 20.03; Haritz/Menner/Bilitewski/Menner Rn. 274; Eisgruber/Brandstetter Rn. 66). Da der Einbringungsgegenstand sich nach dem zu Grunde liegenden Rechtsgeschäft richtet (BMF 11.11.2011, BStBl. I 2011, 1314 Rn. 20.05; Brandis/Heuermann/Nitzschke Rn. 66a), bringen in diesem Fall die MU jedoch nicht ihren Mitunternehmeranteil ein, Einbringungsgegenstand ist vielmehr der durch die PersGes übertragene Betrieb (auch → Rn. 19; krit. Rasche GmbHR 2012, 149).

184 Wird von einer PersGes Vermögen auf eine KapGes **abgespalten** und erhalten damit die MU der übertragenden PersGes nicht nur zivilrechtlich, sondern auch steuerrechtlich die neuen Anteile am übernehmenden Rechtsträger, sind sie selbst Einbringende (Haritz/Menner/Bilitewski/Menner Rn. 274; Rödder/Herlinghaus/van Lishaut/Herlinghaus Rn. 74); auch in diesem Fall werden jedoch nicht Teile eines Mitunternehmeranteils eingebracht, sondern das übertragene Vermögen, so wie es sich bei der übertragenden PersGes steuerrechtlich darstellt (zB Teilbetrieb usw zur nicht verhältniswahrenden Abspaltung von Vermögen durch eine PersGes auf eine KapGes, vgl. Stangl GmbHR 2012, 253; Benz/Rosenberg DB-Beil. 1/2012, 38; Rödder/Herlinghaus/van Lishaut/Herlinghaus Rn. 74).

185 Liegt eine **Einbringung durch die Mitunternehmerschaft** als solche vor, so ergeben sich daraus **folgende Konsequenzen:**
– Das **Wahlrecht** auf BW, ZW und der Ansatz mit dem gemeinen Wert kann nur einheitlich bezogen auf das gesamte übertragene Vermögen ausgeübt werden (Brandis/Heuermann/Nitzschke Rn. 66a; offengelassen von Schneider/Ruoff/Sistermann FR 2012, 1; aA Rödder/Herlinghaus/van Lishaut/Herlinghaus Rn. 78); eine unterschiedliche Aufstockung pro Mitunternehmeranteil scheidet dann aus. Etwas anderes gilt nur dann, wenn die Mitunternehmerschaft mehrere Einbringungen vornimmt (Widmann/Mayer/Widmann Rn. R 54).
– Wird **SBV zurückgehalten,** welches eine wesentliche Grundlage des Betriebs oder Teilbetriebs des Gesamthandsvermögens (vgl. → § 24 Rn. 1) darstellt, so findet § 20 insgesamt keine Anwendung (→ Rn. 19). Wird ein Teilbetrieb I ausgegliedert, so ist wesentliches SBV, welches diesem Betrieb zuzuordnen ist, auf den übernehmenden Rechtsträger mit zu übertragen, wesentliches SBV, was einem anderen Teilbetrieb zugeordnet wird, muss nicht mit übertragen werden (Widmann/Mayer/Widmann Rn. R 51; Kalser DStR-Beihefter zu Heft 2/2012, 13; Kamphaus/Birnbaum Ubg 2012, 293; aM Rödder/Herlinghaus/van Lishaut/Herlinghaus Rn. 78; Schneider/Ruoff/Sistermann FR 2012, 1; auch → Rn. 100 f.). SBV, welches eine funktional wesentliche Betriebsgrundlage bezogen auf den Mitunternehmeranteil darstellt, muss nicht auf den übernehmenden Rechtsträger übertragen werden, wenn es keine funktional wesentliche Betriebsgrundlage des eingebrachten Betriebes ist, zB SBV II (→ Rn. 70).
– Eine **Aufstockung von BW** gem. Abs. 2 S. 2 Nr. 2, Abs. 2 S. 4 richtet sich nicht danach, ob beim einzelnen Gesellschafter für seinen Anteil diese Voraussetzungen gegeben sind, sondern nach dem insgesamt übertragenen Vermögen (Widmann/Mayer/Widmann Rn. R 50, 53; Rödder/Herlinghaus/van Lishaut/Herlinghaus Rn. 78; Kamphaus/Birnbaum Ubg 2012, 293; zu den sich daraus ergebenden Problemen → Rn. 338 f.). Zudem kann der absolute Freibetrag iSv Abs. 2 S. 2 Nr. 4 lit. b nur einmal eingeräumt werden.
– Bringt bei einer **doppelstöckigen PersGes** die OberPersGes Anteile an der UnterPersGes ein, so ist Einbringender im Grundsatz die OberPersGes und nicht deren Gesellschafter (BMF 11.11.2011, BStBl. I 2011, 1314 Rn. 20.03; BFH DStR 2014, 1384; Widmann/Mayer/Widmann Rn. R 60; auch → Rn. 145 ff.). Bringt die UnterPersGes einen Teilbetrieb, oder einen Mitunternehmeranteil nach Maßgabe des § 20 in einen übernehmenden Rechtsträger ein, so gilt die UnterGes als Einbringender (auch → Rn. 145 ff.).
– Kommt es zu einer Buchwertverknüpfung, so sind aufgrund der Regelungen in § 15 I 2 EStG die Sonder- und Ergänzungsbilanzen des Einbringenden zwingend zu berücksichtigen. Der Ansatz der WG in der StB der KapGes muss also einschl. des in der Ergänzungsbilanz ausgewiesenen Mehr- oder Minderkapitals erfolgen (vgl. dazu Ott GStB 2000, 375).

Eine nach § 1a KStG zur Körperschaftsteuer optierende PersGes kann Ein- 185a
bringender iSd Abs. 1 sein. Nach § 1 IV Nr. 2 lit. a bb) iVm Nr. 1 kann im Anwendungsbereich des 6.–8. Teils des UmwStG übertragender Rechtsträger eine Europäische Gesellschaft iSd VO (EG) 2157/2001, eine Europäische Genossenschaft iSd
VO (EG) 1435/2003 oder eine andere Gesellschaft iSd Artikels 54 des Vertrags über
die Arbeitsweise der Europäischen Union oder des Artikels 34 des Abkommens über
den Europäischen Wirtschaftsraum ist, deren Sitz und Ort der Geschäftsleitung sich
innerhalb des Hoheitsgebiets eines dieser Staaten befindet. Diese Voraussetzungen
erfüllt eine optierende PershGes. Der Anwendungsbereich der §§ 11–13 ist nach
der hier vertrM (vgl. → § 11 Rn. 10a) nicht eröffnet, wenn eine zur Körperschaft
optierende PersGes auf eine KapGes verschmolzen wird. Nach § 1 IV Nr. 2 lit. a bb)
iVm Nr. 1 ist der Anwendungsbereich des § 20 für eine PersGes als übertragender
Rechtsträger eröffnet, denn im Gegensatz zu § 1 I Nr. 1 wird insoweit nicht auf
eine Körperschaft als übertragenden Rechtsträger Bezug genommen. Da die übertragende PersGes im Zusammenhang mit der Verschm in übernehmenden Rechtsträger aufgeht und die neuen Anteile am übernehmenden Rechtsträgern den Gesellschaftern der übertragenden PersGes gewährt werden, sind diese Einbringende.
Eingebracht wird der Betrieb der optierenden Gesellschaft. Der Verschmelzungsstichtag muss eine logische Sekunde nach dem Einbringungszeitpunkt iSd § 1a II 3
KStG liegen.

VII. Einbringungstatbestände

1. Übersicht

Einbringung iSv Abs. 1 bedeutet die **Verschaffung des zivilrechtlichen** 186
Eigentums bzw. des **wirtschaftlichen Eigentums** (BMF 11.11.2011, BStBl. I
2011, 1314 Rn. 01.43, str.; → Rn. 21) an denjenigen WG, die in ihrer Gesamtheit
einen Betrieb oder Teilbetrieb ausmachen, oder die Abtretung eines **Mitunternehmeranteils.** Die Einbringung der WG muss in einem einheitlichen Vorgang erfolgen, dh aufgrund eines einheitlichen Willensentschlusses in einem zeitlichen und
sachlichen Zusammenhang (Rödder/Herlinghaus/van Lishaut/Herlinghaus
Rn. 205; Dötsch/Pung/Möhlenbrock/Patt Rn. 163; Brandis/Heuermann/
Nitzschke Rn. 27). Die Einbringung ist dadurch gekennzeichnet, dass die Vermögensübertragung **gegen Gewährung neuer Anteile** an der übernehmenden Kap-
Ges erfolgen muss. Damit erfüllen nur solche Vermögensübertragungen den Begriff
der Einbringung, die im zivilrechtlich Gegenstand einer **Sachgründung** (vgl. § 5 IV
GmbHG; § 27 AktG) oder einer **KapErh gegen Sacheinlage** (vgl. § 56 GmbHG;
§ 183 AktG) bzw. einer **Umw** mit KapErh der übernehmenden KapGes nach den
unter §§ 20, 25 zu subsumierenden Umwandlungsvorgängen des UmwG sein können. Keine Einbringung iSd § 20 liegt vor, wenn bei der Gründung oder KapErh
zunächst eine Einzahlungsforderung auf Geld begründet wird, obwohl das schon von vorne-
rein die Übertragung einer Sacheinlage vorgesehen war, und später eine Sacheinlage
unter Verrechnung der Einzahlungsforderung auf die KapGes übertragen wird (Wid-
mann/Mayer/Widmann Rn. R 147). Eine Einbringung liegt jedoch vor, wenn bei
einer Sachgründung bzw. Sachkapitalerhöhung auch ein Aufgeld vereinbart wird
(BFH BStBl. II 2010, 1094; Dötsch/Pung/Möhlenbrock/Patt Rn. 159; Brandis/
Heuermann/Nitzschke Rn. 27a).

Eingebracht ist ein Betrieb, Teilbetrieb etc iSv § 20 auch dann, wenn der **Ein-** 187
bringende neben der Übertragung solcher organisatorischen Einheiten **Zuzahlungen** oder **weitere Leistungen** erbringen muss, um die Gesellschaftsanteile zu erhalten (Rödder/Herlinghaus/van Lishaut/Herlinghaus Rn. 205; Widmann/Mayer/
Widmann Rn. R 81).

2. Einbringung durch Umwandlung oder Einzelrechtsnachfolge

188 § 1 III Nr. 1–5 regelt abschließend (BT-Drs. 16/2710, 36; BMF 11.11.2011, BStBl. I 2011, 1314 Rn. 01.43; Dötsch/Pung/Möhlenbrock/Patt Rn. 157; Rödder/Herlinghaus/van Lishaut/Herlinghaus Rn. 210; Frotscher/Drüen/Mutscher Rn. 149; Haritz/Menner/Bilitewski/Menner Rn. 233), für welche Vorgänge der 6.–8. Teil des UmwStG gilt. Dabei handelt es sich um folgende Fälle (iE → § 1 Rn. 78 ff.):
- § 1 III Nr. 1: Die Verschm, die Aufspaltung und Abspaltung iSd §§ 2, 123 I, II UmwG von eGbR (→ Rn. 4), PershGes und PartGes oder vergleichbarer ausl. Vorgänge;
- § 1 III Nr. 2: Die Ausgliederung von Vermögensteilen iSd § 123 III UmwG oder vergleichbare ausl. Vorgänge;
- § 1 III Nr. 3: Der Formwechsel einer PersGes in eine KapGes oder Gen iSd § 190 I UmwG oder vergleichbare ausl. Vorgänge;
- § 1 III Nr. 4: Die Einbringung von BV durch Einzelrechtsnachfolge in eine KapGes, eine Gen oder PersGes;
- § 1 III Nr. 5: Der Austausch von Anteilen.

Die Einbringung kann damit zivilrechtlich durch Einzelrechtsübertragung oder aber Gesamtrechts- bzw. Sonderrechtsnachfolge erfolgen.

189 Wird aufgrund des UmwG oder vergleichbarer ausl. Vorgänge umgewandelt, verdrängen diese die übrigen zivilrechtlichen Einbringungsmodalitäten, soweit die im Einzeleigentum bzw. im Gesamthandsvermögen (vgl. → § 24 Rn. 1) stehenden WG durch Gesamtrechtsnachfolge übergehen, nicht aber die **Tatbestandsvoraussetzungen von Abs. 1** (zB Betrieb, Teilbetrieb, Gewährung neuer Anteile usw). Erfolgt die Einbringung des Betriebs der PersGes nach den Vorschriften des UmwG oder vergleichbarer ausl. Vorgänge in Form der Verschm, Spaltung oder des Formwechsels, nimmt das **SBV** des einzelnen MU nicht unmittelbar an der Umw teil, dh es wird nicht im Zuge der Umw mit auf die KapGes übertragen, da es nicht Teil des Gesamthandsvermögens ist. In diesem Fall muss das SBV, sofern insoweit eine wesentliche Betriebsgrundlage vorliegt, durch gesonderte Vereinbarung zwischen dem wirtschaftlichen Eigentümer und der übernehmenden KapGes auf Letztere zum selben Stichtag in einem einheitlichen Vorgang (→ Rn. 186) übertragen werden (Dötsch/Pung/Möhlenbrock/Patt Rn. 167; Haritz/Menner/Bilitewski/Menner Rn. 161; Brandis/Heuermann/Nitzschke Rn. 50).

190 Bei der **Aufspaltung** überträgt die PersGes zivilrechtlich ihr gesamtes Vermögen auf zwei oder mehrere andere Rechtsträger, wobei die übertragende PersGes untergeht. Demgegenüber bleibt bei der Abspaltung die übertragende PersGes bestehen, sie überträgt nur einen Teil ihres Vermögens auf einen oder mehrere diesen Teil des Vermögens übernehmende andere Rechtsträger. Zum alten UmwStG war nicht abschließend geklärt, ob bei der Auf- oder Abspaltung eine PersGes mit BV die Vorschriften der §§ 20, 24 oder aber (auch) die Grundsätze der Realteilung nach § 16 III 2 EStG zur Anwendung kommen (vgl. BT-Drs. 12/6885, 25; Schulze zur Wiesche DStZ 2004, 366). Nach den gesetzlichen Regelungen im UmwStG 2006 wird die Auf- und Abspaltung einer PerGes oder einer PartGes auf eine andere PersGes, PartGes oder KapGes thematisch durch §§ 20, 24 erfasst ((→ Rn. 4); BMF 11.11.2011, BStBl. I 2011, 1314 Rn. 01.44, Rn. 20.03; Dötsch/Pung/Möhlenbrock/Patt Rn. 161; Haritz/Menner/Bilitewski/Menner Rn. 274; Rödder/Herlinghaus/van Lishaut/Herlinghaus Rn. 211; Brandis/Heuermann/Nitzschke Rn. 32).

191 § 1 III bestimmt, dass der 6. Teil des UmwStG auch für Auf- und Abspaltungen iSd UmwG von eGbR, PhG, PartGes oder vergleichbarer ausl. Vorgänge gilt. Damit ist § 20 in diesen Fällen vorrangig anwendbar.

Die Steuerneutralität des Auf- bzw Abspaltungsvorgangs einer PersGes auf eine **192** KapGes setzt aber voraus, dass ein Betrieb, Teilbetrieb oder Mitunternehmeranteil übertragen wird und das Antragswahlrecht entsprechend ausgeübt wird. Ob das beim übertragenden Rechtsträger verbleibende Vermögen einen Teilbetrieb darstellt, ist ohne Bedeutung (→ Rn. 97). Wird eine PersGes auf- bzw abgespalten und liegen die Voraussetzungen des § 20 nicht vor, weil bspw. das übergehende BV kein Teilbetrieb darstellt, findet § 20 keine Anwendung.

3. Einbringung durch Anwachsung

a) Einfache Anwachsung. Scheidet ein Gesellschafter aus einer PersGes aus, **193** wächst sein Anteil am Gesellschaftsvermögen den übrigen Gesellschaftern zu; der Ausscheidende erhält dafür von den verbleibenden Gesellschaftern grds. eine Abfindung. Die im Gesellschaftsanteil verkörperten **Vermögenswerte gehen unmittelbar auf die verbleibenden Gesellschafter über,** Einzelübertragungen sind rechtlich nicht möglich (BGHZ 32, 307 (317, 318) = NJW 1960, 1664); BGHZ 50, 307 (309) = NJW 1968, 1964). Nach herrschender Auffassung vollzieht sich die Anwachsung durch **Gesamtrechtsnachfolge** (Widmann/Mayer/Widmann Rn. 103; Dötsch/Pung/Möhlenbrock/Patt Rn. 6; Rödder/Herlinghaus/van Lishaut/Herlinghaus Rn. 94; Orth DStR 1999, 1011; aA BMF 11.11.2011, BStBl. I 2011, 1314 Rn. 01.44).

Hauptanwendungsfall der Anwachsung ist in der Praxis die „Umw" einer **194** GmbH & Co. KG durch Ausscheiden der Kommanditisten ohne Abfindungszahlung durch die übernehmende bisherige Komplementär-GmbH (**einfache Anwachsung,** sog. klassisches Anwachsungsmodell; vgl. Schmidt/Wacker EStG § 16 Rn. 505; Orth DStR 1999, 1053). Da die ausscheidenden Gesellschafter **keine neuen Anteile an der übernehmenden KapGes** erhalten, sind § 20 ff. nicht anwendbar (BMF 11.11.2011, BStBl. I 2011, 1314 Rn. E 20.10; Widmann/Mayer/ Widmann Rn. R 106; Dötsch/Pung/Möhlenbrock/Patt Rn. 160; Haritz/Menner/ Bilitewski/Menner Rn. 243; Brandis/Heuermann/Nitzschke Rn. 37; Haase/Hofacker/Hofacker Rn. 46). Erhält der ausscheidende Gesellschafter eine **Barabfindung,** erzielt er einen Veräußerungsgewinn, sofern das Abfindungsguthaben den BW seines Mitunternehmeranteils übersteigt. Ein derartiger Veräußerungsgewinn ist estpfl. bzw. kstpfl. (§ 16 I 2 EStG). Erhält der ausscheidende Gesellschafter überhaupt keine Gegenleistung, obwohl er vermögensmäßig an der KG beteiligt war, so wurde früher die Auffassung vertreten, es werde kein Gewinn realisiert; die Anteile an der Komplementär-GmbH blieben BV, ihre AK seien um den BW der untergegangenen KG-Anteile zu erhöhen (Knobbe-Keuk BilStR § 22 VIII 3 f.). Diese Auffassung ist im Hinblick auf die Neufassung des § 6 VI 2 EStG nicht mehr aufrechtzuerhalten. Die verdeckte Einlage stellt eine Aufgabe des Mitunternehmeranteils dar (FG BW GmbHR 2011, 776), wobei bei der Ermittlung des Aufgabepreises auch der gemeine Wert der GmbH-Anteile anzusetzen ist, die SBV waren (Schmidt/ Wacker EStG § 16 Rn. 505 mwN).

b) Erweiterte Anwachsung. § 20 ist hingegen **anwendbar,** wenn die Gesell- **195** schafter der PersGes nicht entschädigungslos ausscheiden, sondern vielmehr ihre **Gesellschaftsanteile** (idR Kommanditanteile) im Rahmen einer **KapErh** in die bisherige Komplementär-GmbH einbringen (**erweiterte Anwachsung);** in diesem Fall werden **neue Gesellschaftsanteile als Gegenleistung** für die Übertragerin von Mitunternehmeranteilen gewährt (BMF 11.11.2011, BStBl. I 2011, 1314 Rn. 01.44; Widmann/Mayer/Widmann Rn. R 107; Rödder/Herlinghaus/van Lishaut/Herlinghaus Rn. 94; Haritz/Menner/Bilitewski/Menner Rn. 246; HK-UmwStG/Bäuml Rn. 77; Haase/Hofacker/Hofacker Rn. 47; Frotscher/Drüen/ Mutscher Rn. 159; Kowallik/Merklein/Siepers DStR 2008, 173; Hagemann/ Jakob/Ropohl/Viebrock NWB-Sonderheft 1/2001, 34; Schmidt/Wacker EStG

§ 16 Rn. 505; Brandis/Heuermann/Nitzschke Rn. 37). Die teilweise in der Lit. vertretene Auffassung (Dötsch/Pung/Möhlenbrock/Patt Rn. 6), die erweiterte Anwachsung falle begrifflich nicht unter die „Verschm" oder „Spaltung" iSd UmwG und sei auch keine Einzelrechtsübertragung und könne damit wegen des abschließenden Charakters des § 1 III nicht durch § 20 erfasst sein, kann nicht überzeugen. Zunächst ist nicht erkennbar, dass der Gesetzgeber die bisher allg. akzeptierte Meinung, auch die erweiterte Anwachsung falle unter § 20, aufgeben wollte. Das Gesetz spricht zwar in § 1 III Nr. 4 von „Einzelrechtsnachfolge", der Begriff dient jedoch offensichtlich nur der Abgrenzung zu den in der Vorschrift vorangegangenen Umw iSd UmwG bzw vergleichbaren ausl. Vorgängen. Bei der erweiterten Anwachsung erfolgt zunächst die Übertragung des Mitunternehmeranteils auf den übernehmenden Rechtsträger gegen Ausgabe neuer Anteile, was in den Regelungsbereich des § 20 fällt (Rödder/Herlinghaus/van Lishaut/Herlinghaus Rn. 94; Brandis/Heuermann/Nitzschke Rn. 37; Schumacher/Neumann DStR 2008, 325). Erst eine logische Sekunde danach kommt es zu einem Anwachsungsvorgang, der aber nach bisheriger Meinung sich stets steuerneutral vollzieht (OFD Berlin 19.7.2002, DB 2002, 1966; Widmann/Mayer/Widmann Rn. R 108; Rödder/Herlinghaus/van Lishaut/Herlinghaus Rn. 94; Kowallik/Merklein/Siepers DStR 2008, 173; Schumacher/Neumann DStR 2008, 325). Wieso der Gesetzgeber dieses bisherige Verständnis aufgegeben haben soll, ist nicht ersichtlich.

196 Soweit der übernehmende Rechtsträger bereits an der PersGes beteiligt war, deren Vermögen im Wege der Anwachsung auf ihn übergeht, sind in jedem Fall die Buchwerte fortzuführen, es fehlt insoweit an einem Anschaffungsvorgang (Widmann/Mayer/Widmann Rn. R 108; vgl. auch OFD Berlin 19.7.2002, DB 2002, 1966).

4. Einbringung durch Einzelrechtsübertragung

197 Geht das Vermögen nicht durch Gesamtrechtsnachfolge oder durch Anwachsung (vgl. BMF 11.11.2011, BStBl. I 2011, 1314 Rn. 01.43) auf die übernehmende KapGes über, sind die den Betrieb oder Teilbetrieb ausmachenden WG **einzeln nach den jeweils geltenden zivilrechtlichen Übertragungsvorschriften** zu übertragen (Rödder/Herlinghaus/van Lishaut/Herlinghaus Rn. 205; Haritz/Menner/Biletewski/Menner Rn. 248; Brandis/Heuermann/Nitzschke Rn. 27a); für die Übertragung von Mitunternehmeranteilen bzw. Teilen davon und von Beteiligungen an KapGes sind darüber hinaus vertraglich vereinbarte Form- und sonstige Vorschriften zu beachten. Grds. genügt die verkehrsübliche Sammelbezeichnung. Die Übertragung der WG muss zwar nicht zwingend in einem Akt erfolgen, die Übertragung muss aber auf einem einheitlichen Willensentschluss beruhen und in einem hinreichend engen zeitlichen und sachlichen Zusammenhang erfolgen (Rödder/Herlinghaus/van Lishaut/Herlinghaus Rn. 205; Dötsch/Pung/Möhlenbrock/Patt Rn. 163; Widmann/Mayer/Widmann Rn. R 109; Brandis/Heuermann/Nitzschke Rn. 27).

5. Formwechselnde Umwandlung

198 Beim Formwechsel gehen die betroffenen WG nicht von einem Rechtsträger auf einen anderen über; sie verbleiben vielmehr bei dem bisherigen Rechtsträger, dessen Rechtskleid sich lediglich ändert. §§ 20 ff. sind deshalb grds. unmittelbar mangels eines Vermögensübergangs nicht anwendbar, sondern erst durch § 25, der einen Vermögensübergang für stl. Zwecke fingiert (vgl. → § 25 Rn. 1 ff.).

6. Verschleierte Sachgründung/Sachkapitalerhöhung

199 Die Vorschriften über Kapitalaufbringung und Kapitalerhaltung bei KapGes dürfen nicht umgangen werden. Die in der Praxis dennoch häufigen Umgehungsversuche werden als **verdeckte oder verschleierte Sacheinlage** bezeichnet; kennzeichnend dafür ist, dass mit einer Bareinlage der Effekt einer Sacheinlage herbeigeführt werden soll, ohne die gesetzlich vorgesehenen Offenlegungs-, Bewertungs- und Kontrollvorschriften einzuhalten (BGH NJW 1982, 2444). Der klassische Umgehungsfall ist derjenige, dass in sachlichem und zeitlichem Zusammenhang die KapGes bar gegründet/eine KapErh bar vorgenommen wird, danach zeitnah ein (Teil-)Betrieb auf die KapGes übertragen wird, wobei die aus der schuldrechtlichen Übertragung des (Teil-)Betriebs resultierende Forderung des Einbringenden entweder mit der Bareinlageforderung der KapGes verrechnet oder getilgt bzw. durch den Kaufvertrag dem Einbringenden erst die Bezahlung seiner Einlageschuld ermöglicht wird, also zwar **formell Bareinlagen** vereinbart sind, der Betrag der Bareinlage aber materiell nur **Vergütung für Sachleistung** ist und zB durch Verrechnung oder durch bloßes Hin- und Herzahlen „geleistet" wird (BGH DB 2003, 1984).

Für die Zeiträume **vor dem Inkrafttreten des MoMiG** (BGBl. 2008 I 2026) vertrat der BGH die Meinung, dass bei der verdeckten Sacheinlage in eine GmbH nicht nur das Verpflichtungs-, sondern zugleich auch das Erfüllungsgeschäft nichtig ist (BGH DB 2003, 1894). Der Gesellschafter hatte danach nicht nur einen Kondiktionsanspruch aus § 812 I 1 BGB auf Rückübertragung der verkauften Sache, er war vielmehr zivilrechtlicher Eigentümer des übertragenen Vermögens und besaß einen Herausgabeanspruch gegen den übernehmenden Rechtsträger nach § 985 BGB. Da für diese Zeiträume keine zivilrechtlich wirksame Sacheinlage vorlag, fiel die verdeckte Sacheinlage nicht unter § 20 (Haritz/Menner/Bilitewski/Menner Rn. 195; Widmann/Mayer/Widmann Rn. 141). Nach § 19 IV GmbHG idF des MoMiG wird bei einer verdeckten Sacheinlage iSd § 19 IV 1 GmbHG der Gesellschafter von seiner Einlageverpflichtung nicht befreit, die schuld- und sachenrechtlichen Verträge, die der Übertragung des Vermögens zu Grunde liegen, sind jedoch nach § 19 IV 2 GmbHG gültig. Auf die fortbestehende Geldeinlage des Gesellschafters wird der Wert des Vermögensgegenstandes im Zeitpunkt der Anmeldung der Gesellschaft zur Eintragung in das Handelsregister oder im Zeitpunkt seiner Überlassung an die Gesellschaft angerechnet, wobei die Anrechnung nicht vor Eintragung der Gesellschaft in das Handelsregister erfolgt. Deckt sich die Einlageschuld und der Wert des verdeckt eingelegten Vermögens betragsmäßig, so ist die Einlage erbracht. Die Rechtsnatur dieser vom Gesetz angeordneten Anrechnung ist nicht abschließend geklärt (vgl. Maier-Reimer/Wenzel ZIP 2009, 1449; Ulmer ZIP 2009, 293; Pentz GmbHR 2010, 673). Nach Auffassung der FVerw ist § 20 auf die verdeckte Sacheinlage/verdeckte Sachkapitalerhöhung auch unter Berücksichtigung des § 19 IV GmbHG nicht anwendbar (BMF 11.11.2011, BStBl. I 2011, 1314 Rn. E 210; ebenso Dötsch/Pung/Möhlenbrock/Patt Rn. 182; Lademann/Jäschke Rn. 42; Haase/Hofacker/Hofacker Rn. 91; Brandis/Heuermann/Nitzschke Rn. 29; aA Haritz/Menner/Bilitewski/Menner Rn. 202; Fischer Ubg 2008, 684; Wachter DB 2010, 2137; offengelassen durch FG BW GmbHR 2011, 776).

7. Wirtschaftliches Eigentum, Nutzungsüberlassung

Was im Einzelnen Gegenstand der Sacheinlage ist, bestimmt sich nach der Sacheinlagevereinbarung des Gesellschaftsvertrages bzw. des KapErhB; diese Sacheinlagevereinbarung begründet zusammen mit der Übernahme der Stammeinlage unmittelbar die mitgliedschaftliche Verpflichtung zur Einlage der betroffenen Vermögenswerte in Form der vereinbarten Sachleistung. Gegenstand der Sacheinlage können Sachen, Rechte und sonstige vermögenswerte Positionen sein, wobei maßgebend die sog. funktionale Betrachtungsweise, nach heute hM nicht mehr die Bilanzierungsfähigkeit ist. Die Möglichkeit zur Aufnahme in die Eröffnungsbilanz muss vorliegen, ebenso die Übertragbarkeit zumindest auf die übernehmende KapGes; allgemeine Verkehrsfähigkeit ist allerdings nicht erforderlich. Erfüllt ist die Einlageverpflichtung dann, wenn der Einbringungsgegenstand der Gesellschaft zur Verwendung für ihre

Zwecke frei zur Verfügung steht und im Rahmen des Unternehmens der übernehmenden KapGes den Gläubigerinteressen nutzbar gemacht werden kann. Einlagefähig sind danach alle übertragbaren Gegenstände, soweit der Gesellschaft dadurch reales, verwertbares Vermögen zufließt, insbes. Sachen, Rechte (Forderungen und Ansprüche aller Art), sonstige Rechte, insbes. beschränkt dingliche Rechte und Immaterialgüterrechte, Sachgesamtheiten (vgl. Noack/Servatius/Haas/Servatius GmbHG § 5 Rn. 23 ff.). Nicht einlagefähig sind höchstpersönliche Ansprüche oder Ansprüche auf Dienstleistungen gegenüber Gesellschaftern oder gegen Dritte (Noack/Servatius/Haas/Servatius GmbHG § 5 Rn. 24, 27).

202 Neben der Übereignung ist nach hM auch die **Nutzungsüberlassung** iSe dauerhaften schuldrechtlichen Verpflichtung des Einlegers gegenüber der KapGes möglich (Noack/Servatius/Haas/Servatius GmbHG § 5 Rn. 25). Das gilt in jedem Fall dann, wenn die Nutzungsrechte dinglich gesichert sind (Nießbrauch, beschränkte persönliche Dienstbarkeit etc, BGHZ 45, 338 = NJW 1966, 1311). Nichts anderes gilt für beschränkt dingliche Rechte, wie zB Erbbaurechte, Grundpfandrechte etc, gleichgültig, ob sie an einer Sache des Einlegers oder am Eigentum eines Dritten bestehen. Ein bestehendes Nießbrauchsrecht kann nicht übertragen werden; Einlage ist aber durch Überlassung der Ausübung möglich; Gleiches gilt bei beschränkt persönlichen Dienstbarkeiten (vgl. §§ 1059, 1092 BGB; Noack/Servatius/Haas/Servatius GmbHG § 5 Rn. 25).

203 Aus stl. Sicht muss der Betrieb, Teilbetrieb usw gegen Gewährung von Gesellschaftsrechten in die KapGes eingebracht werden, was bedeutet, dass die **wesentlichen Betriebsgrundlagen des Betriebs, Teilbetriebs** (aber → Rn. 88 f.) **und eines Mitunternehmeranteils** auf die KapGes übergehen. Einbringung bedeutet dabei nicht unbedingt Übertragung des bürgerlich-rechtlichen Eigentums, es genügt vielmehr, dass die KapGes nach Einbringung als **wirtschaftlicher Eigentümer** iSd § 39 I 1 AO anzusehen ist (→ Rn. 21). Auch WG, an denen der Unternehmer nur das wirtschaftliche Eigentum hat, sind Teil des BV und können eingebracht werden (BFH/NV 2015, 1409). Nach hM kann die bloße **Vermietung** oder Verpachtung durch den Einbringenden an die aufnehmende KapGes die Übertragung nicht ersetzen (BMF 11.11.2011, BStBl. I 2011, 1314 Rn. 20.06; BFH DStR 2018, 1014; BStBl. II 2011, 467; Dötsch/Pung/Möhlenbrock/Patt Rn. 8; Haritz/Menner/Bilitewski/Menner Rn. 221, anders aber bei einem Teilbetrieb Rn. 226; aA Herzig DB 2000, 2236; Rödder/Beckmann DStR 1999, 751; Götz DStZ 1997, 551). Zwar ist der Gewerbebetrieb gem. § 15 II EStG tätigkeitsorientiert definiert (→ Rn. 14). Daraus kann jedoch nicht geschlossen werden, dass die bloße Nutzungsüberlassung als Einbringung iSd § 20 aufgefasst werden kann (aA Herzig DB 2000, 2236). Die Einbringung stellt einen tauschähnlichen Veräußerungsakt dar (BFH BStBl. II 2010, 1094; BFH/NV 2010, 2072; 2011, 1850; BMF 11.11.2011, BStBl. I 2011, 1314 Rn. 20.01; Dötsch/Pung/Möhlenbrock/Patt Vor §§ 20–23 Rn. 52). Dies ist unabhängig davon, ob die Einbringung sich zivilrechtlich in Form der Einzelrechtsnachfolge bzw. der Sonder- oder Gesamtrechtsnachfolge vollzieht. In den Einbringungsfällen iSd § 20 werden die sich eigentlich aus § 16 EStG ergebenden Rechtsfolgen einer Veräußerung außer Kraft gesetzt, Einbringungsfälle iSd § 20 sind danach gegenüber der Grundregel des § 16 EStG privilegiert. Die Einbringung setzt damit ebenso wie die Veräußerung die Übertragung der WG voraus.

VIII. Gewährung neuer Anteile

1. Neue Anteile an der Gesellschaft

204 Eine Sacheinlage iSv Abs. 1 liegt nur vor, wenn die übernehmende KapGes/Gen als **Gegenleistung** für die Einbringung („dafür") zumindest zT neue Anteile an der übernehmenden Gesellschaft gewährt (Abs. 1). Ob die Anteile neu sind, ist aus der Sicht der aufnehmenden Gesellschaft zu entscheiden, dh es muss insoweit eine neue Rechtsbeziehung entstehen (Haritz/Menner/Bilitewski/Menner Rn. 184). **Neue Anteile** idS sind solche, die erstmals bei der Sachgründung der übernehmenden KapGes/Gen bzw. bei einer KapErh durch Sacheinlagen entstehen und ausgegeben werden (BMF 11.11.2011, BStBl. I 2011, 1314 Rn. E 20.09; BFH BStBl. II 2010, 1094; BStBl. II 2006, 457; Widmann/Mayer/Widmann Rn. R 134; Dötsch/Pung/Möhlenbrock/Patt Rn. 170; Rödder/Herlinghaus/van Lishaut/Herlinghaus Rn. 216; Haritz/Menner/Bilitewski/Menner Rn. 182). Zur verschleierten Sachgründung/Sachkapitalerhöhung → Rn. 199. Die **gesellschaftsrechtliche Ausgestaltung** der Anteile ist grds. unmaßgeblich. Nicht erforderlich ist daher, dass die Anteile Stimmrechte gewähren (Dötsch/Pung/Möhlenbrock/Patt Rn. 170; Frotscher/Drüen/Mutscher Rn. 172; Haase/Hofacker/Hofacker Rn. 85; Brandis/Heuermann/Nitzschke Rn. 73; Haritz/Menner/Bilitewski/Menner Rn. 183; NK-UmwR/Götz/Widmayer Rn. 126). Von Gesellschaftern übernommene KapErhBeträge können auch ihren bisherigen Gesellschaftsanteilen durch **Aufstockung des Nennbetrages** zugeschlagen werden, sofern der vorhandene Gesellschaftsanteil voll eingezahlt ist (BGHZ 63, 116 = NJW 1975, 118). Da auch insoweit eine neue Rechtsbeziehung aus der Sicht der aufnehmenden Gesellschaft entsteht, liegen neue Anteile iSv Abs. 1 vor (Rödder/Herlinghaus/van Lishaut/Herlinghaus Rn. 218; Dötsch/Pung/Möhlenbrock/Patt Rn. 171; Haritz/Menner/Bilitewski/Menner Rn. 184; HK-UmwStG/Bäuml Rn. 207; Lademann/Jäschke Rn. 41; BeckOK UmwStG/Dürrschmidt Rn. 1052; Brandis/Heuermann/Nitzschke Rn. 73; aA Frotscher/Drüen/Mutscher Rn. 172). Nach dem Gesetz zur Einführung der SCE und zur Änderung des Genossenschaftsrechts v. 14.8.2006 sind gesellschaftsrechtlich bei Gen erstmals Sacheinlagen als Einzahlungen auf Geschäftsanteile zugelassen (§ 7a III GenG). Soweit der Einbringungsvorgang von der Fusions-RL erfasst ist, also Gesellschaften aus verschiedenen Mitgliedstaaten beteiligt sind, kann nach den Vorgaben der Fusions-RL eine Gewährung neuer Anteile nicht zur Voraussetzung für die Erfolgsneutralität gemacht werden; insoweit verstößt die Regelung in § 20 gegen die Fusions-RL (Widmann/Mayer/Mayer Rn. R 135; Dötsch/Pung/Möhlenbrock/Patt Rn. 170b; Haritz/Menner/Bilitewski/Menner Rn. 209; Frotscher/Drüen/Mutscher Rn. 171). Der Verstoß gegen die Fusions-RL hat aber nicht zur Folge, dass das Tatbestandsmerkmal der Gewährung neuer Anteile insgesamt unwirksam oder nichtig ist. Ein Verstoß gegen die Fusions-RL führt lediglich zur Unanwendbarkeit dieses Merkmals im Anwendungsbereich der Richtlinie; es wird in grenzüberschreitenden Fällen aufgrund des Anwendungsvorrangs des Europarechts durch die Vorgaben der Fusions-RL verdrängt (vgl. EuGH BeckRS 2004, 70870, EuGH NJW 1978, 1741; Simmenthal EuGHE 1978, 629; Geiger EGV Art. 10 Rn. 31). Im Übrigen bleibt es als wirksames Bundesrecht bestehen und ist in rein innerstaatlichen Fällen zu beachten (Dötsch/Pung/Möhlenbrock/Patt Rn. 170b; Brandis/Heuermann/Nitzschke Rn. 74). Die FVerw (BMF 10.11.2021 BStBl. I 2021, 2212 Rn. 100) geht zu Recht (vgl. Rn. 169a) davon aus, dass eine nach **§ 1a KStG zur Körperschaftsteuer optierende PersGes** übernehmender Rechtsträger iSd § 20 sein kann (ebenso BeckOK KStG/Brühl § 1a Rn. 93; Dötsch/Pung/Möhlenbrock/Pung KStG § 1a Rn. 13; Streck/Mückl KStG § 1a Rn. 25; Böhmer/Schewe FR 2022, 69). Die Ausübung der Option ändert nichts daran, dass die Gesellschaft, die für Zwecke der Besteuerung nach dem Einkommen „wie eine KapGes" zu behandeln ist, zivilrechtlich nach wie vor eine PersGes ist. Eine Gewährung neuer Anteile liegt nur dann vor, wenn im Zusammenhang mit der Einbringung eine neue oder erweiterte Rechtsbeziehung zwischen dem Einbringenden und der optierenden Gesellschaft gesellschaftsvertraglich vereinbart wird. Dies ist beispielsweise der Fall, wenn die Sacheinlage gegen Erhöhung des Kapitalkontos I erfolgt, sofern sich die Gesellschafterrechte (Gewinnverteilung, die Auseinanderzungsansprüche sowie Entnahmerechte, vgl. BMF 10.11.2021 BStBl. I 2021, 2212 Rn. 42 iVm BMF 11.7.2011 BStBl I 2011, 713 Tz I.2) danach bemessen. Es ist zu berücksichtigen, dass es an einer PersGes zivilrechtlich nur einen einheitlichen Anteil geben kann. Inwieweit es aus steuerlicher Sicht zu fiktiven selbstständigen Geschäftsanteilen kommt, ist derzeit offen (Böhmer/Schewe FR 2022, 69; Schnitger/Krüger DB 2022, 418).

205 Neben den Gesellschaftsanteilen können auch **andere WG** gewährt werden (vgl. Abs. 2). Es besteht auch die Möglichkeit, das eingebrachte BV teilweise statt durch Ausgabe neuer Anteile durch Zuführung zu den **offenen Rücklagen** zu belegen (Widmann/Mayer/Widmann Rn. R 163; BMF 11.11.2011, BStBl. I 2011, 1314 Rn. E 20.11; Dötsch/Pung/Möhlenbrock/Patt Rn. 187; Haritz/Menner/Bilitewski/Menner Rn. 185; Rödder/Herlinghaus/van Lishaut/Herlinghaus Rn. 233; Haase/Hofacker/Hofacker Rn. 87; BeckOK UmwStG/Dürrschmidt Rn. 1052; auch → Rn. 213). Auf die Höhe der Beteiligungsquote kommt es nicht an, es genügt jede noch so geringe Beteiligung (Widmann/Mayer/Widmann Rn. R 137; Dötsch/Pung/Möhlenbrock/Patt Rn. 187; Rödder/Herlinghaus/van Lishaut/Herlinghaus Rn. 230; auch → Rn. 213 ff.). Eine Einbringung gegen Gewährung neuer Anteile liegt auch dann vor, wenn der Einbringungsgegenstand als reines Aufgeld neben der Bareinlage zu übertragen ist (BMF 11.11.2011, BStBl. I 2011, 1314 Rn. 01.44; BFH BStBl. II 2010, 1094; Brandis/Heuermann/Nitzschke Rn. 73; Rödder/Herlinghaus/van Lishaut/Herlinghaus Rn. 214; Eisgruber/Brandstetter Rn. 99; dazu ausf. → § 21 Rn. 28). Eine nach **§ 1a KStG zur Körperschaftsteuer optierende PersGes** kann übernehmender Rechtsträger iSd § 20 sein. Da diese Ges zivilrechtlich als PershGes oder PartGes fortbesteht, verfügt sie anders als eine KapGes nicht über Nennkapital iSd § 27 I 1 KStG. Nach § 1a Abs. 2 S. 4 KStG wird daher aufgrund der Option das in der stl. Schlussbilanz auszuweisende stl. Eigenkapital (einschließlich des Eigenkapitals in Ergänzungsbilanzen) insgesamt auf dem stl. Einlagekonto erfasst (zum Umfang des maßgeblichen Eigenkapitals vgl. BMF 10.11.2021, BStBl. I 2021, 2212 Rn. 42 iVm BMF 11.7.2011, BStBl I 2011, 713 Tz I.2). Soweit im Zusammenhang mit der Einbringung das eingebrachte Nettobuchwertvermögen den Konten gutgeschrieben wird, die das stl. Einlagekonto darstellen, erfolgt die Einbringung ohne sonstige Gegenleistung iSd Abs. 2 S. 2 Nr. 4 (vgl. → Rn. 218, → Rn. 353 ff.).

206 Bei der AG kann der einzelne Aktionär eine beliebige Zahl von Aktien übernehmen, bei der GmbH darf der Gesellschafter bei der Gründung (§ 5 II GmbHG) und bei der KapErh (§ 55 IV GmbHG) mehrere Gesellschaftsanteile übernehmen. Wird durch eine Person ein Betrieb eingebracht, zu dessen BV auch ein Mitunternehmeranteil gehört, so sind die Einbringung des Betriebs und die Einbringung des Mitunternehmeranteils jeweils als **gesonderte Einbringungsvorgänge** zu behandeln (BMF 11.11.2011, BStBl. I 2011, 1314 Rn. 20.12). Es ist in diesem Fall nicht notwendig, durch mehrere hintereinander geschaltete KapErh zu erreichen, dass mehrere Stammeinlagen entstehen, vielmehr können die aus stl. Sicht jeweils gesonderten Einbringungsvorgänge durch Gewährung einer neuen Stammeinlage steuerneutral gestaltet werden (Rödder/Herlinghaus/van Lishaut/Herlinghaus Rn. 218f; Widmann/Mayer/Widmann Rn. R 79; Brandis/Heuermann/Nitzschke Rn. 74a; Dötsch/Pung/Möhlenbrock/Patt Rn. 218); die Gewährung nur einer Stammeinlage hat keine Auswirkungen auf die Möglichkeit der unterschiedlichen Wahlrechtsausübung (→ Rn. 267; Brandis/Heuermann/Nitzschke Rn. 74a; Dötsch/Pung/Möhlenbrock/Patt Rn. 218). Bei aus stl. Sicht jeweils gesonderten Einbringungsvorgängen ist eine Zuordnung der einzelnen Einbringungsvorgänge auf einzelne Aktien oder einzelne Geschäftsanteile unnötig (ebenso iE SächsFG EFG 2011, 2027). Etwas anderes kann gelten, wenn eine mehrheitsvermittelnde Beteiligung an einer KapGes zusammen mit einem Betrieb, Teilbetrieb oder Mitunternehmeranteil auf eine andere KapGes übertragen wird und die mehrheitsvermittelnde Beteiligung keine wesentliche Betriebsgrundlage des eingebrachten Betriebs, Teilbetriebs oder Mitunternehmeranteils darstellt, da insoweit unterschiedliche Sachverhalte die Steuerneutralität der Einbringungen nach §§ 20, 21 innerhalb der siebenjährigen Sperrfrist rückwirkend (teilweise) beeinträchtigen können (auch → Rn. 27 f.). Selbst wenn es sich um einen einheitlichen Einbringungsvorgang handelt, könnte eine „Aufspaltung" des Einbringungsvorgangs in eine Sacheinlage iSd § 20 und in einen Anteilstausch iSd § 21 bezogen auf die als Gegenleistung gewährten Anteile im Hinblick auf § 22 I 5 iVm § 22 II bzw. § 20 III 4 sinnvoll sein.

Beispiel:

Die X-AG bringt einen Teilbetrieb und die 100%-Beteiligung an der Z-GmbH zu BW in **207** die zu gründende Y-AG ein. Der BW des übertragenen Vermögens beträgt 200.000 Euro, es existieren stille Reserven iHv 300.000 Euro. Der BW der Anteile soll 100.000 Euro, die stillen Reserven 150.000 Euro betragen. Zwei Jahre nach der Einbringung beabsichtigt die X-AG die Veräußerung von 30% der Aktien an der Y-AG. Es stellt sich die Frage, ob diese Veräußerung anteilig einen Einbringungsgewinn I auslöst, oder ob ein Teil der erhaltenen Anteile veräußert werden kann, ohne dass der Einbringungsgewinn I zu versteuern ist. Ein Einbringungsgewinn I wäre dann nicht zu versteuern, wenn bei der Einbringung die übertragenen Anteile an den KapGes konkreten, als Gegenleistung gewährten Aktien am übernehmenden Rechtsträger zugeordnet werden können (→ § 22 Rn. 67 f.; BFH BStBl. II 2008, 533). Ein vergleichbares Problem gab es nach alter Rechtslage im Hinblick auf die Anwendung des § 8b IV KStG bei der Miteinbringung von Anteilen. Die FVerw hat im BMF-Schr. v. 5.1.2004 (BStBl. I 2004, 44) die Anwendung des § 8b IV KStG verneint, wenn (1.) eine mehrheitsvermittelnde Beteiligung übertragen wurde, (2.) die Anteile keine wesentliche Betriebsgrundlage darstellen, (3.) die für die übertragenen Anteile gewährten Anteile genau identifizierbar waren und (4.) die für die übertragenen Anteile gewährten Anteile nach Verkehrswertverhältnissen bemessen waren. Im Beispielsfall bietet es sich an, zunächst die 100%-Beteiligung an der Z-GmbH nach Maßgabe des § 21 in die Y-AG einzubringen (→ Rn. 26) und erst später den Teilbetrieb nach § 20. Ob diese Grundsätze auch gelten, wenn die übertragenen Anteile eine wesentliche Betriebsgrundlage des übertragenen Vermögens darstellen, ist nicht abschließend geklärt (dagegen Dötsch/Pung/Möhlenbrock/Patt § 21 Rn. 10).

Werden **schon bestehende Anteile** an der übernehmenden Ges, seien sie ausgegeben oder zurückerworben, gewährt, handelt es sich **nicht um neue Anteile** iSv **208** Abs. 1, gleichgültig, ob sie von Gesellschaftern oder von der Gesellschaft selbst (eigene Anteile) gehalten werden (einhellige Auffassung, zB Widmann/Mayer/Widmann Rn. R 150; Dötsch/Pung/Möhlenbrock/Patt Rn. 173; Haritz/Menner/Bilitewski/Menner Rn. 191; Frotscher/Drüen/Mutscher Rn. 161; Lademann/Jäschke Rn. 45; Haase/Hofacker/Hofacker Rn. 86).

Neu iSd Abs. 1 sind damit Anteile, die aus folgenden zivilrechtlichen Vorgängen **209** entstanden sind:
– Sachgründung einer aufnehmenden KapGes nach § 27 AktG, § 5 IV GmbHG bzw. einer Gen nach § 7a III GenG;
– KapErh gegen Sacheinlage, § 183 AktG, § 56 GmbHG, einschl. bedingter KapErh und einschl. der Begebung genehmigten Kapitals, §§ 192 ff., 202 ff. AktG;
– aus den unter § 20 fallenden Umwandlungsvorgängen nach den Vorschriften des UmwG oder vergleichbarer ausl. Vorgänge, falls es zu einer KapErh kommt;
– die Sacheinlage auf das Kommanditkapital einer KGaA gegen Gewährung von Gesellschaftsrechten; die Einräumung der Rechtsstellung eines phG einer KGaA oder Verbesserung dieser Rechtsstellung aufgrund der Sacheinlage wird von § 20 nicht erfasst (str.; vgl. Widmann/Mayer/Widmann Rn. 476; Rödder/Herlinghaus/van Lishaut/Herlinghaus Rn. 224; Haritz/Menner/Bilitewski/Menner Rn. 198);
– zur Körperschaftsteuer nach § 1a KStG optierenden Ge vgl. Rn. 204.

Schmitt

210 Dagegen werden nicht neue Anteile iSv Abs. 1 für die eingebrachten WG gewährt mit
- der Hingabe schon vor der Einbringung vorhandener Anteile, seien es eigene oder von Gesellschaftern gehaltene Anteile an der übernehmenden KapGes (zur Aufstockung des Nennbetrages → Rn. 204); allerdings müssen Anteile, die die Übertragerin an der Übernehmerin hält und die dort zu eigenen Anteilen würden, aus Vereinfachungsgründen nicht mit eingebracht werden; sie sind dann Anteile iSv § 22 I (→ Rn. 78);
- der Einräumung einer typisch oder atypisch stillen Beteiligung (Letzteres kann von § 24 erfasst sein);
- der Gewährung von Genussscheinen (Dötsch/Pung/Möhlenbrock/Patt Rn. 172; BeckOK UmwStG/Dürrschmidt Rn. 1046.1; Haritz/Menner/Bilitewski/Menner Rn. 194; Rödder/Herlinghaus/van Lishaut/Herlinghaus Rn. 223; HK-UmwStG/Bäuml Rn. 222; Lademann/Jäschke Rn. 45; Widmann/Mayer/Widmann Rn. R 150);
- der verschleierten Sachgründung/Sachkapitalerhöhung, → Rn. 199 f.;
- der verdeckten Einlage (BMF 11.11.2011, BStBl. I 2011, 1314 Rn. E 20.10; FG BW GmbHR 2011, 776; Rödder/Herlinghaus/van Lishaut/Herlinghaus Rn. 222; Dötsch/Pung/Möhlenbrock/Patt Rn. 172; Frotscher/Drüen/Mutscher Rn. 157; Lademann/Jäschke Rn. 43).

211 Erfolgt die Einbringung zivilrechtlich durch Umw und wird beim übernehmenden Rechtsträger zB aufgrund eines entsprechenden gesetzlichen Verbots das Kapital nicht erhöht, findet Abs. 1 keine Anwendung (BMF 11.11.2011, BStBl. I 2011, 1314 Rn. E 20.10; Rödder/Herlinghaus/van Lishaut/Herlinghaus Rn. 227; Dötsch/Pung/Möhlenbrock/Patt Rn. 176; Brandis/Heuermann/Nitzschke Rn. 75). Wird eine TochterPersGes mit ihrem Betrieb auf ihre MutterGes umgewandelt, liegt insoweit aber ein grds. ertragsteuerneutraler Anwachsungsvorgang vor, soweit die MutterGes an der TochterPersGes vermögensmäßig beteiligt ist (Rödder/Herlinghaus/van Lishaut/Herlinghaus Rn. 227).

2. Beteiligungshöhe und weitere Gegenleistungen

212 **a) Beteiligungshöhe. Abs. 1** verlangt nicht, dass Anteile mit einem Mindestnennbetrag gewährt werden müssen, er untersagt auch nicht, dass der Nennwert dem BW bzw. – bei Ansatz von ZW oder gemeinem Wert – diesen Werten entsprechen muss (BMF 11.11.2011, BStBl. I 2011, 1314 Rn. E 20.11; BFH BStBl. II 2010, 1094; FG BW EFG 2011, 1933; FG Münster EFG 2009, 1423; Rödder/Herlinghaus/van Lishaut/Herlinghaus Rn. 230; Widmann/Mayer/Widmann Rn. R 137; Dötsch/Pung/Möhlenbrock/Patt Rn. 187; Brandis/Heuermann/Nitzschke Rn. 75; NK-UmwR/Götz/Widmayer Rn. 127). Damit ist auch die sog. **Überpari-Emission zulässig;** der Differenzbetrag zwischen den niedrigeren Nennbetrag der neuen Anteile (und der sonstigen WG iSd Abs. 2 S. 4) und dem BW der Sacheinlage kann den **offenen Rücklagen** iSd § 27 KStG zugewiesen werden (BMF 11.11.2011, BStBl. I 2011, 1314 Rn. R E 20.11; BFH BStBl. II 2010, 1094; Dötsch/Pung/Möhlenbrock/Patt Rn. 187; Haritz/Menner/Bilitewski/Menner Rn. 185; Rödder/Herlinghaus/van Lishaut/Herlinghaus Rn. 230; Lademann/Jäschke Rn. 49). Zu einer nach § 1a KStG optierenden Gesellschaft vgl. insoweit Rn. 205. Ist der übernehmende Rechtsträger beschränkt stpfl., findet keine Eigenkapitalgliederung statt, weil dieser grds. nicht von §§ 27 ff. KStG erfasst wird. Im Rahmen des § 27 VIII KStG ist der Zugang zum stl. EK zu berücksichtigen. Die Zuführung zu den offenen Rücklagen stellt keine sonstige Gegenleistung iSv Abs. 2 S. 2 Nr. 4 dar (BMF 11.11.2011, BStBl. I 2011, 1314 Rn. E 20.11; Dötsch/Pung/Möhlenbrock/Patt Rn. 187).

Einbringung von Unternehmensteilen 213–216 § 20 UmwStG D

Es stellt sich die Frage, ob die im Rahmen der Einbringung gewährten Gesell- 213
schaftsrechte wertmäßig dem eingebrachten Vermögen entsprechen müssen. Dabei
geht es um das Problem, ob eine **offene Einlage** in eine Gesellschaft **gleichzeitig
eine verdeckte Einlage** in die nämliche Gesellschaft sein kann. Würde man davon
ausgehen, so käme es zu einer Aufdeckung von stillen Reserven im Rahmen der
Einbringung, soweit das übertragene Vermögen einen höheren gemeinen Wert
besitzt als der Wert der erhaltenen neuen Anteile. Der I. Senat des BFH hat in seiner
Entscheidung v. 15.10.1997 (BFH/NV 1998, 624; ebenso BFH DStR 2009, 2661;
vgl. auch Weber-Grellet DB 1998, 1532) die Auffassung vertreten, die verdeckte
Einlage sei verdeckt, weil eine Kapitaleinlage nicht gegen Gewährung von Gesellschaftsrechten erfolgt. Aus dieser Formulierung kann gefolgert werden, dass eine
verdeckte Einlage in die übernehmende KapGes dann nicht vorliegt, wenn von
der Gesellschaft als Gegenleistung für die Einlage neue Gesellschaftsanteile gewährt
wurden, und zwar unabhängig davon, ob der Wert der gewährten Gesellschaftsrechte
hinter dem Wert des übertragenen Vermögens zurückbleibt (Rödder/Herlinghaus/
van Lishaut/Herlinghaus Rn. 230; Haritz/Menner/Bilitewski/Menner Rn. 183;
Dötsch/Pung/Möhlenbrock/Patt Rn. 170; Brandis/Heuermann/Nitzschke
Rn. 75; Füger/Rieger FS Widmann, 2000, 287; Ott Ubg 2023, 142).

Stellen die neu gewährten Anteile **keine angemessene Gegenleistung** dar, 214
so kann es nach Auffassung in der Lit. (Widmann/Mayer/Widmann Rn. R 207;
Lademann/Jäschke Rn. 49 f.; vgl. dazu auch BFH GmbHR 2005, 240: Grundsätze
der vGA gehen dem Bewertungswahlrecht nach § 24 vor; ebenso Briese GmbHR
2005, 207; Ott Ubg 2023, 142) aber zu einer verdeckten Einlage auf der Ebene
eines Mitgesellschafters oder zu vGA kommen, wenn der Mitgesellschafter eine
KapGes ist, an der der Einbringende wiederum beteiligt ist. Bei Wertverschiebungen
zwischen den Anteilseignern des übernehmenden Rechtsträgers kann es zudem zu
freigebigen Zuwendungen kommen (vgl. BMF 11.11.2011, BStBl. I 2011, 1314
Rn. 13.03).

Beispiel:

E ist an der X-GmbH zu 100% beteiligt. Er besitzt außerdem einen Betrieb, mit einem 215
Nettobuchwertvermögen von 100 und einem Verkehrswert von 500. Zusammen mit der X-
GmbH gründet E die Z-AG, an der er und die X-GmbH jeweils mit 50 vH am StK beteiligt
sind. E bringt seinen Betrieb zum BW gegen Gewährung von Gesellschaftsrechten in die X-
GmbH zahlt einen Betrag iHv 100. Die Z-AG führt die Bewertung gem. Abs. 1 fort. Durch
die Einbringung des Unternehmens in die Z-AG wird die X-GmbH indirekt begünstigt, da
diese nur 100 Geldeinheiten eingebracht hat, der Anteile an der Z-AG jedoch nach vollzogener
Einbringung einen Verkehrswert von 600 hat, sodass der auf die X-GmbH entfallende anteilige
Wert 300 beträgt.

Im Zusammenhang mit § 13 geht die FVerw (BMF 11.11.2011, BStBl. I 2011, 216
1314 Rn. 13.03; ebenso BFH BStBl. II 2011, 799; Widmann/Mayer/Schießl § 13
Rn. 306; Dötsch/Pung/Möhlenbrock/Dötsch § 13 Rn. 9; Sistermann DStR-Beihefter zu Heft 2/2012, 9) davon aus, dass diese Vorschrift keine Anwendung findet,
soweit es in Folge der Verschm zu einer interpersonalen Wertverschiebung auf der
Ebene der Anteilseigner kommt. Solche Wertverlagerungen sind nach allg. Grundsätzen entweder verdeckte Gewinnausschüttungen in Form der Sachauskehrung zum
gemeinen Wert oder aber verdeckte Einlagen. Gegenstand der Vorteilszuwendungen
sind dabei die Kapitalgesellschaftsanteile am übertragenden bzw. übernehmenden
Rechtsträger und nicht das durch die Verschm übergehende Vermögen (BFH
BStBl. II 2011, 799; Sistermann DStR-Beihefter zu Heft 2/2012, 9; Schumacher/
Neitz-Hackstein Ubg 2011, 409; dazu auch → § 13 Rn. 14, → § 11 Rn. 150,
→ § 12 Rn. 103). Übertragen auf die Einbringungsfälle bedeutet dies, dass es auch
im Rahmen der Einbringung nach § 20 bei interpersonalen Wertverschiebungen

zu **verdeckten Gewinnausschüttungen** bzw. zu **verdeckten Einlagen** kommen kann, soweit ein Mitgesellschafter des übernehmenden Rechtsträgers eine KapGes ist, an der der Einbringende oder eine ihm nahestehende Person beteiligt ist (Lademann/Jäschke Rn. 49 f.; vgl. auch Ott Ubg 2023, 142). Im vorliegenden Beispielsfall würden unter Zugrundelegung der dargestellten Meinung der E Anteile bzw. Bezugsrechte an der Z-AG im Werte von 300 verdeckt in die X-GmbH einlegen. Hätte nicht der E, sondern die X-GmbH im dargestellten Beispielsfall einen Betrieb im Werte von 500, der E aber ein Barvermögen im Werte von 100 in die Z-AG eingebracht, käme es zu einer verdeckten Gewinnausschüttung auf der Ebene der X-GmbH.

217 Liegt der gemeine Wert des übertragenen Vermögens unter dem gemeinen Wert der als Gegenleistung erhaltenen Anteile an der übernehmenden KapGes, so liegt keine **vGA** an den Gesellschafter vor. Die übernehmende KapGes wendet für das übertragene Vermögen nichts aus ihrem eigenen Vermögen auf. Es liegen lediglich Zuwendungen der anderen Gesellschafter an den insoweit begünstigen Einbringenden vor (BFH BStBl. II 1975, 230; vgl. auch FG Köln DStRE 2004, 1029).

218 **b) Keine zusätzlichen Gegenleistungen. Abs. 1** wird im Grundsatz nicht dadurch ausgeschlossen, dass die übernehmende KapGes neben neuen Anteilen in gewissem Umfang **weitere Gegenleistungen** in Geld oder in Sachwerten gewährt (→ Rn. 353 ff.; BMF 11.11.2011, BStBl. I 2011, 1314 Rn. E 20.11; Widmann/Mayer/Widmann Rn. R 151; Rödder/Herlinghaus/van Lishaut/Herlinghaus Rn. 231; Dötsch/Pung/Möhlenbrock/Patt Rn. 187). Sind die als Gegenleistung für die Einbringung erhaltenen neuen **Anteile mit Sonderrechten** ausgestattet (zB Vorzugsaktien), liegt darin keine sonstige Gegenleistung, diese Sonderrechte sind immanenter Bestandteil der neuen Anteile (FG Düsseldorf Urt. v. 7.5.2019 – 6 K 2302/15, BeckRS 2019, 22127) → Rn. 204). Keine neben den neuen Anteilen gewährte Gegenleistung stellt die **Übernahme von Verbindlichkeiten** dar, die zu einem Betrieb, Teilbetrieb oder Mitunternehmeranteil gehören (Dötsch/Pung/Möhlenbrock/Patt Rn. 187; Frotscher/Drüen/Mutscher Rn. 180; Rödder/Herlinghaus/van Lishaut/Herlinghaus Rn. 232; Brandis/Heuermann/Nitzschke Rn. 75). Die Belastung des übertragenen Vermögens mit einem dinglichen Nutzungsrecht stellt keine sonstige Gegenleistung dar (vgl. BFH HFR 2005, 304). Zur Einbringung nießbrauchsbelasteter Anteile an einer KapGes als mittelbare verdeckte Gewinnausschüttung vgl. FG Hessen DStRE 2019, 552. Soweit der EK-Zugang den Nominalbetrag der gewährten Gesellschaftsrechte und der sonstigen WG übersteigt, ist der Differenzbetrag dem Einlagekonto gem. § 27 KStG zuzuordnen (→ Rn. 212; BMF 4.6.2003, BStBl. II 2003, 366 Rn. 6). Die Dotierung einer offenen Rücklage (→ Rn. 212) ist damit keine zusätzliche Gegenleistung iSv Abs. 2 S. 2 Nr. 4 (Dötsch/Pung/Möhlenbrock/Patt Rn. 187).

219 Zum Teil wird die Auffassung vertreten, eine zusätzliche Gegenleistung für die Einbringung iSd § 20 könnte auch **von dritter Seite** geleistet werden (→ Rn. 360 f.; vgl. Dötsch/Pung/Möhlenbrock/Patt Rn. 187; Widmann/Mayer/Widmann Rn. 153; Haritz/Menner/Bilitewski/Menner Rn. 187; BeckOK UmwStG/Dürrschmidt Rn. 1092; HK-UmwStG/Bäuml Rn. 231). Im Regelungsbereich des § 3 II Nr. 2 geht die FVerw davon aus, dass zusätzliche Gegenleistungen iSd Vorschriften nur vorliegen, die von dem übernehmenden Rechtsträger oder diesem nahestehenden Personen im Rahmen der Verschm einer KapGes auf PersGes erbracht werden; Gleiches gilt bei der Verschm einer KapGes auf eine andere KapGes (BMF 11.11.2011, BStBl. I 2011, 1314 Rn. 03.21 und Rn. 11.10). Bestehen an der einzubringenden Sachgesamtheit **Rechte Dritter** (zB Nießbrauchsrecht oder Vorkaufsrecht an einem Mitunternehmeranteil) und sollen diese sich aufgrund schuldrechtlicher Vereinbarung an die im Rahmen der Einbringung neu gewährten

Anteile am übernehmenden Rechtsträger fortsetzen, ist darin keine sonstige Gegenleistung zu sehen.

3. Einbringungsgeborene Anteile iSd § 21 aF

Umfasst das eingebrachte BV auch einbringungsgeborene Anteile iSv § 21 I aF, **220** gelten nach **Abs. 3 S.** 4 die erhaltenen Anteile insoweit auch als einbringungsgeborene Anteile iSd § 21 I aF. Nach § 21 I 1 aF sind einbringungsgeborene Anteile Anteile an einer KapGes, die der Veräußerer oder dessen Rechtsvorgänger (bei unentgeltlichem Erwerb) aufgrund einer Sacheinlage gem. Abs. 1 aF oder § 23 I–IV aF erworben hat, wenn bei der Sacheinlage das eingebrachte Vermögen bei der übernehmenden KapGes unterhalb des TW angesetzt worden ist.

Abs. 1 aF betraf die Einbringung eines Betriebs, Teilbetriebs, Mitunternehmer- **221** anteils, Teile eines Mitunternehmeranteils oder eine mehrheitsbegründende Beteiligung an einer KapGes. § 23 regelte folgende Einbringungsfälle: (1) die Einbringung eines Betriebs oder Teilbetriebs durch eine inl. KapGes in eine ausl. EU-KapGes zur Bildung oder Erweiterung einer inl. Betriebsstätte des übernehmenden Rechtsträgers gegen Gewährung neuer Anteile (§ 23 I aF); (2) die Einbringung einer inl. Betriebsstätte mit Teil- oder Betriebseigenschaft durch eine ausl. EU-KapGes in eine inl. oder ausl. EU-KapGes (§ 23 II); (3) die Einbringung einer ausl. Betriebsstätte mit Teil- bzw. Betriebseigenschaft durch eine inl. KapGes in eine ausl. EU-KapGes gegen Gewährung neuer Anteile (§ 23 III aF) und (4) den Austausch von Anteilen, bei dem eine Gesellschaft am Gesellschaftskapital einer anderen Gesellschaft eine Beteiligung erwirbt, die ihr die Mehrheit der Stimmrechte verleiht, und zwar gegen Gewährung von Anteilen an der erwerbenden Gesellschaft sowie ggf. eine bare Zuzahlung (§ 23 IV aF).

Die Definition der einbringungsgeborenen Anteile durch § 21 I 1 aF wurde durch **222** § 13 III aF bzw. § 15 I 1 aF iVm § 13 III aF für die Fälle der Verschm bzw. Auf- und Abspaltung gesetzlich erweitert. Außerdem hat die Rspr. die Legaldefinition der einbringungsgeborenen Anteile ausgedehnt (BFH BStBl. II 1992, 761 (763, 764); BFH/NV 1997, 314; FG BW EFG 2007, 1207). Danach sind Anteile an einer KapGes iSv § 21 I aF steuerverstrickt, die zwar nicht unmittelbar durch eine Sacheinlage nach §§ 20, 23 aF erworben worden sind, aber anlässlich einer Gründung oder einer KapErh ohne Gegenleistung durch die Übertragung stiller Reserven an originären einbringungsgeborenen Anteilen entstehen. Man spricht insoweit auch von derivativen einbringungsgeborenen Anteilen (vgl. Herzig/Rieck DStR 1998, 97) oder von mitverstrickten Anteilen (vgl. § 10 VO nach § 180 II AO). Die FVerw (BMF 25.3.1998, BStBl. I 1998, 268 Rn. 21.14) und große Teile der Lit. (vgl. nur Widmann/Mayer/Widmann Rn. 25 ff.) haben sich diesen Auffassungen im Ergebnis angeschlossen.

Durch Abs. 3 S. 4 soll sichergestellt werden, dass bei der späteren Veräußerung **223** der als Gegenleistung für die Übertragung von Anteilen iSd § 21 aF erhaltenen Anteile insoweit auch § 8b IV KStG aF (§ 34 VIIa KStG) bzw. § 3 Nr. 40 S. 3 und S. 4 EStG aF (§ 52 IVb 2 EStG) Anwendung finden und die dort geregelten Sperrfristen nicht unterlaufen werden können (Rödder/Herlinghaus/van Lishaut/Herlinghaus Rn. 403; Dötsch/Pung/Möhlenbrock/Patt Rn. 146 f.; Brandis/Heuermann/Nitzschke Rn. 99; Damas DStZ 2007, 129; Hagemann/Jakob/Ropohl/Viebrock NWB-Sonderheft 1/2007, 40; Frotscher, Internationalisierung des ErtragStR, 2007, Rn. 358). Aus diesem Grund sollen keine einbringungsgeborenen Anteile gem. Abs. 3 S. 4 entstehen, wenn in den übertragenen einbringungsgeborenen Anteilen **sämtliche stillen Reserven im Rahmen der Einbringung aufgedeckt werden** (Widmann/Mayer/Widmann Rn. R 1128; Dötsch/Pung/Möhlenbrock/Patt Rn. 146; Rödder/Herlinghaus/van Lishaut/Herlinghaus Rn. 403; Benz/Rosenberg BB Special 8/2006, 61; Förster/Wendland BB 2007, 631). Letzteres ist im Ergebnis richtig, wobei bei Aufdeckung sämtlicher stiller Reserven in den übertragenen Anteilen iSv § 21 aF diese ihre Eigenschaft der Einbringungsgeborenheit verlieren und damit keine einbringungsgeborenen Anteile eingebracht werden.

224 Unter den Voraussetzungen des **Abs. 3 S. 4** gelten die erhaltenen Anteile insoweit auch als einbringungsgeborene Anteile. Auf die erhaltenen Anteile iSd Abs. 3 S. 4 ist § 8b IV KStG aF (§ 34 VIIa KStG), § 3 Nr. 40 S. 3, 4 EStG aF (§ 52 IVb 2 EStG) und § 5 IV aF (§ 27 III Nr. 1) anwendbar, nicht aber die Ersatzrealisationstatbestände des **§ 21 II 1 Nr. 1–4 aF**, da nach § 27 III Nr. 3 diese Regelung nur für solche Anteile gilt, die auf einen Einbringungsvorgang beruhen, auf den gem. § 27 II das UmwStG aF anwendbar war. Insoweit gelten für einbringungsgeborene Anteile iSv Abs. 3 S. 4 mangels Anwendbarkeit des § 21 II Nr. 1–4 aF die allg. Regelungen, wie zB § 6 AStG (aA BMF 11.11.2011, BStBl. I 2011, 1314 Rn. 20.38; Dötsch/Pung/Möhlenbrock/Patt Rn. 146).

225 Werden einbringungsgeborene Anteile iSd § 21 I 1 aF zusammen mit einem Betrieb, Teilbetrieb oder Mitunternehmeranteil in eine KapGes bzw. Gen eingebracht, sollen aufgrund der in § 23 I angeordneten Rechtsnachfolge sowohl die eingebrachten Anteile als auch gem. Abs. 2 S. 4 die erhaltenen Anteile insoweit solche iSv § 21 I 1 aF sein. Davon ging wohl auch der Gesetzgeber aus (BT-Drs. 16/3369, 11). Es soll daher zu einem **Doppelbesteuerungsproblem** kommen (BMF 11.11.2011, BStBl. I 2011, 1314 Rn. 27.06; Rödder/Herlinghaus/van Lishaut/Herlinghaus Rn. 404; Widmann/Mayer/Widmann Rn. R 1129; Brandis/Heuermann/Nitzschke Rn. 99). Ein Doppelbesteuerungsproblem liegt indes nicht vor, nur die als Gegenleistung erhaltenen Anteile sind (anteilig) solche iSd § 21 aF (ebenso Haritz/Menner/Bilitewski/Menner Rn. 567). Die eingebrachten Anteile verlieren ihre Eigenschaft der Einbringungsgeborenheit, wenn sie gegen Gewährung von Gesellschaftsrechten in eine KapGes/Gen eingebracht werden, da es sich bei diesem Vorgang um einen tauschähnlichen Veräußerungsvorgang handelt (→ Rn. 12). Etwas anderes könnte nur gelten, wenn es zu einer Rechtsnachfolge in diese Qualifikation kommt. Eine Einbringung gegen Gewährung von Gesellschaftsrechten würde nach der Grundregel des § 21 aF im Zeitpunkt der Übertragung des wirtschaftlichen Eigentums zur Aufdeckung der stillen Reserven führen. § 20 setzt diese Rechtsfolge außer Kraft, dh Einbringungsfälle iSd § 20 sind gegenüber der Grundregel des § 21 aF privilegiert, und zwar dadurch, dass je nach Wahlrechtsausübung unabhängig davon, dass ein Veräußerungsgeschäft vorliegt, im stpfl. Veräußerungsgewinn nicht entsteht. Eine Rechtsnachfolge gem. § 23 I scheidet aber bei einbringungsgeborenen Anteilen, bei denen im Zeitpunkt der Einbringung die siebenjährige Sperrfrist iSv § 3 Nr. 40 S. 3 und S. 4 EStG aF bzw. § 8b IV KStG aF noch nicht abgelaufen war, aus, da § 23 I wegen § 27 IV, auf Anteile, bei denen die siebenjährige Sperrfrist iSv § 3 Nr. 40 S. 3 und S. 4 EStG aF bzw. § 8b IV KStG aF noch nicht abgelaufen ist, nicht anzuwenden ist (Haritz/Menner/Bilitewski/Behrens § 21 Rn. 326; aA Lademann/Jäschke § 21 Rn. 28). War die siebenjährige Sperrfrist iSv § 3 Nr. 40 S. 3 und S. 4 EStG aF bzw. § 8b IV KStG aF im Zeitpunkt der Einbringung abgelaufen, kommt es zu einer Rechtsnachfolge.

226 Soweit die eingebrachten, ursprünglich einbringungsgeborenen Anteile innerhalb der siebenjährigen Sperrfrist des § 22 II veräußert bzw. ein der Veräußerung gleichgestellter Sachverhalt verwirklicht wird (§ 22 II 6), entsteht ein Einbringungsgewinn II (§ 22 I 5, II), der nach allg. Grundsätzen besteuert wird, falls im Zeitpunkt der Einbringung die siebenjährige Sperrfrist iSv § 3 Nr. 40 S. 3 und S. 4 EStG aF bzw. § 8b IV KStG aF bereits abgelaufen war (Dötsch/Pung/Möhlenbrock/Pung § 27 Rn. 20). War im Zeitpunkt der Einbringung die siebenjährige Sperrfrist iSv § 3 Nr. 40 S. 3 und S. 4 EStG aF bzw. § 8b IV KStG aF noch nicht abgelaufen, und werden die ursprünglich einbringungsgeborenen Anteile innerhalb der siebenjährigen Sperrfrist des § 22 II veräußert bzw. wird ein der Veräußerung gleichgestellter Sachverhalt verwirklicht (§ 22 II 6), entsteht kein Einbringungsgewinn II, da im

Zeitpunkt der Einbringung in der Person des Einbringenden einbringungsgeborene Anteile vorlagen und damit gem. § 27 IV die Regelung des § 22 keine Anwendung findet (aA BMF 11.11.2011, BStBl. I 2011, 1314 Rn. 27.12; Dötsch/Pung/Möhlenbrock/Patt § 27 Rn. 20).

Beispiel:

X hält 100 % der Anteile an der X-GmbH im BV seines Einzelunternehmens. Die X-GmbH **227** wurde 2005 durch Einbringung eines Teilbetriebs zu BW (§ 20 aF) gegründet. Im Jahre 2010 bringt X die Beteiligung an der X-GmbH zusammen mit dem Einzelunternehmen zu BW nach Maßgabe des § 20 steuerneutral in die Y-GmbH ein. Im Jahre 2014 veräußert die Y-GmbH die Beteiligung an der X-GmbH mit Gewinn. Da nach der hier vertretenen Auffassung die Anteile an der X-GmbH mangels Rechtsnachfolge auf Grund der Einbringung ihre Qualifikation der Einbringungsgeborenheit verlieren, unterliegt der durch die Y-GmbH erzielte Veräußerungsgewinn nicht der Besteuerung nach § 8b IV 1 Nr. 1 KStG aF. Zu diesem Ergebnis kommt auch die FVerw, die davon ausgeht, dass der übernehmende Rechtsträger in die Einbringungsgeborenheit der eingebrachten Anteile eintritt (BMF 11.11.2011, BStBl. I 2011, 1314 Rn. 27.06), aber auf Grund des Ablaufs der siebenjährigen Sperrfrist der Gewinn aus der Veräußerung der eingebrachten Anteile nach § 8b II, III 1 KStG bei der übernehmenden Y-GmbH steuerfrei ist. Nach der hier vertretenen Auffassung entsteht auch in diesem Fall kein Einbringungsgewinn II, da § 22 I 5 iVm § 22 II wegen § 27 IV keine Anwendung findet. Die FVerw (BMF 11.11.2011, BStBl. I 2011, 1314 Rn. 27.12) geht demgegenüber davon aus, dass nach Ablauf der Sperrfrist iSd § 21 aF § 22 II zur Anwendung kommt mit der Folge, dass im vorliegenden Beispiel ein voll stpfl. Einbringungsgewinn II im Jahre 2010 entsteht (BMF 11.11.2011, BStBl. I 2011, 1314 Rn. 27.12 ebenso Dötsch/Pung/Möhlenbrock/Pung § 27 Rn. 20; vgl. auch Pinkernell FR 2011, 568; aA FG Münster EFG 2023, 1183).

Ob die als Gegenleistung gewährten fiktiven Anteile iSd § 21 aF in die für die **228** eingebrachten Anteile lfd. **siebenjährige Sperrfrist** eintreten, es also insoweit zu einer **Rechtsnachfolge** kommt, ist gesetzlich nicht unmittelbar geregelt, dürfte jedoch dem Willen des Gesetzgebers entsprochen haben. Durch Abs. 3 S. 4 soll nämlich sichergestellt werden, dass es im Fall der unmittelbaren oder mittelbaren Veräußerung von Anteilen innerhalb der Sperrfrist, die auf einer Einbringung im alten Recht beruht (einbringungsgeborene Anteile), weiterhin zu einer vollen Besteuerung des Veräußerungsgewinns aus den Anteilen kommt (BT-Drs. 16/3369, 11). Der Gesetzgeber bezieht sich ausdrücklich auf die Sperrfrist, die auf einer Einbringung im alten Recht beruht, woraus geschlossen werden kann, dass durch die Regelung des Abs. 3 S. 4 selbst keine neue Sperrfrist in Gang gesetzt wird (BMF 11.11.2011, BStBl. I 2011, 1314 Rn. 20.39; Widmann/Mayer/Widmann Rn. R 1130; Rödder/Herlinghaus/van Lishaut/Herlinghaus Rn. 405; Haritz/Menner/Bilitewski/Menner Rn. 563; Dötsch/Pung/Möhlenbrock/Patt Rn. 146; Frotscher/Drüen/Mutscher Rn. 336; Brandis/Heuermann/Nitzschke Rn. 99; Förster/Wendland BB 2007, 631; Brandis/Heuermann/Nitzschke Rn. 99).

Die für die Sacheinlage erhaltenen Anteile gelten **„insoweit"** als einbringungsge- **229** borene Anteile iSd § 21 aF, als das eingebrachte BV einbringungsgeborener Anteile iSd § 21 aF umfasst hat. Daher muss für die als Gegenleistung erhaltenen Anteile im Grundsatz eine Verstrickungsquote ermittelt werden (vgl. BFH BStBl. II 2008, 533). Die Aufteilung muss sicherstellen, dass wertmäßig nur diejenigen stillen Reserven in die nach Abs. 3 S. 4 fiktiven einbringungsgeborenen Anteile eingehen, die auch zuvor in den einbringungsgeborenen Anteilen nach § 21 aF steuerverstrickt waren (Rödder/Herlinghaus/van Lishaut/Herlinghaus Rn. 406; Dötsch/Pung/Möhlenbrock/Patt Rn. 147). Für die Aufteilung ist in den Fällen einer quotalen Verstrickung nicht der gemeine Wert der eingebrachten Anteile iSd § 21 aF im Verhältnis zum gemeinen Wert der übrigen eingebrachten WG maßgebend (so aber Haritz/Menner/Bilitewski/Menner Rn. 566; Frotscher/Drüen/Mutscher Rn. 331;

Brandis/Heuermann/Nitzschke Rn. 99), sondern vielmehr das Verhältnis der stillen Reserven in den einbringungsgeborenen Anteilen auf der einen Seite und den stillen Reserven, die insgesamt eingebracht wurden, auf der anderen Seite (Dötsch/Pung/Möhlenbrock/Patt Rn. 147; Rödder/Herlinghaus/van Lishaut/Herlinghaus Rn. 406). Der Aufteilungsmaßstab ist zwingend (Dötsch/Pung/Möhlenbrock/Patt Rn. 147; Rödder/Herlinghaus/van Lishaut/Herlinghaus Rn. 406).

Beispiel:

230 E gründet eine X-AG mit einem Grundkapital von 70.000 Euro (Sachgründung). Er bringt einen Betrieb (BW 40.000 Euro, gemeiner Wert 200.000 Euro) und diesem Betrieb als wesentliche Betriebsgrundlage dienende Anteile iSd § 21 aF (BW 50.000 Euro, gemeiner Wert 500.000 Euro) mit dem BW als Sacheinlage ein. Die AK der Aktien an der X-AG betragen gem. Abs. 3 90.000 Euro. Die **quotale Verstrickung** iSd § 21 aF bezogen auf alle Aktien wird in der Weise ermittelt, dass das Verhältnis der stillen Reserven in den einbringungsgeborenen Anteilen (450.000 Euro) auf der einen Seite und den stillen Reserven, die insgesamt eingebracht wurden (610.000 Euro), auf der anderen Seite gegenübergestellt wird. Damit sind die Aktien zu 73,77049 vH (450.000/610.000) nach § 21 aF quotal verstrickt. Veräußert E seine Aktien unmittelbar nach der Sacheinlage, erzielt er einen Veräußerungserlös von 700.000 Euro (Summe aus gemeinem Wert des insgesamt eingebrachten Vermögens) und einen Veräußerungsgewinn iHv 610.000 Euro. Davon entfallen 73,77049 vH auf die Verstricktheit iSd § 21 aF. Veräußert E seine Aktien unmittelbar nach der Sacheinlage, erzielt er damit einen Gewinn iSv § 3 Nr. 40 S. 3 EStG iHv ca. 450.000 Euro. Dieser Gewinn entspricht dem Gewinn, den E erzielt hätte, wenn er die eingebrachten Anteile iSd § 21 aF vor der Einbringung veräußert hätte.

231 Nicht geklärt ist, ob die **Qualifikation der Einbringungsgeborenheit** für die als Gegenleistung gewährten Anteile grds. **einzelnen Anteilen zugeordnet** werden kann (vgl. BFH BStBl. II 2008, 536; FG BW EFG 2007, 1207 zu § 21 aF). Dagegen spricht, dass dem Gesetz ein diesbzgl. Wahlrecht nicht entnommen werden kann. Es ist insbes. nicht geregelt, wem gegenüber und nach welchen Regeln es auszuüben ist (Rödder/Herlinghaus/van Lishaut/Herlinghaus Rn. 406; Haritz/Menner/Bilitewski/Menner Rn. 566). Eine Zuordnung ist jedenfalls nur dann möglich, wenn die für die übertragenen einbringungsgeborenen Anteile gewährten Anteile am übernehmenden Rechtsträger genau identifizierbar sind und die für die übertragenen Anteile gewährten Anteile nach dem Verkehrswert bemessen waren. Zudem muss dann im Rahmen der Sacheinlage bestimmt werden, welche erhaltenen Anteile auf die Einbringung von Anteilen iSd § 21 aF zurückzuführen ist. Dies dürfte nur möglich sein, wenn mehrere Anteile im Rahmen der Einbringung ausgegeben werden. Bereits die quotale Verstrickung auch nur einer Aktie erscheint problematisch, da zB im Gegensatz zu Grundstücken ein in einer Aktie verkörpertes Beteiligungsrecht sich grds. nicht in wirtschaftlich unterschiedlich nutzbare und bewertbare Funktionseinheiten aufteilen lässt, was eine Zergliederung in mehrere WG rechtfertigen könnte. In dem oben dargestellten Beispiel hätte dies für E zur Folge, dass bei entsprechender Zuweisung der eingebrachten Anteile iSv § 21 aF ca. 51.639 Aktien der X-AG (70.000 x 450.000/610.000) solche iSd § 21 aF sind. Der Nominalbetrag der Anteile iSd § 21 aF wird in der Weise ermittelt, dass dem Nominalbetrag der Anteile insgesamt (70.000 Euro) das Verhältnis der stillen Reserven in den einbringungsgeborenen Anteilen (450.000 Euro) auf der einen Seite und den stillen Reserven, die insgesamt eingebracht wurden (610.000 Euro), auf der anderen Seite gegenübergestellt wird. Die AK dieser Anteile betragen ca. 66.393 Euro (90.000 x 51.639/70.000). Veräußert E seine Aktien unmittelbar nach der Sacheinlage, erzielt er einen Veräußerungserlös von 700.000 Euro (Summe aus gemeinem Wert des insgesamt eingebrachten Vermögens). Davon entfällt auf die Anteile iSd § 21 aF ein Betrag iHv ca. 516.639 Euro. Eine Aktie an der X-AG wäre quotal verstrickt.

Soweit stille Reserven von einbringungsgeborenen Anteilen iSd § 21 aF bei der **232** Einbringung auch auf **Altanteile** durch **Wertabspaltung** übergehen, kommt es gem. Abs. 3 S. 4 im Grundsatz zu einer quotalen Verstrickung sämtlicher Altanteile, da die stillen Reserven auf all diese Anteile im gleichen Maße überspringen (vgl. BFH BStBl. II 2008, 536; FG BW EFG 2007, 1207 zu § 21 aF; Haritz/Menner/Bilitewski/Menner Rn. 566; Schmidt/Heinz GmbHR 2005, 525). Ob es auch zu einem anteiligen Übergang der AK im Zuge der Abspaltung der stillen Reserven auf die Altanteile kommt, ist nicht abschließend geklärt. Die hM zu § 21 aF (Widmann/Mayer/Widmann § 21 aF Rn. 30; Dötsch/Pung/Möhlenbrock/Patt Rn. 153a; Herzig/Rieck DStR 1998, 97; ebenso BMF 25.3.1998, BStBl. I 1998, 268 Rn. 21.14) ging davon aus, dass im Zuge der Abspaltung stiller Reserven auf nicht einbringungsgeborene Anteile iSd § 21 aF es auch zu einer anteiligen Übertragung von AK kommt. Begründet wird dies damit, dass wegen der Unentgeltlichkeit des Erwerbsvorgangs bezogen auf die abgespaltenen stillen Reserven die so „begünstigten" Anteilseigner nicht nur in den Status der steuerverstrickten Anteile iSd § 21 I 1 aF eintreten, sondern auch in die anteiligen AK des Rechtsvorgängers übergehen. Kommt es demgegenüber bei einer KapGes, deren Anteile einbringungsgeboren iSd § 21 aF sind, zu einer Barkapitalerhöhung mit einem Aufgeld, das den Verkehrswert der neuen Anteile übersteigt, soll es nach Auffassung des BFH (BFH/NV 2010, 375) nicht zu einer Reduzierung der Verhaftungsquote der einbringungsgeborenen Altanteile und auch nicht zu einem Transfer der AK auf die Altanteile kommen (ebenso Dötsch/Pung/Möhlenbrock/Patt Rn. 150).

Findet bei einer KapGes, an der Anteile iSd Abs. 3 S. 4 bestehen, eine **KapErh** **233** statt, die durch eine **Bareinlage** oder durch eine **Sacheinlage** iSd § 20 I, § 21 belegt wird, und kommt es zu einer Abspaltung von stillen Reserven von den Anteilen iSd Abs. 3 S. 4 auf andere Anteile, sind diese stillen Reserven grds. nicht zu realisieren, wenn sie auf junge Anteile desselben Gesellschafters übergehen, und das Besteuerungsrecht der BRD hinsichtlich dieser überspringenden stillen Reserven sichergestellt ist. Es kommt im Grundsatz zu einer quotalen Verstrickung iSd § 21 aF sämtlicher anderer Anteile, soweit die stillen Reserven auf diese Anteile im gleichen Maße überspringen (vgl. BFH BStBl. II 2008, 533; FG BW EFG 2007, 1207 zu § 21 aF; Schmidt/Heinz GmbHR 2005, 525; vgl. auch BMF 11.11.2011, BStBl. I 2011, 1314 Rn. 22.46).

IX. Zeitpunkt der Einbringung und Rückwirkung

1. Zeitpunkt der Sacheinlage

Von dem Zeitpunkt an, zu dem die Sacheinlage iSv Abs. 1 stl. wirksam erbracht **234** ist, endet die Zurechnung des eingebrachten Vermögens beim Einbringenden und beginnt die erstmalige Zurechnung bei der übernehmenden KapGes/Gen nach der für sie geltenden stl. Vorschrift (Widmann/Mayer/Widmann Rn. R 236; Haritz/Menner/Bilitewski/Menner Rn. 625; Dötsch/Pung/Möhlenbrock/Patt Rn. 301; Rödder/Herlinghaus/van Lishaut/Herlinghaus Rn. 453; Brandis/Heuermann/Nitzschke Rn. 108; BMF 25.3.1998, BStBl. I 1998, 268 Rn. 20.20). Auf den gleichen Zeitpunkt ist ein etwaiger Einbringungsgewinn festzustellen. Die **Bestimmung des Zeitpunkts der Sacheinlage** ist deshalb für Zwecke der Besteuerung des Einbringenden und der übernehmenden KapGes von Bedeutung.

Auf den zivilrechtlichen Eigentums- bzw. Inhaberwechsel (bei Umw nach dem **235** UmwG ist dies die Eintragung in das Handelsregister, in den übrigen Fällen Einigung und Übergabe, §§ 925, 929 BGB) kommt es stl. grds. nicht an; vielmehr genügt die **Übertragung des wirtschaftlichen Eigentums** auf die übernehmende KapGes, dh der Übergang von Besitz, Nutzen und Lasten (BMF 11.11.2011, BStBl. I 2011, 1314 Rn. 20.13; Widmann/Mayer/Widmann Rn. R 236; Rödder/Herlinghaus/van Lishaut/Herlinghaus Rn. 454; Eisgruber/Brandstetter Rn. 159; Dötsch/Pung/Möhlenbrock/Patt Rn. 301; Haritz/Menner/Bilitewski/Menner Rn. 573; Lademann/Jäschke Rn. 87; HK-UmwStG/Bäuml Rn. 402; Brandis/Heuermann/Nitzschke Rn. 107; BeckOK UmwStG/Dürrschmidt Rn. 2435; OFD Hannover 30.1.2007, DB 2007, 888). Wird aber für den Übergang von Nutzen und Lasten ein Zeitpunkt gewählt, der nach der zivilrechtlichen Übertragung liegt, soll das wirtschaftliche Eigentum bereits mit der zivilrechtlichen Übertragung übergehen (Rödder/Herlinghaus/van Lishaut/Herlinghaus Rn. 454; Haritz/Menner/Bilitewski/Menner Rn. 576). Nach Meinung des FG Berlin-Brandenburg (EFG 2014, 1928) ist bei Umw iSd UmwG die Übertragung des zivilrechtlichen Eigentums notwendig. Die zu übertragenden WG müssen in einem **einheitlichen Vorgang** eingebracht werden (BFH BStBl. III 1965, 88; BStBl. II 1977, 283; Rödder/Herlinghaus/van Lishaut/Herlinghaus Rn. 454), ein **gleichzeitiger Rechtsübergang** ist weder erforderlich noch in der Praxis erreichbar, es ist ausreichend, wenn die Übertragung auf einem einheitlichen Willensentschluss (zB Einbringungsvertrag) beruht und zwischen den einzelnen Übertragungsakten ein zeitlicher und sachlicher Zusammenhang besteht (Rödder/Herlinghaus/van Lishaut/Herlinghaus Rn. 454; Haritz/Menner/Bilitewski/Menner Rn. 576). Da die KapGes in den Fällen der Einzelrechtsübertragung stl. bereits mit Errichtung (das ist der formgerechte Vertragsabschluss), nicht erst mit der Eintragung in das Handelsregister, entsteht, kann das wirtschaftliche Eigentum auch bereits auf die **VorGes übertragen** werden (Widmann/Mayer/Widmann Rn. 555), falls die Eintragung in das Handelsregisternachfolgt. Entgegen der Auffassung des FG München (EFG 2011, 1387) ist eine rückwirkende Ausgliederung (BFH DStR 2013, 575; Haritz/Menner/Bilitewski/Menner Rn. 587; Dötsch/Pung/Möhlenbrock/Patt Rn. 303) nur eines Betriebs, Teilbetriebs oder Mitunternehmeranteils, nicht aber auch von einzelnen WG möglich (BFH DStR 2017, 2109; 2013, 575; Haritz/Menner/Bilitewski/Menner Rn. 587; Dötsch/Pung/Möhlenbrock/Patt Rn. 303).

236 Die **Übertragung des wirtschaftlichen Eigentums erfolgt regelmäßig** zu dem Zeitpunkt, zu dem nach dem Willen der Beteiligten und nach der tatsächlichen Durchführung Besitz und Gefahr, Nutzen und Lasten auf den übernehmenden Rechtsträger übergegangen sind (BMF 11.11.2011, BStBl. I 2011, 1314 Rn. 20.13; Widmann/Mayer/Widmann Rn. R 236; Rödder/Herlinghaus/van Lishaut/Herlinghaus Rn. 454; Brandis/Heuermann/Nitzschke Rn. 107; BMF 25.3.1998, BStBl. I 1998, 268 Rn. 20.18). Dies ist in der Praxis regelmäßig mit Abschluss des Einbringungsvertrages der Fall. Bedarf der Vertrag jedoch zu seiner Wirksamkeit noch der Zustimmung bspw. durch Anteilseigner, so kann das wirtschaftliche Eigentum erst mit der entsprechenden Zustimmung übergehen. Eine zivilrechtliche Genehmigung wirkt auf den Zeitpunkt des Vertragsabschlusses grds. zurück (vgl. Schmidt/Weber-Grellet EStG § 2 Rn. 43). Fehlt es an einer vertraglichen Regelung, so kann im Grundsatz davon ausgegangen werden, dass spätestens mit der Anmeldung der KapGes bzw. mit der Anmeldung der KapErh zur Eintragung in das Handelsregisterein Übergang des wirtschaftlichen Eigentums vorliegt (Widmann/Mayer/Widmann Rn. R 236; Dötsch/Pung/Möhlenbrock/Patt Rn. 301; Brandis/Heuermann/Nitzschke Rn. 108). Die Eintragung in das Handelsregister, nicht die Beurkundung des Umwandlungsbeschlusses, ist allerdings maßgeblich, wenn bei einer Umw nach dem UmwG mit ein Rückbeziehungsantrag nach Abs. 6 gestellt wird (vgl. BMF 11.11.2011, BStBl. I 2011, 1314 Rn. 20.13; Dötsch/Pung/Möhlenbrock/Patt Rn. 302; Widmann/Mayer/Widmann Rn. R 251; Haritz/Menner/Bilitewski/Menner Rn. 590).

2. Rückbeziehung bei Umwandlung nach UmwG (Abs. 5 S. 1, Abs. 6)

Erfolgt die Einbringung durch Umw aufgrund handelsrechtlicher Vorschriften, so beginnt die achtmonatige Frist für die **Rückbeziehung** mit der Anmeldung der Umw beim Handelsregister. Durch das Corona-Steuerhilfegesetz vom 19.6.2020 (BGBl. 2020 I 1385) bzw. durch Verordnung vom 18.12.2020 (BGBl. 2020 I 3042) wurde diese Höchstfrist auf zwölf Monate verlängert (→ § 27 Rn. 40), sofern die Anmeldung im Jahr 2020 oder 2021 erfolgt. Da zum Zeitpunkt der Anmeldung auch der Umwandlungsvertrag wirksam geschlossen und die Umwandlungsbeschlüsse nebst den notwendigen Zustimmungserklärungen wirksam gefasst sein müssen, müssen diese neben der eigentlichen Anmeldung der Umw beim Registergericht eingereicht werden. Weitere Unterlagen können hingegen nachgereicht werden (→ UmwG § 17 Rn. 44; Widmann/Mayer/Widmann Rn. R 236; Rödder/Herlinghaus/van Lishaut/Herlinghaus Rn. 469; Dötsch/Pung/Möhlenbrock/Patt Rn. 316). Der stl. Übertragungsstichtag wird auf entsprechenden Antrag hin innerhalb der Acht-Monats-Frist ab der Anmeldung durch den Stichtag der Schlussbilanz iSd § 17 II UmwG der übertragenden eGbR (→ Rn. 4), PhG oder PartGes bestimmt (Dötsch/Pung/Möhlenbrock/Patt Rn. 315; Brandis/Heuermann/Nitzschke Rn. 110). Der Übertragungsstichtag kann auch auf einen **Zeitpunkt innerhalb eines Tages** gelegt werden (str. wie hier FG Köln DStR 2005, 890; Widmann/Mayer/Widmann Rn. R 294; Rödder/Herlinghaus/van Lishaut/Herlinghaus Rn. 469; Haritz/Menner/Bilitewski/Menner Rn. 589; offengelassen BFH/NV 2008, 1550; auch → § 2 Rn. 24), was sich aus § 5 I Nr. 5 UmwG ergibt, der den Verschmelzungsstichtag auf einen Zeitpunkt bezieht. Liegt der Stichtag der handelsrechtlichen Umwandlungsbilanz außerhalb der Acht-Monats-Frist bezogen auf die Anmeldung der Umw und kommt es zu der Eintragung der Umw in das Handelsregister, so ist zwar aus handelsrechtlicher Sicht die Umw wirksam, stl. Umwandlungsstichtag ist in diesem Fall aber der Tag der Eintragung der Umw in das Handelsregister (Widmann/Mayer/Widmann Rn. R 293; Rödder/Herlinghaus/van Lishaut/Herlinghaus Rn. 469; Dötsch/Pung/Möhlenbrock/Patt Rn. 316; Haritz/Menner/Bilitewski/Menner Rn. 590f; auch → § 2 Rn. 20). Sind an der Verschm mehrere übertragende Rechtsträger beteiligt, so ist für jeden übertragenden Rechtsträger die Wahl eines unterschiedlichen Stichtags möglich (Widmann/Mayer/Mayer Rn. R 241; Rödder/Herlinghaus/van Lishaut/Herlinghaus Rn. 469; Lademann/Jäschke Rn. 89; Haritz/Menner/Bilitewski/Menner Rn. 592; aA Dötsch/Pung/Möhlenbrock/Patt Rn. 315). Die dargestellten Grundsätze gelten nicht nur für die Verschm, sondern auch für die Spaltung in Form der Auf-, Abspaltung oder Ausgliederung. **237**

3. Rückbeziehung bei Umwandlung außerhalb des UmwG (Abs. 6 S. 3)

Bei Sacheinlagen iSv Abs. 1 außerhalb der Verschm, Aufspaltung, Abspaltung oder Ausgliederung nach den Regeln des UmwG, dh in allen Fällen der **Einzelrechtsübertragung**, der **(erweiterten) Anwachsung** und insbes. bei **Umw aufgrund ausl. Rechtsvorschriften**, kann die Einbringung bei entsprechendem Antrag auf einen Tag zurückbezogen werden, der **238**
– höchstens acht Monate vor dem Abschlusstag des Einbringungsvertrages und
– höchstens acht Monate vor dem Zeitpunkt liegt, an dem das eingebrachte BV auf die KapGes übergeht.

Damit beginnt die Rückbeziehung grds. im Zeitpunkt des Abschlusses des Einbringungsvertrages. Durch das Corona-Steuerhilfegesetz vom 19.6.2020 (BGBl. 2020 I 1385) wurde der Zeitraum bezüglich des Abschlusses des Einbringungsvertra- **239** ges auf zwölf Monate verlängert, sofern der Abschluss im Jahr 2020/2021 erfolgt (→ § 27 Rn. 40). Geht jedoch das wirtschaftliche Eigentum am übertragenen Vermögen nicht mit Abschluss dieses Vertrages, sondern erst später auf die übernehmende KapGes über, ist gem. Abs. 6 S. 3 dieser letztgenannte Zeitpunkt maßgebend. Auf Schlussbilanz oder Zwischenbilanzen des Einbringenden oder umgekehrt auf Eröffnungs- oder Übernahmebilanzen der übernehmenden KapGes kann bei den „anderen Fällen der Sacheinlage" iSv Abs. 6 S. 3 nicht abgestellt werden, da der Sacheinlage nur bei einem Teil der in Betracht kommenden Einbringungsvorgänge Bilanzen zugrunde gelegt werden müssen (Dötsch/Pung/Möhlenbrock/Patt Rn. 318; Haritz/Menner/Bilitewski/Menner Rn. 595). Anders als bei den dem 6. Teil zuzuordnenden Einbringungen nach den Regeln des UmwG kann damit – ausgehend von dem in Abs. 6 S. 3 genannten Bezugszeitpunkt – ein beliebiger Zeitpunkt als stl. Übertragungsstichtag (innerhalb der jeweiligen Acht-Monats-Fristen) gewählt werden (BMF 11.11.2011, BStBl. I 2011, 1314 Rn. 20.13; FG Berlin-Brandenburg EFG 2017, 441; Rödder/Herlinghaus/van Lishaut/Herlinghaus Rn. 473; Dötsch/Pung/Möhlenbrock/Patt Rn. 318; Brandis/Heuermann/Nitzschke Rn. 111).

4. Steuerliche Auswirkungen der Rückbeziehung (Abs. 5)

240 Abs. 5 bestimmt, dass das Einkommen und das Vermögen des Einbringenden und der übernehmenden KapGes/Gen in den Fällen der **Rückbeziehung** auf **Antrag** so zu ermitteln ist, als ob das eingebrachte BV mit Ablauf des stl. Übertragungsstichtags iSv Abs. 6 auf die Übernehmerin übergegangen wäre. Abs. 5 fingiert einen rückwirkenden Vermögensübergang mit allen stl. Konsequenzen für die Steuern nach dem Einkommen und dem Vermögen sowohl für den Einbringenden als auch die übernehmende KapGes (BMF 11.11.2011, BStBl. I 2011, 1314 Rn. 20.14, 20.15). Die stl. Rückwirkung setzt nicht voraus, dass der übernehmende Rechtsträger zum stl. Einbringungsstichtag bereits zivilrechtlich bestand (BMF 11.11.2011, BStBl. I 2011, 1314 Rn. 20.15 iVm Rn. 02.11; Dötsch/Pung/Möhlenbrock/Patt Rn. 321; Haritz/Menner/Bilitewski/Menner Rn. 586; Rödder/Herlinghaus/van Lishaut/Herlinghaus Rn. 462; Lademann/Jäschke Rn. 91). Für die zur Körperschaftsteuer optierenende PersGes vgl. Rn. 169a. Die Rechtsfolgen aller ertragstl. relevanten Vorgänge werden nach dem stl. Übertragungstichtag nicht mehr beim Einbringenden erfasst, es liegen insoweit Geschäfte der übernehmenden KapGes vor (Rödder/Herlinghaus/van Lishaut/Herlinghaus Rn. 466; Dötsch/Pung/Möhlenbrock/Patt Rn. 311; Brandis/Heuermann/Nitzschke Rn. 108). Dies gilt sowohl für Rechtsgeschäfte des Einbringenden mit Dritten (Rödder/Herlinghaus/van Lishaut/Herlinghaus Rn. 466; Dötsch/Pung/Möhlenbrock/Patt Rn. 319; Brandis/Heuermann/Nitzschke Rn. 112) als auch für solche mit der übernehmenden KapGes (Widmann/Mayer/Widmann Rn. R 372; Brandis/Heuermann/Nitzschke Rn. 113). Wird zB ein Einzelunternehmen, zu dessen BV Anteile an einer KapGes gehören, rückwirkend nach Abs. 1 in eine andere KapGes eingebracht, ist eine Gewinnausschüttung im Rückwirkungszeitraum durch die andere KapGes der übernehmenden KapGes zuzurechnen und dort nach § 8b I, V KStG zu 95 vH steuerbefreit. Im Verhältnis zwischen der übernehmenden KapGes und den Einbringenden kommt es nicht aufgrund der Einbringung als solche zu einer „Weiterausschüttung" (FG Münster EFG 2019, 2015; aA Rödder/Herlinghaus/van Lishaut/Herlinghaus Rn. 468). **Lieferungen** und Leistungen **zwischen dem Einbringenden** und der **übernehmenden KapGes** müssen damit ggf. in ihrer Gewinnauswirkung stl. neutralisiert werden (Haase/Hofacker/Hofacker Rn. 228; Brandis/Heuermann/Nitzschke Rn. 113; Lademann/Jäschke Rn. 92; Haritz/Menner/Bilitewski/Menner Rn. 655; aA offensichtlich Krause BB 1999, 1246). Veräußert damit bspw. eine KG am 1.3.2001 ein Grundstück mit dem BW 100.000 Euro zum Kaufpreis

500.000 Euro an eine GmbH und wird die KG rückwirkend auf den 1.1.2001 im Wege der erweiterten Anwachsung auf die GmbH übertragen, so muss die GmbH das Grundstück bei gewählter Buchwertverknüpfung mit 100.000 Euro in der stl. Aufnahmebilanz bilanzieren. Die von der KG am 1.3.2001 realisierten Gewinne sind stl. zu neutralisieren. Da handelsrechtlich keine Rückwirkung existiert und § 24 UmwG nicht zur Anwendung kommt, muss die GmbH in ihrer HB das Grundstück mit 500.000 Euro ansetzen, da insoweit AK bei der GmbH vorliegen. Zu einer möglichen **Leistungsverrechnung,** wenn nur ein Teilbetrieb eingebracht wird, bezogen auf interne Leistungen vgl. Panzer/Gebert DStR 2010, 520; Rogall DB 2010, 1035. Nur die tatsächlich verwirklichten Sachverhalte werden ab dem Einbringungsstichtag dem übernehmenden Rechtsträger zugerechnet. Eine Rückbeziehung der Geschäftsvorfälle auf den Einbringungsstichtag erfolgt aber nicht, der **zeitliche Ablauf der Geschäftsvorfälle bleibt unverändert** (Rödder/Herlinghaus/van Lishaut/Herlinghaus Rn. 466; Dötsch/Pung/Möhlenbrock/Patt Rn. 313; Haase/Hofacker/Hofacker Rn. 228). Die zivilrechtlichen Leistungsbeziehungen zwischen der übernehmenden KapGes und deren Gesellschafter, insbes. auch dem Einbringenden, werden erst mit ihrem zivilrechtlichen Abschluss wirksam. Werden mit dem übernehmenden Rechtsträger im Rückwirkungszeitraum Verträge abgeschlossen, wirken diese nicht auf den stl. Übertragungsstichtag zurück (BMF 11.11.2011, BStBl. I 2011, 1314 Rn. 20.16; Dötsch/Pung/Möhlenbrock/Patt Rn. 324; Haase/Hofacker/Hofacker Rn. 231; Lademann/Jäschke Rn. 92; Rödder/Herlinghaus/van Lishaut/Herlinghaus Rn. 466). Vertragliche Leistungsbeziehungen zwischen dem einbringenden MU und der PersGes, deren Mitunternehmeranteile nach § 20 in eine KapGes eingebracht werden und deren Vermögen im Anschluss daran der KapGes anwächst, sind anders zu beurteilen. In diesem Fall führt die rückwirkende Einbringung dazu, dass die Leistungsbeziehungen stl. bereits so behandelt werden, als hätten sie zwischen den Gesellschaftern und der KapGes bestanden. Eine Umqualifizierung der Einkünfte nach § 15 I 1 Nr. 2 EStG im Rückwirkungszeitraum findet nicht mehr statt. Entsprechendes gilt, wenn ein Gesellschafter einer PersGes seinen gesamten Mitunternehmeranteil in eine KapGes einbringt, auch wenn es nicht zu einem Anwachsen des Vermögens der PersGes bei der übernehmenden KapGes kommt (Rödder/Herlinghaus/van Lishaut/Herlinghaus Rn. 467; Haase/Hofacker/Hofacker Rn. 229; Lademann/Jäschke Rn. 92). Soweit Entgelte für diese Leistungsbeziehungen unangemessen sind, findet § 20 V 3 Anwendung, von einer verdeckten Gewinnausschüttung ist damit nicht auszugehen (BMF 11.11.2011, BStBl. I 2011, 1314 Rn. 20.16; Dötsch/Pung/Möhlenbrock/Patt Rn. 326). Werden die Verträge zwischen dem MU und der Mitunternehmerschaft nach dem stl. Übertragungsstichtag abgeschlossen, gelten die dargestellten Grundsätze ab dem tatsächlichen Vertragsabschluss (Dötsch/Pung/Möhlenbrock/Patt Rn. 314; Haase/Hofacker/Hofacker Rn. 230). Die Anerkennung der Leistungsbeziehung setzt neben einem wirksamen Vertragsschluss zwischen der PersGes und ihren Gesellschaftern weiter voraus, dass der Vertrag tatsächlich durchgeführt wird und nach der Einbringung fortbesteht (BMF 11.11.2011, BStBl. I 2011, 1314 Rn. 20.15; Dötsch/Pung/Möhlenbrock/Patt Rn. 326; Rödder/Herlinghaus/van Lishaut/Herlinghaus Rn. 466). Die Rückwirkungsfiktion soll nach Meinung der FVerw (BMF 4.7.2008, BStBl. I 2008, 736 Rn. 15; aA Schumacher/Hageböke DB 2008, 493) nicht für die Anwendung des **§ 8c KStG** gelten.

Wird ein **Einzelunternehmen** eingebracht, können Zahlungen in Form von Entnahmen der übernehmenden KapGes frühestens vom Zeitpunkt der notariellen Beurkundung der KapErh/Neugründung der KapGes als BA der Übernehmerin berücksichtigt werden, sofern zivilrechtlich wie steuerrechtlich wirksame Vereinbarungen mit der entstehenden KapGes (VorGes) abgeschlossen wurden und diese tatsächlich durchgeführt wurden. Erfolgte Zahlungen durch das „Einzelunternehmen" vor diesem Zeitpunkt sind weiterhin als Entnahmen anzusehen (Haase/Hofacker/Hofacker Rn. 231).

242 Die Rückbeziehung ist die rechtliche Folge der Sacheinlage nach Abs. 1 und hat daher nach hM keine Auswirkungen auf die **Sacheinlagevoraussetzungen** in Form der Qualifikation des übertragenen Vermögens als Betrieb, Teilbetrieb, Mitunternehmeranteil uÄ (Rödder/Herlinghaus/van Lishaut/Herlinghaus Rn. 464; Haritz/Menner/BilitewskiMenner Rn. 587; Dötsch/Pung/Möhlenbrock/Patt Rn. 305; Brandis/Heuermann/Nitzschke Rn. 108; vgl. auch BFH Urt. v. 21.2.2022 – I R 13/19, BeckRS 2022, 22547). Demgegenüber geht die FVerw davon aus, dass die Voraussetzungen für einen Betrieb, Teilbetrieb oder Mitunternehmeranteil bereits am stl. Einbringungsstichtag und nicht erst zum Umwandlungsbeschluss oder bei dem Abschluss des Einbringungsvertrags vorliegen müssen (BMF 11.11.2011, BStBl. I 2011, 1314 Rn. 20.14 und Rn. S.04; auch → Rn. 21). Nach Auffassung der FVerw reicht es jedoch aus, wenn die Voraussetzungen nicht in der Person des Einbringenden, sondern durch einen Dritten erfüllt wurden (vgl. BMF 11.11.2011, BStBl. I 2011, 1314 Rn. 20.16; auch → Rn. 251). Die stl. Auswirkungen bzgl. **Einkommen und Vermögen** erstrecken sich nicht nur auf ESt, KSt, sondern auch auf **GewSt** (FG Hamburg DStRE 2003, 38; Dötsch/Pung/Möhlenbrock/Patt Rn. 312; Brandis/Heuermann/Nitzschke Rn. 112; Haritz/Menner/Bilitewski/Menner Rn. 633; BeckOK UmwStG/Dürrschmidt Rn. 2606) der an der Umwandlung als einbringenden und übernehmenden beteiligten Rechtsträger (vgl. FG Sachsen-Anhalt Urt. v. 30.5.2018 – 2 K 1235/14, BeckRS 2018, 40502) und für die bewertungsrechtliche Zurechnungsfeststellung; sie gilt daher auch für die GrSt (FG Nürnberg EFG 1998, 922; BMF 25.11.1998, S 3106–12-St 334 V; Dötsch/Pung/Möhlenbrock/Patt Rn. 322; Widmann/Mayer/Widmann Rn. R 267; Brandis/Heuermann/Nitzschke Rn. 112). Steuern, die nicht das Einkommen oder Vermögen betreffen (USt, GrESt, ErbSt), fallen nicht unter die stl. Rückwirkung (Widmann/Mayer/Widmann Rn. 583; Dötsch/Pung/Möhlenbrock/Patt Rn. 322; Brandis/Heuermann/Nitzschke Rn. 112).

243 Der stl. Einbringungsstichtag bestimmt den **Bewertungszeitpunkt** der eingebrachten WG (Dötsch/Pung/Möhlenbrock/Patt Rn. 321; Rödder/Herlinghaus/van Lishaut/Herlinghaus Rn. 458; Lademann/Jäschke Rn. 92; auch → Rn. 251). Dem Einbringenden sind die als Gegenleistung für das eingebrachte Vermögen gewährten **Anteile am übernehmenden Rechtsträger** als dem Einbringungsstichtag zuzurechnen (BMF 11.11.2011, BStBl. I 2011, 1314 Rn. 20.14; Dötsch/Pung/Möhlenbrock/Patt Rn. 321; Rödder/Herlinghaus/van Lishaut/Herlinghaus Rn. 460; Haritz/Menner/Bilitewski/Menner Rn. 630; HK-UmwStG/Bäuml Rn. 405; Eisgruber/Brandstetter Rn. 173; Lademann/Jäschke Rn. 92; Hageböke Ubg 2010, 41).

244 Mit dem rückbezogenen Übertragungsstichtag beginnt die „**Sperrfrist des § 22 I 1, II 1**" (Rödder/Herlinghaus/van Lishaut/Herlinghaus Rn. 463; Lademann/Jäschke Rn. 92; Dötsch/Pung/Möhlenbrock/Patt Rn. 321).

245 Ist das Einkommen beim Einbringenden und bei der übernehmenden KapGes zu ermitteln, als wäre die Sacheinlage mit Ablauf des gewählten stl. Übertragungsstichtags in die KapGes eingebracht worden, so sind für die Zeit nach dem gewählten Stichtag die für die **Gewinnermittlung der KapGes/Gen** geltenden Vorschriften anzuwenden, das zivilrechtlich noch von der PersGes erwirtschaftete Ergebnis wird stl. als Ergebnis der KapGes beurteilt und bei dieser besteuert (vgl. BMF 11.11.2011, BStBl. I 2011, 1314 Rn. 20.15; Dötsch/Pung/Möhlenbrock/Patt Rn. 311; Rödder/Herlinghaus/van Lishaut/Herlinghaus Rn. 461). Dies gilt auch dann, wenn der übernehmende Rechtsträger zum Einbringungsstichtag zivilrechtlich nicht existent war (BMF 11.11.2011, BStBl. I 2011, 1314 Rn. 20.15 iVm Rn. 02.11; Rödder/Herlinghaus/van Lishaut/Herlinghaus Rn. 462; HK-UmwStG/Bäuml Rn. 413). Hat der übertragende Rechtsträger seinen Gewinn nach **§ 4 III EStG** ermittelt, muss zum Einbringungsstichtag eine Umstellung auf den Betriebsvermögensvergleich erfolgen (Rödder/Herlinghaus/van Lishaut/Herlinghaus Rn. 465; Lademann/Jäschke Rn. 92), der Einbringende hat einen Übergangsgewinn ggf. zu versteuern. Der Übergangsgewinn ist nicht Teil eines ggf. entstehenden Einbringungsgewinns (BFH BStBl. II 2002, 287). Werden anlässlich der Einbringung Forderungen zurückbehalten, so entsteht insoweit ein Übergangsgewinn ggf. nicht (BFH/NV 2008, 385; FG Münster EFG 2009, 1315).

Die Rückbeziehung erfasst hinsichtlich des Einkommens und des Gewerbeertrages **nicht Entnahmen und Einlagen nach** dem stl. Übertragungsstichtag (Abs. 5 S. 2). Insbes. sollen Entnahmen nicht als vGA aus der stl. bereits realisierten KapGes an den Einbringenden besteuert werden (BFH DStR 2022, 1485; 2018, 1560), sie mindern nach Abs. 5 S. 3 lediglich die AK der dem Einbringenden neu gewährten Anteile. Dies gilt auch, wenn Einbringender eine Körperschaft ist (aA Dötsch/Pung/Möhlenbrock/Patt Rn. 340). Entsprechendes gilt für Einlagen; sie erhöhen die AK der neu gewährten Anteile um die nach den TW berechneten Einlagewerte (Abs. 5 S. 2, 3). Abs. 5 S. 2 bezieht sich nicht auf Entnahmen, die durch Zurückbehaltung unwesentlicher WG des Einbringungsgegenstandes erfolgen (→ Rn. 73). Die Ausnahmeregelung für Einlagen und Entnahmen kann im Einzelfall zu erheblichen Problemen führen, die abschließend noch nicht geklärt sind (vgl. Widmann/Mayer/Widmann Rn. R 312 ff.; Rödder/Herlinghaus/van Lishaut/Herlinghaus Rn. 485; Dötsch/Pung/Möhlenbrock/Patt Rn. 338 ff.; Patt/Rasche DStR 1995, 1529; Rödder DStR 1996, 860). Nach dem Gesetzeswortlaut erfasst die Sonderregelung nur das Einkommen, nicht aber das Vermögen. Dies hat zur Konsequenz, dass die Einlagen/Entnahmen nicht als zum Zeitpunkt des abw. stl. Übertragungsstichtag als erfolgt gelten. Die Entnahmen und Einlagen sind aber nicht der übernehmenden KapGes zuzurechnen, die PersGes gilt insoweit bzgl. der Ermittlung des Einkommens noch als existent. Aus dem Bericht des Finanzausschusses zu § 17 VII UmwStG 1969 (abgedruckt in Glade/Steinfeld UmwStG 1969 Rn. 442) ergibt sich zwar, dass Entnahmen und Einlagen, die nach dem Umwandlungsstichtag vorgenommen wurden, insgesamt von der Rückwirkung, dh also auch bezogen auf das übergehende Vermögen, ausgenommen werden sollten; dieser Wille spiegelt sich aber im Gesetz nicht wider (BFH DStR 2022, 1485; Widmann/Mayer/Widmann Rn. R 312; Rödder/Herlinghaus/van Lishaut/Herlinghaus Rn. 487; Dötsch/Pung/Möhlenbrock/Patt Rn. 338 ff.). Die im Rückwirkungszeitraum entnommenen WG werden zum Einbringungsstichtag WG des übernehmenden Rechtsträgers, die Entnahme erfolgt erst zum Zeitpunkt der tatsächlichen Entnahmehandlung (Dötsch/Pung/Möhlenbrock/Patt Rn. 344; Brandis/Heuermann/Nitzschke Rn. 114). Da sich Abs. 5 S. 2 nur auf das Einkommen bezieht, nicht aber auf das Vermögen, führt eine solche Entnahme ausschließlich bezogen auf die Ermittlung des Einkommens dazu, dass in der Person des übernehmenden Rechtsträgers der Vorgang ergebnisneutral ist (Lademann/Jäschke Rn. 94), in der Person des Einbringenden ggf. ein Entnahmegewinn entsteht; bezogen auf das Vermögen, welches zum Einbringungsstichtag beim übernehmenden Rechtsträger zu erfassen ist, liegt zum Zeitpunkt der Entnahme rechtssystematisch eine vGA vor, die keinerlei Auswirkungen auf die Gewinnermittlung hat.

Die nach dem Einbringungsstichtag, aber vor der Eintragung der Umw bzw. der tatsächlichen Übertragung beim übertragenden Rechtsträger getätigten Entnahmen oder Einlagen gelten steuerrechtlich als noch beim übertragenden Rechtsträger vorgenommen (Widmann/Mayer/Widmann Rn. R 312; Rödder/Herlinghaus/van Lishaut/Herlinghaus Rn. 483; Dötsch/Pung/Möhlenbrock/Patt Rn. 349). Entsteht ein Entnahmegewinn, so ist dieser zum Zeitpunkt der tatsächlichen Entnahmehandlung durch den Einbringenden zu versteuern. Einlagen in das Vermögen des übertragenden Rechtsträgers sind gem. § 6 I Nr. 5 EStG bzw. § 6 V EStG zu bewerten (Widmann/Mayer/Widmann Rn. 312; Rödder/Herlinghaus/van Lishaut/Herlinghaus Rn. 486; Dötsch/Pung/Möhlenbrock/Patt Rn. 343). Da Abs. 5 S. 2 vermeiden soll, dass es bei Entnahmen im Rückwirkungszeitraum zu vGA kommt (BFH DStR 2022, 1485; DStR 2018, 1560), ist die Regelung auch anzuwenden, wenn **Einbringender eine KapGes** ist (Hageböke FR 2019, 97; aA Widmann/Mayer/ Widmann Rn. R 323; Dötsch/Pung/Möhlenbrock/Patt Rn. 340). Zu beachten ist, dass die Übertragung von WG gem. **§ 6 V 3 EStG** keine Einlage oder Entnahme darstellt, wenn die Übertragung gegen Gewährung oder Minderung von Gesellschaftsrechten erfolgt; diese Vorgänge fallen nicht unter Abs. 5 S. 2 (vgl. auch Dötsch/Pung/Möhlenbrock/Patt Rn. 345). Zudem ist im Regelungsbereich des § 6 V EStG dessen S. 6 zu beachten. Eine Einlage oder Entnahme iSd Abs. 5 S. 2 soll vorliegen, wenn im Rückwirkungszeitraum das inl. Besteuerungsrecht des Gewinns aus der Veräußerung eines WG im BV des übertragenden Rechtsträgers begründet (§ 4 I 8 EStG) oder ausgeschlossen oder beschränkt (§ 4 I 3 EStG) wird (Dötsch/ Pung/Möhlenbrock/Patt Rn. 345).

248 **Bilanzmäßig** werden die nach dem Einbringungsstichtag, aber vor der Eintragung der Umw bzw. der tatsächlichen Übertragung beim übertragenden Rechtsträger getätigten Entnahmen oder Einlagen in der Form dargestellt, dass in der Aufnahmebilanz des übernehmenden Rechtsträgers ein aktiver (Einlage) bzw. passiver (Entnahme) Korrektivposten anzusetzen ist, der dann zum Zeitpunkt der tatsächlichen Einlage/Entnahme mit diesem zu verrechnen ist (Widmann/Mayer/Widmann Rn. R 312, 315; Rödder/Herlinghaus/van Lishaut/Herlinghaus Rn. 484; Brandis/ Heuermann/Nitzschke Rn. 114; Dötsch/Pung/Möhlenbrock/Patt Rn. 348; Haritz/Menner/Bilitewski/Menner Rn. 663; aA Demuth DStR 2019, 1959). Die Höhe des passiven Korrekturpostens entspricht dem BW des entnommenen WG zum Einbringungsstichtag abzgl. AfA bis zur tatsächlichen Entnahme, selbst wenn aufgrund der Entnahme zum Entnahmestichtag ein Entnahmegewinn entsteht; Letzterer erhöht nicht den BW bezogen auf die Person des übernehmenden Rechtsträgers.

249 Ist der BW aller Entnahmen saldiert mit dem Wert der Einlagen, die im Rückbezugszeitraum vorgenommen worden sind, höher als der BW der Sacheinlage zum stl. Übertragungsstichtag, ist fraglich, ob die Vorschrift des Abs. 2 S. 2 Nr. 2 Anwendung findet, mit der Folge, dass dann das eingebrachte Vermögen mit einem über dem BW liegenden Wert angesetzt werden müsste (so BMF 11.11.2011, BStBl. I 2011, 1314 Rn. 20.19; Dötsch/Pung/Möhlenbrock/Patt Rn. 325). Gegen die Anwendung von **Abs. 2 S. 2 Nr. 2** wird eingewendet, dass Abs. 5 S. 2, 3 am tatsächlichen Entnahmezeitpunkt nichts ändert, sodass zum Einbringungsstichtag kein negatives BV vorliegt (BFH DStR 2018, 1560; FG Münster 17.5.2023 – 9 K 1242/21 K, BeckRS 2023, 22563; Rödder/Herlinghaus/van Lishaut/Herlinghaus Rn. 488; Widmann/Mayer/Widmann Rn. R 553; Haritz/Menner/Bilitewski/Menner Rn. 670; Hageböke FR 2019, 97; Demuth DStR 2019, 1959). Letzteres hat nicht nur zur Folge, dass es zu negativen AK bei den als Gegenleistung gewährten Anteilen kommen kann (BFH DStR 2018, 1560; FG Münster 17.5.2023 – 9 K 1242/21 K, BeckRS 2023, 22563; Widmann/Mayer/Widmann Rn. R 320), sondern auch, dass es nicht möglich ist, ein zum Einbringungsstichtag negatives Nettobuchwertvermögen, welches nach Maßgabe des Abs. 1 in eine KapGes eingebracht werden soll, durch Einlagen nach dem Einbringungsstichtag auszugleichen (Demuth DStR 2019, 1959). Gem. Abs. 3 S. 1 bestimmen sich die AK nach dem Wert, mit dem die eingebrachten WG in der Bilanz des übernehmenden Rechtsträgers angesetzt werden. Nach Abs. 5 S. 3 beeinflussen die Entnahmen und die Einlagen nach dem Einbringungsstichtag aber vor Eintragung der KapErh die AK der als Gegenleistung für die Einbringung gewährten Anteile. Dieser Zusammenhang spricht dafür, auch im Regelungsbereich des Abs. 2 Nr. 2 davon auszugehen, dass Entnahmen und Einlagen sich auf den BW des übertragenen Vermögens auswirken (BMF 11.11.2011, BStBl. I 2011, 1314 Rn. 20.19; FG Nürnberg BeckRS 2009, 26027810;

aA BFH DStR 2019, 1560; zu den Auswirkungen auf das steuerl Einlagenkonto vgl. Brühl/Herkens Ubg 2019, 516).

250 Nach Auffassung der FVerw (BMF 11.11.2011, BStBl. I 2011, 1314 Rn. Org.08; vgl. aber auch BFH DStR 2017, 2109) kann bei der Einbringung der Beteiligung an einer OrganGes zusammen mit einem Betrieb oder Teilbetrieb dem übernehmenden Rechtsträger eine gegenüber dem übertragenden Rechtsträger bestehende **finanzielle Eingliederung** mit Wirkung ab dem stl. Übertragungsstichtag ggf. zugerechnet werden. Zu weiteren Einzelheiten auch bezogen auf sog. **Schachtelprivilegien** → § 23 Rn. 33 f.

251 Die stl. Rückwirkung setzt eine Einbringung iSv Abs. 1 voraus. Scheidet ein MU – egal aus welchem Grund, sei es auch durch Tod – vor der Einbringung aus der PersGes aus, nimmt er an der Einbringung und damit an der stl. Rückwirkung nicht teil. Für solche Gesellschafter, die **im Rückwirkungszeitraum aus der Mitunternehmerschaft ausscheiden**, findet § 15 I 1 Nr. 2 EStG weiterhin Anwendung (BMF 11.11.2011, BStBl. I 2011, 1314 Rn. 20.16; Rödder/Herlinghaus/van Lishaut/Herlinghaus Rn. 467; Dötsch/Pung/Möhlenbrock/Patt Rn. 350; Lademann/Jäschke Rn. 92). Der Erwerber des Mitunternehmeranteils kann die Einbringung des Mitunternehmeranteils in die KapGes auf einen Zeitpunkt zurückbeziehen, der vor dem Erwerb liegt (Dötsch/Pung/Möhlenbrock/Patt Rn. 350; Widmann/Mayer/Widmann Rn. 615; Haritz/Menner/Bilitewski/Menner Rn. 672). Maßgebender BW des Mitunternehmeranteils sind dann die AK (Dötsch/Pung/Möhlenbrock/Patt Rn. 352; Haritz/Menner/Bilitewski/Menner Rn. 672 f.), bei unentgeltlicher Rechtsnachfolge (Schenkung, Erbfall) der Wert iSv § 6 III EStG. Da die Rückwirkung für den ausscheidenden MU nicht gilt, hat er und nicht die übernehmende KapGes den auf ihn entfallenden Gewinnanteil bis zum Ausscheidungszeitpunkt zu versteuern (Hess FG EFG 2019, 486). Bei der Einkommensermittlung der übernehmenden KapGes sind die Ergebnisse aus den Geschäftsvorfällen, die noch dem ausscheidenden MU zuzurechnen sind, herauszurechnen (Hess FG EFG 2019, 486; Dötsch/Pung/Möhlenbrock/Patt Rn. 352). Wird der Mitunternehmeranteil entgeltlich im Rückwirkungszeitraum übertragen, so erzielt der ausscheidende MU ggf. einen Veräußerungsgewinn iSv § 16 EStG, und zwar im Zeitpunkt der tatsächlichen Veräußerung. Anderes gilt für einen nach **§§ 29 ff. UmwG** gegen Barabfindung Ausscheidenden. Er scheidet zivilrechtlich und damit auch stl. erst aus der KapGes aus. Eine § 5 I Alt. 2 entsprechende Vorschrift fehlt bei §§ 20 ff. (Widmann/Mayer/Widmann Rn. 298; Dötsch/Pung/Möhlenbrock/ Patt Rn. 350; Brandis/Heuermann/Nitzschke Rn. 115; Renner, Die Rückwirkung im Umwandlungssteuergesetz, 2002, S. 109). Der gegen Barabfindung nach § 29 UmwG ausscheidende Gesellschafter erzielt dann einen Einbringungsgewinn iSv § 22 (Dötsch/Pung/Möhlenbrock/Patt § 22 Rn. 31; Lademann/Jäschke Rn. 92b; Brandis/Heuermann/Nitzschke Rn. 115; aA Renner, Die Rückwirkung im Umwandlungssteuergesetz, 2002, S. 109).

252 § 52 XLVII 4 EStG aF regelte eine **„Rückwirkungssperre"** im Hinblick auf die Anwendung von § 34 EStG. Ist Einbringender eine natürliche Person und wird für den in seiner Person entstehenden Einbringungsgewinn die Tarifmäßigung nach § 34 EStG beantragt, so gelten die **außerordentlichen** Einkünfte iSd **§ 34 EStG** gem. § 52 VII 4 EStG aF als nach dem 31.12. des Vorjahres erzielt, wenn die Einbringung im Folgejahr zivilrechtlich vollzogen wurde, aber mit Rückwirkung auf das Vorjahr (Dötsch/Pung/Möhlenbrock/Patt Rn. 329). Sie waren in dem VZ, der dem stl. Übertragungsstichtag folgt, unter Anwendung des § 34 EStG zu versteuern. Auf die sachliche Steuerbefreiung der § 16 IV EStG, § 17 III EStG hatte § 52 VII 4 EStG keine Auswirkung. Mit dem Kroatien-Steueranpassungsgesetz v. 25.7.2014 (BGBl. 2014 I 1266) wurde § 52 XLVII EStG aufgehoben.

253 Eine **Rückwirkungssperre** enthält auch Abs. 6 S. 4 iVm **§ 2 III, IV; V**. Bei grenzüberschreitenden Sacheinlagen ist die Rückwirkung nach Abs. 6 S. 4 iVm § 2

III ausgeschlossen, soweit durch die Rückbeziehung sog. „weiße Einkünfte" entstehen würden (Dötsch/Pung/Möhlenbrock/Patt Rn. 361; Rödder/Herlinghaus/van Lishaut/Herlinghaus Rn. 475). Durch diesen Verweis wird die Rückbeziehung nicht generell ausgeschlossen, sondern nur insoweit beschränkt, als sich im Rückwirkungszeitraum „weiße Einkünfte" ergeben (Rödder/Herlinghaus/van Lishaut/Herlinghaus Rn. 475; Haritz/Menner/Bilitewski/Menner Rn. 604).

254 Abs. 6 S. 4 bestimmt für Einbringungsfälle, dass **§ 2 IV** entsprechend gelten soll. Die entsprechende Anwendung setzt voraus, dass in der Person des Einbringenden verrechenbare Verluste, verbleibende Verlustvorträge, nicht ausgeglichene negative Einkünfte oder ein Zinsvortrag existieren müssen.

255 Abs. 6 S. 4 iVm § 2 IV bestimmt in diesem Zusammenhang, dass eine Verlustnutzung in der Person des Einbringenden ausscheidet, wenn diese Verlustnutzung nur auf Grund der Rückbeziehung der gewinnrealisierenden Einbringung möglich ist (Haritz/Menner/Bilitewski/Menner Rn. 600; Rödder/Schönfeld DStR 2009, 560). Nach dem Bericht des Finanzausschusses (BT-Drs. 16/11108, 40 ff.) sollte eine rückwirkende Verlustnutzung oder der Erhalt eines Zinsvortrages durch rückwirkende Gestaltung nicht möglich sein, „obwohl der Verlust oder Zinsvortrag wegen § 8c KStG bereits untergegangen ist". § 2 IV erhält jedoch keine unmittelbare Bezugnahme auf § 8c KStG, der Wille des Gesetzgebers findet jedoch in § 27 IX seinen Niederschlag, der bezogen auf die erstmalige Anwendung dieser Vorschrift auf einen schädlichen Beteiligungserwerb abstellt, sodass nach hM die Einschränkung der Verlustnutzung nur dann gerechtfertigt ist, wenn ein Fall des § 8c KStG vorliegt, § 2 IV ist daher insoweit **teleologisch zu reduzieren** (Haritz/Menner/Bilitewski/Menner Rn. 613; Rödder/Herlinghaus/van Lishaut/Herlinghaus Rn. 478; Suchanek Ubg 2009, 178; Rödder/Schönfeld DStR 2009, 560; Dötsch/Pung/Möhlenbrock/Patt Rn. 337b; vgl. auch BFH DStR 2023, 1469).

256 Der Gesetzgeber wollte folgende Konstellationen verhindern:

Beispiel:

A ist alleiniger Gesellschafter der A-GmbH, die A im Mai 02 veräußert, wodurch die A-GmbH ihre stl. Verluste iSd § 8c KStG nicht mehr verwerten kann. Um dies zu verhindern, gliedert die A-GmbH ihren Betrieb rückwirkend auf den 31.12.01 auf ihre Tochter-GmbH aus, wobei der Antrag auf Zwischenwertansatz durch den übernehmenden Rechtsträger gestellt wird. In der Person der A-GmbH entsteht damit zum 31.12.01 ein Einbringungsgewinn, der auf Grund von Verlustverrechnung jedoch nicht besteuert werden muss. Dieses soll und wird durch Abs. 6 S. 4 iVm § 2 IV verhindert.

257 Abs. 6 S. 4 iVm § 2 IV 2 nimmt Bezug auf die Verwertung negativer Einkünfte, die im Zeitraum zwischen dem rückbezogenen stl. Einbringungsstichtag und dem schädlichen Ereignis iSd § 8c KStG in Form einer Beteiligungsübertragung angefallen sind. Diese Verluste, die nach dem Einbringungsstichtag entstanden sind, werden auf Grund der stl. Rückwirkung bereits dem übernehmenden Rechtsträger zugerechnet, dh diese Verluste können mit einem Einbringungsgewinn des Einbringenden nicht mehr verrechnet werden. Diese Verluste dürften damit vom Regelungsbereich des Abs. 6 S. 4 iVm § 2 IV nicht erfasst werden, sie können vielmehr mit positiven Einkünften des übernehmenden Rechtsträgers verrechnet werden (ebenso Haritz/Menner/Bilitewski/Menner Rn. 612; Suchanek Ubg 2009, 178; aA BMF 11.11.2011, BStBl. I 2011, 1314 Rn. 02.40; Beinert/Benecke Ubg 2009, 169).

257a Mit Gesetz v. 26.6.2013 wurde § 2 IV durch die S. 3–6 erweitert. Nach diesen Regelungen kann der übernehmende Rechtsträger im Rückwirkungszeitraum seine verrechenbaren Verluste, verbleibenden Verlustvorträge, nicht ausgeglichene negative Einkünfte, einen Zinsvortrag iSv § 4h I 5 EStG des übertragenden Rechtsträgers mit positiven Einkünften im Rückwirkungszeitraum nicht verrechnen oder ausgleichen. Entsprechendes gilt für Einbringungen eines Organträgers in eine OrganGes.

Die Verrechnungsbeschränkungen gelten nach § 2 IV 6 jedoch nicht für Einbringungen zwischen verbundenen Unternehmen iSd § 271 II HGB. Diese Neuregelungen sind gem. § 27 XII erstmals auf Einbringungen anzuwenden, die nach dem 6.6.2013 in das maßgebliche Register eingetragen wurden bzw., sofern keine Eintragung erforderlich ist, bei denen das wirtschaftliche Eigentum an den eingebrachten Wirtschaftsgütern nach dem 6.6.2013 übergegangen ist (→ § 27 Rn. 37).

Durch Gesetz vom 2.6.2021 (BGBl. 2021 I 1259) wurde § 2 um einen Abs. 5 ergänzt. Der Gesetzgeber wollte durch diese Regelung Gestaltungen unterbinden, die darauf abzielen, dass im stl. Rückwirkungszeitraum geschaffenes Verlustpotential in Form von stillen Lasten, die Finanzinstrumenten oder Anteilen an Körperschaften anhaften, durch steuerneutrale rückwirkende Umwandlungen einem Dritten zur Verrechnung mit dessen positiven Einkünften zur Verfügung gestellt werden kann (vgl. iE → § 2 Rn. 172 ff.). Im Rahmen des § 20 ist diese Regelung entsprechend anzuwenden.

Zu weiteren Einzelheiten der Rückwirkung → § 2 Rn. 122.

5. Antrag auf Rückbeziehung (Abs. 5 S. 1)

Die Rückbeziehung auf den Umwandlungsstichtag setzt einen **Antrag** voraus. Wird er nicht gestellt, ist der Übergang des wirtschaftlichen Eigentums bzw. der Tag des Abschlusses des Einbringungsvertrages, spätestens aber die Eintragung in das Handelsregister bei der Übernehmerin als stl. Umwandlungsstichtag anzunehmen. Der Antrag auf Rückbeziehung ist nach hM (BMF 11.11.2011, BStBl. I 2011, 1314 Rn. 20.15; BFH DStR 2019, 1259; DStRE 2017, 1376; Widmann/Mayer/Widmann Rn. R 276; Rödder/Herlinghaus/van Lishaut/Herlinghaus Rn. 456; Eisgruber/Brandstetter Rn. 169; Dötsch/Pung/Möhlenbrock/Patt Rn. 307: BeckOK UmwStG/Dürrschmidt Rn. 2568; Brandis/Heuermann/Nitzschke Rn. 109; Haritz/Menner/Bilitewski/Menner Rn. 598) durch die **aufnehmende KapGes** zu stellen. Zuständig für die Entgegennahme des Antrags ist das FA, bei dem der übernehmende Rechtsträger veranlagt wird (BFH DStR 2019, 1259); ist der übernehmende Rechtsträger eine ausl. Ges, ist der Antrag bei dem für ihn zuständigen FA zu stellen (Widmann/Mayer/Widmann Rn. R 277, 279). Das Gesetz enthält keine Befristung, insbes. nicht eine Ausschlussfrist. Der Antrag soll daher bis zur Beendigung der **letzten Tatsacheninstanz** gestellt werden können, in der über die Besteuerung des Vermögensübergangs der übernehmenden KapGes entschieden wird (BFH DStR 2019, 1259; Rödder/Herlinghaus/van Lishaut/Herlinghaus Rn. 456; Haritz/Menner/Bilitewski/Menner Rn. 600; Pyszka DStR 2013, 1005; vgl. auch Widmann/Mayer/Widmann Rn. R 606, der davon ausgeht, dass im finanzgerichtlichen Verfahren der Antrag nur noch im Wege der Klageänderung gem. § 67 FGO nachgeholt werden kann). Nach Auffassung der FVerw (BMF 11.11.2011, BStBl. I 2011, 114 Rn. 20.14) muss der übernehmende Rechtsträger bereits in der Steuererklärung oder in der Bilanz für das Wj., in dem die Einbringung stattgefunden hat, den Einbringungszeitpunkt durch die KapGes wählen. Der Auffassung der FVerw hat der BFH (DStR 2019, 1259; ebenso FG München EFG 2013, 896) widersprochen und vertritt zu Recht die Meinung, dass eine Rückbeziehung des Einbringungsvorgangs auch dann noch möglich ist, wenn die stl. Schlussbilanz bereits eingereicht wurde, aber bislang kein wirksamer Antrag auf Rückbeziehung gestellt war (ebenso Pyszka DStR 2013, 1005).

Fraglich ist, ob ein einmal wirksam gestellter **Antrag später geändert** werden kann (vgl. Widmann/Mayer/Widmann Rn. R 302; Rödder/Herlinghaus/van Lishaut/Herlinghaus Rn. 456). Es handelt sich bei dem Antragserfordernis um ein steuerbegründendes Tatbestandsmerkmal (BFH DStR 2019, 1259); es wird nämlich festgelegt, zu welchem Zeitpunkt sich ein Einbringungsvorgang stl. vollzieht und die damit verbundenen stl. Folgen für den übertragenden und übernehmenden

Rechtsträger eintreten. Bereits mit der Antragstellung ist der Anspruch aus den Steuerschuldverhältnissen entstanden; der durch die Antragstellung verwirklichte Sachverhalt kann rückwirkend nicht mehr geändert werden (BFH DStR 2019, 1259; Eisgruber/Brandstetter Rn. 172; Dötsch/Pung/Möhlenbrock/Patt Rn. 311; BeckOK UmwStG/Dürrschmidt Rn. 2568; FG Berlin-Brandenburg EFG 2017, 441).

260 An eine bestimmte **Form** ist der Antrag nicht gebunden, es genügt auch konkludentes Handeln (BFH DStR 2019, 1259; FG Berlin-Brandenburg EFG 2017, 441; FG München EFG 2013, 896; Widmann/Mayer/Widmann Rn. R 281; Rödder/Herlinghaus/van Lishaut/Herlinghaus Rn. 456; Eisgruber/Brandstetter Rn. 171; Dötsch/Pung/Möhlenbrock/Patt Rn. 309; Brandis/Heuermann/Nitzschke Rn. 109; HK-UmwStG/Bäuml Rn. 406; ebenso wohl BMF 11.11.2011, BStBl. I 2011, 1314 Rn. 2014), bspw. wenn in den entsprechenden Steuererklärungen rückwirkend Erträge oder Vermögen in Ansatz gebracht werden. Einer Zustimmung durch das FA bedarf es nicht (Brandis/Heuermann/Nitzschke Rn. 109; HK-UmwStG/Bäuml Rn. 406).

261 Der Antrag kann nur einheitlich für die Einkommensteuer bzw. KSt und die GewSt gestellt werden (Widmann/Mayer/Widmann Rn. R 285; Rödder/Herlinghaus/van Lishaut/Herlinghaus Rn. 456).

X. Ansatz des eingebrachten Betriebsvermögens (Abs. 2)

1. Ansatz und Bewertung des eingebrachten Betriebsvermögens durch den übernehmenden Rechtsträger

262 **a) Antragswahlrecht.** Nach Abs. 2 hat der übernehmende Rechtsträger das eingebrachte BV grds. mit dem gemeinen Wert anzusetzen. Für Pensionsrückstellungen tritt allerdings nach Abs. 2 S. 1 Hs. 2 an die Stelle des gemeinen Wertes der Wert nach § 6a EStG. Auf Antrag kann jedoch unter den in Abs. 2 S. 2 Nr. 1–3 genannten Voraussetzungen das übernommene BV mit dem BW oder einem höheren Wert, höchstens jedoch mit dem gemeinen Wert angesetzt werden **(Antragswahlrecht).**

263 Maßgebend für den Ansatz und die Bewertung ist ausschließlich der Antrag bzw. die Nichtstellung des Antrags (BMF 11.11.2011, BStBl. I 2011, 1314 Rn. 20.18). Auf die steuerrechtliche und handelsrechtliche Bilanzierung bei der übernehmenden Gesellschaft kommt es nicht an (Widmann/Mayer/Widmann Rn. 415; Rödder/Herlinghaus/van Lishaut/Herlinghaus Rn. 258, 260; Schneider/Ruoff/Sistermann FR 2012, 1; vgl. auch Dötsch/Pung/Möhlenbrock/Patt Rn. 211a). Wurde ein wirksamer Antrag auf Buchwertfortführung gestellt und werden die WG in der StB mit dem gemeinen Wert angesetzt, ist dieser Ansatz unrichtig und muss korrigiert werden.

264 Das Gesetz selbst räumt dem **Einbringenden kein Mitwirkungsrecht** bei der Ausübung des Wahlrechts ein, das damit ausschließlich bei dem übernehmenden Rechtsträger liegt (BMF 11.11.2011, BStBl. I 2011, 1314 Rn. 20.21). Die Ausübung des Wahlrechts bestimmt
– den **Veräußerungspreis** des Einbringenden (Abs. 3 S. 1) und damit den etwaigen Einbringungsgewinn mit den daran anknüpfenden Besteuerungsfolgen,
– die **AK** der neuen Geschäftsanteile beim Einbringenden (Abs. 3 S. 1) und
– die Höhe der **AfA-Bemessungsgrundlage** bei der übernehmenden KapGes.

265 Das **Wahlrecht** kann allerdings **nur uneingeschränkt** ausgeübt werden, **soweit** folgende Voraussetzungen gegeben sind:
– Es muss sichergestellt sein, dass das übernommene Vermögen später bei der übernehmenden Körperschaft der Besteuerung mit KSt unterliegt (→ Rn. 327).

– Die Passivposten des eingebrachten BV dürfen die Aktivposten nicht übersteigen; dabei ist das EK nicht zu berücksichtigen (→ Rn. 331).
– Das Recht der BRD darf hinsichtlich der Besteuerung des Gewinns aus der Veräußerung des eingebrachten BV bei der übernehmenden Gesellschaft nicht ausgeschlossen oder beschränkt werden (→ Rn. 341).
– Erhält der Einbringende neben neuen Geschäftsanteilen des übernehmenden Rechtsträgers andere WG, sind die WG der Sacheinlage zumindest mit dem gemeinen Wert dieser anderen WG anzusetzen, sofern dieser über dem BW des eingebrachten BV liegt (Abs. 2 S. 4).
– Der gemeine Wert der einzelnen eingebrachten WG darf nicht überschritten werden (Abs. 2 S. 2).
– Wird durch den Einbringungsvorgang das dt. Besteuerungsrecht hinsichtlich des Gewinns aus der Veräußerung des eingebrachten BV oder Teilen davon erstmalig begründet, so ist nach dem Willen des Gesetzgebers (BT-Drs. 16/2710, 43) für diese WG, unabhängig von der konkreten Ausübung des Antragswahlrechts, der gemeine Wert in der stl. Schlussbilanz des übernehmenden Rechtsträgers anzusetzen (Dötsch/Pung/Möhlenbrock/Patt Rn. 228; Haritz/Menner/Bilitewski/ Menner Rn. 332; Brandis/Heuermann/Nitzschke Rn. 78d; Frotscher/Drüen/ Mutscher Rn. 280 ff.; Kahle/Vogel Ubg 2012, 493; aA Rödder/Herlinghaus/van Lishaut/Herlinghaus Rn. 309).

Das Wahlrecht nach Abs. 2 S. 2 wird durch § 50i EStG beschränkt. **§ 50i I 1 EStG** setzt erstens voraus, dass WG des BV oder Anteile iSd § 17 EStG bzw. § 21 UmwStG aF (BMF 26.9.2014, BStBl. I 2014, 1258 Rn. 2.3.3; aA Liekenbrock IStR 2013, 97c; Widmann/Mayer/Widmann Rn. 611.2) vor dem 29.6.2013 in das BV einer PersGes iSd § 15 III EStG, dh in eine gewerblich infizierte oder gewerblich geprägte Mitunternehmerschaft, übertragen oder überführt worden sind. Bei der Übertragung oder Überführung dieser WG auf solche Rechtsträger darf es zweitens nicht zu einer Besteuerung der stillen Reserven im Zeitpunkt der Übertragung bzw. Überführung gekommen sein. Darüber hinaus setzt § 50i I 1 EStG drittens voraus, dass das Recht zur inl. Besteuerung des Gewinns aus der Veräußerung und Entnahme der Wirtschaftsgüter oder Anteile vor dem 1.1.2017 ausgeschlossen oder beschränkt worden sein muss, wobei die Regelung des § 50i I EStG insoweit unberücksichtigt bleibt. Liegen diese drei Voraussetzungen vor, so ist im Falle einer späteren Veräußerung oder Entnahme der WG oder der Anteile der sich daraus resultierende Gewinn im Inland zu versteuern, und zwar unabhängig von der Zuweisung des Besteuerungsrechts nach DBA (zu weiteren Einzelheiten vgl. Schmidt/Loschelder EStG § 50i Rn. 1 ff.). § 50i II EStG ordnet an, dass bei Einbringungen iSd § 20 WG und Anteile iSd § 50i I EStG stets mit dem gemeinen Wert anzusetzen sind, soweit das Recht der Bundesrepublik Deutschland hinsichtlich der Besteuerung des Gewinns aus der Veräußerung der erhaltenen Anteile bzw. solcher iSd § 22 VII ausgeschlossen oder beschränkt ist.

Das Antragswahlrecht gilt grds. unabhängig davon, ob im Zeitpunkt der Einbringung das **Besteuerungsrecht für die als Gegenleistung ausgegebenen Anteile** am übernehmenden Rechtsträger besteht (Widmann/Mayer/Widmann Rn. R 611; Dötsch/Pung/Möhlenbrock/Patt Rn. 229). Die Sicherstellung des Besteuerungsrechts für die als Gegenleistung erhaltenen Anteile ist nur dann von Bedeutung, wenn auf den Einbringungsvorgang nicht der von § 1 IV 1 Nr. 2 lit. a vorausgesetzte EU/EWR-Bezug gegeben ist. Werden die als Gegenleistung gewährten Anteile innerhalb von sieben Jahren nach dem Einbringungsstichtag veräußert, so kommt es gem. § 22 I zu einer nachträglichen Besteuerung des Einbringungsvorgangs, und zwar unabhängig davon, ob für die als Gegenleistung für die Einbringung gewährten Anteile für Deutschland ein Besteuerungsrecht bestand.

Das Antragswahlrecht bezieht sich auf die **einzelne Sacheinlage** iSd Abs. 1; es kann innerhalb einer Sacheinlage nicht unterschiedlich ausgeübt werden (Dötsch/

Pung/Möhlenbrock/Patt Rn. 190; Rödder/Herlinghaus/van Lishaut/Herlinghaus Rn. 269; Haritz/Menner/Bilitewski/Menner Rn. 310; Brandis/Heuermann/Nitzschke Rn. 88). Werden **mehrere Sacheinlagen** erbracht, gilt für jede Sacheinlage ein eigenes Antragswahlrecht, welches unabhängig vom Ansatz der anderen Sacheinlage ausgeübt wird (Haritz/Menner/Bilitewski/Menner Rn. 307f; Rödder/Herlinghaus/van Lishaut/Herlinghaus Rn. 27; Dötsch/Pung/Möhlenbrock/Patt Rn. 192a0). Letzteres gilt auch dann, wenn die Sacheinlagen aufgrund eines einheitlichen Vorgangs erbracht werden, selbst wenn sie von einem Einbringenden stammen.

267a Die Gewährung nur eines Anteils bei mehreren Einbringungsvorgängen (→ Rn. 206) hat keine Auswirkungen auf die Möglichkeit der unterschiedlichen Wahlrechtsausübung (Rödder/Herlinghaus/van Lishaut/Herlinghaus Rn. 270).

268 Bei dem Antragswahlrecht handelt es sich um ein autonomes stl. Wahlrecht, das unabhängig von der HB ausgeübt wird, der **Grundsatz der Maßgeblichkeit** der HB für die StB ist nicht zu berücksichtigen (allgM BT-Drs. 16/271, 43; BMF 11.11.2011, BStBl. I 2011, 1314 Rn. 20.20; Rödder/Herlinghaus/van Lishaut/Herlinghaus Rn. 266; Dötsch/Pung/Möhlenbrock/Patt Rn. 210; Lademann/Jäschke Rn. 62). Durch die Aufgabe des Grundsatzes der Maßgeblichkeit der HB für die StB wird es zukünftig vermehrt zu Abweichungen zwischen der HB und StB kommen. Ohne Bedeutung für die Ausübung des Antragswahlrechts ist auch die Höhe der neu ausgegebenen Anteile des übertragenden Rechtsträgers (Widmann/Mayer/Widmann Rn. R 455). Die FVerw unterstellt implizit, dass im Rahmen einer KapErh bei dem übernehmenden Rechtsträger handelsrechtlich diese KapErh buchmäßig gedeckt werden muss (vgl. BMF 11.11.2011, BStBl. I 2011, 1314 Rn. 20.20; ebenso Müller WPg 1996, 857). Zu beachten ist, dass in der Lit. eine Buchwertaufstockung zur Deckung der KapErh für den Fall der Verschm für nicht notwendig erachtet wird, sofern es sich nur um einen formellen Fehlbetrag handelt. Durch die registerliche Pflicht zur Prüfung der Sacheinlage und der ersatzweise greifenden Haftung werde dem Kapitalaufbringungsgebot ausreichend Rechnung getragen, § 24 UmwG sei insoweit nicht teleologisch zu reduzieren.

269 Haben die **WG in der StB** des übernehmenden Rechtsträgers einen **höheren Wert als in der HB,** sind diese Beträge wirtschaftliches Aufgeld und in dem stl. Einlagekonto zu erfassen (Ott GStB 2000, 375). Die zukünftigen stl. Mehrabschreibungen im Vergleich zum handelsrechtlichen JA führen dazu, dass der handelsrechtliche Jahresüberschuss höher ist als der stl. Gewinn. Zur Erfassung von latenten Steuern bei Abweichungen zwischen HB und StB vgl. Kastrup/Middendorf BB 2010, 815. Zu berücksichtigen ist, dass Gewinnausschüttungen, die aus dem stl. Einlagekonto nach § 27 KStG gespeist werden, beim Empfänger grds. nicht zu den steuerbaren Einnahmen nach § 20 I Nr. 1 EStG gehören. Zur Anwendbarkeit des § 22 im Zusammenhang mit Ausschüttungen aus dem stl. Einlagekonto → § 22 Rn. 90 ff.

270 Soweit der Ansatz der Sacheinlage der StB der übernehmenden Gesellschaft den Ansatz der Sacheinlage in der HB der übernehmenden Gesellschaft unterschreitet, ist ein stl. **AP** zu bilden (BMF 25.3.1998, BStBl. I 1998, 268 Rn. 20.27; Rödder/Herlinghaus/van Lishaut/Herlinghaus Rn. 261; vgl. auch Widmann/Mayer/Widmann Rn. 171; aA Brandis/Heuermann/Nitzschke Rn. 90; Ritzer/Rogall/Stangl WPg 2006, 1210, die den AP nicht mehr für notwendig erachten). Nach Auffassung der FVerw ist ein solcher AP nunmehr nur noch dann erforderlich, wenn der BW des eingebrachten Betriebs, Teilbetriebs oder Mitunternehmeranteils niedriger ist als das in der HB ausgewiesene gezeichnete Kapital (BMF 11.11.2011, BStBl. I 2011, 1314 Rn. 20.20). Der stl. AP hat keinen Einfluss auf die spätere Auflösung und Versteuerung der im eingebrachten BV enthaltenen stillen Reserven (BMF 11.11.2011, BStBl. I 2011, 1314 Rn. 20.20; Rödder/Herlinghaus/van Lishaut/Herlinghaus Rn. 261). Mindert sich aber die durch den AP abgedeckte Diff. zwischen der Aktiv- und Passivseite der Bilanz, fällt der AP in entsprechender Höhe erfolgsneutral weg (BMF 11.11.2011, BStBl. I 2011, 1314 Rn. 20.20 S. 6; Rödder/Herlinghaus/van Lishaut/Herlinghaus Rn. 261). Zudem hat er keine Auswirkung auf die AK der im Rahmen der Einbringung als Gegenleistung neu gewährten Anteile (BMF 11.11.2011, BStBl. I 2011, 1314 Rn. 20.20). Der stl. AP ist nicht Bestandteil des BV iSd § 4 I 1 EStG, sondern ein bloßer „Luftposten"; er nimmt nicht am Betriebsvermögenvergleich teil. Er ist nicht abschreibungsfähig (Widmann/Mayer/ Widmann Rn. 172; Frotscher/Drüen/Mutscher Rn. 216; Rödder/Herlinghaus/van Lishaut/Herlinghaus Rn. 261) und hat nach richtiger Auffassung keinen Einfluss auf das stl. Einlagekonto (Widmann/Mayer/Widmann Rn. R 174; Brandis/Heuermann/Nitzschke Rn. 90; Voß BB 2003, 880; Franz GmbHR 2003, 818; aA Müller/ Maiterth BB 2001, 1768).

b) Eingebrachtes Betriebsvermögen. Im Gegensatz zu den §§ 3, 11, die von **271** den übergehenden WG einschl. nicht entgeltlich erworbener und selbst geschaffener immaterieller WG sprechen, bezieht sich Abs. 2 auf das „eingebrachte BV" bzw. „übernommene BV". Bereits zum UmwStG 1995 wurde die Auffassung vertreten, dass – neben einer Einzelbewertung des eingebrachten BV – die **Bewertung** der übertragenen **Sachgesamtheit** in Form des Betriebs, Teilbetriebs oder Mitunternehmeranteils erfolgen muss (BFH BStBl. II 2016, 913; GmbHR 2003, 50; BMF 25.3.1998, BStBl. I 1998, 268 Rn. 22.11; FG Münster DStRE 2016, 26; Bordewin/ Brandt/Merkert Rn. 90). Auch zum UmwStG 2006 wird allg. die Meinung vertreten, dass im Rahmen der Einbringung des Betriebs, Teilbetriebs oder Mitunternehmeranteils die Bewertung nicht bezogen auf jedes einzelne übergehende WG, sondern bezogen auf die Gesamtheit der übergehenden aktiven und passiven WG zu erfolgen hat, dh es erfolgt eine Bewertung als Sachgesamtheit (BMF 11.11.2011, BStBl. I 2011, 1314 Rn. 20.17 iVm Rn. 3.07; Dötsch/Pung/Möhlenbrock/Patt Rn. 190; Rödder/Herlinghaus/van Lishaut/Herlinghaus Rn. 236; Haritz/Menner/ Bilitewski/Menner Rn. 417; Brandis/Heuermann/Nitzschke Rn. 78a; BeckOK UmwStG/Dürrschmidt Rn. 1190.1). Dies ergibt sich zum einen daraus, dass es sich bei § 20 auch um eine spezielle Entstrickungsvorschrift handelt und der Gesetzgeber davon ausgeht, dass bei solchen Entstrickungen die Bewertung von Gesamtheiten zu erfolgen hat. Hinzu kommt, dass nur eine Bewertung des gesamten BV in Form einer Sachgesamtheit dazu führen kann, dass in der stl. Schlussbilanz des übernehmenden Rechtsträgers ein Firmenwert angesetzt werden kann. Firmenwert ist nämlich der Mehrwert, der in einem Unternehmen über dem Substanzwert der einzelnen materiellen und immateriellen WG abzgl. der Schulden hinaus innewohnt („Residualgröße"). Nach der Ermittlung des gemeinen Wertes der Sachgesamtheit wird dieser auf die einzelnen übertragenen WG im Verhältnis des gemeinen Wertes (str., → Rn. 228; aA BMF 11.11.2011, BStBl. I 2011, 1314 Rn. 20.17 iVm Rn. 03.09) verteilt, sodass auch deren Wert ermittelt werden muss (vgl. auch BFH DStR 2014, 2120).

Unter den Begriff des eingebrachten BV fallen sowohl **aktive** als auch **passive** **272** **WG.** Anzusetzen sind auch **steuerfreie Rücklagen** nach § 6b EStG, Rücklagen für Ersatzbeschaffung nach A 35 EStR sowie Rücklagen nach § 7g EStG (vgl. BFH BStBl. II 2015, 1007; FR 2013, 218), § 6 UmwStG (BMF 11.11.2011, BStBl. I 2011, 1314 Rn. 20.20 iVm Rn. 03.04).

Das Ansatzverbot **originärer immaterieller WG** des Anlagevermögens einschl. **273** eines Geschäfts- oder Firmenwertes gilt nicht (BT-Drs. 16/2710, 43; BMF 11.11.2011, BStBl. I 2011, 1314 Rn. 20.20 iVm Rn. 03.04; Rödder/Herlinghaus/ van Lishaut/Herlinghaus Rn. 238; Brandis/Heuermann/Nitzschke Rn. 78b; Widmann/Mayer/Widmann Rn. 672; BeckOK UmwStG/Dürrschmidt Rn. 1191; aA Förster/Wendland BB 2007, 631; Strunk Stbg 2006, 266). Auch gelten nach Meinung der FVerw die **Aktivierungs- und Passivierungsverbote** beim Ansatz der WG über den BW nicht (BMF 11.11.2011, BStBl. I 2011, 1314 Rn. 20.20). Dies ist die Konsequenz daraus, dass die Einbringung eines Betriebs, Teilbetriebs oder Mitunternehmeranteils einen tauschähnlichen Vorgang darstellt und die Einbringung im Grundsatz zu einer gewinnrealisierenden Aufdeckung aller stillen Reserven führt (BFH FR 2004, 274; DStRE 2003, 37; BMF 11.11.2011, BStBl. I 2011, 1314 Rn. 20.01; Hahn DStZ 1998, 561). Dies gilt unabhängig davon, ob sich der Vermögensübergang im Wege der Gesamt- oder Einzelrechtsnachfolge vollzieht (BFH FR 2004, 274; Hahn DStZ 1998, 561). Von dem Grundsatz der stpfl. Aufdeckung stiller Reserven wird bei entsprechender Ausübung des Antragswahlrechts aufgrund von Abs. 2 abgewichen.

274 c) **Steuerliche Ansatz- und Bewertungsvorschriften.** Bestimmte WG dürfen nach den ertragstl. Vorschriften über die Gewinnermittlung in der StB nicht angesetzt werden. Abs. 2 S. 1 verweist nicht auf die stl. Vorschriften über die Gewinnermittlung, sondern bestimmt den gemeinen Wert zum Wertmaßstab. Fraglich ist daher, ob und inwieweit Abs. 2 die stl. Vorschriften über die Gewinnermittlung verdrängt.

275 Abs. 2 S. 2 lässt es zu, dass unter den dort normierten Voraussetzungen auf Antrag hin das übergehende Vermögen auch mit dem **BW** angesetzt werden kann. § 1 V Nr. 4 definiert den BW. BW ist danach der Wert, der sich nach den stl. Vorschriften über die Gewinnermittlung in einer auf den stl. Übertragungsstichtag aufzustellenden StB ergibt bzw. ergäbe. Werden damit in der stl. Bilanz des übernehmenden Rechtsträgers die BW fortgeführt, gelten die bilanzsteuerrechtlichen Aktivierungs- und Passivierungsverbote, aktive und passive WG sind nach den bilanzsteuerrechtlichen Regelungen anzusetzen. Gleiches gilt bei Buchwertfortführung für stl. Rücklagen nach § 6b EStG und stl. AP zu den übergehenden WG. Wird ein Antrag auf Buchwertfortführung gestellt, kommt **§ 4f EStG** nicht zur Anwendung, denn diese Vorschrift setzt eine erfolgswirksame Übertragung voraus (Kirchhof/Gosch EStG § 4f Rn. 13; Brandis/Heuermann/Krumm EStG § 4f Rn. 34; Herrmann/Heuer/Raupach/Schober EStG § 4f Rn. J 13–8; Förster/Staaden Ubg 2014, 1; Benz/Placket DStR 2013, 2653; iErg wohl ebenso OFD Magdeburg 2.6.2014, DStR 2014, 1546). Etwas anderes kann nur gelten, wenn der gemeine Wert der Sachgesamtheit geringer ist als die Summe der BW der übertragenen WG (→ Rn. 295).

276 Im Grundsatz stellt aber Abs. 2 S. 1 eine Bewertung mit dem **gemeinen Wert** ab, auf die stl. Vorschriften über die Gewinnermittlung wird nicht verwiesen. Damit müssten in der StB des übernehmenden Rechtsträgers auch solche übergehende WG mit dem gemeinen Wert angesetzt werden, die nach den stl. Vorschriften über die Gewinnermittlung nicht angesetzt werden dürfen, insbes. sind stille Lasten zu berücksichtigen (BMF 11.11.2011, BStBl. I 2011, 1314 Rn. 20.20; Rödder/Herlinghaus/van Lishaut/Herlinghaus Rn. 246; Brandis/Heuermann/Nitzschke Rn. 78b; Haase/Hofacker/Hofacker Rn. 114; Widmann/Mayer/Widmann Rn. R 672; Kahle/Vogel Ubg 2012, 493; Rödder DStR 2011, 1061; Siegel FR 2011, 781; Haritz/Menner/Bilitewski/Menner Rn. 423). Dies entspricht im Grundsatz dem Willen des Gesetzgebers. Er beabsichtigt gerade durch die Einführung allg. Entstrickungsregelungen, zu denen auch Abs. 2 S. 2 Nr. 3 gehört, unabhängig von den ansonsten bestehenden Gewinnermittlungsgrundsätzen, bei Verlust des dt. Besteuerungsrechts sämtliche stillen Reserven, selbstverständlich unter Berücksichtigung möglicherweise bestehender stiller Lasten, mit Ausnahme der stillen Lasten in Pensionsrückstellungen (Abs. 2 S. 1), einer Besteuerung zuzuführen (ultima-ratio-Besteuerung). Hinzu kommt:

277 Bei der Einbringung handelt es sich um einen tauschähnlichen Vorgang und aus der Sicht des übernehmenden Rechtsträgers um eine Anschaffung (→ Vor § 20 Rn. 9). In der StB des übernehmenden Rechtsträgers sind damit im Ergebnis die mit dem gemeinen Wert zu bewertenden, übergehenden WG so anzusetzen wie bei einem „normalen" Anschaffungsvorgang (vgl. FG RhPf EFG 2002, 25).

d) Abbildung stiller Lasten. Auch der gemeine Wert von **negativen WG** kann höher sein als der BW, was insbes. für die Passivierungsverbote und Ansatzbeschränkungen des § 5 EStG und die Bewertungsvorbehalte in § 6 EStG gilt. Handelt es sich bspw. um Verlustrückstellungen iSv § 5 IVa EStG, so entspricht der isolierte gemeine Wert dieser Rückstellung dem Betrag, der sich ergeben würde, wenn das Passivierungsverbot insoweit nicht gelten würde.

aa) Einbringungen vor dem 29.11.2013. Die Vorschrift des § 4f EStG gilt gem. § 52 VIII EStG jedenfalls dann nicht, wenn die Einbringung vor dem 29.11.2013 liegt und das Wj. des einbringenden Rechtsträgers vor diesem Zeitpunkt geendet hat. Unter diesen Voraussetzungen werden unterschiedliche Meinungen bzgl. der Berücksichtigung stiller Lasten vertreten. Nach Meinung der **FVerw** gelten die Ansatzverbote des § 5 EStG nicht für die übergehenden WG im Einbringungszeitpunkt, es sei denn, die BW werden fortgeführt (BMF 11.11.2011, BStBl. I 2011, 1314 Rn. 20.20). Bei § 20 handelt es sich um eine eigenständige stl. Ansatz- und Bewertungsvorschrift, die grds. eine Bewertung der eingebrachten WG mit dem gemeinen Wert vorsieht (BMF 11.11.2011, BStBl. I 2011, 1314 Rn. 20.20 iVm Rn. 03.04). Beim übernehmenden Rechtsträger soll aber im Anschluss an die Einbringung in der ersten regulären Folgebilanz iSd § 4 I § 5 I EStG diese Suspendierung der Passivierungsverbote des § 5 EStG nicht mehr gelten (BMF 11.11.2011, BStBl. I 2011, 1314 Rn. 20.20 iVm Rn. 04.16). Die im Einbringungszeitpunkt entgegen dem stl. Ansatzverbot des § 5 EStG passivierten Rückstellungen oder Verbindlichkeiten sind damit beim übernehmenden Rechtsträger nach der Einbringung erfolgswirksam aufzulösen, was in der Person des übernehmenden Rechtsträgers zu einem stpfl. Ertrag führt (BMF 11.11.2011, BStBl. I 2011, 1314 Rn. 20.20 iVm Rn. 04.16; vgl. dazu auch Stadler/Elser/Bindl DB-Beil. 1/2012, 14; Stimpel GmbHR 2012, 124; Bogenschütz Ubg 2011, 399; Rödder DStR 2011, 1061; Kahle/Vogel Ubg 2012, 493). „Nur" im Einbringungszeitpunkt aktivierte originäre Geschäfts- oder Firmenwert der übertragenen Sachgesamtheit sei durch den übernehmenden Rechtsträger nicht sofort abzuschreiben (BMF 11.11.2011, BStBl. I 2011, 1314 Rn. 20.20 iVm Rn. 04.16). Nach **hM in der Lit.** (vgl. Rödder DStR 2011, 1661; Brandis/Heuermann/Nitzschke Rn. 78b; Stadler/Elser/Bindl DB-Beil. 1/2012, 14; aA Widmann/Mayer/Widmann Rn. R 667, der stille Lasten als solche passivieren will) werden diese Minderwerte bei der Bewertung einer Sachgesamtheit durch einen Käufer im Firmenwert berücksichtigt. Nichts anderes könne auf Grund der Einordnung der Einbringung als Anschaffungsvorgang gelten.

Sowohl die Meinung der FVerw als auch die der hM steht im Widerspruch zur Auffassung des **BFH** (vgl. BFH DStR 2011, 492; BStBl. II 2011, 566; BFH/NV 2012, 635; hierzu iE Bareis FR 2012, 385; Siegle FR 2012, 388; Schlotter BB 2012, 951; Prinz FR 2011, 1015). Geht man zu Recht davon aus, dass es sich bei der Einbringung auf der Ebene des übernehmenden Rechtsträgers um ein Anschaffungsgeschäft handelt (→ Vor § 20 Rn. 9), so nach Meinung des BFH auf Grund dieses Anschaffungsvorgangs stille Lasten, die auf Grund von Ansatz- und Bewertungsvorbehalten bestehen, als **ungewisse Verbindlichkeiten** zu passivieren. Mit Urt. v. 16.12.2009 (BFH BStBl. II 2011, 566; ebenso BFH DStR 2012, 452) hat der BFH darauf hingewiesen, dass bei einer Betriebsveräußerung betriebliche Verbindlichkeiten, die beim Veräußerer auf Grund von Rückstellungsverboten nicht passiviert werden dürfen, beim Erwerber keinem Passivierungsverbot unterworfen sind, wenn er diese Verbindlichkeiten gegen Schuldbefreiung übernommen hat; solche betrieblichen Verbindlichkeiten sind unabhängig von der rechtlichen Einordnung beim übertragenden Rechtsträger in der Person des übernehmenden Rechtsträgers als ungewisse Verbindlichkeiten auszuweisen und vom übernehmenden Rechtsträger auch an den nachfolgenden Bilanzstichtagen mit den AK oder ihrem höheren TW zu bewerten. Diese Auffassung wird mit dem Grundsatz der erfolgsneutralen

Behandlung von Anschaffungsvorgängen begründet. Der BFH macht in den angesprochenen Urteilen deutlich, dass für Verbindlichkeiten, für die in der Person des übertragenden Rechtsträgers ein Ansatzverbot gilt, aus der Sicht des übernehmenden Rechtsträgers die für ungewisse Verbindlichkeiten geltenden Grundsätze anzuwenden sind und damit eine Passivierungspflicht besteht. Der BFH (BFH DStR 2012, 452) hat sich auch gegen die unmittelbare Verrechnung der stillen Lasten durch Abstockung des erworbenen Firmenwerts wegen einer fehlenden Rechtsgrundlage ausgesprochen. Damit sind in der stl. Schlussbilanz stille Lasten als ungewisse Verbindlichkeiten zu passivieren und in der Folgebilanz fortzuführen. Offen ist aber, wie die Rspr. des BFH im Regelungsbereich des § 20 bzw. für die stillen Lasten in Bezug auf die Pensionsverpflichtungen beurteilt, da das Gesetz ausdrücklich bestimmt, dass Pensionsverpflichtungen höchstens mit dem TW nach § 6a EStG anzusetzen sind. Nach Auffassung in der Lit. sind solche stille Lasten beim Geschäfts- oder Firmenwert zu berücksichtigen (Dötsch/Pung/Möhlenbrock/Patt Rn. 199; Rödder DStR 2011, 1061; Stadler/Elser/Bindl DB-Beil. 1/2012, 14).

279a **bb) Einbringungen nach Inkrafttreten des § 4f EStG.** Vollzieht sich die Einbringung zu einem Zeitpunkt, in dem **§ 4f EStG** anwendbar ist, stellt sich die Frage, ob diese Vorschrift auf Einbringungen iSd UmwStG Anwendung findet. Werden Verpflichtungen übertragen, die beim ursprünglich Verpflichteten Ansatzverboten, -beschränkungen oder Bewertungsvorbehalten unterlegen haben, so ist der sich aus diesem Vorgang ergebende Aufwand nach § 4f I 1 EStG nicht sofort, sondern nur im Wj. der Schuldenübernahme und in den folgenden 14 Jahren als Betriebsausgaben abziehbar. Die Vorschrift geht in Anlehnung an die Rspr. des BFH (→ Rn. 279) davon aus, dass bei der **Übertragung stiller Lasten** in der Person des übertragenden Rechtsträgers diese Verpflichtung realisiert wird und es damit zu einem Aufwand kommt. Der sich aus der Verpflichtungsübertragung ergebende Aufwand ist gleichmäßig verteilt als Betriebsausgaben außerhalb der Bilanz (BT-Drs. 18/68 (neu), 73; BMF 30.11.2017, BStBl. I 2017, 1619; Kirchhof/Gosch EStG § 4f Rn. 9; Brandis/Heuermann/Krumm EStG § 4f Rn. 23; Littmann/Bitz/Pust/Hoffmann EStG § 4f Rn. 16; Schmidt/Weber-Grellet EStG § 4f Rn. 2; aA Herrmann/Heuer/Raupach/Schober EStG § 4f Rn. J 13–26; Riedel FR 2014, 11) in der Person des übertragenden Rechtsträgers bzw. unter den Voraussetzungen des § 4f I 7 EStG bei dessen Rechtsnachfolger abziehbar. Eine Übertragung einer Verpflichtung iSd § 4f I EStG liegt vor, wenn die Verpflichtung zivilrechtlich auf eine andere Person übergeht, wobei die Übertragung im Wege der Einzelrechts-, Sonderrechts- oder Gesamtrechtsnachfolge vorgenommen werden kann (Kirchhof/Gosch EStG § 4f Rn. 12; Herrmann/Heuer/Raupach/Schober EStG § 4f Rn. J 13–26; Littmann/Bitz/Pust/Hoffmann EStG § 4f Rn. 5; Förster/Staaden Ubg 2014, 1). Die **hM** (Kirchhof/Gosch EStG § 4f Rn. 12; Herrmann/Heuer/Raupach/Schober EStG § 4f Rn. 13–26; Brandis/Heuermann/Krumm EStG § 4f Rn. 34; Littmann/Bitz/Pust/Hoffmann EStG § 4f Rn. 5; Förster/Staaden Ubg 2014, 1; Benz/Placke DStR 2013, 2653) geht in Übereinstimmung mit dem Willen des Gesetzgebers (BT-Drs. 18/68 (neu), 73) davon aus, dass § 4f I 1 EStG auch bei Umw iSd UmwStG im Grundsatz Anwendung findet, falls die Umw nicht unter Buchwertfortführung erfolgt (vgl. auch BMF 30.11.2017, BStBl. I 2017, 1619). Gegen die Anwendung des § 4f EStG auf die Einbringungsfälle spricht, dass die Vorschriften des UmwStG insoweit im Vergleich zu § 4f EStG die spezielleren Regelungen sind und damit allgemeinere Vorschriften des EStG verdrängen (Rödder/Herlinghaus/van Lishaut/Herlinghaus Rn. 253; Haase/Hofacker/Hofacker Rn. 114). Gem. Abs. 3 S. 1 ist der Wert, mit dem die übernehmende Gesellschaft das eingebrachte BV ansetzt, für den Einbringenden dessen Veräußerungspreis und bestimmt zudem die AK der neuen Geschäftsanteile. Der übernehmende Rechtsträger hat im Einbringungszeitpunkt die stille Last unter Berücksichtigung der Rspr. des BFH als ungewisse Verbindlichkeit zu passivieren, was wegen der gesetzlichen Fiktion in Abs. 3 S. 1 für den Einbringenden automatisch zu einem geringeren Veräußerungspreis und damit zu einem geringeren Veräußerungsgewinn führt. Dass dieser durch die Passivierung der stillen Lasten in der Person des Einbringenden zum Einbringungszeitpunkt entstehende Aufwand zeitlich gestreckt werden soll, ist dem UmwStG nicht zu entnehmen, steht vielmehr im Widerspruch zu Abs. 3 S. 1. Im Übrigen ist nicht klar, welche Auswirkungen die Anwendung des § 4f EStG auf die Höhe der als Gegenleistung erhaltenen Anteile in Form deren Anschaffungskosten hätte. Hinzu kommt, dass § 4f I 7 EStG eine spezielle Rechtsnachfolgevorschrift enthält, wonach ein Aufwand durch einen Rechtsnachfolger geltend gemacht werden kann. In diesem Zusammenhang ist darauf hinzuweisen, dass mit § 23 für die Fälle der Einbringung eine spezielle Rechtsnachfolgevorschrift existiert (Rödder/Herlinghaus/van Lishaut/Herlinghaus Rn. 253). Gerade aus § 23 II ergibt sich, dass der zu versteuernde Einbringungsgewinn zeitpunktbezogen ermittelt werden muss.

Wendet man § 4f EStG trotz der dargestellten Bedenken auf Umwandlungsvorgänge an, so ist Folgendes zu beachten: Die durch § 4f I 1 EStG angeordnete zeitliche Streckung des realisierten Verlustes unterbleibt gem Abs. 1 S. 3 dieser Vorschrift, wenn die Schuldenübernahme im Rahmen einer Veräußerung oder Aufgabe des ganzen Betriebes oder des gesamten Mitunternehmeranteils erfolgt; in diesem Fall kann der Aufwand unmittelbar im Wj. seiner Realisation in voller Höhe durch den übertragenden Rechtsträger geltend gemacht werden. Die Einbringung eines Betriebes oder eines Mitunternehmeranteils stellt aber die Veräußerung dieser Sachgesamtheit dar, sodass die Voraussetzungen des § 4f I 3 EStG in diesen Fällen vorliegen. Nach dem Willen des Gesetzgebers soll jedoch die Ausnahme des § 4f I 3 EStG nicht gelten, „wenn die unternehmerische Tätigkeit auf Grund von Umwandlungsvorgängen nach dem UmwStG in anderer Rechtsform oder durch einen anderen Rechtsträger fortgesetzt wird" (BT-Drs. 18/68 (neu), 73). Nicht abschließend geklärt ist in diesem Zusammenhang, ob der dargestellte Wille des Gesetzgebers berücksichtigt werden kann (vgl. dazu Kirchhof/Gosch EStG § 4f Rn. 16; Brandis/Heuermann/Krumm EStG § 4f Rn. 34; Förster/Staaden Ubg 2014, 1; Benz/Placke DStR 2013, 2653; Korn/Strahl KÖSDI 2014, 18746; Melan/Wecke Ubg 2017, 253). Gegen die Berücksichtigung des gesetzgeberischen Willens, § 4f I 3 EStG auf Umwandlungsfälle iSd UmwStG nicht anzuwenden, spricht nicht nur der Wortlaut dieser Vorschrift (aA Benz/Placke DStR 2013, 2653), sondern auch die durch die Nichtanwendung dieser Norm sich ergebenden **Wertungswidersprüche zum UmwStG** (Rödder/Herlinghaus/van Lishaut/Herlinghaus Rn. 254). Das UmwStG soll gerade Umw im Verhältnis zu normalen Veräußerungsvorgängen privilegieren. Die Nichtanwendung des § 4f I 3 EStG auf Umwandlungsvorgänge würde zum Gegenteil führen. Wird bspw. eine PersGes auf eine KapGes steuerneutral nach § 20 verschmolzen, so soll nach dem Willen des Gesetzgebers § 4f I 1 EStG Anwendung finden und damit eine sofortige Verlustverrechnung aus der Aufdeckung stiller Lasten unterbleiben. Wird aber demgegenüber im Rahmen der Verschm der PersGes auf die KapGes eine funktional wesentliche Betriebsgrundlage aus dem SBV nicht auf den übernehmenden Rechtsträger übertragen, kommt es zu einer Aufdeckung stiller Reserven im übertragenen Vermögen, das SBV gilt in der Regel als entnommen und auf die insoweit vorliegende Betriebsaufgabe würde § 4f I 3 EStG angewendet werden (ebenso Brandis/Heuermann/Krumm EStG § 4f Rn. 34; vgl. auch Melan/Wecke Ubg 2017, 253).

cc) Einbringungen nach Inkrafttreten des § 5 VII EStG. Nach § 5 VII EStG muss der übernehmende Rechtsträger unabhängig davon, ob auf Seiten des übertragenden Rechtsträgers § 4f EStG zur Anwendung kam, die ursprünglichen Passivierungsbeschränkungen, die für den übertragenden Rechtsträger galten, in der StB, die auf das Wj. aufzustellen ist, in das die Übertragung der stillen Lasten fällt, wieder rückgängig machen. Infolge der Anwendung der Ansatzverbote, -beschränkungen bzw. Bewertungsvorbehalte kommt es beim übernehmenden Rechtsträger zum Ende des Wj., welches der Übernahme folgt, zu einer Gewinnrealisierung. Nach § 5 VII 5 EStG kann der so entstandene Gewinn iHv 14/15 durch eine Rücklage neutralisiert werden. Wird eine solche Rücklage gebildet, ist sie in den folgenden 14 Wj. jedenfalls mit mindestens einem weiteren 14tel gewinnerhöhend aufzulösen. Ein höherer Auflösungsbetrag kann gewählt werden (Brandis/Heuermann/Krumm EStG § 5 Rn. 242f; Benz/Placke DStR 2013, 2653; Förster/Staaden Ubg 2014, 1). § 5 VII EStG gilt erstmals für das nach dem 28.11.2013 endende Wj. (§ 52 IX EStG). Die durch § 5 VII EStG angeordnete Gewinnrealisierung tritt erst nach diesem Zeitpunkt ein. Das Gesetz knüpft aber auch an solche Vorgänge an, die vor dem 28.11.2013 liegen, da es nicht darauf ankommt, wann die Verpflichtung übernommen worden ist. Eine Verpflichtungsübernahme im Jahr 2011 bleibt also bis zum 31.12.2012 bei einem kalenderjahrgleichen Wj. erfolgsneutral, zu einer Gewinnrealisierung kommt es aber dann zum 31.12.2013 (vgl. nur Brandis/Heuermann/Krumm EStG § 5 Rn. 242h).

279d Nach wohl hM in der Lit. (Rödder/Herlinghaus/van Lishaut/Rödder § 12 Rn. 63; Haritz/Menner/Bilitewski/Bohnhardt § 4 Rn. 99) findet § 5 VII EStG auf Umwandlungsvorgänge und damit auch auf Einbringungen Anwendung (Kritik → § 4 Rn. 12). Gegen die Anwendung dieser Vorschrift auf Umwandlungsvorgänge spricht jedoch Folgendes: Bei § 5 VII EStG handelt es sich um eine einkommensteuerrechtliche Bewertungsvorschrift. Das UmwStG geht jedoch davon aus, dass solche einkommensteuerrechtlichen Bewertungsvorschriften nur dann zur Anwendung kommen, wenn das übergehende Vermögen auf Antrag hin mit dem BW angesetzt wird (Rödder/Herlinghaus/van Lishaut/Herlinghaus Rn. 255). Dann gelten gem. § 1 V 4 die stl. Vorschriften über die Gewinnermittlung in einer auf den stl. Übertragungsstichtag aufzustellenden StB. Soweit es aber zu einem Zwischenwertansatz kommt bzw. der gemeine Wert des übertragenden Vermögens als Bewertungsmaßstab herangezogen wird, wird gerade nicht auf die stl. Vorschriften über die Gewinnermittlung, sondern auf die des BewG verwiesen. Zudem verdeutlicht § 23 II, IV, dass die ursprünglich durch den übernehmenden Rechtsträger angesetzten Werte die dauerhafte Grundlage für die weitere Gewinnermittlung sein sollen (Rödder/Herlinghaus/van Lishaut/Herlinghaus Rn. 255).

279e **dd) Bewertungszeitpunkt.** Die Bewertung der Sachgesamtheit erfolgt zum Einbringungsstichtag (vgl. nur BMF 11.11.2011, BStBl. I 2011, 1314 Rn. 20.17 iVm Rn. 03.09).

2. Ansatz der übergehenden Wirtschaftsgüter mit dem gemeinen Wert

280 **a) Grundsätzliches.** Nach Abs. 2 S. 1 Hs. 1 ist grds. das eingebrachte BV (Betrieb, Teilbetrieb, Mitunternehmeranteil) mit dem gemeinen Wert anzusetzen. Zum Ansatz mit dem gemeinen Wert kommt es zwingend, soweit durch den Einbringungsvorgang das dt. **Besteuerungsrecht erstmalig begründet wird** (BT-Drs. 16/2710, 43; Dötsch/Pung/Möhlenbrock/Patt Rn. 228; Haritz/Menner/Bilitewski/Menner Rn. 332; Brandis/Heuermann/Nitzschke Rn. 78d; Ley FR 2007, 109; Förster/Wendland BB 2007, 631; Böhmer/Wegener Ubg 2015, 69; aA Rödder/Herlinghaus/van Lishaut/Herlinghaus Rn. 309). Die Begr. des dt. Besteuerungsrechts stellt eine Einlage dar, sodass diese mit dem gemeinen Wert zu bewerten ist (§ 4 I 5 EStG iVm § 6 I Nr. 5a EStG). Eine Ausnahme vom Ansatz mit dem gemeinen Wert sieht Abs. 2 S. 1 für die Bewertung von Pensionsrückstellungen vor, sie sind mit dem Steuerbilanzwert nach § 6a EStG zu übernehmen.

Nach der Gesetzessystematik bezieht sich die Bewertung der übertragenen WG **281** auf die Sachgesamtheit (→ Rn. 271), die Verteilung des Wertes der Sachgesamtheit erfolgt sodann auf die einzelnen übertragenen WG im Verhältnis des gemeinen Wertes (str., → Rn. 288), sodass auch deren Wert ermittelt werden muss. Die Bewertung mit dem gemeinen Wert hat zum **Einbringungsstichtag** zu erfolgen (BMF 11.11.2011, BStBl. I 2011, 1314 Rn. 20.17 iVm Rn. 03.09).

Der gemeine Wert ist die **Obergrenze;** ausgenommen sind nur Bewertungen **282** von Pensionsrückstellungen, für die auch beim Ansatz der gemeinen Werte weiterhin § 6a EStG gilt. Ist der gemeine Wert der Sachgesamtheit geringer als die Summe der BW der übertragenen WG, ist der Ansatz zum BW nach Auffassung der FVerw ausgeschlossen (BMF 11.11.2011, BStBl. I 2011, 1314 Rn. 20.18 iVm Rn. 03.12; (ebenso Dötsch/Pung/Möhlenbrock/Patt Rn. 190; Brandis/Heuermann/Nitzschke Rn. 78a; Bogenschütz Ubg 2011, 393; vgl. auch Rödder/Herlinghaus/van Lishaut/ Rödder § 11 Rn. 184, 328; Zimmermann Ubg 2018, 17; aA Schumacher/Neitz-Hackstein Ubg 2011, 409: BW ist die Untergrenze für den Wertansatz), es erfolgt eine entsprechende Abstockung (vgl. BFH BStBl. II 2016, 913; DStR 2014, 2120; Helios/Philipp DB 2014, 2923; Zimmermann Ubg 2018, 17). Wird festgestellt, dass einzelne WG auf den gemeinen Wert abgestockt wurden, so ist der entsprechende Wert nach Meinung der FVerw zu korrigieren, wenn der gemeine Wert der Sachgesamtheit in seiner Gesamtheit den Gesamtbuchwert der Sacheinlage nicht unterschreitet (ebenso Dötsch/Pung/Möhlenbrock/Patt Rn. 190; Bogenschütz Ubg 2011, 393; aA Widmann/Mayer/Martini § 3 Rn. 217 ff.). Richtig ist zwar, dass das übergehende Vermögen als Sachgesamtheit zu bewerten ist, da anderfalls ein Firmenwert in der stl. Schlussbilanz des übertragenden Rechtsträgers nicht anzusetzen wäre, der Grundsatz der Einzelbewertung der WG ist jedoch nicht aufgehoben, da auch bei der Bewertung der Sachgesamtheit der entsprechende Wert auf die einzelnen WG aufzuteilen ist, was dafür sprechen könnte, dass der gemeine Wert sich auch als Höchstgrenze auf jedes einzelne WG bezieht (Widmann/Mayer/Martini § 3 Rn. 217 ff.; Lademann/Jäschke Rn. 53a; aA Frotscher/Drüen/Schnittker § 3 Rn. 99; Dötsch/Pung/Möhlenbrock/Patt Rn. 203).

Beispiel:

E kauft die 100 %ige Beteiligung an der T-GmbH. Der gemeine Wert der Anteile an der T- **283** GmbH beträgt 1 Mio. Euro. E bezahlt für diese Anteile einen Kaufpreis iHv 1,5 Mio. Euro, da er für sich in seinem betriebenen Unternehmen erhebliche Synergien und damit zusätzliche Erträge erwartet. Nachdem diese Erträge tatsächlich eingetreten sind, bringt E einen Teilbetrieb, zu dem auch die Anteile an der T-GmbH gehören, in die M-GmbH gegen Gewährung von Gesellschaftsrechten ein. In diesem Zeitpunkt soll der gemeine Wert der Beteiligung an der T-GmbH weiterhin 1 Mio. Euro betragen. Geht man davon aus, dass der gemeine Wert als Höchstgrenze sich auch auf jedes einzelne WG bezieht, wäre in der stl. Schlussbilanz des übernehmenden Rechtsträgers eine Abstockung des Beteiligungsansatzes auf 1 Mio. Euro vorzunehmen, da Synergien und Konzerneffekte bei der Ermittlung des gemeinen Wertes der Beteiligung ohne Bedeutung sind (Dötsch/Pung/Möhlenbrock/Dötsch/Stimpel § 11 Rn. 27; Lademann/Jäschke Rn. 50; Rödder/Herlinghaus/van Lishaut/Rödder § 11 Rn. 161). Zu möglichen Auswirkungen bei § 22 II 1 → § 22 Rn. 110.

Weder das EStG, das KStG noch das UmwStG definieren den Begriff des gemei- **284** nen Werts. Damit kommt der 1. Teil des **BewG** für die Bestimmung des gemeinen Werts zur Anwendung (BT-Drs. 16/2710, 43; Dötsch/Pung/Möhlenbrock/Patt Rn. 199; Rödder/Herlinghaus/van Lishaut/Herlinghaus Rn. 241; Lademann/Jäschke Rn. 50; Brandis/Heuermann/Nitzschke Rn. 184; BeckOK UmwStG/Dürrschmidt Rn. 1190; PWC, Reform des UmwStR/Heß/Schnittger, 2007, Rn. 1538). Der gemeine Wert eines WG wird nach § 9 II BewG in erster Linie durch den Preis bestimmt, der im gewöhnlichen Geschäftsverkehr nach der Beschaffenheit des WG bei einer Veräußerung zu erzielen wäre, wobei ungewöhnliche oder persönliche Verhältnisse nicht zu berücksichtigen sind. Als persönliche Verhältnisse sind nach § 9 III BewG auch Verfügungsbeschränkungen anzusehen, die in der Person des Steuerpflichtigen oder eines Rechtsvorgängers begründet sind. Als Bewertungsmethode kommen primär die **Vergleichswertmethode,** dann die **Ertragswertmethode** und hilfsweise die **Sachwertmethode** in Betracht (Widmann/Mayer/Widmann Rn. R 646). Zu weiteren Einzelheiten → § 11 Rn. 33 ff.

285 **b) Die Ermittlung des gemeinen Werts für einzelne WG und die Sachgesamtheit.** Die FVerw geht zutr. davon aus, dass die Ermittlung des gemeinen Wertes des übergehenden aktiven und passiven Vermögens im Grundsatz als Sachgesamtheit erfolgen muss (BMF 11.11.2011, BStBl. I 2011, 1314 Rn. 20.17 iVm Rn. 03.07; ebenso Dötsch/Pung/Möhlenbrock/Patt Rn. 200; Rödder/Herlinghaus/van Lishaut/Herlinghaus Rn. 245; Brandis/Heuermann/Nitzschke Rn. 78a; Bogenschütz Ubg 2011, 393; Stadler/Elser/Bindl DB-Beil. 1/2012, 14; Kahle/Vogel Ubg 2012, 493). In der stl. Schlussbilanz des übernehmenden Rechtsträgers ist damit auch ein in der Person des Einbringenden selbst geschaffener **Firmenwert** mit dem gemeinen Wert anzusetzen. Der Firmenwert ist der Mehrwert, der einem gewerblichen Unternehmen über die Substanz der einzelnen materiellen und immateriellen WG abzgl. Schulden innewohnt (vgl. BFH BStBl. II 2001, 477; BStBl. II 1996, 576). Er ist der Höhe nach durch die Gewinnaussichten bestimmt, die, losgelöst von der Person des Unternehmers, aufgrund besonderer, dem Unternehmen zukommender Vorteile (zB Ruf, Kundenkreis usw) höher oder gesicherter erscheinen als bei einem anderen Unternehmen mit sonst vergleichbaren WG. Der Firmenwert ist damit an den Betrieb gebunden und kann nicht ohne diesen veräußert werden. Ein Einzelveräußerungspreis bezogen auf den Geschäfts-/Firmenwert existiert damit nicht. Der Ansatz eines Firmenwerts in der stl. Schlussbilanz des übernehmenden Rechtsträgers setzt damit voraus, dass es zu einer Bewertung des Sachgesamtheit in Form des übertragenen Betriebs, Teilbetriebs oder Mitunternehmeranteils kommen muss.

286 Der **gemeine Wert der Sachgesamtheit** ist zunächst aus Verkäufen abzuleiten (→ § 3 Rn. 45). Dies dürfte in der Praxis nur möglich sein, wenn kurz vor der Einbringung der Betrieb, Teilbetrieb oder Mitunternehmeranteil entgeltlich von einem Dritten erworben wurde. Liegen solche Verkäufe nicht vor, kann anhand eines allg. anerkannten ertrags- oder zahlungsstromorientierten Verfahrens die entsprechende Ermittlung des Wertes erfolgen, welches ein gedachter Erwerber des eingebrachten Betriebs bei der Bemessung des **Kaufpreises** zu Grunde legen würde (BMF 11.11.2011, BStBl. I 2011, 1314 Rn. 20.17 iVm Rn. 03.07; Dötsch/Pung/Möhlenbrock/Patt Rn. 200; Bogenschütz Ubg 2011, 393; Stadler/Elser/Bindl DB-Beil. 1/2012, 14). Diese Sichtweise entspricht § 109 I 2 BewG iVm § 11 II BewG. Gem. § 11 II 4 BewG kommt auch das vereinfachte **Ertragswertverfahren** iSd §§ 199–203 BewG zur Anwendung (BMF 11.11.2011, BStBl. I 2011, 1314 Rn. 20.17 iVm Rn. 03.07; Bogenschütz Ubg 2011, 393; Neu/Schiffers/Watermeyer GmbHR 2011, 729; krit. Rödder/Rogall Ubg 2011, 753). Die FVerw akzeptiert das vereinfachte Ertragswertverfahren jedoch nicht bei komplexen Konzernstrukturen (Gemeinsamer Ländererlass v. 17.5.2011, BStBl. I 2011, 606; kritisch Widmann/Mayer/Martini § 3 Rn. 261; vgl. auch Kowanda DStR 2023, 1912). Zum gemeinen Wert einer nicht operativ tätigen Holding vgl. HessFG 2.12.2021, 4 K 130/20, BeckRS 2021, 41459.

287 Der **Substanzwert** des übertragenen Vermögens darf gem. § 11 III 3 BewG nicht unterschritten werden (Lademann/Jäschke Rn. 50; Bogenschütz Ubg 2011, 393; Rödder DStR 2011, 1089; Schumacher/Neitz-Hackstein Ubg 2011, 409; Droszol DStR 2011, 1258; vgl. auch Neu/Schiffers/Watermeyer GmbHR 2011, 731; krit. IDW-Stellungnahme Ubg 2011, 549; zur Geltung der Liquidationswerte vgl. Bogenschütz Ubg 2011, 393; FG Rheinland-Pfalz EFG 2013, 352). Die Bewertung erfolgt nach den Verhältnissen zum stl. Übertragungsstichtag (→ Rn. 279). Die Bewertung der übergehenden Sachgesamtheit mit dem gemeinen Wert erfolgt unabhängig davon, wie das übergehende Vermögen vor der Einbringung steuerbilanziell beim einbringenden Rechtsträger abgebildet wurde (→ Rn. 274 ff.).

Die FVerw geht davon aus, dass der gemeine Wert der Sachgesamtheit in analoger **288** Anwendung zu § 6 I Nr. 7 EStG im Verhältnis der TW der übergehenden WG auf die Einzelwirtschaftsgüter zu verteilen ist (BMF 11.11.2011, BStBl. I 2011, 1314 Rn. 20.17 iVm Rn. 03.09; ebenso Dötsch/Pung/Möhlenbrock/Pung/Möhlenbrock § 3 Rn. 31; Eisgruber/Brandstetter Rn. 269; Rödder/Herlinghaus/van Lishaut/Herlinghaus Rn. 242). Richtig ist aber, eine **Verteilung des Werts der Sachgesamtheit** im Verhältnis der gemeinen Werte der übergehenden WG vorzunehmen, da der gemeine Wert der nach Abs. 2 entscheidende Wert ist (ebenso Schumacher/Neitz-Hackstein Ubg 2011, 409; Dötsch/Pung/Möhlenbrock/Dötsch § 11 Rn. 33; Widmann/Mayer/Martini § 3 Rn. 281; Rödder/Herlinghaus/van Lishaut/Rödder § 11 Rn. 186). Soweit stille Reserven in dem übertragenen aktiven Vermögen vorhanden sind, kommt es damit zu einer Aufdeckung der stillen Reserven. Dies gilt auch für originäre immaterielle WG, insbes. des Firmenwerts. Zur Berücksichtigung stiller Lasten → Rn. 274 ff. Der Bewertungsvorbehalt für Pensionsrückstellungen, nämlich diese höchstens mit dem TW nach § 6a EStG anzusetzen, ist nach Auffassung der FVerw in jedem Fall zu berücksichtigen (BMF 11.11.2011, BStBl. I 2011, 1314 Rn. 20.17 iVm Rn. 03.07), was bedeutet, dass ein tatsächlich höherer gemeiner Wert der Pensionsverpflichtungen stl. nicht den gemeinen Wert des Unternehmens iSv Abs. 2 mindern soll (BMF 11.11.2011, BStBl. I 2011, 1314 Rn. 20.17 iVm Rn. 03.08; aA Dötsch/Pung/Möhlenbrock/Patt Rn. 199; Rödder/Herlinghaus/van Lishaut/Herlinghaus Rn. 257; Rödder DStR 2011, 1089; Kahle/Vogel Ubg 2012, 493 mwN). Diese Auffassung der FVerw führt zu einer Übermaßbesteuerung (Rödder DStR 2011, 1089) und ist mit den ansonsten der FVerw anzuwendenden anerkannten ertrags- oder zahlungsorientierten Verfahren, welches ein gedachter Erwerber des Betriebs, Teilbetriebs oder Mitunternehmeranteils bei der Bemessung des Kaufpreises zu Grunde legen würde, nicht in Übereinstimmung zu bringen. Geht man mit der hM in der Lit. davon aus, dass die sich aus dem Bilanzierungsverbot des § 5 EStG ergebenden stillen Lasten beim Firmenwert zu berücksichtigen sind (→ Rn. 278), käme es insoweit nicht zu einer Passivierung der stillen Lasten, vielmehr finden diese ihren Niederschlag in einem geringeren Firmenwert. Die Rspr. des BFH geht davon aus, dass bzgl. der stillen Lasten eine ungewisse Verbindlichkeit zu passivieren ist (→ Rn. 279). Ob dies auch für stille Lasten in Pensionsrückstellungen gilt, ist jedoch offen (→ Rn. 279, → § 11 Rn. 44). Zu dem Problem, wie zu verfahren ist, wenn der gemeine Wert der Sachgesamtheit über dem BW liegt, einzelne WG aber einen gemeinen Wert unterhalb des BW haben, → Rn. 282.

Beim Ansatz mit dem gemeinen Wert sind **steuerfreie Rücklagen** (Widmann/ **289** Mayer/Widmann Rn. R 671; BMF 11.11.2011, BStBl. I 2011, 1314 Rn. 20.20 iVm Rn. 03.04) ebenso wie stille Reserven, die durch Überbewertung von Passivposten entstanden sind, aufzulösen (Widmann/Mayer/Widmann Rn. R 670 f.).

Wird ein **Mitunternehmeranteil** isoliert oder gemeinsam mit einem Betrieb **290** oder Teilbetrieb eingebracht und wird bezogen auf den Mitunternehmeranteil (→ Rn. 29) der gemeine Wert angesetzt, kommt es zu der entsprechenden Aufstockung in der stl. Ergänzungsbilanz. Der Mitunternehmerschaft steht insoweit kein eigenständiges Wahlrecht zu (BMF 11.11.2011, BStBl. I 2011, 1314 Rn. 20.22; Widmann/Mayer/Widmann Rn. R 452; Schmitt/Schloßmacher DB 2010, 522; Desens DStR 2010 Beiheft zu Heft 46, 80; Rödder/Herlinghaus/van Lishaut/ Herlinghaus Rn. 268; vgl. auch Dötsch/Pung/Möhlenbrock/Patt Rn. 209c; BFH BStBl. II 2004, 804). Wird ein Anteil an einer Mitunternehmerschaft eingebracht, zu deren BV die Beteiligung an einer anderen Mitunternehmerschaft gehört **(dop-**

pelstöckige PersGes), so liegt nach Auffassung der FVerw (BMF 11.11.2011, BStBl. I 2011, 1314 Rn. 20.12; auch → Rn. 145) ein einheitlich zu beurteilender Einbringungsvorgang vor; der nur mittelbar übertragene Anteil an der UnterPersGes stellt keinen gesonderten Einbringungsvorgang iSd § 20 dar. Kommt es insoweit zu einem Ansatz des eingebrachten Mitunternehmeranteils mit dem gemeinen Wert, so sind, soweit stille Reserven in der MutterGes vorhanden sind, entsprechende Aufstockungen auch bezogen auf den Mitunternehmeranteil an der TochterGes, und zwar durch eine entsprechende Ergänzungsbilanz, zu erstellen (→ Rn. 146).

291 Der gemeine Wert entspricht bei börsennotierten Wertpapieren nach § 11 I BewG dem Kurswert, Paketzuschläge sind gem. § 11 III BewG zu berücksichtigen (BMF 17.5.2011, BStBl. I 2011, 606). Anteile an KapGes sind iÜ für ertragstl. Zwecke mit dem gemeinen Wert anzusetzen, der sich aus Verkäufen ableiten lässt, die weniger als ein Jahr zurückliegen (Vergleichswertmethode → § 11 Rn. 34). Liegen solche Verkäufe nicht vor, kommt das Ertragswertverfahren oder eine andere anerkannte Methode zur Anwendung (§ 11 II 2 BewG).

3. Ansatz der übergehenden Wirtschaftsgüter mit dem Buchwert

292 Ein Buchwertansatz der übertragenen WG ist gem. Abs. 2 S. 2 auf Antrag zulässig, soweit (Abs. 2 S. 2 Nr. 1) sichergestellt ist, dass diese WG später bei der übernehmenden Körperschaft der Besteuerung mit KSt unterliegen (→ Rn. 327), (Abs. 2 S. 2 Nr. 2) die Passivposten des eingebrachten BV die Aktivposten nicht übersteigen; dabei ist das EK nicht zu berücksichtigen (→ Rn. 331) und (Abs. 2 S. 2 Nr. 3) das Recht der BRD hinsichtlich der Besteuerung des Gewinns aus der Veräußerung des eingebrachten BV bei der übernehmenden Gesellschaft wird nicht ausgeschlossen oder beschränkt (→ Rn. 341). Zu § 50i EStG → Rn. 265a. BW ist nach § 1 V Nr. 4 der Wert, der sich nach den stl. Vorschriften über die Gewinnermittlung in einer für den stl. Übertragungsstichtag aufzustellenden StB ergibt oder ergäbe. Unterscheiden sich die BW im Hinblick auf die ESt/KSt und die GewSt, sind diese unterschiedlichen BW fortzuführen. Wenn das Gesetz auf eine **Einbringungsbilanz** abstellt, so bedeutet dies nicht, dass in allen Einbringungsfällen eine Einbringungsbilanz aufgestellt werden muss (Widmann/Mayer/Widmann Rn. R 465; Rödder/Herlinghaus/van Lishaut/Herlinghaus Rn. 361; Dötsch/Pung/Möhlenbrock/Patt Rn. 196; Haritz/Menner/Bilitewski/Menner Rn. 397). Eine Einbringungsbilanz ist nur dann aufzustellen, wenn dies gesetzlich vorgeschrieben ist, zB in den Fällen des Abs. 6 S. 1, 2. Zu den in § 1 V Nr. 4 angesprochenen Gewinnermittlungsvorschriften gehört insbes. § 5 II–VI, VII EStG (Rödder/Herlinghaus/van Lishaut/Herlinghaus Rn. 356; Dötsch/Pung/Möhlenbrock/Patt Rn. 194), nicht aber § 4f EStG (→ Rn. 275). Maßgebend ist insoweit nicht die vom einbringenden Rechtsträger vorgenommene tatsächliche Bilanzierung, sondern die in seiner Person nach den genannten stl. Gewinnermittlungsvorschriften zulässige Bilanzierung zum Einbringungsstichtag (Rödder/Herlinghaus/van Lishaut/Herlinghaus Rn. 357; Dötsch/Pung/Möhlenbrock/Patt Rn. 194). Die dt. Gewinnermittlungsvorschriften gelten auch für ausl. Rechtsträger (→ § 11 Rn. 50).

293 Soweit die Voraussetzungen des Abs. 2 S. 2 vorliegen und der Antrag auf Buchwertfortführung gestellt wird, muss der Ansatz mit dem BW **einheitlich** erfolgen (BMF 11.11.2011, BStBl. I 2011, 1314 Rn. 20.18 iVm Rn. 03.13; Dötsch/Pung/Möhlenbrock/Patt Rn. 192). Es ist nicht zulässig, dass ein WG „überbewertet", ein anderes dagegen „unterbewertet" wird und im Saldo damit die bisherigen BW wieder erreicht werden. Entscheidend ist der BW zum Einbringungsstichtag; bei rückwirkender Einbringung aber → Rn. 251.

294 Liegen zum Einbringungsstichtag die Voraussetzungen einer **Teilwertabschreibung** bei einzelnen übertragenen WG vor, so können diese WG in der „stl. Schluss-

Einbringung von Unternehmensteilen 295–299 § 20 UmwStG D

bilanz" des Einbringenden mit dem TW angesetzt werden. Noch in der Person des Einbringenden sind evtl. **Wertaufholungen** iSv § 6 I 1 Nr. 1 S. 4, Nr. 2 S. 2f EStG vorzunehmen. Unterlassene Wertaufholungen auf WG sind nachträglich zu korrigieren, soweit für den Einbringenden noch keine bestandskräftige Veranlagung vorliegt oder noch eine Änderung nach § 172 AO in Betracht kommt. Gleiches gilt bei einer unterlassenen Wertaufholung (Rödder/Herlinghaus/van Lishaut/Herlinghaus Rn. 357). Ändern sich die Ansätze in der „stl. Schlussbilanz" (vgl. BFH BStBl. II 2012, 725; Dötsch/Pung/Möhlenbrock/Patt Rn. 194) des Einbringenden, so löst dies eine Folgeänderung beim übernehmenden Rechtsträger aus.

Ist der gemeine Wert der Sachgesamtheit geringer als die Summe der BW der 295 übergehenden WG, ist der **Ansatz zum BW ausgeschlossen** (BMF 11.11.2011, BStBl. I 2011, 1314 Rn. 20.18 iVm Rn. 03.12; ebenso Dötsch/Pung/Möhlenbrock/Patt Rn. 190; Bogenschütz Ubg 2011, 393; aA Schumacher/Neitz-Hackstein Ubg 2011, 409; vgl. auch BFH DStR 2014, 2120; → Rn. 282). Zur Berücksichtigung stiller Lasten → Rn. 278 ff.

Wird ein **Mitunternehmeranteil** eingebracht und übt der übernehmende 296 Rechtsträger das Antragswahlrecht dahingehend aus, die BW fortzuführen, so kommt es zu einem entsprechenden Wertansatz bei der Mitunternehmerschaft, ein eigenständiges Wahlrecht besteht dieser nicht zu (→ Rn. 290). Entsprechendes gilt, wenn ein Mitunternehmeranteil an einer Mitunternehmerschaft eingebracht wird, die ihrerseits an einer Mitunternehmerschaft beteiligt ist **(doppelstöckige PersGes)**. Zum stl. BV eines Mitunternehmeranteils gehören auch eine etwaige bestehende Ergänzungsbilanz sowie eine Sonderbilanz (BMF 11.11.2011, BStBl. I 2011, 1314 Rn. 20.18 iVm Rn. 03.10; Dötsch/Pung/Möhlenbrock/Patt Rn. 195).

Zu einem Ansatz mit dem gemeinen Wert durch den übernehmenden Rechts- 297 träger kommt es in jedem Fall, soweit durch den Einbringungsvorgang ein dt. Besteuerungsrecht erstmals begründet wird (BT-Drs. 16/2710, 43; Dötsch/Pung/Möhlenbrock/Patt Rn. 228; Widmann/Mayer/Widmann Rn. R 486; Böhmer/Wegener Ubg 2015, 69; Ley FR 2007, 109; Förster/Wendland BB 2007, 631; aA Rödder/Herlinghaus/van Lishaut/Herlinghaus Rn. 309). Dies ändert jedoch nichts an dem grds. Buchwertansatz. Soweit durch die Einbringung das Besteuerungsrecht der BRD gem. Abs. 2 S. 2 Nr. 3 verloren geht, so sind diese WG mit dem gemeinen Wert anzusetzen, iÜ kann der BW fortgeführt werden, ein Zwischenwertansatz liegt insgesamt nicht vor (Dötsch/Pung/Möhlenbrock/Patt Rn. 197; vgl. auch Ley FR 2007, 109). Soweit für einen Einbringenden das UmwStG keine Anwendung findet, ist eine gesellschafterbezogene Betrachtungsweise vorzunehmen (→ Rn. 425).

Wird Vermögen einer PersGes in eine KapGes/Gen nach § 20 eingebracht, so 298 kann dies **unabhängig von § 20 zu einer Gewinnrealisierung** bei der übertragenden PersGes **führen** (→ Vor § 20 Rn. 10). Dies ist zB der Fall, wenn gem. § 6 V 3 EStG einzelne WG zu BW von einem BV oder SBV eines Mitunternehmers in das Gesamthandsvermögen (vgl. → § 24 Rn. 1) der Mitunternehmerschaft übertragen worden sind (vgl. dazu BMF 7.6.2001, BStBl. I 2001, 367). Die Einbringung von Vermögen einer Mitunternehmerschaft bzw. die Einbringung des Mitunternehmeranteils in eine KapGes auch unter Ansatz des BW bzw. ZW löst innerhalb der Sperrfrist die Rechtsfolgen des § 6 V 6 EStG aus (FG Niedersachsen DStRE 2019, 542; van Lishaut DB 2000, 1784). Zur Anwendung des **§ 50i EStG** → Rn. 265a.

Die Einbringung bzw. der Formwechsel einer PersGes in eine KapGes/Gen been- 299 det das unternehmerische Engagement in der PersGes. Hat die PersGes die Thesaurierungsbegünstigung iSd **§ 34a EStG** in Anspruch genommen, so löst die Einbringung nach Abs. 6 dieser Regelung die Nachversteuerung aus (krit. insoweit Hey DStR 2007, 925; Schaumburg/Rödder/Rogall, Unternehmensteuerreform 2008, 434).

Schmitt

4. Ansatz des eingebrachten Betriebsvermögens mit Zwischenwerten

300 **a) Ansatz von Zwischenwerten.** Alternativ und unter denselben Voraussetzungen wie der Buchwertansatz (→ Rn. 292) können auf Antrag hin auch ZW durch den übernehmenden Rechtsträger angesetzt werden. § 50i EStG ist zu beachten (→ Rn. 265a). Setzt der übernehmende Rechtsträger das eingebrachte BV mit einem Wert an, der höher ist als der BW, aber unter dem gemeinen Wert liegt, so ist die Differenz zwischen dem höheren Wert und dem BW (**Aufstockungsbetrag**) auf die eingebrachten WG gleichmäßig zu verteilen (BMF 11.11.2011, BStBl. I 2011, 1314 Rn. 20.18 iVm 03.25; Rödder/Herlinghaus/van Lishaut/Herlinghaus Rn. 363; Eisgruber/Brandstetter Rn. 283; Dötsch/Pung/Möhlenbrock/Patt Rn. 206; Frotscher/Drüen/Mutscher Rn. 265; Haritz/Menner/Bilitewski/Menner Rn. 406; BFH BStBl. II 2002, 784; BMF 25.3.1998, BStBl. I 1998, 268 Rn. 22.08; aA Widmann/Mayer/Widmann Rn. R 625). Entsprechendes gilt, wenn sich die BW im Hinblick auf die KSt/ESt und GewSt unterscheiden. Kommt es auch zur Übertragung von SBV, muss auch insoweit anteilig eine Aufstockung durchgeführt werden. Stille Lasten sind verhältnismäßig zu berücksichtigen (→ Rn. 278 ff.).

301 Liegen zum Umwandlungsstichtag die Voraussetzungen einer **Teilwertabschreibung** bei einzelnen übergehenden WG vor, so können diese WG noch in der Person des Einbringenden mit dem TW anzusetzen sein. In der stl. Schlussbilanz sind zudem **Wertaufholungen** iSv § 6 I 1 Nr. 1 S. 4, Nr. 2 S. 2f EStG vorzunehmen. Unterlassene Wertaufholungen auf WG sind nachträglich zu korrigieren, soweit für den übertragenden Rechtsträger noch keine bestandskräftige Veranlagung vorliegt oder noch eine Änderung nach § 172 AO in Betracht kommt. Ändern sich die Ansätze in der „stl. Schlussbilanz" (vgl. BFH BStBl. II 2012, 725; Dötsch/Pung/Möhlenbrock/Patt Rn. 194) des übertragenden Rechtsträgers, so löst dies eine Folgeänderung beim übernehmenden Rechtsträger aus. Dies kann auch Auswirkungen auf die gleichmäßige Verteilung der aufgedeckten stillen Reserven haben.

302 Um die **gleichmäßige Aufstockung** der stillen Reserven durchführen zu können, müssen die mit den stillen Reserven behafteten WG, Rücklagen uÄ und die Höhe der stillen Reserven zum Einbringungstichtag festgestellt werden, ebenso stille Lasten mit Ausnahme solcher in Pensionsrückstellungen (str., → Rn. 278 f.). Der Gesamtbetrag der stillen Reserven ergibt sich aus der Diff. des BW des eingebrachten Vermögens und dem gemeinen Wert der Sacheinlage (Dötsch/Pung/Möhlenbrock/Patt Rn. 207). Die stillen Reserven in den einzelnen WG sind gleichmäßig um den Prozentsatz aufzulösen, der dem Verhältnis des Aufstockungsbetrags zum Gesamtbetrag der vorhandenen stillen Reserven des eingebrachten BV entspricht (BMF 11.11.2011, BStBl. I 2011, 1314 Rn. 20.18 iVm Rn. 03.25; Rödder/Herlinghaus/van Lishaut/Herlinghaus Rn. 365; Dötsch/Pung/Möhlenbrock/Patt Rn. 206; Lademann/Jäschke Rn. 53; Widmann/Mayer/Widmann Rn. R 620).

Beispiel:

303 Die stl. BW des eingebrachten BV betragen insgesamt 250.000 Euro, der gemeine Wert 500.000 Euro. Die stillen Reserven iHv insgesamt 250.000 Euro sind mit 50.000 Euro bei Grund und Boden, 100.000 Euro bei Gebäuden, 50.000 Euro bei Maschinen, 50.000 Euro bei den Vorräten enthalten. Der Aufstockungsbetrag soll 100.000 Euro betragen; der Aufstockungsbetrag steht damit zum Gesamtbetrag der vorhandenen stillen Reserven im Verhältnis von 100.000 : 250.000. Die stillen Reserven sind damit um 40% aufzustocken. Die Aufteilung lautet im Beispielsfall danach: Aufstockung bei Grund und Boden um 20.000 Euro, bei Gebäuden um 40.000 Euro, bei Maschinen und Warenbeständen je um 20.000 Euro. Die stl. BW sind beim übernehmenden Rechtsträger damit mit 350.000 Euro anzusetzen.

304 Unabhängig von der Ausübung des Antragswahlrecht kommt es zum **Ansatz mit dem gemeinen Wert** durch den übernehmenden Rechtsträger, soweit durch den

Einbringungsvorgang ein dt. Besteuerungsrecht erstmals begründet wird (Dötsch/Pung/Möhlenbrock/Patt Rn. 228; Brandis/Heuermann/Nitzschke Rn. 78; Böhmer/Wegener Ubg 2015, 69; Ley FR 2007, 109; Förster/Wendland BB 2007, 631; aA Rödder/Herlinghaus/van Lishaut/Herlinghaus Rn. 309). Ein Ansatz der eingebrachten WG mit dem gemeinen Wert ist auch insoweit vorzunehmen, als das inl. Besteuerungsrecht gem. Abs. 2 S. 2 Nr. 3 ausgeschlossen oder beschränkt wird. Diese zwangsweise Aufdeckung der stillen Reserven erfolgt eine logische Sekunde vor der gleichmäßigen Aufdeckung der ansonsten eingebrachten WG. Zu einer gleichmäßigen Aufstockung der stillen Reserven kommt es aber dann, wenn es zu einer Aufstockung nach Abs. 2 S. 2 Nr. 4 kommt (vgl. Dötsch/Pung/Möhlenbrock/Patt § 24 Rn. 115c).

Wird ein **Mitunternehmeranteil** eingebracht und wählt der übernehmende **305** Rechtsträger den Zwischenwertansatz, so kommt es auch zu einem entsprechenden Wertansatz bei der Mitunternehmerschaft, und zwar in einer entsprechenden Ergänzungsbilanz; ein eigenständiges Wahlrecht kommt der Mitunternehmerschaft aber nicht zu (→ Rn. 290). Entsprechendes gilt, wenn ein Mitunternehmeranteil an einer Mitunternehmerschaft eingebracht wird, zu deren Vermögen ihrerseits eine Mitunternehmerbeteiligung gehört **(doppelstöckige PersGes)**. Die anteilige Aufstockung bezieht sich auch auf eine ggf. bereits vorhandene Ergänzungsbilanz sowie eine Sonderbilanz.

b) Materielle und immaterielle Wirtschaftsgüter, insbesondere Geschäfts- 306 und Firmenwerte. Die Einbringung eines Betriebs, Teilbetriebs oder Mitunternehmeranteils in eine KapGes stellt aus der Sicht des Einbringenden einen tauschähnlichen Veräußerungsakt in Form einer Betriebsveräußerung und in der Person des übernehmenden Rechtsträgers ein Anschaffungsgeschäft dar (→ Vor § 20 Rn. 9). Dies gilt unabhängig davon, ob sich der Vermögensübergang im Wege der Gesamt- oder Einzelrechtsnachfolge vollzieht (BFH FR 2004, 274; Hahn DStZ 1998, 561; vgl. auch Fatouros DStR 2006, 272). Demnach sind mit der hM (→ Rn. 302) auch beim Zwischenwertansatz grds. alle stillen Reserven anteilig aufzudecken.

Bei der Aufstockung ist sowohl das Anlagevermögen einschl. der vom Einbringen- **307** den hergestellten immateriellen Anlagegüter und der originäre Geschäftswert (BMF 11.11.2011, BStBl. I 2011, 1314 Rn. 20.18 iVm Rn. 03.25; BFH GmbHR 2003, 50; Rödder/Herlinghaus/van Lishaut/Herlinghaus Rn. 365; Dötsch/Pung/Möhlenbrock/Patt Rn. 207; Brandis/Heuermann/Nitzschke Rn. 87; aA Widmann/Mayer/Widmann Rn. R 621; Haritz/Menner/Bilitewski/Menner Rn. 408) als auch das Umlaufvermögen zu berücksichtigen. Wird ein Zwischenwertansatz gewählt, ist nach alter Auffassung der FVerw (BMF 25.3.1998, BStBl. I 1998, 268 Rn. 22.08: **sog. modifizierte Stufentheorie**) ein bestehender selbstgeschaffener Geschäftswert nur zu berücksichtigen, wenn die übrigen WG und Schulden mit dem gemeinen Wert angesetzt sind, aber gegenüber dem Wert, mit dem das eingebrachte BV vom übernehmenden Rechtsträger angesetzt werden soll bzw. angesetzt werden muss, noch ein Differenzbetrag verbleibt; dieser Differenzbetrag ist dann durch den Ansatz des Geschäftswertes aufzufüllen. Eine solche Differenzierung bezogen auf stille Reserven beim selbstgeschaffenen Geschäftswert und sonstige stille Reserven ist dem Gesetz nicht zu entnehmen und kann höchstens mit der das dt. Bilanzrecht dominierenden Vorsichtsprinzip begründet werden. Da aber der Grundsatz der Maßgeblichkeit der HB in Umwandlungsfällen nicht gilt, ist nach richtiger Auffassung ein Geschäftswert nach den allg. Grundsätzen der gleichmäßigen und verhältnismäßigen Aufstockung gleichwertig mit den übrigen WG zu behandeln (BMF 11.11.2011, BStBl. I 2011, 1314 Rn. 20.18 iVm Rn. 03.25, zur Übergangsregelung vgl. Rn. S.03; Rödder/Herlinghaus/van Lishaut/Herlinghaus

Rn. 365; Dötsch/Pung/Möhlenbrock/Patt Rn. 207; Brandis/Heuermann/Nitzschke Rn. 87).

308 **c) Auflösung steuerfreier Rücklagen.** In die anteilige Aufstockung mit einbezogen werden müssen auch steuerfreie Rücklagen und sonstige stille Reserven, die bspw. durch Überbewertung von Passiva entstanden sind (BMF 11.11.2011, BStBl. I 2011, 1314 Rn. 20.18 iVm Rn. 03.25; Rödder/Herlinghaus/van Lishaut/Herlinghaus Rn. 365; Dötsch/Pung/Möhlenbrock/Patt Rn. 207; Haritz/Menner/Bilitewski/Menner Rn. 406; aA Widmann/Mayer/Widmann Rn. 625, der insoweit dem übernehmenden Rechtsträger ein Wahlrecht einräumt).

5. Ausübung des Antragswahlrechts; Bilanzberichtigung

309 **a) Ausübung des Antragswahlrechts.** Auf Antrag können bei Vorliegen der Voraussetzungen des Abs. 2 S. 2 die übergehenden WG mit dem BW oder einem ZW angesetzt werden. Unabhängig von der Ausübung des Wahlrechts kommt es aber zu einem Ansatz mit dem gemeinen Wert, wenn durch den Einbringungsvorgang ein dt. Besteuerungsrecht erstmalig begründet wird (str., → Rn. 280); § 6 V 5 EStG, § 50i EStG sind zu beachten (→ Rn. 298, → Rn. 265a). Der Antrag hat keine Auswirkungen, soweit WG aufgrund zwingender Vorschriften mit dem gemeinen Wert anzusetzen sind (Frotscher/Drüen/Mutscher Rn. 237). Abs. 2 S. 2 bestimmt nicht ausdrücklich, wer den Antrag auf abw. Bewertung zu stellen hat. Nach hM (BMF 11.11.2011, BStBl. I 2011, 1314 Rn. 20.21; BFH BStBl. II 2017, 75; BFH/NV 2011, 437; Haritz/Menner/Bilitewski/Menner Rn. 264; Eisgruber/Brandstetter Rn. 288; Brandis/Heuermann/Nitzschke Rn. 91; Rödder/Herlinghaus/van Lishaut/Herlinghaus Rn. 369; Dötsch/Pung/Möhlenbrock/Patt Rn. 209; Lademann/Jäschke Rn. 66; Brühl GmbHR 2019, 271; vgl. auch Frotscher/Drüen/Mutscher Rn. 239; aA für die Einbringung eines Mitunternehmeranteils Haase/Hruschka/Hruschka/Hellmann Rn. 104) wird der Antrag durch den **übernehmenden Rechtsträger** gestellt. Davon ging auch der Gesetzgeber aus (BT-Drs. 16/2710, 43). Maßgebend für die Ausübung des Antragswahlrechts ist allein der rechtzeitig und wirksam gestellte oder aber der nicht gestellte Antrag; auf eine etwaige Bilanzierung kommt es nicht an (Widmann/Mayer/Widmann Rn. R 415; auch → § 11 Rn. 18). Setzt zB der übernehmende Rechtsträger die WG mit dem gemeinen Wert an, obwohl ausdrücklich ein Antrag auf Buchwertfortführung gestellt wurde, ist der Ansatz unrichtig und muss geändert werden. Das Antragswahlrecht wird dafür nach Maßgabe des jeweils anzuwendenden Rechts durch das zuständige, dh vertretungsberechtigte Organ des übernehmenden Rechtsträgers ausgeübt. Stellvertretung ist möglich; zumindest eine zeitnahe Genehmigung der Stellvertretung dürfte mit Rückwirkung möglich sein.

310 Ob der durch den übernehmenden Rechtsträger gestellte Antrag **vertraglichen Vereinbarungen** mit dem Einbringenden **widerspricht,** ist für seine Wirksamkeit ohne Bedeutung (vgl. aber auch NdsFG EFG 2023, 440; NdsFG 22.12.2022 – 7 K 105/18, BeckRS 2022, 46453). Ein vereinbarungswidrig gestellter Antrag kann jedoch Schadenersatzanspruch auslösen (BMF 11.11.2011, BStBl. I 2011, 1314 Rn. 20.32; BFH DStR 2012, 31; Rödder/Herlinghaus/van Lishaut/Herlinghaus Rn. 364; Dötsch/Pung/Möhlenbrock/Patt Rn. 209; Haritz/Menner/Bilitewski/Menner Rn. 367). Nach Auffassung des BFH kann im Rahmen der Besteuerung des Einbringenden nicht geprüft werden, ob der von der übernehmenden KapGes angesetzte Wert zutr. ermittelt worden ist. Der **Einbringende ist** insoweit grds. an den entsprechenden Wert **gebunden.** Er kann insbes. nicht mit einem Rechtsbehelf gegen den ihn betreffenden Einkommensteuerbescheid geltend machen, dass der bei der aufnehmenden Gesellschaft angesetzte Wert überhöht sei und sich daraus für ihn eine überhöhte Steuerfestsetzung ergebe (BFH DStR 2011, 2248; 2011, 1611; BFH BStBl. II 2008, 536). Im Fall der Einbringung eines Betriebs, Teilbetriebs oder eines Mitunternehmeranteils kann aber der Einbringende im Wege der sog. **Drittanfechtung** geltend machen, die seiner Steuerfestsetzung zu Grunde gelegten Werte des eingebrachten Vermögens seien zu hoch; dem übernehmenden Rechtsträger fehlt insoweit die Klagebefugnis (BFH DStR 2019, 321; BFH BStBl. II 2017, 75; BFH DStR 2011, 2248; FM Mecklenburg-Vorpommern DStR 2013, 973; ausf. Dötsch/Pung/Möhlenbrock/Patt Rn. 209a; Haritz/Menner/Bilitewski/Menner Rn. 367).

Der Antrag nach Abs. 2 S. 2 kann nur einheitlich für **einen Einbringungsvorgang** ausgeübt werden. Eine selektive Aufstockung einzelner WG der Sacheinlage ist nicht zulässig. Wird bei einem einheitlichen Einbringungsvorgang ein Antrag auf selektive Aufstockung gestellt, so ist dieser unwirksam. Bei der Einbringung eines Mitunternehmeranteils mit dazugehörigem SBV kann das Antragswahlrecht nur hinsichtlich des übertragenden Mitunternehmeranteils und des SBV einheitlich ausgeübt werden (Widmann/Mayer/Widmann Rn. R 413; Haase/Hofacker/Hofacker Rn. 104; Brandis/Heuermann/Nitzschke Rn. 88). 311

Hingegen kann das Wahlrecht aus Abs. 2 S. 1 **unterschiedlich** ausgeübt werden, wenn in eine übernehmende KapGes **mehrere** Betriebe, Teilbetriebe, Mitunternehmeranteile eingebracht werden (Rödder/Herlinghaus/van Lishaut/Herlinghaus Rn. 270; Haritz/Menner/Bilitewski/Menner Rn. 377; Dötsch/Pung/Möhlenbrock/Patt Rn. 192; Lademann/Jäschke Rn. 72; Brandis/Heuermann/Nitzschke Rn. 88; Brühl GmbHR 2019, 271). Eine unterschiedliche Wahlrechtsausübung ist auch insoweit möglich, als die einzelnen Sacheinlagen in Form unterschiedlicher Einbringungsvorgänge von einem Einbringenden stammen (Dötsch/Pung/Möhlenbrock/Patt Rn. 192; Rödder/Herlinghaus/van Lishaut/Herlinghaus Rn. 270; Haritz/Menner/Bilitewski/Menner Rn. 377; Brandis/Heuermann/Nitzschke Rn. 88; vgl. auch BFH DStR 2019, 321). Die Einbringung des Kapitals beim übernehmenden Rechtsträger muss dabei nicht für jeden begünstigten Einlagegegenstand gesondert erfolgen. Bringt eine Mitunternehmerschaft ihren Betrieb, Teilbetrieb usw in die KapGes ein, so kann das Wahlrecht, die Sacheinlage mit dem BW, TW oder einem ZW anzusetzen, von der KapGes nicht für jeden Mitunternehmeranteil unterschiedlich ausgeübt werden, da nach der hier vertretenen Meinung Einbringende nicht die einzelnen MU, sondern die Mitunternehmerschaft selbst ist (→ Rn. 181 ff.) und ein Betrieb oder Teilbetrieb eingebracht wird (Brandis/Heuermann/Nitzschke Rn. 88). Da für jede Sacheinlage die Voraussetzungen von § 20 zu prüfen sind (BFH DStR 2019, 321), kann es nicht darauf ankommen, ob die Sacheinlagen gleichzeitig oder mit zeitlichem Abstand und damit vollständig unabhängig voneinander geleistet werden; jede Sacheinlage hat ihr eigenes stl. Schicksal. Gleiches gilt für die Übertragung mehrerer Mitunternehmeranteile durch einen Einbringenden; innerhalb eines Mitunternehmeranteils muss aber auch bezogen auf das SBV des betreffenden Gesellschafters einheitlich bewertet werden. Kommt es zu einem wirtschaftlich einheitlichen Einbringungsvorgang durch mehrere einbringende Personen, so kann der übernehmende Rechtsträger bezogen auf jeden Einbringenden das ihm zustehende Wahlrecht unterschiedlich ausüben (OFD Berlin 7.5.1999, GmbHR 1999, 833; Herzig DB 2000, 2236). 312

Das Antragswahlrecht nach Abs. 2 S. 2 kann unabhängig von einer Bilanzierung in der HB ausgeübt werden. Der **Grundsatz der Maßgeblichkeit** der HB für die StB ist nicht zu beachten (BMF 11.11.2011, BStBl. I 2011, 1314 Rn. 20.20; BT-Drs. 16/2710, 69). Zur Bildung eines sog. AP bei Wertabweichung → Rn. 270. 313

b) Frist für den Antrag. Der Antrag ist spätestens bis zur erstmaligen Abgabe der stl. Schlussbilanz der übernehmenden Gesellschaft bei dem für die Besteuerung dieser Gesellschaft zuständigen FA zu stellen (Abs. 2 S. 3). Die stl. Schlussbilanz ist auch maßgebend, wenn eine Einbringung zur Neugründung erfolgt und die Eröffnungsbilanz nicht gleichzeitig die normale stl. Schlussbilanz ist (LfSt Bayern 314

DStR 2015, 429; vgl. aber auch Förster/Wendland BB 2007, 631). Stl. **Schlussbilanz** ist die reguläre stl. Bilanz iSv §§ 4, 5 EStG, in der das übernommene BV erstmalig angesetzt wird bzw. hätte angesetzt werden müssen (BFH BStBl. II 2017, 75; LfSt Bayern DStR 2015, 429; Brandis/Heuermann/Nitzschke Rn. 91a). Eine spätere Antragstellung ist nicht wirksam möglich (BMF 11.11.2011, BStBl. I 2011, 1314 Rn. 20.21), jedoch ist eine Antragstellung bereits vor Abgabe der stl. Schlussbilanz möglich (Rödder/Herlinghaus/van Lishaut/Herlinghaus Rn. 273; Dötsch/Pung/Möhlenbrock/Patt Rn. 211a). Aufgrund der Formulierung des Gesetzes – „spätestens bis zur erstmaligen Abgabe der steuerlichen Schlussbilanz" – sollte der Antrag vor Abgabe der stl. Schlussbilanz erfolgen, eine Antragstellung zusammen mit der Abgabe der stl. Schlussbilanz ist aber nach der Gesetzesbegründung ausreichend (BT-Drs. 16/2710, 36; ebenso Rödder/Herlinghaus/van Lishaut/Herlinghaus Rn. 273; Dötsch/Pung/Möhlenbrock/Patt Rn. 211a; BeckOK UmwStG/Dürrschmidt Rn. 1304.1; Brandis/Heuermann/Nitzschke Rn. 91d; Frotscher/Drüen/Mutscher Rn. 244; wohl auch BMF 11.11.2011, BStBl. I 2011, 1314 Rn. 20.21). Der Antrag muss damit spätestens erfolgen, wenn die stl. Schlussbilanz der übernehmenden Gesellschaft so in den Bereich des zuständigen FA gelangt, dass es unter normalen Umständen die Möglichkeit hat, davon Kenntnis zu nehmen. Bei der Verschm einer Körperschaft auf eine PersGes bzw. in eine andere Körperschaft geht die FVerw davon aus, dass es sich bei der stl. Schlussbilanz des übertragenden Rechtsträgers um eine eigenständige Bilanz handelt, die sich von der Bilanz iSd § 4 I EStG, § 5 I EStG unterscheidet (vgl. BMF 11.11.2011, BStBl. I 2011, 1314 Rn. 03.01). Bei der Einbringung in eine KapGes iSd § 20 wird eine solche gesonderte **Schlussbilanz** nicht erstellt, vielmehr wird in der **Bilanz iSd § 4 I EStG, § 5 I EStG** die Einbringung abgebildet (BFH BStBl. II 2017, 75; LfSt Bayern DStR 2015, 429). Die unterschiedliche Behandlung zwischen den Fällen der §§ 3–16 und den Einbringungsfällen ist dadurch zu rechtfertigen, dass in den Einbringungsfällen der Anschaffungsvorgang in der Bilanz des Anschaffenden, dh des übernehmenden Rechtsträgers, abgebildet wird, in den Fällen der §§ 3–16 aber in der stl. Schlussbilanz des übertragenden Rechtsträgers, in dem in den „normalen" Steuerbilanzen ein solcher Vorgang nicht abgebildet wird (vgl. zu dieser Problematik Käser DStR-Beihefter zu Heft 2/2012, 15; Förster GmbHR 2012, 243; Koerner/Momen DB 2012, 73). Für den Ablauf der Frist kommt es nicht darauf an, ob die eingereichte Schlussbilanz den GoB oder den steuerrechtlichen Sonderregelungen entspricht (BFH BStBl. II 2017, 75; Rödder/Herlinghaus/van Lishaut/Herlinghaus Rn. 273; Brandis/Heuermann/Nitzschke Rn. 91b; Brühl GmbHR 2019, 273; aA Dötsch/Pung/Möhlenbrock/Patt Rn. 211b). **Keine stl. Schlussbilanz** iSd § 20 ist eine durch den Steuerpflichtigen als „vorläufig" bezeichnete oder als Entwurf gekennzeichnete Bilanz, auch wenn sie der Steuererklärung beigefügt wird (BFH BStBl. II 2017, 75; Dötsch/Pung/Möhlenbrock/Patt Rn. 211b; Lademann/Jäschke Rn. 70). Eine StB, die ohne Wissen und Wollen des übernehmenden Rechtsträgers abgegeben wurde, ist keine StB iSd § 20 (Dötsch/Pung/Möhlenbrock/Patt Rn. 211b). Wird ein Mitunternehmeranteil eingebracht, so muss der Antrag auf Buchwertfortführung durch den übernehmenden Rechtsträger vor Abgabe seiner stl. Schlussbilanz gestellt worden sein (vgl. dazu auch Dötsch/Pung/Möhlenbrock/Patt Rn. 209c).

315 Die Frist für die Stellung des Antrags soll mit Abgabe der stl. Schlussbilanz des übernehmenden Rechtsträgers (zur **Überleitungsrechnung** iSv § 60 II 1 EStDV vgl. BFH BStBl. II 2017, 75; BFH BStBl. II 2008, 916; LfSt Bayern DStR 2015, 429; Neu/Schiffers/Watermeyer GmbHR 2011, 729; Ott StuB 2012, 135; Krohn/Greulich DStR 2008, 646) unabhängig davon abgelaufen sein, wann der Einbringungsvertrag geschlossen, die notwendigen Beschlüsse gefasst oder die Umw wirksam wird (Widmann/Mayer/Widmann Rn. R 423; Dötsch/Pung/Möhlenbrock/Patt Rn. 211a; aA Lademann/Jäschke Rn. 71; BeckOK UmwStG/Dürrschmidt

Rn. 1304.2; Brandis/Heuermann/Nitzschke Rn. 91a; Brühl GmbHR 2019, 273). Wird zB die stl. Schlussbilanz des übernehmenden Rechtsträgers zum 31.12.2007 (Kj. entspricht Wj.) am 15.5.2008 beim zuständigen FA eingereicht und am 15.8.2008 rückwirkend auf den 31.12.2007 die Einbringung beschlossen (Einbringungsstichtag; vgl. Frotscher/Drüen/Mutscher Rn. 243a), soll dann kein Antrag mehr auf Buch- oder Zwischenwertansatz gestellt werden können (vgl. aber Krohn/Greulich DStR 2008, 646). Liegt eine rückwirkende Einbringung zur Neugründung auf den 31.12.2007 vor, so kann das Antragswahlrecht so lange ausgeübt werden, bis die Schlussbilanz zum 31.12.2007 abgegeben wurde; dies gilt auch dann, wenn der übernehmende Rechtsträger eine Eröffnungsbilanz auf den 1.1.2008 und seine Schlussbilanz zum 31.12.2008 abgegeben hat (LfSt Bayern DStR 2015, 429).

c) Form und Inhalt des Antrags. Einer besonderen Form bedarf der Antrag **316** nicht, er kann auch konkludent zB durch Abgabe der Steuererklärung gestellt werden (LfSt Bayern DStR 2015, 429; Rödder/Herlinghaus/van Lishaut/Herlinghaus Rn. 265; Brandis/Heuermann/Nitzschke Rn. 91; Dötsch/Pung/Möhlenbrock/Patt Rn. 211; Haritz/Menner/Bilitewski/Menner Rn. 368; BeckOK UmwStG/Dürrschmidt Rn. 1305). Für die Auslegung des Antrages gelten die allg. zivilrechtlichen Grundsätze (Dötsch/Pung/Möhlenbrock/Patt Rn. 211; Haritz/Menner/Bilitewski/Menner Rn. 375; Eisgruber/Brandstetter Rn. 292). Nur beim Zwischenwertansatz muss nach Auffassung der FVerw ausdrücklich angegeben werden, in welcher Höhe oder zu welchem Prozentsatz die stillen Reserven aufzudecken sind (BMF 11.11.2011, BStBl. I 2011, 1314 Rn. 20.21 iVm Rn. 03.29). Ein unbestimmter Antrag gilt jedoch als nicht gestellt (Dötsch/Pung/Möhlenbrock/Patt Rn. 211; Lademann/Jäschke Rn. 69). Möglich ist es, die Antragstellung auf einen absoluten Betrag der stillen Reserven zu beziehen oder bei Zwischenwertansatz einen Prozentsatz anzugeben. Die Antragstellung ist **bedingungsfeindlich** (BMF 11.11.2011, BStBl. I 2011, 1314 Rn. 20.21 iVm Rn. 03.29; Rödder/Herlinghaus/van Lishaut/Herlinghaus Rn. 265; Haritz/Menner/Bilitewski/Menner Rn. 368; Lademann/Jäschke Rn. 69a). Nicht möglich ist es, den Antrag an außerhalb des Einbringungsvorgangs liegende Umstände anzuknüpfen, geschieht dies, gilt der Antrag als nicht gestellt (Widmann/Mayer/Widmann Rn. R 447; Frotscher/Drüen/Frotscher § 11 Rn. 33).

d) Zuständiges Finanzamt. Der Antrag ist bei dem für die Besteuerung des **317** übernehmenden Rechtsträgers nach § 20 AO zuständigen FA zu stellen (vgl. nur Rödder/Herlinghaus/van Lishaut/Herlinghaus Rn. 272; Dötsch/Pung/Möhlenbrock/Patt Rn. 211; Widmann/Mayer/Widmann Rn. R 440). Hat der übernehmende Rechtsträger weder Sitz noch Ort der Geschäftsleitung in Deutschland, so ist das FA zuständig, das nach der Einbringung für die Besteuerung der eingebrachten Betriebsstätte bzw. das FA, das für die Besteuerung des eingebrachten Mitunternehmeranteils zuständig ist (Widmann/Mayer/Widmann Rn. R 440).

e) Bindungswirkung des Antrags. Der einmal wirksam gestellte Antrag nach **318** Abs. 2 S. 2 kann weder zurückgenommen, geändert noch wegen Irrtums **angefochten** werden (vgl. FG Berlin-Brandenburg EFG 2017, 441; BMF 11.11.2011, BStBl. I 2011, 1314 Rn. 20.24; Widmann/Mayer/Widmann Rn. 448; Rödder/Herlinghaus/van Lishaut/Herlinghaus Rn. 275; Eisgruber/Brandstetter Rn. 294; Dötsch/Pung/Möhlenbrock/Patt Rn. 213; Lademann/Jäschke Rn. 69a), auch dann nicht, wenn er vor Abgabe der stl. Schlussbilanz erfolgte (BMF 11.11.2011, BStBl. I 2011, 1314 Rn. 20.21; LfSt Bayern DStR 2015, 429; Dötsch/Pung/Möhlenbrock/Patt Rn. 211a; Brandis/Heuermann/Nitzschke Rn. 91e; aA FGS/BDI UmwStE/Hötzel/Kaeser, 2011, 351; Frotscher/Drüen/Mutscher Rn. 245; Frotscher UmwStE 2011 Anm. zu Rn. 20.24). Geht man entgegen der hier vertretenen Meinung davon aus, dass eine Anfechtung möglich ist (vgl. FG Berlin-Brandenburg EFG 2009, 1695; Gosch BFH PR 2008, 485; Koch BB 2009, 600), ist zu beachten, dass dann die ursprüngliche Erklärung anfechtbar ist, sodass kein Antrag gestellt wurde. Wurde bereits vor der Anfechtungserklärung die stl. Schlussbilanz abgegeben, so hat dies zur Folge, dass es zu einem Ansatz der eingebrachten WG mit dem gemeinen Wert kommt. Eine Änderung des Antrags ist auch nicht mit Zustimmung des FA möglich (Dötsch/Pung/Möhlenbrock/Patt Rn. 209; Kahle/Vogel Ubg 2012, 493). Es handelt sich bei dem Antragserfordernis um ein gesetzliches Tatbestandsmerkmal. Bereits mit der Antragstellung ist der entsprechende Anspruch aus dem Steuerschuldverhältnis entstanden und der durch die Antragstellung verwirklichte Sachverhalt kann rückwirkend nicht mehr geändert werden (vgl. BFH DStRE 2005, 984; BFH/NV 2006, 1099). Dementsprechend scheidet auch eine Bilanzänderung aus (Frotscher/Drüen/Mutscher Rn. 245).

319 Da das Antragswahlrecht dem übernehmenden Rechtsträger zusteht, ist bei der Einbringung eines **Mitunternehmeranteils** die PersGes an die Ausübung des Antragswahlrechts gebunden; ein eigenständiges Wahlrecht kommt ihr nicht zu (BMF 11.11.2011, BStBl. I 2011, 1314 Rn. 20.22; LfSt Bayern DStR 2015, 429; Brandis/Heuermann/Nitzschke Rn. 91c; Widmann/Mayer/Widmann Rn. R 452; aA Dötsch/Pung/Möhlenbrock/Patt Rn. 209c; Haase/Hofacker/Hofacker Rn. 104).

320 **f) Bilanzberichtigung.** Fehlerhafte Bilanzansätze sind nach § 4 II 1 EStG zu berichtigen, und zwar bis zur Einreichung der Bilanz ohne Einschränkung, nach Einreichung muss der Fehler, der zu einer Steuerverkürzung führen kann, gem. § 153 AO bis zum Ablauf der Festsetzungsfrist richtiggestellt werden; nach Ablauf der Festsetzungsfrist ist die Berichtigung ausgeschlossen (vgl. zu Einzelheiten Brandis/Heuermann/Drüen EStG § 4 Rn. 983 ff.). Wurden von dem Einbringenden die nach Abs. 2 S. 2 iVm § 1 V Nr. 4 bestimmten Grundsätze der lfd. stl. Gewinnermittlung in der stl. Schlussbilanz nicht beachtet und ist aufgrund eingetretener Festsetzungsverjährung eine Korrektur dieser fehlerhaften Bilanzansätze ausgeschlossen, können die von dem aufnehmenden Rechtsträger in ihrer stl. Schlussbilanz übernommenen und richtigen Buchansätze im Wege einer Bilanzberichtigung iSd stl. zutr. Werte nicht geändert werden (BFH BStBl. II 1984, 384; BFH/NV 2002, 849. Ändern sich die Buchwertansätze des eingebrachten BV nachträglich, zB aufgrund einer BP, und hat der übernehmende Rechtsträger zum Ausdruck gebracht, dass er die BW fortführen will, ist die Bilanz des übernehmenden Rechtsträgers ebenfalls entsprechend zu berichtigen (BFH DStRE 2002, 279; Brandis/Heuermann/Nitzschke Rn. 91e). Eine Bilanzberichtigung ist möglich, wenn der übernehmende Rechtsträger das eingebrachte BV mit dem gemeinen Wert ansetzen wollte und sich später (zB aufgrund einer Außenprüfung) ergibt, dass die gemeinen Werte tatsächlich höher oder niedriger anzusetzen sind als bisher geschehen (BMF 11.11.2011, BStBl. I 2011, 1314 Rn. 20.24). Weichen die Ansätze in der stl. Schlussbilanz des übernehmenden Rechtsträgers von den durch wirksamen Antrag bestimmten Werten ab, sind sie entsprechend dem Antrag zu berichtigen (BMF 11.11.2011, BStBl. I 2011, 1314 Rn. 20.24 iVm Rn. 03.30). Eine Änderung der Wahlrechtsausübung im Wege der Bilanzberichtigung ist nicht möglich. Die Bilanzberichtigung führt zu einer Korrektur der **Veranlagung des Einbringenden** gem. § 175 I 1 Nr. 2 AO. Zu beachten ist, dass ein unklarer Antrag nicht gestellt gilt, mit der Folge, dass der gemeine Wert anzusetzen ist. In diesen Fällen ist die Bilanz zu berichtigen, wenn in der Bilanz des übernehmenden Rechtsträgers BW oder ZW angesetzt wurden. Soweit auf den Einbringungsvorgang § 50i EStG Anwendung findet (→ Rn. 265a f.), ergibt sich der Veräußerungspreis aus § 50i II 1 EStG, eine Wertverknüpfung nach Abs. 3 S. 1 soll nach Auffassung von Patt (Dötsch/Pung/Möhlenbrock/Patt Rn. 250a f.) nicht eintreten. Dies hat zur Folge, dass bei

Änderung des gemeinen Werts des übertragenen Vermögens in der Person des übernehmenden Rechtsträgers die Steuerfestsetzung des Einbringenden nicht nach § 175 I 1 Nr. 2 AO geändert werden kann. Eine solche Änderung ist nur möglich, wenn die Steuerfestsetzung des Einbringenden zB auf Grund eines Vorbehalts der Nachprüfung geändert werden kann.

Nach Auffassung der FVerw (BMF 11.11.2011, BStBl. I 2011, 1314 Rn. 20.24) soll bei einem **Zwischenwertansatz** der entsprechende Wertansatz nicht mehr über eine Bilanzberichtigung korrigiert werden können, sofern dieser oberhalb des BW und unterhalb des gemeinen Wertes liegt. Dies ist nur richtig, soweit der Antrag auf Zwischenwertansatz sich auf einen bestimmten Betrag bezogen hat. Auch bei einem Antrag auf Zwischenwertansatz kann eine Bilanzberichtigung notwendig sein, wenn in dem Antrag ein Prozentsatz angegeben wurde, um den die stillen Reserven im übergehenden Vermögen aufgedeckt werden sollten, in Abweichung von der Bilanzierung in der stl. Schlussbilanz der Umfang der stillen Reserven im übertragenen Vermögen sich jedoch später als unrichtig erweist. 321

Beispiel:

Die X-GmbH will einen Teilbetrieb in die Y-GmbH einbringen. Die X-GmbH verfügt über einen Verlustvortrag in Höhe von 500.000 Euro. Vor diesem Hintergrund wird der Antrag auf Zwischenwertansatz gewählt, und zwar in der Form, dass 50% der stillen Reserven aufgedeckt werden sollen. Im Rahmen einer späteren Betriebsprüfung stellt sich heraus, dass die stillen Reserven in dem übertragenen Vermögen nicht 1 Mio. Euro betragen, wie ursprünglich angenommen, sondern 1,5 Mio. Euro. In diesem Fall muss nachträglich ein Zwischenwertansatz iHv 750.000 Euro angenommen werden, eine Bilanzberichtigung ist vorzunehmen, es entsteht rückwirkend ein Einbringungsgewinn iHv 250.000 Euro. 322

6. Einschränkung des Antragswahlrechts

Das **Antragswahlrecht** ist eingeschränkt (auch → Rn. 298), **soweit** 323
- nicht sichergestellt ist, dass das übernommene Vermögen später bei der übernehmenden Körperschaft der Besteuerung mit KSt unterliegt (Abs. 2 S. 2 Nr. 1),
- die Passivposten des eingebrachten BV die Aktivposten übersteigen; dabei ist das EK nicht zu berücksichtigen (Abs. 2 S. 2 Nr. 2),
- das Recht der BRD hinsichtlich der Besteuerung des Gewinns aus der Veräußerung des eingebrachten BV bei der übernehmenden Gesellschaft nicht ausgeschlossen oder beschränkt wird (Abs. 2 S. 2 Nr. 3),
- die sonstige Gegenleistung nicht mehr beträgt als (a) 25% des eingebrachten BV oder (b) 500.000 Euro, höchstens jedoch den BW des eingebrachten BV (Abs. 2 Nr. 4).

Der gemeine Wert der einzelnen eingebrachten WG darf nicht überschritten werden (Abs. 2 S. 2). 324

Wird durch den Einbringungsvorgang das **dt. Besteuerungsrecht** hinsichtlich des Gewinns aus der Veräußerung des eingebrachten BV oder Teilen davon **erstmalig begründet**, so ist nach dem Willen des Gesetzgebers (BT-Drs. 16/2710, 43) für diese WG, unabhängig von der konkreten Ausübung des Antragswahlrechts, durch den übernehmenden Rechtsträger der gemeine Wert anzusetzen (→ Rn. 280; zu § 50i EStG → Rn. 265a). 325

Das Antragswahlrecht gilt grds. unabhängig davon, ob im Zeitpunkt der Einbringung das **Besteuerungsrecht für die als Gegenleistung ausgegebenen Anteile** am übernehmenden Rechtsträger besteht (Widmann/Mayer/Widmann Rn. R 611; Dötsch/Pung/Möhlenbrock/Patt Rn. 229). Die Sicherstellung des Besteuerungsrechts für die als Gegenleistung erhaltenen Anteile ist nur insoweit von Bedeutung, wenn auf den Einbringungsvorgang nicht der von § 1 IV 1 Nr. 2 lit. a vorausgesetzte EU/EWR-Bezug gegeben ist. Werden die als Gegenleistung gewährten Anteile 326 innerhalb von sieben Jahren nach dem Einbringungsstichtag veräußert oder ein Ersatzrealisationstatbestand erfüllt, so kommt es gem § 22 I zu einer nachträglichen Besteuerung des Einbringungsvorgangs, und zwar unabhängig davon, ob für die als Gegenleistung für die Einbringung gewährten Anteile für Deutschland ein Besteuerungsrecht bestand.

7. Sicherstellung der späteren Körperschaftsbesteuerung des eingebrachten Betriebsvermögens beim übernehmenden Rechtsträger (Abs. 2 S. 2 Nr. 1)

327 a) **Grundsatz.** Der Antrag auf Buch- oder Zwischenwertansatz in der stl. Schlussbilanz des übernehmenden Rechtsträgers ist bei zusätzlichem Vorliegen der iÜ Voraussetzungen des Abs. 2 nur dann wirksam möglich, **soweit sichergestellt ist,** dass die in dem übertragenen Vermögen enthaltenen stillen Reserven später bei der übernehmenden KapGes/Gen der KSt unterliegen. KSt iSd Abs. 2 S. 2 Nr. 1 ist nicht nur die **inl.**, sondern auch die **ausl. KSt** (BMF 11.11.2011, BStBl. I 2011, 1314 Rn. 20.19 iVm Rn. 03.17; Dötsch/Pung/Möhlenbrock/Patt Rn. 225; Rödder/Herlinghaus/van Lishaut/Herlinghaus Rn. 286 Fn. 1; Haritz/Menner/Bilitewski/Menner Rn. 320; Frotscher/Drüen/Mutscher Rn. 202). Eine Sicherstellung der späteren Besteuerung mit KSt ist damit auch dann gegeben, wenn das übergehende Vermögen bei der übernehmenden Körperschaft grds. ausl. KSt unterliegt; in diesem Fall stellt sich jedoch die Frage, ob die Voraussetzungen des Abs. 2 S. 2 Nr. 3 erfüllt sind. Entscheidend für die Sicherstellung der späteren Besteuerung mit inl. oder ausl. KSt ist der stl. **Übertragungsstichtag** (aA Dötsch/Pung/Möhlenbrock/Patt Rn. 225; Haritz/Menner/Bilitewski/Menner Rn. 322: **zeitraumbezogene Betrachtungsweise;** wie hier Rödder/Herlinghaus/van Lishaut/Herlinghaus Rn. 286; Lademann/Jäschke Rn. 55c; Dötsch/Pung/Möhlenbrock/Dötsch/Stimpel § 11 Rn. 56; Brandis/Heuermann/Nitzschke Rn. 81a; Widmann/Mayer/Schießl § 11 Rn. 44; auch → Rn. 329). Die hier vertretene zeitpunktbezogene Betrachtungsweise entspricht dem (historischen) Willen des Gesetzgebers. Das Abstellen auf eine spätere Besteuerung mit KSt im Zusammenhang mit Umw geht über § 14 II UmwStG 1977 (vgl. BT-Drs. 7/4803, 29) zurück auf § 15 II Nr. 2 KStG 1934 (RBl. I 1934, 1031). Aus der Begr. des § 15 II Nr. 2 KStG 1934 ergibt sich der Stichtagsbezug. Dort heißt es: „Bei der Neufassung des § 15 (Verschmelzung und Umwandlung) soll vermieden werden, dass gelegentlich der Verschmelzung und der Umwandlung Gewinne der Besteuerung entgehen. Das war nach bisherigem Recht möglich" (RStBl. 1935, 85). Auf die Sicherstellung der Besteuerung mit GewSt kommt es nicht an (vgl. nur BMF 11.11.2011, BStBl. I 2011, 1314 Rn. 20.19 iVm Rn. 03.17; BeckOK UmwStG/Dürrschmidt Rn. 1271). Ist die Besteuerung bei der übernehmenden Körperschaft mit KSt nicht sichergestellt, sind die stillen Reserven anlässlich der Einbringung insoweit aufzudecken und zu besteuern. Sicherstellung idS bedeutet dabei nicht, dass die Erträge bzw. stille Reserven bei dem eingebrachten Vermögen bei der übernehmenden Körperschaft tatsächlich zu einer KSt-Zahllast führen. Es reicht vielmehr grds. aus, dass Gewinne bei der Ermittlung des Einkommens der übernehmenden Körperschaft überhaupt erfasst werden (Rödder/Herlinghaus/van Lishaut/Herlinghaus Rn. 287). Von einer Sicherstellung der Besteuerung mit KSt damit ist auch dann auszugehen, wenn die spätere Aufdeckung der stillen Reserven bei der übernehmenden Körperschaft zu keiner KSt-Zahllast führt, weil der durch die Aufdeckung der stillen Reserven entstehende Gewinn mit einem Verlustvortrag verrechnet wird (Rödder/Herlinghaus/van Lishaut/Herlinghaus Rn. 287; Haritz/Menner/Bilitewski/Menner Rn. 321). Nicht von Abs. 2 S. 2 Nr. 1 wird der Fall erfasst, dass zu der eingebrachten Sacheinlage ein Anteil an einer KapGes gehört, dessen Veräußerung bei der übernehmenden Gesellschaft gem. § 8b KStG steuerfrei ist (Widmann/Mayer/ Widmann Rn. R 541; Rödder/Herlinghaus/van Lishaut/Herlinghaus Rn. 287; Haritz/Menner/Bilitewski/Menner Rn. 320; Frotscher/Drüen/Mutscher Rn. 204; Brandis/Heuermann/Nitzschke Rn. 81).

b) Steuerbefreiung der übernehmenden Körperschaft. Die spätere Besteuerung mit KSt ist nicht sichergestellt, wenn die übernehmende Körperschaft persönlich von der KSt befreit ist (Rödder/Herlinghaus/van Lishaut/Herlinghaus Rn. 288; Damas DStZ 2007, 129). Der Fall dürfte jedoch eher ein Ausnahmefall sein, weil bei der Einbringung eines Betriebs, Teilbetriebs oder eines Mitunternehmeranteils in eine steuerbefreite Gesellschaft bei dieser regelmäßig ein wirtschaftlicher Geschäftsbetrieb vorliegt, der der KSt unterliegt (Widmann/Mayer/Widmann Rn. R 541; Dötsch/Pung/Möhlenbrock/Patt Rn. 225). Abs. 2 S. 2 Nr. 1 kann indes eingreifen, wenn die Einbringung in ein REIT erfolgt, da der REIT als solcher gem. § 16 I REITG von der KSt befreit ist (BMF 11.11.2011, BStBl. I 2011, 1314 Rn. 20.19 iVm 03.17; Widmann/Mayer/Widmann Rn. R 541; Lademann/Jäschke Rn. 55a; Benecke/Schnittger IStR 2007, 22). 328

c) Einbringung auf eine Körperschaft und atypisch Stille. Die eingebrachten WG müssen zum Zeitpunkt des Einbringungsstichtags bei der übernehmenden Körperschaft der Besteuerung mit KSt unterliegen. Ohne Bedeutung ist, ob sich diese Voraussetzung später ändert (aA Dötsch/Pung/Möhlenbrock/Patt Rn. 225; Haritz/Menner/Bilitewski/Menner Rn. 322; wie hier Rödder/Herlinghaus/van Lishaut/Herlinghaus Rn. 286; Lademann/Jäschke Rn. 55; Widmann/Mayer/ Schießl § 11 Rn. 44; Brandis/Heuermann/Nitzschke Rn. 81a). Kommt es zu der Einbringung eines Betriebs, Teilbetriebs bzw. Mitunternehmeranteils in eine KapGes und atypisch Stille, wobei der stille Teilhaber keine Körperschaft ist, erfolgt die Übertragung des Vermögens für eine logische Sekunde in den kstl. Bereich der übernehmenden Körperschaft. Dem folgt gedanklich in einem zweiten Schritt die Überführung in eine atypisch stille Mitunternehmerschaft. Aufgrund dieser Reihenfolge liegen die Voraussetzungen des Abs. 2 S. 2 Nr. 1 vor (ebenso Rödder/ Herlinghaus/van Lishaut/Herlinghaus Rn. 286; Widmann/Mayer/Schießl § 11 Rn. 32; Brandis/Heuermann/Nitzschke Rn. 81b; Schaflitzl/Götz DB-Beil. 1/ 2012, 25). Die FVerw stellt im Gegensatz dazu nicht mehr auf die generelle Körperschaftsteuerpflicht des übernehmenden Rechtsträgers ab, sondern vielmehr darauf, ob die übertragenen WG konkret beim übernehmenden Rechtsträger der KSt unterliegen (vgl. BMF 11.11.2011, BStBl. I 2011, 1314 Rn. 11.08). Danach wäre die Besteuerung des übergehenden Vermögens mit KSt allenfalls dann sichergestellt, wenn das Vermögen in eine KapGes eingebracht wird und der an der KapGes beteiligte atypisch Stille seinerseits der KSt unterliegt, wobei dann auch keine Sicherstellung bei der übernehmenden Körperschaft gegeben wäre (Lademann/Jäschke Rn. 55a). Handelt es sich bei dem atypisch Stillen um eine natürliche Person, so wäre insoweit jedenfalls nach Meinung der FVerw die Besteuerung der übergehenden WG mit KSt nicht sichergestellt, es käme zu einer Aufdeckung der stillen Reserven im eingebrachten Vermögen, soweit die atypisch stille Beteiligung sich auch auf das eingebrachte Vermögen bezieht. Geht man entgegen der hier vertretenen Auffassung (→ Rn. 327) davon aus, dass die Beurteilung, ob die WG der Sacheinlage der Besteuerung mit KSt unterliegen, nicht nur zeitpunktbezogen, sondern zeitraumbezogen zu beurteilen ist (Dötsch/Pung/Möhlenbrock/ Patt Rn. 225; Haritz/Menner/Bilitewski/Menner Rn. 322), und stellt man weiterhin darauf ab, dass die übertragenen WG konkret beim übernehmenden Rechtsträger der KSt unterliegen müssen, so würde die nachträgliche Begründung einer atypisch stillen Beteiligung zwischen dem übernehmenden Rechtsträger und einer natürlichen Person dazu führen, dass nachträglich der Einbringungsvorgang nicht mehr steuerneutral wäre. Da von den Vertretern der zeitraumbezogenen Betrach- 329 tungsweise der in Frage stehende Zeitraum nicht einmal zeitlich begrenzt wird, käme es ggf. zeitlich unbegrenzt rückwirkend zu stl. Konsequenzen beim Einbringenden, was vom Gesetzgeber so sicherlich nicht beabsichtigt ist; das UmwStG würde Umw nicht erleichtern, sondern vielmehr zu unkalkulierbaren Risiken führen.

330 **d) Einbringung in eine Organgesellschaft.** Wird ein Betrieb, Teilbetrieb oder ein Mitunternehmeranteil in eine OrganGes eingebracht, reicht es für die Anwendung des Abs. 2 S. 2 Nr. 1 aus, wenn die OrganGes grds. kstpfl. ist. Wie das bei der OrganGes ermittelte Einkommen auf der Ebene des Organträgers besteuert wird, ist ohne Relevanz (Rödder/Herlinghaus/van Lishaut/Rödder § 11 Rn. 242; HK-UmwStG/Edelmann § 11 Rn. 250; Widmann/Mayer/Schießl § 11 Rn. 32; Brandis/Heuermann/Nitzschke Rn. 81b; Schaflitzl/Götz DB-Beil. 1/2012, 25; Noll/Schiffers/Watermeyer GmbHR 2011, 729; Rödder DStR 2011, 1059). Demgegenüber stellt die FVerw auf die konkreten bzw. tatsächlichen Gegebenheiten ab (BMF 11.11.2011, BStBl. I 2011, 1314 Rn. 20.19; ebenso Dötsch/Pung/Möhlenbrock/Patt Rn. 225). Eine Sicherstellung der übergehenden WG mit KSt sei nur gegeben, wenn bei der Einbringung in eine OrganGes deren Organträger kstpfl. ist. Unterliegt das Einkommen beim Organträger der ESt, so sei eine Aufdeckung der stillen Reserven bei den übergehenden WG nur aus Gründen einer Billigkeitsmaßnahme möglich. Ein Buch- oder Zwischenwertansatz sei nur möglich, wenn sich alle an der Einbringung Beteiligten übereinstimmend schriftlich damit einverstanden erklären, dass auf die aus der Einbringung resultierenden Mehrabführungen § 14 III 1 KStG anzuwenden ist. Da sich die Auffassung der FVerw insoweit geändert hat, sieht der UmwStE eine Übergangsregelung vor (vgl. BMF 11.11.2011, BStBl. I 2011, 1314 Rn. S.06). Vgl. zur Kritik an dieser Auffassung der FVerw Schaflitzl/Götz DB-Beil. 1/2012, 25; Sistermann DStR-Beihefter zu Heft 2/2012, 9; Drüen DStR-Beihefter zu Heft 2/2012, 22; Rödder DStR 2011, 1059; Hageböke/Stangl GmbHR 2011, 744. Zum Problem der zeitraumbezogenen Betrachtungsweise gelten die Ausführungen unter → Rn. 329 entsprechend. Da es sich nach Auffassung der FVerw um eine Billigkeitsmaßnahme handelt, stellt sich die Frage, inwieweit das FA Billigkeitsmaßnahme in dieser Form überhaupt vornehmen kann, → § 22 Rn. 35c.

8. Negatives steuerliches Kapital (Abs. 2 S. 2 Nr. 2)

331 Nach Abs. 2 S. 2 Nr. 2 hat die übernehmende KapGes/Gen das eingebrachte BV mindestens so anzusetzen, dass sich Aktiv- und Passivposten ausgleichen, soweit die Passivposten des eingebrachten BV die Aktivposten übersteigen. Allerdings dürfen die gemeinen Werte der einzelnen WG nicht überschritten werden (Abs. 2 S. 2). Die Vorschrift schränkt das grds. Antragswahlrecht gem. Abs. 2 S. 2 bei Sacheinlagen ein, wenn und soweit die Passivposten des eingebrachten BV dessen Aktivposten übersteigen. Maßgebend ist das stl. **EK** (Widmann/Mayer/Widmann Rn. R 453; Rödder/Herlinghaus/van Lishaut/Herlinghaus Rn. 290; Haritz/Menner/Bilitewski/Menner Rn. 334; Dötsch/Pung/Möhlenbrock/Patt Rn. 216), ein positives EK in der HB ist insoweit ohne Bedeutung. Ein positives stl. EK muss sich nicht ergeben, es genügt der Nettoansatz des eingebrachten BV mit 0 Euro (Widmann/Mayer/Widmann Rn. R 453; Rödder/Herlinghaus/van Lishaut/Herlinghaus Rn. 289; Dötsch/Pung/Möhlenbrock/Patt Rn. 216; Förster/Wendland BB 2007, 631; Haritz/Menner/BilitewskiMenner Rn. 328). Soweit eine Aufdeckung von stillen Reserven zum Ausgleich des negativen Kapitals erforderlich ist, sind alle stillen Reserven in den einzelnen WG, auch eines ggf. bestehenden originären Firmenwerts, **gleichmäßig um den Prozentsatz** aufzulösen, der dem Verhältnis des notwendigen Aufstockungsbetrags zum Gesamtbetrag der vorhandenen stillen Reserven des eingebrachten BV entspricht (Rödder/Herlinghaus/van Lishaut/Herlinghaus Rn. 289).

Zu den maßgebenden Aktivposten gehören auch die **WG, die** aufgrund der **332** Einbringung erstmals in Deutschland **steuerverstrickt werden**. Sie sind nach dem Willen des Gesetzgebers (BT-Drs. 16/2710, 43), unabhängig von der konkreten Ausübung des Antragswahlrechts, mit dem gemeinen Wert anzusetzen (Dötsch/Pung/Möhlenbrock/Patt Rn. 228; Brandis/Heuermann/Nitzschke Rn. 82; Kahle/Vogel Ubg 2012, 493; Ley FR 2007, 109; Förster/Wendland BB 2007, 631; aA Rödder/Herlinghaus/van Lishaut/Herlinghaus Rn. 309) und mit diesem Wert im Regelungsbereich des Abs. 2 S. 2 Nr. 2 zu berücksichtigen (Widmann/Mayer/Widmann Rn. R 558; Dötsch/Pung/Möhlenbrock/Patt Rn. 216; Brandis/Heuermann/Nitzschke Rn. 82). Eine negatives EK kann auch durch die bloße Begr. einer Einzahlungsforderung ausgeglichen werden (aA Widmann/Mayer/Widmann Rn. R 557; vgl. auch Demuth DStR 2019, 1959). Gehört zum eingebrachten BV eine Verbindlichkeit oder Forderung, die nach der Einbringung durch **Konfusion** erlischt, ist die Schuld bzw. Forderung bei der Frage, ob ein negatives Kapital übertragen wird, zu berücksichtigen (Widmann/Mayer/Widmann Rn. R 545). Ein Darlehen, das eine PersGes ihren Gesellschaftern gewährt, kann stl. eine Entnahme darstellen (vgl. OFD Münster 4.12.2009, BeckVerw 232699; BFH DStR 2019, 341). Positive und negative **Ergänzungsbilanzen** sind zu berücksichtigen, soweit sie sich auf eingebrachte WG beziehen (Widmann/Mayer/Widmann Rn. R 565). Eine **steuerfreie Rücklage** ist ein Passivposten, der zu einem negativen Kapital iSv Abs. 2 S. 2 Nr. 2 führen kann (Zentrale Gutachtendienst GmbHR 2001, 471; Widmann/Mayer/Widmann Rn. R 575; Dötsch/Pung/Möhlenbrock/Patt Rn. 216). In Fällen der rückwirkenden Einbringung kann – entgegen der Rspr. des BFH (DStR 2018, 1560) – ein negatives Kapital auch dadurch entstehen, dass in dem Zeitraum zwischen dem rückbezogenen Umwandlungsstichtag und der Eintragung der Einbringung im Handelsregister Entnahmen (ggf. saldiert mit Einlagen) aus dem BV getätigt werden; dementsprechend kann ein negatives EK durch Einlagen ausgeglichen werden (str., → Rn. 249).

Werden in einem einheitlichen Vorgang **mehrere Sacheinlagen** iSv Abs. 1 **333** übertragen, so ist das Wahlrecht und damit auch Abs. 2 S. 2 Nr. 2 für jeden Sacheinlagegegenstand gesondert zu prüfen; ein Ausgleich zwischen den einzelnen Sacheinlagegegenständen erfolgt grds. nicht. Str. ist, ob etwas anderes gilt, wenn durch dieselbe Person in einem einheitlichen Vorgang mehrere Sacheinlagegegenstände übertragen werden. In diesem Fall kann ein Ausgleich zwischen positiven und negativen Sacheinlagegegenständen vorgenommen werden, denn in diesem Fall hat der Einbringende neben dem erhaltenen Anteil an der übernehmenden KapGes insgesamt keinen Ausgleich für ein negatives Kapital erhalten (vgl. BT-Drs. 5/3186, 15; SächsFG EFG 2011, 2027; Widmann/Mayer/Widmann Rn. R 561; offengelassen BFH BStBl. I 2011, 815; FG Brandenburg DStR 2016, 1116; aA BFH DStR 2019, 321; Rödder/Herlinghaus/van Lishaut/Herlinghaus Rn. 289; Haritz/Menner/Bilitewski/Menner Rn. 331; Dötsch/Pung/Möhlenbrock/Patt Rn. 218; Frotscher/Drüen/Mutscher Rn. 212; BeckOK UmwStG/Dürrschmidt Rn. 1275; Brandis/Heuermann/Nitzschke Rn. 82b), was nach Meinung des Gesetzgebers der Grund dafür war, die Übernahme eines negativen Kapitals zu besteuern (aA BFH DStR 2019, 321). Eine Aufstockung kommt nur insoweit in Betracht, als der BW des durch einen Einbringenden insgesamt eingebrachten BV insgesamt negativ ist (Widmann/Mayer/Widmann Rn. 837; aA BFH DStR 2019, 321).

Wenn trotz einer Aufwertung bis zum gemeinen Wert ein negatives Vermögens- **334** saldo vorliegt, ist eine Einbringung nach § 20 handelsrechtlich nicht möglich; in diesem Fall muss zunächst durch entsprechende Einlage ein Ausgleich vorgenommen werden (Widmann/Mayer/Widmann Rn. R 550).

335 **Beispiel** für eine Aufstockung:

Aktiva		Passiva	
Grund und Boden	100.000 Euro	Verbindlichkeiten	1.100.000 Euro
Gebäude	250.000 Euro		
Maschinen/maschinelle			
Anlagen	400.000 Euro		
sonstige Aktiva	250.000 Euro		
Kapital A	50.000 Euro		
Kapital B	50.000 Euro		
	1.100.000 Euro		**1.100.000 Euro**

In den Aktiva sollen folgende stille Reserven enthalten sein:

Grund und Boden	250.000 Euro
Gebäude	200.000 Euro
Maschinen/maschinelle	
Anlagen	50.000 Euro
	500.000 Euro

Zunächst ist nach Abs. 2 S. 2 Nr. 2 das Kapital auf 0 Euro aufzustocken:

Aktiva		Passiva	
Grund und Boden	150.000 Euro	Verbindlichkeiten	1.100.000 Euro
Gebäude	290.000 Euro		
Maschinen/maschinelle			
Anlagen	410.000 Euro		
sonstige Aktiva	250.000 Euro		
	1.100.000 Euro		**1.100.000 Euro**

Die stillen Reserven (aufzustocken waren 100.000 Euro) wurden verhältnismäßig bei den WG aufgestockt. Durch diese Aufstockung hat das übertragene Vermögen einen Nettobuchwert von 0 Euro. Soll das Vermögen in eine neu zu gründende AG eingebracht werden, so muss deren Grundkapital mindestens 50.000 Euro betragen. Die stl. Eröffnungsbilanz dieser AG hat unter Berücksichtigung von Abs. 2 S. 2 folgendes Bild:

Aktiva		Passiva	
Grund und Boden	150.000 Euro	GK	50.000 Euro
Gebäude	290.000 Euro	Verbindlichkeiten	1.100.000 Euro
Maschinen/maschinelle			
Anlagen	410.000 Euro		
sonstige Aktiva	250.000 Euro		
AP	50.000 Euro		
	1.150.000 Euro		**1.150.000 Euro**

Bei der Aufstockung auf 0 Euro gem. Abs. 2 S. 2 Nr. 2 ist ein **Einbringungsgewinn** iHv 100.000 Euro zu versteuern. Soll das vermieden werden, muss das negative Kapitalkonto durch **Einlagen** ausgeglichen werden (→ Rn. 332).

336 **Negativer Mitunternehmeranteil.** Wird ein Mitunternehmeranteil eingebracht, so ist das Kapital dieses MU entscheidend für die Frage, ob die Passivposten des eingebrachten BV die Aktivposten übersteigen (Abs. 2 S. 2 Nr. 2). Das Kapital des MU ist die Summe aus seinem stl. Kapitalkonto aus der Gesamthandsbilanz, der Ergänzungsbilanzen und der Sonderbilanzen, sofern das SBV mit eingebracht wird (ebenso Widmann/Mayer/Widmann Rn. 565; Dötsch/Pung/Möhlenbrock/Patt Rn. 217; Rödder/Herlinghaus/van Lishaut/Herlinghaus Rn. 289). Ergibt sich bei der Einbringung eines Mitunternehmeranteils ein negatives (Gesamt-)Kapitalkonto für den Einbringenden, kann die nach Abs. 2 S. 2 Nr. 2 notwendige Aufstockung nur bis zu der Höhe durchgeführt werden, zu der der Einbringende an den stillen Reserven der Mitunternehmerschaft beteiligt ist (ebenso Widmann/Mayer/Widmann Rn. 828).

Wird ein Mitunternehmeranteil eingebracht und die aufnehmende KapGes Gesellschafterin/Mitunternehmerin, so ist die erforderliche Aufstockung eines negativen Mitunternehmeranteils in einer **Ergänzungsbilanz** des einbringenden MU durchzuführen, dessen Anteil in die KapGes eingebracht wurde (vgl. BFH DStR 2003, 1743); dabei ist der Aufstockungsbetrag verhältnismäßig auf die einzelnen WG der Mitunternehmerschaft in der Ergänzungsbilanz zu verteilen (Widmann/Mayer/Widmann Rn. 828).

Negatives Kapital bei Einbringung durch Mitunternehmerschaft. Bringt eine PersGes ihren Betrieb in eine KapGes gegen Gewährung von Gesellschaftsrechten ein, ist nach hM Gegenstand der Einbringung ein Betrieb und nicht ein Mitunternehmeranteil, auch wenn die neuen Anteile am übernehmenden Rechtsträger unmittelbar den Gesellschaftern des einbringenden PersGes gewährt werden (→ Rn. 19). Damit sollte für die Anwendung von Abs. 2 S. 2 Nr. 2 nicht auf die einzelnen (positiven oder negativen) Mitunternehmeranteil abzustellen sein, sondern auf die Summe des insgesamt eingebrachten BV der PersGes (Rödder/Herlinghaus/van Lishaut/Herlinghaus Rn. 299; Dötsch/Pung/Möhlenbrock/Patt Rn. 217; Brandis/Heuermann/Nitzschke Rn. 82c).

Beispiel:
StB der A + B OHG; Gesellschafter: A und B je 50%. Die OHG soll ihren Betrieb in eine AG einbringen. StB der OHG:

Aktiva		Passiva	
Aktiva	250.000 Euro	Kapital A	70.000 Euro
negatives Kapital B	20.000 Euro	Verbindlichkeiten	200.000 Euro
	270.000 Euro		**270.000 Euro**

Die stillen Reserven betragen 250.000 Euro. Das Grundkapital der aufnehmenden AG soll 50.000 Euro betragen. Da ausreichendes Kapital (Aktiva 250.000 Euro; Passiva 200.000 Euro) vorhanden ist, sind Aufstockungen nicht erforderlich. In diesem Zusammenhang nicht zu entscheiden ist der Ausgleich zwischen den Gesellschaftern.

Eine durch Abs. 2 S. 2 Nr. 2 vorgeschriebene Aufstockung wäre nur vorzunehmen, wenn die **StB** der Mitunternehmerschaft in Abwandlung des obigen Beispiels folgendes Bild zeigte:

Aktiva		Passiva	
Aktiva	250.000 Euro	Kapital A	20.000 Euro
Kapital B	70.000 Euro	Verbindlichkeiten	300.000 Euro
	320.000 Euro		**320.000 Euro**

In diesem Fall wäre zunächst nach Abs. 2 S. 2 Nr. 2 ein Ausgleich **durch Aufstockung** um 50.000 Euro auf ein Kapital von 0 Euro vorzunehmen; der anschl. Ausweis eines Grundkapitals von 50.000 Euro könnte stl. neutral durch Ansatz eines AP dargestellt werden.

Wird nicht der Betrieb durch die PersGes eingebracht, sondern übertragen die Gesellschafter der PersGes ihren Mitunternehmeranteil, sind Aufstockungen nach Abs. 2 S. 2 Nr. 2 für jeden einzelnen negativen Mitunternehmeranteil vorzunehmen. Im ersten Beispiel in → Rn. 339 mussten in der Person des B stille Reserven iHv 20.000 Euro aufgedeckt werden.

9. Ausschluss oder Beschränkung des deutschen Besteuerungsrechts hinsichtlich des eingebrachten Betriebsvermögens (Abs. 2 S. 2 Nr. 3)

341 Eine antragsabhängige Bewertung bei dem eingebrachten BV mit dem BW oder einem höheren ZW ist – neben den sonstigen Voraussetzungen des Abs. 2 S. 2 – nur insoweit zulässig, als das Recht der BRD hinsichtlich der Besteuerung des Gewinns aus der Veräußerung des eingebrachten BV bei der übernehmenden Gesellschaft nicht ausgeschlossen oder beschränkt wird. Zur Vereinbarkeit der Entstrickungsregelung mit EU-Recht → Vor § 11 Rn. 9 ff. Zur Anwendung des § 50i EStG → Rn. 265a. Ob das Recht zur Besteuerung von **Veräußerungsgewinnen** bei den übertragenen WG ausgeschlossen oder beschränkt wird, entscheidet sich damit nach den Verhältnissen beim übernehmenden Rechtsträger zum Einbringungsstichtag (→ Rn. 346). Es kommt ausschließlich auf das Besteuerungsrecht der BRD hinsichtlich eines Veräußerungsgewinns der übergehenden WG an, es spielt keine Rolle, wem nach der Einbringung das Recht zur Besteuerung von Erträgen aus der Nutzung der WG zusteht. Auch das Besteuerungsrecht der BRD hinsichtlich der erhaltenen Anteile ist in diesem Zusammenhang ohne Bedeutung. Der Ausschluss bzw. die Beschränkung des dt. Besteuerungsrechts bezieht sich ausschließlich auf die **KSt,** auf die **GewSt** kommt es insoweit nicht an (BMF 11.11.2011, BStBl. I 2011, 1314 Rn. 20.19 iVm Rn. 03.18; Dötsch/Pung/Möhlenbrock/Patt Rn. 226).

342 Eine Beschränkung oder ein Ausschluss des dt. Besteuerungsrechts kann nur dann vorliegen, wenn **vor der Einbringung** auch **ein dt. Besteuerungsrecht bestanden hat** (vgl. BT-Drs. 16/2710, 43; BMF 11.11.2011, BStBl. I 2011, 1314 Rn. 20.19 iVm Rn. 03.19; Haritz/Menner/Bilitewski/Menner Rn. 342; Frotscher/Drüen/Mutscher Rn. 235; Dötsch/Pung/Möhlenbrock/Patt Rn. 226; Brandis/Heuermann/Nitzschke Rn. 83). Ein solches dt. Besteuerungsrecht existiert, wenn die eingebrachten WG inl. BV sind oder ausl. BV in einem Nicht-DBA-Staat bzw. in einem DBA-Staat mit Anrechnungsmethode bzw. in einem DBA-Staat mit Freistellungsmethode bei Eingreifen des § 20 II AStG. Eine Beschränkung des dt. Besteuerungsrechts iSv Abs. 2 S. 2 liegt nur dann vor, wenn die Verringerung des dt. Veräußerungsgewinnbesteuerungsanspruchs auf der Verlagerung stl. Anknüpfungspunkte ins Ausland beruht (Becker-Pennrich IStR 2007, 684). Bringt eine natürliche Person ua Anteile an eine KapGes in eine andere KapGes ein, so reduziert sich im Laufe der Zeit durch die Einbringung die Höhe des Steueranspruchs des dt. Fiskus im Hinblick auf einen Veräußerungsgewinn, weil die Anteile nach der Einbringung nicht mehr nach dem Halbeinkünfteverfahren, sondern nach § 8b II KStG zu versteuern sind. Dies bedeutet jedoch nicht eine Beschränkung des Besteuerungsrechts iSd Abs. 2 S. 2 (Becker-Pennrich IStR 2007, 684).

343 Streitig ist, wann das dt. Besteuerungsrecht beeinträchtigt wird, insbes. vor dem Hintergrund, dass der BFH die **Theorie der finalen Entnahme** im Jahre 2008 aufgegeben hat (BFH BStBl. II 2009, 464; BFH/NV 2010, 432; 2010, 346). Die Rspr. geht in diesem Zusammenhang davon aus, dass es nicht zu einem Ausschluss oder einer Beschränkung des dt. Besteuerungsrechts, bezogen auf die in Deutschland gelegten stillen Reserven, kommt, wenn WG ins Ausland verbracht werden und in Deutschland eine Betriebsstätte verbleibt. Die FVerw wendet diese Rspr. nicht an (BMF 20.5.2009, BStBl. I 2009, 671; vgl. auch EuGH DStR 2011, 2334 – National Grid Indus). Durch das JStG 2010 sind § 4 I EStG und § 12 I KStG geändert worden, wonach die Zuordnung eines WG zu einer ausl. Betriebsstätte als Regelfall zu einem Verlust oder einer Beeinträchtigung des dt. Besteuerungsrechts führt (vgl. hierzu Körner IStR 2009, 741; Schönfeld IStR 2010, 133; Mitschke Ubg 2010, 355; Mitschke/Körner IStR 2010, 95, 208; Widmann/Mayer/Schießl § 11 Rn. 50.08 ff.). Nach Auffassung der FVerw sind bei der Prüfung des Abs. 2 S. 2 Nr. 3 diese durch das JStG 2010 vorgenommenen Änderungen der allg. Entstrickungsvorschriften des § 4 I 3 EStG, § 12 I KStG zu beachten, obwohl die umwandlungssteuerrechtlichen Entstrickungsvorschriften nicht vergleichbar angepasst wurden. Nach § 4 I 4 · EStG und § 12 I 2 KStG liegt ein Ausschluss oder eine Beschränkung des dt. Besteuerungsrechts hinsichtlich des Gewinns aus der Veräußerung eines WG insbes. vor, wenn ein bisher einer inl. Betriebsstätte des Steuerpflichtigen zuzuordnendes WG einer ausl. Betriebsstätte zuzuordnen ist (BMF 11.11.2011, BStBl. I 2011, 1314 Rn. 20.19 iVm Rn. 03.18). Da Abs. 2 S. 2 Nr. 3 im Verhältnis zu den allg. Entstrickungsvorschriften eine spezielle Vorschrift ist, kann diese Auffassung nicht überzeugen (ebenso Rödder/Herlinghaus/van Lishaut/Herlinghaus Rn. 304; Frotscher/Drüen/Schnitter § 3 Rn. 154; Stadler/Elser/Bindl DB-Beil. 1/2012, 14; Ungemach Ubg 2011, 251; aA zB Widmann/Mayer/Fuhrmann § 24 Rn. 749; Lademann/Staats § 3 Rn. 140). Daher ist bei der Einbringung in eine KapGes immer konkret zu prüfen und nicht nur zu vermuten, ob bzw. inwieweit das dt. Besteuerungsrecht entfällt oder eingeschränkt wird.

Das dt. **Besteuerungsrecht** wird in folgenden Fällen **ausgeschlossen** oder **344 beschränkt**:
– Das dt. Besteuerungsrecht entfällt durch die Einbringung vollumfänglich, wenn nach inl. Steuerrecht das Besteuerungsrecht entfällt bzw. das dt. Besteuerungsrecht zwar grds. erhalten bleibt, aber auf Grund DBA anders als vor der Einbringung beim übernehmenden Rechtsträger durch Freistellung vermieden wird (BMF 11.11.2011, BStBl. I 2011, 1314 Rn. 20.19 iVm Rn. 03.18).
– Das Besteuerungsrecht wird beschränkt, wenn vor der Einbringung ein dt. Besteuerungsrecht bestanden und nach der Umw ein der Höhe nach bzw. dem Umfang nach im Vergleich dazu eingeschränktes dt. Besteuerungsrecht fortbesteht (BMF 11.11.2011, BStBl. I 2011, 1314 Rn. 20.19 iVm Rn. 03.18).

Ob bereits die **abstrakte Gefahr** eines Ausschlusses oder einer Beschränkung **345** den Ansatz des eingebrachten BV mit dem gemeinen Wert zur Folge hat oder eine tatsächliche Berücksichtigung der ausl. Steuer notwendig ist, ist nicht abschließend geklärt (vgl. Haritz/Menner/Bilitewski/Menner Rn. 346; Haritz/Menner/Bilitewski/Behrens § 21 Rn. 263; Becker-Pennrich IStR 2007, 684; Mutscher IStR 2007, 799; Rödder/Schumacher DStR 2006, 1481; Herrmann/Heuer/Raupach/Kolbe KStG § 12 Rn. J 06–16; Wassermeyer DB 2006, 1176). Abs. 2 Nr. 3 betrifft nach richtiger Meinung nur **einen konkreten Ausschluss bzw. eine konkrete Beschränkung** (Haritz/Menner/Bilitewski/Behrens § 21 Rn. 263; Rödder/Herlinghaus/van Lishaut/Herlinghaus Rn. 304; Lademann/Jäschke Rn. 55b; BeckOK UmwStG/Dürrschmidt Rn. 1287.1; aA Dötsch/Pung/Möhlenbrock/Patt Rn. 226c; Frotscher/Drüen/Mutscher Rn. 228; Haritz/Menner/Bilitewski/Menner Rn. 346; Widmann/Mayer/Fuhrmann § 24 Rn. 760); die bloße abstrakte Möglichkeit eines Ausschlusses oder einer Beschränkung ist nicht tatbestandsmäßig (Lohmar FR 2013, 591; vgl. auch Widmann/Mayer/Schießl § 11 Rn. 50.10). Maßgeblich ist, ob im Falle einer gedachten Veräußerung zum Einbringungsstichtag das dt. Besteuerungsrecht nach Maßgabe des zu diesem Zeitpunkt geltenden nationalen und zwischenstaatlichen Rechts ausgeschlossen oder beschränkt ist. Die Regelung stellt darauf ab, ob das Besteuerungsrecht der BRD „ausgeschlossen oder beschränkt wird", daraus lässt sich schließen, dass es nicht darauf ankommt, ob das Besteuerungsrecht theoretisch ausgeschlossen oder beschränkt sein könnte. Zudem will der Gesetzgeber mit der Einführung von Entstrickungsklauseln, zu denen Abs. 2 Nr. 3 zählt, das dt. Besteuerungsrecht sichern (BT-Drs. 16/2710, 2). Im Falle der Anrechnung (bzw. des Abzugs ausl. Steuer) ist das dt. Steueraufkommen dann nicht in Gefahr, wenn eine ausl. anzurechnende oder abzuziehende Steuer nicht festgesetzt wird (BeckOK UmwStG/Dürrschmidt Rn. 1287.1; Becker-Pennrich IStR 2007, 684). Zudem verstößt es gegen den Grundsatz der Verhältnismäßigkeit, wenn nur die theoretische Beschränkung des dt. Besteuerungsrechts zur Auflösung der stillen Reserven im übertragenen Vermögen führt, da dem Fiskus nichts verloren geht, der

Steuerpflichtige ohne Liquiditätszufluss dennoch eine Besteuerung hinnehmen muss. Nicht geklärt ist weiter, ob eine Beschränkung des dt. Besteuerungsrechts dann vorliegt, wenn die ausl. **Steuer** zB nach § 26 VI KStG iVm § 34c II, III EStG die stl. Bemessungsgrundlage reduziert (so BMF 11.11.2011, BStBl. I 2011, 1314 Rn. 20.19 iVm Rn. 03.19; Haritz/Menner/Bilitewski/Menner Rn. 347; Brandis/Heuermann/Nitzschke Rn. 83; Herrmann/Heuer/Raupach/Kolbe KStG § 12 Rn. J 06–16; Becker-Pennrich IStR 2007, 684; Blumenberg/Lechner BB Special 2006, 26 f.; offen Rödder/Herlinghaus/van Lishaut/Herlinghaus Rn. 308; aA für den Fall des § 34c EStG Wassermeyer DB 2006, 1176; Bilitewski FR 2007, 57). Der **Abzug ausl. Steuer** ist mE tatbestandsmäßig eine Beschränkung iSd Abs. 2 Nr. 3, denn das Steueraufkommen des Staates wird durch den Abzug geringer. Verbleibt das ursprüngliche Besteuerungsrecht aufgrund einer sog. Rückfallklausel (vgl. BFH/NV 2008, 677) in Deutschland, liegt weder ein Ausschluss noch eine Beschränkung des Besteuerungsrechts vor. Keine Beschränkung liegt vor, wenn im Fall der Freistellung die Möglichkeit der Anwendung des Progressionsvorbehaltes entfällt (Widmann/Mayer/Widmann Rn. R 484; Frotscher/Drüen/Mutscher Rn. 221 ff.).

346 **Maßgeblicher Zeitpunkt** dafür, ob die spätere Besteuerung eines Veräußerungsgewinns des übertragenen BV sichergestellt ist, ist der stl. **Einbringungsstichtag**, denn bereits ab diesem Zeitpunkt würde ein Veräußerungsgewinn in der Person des übernehmenden Rechtsträgers ermittelt werden (BMF 11.11.2011, BStBl. I 2011, 1314 Rn. 20.15; Dötsch/Pung/Möhlenbrock/Patt Rn. 226; BeckOK UmwStG/Dürrschmidt Rn. 1282; Rödder/Herlinghaus/van Lishaut/Herlinghaus Rn. 303; Brandis/Heuermann/Nitzschke Rn. 84; Lademann/Jäschke Rn. 55c). Bestand zum stl. Einbringungsstichtag noch das dt. Besteuerungsrecht hinsichtlich des eingebrachten BV und wird dieses erst nach dem Einbringungsstichtag beschränkt, erfolgt die Entstrickung nach allg. Grundsätzen (vgl. auch Becker-Pennrich IStR 2007, 684; Rödder/Herlinghaus/van Lishaut/Herlinghaus Rn. 303; Haritz/Menner/Bilitewski/Menner Rn. 361; Brandis/Heuermann/Nitzschke Rn. 84; Dötsch/Pung/Möhlenbrock/Patt Rn. 226).

347 § 20 findet grds. auch hinsichtlich des im **Ausland gelegenen Vermögens** Anwendung, soweit die Voraussetzungen des § 20 vorliegen (Widmann/Mayer/Widmann Rn. R 472). Das ausl. Vermögen muss damit zu einem in- oder ausl. Betrieb, Teilbetrieb oder einem Mitunternehmeranteil gehören. Dieser Betrieb, Teilbetrieb oder Mitunternehmeranteil muss gegen Gewährung von neuen Gesellschaftsrechten in eine KapGes/Gen eingebracht werden. Hat Deutschland hinsichtlich des im Ausland gelegenen Vermögens ein Besteuerungsrecht, weil dieses Vermögen sich in einem Nicht-DBA-Staat bzw. in einem DBA-Staat mit Anrechnungsmethode befindet, und wird dieses Vermögen in eine inl. KapGes/Gen eingebracht, kommt Abs. 2 S. 2 Nr. 3 grds. nicht zur Anwendung, da Deutschland das Besteuerungsrecht hinsichtlich des Gewinns aus der Veräußerung der zu den Betriebsstätten gehörenden WG auch nach der Einbringung hat. Etwas anderes ist nur denkbar, wenn vor der Einbringung ein Besteuerungsrecht mit Anrechnungsverpflichtung bestand, der übernehmende Rechtsträger in einem DBA-Staat bereits über eine Betriebsstätte verfügt, aus der aktive Einkünfte erzielt werden und durch die Einbringung die Voraussetzung für das Vorliegen passiver Einkünfte auch hinsichtlich des eingebrachten Vermögens wegfällt (Widmann/Mayer/Widmann Rn. R 475).

348 Zu einem Ausschluss bzw. einer Beschränkung des dt. Besteuerungsrechts kann es bei einer **grenzüberschreitenden Einbringung** in eine EU- bzw. EWR-Auslandskapitalgesellschaft/Gen kommen. Inl. Immobilienvermögen bleibt bei der Einbringung stets gem. § 49 I Nr. 2 lit. f EStG iVm § 8 I KStG und Art. 6 OECD-MA steuerverstrickt, unerheblich ist insoweit, dass das bloße Halten von Immobilienvermögen ausl. Gesellschaft per se keine inl. Betriebsstätte begründet (vgl. BFH

BStBl. II 2004, 344; BStBl. II 1998, 653; HessFG EFG 2000, 218). Dies führt nur dazu, dass Immobilienvermögen nicht mehr der GewSt unterliegt, was für die Anwendung des Abs. 2 S. 2 Nr. 3 keine Rolle spielt (→ Rn. 341). Verbleibt nach der Einbringung in Deutschland eine dt. Betriebsstätte, hängt die Besteuerung der eingebrachten WG davon ab, welche WG dieser in Deutschland verbleibenden Betriebsstätte und welcher dem ausl. Stammhaus tatsächlich zugeordnet werden. Dies hängt davon ab, welcher Betriebsstätte das einzelne WG dient, der Geschäftsleitungsbetriebsstätte („Stammhaus") oder einer anderen Betriebsstätte (vgl. Wassermeyer/Wassermeyer DBA-MA Art. 7 (2000) Rn. 20, Stand Oktober 2015). Dieses tatsächliche Dazugehören zu einer Betriebsstätte wird im Sinne einer funktionalen Zuordnung interpretiert (vgl. BFH DStRE 2007, 473; krit. Blumers DB 2007, 312).

Probleme entstehen, wenn mangels funktionaler Bedeutung eines WG dieses **349** nicht zwangsläufig einer bestimmten Betriebsstätte zugeordnet werden kann. Dies gilt bspw. für den Geschäftswert, Beteiligungen, Patente etc, die nach hM grds. dem ausl. Stammhaus zugeordnet werden; sog. **Zentralfunktion des Stammhauses** (vgl. BMF 11.11.2011, BStBl. I 2011, 1314 Rn. 10.19 iVm Rn. 03.20 iVm BMF 24.12.1999, BStBl. I 1999, 1076 Rn. 2.4; Schaumburg GmbHR 2010, 1341; Breuninger FS Schaumburg, 2009, 587; Schönfeld IStR 2011, 497; Blumers DB 2006, 856; speziell zur Holding Kessler/Hueck IStR 2006, 433). Die These von der Zentralfunktion des Stammhauses dürfte mit der Umsetzung der „Authorized OECD Approach" in § 1 V AStG nur noch schwer vertretbar sein (Rödder/Herlinghaus/van Lishaut/Herlinghaus Rn. 312; Dötsch/Pung/Möhlenbrock/Dötsch § 11 Rn. 74; Brandis/Heuermann/Nitzschke Rn. 84a). In jedem Fall stellt sich aber die Frage, **wann es zu einer Entstrickung kommt.**

Beispiel:

Der in Deutschland unbeschränkt stpfl. E bringt sein Einzelunternehmen rückwirkend auf **350** den 31.12.2010 auf eine ausl. EU-KapGes ein. Diese Rückwirkung wird auch vom EU-Auslandsstaat anerkannt. Der Einbringungsvertrag wird am 1.7.2011 geschlossen, die Übertragung des wirtschaftlichen Eigentums erfolgt am selben Tag. Am 2.7.2011 verzieht E ins EU-Ausland und übernimmt die Geschäftsführung der EU-KapGes. Zum übertragenen Vermögen des Einzelunternehmens gehören auch Patente und ein Geschäftswert. Nach Abs. 5 S. 1 werden das Einkommen und das Vermögen des Einbringenden und der übernehmenden Gesellschaft auf Antrag so ermittelt, als ob das eingebrachte BV mit Ablauf des Einbringungsstichtags (31.12.2010) auf den übernehmenden Rechtsträger übergegangen wäre. Die Verbringung der Betriebsstätte bzw. der WG des übertragenen Einzelunternehmens erfolgt jedoch erst am 2.7.2011 ins EU-Ausland. Da es sich insoweit um einen tatsächlichen Vorgang handelt, kommt es erst zu diesem Zeitpunkt zu einer Entstrickung der WG, und zwar durch die übernehmende EU-KapGes, die diese WG bereits zum Einbringungsstichtag (BMF 11.11.2011, BStBl. I 2011, 1314 Rn. 02.15; Dötsch/Pung/Möhlenbrock/Dötsch § 11 Rn. 80; Stadler/Elser/Bindl DB-Beil. 1/2012, 14; Schönfeld IStR 2011, 497; Breuninger FS Schaumburg, 2009, 587) als übergegangen gelten. Dann kommt es aber zu einer Entstrickung dieser WG nach dem Einbringungsstichtag; in der „stl. Schlussbilanz" des übernehmenden Rechtsträgers zum 31.12.2010 können diese WG unter den sonstigen Voraussetzungen des Abs. 2 S. 2 oder dem BW oder einem ZW angesetzt werden. Rechtsgrundlage für die Entstrickung sind dann die allg. Entstrickungsregelungen (Brandis/Heuermann/Nitzschke Rn. 84).

Das dt. Besteuerungsrecht wird bei der Einbringung in eine EU-EWR-Auslands- **351** kapitalgesellschaft grds. dann nicht ausgeschlossen bzw. beschränkt, wenn eine ausl. Betriebsstätte des einbringenden Rechtsträgers in einem ausl. Staat mit DBA-Freistellungsmethode liegt (Rödder/Herlinghaus/van Lishaut/Herlinghaus Rn. 313; Benz/Rosenberg BB Special 8/2006, 55). Hat der einbringende Rechtsträger eine ausl. Betriebsstätte in einem Nicht-DBA-Staat, einem Staat, mit dem nach DBA die Anrechnungsmethode gilt, oder eine im Ausland gelegene Betriebsstätte, für die

§ 20 II AStG gilt, verliert Deutschland sein Besteuerungsrecht, da dieses Betriebsstättenvermögen nach der Einbringung dem übernehmenden Rechtsträger zusteht und somit Deutschland hinsichtlich des übertragenen Vermögens kein Besteuerungsrecht mehr hat (Widmann/Mayer/Widmann Rn. R 481; Rödder/Herlinghaus/van Lishaut/Herlinghaus Rn. 313; Hagemann/Jakob/Ropohl/Viebrock NWB-Sonderheft 1/2007, 37 im Falle von EU-Betriebsstätten ist Abs. 7 iVm § 3 III zu beachten).

352 Zu einer Beschränkung des dt. Besteuerungsrechts kann es kommen, wenn nach der Einbringung die Einkünfte aus einer ausl. Betriebsstätte nur noch über die **Hinzurechnungsbesteuerung** nach AStG erfasst werden, während sie vor der Einbringung deshalb erfasst werden konnten, weil aus der Betriebsstätte passive Einkünfte iSd DBA oder iSd § 20 II AStG erzielt wurden. Die Erfassung innerhalb der Hinzurechnungsbesteuerung hängt nämlich gegenüber der unmittelbaren Erfassung als passive Einkünfte von weiteren Voraussetzungen ab (Widmann/Mayer/Widmann Rn. R 481). Geht man davon aus, dass die Hinzurechnungsbesteuerung gegen EU-Recht verstößt (vgl. EuGH DB 2006, 2045), liegt in jedem Fall ein Wegfall des dt. Besteuerungsrechts vor (Widmann/Mayer/Widmann Rn. R 481). Keine Beschränkung des dt. Besteuerungsrechts liegt vor, wenn im Fall der Freistellung Art. 23 A OECD-MA die Möglichkeit der Anwendung des **Progressionsvorbehalts** entfällt, denn unabhängig von der Anwendung des Progressionsvorbehalts besteht bei der Freistellungsmethode iSv Art. 23 A OECD-MA kein Besteuerungsrecht, was damit auch nicht beschränkt werden kann (Herrmann/Heuer/Raupach/Kolbe KStG § 12 Rn. J 06–16; Stadler/Elser BB Special 8/2006, 20). Verbleibt das ursprüngliche Besteuerungsrecht aufgrund einer sog. Rückfallklausel (vgl. BFH/NV 2008, 677) in Deutschland, liegt weder ein Ausschluss noch eine Beschränkung des Besteuerungsrechts vor. Ob das Besteuerungsrecht der eingebrachten WG ausgeschlossen oder beschränkt wird, entscheidet sich nach den **Verhältnissen beim übernehmenden Rechtsträger.**

10. Gewährung anderer Wirtschaftsgüter (Abs. 2 S. 4 aF)/sonstige Gegenleistung (Abs. 2 S. 2 Nr. 4)

353 **a) Rechtslage bis 31.12.2014: Gewährung anderer WG (Abs. 2 S. 4 aF).** Eine weitere Einschränkung des Wahlrechts nach Abs. 2 S. 2 enthält Abs. 2 S. 4 aF (auch → Rn. 218 f.), ohne aber die Ausübung des Wahlrechts selbst dadurch in Frage zu stellen: Erhält der Einbringende neben den neuen Gesellschaftsanteilen **andere WG,** deren gemeiner Wert den BW des eingebrachten BV übersteigt, muss der übernehmende Rechtsträger das eingebrachte BV mindestens mit dem **gemeinen Wert der anderen WG** ansetzen (Widmann/Mayer/Widmann Rn. R 591); die gemeinen Werte der einzelnen WG dürfen nicht überschritten werden (Abs. 2 S. 2). Abs. 2 S. 4 aF stellt (ebenso wie Abs. 2 S. 2 Nr. 2) sicher, dass iE kein negatives Nettobuchwertvermögen auf den übernehmenden Rechtsträger übertragen werden kann.

353a BW ist der Wert, mit dem der übernehmende Rechtsträger die WG unter Berücksichtigung des Antragswahlrechts einbucht; spätere Änderungen dieses BW zB aufgrund von Betriebsprüfungen sind zu berücksichtigen. Die Höhe des BW bezieht sich auf den Gegenstand der Sacheinlage in Form der übertragenen Sachgesamtheit (→ Rn. 384 ff.). Werden durch dieselbe Person in einem einheitlichen Vorgang mehrere Sacheinlagegegenstände übertragen, so ist str., ob sich der BW des eingebrachten BV aus der Summe des BV der Sacheinlagegegenstände ergibt (→ Rn. 333). Ist der gemeine Wert der Zusatzleistung höher als die gemeinen Werte des übertragenen Vermögens/der übertragenen Sachgesamtheit, liegt insoweit eine vGA vor (Widmann/Mayer/Widmann Rn. R 590; Dötsch/Pung/Möhlenbrock/Patt Rn. 219). Die Dotierung einer offenen Rücklage ist keine zusätzliche Gegenleistung iSv Abs. 2 S. 4 aF (→ Rn. 212, → Rn. 218; Dötsch/Pung/Möhlenbrock/Patt Rn. 219). Ist entsprechend diesen Grundsätzen eine Aufstockung der in den übergehenden WG enthaltenen stillen Reserven notwendig, erfolgt die **Aufstockung** für alle WG einschl. eines originären Firmenwerts gleichmäßig (Rödder/Herlinghaus/van Lishaut/Herlinghaus Rn. 330; Dötsch/Pung/Möhlenbrock/Patt Rn. 219). Liegt der gemeine Wert der zusätzlich zu den Gesellschaftsrechten gewährten anderen WG unter dem BW des eingebrachten BV, können BW fortgeführt werden, eine Aufstockung ist nicht erforderlich.

Beispiel:
A bringt sein Einzelunternehmen in die bestehende B-GmbH ein. Bei den beiden Unternehmen sind folgende Werte vorhanden:
BW   250.000 Euro
gemeiner Wert   400.000 Euro
A soll neue Gesellschaftsrechte aus einer durchzuführenden KapErh iHv 25.000 Euro und eine Zuzahlung von 100.000 Euro bar von der B-GmbH erhalten. Der Wert der zusätzlich zu den Gesellschaftsrechten gewährten weiteren WG (Barzahlung iHv 100.000 Euro) ist niedriger als der BW des eingebrachten BV (250.000 Euro). Abs. 2 S. 4 aF greift deshalb nicht ein, so dass die Beteiligten von ihrem Wahlrecht nach Abs. 2 S. 1 uneingeschränkt Gebrauch machen können.

Ein Zwang zur Aufstockung besteht allerdings dann, wenn der gemeine Wert der zusätzlichen Leistung den BW übersteigt.

Beispiel:
Im obigen Beispielfall soll A für die Einbringung neue GmbH-Anteile iHv 10.000 Euro und eine Barzuzahlung von 280.000 Euro erhalten. Der gemeine Wert der zusätzlich gewährten WG beträgt 280.000 Euro und liegt um 30.000 Euro über dem BW des eingebrachten BV; die B-GmbH muss das BV also mit insgesamt 280.000 Euro ansetzen.

Gehen mit dem Betrieb, Teilbetrieb bzw. Mitunternehmeranteil **betriebliche Verbindlichkeiten** dieser Sachgesamtheit auf die aufnehmende KapGes über, ist darin **keine Gewährung anderer WG** zu sehen (→ Rn. 219; Widmann/Mayer/Widmann Rn. R 585; Rödder/Herlinghaus/van Lishaut/Herlinghaus Rn. 346; Haritz/Menner/Bilitewski/Menner Rn. 186; Frotscher/Drüen/Mutscher Rn. 180). Anderes gilt für die Übernahme privater Verbindlichkeiten der Gesellschafter durch die aufnehmende Gesellschaft (Widmann/Mayer/Widmann Rn. 585; Haritz/Menner/Bilitewski/Menner Rn. 186; Rödder/Herlinghaus/van Lishaut/Herlinghaus Rn. 322) oder die Mitübertragung einer betrieblichen Verbindlichkeit, die nicht der übertragenen Sachgesamtheit zuzuordnen ist (→ Rn. 88; Frotscher/Drüen/Mutscher Rn. 180). Wird ein Mitunternehmeranteil eingebracht, eine Forderung des SBV aber nicht übertragen, liegt nach richtiger Meinung keine sonstige Gegenleistung vor (→ Rn. 364). Fraglich ist in diesem Zusammenhang, ob sämtliche Verbindlichkeiten, bei denen der Schuldzinsenabzug gem. **§ 4 IVa EStG** ausgeschlossen ist, auch eine **Privatverbindlichkeit** idS darstellen. ME stellen Verbindlichkeiten, deren Zinsen vom BA-Abzug nach § 4 IVa EStG ausgeschlossen sind, betriebliche Verbindlichkeiten dar. § 4 IVa EStG bezieht sich nämlich nur auf Zinszahlungen, die BA darstellen, verbietet aber deren Abzug (Widmann/Mayer/Widmann Rn. R 584). Zur Übernahme von Pensionsverpflichtungen → Rn. 367 ff.

Als „andere WG", die neben neuen Gesellschaftsanteilen gewährt werden, kommen insbes. in Frage (vgl. auch Patt EStB 2012, 420):
– Einräumung von **Darlehensforderungen** zugunsten des Einbringenden durch die übernehmende KapGes;
– Gewährung einer typischen oder atypischen **stillen Beteiligung** zugunsten des Einbringenden an der übernehmenden KapGes (vgl. insoweit Dötsch/Pung/Möhlenbrock/Patt Rn. 187e; Haase/Hofacker/Hofacker Rn. 142);

- Gewährung von Genussscheinen, auch wenn mit ihnen das Recht auf Beteiligung am Gewinn und Liquidationserlös verbunden ist (Widmann/Mayer/Widmann Rn. R 582);
- Abtretung eigener (**alter**) **Gesellschaftsanteile;**
- Barabfindungen;
- Hingabe von Sachwerten.
- Übernahme von Einbringungskosten des Einbringenden durch den übernehmenden Rechtsträger.

359 Die Bewertung der anderen WG erfolgt zum Einbringungsstichtag mit dem gemeinen Wert, sodass unverzinsliche Darlehensforderungen mit dem Barwert anzusetzen sind.

360 Die anderen WG müssen grds. von der übernehmenden KapGes unmittelbar an die Einbringenden bzw. für Rechnung des Einbringenden (Frotscher/Drüen/Mutscher Rn. 180a) geleistet werden. Werden sie **von Dritten,** insbes. von den Gesellschaftern der übernehmenden KapGes, **für Rechnung** der übernehmenden KapGes geleistet, handelt es sich nicht um die Veräußerung von Anteilen durch den Einbringenden bzw. um den Erwerb von Mitunternehmeranteilen durch die leistenden Dritten, sondern um einen Anwendungsfall von § 20 (str. vgl. Lademann/Jäschke Rn. 60a; Rödder/Herlinghaus/van Lishaut/Herlinghaus Rn. 323; Dötsch/Pung/Möhlenbrock/Patt Rn. 187d; Haritz/Menner/Menner Rn. 187; Frotscher/Drüen/Mutscher Rn. 180a). Die Leistung des Gesellschafters der Übernehmerin wird insoweit wie eine **Einlage** in die KapGes und die anschl. Gegenleistung der KapGes an den Einbringenden behandelt. Die Einlage erhöht die ursprüngliche AK des leistenden Gesellschafters.

361 Erfolgt die Leistung **nicht für Rechnung** der übernehmenden KapGes, liegt keine sonstige Gegenleistung vor. Eine solche Leistung, die der Einbringende von einem Dritten erhält, wird nicht für den eingebrachten Betrieb, sondern aus sonstigen Gründen gemacht, die mit der Einbringung des Betriebs nur mittelbar zusammenhängen. IÜ hat der übernehmende Rechtsträger insoweit keinen Aufwand. So sind Zahlungen zwischen dem Einbringenden und den Gesellschaftern des übernehmenden Rechtsträgers, bspw. um Wertverschiebungen auszugleichen, keine sonstige Gegenleistung durch den übernehmenden Rechtsträger, der Einbringende veräußert vielmehr anteilig das durch ihn insoweit für Rechnung des Zahlenden eingebrachte Vermögen (str. Haritz/Menner/Bilitewski/Menner Rn. 187; vgl. auch Dötsch/Pung/Möhlenbrock/Patt Rn. 187d; Widmann/Mayer/Schießl § 11 Rn. 88; BMF 11.11.2011, BStBl. I 2011, 1314 Rn. 11.10 iVm Rn. 03.21).

362 Nach Abs. 2 S. 4 aF muss es sich bei den weiteren Gegenleistungen um **WG** handeln (zum weiteren Verständnis dieses Begriffs BFH BStBl. II 2015, 325), sonstige rein schuldrechtliche Absprachen, die kein WG sind, stellen keine weitere Gegenleistung iSd Abs. 2 S. 4 aF dar (Dötsch/Pung/Möhlenbrock/Patt Rn. 187b). Soweit der EK-Zugang den Nominalbetrag der gewährten Gesellschaftsrechte und der iÜ gewohnten sonstigen Gegenleistung übersteigt, ist der Differenzbetrag dem Einlagekonto gem. § 27 KStG zuzuordnen, die Dotierung der offenen Rücklage ist keine zusätzliche Gegenleistung (→ Rn. 212, → Rn. 218; Dötsch/Pung/Möhlenbrock/Patt Rn. 219; Haritz/Menner/Bilitewski/Menner Rn. 189).

363 **Rechte Dritter** am übertragenen Vermögen (Nießbrauchsrecht an einem eingebrachten Mitunternehmeranteil, Vorkaufsrechte), die sich von Gesetzes wegen an den neuen Anteilen am übernehmenden Rechtsträger fortsetzen, stellen keine sonstige Gegenleistung dar. Gleiches gilt, wenn solche Rechte auf Grund einer schuldrechtlichen Vereinbarung, auch wenn diese erst im Zusammenhang mit der Einbringung geschlossen werden, sich an den Anteilen am übernehmenden Rechtsträger fortsetzen. Eine Gewährung anderer WG iSd Abs. 2 S. 4 aF liegt auch nicht vor, soweit die neuen Anteile am übernehmenden Rechtsträger mit besonderen Rechten, zB Gewinnrechten oder Stimmrechten, ausgestattet sind (Bünning BB 2017,

171). Die Einräumung eines Nutzungsrechts (zB Ertragsnießbrauch) an dem eingebrachten Vermögen zu Gunsten des Einbringenden stellt keine sonstige Gegenleistung dar (FG Düsseldorf 7.5.2019 – 6 K 2302/15 K, BeckRS 2019, 22127; Bünning BB 2017, 171; vgl. auch BFH DStR 2017, 2140), da dies Teil des Eigentums ist (BGH NJW 1994, 1791), welches der Einbringende wirtschaftlich zurückbehält. Es stellt sich dann aber die iE zu **verneinende** Frage, ob das zurückbehaltene Nutzungsrecht eine funktional wesentliche Betriebsgrundlage der **eingebrachten** Sachgesamtheit ist (→ Rn. 138).

Werden bei der einbringenden Mitunternehmerschaft **Privatkonten** der Gesellschafter geführt, die als stl. **EK** zu beurteilen sind, greift Abs. 2 S. 4 aF (und Abs. 4 S. 2) thematisch ein, wenn für diese Privatkonten andere WG (Darlehensforderung, typische oder atypische stille Beteiligung) neben neuen Gesellschaftsrechten gewährt werden. Das gilt aber nicht, wenn die Privatkonten stl. als **Fremdkapital** zu beurteilen sind (vgl. dazu aber Rapp DStR 2017, 580; Lademann/Jäschke Rn. 60) und der Gesellschafter diese Forderung nicht zusammen mit seinem Mitunternehmeranteil auf die übernehmende KapGes überträgt. Zwar stellt diese Forderung im SBV zunächst stl. EK dar, welches dann im Zusammenhang mit der Einbringung PV wird (vgl. dazu Rapp DStR 2017, 580; Haase/Hofacker/Hofacker Rn. 192; Lademann/Jäschke Rn. 60). Die übernehmende KapGes erbringt jedoch insoweit keine Gegenleistung. Dies gilt auch, wenn eine solche Forderung des Gesellschafters erst im Rückwirkungszeitraum begründet wird (→ Rn. 366b, → Rn. 366c). 364

b) Rechtslage ab 1.1.2015: sonstige Gegenleistung (Abs. 2 S. 2 Nr. 4). 365
Durch Gesetz v. 2.11.2015 (BGBl. 2015 I 1835) wurde **Abs. 2 S. 2** durch eine neue **Nr. 4** ergänzt, der bisherige Abs. 2 S. 4 wurde neu gefasst. Diese Änderung soll nach § 27 XIV erstmals auf Einbringungen anzuwenden sein, wenn in Fällen der Gesamtrechtsnachfolge der Umwandlungsbeschluss nach dem 31.12.2014 erfolgt ist oder in den anderen Fällen der Einbringungsvertrag nach dem 31.12.2014 geschlossen worden ist (→ § 27 Rn. 39).

Eine antragsabhängige Bewertung des eingebrachten BV mit dem BW oder einem höheren ZW ist – neben den sonstigen Voraussetzungen des Abs. 2 S. 2 – nur zulässig, soweit der gemeine Wert von sonstigen Gegenleistungen, die neben den neuen Anteilen am übernehmenden Rechtsträger ausgegeben werden, nicht mehr beträgt als
(a) 25% des BW des eingebrachten BV oder
(b) 500.000 Euro, höchstens jedoch den BW des eingebrachten BV. 365a

Die Möglichkeit einer steuerneutralen Einbringung bei der Gewährung sonstiger Gegenleistungen ist zunächst beschränkt auf **maximal die Höhe** des eingebrachten **Nettobuchwertvermögens.** Liegt der gemeine Wert der sonstigen Gegenleistung über dem übertragenen Nettobuchwertvermögen, kommt es insoweit in jedem Fall zu einer Aufdeckung von stillen Reserven im übertragenen Vermögen. Wird ein Betrieb, Teilbetrieb oder Mitunternehmeranteil mit einem Nettobuchwertvermögen von bis zu 500.000 Euro (**absolute Grenze**) gegen Gewährung neuer Anteile in eine KapGes eingebracht, kann der gemeine Wert der sonstigen Gegenleistung einen Betrag bis zum übertragenen Nettobuchwertvermögen erreichen, ohne dass die Steuerneutralität des Einbringungsvorganges in Frage steht (Abs. 2 S. 2 Nr. 4 lit. b). Hat das eingebrachte BV einen BW über 500.000 Euro, aber unter 2 Mio. Euro, greift iE die absolute Grenze von 500.000 Euro des Abs. 2 S. 2 Nr. 4 lit. b ein; der übernehmende Rechtsträger kann damit dem Einbringenden eine sonstige Gegenleistung in Höhe von maximal 500.000 Euro gewähren, ohne dass dadurch die Steuerneutralität des Einbringungsvorgangs gefährdet wird. Hat das eingebrachte BV ein Nettobuchwertvermögen von über 2 Mio. Euro, kommt es zu einer Begrenzung der sonstigen Gegenleistung auf 25% des übertragenen Nettobuchwertvermögens (**relative Grenze**). Wird eine Gegenleistung gewährt, die über 365b

25% des BW beträgt, werden insoweit zwingend stille Reserven im übertragenen Vermögen aufgedeckt.

Beispiel (in Anlehnung an BT-Drs. 18/4902, 49 f.):

366 Das eingebrachte BV hat einen BW iHv 2 Mio. Euro und einen gemeinen Wert iHv 5 Mio. Euro. Der Einbringende erhält neue Anteile, die einem gemeinen Wert iHv 4 Mio. Euro entsprechen, und eine Barzahlung iHv 1 Mio. Euro. Es wird ein Antrag auf Fortführung der BW gestellt; die übrigen Voraussetzungen für einen Buchwertansatz in Abs. 2 S. 2 Nr. 1–3 und Abs. 2 S. 3 liegen vor.

Die Möglichkeit zur Buchwertfortführung besteht nur, soweit die Grenzen des Abs. 2 S. 2 Nr. 4 nicht überschritten sind:

Wertansatz bei der Übernehmerin

1. Schritt

Prüfung der Grenze des Abs. 2 S. 2 Nr. 4 und Ermittlung des übersteigenden Betrags:

Gemeiner Wert der sonstigen Gegenleistung	1.000.000 Euro
höchstens 25% des Buchwerts des eingebrachten BV (= 500.000) oder 500.000, höchstens jedoch der BW	− 500.000 Euro
übersteigender Betrag	500.000 Euro

2. Schritt

Ermittlung des Verhältnisses des Werts des BV, für das nach Abs. 2 S. 2 in Abweichung von Abs. 2 S. 1 die BW fortgeführt werden können:

$$\frac{(\text{Gesamtwert des eingebrachten BV} - \text{übersteigende Gegenleistung})}{(\text{Gesamtwert des eingebrachten BV})}$$

$$\frac{(5.000.000\ \text{Euro} - 500.000\ \text{Euro})}{5.000.000\ \text{Euro}} = 90\%$$

3. Schritt

Ermittlung des Wertansatzes des eingebrachten BV bei der Übernehmerin:

Buchwertfortführung: 90% von 2 Mio. Euro	1.800.000 Euro
sonstige Gegenleistung soweit Abs. 2 S. 2 Nr. 4 überschritten	+ 500.000 Euro
Ansatz des eingebrachten BV bei der Übernehmerin	2.300.000 Euro

Folgen beim Einbringenden

4. Schritt

Ermittlung des Übertragungsgewinns beim Einbringenden:

Veräußerungspreis (Abs. 3 S. 1)	2.300.000 Euro
BW des eingebrachten BV	− 2.000.000 Euro
Einbringungsgewinn	300.000 Euro

5. Schritt

Ermittlung der Anschaffungskosten der erhaltenen Anteile:

Anschaffungskosten der erhaltenen Anteile (Abs. 3 S. 1)	2.300.000 Euro
Wert der (gesamten) sonstigen Gegenleistungen (Abs. 3 S. 3)	− 1.000.000 Euro
Anschaffungskosten der erhaltenen Anteile	1.300.000 Euro

Würden die erhaltenen neuen Anteile später zu ihrem gemeinen Wert von 4 Mio. Euro veräußert, entstünde ungeachtet § 22 ein Veräußerungsgewinn iHv 2,7 Mio. Euro. Dies entspricht den auf die Übernehmerin übergegangenen stillen Reserven (5 Mio. Euro − 2,3 Mio. Euro = 2,7 Mio. Euro). Durch den Abzug des gesamten Betrages der sonstigen Gegenleistung bei der Ermittlung der Anschaffungskosten der erhaltenen Anteile bleibt die dem Einbringungsteil zugrunde liegende Systematik des sog. Verdopplung stiller Reserven gewahrt; eine Anpassung des Abs. 3 S. 3 an die Begrenzung in Abs. 2 S. 2 Nr. 4 ist daher nicht erforderlich.

366a Überschreitet der Wert der sonstigen Gegenleistung die Grenzen des Abs. 2 S. 1 Nr. 4, kommt es insoweit zu einer Aufstockung der Werte des eingebrachten BV (im Beispiel 300.000 Euro). Die Diff. zwischen diesem höheren Wert und dem ursprünglichen BW (**Aufstockungsbetrag**) ist – wie beim Zwischenwertansatz – auf die eingebrachten WG **gleichmäßig und verhältnismäßig** zu verteilen (→ Rn. 300 ff.; Dötsch/Pung/Möhlenbrock/Patt Rn. 224x; Brandis/Heuermann/Nitzschke Rn. 84f).

Der **BW des eingebrachten BV** iSd Abs. 2 S. 2 Nr. 4 ergibt sich aufgrund der **366b** Gesetzessystematik aus der Aufnahmebilanz des übernehmenden Rechtsträgers mit den Werten zum Umwandlungsstichtag, und zwar unter Berücksichtigung des Antragswahlrechts (Dötsch/Pung/Möhlenbrock/Patt Rn. 224h; Brandis/Heuermann/Nitzschke Rn. 84h); spätere Änderungen dieses BW zB aufgrund von Betriebsprüfungen sind zu berücksichtigen (Dötsch/Pung/Möhlenbrock/Patt Rn. 224h). Wird durch den Einbringungsvorgang ein dt. Besteuerungsrecht zum Umwandlungsstichtag erstmals begründet und sind deshalb die insoweit übertragenden WG mit dem gemeinen Wert zum Umwandlungsstichtag anzusetzen (→ Rn. 304), so ist dieser Wert bei der Berechnung des Nettobuchwertes zu berücksichtigen (Dötsch/Pung/Möhlenbrock/Patt Rn. 224k; Brandis/Heuermann/Nitzschke Rn. 84h). Kommt es im Rahmen einer rückwirkenden Einbringung im Rückwirkungszeitraum zu Entnahmen oder Einlagen, so sind nach der hier vertretenen Auffassung (→ Rn. 248) diese in der Aufnahmebilanz des übernehmenden Rechtsträgers in Form von Korrekturposten zu berücksichtigen; auch diese Korrekturposten beeinflussen das übertragene Nettobuchwertvermögen (Dötsch/Pung/Möhlenbrock/Patt Rn. 224j; aA wohl BFH DStR 2018, 1560; Demuth DStR 2019, 1959).

Keine sonstige Gegenleistung liegt vor, soweit WG der Sachgesamtheit nicht **366c** mit auf den übernehmenden Rechtsträger übertragen werden (Rogall/Dreßler DB 2015, 1981; Bilitewski/Heinemann Ubg 2015, 513; zu einem vorbehaltenen Nutzungsrecht → Rn. 363); Gleiches gilt für Entnahmen selbst im Rückwirkungszeitraum (Rödder/Herlinghaus/van Lishaut/Herlinghaus Rn. 349). Es wird dem Einbringenden kein neuer Anspruch eingeräumt, über den er stl. nicht bereits vor der Einbringung hätte verfügen können (Rogall/Dreßler DB 2015, 1981; → Rn. 363, → Rn. 364). Soweit der Differenzbetrag zwischen dem übertragenen Nettobuchwertvermögen und dem Nominalbetrag der gewährten Gesellschaftsrechte dem Einlagekonto gem. § 27 KStG zugeordnet wird (→ Rn. 212, → Rn. 218), liegt keine sonstige Gegenleistung vor. Nachgelagerte Ausschüttungen und Einlagenrückgewähr sind nur im Rahmen des § 22 I 6 Nr. 3 problematisch (Rödder/Herlinghaus/van Lishaut/Herlinghaus Rn. 351). Im Grundsatz liegt in der Übernahme der Belastung des übertragenen Vermögens durch den übernehmenden Rechtsträger (vgl. aber auch FG Hessen DStRE 2019, 552) keine sonstige Gegenleistung vor. Setzen sich Rechte Dritter am übertragenen Vermögen an den neu gewährten Anteilen fort, so liegt darin keine sonstige Gegenleistung (→ Rn. 363). Werden sonstige Gegenleistungen von Dritten und nicht von der übernehmenden KapGes erbracht, liegt darin keine sonstige Gegenleistung, wenn die Leistung nicht für Rechnung der übernehmenden KapGes erfolgt (→ Rn. 360 f.). Geht mit dem Betrieb, Teilbetrieb oder Mitunternehmeranteil eine betriebliche Verbindlichkeit, der diese Sachgesamtheit zuzuordnen ist, auf die übernehmende KapGes über, so ist darin keine Gewährung einer sonstigen Gegenleistung zu sehen (→ Rn. 357).

Nach Abs. 2 S. 4 aF muss es sich bei der **sonstigen Gegenleistung** um WG **366d** handeln (Abs. 2 S. 2). Nr. 4 stellt nur noch auf eine sonstige Gegenleistung ab, ohne insoweit auf den Begriff des Wirtschaftsgutes Bezug zu nehmen. Damit könnten auch rein schuldrechtliche Absprachen, die nicht bilanzierungsfähig sind, sonstige Gegenleistungen darstellen, es sei denn, man geht zu Recht davon aus, dass sich durch die Neufassung des Gesetzes in Form der betragsmäßigen Begrenzung der sonstigen Gegenleistung an dem Verständnis dieses Begriffs nichts geändert hat (so Dötsch/Pung/Möhlenbrock/Patt Rn. 187b; Lademann/Jäschke Rn. 60; Rödder/

Herlinghaus/van Lishaut/Herlinghaus Rn. 322; Brandis/Heuermann/Nitzschke Rn. 84e; Bünning BB 2017, 171; Bilitewski/Heinemann Ubg 2015, 513; Ritzer/Stangl DStR 2015, 849; aA Frotscher/Drüen/Mutscher Rn. 176a; Ettinger/Mörz GmbHR 2016, 154), was sich aus Abs. 3 S. 3 ergibt. Als sonstige Gegenleistung, die neben den neuen Gesellschaftsanteilen gewährt werden, kommen insbes. die Einräumung von Darlehensforderungen, die Gewährung einer typisch oder atypisch stillen Beteiligung, die Gewährung von Genussscheinen, die Abtretung eigener alter Geschäftsanteile und die Hingabe von Sachwerten durch den übernehmenden Rechtsträger in Betracht (auch → Rn. 357 ff.). Wird ein Teilbetrieb eingebracht, so gehören nach Auffassung der FVerw zu diesem Teilbetrieb alle funktional wesentlichen Betriebsgrundlagen sowie diesem Teilbetrieb nach wirtschaftlichen Zusammenhängen zuordenbare WG (→ Rn. 88). Werden Verbindlichkeiten, die diesem Teilbetrieb bzw. dem übertragenen Vermögen nicht zuordenbar sind, im Rahmen der Einbringung mitübertragen, so dürfte die FVerw davon ausgehen, dass insoweit eine sonstige Gegenleistung vorliegt (Rödder/Herlinghaus/van Lishaut/Herlinghaus Rn. 346; Brandis/Heuermann/Nitzschke Rn. 84d). Die Übernahme privater Verbindlichkeiten des Gesellschafters durch die übernehmende Gesellschaft stellt eine sonstige Gegenleistung dar (→ Rn. 357).

366e Die Höhe des BW bezieht sich auf den Gegenstand der Sacheinlage in Form der übertragenen Sachgesamtheit (→ Rn. 384 ff.). Werden in einem einheitlichen Vorgang **mehrere Sacheinlagen** iSv Abs. 1 übertragen, so ist für jeden Sacheinlagegegenstand eine gesonderte Prüfung iSv Abs. 2 S. 2 Nr. 4 vorzunehmen; in diesem Fall ist dann für jeden Sacheinlagegegenstand die Gegenleistung iSv Abs. 2 S. 2 Nr. 4 gesondert zu bestimmen. Etwas anderes könnte aber dann gelten, wenn durch dieselbe Person in einem einheitlichen Vorgang mehrere Sacheinlagegegenstände übertragen werden. In diesem Fall könnte die Summe des insgesamt eingebrachten Nettobuchwertvermögens der BW des eingebrachten BV iSv Abs. 2 S. 2 Nr. 4 sein (→ Rn. 333; aA Dötsch/Pung/Möhlenbrock/Patt Rn. 224i; Rödder/Herlinghaus/van Lishaut/Herlinghaus Rn. 326; Bünning BB 2017, 171; Bilitewski/Heinemann Ubg 2015, 513; vgl. BFH DStR 2019, 341).

11. Pensionszusagen zu Gunsten von Mitunternehmern

367 Die Verpflichtung aus einer Pensionszusage, die ein Gesellschafter einer PersGes für seine Tätigkeit als Geschäftsführer dieser Gesellschaft erhalten hat, war nach **ursprünglicher Auffassung** der FVerw eine Gewinnverteilungsabrede. Die Pensionszusage wurde gem. § 15 I Nr. 2 EStG als Tätigkeitsentgelt angesehen, welches den Gewinn der Gesellschaft nicht mindern durfte, eine Pensionsrückstellung konnte damit in der Gesamthandsbilanz der PersGes nicht gebildet werden oder bei einer Passivierung der Pensionszusage in der Gesamthandsbilanz musste die dadurch entstehende Gewinnminderung durch anteilige Aktivierung einer entsprechenden Forderung in der Sonderbilanz eines jeden Gesellschafters anteilig neutralisiert werden. Mit **BMF 29.1.2008** (BStBl. I 2008, 317) hat die FVerw – der Rspr. des BFH (BStBl. II 2008, 174) folgend – diese Auffassung aufgegeben und geht seitdem davon aus, dass die Gesellschaft in der Gesamthandsbilanz eine Pensionsrückstellung nach § 6a EStG zu bilden hat. Der aus der Zusage jeweils begünstigte Gesellschafter muss in der Sonderbilanz eine korrespondierende Forderung ausweisen (§ 15 I 1 Nr. 2 EStG). Lfd. Pensionszahlungen sind auf der Ebene der PersGes als BA abzugsfähig, bei dem Empfänger der Pensionsleistung als Sonderbetriebseinnahme zu erfassen. Ist die Pensionszusage, die ein Gesellschafter für seine Tätigkeiten als Geschäftsführer *einer* PersGes erhalten hat, bereits vor Beginn des Wj., das nach dem 31.12.2007 endet, erteilt worden, kann der jeweilige Gesellschafter nach Auffassung der FVerw (BMF 9.1.2008, BStBl. I 2008, 317 Rn. 20) die Pensionszusage weiterhin entweder als stl. unbeachtliche Gewinnverteilungsabrede behandeln oder aber bei Passivierung der Pensionsverpflichtung in der Gesamthandelsbilanz die anteilige Aktivierung der Ansprüche in den Sonderbilanzen sämtlicher MU vornehmen (**Übergangsregelung**).

Bringen MU ihre Mitunternehmeranteile an einer PersGes ein und hat diese PersGes trotz Zusage keine Pensionsrückstellung gebildet (vgl. dazu BMF 29.1.2008, BStBl. I 2008, 317 Rn. 20), muss die übernehmende KapGes diese bei der PersGes noch nicht passivierte Pensionsrückstellung erstmalig einbuchen. In dieser Übernahme der Pensionsverpflichtung durch die KapGes im Rahmen der Einbringung sieht die FVerw eine zusätzliche zu der Ausgabe neuer Anteile gewährte Gegenleistung iSd Abs. 2 S. 4, welche das BV der KapGes in der Eröffnungsbilanz mindert. Außer den Anteilen an der übernehmenden KapGes erhält der Einbringende damit zusätzlich einen Pensionsanspruch, dessen gemeiner Wert von den AK der Gesellschaftsanteile abzuziehen ist (BMF 11.11.2011, BStBl. I 2011, 1314 Rn. 20.29 iVm BMF 29.1.2008, BStBl. I 2008, 317; BMF 25.3.1998, BStBl. I 1998, 268 Rn. 20.41–20.47, ebenso Dötsch/Pung/Möhlenbrock/Dötsch Rn. 222; Benz/Rosenberg DB-Beil. 1/2012, 38). **368**

Wird von der Übergangsregel des BMF 29.1.2008 (BStBl. I 2008, 317 Rn. 20) Gebrauch gemacht, so wird nach Auffassung der FVerw dem Gesellschafter-Geschäftsführer durch den übernehmenden Rechtsträger eine neue Pensionszusage erstmalig erteilt. Die Pensionszahlungen sind zT Einkünfte aus Leibrente (§ 22 Nr. 1 lit. a EStG), zT nachträgliche Einkünfte aus nichtselbstständiger Arbeit (§ 19 EStG), wenn der frühere MU ArbN der KapGes wird und die Pensionszusage auch für die auf Grund des Dienstverhältnisses mit der KapGes geleistete Dienste gilt. Die Aufteilung erfolgt entweder nach versicherungsmathematischen Grundsätzen oder aus Vereinfachungsgrundsätzen im Verhältnis der Dienstzeiträume (BMF 11.11.2011, BStBl. I 2011, 1314 Rn. 20.32). **369**

Wurde von der Übergangsregelung des BMF 9.1.2008 (BStBl. I 2011, 317 Rn. 20) in der Form Gebrauch gemacht, dass die Pensionsverpflichtung in der Gesamthandelsbilanz der Mitunternehmerschaft passiviert wurde und die anteilige Aktivierung der Ansprüche in den Sonderbilanzen aller Gesellschafter vorgenommen wurde, entsteht bei den Gesellschaftern, die nicht durch die Pensionszusage begünstigt sind, ein Aufwand (Benz/Rosenberg DB-Beil. 1/2012, 38) und bei dem begünstigten MU ein stpfl. Ertrag auf Grund der Erhöhung seiner Forderung aus der Pensionszusage, wobei der Entnahmegewinn auf 15 Jahre verteilt werden kann (vgl. BMF 11.11.2011, BStBl. I 2011, 1314 Rn. 20.33). **370**

Wurde in der Gesamthandelsbilanz der Mitunternehmerschaft auch steuerrechtlich eine Pensionsrückstellung nach § 6a EStG gebildet und die entsprechende Zusage bei den begünstigten Gesellschafter in der Sonderbilanz als eine korrespondierende Forderung ausgewiesen, tritt im Rahmen der Einbringung gegen Gewährung von Gesellschaftsrechten der übernehmende Rechtsträger als Rechtsnachfolger in die Rechtsstellung der PersGes ein und übernimmt die von ihr gebildete Pensionsrückstellung. Für die Bewertung der Pensionsrückstellung gilt § 6a EStG (BMF 11.11.2011, BStBl. I 2011, 1314 Rn. 20.30; Dötsch/Pung/Möhlenbrock/Dötsch Rn. 222). Der in der Sonderbilanz des begünstigten Mitunternehmers ausgewiesene Pensionsanspruch stellt keine wesentliche Betriebsgrundlage dar und wird nicht auf den übernehmenden Rechtsträger übertragen, sondern vielmehr aus dem BV entnommen (Haritz/Menner/Bilitewski/Menner Rn. 440; Brandis/Heuermann/Nitzschke Rn. 92). Ob insoweit ein Entnahmegewinn entsteht, ist str. (vgl. Dötsch/Pung/Möhlenbrock/Patt Rn. 222; FG Köln EFG 2009, 572; Benz/Rosenberg DB-Beil. 1/2012, 38). In jedem Fall kann ein Entnahmegewinn nach Auffassung der FVerw vermieden werden, wenn der einbringende MU einen Antrag stellt, dass die Forderung aus der Pensionszusage nicht entnommen gilt (BMF 11.11.2011, BStBl. I 2011, 1314 Rn. 20.28). Beim Eintritt des Versorgungsfalls sind die Zahlungen entweder nach versicherungsmathematischen Grundsätzen oder aber aus Verein- **371** fachungsgründen im Verhältnis der Erdienungszeiträume vor oder nach der Umw aufzuteilen. Soweit diese Versorgungsleistungen auf die Zeit bei der PersGes entfallen, liegen Einkünfte iSd § 15 I 1 Nr. 2 EStG iVm § 24 EStG vor. Für die Zeit als Gesellschafter/Geschäftsführer bei der KapGes sind Einnahmen iSd § 19 EStG gegeben.

XI. Veräußerungspreis und Anschaffungskosten (Abs. 3)

1. Veräußerungspreis

372 Der **Veräußerungspreis** als Ausgangsgröße für die Ermittlung des Einbringungsgewinns ergibt sich grds. aus dem **Ansatz der eingebrachten WG** durch die übernehmende KapGes/Gen, davon abw. Vereinbarungen sind ohne Einfluss (BMF 11.11.2011, BStBl. I 2011, 1314 Rn. 20.23; Widmann/Mayer/Widmann Rn. R 404; Rödder/Herlinghaus/van Lishaut/Herlinghaus Rn. 382; Brandis/Heuermann/Nitzschke Rn. 96; Haritz/Menner/Bilitewski/Menner Rn. 467). Der Wertansatz bei dem übernehmenden Rechtsträger ist nach hM in der Lit. für den Einbringenden aber nur insoweit bindend, als die KapGes/Gen sich bei der Bewertung **innerhalb der gesetzlichen Bewertungsgrenzen bewegt** (Widmann/Mayer/Widmann Rn. R 401; Rödder/Herlinghaus/van Lishaut/Herlinghaus Rn. 382; Dötsch/Pung/Möhlenbrock/Patt Rn. 250; Haritz/Menner/Bilitewski/Menner Rn. 479; Brandis/Heuermann/Nitzschke Rn. 96; offengelassen durch BFH BStBl. II 2008, 536; FR 2011, 1102). Ein Ansatz durch die übernehmende KapGes hat danach keine Auswirkung auf den Veräußerungspreis, wenn die Übernehmerin gesetzlich gezwungen ist, einen bestimmten Ansatz der Sacheinlage zugrunde zu legen (nach Abs. 2 S. 2 Nr. 1 und Nr. 3 Ansatz mit dem gemeinen Wert; den Ansatz zum Ausgleich eines negativen Kapitalkontos gem. Abs. 2 S. 2 Nr. 2; den Ansatz nach Abs. 2 S. 4 oder falls der gemeine Wert überschritten wird), denn die Besteuerung kann sich nur insoweit auf die Disposition durch den übernehmenden Rechtsträger beziehen, als diesem eine entsprechende überhaupt zukommt. Nach Auffassung der FVerw ist für die Besteuerung des Einbringenden ausschließlich der sich aus Abs. 2 ergebene Wertansatz der übernehmenden Gesellschaft maßgebend (BMF 11.11.2011, BStBl. I 2011, 1314 Rn. 20.23), ob der Wertansatz gegen gesetzliche Vorschriften verstößt, dürfte nach Auffassung der FVerw damit unerheblich sein. Die in Abs. 3 S. 1 angeordnete Anbindung der Besteuerung des Einbringenden an die von der aufnehmenden Gesellschaft angesetzten Werte bewirkt, dass eine spätere Änderung der Höhe dieses Werts auf die Besteuerung des Einbringenden durchschlägt, die Veranlagung des Einbringenden ist ggf. gem. **§ 175 I 1 Nr. 2 AO** zu ändern (BMF 11.11.2011, BStBl. I 2011, 1314 Rn. 20.23; FM Mecklenburg-Vorpommern DStR 2013, 973; BFH/NV 2014, 921; BFH BStBl. II 2011, 815; Dötsch/Pung/Möhlenbrock/Patt Rn. 250; Rödder/Herlinghaus/van Lishaut/Herlinghaus Rn. 382; Brandis/Heuermann/Nitzschke Rn. 96). Dies gilt nicht nur dann, wenn die aufnehmende Gesellschaft in der Folge ihre StB ändert. Vielmehr genügt dafür, dass dem übernehmenden Rechtsträger gegenüber ein Steuerbescheid ergeht, der – bei Beibehaltung der angesetzten Wertentscheidung dem Grunde nach – auf den Ansatz anderer als der ursprünglich von ihr angesetzten Werte beruht (BFH BStBl. II 2011, 815). Im Rahmen der Besteuerung des Einbringenden kann nach Auffassung des BFH (DStR 2011, 2248) nicht geprüft werden, ob der von der übernehmenden KapGes angesetzte Wert zutr. ermittelt worden ist. Der Einbringende kann insbes. nicht mit Rechtsbehelf gegen den ihn betreffenden Einkommensteuerbescheid geltend machen, dass der bei der aufnehmenden KapGes angesetzte Wert überhöht sei und sich daraus für ihn eine überhöhte Steuerfestsetzung ergibt (BFH DStR 2019, 321; BFH DStR 2011, 2248; DStR 2011, 1611; BStBl. II 2008,

536). Im Falle der Einbringung eines Betriebs, Teilbetriebs oder Mitunternehmeranteils kann der übernehmende Rechtsträger weder durch Anfechtungs- noch durch Feststellungsklage geltend machen, die seiner Steuerfestsetzung zu Grunde gelegten Werte des eingebrachten Vermögens seien zu hoch. Ein solches Begehren kann aber der Einbringende im Wege der **sog. Drittanfechtung** durchsetzen (BFH DStR 2019, 321; BFH BStBl. II 2017, 75; BFH DStR 2011, 2248; Haritz/Menner/ Bilitewski/Menner Rn. 480; Kahle/Vogel Ubg 2012, 493; Brühl/Weiss Ubg 2017, 629; ausführlich zu den verfahrens- und prozessrechtlichen Fragen BeckOK UmwStG/Dürrschmidt Rn. 1496 ff., 1675 ff.; zum Einspruchsverfahren vgl. FM Mecklenburg-Vorpommern DStR 2013, 973). Soweit auf den Einbringungsvorgang § 50i EStG Anwendung findet (→ Rn. 265a f.), ergibt sich der Veräußerungspreis aus § 50i II 2 EStG, eine Wertverknüpfung nach Abs. 3 S. 1 soll nach Auffassung von Patt (Dötsch/Pung/Möhlenbrock/Patt Rn. 250a) nicht eintreten. Dies hat zur Folge, dass bei Änderung des gemeinen Werts des übertragenen Vermögens in der Person des übernehmenden Rechtsträgers die Steuerfestsetzung des Einbringenden nicht nach § 175 I 1 Nr. 2 AO geändert werden kann. Eine solche Änderung sei nur möglich, wenn die Steuerfestsetzung des Einbringenden zB auf Grund eines Vorbehalts der Nachprüfung geändert werden kann.

Als Veräußerungspreis ist das eingebrachte Nettovermögen in der Höhe, wie es **373** in der StB der übernehmenden KapGes im Jahr der Einbringung angesetzt ist, zu beurteilen; ein aktiver **AP** (→ Rn. 270) erhöht den Veräußerungspreis iSv Abs. 3 S. 1 nicht (so auch BMF 11.11.2011, BStBl. I 2011, 1314 Rn. 20.20). Unerheblich ist es, ob der Ansatz in der StB der übernehmenden KapGes/Gen **freiwillig** erfolgte oder durch **zwingende gesetzliche** Vorschrift(en) bestimmt worden ist. Werden WG in eine KapGes eingebracht und erhält dadurch Deutschland erstmalig das Recht auf Besteuerung mit KSt bezogen auf diese WG, die vorher im Inland nicht verstrickt waren, hat die übernehmende Gesellschaft die WG insoweit mit dem gemeinen Wert anzusetzen (str., → Rn. 265); dieser sich insoweit ergebende erhöhte Ansatz erhöht nicht den Veräußerungspreis iSd Abs. 3 S. 1 (Dötsch/Pung/ Möhlenbrock/Patt Rn. 250b; Haritz/Menner/Bilitewski/Menner Rn. 481). Bei Einbringung durch eine Mitunternehmerschaft oder bei Einbringung von Mitunternehmeranteilen sind die Ansätze in **Ergänzungs- oder Sonderbilanzen erhöhend oder vermindernd** zu berücksichtigen (Dötsch/Pung/Möhlenbrock/Patt Rn. 251; Rödder/Herlinghaus/van Lishaut/Herlinghaus Rn. 382; Haritz/Menner/ Bilitewski/Menner Rn. 482).

2. Anschaffungskosten der Gesellschaftsanteile (Abs. 3 S. 1, 2)

a) Allgemeines. Der Wert, mit dem die KapGes das eingebrachte BV ansetzt, **374** gilt für den Einbringenden als **AK der Gesellschaftsanteile** (Abs. 3 S. 1). Dieser Wert bildet jedoch nur die Ausgangsgröße. Wenn neben den neuen Anteilen andere WG gewährt werden, mindert dieser Wert die AK der neuen Anteile.

Maßgeblich ist allein der von der **übernehmenden KapGes angesetzte Wert**, **375** einschl. der Werte aus der Sonder- und Ergänzungsbilanz, abw. Vereinbarungen sind ohne Einfluss, führen allenfalls zu Schadenersatzansprüchen des Einbringenden (Widmann/Mayer/Widmann Rn. R 404; Rödder/Herlinghaus/van Lishaut/Herlinghaus Rn. 384; BMF 11.11.2011, BStBl. I 2011, 1314 Rn. 20.23; vgl. auch BFH DB 2006, 1704). Ein stl. **AP** (→ Rn. 270) ist ohne Einfluss auf die Bestimmung der AK (BMF 11.11.2011, BStBl. I 2011, 1314 Rn. 20.23; Widmann/Mayer/Widmann Rn. R 173). Der Grundsatz der Maßgeblichkeit der HB für die StB gilt nicht (Dötsch/Pung/Möhlenbrock/Patt Rn. 299a). Der tatsächliche Ansatz durch die übernehmende KapGes hat keine Auswirkung auf die AK, wenn die Übernehmerin gesetzlich gezwungen ist, einen bestimmten Ansatz der Sacheinlage zugrunde zu legen (nach Abs. 2 S. 2 Nr. 1 und Nr. 3 Ansatz mit dem gemeinen Wert, den Ansatz zum Ausgleich eines negativen Kapitalkontos gem. Abs. 2 S. 2 Nr. 2; den Ansatz nach Abs. 2 S. 4 oder falls der gemeine Wert überschritten wird), denn die Besteuerung kann sich nur insoweit auf die Disposition durch den übernehmenden Rechtsträger beziehen, als diesem eine entsprechende überhaupt zukommt (Widmann/Mayer/Widmann Rn. R 401; Dötsch/Pung/Möhlenbrock/Patt Rn. 294; Brandis/Heuermann/Nitzschke Rn. 96; aA Rödder/Herlinghaus/van Lishaut/Herlinghaus Rn. 384; BMF 11.11.2011, BStBl. I 2011, 1314 Rn. 20.23; auch → Rn. 372; HessFG EFG 2006, 304; BFH BStBl. II 2008, 536). Die in Abs. 3 S. 1 angeordnete Anbindung der Besteuerung des Einbringenden an die von der aufnehmenden Gesellschaft angesetzten Werte bewirkt, dass eine spätere **Änderung der Höhe jener Werte** ebenfalls auf die Besteuerung des Einbringenden durchschlägt, dh es ändern sich auch die AK der als Gegenleistung gewährten neuen Anteile. Dies gilt nicht nur dann, wenn die aufnehmende Gesellschaft in der Folge ihre StB ändert, es genügt vielmehr, dass dem übernehmenden Rechtsträger gegenüber ein Steuerbescheid ergeht, der – bei Beibehaltung der angesetzten Wertentscheidungen dem Grunde nach – auf dem Ansatz anderer als der ursprünglich von ihr angesetzten Werte beruht (BFH BStBl. II 2011, 815; Rödder/Herlinghaus/van Lishaut/Herlinghaus Rn. 384). Ggf. sind Veranlagungen beim Einbringenden gem. § 175 I Nr. 2 AO zu ändern (Haritz/Menner/Bilitewski/Menner Rn. 554; Dötsch/Pung/Möhlenbrock/Patt Rn. 295; Brandis/Heuermann/Nitzschke Rn. 96).

376 Aus dem von der übernehmenden KapGes angesetzten Wert sind die AK für die neuen Gesellschaftsanteile auch dann zu ermitteln, wenn nicht der gesamte Nettowert der Sacheinlagen (Reinvermögen) durch den Nominalbetrag der neuen Gesellschaftsanteile belegt ist, sondern auch, wenn ein Teil des Nettowerts einer offenen **Rücklage** zugeführt wird (ebenso Rödder/Herlinghaus/van Lishaut/Herlinghaus Rn. 384) und soweit stl. EK vorliegt.

377 Durch die Ermittlung der AK der neuen Gesellschaftsanteile mit dem Wert, mit dem der übernehmende Rechtsträger das eingebrachte BV in seiner StB angesetzt hat, ist die Übertragung der in den eingebrachten WG etwa vorhandenen stillen Reserven auf die neuen Gesellschaftsanteile und damit die spätere Besteuerung der stillen Reserven beim Einbringenden sichergestellt (Rödder/Herlinghaus/van Lishaut/Herlinghaus Rn. 380; Brandis/Heuermann/Nitzschke Rn. 96; BeckOK UmwStG/Dürrschmidt Rn. 1542). Dem Grundsatz der Individualbesteuerung wird durch diese Regelungstechnik in modifizierter Form Rechnung getragen.

378 Nach der Einbringung des Vermögens unter Buchwertfortführung ist ein bei Aufdeckung der im übertragenen Vermögen vorhandenen stillen Reserven entstehender Gewinn als Einkommen der KapGes und nicht mehr als Einkommen des Einbringenden zu versteuern. Andererseits bestimmt der Ansatz des übertragenen Vermögens auch die AK der neuen Gesellschaftsanteile. Es kommt damit zu einer **Verdoppelung der stillen Reserven.** Der in der Lit. (vgl. Haritz DStR 2004, 889; Luckey DB 1981, 389) erhobene Vorwurf, diese Verdoppelung der stillen Reserven sei systemwidrig, kann bereits deshalb nicht überzeugen, da die Wertverknüpfung auf der Ebene des Einbringenden dem Grundsatz der Individualbesteuerung entspricht. Die Verdoppelung der stillen Reserven auf der Ebene des Einbringenden und der übernehmenden KapGes führt zudem nicht zu einer Verdoppelung der Besteuerung und ist weiterhin Voraussetzung dafür, dass in einer Vielzahl von Fällen überhaupt eine Einmalbesteuerung der stillen Reserven tatsächlich vorgenommen werden kann (Rödder/Herlinghaus/van Lishaut/Herlinghaus Rn. 380).

379 **b) Erhöhungen oder Verminderungen der Anschaffungskosten. aa) Nachträgliche Anschaffungskosten.** Wird ein Betrieb, Teilbetrieb oder Mitunternehmeranteil eingebracht und die Sacheinlage unter dem gemeinen Wert angesetzt, können sich die AK nachträglich erhöhen, wenn die erhaltenen Anteile innerhalb von sieben Jahren nach dem Einbringungsstichtag veräußert werden (§ 22 I 4).

Gehören zu dem eingebrachten Betrieb, Teilbetrieb oder Mitunternehmeranteil Beteiligungen an einer KapGes als wesentliche Betriebsgrundlage, ist Einbringender eine nicht nach § 8b II KStG begünstigte Person und werden diese miteingebrachten Beteiligungen durch den übernehmenden Rechtsträger innerhalb von sieben Jahren nach dem Einbringungsstichtag veräußert, so entstehen in Höhe des Einbringungsgewinns II (§ 22 II 1) nachträgliche AK der als Gegenleistung erhaltenen Anteile (§ 22 II 4).

bb) Kosten der Umwandlung.

Die AK der gewährten Anteile sollen sich erhöhen, soweit die aufnehmende **380** KapGes die auf sie übergehenden Vermögensgegenstände zum BW ansetzt und der Einbringende deshalb die ihn treffenden Kosten der Umw vom Einbringungsgewinn nicht abziehen kann (Widmann/Mayer/Widmann Rn. R 728). Nach richtiger Auffassung sind diese Kosten vom Gewinn des Einbringenden abzuziehen bzw. mindern einen Einbringungsgewinn (→ Rn. 404; vgl. Haritz/Menner/Bilitewski/Menner Rn. 483; Dötsch/Pung/Möhlenbrock/Patt Rn. 252; BeckOK UmwStG/Dürrschmidt Rn. 1911; Brandis/Heuermann/Nitzschke Rn. 100b; Kahle/Vogel Ubg 2012, 493). Trägt der Einbringende Kosten der Einbringung, die dem übernehmenden Rechtsträger zuzuordnen sind, erhöhen diese Kosten die AK der Anteile (Dötsch/Pung/Möhlenbrock/Patt Rn. 298; Rödder/Herlinghaus/van Lishaut/ Herlinghaus Rn. 383). Objektbezogene Kosten, wozu auch die bei der Einbringung anfallende GrESt gehört, können auch nicht aus Vereinfachungsgründen sofort als BA abgezogen werden. Sie stellen zusätzliche AK der WG dar und sind dementsprechend zu aktivieren (BFH FR 2004, 272; BMF 11.11.2011, BStBl. I 2011, 1314 Rn. 23.01; Dötsch/Pung/Möhlenbrock/Patt Rn. 235; Widmann/Mayer/Widmann Rn. R 721; aA noch für den Fall der Verschm FG Köln EFG 2003, 339). Sofern der übernehmende Rechtsträger diese zu aktivieren hat, erhöhen sie nicht die AK der als Gegenleistung gewährten Anteile des Einbringenden (Widmann/ Mayer/Widmann Rn. R 1133). Die GrESt ist eigener Aufwand der übernehmenden Rechtsträger und nicht Bestandteil des Sacheinlagegegenstandes.

cc) Weitere Leistungen.

Erbringt der Einbringende weitere Leistungen im **381** Zusammenhang mit der Einbringung (Barzuzahlungen, Sachleistungen, sonstige Einlagen, Ausgleichsleistungen an andere Einbringende; Forderungsverzichte, Zuschüsse etc), erhöhen diese Leistungen die AK (Rödder/Herlinghaus/van Lishaut/Herlinghaus Rn. 383; BFH DStR 2000, 1387).

dd) Entnahmen und Einlagen.

Die AK vermindern sich um den BW von **382** Entnahmen und erhöhen sich um einen nach § 6 I Nr. 5 EStG zu ermittelnden Wert von Einlagen, falls und soweit diese in der Zeit zwischen Umwandlungsstichtag und Eintragungstag erfolgt sind (Abs. 5 S. 2; → Rn. 249; Rödder/Herlinghaus/van Lishaut/Herlinghaus Rn. 383; Dötsch/Pung/Möhlenbrock/Patt Rn. 299). Nach Auffassung des BFH (DStR 2018, 1560; Rödder/Herlinghaus/van Lishaut/Herlinghaus Rn. 383) können die AK auch negativ sein.

c) Anschaffungskosten bei Mitunternehmeranteilen und Mitunternehmerschaften.

Bei einer Einbringung iSv Abs. 1 durch eine Mitunternehmerschaft **383** bzw. einen MU sind bei der Ermittlung der AK auch die Ergänzungs- und Sonderbilanzen der MU zu berücksichtigen (Rödder/Herlinghaus/van Lishaut/Herlinghaus Rn. 384). Die Höhe der AK kann wesentl davon abhängen, ob die Mitunternehmerschaft als solche Einbringender ist oder ob die Mitunternehmerschaft einzeln als Einbringende anzusehen sind, da dann für jeden einzelnen MU zu prüfen ist, ob für ihn gem. Abs. 2 S. 2 Nr. 2, Abs. 3 eine Pflicht zur Aufstockung besteht bzw. für jeden Einbringungsvorgang gesondert das Antragswahlrecht durch die aufnehmende KapGes/Gen ausgeübt werden kann.

384 **aa) Einbringung durch Mitunternehmer.** Sind die einzelnen MU als Einbringende zu beurteilen, ergeben sich die AK der neuen Gesellschaftsanteile des einzelnen Einbringenden aus dem für den eingebrachten MU gewählten Ansatz bei der übernehmenden KapGes.

Beispiel:

385 A und der außerhalb der EU/EWR ansässige B sind als Gesellschafter an der A&B OHG jeweils zur Hälfte beteiligt. Das Kapitalkonto von A beträgt 100.000 Euro, das Kapitalkonto des B 100.000 Euro. Am Gewinn und Verlust sind beide zu gleichen Teilen beteiligt. Die stillen Reserven bezogen auf B betragen 100.000 Euro. Die A&B OHG soll möglichst erfolgsneutral in die A&B GmbH umgewandelt werden. Der Anteil des Gesellschafters B ist mit 200.000 Euro, anzusetzen, § 20 findet keine Anwendung (§ 1 IV Nr. 2 lit. b). Der Veräußerungsgewinn, der dem Gesellschafter B zuzurechnen ist, beträgt 100.000 Euro (§ 16 I EStG; → Rn. 424 f.). Für A betragen die AK der Anteile an der A&B GmbH 100.000 Euro (Ansatz zum BW, Abs. 2); für den Gesellschafter B betragen die AK 200.000 Euro.

386 **bb) Einbringung durch Mitunternehmerschaft.** Für den Fall, dass eine Mitunternehmerschaft als solche Einbringende ist, entsprechen die AK dem Ansatz der Sacheinlage bei der aufnehmenden KapGes/Gen. Die Ansätze etwaiger Ergänzungs- und Sonderbilanzen erhöhen bzw. vermindern (bei negativen Werten der Ergänzungsbilanz) im Ergebnis die AK für diejenigen MU, für die die Ergänzungs- oder Sonderbilanzen erstellt sind, soweit die Mitunternehmerschaft bestehen bleibt, weil bspw. nur ein Teilbetrieb eingebracht wird.

Beispiel:

387 Die Gesellschafter A und B sind an der A&B OHG beteiligt; die OHG bringt einen Teilbetrieb zu BW in eine neu zu gründende A-GmbH ein. Die Anteile an der A-GmbH werden der A&B OHG gewährt.

Einbringungsbilanz der A&B OHG

Aktiva		Passiva	
Teilbetrieb 1	400.000	Kapitalkonto A	160.000
Teilbetrieb 2	200.000	Kapitalkonto B	240.000
		Schulden	
		– Teilbetrieb 1	120.000
		– Teilbetrieb 2	80.000
	600.000		600.000

Die stillen Reserven sollen im Teilbetrieb 1.200.000 betragen, die Gewinnverteilung erfolgt im Verhältnis 50 : 50. Für B besteht folgende Ergänzungsbilanz:

Ergänzungsbilanz B:

Aktiva		Passiva	
Teilbetrieb 1	60.000	MehrKap B	60.000

Aufnahmebilanz der A-GmbH

Aktiva		Passiva	
Teilbetrieb 1	460.000	StK	50.000
		Schulden	120.000
		Rücklagen	290.000
	460.000		460.000

Eine Vermögensübersicht der A&B OHG unmittelbar nach der Einbringung würde wie folgt aussehen:

A&B OHG

Aktiva		Passiva	
Teilbetrieb 2	200.000	Kapitalkonto A	160.000
Anteile an der A-GmbH	280.000	Kapitalkonto B	240.000
		Schulden Teilbetrieb 2	80.000
	480.000		480.000

Ergänzungsbilanz B:

Aktiva		Passiva	
Anteile an der A-GmbH	60.000	MehrKap B	60.000

Der Ansatz und die Bewertung des „eingebrachten BV" bzw „übernommenen BV" durch den übernehmenden Rechtsträger richten sich danach, was **Gegenstand der Einbringung** ist. Auf die Person desjenigen, der die als Gegenleistung durch den übernehmenden Rechtsträger ausgegebenen Anteile erhält, kommt es nicht entscheidend an (→ Rn. 19, → Rn. 176 ff.). Wird damit durch eine Mitunternehmerschaft der gesamte Betrieb auf den übernehmenden Rechtsträger übertragen, ist dies als Einbringung eines Betriebes zu beurteilen und nicht als Einbringung von Mitunternehmeranteilen (BMF 11.11.2011, BStBl. I 2011, 1314 Rn. 20.05; → Rn. 19), der übernehmende Rechtsträger übt damit sein Antragswahlrecht bezogen auf den eingebrachten Betrieb aus. Bei der Übertragung des Betriebs durch die PersGes kommt es damit auf alle Aktiv- und Passivposten des Betriebes insgesamt an; maßgebend ist insoweit damit das Kapitalkonto aus der Gesamthandelsbilanz der Mitunternehmerschaft zzgl./abzgl. der Ergänzungsbilanzen der einzelnen MU und zzgl. des (Netto-)Buchwertvermögens aus der Sonderbilanz, soweit SBV auf den übernehmenden Rechtsträger miteingebracht wird. Es stellt sich die Frage, welche Auswirkung die **„Isolierung" des Einbringungsgegenstands im Verhältnis zur Person des Einbringenden** hat, und zwar bezogen auf die Höhe der als Gegenleistung erhaltenen Anteile am übernehmenden Rechtsträger. Im Grundsatz richtet sich dies danach, was der Einbringende aufgewendet hat, um die neuen Anteile zu erhalten. 388

Beispiel:

Die Gesellschafter A und B sind an der A&B OHG beteiligt. Diese OHG soll auf die A&B GmbH verschmolzen werden. Das Kapitalkonto des A aus der Gesamthandelsbilanz soll 160.000 Euro betragen, er hat weiteres „Eigenkapital" aus der Sonderbilanz iHv 10.000 Euro und aus einer positiven Ergänzungsbilanz iHv 50.000 Euro. B hat ausschließlich ein Kapitalkonto in der Gesamthandelsbilanz iHv 240.000 Euro. Damit wird im Rahmen der Verschm ein Netto-Buchwertvermögen durch die A&B OHG iHv 460.000 Euro übertragen. Die Verschm soll unter Fortführung der BW erfolgen. Die als Gegenleistung im Rahmen der Verschm ausgegebenen Anteile am übernehmenden Rechtsträger haben entsprechend dem Anschaffungskostenprinzip bezogen auf A AK iHv 220.000 Euro und bezogen auf B AK iHv 240.000 Euro betragen. 389

Ist Einbringender eine Mitunternehmerschaft, so ist gleichwohl für den **persönlichen Anwendungsbereich des UmwStG** und damit auch bezogen auf § 20 auf den einzelnen MU abzustellen (vgl. § 1 IV Nr. 2 lit. a, b). Der MU der einbringenden Mitunternehmerschaft muss im EU-/EWR-Raum ansässig sein oder aber das Besteuerungsrecht an den neuen Anteilen am übernehmenden Rechtsträger muss nach der Einbringung in Deutschland liegen. Liegen auch bei der Einbringung durch eine Mitunternehmerschaft bei einem einzelnen MU des übertragenden Rechtsträgers diese Voraussetzungen nicht vor und ist damit das UmwStG auf ihn nicht anwendbar, so entsteht nach der hier vertretenen Auffassung der Einbringungsgewinn nur in der Person des Mitunternehmers, bei dem die persönlichen Anwendungsvoraussetzungen des § 20 nicht vorliegen (→ Rn. 425). Ausweislich der Gesetzesbegründung sollen nämlich bei der Einbringung durch PersGes die stl. 390

Konsequenzen bei den jeweiligen Mitunternehmern zu ziehen sein (BT-Drs. 16/2000, 710, 42; Kamphaus/Birnbaum Ubg 2012, 293). Dies führt mE im Ergebnis dazu, dass die mangels persönlichen Anwendungsbereichs des § 20 ausgeschlossene Buchwertfortführung ausschließlich die AK der neuen Anteile für den MU erhöhen, bei dem die persönlichen Anwendungsvoraussetzungen des § 20 fehlen.

Beispiel:

391 Die Gesellschafter A und B sind an der A&B OHG beteiligt. Die A&B OHG soll, soweit möglich, steuerneutral auf die A&B GmbH verschmolzen werden. Das Kapitalkonto von A und B soll jeweils 100.000 Euro betragen. Der Gesellschafter A ist in der Schweiz ansässig, sodass das Besteuerungsrecht an den erhaltenen Anteilen nach der Verschm nicht mehr in Deutschland liegt (vgl. dazu auch Kamphaus/Birnbaum Ubg 2012, 285). Im übertragenen Vermögen kommt es deshalb zu einer Aufdeckung von stillen Reserven iHv 50.000 Euro. Dieser Betrag iHv 50.000 Euro erhöht ausschließlich die AK des in der Schweiz ansässigen A.

392 Es kann aber auch Situationen geben, in denen eine **individuelle Zuordnung der AK** entsprechend dem Anschaffungskostenprinzip auf Grund spezieller steuerrechtlicher Vorgaben problematisch erscheint.

Beispiel:

393 Die Gesellschafter A und B sind an der A&B OHG beteiligt. Die A&B OHG soll auf die A&B GmbH verschmolzen werden. Der Gesellschafter A hat ein Kapitalkonto iHv 100.000 Euro. Der Gesellschafter B hat ein negatives Kapital iHv 50.000 Euro. Das Kapital des eingebrachten Betriebes ist damit im Ergebnis positiv. Betrachtet man im vorliegenden Fall die übertragende PersGes als Einbringender, ist für die Anwendung des Abs. 2 S. 2 Nr. 2 nur darauf abzustellen, dass das eingebrachte Vermögen insgesamt positiv ist. Es kommt damit nicht zu einer Aufdeckung von stillen Reserven im übertragenen Vermögen, da das übertragene Vermögen insgesamt einen positiven Wert iHv 50.000 Euro hat. Die AK der als Gegenleistung für die Verschm erhaltenen Anteile kann gem. Abs. 3 S. 1 insgesamt nur 50.000 Euro betragen. Geht man davon aus, dass Abs. 2 S. 2 Nr. 2 insbes. auch das Entstehen negativer AK verhindern will (aber → Rn. 396), können die AK der an B ausgegebenen Anteile nicht negativ sein (aA BFH DStR 2018, 1560). Wie dieses Problem zu lösen ist bzw. die AK zu verteilen sind, ist nicht abschließend geklärt (vgl. aber Kamphaus/Birnbaum Ubg 2012, 293), dem Grundsatz der Individualbesteuerung (→ Rn. 377 f.) würde es entsprechen, dass die AK des A 100.000 Euro und die des B -50.000 Euro betragen.

394 **d) Gemeiner Wert als AK der neuen Anteile bei Ausschluss des deutschen Besteuerungsrechts (Abs. 3 S. 2).** Ist das Recht der BRD hinsichtlich der Besteuerung des Gewinns aus der Veräußerung des eingebrachten BV zum Zeitpunkt der Einbringung ausgeschlossen und wird es auch nicht durch die Einbringung begründet, gilt nach Abs. 3 S. 2 für den Einbringenden insoweit der gemeine Wert des BV zum Zeitpunkt der Einbringung als AK der Anteile. Werden WG im Rahmen der Einbringung erstmalig in Deutschland verstrickt, so hat der übernehmende Rechtsträger diese mit dem gemeinen Wert anzusetzen (→ Rn. 325), was nach Abs. 3 S. 1 Auswirkungen für die AK der neuen Anteile hat.

395 Abs. 3 S. 2 wirkt sich nur auf diejenigen Einbringenden aus, bei dem die entsprechenden Voraussetzungen vorliegen. Es soll sichergestellt werden, dass auf der Besteuerungsebene des Einbringenden in Gestalt der aus der Sacheinlage erhaltenen Anteile keine stillen Reserven im Inland steuerverstrickt werden, die vor der Einbringung außerhalb der BRD angewachsen sind (Dötsch/Pung/Möhlenbrock/Patt Rn. 296; Brandis/Heuermann/Nitzschke Rn. 97; Rödder/Herlinghaus/van Lishaut/Herlinghaus Rn. 391; ebenso BMF 11.11.2011, BStBl. I 2011, 1314 Rn. 20.34).

396 **e) Anschaffungskosten bei Gewährung sonstiger Gegenleistungen (Abs. 3 S. 3).** Werden für die Sacheinlage nicht nur neue Gesellschaftsanteile gewährt, sondern auch noch andere Gegenleistungen, so ist deren gemeiner Wert von den AK der Gesellschaftsanteile abzuziehen (Abs. 3 S. 3; zur Gewährung sonstiger Gegenleis-

tungen → Rn. 353 ff.). Folge dieses Abzugs ist, dass sich die in den neuen Gesellschaftsanteilen enthaltenen stillen Reserven um den Wert der anderen, daneben gewährten Leistungen erhöhen; die Versteuerung dieser stillen Reserven wird bis zu einer späteren Veräußerung der Anteile aufgeschoben. Werden dem Einbringenden neben den neuen Anteilen auch sonstige Gegenleistungen gewährt, so können unter gewissen Voraussetzungen die AK der neu gewährten Anteile negativ werden (vgl. aber auch Rödder/Herlinghaus/van Lishaut/Herlinghaus Rn. 393f; Haritz/Menner/Bilitewski/Menner Rn. 558; Brandis/Heuermann/Nitzschke Rn. 98).

Beispiel (nach Bron DB 2015, 940):

Das eingebrachte BV hat einen BW iHv 200.000 Euro und einen gemeinen Wert iHv 5.000.000 Euro. Der Einbringende erhält neue Anteile, die einem gemeinen Wert iHv 4.000.000 Euro entsprechen, und eine Barzahlung iHv 1.000.000 Euro. Es wird ein Antrag auf Fortführung der BW gestellt; die übrigen Voraussetzungen für einen Buchwertansatz in Abs. 2 S. 2 Nr. 1–3 und Abs. 2 S. 3 liegen vor. Die Möglichkeit zur Buchwertfortführung besteht nur, soweit die Grenzen des Abs. 2 S. 2 Nr. 4 nicht überschritten sind:

Wertansatz bei der Übernehmerin
1. Schritt
Prüfung der Grenze des Abs. 2 S. 2 Nr. 4 und Ermittlung des übersteigenden Betrags:

Gemeiner Wert der sonstigen Gegenleistung	1.000.000 Euro
höchstens 25 % des BW des eingebrachten BV (= 50.000) oder 500.000, höchstens jedoch der BW	− 200.000 Euro
übersteigender Betrag	800.000 Euro

2. Schritt
Ermittlung des Verhältnisses des Werts des BV, für das nach Abs. 2 S. 2 in Abweichung von Abs. 2 S. 1 die BW fortgeführt werden können:

$$\frac{(\text{Gesamtwert des eingebrachten BV} - \text{übersteigende Gegenleistung})}{(\text{Gesamtwert des eingebrachten BV})} = \frac{5.000.000\ \text{Euro} - 800.000\ \text{Euro}}{5.000.000\ \text{Euro}} = 84\%$$

3. Schritt
Ermittlung des Wertansatzes des eingebrachten BV bei der Übernehmerin:

Buchwertfortführung: 84% von 200.000 Euro	168.000 Euro
Sonstige Gegenleistung soweit Abs. 2 S. 2 Nr. 4 überschritten	+ 800.000 Euro
Ansatz des eingebrachten BV bei der Übernehmerin	968.000 Euro

Folgen beim Einbringenden
4. Schritt
Ermittlung des Übertragungsgewinns beim Einbringenden:

Veräußerungspreis (Abs. 3 S. 1)	968.000 Euro
BW des eingebrachten BV	− 200.000 Euro
Einbringungsgewinn	768.000 Euro

5. Schritt
Ermittlung der Anschaffungskosten der erhaltenen Anteile:

Anschaffungskosten der erhaltenen Anteile (Abs. 3 S. 1)	968.000 Euro
Wert der (gesamten) sonstigen Gegenleistungen (Abs. 3 S. 3)	− 1.000.000 Euro
Anschaffungskosten der erhaltenen Anteile	− 32.000 Euro

Würden die erhaltenen neuen Anteile später zu ihrem gemeinen Wert von 4.000.000 Euro veräußert, entstünde ungeachtet § 22 ein Veräußerungsgewinn iHv 4.032.000 Euro. Dies entspricht den auf die Übernehmerin übergegangenen stillen Reserven.

397 **f) Einbringungsgeborene Anteile iSd § 21 I aF.** Umfasst das eingebrachte BV auch einbringungsgeborene Anteile iSv § 21 I aF, gelten nach **Abs. 3 S. 4** die erhaltenen Anteile insoweit auch als einbringungsgeborene Anteile iSd § 21 I aF. Nach § 21 I 1 aF sind einbringungsgeborene Anteile Anteile an einer KapGes, der Veräußerer oder dessen Rechtsvorgänger (bei unentgeltlichem Erwerb) auf einer Sacheinlage gem. § 20 I aF oder § 23 I–IV aF erworben hat, wenn bei der Sacheinlage das eingebrachte Vermögen bei der übernehmenden KapGes unterhalb des TW angesetzt worden ist. Durch Abs. 3 S. 4 soll sichergestellt werden, dass bei der späteren Veräußerung der als Gegenleistung für die Übertragung von Anteilen iSd § 21 aF erhaltenen Anteile insoweit auch § 8b IV KStG aF (§ 34 VIIa KStG) bzw. § 3 Nr. 40 S. 3 und S. 4 EStG aF (§ 52 IVb 2 EStG) Anwendung finden und die dort geregelten Sperrfristen nicht unterlaufen werden können (Rödder/Herlinghaus/van Lishaut/Herlinghaus Rn. 403; Dötsch/Pung/Möhlenbrock/Patt Rn. 146; Brandis/Heuermann/Nitzschke Rn. 99; Damas DStZ 2007, 129; Hagemann/Jakob/Ropohl/Viebrock NWB-Sonderheft 1/2007, 40; Frotscher, Internationalisierung des ErtragStR, 2007, Rn. 358). Auch aus diesem Grund dürften keine einbringungsgeborenen Anteile gem. Abs. 3 S. 4 entstehen, wenn in den übertragenen einbringungsgeborenen Anteilen **sämtliche stillen Reserven im Rahmen der Einbringung aufgedeckt werden** (→ Rn. 223; Rödder/Herlinghaus/van Lishaut/Herlinghaus Rn. 403; Benz/Rosenberg BB Special 8/2006, 61; Förster/Wendland BB 2007, 631).

398 Die für die Sacheinlage erhaltenen Anteile gelten „**insoweit**" als einbringungsgeborene Anteile iSd § 21 aF, als das eingebrachte BV einbringungsgeborene Anteile iSd § 21 aF umfasst hat. Daher muss für die als Gegenleistung erhaltenen Anteile im Grundsatz eine Verstrickungsquote ermittelt werden. Die Aufteilung muss sicherstellen, dass wertmäßig nur diejenigen stillen Reserven in die nach Abs. 3 S. 4 fiktiven einbringungsgeborenen Anteile eingehen, die auch zuvor in den einbringungsgeborenen Anteilen nach § 21 aF steuerverstrickt waren (Rödder/Herlinghaus/van Lishaut/Herlinghaus Rn. 406; Dötsch/Pung/Möhlenbrock/Patt Rn. 147; zu weiteren Einzelheiten → Rn. 220 ff.).

399 **g) Änderung der Anschaffungskosten.** Die AK nach Abs. 3 sind auf den **Umwandlungsstichtag** zu ermitteln. Ihre Höhe kann sich allerdings nach diesem Stichtag entsprechend den allg. Grundsätzen, zB aufgrund verdeckter Einlagen, Ausschüttungen unter Verwendung des stl. Einlagekontos uÄ (ausf. dazu Widmann/Mayer/Widmann Rn. 1156 ff.), ändern. Es kann auch eine Wertaufholungsverpflichtung bestehen (BFH DStR 2017, 645). Auswirkungen haben diese Veränderung aber lediglich bei der Höhe des Gewinns, der bei der Veräußerung der Anteile erzielt wird.

XII. Veräußerungsgewinn/Einbringungsgewinn und Einbringungsverlust

1. Ermittlung des Veräußerungsgewinns/Einbringungsgewinns

400 **a) Grundlagen der Ermittlung.** Veräußerungsgewinn/Einbringungsgewinn ist der Betrag, um den der Veräußerungspreis iSv Abs. 3 S. 1 nach Abzug der Einbringungskosten den BW des eingebrachten BV (§ 16 II EStG) übersteigt. Bei der Einbringung durch eine Mitunternehmerschaft oder bei der Einbringung von Mitunternehmeranteilen sind die Ansätze in der Ergänzungsbilanz zu berücksichtigen (Haritz/

Menner/Bilitewski/Menner Rn. 482; Widmann/Mayer/Widmann Rn. R 732 f.).
Der Einbringungsgewinn entsteht im Einbringungszeitpunkt iSd Abs. 5, 6 (Widmann/Mayer/Widmann Rn. R 744; Haritz/Menner/Bilitewski/Menner Rn. 496; Rödder/Herlinghaus/van Lishaut/Herlinghaus Rn. 419). Der Wertansatz bei dem übernehmenden Rechtsträger ist nach richtiger Meinung nur insoweit maßgebend, als der übernehmende Rechtsträger sich bei der Bewertung innerhalb der gesetzl. Bewertungsgrenzen bewegt und nicht offenkundig davon abweicht (str. vgl. → Rn. 375).

Der **Veräußerungspreis** als Ausgangsgröße für die Ermittlung des Einbringungs- **401** gewinns ergibt sich grds. aus dem Ansatz der eingebrachten WG durch die übernehmende KapGes/Gen, davon abw. Vereinbarungen sind ohne Einfluss (BMF 11.11.2011, BStBl. I 2011, 1314 Rn. 20.23; Widmann/Mayer/Widmann Rn. R 404; Rödder/Herlinghaus/van Lishaut/Herlinghaus Rn. 415; vgl. auch BFH DB 2006, 1704). Der Wertansatz bei dem übernehmenden Rechtsträger ist für den Einbringenden aber nach hM in der Lit. nur insoweit bindend, als die KapGes/Gen sich bei der Bewertung innerhalb der gesetzlichen Bewertungsgrenzen bewegt (dazu bereits unter → Rn. 372; Widmann/Mayer/Widmann Rn. R 401; Rödder/Herlinghaus/van Lishaut/Herlinghaus Rn. 188; Dötsch/Pung/Möhlenbrock/Patt Rn. 250; Haritz/Menner/Bilitewski/Menner Rn. 479; offengelassen durch BFH/NV 2008, 686; aA BMF 11.11.2011, BStBl. I 2011, 1314 Rn. 20.23). Ein Ansatz durch die übernehmende KapGes hat danach keine Auswirkung auf den Veräußerungspreis, wenn die Übernehmerin gesetzlich gezwungen ist, einen bestimmten Ansatz der Sacheinlage zugrunde zu legen (nach Abs. 2 S. 2 Nr. 1 und Nr. 3 Ansatz mit dem gemeinen Wert; den Ansatz zum Ausgleich eines negativen Kapitalkontos gem. Abs. 2 S. 2 Nr. 2; den Ansatz nach Abs. 2 S. 4 oder falls der gemeine Wert überschritten wird), dies aber nicht macht, denn die Besteuerung kann sich nur insoweit auf die Disposition durch den übernehmenden Rechtsträger beziehen, als diesem eine entsprechende überhaupt zukommt. Erhält Deutschland auf Grund der Einbringung erstmalig das Besteuerungsrecht an eingebrachten WG, hat nach der hier vertretenen Auffassung (vgl. → Rn. 280) der übernehmende Rechtsträger den gemeinen Wert anzusetzen; diese auf Grund der Verstrickung eintretenden erhöhten Werte sind nicht Bestandteil des Veräußerungspreises (Dötsch/Pung/Möhlenbrock/Patt Rn. 250; Haritz/Menner/Bilitewski/Menner Rn. 481).

Ob ein Einbringungsgewinn entstanden ist, ergibt sich aus der rechnerischen **402** Gegenüberstellung der von der übernehmenden KapGes/Gen bilanzierten Werte der übernommenen WG mit deren bisherigen BW. Ein Einbringungsgewinn kann nach nach der gesetzlichen Regelung in Abs. 3 nur entstehen, wenn die übernehmende KapGes/Gen die übertragenen WG nicht zu ihren bisherigen BW, sondern zu (neuen) ZW oder gemeinem Wert bilanziert. Ein **AP** (→ Rn. 270) beeinflusst einen etwaigen Einbringungsgewinn nicht; er ist lediglich zu Zwecken des Bilanzausgleichs gebildet, damit bloßer „Luftposten", folglich bei der Ermittlung des Veräußerungsgewinns/Einbringungsgewinns nicht zu berücksichtigen (BMF 11.11.2011, BStBl. I 2011, 1314 Rn. 20.20; Lademann/Jäschke Rn. 78). Gegenseitige Forderungen und Verbindlichkeiten des Einbringenden und der übernehmenden KapGes gehen durch die Sacheinlage durch Konfusion unter; der **Konfusionsgewinn** entsteht erst bei der übernehmenden KapGes.

Der Einbringungsgewinn ist vom lfd. Gewinn des Einbringenden abzugrenzen **403** (Brandis/Heuermann/Nitzschke Rn. 101; Frotscher/Drüen/Mutscher Rn. 340). Hat der Einbringende den Gewinn bezogen auf das eingebrachte BV nach **§ 4 III EStG** ermittelt, muss die Gewinnermittlung zum stl. Übertragungsstichtag auf den Betriebsvermögensvergleich umgestellt werden (BFH DStR 2013, 356; BStBl. II 2002, 287; Dötsch/Pung/Möhlenbrock/Patt Rn. 241; Brandis/Heuermann/Nitzschke Rn. 101; Frotscher/Drüen/Mutscher Rn. 101), da die Einbringung den Tatbestand des § 16 I 1 EStG erfüllt und damit § 16 II EStG für die Ermittlung des Veräußerungsgewinns gilt. Erfolgt dieser Übergang zum Bestandsvergleich im Zusammenhang mit der Einbringung eines Betriebs, so erhöht ein dabei entstehender **Übergangsgewinn** den lfd. Gewinn des einbringenden Steuerpflichtigen im letzten Wj. vor der Einbringung (Lademann/Jäschke Rn. 78). Eine Verteilung des Übergangsgewinns aus Billigkeitsgründen auf das Jahr des Übergangs und die beiden folgenden Jahre ist nicht möglich (BFH BStBl. II 2002, 287; Dötsch/Pung/Möhlenbrock/Patt Rn. 241; OFD Hannover 25.1.2007, DB 2007, 772 zu § 24). Werden anlässlich der Einbringung Forderungen zurückbehalten, so entsteht insoweit ein Übergangsgewinn nicht (BFH DStR 2013, 356; BFH/NV 2008, 385; FG Münster EFG 2009, 1915).

404 **Kosten**, die im Zusammenhang mit der Einbringung entstehen und **den Einbringenden** belasten, können grds. als BA abgezogen werden (Dötsch/Pung/Möhlenbrock/Patt Rn. 252; Rödder/Herlinghaus/van Lishaut/Herlinghaus Rn. 416; BeckOK UmwStG/Dürrschmidt Rn. 1911; Brandis/Heuermann/Nitzschke Rn. 100b; Haritz/Menner/Bilitewski/Menner Rn. 483; Mühle DStZ 2006, 63; aber auch → Rn. 380). Sie mindern nach hM den Einbringungsgewinn und nicht den lfd. Gewinn des letzten Wj. (Dötsch/Pung/Möhlenbrock/Patt Rn. 252; Haritz/Menner/Bilitewski/Menner Rn. 483; Rödder/Herlinghaus/van Lishaut/Herlinghaus Rn. 416f; BeckOK UmwStG/Dürrschmidt Rn. 1911). Den lfd. Gewinn mindern Einbringungskosten aber dann, wenn die Einbringung nicht oder nicht wie geplant durchgeführt wird. Wird das eingebrachte BV zum gemeinen Wert oder ZW angesetzt, mindern die Umwandlungskosten des Einbringenden den entstehenden Einbringungsgewinn bzw. führen zB beim Buchwertansatz zu einem Einbringungsverlust (BMF 11.11.2011, BStBl. I 2011, 1314 Rn. 20.25; Haritz/Menner/Bilitewski/Menner Rn. 484; Dötsch/Pung/Möhlenbrock/Patt Rn. 254; Rödder/Herlinghaus/van Lishaut/Herlinghaus Rn. 422; Kahle/Vogel Ubg 2012, 493; vgl. auch Widmann/Mayer/Widmann Rn. R 509f). Dies gilt auch für Kosten des Einbringenden im Rückwirkungszeitraum (Dötsch/Pung/Möhlenbrock/Patt Rn. 253). Ein Einbringungsverlust ist bei der ESt/KSt des Einbringenden mit dem lfd. Gewinn ausgleichs-, vortrags- und rücktragsfähig (Dötsch/Pung/Möhlenbrock/Patt Rn. 254; Rödder/Herlinghaus/van Lishaut/Herlinghaus Rn. 422; Brandis/Heuermann/Nitzschke Rn. 100a). Der **übernehmende Rechtsträger** kann die ihn treffenden Kosten sofort als BA abziehen, es sei denn, es handelt sich um AK und AK-Nebenkosten (Dötsch/Pung/Möhlenbrock/Patt Rn. 234; Widmann/Mayer/Widmann Rn. R 718; Orth GmbHR 1998, 511). **Objektbezogene** Kosten, wozu auch die bei der Einbringung anfallende **GrESt** gehört (zur GrESt bei Anteilsvereinigung iSv § 1 III GrEStG vgl. BFH BStBl. II 2011, 761: sofort abziehbare BA, zu § 1 IIa GrEStG vgl. OFD Rheinland 23.1.2012, FR 2012, 284; dagegen FG Münster EFG 2013, 806; FG München EFG 2014, 478), können auch nicht aus Vereinfachungsgründen sofort als BA abgezogen werden. Sie stellen zusätzliche **AK der WG** dar und sind entsprechend zu aktivieren, und zwar auch dann, wenn sich die Einbringung im Wege der Gesamtrechtsnachfolge vollzieht (BMF 11.11.2011, BStBl. I 2011, 1314 Rn. 23.01; BFH FR 2004, 272; Dötsch/Pung/Möhlenbrock/Patt Rn. 235; Rödder/Herlinghaus/van Lishaut/Herlinghaus Rn. 418; Brandis/Heuermann/Nitzschke Rn. 100c; Widmann/Mayer/Widmann Rn. R 721; Krohn DB 2018, 1755; krit. Orth GmbHR 1998, 511, der bei einer Einbringung zum BW oder zum ZW oder bei der Einbringung im Rahmen der Gesamtrechtsnachfolge einen sofortigen Abzug auch der objektbezogenen Kosten befürwortet). Die Aktivierung hat unabhängig davon zu erfolgen, wie die Sacheinlage angesetzt (BW, ZW, gemeiner Wert) wird (Widmann/Mayer/Widmann Rn. R 721; aA Mühle DStZ 2006, 63). Diese zusätzlichen AK der WG, welche bei der KapGes aktiviert werden müssen, erhöhen nicht gem. Abs. 3 S. 1 den Einbringungsgewinn und damit auch nicht die AK der neu gewährten Anteile, diese Kosten sind eigener Aufwand der übernehmenden Rechtsträger und nicht Bestandteil des Sacheinlagegegenstandes

(Brandis/Heuermann/Nitzschke Rn. 100c; Rödder/Herlinghaus/van Lishaut/Herlinghaus Rn. 418; Krohn DB 2018, 1755). Im Falle der Gründung oder KapErh bei einer AG, GmbH müssen die Kosten in der Satzung festgelegt werden (BGH GmbHR 1989, 250). Soweit sie nicht festgelegt sind und die Kosten von der übernehmenden KapGes getragen werden, liegt eine vGA vor (BFH BStBl. II 2000, 545). Zu den **Einbringungskosten** gehören externe Rechts- und Beratungskosten, soweit ein ummittelbarer Zusammenhang zwischen diesen Kosten und der Einbringung besteht (Rödder/Herlinghaus/van Lishaut/Herlinghaus Rn. 416f; Brandis/Heuermann/Nitzschke Rn. 100b; Krohn DB 2018, 1755). Ein solcher unmittelbarer Zusammenhang ist bei Kosten der Rechtsverfolgung, die sich auf die Frage der stl. Beurteilung eines Veräußerungsvorgangs beziehen, nicht gegeben (vgl. BFH BStBl. II 2014, 102; FG BW EFG 2014, 1151). Soweit nur Vorbereitungsmaßnahmen getroffen werden, ohne dass ein endgültiger Entschluss besteht, eine Einbringung vorzunehmen, dürfte es sich nicht um Einbringungskosten, sondern um lfd. BA handeln. Bei den Gebühren iSv § 89 III AO für die Einholung einer verbindlichen Auskunft soll § 12 I Nr. 3 EStG, § 10 Nr. 2 KStG iVm § 3 IV AO zu beachten sein (vgl. Tipke/Kruse/Seer AO § 89 Rn. 77; Schwarz/Pahlke/Volquardsen AO § 89 Rn. 101b; Brandis/Heuermann/Nitzschke Rn. 100b; Krohn DB 2018, 1755). Soweit neben den Gebühren iSv § 89 III AO dem Einbringenden Kosten entstehen, zB um den Sachverhalt aufzuklären, um die Steuerneutralität des Vorgangs damit beurteilen zu können, handelt es sich um Einbringungskosten; sie fallen nicht unter das Abzugsverbot des § 12 I Nr. 3 EStG bzw. § 10 Nr. 2 KStG. Inwieweit Kosten nach dem zivilrechtlichen Vollzug der Einbringung noch Einbringungskosten darstellen können, ist im Einzelnen strittig (vgl. Stimpel GmbHR 2012, 199, Krohn DB 2018, 1755). Eine vertragliche Absprache zwischen dem Einbringenden und der aufnehmenden KapGes, durch die eine **Verschiebung der Kostentragung** erreicht wird, ist nicht stl. anzuerkennen (Dötsch/Pung/Möhlenbrock/Patt Rn. 233; Rödder/Herlinghaus/van Lishaut/Herlinghaus Rn. 416; Brandis/Heuermann/Nitzschke Rn. 100b; offengelassen durch BFH BStBl. II 1998, 168). Zu einer **vGA** bzw. einer sonstigen Gegenleistung kommt es dann, wenn der übernehmende Rechtsträger Kosten des Einbringenden trägt (Widmann/Mayer/Widmann Rn. R 717; Dötsch/Pung/Möhlenbrock/Patt Rn. 239).

Zu beachten ist jedoch, dass die Einbringung ggf. eine **neue Beurteilung bereits verwirklichter Sachverhalte** in der Person des Einbringenden haben kann, da es durch die Einbringung zu einer Übertragung von BV auf einen anderen Rechtsträger kommt und der Einbringungsvorgang sich als tauschähnliches Geschäft darstellt (Kahle/Vogel Ubg 2012, 493). Die Einbringung kann insbes. Auswirkung auf gesetzlich angeordnete Sperr- und Behaltensfristen haben (§ 6 III 2 EStG, § 6 V 4 EStG, § 6 V 6 EStG, § 16 III 3 EStG, § 16 V EStG, § 50i EStG, § 6 III UmwStG, § 18 III UmwStG, § 22 I UmwStG, § 24 V UmwStG, § 5 III GrEStG, § 6 III 2 GrEStG, § 13a IV ErbStG; vgl. Dötsch/Pung/Möhlenbrock/Patt Rn. 24f). Wurde die Begünstigung wegen nicht entnommener Gewinne gem. **§ 34a EStG** in Anspruch genommen, kommt es zur Nachversteuerung gem. § 34a VI EStG, und zwar unabhängig von der Ausübung des Antragswahlrechts nach Abs. 2, wenn der Betrieb, bei dem diese Begünstigung in Anspruch genommen wurde, in eine KapGes eingebracht wird. Gleiches gilt bei der Einbringung eines Mitunternehmeranteils, hinsichtlich deren Gewinne die Begünstigung nach § 34a EStG in Anspruch genommen wurde. Ausf. zu § 34a EStG Dötsch/Pung/Möhlenbrock/Patt Rn. 244a ff.

b) Übertragung von Sonderbetriebsvermögen. Wird zusammen mit einem Betrieb, Teilbetrieb oder Mitunternehmeranteilen einer PersGes auch im zivilrechtlichen Eigentum eines Mitunternehmers stehendes SBV (gleichgültig, ob es wesentliche oder unwesentliche Betriebsgrundlage ist) übertragen, sind die entsprechenden WG bei der Ermittlung des Veräußerungsgewinns/Einbringungsgewinns zu berücksichtigen (Widmann/Mayer/Widmann Rn. R 732 f.). Ein Einbringungsgewinn kann sich damit auch bei Einbringung von SBV nur ergeben, wenn die bisherigen Ansätze in den Sonderbilanzen durch die Ansätze bei der übernehmenden KapGes/Gen überschritten werden.

407   c) Minderung des Einbringungsgewinns durch nicht ausgeglichene verrechenbare Verluste iSv § 15a EStG. Wird ein KG-Anteil gem. § 20 in eine KapGes gegen Gewährung von Gesellschaftsrechten eingebracht, so liegt eine entgeltliche Veräußerung vor. Setzt die übernehmende KapGes die auf sie übergehenden Vermögenswerte mit gemeinem Wert oder ZW an, vermindert ein verrechenbarer Verlust den Einbringungsgewinn (vgl. Widmann/Mayer/Widmann Rn. R 734; Schmidt/Wacker EStG § 15a Rn. 171 f.).

408   d) Zurückbehaltung von Wirtschaftsgütern. Nicht zum Einbringungsgewinn ieS gehört der Entnahmegewinn, der entsteht, wenn im Rahmen der Einbringung nicht wesentliche Betriebsgrundlagen zurückbehalten und ins PV überführt werden (Widmann/Mayer/Widmann Rn. R 739; Dötsch/Pung/Möhlenbrock/Patt Rn. 247, 260; Rödder/Herlinghaus/van Lishaut/Herlinghaus Rn. 420; Brandis/Heuermann/Nitzschke Rn. 100a; aA Bordewin/Brandt/Merkert Rn. 121; BeckOK UmwStG/Dürrschmidt Rn. 1912). Dieser sog. Einbringungsgewinn im weiteren Sinne entsteht zum Einbringungsstichtag (Dötsch/Pung/Möhlenbrock/Patt Rn. 260; Haritz/Menner/Bilitewski/Menner Rn. 497; aA Rödder/Herlinghaus/van Lishaut/Herlinghaus Rn. 420). Die zurückbehaltenen WG können aber auch BV beim Einbringenden bleiben, etwa weil nur ein Teilbetrieb eingebracht wird und die zurückbehaltenen WG betrieblich verhaftet bleiben bzw. bei zurückbehaltenen Forderungen nicht ins PV überführt werden (BFH DStR 2013, 356). In diesem Fall werden die BW der zurückbehaltenen WG unverändert fortgeführt.

409   e) Wertaufholung. Nicht zum Veräußerungsgewinn/Einbringungsgewinn iSv Abs. 4, sondern zum lfd. Ergebnis des Einbringenden gehört der Gewinn, der dadurch entsteht, dass einzelne WG im Rahmen der § 6 I Nr. 1 S. 4, Nr. 2 S. 3 EStG nach einer vorangegangenen Teilwertabschreibung wieder aufgewertet werden (Rödder/Herlinghaus/van Lishaut/Herlinghaus Rn. 420; Widmann/Mayer/Widmann Rn. 738; BeckOK UmwStG/Dürrschmidt Rn. 1913; Brandis/Heuermann/Nitzschke Rn. 101; Frotscher/Drüen/Mutscher Rn. 340); dieser Gewinn entsteht eine logische Sekunde vor dem Einbringungsstichtag.

410   f) Auflösung steuerfreier Rücklagen. Teil des Einbringungsgewinns ist derjenige Gewinn, der sich aus der Auflösung steuerfreier Rücklagen jeder Art ergibt (Dötsch/Pung/Möhlenbrock/Patt Rn. 277; Rödder/Herlinghaus/van Lishaut/Herlinghaus Rn. 421; Haritz/Menner/Bilitewski/Menner Rn. 477; Lademann/Jäschke Rn. 80; Brandis/Heuermann/Nitzschke Rn. 101). Ein Grundsatz des Inhaltes, dass die zu Lasten des lfd. Gewinns gebildeten steuerfreien Rücklagen stets zugunsten des lfd. Gewinns aufgelöst werden müssen, existiert nicht. Die Auflösung einer Ansparrücklage nach § 7g III EStG im Zusammenhang mit der Einbringung nach § 20 erhöht den tarifbegünstigten Einbringungsgewinn (BMF 11.11.2011, BStBl. I 2011, 1314 Rn. 20.27; BFH FR 2005, 488). Ein lfd. Gewinn anlässlich der Auflösung einer Rücklage entsteht im Zusammenhang mit einer Einbringung nur, wenn die zeitlichen Voraussetzungen für die Fortführung der Rücklage vor dem Einbringungsstichtag entfallen sind (vgl. BFH FR 2005, 488; FG SA 1.6.2023 – 1 K 98/23, BeckRS 2023, 16546).

411   g) Einkunftsart/Verfahren. Die Einkunftsart des Einbringungsgewinns/Einbringungsverlusts folgt aus der Einkunftsart, der die Einkünfte aus dem übertragenen Betrieb, Teilbetrieb, Mitunternehmeranteil oder Anteil an einer KapGes zuzuordnen sind: Es handelt sich um Einkünfte aus Gewerbebetrieb, selbstständiger Arbeit oder LuF (allgM Dötsch/Pung/Möhlenbrock/Patt Rn. 258; Haritz/Menner/Bilitewski/Menner Rn. 495; Brandis/Heuermann/Nitzschke Rn. 102).

Wird durch ein Einzelunternehmen oder eine Körperschaft BV nach Maßgabe des **412** § 20 eingebracht, ist der Einbringungsgewinn im Rahmen der Einkommensteuer- bzw. Körperschaftsteuerveranlagung zu berücksichtigen (auch → Rn. 419 ff.). Im Fall der Einbringung von BV einer PersGes wird im Rahmen der Gewinnfeststellung über die Höhe des Einbringungsgewinns entschieden (FG Münster EFG 2016, 252; Dötsch/Pung/Möhlenbrock/Patt Rn. 259; Haritz/Menner/Bilitewski/Menner Rn. 495; Rödder/Herlinghaus/van Lishaut/Herlinghaus Rn. 423). Ist Einbringungsstichtag der 1.1. eines Jahres, so muss für diesen Feststellungszeitraum auch eine Gewinnfeststellung durchgeführt werden (BFH BStBl. II 1993, 666; Rödder/Herlinghaus/van Lishaut/Herlinghaus Rn. 423).

2. Einbringungsverlust

Die stl. **Schlussbilanz** des Einbringenden, die zugleich Einbringungsbilanz ist, **413** stellt die Grundlage für die Berechnung des Veräußerungsgewinns/Einbringungsgewinns und damit auch des Einbringungsverlustes dar. Sind zum Stichtag der Einbringungsbilanz die bisherigen Bewertungsansätze zu verändern, erhöht oder vermindert sich ein **lfd. Gewinn** bzw. **Verlust;** Auswirkungen auf einen Einbringungsgewinn/Einbringungsverlust ergeben sich dadurch nicht. Ein Einbringungsverlust kann deshalb insbes. nicht dadurch entstehen, dass bei Einbringung eines Betriebs, Teilbetriebs, Mitunternehmeranteils oder von Anteilen an KapGes aus einem BV **Teilwertabschreibungen** vorgenommen werden müssen (ebenso Bordewin/Brandt/Merkert Rn. 121; Widmann/Mayer/Widmann Rn. 1129).

Ein Einbringungsverlust entsteht, wenn der übernehmende Rechtsträger die BW **414** der Sacheinlage fortführt und in der Person des Einbringenden **Einbringungskosten** entstanden sind. Gleiches gilt bei Zwischenansatz oder beim Ansatz mit dem gemeinen Wert, wenn die aufgedeckten stillen Reserven geringer sind als die Einbringungskosten (Dötsch/Pung/Möhlenbrock/Patt Rn. 254; Haritz/Menner/Bilitewski/Menner Rn. 478; Rödder/Herlinghaus/van Lishaut/Herlinghaus Rn. 422; Lademann/Jäschke Rn. 79; aA Widmann/Mayer/Widmann Rn. R 509 f.). Des Weiteren kann ein Einbringungsverlust entstehen, wenn der gemeine Wert des übertragenen Vermögens geringer ist als der BW des übertragenen Vermögens, da in diesem Fall der übernehmende Rechtsträger den niedrigeren gemeinen Wert ansetzen muss (ebenso Dötsch/Pung/Möhlenbrock/Patt Rn. 254; Widmann/Mayer/Widmann Rn. R 1103).

Der Einbringungsverlust ist stl. mit anderen positiven Einkünften des Steuerpflich- **415** tigen, der ihn erlitten hat, also des Einbringenden verrechenbar; § 10d EStG erfasst alle nicht ausgeglichenen Verluste sämtlicher Einkunftsarten einschl. der **Einbringungsverluste.** IRv § 10d EStG kann ein Einbringungsverlust vor- und rückgetragen werden (Widmann/Mayer/Widmann Rn. R 1111; Haritz/Menner/Bilitewski/Menner Rn. 478; Rödder/Herlinghaus/van Lishaut/Herlinghaus Rn. 422; Dötsch/Pung/Möhlenbrock/Patt Rn. 264). Nach Auffassung von Patt (Dötsch/Pung/Möhlenbrock/Patt Rn. 271) bleiben Einbringungsverluste, die aufgrund von Einbringungskosten entstehen, stl. wegen § 8b III 3 KStG unberücksichtigt, soweit Anteile iSd § 8b II 1 KStG betroffen sind.

3. Beschränkte Steuerpflicht; DBA, Anrechnung ausländischer Steuer

a) Beschränkte Steuerpflicht. Ist der Einbringende beschränkt stpfl., kann **416** der Einbringungsgewinn bzw -verlust dann zu keiner dt. Besteuerung führen, wenn der Einbringungsgewinn bzw. -verlust nicht zu den inl. Einkünften iSd

§ 49 EStG zählt (Widmann/Mayer/Widmann Rn. R 749; Dötsch/Pung/Möhlenbrock/Patt Rn. 264).

417 **b) Doppelbesteuerungsabkommen.** Auch aufgrund eines DBAs kann der Einbringungsgewinn bzw. -verlust von der dt. Besteuerung ausgenommen sein. Dies ist der Fall, soweit die Sacheinlage in einer Betriebsstätte besteht, die in einem anderen Staat gelegen ist und das maßgebliche DBA die Freistellung vorsieht und weder eine Aktivitätsklausel noch eine sog. Subject to tax-Klausel enthält (vgl. zur Auslegung einer Subject to tax-Klausel BFH BStBl. II 2004, 260; FG München EFG 2007, 356). Ausgeschlossen ist die dt. Besteuerung auch, wenn neben der Vereinbarung einer Freistellung eine Aktivitätsklausel besteht und eine aktive Tätigkeit vorliegt (Widmann/Mayer/Widmann Rn. R 751). Werden zusammen mit der Sacheinlage Anteile an einer inl. KapGes eingebracht, ist der Einbringungsgewinn/-verlust von der dt. Besteuerung ausgeschlossen, wenn das DBA das Besteuerungsrecht dem Wohnsitzstaat des Einbringenden zuweist und der Einbringende nach dem DBA den Wohnsitz nicht in Deutschland hat (Widmann/Mayer/Widmann Rn. R 754).

418 **c) Anrechnung ausländischer Steuer.** Zu einer Anrechnung der ausl. Steuer kommt es, wenn mit dem Staat, in dem die eingebrachte Betriebsstätte liegt, kein DBA abgeschlossen wurde oder die eingebrachte Betriebsstätte in einem DBA-Staat liegt und vereinbart wurde, dass bei passiven Einkünften, die aus der Betriebsstätte erzielt werden, eine Anrechnung erfolgen soll. Zur Anrechnung kommt es weiterhin in den Fällen des Abs. 2 AStG (Widmann/Mayer/Widmann Rn. R 756). Zur fiktiven Anrechnung ausl. Steuern nach Abs. 7, 8 → Rn. 442 ff.

4. Besteuerung des Einbringungsgewinns (Abs. 4)

419 **a) Einkommensteuerpflicht bei Einbringung durch eine natürliche Person.** Ob bzw. in welchem Umfang der Einbringungsgewinn stpfl. ist, wird nicht durch das UmwStG geregelt, es gelten insoweit die allg. Vorschriften (EStG, GewStG, DBA). Da die **Einbringung** nach Abs. 1 einen **Veräußerungsvorgang** darstellt (→ Vor § 20 Rn. 9), stellt der Einbringungsgewinn einen Veräußerungsgewinn dar.

420 Bei der Einbringung eines **Betriebs, Teilbetriebs oder Mitunternehmeranteils** sind auch die dazugehörigen Anteile an einer Körperschaft, Personenvereinigung oder Vermögensmasse mit einzubringen, sofern sie wesentliche Betriebsgrundlage des Betriebs, Teilbetriebs oder Mitunternehmeranteils sind. Die Steuerfreiheit des § 3 Nr. 40 EStG bezieht sich bei solchen Einbringungsvorgängen auf die übertragene Beteiligung an einer Körperschaft, Personenvereinigung oder Vermögensmasse, deren Leistungen zur Einnahme iSd § 20 I Nr. 1 und Nr. 9 EStG gehören. Dabei handelt es sich insbes. um Anteile an einer KapGes. In diesem Fall ergibt sich die Steuerbefreiung aus § 3 Nr. 40 S. 1 lit. b EStG, da die Sacheinlage nach Abs. 1 einen Fall des § 16 EStG darstellt, sofern gewerbliches BV betroffen ist. Veräußerungspreis bezogen auf die übertragene Beteiligung ist der Wertansatz dieser Beteiligung bei der aufnehmenden KapGes. Der Bewertungsansatz der aufnehmenden KapGes für die auf sie übertragenen Anteile an der KapGes sind gem. § 3 Nr. 40 S. 1 lit. b zur Hälfte ab VZ 2009 zu 40% als Veräußerungspreis iSd § 16 II EStG steuerfrei gestellt. Nach § 3c II 1 EStG sind die Hälfte ab VZ 2009 zu 40% des BW der Beteiligung und die Einbringungskosten bei der Ermittlung des Einbringungsgewinns nicht abzugsfähig. Werden **einbringungsgeborene Anteile** durch eine natürliche Person innerhalb der siebenjährigen Sperrfrist des § 3 Nr. 40 S. 3, 4 EStG aF eingebracht und liegen die Voraussetzungen des § 3 Nr. 40 S. 4 EStG aF nicht vor (vgl. § 52 IVb 2 EStG), muss bei der Berechnung des Einbringungsgewinns der volle Veräußerungspreis iSd Abs. 3 S. 1 angesetzt werden, da die hälftige Steuerbefreiung des § 3 Nr. 40 EStG nicht gilt.

Wird ein **freiberuflicher oder luf Betrieb,** Teilbetrieb oder Mitunternehmeranteil in eine KapGes eingebracht, gelten für die insoweit auch übertragenen Anteile an einer KapGes die gemachten Ausführungen zum gewerblichen Betrieb entsprechend (Rödder/Herlinghaus/van Lishaut/Herlinghaus Rn. 419); vgl. auch Dötsch/Pung/Möhlenbrock/Patt Rn. 267). 421

b) Körperschaftsteuerpflicht des Einbringungsgewinns bei Körperschaft. 422
Auch eine Körperschaft kann Einbringender iSd § 20 sein. Entsteht im Rahmen der Einbringung ein Einbringungsgewinn, gelten für die StPfl dieses Gewinns die allg. Vorschriften (KStG, GewStG, DBA). Eine Steuerfreiheit für den Einbringungsgewinn kann sich aus § **8b KStG** ergeben, soweit dieser auf die Realisierung stiller Reserven von Anteilen an Körperschaften, Personenvereinigungen oder Vermögensmassen entfällt, deren Leistung zu Einnahmen iSd § 20 I Nr. 1, 2, 9 und 10 lit. a EStG gehören. Die Steuerfreiheit des § 8b II KStG gilt auch, soweit die Körperschaft einen Mitunternehmeranteil einbringt und der Einbringungsgewinn im Rahmen der Gewinnfeststellung der PersGes der Körperschaft zugerechnet wird (BMF 28.4.2003, BStBl. I 2003, 292 Rn. 55; Dötsch/Pung/Möhlenbrock/Patt Rn. 270) oder § 8 VI KStG anzuwenden ist. Allerdings gelten wegen § 8 III 1 KStG 5% des entsprechenden Gewinns als Ausgaben, die nicht als BA abgezogen werden dürfen (zu verfassungsrechtlichen Bedenken vgl. NdsFG EFG 2008, 263). Es können auch Einbringungsverluste entstehen. Einbringungsverluste, die aufgrund von Einbringungskosten entstehen, sollen stl. wegen § 8b III 3 KStG unberücksichtigt bleiben, soweit Anteile iSd § 8b II 1 KStG betroffen sind (Rödder/Herlinghaus/van Lishaut/Herlinghaus Rn. 426; Dötsch/Pung/Möhlenbrock/Patt Rn. 271).

Die Steuerfreiheit von Einbringungsgewinnen bezogen auf übertragene Anteile 423
ist ausgeschlossen, wenn es sich bei den eingebrachten Anteilen um einbringungsgeborene Anteile iSd § 21 I 1 aF handelt und die Rückausnahme gem. § 8b IV 2 KStG aF nicht vorliegt (vgl. § 34 VIIa KStG). Eine Steuerfreiheit des Einbringungsgewinns ist auch dann nicht gegeben, wenn die Voraussetzungen des § 8b II 4, 5 KStG, § 8b VII, VIII KStG vorliegen.

c) Einkommensteuerpflicht/Körperschaftsteuerpflicht bei Einbringung 424
durch eine Mitunternehmerschaft. Bringt eine gewerbliche Mitunternehmerschaft ihren Betrieb/Teilbetrieb in eine KapGes nach Maßgabe des Abs. 1 ein, ist über die Höhe des Einbringungsgewinns im Gewinnfeststellungsverfahren (§ 180 I Nr. 2 lit. a AO) zu entscheiden. Soweit Ergänzungsbilanzen existieren bzw. SBV mitübertragen wird, ist dieses entsprechend zu berücksichtigen (Widmann/Mayer/Widmann Rn. R 732 f.). Auch der Entnahmegewinn aus der Zurückbehaltung von nicht wesentlichen WG anlässlich der Einbringung wird in die einheitliche und gesonderte Gewinnfeststellung einbezogen (Dötsch/Pung/Möhlenbrock/Patt Rn. 259; Haritz/Menner/Bilitewski/Menner Rn. 495f; Rödder/Herlinghaus/van Lishaut/Herlinghaus Rn. 423). Der Einbringungsgewinn wird den MU nach allgemeinen Grundsätzen, dh entsprechend der Gewinnverteilung im Gesellschaftsvertrag zugerechnet (Brandis/Heuermann/Nitzschke Rn. 102b).

Etwas anderes gilt, wenn die **Mitunternehmerschaft als solche Einbringende** 425
ist, aber für einen MU der persönliche Anwendungsbereich des § 20 nicht gegeben ist. Dies ist der Fall, wenn der MU der einbringenden Mitunternehmerschaft weder im EU-/EWR-Raum ansässig ist und das Besteuerungsrecht an den neuen Anteilen des übernehmenden Rechtsträgers nach der Einbringung nicht in Deutschland liegt. In diesem Fall ist der Einbringungsgewinn nur dem im Drittstaat ansässigen MU und nicht anteilig allen MU stl. zuzurechnen (ebenso Rödder/Herlinghaus/van Lishaut/Herlinghaus Rn. 78; Brandis/Heuermann/Nitzschke Rn. 102b; Kamphaus/Birnbaum Ubg 2012, 293; vgl. auch Franz/Winkler/Polatzky BB-Beil. 1/

2011, 15). Ausweislich der Gesetzesbegründung sollen nämlich bei der Einbringung der PersGes die stl. Konsequenzen bei dem jeweiligen MU zu ziehen sein. Hinzu kommt, dass bei der Zurechnung eines solchen Einbringungsgewinns bei allen MU es ggf. zu Besteuerungslücken kommen kann (vgl. dazu Kamphaus/Birnbaum Ubg 2012, 293).

426 d) **Veräußerungsfreibetrag (§ 16 IV EStG).** Nach § 20 IV 1 ist § 16 IV EStG auf einen entsprechenden Antrag hin „nur anzuwenden", wenn der Einbringende eine natürliche Person ist, es sich nicht um die Einbringung von Teilen eines Mitunternehmeranteils handelt und der übernehmende Rechtsträger das eingebrachte BV mit dem gemeinen Wert ansetzt. Ob es zu einem freiwilligen oder aber zu einem zwingend gesetzlich vorgeschriebenen Ansatz mit dem gemeinen Wert beim übernehmenden Rechtsträger kommt, ist ohne Bedeutung, entscheidend ist, dass sämtliche stille Reserven einschl. eines originären Geschäfts- oder Firmenwerts aufgedeckt werden (Rödder/Herlinghaus/van Lishaut/Herlinghaus Rn. 431; Dötsch/Pung/Möhlenbrock/Patt Rn. 280 ff.; BeckOK UmwStG/Dürrschmidt Rn. 1960).

427 Gehören zum übertragenen Betrieb, Teilbetrieb oder Mitunternehmeranteil auch Anteile an einer KapGes, sodass der Einbringungsgewinn insoweit dem Teileinkünfteverfahren unterliegt, stellt sich die Frage, ob der Freibetrag gem. § 16 IV EStG vorrangig dem stpfl. Gewinnanteil aus der Anteilseinbringung zugeordnet werden kann oder ob der Freibetrag auf den Einbringungsgewinn, soweit die Tarifermäßigung zu berücksichtigen ist, und den stpfl. Teil des Einbringungsgewinns, soweit das Halbeinkünfteverfahren anzuwenden ist, aufgeteilt werden muss. Der BFH geht davon aus, dass der Freibetrag vorrangig von dem dem Teileinkünfteverfahren unterliegenden Einbringungsgewinn abgezogen werden kann (BFH BStBl. II 2010, 1011; Dötsch/Pung/Möhlenbrock/Patt Rn. 282; aA BMF 20.12.2005, BStBl. I 2006, 7). Wird der Einbringungsgewinn. § 6b EStG neutralisiert, kommt hinsichtlich des verbleibenden Einbringungsgewinn § 16 IV EStG in Betracht (Widmann/Mayer/Widmann Rn. R 864; Schmidt/Wacker EStG § 16 Rn. 577). Auch kommt der Freibetrag hinsichtlich des Gewinns, der durch die Auflösung steuerfreier Rücklagen entsteht, zur Anwendung (Widmann/Mayer/Widmann Rn. R 864). Keine Anwendung findet der Freibetrag gem. § 16 IV EStG, wenn der Einbringende beschränkt stpfl. ist (§ 50 I 4 EStG; FG Düsseldorf EFG 2009, 2024).

428 e) **Außerordentliche Einkünfte (§ 34 EStG).** Die Frage der Tarifbegünstigung eines Einbringungsgewinns nach § 34 EStG stellt sich nur, wenn Einbringender eine natürliche Person ist, kstpfl. Personen können die Tarifvergünstigung des § 34 EStG nicht in Anspruch nehmen (BFH BStBl. II 1991, 455; Schmidt/Wacker EStG § 34 Rn. 4). § 34 EStG findet im Grundsatz auch dann Anwendung, wenn eine PersGes einen Betrieb, Teilbetrieb oder Mitunternehmeranteil nach Abs. 1 einbringt, soweit an der PersGes natürliche Personen als MU beteiligt sind (Dötsch/Pung/Möhlenbrock/Patt Rn. 273; Lademann/Jäschke Rn. 82).

429 § 34 EStG kommt nur dann zur Anwendung, wenn die eingebrachten WG mit dem gemeinen Wert angesetzt werden (Abs. 4 S. 2). Die Tarifermäßigung nach § 34 I, III EStG kommt, trotz des Ansatzes mit dem gemeinen Wert, nicht in Frage, wenn die Sacheinlage in einem Teil eines Mitunternehmeranteils besteht, soweit der Einbringungsgewinn gem. § 3 Nr. 40 S. 1 EStG iVm § 3c II EStG zT steuerfrei ist oder für einen Teil des Einbringungsgewinns eine Rücklage gem. §§ 6b, 6c EStG gebildet worden ist (Dötsch/Pung/Möhlenbrock/Patt Rn. 278; Rödder/Herlinghaus/van Lishaut/Herlinghaus Rn. 432; Widmann/Mayer/Widmann Rn. R 906). Die Tarifbegünstigung soll des Weiteren dann keine Anwendung finden, wenn ein Unternehmen eingebracht wird, das im gewerblichen Grundstückshandel tätig ist, soweit der Einbringungsgewinn auf der Realisierung von stillen Reserven der Grundstücke des Umlaufvermögens entfällt (Dötsch/Pung/Möhlenbrock/Patt Rn. 278; Schmidt/Wacker EStG § 34 Rn. 26; BFH/NV 2011, 258).

Zu dem tarifbegünstigten Einbringungsgewinn zählt auch der Betrag, der durch **430** Auflösung steuerfreier Rücklagen entsteht (BMF 11.11.2011, BStBl. I 2011, 1314 Rn. 20.27; Widmann/Mayer/Widmann Rn. R 906; Dötsch/Pung/Möhlenbrock/ Patt Rn. 277; BFH/NV 2007, 824).

f) Übertragung stiller Reserven nach § 6b EStG. Da die Einbringung einen **431** Veräußerungstatbestand darstellt (→ Vor § 20 Rn. 9), ist auf einen entstehenden Einbringungsgewinn § 6b EStG anzuwenden, soweit der Gewinn auf begünstigte WG im Sinne dieser Vorschrift entfällt (BMF 11.11.2011, BStBl. I 2011, 1314 Rn. 20.27; Schmidt/Loschelder EStG § 6b Rn. 28; Bordewin/Brandt/Merkert Rn. 126; Dötsch/Pung/Möhlenbrock/Patt Rn. 261). § 6b EStG kommt auch zur Anwendung, wenn die Einbringung zu ZW erfolgt (Dötsch/Pung/Möhlenbrock/ Patt Rn. 261; Brandis/Heuermann/Nitzschke Rn. 104a). Werden mehrere Einbringungsvorgänge verwirklicht, bspw. deshalb, weil zwei Teilbetriebe eingebracht werden, so kann die Anwendung des § 6b EStG auf einen Teilbetrieb beschränkt werden. Wird durch den Einbringenden für die außerordentlichen Einkünfte § 6b EStG in Anspruch genommen, so entfällt die Anwendung des § 34 EStG (§ 34 I 4, III 6 EStG). Wegen weiterer Einzelheiten vgl. die einschlägigen Komm. zu § 6b EStG.

5. Einbringungsgewinn und Gewerbeertragsteuer

a) Gewerbesteuerpflicht bei natürlicher Person. Der Einbringungsgewinn **432** nach Abs. 1 kann nur dann gewstpfl. sein, wenn Gegenstand des übertragenen Vermögens ein im Inland betriebenes gewerbliches BV iSd § 2 I GewStG ist. Das von der übernehmenden KapGes ausgeübte Wahlrecht nach Abs. 2 gilt auch für die GewSt. Der GewSt unterliegen jedoch nur die lfd. Gewinne aus dem tätigen Betrieb (BFH BStBl. II 1997, 224; Rödder/Herlinghaus/van Lishaut/Herlinghaus Rn. 428; Dötsch/Pung/Möhlenbrock/Patt Rn. 284). Gewinne aus der Veräußerung oder Aufgabe eines gewerblichen Betriebs scheiden damit bei der Ermittlung des Gewerbeertrages – vorbehaltlich der Regelung in § 18 III – aus.

Die Einbringung eines gewerblichen Betriebs, Teilbetriebs oder Mitunternehmer- **433** anteils durch eine natürliche Person stellt eine gewstl. Betriebsveräußerung dar. Der Einbringungsgewinn gehört damit beim Einbringenden nicht zum Gewerbeertrag, es sei denn, es liegen die Voraussetzungen des § 18 III vor. Dies gilt unabhängig davon, ob die aufnehmende KapGes ZW oder gemeine Werte ansetzt (Widmann/ Mayer/Widmann Rn. R 1088; Dötsch/Pung/Möhlenbrock/Patt Rn. 284). Gewerbesteuerfrei sind auch solche Gewinne, die im Zusammenhang mit der Einbringung aus Entnahmen nicht wesentlicher Betriebsgrundlagen entstehen, und zwar selbst dann, wenn die Sacheinlage iSd Abs. 1 zum BW erfolgt (Dötsch/Pung/Möhlenbrock/Patt Rn. 284). Zur Einbringung einbringungsgeborener Anteile iSd § 21 aF → § 21 Rn. 133.

Ist der Einbringungsgewinn gem. § 3 Nr. 40 S. 1 lit. a, b EStG iVm § 3c EStG **434** zur Hälfte bzw. ab 2009 zu 40% steuerbefreit, so schlägt diese Steuerbefreiung über § 7 S. 4 GewStG auch für die GewSt durch (Widmann/Mayer/Widmann Rn. R 1095). Bei Einbringung eines Grundstückshandelsbetriebs in eine GmbH ist der Einbringungsgewinn als lfd. Gewerbeertrag zu behandeln, soweit er auf die eingebrachten Grundstücke des Umlaufvermögens entfällt (BFH BStBl. II 2010, 171; Dötsch/Pung/Möhlenbrock/Patt Rn. 285). Bringt eine natürliche Person einen Mitunternehmeranteil an einer Mitunternehmerschaft ein, zu deren BV die Beteiligung an einer anderen Mitunternehmerschaft gehört (sog. **doppelstöckige PersGes**), so ist die mittelbare Übertragung des Anteils an der UnterPersGes kein gesonderter Einbringungsvorgang iSd § 20 (BMF 11.11.2011, BStBl. I 2011, 1314 Rn. 20.12). Die mittelbare Einbringung des Anteils an der UnterGes bleibt insoweit gewstl. unbeachtlich, ein Einbringungsgewinn ist damit insgesamt gewerbesteuerfrei (vgl. 7.1 III S. 5 GewSt-RL).

435 **b) Gewerbesteuerpflicht bei Körperschaften.** Als Gewerbebetrieb gilt gem. § 2 II 1 GewStG stets und im vollen Umfang die Tätigkeit der KapGes, der Erwerbs- und Wirtschaftsgenossenschaft und der VVaG. Bei diesen Steuerpflichtigen gehört daher auch der im Rahmen einer Betriebsveräußerung erzielte Gewinn zum Gewerbeertrag (BFH DStR 2001, 2111; Glanegger/Güroff/Selder GewStG § 7 Rn. 30). Wird daher durch eine KapGes, Erwerbs- und Wirtschaftsgenossenschaft oder durch einen VVaG ein Betrieb, Teilbetrieb, Mitunternehmeranteil gem. Abs. 1 eingebracht, gehört ein insoweit entstehender Einbringungsgewinn zum Gewerbeertrag. Werden Beteiligungen an einer KapGes zusammen mit einem Betrieb oder Teilbetrieb nach Abs. 1 eingebracht, entsteht ein Gewerbeertrag nach § 7 I GewStG nur, soweit der Einbringungsgewinn, der auf die übertragenen Anteile entfällt, nicht nach § 8b II KStG steuerbefreit ist. § 8b II KStG gilt als sachliche Steuerbefreiung auch für gewstl. Zwecke (Widmann/Mayer/Widmann Rn. R 1096; Dötsch/Pung/Möhlenbrock/Patt Rn. 286).

436 **c) Gewerbesteuerpflicht bei gewerblicher Mitunternehmerschaft.** Ein gewstpfl. lfd. Gewinn entsteht, soweit nur ein **Teil eines Mitunternehmeranteils** eingebracht wird (Widmann/Mayer/Widmann Rn. R 1079; Dötsch/Pung/Möhlenbrock/Patt Rn. 285; BFH/NV 2007, 601). Wird ein Betrieb oder Teilbetrieb eines Grundstückshandelsunternehmens eingebracht, so ist der Einbringungsgewinn als lfd. Gewerbeertrag zu behandeln, soweit er auf die eingebrachten Grundstücke des Umlaufvermögens entfällt (BFH BStBl. II 2010, 171; Dötsch/Pung/Möhlenbrock/Patt Rn. 285).

437 Die gewerbliche Mitunternehmerschaft ist als solche Gewerbesteuersubjekt. Der Gewinn aus der Einbringung eines Betriebs der Mitunternehmerschaft nach Abs. 1 gehört grds. nicht zum Gewerbeertrag der Mitunternehmerschaft gem. § 7 S. 1 GewStG, da aufgrund des Objektcharakters der GewSt nur der lfd. Gewinn des Geschäftsbetriebs unterliegt (Dötsch/Pung/Möhlenbrock/Patt Rn. 289). Dies gilt jedoch nur insoweit, als an der Mitunternehmerschaft natürliche Personen unmittelbar beteiligt sind (Rödder/Herlinghaus/van Lishaut/Herlinghaus Rn. 430; Dötsch/Pung/Möhlenbrock/Patt Rn. 289). Soweit an der Mitunternehmerschaft hingegen andere Rechtsträger (Körperschaften, Personenvereinigungen, Vermögensmassen oder PersGes) unmittelbar beteiligt sind, greift für die Einbringung § 7 S. 2 Nr. 1 GewStG mit der Konsequenz, dass der Einbringungsgewinn insoweit in den Gewerbeertrag fällt (Rödder/Herlinghaus/van Lishaut/Herlinghaus Rn. 430; Dötsch/Pung/Möhlenbrock/Patt Rn. 289). Dies gilt auch, wenn nicht ein Betrieb, sondern ein Teilbetrieb in eine KapGes eingebracht wird (Dötsch/Pung/Möhlenbrock/Patt Rn. 290). Bringt aber eine gewerbliche Mitunternehmerschaft einen Mitunternehmeranteil in eine KapGes ein, ist der Einbringungsgewinn gem. § 7 S. 2 Nr. 2 GewStG gewstpfl., weil nur die OberGes ihren Mitunternehmeranteil an der Unter-Ges einbringt und damit nur diese unmittelbar beteiligt ist; der gewstl. Einbringungsgewinn fällt bei der UnterGes an und wird von dieser geschuldet (Dötsch/Pung/Möhlenbrock/Patt Rn. 291).

438 Nach § 7 S. 4 GewStG gelten die Regelungen der § 3 Nr. 40 EStG, § 8b II KStG auch für die Ermittlung des Gewerbeertrages (Rödder/Herlinghaus/van Lishaut/Herlinghaus Rn. 430; Dötsch/Pung/Möhlenbrock/Patt Rn. 292; Widmann/Mayer/Widmann Rn. R 1096).

6. Einbringung einer in einem anderen Mitgliedstaat belegenen Betriebsstätte (Abs. 7)

439 Abs. 7 verweist auf § 3 III. Dabei geht es um die Fälle, in denen zum eingebrachten BV eine in einem anderen Mitgliedstaat gelegene Betriebsstätte (BMF 11.11.2011, BStBl. I 2011, 1314 Rn. 20.34) gehört, hinsichtlich der das dt. Besteue-

rungsrecht durch den Einbringungsvorgang beschränkt wird. Das setzt voraus, dass Deutschland nicht auf sein Besteuerungsrecht bezogen auf diese Betriebsstätte verzichtet hat, und das jeweilige DBA bzw. § 20 II AStG die Freistellungsmethode ausschließt. Durch die Einbringung verliert Deutschland bzgl. der Betriebsstätte sein Besteuerungsrecht, das übertragene Vermögen in der Betriebsstätte ist damit in der stl. Schlussbilanz mit dem gemeinen Wert anzusetzen. Ist Einbringender eine Körperschaft, so ist die KSt auf den Einbringungsgewinn entsprechend Art. 10 II Fusions-RL, der im § 3 III umgesetzt worden ist, um eine fiktive ausl. Steuer zu ermäßigen, die erhoben würde, wenn das Betriebsstättenvermögen dort zum gemeinen Wert veräußert worden wäre. Die Ermäßigung ist begrenzt auf die auf den Einbringungsgewinn anfallende dt. KSt.

Abs. 7 ordnet die entsprechende Anwendung von § 3 III an. Daraus kann gefolgert **440** werden, dass bei der Einbringung durch eine natürliche Person oder eine PersGes, soweit an dieser natürliche Personen beteiligt sind, eine Anrechnung entsprechend § 34c EStG in Betracht kommt (Rödder/Herlinghaus/van Lishaut/Herlinghaus Rn. 432; Brandis/Heuermann/Nitzschke Rn. 118; Dötsch/Pung/Möhlenbrock/ Patt Rn. 370; Benz/Rosenberg BB Special 8/2006, 57).

Erhebt der andere EU-Mitgliedstaat anlässlich der Verschm tatsächliche Steuern, **441** so erfolgt eine Anrechnung dieser Steuern nach den Grundsätzen des § 26 KStG bzw. des § 34c EStG (Rödder/Herlinghaus/van Lishaut/Herlinghaus Rn. 432).

7. Fiktive Steueranrechnung bei transparenter Gesellschaft (Abs. 8)

Abs. 8 erfasst den Fall der Einbringung einer Betriebsstätte durch eine in einem **442** anderen EU-Staat ansässige Ges, die in Deutschland für stl. Zwecke als transparent anzusehen ist (sog. hybride Ges; → § 3 Rn. 19). Sind an einer solchen transparenten Gesellschaft im Inland unbeschränkt Steuerpflichtige beteiligt, hat Deutschland an dem ausl. Betriebsstättenvermögen ein Besteuerungsrecht, wenn die Doppelbesteuerung durch Anrechnung der ausl. Steuer vermieden wird. Bringt eine solche transparente Gesellschaft ihre ausl. Betriebsstätte in eine KapGes ein, geht das dt. Besteuerungsrecht insoweit verloren. Dieses ausl. Betriebsstättenvermögen ist gem. Abs. 2 S. 2 Nr. 3 für Zwecke der Besteuerung des unbeschränkt stpfl. Gesellschafters zwingend mit dem gemeinen Wert anzusetzen. Es entsteht ein Einbringungsgewinn. Die auf diesen Einbringungsgewinn entfallende KSt bzw. ESt ist unter entsprechender Anwendung von § 26 KStG bzw. §§ 34c, 50 III EStG zu ermäßigen, die erhoben würde, wenn das Betriebsstättenvermögen dort zum gemeinen Wert veräußert worden wäre (Rödder/Herlinghaus/van Lishaut/Herlinghaus Rn. 497; Dötsch/Pung/ Möhlenbrock/Patt Rn. 374; Brandis/Heuermann/Nitzschke Rn. 119).

Darüber hinaus erfasst Abs. 8 die Einbringung der Beteiligung an der transparen- **443** ten Gesellschaft durch den inl. Anteilseigner (Dötsch/Pung/Möhlenbrock/Patt Rn. 372). Nach dt. Verständnis liegt insoweit eine Einbringung eines Mitunternehmeranteils vor, die zur Besteuerung der stillen Reserven führt. Auch in diesem Fall kommt es zu einer fiktiven Anrechnung nach Abs. 8 (Brandis/Heuermann/ Nitzschke Rn. 119).

8. Kein Übergang eines Zinsvortrages (Abs. 9)

Durch das Unternehmensteuerreformgesetz 2008 v. 14.8.2007 (BGBl. 2007 I **444** 1912) wurde die sog. Zinsschranke durch § 4h EStG, § 8a KStG eingeführt. Aufgrund dieser Regelung sind nicht abzugsfähige Zinsaufwendungen eines Betriebs auf das folgende Wj. fortzutragen. Abs. 9 regelt, dass durch eine Einbringung der **Zinsvortrag** nicht auf die übernehmende Gesellschaft übergeht. Der Zinsvortrag verbleibt nicht bei dem Einbringenden (§ 4h V 1 EStG), wenn der Betrieb, der den

Zinsvortrag verursacht hat, insgesamt eingebracht wird. Bei der Einbringung eines Teilbetriebs geht der Zinsvortrag selbst dann nicht unter, wenn der Zinsvortrag mit dem eingebrachten Teilbetrieb zusammenhängt (Widmann/Mayer/Widmann § 23 Rn. 588.1). Nicht geklärt ist, ob im Falle der Einbringung eines Teilbetriebs der Zinsvortrag anteilig übergeht (so Schaumburg/Rödder/Stangl/Hageböcke, Unternehmenssteuerreform 2008, 513) oder vollumfänglich beim Einbringenden verbleibt (Widmann/Mayer/Widmann § 23 Rn. 588.1; Dötsch/Pung/Möhlenbrock/ Patt Rn. 377; Haritz/Menner/Bilitewski/Menner Rn. 716). Abs. 9 idF des Wachstumsbeschleunigungsgesetzes bestimmt zudem, dass ein verbleibender **EBITDA-Vortrag** nicht auf die übernehmende Gesellschaft übergeht, es gelten die gleichen Grundsätze wie beim Zinsvortrag.

§ 21 Bewertung der Anteile beim Anteilstausch

(1) ¹Werden Anteile an einer Kapitalgesellschaft oder einer Genossenschaft (erworbene Gesellschaft) in eine Kapitalgesellschaft oder Genossenschaft (übernehmende Gesellschaft) gegen Gewährung neuer Anteile an der übernehmenden Gesellschaft eingebracht (Anteilstausch), hat die übernehmende Gesellschaft die eingebrachten Anteile mit dem gemeinen Wert anzusetzen. ²Abweichend von Satz 1 können die eingebrachten Anteile auf Antrag mit dem Buchwert oder einem höheren Wert, höchstens jedoch mit dem gemeinen Wert, angesetzt werden, wenn
1. die übernehmende Gesellschaft nach der Einbringung auf Grund ihrer Beteiligung einschließlich der eingebrachten Anteile nachweisbar unmittelbar die Mehrheit der Stimmrechte an der erworbenen Gesellschaft hat (qualifizierter Anteilstausch) und soweit
2. der gemeine Wert von sonstigen Gegenleistungen, die neben den neuen Anteilen gewährt werden, nicht mehr beträgt als
   a) 25 Prozent des Buchwerts der eingebrachten Anteile oder
   b) 500 000 Euro, höchstens jedoch den Buchwert der eingebrachten Anteile.

³§ 20 Absatz 2 Satz 3 gilt entsprechend. ⁴Erhält der Einbringende neben den neuen Gesellschaftsanteilen auch sonstige Gegenleistungen, sind die eingebrachten Anteile abweichend von Satz 2 mindestens mit dem gemeinen Wert der sonstigen Gegenleistungen anzusetzen, wenn dieser den sich nach Satz 2 ergebenden Wert übersteigt.

(2) ¹Der Wert, mit dem die übernehmende Gesellschaft die eingebrachten Anteile ansetzt, gilt für den Einbringenden als Veräußerungspreis der eingebrachten Anteile und als Anschaffungskosten der erhaltenen Anteile. ²Abweichend von Satz 1 gilt für den Einbringenden der gemeine Wert der eingebrachten Anteile als Veräußerungspreis und als Anschaffungskosten der erhaltenen Anteile, wenn für die eingebrachten Anteile nach der Einbringung das Recht der Bundesrepublik Deutschland hinsichtlich der Besteuerung des Gewinns aus der Veräußerung dieser Anteile ausgeschlossen oder beschränkt ist; dies gilt auch, wenn das Recht der Bundesrepublik Deutschland hinsichtlich der Besteuerung des Gewinns aus der Veräußerung der erhaltenen Anteile ausgeschlossen oder beschränkt ist. ³Auf Antrag gilt in den Fällen des Satzes 2 unter den Voraussetzungen des Absatzes 1 Satz 2 der Buchwert oder ein höherer Wert, höchstens der gemeine Wert, als Veräußerungspreis der eingebrachten Anteile und als Anschaffungskosten der erhaltenen Anteile, wenn
1. das Recht der Bundesrepublik Deutschland hinsichtlich der Besteuerung des Gewinns aus der Veräußerung der erhaltenen Anteile nicht ausgeschlossen oder beschränkt ist oder

2. der Gewinn aus dem Anteilstausch auf Grund Artikel 8 der Richtlinie 2009/133/EG nicht besteuert werden darf; in diesem Fall ist der Gewinn aus einer späteren Veräußerung der erhaltenen Anteile ungeachtet der Bestimmungen eines Abkommens zur Vermeidung der Doppelbesteuerung in der gleichen Art und Weise zu besteuern, wie die Veräußerung der Anteile an der erworbenen Gesellschaft zu besteuern gewesen wäre; § 15 Abs. 1a Satz 2 des Einkommensteuergesetzes ist entsprechend anzuwenden.

[4]Der Antrag ist spätestens bis zur erstmaligen Abgabe der Steuererklärung bei dem für die Besteuerung des Einbringenden zuständigen Finanzamt zu stellen. [5]Haben die eingebrachten Anteile beim Einbringenden nicht zu einem Betriebsvermögen gehört, treten an die Stelle des Buchwerts die Anschaffungskosten. [6]§ 20 Abs. 3 Satz 3 und 4 gilt entsprechend.

(3) [1]Auf den beim Anteilstausch entstehenden Veräußerungsgewinn ist § 17 Abs. 3 des Einkommensteuergesetzes nur anzuwenden, wenn der Einbringende eine natürliche Person ist und die übernehmende Gesellschaft die eingebrachten Anteile nach Absatz 1 Satz 1 oder in den Fällen des Absatzes 2 Satz 2 der Einbringende mit dem gemeinen Wert ansetzt; dies gilt für die Anwendung von § 16 Abs. 4 des Einkommensteuergesetzes unter der Voraussetzung, dass eine im Betriebsvermögen gehaltene Beteiligung an einer Kapitalgesellschaft eingebracht wird, die das gesamte Nennkapital der Kapitalgesellschaft umfasst. [2]§ 34 Abs. 1 des Einkommensteuergesetzes findet keine Anwendung.

Übersicht

	Rn.
1. Überblick über die Vorschrift	1
2. Verhältnis zu § 20	7
3. Verhältnis zu § 20 IVa EStG	10
4. Der Einbringende	11
5. Der übernehmende Rechtsträger	15
6. Gegenstand der Einbringung (erworbene Gesellschaft)	20
7. Einbringungstatbestände, Gewährung neuer Anteile	26
8. Zeitpunkt des Anteilstauschs	35
9. Grundsatz: Ansatz mit dem gemeinen Wert	39
10. Antragswahlrecht: Buchwert- oder Zwischenwertansatz	41
a) Allgemeines	41
b) Voraussetzungen des Antragswahlrechts	42
aa) Mehrheit der Stimmrechte an der erworbenen Gesellschaft (Abs. 1 S. 2 Nr. 1)	42
bb) Sonstige Gegenleistung	57
cc) Antragswahlrecht	65
c) Rechtsfolgen bei Ansatz mit Buchwert oder Zwischenwert bzw. den Anschaffungskosten	72
d) Begründung des deutschen Besteuerungsrechts	80
11. Veräußerungspreis für die eingebrachten Anteile und Anschaffungskosten der gewährten Anteile (Abs. 2)	81
12. Strikte Wertverknüpfung	86
13. Ausnahme von der Wertverknüpfung bei Ausschluss oder Beschränkung des deutschen Besteuerungsrechts (Abs. 2 S. 2)	90
a) Überblick	90
b) Ausschluss oder Beschränkung des Besteuerungsrechts hinsichtlich der eingebrachten Anteile	96

	Rn.
c) Ausschluss oder Beschränkung des Besteuerungsrechts hinsichtlich der erhaltenen Anteile	97
d) Rechtsfolgen	98
14. Antrag auf Buch- oder Zwischenwertansatz bei grenzüberschreitendem Anteilstausch (Abs. 2 S. 3)	99
a) Überblick	99
b) Qualifizierter Anteilstausch	101
c) Kein Ausschluss/keine Beschränkung eines inländischen Besteuerungsrechts an den erhaltenen Anteilen (Abs. 2 S. 3 Nr. 1)	102
d) Anteilstausch darf gem. Art. 8 Fusions-RL nicht besteuert werden (Abs. 2 S. 3 Nr. 2)	103
e) Einbringungsgeborene Anteile iSv § 21 aF	109
f) Antrag des Einbringenden	110
g) Rechtsfolgen	111
15. Anschaffungskosten bei Einbringung von Beteiligungen aus dem Privatvermögen (Abs. 2 S. 5)	112
16. Anschaffungskosten bei Gewährung sonstiger Gegenleistungen (Abs. 2 S. 6)	113
17. Einbringungsgeborene Anteile iSv § 21 aF	115
18. Ermittlung des Veräußerungsgewinns/Einbringungsgewinns	121
19. Einkunftsart	126
20. Einbringungsverlust	129
21. Beschränkte Steuerpflicht, DBA	131
a) Beschränkte Steuerpflicht	131
b) Doppelbesteuerungsabkommen	132
22. Besteuerung des Einbringungsgewinns	133
a) Einkommensteuerpflicht bei Einbringung durch natürliche Person	133
b) Körperschaftsteuerpflicht des Einbringungsgewinns bei Körperschaften	134
c) Veräußerungsfreibetrag (§ 17 III EStG)	135
d) Veräußerungsfreibetrag (§ 16 IV EStG)	137
e) Ausschluss der Tarifvergünstigung gem. § 34 EStG	138
f) Anwendung des § 6b EStG	139
23. Einbringungsgewinn und Gewerbesteuer	140
a) Gewerbesteuerpflicht bei natürlichen Personen	140
b) Gewerbesteuerpflicht bei Körperschaften	142

1. Überblick über die Vorschrift

1 Abs. 1 S. 1 definiert den Anteilstausch. Ein solcher ist danach die Übertragung von Anteilen an einer KapGes oder einer Gen **(erworbene Gesellschaft)** in eine KapGes oder Gen **(übernehmende Gesellschaft)** gegen Gewährung neuer Anteile an der übernehmenden Ges. Im Grundsatz muss die übernehmende Gesellschaft die eingebrachten Anteile mit dem gemeinen Wert ansetzen.

2 Abs. 1 S. 1 bestimmt nicht, wer **Einbringender** iSd Vorschrift sein kann. Der persönliche Anwendungsbereich des § 21 ergibt sich aus § 1 IV. Die subjektive Einschränkung des § 1 IV 1 Nr. 2 gilt nicht für den Anteilstausch iSd § 21, weil die Anwendungsvorschrift insoweit nur auf Vorgänge nach § 1 III Nr. 1–4 Bezug nimmt *und der sachliche Anwendungsbereich beim Anteilstausch sich alleine nach § 1 III Nr. 5 bestimmt*. Daraus kann geschlossen werden, dass Einbringende alle natürlichen Personen, Körperschaften, Personenvereinigungen, Vermögensmassen und PersGes sein können, die im Inland, im ausl. EU/EWR-Bereich oder in Drittstaaten ansässig sind (einhellige Auffassung: BMF 11.11.2011, BStBl. I 2011, 1314 Rn. 21.03; Haritz/Menner/Bilitewski/Behrens Rn. 8686 f.; Dötsch/Pung/Möhlenbrock/Patt Rn. 8; Rödder/Herlinghaus/van Lishaut/Rabback Rn. 24; Brandis/Heuermann/ Nitzschke Rn. 30; HK-UmwStG/Edelmann Rn. 42; Frotscher/Drüen/Mutscher Rn. 2).

Abs. 1 S. 2 enthält die Legaldefinition für den **qualifizierten Anteilstausch**. 3 Ein solcher liegt vor, wenn die übernehmende Gesellschaft nach der Einbringung aufgrund ihrer Beteiligung einschl. der eingebrachten Anteile nachweisbar unmittelbar die Mehrheit der Stimmrechte an der erworbenen Gesellschaft hat. Liegen diese Voraussetzungen vor, hat der übernehmende Rechtsträger das Antragswahlrecht, die eingebrachten Anteile auch mit dem BW oder einem ZW anzusetzen. Das Antragswahlrecht ist spätestens bis zur erstmaligen Abgabe der stl. Schlussbilanz bei dem für die Besteuerung der übernehmenden Gesellschaft zuständigen FA zu stellen (Abs. 1 S. 2 Hs. 2 iVm § 20 II 3). Der Grundsatz der Maßgeblichkeit der HB für die StB wurde aufgegeben.

Erhält der Einbringende neben den neuen Anteilen am übernehmenden Rechts- 4 träger auch andere WG, so kommt es nur dann nicht zu einer Gewinnrealisierung, wenn der gemeine Wert dieser sonstigen Gegenleistung nicht mehr beträgt als 25 vH des BW der eingebrachten Anteile oder 500.000 Euro, höchstens jedoch den BW der eingebrachten Anteile (Abs. 1 S. 2 Nr. 2).

Der Wertansatz durch den übernehmenden Rechtsträger bestimmt im Grundsatz 5 den Veräußerungsgewinn des Einbringenden und die AK der neuen Anteile in der Person des Einbringenden (Abs. 2 S. 1, **Grundsatz der Wertverknüpfung**). Eine Ausnahme vom Grundsatz der Wertverknüpfung sieht Abs. 2 S. 2 für den Fall vor, dass entweder für die eingebrachten Anteile nach der Einbringung oder für die erhaltenen Anteile das dt. Besteuerungsrecht für den Gewinn aus der Veräußerung dieser Anteile ausgeschlossen oder beschränkt ist. Für den Einbringenden gilt dann der gemeine Wert der eingebrachten Anteile als Veräußerungspreis und als AK der erhaltenen Anteile. S. 3 des Abs. 2 enthält insoweit eine Ausnahme zu der Regelung in Abs. 2 S. 2. Auf Antrag gilt bei einem qualifizierten Anteilstausch der BW oder ein höherer Wert, höchstens der gemeine Wert, als Veräußerungspreis der eingebrachten Anteile und als AK der erhaltenen Anteile, wenn entweder das Recht der BRD hinsichtlich der Besteuerung des Gewinns aus der Veräußerung der erhaltenen Anteile nicht ausgeschlossen oder beschränkt ist oder für die Fälle, in denen wegen Art. 8 Fusions-RL der Gewinn aus dem Anteilstausch nicht besteuert werden darf. Für den letztgenannten Fall behält sich Deutschland ungeachtet bestehender DBA die Besteuerung bei tatsächlicher Veräußerung der Anteile vor. Abs. 2 S. 4 enthält Detailvorschriften zum Antragswahlrecht nach Abs. 2 S. 3. Soweit die eingebrachten Anteile beim Einbringenden nicht zu einem BV gehört haben, treten an die Stelle des BW die AK (Abs. 2 S. 5). Abs. 2 S. 6 erklärt § 20 III 3, 4 für entsprechend anwendbar.

Abs. 3 bestimmt, unter welchen Voraussetzungen die § 17 III EStG, § 16 IV 6 EStG auf einen beim Anteilstausch entstehenden Einbringungsgewinn Anwendung finden. Abs. 3 S. 2 bestimmt, dass § 34 I EStG nicht anwendbar ist.

2. Verhältnis zu § 20

§ 21 erfasst den **Anteilstausch.** Dieser liegt vor, wenn Anteile an einer KapGes 7 oder Gen in eine KapGes oder Gen gegen Gewährung neuer Anteile an dem übernehmenden Rechtsträger eingebracht werden. Der Vorgang kann für den Einbringenden nur dann steuerneutral gestaltet werden, wenn eine mehrheitsvermittelnde oder mehrheitsverstärkende Beteiligung eingebracht wird **(qualifizierter Anteilstausch).** Auf welche Weise sich dieser Anteilstausch vollzieht, wird gesetzlich nicht definiert und auch nicht auf bestimmte Vorgänge beschränkt. Der Anwendungsbereich des § 21 ist damit weit gefasst, sodass alle Vorgänge, die zu einer stl. Zurechnung der Anteile an der erworbenen Gesellschaft bei der übernehmenden Gesellschaft gegen Gewährung neuer Anteile an dieser führen, thematisch erfasst werden (Haritz/Menner/Bilitewski/Behrens Rn. 42; Dötsch/Pung/Möhlenbrock/Patt Rn. 2 f.; Rödder/Herlinghaus/van Lishaut/Rabback Rn. 12). Die Einbringung kann sich demnach auch dadurch vollziehen, dass dem übernehmenden Rechtsträger das **wirtschaftliche Eigentum** an den Anteilen der erworbenen Gesellschaft eingeräumt wird (Haritz/Menner/Bilitewski/Behrens Rn. 46; Dötsch/Pung/Möhlenbrock/Patt Rn. 4; Rödder/Herlinghaus/van Lishaut/Rabback Rn. 8; Frotscher/Drüen/Mutscher Rn. 38).

8   Bei der Einbringung eines **Betriebs, Teilbetriebs** oder **Mitunternehmeranteils** in eine KapGes bzw. Gen sind auch die dem Betrieb, Teilbetrieb oder Mitunternehmeranteil zuzuordnenden Anteile an einer KapGes mit einzubringen, sofern sie wesentliche Betriebsgrundlage des übertragenen Vermögens darstellen (→ § 20 Rn. 26 f.). Es liegt dann ein **einheitlicher Einbringungsvorgang** nach § 20 I vor (BMF 11.11.2011, BStBl. I 2011, 1314 Rn. 21.01; Dötsch/Pung/Möhlenbrock/Patt Rn. 10; Rödder/Herlinghaus/van Lishaut/Rabback Rn. 13; Lademann/Jäschke Rn. 2; Brandis/Heuermann/Nitzschke § 20 Rn. 19a). Gleiches gilt, wenn Anteile an einer KapGes zusammen mit einem Betrieb, Teilbetrieb oder Mitunternehmeranteil übertragen werden und insoweit eine nicht wesentliche Betriebsgrundlage vorliegt (ebenso Rödder/Herlinghaus/van Lishaut/Rabback Rn. 9; Lademann/Jäschke Rn. 2; Dötsch/Pung/Möhlenbrock/Patt Rn. 10; diff. jedoch für den Teilbetrieb in → Rn. 11; aA Haritz/Menner/Bilitewski/Behrens Rn. 9 f.). Dies hat zur Folge, dass die miteingebrachten Anteile auch unter dem gemeinen Wert angesetzt werden können, wenn kein qualifizierter Anteilstausch vorliegt. Sind Anteile an einer KapGes/Gen wesentliche Betriebsgrundlage eines Betriebs, Teilbetriebs oder Mitunternehmeranteils, so können diese Anteile unter den Voraussetzungen des § 21 isoliert, dh ohne den Betrieb, Teilbetrieb oder Mitunternehmeranteil steuerneutral auf eine KapGes/Gen übertragen werden (Dötsch/Pung/Möhlenbrock/Patt § 20 Rn. 33; Brandis/Heuermann/Nitzschke § 20 Rn. 19a; Haritz DStR 2000, 1537; vgl. auch Rödder/Herlinghaus/van Lishaut/Herlinghaus § 20 Rn. 71). Wird eine funktional wesentliche Betriebsgrundlage eines Betriebs, Teilbetriebs oder Mitunternehmeranteils nicht eingebracht, findet § 20 keine Anwendung, bezogen auf Anteile an einer KapGes kann sich die Steuerneutralität aus § 21 ergeben (Dötsch/Pung/Möhlenbrock/Patt Rn. 11). Die **100%ige Beteiligung** an einer KapGes stellt nach herrschender Auffassung keinen Teilbetrieb iSd § 20 I dar (BT-Drs. 16/2710, 42; Haritz/Menner/Bilitewski/Behrens Rn. 6; Widmann/Mayer/Widmann Rn. 7; Patt FR 2004, 561; Dötsch/Pung/Möhlenbrock/Patt Rn. 12; vgl. auch BFH BStBl. II 2009, 464 zu § 24). Bringt eine gewerblich geprägte PersGes oder eine KapGes, die ausschließlich Anteile an KapGes hält, alle diese Anteile in eine KapGes ein, liegt die Einbringung eines Betriebs iSv § 20 vor (→ § 20 Rn. 16; Dötsch/Pung/Möhlenbrock/Patt Rn. 11a). Werden nur einzelne Anteile übertragen, findet § 21 Anwendung.

9   Zur Anwendung des § 21 beim Formwechsel nach § 25 → § 25 Rn. 33 ff.

3. Verhältnis zu § 20 IVa EStG

10 § 21 gilt nur für Anteilseigner, deren Anteile sich im BV befinden, die iSd § 17 EStG beteiligt sind oder die einbringungsgeborene Anteile iSv § 21 I aF besitzen (BMF 11.11.2011, BStBl. I 2011, 1314 Rn. 21.03; Haritz/Menner/Bilitewski/Behrens Rn. 4a, b; NK-UmwR/Bender Rn. 15; Brandis/Heuermann/Nitzschke Rn. 29; BeckOK UmwStG/Dürrschmidt Rn. 393 f.; Beinert GmbHR 2012, 291). Für alle übrigen Anteile gilt vorrangig § 20 IVa EStG. Nach § 20 XIII EStG gilt Abs. 4a dieser Vorschrift nicht für Anteile, bei deren Verkauf gewerbliche Einkünfte

entstehen. Dazu zählen auch Anteile iSd § 17 EStG und einbringungsgeborene Anteile iSd § 21 aF. Soweit damit Anteile an der erworbenen Gesellschaft durch § 20 IVa EStG erfasst werden, gelten die Wertansatzwahlrechte (§ 21 I 2), die zwingende Wertverknüpfung (§ 21 II 1) und die Nachweispflichten (§ 22 III) nicht, es müssen als Gegenleistung keine neuen Anteile ausgegeben werden, es reicht aus, wenn der übernehmende Rechtsträger insoweit eigene Anteile gewährt (Haritz/Menner/Bilitewski/Behrens Rn. 4a; Benz/Rosenberg DB-Beil. 1/2012, 38). Für die Steuerneutralität solcher Anteile ist es ohne Bedeutung, wie der übernehmende Rechtsträger die eingebrachten Anteile ansetzt (Haritz/Menner/Bilitewski/Behrens Rn. 4a), ob ein qualifizierter oder ein einfacher Anteilstausch gegeben ist. Nach richtiger Auffassung (Beinert GmbHR 2012, 291) kann der übernehmende Rechtsträger bezogen auf Anteile iSd § 20 VIa 1 EStG auch dann den gemeinen Wert ansetzen, wenn iÜ durch eine andere Einbringende ein qualifizierter Anteilstausch iSd Abs. 1 durchgeführt wird und der übernehmende Rechtsträger insoweit BW oder ZW ansetzen will. Wurden Anteile iSd § 20 IVa EStG eingebracht, so entsteht insoweit auch kein Einbringungsgewinn II, wenn der übernehmende Rechtsträger die insoweit auf ihn übertragenen Anteile veräußert oder ein Ersatzrealisationstatbestand innerhalb der siebenjährigen Sperrfrist erfüllt wird (Beinert GmbHR 2012, 291).

4. Der Einbringende

Abs. 1 S. 1 bestimmt nicht, wer **Einbringender** iSd Vorschrift sein kann. Der **11** persönliche Anwendungsbereich des § 21 ergibt sich aus § 1 IV. Die subjektiven Einschränkungen des § 1 IV 1 Nr. 2 gelten nicht für den Anteilstausch iSd § 21, weil die Anwendungsvorschrift insoweit nur auf Vorgänge nach § 1 III Nr. 1–4 Bezug nimmt und der sachliche Anwendungsbereich beim Anteilstausch sich alleine nach § 1 III Nr. 5 bestimmt. Daraus kann geschlossen werden, dass Einbringende alle natürlichen Personen, Körperschaften, Personenvereinigungen, Vermögensmassen und PersGes sein können, die im Inland, im ausl. EU/EWR-Bereich oder in Drittstaaten ansässig sind (allgM BMF 11.11.2011, BStBl. I 2011, 1314 Rn. 21.03; Haritz/Menner/Bilitewski/Behrens Rn. 122; Dötsch/Pung/Möhlenbrock/Patt Rn. 8; Rödder/Herlinghaus/van Lishaut/Rabback Rn. 24; Brandis/Heuermann/Nitzschke Rn. 30; Frotscher/Drüen/Mutscher Rn. 2). Ob der Einbringende in Deutschland unbeschränkt oder beschränkt stpfl. ist, ist ohne Bedeutung.

Rechtsfähige und nicht rechtsfähige Vereine und Stiftungen kommen als Einbringende in Betracht, jedenfalls soweit ausl. Gen im Anhang der Fusions-RL aufgeführt sind (Widmann/Mayer/Widmann Rn. 37 f.). **12**

Wird ein Betrieb, Teilbetrieb oder Mitunternehmeranteil durch eine Mitunternehmerschaft in eine KapGes eingebracht, so kann Einbringender auch **die Mitunternehmerschaft** sein (→ § 20 Rn. 181). Nichts anderes gilt im Regelungsbereich des § 21 (ebenso Haritz/Menner/Bilitewski/Behrens Rn. 88; Dötsch/Pung/Möhlenbrock/Patt Rn. 48c; NK-UmwR/Bender Rn. 4; HK-UmwStG/Werner Rn. 12; Brandis/Heuermann/Nitzschke Rn. 30; vgl. auch BT-Drs. 16/2710, 45; aA Lademann/Jäschke Rn. 10b; Haase/Hofacker/Lübbehüsen/Schütte Rn. 20). Wird ein Anteil an einer KapGes oder Gen in eine gewerbliche bzw. gewerblich geprägte PersGes gehalten und überträgt diese PersGes die Anteile im Wege eines qualifizierten Anteilstauschs, so liegt nur ein Anteilstausch vor, der übernehmende Rechtsträger kann insoweit das Wahlrecht auf Buchwertfortführung, Zwischenwertansatz oder Ansatz mit dem gemeinen Wert nur einheitlich ausüben (Dötsch/Pung/Möhlenbrock/Patt Rn. 48c; Haritz/Menner/Bilitewski/Behrens Rn. 201). Zur Holding-PersGes vgl. → Rn. 8. **13**

Werden die Anteile an der erworbenen Gesellschaft vor der Einbringung in einer **vermögensverwaltenden Gesamthandsgemeinschaft** gehalten, so werden diese den Gesellschaftern anteilig gem. § 39 II Nr. 2 AO für stl. Zwecke zugerechnet **14**

(BFH BStBl. II 2004, 898; BFH/NV 2001, 17). Einbringende sind daher die Gesellschafter der vermögensverwaltenden Gesamthand (Haritz/Menner/Bilitewski/Behrens Rn. 89; Dötsch/Pung/Möhlenbrock/Patt Rn. 48b; NK-UmwR/Bender Rn. 4; HK-UmwStG/Werner Rn. 12; Brandis/Heuermann/Nitzschke Rn. 30). Der Einbringungsvorgang ist unter den Voraussetzungen des § 21 im Ergebnis steuerneutral, wenn die als Gegenleistung für die Übertragung der Anteile neu ausgebenen Anteile am übernehmenden Rechtsträger wiederum gesamthänderisches Vermögen darstellen und bezogen auf die „einbringende" Gesamthand und die Gesamthand, die die neuen Anteile am übernehmenden Rechtsträger erhält, Quoten- und Personenidentität besteht (vgl. Schmidt/Weber-Grellet EStG § 17 Rn. 82 ff.).

5. Der übernehmende Rechtsträger

15 Übernehmende Gesellschaft können **KapGes** und **Gen** sein. Nach dem Gesetz zur Einführung der SE und zur Änderung des Genossenschaftsrechts v. 14.8.2006 sind gesellschaftsrechtlich bei Gen erstmals Sacheinlagen als Einzahlung auf Gesellschaftsanteile zugelassen (§ 7A III GenG). Alle anderen Körperschaften, Personenvereinigungen und Vermögensmassen scheiden als übernehmender Rechtsträger aus, eine analoge Anwendung der Vorschrift kommt nicht in Betracht.

15a Die FVerw (BMF 10.11.2021, BStBl. I 2021, 2212 Rn. 100) geht davon aus, dass eine nach **§ 1a KStG zur Körperschaftsteuer optierende PersGes** übernehmender Rechtsträger iSd § 21 sein kann (ebenso BeckOK KStG/Brühl KStG § 1a Rn. 93; Widmann/Mayer/Schießl KStG § 1a Rn. 402; Dötsch/Pung/Möhlenbrock/Pung KStG § 1a Rn. 13; Streck/Mückl KStG § 1a Rn. 25; Böhmer/Schewe FR 2022, 69), wenn sie im EU-/EWR-Gebiet ansässig ist (§ 1 IV Nr. 1). Davon ging offensichtlich auch der Gesetzgeber aus (BT-Drs 19/28656, 21 f.), obwohl dieser ausdrücklich feststellt, dass die Ausübung der Option nichts daran ändert, dass die Ges, die für Zwecke der Besteuerung nach dem Einkommen „wie eine KapGes" zu behandeln ist, zivilrechtlich nach wie vor eine PersGes ist. Dieser Auffassung der FVerw kann iE gefolgt werden. Nach § 1 IV Nr. 1 muss im Anwendungsbereich des Sechsten bis Achten Teils des UmwStG übernehmender Rechtsträger eine Europäische Ges iSd VO (EG) 2157/2001, eine Europäische Gen iSd VO (EG) 1435/2003 oder eine andere Ges iSd Art. 54 AEUV oder des Art. 34 EWRAbk ist, deren Sitz und Ort der Geschäftsleitung sich innerhalb des Hoheitsgebiets eines dieser Staaten befindet. Diese Voraussetzungen erfüllt eine PhG, sie kann damit im Grundsatz übernehmender Rechtsträger sein. Der Anwendungsbereich des § 21 ist damit eröffnet. Übernehmender Rechtsträger iSd Abs. 1 muss eine KapGes oder Gen sein. Gemäß § 1a 1 1 KStG gilt: Auf unwiderruflichen Antrag sind für Zwecke der Besteuerung nach dem Einkommen eine PhG oder PartGes wie eine KapGes (optierende Ges) und ihre Gesellschafter wie die nicht persönlich haftenden Gesellschafter einer KapGes zu behandeln. Diese Fiktion gilt auch im Anwendungsbereich des Abs. 1. Der Einbringungszeitpunkt muss eine logische Sekunde nach dem Einbringungszeitpunkt iSd § 1a II 3 KStG liegen.

16 Der übernehmende Rechtsträger muss in Deutschland **nicht unbeschränkt stpfl.** sein (vgl. nur BMF 11.11.2011, BStBl. I 2011, 1314 Rn. 01.54). Übernehmender Rechtsträger kann grds. jede inl. oder ausl. KapGes oder Gen sein, soweit diese die **Erfordernisse** des § 1 IV 1 erfüllt (BT-Drs. 16/2710, 42; Rödder/Herlinghaus/van Lishaut/Rabback Rn. 18; Brandis/Heuermann/Nitzschke Rn. 31; Frotscher/Drüen/Mutscher Rn. 26). Nach § 1 IV 1 Nr. 1 kommen nur inl. oder ausl. KapGes oder Gen als übernehmender Rechtsträger in Betracht. Die übernehmende Rechtsträger muss damit nach den Rechtsvorschriften eines Mitgliedstaates der EU oder des EWR gegründet worden sein und in einem der Mitgliedstaaten auch seinen Sitz und Ort der Geschäftsleitung haben (Dötsch/Pung/Möhlenbrock/Patt Rn. 6).

Die Geschäftsleitung muss sich nicht in dem Staat befinden, nach dessen Recht die KapGes bzw. Gen gegründet worden ist (Frotscher/Drüen/Mutscher Rn. 26; Haase/Hofacker/Lübbehüsen/Schütte Rn. 21; ebenso BMF 11.11.2011, BStBl. I 2011, 1314 Rn. 01.49). Ist eine GmbH oder AG nach dt. Recht gegründet worden und hat sie ihren Verwaltungssitz in einem EU-/EWR-Staat verlegt, bleibt sie als solche KapGes bestehen, sie kann übernehmender Rechtsträger iSd Abs. 1 sein. Verlegt eine AG, GmbH ihren Verwaltungssitz in einen Drittstaat, kann sie grds. nicht übernehmender Rechtsträger iSd Abs. 1 S. 1 sein. Verlegt eine KapGes, die nach dem Recht eines anderen EU-/EWR-Staats gegründet wurde, ihren Verwaltungssitz nach Deutschland, bleibt sie als KapGes des Gründungsstaats bestehen (EuGH GmbHR 2002, 1137) und kann übernehmender Rechtsträger iSd Abs. 1 sein.

Als übernehmende **KapGes** kommen in Betracht die AG und die GmbH. Soweit 17 übernehmender Rechtsträger die KGaA ist, liegt die Gewährung neuer Anteile an der Gesellschaft iSd Abs. 1 nur insoweit vor, als der Einbringende dafür Aktien erhält. Als übernehmender Rechtsträger erfasst wird auch die europäische Ges. § 21 findet auch für ausl. übernehmende Gesellschaft Anwendung, wenn sie dem Typus der in § 1 I Nr. 1 KStG genannten Gesellschaft entspricht. Eine **Vor-Gründungs-Ges** (eine zukünftige KapGes vor notarieller Beurkundung des Gesellschaftsvertrags) kann nicht übernehmende KapGes sein (Lademann/Jäschke Rn. 10), da sie als Pers-Ges zu werten ist, mit der Folge, dass sie – falls sie gewerblich tätig wird – stl. als Mitunternehmerschaft iSd § 15 I Nr. 2 EStG behandelt wird (BFH BStBl. II 1990, 91). Entsprechendes gilt nach herrschender Auffassung auch für die Aufgabe oder das Scheitern der beabsichtigten Gründung einer KapGes (BFH BStBl. III 1952, 172; FG Hmb EFG 1989, 594). Hingegen kann die **VorGes** (das ist die Gesellschaft zwischen notarieller Beurkundung und Entstehung durch Eintragung in das Handelsregister) übernehmender Rechtsträger iSd § 21 sein, da sie der mit der Gründung beabsichtigten KapGes näher steht als den PersGes und folglich wie die KapGes kstpfl. ist (BFH BStBl. II 1993, 352; Widmann/Mayer/Widmann Rn. 555; Lademann/Jäschke Rn. 10). Im Rahmen des § 21 ist es unerheblich, ob es sich beim übernehmenden Rechtsträger um eine aktive Gesellschaft oder um einen bloßen **Mantel** handelt (Lademann/Jäschke Rn. 10).

Übernehmender Rechtsträger kann vorbehaltlich der Ansässigkeitserfordernisse 18 in § 1 IV 1 Nr. 1 auch eine **Gen** sein. Neben europäischen Gen kommen inl. und nach den Grundsätzen des Typenvergleichs inl. Gen vergleichbare ausl. Gen als übernehmende Rechtsträger in Betracht.

Ob eine ausl. KapGes/Gen vorliegt, ergibt sich aus einem **Typenvergleich** mit 19 der unter § 1 I Nr. 1 KStG fallenden KapGes bzw. Gen iSd § 1 I Nr. 2 KStG. Im Rahmen des Typenvergleichs für die ausl. Gesellschaft ist nach dt. StR zu entscheiden, ob eine Gesellschaft einer KapGes bzw. Gen iSd § 1 I Nr. 1, Nr. 2 KStG vergleichbar ist oder nicht. Soweit die übernehmende Gesellschaft im Anhang der Fusions-RL aufgeführt ist, jedoch nach dt. Verständnis eine transparente Mitunternehmerschaft ist, fällt die Einbringung nicht unter § 21, die Fusions-RL wurde insoweit nicht zutr. umgesetzt (Widmann/Mayer/Widmann Rn. 26). Eine PersGes, die in einem anderen EU/EWR-Staat ansässig ist und nach dt. StR als KapGes behandelt wird, kann übernehmender Rechtsträger iSv § 21 sein (str., vgl. Haritz/Menner/Bilitewski/Behrens Rn. 85; Benz/Rosenberg BB-Spezial 2006, 8, 51). Zu weiteren Einzelheiten vgl. Komm. zu § 1.

6. Gegenstand der Einbringung (erworbene Gesellschaft)

Die Einbringung von Anteilen an einer KapGes oder Gen **(erworbene Ges)** in 20 eine KapGes oder Gen **(übernehmende Ges)** gegen Gewährung neuer Anteile an der übernehmenden Gesellschaft stellt einen Anteilstausch iSd Abs. 1 S. 1 dar. § 21 erfasst damit auch die Einbringung von Anteilen an einer KapGes/Gen unabhängig davon, ob es sich um mehrheitsvermittelnde Beteiligungen handelt (Frotscher/ Drüen/Mutscher Rn. 29). Erst für die in Abs. 1 S. 2 geregelte Möglichkeit einer steuerneutralen Einbringung durch Buchwertverknüpfung setzt das Gesetz eine Übertragung mehrheitsvermittelnder Anteile voraus (qualifizierter Anteilstausch). Werden Anteile eingebracht und verfügt die KapGes/Gen, an der die eingebrachten Anteile bestehen, über einen Verlustabzug, ist **§ 8c KStG** zu beachten (BMF 2.7.2008, BStBl. I 2008, 736 Rn. 3 ff.; Widmann/Mayer/Widmann § 23 Rn. 578.9).

21 Der Begriff **Anteile an KapGes oder Gen** (erworbene Ges) ist im UmwStG nicht definiert. Besondere Anforderungen an die Anteile an einer KapGes oder Gen enthält weder § 21 noch § 1 III Nr. 5. Damit können Anteile an jeder inl. und ausl. KapGes oder dt. bzw. europäischen Gen übertragen werden, auch Anteile an in Drittstaaten ansässigen Gesellschaften (BMF 11.11.2011, BStBl. I 2011, 1314 Rn. 21.05; Dötsch/Pung/Möhlenbrock/Patt Rn. 24; Rödder/Herlinghaus/van Lishaut/Rabback Rn. 21 f.; Haritz/Menner/Bilitewski/Behrens Rn. 116 ff.; Brandis/Heuermann/Nitzschke Rn. 27; Frotscher/Drüen/Mutscher Rn. 33; Hagemann/Jakob/Ropohl/Viebrock NWB-Sonderheft 1/2007, 49). Die Einbringung von Anteilen an einer ausl. Gen ist von Abs. 1 S. 1 iVm § 1 I Nr. 2 KStG erfasst (BMF 11.11.2011, BStBl. I 2011, 1314 Rn. 21.05; Dötsch/Pung/Möhlenbrock/ Patt Rn. 24; Haritz/Menner/Bilitewski/Behrens Rn. 119; Rödder/Herlinghaus/ van Lishaut/Rabback Rn. 21b; BeckOK UmwStG/Dürrschmidt Rn. 698.1; aA Widmann/Mayer/Widmann Rn. 19 einschränkend für ausl. Gen). Ob eine ausl. KapGes/Gen vorliegt, deren Anteile nach Abs. 1 S. 1 eingebracht werden sollen, ergibt sich aus einem Typenvergleich mit der unter § 1 I Nr. 1 KStG fallenden KapGes bzw. Gen iSd § 1 I Nr. 2 KStG. Im Rahmen des Typenvergleichs für die ausl. Gesellschaft ist nach dt. StR zu entscheiden, ob eine Gesellschaft einer KapGes bzw. Gen iSd § 1 I Nr. 1, Nr. 2 KStG vergleichbar ist oder nicht (BMF 11.11.2011, BStBl. I 2011, 1314 Rn. 21.05 iVm Rn. 01.27; Haritz/Menner/Bilitewski/Behrens Rn. 118; BeckOK UmwStG/Dürrschmidt Rn. 698.1). Für die erforderliche Beurteilung der Rechtsfähigkeit kommt es auf das Recht des ausl. Staats an (Dötsch/ Pung/Möhlenbrock/Patt Rn. 24). Wird die Beteiligung an einer ausl. „KapGes" auf die übernehmende Gesellschaft übertragen und ist die erworbene Ges, deren Anteile übertragen werden, nach dem Recht der BRD als transparente Gesellschaft zu beurteilen (→ § 3 Rn. 19), ist kein Anteilstausch iSd Abs. 1 gegeben (Haritz/ Menner/Bilitewski/Behrens Rn. 118: Brandis/Heuermann/Nitzschke Rn. 27; BeckOK UmwStG/Dürrschmidt Rn. 698.1; Ley FR 2007, 109).

22 Anteile an einer **KapGes** liegen vor, soweit die sich aus den Anteilen ergebenden Rechte durch einen Anteil am Nennkapital repräsentiert werden (Widmann/Mayer/ Widmann § 20 Rn. 174; Dötsch/Pung/Möhlenbrock/Patt Rn. 25; Haritz/Menner/Bilitewski/Behrens Rn. 116). Ob der Anteil ein Stimmrecht vermittelt, ist insoweit ohne Bedeutung (Dötsch/Pung/Möhlenbrock/Patt Rn. 25; HK-UmwStG/ Werner Rn. 31; Brandis/Heuermann/Nitzschke Rn. 27). In Anlehnung an die Grundsätze im KStG sind auch die Anteile an einer **VorGes** bereits Anteile an einer KapGes iSd Abs. 1 S. 1, wenn die KapGes durch Eintragung in das Handelsregister später tatsächlich entsteht. Gleiches gilt, wenn bei einer KapGes das Stamm- bzw. Grundkapital erhöht wurde, die neuen Anteile übernommen bzw. Zeichnungsverträge abgeschlossen wurden (ebenso Haritz/Menner/Bilitewski/Behrens Rn. 116; HK-UmwStG/Werner Rn. 21; Brandis/Heuermann/Nitzschke Rn. 27; BeckOK UmwStG/Dürrschmidt Rn. 695; Dötsch/Pung/Möhlenbrock/Patt Rn. 26, die bereits ein Bezugsrecht vor Ausübung als Anteile iSd Abs. 1 S. 1 auffassen; vgl. insoweit BFH DB DStR 2008, 862: **Bezugsrechte** sind keine Anteile iSd § 8b II KStG; ebenso Lademann/Jäschke Rn. 12). Dies ergibt sich aus einer Gesamtschau des § 21. Abs. 1 S. 1 setzt als Gegenleistung für die Übertragung eines Anteils an der erworbenen Gesellschaft voraus, dass der Einbringende dafür als Gegenleistung „neue Anteile" an der Gesellschaft erhält. Es kommt damit Im Rahmen der Einbringung zu einer Sachgründung der KapGes bzw. zu einer Sachkapitalerhöhung. Obwohl diese Anteile zivilrechtlich erst mit der Eintragung der KapGes bzw. der KapErh in das Handelsregisterentstehen (BGH NZG 2005, 263), stellen diese Anteile die Gegenleistung für das übertragene Vermögen dar, selbst wenn sie zivilrechtlich erst später entstehen. Nichts anderes kann für die Anteile iSd Abs. 1 S. 1 gelten, sodass auch (künftige) Anteile an einer VorGes bzw. (künftige) Anteile aus einer KapErh, welche bereits wirksam beschlossen wurden, Anteile iSd Abs. 1 S. 1 sind. Zum Gesellschafterwechsel bei der VorGes vgl. BGH NZG 2005, 263. § 191 AktG ist zu beachten. Gegenstand der Einbringung können auch Anteile an einer steuerbefreiten KapGes sein (Widmann/Mayer/Widmann § 20 Rn. 175; Brandis/Heuermann/Nitzschke Rn. 27; BeckOK UmwStG/Dürrschmidt Rn. 697.1).

Auch Gesellschaftsanteile an einer nach **§ 1a KStG zur Körperschaftsteuer** **22a** **optierenden PersGes** können Anteile an einer KapGes iSd Abs. 1 sein (Widmann/Mayer/Schießl § 1a KStG Rn. 402). Gemäß § 1a I 1 KStG gilt: Auf unwiderruflichen Antrag sind für Zwecke der Besteuerung nach dem Einkommen eine PhG oder PartGes wie eine KapGes (optierende Ges) und ihre Gesellschafter wie die nicht persönlich haftenden Gesellschafter einer KapGes zu behandeln. Diese Fiktion gilt auch im Anwendungsbereich des Abs. 1. Der Einbringungszeitpunkt muss eine logische Sekunde nach dem Einbringungszeitpunkt iSd § 1a II 3 KStG liegen. Zu beachten ist, dass die Ausübung der Option nichts daran ändert, dass die Ges, die für Zwecke der Besteuerung nach dem Einkommen „wie eine KapGes" zu behandeln ist, zivilrechtlich nach wie vor eine PersGes ist. Gesellschaftsanteile an der zivilrechtlich weiterhin bestehenden PersGes sind nur dann und insoweit Anteile iSd Abs. 1, sofern die übertragenen Gesellschaftsanteile an der zivilrechtlich weiterhin bestehenden PersGes Gesellschafterrechte (Gewinnverteilung, die Auseinandersetzungsansprüche sowie Entnahmerechte, vgl. BMF 10.11.2021, BStBl. I 2021, 2212 Rn. 42 iVm BMF 11.7.2011, BStBl I 2011, 713 Tz I.2) vermitteln. Diese müssen sich aus dem entsprechenden Gesellschaftsvertrag ergeben (Schnitger/Krüger DB 2022, 418). Da zivilrechtlich eine PhG oder PartGes fortbesteht, verfügt sie anders als eine KapGes nicht über Nennkapital iSd § 27 Abs. 1 S. 1 KStG. Nach § 1a Abs. 2 S. 4 KStG wird daher aufgrund der Option das in der stl. Schlussbilanz auszuweisende stl. Eigenkapital (einschließlich des Eigenkapitals in Ergänzungsbilanzen) insgesamt auf dem stl. Einlagekonto erfasst (zum Umfang des maßgeblichen Eigenkapitals vgl. BMF 10.11.2021, BStBl. I 2021, 2212 Rn. 42 iVm BMF 11.7.2011, BStBl I 2011, 713 Tz I.2). Eine logische Sekunde nach der Einbringung muss das insoweit dann bestehende stl. Einlagekonto der übernehmenden Ges rechtlich zustehen. Eine Einlage von Anteilen iSv § 21 liegt auch dann vor, wenn das Vermögen der optierenden PersGes im Anschluss an die Einbringung zivilrechtlich dem übernehmenden Rechtsträger anwächst. Die Rechtsfolgen des Anwachsungsvorgangs ergeben sich aus § 1a IV 5 KStG (vgl. Widmann/Mayer/Schießl § 1a KStG Rn. 335). § 22 ist dann nach hM anwendbar (→ § 22 Rn. 36).

Keine Anteile iSd Abs. 1 S. 1 sind stille Beteiligungen an einer KapGes, kapitalersetzende Gesellschafterforderungen, die Beteiligung des phG an der KGaA (Dötsch/Pung/Möhlenbrock/Patt Rn. 24; Widmann/Mayer/Widmann § 20 Rn. 174, 178; Haritz/Menner/Bilitewski/Behrens Rn. 116) sowie Genussrechte (Dötsch/Pung/Möhlenbrock/Patt Rn. 25; Rödder/Herlinghaus/van Lishaut/Rabback Rn. 43; Haritz/Menner/Bilitewski/Behrens Rn. 116; Brandis/Heuermann/Nitzschke Rn. 27; BeckOK UmwStG/Dürrschmidt Rn. 697.1). **23**

Abs. 1 S. 1, 2 enthält unmittelbar keine Regelung darüber, ob die Beteiligung an **24** der erworbenen Gesellschaft zum **PV** oder zum **BV** des Einbringenden gehört haben muss. Aus Abs. 2 S. 5 lässt sich schließen, dass die eingebrachten Anteile auch außerhalb des BV stammen können (Dötsch/Pung/Möhlenbrock/Patt Rn. 28;

Frotscher/Drüen/Mutscher Rn. 29; Haritz/Menner/Bilitewski/Behrens Rn. 120; Haase/Hofacker/Lübbehüsen/Schütte Rn. 18). Aus dem Sinn und Zweck des Abs. 1 ergibt sich, dass auch einbringungsgeborene Anteile iSd § 21 aF thematisch in den Regelungsbereich des Abs. 1 fallen (Widmann/Mayer/Widmann § 20 Rn. 168; Frotscher/Drüen/Mutscher Rn. 29; OFD Berlin 7.5.1999, GmbHR 1999, 833; BMF 25.3.1998, BStBl. I 1998, 263 Rn. 20.16 mit Verweis auf Rn. 21.04). Seit Inkrafttreten des § 20 IVa EStG ist § 21 nur auf Anteile im BV, Anteile im PV iSd § 17 EStG und auf einbringungsgeborene Anteile iSd § 21 aF anzuwenden (→ Rn. 10).

25   Fraglich ist, ob Abs. 1 auch dann Anwendung findet, wenn der Anteil an einer KapGes/Gen, der **nicht in Deutschland steuerverstrickt** ist, obwohl der Anteilseigner in Deutschland unbeschränkt stpfl. ist, eingebracht wird. Der Wortlaut des Gesetzes schließt die Anwendung der Vorschrift auf diese Anteile nicht aus (Dötsch/Pung/Möhlenbrock/Patt Rn. 29). Nicht stl. verstrickte Beteiligungen im PV können daher vorbehaltlich § 20 IVa EStG mit dem gemeinen Wert angesetzt werden. Es kommt aber in keinem Fall zur grds. Steuerverstrickung der im Gegenzug gewährten Anteile, soweit die übertragenen Anteile nicht die Voraussetzungen des § 17 EStG erfüllen (Dötsch/Pung/Möhlenbrock/Patt Rn. 28; Haritz/Menner/Bilitewski/Behrens Rn. 120). Eine vergleichbare Problematik, wie die Einbringung einer nicht wesentlichen Beteiligung des PV, ergibt sich, wenn der Einbringende eine jur. Person des öffentlichen Rechts ist und die Beteiligung zum Hoheitsbereich gehört oder wenn eine steuerbefreite Körperschaft die Beteiligung außerhalb eines wirtschaftlichen Geschäftsbetriebs hält. Auch hier empfiehlt sich der Ansatz mit dem gemeinen Wert (Dötsch/Pung/Möhlenbrock/Patt Rn. 29). Werden Anteile von einem nicht im Inland ansässigen Anteilseigner nach Maßgabe des Abs. 1 eingebracht, bei denen der Gewinn aus der Veräußerung der übertragenen Anteile aufgrund bestehender DBA ausschließlich im Ansässigkeitsstaat besteuert werden darf, erfolgt nach der hier vertretenen Auffassung (→ Rn. 69) der Ansatz der eingebrachten Anteile immer mit dem gemeinen Wert (Haase/Hofacker/Lübbehüsen/Schütte Rn. 19). Daher sollte nichts anderes für im Inland ansässige Anteilseigner gelten, die keine in Deutschland steuerverstrickten Anteile besitzen.

7. Einbringungstatbestände, Gewährung neuer Anteile

26   Der Begriff der **„Einbringung"** wird im Gesetz nicht näher definiert. Es handelt sich um einen **steuerrechtlichen Begriff** (Rödder/Herlinghaus/van Lishaut/Rabback Rn. 55; Dötsch/Pung/Möhlenbrock/Patt Rn. 2), der alle rechtlichen Vorgänge der Eigentumsübertragung, insbes. der Übertragung des Volleigentums wie auch des wirtschaftlichen Eigentums erfasst (Rödder/Herlinghaus/van Lishaut/Rabback Rn. 56; Dötsch/Pung/Möhlenbrock/Patt Rn. 4; Frotscher/Drüen/Mutscher Rn. 38; Haritz/Menner/Bilitewski/Behrens Rn. 133; Lademann/Jäschke Rn. 14; BeckOK UmwStG/Dürrschmidt Rn. 761; Brandis/Heuermann/Nitzschke Rn. 38). Bei der Übertragung des wirtschaftlichen Eigentums an den Anteilen stellt sich aber die Frage, ob auch die entsprechenden Stimmrechte an den Anteilen iSv § 21 übertragen werden (→ Rn. 53). Die Übertragung kann im Wege der Einzelrechtsnachfolge durchgeführt werden. Ein Anteilstausch iSd § 21 kann sich aber auch durch Gesamtrechtsnachfolge oder Sonderrechtsnachfolge vollziehen. Soweit die übernehmende Gesellschaft im Anhang der Fusions-RL aufgeführt ist, diese jedoch nach dt. Verständnis eine transparente Mitunternehmerschaft ist, fällt die Einbringung nicht unter § 21, die Fusions-RL wurde insoweit nicht zutr. umgesetzt (Widmann/Mayer/Widmann Rn. 46; Dötsch/Pung/Möhlenbrock/Patt Rn. 6; Winkeljohann/Fuhrmann UmwStR-HdB S. 835). Das § 1 III Nr. 5 lediglich vom Austausch von Anteilen spricht und nicht auf das UmwG bzw. vergleichbare ausl. Vorgänge Bezug nimmt, wie dies in § 1 III Nr. 1–4 geschieht, steht dem nicht

entgegen (Dötsch/Pung/Möhlenbrock/Patt Rn. 2; Frotscher/Drüen/Mutscher Rn. 44; vgl. auch BMF 11.11.2011, BStBl. I 2011, 1314 Rn. 01.46): Die Anteile an der erworbenen Gesellschaft müssen dem Einbringenden vor Durchführung des Anteilstausches **stl. zuzurechnen** sein. Maßgebend hierfür ist das wirtschaftliche Eigentum (BMF 11.11.2011, BStBl. I 2011, 1314 Rn. 21.06; Dötsch/Pung/Möhlenbrock/Patt Rn. 30).

Zum Formwechsel vgl. → § 25 Rn. 1 ff. Zur verschleierten Sachgründung bzw. **27 verschleierten Sacheinlage** gelten die Ausführungen zu → § 20 Rn. 199 ff. entsprechend.

Eine Sacheinlage iSd Abs. 1 S. 1 liegt nur vor, wenn der übernehmende Rechts- **28** träger als Gegenleistung für die Einbringung zumindest zT **neue Anteile** am übernehmenden Rechtsträger gewährt. Die neuen Anteile müssen daher die Gegenleistung für das übertragene Vermögen sein (BeckOK UmwStG/Dürrschmidt Rn. 795). Eine Einbringung liegt vor, wenn bei einer Sachgründung bzw. Sachkapitalerhöhung auch ein Aufgeld vereinbart wird. Es ist sogar ausreichend, wenn in diesem Fall die Sacheinlage nur **als Aufgeld** erbracht wird (BMF 11.11.2011, BStBl. I 2011, 1314 Rn. E 20.09 iVm Rn. 01.46, 01.44; BFH BStBl. II 2010, 1093; BFH/NV 2012, 1015; FG Münster EFG 2009, 1423). Es besteht damit die Möglichkeit, das eingebrachte Vermögen teilweise durch Ausgabe neuer Anteile durch **Zuführung zu offenen Rücklagen** zu belegen (BMF 11.11.2011, BStBl. I 2011, 1314 Rn. E 20.11; Lademann/Jäschke Rn. 15; Widmann/Mayer/Widmann Rn. 76; vgl. auch BFH Der Konzern 2007, 632). Die Zuführung zu den offenen Rücklagen stellt keine sonstige Gegenleistung iSv Abs. 1 S. 3 dar (BMF 11.11.2011, BStBl. I 2011, 1314 Rn. E 20.11; → § 20 Rn. 212, → § 20 Rn. 218). Dies gilt auch, wenn der übernehmende Rechtsträger in einem anderen Mitgliedstaat der EU der unbeschränkten StPfl. unterliegt (vgl. § 27 VIII KStG). Die Einbringung kann auf der Ebene des übernehmenden Rechtsträgers zu einem schädlichen Beteiligungserwerb führen (BMF 4.7.2008, BStBl. I 2008, 736 Rn. 7). Auf die **Höhe der Beteiligungsquote** kommt es nicht an, es genügt jede noch so geringe Beteiligung (Rödder/Herlinghaus/van Lishaut/Rabback Rn. 50; Haritz/Menner/Bilitewski/Behrens Rn. 128; Lademann/Jäschke Rn. 15; Dötsch/Pung/Möhlenbrock/Patt Rn. 41; → § 20 Rn. 213 f.).

Keine Einbringung iSd § 21 liegt vor, wenn bei der Gründung oder KapErh **29** zunächst eine Einzahlungsforderung auf Geld begründet wird, ohne dass von vornherein die Übertragung einer Sacheinlage vorgesehen war, und später eine Sacheinlage unter Verrechnung der Einzahlungsforderung auf den übernehmenden Rechtsträger übertragen wird (Dötsch/Pung/Möhlenbrock/Patt Rn. 41). Werden **schon bestehende Anteile** am übernehmenden Rechtsträger, seien sie ausgegeben oder zurückerworben, gewährt, handelt es sich nicht um neue Anteile iSd Abs. 1 S. 1, gleichgültig, ob sie von Gesellschaftern oder von der Gesellschaft selbst (eigene Anteile) gehalten werden (Dötsch/Pung/Möhlenbrock/Patt Rn. 41; Rödder/Herlinghaus/van Lishaut/Rabback Rn. 62; Haritz/Menner/Bilitewski/Behrens Rn. 129; BeckOK UmwStG/Dürrschmidt Rn. 835.1).

Ob die Anteile neu sind, ist aus der Sicht der aufnehmenden Gesellschaft zu **30** entscheiden, dh es muss insoweit eine neue Rechtsbeziehung entstehen. **Neue Anteile idS sind** solche, die erstmals bei der Sachgründung des übernehmenden Rechtsträgers (§ 5 IV GmbHG; § 27 AktG; § 7a GenG) bzw. bei einer KapErh durch Sacheinlage (§ 56 GmbHG; §§ 183, 192 ff., 202 AktG) entstehen und ausgegeben werden (BMF 11.11.2011, BStBl. I 2011, 1314 Rn. 01.46; BFH BStBl. II 2006, 457; Rödder/Herlinghaus/van Lishaut/Rabback Rn. 48; BMF 25.3.1998, BStBl. I 1998, 268 Rn. 20.03). Die gesellschaftsrechtliche Ausgestaltung der Anteile ist grds. unmaßgeblich. Nicht erforderlich ist daher, dass die Anteile Stimmrechte gewähren (vgl. Widmann/Mayer/Widmann § 20 Rn. R 134; Dötsch/Pung/Möhlenbrock/Patt Rn. 41; Lademann/Jäschke Rn. 15). Von

Gesellschaftern übernommene Kapitalerhöhungsbeträge können auch ihren bisherigen Gesellschaftsanteilen durch **Aufstockung des Nennbetrags** zugeschlagen werden, sofern der vorhandene Geschäftsanteil voll einbezahlt ist (str., → § 20 Rn. 204; wie hier BeckOK UmwStG/Dürrschmidt Rn. 836). Da auch insoweit eine neue Rechtsbeziehung aus Sicht der aufnehmenden Gesellschaft entsteht, liegen neue Anteile iSd Abs. 1 S. 1 vor. Soweit der Einbringungsvorgang von der **Fusions-RL erfasst** ist, also Gesellschaften aus verschiedenen Mitgliedstaaten beteiligt sind, kann nach den Vorgaben der Fusions-RL eine Gewährung neuer Anteile nicht zur Voraussetzung für die Erfolgsneutralität gemacht werden; insoweit verstößt die Regelung in Abs. 1 gegen die Fusions-RL (Widmann/Mayer/Widmann Rn. 49; Frotscher/Drüen/Mutscher Rn. 56; BeckOK UmwStG/Dürrschmidt Rn. 837 f.). Neben den Gesellschaftsanteilen können auch andere WG gewährt werden (→ Rn. 34, → Rn. 70 ff.).

31 Neu iSd Abs. 1 S. 1 sind damit Anteile, die aus folgenden zivilrechtlichen Vorgängen entstanden sind:
– Sachgründung einer aufnehmenden KapGes nach § 27 AktG, § 5 IV GmbHG bzw. einer Gen nach § 7a III GenG;
– Kapitalerhöhung gegen Sacheinlage (§ 56 GmbHG; §§ 183, 192 ff., 202 ff. AktG);
– Anteile aufgrund einer Ausgliederung nach § 123 I Nr. 3 UmwG (Benz/Rosenberg BB Special 8/2006, 58);
– Sacheinlage auf das Kommanditkapital einer KGaA gegen Gewährung neuer Anteile (Widmann/Mayer/Widmann § 20 Rn. 476).

31a Anteilsgewährungen nach ausl. Recht werden von Abs. 1 erfasst, wenn sie mit den og Rechtsvorgängen vergleichbar sind. Die FVerw (BMF 10.11.2021, BStBl. I 2021, 2212 Rn. 100) geht zu Recht (vgl. → Rn. 169a) davon aus, dass eine nach **§ 1a KStG zur Körperschaftsteuer optierende PersGes** übernehmender Rechtsträger iSd § 21 sein kann (ebenso BeckOK KStG/Brühl § 1a Rn. 93; Dötsch/Pung/Möhlenbrock/Pung KStG § 1a Rn. 13; Streck/Mückl KStG § 1a Rn. 25; Böhmer/Schewe FR 2022, 69). Die Ausübung der Option ändert nichts daran, dass die Ges, die für Zwecke der Besteuerung nach dem Einkommen „wie eine KapGes" zu behandeln ist, zivilrechtlich nach wie vor eine PersGes ist. Eine Gewährung neuer Anteile liegt nur dann vor, wenn im Zusammenhang mit der Einbringung eine neue oder erweiterte Rechtsbeziehung zwischen dem Einbringenden und der optierenden Ges gesellschaftsvertraglich vereinbart wird. Dies ist beispielsweise der Fall, wenn die Sacheinlage gegen Erhöhung des Kapitalkontos I erfolgt, sofern sich die Gesellschafterrechte (Gewinnverteilung, die Auseinandersetzungsansprüche sowie Entnahmerechte, vgl. BMF 10.11.2021, BStBl. I 2021, 2212 Rn. 42 iVm BMF 11.7.2011, BStBl I 2011, 713 Tz I.2) danach bemessen. Es ist zu berücksichtigen, dass es an einer PersGes zivilrechtlich nur einen einheitlichen Anteil geben kann. Inwieweit es aus stl. Sicht zu fiktiven selbständigen Geschäftsanteilen kommt, ist derzeit offen (Böhmer/Schewe FR 2022, 69; Schnitger/Krüger DB 2022, 418).

32 Dagegen werden keine neuen Anteile iSv Abs. 1 S. 1 für die eingebrachten WG gewährt bei
– der Hingabe schon vor der Einbringung vorhandener Anteile, seien es eigene oder von Gesellschaftern gehaltene Anteile am übernehmenden Rechtsträger (zur Aufstockung des Nennbetrags → Rn. 30);
– der Einräumung einer typischen oder atypisch stillen Beteiligung (BeckOK UmwStG/Dürrschmidt Rn. 830.1);
– der Gewährung von Genussrechten (Dötsch/Pung/Möhlenbrock/Patt Rn. 25; Rödder/Herlinghaus/van Lishaut/Rabback Rn. 64; BeckOK UmwStG/Dürrschmidt Rn. 830.1));
– der Einräumung einer Darlehensforderung.

Abs. 1 S. 1 verlangt weder, dass die Anteile mit einem Mindestnennbetrag gewährt 33
werden müssen, noch, dass der Nennwert den BW bzw. bei Ansatz von ZW oder
gemeinen Werten diesen Werten entsprechen muss (Dötsch/Pung/Möhlenbrock/
Patt Rn. 41; Haritz/Menner/Bilitewski/Behrens Rn. 128; Rödder/Herlinghaus/
van Lishaut/Rabback Rn. 58; Lademann/Jäschke Rn. 15). Damit ist auch die **sog.
Überpariemission** zulässig; der Differenzbetrag zwischen dem niedrigeren Nennbetrag
der neuen Anteile (und der sonstigen WG iSd Abs. 1 S. 3) und dem BW der
Sacheinlage kann den offenen Rücklagen iSd § 27 KStG zugewiesen werden (vgl.
BMF 11.11.2011, BStBl. I 2011, 1314 Rn. E 20.11). Zur Frage, ob die im Rahmen
der Einbringung gewährten Gesellschaftsrechte wertmäßig dem eingebrachten Vermögen
entsprechen müssen, gelten die Ausführungen zu → § 20 Rn. 212 ff. entsprechend.
Die Einbringung kann auf der Ebene des übernehmenden Rechtsträgers
zu einem schädlichen Beteiligungserwerb iSv **§ 8c KStG** führen (BMF 4.7.2008,
BStBl. I 2008, 736 Rn. 7).

Abs. 1 wird nicht in jedem Fall dadurch ausgeschlossen, dass der übernehmende 34
Rechtsträger oder Dritte neben neuen Anteilen **weitere Gegenleistungen** in Geld
oder in Sachwerten gewähren (BMF 11.11.2011, BStBl. I 2011, 1314 Rn. E 20.11;
auch → Rn. 70). Zu beachten ist jedoch, dass nach den handelsrechtlichen Vorschriften
teilweise die Möglichkeit der Zuzahlung begrenzt ist (vgl. § 54 IV UmwG).
Eine neben dem neuen Anteil gewährte Gegenleistung stellt auch die Übernahme
von Verbindlichkeiten dar, selbst wenn diese Schuld für den Erwerb der Beteiligung
aufgenommen worden ist (Dötsch/Pung/Möhlenbrock/Patt Rn. 27). Werden die
Verbindlichkeiten zurückbehalten, stehen diese Verbindlichkeiten dann im Zusammenhang
mit dem Erwerb der neuen Anteile (Dötsch/Pung/Möhlenbrock/Patt
Rn. 27). Vgl. iÜ → Rn. 70 ff.

8. Zeitpunkt des Anteilstauschs

Im Gegensatz zu § 20 V enthält § 21 keine Regelung zum Zeitpunkt des Anteils- 35
tausches. Es gelten daher die allgemeinen Grundsätze, eine Rückbeziehung der
Einbringung von Anteilen ist außerhalb des Regelungsbereichs des § 20
(→ Rn. 8 f.) nicht möglich (Widmann/Mayer/Widmann Rn. 99; Rödder/Herlinghaus/van
Lishaut/Rabback Rn. 52; Dötsch/Pung/Möhlenbrock/Patt Rn. 66;
Brandis/Heuermann/Nitzschke Rn. 33; Haase/Hofacker/Lübbehüsen/Schütte
Rn. 53; aA Schwarz FR 2008, 598). Zu Sondersituationen beim Formwechsel
→ § 25 Rn. 40 f.

Da eine **Rückbeziehung** des Anteilstauschs **nicht möglich** ist, vollzieht sich der 36
Anteilstausch im Zeitpunkt der Übertragung der Anteile auf den übernehmenden
Rechtsträger. Entscheidend ist dabei grds. der Übergang des **wirtschaftlichen
Eigentums** (BMF 11.11.2011, BStBl. I 2011, 1314 Rn. 21.17; Widmann/Mayer/
Widmann Rn. 96; Rödder/Herlinghaus/van Lishaut/Rabback Rn. 77; Dötsch/
Pung/Möhlenbrock/Patt Rn. 43; Brandis/Heuermann/Nitzschke Rn. 33; Haase/
Hofacker/Lübbehüsen/Schütte Rn. 29). Auch die als Gegenleistung erhaltenen
neuen Anteile entstehen aus stl. Sicht zu diesem Zeitpunkt und nicht erst mit
Eintragung der Kapitalerhöhung ins Handelsregister (BMF 11.11.2011, BStBl. I
2011, 1314 Rn. 21.17; Dötsch/Pung/Möhlenbrock/Patt Rn. 74; Hageböke Ubg
2010, 41).

Kommt es zu einer Gründung oder Kapitalerhöhung einer dt. KapGes, so geht 37
das wirtschaftliche Eigentum grds. vor der Anmeldung an das Handelsregister über
(vgl. § 57 I AktG iVm § 36a II AktG, § 183 II AktG iVm § 36a AktG; § 7 III
GmbHG, § 56a GmbHG).

Die Sacheinlage kann nicht zu einem späteren Zeitpunkt als der Anmeldung einer 38
Gründung oder Kapitalerhöhung einer dt. KapGes stl. als bewirkt angesehen werden
(Brandis/Heuermann/Nitzschke Rn. 33).

9. Grundsatz: Ansatz mit dem gemeinen Wert

39 Liegen die Voraussetzungen eines Anteilstauschs iSd Abs. 1 S. 1 vor, so „hat" der übernehmende Rechtsträger die eingebrachten Anteile mit dem gemeinen Wert anzusetzen. Der gemeine Wert ist auf den Einbringungsstichtag zu ermitteln (BMF 11.11.2011, BStBl. I 2011, 1314 Rn. 21.08). Der Ansatz mit dem gemeinen Wert ist der gesetzliche Regelfall, nur unter den gesetzlich bestimmten Voraussetzungen kann auf **entsprechenden Antrag hin der BW oder ein ZW angesetzt werden**. Der **Grundsatz der Maßgeblichkeit** der HB für die StB gilt nicht (BMF 11.11.2011, BStBl. I 2011, 1314 Rn. 21.07; Haritz/Menner/Bilitewski/Behrens Rn. 202; Dötsch/Pung/Möhlenbrock/Patt Rn. 46; Lademann/Jäschke Rn. 23; HK-UmwStG/Edelmann Rn. 73). Ein nach § 5 I 2 EStG erforderliches Verzeichnis bei abw. Bewertungsansätzen ist bei Anteilstausch nicht zu führen (BMF 12.3.2010, BStBl. I 2010, 239 Rn. 19; Dötsch/Pung/Möhlenbrock/Patt Rn. 46).

40 Weder das EStG, das KStG noch das UmwStG definieren den **Begriff des gemeinen Werts.** Damit kommt der Erste Teil des BewG für die Bestimmung des gemeinen Werts zur Anwendung. Die Bewertung von Anteilen ist in § 11 BewG geregelt. Anteile an KapGes sind iÜ für ertragstl. Zwecke mit dem gemeinen Wert anzusetzen, der sich aus zeitnahen Verkäufen ableiten lässt, die weniger als ein Jahr zurückliegen (Vergleichswertmethode, → § 3 Rn. 39). Liegen solche Verkäufe nicht vor, kommt das Ertragswertverfahren und nicht das sog. Stuttgarter Verfahren zur Anwendung. Soweit die Anteile nicht börsennotiert sind, sind die eingebrachten Anteile idR nach dem Ertragswertverfahren oder einer anderen anerkannten Methode zu bewerten (§ 11 II 2 BewG). Nach Auffassung der FVerw (BMF 11.11.2011, BStBl. I 2011, 1314 Rn. 03.07) sind die gleichlautenden Erlasse der Obersten Finanzbehörden der Länder zur Anwendung der §§ 11, 95–109 und 199 BewG v. 17.5.2011, BStBl. I 2011, 606 anwendbar.

10. Antragswahlrecht: Buchwert- oder Zwischenwertansatz

41 **a) Allgemeines.** Abweichend von der Regelbewertung nach Abs. 1 S. 1 besteht auf entsprechenden Antrag hin bei Vorliegen eines sog. qualifizierten Anteilstauschs grds. (→ Rn. 69 ff.) die Möglichkeit, die BW der übertragenen Anteile fortzuführen bzw. einen Zwischenwertansatz zu wählen. Der **Grundsatz der Maßgeblichkeit** der HB für die StB gilt insoweit nicht (BMF 11.11.2011, BStBl. I 2011, 1314 Rn. 21.07; Dötsch/Pung/Möhlenbrock/Patt Rn. 46; Brandis/Heuermann/ Nitzschke Rn. 35; Frotscher/Drüen/Mutscher Rn. 93; vgl. auch Gesetzesbegründung zu § 20 II 2, BT-Drs. 16/2710, 43). Haben die eingebrachten Anteile zum PV des Einbringenden gehört, treten an die Stelle des BW die stl. AK (Abs. 2 S. 5). Stichtag für die Ermittlung des BW iSd § 1 V Nr. 4 ist der Zeitpunkt des Anteilstausches (→ Rn. 35 f.). Liegt der gemeine Wert der Anteile unter dem BW, ist der gemeine Wert anzusetzen (BMF 11.11.2011, BStBl. I 1314 Rn. 21.09; Dötsch/Pung/Möhlenbrock/Patt Rn. 50; Lademann/Jäschke Rn. 23; aA Frotscher/ Drüen/Mutscher Rn. 123). Das Antragswahlrecht besteht auch dann, wenn die **AK** einer Beteiligung des PV ausnahmsweise **negativ** sind (→ Rn. 73). Da der Anwendungsbereich des § 50i EStG die Einbringung einer „Sachgesamtheit" voraussetzt und bei der Einbringung nach § 21 „nur" einzelne WG übertragen werden, findet § 50i EStG keine Anwendung (Dötsch/Pung/Möhlenbrock/Patt Rn. 53b; Schnittker FR 2015, 134; Rödder/Huhr/Heimig Ubg 2014, 477).

42 **b) Voraussetzungen des Antragswahlrechts. aa) Mehrheit der Stimmrechte an der erworbenen Gesellschaft (Abs. 1 S. 2 Nr. 1).** Die Beteiligung an der KapGes/Gen, welche nach Abs. 1 S. 2 steuerneutral eingebracht werden soll, muss so beschaffen sein, dass die aufnehmende Ges im Zeitpunkt der Bewirkung der Sacheinlage **unmittelbar die Mehrheit der Stimmen** an der KapGes/Gen

Bewertung der Anteile beim Anteilstausch   **43 § 21 UmwStG D**

hat, deren Anteile eingebracht werden. Werden Anteile an einer nach § 1a KStG zur Körperschaftsteuer optierenden PersGes eingebracht (→ Rn. 22a), richten sich die Stimmrechte nach dem Gesellschaftsvertrag (Schnitger/Krüger DB 2022, 418). Nicht erforderlich ist, dass die übernehmende Ges bereits vor der Einbringung an der Ges, deren Anteile eingebracht werden, beteiligt war (Haritz/Menner/Bilitewski/ Behrens Rn. 154; Widmann/Mayer/Widmann Rn. 118; Rödder/Herlinghaus/van Lishaut/Rabback Rn. 85; Eisgruber/Bichler Rn. 58; Frotscher/Drüen/Mutscher Rn. 107).

Abs. 1 S. 2 Nr. 1 stellt nicht auf die Kapitalmehrheit, sondern ausschließlich auf **43** die Mehrheit der Stimmrechte ab. Die Mehrheit der Stimmrechte ist auch dann ausreichend, wenn das Gesetz oder der Gesellschaftsvertrag für bestimmte oder alle Beschlüsse eine höhere, zB qualifizierte Stimmenmehrheit erfordert (Dötsch/Pung/ Möhlenbrock/Patt Rn. 34; BeckOK UmwStG/Dürrschmidt Rn. 1045; Brandis/ Heuermann/Nitschke Rn. 36). Stimmt die Beteiligung am Kapital der Gesellschaft nicht mit den Stimmrechten überein, ist nur der Umfang der Stimmrechte ausschlaggebend (Rödder/Herlinghaus/van Lishaut/Rabback Rn. 80; Eisgruber/Bichler Rn. 54; Dötsch/Pung/Möhlenbrock/Patt Rn. 32;Brandis/Heuermann/Nitzschke Rn. 36; Haritz/Menner/Bilitewski/Behrens Rn. 152; BeckOK UmwStG/Dürrschmidt Rn. 1043.1). Abs. 1 S. 2 Nr. 1 ist nicht nur auf die Fälle beschränkt, in denen ein die Stimmmehrheit repräsentierender Anteil erst eingebracht oder diese erst hergestellt wird, sondern auch dann, wenn die übernehmende KapGes bereits die Mehrheit der Stimmrechte an der KapGes hält, deren Anteile eingebracht werden (BMF 11.11.2011, BStBl. I 2011, 1314 Rn. 21.09; Widmann/Mayer/Widmann Rn. 120; Dötsch/Pung/Möhlenbrock/Patt Rn. 32; Rödder/Herlinghaus/van Lishaut/Rabback Rn. 85; Bordewin/Brandt/Merkert Rn. 39; Frotscher/Drüen/Mutscher Rn. 107); in diesem Fall kann die Beteiligung beliebig aufgestockt werden, es können dann auch stimmrechtslose Anteile eingebracht werden (Widmann/Mayer/ Widmann Rn. 120; Dötsch/Pung/Möhlenbrock/Patt Rn. 32; aA Lademann/ Jäschke Rn. 16). Es genügt des Weiteren, wenn **mehrere natürliche Personen/ jur. Personen Anteile einbringen,** die nicht einzeln, sondern nur insges. die Voraussetzungen des Abs. 1 S. 2 Nr. 1 erfüllen, sofern die Einbringung auf einem einheitlichen Vorgang beruht (BMF 11.11.2011, BStBl. I 2011, 1314 Rn. 21.09; BFH 2019, 45; BStBl. II 2011, 815; Widmann/Mayer/Widmann Rn. 122; Dötsch/Pung/Möhlenbrock/Patt Rn. 33; Rödder/Herlinghaus/van Lishaut/Rabback Rn. 85; Eisgruber/Bichler Rn. 59; Frotscher/Drüen/Mutscher Rn. 111; BeckOK UmwStG/Dürrschmidt Rn. 1048.2). Die hM geht davon aus, dass in diesem Fall die Einbringung auf einem einheitlichen Gründungs- oder Kapitalerhöhungsvorgang beruhen muss (Dötsch/Pung/Möhlenbrock/Patt Rn. 33; Haritz/ Menner/Bilitewski/Behrens Rn. 156; Rödder/Herlinghaus/van Lishaut/Rabback Rn. 85; Frotscher/Drüen/Mutscher Rn. 111). Ein rein zeitlicher und sachlicher (einheitliche Willensentscheidung) Zusammenhang dürfte aber bereits ausreichend sein (Widmann/Mayer/Widmann Rn. 123; wohl auch BMF 11.11.2011, BStBl. I 2011, 1314 Rn. 21.09; Lademann/Jäschke Rn. 16; vgl. auch BFH BStBl. II 2019, 45). Ob in einem solchen Fall die aufnehmende KapGes ihr **Antragswahlrecht** bezogen auf die auf sie **übertragenen Anteile unterschiedlich ausüben** kann, ist nicht abschl. geklärt. Da jedoch unterschiedliche Einbringende und damit auch entsprechend der Anzahl der Einbringenden unterschiedliche Einbringungsvorgänge gegeben sind, kann die aufnehmende KapGes für jeden Einbringungsvorgang gesondert wählen, ob sie insoweit die BW bzw. AK fortführt oder einen höheren Ansatz wählt (Rödder/Herlinghaus/van Lishaut/Rabback Rn. 85; Dötsch/Pung/Möhlenbrock/Patt Rn. 48a; Haritz/Menner/Bilitewski/Behrens Rn. 156). Von einem Einbringungsvorgang ist auszugehen, wenn ein Einbringender mehrere Beteiligungen an der erworbenen Gesellschaft in einem einheitlichen Vorgang überträgt. Im letztgenannten Fall kann das Antragswahlrecht nur einheitlich ausgeübt werden (Dötsch/

Pung/Möhlenbrock/Patt Rn. 48a). Werden von einem Einbringenden mehrere mehrheitsvermittelnde Beteiligungen an verschiedenen erworbenen Gesellschaften eingebracht, kann der übernehmende Rechtsträger das Antragswahlrecht für jede Beteiligung gesondert ausüben (str., wie hier Dötsch/Pung/Möhlenbrock/Patt Rn. 48a; Haritz/Menner/Bilitewski/Behrens Rn. 199; Rulf GmbHR 2008, 243).

44 Nach heute hM (→ Rn. 13) kann auch eine mitunternehmerisch tätige PersGes als solche Einbringende sein. In diesem Fall liegt nur ein einzelner Anteilstausch vor, das Antragswahlrecht kann nur einheitlich ausgeübt werden (Dötsch/Pung/Möhlenbrock/Patt Rn. 48c; Haritz/Menner/Bilitewski/Behrens Rn. 201; vgl. auch BMF 11.11.2011, BStBl. I 2011, 1314 Rn. 20.05; aA Lademann/Jäschke Rn. 10). Werden Anteile durch eine vermögensverwaltende PersGes eingebracht, gelten die Gesellschafter als Einbringende (→ Rn. 14; Haritz/Menner/Bilitewski/Behrens Rn. 89; Dötsch/Pung/Möhlenbrock/Patt Rn. 48b), es liegen mehrere Einbringungsvorgänge vor, sodass der übernehmende Rechtsträger das Wahlrecht unterschiedlich ausüben kann.

45 Die **Voraussetzung der mehrheitsvermittelnden Beteiligung** muss eine logische Sekunde nach dem **Zeitpunkt** des Anteilstausches (→ Rn. 35; Frotscher/Drüen/Mutscher Rn. 107; Haritz/Menner/Bilitewski/Behrens Rn. 161; Dötsch/Pung/Möhlenbrock/Patt Rn. 39; Brandis/Heuermann/Nitzschke Rn. 36) bzw. in einem zeitlichen und sachlichen Zusammenhang damit (→ Rn. 43) vorliegen (Müller/Dorn DStR 2020, 1950). Auf den Abschluss des Einbringungsvertrages oder den Zeitpunkt des Ausgliederungsbeschlusses kommt es nicht an (Dötsch/Pung/Möhlenbrock/Patt Rn. 39; Brandis/Heuermann/Nitzschke Rn. 36; Müller/Dorn DStR 2020, 1950). Geht die Stimmrechtsmehrheit nach der Einbringung zB durch Veräußerung von Anteilen wieder verloren, so hat dies nachträglich keine Auswirkungen auf den Einbringungsvorgang (Widmann/Mayer/Widmann § 20 Rn. 212; Rödder/Herlinghaus/van Lishaut/Rabback Rn. 87; Dötsch/Pung/Möhlenbrock/Patt Rn. 40; Haritz/Menner/Bilitewski/Behrens Rn. 162; Brandis/Heuermann/Nitzschke Rn. 36; Eisgruber/Bichler Rn. 63; Milatz/Lüttiken GmbHR 2001, 560). Eine gesetzliche Regelung iSd Verbleibens der nach § 21 zu BW/ZW in eine KapGes eingebrachten Anteile existiert aber mit § 22 II (Müller/Dorn DStR 2020, 1950).

46 Es kommt bzgl. der Voraussetzungen der mehrheitsvermittelnden Beteiligung auf die zivilrechtlichen Gegebenheiten an; wird die 100 %-Beteiligung an der erworbenen Gesellschaft gem. § 21 in die übernehmende Gesellschaft zum 1.4.01 eingebracht und danach rückwirkend zum 1.1.01 das Kapital der erworbenen Gesellschaft aufgrund einer Einbringung nach § 20 um mehr als das doppelte erhöht, ändert dies nichts daran, dass zum 1.4.01 eine mehrheitsvermittelnde Beteiligung iSv § 21 vorlag (Müller/Dorn DStR 2020, 1950).

Beispiel 1:

47 B (natürliche Person) bringt 55% seiner Anteile an der A-GmbH in die C-GmbH ein. Kapital- und Stimmbeteiligung sind identisch.

48 Die C-GmbH erwirbt mit dem Einbringungsvorgang die Stimmrechtsmehrheit an der A-GmbH. Gleiches gilt, wenn mehrere Einbringende die Stimmrechtsmehrheit in einem einheitlichen oder zumindest in einem wirtschaftlichen Zusammenhang stehenden Einbringungsvorgang verschaffen (→ Rn. 43):

Beispiel 2:

B (natürliche Person) und X-AG halten 30 bzw. 25% der Anteile an der A-GmbH, die sie in einem wirtschaftlichen Zusammenhang auf die C-GmbH übertragen. Kapital- und Stimmbeteiligung sind identisch.

Abs. 1 S. 2 Nr. 1 erstreckt sich auch auf Fälle, bei denen der übernehmende 49
Rechtsträger bereits – minderheitlich oder mehrheitlich – an der erworbenen Gesellschaft beteiligt ist:

Beispiel 3:

Die C-GmbH ist bereits mit 40% am Kapital der A-GmbH beteiligt; B überträgt an C-GmbH weitere 15%. Kapital- und Stimmrechtsbeteiligung sind identisch.

Beispiel 4:

C-GmbH ist bereits mit 55% an der A-GmbH beteiligt; C bringt weitere 15% in die C-GmbH ein. Kapital- und Stimmrechtsbeteiligung sind identisch.

Da das Gesetz ausschließlich auf die **Stimmrechte** abstellt und weder die Kapital- 50
mehrheit noch die Übereinstimmung zwischen Kapital- und Stimmrechtsbeteiligung verlangt, ist Abs. 1 S. 2 Nr. 1 auch auf Fälle anzuwenden, die den folgenden Beispielfällen 5 und 6 entsprechen:

Beispiel 5:

B (natürliche Person) ist am Nominalkapital der A-GmbH mit 25% und aufgrund nicht höchstpersönlicher Satzungsregel mit 51% der Stimmrechte beteiligt (→ Rn. 50). B bringt seinen Anteil in die bisher nicht an der A-GmbH beteiligte C-AG ein.

Beispiel 6:

X-AG ist an A-GmbH zu 65% am Nominalkapital und zu 40% an den Stimmrechten beteiligt. X-AG bringt den Anteil in die C-GmbH, die – mit oder ohne von der Kapitalbeteiligung abw. Stimmrechtsbeteiligung – bereits 15% der Stimmen der A- GmbH hält, ein.

Soweit Anteile an einer **GmbH** übertragen werden, bei der von der Kapitalbetei- 51
ligung weitestgehend abw. Stimmrechtsregelungen zulässig sind, entscheidet sich die Anwendung von Abs. 1 S. 2 Nr. 1 nach den Satzungsregeln. Problematischer ist dies allerdings für die **AG**: Das Stimmrecht folgt grds. den Aktiennennbeträgen, bei Stückaktien nach deren Zahl, § 134 AktG; lediglich für Vorzugsaktien kann das Stimmrecht ausgeschlossen werden. Trotz der Möglichkeit des Wiederauflebens der Stimmrechte bei Nichtzahlung des Vorzugsbetrages nach § 140 AktG fallen damit **Vorzugsaktien** ohne Stimmrecht aus dem Anwendungsbereich von Abs. 1 S. 2 Nr. 1 heraus, soweit die übernehmende KapGes die Stimmrechtsmehrheit noch nicht hat oder gleichzeitig mit der Einbringung (von stimmberechtigten anderen Anteilen) erwirbt (Brandis/Heuermann/Nitzschke Rn. 36; Haritz/Menner/Bilitewski/Behrens Rn. 159; vgl. aber Ladenmann/Jäschke Rn. 16); Vorzugsaktien sind aber – da das Stimmrecht entsprechend § 140 AktG wieder aufleben kann – dann Einbringungsobjekte iSv Abs. 1 S. 2 Nr. 1, wenn aufgrund wiederholter Nichtzahlung der Vorzugsbeträge das Stimmrecht wieder aufgelebt ist (Widmann/Mayer/Widmann Rn. 128; Brandis/Heuermann/Nitzschke Rn. 36).

Bei der **AG** ist außerdem die durch § 134 I 2 AktG eröffnete Möglichkeit der 52
Stimmrechtsbeschränkung für Aktienpakete zu beachten. Folge davon ist, dass bei entsprechenden Satzungsregelungen der AG, deren Aktien eingebracht werden sollen, weder die übernehmende KapGes die Stimmrechtsmehrheit erwerben noch der Einbringende diese verschaffen kann. Ein entsprechender Anteilstausch wäre damit nicht nach Abs. 1 S. 2 Nr. 1 steuerneutral möglich. Sofern eine vollständige Leistung der Einlage nicht erfolgt ist, muss § 134 II AktG beachtet werden.

Die Stimmrechtsmehrheit des übernehmenden Rechtsträgers muss in ihrer Betei- 53
ligung einschl. der übernommenen Anteile **unmittelbar begründet** sein, und zwar **durch Gesetz oder Satzung** (Rödder/Herlinghaus/van Lishaut/Rabback Rn. 81b; Dötsch/Pung/Möhlenbrock/Patt Rn. 34; Widmann/Mayer/Widmann § 20 Rn. 197; Frotscher/Drüen/Mutscher Rn. 108) bzw. bei der nach § 1a KStG zur Körperschaftsteuer optierenden PersGes durch Gesellschaftsvertrag. Die aufneh-

mende KapGes muss die unmittelbare Stimmenmehrheit bei der erworbenen Gesellschaft innehaben oder erlangen. Stimmrechte, welche der aufnehmenden Gesellschaft nur mittelbar über andere Tochter- oder Enkelgesellschaften zustehen, sind insoweit nicht zu berücksichtigen (Rödder/Herlinghaus/van Lishaut/Rabback Rn. 84; Dötsch/Pung/Möhlenbrock/Patt Rn. 37; BeckOK UmwStG/Dürrschmidt Rn. 1049.1; Widmann/Mayer/Widmann § 20 Rn. R 205; Haritz/Menner/Bilitewski/Behrens Rn. 157).

54 Unter Abs. 1 S. 2 Nr. 1 fallen nur solche Anteile an der erworbenen Ges, die unmittelbar – wenngleich mit möglichen Abweichungen vom Nominalkapital – Stimmrechte vermitteln. Das Erfordernis der **Unmittelbarkeit** schließt außerhalb des Gesellschaftsvertrages liegende, zu Stimmrechtsmehrheiten verhelfende Vereinbarungen (Stimmbindungen, Konsortialverträge etc) aus. Werden die Stimmrechte durch **schuldrechtliche** Stimmbindungsverträge, **Vetoverträge** von Minderheits-Ges oÄ eingeschränkt, so ist dies für die Ermittlung der Stimmenmehrheit ohne Bedeutung (Widmann/Mayer/Widmann Rn. 138; Rödder/Herlinghaus/van Lishaut/Rabback Rn. 82; Dötsch/Pung/Möhlenbrock/Patt Rn. 34; Brandis/Heuermann/Nitzschke Rn. 36; Lademann/Jäschke Rn. 16; Frotscher/Drüen/Mutscher Rn. 108; Thiel/Eversberg/van Lishaut/Neumann GmbHR 1998, 443). Ein dem übernehmenden Rechtsträger nach der Einbringung nicht zustehendes gesellschaftsvertraglich bestehendes Vetorecht sollte aber der Anwendung eines qualifizierten Anteilstausches nicht entgegenstehen (aA Dötsch/Pung/Möhlenbrock/Patt Rn. 34; Widmann/Mayer/Widmann § 20 Rn. R 199; Lademann/Jäschke Rn. 16), es kommt nämlich nur auf die gesetzlichen oder sich aus der Satzung ergebenden Stimmrechte, nicht aber auf die Stimmkraft an (Lademann/Jäschke Rn. 16; Eisgruber/Bichler Rn. 55; BeckOK UmwStG/Dürrschmidt Rn. 1045; Brandis/Heuermann/Nitzschke Rn. 36). Daher liegen die Voraussetzungen des Abs. 1 S. 2 Nr. 1 auch vor, wenn Anteile mit einem Stimmrecht von 51 vH eingebracht werden, ausweislich des Gesellschaftsvertrages aber Beschlüsse idR mit 2/3 Mehrheit gefasst werden (Eisgruber/Bichler Rn. 55). Besteht an dem eingebrachten Anteil ein Nießbrauch, so steht dies der Anwendung des Abs. 1 S. 2 Nr. 1 grds. nicht entgegen (Widmann/Mayer/Widmann § 20 Rn. R 202; Rödder/Herlinghaus/van Lishaut/Rabback Rn. 82; vgl. aber BFH DStR 2019, 877: möglicherweise vGA). Entsprechendes gilt, wenn sich – etwa bei bestehender atypisch stiller Beteiligung – Abstimmungsmehrheiten nur mittelbar über die stille Beteiligung ergeben können. Im Falle eines **Treuhandverhältnisses** steht das Stimmrecht dem Treuhänder und nicht dem Treugeber zu (Scholz/Schmidt GmbHG § 47 Rn. 18; Widmann/Mayer/Widmann § 20 Rn. R 201). Werden die Anteile auf den übernehmenden Rechtsträger übertragen und setzt sich das Treuhandverhältnis an den neuen Anteilen fort (vgl. dazu Widmann/Mayer/Widmann § 20 Rn. R 201; Frotscher/Drüen/Mutscher Rn. 109), kann der Vorgang unter den Voraussetzungen des Abs. 1 S. 2 ohne Aufdeckung von stillen Reserven vollzogen werden. Nicht abschließend geklärt ist, ob bzw. unter welchen Voraussetzungen die bloße Übertragung des **wirtschaftlichen Eigentums** an den eingebrachten Anteilen, zB durch Abschluss eines Treuhandverhältnisses, zur Übertragung des Stimmrechts iSv § 21 führt; denn dieses ist unmittelbar mit der Mitgliedschaft, dh dem Vollrecht am Anteil verbunden (vgl. Frotscher/Drüen/Mutscher Rn. 109; Lademann/Jäschke Rn. 16; BeckOK UmwStG/Dürrschmidt Rn. 1049.2; Haase/Hofacker/Lübbehüsen/Schütte Rn. 13; Dötsch/Pung/Möhlenbrock/Patt Rn. 37). Der Begr. oder Verstärkung von Stimmrechtsmehrheiten bei der übernehmenden KapGes stehen allerdings **Konzernverträge** iSv §§ 15 ff., 291 ff. AktG nicht im Wege, da sie die Stimmrechtsmehrheit nicht tangieren. Wäre Abs. 1 S. 2 Nr. 1 anders auszulegen, wäre jedwede Umstrukturierung innerhalb von Konzerngruppen unter Anwendung des UmwStG unmöglich (ebenso Lademann/Jäschke Rn. 16).

Bei Anteilen an ausl. Rechtsträgern ist das GesR des ausl. Staates für die Frage 55
maßgebend, ob dem übernehmenden Rechtsträger die Mehrheit der Stimmrechte
zustehen (Widmann/Mayer/Widmann § 20 Rn. R 209).
Die Einbringung nach Abs. 1 S. 2 Nr. 1 muss **nachweisbar** erfolgen, der Einbrin- 56
gende trägt die Darlegungs- und Beweislast (Dötsch/Pung/Möhlenbrock/Patt
Rn. 38; aA (BeckOK UmwStG/Dürrschmidt Rn. 1051: übernehmende Ges). Dies
bedeutet insbes. für Auslandsfälle, dass der Einbringende die maßgebliche Vorschrift
des ausl. Rechts benennen muss, aus denen sich die Stimmenmehrheit ergibt
(Haritz/Menner/Bilitewski/Behrens Rn. 160; Rödder/Herlinghaus/van Lishaut/
Rabback Rn. 86).

bb) Sonstige Gegenleistung. Durch Gesetz v. 2.11.2015 (BGBl. 2015 I 1835) 57
wurde **Abs. 1 S. 2** inhaltlich durch eine neue **Nr. 2** ergänzt. Diese Änderung soll
nach § 27 XIV erstmals auf Einbringungen anzuwenden sein, wenn in Fällen der
Gesamtrechtsnachfolge der Umwandlungsbeschluss nach dem 31.12.2014 erfolgt ist
oder in den anderen Fällen der Einbringungsvertrag nach dem 31.12.2014 geschlossen worden ist (→ § 27 Rn. 39).

Eine antragsabhängige Bewertung des eingebrachten Anteils mit dem BW oder 58
einem höheren ZW ist – neben den Voraussetzungen des Abs. 1 S. 2 Nr. 1 – bezogen
auf jeden Einbringungsvorgang nur zulässig, **soweit** der gemeine Wert von sonstigen
Gegenleistungen, die neben den neuen Anteilen am übernehmenden Rechtsträger
ausgegeben werden, nicht mehr beträgt als
(a) 25% des BW der eingebrachten Anteile oder
(b) 500.000 Euro, höchstens jedoch den BW der eingebrachten Anteile.

Die Möglichkeit einer steuerneutralen Einbringung bei der Gewährung sonstiger 59
Gegenleistungen ist zunächst beschränkt auf **maximal die Höhe** des BW der eingebrachten **Anteile.** Abs. 1 S. 1 Nr. 2 lit. b spricht vom BW der eingebrachten Anteile.
Im Grundsatz ergibt sich dieser BW aufgrund der Gesetzessystematik aus der Aufnahmebilanz des übernehmenden Rechtsträgers mit dem Wert zum Einbringungszeitpunkt (→ § 20 Rn. 366b). Soweit der Einbringende gem. Abs. 2 S. 3 auf entsprechenden Antrag den BW der eingebrachten Anteile oder ZW als AK der
erhaltenen Anteile ansetzen will, stellt dieser Wert den BW der eingebrachten
Anteile iSv Abs. 2 S. 1 Nr. 2 lit. b dar (dazu aber auch → Rn. 106). Spätere Änderungen dieses BW, zB aufgrund einer Betriebsprüfung, sind zu berücksichtigen.
Liegt der gemeine Wert der sonstigen Gegenleistung über dem Buchwertvermögen
der eingebrachten Anteile, kommt es insoweit in jedem Fall zu einer Aufdeckung
von stillen Reserven im übertragenen Vermögen. Werden Anteile mit einem BW
von bis zu 500.000 Euro **(absolute Grenze)** gegen Gewährung neuer Anteile in
eine KapGes eingebracht, kann der gemeine Wert der sonstigen Gegenleistung einen
Betrag bis zum BW erreichen, ohne dass die Steuerneutralität des Einbringungsvorganges in Frage steht (Abs. 1 S. 2 Nr. 2 lit. b). Haben die eingebrachten Anteile
einen BW über 500.000 Euro, aber unter 2 Mio. Euro, greift iE die absolute Grenze
von 500.000 Euro des Abs. 1 S. 2 Nr. 2 lit. b ein; der übernehmende Rechtsträger
kann damit dem Einbringenden eine sonstige Gegenleistung iHv max. 500.000 Euro
gewähren, ohne das dadurch die Steuerneutralität des Einbringungsvorgangs gefährdet wird. Haben die eingebrachten Anteile einen BW von über 2 Mio. Euro, kommt
es zu einer Begrenzung der sonstigen Gegenleistung auf 25% des übertragenen BW
der Anteile **(relative Grenze).** Wird dann eine Gegenleistung gewährt, die über
25% des BW beträgt, werden insoweit zwingend stille Reserven im übertragenen
Vermögen aufgedeckt.

In Anlehnung an die BR-Drs. 121/15, 55 ff. zur Neuregelung folgendes **Bei-** 60
spiel:

Die 100%-Beteiligung an der X-GmbH hat einen BW iHv 2.000.000 Euro und einen gemeinen Wert iHv 5.000.000 Euro. Der Einbringende erhält neue Anteile an der übernehmenden

Y-GmbH, die einem gemeinen Wert iHv 4.000.000 Euro entsprechen, und eine Barzahlung iHv 1.000.000 Euro. Es wird ein Antrag auf Fortführung der BW gestellt.

Die Möglichkeit zur Buchwertfortführung besteht nur, soweit die Grenzen des Abs. 1 S. 2 Nr. 2 nicht überschritten sind:

Wertansatz bei der Übernehmerin

1. Schritt
Prüfung der Grenze des Abs. 1 S. 2 Nr. 2 und Ermittlung des übersteigenden Betrags:

Gemeiner Wert der sonstigen Gegenleistung	1.000.000 Euro
höchstens 25% des BW des eingebrachten Anteils	
(= 500.000) oder 500.000, höchstens jedoch der BW	- 500.000 Euro
übersteigender Betrag	500.000 Euro

2. Schritt
Ermittlung des Verhältnisses des Werts des eingebrachten Anteils, für den nach Abs. 1 S. 2 in Abweichung von Abs. 1 S. 1 die BW fortgeführt werden können:

$$\frac{(\text{Gesamtwert des eingebrachten Anteils} - \text{übersteigende Gegenleistung})}{(\text{Gesamtwert des eingebrachten Anteils})}$$

$$\frac{5.000.000\ \text{Euro} - 500.000\ \text{Euro}}{5.000.000\ \text{Euro}} = 90\%$$

3. Schritt
Ermittlung des Wertansatzes des eingebrachten Anteils bei der Übernehmerin:

Buchwertfortführung: 90% von 2.000.000 Euro	1.800.000 Euro
sonstige Gegenleistung soweit Abs. 1 S. 2 Nr. 2 überschritten	+ 500.000 Euro
Ansatz des eingebrachten Anteils bei der Übernehmerin	2.300.000 Euro

Folgen beim Einbringenden

4. Schritt
Ermittlung des Übertragungsgewinns beim Einbringenden:

Veräußerungspreis, Abs. 3 S. 1)	2.300.000 Euro
BW des eingebrachten Anteils	- 2.000.000 Euro
Einbringungsgewinn	300.000 Euro

5. Schritt
Ermittlung der Anschaffungskosten der erhaltenen Anteile:

Anschaffungskosten der erhaltenen Anteile (Abs. 2 S. 1)	2.300.000 Euro
Wert der (gesamten) sonstigen Gegenleistungen	- 1.000.000 Euro
Anschaffungskosten der erhaltenen Anteile	1.300.000 Euro

Würden die erhaltenen neuen Anteile später zu ihrem gemeinen Wert von 4.000.000 Euro veräußert, entstünde ungeachtet § 22 ein Veräußerungsgewinn iHv 2.700.000 Euro. Dies entspricht den auf die Übernehmerin übergegangenen stillen Reserven (5.000.000 Euro – 2.300.000 Euro = 2.700.000 Euro).

61 Überschreitet der Wert der sonstigen Gegenleistung die Grenzen des Abs. 1 S. 2 Nr. 2, kommt es insoweit zu einer Aufstockung der Werte des eingebrachten Anteils (im Beispiel 300.000 Euro). Die Diff. zwischen diesem höheren Wert und dem ursprünglichen BW (**Aufstockungsbetrag**) ist – wie beim Zwischenwertansatz – auf die eingebrachten Anteile **gleichmäßig und verhältnismäßig** zu verteilen (Brandis/Heuermann/Nitzschke Rn. 38d; Dötsch/Pung/Möhlenbrock/Patt Rn. 51y).

62 **Keine sonstige Gegenleistung** liegt vor, soweit ein Einbringender nicht seine gesamte Beteiligung, sondern nur einen Teil davon einbringt. Gleiches gilt für Ausschüttungen aus der KapGes, an den Einbringenden, bevor die Anteile eingebracht werden. Es wird in diesen Fällen dem Einbringenden kein neuer Anspruch eingeräumt, über den er nicht bereits vor der Einbringung hätte verfügen können (vgl. Rogall/Dreßler DB 2015, 1981). Soweit der Differenzbetrag zwischen dem übertragenen Nettobuchwertvermögen und dem Nominalbetrag der gewährten Gesellschaftsrechte dem Einlagekonto gem. § 27 KStG zugeordnet wird, liegt keine sonstige Gegenleistung vor. Setzen sich Rechte Dritter am übertragenen Vermögen an den neu gewährten Anteilen fort, so liegt darin keine sonstige Gegenleistung (→ § 20 Rn. 363). Werden sonstige Gegenleistungen von Dritten und nicht von der übernehmenden KapGes erbracht, liegt darin keine sonstige Gegenleistung, wenn die Leistung nicht für Rechnung der übernehmenden KapGes erfolgt (→ § 20 Rn. 360 f.).

Nach Abs. 1 S. 3 aF muss es sich bei der **sonstigen Gegenleistung** um WG **63** handeln, Abs. 1 S. 2 Nr. 2 stellt nur noch über ein sonstige Gegenleistung ab, ohne insoweit auf den Begriff des WG Bezug zu nehmen. Damit könnten auch rein schuldrechtliche Absprachen, die nicht bilanzierungsfähig sind, sonstige Gegenleistungen darstellen, es sei denn, man geht zu Recht davon aus, dass sich durch die Neufassung des Gesetzes in Form der betragsmäßigen Begrenzung der sonstigen Gegenleistung an dem Verständnis dieses Begriffs nichts geändert hat (→ § 20 Rn. 366d; Bilitewski/Heinemann Ubg 2015, 513; Ritzer/Stangl DStR 2015, 849). Als sonstige Gegenleistung, die neben den neuen Gesellschaftsanteilen gewährt werden, kommen insbes. die Einräumung von Darlehensforderungen, die Gewährung einer typisch oder atypisch stillen Beteiligung, die Gewährung von Genussscheinen, die Abtretung eigener alter Geschäftsanteile und die Hingabe von Sachwerten durch den übernehmenden Rechtsträger in Betracht. Zu weiteren Einzelheiten → § 20 Rn. 358. Wird die Beteiligung einer KapGes zusammen mit einer Verbindlichkeit, die für den Erwerb dieser Beteiligungen aufgenommen worden ist, eingebracht, gehört die Verbindlichkeit nicht zum Sacheinlagegegenstand, es liegt vielmehr eine sonstige Gegenleistung vor (Dötsch/Pung/Möhlenbrock/Platt Rn. 27; auch Frotscher/Drüen/Mutscher Rn. 139; Staccioli FR 2022, 285). Wird diese Schuld nicht übertragen, steht diese Verbindlichkeit im Zusammenhang mit dem Erwerb der neuen Anteile am übernehmenden Rechtsträger. Übersteigt der gemeine Wert der gewährten WG den gemeinen Wert der eingebrachten Anteile, liegt insoweit eine vGA vor (Dötsch/Pung/Möhlenbrock/Patt Rn. 51; Brandis/Heuermann/Nitzschke Rn. 39)

Soweit § 21 auf die **Fusions-RL** verweist (Abs. 2 S. 3 Nr. 3), ist Art. 2 lit. e **64** Fusions-RL zu beachten, wonach die bare Zuzahlung 10% des Nennbetrags der ausgegebenen Anteile nicht überschreiten darf. Zu berücksichtigen ist weiter, dass nach den handelsrechtlichen Vorschriften teilweise die Möglichkeit der Zuzahlung begrenzt ist (vgl. zB § 54 IV UmwG).

cc) Antragswahlrecht. Liegen die Voraussetzungen des Abs. 1 S. 2 vor, können **65** die eingebrachten Anteile beim übernehmenden Rechtsträger auf entsprechenden Antrag hin grds. mit dem BW oder einem höheren Wert, höchstens jedoch mit dem gemeinen Wert angesetzt werden. Liegen **mehrere Einbringungsvorgänge** vor (→ Rn. 43 f.), kann das Antragswahlrecht für jeden Einbringungsvorgang unterschiedlich ausgeübt werden (Eisgruber/Bichler Rn. 66). Der **Grundsatz der Maßgeblichkeit** der HB für die StB gilt im Rahmen des Abs. 1 S. 2 nicht (→ Rn. 39, → Rn. 41).

Maßgebend für die Bewertung ist ausschließlich **der Antrag** bzw. die Nichtstel- **66** lung des Antrags. Auf die stl. und handelsrechtliche Bilanzierung bei der übernehmenden Gesellschaft kommt es nicht an (str., → § 20 Rn. 309). Wurde ein wirksamer Antrag auf Buchwertfortführung gestellt und werden die eingebrachten Anteile in der StB mit dem gemeinen Wert angesetzt, ist dieser Ansatz unrichtig und muss korrigiert werden (Haase/Hofacker/Lübbehüsen/Schütte Rn. 58). Der Antrag hat keine Wirkung, soweit die übertragenen Anteile aufgrund zwingender Vorschriften (vgl. zB Abs. 1 S. 3) mit einem vom Antrag abw. Wert anzusetzen sind (→ § 20 Rn. 309). Abs. 1 S. 2 bestimmt nicht ausdrücklich, wer den Antrag auf abw. Bewertung zu stellen hat. Nach ganz herrschender Auffassung (BFH BStBl. II 2017, 75; Rödder/Herlinghaus/van Lishaut/Rabback Rn. 93; Eisgruber/Bichler Rn. 68; Dötsch/Pung/Möhlenbrock/Patt Rn. 49) wird der Antrag durch den **übernehmenden Rechtsträger** gestellt. Dies ergibt sich insbes. durch den Verweis in Abs. 1 S. 3 auf § 20 II 3, durch den bestimmt wird, dass der Antrag auf Bewertung der Sacheinlage unterhalb des gemeinen Werts spätestens bis zur erstmaligen Abgabe der stl. Schlussbilanz bei dem für die Besteuerung der übernehmenden Gesellschaft zuständigen FA zu stellen ist (→ § 20 Rn. 309). Nach der Gesetzesbegründung soll dadurch klargestellt werden, dass der Antrag auf Buch- oder Zwischenwertansatz von der übernehmenden Gesellschaft bei dem für sie zuständigen FA zu stellen ist (BT-Drs. 16/3369, 26). Ob der durch den übernehmenden Rechtsträger gestellte Antrag **vertraglichen Vereinbarungen** mit dem Einbringenden widerspricht, ist für seine Wirksamkeit ohne Bedeutung. Ein vereinbarungswidrig gestellter Antrag kann jedoch Schadenersatzansprüche auslösen (BFH BStBl. II 2008, 536; Widmann/Mayer/Widmann Rn. 168; Rödder/Herlinghaus/van Lishaut/Rabback Rn. 93; BeckOK UmwStG/Dürrschmidt Rn. 1292; Eisgruber/Bichler Rn. 68; Haase/Hofacker/Lübbehüsen/Schütte Rn. 57; Haritz/Menner/Bilitewski/Behrens Rn. 193). Nach Auffassung des BFH kann im Rahmen der Besteuerung des Einbringenden nicht geprüft werden, ob der von der übernehmenden KapGes angesetzte Wert zutr. ermittelt worden ist. Der Einbringende ist insoweit grds. an den entsprechenden Wert gebunden. Er kann insbes. nicht mit einem Rechtsbehelf gegen den ihn betreffenden Einkommensteuerbescheid oder Körperschaftsteuerbescheid geltend machen, dass der bei der aufnehmenden Gesellschaft angesetzte Wert überhöht sei und sich daraus für ihn eine überhöhte Steuerfestsetzung ergebe (BFH DStR 2011, 2248; DStR 2011, 1611; BStBl. II 2008, 536). Der Einbringende kann aber im Wege der sog. **Drittanfechtung** geltend machen, die seiner Steuerfestsetzung zu Grunde gelegten Werte der eingebrachten Beteiligung seien zu hoch; dem übernehmenden Rechtsträger fehlt insoweit die Klagebefugnis (BFH DStR 2019, 321; BStBl. II 2017, 75; DStR 2011, 2248; vgl. FM M-V DStR 2013, 973; Brühl/Weiss Ubg 2017, 629). Ausführlich zu den verfahrens- und prozessrechtlichen Fragen BeckOK UmwStG/Dürrschmidt Rn. 1245 ff.

67 Der Antrag ist **spätestens** bis zur erstmaligen Abgabe der stl. Schlussbilanz der übernehmenden Gesellschaft bei dem für die Besteuerung dieser Gesellschaft zuständigen FA zu stellen (Abs. 1 S. 3 iVm § 20 II 3; zur Überleitungsrechnung iSv § 60 II 1 EStDV vgl. BFH BStBl. II 2017, 75; Krohn/Greulich DStR 2008, 646; LfSt Bayern DStR 2015, 429). Die stl. Schlussbilanz ist auch maßgebend, wenn eine Einbringung zur Neugründung erfolgt und die Eröffnungsbilanz nicht ausnahmsweise gleichzeitig die normale stl. Schlussbilanz ist (LfSt Bayern DStR 2015, 429; vgl. aber auch Förster/Wendland BB 2007, 631). Das Antragswahlrecht wird nach Maßgabe des jeweils anzuwendenden Rechts durch das zuständige, dh vertretungsberechtigte Organ des übernehmenden Rechtsträgers ausgeübt. Stellvertretung ist möglich; zumindest eine zeitnahe Genehmigung der Stellvertretung dürfte mit Rückwirkung möglich sein. Eine spätere Antragstellung ist zwar nicht mehr wirksam möglich, jedoch eine solche bereits vor Abgabe der stl. Schlussbilanz (BMF 11.11.2011, BStBl. I 2011, 1314 Rn. 21.12 iVm Rn. 20.21). Aufgrund der Formulierung des Gesetzes „spätestens bis zur erstmaligen Abgabe der steuerlichen Schlussbilanz" sollte der Antrag vor Abgabe der stl. Schlussbilanz erfolgen, eine Antragstellung zusammen mit der Abgabe der stl. Schlussbilanz ist aber nach der Gesetzesbegründung ausreichend (BT-Drs. 16/2710, 36; ebenso Rödder/Herlinghaus/van Lishaut/Rabback Rn. 95; Dötsch/Pung/Möhlenbrock/Patt Rn. 49b; wohl auch BMF 11.11.2011,

BStBl. I 2011, 1314 Rn. 20.21). Der Antrag muss damit spätestens erfolgen, wenn die stl. Schlussbilanz so in den Machtbereich des zuständigen FA gelangt, dass es unter normalen Umständen die Möglichkeit hat, davon Kenntnis zu nehmen. Bei der Verschm einer Körperschaft auf eine PersGes bzw. eine andere Körperschaft geht die FVerw davon aus, dass es sich bei der stl. Schlussbilanz des übernehmenden Rechtsträgers um eine eigenständige Bilanz handelt, die sich von der Bilanz iSd § 4 I § 5 I EStG unterscheidet (vgl. BMF 11.11.2011, BStBl. I 2011, 1314 Rn. 03.01). Bei der Einbringung in eine KapGes iSd § 21 wird eine solche gesonderte **Schlussbilanz** des übertragenden Rechtsträgers nicht erstellt, vielmehr wird in der **Bilanz iSd § 4 I EStG, § 5 I EStG** die Einbringung abgebildet (BFH BStBl. II 2017, 75). Die unterschiedliche Behandlung zwischen den Fällen der §§ 3–16 und den Einbringungsfällen ist dadurch zu rechtfertigen, dass in den Einbringungsfällen der Anschaffungsvorgang in der Bilanz des anschaffenden, dh des übernehmenden Rechtsträgers abgebildet wird, in den Fällen der §§ 3–16 aber in der stl. Schlussbilanz des übertragenden Rechtsträgers, in dem in einer „normalen" StB ein solcher Vorgang aber nicht abgebildet wird (vgl. dazu Kaeser DStR-Beihefter zu Heft 2/2012, 15; Förster GmbHR 2012, 243; Kroener/Momen DB 2012, 73). Für den Ablauf der Frist kommt es nicht darauf an, ob die eingereichte Schlussbilanz den GoB oder steuerbilanzrechtlichen Sonderregelungen entspricht (BFH BStBl. II 2017, 75; Brühl GmbHR 2019, 273). Keine stl. Schlussbilanz iSd § 21 ist eine durch den Steuerpflichtigen als „vorläufig" bezeichnete oder als Entwurf gekennzeichnete Bilanz, auch wenn sie der Steuererklärung beigefügt ist (BFH BStBl. II 2017, 75; Dötsch/Pung/Möhlenbrock/Patt § 20 Rn. 211b). Eine StB, die ohne Wissen und Wollen des übernehmenden Rechtsträgers abgegeben wurde, ist keine StB iSd § 21 (Dötsch/Pung/Möhlenbrock/Patt § 20 Rn. 209c).

Einer besonderen **Form** bedarf der Antrag nicht, er kann auch konkludent, zB **68** durch Abgabe der Steuererklärung, gestellt werden (LfSt Bayern DStR 2015, 429; Rödder/Herlinghaus/van Lishaut/Rabback Rn. 94; Eisgruber/Bichler Rn. 70; Dötsch/Pung/Möhlenbrock/Patt Rn. 49; BeckOK UmwStG/Dürrschmidt Rn. 1067; Brandis/Heuermann/Nitzschke Rn. 40). Für die Auslegung des Antrags gelten die allgemeinen zivilrechtlichen Grundsätze (Haritz/Menner/Bilitewski/Behrens Rn. 194; Rödder/Herlinghaus/van Lishaut/Rabback Rn. 94). Nur beim Zwischenwertansatz muss nach Auffassung der FVerw ausdrücklich angegeben werden, in welcher Höhe oder zu welchem Prozentsatz die stillen Reserven aufzudecken sind (BMF 11.11.2011, BStBl. I 2011, 1314 Rn. 21.12 iVm Rn. 20.21, 03.29). Ein unklarer Antrag gilt jedoch als nicht gestellt, es sei denn, der Inhalt kann durch Auslegung ermittelt werden. Die Antragstellung ist **bedingungsfeindlich** (BMF 11.11.2011, BStBl. I 2011, 1314 Rn. 21.12 iVm Rn. 20.21, 03.29; Dötsch/Pung/Möhlenbrock/Patt Rn. 49; BeckOK UmwStG/Dürrschmidt Rn. 1068). Nicht möglich ist es, den Antrag an außerhalb des Einbringungsvorgang liegende Umstände anzuknüpfen, geschieht dies, gilt der Antrag als nicht gestellt (Widmann/Mayer/Widmann § 20 Rn. R 219).

Der Antrag ist bei dem für die Besteuerung des übernehmenden Rechtsträgers **69** nach § 20 AO **zuständigen FA** zu stellen (BMF 11.11.2011, BStBl. I 2011, 1314 Rn. 21.12 iVm Rn. 20.21; Dötsch/Pung/Möhlenbrock/Patt Rn. 49). Hat der übernehmende Rechtsträger weder Sitz noch Ort der Geschäftsleitung in Deutschland, soll das FA zuständig sein, das nach § 20 AO für die Besteuerung des eingebrachten Vermögens zuständig ist (Brandis/Heuermann/Nitzschke Rn. 40) bzw. das FA des Einbringenden (BeckOK UmwStG/Dürrschmidt Rn. 1062.1).

Der einmal wirksam gestellte Antrag nach Abs. 1 S. 2 kann weder **zurückge- 70 nommen,** geändert noch wegen Irrtums **angefochten** werden (str., vgl. FG Berlin Brandenburg EFG 2017, 441; Rödder/Herlinghaus/van Lishaut/Rabback Rn. 96; Eisgruber/Bichler Rn. 70; aA zB Brandis/Heuermann/Nitzschke Rn. 55; Dötsch/Pung/Möhlenbrock/Patt Rn. 65). Geht man entgegen der hier vertretenen Meinung davon aus, dass eine Anfechtung möglich ist (vgl. FG Berlin Brandenburg EFG 2009, 1695; Gosch BFH PR 2008, 485; Koch BB 2009, 600), ist zu beachten, dass dann die ursprüngliche Erklärung angefochten wird, sodass kein Antrag gestellt wurde. Wurde bereits vor der Anfechtungserklärung die stl. Schlussbilanz abgegeben, so hat dies zur Folge, dass es zu einem Ansatz der eingebrachten Anteile mit dem gemeinen Wert kommt. Eine **Änderung des Antrags** ist auch nicht mit Zustimmung des FA möglich (→ § 20 Rn. 318; Rödder/Herlinghaus/van Lishaut/Rabback Rn. 96) und auch dann nicht, wenn die stl. Schlussbilanz noch nicht abgegeben wurde (BMF 11.11.2011, BStBl. I 2011, 1314 Rn. 21.12 iVm Rn. 20.21; LfSt Bayern DStR 2015, 429; aA FGS/BDI UmwStE/Hötzel/Kaeser, 2011, 351; Frotscher/Drüen/Mutscher § 20 Rn. 245; Rödder/Herlinghaus/van Lishaut/Rabback Rn. 96). Es handelt sich bei dem Antragserfordernis um ein gesetzliches Tb-Merkmal. Bereits mit der Antragstellung ist der entsprechende Anspruch aus dem Steuerschuldverhältnis entstanden und der durch die Antragstellung verwirklichte Sachverhalt kann rückwirkend nicht mehr geändert werden (vgl. BFH DStRE 2005, 984; BFH/NV 2006, 1099). Dementsprechend scheidet auch eine Bilanzänderung aus. Demgegenüber ist eine **Bilanzberichtigung** (§ 4 II 2 EStG), dh die Korrektur eines fehlerhaften Bilanzansatzes, jederzeit unter Beachtung der Festsetzungsfrist möglich (→ § 20 Rn. 320). Ändern sich die BW des eingebrachten Vermögens nachträglich, zB aufgrund einer BP, oder hat der übernehmende Rechtsträger zum Ausdruck gebracht, dass er die BW fortführen will, ist die Bilanz des übernehmenden Rechtsträgers entsprechend zu berichtigen (vgl. BFH DStRE 2002, 279). Eine Bilanzberichtigung ist vorzunehmen, wenn der übernehmende Rechtsträger die eingebrachten Anteile mit dem gemeinen Wert ansetzen wollte und sich später (zB aufgrund einer Außenprüfung) ergibt, dass der gemeine Wert tatsächlich höher oder niedriger anzusetzen ist, als bisher geschehen (BMF 11.11.2011, BStBl. I 2011, 1314 Rn. 21.12 iVm Rn. 20.24). Weichen die Ansätze in der stl. Schlussbilanz des übernehmenden Rechtsträgers von den durch wirksamen Antrag bestimmten Werten ab, sind sie entsprechend dem Antrag zu berichtigen (BMF 11.11.2011, BStBl. I 2011, 1314 Rn. 21.12 iVm Rn. 20.24, Rn. 03.30). Eine Änderung der Wahlrechtsausübung im Wege der Bilanzberichtigung ist nicht möglich. Die Bilanzberichtigung führt zu einer Korrektur der Veranlagung des Einbringenden gem. § 175 I 2 AO. Zu beachten ist, dass ein unklarer Antrag als nicht gestellt gilt, mit der Folge, dass der gemeine Wert anzusetzen ist. In diesen Fällen ist die Bilanz zu berichtigen, wenn in der Bilanz des übernehmenden Rechtsträgers BW oder ZW angesetzt wurden. Nach Auffassung der FVerw (BMF 11.11.2011, BStBl. I 2011, 1314 Rn. 21.12 iVm Rn. 20.24) soll bei einem **Zwischenwertansatz** der entsprechende Wertansatz nicht mehr über eine Bilanzberichtigung korrigiert werden können, sofern dieser oberhalb des BW und unterhalb des gemeinen Wertes liegt. Das ist nur richtig, soweit der Antrag auf Zwischenwertansatz sich auf einen bestimmten Betrag bezogen hat. Auch bei einem Antrag auf Zwischenwertansatz kann eine Bilanzberichtigung notwendig sein, wenn in dem Antrag ein Prozentsatz angegeben wurde, um den die stillen Reserven im eingebrachten Anteil aufgedeckt werden sollten, in Abweichung von der Bilanzierung in der stl. Schlussbilanz der Umfang der stillen Reserven sich jedoch später als unrichtig erweist.

Beispiel:

71 E will seine 100%ige Beteiligung an der T-GmbH in die M-GmbH einbringen, wobei es zu einer Aufdeckung von stillen Reserven iHv 500.000 Euro kommen soll. Vor diesem Hintergrund wird der Antrag auf Zwischenwertansatz gewählt, und zwar in der Form, dass 50% der stillen Reserven im eingebrachten Anteil aufgedeckt werden sollen. Im Rahmen einer späteren Betriebsprüfung stellt sich heraus, dass die stillen Reserven in dem eingebrachten Anteil nicht wie vermutet 1 Mio. Euro betragen, sondern 1,5 Mio. Euro. In diesem Fall muss nachträglich ein Zwischenwertansatz iHv 750.000 Euro angenommen werden, eine Bilanzberichtigung ist vorzunehmen, es entsteht rückwirkend ein Einbringungsgewinn in entsprechender Höhe.

c) Rechtsfolgen bei Ansatz mit Buchwert oder Zwischenwert bzw. den Anschaffungskosten. Liegt ein qualifizierter Anteilstausch iSv Abs. 1 S. 2 vor, so kann der übernehmende Rechtsträger auf entsprechenden Antrag hin die eingebrachten Anteile mit dem BW oder einem ZW, höchstens jedoch mit dem gemeinen Wert ansetzen. 72

BW ist nach § 1 V Nr. 4 der Wert, der sich nach den stl. Vorschriften über die Gewinnermittlung in einer für den stl. Einbringungsstichtag aufzustellenden StB ergibt oder ergäbe. Wenn das Gesetz auf eine Einbringungsbilanz abstellt, bedeutet dies nicht, dass eine solche auch tatsächlich aufgrund der Regelung des § 1 V Nr. 4 aufgestellt werden muss. Maßgebend für den **BW** iSv Abs. 1 S. 2 iVm § 1 V Nr. 4 ist nicht die vom einbringenden Rechtsträger vorgenommene tatsächliche Bilanzierung, sondern die in seiner Person nach den stl. Gewinnermittlungsvorschriften zul. Bilanzierung zum Einbringungsstichtag. Befinden sich die Anteile in einem ausl. BV, ist nicht der BW nach dem in Betracht kommenden ausl. StR, sondern die dt. Vorschrift maßgebend (Widmann/Mayer/Widmann Rn. 162). Hält der Einbringende die Anteile im **PV**, treten nach Abs. 2 S. 5 an die Stelle des BW die **AK**. Die AK einer Beteiligung im PV können ausnahmsweise auch negativ sein (vgl. BMF 9.12.2012, BStBl. I 2012, 953; BFH DStR 2018, 1705; Dötsch/Pung/Möhlenbrock/Patt Rn. 52; → Rn. 114); wird eine derartige Beteiligung im Rahmen des § 21 eingebracht, müssen bei entsprechender Ausübung des Wahlrechts diese **negativen AK** fortgeführt werden (Dötsch/Pung/Möhlenbrock/Patt Rn. 52). 73

Besitzt der Einbringende mehrere Geschäftsanteile bzw. Aktien an der erworbenen Ges, so muss der Ansatz mit dem BW einheitlich erfolgen. Es ist nicht zul., dass zB einzelne Aktien überbewertet, andere dagegen unterbewertet werden und im Saldo damit der bisherige BW wieder erreicht wird. Entscheidend ist der **BW im Zeitpunkt der Einbringung** (→ Rn. 35; Rödder/Herlinghaus/van Lishaut/Rabback Rn. 130). 74

Eine **Bewertung unterhalb des BW bzw. AK** ist grds. nicht möglich. Etwas anderes gilt nur, wenn der gemeine Wert der übertragenen Anteile unter dem BW bzw. AK liegt; da der gemeine Wert der höchst zul. Wert ist, bestimmt dieser den Wertansatz (→ § 20 Rn. 324; Rödder/Herlinghaus/van Lishaut/Rabback Rn. 130). Ggf. ist eine Abstockung durch den übernehmenden Rechtsträger vorzunehmen. 75

Liegen zum Einbringungsstichtag die Voraussetzungen einer **Teilwertabschreibung** bei den übertragenen Anteilen vor, so können diese in der „stl. Schlussbilanz" des Einbringenden mit dem TW angesetzt werden. In der Person des Einbringenden sind evtl. Wertaufholungen iSv § 6 I 1 Nr. 1 S. 4, Nr. 2 S. 2f. EStG vorzunehmen. Unterlassene Wertaufholungen auf WG sind nachträglich zu korrigieren, soweit für den Einbringenden noch keine bestandskräftige Veranlagung vorliegt oder noch eine Änderung nach § 172 AO in Betracht kommt. Ändern sich die Ansätze in der „stl. Schlussbilanz" des Einbringenden, so löst dies eine Folgeänderung beim übernehmenden Rechtsträger aus. 76

Alternativ und unter denselben Voraussetzungen wie der Buchwertansatz können auf Antrag hin auch **Zwischenwerte** durch den übernehmenden Rechtsträger angesetzt werden. In der Wahl des Zwischenwertansatzes ist die übernehmende Gesellschaft grds. frei. Überträgt ein Einbringender mehrere Geschäftsanteile an der erworbenen Ges, die unterschiedliche BW haben, müssen die stillen Reserven in den übertragenen Anteilen grds. gleichmäßig aufgestockt werden. Der Gesamtbetrag der stillen Reserven ergibt sich dabei aus der Diff. zwischen dem BW und dem gemeinen Wert der einzelnen Anteile. Die stillen Reserven in den einzelnen Anteilen sind gleichmäßig um den Prozentsatz aufzulösen, dem das Verhältnis des Aufsto- 77 ckungsbetrags zum Gesamtbetrag der vorhandenen stillen Reserven der eingebrachten Anteile entspricht.

78 Bei dem Antragswahlrecht handelt es sich um ein **autonomes stl. Wahlrecht**, das unabhängig von der HB ausgeübt wird, der Grundsatz der Maßgeblichkeit der HB für die StB ist nicht zu berücksichtigen (allgM, vgl. BT-Drs. 16/2710 Rn. 43; BMF 11.11.2011, BStBl. I 2011, 1314 Rn. 21.11; Rödder/Herlinghaus/van Lishaut/Rabback Rn. 92; Dötsch/Pung/Möhlenbrock/Patt Rn. 46; vgl. auch Ritzer/Rogall/Stangl WPg 2006, 1210; Trossen FR 2006, 617). Durch die Aufgabe des Grundsatzes der Maßgeblichkeit der HB für die StB wird es zukünftig vermehrt zur Abweichung zwischen Handels- und Steuerbilanz kommen.

79 Ohne Bedeutung für die Ausübung des Antragswahlrechts ist die Höhe der neu ausgegebenen Anteile des übernehmenden Rechtsträgers. Die FVerw unterstellte bisher implizit, dass im Rahmen einer KapErh bei dem übernehmenden Rechtsträger handelsrechtlich diese KapErh buchmäßig gedeckt werden muss (vgl. BMF 11.11.2011, BStBl. I 2011, 1314 Rn. 21.11 iVm 20.20). Haben die übertragenen Anteile in der StB des übernehmenden Rechtsträgers einen höheren Wert als in der HB, sind die Beträge wirtschaftliches Aufgeld und im stl. Einlagekonto zu erfassen. Soweit der Ansatz der Anteile in der StB der übernehmenden Gesellschaft den Ansatz der Sacheinlage in der HB der übernehmenden Gesellschaft unterschreitet, kann ein **stl. AP** gebildet werden (→ § 20 Rn. 270) Der stl. AP ist nicht Bestandteil des Betriebsvermögensvergleichs iSd § 4 I 1 EStG, sondern ein bloßer „Luftposten".

80 **d) Begründung des deutschen Besteuerungsrechts.** Nach wohl überwiegender Meinung kommt es im Regelungsbereich des § 20 zu einem Ansatz des übertragenen Betriebs, Teilbetriebs bzw. Mitunternehmeranteils mit dem gemeinen Wert, soweit durch den Einbringungsvorgang ein dt. Besteuerungsrecht erstmals begründet wird (→ § 20 Rn. 280). Nichts anderes kann im Regelungsbereich des § 21 gelten (BT-Drs. 16/3369, 12; Haritz/Menner/Behrens Rn. 183; vgl. aber auch Dötsch/Pung/Möhlenbrock/Patt Rn. 53).

11. Veräußerungspreis für die eingebrachten Anteile und Anschaffungskosten der gewährten Anteile (Abs. 2)

81 Abs. 2 S. 1 regelt den Grundsatz der **strikten Wertverknüpfung**. Danach gilt der Wert, mit dem der übernehmende Rechtsträger die eingebrachten Anteile angesetzt hat, beim Einbringenden als Veräußerungspreis und als AK der neuen Anteile.

82 Der Grundsatz der strikten Wertverknüpfung wird für grenzüberschreitende Anteilseinbringungen aufgegeben.

83 Nach Abs. 2 S. 2 gilt für den Einbringenden der gemeine Wert der eingebrachten Anteile als Veräußerungspreis und als AK der erhaltenen Anteile, wenn für die eingebrachten oder erhaltenen Anteile nach der Einbringung das Recht der BRD hinsichtlich der Besteuerung des Gewinns aus der Veräußerung dieser Anteile ausgeschlossen oder beschränkt wird. Folge ist eine Besteuerung der in den eingebrachten Anteilen enthaltenen stillen Reserven.

84 Abs. 2 S. 3 regelt eine Rückausnahme zu Abs. 2 S. 2. Auf Antrag gilt in den Fällen des Abs. 2 S. 2 beim qualifizierten Anteiltausch (Abs. 1 S. 2) der BW oder ein höherer Wert, höchstens jedoch der gemeine Wert als Veräußerungspreis der eingebrachten Anteile und als AK der erhaltenen Anteile, wenn das dt. Besteuerungsrecht am Gewinn aus der Veräußerung der erhaltenen Anteile nicht ausgeschlossen oder beschränkt ist oder Art. 8 I Fusions-RL Anwendung findet. Im letztgenannten Fall wird dann im Fall einer späteren Veräußerung der neuen Anteile der Gewinn ungeachtet eines DBA besteuert (vgl. auch Art. 8 VI Fusions-RL).

85 Abs. 2 S. 4 regelt Besonderheiten des nach Abs. 2 S. 3 erforderlichen Antrags. Abs. 2 S. 5 bezieht sich auf den Fall, dass die eingebrachten Anteile nicht zum BV des

Einbringenden gehört haben. Abs. 2 S. 6 erklärt § 20 III 3 und 4 für entsprechend anwendbar.

12. Strikte Wertverknüpfung

Nach Abs. 2 S. 1 besteht im Grundsatz eine Wertverknüpfung zwischen dem **86** Ansatz der eingebrachten Anteile in der StB des übernehmenden Rechtsträgers für den Veräußerungspreis der eingebrachten Anteile und die AK der erhaltenen Anteile des Einbringenden. Abs. 2 S. 1 gilt für jeden Anteilstausch, also sowohl für den einfachen als auch für den qualifizierten Anteilstausch (Rödder/Herlinghaus/van Lishaut/Rabback Rn. 153; Haritz/Menner/Bilitewski/Behrens Rn. 243; Frotscher/Drüen/Mutscher Rn. 149 f.).

Der **Veräußerungspreis** ergibt sich grds. aus dem **Ansatz der eingebrachten** **87** **Anteile** der erworbenen Gesellschaft durch den übernehmenden Rechtsträger, davon abw. Vereinbarungen sind ohne Bedeutung (BMF 11.11.2011, BStBl. I 2011, 1314 Rn. 21.13 iVm Rn. 20.23; Dötsch/Pung/Möhlenbrock/Patt Rn. 56; BFH BStBl. II 2008, 536). Der Wertansatz beim übernehmenden Rechtsträger ist nach hM in der Lit. für den Einbringenden aber nur insoweit bindend, als der übernehmende Rechtsträger sich bei der Bewertung **innerhalb der gesetzlichen Bewertungsgrenzen** bewegt und nicht offenkundig davon abweicht (→ § 20 Rn. 372; Rödder/Herlinghaus/van Lishaut/Rabback Rn. 154; Haritz/Menner/Bilitewski/ Behrens Rn. 242; Widmann/Mayer/Widmann § 20 Rn. R 401; vgl. HessFG EFG 2006, 304; offengelassen durch BFH BStBl. II 2008, 536). Ein Ansatz durch den übernehmenden Rechtsträger hat danach keine Auswirkung auf den Veräußerungspreis, wenn der übernehmende Rechtsträger gesetzlich gezwungen ist, einen bestimmten Ansatz der Sacheinlage zugrunde zu legen. Nach Auffassung der FVerw ist für die Besteuerung des Einbringenden grds. (dh vorbehaltlich Abs. 2 S. 3, S. 2 ff.) der sich aus Abs. 2 S. 1 ergebende Wertansatz bei der übernehmenden Gesellschaft maßgebend (BMF 11.11.2011, BStBl. I 2011, 1314 Rn. 21.12 iVm Rn. 20.23); ob der Wertansatz damit gegen gesetzliche Vorschriften verstößt, dürfte nach Auffassung der FVerw unerheblich sein. Die in Abs. 2 S. 1 angeordnete Anbindung der Besteuerung des Einbringenden an die von der aufnehmenden Gesellschaft angesetzten Werte bewirkt, dass eine spätere Änderung der Höhe dieses Wertes auf die Besteuerung des Einbringenden durchschlägt, die Veranlagung des Einbringenden ist damit ggf. gem. **§ 175 I 1 Nr. 2 AO** zu ändern (BMF 11.11.2011, BStBl. I 2011, 1314 Rn. 21.12 iVm Rn. 20.23; FM M-V DStR 2013, 973; BFH/NV 2014, 921; BFH BStBl. II 2011, 815; Rödder/Herlinghaus/van Lishaut/Rabback Rn. 155). Dies gilt nicht nur dann, wenn die aufnehmende Gesellschaft in der Folge ihre StB ändert. Vielmehr genügt dafür, dass dem übernehmenden Rechtsträger gegenüber ein Steuerbescheid ergeht, der – bei Beibehaltung der angesetzten Wertentscheidung dem Grunde nach – auf anderen als den ursprünglich von ihr angesetzten Werten beruht (BFH BStBl. II 2011, 815). Im Rahmen der Besteuerung des Einbringenden kann nach Auffassung des BFH (DStR 2011, 2248) nicht geprüft werden, ob der von der übernehmenden KapGes angesetzte Wert zutr. ermittelt worden ist. Der Einbringende kann insbes. nicht mit Rechtsbehelf gegen den ihn betreffenden Einkommensteuerbescheid geltend machen, dass der bei der aufnehmenden KapGes angesetzte Wert überhöht sei und sich daraus für ihn eine überhöhte Steuerfestsetzung ergibt (BFH DStR 2011, 2248; DStR 2011, 1611; BStBl. II 2008, 536). Im Falle der Einbringung kann der übernehmende Rechtsträger weder durch Anfechtungs- noch durch Feststellungsklage geltend machen, die seiner Steuerfestsetzung zu Grunde gelegten Werte des eingebrachten Vermögens seien zu hoch. Ein solches Begehren kann aber der Einbringende im Wege der sog. **Drittanfechtung** durchsetzen (vgl. BFH DStR 2018, 1705; BStBl. II 2017, 75; DStR 2011, 2248; ausführlich zu den verfahrens- und prozessrechtlichen Fragen BeckOK UmwStG/Dürrschmidt

Rn. 1245 ff.). Ein aktiver stl. **AP** (→ § 20 Rn. 373) erhöht den Veräußerungspreis/ AK iSv Abs. 2 S. 1 nicht (BMF 11.11.2011, BStBl. I 2011, 1314 Rn. 20.23). Unerheblich ist, ob der Ansatz in der StB des übernehmenden Rechtsträgers freiwillig erfolgt oder durch zwingende gesetzliche Vorschriften bestimmt worden ist.

88 Der Wert, mit dem der übernehmende Rechtsträger die eingebrachten Anteile ansetzt, gilt für den Einbringenden nach Abs. 2 S. 1 als **AK** der erhaltenen Gesellschaftsanteile. Dieser Wert bildet jedoch nur die Ausgangsgröße. Wenn neben den neuen Anteilen **andere WG gewährt werden** (Abs. 1 S. 2 Nr. 2, 54), mindert der gemeine Wert dieser WG die AK der neuen Anteile. Aus dem vom übernehmenden Rechtsträger angesetzten Wert sind die AK für die neuen Gesellschaftsanteile nicht nur dann zu ermitteln, wenn der gesamte Wert der Sacheinlage durch den Nominalbetrag der neuen Geschäftsanteile belegt ist, sondern auch, wenn ein Teil einer offenen Rücklage zugeführt wird. Durch die Ermittlung der AK der neuen Anteile mit dem Wert, mit dem der übernehmende Rechtsträger die eingebrachten Anteile in seiner StB angesetzt hat, ist die Übertragung der in den eingebrachten Anteilen etwa vorhandenen stillen Reserven auf die neuen Geschäftsanteile und damit die spätere Besteuerung der stillen Reserven beim Einbringenden sichergestellt. Es kommt im Ergebnis zu einer Verdoppelung der stillen Reserven (auch → § 20 Rn. 378). Die **AK** können sich **nachträglich erhöhen oder vermindern** (auch → § 20 Rn. 380 ff.). Werden die eingebrachten Anteile innerhalb von sieben Jahren nach dem Einbringungszeitpunkt veräußert, so entsteht ein Einbringungsgewinn II (§ 22 II 1), der zu nachträglichen AK der als Gegenleistung erhaltenen Anteile führt (§ 22 II 4). Trägt der Einbringende Kosten der Einbringung, die dem übernehmenden Rechtsträger zuzuordnen sind, erhöhen diese Kosten die AK der Anteile (Frotscher/Drüen/Mutscher Rn. 155). Besitzt die erworbene Gesellschaft Grundstücke und löst der Einbringungsvorgang aufgrund eintretender Anteilsvereinigung **GrESt** aus, so führt dies nach herrschender Auffassung nicht zu Anschaffungsnebenkosten iSd § 255 I HGB in der Person des übernehmenden Rechtsträgers, bezogen auf die erworbenen Anteile, es liegen vielmehr sofort abzugsfähige BA vor (BFH BStBl. II 2011, 761; BMF 11.11.2011, BStBl. I 2011, 1314 Rn. 04.35).

89 Kommt es aufgrund einer BP beim übernehmenden Rechtsträger zu einer Änderung des Wertansatzes, so kommt es aufgrund von Abs. 2 S. 1 auch zu einer Änderung des Veräußerungspreises und der AK der neuen Anteile.

13. Ausnahme von der Wertverknüpfung bei Ausschluss oder Beschränkung des deutschen Besteuerungsrechts (Abs. 2 S. 2)

90 **a) Überblick.** Unabhängig vom Wertansatz des übernehmenden Rechtsträgers gilt für den Einbringenden der gemeine Wert der eingebrachten Anteile als Veräußerungspreis der eingebrachten Anteile und als AK der erhaltenen Anteile, wenn entweder das dt. Besteuerungsrecht am Gewinn aus der Veräußerung der eingebrachten oder der erhaltenen Anteile ausgeschlossen oder beschränkt ist (Abs. 2 S. 2). Durch Abs. 2 S. 2 soll das Besteuerungsrecht der BRD hinsichtlich der stillen Reserven in den eingebrachten Anteilen und den erhaltenen Anteilen sichergestellt werden (Rödder/Herlinghaus/van Lishaut/Rabback Rn. 158; Dötsch/Pung/Möhlenbrock/Patt Rn. 59; Becker-Pennrich IStR 2007, 684).

91 Abs. 2 S. 2 spricht davon, dass das Recht der BRD ausgeschlossen oder beschränkt „ist". Der Gesetzeswortlaut ist insoweit ungenau (Becker-Pennrich IStR 2007, 684). Abs. 2 S. 2 hat zum Ziel, das Besteuerungsrecht der BRD sicherzustellen (BT-Drs. 16/2710, 1; Rödder/Herlinghaus/van Lishaut/Rabback Rn. 158; Dötsch/Pung/Möhlenbrock/Patt Rn. 60a, Brandis/Heuermann/Nitzschke Rn. 45; Becker-Pennrich IStR 2007, 684). Der Tatbestand des Abs. 2 S. 2 ist nur dann erfüllt, wenn das Recht der BRD hinsichtlich der Besteuerung des Gewinns aus der Veräußerung der eingebrachten bzw. erhaltenen Anteile nach der Einbringung ausgeschlossen

oder beschränkt wird. Dies setzt voraus, dass **vor der Einbringung ein Besteuerungsrecht der BRD** an den eingebrachten Anteilen **bestanden hat** (Haritz/Menner/Bilitewski/Behrens Rn. 262; Dötsch/Pung/Möhlenbrock/Patt Rn. 60a; Rödder/Herlinghaus/van Lishaut/Rabback Rn. 159; Frotscher/Drüen/Frotscher Rn. 163 f.; Brandis/Heuermann/Nitzschke Rn. 45; Lademann/Jäschke Rn. 24). Das Besteuerungsrecht der BRD muss daher vor und nach dem Anteilstausch verglichen werden (Haritz/Menner/Bilitewski/Behrens Rn. 262; Dötsch/Pung/Möhlenbrock/Patt Rn. 60a; Lademann/Jäschke Rn. 24; Haase/Hruschka/Lübbehüsen/Schütte Rn. 77; Frotscher/Drüen/Frotscher Rn. 164 f.; Brandis/Heuermann/Nitzschke Rn. 45; BeckOK UmwStG/Dürrschmidt Rn. 1394; Pennrich IStR 2007, 684).

Streitig ist, wann das dt. Besteuerungsrecht beeinträchtigt wird, insbes. vor dem Hintergrund, dass der BFH die **Theorie der finalen Entnahme** im Jahr 2008 aufgegeben hat (BFH BStBl. II 2009, 464; BFH/NV 2010, 432; 2010, 346). Die Rspr. geht in diesem Zusammenhang davon aus, dass es nicht zu einem Ausschluss oder einer Beschränkung des dt. Besteuerungsrechts bezogen auf die in Deutschland gelegten stillen Reserven kommt, wenn WG ins Ausland verbracht werden und in Deutschland eine Betriebsstätte verbleibt. Die FVerw wendet diese Rspr. nicht an (BMF 20.5.2009, BStBl. I 2009, 671; vgl. auch EuGH DStR 2012, 2334 – National Grid Indus). Durch das JStG 2010 sind § 4 I EStG und § 12 I KStG geändert worden, wonach die Zuordnung eines WG zu einer ausl. Betriebsstätte zu dem Verlust oder einer Beschränkung des dt. Besteuerungsrechts führt (vgl. dazu Koerner IStR 2009, 741; Schönfeld IStR 2010, 133; Mitschke UbG 2010, 355; Mitschke/Koerner IStR 2010, 95, 208; Haritz/Menner/Bilitewski/Behrens Rn. 274). Nach Auffassung der FVerw sind bei der Prüfung des § 20 II 2 Nr. 3 diese durch das JStG 2010 vorgenommenen Änderungen der allgemeinen Entstrickungsvorschrift des § 4 I 3 EStG, § 12 I KStG zu beachten, obwohl die umwandlungsstl. Entstrickungsvorschriften nicht vergleichbar angepasst wurden. Nach § 4 I 4 EStG und § 12 I 2 KStG liegt ein Ausschluss oder eine Beschränkung des dt. Besteuerungsrechts hinsichtlich des Gewinns aus der Veräußerung eines WG insbes. vor, wenn ein bisher einer inl. Betriebsstätte des Steuerpflichtigen zuzuordnendes WG einer ausl. Betriebsstätte zuzuordnen ist (vgl. BMF 11.11.2011, BStBl. I 2011, 1314 Rn. 20.19 iVm Rn. 03.18). Es ist davon auszugehen, dass die FVerw im Regelungsbereich des § 21 ähnlich verfahren wird. Ein solches Problem entsteht bspw. dann, wenn eine mehrheitsbegründende Beteiligung an einer KapGes in eine in Deutschland unbeschränkt stpfl. andere KapGes eingebracht wird und diese andere KapGes eine Betriebsstätte im Ausland besitzt. Da jedoch die Entstrickungsvorschriften des UmwStG im Verhältnis zu den allg. Entstrickungsvorschriften eine speziellere Vorschrift enthalten, kann diese Auffassung nicht überzeugen (ebenso Haritz/Menner/Bilitewski/Behrens Rn. 274; Frotscher/Drüen/Frotscher § 11 Rn. 123; Stadler/Elser/Bindl DB-Beil. 1/2012, 14; Ungemach UbG 2011, 251). Daher ist bei der Einbringung in eine KapGes immer konkret zu prüfen und nicht nur zu vermuten, ob bzw. inwieweit das dt. Besteuerungsrecht entfällt oder eingeschränkt wird. Das dt. **Besteuerungsrecht** wird in folgenden Fällen **ausgeschlossen** oder **beschränkt**:
– Das dt. Besteuerungsrecht entfällt durch die Einbringung vollumfänglich, wenn nach inl. Steuerrecht das Besteuerungsrecht entfällt. das dt. Besteuerungsrecht zwar grds. erhalten bleibt, aber auf Grund von DBA anders als vor der Einbringung beim übernehmenden Rechtsträger durch Freistellung vermieden wird (vgl. BMF 11.11.2011, BStBl. I 2011, 1314 Rn. 20.19 iVm Rn. 03.18).
– Das Besteuerungsrecht wird beschränkt, wenn vor der Einbringung ein inl. Besteuerungsrecht bestanden und nach der Umw ein der Höhe oder dem Umfang nach im Vergleich dazu eingeschränktes dt. Besteuerungsrecht fortbesteht (vgl. BMF 11.11.2011, BStBl. I 2011, 1314 Rn. 20.19 iVm Rn. 03.18).

93 Ob bereits die abstrakte Gefahr eines Ausschlusses oder einer Beschränkung oder nur eine tatsächliche Berücksichtigung ausl. Steuer tatbestandsmäßig ist, ist nicht abschließend geklärt (Nachweise → § 20 Rn. 345). Nach der hier vertretenen Auffassung (ebenso Haritz/Menner/Bilitewski/Behrens Rn. 262 f.; aA Dötsch/Pung/Möhlenbrock/Patt Rn. 59a) betrifft Abs. 2 nur **einen konkreten Ausschluss bzw. eine konkrete Beschränkung,** die bloße abstrakte Möglichkeit eines Ausschlusses oder einer Beschränkung ist nicht tatbestandsmäßig (→ § 20 Rn. 345).

94 Maßgeblicher Zeitpunkt dafür, ob das dt. Besteuerungsrecht ausgeschlossen oder beschränkt wird, ist der Einbringungszeitpunkt. Wird das dt. Besteuerungsrecht hinsichtlich der eingebrachten oder erhaltenen Anteile erst nach dem Einbringungszeitpunkt beschränkt, erfolgt die Entstrickung nach § 12 KStG, § 4 I 3 EStG uÄ (Dötsch/Pung/Möhlenbrock/Patt Rn. 59a; Brandis/Heuermann/Nitzschke Rn. 45).

95 Eine Beschränkung des dt. Besteuerungsrechts iSv Abs. 2 S. 2 liegt nur dann vor, wenn die Verringerung des dt. Veräußerungsgewinnbesteuerungsanspruchs auf der **Verlagerung stl. Anknüpfungspunkte ins Ausland beruht** (Becker-Pennrich IStR 2007, 684). Bringt eine natürliche Person bspw. Anteile an eine KapGes in eine andere KapGes ein, so reduziert sich durch die Einbringung die Höhe des Steueranspruchs des dt. Fiskus im Hinblick auf einen Veräußerungsgewinn, weil ein Veräußerungsgewinn nach der Einbringung nicht mehr nach dem Halbeinkünfteverfahren, sondern nach § 8b II KStG zu versteuern ist. Dies bedeutet jedoch nicht eine Beschränkung des Besteuerungsrechts iSd Abs. 2 S. 2 (Becker-Pennrich IStR 2007, 684; Lademann/Jäschke Rn. 24; Haase/Hruschka/Lübbehüsen/Schütte Rn. 78; Dötsch/Pung/Möhlenbrock/Patt Rn. 60a; Haritz/Menner/Bilitewski/Behrens Rn. 265). Das dt. Besteuerungsrecht wird auch nicht iSv Abs. 2 S. 2 ausgeschlossen oder beschränkt, wenn der übernehmende Rechtsträger gem. § 5 KStG steuerbefreit ist (Dötsch/Pung/Möhlenbrock/Patt Rn. 60a; Haritz/Menner/Bilitewski/Behrens Rn. 265; Haase/Hruschka/Lübbehüsen/Schütte Rn. 77).

96 **b) Ausschluss oder Beschränkung des Besteuerungsrechts hinsichtlich der eingebrachten Anteile.** Im Regelfall wird durch die Einbringung von Anteilen an KapGes oder Gen durch einen im Inland mit diesen Anteilen unbeschränkt oder beschränkt stpfl. Anteilseigner in eine nicht im Inland ansässige Gesellschaft das dt. Besteuerungsrecht im Hinblick auf die eingebrachte Anteile ausgeschlossen oder beschränkt.

97 **c) Ausschluss oder Beschränkung des Besteuerungsrechts hinsichtlich der erhaltenen Anteile.** Eine Wertverknüpfung nach Abs. 2 S. 1 scheidet nach Abs. 2 S. 2 Hs. 2 für den Fall aus, dass das dt. Besteuerungsrecht hinsichtlich des Gewinns aus der Veräußerung der erhaltenen neuen Anteile ausgeschlossen oder beschränkt wird. Da die DBAs weitgehend ein Besteuerungsrecht im Sitzstaat des Anteilseigners vorsehen, bleibt das Besteuerungsrecht hinsichtlich der erhaltenen neuen Anteile im Grundsatz bestehen (§ 17 VI, VII EStG). Bedeutung hat die Regelung des Abs. 2 S. 2 Hs. 2 jedoch für die DBA, die das Besteuerungsrecht für den Gewinn aus der Veräußerung von Anteilen dem Ansässigkeitsstaat der Ges, deren Anteile verkauft werden, zuweist (Rödder/Herlinghaus/van Lishaut/Rabback Rn. 162; Brandis/Heuermann/Nitzschke Rn. 46; Haritz/Menner/Bilitewski/Behrens Rn. 271 f.; Benz/Rosenberg BB Special 8/2006, 60). Dabei handelt es sich insbes. um die Doppelbesteuerungs-DBAs mit der Tschechischen Republik, der Slowakischen Republik, Bulgarien, Zypern (vgl. Art. 13 III der entsprechenden DBA; vgl. BMF 11.11.2011, BStBl. I 2011, 1314 Rn. 21.15), zudem sind die Ausnahmen für sog. Immobiliengesellschaften zu beachten (Musil/Weber-Grellet/Desens UmwStG § 21 Rn. 23), bei denen das Besteuerungsrecht im Ansässigkeitsstaat der Gesellschaft zusteht (zB Art. 13 II DBA mit Österreich und Malta).

d) Rechtsfolgen. Wird durch die Einbringung das Besteuerungsrecht der BRD **98** für den Veräußerungsgewinn aus den eingebrachten oder erhaltenen Anteilen ausgeschlossen oder beschränkt, gilt der gemeine Wert als **Veräußerungspreis** der eingebrachten Anteile und als **AK** der erhaltenen neuen Anteile für den Einbringenden, es sei denn, die Voraussetzungen des Abs. 2 S. 3 liegen vor.

14. Antrag auf Buch- oder Zwischenwertansatz bei grenzüberschreitendem Anteilstausch (Abs. 2 S. 3)

a) Überblick. Abs. 2 S. 2 ordnet an, dass der Einbringende einen stpfl. Veräuße- **99** rungsgewinn erzielt, wenn das Besteuerungsrecht der BRD für den Veräußerungsgewinn aus den eingebrachten Anteilen oder den erhaltenen neuen Anteilen ausgeschlossen oder beschränkt wird. Abs. 2 S. 3 bildet dazu eine Ausnahme:
Der Einbringende kann auf Antrag die BW der eingebrachten Anteile oder ZW **100** als Veräußerungspreis und als AK der erhaltenen Anteile ansetzen, wenn entweder das Recht der BRD aus der Veräußerung der erhaltenen neuen Anteile nicht ausgeschlossen oder beschränkt ist (Abs. 2 S. 3 Nr. 1) oder wenn wegen Art. 8 Fusions-RL eine Besteuerung des Anteilstausches unzulässig ist, wobei im letztgenannten Fall bei der Veräußerung der erhaltenen Anteile der Veräußerungsgewinn so besteuert wird, wie die Veräußerung der Anteile, die eingebracht wurden, zu besteuern gewesen wäre (Abs. 2 S. 3 Nr. 2). Abs. 2 S. 3 gilt nur beim grenzüberschreitenden Anteilstausch (Haritz/Menner/Bilitewski/Behrens Rn. 293).

b) Qualifizierter Anteilstausch. Abs. 2 S. 3 nimmt Bezug auf Abs. 1 S. 2, dh **101** nur soweit ein qualifizierter Anteilstausch vorliegt, findet Abs. 2 S. 3 Anwendung (Rödder/Herlinghaus/van Lishaut/Rabback Rn. 167; Haritz/Menner/Bilitewski/ Behrens Rn. 291; Dötsch/Pung/Möhlenbrock/Patt Rn. 60; Brandis/Heuermann/ Nitzschke Rn. 48). Liegen die Voraussetzungen des qualifizierten Anteilstauschs iSd Abs. 1 S. 2 nicht vor, hat der übernehmende Rechtsträger die auf ihn übertragenen Anteile mit dem gemeinen Wert anzusetzen. Der gemeine Wert bildet für den Einbringenden den Veräußerungspreis für die eingebrachten Anteile und die AK für die neuen Anteile.

c) Kein Ausschluss/keine Beschränkung eines inländischen Besteue- **102** **rungsrechts an den erhaltenen Anteilen (Abs. 2 S. 3 Nr. 1).** Unabhängig vom Wertansatz der eingebrachten Anteile durch den übernehmenden Rechtsträger hat der Einbringende nach Abs. 2 S. 3 Nr. 1 auf entsprechenden Antrag hin die Möglichkeit, die als Gegenleistung gewährten neuen Anteile am übernehmenden Rechtsträger mit dem BW oder ZW, höchstens jedoch mit dem gemeinen Wert zu bewerten, wenn das Recht der BRD hinsichtlich der Besteuerung des Gewinns aus der Veräußerung der erhaltenen Anteile nicht ausgeschlossen oder beschränkt ist (→ Rn. 90 ff.). Das Besteuerungsrecht der Bundesrepublik Deutschland muss daher vor und nach dem Anteilstausch verglichen werden (Dötsch/Pung/ Möhlenbrock/Patt Rn. 60a; Haritz/Menner/Bilitewski/Behrens Rn. 262; Frotscher/Drüen/Frotscher Rn. 163 f.). Maßgeblich sind die Verhältnisse im Zeitpunkt des Anteilstausches (Brandis/Heuermann/Nitzschke Rn. 49). Bei der Einbringung der Anteile durch einen im Inland unbeschränkt stpfl. Anteilseigner wird im Regelfall das Besteuerungsrecht an den erhaltenen Anteile nicht ausgeschlossen oder beschränkt, da grds. dem Ansässigkeitsstaat des Anteilseigners das Besteuerungsrecht für den Veräußerungsgewinn dieser Anteile zugewiesen ist (vgl. Art. 13 V OECD-MA; zu Ausnahme → Rn. 97). Ist Einbringender ein beschränkt Steuerpflichtiger und werden Anteile an einer KapGes/Gen in eine ausl. Gesellschaft eingebracht, besteht ein dt. Besteuerungsrecht bei der Veräußerung der erhaltenen Anteile nur, wenn diese nach der Einbringung einer inl. Betriebsstätte funktional zugeordnet werden (Brandis/Heuermann/Nitzschke Rn. 51).

103 **d) Anteilstausch darf gem. Art. 8 Fusions-RL nicht besteuert werden (Abs. 2 S. 3 Nr. 2).** Nach Art. 8 I iVm Art. 2 lit. e und Art. 3 Fusions-RL darf der Anteilstausch keine Besteuerung auslösen, wenn an dem Anteilstausch EU-Ges iSd Art. 3 Fusions-RL beteiligt sind. Zu transparenten Ges → Rn. 19 (vgl. Musil/Weber-Grellet/Musil Fusions-RL Art. 8 Rn. 11). Unter einem Anteilstausch iSd Fusions-RL ist der Vorgang zu verstehen, „durch den eine Gesellschaft am Gesellschaftskapital einer anderen Gesellschaft eine Beteiligung, die ihr die Mehrheit der Stimmrechte verleiht, oder – sofern sie die Mehrheit der Stimmrechte bereits hält – eine weitere Beteiligung dadurch erwirbt, dass die Gesellschafter der anderen Gesellschaft im Austausch für ihre Anteile Anteile am Gesellschaftskapital der erwerbenden Gesellschaft und ggf. eine bare Zuzahlung erhalten; letztere darf 10% des Nennwerts oder – bei Fehlen eines Nennwerts – des rechnerischen Werts der im Zuge des Austauschs ausgegebenen Anteile nicht überschreiten". Außerdem müssen an dem Anteilstausch Gesellschaften aus mindestens zwei oder mehr Mitgliedstaaten beteiligt sein (Art. 1 lit. a Fusions-RL). Ein steuerneutraler Anteilstausch ist daher nach dieser Vorschrift nur möglich, wenn der Einbringende ein Körperschaftsteuersubjekt iSv Art. 2 Fusions-RL und die übernehmende Ges ein in einem anderen EU-Mitgliedstaat ansässiges Körperschaftsteuersubjekt iSd Art. 2 Fusions-RL ist (Musil/Weber-Grellet/Desens Rn. 14; vgl. auch BFH DStRE 2021, 929). Abs. 2 S. 3 Nr. 2 findet damit keine Anwendung, wenn eine natürliche Person Einbringender ist (Musil/Weber-Grellet/Desens Rn. 20). Erhält der Einbringende keine „bare Zuzahlung", sondern neben den Anteilen am übernehmenden Rechtsträger sonstige Gegenleistungen, ergibt sich die Steuerneutralität des Anteilstausches nicht aus Abs. 2 S. 3 Nr. 2, auch wenn die sonstige Gegenleistung geringer ist als 10% des Nennwertes oder des rechnerischen Wertes der im Zuge des Anteilstausches ausgegebenen Anteile (Dötsch/Pung/Möhlenbrock/Patt Rn. 60, 63; Frotscher/Drüen/Frotscher Rn. 185 ff.; Haritz/Menner/Bilitewski/Behrens Rn. 298 mit weiteren Beispielen).

Beispiel:

104 Die in Deutschland unbeschränkt stpfl. D-AG bringt eine 100%ige Beteiligung an der in Deutschland unbeschränkt stpfl. D-GmbH in eine österreichische KapGes gegen Gewährung von Gesellschaftsrechten ein. Bei dem übernehmenden Rechtsträger soll es sich um eine sog. Grundstücks-GmbH iSv Art. 13 II DBA Deutschland/Österreich handeln. Dies hat folgende Auswirkungen:

Für Gewinne aus der Veräußerung von Anteilen an der österreichischen Immobiliengesellschaft iSd Art. 13 II DBA Deutschland-Österreich ist nach Art. 23 Ia dd DBA Deutschland-Österreich die Doppelbesteuerung nach der Anrechnungsmethode zu vermeiden. Durch die Einbringung der Anteile an der dt. D-GmbH in die österreichische Grundstücksgesellschaft wird damit das dt. Besteuerungsrecht iSd Abs. 2 S. 3 Nr. 1 beschränkt. Zu einer Aufdeckung von stillen Reserven kommt es dennoch nicht, da der Anteilstausch aufgrund Art. 8 Fusions-RL nicht besteuert werden darf.

Beispiel:

105 Die in Deutschland unbeschränkt stpfl. D-GmbH bringt eine 100%ige Beteiligung an der dt. X-GmbH in eine tschechische s. r. o. gegen Gewährung von Gesellschaftsrechten ein. Das Kapital der tschechischen s. r. o. wird um 1 Mio. erhöht. Die tschechische s. r. o. gewährt der D-GmbH neben der neuen Anteile auch eine bare Zuzahlung iHv 500.000. Wegen des DBA DE/CZ 1980 ist das dt. Besteuerungsrecht hinsichtlich der erhaltenen neuen Anteile an der tschechischen s. r. o. iSv Abs. 2 S. 3 Nr. 1 beschränkt (vgl. BMF 11.11.2011, BStBl. I 12011, 314 Rn. 21.15). Eine Beschränkung des inl. Besteuerungsrechts liegt vor, weil im Inland hinsichtlich der eingebrachten Beteiligung das uneingeschränkte Besteuerungsrecht ohne Anrechnungsverpflichtung bestand und nach dem Anteilstausch im Inland die erworbenen Anteile nur einer Besteuerung mit Anrechnung der tschechischen Steuer gegeben ist (Art. 13 III DBA DE/

CZ 1980, Art. 23 I lit. b Nr. 3 DBA DE/CZ 1980, welches für die tschechische Republik fort gilt).

Eine Minderbewertung kann sich daher nicht auf Abs. 2 S. 2 Nr. 1 stützen. Ein Antrag unter Berufung auf Abs. 2 S. 2 Nr. 2 ist nicht möglich, weil eine „bare Zuzahlung" iSd Art. 2 lit. e erfolgte, die 10% des Nennbetrags der im Zuge des Anteilstauschs ausgegebenen Anteile überschritten wurden. **106**

Kommt es aufgrund der Regelung in Abs. 2 S. 3 Nr. 2 zu einem Ansatz der als Gegenleistung gewährten neuen Anteile am übernehmenden Rechtsträger mit dem BW oder einem ZW, unterliegt der Gewinn aus einer späteren Veräußerung der erhaltenen Anteile ungeachtet einer möglicherweise entgegenstehenden Bestimmung eines DBAs so der Besteuerung in Deutschland, wie die Veräußerung der Anteile an der erworbenen Gesellschaft zu besteuern gewesen wäre. Diese Regelung entspricht Art. 8 VI Fusions-RL (Dötsch/Pung/Möhlenbrock/Patt Rn. 61; Rödder/Herlinghaus/van Lishaut/Rabback Rn. 171 f.; Haritz/Menner/Bilitewski/Behrens Rn. 299). Abs. 2 S. 3 Nr. 2 findet auch Anwendung, wenn der Einbringende beschränkt stpfl. ist. Die spätere Besteuerung der gewährten Anteile wird durch § 49 I Nr. 2 lit. e, bb EStG sichergestellt. **107**

Abs. 2 S. 3 Nr. 2 Hs. 2 verweist auf § 15 Ia 2 EStG. Dadurch wird auch in den Fällen der verdeckten Einlage der erhaltenen Anteile in eine KapGes, der Liquidation der Ges, an der die erhaltenen Anteile bestehen, sowie der Kapitalherabsetzung und der Einlagenrückgewähr die Besteuerung sichergestellt (BT-Drs. 16/3369, 27; Rödder/Herlinghaus/van Lishaut/Rabback Rn. 173; Dötsch/Pung/Möhlenbrock/Patt Rn. 60). Problematisch ist die Zurückzahlung aus dem stl. Einlagekonto, da bei Gesellschaft in einem anderen EU-Mitgliedstaat ein stl. Einlagekonto nur auf Antrag zu berücksichtigen ist (§ 27 VIII KStG), wodurch eine Einlagenausschüttung/-rückzahlung nur in Betracht kommt, wenn ein entsprechender Antrag gestellt wurde (→ § 22 Rn. 94; Widmann/Mayer/Widmann § 22 Rn. 71). Die spätere Besteuerung wird durch § 49 I Nr. 2 lit. e, bb EStG sichergestellt (Haritz/Menner/Bilitewski/Behrens Rn. 300). **108**

e) Einbringungsgeborene Anteile iSv § 21 aF. Liegt ein grenzüberschreitender qualifizierter Anteilstausch iSv Abs. 2 S. 3 vor, handelt es sich bei den eingebrachten Anteilen um solche iSd § 21 aF, und wird durch den Anteilstausch das Besteuerungsrecht der BRD hinsichtlich des Gewinns aus der Veräußerung der eingebrachten Anteile ggf. ausgeschlossen, so kommt es nicht zu einer Gewinnrealisierung bei den eingebrachten Anteilen iSd § 21 aF. Für Anteile iSd § 21 aF gilt nach § 27 III Nr. 3 zwar weiterhin **§ 21 II 1 Nr. 2 aF.** Danach treten die Rechtsfolgen einer Veräußerung bezogen auf einbringungsgeborene Anteile iSd § 21 aF auch dann ein, wenn das Besteuerungsrecht der BRD hinsichtlich des Gewinns aus der Veräußerung der Anteile ausgeschlossen wird. Nach § 21 II 2 aF tritt in diesen Fällen an die Stelle des Veräußerungspreises der Anteile ihr gemeiner Wert. Allerdings hat Abs. 2 S. 3 als speziellere Vorschrift Vorrang (vgl. Widmann/Mayer/Widmann Rn. 103 zu § 23 IV aF). In jedem Fall sollte die Einbringung von einbringungsgeborenen Anteilen iSv § 21 aF unter den Voraussetzungen des Abs. 2 S. 3 Nr. 2 iVm Art. 8 Fusions-RL steuerneutral möglich sein (Dötsch/Pung/Möhlenbrock/Patt Rn. 67; Schmitt/Schlossmacher DStR 2008, 2242). **109**

f) Antrag des Einbringenden. Voraussetzung für die Bewertung mit dem BW oder ZW ist ein vom Einbringenden zu stellender Antrag (BT-Drs. 16/2710, 45; BMF 11.11.2011, BStBl. I 2011, 1314 Rn. 21.15; Dötsch/Pung/Möhlenbrock/Patt Rn. 64; Rödder/Herlinghaus/van Lishaut/Rabback Rn. 176; Haritz/Menner/Bilitewski/Behrens Rn. 301). Der Antrag kann bezogen auf einen Einbringungsvorgang nur einheitlich ausgeübt werden. Der Antrag ist gem. Abs. 2 S. 4 spätestens bis zur erstmaligen Abgabe der Steuererklärung bei dem für die Besteuerung des **110**

Einbringenden zuständigen FA zu stellen. Dabei kommt es für die Abgabe der Steuererklärung auf den VZ an, in dem die Einbringung erfolgt (Haritz/Menner/Bilitewski/Behrens Rn. 301). Eine spätere Antragstellung ist nicht wirksam möglich, jedoch eine solche bereits vor Abgabe der Steuererklärung (Brandis/Heuermann/Nitzschke Rn. 55; iÜ → Rn. 67 ff.). Einer besonderen Form bedarf der Antrag nicht. Er kann auch konkludent gestellt werden, zB dadurch, dass der Einbringende keinen stpfl. Gewinn aus der Veräußerung von Anteilen erklärt (Rödder/Herlinghaus/van Lishaut/Rabback Rn. 177; Dötsch/Pung/Möhlenbrock/Patt Rn. 65; Rödder/Herlinghaus/van Lishaut/Rabback Rn. 176; Brandis/Heuermann/Nitzschke Rn. 55). Ein unklarer Antrag gilt jedoch als nicht gestellt. Die Antragstellung ist bedingungsfeindlich (Rödder/Herlinghaus/van Lishaut/Rabback Rn. 177). Nicht möglich ist es, den Antrag an außerhalb des Einbringungsvorgangs liegende Umstände anzuknüpfen; geschieht dies, gilt der Antrag als nicht gestellt. Der einmal wirksam gestellte Antrag nach Abs. 2 S. 3 kann auch mit Zustimmung des FA weder zurückgenommen noch geändert werden (aA Rödder/Herlinghaus/van Lishaut/Rabback Rn. 179; Dötsch/Pung/Möhlenbrock/Patt Rn. 65; Haritz/Menner/Bilitewski/Behrens Rn. 305; Brandis/Heuermann/Nitzschke Rn. 55; vgl. auch Lademann/Jäschke Rn. 24). Es handelt sich bei dem Antragserfordernis um ein gesetzliches Tb-Merkmal. Bereits mit der Antragstellung ist der entsprechende Anspruch aus dem Steuerverhältnis entstanden und der durch die Antragstellung verwirklichte Sachverhalt kann rückwirkend nicht mehr geändert werden (vgl. BFH DStR 2019, 1259; DStRE 2005, 984; BFH/NV 2006, 1099).

111 g) **Rechtsfolgen.** Liegen die Voraussetzungen des Abs. 2 S. 3 vor und wird ein entsprechender Antrag wirksam gestellt, so müssen die erhaltenen Anteile gemäß dem Antrag mit einem unter dem gemeinen Wert der eingebrachten Anteile liegenden Wert angesetzt werden. Je nach Ausübung des Antragswahlrechts entsteht kein Einbringungsgewinn.

15. Anschaffungskosten bei Einbringung von Beteiligungen aus dem Privatvermögen (Abs. 2 S. 5)

112 Werden Anteile aus dem PV eingebracht, treten an die Stelle des BW des Einbringenden dessen AK. Zum Sonderfall möglicher negativer AK → Rn. 41. Liegen die AK über dem gemeinen Wert der Anteile, so ist der gemeine Wert und nicht die AK der relevante Wert. Die AK der neuen Anteile vermindern sich nach Abs. 2 S. 6 um den gemeinen Wert der neben Gesellschaftsanteilen an dem übernehmenden Rechtsträger gewährten anderen WG (→ § 20 Rn. 372 ff.).

16. Anschaffungskosten bei Gewährung sonstiger Gegenleistungen (Abs. 2 S. 6)

113 Werden für die Sacheinlage nicht nur neue Gesellschaftsanteile, sondern auch noch andere Gegenleistungen gewährt, so ist deren gemeiner Wert von den AK der Gesellschaftsanteile abzuziehen (Abs. 2 S. 6 iVm § 20 III 3). Zur Gewährung sonstiger Gegenleistungen → Rn. 55a ff. Folge dieses Abzuges ist, dass sich die in den neuen Geschäftsanteilen enthaltenen stillen Reserven um den Wert der sonstigen Gegenleistung erhöhen. Werden dem Einbringenden neben den neuen Anteilen auch sonstige Gegenleistungen gewährt, so können die AK der neu gewährten Anteile auch negativ werden.

Beispiel (in Anlehnung an Bron DB 2015, 940):

114 Die 100 %-Beteiligung an der X-GmbH hat einen BW iHv 200.000 Euro und einen gemeinen Wert iHv 5.000.000 Euro. Der Einbringende erhält neue Anteile, die einem gemeinen Wert iHv 4.000.000 Euro entsprechen und eine Barzahlung iHv 1.000.000 Euro. Es wird ein

Antrag auf Fortführung der BW gestellt. Die Möglichkeit zur Buchwertfortführung besteht nur, soweit die Grenzen des Abs. 1 S. 2 Nr. 2 nicht überschritten sind.

Wertansatz bei der Übernehmerin
1. Schritt
Prüfung der Grenze des Abs. 1 S. 2 Nr. 2 und Ermittlung des übersteigenden Betrags:

Gemeiner Wert der sonstigen Gegenleistung	1.000.000 Euro
höchstens 25% des BW der eingebrachten Anteile (= 50.000) oder 500.000, höchstens jedoch der BW	– 200.000 Euro
übersteigender Betrag	800.000 Euro

2. Schritt
Ermittlung des Verhältnisses des Werts der Anteile, für das nach Abs. 1 S. 2 in Abweichung von Abs. 1 S. 1 die BW fortgeführt werden können:

$$\frac{\text{(Gesamtwert der eingebrachten Anteile – übersteigende Gegenleistung)}}{\text{(Gesamtwert der eingebrachten Anteile)}}$$

$$\frac{(5.000.000\ \text{Euro} - 800.000\ \text{Euro})}{5.000.000\ \text{Euro}} = 84\%$$

3. Schritt
Ermittlung des Wertansatzes der eingebrachten Anteile bei der Übernehmerin:

Buchwertfortführung: 84% von 200.000 Euro	168.000 Euro
sonstige Gegenleistung soweit Abs. 1 S. 2 Nr. 2 überschritten	+ 800.000 Euro
Ansatz der eingebrachten Anteile bei der Übernehmerin	968.000 Euro

Folgen beim Einbringenden
4. Schritt
Ermittlung des Übertragungsgewinns beim Einbringenden:

Veräußerungspreis (Abs. 2 S. 1)	968.000 Euro
BW der eingebrachten Anteile	– 200.000 Euro
Einbringungsgewinn	768.000 Euro

5. Schritt
Ermittlung der Anschaffungskosten der erhaltenen Anteile:

Anschaffungskosten der erhaltenen Anteile (Abs. 2 S. 1)	968.000 Euro
Wert der (gesamten) sonstigen Gegenleistungen (Abs. 2 S. 6 iVm § 20 III 3)	– 1.000.000 Euro
Anschaffungskosten der erhaltenen Anteile	– 32.000 Euro

Würden die erhaltenen neuen Anteile später zu ihrem gemeinen Wert von 4.000.000 Euro veräußert, entstünde ungeachtet § 22 ein Veräußerungsgewinn iHv 4.032.000 Euro. Dies entspricht den auf die Übernehmerin übergegangenen stillen Reserven.

17. Einbringungsgeborene Anteile iSv § 21 aF

Handelt es sich bei der eingebrachten Beteiligung um einbringungsgeborene Anteile iSv § 21 aF, gelten nach Abs. 2 S. 6 iVm § 20 III 4 die erworbenen Anteile auch als einbringungsgeborene Anteile iSd § 21 aF. Zum Verhältnis zwischen Abs. 2 S. 3 und § 21 II Nr. 2 aF → Rn. 103. Durch § 20 III 4 soll sichergestellt werden, dass bei der späteren Veräußerung der als Gegenleistung für die Übertragung von Anteilen iSd § 21 aF erhaltenen Anteile insoweit auch § 8b IV KStG aF (§ 34 VIIa KStG) bzw. § 3 Nr. 40 S. 3 und S. 4 EStG aF (§ 52 IVb 2 EStG) Anwendung finden und die dort geregelte Sperrfrist nicht unterlaufen werden kann (→ § 20 Rn. 223).

Keine einbringungsgeborenen Anteile nach Abs. 2 S. 6 iVm § 20 III 4 entstehen, wenn in den übertragenen einbringungsgeborenen Anteilen sämtliche stillen Reserven im Rahmen der Einbringung aufgedeckt werden (→ § 20 Rn. 223; Widmann/Mayer/Widmann Rn. R 382; Dötsch/Pung/Möhlenbrock/Patt § 20 Rn. 146; Benz/Rosenberg BB Special 8/2006, 61).

116 Nach Abs. 2 S. 6 iVm § 20 III 4 gelten die erhaltenen Anteile insoweit als einbringungsgeborene Anteile. Auf die erhaltenen Anteile iSd Abs. 2 S. 6 iVm § 20 III 4 sind § 8b IV KStG aF, § 3 Nr. 40 S. 3, 4 EStG aF und § 5 IV aF anwendbar, nicht aber die Ersatzrealisationstatbestände des § 21 II 1 Nr. 1–4 aF. Nach § 27 III Nr. 3 gilt § 21 II 1 Nr. 1–4 aF nur für solche Anteile, die auf einem Einbringungsvorgang beruhen, auf den gem. § 27 II das UmwStG aF anwendbar war (aA BMF 11.11.2011, BStBl. I 2011, 1314 Rn. 20.38; Rödder/Herlinghaus/van Lishaut/Herlinghaus § 20 Rn. 403; Dötsch/Pung/Möhlenbrock/Patt § 20 Rn. 146). Insoweit gelten dann für einbringungsgeborene Anteile iSv § 20 III 4 mangels Anwendbarkeit des § 21 II Nr. 1–4 aF die allg. Regelungen, wie zB § 6 AStG.

117 Werden einbringungsgeborene Anteile iSd § 21 I aF in KapGes bzw. Gen eingebracht, sollen aufgrund der in § 23 I angeordneten Rechtsnachfolge sowohl die eingebrachten Anteile als auch gem. § 20 III 4 die erhaltenen Anteile insoweit solche iSd § 21 I aF sein. Davon ging wohl auch der Gesetzgeber aus (BT-Drs. 16/3369, 11). Es soll daher zu einem **Doppelbesteuerungsproblem** kommen (→ § 20 Rn. 225). Ein Doppelbesteuerungsproblem liegt indes nicht vor, nur die als Gegenleistung erhaltenen Anteile sind (anteilig) solche iSd § 21 aF (Haase/Hofacker/Lübbehüsen/Schütte Rn. 34; aA Widmann/Mayer/Widmann § 20 Rn. R 383). Die eingebrachten Anteile verlieren diese Eigenschaft, wenn sie gegen Gewährung von Gesellschaftsrechten in einer KapGes eingebracht werden. Bei der Einbringung handelt es sich um einen Veräußerungsvorgang. Eine Rechtsnachfolge gem. § 23 I scheidet aber bei einbringungsgeborenen Anteilen, bei denen im Zeitpunkt der Einbringung die siebenjährige Sperrfrist iSv § 3 Nr. 40 S. 3 und S. 4 EStG bzw. § 8b IV KStG aF noch nicht abgelaufen war, aus, da § 23 wegen § 27 IV auf Anteile, bei denen die siebenjährige Sperrfrist iSv § 3 Nr. 40 S. 3 und S. 4 EStG aF bzw. § 8b IV KStG aF noch nicht abgelaufen ist, nicht anzuwenden ist (Haritz/Menner/Bilitewski/Behrens Rn. 326; aA Lademann/Jäschke Rn. 28). War die siebenjährige Sperrfrist iSv § 3 Nr. 40 S. 3 und S. 4 EStG aF bzw. § 8b IV KStG aF im Zeitpunkt der Einbringung abgelaufen, kommt es nach der hier vertretenen Meinung (→ § 23 Rn. 16) zu einer Rechtsnachfolge.

118 Soweit die eingebrachten, ursprünglich einbringungsgeborenen Anteile innerhalb der siebenjährigen Sperrfrist des § 22 II veräußert bzw. ein der Veräußerung gleichgestellter Sachverhalt verwirklicht wird (§ 22 II 6), entsteht ein Einbringungsgewinn II (§ 22 I 5, II), der nach allgemeinen Grundsätzen besteuert wird, falls im Zeitpunkt der Einbringung die siebenjährige Sperrfrist iSv § 3 Nr. 40 S. 3 und S. 4 EStG aF bzw. § 8b IV KStG aF bereits abgelaufen war (so wohl auch Rödder/Herlinghaus/van Lishaut/Rabback § 27 Rn. 257). War im Zeitpunkt der Einbringung die siebenjährige Sperrfrist iSv § 3 Nr. 40 S. 3 und S. 4 EStG aF bzw. § 8b IV KStG aF noch nicht abgelaufen, und werden die ursprünglich einbringungsgeborenen Anteile innerhalb der siebenjährigen Sperrfrist des § 22 II veräußert bzw. wird ein der Veräußerung gleichgestellter Sachverhalt verwirklicht (§ 22 II 6), entsteht kein Einbringungsgewinn II, da im Zeitpunkt der Einbringung in der Person des Einbringenden einbringungsgeborene Anteile vorlagen und damit gem. § 27 IV die Regelung des § 22 keine Anwendung findet (aA BMF 11.11.2011, BStBl. I 2011, 1314 Rn. 20.40, Rn. 27.12; Dötsch/Pung/Möhlenbrock/Patt § 27 Rn. 20; vgl. auch Rödder/Herlinghaus/van Lishaut/Rabback § 27 Rn. 257).

119 Ob als Gegenleistung gewährten fiktiven Anteile iSd § 21 aF in die für die eingebrachten Anteile lfd. **siebenjährige Sperrfrist** eintreten, es also insoweit zu einer Rechtsnachfolge kommt, ist gesetzlich nicht unmittelbar geregelt, dürfte jedoch dem Willen des Gesetzgebers entsprochen haben. Durch § 20 III 4 soll nämlich sichergestellt werden, dass es im Fall der unmittelbaren oder mittelbaren Veräußerung von Anteilen innerhalb der Sperrfrist, die auf einer Einbringung im alten Recht beruht (einbringungsgeborene Anteile), weiterhin zu einer vollen Besteuerung des Veräußerungsgewinns aus den Anteilen kommt (BT-Drs. 16/3369, 11). Der Gesetzgeber bezieht sich ausdrücklich auf die Sperrfrist, die auf einer Einbringung nach altem Recht beruht, woraus geschlossen werden kann, dass durch die Regelung des § 20 III 4 selbst keine neue Sperrfrist in Gang gesetzt wird (BMF 11.11.2011, BStBl. I 2011, 1314 Rn. 20.39, Rn. 27.05; → § 20 Rn. 228).

Die für die Sacheinlage erhaltenen Anteile gelten „insoweit" als einbringungsgeborene Anteile iSd § 21 aF, als die eingebrachten Anteile einbringungsgeboren iSd § 21 aF sind. Überträgt der Einbringende sowohl einbringungsgeborene Anteile als auch solche, die diese Qualifikation nicht haben, muss für die als Gegenleistung erhaltenen Anteile im Grundsatz eine Verstrickungsquote ermittelt werden. Die Aufteilung muss sicherstellen, dass wertmäßig nur diejenigen stillen Reserven in die nach § 20 III 4 fiktiven einbringungsgeborenen Anteile eingehen, die auch zuvor in den einbringungsgeborenen Anteilen nach § 21 aF verstrickt waren. Zu weiteren Einzelheiten → § 20 Rn. 229 ff. **120**

18. Ermittlung des Veräußerungsgewinns/Einbringungsgewinns

Veräußerungsgewinn/Einbringungsgewinn ist der Betrag, um den der Veräußerungspreis iSv Abs. 2 S. 1 nach Abzug der Einbringungskosten den BW der übertragenen Anteile bzw. deren AK (Abs. 2 S. 5) übersteigt. Der Einbringungsgewinn entsteht im Einbringungszeitpunkt (→ Rn. 35 ff.). **121**

Der **Veräußerungspreis** (→ Rn. 87) als Ausgangsgröße für die Ermittlung des Einbringungsgewinns ergibt sich gem. **Abs. 2 S. 1** aus dem Ansatz der eingebrachten Anteile durch den übernehmenden Rechtsträger, davon abw. Vereinbarungen sind ohne Einfluss. Ob dieser Ansatz auf eine freiwillige Entscheidung des Einbringenden beruht oder nicht, ist unerheblich. Zu weiteren Einzelheiten → § 20 Rn. 374 ff. Wird das Antragswahlrecht nach Abs. 2 S. 3 durch den Einbringenden wirksam ausgeübt, so ist der beantragte BW oder ZW die Ausgangsgröße für die Ermittlung des Einbringungsgewinns. Ist das Besteuerungsrecht der Bundesrepublik Deutschland hinsichtlich des Gewinns aus der Veräußerung der eingebrachten Anteile ausgeschlossen oder beschränkt, erfolgt die Bewertung der eingebrachten Anteile beim Einbringenden nach Abs. 2 S. 2 mit dem gemeinen Wert. Die gleiche Rechtsfolge tritt ein, wenn das Besteuerungsrecht der Bundesrepublik Deutschland hinsichtlich des Gewinns aus der Veräußerung der erhaltenen Anteile ausgeschlossen oder beschränkt ist. In Fällen des Abs. 2 S. 2 wird dem Einbringenden nach Abs. 2 S. 3 ein Wahlrecht eingeräumt, als Veräußerungspreis für die eingebrachten Anteile und als AK der erhaltenen Anteile den Buch- oder Zwischenwert anzusetzen, sofern ein Antrag gestellt wird und die Voraussetzungen des Abs. 2 S. 3 vorliegen (zu weiteren Einzelheiten → Rn. 96 ff.). **122**

Kosten, die im Zusammenhang mit der Einbringung entstehen und den Einbringenden belasten, können grds. abzugsfähige BA sein (Dötsch/Pung/Möhlenbrock/ Patt Rn. 73, 78; Haase/Hofacker/Lübbehüsen/Schütte Rn. 118). Werden die eingebrachten Anteile mit dem gemeinen Wert oder einem ZW angesetzt, mindern die Umwandlungskosten des Einbringenden den entstehenden Einbringungsgewinn bzw. führen zu einem Einbringungsverlust (→ § 20 Rn. 380, → § 20 Rn. 404 ff.). Der übernehmende Rechtsträger kann die ihn treffenden Kosten als BA abziehen, es sei denn, es handelt sich um AK or Anschaffungsnebenkosten (Dötsch/Pung/ Möhlenbrock/Patt Rn. 73, 78; Widmann/Mayer/Widmann Rn. 284 iVm § 20 Rn. R 718). Zur Abzugsfähigkeit der GrESt bei Anteilsvereinigung → § 20 Rn. 404. Eine vertragliche Absprache zwischen dem Einbringenden und dem über- **123**

nehmenden Rechtsträger, durch die eine **Verschiebung der Kostentragung** erreicht wird, ist stl. nicht anzuerkennen (Dötsch/Pung/Möhlenbrock/Patt Rn. 72; Haase/Hofacker/Lübbehüsen/Schütte Rn. 118; offengelassen durch BFH BStBl. II 1998, 168). Zu weiteren Einzelheiten → § 20 Rn. 404 ff.

124 Zu beachten ist, dass die **Einbringung ggf. eine neue Beurteilung bereits verwirklichter Sachverhalte** in der Person des Einbringenden haben kann, da es im Rahmen der Einbringung zu einem Wechsel von Vermögen auf einen anderen Rechtsträger kommt und der Einbringungsvorgang sich als tauschähnliches Geschäft darstellt. Die Einbringung kann insbes. Auswirkung auf gesetzlich angeordnete Sperr- und Behaltensfristen haben (→ § 20 Rn. 381).

125 Nicht zum Einbringungsgewinn iSv Abs. 2, sondern zum lfd. Ergebnis des Einbringenden gehört der Gewinn, der dadurch entsteht, dass bei den eingebrachten Anteilen eine vorangegangene Teilwertabschreibung wieder rückgängig gemacht werden muss (→ § 20 Rn. 404).

19. Einkunftsart

126 Die Einkunftsart des Einbringungsgewinns folgt aus der Einkunftsart, dem die Einkünfte aus dem eingebrachten Anteil zuzuordnen sind. Werden Anteile eingebracht, die vor der Einbringung in einem BV gehalten wurden, kann es sich je nach Art des BV um Einkünfte aus LuF, Gewerbebetrieb oder selbstständiger Arbeit handeln. Handelt es sich um eine Beteiligung iSd § 17 EStG, die im Inland oder ausl. PV oder aber in einem ausl. BV vor der Einbringung gehalten wurden, liegen Einkünfte iSd § 17 vor (BMF 11.11.2011, BStBl. I 2011, 1314 Rn. 21.16; Dötsch/Pung/Möhlenbrock/Patt Rn. 80 ff.; Widmann/Mayer/Widmann Rn. 295; Bordewin/Brandt/Merkert § 20 Rn. 122).

127 Werden durch eine natürliche Person einbringungsgeborene Anteile im PV gehalten, sollen die Gewinne aus der Aufdeckung der stillen Reserven in den einbringungsgeborenen Anteilen nach allgM zu der Einkunftsart gehören, der das übertragene Vermögen zuzuordnen war, das zum Erwerb der Anteile in die KapGes eingebracht worden ist (Widmann/Mayer/Widmann Rn. 296; ebenso für die GewSt BFH BStBl. II 1982, 738). Wurde bspw. freiberufliches BV nach § 20 I aF unter Geltung des alten UmwStG zum BW gegen Gewährung von Gesellschaftsrechten in eine KapGes eingebracht, fällt nach dieser Auffassung der bei einer späteren Einbringung der Anteile entstehende Einbringungsgewinn unter die Einkunftsart des § 18 EStG.

128 Soweit die übertragenen Anteile in der Person des Einbringenden kein BV sind, es sich nicht um Anteile iSd § 17 EStG oder um einbringungsgeborene Anteile iSd § 21 aF handelt, ist § 20 IVa 1, 2 EStG lex specialis gegenüber § 21; ein Einbringungsgewinn entsteht nicht (BMF 11.11.2011, BStBl. I 2011, 1314 Rn. 21.02; → Rn. 10).

20. Einbringungsverlust

129 Wird die eingebrachte Beteiligung in einem BV gehalten und sind zum Zeitpunkt der Einbringung die bisherigen Bewertungsansätze zu verändern, erhöht oder vermindert sich ein lfd. Gewinn bzw. Verlust, Auswirkungen auf den Einbringungsgewinn/-verlust ergeben sich dadurch nicht.

130 Ein Einbringungsverlust kann daher idR nur entstehen, soweit die Einbringungskosten des Einbringenden den Veräußerungspreis iSd Abs. 2 übersteigen. Nach Auffassung von *Patt* (Dötsch/Pung/Möhlenbrock/Patt Rn. 79) ist ein Einbringungsverlust, der aufgrund von Einbringungskosten entsteht, stl. wegen § 8b III 3 KStG nicht zu berücksichtigen, soweit Anteile iSd § 8b II 1 KStG betroffen sind. Ein Einbringungsverlust liegt auch vor, wenn der gemeine Wert der eingebrachten Anteile unter dem

BW/AK liegt (Dötsch/Pung/Möhlenbrock/Patt Rn. 79; Haase/Hofacker/Lübbehüsen/Schütte Rn. 133; Haritz/Menner/Bilitewski/Behrens Rn. 345).

21. Beschränkte Steuerpflicht, DBA

a) Beschränkte Steuerpflicht. Ist der Einbringende beschränkt stpfl., kann der Einbringungsgewinn bzw. -verlust dann zu keiner dt. Besteuerung führen, wenn der Einbringungsgewinn bzw. -verlust nicht zu den inl. Einkünften iSd § 49 EStG zählt (Widmann/Mayer/Widmann Rn. 300). **131**

b) Doppelbesteuerungsabkommen. Werden Anteile an einer inl. KapGes eingebracht, ist der Einbringungsgewinn/-verlust von der dt. Besteuerung ausgeschlossen, wenn das DBA das Besteuerungsrecht dem Wohnsitzstaat des Einbringenden zuweist und der Einbringende nach DBA den Wohnsitz nicht in Deutschland hat (Widmann/Mayer/Widmann Rn. 301; zur Anrechnung ausl. Steuern → § 20 Rn. 418). **132**

22. Besteuerung des Einbringungsgewinns

a) Einkommensteuerpflicht bei Einbringung durch natürliche Person. Ob bzw. in welchem Umfang der Einbringungsgewinn stpfl. ist, wird nicht durch das UmwStG geregelt; es gelten insoweit die allg. Vorschriften (EStG, GewStG, DBA). Da die Einbringung nach § 21 einen Veräußerungsvorgang darstellt, kommt das Teileinkünfteverfahren zur Anwendung, wenn Anteile an einer KapGes/Gen gegen Gewährung von Gesellschaftsrechten in eine andere KapGes/Gen nach Maßgabe des § 21 durch eine natürliche Person eingebracht werden und die BW/AK in der Person des Einbringenden nach Maßgabe des Abs. 2 nicht fortgeführt werden. Gleiches gilt, wenn Einbringender eine Mitunternehmerschaft ist, soweit eine natürliche Person an dieser beteiligt ist. § 20 IVa EStG ist zu beachten (→ Rn. 10). Werden **einbringungsgeborene Anteile** durch eine natürliche Person innerhalb der siebenjährigen Sperrfrist des § 3 Nr. 40 S. 3, 4 EStG aF eingebracht, ist der Einbringungsgewinn voll stpfl. **133**

b) Körperschaftsteuerpflicht des Einbringungsgewinns bei Körperschaften. Entsteht im Rahmen der Einbringung von Anteilen an einer KapGes/Gen durch eine andere Körperschaft ein Einbringungsgewinn, gelten für die StPfl. dieses Gewinnes die allg. Vorschriften (KStG, GewStG, DBA). Eine Steuerfreiheit für den Einbringungsgewinn kann sich aus § 8b KStG ergeben, soweit dieser auf die Realisierung stiller Reserven von Anteilen an Körperschaften, Personenvereinigungen oder Vermögensmassen entfällt, deren Leistung zur Einnahme iSd § 20 I 1, 2, 9 EStG und § 10a EStG gehören. Die Steuerfreiheit des § 8b II KStG gilt auch, wenn Einbringender eine Mitunternehmerschaft ist und soweit an dieser eine Körperschaft beteiligt ist. Allerdings gelten wegen § 8 III 1 KStG 5% des entsprechenden Gewinns als Ausgaben, die nicht als BA abgezogen werden dürfen. Es können auch Einbringungsverluste entstehen. Nach Auffassung von Patt (Dötsch/Pung/Möhlenbrock/Patt Rn. 81) bleiben Einbringungsverluste, die aufgrund von Einbringungskosten entstehen, stl. wegen § 8b III 3 KStG unberücksichtigt, soweit Anteile iSd § 8b II 1 KStG betroffen sind. Die Steuerfreiheit von Einbringungsgewinnen bezogen auf übertragene Anteile ist ausgeschlossen, wenn es sich bei den eingebrachten Anteilen um einbringungsgeborene Anteile iSd § 21 I 1 aF handelt und die Rückausnahme gem. § 8b IV 2 KStG nicht vorliegt (vgl. § 34 VIIa KStG). Eine Steuerfreiheit des Einbringungsgewinns ist auch dann nicht gegeben, wenn bzw. soweit die Voraussetzungen des § 8b II 4, 5, VII, VIII KStG vorliegen (Dötsch/Pung/Möhlenbrock/Patt Rn. 81). **134**

c) Veräußerungsfreibetrag (§ 17 III EStG). Der Veräußerungsfreibetrag nach § 17 III EStG kann vom Einbringenden in Anspruch genommen werden, wenn der übernehmende Rechtsträger die eingebrachten Anteile nach Abs. 1 S. 1 oder in den **135**

Fällen des Abs. 2 S. 2 der Einbringende die erhaltenen Anteile mit dem gemeinen Wert ansetzt (Haase/Hofacker/Lübbehüsen/Schütte Rn. 125). Ob dieser Ansatz auf einer freiwilligen Entscheidung des Einbringenden beruht oder nicht, ist unerheblich, solange im Ergebnis sämtliche stille Reserven aufgedeckt werden (Rödder/Herlinghaus/van Lishaut/Rabback Rn. 198; Dötsch/Pung/Möhlenbrock/Patt Rn. 82). Bei dem Einbringenden muss es sich um eine natürliche Person handeln. Der Freibetrag des § 17 III EStG ist unabhängig davon zu gewähren, dass der Veräußerungsgewinn der Teileinkünftebesteuerung unterliegt. § 17 I, III EStG betrifft ausschließlich im PV gehaltene Beteiligungen an inl. oder ausl. KapGes ohne Rücksicht darauf, ob diese unbeschränkt kstpfl. sind, sofern der Einbringende unbeschränkt stpfl. ist (BFH DStR 2000, 1687; BStBl. II 1989, 794). Ist der Veräußerer nur beschränkt stpfl., erfasst § 17 EStG nur Anteile an einer KapGes, die ihren Sitz oder ihre Geschäftsleitung im Inland hat (§ 49 I Nr. 2 lit. e EStG), sofern sie nicht zum BV einer inl. Betriebsstätte des Einbringenden gehören. Unerheblich ist, ob die eingebrachten Anteile BV einer ausl. Betriebsstätte sind; nach isolierender Betrachtungsweise greift § 17 iVm § 49 I Nr. 2 lit. e EStG auch in diesen Fällen ein (Schmidt/Weber-Grellet EStG § 17 Rn. 6).

136 Einbringungsgeborene Anteile iSv § 21 aF werden von § 17 III EStG nicht erfasst; insoweit ist § 21 aF vorrangig. Einbringungsgeborene Anteile sind allerdings bei der Frage, ob eine Beteiligung iSv § 17 I EStG vorliegt, einzubeziehen (BFH BStBl. II 1994, 222; Rödder/Herlinghaus/van Lishaut/Rabback Rn. 199).

137 **d) Veräußerungsfreibetrag (§ 16 IV EStG).** Nach Abs. 3 S. 1 ist § 16 IV EStG auf einen Einbringungsgewinn anzuwenden, soweit der Einbringende eine natürliche Person ist und die eingebrachten Anteile von der übernehmenden KapGes/Gen nach Abs. 1 S. 1 oder in den Fällen des Abs. 2 S. 3 von dem Einbringenden mit dem gemeinen Wert angesetzt werden. Die eingebrachten Anteile müssen zu einem BV des Einbringenden gehört haben, lagen die eingebrachten Anteile im PV, so scheidet die Anwendung des § 16 IV EStG aus. Die eingebrachten Anteile müssen das gesamte Nennkapital der KapGes umfassen. Bei einer Sacheinlage von Anteilen an einer KapGes aus einem BV mit einer Beteiligungshöhe von unter 100% wird der Freibetrag nach § 16 IV EStG nicht gewährt. Der Freibetrag nach § 16 IV EStG wird nur auf Antrag gewährt, er steht ausschließlich einer natürlichen Person zu, und zwar nur einmal im Leben. Keine Anwendung findet der Freibetrag gem. § 16 IV EStG, wenn der Einbringende beschränkt stpfl. ist (§ 50 I 4 EStG).

138 **e) Ausschluss der Tarifvergünstigung gem. § 34 EStG.** Abs. 3 S. 2 bestimmt, dass die Steuerbegünstigung des § 34 I EStG keine Anwendung findet. Abs. 2 S. 3 schließt nicht die Steuerbegünstigung nach § 34 III EStG aus (Brandis/Heuermann/Nitzschke Rn. 67; aA iErg Dötsch/Pung/Möhlenbrock/Patt Rn. 84; Lademann/Jäschke Rn. 29; Haase/Hofacker/Lübbehüsen/Schütte Rn. 131). Werden einbringungsgeborene Anteile iSd § 21 aF unter Aufdeckung sämtlicher stiller Reserven eingebracht, ist der entstehende Einbringungsgewinn gem. § 34 III EStG begünstigt, wenn das Teileinkünfteverfahren keine Anwendung findet (vgl. Benz/Rosenberg BB Special 2006/8, 51; Haritz/Menner/Bilitewski/Behrens Rn. 366).

139 **f) Anwendung des § 6b EStG.** Da die Einbringung einen Veräußerungstatbestand darstellt, ist auf den entstehenden Einbringungsgewinn § 6b EStG anzuwenden, soweit er auf begünstigte WG im Sinne dieser Vorschrift (§ 6b X EStG) entfällt.

23. Einbringungsgewinn und Gewerbesteuer

140 **a) Gewerbesteuerpflicht bei natürlichen Personen.** Ist der Einbringende eine natürliche Person, kann ein ggf. entstehender Einbringungsgewinn nur dann der GewSt unterfallen, wenn die eingebrachten Anteile gewerbliches BV iSd § 2 I GewStG waren (Dötsch/Pung/Möhlenbrock/Patt Rn. 193; Rödder/Herlinghaus/

van Lishaut/Rabback Rn. 87). Das ausgeübte Antragswahlrecht nach Abs. 2 S. 3 gilt auch für die GewSt. Ist der Einbringungsgewinn gem. § 3 Nr. 40 S. 1 lit. a, b EStG iVm § 3c EStG zu 40% steuerbefreit, so schlägt diese Steuerbefreiung über § 7 S. 4 GewStG auch für die GewSt durch (Widmann/Mayer/Widmann § 20 Rn. R 1095; Dötsch/Pung/Möhlenbrock/Patt Rn. 87).

Der Einbringungsgewinn bezogen auf einbringungsgeborene Anteile iSd § 21 aF, **141** die zu einem BV gehören, ist nach hM gewerbesteuerfrei, wenn auch die Veräußerung des eingebrachten Betriebs, Teilbetriebs oder Mitunternehmeranteils, die als Gegenleistung für die einbringungsgeborenen Anteile übertragen wurden, gewerbesteuerfrei gewesen wäre. Die Gewerbesteuerfreiheit erstreckt sich auch auf die nach der Sacheinlage erwirtschafteten stillen Reserven in den Anteilen (vgl. BMF 25.3.1998, BStBl. I 1998, 268 Rn. 21.13; OFD Koblenz 27.12.2004, DStR 2005, 194).

b) Gewerbesteuerpflicht bei Körperschaften. Als Gewerbebetrieb gilt gem. **142** § 2 II 1 GewStG (Dötsch/Pung/Möhlenbrock/Patt Rn. 86) stets und in vollem Umfang die Tätigkeit der KapGes, der Erwerbs- und Wirtschaftsgenossenschaften. Bei diesen Steuerpflichtigen gehört auch der im Rahmen einer Einbringung erzielte Einbringungsgewinn zum Gewerbeertrag. Eine evtl. Befreiung nach § 8b KStG gilt auch für die GewSt. Im Einzelfall kann eine gewstl. Befreiung gegeben sein, wenn bestimmte einbringungsgeborene Anteile Gegenstand der Einbringung sind (vgl. OFD Koblenz 27.12.2004, DStR 2005, 194).

§ 22 Besteuerung des Anteilseigners

(1) ¹**Soweit in den Fällen einer Sacheinlage unter dem gemeinen Wert (§ 20 Abs. 2 Satz 2) der Einbringende die erhaltenen Anteile innerhalb eines Zeitraums von sieben Jahren nach dem Einbringungszeitpunkt veräußert, ist der Gewinn aus der Einbringung rückwirkend im Wirtschaftsjahr der Einbringung als Gewinn des Einbringenden im Sinne von § 16 des Einkommensteuergesetzes zu versteuern (Einbringungsgewinn I); § 16 Abs. 4 und § 34 des Einkommensteuergesetzes sind nicht anzuwenden.** ²**Die Veräußerung der erhaltenen Anteile gilt insoweit als rückwirkendes Ereignis im Sinne von § 175 Abs. 1 Satz 1 Nr. 2 der Abgabenordnung.** ³**Einbringungsgewinn I ist der Betrag, um den der gemeine Wert des eingebrachten Betriebsvermögens im Einbringungszeitpunkt nach Abzug der Kosten für den Vermögensübergang den Wert, mit dem die übernehmende Gesellschaft dieses eingebrachte Betriebsvermögen angesetzt hat, übersteigt, vermindert um jeweils ein Siebtel für jedes seit dem Einbringungszeitpunkt abgelaufene Zeitjahr.** ⁴**Der Einbringungsgewinn I gilt als nachträgliche Anschaffungskosten der erhaltenen Anteile.** ⁵**Umfasst das eingebrachte Betriebsvermögen auch Anteile an Kapitalgesellschaften oder Genossenschaften, ist insoweit § 22 Abs. 2 anzuwenden; ist in diesen Fällen das Recht der Bundesrepublik Deutschland hinsichtlich der Besteuerung des Gewinns aus der Veräußerung der erhaltenen Anteile ausgeschlossen oder beschränkt, sind daneben auch die Sätze 1 bis 4 anzuwenden.** ⁶**Die Sätze 1 bis 5 gelten entsprechend, wenn**
1. **der Einbringende die erhaltenen Anteile unmittelbar oder mittelbar unentgeltlich auf eine Kapitalgesellschaft oder eine Genossenschaft überträgt,**
2. **der Einbringende die erhaltenen Anteile entgeltlich überträgt, es sei denn, er weist nach, dass die Übertragung durch einen Vorgang im Sinne des § 20 Absatz 1 oder § 21 Absatz 1 oder auf Grund vergleichbarer ausländischer Vorgänge zu Buchwerten erfolgte und keine sonstigen Gegen-**

leistungen erbracht wurden, die die Grenze des § 20 Absatz 2 Satz 2 Nummer 4 oder die Grenze des § 21 Absatz 1 Satz 2 Nummer 2 übersteigen,
3. die Kapitalgesellschaft, an der die Anteile bestehen, aufgelöst und abgewickelt wird oder das Kapital dieser Gesellschaft herabgesetzt und an die Anteilseigner zurückgezahlt wird oder Beträge aus dem steuerlichen Einlagekonto im Sinne des § 27 des Körperschaftsteuergesetzes ausgeschüttet oder zurückgezahlt werden,
4. der Einbringende die erhaltenen Anteile durch einen Vorgang im Sinne des § 21 Absatz 1 oder einen Vorgang im Sinne des § 20 Absatz 1 oder auf Grund vergleichbarer ausländischer Vorgänge zum Buchwert in eine Kapitalgesellschaft oder eine Genossenschaft eingebracht hat und diese Anteile anschließend unmittelbar oder mittelbar veräußert oder durch einen Vorgang im Sinne der Nummern 1 oder 2 unmittelbar oder mittelbar übertragen werden, es sei denn, er weist nach, dass diese Anteile zu Buchwerten übertragen wurden und keine sonstigen Gegenleistungen erbracht wurden, die die Grenze des § 20 Absatz 2 Satz 2 Nummer 4 oder die Grenze des § 21 Absatz 1 Satz 2 Nummer 2 übersteigen (Ketteneinbringung),
5. der Einbringende die erhaltenen Anteile in eine Kapitalgesellschaft oder eine Genossenschaft durch einen Vorgang im Sinne des § 20 Absatz 1 oder einen Vorgang im Sinne des § 21 Absatz 1 oder auf Grund vergleichbarer ausländischer Vorgänge zu Buchwerten einbringt und die aus dieser Einbringung erhaltenen Anteile anschließend unmittelbar oder mittelbar veräußert oder durch einen Vorgang im Sinne der Nummern 1 oder 2 unmittelbar oder mittelbar übertragen werden, es sei denn, er weist nach, dass die Einbringung zu Buchwerten erfolgte und keine sonstigen Gegenleistungen erbracht wurden, die die Grenze des § 20 Absatz 2 Satz 2 Nummer 4 oder die Grenze des § 21 Absatz 1 Satz 2 Nummer 2 übersteigen, oder
6. für den Einbringenden oder die übernehmende Gesellschaft im Sinne der Nummer 4 die Voraussetzungen im Sinne von § 1 Abs. 4 nicht mehr erfüllt sind.

⁷Satz 4 gilt in den Fällen des Satzes 6 Nr. 4 und 5 auch hinsichtlich der Anschaffungskosten der auf einer Weitereinbringung dieser Anteile (§ 20 Abs. 1 und § 21 Abs. 1 Satz 2) zum Buchwert beruhenden Anteile.

(2) ¹Soweit im Rahmen einer Sacheinlage (§ 20 Abs. 1) oder eines Anteilstauschs (§ 21 Abs. 1) unter dem gemeinen Wert eingebrachte Anteile innerhalb eines Zeitraums von sieben Jahren nach dem Einbringungszeitpunkt durch die übernehmende Gesellschaft unmittelbar oder mittelbar veräußert werden und soweit beim Einbringenden der Gewinn aus der Veräußerung dieser Anteile im Einbringungszeitpunkt nicht nach § 8b Abs. 2 des Körperschaftsteuergesetzes steuerfrei gewesen wäre, ist der Gewinn aus der Einbringung im Wirtschaftsjahr der Einbringung rückwirkend als Gewinn des Einbringenden aus der Veräußerung von Anteilen zu versteuern (Einbringungsgewinn II); § 16 Abs. 4 und § 34 des Einkommensteuergesetzes sind nicht anzuwenden. ²Absatz 1 Satz 2 gilt entsprechend. ³Einbringungsgewinn II ist der Betrag, um den der gemeine Wert der eingebrachten Anteile im Einbringungszeitpunkt nach Abzug der Kosten für den Vermögensübergang den Wert, mit dem der Einbringende die erhaltenen Anteile angesetzt hat, übersteigt, vermindert um jeweils ein Siebtel für jedes seit dem Einbringungszeitpunkt abgelaufene Zeitjahr. ⁴Der Einbringungsgewinn II gilt als nachträgliche Anschaffungskosten der erhaltenen Anteile.

⁵Sätze 1 bis 4 sind nicht anzuwenden, soweit der Einbringende die erhaltenen Anteile veräußert hat; dies gilt auch in den Fällen von § 6 des Außensteuergesetzes vom 8. September 1972 (BGBl. I S. 1713), das zuletzt durch Artikel 7 des Gesetzes vom 7. Dezember 2006 (BGBl. I S. 2782) geändert worden ist, in der jeweils geltenden Fassung, wenn und soweit die Steuer nicht gestundet wird. ⁶Sätze 1 bis 5 gelten entsprechend, wenn die übernehmende Gesellschaft die eingebrachten Anteile ihrerseits durch einen Vorgang nach Absatz 1 Satz 6 Nr. 1 bis 5 weiter überträgt oder für diese die Voraussetzungen nach § 1 Abs. 4 nicht mehr erfüllt sind. ⁷Absatz 1 Satz 7 ist entsprechend anzuwenden.

(3) ¹Der Einbringende hat in den dem Einbringungszeitpunkt folgenden sieben Jahren jährlich spätestens bis zum 31. Mai den Nachweis darüber zu erbringen, wem mit Ablauf des Tages, der dem maßgebenden Einbringungszeitpunkt entspricht,
1. in den Fällen des Absatzes 1 die erhaltenen Anteile und die auf diesen Anteilen beruhenden Anteile und
2. in den Fällen des Absatzes 2 die eingebrachten Anteile und die auf diesen Anteilen beruhenden Anteile
zuzurechnen sind. ²Erbringt er den Nachweis nicht, gelten die Anteile im Sinne des Absatzes 1 oder des Absatzes 2 an dem Tag, der dem Einbringungszeitpunkt folgt oder der in den Folgejahren diesem Kalendertag entspricht, als veräußert.

(4) Ist der Veräußerer von Anteilen nach Absatz 1
1. eine juristische Person des öffentlichen Rechts, gilt in den Fällen des Absatzes 1 der Gewinn aus der Veräußerung der erhaltenen Anteile als in einem Betrieb gewerblicher Art dieser Körperschaft entstanden,
2. von der Körperschaftsteuer befreit, gilt in den Fällen des Absatzes 1 der Gewinn aus der Veräußerung der erhaltenen Anteile als in einem wirtschaftlichen Geschäftsbetrieb dieser Körperschaft entstanden.

(5) Das für den Einbringenden zuständige Finanzamt bescheinigt der übernehmenden Gesellschaft auf deren Antrag die Höhe des zu versteuernden Einbringungsgewinns, die darauf entfallende festgesetzte Steuer und den darauf entrichteten Betrag; nachträgliche Minderungen des versteuerten Einbringungsgewinns sowie die darauf entfallende festgesetzte Steuer und der darauf entrichtete Betrag sind dem für die übernehmende Gesellschaft zuständigen Finanzamt von Amts wegen mitzuteilen.

(6) In den Fällen der unentgeltlichen Rechtsnachfolge gilt der Rechtsnachfolger des Einbringenden als Einbringender im Sinne der Absätze 1 bis 5 und der Rechtsnachfolger der übernehmenden Gesellschaft als übernehmende Gesellschaft im Sinne des Absatzes 2.

(7) Werden in den Fällen einer Sacheinlage (§ 20 Abs. 1) oder eines Anteilstauschs (§ 21 Abs. 1) unter dem gemeinen Wert stille Reserven auf Grund einer Gesellschaftsgründung oder Kapitalerhöhung von den erhaltenen oder eingebrachten Anteilen oder von auf diesen Anteilen beruhenden Anteilen auf andere Anteile verlagert, gelten diese Anteile insoweit auch als erhaltene oder eingebrachte Anteile oder als auf diesen Anteilen beruhende Anteile im Sinne des Absatzes 1 oder 2 (Mitverstrickung von Anteilen).

(8) ¹Absatz 1 Satz 6 Nummer 6 und Absatz 2 Satz 6 sind mit der Maßgabe anzuwenden, dass allein der Austritt des Vereinigten Königreichs Großbritannien und Nordirland aus der Europäischen Union nicht dazu führt, dass die Voraussetzungen des § 1 Absatz 4 nicht mehr erfüllt sind. ²Satz 1 gilt nur für Einbringungen, bei denen in den Fällen der Gesamtrechtsnachfolge

D UmwStG § 22

der Umwandlungsbeschluss vor dem Zeitpunkt, ab dem das Vereinigte Königreich Großbritannien und Nordirland nicht mehr Mitgliedstaat der Europäischen Union ist und auch nicht wie ein solcher zu behandeln ist, erfolgt oder in den anderen Fällen, in denen die Einbringung nicht im Wege der Gesamtrechtsnachfolge erfolgt, der Einbringungsvertrag vor diesem Zeitpunkt geschlossen worden ist.

Übersicht

	Rn.
I. Inhalt der Vorschriften im Überblick	1
1. Überblick	1
2. Typisierende Missbrauchsvorschrift	9
II. Besteuerung des Anteilseigners bei Sacheinlagen (Abs. 1)	12
1. Erhaltene Anteile iSv Abs. 1 S. 1	12
2. Einbringender iSd Abs. 1 S. 1	20
3. Veräußerung der erhaltenen Anteile	24
a) Begriff der Veräußerung	24
b) Typische Fälle der Veräußerung	27
c) Übertragung gegen Entgelt	28
d) Entnahme/Einlage	33
e) Übertragung auf Personengesellschaft	34
f) Umwandlungsvorgänge	35a
aa) Die Einordnung der Umwandlungsfälle nach Auffassung der FVerw	35a
bb) Verschmelzung, Auf- und Abspaltung einer Körperschaft auf eine Personengesellschaft	36
cc) Formwechsel einer KapGes in eine PersGes	39
dd) Verschmelzung, Auf- und Abspaltung einer Körperschaft auf eine andere Körperschaft	42
ee) Formwechselnde Umwandlung einer KapGes in eine KapGes anderer Rechtsform	44
ff) Einbringung nach §§ 20, 21	45
gg) Formwechsel einer PersGes in eine KapGes	46
hh) Einbringung nach § 24	47
g) Entstrickung	48
4. Sperrfrist von sieben Jahren	49
5. Rückwirkende Besteuerung des Einbringungsgewinns I	50
6. Ermittlung des Einbringungsgewinns I (Abs. 1 S. 3)	52
7. Besteuerung des Einbringungsgewinns I, nachträgliche AK	58
8. Sacheinlage umfasst auch Anteile an Kapitalgesellschaft oder Genossenschaft (Abs. 1 S. 5)	62
9. Ersatzrealisationstatbestände (Abs. 1 S. 6, 7)	74
a) Abs. 1 S. 6, 7 als abschließende Regelung	74
b) Unentgeltliche Übertragung (Abs. 1 S. 1 Nr. 1)	75
c) Entgeltliche Übertragung (Abs. 1 S. 6 Nr. 2)	81
d) Auflösung, Kapitalherabsetzung, Verwendung des Einlagekontos (Abs. 1 S. 6 Nr. 3)	84
aa) Auflösung und Abwicklung	85
bb) Kapitalherabsetzung	88
cc) Verwendung des steuerlichen Einlagekontos	90
e) Veräußerungssperre nach Abs. 1 S. 6 Nr. 4	95
f) Veräußerungssperre nach Abs. 1 S. 6 Nr. 5	99
g) Verlust der Ansässigkeitsvoraussetzungen (Abs. 1 S. 6 Nr. 6)	103

	Rn.
h) Nachträgliche Anschaffungskosten gem. Abs. 1 S. 7	105
III. Besteuerung des Anteilseigners bei Anteilstausch oder durch Sacheinlagen eingebrachte Anteile (Abs. 2)	106
1. Durch Anteilstausch oder Sacheinlage eingebrachte Anteile	106
2. Einbringender iSd Abs. 2 S. 1	112
3. Veräußerung der eingebrachten Anteile	120
4. Sperrfrist von sieben Jahren	126
5. Rückwirkende Besteuerung des Einbringungsgewinns II	127
6. Ermittlung des Einbringungsgewinns II (Abs. 2 S. 3)	130
7. Besteuerung des Einbringungsgewinns, nachträgliche Anschaffungskosten	135
8. Ausschluss der Anwendung des Abs. 2 S. 5	138
9. Ersatzrealisationstatbestände (Abs. 2 S. 6, 7 iVm Abs. 1 S. 6, 7)	140
a) Abs. 2 S. 6, 7 als abschließende Regelung	140
b) Unentgeltliche Übertragung	141
c) Entgeltliche Übertragung	142
d) Auflösung, Kapitalherabsetzung, Verwendung des Einlagekontos	143
e) Veräußerungssperre nach Abs. 2 S. 6 iVm Abs. 1 S. 6 Nr. 4	144
f) Veräußerungssperre nach Abs. 2 S. 6 iVm Abs. 1 S. 6 Nr. 5	149
g) Erfüllung der Voraussetzungen nach § 1 IV	153
h) Nachträgliche Anschaffungskosten (Abs. 2 S. 7)	154
10. Zusammentreffen eines Einbringungsgewinns I und Einbringungsgewinns II	155
11. Nachweispflicht des Einbringenden (Abs. 3)	157
12. Juristische Personen des öffentlichen Rechts und steuerbefreite Körperschaften als Veräußerer (Abs. 4)	168
13. Bescheinigung des Einbringungsgewinns (Abs. 5)	172
14. Unentgeltliche Rechtsnachfolge (Abs. 6)	174
15. Mitverstrickte Anteile (Abs. 7)	180
a) Überblick	180
b) Mitverstrickte Anteile	182
c) Verzicht auf stille Reserven	185
d) Angemessenes Entgelt oder Aufgeld	186
e) Verlagerungsvorgänge im Überblick	187
aa) Die unentgeltliche Verlagerung von stillen Reserven auf Anteile Dritter	187
bb) Der Übergang stiller Reserven auf junge Anteile desselben Gesellschafters	189
cc) Kapitalerhöhung aus Gesellschaftsmitteln (§§ 57c ff. GmbHG, §§ 207 ff. AktG)	191
f) Rechtsfolgen	192
16. Austritt des Vereinigten Königreichs Großbritannien und Nordirland aus der EU (Abs. 8)	193

I. Inhalt der Vorschriften im Überblick

1. Überblick

§ 22 ergänzt die Regelungen zur Besteuerung der Einbringung auf der Ebene der Anteilseigner bei Sacheinlagen (§ 20) und beim Anteilstausch (§ 21). § 22 wurde in das Gesetz aufgenommen, weil die Veräußerung der als Gegenleistung erhaltenen

1

Anteile am übernehmenden Rechtsträger idR günstigere Besteuerungsfolgen auslöst als die Veräußerung des gem. § 20 eingebrachten Vermögens. Das Gleiche gilt für die Veräußerung eingebrachter Anteile beim Anteilstausch durch den übernehmenden Rechtsträger, wenn beim Einbringenden der Gewinn aus der Veräußerung dieser Anteile nicht nach § 8b II KStG steuerfrei gewesen wäre. Das bisherige Konzept der einbringungsgeborenen Anteile wurde im Grds. aufgegeben (→ § 20 Rn. 220 ff., → § 21 Rn. 115 ff.). Die durch die Sacheinlage oder Einbringung einer Beteiligung an einer KapGes erworbenen Anteile werden unabhängig von der Beteiligungshöhe zukünftig durch § 17 EStG stl. erfasst. § 22 schafft keinen eigenen Besteuerungstatbestand, vielmehr werden durch ihn die Rechtsfolgen des Einbringungsvorgangs nachträglich geändert.

2   Die als Gegenleistung für die Einbringung nach **§ 20 (Sacheinlage)** gewährten Anteile am übernehmenden Rechtsträger können – vorbehaltlich der Regelung in § 20 III 4 – zukünftig nach den allg. Grundsätzen (§ 3 Nr. 40 EStG, § 8b II KStG) veräußert werden. Soweit es zu einer Veräußerung dieser als Gegenleistung für eine Einbringung nach § 20 erhaltenen Anteile innerhalb einer Sperrfrist von sieben Jahren kommt und die übertragenen WG beim übernehmenden Rechtsträger nicht mit dem gemeinen Wert angesetzt wurden, sind nach Abs. 1 die stillen Reserven zum Einbringungszeitpunkt nachträglich zu ermitteln. Zu einer Besteuerung dieser stillen Reserven kommt es bezogen auf den Einbringungszeitpunkt; es liegt ein rückwirkendes Ereignis iSd § 175 I Nr. 2 AO vor. Der zum Einbringungszeitpunkt ermittelte Einbringungsgewinn ist der Betrag, um den der gemeine Wert des eingebrachten BV (Betrieb, Teilbetrieb, Mitunternehmeranteil) im Einbringungszeitpunkt nach Abzug der Kosten für den Vermögensübergang den Wert, mit dem die übernehmende Gesellschaft dieses eingebrachte BV angesetzt hat, übersteigt. Dieser Gewinn reduziert sich hinsichtlich seiner Besteuerung für jedes seit dem Einbringungszeitpunkt abgelaufene Zeitjahr um ein Siebtel **(Einbringungsgewinn I).** Der Einbringungsgewinn I gilt als Veräußerungsgewinn iSd § 16 EStG und als nachträgliche AK der bei der ursprünglichen Einbringung erhaltenen Anteile (§ 22 I 4). Abs. 1 S. 6 regelt Ersatzrealisierungstatbestände, bei denen es auch ohne Anteilsveräußerung iSd Abs. 1 S. 1 zu einer Besteuerung des Einbringungsgewinns I kommt. Nach § 23 II kann der übernehmende Rechtsträger den versteuerten Einbringungsgewinn I auf Antrag „als **Erhöhungsbetrag** ansetzen", und zwar im Wj. der Veräußerung der Anteile. Dies bedeutet, dass der entsprechende Wert in der StB des übernehmenden Rechtsträgers bei den jeweiligen WG gewinnneutral hinzuaktiviert werden kann. Ein Erhöhungsbetrag ist jedoch nur anzusetzen, soweit das eingebrachte BV im Zeitpunkt der Veräußerung der Anteile noch zum BV gehört hat, es sei denn, dieses wurde zum gemeinen Wert übertragen und der Einbringende die auf die Einbringung entfallende Steuer entrichtet hat.

3   In den Fällen des **qualifizierten Anteilstauschs iSd § 21 I** kommt es zu einer rückwirkenden Besteuerung des Einbringungsvorgangs, soweit im Rahmen eines Anteilstausches unter dem gemeinen Wert eingebrachte Anteile innerhalb eines Zeitraums von sieben Jahren nach dem Einbringungszeitpunkt durch den übernehmenden Rechtsträger veräußert werden und beim Einbringenden der Gewinn aus der Veräußerung dieser Anteile im Einbringungszeitraum nicht nach § 8b II KStG steuerfrei gewesen wäre. Auch hier stellt die Veräußerung der eingebrachten Anteile ein rückwirkendes Ereignis iSd § 175 I 1 Nr. 2 AO dar. Es entsteht ein sog. **Einbringungsgewinn II.** Dieser Einbringungsgewinn II ist der Betrag, um den der gemeine Wert der eingebrachten Anteile im Einbringungszeitpunkt nach Abzug der Kosten für den Vermögensübergang den Wert, mit dem der Einbringende die erhaltenen Anteile eingesetzt hat, übersteigt, vermindert um jeweils ein Siebtel für jedes seit dem Einbringungszeitpunkt abgelaufene Zeitjahr. Der im Zeitpunkt der Anteilsveräußerung maßgebende Einbringungsgewinn gilt beim Einbringen als Gewinn aus der Veräußerung von Anteilen und als nachträgliche AK der erhaltenen Anteile.

Gem. § 22 II erhöhen sich bei dem übernehmenden Rechtsträger nachträglich die AK der eingebrachten Anteile entsprechend dem Einbringungsgewinn II.

Abs. 3 legt dem Einbringenden umfassende Nachweispflichten auf: So hat er in den dem Einbringungszeitraum folgenden sieben Jahren jährlich, spätestens bis zum 31.5., den Nachweis darüber zu erbringen, wem mit Ablauf des Tages, der dem Einbringungszeitpunkt entspricht, in den Fällen der Sacheinlage iSd § 20 die erhaltenen Anteile und die auf diesen Anteilen beruhenden Anteile und in den Fällen des qualifizierten Anteilstausches (§ 21) die eingebrachten Anteile und die auf diesen Anteilen beruhenden Anteile zuzurechnen sind. Wird der Nachw. nicht erbracht, gelten die Anteile iSd Abs. 1, 2 als veräußert. 4

Abs. 4 regelt die Steuerverhaftung von erhaltenen Anteilen iSd Abs. 1 bei juristischen Personen des öffentlichen Rechts und bei von der KSt befreiten Körperschaften. 5

Abs. 5 beinhaltet Regelungen zur Bescheinigung der auf den Einbringungsgewinn entfallenden und entrichteten Steuer, was im Hinblick auf § 23 II von Bedeutung ist. 6

Abs. 6 regelt die Folgen einer unentgeltlichen Rechtsnachfolge und bestimmt, dass der Rechtsnachfolger des Einbringenden als Einbringender iSd Abs. 1–5 und der Rechtsnachfolger der übernehmenden Gesellschaft als übernehmender Gesellschaft iSd Abs. 2 gilt. 7

In **Abs. 7** ist nunmehr geregelt, dass in den Fällen einer Sacheinlage oder eines Anteilstausches unter dem gemeinen Wert andere Anteile mitverstrickt werden, sofern auf diese stille Reserven aufgrund einer Gesellschaftsgründung oder Kapitalerhöhung von den erhaltenen oder eingebrachten Anteilen oder von auf diesen Anteilen beruhenden Anteile verlagert werden. 8

2. Typisierende Missbrauchsvorschrift

Bei § 22 handelt es sich um eine typisierende, unwiderlegbare Missbrauchsvorschrift (BT-Drs. 16/2710, 46; BFH BStBl. II 2021, 580; BStBl. II 2017, 136; Rödder/Herlinghaus/van Lishaut/Stangl Rn. 7; Dötsch/Pung/Möhlenbrock/Patt Rn. 1; Haritz/Menner/Bilitewski/Bilitewski Rn. 1; Lademann/Jäschke Rn. 1). 9

Es stellt sich daher die Frage, ob und inwieweit § 22 als einzelsteuerliche Missbrauchsregelungen die Regelung des § 42 AO verdrängt. Zu dieser Frage hat der BFH mit Urt. v. 17.11.2020 (BStBl II 2021, 580) ausführlich Stellung genommen (vgl. dazu auch Drüen Ubg 2022, 61 ff.; 121 ff.; Trossen Ubg 2021, 480; Wargowske Ubg 2021, 481; Schlücke Ubg 2021, 483; Mosler/Münzner/Schulze DStR 2021, 193; Blumenberg/Bernard DB 2021, 1491). Nach Auffassung des BFH ist in einem **ersten Schritt** zunächst zu prüfen, ob die gesetzliche Regelung in dem Einzelsteuergesetz überhaupt der Verhinderung einer Steuerumgehung dient. Liegt nach dem Wortlaut des Einzelsteuergesetzes, seiner Entstehungsgeschichte oder der systematischen Stellung im Gesetz eine Regelung vor, die keine Missbrauchsvorschrift darstellt, bleibt neben dieser Regelung § 42 AO uneingeschränkt anwendbar. Kommt man demgegenüber bei der Auslegung des Einzelsteuergesetzes zu dem Ergebnis, dass dieses Steuerumgehungen verhindern will, und ist der Tatbestand dieser Einzelregelung erfüllt, bestimmt sich die Rechtsfolge allein nach dieser speziellen Vorschrift und nicht nach § 42 AO; die Regelung hat insoweit Abschirmwirkung. Ist die typisierende Missbrauchsvorschrift tatbestandsmäßig nicht erfüllt, so bleibt nach Auffassung des BFH § 42 AO im Grundsatz weiterhin anwendbar. Obwohl § 42 Abs. 1 S. 3 AO den Rückgriff auf § 42 AO gesetzestechnisch in diesem Fall zulässt, müssen allerdings bei der Prüfung des Vorliegens eines Missbrauchs iSd § 42 Abs. 2 AO diejenigen Wertungen des Gesetzgebers, die von dem geschaffenen einzelsteuergesetzlichen Umgehungsverhinderungsvorschrift zu Grunde liegt, berücksichtigt werden (ebenso Tipke/Kruse/Drüen AO § 42 Rn. 13a; Hübschmann/Hepp/Spita- 10 ler/Fischer AO § 42 Rn. 292). Geht beispielsweise der Gesetzgeber so wie in § 22 typisierend durch die Festlegung einer siebenjährigen Sperrfrist davon aus, dass bei Veräußerung der Anteile nach Ablauf dieser Frist keine Umgehung mehr vorliegt, sondern vielmehr von einer betriebswirtschaftlich sinnvollen Umstrukturierung ausgegangen werden kann (BFH BStBl II 2017, 136), so darf diese Wertung des Gesetzgebers nicht dadurch unterlaufen werden, dass bei einer Veräußerung nach Ablauf der entsprechenden Frist auf Grundlage des § 42 AO doch von einer Umgehungsgestaltung ausgegangen wird (vgl. zB Tipke/Kruse/Drüen AO § 42 Rn. 13a).

11 § 22 gilt auch für ausl. und grenzüberschreitende Einbringungen. Die Regelung ist in der Lit. auf heftige Kritik gestoßen und wird in der derzeit gültigen Fassung zu Recht als **richtlinienwidrig** eingestuft (Rödder/Herlinghaus/van Lishaut/Stangl Rn. 37; Haritz/Menner/Bilitewski/Bilitewski Rn. 83; Dötsch/Pung/Möhlenbrock/Patt Rn. 19c; Lademann/Jäschke Rn. 3; Musil/Weber-Grellet/Desens UmwStG § 22 Rn. 23; Brandis/Heuermann/Nitzschke Rn. 15; BeckOK UmwStG/Dürrschmidt Rn. 330; Graw FR 2010, 837; aA Widmann/Mayer/Widmann Rn. 192; Eisgruber/Eisgruber Rn. 18). Art. 15 I Fusions-RL ermächtigt die Mitgliedstaaten, von der Anwendung der Fusions-RL ganz oder teilweise abzusehen, wenn die Einbringung von Anteilen als hauptsächlichen Beweggrund oder als einen der hauptsächlichen Beweggründe die Steuerhinterziehung oder -umgehung hat. Vom Vorliegen eines solchen Beweggrundes kann ausgegangen werden, wenn der Anteilstausch nicht auf vernünftigen wirtschaftlichen Gründen – insbes. der Umstrukturierung oder der Rationalisierung der beteiligten Gesellschaft – beruht. Die Versagung der Begünstigung durch die Fusions-RL unter Berufung auf Art. 15 I Fusions-RL bzw. auf eine insoweit durch den nationalen Gesetzgeber aufgrund der RL-Vorschriften erlassene Regelung verlangt nach den Ausführungen des EuGH in dem Urteil in der Angelegenheit Leur Bloem (EuGH IStR 1997, 539) eine strenge Einzelfallbetrachtung. Daher sind pauschalierte Missbrauchsvermutungen, so wie sie in § 22 für Weiterveräußerungen innerhalb von sieben Jahren aufgestellt werden, mit der Fusions-RL nicht vereinbar. Obwohl im Anwendungsbereich der Fusions-RL ein Verstoß gegen die Richtlinie vorliegt, so wird § 22 dadurch nicht insgesamt unwirksam oder nichtig. Ein Verstoß gegen die Fusions-RL führt lediglich zur Unanwendbarkeit des § 22 im Anwendungsbereich der Richtlinie; die Vorschrift wird in grenzüberschreitenden Fällen durch die Fusions-RL verdrängt aufgrund des Anwendungsvorrangs des Europarechts (vgl. EuGH Rs. 34/67, Slg. 1968, 373 = BeckRS 2004, 70870; Slg. 1978, 629 = NJW 1978, 1741 – Simmenthal; Geiger EGV Art. 10 Rn. 31). Auch bei einem Verstoß gegen die Fusions-RL bleibt § 22 als wirksames Bundesrecht bestehen und ist in rein innerstaatlichen Fällen anzuwenden (Dötsch/Pung/Möhlenbrock/Patt Rn. 19c; aA Musil/Weber-Grellet/Desens UmwStG § 22 Rn. 25; Krüger/Gebhardt GmbHR 2021, 1200).

II. Besteuerung des Anteilseigners bei Sacheinlagen (Abs. 1)

1. Erhaltene Anteile iSv Abs. 1 S. 1

12 Abs. 1 kommt zur Anwendung, wenn es zu einer Veräußerung der als Gegenleistung für die Einbringung **nach § 20 erhaltenen Anteile** innerhalb einer Frist von sieben Jahren kommt und die übertragenen WG beim übernehmenden Rechtsträger nicht mit dem gemeinen Wert angesetzt wurden. **Abs. 7** dehnt den Anwendungsbereich des Abs. 1 auch auf Anteile aus, auf die stille Reserven von den gewährten Anteilen durch „Wertabspaltung" bei einer Gesellschaftsgründung oder Kapitalerhöhung übergegangen sind (→ Rn. 180 ff.). Umfasst die eingebrachte BV auch Anteile an einer KapGes oder Gen, gilt für diese eingebrachten WG nach Abs. 1 S. 5 im Grds. die Regelung des Abs. 2. Die Qualifikation als erhaltene Anteile ist unabhängig von der **Höhe der Beteiligung** und unabhängig davon, ob sie **PV** oder **BV** darstellt.

Bei der Sacheinlage muss es sich um eine solche iSd § 20 I bzw. des § 25 handeln (Dötsch/Pung/Möhlenbrock/Patt Rn. 6a; Rödder/Herlinghaus/van Lishaut/Stangl Rn. 50; Widmann/Mayer/Widmann Rn. 11; Frotscher/Drüen/Mutscher Rn. 23; HK-UmwStG/Wochinger Rn. 4; Haritz/Menner/Bilitewski/Bilitewski Rn. 6; Brandis/Heuermann/Nitzschke Rn. 18). Wurde eine Sachgesamtheit eingebracht, die nicht die Voraussetzungen des § 20 erfüllt, aber insoweit dennoch ein Ansatz unter dem gemeinen Wert erfolgte, kann ein Einbringungsgewinn I nicht entstehen (Widmann/Mayer/Widmann Rn. 11; BFH BStBl. II 2011, 808 zu § 21 UmwStG aF). Fand die Sacheinlage noch unter Geltung der vor dem SEStEG gültigen Normen statt, entstehen keine erhaltenen Anteile iSd Abs. 1 S. 1 (Rödder/Herlinghaus/van Lishaut/Stangl Rn. 21). Abs. 1 S. 1–4 gelten unabhängig davon, ob es sich bei der Sacheinlage um eine reine **nat.** oder eine **ausl.** oder **grenzüberschreitende Sacheinlage** handelt (Rödder/Herlinghaus/van Lishaut/Stangl Rn. 50; Eisgruber/Eisgruber Rn. 18). Die Rechtsfolgen des Abs. 1 greifen auch dann, wenn die als Gegenleistung gewährten Anteile im **Inland nicht stl. verstrickt** sind (Brandis/Heuermann/Nitzschke Rn. 20a; Dötsch/Pung/Möhlenbrock/Patt Rn. 20).

Abs. 1 ist nur anwendbar, soweit im Rahmen einer Sacheinlage erworbene Anteile veräußert werden und beim übernehmenden Rechtsträger die Sacheinlage **unter dem gemeinen Wert** iSd § 20 II 2 angesetzt wurde. Aus der Bezugnahme in Abs. 1 S. 1 auf § 20 II 2 wird deutlich, dass von einem Ansatz mit dem gemeinen Wert iSd Vorschrift auch dann auszugehen ist, wenn die Pensionsrückstellungen nicht mit dem gemeinen Wert, sondern gem. § 6a EStG bewertet wurden (Rödder/Herlinghaus/van Lishaut/Stangl Rn. 51; Eisgruber/Eisgruber Rn. 48). Der Ansatz unter dem gemeinen Wert setzt einen entsprechenden Antrag des übernehmenden Rechtsträgers voraus (§ 20 II 2). Entspricht die BW des eingebrachten Vermögens im Einbringungszeitpunkt dem gemeinen Wert, liegt ein Ansatz mit dem gemeinen Wert vor (Brandis/Heuermann/Nitzschke Rn. 32; aA Widmann/Mayer/Widmann Rn. 13: Ansatz unterhalb des gemeinen Wertes, wenn ein Antrag auf BW oder ZW gestellt wurde). Geht man davon aus, dass der **Wertansatz** bei dem übernehmenden Rechtsträger für den Einbringenden **nur insoweit bindend** ist, als der übernehmende Rechtsträger sich bei der Bewertung innerhalb der gesetzlichen Bewertungsgrenzen bewegt (→ § 20 Rn. 372), so hat der Ansatz durch den übernehmenden Rechtsträger für die Anwendung des Abs. 1 keine Bedeutung, wenn der übernehmende Rechtsträger gesetzlich gezwungen ist, einen bestimmten Ansatz der Sacheinlage zugrunde zu legen, denn die Besteuerung kann sich nur insoweit auf die Disposition durch den übernehmenden Rechtsträger beziehen, als diesem eine entsprechende überhaupt zukommt. Ist nach den gesetzlichen Vorgaben beim übernehmenden Rechtsträger zwingend der gemeine Wert anzusetzen, so entstehen dann keine sperrfristverhafteten Anteile, selbst wenn der übernehmende Rechtsträger einen Ansatz unter oder über dem gemeinen Wert gewählt hat (Widmann/Mayer/Widmann Rn. 14; Rödder/Herlinghaus/van Lishaut/Stangl Rn. 53; Brandis/Heuermann/Nitzschke Rn. 32; aA Lademann/Jäschke Rn. 5; Dötsch/Pung/Möhlenbrock/Patt Rn. 18; BeckOK UmwStG/Dürrschmidt Rn. 463.2). Dies gilt selbst dann, wenn die entsprechende Bewertung beim übernehmenden Rechtsträger nicht mehr korrigiert werden kann (Rödder/Herlinghaus/van Lishaut/Stangl Rn. 53). IÜ kommt es auf den tatsächlichen Wertansatz beim übernehmenden Rechtsträger an, wobei jedoch fehlerhafte Bilanzansätze nach § 4 II 1 EStG berichtigt werden müssen. Kommt es zu dieser Korrektur, und wird der gemeine Wert angesetzt, entstehen keine sperrfristbehafteten Anteile (Rödder/Herlinghaus/van Lishaut/Stangl Rn. 53; Dötsch/Pung/Möhlenbrock/Patt Rn. 18). Die Bilanzberichtigung führt zu einer Korrektur der Veranlagung des Einbringenden gem. § 175 I 2 AO.

15 Ein Ansatz unter dem gemeinen Wert liegt auch dann vor, wenn nur für einen Teil der Sacheinlage der BW oder ZW angesetzt wurde und für andere WG der gemeine Wert (Widmann/Mayer/Widmann Rn. 17; Dötsch/Pung/Möhlenbrock/Patt Rn. 16; Frotscher/Drüen/Mutscher Rn. 27). Letzteres ist bspw. nach der hier vertretenen Meinung (→ § 20 Rn. 265) möglich, soweit durch den Einbringungsvorgang das dt. Besteuerungsrecht hinsichtlich des Gewinns aus der Veräußerung des eingebrachten BV erstmalig begründet wird.

16 War der Einbringende **bereits vor der Sacheinlage** am übernehmenden Rechtsträger **beteiligt**, so sind diese Anteile keine iSd Abs. 1 S. 1, es sei denn, anlässlich der Sacheinlage unter den gemeinen Wert ist es einem Übergang stiller Reserven gem. Abs. 7 (Dötsch/Pung/Möhlenbrock/Patt Rn. 6a; BeckOK UmwStG/Dürrschmidt Rn. 470). Keine Anteile iSv Abs. 1 S. 1 liegen vor, wenn es nach der Sacheinlage zu weiteren Kapitalerhöhungen beim übernehmenden Rechtsträger kommt, die nicht von §§ 20, 21 erfasst sind und keine Rechtsnachfolge insoweit gegeben ist (Abs. 7, § 13 II). Gehören zum BV des eingebrachten Betriebs **Anteile an der Übernehmerin**, werden diese zu eigenen Anteilen der Übernehmerin. Der Erwerb eigener Anteile ist durch § 33 GmbHG und durch §§ 71 ff. AktG eingeschränkt. Selbst wenn nach den einschlägigen handelsrechtlichen Vorschriften der Erwerb eigener Anteile durch die Übernehmerin möglich ist, ist deren Einbringung nach der hier vertretenen Meinung nicht erforderlich (→ § 20 Rn. 35, → § 20 Rn. 78; BMF 11.11.2011, BStBl. I 2011, 1314 Rn. 20.09). Denn der Einbringende würde als Gegenleistung (neue) Anteile an der Übernehmerin erhalten und dafür die bisherigen, die dann zu eigenen Anteilen der Übernehmerin würden, hingeben. Aus Vereinfachungsgründen ist es deshalb nicht zu beanstanden, wenn die Anteile an der Übernehmerin nicht eingebracht, also zurückbehalten werden. Gleichwohl gelten die nicht eingebrachten Anteile nicht als entnommen. Würde man auch im Geltungsbereich des SEStEG fingieren, dass die zurückbehaltenen Anteile in die übernehmende KapGes eingebracht wurden, so wäre für sie eigentlich ein Einbringungsgewinn II zu ermitteln, der aber nicht entstehen kann, da die zurückbehaltenen Anteile nicht durch den übernehmenden Rechtsträger veräußert werden können. Die im Zuge der Einbringung ausgegebenen neuen Anteile sind solche iSd Abs. 1 S. 1, bei deren Veräußerung ein Einbringungsgewinn I entsteht. Soweit stille Reserven auf die nicht eingebrachten Anteile überspringen, handelt es sich (quotal) um Anteile iSd Abs. 1 S. 1 (Rödder/Herlinghaus/van Lishaut/Herlinghaus § 20 Rn. 97; aA BMF 11.11.2011, BStBl. I 2011, 1314 Rn. 20.09; Schumacher/Neumann DStR 2008, 325: Altanteile sind in jedem Fall insgesamt nach Abs. 1 steuerverstrickt; vgl. auch Rödder/Herlinghaus/van Lishaut/Stangl Rn. 253).

17 Werden als Gegenleistung für die Sacheinlage auch eigene Anteile durch den übernehmenden Rechtsträger gewährt, so liegen insoweit keine erhaltenen Anteile, sondern eine **sonstige Gegenleistung iSv § 20 II 2 Nr. 4 bzw. § 20 II 4 aF** vor (Rödder/Herlinghaus/van Lishaut/Stangl Rn. 259; Dötsch/Pung/Möhlenbrock/Patt Rn. 6a). Die **verschleierte Sachgründung** bzw. Sachkapitalerhöhung fällt nicht in den Regelungsbereich des § 20 (→ § 20 Rn. 199 ff.); erhaltene Anteile iSd Abs. 1 S. 1 entstehen nicht (Widmann/Mayer/Widmann Rn. 25; Rödder/Herlinghaus/van Lishaut/Stangl Rn. 263).

18 Mangels entsprechender gesetzlicher Fiktion führt die **formwechselnde Umw einer KapGes in eine KapGes anderer Rechtsform** auf Anteilseigner zu keiner Vermögensübertragung (Benecke/Schnittker FR 2010, 555), die Anteile des Rechtsträgers neuer Rechtsform sind erhaltene Anteile iSd Abs. 1 S. 1, wenn am formwechselnden Rechtsträger solche bestanden.

19 Werden die erhaltenen Anteile **verkauft,** verlieren sie die Eigenschaft, Anteile iSd Abs. 1 zu sein. Dies gilt unabhängig davon, ob ein Veräußerungsgewinn entsteht. In der Person des Käufers gelten dann die allg. Vorschriften über die Behandlung von Anteilen an KapGes/Gen (Rödder/Herlinghaus/van Lishaut/Stangl Rn. 275). Werden Anteile an einer KapGes veräußert, die erhaltene Anteile iSd Abs. 1 S. 1 besitzt, entsteht kein Einbringungsgewinn I (Rödder/Herlinghaus/van Lishaut/Stangl Rn. 251). Hat eine PersGes eine Sacheinlage iSd § 20 vorgenommen (→ § 20 Rn. 181 ff.) und dadurch Anteile iSd Abs. 1 S. 1 erhalten, führt die **Veräußerung eines Mitunternehmeranteils** an dieser PersGes nach der hier vertretenen Meinung nicht zu einem Einbringungsgewinn I, da Einbringender die Mitunternehmerschaft ist und diese die erhaltenen Anteile nicht veräußert (→ Rn. 21; Rödder/Herlinghaus/van Lishaut/Stangl Rn. 276; Benz/Rosenberg DB-Beil. 1/2012, 38; Neu/Schiffers/Watermeyer GmbHR 2011, 729; Weber/Hahne Ubg 2011, 420; aA Frotscher/Drüen/Mutscher Rn. 30; Lademann/Jäschke Rn. 6; Haritz/Menner/Bilitewski/Bilitewski Rn. 75; Dötsch/Pung/Möhlenbrock/Patt Rn. 33b).

2. Einbringender iSd Abs. 1 S. 1

Die Besteuerungsfolgen des Abs. 1 treffen im Grds. **den Einbringenden.** Einbringender kann eine **natürliche Person** sein, die in Deutschland unbeschränkt stpfl. ist, oder wenn sie entweder den Wohnsitz oder den gewöhnlichen Aufenthaltsort in einem EU- oder EWR-Staat hat und nicht aufgrund eines DBA mit einem Drittstaat als außerhalb der EU bzw. des EWR-Raumes ansässig gilt (BT-Drs. 16/2710, 42; → § 20 Rn. 176). Hat eine natürliche Person ihren Wohnsitz und gewöhnlichen Aufenthalt außerhalb der EU/des EWR-Bereichs, kommt Abs. 1 zur Anwendung, wenn Deutschland das Besteuerungsrecht hinsichtlich des Gewinns aus der Veräußerung der erhaltenen Anteile zusteht (§ 1 IV 1 Nr. 2 lit. b). Einbringende können nach § 1 IV 1 Nr. 2 **Gesellschaft iSd Art. 54 AEUV / Art. 34 EWR** sein. Die Gesellschaft muss nach den Vorschriften eines Mitgliedstaates der EU oder des EWR gegründet worden sein und auch im Hoheitsgebiet eines dieser Staaten ihren Sitz und den Ort der Geschäftsleitung haben (→ § 20 Rn. 177). 20

Einbringender iSv Abs. 1 kann ein MU oder eine **Mitunternehmerschaft** (→ § 20 Rn. 181) sein. Ist Einbringender eine PersGes, so ist nach Auffassung der FVerw eine rückwirkende Besteuerung des Einbringungsgewinns nicht nur dann gegeben, wenn die PersGes selbst die sperrfristverhafteten Anteile veräußert, sondern auch dann, wenn ein MU der PersGes seinen Mitunternehmeranteil an der einbringenden PersGes entgeltlich überträgt (BMF 11.11.2011, BStBl. I 2011, 1314 Rn. 22.02; ebenso Frotscher/Drüen/Mutscher Rn. 30; Lademann/Jäschke Rn. 6; Haritz/Menner/Bilitewski/Bilitewski Rn. 75; Dötsch/Pung/Möhlenbrock/Patt Rn. 33b). Die FVerw nimmt insoweit auf das Transparenzprinzip Bezug. Die Auffassung der FVerw kann im Ergebnis jedoch nicht überzeugen, nur wenn die PersGes selbst die erhaltenen Anteile veräußert, entsteht ein Einbringungsgewinn I. Wird ein Mitunternehmeranteil veräußert, so erfolgt die Veräußerung der erhaltenen Anteile nicht durch den Einbringenden, eine nur mittelbare Veräußerung der sperrfristverhafteten Anteile löst nach dem Gesetzeswortlaut des Abs. 1 S. 1 im Gegensatz zu bspw. Abs. 2 S. 1 den Einbringungsgewinn I gerade nicht aus (ebenso Rödder/Herlinghaus/van Lishaut/Stangl Rn. 276; Haase/Hofacker/Wulff-Dohmen Rn. 76; Linklaters DB-Beil. 1/2012, 14; NK-UmwR/Meier Rn. 9). Durch das JStG 2009 (BGBl. 2008 I 2794) wurde im Regelungsbereich des Abs. 2 S. 1 nach Auffassung des Gesetzgebers klarstellend die unmittelbare Veräußerung einer mittelbaren gleichgestellt. Nach der hier vertretenen Auffassung handelt es sich jedoch um keine Klarstellung (→ Rn. 109). 21

Werden die Anteile **entgeltlich verkauft** oder liegt ein der Veräußerung gleichgestellter Tatbestand Abs. 1 S. 6 vor, verlieren sie die Eigenschaft, Anteile iSd Abs. 1 zu sein, es gelten dann in der Person des Käufers die allg. Vorschriften über die Behandlung von Anteilen an KapGes/Gen (Dötsch/Pung/Möhlenbrock/Patt Rn. 4; Rödder/Herlinghaus/van Lishaut/Stangl Rn. 275). Ob ein Veräußerungsge- 22 winn entsteht, ist insoweit ohne Bedeutung. Werden verstrickte Anteile unentgeltlich übertragen, verlieren die Anteile nicht ihre Eigenschaft, Anteile iSd Abs. 1 S. 1 zu sein, der **unentgeltliche Rechtsnachfolger** gilt nach Abs. 6 als Einbringender iSd Abs. 1 (→ Rn. 174 ff.). Gleiches gilt, wenn es zu einer **Wertabspaltung iSd Abs. 7** kommt, soweit unentgeltliche stille Reserven auf andere Anteile „überspringen" (→ Rn. 180 ff.).

23 Scheidet ein MU vor der Einbringung aus der PersGes aus, nimmt er an der Einbringung und damit an der stl. Rückwirkung nicht teil. Für solche Gesellschafter, die **im Rückwirkungszeitraum aus der Mitunternehmerschaft ausscheiden**, findet § 15 I 1 Nr. 2 EStG weiterhin Anwendung (BMF 11.11.2011, BStBl. I 2011, 1314 Rn. 20.16), er ist nicht Einbringender iSv Abs. 1 S. 1. Der Erwerber des Mitunternehmeranteils kann die Einbringung des Mitunternehmeranteils in die KapGes auf einen Zeitpunkt zurückbeziehen, der vor dem Erwerb liegt (→ § 20 Rn. 251); er ist Einbringender iSd Abs. 1. Etwas anderes gilt für einen nach §§ 29 ff. **UmwG** gegen Barabfindung Ausscheidenden. Er scheidet zivilrechtlich und damit auch stl. erst aus dem übernehmenden Rechtsträger aus. Eine § 5 I Alt. 2 entsprechende Vorschrift fehlt bei §§ 20 ff. (Renner, Die Rückwirkung im Umwandlungssteuergesetz, 2002, S. 109). Der gegen Barabfindung nach § 29 UmwG ausscheidende Gesellschafter erzielt dann einen Einbringungsgewinn iSv Abs. 1 (Dötsch/Pung/Möhlenbrock/Patt Rn. 31).

3. Veräußerung der erhaltenen Anteile

24 **a) Begriff der Veräußerung.** Abs. 1 findet Anwendung, wenn die erhaltenen bzw. mitverstrickten Anteile (Abs. 7) durch den Einbringenden, seinen unentgeltlichen Rechtsnachfolger (Abs. 6; → Rn. 174 ff.) oder durch den Inhaber mitverstrickter Anteile (→ Rn. 180 ff.) veräußert werden (BMF 11.11.2011, BStBl. I 2011, 1314 Rn. 22.03). **Veräußerung** ist dabei die entgeltliche Übertragung des wirtschaftlichen Eigentums an den Anteilen von einer Person auf einen anderen Rechtsträger (allgM, BFH BStBl. II 2021, 732; BStBl. II 2007, 258; FG Hamburg EFG 2015, 1876; BMF 11.11.2011, BStBl. I 2011, 1314 Rn. 22.07; Haritz/Menner/Bilitewski/Bilitewski Rn. 25 ff.; Widmann/Mayer/Widmann Rn. 18; Dötsch/Pung/Möhlenbrock/Patt Rn. 28; Brandis/Heuermann/Nitzschke Rn. 34; Rödder/Herlinghaus/van Lishaut/Stangl Rn. 62; Frotscher/Drüen/Mutscher Rn. 66 ff.; Lademann/Jäschke Rn. 6; HK-UmwStG/Wochinger Rn. 12; im Ausgangspunkt ebenso BFH DStR 2018, 1366). Maßgebend ist dabei das Erfüllungsgeschäft, auf das schuldrechtliche Verpflichtungsgeschäft kommt es nicht an (FG Hamburg EFG 2015, 1876, Rödder/Herlinghaus/van Lishaut/Stangl Rn. 67; HK-UmwStG/Wochinger Rn. 12). Ob die Übertragung freiwillig oder unfreiwillig aufgrund eines Rechtsgeschäfts oder eines hoheitlichen Eingriffs erfolgt, ist ohne Bedeutung (BFH BStBl. II 2000, 424; Dötsch/Pung/Möhlenbrock/Patt Rn. 25a; Brandis/Heuermann/Nitzschke Rn. 34; Rödder/Herlinghaus/van Lishaut/Stangl Rn. 68). Ohne Relevanz ist auch, ob ein Veräußerungsgewinn erzielt wird (FG Hamburg EFG 2015, 1876; Lademann/Jäschke Rn. 6; Rödder/Herlinghaus/van Lishaut/Stangl Rn. 62; Eisgruber/Eisgruber Rn. 51). Ist die Übertragung der Anteile von einer Genehmigung der KapGes, deren Anteile übertragen werden, abhängig (vgl. § 17 GmbHG für Teilgeschäftsanteile), wird die Veräußerung erst mit der Genehmigung wirksam (BFH BStBl. II 1995, 870). Wird von einem vorbehaltenen Rücktrittsrecht Gebrauch gemacht (BFH BStBl. II 1994, 648) oder entfällt eine Veräußerung durch Eintritt einer auflösenden Bedingung (BFH BStBl. II 2004, 107; Dötsch/Pung/Möhlenbrock/Patt Rn. 34), wirkt dies gem. § 175 I 1 Nr. 2 AO auf den Zeitpunkt der Veräußerung zurück. Ob die Rückübertragung durch Wandlung ein neuer Vorgang ist, wird unterschiedlich beurteilt (BFH BStBl. II 2000, 424; DStR 2006, 1835; Fischer FR 2000, 393). In **Abs. 1 S. 6** werden eine Reihe von Tatbeständen

gesetzlich festgeschrieben, die einer Veräußerung der erhaltenen Anteile gleichgestellt sind bzw. eine solche ausschließen (Abs. 1 S. 6 Nr. 2).

Geht man davon aus, dass Einbringender auch eine **Mitunternehmerschaft** 25 sein kann, so führt die Veräußerung der Mitunternehmeranteile nicht zu einer Veräußerung der erhaltenen Anteile (→ Rn. 21; aA BMF 11.11.2011, BStBl. I 2011, 1314 Rn. 22.02; Eisgruber/Eisgruber Rn. 62; Frotscher/Drüen/Mutscher Rn. 74), im Gegensatz zu Abs. 1 S. 6 Nr. 4, Nr. 5 ist in Abs. 1 S. 1 die mittelbare Veräußerung nicht aufgeführt.

Wird **ein Teil der erhaltenen Anteile veräußert,** kommt es zu einer anteiligen 26 Besteuerung des Einbringungsgewinns, und zwar im Verhältnis der veräußerten Anteile zu den insgesamt erhaltenen Anteilen (BMF 11.11.2011, BStBl. I 2011, 1314 Rn. 22.04; Widmann/Mayer/Widmann Rn. 27; Dötsch/Pung/Möhlenbrock/Patt Rn. 54; Rödder/Herlinghaus/van Lishaut/Stangl Rn. 249). Soweit nach Abs. 7 quotal verstrickte Anteile (→ Rn. 180) veräußert werden, ist auf das Verhältnis der auf diesen Anteil übergesprungenen stillen Reserven zu den im Zeitpunkt der Einbringung insgesamt in der Sacheinlage vorhandenen stillen Reserven abzustellen.

b) Typische Fälle der Veräußerung. Veräußerung ist die Anteilsübertragung 27 aufgrund eines **Kaufvertrages.** Auch **Tauschvorgänge** iSd § 480 BGB stellen einen entgeltlichen Veräußerungsvorgang dar (Dötsch/Pung/Möhlenbrock/Patt Rn. 31; Brandis/Heuermann/Nitzschke Rn. 37; Rödder/Herlinghaus/van Lishaut/Stangl Rn. 69; Widmann/Mayer/Widmann Rn. 18; Frotscher/Drüen/Mutscher Rn. 69). Die verdeckte Einlage (Frotscher/Drüen/Mutscher Rn. 81; Rödder/Herlinghaus/van Lishaut/Stangl Rn. 78; Dötsch/Pung/Möhlenbrock/Patt Rn. 40) sowie der Untergang der Anteile durch Kapitalherabsetzung oder Auflösung und Abwicklung der Gesellschaft stellen keine Veräußerung (Rödder/Herlinghaus/van Lishaut/Stangl Rn. 353; aA Widmann/Mayer/Widmann Rn. 18; vgl. auch BFH BStBl. II 2021, 732; DStR 2018, 1366), dieser aber unter den Voraussetzungen des Abs. 1 S. 6 gleichgestellt. Noch keine Veräußerung ist die Einräumung einer Kauf- oder Verkaufsoption (BFH BStBl. II 2007, 937). Zur Doppeloption vgl. BFH DStR 2006, 2163.

c) Übertragung gegen Entgelt. Für die Übertragung der erhaltenen Anteile 28 muss eine Gegenleistung erbracht werden, wobei die Art des Entgeltes grds. ohne Bedeutung ist. Werden **objektiv wertlose Anteile** ohne Gegenleistung zwischen Fremden übertragen, ist dies idR ein entgeltliches Veräußerungsgeschäft (BFH BStBl. II 1993, 34; DStR 1998, 73; FG BW EFG 2005, 105; Frotscher/Drüen/ Mutscher Rn. 73). Werden die erhaltenen Anteile **unentgeltlich** übertragen (→ Rn. 174 ff.), so verlieren die Anteile nicht ihre stl. Eigenschaft, erhaltene Anteile zu sein. Keine Veräußerung ist die unentgeltliche Übertragung unter Nießbrauchsvorbehalt. Der **Anwachsungsvorgang** stellt aus stl. Sicht keine Veräußerung dar, soweit der aus einer PersGes ausscheidende Gesellschafter nicht am Vermögen der PersGes beteiligt war (OFD Berlin 19.7.2002, DStR 2002, 1811; Widmann/Mayer/ Widmann Rn. 18; Schmidt/Kulosa EStG § 6 Rn. 716; Schumacher/Neumann DStR 2008, 325). Eine Veräußerung liegt nicht vor, wenn die erhaltenen Anteile durch eine vGA erworben wurden (BMF 11.11.2011, BStBl. I 2011, 1314 Rn. 22.20; Dötsch/Pung/Möhlenbrock/Patt Rn. 40; Widmann/Mayer/Widmann Rn. 18; HK-UmwStG/Wochinger Rn. 56). Etwas anderes soll gelten, wenn die Anteile im Rahmen einer Sachdividende ausgeschüttet werden (Widmann/Mayer/ Widmann Rn. 18; aA Dötsch/Pung/Möhlenbrock/Patt Rn. 40; HK-UmwStG/ Wochinger Rn. 56; Eisgruber/Eisgruber Rn. 75). Entspricht die Gegenleistung nicht dem Wert der erhaltenen Anteile und liegt somit ein **teilentgeltliches Geschäft** vor, so ist dieses Geschäft nach dem Verhältnis des Wertes der übertragenen Anteile zur Gegenleistung in ein voll entgeltliches Veräußerungsgeschäft und ein voll unentgeltliches Geschäft aufzuteilen (Dötsch/Pung/Möhlenbrock/Patt

Rn. 28c; Rödder/Herlinghaus/van Lishaut/Stangl Rn. 80; Brandis/Heuermann/ Nitzschke Rn. 35; Frotscher/Drüen/Mutscher Rn. 76; Haase/Hofacker/Wulff-Dohmen Rn. 69; NK-UmwR/Meier Rn. 12). Lediglich hinsichtlich des unentgeltlichen Teils tritt der Rechtsnachfolger in die Stellung des Rechtsvorgängers ein (Abs. 6), der damit insoweit erhaltene Anteile erwirbt. Es gilt damit die sog. Trennungstheorie (Dötsch/Pung/Möhlenbrock/Patt Rn. 28c; Rödder/Herlinghaus/van Lishaut/Stangl Rn. 64; Lademann/Jäschke Rn. 6).

29 Werden **Bezugsrechte** veräußert, so liegt nach hM eine Teilveräußerung von Gesellschaftsanteilen vor (BMF 11.11.2011, BStBl. I 2011, 1314 Rn. 22.45; Dötsch/ Pung/Möhlenbrock/Patt Rn. 29; zweifelnd Brandis/Heuermann/Nitzschke Rn. 36; Rödder/Herlinghaus/van Lishaut/Stangl Rn. 75; Haase/Hofacker/Wulff-Dohmen Rn. 54). Das Bezugsrecht hat nämlich die Aufgabe, der Gesellschaft die Ausgabe neuer Aktien zu einem Kurs zu ermöglichen, der erheblich unter dem Kurs der alten Aktien liegt. Werden neue Aktien zu einem niedrigeren Kurs ausgegeben, als die alten Aktien notiert werden, so bildet sich nach der Kapitalerhöhung ein Mittelkurs, der unter dem Kurs der Altaktien und über dem Emissionskurs der Jungaktien liegt. Bei der neuen Notierung erzielt also der Inhaber der Jungaktien sofort einen Kursgewinn, während der Inhaber der alten Aktien einen entsprechenden Kursverlust hinnehmen muss. Dem Bezugsrecht fällt hier die Aufgabe eines Korrektivs zu. Wird es veräußert, erhält der bezugsberechtigte Aktionär einen Ausgleich iHd bei ihm ansonsten eintretenden Verlustes. Die nach Bezugsrechtskauf durch Ausübung des Bezugsrechts erworbenen Gesellschaftsanteile sind entgeltlich erworben und stellen damit grds. keine erhaltenen Anteile iSd Abs. 1 dar. Vorstehendes gilt nach bisheriger Meinung entsprechend, wenn ein Anteilseigner gegen Entgelt auf die Ausübung des Bezugsrechts verzichtet (Lademann/Jäschke Rn. 6). Ob daran festzuhalten ist, erscheint fraglich (ebenso Rödder/Herlinghaus/van Lishaut/ Stangl Rn. 75; NK-UmwR/Meier Rn. 14), da der BFH (DStR 2008, 862) nunmehr die Auffassung vertritt, dass die Veräußerung eines durch eine Kapitalerhöhung entstandenen Bezugsrechts kein Anteil an einer Körperschaft iSd § 8b II KStG darstellt. Eine Veräußerung der erhaltenen Anteile liegt nicht vor, wenn sich Dritte an der Ges, an der die erhaltenen Anteile bestehen, gegen ein **angemessenes Aufgeld** neu beteiligen. Von einer Veräußerung ist auszugehen, wenn der neu hinzutretende Gesellschafter ein Agio leistet, das im sachlichen (zeitlichen) Zusammenhang mit der Kapitalerhöhung entweder an die Altgesellschafter ausbezahlt wird oder diesen auf andere Art zufließt (BFH/NV 2008, 363). Die Ausübung des Bezugsrechts ist keine Veräußerung iSd Abs. 1 (OFD Hannover DB 2007, 491; Widmann/Mayer/ Widmann Rn. 18; Dötsch/Pung/Möhlenbrock/Patt Rn. 29; Haritz/Menner/Bilitewski/Bilitewski Rn. 31; Lademann/Jäschke Rn. 6; Brandis/Heuermann/ Nitzschke Rn. 36; Rödder/Herlinghaus/van Lishaut/Stangl Rn. 76).

30 Der Gesellschafter veräußert seine Anteile auch dann, wenn er sie an die Gesellschaft verkauft, an der die Anteile bestehen, und diese damit **eigene Anteile erwirbt** (Dötsch/Pung/Möhlenbrock/Patt Rn. 31; Widmann/Mayer/Widmann Rn. 18; Haritz/Menner/Bilitewski/Bilitewski Rn. 30; aA Lademann/Jäschke Rn. 6 mit Hinweis auf BMF 10.8.2010, BStBl. I 2010, 659; vgl. auch Rödder/Herlinghaus/van Lishaut/Stangl Rn. 73; Herzig DB 2012, 1343). Erfolgt die zwangsweise Einziehung von Anteilen an einer AG gegen Entgelt unter gleichzeitiger Kapitalherabsetzung gem. § 237 I, II AktG, so liegt keine Veräußerung vor, vielmehr findet Abs. 1 S. 6 Nr. 3 Anwendung (Widmann/Mayer/Widmann Rn. 18; vgl. auch Rödder/Herlinghaus/van Lishaut/Stangl Rn. 33; BeckOK UmwStG/Dürrschmidt Rn. 479).

31 Der **Ausschluss** oder der **Austritt eines Gesellschafters** aus der Gesellschaft gegen Entgelt ist Veräußerung iSd Abs. 1 S. 1. Gleiches gilt für einen nach **§§ 29 ff. UmwG** gegen Barabfindung Ausscheidenden. Er scheidet zivilrechtlich und damit auch stl. erst aus dem übernehmenden Rechtsträger aus. Eine § 5 I Alt. 2 entspre-

chende Vorschrift fehlt bei §§ 20 ff. (Dötsch/Pung/Möhlenbrock/Patt Rn. 31; Rödder/Herlinghaus/van Lishaut/Stangl Rn. 77; Renner, Die Rückwirkung im Umwandlungssteuergesetz, 2002, S. 109). Der gegen Barabfindung nach § 29 UmwG ausscheidende Gesellschafter verursacht dann einen Einbringungsgewinn iSv Abs. 1 (Dötsch/Pung/Möhlenbrock/Patt Rn. 31; Rödder/Herlinghaus/van Lishaut/Stangl Rn. 72; aA Renner Die Rückwirkungen im Umwandlungssteuergesetz, 2002, S. 109).

Auch im Rahmen der Erbauseinandersetzung kann es zu entgeltlichen Veräußerungen kommen, insbes. dann, wenn ein Miterbe an den anderen Erben aus eigenem Vermögen eine Abfindung zahlt, weil der Wert der von ihm übernommenen Beteiligung höher ist, als es seiner Erbquote entspricht (Rödder/Herlinghaus/van Lishaut/Stangl Rn. 87; Widmann/Mayer/Widmann Rn. 18; Lademann/Jäschke Rn. 6). Keine Veräußerung ist die **Realteilung ohne Spitzenausgleich** (BMF 11.11.2011, BStBl. I 2011, 1314 Rn. 22.20; Dötsch/Pung/Möhlenbrock/Patt Rn. 40; Frotscher/Drüen/Mutscher Rn. 97), sie wird vom EStG als Betriebsaufgabe und nicht als Veräußerung steuerrechtlich eingeordnet, obwohl die Gesellschaft zivilrechtlich auf einen Auskehrungsanspruch leistet (Rödder/Herlinghaus/van Lishaut/Stangl Rn. 87; vgl. auch BT-Drs. 16/3369, 14; aA Widmann/Mayer/Widmann Rn. 18). 32

d) Entnahme/Einlage. Die schlichte Entnahme der Anteile aus dem BV ist keine Veräußerung (Haritz/Menner/Bilitewski/Bilitewski Rn. 34; Brandis/Heuermann/Nitzschke Rn. 35; Rödder/Herlinghaus/van Lishaut/Stangl Rn. 78; Eisgruber/Eisgruber Rn. 50; Frotscher/Drüen/Mutscher Rn. 88). Keine Veräußerung ist die schlichte Einlage iSv § 4 I 5 EStG in das BV, gleichgültig, ob die Überführung der Anteile aus dem PV in das BV eines Einzelunternehmens oder in das SBV eines Gesellschafters einer PersGes erfolgt (Widmann/Mayer/Widmann Rn. 18; Rödder/Herlinghaus/van Lishaut/Stangl Rn. 78; Brandis/Heuermann/Nitzschke Rn. 35). Gleiches gilt für die Überführung von WG zwischen unterschiedlichen BV desselben Steuerpflichtigen nach § 6 V 1, 2 EStG (BMF 11.11.2011, BStBl. I 2011, 1314 Rn. 22.20; Widmann/Mayer/Widmann Rn. 18; Rödder/Herlinghaus/van Lishaut/Stangl Rn. 79). Die erstmalige Begründung des dt. Besteuerungsrechts ist keine Veräußerung. Erfolgt die Entnahme aus dem Gesamthandsvermögen einer PersGes gegen Minderung von Gesellschaftsrechten, so soll eine Veräußerung vorliegen (Frotscher/Drüen/Mutscher Rn. 89; Haase/Hofacker/Wulff-Dohmen Rn. 65); keine Veräußerung ist gegeben, wenn die gesamthänderische Rücklage gemindert wird (Haritz/Menner/Bilitewski/Bilitewski Rn. 35; Rödder/Herlinghaus/van Lishaut/Stangl Rn. 86). 33

e) Übertragung auf Personengesellschaft. Werden die erhaltenen Anteile in das Gesamthandsvermögen einer PersGes mit BV übertragen, an der der Einbringende beteiligt ist, ist dies eine Veräußerung iSd Abs. 1 S. 1, sofern der Einbringende eine nach dem Verkehrswert der Anteile bemessene Bar- oder Sachvergütung erhält (BFH BStBl. II 1977, 145). Werden die Anteile aus dem PV gegen Gewährung neuer Gesellschaftsanteile in das betriebliche Gesamthandsvermögen übertragen, ist von einem Veräußerungsgeschäft auszugehen (BMF 11.11.2011, BStBl. I 2011, 1314 Rn. 22.22; BFH BStBl. II 2000, 230; Widmann/Mayer/Widmann Rn. 31; Dötsch/Pung/Möhlenbrock/Patt Rn. 32a; Haritz/Menner/Bilitewski/Bilitewski Rn. 40; Rödder/Herlinghaus/van Lishaut/Stangl Rn. 85; Goebel/Ungemach/Busenius DStZ 2011, 426; Widmann/Mayer/Widmann § 21 Rn. 434; Stegemann BB 2003, 73; krit. Daragan DStR 2000, 573); werden keine neuen Anteile gewährt und das übertragene Nettobuchwertvermögen auf eine gesamthänderisch gebundene Rücklage gebucht, liegt keine Veräußerung vor (BMF 11.7.2011, BStBl. I 2011, 713; Rödder/Herlinghaus/van Lishaut/Stangl Rn. 86). Erfolgt die Übertragung der Anteile aus dem BV in das Gesamthandsvermögen einer PersGes nach Maßgabe des § 6 V 3 ff. EStG, ohne dass Gesellschaftsrechte gewährt werden, liegt eine verdeckte Einlage vor und damit kein 34

Veräußerungsgeschäft (BMF 11.11.2011, BStBl. I 2011, 1314 Rn. 22.20; Widmann/ Mayer/Widmann Rn. 30; Dötsch/Pung/Möhlenbrock/Patt Rn. 40; Schell/Krohn DB 2012, 1172); erfolgt die Übertragung gegen Gewährung von Gesellschaftsrechten, liegt ein Veräußerungsgeschäft iSd Abs. 1 S. 1 vor (BMF 11.11.2011, BStBl. I 2011, 1314 Rn. 22.22; BFH DStR 2008, 761; Dötsch/Pung/Möhlenbrock/Patt Rn. 32a; Brandis/Heuermann/Nitzschke Rn. 37a; Widmann/Mayer/Widmann Rn. 31; Haritz/Menner/Bilitewski/Bilitewski Rn. 34; Rödder/Herlinghaus/van Lishaut/ Stangl Rn. 85), und zwar auch dann, wenn der übernehmende Rechtsträger die BW fortführt. Werden nach der verdeckten Einlage in eine PersGes die eingelegten Anteile durch die übernehmende PersGes veräußert, entsteht ein Einbringungsgewinn I, die PersGes ist unentgeltliche Rechtsnachfolgerin, sie gilt gem. Abs. 6 als Einbringender. Werden nach der verdeckten Einlage in eine PersGes die Anteile an dieser PersGes veräußert, entsteht kein Einbringungsgewinn I (str., → Rn. 19; aA BMF 11.11.2011, BStBl. I 2011, 1314 Rn. 22.02).

35 Werden die erhaltenen Anteile in das Gesamthandsvermögen einer PersGes ohne BV gegen Gewährung von Gesellschaftsrechten übertragen, liegt nur insoweit anteilig eine Veräußerung vor, als der Einbringende nicht an der PersGes beteiligt ist (Lademann/Jäschke Rn. 6; Rödder/Herlinghaus/van Lishaut/Stangl Rn. 88; Brandis/Heuermann/Nitzschke Rn. 34); Gleiches gilt für den umgekehrten Vorgang (Rödder/Herlinghaus/van Lishaut/Stangl Rn. 88; vgl. auch BFH DStR 2008, 1131: keine Anschaffung durch PersGes; BStBl. II 2013, 142).

35a **f) Umwandlungsvorgänge. aa) Die Einordnung der Umwandlungsfälle nach Auffassung der FVerw.** Die **FVerw** geht in Übereinstimmung mit der allgM (→ Rn. 24) davon aus, dass Veräußerung jede Übertragung gegen Entgelt ist (BMF 11.11.2011, BStBl. I 2011, 1314 Rn. 22.07). Zu einer solchen entgeltlichen Übertragung soll es nach Auffassung der FVerw (BMF 11.11.2011, BStBl. I 2011, 1314 Rn. 00.02, 22.07, 22.25) bei der Umw und Einbringung sowohl auf der Ebene des übertragenden Rechtsträgers sowie auf der Ebene der Anteilseigner der übertragenen Körperschaft bei der Verschm dieser Körperschaft kommen (vgl. BFH BStBl. II 2021, 732; FG Münster DStRE 2023, 170; BFH DStR 2018, 1366; EFG 2022, 538; DStRE 2021, 211; HessFG EFG 2019, 941; vgl. auch HessFG EFG 2021, 794). Zudem stelle der Formwechsel einer KapGes in eine PersGes und umgekehrt einen Veräußerungsvorgang dar (BFH BStBl. II 2021, 732; HessFG EFG 2019, 941). Die Auffassung der Fverw wird unter Verweis auf diverse BFH-Urteile gestützt (vgl. insoweit zuletzt BFH BStBl. II 2021, 732; DStR 2018, 1366; HessFG EFG 2019, 941), die zwar nicht einheitlich sind, aber den **Umwandlungsvorgang grds. als Veräußerungsvorgang** qualifizieren (grundlegend dazu Hageböke Ubg 2011, 689; ebenso Benz/Rosenberg DB-Beil. 1/2012, 38; Schell/Krohn DB 2012, 1172; Benz/Rosenberg DB 2011, 1354; Graw Ubg 2009, 691; Stangl Ubg 2009, 698 mwN; vgl. auch Ott DStR 2023, 417). Diese Auffassung der FVerw führt dazu, dass jede Einbringung in eine KapGes nachfolgende Umw oder Einbringung sowohl auf der Ebene des Einbringenden als auch des übernehmenden Rechtsträgers eine schädliche Veräußerung iSd Abs. 1 darstellen kann, welche die rückwirkende Besteuerung für den Einbringenden auslöst. Dies gilt nach Auffassung der FVerw jedoch dann nicht, wenn der Einbringende oder dessen unentgeltlicher Rechtsnachfolger nachweist, dass die sperrfristverhafteten Anteile im Wege der Sacheinlage (§ 20 I) oder des Anteilstauschs (§ 21 I) bzw. auf Grund mit diesen Vorgängen vergleichbaren ausl. Vorgängen zum BW übertragen wurden (Abs. 1 S. 6 Nr. 2). Bei allen anderen Umwandlungsarten kommt es grds. zu einer schädlichen Veräußerung, und zwar selbst dann, wenn die Umw zum BW erfolgt (ebenso BFH BStBl. II 2021, 732; HessFG EFG 2019, 941). Aus **Billigkeitsgründen** könne jedoch im Einzelfall auch bei Umw zu BW von einer rückwirkenden Einbringungsbesteuerung abgesehen werden, wenn alle folgenden Voraussetzungen vorliegen:

- Übereinstimmender Antrag aller Personen, bei denen ansonsten infolge des Umwandlungsvorgangs ein Einbringungsgewinn rückwirkend zu versteuern wäre,
- keine stl. Statusverbesserung,
- keine Verlagerung von stillen Reserven von sperrfristverhafteten Anteilen auf Anteile eines Dritten,
- kein Ausschluss oder Beschränkung des dt. Besteuerungsrechts,
- Einverständniserklärung der Antragsteller, dass auf alle unmittelbaren oder mittelbaren Anteile an einer an der Umw beteiligten Gesellschaft Abs. 1 und 2 entsprechend anzuwenden sind.

Hinzukommen muss, dass die Umw im konkreten Einzelfall in jeder Hinsicht mit den in Abs. 1 S. 6 Nr. 2, 4 und 5 geregelten Fällen vergleichbar ist. Eine solche Vergleichbarkeit einer Umw ist zB dann nicht gegeben, wenn sie ohne Gewährung von Anteilen oder Mitgliedschaften an einer KapGes oder Gen erfolgt (aA FG Hamburg EFG 2015, 1876). Die Billigkeitsregelung kann somit dann nicht in Anspruch genommen werden, wenn die sperrfristverhafteten Anteile in eine PersGes nach § 24 eingebracht werden. Zudem scheidet eine Billigkeitsregelung aus, wenn in einer Gesamtschau die Umw der Veräußerung des eingebrachten Vermögens dient. **35b**

Die Meinung der FVerw wird in der **Lit.** zu Recht kritisiert (vgl. grundlegend Hageböke Ubg 2011, 689; Benz/Rosenberg DB-Beil. 1/2012, 38; Schell/Krohn DB 2012, 1172; Benz/Rosenberg DB 2011, 1354; Kutt/Jehke BB 2010, 474, jeweils mwN; ebenso FG Hamburg EFG 2015, 1876; aA BFH BStBl. II 2021, 732; Eisgruber/Eisgruber Rn. 51 ff.). Die Auffassung der FVerw ist zT widersprüchlich. Zum einen ist darauf hinzuweisen, dass eine Umw nicht immer zu einer entgeltlichen Übertragung der sperrfristverhafteten Anteile und damit zu einer Veräußerung führt (→ Rn. 36 ff.). Zum anderen ist zu beachten, dass typisierende Billigkeitsregelungen in Gestalt subsumierbarer Tatbestände nach Meinung der Rspr. (BFH DStR 2017, 305; Schwarz/Frotscher AO § 163 Rn. 32) nicht zulässig sind; sie können allein Bestandteil einer gesetzlichen Regelung sein (aA Stangl/Binder DStR 2018, 1793). Weiter bestehen Bedenken im Hinblick auf die Voraussetzung, von der die FVerw die Billigkeitsmaßnahme abhängig macht. Nach Meinung der FVerw (BMF 11.11.2011, BStBl. I 2011, 1314 Rn. 22.32) ist eine Billigkeitsmaßnahme nur dann zu ergreifen, wenn alle Personen, bei denen ansonsten infolge des Umwandlungsvorgangs ein Einbringungsgewinn rückwirkend zu versteuern wäre, sich damit einverstanden erklären, dass auf unmittelbare oder mittelbare Anteile an einer an der Umw beteiligten Gesellschaft Abs. 1 und Abs. 2 entsprechend anzuwenden ist. Es bestehen erhebliche Zweifel, ob die Billigkeitsmaßnahme von einem Verhalten der Steuerpflichtigen abhängig gemacht werden könne (Hübschmann/Hepp/Spitaler/Söhn AO § 120 Rn. 169; Benz/Rosenberg DB-Beil. 1/2012, 38). Zudem ergaben sich in der Vergangenheit praktische Probleme, wenn man davon ausgeht, dass es auf Grund der Billigkeitsmaßnahme zu einer **„gespaltenen Zuständigkeit"** kommt, und zwar in der Form, dass die Landesfinanzbehörden für entsprechende Maßnahmen betreffend die ESt und die KSt zuständig seien, soweit jedoch die **GewSt** in Frage steht, die Billigkeitszuständigkeit bei den ertragskompetenten Gemeinden läge (vgl. BFH DStR 2012, 1544 zum sog. Sanierungserlass; Gosch BFH PR 2012, 346). Da es sich bei dem UmwStE weder um eine allg. Verwaltungsvorschrift der Bundesregierung noch um eine allg. Verwaltungsvorschrift einzelner Landesbehörden iSd § 184 II AO aF handelt, sondern um eine solche der obersten Bundesfinanzbehörde, konnte sich die Zuständigkeit der Landesfinanzbehörden nur aus den sog. Transformationserlassen ergeben. Mit Gesetz v. 22.12.2014 wurde § 184 II AO rückwirkend dahingehend geändert, dass die Befugnis, Realsteuersätze festzusetzen, auch die Befugnis zu Maßnahmen nach § 163 S. 1 AO erfasst, soweit für solche Maßnahmen in allgemeinen Verwaltungsvorschriften der obersten Bundesfinanzbehörde Richtlinien aufgestellt worden sind. **35c**

35d Nach der hier vertretenen Auffassung muss im Einzelfall genau geprüft werden, ob durch einen der Einbringung nachfolgenden Umwandlungsvorgang tatsächlich ein Veräußerungsvorgang vorliegt (ebenso Benz/Rosenberg DB-Beil. 1/2012, 38; Hageböke Ubg 2011, 689). Im Einzelnen ergibt sich daraus Folgendes:

36 **bb) Verschmelzung, Auf- und Abspaltung einer Körperschaft auf eine Personengesellschaft.** Die Verschm, Auf- und Abspaltung oder ein vergleichbarer ausl. Vorgang einer **Körperschaft, an der erhaltene Anteile iSd Abs. 1 S. 1 bestehen,** auf eine PersGes bzw. den Alleingesellschafter (natürliche Person) ist aus der Sicht des Anteilseigners keine Veräußerung seiner Anteile am übertragenden Rechtsträger (Widmann/Mayer/Widmann Rn. 142; Kutt/Jehke BB 2010, 474; vgl. auch FG Hamburg EFG 2015, 1876; aA BFH DStR 2018, 1366; Eisgruber/Eisgruber Rn. 51). Die Anteile werden zwar aufgewendet, um die Anteile an der übernehmenden PersGes zu erlangen, sie werden aber nicht auf einen anderen Rechtsträger übertragen, sondern gehen im Rahmen der Verschm unter (BFH BStBl. II 1985, 64; Kutt/Jehke BB 2010, 474; ebenso zu §§ 11–13 Schell/Krohn DB 2012, 1172; Beneke/Rosenberg DB-Beil. 1/2012, 38; Schumacher/Neumann DStR 2008, 325; Frotscher/Drüen/Mutscher Rn. 115 ff.). Dem folgt der BFH (DStR 2018, 1366; ebenso BFH BStBl. II 2021, 732) nicht und führt insoweit aus: „Erhält ein Anteilseigner im Zuge einer Verschmelzung der Körperschaft, an der er beteiligt ist, auf eine andere Körperschaft Anteile an dieser (anderen) Körperschaft, so ist dies [...] aus der Sicht dieses Anteilseigners einem Tausch der Anteile an der übertragenden Körperschaft gegen die Anteile an der übernehmenden Körperschaft gleichzustellen und damit – in Bezug auf die Anteile am übernehmenden Rechtsträger – als entgeltlicher Erwerb [...] sowie – soweit die Anteile an dem übertragenden Rechtsträger betroffen sind – als entgeltliche Veräußerung [...] zu beurteilen." Die Überführung der erhaltenen Anteile nach § 5 II, III in das BV der übernehmenden PersGes stellt keine Übertragung und damit auch keine Veräußerung dar. Soweit die übernehmende PersGes am übertragenden Rechtsträger erhaltene Anteile iSd Abs. 1 S. 1 im Gesamthandsvermögen hält, gehen auch diese Anteile unter und werden nicht übertragen (aA BFH DStR 2018, 1366). Entsprechendes gilt für die Verschm von den Alleingesellschafter (natürliche Person; Frotscher/Drüen/Mutscher Rn. 109). Dies gilt unabhängig davon, welcher Wert in der stl. Schlussbilanz des übertragenden Rechtsträgers angesetzt wird (aA BFH DStR 2018, 1366).

37 Wird **eine Körperschaft, in deren Vermögen sich erhaltene Anteile befinden,** auf eine PersGes oder ihren Alleingesellschafter (natürliche Person) **verschmolzen bzw. kommt es zu einer Auf- oder Abspaltung** oder liegt ein vergleichbarer ausl. Vorgang vor, so liegt darin nach hM aus der Sicht des übertragenden Rechtsträgers ein tauschähnlicher Vorgang und damit eine rechtsgeschäftliche Veräußerung (BFH DStR 2018, 1366; BStBl. II 2004, 686; BStBl. II 1998, 168; DStR 1998, 1420; BMF 11.11.2011, BStBl. I 2011, 1314 Rn. 22.22; Hageböke Ubg 2011, 689; Graw Ubg 2009, 691). Im Beschluss v. 17.12.2007 (DStR 2008, 545) charakterisiert der Große Senat des BFH die Umw als Vorgang, der „wesentliche Elemente eines Tauschgeschäftes enthält", von einem Veräußerungsgeschäft wird nicht gesprochen.

38 In der Begründung zum UmwStG idF des SEStEG (BT-Drs. 16/2710, 47) wird zu § 22 Folgendes ausgeführt: „Einer Veräußerung im Sinne des Absatzes 1 steht auch die Übertragung der erhaltenen Anteile im Rahmen eines Umwandlungsvorganges gleich (zB die Abspaltung einer im Rahmen einer Einbringung erhaltenen 100%-Beteiligung nach § 15 UmwStG)". Anzumerken ist, dass der Gesetzgeber offensichtlich nicht von einer Veräußerung im Rahmen einer Umw übertragenen WG ausgeht, sondern vielmehr die übertragene Umw einer Veräußerung der übergehenden WG nur gleichstellt, mit der Folge, dass eine Veräußerung damit im eigentlichen Sinne nicht vorliegt. Dies hat dann aber zur Folge, dass eine Umw in Form der Verschm iSv §§ 3–8, 11–13 bzw. einer Spaltung gem. §§ 15, 16 oder ein vergleichbarer ausl. Vorgang keinen Einbringungsgewinn I auslösen kann, da diese Formen der Umw keine Veräußerung der übertragenen WG im eigentlichen Sinne sind, sondern nur einer Veräußerung gleich stehen, aber nicht nach Abs. 1 S. 6, dh aufgrund einer ausdrücklichen gesetzlichen Regelung, einer Veräußerung gleichgestellt wurden (iE ebenso Widmann/Mayer/Widmann Rn. 146; aA wohl BFH DStR 2018, 1366). Insoweit kommt es dann zu einer Rechtsnachfolge aufgrund von § 4 II 1. Nach Meinung von Bilitewski (in Haritz/Menner/Bilitewski Rn. 51; vgl. auch Dötsch/Pung/Möhlenbrock/Patt Rn. 21) entsteht wegen der angeordneten Rechtsnachfolge bezogen auf das übergehende Vermögen kein Einbringungsgewinn I. Ein Veräußerungsgeschäft sei nur dann gegeben, wenn die übertragende KapGes ihr Vermögen mit dem gemeinen Wert oder einem Zwischenwert ansetzt. Es wird weiter vertreten, den Veräußerungsbegriff normenspezifisch auszulegen (Rödder/Herlinghaus/van Lishaut/Stangl Rn. 140 ff. mit ausf. Beispiel; Kutt/Jehke BB 2010, 474), wobei der Missbrauchsgedanke des § 22 dieser Auslegung zugrunde gelegt wird: Es sei danach zu fragen, ob die sich nach der Umw ergebene Struktur auch ohne die Einbringung steuerneutral erreicht werden konnte. Wenn dies so ist, könne der vorangegangene Einbringungsvorgang nicht missbräuchlich sein, die spätere Umw löse damit keinen Einbringungsgewinn I aus.

cc) Formwechsel einer KapGes in eine PersGes. Die formwechselnde Umw führt handelsrechtlich zu keiner Vermögensübertragung. Aufgrund des unterschiedlichen Besteuerungskonzeptes zwischen einer KapGes und ihren Gesellschaftern im Vergleich zur PersGes **fingiert** jedoch das **UmwStG** einen **Vermögensübergang** (BT-Drs. 12/6885, 26; BFH BStBl. II 2008, 73; BStBl. II 2006, 568 für den Formwechsel einer KG in eine GmbH). Der Formwechsel einer KapGes in eine PersGes wird daher aus steuerrechtlicher Sicht wie die Verschm einer KapGes auf eine PersGes behandelt. Die Vorschrift des § 9 verweist in S. 1 auf die §§ 3–8, 10. § 9 S. 2 bestimmt, dass die KapGes für stl. Zwecke auf den Zeitpunkt, in dem der Formwechsel wirksam wird, eine **Übertragungsbilanz** und die Gesellschaft neuer Rechtsform eine **Eröffnungsbilanz** aufzustellen hat. 39

Wird eine KapGes, an der erhaltene Anteile bestehen, in eine PersGes formwechselnd umgewandelt, so hat dies nicht zur Folge, dass ein Einbringungsgewinn I nachträglich entsteht; die Anteile an der KapGes werden nicht auf einen Dritten übertragen (wohl auch Widmann/Mayer/Widmann Rn. 146; Frotscher/Drüen/Mutscher Rn. 118; aA BMF 11.11.2011, BStBl. I 2011, 1314 Rn. 22.23). Der BFH (BStBl. II 2021, 732; DStR 2018, 1366; FG Münster DStRE 2023, 172) dürfte in dem Untergang der Anteile und in der Gewährung einer Mitunternehmerstellung ein Veräußerungsgeschäft sehen (vgl. → Rn. 36) 40

Wird **eine KapGes, in deren Vermögen sich erhaltene Anteile befinden,** formwechselnd in eine PersGes umgewandelt, so wird zwar durch das Gesetz eine Vermögensübertragung fingiert, darin liegt aber keine Veräußerung des übertragenen Vermögens, da ein Entgelt für die fingierte Vermögensübertragung nicht geleistet wird und durch § 9 keine entgeltliche Veräußerung, sondern eine Vermögensübertragung fingiert wird (Widmann/Mayer/Widmann Rn. 143; Hageböke Ubg 2011, 689; aA BMF 11.11.2011, BStBl. I 2011, 1314 Rn. 00.02; BFH BStBl. II 2021, 732; FG Münster EFG 2022, 141). Im Gegensatz zur Verschm führt der Formwechsel gerade nicht zum Erlöschen einer Einlageforderung des übernehmenden Rechtsträgers durch den steuerrechtlich fingierten Vermögensübergang, sodass ein Veräußerungsgeschäft ausscheidet (vgl. aber auch BFH BStBl. II 2008, 73, der von einem tauschähnlichen entgeltlichen Rechtsträgerwechsel im Zusammenhang mit § 25 ausgeht). 41

42 **dd) Verschmelzung, Auf- und Abspaltung einer Körperschaft auf eine andere Körperschaft.** Die Verschm, die Auf- und Abspaltung oder ein vergleichbarer ausl. Vorgang einer Körperschaft, an der erhaltene Anteile iSd Abs. 1 S. 1 bestehen, auf eine Körperschaft nach § 2 UmwG oder vergleichbare ausl. Vorgänge sind aus der Sicht des Anteilseigners grds. keine Veräußerung der Anteile am übertragenden Rechtsträger (Widmann/Mayer/Widmann Rn. 146; Frotscher/Drüen/Mutscher Rn. 118; Brandis/Heuermann/Nitzschke Rn. 38; Schell/Krohn DB 2012, 1172; Benz/Rosenberg DB-Beil. 1/2012, 38; Hageböke Ubg 2011, 689; BFH BStBl. II 2009, 13; aA BMF 11.11.2011, BStBl. I 2011, 1314 Rn. 22.22). Der BFH (DStR 2018, 1366; ebenso BFH BStBl. II 2021, 732) geht von einem Veräußerungsgeschäft aus. Gegen eine Veräußerung spricht, dass die Anteile am übertragenden Rechtsträger im Rahmen der Verschm nicht auf einen Dritten übertragen werden, sondern untergehen (FG Hamburg EFG 2015, 1876; aA BFH DStR 2018, 1366; BStBl. II 2021, 732; FG Münster DStRE 2021, 211; vgl. auch HessFG EFG 2021, 794 zur Abwärtsverschmelzung ohne Kapitalerhöhung). Soweit der übernehmende Rechtsträger nicht am übertragenden Rechtsträger beteiligt ist, bestimmt § 13 I aber, dass die Anteile am übertragenden Rechtsträger als veräußert gelten. Diese Fiktion soll nicht im Regelungsbereich des Abs. 1 S. 1 gelten (Widmann/Mayer/Widmann Rn. 146; Frotscher/Drüen/Mutscher Rn. 118; vgl. auch Benz/Rosenberg BB Special 8/2006, 45 (51, 63); Bauerschmitt/Blöchle BB 2007, 743; aA Brandis/Heuermann/Nitzschke Rn. 38c; Haritz/Menner/Bilitewski/Bilitewski Rn. 44), da die Anteile am übertragenden Rechtsträger nicht auf einen Dritten übertragen werden, sondern untergehen. Soweit nach § 13 II die Anteile am übertragenden Rechtsträger mit dem BW angesetzt werden, liegt keine Veräußerung vor, da Anteile am übernehmenden Rechtsträger an die Stelle der Anteile am übertragenden Rechtsträger treten und diese damit „wesensidentisch" sind (Haritz/Menner/Bilitewski/Bilitewski Rn. 44; Hageböke Ubg 2011, 689). Die siebenjährige Sperrfrist läuft damit bei den Anteilen des übernehmenden Rechtsträgers weiter. Soweit bare Zuzahlungen geleistet werden, liegen anteilig Veräußerungsgeschäfte vor (→ § 13 Rn. 15 ff.). Die Anteile am übernehmenden Rechtsträger werden weder veräußert noch wird eine Veräußerung durch das Gesetz fingiert.

43 Wird **eine Körperschaft, in deren Vermögen sich erhaltene Anteile befinden,** auf eine andere Körperschaft oder ihren Alleingesellschafter (natürliche Person) **verschmolzen bzw. kommt es zu einer Auf- oder Abspaltung,** gelten die Ausführungen unter → Rn. 37 f. entsprechend.

44 **ee) Formwechselnde Umwandlung einer KapGes in eine KapGes anderer Rechtsform.** Mangels entsprechend gesetzlicher Fiktion führt die **formwechselnde Umw einer KapGes in eine KapGes anderer Rechtsform** weder auf Anteilseigner- noch auf Gesellschaftsebene zu keiner Vermögensübertragung (Benecke/Schnittker FR 2010, 555). Befinden sich bei der Umw einer KapGes in eine KapGes anderer Rechtsform in deren Vermögen einbringungsgeborene Anteile, bleibt die besondere stl. Qualifikation der Anteile in jedem Fall erhalten. Gleiches gilt für die Umw einer PersGes in eine PersGes anderer Rechtsform.

45 **ff) Einbringung nach §§ 20, 21.** Die Einbringung iSv §§ 20 ff. oder vergleichbare ausl. Vorgänge stellt aus der Sicht des Einbringenden einen tauschähnlichen Veräußerungsakt und aus der Sicht des übernehmenden Rechtsträgers ein Anschaffungsgeschäft dar (BFH FR 2004, 274; DStRE 2003, 37). Aus Abs. 1 S. 6 Nr. 2 ist jedoch abzuleiten, dass die Einbringung der erhaltenen Anteile zu BW keinen Einbringungsgewinn I auslöst und damit insoweit auch keine Veräußerung iSv Abs. 1 S. 1 gegeben ist (Brandis/Heuermann/Nitzschke Rn. 37; Haritz/Menner/Bilitewski/Bilitewski Rn. 41; PWC, Reform des UmwStR/Blumenberg/Schäfer, 2007, Rn. 1669; iErg ebenso Dötsch/Pung/Möhlenbrock/Patt Rn. 33, der von einer Billigkeitslösung spricht).

gg) Formwechsel einer PersGes in eine KapGes. Die formwechselnde Umw **46** führt handelsrechtlich zu keiner Vermögensübertragung. Aufgrund des unterschiedlichen Besteuerungskonzeptes zwischen einer PersGes im Vergleich zur KapGes und ihren Gesellschaftern **fingiert** jedoch das **UmwStG** einen **Vermögensübergang** (BT-Drs. 12/6885, 26; BFH BStBl. II 2006, 568). Wird **eine PersGes, in deren Vermögen sich erhaltene Anteile befinden,** formwechselnd in eine KapGes umgewandelt, so wird zwar durch das Gesetz eine Vermögensübertragung fingiert, darin liegt aber keine Veräußerung des übertragenen Vermögens, da ein Entgelt für die fingierte Vermögensübertragung nicht geleistet wird und durch § 25 keine entgeltliche Veräußerung, sondern nur eine Vermögensübertragung fingiert wird (str., vgl. → Rn. 41). Im Gegensatz zur Verschm führt der Formwechsel gerade nicht zum Erlöschen einer Einlageforderung des übernehmenden Rechtsträgers durch den steuerrechtlich fingierten Vermögensübergang, sodass ein Veräußerungsvorgang ausscheidet (Benecke/Schnittker FR 2010, 555, die insoweit Abs. 1 S. 6 Nr. 1 anwenden; aA Dötsch/Pung/Möhlenbrock/Patt Rn. 33d; Widmann/Mayer/Widmann Rn. 56; Eisgruber/Eisgruber Rn. 60; vgl. auch BFH BStBl. II 2021, 732). Erfolgt der Formwechsel unter Buchwertfortführung, entsteht zudem gem. Abs. 1 S. 6 Nr. 2 kein Einbringungsgewinn I.

hh) Einbringung nach § 24. Die Einbringung in eine PersGes gegen Gewäh- **47** rung von Gesellschaftsrechten ist aus der Sicht des Einbringenden ein **tauschähnlicher Veräußerungsvorgang** und aus der Sicht des übernehmenden Rechtsträgers ein Anschaffungsgeschäft (BFH/NV 2008, 296; BStBl. II 1984, 458; 1988, 374; BMF 11.11.2011, BStBl. I 2011, 1314 Rn. 00.02; → § 24 Rn. 1). Dies gilt unabhängig davon, ob die Einbringung sich zivilrechtlich im Wege der Einzelrechtsnachfolge bzw. der Sonder- oder Gesamtrechtsnachfolge vollzieht, ob eine Mitunternehmerstellung im Rahmen der Einbringung erstmalig gewährt oder ein bereits vorhandener Gesellschaftsanteil erhöht wird. Keine Veräußerung ist gegeben, wenn die Beteiligung verdeckt in eine PersGes eingelegt wird (→ Rn. 33 f., → Rn. 77). Werden Anteile an einer Mitunternehmerschaft, zu deren Gesamthandsvermögen erhaltene Anteile iSd Abs. 1 S. 1 gehören, in eine andere Mitunternehmerschaft eingebracht, so entsteht kein Einbringungsgewinn I (str., → Rn. 34; aA BMF 11.11.2011 BStBl. I 2011, 1314 Rn. 20.02).

g) Entstrickung. Werden erhaltene Anteile iSd Abs. 1 S. 1 nach den Regelungen **48** des **§ 4 I 3 EStG, § 6 AStG** (vgl. dazu Baßler FR 2008, 219) entstrickt, liegt keine entgeltliche Übertragung der erhaltenen Anteile auf einen anderen Rechtsträger und damit keine Veräußerung vor, ein Einbringungsgewinn I kann sich dann nur aus Abs. 1 S. 6 Nr. 6 ergeben (auch → Rn. 103 f.). Wird das Besteuerungsrecht Deutschlands an den erhaltenen Anteilen anlässlich der Sitzverlegung einer Körperschaft beschränkt, fingiert § 12 I KStG eine Veräußerung dieser Anteile, eine Veräußerung iSd Abs. 1 S. 1 liegt jedoch nicht vor, da es nicht zur Übertragung der Anteile auf einen anderen Rechtsträger kommt (Rödder/Herlinghaus/van Lishaut/Stangl Rn. 81; Widmann/Mayer/Widmann Rn. 35; Haase/Hofacker/Wulff-Dohmen Rn. 68; Haritz/Menner/Bilitewski/Bilitewski Rn. 32; aA Dötsch/Pung/Möhlenbrock/Patt Rn. 28b; vgl. auch Eisgruber/Eisgruber Rn. 57 f.). Abs. 1 S. 6 Nr. 6 verdrängt die Regelung des § 12 KStG, §§ 20, 22 I betrifft grds. nur die Sicherstellung der stillen Reserven in dem Einbringungsgegenstand, nicht aber in den als Gegenleistung erhaltenen Anteilen.

4. Sperrfrist von sieben Jahren

Die erhaltenen Anteile müssen innerhalb eines Zeitraums von sieben Jahren nach **49** dem Einbringungszeitpunkt veräußert werden, damit die Rechtsfolgen des Abs. 1 eintreten. Wird die Veräußerung nach Ablauf dieses Zeitraums vorgenommen, kommt es nicht zu einer Versteuerung des Einbringungsgewinnes I (Rödder/Herlinghaus/van Lishaut/Stangl Rn. 277; Dötsch/Pung/Möhlenbrock/Patt Rn. 19; Widmann/Mayer/Widmann Rn. 19; Lademann/Jäschke Rn. 7). Die Frist beginnt mit dem Einbringungszeitpunkt zu laufen (→ § 20 Rn. 234 ff.). Wird der Einbringungsvorgang auf einen Einbringungsstichtag zurückbezogen, ist der Einbringungsstichtag der Zeitpunkt, zu dem die siebenjährige Sperrfrist zu laufen beginnt (Rödder/Herlinghaus/van Lishaut/Stangl Rn. 277; Dötsch/Pung/Möhlenbrock/Patt Rn. 19; Widmann/Mayer/Widmann Rn. 19; Brandis/Heuermann/Nitzschke Rn. 42; Lademann/Jäschke Rn. 7). Die Frist wird nach Zeitjahren berechnet (Dötsch/Pung/Möhlenbrock/Patt Rn. 19; Rödder/Herlinghaus/van Lishaut/Stangl Rn. 277; Lademann/Jäschke Rn. 3; BeckOK UmwStG/Dürrschmidt Rn. 487). Nicht abschließend geklärt ist, ob bzgl. der Berechnung der Sperrfrist § 108 III AO zu beachten ist (vgl. BFH BStBl. II 2012, 599; BStBl. II 2003, 2; Hübschmann/Hepp/Spitaler/Söhn AO § 108 Rn. 65; Widmann/Mayer/Widmann Rn. 19; Rödder/Herlinghaus/van Lishaut/Stangl Rn. 278; Haase/Hofacker/Wulff-Dohmen Rn. 79). Geht die Beteiligung auf einen unentgeltlichen Rechtsnachfolger iSd Abs. 6 über, beginnt die siebenjährige Sperrfrist nicht neu zu laufen, der Rechtsnachfolger führt die Frist des Rechtsvorgängers fort (Dötsch/Pung/Möhlenbrock/Patt Rn. 19; Rödder/Herlinghaus/van Lishaut/Stangl Rn. 279; Lademann/Jäschke Rn. 7; Brandis/Heuermann/Nitzschke Rn. 42). Die siebenjährige Sperrfrist gilt auch für die Ersatztatbestände des Abs. 1 S. 6.

5. Rückwirkende Besteuerung des Einbringungsgewinns I

50 Werden die erhaltenen Anteile innerhalb der siebenjährigen Sperrfrist veräußert oder liegt ein der Veräußerung gleichgestellter Vorgang nach Abs. 1 S. 6 vor, wird der Gewinn aus der Einbringung rückwirkend im VZ des stl. Übertragungsstichtags besteuert (BMF 11.11.2011, BStBl. I 2011, 1314 Rn. 22.07; Widmann/Mayer/Widmann Rn. 163; Dötsch/Pung/Möhlenbrock/Patt Rn. 54; Rödder/Herlinghaus/van Lishaut/Stangl Rn. 280; Frotscher/Drüen/Mutscher Rn. 216; Brandis/Heuermann/Nitzschke Rn. 43; Eisgruber/Eisgruber Rn. 113). Der „Gewinn aus der Einbringung" wird als „Einbringungsgewinn I" definiert und erfährt durch Abs. 1 S. 3 eine nähere gesetzliche Regelung (→ Rn. 52 ff.). Die Veräußerung der erhaltenen Anteile innerhalb der Sperrfrist gilt gem. Abs. 1 S. 2 als **rückwirkendes Ereignis** iSd § 175 I 1 Nr. 2 AO (Widmann/Mayer/Widmann Rn. 163; Dötsch/Pung/Möhlenbrock/Patt Rn. 63; Haase/Hofacker/Wulff-Dohmen Rn. 81 f.; NK-UmwR/Meier Rn. 45). Diese Fiktion entbindet aber nicht von der Prüfung der weiteren Voraussetzungen dieser Korrekturnorm (BFH BStBl. II 2021, 732). Eine Anzeige- oder Berichtigungspflicht gem. § 153 AO besteht nicht (Dettmeier/Prodan Ubg 2019, 562). Die mit der Veräußerung der erhaltenen Anteile sich ergebenden Konsequenzen bezogen auf den Einbringungsgewinn I werden damit **im Wj. der Einbringung** in der Person des Einbringenden bzw. dessen unentgeltlichen Rechtsnachfolger (→ Rn. 174; aA BMF 11.11.2011, BStBl. I 2011, 1314 Rn. 22.41; Dötsch/Pung/Möhlenbrock/Patt Rn. 63; Widmann/Mayer/Widmann Rn. 174; offengelassen durch Rödder/Herlinghaus/van Lishaut/Stangl Rn. 205) gezogen. Bringt die Mitunternehmerschaft ihren Betrieb/Teilbetrieb in eine KapGes nach Maßgabe des § 20 I 1 ein, ist über die Höhe und die Zurechnung des Einbringungsgewinns zum Einbringungsstichtag im Gewinnfeststellungsverfahren (**§ 180 I Nr. 2 lit. a AO**) zu entscheiden, für den Einbringungsgewinn nach § 22 kann nichts anderes gelten (FG Münster GmbHR 2016, 612). Soweit Ergänzungsbilanzen existieren bzw. SBV mitübertragen wurde, ist dies entsprechend zu berücksichtigen (Widmann/Mayer/Widmann § 20 Rn. R 732 f.). Nach der hier vertretenen Auffassung (→ § 20 Rn. 424; krit. Stangl GmbHR 2012, 253; aA Benz/Rosenberg

DB-Beil. 1/2012, 38) wird den MU der Einbringungsgewinn nach allg. Grundsätzen, dh entsprechend der Gewinnverteilung im Gesellschaftsvertrag, zugerechnet, ggf. ist eine ergänzende Vertragsauslegung des Gesellschaftsvertrags notwendig, sofern der Gesellschaftsvertrag nicht ausdrücklich die nachfolgend dargestellte Problematik regelt. Zu MU, die wegen ihrer Ansässigkeit nicht in den persönlichen Anwendungsbereich des § 20 fallen, → § 20 Rn. 425. Eine Verzinsung der Steuernachforderung auf den nachträglich angesetzten Einbringungsgewinn I fällt im Grds. nicht an, da der maßgebende Zinslauf erst 15 Monate nach Ablauf des Kj. beginnt, in dem das rückwirkende Ereignis eingetreten ist (§ 233a IIa AO). Das rückwirkende Ereignis bezieht sich auch auf die nachträglichen AK für die erhaltenen Anteile (→ Rn. 58; BMF 11.11.2011, BStBl. I 2011, 1314 Rn. 22.10; Widmann/Mayer/Widmann Rn. 186; Haritz/Menner/Bilitewski/Bilitewski Rn. 100; Rödder/Herlinghaus/van Lishaut/Stangl Rn. 281; Frotscher/Drüen/Mutscher Rn. 229; aA Dötsch/Pung/Möhlenbrock/Patt Rn. 61b).

Der Einbringungsgewinn I unterliegt nur insoweit der dt. Besteuerung, als die 51 Besteuerung der Sacheinlage im Einbringungszeitpunkt Deutschland zusteht (Widmann/Mayer/Widmann Rn. 169; auch → § 20 Rn. 416 ff.). War der Einbringende mit dem Einbringungsgegenstand in Deutschland **beschränkt stpfl.**, so hat die Rückwirkung zur Konsequenz, dass die Versteuerung des Einbringungsgewinns I noch der mit dem Einbringungsgegenstand verbundenen dt. StPfl. unterfällt (Rödder/Herlinghaus/van Lishaut/Stangl Rn. 282; Dötsch/Pung/Möhlenbrock/Patt Rn. 59b; Widmann/Mayer/Widmann Rn. 165). Ggf. ist eine ausl. Steuer anzurechnen (Widmann/Mayer/Widmann Rn. 166).

6. Ermittlung des Einbringungsgewinns I (Abs. 1 S. 3)

Der Einbringungsgewinn I ist gem. Abs. 1 S. 3 die Diff. zwischen dem gemeinen 52 Wert des übertragenen Vermögens im Zeitpunkt der Einbringung abzgl. der Kosten des Vermögensübergangs und dem Wertansatz der übernehmenden Gesellschaft im Zeitpunkt der Einbringung, vermindert um ein Siebtel für jedes abgelaufene Zeitjahr nach dem Einbringungszeitpunkt. Soweit sich im eingebrachten BV Anteile an KapGes befunden haben und soweit diese nach Abs. 1 S. 5 nicht im Einbringungsgewinn I, sondern im Einbringungsgewinn II zu erfassen sind, ist der Einbringungsgewinn I der gemeine Wert, der sich ohne die betroffenen Kapitalgesellschaftsanteile ergibt (BMF 11.11.2011, BStBl. I 2011, 1314 Rn. 22.08; Rödder/Herlinghaus/van Lishaut/Stangl Rn. 293; Dötsch/Pung/Möhlenbrock/Patt Rn. 55; Haritz/Menner/Bilitewski/Bilitewski Rn. 96; Frotscher/Drüen/Mutscher Rn. 215; BeckOK UmwStG/Dürrschmidt Rn. 670; Förster/Wendland BB 2007, 631; Ley FR 2007, 109). Ist das Besteuerungsrecht Deutschlands hinsichtlich des Gewinns aus der Veräußerung der erhaltenen Anteile ausgeschlossen oder beschränkt, umfasst der Einbringungsgewinn I aber auch die stillen Reserven der im Rahmen der Sacheinlage miteingebrachten Anteile (BMF 11.11.2011, BStBl. I 2011, 1314 Rn. 22.11; Haritz/Menner/Bilitewski/Bilitewski Rn. 96). Der Einbringungsgewinn I lässt sich damit wie folgt ermitteln:

    gemeiner Wert des eingebrachten BV im Einbringungszeitpunkt
- gemeiner Wert der durch Abs. 1 S. 5 erfassten Anteile an KapGes
- Kosten der Vermögensübertragung
- Wertansatz der übernehmenden Ges abzgl. der durch Abs. 1 S. 5 erfassten Anteile an KapGes

= Zwischensumme

- 1/7 der Zwischensumme für jedes abgelaufene Zeitjahr seit dem Einbringungszeitpunkt

= Einbringungsgewinn I

53 Werden **nicht sämtliche erhaltenen Anteile iSd Abs. 1 S. 1 veräußert,** sondern nur ein Teil, so wird nicht der gesamte Einbringungsgewinn I, sondern nur ein anteiliger Einbringungsgewinn I ermittelt (BMF 11.11.2011, BStBl. I 2011, 1314 Rn. 22.04; Rödder/Herlinghaus/van Lishaut/Stangl Rn. 249; Eisgruber/Eisgruber Rn. 78; Lademann/Jäschke Rn. 8; Frotscher/Drüen/Mutscher Rn. 219; Brandis/Heuermann/Nitzschke Rn. 48).

54 Der gemeine Wert des eingebrachten BV im Einbringungszeitpunkt ggf. abzgl. des gemeinen Werts der Anteile, die nach Abs. 1 S. 5 bei der Ermittlung des Einbringungsgewinns II von Relevanz sind, stellt die Ausgangsgröße für die Ermittlung des Einbringungsgewinns I dar. Abs. 1 S. 3 spricht ausschließlich vom gemeinen Wert des eingebrachten BV. Soweit jedoch zum übertragenen Vermögen auch Pensionsrückstellungen gehören, sind diese gem. § 6a EStG zu bewerten (Widmann/Mayer/Widmann Rn. 154; Dötsch/Pung/Möhlenbrock/Patt Rn. 55; Lademann/Jäschke Rn. 10; BeckOK UmwStG/Dürrschmidt Rn. 669). Abs. 1 S. 1 spricht ebenso wie Abs. 1 S. 3 vom gemeinen Wert, verweist aber insoweit auf § 20 II 2 (wie hier Dötsch/Pung/Möhlenbrock/Patt Rn. 55; offengelassen durch Rödder/Herlinghaus/van Lishaut/Stangl Rn. 235). Nach der hier vertretenen Auffassung (→ § 20 Rn. 325) sind WG, die durch die Einbringung erstmals in Deutschland verstrickt werden, immer mit dem gemeinen Wert anzusetzen, sodass diese WG sich nicht auf die Höhe des Einbringungsgewinns I auswirken (vgl. auch Dötsch/Pung/Möhlenbrock/Patt Rn. 56).

55 Die **Kosten der Vermögensübertragung** (→ § 20 Rn. 404) mindern den Einbringungsgewinn I. Werden nicht sämtliche Anteile iSd Abs. 1 S. 1 veräußert, sind die Kosten bzgl. der Ermittlung des Einbringungsgewinns I nur anteilig zu berücksichtigen. Kosten der Vermögensübertragung sind die Kosten der Einbringung, die vom Einbringenden zu tragen waren, nicht die Kosten der Veräußerung der erhaltenen Anteile (Widmann/Mayer/Widmann Rn. 155; Rödder/Herlinghaus/van Lishaut/Stangl Rn. 296). Dies hat einen zu niedrigen Ansatz der nachträglichen AK der erhaltenen Anteile und der Wertaufstockung des eingebrachten BV beim übernehmenden Rechtsträger (vgl. § 23 II) im Vergleich zur Einbringung mit dem gemeinen Wert zur Folge (Dötsch/Pung/Möhlenbrock/Patt Rn. 65; Rödder/Herlinghaus/van Lishaut/Stangl Rn. 297; Widmann/Mayer/Widmann Rn. 155; Haritz/Menner/Bilitewski/Bilitewski Rn. 119). Die Veräußerungskosten wirken sich nur insoweit steuermindernd aus, wie der Einbringungsgewinn I selbst stpfl. ist (Dötsch/Pung DB 2006, 2763). Hat der Einbringende die Kosten der Einbringung im Wj. der Einbringung stl. in seiner Gewinnermittlung berücksichtigt, so ist dies rückwirkend zu korrigieren (Rödder/Herlinghaus/van Lishaut/Stangl Rn. 296). Zum Abzug von Kosten bei fehlschlagender Anteilsveräußerung vgl. FG Münster EFG 2019, 1900.

56 Der gemeine Wert des eingebrachten BV zum Einbringungszeitpunkt (abzüglich der durch Abs. 1 S. 5 erfassten Anteile an KapGes), abzgl. der Kosten der Einbringung um den Wertansatz der übernehmenden Gesellschaft (abzgl. der durch Abs. 1 S. 5 erfassten Anteile an KapGes), ist für jedes seit dem Einbringungszeitpunkt abgelaufene Zeitjahr **um ein Siebtel zu vermindern.** Einbringungszeitpunkt iSd Abs. 1 S. 3 ist der stl. Übertragungsstichtag iSd § 20 VI 1 (Rödder/Herlinghaus/van Lishaut/Stangl Rn. 91; Dötsch/Pung/Möhlenbrock/Patt Rn. 57; Strahl KÖSDI 2007, 15 442). Maßgeblicher Zeitpunkt für die Veräußerung der Beteiligung ist die Übertragung des wirtschaftlichen Eigentums an den gewährten Anteilen (Widmann/Mayer/Widmann Rn. 19). Werden die erhaltenen Anteile rückwirkend unter (teilweiser) Aufdeckung der stillen Reserven in eine andere KapGes oder Gen eingebracht, ist der Einbringungsstichtag entscheidend. Durch diese sog. Siebtel-Regelung sollte nach dem Willen des Gesetzgebers in pauschalierender Form die Missbrauchsregelung in Art. 15 I Fusions-RL berücksichtigt werden (BT-Drs. 16/2710, 46; dazu auch → Rn. 11).

Die Systematik der Besteuerung des Einbringungsgewinns I kann im Ergebnis 57 dazu führen, dass in der Person des Einbringenden die im eingebrachten Vermögen vorhandenen stillen Reserven nicht besteuert werden. Dies ist der Fall, wenn der Einbringende im EU- bzw. EWR-Raum ansässig ist, der Ansässigkeitsstaat die als Gegenleistung für die Einbringung erhaltenen Anteile mit dem gemeinen Wert bewertet und die Veräußerung der erhaltenen Anteile nach Ablauf der siebenjährigen Sperrfrist erfolgt (Widmann/Mayer/Widmann Rn. 190).

7. Besteuerung des Einbringungsgewinns I, nachträgliche AK

Ist der Einbringende eine estpfl. **natürliche Person**, ist der Einbringungsge- 58 winn I ein Gewinn iSd § 16 EStG. Wurde ein luf-Betrieb oder ein freiberuflicher Betrieb nach Maßgabe des § 20 eingebracht, entstehen Einkünfte aus §§ 13 oder 18 III EStG (Dötsch/Pung/Möhlenbrock/Patt Rn. 59; Widmann/Mayer/Widmann Rn. 160). Die Versteuerung des Einbringungsgewinns erfolgt in der Person des Einbringenden bzw. dessen unentgeltlichen Rechtsnachfolgers, der nach Abs. 6 als Einbringender gilt (→ Rn. 174; aA BMF 11.11.2011, BStBl. I 2011, 1314 Rn. 22.41; Widmann/Mayer/Widmann Rn. 17; Dötsch/Pung/Möhlenbrock/Patt Rn. 63; offengelassen durch Rödder/Herlinghaus/van Lishaut/Stangl Rn. 82). Zur Zurechnung des Einbringungsgewinns, wenn Einbringender eine PersGes ist, → Rn. 50, → § 20 Rn. 424 f. Der Einbringungsgewinn I unterliegt nur insoweit der dt. Besteuerung, als die Besteuerung der Sacheinlage im Einbringungszeitpunkt Deutschland zusteht (→ Rn. 51, → § 20 Rn. 416). Der Einbringungsgewinn I führt nach Abs. 1 S. 4 zu **nachträglichen AK** „der erhaltenen Anteile". Die AK der erhaltenen Anteile erhöhen sich nach der hier vertretenen Auffassung (→ Rn. 50) rückwirkend zum Einbringungsstichtag (BMF 11.11.2011, BStBl. I 1314 Rn. 22.10; Brandis/Heuermann/Nitzschke Rn. 54; Lademann/Jäschke Rn. 12; Rödder/Herlinghaus/van Lishaut/Stangl Rn. 300; aA Dötsch/Pung/Möhlenbrock/Patt Rn. 61b), und zwar unabhängig davon, ob die Steuer auf den Einbringungsgewinn entrichtet wurde oder nicht (Haritz/Menner/Bilitewski/Bilitewski Rn. 130; Dötsch/Pung/Möhlenbrock/Patt Rn. 61; Rödder/Herlinghaus/van Lishaut/Stangl Rn. 301). Ein besonderer Nachw. oder ein entsprechender Antrag ist nach Abs. 1 S. 4 nicht erforderlich (Rödder/Herlinghaus/van Lishaut/Stangl Rn. 94; Förster/Wendland BB 2007, 631; Ley FR 2007, 109). Nach Abs. 1 S. 1 Hs. 2 sind die Regelungen des § 16 IV EStG, § 34 EStG auf den Einbringungsgewinn nicht anzuwenden (Brandis/Heuermann/Nitzschke Rn. 41; Widmann/Mayer/Widmann Rn. 161; krit. insoweit bei Veräußerung der erhaltenen Anteile innerhalb des ersten Jahres Dötsch/Pung/Möhlenbrock/Patt Rn. 59c; Rödder/Herlinghaus/van Lishaut/Stangl Rn. 284; Desens DStR-Beihefter zu Heft 46/2010, 80).

Wird nur ein **Teil der erhaltenen Anteile** veräußert, so führt dies auch nur zu 59 einer anteiligen Versteuerung des Einbringungsgewinns I, denn nach Abs. 1 S. 1 kommt es nur zu einer entsprechenden Besteuerung, „soweit" die erhaltenen Anteile veräußert werden. Nicht abschließend geklärt ist in diesem Zusammenhang, ob der anteilige Einbringungsgewinn I zu **nachträglichen AK** nur für die veräußerten erhaltenen Anteile führt oder aber alle im Rahmen der Sacheinlage erhaltenen Anteile zu verteilen ist. Die hM geht zu Recht davon aus, dass insoweit nachträgliche AK ausschließlich für die veräußerten Anteile entstehen (BMF 11.11.2011, BStBl. I 2011, 1314 Rn. 22.04; Widmann/Mayer/Widmann Rn. 186; Dötsch/Pung/Möhlenbrock/Patt Rn. 61; Rödder/Herlinghaus/van Lishaut/Stangl Rn. 302; Bordewin/Brandt/Graw Rn. 163; Haritz/Menner/Bilitewski/Bilitewski Rn. 54; Eisgruber/Eisgruber Rn. 126; aA Strahl KÖSDI 2007, 15442; Krohn/Greulich DStR 2008, 646). Dies wird damit begründet, dass Abs. 1 S. 1 nur auf die veräußerten Anteile abstellt, sodass die nachfolgenden

Sätze des Abs. 1 sich nur auf die veräußerten Anteile beziehen können (Widmann/Mayer/Widmann Rn. 186).

60 Ist Einbringender eine **kstpfl. Person,** so unterliegt der Einbringungsgewinn I der KSt. Er ist gegenüber dem Einbringenden bzw. dessen unentgeltlichen Rechtsnachfolger festzusetzen (→ Rn. 174). Wird nur ein Teil der erhaltenen Anteile veräußert, so entsteht nur ein anteiliger Einbringungsgewinn I. Der Einbringungsgewinn I führt zu nachträglichen AK auf die erhaltenen Anteile (Abs. 1 S. 4). Werden nur Teile der erhaltenen Anteile veräußert, so führt dies auch nur anteilig zu einer Versteuerung des Einbringungsgewinns I, es erhöhen sich dann nachträglich die AK der veräußerten Anteile (→ Rn. 59).

61 Entgegen der Auffassung der FVerw (BMF 11.11.2011, BStBl. I 2011, 1314 Rn. 22.07) sind auf den Einbringungsgewinn I **§§ 6b, 6c EStG** anzuwenden, soweit dieser Gewinn auf die entsprechenden begünstigten WG der Sacheinlage entfällt (ebenso Dötsch/Pung/Möhlenbrock/Patt Rn. 59; Haritz/Menner/Bilitewski/Bilitewski Rn. 253; Rödder/Herlinghaus/van Lishaut/Stangl Rn. 285; Frotscher/Drüen/Mutscher Rn. 224; Benz/Rosenberg DB-Beil. 1/2012, 38; Orth DStR 2011, 1541). Dies gilt auch, wenn der Einbringungsgewinn I auf Grund der Anwendung der sog. Siebtel-Regelung nicht zur nachträglichen Aufdeckung sämtlicher stiller Reserven im übertragenen Vermögen führt (ebenso Dötsch/Pung/Möhlenbrock/Patt Rn. 59; Rödder/Herlinghaus/van Lishaut/Stangl Rn. 285). Die Veräußerung der sperrfristverhafteten Anteile innerhalb der siebenjährigen Frist führt dazu, dass rückwirkend ein Einbringungsgewinn entsteht. Die ursprüngliche Einbringung stellt aber einen Veräußerungsvorgang dar, bei dem grds. §§ 6b, 6c EStG anzuwenden sind (BMF 11.11.2011, BStBl. I 2011, 1314 Rn. 20.26), sodass eine nachträgliche Gewinnrealisierung von stillen Reserven in Form des Einbringungsgewinns I nicht anders behandelt werden kann (Rödder/Herlinghaus/van Lishaut/Stangl Rn. 285).

61a Der Einbringungsgewinn I löst nachträglich auch **GewSt** aus, wenn die Veräußerung des eingebrachten Vermögens im Zeitpunkt der Einbringung gewstpfl. gewesen wäre (Widmann/Mayer/Widmann Rn. 162; Dötsch/Pung/Möhlenbrock/Patt Rn. 59d; Rödder/Herlinghaus/van Lishaut/Stangl Rn. 290; Brandis/Heuermann/Nitzschke Rn. 52; Lademann/Jäschke Rn. 9; Haritz/Menner/Bilitewski/Bilitewski Rn. 122; Behrendt/Gaffron/Krohn DB 2012, 1072; im Grds. ebenso BMF 11.11.2011, BStBl. I 2011, 1314 Rn. 22.07). Der Einbringungsgewinn I unterliegt damit zB nicht der GewSt, wenn eine natürliche Person ihren gesamten Mitunternehmeranteil im Wege des § 20 eingebracht hat und dieser Einbringende die sperrfristverhafteten Anteile an der übernehmenden KapGes innerhalb der Sperrfrist veräußert. Die GewSt-Freiheit wird nicht dadurch in Frage gestellt, dass bei der Ermittlung des Einbringungsgewinns I die sog. Siebtel-Regelung zur Anwendung kommt (BMF 11.11.2011, BStBl. I 2011, 1314 Rn. 22.07; Dötsch/Pung/Möhlenbrock/Patt Rn. 59d; Behrendt/Gaffron/Krohn DB 2011, 1072). Nach Auffassung der FVerw soll nicht der Einbringungsgewinn I in jedem Fall der GewSt unterliegen, wenn nicht sämtliche erhaltenen Anteile in einem einheitlichen Vorgang veräußert werden (BMF 11.11.2011, BStBl. I 2011, 1314 Rn. 22.07; ebenso Lademann/Jäschke Rn. 9). Dies kann nicht überzeugen, soweit bei der ursprünglichen Einbringung unter Aufdeckung von stillen Reserven der Einbringungsgewinn gewerbesteuerfrei gewesen wäre. Denn auch bei der Veräußerung nur eines Teils des erhaltenen Anteils an der übernehmenden KapGes innerhalb der Sperrfrist hat der Einbringende zum Einbringungszeitpunkt seine gesamte gewerbliche Tätigkeit durch die Einbringung des gesamten Mitunternehmeranteils aufgegeben, der insoweit entstehende Einbringungsgewinn I ist damit gewerbesteuerfrei zu stellen (BFH DStR 2020, 441; FG Köln EFG 2018, 1224; Dötsch/Pung/Möhlenbrock/Patt Rn. 59d; Haritz/Menner/Bilitewski/Bilitewski Rn. 122; Widmann/Mayer/Widmann UmwStE 2011 Rn. 22.07; Rödder/Herlinghaus/van Lishaut/Stangl

Rn. 291; Pitzal DStR 2018, 985; Behrendt/Gaffron/Krohn DB 2011, 1072; Rödder/Rogall Ubg 2011, 753; wohl auch Frotscher/Drüen/Mutscher Rn. 225; vgl. auch SchlHFG EFG 2018, 861 f.).

8. Sacheinlage umfasst auch Anteile an Kapitalgesellschaft oder Genossenschaft (Abs. 1 S. 5)

Wird ein Betrieb, Teilbetrieb mit dazugehörigen Anteilen an KapGes oder Gen **62** eingebracht, liegt insgesamt ein einheitlicher Einbringungsvorgang nach § 20 I vor, sofern die Anteile wesentliche Betriebsgrundlage der übertragenen Sachgesamtheit darstellen oder aber die Anteile notwendiges oder gewillkürtes BV des eingebrachten Vermögens sind und in einem sachlichen und zeitlichen Zusammenhang mitübertragen werden (→ § 20 Rn. 26 f.). Für diesen Fall, nämlich dass zu den unter den Voraussetzungen des § 20 I eingebrachten BV auch Anteile an KapGes oder Gen gehören, regelt Abs. 1 S. 5 das Konkurrenzverhältnis zwischen Abs. 1 und Abs. 2. Soweit das eingebrachte BV sich auf Anteile an einer KapGes oder Gen bezieht, ist insoweit grds. Abs. 2 anzuwenden; die Anwendung des Abs. 1 ist nach Abs. 1 S. 5 ausgeschlossen (allgM vgl. nur BMF 11.11.2011, BStBl. I 2011, 1314 Rn. 22.08), es sei denn, für die zurückbehaltenen Anteile an der übernehmenden Gesellschaft ist das Besteuerungsrecht Deutschland hinsichtlich des Gewinns aus der Veräußerung der erhaltenen Anteile ausgeschlossen oder beschränkt (BMF 11.11.2011, BStBl. I 2011, 1314 Rn. 22.11; Dötsch/Pung/Möhlenbrock/Patt Rn. 53). Eine Veräußerung der als Gegenleistung für die Übertragung der Sachgesamtheit gewährten Anteile führt insoweit nicht zur Besteuerung des Einbringungsgewinns I. Auslösendes Ereignis ist insoweit vielmehr die Veräußerung der eingebrachten Beteiligung durch den übernehmenden Rechtsträger, mit der Folge eines ggf. entstehenden Einbringungsgewinns II (→ Rn. 120 ff.). Wird ein Mitunternehmeranteil gemeinsam mit Anteilen an einer KapGes/Gen, die SBV des Mitunternehmers sind, eingebracht, findet Abs. 1 S. 5 Anwendung. Etwas anderes könnte gelten, wenn ein Mitunternehmeranteil eingebracht wird und die **Anteile an einer KapGes/Gen zum Gesamthandsvermögen gehören.** Eine unmittelbare Zurechnung der WG des Gesamthandsvermögens an die Gesellschafter einer Mitunternehmerschaft erfolgt nämlich nicht (BFH BStBl. II 2003, 700; vgl. Widmann/Mayer/Widmann Rn. 195; aA wohl FVerw vgl. BMF 11.11.2011, BStBl. I 2011, 1314 Rn. 22.02), sodass zweifelhaft ist, ob auch Anteile an einer KapGes/Gen, die zum Gesamthandsvermögen einer Mitunternehmerschaft gehören, „das eingebrachte BV" iSd Abs. 1 S. 5 darstellen; dagegen der Einbringung ist vielmehr der Mitunternehmeranteil (Rödder/Herlinghaus/van Lishaut/Stangl Rn. 306 Fn. 6; → Rn. 109; BMF 11.11.2011, BStBl. I 2011, 1314 Rn. 20.10 iVm Rn. 20.05). In § 8b IV 1 Nr. 2 KStG aF hat der Gesetzgeber dieses Problem eindeutig in dem Sinne geregelt, dass auch Anteile an einer KapGes, die mittelbar über eine Mitunternehmerschaft eingebracht wurden, sperrfristverhaftet waren. Das mit § 8b IV 1 Nr. 2 KStG aF angestrebte Ziel soll nunmehr mit Abs. 1 S. 5 erreicht werden, was dafür spricht, dass im Grunde auch Anteile an einer KapGes/Gen von Abs. 1 S. 5 erfasst werden, die mittelbar über eine Mitunternehmerschaft eingebracht werden. Abs. 1 S. 5 spricht aber nur von „eingebrachten Betriebsvermögen". Dieser Begriff wird auch in § 20 II 1 verwendet und dort so zu verstehen, dass bei Einbringung eines Mitunternehmeranteils auch eine entsprechende Bewertung des anteiligen Gesamthandsvermögens erfolgen soll. Zu weiteren Einzelheiten → Rn. 109.

Gehören zum BV des eingebrachten Betriebs, Teilbetriebs **Anteile am übernehmenden Rechtsträger,** müssen diese nach der hier vertretenen Auffassung **63** (→ § 20 Rn. 78) nicht auf den übernehmenden Rechtsträger übertragen werden, auch wenn sie wesentliche Betriebsgrundlage der übertragenen Sachgesamtheit sind. Es entstehen, bezogen auf die zurückbehaltenen Anteile, keine eingebrachten

Anteile iSd Abs. 2 (→ § 20 Rn. 35; Brandis/Heuermann/Nitzschke Rn. 55; aA Haritz/Menner/Bilitewski/Bilitewski Rn. 217; Dötsch/Pung/Möhlenbrock/Patt Rn. 53).

64 Für die für die Sacheinlage erhaltenen Anteile gilt „insoweit" Abs. 2, als das eingebrachte BV Anteile an einer KapGes oder Gen umfasst. Dies gilt auch dann, wenn die eingebrachten Anteile keine mehrheitsvermittelnde Beteiligung iSd § 21 I 1 dargestellt haben. Die Höhe des Einbringungsgewinns I ergibt sich aus der Höhe der stillen Reserven im insgesamt eingebrachten Vermögen abzgl. der stillen Reserven der miteingebrachten Anteile.

Beispiel:

65 E gründet eine X-AG mit einem Grundkapital von 70.000 Euro (Sachgründung). Er bringt einen Betrieb (BW 40.000 Euro, gemeiner Wert 200.000 Euro) und diesem Betrieb als wesentliche Betriebsgrundlage dienende Anteile an einer KapGes (BW 50.000 Euro, gemeiner Wert 500.000 Euro) mit dem BW als Sacheinlage ein. Die AK der Aktien an der X-AG betragen gem. § 20 III 90.000 Euro. Veräußert E unmittelbar nach der Sacheinlage 100% der als Gegenleistung erhaltenen Aktien, entsteht ein Einbringungsgewinn I iHv 160.000 Euro. Veräußert E unmittelbar nach der Sacheinlage 50% der als Gegenleistung erhaltenen Aktien, entsteht ein Einbringungsgewinn I iHv 80.000 Euro.

66 Teilw. wird der Regelung des Abs. 1 S. 5 entnommen, dass in den Fällen, in denen nicht alle Anteile der aus der Einbringung erhaltenen Anteile veräußert werden, zunächst der Teil der Anteile als veräußert gilt, die auf die eingebrachten Anteile entfallen, da dies für den Einbringenden die günstigste Reihenfolge ist (Widmann/Mayer/Widmann Rn. 177; vgl. auch Knief/Birnbaum DB 2010, 2527).

67 Nicht geklärt ist, ob die Qualifikation „erhaltene Anteile iSd Abs. 1 S. 1" für die als Gegenleistung gewährten Anteile grds. **einzelnen Anteilen zugeordnet werden kann** (→ § 20 Rn. 27 f., → § 20 Rn. 206; Dötsch/Pung/Möhlenbrock/Patt Rn. 53; Rödder/Herlinghaus/van Lishaut/Stangl Rn. 318 ff.; Brandis/Heuermann/Nitzschke Rn. 55a; Eisgruber/Eisgruber Rn. 88 f.; Widmann/Mayer/Widmann Rn. 177; Ott Ubg 2023, 142; FG BW EFG 2007, 1207 und BFH DB 2008, 1078 zu § 21 aF). Dagegen spricht, dass dem Gesetz ein diesbzgl. Wahlrecht nicht entnommen werden kann. Es ist insbes. nicht geregelt, wem gegenüber und nach welchen Regeln es auszuüben ist. Eine Zuordnung ist jedenfalls nur dann möglich, wenn die für die übertragenen Anteile einerseits und den „Restbetrieb" andererseits vom übernehmenden Rechtsträger ausgegebenen Anteile genau identifizierbar sind und die für die übertragenen Anteile bzw. den Restbetrieb gewährten Anteile nach dem Verkehrswert bemessen waren. Zudem muss dann im Rahmen der Sacheinlage bestimmt werden, welche erhaltenen Anteile auf die Einbringung von Anteilen bzw. des Restbetriebes zurückzuführen sind. Dies ist nur möglich, wenn der übernehmende Rechtsträger mehrere Anteile im Rahmen der Einbringung ausgibt. Zudem ist eine Verstrickungsquote als Aufteilungsmaßstab zu ermitteln, die sicherstellt, dass wertmäßig die stillen Reserven in die nach Abs. 2 zu behandelnden Anteile eingehen, die zuvor in den eingebrachten Anteilen an einer KapGes bzw. Gen steuerverstrickt waren. Für die Aufteilung ist in diesen Fällen nicht der gemeine Wert der eingebrachten Anteile im Verhältnis zum gemeinen Wert der übrigen eingebrachten WG maßgebend (so Brandis/Heuermann/Nitzschke Rn. 55; Rödder/Herlinghaus/van Lishaut/Stangl Rn. 321), sondern vielmehr das Verhältnis der stillen Reserven in den eingebrachten Anteilen an einer KapGes bzw. Gen auf der einen Seite und den stillen Reserven, die insgesamt eingebracht wurden, auf der anderen Seite (Dötsch/Pung/Möhlenbrock/Patt Rn. 53; vgl. auch Knief/Birnbaum DB 2010, 2527; Widmann/Mayer/Widmann Rn. 176). Der Aufteilungsmaßstab ist zwingend.

Beispiel:

E gründet eine X-AG mit einem Grundkapital von 70.000 Euro (Sachgründung). Er bringt **68** einen Betrieb (BW 40.000 Euro, gemeiner Wert 200.000 Euro) und diesem Betrieb als wesentliche Betriebsgrundlage dienende Anteile an einer KapGes (BW 50.000 Euro, gemeiner Wert 500.000 Euro) mit dem BW als Sacheinlage ein. Die AK der Aktien an der X-AG betragen gem. § 20 III 90.000 Euro. Die quotale Verstrickung iSd Abs. 1 S. 5, bezogen auf alle als Gegenleistung erhaltenen Aktien an der X-AG, wird in der Weise ermittelt, dass das Verhältnis der stillen Reserven in den eingebrachten Anteilen (450.000 Euro) auf der einen Seite und den stillen Reserven, die insgesamt eingebracht wurden (610.000 Euro), auf der anderen Seite gegenübergestellt wird. Damit sind die Aktien im Grds. quotal zu 73,77049 vH (450.000 : 610.000) nach Abs. 2 zu beurteilen und quotal zu 26,22951 vH (160.000 : 610.000) nach Abs. 1 zu beurteilen. Geht man davon aus, dass die Qualifikation iSv Abs. 1 und Abs. 2 einzelnen Anteilen zugeordnet werden kann, so hat dies zur Folge, dass bei der entsprechenden Zuweisung für die eingebrachten Anteile an der KapGes ca. 51.639 Aktien der X-AG (70.000 x 450.000 : 610.000) nach Abs. 2 zu beurteilen wären, eine Aktie quotal verstrickt wäre und der Rest nach Abs. 1 zu beurteilen wäre. Bereits die quotale Verstrickung auch nur einer Aktie erscheint problematisch, da zB im Gegensatz zu Grundstücken ein in einer Aktie verkörpertes Beteiligungsrecht sich grds. nicht in wirtschaftlich unterschiedlich nutzbare und bewertbare Funktionseinheiten aufteilen lässt, was eine Zergliederung in mehrere WG rechtfertigen könnte. Die AK der nach Abs. 1 bzw. Abs. 2 zu beurteilenden Anteile sind verhältnismäßig aufzuteilen (vgl. auch die Überlegungen hierzu bei Rödder/Herlinghaus/van Lishaut/Stangl Rn. 321 ff.; Widmann/Mayer/Widmann Rn. 177 ff.).

Ist das Recht der Bundesrepublik Deutschland hinsichtlich der Besteuerung des **69** Gewinns aus der Veräußerung der auf einer Sacheinlage mit Kapitalgesellschaftsanteilen zurückzuführenden erhaltenen Anteile ausgeschlossen oder beschränkt (→ § 21 Rn. 96), so gelten gem. Abs. 1 S. 5 Hs. 2 die Regelungen des **Abs. 1 S. 1–4 entsprechend.** In diesem Fall entsteht ein Einbringungsgewinn I, bezogen auf die erhaltenen Anteile, die auf die Einbringung von Anteilen an einer KapGes oder Gen zurückzuführen sind (BMF 11.11.2011, BStBl. I 2011, 1314 Rn. 22.11). Durch die Regelung des Abs. 1 S. 5 Hs. 2 „wird die Wirksamkeit der Missbrauchsklausel sichergestellt, denn ohne diese Regelung können die erhaltenen Anteile, soweit sie auf die mit eingebrachten Anteilen entfallen, unmittelbar nach der Einbringung ohne deutsche Besteuerung veräußert werden" (BT-Drs. 16/3369, 29). Ob Abs. 1 S. 5 Hs. 2 auch für die einer Veräußerung gleichgestellten Vorgänge iSd Abs. 1 S. 6 gilt, ist nicht abschließend geklärt (vgl. Dötsch/Pung/Möhlenbrock/Patt Rn. 53a; Rödder/Herlinghaus/van Lishaut/Stangl Rn. 328; Frotscher/Drüen/Mutscher Rn. 213; Brandis/Heuermann/Nitzschke Rn. 56). Für den Anwendungsbereich des Abs. 1 S. 5 Hs. 2 liefert der Bericht des Finanzausschusses folgendes **Beispiel** (BT-Drs. 16/3369, 12):

Die in Frankreich ansässige natürliche Person X hält eine dt. Betriebsstätte. In dieser Betriebs- **70** stätte befinden sich Anteile an der dt. Y-GmbH, die wegen der Betriebsstättenzugehörigkeit im Rahmen der beschränkten StPfl. des X in Deutschland steuerverhaftet sind. In 01 bringt X die Betriebsstätte in die Z-GmbH gegen Gewährung von Gesellschaftsrechten ein. Die erhaltenen Anteile an der Z-GmbH zählen nicht mehr zu einer dt. Betriebsstätte, womit sie unter Berücksichtigung des DBA-Frankreichs in Deutschland nicht mehr steuerverstrickt sind.

Abs. 1 S. 5 Hs. 2 gilt nur, wenn das dt. Besteuerungsrecht an den erhaltenen **71** Anteilen ausgeschlossen oder beschränkt ist. Insoweit gelten die Ausführungen zu § 21 II 2 entsprechend (→ § 21 Rn. 96). Abs. 1 S. 5 Hs. 2 ordnet an, dass dann neben Abs. 2 auch Abs. 1 S. 1–4 anzuwenden sind. Werden damit durch den übernehmenden Rechtsträger die eingebrachten Anteile veräußert, entsteht ein Einbringungsgewinn II, veräußert der Einbringende die erhaltenen Anteile innerhalb der siebenjährigen Sperrfrist, kommt es zu einer rückwirkenden Besteuerung des Einbringungsgewinns I. Abs. 1 S. 5 Hs. 2 gilt unabhängig davon, ob Einbringender eine natürliche Person ist oder eine Körperschaft (Brandis/Heuermann/Nitzschke Rn. 56).

72 Werden **einbringungsgeborene Anteile** iSd § 21 I aF in eine KapGes bzw. Gen miteingebracht, verlieren diese nach der hier vertretenen Meinung (→ § 20 Rn. 220 ff.) grds. ihre Qualifikation der Einbringungsgeborenheit, es sei denn, das Gesetz ordnet insoweit eine Rechtsnachfolge an. Eine Rechtsnachfolge gem. § 23 I scheidet aber bei einbringungsgeborenen Anteilen aus, bei denen im Zeitpunkt der Einbringung die siebenjährige Sperrfrist iSv § 3 Nr. 40 S. 3 und S. 4 bzw. § 8b IV KStG aF noch nicht abgelaufen war, da § 23 gem. § 27 IV auf Anteile, bei denen die siebenjährige Sperrfrist iSv § 3 Nr. 40 S. 3 und S. 4 EStG aF bzw. § 8b IV KStG aF noch nicht abgelaufen ist, nicht angewendet wird (zur Rechtsnachfolge iÜ → § 23 Rn. 16). Soweit die eingebrachten, ursprünglich einbringungsgeborenen Anteile innerhalb der siebenjährigen Sperrfrist des Abs. 2 veräußert bzw. ein der Veräußerung gleichgestellter Sachverhalt verwirklicht wird (Abs. 2 S. 6), entsteht ein Einbringungsgewinn II, falls im Zeitpunkt der Einbringung die siebenjährige Sperrfrist bereits abgelaufen war (vgl. Dötsch/Pung/Möhlenbrock/Patt § 21 Rn. 15). War im Zeitpunkt der Einbringung die siebenjährige Sperrfrist noch nicht abgelaufen, und werden die ursprünglich einbringungsgeborenen Anteile innerhalb der siebenjährigen Sperrfrist des Abs. 2 veräußert bzw. wird ein der Veräußerung gleichgestellter Ersatzrealisationstatbestand verwirklicht, entsteht kein Einbringungsgewinn II, da im Zeitpunkt der Einbringung in der Person des Einbringenden einbringungsgeborene Anteile vorlagen und damit gem. § 27 IV die Regelung des § 22 keine Anwendung findet (str., → § 20 Rn. 226; aA BMF 11.11.2011, BStBl. I 2011, 1314 Rn. 27.12).

Beispiel:

73 X hält 100% der Anteile an der X-GmbH im BV seines Einzelunternehmens. Die X-GmbH wurde 05 durch Einbringung eines Teilbetriebs zu BW (§ 20 aF) gegründet. Im Jahre 08 bringt X die Beteiligung an der X-GmbH zusammen mit dem Einzelunternehmen zu BW nach Maßgabe des § 20 steuerneutral in die Y-GmbH ein. Im Jahr 09 veräußert die Y-GmbH die Beteiligung an der X-GmbH mit Gewinn. Da die Anteile an der X-GmbH mangels Rechtsnachfolge aufgrund der Einbringung ihre Qualifikation der Einbringungsgeborenheit verlieren, unterliegt der durch die Y-GmbH erzielte Veräußerungsgewinn nicht der Besteuerung nach § 8b IV 1 Nr. 1 KStG aF. Ein Einbringungsgewinn II entsteht nicht, da Abs. 1 S. 5 iVm Abs. 2 wegen § 27 IV keine Anwendung findet.

9. Ersatzrealisationstatbestände (Abs. 1 S. 6, 7)

74 **a) Abs. 1 S. 6, 7 als abschließende Regelung.** Abs. 1 S. 6, 7 stellen verschiedene abschließend geregelte, einer Erweiterung durch Analogie oder allgemeine stl. Erwägung nicht zugängliche, Sachverhalte (HessFG EFG 2021, 794; Rödder/Herlinghaus/van Lishaut/Stangl Rn. 336; Dötsch/Pung/Möhlenbrock/Patt Rn. 39; Haritz/Menner/Bilitewski Rn. 147; Brandis/Heuermann/Nitzschke Rn. 59; vgl. auch zu § 21 II aF BFH/NV 1997, 314) einer Veräußerung nach Abs. 1 S. 1 gleich. Die in Abs. 1 S. 6 aufgezählten Tatbestände führen damit rückwirkend zur Besteuerung eines Einbringungsgewinns I, wenn bzw. soweit die Tatbestände innerhalb der **siebenjährigen Sperrfrist** erfüllt werden. Wird nur hinsichtlich eines Teils der aus der Sacheinlage stammenden Anteile ein Ersatzrealisierungstatbestand erfüllt, entsteht nur ein anteiliger Einbringungsgewinn I (Widmann/Mayer/Widmann Rn. 137; Rödder/Herlinghaus/van Lishaut/Stangl Rn. 336; Dötsch/Pung/Möhlenbrock/Patt Rn. 39). Werden die Ersatzrealisationstatbestände nach Ablauf der Sperrfrist erfüllt, kommt es nicht zur Besteuerung eines Einbringungsgewinns I.

75 **b) Unentgeltliche Übertragung (Abs. 1 S. 1 Nr. 1).** Die rückwirkende Besteuerung eines Einbringungsgewinns I wird ausgelöst, wenn die erhaltenen

Anteile durch den Einbringenden bzw. seinen unentgeltlichen Rechtsnachfolger (Abs. 6) unmittelbar oder mittelbar unentgeltlich auf eine inl. oder ausl. KapGes oder Gen übertragen werden. Eine unentgeltliche Übertragung auf Körperschaften, die nicht KapGes oder Gen sind, zB auf eine Stiftung, ist steuerunschädlich (Dötsch/Pung/Möhlenbrock/Patt Rn. 40; Widmann/Mayer/Widmann Rn. 48; Rödder/Herlinghaus/van Lishaut/Stangl Rn. 338; Eisgruber/Eisgruber Rn. 173; Haase/Hofacker/Wulff-Dohmen Rn. 123; Ott DStZ 2023, 76). Werden die erhaltenen Anteile **teilentgeltlich** an eine KapGes/Gen veräußert, findet Abs. 1 S. 6 Nr. 1 Anwendung, soweit die Anteile unentgeltlich übertragen werden, der entgeltliche Teil wird durch Abs. 1 S. 1 erfasst (Brandis/Heuermann/Nitzschke Rn. 60; Dötsch/Pung/Möhlenbrock/Patt Rn. 40; Rödder/Herlinghaus/van Lishaut/Stangl Rn. 105; Lademann/Jäschke Rn. 6; BeckOK UmwStG/Dürrschmidt Rn. 524; Frotscher/Drüen/Mutscher Rn. 144).

Der bedeutendste Anwendungsfall des Abs. 1 S. 1 Nr. 1 dürfte die **verdeckte Einlage** der erhaltenen Anteile ggf. auch zusammen mit einem Betrieb, Teilbetrieb oder Mitunternehmeranteil in eine KapGes oder Gen sein (BMF 11.11.2011, BStBl. I 2011, 1314 Rn. 22.20; Rödder/Herlinghaus/van Lishaut/Stangl Rn. 338; Dötsch/Pung/Möhlenbrock/Patt Rn. 40; Haritz/Menner/Bilitewski/Bilitewski Rn. 149; Brandis/Heuermann/Nitzschke Rn. 60; Frotscher/Drüen/Mutscher Rn. 132; Förster/Wendland BB 2007, 631). Ohne Bedeutung ist, ob die erhaltenen Anteile sich vor der verdeckten Einlage im PV oder BV befunden haben. Werden erhaltene Anteile iSd Abs. 1 S. 1 gegen Gewährung von Gesellschaftsrechten in eine andere KapGes nach Maßgabe der §§ 20, 21 eingebracht, so stellt sich die Frage, ob eine verdeckte Einlage in diesem Fall anzunehmen ist, wenn die als Gegenleistung gewährten Gesellschaftsrechte an der übernehmenden KapGes nicht dem gemeinen Wert des eingebrachten BV entsprechen. Der I. Senat des BFH hat in einer Entscheidung v. 15.10.1997 (BFH/NV 1998, 624; ebenso BFH DStR 2009, 2661; vgl. auch Weber-Grellet DB 1998, 1532) die Auffassung vertreten, die verdeckte Einlage sei verdeckt, weil eine Kapitaleinlage nicht gegen Gewährung von Gesellschaftsrechten erfolgt (ebenso Schmidt/Kulosa EStG § 6 Rn. 855; Brandis/Heuermann/Nitzschke Rn. 60, 61a). Aus dieser Formulierung kann gefolgert werden, dass eine verdeckte Einlage in eine KapGes/Gen dann nicht vorliegt, wenn von der Gesellschaft als Gegenleistung für die Einlage neue Gesellschaftsanteile gewährt wurden, und zwar unabhängig davon, ob der Wert der gewährten Gesellschaftsrechte hinter dem Wert des übertragenen Vermögens zurückbleibt (BFH DStR 2009, 2661; Brandis/Heuermann/Nitzschke Rn. 60; Lademann/Jäschke Rn. 15). Stellen die neu gewährten Anteile keine angemessene Gegenleistung dar, so kann es aber zu einer verdeckten Einlage auf der Ebene eines Mitgesellschafters kommen, insbes. dann, wenn der Mitgesellschafter eine KapGes ist, an der der Einbringende wiederum beteiligt ist.

Beispiel:

E ist an der X-GmbH zu 100% beteiligt. Er besitzt außerdem eine 100%ige Beteiligung an der Y-GmbH, die aus einer unter dem gemeinen Wert (BW = 100 GW = 500) angesetzten Sacheinlage iSd § 20 I stammt. Die Anteile an der Y-GmbH haben einen gemeinen Wert iHv 500. Zusammen mit der X-GmbH gründet E die Z-AG, an der er und die X-GmbH nach der Einbringung jew mit 50 vH beteiligt sein sollen. E bringt seine Beteiligung an der Y-GmbH zum BW gegen Gewährung von Gesellschaftsrechten ein, die X-GmbH zahlt einen Betrag iHv 100. Die Z-AG führt die BW gem. § 21 fort. Durch die Einbringung der Beteiligung an der Y-GmbH in die Z-AG wird die X-GmbH indirekt begünstigt, da diese nur 100 Geldeinheiten eingebracht hat, der Anteil an der Z-AG jedoch nach vollzogener Einbringung einen Verkehrswert von 600 hat, sodass der auf die X-GmbH entfallende anteilige Wert 300 beträgt. Im Zusammenhang mit § 13 geht die FVerw (BMF 11.11.2011, BStBl. I 2011, 1314 Rn. 13.03; ebenso BFH BStBl. II 2011, 799; Widmann/Mayer/Schießl § 13 Rn. 306; Dötsch/Pung/Möhlenbrock/Dötsch § 13 Rn. 9; Sistermann DStR-Beihefter zu Heft 2/2012, 9) davon aus, dass

§ 13 keine Anwendung findet, soweit es infolge einer Verschm zu einer interpersonalen Wertverschiebung auf Ebene der Anteilseigner kommt. Solche Wertverlagerungen sind nach allgemeinen Grundsätzen entweder verdeckte Gewinnausschüttungen in Form der Sachauskehrung zum gemeinen Wert oder aber verdeckte Einlagen. Gegenstand der Vorteilszuwendung sind dabei die KapGes-Anteile am übertragenden bzw. übernehmenden Rechtsträger und nicht das durch die Verschm übergehende Vermögen (BFH BStBl. II 2011, 799; dazu auch → § 13 Rn. 14, → § 11 Rn. 150, → § 12 Rn. 103). Übertragen auf den vorliegenden Einbringungsfall bedeutet dies, dass es im Rahmen der Einbringung nach § 21 bei der interpersonalen Wertverschiebung zu verdeckten Gewinnausschüttungen bzw. zu verdeckten Einlagen kommen kann, soweit ein Gesellschafter des übernehmenden Rechtsträgers eine KapGes ist, an der der Einbringende und/oder eine ihm nahestehende Person beteiligt ist. Im vorliegenden Beispielsfall hat unter Zugrundelegung der dargestellten Meinung E Anteile bzw. Bezugsrechte an der Z-AG im Wert von Geldeinheiten 200 verdeckt in die X-GmbH eingelegt. Es entsteht insoweit rückwirkend ein Einbringungsgewinn I, bezogen auf den Einbringungsvorgang in die Y-GmbH, wobei streitig ist, ob dieser Gewinn unter Anwendung des Abs. 1 S. 6 Nr. 1 oder Abs. 1 S. 6 Nr. 5 ausgelöst wird (vgl. Rödder/Herlinghaus/van Lishaut/Stangl Rn. 341; Widmann/Mayer/Widmann Rn. 44).

78   Die **verdeckte Einlage in eine betriebliche PersGes** (Dötsch/Pung/Möhlenbrock/Patt Rn. 40; Rödder/Herlinghaus/van Lishaut/Stangl Rn. 341; Bauernschmidt/Blöchle BB 2007, 743) erfüllt den Ersatzrealisierungstatbestand, soweit an der PersGes im Zeitpunkt der verdeckten Einlage eine andere KapGes vermögensmäßig beteiligt ist (Eisgruber/Eisgruber Rn. 172; Haase/Hofacker/Wulff-Dohmen Rn. 133; Brandis/Heuermann/Nitzschke Rn. 60). Zwar werden die erhaltenen Anteile nicht unmittelbar auf diese KapGes übertragen; eine unmittelbar quotale Zurechnung der erhaltenen Anteile bei den Gesellschaftern erfolgt bei gewerblich tätigen PersGes zwar nicht (BFH BStBl. II 2003, 700; BStBl. II 1981, 307), es liegt aber eine mittelbare verdeckte Einlage eines Teils der erhaltenen Anteile vor. Werden im Anschluss an die verdeckte Einlage in die PersGes die Anteile an der PersGes verdeckt in eine KapGes/Gen eingebracht, liegt eine mittelbare verdeckte Einlage in eine KapGes vor. Beteiligt sich nach der verdeckten Einlage in eine PersGes ein weiterer Gesellschafter an dieser PersGes gegen angemessene Einlage, liegt keine verdeckte Einlage vor.

79   Eine unentgeltliche Übertragung der erhaltenen Anteile liegt auch dann vor, wenn diese im Rahmen einer **Sachdividende** oder im Rahmen einer **verdeckten Gewinnausschüttung** an die MutterKapGes ausgekehrt werden (vgl. BMF 11.11.2011, BStBl. I 2011, 1314 Rn. 22.20; Rödder/Herlinghaus/van Lishaut/ Stangl Rn. 338; Dötsch/Pung/Möhlenbrock/Patt Rn. 40; Haritz/Menner/Bilitewski/Bilitewski Rn. 14; BeckOK UmwStG/Dürrschmidt Rn. 525.1; 9; NK-UmwR/Meier Rn. 32; Brandis/Heuermann/Nitzschke Rn. 60; Frotscher/Drüen/Mutscher Rn. 132; Haase/Hofacker/Wulff-Dohmen Rn. 127; vgl. auch BFH/NV 2007, 1091; Freikamp DB 2007, 2220; aA Widmann/Mayer/Widmann Rn. 34). Werden die erhaltenen Anteile im Rahmen einer Realteilung unentgeltlich (→ Rn. 32) auf eine KapGes übertragen, löst dies einen Ersatzrealisationstatbestand aus (vgl. BT-Drs. 16/3369, 14; BMF 11.11.2011, BStBl. I 2011, 1314 Rn. 22.20; Frotscher/Drüen/Mutscher Rn. 132), soweit die jeweiligen Beteiligungsquote vorher anteilig auf die anderen MU entfiel (Dötsch/Pung/Möhlenbrock/Patt Rn. 40; vgl. auch Haritz/Menner/Bilitewski/Bilitewski Rn. 151 ff.). Die **Anwachsung** stellt keinen unentgeltlichen Vermögensübergang dar, soweit der übernehmende Rechtsträger an der PersGes beteiligt war (OFD Berlin DStR 2002, 1811; vgl. auch Schmidt/Kulosa EStG § 6 Rn. 716, der von einer unentgeltlichen Übertragung ausgeht; Schumacher/Neumann DStR 2008, 325: § 6 III EStG analog). Erfolgt der Anwachsungsvorgang im Zusammenhang mit einer erweiterten Anwachsung (→ § 20 Rn. 193 ff.), wird der gesamte Vorgang durch § 20 erfasst.

Abs. 1 S. 6 Nr. 1 erfasst auch die **mittelbar unentgeltliche Übertragung.** Dies **80** liegt bspw. vor, wenn die erhaltenen Anteile durch den Einbringenden nach § 21 in eine zweite KapGes zu BW übertragen werden und die durch diese zweite Einbringung erhaltenen Anteile auf eine dritte KapGes eingebracht werden, deren Anteile dann unentgeltlich auf eine KapGes oder Gen übertragen werden (Widmann/Mayer/Widmann Rn. 43). Die Gesetzesbegründung (BT-Drs. 16/3369, 12) nennt als Beispielsfall die Übertragung von erhaltenen Anteilen durch eine PersGes im Rahmen einer Realteilung auf eine Mitunternehmerkapitalgesellschaft (→ Rn. 79).

c) Entgeltliche Übertragung (Abs. 1 S. 6 Nr. 2). Nach Abs. 1 S. 6 Nr. 2 führt **81** die entgeltliche Übertragung der erhaltenen Anteile durch den Einbringenden bzw. dessen unentgeltlichen Rechtsnachfolger (Abs. 6) zu der Entstehung eines Einbringungsgewinns I, es sei denn, der Einbringende weist nach, dass die Übertragung durch einen Vorgang iSd § 20 I, § 21 I oder aufgrund vergleichbarer ausl. Vorgänge zu BW erfolgte. Der erste Halbsatz in Abs. 1 S. 6 Nr. 2 ist entbehrlich, da die entgeltliche Übertragung Veräußerung iSd Abs. 1 S. 1 ist (BFH DStR 2018, 1366; Frotscher/Drüen/Mutscher Rn. 149; BeckOK UmwStG/Dürrschmidt Rn. 531; Rödder/Herlinghaus/van Lishaut/Stangl Rn. 345; Brandis/Heuermann/Nitzschke Rn. 61). Der Regelungsinhalt des Abs. 1 S. 6 Nr. 2 ergibt sich aus seinem zweiten Halbsatz (BFH DStR 208, 1568; Rödder/Herlinghaus/van Lishaut/Stangl Rn. 345 ff.; Widmann/Mayer/Widmann Rn. 49; Brandis/Heuermann/Nitzschke Rn. 61; Haase/Hofacker/Wulff-Dohmen Rn. 138a; Haritz/Menner/Bilitewski/ Bilitewski Rn. 161; vgl. auch Dötsch/Pung/Möhlenbrock/Patt Rn. 41, der für Abs. 1 S. 6 Nr. 2 keinen Anwendungsbereich sieht). Die Einbringung der erhaltenen Anteile im Wege der Sacheinlage iSd § 20 I, des Anteilstauschs iSd § 21 oder vergleichbare ausl. Vorgänge löst einen Einbringungsgewinn I nicht aus, wenn die Übertragung zu BW erfolgt. Geht man mit der hM davon aus, dass der Formwechsel einer PersGes in eine KapGes ein Veräußerungsvorgang ist (→ Rn. 39, → Rn. 46), so liegt eine Sacheinlage iSd §§ 20, 21 vor (Dötsch/Pung/Möhlenbrock/Patt Rn. 41; Haritz/Menner/Bilitewski/Bilitewski Rn. 161; Widmann/Mayer/Widmann Rn. 56; Brandis/Heuermann/Nitzschke Rn. 61). Vglbare ausl. Vorgänge liegen vor, wenn die ausl. Regelungen mit denen in §§ 20, 21 vergleichbar sind (Widmann/Mayer/Widmann 50). Die **Übertragung erfolgt zu BW,** wenn beim Einbringenden im übertragenen Vermögen keine stillen Reserven aufgedeckt werden (BMF 11.11.2011, BStBl. I 2011, 1314 Rn. 22.22). Auf den Ansatz bzw. die Bewertung der eingebrachten Anteile durch den übernehmenden Rechtsträger kommt es nicht an, wie sich aus § 21 II 3 ergibt, denn hiernach ist die Buchwertverknüpfung auf Ebene des Einbringenden für die Steuerneutralität entscheidend (BMF 11.11.2011, BStBl. I 2011, 1314 Rn. 22.22; Rödder/Herlinghaus/van Lishaut/ Stangl Rn. 345; Dötsch/Pung/Möhlenbrock/Patt Rn. 41; Haritz/Menner/Bilitewski/Bilitewski Rn. 162; Lademann/Jäschke Rn. 16; Brandis/Heuermann/Nitzschke Rn. 62; BeckOK UmwStG/Dürrschmidt Rn. 538; PWC, Reform des UmwStR/ Heß/Schnitger, 2007, Rn. 1669). Die Maßgeblichkeit des Buchwertansatzes auf der Ebene des Einbringenden führt dazu, dass auch bei grenzüberschreitenden Sacheinlagen kein Ersatzrealisationstatbestand eintritt, wenn im Ausland die stl. BW nicht fortgeführt werden (Rödder/Herlinghaus/van Lishaut/Stangl Rn. 345; krit. PWC, Reform des UmwStR/Heß/Schnitger, 2007, Rn. 1675). Von einer Buchwertverknüpfung iSd Regelung ist auszugehen, wenn Anteile aus dem PV nach § 21 eingebracht werden und die AK der eingebrachten Anteile den Veräußerungserlös darstellen (Widmann/Mayer/Widmann Rn. 57; BeckOK UmwStG/Dürrschmidt Rn. 537.1).

Zum Entstehen eines Einbringungsgewinns I kommt es auch dann nicht, wenn **82** die Übertragung der erhaltenen Anteile nicht nur ausschließlich gegen Gewährung von Gesellschaftsrechten erfolgt, sondern auch andere Gegenleistungen gewährt werden und die Grenzen der § 20 II 4 aF, II 2 Nr. 4, § 21 I 3, II 3 Nr. 2 iVm Art. 2 lit. d Fusions-RL nicht überschritten werden (BMF 11.11.2011, BStBl. I 2011, 1314 Rn. 22.22; Rödder/Herlinghaus/van Lishaut/Stangl Rn. 347; Haritz/Menner/Bilitewski/Bilitewski Rn. 163; BeckOK UmwStG/Dürrschmidt Rn. 538; Lademann/Jäschke Rn. 16). Nach dem Wortlaut des Abs. 1 S. 6 („wenn") könnte eine, auch minimale Überschreitung der Grenze zu einer vollständigen Versteuerung des Einbringungsgewinns führen (vgl. Rödder/Herlinghaus/van Lishaut/Stangl Rn. 347; Lademann/Jäschke Rn. 16a; Brandis/Heuermann/Nitzschke Rn. 63a; krit. Schneider/Ruoff/Sistermann/Schneider/Roderburg UmwStE 2011, 2012, Rn. 22.23; Bron DB 2015, 940)

83 Abs. 1 S. 6 Nr. 2 gilt auch für vergleichbare ausl. Vorschriften. Vergleichbare ausl. Vorgänge liegen vor, wenn Anteile gegen Gewährung neuer (aber → § 20 Rn. 204) Anteile am übernehmenden Rechtsträger unter Fortführung der stl. BW bzw. der stl. AK auf der Ebene des Einbringenden erfolgen.

84 **d) Auflösung, Kapitalherabsetzung, Verwendung des Einlagekontos (Abs. 1 S. 6 Nr. 3).** Gem. Abs. 1 S. 6 Nr. 3 erfolgt die Besteuerung des Einbringungsgewinns I entsprechend Abs. 1 S. 1–5 auch dann, wenn die KapGes, an der die erhaltenen Anteile bestehen (BMF 11.11.2011, BStBl. I 2011, 1314 Rn. 22.24; Widmann/Mayer/Widmann Rn. 59; Rödder/Herlinghaus/van Lishaut/Stangl Rn. 353), aufgelöst und abgewickelt wird oder das Kapital dieser Gesellschaft herabgesetzt und an die Anteilseigner zurückbezahlt wird oder Beträge aus dem stl. Einlagekonto iSv § 27 KStG ausgeschüttet oder zurückgezahlt werden. Durch diese Regelung soll sichergestellt werden, dass auch bei erhaltenen Anteilen an einer ausl. KapGes mit inl. Betriebsstätte im Zeitpunkt der Liquidation eine systemkonforme Besteuerung erfolgen kann (BT-Drs. 16/3369, 12; zur Kritik an der Regelung vgl. Widmann/Mayer/Widmann Rn. 65; Haritz/Menner/Bilitewski/Bilitewksi Rn. 171). Nach hM (Brandis/Heuermann/Nitzschke Rn. 65e; Dötsch/Pung/Möhlenbrock/Patt Rn. 46; Rödder/Herlinghaus/van Lishaut/Stangl Rn. 368) findet Abs. 1 S. 6 Nr. 3 nur Anwendung bei einer Rückzahlung an den Einbringenden, seinen Rechtsnachfolger bzw. Dritten, deren Anteile nach Abs. 7 mitverstrickt sind.

85 **aa) Auflösung und Abwicklung.** Nach Abs. 1 S. 6 Nr. 3 Alt. 1 kommt es zu einem nachträglichen Einbringungsgewinn I, wenn die **Gesellschaft aufgelöst und abgewickelt** wird. Für inl. KapGes ergeben sich die Auflösungsgründe aus § 262 AktG, §§ 60–62 GmbHG und §§ 1, 2 LöschG. Die zivilrechtlichen Auslösungsgründe sind für die stl. Behandlung maßgebend (BFH/NV 1990, 361; Rödder/Herlinghaus/van Lishaut/Stangl Rn. 354; Brandis/Heuermann/Nitzschke Rn. 65; Haase/Hofacker/Wulff-Dohmen Rn. 150), bei ausl. KapGes beurteilen sich die Auflösungsgründe nach dem insoweit maßgeblichen Recht (BFH BStBl. II 1993, 189). Auch eine Sitzverlegung ins Ausland bewirkt gesellschaftsrechtlich nach hL eine Auflösung der wegziehenden KapGes (Noack/Servatius/Haas/Servatius GmbHG § 4a Rn. 10; vgl. auch EuGH NJW 2002, 3614). Zu beachten ist zudem, dass, selbst wenn man in der Verlegung des Sitzes einer KapGes in das Ausland eine zivilrechtliche Auflösung der KapGes sieht, die Sitzverlegung nicht zwingend zu einer Abwicklung der Gesellschaft iSd Abs. 1 S. 6 Nr. 3 führt (Rödder/Herlinghaus/van Lishaut/Stangl Rn. 354; Haritz/Menner/Bilitewski/Bilitewski Rn. 172).

86 Zu einer Besteuerung des Einbringungsgewinns nach Abs. 1 S. 6 Nr. 3 kommt es nur, wenn die KapGes aufgelöst und abgewickelt wird. An die Auflösung schließt sich idR die Abwicklung (Liquidation) an (§ 264 AktG; §§ 60, 70 GmbHG). Diese endet mit der Verteilung des Vermögens an die Gesellschafter. Zu einem Einbringungsgewinn I kommt es nur, wenn die Liquidation innerhalb der siebenjährigen Sperrfrist erfolgt. Dies ist dann der Fall, wenn innerhalb dieses Zeitraums gesell-

schaftsrechtlich der Anspruch auf Auszahlung eines Abwicklungsguthabens entsteht (str., vgl. Rödder/Herlinghaus/van Lishaut/Stangl Rn. 355; Brandis/Heuermann/ Nitzschke Rn. 65; Haritz/Menner/Bilitewski/Bilitewski Rn. 176; Bordewin/ Brandt/Graw Rn. 97; Widmann/Mayer/Widmann Rn. 59). Dies alles gilt unabhängig davon, wer bei der Schlussverteilung Gesellschafter der KapGes ist (BMF 11.11.2011, BStBl. I 2011, 1314 Rn. 22.24; aA BeckOK UmwStG/Dürrschmidt Rn. 544).

Gesellschaftsrechtliche Auflösung einer KapGes ist auch die **Verschm** einer Kap- 87 Ges auf eine KapGes oder auf eine andere PersGes bzw. natürliche Person sowie die Aufspaltung einer KapGes. Da bei der Verschm bzw. Aufspaltung der Ges, an der die erhaltenen Anteile bestehen, keine Abwicklung erfolgt, greift Abs. 1 S. 6 Nr. 3 insoweit nicht (Widmann/Mayer/Widmann Rn. 59; Rödder/Herlinghaus/ van Lishaut/Stangl Rn. 354; Dötsch/Pung/Möhlenbrock/Patt Rn. 45; Frotscher/ Drüen/Mutscher Rn. 163a; Haritz/Menner/Bilitewski/Bilitewski Rn. 172; Lademann/Jäschke Rn. 17; vgl. auch BFH DStR 2018, 1568). Das **Insolvenzverfahren** löst mangels Abwicklung (§ 11 VII KStG) den Ersatzrealisationstatbestand nicht aus (BMF 11.11.2011, BStBl. I 2011, 1314 Rn. 22.24; Dötsch/Pung/Möhlenbrock/ Patt Rn. 44; Rödder/Herlinghaus/van Lishaut/Stangl Rn. 354; Haritz/Menner/ Bilitewski/Bilitewski Rn. 172; Frotscher/Drüen/Mutscher Rn. 163b; Brandis/ Heuermann/Nitzschke Rn. 65; Lademann/Jäschke Rn. 17).

bb) Kapitalherabsetzung. Ein Einbringungsgewinn I entsteht, wenn das Kapi- 88 tal der Ges, an der die erhaltenen Anteile iSd Abs. 1 S. 1 bestehen, herabgesetzt und auf entsprechenden Beschluss hin an die Anteilseigner zurückgezahlt wird. Voraussetzung ist eine handelsrechtlich wirksame Kapitalherabsetzung nach §§ 222 ff. AktG (ordentliche, vereinfachte oder durch Einziehung von Anteilen) oder nach §§ 58 ff. GmbHG und eine sich daran anschl. Kapitalrückzahlung (Auskehrung). Die nach dt. StR für die Behandlung als Kapitalrückzahlung erforderliche handelsrechtlich wirksame Kapitalherabsetzung beurteilt sich bei ausl. KapGes nach dem insoweit maßgeblichen Recht (BFH BStBl. II 1993, 189). Entscheidend für die Anwendung der Vorschrift ist die Rückzahlung (Auskehrung) an die Anteilseigner, dh das Entstehen des zivilrechtlichen Anspruchs auf Kapitalrückzahlung (BMF 11.11.2011, BStBl. I 2011, 1314 Rn. 22.24; Dötsch/Pung/Möhlenbrock/Patt Rn. 46; Frotscher/Drüen/Mutscher Rn. 166; BFH DStR 2006, 2168; BStBl. II 2002, 731), die bloße Absicht zur Auskehrung genügt nicht. Erfolgt die Kapitalherabsetzung, die nicht zu einer Auskehrung von Vermögen führt, sondern bspw. zum Ausgleich von Verlusten erfolgt ist, löst dies die Besteuerungsfolgen nicht aus (Widmann/Mayer/Widmann Rn. 60; Lademann/Jäschke Rn. 17).

Es muss zu einer Einlagenrückgewähr kommen, dh zu einer Ausschüttung oder 89 Rückzahlung von Beträgen aus dem stl. Einlagekonto iSv § 27 KStG (Rödder/ Herlinghaus/van Lishaut/Stangl Rn. 360; Haritz/Menner/Bilitewski/Bilitewski Rn. 178). Es gelten insoweit die Ausführungen zur Verwendung des stl. Einlagekontos (→ Rn. 90 ff.) entsprechend.

cc) Verwendung des steuerlichen Einlagekontos. Gem. Abs. 1 S. 6 Nr. 3 90 erfolgt die Besteuerung des Einbringungsgewinns I entsprechend Abs. 1 S. 1–5 auch dann, wenn Beträge aus dem stl. Einlagekonto iSd § 27 KStG ausgeschüttet oder zurückgezahlt werden. Zur Änderung des Bescheides nach § 27 II vgl. BFH BB 2015, 1493. Ob für die Ausschüttung oder Rückzahlung das Einlagekonto verwendet wird, bestimmt sich nach der Verwendungsreihenfolge des § 27 KStG (Rödder/ Herlinghaus/van Lishaut/Stangl Rn. 360 f.; Haritz/Menner/Bilitewski/Bilitewski Rn. 179; Lademann/Jäschke Rn. 17). Abzustellen ist auf den rechnerisch zu ermittelnden Bestand des stl. Einlagekontos am Schluss des vorangegangenen Wj. Unterjährige Einlagen sind nicht zu berücksichtigen (FG Köln EFG 2015, 2218). Zu beachten ist, dass das stl. Einlagekonto nur als verwendet gilt, soweit dies von der

Gesellschaft bescheinigt wurde; dies gilt auch im Anwendungsbereich des Abs. 1 S. 6 Nr. 3 (Haritz/Menner/Bilitewski/Bilitewski Rn. 179f; Rödder/Herlinghaus/van Lishaut/Stangl Rn. 362; Haase/Hruschka/Wulff-Dohmen Rn. 154b; Brandis/Heuermann/Nitzschke Rn. 65b; Eisgruber/Eisgruber Rn. 190; Dötsch/Pung/Möhlenbrock/Patt Rn. 48b). Zur Bindung des Gesellschafters an die Feststellung des stl. Einlagekontos vgl. BFH DStR 2015, 1022; BStBl. II 2014, 937. Bei ausl. KapGes wird regelmäßig ein stl. Einlagekonto gem. § 27 VIII KStG erst auf Antrag festgestellt; wird ein solcher Antrag nicht gestellt, kann es auch nicht zu einer Ersatzrealisation nach Abs. 1 S. 6 Nr. 3 kommen (Rödder/Herlinghaus/van Lishaut/Stangl Rn. 366; Brandis/Heuermann/Nitzschke Rn. 65b; Dötsch/Pung/Möhlenbrock/Patt Rn. 48b; aA wohl Haritz/Menner/Bilitewski/Bilitewski Rn. 180; vgl. dazu BeckOK KStG Micker/Pohl § 27 Rn. 516). Ebenso wie bei der **Kapitalherabsetzung** führt die Einlagerückgewähr nicht unabhängig von ihrer Höhe zu einem vollumfänglichen Ersatzrealisationstatbestand, da der entsprechend geltende Abs. 1 S. 1 nur zu einer Besteuerung des Einbringungsgewinns I führt, „soweit" eine Veräußerung erfolgt (BMF 11.11.2011, BStBl. I 2011, 1314 Rn. 22.24; Widmann/Mayer/Widmann Rn. 64 ff.; Dötsch/Pung/Möhlenbrock/Patt Rn. 48a; Haritz/Menner/Bilitewski/Bilitewski Rn. 178 ff.; Rödder/Herlinghaus/van Lishaut/Stangl Rn. 360 ff.; Benz/Rosenberg DB-Beil. 1/2012, 38; Willibald/Ege DStZ 2009, 83; Förster/Wendland BB 2007, 631; Schumacher/Neumann DStR 2008, 325). Fraglich ist dann aber, wie der „veräußerte" Teil zu bestimmen ist. Die Einzelheiten sind insoweit auf Grund des nicht klaren Gesetzeswortlauts umstritten (vgl. dazu ausf. Widmann/Mayer/Widmann Rn. 64; Breier/Nöthen Ubg 2020, 408).

91 Die FVerw (BMF 11.11.2011, BStBl. I 2011, 1314 Rn. 24; ebenso Lademann/Jäschke Rn. 17; Rödder/Herlinghaus/van Lishaut/Stangl Rn. 371; Haritz/Menner/Bilitewski/Bilitewski Rn. 187 ff.; vgl. auch Dötsch/Pung/Möhlenbrock/Patt Rn. 48; vgl. auch Widmann/Mayer/Widmann Rn. 65; Gaw Ubg 2009, 691; ausführlich dazu Breier/Nöthen Ubg 2020, 408) geht davon aus, dass es insoweit nur zu einer Einbringungsgewinnbesteuerung kommt, als der tatsächlich aus dem stl. Einlagekonto iSd § 27 KStG ausgekehrte Betrag **den BW bzw. die AK der sperrfristverhafteten Anteile** im Zeitpunkt der Einlagerückgewähr übersteigt. Dabei müssen die AK bei Leistungen aus dem steuerl Einlagekonto pro Anteil fortentwickelt werden (vgl. OFD Frankfurt 30.10.2019, DStR 2019, 2542). Die Rückzahlung muss an den Einbringenden, dessen Rechtsnachfolger oder einen Dritten mit Anteilen iSv Abs. 7 erfolgen (Haritz/Menner/Bilitewksi/Bilitewski Rn. 192; Rödder/Herlinghaus/van Lishaut/Stangl Rn. 368; Dötsch/Pung/Möhlenbrock/Patt Rn. 48b). Der übersteigende Betrag gilt dabei unter Anwendung der Siebtel-Regelung als Einbringungsgewinn, wenn dieser den tatsächlichen Einbringungsgewinn (Abs. 1 S. 3) nicht übersteigt. Der Betrag der schädlichen Auszahlung aus dem stl. Einlagekonto ergibt sich, wenn sowohl sperrfristbehaftete als auch nicht sperrfristbehaftete Anteile existieren, indem eine Aufteilung der Ausschüttung aus dem stl. Einlagekonto nach dem Verhältnis der Nennwerte auf die unterschiedlich zu qualifizierenden Anteile erfolgt. Dies hat zur Folge, dass auch die Auszahlung aus dem stl. Einlagekonto, die nicht auf die Einbringung zurückzuführen ist, zu einer rückwirkenden Besteuerung führt. Die FVerw verdeutlicht diese Grundsätze anhand des nachfolgenden Beispiels (BMF 11.11.2011, BStBl. I 2011, 1314 Rn. 22.24).

Beispiel:

92 A ist seit der Gründung zu 100% an der A-GmbH beteiligt (Nennkapital 50.000 Euro, AK inkl. nachträglicher AK 500.000 Euro, gemeiner Wert des BVs 240.000 Euro). Zum 31.12.07 bringt er sein Einzelunternehmen (BW 100.000 Euro, gemeiner Wert 240.000 Euro) gegen Gewährung von Gesellschaftsrechten zum Nennwert von 50.000 Euro in die A-GmbH ein; der übersteigende Betrag wurde der Kapitalrücklage zugeführt. Die A-GmbH führt die BW fort.

Im Juni 09 erhält A eine Ausschüttung der A-GmbH iHv 700.000 Euro, für die iHv 550.000 Euro das stl. Einlagekonto als verwendet gilt.

Lösung:

Nach Abs. 1 S. 6 Nr. 3 kommt es im Fall der Einlagenrückgewähr grds. zu einer rückwirkenden Besteuerung des Einbringungsgewinns I. Dabei entfällt die Ausschüttung aus dem stl. Einlagekonto anteilig (zu 50%) auf die sperrfristbehafteten Anteile. Zunächst mindern sich aufgrund der (anteiligen) Verwendung des stl. Einlagekontos für die Ausschüttung an A (steuerneutral) die AK der sperrfristbehafteten Anteile des A iHv 100.000 Euro bis auf 0 Euro. Soweit die Hälfte der aus dem stl. Einlagekonto an A ausgekehrten Beträge die AK des A für die sperrfristbehafteten Anteile übersteigt, entsteht ein Einbringungsgewinn I, der rückwirkend in 07 als Gewinn nach § 16 EStG zu versteuern ist:

Auf die sperrfristbehafteten Anteile entfallende Auskehrung aus dem stl. Einlagekonto

(50% von 550.000 Euro)	275.000 Euro
./. BW der sperrfristbehafteten Anteile	100.000 Euro
= Einbringungsgewinn I vor Siebtelung	175.000 Euro
davon 6/7	150.000 Euro

Der zu versteuernde Betrag darf aber den Einbringungsgewinn I iSv Abs. 1 S. 3 nicht übersteigen (Deckelung)

Gemeiner Wert des eingebrachten BVs im Zeitpunkt der Einbringung (31.12.2007)	240.000 Euro
./. BW der sperrfristbehafteten Anteile	100.000 Euro
= Einbringungsgewinn I vor Siebtelung	140.000 Euro
davon 6/7 = höchstens zu versteuernder Einbringungsgewinn I	120.000 Euro

In der Lit. finden sich bzgl. der Ermittlung des Einbringungsgewinns bei der Rückzahlung aus dem stl. Einlagekonto unterschiedliche Auffassungen (vgl. insbes. Widmann/Mayer/Widmann Rn. 64 ff.; Dötsch/Pung/Möhlenbrock/Patt Rn. 48b/c; Haritz/Menner/Bilitewski/Bilitewski Rn. 187 ff.; Rödder/Herlinghaus/van Lishaut/Stangl Rn. 369; Eisgruber/Eisgruber Rn. 188; Breier/Nöthen Ubg 2020, 408; Graw Ubg 2011, 603; Benz/Rosenberg DB-Beil. 1/2012, 38; Willibald/Ege DStZ 2009, 83; Förster/Wendland BB 2007, 631). Insbes. wird in der Lit. die Auffassung vertreten, dass der Teil des stl. Einlagekontos, der bereits vor der Einbringung bestanden hat oder aber nach der Einbringung durch weitere Maßnahmen entsteht, eine Nachversteuerung nicht auslöst (vgl. Widmann/Mayer/Widmann Rn. 64; Dötsch/Pung/Möhlenbrock/Patt Rn. 48b/c; Brandis/Heuermann/Nitzschke Rn. 65d; Förster/Wendland BB 2007, 631). Streitig ist insoweit aber, ob die Auszahlung zunächst aus den Beständen des stl. Einlagekontos geleistet wird, die nicht im Rahmen der Einbringung entstanden sind (so Widmann/Mayer/Widmann Rn. 64; Förster/Wendland BB 2007, 631), oder aber nach dem Verhältnis der entsprechenden Beträge im Zeitpunkt der Auskehrung für Zwecke der Anwendung des Abs. 1 aufzuteilen ist (Dötsch/Pung/Möhlenbrock/Patt Rn. 48b/c). Die entsprechenden Grundsätze sollen in den Fällen von Mehrabführungen iSd § 14 III, IV KStG gelten, soweit dafür das stl. Einlagekonto iSd § 27 KStG als verwendet gilt (aber → Rn. 94). In den Fällen der organschaftlichen Mehrabführung ist dabei der BW der sperrfristverhafteten Anteile im Zeitpunkt der Mehrabführung um aktive und passive AP iSv § 14 IV aF zu korrigieren (BMF 11.11.2011, BStBl. I 2011, 1314 Rn. 22.24).

Ob eine **organschaftliche Mehrabführung**, die gem. § 27 VI KStG das Einlagekonto mindert, als eine Einlagerückzahlung iSd Abs. 1 S. 6 Nr. 3 angesehen werden muss, war bisher nicht abschließend geklärt (vgl. BMF 11.11.2011, BStBl. I 2011, 1314 Rn. 22.24; ausf. dazu Rödder/Stangl Ubg 2008, 39). Eine gesetzliche Grundlage dahingehend, dass organschaftlich verursachte Mehrabführungen als Einlagerückzahlung zu behandeln sind, war bisher nicht ersichtlich, durch solche organschaftliche Mehrabführung sollte damit der Einbringungsgewinn I nicht ausgelöst werden (Rödder/Stangl Ubg 2008, 39; Rödder/Herlinghaus/van Lishaut/Stangl Rn. 365; Schumacher/Neumann DStR 2008, 325; aA BMF 11.11.2011, BStBl. I 2011, 1314 Rn. 22.24; Eisgruber/Eisgruber Rn. 192; Widmann/Mayer/Widmann Rn. 64f, der von einer Ausschüttung ausgeht, jedoch darauf hinweist, dass Minderungen des stl. Einlagekontos, die ihre Ursache in vororganschaftlichen Zeiten haben, Gewinnausschüttungen sind). Durch die Neufassung des § 14 IV idF ab VZ 2022 kann daran nicht mehr festgehalten werden.

95 e) **Veräußerungssperre nach Abs. 1 S. 6 Nr. 4.** Ein veräußerungsgleiches Ereignis nach Abs. 1 S. 6 Nr. 4 ist gegeben, wenn die aufgrund einer ersten Einbringung erhaltenen Anteile iSd Abs. 1 S. 1 auf eine KapGes/Gen gem. §§ 20, 21 oder aufgrund vergleichbarer ausl. Vorgänge übertragen werden (Folgeeinbringung I) und die **eingebrachten Anteile** anschl.
– unmittelbar oder mittelbar veräußert oder
– unmittelbar oder mittelbar unentgeltlich auf eine andere KapGes oder Gen übertragen werden (Folgeeinbringung II) und der Einbringende nicht nachweist, dass die Folgeeinbringung II zu BW erfolgte (Ketteneinbringung).

96 Der Tatbestand des Abs. 1 S. 6 Nr. 4 setzt zunächst voraus, dass die erhaltenen Anteile iSd Abs. 1 S. 1 steuerneutral nach Maßgabe der §§ 20, 21 oder aufgrund vergleichbarer ausl. Vorgänge an einen „anderen Rechtsträger" übertragen werden (Folgeeinbringung I). Die Ersatzrealisation tritt bei der unmittelbaren oder mittelbaren Veräußerung der erhaltenen und später eingebrachten Anteile ein. Damit sanktioniert Abs. 1 S. 6 Nr. 4 zunächst die Veräußerung der in den „anderen Rechtsträgern" durch die Folgeeinbringung I eingebrachten Anteile durch diesen. Abs. 1 S. 6 Nr. 4 sanktioniert jedoch auch die **mittelbare Veräußerung.** Dem Wortlaut dieser Regelung entsprechend wäre Abs. 1 S. 6 Nr. 4 auch erfüllt, wenn die aus der Folgeeinbringung I erhaltenen Anteile anschl. durch den Einbringenden selbst oder Anteile an Gesellschaft veräußert werden, die unmittelbare oder mittelbare Gesellschaft des einbringenden Rechtsträgers sind. Die hM geht zu Recht davon aus, dass Abs. 1 S. 5 Nr. 4 nur dann erfüllt wird, wenn der übernehmende Rechtsträger der zweiten Einbringung, in die die sperrfristverhafteten Anteile eingebracht wurden, diese unmittelbar oder mittelbar veräußert (BMF 11.11.2011, BStBl. I 2011, 1314 Rn. 22.25; Dötsch/Pung/Möhlenbrock/Patt Rn. 49; Haritz/Menner/Bilitewski/Bilitewski Rn. 202; Rödder/Herlinghaus/van Lishaut/Stangl Rn. 391 ff.; Brandis/Heuermann/Nitzschke Rn. 66; Widmann/Mayer/Widmann Rn. 84 f.). Eine mittelbare Veräußerung iSd Abs. 1 S. 4 Nr. 4 liegt damit nur dann vor, wenn durch die übernehmende Ges, in die die sperrfristverhafteten Anteile eingebracht wurden, diese sperrfristverhafteten Anteile auf eine TochterGes nach Maßgabe des Abs. 1 S. 6 Nr. 2 (Folgeeinbringung II) und dann diese neuen aus der Folgeeinbringung II entstandenen Anteile veräußert werden. Werden die aus der Folgeeinbringung I erhaltenen neuen Anteile durch den Einbringenden selbst veräußert, findet Abs. 1 S. 4 Nr. 4 keine Anwendung, da insoweit die speziellere Regelung des Abs. 1 S. 6 Nr. 5 vorgeht (Dötsch/Pung/Möhlenbrock/Patt Rn. 49; Widmann/Mayer/Widmann Rn. 83; ebenso auch iErg BMF 11.11.2011, BStBl. I 2011, 1314 Rn. 22.25). Keine mittelbare Veräußerung ist zudem gegeben, wenn Einbringender der Folgeeinbringung I eine KapGes ist und deren Anteile unmittelbar oder mittelbar durch „OberGes" veräußert werden (Dötsch/Pung/Möhlenbrock/Patt Rn. 49; Widmann/Mayer/Widmann Rn. 84; ebenso BMF 11.11.2011, BStBl. I 2011, 1314 Rn. 22.25; vgl. auch BMF 16.12.2003, BStBl. I 2003, 786 Rn. 22).

97 Der Ersatzrealisationstatbestand des Abs. 1 S. 6 Nr. 4 kann neben einer Veräußerung (Abs. 1 S. 1) auch durch unentgeltliche (Abs. 1 S. 6 Nr. 1) oder entgeltliche (Abs. 1 S. 6 Nr. 2) unmittelbare oder mittelbare Übertragung der durch die Folgeeinbringung I übertragenen Anteile eintreten. Abs. 1 S. 6 Nr. 4 verweist nicht auf die anderen Ersatzrealisationstatbestände, die damit insoweit keine Anwendung finden (Rödder/Herlinghaus/van Lishaut/Stangl Rn. 395; BeckOK UmwStG/Dürrschmidt Rn. 550; vgl. Frotscher/Drüen/Mutscher Rn. 180; aA BMF 11.11.2011 BStBl. I 2011, 1314 Rn. 22.24; Bordewin/Brandt/Graw Rn. 103); zu beachten ist aber die sich aus § 23 I ergebene Rechtsnachfolge. Wie bei der mittelbaren Veräußerung sollte von einer mittelbar unentgeltlichen oder entgeltlichen Übertragung nur dann ausgegangen werden, falls die übernehmende Gesellschaft oder ihr nachfolgende Gesellschaft diesen Übertragungsvorgang vornehmen.

Der Tatbestand des Abs. 1 S. 6 Nr. 4 setzt voraus, dass die erhaltenen Anteile iSd **98** Abs. 1 S. 1 steuerneutral nach Maßgabe des Abs. 1 S. 6 Nr. 2 auf einen anderen Rechtsträger übertragen wurden (Folgeeinbringung I). Überträgt dieser die Anteile dann auf einen weiteren Rechtsträger (Folgeeinbringung II), kommt es nicht zum Entstehen eines Einbringungsgewinns I, wenn nachgewiesen wird, dass die Folgeeinbringung II zu BW erfolgte. Abs. 1 S. 6 Nr. 4 verweist auf Abs. 1 S. 6 Nr. 2, sodass mit diesen Buchwertübertragungen nur Übertragungen iSd §§ 20, 21 oder vergleichbare ausl. Vorgänge angesprochen werden (Rödder/Herlinghaus/van Lishaut/Stangl Rn. 396; aA Brandis/Heuermann/Nitzschke Rn. 67; vgl. auch Widmann/Mayer/Widmann Rn. 100). Die Übertragung erfolgt zu BW, wenn beim Einbringenden stille Reserven nicht aufzudecken sind (BMF 11.11.2011, BStBl. I 2011, 1314 Rn. 22.22; auch → Rn. 81). Damit entsteht ein Einbringungsgewinn I nicht, wenn neben der Gewährung neuer Anteile am übernehmenden Rechtsträger andere Gegenleistungen gewährt werden und diese nicht die Grenzen der § 20 II 4 aF, II 2 Nr. 4, § 21 I 3, II 3 Nr. 2 iVm Art. 2 lit. d Fusions-RL nicht überschritten werden. Nach dem Wortlaut des Abs. 1 S. 6 („wenn") könnte eine auch minimale Überschreitung der Grenze zu einer vollständigen Versteuerung des Einbringungsgewinns führen (→ Rn. 82). Den Nachweis der Buchwertübertragung der Folgeeinbringung II muss der Einbringende erbringen, in dessen Person ohne entsprechenden Nachw. der Einbringungsgewinn I zu besteuern wäre (Rödder/Herlinghaus/van Lishaut/Stangl Rn. 396; Dötsch/Pung/Möhlenbrock/Patt Rn. 49; Brandis/Heuermann/Nitzschke Rn. 67).

f) Veräußerungssperre nach Abs. 1 S. 6 Nr. 5. Ein veräußerungsgleiches **99** Ereignis nach Abs. 1 S. 6 Nr. 5 ist gegeben, wenn die aufgrund einer ersten Einbringung erhaltenen Anteile iSd Abs. 1 S. 1 auf eine andere KapGes/Gen gem. §§ 20, 21 oder aufgrund vergleichbarer ausl. Vorgänge übertragen werden (Folgeeinbringung I) und die aus der Einbringung **erhaltenen Anteile** anschließend
– unmittelbar oder mittelbar veräußert oder
– unmittelbar oder mittelbar unentgeltlich auf eine andere KapGes oder Gen übertragen werden (Folgeeinbringung II) und der Einbringende nicht nachweist, dass die Folgeeinbringung II zu BW erfolgte.

Der Tatbestand des Abs. 1 S. 6 Nr. 5 setzt zunächst voraus, dass die erhaltenen **100** Anteile iSd Abs. 1 S. 1 steuerneutral nach Maßgabe des Abs. 1 S. 6 Nr. 2 auf einen anderen Rechtsträger übertragen wurden (Folgeeinbringung I) und der Einbringende dafür „neue Anteile an dem anderen Rechtsträger" erhält. Die Ersatzrealisation tritt bei der unmittelbaren oder mittelbaren Veräußerung der „neuen Anteile an dem anderen Rechtsträger", dh der Anteile, die im Rahmen der Folgeeinbringung ausgegeben wurden, innerhalb der ursprünglichen Sperrfrist ein. Damit sanktioniert Abs. 1 S. 6 Nr. 5 zunächst die Veräußerung der „neuen Anteile an dem anderen Rechtsträger" durch den Einbringenden. Abs. 1 S. 6 Nr. 5 sanktioniert jedoch auch die **mittelbare Veräußerung.** Dem Wortlaut dieser Regelung entsprechend wäre Abs. 1 S. 6 Nr. 5 auch erfüllt, wenn der Einbringende eine KapGes ist und diese Anteile am Einbringenden oder dieser übergeordneten Gesellschaft veräußert werden. Die hM (Dötsch/Pung/Möhlenbrock/Patt Rn. 49; Widmann/Mayer/Widmann Rn. 117; Brandis/Heuermann/Nitzschke Rn. 66) lehnt dies jedoch zu Recht ab; die unmittelbare oder mittelbare Veräußerung muss durch den Einbringenden erfolgen, die mittelbare Veräußerung durch einen Gesellschafter des Einbringenden wird durch Abs. 1 S. 6 Nr. 5 nicht erfasst.

101 Der Ersatzrealisationstatbestand des Abs. 1 S. 6 Nr. 5 kann neben einer Veräußerung (Abs. 1 S. 1) auch durch unentgeltliche (Abs. 1 S. 6 Nr. 1) oder entgeltliche (Abs. 1 S. 6 Nr. 2) unmittelbare oder mittelbare Übertragung eintreten. Die anderen Ersatzrealisationstatbestände sind nicht erwähnt (→ Rn. 97). Wie bei der mittelbaren Veräußerung sollte von einer mittelbar unentgeltlichen oder entgeltlichen Übertragung nur dann ausgegangen werden, falls der Einbringende oder ihm nachfolgende Gesellschaft diesen Übertragungsvorgang vornimmt.

102 Der Tatbestand des Abs. 1 S. 6 Nr. 5 setzt voraus, dass die erhaltenen Anteile iSd Abs. 1 S. 1 steuerneutral nach Maßgabe des Abs. 1 S. 6 Nr. 2 auf einen anderen Rechtsträger übertragen wurden (Folgeeinbringung I) und der Einbringende dafür „neue Anteile an dem anderen Rechtsträger" erhält. Die Ersatzrealisation tritt bei der unmittelbaren oder mittelbaren entgeltlichen Übertragung der „neuen Anteile an dem anderen Rechtsträger" innerhalb der ursprünglichen Sperrfrist ein. Damit sanktioniert Abs. 1 S. 6 Nr. 5 zunächst die entgeltliche Übertragung der „neuen Anteile an dem anderen Rechtsträger" durch den Einbringenden. Überträgt dieser die „neuen Anteile an dem anderen Rechtsträger" dann auf einen weiteren Rechtsträger (Folgeeinbringung II), kommt es nicht zum Entstehen eines Einbringungsgewinns I, wenn nachgewiesen wird, dass die Folgeeinbringung II zu BW erfolgte. Abs. 1 S. 6 Nr. 5 verweist auf Abs. 1 S. 6 Nr. 2, sodass mit diesen Buchwertübertragungen nur Übertragungen iSd §§ 20, 21 oder vergleichbare ausl. Vorgänge angesprochen werden (Rödder/Herlinghaus/van Lishaut/Stangl Rn. 410; aA Brandis/Heuermann/Nitzschke Rn. 67). Die Übertragung erfolgt zu BW, wenn beim Einbringenden stille Reserven nicht aufzudecken sind (BMF 11.11.2011, BStBl. I 2011, 1314 Rn. 22.22; auch → Rn. 81. Damit entsteht ein Einbringungsgewinn I auch dann nicht, wenn neben der Gewährung neuer Anteile am übernehmenden Rechtsträger andere Gegenleistungen gewährt werden und insoweit die Grenzen der § 20 II 4 aF, II S. 2 Nr. 4, § 21 I 3, II 3 Nr. 2 iVm Art. 2 lit. d Fusions-RL nicht überschritten werden. Nach dem Wortlaut des Abs. 1 S. 6 („wenn") könnte eine auch nur minimale Überschreitung der Grenze zu einer vollständigen Versteuerung des Einbringungsgewinns führen (→ Rn. 82).

103 g) Verlust der Ansässigkeitsvoraussetzungen (Abs. 1 S. 6 Nr. 6). Erfüllt der Einbringende oder in den Fällen der Kettenbringung auch die übernehmende Gesellschaft oder ein unentgeltlicher Rechtsnachfolger in den Fällen der Sacheinlage die Voraussetzungen des § 1 IV innerhalb der siebenjährigen Sperrfrist nicht mehr, führt dies nach Abs. 1 S. 6 Nr. 6 zur rückwirkenden Besteuerung des Einbringungsgewinns I (BMF 11.11.2011, BStBl. I 2011, 1314 Rn. 22.27; Dötsch/Pung/Möhlenbrock/Patt Rn. 50; Rödder/Herlinghaus/van Lishaut/Stangl Rn. 47; Widmann/Mayer/Widmann Rn. 139). Dieser Verweis auf § 1 IV ist nach Meinung des Gesetzgebers (BT-Drs. 19/733, 22) so zu verstehen, dass die Voraussetzungen des § 1 IV zu jedem Zeitpunkt des in Abs. 1 festgelegten 7-Jahreszeitraums erfüllt sein müssen und es andernfalls zu einer rückwirkenden Besteuerung des Einbringungsgewinns kommt. Ohne Bedeutung ist, wieso die Voraussetzungen des § 1 IV nicht mehr vorliegen (vgl. aber Abs. 8). Kommt es zu einer unentgeltlichen Rechtsnachfolge, so tritt der Rechtsnachfolger in die siebenjährige Sperrfrist ein und muss in seiner Person die Voraussetzungen des § 1 IV erfüllen, ansonsten kommt es zu einer Ersatzrealisation nach Abs. 1 S. 6 Nr. 6 (BMF 11.11.2011, BStBl. I 2011, 1314 Rn. 22.42; BT-Drs. 16/2710, 50; Dötsch/Pung/Möhlenbrock/Patt Rn. 50; Brandis/Heuermann/Nitzschke Rn. 68); auf die Ansässigkeit des Rechtsvorgängers kommt es nach der hier vertretenen Meinung nicht mehr an (Rödder/Herlinghaus/

van Lishaut/Stangl Rn. 416; Ott DStZ 2023, 76; aA Dötsch/Pung/Möhlenbrock/Patt Rn. 50; Haritz/Menner/Bilitewski/Bilitewski Rn. 210; BMF 11.11.2011, BStBl. I 2011, 1314 Rn. 22.27; vgl. → Rn. 178). Zu beachten ist, dass § 1 IV unabhängig von der stl. Ansässigkeit durch § 1 V 1 Nr. 2b erfüllt werden kann (Rödder/Herlinghaus/van Lishaut/Stangl Rn. 414).

Beispiel:

Der in Deutschland unbeschränkt steuerpflichtige D bringt mit Wirkung zum 31.12.01 seinen Betrieb steuerneutral nach Maßgabe des § 20 in die D-GmbH ein. Im Jahr 03 beabsichtigt er, ins außereuropäische Ausland zu verziehen. Noch vor seinem Wegzug verschenkt er die Anteile an der D-GmbH an seine Tochter S, die von Geburt an in Deutschland unbeschränkt stpfl. ist. Kurze Zeit später verzieht D in das außereuropäische Ausland. Die Tochter S ist unentgeltliche Rechtsnachfolgerin geworden und gilt damit nach Abs. 6 als Einbringende. Der Gesetzgeber wollte mit der Regelung des Abs. 6 erreichen, dass es zu einer „nachträglichen Einbringungsgewinnbesteuerung" auch dann kommt, wenn die im Zuge einer Einbringung nach § 20 erhaltenen Anteile unentgeltlich übertragen werden und der unentgeltliche Rechtsnachfolger diese veräußert oder bei ihm ein schädliches Ereignis iSd Abs. 1 S. 6 Nr. 1–6 eintritt (BT-Drs. 16/2710, 50). Deshalb gilt der unentgeltliche Rechtsnachfolger als Einbringender iSd Abs. 1–5. Diese gesetzliche Fiktion spricht dafür, dass es bzgl. der Voraussetzungen des Abs. 1 S. 6 Nr. 6 allein auf die Person des unentgeltlichen Rechtsnachfolgers ankommt. Im vorliegenden Fall wäre es damit nicht zu einem Einbringungsgewinn I gekommen. Nach Meinung der FVerw. (BMF 11.11.2011, BStBl. I 2001, 1314 Rn. 22.27) soll es insoweit aber auf die Person des tatsächlich Einbringenden (hier D) und alternativ dazu auch auf den jeweiligen unentgeltlichen Rechtsnachfolger (hier S) ankommen. Da D im Jahr 03 ins außereuropäische Ausland verzieht, entsteht damit durch Wegzug ein Einbringungsgewinn I (BMF 11.11.2011, BStBl. I 2011, 1314 Rn. 22.27; ebenso Haritz/Menner/Bilitewski/Bilitewski Rn. 210; aA zu Recht Ott DStZ 2023, 76). Dem soll auch nicht entgegenstehen, dass der Einbringungsgewinn am 31.12.01 entsteht und D zu diesem Zeitpunkt in Deutschland unbeschränkt stpfl. ist (Haritz/Menner/Bilitewski/Bilitewski Rn. 210). Die Auffassung der FVerw. ist auch deshalb abzulehnen, weil bezogen auf die erhaltenen Anteile an der D-GmbH das Recht Deutschlands hinsichtlich der Besteuerung des Gewinns aus der Veräußerung dieser Anteile nicht ausgeschlossen und beschränkt wird, denn in diesem Fall steht Deutschland in der Person der S das Besteuerungsrecht zu, womit die Voraussetzungen des § 1 IV 2b erfüllt sind.

104 Nach hM (→ § 20 Rn. 181) kann Einbringender auch eine Mitunternehmerschaft sein. Die persönlichen Voraussetzungen an den Einbringenden nach § 1 IV knüpfen dessen ungeachtet nach § 1 IV 1 Nr. 2 lit. a bb an die hinter der Mitunternehmerschaft stehende EU-KapGes oder natürliche Person an. Ob die Voraussetzungen des Abs. 1 S. 6 Nr. 6 gegeben sind, ist damit (zumindest auch) mitunternehmerbezogen zu prüfen (BMF 11.11.2011, BStBl. I 2011, 1314 Rn. 01.53; Widmann/Mayer/Widmann Rn. 139; Rödder/Herlinghaus/van Lishaut/Stangl Rn. 415; Dötsch/Pung/Möhlenbrock/Patt Rn. 50; Haritz/Menner/Bilitewski/Bilitewski Rn. 211; Brandis/Heuermann/Nitzschke Rn. 68a). Liegen in der Person eines MU die Voraussetzungen des § 1 IV 1 Nr. 2 lit. a nicht mehr vor, weil er bspw. in das EU-Ausland verzieht, kommt es dennoch nicht zu einer anteiligen Ersatzrealisation, wenn die erhaltenen Anteile sich weiterhin in einem inl. BV der ansässigen PersGes befinden und Deutschland nach der hier vertretenen Auffassung das uneingeschränkte Besteuerungsrecht des Gewinns aus der späteren Veräußerung der erhaltenen Anteile hat (Dötsch/Pung/Möhlenbrock/Patt Rn. 50; Haritz/Menner/Bilitewski/Bilitewski Rn. 211; Widmann/Mayer/Widmann Rn. 139; Rödder/Herlinghaus/van Lishaut/Stangl Rn. 415). Nach der hier vertretenen Auffassung entsteht ein Einbringungsgewinn I bezogen auf die ESt bzw. KSt in jedem Fall nur bzgl. des Gesellschafters, bei dem die Voraussetzungen des EU- bzw. EWR-Bezugs entfallen (→ § 20 Rn. 425; ebenso Widmann/Mayer/Widmann Rn. 139; Rödder/Herlinghaus/van Lishaut/

Stangl Rn. 415). Verliert die PersGes, die Einbringende ist, die Ansässigkeitsvoraussetzungen des § 1 IV 1 Nr. 2 lit. a aa, soll es nach Auffassung von Patt (Dötsch/Pung/Möhlenbrock/Patt Rn. 50) zu einer Ersatzrealisation gem. Abs. 1 S. 6 Nr. 6 für alle Gesellschafter kommen.

105 **h) Nachträgliche Anschaffungskosten gem. Abs. 1 S. 7.** Der Einbringungsgewinn I erhöht nach Abs. 1 S. 4 nachträglich die AK der erhaltenen Anteile (→ Rn. 58). In den Fällen des Abs. 1 S. 6 Nr. 4 und Nr. 5 gilt dies auch hinsichtlich der AK der auf einer Weitereinbringung dieser Anteile zum BW beruhenden Anteile. Dies gilt jedoch nach dem Gesetzeswortlaut nur, wenn die Ketteneinbringung aufgrund der § 20 I, § 21 I 2 durchgeführt wurde; Abs. 1 S. 7 verweist nicht auf vergleichbare ausl. Vorgänge; insoweit dürfte eine durch Analogie zu schließende Regelungslücke vorliegen (ebenso BMF 11.11.2011, BStBl. I 2011, 1314 Rn. 22.10).

III. Besteuerung des Anteilseigners bei Anteilstausch oder durch Sacheinlagen eingebrachte Anteile (Abs. 2)

1. Durch Anteilstausch oder Sacheinlage eingebrachte Anteile

106 Abs. 2 kommt zur Anwendung, soweit nach den Vorschriften der §§ 20, 21 unter dem gemeinen Wert eingebrachte Anteile an einer KapGes bzw. Gen durch die übernehmende Gesellschaft innerhalb eines Zeitraums von sieben Jahren nach dem Einbringungszeitpunkt unmittelbar oder mittelbar veräußert werden und soweit beim Einbringenden der Gewinn aus der Veräußerung dieser Anteile im Einbringungszeitpunkt nicht nach § 8b II KStG steuerfrei gewesen wäre. Fand die Sacheinlage noch unter Geltung der vor dem SEStEG gültigen Normen statt, sind keine eingebrachten Anteile iSd Abs. 2 entstanden (Widmann/Mayer/Widmann Rn. 195).

107 Es muss sich um **Anteile an** einer inl. oder ausl. **KapGes oder Gen** handeln. Ob ein ausl. Rechtsträger eine KapGes bzw. Gen ist, richtet sich nach dem Typenvergleich (→ § 21 Rn. 21). Auch Anteile an einer sog. Vorgesellschaft sind Anteile an einer KapGes. Ob die Anteile an der erworbenen Gesellschaft zum Privatvermögen oder BV des Einbringenden gehört haben, ist ohne Bedeutung (zu näheren Einzelheiten → § 21 Rn. 24). Zur Einbringung einbringungsgeborener Anteile iSd § 21 I aF → Rn. 72.

108 Abs. 2 gilt unabhängig davon, ob die Sacheinlage oder der Anteilstausch rein national oder grenzüberschreitend erfolgte (Rödder/Herlinghaus/van Lishaut/Stangl Rn. 428). Werden Anteile im Rahmen der Einbringung erstmalig in Deutschland steuerverstrickt, sind diese Anteile nach der hier vertretenen Auffassung mit dem gemeinen Wert anzusetzen (→ § 20 Rn. 280, → § 21 Rn. 79), auf diese Anteile findet Abs. 2 keine Anwendung. Gehören zum BV des eingebrachten Betriebs, Teilbetriebs, Mitunternehmeranteils Anteile am übernehmenden Rechtsträger, müssen diese nicht mit eingebracht werden, selbst wenn sie wesentliche Betriebsgrundlage der Sachgesamtheit sind (→ § 20 Rn. 78). Bezogen auf die zurückbehaltenen Anteile liegen keine eingebrachten Anteile iSd Abs. 2 vor (→ § 20 Rn. 35; aA Haritz/Menner/Bilitewski/Bilitewski Rn. 217).

109 Wird ein **Betrieb, Teilbetrieb, Mitunternehmeranteil** mit dazugehörigen Anteilen an einer KapGes oder Gen eingebracht, liegt insgesamt ein einheitlicher Einbringungsvorgang nach § 20 I vor. Soweit das eingebrachte BV sich auf Anteile an einer KapGes oder Gen bezieht, gilt an deren gem. Abs. 1 S. 5 die Regelung des Abs. 2 entsprechend (allgM, vgl. nur BMF 11.11.2011, BStBl. I 2011, 1314 Rn. 22.08). Wird ein Mitunternehmeranteil gemeinsam mit Anteilen an einer KapGes, die SBV des Mitunternehmeranteils sind, eingebracht, findet gem. Abs. 1

S. 5 die Regelung des Abs. 2 Anwendung. Etwas anderes könnte gelten, wenn ein Mitunternehmeranteil eingebracht wird und die **Anteile an einer KapGes/Gen zum Gesamthandsvermögen** gehören. Eine unmittelbare Zurechnung der WG des Gesamthandsvermögens an die Gesellschaft einer Mitunternehmerschaft erfolgt nämlich nicht (Rödder/Herlinghaus/van Lishaut/Stangl Rn. 306 Fn. 6; Widmann/Mayer/Widmann Rn. 195; FG Münster EFG 2012, 2057; aA wohl die FVerw vgl. BMF 11.11.2011, BStBl. I 2011, 1314 Rn. 22.02; BT-Drs. 16/11108), sodass zweifelhaft ist, ob auch Anteile an einer KapGes/Gen, die zum Gesamthandsvermögen einer Mitunternehmerschaft gehören, „und das eingebrachte BV" iSd Abs. 1 S. 5 darstellen, denn Gegenstand der Einbringung ist ausschließlich der Mitunternehmeranteil (BMF 11.11.2011, BStBl. I 2011, 1314 Rn. 20.10 iVm Rn. 20.09). In § 8b IV I Nr. 2 KStG aF hat der Gesetzgeber dieses Problem eindeutig idS geregelt, dass auch Anteile an einer KapGes, die mittelbar über eine Mitunternehmerschaft eingebracht wurden, sperrfristverhaftet waren. Das mit § 8b IV I Nr. 2 KStG aF angestrebte Ziel soll unter Geltung des SEStEG nunmehr mit Abs. 1 S. 5 erreicht werden, was dafür spricht, dass im Grds. auch Anteile an einer KapGes/Gen von Abs. 1 S. 5 erfasst werden, die mittelbar über eine Mitunternehmerschaft eingebracht werden. Dafür spricht auch, dass der Begriff „eingebrachtes BV" in § 20 II 1 verwendet wird und dort so zu verstehen ist, dass bei der Einbringung eines Mitunternehmeranteils auch eine entsprechende Bewertung des anteiligen Gesamthandsvermögens erfolgen muss. Dies ändert aber nichts daran, dass Gegenstand der Einbringung ausschließlich der Mitunternehmeranteil ist, nicht aber die nur mittelbar übertragenen Anteile an einer KapGes, Abs. 2 S. 1 aber auf einen eingebrachten Anteil abstellt und nicht auf einen mittelbar eingebrachten Anteil. Daraus wird zT in der Lit. (Widmann/Mayer/Widmann Rn. 195; Frotscher/Drüen/Mutscher Rn. 246; Rödder/Herlinghaus/van Lishaut/Stangl Rn. 306 Fn. 6; ebenso FG Münster EFG 2012, 2057; aA wohl die FVerw BMF 11.11.2011, BStBl. I 2011, 1314 Rn. 22.02; BT-Drs. 16/11108) der Schluss gezogen, dass keine Einbringung eines Anteils an einer KapGes vorliegt, wenn die Mitunternehmeranteile an einer Mitunternehmerschaft eingebracht werden und diese Mitunternehmerschaft infolge der Einbringung nicht erlischt. Diese Auffassung hat zur Folge, dass Abs. 2 keine Anwendung findet, wenn die übernehmende KapGes den eingebrachten Mitunternehmeranteil veräußert, da der übernehmende Rechtsträger keinen eingebrachten Anteil veräußert (aA Dötsch/Pung/Möhlenbrock/Patt Rn. 70a; Lademann/Jäschke Rn. 23). Selbst wenn der Gesetzgeber etwas anderes durch die Änderung der Vorschrift durch das JStG 2009 gewollt hätte (vgl. BT-Drs. 16/10494), so hat dies im Gesetzeswortlaut keinen Niederschlag gefunden. Veräußert die übernehmende KapGes den Anteil an der eingebrachten Mitunternehmerschaft, ist durchaus vertretbar, dass Abs. 1 und nicht Abs. 2 Anwendung findet. Etwas anderes soll gelten, wenn sämtliche Anteile an der Mitunternehmerschaft übertragen werden und damit das Vermögen dieser Mitunternehmerschaft der übernehmenden KapGes/Gen anwächst (Widmann/Mayer/Widmann Rn. 195; ausf. dazu Rödder/Herlinghaus/van Lishaut/Stangl Rn. 455 ff.).

Abs. 2 S. 1 ist nur anzuwenden, soweit die Sacheinlage auf Grund der Regelung der §§ 20, 21 erfolgte und **die Anteilsübertragung „unter dem gemeinen Wert"** erfolgte (auch → Rn. 130). Erfolgte die Anteilseinbringung im Wege einer Sacheinlage gem. § 20 I, liegt eine Einbringung unter dem gemeinen Wert vor, wenn der übernehmende Rechtsträger die eingebrachten Anteile unter dem gemeinen Wert in seiner stl. Schlussbilanz ansetzt. Wird eine Sachgesamtheit, zB ein Betrieb, zusammen mit Anteilen an einer KapGes eingebracht und werden insoweit die BW ohne Aufdeckung vorhandener stiller Reserven fortgeführt, so ist Abs. 2 S. 1 nicht anwendbar, wenn der BW der eingebrachten Anteile dem gemeinen Wert entspricht oder der BW über dem gemeinen Wert lag (→ Rn. 132, → § 20

Rn. 282 f.). Zur Bindungswirkung des Wertansatzes beim übernehmenden Rechtsträger, wenn dieser sich bei der Bewertung außerhalb der gesetzlichen Bewertungsgrenzen bewegt, → Rn. 14.

111 Liegt ein Anteilstausch iSd § 21 vor, ist Abs. 2 auch dann anzuwenden, wenn die übernehmende Gesellschaft die eingebrachten Anteile mit dem gemeinen Wert angesetzt hat, aber abw. davon der Einbringende die AK der erhaltenen Anteile mit einem niedrigeren Wert gem. **Abs. 2 S. 3** bewertet (BMF 11.11.2011, BStBl. I 2011, 1314; Dötsch/Pung/Möhlenbrock/Patt Rn. 17; Rödder/Herlinghaus/van Lishaut/Stangl Rn. 429; Haritz/Menner/Bilitewski/Bilitewski Rn. 218; Frotscher/Drüen/Mutscher Rn. 245; Brandis/Heuermann/Nitzschke Rn. 73). Dies ergibt sich aus Abs. 2 S. 3, wonach ein Einbringungsgewinn II sich aus der Diff. zwischen dem gemeinen Wert der eingebrachten Anteile (nach Abzug der Kosten für den Vermögensübergang) und dem Wert ergibt, mit dem der Einbringende die erhaltenen Anteile angesetzt hat.

2. Einbringender iSd Abs. 2 S. 1

112 Abs. 2 idF vor der Änderung durch das JStG 2009 (BGBl. 2008 I 2794) kam nach seinem Wortlaut nur zur Anwendung, wenn die Einbringung durch eine nicht durch § 8b II KStG begünstigte Person erfolgte. Da der Wortlaut des Gesetzes nur abstrakt auf eine durch § 8b II KStG begünstigte Person abstellte, ohne auf die Begünstigung der konkret übertragenen Anteile Bezug zu nehmen, war Abs. 2 auch dann nicht anzuwenden, soweit Einbringender eine durch § 8b II KStG begünstigte Person war, aber der Einbringende in Bezug auf die konkret eingebrachten Anteile bspw. auf Grund von § 8b IV 1 Nr. 2 KStG aF oder des § 8b VII, VIII KStG die Steuerfreiheit nach § 8b II KStG nicht nutzen konnte (ebenso Widmann/Mayer/Widmann Rn. 197; Rödder/Herlinghaus/van Lishaut/Stangl Rn. 430; Rödder/Schumacher DStR 2006, 1525; Strahl KÖSDI 2007, 15452; aA Dötsch/Pung/Möhlenbrock/Patt Rn. 73; Brandis/Heuermann/Nitzschke Rn. 75; Haritz/Menner/Bilitewski/Bilitewski Rn. 219).

113 Die durch das JStG 2009 geänderte Fassung des Abs. 2 S. 1 sieht nunmehr vor, dass die eingebrachten Anteile zum Zeitpunkt der Einbringung beim Einbringenden nicht nach § 8b II KStG steuerfrei gewesen wären. Nach der Gesetzesbegründung (vgl. BT-Drs. 16/10494) soll es sich um eine Klarstellung handeln. Zutr. weist Widmann (Widmann/Mayer/Widmann Rn. 196; Rödder/Herlinghaus/van Lishaut/Stangl Rn. 141a; Bordewin/Brandt/Graw Rn. 185) darauf hin, dass dies nicht der Fall ist und die Neufassung des Gesetzes damit insoweit keine Anwendung findet, als die Veräußerung oder der Veräußerung gleichgestellte Vorgänge bezogen auf die eingebrachten Anteile vor dem 25.12.2008 (Rödder/Herlinghaus/van Lishaut/Stangl Rn. 434) erfolgten.

114 Nach Änderung des Abs. 2 durch das JStG 2009 ist für die Anwendung dieser Norm damit entscheidend, ob der Gewinn aus der Veräußerung der eingebrachten Anteile im Einbringungszeitpunkt nicht nach § 8b II KStG steuerfrei gewesen wäre. Damit kommt ein Einbringungsgewinn in Betracht, wenn Einbringender eine natürliche Person ist.

115 Abs. 2 findet aber nunmehr auch dann Anwendung, wenn Einbringender eine durch § 8b II KStG begünstigte Person ist, bei den eingebrachten Anteilen es sich aber um solche iSd § 8b IV 1 Nr. 2 KStG aF (Widmann/Mayer/Widmann Rn. 197.1; Dötsch/Pung/Möhlenbrock/Patt Rn. 73c) oder des § 8b VII, VIII KStG handelt.

116 Ein Einbringungsgewinn II entsteht damit dann nicht, wenn der Einbringende eine Körperschaft oder Personenvereinigung ist, deren Gewinn aus der Veräußerung der eingebrachten Anteile im Einbringungszeitpunkt nach § 8b II KStG steuerfrei gewesen wäre. Der Umstand, dass gem. § 8b III 1 KStG 5 vH des Gewinns als

nicht abzugsfähige Betriebsausgaben gelten, steht der Steuerfreiheit nicht entgegen (Widmann/Mayer/Widmann Rn. 197).

Ist Einbringender eine **OrganGes,** findet § 8b II KStG gem. § 15 S. 1 Nr. 2 KStG auf die OrganGes keine Anwendung mit der Folge, dass nach dem Gesetzeswortlaut Abs. 2 Anwendung finden würde. Zu Recht wird jedoch von der hM (Widmann/Mayer/Widmann Rn. 199; Dötsch/Pung/Möhlenbrock/Patt Rn. 73; Haritz/Menner/Bilitewski/Bilitewski Rn. 224; Rödder/Herlinghaus/van Lishaut/Stangl Rn. 440; Brandis/Heuermann/Nitzschke Rn. 75; Haase/Hofacker/Wulff-Dohmen Rn. 231) auf Grund einer teleologischen Reduktion insoweit auf die Besteuerung des Organträgers abgestellt, sodass Abs. 2 keine Anwendung findet, wenn beim Organträger der Gewinn aus der Veräußerung der durch die OrganGes eingebrachten Anteile im Einbringungszeitpunkt nach § 8b II KStG steuerfrei gewesen wäre.

Ist Einbringender eine **Mitunternehmerschaft,** ist Abs. 2 nicht anzuwenden, soweit an der einbringenden Mitunternehmerschaft eine Person beteiligt ist, bei der der Gewinn aus der Veräußerung der eingebrachten Anteile im Einbringungszeitraum nach § 8b II KStG steuerfrei gewesen wäre (BMF 11.11.2011, BStBl. I 2011, 1314 Rn. 22.02; Dötsch/Pung/Möhlenbrock/Patt Rn. 72a; Brandis/Heuermann/Nitzschke Rn. 75; Haritz/Menner/Bilitewski/Bilitewski Rn. 222; Bordewin/Brandt/Graw Rn. 185; Frotscher/Drüen/Mutscher Rn. 249; Haase/Hofacker/Wulff-Dohmen Rn. 231; aA Widmann/Mayer/Widmann Rn. 198).

Abs. 2 S. 1 gilt unabhängig davon, ob die übernehmende Gesellschaft eine inl. oder ausl. Gesellschaft ist und ob der Gewinn aus der Veräußerung der erhaltenen Anteile in Inland besteuert oder nicht besteuert wird (Dötsch/Pung/Möhlenbrock/Patt Rn. 74; Haritz/Menner/Bilitewski/Bilitewski Rn. 218; Widmann/Mayer/Widmann Rn. 206).

3. Veräußerung der eingebrachten Anteile

Abs. 2 findet Anwendung, wenn die eingebrachten Anteile durch die übernehmende Gesellschaft innerhalb der Sperrfrist von sieben Jahren veräußert werden. Durch das JStG 2009 wurde die Norm dahingehend erweitert, dass es sich um eine unmittelbare oder mittelbare Veräußerung handeln kann (→ Rn. 109). Diese Gesetzesänderung hat keinen klarstellenden Charakter (Rödder/Herlinghaus/van Lishaut/Stangl Rn. 444; Haase/Hofacker/Wulff-Dohmen Rn. 236; aA Dötsch/Pung/Möhlenbrock/Patt Rn. 70a).

Schädlich ist die Veräußerung der eingebrachten Anteile, dh der Anteile, die im Rahmen der Sacheinlage bzw. des Anteilstauschs auf den übernehmenden Rechtsträger zu einem Wert unter dem gemeinen Wert übertragen wurden. Gleiches gilt, soweit die Sperrfristverhaftung der eingebrachten Anteile auf andere Anteile übergeht. Die Veräußerung muss **durch die übernehmende Gesellschaft** bzw. dessen Rechtsnachfolger unmittelbar oder mittelbar erfolgen, wobei es insoweit irrelevant ist, ob es sich bei dem übernehmenden Rechtsträger um eine inl. oder ausl. Gesellschaft handelt. Keine mittelbare Veräußerung der eingebrachten Anteile iSv Abs. 2 S. 1 liegt vor, wenn Anteile an der übernehmenden oder dieser übergeordneten Gesellschaft veräußert werden (BMF 11.11.2011, BStBl. I 2011, 1314 Rn. 22.24; Dötsch/Pung/Möhlenbrock/Patt Rn. 70a). Die Entstehung des Einbringungsgewinns II ist unabhängig davon, wie sich die Veräußerung der Anteile oder die Verwirklichung eines Ersatzrealisierungstatbestands bei der übernehmenden Gesellschaft auswirkt (Widmann/Mayer/Widmann Rn. 206).

Werden Anteile an einer KapGes oder Gen zT durch Rechtsträger eingebracht, bei denen der Gewinn aus der Veräußerung dieser Anteile im Zeitpunkt der Einbringung nach § 8b II KStG steuerfrei und durch andere, bei denen diese Voraussetzung nicht vorlag, eingebracht, so entsteht ein Einbringungsgewinn II nur dann, wenn der übernehmende Rechtsträger Anteile, die im Zeitpunkt der Einbringung nicht nach § 8b II KStG steuerfrei veräußert werden können, veräußert. Werden diese eingebrachten Anteile zusammengelegt oder aber ist Einbringender eine PersGes, an der auch nicht durch § 8b II KStG begünstigte Personen beteiligt sind, so kommt es zu einer **quotalen Verstrickung** dieser eingebrachten Anteile für die Ermittlung des Einbringungsgewinns II (Haritz/Menner/Bilitewski/Bilitewski Rn. 226 f.; Rödder/Herlinghaus/van Lishaut/Stangl Rn. 452).

4. Sperrfrist von sieben Jahren

126 Die eingebrachten Anteile müssen innerhalb eines Zeitraums von sieben Jahren nach dem Einbringungszeitpunkt veräußert werden, damit die Rechtsfolgen des Abs. 2 eintreten. Wird die Veräußerung nach Ablauf dieser Frist vorgenommen, kommt es nicht zu einer Versteuerung des Einbringungsgewinns II. Die Frist beginnt mit dem Einbringungszeitpunkt zu laufen (zum Einbringungszeitpunkt → § 20 Rn. 234, → § 21 Rn. 35). Wird bei einer Sacheinlage der Einbringungsvorgang auf einen Einbringungsstichtag zurückbezogen, ist der Einbringungsstichtag der Zeitpunkt, zu dem die siebenjährige Sperrfrist zu laufen beginnt (Rödder/Herlinghaus/van Lishaut/Stangl Rn. 454; Haritz/Menner/Bilitewski/Bilitewski Rn. 233; Brandis/Heuermann/Nitzschke Rn. 42; Haase/Hofacker/Wulff-Dohmen Rn. 248; Lademann/Jäschke Rn. 22a). Maßgeblich für den Veräußerungszeitpunkt ist der Übergang des wirtschaftlichen Eigentums an den eingebrachten Anteilen. Die Frist wird nach Zeitjahren berechnet. Nicht abschließend geklärt ist, ob bzgl. der Berechnung der Sperrfrist § 108 III AO zu beachten ist (vgl. BFH BStBl. II 2012, 599; BStBl. II 2003, 2; Widmann/Mayer/Widmann Rn. 208; Hübschmann/Hepp/Spitaler/Söhn AO § 108 Rn. 65). Die siebenjährige Sperrfrist gilt auch für die Ersatztatbestände des Abs. 2 S. 6 iVm Abs. 1 S. 6.

5. Rückwirkende Besteuerung des Einbringungsgewinns II

127 Werden die eingebrachten Anteile durch den übernehmenden Rechtsträger bzw. dessen Rechtsnachfolger innerhalb der siebenjährigen Sperrfrist unmittelbar oder mittelbar veräußert oder liegt ein der Veräußerung gleichgestellter Vorgang nach Abs. 2 S. 6 iVm Abs. 1 S. 6 vor, wird der Gewinn aus der Einbringung rückwirkend im VZ des Einbringungszeitpunkts bzw. bei Rückwirkung des stl. Übertragungsstichtags besteuert. Soweit nur ein Teil veräußert wird, entsteht ein anteiliger Einbringungsgewinn II (→ Rn. 131). Der Gewinn aus der Einbringung wird als **„Einbringungsgewinn II"** definiert und erfährt durch Abs. 2 S. 3 eine nähere gesetzliche Regelung (→ Rn. 130). Die Veräußerung der eingebrachten Anteile innerhalb der Sperrfrist gilt gem. Abs. 2 S. 2 iVm Abs. 1 S. 2 als rückwirkendes Ereignis iSd § 175 I 1 Nr. 2 AO (Widmann/Mayer/Widmann Rn. 325; Dötsch/Pung/Möhlenbrock/Patt Rn. 79). Diese Fiktion entbindet aber nicht von der Prüfung der weiteren Voraussetzungen dieser Korrekturnorm (BFH BStBl. II 2021, 732). Eine Anzeige- oder Berichtigungspflicht gem. § 153 AO besteht nicht (Dettmeier/Prodan Ubg 2019, 562). Die mit der Veräußerung der eingebrachten Anteile sich ergebenen Konsequenzen, bezogen auf den Einbringungsgewinn II, werden im Wj. der Einbringung in der Person des Einbringenden bzw. dessen unentgeltlichen Rechtsnachfolgers gezogen (→ Rn. 174). Eine Verzinsung der Steuernachforderung auf den nachträglich angesetzten Einbringungsgewinn II fällt im Grds. nicht an, da der maßgebende Zinslauf erst 15 Monate nach Ablauf des Kj. beginnt, indem das rückwirkende Ereignis eintritt (§ 233a IIa AO). Das rückwirkende Ereignis bezieht sich auch auf die nachträglichen AK für die erhaltenen Anteile (str., → Rn. 58; wie hier Rödder/Herlinghaus/van Lishaut/Stangl Rn. 478; Widmann/Mayer/Widmann Rn. 337; vgl. auch Dötsch/Pung/Möhlenbrock/Patt Rn. 61).

Der Einbringungsgewinn II unterliegt nur insoweit der dt. Besteuerung, als die **128** Besteuerung des Anteilstauschs im Einbringungszeitpunkt Deutschland zusteht. War der Einbringende mit den eingebrachten Anteilen in Deutschland **beschränkt stpfl.**, so hat die Rückwirkung zur Konsequenz, dass die Versteuerung des Einbringungsgewinns II noch der mit dem Einbringungsgegenstand verbundenen dt. StPfl unterfällt. Ggf. ist eine ausl. Steuer anzurechnen (Widmann/Mayer/Widmann Rn. 166).

Werden **einbringungsgeborene Anteile** iSd § 21 I aF in eine KapGes bzw. Gen **129** eingebracht, verlieren diese nach der hier vertretenen Meinung (→ § 21 Rn. 117) grds. ihre Qualifikation der Einbringungsgeborenheit, es sei denn, das Gesetz ordnet insoweit eine Rechtsnachfolge an. Eine Rechtsnachfolge gem. § 23 I scheidet aber bei einbringungsgeborenen Anteilen aus, bei denen im Zeitpunkt der Einbringung die siebenjährige Sperrfrist iSv § 3 Nr. 40 S. 3 und S. 4 EStG aF bzw. § 8b IV KStG aF noch nicht abgelaufen war, da § 23 gem. § 27 IV auf Anteile, bei denen die siebenjährige Sperrfrist iSv § 3 Nr. 40 S. 3 und S. 4 EStG aF bzw. § 8b IV KStG aF noch nicht abgelaufen ist, nicht angewendet wird (zur Rechtsnachfolge iÜ → § 23 Rn. 16). Soweit die eingebrachten, ursprünglich einbringungsgeborenen Anteile innerhalb der siebenjährigen Sperrfrist des Abs. 2 veräußert bzw. ein der Veräußerung gleichgestellter Sachverhalt verwirklicht wird (Abs. 2 S. 6), entsteht ein Einbringungsgewinn II, falls im Zeitpunkt der Einbringung die siebenjährige Sperrfrist iSv § 3 Nr. 40 S. 3 und S. 4 EStG aF bereits abgelaufen war (aA Dötsch/Pung/Möhlenbrock/Patt § 21 Rn. 15). War im Zeitpunkt der Einbringung die siebenjährige Sperrfrist iSv § 3 Nr. 40 S. 3 und S. 4 EStG aF noch nicht abgelaufen, und werden die ursprünglich einbringungsgeborenen Anteile innerhalb der siebenjährigen Sperrfrist des Abs. 2 veräußert bzw. wird ein der Veräußerung gleichgestellter Ersatzrealisationstatbestand verwirklicht, entsteht kein Einbringungsgewinn II, da im Zeitpunkt der Einbringung in der Person des Einbringenden einbringungsgeborene Anteile vorlagen und damit gem. § 27 IV die Regelung des § 22 keine Anwendung findet (aA BMF 11.11.2011, BStBl. I 2011, 1314 Rn. 2040; Dötsch/Pung/Möhlenbrock/Patt § 27 Rn. 20).

6. Ermittlung des Einbringungsgewinns II (Abs. 2 S. 3)

Der Einbringungsgewinn II ist nach Meinung der FVerw (BMF 11.11.2011, **130** BStBl. I 2011, 1314 Rn. 22.14) gem. Abs. 1 S. 3 die Diff. zwischen dem gemeinen Wert der eingebrachten Anteile im Zeitpunkt der Einbringung abzgl. der Kosten des Vermögensübergangs und dem Wertansatz **der als Gegenleistung erhaltenen Anteile** (aber → Rn. 110) durch den Einbringenden im Zeitpunkt der Einbringung, vermindert um ein Siebtel für jedes abgelaufene Zeitjahr nach dem Einbringungszeitpunkt. Bei der Einbringung durch Anteilstausch iSv § 21 ist damit der Wertansatz der erhaltenen Anteile beim Einbringenden maßgebend (→ Rn. 111). Der Einbringungsgewinn II lässt sich bei einem Anteilstausch iSv § 21 wie folgt ermitteln (BMF 11.11.2011, BStBl. I 2011, 1314 Rn. 22.14):

gemeiner Wert der eingebrachten Anteile im Einbringungszeitpunkt
– Kosten der Einbringung
– Wertansatz der als Gegenleistung erhaltenen Anteile durch den Einbringenden, maximal aber die stillen Reserven in den eingebrachten Anteilen (→ Rn. 111)
= Zwischensumme
– 1/7 der Zwischensumme für jedes abgelaufene Zeitjahr seit dem Einbringungszeitpunkt

= Einbringungsgewinn II

Werden **nicht sämtliche eingebrachten Anteile** iSd Abs. 2 S. 2 veräußert, **131** sondern nur ein Teil, so wird nicht der gesamte Einbringungsgewinn II, sondern nur ein anteiliger Einbringungsgewinn II ermittelt (Widmann/Mayer/Widmann Rn. 210; Dötsch/Pung/Möhlenbrock/Patt Rn. 78d; Rödder/Herlinghaus/van Lishaut/Stangl Rn. 152). Liegen mehrere Einbringungsvorgänge vor, ist der Einbringungsgewinn für jeden Einbringungsvorgang gesondert zu ermitteln.

132 Um eine **Übermaßbesteuerung** zu verhindern, ist bei der Berechnung des Einbringungsgewinn II der Wertansatz der erhaltenen Anteile durch den Einbringenden um den gemeinen Wert der sonstigen Gegenleistung iSd § 20 III 3 iVm § 21 II 6 zu erhöhen (BMF 11.11.2011, BStBl. I 2011, 1314 Rn. 22.15; Dötsch/Pung/Möhlenbrock/Patt Rn. 78b mit einem instruktiven Beispiel; ebenso Rödder/Herlinghaus/van Lishaut/Stangl Rn. 476; Bordewin/Brandt/Graw Rn. 215; Lademann/Jäschke Rn. 23a; Brandis/Heuermann/Nitzschke Rn. 78). Wird eine Sachgesamtheit, zB ein Betrieb, zusammen mit Anteilen an einer KapGes eingebracht und werden insoweit die BW ohne Aufdeckung vorhandener stiller Reserven fortgeführt, so ist nach der hier vertretenen Auffassung (→ Rn. 110) Abs. 2 S. 1 nicht anwendbar, wenn der BW der eingebrachten Anteile dem gemeinen Wert entspricht oder der BW über dem gemeinen Wert lag (→ § 20 Rn. 282 f.). Auch nach Auffassung der FVerw entsteht insoweit ein Einbringungsgewinn II nicht, wenn diese Anteile veräußert werden, da maximal die stillen Reserven in den eingebrachten Anteilen vom gemeinen Wert der eingebrachten Anteile im Einbringungszeitpunkt abgezogen werden. Nach der hier vertretenen Auffassung (→ § 21 Rn. 79) sind bereits im Zeitpunkt der Einbringung Anteile, die durch die Einbringung erstmals in Deutschland verstrickt werden, immer mit dem gemeinen Wert anzusetzen, sodass diese Anteile sich auf die Höhe des Einbringungsgewinns II im Ergebnis nicht auswirken (vgl. § 21 II 1).

133 Die **Kosten der Einbringung** (→ § 21 Rn. 123, → § 20 Rn. 404 ff.) mindern den Einbringungsgewinn II. Dies hat einen zu niedrigen Ansatz der nachträglichen AK der erhaltenen Anteile (vgl. Abs. 2 S. 4) zur Folge. Die Veräußerungskosten wirken sich damit nur insoweit steuermindernd aus, wie der Einbringungsgewinn II selbst stpfl. ist. Hat der Einbringende die Kosten der Einbringung im Wj. der Einbringung stl. berücksichtigt, so ist dies rückwirkend zu korrigieren.

134 Der Unterschiedsbetrag zwischen dem Wert, mit dem der Einbringende die erhaltenen Anteile angesetzt hat, maximal aber iHd stillen Reserven in den eingebrachten Anteilen, abzgl. des um die Kosten der Einbringung verminderten gemeinen Werts der eingebrachten Anteile zum Einbringungszeitpunkt (→ § 21 Rn. 35 ff.), ist für jedes seit dem Einbringungszeitpunkt abgelaufene Zeitjahr **um ein Siebtel zu vermindern.** Maßgebender Zeitpunkt für die Veräußerung der eingebrachten Beteiligung ist die Übertragung des wirtschaftlichen Eigentums (Rödder/Herlinghaus/van Lishaut/Stangl Rn. 476; Widmann/Mayer/Widmann Rn. 208). Werden die Anteile rückwirkend unter (teilweiser) Aufdeckung der stillen Reserven in eine andere KapGes oder Gen eingebracht, ist der Einbringungsstichtag entscheidend.

7. Besteuerung des Einbringungsgewinns, nachträgliche Anschaffungskosten

135 Ist der Einbringende eine estpfl. **natürliche Person,** unterliegt der Einbringungsgewinn II als Gewinn aus der Veräußerung von Anteilen an einer KapGes bzw. Gen der Einkommensteuer. Auf diesen Gewinn findet das Teileinkünfteverfahren bzw. die Abgeltungsteuer Anwendung (Rödder/Herlinghaus/van Lishaut/Stangl Rn. 460; Haritz/Menner/Bilitewski/Bilitewski Rn. 252; Lademann/Jäschke Rn. 23a; Brandis/Heuermann/Nitzschke Rn. 79). Werden einbringungsgeborene Anteile iSv § 21 aF innerhalb der siebenjährigen Sperrfrist eingebracht, findet § 22 keine Anwendung (→ Rn. 129). Der Einbringungsgewinn II unterliegt nur insoweit der dt. Besteuerung, als die Besteuerung des Anteilstauschs im Einbringungszeitpunkt Deutschland zusteht (→ Rn. 128). Nach Abs. 2 S. 1 Hs. 2 sind die Regelungen des § 16 IV EStG auf den Einbringungsgewinn II nicht anzuwenden. Ist Einbringender eine **durch § 8b II KStG begünstigte Person,** kann seit dem JStG 2009 (→ Rn. 113) ein Einbringungsgewinn II entstehen, soweit der der regulären KSt unterläge. Nach der hier vertretenen Meinung (→ Rn. 61) findet § 6b EStG auf den Einbringungsgewinn II thematisch Anwendung (Rödder/Herlinghaus/van Lishaut/Stangl Rn. 460; Dötsch/Pung/Möhlenbrock/Patt Rn. 80b; aA BMF 11.11.2011, BStBl. I 2011, 1314 Rn. 22.13; Widmann/Mayer/Widmann Rn. 323). Es kann auch ein Einbringungsverlust II entstehen (→ Rn. 132).

Soweit ein Einbringungsgewinn II entsteht, unterliegt dieser nach den allg. Grundsätzen der **GewSt** (→ § 21 Rn. 140 ff.). Das Halbeinkünfteverfahren bzw. Teileinkünfteverfahren schlägt sich auf die GewSt nieder (Rödder/Herlinghaus/van Lishaut/Stangl Rn. 462). Soweit im Zeitpunkt der Sacheinlage bei der Aufdeckung der stillen Reserven in den eingebrachten Anteilen keine GewSt angefallen wäre, ist auch der Einbringungsgewinn II gewerbesteuerfrei (ebenso BFH DStR 2020, 444; Rödder/Herlinghaus/van Lishaut/Stangl Rn. 462; Dötsch/Pung/Möhlenbrock/Patt Rn. 80g; Brandis/Heuermann/Nitzschke Rn. 80a; Pitzal DStR 2018, 985; SchlHFG DB 2018, 1121; Levedag GmbHR 2018, R167; aA BMF 11.11.2011, BStBl. I 2011, 1413 Rn. 22.13). Zur Anwendung des § 18 III vgl. Ott DStZ 2020, 561. Der Einbringungsgewinn II führt nach Abs. 2 S. 4 zu **nachträglichen AK** der erhaltenen Anteile. Die AK der erhaltenen Anteile erhöhen sich nach der hier vertretenen Auffassung (→ Rn. 58) rückwirkend zum Einbringungsstichtag, und zwar unabhängig davon, ob die Steuer auf den Einbringungsgewinn entrichtet wurde oder nicht. Ein besonderer Nachw. oder ein entsprechender Antrag nach Abs. 2 S. 4 nicht erforderlich. **136**

Wird **nur ein Teil** der eingebrachten Anteile **veräußert,** so führt dies auch nur zu einer anteiligen Versteuerung des Einbringungsgewinns II, denn nach Abs. 2 S. 1 kommt es nur zu einer rückwirkenden Besteuerung, soweit „die eingebrachten Anteile veräußert werden" (→ Rn. 131). Nicht abschließend geklärt ist in diesem Zusammenhang, ob der anteilige Einbringungsgewinn II zu nachträglichen AK zwingend sich auf sämtliche erhaltenen Anteile verteilt (so Brandis/Heuermann/Nitzschke Rn. 82) oder ob insoweit eine gezielte Zuordnung bei den veräußerten Anteilen möglich ist (→ Rn. 59; Rödder/Herlinghaus/van Lishaut/Stangl Rn. 479; Dötsch/Pung/Möhlenbrock/Patt Rn. 81). **137**

8. Ausschluss der Anwendung des Abs. 2 S. 5

Es kommt nicht zu einer rückwirkenden Besteuerung des Einbringungsgewinns II und zu nachträglichen AK in entsprechender Höhe bezogen auf die erhaltenen Anteile beim Einbringenden, wenn und soweit der Einbringende die erhaltenen Anteile **veräußert** hat oder es zu einer **Wegzugsbesteuerung** nach § 6 AStG kommt, wenn und soweit die „Wegzugssteuer" nicht gestundet wird (BMF 11.11.2011, BStBl. I 2011, 1314 Rn. 22.17). Dies gilt auch im Hinblick auf die Ersatzrealisationstatbestände, Abs. 2 S. 6 verweist auch auf Abs. 2 S. 5 (Rödder/Herlinghaus/van Lishaut/Stangl Rn. 481; Widmann/Mayer/Widmann Rn. 331; Dötsch/Pung/Möhlenbrock/Patt Rn. 75). Die Sperrfrist endet auch dann, wenn der Einbringende seine erhaltenen Anteile zu BW gegen Gewährung von Gesellschaftsrechten überträgt, da Abs. 2 S. 5 nicht voraussetzt, dass es bei einer Veräußerung zur Aufdeckung von stillen Reserven kommt (Dötsch/Pung/Möhlenbrock/Patt Rn. 75; Rödder/Herlinghaus/van Lishaut/Stangl Rn. 484; Haritz/Menner-Bilitewski/Bilitewski Rn. 262; Brandis/Heuermann-Nitzschke Rn. 83; Ott DStZ 2020, 301; aA Eisgruber/Eisgruber Rn. 273; Stimpel/Bernhagen GmbHR 2020, 301; vgl. auch Kowanda DStR 2023, 1681). Hat der Einbringende nur einen Teil der erhaltenen Anteile veräußert, so entsteht auch nur insoweit kein Einbringungsgewinn II mehr (Widmann/Mayer/Widmann Rn. 331; Haritz/Menner/Bilitewski/ **138**

Bilitewski Rn. 263; Brandis/Heuermann/Nitzschke Rn. 83a), sämtliche eingebrachten Anteile bleiben zwar verstrickt, nur der Einbringungsgewinn II verringert sich (str. vgl. Dötsch/Pung/Möhlenbrock/Patt Rn. 75a; Haritz/Menner/Bilitewski/Bilitewski Rn. 263). Entsprechendes gilt bei einer teilentgeltlichen Veräußerung für den entgeltlich übertragenen Teil (Dötsch/Pung/Möhlenbrock/Patt Rn. 75).

139 Die Ausnahme der Besteuerung des Einbringungsgewinns gem. Abs. 2 S. 5 gilt nur für die Veräußerung (→ Rn. 24 ff.) oder verdeckte Einlage iSv § 6 VI 2 EStG, bzw. soweit § 6 AStG anzuwenden ist und soweit die hieraus resultierenden Steuern nicht gestundet werden. Werden die stillen Reserven in den erhaltenen Anteilen auf andere Art und Weise stpfl. aufgedeckt, zB durch **Entnahme**, führt eine spätere Veräußerung der eingebrachten Anteile durch den übernehmenden Rechtsträger trotzdem rückwirkend zum Entstehen eines Einbringungsgewinns II für den Einbringenden (Dötsch/Pung/Möhlenbrock/Patt Rn. 75; Rödder/Herlinghaus/van Lishaut/Stangl Rn. 482; Haritz/Menner/Bilitewski/Bilitewski Rn. 265; Brandis/Heuermann/Nitzschke Rn. 83c).

9. Ersatzrealisationstatbestände (Abs. 2 S. 6, 7 iVm Abs. 1 S. 6, 7)

140 **a) Abs. 2 S. 6, 7 als abschließende Regelung.** Abs. 2 S. 6, 7 stellen verschiedene abschließend geregelte, einer Erweiterung durch Analogie oder allg. stl. Erwägung nicht zugängliche Sachverhalte einer Veräußerung nach Abs. 2 S. 1 gleich (vgl. → Rn. 74). Die entsprechende Anwendung des Abs. 1 S. 6 bedeutet, dass die Ersatztatbestände sich auf den übernehmenden Rechtsträger und die eingebrachten Anteile beziehen (BMF 11.11.2011, BStBl. I 2011, 1314 Rn. 22.19; Widmann/Mayer/Widmann Rn. 216; Dötsch/Pung/Möhlenbrock/Patt Rn. 71; Frotscher/Drüen/Mutscher Rn. 272; Haritz/Menner/Bilitewski/Bilitewski Rn. 234). Die in Abs. 2 S. 6 iVm Abs. 1 S. 6 aufgeführten Tatbestände führen rückwirkend zur Besteuerung eines Einbringungsgewinns II, wenn bzw. soweit die Tatbestände innerhalb der siebenjährigen Sperrfrist erfüllt werden. Werden die Ersatzrealisationstatbestände nach Ablauf der Sperrfrist erfüllt, kommt es nicht zu einer Besteuerung eines Einbringungsgewinns II.

141 **b) Unentgeltliche Übertragung.** Die rückwirkende Besteuerung eines Einbringungsgewinns II wird ausgelöst, wenn die eingebrachten Anteile durch den übernehmenden Rechtsträger bzw. dessen unentgeltlichen Rechtsnachfolger (Abs. 6) unentgeltlich auf eine andere KapGes oder Gen übertragen werden. Eine unentgeltliche Übertragung auf Körperschaften, die nicht KapGes oder Gen sind, ist bezogen auf das Entstehen eines Einbringungsgewinns steuerunschädlich (→ Rn. 75). Die verdeckte Einlage in eine betriebliche PersGes erfüllt den Ersatzrealisierungstatbestand nicht, es sei denn, an der PersGes ist eine andere KapGes vermögensmäßig beteiligt (→ Rn. 78). Werden die übertragenen Anteile **teilentgeltlich** an eine KapGes/Gen veräußert, findet Abs. 2 S. 6 iVm Abs. 1 S. 6 Nr. 1 Anwendung, soweit die Anteile unentgeltlich übertragen werden. Der bedeutendste Anwendungsfall des Abs. 1 S. 6 iVm Abs. 1 S. 1 Nr. 1 dürfte die **verdeckte Einlage** der eingebrachten Anteile durch den übernehmenden Rechtsträger in eine KapGes oder Gen sein. Werden die eingebrachten Anteile durch den übernehmenden Rechtsträger in eine andere KapGes nach Maßgabe des § 21 eingebracht, liegt auch dann keine verdeckte Einlage vor, wenn die als Gegenleistung für die Übertragung der Anteile erhaltenen Anteile dem übernehmenden Rechtsträger nicht dem Wert der übertragenen Anteile entsprechen (→ Rn. 77). Zur **Sachdividende, verdeckten Gewinnausschüttung** und **mittelbar unentgeltlichen Übertragung** gelten die Ausführungen unter → Rn. 79 entsprechend.

142 **c) Entgeltliche Übertragung.** Nach Abs. 1 S. 6 iVm Abs. 1 S. 6 Nr. 2 führt die entgeltliche Übertragung der eingebrachten Anteile durch den übernehmenden

Rechtsträger bzw. dessen unentgeltlichen Rechtsnachfolger (Abs. 6) zu der Entstehung eines Einbringungsgewinns II, es sei denn, der ursprünglich Einbringende weist nach, dass die Übertragung durch einen Vorgang iSd § 20 I, § 21 I oder aufgrund vergleichbarer ausl. Vorgänge (Folgeeinbringung) zu BW erfolgte. Die Folgeeinbringung erfolgt zu BW, wenn beim Einbringenden stille Reserven nicht aufzudecken sind (→ Rn. 82). Auf den Ansatz bzw. die Bewertung der eingebrachten Anteile durch den übernehmenden Rechtsträger kommt es nicht an (→ Rn. 82; ebenso Rödder/Herlinghaus/van Lishaut/Stangl Rn. 490; Haase/Hofacker/Wulff-Dohmen Rn. 273 f.). Ein Einbringungsgewinn II entsteht nicht, wenn eine Buchwertübertragung gegeben ist, neben der Gewährung neuer Anteile am übernehmenden Rechtsträger andere Gegenleistungen gewährt und die Grenzen des § 20 II 4 aF, II S. 2 Nr. 4, § 21 I 3, II 3 Nr. 2 iVm Art. 2 lit. d Fusions-RL nicht überschritten werden (→ Rn. 82). Die Beweislast dafür, dass die Folgeeinbringung zu BW erfolgte, trägt der ursprünglich Einbringende (bzw. dessen Rechtsnachfolger), der den Einbringungsgewinn II zu versteuern hat (Rödder/Herlinghaus/van Lishaut/Stangl Rn. 491).

d) Auflösung, Kapitalherabsetzung, Verwendung des Einlagekontos. 143
Abs. 2 S. 6 erklärt Abs. 1 S. 6 Nr. 1–5 für entsprechend anwendbar, wenn „die übernehmende Gesellschaft die eingebrachten Anteile ihrerseits […] weiter überträgt". Abs. 1 S. 6 Nr. 3 betrifft aber keine Übertragung der eingebrachten Anteile durch den übernehmenden Rechtsträger, vielmehr die Auflösung und Abwicklung einer KapGes, deren Anteile sperrfristverhaftet sind, die Kapitalherabsetzung bei dieser KapGes und eine Ausschüttung/Rückzahlung aus dem stl. Einlagekonto. Daher wird die Auffassung vertreten, Abs. 1 S. 6 Nr. 3 sei im Regelungsbereich des Abs. 2 nicht anwendbar (Rödder/Herlinghaus/van Lishaut/Stangl Rn. 492; Brandis/Heuermann/Nitzschke Rn. 84). Nach aM (BMF 11.11.2011, BStBl. I 2011, 1314 Rn. 22.14; Dötsch/Pung/Möhlenbrock/Patt Rn. 71; Widmann/Mayer/Widmann Rn. 236 ff.) sollen die Fälle angesprochen werden, in denen die Ges, deren Anteile unter den gemeinen Wert durch einen nicht „gem. § 8b II KStG" Begünstigten eingebracht wurden,
- aufgelöst und abgewickelt wird (→ Rn. 85 ff.),
- das Kapital herabgesetzt und auf entsprechenden Beschluss hin an die Anteilseigner zurückbezahlt wird (→ Rn. 88 ff.) oder
- Beträge aus dem stl. Einlagekonto iSd § 27 KStG ausgeschüttet oder zurückgezahlt werden (→ Rn. 90 ff.).

e) Veräußerungssperre nach Abs. 2 S. 6 iVm Abs. 1 S. 6 Nr. 4. Ein veräu- 144
ßerungsgleiches Ereignis nach Abs. 2 S. 6 iVm Abs. 1 S. 6 Nr. 4 ist gegeben, wenn die aufgrund einer ersten Einbringung eingebrachten Anteile iSd Abs. 2 S. 1 auf eine andere KapGes/Gen gem. §§ 20, 21 oder aufgrund vergleichbarer ausl. Vorgänge übertragen werden (Folgeeinbringung I) und die eingebrachten Anteile anschließend
- unmittelbar oder mittelbar veräußert oder
- unmittelbar oder mittelbar unentgeltlich auf eine andere KapGes oder Gen übertragen werden (Folgeeinbringung II) und der Einbringende nicht nachweist, dass die Folgeeinbringung II zu BW erfolgt (Ketteneinbringung).

Der Tatbestand des Abs. 2 S. 6 iVm Abs. 1 S. 6 Nr. 4 setzt zunächst voraus, dass 145 die eingebrachten Anteile iSd Abs. 2 S. 1 steuerneutral nach Maßgabe des Abs. 2 S. 6 iVm Abs. 1 S. 6 Nr. 2 auf einen „anderen Rechtsträger" übertragen wurden (Folgeeinbringung I). Die Ersatzrealisation tritt bei der unmittelbaren oder mittelbaren Veräußerung der eingebrachten Anteile ein. Damit sanktioniert Abs. 2 S. 6 iVm Abs. 1 S. 6 Nr. 4 zunächst die Veräußerung der in den „anderen Rechtsträger" eingebrachten Anteile durch diesen. Abs. 2 S. 6 iVm Abs. 1 S. 6 Nr. 4 sanktioniert jedoch auch die mittelbare Veräußerung. Dem Wortlaut dieser Regelung entsprechend wäre Abs. 2 S. 6 iVm Abs. 1 S. 6 Nr. 4 auch erfüllt, wenn die aus der letzten Einbringung erhaltenen Anteile am „anderen Rechtsträger" anschließend durch den Einbringenden selbst oder dieser übergeordneten Gesellschaft veräußert werden. Nach der hier vertretenen Meinung (→ Rn. 96; ebenso BMF 11.11.2011, BStBl. I 2011, 1314 Rn. 22.24; Widmann/Mayer/Widmann Rn. 257) sollte von einer mittelbaren Veräußerung nur dann ausgegangen werden, falls die übernehmende Gesellschaft oder ihr nachfolgende Gesellschaft diesen Übertragungsvorgang vornimmt.

146 Der Ersatzrealisationstatbestand des Abs. 2 S. 6 iVm Abs. 1 S. 6 Nr. 6 Nr. 4 kann neben der Veräußerung auch durch unentgeltlichen (Abs. 1 S. 6 Nr. 1) oder entgeltlichen (Abs. 1 S. 6 Nr. 2) unmittelbare oder mittelbaren Übertragung erfüllt werden (auch → Rn. 97). Wie bei der mittelbaren Veräußerung sollte von einer mittelbar unentgeltlichen oder entgeltlichen Übertragung nur dann ausgegangen werden, falls der übernehmende Rechtsträger oder ihm nachfolgende Gesellschaft diesen Übertragungsvorgang vornimmt.

147 Der Tatbestand des Abs. 2 S. 6 iVm Abs. 1 S. 6 Nr. 4 setzt voraus, dass die eingebrachten Anteile iSd Abs. 2 S. 2 steuerneutral nach Maßgabe des Abs. 2 S. 6 iVm Abs. 1 S. 6 Nr. 2 auf einen anderen Rechtsträger übertragen wurden. Überträgt dieser die Anteile dann auf einen weiteren Rechtsträger (Folgeeinbringung II), kommt es nicht zum Entstehen eines Einbringungsgewinns II, wenn nachgewiesen wird, dass die Folgeeinbringung II zu BW erfolgte. Abs. 2 S. 6 iVm Abs. 1 S. 6 Nr. 4 verweist auf Abs. 1 S. 6 Nr. 2, sodass mit diesen Buchwertübertragungen nur Übertragungen iSd §§ 20, 21 oder vergleichbare ausl. Vorgänge angesprochen werden (Rödder/Herlinghaus/van Lishaut/Stangl Rn. 439; aA Brandis/Heuermann/Nitzschke Rn. 67; Bauerschmitt/Blöchle BB 2007, 743). Die Übertragung erfolgt zu BW, wenn beim Einbringenden stille Reserven nicht aufzudecken sind (→ Rn. 98). Auf den Ansatz bzw. die Bewertung der eingebrachten Anteile durch den übernehmenden Rechtsträger (vgl. § 21 II 3) der Folgeeinbringung kommt es ggf. nicht an (→ Rn. 98). Diesen Nachw. der Buchwertübertragung muss der Einbringende erbringen, in dessen Person ohne entsprechenden Nachw. der Einbringungsgewinn II zu besteuern wäre (vgl. dazu auch Rödder/Herlinghaus/van Lishaut/Stangl Rn. 499, der davon ausgeht, dass der Einbringende oder die übernehmende Gesellschaft den Nachw. wirksam erbringen kann).

Beispiel:

148 A ist zu 100% am StK der E-GmbH beteiligt. Er überträgt diese Beteiligung an der E-GmbH nach Maßgabe des § 21 steuerneutral auf die M-GmbH. Im Anschluss daran überträgt die M-GmbH die auf sie übertragene Beteiligung an der E-GmbH steuerneutral nach Maßgabe des § 21 auf die T-GmbH. Ein Einbringungsgewinn II in der Person des A entsteht nach Maßgabe des Abs. 2 S. 6 iVm Abs. 1 S. 6 Nr. 4, wenn die T-GmbH die Anteile an der E-GmbH unmittelbar oder mittelbar veräußert, unentgeltlich oder entgeltlich überträgt, es sei denn, A kann nachweisen, dass die Übertragung der Anteile durch die C-GmbH nach Maßgabe der §§ 20, 21 oder vergleichbarer ausl. Vorgänge zu BW erfolgte.

149 **f) Veräußerungssperre nach Abs. 2 S. 6 iVm Abs. 1 S. 6 Nr. 5.** Ein veräußerungsgleiches Ereignis nach Abs. 2 S. 6 iVm Abs. 1 S. 6 Nr. 5 ist gegeben, wenn die aufgrund einer ersten Einbringung eingebrachten Anteile iSd Abs. 2 S. 1 auf eine andere KapGes/Gen gem. §§ 20, 21 oder aufgrund vergleichbarer ausl. Vorgänge übertragen werden (Folgeeinbringung I) und der Einbringende die aus der Einbringung erhaltenen Anteile anschließend
– unmittelbar oder mittelbar veräußert oder
– unmittelbar oder mittelbar unentgeltlich auf eine andere KapGes oder Gen überträgt (Folgeeinbringung II) und der Einbringende nicht nachweist, dass die Folgeeinbringung II zu BW erfolgte.

Der Tatbestand des Abs. 2 S. 6 iVm Abs. 1 S. 6 Nr. 5 setzt zunächst voraus, dass **150** die eingebrachten Anteile iSd Abs. 2 S. 1 steuerneutral nach Maßgabe des Abs. 2 S. 6 iVm Abs. 1 S. 6 Nr. 2 auf einen „anderen Rechtsträger" übertragen wurden (Folgeeinbringung I) und der Einbringende dafür neue Anteile an dem „anderen Rechtsträger" erhält. Die Ersatzrealisation tritt bei der unmittelbaren oder mittelbaren Veräußerung der neuen Anteile an dem „anderen Rechtsträger" innerhalb der ursprünglichen Sperrfrist ein. Damit sanktioniert Abs. 2 S. 6 iVm Abs. 1 S. 6 Nr. 5 zunächst die Veräußerung der „neuen Anteile an dem anderen Rechtsträger" durch den Einbringenden der Folgeeinbringung I. Abs. 2 S. 6 iVm Abs. 1 S. 6 Nr. 5 sanktioniert jedoch auch die mittelbare Veräußerung. Dem Wortlaut dieser Regelung entsprechend wäre Abs. 2 S. 6 iVm Abs. 1 S. 6 Nr. 5 auch erfüllt, wenn Anteile am Einbringenden der Folgeeinbringung I oder diesem übergeordnete Gesellschaft veräußert werden. Von einer mittelbaren Veräußerung kann nach der hier vertretenen Meinung (→ Rn. 100; ebenso Widmann/Mayer/Widmann Rn. 290) nur dann ausgegangen werden, falls der Einbringende der Folgeeinbringung I oder ihm nachfolgende Gesellschaft diese Veräußerung vornimmt.

Der Ersatzrealisationstatbestand des Abs. 2 S. 6 iVm Abs. 1 S. 6 Nr. 5 kann neben **151** einer Veräußerung auch durch unentgeltliche (Abs. 1 S. 6 Nr. 1) oder entgeltliche (Abs. 1 S. 6 Nr. 2) unmittelbare oder mittelbare Übertragung eintreten. Wie bei der mittelbaren Veräußerung sollte von einer mittelbar unentgeltlichen oder entgeltlichen Übertragung nur dann ausgegangen werden, falls der Einbringende der Folgeeinbringung I oder ihm nachfolgende Gesellschaft diesen Übertragungsvorgang vornimmt.

Der Tatbestand des Abs. 2 S. 6 iVm Abs. 1 S. 6 Nr. 5 setzt voraus, dass die einge- **152** brachten Anteile iSd Abs. 2 S. 1 steuerneutral nach Maßgabe des Abs. 2 S. 6 iVm Abs. 1 S. 6 Nr. 2 auf einen anderen Rechtsträger übertragen wurden und der Einbringende dafür „neue Anteile an dem anderen Rechtsträger" erhält. Die Ersatzrealisation tritt bei der unmittelbar oder mittelbar entgeltlichen Übertragung der „neuen Anteile an dem anderen Rechtsträger" innerhalb der ursprünglichen Sperrfrist ein. Damit sanktioniert Abs. 1 S. 6 Nr. 5 zunächst die entgeltliche Übertragung der „neuen Anteile" an dem anderen Rechtsträger" durch den Einbringenden. Überträgt dieser die „neuen Anteile an dem anderen Rechtsträger" dann auf einen weiteren Rechtsträger (Folgeeinbringung II), kommt es bei dem Entstehen eines Einbringungsgewinns II, wenn nachgewiesen wird, dass die Folgeeinbringung II zu BW erfolgte. Abs. 2 S. 6 iVm Abs. 1 S. 6 Nr. 5 verweist auf Abs. 1 S. 6 Nr. 2, sodass mit diesen Buchwertübertragungen nur Übertragungen iSd §§ 20, 21 oder vergleichbarer ausl. Vorgänge angesprochen werden. Die Übertragung erfolgt zu BW, wenn beim Einbringenden stille Reserven nicht aufzudecken sind (→ Rn. 102). Auf den Ansatz bzw. die Bewertung der eingebrachten Anteile durch den übernehmenden Rechtsträger (vgl. 21 II 3) der Folgeeinbringung kommt es nicht an (→ Rn. 102). Diesen Nachw. der Buchwertübertragung muss der Einbringende erbringen, in dessen Person ohne entsprechenden Nachw. der Einbringungsgewinn II zu besteuern wäre.

g) Erfüllung der Voraussetzungen nach § 1 IV. Abs. 2 S. 6 stellt auf die per- **153** sönlichen Anforderungen beim übernehmenden Rechtsträger der Einbringung oder der übernehmenden Gesellschaft aus der Folgeeinbringung (Abs. 2 S. 6 iVm Abs. 1 S. 6 Nr. 4) ab. Der jeweils übernehmende Rechtsträger, der die Anteile iSd Abs. 2 S. 1 hält, muss die Voraussetzungen des § 1 IV erfüllen. Auf den ursprünglich Einbringenden kommt es insoweit nicht an (Rödder/Herlinghaus/van Lishaut/Stangl Rn. 510). Hauptanwendungsfall des Abs. 1 S. 6 iVm § 1 IV ist der Wegzug des übernehmenden Rechtsträgers aus dem Gemeinschaftsgebiet bzw. dem EWR-Raum. Kommt es zu einer unentgeltlichen Rechtsnachfolge, tritt der Rechtsnachfolger in die siebenjährige Sperrfrist ein und muss in seiner Person die Voraussetzungen des § 1 IV erfüllen. Auf die Ansässigkeit des Rechtsvorgängers kommt es dann nicht mehr an (str., → Rn. 103).

154 **h) Nachträgliche Anschaffungskosten (Abs. 2 S. 7).** Abs. 2 S. 7 erklärt Abs. 1 S. 7 für entsprechend anwendbar. Der Einbringungsgewinn II erhöht nach Abs. 2 S. 4 die nachträglichen AK der erhaltenen Anteile. In den Fällen des Abs. 2 S. 6 iVm Abs. 1 S. 6 Nr. 4 und Nr. 5 erhöhen sich gem. Abs. 2 S. 7 iVm Abs. 1 S. 7 die auf einer Einbringung beruhenden Anteile. Die AK der ursprünglich eingebrachten Anteile richten sich nach § 23 II 3 (Widmann/Mayer/Widmann Rn. 250).

10. Zusammentreffen eines Einbringungsgewinns I und Einbringungsgewinns II

155 Im RegE (BT-Drs. 16/2710, 19) fand sich eine Regelung zum Konkurrenzverhältnis zwischen der Besteuerung eines Einbringungsgewinns I und eines Einbringungsgewinns II. § 22 II 4 UmwStG-E ordnete für die Fälle, in denen sowohl die Voraussetzungen des Abs. 1 als auch des Abs. 2 erfüllt waren, an, dass Abs. 1 der Anwendung des Abs. 2 vorgeht. Diese Regelung wurde nicht in das UmwStG aufgenommen, da „aufgrund der rückwirkenden Besteuerung des Einbringungsgewinns im jeweiligen Einbringungszeitpunkt eine Kollision hinsichtlich der Reihenfolge der Besteuerung nach Abs. 1 und 2 nicht mehr eintreten kann" (BT-Drs. 16/3369, 13). Gemeint sind die Fälle der Folgeeinbringung, bei denen ein Vorgang zugleich die Besteuerung des Einbringungsgewinns I und die des Einbringungsgewinns II auslöst. Wird bspw. ein Betrieb, Teilbetrieb oder Mitunternehmeranteil in eine KapGes I eingebracht und dann in einem weiteren Schritt die als Gegenleistung für die Einbringung erhaltenen Anteile an der KapGes in eine weitere KapGes II eingebracht und veräußert anschließend die KapGes II die eingebrachten Anteile innerhalb der siebenjährigen Sperrfrist, bezogen auf die erste Einbringung, löst die Veräußerung gleichzeitig die Besteuerung eines Einbringungsgewinns I nach Abs. 1 S. 6 Nr. 4 und eines Einbringungsgewinns II gem. Abs. 2 S. 1 aus. In einem solchen Fall sind die Rechtsfolgen nach der zeitlichen Reihenfolge der Einbringungen zu ziehen (Dötsch/Pung/Möhlenbrock/Patt Rn. 83; Rödder/Herlinghaus/van Lishaut/Stangl Rn. 514; Dötsch/Pung DB 2006, 2763).

Beispiel (nach Dötsch/Pung DB 2006, 2771):

156 „A bringt am 1.1.2007 sein Einzelunternehmen (gemeiner Wert: 500.000 €, Buchwert 100.000 €) in die A-GmbH zu Buchwerten ein. Am 1.2.2008 bringt er die Anteile an der A-GmbH (gemeiner Wert: 700.000 €) zu Anschaffungskosten (100.000 €) in die B-GmbH ein. Die B-GmbH veräußert die Anteile an der A-GmbH am 1.3.2009 für 1.000.000 €. Die Veräußerung der Anteile an der A-GmbH löst die Entstehung eines Einbringungsgewinns I (§ 22 Abs. 1 Satz 6 Nr. 4 UmwStG) und eines Einbringungsgewinns II (§ 22 Abs. 2 Satz 1) aus. Der für das Jahr 2007 zu erfassende Einbringungsgewinn I beträgt 400.000 € x 6/7 = 342.857 €. Hierbei handelt es sich um einen bei A entstehenden voll steuerpflichtigen Gewinn i.S. des § 16 EStG. Bei Entrichtung der Steuer auf den Einbringungsgewinn I erhöhen sich die Wertansätze für das eingebrachte Betriebsvermögen bei der A-GmbH für das Jahr 2009. Nach § 22 Abs. 1 Satz 4 UmwStG hat A nachträgliche Anschaffungskosten auf die Beteiligung an der A-GmbH i.H. von 342.857 €, so dass die von der B-GmbH im Rahmen der Einbringung in 2008 fortzuführenden Anschaffungskosten des A für die Anteile an der A-GmbH nicht 100.000 €, sondern 442.857 € betragen. Als Reflexwirkung erhöhen sich auch die Anschaffungskosten des A für die Anteile an der B-GmbH um 342.857 € auf 442.857 €. Der für das Jahr 2008 zu erfassende Einbringungsgewinn II beträgt (700.000 € ./. 442.857 €) = 257.143 € x 6/7 = 220.408 €. Dieser bei A zu erfassende Gewinn i.S. des § 17 EStG ist zur Hälfte steuerpflichtig und führt zu nachträglichen Anschaffungskosten für die Anteile an der B-GmbH i.H. von 220.408 €, so dass die fortgeschriebenen Anschaffungskosten 663.265 € betragen. Die B-GmbH kann bei der Ermittlung des Veräußerungsgewinns i.S. des § 8b Abs. 2 Satz 2 KStG in 2009 als Buchwert der

Anteile an der A-GmbH den Betrag von 442.857 € (durch den Einbringungsgewinn I korrigierte Anschaffungskosten des A) zzgl. des Einbringungsgewinns II i.H. von 220.408 € = 663.265 € abziehen, wenn die Steuer auf den Einbringungsgewinn II entrichtet ist und dies durch eine Bescheinigung nachgewiesen wurde. Kann der Nachw. erbracht werden, entsteht bei der B-GmbH ein nach § 8b Abs. 2 i.V. mit § 8b Abs. 3 Satz 1 KStG zu 95% steuerfreier Gewinn i.H. von 336.735 €. Wird die Bescheinigung nicht vorgelegt, entsteht ein zu 95% steuerfreier Gewinn i.H. von 557.143 €, da in diesem Fall als Buchwert der Anteile nur ein Betrag i.H. von 442.857 € berücksichtigt werden kann."

11. Nachweispflicht des Einbringenden (Abs. 3)

Abs. 3 S. 1 Nr. 1 bestimmt die Nachweispflicht in den **Fällen des Abs. 1** für die erhaltenen Anteile und die auf diesen Anteilen beruhenden Anteile. „**Erhaltene Anteile**" sind die durch die originäre Einbringung iSv § 20 erworbenen Anteile bzw. mitverstrickte Anteile iSd Abs. 7 (BMF 11.11.2011, BStBl. I 2011, 1314 Rn. 22.28; Haritz/Menner/Bilitewski/Bilitewski Rn. 277 ff.; Dötsch/Pung/Möhlenbrock/Patt Rn. 86; Brandis/Heuermann/Nitzschke Rn. 87). Mit den auf den erhaltenen Anteilen beruhenden Anteilen iSd Abs. 3 S. 2 Nr. 1 sind die im Rahmen von Folgeeinbringungen (Abs. 1 S. 6 Nr. 2, 4, 5) erhaltenen Anteile gemeint. In den Fällen der Folgeeinbringung hat der Einbringende damit nicht nur die Zurechnung der durch ihn erworbenen Anteile iSd Abs. 1 S. 1 nachzuweisen, sondern gleichzeitig auch die Zurechnung der in die übernehmende Gesellschaft eingebrachten Anteile (Dötsch/Pung/Möhlenbrock/Patt Rn. 86; Rödder/Herlinghaus/van Lishaut/Stangl Rn. 415f; Frotscher/Drüen/Mutscher Rn. 307). Der Nachw. muss unabhängig davon erbracht werden, ob es sich um reine Inlandsfälle oder um grenzüberschreitende Einbringungsfälle handelt (Dötsch/Pung/Möhlenbrock/Patt Rn. 85). Ist **Einbringender eine Mitunternehmerschaft,** so muss nach Auffassung der FVerw nicht nur nachgewiesen werden, wem die sperrfristverhafteten Anteile gehören, sondern es soll auch ein Nachw. notwendig sein, wem die Mitunternehmeranteile gehören (BMF 11.11.2011, BStBl. I 2011, 1314 Rn. 22.28; ausf. dazu Rödder/Herlinghaus/van Lishaut/Stangl Rn. 537). Diese Auffassung ist zwar konsequent, wenn die FVerw davon ausgeht, dass bei der Veräußerung eines Mitunternehmeranteils gleichzeitig die zum Gesamthandsvermögen der PersGes gehörenden sperrfristverhafteten Anteile entgeltlich übertragen werden. Selbst unter diesen Voraussetzungen kann jedoch der FVerw nicht gefolgt werden, für eine Nachweispflicht bezogen auf die Mitunternehmeranteile fehlt es an einer gesetzlichen Grundlage (Brandis/Heuermann/Nitzschke Rn. 87; Haase/Hofacker/Wulff-Dohmen Rn. 423; Benz/Rosenberg DB-Beil. 1/2012, 38; Franz/Winkler/Polatzky BB Special 1/2011, 15).

In den **Fällen des Abs. 2** besteht die Nachweispflicht gem. **Abs. 3 S. 1 Nr. 2** für die **eingebrachten Anteile** und die auf diesen Anteilen beruhenden Anteile. „Beruhende Anteile" idS sind die aus einer Weitereinbringung erhaltenen Anteile, sodass sich die Nachweispflicht des Einbringenden ggf. auf mehrere Anteile bei unterschiedlichen Rechtsträgern erstreckt (Rödder/Herlinghaus/van Lishaut/Stangl Rn. 519; Dötsch/Pung/Möhlenbrock/Patt Rn. 86; Söffing/Lange DStR 2007, 1607). Da Abs. 3 Nr. 2 auf Abs. 2 verweist, besteht eine Nachweispflicht nach richtiger Auffassung nur dann, wenn die Einbringung von Anteilen mit dem gemeinen Wert erfolgte, der Einbringende eine nach § 8b II KStG begünstigte Person ist, er alle erhaltenen Anteile bereits veräußert hat oder eine Besteuerung nach § 6 AStG ohne Stundung erfolgt ist (OFD Koblenz 5.11.2007, DStR 2008, 408; Dötsch/Pung/Möhlenbrock/Patt Rn. 84a; Rödder/Herlinghaus/van Lishaut/Stangl Rn. 519; Haase/Hruschka/Wulff-Dohmen Rn. 410; Widmann/Mayer/Widmann Rn. 346).

Erfolgt die Einbringung eines Betriebs, Teilbetriebs oder Mitunternehmeranteils zusammen mit Anteilen an einer KapGes oder Gen zum BW oder zum ZW, hat der Einbringende sowohl die Nachweispflicht nach Abs. 3 S. 1 Nr. 1 als auch nach Nr. 2 zu erfüllen (Dötsch/Pung/Möhlenbrock/Patt Rn. 87; Ott DStZ 2020, 561).

160 **Nachweispflichtig** ist der Einbringende. Einbringender ist im Falle des Abs. 2 S. 1 Nr. 1 die Person, die den Einbringungsgegenstand übertragen und damit die Anteile iSd Abs. 1 S. 1 erhalten hat. Wird ein Betrieb, Teilbetrieb durch eine PersGes eingebracht, ist die PersGes nachweispflichtig (BMF 11.11.2011, BStBl. I 2011, 1314 Rn. 22.28; Benz/Rosenberg DB-Beil. 1/2012, 38; vgl. auch Frotscher/Drüen/Mutscher Rn. 319; zur Nachweispflicht bzgl. des Mitunternehmeranteils → Rn. 157). In den Fällen des Abs. 3 S. 1 Nr. 2 ist die Person nachweispflichtig, die die Anteile auf den übernehmenden Rechtsträger übertragen hat. Die Nachweispflicht des Einbringenden bezieht sich nicht nur auf die erhaltenen bzw. eingebrachten Anteile, sondern auf die auf diesen Anteilen beruhenden Anteile. Bei einer **unentgeltlichen Übertragung** der Anteile gilt der Rechtsnachfolger des Einbringenden als Einbringender (Abs. 6) und muss daher die entsprechenden Nachweispflichten in eigener Person als Rechtsträger erfüllen (BMF 11.11.2011, BStBl. I 2011, 1314 Rn. 22.28; Widmann/Mayer/Widmann Rn. 369; Dötsch/Pung/Möhlenbrock/Patt Rn. 89; Rödder/Herlinghaus/van Lishaut/Stangl Rn. 519; Frotscher/Drüen/Mutscher Rn. 318; HK-UmwStG/Wochinger Rn. 101; Haase/Hofacker/Wulff-Dohmen Rn. 423). In den Fällen von mitverstrickten Anteilen iSd Abs. 7 muss neben dem Einbringenden auch der Anteilseigner der mitverstrickten Anteile die Nachweispflicht erfüllen (BMF 11.11.2011, BStBl. I 2011, 1314 Rn. 22.28; Dötsch/Pung/Möhlenbrock/Patt Rn. 89; Haritz/Menner/Bilitewski/Bilitewski Rn. 279; Brandis/Heuermann/Nitzschke Rn. 88). Sind mehrere Personen nachweispflichtig und erfüllt einer der Nachweispflichtigen seine Verpflichtung nicht, so entsteht nur insoweit nachträglich ein Einbringungsgewinn (vgl. Beispiel bei Dötsch/Pung/Möhlenbrock/Patt Rn. 92). Erfüllt der unentgeltliche Rechtsnachfolger die Nachweispflicht nicht, entsteht gem. Abs. 6 in seiner Person der nachträgliche Einbringungsgewinn I, denn der unentgeltliche Rechtsnachfolger gilt als Einbringender iSd Abs. 1–5 (aA BMF 11.11.2011, BStBl. I 2011, 1314 Rn. 22.41; Widmann/Mayer/Widmann Rn. 369; Dötsch/Pung/Möhlenbrock/Patt Rn. 106; Bordewin/Brandt/Graw Rn. 328). Für den Nachweispflichtigen kann auch ein Bevollmächtigter handeln (Rödder/Herlinghaus/van Lishaut/Stangl Rn. 519; Dötsch/Pung/Möhlenbrock/Patt Rn. 89; Ott DStZ 2020, 561).

161 Der Nachw. ist **„jährlich spätestens bis zum 31. Mai"** zu erbringen. Fällt der 31.5. auf einen Sonnabend, einen am Sitz des FA staatlichen Feiertag oder einen Sonntag, ist der Nachweis gem. § 108 I AO iVm § 193 BGB am nächsten Werktag zu führen (Widmann/Mayer/Widmann Rn. 347; Eisgruber/Eisgruber Rn. 298; Lademann/Jäschke Rn. 26). Nach dem Willen des Gesetzgebers handelt es sich hierbei nicht um eine Ausschlussfrist (BT-Drs. 16/2710, 49; idS auch Rödder/Herlinghaus/van Lishaut/Stangl Rn. 185; BeckOK UmwStG/Dürrschmidt Rn. 1608; Strahl KÖSDI 2007 15455; Hagemann/Jakob/Ropohl/Viebrock NWB-Sonderheft 1/2007, 40), dem widerspricht ein Teil der Lit. (Dötsch/Pung/Möhlenbrock/Patt Rn. 91b; Lademann/Jäschke Rn. 26; Förster/Wendland DB 2007, 631). Die FVerw (BMF 11.11.2011, BStBl. I 2011, 1314 Rn. 22.33) geht davon aus, dass die Nachweisfrist nicht verlängert werden kann. Erbringt der Einbringende den Nachw. erst nach Ablauf der Frist, „können" bzw. müssen (Selbstbindung der Verwaltung; vgl. Rödder/Herlinghaus/van Lishaut/Stangl Rn. 519 Fn. 7; Eisgruber/Eisgruber Rn. 293) die Angaben aber noch berücksichtigt werden, wenn eine Änderung der betroffenen Bescheide verfahrensrechtlich möglich ist (vgl. → Rn. 165). Dies bedeutet, dass im Fall der Rechtsbehelfsverfahrens der Nachw. längstens noch bis zum Abschluss des Klageverfahrens erbracht werden kann; steht der Steuerbescheid unter dem Vorbehalt der Nachprüfung, kann der Nachw. erbracht werden, solange der Vorbehalt wirksam ist (vgl. Lademann/Jäschke Rn. 26).

Zuständiges FA für die Erbringung des Nachw. ist das für die Besteuerung des **162** Einbringenden zuständige FA (BMF 11.11.2011, BStBl. I 2011, 1314 Rn. 22.29; FM Schleswig-Holstein 2.3.2016, DB 2016, 623; Rödder/Herlinghaus/van Lishaut/Stangl Rn. 190; Widmann/Mayer/Widmann Rn. 378; Brandis/Heuermann/Nitzschke Rn. 88; Dötsch/Pung/Möhlenbrock/Patt Rn. 90a). Der unentgeltliche Rechtsnachfolger hat den Nachw. bei dem für ihn zuständigen FA abzugeben (wie hier Haritz/Menner/Bilitewski Rn. 290; FM Schleswig-Holstein 2.3.2016, DB 2016, 623;Dötsch/Pung/Möhlenbrock/Patt Rn. 90a; Widmann/Mayer/Widmann Rn. 378; Lademann/Jäschke Rn. 25; unklar BMF 11.11.2011, BStBl. I 2011, 1314 Rn. 22.29). Scheidet der Einbringende nach der Einbringung aus der unbeschränkten StPfl aus, ist der Nachw. beim FA iSd § 6 VII AStG zu erbringen (BMF 11.11.2011, BStBl. I 2011, 1314 Rn. 22.29; Frotscher/Drüen/Mutscher Rn. 320; Rödder/Herlinghaus/van Lishaut/Stangl Rn. 532). War der Einbringende vor der Einbringung in Deutschland beschränkt stpfl., hat er den Nachw. bei dem für den VZ der Einbringung zuständigen FA zu erbringen (BMF 11.11.2011, BStBl. I 2011, 1314 Rn. 22.29).

Die **Art des Nachw.** ist gesetzlich nicht bestimmt. In den Fällen der Sacheinlage **163** hat der Einbringende eine schriftliche Erklärung darüber abzugeben, wem seit der Einbringung die erhaltenen Anteile als wirtschaftlichem Eigentümer zuzurechnen sind. Sind die Anteile zum maßgebenden Zeitpunkt dem Einbringenden zuzurechnen, hat er darüber hinaus nach Meinung der FVerw eine Bestätigung der übernehmenden Gesellschaft über seine Gesellschafterstellung vorzulegen (BMF 11.11.2011, BStBl. I 2011, 1314 Rn. 22.30; krit. Franz/Winter/Polatzky BB Special 1/2011, 15). Ist Einbringender eine Mitunternehmerschaft, so hat sie auch nachzuweisen, wem die Mitunternehmeranteile zuzurechnen sind (BMF 11.11.2011, BStBl. I 2011, 1314 Rn. 22.28; → Rn. 157). In allen anderen Fällen hat er nachzuweisen, an wen und auf welche Weise die Anteile übertragen worden sind. In den Fällen des Anteilstausches ist eine entsprechende Bestätigung der übernehmenden Gesellschaft über das wirtschaftliche Eigentum an den eingebrachten Anteilen und zur Gesellschafterstellung ausreichend; die Gesellschafterstellung kann auch durch Vorlage der StB der übernehmenden Gesellschaft nachgewiesen werden. Der Nachw. der Gesellschafterstellung kann auch anderweitig, zB durch Vorlage eines Auszugs aus dem Aktienregister (§ 67 AktG), einer Gesellschafterliste (§ 40 GmbHG), einer Mitgliederliste (§ 15 II GenG) oder der Vorlage einer StB, zum jew. Stichtag erbracht werden (BMF 11.11.2011, BStBl. I 2011, 1314 Rn. 22.30).

Der Einbringende hat den Nachw. in den dem Einbringungszeitpunkt folgenden **164** **sieben Jahren,** und zwar jährlich, zu erbringen. Dabei ist nachzuweisen, wem mit Ablauf des Tages, der dem maßgebenden Einbringungszeitraum entspricht, die betroffenen Anteile zuzurechnen sind, dh wer wirtschaftlicher Eigentümer der Anteile ist (BMF 11.11.2011, BStBl. I 2011, 1314 Rn. 22.30; Rödder/Herlinghaus/van Lishaut/Stangl Rn. 522; Söffing/Lange DStR 2007, 1607). Nach herrschender Auffassung ist der erstmalige Nachw. grds. bis zum 31.5. zu erbringen, welcher ein Jahr nach dem stl. Einbringungsstichtag liegt (BMF 11.11.2011, BStBl. I 2011, 1314 Rn. 22.30; Dötsch/Pung/Möhlenbrock/Patt Rn. 91; Rödder/Herlinghaus/van Lishaut/Stangl Rn. 523; aA Förster/Wendland DB 2007, 631). Für den Fall, dass das erste „Überwachungsjahr" nach dem 31.5. des der Einbringung folgenden Kj. endet, ist der Nachw. spätestens zum 31.5. des Folgejahrs zu erbringen (BMF 11.11.2011, BStBl. I 2011, 1314 Rn. 22.31; Dötsch/Pung/Möhlenbrock/Patt Rn. 91; Rödder/Herlinghaus/van Lishaut/Stangl Rn. 523), dh: Erfolgte die Einbringung zum 1.7.2007, beginnt der Überwachungszeitraum am 2.7.2007 und endet am 1.7.2008. Da der Einbringende den Nachw., wem die Anteile am 1.7.2008 zuzurechnen sind, aus tatsächlichen Gründen nicht zum 31.5.2008 erbringen kann, ist er spätestens zum 31.5.2009 zu erbringen. Der Nachw. ist auch noch zu erbringen, wenn zwischen dem Ablauf des Tages, der dem maßgebenden Einbringungszeitraum entspricht, und dem 31.5. die Anteile veräußert wurden (Widmann/Mayer/Widmann Rn. 372; Söffing/Lange DStR 2007, 1607).

165 Wurde der **Nachw.** für einen „Überwachungszeitraum" **erbracht,** mindert sich ein später entstehender Einbringungsgewinn pro Überwachungszeitraum um jew. ein Siebtel. Wird der **Nachw.** durch den Einbringenden **nicht erbracht,** gelten die Anteile nach Abs. 3 S. 2 iSd Abs. 1, 2 an dem Tag als veräußert, der dem Einbringungszeitpunkt folgt. Damit gilt die Veräußerungsfiktion jew. nur für das Zeitjahr, für das der Nachw. nicht erbracht wird. Der Nachw. gilt nicht als erbracht, wenn er inhaltlich unzutr. ist (Widmann/Mayer/Widmann Rn. 381). Nicht abschließend geklärt ist (vgl. Rn. 161), welche Rechtsfolgen eintreten, wenn der in Abs. 3 geforderte Nachweis nicht bis zum 31. Mai, sondern erst später erbracht wird. Erbringt der Einbringende den Nachweis erst nach dem 31. Mai und damit „nicht rechtzeitig", kann nach Auffassung der FVerw (BMF 11.11.2011, BStBl. I 2011, 1314 Rn. 22.33) die entsprechende Angabe des Steuerpflichtigen noch berücksichtigt werden, wenn eine Änderung der betroffenen Bescheide verfahrensrechtlich möglich ist. Entgegen dem Willen des Gesetzgebers (BT-Drs 16/2710, 49) gehen Teile der Literatur (Dötsch/Pung/Möhlenbrock/Patt Rn. 91a; Lademann/Jeschke Rn. 26) davon aus, dass es sich bei der Bezugnahme auf den 31. Mai um eine **Ausschlussfrist** handelt. Werden die entsprechenden Nachweise erst nach dem 31. Mai durch den Steuerpflichtigen erbracht, so sollen diese Nachweise nur noch unter den Voraussetzungen einer Wiedereinsetzung in den vorherigen Stand auf entsprechenden Antrag hin Berücksichtigung finden, widrigenfalls bliebe nur ein Antrag auf sachliche Billigkeit (Dötsch/Pung/Möhlenbrock/Patt Rn. 91a). Im Ergebnis ist die Auffassung der FVerw überzeugend. Nach Abs. 3 S. 1 hat der Einbringende spätestens bis zum 31. Mai den Nachweis darüber zu erbringen, wem die eingebrachten Anteile zuzurechnen sind. Die Rechtsfolgen, was geschieht, wenn der entsprechende Nachweis nicht bis zum 31. Mai vorliegt, regelt Abs. 3 S. 1 nicht. Abs. 3 S. 2 regelt – ohne ausdrücklichen Bezug auf Abs. 3 S. 1 – die Rechtsfolgen, wenn der entsprechende Nachweis (überhaupt) nicht erbracht wird. Daher lässt sich aus dem Gesetzeswortlaut unmittelbar nicht entnehmen, dass es sich bei Abs. 3 S. 1 um eine Ausschlussfrist in der Form handelt, dass nach Ablauf der Frist automatisch die ganz erheblichen Rechtsfolgen des Abs. 3 S. 2 eintreten. Vergleicht man den Wortlaut des Abs. 3 mit anderen Regelungen, in denen Ausschlussfristen ausdrücklich geregelt sind, wie etwa § 364b AO, spricht viel dafür, dass Abs. 3 S. 1 keine Ausschlussfrist darstellt, so dass bei Auslegung der Vorschrift der Wille des Gesetzgebers (keine Ausschlussfrist) berücksichtigt werden kann bzw. muss. Die Auffassung der FVerw entspricht iÜ auch dem Grundsatz der Verhältnismäßigkeit. Abs. 3 verfolgt den legitimen Zweck, die Besteuerung der stillen Reserven innerhalb der Sperrfrist sicherzustellen. Eine entsprechende Nachweispflicht von Seiten des Steuerpflichtigen ist gerade bei Auslandssachverhalten notwendig bzw. zweckmäßig. Dieser Sicherungszweck wird aber auch dann erreicht, wenn man davon ausgeht, dass Abs. 3 S. 1 keine Ausschlussfrist im oben dargestellten Sinne normiert. Dabei ist auch zu berücksichtigen, dass bei komplexen Kettenumwandlungen die richtige Erbringung des Nachweises oftmals rechtlich schwierig ist. Ob zB sog. Mitverstrickte Anteile nach Abs. 7 vorliegen, kann streitig sein. Zudem bestimmt das Gesetz nicht ausdrücklich, gegenüber welchem FA der Nachweis erfolgen muss.

Beispiel nach BMF 11.11.2011, BStBl. I 2011, 1314 Rn. 22.28:

166 A hat seinen Betrieb zum 1.3.2007 (Einbringungszeitpunkt) zu BW gegen Gewährung von Anteilen in die X-GmbH eingebracht (§ 20 II). Den Nachw., wem die Anteile an der X-GmbH zum *1.3.2008* zuzurechnen sind, hat er zum 31.5.2008 erbracht. Ein Nachw., wem die Anteile an der X-GmbH zum *1.3.2009* zuzurechnen sind, wurde bis zum 31.5.2009 nicht vorgelegt. Nach Abs. 3 S. 1 hat A erstmals bis zum 31.5.2008 nachzuweisen, wem die Anteile an der X-GmbH zum 1.3.2008 zuzurechnen sind. Dieser Nachw. wurde erbracht (Überwachungszeitraum

v. 2.3.2007 bis zum 1.3.2008). Da A jedoch den bis zum 31.5.2009 vorzulegenden Nachw., wem die Anteile an der X-GmbH zum 1.3.2009 zuzurechnen sind (Überwachungszeitraum v. 2.3.2008 bis 1.3.2009), nicht erbracht hat, gelten die Anteile nach Abs. 3 S. 2 als am 2.3.2008 veräußert. Als Folge hiervon ist eine rückwirkende Besteuerung des Einbringungsgewinns I zum 1.3.2007 durchzuführen.

In den Fällen des Abs. 1 gilt die Veräußerungsfiktion für die erhaltenen Anteile **167** und in den Fällen des Abs. 2 für die eingebrachten Anteile. Unstreitig ist, ob die Veräußerungsfiktion des Abs. 3 nicht nur die rückwirkende Besteuerung des Einbringungsgewinns, sondern auch die Besteuerung des **Gewinns aus der – fiktiven – Veräußerung der Anteile** (im Beispiel → Rn. 166 Veräußerungsgewinn zum 2.3.2008) zur Folge hat (so BMF 11.11.2011, BStBl. I 2011, 1314 Rn. 22.32; Dötsch/Pung DB 2006, 2763; Strahl KÖSDI 2007, 15442; aA zu Recht Rödder/ Herlinghaus/van Lishaut/Stangl Rn. 536; Dötsch/Pung/Möhlenbrock/Patt Rn. 93; Widmann/Mayer/Widmann Rn. 373; Frotscher/Drüen/Mutscher Rn. 322; Haritz/Menner/Bilitewski/Bilitewski Rn. 297; Lademann/Jäschke Rn. 27; Bordewin/Brandt/Graw Rn. 277; Eisgruber/Eisgruber Rn. 269; Brandis/Heuermann/ Nitzschke Rn. 89; Desens Beihefter zu DStR 46/2010, 80; Förster/Wendland BB 2007, 631; Söffing/Lange DStR 2007, 1607; Rödder/Schumacher DStR 2007, 369). Aus der Systematik des Abs. 3 S. 2 ergibt sich, dass die Regelung nur Bedeutung haben soll für die Besteuerung eines möglichen Einbringungsgewinns, nicht jedoch bei einer Versteuerung eines fiktiven Veräußerungsgewinns. Gegen die Versteuerung eines fiktiven Veräußerungsgewinns spricht insbes., dass der fiktive Veräußerungspreis nicht gesetzlich definiert ist.

12. Juristische Personen des öffentlichen Rechts und steuerbefreite Körperschaften als Veräußerer (Abs. 4)

Jur. Personen des öffentlichen Rechts und von der KSt befreite Körperschaften **168** können Einbringende einer Sacheinlage in eine KapGes nach Abs. 1 sein. Jur. Personen des öffentlichen Rechts sind nach § 1 I Nr. 6 KStG nur mit ihrem Betrieb gewerblicher Art kstpfl. Kein Betrieb gewerblicher Art stellt die reine Vermögensverwaltung dar. Darunter fällt die Nutzung des Vermögens durch Anlage von KapVerm, aber auch das Halten von Beteiligungen an KapGes. Daran knüpft Abs. 4 an. Abs. 4 bezieht sich ausschließlich auf Einbringungen iSd Abs. 1. Dh, es muss sich um eine Sacheinlage iSd § 20 I handeln, die aus BV oder ZW erfolgte (Lademann/Jäschke Rn. 28; Rödder/Herlinghaus/van Lishaut/Stangl Rn. 545).

Abs. 4 ist nicht einschlägig für die Fälle des Anteilstausches bzw. soweit zur Sach- **169** einlage Anteile an einer KapGes oder Gen gehört haben (Widmann/Mayer/Widmann Rn. 384; Lademann/Jäschke Rn. 28; Rödder/Herlinghaus/van Lishaut/ Stangl Rn. 545).

Werden die erhaltenen Anteile iSd Abs. 1 S. 1 durch die einbringende jur. Person **170** des öffentlichen Rechts bzw. die von der KSt befreite Körperschaft innerhalb der Sperrfrist von sieben Jahren veräußert, entsteht gem. Abs. 1 ein **Einbringungsgewinn I** in der Person des Einbringenden. Dieser Gewinn wird nach Maßgabe des Abs. 1 rückwirkend besteuert, was dazu führt, dass dieser bei den einbringenden jur. Personen des öffentlichen Rechts noch im Betrieb gewerblicher Art bzw. bei einbringenden steuerbefreiten Körperschaften noch im wirtschaftlichen Geschäftsbetrieb erfolgt und damit noch in der steuerverhafteten Sphäre (BMF 11.11.2011, BStBl. I 2011, 1314 Rn. 22.34; Lademann/Jäschke Rn. 29). Ob der Einbringungsgewinn I Veräußerungsgewinn iSd § 20 I Nr. 10 lit. b S. 1 EStG ist und damit nach § 43 I Nr. 7c EStG eine Kapitalertragsteuerpflicht entsteht, wird unterschiedlich beantwortet (vgl. dazu Orth DB 2007, 419; Widmann/Mayer/Widmann Rn. 386;

Dötsch/Pung/Möhlenbrock/Patt Rn. 59c; Lademann/Jäschke Rn. 29; Haase/Hofacker/Wolff-Dohmen Rn. 457).

171 Abs. 4 Nr. 1 und Nr. 2 beziehen sich ausschließlich auf den **Anteilsveräußerungsgewinn**. Abs. 1 erfasst die stillen Reserven im Zeitpunkt der Einbringung; die Abschmelzungsregelung des Abs. 1 S. 1 bewirkt aber, dass nicht alle stillen Reserven im eingebrachten Vermögen der Besteuerung unterworfen werden. Abs. 4 Nr. 1 und Nr. 2 ordnet im Ergebnis auch die Besteuerung der nicht durch Abs. 1 erfassten stillen Reserven im Zeitpunkt der Veräußerung in Form der Besteuerung eines Gewinns aus der Anteilsveräußerung. Nach Abs. 4 Nr. 1 gilt der Gewinn aus der Veräußerung der erhaltenen Anteile als in einem Betrieb gewerblicher Art der jur. Person des öffentlichen Rechts entstanden. Nach Abs. 4 Nr. 2 gilt der Gewinn aus der Veräußerung der erhaltenen Anteile als in einem wirtschaftlichen Geschäftsbetrieb der steuerbefreiten Körperschaft entstanden. Abs. 4 bezieht sich auf Abs. 1, sodass die Steuerverhaftung des Abs. 4 bezogen auf den Anteilsveräußerungsgewinn nur während der siebenjährigen Sperrfrist gilt; wird nach **Ablauf der Sperrfrist** veräußert, findet Abs. 4 keine Anwendung (Lademann/Jäschke Rn. 28; Rödder/Herlinghaus/van Lishaut/Stangl Rn. 549). Der innerhalb der Sperrfrist stpfl. Anteilsveräußerungsgewinn unterliegt den Regelungen des § 8b KStG (BMF 11.11.2011, BStBl. I 2011, 1314 Rn. 22.35; Widmann/Mayer/Widmann Rn. 389; Lademann/Jäschke Rn. 29; Rödder/Herlinghaus/van Lishaut/Stangl Rn. 549). Ob der Anteilsveräußerungsgewinn der GewSt unterliegt, ist nicht abschließend geklärt (dagegen Orth DB 2007, 419; Widmann/Mayer/Widmann Rn. 389; Haritz/Menner/Bilitewski/Bilitewski Rn. 305; dafür Dötsch/Pung/Möhlenbrock/Patt Rn. 95). Unabhängig von der Geltung des § 8b II KStG kommt es nach § 8 I KStG, § 20 I Nr. 10 lit. b S. 1 EStG, § 43 I 1 Nr. 7c EStG zu einem Kapitalertragsteuer-Abzug (BMF 11.11.2011, BStBl. I 2011, 1314 Rn. 37; Lademann/Jäschke Rn. 29; Rödder/Herlinghaus/van Lishaut/Stangl Rn. 550). Die Ausnahme des § 44a VII 1 EStG ist zu beachten. Abs. 4 bezieht sich nur auf eine Veräußerung, dh Vorgänge iSv Abs. 1 S. 6 lösen zwar einen Einbringungsgewinn, nicht aber einen Veräußerungsgewinn iSv Abs. 4 aus (Widmann/Mayer/Widmann Rn. 390; Rödder/Herlinghaus/van Lishaut/Stangl Rn. 545; aA Haritz/Menner/Bilitewski/Bilitewski Rn. 307; Lademann/Jäschke Rn. 29).

13. Bescheinigung des Einbringungsgewinns (Abs. 5)

172 Das für den Einbringenden zuständige FA hat auf Antrag der übernehmenden Gesellschaft die Höhe des zu versteuernden Einbringungsgewinns, die darauf entfallende festgesetzte Steuer und den darauf entrichteten Betrag zu bescheinigen. Der Antrag ist formfrei möglich (Rödder/Herlinghaus/van Lishaut/Stangl Rn. 555; Lademann/Jäschke Rn. 30; Brandis/Heuermann/Nitzschke Rn. 92). Die Bescheinigung ist Voraussetzung für die Aufstockung der BW der übernehmenden Gesellschaft (§ 23 II). Ob die Zuständigkeit des FA des Einbringenden auch dann erhalten bleibt, wenn es zu einer unentgeltlichen Rechtsnachfolge gem. Abs. 6 kommt, ist nicht abschließend geklärt. Soweit Abs. 6 auch auf Abs. 5 verweist, muss der Antrag an das FA des Rechtsnachfolgers gerichtet werden und auch dieses die Bescheinigung erstellen (Haritz/Menner/Bilitewski/Bilitewski Rn. 310; Brandis/Heuermann/Nitzschke Rn. 92; BeckOK UmwStG/Dürrschmidt Rn. 2164; aA Dötsch/Pung/Möhlenbrock/Patt Rn. 102 mit dem Hinweis, dass das FA des Rechtsnachfolgers nicht über die entsprechenden Informationen verfügt; Widmann/Mayer/Widmann Rn. 410; Rödder/Herlinghaus/van Lishaut/Stangl Rn. 556; offengelassen durch Frotscher/Drüen/Mutscher Rn. 332). Ist Einbringender eine PersGes, muss die Bescheinigung betreffend die ESt bei dem für den einzelnen MU zuständigen FA beantragt werden (Widmann/Mayer/Widmann Rn. 409; Dötsch/Pung/Möhlenbrock/Patt Rn. 102 Brandis/Heuermann/Nitzschke Rn. 92; aA Haritz/Menner/Bilitewski/Bilitewski Rn. 310). Bei der entrichteten Steuer handelt es sich um die ESt und KSt, nach umstrittener Meinung aber nicht um die GewSt (Dötsch/Pung/Möhlenbrock/Patt Rn. 104; BeckOK UmwStG/Dürrschmidt Rn. 2004; Frotscher/Drüen/Mutscher Rn. 104; wohl auch BMF 11.11.2011, BStBl. I 2011, 1314 Rn. 22.38; aA Widmann/Mayer/Widmann Rn. 415; → § 23 Rn. 39). Die Steuer ist nicht entrichtet bei Stundung, Aussetzung der Vollziehung, Erlass (Widmann/Mayer/Widmann Rn. 422; aA Rödder/Herlinghaus/van Lishaut/Ritzer § 23 Rn. 127) oder Verjährung (Widmann/Mayer/Widmann Rn. 423; Rödder/Herlinghaus/van Lishaut/Ritzer § 23 Rn. 124). Die Bescheinigung ist Grundlagenbescheid für die Veranlagung des übernehmenden Rechtsträgers (BMF 11.11.2011, BStBl. I 2011, 1314 Rn. 23.10; Widmann/Mayer/Widmann Rn. 429; aA BeckOK UmwStG/Dürrschmidt Rn. 2194; → § 23 Rn. 44).

Nach Abs. 5 Hs. 2 sind nachträgliche Minderungen des versteuerten Einbringungsgewinns sowie die darauf entfallenden festgesetzten Steuern und der darauf entrichtete Betrag dem für die übernehmende Gesellschaft zuständigen FA von Amts wegen mitzuteilen (BMF 11.11.2011, BStBl. I 2011, 1314 Rn. 22.40). **173**

14. Unentgeltliche Rechtsnachfolge (Abs. 6)

Abs. 6 regelt mögliche ertragstl. Folgen in den Fällen der unentgeltlichen Rechtsnachfolge im Hinblick auf den Einbringungsgewinn I und II. Zu einer unentgeltlichen Rechtsnachfolge kommt es bei der **unentgeltlichen Übertragung** von Anteilen iSd Abs. 1, Abs. 2. Eine unentgeltliche Übertragung liegt vor, wenn die erhaltenen bzw. die eingebrachten Anteile nach dem Willen der Vertragsparteien ohne Gegenleistung übertragen werden. Dies ist insbes. der Fall bei der reinen Schenkung, Sachvermächtnis und der Erbfolge. Zu einer unentgeltlichen Rechtsnachfolge kommt es auch in den Fällen des Abs. 7 (→ Rn. 181; BMF 11.11.2011, BStBl. I 2011, 1314 Rn. 22.43; Frotscher/Drüen/Mutscher Rn. 354). Entspricht der Wert der Gegenleistung nicht dem Wert der erhaltenen Anteile und liegt somit ein **teilentgeltliches Geschäft** vor, so ist dieses Geschäft nach dem Verhältnis des Wertes der übertragenen Anteile zur Gegenleistung in ein voll entgeltliches Veräußerungsgeschäft und ein voll unentgeltliches Geschäft aufzuteilen. Lediglich hinsichtlich des unentgeltlichen Teils tritt die Rechtsnachfolge in die Rechtsstellung des Rechtsvorgängers ein (Widmann/Mayer/Widmann Rn. 447; Dötsch/Pung/Möhlenbrock/Patt Rn. 30; Rödder/Herlinghaus/van Lishaut/Stangl Rn. 559; Eisgruber/Eisgruber Rn. 247; Frotscher/Drüen/Mutscher Rn. 340; Lademann/Jäschke Rn. 31). **174**

Kommt es zu einer Übertragung der erhaltenen oder eingebrachten Anteile aus dem BV in das Gesamthandsvermögen einer PersGes nach Maßgabe des **§ 6 V 3 ff. EStG**, ohne dass Gesellschaftsrechte gewährt werden, liegt eine verdeckte Einlage vor, eine Gegenleistung für die Übertragung der Anteile wird nicht gewährt, sodass es zur unentgeltlichen Rechtsnachfolge kommt (→ Rn. 33, → Rn. 77; ebenso BMF 11.11.2011, BStBl. I 2011, 1314 Rn. 22.41; Haritz/Menner/Bilitewski/Bilitewski Rn. 323; Lademann/Jäschke Rn. 31; Brandis/Heuermann/Nitzschke Rn. 93). **175**

Wird eine Körperschaft, in deren Vermögen sich Anteile iSd Abs. 1 bzw. Abs. 2 befinden, auf einen anderen Rechtsträger **verschmolzen** bzw. kommt es zu einer Auf- oder Abspaltung oder liegt ein vergleichbarer ausl. Vorgang vor, so liegt darin nach der hier vertretenen Auffassung keine unentgeltliche Übertragung, und zwar unabhängig davon, ob man in diesem Verschmelzungsvorgang eine Veräußerung iSd Abs. 1 S. 1 bzw. Abs. 2 S. 2 sieht oder nicht (→ Rn. 36 f.). Die Vermögensübertragung ist jedenfalls ein veräußerungsgleicher Vorgang damit nicht unentgeltlich; Abs. 6 findet keine Anwendung. Dies gilt auch für die Einbringungsfälle nach §§ 20, 21 und 24 (wie hier Rödder/Herlinghaus/van Lishaut/Stangl Rn. 560). **176**

D UmwStG § 22 177–180   Umwandlungssteuergesetz

Soweit man davon ausgeht, dass die übertragende Umw nicht den Einbringungsgewinn I, II auslöst (→ Rn. 38), kommt es nach § 4 II, III, § 12 III, § 23 oder § 24 IV zu einer Rechtsnachfolge (vgl. Widmann/Mayer/Widmann Rn. 453).

177 Zu einer Rechtsnachfolge kommt es nicht, wenn bereits die unentgeltliche Übertragung die Versteuerung des Einbringungsgewinns auslöst, wie dies zB bei der verdeckten Einlage in eine KapGes der Fall ist (BMF 11.11.2011, BStBl. I 2011, 1314 Rn. 22.03, Rn. 22.28; Dötsch/Pung/Möhlenbrock/Patt Rn. 106; Rödder/Herlinghaus/van Lishaut/Stangl Rn. 560; Widmann/Mayer/Widmann Rn. 445; Haritz/Menner/Bilitewski/Bilitewski Rn. 322).

178 Liegt eine unentgeltliche Rechtsnachfolge iSd Abs. 6 vor, **gilt der unentgeltliche Rechtsnachfolger des Einbringenden** für die Anwendung des Abs. 1–5 **als Einbringender.** Darin liegt eine gesetzliche Fiktion. Den unentgeltlichen Rechtsnachfolger treffen die Nachweispflichten nach Abs. 3 und er tritt bei erhaltenen Anteilen in die siebenjährige Sperrfrist des Rechtsvorgängers ein (BMF 11.11.2011, BStBl. I 2011, 1314 Rn. 22.03, 22.28; Dötsch/Pung/Möhlenbrock/Patt Rn. 106; Frotscher/Drüen/Mutscher Rn. 347; BeckOK UmwStG/Dürrschmidt Rn. 2295). Veräußert er die für eine Sacheinlage erhaltenen Anteile oder tritt bei ihm ein schädliches Ereignis iSd Abs. 1 S. 6 Nr. 1–6 ein (BT-Drs. 16/2710, 50; BMF 11.11.2011, BStBl. I 2011, 1314 Rn. 22.42), kommt es zu einer nachträglichen Besteuerung des Einbringungsvorgangs. Die Besteuerungsfolgen treten nach der hier vertretenen Auffassung beim Rechtsnachfolger ein, denn der unentgeltliche Rechtsnachfolger des Einbringenden gilt als Einbringender iSv Abs. 1–5 und tritt damit an die Stelle des Rechtsvorgängers (ebenso Bordewin/Brandt/Graw Rn. 307; Schell/Krohn DB 2012, 1172; Brandis/Heuermann/Nitzschke Rn. 93; Ott DStZ 2023, 76; aA BMF 11.11.2011, BStBl. I 2011, 1314 Rn. 22.41; Dötsch/Pung/Möhlenbrock/Patt Rn. 106; Widmann/Mayer/Widmann Rn. 174; Lademann/Jäschke Rn. 31; Haritz/Menner/Bilitewski/Bilitewski Rn. 324; Haase/Hofacker/Wulff-Dohmen Rn. 476; NK-UmwR/Meier Rn. 75; zweifelnd HK-UmwStG/Wochinger Rn. 111; Eisgruber/Eisgruber Rn. 350; offengelassen durch Rödder/Herlinghaus/van Lishaut/Stangl Rn. 561). Dass der originäre Einbringende in seiner Person den Einbringungsgewinn versteuern muss, steht im Widerspruch zur gesetzl. Fiktion und wird zT ganz offen damit begründet, dass beim Rechtsnachfolger die Unsicherheit besteht, dass dieser zum Zeitpunkt der Einbringung in Deutschland ggf. gar nicht steuerpflichtig war und damit eine rückwirkende Steuerfestsetzung nicht möglich wäre (Dötsch/Pung/Möhlenbrock/Patt Rn. 106).

179 Der **unentgeltliche Rechtsnachfolger der übernehmenden Gesellschaft** eines Anteilstauschs oder einer Einbringung von Anteilen im Rahmen einer Sacheinlage gilt als übernehmende Gesellschaft iSd Abs. 2. Auch für ihn beginnt keine neue Sperrfrist zu laufen (Dötsch/Pung/Möhlenbrock/Patt Rn. 107). Veräußert der unentgeltliche Rechtsnachfolger die eingebrachten Anteile, so hat das die gleichen Folgen wie die Veräußerung der Anteile durch die übernehmende Ges. Zu beachten ist jedoch, dass für den unentgeltlichen Rechtsnachfolger der übernehmenden Gesellschaft eines Anteilstauschs oder einer Einbringung von Anteilen im Rahmen einer Sacheinlage nicht auf Abs. 6 verwiesen wird, sondern nur auf Abs. 2 (krit. Haritz/Menner/Bilitewski/Bilitewski Rn. 327).

15. Mitverstrickte Anteile (Abs. 7)

180 **a) Überblick.** Mit Abs. 7 will der Gesetzgeber die von der Rspr. aufgestellten Grundsätze zu den sog. derivativen einbringungsgeborenen Anteilen gesetzlich „verankern" und auf Anteile iSd Abs. 1 und Abs. 2 übertragen (BT-Drs. 16/3369, 13). Diese Grundsätze der Rspr. beinhalten Folgendes: Soweit stille Reserven von einbringungsgeborenen Anteilen iSd § 21aF abgespalten und ohne Ausgleichsvergütung den Wert anderer Anteile erhöhen, sind auch die so bereicherten Anteile nach

Meinung des BFH quotal einbringungsgeboren (vgl. BFH BStBl. II 1992, 761 (763, 764); BFH/NV 1997, 314; BStBl. II 2008, 533; ebenso BMF 25.3.1998, BStBl. I 1998, 268 Rn. 21.14; Herzig/Rieck DStR 1998, 97). Diese so bereicherten Anteile werden auch als derivative einbringungsgeborene Anteile bezeichnet. Die Steuerverhaftung iSd § 21 aF setzt sich dabei nach Auffassung der Rspr. zunächst in einem jedenfalls wirtschaftlichen Bezugsrecht und alsdann in den daraus abgeleiteten jungen Anteilen fort (BFH BStBl. II 1992, 761). Dabei ist es nach Meinung der Rspr. ohne Bedeutung, ob der ursprüngliche Gesellschafter von einem Bezugsrecht ausgeschlossen ist, ob er auf ein eigenes Bezugsrecht zu Gunsten des Dritten unentgeltlich verzichtet oder ob das Bezugsrecht unentgeltlich auf einen Dritten übertragen wurde. In all diesen Fällen sei willentlich und wissentlich Substanz von einbringungsgeborenen Anteilen auf junge Anteile übergegangen. Die von der Rspr. entwickelte Wertabspaltungstheorie, die mit Abs. 7 nunmehr für Anteile iSd Abs. 1 und Abs. 2 eine gesetzliche Grundlage gefunden hat, war im Ergebnis überzeugend. Die Rspr. sieht in einem verselbständigten Bezugsrecht das „Transportmittel", das sowohl für den Übergang der stillen Reserven als auch für die Qualifikation des § 21 aF verantwortlich sein soll. Hierbei handelte es sich jedoch um eine „reine Rechtsbehauptung". Fand bspw. unter Geltung des alten UmwStG bei einer KapGes, deren Gesellschafter bisher keine einbringungsgeborene Anteile iSd § 21 aF hielt, eine Kapitalerhöhung durch Sacheinlage gem. § 20 I aF statt, die zu BW oder ZW erfolgte und gingen dabei stille Reserven unentgeltlich auf Anteile des Einbringenden oder auf Anteile einer dritten Person über, so kann das von der Rspr. angenommene verselbständigte Bezugsrecht als Transportmittel für die übergehenden stillen Reserven und damit die Qualifikation der Einbringungsgebornheit auf die Altanteile nicht begründet werden. Nur den Gesellschaftern der Altanteile steht ein Bezugsrecht zu. Die Altanteile und damit auch die entsprechenden Bezugsrechte besitzen aber nicht die Qualifikation der Einbringungsgeborenheit. Die Grundsätze der Rspr. sind nunmehr gesetzlich abgesichert.

181 Die Wertabspaltungstheorie regelt einen Vorgang, bei dem stille Reserven von Anteilen abgespalten werden (entreicherte Anteile) und ohne Ausgleichsvergütung, dh also unentgeltlich, den Wert anderer Anteile erhöhen (vgl. zuletzt BFH BStBl. II 2008, 534 mwN). Es kommt damit zu einer unentgeltlichen Übertragung von Werten von einem entreicherten auf einen bereicherten Anteil und damit zu einer unentgeltlichen Rechtsnachfolge, auch dann, wenn keine Anteilseigenidentität bzgl. entreichertem und bereichertem Anteil besteht. Der Anteilsigner, auf dessen Anteil unentgeltliche stille Reserven überspringen, besitzt danach mitverstrickte Anteile.

182 **b) Mitverstrickte Anteile.** Abs. 7 geht von der Verlagerung von stillen Reserven auf „andere Anteile" aus. Soweit stille Reserven von erhaltenen Anteilen iSd Abs. 1, von eingebrachten Anteilen iSd Abs. 2 bzw. von auf diesen Anteilen beruhende Anteile unentgeltlich auf diese anderen Anteile überspringen, gelten auch diese so bereicherten Anteile als erhaltene Anteile iSd Abs. 1, von eingebrachten Anteilen iSd Abs. 2 bzw. von auf diesen Anteilen beruhende Anteile (Frotscher/Drüen/Mutscher Rn. 354). Das Gesetz bezeichnet diese Anteile auch als mitverstrickte Anteile. Ein Recht zur Aufteilung der „Mitverstricktheit" in der Form, dass die Mitverstricktheit sich nur auf einzelne „Anteile" bezieht, besteht nicht (Dötsch/Pung/Möhlenbrock/Patt Rn. 12; Ott Ubg 2023, 142; vgl. BFH BStBl. II 2008, 534).

183 Da Abs. 7 die Grundsätze der Rspr. kodifizieren wollte und diese Rspr. auf dem Gedanken einer Bezugsrechtsabspaltung basiert (BFH/NV 1997, 314; BStBl. II 1999, 638; DB 2001, 739; GmbHR 2003, 920; FG BW GmbHR 1997, 754), kommt es im Zuge der Abspaltung stiller Reserven auf die dann mitverstrickten Anteile auch zu einem anteiligen Übergang von **AK** der entreicherten Anteile (BMF 11.11.2011, BStBl. I 2011, 1314 Rn. 22.43; Dötsch/Pung/Möhlenbrock/Patt Rn. 11; Haritz/Menner/Bilitewski/Bilitewski Rn. 359; BeckOK UmwStG/Dürrschmidt Rn. 2559; Ott Ubg 2023, 142). Soweit AK auf mitverstrickte Anteile übergehen, entstehen bei den entreicherten Anteilen neue stille Reserven, die auf die mitverstrickten Anteile überspringenden stillen Reserven werden entsprechend reduziert. Dies ist dann bei der Ermittlung des Einbringungsgewinns entsprechend zu berücksichtigen.

Beispiel:

184 Die X-GmbH besitzt ein StK iHv 50.000 Euro, den Anteil (Anteil 1) hat V gegen Sacheinlage seines Einzelunternehmens zum BW von 40.000 Euro erworben. Die Einbringung erfolgte zum 31.12.01. Der gemeine Wert der Sacheinlage beläuft sich am 31.12.01 auf 400.000 Euro. Das StK der X-GmbH wird am 1.2.02 um nominal 50.000 Euro auf 100.000 Euro erhöht werden. Den neu gebildeten Geschäftsanteil (Anteil 2) übernimmt V gegen Bareinlage iHv 100.000 Euro. Im Jahr 04 veräußert V den Anteil 2. Durch die Kapitalerhöhung zum 1.2.02 erhöht sich der Verkehrswert der GmbH auf 500.000 Euro, die iHv jeweils 250.000 Euro auf Anteil 1 und Anteil 2 entfallen. Es kommt zu einer Wertverschiebung, die darauf zurückzuführen ist, dass von dem Anteil 1 150.000 Euro (400.000 Euro abzgl. 250.000 Euro) stille Reserven unentgeltlich auf den Anteil 2 übergegangen sind. Bei dem Anteil 1 verblieben damit stille Reserven iHv 210.000 Euro. Dementsprechend ist der Anteil 2 bereichert worden. Damit kommt es auch zu einer Verlagerung von AK vom entreicherten Anteil 1 auf den mitverstrickten Anteil 2, und zwar iHv 15.000 Euro (40.000 Euro × 150.000 Euro/400.000 Euro), sodass sich die bei Anteil 1 zu berücksichtigenden AK entsprechend auf 25.000 Euro mindern. Dh auf den Anteil 2 sind im Ergebnis 135.000 Euro (150.000 Euro – 15.000 Euro) stille Reserven übergesprungen. Nach Abs. 1 iVm Abs. 7 führt die Veräußerung des Anteils 2 innerhalb von sieben Jahren, bezogen auf den Einbringungszeitpunkt (31.12.01), zu einer rückwirkenden Besteuerung des Gewinns aus der Einbringung, der jährlich um ein Siebtel abnimmt. Damit entsteht ein Einbringungsgewinn I iHv 96.428 Euro (135.000 Euro × 5/7 = 96.429 Euro). **Kontrollrechnung:** Im Jahr 04 veräußert V den Anteil 1. Die AK des Anteils 1 betragen 25.000 Euro (40.000 Euro – 15.000 Euro), dh auf den Anteil entfielen aus dem eingebrachten Einzelunternehmen stille Reserven iHv 225.000 Euro (210.000 Euro + 15.000 Euro). Nach Abs. 1 führt die Veräußerung des Anteils 1 innerhalb von sieben Jahren, bezogen auf den Einbringungszeitpunkt (31.12.01), zu einer rückwirkenden Besteuerung des Gewinns aus der Einbringung, der jährlich um 5/7 abnimmt. Damit entsteht ein Einbringungsgewinn I iHv 160.714 Euro (225.000 Euro × 5/7 = 160.714 Euro). Hätte V beide Anteile in 04 verkauft, hätte der Einbringungsgewinn I 257.143 Euro (400.000 Euro – 40.000 Euro = 360.000 Euro × 5/7 = 257.143 Euro) betragen.

185 **c) Verzicht auf stille Reserven.** Nach Auffassung der Rspr. (BFH BStBl. II 1992, 761 ff.; BFH/NV 1997, 314; aA FG München EFG 1998, 461; ebenso BMF 25.3.1998, BStBl. I 1998, 268 Rn. 21.14; Herzig/Rieck DStR 1998, 97) entstanden nach der Wertspaltungstheorie nur dann sog. derivative einbringungsgeborene Anteile, wenn bei einer Kapitalerhöhung stille Reserven von einer Sacheinlage iSv § 20 unentgeltlich und willentlich auf Alt- und auf Junganteile einer dritten Person, erworbene Anteile eines Dritten oder auf junge, durch die Bareinlage erworbene Anteile desselben Gesellschafters übergegangen sind. Entscheidend für das Entstehen der derivativen einbringungsgeborenen Anteile war, dass es zu einem **unentgeltlichen unmittelbaren und willentlichen Übergang einbringungsgeborener Substanz** in Form von stillen Reserven kommt. Mit Abs. 7 will der Gesetzgeber die von der Rspr. aufgestellten Grundsätze zu den sog. derivativen einbringungsgeborenen Anteilen gesetzlich „verankern" und auf Anteile iSd Abs. 1 und Abs. 2 übertragen (BT-Drs. 16/3369, 13), sodass mitverstrickte Anteile iSd Abs. 7 nur entstehen, wenn es zu einem **unentgeltlichen unmittelbaren und willentlichen Übergang** (vgl. dazu Ott Ubg 2023, 142) **steuerrelevanter Substanz** in Form von stillen Reserven von erhaltenen oder eingebrachten Anteilen oder auf diesen beruhenden Anteilen kommt (Haritz/Menner/Bilitewski/Bilitewski Rn. 341; Lademann/Jäschke Rn. 33; Haase/Hofacker/Wulff-Dohmen Rn. 490;

Eisgruber/Eisgruber Rn. 368; wohl auch Widmann/Mayer/Widmann Rn. 454; aA Dötsch/Pung/Möhlenbrock/Patt Rn. 9; Brandis/Heuermann/Nitzschke Rn. 97). Soweit es zu einer unentgeltlichen Übertragung dieser Substanz von erhaltenen Anteilen iSd Abs. 1 auf andere Anteile kommt, liegt eine unentgeltliche Rechtsnachfolge iSd Abs. 6 vor (Dötsch/Pung/Möhlenbrock/Patt Rn. 111). In Ausnahmefällen kann es bei diesen Wertverschiebungen auch zu verdeckten Gewinnausschüttungen oder verdeckten Einlagen kommen (vgl. → § 20 Rn. 216; Ott Ubg 2023, 142).

d) Angemessenes Entgelt oder Aufgeld. Wird für die aus einer Kapitalerhöhung hervorgehenden jungen Anteile ein Entgelt entrichtet, das dem anteiligen Verkehrswert entspricht, spalten sich im Gegensatz zu einer Ausgabe unterhalb des Kurswerts stille Reserven aus den ursprünglichen Anteilen nicht ab. In diesem Fall entstehen keine mitverstrickten Anteile (BMF 11.11.2011, BStBl. I 2011, 1314 Rn. 22.43; Dötsch/Pung/Möhlenbrock/Patt Rn. 9). Ist ein Wechsel von Substanz von erhaltenen Anteilen iSd Abs. 1, von eingebrachten Anteilen iSd Abs. 2 bzw. von auf diesen Anteilen beruhende Anteile auf andere Anteile nicht beabsichtigt, entstehen mitverstrickte Anteile nicht; es fehlt an dem willentlichen Übergang einbringungsgeborener Substanz in Form von stillen Reserven (str., → Rn. 185). Davon ist im Zweifelsfall auszugehen, wenn fremde Dritte an der Kapitalerhöhung teilnehmen (Haritz/Menner/Bilitewski/Bilitewski Rn. 341; Rödder/Herlinghaus/van Lishaut/Stangl Rn. 574). **186**

e) Verlagerungsvorgänge im Überblick. aa) Die unentgeltliche Verlagerung von stillen Reserven auf Anteile Dritter. Findet bei einer KapGes, an der erhaltene Anteilen iSd Abs. 1 bzw. von auf diesen Anteilen beruhenden Anteilen (entreicherte Anteile) bestehen, eine Kapitalerhöhung statt, sind stille Reserven in entreicherten Anteilen nicht zu realisieren, wenn sie unentgeltlich und willentlich (vgl. dazu Ott Ubg 2023, 142; Dötsch/Pung/Möhlenbrock/Patt Rn. 9; Rödder/Herlinghaus/van Lishaut/Stangl Rn. 574) auf junge Anteile eines Dritten übergehen (mitverstrickte Anteile). Allerdings befinden sich diese jungen Anteile insoweit im Status der entreicherten Anteile iSv Abs. 1, auch wenn sie nicht durch Sacheinlage iSv § 20, sondern vielmehr zB durch Bareinzahlung oder Sacheinlage außerhalb des Anwendungsbereichs von § 20 entstanden sind (BMF 11.11.2011, BStBl. I 2011, 1314 Rn. 22.43). In Anlehnung an die Rspr. des BFH (BFH BStBl. II 1992, 761) geht Abs. 7 in diesem Zusammenhang davon aus, dass der Status der entreicherten Anteile zunächst in einem wirtschaftlichen Bezugsrecht und alsdann in den daraus abgeleiteten jungen Anteilen sich fortsetzt. Für die stl. Beurteilung ist es unerheblich, ob der einbringende Gesellschafter mit seinem Bezugsrecht ausgeschlossen war, ob er auf das Bezugsrecht zugunsten des Dritten verzichtet oder ob er es auf den Dritten unentgeltlich übertragen hat. In allen Fällen ist wissentlich und willentlich Substanz von den entreicherten Anteilen auf junge Anteile übergegangen (BFH BStBl. II 1992, 761 (763); vgl. auch Rödder/Herlinghaus/van Lishaut/Stangl Rn. 574). **187**

Beispiel:

A ist alleiniger Gesellschafter der X-GmbH mit einer Stammeinlage iHv 50.000 Euro (Anteil 1). Die X-GmbH wurde bar gegründet. Zum 31.12.01 hat die Beteiligung an der X-GmbH einen gemeinen Wert iHv 200.000 Euro. E, die Ehefrau des A, bringt ihr Einzelunternehmen zum BW von 100.000 Euro nach Maßgabe des § 20 in die X-GmbH ein. Die Einbringung erfolgte zum 31.12.01. Der gemeine Wert der Sacheinlage beläuft sich am 31.12.01 auf 800.000 Euro. Das StK der X-GmbH wird um nominal 50.000 Euro (Anteil 2) auf 100.000 Euro erhöht. Im Jahr 04 veräußert A den Anteil 1. Durch die Kapitalerhöhung zum 31.12.01 erhöht sich der Verkehrswert der GmbH auf 1.000.000 Euro, die iHv jew. 500.000 Euro auf Anteil 1 und Anteil 2 entfallen. Es kommt zu einer Wertverschiebung, die darauf zurückzuführen ist, dass von dem Anteil 2 300.000 Euro stille Reserven unentgeltlich auf den Anteil 1 übergegangen sind. Bei dem Anteil 2 verblieben damit stille Reserven iHv 400.000 Euro. Dementsprechend **188** ist der Anteil 1 bereichert worden. Damit kommt es auch zu einer Verlagerung von AK vom entreicherten Anteil 2 auf den mitverstrickten Anteil 1; und zwar iHv 37.500 Euro (100.000 Euro × 300.000 Euro/800.000 Euro), sodass sich die bei Anteil 1 zu berücksichtigenden AK entsprechend auf 87.500 Euro erhöhen. Dh, auf den Anteil 1 sind im Ergebnis 262.500 Euro (300.000 Euro – 37.500 Euro) stille Reserven übergesprungen. Nach Abs. 1 iVm Abs. 7 führt die Veräußerung des Anteils 1 innerhalb von sieben Jahren bezogen auf den Einbringungszeitpunkt (31.12.01) zu einer rückwirkenden Besteuerung des Gewinns aus der Einbringung, der jährlich um ein Siebtel abnimmt. Damit entsteht ein Einbringungsgewinn I iHv 187.500 Euro (262.500 Euro × 5/7 = 187.500 Euro). **Kontrollrechnung:** Im Jahr 04 veräußert E den Anteil 1. Die AK des Anteils 1 betragen 62.500 Euro (100.000 Euro – 37.500 Euro), dh, auf den Anteil entfielen aus dem eingebrachten Einzelunternehmen stille Reserven iHv 437.500 Euro (400.000 Euro + 37.500 Euro). Nach Abs. 1 führt die Veräußerung des Anteils 2 innerhalb von sieben Jahren bezogen auf den Einbringungszeitpunkt (31.12.01) zu einer rückwirkenden Besteuerung des Gewinns aus der Einbringung, der jährlich um ein Siebtel abnimmt. Damit entsteht ein Einbringungsgewinn I iHv 312.500 Euro (437.500 Euro × 5/7). Hätten A und E beide Anteile in 04 verkauft, hätte der Einbringungsgewinn I 500.000 Euro (800.000 Euro – 100.000 Euro = 700.000 Euro × 5/7) betragen.

189 **bb) Der Übergang stiller Reserven auf junge Anteile desselben Gesellschafters.** Findet bei einer KapGes, an der erhaltene Anteile iSd Abs. 1, eingebrachte Anteile iSd Abs. 2 bzw. von auf diesen Anteilen beruhenden Anteilen (entreicherte Anteile) bestehen, eine Kapitalerhöhung statt, die durch Bareinlage belegt wird, sind stille Reserven in den entreicherten Anteilen nicht zu realisieren, wenn sie auf junge Anteile desselben Gesellschafters übergehen, es kommt nach der hier vertretenen Meinung (→ Rn. 185) zu einer unentgeltlichen Rechtsnachfolge. Der Übergang stiller Reserven infolge Nichtausübung eines Bezugsrechts oder unentgeltlicher Übertragung eines solchen stellt keine Veräußerung von Anteilen oder von wirtschaftlichem Eigentum dar; es fehlt an einem Rechtssubjektwechsel. Der Inhaber des entreicherten Altanteils ist zugleich Inhaber der jungen Anteile samt enthaltener stiller Reserven (vgl. BFH BStBl. II 1992, 764). Werden die neuen Anteile zu einem Kurs ausgegeben, der unter dem Verkehrswert des neuen Geschäftsanteils (unter Berücksichtigung übergehender stiller Reserven) liegt, verlieren die entreicherten Altanteile durch Wertabspaltung an Substanz, die zunächst auf das Bezugsrecht, sodann auf die jungen Anteile übergeht (vgl. BFH BStBl. II 1992, 764 (765); 1975, 505 (509)). Es entstehen nach Abs. 7 mitverstrickte Anteile.

Beispiel:

190 A brachte seine 100%-Beteiligung an der T-GmbH in die M-GmbH nach Maßgabe des § 21 zu BW (100.000 Euro) ein. Die T-GmbH besitzt ein StK iHv 100.000 Euro. Die Einbringung erfolgte zum 31.12.01. Der gemeine Wert der Anteile an der T-GmbH beläuft sich am 31.12.01 auf 800.000 Euro. Das StK der T-GmbH wird am 1.2.02 um nominal 50.000 Euro auf 150.000 Euro erhöht. Den neu gebildeten Geschäftsanteil (Anteil 2) übernimmt die M-GmbH gegen Bareinlage iHv 100.000 Euro. Im Jahr 04 veräußert die M-GmbH den Anteil 2. Durch die Kapitalerhöhung zum 1.2.02 erhöht sich der Verkehrswert der GmbH auf 900.000 Euro, die iHv 600.000 Euro auf Anteil 1 und iHv 300.000 Euro auf Anteil 2 entfallen. Es kommt zu einer Wertverschiebung, die darauf zurückzuführen ist, dass von dem Anteil 1 200.000 Euro (300.000 Euro abzgl. 100.000 Euro) stille Reserven unentgeltlich auf den Anteil 2 übergegangen sind. Bei dem Anteil 1 verblieben damit stille Reserven iHv 500.000 Euro. Dementsprechend ist der Anteil 2 bereichert worden. Damit kommt es auch zu einer Verlagerung von AK vom entreicherten Anteil 1 auf den mitverstrickten Anteil 2, und zwar iHv 25.000 Euro *(100.000 Euro × 200.000 Euro / 800.000 Euro)*, sodass sich die bei Anteil 2 zu berücksichtigenden AK entsprechend auf 125.000 Euro erhöhen. Dh auf den Anteil 2 sind im Ergebnis 175.000 Euro (200.000 Euro – 25.000 Euro) stille Reserven übergesprungen. Nach Abs. 2 iVm Abs. 7 führt die Veräußerung des Anteils 2 innerhalb von sieben Jahren, bezogen auf den Einbringungszeitpunkt (31.12.01), zu einer rückwirkenden Besteuerung des Gewinns aus der Einbringung, der jährlich um ein Siebtel abnimmt. Damit entsteht ein Einbringungsgewinn II iHv 125.000 Euro (175.000 Euro × 5/7). **Kontrollrechnung:** Im Jahr 04 veräußert die M-GmbH den Anteil 1. Die AK des Anteils 1 betragen 75.000 Euro (100.000 Euro − 25.000 Euro), dh, auf den Anteil entfielen aus dem eingebrachten Einzelunternehmen stille Reserven iHv 525.000 Euro (500.000 Euro + 25.000 Euro). Nach Abs. 2 führt die Veräußerung des Anteils 1 innerhalb von sieben Jahren, bezogen auf den Einbringungszeitpunkt (31.12.01), zu einer rückwirkenden Besteuerung des Gewinns aus der Einbringung, der jährlich um ein Siebtel abnimmt. Damit entsteht ein Einbringungsgewinn I iHv 375.000 Euro (525.000 Euro × 5/7). Hätte V beide Anteile in 04 verkauft, hätte der Einbringungsgewinn I 500.000 Euro (800.000 Euro − 100.000 Euro = 700.000 Euro × 5/7 = 500.000 Euro) betragen.

cc) Kapitalerhöhung aus Gesellschaftsmitteln (§§ 57c ff. GmbHG, §§ 207 ff. AktG). Eine Kapitalerhöhung ist auch aus Kapital- und Gewinnrücklagen möglich, §§ 207 ff. AktG für die AG, §§ 57c ff. GmbHG für die GmbH (vgl. FG BW EFG 2004, 53). Durch die Vorschrift des § 1 KapErhStG ist diese Kapitalerhöhung aus dem Bereich der Einkünftebesteuerung herausgenommen. Die Kapitalerhöhung aus Gesellschaftsmitteln führt insbes. auch nicht zu der Entstehung eines Einbringungsgewinns. Waren die bisherigen Anteile nur zT solche iSd Abs. 1 oder Abs. 2, überträgt sich diese Qualifikation auf die aufgestockten Anteile (Rödder/Herlinghaus/van Lishaut/Stangl Rn. 577). Im Falle der Kapitalerhöhung aus Gesellschaftsmitteln kommt es gem. § 3 KapErhStG zu einem anteiligen Übergang der AK der Altanteile auf die neu gewährten Anteile. Als AK der vor der Erhöhung des Nennkapitals erworbenen Anteile und der auf sie entfallenden neuen Anteilsrechte gelten die Beträge, die sich für die einzelnen Anteilsrechte ergeben, wenn die AK der vor der Erhöhung des Nennkapitals erworbenen Anteilsrechte auf diese und die auf sie entfallenden neuen Anteilsrechte nach dem Verhältnis der Anteile am Nennkapital verteilt werden (vgl. § 3 KapErhStG). Hat der Gesellschafter, der an der kapitalerhöhenden Gesellschaft Anteile iSd Abs. 1 oder Abs. 2 hält, an der Kapitalerhöhung nicht teilgenommen und seine entsprechenden Bezugsrechte verkauft, so entsteht insoweit ein Einbringungsgewinn.

f) Rechtsfolgen. Die Veräußerung bzw. die Ersatzrealisation mitverstrickter Anteile löst die Besteuerung eines Einbringungsgewinns I, II aus, soweit die Anteile mitverstrickt sind (→ Rn. 180 ff.) und die siebenjährige Sperrfrist noch nicht verstrichen ist, wobei durch die Mitverstrickung keine neue Sperrfrist zu laufen beginnt (Dötsch/Pung/Möhlenbrock/Patt Rn. 111; Rödder/Herlinghaus/van Lishaut/Stangl Rn. 578). Nach der hier vertretenen Meinung ist der Anteilseigner, auf dessen Anteil unentgeltlich stille Reserven überspringen, insoweit **unentgeltlicher Rechtsnachfolger** und gilt damit als Rechtsnachfolger des Einbringenden selbst als Einbringender iSd Abs. 1–5 zu behandeln (vgl. auch Ott Ubg 2023, 142; Haase/Nürnberger Ubg 2022, 642). Den unentgeltlichen Rechtsnachfolger von erhaltenen Anteilen iSd Abs. 1 treffen auch die **Nachweispflichten** nach Abs. 3 (BMF 11.11.2011, BStBl. I 2011, 1314 Rn. 22.28; Rödder/Herlinghaus/van Lishaut/Stangl Rn. 579). Veräußert der Rechtsnachfolger die gem. Abs. 7 iVm Abs. 1 mitverstrickten Anteile oder erfüllt er die Nachweispflicht nicht, kommt es zu einer nachträglichen Besteuerung des Einbringungsvorgangs. Die Besteuerungsfolgen treten nach der hier vertretenen Auffassung beim Rechtsnachfolger des Einbringenden ein (wie hier Brandis/Heuermann/Nitzschke Rn. 93; vgl. auch Schell/Krohn DB 2012, 1172; aA BMF 11.11.2011, BStBl. I 2011, 1314 Rn. 22.43; Dötsch/Pung/Möhlenbrock/Patt Rn. 112; Bordewin/Brandt/Graw Rn. 328; Rödder/Herlinghaus/van Lishaut/Stangl Rn. 578). Der Einbringungsgewinn I führt nach Abs. 1 S. 4 zu **nachträglichen AK,** nach hM (Rödder/Herlinghaus/van Lishaut/Stangl Rn. 579; Milatz/Weber DB 2022, 757) bei den mitverstrickten veräußerten Anteilen. Der Einbringungsgewinn II führt zu nachträglichen AK der erhaltenen Anteile, Abs. 2 S. 4 (Milatz/Weber DB 2022, 757).

16. Austritt des Vereinigten Königreichs Großbritannien und Nordirland aus der EU (Abs. 8)

193 Nach § 22 I 6 Nr. 6 und § 22 II 6 kommt es rückwirkend zur Besteuerung eines Einbringungsgewinns, wenn im Anschluss an eine Sacheinlage oder eines Anteilstausches, die unter Buchwertfortführung bzw. Zwischenwertansatz erfolgt sind, für den Einbringenden oder die übernehmende Gesellschaft die Voraussetzungen des § 1 IV nicht mehr erfüllt sind (→ Rn. 103 ff., → Rn. 153). Ohne Bedeutung ist insoweit, wieso die Voraussetzungen des § 1 IV nicht mehr vorliegen. Vor diesem Hintergrund stellt sich die Frage, ob der Austritt des Vereinigten Königreichs Großbritannien und Nordirland aus der EU (Brexit) dazu führt, dass bezogen auf den Einbringenden oder die übernehmende Gesellschaft die Voraussetzungen des § 1 IV nicht mehr erfüllt sind (vgl. dazu Rödder/Herlinghaus/van Lishaut/Stangl Rn. 581; Dötsch/Pung/Möhlenbrock/Patt Rn. 114; Brandis/Heuermann/Nitzschke Rn. 106; Benneke FR 2019, 295; Bron BB 2019, 664; Helios/Lenz DB 2018, 2461; Jordan DStR 2018, 1841). Dem Gesetzgeber erschien es nicht sachgerecht, dass allein der Brexit ein schädliches Ereignis iSd Herbeiführens einer rückwirkenden Besteuerung des Einbringungsgewinns zur Folge hat (BT-Drs. 19/7377, 22), und er ergänzte daher § 22 um einen Absatz 8. Danach soll allein der Austritt des Vereinigten Königreichs Großbritannien und Nordirland aus der EU nicht dazu führen, dass die Voraussetzungen des § 1 IV nicht mehr erfüllt sind, für Zwecke des § 20 I 6 Nr. 6, II 6 gilt der Einbringende oder die übernehmende Gesellschaft trotz Brexits weiterhin als in der EU ansässig.

194 Zu einem solchen Austritt kommt es gem. Art. 50 Art. 3 EUV am 29.3.2017, es sei denn – wie erfolgt – die gesetzte Frist wird verlängert; der Austritt erfolgt damit nach Ablauf dieser verlängerten Frist. Sollte es gem. dem 4. Teil des Abkommens über den Austritt des Vereinigte Königreich Großbritanniens und Nordirland aus der EU (BrexitAbk) zu einem Übergangszeitraum kommen, gilt nach dem sog. Brexit-Übergangsgesetz vom 27.3.2019 (BGBl. 2019 I 402) das Vereinigte Königreich Großbritannien und Nordirland weiterhin als Mitgliedstaat der EU; erst nach Ablauf des Übergangszeitraums scheidet dann das Vereinigte Königreich Großbritannien und Nordirland iSd Abs. 1 S. 1 aus der EU aus. Diese Übergangsfrist endete am 31.12.2020.

195 Abs. 1 S. 1 setzt voraus, dass Anteile iSd Abs. 1 und/oder des Abs. 2 vorliegen, bis zum Ende der Übergangsfrist am 31.12.2020 (Brandis/Heuermann/Nitzschke Rn. 108) die Sperrfristverhaftung der Anteile weiterhin gegeben ist, die entsprechende siebenjährige Sperrfrist noch nicht abgelaufen ist und die nach Abs. 1 S. 6 Nr. 6 bzw. Abs. 2 S. 6 maßgebenden Personen/Rechtsträger zum Zeitpunkt des Austritts des Vereinigten Königreichs Großbritannien oder Nordirland in diesen Ländern ansässig sind. Abs. 8 S. 1 gilt nach Maßgabe des Satzes 2 dieser Vorschrift nur für Einbringungen, bei denen der Umwandlungsbeschluss (Gesamtrechtsnachfolge) oder der Einbringungsvertrag (Einzelrechtsnachfolge) vor dem Austrittzeitpunkt rechtswirksam abgeschlossen wurde. Dies gilt unabhängig davon, wann sich der Umwandlungsvorgang steuerrechtlich vollzieht (Dötsch/Pung/Möhlenbrock/Patt Rn. 119; BeckOK UmwStG/Dürrschmidt Rn. 2611; Brandis/Heuermann/Nitzschke Rn. 109).

196 Das Gesetz spricht davon, dass alleine der Austritt nicht zu einer nachträglichen Einbringungsgewinnbesteuerung führen soll. Nicht abschließend geklärt ist die Reichweite dieser Aussage, wenn es nach dem Brexit aber noch innerhalb der Sperrfrist zu Folgemaßnahmen kommt (vgl. Rödder/Herlinghaus/van Lishaut/Stangl Rn. 585; Dötsch/Pung/Möhlenbrock/Patt Rn. 121; Kudert/Kahlenberg FR

2019, 250; Richter/Schlücke IStR 2019, 50). Nach richtiger Auffassung liegt auch dann kein Sperrfristverstoß vor, wenn der Einbringende innerhalb der Grenzen des Vereinigten Königreichs Großbritannien bzw. Nordirlands umzieht (ebenso Dötsch/Pung/Möhlenbrock/Patt Rn. 121; Rödder/Herlinghaus/van Lishaut/Stangl Rn. 587) oder bei einer unentgeltlichen Rechtsnachfolge innerhalb dieses Gebietes (Dötsch/Pung/Möhlenbrock/Past Rn. 121, Rödder/Herlinghaus/van Lishaut/Stangl Rn. 589). Vorgänge, die unter Abs. 1 S. 6 Nr. 2, 4 und 5 fallen, lösen den Einbringungsgewinn aber aus (Rödder/Herlinghaus/van Lishaut/Stangl Rn. 590).

§ 23 Auswirkungen bei der übernehmenden Gesellschaft

(1) Setzt die übernehmende Gesellschaft das eingebrachte Betriebsvermögen mit einem unter dem gemeinen Wert liegenden Wert (§ 20 Abs. 2 Satz 2, § 21 Abs. 1 Satz 2) an, gelten § 4 Abs. 2 Satz 3 und § 12 Abs. 3 erster Halbsatz entsprechend.

(2) [1]In den Fällen des § 22 Abs. 1 kann die übernehmende Gesellschaft auf Antrag den versteuerten Einbringungsgewinn im Wirtschaftsjahr der Veräußerung der Anteile oder eines gleichgestellten Ereignisses (§ 22 Abs. 1 Satz 1 und Satz 6 Nr. 1 bis 6) als Erhöhungsbetrag ansetzen, soweit der Einbringende die auf den Einbringungsgewinn entfallende Steuer entrichtet hat und dies durch Vorlage einer Bescheinigung des zuständigen Finanzamts im Sinne von § 22 Abs. 5 nachgewiesen wurde; der Ansatz des Erhöhungsbetrags bleibt ohne Auswirkung auf den Gewinn. [2]Satz 1 ist nur anzuwenden, soweit das eingebrachte Betriebsvermögen in den Fällen des § 22 Abs. 1 nicht zum Betriebsvermögen der übernehmenden Gesellschaft gehört, es sei denn, dieses wurde zum gemeinen Wert übertragen. [3]Wurden die veräußerten Anteile auf Grund einer Einbringung von Anteilen nach § 20 Abs. 1 oder § 21 Abs. 1 (§ 22 Abs. 2) erworben, erhöhen sich die Anschaffungskosten der eingebrachten Anteile in Höhe des versteuerten Einbringungsgewinns, soweit der Einbringende die auf den Einbringungsgewinn entfallende Steuer entrichtet hat; Satz 1 und § 22 Abs. 1 Satz 7 gelten entsprechend.

(3) [1]Setzt die übernehmende Gesellschaft das eingebrachte Betriebsvermögen mit einem über dem Buchwert, aber unter dem gemeinen Wert liegenden Wert an, gilt § 12 Abs. 3 erster Halbsatz entsprechend mit der folgenden Maßgabe:
1. Die Absetzungen für Abnutzung oder Substanzverringerung nach § 7 Abs. 1, 4, 5 und 6 des Einkommensteuergesetzes sind vom Zeitpunkt der Einbringung an nach den Anschaffungs- oder Herstellungskosten des Einbringenden, vermehrt um den Unterschiedsbetrag zwischen dem Buchwert der einzelnen Wirtschaftsgüter und dem Wert, mit dem die Kapitalgesellschaft die Wirtschaftsgüter ansetzt, zu bemessen.
2. Bei den Absetzungen für Abnutzung nach § 7 Abs. 2 des Einkommensteuergesetzes tritt im Zeitpunkt der Einbringung an die Stelle des Buchwerts der einzelnen Wirtschaftsgüter der Wert, mit dem die Kapitalgesellschaft die Wirtschaftsgüter ansetzt.
[2]Bei einer Erhöhung der Anschaffungskosten oder Herstellungskosten auf Grund rückwirkender Besteuerung des Einbringungsgewinns (Absatz 2) gilt dies mit der Maßgabe, dass an die Stelle des Zeitpunkts der Einbringung der Beginn des Wirtschaftsjahrs tritt, in welches das die Besteuerung des Einbringungsgewinns auslösende Ereignis fällt.

(4) Setzt die übernehmende Gesellschaft das eingebrachte Betriebsvermögen mit dem gemeinen Wert an, gelten die eingebrachten Wirtschafts-

D UmwStG § 23

güter als im Zeitpunkt der Einbringung von der Kapitalgesellschaft angeschafft, wenn die Einbringung des Betriebsvermögens im Wege der Einzelrechtsnachfolge erfolgt; erfolgt die Einbringung des Betriebsvermögens im Wege der Gesamtrechtsnachfolge nach den Vorschriften des Umwandlungsgesetzes, gilt Absatz 3 entsprechend.

(5) **Der maßgebende Gewerbeertrag der übernehmenden Gesellschaft kann nicht um die vortragsfähigen Fehlbeträge des Einbringenden im Sinne des § 10a des Gewerbesteuergesetzes gekürzt werden.**

(6) § 6 Abs. 1 und 3 gilt entsprechend.

Übersicht

	Rn.
I. Überblick über die Vorschrift	1
1. Regelungsbereich	1
2. Inhalt der Regelung im Überblick	2
3. Verfahrensrecht	8
II. Ansatz des übertragenen Vermögens unter dem gemeinen Wert (Abs. 1)	11
1. Wertansatz unter dem gemeinen Wert	11
2. Steuerliche Rechtsnachfolge	17
a) Umfang der steuerlichen Rechtsnachfolge	17
b) Rechtsnachfolge bei Buchwertfortführung	20
3. Anrechnung von Besitzzeiten	29
a) Grundsatz	29
b) Besitzzeitanrechnung bei Organschaft	33
c) Besitzzeitanrechnung und Zusammenrechnung von Anteilen	34
III. Aufstockung nach Einbringung (Abs. 2)	36
1. Wertaufstockung aufgrund nachträglicher Besteuerung des Einbringungsgewinns I	36
a) Überblick	36
b) Fälle des § 22 I	37
c) Antragswahlrecht	38
d) Entrichtung der Steuer auf den Einbringungsgewinn I, Vorlage einer Bescheinigung iSv § 22 V	39
e) Im Wirtschaftsjahr der Veräußerung der Anteile oder des gleichgestellten Ereignisses	43
f) Bilanzsteuerrechtliche Behandlung des Aufstockungsbetrags	45
2. Wertaufstockung aufgrund nachträglicher Besteuerung des Einbringungsgewinns II (Abs. 2 S. 3)	55
a) Überblick	55
b) Fälle des § 22 II	56
c) Antragswahlrecht	58
d) Entrichtung der Steuer auf den Einbringungsgewinn II, Vorlage einer Bescheinigung iSd § 22 V	59
e) Bilanzsteuerrechtliche Behandlungen	62
f) Ketteneinbringung	65
3. Ansatz mit Zwischenwerten (Abs. 3)	66
a) Eintritt in die Rechtsstellung, Besitzzeitanrechnung (Abs. 3 S. 1)	66
b) Abschreibung	77
aa) Überblick	77
bb) Abs. 3 S. 1 Nr. 1	80
cc) Degressive AfA, § 7 II EStG (Abs. 3 S. 1 Nr. 2)	84

	Rn.
dd) Erhöhte AfA, Sonder-AfA, Bewertungsfreiheit	87
ee) Geschäftswert/Firmenwert	88
c) AfA nach rückwirkender Besteuerung des Einbringungsgewinns (Abs. 3 S. 2)	90
4. Einbringung zum gemeinen Wert (Abs. 4)	93
a) Überblick	93
b) Einbringung durch Einzelrechtsnachfolge (Abs. 4 Hs. 1)	97
c) Einbringung durch Gesamtrechtsnachfolge (Abs. 4 Hs. 2)	100
5. Verlustvortrag iSd § 10a GewStG	102
6. Einbringungsfolgegewinn (Abs. 6 iVm § 6 I, III)	105

I. Überblick über die Vorschrift

1. Regelungsbereich

§ 23 regelt die Auswirkung der Sacheinlage bzw. des Anteilstauschs aus der Sicht des übernehmenden Rechtsträgers in Abhängigkeit vom gewählten Wertansatz. Nach § 24 IV gelten die Abs. 1, 3 und 4 auch für die Einbringung von BV in eine PersGes. § 23 findet auch in den Fällen des Formwechsels einer PersGes in eine KapGes/Gen iSd § 190 UmwG oder auf vergleichbare ausl. Vorgänge entsprechend Anwendung. Die Vorschrift gilt sowohl für die KSt als auch für die GewSt. Gem. § 27 IV kommt § 23 nicht zur Anwendung für einbringungsgeborene Anteile iSd § 21 aF, soweit hinsichtlich des Gewinns aus der Veräußerung der Anteile oder einem gleichstehenden Ereignis iSd § 22 I die Steuerfreiheit nach § 8b IV KStG aF oder nach § 3 Nr. 40 S. 3, 4 EStG aF ausgeschlossen ist.

2. Inhalt der Regelung im Überblick

Abs. 1 regelt unabhängig davon, ob die Sacheinlage oder der Anteilstausch (→ Rn. 16) im Wege der Einzel- oder Gesamtrechtsnachfolge vollzogen wird, die stl. Folgen für den übernehmenden Rechtsträger bei einem Wertansatz der eingebrachten WG unter dem gemeinen Wert. Der übernehmende Rechtsträger tritt nach Abs. 1 iVm § 12 III Hs. 1 in die stl. Rechtsstellung des Einbringenden ein, es kommt zudem zu einer Besitzzeitanrechnung (§ 4 II 3).

Abs. 2 knüpft an die nachträgliche Besteuerung eines Einbringungsgewinns gem. § 22 an. Kommt es gem. § 22 zu einer Besteuerung des Einbringungsgewinns I oder II, vermeidet Abs. 2 die Verdoppelung der stillen Reserven auf der Ebene des Einbringenden und des übernehmenden Rechtsträgers, soweit der Einbringende die Entrichtung der auf den Einbringungsgewinn entfallenden Steuer nachweist und das eingebrachte Vermögen noch beim übernehmenden Rechtsträger vorhanden ist. Auf Antrag des übernehmenden Rechtsträgers kann dann der ursprünglich angesetzte Wert der übernommenen WG um einen Erhöhungsbetrag, der dem besteuerten Einbringungsgewinn entspricht, aufgestockt werden.

Abs. 3 trifft eine Regelung für den Fall, dass der übernehmende Rechtsträger das eingebrachte BV mit einem über dem BW, aber unter dem gemeinen Wert liegenden Wert ansetzt (Einbringung zu ZW). Bei einem solchen Zwischenwertansatz regelt Abs. 3 Nr. 1 und Nr. 2 die Besonderheiten der Behandlung des Aufstockungsbetrags für die AfA oder AfS.

Abs. 4 bezieht sich auf den Fall, dass es beim übernehmenden Rechtsträger zu einem Wertansatz mit dem gemeinen Wert kommt. Erfolgt die Einbringung im Wege der Einzelrechtsnachfolge, gilt das eingebrachte BV durch den Einbringenden als veräußert und durch die übernehmende Gesellschaft als angeschafft. Der übernehmende Rechtsträger ist an die Abschreibungsmethode des Einbringenden damit nicht gebunden. Erfolgt die Einbringung im Wege der Gesamtrechtsnachfolge nach dem UmwG, wird Abs. 3 für entsprechend anwendbar erklärt.

6 **Abs. 5** stellt klar, dass ein vortragsfähiger Fehlbetrag des Einbringenden iSd § 10a GewStG nicht auf den übernehmenden Rechtsträger übergeht.

7 **Abs. 6** betrifft den sog. Einbringungsfolgegewinn. Entsteht in Folge der Einbringung durch die Vereinigung von Forderungen oder Verbindlichkeiten oder durch eine mit dem Vermögensübergang bedingte Auflösung von RSt ein sog. Einbringungsfolgegewinn, ist darauf § 6 I, III entsprechend anzuwenden.

3. Verfahrensrecht

8 § 23 ist keine verfahrensrechtliche Vorschrift; es gelten insoweit grds. die allg. Regelungen; die durch den Verweis auf § 12 III Hs. 1 angeordnete Rechtsnachfolge erfasst nur materiell-rechtliche Fragen (Dötsch/Pung/Möhlenbrock/Patt Rn. 17, 22; Brandis/Heuermann/Nitzschke Rn. 42; Rödder/Herlinghaus/van Lishaut/Ritzer Rn. 16 ff.). Bzgl. der verfahrensrechtlichen Folge der Einbringung muss unterschieden werden, ob das Vermögen des Einbringenden im Wege der Gesamtrechtsnachfolge oder der Einzelrechtsnachfolge vom Einbringenden auf den übernehmenden Rechtsträger übergeht (vgl. Hübschmann/Hepp/Spitaler/Boeker AO § 45 Rn. 6 ff.).

9 Liegt **Gesamtrechtsnachfolge** vor, und geht damit die Steuerschuld des Rechtsvorgängers auf den Rechtsnachfolger über (§ 45 I AO), müssen Steuerbescheide etc, die nach Eintragung der Umw den VZ vor dem stl. Übertragungsstichtag betreffen, an den übernehmenden Rechtsträger gerichtet und diesem zugestellt werden. Der Gesamtrechtsnachfolger muss grds. namentlich bezeichnet werden (BFH BStBl. II 1986, 230; Hübschmann/Hepp/Spitaler/Boeker AO § 45 Rn. 42). Es reicht jedoch aus, wenn der Bescheid an den Rechtsvorgänger „zu Händen des Rechtsnachfolgers XY" gerichtet wird, wenn erkennbar ist, dass der Adressat als Rechtsnachfolger in Anspruch genommen werden soll (BFH BStBl. II 1986, 230; Hübschmann/Hepp/Spitaler/Boeker AO § 45 Rn. 42). Eine Außenprüfung für eine umgewandelte PersGes ist selbst dann möglich, wenn diese nach Umw erloschen ist (FG Bremen EFG 1983, 384). Die Prüfungsanordnung ist an die übernehmende KapGes als Rechtsnachfolgerin zu richten und bekannt zu geben (OFD München 19.2.1991 – S 0402–4/9 St 311; Widmann/Mayer/Widmann Rn. 206). Der übernehmende Rechtsträger tritt in ein schwebendes Rechtsbehelfsverfahren des übertragenden Rechtsträgers ein. Gegen einen (Gewinn-)Feststellungsbescheid hat der übernehmende Rechtsträger jedoch kein eigenes Klagerecht, die Klagebefugnis geht nicht auf den Rechtsnachfolger über. Nach Vollbeendigung der PersGes kann ein solcher Bescheid nur noch von den früheren Gesellschaftern, deren Mitgliedschaft die Zeit berührt, die den anzugreifenden Feststellungsbescheid betrifft, angegriffen bzw. ein schwebendes Verfahren fortgeführt werden (BFH BStBl. II 2006, 847; BFH/NV 2001, 819; 1992, 324; BStBl. II 1995, 863; Dötsch/Pung/Möhlenbrock/Patt Rn. 27). Der Einspruch oder die Klage der PersGes kann ggf. als Klage der ehemaligen Gesellschafter ausgelegt werden (BFH/NV 2005, 162). Im Gegensatz zum Gewinnfeststellungsbescheid erlischt die Klagebefugnis gegen den Gewerbesteuermessbescheid nicht mit der Vollbeendigung der PersGes; die Klagebefugnis geht auf den Gesamtrechtsnachfolger über, ein schwebendes Verfahren wird durch diesen fortgeführt (BFH BStBl. II 2006, 847; Rödder/Herlinghaus/van Lishaut/Ritzer Rn. 23). Der Unterschied zur Klagebefugnis gegen den Gewinnfeststellungsbescheid besteht darin, dass bei einem Rechtsbehelf gegen den Gewerbesteuermessbescheid die PersGes ein eigenes Klagerecht hat, da sie selbst Steuerschuldnerin der GewSt ist. Soweit bei der Spaltung der einbringende Rechtsträger nicht aufgelöst wird, bleibt er Steuerschuldner und auch Beteiligter eines anhängigen Aktivprozesses (BFH BStBl. II 2006, 432; BFH/NV 2003, 267; vgl. auch AEAO zu § 122

Nr. 2.12.8, Nr. 2.15). Beim **Formwechsel** kommt es weder zu einer Vermögensübertragung noch zu einer Gesamtrechtsnachfolge, die Identität des Rechtsträgers bleibt bestehen, verfahrensrechtlich ist § 45 I AO entsprechend anzuwenden (AEAO zu § 45 Nr. 3; Dötsch/Pung/Möhlenbrock/Patt Rn. 17). Steuerbescheide, die an die PersGes gerichtet werden, sind wirksam, auch wenn formwechselnd in eine KapGes umgewandelt wurde (Widmann/Mayer/Widmann Rn. 207; AEAO zu § 45 Rn. 3).

Wird Vermögen im Wege der **Einzelrechtsnachfolge** auf den übernehmenden **10** Rechtsträger übertragen, so besteht die PersGes bis zur Beendigung aller Rechtsbeziehungen zum FA fort (BFH BStBl. II 1993, 81; Dötsch/Pung/Möhlenbrock/Patt Rn. 28; vgl. auch AEAO zu § 122 Nr. 2.7.1). Dieser Grds. gilt nicht, wenn ein Gesellschafter das Vermögen der Gesellschaft ohne Liquidation durch Ausscheiden der übrigen Gesellschafter übernimmt (BFH/NV 1994, 354), wie dies im Fall der erweiterten Anwachsung ist (Widmann/Mayer/Widmann Rn. 213; Dötsch/Pung/Möhlenbrock/Patt Rn. 17). Da die PersGes nach dem Ausscheiden des vorletzten Gesellschafters steuerrechtlich nicht mehr existent ist, kann sie auch nicht mehr Adressat eines Steuerbescheides oder einer Prüfungsanordnung sein (BFH BStBl. II 2006, 404; Widmann/Mayer/Widmann Rn. 213 iVm Rn. 206). Verwaltungsakte, die die stl. Verhältnisse der ehemaligen PersGes betreffen, sind dem Gesellschafter, der das Unternehmen fortführt, in seiner Eigenschaft als Rechtsnachfolger der Gesellschaft bekannt zu geben (AEAO 1. zu § 45 iVm 2.12.2 zu § 122).

II. Ansatz des übertragenen Vermögens unter dem gemeinen Wert (Abs. 1)

1. Wertansatz unter dem gemeinen Wert

Setzt der übernehmende Rechtsträger das eingebrachte BV mit einem unter dem **11** gemeinen Wert liegenden Wert an, gelten nach der in Abs. 1 enthaltenen Verweisung die § 4 II 3, § 12 III Hs. 1 sinngemäß. Es kommt damit zu einer stl. Rechtsnachfolge. Dies gilt unabhängig davon, ob sich die Einbringung im Wege der Gesamt-, Sonder- oder Einzelrechtsnachfolge vollzieht. Abs. 1 findet somit beim **Buchwertansatz** bzw. beim **Zwischenwertansatz** Anwendung. Der Ansatz zum BW oder ZW setzt einen entsprechenden Antrag des übernehmenden Rechtsträgers voraus (→ § 20 Rn. 262 ff.). Kommt es zu einem Ansatz des übergehenden Vermögens mit dem gemeinen Wert, ergeben sich unabhängig davon, ob der Ansatz freiwillig oder aufgrund zwingender Vorschriften erfolgte, die sich aus der Einbringung ergebenden Rechtsfolgen für den übernehmenden Rechtsträger aus Abs. 4 (Rödder/Herlinghaus/van Lishaut/Ritzer Rn. 32; Eisgruber/Altenburg Rn. 23).

Entscheidend ist allein der entsprechende Antrag (→ § 20 Rn. 263) und der **12** sich daraus ergebende Ansatz in der **StB** des übernehmenden Rechtsträgers, die Bewertung in der HB ist ohne Bedeutung (allgM, → § 20 Rn. 268; BT-Drs. 6/ 271, 43; BMF 11.11.2011, BStBl. I 2011, 1314 Rn. 20.20). Nach Auffassung der Rspr. des BFH (vgl. zuletzt BFH DStR 2011, 2248 mwN) kann im Rahmen der Besteuerung des Einbringenden nicht geprüft werden, ob der übernehmende Rechtsträger die angesetzten Werte zutr. ermittelt hat. Der Einbringende ist insoweit grds. an die entsprechenden Werte des übernehmenden Rechtsträgers gebunden. Er kann insbes. nicht gegen den ihn betreffenden Einkommensteuerbescheid geltend machen, dass der bei dem aufnehmenden Rechtsträger angesetzte Wert überhöht sei und sich darauf für ihn eine niedrigere Steuerfestsetzung ergebe (BFH DStR 2011, 2248; 2011, 1611; BStBl. II 2008, 536). Geht der Einbringende davon aus, dass die bei der Steuerfestsetzung zu Grunde gelegten Werte des eingebrachten Vermögens zu hoch sind, kann er sein Begehren im Wege der sog. **Drittanfechtung** durchsetzen (BFH DStR 2019, 271; BStBl. II 2017, 75; DStR 2011, 2248; FM M-V DStR 2013, 973; ausf. BeckOK UmwStG/Dürrschmidt Rn. 1496 ff.; 1675 ff.), der übernehmende Rechtsträger kann dies weder durch Anfechtungs- noch durch Feststellungsklage geltend machen, eine solche Klage wäre unzulässig. Soweit der Ansatz der Sacheinlage in der StB der übernehmenden Gesellschaft den Ansatz der Sacheinlage in der HB der übernehmenden Gesellschaft unterschreitet, war nach bisheriger Meinung der FVerw ein **stl. AP** zu bilden (BMF 25.3.1998, BStBl. I 1998, 268 Rn. 20.27). Nunmehr soll ein solcher AP nur noch dann erforderlich sein, wenn der BW des eingebrachten Betriebs, Teilbetriebs oder Mitunternehmeranteils niedriger ist als das in der HB ausgewiesene gezeichnete Kapital (BMF 11.11.2011, BStBl. I 2011, 1314 Rn. 20.20). Der stl. AP hat keinen Einfluss auf die spätere Auflösung und Versteuerung der im eingebrachten BV erhaltenen stillen Reserven (BMF 11.11.2011, BStBl. I 2011, 1314 Rn. 20.20). Zudem hat er keine Auswirkungen auf die Anschaffungskosten der im Rahmen der Einbringung als Gegenleistung gehaltenen neuen Anteile (BMF 11.11.2011, BStBl. I 2011, 1314 Rn. 20.20). Kommt es aber rückwirkend zu einer Besteuerung des Einbringungsgewinns I und einer Buchwertaufstockung, ist diese Buchwertaufstockung zunächst mit dem AP zu verrechnen (BMF 11.11.2011, BStBl. I 2011, 1314 Rn. 23.07). Der stl. Ansatz der Sacheinlage durch den übernehmenden Rechtsträger abzgl. des Nennwertes der ausgegebenen Gesellschaftsrechte und der sonstigen Gegenleistung ist im stl. Einlagekonto zu erfassen (→ § 20 Rn. 205; Widmann/Mayer/Widmann Rn. 7; zu Entnahmen im Rückwirkungszeitraum vgl. Brühl/Herkens Ubg 2019, 516). Entscheidend ist insoweit der stl. Einbringungsstichtag, auch wenn der Zugang erst zum Ende des Wj. zu berücksichtigen ist, in dem dieser Stichtag liegt (vgl. § 27 I 1, 2 KStG). Ist der übernehmende Rechtsträger beschränkt stpfl., findet keine Eigenkapitalgliederung statt, zur Ermittlung einer Einlagenrückgewähr kommt auf Antrag § 27 VIII KStG zur Anwendung (Widmann/Mayer/Widmann Rn. 16).

13 Abs. 1 nimmt Bezug auf § 20 II 2. Daraus ergibt sich, dass für den Wertansatz unterhalb des gemeinen Werts, der Antrag und der sich daraus ergebende **erstmalige Ansatz** in der StB des übernehmenden Rechtsträgers entscheidend ist (Rödder/Herlinghaus/van Lishaut/Ritzer Rn. 49; Dötsch/Pung/Möhlenbrock/Patt Rn. 40; Brandis/Heuermann/Nitzschke Rn. 38). Kommt es zu späteren Änderungen dieses Ansatzes, zB aufgrund einer Buchwertaufstockung nach Abs. 2, so hat dies für die Anwendung des Abs. 1 grds. (vgl. aber Abs. 3 S. 2) keine Bedeutung (Widmann/Mayer/Widmann Rn. 18; Dötsch/Pung/Möhlenbrock/Patt Rn. 40; Rödder/Herlinghaus/van Lishaut/Ritzer Rn. 39; Brandis/Heuermann/Nitzschke Rn. 38; Lademann/Jäschke Rn. 4; BeckOK UmwStG/Dürrschmidt Rn. 558.3). Etwas anderes gilt, wenn ein zwingender Ansatz des übertragenen Vermögens mit dem gemeinen Wert bestanden hat und die Bilanz des übernehmenden Rechtsträgers entsprechend geändert wird.

14 Wird durch den Einbringungsvorgang das dt. **Besteuerungsrecht** hinsichtlich des Gewinns aus der Veräußerung des eingebrachten BV oder Teilen davon **erstmalig begründet,** so ist nach dem Willen des Gesetzgebers (BT-Drs. 16/2710, 43), für diese WG, unabhängig von der konkreten Ausübung des Antragswahlrechts, der gemeine Wert anzusetzen (str., → § 20 Rn. 265). Da es für diese WG damit zu einem Ansatz mit dem gemeinen Wert kommt, findet Abs. 1 auf diese WG keine Anwendung, es gilt vielmehr Abs. 4 (Frotscher/Drüen/Mutscher Rn. 22; BeckOK UmwStG/Dürrschmidt Rn. 558.1; aA Dötsch/Pung/Möhlenbrock/Patt Rn. 40).

15 Da die Einbringung aus der Sicht des übernehmenden Rechtsträgers ein Anschaffungsgeschäft darstellt (BFH BStBl. II 2010, 1094; BFH/NV 2010, 2072; 2011, 1850; BMF 11.11.2011, BStBl. I 2011, 1314 Rn. 20.01; → Vor § 20 Rn. 9), stellen **objektbezogene Kosten,** wozu auch die bei der Einbringung möglicherweise entstehende GrESt gehört, AK dieser WG dar und sind entsprechend zu aktivieren (BFH FR 2004, 274; BMF 11.11.2011, BStBl. I 2011, 1314 Rn. 23.01; Rödder/

Herlinghaus/van Lishaut/Ritzer Rn. 46; Widmann/Mayer/Widmann Rn. 11; Brandis/Heuermann/Nitzschke Rn. 27; zur GrESt bei der Anteilsvereinigung iSv § 1 III GrEStG vgl. BFH BStBl. II 2011, 761; sofort abziehbare BA; zu § 1 IIa GrEStG vgl. OFD Rheinland 23.1.2012, FR 2012, 284; dagegen FG Münster EFG 2013, 806; FG München EFG 2014, 478). Diese Aktivierung steht jedoch nicht einer Buchwertfortführung bzw. einem Zwischenwertansatz entgegen, da keine stillen Reserven im übertragenen Vermögen aufgedeckt werden (Dötsch/Pung/Möhlenbrock/Patt Rn. 50; Frotscher/Drüen/Mutscher Rn. 24; Brandis/Heuermann/ Nitzschke Rn. 39). Die GrESt entsteht, weil der Einbringungsvorgang ein Erwerbsvorgang isd § 1 GrEStG ist. Die GrESt gehört nicht zum BW oder ZW des übertragenen Vermögens, sondern stellt eine originäre Aufwendung des übernehmenden Rechtsträgers dar.

Abs. 1 verwies ursprünglich nur auf § 20 II 2, sodass nicht der Fall ausdrücklich **16** angesprochen wurde, bei dem Anteile isoliert nach **§ 21** eingebracht wurden. Daher war umstritten, ob es beim qualifizierten Anteilstausch iSd § 21 auch zu einer Rechtsnachfolge gekommen ist, was dem Willen des Gesetzgebers entsprochen hätte (für eine Rechtsnachfolge Rödder/Herlinghaus/van Lishaut/Ritzer Rn. 42 f.; s. auch → 5. Aufl. 2009, § 23 Rn. 16; aA Widmann/Mayer/Widmann Rn. 19; Dötsch/Pung/Möhlenbrock/Patt Rn. 47; Haritz/Menner/Bilitewski/Bilitewski Rn. 15 ff.). Durch das JStG 2009 v. 19.12.2008 (BGBl. 2008 I 2794) wurde in Abs. 1 der bisherige Klammerzusatz insoweit erweitert, als nunmehr auch auf § 21 I 2 Bezug genommen wird. Diese Gesetzesänderung hat nach der hier vertretenen Auffassung nur klarstellenden Charakter (BT-Drs. 16/1494, 23; Rödder/Herlinghaus/van Lishaut/Ritzer Rn. 24; aA Widmann/Mayer/Widmann Rn. 119; Dötsch/ Pung/Möhlenbrock/Patt Rn. 47; Haritz/Menner/Bilitewski Rn. 15 ff.). Zu einer Rechtsnachfolge kommt es auch, wenn dem Einbringenden im Rahmen des Anteilstauschs neben den neuen Anteilen eine sonstige Gegenleistung gem. § 20 I 3 gewährt wird, die nicht den gemeinen Wert der übertragenen Anteile erreicht (Dötsch/Pung/Möhlenbrock/Patt Rn. 47).

2. Steuerliche Rechtsnachfolge

a) Umfang der steuerlichen Rechtsnachfolge. Die Verweisung in Abs. 1 auf **17** § 12 III Hs. 1 bewirkt einen Eintritt des übernehmenden Rechtsträgers in die stl. Rechtsstellung des Einbringenden. Dies gilt unabhängig davon, ob es zu einer Buchwertfortführung oder zu einem Zwischenwertansatz kommt. Für den Zwischenwertansatz enthält Abs. 3 Modifizierungen (Rödder/Herlinghaus/van Lishaut/Ritzer Rn. 51). Zu einer Rechtsnachfolge kommt es nur im Hinblick auf das übernommene BV (BT-Drs. 16/2710, 50) und damit – wie bereits in der Vergangenheit – nur bzgl. objektbezogener steuerrechtlich relevanter Besteuerungsmerkmale, die den eingebrachten WG anhaften (→ § 12 Rn. 67 ff.; Eisgruber/Altenburg Rn. 46; Dötsch/Pung/Möhlenbrock/Patt Rn. 51; BeckOK UmwStG/Dürrschmidt Rn. 681.1). Wird eine Beteiligung an einer PersGes, insbes. ein Kommanditanteil, nur für eine logische Sekunde eingebracht, so soll nach Meinung des 4. Senats des BFH (DStR 2017, 1376; ebenso Pyszka GmbHR 2017, 721; vgl. auch BFH DStR 2017, 2653; BStBl. II 2015, 1007) der Erwerber aufgrund einer stl. Rechtsnachfolge MU sein. Dies gilt gleichermaßen für die Einbringung durch Gesamtrechtsnachfolge, erweiterte Anwachsung und Einzelrechtsnachfolge. Eine Vereinigung der Leistungsfähigkeit des einbringenden und des übernehmenden Rechtsträgers erfolgt nicht (BFH BStBl. II 2015, 717; BeckOK UmwStG/Dürrschmidt Rn. 684.1). Der Eintritt ist jedoch nicht umfassend. Die Steuerfreiheit von KSt und GewSt (zB § 8b II KStG) beurteilt sich allein nach den bei dem übernehmenden Rechtsträger vorliegenden Voraussetzungen (Widmann/Mayer/ Widmann Rn. 173.1; auch → § 4 Rn. 57). Obwohl das Schachtelprivileg nach

DBAs natürlichen Personen nicht zusteht, kann dieses durch die Einbringung entstehen.

18 Obwohl Abs. 1 nur auf § 12 III Hs. 1 verweist, erfolgt aufgrund der wirtschaftsgutbezogenen Betrachtungsweise kein Eintritt des übernehmenden Rechtsträgers in verrechenbare Verluste; verbleibende Verlustvorträge, vom übertragenden Rechtsträger nicht ausgeglichene negative Einkünfte, ein Zinsvortrag nach § 4h I 5 EStG und ein EBITDA-Vortrag nach § 4h I 3 EStG (→ § 20 Rn. 444) gehen nicht auf den übernehmenden Rechtsträger über (einhM, BMF 11.11.2011 BStBl. I 2011, 1314 Rn. 23.02; Dötsch/Pung/Möhlenbrock/Patt Rn. 62 ff.; BeckOK UmwStG/ Dürrschmidt Rn. 693 ff.). Bei den **„verrechenbaren Verlusten"** handelt es sich um solche iSd § 15a IV EStG oder iSd § 15b IV EStG. **„Verbleibende Verlustvorträge"** sind alle förmlich festgestellten Abzugsbeträge, insbes. nach §§ 2a, 10d EStG, § 15 IV EStG, § 15a EStG, § 10 III 5 AStG iVm § 10d EStG. Vom übertragenden Rechtsträger „nicht ausgeglichene negative Einkünfte" sind lfd. Verluste des übertragenden Rechtsträgers, die noch nicht in einem verbleibenden Verlustvortrag förmlich festgestellt wurden. Dabei handelt es sich um lfd., im Wj. der Verschm erlittene Verluste des übertragenden Rechtsträgers, die vor dem stl. Übertragungsstichtag erlitten wurden (vgl. auch BFH BStBl. II 2006, 380; NdsFG DStRE 2022, 973; BMF 7.4.2006, BStBl. I 2006, 344). Lfd. Verluste des übertragenden Rechtsträgers nach dem stl. Einbringungsstichtag sind bereits dem übernehmenden Rechtsträger zuzurechnen (→ § 20 Rn. 257 f.). Bei der Einbringung in eine Verlustgesellschaft kann es zu einem schädlichen Beteiligungserwerb beim übernehmenden Rechtsträger kommen (BMF 4.7.2008, BStBl. I 2008, 736 Rn. 7).

19 Zur bilanziellen Behandlung von **stillen Lasten** in Form von Passivierungsverboten und Ansatzbeschränkungen des § 5 EStG bzw. den Bewertungsvorbehalten in § 6 EStG → § 20 Rn. 278 ff.).

20 **b) Rechtsnachfolge bei Buchwertfortführung.** Werden die BW fortgeführt, tritt der übernehmende Rechtsträger in die Rechtsstellung des Einbringenden ein. Objektbezogene Kosten, wie zB die GrESt, stellen nach der hier vertretenen Auffassung im Grunde zusätzliche AK der übertragenen WG dar und sind entsprechend zu aktivieren, was einer Buchwertfortführung jedoch nicht entgegensteht (→ Rn. 15; BFH FR 2004, 774). Wurde durch den Einbringenden ein Gebäude angeschafft, so gehören Aufwendungen des übernehmenden Rechtsträgers für Instandsetzungs- oder Modernisierungsmaßnahmen, die innerhalb von drei Jahren nach der Anschaffung des Gebäudes geführt werden, zu den möglichen anschaffungsnahen Aufwendungen iSd § 6 I Nr. 1a EStG (Widmann/Mayer/Widmann Rn. 59; Dötsch/Pung/Möhlenbrock/Patt Rn. 81). Diese Aktivierung steht einer Buchwertfortführung nicht entgegen. Diese **übernommenen BW** stellen wegen der Rechtsnachfolge **nicht die Anschaffungspreise** des übernehmenden Rechtsträgers dar, sondern vielmehr tritt der übernehmende Rechtsträger bzgl. der historischen AK, der Bewertung der übernommenen WG und der **AfA** in die Rechtsstellung des einbringenden Rechtsträgers ein (allgM, BMF 11.11.2011, BStBl. I 2011, 1314 Rn. 23.06; Widmann/Mayer/Widmann Rn. 21; Dötsch/Pung/Möhlenbrock/Patt Rn. 53; Brandis/Heuermann/Nitzschke Rn. 48). Gleiches gilt für eine ggf. steuerrechtlich relevante **Gründer- oder Herstellereigenschaft** des Einbringenden (→ § 12 Rn. 70; Eisgruber/Altenburg Rn. 46; Brandis/Heuermann/Nitzschke Rn. 48). Die vom Einbringenden gewählte **Abschreibungsmethode** ist durch den übernehmenden Rechtsträger fortzuführen, da insoweit der übertragende Rechtsträger ein Wahlrecht ausgeübt und sich hinsichtlich seiner Rechtsposition festgelegt hat (BMF 11.11.2011, BStBl. I 2011, 1314 Rn. 23.06; Widmann/Mayer/Widmann Rn. 22; Dötsch/Pung/Möhlenbrock/Patt Rn. 53; Brandis/Heuermann/Nitzschke Rn. 43; Haase/Hofacker/Biesold Rn. 17; BeckOK UmwStG/Dürrschmidt Rn. 685). Der übernehmende Rechtsträger kann deshalb hinsichtlich der auf ihn übergegangenen WG nicht von einer linearen AfA, die von dem Einbringenden gewählt worden ist, auf die Abschreibung in fallenden Jahresbeträgen übergehen (vgl. FG Hmb EFG 2003, 57; → § 4 Rn. 58 f. mwN). Hat der Einbringende ein WG degressiv abgeschrieben, so muss der übernehmende Rechtsträger die entsprechende Abschreibungsmethode mit dem zugrunde gelegten Hundertsatz fortführen (Widmann/Mayer/Widmann Rn. 22; Brandis/Heuermann/Nitzschke Rn. 43; Haase/Hofacker/Biesold Rn. 17; Dötsch/Pung/Möhlenbrock/Patt Rn. 53).

Hat der Einbringende **Abschreibungen für außergewöhnliche technische oder wirtschaftliche Abnutzung** (§ 7 I 7 EStG) vorgenommen, so tritt die übernehmende Körperschaft in diese Rechtsstellung ein. § 7 I 7 EStG schreibt vor, dass in den Fällen der Gewinnermittlung nach §§ 4, 5 EStG eine gewinnerhöhende Zuschreibung und damit eine Erhöhung der AfA-Bemessungsgrundlage vorzunehmen ist, wenn der Grund für die außergewöhnliche Abschreibung entfallen ist. Eine solche Zuschreibung muss auch der übernehmende Rechtsträger vornehmen, wenn die Voraussetzungen für die außergewöhnliche Abschreibung nach dem Einbringungsstichtag entfallen sind (Widmann/Mayer/Widmann Rn. 24; Dötsch/Pung/Möhlenbrock/Patt Rn. 53; Haase/Hofacker/Biesold 19; Rödder/Herlinghaus/van Lishaut/Ritzer Rn. 59). Der Betrag der Zuschreibung ergibt sich aus der Diff. des BW zum Zeitpunkt der Rückgängigmachung der Abschreibung für außergewöhnliche Abnutzung und den unter Berücksichtigung der normalen AfA fortgeführten Anschaffungs- oder Herstellungskosten des entsprechenden WG; iÜ → § 4 Rn. 73 f. 21

Der übernehmende Rechtsträger tritt hinsichtlich der Möglichkeit einer **Sonderabschreibung** in die Rechtsstellung des Einbringenden ein (→ § 12 Rn. 74; Dötsch/Pung/Möhlenbrock/Patt Rn. 53; BeckOK UmwStG/Dürrschmidt Rn. 685; Frotscher/Drüen/Mutscher Rn. 68). Er kann damit Sonder-AfA in der Höhe und in dem Zeitraum vornehmen, wie es die übertragende Körperschaft hätte tun können (BMF 14.7.1995, DB 1995, 1439). 22

Liegen die Voraussetzungen der Rückgängigmachung der **TW-AfA** bereits zum Einbringungsstichtag vor, so muss die Rückgängigmachung noch in der Schlussbilanz des Einbringenden erfolgen (Rödder/Herlinghaus/van Lishaut/Stangl Rn. 58). Der übernehmende Rechtsträger ist zu einer Wertaufholung verpflichtet, wenn nach vorangegangener TW-AfA durch den Einbringenden der Grund für die TW-AfA inzwischen ganz oder teilweise weggefallen ist oder wegen vorübergehender Wertminderung eine solche nicht mehr zul. ist und auch nicht beibehalten werden darf (→ § 12 Rn. 78 f.; Widmann/Mayer/Widmann Rn. 38 f.; Brandis/Heuermann/Nitzschke Rn. 44; Haritz/Menner/Bilitewski/Bilitewski Rn. 35; BeckOK UmwStG/Dürrschmidt Rn. 687). Der übernehmende Rechtsträger muss daher gem. § 6 I Nr. 1 S. 4, Nr. 2 S. 3 EStG jährlich nachweisen, dass der von dem Einbringenden bzw. von ihm fortgeführte Wert in dieser Höhe beibehalten werden darf. Die AK des Einbringenden stellen insoweit die Wertobergrenze dar, was auch gilt, wenn der gemeine Wert im Zeitpunkt der Einbringung unter dieser Wertobergrenze liegt (vgl. Rödder/Herlinghaus/van Lishaut/Ritzer Rn. 60). 23

Bei der Ermittlung der Wertobergrenze sind Abschreibungen, erhöhte Absetzung, Absetzungen, Sonderabschreibungen sowie Abzüge gewinnmindernder Rücklagen sowohl des Einbringenden (bis zum stl. Einbringungsstichtag) als auch des übernehmenden Rechtsträgers (ab dem stl. Einbringungsstichtag bis zum Wertaufholungsstichtag) zu berücksichtigen (dazu das Beispiel → § 4 Rn. 73 f.). 24

Hat der einbringende Rechtsträger bei der Einbringung eines Betriebs die **Bewertungsfreiheit** gem. § 6 II EStG in Anspruch genommen, so ist der übernehmende Rechtsträger daran gebunden (Dötsch/Pung/Möhlenbrock/Patt Rn. 55; Widmann/Mayer/Widmann Rn. 27; Rödder/Herlinghaus/van Lishaut/Ritzer Rn. 54; Haase/Hofacker/Biesold Rn. 18). Gleiches gilt, wenn der übertragende Rechtsträger einen Sammelposten gem. § 6 IIa EStG nicht gebildet hat. Wurde ein 25

Sammelposten iSd § 6 IIa EStG gebildet, geht dieser bei der Einbringung eines Betriebs auf den übernehmenden Rechtsträger über. Etwas anderes soll gelten, wenn bei der Einbringung eines Betriebs beim Einbringenden Restvermögen verbleibt, der Sammelposten soll dann im verbleibenden BV des Einbringenden auszuweisen sein (BMF 30.9.2010, BStBl. I 2010, 755 Rn. 21; Dötsch/Pung/Möhlenbrock/Patt Rn. 56). Auch bei der Einbringung eines Teilbetriebs soll der Sammelposten unverändert beim Einbringenden verbleiben (BMF 30.9.2010, BStBl. I 2010, 755 Rn. 22 f.; Dötsch/Pung/Möhlenbrock/Patt Rn. 56; Rödder/Herlinghaus/van Lishaut/Ritzer Rn. 55). Wird ein Mitunternehmeranteil oder der Teil eines Mitunternehmeranteils einer weiterbestehenden PersGes eingebracht, so bleibt der Sammelposten in der Gesamthandsbilanz der Mitunternehmerschaft unverändert. Wird nur der Teil eines Mitunternehmeranteils einer weiterbestehenden PersGes übertragen und das SBV nicht oder quotenentsprechend mitübertragen, soll der Sammelposten ungeschmälert beim Einbringenden verbleiben (BMF 30.9.2010, BStBl. I 2010, 755 Rn. 24 f.; Dötsch/Pung/Möhlenbrock/Patt Rn. 56).

26 Nach § 22 I iVm § 12 III Hs. 1 übernimmt die aufnehmende KapGes die im eingebrachten BV enthaltenen **steuerfreien Rücklagen** (zB Reinvestitionsrücklage gem. § 6b III EStG oder Rücklage für Ersatzbeschaffung gem. R 6.6 EStR). Zu § 7g EStG aF vgl. BFH BStBl. II 2015, 717. Die Einbringung führt nicht zur zwangsweisen Auflösung der Rücklage, der übernehmende Rechtsträger tritt vielmehr in die Rechtsstellung des Einbringenden, der die Rücklage gebildet hat, ein (Dötsch/Pung/Möhlenbrock/Patt Rn. 61; BeckOK UmwStG/Dürrschmidt Rn. 691; Haase/Hofacker/Biesold Rn. 21; Widmann/Mayer/Widmann Rn. 30; Haritz/Menner/Bilitewski/Bilitewski Rn. 37; Rödder/Herlinghaus/van Lishaut/Ritzer Rn. 78; Brandis/Heuermann/Nitzschke Rn. 45), wenn bei Rücklage mit übertragen wird. Die übernehmende KapGes führt die steuerfreie Rücklage selbst dann fort, wenn sie wegen ihrer Rechtsform oder – im Falle der Einbringung auf eine bestehende KapGes – wegen ihrer Unternehmensart eine derartige Rücklage vom Gesetz nicht vorgesehen war. So kann bspw. die aufnehmende KapGes eine vom Einbringenden gebildete Rücklage gem. § 6b X 5 EStG fortführen, obwohl nur natürliche Personen oder PersGes, soweit natürliche Personen beteiligt sind, die Steuervergünstigung des § 6b X EStG in Anspruch nehmen können (vgl. Rödder/Herlinghaus/van Lishaut/Ritzer Rn. 72; Brandis/Heuermann/Biesold Rn. 45; Widmann/Mayer/Widmann Rn. 33). Fraglich ist, ob die stl. Rechtsnachfolge so weit geht, dass die aufnehmende KapGes den Rücklagenbetrag nach § 6b X EStG auf eigene Reinvestitionsobjekte nach Maßgabe dieser Vorschrift übertragen kann (vgl. Dötsch/Pung/Möhlenbrock/Patt Rn. 42; Rödder/Herlinghaus/van Lishaut/Ritzer Rn. 72; Widmann/Mayer/Widmann Rn. 33; Förster DStR 2001, 1913). Die Fortführung der Rücklage für Ersatzbeschaffung soll voraussetzen, dass das ausgeschiedene WG zu dem eingebrachten Teilbetrieb gehört, widrigenfalls sei die Rücklage aufzulösen (Widmann/Mayer/Widmann Rn. 35). Die Rechtsnachfolge in die Rücklage erschöpft sich jedoch nicht nur in der Übernahme dieser Rücklage in der StB der KapGes, vielmehr muss die übernehmende KapGes die Rücklage bspw. durch Zeitablauf unter Anrechnung der Zeitdauer der Rücklagenbildung beim Einbringenden auflösen. Eine geänderte Bescheinigung iSd § 22 V führt zu einer Berichtigung der Veranlagung des übernehmenden Rechtsträgers gem. § 175 I 1 Nr. 1 AO (BMF 11.11.2011, BStBl. I 2011, 1314 Rn. 23.10; Widmann/Mayer/Widmann Rn. 609; aA wohl Dötsch/Pung/Möhlenbrock/Patt Rn. 122). Wird eine Rücklage aufgelöst und ist der Auflösungsbetrag zu verzinsen, wird die Zeitdauer der Rücklagenbildung beim Einbringenden mitgerechnet. Nach Auffassung des BFH (BStBl. II 2021, 517) ist eine § 6b-Rücklage noch in der Person des übertragenden Rechtsträgers aufzulösen, wenn der Umwandlungsstichtag exakt mit dem Ende des Reinvestitionszeitraums übereinstimmt.

Gehört zum übertragenen Vermögen auch eine **Pensionsrückstellung,** tritt der 27
übernehmende Rechtsträger insoweit in die stl. Rechtsstellung ein (BeckOK
UmwStG/Dürrschmidt Rn. 690; Brandis/Heuermann/Nitzschke Rn. 47). Zu weiteren Einzelheiten → § 20 Rn. 367 ff.

Abs. 1 scheidet aber bei **einbringungsgeborenen Anteilen,** bei denen im Zeit- 28
punkt der Einbringung die siebenjährige Sperrfrist iSv § 3 Nr. 40 S. 3 und S. 4 EStG
aF bzw. § 8b IV KStG aF noch nicht abgelaufen war, aus, da § 23 wegen § 27 IV
auf Anteile, bei denen die siebenjährige Sperrfrist iSv § 3 Nr. 40 S. 3 und S. 4 EStG
aF bzw. § 8 IV KStG aF noch nicht abgelaufen ist, nicht anzuwenden ist. War die
siebenjährige Sperrfrist iSv § 3 Nr. 40 S. 3 und S. 4 EStG aF bzw. § 8b IV KStG aF
im Zeitpunkt der Einbringung abgelaufen, kommt es zu einer Rechtsnachfolge
(→ Rn. 16).

3. Anrechnung von Besitzzeiten

a) Grundsatz. Setzt die übernehmende KapGes das eingebrachte BV **mit dem** 29
BW oder einem **ZW** an, gilt nach der Verweisung in Abs. 1 § 4 II 3 sinngemäß.
Danach kommt es zu einer Besitzzeitanrechnung, was bedeutet, dass der KapGes
Vorbesitzzeiten des Einbringenden zugutekommen bzw. weitere Besitzzeiten der
KapGes auf für den Einbringenden geltenden Verbleibensfristen angerechnet werden
(BMF 11.11.2011, BStBl. I 2011, 1314 Rn. 23.06; Dötsch/Pung/Möhlenbrock/
Patt Rn. 52; Brandis/Heuermann/Nitzschke Rn. 53; Rödder/Herlinghaus/van Lishaut/Ritzer Rn. 82 f.). Die Besitzzeitanrechnung erfolgt aufgrund von Abs. 1 iVm
§ 4 II 3. Sie ergibt sich nicht bereits aus der stl. Rechtsnachfolge nach Abs. 1 iVm
§ 12 III Hs. 1, da diese sich auf objektbezogene steuerrechtlich relevante Besteuerungsmerkmale bezieht, die den jeweils übertragenen WG anhaften (Dötsch/Pung/
Möhlenbrock/Patt Rn. 36; BeckOK UmwStG/Dürrschmidt Rn. 623). Durch die
Besitzzeitanrechnung wird der übernehmende Rechtsträger so gestellt, als hätten
sich die eingebrachten WG bereits während der Besitzzeit durch den Einbringenden
im BV des übernehmenden Rechtsträgers befunden (Rödder/Herlinghaus/van Lishaut/Ritzer Rn. 82). Zu einer Besitzzeitanrechnung idS kommt es aufgrund des
weiten Gesetzeswortlautes selbst dann, wenn der Einbringende die übertragenen
Anteile im PV gehalten hat (wie hier Widmann/Mayer/Widmann Rn. 45; aA
Dötsch/Pung/Möhlenbrock/Patt Rn. 104; Lademann/Jäschke Rn. 5; BeckOK
UmwStG/Dürrschmidt Rn. 626; vgl. auch Frotscher/Drüen/Mutscher Rn. 34 ff.)
oder im Rahmen des § 43b II 4 EStG der Einbringende nicht von der Mutter-Tochter-Richtlinie erfasst wird (Widmann/Mayer/Widmann Rn. 49).

Im Rahmen der Besitzzeitanrechnung sind insbes. folgende Fälle von wesentlicher 30
Bedeutung:
- § 6b IV EStG (sechsjährige ununterbrochene Betriebszugehörigkeit einer inl. Betriebsstätte),
- § 2 InvZulG (dreijährige Verbleibensfrist der angeschafften oder hergestellten WG; vgl. BMF 20.1.2006, BStBl. I 2006, 119 Rn. 59),
- § 8b IV KStG (siebenjährige Sperrfrist aF),
- § 14 Nr. 1 KStG (ununterbrochene Beteiligung des Organträgers vom Beginn des Wj. an; vgl. zur isolierten Anteilseinbringung → Rn. 16; Widmann/Mayer/ Widmann Rn. 50, 19),
- § 9 Nr. 2a, Nr. 7 GewStG (str. BMF 11.11.2011, BStBl. I 2011, 1314 Rn. 04.15; FG Düsseldorf EFG 2023, 419).

Der BFH (DStR 2014, 1229) weist darauf hin, dass die Besitzzeitanrechnung 30a
des § 4 II 3 auf einen Zeitraum („Dauer der Zugehörigkeit") abstellt, der für die
Besteuerung von Bedeutung ist. Soweit eine Vorschrift wie bspw. § 9 Nr. 2a
GewStG nicht auf einen Zeitraum, sondern auf einen Zeitpunkt, nämlich den
Beginn des Erhebungszeitraums abstellt, sei Abs. 2 S. 3 nicht anwendbar (ebenso

Eisgruber/Altenburg Rn. 72). Bezogen auf die Regelungen, die auf einen Zeitpunkt abstellen, hilft nach Auffassung der BFH auch nicht die Generalklausel des § 4 II 1, da diese durch § 4 III 3 verdrängt würde (vgl. dazu Weiss/Brühl Ubg 2018, 22; Lenz/Adrian DB 2014, 2670). Ob ein stichtagbezogenes Beteiligungserfordernis durch stl. Rückwirkung nach § 2 I erfüllt werden kann (→ § 12 Rn. 92), ließ der BFH offen. Zu § 9 Nr. 1 S. 5 Nr. 2 GwStG vgl. BFH DStR 2022, 544.

31   Die Vorschrift gilt sowohl für **Einzelrechtsübertragung** als auch für Gesamtrechtsnachfolge (Rödder/Herlinghaus/van Lishaut/Ritzer Rn. 82; Lademann/Jäschke Rn. 4). Auch bei nur geringfügiger Beteiligung des Einbringenden an der übernehmenden KapGes ist dessen Vorbesitzzeit anzurechnen (Richter/Winter DStR 1974, 310).

32   Veräußert die übernehmende KapGes die eingebrachten begünstigten WG vor Ende der Verbleibenszeit, sind die Veranlagungen des Einbringenden zu berichtigen, soweit stl. Begünstigungen in Anspruch genommen worden sind, § 175 I 1 Nr. 2 AO (Dötsch/Pung/Möhlenbrock/Patt Rn. 40).

33   **b) Besitzzeitanrechnung bei Organschaft.** Eine Organschaft setzt voraus, dass der Organträger an der OrganGes von Beginn ihres Wj. an ununterbrochen in einem solchen Maße beteiligt ist, dass ihm die Mehrheit der Stimmrechte aus den Anteilen an der OrganGes zusteht. Geht das gesamte Vermögen des Organträgers durch Verschm auf eine KapGes im Wege der Einbringung über, tritt der übernehmende Rechtsträger in den EAV ein (BMF 11.11.2011, BStBl. I 2011, 1314 Rn. Org.01). Diese Rechtsfolge ergibt sich steuerrechtlich nicht aus dem zivilrechtlichen Grds. der Gesamtrechtsnachfolge, sondern vielmehr aus Abs. 1 iVm § 12 III Hs. 1, wonach die übernehmende KapGes in die Rechtsstellung des Einbringenden eintritt. Geht die Beteiligung an der OrganGes im Wege der Ausgliederung auf ein anderes gewerbliches Unternehmen iSd § 14 I 1 Nr. 2 KStG über, wird dem übernehmenden Rechtsträger eine gegenüber dem übertragenden Rechtsträger bestehende finanzielle Eingliederung mit Wirkung ab dem stl. Übertragungsstichtag nach Auffassung der FVerw zugerechnet (BMF 11.11.2011, BStBl. I 2011, 1314 Rn. Org.08), wobei im Einbringungsvertrag geregelt sein muss, dass der übernehmende Rechtsträger in den EAV eintritt (Widmann/Mayer/Widmann UmwStE 2011 Org.08). Erfolgt die Einbringung im Wege der Einzelrechtsnachfolge, muss von der übernehmenden Gesellschaft ein neuer EAV abgeschlossen werden; trotz des neuen Vertrages tritt die übernehmende Gesellschaft in vollem Umfang in die Rechtsstellung des Einbringenden ein (Widmann/Mayer/Widmann Rn. 122; Lademann/Jäschke Rn. 29). Soweit die FVerw darauf abstellt, dass eine gegenüber dem übertragenden Rechtsträger bestehende finanzielle Eingliederung mit Wirkung ab dem stl. Übertragungsstichtag zugerechnet wird (BMF 11.11.2011, BStBl. I 2011, 1314 Rn. Org.13; ebenso Widmann/Mayer/Widmann Rn. 46), ist dies nicht richtig. Die stl. Zurechnung der finanziellen Eingliederung ergibt sich vielmehr aus dem Gedanken der spezifischen Rechtsnachfolge des § 12 III Hs. 1 iVm § 23 I, sodass eine Rückwirkungsfiktion nicht notwendig ist (BFH DStR 2023, 2613; BFH DStR 2023, 2607; FG Düsseldorf DStRE 2021, 336; Haritz/Menner/Bilitewski/Bilitewski Rn. 27; Brandis/Heuermann/Nitzschke vgl. BFH BStBl. II 2011, 529; Rödder DStR 2011, 1053; BeckOK UmwStG/Dürrschmidt Rn. 631 ff.). Entscheidend für die finanzielle Eingliederung ist damit, dass der einbringende Rechtsträger die Beteiligung an der TochterGes mindestens ab dem Beginn des Wj. hält (vgl. dazu auch FG Düsseldorf DStR 2015, 1044; Brühl DStR 2015, 1896); liegen diese Voraussetzungen vor, so kann auch bei der Anteilseinbringung, die unterjährig erfolgt, eine finanzielle Eingliederung gegeben sein, wenn die einbringende KapGes die Beteiligung an der TochterGes mindestens ab dem Beginn des Wj. hält (DPPM/Patt § 20 Rn. 335; vgl. auch Widmann/Mayer/Widmann Rn. 46).

c) Besitzzeitanrechnung und Zusammenrechnung von Anteilen. Für die 34
Inanspruchnahme der nat. Schachtelprivilegien (§ 9 Nr. 2a GewStG; § 9 Nr. 7
GewStG) und der Schachtelprivilegien nach DBA sind ua Mindestbesitzzeiten der
jeweiligen Beteiligungen vorausgesetzt (idR ab Beginn des Erhebungszeitraums bzw.
zwölf Monate). Die Anrechnung der Vorbesitzzeit bei der übernehmenden KapGes
folgt nach Auffassung der FVerw aus Abs. 1 iVm § 4 II 3 (BMF 11.11.2011, BStBl.
I 2011, 1314 Rn. 23.06 iVm Rn. 04.15; aA BFH DStR 2014, 1229; vgl. auch Lenz/
Adrian DB 2014, 2670; Weiss/Brühl Ubg 2018, 22), sowohl wenn das einbringende
Unternehmen der Rechtsform nach selbst die Voraussetzungen für die Inanspruchnahme des jeweiligen Schachtelprivilegs etc erfüllte als auch, wenn allein die übernehmende KapGes, nicht aber auch der Einbringende, die persönlichen Voraussetzungen für die Inanspruchnahme des einschlägigen Schachtelprivilegs erfüllt, wenn
also zB der Einbringende Einzelunternehmer oder MU ist, das einschlägige Schachtelprivileg aber nur von einer KapGes in Anspruch genommen werden kann. Auch
das folgt unmittelbar aus Abs. 1 iVm § 4 II 3; der Zeitraum der Zugehörigkeit zum
BV und damit der entsprechende Besitzzeitraum des Einbringenden wird nämlich
dem Wortlaut der Normen entsprechend dem notwendigen Besitzzeitraum der
übernehmenden KapGes angerechnet. Die Übernehmerin wird dadurch so gestellt,
als habe sie die WG des BV bereits besessen, als sie sich noch im BV des Einbringenden befanden (vgl. Haritz/Menner/Bilitewski/Bilitewski Rn. 29 ff.: Zusammenrechnung möglich bei rückwirkender Einbringung; ebenso Haase/Hofacker/Biesold
Rn. 43; aA wohl Glade/Steinfeld Rn. 1281). Zu einer Besitzzeitanrechnung idS
kommt es aufgrund des weiten Gesetzeswortlautes selbst dann, wenn der Einbringende die übertragenen Anteile im PV gehalten hat (wie hier Rödder/Herlinghaus/
van Lishaut/Ritzer Rn. 87; Widmann/Mayer/Widmann Rn. 45; vgl. BFH DStR
2023, 2613; aA BeckOK UmwStG/Dürrschmidt Rn. 629.2; FG München EFG
1992, 201).

Ob es zu einer **rückwirkenden Zusammenrechnung von Anteilen** kommt, 35
die der übertragende und der übernehmende Rechtsträger an einer gemeinsamen
TochterGes halten, ist nicht abschließend geklärt (dafür Rödder/Herlinghaus/van
Lishaut/Ritzer Rn. 88; Widmann/Mayer/Widmann Rn. 43; Haase/Hofacker/Biesold Rn. 44; Haritz/Menner/Bilitewski/Bilitewski Rn. 30; Ernst Ubg 2012, 678;
vgl. auch BMF 26.8.2003, BStBl. II 2003, 437 Rn. 12; aA Lademann/Jäschke
Rn. 5). Diese Frage ist insbes. dann von Bedeutung, wenn sowohl der übertragende
als auch der übernehmende Rechtsträger eine Minderheitsbeteiligung besitzen und
durch die Einbringung erst die Voraussetzungen bspw. des § 14 I 1 Nr. 1 KStG, des
§ 9 Nr. 2a GewStG (vgl. aber BFH DStR 2014, 1229) oder der Voraussetzungen
des § 8b IV KStG nF (vgl. dazu Benz/Jetter DStR 2013, 489) in der Person des
übernehmenden Rechtsträgers geschaffen werden. Geht man davon aus, dass Grundlage der Zurechnung der Anteile des übertragenden Rechtsträgers beim übernehmenden Rechtsträger die stl. Rechtsnachfolge gem. Abs. 1 iVm § 12 II Hs. 1 ist,
scheidet eine rückwirkende Zusammenrechnung der Minderheitsbeteiligungen aus
(vgl. auch Frotscher/Drüen/Mutscher Rn. 43).

III. Aufstockung nach Einbringung (Abs. 2)

1. Wertaufstockung aufgrund nachträglicher Besteuerung des Einbringungsgewinns I

a) Überblick. In den Fällen des § 22 I kann die übernehmende Gesellschaft den 36
versteuerten Einbringungsgewinn I im Wj. der Veräußerung der Anteile oder eines
gleichgestellten Ereignisses als Erhöhungsbetrag ansetzen. Dieses setzt einen entsprechenden Antrag der übernehmenden Gesellschaft voraus und einen Nachweis iSd

§ 22 V, dass der Einbringende bzw. dessen unentgeltlicher Rechtsnachfolger (§ 22 VI; → § 22 Rn. 172 f.) die auf den einbringenden Gewinn entfallende Steuer entrichtet hat.

37 **b) Fälle des § 22 I.** Abs. 2 S. 1 regelt die Fälle des § 22 I. Er beschränkt sich damit auf den Einbringungsgewinn I. Soweit zusammen mit einem Betrieb, Teilbetrieb oder Mitunternehmeranteil auch Anteile an einer KapGes oder Gen als Bestandteil der übertragenen Sachgesamtheit eingebracht werden, ist gem. § 22 I 5 die Regelung des § 22 II anzuwenden, sodass insoweit Abs. 2 S. 1 nicht eingreift (Rödder/Herlinghaus/van Lishaut/Ritzer Rn. 97; Dötsch/Pung/Möhlenbrock/Patt Rn. 188). Der Grund für die Entstehung des Einbringungsgewinns I ist für die Anwendung des Abs. 2 S. 1 ohne Bedeutung, dh Abs. 2 S. 1 kommt zur Anwendung, wenn die erhaltenen Anteile iSd § 22 I veräußert werden oder ein der Veräußerung gleichgestelltes Ereignis gegeben ist. Obwohl Abs. 2 S. 1 in einem Klammerzusatz nur auf § 22 I 1, 6 Nr. 1–6 Bezug nimmt, ist Abs. 2 S. 1 auch anzuwenden, wenn der Einbringende bzw. dessen Rechtsnachfolger den Nachweis nach § 22 III nicht (rechtzeitig) erbringt, da nach § 22 III 2 in diesem Fall die erhaltenen Anteile als veräußert gelten (Dötsch/Pung/Möhlenbrock/Patt Rn. 188; BeckOK UmwStG/Dürrschmidt Rn. 850; Brandis/Heuermann/Nitzschke Rn. 72; Haritz/Menner/Bilitewski/Bilitewski Rn. 81; Rödder/Herlinghaus/van Lishaut/Ritzer Rn. 65; Widmann/Mayer/Widmann Rn. 603; Lademann/Jäschke Rn. 7).

38 **c) Antragswahlrecht.** Zu einer Aufstockung kommt es nur, wenn der übernehmende Rechtsträger dies bei dem für ihn zuständigen FA beantragt (BMF 11.11.2011, BStBl. I 2011, 1314 Rn. 23.06; Dötsch/Pung/Möhlenbrock/Patt Rn. 186; Rödder/Herlinghaus/van Lishaut/Ritzer Rn. 98; Haritz/Menner/Bilitewski/Bilitewski Rn. 94). Entgegen der Meinung der FVerw (BMF 11.11.2011, BStBl. I 2011, 1314 Rn. 23.07; ebenso BeckOK UmwStG/Dürrschmidt Rn. 872) ist es nicht notwendig, dass die Höhe und die Zuordnung des Aufstockungsbetrages sich eindeutig aus dem Antrag ergeben muss, da Abs. 2 S. 1 eine solche Anforderung an den Antrag nicht stellt (Rödder/Herlinghaus/van Lishaut/Ritzer Rn. 98; Brandis/Heuermann/Nitzschke Rn. 77). Der Antrag ist nicht fristgebunden und kann daher bis zur Bestandskraft des Steuerbescheides gestellt werden, welches das Wj. betrifft, in welchem der Erhöhungsbetrag zu erfassen ist (Widmann/Mayer/Widmann Rn. 607). Auch eine spätere Antragstellung wird für möglich gehalten (Dötsch/Pung/Möhlenbrock/Patt Rn. 187; Brandis/Heuermann/Nitzschke Rn. 90), eine AfA, die auf den bestandskräftigen Zeitraum entfalle, kann dann aber nicht nachgeholt werden (vgl. dazu Lademann/Jäschke Rn. 8; Haritz/Menner/Bilitewski/Bilitewski Rn. 35; Rödder/Herlinghaus/van Lishaut/Ritzer Rn. 102; Widmann/Mayer/Widmann Rn. 607). Der Antrag bedarf keiner besonderen Form, er kann auch konkludent gestellt werden, indem eine StB eingereicht wird, aus der sich die Auswirkungen des Einbringungsgewinns I beim übernehmenden Rechtsträger ergeben (Widmann/Mayer/Widmann Rn. 606.1; Dötsch/Pung/Möhlenbrock/Patt Rn. 186; Brandis/Heuermann/Nitzschke Rn. 73; Haritz/Menner/Bilitewski/Bilitewski Rn. 94; Frotscher/Drüen/Mutscher Rn. 158; Lademann/Jäschke Rn. 8). Der Antrag kann nicht auf einzelne WG oder auf einen bestimmten Betrag begrenzt werden (Rödder/Herlinghaus/van Lishaut/Ritzer Rn. 98; Frotscher/Drüen/Mutscher Rn. 156; Lademann/Jäschke Rn. 8). Ein einmal wirksam gestellter Antrag kann weder zurückgenommen, noch wegen Irrtums angefochten werden. Eine Änderung des Antrags ist auch nicht mit Zustimmung des FA möglich (BeckOK UmwStG/Dürrschmidt Rn. 38; aA Dötsch/Pung/Möhlenbrock/Patt Rn. 185). Adressat des Antrags ist das für den übernehmenden Rechtsträger zuständige FA (Rödder/Herlinghaus/van Lishaut/Ritzer Rn. 102). Bei der Einbringung eines Mitunternehmeranteils soll das FA der Mitunternehmerschaft zuständig sein (Rödder/Herlinghaus/van Lishaut/Ritzer Rn. 102 Fn. 4; Lademann/Jäschke Rn. 8).

d) Entrichtung der Steuer auf den Einbringungsgewinn I, Vorlage einer 39
Bescheinigung iSv § 22 V. Zu einer Aufstockung des eingebrachten Vermögens kommt es nur, soweit die Steuer aus dem nachträglichen Einbringungsgewinn I durch den Einbringenden bzw. dessen Rechtsnachfolger entrichtet wurde und dadurch der Steueranspruch erloschen ist. Steuer iSd Abs. 1 S. 2 ist die **ESt und die KSt,** nicht aber die GewSt, denn diese ist auch nicht Gegenstand der Bescheinigung iSd § 22 V, da die Bezahlung der GewSt nicht durch das für den Einbringenden zuständige FA erbracht wird (Dötsch/Pung/Möhlenbrock/Patt Rn. 193; Rödder/ Herlinghaus/van Lishaut/Ritzer Rn. 121; Eisgruber/Altenburg Rn. 121; Haase/ Hofacker/Biesold Rn. 53; Frotscher/Drüen/Mutscher Rn. 162; wohl auch BMF 11.11.2011, BStBl. I 2011, 1314 Rn. 22.38; aA Widmann/Mayer/Widmann § 22 Rn. 415; Haritz/Menner/Bilitewski/Bilitewski Rn. 84; Lademann/Jäschke Rn. 9). Zur Steuer iSd Abs. 2 S. 1 gehören nicht die stl. Nebenleistungen iSd § 3 III AO (Dötsch/Pung/Möhlenbrock/Patt Rn. 193; Frotscher/Drüen/Mutscher Rn. 162; Lademann/Jäschke Rn. 9). Die Steuer ist entrichtet, wenn diese durch den Einbringenden oder dessen Rechtsnachfolger gezahlt wurde oder durch Aufrechnung erlischt (Dötsch/Pung/Möhlenbrock/Patt Rn. 193; iÜ → § 22 Rn. 168). Von einer Steuerentrichtung iSd Vorschrift ist auch dann auszugehen, wenn der Einbringende in den Genuss einer persönlichen Steuerbefreiung kommt und daher ein Einbringungsgewinn iSd § 20 steuerbefreit gewesen wäre (Rödder/Herlinghaus/van Lishaut/Ritzer Rn. 111; Widmann/Mayer/Widmann Rn. 604; Dötsch/Pung/Möhlenbrock/Patt Rn. 193).

Erlischt der Steueranspruch aufgrund von Festsetzungsverjährung, liegt kein Fall 40 der Entrichtung iSd Abs. 2 S. 1 vor (Rödder/Herlinghaus/van Lishaut/Ritzer Rn. 113; Frotscher/Drüen/Mutscher Rn. 165; Lademann/Jäschke Rn. 9); umstritten ist, ob dies auch für die Zahlungsverjährung gilt (vgl. Widmann/Mayer/Widmann Rn. 423; Dötsch/Pung/Möhlenbrock/Patt Rn. 193; Rödder/Herlinghaus/ van Lishaut/Ritzer Rn. 124). Gleiches gilt, wenn die Steuer gestundet oder niedergeschlagen bzw. Aussetzung der Vollziehung gewährt wird (Dötsch/Pung/Möhlenbrock/Patt Rn. 196; Frotscher/Drüen/Mutscher Rn. 165; Rödder/Herlinghaus/ van Lishaut/Ritzer Rn. 127). Ist das Einbringungsjahr ein Verlustjahr und mindert der Verlust den Einbringungsgewinn I, liegt eine Steuerentrichtung iSd Abs. 2 erst vor, wenn der Verlustfeststellungsbescheid geändert worden ist (BMF 11.11.2011, BStBl. I 2011, 1314 Rn. 23.12; Dötsch/Pung/Möhlenbrock/Patt Rn. 194; Haritz/ Menner/Bilitewski/Bilitewski Rn. 83; Rödder/Herlinghaus/van Lishaut/Ritzer Rn. 125). Ist das Einkommen in dem für die Einbringung maßgeblichen Veranlagungszeitraum positiv, ergibt sich jedoch auf Grund eines Verlustvor- oder -rücktrags keine festzusetzende Steuer, gilt die Steuer ebenfalls mit Bekanntgabe des geänderten Verlustfeststellungsbescheides als entrichtet. Auf die Entrichtung der sich auf Grund der Verringerung des rück- oder vortragsfähigen Verlustes im Verlustrück- oder -vortragsjahr beim Einbringenden ergebende Steuer kommt es nicht an (BMF 11.11.2011, BStBl. I 2011, 1314 Rn. 23.12; Widmann/Mayer/Widmann Rn. 604). Verbleibt trotz des Verlustes bzw. der Verlustverrechnung noch ein positives Einkommen, kann davon ausgegangen werden, dass die Verluste vorrangig mit dem Einbringungsgewinn I bzw. II als verrechnet gelten (Widmann/Mayer/Widmann § 22 Rn. 424; aA BMF 11.11.2011, BStBl. I 2011, 1314 Rn. 23.12: Tilgung erfolgt nur anteilig).

Zu einer Wertaufstockung kommt es nur, **soweit** die Steuer entrichtet wurde. 41 Wird die Steuer auf den Einbringungsgewinn nur teilweise entrichtet, kommt es nach Meinung der FVerw zu einer verhältnismäßigen Aufstockung, wobei sich das Verhältnis zwischen der in dem fraglichen VZ insges. geschuldeten ESt/KSt und der auf den Einbringungsgewinn I entfallenden ESt/KSt ergibt (BMF 11.11.2011, BStBl. I 2011, 13.14 Rn. 23.12; Dötsch/Pung/Möhlenbrock/Patt Rn. 198; Lademann/Jäschke Rn. 9; aA Rödder/Herlinghaus/van Lishaut/Ritzer Rn. 129; Widmann/Mayer/Widmann Rn. 418: es gilt die Meistbegünstigung im Sinne einer vorrangigen Entrichtung auf den Einbringungsgewinn I). Ist der Einbringende eine OrganGes, ist Voraussetzung für die Buchwertaufstockung die Entrichtung der Steuer durch den Organträger; in Verlustfällen kommt es auf die Berücksichtigung des Einbringungsgewinns im jeweiligen Verlustfeststellungsbescheid des Organträgers an (BMF 11.11.2011, BStBl. I 2011, 1314 Rn. 23.13). Ist Einbringender iSd § 20 eine Mitunternehmerschaft, so entsteht auf der Ebene des Einbringenden, wenn diese die als Gegenleistung erhaltenen Anteile innerhalb der Sperrfrist von sieben Jahren veräußert, ggf. nur eine GewSt, die KSt bzw. ESt fällt auf der Ebene der MU an. Obwohl Einbringender in diesen Fällen die PersGes ist, geht die FVerw auf Grund des sog. Transparenzprinzips davon aus, dass im Hinblick auf die Entrichtung der Steuer eine gesellschafterbezogene Betrachtungsweise zu erfolgen hat (BMF 11.11.2011, BStBl. I 2011, 1314 Rn. 22.02). Da diese damit eine Bescheinigung iSv § 22 V vorlegen müssen, kommt es damit wohl auch darauf an, dass die MU die entsprechende ESt bzw. KSt entrichtet haben.

42 Die Steuerentrichtung muss durch Vorlage einer **Bescheinigung iSd § 22 V** nachgewiesen werden. Ein anderer Nachweis ist nicht ausreichend (Frotscher/Drüen/Mutscher Rn. 161; Dötsch/Pung/Möhlenbrock/Patt Rn. 193; Rödder/Herlinghaus/van Lishaut/Ritzer Rn. 133). Wurde die Steuer auf den Einbringungsgewinn I nur teilweise beglichen und erfolgt später eine weitere Tilgung, ist die Vorlage einer weiteren Bescheinigung iSd § 22 V notwendig. Gleiches gilt, wenn sich die auf den Einbringungsgewinn I ergebende ESt/KSt nachträglich erhöht (Dötsch/Pung/Möhlenbrock/Patt Rn. 200). Eine geänderte Bescheinigung iSd § 22 V führt zu einer Berichtigung der Veranlagung des übernehmenden Rechtsträgers gem. § 175 I 1 Nr. 1 AO (BMF 11.11.2011, BStBl. I 2011, 1314 Rn. 23.10; Widmann/Mayer/Widmann Rn. 609; Eisgruber/Altenburg Rn. 94b; aA Dötsch/Pung/Möhlenbrock/Patt Rn. 228; Brandis/Heuermann/Nitzschke Rn. 90: Fall des § 173 I Nr. 2 AO).

43 **e) Im Wirtschaftsjahr der Veräußerung der Anteile oder des gleichgestellten Ereignisses.** Der versteuerte Einbringungsgewinn kann im Wj. der Veräußerung der Anteile oder eines gleichgestellten Ereignisses (§ 22 I 1, VI Nr. 1–6) als Erhöhungsbetrag angesetzt werden.

44 Der Erhöhungsbetrag ist damit nicht zum Einbringungszeitpunkt anzusetzen, sondern aufgrund von Abs. 3 S. 2 zu Beginn des Wj., in dem die schädliche Veräußerung oder ein gleichgestellter Tatbestand erfüllt wird (BMF 11.11.2011, BStBl. I 2011, 1314 Rn. 23.16, aber auch → Rn. 23.09; Dötsch/Pung/Möhlenbrock/Patt Rn. 227; Rödder/Herlinghaus/van Lishaut/Ritzer Rn. 106; Brandis/Heuermann/Nitzschke Rn. 87; Haase/Hofacker/Biesold Rn. 71; aA Widmann/Mayer/Widmann Rn. 632: zum Zeitpunkt der Anteilsveräußerung bzw. sobald die gleichgestellten Ereignisse eintreten).

45 **f) Bilanzsteuerrechtliche Behandlung des Aufstockungsbetrags.** Die Wertaufstockung erfolgt in der StB des übernehmenden Rechtsträgers. Gehörte zum eingebrachten BV auch ein Mitunternehmeranteil, ist der Aufstockungsbetrag in einer positiven Ergänzungsbilanz bei der PersGes zu berücksichtigen (BeckOK UmwStG/Dürrschmidt Rn. 910.1). Auf die HB des übernehmenden Rechtsträgers hat der Aufstockungsbetrag keine Auswirkung (Dötsch/Pung/Möhlenbrock/Patt Rn. 203). Wurde im Rahmen der Einbringung ein aktiv stl. AP gebildet (→ Rn. 12), so reduziert der Aufstockungsbetrag diesen, in gleicher Höhe erhöht sich das stl. Einlagekonto des übernehmenden Rechtsträgers (BMF 11.11.2011, BStBl. I 2011, 1314 Rn. 23.07; Haritz/Menner/Bilitewski/Bilitewski Rn. 118; Dötsch/Pung/Möhlenbrock/Patt Rn. 210; Widmann/Mayer/Widmann Rn. 627; Lademann/Jäschke Rn. 10).

In der StB des übernehmenden Rechtsträgers bzw. soweit Gegenstand der Einlage ein Mitunternehmeranteil in der positiven Ergänzungsbilanz der entsprechenden PersGes ist, ist unter den sonstigen Voraussetzungen des Abs. 2 S. 1 in Höhe des Einbringungsgewinns I ein Erhöhungsbetrag anzusetzen. Der Ansatz des Erhöhungsbetrags bleibt **ohne Auswirkung für den Gewinn** des übernehmenden Rechtsträgers (Abs. 2 S. 1 Hs. 2). Er stellt im Ergebnis eine steuerfreie Betriebsvermögensmehrung dar und erhöht das stl. Einlagekonto des übernehmenden Rechtsträgers, soweit der Zugang das Nennkapital der erhaltenen Anteile übersteigt (Widmann/Mayer/Widmann Rn. 631; Rödder/Herlinghaus/van Lishaut/Ritzer Rn. 137; Brandis/Heuermann/Nitzschke Rn. 85; Dötsch/Pung/Möhlenbrock/Patt Rn. 209; BeckOK UmwStG/Dürrschmidt Rn. 918; Dötsch/Pung DB 2006, 2763; Förster/Wendland BB 2007, 633; Ley FR 2007, 109; BMF 11.11.2011, BStBl. I 2011, 1314 Rn. 23.07; Dötsch/Pung/Möhlenbrock/Patt Rn. 128; Haritz/Menner/Bilitewski/Bilitewski Rn. 117). 46

Nach Abs. 2 Alt. 1 ist der Erhöhungsbetrag nur anzusetzen, soweit das eingebrachte BV noch zum BV des aufnehmenden Rechtsträgers gehört. Daraus muss geschlossen werden, dass der Erhöhungsbetrag **wirtschaftsgutbezogene** Auswirkungen hat (BT-Drs. 16/2710, 50; BMF 11.11.2011, BStBl. I 2011, 1314 Rn. 23.08; Rödder/Herlinghaus/van Lishaut/Ritzer Rn. 115; Dötsch/Pung/Möhlenbrock/Patt Rn. 212; Brandis/Heuermann/Nitzschke Rn. 84; Lademann/Jäschke Rn. 10; Förster/Wendland BB 2007, 631; Ritzer/Rogall/Stangl WPg 2006, 1210). Die Aufstockung hat **gleichmäßig** und **verhältnismäßig** zu erfolgen (→ Rn. 66 ff., → § 20 Rn. 300 ff.). Die Aufstockung erfolgt im Verhältnis der stillen Reserven und stillen Lasten eines jeden eingebrachten WG, bezogen auf den Einbringungsstichtag um einen einheitlichen Prozentsatz (BMF 11.11.2011, BStBl. I 2011, 1314 Rn. 23.08; Rödder/Herlinghaus/van Lishaut/Ritzer Rn. 164; Brandis/Heuermann/Nitzschke Rn. 84; Lademann/Jäschke Rn. 10). Dieser Prozentsatz ergibt sich aus dem Verhältnis sämtlicher stillen Reserven in den eingebrachten WG, einschl. solcher in steuerfreien Rücklagen, die zum Einbringungsstichtag vorhanden waren, und dem Aufstockungsbetrag (Rödder/Herlinghaus/van Lishaut/Ritzer Rn. 107, 164; Lademann/Jäschke Rn. 10). Soweit der Aufstockungsbetrag auf WG entfällt, die zum BW oder ZW ausgeschieden sind, bleibt der Aufstockungsbetrag stl. ohne Auswirkungen, er kann nicht auf die verbleibenden WG verteilt werden (BMF 11.11.2011, BStBl. I 2011, 1314 Rn. 23.09; Rödder/Herlinghaus/van Lishaut/Ritzer Rn. 164; Lademann/Jäschke Rn. 11). Wie sich aus Abs. 2 S. 2 iVm Abs. 2 S. 1 ergibt, sind die **stillen Reserven zum Einbringungsstichtag** und nicht zu Beginn des Wj., in welches die Besteuerung des Einbringungsgewinns auslösende Ereignis fällt, von Bedeutung (BMF 11.11.2011, BStBl. I 2011, 1314 Rn. 23.08; Rödder/Herlinghaus/van Lishaut/Ritzer Rn. 164), denn auch stille Reserven in WG, die nach der Einbringung zum gemeinen Wert übertragen wurden, sind bei der Aufstockung zu berücksichtigen. Letzteres ist aber nur möglich, wenn gerade nicht auf die stillen Reserven zu Beginn des Wj., in welches das die Besteuerung des Einbringungsgewinns auslösende Ereignis fällt, abgestellt wird, da die übertragenen WG iSd Abs. 2 S. 2 Hs. 2 zu diesem Zeitpunkt nicht mehr vorhanden sind und deren stille Reserven damit nicht berücksichtigt werden könnten (Rödder/Herlinghaus/van Lishaut/Ritzer Rn. 164; Brandis/Heuermann/Nitzschke Rn. 84; BeckOK UmwStG/Dürrschmidt Rn. 911). Originäre immaterielle WG einschl. eines Geschäftswertes sind bei der Ermittlung der stillen Reserven zu berücksichtigen (Rödder/Herlinghaus/van Lishaut/Ritzer Rn. 166; Lademann/Jäschke Rn. 11). Eine **selektive Aufstockung** der eingebrachten WG ist nicht möglich (BMF 11.11.2011, BStBl. I 2011, 1314 Rn. 23.08; Rödder/Herlinghaus/van Lishaut/Ritzer Rn. 165). Der anteilige Erhöhungsbetrag wird dem BW des betroffenen WG zugeschrieben. Zu einer **Aufstockung** kommt es **nur bei den WG,** die im Rahmen der Sacheinlage 47 übertragen wurden und die beim übernehmenden Rechtsträger mit dem BW oder einem ZW angesetzt wurden (Dötsch/Pung/Möhlenbrock/Patt Rn. 212; Lademann/Jäschke Rn. 10). Die Aktivierung des Aufstockungsbetrages kommt nicht nur dem Einbringenden, sondern allen Gesellschaftern des übernehmenden Rechtsträgers zugute (Widmann/Mayer/Widmann Rn. 628).

48 Für die **weitere stl. Behandlung** der Erhöhungsbeträge gilt gem. Abs. 3 S. 2 die Regelung des Abs. 3 S. 1 entsprechend. Ist der Wertansatz eines WG nach **Aufstockung höher als dessen TW,** so kann im Anschluss an die Aufstockung eine Teilwertabschreibung bezogen auf dieses WG in der Person des übernehmenden Rechtsträgers erfolgen (Rödder/Herlinghaus/van Lishaut/Ritzer Rn. 117).

49 Kommt es innerhalb eines VZ zu **mehreren schädlichen Ereignissen,** erfolgt die Aufstockung insges. zu Beginn des Wj. (Rödder/Herlinghaus/van Lishaut/Ritzer Rn. 119; vgl. aber Widmann/Mayer/Widmann Rn. 632). Liegen mehrere schädliche Ereignisse in unterschiedlichen VZ vor, kommt es in den unterschiedlichen Veranlagungszeiträumen jeweils zu gesonderten Aufstockungen (Rödder/Herlinghaus/van Lishaut/Ritzer Rn. 119).

50 Abs. 1 S. 1 findet nur dann Anwendung, soweit das eingebrachte BV in den Fällen des § 22 I **noch zum BV des übernehmenden Rechtsträgers gehört.** Hinsichtlich des Zeitpunkts, in welchem das WG noch zum Vermögen des übernehmenden Rechtsträgers gehören muss, enthält das Gesetz keine Regelungen. Nach Auffassung des Gesetzgebers (BT-Drs. 16/2710, 50) ist auf den Zeitpunkt der Anteilsveräußerung oder eines gleichgestellten Ereignisses abzustellen (ebenso BMF 11.11.2011, BStBl. I 2011, 1314 Rn. 23.07; Widmann/Mayer/Widmann Rn. 632; Lademann/Jäschke Rn. 10). Da die Aufstockung gem. Abs. 3 S. 2 zum Beginn des jeweiligen Wj., in das das schädliche Ereignis fällt, vorgenommen werden muss (str., → Rn. 43), stellt ein Teil der Lit. (Dötsch/Pung/Möhlenbrock/Patt Rn. 213; Rödder/Herlinghaus/van Lishaut/Ritzer Rn. 151; Haase/Hofacker/Biesold Rn. 76) richtigerweise auf den Beginn des Wj. ab, in welches die Besteuerung des Einbringungsgewinns I auslösende Ereignis fällt.

51 Wurde das aus einer Sacheinlage gem. § 20 I erworbene WG noch vor dem relevanten Zeitpunkt (→ Rn. 50) aus dem BV des übernehmenden Rechtsträgers **zum gemeinen Wert übertragen,** kann es nicht mehr zu einer entsprechenden Aufstockung dieses WG kommen, der Aufstockungsbetrag wird dann sofort erfolgswirksam „abgeschrieben" bzw. es liegen insoweit sofort abziehbare Betriebsausgaben vor (BMF 11.11.2011, BStBl. I 2011, 1314 Rn. 23.09; Haritz/Menner/Bilitewski/Bilitewski Rn. 104, 110; Dötsch/Pung/Möhlenbrock/Patt Rn. 215; BeckOK UmwStG/Dürrschmidt Rn. 917; Rödder/Herlinghaus/van Lishaut/Ritzer Rn. 157; Lademann/Jäschke Rn. 10; Dörfler/Rautenstrauch/Adrian BB 2006, 1711; Ley FR 2007, 109; Ritzer/Rogall/Stangl WPg 2006, 1210; vgl. BT-Drs. 16/2710, 50: sofort abziehbarer Aufwand). Soweit das eingebrachte WG das Vermögen des übernehmenden Rechtsträgers im Zeitpunkt der Aufstockung bereits zum gemeinen Wert verlassen hat und der Erhöhungsbetrag insoweit als sofortiger Aufwand behandelt wird, lässt sich dieses Ergebnis dadurch erreichen, dass der Erhöhungsbetrag des ausgeschiedenen WG in einem ersten gedanklichen Schritt in der Bilanz des übernehmenden Rechtsträgers angesetzt und dem nachfolgend erfolgswirksam abgeschrieben wird (so Rödder/Herlinghaus/van Lishaut/Ritzer Rn. 157; Dötsch/Pung/Möhlenbrock/Patt Rn. 215; krit. Brandis/Heuermann/Nitzschke Rn. 86). Diese Vorgehensweise bewirkt, dass in Höhe des Aufstockungsbetrags das stl. Einlagekonto des übernehmenden Rechtsträgers erhöht wird und die Abschreibung zu Lasten des lfd. Gewinns erfolgt.

52 Entscheidend dafür, dass die **Übertragung zum gemeinen Wert** erfolgte, ist die Aufdeckung sämtlicher stiller Reserven im übertragenen WG. Die Übertragung zum gemeinen Wert liegt damit vor, wenn das eingebrachte WG veräußert, unter Aufdeckung der stillen Reserven in eine KapGes, Gen oder PersGes zum

gemeinen Wert eingebracht wird. Daran ändert sich nichts, wenn ein stpfl. Gewinn wegen § 6b EStG nicht entsteht (Widmann/Mayer/Widmann Rn. 622; Lademann/Jäschke Rn. 10). Gleiches gilt für die verdeckte Einlage in eine Körperschaft oder für die unentgeltliche oder teilentgeltliche Übertragung von WG auf einen Gesellschafter, wenn die Diff. zum gemeinen Wert stl. als vGA behandelt wird (BMF 11.11.2011, BStBl. I 2011, 1314 Rn. 23.09; Widmann/Mayer/ Widmann Rn. 621; Dötsch/Pung/Möhlenbrock/Patt Rn. 216; Rödder/Herlinghaus/van Lishaut/Ritzer Rn. 155; Brandis/Heuermann/Nitzschke Rn. 79; Lademann/Jäschke Rn. 10; Förster/Wendland BB 2007, 631; vgl. aber auch BFH/NV 2007, 2020 wonach in Höhe einer vGA keine Veräußerung vorliegt). Keine Übertragung zum gemeinen Wert liegt in den Fällen des § 6 V 3 Nr. 1 und Nr. 2 EStG vor. Die Aufdeckung der stillen Reserven gem. § 12 I KStG soll eine Übertragung zum gemeinen Wert darstellen; es fehle zwar an einem Rechtsträgerwechsel, dieser werde aber durch das Gesetz fingiert (Rödder/Herlinghaus/van Lishaut/Ritzer Rn. 155; Haase/Hofacker/Biesold Rn. 80; aA Widmann/Mayer/Widmann Rn. 617). Auch wenn das eingebrachte WG untergegangen ist, kommt es zu einer Berücksichtigung des Aufstockungsbetrages (BMF 11.11.2011, BStBl. I 2011, 1314 Rn. 23.09; Dötsch/Pung/Möhlenbrock/Patt Rn. 217; Brandis/Heuermann/Nitzschke Rn. 81; Lademann/Jäschke Rn. 11; aA Haritz/Menner/Bilitewski/Bilitewski Rn. 115; Widmann/Mayer/Widmann Rn. 611), denn entweder es gehört noch weiterhin zum BV des übernehmenden Rechtsträgers oder es wurde (zum gemeinen Wert) auf einen anderen Rechtsträger zur Entsorgung übertragen.

Soweit das Ertragsteuerrecht bei der Bewertung eines Vorgangs nicht auf den **53** gemeinen Wert, sondern auf den **TW** (zB § 6 VI 2 EStG) abstellt und der TW unter dem gemeinen Wert liegt, liegt dennoch eine Übertragung zum gemeinen Wert iSd Abs. 2 S. 2 vor, da das Gesetz davon ausgeht, dass auch bei dieser Bewertung alle stillen Reserven aufgedeckt werden (BMF 11.11.2011, BStBl. I 2011, 1314 Rn. 23.09; Haritz/Menner/Bilitewski/Bilitewski Rn. 111; Rödder/Herlinghaus/ van Lishaut/Ritzer Rn. 154; Haase/Hofacker/Biesold Rn. 78; aA Widmann/ Mayer/Widmann Rn. 615). Eine vom Gesetzgeber vorgeschriebene Bewertung, bei der unterstellt wird, dass alle stillen Reserven aufgedeckt werden, kann nicht zum Nachteil des Steuerpflichtigen gereichen. Würde man anders entscheiden, wäre Abs. 2 S. 2 unverhältnismäßig und verfassungskonform in dem dargestellten Sinne auszulegen.

Soweit eingebrachte WG durch den übernehmenden Rechtsträger **unter dem** **54** **gemeinen Wert übertragen wurden,** kann ein Erhöhungsbetrag nicht angesetzt werden, er geht aus stl. Sicht verloren. Die stl. Berücksichtigung eines Aufstockungsbetrags ist damit zB ausgeschlossen, wenn die eingebrachten WG nach § 6 V 3 Nr. 1 und Nr. 2 EStG unter Buchwertfortführung übertragen werden (BMF 11.11.2011, BStBl. I 2011, 1314 Rn. 23.09; Widmann/Mayer/Widmann Rn. 616). Erfolgt die Übertragung der WG unter Buchwert- oder Zwischenwertansatz nach Maßgabe des §§ 20, 24, tritt der übernehmende Rechtsträger nach richtiger Auffassung insoweit in die Rechtsstellung des übertragenden Rechtsträgers ein; der übernehmende Rechtsträger kann damit den Erhöhungsbetrag ansetzen (wie hier Rödder/Herlinghaus/van Lishaut/Ritzer Rn. 144; Eisgruber/Altenburg Rn. 138; Benz/Rosenberg DB-Beil. 1/2012, 38; Förster/Wendland BB 2007, 631; aA Dötsch/Pung/Möhlenbrock/Patt Rn. 226; Lademann/Jäschke Rn. 10; Haritz/Menner/Bilitewski/Bilitewski Rn. 114; Widmann/Mayer/Widmann Rn. 618f.; wohl auch BMF 11.11.2011, BStBl. I 2011, 1314 Rn. 23.09; vgl. auch BT-Drs. 16/2710, 50). Soweit es nicht zu einer Berücksichtigung des Erhöhungsbetrags kommt, bleibt das stl. Einlagekonto des übernehmenden Rechtsträgers insoweit unberührt.

2. Wertaufstockung aufgrund nachträglicher Besteuerung des Einbringungsgewinns II (Abs. 2 S. 3)

55 **a) Überblick.** Veräußert der übernehmende Rechtsträger Anteile, die er aufgrund einer Einbringung nach § 20 I oder § 21 I erworben hatte, oder liegt ein gleichgestelltes Ereignis vor, das einen Einbringungsgewinn II auslöst, erhöhen sich die AK der eingebrachten Anteile iHd versteuerten Einbringungsgewinns II, soweit der Einbringende die auf den Einbringungsgewinn II entfallene Steuer entrichtet hat und dies durch eine Bescheinigung des zuständigen FA iSd § 22 V nachgewiesen wird.

56 **b) Fälle des § 22 II.** Abs. 2 S. 3 regelt die Fälle des § 22 II. Er beschränkt sich auf den Einbringungsgewinn II. Der Grund für die Entstehung des Einbringungsgewinns II ist für die Anwendung des Abs. 2 S. 3 ohne Bedeutung, dh Abs. 2 S. 3 kommt zur Anwendung, wenn die übertragenen Anteile iSd § 22 II veräußert werden oder ein gleichgestelltes Ereignis gegeben ist (BMF 11.11.2011, BStBl. I 2011, 1314 Rn. 23.11). Obwohl Abs. 2 S. 3 iVm Abs. 2 S. 1 in einem Klammerzusatz nur auf § 22 I, 6 Nr. 1–6 Bezug nimmt, ist Abs. 2 S. 3 auch anzuwenden, wenn der Einbringende den Nachweis nach § 22 III nicht (rechtzeitig) erbringt, da in diesem Fall nach § 22 III 2 die Anteile als veräußert gelten (Widmann/Mayer/Widmann Rn. 646; Rödder/Herlinghaus/van Lishaut/Ritzer Rn. 170; Lademann/Jäschke Rn. 7). Abs. 2 S. 3 nimmt unmittelbar auf § 22 II Bezug, sodass nach dieser Vorschrift ein Einbringungsgewinn II entstehen muss.

57 Soweit eingebrachte, ursprünglich einbringungsgeborene Anteile innerhalb der siebenjährigen Sperrfrist des § 22 II veräußert werden bzw. ein der Veräußerung gleichgestellter Sachverhalt verwirklicht wird (§ 22 II 6), entsteht ein Einbringungsgewinn II (§ 22 I 5, II), der nach allg. Grundsätzen besteuert wird, falls im Zeitpunkt der Einbringung die siebenjährige Sperrfrist iSv § 3 Nr. 40 S. 3 und S. 4 EStG aF bzw. § 8b IV KStG aF bereits abgelaufen war (→ § 22 Rn. 129). War im Zeitpunkt der Einbringung die siebenjährige Sperrfrist iSv § 3 Nr. 40 S. 3 und S. 4 EStG aF bzw. § 8b IV KStG aF noch nicht abgelaufen, und werden die ursprünglich einbringungsgeborenen Anteile innerhalb der siebenjährigen Sperrfrist des § 22 II veräußert bzw. wird ein der Veräußerung gleichgestellter Sachverhalt verwirklicht (§ 22 II 6), entsteht kein Einbringungsgewinn II, sodass Abs. 2 S. 3 keine Anwendung findet, da im Zeitpunkt der Einbringung in der Person des Einbringenden einbringungsgeborene Anteile vorlagen und damit gem. § 27 IV die Regelung des § 22 keine Anwendung findet (str., → § 22 Rn. 129).

58 **c) Antragswahlrecht.** Abs. 2 S. 3 Hs. 2 verweist auf Abs. 2 S. 1, sodass die Berücksichtigung des Erhöhungsbetrags antragsgebunden ist (BMF 11.11.2011, BStBl. I 2011, 1314 Rn. 23.11; Rödder/Herlinghaus/van Lishaut/Ritzer Rn. 178; Haritz/Menner/Bilitewski Rn. 126). Der Antrag ist nicht fristgebunden und kann daher bis zur Bestandskraft des Steuerbescheides gestellt werden, welches das Wj. betrifft, in welchem der Erhöhungsbetrag zu erfassen ist (→ Rn. 38 bzgl. späterer Antragstellung). Er bedarf keiner besonderen Form und ist durch den übernehmenden Rechtsträger bei dem für ihn zuständigen FA zu stellen. Ein einmal wirksam gestellter Antrag kann weder zurückgenommen, noch wegen Irrtums angefochten werden. Eine Änderung des Antrags ist auch nicht mit Zustimmung des FA möglich. Zu weiteren Einzelheiten → Rn. 38.

59 **d) Entrichtung der Steuer auf den Einbringungsgewinn II, Vorlage einer Bescheinigung iSd § 22 V.** Zu einer Erhöhung der AK der eingebrachten Anteile in Höhe des versteuerten Einbringungsgewinns kommt es nur, wenn die Steuer aus dem nachträglichen Einbringungsgewinn II durch den Einbringenden entrichtet wurde und dadurch der Steueranspruch erloschen ist. Steuer iSd Abs. 2 S. 3 ist die

Einkommensteuer und die KSt, nicht aber die GewSt, denn diese ist auch nicht Gegenstand der Bescheinigung iSd § 22 V (str.; → Rn. 39). Zu der Steuer iSd Abs. 2 S. 3 gehören nicht die stl. Nebenleistungen iSd § 3 III AO. Die Steuer ist entrichtet, wenn diese durch den Einbringenden gezahlt wird, durch Aufrechnung erlischt, wenn keine Steuer anfällt, weil der Einbringungsgewinn II mit Verlusten oder Verlustvorträgen saldiert wird. Zu weiteren Einzelheiten → Rn. 39 ff.

Zu einer Erhöhung der AK kommt es nur, soweit die Steuer entrichtet wurde. **60** Wird die Steuer auf den Einbringungsgewinn II nur teilweise entrichtet, kommt es nur zur einer verhältnismäßigen Aufstockung der AK, wobei sich das Verhältnis aus der tatsächlich entrichteten Steuer zur geschuldeten Steuer auf den rückwirkenden Einbringungsgewinn II ergibt. Zu weiteren Einzelheiten → Rn. 41.

Die Steuerentrichtung muss durch Vorlage einer Bescheinigung iSd § 22 V nach- **61** gewiesen werden. Ein anderer Nachweis ist nicht ausreichend. Wurde die Steuer auf den Einbringungsgewinn II nur teilweise beglichen und erfolgt später eine weitere Tilgung, ist die Vorlage einer weiteren Bescheinigung iSd § 22 V notwendig. Gleiches gilt, wenn die sich auf den Einbringungsgewinn II ergebende Steuer nachträglich erhöht. Der versteuerte Einbringungsgewinn II kann im Wj. der Veräußerung der Anteile oder eines gleichgestellten Ereignisses als erhöhte AK angesetzt werden. Die Erhöhung der AK erfolgt damit nicht zum Einbringungszeitpunkt, sondern zu Beginn des Wj. (→ Rn. 43), in dem die schädliche Veräußerung oder der Veräußerung gleichgestellte schädliche Ereignisse erfolgen. Zu den verfahrensrechtlichen Auswirkungen → Rn. 42.

e) Bilanzsteuerrechtliche Behandlungen. In der StB des übernehmenden **62** Rechtsträgers entstehen iHd Einbringungsgewinns II nachträgliche AK bezogen auf die eingebrachten Anteile. Der Erhöhungsbetrag ist eine steuerfreie Betriebsvermögensmehrung und erhöht das **stl. Einlagekonto** des übernehmenden Rechtsträgers, soweit der Erhöhungsbetrag das Nennkapital als Gegenleistung für die erhaltenen Anteile ausgegebenen Anteile übersteigt. Die AK der eingebrachten Anteile erhöhen sich um den versteuerten Einbringungsgewinn II, und zwar unabhängig davon, dass dieser Gewinn bei natürlichen Personen nach dem Halbeinkünfteverfahren bzw. Teileinkünfteverfahren zu besteuern ist (Widmann/Mayer/Widmann Rn. 650).

Wurden mehrere Geschäftsanteile an der erworbenen Gesellschaft eingebracht, **63** die unterschiedliche BW haben, muss die Aufstockung **gleichmäßig** und **verhältnismäßig** sein. Die Aufstockung erfolgt um einen einheitlichen Prozentsatz, bezogen auf die stillen Reserven eines jeden Geschäftsanteils zum Einbringungsstichtag. Dieser einheitliche Prozentsatz ergibt sich aus dem Verhältnis sämtlicher stillen Reserven in den eingebrachten Anteilen, die zum Einbringungsstichtag vorhanden waren, zum Aufstockungsbetrag.

Werden die eingebrachten Anteile nur partiell veräußert, wird der Einbringungs- **64** gewinn II nur anteilig ausgelöst. Nach dem Wortlaut des Gesetzes erhöhen sich die AK der eingebrachten Anteile insges. Die herrschende Auffassung in der Lit. geht davon aus, dass es bei einer partiellen Veräußerung der eingebrachten Anteile nicht zu der Erhöhung der AK aller eingebrachten Anteile kommt, sondern vielmehr soll der Erhöhungsbetrag sich ausschließlich auf die veräußerten Anteile beziehen (Dötsch/Pung/Möhlenbrock/Patt Rn. 207; Widmann/Mayer/Widmann Rn. 650; Haritz/Menner/Bilitewski/Bilitewski Rn. 128; Rödder/Herlinghaus/van Lishaut/Ritzer Rn. 176).

f) Ketteneinbringung. Der nachträgliche Einbringungsgewinn II führt zu einer **65** Erhöhung der AK der eingebrachten Anteile. In den Fällen der Weitereinbringung der eingebrachten Anteile zum BW gilt dies auch im Hinblick auf die auf der Weitereinbringung beruhenden Anteile (Abs. 2 S. 3 Hs. 2 iVm § 22 I, VII). Der Erhöhungsbetrag kommt damit bei der Weitereinbringung der erhaltenen Anteile zum BW in eine andere KapGes oder Gen gem. Abs. 2 S. 3 Hs. 2 iVm § 22 I 7 iVm § 22 I 6 Nr. 4, Nr. 5 dem übernehmenden Rechtsträger in dessen StB zugute (Dötsch/Pung/Möhlenbrock/Patt Rn. 206; Rödder/Herlinghaus/van Lishaut/Ritzer Rn. 182 ff.).

3. Ansatz mit Zwischenwerten (Abs. 3)

66 a) **Eintritt in die Rechtsstellung, Besitzzeitanrechnung (Abs. 3 S. 1).** Für den Fall, dass der übernehmende Rechtsträger das eingebrachte BV mit einem über dem BW, aber unter dem gemeinen Wert liegenden Wert ansetzt (**Einbringung zu ZW**), verweist Abs. 3 auf § 12 III Hs. 1 (Eintritt in die Rechtsstellung des Einbringenden, iE → Rn. 18 ff.), nicht aber auf § 4 II 3. Es kommt aber auch beim Zwischenwertansatz zu einer Anrechnung der Besitzzeit, da Abs. 1 und damit auch § 4 II 3 auch für den Zwischenwertansatz gilt (BMF 11.11.2011, BStBl. I 2011, 1314 Rn. 23.06; Dötsch/Pung/Möhlenbrock/Patt Rn. 104; Widmann/Mayer/Widmann Rn. 233; Rödder/Herlinghaus/van Lishaut/Ritzer Rn. 197). Abs. 3 gilt auch für eingebrachte Beteiligung an einer KapGes/Gen nach § 21. Der durch Bezugnahme auf § 12 III Hs. 1 hergestellte Eintritt in die Rechtsstellung des Einbringenden gilt allerdings mit den Maßgaben von Abs. 3 Nr. 1 und 2 zur weiteren Bemessung der AfA und der Absetzung für Substanzverringerung (iE → Rn. 77 ff.). Abs. 1, der auch für den Zwischenwertansatz gilt, nimmt Bezug auf § 20 II 2. Daraus ergibt sich, dass für den Wertansatz unterhalb des gemeinen Werts der **erstmalige Ansatz** in der StB des übernehmenden Rechtsträgers von Relevanz ist (Rödder/Herlinghaus/van Lishaut/Ritzer Rn. 39; Dötsch/Pung/Möhlenbrock/Patt Rn. 40; Brandis/Heuermann/Nitzschke Rn. 38). Entscheidend ist alleine der Ansatz in der **StB** des übernehmenden Rechtsträgers, die Bewertung in der HB ohne Bedeutung (allgM, → § 20 Rn. 268). Werden in der HB höhere Werte als der StB angesetzt, erfolgt ggf. ein Ausgleich dieser Wertdifferenz in der StB durch einen entsprechenden stl. aktiven AP. Der stl. aktive AP stellt weder einen Vermögenswert dar, noch beeinflusst er die künftige stl. Behandlung bei der übernehmenden KapGes; er hat keine Auswirkungen auf den Wertansatz in der StB (→ § 20 Rn. 270). Die unterschiedliche Behandlung der Zwischenwerteinbringung gegenüber der Einbringung zum BW bzw. zum gemeinen Wert ist durch die stl. notwendige Regelung des **Aufstockungsbetrags** (Unterschiedsbetrag zwischen dem BW der eingebrachten WG und dem Wert, mit dem der übernehmende Rechtsträger die WG ansetzt, Abs. 3 Nr. 1) grds. gerechtfertigt.

67 Der Ansatz zu ZW führt zum Eintritt in die stl. Rechtsstellung des Einbringenden. Dabei macht es keinen Unterschied, ob die Einbringung durch Einzelrechtsnachfolge oder durch Gesamtrechtsnachfolge realisiert wird. Wird durch den Einbringungsvorgang das dt. **Besteuerungsrecht** hinsichtlich des Gewinns aus der Veräußerung des eingebrachten BV oder Teilen davon **erstmalig begründet,** so ist nach dem Willen des Gesetzgebers (BT-Drs. 16/2710, 43) für diese WG, unabhängig von der konkreten Ausübung des Antragswahlrechts, der gemeine Wert anzusetzen (str., → § 20 Rn. 265). Da es für diese WG damit zu einem Ansatz mit dem gemeinen Wert kommt, findet Abs. 3 auf diese WG keine Anwendung, es gilt vielmehr Abs. 4 (→ Rn. 14).

68 Die Einbringung iSv §§ 20 ff. stellt aus der Sicht des übernehmenden Rechtsträgers ein **Anschaffungsgeschäft** dar (BFH BStBl. II 2010, 1094; BFH/NV 2010, 2072; 2011, 1850; BMF 11.11.2011, BStBl. I 2011, 1314 Rn. 20.01; → Vor § 20 Rn. 9). Dies gilt unabhängig davon, ob sich der Vermögensübergang im Wege der Gesamt- oder Einzelrechtsnachfolge vollzieht (BFH FR 2004, 274; Hahn DStZ 1998, 561; vgl. auch Fatouros DStR 2003, 272).

69 Setzt der übernehmende Rechtsträger das eingebrachte BV mit einem Wert an, der höher ist als der BW, so ist die Diff. zwischen dem höheren Wert und dem BW **(Aufstockungsbetrag)** auf die eingebrachten WG gleichmäßig zu verteilen (BMF

11.11.2011, BStBl. I 2011, 1314 Rn. 23.14; zu weiteren Einzelheiten → § 20 Rn. 300 ff.). Bei der Aufstockung ist sowohl das Anlagevermögen (einschl. der vom Einbringenden hergestellten immateriellen Anlagegüter) als auch das Umlaufvermögen zu berücksichtigen.

Beispiel:

Die stl. BW des eingebrachten BV betragen insges. 250.000 Euro, der gemeine Wert **70** 500.000 Euro. Die stillen Reserven iHv insges. 250.000 Euro sind mit 50.000 Euro bei Grund und Boden, 100.000 Euro bei Gebäuden, 50.000 Euro bei Maschinen, 50.000 Euro bei den Vorräten enthalten. Der Aufstockungsbetrag soll 100.000 Euro betragen; der Aufstockungsbetrag steht damit zum Gesamtbetrag der vorhandenen stillen Reserven im Verhältnis von 100.000 : 250.000. Die stillen Reserven sind damit um 40% aufzustocken. Die Aufteilung lautet im Beispielsfall danach: Aufstockung bei Grund und Boden um 20.000 Euro, bei Gebäuden um 40.000 Euro, bei Maschinen und Warenbeständen um je 20.000 Euro. Die stl. BW sind beim übernehmenden Rechtsträger damit mit 350.000 Euro anzusetzen.

Da die Einbringung aus der Sicht des übernehmenden Rechtsträgers ein Anschaf- **71** fungsgeschäft darstellt, stellen **objektbezogene Kosten,** wozu auch die bei der Einbringung möglicherweise entstehende GrESt gehören kann, AK dieser WG dar und sind entsprechend zu aktivieren (BMF 11.11.2011, BStBl. I 2011, 1314 Rn. 23.01; BFH FR 2004, 274; Rödder/Herlinghaus/van Lishaut/Ritzer Rn. 46; vgl. auch Fatouros DStR 2003, 272; zur GrESt aufgrund Anteilsvereinigung → Rn. 15). Diese Aktivierung steht jedoch nicht einem Zwischenwertansatz entgegen, da keine stillen Reserven im übertragenen Vermögen aufgedeckt werden (Dötsch/Pung/Möhlenbrock/Patt Rn. 50; Frotscher/Drüen/Mutscher Rn. 24; Brandis/Heuermann/Nitzschke Rn. 39). Die GrESt entsteht, weil der Einbringungsvorgang ein Erwerbsvorgang iSd § 1 GrEStG ist. Die GrESt gehört nicht zum BW oder ZW des übertragenen Vermögens, sondern stellt eine originäre Aufwendung des übernehmenden Rechtsträgers dar.

Bei der Aufstockung sind sowohl das Anlagevermögen einschl. der vom Einbrin- **72** genden hergestellten immateriellen Anlagegüter und originäre Geschäftswerte (BMF 11.11.2011, BStBl. I 2011, 1314 Rn. 20.18 iVm Rn. 03.25, zur Übergangsregelung Rn. S.03) als auch das Umlaufvermögen zu berücksichtigen; zu weiteren Einzelheiten → § 20 Rn. 306 f.

Beim Ansatz von ZW sind auch die **steuerfreien Rücklagen** um den einheitli- **73** chen Vomhundertsatz aufzulösen (BMF 11.11.2011, BStBl. I 2011, 1314 Rn. 23.14; Dötsch/Pung/Möhlenbrock/Patt Rn. 84; Frotscher/Drüen/Mutscher Rn. 96; zu weiteren Einzelheiten → § 20 Rn. 308).

Als Rechtsnachfolgerin unterliegt der übernehmende Rechtsträger auch dem **74** **Wertaufholungsgebot** des § 6 I 1 S. 4, Nr. 2 S. 3 EStG. Eine Wertaufholung in der Person des übernehmenden Rechtsträgers kommt jedoch nur in Frage, wenn nach dem stl. Übertragungsstichtag die Werterhöhung eintritt. War der bereits zum stl. Stichtag höher als der BW, so muss der Einbringende die Wertaufholung noch in der stl. Schlussbilanz vornehmen (→ § 20 Rn. 301; Widmann/Mayer/Widmann Rn. 38 f.; Dötsch/Pung/Möhlenbrock/Patt Rn. 86). Da der übernehmenden Kap-Ges als stl. Rechtsnachfolgerin die fortgeführten AK oder HK des Einbringenden zugerechnet werden, stellen diese die Bewertungsobergrenze dar. Zu weiteren Einzelheiten → § 4 Rn. 71 ff.

Zur Einbringung durch eine Mitunternehmerschaft → § 20 Rn. 181 ff.; zur Ein- **75** bringung von Mitunternehmeranteil → § 20 Rn. 132 ff. Werden mehrere Mitunternehmeranteile eingebracht, kann für jeden Einbringenden das Antragswahlrecht unabhängig von anderen Einbringenden und damit unterschiedlich ausgeübt werden.

76 Obwohl Abs. 3 nur auf § 12 III Hs. 1 verweist, erfolgt aufgrund der wirtschaftsgutbezogenen Betrachtungsweise kein Eintritt des übernehmenden Rechtsträgers in verrechenbare Verluste; verbleibende Verlustvorträge, vom übertragenden Rechtsträger nicht ausgeglichene negative Einkünfte, ein Zinsvortrag nach § 4h I 5 EStG und ein EBITDA-Vortrag nach § 4h I 3 EStG (→ Rn. 18) gehen nicht auf den übernehmenden Rechtsträger über.

77 **b) Abschreibung. aa) Überblick.** Setzt der übernehmende Rechtsträger das eingebrachte BV mit ZW an, so gilt die Regelung zur stl. Rechtsnachfolge zwar dem Grundsatz nach, jedoch mit gewissen, durch die Wertaufstockung bedingten Abwandlungen hinsichtlich der Berechnung der Abschreibung auf Gegenstände des abnutzbaren Anlagevermögens.

78 Hat der Einbringende bisher die AfA für bewegliche Anlagegüter nach der linearen Methode vorgenommen, sind nach Abs. 3 S. 1 Nr. 1 bei dem übernehmenden Rechtsträger als **AfA-Bemessungsgrundlage** die AK oder HK des Einbringenden vermehrt um den Aufstockungsbetrag zugrunde zu legen. Diese Ermittlung der AfA-Bemessungsgrundlage ist auch für die Gebäude maßgebend, und zwar nicht nur, wenn vorher vom Einbringenden die lineare AfA-Methode angewendet wurde, sondern auch bei degressiver Gebäude-AfA nach § 7 V EStG und der Beibehaltung der degressiven AfA-Methode. Bei Gebäuden kommt noch die durch den Einbringungsvorgang ausgelöste GrESt hinzu (Dötsch/Pung/Möhlenbrock/Patt Rn. 56; Rödder/Herlinghaus/van Lishaut/Ritzer Rn. 195). Während das Gesetz in diesen Fällen die AfA-Bemessungsgrundlage in Abs. 3 ausdrücklich festlegt, ist zum maßgebenden **AfA-Vomhundertsatz** bzw. der Festlegung der **Nutzungsdauer** des übertragenen WG expressis verbis nichts gesagt.

79 Unstreitig ist aber, dass der übernehmende Rechtsträger an die vom Einbringenden gewählte **Abschreibungsmethode** gebunden ist, denn insoweit hat der Einbringende ein Wahlrecht ausgeübt und sich hinsichtlich einer Rechtsposition festgelegt (BMF 11.11.2011, BStBl. I 2011, 1314 Rn. 23.15; Rödder/Herlinghaus/van Lishaut/Ritzer Rn. 198; Dötsch/Pung/Möhlenbrock/Patt Rn. 90; Brandis/Heuermann/Nitzscke Rn. 60; BeckOK UmwStG/Dürrschmidt Rn. 1405; Widmann/Mayer/Widmann Rn. 241; FG Hmb EFG 2003, 57). Unterschiedlich wird die Frage beantwortet, ob der übernehmende Rechtsträger an die gewählte Nutzungsdauer und den AfA-Vomhundertsatz gebunden ist. Die FVerw geht davon aus, dass die Bemessungsgrundlage für die Abschreibung sich um den Aufstockungsbetrag erhöht, die übernehmende KapGes aber nicht nur an die **Abschreibungsmethode**, sondern auch an die gewählte **Nutzungsdauer** und den bisher durch den Einbringenden geltend gemachten **Vomhundertsatz** gebunden sei (vgl. BMF 11.11.2011, BStBl. I 2011, 1314 Rn. 23.15). Verblieb bei dieser Vorgehensweise nach der normalen Abschreibungszeit ein Restbuchwert, konnte dieser im letzten Jahr zusätzlich zu linearen AfA in Abzug gebracht werden (BMF 11.11.2011, BStBl. I 2011, 1314 Rn. 23.15). Teilw. wird in der Lit. die Auffassung vertreten, dass die Bemessungsgrundlage durch den Aufstockungsbetrag erhöht wird, die Abschreibungsmethode und der Abschreibungssatz jedoch unverändert bleiben, sodass sich der Abschreibungszeitraum entsprechend verlängert; soweit es zu einer Überbewertung kommt, ist eine TW-AfA zulässig (Widmann/Mayer/Widmann Rn. 234, 637; Haritz/Menner/Bilitewski/Bilitewski Rn. 122). Das FG Hmb (EFG 2003, 57) und der BFH (DStR 2008, 611) haben zu der mit Abs. 3 vergleichbaren Regelung des § 4 II 1, III die Meinung vertreten, dass bei der Aufstockung der BW nach § 4 die AfA auf bewegliche abnutzbare WG nicht unter Heranziehung der bisher der umgewandelten KapGes zugrunde gelegten betriebsgewöhnlichen Nutzungsdauer zu berechnen sei, vielmehr müsse der durch die Aufstockung zum Ausdruck gebrachte tatsächlich höhere Nutzwert eines WG in einer Verlängerung der Abschreibungsdauer seinen Niederschlag finden (ebenso Dötsch/Pung/Möhlenbrock/Patt Rn. 93; Rödder/Herlinghaus/van Lishaut/Ritzer Rn. 201). Die Neuschätzung der Nutzungsdauer überzeugt, da aus der Sicht des übernehmenden Rechtsträgers ein Anschaffungsgeschäft vorliegt (auch → § 4 Rn. 79 ff.).

bb) Abs. 3 S. 1 Nr. 1. Hat der Einbringende die Absetzung nach § 7 I, IV–VI 80 EStG gewählt, ist der übernehmende Rechtsträger aufgrund der Rechtsnachfolge an diese AfA-Methode gebunden. Die Bemessungsgrundlage ergibt sich aus Abs. 3 Nr. 1; danach sind die **AK/HK des Einbringenden um den Aufstockungsbetrag zu erhöhen.** Aufstockungsbetrag ist der Unterschiedsbetrag zwischen dem BW der Einbringenden und dem tatsächlichen Ansatz beim übernehmenden Rechtsträger. Sofern GrESt anfällt, erhöht diese die Bemessungsgrundlage. § 7 I 6 EStG ist zu beachten (Dötsch/Pung/Möhlenbrock/Patt Rn. 92; vgl. BFH BStBl. II 2010, 361). Die FVerw geht davon aus, dass in den Fällen des Abs. 3 Nr. 1 sich Bemessungsgrundlage um den Aufstockungsbetrag erhöht, der vom Einbringenden verwendete AfA-Vomhundertsatz weiter zur Anwendung kommt und die vom Einbringenden geschätzte Nutzungsdauer des übergehenden WG auch für den übernehmenden Rechtsträger maßgebend ist (BMF 11.11.2011, BStBl. I 2011, 1314 Rn. 23.15; aA Dötsch/Pung/Möhlenbrock/Patt Rn. 93; BMF 11.11.2011, BStBl. I 2011, 1314 Rn. 04.10).

Beispiel (in Anlehnung an BMF 11.11.2011, BStBl. I 2011, 1314 Rn. 23.15):

Eine vom Einbringenden für 100.000 Euro erworbene Maschine hatte ursprünglich eine 81 Nutzungsdauer von 10 Jahren und wird jährlich mit 10.000 Euro abgeschrieben. Im Zeitpunkt der Einbringung beträgt der Restbuchwert 70.000 Euro. Die KapGes setzt die Maschine mit 90.000 Euro an. Ab dem Zeitpunkt der Einbringung ist für die Maschine jährlich AfA iHv 10 vH (100.000 Euro + 20.000 Euro = 120.000 Euro = 12.000 Euro) vorzunehmen. Dieses ergibt für die Restnutzungsdauer einen Betrag von 12.000 Euro = 84.000 Euro. Im letzten Jahr der Nutzungsdauer ist daher zusätzlich zu der linearen AfA iHv 12.000 Euro auch der Restbetrag iHv 6.000 Euro abzuziehen.

Beispiel:

Eine für 50.000 Euro erworbene Maschine wurde vom Einbringenden auf fünf Jahre verteilt 82 und jährlich mit 10.000 Euro abgeschrieben. Im Zeitpunkt der Einbringung hat die Maschine einen Restbuchwert von 0. Die aufnehmende KapGes setzt die Maschine mit 20.000 an. Da nach Auffassung der FVerw die aufnehmende KapGes an die durch den Einbringenden geschätzte Nutzungsdauer gebunden und diese im Zeitpunkt der Einbringung bereits abgelaufen ist, kann der Aufstockungsbetrag bei der übernehmenden KapGes sofort ergebniswirksam abgezogen werden.

Wird in den Fällen des § 7 IV 1 EStG auf die vorstehende Weise die volle Absetzung 83 innerhalb der tatsächlichen Nutzungsdauer nicht erreicht, kann die AfA nach der Restnutzungsdauer des Gebäudes bemessen werden (BMF 11.11.2011, BStBl. I 2011, 1314 Rn. 23.15).

cc) Degressive AfA, § 7 II EStG (Abs. 3 S. 1 Nr. 2). Hat der Einbringende 84 die AfA nach fallenden Jahresbeträgen, § 7 II 1 EStG, gewählt, ist der übernehmende Rechtsträger an diese AfA-Methode gebunden. Der übernehmende Rechtsträger kann jedoch als steuerrechtliche Rechtsnachfolgerin zur linearen AfA nach § 7 I EStG wechseln (Dötsch/Pung/Möhlenbrock/Patt Rn. 54). Es tritt der vom dem übernehmenden Rechtsträger gewählte Bewertungsansatz zum Einbringungsstichtag an die Stelle des BW des Einbringenden, Abs. 3 Nr. 2. Die degressive AfA ist danach vom Einbringungsstichtag an und nach einer in der Lit. vertretenen Meinung unter Beibehaltung des vom Einbringenden gewählten AfA-Vomhundertsatzes von dem vom übernehmenden Rechtsträger angesetzten ZW (als dem neuen BW) vorzunehmen (Widmann/Mayer/Widmann Rn. 266). Somit erhöhen sich die jährlichen Abschreibungsbeträge entsprechend.

85 Die FVerw (BMF 11.11.2011, BStBl. I 2011, 1314 Rn. 23.15; ebenso Dötsch/Pung/Möhlenbrock/Patt Rn. 89) geht demgegenüber zu Recht davon aus, dass in den Fällen des Abs. 3 Nr. 2 sich der Abschreibungssatz nach einer neu zu schätzenden Restnutzungsdauer im Zeitpunkt der Einbringung ergibt. Im Gegensatz zu der Auffassung im Rahmen des Abs. 3 Nr. 1 soll nach Meinung der FVerw hier der übernehmende Rechtsträger nicht in die durch den Einbringenden geschätzte Restnutzungsdauerzeit eintreten. Diese Differenzierung ist nicht überzeugend (Rödder/Herlinghaus/van Lishaut/Ritzer Rn. 214).

Beispiel (in Anlehnung an BMF 11.11.2011, BStBl. I 2011, 1314 Rn. 23.15):

86 Für eine Maschine mit einer Nutzungsdauer von 12 Jahren wird eine AfA nach § 7 II EStG von jährlich 20,83 vH durch den Einbringenden vorgenommen. Der Restbuchwert im Zeitpunkt der Einbringung beträgt 70.000 Euro. Die aufnehmende KapGes setzt die Maschine mit 90.000 Euro an und schätzt die Restnutzungsdauer auf acht Jahre. Nach Auffassung der FVerw kann die Maschine durch die aufnehmende KapGes dann jährlich gem. § 7 II EStG iHv 25 vH vom jeweiligen BW abgeschrieben werden.

87 **dd) Erhöhte AfA, Sonder-AfA, Bewertungsfreiheit.** Der übernehmende Rechtsträger tritt bei Einbringung zu ZW gem. Abs. 3 iVm § 12 III 1 auch bzgl. der Bewertung der übernommenen WG und damit auch hinsichtlich der **Bewertungsfreiheit** (Dötsch/Pung/Möhlenbrock/Patt Rn. 87; Widmann/Mayer/Widmann Rn. 259) bei Absetzungen, die an die Stelle der normalen AfA treten **(erhöhte AfA;** zB §§ 7c, 7d, 7h, 7i, 7k EStG), und bei Absetzungen, die zusätzlich zur Normal-AfA geltend gemacht werden können **(Sonderabschreibungen;** zB §§ 7f, 7g EStG), in die Rechtsstellung des Einbringenden ein (Widmann/Mayer/Widmann Rn. 247; Dötsch/Pung/Möhlenbrock/Patt Rn. 90 f.). WG, für die erhöhte oder Sonder-AfA in Anspruch genommen worden sind, sind unter Beachtung der die Vergünstigung gewährenden Rechtsvorschriften nicht anders zu behandeln als WG, die der Normal-AfA unterliegen. Die Berechnungsgrundlage für Sonderabschreibungen wird durch die vorgenommene Aufstockung bzw. den Aufstockungsbetrag nicht erhöht, wohl aber für die Ermittlung der Normal-AfA, wie sich aus Abs. 3 Nr. 1 ergibt (Dötsch/Pung/Möhlenbrock/Patt Rn. 97 f.). Werden dagegen erhöhte Absetzungen vorgenommen, beruhrt der Aufstockungsbetrag auch die Bemessungsgrundlage für die erhöhte Absetzung, da diese gem. § 7a III EStG an die Stelle der linearen AfA tritt, deren Bemessungsgrundlage zu erhöhen ist (Dötsch/Pung/Möhlenbrock/Patt Rn. 97 f.).

88 **ee) Geschäftswert/Firmenwert.** Hat der übernehmende Rechtsträger einen **originären Geschäfts- oder Firmenwert** des Einbringenden angesetzt, so ist dieser entsprechend den allg. Grundsätzen nach § 7 I 3 EStG über 15 Jahre abzuschreiben; mangels entsprechenden Ansatzes beim Einbringenden kann keine stl. Rechtsposition des Einbringenden fortgeführt werden (Dötsch/Pung/Möhlenbrock/Patt Rn. 102; Brandis/Heuermann/Nitzschke Rn. 65). Die gesetzliche Fiktion der Nutzungsdauer von 15 Jahren gilt nur für Geschäfts- oder Firmenwerte von Gewerbebetrieben und luf-Betrieben (Schmidt/Wacker EStG § 18 Rn. 202). Die Nutzungsdauer eines **Praxiswertes** einer freiberuflichen Kanzlei muss im Einzelfall geschätzt werden, sie beträgt in aller Regel drei bis fünf Jahre (BFH BStBl. II 1994, 590; BFH/NV 1995, 385; Schmidt/Wacker EStG § 18 Rn. 202; Dötsch/Pung/Möhlenbrock/Patt Rn. 80; Brandis/Heuermann/Nitzschke Rn. 65) und ist über diesen Zeitraum abzuschreiben (vgl. auch FG Münster EFG 2015, 15).

89 Hat der Einbringende einen **Geschäfts- oder Firmenwert entgeltlich erworben,** muss dieser von dem übernehmenden Rechtsträger mit dem bei dem Einbringenden bilanzierten BW übernommen werden. Eine Aufstockung des BW des derivativen Firmenwerts ist nicht möglich (Dötsch/Pung/Möhlenbrock/Patt

Rn. 103; Brandis/Heuermann/Nitzschke Rn. 65; aA zu § 4 BMF 11.11.2011, BStBl. I 2011, 1314 Rn. 04.10; → § 4 Rn. 91).

c) AfA nach rückwirkender Besteuerung des Einbringungsgewinns 90
(Abs. 3 S. 2). Kommt es zu einer Erhöhung der AK oder HK aufgrund rückwirkender Besteuerung des Einbringungsgewinns gem. Abs. 2, gilt nach Abs. 3 S. 2 die Regelung des Abs. 3 S. 1 mit der Maßgabe, dass an die Stelle des Zeitpunkts der Einbringung der Beginn des Wj. tritt, in welches das die Besteuerung des Einbringungsgewinns auslösende Ereignis fällt. Liegt der Beginn des Wj. iSd Abs. 3 S. 2 vor dem Einbringungsstichtag, so ist der Einbringungsstichtag der relevante Zeitpunkt (Dötsch/Pung/Möhlenbrock/Patt Rn. 227; vgl. auch Rödder/Herlinghaus/van Lishaut/Ritzer Rn. 218).

Beispiel:

Die X-GmbH hat ein Kj.-gleiches Wj. Mit stl. Wirkung zum 1.7. des Jahres 01 bringt X 91 seinen Betrieb in diese GmbH gegen Gewährung von Gesellschaftsrechten ein und verkauft die als Gegenleistung gewährten Anteile am 30.9.01.

Wird das den Einbringungsgewinn auslösende schädliche Ereignis noch innerhalb 92 des ersten Zeitjahres nach dem Einbringungszeitpunkt verwirklicht, kommt es damit im Ergebnis zu einem Ansatz der übergebenden WG in der stl. Bilanz des übernehmenden Rechtsträgers mit dem gemeinen Wert. Ob und in welchem Umfang es zu einer stl. Rechtsnachfolge des übernehmenden Rechtsträgers kommt, richtet sich nach der hier vertretenen Auffassung (→ Rn. 13) nach dem bei der ursprünglichen Einbringung gewählten Wertansatz der übertragenen WG in der StB des übernehmenden Rechtsträgers. Da Abs. 3 S. 2 iVm Abs. 2 nur Anwendung findet, wenn der übernehmende Rechtsträger ursprüngliche BW oder ZW angesetzt hat, kommt es auch in den Fällen, in denen es innerhalb des ersten Zeitjahres nach dem Einbringungsstichtag zu einem schädlichen Ereignis iSd Abs. 2 kommt, zu einer Rechtsnachfolge des übernehmenden Rechtsträgers, Abs. 4 findet keine Anwendung.

4. Einbringung zum gemeinen Wert (Abs. 4)

a) Überblick. Ein Ansatz mit dem gemeinen Wert iSd Abs. 4 liegt vor, wenn 93 alle stillen Reserven und stille Lasten vorbehaltlich solcher in Pensionsrückstellungen im Rahmen der Sacheinlage bei der eingebrachten Sachgesamtheit aufgedeckt werden. Dazu gehören auch die immateriellen WG einschl. eines originären selbstgeschaffenen Firmenwerts des übertragenden Rechtsträgers (iE → § 20 Rn. 285; BT-Drs. 16/2710, 43). Abs. 4 gilt auch, wenn im Rahmen des § 21 eine Beteiligung an einer KapGes aus dem PV eingebracht wird.

Werden Mitunternehmeranteile eingebracht, sind unterschiedliche Wertansätze 94 bei den verschieden eingebrachten Mitunternehmeranteilen möglich; die Anwendung von Abs. 4 bei einem einzelnen Mitunternehmeranteil setzt lediglich den Ansatz dieses Mitunternehmeranteils zum gemeinen Wert voraus. Bringt eine Mitunternehmerschaft ihren Betrieb oder einen Teilbetrieb in die übernehmende KapGes ein, scheidet ein unterschiedlicher Wertansatz für die eingebrachten WG aus (→ § 20 Rn. 185; zur Anwachsung → § 20 Rn. 193 ff.).

Die Einbringung als tauschähnlicher Veräußerungsvorgang hat zur Konsequenz, 95 dass **objektbezogene Kosten**, wozu auch die bei der Einbringung anfallende GrESt gehören kann (zur GrESt bei Anteilsvereinigung → Rn. 15), zusätzliche AK der WG darstellen und entsprechend zu aktivieren sind (BMF 11.11.2011, BStBl. I 2011, 1314 Rn. 23.01; BFH FR 2004, 274). Die GrESt ist daher bei der Übernehmerin zusätzlich zum gemeinen Wert bei den WG hinzuzuaktivieren. § 20 II 2 steht dem nicht entgegen, da die GrESt anfällt, weil der Einbringungsvorgang ein Erwerbsvorgang iSd § 1 GrEStG darstellt. Die GrESt stellt einen originären Aufwand der übernehmenden KapGes dar (ebenso Dötsch/Pung/Möhlenbrock/Patt Rn. 68).

96 Wird bei der Einbringung der gemeine Wert angesetzt, so findet für den übernehmenden Rechtsträger Abs. 4 Anwendung. Hinsichtlich der Rechtsfolgen aus dem gemeinen Wertansatz ist danach zu unterscheiden, ob die Sacheinlage im Wege der **Einzelrechtsnachfolge** oder im Wege der Gesamtrechtsnachfolge nach den Vorschriften des UmwG erfolgte. Liegt Einzelrechtsnachfolge vor, liegt eine Anschaffung durch die aufnehmende KapGes vor, sodass die weitere Besteuerung sich nach allg. Gewinnermittlungsgrundsätzen richtet. Im Falle der **Gesamtrechtsnachfolge** tritt die aufnehmende KapGes die steuerrechtliche Rechtsnachfolge in einem gewissen Umfang an, ebenso wie bei der Einbringung zu ZW.

97 **b) Einbringung durch Einzelrechtsnachfolge (Abs. 4 Hs. 1).** Eine Einzelrechtsnachfolge liegt vor, wenn jedes einzelne WG einschl. der entsprechenden Verbindlichkeiten in der jeweils für das WG vorgeschriebenen zivilrechtlichen Form auf die übernehmende KapGes übertragen wird. Von einer Einzelrechtsnachfolge soll auch dann auszugehen sein, wenn das Vermögen im Wege der **Anwachsung** gem. § 738 BGB auf den übernehmenden Rechtsträger übergeht (BMF 11.11.2011, BStBl. I 2011, 1314 Rn. 01.44, 24.06; Dötsch/Pung/Möhlenbrock/Patt Rn. 114; aA Widmann/Mayer/Widmann Rn. 383; wohl auch Haase/Hofacker/Biesold Rn. 117; vgl. auch BFH BStBl. II 2003, 1163; BFH/NV 2001, 178); entscheidend dürfte insoweit sein, ob die Einbringung des Mitunternehmeranteils im Wege der Einzel- oder Gesamtrechtsnachfolge erfolgte, da die anschließende Anwachsung ein bloßer Rechtsreflex ist (Rödder/Herlinghaus/van Lishaut/Ritzer Rn. 238; Haritz/Menner/Bilitewski/Bilitewski Rn. 70; Brandis/Heuermann/Nitzschke Rn. 94). Erfolgt die Einbringung sowohl im Wege der Gesamtrechtsnachfolge nach den Regelungen des UmwG **als auch** im Wege der Einzelrechtsnachfolge (eine KG wird auf eine GmbH verschmolzen und gleichzeitig das SBV durch Einzelrechtsnachfolge auf die GmbH übertragen), so wird dieser Vorgang einheitlich im Rahmen des Abs. 4 als Vermögensübergang im Wege der Gesamtrechtsnachfolge beurteilt (BMF 11.11.2011, BStBl. I 2011, 1314 Rn. 23.20; Widmann/Mayer/Widmann Rn. 229; Rödder/Herlinghaus/van Lishaut/Ritzer Rn. 239; Brandis/Heuermann/Nitzschke Rn. 94; Dötsch/Pung/Möhlenbrock/Patt Rn. 119). Bei der Auf- und Abspaltung, der Ausgliederung sowie dem Formwechsel erfolgt der Vermögensübergang nicht durch Einzelrechtsnachfolge, sondern durch Gesamtrechtsnachfolge iSv Abs. 4 (Dötsch/Pung/Möhlenbrock/Patt Rn. 116 f.; Lademann/Jäschke Rn. 17; Haase/Hofacker/Biesold Rn. 116; Brandis/Heuermann/Nitzschke Rn. 94).

98 Der Nichteintritt der übernehmenden KapGes in die stl. Rechtsstellung des Einbringenden aufgrund der Einbringung im Wege der Einzelrechtsnachfolge bei gemeinem Wertansatz hat im Wesentlichen folgende Einzelauswirkungen:

99 Die **Abschreibungsmethode** kann die aufnehmende KapGes bei abnutzbaren WG frei wählen; eine Bindung an die durch den einbringenden Rechtsträger erfolgte Abschreibungsmethode besteht nicht. Die übernehmende KapGes hat die Nutzungsdauer für die eingebrachten WG neu zu schätzen, an die Schätzung des Einbringenden ist sie nicht gebunden (BMF 11.11.2011, BStBl. I 2011, 1314 Rn. 23.21; Widmann/Mayer/Widmann Rn. 392; Dötsch/Pung/Möhlenbrock/Patt Rn. 123; Brandis/Heuermann/Nitzscke Rn. 93; Rödder/Herlinghaus/van Lishaut/Ritzer Rn. 249; BMF 25.3.1998, BStBl. I 1998, 268 Rn. 22.15). In die Eigenschaft als Hersteller, die der Einbringende hatte, tritt der übernehmende Rechtsträger nicht ein (Rödder/Herlinghaus/van Lishaut/Ritzer Rn. 243). Liegt der stl. Übertragungsstichtag bspw. nach dem Jahr der Gebäudeherstellung, so kann die degressive AfA nach § 7 V EStG nicht fortgeführt werden (FG Köln EFG 2001, 962; Dötsch/Pung/Möhlenbrock/Patt Rn. 124). Da eine Anschaffung durch den übernehmenden Rechtsträger vorliegt, ist § 6 I Nr. 1a EStG bei anschaffungsnahen Aufwendungen zu beachten (Rödder/Herlinghaus/van Lishaut/Ritzer Rn. 245; Dötsch/Pung/Möhlenbrock/Patt Rn. 122). Die aufnehmende KapGes kann die

Bewertungsfreiheit des § 6 II EStG beanspruchen. Zur Einbringung eines Mitunternehmeranteils und der Anwendung von § 6 II EStG vgl. Widmann/Mayer/Widmann Rn. 397. Hat der Einbringende eine **TW-AfA** auf das eingebrachte BV vorgenommen und lagen zum Einbringungszeitraum die Voraussetzungen einer Wertaufholung nicht vor, kommt § 6 I Nr. 1 S. 4 oder Nr. 2 S. 3 EStG nicht zur Anwendung (Brandis/Heuermann/Nitzschke Rn. 93). Die durch die aufnehmende KapGes angesetzten gemeinen Werte stellen ihre AK dar. Beim Ansatz mit dem gemeinen Wert sind **steuerfreie Rücklagen** (BMF 11.11.2011, BStBl. I 2011, 1314 Rn. 23.17; Widmann/Mayer/Widmann § 20 Rn. R 671; Brandis/Heuermann/Nitzschke Rn. 93) ebenso wie stille Reserven, die durch Überbewertung von Passivposten entstanden sind, aufzulösen (Widmann/Mayer/Widmann § 20 Rn. R 670 f.). Bei dem übernehmenden Rechtsträger laufen neue Fristen ab dem Zeitpunkt der Einbringung, dh ab dem stl. Einbringungsstichtag, sodass bspw. § 6b EStG auf Gewinne aus Veräußerungen von begünstigten WG frühestens dann anzuwenden ist, wenn sie mindestens sechs Jahre nach dem Umwandlungsstichtag realisiert wurden. Für die Bewertung von **Pensionsrückstellungen** gilt § 6a EStG (§ 20 II 1; Dötsch/Pung/Möhlenbrock/Patt Rn. 129). Zu weiteren Einzelheiten → § 20 Rn. 280. Eine **Anrechnung der Besitzzeit** ist nicht möglich, da Abs. 4 nicht auf § 4 II 3 verweist (Brandis/Heuermann/Nitzschke Rn. 93; Dötsch/Pung/Möhlenbrock/Patt Rn. 128). Die Gewährung von **Schachtelvergünstigungen**, die eine Mindestbesitzzeit erfordern, ist davon abhängig, dass die aufnehmende KapGes die gesetzlichen Fristen in eigener Person erfüllt (Widmann/Mayer/Widmann Rn. 410).

c) Einbringung durch Gesamtrechtsnachfolge (Abs. 4 Hs. 2). Erfolgt die Sacheinlage bzw. der Anteilstausch durch Gesamtrechtsnachfolge nach den Bestimmungen des **UmwG**, nimmt das Gesetz den partiellen Eintritt in die stl. Rechtsstellung des Einbringenden an, auch wenn die eingebrachten WG zum gemeinen Wert angesetzt werden. Gesamtrechtsnachfolge idS sind zunächst die im UmwG geregelten und in den Anwendungsbereich von §§ 20, 21 fallenden Vorgänge der Gesamt- und der Sonderrechtsnachfolge (Rödder/Herlinghaus/van Lishaut/Ritzer Rn. 250, 252; Dötsch/Pung/Möhlenbrock/Patt Rn. 115 ff.; Lademann/Jäschke Rn. 17). Die Vorschrift verlangt die Einbringung des BV im Wege der Gesamtrechtsnachfolge; damit sind dem Wortlaut nach die Fälle des **Formwechsels** der PersGes in eine KapGes, § 25, nicht erfasst, da handelsrechtlich ein Vermögensübergang nicht vorliegt; der Formwechsel ist im Rahmen des § 23 aber wie eine Einbringung durch Gesamtrechtsnachfolge zu behandeln (DPPM/Patt Rn. 117; Brandis/Heuermann/Nitzschke Rn. 94; Rödder/Herlinghaus/van Lishaut/Ritzer Rn. 252; Widmann/Mayer/Widmann Rn. 227; NK-UmwR/Höhn Rn. 61; Haase/Hofacker/Biesold Rn. 116; Lademann/Jäschke Rn. 17). Die nach dem UmwG vergleichbaren Vorgänge nach ausl. Recht werden in § 1 III Nr. 1 und Nr. 2 einer Umw nach dem UmwG im Einzelnen gleichgestellt, was auch für die Anwendung des Abs. 4 Geltung hat, sodass auch Vorgänge nach ausl. Rechtsordnungen, die mit einer Umw nach dem UmwG vergleichbar sind, von Abs. 4 Hs. 2 erfasst werden (Widmann/Mayer/Widmann Rn. 228; Dötsch/Pung/Möhlenbrock/Patt Rn. 118). Erfolgt die Einbringung sowohl im Wege der **Gesamtrechtsnachfolge als auch** im Wege der **Einzelrechtsnachfolge** (eine KG wird auf eine GmbH verschmolzen und gleichzeitig das SBV durch Einzelrechtsnachfolge auf die GmbH übertragen), so wird dieser Vorgang einheitlich im Rahmen des Abs. 4 als Vermögensübergang im Wege der Gesamtrechtsnachfolge beurteilt (BMF 11.11.2011, BStBl. I 2011, 1314 Rn. 23.20; Widmann/Mayer/Widmann Rn. 239; Rödder/Herlinghaus/van Lishaut/Ritzer Rn. 239; Dötsch/Pung/Möhlenbrock/Patt Rn. 119; NK-UmwR/Höhn Rn. 51; Haase/Hofacker/Biesold Rn. 116; Lademann/Jäschke Rn. 17). Gesamtrechtsnachfolge idS soll aber nicht die Einbringung im Wege der (erweiterten) **Anwachsung** entsprechend § 738 BGB sein (BMF 11.11.2011, BStBl. I 2011, 1314 Rn. 01.44, 24.06; → Rn. 97).

101 Abs. 4 Hs. 2 verweist bzgl. des Umfangs und der Folgen des Eintritts in die stl. Rechtsstellung des Einbringenden auf Abs. 3, sodass auf die Ausführungen in → Rn. 66 ff. verwiesen wird. Eine Anrechnung von Besitzzeiten und Verbleibenszeiten erfolgt aber nicht, da Abs. 4 nur auf Abs. 3 iVm § 12 III Hs. 1 verweist (Rödder/Herlinghaus/van Lishaut/Ritzer Rn. 255; Eisgruber/Altenburg Rn. 249; Dötsch/Pung/Möhlenbrock/Patt Rn. 133; Brandis/Heuermann/Nitzschke Rn. 95; Haase/Hofacker/Biesold Rn. 119).

5. Verlustvortrag iSd § 10a GewStG

102 Abs. 5 erfasst nur die Fehlbeträge, die zu dem übergehenden Vermögen gehören. Abziehbar bleiben diejenigen Fehlbeträge, die dem **aufnehmenden Rechtsträger** unabhängig von der Einbringung zuzurechnen waren (Widmann/Mayer/Widmann Rn. 582; Rödder/Herlinghaus/van Lishaut/Ritzer Rn. 264). Dabei ist jedoch zu beachten, dass gem. § 10a GewStG die Vorschrift des § 8 IV KStG aF bzw. § 8c KStG auf die gewstl. Fehlbeträge entsprechend anzuwenden ist (Dötsch/Pung/Möhlenbrock/Patt Rn. 154; Rödder/Herlinghaus/van Lishaut/Ritzer Rn. 265).

103 Ob und inwieweit ein gewstl. Fehlbetrag auf der **Ebene des Einbringenden** weiter verwertet werden kann, richtet sich nach den aus § 10a GewStG ergebenden allg. Grundsätzen (Dötsch/Pung/Möhlenbrock/Patt Rn. 233; Brandis/Heuermann/Nitzschke Rn. 98). Erfolgt die **Einbringung durch eine Körperschaft,** verbleibt ein im eingebrachten Betrieb bzw. Teilbetrieb entstandener vortragsfähiger Fehlbetrag iSd § 10a GewStG beim Einbringenden (Haase/Hofacker/Biesold Rn. 123; Dötsch/Pung/Möhlenbrock/Patt Rn. 236; Brandis/Heuermann/Nitzschke Rn. 99; Rödder/Herlinghaus/van Lishaut/Ritzer Rn. 259; Haritz/Menner/Bilitewski/Bilitewski Rn. 131). Der Verlustabzug iSd § 10a GewStG kann bei der übertragenden Körperschaft selbst dann abgezogen werden, wenn der Verlust nur durch den übertragenden Betrieb/Teilbetrieb verursacht wurde; eine den Verlustabzug voraussetzende Unternehmensidentität ist nämlich bei einer KapGes stets gegeben (BFH BStBl. II 1987, 310; Dötsch/Pung/Möhlenbrock/Patt Rn. 236; Haritz/Menner/Bilitewski/Bilitewski Rn. 131; Rödder/Herlinghaus/van Lishaut/Ritzer Rn. 259; Haase/Hofacker/Biesold Rn. 123; Lademann/Jäschke Rn. 20). Ist **Einbringende eine natürliche Person** und überträgt diese ihr Einzelunternehmen in die KapGes/Gen, geht ein vortragsfähiger Fehlbetrag verloren. Gleiches gilt für eine PersGes, wenn diese ihren Betrieb bzw. alle Anteile an der PersGes in eine KapGes eingebracht hat und daher der Geschäftsbetrieb der PersGes beendet wird (Dötsch/Pung/Möhlenbrock/Patt Rn. 239; Brandis/Heuermann/Nitzschke Rn. 99 f.; Haritz/Menner/Bilitewski/Bilitewski Rn. 132). Bringt die PersGes einen Teilbetrieb ein, gelten für die Abzugsfähigkeit des gewstl. Verlustvortrags die allg. Grundsätze des § 10a GewStG, insbes. die Grundsätze der Unternehmens- und Unternehmeridentität. Wird ein Teilbetrieb durch eine PersGes in eine KapGes eingebracht, so geht der auf den Teilbetrieb entfallende Verlustvortrag unter (Dötsch/Pung/Möhlenbrock/Patt Rn. 25ß; Brandis/Heuermann/Nitzschke Rn. 99; Haritz/Menner/Bilitewski/Bilitewski Rn. 132; Lademann/Jäschke Rn. 20; aA Widmann/Mayer/Widmann Rn. 581). Wird nach § 20 I 1 ein **Mitunternehmeranteil** einer PersGes in eine KapGes eingebracht, geht der Verlustabzug gem. § 10a GewStG verloren, soweit der Fehlbetrag anteilig auf den ausgeschiedenen Gesellschafter entfällt; entscheidend ist insoweit der Gewinnverteilungsschlüssel (Dötsch/Pung/Möhlenbrock/Patt Rn. 241; Brandis/Heuermann/Nitzschke Rn. 10; Haritz/Menner/Bilitewski/Bilitewski Rn. 133; Rödder/Herlinghaus/van Lishaut/Ritzer Rn. 260; Lademann/Jäschke Rn. 22). Wird nur ein Teil eines Mitunternehmeranteils übertragen, reduziert sich der Verlustabzug lediglich entsprechend dem übertragenen Teilanteil, zur Einbringung eines doppelstöckigen Mitunternehmeranteils vgl. Moritz/Probst Ubg 2022, 481.

Da der Formwechsel im Rahmen von § 23 wie eine Gesamtrechtsnachfolge zu behandeln ist (→ Rn. 100), tritt die neue KapGes sowohl bei Ansatz zu BW, ZW als auch gemeinem Wert in die Rechtsstellung der formwechselnden PersGes ein. Durch die entsprechende Anwendung der §§ 20–23 können trotz der zivilrechtlichen und wirtschaftlichen Identität des Formwechsels die KapGes einkommenstl. Verlustvorträge nicht verwerten. Gleiches gilt für gewstl. Verlustvorträge (§ 10a GewStG), da im Folge des Formwechsels nach § 25 die für die Geltendmachung des gewstl. Verlustvortrags erforderliche Unternehmeridentität nicht gewahrt ist (Rödder/Herlinghaus/van Lishaut/Ritzer Rn. 267). Ist aber die umgewandelte PersGes als OberGes an einer gewerblichen PersGes beteiligt, kann diese UnterPersGes einen bei ihr anfallenden vortragsfähigen Fehlbetrag iSd § 10a GewStG fortführen, selbst wenn die OberGes formwechselnd in eine KapGes umgewandelt wird (R 10a.3 III S. 9 Nr. 8 S. 5 GewStR; Rödder/Herlinghaus/van Lishaut/Ritzer Rn. 267; Widmann/Mayer/Widmann Rn. 581; Haritz/Menner/Bilitewski/Bilitewski Rn. 133). **104**

6. Einbringungsfolgegewinn (Abs. 6 iVm § 6 I, III)

Erhöht sich der Gewinn des übernehmenden Rechtsträgers dadurch, dass der Vermögensübergang zum Erlöschen von Forderungen und Verbindlichkeiten zwischen dem Einbringenden und der KapGes oder zur Auflösung von RSt führt, darf die übernehmende KapGes insoweit eine den stl. Gewinn mindernde Rücklage bilden (Abs. 6 iVm § 6 I). Der Übernahme- oder Einbringungsfolgegewinn ist zivilrechtlich als **„inkongruente Konfusion"** zu kennzeichnen. Ein Übernahme- bzw. Einbringungsfolgegewinn kann entstehen, wenn der übernehmende Rechtsträger vor Einbringung bereits bestanden hat und zwischen ihr und dem Einbringenden gegenseitige Forderungen und Verbindlichkeiten bestanden, die bei den beteiligten Vertragspartnern nicht korrespondierend bilanziert sind. Sind beide Ansprüche in gleicher Höhe bilanziert, vollzieht sich die Vereinigung von Verbindlichkeiten und Forderungen erfolgsneutral. **105**

Der Übernahme- bzw. Einbringungsfolgegewinn wird bei dem übernehmenden Rechtsträger realisiert. Im Ergebnis ist der Übernahme- bzw. Einbringungsfolgegewinn voll zu versteuern (HK-UmwStG/Wochinger Rn. 68; Haase/Hofacker/Biesold Rn. 127). Die übernehmende KapGes hat jedoch die Möglichkeit, durch die Bildung einer stl. gewinnmindernden Rücklage eine Steuerstundung herbeizuführen. Die Rücklage ist in den folgenden drei Wj. ihrer Bildung mit jeweils einem Drittel gewinnerhöhend aufzulösen (§ 6 I). **106**

Nach Abs. 3 entfällt die Anwendbarkeit des § 6 rückwirkend, wenn der übernehmende Rechtsträger den auf sie übergehenden Betrieb innerhalb von fünf Jahren nach dem stl. Übertragungsstichtag in eine andere KapGes einbringt oder ohne triftigen Grund veräußert oder aufgibt (BMF 11.11.2011, BStBl. I 2011, 1314 Rn. 23.04). **107**

Siebter Teil. Einbringung eines Betriebs, Teilbetriebs oder Mitunternehmeranteils in eine Personengesellschaft

§ 24 Einbringung von Betriebsvermögen in eine Personengesellschaft

(1) Wird ein Betrieb oder Teilbetrieb oder ein Mitunternehmeranteil in eine Personengesellschaft eingebracht und wird der Einbringende Mitunternehmer der Gesellschaft, gelten für die Bewertung des eingebrachten Betriebsvermögens die Absätze 2 bis 4.

(2) [1]Die Personengesellschaft hat das eingebrachte Betriebsvermögen in ihrer Bilanz einschließlich der Ergänzungsbilanzen für ihre Gesellschafter mit dem gemeinen Wert anzusetzen; für die Bewertung von Pensionsrückstellungen gilt § 6a des Einkommensteuergesetzes. [2]Abweichend von Satz 1 kann das übernommene Betriebsvermögen auf Antrag mit dem Buchwert oder einem höheren Wert, höchstens jedoch mit dem Wert im Sinne des Satzes 1, angesetzt werden, soweit

1. das Recht der Bundesrepublik Deutschland hinsichtlich der Besteuerung des eingebrachten Betriebsvermögens nicht ausgeschlossen oder beschränkt wird und
2. der gemeine Wert von sonstigen Gegenleistungen, die neben den neuen Gesellschaftsanteilen gewährt werden, nicht mehr beträgt als
   a) 25 Prozent des Buchwerts des eingebrachten Betriebsvermögens oder
   b) 500 000 Euro, höchstens jedoch den Buchwert des eingebrachten Betriebsvermögens.

[3]§ 20 Abs. 2 Satz 3 gilt entsprechend. [4]Erhält der Einbringende neben den neuen Gesellschaftsanteilen auch sonstige Gegenleistungen, ist das eingebrachte Betriebsvermögen abweichend von Satz 2 mindestens mit dem gemeinen Wert der sonstigen Gegenleistungen anzusetzen, wenn dieser den sich nach Satz 2 ergebenden Wert übersteigt.

(3) [1]Der Wert, mit dem das eingebrachte Betriebsvermögen in der Bilanz der Personengesellschaft einschließlich der Ergänzungsbilanzen für ihre Gesellschafter angesetzt wird, gilt für den Einbringenden als Veräußerungspreis. [2]§ 16 Abs. 4 des Einkommensteuergesetzes ist nur anzuwenden, wenn das eingebrachte Betriebsvermögen mit dem gemeinen Wert angesetzt wird und es sich nicht um die Einbringung von Teilen eines Mitunternehmeranteils handelt; in diesen Fällen ist § 34 Abs. 1 und 3 des Einkommensteuergesetzes anzuwenden, soweit der Veräußerungsgewinn nicht nach § 3 Nr. 40 Satz 1 Buchstabe b in Verbindung mit § 3c Abs. 2 des Einkommensteuergesetzes teilweise steuerbefreit ist. [3]In den Fällen des Satzes 2 gilt § 16 Abs. 2 Satz 3 des Einkommensteuergesetzes entsprechend.

(4) § 23 Abs. 1, 3, 4 und 6 gilt entsprechend; in den Fällen der Einbringung in eine Personengesellschaft im Wege der Gesamtrechtsnachfolge gilt auch § 20 Abs. 5 und 6 entsprechend.

(5) Soweit im Rahmen einer Einbringung nach Absatz 1 unter dem gemeinen Wert eingebrachte Anteile an einer Körperschaft, Personenvereinigung oder Vermögensmasse innerhalb eines Zeitraums von sieben Jahren nach dem Einbringungszeitpunkt durch die übernehmende Personengesellschaft veräußert oder durch einen Vorgang nach § 22 Absatz 1 Satz 6 Nummer 1 bis 5 weiter übertragen werden und soweit beim Einbringenden der Gewinn aus der Veräußerung dieser Anteile im Einbringungszeitpunkt

nicht nach § 8b Absatz 2 des Körperschaftsteuergesetzes steuerfrei gewesen wäre, ist § 22 Absatz 2, 3 und 5 bis 7 insoweit entsprechend anzuwenden, als der Gewinn aus der Veräußerung der eingebrachten Anteile auf einen Mitunternehmer entfällt, für den insoweit § 8b Absatz 2 des Körperschaftsteuergesetzes Anwendung findet.

(6) § 20 Abs. 9 gilt entsprechend.

Übersicht

	Rn.
I. Allgemeines	1
1. Systematische Einordnung des § 24	1
2. Regelungsinhalt und Anwendungsbereich im Überblick	5
a) Regelungsinhalt	5
b) Anwendungsbereich	11
3. Einbringungsfälle, die nicht unter § 24 fallen	25
II. Einbringung	32
1. Einbringung als steuerlicher Begriff	32
2. Einbringung aus dem Betriebsvermögen	37
3. Einbringung durch Einzelrechtsübertragung	45
4. Einbringung durch Gesamt-/Sonderrechtsnachfolge	47
5. Einbringung durch Anwachsung	55
6. Einbringung bei Formwechsel	57
III. Gegenstand der Einbringung	58
1. Betrieb	58
2. Teilbetrieb	61
3. Mitunternehmeranteil und Bruchteile von Mitunternehmeranteilen	67
4. 100%ige Beteiligung an einer Kapitalgesellschaft	75
5. Übertragung einzelner Wirtschaftsgüter	82
a) Überführung einzelner Wirtschaftsgüter zwischen verschiedenen Betriebsvermögen (§ 6 V 1, 2 EStG)	83
b) Übertragung von Wirtschaftsgütern bei Mitunternehmerschaften (§ 6 V 3 ff. EStG)	87
6. Zurückbehaltung von Wirtschaftsgütern	98
a) Einbringung eines Betriebs	98
b) Einbringung eines Teilbetriebs	101
c) Einbringung eines Mitunternehmeranteils	103
IV. Der Einbringende	104
1. Natürliche und juristische Personen	104
2. Mitunternehmerschaft als Einbringender	105
V. Einbringung in eine Personengesellschaft	112
1. Aufnehmende Personengesellschaft/Mitunternehmerschaft	112
2. Ausländische Personengesellschaft, ausländische Mitunternehmer	117
3. Gewährung einer Mitunternehmerstellung	119
4. Neuer Mitunternehmeranteil oder Erhöhung der bestehenden Rechte	131
5. Höhe der Beteiligung	135
6. Einbringung gegen Vermögensvorteile, die nicht in Gesellschaftsrechten bestehen	139
a) Rechtslage bis 31.12.2014	139
b) Rechtslage ab 1.1.2015	144a
7. Missbräuchliche Gestaltung	145
8. Zeitpunkt der Einbringung; Rückwirkung	147

	Rn.
9. Ansatz und Bewertung des eingebrachten BV durch den übernehmenden Rechtsträger	156
a) Antragswahlrecht	156
b) Eingebrachtes Betriebsvermögen	163
c) Steuerliche Ansatz- und Bewertungsvorschriften	166
d) Abbildung stiller Lasten	169
aa) Einbringung erfolgt vor dem 29.11.2013	169a
bb) Einbringung erfolgt nach Inkrafttreten des § 4f EStG	171
cc) Einbringung erfolgt nach Inkrafttreten des § 5 VII EStG	171b
dd) Bewertungszeitpunkt	171d
10. Ansatz der übergehenden Wirtschaftsgüter mit dem gemeinen Wert	172
a) Grundsätzliches	172
b) Die Ermittlung des gemeinen Wertes für einzelne Wirtschaftsgüter und die Sachgesamtheit	174
11. Ansatz der übergehenden Wirtschaftsgüter mit dem Buchwert	181
12. Ansatz des eingebrachten Betriebsvermögens mit Zwischenwerten	186
a) Ansatz von Zwischenwerten	186
b) Materielle und immaterielle Wirtschaftsgüter, insbesondere Geschäfts- und Firmenwerte	192
c) Auflösung steuerfreier Rücklagen	194
13. Ausübung des Antragswahlrechts; Bilanzberichtigung	195
a) Ausübung des Antragswahlrechts	195
b) Frist für den Antrag	200
c) Form und Inhalt des Antrags	202
d) Zuständiges Finanzamt	203
e) Bindungswirkung des Antrags	204
f) Bilanzberichtigung	206
14. Einschränkung des Antragswahlrechts	208
a) Grundsätzliches	208
b) Gesellschafterbezogene und wirtschaftsgutbezogene Betrachtungsweise	209
c) Verlust oder Beschränkung des Besteuerungsrechts	210
d) Sonstige Gegenleistung	216b
15. Positive und negative Ergänzungsbilanzen	217
16. Weiterführung von Ergänzungsbilanzen	221
17. Kapitalkontenausgleich bei Einbringung ohne Vollauflösung stiller Reserven	231
VI. Ermittlung und Besteuerung des Einbringungsgewinns	240
1. Ermittlung des Einbringungsgewinns	240
2. Besteuerung des Einbringungsgewinns	244
a) Einkommensteuer	244
b) Körperschaftsteuer	254
c) Gewerbesteuer	256
aa) Einbringung durch natürliche Personen	256
bb) Einbringung durch Körperschaft	259
cc) Gewerbesteuerliche Verlustvorträge	260
3. Anschaffung, Eintritt in die steuerliche Rechtsstellung (Abs. 4, § 23 I, III, IV, VI)	264
a) Überblick	264
b) Buchwertansatz	265
c) Zwischenwertansatz	270

	Rn.
d) Ansatz mit dem gemeinen Wert	271
e) Konfusion	273
4. Nachträglicher Einbringungsgewinn (Abs. 5)	274
a) Überblick	274
b) Einbringung von Anteilen an einer Körperschaft	275
c) Einbringende ist eine nicht durch § 8b II KStG begünstigte Person	276
d) Veräußerung iSd Abs. 5	277
e) Sperrfrist von sieben Jahren	280
f) Körperschaft als Mitunternehmer der übernehmenden Personengesellschaft	281
g) Die Rechtsfolgen des Abs. 5	282
5. Kein Übergang eines Zinsvortrages (Abs. 6 iVm § 20 IX)	288

I. Allgemeines

1. Systematische Einordnung des § 24

Überträgt ein Gesellschafter WG seines BV, SBV oder PV, einen Betrieb, Teilbetrieb oder Mitunternehmeranteil in das Gesamthandsvermögen einer PersGes, an der er selbst beteiligt ist, zu fremdüblichen Bedingungen, liegt aus der Sicht des Gesellschafters eine entgeltliche Veräußerung vor, die übernehmende PersGes schafft die auf sie übertragenen WG an (BFH BStBl. II 2002, 420). Durch das MoPeG v. 10.8.2021 (BGBl. 2021 I 3436) ist das Gesellschaftsvermögen einer PersGes mit Wirkung ab 1.1.2024 kein „gemeinschaftliches Vermögen der Gesellschafter" mehr, welches der gesamthänderischen Bindung unterliegt, sondern ein „Vermögen der Gesellschaft" (§ 713 BGB nF). Der Gesetzgeber (BT-Drs. 19/27635, 100) will insoweit die Rechtslage nachvollziehen, die aufgrund der Rechtsprechung des BGH vom 29.1.2001 (BGHZ 146, 341) sowieso schon gilt. Der Gesetzgeber wollte durch diese Modernisierung keine Änderung der ertragsteuerlichen Grundsätze bei der Besteuerung von PersGes verbinden. Der Gesetzentwurf der Bundesregierung zum Wachstumschancengesetz v. 29.8.2023 will diese Absicht durch Änderung des § 39 II AO gesetzlich ausdrücklich kodifizieren (vgl. auch BR-Drs. 365/1/23). Damit gelten rechtsfähige PersGes jedenfalls für Zwecke der Ertragsteuer als Gesamthand und deren Vermögen als Gesamthandsvermögen. Wird ein Betrieb, Teilbetrieb oder Mitunternehmeranteil gegen Gewährung von Gesellschaftsrechten in eine PersGes eingebracht, so liegt aus der Sicht des Einbringenden ein **tauschähnlicher Veräußerungsvorgang** und aus der Sicht des übernehmenden Rechtsträgers ein Anschaffungsgeschäft vor (BFH DStR 2017, 1376; BStBl. II 2016, 593; DStR 2013, 2380; BMF 11.11.2011, BStBl. I 2011, 1314 Rn. 01.47; Widmann/Mayer/Fuhrmann Rn. 1; Rödder/Herlinghaus/van Lishaut/Rasche Rn. 12; Dötsch/Pung/Möhlenbrock/Patt Rn. 5; Brandis/Heuermann/Nitzschke Rn. 17; Lademann/Jäschke Rn. 1; BeckOK UmwStG/Claß/Weggenmann Rn. 73; vgl. auch BFH/NV 2000, 34 zur Einbringung ohne Sacheinlage). Dies gilt unabhängig davon, ob die Einbringung sich zivilrechtlich im Wege der Einzelrechtsnachfolge bzw. der Sonder- oder Gesamtrechtsnachfolge vollzieht, ob eine Mitunternehmerstellung im Rahmen der Einbringung erstmalig gewährt oder ein bereits vorhandener Gesellschaftsanteil erhöht wird (FG Hamburg DStR 2004, 1290 mwN).

Die Einbringung gegen Gewährung von Gesellschaftsrechten würde nach der Grundregel des § 16 EStG im Zeitpunkt der Übertragung des wirtschaftlichen Eigentums zur Aufdeckung der stillen Reserven in dem übergehenden Vermögen führen. § 24 setzt diese Rechtsfolge unter den in der Vorschrift bestimmten Voraussetzungen außer Kraft, dh Einbringungsfälle iSd Vorschrift sind gegenüber der Grundregel des § 16 EStG privilegiert (Widmann/Mayer/Fuhrmann Rn. 210; Lademann/Jäschke Rn. 4; Rödder/Herlinghaus/van Lishaut/Rasche Rn. 12).

3 Ein Tauschgeschäft liegt auch dann vor, wenn sich der Vermögensübergang nach dem UmwR im Wege der **Gesamtrechtsnachfolge** oder **Sonderrechtsnachfolge** vollzieht (BMF 11.11.2011, BStBl. I 2011, 1314 Rn. 00.02; Dötsch/Pung/Möhlenbrock/Patt Rn. 5). Bei der Gesamtrechts- bzw. Sonderrechtsnachfolge handelt es sich um eine Verfügung im rechtstechnischen Sinne, bei der unmittelbare Rechte und Pflichten übertragen werden (Hahn DStZ 1998, 561; ebenso BFH BStBl. II 2004, 686 zu § 20). Eine solche Verfügung ist ebenso wie die Einzelrechtsübertragung abstrakt, dh losgelöst von der schuldrechtlichen Vereinbarung. Aus der Tatsache, dass ein Rechtsübergang im Wege der Gesamtrechtsnachfolge im Rahmen des UmwG bewirkt wird, den Schluss zu ziehen, es handele sich um keine Veräußerung und keine Anschaffung, kann nicht gefolgt werden (vgl. Schmitt/Hülsmann BB 2000, 1563; Hahn DStZ 1998, 561). Ob eine Verfügung entgeltlich erfolgt und damit von einem Anschaffungsgeschäft auszugehen ist, hängt von dem zugrunde liegenden Kausalgeschäft ab. Bei der Übertragung des Vermögens gegen Gewährung von Gesellschaftsrechten bzw. Einräumung einer Mitunternehmerstellung liegt ein entgeltlicher Vorgang vor. Die offene Sacheinlage in eine PersGes liegt einer Vereinbarung des Gegenstands der Sacheinlage und der Höhe der in Geld ausgedrückten Einlageschuld zugrunde, auf die der Einbringende die Sacheinlage leistet, die die Gesellschaft mit dem angemessenen Wert der Gegenleistung verrechnet (vgl. BFH BStBl. II 2000, 230). § 24 ist lex specialis zu § 16 EStG (Lademann/Jäschke Rn. 4; Rödder/Herlinghaus/van Lishaut/Rasche Rn. 12; Dötsch/Pung/Möhlenbrock/Patt Rn. 5; Brandis/Heuermann/Nitzschke Rn. 11; Widmann/Mayer/Fuhrmann Rn. 210).

4 § 24 setzt damit einen Veräußerungstatbestand voraus, sodass zu **§ 6 III EStG** nach Meinung der FVerw kein Konkurrenzverhältnis besteht, da diese Norm gerade die Unentgeltlichkeit der Übertragung voraussetzt (BMF 11.11.2011, BStBl. I 2011, 1314 Rn. 01.47; Widmann/Mayer/Fuhrmann Rn. 202; Schmidt/Kulosa EStG § 6 Rn. 695; BeckOK UmwStG/Claß/Weggenmann Rn. 76; zur verdeckten Einlage, verdeckten Auskehrung → Rn. 26). Bringt ein Steuerpflichtiger einen Betrieb in eine Mitunternehmerschaft ein und wendet er zugleich Dritten unentgeltlich Mitunternehmeranteile zu, sind auf diesen Vorgang § 6 III EStG und § 24 nebeneinander anwendbar (BFH BStBl. II 2016, 639; Schmidt/Kulosa EStG § 6 Rn. 658; aA BMF 11.11.2011, BStBl. I 2011, 1314 Rn. 01.47 aE). Während Abs. 1 die Übertragung qualifizierter Sachgesamtheiten (Betrieb, Teilbetrieb, Mitunternehmeranteil) begünstigt, regelt **§ 6 V EStG** die Übertragung einzelner oder einer Vielzahl von einzelnen WG, ohne dass diese die Voraussetzungen des Betriebs, Teilbetriebs erfüllen (→ Rn. 82 ff.; BMF 8.12.2011, BStBl. I 2011, 1279). Wird ein Betrieb, Teilbetrieb oder ein Mitunternehmeranteil gegen Gewährung von Gesellschaftsrechten auf eine Mitunternehmerschaft übertragen, so findet vorrangig § 24 Anwendung (BMF 8.12.2011, BStBl. I 2011, 1279 Rn. 12.6; Schmidt/Kulosa EStG § 6 Rn. 818; BeckOK UmwStG/Claß/Weggenmann Rn. 77; vgl. auch Rödder/Herlinghaus/van Lishaut/Rasche Rn. 23; Brandis/Heuermann/Nitzschke Rn. 19). Zum Verhältnis zwischen der Regelung des § 24 und den Grundsätzen zur **Realteilung** → Rn. 48 ff.

2. Regelungsinhalt und Anwendungsbereich im Überblick

5 **a) Regelungsinhalt. Abs. 1** enthält eine abschließende Aufzählung aller in Betracht kommenden Einbringungsgegenstände (Betrieb, Teilbetrieb, Mitunternehmeranteil) und bestimmt, dass der Einbringende MU des übernehmenden Rechtsträgers wird bzw. eine bereits vorhandene Mitunternehmerstellung aufgestockt wird

(→ Rn. 132 ff.). Eine analoge Anwendung des § 24 auf andere Sachverhalte scheidet aus (Dötsch/Pung/Möhlenbrock/Patt Rn. 7; Rödder/Herlinghaus/van Lishaut/Rasche Rn. 18; BeckOK UmwStG/Claß/Weggenmann Rn. 78).

Abs. 2 enthält für den übernehmenden Rechtsträger den Grds., dass das übertragene Vermögen in seiner Bilanz einschl. der Ergänzungsbilanzen für ihre Gesellschafter mit dem gemeinen Wert anzusetzen ist; für die Bewertung von Pensionsrückstellungen gilt § 6a EStG. Das übernommene BV kann abw. davon auf entsprechenden Antrag hin mit dem BW oder einem ZW angesetzt werden, soweit (1) das Recht der BRD hinsichtlich der Besteuerung des eingebrachten BV nicht ausgeschlossen oder beschränkt wird und soweit (2) eine sonstige Gegenleistung nicht mehr beträgt als (a) 25 vH des BV des eingebrachten BW oder (b) 500.000 Euro, höchstens jedoch den BW des eingebrachten BW. **6**

Abs. 3 regelt die Rechtsfolgen der Einbringung für den Einbringenden. Im Grds. stellt die Einbringung gegen Gewährung einer Mitunternehmerstellung für den Einbringenden ein tauschähnliches Rechtsgeschäft dar (→ Rn. 1). Der Wert, mit dem die PersGes das eingebrachte BV ansetzt, gilt für den Einbringenden als dessen Veräußerungspreis. Entsteht ein Einbringungsgewinn, ist der Freibetrag nach § 16 IV EStG anzuwenden, sofern der Einbringende eine natürliche Person ist, es sich nicht um die Einbringung eines Teils eines Mitunternehmeranteils handelt und wenn das eingebrachte BV mit dem gemeinen Wert durch die übernehmende PersGes angesetzt wurde. Die Tarifbegünstigung des § 34 I, III EStG wird nicht gewährt, soweit der Veräußerungsgewinn teilweise steuerbefreit ist (§ 3 Nr. 40 S. 1 EStG Halbeinkünfteverfahren bzw. ab VZ 2009 Teileinkünfteverfahren). **7**

Abs. 4 enthält die Rechtsfolgen für den übernehmenden Rechtsträger, er verweist auf § 23 I, III, IV und VI, die für entsprechend anwendbar erklärt werden. Erfolgt die Einbringung im Wege der Gesamtrechtsnachfolge, wird eine Rückbeziehungsmöglichkeit eröffnet. **8**

Abs. 5 beinhaltet eine besondere Missbrauchsvorschrift. Werden im Rahmen der Einbringung auch Anteile an einer Körperschaft, Personenvereinigung oder Vermögensmassen durch nicht nach § 8b II KStG Begünstigte eingebracht, ist § 22 II, III, V, VII (Einbringungsgewinn II) entsprechend anzuwenden, soweit der Veräußerungsgewinn auf einen nach § 8b II KStG begünstigten MU entfällt. Die Sperrfrist beträgt sieben Jahre. **9**

Abs. 6 verweist für evtl. Zinsvorträge und einen EBITDA-Vortrag iSd § 4h EStG auf § 20 IX. **10**

b) Anwendungsbereich. § 24 gilt unabhängig davon, ob die Einbringung sich zivilrechtlich im Wege der Einzelrechtsnachfolge bzw. der Sonder- oder Gesamtrechtsnachfolge vollzieht. **11**

Die als Einbringung iSv § 24 zu qualifizierenden Umw nach UmwG zeigen folgende Übersichten (→ Rn. 47): **12**

Verschm und § 24

Übertragender Rechtsträger	PersGes		GmbH		AG		KGaA		eG		eV		Gen Prüfungsverbände		VVaG	
	HR	Umw-StG	HR	Umw-StG	HR	Umw-StG	HR	Umw-StG	HR	Umw-StG	HR	Umw-StG	HR	Umw-StG	HR	Umw-StG
Übernehmender Rechtsträger: PersGes	+	24	+	–	+	–	+	–	–	–	–	–	–	–	–	–

HR = Handelsrecht
+ = ja, möglich
– = nicht nach HR möglich bzw. nicht nach § 24 möglich

Die Verschm einer TochterPersGes auf ihre MutterPersGes wird mangels Gewährung einer Mitunternehmerstellung an den Einbringenden nicht durch § 24 erfasst, es liegt ein Anwachsungsvorgang vor (Widmann/Mayer/*Fuhrmann* Rn. 141; zu entsprechenden Gestaltungen vgl. Remmert/*Horn* NWB Fach 18, 4597).

13 Auf- und Abspaltung und § 24

Übertragender Rechtsträger	PersGes		GmbH		AG		KGaA		eG		eV		Gen Prüfungsverbände		VVaG	
	HR	UmwStG	HR	UmwStG	HR	UmwStG	HR	UmwStG	HR	UmwStG	HR	UmwStG	HR	UmwStG	HR	UmwStG
Übernehmender Rechtsträger: PersGes	+	24	+	–	+	–	+	–	–	–	–	–	–	–	–	–

HR = Handelsrecht
+ = ja, möglich
– = nicht nach HR möglich bzw. nicht nach § 24 möglich
Vgl. ausf. dazu → Rn. 47 ff.

14 Ausgliederung und § 24

Übertragender Rechtsträger	PersGes		GmbH		AG/KGaA		Stiftung/eG		VVaG/GenPrüfungsverbände		eV/wirtschaftliche Vereine		Gebietskörperschaften		Einzelkaufmann	
	HR	UmwStG	HR	UmwStG	HR	UmwStG	HR	UmwStG	HR	UmwStG	HR	UmwStG	HR	UmwStG	HR	UmwStG
Übernehmender Rechtsträger: PersGes	+	24	+	24	+	24	+	24	–	–	+	24	+	24	+	24

HR = Handelsrecht
+ = ja, möglich
– = nicht nach HR möglich bzw. nicht nach § 24 möglich

15 Die Vorschrift ist anwendbar auf Einbringungen im Wege der Einzelrechtsnachfolge, insbes.
  aa) Die **Aufnahme** eines Gesellschafters in ein bestehendes **Einzelunternehmen** gegen Geldeinlage oder gegen Einlage anderer WG (BMF 11.11.2011, BStBl. I 2011, 1314 Rn. 01.47; Widmann/Mayer/Fuhrmann Rn. 24; Rödder/Herlinghaus/van Lishaut/Rasche Rn. 14; Dötsch/Pung/Möhlenbrock/Patt Rn. 20; Frotscher/Drüen/Mutscher Rn. 52; vgl. auch BFH BStBl. II 1999, 604); zur Zuzahlung in das PV → Rn. 140 ff. Die unentgeltliche Aufnahme einer oder mehrerer natürlicher Personen in ein bestehendes Einzelunternehmen einer natürlichen Person zur Errichtung einer PersGes ist in § 6 III 1 Hs. 2 EStG idF des UntStFG geregelt, soweit die Einbringung in die neue PersGes für Rechnung den unentgeltlich Aufgenommenen erfolgt (BMF 11.11.2011, BStBl. I 2011, 1314 Rn. 01.47; Widmann/Mayer/Fuhrmann Rn. 26); § 24 findet Anwendung, soweit der Einzelunternehmer seinen Betrieb für eigene Rechnung einbringt (BFH/NV 2006, 521).
16 bb) Die Einbringung eines bestehenden **Einzelunternehmens** in eine **neu gegründete PersGes** (BMF 11.11.2011, BStBl. I 2011, 1314 Rn. 01.47; Dötsch/Pung/Möhlenbrock/Patt Rn. 19).
17 cc) Einbringung eines bestehenden **Einzelunternehmens** in eine **bereits bestehende PersGes** (BMF 11.11.2011, BStBl. I 2011, 1314 Rn. 01.47; Rödder/Herlinghaus/van Lishaut/Rasche Rn. 14).
18 dd) Zusammenschluss von **mehreren Einzelunternehmen** zu einer durch den Zusammenschluss **neu entstehenden PersGes** (Frotscher/Drüen/Mutscher Rn. 52; Rödder/Herlinghaus/van Lishaut/Rasche Rn. 14).

ee) **Eintritt** eines weiteren Gesellschafters in eine **bestehende PersGes** gegen Geld- 19
einlage oder Einlage anderer WG (BFH DStR 2017, 193; BStBl. II 2006, 847;
BStBl. II 1999, 604; NdsFG DStRE 2020, 262; Rödder/Herlinghaus/van Lishaut/Rasche Rn. 14; abl. Kirchhof/Söhn/Mellinghoff/Reiß EStG § 15
Rn. E 270). In diesem Fall bringen nach Auffassung der FVerw die bisherigen
Gesellschafter der PersGes ihre Mitunternehmeranteile an der bisherigen PersGes
in eine neue – durch den neu hinzutretenden Gesellschafter vergrößerte – PersGes
ein (BMF 11.11.2011, BStBl. I 2011, 1314 Rn. 01.47; vgl. auch Dötsch/Pung/
Möhlenbrock/Patt Rn. 24). § 24 ist jedoch nicht anzuwenden bei einem Beitritt
einer GmbH zu einer bestehenden PersGes ohne vermögensmäßige Beteiligung
(BFH/NV 2008, 296; BMF 11.11.2011, BStBl. I 2011, 1314 Rn. 01.47; vgl.
auch BFH/NV 2000, 34; Leverdag FR 2016, 733). Der bloße Gesellschafterwechsel fällt nicht unter § 24 (Dötsch/Pung/Möhlenbrock/Patt Rn. 71).
ff) **Vereinigung zweier PersGes** durch Einzelrechtsnachfolge dadurch, dass 20
– das BV einer PersGes in die andere gegen Gewährung von Mitunternehmeranteilen an die Gesellschafter der übertragenden PersGes eingebracht wird
(Haritz/Menner/Bilitewski/Bär/Merkle Rn. 12);
– die Gesellschafter einer PersGes ihre Mitunternehmeranteile auf die aufnehmende PersGes gegen Gewährung von Mitunternehmeranteilen an der aufnehmenden PersGes einbringen, die aufnehmende PersGes dadurch Gesellschafterin der einbringenden PersGes wird und die beiden PersGes anschl.
zusammengelegt werden (BMF 11.11.2011, BStBl. I 2011, 1314 Rn. 01.47;
→ Rn. 55 f.);
– zwei oder mehr PersGes ihr BV auf eine dritte, durch die Übertragung neu
gegründete PersGes übertragen und dafür an die Gesellschafter der übertragenden PersGes Mitunternehmeranteile gewährt werden.
gg) Einbringung in eine Mitunternehmerschaft durch Einzelrechtsnachfolge gegen 21
Einräumung einer **atypisch stillen Beteiligung** (Widmann/Mayer/Fuhrmann
Rn. 61; Haritz/Menner/Bilitewski/Bär/Merkle Rn. 8; Lademann/Jäschke
Rn. 15; vgl. BFH BStBl. II 2018, 587).
hh) Einbringung durch Einzelrechtsnachfolge gegen Einräumung einer **atypischen** 22
Unterbeteiligung an einem Mitunternehmeranteil (BFH DStR 2014, 1384;
Widmann/Mayer/Fuhrmann Rn. 74; Frotscher/Drüen/Mutscher Rn. 52;
Haritz/Menner/Bilitewski/Bär/Merkle Rn. 12; vgl. BFH BStBl. II 2017, 233).
ii) Entgeltliche Änderung der Beteiligungsverhältnisse in der Weise, dass einer der 23
Gesellschafter zusätzlich angemessene Einlagen in das Gesamthandsvermögen
(vgl. → Rn. 1) leistet (BFH BStBl. II 2006, 847; BFH/NV 2007, 333; FG
Hamburg DStRE 2004, 1290; BMF 11.11.2011, BStBl. I 2011, 1314
Rn. 01.47; BFH BStBl. II 2008, 545; Haritz/Menner/Bilitewski/Bär/Merkle
Rn. 12; Widmann/Mayer/Fuhrmann Rn. 92; aA Dötsch/Pung/Möhlenbrock/Patt Rn. 26; Rödder/Herlinghaus/van Lishaut/Rasche Rn. 15). Nach
Auffassung der FVerw bringen in diesem Fall die nicht an der Kapitalerhöhung
teilnehmenden Gesellschafter der PersGes ihren Mitunternehmeranteil an der
bisherigen PersGes in eine neue – durch die Kapitalerhöhung in den Beteiligungsverhältnissen veränderte – PersGes ein.
jj) Die Einbringung einer im BV gehaltenen **100%igen Beteiligung** an einer 24
KapGes in eine PersGes gegen Gewährung von Mitunternehmeranteilen an
der aufnehmenden PersGes. § 6 V 3 Nr. 1 EStG findet insoweit keine Anwendung (str., → Rn. 75 ff.; aA BFH DStR 2008, 2001 zum UmwStG 1995).

3. Einbringungsfälle, die nicht unter § 24 fallen

Die Einbringung eines Betriebs, Teilbetriebs oder Mitunternehmeranteils nach 25
§ 24 stellt einen Veräußerungsvorgang aus der Sicht des Einbringenden und einen

Anschaffungsvorgang aus der Sicht der übernehmenden PersGes dar. Mangels einer Veräußerung liegt keine **Einbringung** iSd § 24 vor, wenn der Betrieb, Teilbetrieb oder Mitunternehmeranteil **ausschließlich in das SBV** einer PersGes eingebracht wird (→ Rn. 114; BMF 11.11.2011, BStBl. I 2011, 1314 Rn. 24.05; FG Düsseldorf EFG 2003, 1180; Rödder/Herlinghaus/van Lishaut/Rasche Rn. 83; Widmann/Mayer/Fuhrmann Rn. 205; Dötsch/Pung/Möhlenbrock/Patt Rn. 44; Haritz/Menner/Bilitewski/Bär/Merkle Rn. 12; Brandis/Heuermann/Nitzschke Rn. 40; Frotscher/Drüen/Mutscher Rn. 57; Lademann/Jäschke Rn. 17). Zur Einbringung von wesentlicher Betriebsgrundlage sowohl in das Gesamthandsvermögen (vgl. → Rn. 1) als auch in das SBV → Rn. 34. Zur Einbringung in eine nach § 1a KStG zur Körperschaftsteuer optierende PersGes vgl. → Rn. 112.

26 An einer notwendigen Veräußerung fehlt es auch, wenn ein **Betrieb** oder **Mitunternehmeranteil** verdeckt in eine PersGes eingelegt wird, dh dem Einbringenden weder eine Mitunternehmerstellung bei der aufnehmenden PersGes erstmalig gewährt bzw. eine bereits bestehende nicht verstärkt wird **(verdeckte Einlage)**. Bilanziell wird die Gewährung der Mitunternehmerstellung als Gegenleistung dadurch ausgedrückt, dass das eingebrachte BV dem stl. Kapitalkonto des Einbringenden als Gesellschafter der aufnnehmenden PersGes, das nach dem vereinbarten Gesellschaftervertrag die Beteiligung am Gewinn und Verlust, Vermögen und an den Stimmrechten repräsentiert, gutgeschrieben wird (vgl. dazu BFH BStBl. II 2016, 593; BMF 26.12.2004, DB 2004, 2667). Bei der verdeckten Einlage handelt es sich nach hM um eine unentgeltliche Übertragung, sodass vorgeschlagen wird, § 6 III 1 EStG anzuwenden (Widmann/Mayer/Fuhrmann Rn. 203; Herrmann/Heuer/Raupach/Gratz EStG § 6 Rn. 1376; Brandis/Heuermann/Ehmcke EStG § 6 Rn. 1225); die Werterhöhung eines bestehenden Mitunternehmeranteils stellt nach einhelliger Auffassung keine Gegenleistung für die Übertragung des Vermögens dar, sondern lediglich einen Reflex (vgl. statt aller Dötsch/Pung/Möhlenbrock/Patt Rn. 41). Nach Meinung der FVerw kann auch § 6 V EStG Anwendung finden (BMF 8.12.2011, BStBl. I 2011, 1279 Rn. 6). Die verdeckte Einlage einer **100%igen Beteiligung** aus dem BV wird nicht von § 6 III 1 EStG erfasst (vgl. Schmidt/Kulosa EStG § 6 Rn. 704; BFH BStBl. II 2006, 457), wohl aber durch § 6 V EStG.

27 Wird ein Teilbetrieb oder ein Mitunternehmeranteil an einen MU **ausgekehrt**, ohne dass die Mitunternehmerschaft aufgelöst wird, und wird trotz der Auskehrung weder die Mitunternehmerstellung gemindert noch eine Forderung der Mitunternehmerschaft gegenüber dem begünstigten MU begründet (zB Verrechnung des ausgekehrten Nettobuchwertvermögens mit einer gesamthänderischen Kapitalrücklage), sollte der Vorgang zwar nicht nach § 24 UmwStG oder § 6 V 3 EStG (BMF 8.12.2011, BStBl. I 2011, 1279 Rn. 6, 12; Schmidt/Kulosa EStG § 6 Rn. 775; vgl. aber auch Lademann/Jäschke Rn. 17), aber gem. § 6 III EStG steuerneutral unter den entsprechenden Voraussetzungen möglich sein.

28 Werden dem Einbringenden neben der Einräumung oder Verstärkung seiner Mitunternehmerstellung auch **andere Gegenleistungen** aus dem Gesamthandsvermögen (vgl. → Rn. 1) der übernehmenden PersGes gewährt, so führte dies nach bisher hM zu einer Aufdeckung der stillen Reserven, soweit das übertragene Vermögen nicht durch die Einräumung einer Mitunternehmerstellung vergütet wurde (FG Düsseldorf EFG 2011, 491; BMF 11.11.2011, BStBl. I 2011, 1314 Rn. 24.07; BMF 25.3.1998, BStBl. I 1998, 268 Rn. 24.08; BFH BStBl. II 2005, 554; BStBl. II 1995, 599; DStR 2000, 65; NdsFG EFG 2007, 1298). Bei der Einbringung eines Betriebs, Teilbetriebs oder Mitunternehmeranteils gegen Einräumung oder Verstärkung der Mitunternehmerstellung wird nach Meinung des BFH (DStR 2013, 2380; vgl. dazu BFH DStR 2015, 2834; Rogall/Dreßler DB 2015, 1981; Nöcker DB 2016, 72; Rosenberg/Placke DB 2013, 2821; Geissler FR 2014, 152) bei Wahl der Buchwertfortführung aber dann kein Gewinn realisiert, wenn die Summe aus Nominalbetrag der Gutschrift auf dem Kapitalkonto des Einbringenden bei der PersGes und dem gemeinen Wert der eingeräumten Darlehensforderung den stl. BW der eingebrachten Sachgesamtheit nicht übersteigt (aA BMF 11.11.2011, BStBl. I 2011, 1314 Rn. 24.07). Mit Wirkung ab 1.1.2015 wurde die Rechtslage durch das Steueränderungsgesetz v. 2.11.2015 (BGBl. 2015 I 1834) geändert (→ Rn. 139 ff.).

Die Übertragung einzelner WG oder einer Vielzahl von WG, die aber nicht die **29** Qualifikation eines Betriebs, Teilbetriebs oder Mitunternehmeranteils haben, kann nicht nach § 24 steuerneutral erfolgen, es gilt vielmehr die Regelung des **§ 6 V EStG** (BMF 8.12.2011, BStBl. I 2011, 1279 Rn. 6, 12; Mayer DStR 2003, 1553). Wird eine **100%ige Beteiligung an einer KapGes** aus dem **PV** in eine PersGes gegen Gewährung eines Mitunternehmeranteils eingebracht, so ist auf diesen Vorgang § 24 nicht anzuwenden (Dötsch/Pung/Möhlenbrock/Patt Rn. 56; Haritz/Menner/Bilitewski/Bär/Merkle Rn. 12; BFH DStR 1999, 366; BMF 29.3.2000, DStR 2000, 820).

Wird eine mitunternehmerisch tätige PersGes in eine PersGes anderer Rechts- **30** form **formwechselnd** umgewandelt, so hat dieser Vorgang keine einkommensteuerrechtlichen Folgen. Es liegt weder eine Einbringung in eine PersGes iSd § 24 noch eine Betriebsaufgabe oder eine Betriebsveräußerung vor (Dötsch/Pung/Möhlenbrock/Patt Rn. 73; BMF 11.11.2011, BStBl. I 2011, 1314 Rn. 01.47; FG BaWü EFG 2022, 751; Haritz/Menner/Bilitewski/Bär/Merkle Rn. 12).

Stl. ist die Unterbeteiligungsgesellschaft als Mitunternehmerin der HauptGes anzuse- **31** hen (BFH BStBl. II 1998, 137). Es liegt eine doppelstöckige Personengesellschaftsstruktur vor mit der **Unterbeteiligung** als OberGes. Zwar gibt es bei der atypischen Unterbeteiligung kein Gesamthandsvermögen (vgl. → Rn. 1) der Ges. Es tritt aber die Beteiligung des Hauptgesellschafters im Wege schuldrechtlicher Bindung an die Stelle des Gesamthandsvermögens (BFH 2.10.1997, BStBl. II 1998, 137). Der Unterbeteiligte ist nach § 15 I 1 Nr. 2 S. 2 Hs. 1 EStG (mittelbar) als MU der HauptGes anzusehen und infolgedessen den unmittelbar beteiligten Gesellschaftern der HauptGes gleichzusetzen (vgl. BFH BStBl. II 1998, 138; Bürkle/Schamburg DStR 1998, 558 f.; Schmidt/Wacker EStG § 15 Rn. 365). Da der Begriff der Mitunternehmerschaft iSd § 15 I 1 Nr. 2 S. 1 EStG nicht nach der konkreten Rechtsform der gesellschaftsrechtlichen Verbundenheit diff. und somit alle zivilrechtlichen Organisationsformen der Mitunternehmerschaft – also auch Innengesellschaften und Mitunternehmerschaften ohne Gesamthandsvermögen – ertragstl. gleich behandelt werden (BFH BStBl. II 1990, 561), berührt die bloße Änderung einer Mitunternehmerschaft von einer bestimmten Rechtsform einer PersGes in eine andere Rechtsform einer PersGes die ertragstl. Identität der Mitunternehmerschaft nicht (FG BaWü EFG 2022, 751; dazu Stein DStR 2022, 459; Dötsch/Pung/Möhlenbrock/Patt Rn. 73; Schindhelm/Pickhardt-Poremba/Hilling DStR 2003, 1472 f.; Bürkle/Schamburg DStR 1998, 558 f.; auch Schulze zur Wiesche DStZ 1998, 826; Schmidt/Wacker EStG § 16 Rn. 422). Wechselt der Unterbeteiligte also in die Rechtsstellung eines Hauptbeteiligten, findet lediglich ein ertragsteuerneutraler Wechsel der zivilrechtlichen Stellung des Mitunternehmers statt (vgl. Bürkle/Schamburg DStR 1998, 559), da die Identität der Rechtsstellung als MU nach § 15 I 1 Nr. 2 EStG erhalten bleibt. Zu einem Realisierungsakt – Betriebsaufgabe oder Betriebsveräußerung – kommt es nicht (Dötsch/Pung/Möhlenbrock/Patt Rn. 73; Lademann/Jäschke Rn. 17; Widmann/Mayer/Fuhrmann Rn. 76; Schindhelm/Pickhardt-Poremba/Hilling DStR 2003, 1473; aA Böwing-Schmalenbrock FR 2012, 121).

II. Einbringung

1. Einbringung als steuerlicher Begriff

Die stl. Rechtsfolgen von § 24 treten ein, wenn und soweit ein **Betrieb, Teil-** **32** **trieb oder ein Mitunternehmeranteil auf eigene Rechnung** (BFH BStBl. II

1995, 599; Haritz/Menner/Bilitewski/Bär/Merkle Rn. 23) **in eine PersGes** eingebracht und der Einbringende MU der Gesellschaft wird bzw. seine Mitunternehmerstellung erweitert wird (BMF 25.3.1998, BStBl. I 1998, 268 Rn. 24.02; BFH BStBl. II 1999, 604; FG Hamburg DStR 2004, 1290; Haritz/Menner/Schlößer/ Schley Rn. 14). Zur Einbringung in eine PersGes, bei der nur der Einbringende MU ist → Rn. 116.

33 Wird ein Betrieb, Teilbetrieb oder Mitunternehmeranteil gegen Gewährung von Gesellschaftsrechten in eine PersGes eingebracht, so liegt aus der Sicht des Einbringenden ein tauschähnlicher Veräußerungsvorgang und aus der Sicht des übernehmenden Rechtsträgers ein Anschaffungsgeschäft vor (→ Rn. 1). Bei der **Einbringung in eine PersGes gem. Abs. 1** müssen die übertragenen WG nach der Einbringung in das mitunternehmerische BV der aufnehmenden PersGes gelangen. Das kann zum einen dadurch geschehen, dass die Vermögensgegenstände zivilrechtlich oder wirtschaftlich in das gesamthänderisch gebundene Vermögen der Gesellschaft übertragen werden. Zum BV einer Mitunternehmerschaft gehört jedoch nicht nur deren Gesamthandsvermögen (vgl. → Rn. 1), sondern vielmehr auch die WG, die im Eigentum eines MU stehen und SBV bei der Mitunternehmerschaft darstellen (vgl. Schmidt/Wacker EStG § 15 Rn. 480 mwN). Auch WG, an denen der Einbringende nicht das zivilrechtliche, sondern nur das wirtschaftliche Eigentum hat, sind Teil des BV und können/müssen nach § 24 eingebracht werden (BFH/NV 2015, 1409; Rödder/Herlinghaus/van Lishaut/Rasche Rn. 80). Nach dem bisherigen Verständnis liegen die Voraussetzungen einer Einbringung iSd § 24 auch dann vor, wenn die WG des Betriebs, Teilbetriebs oder Mitunternehmeranteils teilweise in das Gesellschaftsvermögen in Form des Gesamthandsvermögens und teilweise in das **SBV** der aufnehmenden PersGes überführt werden (BFH BStBl. II 1994, 458; Widmann/Mayer/Fuhrmann Rn. 244; Haritz/Menner/Bilitewski/Bär/Merkle Rn. 15; HK-UmwStG/Trautmann Rn. 18; NK-UmwR/Knorr Rn. 8). Ein Betrieb ist danach in eine PersGes auch dann eingebracht, wenn neben der Übertragung von WG in das Gesamthandsvermögen gegen Gewährung von Gesellschaftsrechten wesentliche Betriebsgrundlagen, welche im Alleineigentum eines MU verbleiben, der Gesellschaft zur Nutzung überlassen werden. Auch in diesem Fall sind die im Alleineigentum eines Gesellschafters verbleibenden WG BV der Ges, und zwar in Form von SBV (BFH BStBl. II 1994, 458).

34 Str. ist, ob nach der **Neufassung des UmwStG** daran festgehalten werden kann, dass sowohl die Übertragung von WG des Einbringenden in das Gesamthandsvermögen (vgl. → Rn. 1) der Mitunternehmerschaft als auch die **Überführung in das SBV** der Mitunternehmerschaft bzw. die Übertragung des **wirtschaftlichen Eigentums** eine „Einbringung" iSd § 24 darstellt (vgl. auch FG Berlin-Brandenburg EFG 2014, 1928 zu § 15: Bei Umw iSd UmwG ist die Übertragung des zivilrechtlichen Eigentums erforderlich). Der sachliche Anwendungsbereich des § 24 wird durch § 1 III festgelegt, der Begriff der Einbringung wird insoweit erstmalig im UmwStG erläutert. Neben den Umw iSd UmwG bzw. vergleichbarer ausl. Vorgänge gilt der Siebte Teil des UmwStG nach § 1 III Nr. 4 nur für Einbringungen von BV „durch Einzelrechtsnachfolge" in eine PersGes. Daraus wird teilweise geschlossen, dass eine zivilrechtliche Übertragung der WG in das Gesamthandsvermögen des übernehmenden Rechtsträgers für die Anwendung des § 24 notwendig sei (Dötsch/Pung/Möhlenbrock/Patt Rn. 13 ff.). Danach wäre sowohl die Übertragung des wirtschaftlichen Eigentums als auch die Überführung wesentlicher WG in das SBV von § 24 nicht umfasst. Diese Auffassung kann im Ergebnis nicht überzeugen (BMF 11.11.2011, BStBl. I 2011, 1314 Rn. 01.43; BFH/NV 2015, 1409; Widmann/Mayer/Fuhrmann Rn. 290; Lademann/Jäschke Rn. 15; Rödder/Herlinghaus/van Lishaut/Rasche Rn. 80; Brandis/Heuermann/Nitzschke Rn. 40; BeckOK UmwStG/Claß/Weggenmann Rn. 493; Herlinghaus FR 2007, 286; PWC, Reform des UmwStR/Kellersmann, 2007, Rn. 1768; Förster/Wendland DB

2007, 631; Schönherr/Lemaitre GmbHR 2007, 459). Richtig ist zwar, dass § 1 III Nr. 4 auf eine Einzelrechtsnachfolge abstellt. Der Begriff dient jedoch ausschließlich dazu, solche Vorgänge zu beschreiben, die nicht von § 1 III Nr. 1–3 erfasst sind, dh keine Gesamtrechtsnachfolge, partielle Gesamtrechtsnachfolge oder einen Formwechsel darstellen, sondern durch Einzelrechtsnachfolge verwirklicht werden. Auch spricht § 27 I 2 dafür, dass die Übertragung des wirtschaftlichen Eigentums an den eingebrachten WG die Voraussetzungen des Abs. 1 erfüllt. Wenn der Gesetzgeber das neue UmwStG angewendet wissen will, „wenn das wirtschaftliche Eigentum an den eingebrachten WG nach dem 12.12.2006 übergegangen ist", so will er offensichtlich weiterhin für die Einbringungsfälle auf die Übertragung des wirtschaftlichen Eigentums abstellen (BeckOK UmwStG/Claß/Weggenmann Rn. 494). Die Zielsetzung des UmwStG, nämlich betriebswirtschaftlich sinnvolle Umstrukturierungen nicht aufgrund stl. Vorgaben zu behindern bzw. auszuschließen, spricht dafür, § 24 auch auf die Fälle anzuwenden, wenn wesentliche Betriebsgrundlagen **auch** in das SBV des übernehmenden Rechtsträgers überführt werden (→ Rn. 25). Würde man anders entscheiden, so wäre es bspw. bei der Aufnahme eines neuen Mitunternehmers gegen Einlage von Vermögenswerten notwendig, dass die bisherigen MU ihr SBV im zeitlichen und sachlichen Zusammenhang mit der Aufnahme des neuen Gesellschafters in das Gesamthandsvermögen übertragen (→ Rn. 19). Nach alledem lässt sich festhalten, dass die Voraussetzungen einer Einbringung iSd § 24 auch dann vorliegen, wenn die WG des Betriebs, Teilbetriebs oder Mitunternehmeranteils zivilrechtlich oder wirtschaftlich teilweise in das Gesellschaftsvermögen in Form des Gesamthandsvermögens und teilweise in das SBV des übernehmenden Rechtsträgers überführt werden.

Die **VuV** eines Betriebs, Teilbetriebs durch den „Einbringenden" an eine Mitunternehmerschaft, ohne dass es zu einer zivilrechtlichen oder wirtschaftlichen Übertragung von WG in das Gesamthandsvermögen kommt (vgl. → Rn. 1) der PersGes kommt, stellt keine Einbringung iSd § 24 dar, selbst wenn dadurch sämtliche WG des Betriebs, Teilbetriebs SBV der Mitunternehmerschaft werden (vgl. → Rn. 25). Es fehlt an einem Veräußerungsakt. Durch die Einbringung müssen Gesellschaftsrechte erworben oder erweitert werden, der Zutritt zu einer Gesellschaft ohne Erwerb einer vermögensmäßigen gesellschaftsrechtlichen Beteiligung genügt nicht (BMF 11.11.2011, BStBl. I 2011, 1314 Rn. 01.47; BFH BStBl. II 2016, 593; Rödder/Herlinghaus/van Lishaut/Rasche Rn. 83; Dötsch/Pung/Möhlenbrock/Patt Rn. 44; FG Düsseldorf EFG 2003, 1181; Widmann/Mayer/Fuhrmann Rn. 86; vgl. auch BFH BStBl. II 2008, 265). Zur Einbringung ohne Sacheinlage vgl. BFH/NV 2008, 296; BStBl. II 2006, 847; BFH/NV 2000, 34; Märkle DStR 2000, 797. 35

Die **Einbringung ist vollzogen,** wenn die Sacheinlage tatsächlich übergegangen ist, wenn also das wirtschaftliche Eigentum (→ Rn. 34) in das Gesamthandsvermögen (vgl. → Rn. 1) der aufnehmenden PersGes oder in das SBV des Einbringenden übergegangen ist (BMF 11.11.2011, BStBl. I 2011, 1314 Rn. 24.05 iVm Rn. 20.13). Erfolgt die Einbringung in eine PersGes im Wege der Gesamtrechtsnachfolge oder der Sonderrechtsnachfolge, gilt gem. Abs. 4 die Vorschrift des § 20 V und VI entsprechend; der Einbringungsvorgang kann zurückbezogen werden. Stellt die Einbringung sich als Kombination von Gesamtrechtsnachfolge und Einzelrechtsnachfolge dar, so nimmt auch die Einzelrechtsnachfolge an der Rückbeziehung teil (Dötsch/Pung/Möhlenbrock/Patt Rn. 165; BMF 11.11.2011, BStBl. I 2011, 1314 Rn. 24.06; Patt/Rasche FR 1996, 365). Die Folge der **rückwirkenden Einbringung** besteht darin, dass zum Zeitpunkt des gewählten stl. Übertragungsstichtages das eingebrachte Vermögen als zu diesem Zeitpunkt auf die übernehmende PersGes übergegangen gilt. Die eingebrachten Sacheinlagegegenstände unterliegen ab diesem (rückbezogenen) Übertragungsstichtag der Besteuerung bei der aufnehmenden PersGes, und zwar selbst dann, wenn die PersGes zum Übertragungsstichtag zivilrechtlich noch gar nicht existent war (Dötsch/Pung/Möhlenbrock/Patt Rn. 173; vgl. ausf. 36

zu den sich daraus ergebenden Konsequenzen Patt/Rasche FR 1996, 365). Erfolgt die Einbringung im Wege der Einzelrechtsnachfolge, so wird von Seiten der FVerw auch im Wege der Billigkeit eine analoge Anwendung der Rückbeziehungsvorschrift des UmwStG abgelehnt (BMF 11.11.2011, BStBl. I 2011, 1314 Rn. 24.06). Es bleibt bei den engen Grenzen der „Rückwirkung", die aus dem Bereich des § 16 EStG (bis zu sechs Wochen) bekannt ist (vgl. BFH/NV 2002, 1083; Dötsch/Pung/Möhlenbrock/Patt Rn. 160; Haritz/Menner/Bilitewski/Bär/Merkle Rn. 93).

2. Einbringung aus dem Betriebsvermögen

37 § 24 betrifft nur die Übertragung eines Betriebs, Teilbetriebs bzw. eines 100%igen Kapitalgesellschaftsanteils (str., → Rn. 71 ff.) im BV oder eines Mitunternehmeranteils zumindest auch in das Gesamthandsvermögen (vgl. → Rn. 1) einer PersGes gegen Gewährung oder Erweiterung von Gesellschaftsrechten. § 24 findet nur Anwendung, wenn WG des BV in das BV einer PersGes übertragen bzw. überführt werden. Es kann sich um **luf, gewerbliches oder freiberufliches BV** handeln (Dötsch/Pung/Möhlenbrock/Patt Rn. 89; Haritz/Menner/Bilitewski/Bär/Merkle Rn. 26; Strahl Ubg 2011, 433).

38 Bei der **Einbringung von WG aus dem PV in das BV** findet § 24 keine Anwendung (BFH BStBl. II 2011, 617; BMF 11.7.2011, BStBl. I 2011, 713; Haritz/Menner/Bilitewski/Bär/Merkle Rn. 20; Dötsch/Pung/Möhlenbrock/Patt Rn. 88). Werden einzelne WG des PV in das BV einer PersGes gegen Gewährung von Gesellschaftsrechten eingebracht (vgl. dazu BFH BStBl. II 2016, 593), liegt ein tauschähnlicher Vorgang vor, der beim übertragenden Rechtsträger zu einem stpfl. Veräußerungsgeschäft führt, sofern steuerverstricktes PV vorliegt. Die übernehmende PersGes tätigt ein Anschaffungsgeschäft (BFH BStBl. II 2002, 506; Haritz/Menner/Bilitewski/Bär/Merkle Rn. 20; Dötsch/Pung/Möhlenbrock/Patt Rn. 56; BMF 29.3.2000, BStBl. I 2000, 462; Schmidt/Kulosa EStG § 6 Rn. 552; aA Reiß DB 2005, 358; Gruge DB 2003, 1403). Der Gewinn oder Verlust ist stpfl., soweit die Tatbestände der §§ 17, 20 II EStG, § 23 EStG oder des § 21 aF erfüllt sind. Die Entgeltlichkeit der Sacheinlage wird damit begründet, dass jeder offenen Sacheinlage eine Vereinbarung über den Gegenstand der Sacheinlage und die Höhe der in Geld ausgedrückten Einlageschuld zugrunde liegt, auf die der Gesellschafter die Sacheinlage leistet. Die Gesellschaft verrechnet die Sacheinlage mit dem angemessenen Wert gegen ihre Einlageforderung. Mit der Einbringung der Sacheinlage sei die Einlageverpflichtung des Gesellschafters erfüllt. Als Entgelt für die Sacheinlage ist damit der Einbringende von einer Verbindlichkeit, nämlich der Erbringung der Einlageverpflichtung, befreit worden (BFH BStBl. II 2000, 230; BMF 29.3.2000, DStR 2000, 820; aA Daragan DStR 2000, 573; Schulze zur Wiesche FR 1999, 519; Reiß DB 2005, 358). Geht man mit dem BFH richtigerweise davon aus, dass die Einbringung von PV in betriebliches Gesamthandsvermögen (vgl. → Rn. 1) gegen Gewährung von Gesellschaftsrechten als tauschähnlicher Vorgang zu qualifizieren ist, so kommt es zwingend zu einer Realisierung der stillen Reserven (BFH BStBl. II 2011, 617; BMF 11.7.2011, BStBl. I 2011, 713; FG Münster EFG 2005, 1189; Schmidt/Kulosa EStG § 6 Rn. 552; vgl. auch NdsFG EFG 2006, 1239; aA Reiß DB 2005, 358). Die Vorschrift des § 6 V 3 EStG findet auf die Übertragung von Einzelwirtschaftsgütern aus dem PV keine Anwendung (BMF 8.12.2011, BStBl. I 2011, 1279 Rn. 13). Als Gestaltungsmöglichkeit bietet es sich an, das WG zunächst in das SBV des Gesellschafters einzulegen und dann nach Maßgabe des § 6 V 3 Nr. 2 EStG in das Gesamthandsvermögen zu übertragen; bei Grundstücken ist § 23 I 5 Nr. 1 EStG zu beachten.

39 Folgt man der Auffassung des BFH, müssen im Hinblick auf §§ 17, 20 II EStG, § 23 EStG und § 21 aF Einbringungsvorgänge von Vermögensgegenständen des PV in das BV einer PersGes unterschieden werden:

a) Erfolgt eine Einlage eines WG des PV in das betriebliche Gesamthandsvermögen 40
(vgl. → Rn. 1) einer PersGes gegen Gewährung von Gesellschaftsrechten bzw.
gegen Einräumung einer Mitunternehmerstellung, so liegt ein tauschähnlicher
Vorgang vor, der beim einbringenden Gesellschafter zu einer entgeltlichen Veräußerung iSv §§ 17, 20 II EStG, § 23 EStG bzw. § 21 aF und bei der übernehmenden Gesellschaft zu einem Anschaffungsgeschäft führt (BFH BStBl. II 2011, 617; BMF 11.7.2011, BStBl. I 2011, 713; Dötsch/Pung/Möhlenbrock/Patt Rn. 56; BMF 29.3.2000, DStR 2000, 820; Schmidt/Kulosa EStG § 6 Rn. 598 f.; aA Reiß DB 2005, 358). Dabei ist eine Gewährung von Gesellschaftsrechten anzunehmen, wenn die durch die Übertragung eingetretene Erhöhung des Gesellschaftsvermögens dem Kapitalkonto des einbringenden Gesellschafters gutgeschrieben wird, das für die Gewinnverteilung, die Auseinandersetzungsansprüche sowie Entnahmerechte maßgebend ist (BFH BStBl. II 2016, 593). Die bloße Gewährung von Stimmrechten stellt allein keine Gegenleistung im Sinne eines Entgelts dar, da Stimmrechte allein keine vermögensmäßige Beteiligung an der PersGes vermitteln (BMF 11.7.2011 BStBl. I 2011, 713).
b) Werden WG des PV **in das SBV** einer PersGes eingelegt, so liegt darin keine 41
Veräußerung, weil die Beteiligung nicht auf einen anderen Rechtsträger übergeht. In diesen **Fällen** liegt vielmehr eine Einlage iSd § 6 I 5 EStG vor (Dötsch/Pung/Möhlenbrock/Patt Rn. 57).
c) Soweit dem Einbringenden **keine Gesellschaftsrechte** und auch **keine sons-** 42
tige Gegenleistung (einschl. Begründung einer Darlehensforderung bei Buchung auf dem Darlehenskonto) gewährt werden, liegt mangels Gegenleistung eine verdeckte Einlage vor. Sie ist nach § 4 IV 5 EStG iVm § 6 I Nr. 5 EStG zu bewerten, auch wenn sie in der StB der Gesellschaft dem gesamthänderisch gebundenen Rücklagekonto oder einem sonstigen Kapitalkonto, falls dieses keine Gesellschaftsrechte vermittelt (BFH BStBl. II 2016, 593), gutgeschrieben wird oder – was handelsrechtlich zulässig ist – als Ertrag gebucht wird (vgl. BMF 11.7.2011, BStBl. I 2011, 713; Schmidt/Kulosa EStG § 6 Rn. 600; vgl. auch Lademann/Jäschke Rn. 26a; Dötsch/Pung/Möhlenbrock/Patt Rn. 57; Mutscher DStR 2009, 1625; aA Wendt FR 2008, 915).
d) Zur Einbringung **einzelner WG** aus einem BV in ein gewerbliches BV einer PersGes 43
vgl. § 6 V EStG sowie → Rn. 82 ff. Wird jedoch eine **100%ige Beteiligung an einer KapGes** aus einem BV in eine gewerbliche PersGes gegen Gewährung von Gesellschaftsrechten eingebracht, so liegt ein Fall des § 24 vor, da die 100%ige Beteiligung an einer KapGes gem. § 16 I 1 EStG als Teilbetrieb gilt (str., → Rn. 75; aA BFH DStR 2008, 2001 zum UmwStG 1995). Dies gilt selbst dann, wenn die 100%ige Beteiligung an einer KapGes beim Einbringenden eine wesentliche Betriebsgrundlage eines nicht mitübertragenen Betriebs oder Teilbetriebs darstellt (str., → Rn. 75).
e) Werden Einzelwirtschaftsgüter aus dem PV in eine **vermögensverwaltende** 44
PersGes (PersGes hat kein BV) eingebracht, so gilt die Bruchteilsbetrachtung (BFH BStBl. II 2005, 324; BStBl. II 2004, 987); die WG der Gesamthand sind den Gesellschaftern anteilig zuzurechnen (§ 39 II Nr. 2 AO). Die Übertragung von WG, die einem Mitberechtigten allein gehören, auf die vermögensverwaltende PersGes ist nur insoweit keine Veräußerung, soweit dem übertragenden Gesellschafter die WG nach der Übertragung gem. § 39 II Nr. 2 AO zuzurechnen sind (Schmidt/Weber-Grellet EStG § 17 Rn. 44; vgl. auch BFH DStR 2008, 1131).

3. Einbringung durch Einzelrechtsübertragung

Die Einbringung nach § 24 kann durch Einzelrechtsübertragung erfolgen. Hierbei 45
sind für die Eigentumsübertragung die zivilrechtlichen Vorschriften zu beachten,

sofern nicht nur wirtschaftliches Eigentum der PersGes begründet wird; die Übertragung des wirtschaftlichen Eigentums ist für die Einbringung iSd § 24 ausreichend (str., → Rn. 34). Wird eine Sachgesamtheit in Form eines Betriebs oder Teilbetriebs im Wege der Einzelrechtsübertragung in die PersGes eingebracht, so müssen die verschiedenen Vermögensgegenstände in einem einheitlichen Vorgang übertragen werden (Dötsch/Pung/Möhlenbrock/Patt Rn. 103; BeckOK UmwStG/Claß/Weggenmann Rn. 256; Brandis/Heuermann/Nitzschke Rn. 27). Es muss ein zeitlicher und sachlicher Zusammenhang bestehen (Brandis/Heuermann/Nitzschke Rn. 27).

46 Eine Einbringung durch Einzelrechtsnachfolge iSd § 24 liegt auch dann insgesamt vor, wenn WG teilweise in das Gesamthandsvermögen (vgl. → Rn. 1) der übernehmenden PersGes gegen Gewährung von Gesellschaftsrechten übertragen werden, Teile in das SBV der übernehmenden PersGes überführt werden (str., → Rn. 34). Die Einbringung der Sachgesamtheit in eine PersGes kann auch durch kombinierte Gesamt- und Einzelrechtsnachfolge erfolgen (BMF 11.11.2011, BStBl. I 2011, 1314 Rn. 24.06; Dötsch/Pung/Möhlenbrock/Patt Rn. 165; Haritz/Menner/Bilitewski/Bär/Merkle Rn. 96, Lademann/Jäschke Rn. 13; Patt/Rasche FR 1996, 365). Im Falle Einbringung durch kombinierte Gesamt- und Einzelrechtsnachfolge erfolgt die Rückbeziehung auch für die WG, die im Wege der Einzelrechtsnachfolge übertragen wurden (Dötsch/Pung/Möhlenbrock/Patt Rn. 165; BMF 11.11.2011, BStBl. I 2011, 1314 Rn. 24.06).

4. Einbringung durch Gesamt-/Sonderrechtsnachfolge

47 Die Einbringung eines Betriebs, Teilbetriebs oder Mitunternehmeranteils kann im Wege der handelsrechtlichen Gesamtrechts- bzw. Sonderrechtsnachfolge nach dem UmwG durch Verschm, Spaltung oder durch vergleichbare ausl. Vorgänge erfolgen (§ 1 III Nr. 1 und 2). Nach Auffassung des FG Berlin-Brandenburg (EFG 2014, 1928) muss bei der Umw iSd UmwG das zivilrechtliche Eigentum übertragen werden. Folgende Umw werden dabei erfasst:
- die Verschm von eGbR (ab dem 1.1.2024: BGBl. I 2023 Nr. 411 Art. 34 VIII, 36 III), PhG oder PartGes auf eine eGbR, PhG oder PartGes (§ 3 I Nr. 1 UmwG),
- die Spaltung von eGbR (ab dem 1.1.2024), PhG oder PartGes in der Form der Aufspaltung (§ 123 I UmwG), Abspaltung (§ 123 II UmwG) und Ausgliederung (§ 123 III UmwG) auf eine eGbR, PhG oder PartGes (§ 3 I Nr. 1 UmwG, §§ 125, 135 UmwG),
- andere Ausgliederungstatbestände (§ 123 III UmwG), wenn der übernehmende Rechtsträger eine eGbR (ab dem 1.1.2024), PhG oder PartGes ist. Zu vergleichbaren ausl. Vorgängen → § 1 Rn. 82 iVm → Rn. 31 ff.

48 Bei der **Aufspaltung** überträgt die PersGes zivilrechtlich ihr gesamtes Vermögen auf zwei oder mehrere andere PersGes, wobei die übertragende PersGes untergeht. Demgegenüber bleibt bei der **Abspaltung** die übertragende PersGes bestehen, sie überträgt nur einen Teil ihres Vermögens auf eine oder mehrere diesen Teil des Vermögens übernehmende andere PersGes. Zum alten UmwStG war nicht abschließend geklärt, ob bei der Auf- oder Abspaltung eine PersGes mit BV die Vorschriften des § 24 oder aber die Grundsätze der Realteilung nach § 16 III 2 EStG zur Anwendung kommen (vgl. BT-Drs. 12/6885, 25). Nach § 1 III Nr. 1 wird die Auf- und Abspaltung einer eGbR, PhG oder einer PartGes auf eine andere eGbR, PhG oder eine andere PartGes thematisch durch § 24 erfasst (BMF 11.11.2011, BStBl. I 2011, 1314 Rn. 01.47; Lademann/Jäschke Rn. 14; Widmann/Mayer/Fuhrmann Rn. 101; Haritz/Menner/Bilitewski/Bär/Merkle Rn. 12; Brandis/Heuermann/Nitzschke Rn. 33, 47).

49 Die Rspr. des BFH (BStBl. II 2019, 24; BStBl. II 2017, 37) ebenso wie die FVerw (BMF 19.12.2018, BStBl. I 2019, 6) unterscheiden zwischen der „echten" und der "unechten" Realteilung. Bei der echten Realteilung wird die Mitunternehmerschaft aufgelöst, es liegt im Grundsatz eine Betriebsaufgabe vor. Bei der unechten Realteilung scheidet ein MU unter Mitnahme von mitunternehmerischem Vermögen aus der fortbestehenden Mitunternehmerschaft aus, er gibt damit seinen Mitunternehmeranteil auf.

§ 1 III bestimmt ua, dass der Siebte Teil des UmwStG auch für Auf- und Abspaltung iSd UmwG von eGbR (ab dem 1.1.2024; → Rn. 47), PhG, PartGes oder vergleichbaren ausl. Vorgängen gilt. Damit ist § 24 in diesen Fällen im Grundsatz anwendbar und verdrängt unter den entsprechenden Voraussetzungen § 16 EStG (Brandis/Heuermann/Nitzschke Rn. 33, 47; Widmann/Mayer/Fuhrmann Rn. 212; Haritz/Menner/Bilitewski/Bär/Merkle Rn. 12; aA Dötsch/Pung/Möhlenbrock/Patt Rn. 82, vgl. auch BFH BStBl. II 2017, 766). § 24 kommt damit insbes. zur Anwendung, wenn eine Sachgesamtheit iSd Vorschrift von einer PersGes auf eine SchwesterPersGes abgespalten wird. Teilw. wird jedoch die Meinung vertreten, dies gelte nicht für nicht verhältniswahrende Spaltungen (→ UmwG § 128 Rn. 4 ff.), es fehle insoweit an einer notwendigen synallagmatischen Verknüpfung einer Leistung (eingebrachtes BV) mit einer Gegenleistung (Einräumung einer Mitunternehmerposition). Dem muss entgegengehalten werden, dass das UmwG auch Regelungen zu nicht verhältniswahrender Spaltung beinhaltet und § 1 III Nr. 1 uneingeschränkt auf die Regelungen des UmwG Bezug nimmt. Eine Einschränkung dahingehend, dass § 24 für **nicht verhältniswahrende Spaltungen** nicht gelten soll, ist nicht erkennbar (Widmann/Mayer/Fuhrmann Rn. 101; Lademann/Jäschke Rn. 14; Brandis/Heuermann/Nitzschke Rn. 47). Auch fehlt es im Ergebnis nicht an der synallagmatischen Verknüpfung zwischen dem eingebrachten BV und der (Verstärkung) einer Mitunternehmerstellung. Wird zB bei einer Mitunternehmerschaft, die vier MU hat und zwei Teilbetriebe besitzt, ein Teilbetrieb in der Form abgespalten, dass zwei Gesellschafter des übertragenden Rechtsträgers aus diesem ausscheiden und den übertragenen Teilbetrieb in einer neuen Mitunternehmerschaft übernehmen (Abspaltung zur Neugründung), wird den ausscheidenden Gesellschaftern eine neue Mitunternehmerstellung am übernehmenden Rechtsträger gewährt. Die Voraussetzungen einer Einbringung gegen Gewährung oder Verstärkung einer Mitunternehmerstellung können damit vorliegen. Die stl. Buchwertfortführung erfolgt entweder durch die Anpassung der Kapitalkonten an die übernommenen BW oder durch das Heranziehen von Ergänzungsbilanzen.

Die Steuerneutralität des Auf- bzw. Abspaltungsvorgang einer PersGes auf eine andere PersGes nach § 123 I UmwG richtet sich damit nach § 24 (BMF 11.11.2011, BStBl. I 2011, 1314 Rn. 01.47; FG Münster EFG 2013, 338; Widmann/Mayer/Fuhrmann Rn. 101 f.; Lademann/Jäschke Rn. 14; aA Dötsch/Pung/Möhlenbrock/Patt Rn. 82). Es besteht unter den Voraussetzungen des Abs. 2 Antragswahlrecht, die Behaltensfrist des § 16 III 3 EStG sowie die KSt-Klausel des § 16 III 4 EStG sind ohne Relevanz (Widmann/Mayer/Fuhrmann Rn. 101). Der Spaltungsvorgang kann in entsprechender Anwendung des § 24 IV stl. bis zu acht Monaten auf Antrag hin zurückgezogen werden. Zur Verlängerung dieses Zeitraums von acht auf zwölf Monate durch das Corona-Steuerhilfegesetz vgl. → § 20 Rn. 239, → § 27 Rn. 40.

Wird eine PersGes auf- bzw. abgespalten und liegen die Voraussetzungen des § 24 nicht vor, weil bspw. das übergehende BV keinen Teilbetrieb darstellt oder am übernehmenden Rechtsträger keine Mitunternehmensstellung gewährt oder bestärkt wird (vgl. dazu Lademann/Jäschke Rn. 14 zur Upstream-Abspaltung), findet § 24 keine Anwendung (FG Münster EFG 2013, 338), sodass sich die Steuerneutralität aus den allg. Vorschriften des § 6 V 3 EStG, § 16 III 2 EStG ergeben kann (Widmann/Mayer/Fuhrmann Rn. 101; Winkemann BB 2004, 130; Brandis/Heuermann/Stuhrmann EStG § 16 Rn. 270; Lutter/Schaumburg/Schumacher UmwG Anh. § 151 Rn. 105).

53 Die Einbringung der Sacheinlage in einer PersGes kann auch durch **kombinierte Gesamt- und Einzelrechtsnachfolge** erfolgen (→ Rn. 46). Wird in diesen Fällen der Antrag auf Rückbeziehung gestellt, so umfasst die Rückbeziehung den gesamten Einbringungsvorgang, also auch den Teil der Sacheinlage, der im Wege der Einzelrechtsnachfolge erfolgte (Dötsch/Pung/Möhlenbrock/Patt Rn. 165; Lademann/Jäschke Rn. 42; BMF 11.11.2011, BStBl. I 2011, 1314 Rn. 24.06).

Beispiel:

54 Die PersGes A wird im Wege der Gesamtrechtsnachfolge auf die PersGes B verschmolzen. Ein Gesellschafter der PersGes A hat dieser ein Grundstück (wesentliche Betriebsgrundlage), welches in seinem Alleineigentum steht, zur Nutzung überlassen. Nach der Verschm wird dieses Grundstück an die PersGes B zur dauernden Nutzung vermietet. Hier erfolgt die Einbringung sowohl durch Gesamtrechtsnachfolge (Verschm) als auch durch die Nutzungsüberlassung des Grundstücks.

5. Einbringung durch Anwachsung

55 Scheidet ein Gesellschafter aus einer PersGes aus, wächst sein Anteil am Gesellschaftsvermögen bei den übrigen Gesellschaftern an; der Ausscheidende erhält dafür von den verbleibenden Gesellschaftern die vertraglich bestimmte Abfindung. Die im Gesellschaftsanteil verkörperten Vermögenswerte gehen unmittelbar auf die verbleibenden Gesellschafter über, Einzelrechtsübertragungen sind rechtlich nicht möglich. Gleichwohl handelt es sich nicht um eine (echte) Gesamtrechtsnachfolge; der Vermögensübergang ist lediglich Ausfluss des Gesamthandsprinzips (**Anwachsung, § 738 I 1 BGB**). In den Fällen der **einfachen Anwachsung** scheidet der Gesellschafter aus, § 24 ist damit nicht anwendbar (Widmann/Mayer/Fuhrmann Rn. 312; Lademann/Jäschke Rn. 16; Schmidt/Wacker EStG § 16 Rn. 505).

56 Von einer **erweiterten Anwachsung** spricht man, wenn sämtliche Gesellschafter einer PersGes 1 ihre Mitunternehmeranteile in die übernehmende PersGes 2 gegen Gewährung von Mitunternehmeranteilen an dieser Gesellschaft einbringen und das Gesellschaftsvermögen der PersGes 1 der übernehmenden PersGes 2 anwächst. Nach herrschender Auffassung (BMF 11.11.2011, BStBl. I 2011, 1314 Rn. 01.44; Widmann/Mayer/Fuhrmann Rn. 313; Frotscher/Drüen/Mutscher Rn. 58; Lademann/Jäschke Rn. 16; Brandis/Heuermann/Nitzschke Rn. 31; Schmidt/Wacker EStG § 16 Rn. 505) fällt die erweiterte Anwachsung thematisch in den Regelungsbereich des § 24. Daran hat sich durch die Neufassung des UmwStG durch das SEStEG nichts geändert. Die teilweise in der Lit. vertretene Auffassung (Dötsch/Pung/Möhlenbrock/Patt Rn. 15), die erweiterte Anwachsung falle begrifflich nicht unter die „Verschm" oder „Spaltung" iSd UmwG und sei keine Einzelrechtsübertragung und könne damit wegen des abschließend Charakters des § 1 III Nr. 4 nicht durch § 24 erfasst sein, kann nicht überzeugen. Zunächst ist nicht erkennbar, dass der Gesetzgeber die bisher allgemein akzeptierte Meinung, auch die erweiterte Anwachsung falle unter § 24, aufgeben wollte. Das Gesetz spricht zwar in § 1 III Nr. 4 von „Einzelrechtsnachfolge", der Begriff dient jedoch offensichtlich nur der Abgrenzung zu den in der Vorschrift vorangegangenen Umw iSd UmwG bzw. vergleichbaren ausl. Vorgängen. Bei der erweiterten Anwachsung erfolgt zunächst die Übertragung des Mitunternehmeranteils auf den übernehmenden Rechtsträger gegen Gewährung bzw. Erhöhung der Mitunternehmerstellung beim übernehmenden Rechtsträger, was in den Regelungsbereich des § 24 fällt. Erst eine logische Sekunde danach kommt es zu einem Anwachsungsvorgang (vgl. dazu auch FG Köln EFG 2014, 1384). Wieso der Gesetzgeber sein bisheriges Verständnis aufgegeben haben soll, ist nicht ersichtlich. Soweit der übernehmende Rechtsträger bereits an der PersGes beteiligt war, deren Vermögen im Wege der Anwachsung auf ihn übergeht, sind in jedem Fall die BW fortzuführen, es fehlt an einem Anschaffungsvorgang (Widmann/

Mayer/Fuhrmann Rn. 314; Dötsch/Pung/Möhlenbrock/Patt Rn. 77; FG Köln EFG 2014, 1384: Realteilung; OFD Berlin 19.7.2002, DB 2002, 1966). Entgegen der Auffassung des FG Münster (EFG 1998, 1020) kommt es nicht darauf an, dass die PersGes 1 und PersGes 2 unterschiedliche Gesellschafter haben. Abs. 3 S. 3 macht deutlich, dass auch Einbringungen in den Regelungsbereich des § 24 fallen, soweit auf der Seite des Einbringenden und auf der Seite der übernehmenden PersGes die gleichen MU vorhanden sind (BFH BStBl. II 1994, 856; Bordewin/Brandt/Schulze zur Wiesche Rn. 14).

6. Einbringung bei Formwechsel

Der Rechtsformwechsel von einer PersGes in eine PersGes anderer Rechtsform (zB GbR in OHG oder OHG in KG) ist im UmwG weder geregelt noch regelungsbedürftig, ist steuerrechtlich irrelevant und deshalb auch im UmwStG nicht geregelt. Die formwechselnde Umw einer PersGes in eine PersGes anderer Rechtsform fällt mangels Vermögensübertragung nicht in den Regelungsbereich des § 24 (BMF 11.11.2011, BStBl. I 2011, 1314 Rn. 01.47; BFH BStBl. II 2008, 118; Dötsch/Pung/Möhlenbrock/Patt Rn. 73; Schmidt/Wacker EStG § 15 Rn. 174). Der Formwechsel stellt auch nicht eine Betriebsaufgabe oder die Aufgabe eines Mitunternehmeranteils dar (FG BaWü EFG 2022, 751; Schmidt/Wacker EStG § 15 Rn. 174). 57

III. Gegenstand der Einbringung

1. Betrieb

Abs. 1 erfasst die Einbringung eines **Betriebs** (→ § 20 Rn. 12 ff.) in eine PersGes gegen Einräumung bzw. Verstärkung einer Mitunternehmerstellung. Die FVerw (BMF 11.11.2011, BStBl. I 2011, 1314 Rn. 24.03 iVm Rn. 20.05) bestimmt, dass der Gegenstand der Einbringung sich nach dem zu Grunde liegenden Rechtsgeschäft richtet, und zwar unabhängig davon, wer Einbringender iSd § 24 ist (→ § 20 Rn. 19, → § 20 Rn. 176; Förster GmbHR 2012, 237; Schaflitz/Götz DB-Beil. 1/2012, 56; krit. FGS/BDI UmwStE/Hötzel/Kaeser, 2011, 323). Diese Sichtweise hat für die Umstrukturierung von PersGes als übertragendem Rechtsträger erhebliche Bedeutung. Gliedert bspw. eine gewerblich geprägte GmbH & Co. KG ihren Betrieb auf eine TochterPersGes aus, so ist Gegenstand der Einbringung der Betrieb. Wird im Zusammenhang mit der Ausgliederung eine funktional wesentliche Betriebsgrundlage des SBV nicht mit auf den übernehmenden Rechtsträger übertragen, kommt es zu einer Aufdeckung sämtlicher stiller Reserven im übertragenen Vermögen. Der Begriff Betrieb ist inhaltsgleich mit dem entsprechenden Begriff in § 20 (Dötsch/Pung/Möhlenbrock/Patt Rn. 89; Brandis/Heuermann/Nitzschke Rn. 47; Rödder/Herlinghaus/van Lishaut/Rasche Rn. 39), sodass auf die Erläuterung zu § 20 verwiesen werden kann (→ § 20 Rn. 12 ff.). **Betrieb** iSd EStG und damit auch iSd UmwStG ist eine mit Gewinnerzielungsabsicht unternommene, selbständige und nachhaltige Tätigkeit, die sich als Beteiligung am allg. wirtschaftlichen Verkehr darstellt (vgl. § 15 II EStG). Der Betriebsbegriff ist damit tätigkeitsorientiert definiert. Er hat jedoch auch einen Objektbezug (BeckOK UmwStG/Claß/Weggenmann Rn. 254). Gewerbliche, freiberufliche Einkünfte sowie Einkünfte aus LuF werden in aller Regel sowohl durch eine spezifische Tätigkeit des Unternehmers als auch mit Hilfe des Einsatzes von Kapital erwirtschaftet. Beides zusammen bildet die wirtschaftliche und stl. Grundlage der Einkommensentstehung. Diese Bikausalität der Einkommensentstehung ist der eigentliche Grund dafür, Wertveränderungen im BV bei der Ermittlung der Gewinneinkünfte zu berücksichtigen (vgl. BFH BStBl. II 1996, 527; Kirchhof/Söhn/Mellinghoff/Kirchhof EStG § 2 Rn. A 105 f.). Betrieb iSd § 24 ist nicht nur der **gewerbliche Betrieb,** sondern auch der **luf-** 58

Betrieb sowie ein freiberufliches Unternehmen (Dötsch/Pung/Möhlenbrock/Patt Rn. 89 iVm § 20 Rn. 25; Haritz/Menner/Bilitewski/Bär/Merkle Rn. 26; Widmann/Mayer/Fuhrmann Rn. 242; BeckOK UmwStG/Claß/Weggenmann Rn. 254; → § 20 Rn. 16). Auch ein erst **entstehender Betrieb,** der noch nicht werbend tätig ist, kann Betrieb iSv § 24 sein, wenn die wesentlichen Betriebsgrundlagen bereits vorhanden sind und bei zielgerichteter Weiterverfolgung des Aufbauplans ein selbstständig lebensfähiger Organismus zu erwarten ist (vgl. Dötsch/Pung/Möhlenbrock/Patt Rn. 89; Lademann/Jäschke Rn. 10; NK-UmwR/Knorr Rn. 11; HK-UmwStG/Trautmann Rn. 27; Widmann/Mayer/Fuhrmann Rn. 242; Haritz/Menner/Bilitewski/Bär/Merkle Rn. 27; BeckOK UmwStG/Claß/Weggenmann Rn. 255; aA wohl BMF 11.11.2011, BStBl. I 2011, 1314 Rn. 24.03 iVm Rn. 20.06, 15.03; vgl. auch FG Düsseldorf DStRE 2000, 1136, wonach nicht unbedingt alle wesentlichen Betriebsgrundlagen vorhanden sein müssen). Ein **auslaufender** oder ein **verpachteter** Betrieb kann (FG Münster EFG 2009, 1925; Widmann/Mayer/Fuhrmann Rn. 242; Lademann/Jäschke Rn. 10; Haase/Hofacker/Haase Rn. 20), solange die wesentlichen Betriebsgrundlagen noch vorhanden sind und der Betriebsinhaber den Willen zur Betriebsaufgabe noch nicht geäußert hat, nach § 24 steuerneutral eingebracht werden. Auch ein **ruhender Gewerbebetrieb** ist nach Auffassung des BFH (BFH/NV 2010, 1450; Widmann/Mayer/Fuhrmann Rn. 242; Haase/Hruschka/Haase Rn. 20; Lademann/Jäschke Rn. 10; Haritz/Menner/Bilitewski/Bär/Merkle Rn. 27) Betrieb iSv § 24; Gleiches gilt für das an sich vermögensverwaltende Besitzunternehmen im Rahmen einer Betriebsaufspaltung (BFH DStR 2018, 1014; BStBl. II 2001, 321; FG BW DStRE 2016, 1234; Lademann/Jäschke Rn. 10; Haase/Hofacker/Haase Rn. 20). Überträgt der Einbringende einen Betrieb, Teilbetrieb oder Mitunternehmeranteil gegen Gewährung einer Mitunternehmerstellung auf die übernehmende Mitunternehmerschaft und verpflichtet er sich gleichzeitig gegenüber der Mitunternehmerschaft zu **weiteren Leistungen,** so steht dies einer Einbringung iSd § 24 nicht entgegen, selbst wenn der Einbringende die zusätzliche Leistungsverpflichtung nicht unmittelbar erfüllt.

59 Der Betrieb muss im Ganzen eingebracht werden, was bedeutet, dass die **wesentlichen Grundlagen des Betriebs** in einem einheitlichen Vorgang in das mitunternehmerische BV der aufnehmenden PersGes übergehen (→ Rn. 45). Zum mitunternehmerischen BV gehört dabei nicht nur das Gesamthandsvermögen (vgl. → Rn. 1) der Mitunternehmerschaft, sondern auch das **SBV** (allgM BMF 11.11.2011, BStBl. I 2011, 1314 Rn. 24.03 iVm Rn. 20.06; Lademann/Jäschke Rn. 10). Der Begriff wesentliche Betriebsgrundlage ist normspezifisch auszulegen; ob ein WG im Rahmen des § 24 eine wesentliche Betriebsgrundlage darstellt, richtet sich ausschließlich nach der **funktionalen Betrachtungsweise** (BT-Drs. 16/2710, 69; BMF 11.11.2011, BStBl. I 2011, 1314 Rn. 24.03 iVm Rn. 20.06; Dötsch/Pung/Möhlenbrock/Patt Rn. 90; Widmann/Mayer/Fuhrmann Rn. 244; BeckOK UmwStG/Claß/Weggenmann Rn. 258; Eisgruber/Demuth Rn. 31; Lademann/Jäschke Rn. 10; aA Rödder/Herlinghaus/van Lishaut/Rasche Rn. 48; → § 20 Rn. 19 ff., 24). Die Voraussetzungen eines Betriebs müssen nach Auffassung der FVerw bereits zum **stl. Übertragungsstichtag** vorliegen (BMF 11.11.2011, BStBl. I 2011, 1314 Rn. 24.03 iVm Rn. 20.06, 15.03). Maßgeblicher Zeitpunkt für die Beurteilung, ob ein WG wesentliche Betriebsgrundlage darstellt, müsste folglich auch dieser stl. Übertragungsstichtag und nicht der Zeitpunkt der Fassung des Umwandlungsbeschlusses oder, wenn es eines solchen nicht bedarf, der Abschluss des Einbringungsvertrages sein. Zur Veräußerung funktional wesentlicher Betriebsgrundlagen im Rückwirkungszeitraum → § 20 Rn. 20. Die Auffassung der FVerw kann im Ergebnis nicht überzeugen; sofern eine Rückbeziehung der Einbringung in eine PersGes gem. Abs. 4 iVm § 20 V, VI vorgenommen wird, bezieht sich diese Rückbeziehung nur auf die Wirkung der Umw, nicht aber auf die Tatbestandsvoraussetzungen der Umw (→ § 20 Rn. 20, 31; aA Neumann GmbHR 2012, 141).

Die Anwendung des § 24 setzt voraus, dass bei der Einbringung eines Betriebs **60** sämtliche funktional wesentlichen Betriebsgrundlagen auf den übernehmenden Rechtsträger übertragen werden. Werden funktional wesentliche Betriebsgrundlagen im zeitlichen und wirtschaftlichen Zusammenhang mit der Einbringung in eine PersGes **in ein anderes Vermögen überführt**, so sind nach Auffassung der FVerw (BMF 11.11.2011, BStBl. I 2011, 1314 Rn. 24.03 iVm Rn. 20.07) die Anwendung des BFH-Urt. v. 11.12.2001 (BStBl. II 2004, 447) und v. 25.2.2010 (BStBl. II 2010, 726) zu beachten. Das bedeutet, wird in einem zeitlichen und sachlichen Zusammenhang mit der Einbringung eine funktional wesentliche Betriebsgrundlage noch vor der Einbringung auf einen anderen Rechtsträger übertragen, kommt es in dem eingebrachten Vermögen zu einer Aufdeckung von stillen Reserven. Nach Auffassung des BFH (BStBl. II 2010, 471) ist jedoch die Überführung einer wesentlichen Betriebsgrundlage in ein anderes BV anzuerkennen, sofern sie auf Dauer erfolgt und deshalb eine wirtschaftliche Folgen auslöst als die Einbringung des betreffenden WG in den Einbringungsvorgang; § 24 ist unter diesen Voraussetzungen anwendbar (vgl. dazu Widmann/Mayer/Fuhrmann Rn. 250; Brandis/Heuermann/Nitzschke Rn. 42; BeckOK UmwStG/Claß/Weggenmann Rn. 1596 ff.; Benz/Rosenberg DB-Beil. 1/2012, 38; Kaeser DStR-Beihefter zu Heft 2/2012, 13). Der X. Senat des BFH geht davon aus, dass die Anwendbarkeit des § 24 weder der Regelung des § 42 AO noch der **Rechtsfigur des Gesamtplans** entgegensteht, wenn vor der Einbringung eine wesentliche Betriebsgrundlage des einzubringenden Betriebs unter Aufdeckung der stillen Reserven veräußert wird und die Veräußerung auf Dauer angelegt ist (BFH/NV 2012, 902; weiter → § 20 Rn. 92).

2. Teilbetrieb

Nicht abschließend geklärt ist, ob auf Grund der Europäisierung des Umwand- **61** lungssteuergesetzes der **europäische Teilbetriebsbegriff** auch im Regelungsbereich des § 24 Anwendung findet. Der Teilbetriebsbegriff des Art. 2 lit. j Fusions-RL ist nach ganz hM auf die Fälle anzuwenden, die in den Anwendungsbereich der Fusions-RL fallen, also bei Einbringung, an denen Gesellschaften aus zwei oder mehreren EU-Staaten beteiligt sind (vgl. Desens DStR 2010 Beihefter zu Heft 46, 80; Widmann/Mayer/Fuhrmann Rn. 266 mwN). Der Anwendungsbereich der Fusions-RL ist im Rahmen des § 24 jedoch sehr begrenzt. Die Fusions-RL findet bspw. im Regelungsbereich des § 24 Anwendung, wenn „eine in Portugal gelegene passive Betriebsstätte durch eine deutsche Kapitalgesellschaft in eine portugiesische Personengesellschaft eingebracht wird, welche im Anhang zur Fusions-RL genannt ist" (Widmann/Mayer/Fuhrmann Rn. 266). Nicht abschließend geklärt ist, ob bei Einbringungen, die nicht in den Anwendungsbereich der Fusions-RL fallen, dh zB bei innerstaatlichen Einbringungen, der Teilbetriebsbegriff der Fusions-RL Anwendung findet (so BMF 11.11.2011, BStBl. I 2011, 1314 Rn. 24.03 iVm Rn. 20.06, 15.02; BeckOK UmwStG/Claß/Weggenmann Rn. 325; aA Haritz/Menner/Bilitewski/Bär/Merkle Rn. 29; Brandis/Heuermann/Nitzschke Rn. 38; Dötsch/Pung/Möhlenbrock/Patt Rn. 93; Widmann/Mayer/Fuhrmann Rn. 266; Rödder/Herlinghaus/van Lishaut/Rasche Rn. 58). Zu § 20 wird zudem die Auffassung vertreten, dass der nationale Teilbetriebsbegriff insoweit gelten soll, als er im Vergleich zum europäischen Teilbetriebsbegriff günstiger ist (Bienert StbJb 2011/2012, 153; Blumers BB 2011, 2204; aA Rasche GmbHR 2012, 149). Zu weiteren Einzelheiten des europäischen Teilbetriebsbegriffs → § 20 Rn. 79 ff.

Nach Auffassung der **FVerw** (BMF 11.11.2011, BStBl. I 2011, 1314 Rn. 24.03 **62** iVm Rn. 20.06, 15.2 f., 15.07–15.10; ebenso NK-UmwR/Knorr Rn. 14; BeckOK UmwStG/Claß/Weggenmann Rn. 325) entspricht der in § 24 verwendete Begriff des Teilbetriebs dem in der Fusions-RL. Teilbetrieb ist damit die Gesamtheit der in einem Unternehmensteil einer Gesellschaft vorhandenen aktiven und passiven WG, die in organisatorischer Hinsicht einen selbstständigen Betrieb, dh eine aus eigenen Mitteln funktionsfähige Einheit darstellen. Zu diesem Teilbetrieb gehören nach Auffassung der FVerw sowohl alle funktional wesentlichen Betriebsgrundlagen sowie die diesem Teilbetrieb nach wirtschaftlichen Zusammenhängen zuordenbaren WG. Die Voraussetzungen eines Teilbetriebs sind nach Auffassung der FVerw „nach Maßgabe der einschlägigen Rechtsprechung unter Zugrundelegung der funktionalen Betrachtungsweise aus der Perspektive des übertragenden Rechtsträgers zu beurteilen (EuGH 15.1.2002 – C-43/00, EuGHE I 379; BFH 7.4.2010 – I R 96/08, BStBl. II 2011, 467)". Der Hinweis auf das BFH-Urt. v. 7.4.2010 ist überraschend, da das Gericht in seiner Entscheidung ausschließlich auf die funktional wesentlichen Betriebsgrundlagen abstellt (ebenso Neumann GmbHR 2012, 141). Wann und unter welchen Voraussetzungen ein WG einem Teilbetrieb nach wirtschaftlichen Zusammenhängen zuordenbar ist, wird von der FVerw nicht näher erläutert. Die Zuordnung nicht wesentlicher Betriebsgrundlagen dürfte aber nach wirtschaftlichen Gesichtspunkten unter Berücksichtigung der funktionalen Betrachtungsweise erfolgen (zu weiteren Einzelheiten → § 20 Rn. 88 f.). Die FVerw geht des Weiteren davon aus, dass der **Teilbetrieb im Aufbau** kein Teilbetrieb iSd § 24 darstellt (BMF 11.11.2011, BStBl. I 2011, 1314 Rn. 24.03 iVm Rn. 20.06, 15.03).

63 Die Auffassung der **FVerw kann nicht überzeugen**, selbst wenn der europäische Teilbetriebsbegriff generell im Regelungsbereich des § 24 Anwendung finden sollte. Richtig ist zwar, dass der Teilbetrieb iSd Art. 2 lit. j Fusions-RL die Gesamtheit der in einem Unternehmensteil einer Gesellschaft vorhandenen aktiven und passiven WG umfasst. Diese WG müssen aber in organisatorischer Hinsicht einen selbstständigen Betrieb darstellen, dieser muss eine aus eigenen Mitteln funktionsfähige Einheit bilden. Entscheidend für den europäischen Teilbetriebsbegriff ist damit die Funktionalität des übertragenen Unternehmensteils (EuGH NZG 2002, 149 = FR 2002, 298; BFH BStBl. II 2011, 467), nicht aber die Übertragung eines jeden einzelnen WG, welches im wirtschaftlichen Zusammenhang mit dem Teilbetrieb steht.

64 Nicht überzeugend ist weiter, dass bei rückwirkender Einbringung die **Voraussetzungen** eines Teilbetriebs bereits zum stl. **Übertragungsstichtag** vorliegen müssen (BMF 11.11.2011, BStBl. I 2011, 1314 Rn. 24.03 iVm Rn. 20.06, 15.03; zu den sich daraus ergebenden Konsequenzen vgl. Neumann GmbHR 2012, 141). Maßgebender Zeitpunkt für die Beurteilung, ob ein Teilbetrieb vorliegt oder ob ein WG eine wesentliche Betriebsgrundlage darstellt oder dem Teilbetrieb wirtschaftlich zuordenbar ist, ist grds. der Zeitpunkt der Fassung des Umwandlungsbeschlusses bzw. der Abschluss des Einbringungsvertrages. Die FVerw verkennt, dass die Rückbeziehung in Abs. 4 iVm § 20 V, VI sich nur auf die Wirkung der Umw., nicht aber auf die Tatbestandsvoraussetzungen bezieht (→ § 20 Rn. 20; Haritz/Menner Bilitewski/Bär/Merkle Rn. 29; Dötsch/Pung/Möhlenbrock/Patt Rn. 91; Graw BB 2013, 1011; aA Neumann GmbHR 2012, 141).

65 Nach der hier vertretenen Auffassung (→ § 20 Rn. 79 ff.) gilt im Regelungsbereich des § 24 weiterhin der **nationale Teilbetriebsbegriff** (→ § 20 Rn. 85 ff.). Die Anwendung des § 24 setzt damit voraus, dass bei der Einbringung eines Teilbetriebs sämtliche funktional wesentlichen Betriebsgrundlagen jedenfalls zT in das Gesamthandsvermögen (vgl. → Rn. 1) des übernehmenden Rechtsträgers übertragen werden. Die Übertragung wirtschaftlichen Eigentums ist insoweit ausreichend. Stellt ein WG eine funktional wesentliche Betriebsgrundlage sowohl beim übertragenden als auch beim verbleibenden Teilbetrieb dar, so steht dies der Annahme eines Teilbetriebs nicht entgegen (Dötsch/Pung/Möhlenbrock/Patt § 20 Rn. 110). Wird diese funktional wesentliche Betriebsgrundlage nicht voll bzw. anteilig mit eingebracht, so kommt es im übertragenen Vermögen zu einer Aufdeckung der stillen Reserven (Dötsch/Pung/Möhlenbrock/Patt § 20 Rn. 110). Im Regelungsbereich des § 24 muss aber das zurückbehaltene Vermögen nicht selbst Teilbetriebsei-

genschaft haben, sodass es der steuerneutralen Einbringung nicht entgegensteht, dass der Einbringende das gesamte gemischt genutzte WG dem übertragenen Teilbetrieb zuordnet und in den übernehmenden Rechtsträger einbringt (ebenso zu § 20 Dötsch/Pung/Möhlenbrock/Patt Rn. 110; Benz/Rosenberg DB-Beil. 1/2012, 38).
Der steuerneutralen Einbringung eines Teilbetriebs steht nicht entgegen, dass neutrales Vermögen, welches in keiner Funktion zum vorhandenen Teilbetrieb steht, mitübertragen oder zurückbehalten wird. Zu weiteren Einzelheiten → § 20 Rn. 96 f.

Ob ein Teilbetrieb vorliegt, ist nach hM aus der Sicht des Einbringenden zu **66** beurteilen. Zu weiteren Einzelheiten → § 20 Rn. 99, → § 20 Rn. 87.

3. Mitunternehmeranteil und Bruchteile von Mitunternehmeranteilen

Gegenstand der Einbringung nach § 24 kann auch ein Mitunternehmeranteil sein; **67** der Begriff Mitunternehmeranteil ist mit dem in § 20 identisch (Widmann/Mayer/ Fuhrmann Rn. 270), so dass insoweit auf die Ausführungen in § 20 Rn. 132 ff. verwiesen wird. Der Gesellschafter einer nach § 1a KStG zur Körperschaftsteuer optierenden PersGes hält gem. § 1a III 1 KStG keine mitunternehmerische Beteiligung (BMF 10.11.2021 BStBl. I 2021, 2212 Rn. 100) Zum Zeitpunkt des Vorliegens eines Mitunternehmeranteils → Rn. 59; § 20 Rn. 132. Der Mitunternehmeranteil (Anteile an einer Mitunternehmerschaft im stl. Sinne) ist weder in § 24 noch in §§ 15, 16 EStG definiert. Es ist nicht inhaltsgleich mit dem Begriff des Gesellschaftsanteils bzw. Geschäftsanteils als Inbegriff für die Gesamtheit aller Rechte und Pflichten eines Gesellschafters aus einem Gesellschaftsverhältnis einschl. eines etwa vorhandenen, aber nicht notwendigen Gesellschaftsvermögens. Gleiches gilt für die verschiedenen zivilrechtlichen Gemeinschaften (Erbengemeinschaft und Gütergemeinschaft als Gemeinschaften zur gesamten Hand mit einem der PersGes ähnl. Gesamthandsvermögen (vgl. → Rn. 1), Gemeinschaft nach Bruchteilen an Rechten aller Art, sofern sie eine Mehrheit von bruchteilsmäßig Berechtigten zulassen, §§ 741 ff. BGB). Der Einbringende kann gesellschaftsrechtlich nicht mehrere Mitgliedschaften an einer PersGes haben. Daraus folgt, dass der Mitunternehmeranteil an einer Mitunternehmerschaft im Grundsatz unteilbar ist. Es liegen damit nicht mehrere Mitunternehmeranteile an derselben Mitunternehmerschaft vor, wenn der übertragende Rechtsträger seine Beteiligung sukzessiv erworben hat (BFH BStBl. II 2020, 378; Rödder/ Herlinghaus/van Lishaut/Herlinghaus § 20 Rn. 182; Dötsch/Pung/Möhlenbrock/ Patt § 20 Rn. 123). Die Einbringung eines Mitunternehmeranteils stellt damit nur eine Sacheinlage iSd Abs. 1 dar. Bei sog Ketteneinbringungen ist zu beachten, dass nach Auffassung des BFH (DStR 2017, 1376) bei der Einbringung eines Mitunternehmeranteils zum Buchwert der übernehmende Rechtsträger wegen der stl. Rechtsnachfolge MU ist. Wird ein Mitunternehmeranteil zusammen mit einem Betrieb oder Teilbetrieb eingebracht, so liegt bezogen auf den Mitunternehmeranteil ein gesonderter Einbringungsvorgang vor (→ § 20 Rn. 29; BMF 11.11.2011, BStBl. I 2011, 1314 Rn. 24.03 iVm Rn. 20.12; Dötsch/Pung/Möhlenbrock/Patt § 20 Rn. 123; Frotscher/Drüen/Mutscher Rn. 45; aA Widmann/Mayer/Widmann § 20 Rn. 10). Wird ein Mitunternehmeranteil an einer Mitunternehmerschaft eingebracht, zu deren BV die Beteiligung an einer anderen Mitunternehmerschaft gehört **(doppelstöckige PersGes),** liegt ein Einbringungsvorgang vor, die mittelbare Übertragung des Anteils an der UnterGes stellt keinen gesonderten Einbringungsvorgang dar (→ § 20 Rn. 145; BMF 11.11.2011, BStBl. I 2011, 1314 Rn. 24.03 iVm Rn. 20.12; Dötsch/Pung/Möhlenbrock/Patt § 20 Rn. 123). Werden durch einen Steuerpflichtigen Mitunternehmeranteile an unterschiedlichen Mitunternehmerschaften eingebracht, liegen mehrere Einbringungsvorgänge vor (BMF 11.11.2011, BStBl. I 2011, 1314 Rn. 24.03 iVm Rn. 20.12; Haritz/Menner/

Bilitewski/Menner § 20 Rn. 146; Widmann/Mayer/Widmann § 20 Rn. 90; BeckOK UmwStG/Dürrschmidt § 20 Rn. 90). Dem Normzweck des § 24 entsprechend ist Mitunternehmeranteil der Anteil einer natürlichen oder jur. Person oder einer PersGes an einer Mitunternehmerschaft, die einen **Gewerbebetrieb, LuF** oder eine **freiberufliche Tätigkeit** zum Gegenstand hat und mit Gewinnerzielungsabsicht tätig ist (→ § 20 Rn. 133). Mitunternehmerschaft idS kann allerdings auch bei einer dem Gegenstand nach **vermögensverwaltenden** PersGes/Gemeinschaft vorliegen, sofern sie **gewerblich geprägt** iSv § 15 III Nr. 2 EStG ist. Kein Mitunternehmeranteil soll Anteile an einer PersGes darstellen, die weder gewerblich tätig noch gewerblich geprägt ist, auch wenn der Gesellschaftsanteil beim Gesellschafter BV darstellt (**ZebraGes**; vgl. BFH/NV 2001, 1195; aA Fichtelmann INF 1998, 78). Ist eine PersGes teilweise gewerblich tätig oder bezieht sie gewerbliche Einkünfte iSd § 15 I 1 Nr. 2 EStG, stellt grds. (zur Abfärbetheorie bei äußerst geringfügiger gewerblicher Tätigkeit → § 20 Rn. 140) der gesamte Gesellschaftsanteil einschl. SBV einen Mitunternehmeranteil dar, weil die Tätigkeit der Gesellschaft dann in vollem Umfang als Gewerbebetrieb gilt (§ 15 III Nr. 1 EStG).

68 Die Beteiligung an einer **ausl. gewerblichen PersGes** kann ein Mitunternehmeranteil bilden, wenn der Gesellschafter Mitunternehmerrisiko und Mitunternehmerinitiative hat (Dötsch/Pung/Möhlenbrock/Patt § 20 Rn. 117; Rödder/Herlinghaus/van Lishaut/Herlinghaus § 20 Rn. 179; NK-UmwR/Knorr Rn. 19). Der ausl. Rechtsträger muss aber nach dem Gesamtbild mit einer dt. PersGes vergleichbar sein (Typenvergleich). Weitere Voraussetzung soll sein, dass die ausl. PersGes eine inl. Betriebsstätte oder inl. Gesellschafter hat (vgl. Schmidt/Wacker EStG § 15 Rn. 173, jeweils mwN; BeckOK UmwStG/Claß/Weggenmann Rn. 379; vgl. FG Düsseldorf EFG 2006, 1438; auch → Rn. 117). Auf die stl. Einordnung des ausl. Rechtsträgers im Ansässigkeitsstaat kommt es insoweit nicht an. Damit können auch Anteile an sog. hybriden Ges, die in ihrem Sitzstaat als stl. intransparent behandelt werden, wohingegen aus dt. Sicht eine PersGes und damit ein transparenter Rechtsträger vorliegt (BeckOK UmwStG/Claß/Weggenmann Rn. 379; Brähler/Heerdt StuW 2007, 260; Hey/Bauersfeld IStR 2005, 649), einen Mitunternehmeranteil darstellen (Dötsch/Pung/Möhlenbrock/Patt § 20 Rn. 118; Rödder/Herlinghaus/van Lishaut/Herlinghaus § 20 Rn. 179).

69 Auch ein **Bruchteil eines Mitunternehmeranteils** kann nach § 24 in eine PersGes eingebracht werden (BMF 11.11.2011, BStBl. I 2011, 1314 Rn. 24.03 iVm Rn. 20.11; Haritz/Menner/Bilitewski/Bär/Merkle Rn. 35; Widmann/Mayer/Fuhrmann Rn. 279; Dötsch/Pung/Möhlenbrock/Patt Rn. 94; Rödder/Herlinghaus/van Lishaut/Rasche Rn. 66; BeckOK UmwStG/Claß/Weggenmann Rn. 382). Die Zulässigkeit der Einbringung des Bruchteils eines Mitunternehmeranteils ergibt sich als Umkehrschluss aus Abs. 3 S. 2.

70 Wird ein Mitunternehmeranteil in eine PersGes eingebracht, müssen WG des **SBV**, sofern sie wesentliche Betriebsgrundlage des Betriebs sind, zusammen mit dem Gesellschaftsanteil auf die aufnehmende PersGes übertragen werden (BMF 11.11.2011, BStBl. I 2011, 1314 Rn. 24.03 iVm Rn. 20.10, 20.66; Haritz/Menner/Bilitewski/Bär/Merkle Rn. 32; Dötsch/Pung/Möhlenbrock/Patt Rn. 94; Rödder/Herlinghaus/van Lishaut/Rasche Rn. 65; NK-UmwR/Knorr Rn. 20; BeckOK UmwStG/Claß/Weggenmann Rn. 20). Dafür reicht es nach der hier vertretenen Meinung (→ Rn. 34) aus, dass die WG bei der übernehmenden PersGes wiederum SBV werden. Ob die WG des SBV wesentliche Betriebsgrundlage sind, richtet sich nach richtiger Auffassung nach der funktionalen Betrachtungsweise (→ Rn. 59 ff.).

71 Nach herrschender Auffassung (Dötsch/Pung/Möhlenbrock/Patt Rn. 94; Rödder/Herlinghaus/van Lishaut/Rasche Rn. 66; vgl. auch Rogall DB 2005, 410; aA Frotscher/Drüen/Mutscher Rn. 42; BeckOK UmwStG/Claß/Weggenmann Rn. 384) muss bei der Übertragung eines **Bruchteils eines Mitunternehmeranteils** auch der entsprechende Teil des SBV mit übertragen werden, sofern es sich dabei um eine wesentliche Betriebsgrundlage handelt. Bringt demnach ein Kommanditist, der an der KG mit 50% beteiligt ist, die Hälfte seines Mitunternehmeranteils in eine andere Mitunternehmerschaft ein und besitzt er ein Grundstück im Alleineigentum, welches wesentliche Betriebsgrundlage ist, müsste wirtschaftlich die Hälfte dieses Grundstücks, zB durch Begründung von Bruchteilseigentum, auf die übernehmende Mitunternehmerschaft übertragen werden. Kommt es nicht zu einem quotal gleich hohen Anteil am SBV, sondern wird prozentual mehr SBV übertragen, so ist dieser Vorgang nur insoweit nach § 24 steuerneutral, als der Anteil am SBV der Quote des übertragenen Gesellschaftsanteils entspricht. Bei dem darüber hinausgehenden Anteil kommt es unter Anwendung des § 6 V 3 Nr. 3 EStG, soweit es in das Gesamthandsvermögen (vgl. → Rn. 1) des übernehmenden Rechtsträgers übertragen wird (Widmann/Mayer/Fuhrmann Rn. 279), mit der Folge der dreijährigen Sperrfrist, bzw. bei Überführung in das SBV des übernehmenden Rechtsträgers gem. § 6 V 3 EStG, nicht zu einer Aufdeckung stiller Reserven. Wird demgegenüber ein geringerer Anteil am SBV übertragen, als es der Quote des übertragenen Gesellschaftsanteils entspricht, liegt die Einbringung eines Bruchteils eines Mitunternehmeranteils nur insoweit vor, wie sich die Quote des übertragenen Gesellschaftsanteils und des SBV decken (Dötsch/Pung/Möhlenbrock/Patt Rn. 94 iVm § 20 Rn. 124 ff.; vgl. auch Rogall DB 2005, 410).

Bringt der Gesellschafter einer PersGes 1 seinen Mitunternehmeranteil in die übernehmende PersGes 2 gegen Gewährung von Gesellschaftsrechten ein, so entsteht eine sog. **doppelstöckige PersGes.** Der Einbringende ist aufgrund des § 15 I Nr. 2 S. 2 EStG kraft gesetzlicher Fiktion sowohl MU der OberGes als auch MU der UnterGes. Wird mit der Einbringung des Mitunternehmeranteils SBV nicht ebenfalls auf die OberGes übertragen, so verliert es bei der UnterGes nicht die Eigenschaft als SBV, wenn der Gesellschafter der OberGes diese WG zur weiteren Nutzung bei der UnterGes belässt, da der Einbringende aufgrund der gesetzlichen Fiktion MU der UnterGes bleibt, kommt es zu keiner Entnahme (Söffing FR 1992, 185). Verbleibt jedoch das SBV solches der UnterGes, so ist es fraglich, ob eine Einbringung des Mitunternehmeranteils in die OberGes gem. § 24 vorliegt, da das SBV nicht mitunternehmerisches BV der aufnehmenden PersGes in Form von SBV geworden ist, was jedoch notwendig ist, damit eine Einbringung iSd § 24 vorliegt (vgl. dazu BFH FR 2020, 1088; Haritz/Menner/Bilitewski/Bär/Merkle Rn. 33; Dötsch/Pung/Möhlenbrock/Patt Rn. 94; NK-UmwR/Knorr Rn. 23; HK-UmwStG/Trautmann Rn. 32 f.; Widmann/Mayer/Fuhrmann Rn. 280; BeckOK UmwStG/Claß/Weggenmann Rn. 385).

Beispiel:

A ist MU bei der PersGes P1. Zum mitunternehmerischen BV der Gesellschaft P1 gehört das für den Betrieb funktional notwendige Grundstück X, das sich im Alleineigentum des Gesellschafter A befindet. A bringt seinen Mitunternehmeranteil an der PersGes P1 gegen Gewährung von Mitunternehmeranteilen in die PersGes P2 ein. Belässt es der A bei der Vermietung des Grundstücks an die PersGes P1, so wird das Grundstück nicht SBV der PersGes P2 als OberGes. Ob in diesem Fall eine Einbringung iSd § 24 vorliegt, ist offen (vgl. dazu auch BFH DStR 2017, 152). A sollte daher sein Grundstück an die OberGes P2 vermieten, die dieses dann weiter an P1 vermietet (vgl. BFH FR 2020, 1088; Haritz/Menner/Bilitewski/Bär/Merkle Rn. 33; Widmann/Mayer/Fuhrmann Rn. 280; Rogall/Dreßler DB 2015, 1981; aA Dötsch/Pung/Möhlenbrock/Patt Rn. 94, 16, der eine Übertragung in das Gesamthandsvermögen (vgl. → Rn. 1) für notwendig erachtet).

Problematisch könnte sich auch der Fall darstellen, dass in dem obigen Beispiel A seinen Mitunternehmeranteil an der PersGes P1 einschl. des SBV gegen Gewährung von Mitunternehmeranteilen in die PersGes P2 überträgt. Vermietet die PersGes P2 das Grundstück an die PersGes P1, so stellt das Grundstück SBV bei der PersGes

P1 dar (vgl. BMF 28.4.1998, BStBl. I 1998, 583). Da in diesem Fall jedoch das Grundstück auch gesamthänderisches BV der übernehmenden PersGes (P2) wird, das SBV bezogen auf die PersGes P1 insoweit (nur) vorgeht, liegen die Voraussetzungen einer steuerneutralen Einbringung iSd § 24 mE vor (BFH FR 2020, 1088; Haritz/Menner/Bilitewski/Bär/Merkle Rn. 33; Dötsch/Pung/Möhlenbrock/Patt Rn. 94; Widmann/Mayer/Fuhrmann Rn. 280; Rogall/Dreßler DB 2015, 1981). Gleiches gilt dann aber auch, wenn das SBV der PersGes 1 dem SBV der PersGes 2 nur vorgeht.

4. 100%ige Beteiligung an einer Kapitalgesellschaft

75 Nach seinem Wortlaut erstreckt sich Abs. 1 nicht auf die Einbringung einer **100%igen Beteiligung an einer KapGes** in das BV der aufnehmenden PersGes. Gleichwohl ist es hM, dass eine im BV gehaltene 100%ige Beteiligung an einer KapGes als **Teilbetrieb iSv Abs. 1** anzusehen ist, zumindest aber als solcher gilt (BT-Drs. 16/2710, 50; Dötsch/Pung/Möhlenbrock/Patt Rn. 95; BMF 11.11.2011, BStBl. I 2011, 1314 Rn. 24.02; Haritz/Menner/Bilitewski/Bär/Merkle Rn. 36; Haase/Hofacker/Haase Rn. 22; Brandis/Heuermann/Nitzschke Rn. 39; Sieker DStR 2011 Beihefter zu Heft 31, 85; aA BFH BStBl. II 2009, 464; Lademann/Jäschke Rn. 12; Rödder/Herlinghaus/van Lishaut/Rasche Rn. 63 f.; Rasche GmbHR 2007, 793; BFH DStR 2008, 2001 zum UmwStG 1995). Dies ergibt sich daraus, dass § 24 einen Fall der Betriebs- und Teilbetriebsveräußerung behandelt und damit die Teilbetriebsfiktion des § 16 I 1 Nr. 1 S. 2 EStG insoweit Anwendung finden muss (Dötsch/Pung/Möhlenbrock/Patt Rn. 95). Dass im Regelungsbereich des § 20 etwas anderes gilt, steht dem nicht entgegen, da insoweit durch § 21 eine speziellere Regelung gegeben ist. Eine 100%ige Beteiligung an einer KapGes gilt auch dann als Teilbetrieb iSd § 24, falls die Beteiligung eine wesentliche Betriebsgrundlage eines Betriebs oder anderen Teilbetriebs darstellt (NK-UmwR/Knorr Rn. 17; Neu/Schiffers/Watermeyer GmbHR 2011, 729). Demgegenüber geht die FVerw davon aus, dass eine 100%ige Beteiligung an einer KapGes dann keinen Teilbetrieb darstellen soll, wenn sie einem Betrieb, Teilbetrieb oder Mitunternehmeranteil als funktional wesentliche Betriebsgrundlage zuzurechnen ist (BMF 11.11.2011, BStBl. I 2011, 1314 Rn. 24.02 iVm Rn. 15.06; ebenso Haritz/Menner/Bilitewski/Bär/Merkle Rn. 36; Haase/Hofacker/Haase Rn. 22). Dann handelt es sich um die Einbringung eines einzelnen WG, auf die § 6 V EStG Anwendung findet (Eisgruber/Demuth Rn. 43).

76 100%ige Beteiligung bedeutet, dass sich das **gesamte Nennkapital** einer KapGes in der Hand des Einbringenden befinden muss – ausgenommen eigene Anteile der KapGes (vgl. Schmidt/Wacker EStG § 16 Rn. 136; Haritz/Menner/Bilitewski/Bär/Merkle Rn. 37); nicht erforderlich ist aber, dass das gesamte Nennkapital in nur einem Geschäftsanteil repräsentiert wird, vielmehr genügt, dass der Einbringende das gesamte Nennkapital – ggf. aufgeteilt in zahlreiche Anteile – hält. Aus der stl. Gleichstellung einer nach § 1a KStG zur Körperschaftsteuer optierenden PersGes mit einer KapGes folgt nach hM (BMF 10.11.2021 BStBl. I 2021, 2212 Rn. 100; Widmann/Mayer/Schießl § 1a KStG Rn. 402), dass die 100 % vermögensmäßige Beteiligung eines Kommanditisten an einer GmbH & Co. KG, die zur KSt optiert hat, einen Teilbetrieb darstellt. Die Einbringung mehrerer Anteile an einer KapGes durch verschiedene Personen ist kein Fall des § 24, auch wenn insgesamt das gesamte Nennkapital einer KapGes eingebracht wird. Da § 24 I eine **Mindesthaltedauer** nicht vorsieht, steht der Anwendung von Abs. 1 nicht entgegen, wenn die eingebrachte Beteiligung erst unmittelbar vor der Einbringung erworben oder auf 100% erhöht worden ist; eine dauernde gesellschaftsrechtliche Bindung braucht am Einbringungsstichtag nicht bestanden zu haben (Dötsch/Pung/Möhlenbrock/Patt Rn. 96).

In einer Hand befinden sich alle Anteile am Nennkapital auch dann, wenn 77
eine **gewerbliche PersGes** die Anteile hält, ebenso dann, wenn Einzelanteile im
Bruchteilseigentum der Gesellschafter einer PersGes stehen, sofern es sich dabei
um (Sonder-)BV handelt (Dötsch/Pung/Möhlenbrock/Patt Rn. 96; Haritz/Menner/Bilitewski/Bär/Merkle Rn. 39; HK-UmwStG/Trautmann Rn. 36).

In einer Hand befindet sich das gesamte Nennkapital auch dann, wenn ein Gesell- 78
schafter nur einen Teil der Anteile selbst, die übrigen Anteile bis zur 100%igen
Beteiligung für ihn durch einen **Treuhänder** gehalten werden; ebenso, wenn **mehrere Treuhänder** das gesamte Nennkapital für **einen Treugeber** einbringen,
§ 39 II AO. Hält umgekehrt ein Treuhänder das gesamte Nennkapital **für mehrere
Treugeber,** befindet sich das gesamte Nennkapital nicht in einer Hand, sofern nicht
die mehreren Treugeber wiederum iSv → Rn. 77 verbunden sind (Haritz/Menner/
Bilitewski/Bär/Merkle Rn. 42).

Eine 100%ige Beteiligung wird schließl. auch dann nicht eingebracht, wenn der 79
Einbringende zwar alle Anteile hält, davon aber einen Teil lediglich als Treuhänder
für einen Dritten, dem nach § 39 II AO das zumindest wirtschaftliche Eigentum an
treuhänderisch gehaltenen Anteil zuzurechnen ist.

Abs. 1 ist anzuwenden, wenn eine das gesamte Nennkapital umfassende Beteili- 80
gung an einer KapGes eingebracht wird, die im **BV oder SBV** des Einbringenden
steht. Die 100%ige Beteiligung muss ebenso wie im Rahmen des § 16 EStG (vgl.
dazu Schmidt/Wacker EStG § 16 Rn. 136) **insgesamt BV** sein (BMF 11.11.2011,
BStBl. I 2011, 1314 Rn. 24.02; Dötsch/Pung/Möhlenbrock/Patt Rn. 96; HK-
UmwStG/Trautmann Rn. 35; Haase/Hofacker/Haase Rn. 22). Ob es sich dabei
um notwendiges oder gewillkürtes BV handelt, spielt keine Rolle. Bereits durch die
Überschrift des § 24 – Einbringung von BV in eine PersGes – wird klargestellt, dass
WG des PV nicht nach § 24 eingebracht werden können. IÜ wird die Gleichstellung
des Teilbetriebs mit einer 100%igen Beteiligung im Rahmen des § 24 der Regelung
des § 16 EStG entnommen, sodass die dort aufgestellten Grundsätze auch im Rahmen des § 24 gelten müssen (vgl. aber BFH DStR 2008, 2001 zum UmwStG 1995).
Das Gesagte gilt entsprechend für einbringungsgeborene Anteile iSd § 21 aF.

Im Falle der Einbringung einer 100%igen Beteiligung des BV in eine PersGes 81
gegen Gewährung von Gesellschaftsrechten tritt § 6 V 3 EStG hinter § 24 zurück.
§ 6 V 3 EStG findet aber Anwendung, wenn der Einbringende zwar eine 100%ige
Beteiligung an einer KapGes in sein BV hält, tatsächlich aber nur einen Teil dieser
Beteiligung in die PersGes gegen Gewährung von Gesellschaftsrechten einbringt
(Dötsch/Pung/Möhlenbrock/Patt Rn. 98).

5. Übertragung einzelner Wirtschaftsgüter

§ 24 erfasst nicht die Übertragung **einzelner WG,** also solcher, die nicht in einer 82
zur Sachgesamtheit „Betrieb" oder „Teilbetrieb" verbindenden Organisationsform stehen. Die Übertragung einzelner WG in das stl. BV einer Mitunternehmerschaft kann unter den Voraussetzungen des § 6 V EStG steuerneutral erfolgen
(vgl. dazu BMF 8.12.2011, BStBl. I 2011, 1279).

a) Überführung einzelner Wirtschaftsgüter zwischen verschiedenen 83
Betriebsvermögen (§ 6 V 1, 2 EStG). § 6 V 1 EStG regelt die Überführung von
Einzelwirtschaftsgütern zwischen verschiedenen BV eines Steuerpflichtigen. Die
Überführung ist dadurch gekennzeichnet, dass sich die persönliche Zurechnung des
WG nicht ändert. Das (wirtschaftliche) Eigentum des WG geht nicht auf eine andere
Person über, es kommt nicht zu einem Rechtsträgerwechsel.

Der Begriff WG umfasst nach der Rspr. des BFH (BStBl. II 2003, 878; BStBl. II 84
1987, 14) Sachen, Rechte oder tatsächliche Zustände, konkrete Möglichkeiten oder
Vorteile für den Betrieb, deren Erlangung der Kaufmann sich etwas kosten lässt, die
nach der Verkehrsauffassung einer selbstständigen Bewertung zugänglich sind, idR

eine Nutzung für mehrere Wj. erbringen und zumindest mit dem Betrieb übertragen werden können. Die Einzelveräußerbarkeit ist dabei zwar keine Voraussetzung für ein WG (BFH BStBl. II 1992, 383; BStBl. II 1992, 529). Ein WG setzt aber eine irgendwie geartete wirtschaftliche Verwertbarkeit voraus, wobei eine Übertragungsmöglichkeit zusammen mit dem Betrieb ausreichend ist (BFH BStBl. II 1990, 15; BStBl. II 1992, 383). Der Anwendung des § 6 V 1, 2 EStG steht nicht entgegen, dass mehrere WG zeitgleich überführt werden. Dabei ist es nach Auffassung der FVerw unschädlich, wenn die überführten WG einen Betrieb, Teilbetrieb bilden oder es sich um einen Mitunternehmeranteil handelt (BMF 8.12.2011, BStBl. I 2011, 1279 Rn. 6). Für die Übertragung einer 100%igen Beteiligung an einer KapGes → Rn. 75 ff.; BFH DStR 2008, 2001.

85 Es kommt zwingend zu einer Buchwertübertragung, wenn die in den überführten WG enthaltenen stillen Reserven weiterhin im Inland der Besteuerung unterliegen. Entscheidend ist insoweit die estl. bzw. kstl. Erfassung der stillen Reserven, auf die gewstl. Erfassung kommt es nicht an (BFH BStBl. II 1989, 187; Schmidt/Kulosa EStG § 6 Rn. 762). Die Buchwertfortführung führt im Ergebnis dazu, dass evtl. AfA für das überführte WG nach der bisherigen Bemessungsgrundlage, Methode und Nutzungsdauer anzusetzen ist und dass die Besitzzeiten nach § 6b IV 1 Nr. 2 EStG weiter laufen (Schmidt/Kulosa EStG § 6 Rn. 765).

86 Diese Grundsätze gelten für die Überführung eines WG aus dem eigenen BV des Steuerpflichtigen in dessen SBV bei einer Mitunternehmerschaft und umgekehrt sowie für die Überführung zwischen verschiedenen SBV desselben Steuerpflichtigen bei verschiedenen Mitunternehmerschaften.

87 **b) Übertragung von Wirtschaftsgütern bei Mitunternehmerschaften (§ 6 V 3 ff. EStG).** Bei der unentgeltlichen oder gegen Gewährung/Minderung von Gesellschaftsrechten erfolgten Übertragung ordnet § 6 V 3 Nr. 1, 2 EStG die Buchwertfortführung an, wenn einzelne WG
— aus dem BV eines Mitunternehmers in das Gesamthandsvermögen (vgl. → Rn. 1) der Mitunternehmerschaft,
— aus dem Gesamthandsvermögen einer Mitunternehmerschaft in das BV eines Mitunternehmers,
— aus dem SBV eines Mitunternehmers in das Gesamthandsvermögen derselben Mitunternehmerschaft,
— aus dem Gesamthandsvermögen einer Mitunternehmerschaft in das SBV bei derselben Mitunternehmerschaft,
— aus dem SBV eines Mitunternehmers in das Gesamthandsvermögen einer anderen Mitunternehmerschaft oder
— aus dem Gesamthandsvermögen einer Mitunternehmerschaft in das SBV bei einer anderen Mitunternehmerschaft übertragen werden.

88 § 6 V 3 Nr. 3 EStG betrifft die Übertragung eines Einzelwirtschaftsguts zwischen den jeweiligen SBV verschiedener MU bei derselben Mitunternehmerschaft, sofern die Übertragung unentgeltlich erfolgt. Der Anwendung des § 6 V 3 EStG steht nicht entgegen, dass mehrere WG zeitgleich überführt werden. Dabei ist es schädlich, wenn die überführten WG einen Betrieb, Teilbetrieb bilden oder es sich insgesamt um einen Mitunternehmeranteil handelt (BMF 8.12.2011, BStBl. I 2011, 1279 Rn. 12 iVm Rn. 6 S. 1; Schmidt/Kulosa EStG § 6 Rn. 775).

89 Der Gesetzeswortlaut setzt die Beteiligung an einer Mitunternehmerschaft mit Gesamthandsvermögen (vgl. → Rn. 1) voraus. Die hM wendet die Regelungen auch auf eine **Mitunternehmerschaft ohne Gesamthandsvermögen** (zB atypisch stille Ges) an (BMF 8.12.2011, BStBl. I 2011, 1279 Rn. 9; Schmidt/Kulosa EStG § 6 Rn. 777; Kloster/Kloster GmbHR 2002, 717). Es ist ausreichend, wenn durch die Übertragung des Einzelwirtschaftsgutes die Mitunternehmerstellung erstmals begründet wird (Schmidt/Kulosa EStG § 6 Rn. 779). § 6 V 3 EStG ist gekenn-

zeichnet durch den Rechtsträgerwechsel, dh es kommt zu einer Übertragung des WG. Die Übertragung kann unentgeltlich oder gegen Gewährung bzw. Minderung von Gesellschaftsrechten erfolgen. **Unentgeltlichkeit** liegt vor, wenn dem Übertragenden keinerlei Gegenleistung für die Übertragung des Einzelwirtschaftsguts gewährt wird. Unentgeltlichkeit bedeutet damit verdeckte Einlage bzw. verdeckte Entnahme in bzw. aus dem Gesamthandsvermögen einer PersGes. Soweit an der übernehmenden PersGes auch KapGes mitunternehmerisch beteiligt sind, kann es zu verdeckten Einlagen bzw. verdeckten Gewinnausschüttungen im Hinblick auf die mitunternehmerisch beteiligte KapGes kommen (BMF 8.12.2011, BStBl. I 2011, 1279 Rn. 9).

Die Übertragung von Einzelwirtschaftsgütern aus einem BV in das Gesamthandsvermögen (vgl. → Rn. 1) gegen **Gewährung von Gesellschaftsrechten** stellt im Grundsatz einen tauschähnlichen Vorgang dar (BMF 8.12.2011, BStBl. I 2011, 1279 Rn. 8; BFH DStR 2017, 1376; BStBl. II 2016, 593). Die sich daraus gem. § 6 VI 1 EStG eigentlich ergebende Gewinnrealisierung wird durch § 6 V 3 EStG, der insoweit lex specialis ist (vgl. § 6 VI 4 EStG), neutralisiert. Eine Übertragung gegen Gewährung von Gesellschaftsrechten liegt vor, wenn die durch die Übertragung eingetretene Erhöhung des Vermögens der PersGes dem Kapitalkonto des Einbringenden gutgeschrieben wird, das für seine Beteiligung an den Gesellschaftsrechten insbes. am Gewinn maßgebend ist (BFH BStBl. II 2016, 593; Schmidt/Kulosa EStG § 6 Rn. 779). Dementsprechend liegt eine Übertragung gegen Minderung von Gesellschaftsrechten vor, wenn die durch die Übertragung eines WG von der PersGes auf den MU eingetretene Minderung des Vermögens der PersGes bei dem für die Beteiligung an den Gesellschaftsrechten maßgebenden Kapitalkonto des Gesellschafters belastet wird, in dessen Vermögen das WG übertragen wird.

Ist der **Wert der als Gegenleistung** für die Übertragung des WG erhaltenen Gesellschaftsrechte niedriger als der Verkehrswert des eingebrachten WG, liegt ein Geschäft vor, das insgesamt nach § 6 V 3 EStG steuerneutral zu behandeln ist. Kommt es gemeinsam mit der Übertragung des Einzelwirtschaftsguts auch zur Übertragung von **Verbindlichkeiten,** so liegt nach Meinung der FVerw (BMF 8.12.2011, BStBl. I 2011, 1279 Rn. 15; Schmidt/Kulosa EStG § 6 Rn. 786) ein teilentgeltlicher Vorgang vor, da die Übernahme der Verbindlichkeiten als zusätzliches Entgelt gewertet wird. Von einem teilentgeltlichen Vorgang ist nach Meinung der FVerw (BMF 8.12.2011, BStBl. I 2011, 1279 Rn. 15) auch dann auszugehen, wenn als Gegenleistung für die Übertragung des einzelnen WG neben der Gewährung von Gesellschaftsrechten weitere Gegenleistungen durch den übernehmenden Rechtsträger gewährt werden; § 6 V 3 EStG ist nur insoweit anwendbar, als die Übertragung gegen Gewährung von Gesellschaftsrechten erfolgt. Der BFH (DStR 2012, 2051; ausf. dazu BFH BStBl. II 2014, 629; Schmidt/Kulosa EStG § 6 Rn. 791 mwN) geht demgegenüber davon aus, dass auch die teilentgeltliche Übertragung eines WG in das Gesamthandsvermögen (vgl. → Rn. 1) einer PersGes nicht zu einer Gewinnrealisierung führt, wenn das Entgelt den BW des übertragenen WG nicht übersteigt (vgl. auch BFH DStR 2012, 1500; 2015, 2834; Rogall/Dreßler DB 2015, 1981; Nöcker DB 2016, 72).

Stpfl. iSd § 6 V 3 ist jeder MU, dh eine natürliche Person, PersGes und KapGes (BMF 7.2.2002, DB 2002, 660). Liegt eine **mehrstöckige Mitunternehmerschaft** vor, findet § 6 V Nr. 1–3 EStG bei der Übertragung eines Einzelwirtschaftsgutes sowohl durch die OberGes als auch durch die MU der OberGes Anwendung (BMF 8.12.2011, BStBl. I 2011, 1279 Rn. 9; Schmidt/Kulosa EStG § 6 Rn. 777). Ob § 6 V 3 EStG auch für die Übertragung von WG zwischen SchwesterPersGes gilt, ist nicht abschließend geklärt. Während der I. Senat des BFH dies verneint (BFH BStBl. II 2010, 471; ebenso BMF 8.12.2011, BStBl. I 2011, 1279 Rn. 18; Gosch DStR 2010, 1773; Brandenberg FR 2010, 731), bejaht der IV. Senat der Anwendbarkeit (BFH BStBl. II 2010, 971; vgl. dazu auch BFH BStBl. II 2016, 81).

93 § 6 V 3 EStG verweist auf § 6 V 1 EStG. Die Buchwertverknüpfung ist damit nur zul., wenn die Besteuerung der stillen Reserven in dem übertragenen WG sichergestellt ist. Liegen die Voraussetzungen des § 6 V 3 EStG vor, kommt es zwingend zu einer Buchwertverknüpfung. In welchem Umfang der aufnehmende Rechtsträger in die Rechtsstellung des übertragenden Rechtsträgers hinsichtlich der AfA, der Besitzzeit etc eintritt, ist nicht abschließend geklärt (vgl. Rödder/Herlinghaus/van Lishaut/Rasche Anh. 5 Rn. 99; Schmidt/Kulosa EStG § 6 Rn. 813).

94 Wird eine **MutterPersGes auf ihre TochterPersGes verschmolzen** und gehen dabei auf die TochterPersGes auch WG über, die vor der Verschm zwar zum Gesamthandsvermögen (vgl. → Rn. 1) des übertragenden Rechtsträgers gehört haben, aber SBV bei der TochterGes waren, stellt sich die Frage, ob sich die Übertragung des SBV nach § 24 oder nach § 6 V 3 Nr. 2 EStG steuerneutral vollzieht. Bei einer isolierten Übertragung des SBV auf die TochterGes wäre § 6 V 3 Nr. 2 EStG anwendbar. Bei der Verschm der OberGes auf die UnterGes verliert das SBV diese stl. Qualifikation zum Einbringungsstichtag. Zu einer Überführung des WG des SBV in das stl. Gesamthandsvermögen des übertragenden Rechtsträgers nach § 6 V 2 EStG noch vor der Verschm kommt es aber nicht, sodass die WG des SBV noch in dieser Eigenschaft und damit nach § 6 V 3 Nr. 2 EStG steuerneutral auf den übernehmenden Rechtsträger übergehen; § 24 ist bezogen auf das SBV anzuwenden, wenn man davon ausgeht, dass der Mitunternehmeranteil der MutterPersGes an der TochterPersGes im Rahmen der Verschm übergeht.

95 § 6 V 4 EStG sieht bei der Übertragung nach § 6 V 3 EStG eine Behaltefrist von drei Jahren vor, gerechnet von der Abgabe der Steuererklärung des Übertragenden für den VZ, in dem die Übertragung nach § 6 V 3 EStG erfolgt ist. Wird das übertragene WG innerhalb dieser Frist entnommen oder veräußert, ist zwingend rückwirkend der TW bezogen auf das übertragene WG anzusetzen. Von einer (anteiligen) Veräußerung des übertragenen WG ist auch dann auszugehen, wenn innerhalb der Drei-Jahres-Frist ein Mitunternehmeranteil an der übernehmenden PersGes veräußert (Linklaters/Oppenhoff/Rädler/Schaflitzel DB-Beil. 1/2002, 30) oder nach §§ 20, 24 eingebracht wird (BMF 8.12.2011, BStBl. I 2011, 1279 Rn. 33). Ob die anteilige Veräußerung in vollem Umfang die Rechtsfolgen des § 6 V 4 EStG auslösen, ist nicht abschließend geklärt. Zur Besonderheit einer Einmann-GmbH & Co. KG vgl. Schmidt/Kulosa EStG § 6 Rn. 831.

96 Nach **§ 6 V 5 EStG** ist der TW anzusetzen, soweit bei einer Übertragung eines WG nach § 6 V 3 EStG der Anteil an einer Körperschaft, Personenvereinigung oder Vermögensmasse an diesem WG unmittelbar oder mittelbar begründet wird oder sich erhöht. In § 6 V 5 EStG ist im Gegensatz zu § 6 V 4 EStG die Möglichkeit der Korrektur durch eine Ergänzungsbilanz nicht vorgesehen (BMF 8.12.2011, BStBl. I 2011, 1279 Rn. 28). Nach Meinung der FVerw (BMF 8.12.2011, BStBl. I 2011, 1279 Rn. 29) hat ein Buchwertansatz zu erfolgen, wenn eine KapGes aus ihrem BV ein WG unentgeltlich oder gegen Gewährung von Gesellschaftsrechten in eine PersGes überträgt, an der sie zu 100% vermögensmäßig beteiligt ist. § 6 V 5 EStG findet keine Anwendung, wenn die einbringende KapGes das übertragene WG im Alleineigentum hat, an der übernehmenden PersGes neben ihr eine natürliche Person beteiligt ist, da insoweit keine Begründung oder Erhöhung des Anteils einer Körperschaft am übertragenen WG erfolgt (BMF 8.12.2011, BStBl. I 2011, 1279 Rn. 30). Ist die übertragende KapGes mit weniger als 100% an der übernehmenden PersGes beteiligt und sind die weiteren Gesellschafter des übernehmenden Rechtsträgers auch Körperschaften, hat die Übertragung gem. § 6 V 3 Nr. 1 EStG insoweit zum BW zu erfolgen, als das WG der übertragenden KapGes nach der Übertragung mittelbar zuzurechnen ist (BMF 8.12.2011, BStBl. I 2011, 1279 Rn. 31).

97 Soweit innerhalb einer Sperrfrist von sieben Jahren nach der Übertragung des WG nach § 6 V EStG der Anteil an einer Körperschaft, Personenvereinigung oder

Vermögensmasse an dem übertragenen WG aus einem anderen Grund unmittelbar oder mittelbar begründet oder dieser sich erhöht, ist rückwirkend auf den Zeitpunkt der Übertragung ebenfalls der TW anzusetzen (§ 6 V 6 EStG).

6. Zurückbehaltung von Wirtschaftsgütern

a) Einbringung eines Betriebs. § 24 ist nur dann anwendbar, wenn im Rahmen der Einbringung eines Betriebs sämtliche **wesentlichen Betriebsgrundlagen** in einem einheitlichen Vorgang auf die übernehmende PersGes gegen Gewährung von Gesellschaftsrechten übertragen werden (BMF 11.11.2011, BStBl. I 2011, 1314 Rn. 24.03 iVm Rn. 20.06; Rödder/Herlinghaus/van Lishaut/Rasche Rn. 43 ff.; Lademann/Jäschke Rn. 10; Dötsch/Pung/Möhlenbrock/Patt Rn. 90; Frotscher/Drüen/Mutscher Rn. 20b; Haritz/Menner/Bilitewki/Bär/Merkle Rn. 25; HK-UmwStG/Trautmann Rn. 25; Brandis/Heuermann/Nitzschke Rn. 38, 41). Der Begriff „wesentliche Betriebsgrundlage" ist auch im Rahmen des § 24 nach der hier vertretenen Auffassung normspezifisch, dh **funktional** auszulegen (→ Rn. 59; zu weiteren Einzelheiten → § 20 Rn. 19 ff.). Die Einbringung von BV in eine PersGes bzw. Mitunternehmerschaft gem. Abs. 1 erfordert die Überführung des WG in das mitunternehmerische BV der aufnehmenden PersGes. Dazu gehört sowohl das Gesamthandsvermögen (vgl. → Rn. 1) der PersGes als auch das entsprechende SBV (str., → Rn. 34). Bringt eine PersGes einen Betrieb aus dem Gesamthandsvermögen in eine TochterPersGes ein, so muss der MU der PersGes auch sein SBV auf den übernehmenden Rechtsträger übertragen, sofern es sich um eine funktional wesentliche Betriebsgrundlage handelt (Widmann/Mayer/Fuhrmann Rn. 246). Behält der MU in diesem Fall die funktional wesentliche Betriebsgrundlage zurück, kommt es zu einer Aufdeckung sämtlicher stiller Reserven im übertragenen Betrieb zum Einbringungsstichtag. Behält der Einbringende WG zurück, die wesentliche Betriebsgrundlage des eingebrachten Betriebs sind, ist § 24 damit nicht anwendbar; in diesem Fall liegt die Einbringung einzelner WG vor, die stl. Folgen ergeben sich dann aus § 6 V, VI EStG. **Maßgebender Zeitpunkt** dafür, ob ein WG eine wesentliche Betriebsgrundlage des eingebrachten Betriebs ist, ist nach der hier vertretenen Meinung der Zeitpunkt der Fassung des Umwandlungsbeschlusses oder, wenn es eines solchen nicht bedarf, der Abschluss des Einbringungsvertrages (→ § 20 Rn. 20; aA BMF 11.11.2011, BStBl. I 2011, 1314 Rn. 24.03 iVm Rn. 20.06, 15.03). Nach Auffassung der FVerw (BMF 11.11.2011, BStBl. I 2011, 1314 Rn. 24.03 iVm Rn. 20.07) sind die Grundsätze der Gesamtplanrechtsprechung zu prüfen, wenn funktional wesentliche Betriebsgrundlagen eines Betriebs im zeitlichen und wirtschaftlichen Zusammenhang mit der Einbringung in ein anders BV überführt oder übertragen werden (→ Rn. 60).

Werden WG zurückbehalten, die **nicht wesentliche Betriebsgrundlage** sind, hindert dies die Anwendbarkeit des § 24 in Bezug auf das eingebrachte BV nicht (BFH 11.11.2011, BStBl. I 2011, 1314 Rn. 24.03 iVm Rn. 20.08; DStR 2013, 356; Brandis/Heuermann/Nitzschke Rn. 41; BeckOK UmwStG/Claß/Weggenmann Rn. 267). Das weitere Schicksal der zurückbehaltenen nicht wesentlichen Betriebsgrundlagen hängt davon ab, ob die WG im Zeitpunkt des Wirksamwerdens der Einbringung weiterhin betrieblich verhaftet sind bzw. nicht ausdrücklich ins PV überführt werden (BFH DStR 2013, 356). In diesem Fall werden die stillen Reserven nicht realisiert (vgl. BMF 25.3.1998, BStBl. I 1998, 268 Rn. 24.04 iVm 20.10). Werden die WG PV, so kommt es zu einer Realisierung der in ihnen enthaltenen stillen Reserven iHd Differenz zwischen dem gemeinen Wert und dem BW.

Kommt es nach dem Gesagten zu einer Aufdeckung von stillen Reserven, so ist dafür der Zeitpunkt maßgebend, in dem das wirtschaftliche Eigentum im Rahmen der „Einbringung" auf die übernehmende PersGes übergeht. Werden nicht wesentliche Betriebsgrundlagen zurückbehalten und stellen diese danach PV dar, so entsteht der Entnahmegewinn im Zeitpunkt der Einbringung bzw. bei Rückwirkung des Übertragungsstichtags (BMF 11.11.2011, BStBl. I 2011, 1314 Rn. 24.03 iVm Rn. 20.07).

101 **b) Einbringung eines Teilbetriebs.** Nach umstrittener Auffassung der FVerw (BMF 11.11.2011, BStBl. I 2011, 1314 Rn. 24.03 iVm Rn. 20.06, 15.02 f., 15.07–15.010) entspricht der in § 24 verwendete Begriff des Teilbetriebs dem in der Fusions-RL (→ Rn. 62). Daraus schließt die FVerw, dass zum Teilbetrieb sowohl alle funktional wesentlichen Betriebsgrundlagen sowie die diesem Teilbetrieb nach wirtschaftlichen Zusammenhängen zuordenbaren WG gehören. Die Voraussetzungen des Teilbetriebs müssen nach Auffassung der FVerw bereits zum stl. Übertragungsstichtag vorliegen (BMF 11.11.2011, BStBl. I 2011, 1314 Rn. 24.03 iVm Rn. 20.06, 15.03). Nach der hier vertretenen Auffassung kann die Meinung der FVerw nicht überzeugen, es gilt im Grundsatz der nationale Teilbetriebsbegriff (→ Rn. 65, → § 20 Rn. 79 ff.).

102 Für die Anwendung des § 24 ist es notwendig, dass der Teilbetrieb als Ganzes eingebracht wird, was bedeutet, dass die wesentlichen Betriebsgrundlagen bzw. unter Berücksichtigung der Auffassung der FVerw auch die WG, die dem Teilbetrieb wirtschaftlich zuordenbar sind, auf die PersGes übergehen. Werden funktional wesentliche Betriebsgrundlagen bzw. die einem Teilbetrieb zuordenbaren WG im zeitlichen und wirtschaftlichen Zusammenhang mit der Einbringung in ein anderes Vermögen überführt, so sind nach Auffassung der FVerw die Grundsätze der Gesamtplanrechtsprechung zu beachten (→ Rn. 60). Der steuerneutralen Einbringung eines Teilbetriebs steht es nicht entgegen, dass neutrales Vermögen, welches in keiner Funktion zum vorhandenen Teilbetrieb besteht, mitübertragen oder zurückbehalten wird. Zur Übertragung von Verbindlichkeiten → § 20 Rn. 87. Stellt ein WG eine funktional wesentliche Betriebsgrundlage sowohl beim übertragenden als auch beim verbleibenden Teilbetrieb dar, so steht dies der Annahme einer Teilbetriebseinbringung nicht entgegen (Dötsch/Pung/Möhlenbrock/Patt § 20 Rn. 110). Wird dieses WG nicht voll bzw. anteilig auf den übernehmenden Rechtsträger mitübertragen, so kommt es zu einer Aufdeckung der stillen Reserven im übertragenen Teilbetrieb. Nach Auffassung der FVerw gelten bei der Einbringung eines Teilbetriebs die Rn. 15.07–15.10 entsprechend (BMF 11.11.2011, BStBl. I 2011, 1314 Rn. 24.03 iVm Rn. 20.06). Bei diesem Verweis ist zu beachten, dass bei der Einbringung anders als bei der Spaltung nach § 15 das zurückbehaltene Vermögen nicht selbst Teilbetriebseigenschaft haben muss (Dötsch/Pung/Möhlenbrock/Patt § 20 Rn. 110; Widmann/Mayer/Fuhrmann Rn. 265; Benz/Rosenberg DB-Beil. 1/2012, 38). Der steuerneutralen Einbringung steht es damit nicht entgegen, dass der Einbringende das gesamte gemischt genutzte WG dem übertragenen Teilbetrieb zugeordnet und in den übernehmenden Rechtsträger einbringt (Dötsch/Pung/Möhlenbrock/Patt § 20 Rn. 110). Ob ein Teilbetrieb vorliegt und welche WG funktional wesentliche Betriebsgrundlage sind, richtet sich nach der Sicht des Einbringenden (BeckOK UmwStG/Claß/Weggenmann Rn. 311). Dies gilt nach herrschender, wenn auch strittiger Meinung, auch bei der Anwendung des europäischen Teilbetriebsbegriffs (→ § 20 Rn. 99, → § 20 Rn. 87).

103 **c) Einbringung eines Mitunternehmeranteils.** Wird ein Mitunternehmeranteil eingebracht, so ist in dem Fall auch die funktional wesentlichen Betriebsgrundlagen des SBV mit zu übertragen (BMF 11.11.2011, BStBl. I 2011, 1314 Rn. 24.03 iVm Rn. 20.06; ebenso Dötsch/Pung/Möhlenbrock/Patt Rn. 94; Widmann/Mayer/Fuhrmann Rn. 270 ff.; Brandis/Heuermann/Nitzschke Rn. 38). Werden nicht zu den funktional wesentlichen Betriebsgrundlagen zählende WG des SBV nicht auf die übernehmende PersGes mitübertragen, so findet auch hM § 24 dennoch Anwendung (Dötsch/Pung/Möhlenbrock/Patt Rn. 94; Widmann/Mayer/Fuhrmann Rn. 272). Dies dürfte auch der Meinung der FVerw entsprechen

(Stangl GmbHR 2012, 253; zweifelnd Widmann/Mayer/Widmann UmwStE Rn. 20.10). Dem steht nicht entgegen, dass im UmwStE im Zusammenhang mit der Einbringung eines Mitunternehmeranteils in eine PersGes auch auf die Ausführung zum europäischen Teilbetriebsbegriff verwiesen wird (vgl. BMF 11.11.2011, BStBl. I 2011, 1314 Rn. 24.03 iVm Rn. 20.10; 20.06, 15.02). Im Gegensatz zum Teilbetrieb ist der Mitunternehmeranteil nicht in der Fusions-RL definiert, er ist auch nicht wie in § 15 I 2 einem Teilbetrieb nur gleichstellt, sondern vielmehr neben dem Betrieb und Teilbetrieb ein eigenständiges Einbringungsobjekt. Die Einbringung eines Mitunternehmeranteils fordert daher nur, dass die sich im SBV befindenden funktional wesentlichen Betriebsgrundlagen mitübertragen werden müssen. Eine Übertragung solcher WG, die lediglich im wirtschaftlichen Zusammenhang mit dem Mitunternehmeranteil stehen und SBV eines Mitunternehmeranteils darstellen, ist nicht notwendig (Dötsch/Pung/Möhlenbrock/Patt § 20 Rn. 124; Stangl GmbHR 2012, 253; Kaeser DStR-Beihefter zu Heft 2/2012, 13; Förster GmbHR 2012, 237). Zu weiteren Einzelheiten auch → § 20 Rn. 149 ff.

IV. Der Einbringende

1. Natürliche und juristische Personen

Abs. 1 enthält zur Person des Einbringenden keine Beschränkungen. Einbringender iSd § 24 können natürliche Personen, PersGes, eine nach § 1a KStG optierende PersGes (vgl. § 20 Rn. 185a), Körperschaften, Personenvereinigungen oder Vermögensmassen sein, sofern sie BV besitzen, aus dem bzw. das eingebracht werden kann. Ohne Bedeutung ist, ob der Einbringende unbeschränkt oder beschränkt stpfl. ist. Es kommt auch nicht darauf an, ob er in einem EU-/EWR-Staat oder in einem Drittstaat ansässig ist (Widmann/Mayer/Fuhrmann Rn. 359; BeckOK UmwStG/ Claß/Weggenmann Rn. 579.1; Rödder/Herlinghaus/van Lishaut/Rasche Rn. 75; Brandis/Heuermann/Nitzschke Rn. 45; Haritz/Menner/Bilitewski/Bär/Merkle Rn. 50; Dötsch/Pung/Möhlenbrock/Patt Rn. 111; Frotscher/Drüen/Mutscher Rn. 11; Lademann/Jäschke Rn. 5). Hat eine Körperschaft bzw. eine steuerbefreite Körperschaft einen Betrieb etc iSv § 24 eingebracht, ist die als Gegenleistung erhaltene Mitunternehmerstellung als Betrieb gewerblicher Art bzw. als wirtschaftlicher Geschäftsbetrieb beim Einbringenden zu beurteilen (Dötsch/Pung/Möhlenbrock/ Patt Rn. 9). **104**

2. Mitunternehmerschaft als Einbringender

Ob bzw. unter welchen Voraussetzungen eine Mitunternehmerschaft als solche Einbringende iSd § 24 sein kann, ist im Einzelnen umstritten. Im UmwStE 1998 (BMF 25.3.1998, BStBl. I 1998, 2068 Rn. 24.04 iVm Rn. 20.05; ebenso Patt DStR 1995, 1081) ging die FVerw davon aus, dass bei der Einbringung durch eine PersGes unabhängig von der zivilrechtlichen Rechtslage die an dieser PersGes beteiligten natürlichen/jur. Personen Einbringende iSd § 24 seien. Diese Auffassung hat die FVerw aufgegeben. Einbringender Rechtsträger ist vielmehr der Rechtsträger, der auf Grund der Einbringung MU der übernehmenden PersGes wird bzw. dessen Mitunternehmerstellung erweitert wird (BMF 11.11.2011, BStBl. I 2011, 1314 Rn. 24.03 iVm Rn. 20.03; vgl. → § 20 Rn. 181 ff.). Zu beachten ist, dass der **Gegenstand der Einbringung unabhängig von der Person des Einbringenden** zu beurteilen ist (BMF 11.11.2011, BStBl. I 2011, 1314 Rn. 24.03 iVm Rn. 20.03, 20.05; Brandis/Heuermann/Nitzschke Rn. 47; Widmann/Mayer/Fuhrmann Rn. 371 f.). **105**

Einbringender iSd § 24 ist die **Mitunternehmerschaft,** wenn sie einen Betrieb, Teilbetrieb oder einen Mitunternehmeranteil auf die übernehmende PersGes über- **106** trägt, sie MU der übernehmenden PersGes wird bzw. ihre bisherige Mitunternehmerstellung erweitert wird und die einbringende Mitunternehmerschaft nach der Einbringung als Mitunternehmerschaft fortbesteht (BMF 11.11.2011, BStBl. I 2011, 1314 Rn. 24.03 iVm Rn. 20.03; Dötsch/Pung/Möhlenbrock/Patt Rn. 112; Widmann/Mayer/Fuhrmann Rn. 367; BeckOK UmwStG/Claß/Weggenmann Rn. 584; Haritz/Menner/Bilitewski/Bär/Merkle Rn. 53 ff.; HK-UmwStG/Trautmann Rn. 65; NK-UmwR/Knorr Rn. 25; aA Rödder/Herlinghaus/van Lishaut/Rasche Rn. 78; vgl. auch BFH DStR 2014, 1384). Unter Berücksichtigung der Entwicklung hinsichtlich der stl. Behandlung einer PersGes als selbstständiges Gewinnermittlungssubjekt ist diese Auffassung überzeugend (krit. Rasche GmbHR 2012, 149). Die Mitunternehmerschaft kann selbst Einbringender sein, und zwar auch dann, wenn sie ihr gesamtes Vermögen überträgt.

107 Bei der **Verschmelzung** einer PersGes auf eine andere PersGes (→ Rn. 47) nach §§ 2 ff., 39 ff. geht das Vermögen der übertragenden PersGes als Ganzes auf die übernehmende PersGes über; für die untergehenden Gesellschaftsanteile erhalten die Gesellschafter des übertragenden Rechtsträgers Anteile an der übernehmenden PersGes. Die Mitunternehmerstellung am übernehmenden Rechtsträger werden den Mitunternehmern der übertragenden PersGes gewährt, sie sind Einbringende iSd § 24 (BMF 11.11.2011, BStBl. I 2011, 1314 Rn. 20.03 iVm Rn. 24.03; Dötsch/Pung/Möhlenbrock/Patt Rn. 28; Widmann/Mayer/Fuhrmann Rn. 370; Haritz/Menner/Bilitewski/Bär/Merkle Rn. 54; NK-UmwR/Knorr Rn. 25; HK-UmwStG/Trautmann Rn. 66). Da der Einbringungsgegenstand sich nach dem zu Grunde liegenden Rechtsgeschäft richtet (BMF 11.11.2011, BStBl. I 2011, 1314 Rn. 24.03 iVm Rn. 20.05), bringen in diesem Fall die MU jedoch nicht ihren Mitunternehmeranteil ein, Einbringungsgegenstand ist vielmehr der durch die PersGes übertragene Betrieb (krit. Rasche GmbHR 2012, 149).

108 Wird von einer PersGes Vermögen auf eine andere PersGes (→ Rn. 47) **abgespalten** und erhalten damit die MU der übertragenen PersGes nicht nur zivilrechtlich, sondern auch steuerrechtlich die neue Mitunternehmerstellung am übernehmenden Rechtsträger, sind sie selbst Einbringende (BMF 11.11.2011, BStBl. I 2011, 1314 Rn. 24.03 iVm Rn. 20.03; Dötsch/Pung/Möhlenbrock/Patt Rn. 32; Haritz/Menner/Bilitewski/Bär/Merkle Rn. 56; HK-UmwStG/Trautmann RN 68; NK-UmwR/Knorr Rn. 25; HK-UmwStG/Trautmann Rn. 68); auch in diesem Fall werden jedoch nicht Teile eines Mitunternehmeranteils eingebracht, sondern das übertragene Vermögen, so wie es sich bei der übertragenen PersGes darstellt, zB bei der Abspaltung eines Teilbetriebs wird ein Teilbetrieb eingebracht (BMF 11.11.2011, BStBl. I 2011, 1314 Rn. 24.03 iVm Rn. 20.03; Dötsch/Pung/Möhlenbrock/Patt Rn. 32; Haritz/Menner/Bilitewski/Bär/Merkle Rn. 55). In diesem Fall setzt die Steuerneutralität voraus, dass eine wesentliche Betriebsgrundlage der abgespaltenen Sachgesamtheit auch in das stl. BV des übernehmenden Rechtsträgers übertragen bzw. überführt wird.

109 **Gliedert eine Mitunternehmerschaft** einen Betrieb, Teilbetrieb oder Mitunternehmeranteil auf eine Mitunternehmerschaft aus und wird sie im Rahmen dieser Ausgliederung MU des übernehmenden Rechtsträgers bzw. erhöht sich ihre Mitunternehmerstellung an dieser, so ist Einbringender die übertragende Mitunternehmerschaft, da sie gem. § 15 III 1 EStG als Mitunternehmerschaft weiter existiert (BMF 11.11.2011, BStBl. I 2011, 1314 Rn. 24.03 iVm Rn. 20.03; Haritz/Menner/Bilitewski/Bär/Merkle Rn. 57; Dötsch/Pung/Möhlenbrock/Patt Rn. 32; HK-UmwStG/Trautmann Rn. 69; vgl. auch HK-UmwStG/Wochinger Rn. 69). Die Steuerneutralität dieser Ausgliederung setzt jedoch voraus, dass eine wesentliche Betriebsgrundlage des SBV des übertragenden Rechtsträgers nach hM auf das BV des übernehmenden Rechtsträgers übertragen bzw. überführt werden muss.

110 Einbringender iSd § 24 ist aber der einzelne MU, wenn er seine Mitunternehmeranteile auf die übernehmende PersGes überträgt (Haritz/Menner/Schlößer/Schley Rn. 58).

Liegt eine **Einbringung durch eine Mitunternehmerschaft** als solche vor, so ergeben sich hieraus folgende **Konsequenzen** (auch → § 20 Rn. 185): **111**
– Eine Voll- oder Teilrealisierung der stillen Reserven kann nur einheitlich bezogen auf das gesamte übergehende Vermögen vorgenommen werden (Widmann/Mayer/Fuhrmann Rn. 371); eine unterschiedliche Aufstockung pro „Mitunternehmeranteil" scheidet dann aus.
– Wird SBV zurückbehalten, welches eine wesentliche Betriebsgrundlage des Betriebs oder Teilbetriebs darstellt, so findet § 24 insgesamt keine Anwendung (Widmann/Mayer/Fuhrmann Rn. 371; Dötsch/Pung/Möhlenbrock/Patt Rn. 32; Haritz/Menner/Bilitewski/Bär/Merkle Rn. 30; NK-UmwR/Knorr Rn. 26).

V. Einbringung in eine Personengesellschaft

1. Aufnehmende Personengesellschaft/Mitunternehmerschaft

Die eingebrachten WG müssen in das **BV einer PersGes** übergehen. Als aufnehmende PersGes kommt **jede luf, gewerbliche oder freiberuflich tätige Mitunternehmerschaft** in Betracht (einhellige Auffassung vgl. nur Dötsch/Pung/Möhlenbrock/Patt Rn. 99; Haritz/Menner/Bilitewski/Bär/Merkle Rn. 59; Frotscher/Drüen/Mutscher Rn. 13; Rödder/Herlinghaus/van Lishaut/Rasche Rn. 69; Brandis/Heuermann/Nitzschke Rn. 52). Dazu gehören insbes. die PhG, PartGes sowie die GbR, die Europäische Wirtschaftliche Interessenvereinigung (EWIV) als Sonderform der OHG, sofern Gewinnabsicht Nebenzweck ist und die übrigen Voraussetzungen eines Gewerbebetriebs vorliegen (BMF 15.11.1988, DB 1989, 354; Schmidt/Wacker EStG § 15 Rn. 333). Die atypisch stille Gesellschaft einschl. der GmbH & Still (atypisch) (BFH BStBl. II 2017, 233; Dötsch/Pung/Möhlenbrock/Patt Rn. 99; Widmann/Mayer/Fuhrmann Rn. 347; Haritz/Menner/Bilitewski/Bär/Merkle Rn. 59; Rödder/Herlinghaus/van Lishaut/Rasche Rn. 76; Brandis/Heuermann/Nitzschke Rn. 48) sowie die atypische Unterbeteiligung an einem Personengesellschaftsanteil (Dötsch/Pung/Möhlenbrock/Patt Rn. 99; Widmann/Mayer/Fuhrmann Rn. 348). Zur Sacheinlage auf das Komplementärkapital einer KGaA vgl. Schütz/Dümischen DB 2000, 2446; Farnschläder/Dornschmidt DB 1999, 1923; Schaumburg DStZ 1998, 525. Es reicht aus, dass eine bisher vermögensverwaltende PersGes erst in Folge der Übernahme des übertragenen Vermögens gewerbliche, luf oder freiberufliche Einkünfte erzielt (Dötsch/Pung/Möhlenbrock/Patt Rn. 100; Widmann/Mayer/Fuhrmann Rn. 349; Haase/Hofacker/Haase Rn. 35). Ist die übernehmende PersGes vor und nach der Einbringung vermögensverwaltend tätig (zB Einbringung einer 100%igen Beteiligung an einer KapGes), liegen die Voraussetzungen des § 24 nicht vor, und zwar unabhängig davon, ob ein Gesellschafter der übernehmenden PersGes seine Beteiligung an dieser im BV hält (Widmann/Mayer/Fuhrmann Rn. 350; Brandis/Heuermann/Nitzschke Rn. 52). Hat die übernehmende PersGes nach § 1a KStG zur Körperschaftsteuer optiert, kann sie nicht übernehmender Rechtsträger iSv. § 24 sein, da sie steuerl. nicht als PersGes anzusehen ist; es liegt ggf. ein Fall des § 20 vor (vgl. → § 20 Rn. 169a). **112**

Die Einbringung in eine PersGes bzw. Mitunternehmerschaft gem. Abs. 1 erfordert die Überführung der WG in das **mitunternehmerische BV** der aufnehmenden PersGes. Zum mitunternehmerischen BV gehören dabei sowohl das gesamthänderisch gebundene Vermögen der Gesellschaft als auch das der Mitunternehmerschaft zugeordnete SBV (str., → Rn. 34). **113**

Wird der Betrieb, Teilbetrieb oder Mitunternehmeranteil **ausschließlich in das SBV einer PersGes eingebracht**, so liegt keine Einbringung iSd § 24 vor, selbst wenn der Einbringende danach MU der „aufnehmenden" PersGes wird (BMF 11.11.2011, BStBl. I 2011, 1314 Rn. 24.05; Widmann/Mayer/Fuhrmann Rn. 291; **114**

Rödder/Herlinghaus/van Lishaut/Rasche Rn. 83; Eisgruber/Demuth Rn. 77; Haase/Hofacker/Haase Rn. 37; Dötsch/Pung/Möhlenbrock/Patt Rn. 44; Haritz/Menner/Bilitewski/Bär/Merkle Rn. 12; Brandis/Heuermann/Nitzschke Rn. 40). Zum einen dürfte diese erhaltene Mitunternehmerstellung nicht ihre Ursache in der Einlage in das SBV und der anschl. Nutzungsüberlassung haben, sondern vielmehr in einem sonstigen Beitrag, der losgelöst von der Einlage in das SBV zu sehen ist (so Bordewin/Brandt/Schulze zur Wiesche Rn. 31). § 24 setzt zudem voraus, dass der Einbringende durch die Einbringung die Rechtsstellung eines MU der neuen oder erweiterten PersGes erlangt (BFH BStBl. II 1995, 599). Weiterhin ist zu berücksichtigen, dass die Einbringung, so wie sie in § 24 verstanden wird, grds. einen tauschähnlichen Vorgang darstellt, der nach allgemeinen stl. Grundsätzen zur Aufdeckung der stillen Reserven führen würde. § 24 setzt mit der Möglichkeit einer Buchwertfortführung bzw. eines Zwischenwertansatzes diese Besteuerungsfolgen vollständig oder zumindest teilweise außer Kraft. Von einem solchen Veräußerungsvorgang ist jedoch nur dann auszugehen, wenn tatsächliche Vermögenswerte durch den Einbringenden gegen Gewährung von Gesellschaftsrechten in das Gesamthandsvermögen (vgl. → Rn. 1) der PersGes übertragen werden. Bei der Sacheinlage in das Gesamthandsvermögen der PersGes kommt es zur einer Vereinbarung über den Gegenstand der Sacheinlage und der Höhe der in Geld ausgedrückten Einlageschuld, auf die der Einbringende die Sacheinlage leistet. Die Gesellschaft verrechnet die Sacheinlage mit dem anzusetzenden Wert gegen ihre Einlageforderung. Darin liegt das entgeltliche Veräußerungs- bzw. Anschaffungsgeschäft (vgl. dazu BFH DStR 1999, 366; BMF 29.3.2000, DStR 2000, 820). Wird ein Betrieb, Teilbetrieb ausschließlich in das SBV überführt, so fehlt es an einer Gegenleistung und damit an einem Realisationstatbestand; dieser wird jedoch in § 24 als Ergänzung zu § 16 EStG vorausgesetzt (→ Rn. 35). Ob es in diesen Fällen zu einer Aufdeckung von stillen Reserven dann kommt, ist anhand der allg. Vorschriften (vgl. § 6 V 1, 2 EStG) zu entscheiden (Widmann/Mayer/Fuhrmann Rn. 291). Ausreichend ist es aber, wenn nur ein WG, seien sie auch funktional nicht wesentlich, in das Gesamthandsvermögen übertragen wird (str., wie hier Widmann/Mayer/Fuhrmann Rn. 292).

115 Die **PersGes muss** bei Einbringung als solche **noch nicht bestanden haben;** es genügt, dass sie durch die Einbringung – zB durch Aufnahme einer natürlichen Person in ein bisheriges Einzelunternehmen oder durch Verschm durch Übertragung des BV zweier Mitunternehmerschaften auf eine neugegründete PersGes – erst **entsteht** (Dötsch/Pung/Möhlenbrock/Patt Rn. 99; Widmann/Mayer/Fuhrmann Rn. 349; Haritz/Menner/Bilitewski/Bär/Merkle Rn. 59; Brandis/Heuermann/Nitzschke Rn. 51; HK-UmwStG/Trautmann Rn. 76).

116 Bisher nicht abschließend geklärt war die Frage, ob die Voraussetzungen des § 24 vorliegen, wenn betriebliches Vermögen gegen Gewährung von Gesellschaftsrechten auf eine **zivilrechtlich existente PersGes** übertragen wird, der **Einbringende aber alleiniger MU** dieser übernehmenden PersGes ist (vgl. BFH Urt. v. 6.6.2019 – IV R 34/16, BeckRS 2019, 18509; BStBl. II 2010, 751; Widmann/Mayer/Fuhrmann Rn. 342; Dötsch/Pung/Möhlenbrock/Patt Rn. 99; Brandis/Heuermann/Nitzschke Rn. 50; Haritz/Menner/Bilitewski/Bär/Merkle Rn. 63, Kraft/Sönnischen DB 2011, 1936; Berg/Trompeter FR 2003, 903). Ein solcher Fall ist gegeben, wenn der Einbringende Komplementär einer KG ist, der Kommanditist dieser Gesellschaft den Kommanditanteil treuhänderisch für den Komplementären hält oder wenn der Kommanditist aus anderen Gründen nicht als MU angesehen werden kann. Nach Auffassung des BFH (BFH Urt. v. 6.6.2019 – IV R 34/16, BeckRS 2019, 18509; BStBl. II 1993, 574) ist in solchen Fällen eine einheitliche und gesonderte Gewinnfeststellung nicht durchzuführen. Da eine Mitunternehmerschaft voraussetzt, dass mehrere Personen in mitunternehmerischer Verbundenheit Mitunternehmerrisiko und Mitunternehmerinitiative entfalten (BFH Urt. v. 6.6.2019 – IV R 34/16, BeckRS 2019, 18509), liegt keine Einbringung iSv § 24 vor, wenn der Komplementär WG auf die PersGes überträgt (Eisgruber/Demuth Rn. 63). Wendet man auf die dargestellten Fälle § 24 nicht an, weil aus ertragstl. Sicht ein EU vorliegt (BFH BStBl. II 2010, 751; Widmann/Mayer/Fuhrmann Rn. 342; Dötsch/Pung/Möhlenbrock/Patt Rn. 99; Brandis/Heuermann/Nitzschke Rn. 50; Kraft/Sönnischen DB 2011, 1936; aA Haritz/Menner/Bilitewski/Bär/Merkle Rn. 63), so ist der zivilrechtliche Übertragungsvorgang ohne stl. Auswirkungen, da es an einem steuerrechtlichen Rechtsträgerwechsel fehlt.

2. Ausländische Personengesellschaft, ausländische Mitunternehmer

Auch ausl. PersGes, dh Ges, die nach einem Typenvergleich der dt. PersGes **117** entsprechen, werden als Mitunternehmerschaft iSd § 15 I 1 Nr. 2 S. 1 EStG behandelt (Rödder/Herlinghaus/van Lishaut/Rasche Rn. 72; Haritz/Menner/Bilitewski/Bär/Merkle Rn. 60; Frotscher/Drüen/Mutscher Rn. 14 f.). Der ausl. Rechtsträger muss aber nach dem Gesamtbild mit einer dt. PersGes vergleichbar sein (Typenvergleich). Weitere Voraussetzung war bisher, dass die ausl. PersGes eine inl. Betriebsstätte oder inl. Gesellschafter hat (Herrmann/Heuer/Raupach/Rätke EStG § 15 Rn. 290; Dötsch/Pung/Möhlenbrock/Patt Rn. 99b; vgl. auch FG Düsseldorf EFG 2006, 1438; Rödder/Herlinghaus/van Lishaut/Herlinghaus § 20 Rn. 179). Daran kann wegen Abs. 2 nicht mehr festgehalten werden, entscheidend für die Anwendung des § 24 ist allein, dass der übernehmende Rechtsträger nach dem Gesamtbild mit einer alt. PersGes vergleichbar ist (Widmann/Mayer/Fuhrmann Rn. 357; Haritz/Menner/Bilitewski/Bär/Merkle Rn. 60; Brandis/Heuermann/Nitzschke Rn. 49; HK-UmwStG/Trautmann Rn. 1185; vgl. auch Dötsch/Pung/Möhlenbrock/Patt Rn. 99b). Auf die stl. Einordnung des ausl. Rechtsträgers im Ansässigkeitsstaat kommt es insoweit nicht an. Damit können auch sog. hybride Ges, die in ihren Sitzstaat als stl. intransparent behandelt werden, wohingegen aus dt. Sicht eine PersGes und damit ein transparenter Rechtsträger vorliegt (Brähler/Heerdt StuW 2007, 260; Hey/Bauersfeld IStR 2005, 649), eine Mitunternehmerschaft darstellen (Dötsch/Pung/Möhlenbrock/Patt Rn. 99b; Rödder/Herlinghaus/van Lishaut/Rasche Rn. 72; Frotscher/Drüen/Mutscher Rn. 15).

§ 24 findet auch Anwendung, wenn ein Betrieb, Teilbetrieb oder Mitunterneh- **118** merateil in eine inl. PersGes gegen Gewährung von Gesellschaftsrechten eingebracht wird, an der auch oder ausschließlich beschränkt stpfl. Personen beteiligt sind (Dötsch/Pung/Möhlenbrock/Patt Rn. 99b; Haritz/Menner/Bilitewski/Bär/Merkle Rn. 60; Widmann/Mayer/Fuhrmann Rn. 357).

3. Gewährung einer Mitunternehmerstellung

Abs. 1 findet nur dann Anwendung, wenn der Einbringende als Gegenleistung **119** für die Einbringung eines Betriebs, Teilbetriebs oder Mitunternehmeranteils **MU bei der aufnehmenden PersGes** wird. MU kann grds. nur sein, wer zivilrechtlich Gesellschafter einer PersGes ist, in Ausnahmefällen aber auch, wer aufgrund eines anderen Rechtsverhältnisses eine einem Gesellschafter wirtschaftlich vergleichbare Stellung innehat bzw. der, der wirtschaftlicher Eigentümer eines Mitunternehmeranteils ist (Widmann/Mayer/Fuhrmann Rn. 377; BeckOK UmwStG/Claß/Weggenmann Rn. 620; Dötsch/Pung/Möhlenbrock/Patt Rn. 99; Haritz/Menner/Bilitewski/Bär/Merkle Rn. 64; BFH BStBl. II 2019, 131). Wird dem Einbringenden als Gegenleistung für die Übertragung des Betriebs, Teilbetriebs oder Mitunternehmeranteils ausschließlich die Stellung eines Gesellschafters eingeräumt, wird er jedoch aufgrund der vertraglichen Vereinbarung nicht MU (vgl. auch Schmidt/Wacker EStG § 15 Rn. 257 ff.) und ist § 24 nicht anwendbar, da die Vorschrift ausdrücklich die Mitunternehmereigenschaft des Einbringenden voraussetzt. MU kann auch sein, wer einen Anteil an einer PersGes erwirbt, um ihn kurze Zeit später weiterzuveräußern (BFH DStR 2017, 2653; vgl. auch BFH DStR 2018, 2689; BStBl. II 2019, 131; FG München EFG 2009, 184; Prinz DB 2019, 1345). Dem Erwerber eines Anteils an einer PersGes kann die Mitunternehmerstellung bereits vor der zivilrechtlichen Übertragung des Gesellschaftsanteils zuzurechnen sein (BFH DStR 2018, 539). Bei sog. Ketteneinbringungen ist zu beachten, dass nach Auffassung des BFH (DStR 2017, 1376) bei der Einbringung eines Mitunternehmeranteils zum Buchwert der übernehmende Rechtsträger wegen der stl. Rechtsnachfolge MU ist.

120 Eine Einbringung iSd § 24 liegt auch dann vor, wenn der **Einbringende bereits MU** bei der übernehmenden PersGes war, in die die Einbringung erfolgt, und lediglich seine Beteiligung infolge der Sacheinlage erweitert wird (BFH BStBl. II 2016, 593; BMF 11.11.2011, BStBl. I 2011, 1314 Rn. 24.07; Widmann/Mayer/Fuhrmann Rn. 376; Rödder/Herlinghaus/van Lishaut/Rasche Rn. 85; Dötsch/Pung/Möhlenbrock/Patt Rn. 109; Frotscher/Drüen/Mutscher Rn. 72; HK-UmwStG/Trautmann Rn. 84; BeckOK UmwStG/Claß/Weggenmann Rn. 622; FG Hamburg DStR 2004, 1290). Eine zeitliche Mindesthaltedauer der gewahrten Mitunternehmerstellung ist erforderlich (Widmann/Mayer/Fuhrmann Rn. 392; BFH BStBl. II 2020, 378; DStR 2017, 1376). Eine **Mindestbeteiligung** sieht § 24 nicht vor, sodass die Einräumung einer Mitunternehmerstellung auch von nur geringem Umfang ausreicht (Widmann/Mayer/Fuhrmann Rn. 390; Dötsch/Pung/Möhlenbrock/Patt Rn. 109; NK-UmwR/Knorr Rn. 30). Zum Problem, ob eine offene Einlage in eine Gesellschaft gleichzeitig eine verdeckte Einlage sein kann, → Rn. 136 ff.

121 Die Einräumung der Mitunternehmerstellung muss die Gegenleistung für das übertragene Vermögen des Einbringenden darstellen; die Einräumung der Mitunternehmerstellung nur bei Gelegenheit der Einbringung reicht nicht (BMF 11.11.2011, BStBl. I 2011, 1314 Rn. 24.07; Rödder/Herlinghaus/van Lishaut/Rasche Rn. 82; Dötsch/Pung/Möhlenbrock/Patt Rn. 106; BeckOK UmwStG/Claß/Weggenmann Rn. 628; Frotscher/Drüen/Mutscher Rn. 72). Dies ergibt sich daraus, dass die Einbringung iSd § 24 im Grundsatz einen tauschähnlichen Vorgang darstellt, der entsprechend den Regelungen des § 16 EStG eigentlich zur Aufdeckung der stillen Reserven in dem übergehenden Vermögen führen würde. § 24 setzt jedoch diese stl. Konsequenzen außer Kraft und privilegiert damit die Einbringung eines Betriebs, Teilbetriebs oder Mitunternehmeranteils in eine PersGes (ebenso BFH BStBl. II 1994, 458; 1988, 364). Kommt es zu keiner Einbringung einlagefähiger WG in das mitunternehmerische BV der aufnehmenden PersGes, so ist § 24 nicht anwendbar (→ Rn. 114). Es sollte ausreichend sein, wenn die Übertragung eines Betriebs, Teilbetriebs oder Mitunternehmeranteils als Aufgeld bei einer Bargründung der PersGes erfolgt (Widmann/Mayer/Fuhrmann Rn. 376). Bei der Übertragung mehrerer Sacheinlagen ist es ausreichend, dass nur eine einheitliche Mitunternehmerstellung dem Einbringenden eingeräumt wird (Widmann/Mayer/Fuhrmann Rn. 376).

122 Ob im Rahmen der Einräumung der Mitunternehmerstellung auch dem Einbringenden eine **Vermögensbeteiligung an der aufnehmenden Gesellschaft** gewährt werden muss, ist derzeit nicht abschließend geklärt. Da § 24 dem Grunde nach jedoch ein Veräußerungsgeschäft in Form der Einbringung eines Betriebs, Teilbetriebs oder Mitunternehmeranteils gegen Gewährung von Gesellschaftsrechten bzw. gegen Einräumung einer Mitunternehmerstellung vorsieht, ist auch eine vermögensmäßige Beteiligung des Einbringenden im Rahmen der Einbringung grds. notwendig (BFH/NV 2008, 296; Rödder/Herlinghaus/van Lishaut/Rasche Rn. 82; zweifelnd NK-UmwR/Knorr Rn. 30; Haase/Hofacker/Haase Rn. 41; BeckOK UmwStG/Claß/Weggenmann Rn. 631).

123 Ist eine Person nicht Gesellschafter einer PersGes im zivilrechtlichen Sinne, hält der Gesellschafter den Anteil an der Mitunternehmerschaft jedoch **treuhänderisch** für diese dritte Person, so kann der Dritte MU sein, sofern der Treuhänder die

Gesellschaftsrechte zwar im eigenen Namen, aber im Innenverhältnis nach Weisung des Treugebers und ausschließlich auf dessen Rechnung ausübt (vgl. zB BFH GrS BStBl. II 1991, 691). Der Dritte, dh der Treugeber, ist jedoch nur dann MU, wenn der Treuhänder als zivilrechtlicher Gesellschafter eine Rechtsstellung innehat, die, würde er auf eigene Rechnung handeln, ihn als MU erscheinen ließe (BFH/NV 2016, 551; Widmann/Mayer/Fuhrmann Rn. 378). Gleiches gilt, wenn eine Person weder zivilrechtlich Gesellschafter noch Treugeber, aber **wirtschaftlicher Eigentümer** des Gesellschaftsanteils ist (Haritz/Menner/Bilitewski/Bär/Merkle Rn. 66). Wirtschaftliches Eigentum liegt bspw. weiterhin bei Schenker, wenn dieser dem Mitunternehmeranteil zwar übertragen, aber die Schenkung jederzeit frei widerrufbar gestaltet hat (BFH BStBl. II 1989, 877; Widmann/Mayer/Fuhrmann Rn. 379; Haritz/Menner/Bilitewski/Bär/Merkle Rn. 66; HK-UmwStG/Trautmann Rn. 82).

Der **atypisch stille Gesellschafter** (§§ 230 ff. HGB) ist MU, sofern seine Rechtsstellung mindestens dem Regelstatut des Kommanditisten entspricht, er also zumindest am lfd. Gewinn und Verlust teilnimmt und einen der Beteiligung entsprechenden Anteil am Liquidationserlös inklusive dem etwaigen Geschäftswert erhalten soll (Haritz/Menner/Bilitewski/Bär/Merkle Rn. 69: zu Einzelheiten vgl. Schmidt/Wacker EStG § 15 Rn. 340 ff.; Levedag GmbHR 2019, 693; zur fehlerhaften atypisch stillen Gesellschaft BFH/NV 1998, 1339). Ist ein Kommanditist an dieser PersGes auch atypisch still beteiligt, liegen zwei Mitunternehmeranteile vor (BFH DStR 2014, 1384).

Stl. ist der **Unterbeteiligte** an einem gewerblichen Personengesellschaftsanteil sowohl im Verhältnis des Hauptbeteiligten (BFH BStBl. II 1992, 512), aber auch nach § 15 I Nr. 2 S. 2 EStG mittelbar im Verhältnis zur HauptGes MU (BFH BStBl. II 1998, 137), falls seine Rechtsstellung vertraglich so ausgestaltet ist, dass der Gewerbebetrieb der HauptGes mittelbar anteilig auch für Rechnung des Unterbeteiligten betrieben wird und dieses den Voraussetzungen des Typus eines MU genügt (vgl. BFH BStBl. II 1996, 269; Haritz/Menner/Bilitewski/Bär/Merkle Rn. 70; Levedag GmbHR 2019, 699). Zur Umw einer Unterbeteiligung in eine unmittelbare Beteiligung → Rn. 31.

Wird eine Unterbeteiligung an einem GmbH-Anteil begründet, so entsteht dadurch keine Mitunternehmerschaft des Unterbeteiligten, dieser erzielt vielmehr Einkünfte aus KapVerm. Wird eine Unterbeteiligung am Anteil an einer gewerblichen PersGes begründet, die selbst keine gewerbliche Tätigkeit ausübt, ist der Unterbeteiligte selbst kein MU (Schmidt/Wacker EStG § 15 Rn. 367).

Die **Erbengemeinschaft,** zu deren Vermögen ein Einzelunternehmen oder Anteile an einer gewerblich tätigen PersGes gehören, ist als mit einer PersGes wirtschaftlich vergleichbare Personenvereinigung nach neuerer Rspr. „geborene" Mitunternehmerschaft, und zwar unabhängig von eigener Beschlussfassung über die Fortführung und der Dauer der Fortführung der unternehmerischen Tätigkeit (BFH GrS BStBl. II 1990, 837; BMF 11.1.1993, BStBl. I 1993, 62 Rn. 3; Schmidt/Wacker EStG § 15 Rn. 383). Bei einer Erbengemeinschaft mit einem Mischnachlass, dh einem Nachlass, der sowohl aus BV als auch aus PV besteht, kommt es zu keiner gewerblichen Infizierung des PV, die Abfärbetheorie gilt insoweit nicht (vgl. BFH GrS BStBl. I 1992, 837; BMF 11.1.1993, BStBl. I 1993, 62 Rn. 4; Schmidt/Wacker EStG § 15 Rn. 187, § 16 Rn. 603). Tritt jedoch ein weiterer Gesellschafter in die bestehende Erbengemeinschaft gegen Geldeinlage, Einlage anderer WG oder aber eines Betriebs, Teilbetriebs oder Mitunternehmeranteils in die Erbengemeinschaft ein, so ist davon auszugehen, dass die bisherigen Gesellschafter der Erbengemeinschaft ihre Anteile an der Erbengemeinschaft in eine neue, durch den neu hinzutretenden Gesellschafter vergrößerte PersGes einbringen (→ Rn. 19). Soweit die Beteiligung an der Erbengemeinschaft einen Mitunternehmeranteil darstellt, findet § 24 Anwendung, iÜ gelten die allg. Regelungen über die Einbringung von PV in eine gewerbliche PersGes. Im Anschluss an den Einbringungsvorgang ist eine neue, gewerbliche PersGes entstanden, die Erbengemeinschaft wurde aus steuerrechtlicher Sicht aufgelöst, sodass die Abfärbetheorie in diesem Fall Anwendung findet (vgl. auch Widmann/Mayer/Fuhrmann Rn. 405).

128 Weder die Gewährung einer **typisch stillen Beteiligung** noch einer **typischen Unterbeteiligung** ist Einräumung einer Mitunternehmerstellung iSv Abs. 1 (Haritz/Menner/Bilitewski/Bär/Merkle Rn. 74).

129 Auch die **gewerblich geprägte Mitunternehmerschaft** iSv § 15 III 2 EStG ist selbst bei ausschließlich vermögensverwaltender Tätigkeit in vollem Umfang Gewerbebetrieb, ihre Gesellschafter gelten als MU (zB Schmidt/Wacker EStG § 15 Rn. 211 ff.), sodass auch eine Beteiligung an einer gewerblich geprägten Mitunternehmerschaft in den Anwendungsbereich von § 24 fällt (BFH DStR 1994, 1571; Brandis/Heuermann/Nitzschke Rn. 52; Widmann/Mayer/Fuhrmann Rn. 376; Haritz/Menner/Bilitewski/Bär/Merkle Rn. 72).

130 Wird ein Betrieb, Teilbetrieb oder Mitunternehmeranteil in eine sog. **ZebraGes** (vgl. BFH BStBl. I 1997, 39; Schmidt/Wacker EStG § 15 Rn. 205) iSv § 24 eingebracht, so wird diese Gesellschaft durch die Einbringung gewerblich infiziert mit der Konsequenz, dass der Einbringende eine Mitunternehmerstellung erhält.

4. Neuer Mitunternehmeranteil oder Erhöhung der bestehenden Rechte

131 Abs. 1 setzt nach seinem Wortlaut voraus, dass der Einbringende MU der aufnehmenden PersGes „wird". Die Mitunternehmerstellung des Einbringenden zeigt sich bilanziell dadurch, dass das eingebrachte BV **dem Kapitalkonto des Gesellschafters gutgeschrieben wird,** welches nach dem Gesellschaftsvertrag maßgebend ist für die Beteiligung am Gewinn und Verlust, an der Höhe des Abfindungsgutachtens sowie den Stimmrechten (BFH BStBl. II 2016, 593; BMF 11.11.2011, BStBl. I 2011, 1314 Rn. 24.07; Widmann/Mayer/Fuhrmann Rn. 384; BeckOK UmwStG/ Claß/Weggenmann Rn. 624; Dötsch/Pung/Möhlenbrock/Patt Rn. 108; BFH DStR 2016, 217 zu § 6 EStG). Die Verbuchung auf einem Kapitalkonto und auf einem gesamthänderisch gebundenen Rücklagekonto steht der Anwendung des § 24 nicht entgegen (BMF 11.11.2011, BStBl. I 2011, 1314 Rn. 24.09; BFH DStR 2023, 1125; BFH BStBl. II 2006, 847; Dötsch/Pung/Möhlenbrock/Patt Rn. 108; Haritz/ Menner/Bilitewski/Bär/Merkle Rn. 76). Gleiches gilt, wenn neben dem „Beteiligungskonto" eine Verbuchung ausschließlich auf einem variablen Kapitalkonto erfolgt (Dötsch/Pung/Möhlenbrock/Patt Rn. 108). Nach überholter Auffassung der FVerw (BMF 11.11.2011, BStBl. I 2011, 1314 Rn. 24.07; vgl. jetzt BMF 26.7.2016, BStBl. I 2016, 684; Dötsch/Pung/Möhlenbrock/Patt Rn. 109; Brandis/Heuermann/Nitzschke Rn. 57; BFH BStBl. II 2016, 593) reichte auch die ausschließliche Buchung auf einem variablen Kapitalkonto aus. Die ausschließliche Verbuchung auf einem Darlehenskonto oder einem anderen Fremdkapitalkonto ist nicht ausreichend (BMF 11.11.2011, BStBl. I 2011, 1314 Rn. 24.07; Dötsch/Pung/Möhlenbrock/ Patt Rn. 109; Brandis/Heuermann/Nitzschke Rn. 57). Zur Abgrenzung zwischen Darlehenskonto und Kapitalkonto vgl. BMF 30.5.1997, BStBl. I 1997, 627; OFD Hannover 7.2.2008, DB 2008, 1350; Widmann/Mayer/Fuhrmann Rn. 385). Auf die bloße Bezeichnung als Kapital- oder Darlehenskonto kommt es nicht an (BFH/ NV 2008, 105). Die ausschließliche Gutschrift des übertragenen Vermögens auf eine gesamthänderisch gebundene Rücklage ist unentgeltlicher Natur, § 24 greift nicht (Widmann/Mayer/Fuhrmann Rn. 388; Haritz/Menner/Bilitewski/Bär/Merkle Rn. 76; vgl. auch Mutscher DStR 2009, 1625). Erfolgt die Gutschrift ausschließlich oder **teilweise auf ein Darlehenskonto** des Einbringenden, so wird ihm eine Mitunternehmerstellung insoweit nicht eingeräumt. Es handelt sich nach bisher hM (→ Rn. 28, 140 ff.) insoweit um ein normales Veräußerungsgeschäft mit der Folge, dass die stillen Reserven vollständig oder teilweise aufzudecken sind. Zur Rechtslage ab 1.1.2015 → Rn. 140 ff. Soweit die Einbringung für fremde Rechnung erfolgt, kann darin ein Veräußerungsgeschäft liegen (BFH/NV 2020, 48).

§ 24 ist nach hM auch anwendbar, wenn der Einbringende bereits MU war und **132** sein Mitunternehmeranteil durch die Einbringung eines Betriebs, Teilbetriebs oder **Mitunternehmeranteils weiter aufgestockt wird** (BMF 11.11.2011, BStBl. I 2011, 1314 Rn. 24.07; BFH BStBl. II 2016, 593; FG Münster EFG 2013, 338; Widmann/Mayer/Fuhrmann Rn. 396; Dötsch/Pung/Möhlenbrock/Patt Rn. 109; Rödder/Herlinghaus/van Lishaut/Rasche Rn. 85; Haritz/Menner/Bilitewski/Bär/Merkle Rn. 77; Frotscher/Drüen/Mutscher Rn. 72; BeckOK UmwStG/Claß/Weggenmann Rn. 625; FG Hamburg DStRE 2004, 1290). Die Gewährung des Mitunternehmeranteils im Rahmen der Einbringung neben einer bereits bestehenden Mitunternehmerstellung hat nicht zur Folge, dass der Einbringende nunmehr zwei Mitunternehmeranteile hat (Widmann/Mayer/Fuhrmann Rn. 397). Auch in diesem Fall muss das Kapitalkonto, welches die Beteiligung am Gewinn und Verlust, dem Vermögen und den Stimmrechten repräsentiert, erhöht werden (so BFH BStBl. II 2016, 593) oder aber auf andere Art und Weise weitere Gesellschaftsrechte gewährt werden (BMF 11.11.2011, BStBl. I 2011, 1314 Rn. 24.07; Dötsch/Pung/Möhlenbrock/Patt Rn. 109). In diesem Fall ist die teilweise Verbuchung auf einem Beteiligungskapitalkonto und auf einem gesamthänderisch gebundenen Rücklagekonto bzw. einem variablen Konto ausreichend (BMF 11.11.2011, BStBl. I 2011, 1314 Rn. 24.07; Dötsch/Pung/Möhlenbrock/Patt Rn. 109).

Ist der **einbringende MU bereits zu 100%** am Vermögen, Gewinn und Verlust **133** des übernehmenden Rechtsträgers beteiligt und besitzt er alle Stimmrechte, muss nach Auffassung der FVerw (ebenso BFH BStBl. II 2016, 593; BeckOK UmwStG/Claß/Weggenmann Rn. 626) das Kapitalkonto, welches die Beteiligung widerspiegelt, erhöht werden. Es dürfte auch die teilweise Verbuchung auf einem gesamthänderisch gebundenen Rücklagekonto ausreichend sein. Nach Patt (Dötsch/Pung/Möhlenbrock/Patt Rn. 109) muss bei einem Kommanditisten die Hafteinlage im Handelsregister erhöht werden. Die bloße Buchung auf ein Darlehenskonto reicht in jedem Fall nicht aus (→ Rn. 131).

Zur Anpassung der Kapitalkonten entsprechend den tatsächlichen Wertverhältnis- **134** sen → Rn. 231 ff.

5. Höhe der Beteiligung

Abs. 1 verlangt lediglich, dass als Gegenleistung für die Sacheinlage eine Mitunter- **135** nehmerbeteiligung gewährt wird; eine **Mindestbeteiligung** sieht die Vorschrift nicht vor. Daraus folgt, dass die Größe und die Bedeutung des gewährten Mitunternehmeranteils im Verhältnis zu den übrigen MU jedenfalls für die Anwendung des § 24 grds. ohne Bedeutung sind und dass demgemäß eine **Mitunternehmerstellung von nur geringem Umfang** ausreicht (Haritz/Menner/Bilitewski/Bär/Merkle Rn. 77; Dötsch/Pung/Möhlenbrock/Patt Rn. 107; Widmann/Mayer/Fuhrmann Rn. 390; BeckOK UmwStG/Claß/Weggenmann Rn. 629; Haase/Hofacker/Haase Rn. 41). Unschädlich ist es daher, wenn nur ein „kleiner" Mitunternehmeranteil gewährt wird und der überschießende Betrag in die gesamthänderisch gebundene Rücklage eingestellt wird (BFH DStR 2023, 1125; BMF 11.11.2011, BStBl. I 2011, 1314 Rn. 24.07; Widmann/Mayer/Fuhrmann Rn. 390; vgl. auch BFH BStBl. II 2009, 464). Als Gegenleistung für die Einbringung des Betriebs, Teilbetriebs, Mitunternehmeranteils muss jedoch in aller Regel eine **vermögensmäßige Beteiligung** an der Mitunternehmerschaft als Gegenleistung eingeräumt werden (BFH/NV 2008, 296; Rödder/Herlinghaus/van Lishaut/Rasche Rn. 82; zweifelnd NK-UmwR/Knorr Rn. 30; Haase/Hofacker/Haase Rn. 41; BeckOK UmwStG/Claß/Weggenmann Rn. 631).

136 Es stellt sich die Frage, ob die im Rahmen der Einbringung dem Einbringenden gewährten Gesellschaftsrechte wertmäßig dem eingebrachten Vermögen entsprechen müssen. Dabei stellt sich insbes. die Frage des Verhältnisses **zwischen den Ansatz- und Bewertungsvorschriften des UmwStG,** hier in Form des § 24, und den **Grundsätzen der vGA bzw. verdeckten Einlage.**

Beispiel:

137 E ist alleiniger Gesellschafter der E-GmbH. Diese ist als Komplementärin mit 10% am Vermögen der E-GmbH & Co. KG beteiligt. Die restlichen 90% hält E als Kommanditist. Im Rahmen der Ausgliederung überträgt nunmehr die E-GmbH einen Teilbetrieb (BW 100.000 Euro, Verkehrswert 500.000 Euro) auf die GmbH & Co. KG. Ihr Mitunternehmeranteil wird nicht wertadäquat aufgestockt mit der Folge, dass die Kommanditbeteiligung des E um 400.000 Euro an Wert zunimmt.

138 Im Zusammenhang mit § 13 geht die FVerw (BMF 11.11.2011, BStBl. I 2011, 1314 Rn. 13.03; ebenso BFH BStBl. II 2011, 799; Widmann/Mayer/Schießl § 13 Rn. 306; Sistermann DStR-Beihefter zu Heft 2/2012, 9) davon aus, dass diese Vorschrift keine Anwendung findet, soweit es infolge der Verschm zu einer interpersonalen Wertverschiebung auf der Ebene der Anteilseigner kommt. Solche Wertverlagerungen sind nach allg. Grundsätzen entweder verdeckte Gewinnausschüttungen in Form der Sachauskehrung zum gemeinen Wert oder verdeckte Einlagen. Gegenstand der Vorteilszuwendung sind dabei die KapGes-Anteile am übertragenden bzw. übernehmenden Rechtsträger und nicht das durch die Verschm übergehende Vermögen (BFH BStBl. II 2011, 799; Sistermann DStR-Beihefter zu Heft 2/2012, 9; dazu auch → § 13 Rn. 14, → § 11 Rn. 158, → § 12 Rn. 103). Übertragen auf die Einbringungsfälle bedeutet dies, dass es auch im Rahmen der Einbringung nach § 24 bei interpersonalen Wertverschiebungen zu verdeckten Gewinnausschüttungen bzw. zu verdeckten Einlagen kommen kann, soweit ein Mitgesellschafter der übernehmenden PersGes eine KapGes ist, an der die Einbringende oder eine ihm nahestehende Person beteiligt ist (vgl. auch BFH GmbHR 2005, 240; Briese GmbHR 2005, 207; BeckOK UmwStG/Claß/Weggenmann Rn. 634; Frotscher/Drüen/Mutscher Rn. 86; Haritz/Menner/Bilitewski/Bär/Merkle Rn. 78; Dötsch/Pung/Möhlenbrock/Patt Rn. 84 f.). Im vorliegenden Beispielsfall würde unter Zugrundelegung der dargestellten Meinung die E-GmbH eine verdeckte Gewinnausschüttung iHv 400.000 Euro an E vornehmen.

6. Einbringung gegen Vermögensvorteile, die nicht in Gesellschaftsrechten bestehen

139 **a) Rechtslage bis 31.12.2014.** Werden dem Einbringenden neben der Einräumung oder Verstärkung seiner Mitunternehmerstellung auch **andere Gegenleistungen** aus dem Gesamthandsvermögen (vgl. → Rn. 1) der übernehmenden Gesellschaft gewährt, so führt dies nach bisher hM zu einer Aufdeckung der stillen Reserven, soweit das übertragene Vermögen nicht durch Einräumung einer Mitunternehmerstellung vergütet wird (BMF 11.11.2011, BStBl. I 2011, 1314 Rn. 24.07; Rödder/Herlinghaus/van Lishaut/Rasche Rn. 88; Dötsch/Pung/Möhlenbrock/Patt Rn. 108; aA Widmann/Mayer/Fuhrmann Rn. 523, 175; BFH DStR 2013, 2821; vgl. auch BFH DStR 2015, 2834). Die Belastung des übertragenen Vermögens mit einem **dinglichen Nutzungsrecht** zu Gunsten des Einbringenden stellt keine sonstige Gegenleistung dar (vgl. BFH BStBl. II 2008, 296; Widmann/Mayer/Fuhrmann Rn. 174.1). Sind die als Gegenleistung für die Einbringung erhaltenen Mitunternehmeranteile am übernehmenden Rechtsträger mit **Sonderrechten** ausgestattet (zB Gewinn vorab; FG Düsseldorf Urt. v. 7.5.2019 – 6 K 2302/15K, BeckRS 2019, 22127; vgl. dazu BFH DStR 2016, 292), liegt darin im Grundsatz keine sonstige Gegenleistung (Widmann/Mayer/Fuhrmann Rn. 174.1). **Rechte Dritter** am übertragenen Vermögen (Nießbrauchsrecht an einem eingebrachten Mitunternehmeranteil, Vorkaufsrechte), die sich von Gesetzes wegen an den neuen Anteilen am übernehmenden Rechtsträger fortsetzen, stellen keine sonstige Gegenleistung dar. Gleiches gilt, wenn solche Rechte auf Grund einer schuldrechtlichen Vereinbarung sich an den Anteilen am übernehmenden Rechtsträger fortsetzen, auch wenn diese erst im Zusammenhang mit der Einbringung geschlossen werden.

Soweit die Einbringung nicht nur gegen Gewährung von Gesellschaftsrechten, sondern auch gegen den Ausweis eines Gesellschafterdarlehens erfolgt, ist § 24 insoweit **nach bisher hM** nicht anwendbar, als nicht Gesellschaftsrechte, sondern **Darlehensforderungen** durch den Einbringenden erworben werden; es liegen Zuzahlungen in das Vermögen des Einbringenden vor. Der dadurch entstehende Gewinn des Einbringenden kann nicht durch die Aufstellung einer negativen Ergänzungsbilanz neutralisiert werden (BMF 11.11.2011, BStBl. I 2011, 1314 Rn. 24.07, 24.09; FG Münster EFG 2013, 338; FG Düsseldorf EFG 2011, 491; Dötsch/Pung/Möhlenbrock/Patt Rn. 60; Rödder/Herlinghaus/van Lishaut/Rasche Rn. 88; vgl. auch Haritz/Menner/Bilitewski/Bär/Merkle Rn. 78; aA BFH DStR 2013, 2821; Widmann/Mayer/Fuhrmann Rn. 523, 175; vgl. auch Jäschke GmbHR 2012, 601). Gleiches gilt, falls die einbringende PersGes private Verbindlichkeiten des Einbringenden übernimmt (BMF 11.11.2011, BStBl. I 2011, 1314 Rn. 24.09; BFH BStBl. II 2005, 554). Ausschlaggebend für die Frage, ob die Einbringung gegen Gewährung von Gesellschaftsrechten erfolgt oder aber gegen Einräumung einer Darlehensforderung, ist die **Qualifizierung des Gesellschafterkontos,** auf dem der entsprechende Betrag verbucht wird. Erfolgt die Verbuchung auf einem Kapitalkonto, so liegt keine sonstige Gegenleistung vor, erfolgt sie auf einem Forderungskonto des Gesellschafters, ist § 24 insoweit nicht anwendbar. Die Abgrenzung richtet sich nicht nach der Kontenbezeichnung, sondern im Grundsatz danach, ob Zu- und Abgänge gesellschaftsrechtlicher oder schuldrechtlicher Natur sind (→ Rn. 131; BMF 11.7.2011, BStBl. I 2011, 713; OFD Hannover 7.2.2008, DB 2008, 1350). Nach **Auffassung des BFH** (DStR 2013, 2821; vgl. dazu Rosenberg/Placke DB 2013, 2821; Geissler FR 2014, 152) kommt es entgegen der bisher hM nicht zwangsläufig zu einem stpfl. Gewinn, wenn dem Einbringenden auch Darlehen gewährt werden. Bei der Einbringung eines Betriebs, Teilbetriebs oder Mitunternehmeranteils gegen Einräumung oder Verstärkung der Mitunternehmerstellung wird nach Meinung des BFH bei Wahl der Buchwertfortführung dann kein Gewinn realisiert, wenn die Summe aus Nominalbetrag oder Gutschrift auf dem Kapitalkonto des Einbringenden bei der PersGes und dem gemeinen Wert der eingeräumten Darlehensforderung den stl. BW der eingebrachten Sachgesamtheit nicht übersteigt.

Erhält der Einbringende neben dem durch die aufnehmende PersGes gewährten Mitunternehmeranteil eine **Ausgleichszahlung durch die anderen MU** der PersGes bzw. solche, die zeitgleich in diese mit aufgenommen werden, und fließt die Zuzahlung in das PV oder ein anderes BV (SBV der übernehmenden PersGes oder anderes BV) des Einbringenden, so liegt nach Auffassung der Rspr. (BFH GrS DStR 2000, 64; BStBl. II 1995, 599; DStR 2015, 641; ebenso BMF 11.11.2011, BStBl. I 2011, 1314 Rn. 24.08; Dötsch/Pung/Möhlenbrock/Patt Rn. 61) eine Gestaltung vor, die steuerrechtliche Tatbestände der Veräußerung und der Einbringung von BV miteinander verbindet. Die FVerw geht in diesem Zusammenhang davon aus, dass der Einbringende Eigentumsanteile an den WG des BV veräußert und die ihm verbleibenden Eigentumsanteile für eigene Rechnung sowie die veräußerten Eigentumsanteile für Rechnung des zuzahlenden Gesellschafters in das BV der PersGes einlegt (BMF 11.11.2011, BStBl. I 2011, 1314 Rn. 24.08; ebenso BFH DStR 2015, 641). Die Veräußerung der Anteile an den WG ist nach Auffassung der FVerw (BMF 11.11.2011, BStBl. I 2011, 1314 Rn. 24.10) ein Geschäftsvorfall des einzubringenden Betriebs. Der erzielte Veräußerungserlös wird noch vor der Einbringung aus dem BV entnommen, die Einbringung des Betriebs erfolgt nach Entnahme des Veräußerungserlöses. Der durch die Zuzahlung in das PV des Einbringenden entstehende Gewinn kann nicht durch die Erstellung einer negativen Ergänzungsbilanz vermieden werden (BMF 11.11.2011, BStBl. I 2011, 1314 Rn. 24.09; BFH BStBl. II 1995, 599). Eine in das PV fließende Zuzahlung liegt auch dann vor, wenn durch die Zuzahlung eine dem außerbetrieblichen Bereich zugeordnete Fremdverbindlichkeit getilgt wird (BMF 11.11.2011, BStBl. I 2011, 1314 Rn. 24.09) oder eine private Verbindlichkeit des Einbringenden übernommen wird (BFH/NV 2005, 767).

142 Entsteht beim Einbringenden durch die Zuzahlung in das PV/BV ein Veräußerungsgewinn, so ist für den die **Ausgleichszahlung Leistenden** eine positive **Ergänzungsbilanz** zu erstellen (NdsFG EFG 2007, 1298; Brandis/Heuermann/ Nitzschke Rn. 62). Der Betrag der Ausgleichszahlung ist entsprechend den allg. Grundsätzen dem Wert nach auf die eingebrachten WG zu verteilen.

143 Werden die Kapitalkonten der Gesellschafter, die für die Gewinn- bzw. Stimmrechtsverteilung maßgebend sind, nicht entsprechend den Wertverhältnissen der eingebrachten WG festgesetzt und kommt es des Weiteren nicht zu einem Ausgleich wegen des Mehrbetrags an stillen Reserven, kann wegen dieses Vorgangs bei Vorliegen der übrigen Voraussetzungen **Schenkung-, Lohn-, Einkommen-** oder **Körperschaftsteuer** entstehen oder eine vGA oder verdeckte Einlage vorliegen (→ Rn. 136 f.). Eine stpfl. Zuwendung kann auch dann vorliegen, wenn ein anderer Gesellschafter ein negatives Kapitalkonto übernimmt und dieses nicht durch die anteilig auf den abtretenden Gesellschafter entfallenden stillen Reserven gedeckt ist.

144 Kommt es im Rahmen der Einbringung mangels vereinbarter Ausgleichsleistungen zu einer unentgeltlichen Übertragung von stillen Reserven auf andere Gesellschafter, so sind insoweit die BW fortzuführen, sofern die Voraussetzungen des § 6 III EStG vorliegen (Märkle DStR 2000, 797; BFH DB 2000, 2568).

144a **b) Rechtslage ab 1.1.2015.** Durch Gesetz v. 2.11.2015 wurde Abs. 2 S. 2 ergänzt. Die Möglichkeit einer Buchwertfortführung ist nur insoweit zulässig, als eine sonstige Gegenleistung nicht mehr beträgt als (a) 25 vH des BW des eingebrachten BV oder (b) 500.000 Euro, höchstens jedoch den BW des eingebrachten BV (dazu ausf. → Rn. 216b ff.).

7. Missbräuchliche Gestaltung

145 Vollzieht sich die Einbringung nicht ausschließlich gegen Gewährung von Gesellschaftsrechten, sondern werden daneben Zuzahlungen geleistet, die nicht gesamthänderisch gebundenes BV der aufnehmenden PersGes werden, so liegt eine Gestaltung vor, die stl. Tatbestände der Veräußerung und der Einbringung von BV miteinander verbindet. Bezogen auf die Ausgleichszahlung in das oder ein anderes BV (SBV der übernehmenden PersGes oder anderes BV) des Einbringenden liegt ein von der Einbringung gem. § 24 getrennt zu beurteilender Veräußerungsvorgang vor (→ Rn. 141). Wird die Zuzahlung zunächst gesamthänderisch gebundenes BV der PersGes, dann aber später **entnommen,** kann dies den gleichen wirtschaftlichen Gehalt haben wie eine Zuzahlung, die unmittelbar an den Einbringenden erfolgt (BMF 11.11.2011, BStBl. I 2011, 1314 Rn. 24.11; Haritz/Menner/Bilitewski/Bär/ Merkle Rn. 158; Dötsch/Pung/Möhlenbrock/Patt Rn. 63; BFH BStBl. II 1995, 599; Bien ua DStR-Beil. zu Heft 17/1998, 55). Von einem Missbrauch kann jedoch nur dann ausgegangen werden, wenn zwischen den Zuzahlungen und den späteren Entnahmen ein sachlicher und zeitlicher Zusammenhang besteht (Dötsch/Pung/ Möhlenbrock/Patt Rn. 63; Brandis/Heuermann/Nitzschke Rn. 65; BeckOK UmwStG/Claß/Weggenmann Rn. 703). Die FVerw (BMF 11.11.2011, BStBl. I 2011, 1314 Rn. 24.11) geht von einem solchen Gestaltungsmissbrauch aus, wenn der Einbringende im Anschluss an die Einbringung größere Entnahmen tätigen darf und bei der Bemessung seines Gewinnanteils auf seinen ihm dann noch verbleibenden Kapitalanteil abgestellt wird.

Beispiel:

A und B gründen eine OHG, die das Einzelunternehmen des A fortführen soll. Das Einzelunternehmen hat einen BW von 100.000 Euro und einen GW von 300.000 Euro. A und B sollen an der OHG zu je 50 vH beteiligt sein. B bringt daher in das Gesamthandsvermögen (vgl. → Rn. 1) der OHG einen Bargeldbetrag iHv 300.000 Euro ein, wobei ein Betrag von 200.000 Euro in die gesamthänderische Kapitalrücklage eingestellt wird. Aus dieser entnimmt A bereits im Zeitpunkt der Gründung der OHG – wie mit B vereinbart – einen Betrag iHv 150.000 Euro. Dieser Vorgang ist so zu behandeln, als hätte A eine Zuzahlung durch B iHv 150.000 Euro direkt in sein Vermögen erhalten. **146**

8. Zeitpunkt der Einbringung; Rückwirkung

Die Bestimmung des **Einbringungsstichtags** ist insbes. von Bedeutung für **147**
– die Bestimmung des Zeitpunkts der Mitunternehmerstellung;
– die Bestimmung des Zeitpunkts der Zurechnung der Sacheinlage zum BV der aufnehmenden PersGes;
– die Bestimmung des Zeitpunkts, von dem an Gewinn und Verlust bei einer neu entstehenden aufnehmenden PersGes zu ermitteln ist;
– die Bestimmung des Zeitpunkts, auf den eine Einbringungs- bzw. eine Eröffnungsbilanz aufzustellen ist;
– die Bestimmung des Zeitpunkts der Wertansätze für die Sacheinlage;
– die Bestimmung der Höhe des etwaigen Einbringungsgewinns beim Einbringenden;
– den Beginn eines (Rumpf-)Wj. der aufnehmenden PersGes;
– den Beginn der Sperrfrist iSv Abs. 2.

Vollzogen ist die Einbringung mit dem **Übergang des wirtschaftlichen Eigentums der Sacheinlage in das BV** der aufnehmenden PersGes; wesentlicher Anhaltspunkt für den Übergang ist der Zeitpunkt, von dem an die Sacheinlage für Rechnung der aufnehmenden PersGes geführt wird (BMF 11.11.2011, BStBl. I 2011, 1314 Rn. 24.06 iVm Rn. 20.13; BFH/NV 2021, 406; Haritz/Menner/Bilitewski/Bär/Merkle Rn. 91; Dötsch/Pung/Möhlenbrock/Patt Rn. 159). **148**

Erfolgt die Einbringung im Wege der **Einzelrechtsnachfolge,** so ist eine Rückbeziehung nur für eine kurze Zeitspanne von max. 4–6 Wochen möglich, wenn sie lediglich der technischen Vereinfachung der Besteuerung dient (BFH/NV 2002, 1083; BStBl. II 1985, 55; Dötsch/Pung/Möhlenbrock/Patt Rn. 160a; Haritz/Menner/Bilitewski/Bär/Merkle Rn. 93; Widmann/Mayer/Fuhrmann Rn. 1444; vgl. auch OFD Frankfurt a. M. 5.9.1996, FR 1996, 801). Zur Einbringung zum Jahreswechsel vgl. BFH BStBl. II 2001, 178. Erfolgt die Einbringung iSd Abs. 1 im Wege der **Gesamtrechtsnachfolge** (Verschm, Spaltung), kann der Vermögensübergang nach Abs. 4 Hs. 2 unter entsprechender Anwendung des § 20 V, VI bis zu acht Monaten zurückbezogen werden (vgl. → Rn. 51). Erfasst werden auch vergleichbare ausl. Vorgänge (Rödder/Herlinghaus/van Lishaut/Rasche Rn. 159; Widmann/Meyer/Fuhrmann Rn. 114). Das Prinzip der Rückwirkung besteht darin, dass für Zwecke der ESt, der KSt und GewSt ein tatsächlicher Vermögenstransfer auf die übernehmende PersGes fingiert wird, und zwar zum Ablauf des gewählten stl. Übertragungsstichtags. Die Rückwirkung hat Auswirkung sowohl für den Einbringenden als auch die aufnehmende PersGes. Die Rückwirkung setzt einen Antrag der übernehmenden Mitunternehmerschaft voraus (→ Rn. 135). **149**

Stellt sich die Einbringung als **Kombination von Gesamtrechtsnachfolge und Einzelrechtsnachfolge** dar, so umfasst die Rückbeziehung den gesamten Einbringungsvorgang, dh die WG, die im Wege der Einzelrechtsnachfolge bspw. **150** in das SBV übertragen werden, nehmen an der Rückbeziehung teil (BMF 11.11.2011, BStBl. I 2011, 1314 Rn. 24.06; Haritz/Menner/Bilitewski/Bär/Merkle Rn. 96; Dötsch/Pung/Möhlenbrock/Patt Rn. 165; Widmann/Mayer/Fuhrmann Rn. 1454).

151 Die **Anwachsung** stellt nach Auffassung der FVerw keinen Fall der Gesamtrechtsnachfolge dar (BMF 11.11.2011, BStBl. I 2011, 1314 Rn. 24.06; Dötsch/Pung/Möhlenbrock/Patt Rn. 165; aA Haritz/Menner/Bilitewski/Bär/Merkle Rn. 94; BFH BStBl. II 2003, 1163; BFH/NV 2001, 178). Erfolgt die die Anwachsung auslösende Einbringung im Wege der Gesamtrechtsnachfolge mit stl. Rückwirkung, erfolgt die Anwachsung auf den stl. Übertragungsstichtag (Brandis/Heuermann/Nitzschke Rn. 97; vgl. auch Dötsch/Pung/Möhlenbrock/Patt Rn. 163).

152 Kommt es zu einer **stl. Rückwirkung**, so hat der gewählte stl. Übertragungsstichtag dieselbe ertragstl. Bedeutung wie eine tatsächliche Einbringung zu diesem Zeitpunkt. Die Einlagegegenstände unterliegen ab dem Übertragungsstichtag der Besteuerung bei der aufnehmenden PersGes, selbst dann, wenn die PersGes zivilrechtlich zu diesem Zeitpunkt noch nicht existent war (Dötsch/Pung/Möhlenbrock/Patt Rn. 173; BMF 11.11.2011, BStBl. I 2011, 1314 Rn. 24.06 iVm Rn. 20.15, 02.11; HK-UmwStG/Trautmann Rn. 148). Ab dem Übertragungsstichtag ist eine einheitliche und gesonderte Gewinnfeststellung unter Berücksichtigung des eingebrachten BV für die aufnehmende PersGes durchzuführen. Der Übertragungsstichtag ist auch entscheidend für den Zeitpunkt der Gewinnrealisierung, sofern die aufnehmende PersGes nicht die BW fortführt. Der Einbringende erlangt rückwirkend der Stellung eines MU (Dötsch/Pung/Möhlenbrock/Patt Rn. 170; Widmann/Mayer/Fuhrmann Rn. 1425). Alle ertragstl. relevanten Vorgänge werden nach dem stl. Übertragungsstichtag nicht mehr beim Einbringenden erfasst, es liegen insoweit Geschäfte der übernehmenden PersGes vor. Dies gilt sowohl für Rechtsgeschäfte des Einbringenden mit Dritten (Dötsch/Pung/Möhlenbrock/Patt Rn. 174) als auch für solche mit der übernehmenden PersGes. **Lieferung und Leistung zwischen dem Einbringenden und der übernehmenden PersGes** im Zeitraum der Rückwirkung müssen damit in ihrer Gewinnauswirkung stl. neutralisiert werden. Veräußert bspw. die A-OHG am 1.3.2001 ein Grundstück mit dem BW 100 TEuro zum Kaufpreis 500 TEuro an die B-KG, und wird die OHG rückwirkend auf den 1.1.2001 im Wege der Verschm auf die B-KG übertragen, so muss die B-KG das Grundstück bei gewählter Buchwertverknüpfung mit 100 TEuro in der stl. Aufnahmebilanz bilanzieren. Die von der einbringenden OHG am 1.3.2001 realisierten Gewinn sind stl. zu neutralisieren. Zu einer möglichen Leistungsverrechnung von internen Leistungen, wenn nur ein Teilbetrieb eingebracht wird, vgl. Panzer/Gebert DStR 2010, 520; Rogall DB 2010, 1035. Die zivilrechtlichen Leistungsbeziehungen zwischen einer Mitunternehmerschaft und deren Gesellschafter werden erst mit ihrem zivilrechtlichen Abschluss wirksam. Werden durch MU des übertragenden Rechtsträgers mit dem übernehmenden Rechtsträger im Rückwirkungszeitraum Verträge abgeschlossen, wirken diese nicht auf den stl. Übertragungsstichtag zurück (BMF 11.11.2011, BStBl. I 2011, 1314 Rn. 24.06 iVm Rn. 20.16; Widmann/Mayer/Fuhrmann Rn. 1453). Weicht der Einbringungsstichtag und das Ende des Gj. des Einbringenden voneinander ab, kann ein Rumpfgeschäftsjahr in der Person des Einbringenden entstehen (NdsFG EFG 2008, 263).

153 Abs. 4 Hs. 2 erklärt § 20 V und VI für entsprechend anwendbar. § 20 V 2 bestimmt, dass entgegen dem rückwirkenden Vermögensübergang die Rückbeziehung hinsichtlich der Ermittlung des Einkommens und Gewerbeertrages nicht für **Entnahmen und Einlagen** gilt, die nach dem stl. Übertragungsstichtag erfolgen. Nicht abschließend geklärt ist, ob auch im Rahmen des § 24 Entnahmen und Einlagen nach dem stl. Übertragungsstichtag aus der Rückwirkung ausgenommen werden und sich somit beim Einbringenden stl. auswirken. Obwohl nach dem Wortlaut insoweit eine Rückwirkung von Entnahmen und Einlagen ausgenommen werden könnte, wird in der Lit. (Dötsch/Pung/Möhlenbrock/Patt Rn. 171; Rödder/Herlinghaus/van Lishaut/Rasche Rn. 162; Widmann/Mayer/Fuhrmann Rn. 1462; HK-UmwStG/Trautmann Rn. 146) die Meinung vertreten, dass Einlagen und Entnahmen des Einbringenden im Rückbezugszeitraum ebenso wie alle anderen Geschäftsvorfälle bei der Ermittlung des Gesamtgewinns der aufnehmenden PersGes stl. zu berücksichtigen sind, Abs. 4 Hs. 2 erklärt § 20 V nur für entsprechend anwendbar, § 20 V 2 sei auf die Fälle des § 20 zugeschnitten, da durch diese Regelung eine vGA im Falle der Entnahme verhindert werden soll.

Die Rückbeziehung ist die rechtliche Folge der Sacheinlage und hat daher nach hM keine Auswirkung auf die Sacheinlagevoraussetzung in Form der Qualifikation des übertragenen Vermögens als Betrieb, Teilbetrieb oder Mitunternehmeranteil (Dötsch/Pung/Möhlenbrock/Patt Rn. 167; Widmann/Mayer/Fuhrmann Rn. 1464). Demgegenüber geht die FVerw davon aus, dass die Voraussetzungen für einen Betrieb, Teilbetrieb oder Mitunternehmeranteil bereits am stl. Einbringungsstichtag und nicht erst zum Umwandlungsbeschluss oder bei dem Abschluss des Einbringungsvertrages vorliegen müssen (BMF 11.11.2011, BStBl. I 2011, 1314 Rn. 24.06 iVm Rn. 20.14). Es reicht jedoch aus, wenn die Voraussetzungen der Sachgesamtheit nicht in der Person des Einbringenden, sondern durch einen Dritten erfüllt wurden (vgl. BMF 11.11.2011, BStBl. I 2011, 1314 Rn. 20.16 Abs. 2). Für einen MU, der im Rückwirkungszeitraum aus dem übertragenden Rechtsträger ausscheidet, gilt die Rückwirkungsfiktion nicht (BMF 11.11.2011, BStBl. I 2011, 1314 Rn. 24.06 iVm Rn. 20.16; dazu auch → § 20 Rn. 251). Die gesetzlich fingierte rückbezogene Vermögensübertragung gilt nicht für alle Steuerarten, die Wirkung tritt nur für Ermittlung des Einkommens und des Vermögens des Einbringenden und der aufnehmenden Gesellschaft ein. Ohne Bedeutung ist die **Rückbeziehung** damit bspw. für die **USt** und die **GrESt**.

Der **Antrag auf Rückbeziehung** ist (→ § 20 Rn. 258 f.) durch die aufnehmende PersGes zu stellen, da diese über den Wertansatz der übertragenen WG entscheiden muss und die Frage, zu welchem Zeitpunkt dieser Wert zu ermitteln ist, logisch mit der Frage, welcher Wert angesetzt wird, verbunden ist (vgl. dazu BMF 11.11.2011, BStBl. I 2011, 1314 Rn. 24.06 iVm Rn. 20.14; Dötsch/Pung/Möhlenbrock/Patt Rn. 172; Widmann/Mayer/Fuhrmann Rn. 1451). Eine Befristung für die Antragstellung enthält das Gesetz nicht. Der Antrag kann daher bis zur Beendigung der letzten Tatsacheninstanz gestellt werden, in der über die Besteuerung des Vermögensübergangs bei der PersGes im Rahmen des einheitlich und gesonderten Gewinnfeststellung entschieden wird (Widmann/Mayer/Fuhrmann Rn. 1451.2; HK-UmwStG/Trautmann Rn. 151; BFH DStR 2019, 1259 zu § 20). Nach Auffassung der FVerw (BMF 11.11.2011, BStBl. I 2011, 1314 Rn. 24.06 iVm Rn. 20.14; → § 20 Rn. 258) muss die PersGes bereits in der Steuererklärung oder in der Bilanz für das Wj., in dem die Einbringung stattgefunden hat, der Einbringungszeitpunkt durch die aufnehmende PersGes gewählt werden. Fraglich ist, ob ein einmal wirksam gestellter **Antrag später geändert** werden kann. Es handelt sich bei dem Antragserfordernis um ein steuerbegründendes Tb-Merkmal (BFH DStR 2019, 1259 zu § 20), es wird nämlich festgelegt, zu welchem Zeitpunkt sich ein Einbringungsvorgang stl. vollzieht und die damit verbundenen stl. Folgen für den übertragenden und übernehmenden Rechtsträger eintreten. Bereits mit der Antragstellung ist der Anspruch aus dem Steuerschuldverhältnis entstanden, der durch die Antragstellung verwirklichte Sachverhalt kann rückwirkend nicht mehr geändert werden (Dötsch/Pung/Möhlenbrock/Patt Rn. 172; Widmann/Mayer/Fuhrmann Rn. 1451.3; vgl. BFH DStR 2018, 1259 zu § 20). An eine bestimmte **Form** ist der Antrag nicht gebunden, es genügt auch konkludentes Handeln (BFH DStR 2019, 1259; FG Berlin-Brandenburg EFG 2017, 441; FG Hamburg DStRE 2003, 38; Widmann/Mayer/Fuhrmann Rn. 1451.1), bspw. wenn in den entsprechenden Steuererklärungen rückwirkend Erträge oder Vermögen in Ansatz gebracht werden. Einer Zustimmung durch das FA bedarf es nicht. Der Antrag kann nur einheitlich für die ESt bzw. KSt und die GewSt gestellt werden.

9. Ansatz und Bewertung des eingebrachten BV durch den übernehmenden Rechtsträger

156 a) **Antragswahlrecht.** Liegen die Voraussetzungen des Abs. 1 vor, so hat der übernehmende Rechtsträger nach Abs. 2 S. 1 das eingebrachte BV grds. in seiner Bilanz einschl. der Ergänzungsbilanz für ihre Gesellschafter mit dem gemeinen Wert anzusetzen. Für Pensionsrückstellungen tritt allerdings nach Abs. 2 S. 1 Hs. 2 an die Stelle des gemeinen Wertes der Wert nach § 6a EStG. Auf Antrag kann jedoch unter den in Abs. 2 S. 2 genannten Voraussetzungen das übernommene BV mit dem BW oder einem höheren Wert, höchstens jedoch mit dem gemeinen Wert angesetzt werden **(Antragswahlrecht).**

157 Maßgebend für den Ansatz und die Bewertung ist ausschließlich der Antrag bzw. die Nichtstellung des Antrags (BMF 11.11.2011, BStBl. I 2011, 1314 Rn. 24.03 iVm Rn. 20.18). Auf die steuerrechtliche und handelsrechtliche Bilanzierung bei der übernehmenden Gesellschaft kommt es nicht an (BT-Drs. 16/2710, 51; Rödder/Herlinghaus/van Lishaut/Rasche Rn. 110; Lademann/Jäschke Rn. 30; Widmann/Mayer/Fuhrmann Rn. 731; Brandis/Heuermann/Nitzschke Rn. 72; Dötsch/Pung/Möhlenbrock/Patt Rn. 118). Wurde ein wirksamer Antrag auf Buchwertfortführung gestellt und werden die WG in der StB mit dem gemeinen Wert angesetzt, ist dieser Ansatz unrichtig und muss korrigiert werden.

158 Das Gesetz selbst räumt dem **Einbringenden kein Mitwirkungsrecht** bei der Ausübung des Wahlrechts ein, das damit ausschließlich bei dem übernehmenden Rechtsträger liegt (BMF 11.11.2011, BStBl. I 2011, 1314 Rn. 24.03 iVm Rn. 20.21; Dötsch/Pung/Möhlenbrock/Patt Rn. 116; Widmann/Mayer/Fuhrmann Rn. 710; BeckOK UmwStG/Claß/Weggenmann Rn. 898; Rödder/Herlinghaus/van Lishaut/Rasche Rn. 93). Die Ausübung des Wahlrechts bestimmt den **Veräußerungspreis** des Einbringenden, Abs. 3 S. 1, und damit den etwaigen Einbringungsgewinn mit den daran anknüpfenden Besteuerungsfolgen und die Höhe der **AfA-Bemessungsgrundlage** bei dem übernehmenden Rechtsträger bzw. deren MU. Nach Auffassung des BFH (vgl. BFH DStR 2011, 2248 mwN) kann im Rahmen der Besteuerung des Einbringenden bei der Einbringung in eine KapGes nicht geprüft werden, ob die übernehmende KapGes die angesetzten Werte zutr. ermittelt hat. Der Einbringende ist insoweit grds. an die entsprechenden Werte des übernehmenden Rechtsträgers gebunden. Er kann insbes. nicht mit einem Rechtsbehelf gegen den ihn betreffenden ESt-Bescheid geltend machen, dass der bei dem aufnehmenden Rechtsträger angesetzte Wert überhöht sei und sich daraus für ihn eine überhöhte Steuerfestsetzung ergebe (BFH DStR 2011, 248; 2011, 1611). Geht der Einbringende davon aus, dass die bei einer Steuerfestsetzung zu Grunde gelegten Werte des eingebrachten Vermögens zu hoch seien, kann er sein Begehren im Wege der sog. **Drittanfechtung** durchsetzen (BFH BStBl. II 2017, 75; DStR 2011, 2248). Nichts anderes gilt für die Einbringung in eine PersGes.

159 Das Wahlrecht kann allerdings nur **eingeschränkt ausgeübt werden,** soweit (1) das Recht der BRD hinsichtlich der Besteuerung des Gewinns aus der Veräußerung des eingebrachten BV bei der übernehmenden Gesellschaft nicht ausgeschlossen oder beschränkt wird und soweit (2) eine sonstige Gegenleistung nicht mehr beträgt als (a) 25 vH des BW des eingebrachten BV oder (b) 500.000 Euro, höchstens jedoch den BW des eingebrachten BV (→ Rn. 208 ff.). Wird durch den Einbringungsvorgang das dt. Besteuerungsrecht hinsichtlich des Gewinns aus der Veräußerung des eingebrachten BV oder Teilen davon erstmalig begründet, so ist nach dem Willen des Gesetzgebers (BT-Drs. 16/2710, 43) für diese WG, unabhängig von der konkreten Ausübung des Antragswahlrechts, der gemeine Wert anzusetzen. Werden

zusammen mit der Sacheinlage nach Abs. 1 WG mitübertragen, die nicht der Sacheinlage zuzuordnen sind, kommt Abs. 2 insoweit nicht zur Anwendung.
Das Antragswahlrecht bezieht sich auf die einzelne Sacheinlage iSd Abs. 1 einschl. **160** des zu der Sacheinlage gehörenden SBV; es kann innerhalb einer Sacheinlage nicht unterschiedlich ausgeübt werden (→ § 20 Rn. 267). Werden **mehrere Sacheinlagen** erbracht, gilt für jede Sacheinlage ein eigenes Antragswahlrecht, was unabhängig vom Ansatz der anderen Sacheinlage ausgeübt werden kann (Rödder/Herlinghaus/van Lishaut/Rasche Rn. 92). Letzteres gilt auch dann, wenn die Sacheinlagen aufgrund eines einheitlichen Vorgangs erbracht werden, selbst wenn sie von einem Einbringenden stammen.
Bei dem Antragswahlrecht handelt es sich um ein autonomes stl. Wahlrecht, das **161** unabhängig von der HB ausgeübt wird, der **Grds. der Maßgeblichkeit** der HB für die StB ist nicht zu berücksichtigen (allgM BT-Drs. 16/2710, 43; BMF 11.11.2011, BStBl. I 2011, 1314 Rn. 24.01 iVm Rn. 20.20; Widmann/Mayer/Fuhrmann Rn. 630; Brandis/Heuermann/Nitzschke Rn. 72; Dötsch/Pung/Möhlenbrock/Patt Rn. 119; Lademann/Jäschke Rn. 31; Rödder/Herlinghaus/van Lishaut/Rasche Rn. 110; BeckOK UmwStG/Claß/Weggenmann Rn. 809).
Haben die **WG in der StB** des übernehmenden Rechtsträgers einen **höheren** **162** **Wert als in der HB**, führen die zukünftigen stl. Mehrabschreibungen im Vergleich zum handelsrechtlichen JA dazu, dass der handelsrechtliche Jahresüberschuss höher ist als der stl. Gewinn. Beim Auseinanderfallen der handelsbilanziellen und steuerbilanziellen Werte stellt sich die Frage nach der Abbildung latenter GewSt gem. § 264a I HGB iVm § 274 HGB, sofern an der übernehmenden PersGes keine natürliche Person als phG beteiligt ist.

b) Eingebrachtes Betriebsvermögen. Im Gegensatz zu den §§ 3, 11, die von **163** den übergehenden WG einschl. nicht entgeltlich erworbener und selbst geschaffener immaterieller WG sprechen, bezieht sich Abs. 2 auf das „eingebrachte BV" bzw. „übernommene BV". Bereits zum UmwStG 1995 wurde die Auffassung vertreten, dass – neben einer Einzelbewertung des eingebrachten BV – die **Bewertung der übertragenen Sachgesamtheit** in Form des Betriebs, Teilbetriebs oder Mitunternehmeranteils erfolgen muss, da bereits damals ein Geschäfts- und Firmenwert zum übertragenen Vermögen gehört hat. Auch zum UmwStG 2006 wird allg. die Meinung vertreten, dass im Rahmen der Einbringung des Betriebs, Teilbetriebs oder Mitunternehmeranteils die Bewertung nicht bezogen auf jedes einzelne übergehende WG, sondern bezogen auf die Gesamtheit der übergehenden aktiven und passiven WG zu erfolgen hat, dh es erfolgt eine Bewertung der Sachgesamtheit (BMF 11.11.2011, BStBl. I 2011, 1314 Rn. 24.03 iVm Rn. 20.17, 03.07; Widmann/Mayer/Fuhrmann Rn. 661; Dötsch/Pung/Möhlenbrock/Patt Rn. 114; Rödder/Herlinghaus/van Lishaut/Rasche Rn. 98). Dies ergibt sich zum einen daraus, dass es sich bei § 24 auch um eine spezielle Entstrickungsvorschrift handelt und der Gesetzgeber davon ausgeht, dass bei solchen Entstrickungen die Bewertungen von Sachgesamtheiten zu erfolgen hat. Hinzu kommt, dass nur eine Bewertung des gesamten BV in Form einer Sachgesamtheit dazu führen kann, dass in der stl. Schlussbilanz des übernehmenden Rechtsträgers ein Firmenwert angesetzt werden kann. Firmenwert ist nämlich der Mehrwert, der in einem Unternehmen über den Substanzwert der einzelnen materiellen und immateriellen WG abzgl. der Schulden hinaus innewohnt („Residualgröße"). Nach der Ermittlung des gemeinen Wertes der Sachgesamtheit wird dieser auf die einzelnen WG im Verhältnis des gemeinen Wertes verteilt (str., → Rn. 177; aA BMF 11.11.2011, BStBl. I 2011, 1314 Rn. 24.03 iVm Rn. 20.17, 03.09), sodass auch deren Wert ermittelt werden muss (vgl. BFH DStR 2014, 2120).

Unter den Begriff des eingebrachten BV fallen sowohl **aktive** als auch **passive** **164** **WG.** Anzusetzen sind auch **steuerfreie Rücklagen** nach § 6b EStG, Rücklagen für Ersatzbeschaffung nach 6.6 EStR sowie Rücklagen nach § 7g EStG (vgl. BFH FR 2013, 218), § 6 UmwStG (BMF 11.11.2011, BStBl. I 2011, 1314 Rn. 24.03 iVm Rn. 20.20, 03.04).

165 Das Ansatzverbot **originärer immaterieller WG** des Anlagevermögens einschl. eines Geschäfts- oder Firmenwertes gilt nicht (BT-Drs. 16/2710, 43; BMF 11.11.2011, BStBl. I 2011, 1314 Rn. 24.03 iVm Rn. 20.20, 03.04; Rödder/Herlinghaus/van Lishaut/Rasche Rn. 98; Dötsch/Pung/Möhlenbrock/Patt Rn. 114 iVm § 20 Rn. 200; Widmann/Mayer/Fuhrmann Rn. 661). Auch gelten nach Meinung der FVerw die **Aktivierungs- und Passivierungsverbote** beim Ansatz der WG über den BW nicht (BMF 11.11.2011, BStBl. I 2011, 1314 Rn. 24.03 iVm Rn. 20.20). Dies ist die Konsequenz daraus, dass die Einbringung eines Betriebs, Teilbetriebs oder Mitunternehmeranteils einen tauschähnlichen Vorgang darstellt und die Einbringung im Grundsatz zu einer gewinnrealisierenden Aufdeckung aller stillen Reserven führt (BFH FR 2004, 274; DStRE 2003, 37; BMF 11.11.2011, BStBl. I 2011, 1314 Rn. 00.02; Dötsch/Pung/Möhlenbrock/Patt Rn. 5; Hahn DStZ 1998, 561). Dies gilt unabhängig davon, ob sich der Vermögensübergang im Wege der Gesamt- oder Einzelrechtsnachfolge vollzieht (BFH FR 2004, 274; Hahn DStZ 1998, 561). Von dem Grds. der stpfl. Aufdeckung stiller Reserven wird bei entsprechender Ausübung des Antragswahlrechts aufgrund von Abs. 2 abgewichen.

166 **c) Steuerliche Ansatz- und Bewertungsvorschriften.** Bestimmte WG dürfen nach den ertragstl. Vorschriften über die Gewinnermittlung in der StB nicht angesetzt werden. Abs. 2 S. 1 verweist nicht auf die stl. Vorschriften über die Gewinnermittlung, sondern bestimmt den gemeinen Wert zum Wertmaßstab. Fraglich ist daher, ob und inwieweit Abs. 2 die stl. Vorschriften über die Gewinnermittlung verdrängt.

167 Abs. 2 S. 2 lässt es jedoch zu, dass unter den dort normierten Voraussetzungen auf Antrag hin das übergehende Vermögen auch mit dem **BW** angesetzt werden kann. § 1 V Nr. 4 definiert den BW. BW ist danach der Wert, der sich nach den stl. Vorschriften über die Gewinnermittlung in eine auf den stl. Übertragungsstichtag aufzustellende StB ergibt bzw. ergäbe. Werden damit in der stl. Bilanz des übernehmenden Rechtsträgers die BW fortgeführt, gelten die bilanzsteuerrechtlichen Aktivierungs- und Passivierungsverbote, aktive und passive WG sind nach den bilanzsteuerrechtlichen Regelungen anzusetzen. Gleiches gilt bei Buchwertfortführung für stl. Rücklagen nach § 6b EStG und stl. AP zu den übergehenden WG. Wird ein Antrag auf Buchwertfortführung gestellt, kommt **§ 4f EStG** nicht zur Anwendung, denn diese Vorschrift setzt eine erfolgswirksame Übertragung voraus (→ § 20 Rn. 275; Kirchhof/Gosch EStG § 4f Rn. 13; Brandis/Heuermann/Krumm EStG § 4f Rn. 34; Herrmann/Heuer/Raupach/Schober EStG § 4f Rn. J 13–8; Förster/Staaden Ubg 2014, 1; Benz/Placket DStR 2013, 2653; iErg wohl ebenso OFD Magdeburg 2.6.2014, DStR 2014, 1546). Etwas anderes kann nur gelten, wenn der gemeine Wert der Sachgesamtheit geringer ist als die Summe der BW der übertragenen WG (→ Rn. 183).

168 Im Grds. stellt aber Abs. 2 S. 1 auf eine Bewertung mit dem **gemeinen Wert** ab, auf die stl. Vorschriften über die Gewinnermittlung wird nicht verwiesen. Damit müssten in der StB des übernehmenden Rechtsträgers auch solche übergehende WG mit dem gemeinen Wert angesetzt werden, die nach den stl. Vorschriften über die Gewinnermittlung nicht angesetzt werden dürfen, insbes. sind auch stille Lasten zu berücksichtigen (BMF 11.11.2011, BStBl. I 2011, 1314 Rn. 24.03 iVm Rn. 20.20; Dötsch/Pung/Möhlenbrock/Patt Rn. 114 iVm Dötsch/Pung/Möhlenbrock/Patt § 20 Rn. 200; Rödder/Herlinghaus/van Lishaut/Herlinghaus § 20 Rn. 246; Widmann/Mayer/Fuhrmann Rn. 704; Kahle/Vogel Ubg 2012, 493). Dies entspricht im Grundsatz dem Willen des Gesetzgebers. Er beabsichtigt gerade durch die Einführung allgemeiner Entstrickungsregelungen, zu denen auch Abs. 2 S. 2

gehört, unabhängig von den ansonsten bestehenden Gewinnermittlungsgrundsätzen, bei Verlust des dt. Besteuerungsrechts, sämtliche stillen Reserven, selbstverständlich unter Berücksichtigung möglicherweise bestehender stiller Lasten, einer Besteuerung zuzuführen (ultima-ratio-Besteuerung). Hinzu kommt: Bei der Einbringung handelt es sich um einen tauschähnlichen Vorgang und aus der Sicht des übernehmenden Rechtsträgers um eine Anschaffung. In der StB des übernehmenden Rechtsträgers sind damit im Ergebnis die mit dem gemeinen Wert zu bewertenden, übergehenden WG so anzusetzen wie bei einem „normalen" Anschaffungsvorgang (vgl. FG RhPf EFG 2002, 25).

d) Abbildung stiller Lasten. Auch der gemeine Wert von **negativen WG** kann höher sein als der BW, was insbes. für die Passivierungsverbote und Ansatzbeschränkungen des § 5 EStG und Bewertungsvorbehalte in § 6 EStG gilt. Handelt es sich bspw. um Verlustrückstellungen iSv § 5 IVa EStG, so entspricht der isolierte gemeine Wert dieser Rückstellung dem Betrag, der sich ergeben würde, wenn das Passivierungsverbot insoweit nicht gelten würde.

aa) Einbringung erfolgt vor dem 29.11.2013. Die Vorschrift des § 4f EStG gilt gem. § 52 VIII EStG jedenfalls dann nicht, wenn die Einbringung vor dem 29.11.2013 liegt und das Wj. des einbringenden Rechtsträgers vor diesem Zeitpunkt geendet hat. Unter diesen Voraussetzungen werden unterschiedliche Meinungen bzgl. der Berücksichtigung stiller Lasten vertreten. Nach Meinung der **FVerw** gelten die Ansatzverbote des § 5 EStG nicht für die übergehenden WG im Einbringungszeitpunkt, es sei denn, die BW werden fortgeführt (BMF 11.11.2011, BStBl. I 2011, 1314 Rn. 24.03 iVm Rn. 20.20). Bei § 24 handelt es sich um eine eigenständige stl. Ansatz- und Bewertungsvorschrift, die grds. eine Bewertung der eingebrachten WG mit dem gemeinen Wert vorsieht (BMF 11.11.2011, BStBl. I 2011, 1314 Rn. 24.03 iVm Rn. 20.20, 03.04). Beim übernehmenden Rechtsträger soll aber dann in der ersten regulären Folgebilanz iSd § 4 I EStG, § 5 I EStG diese Suspendierung der Passivierungsverbote des § 5 EStG nicht mehr gelten (BMF 11.11.2011, BStBl. I 2011, 1314 Rn. 24.03 iVm Rn. 20.20, 04.16). Die im Einbringungszeitpunkt entgegen dem stl. Ansatzverbot des § 5 EStG passivierten Rückstellungen oder Verbindlichkeiten sind damit beim übernehmenden Rechtsträger im Folgejahr erfolgswirksam aufzulösen, was in der Person des übernehmenden Rechtsträgers bzw. deren MU zu einem stpfl. Ertrag führt (BMF 11.11.2011, BStBl. I 2011, 1314 Rn. 24.03 iVm Rn. 20.20, 04.16; vgl. dazu auch Stadler/Elser/Bindel DB-Beil. 1/2012, 14; Stimpel GmbHR 2012, 124; Bogenschütz Ubg 2011, 399; Kahle/Vogel Ubg 2012, 493; Rödder DStR 2011, 1661; Rödder/Herlinghaus/van Lishaut/Rödder § 11 Rn. 67; vgl. auch BMF 30.11.2017, BStBl. I 2017, 1619). „Nur" ein im Einbringungszeitpunkt aktivierte originäre Geschäfts- oder Firmenwert der übertragenen Sachgesamtheit sei durch den übernehmenden Rechtsträger nicht sofort abzuschreiben (BMF 11.11.2011, BStBl. I 2011, 1314 Rn. 24.03 iVm Rn. 20.20, 04.16). Nach **hM in der Lit.** (Rödder DStR 2011, 1661; Stadler/Elser/Bindl DB-Beil. 1/2012, 14; aA Widmann/Mayer/Widmann § 20 Rn. R 667, der stille Lasten als solche passivieren will) werden diese Minderwerte bei der Bewertung einer Sachgesamtheit durch einen Käufer im Firmenwert berücksichtigt. Nichts anderes könne auf Grund der Einordnung der Einbringung als Anschaffungsvorgang gelten.

Sowohl die Meinung der FVerw als auch die der hM steht im Widerspruch zur **Auffassung des BFH** (vgl. BFH DStR 2011, 492; BStBl. I 2011, 566; BFH/NV 2012, 635; hierzu iE Bareis FR 2012, 385; Siegle FR 2012, 388; Schlotter BB 2012, 951; Prinz FR 2011, 1015). Geht man zu Recht davon aus, dass es sich bei der Einbringung auf der Ebene des übernehmenden Rechtsträgers um einen Anschaffungsvorgang handelt (→ Rn. 1), sind auf Grund dieses Anschaffungsvorgangs nach Meinung des BFH stille Lasten, die auf Grund von Ansatz- und Bewertungsvorbehalten bestehen, als **ungewisse Verbindlichkeiten** zu passivieren. Mit Urt. v.

16.5.2009 (BFH BStBl. II 2011, 566; ebenso BFH DStR 2012, 452) hat der BFH darauf hingewiesen, dass bei einer Betriebsveräußerung betriebliche Verbindlichkeiten, die bei dem Veräußerer auf Grund von Rückstellungsverboten nicht passiviert werden dürfen, beim Erwerber keinem Passivierungsverbot unterworfen sind, wenn er diese Verbindlichkeiten gegen Schuldbefreiung übernommen hat; solche betrieblichen Verbindlichkeiten sind unabhängig von der rechtlichen Einordnung beim übertragenden Rechtsträger in der Person des übernehmenden Rechtsträgers als ungewisse Verbindlichkeiten auszuweisen und vom übernehmenden Rechtsträger auch an den nachfolgenden Bilanzstichtagen mit den Anschaffungskosten oder ihrem höheren Teilwert zu bewerten. Diese Auffassung wird mit dem Grds. der erfolgsneutralen Behandlung von Anschaffungsvorgängen begründet. Der BFH macht in den angesprochenen Urteilen deutlich, dass für Verbindlichkeiten, für die in der Person des übertragenden Rechtsträgers ein Ansatzverbot gilt, aus der Sicht des übernehmenden Rechtsträgers die für ungewisse Verbindlichkeiten geltenden Grundsätze anzuwenden sind und damit eine Passivierungspflicht besteht. Der BFH (DStR 2012, 452) hat sich auch gegen die unmittelbare Verrechnung der stillen Lasten durch Abstockung des erworbenen Firmenwertes wegen einer fehlenden Rechtsgrundlage ausgesprochen. Damit sind in der stl. Schlussbilanz stille Lasten als ungewisse Verbindlichkeiten zu passivieren und in der Folgebilanz fortzuführen. Offen ist aber, wie die Rspr. des BFH die stillen Lasten in Bezug auf die Pensionsverpflichtung im Regelungsbereich des § 24 beurteilt, da das Gesetz ausdrücklich bestimmt, dass Pensionsverpflichtungen höchstens mit dem Teilwert nach § 6a EStG anzuwenden sind. Nach Auffassung der Lit. sind solche stillen Lasten beim Geschäfts- oder Firmenwert zu berücksichtigen (Rödder DStR 2011, 1061; Stadler/Elser/Bindl DB-Beil. 1/2012, 14; Dötsch/Pung/Möhlenbrock/Patt Rn. 114 iVm Dötsch/Pung/Möhlenbrock/Patt § 20 Rn. 199, 169a).

171 bb) Einbringung erfolgt nach Inkrafttreten des § 4f EStG. Vollzieht sich die Einbringung zu einem Zeitpunkt, in dem **§ 4f EStG** anwendbar ist, stellt sich die Frage, ob diese Vorschrift auf Einbringungen iSd UmwStG Anwendung findet. Werden Verpflichtungen übertragen, die beim ursprünglich Verpflichteten Ansatzverbote, -beschränkungen oder Bewertungsvorbehalte unterlegen haben, so ist der sich aus diesem Vorgang ergebende Aufwand nach § 4f I 1 EStG nicht sofort, sondern nur im Wj. der Schuldenübernahme und in den folgenden 14 Jahren als Betriebsausgaben abziehbar. Die Vorschrift geht in Anlehnung an die Rspr. des BFH (→ Rn. 170) damit davon aus, dass bei der **Übertragung stiller Lasten** in der Person des übertragenden Rechtsträgers diese Verpflichtung realisiert wird und es damit zu einem Aufwand kommt. Der sich aus der Verpflichtungsübertragung ergebende Aufwand ist gleichmäßig verteilt als Betriebsausgaben außerhalb der Bilanz (BT-Drs. 18/68 (neu), 73; Kirchhof/Gosch EStG § 4f Rn. 9; Brandis/Heuermann/Krumm EStG § 4f Rn. 23; Littmann/Bitz/Pust/Hoffmann EStG § 4f Rn. 16; Schmidt/Weber-Grellet EStG § 4f Rn. 2; aA Herrmann/Heuer/Raupach/Schober EStG § 4f Rn. J 13–26; Riedel FR 2014, 11) in der Person des übertragenden Rechtsträgers bzw. unter den Voraussetzungen des § 4f I 7 EStG bei dessen Rechtsnachfolger abziehbar. Eine Übertragung einer Verpflichtung iSd § 4f I EStG liegt vor, wenn die Verpflichtung zivilrechtlich auf eine andere Person übergeht, wobei die Übertragung im Wege der Einzelrechts-, Sonderrechts- oder Gesamtrechtsnachfolge vorgenommen werden kann (Kirchhof/Gosch EStG § 4f Rn. 12; Herrmann/Heuer/Raupach/Schober EStG § 4f Rn. J 13–26; Littmann/Bitz/Pust/Hoffmann EStG § 4f Rn. 5; Förster/Staaden Ubg 2014, 1). Die **hM** (Kirchhof/Gosch EStG § 4f Rn. 12; Herrmann/Heuer/Raupach/Schober EStG § 4f Rn. J 13–26; Brandis/Heuermann/Krumm EStG § 4f Rn. 34; Littmann/Bitz/Pust/Hoffmann EStG § 4f Rn. 5; Förster/Staaden Ubg 2014, 1; Benz/Placke DStR 2013, 2653; vgl. auch BMF 30.11.2017, BStBl. I 2017, 1619) geht in Übereinstimmung mit dem Willen des Gesetzgebers (BT-Drs. 18/68 [neu] 73) davon aus, dass § 4f I 1 EStG auch bei Umw iSd UmwStG im Grundsatz Anwendung finden, falls die Umw nicht unter Buchwertfortführung erfolgt. Gegen die Anwendung des § 4f EStG auf die Einbringungsfälle spricht, dass die Vorschriften des UmwStG insoweit im Vergleich zu § 4f EStG die spezielleren Regelungen sind und damit allgemeinere Vorschriften des EStG verdrängen (ebenso Rödder/Herlinghaus/van Lishaut/Herlinghaus § 20 Rn. 253). Gem. Abs. 3 S. 1 ist der Wert, mit dem die übernehmende Gesellschaft das eingebrachte Betriebsvermögen ansetzt, für den Einbringenden dessen Veräußerungspreis. Der übernehmende Rechtsträger hat im Einbringungszeitpunkt die stille Last unter Berücksichtigung der Rspr. des BFH als ungewisse Verbindlichkeit zu passivieren, was wegen der gesetzlichen Fiktion in Abs. 3 S. 1 für den Einbringenden automatisch zu einem geringeren Veräußerungspreis und damit zu einem geringeren Veräußerungsgewinn führt. Dass dieser durch die Passivierung der stillen Lasten in der Person des Einbringenden zum Einbringungszeitpunkt entstehende Aufwand zeitlich gestreckt werden soll, ist dem UmwStG nicht zu entnehmen, steht vielmehr im Widerspruch zu Abs. 3 S. 1. Hinzu kommt, dass § 4f I 7 EStG eine spezielle Rechtsnachfolgevorschrift enthält, wonach ein Aufwand durch einen Rechtsnachfolger geltend gemacht werden kann. In diesem Zusammenhang ist darauf hinzuweisen, dass mit § 23 für die Fälle der Einbringung eine spezielle Rechtsnachfolgevorschrift existiert (Rödder/Herlinghaus/van Lishaut/Herlinghaus § 20 Rn. 254).

Wendet man § 4f EStG trotz der dargestellten Bedenken auf Umwandlungsvorgänge an, so ist Folgendes zu beachten: Die durch § 4f I 1 EStG angeordnete zeitliche Streckung des realisierten Verlustes unterbleibt gem. Abs. 1 S. 3 dieser Vorschrift, wenn die Schuldenübernahme im Rahmen einer Veräußerung oder Aufgabe des ganzen Betriebes oder des gesamten Mitunternehmeranteils erfolgt; in diesem Fall kann der Aufwand unmittelbar im Wj. seiner Realisation in voller Höhe durch den übertragenden Rechtsträger geltend gemacht werden. Die Einbringung eines Betriebes oder eines Mitunternehmeranteils stellt aber die Veräußerung dieser Sachgesamtheit dar, sodass die Voraussetzungen des § 4f I 3 EStG in diesen Fällen vorliegen. Nach dem Willen des Gesetzgebers soll jedoch die Ausnahme des § 4f I 3 EStG nicht gelten, „wenn die unternehmerische Tätigkeit auf Grund von Umwandlungsvorgängen nach dem UmwStG in andere Rechtsform oder durch einen anderen Rechtsträger fortgesetzt wird" (BT-Drs. 18/68 (neu), 73). Nicht abschließend geklärt ist in diesem Zusammenhang, ob der dargestellte Wille des Gesetzgebers berücksichtigt werden kann (vgl. dazu Kirchhof/Gosch EStG § 4f Rn. 16; Brandis/Heuermann/Krumm EStG § 4f Rn. 34; Förster/Staaden Ubg 2014, 1; Benz/Placke DStR 2013, 2653; Korn/Strahl KÖSDI 2014, 18746; Melan/Wecke Ubg 2017, 253). Gegen die Berücksichtigung des gesetzgeberischen Willens, § 4f I 3 EStG auf Umwandlungsfälle iSd UmwStG nicht anzuwenden, spricht nicht nur der Wortlaut dieser Vorschrift (aA Benz/Placke DStR 2013, 2653), sondern auch die durch die Nichtanwendung dieser Norm sich ergebenden **Wertungswidersprüche zum UmwStG** (Rödder/Herlinghaus/van Lishaut/Herlinghaus Rn. 254). Das UmwStG soll gerade Umw im Verhältnis zu normalen Veräußerungsvorgängen privilegieren. Die Nichtanwendung des § 4f I 3 EStG auf Umwandlungsvorgänge würde zum Gegenteil führen. Wird bspw. eine PersGes auf eine PersGes steuerneutral verschmolzen, so soll nach dem Willen des Gesetzgebers § 4f I 1 EStG Anwendung finden und damit eine sofortige Verlustverrechnung aus der Aufdeckung stiller Lasten unterbleiben. Wird aber demgegenüber im Rahmen der Verschm eine funktional wesentliche Betriebsgrundlage aus dem SBV nicht auf den übernehmenden Rechtsträger übertragen, sondern ins PV überführt, kommt es zu einer Aufdeckung stiller Reserven im übertragenen Vermögen, das SBV gilt als entnommen und auf die insoweit vorliegende Betriebsaufgabe würde § 4f I 3 EStG angewendet werden (ebenso Brandis/Heuermann/Krumm EStG § 4f Rn. 34; Melan/Wecke Ubg 2017, 253).

171b cc) **Einbringung erfolgt nach Inkrafttreten des § 5 VII EStG.** Nach § 5 VII EStG muss der übernehmende Rechtsträger unabhängig davon, ob auf Seiten des übertragenden Rechtsträgers § 4f EStG zur Anwendung kam, die ursprünglichen Passivierungsbeschränkungen, die für den übertragenden Rechtsträger galten, in der StB, die auf das Wj. aufzustellen ist, in das die Übertragung der stillen Lasten fällt, wieder rückgängig machen. Infolge der Anwendung der Ansatzverbote, -beschränkungen bzw. Bewertungsvorbehalte kommt es beim übernehmenden Rechtsträger zum Ende des Wj., welches der Übernahme folgt, zu einer Gewinnrealisierung. Nach § 5 VII 5 EStG kann der so entstandene Gewinn iHv 14/15 durch eine Rücklage neutralisiert werden. Wird eine solche Rücklage gebildet, ist sie in den folgenden 14 Wj. jedenfalls mit mindestens einem weiteren 14tel gewinnhöhend aufzulösen. Eine höherer Auflösungsbetrag kann gewählt werden (Brandis/Heuermann/Krumm EStG § 5 Rn. 242 f.; Benz/Placke DStR 2013, 2653; Förster/Staaden Ubg 2014, 1). § 5 VII EStG gilt erstmals für nach dem 28.11.2013 endende Wj. (§ 52 IX EStG). Die durch 5 VII EStG angeordnete Gewinnrealisierung tritt erst nach diesem Zeitpunkt ein. Das Gesetz knüpft aber auch an solche Vorgänge an, die vor dem 28.11.2013 liegen, da es nicht darauf ankommt, wann die Verpflichtung übernommen worden ist. Eine Verpflichtungsübernahme im Jahr 2011 bleibt also bis zum 31.12.2012 bei einem kalenderjahrgleichen Wj. erfolgsneutral, zu einer Gewinnrealisierung kommt es aber dann zum 31.12.2013 (vgl. nur Brandis/Heuermann/Krumm EStG § 5 Rn. 242h).

171c Nach wohl hM in der Lit. (Rödder/Herlinghaus/van Lishaut/Rödder § 12 Rn. 63; Haritz/Menner/Bilitewski/Bohnhardt § 4 Rn. 99; vgl. auch BMF 30.11.2017, BStBl. I 2017, 1619) findet § 5 VII EStG auf Umwandlungsvorgänge und damit auch auf Einbringungen Anwendung (Kritik → § 4 Rn. 12). Gegen die Anwendung dieser Vorschrift auf Umwandlungsvorgänge spricht jedoch Folgendes: Bei § 5 VII EStG handelt es sich um eine einkommensteuerrechtliche Bewertungsvorschrift. Das UmwStG geht jedoch davon aus, dass solche einkommensteuerrechtlichen Bewertungsvorschriften nur dann zur Anwendung kommen, wenn das übergehende Vermögen auf Antrag hin mit dem BW angesetzt wird (Rödder/Herlinghaus/van Lishaut/Herlinghaus § 20 Rn. 255). Dann gelten gem. § 1 V 4 die stl. Vorschriften über die Gewinnermittlung in einer auf den stl. Übertragungsstichtag aufzustellende StB. Soweit es aber zu einem Zwischenwertansatz kommt bzw. der gemeine Wert des übertragenden Vermögens als Bewertungsmaßstab herangezogen wird, wird gerade nicht auf die stl. Vorschriften über die Gewinnermittlung, sondern auf die des BewG verwiesen. Zudem verdeutlicht § 23 IV, dass die ursprünglich durch den übernehmenden Rechtsträger angesetzten Werte die dauerhafte Grundlage für die weitere Gewinnermittlung sein sollen (Rödder/Herlinghaus/van Lishaut/Herlinghaus § 20 Rn. 255).

dd) **Bewertungszeitpunkt.**
171d Die Bewertung der Sachgesamtheit erfolgt zum **Einbringungsstichtag** (vgl. nur BMF 11.11.2011, BStBl. I 2011, 1314 Rn. 20.17 iVm Rn. 03.09; BeckOK UmwStG/Claß/Weggenmann Rn. 857).

10. Ansatz der übergehenden Wirtschaftsgüter mit dem gemeinen Wert

172 a) **Grundsätzliches.** Liegen die Voraussetzungen des Abs. 1 vor, so hat der übernehmende Rechtsträger nach Abs. 2 S. 1 das eingebrachte BV grds. in seiner Bilanz einschl. der Ergänzungsbilanz für ihre Gesellschafter mit dem gemeinen Wert anzusetzen. Für Pensionsrückstellungen tritt allerdings nach Abs. 2 S. 1 Hs. 2 an die Stelle des gemeinen Wertes der Wert nach § 6a EStG. Zum Ansatz mit dem gemeinen Wert kommt es nach hM im Regelungsbereich des § 20 zwingend, soweit durch den Einbringungsvorgang das dt. **Besteuerungsrecht erstmalig begründet wird** (BT-Drs. 16/2710, 43; Widmann/Mayer/Fuhrmann Rn. 735; Dötsch/Pung/Möhlenbrock/Patt § 20 Rn. 228; Haritz/Menner/Bilitewski/Menner § 20 Rn. 332; Brandis/Heuermann/Nitzschke § 20 Rn. 78d; Böhmer/Wegener Ubg 2015, 69; Ley FR 2007, 109; Förster/Wendland BB 2007, 631; aA Rödder/Herlinghaus/van Lishaut/Herlinghaus § 20 Rn. 309). Die Begründung des dt. Besteuerungsrechts stellt eine Einlage dar, sodass diese mit dem gemeinen Wert zu bewerten ist (§ 4 I 8 EStG iVm § 6 I Nr. 5a EStG). Nichts anderes sollte im Regelungsbereich des § 24 gelten. Die Bewertung mit dem gemeinen Wert hat zum Einbringungsstichtag zu erfolgen (BMF 11.11.2011, BStBl. I 2011, 1314 Rn. 24.03 iVm Rn. 20.17, 03.09). Der gemeine Wert ist die **Obergrenze**. Ist der gemeine Wert der Sachgesamtheit geringer als die Summe der BW der übertragenen WG, ist der Ansatz mit dem BW nach Auffassung der FVerw ausgeschlossen (BMF 11.11.2011, BStBl. I 2011, 1314 Rn. 24.03 iVm Rn. 20.18, 03.12; ebenso Dötsch/Pung/Möhlenbrock/Patt Rn. 114 iVm § 20 Rn. 190; Bogenschütz Ubg 2011, 393; vgl. auch Rödder/Herlinghaus/van Lishaut/Rödder § 20 Rn. 328; aA Schumacher/Neitz-Hackstein Ubg 2011, 409: BW ist die Untergrenze für den Wertansatz), es erfolgt eine entsprechende Abstockung (vgl. auch BFH BStBl. II 2016, 913; DStR 2014, 2120; Helios/Philipp DB 2014, 2923). Wird festgestellt, dass einzelne WG auf den gemeinen Wert abgestockt wurden, so ist der entsprechende Wert nach Meinung der FVerw zu korrigieren, wenn der gemeine Wert der Sachgesamtheit in seiner Gesamtheit den Gesamtbuchwert der Sacheinlage nicht unterschreitet (ebenso Dötsch/Pung/Möhlenbrock/Patt Rn. 114 iVm § 20 Rn. 190; Bogenschütz Ubg 2011, 393; aA Widmann/Mayer/Widmann § 3 Rn. 310.1 f.; vgl. auch FG Münster DStRE 2016, 26). Richtig ist zwar, dass das übergehende Vermögen als Sachgesamtheit zu bewerten ist, da andernfalls ein Firmenwert in der stl. Schlussbilanz des übertragenden Rechtsträgers nicht anzusetzen wäre (→ Rn. 163 ff.), der **Grds. der Einzelbewertung** der WG ist jedoch nicht aufgehoben, da auch bei der Bewertung der Sachgesamtheit der entsprechende Wert auf die einzelnen WG aufzuteilen ist, was dafür spricht, dass der gemeine Wert sich auch als Höchstgrenze auf jedes einzelne WG bezieht (Widmann/Mayer/Widmann § 3 Rn. 301.1; auch → § 20 Rn. 282).

Weder das EStG, das KStG noch das UmwStG definiert den Begriff des gemeinen Werts. Damit kommt der Erste Teil des BewG für die Bestimmung des gemeinen Werts zur Anwendung (BT-Drs. 16/2710, 43; Rödder/Herlinghaus/van Lishaut/Rasche Rn. 96; Dötsch/Pung/Möhlenbrock/Patt Rn. 114; Widmann/Mayer/Fuhrmann Rn. 638). Der gemeine Wert wird nach § 9 II BewG in erster Linie durch den Preis bestimmt, der im gewöhnlichen Geschäftsverkehr nach der Beschaffenheit des WG einer Veräußerung zu erzielen wäre, wobei ungewöhnliche und persönliche Verhältnisse nicht zu berücksichtigen sind. Als persönliche Verhältnisse sind nach § 9 III BewG auch Verfügungsbeschränkungen anzusehen, die in der Person des Steuerpflichtigen oder eines Rechtsvorgängers begründet sind. Als Bewertungsmethode kommen primär die **Vergleichswertmethode**, dann die **Ertragswertmethode** und hilfsweise die **Sachwertmethode** in Betracht (Widmann/Mayer/Fuhrmann Rn. 639). Zu weiteren Einzelheiten die Komm. in → § 11 Rn. 33 ff.

b) Die Ermittlung des gemeinen Wertes für einzelne Wirtschaftsgüter und die Sachgesamtheit. Die FVerw geht zutr. davon aus, dass die Ermittlung des gemeinen Wertes des übergehenden aktiven und passiven Vermögens im Grundsatz als Sachgesamtheit erfolgen muss (BMF 11.11.2011, BStBl. I 2011, 1314 Rn. 24.03 iVm Rn. 20.17, 03.07; ebenso Dötsch/Pung/Möhlenbrock/Patt Rn. 114 iVm § 20 Rn. 200; Bogenschütz Ubg 2011, 393; Stadler/Elser/Bindl DB-Beil. 1/2012, 14; Kahle/Vogel Ubg 2012, 493); die Verteilung des Wertes der Sachgesamtheit erfolgt sodann auf die einzelnen übertragenen WG im Verhältnis des gemeinen

Wertes (str., → Rn. 177), sodass auch deren Wert ermittelt werden muss. In der stl. Schlussbilanz des übernehmenden Rechtsträgers ist auch ein in der Person des Einbringenden selbst geschaffener Firmenwert mit dem gemeinen Wert anzusetzen. Der Firmenwert ist der Mehrwert, der einem gewerblichen Unternehmen über die Substanz der einzelnen materiellen und immateriellen WG abzgl. Schulden innewohnt (BFH BStBl. II 2001, 477; BStBl. II 1996, 576). Er ist der Höhe nach durch die Gewinnaussichten bestimmt, die, losgelöst von der Person des Unternehmers, auf Grund besonderer, dem Unternehmen zukommender Vorteile (zB Ruf, Kundenkreis usw) höher oder gesicherter erscheint als bei einem anderen Unternehmen mit sonst vergleichbaren WG. Der Firmenwert ist damit an den Betrieb gebunden und kann nicht ohne diesen veräußert werden. Ein Einzelveräußerungspreis bezogen auf den Geschäfts-/Firmenwert existiert damit nicht. Der Ansatz des Firmenwerts in der stl. Schlussbilanz des übernehmenden Rechtsträgers setzt damit voraus, dass es zu einer Bewertung der Sachgesamtheit in Form des übertragenen Betriebs, Teilbetriebs oder Mitunternehmeranteils kommen muss.

175 Der **gemeine Wert der Sachgesamtheit** ist zunächst aus Verkäufen abzuleiten (→ § 3 Rn. 45). Dies dürfte in der Praxis nur möglich sein, wenn kurz vor der Einbringung der Betrieb, Teilbetrieb oder Mitunternehmeranteil entgeltlich von einem Dritten erworben wurde. Liegen solche Verkäufe nicht vor, kann anhand eines am allg. anerkannten Ertrags- oder Zahlungsstrom orientierten Verfahrens die Wertermittlung erfolgen, welches ein gedachter Erwerber des eingebrachten Betriebs usw bei der Bemessung des **Kaufpreises** zu Grunde legen würde (BMF 11.11.2011, BStBl. I 2011, 1314 Rn. 24.03 iVm Rn. 20.17, 03.07; Dötsch/Pung/Möhlenbrock/Patt Rn. 114 iVm § 20 Rn. 200; Bogenschütz Ubg 2011, 393; Stadler/Elser/Bindl DB-Beil. 1/2012, 14). Diese Sichtweise entspricht § 109 I 2 BewG iVm § 11 II BewG. Gem. § 11 II 4 BewG kommt auch das vereinfachte **Ertragswertverfahren** iSd §§ 199–203 BewG zur Anwendung (BMF 11.11.2011, BStBl. I 2011, 1314 Rn. 24.03 iVm Rn. 20.17, 03.07; Bogenschütz Ubg 2011, 393; Neu/Schiffers/Watermeyer GmbHR 2011, 729; krit. Rödder/Rogall Ubg 2011, 753). Die FVerw akzeptiert das vereinfachte Ertragswertverfahren jedoch nicht bei komplexen Konzernstrukturen (gemeinsamer Ländererlass v. 17.5.2011, BStBl. I 2011, 606; kritisch Widmann/Mayer/Martini § 3 Rn. 261). Der **Substanzwert** des übertragenen Vermögens darf dabei gem. § 11 III 3 BewG nicht unterschritten werden (Bogenschütz Ubg 2011, 393; vgl. auch Neu/Schiffers/Watermeyer GmbHR 2011, 731; krit. IDW-Stellungnahme Ubg 2011, 459; zur Geltung der Liquidationswerte vgl. Bogenschütz Ubg 2011, 393; FG Rheinland-Pfalz EFG 2013, 352).

176 Die Bewertung erfolgt nach dem Verhältnis zum stl. Übertragungsstichtag. Die Bewertung der übergehenden Sachgesamtheit mit dem gemeinen Wert erfolgt unabhängig davon, wie das übergehende Vermögen vor der Einbringung steuerbilanziell beim einbringenden Rechtsträger abgebildet wurde, insbes. bleiben für die Bewertung der Sachgesamtheit die Ansatzverbote des § 5 EStG unberücksichtigt (→ Rn. 169 f.).

177 Die FVerw geht davon aus, dass der gemeine Wert der Sachgesamtheit in analoger Anwendung zu § 6 I Nr. 7 EStG im Verhältnis der Teilwerte der übergehenden WG auf die Einzelwirtschaftsgüter zu verteilen ist (BMF 11.11.2011, BStBl. I 2011, 1314 Rn. 24.03 iVm Rn. 20.17, 03.09). Richtig ist aber eine **Verteilung des Wertes der Sachgesamtheit** im Verhältnis der gemeinen Werte der übergehenden WG vorzunehmen, da der gemeine Wert nach Abs. 2 der entscheidende Wert ist (ebenso Schumacher/Neitz-Hackstein Ubg 2011, 409; Dötsch/Pung/Möhlenbrock/Dötsch § 11 Rn. 33; Widmann/Mayer/Martini § 3 Rn. 28; Rödder/Herlinghaus/van Lishaut/Rödder § 11 Rn. 186). Soweit stille Reserven in den übertragenen aktiven Vermögen vorhanden sind, kommt es damit zu einer Aufdeckung der stillen Reserven. Dies gilt auch für originäre immaterielle WG, insbes. des Firmenwertes. Zur Berücksichtigung stiller Lasten → Rn. 166 ff. Der Bewertungsvorbehalt für Pensionsrückstellungen, nämlich diese höchstens mit dem Teilwert nach § 6a EStG anzuwenden, ist nach Auffassung der FVerw in jedem Fall zu berücksichtigen (BMF 11.11.2011, BStBl. I 2011, 1314 Rn. 24.03 iVm Rn. 20.17, 03.07), was bedeutet, dass ein tatsächlich höherer gemeiner Wert der Pensionsverpflichtung stl. nicht den gemeinen Wert des Unternehmens iSv § 24 II mindern soll (BMF 11.11.2011, BStBl. I 2011, 1314 Rn. 24.03 iVm Rn. 20.17, 03.08; aA Dötsch/Pung/Möhlenbrock/Patt Rn. 114 iVm § 20 Rn. 199; Rödder/Herlinghaus/van Lishaut/Herlinghaus § 20 Rn. 257; Rödder DStR 2011, 1089; Kahle/Vogel Ubg 2012, 493 mwN). Diese Auffassung der FVerw führt zu einer Übermaßbesteuerung (Rödder DStR 2011, 1089) und ist mit dem ansonsten von der FVerw anzuwendenden anerkannten ertrags- oder zahlungsorientierten Verfahren, welches ein gedachter Erwerber des Betriebs, Teilbetriebs oder Mitunternehmeranteils bei der Bemessung des Kaufpreises zu Grunde legen würde, nicht in Übereinstimmung zu bringen. Geht man mit der hM in der Lit. davon aus, dass die sich aus dem Bilanzierungsverbot des § 5 ergebenden stillen Lasten beim Firmenwert zu berücksichtigen sind (→ Rn. 169), käme es insoweit nicht zu einer Passivierung der stillen Lasten, vielmehr finden diese ihren Niederschlag in einem geringeren Firmenwert. Die Rspr. des BFH geht davon aus, dass bzgl. der stillen Lasten eine ungewisse Verbindlichkeit zu passivieren ist. Ob dies auch für stille Lasten in Pensionsrückstellungen gilt, ist jedoch offen (→ Rn. 170). Zu dem Problem, wie zu verfahren ist, wenn der gemeine Wert der Sachgesamtheit über dem BW liegt, einzelne WG aber einen gemeinen Wert unterhalb des BW haben → § 20 Rn. 282.

Beim Ansatz mit dem gemeinen Wert sind **steuerfreie Rücklagen** (BMF 11.11.2011, BStBl. I 2011, 1314 Rn. 24.03 iVm Rn. 20.20, 03.04; Widmann/Mayer/Widmann § 20 Rn. R 671; BMF 25.3.1998, BStBl. I 1998, 268 Rn. 22.11) ebenso wie stille Reserven, die durch Überbewertung von Passivposten entstanden sind, aufzulösen (Widmann/Mayer/Widmann § 20 Rn. R 670 f.).

Wird ein **Mitunternehmeranteil** isoliert oder gemeinsam mit einem Betrieb oder Teilbetrieb eingebracht und wird bezogen auf den Mitunternehmeranteil der gemeine Wert angesetzt, kommt es zu der entsprechenden Aufstockung in der stl. Ergänzungsbilanz. Der Mitunternehmerschaft steht insoweit kein eigenständiges Wahlrecht zu (BMF 11.11.2011, BStBl. I 2011, 1314 Rn. 24.03 iVm Rn. 22; Widmann/Mayer/Widmann § 20 Rn. R 452; Schmitt/Schloßmacher DB 2010, 522; Desens DStR 2010 Beihefter zu Heft 46, 80; Rödder/Herlinghaus/van Lishaut/Herlinghaus § 20 Rn. 268; vgl. auch Dötsch/Pung/Möhlenbrock/Patt § 20 Rn. 209c; BFH BStBl. II 2004, 804). Wird ein Anteil an einer Mitunternehmerschaft eingebracht, zu deren BV die Beteiligung an einer anderen Mitunternehmerschaft gehört **(doppelstöckige PersGes),** so liegt nach Auffassung der FVerw (BMF 11.11.2011, BStBl. I 2011, 1314 Rn. 24.03 iVm Rn. 20.12) ein einheitlich zu beurteilender Einbringungsvorgang vor, der nur mittelbar übertragene Anteil an der UnterPersGes stellt keinen gesonderten Einbringungsvorgang iSd § 24 dar. Kommt es zu einem Ansatz des eingebrachten Mitunternehmeranteils mit dem gemeinen Wert, so sind, soweit stille Reserven bei der MutterGes vorhanden sind, diese entsprechend aufzudecken, und zwar auch bezogen auf den Mitunternehmeranteil an der TochterGes, bei letzterem in einer Ergänzungsbilanz (auch → § 20 Rn. 145 ff.).

Der gemeine Wert entspricht bei börsennotierten Wertpapieren nach § 11 I BewG dem Kurswert, Paketzuschläge sind gem. § 11 III BewG zu berücksichtigen (BMF 17.5.2011, BStBl. I 2011, 606). Anteile an KapGes sind iÜ für ertragstl. Zwecke mit dem gemeinen Wert anzusetzen, der aus Verkäufen ableiten lässt, die weniger als ein Jahr zurückliegen (Vergleichswertmethode → § 11 Rn. 34). Liegen solche Verkäufe nicht vor, kommt das Ertragswertverfahren oder eine andere anerkannte Methode zur Anwendung (§ 11 II 2 BewG).

11. Ansatz der übergehenden Wirtschaftsgüter mit dem Buchwert

181 Ein Buchwertansatz der übertragenen WG ist gem. Abs. 2 S. 2 auf Antrag zul., soweit das Recht der BRD hinsichtlich der Besteuerung des eingebrachten BV bei der übernehmenden Gesellschaft nicht ausgeschlossen oder beschränkt wird (→ Rn. 208 ff.). BW ist nach § 1 V Nr. 4 der Wert, der sich nach den stl. Vorschriften über die Gewinnermittlung in einer für den stl. Übertragungsstichtag aufzustellenden StB ergibt oder ergäbe. Unterscheiden sich die BW im Hinblick auf die KSt/ESt und die GewSt, sind diese unterschiedlichen BW fortzuführen. Wenn das Gesetz auf eine **Einbringungsbilanz** abstellt, so bedeutet dies nicht, dass in allen Einbringungsfällen eine Einbringungsbilanz aufgestellt werden muss (vgl. aber auch Dötsch/Pung/Möhlenbrock/Patt Rn. 121, der aber auf die Schlussbilanz des übernehmenden Rechtsträgers abstellt). Eine Einbringungsbilanz ist nur dann aufzustellen, wenn dies gesetzlich vorgeschrieben ist, zB in den Fällen des Abs. 4 iVm § 20 VI 1, 2. Zu den in § 1 V Nr. 4 angesprochenen Gewinnermittlungsvorschriften gehören insbes. § 5 II–VI, VII EStG oder wenn der Einbringende seinen Gewinn gem. § 4 III EStG ermittelt (vgl. BMF 11.11.2011, BStBl. I 2011, 1314 Rn. 24.03; Widmann/Mayer/Fuhrmann Rn. 779). Maßgebend ist insoweit nicht die vom einbringenden Rechtsträger vorgenommene tatsächliche Bilanzierung, sondern die in seiner Person nach den genannten stl. Gewinnermittlungsvorschriften zul. Bilanzierung zum Einbringungsstichtag (BeckOK UmwStG/Claß/Weggenmann Rn. 848). Die dt. Gewinnermittlungsvorschriften gelten auch für ausl. Rechtsträger (→ § 11 Rn. 50). Eine Buchwertfortführung ist auch dann möglich, wenn das übertragene **Nettobuchwertvermögen negativ** ist, die Mindestansatzvorschrift des § 20 II 2 Nr. 2 gilt nicht (BMF 11.11.2011, BStBl. I 2011, 1314 Rn. 24.04; Lademann/Jäschke Rn. 29a; Widmann/Mayer/Fuhrmann Rn. 783; HK-UmwStG/Trautmann Rn. 173; Rödder/Herlinghaus/van Lishaut/Rasche Rn. 94; BeckOK UmwStG/Claß/Weggenmann Rn. 846); auch in diesem Fall müssen aber neue Gesellschafterrechte gewährt werden.

182 Soweit die Voraussetzungen des Abs. 2 S. 2 vorliegen und der Antrag auf Buchwertfortführung gestellt wird (→ Rn. 195), muss der Ansatz mit dem BW **einheitlich** erfolgen (BMF 11.11.2011, BStBl. I 2011, 1314 Rn. 24.03 iVm Rn. 20.18, 03.13), und zwar auch in der **Sonder- oder Ergänzungsbilanz** (Haritz/Menner/Bilitewski/Bär/Merkle Rn. 105; Rödder/Herlinghaus/van Lishaut/Rasche Rn. 92; HK-UmwStG/Trautmann Rn. 170). Es ist nicht zul., dass ein WG „überbewertet", ein anderes dagegen „unterbewertet" wird mit dem Saldo damit die bisherigen BW wieder erreicht werden (Widmann/Mayer/Fuhrmann Rn. 781). Entscheidend ist der BW zum Einbringungszeitpunkt. Einbringung zu BW liegt danach vor, wenn in der Gesamthandsbilanz der aufnehmenden PersGes zwar gemeine Werte angesetzt, mit negativen Ergänzungsbilanzen jedoch die Ansätze wieder bis zur Höhe des in der Einbringungsbilanz ausgewiesenen BW herabgesetzt werden. Umgekehrt ist nicht von einem Ansatz mit dem BW auszugehen, wenn zwar die Gesamthandsbilanz der aufnehmenden PersGes die BW aus der Einbringungsbilanz ausweist, diese Werte aber durch positive Ergänzungsbilanzen aufgestockt (mit der Folge des Ausweises eines Einbringungsgewinns) wurden. Die Funktion der positiven oder negativen Ergänzungsbilanzen erschöpft sich jedoch nicht in der Ausübung des Ansatz- und Bewertungswahlrechts gem. Abs. 2 S. 1, sie sind vielmehr in der Folgezeit im Rahmen der lfd. Gewinnermittlung fortzuentwickeln (→ Rn. 217 ff.).

183 Liegen zum Einbringungsstichtag die Voraussetzungen einer **Teilwertabschreibung** bei einzeln übertragenen WG vor, so muss diese WG in der „steuerlichen Schlussbilanz" des Einbringenden mit dem TW angesetzt werden. In der Person des Einbringenden sind evtl. **Wertaufholungen** iSv § 6 I 1 Nr. 1 S. 4, Nr. 2 S. 2 f. EStG vorzunehmen. Unterlassene Wertaufholungen auf WG sind nachträglich zu korrigieren, soweit für den Einbringenden noch keine bestandskräftige Veranlagung vorliegt oder noch eine Änderung nach § 172 AO in Betracht kommt (Rödder/Herlinghaus/van Lishaut/Herlinghaus § 20 Rn. 357). Ändern sich die Ansätze in der „steuerlichen Schlussbilanz" des Einbringenden, so löst dies eine Folgeänderung beim übernehmenden Rechtsträger aus. Ist der gemeine Wert der Sachgesamtheit geringer als die Summe der BW der übergehenden WG, ist der **Ansatz zum BW ausgeschlossen** (BMF 11.11.2011, BStBl. I 2011, 1314 Rn. 24.03 iVm Rn. 20.18, 03.12; ebenso Dötsch/Pung/Möhlenbrock/Patt Rn. 114 iVm § 20 Rn. 190; Widmann/Mayer/Fuhrmann Rn. 789; Bogenschütz Ubg 2011, 393; aA Schumacher/Neitz-Hackstein Ubg 2011, 409; vgl. auch BFH DStR 2014, 2120). Zur Berücksichtigung stiller Lasten → Rn. 167 ff.

Wird ein **Mitunternehmeranteil** eingebracht und übt der übernehmende **184** Rechtsträger das Antragswahlrecht dahingehend aus, die BW fortzuführen, so kommt es zu einem entsprechenden Wertansatz bei der Mitunternehmerschaft, ein eigenständiges Wahlrecht kommt dieser nicht zu (str., → § 20 Rn. 290). Entsprechendes gilt, wenn ein Mitunternehmeranteil an einer Mitunternehmerschaft eingebracht wird, die ihrerseits an einer Mitunternehmerschaft beteiligt ist **(doppelstöckige PersGes)**. Zum stl. BV eines Mitunternehmeranteils gehören auch eine etwaige bestehende Ergänzungsbilanz sowie eine Sonderbilanz (→ § 20 Rn. 296).

Zu einem Ansatz mit dem gemeinen Wert kommt es in jedem Fall, wenn durch **185** den Einbringungsvorgang ein dt. Besteuerungsrecht erstmals begründet wird (→ Rn. 172). Dies ändert jedoch nichts an dem grds. Buchwertansatz. Soweit durch die Einbringung das Besteuerungsrecht der BRD verloren geht, sind diese WG mit dem gemeinen Wert anzusetzen, iÜ kann der BW fortgeführt werden, ein Zwischenwertansatz liegt insgesamt nicht vor.

12. Ansatz des eingebrachten Betriebsvermögens mit Zwischenwerten

a) Ansatz von Zwischenwerten. Alt. und unter denselben Voraussetzungen **186** wie der Buchwertansatz können auf Antrag hin auch ZW durch den übernehmenden Rechtsträger angesetzt werden. Setzt der übernehmende Rechtsträger das eingebrachte BV mit einem Wert an, der höher ist als die BW, aber unter dem gemeinen Wert liegt, so ist die Differenz zwischen dem höheren Wert und dem BW **(Aufstockungsbetrag)** auf die eingebrachten WG gleichmäßig zu verteilen, und zwar auch in der Sonder- oder Ergänzungsbilanz (BMF 11.11.2011, BStBl. I 2011, 1314 Rn. 24.03 iVm Rn. 20.18, 03.35; Dötsch/Pung/Möhlenbrock/Patt Rn. 115a, 115b; Widmann/Mayer/Fuhrmann Rn. 808; Haritz/Menner/Bilitewski/Bär/Merkle Rn. 105; Brandis/Heuermann/Nitzschke Rn. 71; BeckOK UmwStG/Claß/Weggenmann Rn. 860). Stille Lasten sind – mit Ausnahme von Pensionsrückstellungen – verhältnismäßig zu berücksichtigen (Brandis/Heuermann/Nitzschke Rn. 71). Entsprechendes gilt, wenn sich die BW im Hinblick auf die ESt/KSt und die GewSt unterscheiden.

Liegen zum Umwandlungsstichtag die Voraussetzungen einer **Teilwertabschrei- 187 bung** bei einzelnen übergehenden WG vor, so können diese WG noch in der Person des Einbringenden mit dem TW angesetzt werden. **Wertaufholungen** sind iSv § 6 I 1 Nr. 1 S. 4, Nr. 2 S. 2 f. EStG vorzunehmen. Unterlassene Wertaufholungen auf WG sind nachträglich zu korrigieren, soweit für den übertragenden Rechtsträger noch keine bestandskräftige Veranlagung vorliegt oder noch eine Änderung nach § 172 AO in Betracht kommt. Ändern sich die Ansätze in der „steuerlichen Schlussbilanz" (vgl. BFH BStBl. II 2012, 725; Dötsch/Pung/Möhlenbrock/Patt § 20 Rn. 194) des übertragenden Rechtsträgers, so löst dies eine Folgeänderung beim übernehmenden Rechtsträger aus. Dies kann auch Auswirkungen auf die gleichmäßige Verteilung der aufgedeckten stillen Reserven haben.

188 Um die **gleichmäßige Aufstockung** der stillen Reserven durchführen zu können, müssen die mit den stillen Reserven behafteten WG, auch solche im SBV, Rücklagen uÄ und die Höhe der stillen Reserven zum Einbringungsstichtag festgestellt werden, ebenso stille Lasten, mit Ausnahme solcher in Pensionsrückstellungen (str., → § 20 Rn. 275 ff.). Der Gesamtbetrag der stillen Reserven ergibt sich aus der Differenz des BW des eingebrachten Vermögens und dem gemeinen Wert der Sacheinlage. Stille Reserven in einem originären Geschäftswert sind zu berücksichtigen (BeckOK UmwStG/Claß/Weggenmann Rn. 861; Brandis/Heuermann/Nitzschke Rn. 71. Die stillen Reserven in den einzelnen WG und steuerfreien Rücklagen uÄ sind gleichmäßig um den Prozentsatz aufzulösen, der dem Verhältnis des Aufstockungsbetrags zum Gesamtbetrag der vorhandenen stillen Reserven des eingebrachten BV entspricht. (BMF 11.11.2011, BStBl. I 2011, 1314 Rn. 24.03 iVm Rn. 20.18, 03.25; Dötsch/Pung/Möhlenbrock/Patt Rn. 115a; Widmann/Mayer/Fuhrmann Rn. 808).

Beispiel:

189 Die stl. BW des eingebrachten BV betragen insgesamt 250.000 Euro, der gemeine Wert 500.000 Euro. Die stillen Reserven iHv insgesamt 250.000 Euro sind mit 50.000 Euro bei Grund und Boden, 100.000 Euro bei Gebäuden, 50.000 Euro bei Maschinen, 50.000 Euro bei den Vorräten enthalten. Der Aufstockungsbetrag soll 100.000 Euro betragen; der Aufstockungsbetrag steht damit zum Gesamtbetrag der vorhandenen stillen Reserven im Verhältnis von 100.000 : 250.000. Die stillen Reserven sind damit um 40% aufzustocken. Die Aufteilung lautet im Beispielsfall danach: Aufstockung bei Grund und Boden um 20.000 Euro, bei Gebäuden um 40.000 Euro, bei Maschinen und Warenbeständen um je 20.000 Euro. Die stl. BW sind beim übernehmenden Rechtsträger damit mit 350.000 Euro anzusetzen.

190 Unabhängig von der Ausübung des Antragswahlrechts kommt es zum **Ansatz mit dem gemeinen Wert,** soweit durch den Einbringungsvorgang ein dt. Besteuerungsrecht erstmals begründet wird (str., → Rn. 172). Ein Ansatz der eingebrachten WG mit dem gemeinen Wert ist auch insoweit vorzunehmen, als das inl. Besteuerungsrecht auf Grund der Einbringung ausgeschlossen oder beschränkt wird. Diese zwangsweise Aufdeckung der stillen Reserven erfolgt eine logische Sekunde vor der gleichmäßigen Aufdeckung der ansonsten eingebrachten WG. Zu einer gleichmäßigen Aufstockung der stillen Reserven kommt es aber dann, wenn es zu einer Aufstockung nach Abs. 2 S. 2 Nr. 2 kommt (Dötsch/Pung/Möhlenbrock UmwStG/Patt Rn. 115c)

191 Wird ein **Mitunternehmeranteil** eingebracht und wählt der übernehmende Rechtsträger den Zwischenwertansatz, so kommt es auch zu einem entsprechenden Wertansatz bei der Mitunternehmerschaft, und zwar in einer entsprechenden Ergänzungsbilanz; ein eigenständiges Wahlrecht der Mitunternehmerschaft aber nicht zu (str., → § 20 Rn. 290; aA Dötsch/Pung/Möhlenbrock/Patt Rn. 118). Entsprechendes gilt, wenn ein Mitunternehmeranteil an einer Mitunternehmerschaft eingebracht wird, zu deren Vermögen ihrerseits eine Mitunternehmerbeteiligung gehört **(doppelstöckige PersGes).** Die anteilige Aufstockung bezieht sich auch auf eine ggf. bereits vorhandene Ergänzungsbilanz sowie eine Sonderbilanz.

192 **b) Materielle und immaterielle Wirtschaftsgüter, insbesondere Geschäfts- und Firmenwerte.** Die Einbringung eines Betriebs, Teilbetriebs oder Mitunternehmeranteils in eine PersGes stellt aus der Sicht des Einbringenden einen tauschähnlichen Veräußerungsakt in Form einer Betriebsveräußerung und in der Person des übernehmenden Rechtsträgers ein Anschaffungsgeschäft dar (BFH DStR 2017, 1376; FR 2004, 274; DStR 2003, 37; BStBl. II 1996, 342; BMF 11.11.2011, BStBl. I 2011, 1314 Rn. 00.02; Hahn DStZ 1998, 561). Dies gilt unabhängig davon, ob sich der Vermögensübergang im Wege der Gesamt- oder Einzelrechtsnachfolge vollzieht (BFH FR 2004, 274; BMF 11.11.2011, BStBl. I 2011, 1314 Rn. 00.02;

Hahn DStZ 1998, 561; vgl. auch Fatouros DStR 2006, 272). Demnach sind mit der hM auch beim Zwischenwertansatz grds. alle stillen Reserven anteilig aufzudecken. Bei der Aufstockung ist sowohl das Anlagevermögen einschl. der vom Einbringenden hergestellten immateriellen Anlagegüter und der originäre Geschäftswert (→ § 20 Rn. 307) als auch das Umlaufvermögen zu berücksichtigen. Wird ein Zwischenwertansatz gewählt, ist nach früherer Auffassung der FVerw (BMF 25.3.1998, BStBl. I 1998, 268 Rn. 22.08: **sog. modifizierte Stufentheorie**) ein bestehender selbstgeschaffener Geschäftswert nur zu berücksichtigen, wenn die übrigen WG und Schulden mit dem gemeinen Wert angesetzt sind, aber gegenüber dem Wert, mit dem das eingebrachte BV vom übernehmenden Rechtsträger angesetzt werden soll bzw. angesetzt werden muss, noch ein Differenzbetrag verbleibt; dieser Differenzbetrag ist dann durch den Ansatz des Geschäftswertes aufzufüllen. Eine solche Differenzierung bezogen auf stille Reserven beim selbstgeschaffenen Geschäftswert und sonstigen stillen Reserven ist dem Gesetz nicht zu entnehmen, sodass ein Geschäftswert nach den allg. Grundsätzen der gleichmäßigen und verhältnismäßigen Aufstockung gleichwertig mit den übrigen WG zu behandeln ist (BMF 11.11.2011, BStBl. I 2011, 1314 Rn. 24.03 iVm Rn. 20.18, 03.25, zur Übergangsregelung Rn. S.03; Dötsch/Pung/Möhlenbrock/Patt § 20 Rn. 207; Rödder/Herlinghaus/van Lishaut/Herlinghaus § 20 Rn. 365; BeckOK UmwStG/Claß/Weggenmann Rn. 861).

c) Auflösung steuerfreier Rücklagen. In die anteilige Aufstockung mit einbezogen werden müssen auch steuerfreie Rücklagen und sonstige stille Reserven, die bspw. durch Überbewertung von Passiva entstanden sind (→ § 20 Rn. 308).

13. Ausübung des Antragswahlrechts; Bilanzberichtigung

a) Ausübung des Antragswahlrechts. Auf Antrag können bei Vorliegen der Voraussetzungen des Abs. 2 S. 2 die eingebrachten WG mit dem BW oder einem ZW angesetzt werden. Der Antrag hat keine Auswirkungen, soweit WG aufgrund zwingender Vorschriften mit dem ZW oder gemeinen Wert anzusetzen sind; Abs. 2 S. 2 bestimmt nicht ausdrücklich, wer den Antrag auf abw. Bewertung zu stellen hat. Nach ganz herrschender Auffassung (BMF 11.11.2011, BStBl. I 2011, 1314 Rn. 24.03 iVm Rn. 20.21; BFH/NV 2011, 437; Widmann/Mayer/Fuhrmann Rn. 716; Rödder/Herlinghaus/van Lishaut/Rasche Rn. 100; Haritz/Menner/Bilitewski/Bär/Merkle Rn. 103; HK-UmwStG/Trautmann Rn. 180; Eisgruber/Demuth Rn. 143; BeckOK UmwStG/Claß/Weggenmann Rn. 897; Brandis/Heuermann/Nitzschke Rn. 73; Dötsch/Pung/Möhlenbrock/Patt Rn. 116; BFH BStBl. II 2017, 75 zu § 21) wird der Antrag durch den **übernehmenden Rechtsträger** gestellt. Davon ging auch der Gesetzgeber aus (BT-Drs. 16/2710, 43). Maßgebend für die Ausübung des Antragswahlrechts ist allein der rechtzeitig und wirksam gestellte oder aber der nicht gestellte Antrag. Auf eine etwaige Bilanzierung kommt es nicht an (BMF 11.11.2011, BStBl. I 2011, 1314 Rn. 24.03 iVm Rn. 20.21; BT-Drs. 16/2710, 51; Rödder/Herlinghaus/van Lishaut/Rasche Rn. 104; auch → § 11 Rn. 18). Setzt zB der übernehmende Rechtsträger die WG unter dem gemeinen Wert an, obwohl ein Antrag nicht gestellt wurde, ist der Ansatz unrichtig und muss geändert werden. Das Antragswahlrecht wird nach Maßgabe des jeweils anzuwendenden Rechts durch das zuständige, dh vertretungsberechtigte Organ des übernehmenden Rechtsträgers ausgeübt. Stellvertretung ist möglich (Widmann/Mayer/Fuhrmann Rn. 719; BeckOK UmwStG/Claß/Weggenmann Rn. 195; zumindest eine zeitnahe Genehmigung der Stellvertretung dürfte mit Rückwirkung möglich sein. Unabhängig von der Ausübung des Antragswahlrechts kommt es nach hM im Regelungsbereich des § 24 zu einem Ansatz mit dem gemeinen Wert, soweit durch den Einbringungsvorgang ein dt. Besteuerungsrecht erstmals begründet wird (str., → Rn. 172).

196 Ob der durch den übernehmenden Rechtsträger gestellte Antrag **vertraglichen Vereinbarungen** mit dem Einbringenden **widerspricht,** ist für seine Wirksamkeit ohne Bedeutung (vgl. aber auch FG NS EFG 2023, 440; FG NS 22.12.2022 – 7 K 105/18, juris. Ein vereinbarungswidrig gestellter Antrag kann jedoch Schadensersatzansprüche auslösen (BMF 11.11.2011, BStBl. I 2011, 1314 Rn. 24.04 iVm 20.32; BFH BStBl. II 2012, 381; HK-UmwStG/Trautmann Rn. 180; Eisgruber/Demuth Rn. 144; Brandis/Heuermann/Nitzschke Rn. 75; Widmann/Mayer/Fuhrmann Rn. 718; Haritz/Menner/Bilitewski/Bär/Merkle Rn. 103; BeckOK UmwStG/Claß/Weggenmann Rn. 898).

197 Der Antrag nach Abs. 2 S. 2 kann nur einheitlich für **einen Einbringungsvorgang** ausgeübt werden. Eine selektive Aufstockung einzelner WG der Sacheinlage ist nicht zul. Wird bei einem einheitlichen Einbringungsvorgang ein Antrag auf selektive Aufstockung gestellt, so ist dieser unwirksam. Bei der Einbringung eines Betriebs, Teilbetriebs oder Mitunternehmeranteils mit dazugehörigem SBV kann das Antragswahlrecht nur hinsichtlich der übertragenen Sachgesamtheit und des SBV einheitlich ausgeübt werden (Widmann/Mayer/Fuhrmann Rn. 730; Haritz/Menner/Bilitewski/Bär/Merkle Rn. 105; HK-UmwStG/Trautmann Rn. 183; Dötsch/Pung/Möhlenbrock/Patt Rn. 117; Eisgruber/Demuth Rn. 145).

198 Hingegen kann das Wahlrecht aus Abs. 2 S. 2 **unterschiedlich** ausgeübt werden, wenn in eine übernehmende PersGes **mehrere** Betriebe, Teilbetriebe, Mitunternehmeranteile eingebracht werden (Widmann/Mayer/Fuhrmann Rn. 728; Dötsch/Pung/Möhlenbrock/Patt Rn. 117; Haritz/Menner/Bilitewski/Bär/Merkle Rn. 106; HK-UmwStG/Trautmann Rn. 190; Eisgruber/Demuth Rn. 145; BeckOK UmwStG/Claß/Weggenmann Rn. 896). Eine unterschiedliche Wahlrechtsausübung ist auch insoweit möglich, als die einzelnen Sacheinlagen in Form unterschiedlicher Einbringungsvorgänge (BMF 11.11.2011, BStBl. I 2011, 1314 Rn. 20.12) von einem Einbringenden stammen (Widmann/Mayer/Fuhrmann Rn. 728; BeckOK UmwStG/Claß/Weggenmann Rn. 896; Dötsch/Pung/Möhlenbrock/Patt Rn. 117). Bringt eine Mitunternehmerschaft ihren Betrieb, Teilbetrieb usw ein, so kann das Wahlrecht, die Sacheinlage mit dem BW, gemeinen Wert oder einem ZW anzusetzen, von der übernehmenden Mitunternehmerschaft nicht unterschiedlich ausgeübt werden, da nach der hier vertretenen Meinung Einbringende nicht die einzelnen MU, sondern die Mitunternehmerschaft selbst ist (→ Rn. 105 ff.; Dötsch/Pung/Möhlenbrock/Patt Rn. 117). Da für jede Sacheinlage die Voraussetzungen von Abs. 2 S. 2 zu prüfen sind, kann es nicht darauf ankommen, ob die Sacheinlagen gleichzeitig oder mit zeitlichem Abstand und damit vollständig unabhängig voneinander geleistet werden; jede Sacheinlage hat ihr eigenes stl. Schicksal. Gleiches gilt für die Übertragung mehrerer Mitunternehmeranteile durch einen Einbringenden; innerhalb eines Mitunternehmeranteils muss aber auch bezogen auf das SBV des betreffenden Gesellschafters einheitlich bewertet werden. Kommt es zu einem wirtschaftlich einheitlichen Einbringungsvorgang durch mehrere einbringende Personen, so kann der übernehmende Rechtsträger bezogen auf jeden Einbringenden das ihm zustehende Wahlrecht unterschiedlich ausüben.

199 Das Antragswahlrecht nach Abs. 2 S. 2 kann unabhängig von einer Bilanzierung in der HB ausgeübt werden. Der **Grds. der Maßgeblichkeit** der HB für die StB ist nicht zu beachten (BT-Drs. 16/2710, 69; BMF 11.11.2011, BStBl. I 2011, 1314 Rn. 24.03 iVm Rn. 20.20; Widmann/Mayer/Fuhrmann Rn. 731; Dötsch/Pung/Möhlenbrock/Patt Rn. 119; Rödder/Herlinghaus/van Lishaut/Rasche Rn. 110).

200 **b) Frist für den Antrag.** Der Antrag ist spätestens bis zur erstmaligen Abgabe der stl. Schlussbilanz des übernehmenden Rechtsträgers bei dem für die Besteuerung dieser Gesellschaft zuständigen FA zu stellen (Abs. 2 S. 3 iVm § 20 II 3; zur Überleitungsrechnung iSv § 60 II 1 EStDV vgl. Krohn/Greulich DStR 2008, 646; LfSt

Bayern DStR 2015, 429). Die stl. Schlussbilanz ist auch dann maßgebend, wenn eine Einbringung zur Neugründung erfolgt und die Eröffnungsbilanz nicht gleichzeitig die normale stl. Schlussbilanz ist (BFH BStBl. II 2017, 75; LfSt Bayern DStR 2015, 429; vgl. aber auch Förster/Wendland BB 2007, 631). **Stl. Schlussbilanz** ist die reguläre stl. Bilanz iSv §§ 4, 5 EStG, in der das übernommene BV erstmalig angesetzt wird bzw. hätte angesetzt werden müssen (LfSt Bayern DStR 2015, 429; Widmann/Mayer/Fuhrmann Rn. 711). Nicht abschließend geklärt ist die Frage, wann die Antragsfrist endet, wenn der Einbringende und die übernehmende PersGes den Gewinn nach § 4 III EStG ermitteln und die übernehmende PersGes auch im Rahmen der Einbringung nicht zur Bilanzierung übergegangen ist (vgl. dazu BMF 11.11.2011, BStBl. I 2011, 1314 Rn. 24.03; Widmann/Mayer/Fuhrmann Rn. 712 ff.; Haritz/Menner/Bilitewski/Bär/Merkle Rn. 104; Eisgruber/Demuth Rn. 148). Eine spätere Antragstellung ist nicht wirksam möglich (BMF 11.11.2011, BStBl. I 2011, 1314 Rn. 24.03 iVm Rn. 20.21), jedoch eine solche bereits vor Abgabe der stl. Schlussbilanz. Aufgrund der Formulierung des Gesetzes – „spätestens bis zur erstmaligen Abgabe der steuerlichen Schlussbilanz" – sollte der Antrag vor Abgabe der stl. Schlussbilanz erfolgen, eine Antragstellung zusammen mit der Abgabe der stl. Schlussbilanz ist aber nach der Gesetzesbegründung ausreichend (BT-Drs. 16/2710, 36; ebenso Rödder/Herlinghaus/van Lishaut/Herlinghaus § 20 Rn. 273; Dötsch/Pung/Möhlenbrock/Patt Rn. 118; Brandis/Heuermann/ Nitzschke Rn. 74; Frotscher/Drüen/Mutscher § 20 Rn. 244; wohl auch BMF 11.11.2011, BStBl. I 2011, 1314 Rn. 24.03 iVm 20.12). Der Antrag muss damit spätestens erfolgen, wenn die stl. Schlussbilanz des übernehmenden Rechtsträgers (zur Überleitungsrechnung iSv § 60 II 1 EStDV vgl. BFH BStBl. II 2017, 75; Krohn/ Greulich DStR 2008, 646; LfSt Bayern DStR 2015, 429) für das Wj. der Einbringung, die der Gewinnfeststellungserklärung beigefügt ist, so in den Bereich des zuständigen FA gelangt, dass es unter normalen Umständen die Möglichkeit hat, davon Kenntnis zu nehmen. Für den Ablauf der Frist kommt es nicht darauf an, ob die eingereichte Schlussbilanz den GoB oder den steuerrechtlichen Sonderregelungen entspricht (BFH BStBl. II 2017, 75). Bei der Verschm einer Körperschaft auf eine PersGes bzw. eine andere Körperschaft geht die Fverw davon aus, dass es sich bei der stl. Schlussbilanz des übertragenden Rechtsträgers um eine eigenständige Bilanz handelt, die sich von der Bilanz iSd § 4 I EStG, § 5 I EStG unterscheidet (BMF 11.11.2011, BStBl. I 2011, 1314 Rn. 03.01). Bei der Einbringung in eine PersGes iSd § 24 wird eine solche gesonderte Schlussbilanz nicht erstellt, vielmehr wird in der Bilanz iSd **§ 4 I EStG, § 5 I EStG** die Einbringung beim übernehmenden Rechtsträger abgebildet (LfSt Bayern DStR 2015, 429). Die unterschiedliche Behandlung zwischen den Fällen der §§ 3–16 und in Einbringungsfällen ist dadurch zu rechtfertigen, dass in den Einbringungsfällen der Anschaffungsvorgang in der Bilanz des Anschaffenden, dh des übernehmenden Rechtsträgers abgebildet wird, in den Fällen der §§ 3–16 aber in der stl. Schlussbilanz iSv §§ 4, 5 EStG des übertragenden Rechtsträgers ein solcher Vorgang nicht abgebildet wird (vgl. dazu auch Kaeser DStR-Beihefter zu Heft 2/2012, 15; Förster GmbHR 2012, 243; Kroener/ Momen DB 2012, 73). **Keine stl. Schlussbilanz** iSd § 24 ist eine durch den Steuerpflichtigen als „vorläufig" bezeichnete oder als Entwurf gekennzeichnete Bilanz, auch wenn sie der Steuererklärung beigefügt wird (BFH BStBl. II 2017, 75; vgl. Dötsch/Pung/Möhlenbrock/Patt § 20 Rn. 211b). Eine StB, die ohne Wissen und Wollen des übernehmenden Rechtsträgers abgegeben wurde, ist keine StB iSd § 24. Wird ein Mitunternehmeranteil eingebracht, so muss der Antrag auf Buchwertfortführung durch den übernehmenden Rechtsträger vor Abgabe seiner stl. Schlussbilanz gestellt worden sein (LfSt Bayern DStR 2015, 429; vgl. dazu auch Dötsch/Pung/Möhlenbrock/Patt § 20 Rn. 209c).

Die Frist für die Stellung des Antrags soll mit Abgabe der Bilanz für das Wj. der Einbringung unabhängig davon abgelaufen sein, wann der Einbringungsvertrag geschlossen, die notwendigen Beschlüsse gefasst oder die Umw wirksam wird (Widmann/Mayer/Widmann § 20 Rn. R 423; vgl. auch Lademann/Jäschke § 20 Rn. 70). Wird zB die stl. Schlussbilanz des übernehmenden Rechtsträgers zum 31.12.2007 (Kj. entspricht Wj.) am 15.5.2008 beim zuständigen FA eingereicht und am 15.8.2008 rückwirkend auf den 31.12.2007 die Einbringung durch Verschm beschlossen und angemeldet, soll dann kein Antrag mehr auf Buch- oder Zwischenwertansatz gestellt werden können (vgl. aber Krohn/Greulich DStR 2008, 646; BeckOK UmwStG/Claß/Weggenmann Rn. 1062.1). Zur rückwirkenden Einbringung zur Neugründung → § 20 Rn. 315.

202 c) **Form und Inhalt des Antrags.** Einer besonderen Form bedarf der Antrag nicht, er kann auch konkludent zB durch Abgabe der Bilanz für das Wj. der Einbringung gestellt werden (LfSt Bayern DStR 2015, 429; Haritz/Menner/Bilitewski/Bär/Merkle Rn. 103a; Widmann/Mayer/Fuhrmann Rn. 720; Rödder/Herlinghaus/van Lishaut/Rasche Rn. 101; Brandis/Heuermann/Nitzschke Rn. 73). Für die Auslegung des Antrags gelten die allg. zivilrechtlichen Grundsätze. Nur beim Zwischenwertansatz muss nach Auffassung der Fverw ausdrücklich angegeben werden, in welcher Höhe oder zu welchem Prozentsatz die stillen Reserven aufzudecken sind (BMF 11.11.2011, BStBl. I 2011, 1314 Rn. 24.03 iVm Rn. 20.21, 03.29; LfSt Bayern DStR 2015, 429; BFH/NV 2011, 437; Haritz/Menner/Bilitewski/Bär/Merkle Rn. 103a; Haase/Hofacker/Haase Rn. 49). Ein unklarer Antrag gilt jedoch als nicht gestellt (Widmann/Mayer/Fuhrmann Rn. 720; BeckOK UmwStG/Claß/Weggenmann Rn. 1061). Möglich ist es, die Antragstellung auf einen absoluten Betrag der stillen Reserven zu beziehen oder bei Zwischenwertansatz einen Prozentsatz anzugeben. Die Antragstellung ist **bedingungsfeindlich** (BMF 11.11.2011, BStBl. I 2011, 1314 Rn. 24.03 iVm Rn. 20.21, 03.29; LfSt Bayern DStR 2015, 429; BFH/NV 2011, 437; Haritz/Menner/Bilitewski/Bär/Merkle Rn. 104; BeckOK UmwStG/Claß/Weggenmann Rn. 1061). Nicht möglich ist es, den Antrag an außerhalb des Einbringungsvorgangs liegende Umstände anzuknüpfen; geschieht dies, gilt der Antrag als nicht gestellt (Widmann/Mayer/Widmann § 20 Rn. R 447).

203 d) **Zuständiges Finanzamt.** Der Antrag ist bei dem für die einheitliche und gesonderte Gewinnfeststellung des übernehmenden Rechtsträgers zuständigen FA zu stellen (OFD NRW DStR 2016, 1031; LfSt Bayern DStR 2015, 429; Rödder/Herlinghaus/van Lishaut/Rasche Rn. 101; Haritz/Menner/Bilitewski/Bär/Merkle Rn. 103a; Widmann/Mayer/Fuhrmann Rn. 710; BeckOK UmwStG/Claß/Weggenmann Rn. 74). Hat der übernehmende Rechtsträger weder Sitz noch Ort der Geschäftsleitung in Deutschland, so ist das FA zuständig, das nach der Einbringung für die Besteuerung der eingebrachten Betriebsstätte, bzw. das FA, das für die Besteuerung des eingebrachten Mitunternehmeranteils zuständig ist.

204 e) **Bindungswirkung des Antrags.** Der einmal wirksam gestellte Antrag nach Abs. 2 S. 2 kann weder zurückgenommen (LfSt Bayern DStR 2015, 429), geändert noch wegen Irrtums **angefochten** werden (vgl. FG Berlin-Brandenburg EFG 2017, 441; BMF 11.11.2011, BStBl. I 2011, 1314 Rn. 24.03 iVm Rn. 20.24; Widmann/Mayer/Fuhrmann Rn. 722; Eisgruber/Demuth Rn. 151; Dötsch/Pung/Möhlenbrock/Patt Rn. 127; BeckOK UmwStG/Claß/Weggenmann Rn. 1065), auch dann nicht, wenn er vor Abgabe der stl. Schlussbilanz erfolgte (BMF 11.11.2011, BStBl. I 2011, 1314 Rn. 24.03 iVm Rn. 20.21; LfSt Bayern DStR 2015, 429; Dötsch/Pung/Möhlenbrock/Patt § 20 Rn. 211a; aA FGS/BDI-UmwStE/Hötzel/Kaeser, 2011, 351; Widmann/Mayer/Fuhrmann Rn. 722; Frotscher/Drüen/Mutscher § 20 Rn. 245). Geht man entgegen der hier vertretenen Meinung davon aus, dass eine Anfechtung möglich ist (vgl. dazu FG Berlin-Brandenburg EFG 2009, 1695; Gosch BFH PR 2008, 485; Koch BB 2009, 600; Widmann/Mayer/Fuhrmann Rn. 723 ff.), ist zu beachten, dass die ursprüngliche Erklärung anfechtbar ist. Wurde bereits vor der Anfechtungserklärung die stl. Schlussbilanz abgegeben, so hat dies zur Folge, dass es mangels entsprechenden Antrags zu einem Ansatz der eingebrachten WG mit dem gemeinen Wert kommt (ebenso Widmann/Mayer/Fuhrmann Rn. 724). Eine Änderung des Antrags ist auch nicht mit Zustimmung des FA möglich (Dötsch/Pung/Möhlenbrock/Patt § 20 Rn. 209; Kahle/Vogel Ubg 2012, 493). Es handelt sich bei dem Antragserfordernis um ein gesetzliches Tb-Merkmal. Bereits mit der Antragstellung ist der entsprechende Anspruch aus dem Steuerschuldverhältnis entstanden und der durch die Antragstellung (aA Widmann/Mayer/Fuhrmann Rn. 722 = Abgabe der Schlussbilanz) verwirklichte Sachverhalt kann rückwirkend nicht mehr geändert werden (vgl. BFH DStRE 2005, 984; BFH/NV 2006, 1099). Dementsprechend scheidet auch eine Bilanzänderung aus (Frotscher/Drüen/Mutscher § 20 Rn. 245).

Da das Antragswahlrecht dem übernehmenden Rechtsträger zusteht, ist bei der Einbringung eines **Mitunternehmeranteils** die PersGes an die Ausübung des Antragswahlrechts gebunden, eine eigenständige Entscheidung kommt ihr nicht zu (LfSt Bayern DStR 2015, 429; str., → § 20 Rn. 319).

f) Bilanzberichtigung. Fehlerhafte Bilanzansätze sind nach § 4 II 1 EStG zu berichtigen, und zwar bis zur Einreichung der Bilanz ohne Einschränkung. Nach Einreichung muss der Fehler, der zu einer Steuerverkürzung führen kann, gem. § 153 AO bis zum Ablauf der Festsetzungsfrist gestellt werden. Nach Ablauf der Festsetzungsfrist ist die Berichtigung ausgeschlossen (vgl. zu Einzelheiten Brandis/Heuermann/Drüen EStG § 4 Rn. 983 ff.). Wurden von dem Einbringenden die nach Abs. 2 S. 2 iVm § 1 V Nr. 4 bestimmten Grundsätze der lfd. stl. Gewinnermittlung in der Schlussbilanz nicht beachtet und ist aufgrund eingetretener Festsetzungsverjährung eine Korrektur dieser fehlerhaften Bilanzansätze ausgeschlossen, können die von dem aufnehmenden Rechtsträger in ihrer stl. Bilanz übernommenen und richtigen Buchwertansätze im Wege einer Bilanzberichtigung iSd stl. zutr. Werte nicht geändert werden (BFH BStBl. II 1984, 384; BFH/NV 2002, 628). Ändern sich die Buchwertansätze des eingebrachten BV nachträglich, zB aufgrund einer BP, und hat der übernehmende Rechtsträger zum Ausdruck gebracht, dass er die BW fortführen will, ist die Bilanz des übernehmenden Rechtsträgers ebenfalls entsprechend zu berichtigen (BFH DStRE 2002, 279). Eine Bilanzberichtigung ist möglich, wenn der übernehmende Rechtsträger das eingebrachte BV mit dem gemeinen Wert ansetzen wollte und sich später (zB aufgrund einer Außenprüfung) ergibt, dass die gemeinen Werte tatsächlich höher oder niedriger anzusetzen sind als bisher geschehen (BMF 11.11.2011, BStBl. I 2011, 1314 Rn. 24.03 iVm Rn. 20.24). Weichen die Ansätze in der stl. Schlussbilanz des übernehmenden Rechtsträgers von dem durch wirksamen Antrag bestimmten Wert ab, sind sie entsprechend dem Antrag zu berichtigen (BMF 11.11.2011, BStBl. I 2011, 1314 Rn. 24.03 iVm Rn. 20.24, 03.30). Eine Änderung der Wahlrechtsausübung im Wege der Bilanzberichtigung ist nicht möglich. Die Bilanzberichtigung führt zu einer Korrektur der **Veranlagung des Einbringenden** gem. § 175 I 1 Nr. 2 AO (Eisgruber/Demuth Rn. 152). Zu beachten ist, dass ein unklarer Antrag als nicht gestellt gilt, mit der Folge, dass der gemeine Wert anzusetzen ist. In diesen Fällen ist die Bilanz zu berichtigen, wenn in der Bilanz des übernehmenden Rechtsträgers BW oder ZW angesetzt wurden.

Nach Auffassung der Fverw (BMF 11.11.2011, BStBl. I 2011, 1314 Rn. 24.03 iVm Rn. 20.24) soll bei einem **Zwischenwertansatz** der entsprechende Wertansatz nicht mehr über eine Bilanzberichtigung korrigiert werden können, sofern diese oberhalb des BW und unterhalb des gemeinen Wertes liegt. Dies ist nur richtig, soweit der Antrag auf Zwischenwertansatz sich auf einen bestimmten Betrag bezogen hat. Auch bei einem Antrag auf Zwischenwertansatz kann eine Bilanzberichtigung notwendig sein, wenn in dem Antrag ein Prozentsatz angegeben wurde, mit dem die stillen Reserven im übergehenden Vermögen aufgedeckt werden sollen, in Abweichung von der Bilanzierung in der stl. Schlussbilanz der Umfang der stillen

Reserven im übertragenen Vermögen sich jedoch später als unrichtig erweist (Beispiel → § 20 Rn. 322).

14. Einschränkung des Antragswahlrechts

208 **a) Grundsätzliches.** Das **Antragswahlrecht** wird beschränkt, **soweit** (1) das Recht der BRD hinsichtlich der Besteuerung des eingebrachten BV nicht ausgeschlossen oder beschränkt wird und (2) soweit eine sonstige Gegenleistung nicht mehr beträgt als (a) 25 vH des BW des eingebrachten BV oder (b) 500.000 Euro, höchstens jedoch den BW des eingebrachten BV. Zur Vereinbarkeit der Entstrickungsregelung mit EU-Recht → Vor § 11 Rn. 9 ff. Der gemeine Wert der eingebrachten WG darf nicht überschritten werden (Abs. 2 S. 2). Wird durch den Einbringungsvorgang das dt. Besteuerungsrecht hinsichtlich des eingebrachten BV oder Teilen davon erstmalig begründet, so ist nach dem Willen des Gesetzgebers jedenfalls im Regelungsbereich des § 20 (BT-Drs. 16/2710, 43), für diese WG, unabhängig von der konkreten Ausübung des Antragswahlrechts, der gemeine Wert anzusetzen (Dötsch/Pung/Möhlenbrock/Patt § 20 Rn. 228; Brandis/Heuermann/Nitzschke § 20 Rn. 78a; Ley FR 2007, 109; Förster/Wendland BB 2007, 631; aA Rödder/Herlinghaus/van Lishaut/Herlinghaus § 20 Rn. 309). Nichts anderes dürfte im Regelungsbereich des § 24 gelten (Widmann/Mayer/Fuhrmann Rn. 735).

209 **b) Gesellschafterbezogene und wirtschaftsgutbezogene Betrachtungsweise.** Eine antragsabhängige Bewertung der bei der Einbringung übergehenden WG mit dem BW oder einem höheren ZW ist nur insoweit zul., als das Recht der BRD hinsichtlich der Besteuerung des Gewinns des eingebrachten BVs bei den Gesellschaftern der übernehmenden PersGes nicht ausgeschlossen oder beschränkt wird (Widmann/Mayer/Fuhrmann Rn. 743; Rödder/Herlinghaus/van Lishaut/Rasche Rn. 111 ff.). Ob das Recht zur Besteuerung bei den übergehenden WG ausgeschlossen oder beschränkt wird, entscheidet sich damit nach den Verhältnissen der Gesellschafter der übernehmenden PersGes bezogen auf jeweils eingebrachte WG. Der Verlust bzw. die Beschränkung des dt. Besteuerungsrechts ist damit **gesellschafterbezogen und wirtschaftsgutbezogen** zu prüfen (Rödder/Herlinghaus/van Lishaut/Rasche Rn. 114; Widmann/Mayer/Fuhrmann Rn. 755; BeckOK UmwStG/Claß/Weggenmann Rn. 932). Diese gesellschafterbezogene Betrachtungsweise kann dazu führen, dass bezogen auf einen Gesellschafter die anteilig übergehenden WG mit dem gemeinen Wert anzusetzen sind und bezogen auf einen anderen Gesellschafter die BW fortgeführt werden können.

210 **c) Verlust oder Beschränkung des Besteuerungsrechts.** Im Gegensatz zu §§ 3, 11, 20 kommt es nach dem Wortlaut des Gesetzes nicht nur auf das Besteuerungsrecht der BRD hinsichtlich eines Veräußerungsgewinns der übergehenden WG, sondern auf das Recht zur Besteuerung hinsichtlich des eingebrachten BV an. Es stellt sich daher die Frage, ob auch die Beschränkung bzw. der Ausschluss des Besteuerungsrechts von Erträgen aus der Nutzung der WG das Antragswahlrecht ausschließt. Davon ist jedoch im Ergebnis nicht auszugehen (BMF 11.11.2011, BStBl. I 2011, 1314 Rn. 24.03 iVm Rn. 20.19; Widmann/Mayer/Fuhrmann Rn. 751; BeckOK UmwStG/Claß/Weggenmann Rn. 930). Die Gesetzesbegründung zu den §§ 3, 11, 20 und 24 lässt keine Differenzierung bzgl. des Verlustes/der Beschränkung des dt. Besteuerungsrechtes im Hinblick auf Veräußerungsgewinne bzw. die lfd. Besteuerung erkennen, dies spricht dafür, bei allen Entstrickungsregelungen des UmwStG von einheitlichen Voraussetzungen auszugehen. Hinzu kommt, dass in anderen Entstrickungsnormen (vgl. § 12 I KStG; § 4 I 3 EStG) ausdrücklich dann eine Entstrickung angeordnet wird, wenn das Besteuerungsrecht hinsichtlich des Gewinns aus der Veräußerung oder der Nutzung ausgeschlossen oder beschränkt wird. Zur Vereinbarkeit der Entstrickungsregelung mit EU-Recht → Vor § 11

Rn. 9 ff.). Der Ausschluss bzw. Beschränkung des dt. Besteuerungsrechts bezieht sich ausschließlich auf die **ESt/KSt**, auf die **GewSt** kommt es insoweit nicht an (Widmann/Mayer/Fuhrmann Rn. 754; Haritz/Menner/Bilitewski/Bär/Merkle Rn. 113; BeckOK UmwStG/Claß/Weggenmann Rn. 931; Dötsch/Pung/Möhlenbrock/Patt Rn. 128; Rödder/Herlinghaus/van Lishaut/Rasche Rn. 113). Eine Beschränkung oder ein Ausschluss des dt. Besteuerungsrechts iSv Abs. 2 S. 2 kann nur dann vorliegen, wenn **vor der Einbringung** in der Person des Einbringenden auch ein dt. **Besteuerungsrecht** hinsichtlich der übergehenden WG bestanden hat (BMF 11.11.2011, BStBl. I 2011, 1314 Rn. 24.03 iVm Rn. 20.19, 03.19; BeckOK UmwStG/Claß/Weggenmann Rn. 934.1).

Streitig ist, wann das dt. Besteuerungsrecht beeinträchtigt wird insbes. vor dem Hintergrund, dass der BFH die **Theorie der finalen Entnahme** im Jahr 2008 aufgegeben hat (BFH BStBl. II 2009, 464; BFH/NV 2010, 432; 2010, 346). Die Rspr. geht in diesem Zusammenhang davon aus, dass es nicht zu einem Ausschluss oder einer Beschränkung des dt. Besteuerungsrechts, bezogen auf die in Deutschland gelegten stillen Reserven kommt, wenn WG ins Ausland verbracht werden und in Deutschland eine Betriebsstätte verbleibt. Die Fverw wendet diese Rspr. nicht an (BMF 20.12.2009, BStBl. I 2009, 671; vgl. auch EuGH DStR 2011, 2343 – National Grid Indus). Durch das JStG 2010 sind § 4 I EStG und § 12 I KStG geändert worden. Danach führt die Zuordnung eines WG zu einer ausl. Betriebsstätte zu einem Verlust oder einer Beeinträchtigung des dt. Besteuerungsrechts (vgl. dazu Koerner IstR 2009, 741; Schönfeld IstR 2010, 133; Mitschke Ubg 2010, 355; Mitschke IstR 2010, 95; Widmann/Mayer/Fuhrmann Rn. 746). Nach Auffassung der Fverw sind bei der Prüfung des Abs. 2 S. 2 diese durch das JStG 2010 vorgenommenen Änderungen der allg. Entstrickungsvorschriften des § 4 I 3 EStG, § 12 I KStG zu beachten, obwohl die Vorschriften des UmwStR nicht vergleichbar angepasst wurden. Nach § 4 I 4 EStG und § 12 I 2 KStG liegt ein Ausschluss oder eine Beschränkung des Besteuerungsrechts hinsichtlich des Gewinns insbes. vor, wenn ein bisher einer inl. Betriebsstätte des Steuerpflichtigen zuzuordnendes WG einer ausl. Betriebsstätte zuzuordnen ist (BMF 11.11.2011, BStBl. I 2011, 1314 Rn. 24.03 iVm Rn. 20.19, 03.18). Da Abs. 2 S. 2 im Verhältnis zu den allg. Entstrickungsvorschriften eine spezielle Vorschrift ist, kann diese Auffassung nicht überzeugen (ebenso Rödder/Herlinghaus/van Lishaut/Herlinghaus § 20 Rn. 304; Stadler/Elser/Bindl DB-Beil. 1/2012, 14; Ungemach Ubg 2011, 251; Frotscher/Drüen/Mutscher § 11 Rn. 123; BeckOK UmwStG/Claß/Weggenmann Rn. 930; aA zB Widmann/Mayer/Fuhrmann Rn. 749; Lademann/Staats § 3 Rn. 140). Daher ist bei der Einbringung immer konkret zu prüfen und nicht nur zu vermuten, ob bzw. inwieweit das dt. Besteuerungsrecht entfällt oder eingeschränkt wird.

Das dt. Besteuerungsrecht wird in folgenden Fällen ausgeschlossen oder beschränkt:

Das **dt. Besteuerungsrecht entfällt** durch die Einbringung vollumfänglich, wenn nach inl. Steuerrecht das Besteuerungsrecht entfällt bzw. das dt. Besteuerungsrecht zwar grds. erhalten bleibt, aber auf Grund DBA anders als vor der Einbringung beim übernehmenden Rechtsträger durch Freistellung vermieden wird (BMF 11.11.2011, BStBl. I 2011, 1314 Rn. 24.03 iVm Rn. 20.19, 03.18; Widmann/Mayer/Fuhrmann Rn. 743).

Das **Besteuerungsrecht wird beschränkt,** wenn vor der Einbringung ein dt. Besteuerungsrecht bestanden hat und nach der Einbringung ein der Höhe oder dem Umfang nach im Vergleich dazu eingeschränktes dt. Besteuerungsrecht fortbesteht (BMF 11.11.2011, BStBl. I 2011, 1314 Rn. 24.03 iVm Rn. 20.19, 03.18; Widmann/Mayer/Fuhrmann Rn. 744).

Abs. 2 S. 2 betrifft nach richtiger Meinung (str., → § 20 Rn. 345) nur einen **konkreten Ausschluss oder eine konkrete Beschränkung** (BeckOK UmwStG/Claß/Weggenmann Rn. 930), die bloße abstrakte Möglichkeit eines Ausschlusses oder einer

Beschränkung ist nicht tatbestandsmäßig. Maßgeblich ist, ob im Falle eines konkreten Ausschlusses oder einer gedachten Veräußerung zum Einbringungsstichtag das dt. Besteuerungsrecht nach Maßgabe des zu diesem Zeitpunkt geltenden nationalen und zwischenstaatlichen Rechts ausgeschlossen oder beschränkt ist. Die Regelung stellt darauf ab, ob das Besteuerungsrecht der BRD „ausgeschlossen oder beschränkt wird", daraus lässt sich schließen, dass es nicht darauf ankommt, ob das Besteuerungsrecht theoretisch beschränkt sein könnte. Zudem will der Gesetzgeber mit der Einführung von Entstrickungsklauseln, zu denen Abs. 2 S. 2 zählt, das dt. Besteuerungsrecht sichern (BT-Drs. 16/2710, 2). Im Falle der Anrechnung bzw. des **Abzugs** ausl. Steuer ist das dt. Steueraufkommen dann nicht in Gefahr, wenn eine ausl. anzurechnende oder abzuziehende Steuer nicht festgesetzt wird (Becker-Pennrich IstR 2007, 684). Zudem verstößt es gegen den Grds. der Verhältnismäßigkeit, wenn nur die theoretische Beschränkung des dt. Besteuerungsrechts zur Auflösung der stillen Reserven im übertragenen Vermögen führt, da dem Fiskus nichts verloren geht, der Steuerpflichtige ohne Liquiditätszufluss dennoch eine Besteuerung hinnehmen muss. Nicht geklärt ist weiter, ob eine Beschränkung des dt. Besteuerungsrechts dann vorliegt, wenn die ausl. Steuer zB nach § 34c II, III EStG die stl. Bemessungsgrundlage reduziert (so BMF 11.11.2011, BStBl. I 2011, 1314 Rn. 24.03 iVm Rn. 20.19, 03.19; BeckOK UmwStG/Claß/Weggenmann Rn. 939; Haritz/Menner/Bilitewski/Menner § 20 Rn. 347; Herrmann/Heuer/Raupach/Kolbe KStG § 12 Rn. J 06–16; Becker-Pennrich IstR 2007, 684; Blumenberg/Lechner BB Special 8/2006, 26 f.; aA für den Fall des § 34c EStG Wassermeyer DB 2006, 1176; Bilitewski FR 2007, 57). Der Abzug ausl. Steuer ist mE tatbestandsmäßig eine Beschränkung iSd Abs. 2 S. 2, denn das Steueraufkommen des Staates wird durch den Abzug geringer. Keine Beschränkung des dt. Besteuerungsrechts liegt vor, wenn im Fall der Freistellung nach Art. 23A OECD-MA die Möglichkeit der Anwendung des Progressionsvorbehaltes entfällt, denn unabhängig von der Anwendung des Progressionsvorbehalts besteht bei der Freistellungsmethode iSv Art. 23A OECD-MA kein Besteuerungsrecht, was damit auch nicht beschränkt werden kann (Widmann/Mayer/Fuhrmann Rn. 761; Herrmann/Heuer/Raupach/Kolbe KStG § 12 Rn. J 06–16; Stadler/Elser BB Special 8/2006, 20). Verbleibt das ursprüngliche Besteuerungsrecht aufgrund einer sog. Rückfallklausel (vgl. BFH/NV 2008, 677) in Deutschland, liegt weder ein Ausschluss noch eine Beschränkung des Besteuerungsrechts vor.

216 Maßgeblicher Zeitpunkt dafür, ob die spätere Besteuerung eines Veräußerungsgewinns der übergehenden WG sichergestellt ist, ist der **stl. Einbringungsstichtag** (BMF 11.11.2011, BStBl. I 2011, 1314 Rn. 02.15; Widmann/Mayer/Fuhrmann Rn. 762; BeckOK UmwStG/Claß/Weggenmann Rn. 933; Dötsch/Pung/Möhlenbrock/Patt § 20 Rn. 226; Rödder/Herlinghaus/van Lishaut/Herlinghaus § 20 Rn. 303). Bereits ab diesem Zeitpunkt würde ein Gewinn in der Person des übernehmenden Rechtsträgers ermittelt werden. Bestand nach dem stl. Übertragungsstichtag noch das dt. Besteuerungsrecht hinsichtlich der übergehenden WG und wird dies erst danach beschränkt, erfolgt die Entstrickung nach § 4 I 3 ff. EStG, die Bildung eines AP nach § 4g EStG ist dann möglich (Widmann/Mayer/Fuhrmann Rn. 762; vgl. auch Becker-Pennrich IstR 2007, 684).

Beispiel:

216a Der in Deutschland unbeschränkt stpfl. D ist alleiniger Kommanditist der D-GmbH & Co. KG. Die KomplementärGes ist am Vermögen der KG nicht beteiligt. Zum Gesamthandsvermögen (vgl. → Rn. 1) der D-GmbH & Co. KG gehören drei 100%ige Beteiligungen an in Luxemburg ansässigen KapGes luxemburgischen Rechts, die jeweilige Großtankstellen betreiben. Die D-GmbH & Co. KG gründet zusammen mit ihrer Komplementär-GmbH eine PersGes in Luxemburg, in der die drei 100%igen Beteiligungen an den luxemburgischen KapGes gegen Gewährung einer Mitunternehmerstellung auf die luxemburgische PersGes übertragen werden. Die luxemburgische PersGes hat die Funktion, eine Kontrolle und Koordinierung der einzelnen Arbeitsabläufe vorzunehmen, dadurch bestimmte Synergieeffekte zu nutzen und insbes. beim Wareneinkauf die „Marktmacht" der luxemburgischen KapGes „zu bündeln". Aufgaben der luxemburgischen Pers-Ges sind überdies die Wahrnehmung von Personalangelegenheiten, Fragen der Preispolitik, der Werbung, der Öffentlichkeitsarbeit, des Vertriebs sowie der Unternehmensstrategie. Die luxemburgische PersGes soll damit unterstützend dienstleistende Tätigkeiten für die KapGes und die partielle Wahrnehmung von deren Geschäftsleitungsaufgaben übernehmen. Nach der hier vertretenen Auffassung (→ Rn. 75) handelt es sich bei den 100%igen Beteiligungen an KapGes um Teilbetriebe iSd Abs. 1. Da die Einbringung im Wege der Einzelrechtsnachfolge erfolgen soll, ist § 24 anwendbar (§ 1 III Nr. 4). Eine Buchwertfortführung kommt nur in Betracht, wenn das dt. Besteuerungsrecht hinsichtlich des eingebrachten BV, dh der Beteiligung an der luxemburgischen KapGes, weder ausgeschlossen noch beschränkt wird. Der BFH (BFH/NV 2004, 771; vgl. auch Blumers DB 2007, 312; Kinzl IstR 2005, 693) geht in einem vergleichbaren Fall davon aus, dass die Anteile an den KapGes nicht tatsächlich von der Betriebsstätte der luxemburgischen PersGes „genutzt werden und zu ihrem Betriebsergebnis beitragen", sodass die Beteiligungen nicht der Luxemburger Betriebsstätte funktional zugeordnet werden können. Die Voraussetzungen einer Buchwertfortführung liegen damit vor. Zu einer Beschränkung des dt. Besteuerungsrechts kann es aber dann kommen, wenn der ausl. Staat eine andere Rechtsauffassung vertritt, bezogen auf die eingebrachten Anteile, inl. Betriebsstättenvermögen annimmt und die Erträge bzw. den Veräußerungsgewinn bezogen auf die Anteile besteuert. Dann könnte nämlich die dort festgesetzte und gezahlte Steuer bei der Ermittlung der Einkünfte gem. § 34 VI 6, III EStG abzuziehen sein.

d) Sonstige Gegenleistung. Wurden dem Einbringenden neben der Einräumung oder Verstärkung seiner Mitunternehmerstellung auch **andere Gegenleistungen** gewährt, so führte dies bisher zu einer Aufdeckung der stillen Reserven, soweit das übertragene Vermögen nicht durch die Einräumung einer Mitunternehmerstellung vergütet wurde (→ Rn. 139 ff.). Im Urt. v. 18.9.2013 (DStR 2013, 2380; vgl. dazu zuletzt Krüger FR 2016, 18 mwN; Rosenberg/Placke DB 2013, 2821; Geissler FR 2014, 152) kommt der **BFH** entgegen der bis dahin hM zu der Meinung, dass es nicht zwangsläufig zu einem stpfl. Gewinn kommt, wenn dem Einbringenden Vermögensvorteile zugewendet werden, die nicht in Gesellschaftsrechten bestehen. Bei der Einbringung eines Betriebes, Teilbetriebs oder Mitunternehmeranteils gegen Einräumung oder Verstärkung der Mitunternehmerstellung wird nach Auffassung des Gerichts bei der Wahl der Buchwertfortführung dann kein Gewinn realisiert, wenn die Summe aus Nominalbetrag der Gutschrift auf dem Kapitalkonto des Einbringenden bei der PersGes und dem gemeinen Wert der eingeräumten sonstigen Gegenleistung den stl. BW der eingebrachten Sachgesamtheit nicht übersteigt. Als Reaktion auf diese Entscheidung (BR-Drs. 121/15, 57) wurde Abs. 2 S. 2 ergänzt. Diese Ergänzung soll nach § 27 XIV erstmals für Einbringungen anzuwenden sein, wenn in den Fällen der Gesamtrechtsnachfolge der Umwandlungsbeschluss nach dem 31.12.2014 erfolgt ist oder in den anderen Fällen der Einbringungsvertrag nach dem 31.12.2014 geschlossen worden ist (→ § 27 Rn. 39).

Eine antragsabhängige **Bewertung** des übernommenen Betriebsvermögens **mit dem BW** oder einem höheren Zwischenwert ist – neben den sonstigen Voraussetzungen des Abs. 2 S. 2 – nur zulässig, soweit der gemeine Wert von sonstigen Gegenleistungen, die neben den neuen Gesellschaftsanteilen gewährt werden, nicht mehr beträgt als
(a) 25% des BW des eingebrachten BV oder
(b) 500.000 Euro, höchstens jedoch den BW des eingebrachten BV.

Die Möglichkeit einer steuerneutralen Einbringung bei der Gewährung sonstiger Gegenleistung ist zunächst beschränkt auf **maximal die Höhe** des eingebrachten **Nettobuchwertvermögens.** Liegt der gemeine Wert der sonstigen Gegenleistung über dem übertragenen Nettobuchwertvermögen, kommt es insoweit in jedem Fall zu einer Aufdeckung von stillen Reserven im übertragenen Vermögen. Wird ein Betrieb, Teilbetrieb oder Mitunternehmeranteil mit einem Nettobuchwertvermögen von bis zu 500.000 Euro (**absolute Grenze**) gegen Gewährung neuer Gesellschaftsanteile am übernehmenden Rechtsträger eingebracht, kann der gemeine Wert der sonstigen Gegenleistung ein Betrag bis zum übertragenen Nettobuchwertvermögen erreichen, ohne dass die Steuerneutralität des Einbringungsvorgangs in Frage steht (Abs. 2 S. 2 Nr. 2 lit. b). Hat das eingebrachte Betriebsvermögen einen BW über 500.000 Euro, aber unter 2 Mio. Euro, greift im Ergebnis die absolute Grenze von 500.000 Euro des Abs. 2 S. 2 Nr. 2 lit. b ein; der übernehmende Rechtsträger kann damit dem Einbringenden eine sonstige Gegenleistung iHv maximal 500.000 Euro gewähren, ohne dass dadurch die Steuerneutralität des Einbringungsvorgangs gefährdet wird. Hat das eingebrachte BV ein Nettobuchwertvermögen von über 2 Mio. Euro, kommt es zu einer Begrenzung der sonstigen Gegenleistung auf 25% des übertragenen Nettobuchwertvermögens (**relative Grenze**). Wird eine Gegenleistung gewährt, die über 25% des BW beträgt, werden insoweit zwingend die stillen Reserven im übertragenen Vermögen aufgedeckt.

Beispiel:

216e Das eingebrachte BV hat einen BW iHv 2 Mio. Euro und einen gemeinen Wert iHv 5 Mio. Euro. Der Einbringende erhält neue Anteile, die einem gemeinen Wert iHv 4 Mio. Euro entsprechen und eine Barzahlung iHv 1 Mio. Euro. Es wird ein Antrag auf Fortführung der BW gestellt; die übrigen Voraussetzungen für einen Buchwertansatz in Abs. 2 S. 2 liegen vor.

Die Möglichkeit zur Buchwertfortführung besteht nur, soweit die Grenzen des Abs. 2 S. 2 Nr. 2 nicht überschritten sind:

Wertansatz bei der Übernehmerin
1. Schritt
Prüfung der Grenze des Abs. 2 S. 2 Nr. 2 und Ermittlung des übersteigenden Betrags:

gemeiner Wert der sonstigen Gegenleistung	1.000.000 Euro
höchstens 25% des BW des eingebrachten BV (= 500.000) oder 500.000, höchstens jedoch der BW	- 500.000 Euro
übersteigender Betrag	500.000 Euro

2. Schritt
Ermittlung des Verhältnisses des Werts des BV, für das nach Abs. 2 S. 2 Nr. 2 in Abweichung von Abs. 2 S. 1 die BW fortgeführt werden können:

$$\frac{(\text{Gesamtwert des eingebrachten BV} - \text{übersteigende Gegenleistung})}{(\text{Gesamtwert des eingebrachten BV})}$$

$$\frac{(5.000.000\ \text{Euro} - 500.000\ \text{Euro})}{5.000.000\ \text{Euro}} = 90\%$$

3. Schritt
Ermittlung des Wertansatzes des eingebrachten BV bei der Übernehmerin:

Buchwertfortführung: 90% von 2.000.000 Euro	1.800.000 Euro
sonstige Gegenleistung soweit Abs. 2 S. 2 Nr. 2 überschritten	+ 500.000 Euro
Ansatz des eingebrachten BV bei der Übernehmerin	2.300.000 Euro

Folgen beim Einbringenden
4. Schritt
Ermittlung des Übertragungsgewinns beim Einbringenden:

Veräußerungspreis (Abs. 3 S. 1)	2.300.000 Euro
BW des eingebrachten BV	- 2.000.000 Euro
Einbringungsgewinn	300.000 Euro

216f Überschreitet der Wert der sonstigen Gegenleistung die Grenze des Abs. 2 S. 2 Nr. 2, kommt es insoweit zu einer Aufstockung der Werte des eingebrachten BV (im Beispiel 300.000 Euro). Die Differenz zwischen diesem höheren Wert und dem ursprünglichen BW (**Aufstockungsbetrag**) ist – wie beim Zwischenwertansatz – auf die eingebrachten WG **gleichmäßig** und **verhältnismäßig** zu verteilen (→ Rn. 186 ff.). Der **BW des eingebrachten BV** iSd Abs. 2 S. 2 Nr. 2 ergibt sich auf Grund der Gesetzessystematik aus der Aufnahmebilanz des übernehmenden Rechtsträgers mit den Werten zum Umwandlungsstichtag, und zwar unter Berücksichtigung des Antragswahlrechts; spätere Änderungen dieses BW zB aufgrund einer Betriebsprüfung sind zu berücksichtigen. Wird durch den Einbringungsvorgang ein dt. Besteuerungsrecht zum Umwandlungsstichtag erstmals begründet und sind deshalb die insoweit übertragenen WG mit dem gemeinen Wert zum Umwandlungsstichtag anzusetzen (→ Rn. 172), so ist dieser Wert bei der Berechnung des Nettobuchwertvermögens zu berücksichtigen. Nach der hier vertretenen Auffassung (→ Rn. 33 f.) liegen die Voraussetzungen einer Einbringung iSv § 24 auch dann vor, wenn die WG des Betriebs, Teilbetriebs oder Mitunternehmeranteils teilweise in das Gesellschaftsvermögen in Form des Gesamthandsvermögens (vgl. → Rn. 1) und teilweise in das SBV der aufnehmenden PersGes überführt werden; dies spricht dafür, bei der Festlegung der absoluten bzw. relativen Grenze den **BW des SBV** mit zu berücksichtigen.

Keine sonstige Gegenleistung liegt vor, soweit WG nur in das SBV des übernehmenden Rechtsträgers überführt oder noch vor dem Einbringungsstichtag entnommen werden (→ § 20 Rn. 366c). Soweit die Verbuchung des eingebrachten Betriebsvermögens auf einem Kapitalkonto beim übernehmenden Rechtsträger erfolgt (→ Rn. 140), liegt keine sonstige Gegenleistung vor. Gleiches gilt für die Übernahme einer dinglichen Belastung des übertragenen Vermögens durch den übernehmenden Rechtsträger. Setzen sich Rechte Dritter am übertragenen Vermögen an den neu gewährten Anteilen fort, so liegt darin keine sonstige Gegenleistung (→ Rn. 139). Geht mit dem Betrieb, Teilbetrieb oder Mitunternehmeranteil eine betriebliche Verbindlichkeit, die dieser Sachgesamtheit zuzuordnen ist, auf die übernehmende KapGes über, so ist darin keine Gewährung einer sonstigen Gegenleistung zu sehen (auch → § 20 Rn. 353 ff.). 216g

Soweit die Einbringung nicht nur gegen Gewährung von Gesellschaftsrechten, sondern auch gegen den Ausweis eines Gesellschafterdarlehens erfolgt, liegt eine **sonstige Gegenleistung** vor (auch → § 20 Rn. 353 ff.). Gleiches gilt, falls die übernehmende PersGes private Verbindlichkeiten des Einbringenden übernimmt (→ Rn. 140). Wird ein Teilbetrieb eingebracht, so gehören nach Auffassung der Fverw zu diesem Teilbetrieb die funktional wesentlichen Betriebsgrundlagen sowie diesem Teilbetrieb nach wirtschaftlichen Zusammenhängen zuordenbaren WG (→ § 20 Rn. 88). Werden Verbindlichkeiten, die diesem Teilbetrieb bzw. dem übertragenen Vermögen nicht zuordenbar sind, im Rahmen der Einbringung mitübertragen, so dürfte die Fverw davon ausgehen, dass insoweit eine sonstige Gegenleistung vorliegt. 216h

Erhält der Einbringende neben dem durch die aufnehmende PersGes gewährten Mitunternehmeranteil eine **Ausgleichszahlung durch die anderen Mitunternehmer** der PersGes bzw. solche, zeitgleich in diese mit aufgenommen werden, und fließt die Zuzahlung in das Privatvermögen oder in anderes BV (SBV der übernehmenden PersGes oder anderes BV) des Einbringenden, so liegt nach Auffassung der Rspr. und der Fverw (→ Rn. 141) eine Gestaltung vor, die stl. Tatbestände der Veräußerung und der Einbringung von BV miteinander verbindet. Die Fverw geht in diesem Zusammenhang davon aus, dass der Einbringende Eigentumsanteile an den WG des BV veräußert und die ihm verbleibenden Eigentumsanteile für eigene Rechnung sowie die veräußerten Eigentumsanteile für Rechnung des zuzahlenden Gesellschafters in das BV der PersGes einlegt (BMF 11.11.2011, BStBl. I 2011, 1314 Rn. 24.08; ebenso BFH DStR 2015, 641). Die Veräußerung der Anteile an den WG ist nach Auffassung der Fverw (BMF 11.11.2011, BStBl. I 2011, 1314 216i

Rn. 24.10) ein Geschäftsvorfall des einzubringenden Betriebes, eine sonstige Gegenleistung iSv Abs. 2 S. 2 Nr. 2 liegt insoweit nicht vor.

216j Die Einbringung eines **negativen Nettobuchwertvermögens** stellt nicht zwangsläufig eine sonstige Gegenleistung dar.

216k Die Höhe des BW bezieht sich auf den Gegenstand der Sacheinlage in Form der übertragenen Sachgesamtheit. Werden in einem einheitlichen Vorgang mehrere Sacheinlagen iSv Abs. 1 übertragen, so ist für jeden Sacheinlagegegenstand eine gesonderte Prüfung iSv Abs. 2 S. 2 Nr. 2 vorzunehmen; in diesem Fall ist dann für jeden Sacheinlagegegenstand die Gegenleistung iSv Abs. 2 S. 2 Nr. 2 gesondert zu bestimmen. Etwas anderes könnte aber dann gelten, wenn durch dieselbe Person in einem einheitlichen Vorgang mehrere Sacheinlagegegenstände übertragen werden. In diesem Fall ist die Summe des insgesamt eingebrachten Nettobuchwertvermögens der BW des eingebrachten BV iSv Abs. 2 S. 2 Nr. 2 (→ § 20 Rn. 366e, → § 20 Rn. 333; aA Dötsch/Pung/Möhlenbrock/Patt § 20 Rn. 224i; Bünning BB 2017, 171; Bilitewski/Heinemann Ubg 2015, 513).

15. Positive und negative Ergänzungsbilanzen

217 Die bilanzielle Umsetzung des Einbringungsvorgangs erfolgt durch die übernehmende PersGes in der Gesamthandsbilanz einschl. der positiven bzw. negativen Ergänzungsbilanzen der Gesellschaft für das Gesellschaftsvermögen der übernehmenden PersGes sowie in der Sonderbilanz des Einbringenden für die in das SBV eingebrachte WG. Ergänzungsbilanzen enthalten Korrekturposten zu den Wertansätzen in der Gesamthandsbilanz, diese Korrekturposten haben ausschließlich stl. Zwecke (vgl. BFH BStBl. II 2017, 34; DStR 2015, 283; NdsFG EFG 2020, 298; Widmann/Mayer/Fuhrmann Rn. 819; Haritz/Menner/Bilitewski/Bär/Merkle Rn. 136; Lademann/Jäschke Rn. 36). Durch positive und negative Ergänzungsbilanzen können die Wertansätze in der Gesamthandsbilanz für jeden einzelnen Gesellschafter erhöht oder vermindert werden. Die im Rahmen der Einbringung aufgestellten positiven oder negativen Ergänzungsbilanzen haben jedoch nicht nur eine Funktion für die erstmalige Abbildung des Einbringungsvorgangs entsprechend dem ausgeübten Antragswahlrecht, sondern sind in der **Folgezeit** bei der Gewinnermittlung **fortzuentwickeln** (allgM, BMF 11.11.2011, BStBl. I 2011, 1314 Rn. 24.14; NdsFG EFG 2020, 298; Dötsch/Pung/Möhlenbrock/Patt Rn. 182 ff.; Haritz/Menner/Bilitewski/Bär/Merkle Rn. 142; Bolk DStR 2018, 424). Das Gesetz schreibt keine Methode für die Bildung der Ergänzungsbilanzen vor. Es sind nach allgM zwei Methoden denkbar. Bei der sog. **Bruttomethode** kommt es zu einer Aufdeckung der stillen Reserven in der StB der Ges, damit die Kapitalkonten die Beteiligungsverhältnisse zutr. widerspiegeln. Die im Ergebnis gewollte Buchwertfortführung erfolgt durch die Aufstellung einer negativen Ergänzungsbilanz für die Personen, die den Betrieb, Teilbetrieb oder Mitunternehmeranteil eingebracht haben. Bei der **Nettomethode** werden die BW des eingebrachten Betriebsvermögens in der stl. Gesamthandsbilanz der PersGes fortgeführt. Der Ausgleich erfolgt durch Kombination von positiven und negativen Ergänzungsbilanzen bei den Mitunternehmern des übernehmenden Rechtsträgers (vgl. BMF 11.11.2011, BStBl. I 2011, 1314 Rn. 1314 Rn. 24.14; Widmann/Mayer/Fuhrmann Rn. 821; Haritz/Menner/Bilitewski/Bär/Merkle Rn. 139 ff.; Lademann/Jäschke Rn. 36; Bolk DStR 2018, 424). Ein Gewinn, der durch Zuzahlung in das PV des Einbringenden entsteht, kann nicht durch die Erstellung einer negativen Ergänzungsbilanz vermieden werden (BMF 11.11.2011, BStBl. I 2011, 1314 Rn. 24.03; BFH BStBl. II 2005, 554; BStBl. II 2000, 123; BStBl. II 1995, 599). Um das Überspringen von stillen Reserven zwischen den verschiedenen Mitunternehmern der übernehmenden PersGes zu verhindern, werden in der Regel Ergänzungsbilanzen erstellt. Von diesem

Regelfall geht auch die Fverw im UmwStE aus. Im UmwStE heißt es (BMF 11.11.2011, BStBl. I 2011, 1314 Rn. 24.14):

„Bei der Einbringung eines Betriebes, Teilbetriebes oder Mitunternehmeranteils in eine **218** *Personengesellschaft werden in der Praxis die Buchwerte des eingebrachten Betriebsvermögens in der Bilanz der Personengesellschaft aufgestockt, um die Kapitalkonten der Gesellschafter im richtigen Verhältnis zueinander auszuweisen (Bruttomethode). Es kommt auch vor, dass ein Gesellschafter als Gesellschaftseinlage einen höheren Beitrag leisten muss, als ihm in der Bilanz der Personengesellschaft als Kapitalkonto gutgeschrieben wird (Nettomethode). In diesen Fällen haben die Gesellschafter der Personengesellschaft Ergänzungsbilanzen zu bilden, soweit ein Antrag nach § 24 Abs 2 Satz 2 UmwStG gestellt wird und dadurch die sofortige Versteuerung eines Veräußerungsgewinn für den Einbringenden vermieden werden soll."*

Für die Erfolgsneutralität der Einbringung ist es aber grds. nicht erforderlich, dass **219** **stille Reserven** im eingebrachten Vermögen ausschließlich dem Einbringenden zugeordnet werden, sie können, ohne die Erfolgsneutralität des Einbringungsvorgangs in Frage zu stellen, auch auf andere Gesellschafter **überspringen** (BFH DStR 2017, 1376; DStR 2013, 2380; FG Hamb EFG 2018, 655; FG Köln EFG 2012, 90; Widmann/Mayer/Fuhrmann Rn. 517, 436 aE; Haritz/Menner/Bilitewski/Bär/Merkle Rn. 5; Lademann/Jäschke Rn. 21; HK-UmwStG/Trautmann Rn. 215 ff.; vgl. auch Frotscher/Drüen/Mutscher 243 Rn. 120; aA FG Saarl EFG 2015, 1732). Davon geht offensichtlich auch der Gesetzgeber aus, wie sich aus § 24 V ergibt. Durch diese Vorschrift soll sichergestellt werden, dass es zu einer nachträglichen Besteuerung eines Einbringungsgewinns kommt, wenn Gewinne aus der Veräußerung eingebrachter Anteile an Körperschaften im Einbringungszeitpunkt nach § 8b II KStG nicht steuerfrei gewesen wären, solche Anteile gem. § 24 I unterhalb des gemeinen Werts in eine PersGes eingebracht wurden, diese Anteile innerhalb eines Zeitraums von sieben Jahren nach der Einbringung durch die übernehmende PersGes veräußert werden und der Veräußerungsgewinn auf von § 8b II KStG begünstigte MU entfällt. Eine solche Konstellation ist aber in der Regel nur denkbar, wenn es zu einer interpersonalen Verlagerung von stillen Reserven kommt und somit die Ertragsteuerneutralität des Einbringungsvorgangs durch die Verlagerung von stillen Reserven nicht in Frage steht (Lademann/Jäschke Rn. 21; wohl auch BFH DStR 2017, 1376).

Beispiel:

Die natürliche Person A und die B-GmbH sind zu jeweils 50% an der AB-OHG beteiligt. **220** A hatte in 2001 eine 100%ige Beteiligung an der X-AG in die AB-OHG gem. § 24 zum BW iHv 100.000 Euro eingebracht. Der gemeine Wert der Beteiligung an der X-AG betrug im Zeitpunkt der Einbringung 1 Mio. Euro. Kurze Zeit später veräußert die AB-OHG die eingebrachten Anteile an der X-AG zum Preis von 1 Mio. Euro. Würde man unterstellen, dass der Einbringungsvorgang nur dann steuerneutral möglich ist, wenn eine Verlagerung von stillen Reserven ausscheidet, hätte in dem vorliegenden Fall die AB-OHG in der Gesamthandsbilanz die Aktien an der X-AG mit 1 Mio. Euro angesetzt, für A hätte eine negative Ergänzungsbilanz mit einem Minderkapital iHv 900.000 Euro aufgestellt werden müssen. Im Rahmen des Verkaufes der Anteile wäre dann in der Gesamthandsbilanz kein Gewinn entstanden, durch die Auflösung der negativen Ergänzungsbilanz aber ein solcher in der Person des A iHv 900.000 Euro. Die Missbrauchsvorschrift macht daher in der Regel nur dann Sinn, wenn es zu einer interpersonalen Übertragung stiller Reserven im vorliegenden Beispiel von der Person A auf die B-GmbH kommen kann. IÜ ist darauf hinzuweisen, dass es in den durch das UmwStG geregelten Fällen oftmals zu einer interpersonalen Verlagerung stiller Reserven auf einen anderen Rechtsträger kommt, so zB bei der Verschm einer Körperschaft auf eine Körperschaft unter Buchwertfortführung. Auch im Regelungsbereich des § 6 V EStG geht der Gesetzgeber im Grundsatz davon aus, dass es zu einer interpersonalen Übertragung stiller Reserven kommen kann, ohne dass dadurch die Steuerneutralität des Einbringungsvorgangs im Grundsatz in Frage steht.

16. Weiterführung von Ergänzungsbilanzen

221 Wie die **Weiterentwicklung der Ergänzungsbilanzen** zu erfolgen hat, war bisher im Einzelnen umstritten (vgl. Schmidt/Wacker EStG § 15 Rn. 464 mwN; Farwick, Ergänzungsbilanzen im Spannungsfeld von Vielfalt der Gesellschafter und Einheit der Gesellschaft, Diss. 2021, S. 107 ff.). Teilw. wurde die Auffassung vertreten, nur die positive Ergänzungsbilanz sei fortzuführen, eine negative Ergänzungsbilanz müsse nicht korrespondierend fortgeschrieben werden (NdsFG EFG 1994, 858; vgl. auch Pfalzgraf/Meyer DStR 1995, 1289). Nach Auffassung der Fverw (BMF 11.11.2011, BStBl. I 2011, 1314 Rn. 24.14) und der Rspr. des BFH (BFH DStR 2015, 283; BStBl. II 2006, 847; BFH/NV 2000, 34; BStBl. II 1996, 68; FG Hamburg DstRE 2004, 1290; Rödder/Herlinghaus/van Lishaut/Rasche Rn. 107; Haritz/Menner/Bilitewski/Bär/Merkle Rn. 142; Dötsch/Pung/Möhlenbrock/Patt Rn. 182 ff.; HK-UmwStG/Trautmann Rn. 201 ff.; Widmann/Mayer/Fuhrmann Rn. 922; Kellersmann DB 1997, 2047) müssen die positiven und negativen Ergänzungsbilanzen jedenfalls in den Fällen der Einbringung (BFH BStBl. II 2017, 34; BMF 19.12.2017, BStBl. I 2017, 34; NdsFG EFG 2020, 298) in der Folgezeit korrespondierend in der lfd. Gewinnermittlung bei den einzelnen Gesellschaftern berücksichtigt werden.

222 Die **korrespondierende Behandlung** von positiven und negativen Ergänzungsbilanzen in der lfd. Gewinnermittlung führt dazu, dass auf die durch die Mehrwerte der positiven Ergänzungsbilanz erhöhten Ansätze Absetzungen vorgenommen werden, soweit sie auf abnutzbare WG entfallen. Entsprechend der durch die Aufstockung eingetretenen Werterhöhung der Abschreibung werden die Minderwerte der negativen Ergänzungsbilanz gewinnerhöhend aufgelöst.

223 Im Beispiel soll nach durchgeführter Einbringung des Einzelunternehmens die PersGes einen Gewinn iHv 100.000 erwirtschaftet haben. Die fortgeführten BW des eingebrachten Einzelunternehmens sollen ebenso wie der Aufstockungsbetrag mit 5 vH abgeschrieben werden. Danach ergibt sich für die Gesellschafter A und B folgender stpfl. Gewinn:

Gewinn der Ges	100.000
./. AfA Gesamthand 5% von 100.000	– 5.000
	95.000
Anteil des B 50%	47.500
./. AfA Mehrwert (Aufstockungsbetrag) 5% von 100.000	– 5.000
Stl. Gewinnanteil des B	42.500
Anteil des A 50%	47.500
+ Auflösung Minderwert (Aufstockungsbetrag) 5% von 100.000	+ 5.000
Stl. Gewinnanteil des A	52.500

224 Bzgl. des ursprünglichen BW des eingebrachten Einzelunternehmens verbleibt es nach allgM bei der vom Einbringenden in Anspruch genommenen Abschreibung von 5 vH, da die übernehmende PersGes nach Abs. 4 Hs. 1 iVm § 23 I insoweit in die Abschreibungssituation des Einbringenden eintritt (vgl. statt aller Dötsch/Pung/Möhlenbrock/Patt Rn. 183; HK-UmwStG/Trautmann Rn. 205; vgl. auch BFH BStBl. II 2017, 35; BMF 19.12.2016, BStBl. I 2017, 34). Die **korrespondierende Weiterentwicklung** der positiven und negativen Ergänzungsbilanz führt dazu, dass im Beispiel durch die Auflösung der negativen Ergänzungsbilanz des A diesem ein Gewinnanteil zugerechnet wird, der höher ist als die Hälfte des Gewinns vor Vornahme der AfA in der Gesamthandsbilanz. Es kommt damit zu einer **Nachversteue-**

rung der bei der Einbringung von A **nicht aufgedeckten stillen Reserven;** dieses Ergebnis wird teilweise als unbefriedigend empfunden (BFH BStBl. II 2006, 847; Dötsch/Pung/Möhlenbrock/Patt Rn. 183; HK-UmwStG/Trautmann Rn. 211; Pfalzgraf/Meyer DStR 1995, 1289). Die Abstockung in der negativen Ergänzungsbilanz ist damit nicht bloßer Merkposten in Bezug auf die durch die Einbringung steuerneutral übertragenen stillen Reserven (so aber noch NdsFG EFG 1994, 858). Sie stellen Korrekturen zu den entsprechenden Wertansätzen in der Gesamthandsbilanz der PersGes und den positiven Ergänzungsbilanzen der anderen Gesellschafter dar. Nach Auffassung der Rspr. (BFH BStBl. II 2006, 847; BFH/NV 2000, 34; BStBl. II 1996, 78; NdsFG EFG 2020, 298; FG Hamburg DStR 2004, 1290; BMF 25.3.1998, BStBl. I 1998, 268 Rn. 24.14; Dötsch/Pung/Möhlenbrock/Patt Rn. 183) sind die Wertansätze in der Gesamthandsbilanz der PersGes und den positiven und negativen Ergänzungsbilanzen der Gesellschafter nicht nur für die Entstehung eines Einbringungsgewinns, sondern auch für die weitere stl. Behandlung der eingebrachten WG maßgebend.

Nicht abschließend geklärt ist, ob die AfA in der positiven Ergänzungsbilanz in 225 derselben Weise fortzuführen ist wie beim eingebrachten BV in der Gesamthandsbilanz oder ob die Restnutzungsdauer selbstständig neu bestimmt werden muss (vgl. BFH BStBl. II 2017, 35; DStR 2015, 283; BStBl. II 2006, 847; FG Hamburg DStRE 2000, 787; Dötsch/Pung/Möhlenbrock/Patt Rn. 183; Eisgruber/Demuth Rn. 167; Littmann/Bitz/Pust/Hörger EStG § 16 Rn. 169; Schmidt/Wacker EStG § 15 Rn. 465; Reiß StuW 1986, 232; Uelner DStJG 14 (1991), 139; Dreissig BB 1990, 958; Widmann/Mayer/Fuhrmann Rn. 860). Für eine **Fortführung der Abschreibung in der Ergänzungsbilanz** in Anlehnung an die Abschreibung in der Gesamthandsbilanz spricht der Eintritt der übernehmenden PersGes in die Rechtsstellung des eingebrachten Betriebs (Abs. 4 iVm § 23 I). Kommt es aber zu einer Aufdeckung der stillen Reserven in der Gesamthandsbilanz oder in einer positiven Ergänzungsbilanz und wird diese Aufdeckung der stillen Reserven in der Person des Einbringenden durch eine negative Ergänzungsbilanz im Ergebnis wieder rückgängig gemacht, so liegt zwar insgesamt eine Buchwertfortführung vor (Widmann/Mayer/Fuhrmann Rn. 860). Aus der Sicht der Person, für die die positive Ergänzungsbilanz wirtschaftlich errichtet wird, ist aber aus bilanztechnischer Sicht nach wie vor ein Anschaffungsgeschäft gegeben, das in der Zusammenschau der Gesamthandsbilanz und der gebildeten Ergänzungsbilanzen wieder rückgängig gemacht wird. Für die Person, für die die positive Ergänzungsbilanz errichtet wurde, ist die Situation mit der in Abs. 4 iVm § 23 IV ausdrücklich geregelten Einbringung des übertragenen Vermögens mit dem gemeinen Wert vergleichbar. Da in einem solchen Fall ein „normales" Anschaffungsgeschäft vorliegt, kommt es nicht zu einem Eintritt in die Rechtsstellung des Einbringenden, die Restnutzungsdauer ist daher neu zu schätzen, ggf. auch eine andere AfA-Methode möglich (vgl. dazu BFH BStBl. II 2017, 35; BMF 19.12.2017 BStBl. I 2017, 35; Eckl BB 2017, 177; Widmann/Mayer/Fuhrmann Rn. 860; Dötsch/Pung/Möhlenbrock/Patt Rn. 184; Eisgruber/Demuth Rn. 167). Sofern es zu einer Aktivierung immaterieller WG des Gesamthandsvermögens (vgl. → Rn. 1) in der Ergänzungsbilanz kommt, sind diese entsprechend tatsächlicher oder fiktiver Nutzungsdauer (vgl. § 7 I 3 EStG) abzuschreiben. Für eine isolierte Fortschreibung der positiven Ergänzungsbilanz spricht auch der Grds. der Individualbesteuerung. In der Gesamthandsbilanz der PersGes erfolgt grds. keine individuelle Bilanzierung für den einzelnen Gesellschafter. Die Bilanzierung wird bestimmt durch die gesellschaftsrechtliche Verbundenheit der Gesellschafter. Eine gesellschafterbezogene Bilanzierung kann jedoch demgegenüber entsprechend dem Anschaffungskostenprinzip in der Ergänzungsbilanz vorgenommen werden (BFH DStR 2015, 283). Der Einbringende, der eine negative Ergänzungsbilanz gebildet hat, muss die Werte in der negativen Ergänzungsbilanz korrespondierend zur Abschreibung des in der Gesamthandsbilanz bzw. der positiven Ergänzungsbilanz vorgenommenen Aufstockungsbetrags vornehmen (BFH DStR 2015, 283).

226 Spätere Teilwertabschreibungen sind nach Maßgabe des § 6 I 1, 2 EStG in der positiven Ergänzungsbilanz zul., soweit der Anteil am TW der WG niedriger ist als die Summe aus dem anteiligen BW in der StB und dem BW in der positiven Ergänzungsbilanz (Widmann/Mayer/Fuhrmann Rn. 882; Schmidt/Wacker EStG § 15 Rn. 467; Niehus StuW 2002, 116; aA Ley KÖSDI 1992, 9161: TW muss niedriger sein als gesamter BW, StB/Ergänzungsbilanz; Marks StuW 1994, 191: Keine TW-AfA in der Ergänzungsbilanz).

227 Überträgt der Gesellschafter, für den eine Ergänzungsbilanz erstellt worden ist, seinen **Mitunternehmeranteil unentgeltlich,** so muss sein Rechtsnachfolger die Ergänzungsbilanzen unverändert gem. § 6 III EStG fortführen (Widmann/Mayer/Fuhrmann Rn. 928; Haritz/Menner/Bilitewski/Bär/Merkle Rn. 143).

228 Wird ein Mitunternehmeranteil zu BW in eine andere PersGes eingebracht, so sind die Ergänzungsbilanzen fortzuführen, wobei strittig ist, ob eine Ergänzungsbilanz für den neuen Obergesellschafter als MU der UnterGes oder für die OberGes als MU der UnterGes zu bilden ist (vgl. Widmann/Mayer/Fuhrmann Rn. 954 f.; Schmidt/Wacker EStG § 15 Rn. 471 mwN). Wird ein Mitunternehmeranteil zu BW eingebracht, führt der Übernehmende die entsprechende Ergänzungsbilanz wohl fort, auch wenn es zur Anwachsung kommt.

229 Bei der **Veräußerung eines Mitunternehmeranteils mit positiver Ergänzungsbilanz** ist im Rahmen der Ermittlung des Veräußerungsgewinns nicht nur das sich aus der Gesamthandsbilanz ergebende Kapitalkonto, sondern auch der Wertansätze in der Ergänzungsbilanz zu berücksichtigen. Die korrespondierende negative Ergänzungsbilanz ist nicht zum Zeitpunkt der Veräußerung des Mitunternehmeranteils, welche die positive Ergänzungsbilanz besitzt, gewinnerhöhend aufzulösen, sondern in der Weise fortzuführen, dass in ihr die Veränderungen aus der positiven Ergänzungsbilanz insoweit neutralisiert werden, wie dies der Fall wäre, wenn die Veräußerung des Mitunternehmeranteils mit positiver Ergänzungsbilanz zu BW vorgenommen worden wäre (BFH DStR 2023, 1125; Widmann/Mayer/Fuhrmann Rn. 933; Haritz/Menner/Bilitewski/Bär/Merkle Rn. 143; aA NdsFG EFG 2020, 298; vgl. dazu Beier/Horst DB 2020, 1776; Stenert DStR 2002, 19776; Freikamp DB 2021, 2037).

230 **Veräußert ein MU mit negativer Ergänzungsbilanz** seinen Mitunternehmeranteil, so erhöht der Ansatz in der Ergänzungsbilanz den Veräußerungsgewinn des veräußernden Gesellschafters. Die korrespondierende positive Ergänzungsbilanz ist nicht gewinnmindernd aufzulösen, sondern so fortzuführen, als wäre die negative Ergänzungsbilanz zu BW übertragen worden (ebenso Widmann/Mayer/Fuhrmann Rn. 945; Haritz/Menner/Schlößer/Schley Rn. 143).

17. Kapitalkontenausgleich bei Einbringung ohne Vollauflösung stiller Reserven

231 Erfolgt die Einbringung zum BW oder ZW und werden diese Werte ausschließlich in dem Kapitalkonto des Einbringenden gutgeschrieben, so repräsentiert dieses Kapitalkonto idR **nicht den wahren Wert der eingebrachten WG.** Ist in diesen Fällen das Kapitalkonto für die Gesellschafter für die Gewinnverteilung und Stimmrechtsverteilung der Gesellschafter maßgebend, so sind die Gesellschafter benachteiligt, deren eingebrachte WG mit hohen stillen Reserven behaftet sind.

232 Im Rahmen der Einbringung können die Kapitalkonten, welche für die Gewinnverteilung bzw. Stimmrechtsverteilung maßgebend sind, den tatsächlichen **Wertverhältnissen** der eingebrachten WG unter Berücksichtigung einer latenten Steuerbelastung **angepasst werden.** Sollen die Kapitalkonten den Wertverhältnissen der eingebrachten WG entsprechen, so kann dies auf zwei Wegen erreicht werden:

a) Entsprechend den tatsächlichen **Wertverhältnissen der** eingebrachten WG 233 zueinander werden die **Kapitalkonten** der jeweilige Gesellschafter, nach denen sich die Gewinn- und Stimmrechtsverteilung ergibt, betragsmäßig **ins Verhältnis gesetzt.** Die Wertansätze (BW, ZW) des vom jeweiligen Gesellschafter eingebrachten Vermögens in der Gesellschaftsbilanz bleiben insoweit mit Ausnahme einer unterschiedlichen latenten Steuerbelastung unberücksichtigt. Die Differenz zwischen den Wertansätzen der insgesamt eingebrachten WG und dem Nennbetrag der Summe aus den Kapitalkonten wird in eine gesamthänderisch gebundene Rücklage eingestellt. Es kann damit im Ergebnis zur Übertragung stiller Reserven und von AfA-Volumen von einen auf den anderen Gesellschafter kommen (vgl. Widmann/Mayer/Fuhrmann Rn. 436, 517 ff.). Für die Erfolgsneutralität der Einbringung ist es grds. nicht erforderlich, dass stille Reserven dem Einbringenden zugeordnet werden; sie können auch auf andere Gesellschafter überspringen (BFH DStR 2017, 1376; DStR 2013, 2380; FG Köln EFG 2012, 90; Widmann/Mayer/Fuhrmann Rn. 436, 517 ff.; Haritz/Menner/Bilitewski/Bär/Merkle Rn. 5; HK-UmwStG/Trautmann Rn. 215; vgl. aber auch von Campenhausen DB 2004, 1282; FG Saarl EFG 2017, 1732). Die technische Umsetzung der Buchwertfortführung erfolgt ähnlich wie bei der Realteilung durch eine Kapitalkonten-Anpassung (vgl. BMF 28.2.2006, BStBl. I 2006, 228; Winkemann BB 2004, 130; Schmidt/Wacker EStG § 16 Rn. 547; aA Engl DStR 2002, 119). Geht man davon aus, dass es auch im Rahmen des § 24 möglich ist, die Kapitalkonten nicht nach den Verhältnissen der BW der Sacheinlagen, sondern entsprechend dem Verhältnis der wahren Werte festzulegen (ebenso Widmann/Mayer/Fuhrmann Rn. 517 ff.; HK-UmwStG/Trautmann Rn. 216; vgl. aber auch BMF 11.11.2011, BStBl. I 2011, 1314 Rn. 24.15; von Campenhausen DB 2004, 1282), so ergibt sich Folgendes:

Beispiel:
Steuerberater A nimmt B als Sozius in seine Einzelpraxis auf. Der BW der Praxis beträgt 234 100.000 Euro, der Verkehrswert unter Berücksichtigung der latenten Steuerlast von stillen Reserven beträgt 500.000 Euro. B bringt in die Sozietät aus seinem PV ein Grundstück nebst aufstehendem Gebäude zum Verkehrswert von 500.000 Euro ein. In dem Gebäude soll zukünftig die Praxis betrieben werden. Die für die Gewinn- und Stimmrechtsverteilung maßgebenden Kapitalkonten werden mit 100.000 Euro festgesetzt. Der Betrag iHv 400.000 Euro (Verkehrswert des Grundstücks abzgl. Kapitalkonto des B) wird in eine gesamthänderisch gebundene Rücklage, die stl. EK darstellen, gutgeschrieben.

b) Eine Anpassung der Kapitalkonten der Gesellschafter entsprechend den Wert- 235 verhältnissen der eingebrachten WG kann auch durch die Aufstellung von positiven oder negativen **Ergänzungsbilanzen** erfolgen (→ Rn. 217 ff.), eine interpersonelle Übertragung stiller Reserven kann dadurch verhindert werden (BMF 11.11.2011, BStBl. I 2011, 1314 Rn. 24.14; HK-UmwStG/Trautmann Rn. 217). In dem unter → Rn. 234 dargestellten Beispiel könnte sodann in der Bilanz der Gesellschaft das eingebrachte Vermögen des A mit dem gemeinen Wert (500.000 Euro) angesetzt werden. Das für die Gewinn- und Stimmrechtsverteilung der Gesellschafter maßgebende Kapitalkonto hätte dann einen Wert von jeweils 500.000 Euro und würde die Beteiligungsverhältnisse zutr. widerspiegeln. Der Ansatz des von A eingebrachten Vermögens mit dem BW erfolgt über eine negative Ergänzungsbilanz des A (vgl. BMF 11.11.2011, BStBl. I 2011, 1314 Rn. 24.14).

c) Werden die **Kapitalkonten** der Gesellschafter, welche für die Gewinn- und 236 Stimmrechtsverteilung maßgebend sind, **nicht entsprechend den Wertverhältnissen** der eingebrachten WG **ins Verhältnis gesetzt,** so kann ein Wertausgleich zwischen den Gesellschaftern wie folgt gestaltet werden:
Ein **Ausgleich zwischen den einzelnen Gesellschaftern** im Hinblick auf 237 unterschiedlich eingebrachte stille Reserven in das Vermögen der aufnehmenden

PersGes kann durch **höhere Gewinnbeteiligung** derart honoriert werden, dass über das vorgesehene Beteiligungsverhältnis hinaus höhere Gewinnanteile beansprucht werden können. Die Einräumung einer höheren Gewinnbeteiligung wegen der höheren stillen Reserven, die ein Gesellschafter anteilsmäßig mit in die Gesellschaft einbringt, stellt nach hM kein Veräußerungsentgelt dar, es sei denn, der höhere Gewinnanteil ist der Höhe nach auf die auszugleichenden stillen Reserven begrenzt (vgl. Widmann/Mayer/Fuhrmann Rn. 497 ff.; Haritz/Menner/Bilitewski/Bär/Merkle Rn. 148f; HK-UmwStG/Trautmann Rn. 218; BFH DStR 2016, 292; BStBl. II 2017, 37; Levedag DStR 2017, 1233). Ein gewinnrealisierender Veräußerungsvorgang liegt damit dann vor, wenn die Vorabvergütung sich wirtschaftlich als Veräußerungsentgelt darstellt. Davon kann bspw. dann ausgegangen werden, wenn die Gesellschafter, die geringere stille Reserven auf die PersGes übertragen haben, einen von ihren Gewinnanteilen unabhängigen festen Betrag abzugeben haben (vgl. dazu BFH DStR 2016, 292; Widmann/Mayer/Fuhrmann Rn. 497.1 ff.; Levedag DStR 2017, 1233; Korn DStZ (A) 1982, 507).

238 Ein Ausgleich zwischen den Gesellschaftern kann auch in der Form vorgenommen werden, dass die **stillen Reserven,** die auf die PersGes übertragen wurden, **bei deren Realisierung** den Einbringenden **vergütet** werden. Eine solche Vereinbarung führt nicht zur Aufdeckung stiller Reserven im Zeitpunkt der Einbringung (Haritz/Menner/Bilitewski/Bär/Merkle Rn. 149; HK-UmwStG/Trautmann Rn. 218).

239 Zu einem Wertausgleich zwischen den Einbringenden kann es auch dadurch kommen, dass neben der Einbringung eines Betriebs, Teilbetriebs oder Mitunternehmeranteils gegen Gewährung von Gesellschaftsrechten auf die übernehmende Mitunternehmerschaft einzelne Gesellschafter sich gegenüber der Mitunternehmerschaft zu weiteren Leistungen verpflichten bzw. weitere Leistungen in das Gesamthandsvermögen (vgl. → Rn. 1) der übernehmenden PersGes erbringen (BFH BStBl. II 1995, 599; FG Köln EFG 2012, 90; Widmann/Mayer/Fuhrmann Rn. 461 ff.; Haritz/Menner/Bilitewski/Bär/Merkle Rn. 153; krit. Dötsch/Pung/Möhlenbrock/Patt Rn. 26; vgl. auch BMF 11.11.2011, BStBl. I 2011, 1314 Rn. 24.14; BFH DStR 2015, 641).

VI. Ermittlung und Besteuerung des Einbringungsgewinns

1. Ermittlung des Einbringungsgewinns

240 Nach Abs. 3 S. 1 gilt der Wert, mit dem das eingebrachte BV in der Bilanz der PersGes einschl. der Ergänzungsbilanzen und Sonderbilanzen für ihre Gesellschafter angesetzt wird, für den Einbringenden als Veräußerungspreis. Ein Einbringungsgewinn entsteht deshalb nur, wenn die aufnehmende PersGes in ihrer StB die übernommenen WG über dem bisherigen Wertansatz des Einbringenden ansetzt und die Wertansätze nicht über Ergänzungsbilanzen oder der MU bei den aufnehmenden PersGes korrigiert. Dies gilt sowohl für die ESt/KSt als auch für die GewSt (Widmann/Mayer/Fuhrmann Rn. 1007). Unterscheiden sich die BW im Hinblick auf die ESt/KSt und die GewSt, sind diese unterschiedlichen BW fortzuführen. Der gem. Abs. 3 S. 1 ermittelte Veräußerungspreis abzgl. der Einbringungskosten, die der Einbringende zu tragen hat, und abzgl. des BW des eingebrachten WG ergibt den Einbringungsgewinn. Bzgl. einer Zuzahlung in PV → Rn. 139 ff. Ein etwaiger Einbringungsgewinn gehört der Einkunftsart an, nach der das eingebrachte BV besteuert worden ist (Haritz/Menner/Bilitewski/Bär/Merkle Rn. 170; Dötsch/Pung/Möhlenbrock/Patt Rn. 141; BeckOK UmwStG/Claß/Weggenmann Rn. 1136; Brandis/Heuermann/Nitzschke Rn. 84). Da Abs. 3 S. 1 inhaltlich § 20 IV 1 entspricht, kann auf die dortigen Erläuterungen entsprechend Bezug genommen werden.

Maßgebend für den Ansatz und die Bewertung der eingebrachten WG ist ausschließlich der Antrag bzw. die Nichtstellung des **Antrags**. Auf die davon abw. tatsächliche steuerrechtliche und handelsrechtliche Bilanzierung bei der übernehmenden Gesellschaft kommt es im Ergebnis nicht an (BT-Drs. 16/2710, 51; str., → Rn. 195, → § 11 Rn. 18). Wurde zB ein wirksamer Antrag auf Buchwertfortführung gestellt und werden die WG in der StB mit dem gemeinen Wert angesetzt, ist dieser Ansatz unrichtig und muss korrigiert werden. Der Wertansatz bei dem übernehmenden Rechtsträger ist nach hM in der Lit. für den Einbringenden nur insoweit maßgebend, als die PersGes sich bei der Bewertung **innerhalb der gesetzlichen Bewertungsgrenzen** bewegt und nicht offenkundig davon abweicht. Ein Ansatz durch den übernehmenden Rechtsträger hat keine Auswirkung auf den Veräußerungsgewinn, wenn die Übernehmerin gesetzlich gezwungen ist, einen bestimmten Ansatz der Sacheinlage zugrunde zu legen, denn die Besteuerung kann sich nur insoweit auf die Disposition durch den übernehmenden Rechtsträger beziehen, als diesem eine entsprechende überhaupt zukommt (str., → § 20 Rn. 400, → § 20 Rn. 375). Nach Auffassung der FVerw ist für die Besteuerung des Einbringenden ausschließlich der sich aus Abs. 2 ergebende Wertansatz bei der übernehmenden Gesellschaft maßgebend (BMF 11.11.2011, BStBl. I 2011, 1314 Rn. 24.03 iVm Rn. 20.23; ebenso Widmann/Mayer/Fuhrmann Rn. 1014), ob der Wertansatz damit gegen gesetzliche Vorschriften verstößt, dürfte nach Auffassung der FVerw unerheblich sein. Die in Abs. 3 S. 1 angeordnete Anbindung der Besteuerung des Einbringenden an die von der aufnehmenden Gesellschaft angesetzten Werte bewirkt, dass eine spätere Änderung der Höhe dieses Wertes auf die Besteuerung des Einbringenden durchschlägt; die Veranlagung des Einbringenden ist ggf. gem. § 175 I 1 Nr. 2 AO zu ändern (BFH DStR 2012, 31; BStBl. II 2011, 815; BMF 11.11.2011, BStBl. I 2011, 1314 Rn. 24.03 iVm Rn. 20.23; Widmann/Mayer/ Fuhrmann Rn. 992). Dies gilt nicht nur dann, wenn die aufnehmende Gesellschaft in der Folge ihre StB ändert. Vielmehr genügt dafür, dass dem übernehmenden Rechtsträger gegenüber ein Steuerbescheid ergeht, der – bei Beibehaltung der angesetzten Wertentscheidung dem Grunde nach – auf anderen als den ursprünglich von ihr angesetzten Werten beruht (BFH BStBl. II 2011, 815). Im Rahmen der Besteuerung des Einbringenden kann im Regelungsbereich des § 20 nach Auffassung des BFH (DStR 2011, 2248) nicht geprüft werden, ob der von der übernehmenden KapGes angesetzte Wert zutreffend ermittelt worden ist. Der Einbringende kann insbes. nicht mit Rechtsbehelf gegen den ihn betreffenden ESt-Bescheid geltend machen, dass der bei der aufnehmenden KapGes angesetzte Wert überhöht sei und sich daraus für ihn eine überhöhte Steuerfestsetzung ergibt (BFH DStR 2011, 2248; 1611; BStBl. II 2008, 536). Im Fall der Einbringung eines Betriebs, Teilbetriebs oder Mitunternehmeranteils kann der übernehmende Rechtsträger weder durch Anfechtungs- noch durch Feststellungsklage geltend machen, die seiner Steuerfestsetzung zu Grunde gelegten Werte des eingebrachten Vermögens seien zu hoch. Ein solches Begehren kann aber der Einbringende im Wege einer sog. **Drittanfechtung** durchsetzen (BFH DStR 2011, 2248; FM M-V DStR 2013, 973; Dötsch/Pung/Möhlenbrock/Patt § 20 Rn. 209a; Kahle/Vogel Ubg 2011, 493). Nichts anderes kann für die Einbringung in eine PersGes gelten. 241

Zur Ermittlung und Kontrolle des Einbringungsgewinns und der Abbildung dieses Vorgangs nachfolgendes **Beispiel** (BMF 11.11.2011, BStBl. I 2011, 1314 Rn. 24.14). 242

Beispiel:

Das Einzelunternehmen des A weist ein buchmäßiges EK von 100.000 Euro aus; es sind stille Reserven iHv 200.000 Euro enthalten, der GW beträgt 300.000 Euro. Es soll eine PersGes gegründet werden, zu welcher B eine Bareinzahlung von 300.000 Euro leistet. Das buchmäßige EK des Einzelunternehmens soll mit einem ZW von 200.000 Euro angesetzt werden.

Die Eröffnungsbilanz zeigt folgendes Bild:

Eröffnungsbilanz A + B OHG

Aktiva		Passiva	
ZW Aktiva	200.000	Kapitalkonto A	250.000
Barzahlung B	300.000	Kapitalkonto B	250.000
	500.000		500.000

Es werden folgende Ergänzungsbilanzen aufgestellt:

(Positive) Ergänzungsbilanz B

Mehrwert Aktiva	50.000	Mehrkapital	50.000

Negative Ergänzungsbilanz A

Minderkapital	50.000	Minderwert Aktiva	50.000

Unter Berücksichtigung der Gesamtbilanz ermittelt sich der Einbringungsgewinn des A sowohl über die Vermögenswert- wie die Kapitalkontenrechnung wie folgt:

	Vermögenswert Rechnung	Kapitalkontenrechnung
Ansatz bei Einbringung	200.000	250.000
+ Mehrwert Ergänzungsbilanz B	+ 50.000	–
+ Minderwert Ergänzungsbilanz A	– 50.000	– 50.000
ergibt „Veräußerungspreis"	200.000	200.000
– BW vor Einbringung	– 100.000	– 100.000
Einbringungsgewinn A	100.000	100.000

243 Der **Einbringungsgewinn entsteht** im Zeitpunkt der Einbringung. Wird die Einbringung stl. zurückbezogen, so ist der Einbringungsstichtag maßgebend (Haritz/Menner/Bilitewski/Bär/Merkle Rn. 165; Dötsch/Pung/Möhlenbrock/Patt Rn. 158; BeckOK UmwStG/Claß/Weggenmann Rn. 1103). Zu **Entnahmen** und **Einlagen** bei Rückbeziehung des Einbringungsvorgangs → Rn. 153. Da die Einbringung eines KG-Anteils in die aufnehmende PersGes eine Veräußerung des Kommanditanteils darstellt (→ Rn. 1), ist bei Zwischenwert- bzw. Teilwertansatz der entstehende Einbringungsgewinn durch einen verrechenbaren Verlust des einbringenden Kommanditisten zu mindern (Rödder/Schumacher DB 1998, 99; Dötsch/Pung/Möhlenbrock/Patt Rn. 139; Brandis/Heuermann/Nitzschke Rn. 84). **Kosten der Umw,** die den Einbringenden belasten, können grds. sofort als BA beim Einbringungsgewinn abgezogen werden (Dötsch/Pung/Möhlenbrock/Patt Rn. 131 iVm § 20 Rn. 252). Muss der übernehmende Rechtsträger die ihn treffenden Kosten als AK, AK-Nebenkosten oder nachträgliche AK beim übernommenen BV aktivieren, so erhöhen diese Kosten den Einbringungsgewinn nicht (→ § 20 Rn. 404). Da die Einbringung gegen Gewährung von Gesellschaftsrechten einen Veräußerungsvorgang darstellt, muss ein Steuerpflichtiger vor der Einbringung seines Betriebs, Teilbetriebs in eine PersGes von der Einnahme-Überschussrechnung eigentlich zum Bestandsvergleich nach § 4 I EStG übergehen, § 16 II 2 EStG (BFH DStRE 2008, 359; vgl. auch Dötsch/Pung/Möhlenbrock/Patt Rn. 122; Haritz/Menner/Bilitewski/Bär/Merkle Rn. 165; ausf. Widmann/Mayer/Fuhrmann Rn. 1033; vgl. auch BFH FR 2013, 1080 zur Realteilung; aA FM Schleswig-Holstein 2.11.2017, DStR 2018, 354; OFD Niedersachsen 3.3.2017, DStR 2017,

985; OFD NRW 9.2.2016, DStR 2016, 1031; OFD Frankfurt 24.10.2014, DStR 2015, 1312: Bei der Einbringung eines Betriebs, Teilbetriebs oder Mitunternehmeranteils, für den die Gewinnermittlung bisher nach § 4 III EStG vorgenommen wurde, ist ein Übergang zur Gewinnermittlung nach § 4 I EStG, § 5 EStG nicht erforderlich, sofern die Einbringung nach Abs. 2 zum BW erfolgt und die aufnehmende PersGes ebenfalls ihren Gewinn nach § 4 III EStG ermittelt), es entsteht kein Einbringungsgewinn, sondern ein **Übergangsgewinn** (BFH BStBl. II 2002, 287) bezogen auf die eingebrachten WG (BFH DStR 2013, 356), in der Person des Einbringenden, der einen lfd. Gewinn darstellt (zur Unzulässigkeit der Verteilung vgl. BFH BStBl. II 2002, 287) und ggf. bei der übernehmenden PersGes ein entsprechender Übergangsverlust, der nach dem allg. Gewinnverteilungsschlüssel dem MU zuzurechnen ist (Dötsch/Pung/Möhlenbrock/Patt Rn. 122; BeckOK UmwStG/Claß/Weggenmann Rn. 1102; Brandis/Heuermann/Nitzschke Rn. 83). Eine spezielle Stundung des Einbringungsgewinns ist im UmwStG nicht geregelt, es gelten daher die allg. Grundsätze des § 222 AO (Haritz/Menner/Bilitewski/Bär/Merkle Rn. 165; Dötsch/Pung/Möhlenbrock/Patt Rn. 134; Widmann/Mayer/Fuhrmann Rn. 1126; BeckOK UmwStG/Claß/Weggenmann Rn. 1137). Werden anlässlich der Einbringung Forderungen zurückbehalten, so entsteht insoweit ein Übergangsgewinn nicht (Dötsch/Pung/Möhlenbrock/Patt Rn. 130; BFH DStR 2013, 356; BFH/NV 2008, 385; BeckOK UmwStG/Claß/Weggenmann Rn. 810), die Forderung gilt nicht zwangsläufig in das PV als überführt (BFH DStR 2013, 356). Da der Einbringungsgewinn ein Veräußerungsgewinn iSd § 6b I EStG ist (Dötsch/Pung/Möhlenbrock/Patt Rn. 135; Haritz/Menner/Bilitewski/Bär/Merkle Rn. 165; HK-UmwStG/Trautmann Rn. 244; BeckOK UmwStG/Claß/Weggenmann Rn. 1138; Brandis/Heuermann/Nitzschke Rn. 83), kann die Versteuerung des Einbringungsgewinns durch eine Rücklage nach § 6b EStG unter den dort genannten Voraussetzungen hinausgeschoben werden. Ist der Einbringende eine natürliche Person, so verliert er im Fall der Bildung einer 6b-Rücklage die Tarifbegünstigung des § 34 EStG. Erfolgt die Einbringung unter gemeinem Wertansatz und unter Einzelrechtsnachfolge, so kann die 6b-Rücklage auf die eingebrachten WG der aufnehmenden PersGes übertragen werden, soweit der Einbringende an der übernehmenden PersGes beteiligt ist (Dötsch/Pung/Möhlenbrock/Patt Rn. 135 ff.).

2. Besteuerung des Einbringungsgewinns

a) Einkommensteuer. Der Einbringungsgewinn unterliegt der Einkommensteuer, soweit Einbringende eine natürliche Person oder eine PersGes ist, soweit an dieser PersGes unmittelbar oder mittelbar natürliche Personen beteiligt sind. Ein etwaiger Einbringungsgewinn gehört der Einkunftsart an, nach der das eingebrachte BV besteuert worden ist (Dötsch/Pung/Möhlenbrock/Patt Rn. 141; Brandis/Heuermann/Nitzschke Rn. 84; BeckOK UmwStG/Claß/Weggenmann Rn. 1136; Haritz/Menner/Bilitewski/Bär/Merkle Rn. 170; Widmann/Mayer/Fuhrmann Rn. 1105). Zur beschränkten StPfl, DBA und Anrechnung ausl. Steuer → § 20 Rn. 416. Wird eine 100%ige Beteiligung an einer KapGes aus dem BV gegen Gewährung einer Mitunternehmerstellung in eine PersGes eingebracht (→ Rn. 75 ff.) oder aber ein Betrieb oder Mitunternehmeranteil und gehört zu diesem Betrieb ein Anteil an einer Körperschaft, so ist § 3 Nr. 40 EStG und korrespondierend hierzu § 3c EStG zu beachten. Soweit der Einbringungsgewinn nach § 3 Nr. 40 EStG steuerbegünstigt ist, kommt die Tarifmäßigung des § 34 EStG nicht zur Anwendung (iÜ → § 20 Rn. 420).

Erfolgt die Einbringung des BV zum BW, so ist dies im Grundsatz ein gewinnneutraler Vorgang. Ein Gewinn entsteht nur dann, wenn funktional nicht wesentliche WG weder in das BV der übernehmenden PersGes noch in ein anderes BV überführt werden und somit ein Entnahmegewinn iHd Differenz zwischen dem gemeinen Wert und dem BW des WG entsteht (Dötsch/Pung/Möhlenbrock/Patt Rn. 143). Erfolgt ein Zwischenwertansatz durch die übernehmende PersGes, so stellt der dadurch entstehende Einbringungsgewinn einen lfd. Gewinn dar, die Tarifvergünstigung des § 34 EStG gilt insoweit nicht (BMF 11.11.2011, BStBl. I 2011, 1314 Rn. 24.15; Haritz/Menner/Bilitewski/Bär/Merkle Rn. 174; Rödder/Herlinghaus/van Lishaut/Rasche Rn. 130; HK-UmwStG/Trautmann Rn. 242; Dötsch/Pung/Möhlenbrock/Patt Rn. 144).

246 Der auf den bei der Einbringung eines Betriebs, Teilbetriebs oder Mitunternehmeranteils in eine PersGes entstehenden Einbringungsgewinn ist gem. **Abs. 3 iVm §§ 16, 34 EStG tarifbegünstigt,** sofern das eingebrachte BV in der Bilanz der PersGes einschl. der Sonder- und Ergänzungsbilanzen der Gesellschafter mit dem gemeinen Wert angesetzt wird. Dabei müssen auch die stillen Reserven in originären immateriellen WG, einschl. eines selbstgeschaffenen Firmenwertes, aufgelöst werden, und zwar unabhängig davon, ob sich die Einbringung im Wege der Gesamt-, Sonder- oder Einzelrechtsnachfolge vollzieht (BMF 11.11.2011, BStBl. I 2011, 1314 Rn. 24.15; Haritz/Menner/Bilitewski/Bär/Merkle Rn. 174 f.; Rödder/Herlinghaus/van Lishaut/Rasche Rn. 130; Dötsch/Pung/Möhlenbrock/Patt Rn. 145). Werden anlässlich der Einbringung nicht wesentliche WG in das PV überführt oder aber funktional wesentliche bzw. funktional unwesentliche WG an Dritte veräußert, ist der dabei entstehende Gewinn nur dann gem. §§ 16, 34 EStG begünstigt, wenn die Einbringung zum gemeinen Wert erfolgte (Widmann/Mayer/Fuhrmann Rn. 1264, 1276 ff.). Werden anlässlich der Einbringung funktional nicht wesentliche Betriebsgrundlagen in ein anderes BV überführt, ist die Einbringungsgewinn der eigentlichen Sacheinlage nicht gem. §§ 16, 34 EStG begünstigt (vgl. Widmann/Mayer/Fuhrmann Rn. 1269f mwN; Schmidt/Wacker EStG § 34 Rn. 13). Zu dem tarifbegünstigten Einbringungsgewinn zählt auch der Betrag, der durch Auflösung steuerfreier Rücklagen entsteht (BMF 11.11.2011, BStBl. I 2011, 1314 Rn. 24.03 iVm Rn. 20.26; Widmann/Mayer/Fuhrmann Rn. 1309).

247 Wird in voller Höhe Gewinn realisiert, scheidet die **Tarifvergünstigung** gem. § 34 EStG dennoch **in den folgenden Fällen aus:**
– für Gewinne aus der Einbringung eines Teils eines Mitunternehmeranteils für Einbringungen (Abs. 3 S. 2),
– wenn für einen Teil des Einbringungsgewinns eine gewinnmindernde Rücklage nach § 6b oder § 6c EStG gebildet worden ist (Abs. 2 S. 2 iVm § 34 I 4, III 6 EStG),
– soweit in dem Einbringungsgewinn stpfl. Gewinnanteile enthalten sind, die teilweise nach § 3 Nr. 40 S. 1 lit. b EStG, § 3c II EStG steuerbefreit sind (Abs. 3 S. 2 Hs. 2),
– soweit der Einbringungsgewinn einen lfd. Gewinn nach Abs. 3 S. 3 darstellt und
– wenn ein Grundstückshandelsbetrieb eingebracht wird, soweit der Einbringungsgewinn auf Grundstücke des Umlaufvermögens entfällt (Dötsch/Pung/Möhlenbrock/Patt Rn. 145; vgl. auch BFH BStBl. II 2010, 171; BFH/NV 2011, 258).

248 Nach **Abs. 3 S. 3 iVm § 16 II 3 EStG** gilt bei Einbringungen der Einbringungsgewinn insoweit als nicht begünstigter „lfd." Gewinn, als auf der Seite des Veräußerers und auf der Seite des Erwerbers dieselben Personen als MU beteiligt sind. Die Begünstigung bei der Einbringung zum gemeinen Wert ist insoweit ausgeschlossen, als wirtschaftlich gesehen ein Verkauf an sich selbst vorliegt (BT-Drs. 12/7945 zu § 24). Diese Gesetzesfiktion hat zur Folge, dass insoweit eine Tarifbegünstigung nach § 34 EStG ausscheidet. Das maßgebliche Beteiligungsverhältnis (zum Streitstand vgl. Rödder StbJb 1994/1995, 312) bestimmt sich entsprechend dem Zweck des Gesetzes nach dem Anteil des Einbringenden an Aufwand, der aufgrund des zusätzlich geschaffenen Abschreibungsvolumens auf ihn entfällt, dh bei WG des Gesellschaftsvermögens nach dem für die übernehmende Gesellschaft geltenden Gewinnverteilungsschlüssel (BFH BStBl. II 2004, 754; Schmidt/Wacker EStG § 16 Rn. 332; BMF

Einbringung von BV in PersGes 249–253 § 24 UmwStG D

11.11.2011, BStBl. I 2011, 1314 Rn. 24.16). Entsteht bei der Einbringung zum gemeinen Wert ein Gewinn im SBV des Einbringenden, ist dieser Gewinn nicht tarifbegünstigt, soweit das hieraus geschaffene zusätzliche Abschreibungsvolumen im vollen Umfang dem Einbringenden zugutekommt (BFH/NV 2008, 373; BStBl. II 2004, 754; BStBl. II 2001, 178; Dötsch/Pung/Möhlenbrock/Patt Rn. 149; Brandis/Heuermann/Nitzschke Rn. 85a; vgl. auch Schmidt/Wacker EStG § 16 Rn. 332).

Beispiel (nach BMF 11.11.2011, BStBl. I 2011, 1314 Rn. 24.16):

An einer OHG sind vier Gesellschafter zu je einem Viertel beteiligt. Ein fünfter Gesellschafter **249** wird gegen Bareinlage so aufgenommen, dass alle Gesellschafter anschließend jeweils zu einem Fünftel beteiligt sind. Wirtschaftlich gesehen gibt jeder der Altgesellschafter ein Fünftel an den neu eintretenden Gesellschafter ab. Er veräußert also zu vier Fünftel „an sich selbst" mit der Konsequenz, dass vier Fünftel des entstehenden Gewinns bei gemeinem Wertansatz nicht begünstigt sind.

Nicht geklärt ist, ob es zul. ist, im Grundsatz den gemeinen Wert anzusetzen, **250** gleichzeitig aber nur den auf einen Gesellschafter entfallenden nicht begünstigten Aufstockungsgewinn durch negative Ergänzungsbilanzen zu neutralisieren (vgl. Schmidt/Wacker EStG § 16 Rn. 511 mwN).

Werden einbringungsgeborene Anteile innerhalb der Sperrfrist von sieben Jahren **251** veräußert, sodass das Halb-/Teileinkünfteverfahren keine Anwendung findet, fällt ein Veräußerungsgewinn unter die Steuerbegünstigung des § 34 EStG (BMF 16.12.2003, BStBl. I 2003, 786 Rn. 21; Widmann/Mayer/Fuhrmann Rn. 1210 ff.). Die Tarifermäßigung des § 34 EStG ergibt sich aufgrund der allg. Fiktion des § 27 III Nr. 3 iVm § 21 I 1 aF, wonach der Veräußerungsgewinn als außerordentliche Einkünfte iSd §§ 16, 34 II 1 EStG gilt. Eine Tarifermäßigung nach § 34 EStG setzt zum einen das Vorhandensein derartiger Einkünfte voraus. Es muss aber weiterhin dazukommen, dass eine zusammengeballte Aufdeckung von stillen Reserven vorliegt (Schmidt/Wacker EStG § 34 Rn. 15 mwN).

Der Freibetrag nach **§ 16 IV EStG** wird bei der Einbringung gewerblicher, freibe- **252** ruflicher und luf Vermögen gewährt, wenn es zu einem Ansatz mit dem gemeinen Wert kommt (Abs. 3 S. 2 Hs. 1). Dabei müssen auch die stillen Reserven im originären immateriellen WG, einschl. eines selbst geschaffenen Firmenwertes, aufgelöst werden (Widmann/Mayer/Fuhrmann Rn. 1187). Erfolgt die Einbringung eines Bruchteils eines Mitunternehmeranteils, kann der Freibetrag gem. § 16 IV EStG nicht gewährt werden. Die Gewährung des Freibetrags setzt einen Antrag voraus. Gilt der Einbringungsgewinn nach Abs. 3 S. 3 als lfd. Gewinn, so kann für den übrigen Teil des Gewinns der volle Freibetrag gewährt werden; der Einbringungsgewinn, der als lfd. Gewinn gilt, ist bei der Kürzung des Freibetrags nach § 16 IV 3 EStG nicht zu berücksichtigen (Dötsch/Pung/Möhlenbrock/Patt Rn. 150; Widmann/Mayer/Fuhrmann Rn. 1363; vgl. auch Schmidt/Wacker EStG § 16 Rn. 574).

Werden die einbringungsgeborenen Anteile nach **Ablauf der Sperrfrist von** **253** **sieben Jahren** veräußert, kommt das Halbeinkünfteverfahren bzw. Teileinkünfteverfahren (ab VZ 2009) zur Anwendung. Fraglich ist, ob bzgl. der Berechnung der Sperrfrist § 108 III AO zu beachten ist (vgl. BFH BStBl. II 2003, 2; BStBl. II 2012, 599; Tipke/Kruse/Tipke AO § 108 Rn. 8, 22; aA Hübschmann/Hepp/Spitaler/Söhn AO § 108 Rn. 65). Der stpfl. Teil des Gewinns gilt als solcher iSd § 16 EStG, er ist damit nach **§ 16 IV EStG** begünstigt. Dass Teile dieses Veräußerungsgewinns nach § 3 Nr. 40 EStG im Ergebnis steuerbefreit sind, spielt keine Rolle. Erfüllt der Anteilseigner die persönlichen Voraussetzungen des § 16 IV 1 EStG, führt die nur hälftige Besteuerung nicht zu einem Objektverbrauch, sodass der Freibetrag dem Anteilseigner in voller Höhe zusteht. Dies bedeutet faktisch eine Verdoppelung des Freibetrags (ebenso Dötsch/Pung/Möhlenbrock/Patt Rn. 150). Nach Auffassung des BFH (BStBl. II 2010, 1011) ist gem. dem Grds. der Meistbegünstigung der

Freibetrag vorrangig von dem dem Halb-/Teileinkünfteverfahren unterliegenden Einbringungsgewinn abzuziehen (ebenso Dötsch/Pung/Möhlenbrock/Patt Rn. 150; Haritz/Menner/Bilitewski/Bär/Merkle Rn. 179).

254 **b) Körperschaftsteuer.** Einbringender iSd § 24 kann auch eine Körperschaft sein. Entsteht ein Einbringungsgewinn, so unterliegt dieser der KSt. Ist Einbringender eines Betriebs, Teilbetriebs oder Mitunternehmeranteils eine PersGes, so ist der Einbringungsgewinn kstpfl., soweit er unmittelbar oder mittelbar über eine andere PersGes auf eine Körperschaft als MU entfällt. Die Tarifermäßigung des § 34 EStG sowie die Freibetragsregelung des § 16 IV EStG kann von der Körperschaft nicht in Anspruch genommen werden. Eine Steuerfreiheit für den Einbringungsgewinn kann sich aus **§ 8b KStG** ergeben, soweit dieser auf die Realisierung stiller Reserven von Anteilen an Körperschaften, Personenvereinigungen oder Vermögensmassen entfällt, deren Leistung zu Einnahmen iSd § 20 I Nr. 1, 2, 9, 10a EStG gehören (Dötsch/Pung/Möhlenbrock/Patt Rn. 151; Widmann/Mayer/Fuhrman Rn. 1138). Die Steuerfreiheit des § 8b II KStG gilt auch, soweit die Körperschaft ein Mitunternehmeranteil einbringt und der Einbringungsgewinn im Rahmen der Gewinnfeststellung der PersGes der Körperschaft zugerechnet wird (BMF 28.4.2003, BStBl. I 2003, 292 Rn. 55; Widmann/Mayer/Fuhrman Rn. 1138). Allerdings gelten wegen § 8 III 1 KStG 5% des entsprechenden Gewinns als Ausgaben, die nicht als BA abgezogen werden dürfen.

255 Die Steuerfreiheit von Einbringungsgewinnen bezogen auf übertragene Anteile ist ausgeschlossen, wenn es sich bei den eingebrachten Anteilen um einbringungsgeborene Anteile iSd § 21 I 1 aF handelt und die Rückausnahme gem. § 8b IV 2 KStG nicht vorliegt (vgl. § 34 VIIa KStG). Str. ist, ob bzgl. der Berechnung der Sperrfrist § 108 III AO zu beachten ist (→ Rn. 253). Eine Steuerfreiheit des Einbringungsgewinns ist auch dann nicht gegeben, wenn die Voraussetzungen des § 8b II 4, 5, VII, VIII KStG vorliegen (BeckOK UmwStG/Claß/Weggenmann Rn. 1139).

256 **c) Gewerbesteuer. aa) Einbringung durch natürliche Personen.** Bei der Einbringung eines Betriebs, Teilbetriebs oder eines gesamten Mitunternehmeranteils durch eine natürliche Person gehört der entsprechende Einbringungsgewinn nicht zum Gewerbeertrag iSd § 7 GewStG (→ § 20 Rn. 432; Dötsch/Pung/Möhlenbrock/Patt Rn. 152; Brandis/Heuermann/Nitzschke Rn. 86; BeckOK UmwStG/Claß/Weggenmann Rn. 1142). Entsprechendes gilt, soweit an einer einbringenden PersGes eine natürliche Person unmittelbar beteiligt ist (Widmann/Mayer/Fuhrmann Rn. 1150). Dies gilt unabhängig davon, ob Zwischenwertansatz oder Gemeinwertansatz durch die übernehmende PersGes gewählt wird (→ § 20 Rn. 433; Widmann/Mayer/Fuhrmann Rn. 1150; Haritz/Menner/Bilitewski/Bär/Merkle Rn. 183). Ebenso unterliegt der GewSt nicht der Entnahmegewinn aus der Zurückbehaltung unwesentlicher WG, dies gilt auch bei Buchwertfortführung. – Zum Gewerbeertrag gehört nach Meinung der Fverw der Teil des Einbringungsgewinns, der bei der Einkommensteuer nach Abs. 3 S. 3 iVm § 16 II 3 EStG als lfd. Gewinn gilt (BFH GmbHR 2004, 1096; BMF 11.11.2011, BStBl. I 2011, 1314 Rn. 24.17; Haase/Hofacker/Haase Rn. 54; aA Dötsch/Pung/Möhlenbrock/Patt Rn. 153). Die Anwendung von Abs. 3 S. 3 iVm § 16 II 3 EStG setzt aber den Ansatz der übergehenden WG mit dem gemeinen Wert voraus (Widmann/Mayer/Fuhrmann Rn. 1323; Brandis/Heuermann/Nitzschke Rn. 86; Keuthen Ubg 2013, 480); soweit ZW angesetzt werden, unterliegt der Gewinn nicht der GewSt (Widmann/Mayer/Fuhrmann Rn. 1154; Brandis/Heuermann/Nitzschke Rn. 86; Keuthen Ubg 2013, 480). Wird eine 100%ige Beteiligung an einer KapGes aus dem BV durch eine natürliche Person eingebracht, so ist der daraus entstehende Gewinn grds. gewstpfl. (H 7.1 (3) GewStR; Dötsch/Pung/Möhlenbrock/Patt Rn. 154; Haase/Hofacker/Haase Rn. 54; Brandis/Heuermann/Nitzschke Rn. 86; aA

Haritz/Menner/Bilitewski/Bär/Merkle Rn. 184; Widmann/Mayer/Fuhrmann Rn. 1171). Etwas anderes gilt jedoch dann, wenn der Betrieb, Teilbetrieb oder Mitunternehmeranteil, dem die Anteile zugehören, zusammen mit der Beteiligung an der KapGes eingebracht werden (vgl. H 7.1 (3) GewStR; Dötsch/Pung/Möhlenbrock/Patt Rn. 154). Soweit § 3 Nr. 40 S. 1 lit. b EStG eingreift, ist der auf die Einbringung von Beteiligungen an der KapGes entfallende Einbringungsgewinn von der Bemessungsgrundlage der GewSt entsprechend ausgenommen. Wird ein Betrieb eingebracht, der im gewerblichen Grundstückshandel tätig ist, gehört ein insoweit entstehender Einbringungsgewinn zum Gewerbeertrag, soweit er auf Grundstücke des Umlaufvermögens entfällt (BFH BStBl. II 2010, 171; BFH/NV 2011, 258; Dötsch/Pung/Möhlenbrock/Patt Rn. 154; krit. Widmann/Mayer/Fuhrmann Rn. 1168 ff.).

Wird ein gewerblicher Betrieb oder ein Mitunternehmeranteil zu BW sowie unter Zuzahlung (→ Rn. 140 f.) eingebracht, ist der insoweit entstehende Gewinn nicht gewstpfl., soweit der Einbringende die unternehmerische Tätigkeit insgesamt aufgegeben hat (Widmann/Mayer/Fuhrmann Rn. 1160 f.). Wird ein Mitunternehmeranteil durch eine natürliche Person eingebracht, so ist der insoweit entstehende Einbringungsgewinn vorbehaltlich Abs. 3 S. 3 nicht gewstpfl. Dies gilt auch, soweit bei einer doppel- oder mehrstöckigen PersGes der Gewinn auf stille Reserven an der TochterPersGes entfällt (BFH BStBl. II 2011, 511). Entsteht bei der Einbringung eines Bruchteils eines Mitunternehmeranteils nach § 24 ein Einbringungsgewinn, so rechnet dieser zum Gewerbeertrag (H 7.1 III 6 GewStR; BFH/NV 2007, 601; Dötsch/Pung/Möhlenbrock/Patt Rn. 155; OFD Köln 18.1.2001, DStR 2001, 708; Widmann/Mayer/Fuhrmann Rn. 1158; Brandis/Heuermann/Nitzschke 86; BeckOK UmwStG/Claß/Weggenmann Rn. 1143).

Werden einbringungsgeborene Anteile iSd § 21 aF in eine PersGes unter Aufdeckung der stillen Reserven eingebracht, so unterliegt der Gewinn aus der Einbringung grds. dann der GewSt, wenn der Einbringungsvorgang, aus dem die Anteile stammen, bei Ansatz von TW oder ZW GewSt ausgelöst hätte (vgl. BFH BStBl. II 1982, 738; BMF 25.3.1998, BStBl. I 1998, 268 Rn. 21.13).

bb) Einbringung durch Körperschaft. Als Gewerbebetrieb gilt gem. § 2 II 1 GewStG stets und im vollen Umfang die Tätigkeit der KapGes, der Erwerbs- und Wirtschaftsgenossenschaft und der VVaG. Bei diesen Steuerpflichtigen gehört daher auch der im Rahmen einer Betriebsveräußerung erzielte Gewinn zum Gewerbeertrag (BFH DStR 2001, 2111; Abschn. 40 II 1 GewStR). Wird daher durch eine KapGes, Erwerbs- und Wirtschaftsgenossenschaft oder durch einen VvaG ein Betrieb, Teilbetrieb, Mitunternehmeranteil gem. Abs. 1 eingebracht, gehört ein insoweit entstehender Einbringungsgewinn zum Gewerbeertrag. Werden Beteiligungen an einer KapGes zusammen mit dem Betrieb oder Teilbetrieb nach Abs. 1 eingebracht, entsteht ein Gewerbeertrag gem. § 7 I GewStG nur, soweit der Einbringungsgewinn, der auf die übertragenen Anteile entfällt, nicht nach § 8b II KStG steuerbefreit ist. § 8b II KStG gilt als sachliche Steuerbefreiung auch für gewstl. Zwecke (Dötsch/Pung/Möhlenbrock/Patt Rn. 156). Werden einbringungsgeborene Anteile innerhalb der Sperrfrist von sieben Jahren (vgl. § 8b IV KStG) eingebracht, ist die GewStPfl des Einbringungsgewinns davon abhängig, ob der Einbringungsvorgang, aus dem die Anteile stammen, bei Ansatz von TW oder ZW GewSt ausgelöst hätte (→ Rn. 257).

cc) Gewerbesteuerliche Verlustvorträge. (a) Einbringung durch eine natürliche Person. Existieren bei dem übertragenen BV gewstl. Verlustvorträge iSd § 10a GewStG, gehen diese nicht aufgrund spezieller gesetzlicher Regelungen des UmwStG automatisch auf die aufnehmende PersGes über. Es gelten vielmehr die allg. Grundsätze (Rödder/Herlinghaus/van Lishaut/Rasche Rn. 164; BeckOK UmwStG/Claß/Weggenmann Rn. 1145; Brandis/Heuermann/Nitzschke Rn. 93).

Die aufnehmende PersGes kann damit vortragsfähige Fehlbeträge iSd § 10a GewStG nur dann und insoweit von künftigen positiven Gewerbeerträgen abziehen, als Unternehmer- und Unternehmensidentität vorliegt (vgl. dazu R 10a 2 f. GewStR; Dötsch/Pung/Möhlenbrock/Patt Rn. 204; Widmann/Mayer/Fuhrmann Rn. 2170; Rödder/Herlinghaus/van Lishaut/Rasche Rn. 164 ff.; BeckOK UmwStG/Claß/Weggenmann Rn. 1145). Wird ein Betrieb oder Teilbetrieb in eine PersGes gegen Gewährung von Gesellschaftsrechten eingebracht oder kommt es zu einer Verschm von zwei PersGes, ist es für die Annahme der **Unternehmensidentität** nicht entscheidend, ob der übertragene Betrieb bei der aufnehmenden Gesellschaft einen Teilbetrieb darstellt. Es ist vielmehr nach hM ausreichend, wenn die Identität des eingebrachten **Betriebs** innerhalb der Gesamttätigkeit des aufnehmenden Betriebs gewahrt bleibt. Die Geschäftstätigkeit muss im Rahmen der aufnehmenden PersGes in wirtschaftlicher, organisatorischer und finanzieller Art fortgesetzt werden und von der übrigen Tätigkeit der übernehmenden PersGes abgrenzbar erkennbar sein (Dötsch/Pung/Möhlenbrock/Patt Rn. 205; Rödder/Herlinghaus/van Lishaut/Rasche Rn. 165). Wird nur ein Teilbetrieb in eine PersGes eingebracht, kann der Einbringende den Gewerbeverlust nicht mehr gewstl. verwerten, soweit er auf den übertragenen Teilbetrieb entfällt (BFH/NV 2008, 1960; OFD Münster 27.6.2012, DStR 2012, 2019; Dötsch/Pung/Möhlenbrock/Patt Rn. 206). Ein gewstl. Verlust kann, soweit Unternehmens- und Unternehmeridentität gegeben ist, durch die übernehmende PersGes verwertet werden. Wird ein Teilbetrieb eingebracht, geht der Fehlbetrag nicht mit über, soweit er auf dem Restbetrieb beruht (Widmann/Mayer/Fuhrmann Rn. 2184).

261 Bei Einzelunternehmen und bei Mitunternehmerschaften ist Voraussetzung für einen Verlustabzug nach § 10a GewStG neben der Unternehmensidentität auch die **Unternehmeridentität.** Wird ein gewerblicher Einzelbetrieb in eine PersGes eingebracht, so kann die übernehmende PersGes den Fehlbetrag des eingebrachten Betriebs in der Höhe abziehen, in der Einbringende als MU an der übernehmenden PersGes im jeweiligen Erhebungszeitraum beteiligt ist. Entscheidend ist der gesellschaftsvertragliche Gewinnverteilungsschlüssel, Vorabgewinne werden nicht berücksichtigt (R 10a.3 III 4 f. GewStR 2009; Dötsch/Pung/Möhlenbrock/Patt Rn. 208). Wird eine PersGes auf eine beteiligungsidentische SchwesterGes verschmolzen, ist Unternehmeridentität gegeben. Gleiches gilt bei der Abspaltung eines Teilbetriebs auf eine beteiligungsidentische SchwesterPersGes (Dötsch/Pung/Möhlenbrock/Patt Rn. 209). Soweit ein neuer Gesellschafter gegen Einlage und Gewährung einer neuen Mitunternehmerstellung einer bestehenden PersGes beitritt, kann der Gewerbesteuerverlust von zukünftigen Gewinnen nur insoweit abgezogen werden, als er nach dem gesellschaftsvertraglichen Gewinnverteilungsschlüssel auf die Altgesellschafter entfällt; die absolute Höhe des abziehbaren Gewerbesteuerverlustes verändert sich nicht (Dötsch/Pung/Möhlenbrock/Patt Rn. 209; Rödder/Herlinghaus/van Lishaut/Rasche Rn. 166). Wird ein Mitunternehmeranteil in eine bestehende PersGes eingebracht, gehen die gewstl. Verlustvorträge bezogen auf die PersGes, deren Mitunternehmeranteil eingebracht wurde, anteilig unter. Bringt eine PersGes einen Betrieb oder Teilbetrieb in eine andere PersGes ein und entsteht dadurch ein Mutter-Tochter-Verhältnis, so kann der gewstl. Verlustvortrag durch den übernehmenden Rechtsträger nur insoweit nutzbar gemacht werden, als die einbringende OberGes selbst an dem übernehmenden Rechtsträger als TochterGes beteiligt ist (Dötsch/Pung/Möhlenbrock/Patt Rn. 209). Kommt es bei der OberGes zu einem Gesellschafterwechsel, führt dies nicht zur Kürzung eines gewstl. Verlustabzuges bei der UnterGes (GewStR 10a.3 III 9 Nr. 8; SächsFG EFG 2008, 1403).

262 **(b) Einbringung durch eine Kapitalgesellschaft.** Nach § 2 II 1 GewStG gilt die Tätigkeit einer KapGes stets und in vollem Umfang als Gewerbebetrieb, die KapGes hat nur einen einheitlichen Betrieb. Bringt eine KapGes ihren **gesamten**

Betrieb in eine PersGes ein, so ging nach bisheriger Auffassung der Fverw der vortragsfähige Gewerbeverlust auf die PersGes über (Abschn. 68 IV 6 iVm II GewStRL 1998). Die Fverw hält an dieser Auffassung nicht mehr fest (FM Nordrhein-Westfalen 27.1.2012, FR 2012, 238; ebenso Rödder/Herlinghaus/van Lishaut/Rasche Rn. 165; offen gelassen durch BFH BStBl. II 2019, 407; vgl. auch FG Münster EFG 2022, 254; Suchanek FR 2022, 122).

Ab dem Erhebungszeitraum 2009 geht nunmehr nach Auffassung der Fverw ein Gewerbesteuerverlust auf die PersGes nicht mit über. Der Gewerbeverlust verbleibt bei der einbringenden KapGes und kann dort weiterhin vorgetragen werden. Teile der Lit. lehnen die geänderte Verwaltungsauffassung ab (Dötsch/Pung/Möhlenbrock/Patt Rn. 212 ff.; Brandis/Heuermann/Nitzschke Rn. 93; Widmann/Mayer/Fuhrmann Rn. 2185; Suchanek FR 2019, 645). Bei der Einbringung eines **Teilbetriebs** verbleibt ein vortragsfähiger Fehlbetrag ungeschmälert bei der einbringenden KapGes (Dötsch/Pung/Möhlenbrock/Patt Rn. 213; BFH BStBl. II 2019, 407; zweifelnd Kleinheisterkamp FR 2009, 522). Bei der Einbringung eines Mitunternehmeranteils gelten die Ausführungen zu → Rn. 261 entsprechend (Dötsch/Pung/Möhlenbrock/Patt Rn. 214). **263**

3. Anschaffung, Eintritt in die steuerliche Rechtsstellung (Abs. 4, § 23 I, III, IV, VI)

a) Überblick. Die **Einbringung** eines Betriebs, Teilbetriebs oder Mitunternehmeranteils in eine PersGes gegen Gewährung von Gesellschaftsrechten bzw. Einräumung einer Mitunternehmerstellung stellt einen **tauschähnlichen Veräußerungsvorgang** und aus der Sicht des übernehmenden Rechtsträgers ein Anschaffungsgeschäft dar (→ Rn. 1). Dies gilt unabhängig davon, ob die Einbringung sich zivilrechtlich in Form der Einzelrechtsnachfolge bzw. der Sonder- oder Gesamtrechtsnachfolge vollzieht oder ob eine Mitunternehmerstellung im Rahmen der Einbringung erstmalig gewährt wird oder ein bereits vorhandener Gesellschaftsanteil erhöht wird. Abs. 4 regelt die Auswirkungen der Einbringung bei der aufnehmenden PersGes durch Verweisung auf § 23 I, III, IV, VI. Entscheidend ist insoweit der auf Grund eines entsprechenden Antrags vorgenommene Wertansatz (BW, ZW, gemeiner Wert) der eingebrachten WG durch die aufnehmende PersGes in ihrer StB einschl. der Ergänzungsbilanzen für die Gesellschafter. **264**

b) Buchwertansatz. Setzt die übernehmende PersGes das eingebrachte BV mit dem **BW** an, gelten durch entsprechende Verweisung **§§ 4 II 3** und **§ 12 III 1** sinngemäß. BW ist nach § 1 V Nr. 4 der Wert, der sich nach den stl. Vorschriften über die Gewinnermittlung in einer für den stl. Übertragungsstichtag aufzustellenden StB ergibt oder ergäbe. Ein Buchwertansatz ist auch dann gegeben, wenn die PersGes zunächst die BW aus der stl. Schlussbilanz des Einbringenden übernommen hat und, wegen Änderung der BW, zB aufgrund von BP, diese BW sich später ändern und eine entsprechende Bilanzberichtigung beim übernehmenden Rechtsträger erfolgt. Die der übernehmenden PersGes zuzuordnenden Kosten der Einbringung führen grds. bei dieser zu abzugsfähigen BA. Objektbezogene Kosten, wie zB die **GrESt**, stellen **zusätzliche AK** der übertragenen WG dar und sind entsprechend zu aktivieren (BFH FR 2004, 274; BMF 11.11.2011, BStBl. I 2011, 1314 Rn. 23.01; Dötsch/Pung/Möhlenbrock/Patt Rn. 178; auch → § 23 Rn. 15). Diese Aktivierung steht jedoch nicht einer Buchwertfortführung entgegen, da keine stillen Reserven im übertragenen Vermögen aufgedeckt werden. Die GrESt entsteht, weil der Einbringungsvorgang ein Erwerbsvorgang iSd § 1 GrEStG darstellt. Die GrESt erhöht nicht den BW des übertragenen Vermögens aus der Sicht des Einbringenden, sondern stellt eine originäre Aufwendung der übernehmenden PersGes dar (ebenso Dötsch/Pung/Möhlenbrock/Patt Rn. 178); zu der Frage, ob diese eigenen AK **265**

unabhängig von den Regelungen des UmwStG nach allg. Grundsätzen abgeschrieben werden müssen, vgl. Freikamp DB 2022, 212. Kommt es im Rahmen der Einbringung zu Zuzahlungen in das PV des Einbringenden (→ Rn. 139 ff., → Rn. 216b ff.) und werden bezogen auf den Einbringungsvorgang die BW fortgeführt, so gilt insoweit § 23 I entsprechend. Ob es zu einer Buchwertfortführung kommt, ist unter Einschluss der positiven und negativen Ergänzungsbilanzen zu ermitteln.

266 Die übernehmende PersGes tritt in dem durch Abs. 4 iVm § 23, § 12 III 1, § 4 II 3 bestimmten Umfang in die stl. Rechtsstellung des Einbringenden bzw. in objektbezogene steuerrechtlich relevante Besteuerungsmerkmale, die den übertragenen WG anhaften, ein. Ist die Dauer der Zugehörigkeit eines WG zum BV für die Besteuerung bedeutsam, so ist der Zeitraum seiner Zugehörigkeit zum BV des Einbringenden der übernehmenden PersGes zuzurechnen (§ 4 II 3). Zur bilanziellen Behandlung von **stillen Lasten** in Form von Passivierungsverboten und Ansatzbeschränkungen des § 5 EStG bzw. Bewertungsvorbehalten in § 6 EStG → § 20 Rn. 275 ff.

267 Wird ein Mitunternehmeranteil mit **Ergänzungsbilanz** in eine Mitunternehmerschaft nach § 24 eingebracht, so müssen aufgrund der stl. Rechtsnachfolge auch die Ansätze in der Ergänzungsbilanz entsprechend fortgeführt werden. Strittig ist, ob die Ergänzungsbilanz für den einbringenden neuen Gesellschafter der OberGes als MU der UnterGes (BFH DStR 2004, 1327; Wacker JbFfSt 2006/2007, 317) oder für die OberGes als Gesellschafter der UnterGes (Mitschke BB 2010, 2946) zu bilden ist.

268 Anlässlich der Einbringung können von der aufnehmenden PersGes positive bzw. negative Ergänzungsbilanzen gebildet werden, um so im Ergebnis eine Buchwertfortführung zu ermöglichen (→ Rn. 217 ff.). Nach hM (→ Rn. 221) müssen die positiven und negativen Ergänzungsbilanzen in der Folgezeit korrespondierend in der lfd. Gewinnermittlung bei den einzelnen Gesellschaftern berücksichtigt werden. Nicht abschließend geklärt ist aber, ob bzgl. der AfA in der positiven Ergänzungsbilanz die Restnutzungsdauer selbstständig neu bestimmt werden kann (→ Rn. 225). Für eine Fortführung der Abschreibung in der Ergänzungsbilanz in Anlehnung an die Abschreibung in der Gesamthandsbilanz spricht der Eintritt der übernehmenden Person in die Rechtsstellung des eingebrachten BV. Nach der hier vertretenen Auffassung (→ Rn. 225) kann jedoch für die Person, für die eine positive Ergänzungsbilanz errichtet wurde, die Restnutzungsdauer neu bestimmt und ggf. auch eine andere AfA-Methode gewählt werden (→ Rn. 225). Für eine isolierte Fortschreibung der Ergänzungsbilanz spricht insbes. auch der Grds. der Individualbesteuerung.

269 Zum Übergang von Verlustvorträgen iSd § 10a GewStG → Rn. 256 f.

270 **c) Zwischenwertansatz.** Für den Fall, dass die übernehmende PersGes das eingebrachte BV mit einem über dem BW, aber unter dem TW liegenden Wert ansetzt **(Einbringung zum ZW)**, verweist Abs. 3 iVm § 23 III auf § 12 III 1 (Eintritt in die Rechtsstellung des Einbringenden), die Anrechnung der Besitzzeit ergibt sich aus Abs. 1 iVm § 23 I (→ § 23 Rn. 66). Der Differenzbetrag zwischen dem höheren Wert und dem BW **(Aufstockungsbetrag)** ist auf die eingebrachten WG gleichmäßig zu verteilen. Bei der Aufstockung ist grds. sowohl das Anlagevermögen als auch das Umlaufvermögen zu berücksichtigen. Zu weiteren Einzelheiten → § 23 Rn. 66 ff.

271 **d) Ansatz mit dem gemeinen Wert.** Setzt die übernehmende PersGes das anlässlich der Sacheinlage übernommene BV mit dem **GW** an, gilt der Erwerb der einzelnen WG als Anschaffung zum Zeitpunkt der Einbringung, sofern die WG durch **Einzelrechtsnachfolge** auf sie übergegangen sind (Abs. 4 iVm § 23 IV Hs. 1). Die übernehmende PersGes tritt in die stl. Rechtsstellung des Einbringenden nicht ein. Die weitere stl. Behandlung der Sacheinlage bei der übernehmenden PersGes richtet sich nach den allg. Vorschriften (iÜ → § 23 Rn. 97 ff.).

Erfolgt die Sacheinlage in die PersGes durch **Gesamtrechtsnachfolge** nach den Bestimmungen des UmwG, so kommt es zu einem Eintritt in die stl. Rechtsstellung des Einbringenden, auch wenn die eingebrachten WG mit dem **gemeinen Wert** angesetzt werden (zu den weiteren stl. Konsequenzen → § 23 Rn. 100). 272

e) Konfusion. Erhöht sich der Gewinn der übernehmenden PersGes dadurch, dass der Vermögensübergang zum Erlöschen von Forderungen und Verbindlichkeiten zwischen dem Einbringenden und der übernehmenden PersGes oder zur Auflösung von RSt führt, darf die übernehmende PersGes insoweit eine den stl. Gewinn mindernde Rücklage bilden (Abs. 4 iVm § 23 VI). Der Übernahme- oder Einbringungsfolgegewinn ist zivilrechtlich als **inkongruente Konfusion** zu kennzeichnen (→ § 23 Rn. 105). 273

4. Nachträglicher Einbringungsgewinn (Abs. 5)

a) Überblick. Abs. 5 beinhaltet eine besondere Missbrauchsvorschrift. Werden im Rahmen der Einbringung auch Anteile an einer Körperschaft, Personenvereinigung oder Vermögensmasse durch nicht nach § 8b II KStG Begünstigte eingebracht, ist § 22 II, III, V, VII (Einbringungsgewinn II) entsprechend anzuwenden, soweit die eingebrachten Anteile innerhalb einer Frist von sieben Jahren nach der Einbringung veräußert werden und der Veräußerungsgewinn auf einen nach § 8b II KStG begünstigten Mitunternehmer entfällt. 274

b) Einbringung von Anteilen an einer Körperschaft. Zum Einbringungsgegenstand müssen Anteile an einer Körperschaft, Personenvereinigungen oder Vermögensmasse gehören (→ § 21 Rn. 22). Bei den Anteilen darf es sich jedoch nicht um einbringungsgeborene Anteile iSd § 21 aF handeln, die zum BW oder ZW eingebracht wurden und die Sperrfrist des § 8b IV KStG aF bzw. nach § 3 Nr. 40 S. 3 und 4 EStG aF bei der Anteilsveräußerung noch nicht abgelaufen sind (vgl. § 27 IV; BMF 11.11.2011, BStBl. I 2011, 1314 Rn. 24.23; Dötsch/Pung/Möhlenbrock/ Patt Rn. 227; Widmann/Mayer/Fuhrmann Rn. 1496). Ist zum Zeitpunkt der Einbringung die siebenjährige Sperrfrist iSv § 3 Nr. 40 S. 3 und S. 4 EStG aF bzw. § 8b IV KStG aF noch nicht abgelaufen und werden die ursprünglich einbringungsgeborenen Anteile innerhalb der siebenjährigen Sperrfrist des § 22 II veräußert bzw. wird ein der Veräußerung gleichgestellter Sachverhalt verwirklicht, entsteht nach der hier vertretenen Auffassung kein Einbringungsgewinn II, da im Zeitpunkt der Einbringung in der Person des Einbringenden einbringungsgeborene Anteile vorlagen und damit gem. § 27 IV die Regelung des § 22 keine Anwendung findet (→ § 20 Rn. 226; aA BMF 11.11.2011, BStBl. I 2011, 1314 Rn. 24.23; Dötsch/Pung/Möhlenbrock/Patt Rn. 227; BeckOK UmwStG/Claß/Weggenmann Rn. 1355). Soweit die eingebrachten, ursprünglich einbringungsgeborenen Anteile innerhalb der siebenjährigen Sperrfrist des § 22 II veräußert bzw. ein der Veräußerung gleichgestellter Sachverhalt verwirklicht wird, entsteht ein Einbringungsgewinn II, der nach allg. Grundsätzen besteuert wird, falls im Zeitpunkt der Einbringung die siebenjährige Sperrfrist iSv § 3 Nr. 40 S. 3 und S. 4 EStG aF bzw. § 8b IV KStG aF bereits abgelaufen war. 275

c) Einbringende ist eine nicht durch § 8b II KStG begünstigte Person. Abs. 5 idF vor Änderung durch das Gesetz zur Umsetzung des EuGH-Urt. v. 20.10.2011 (BGBl. 2013 I 561) kam nur zur Anwendung, wenn die Einbringung durch eine nicht durch § 8b II KStG begünstigte Person erfolgte. Erfolgte die Einbringung der Anteile durch eine **natürliche Person,** so fand Abs. 5 Anwendung. Gleiches gilt für die Einbringung durch eine PersGes, soweit an dieser PersGes natürliche Personen beteiligt sind. Nicht abschließend geklärt war bisher, ob auch 276

Einbringung durch kstpfl. Personen von Abs. 5 erfasst werden, wenn der Einbringende zwar die persönliche Voraussetzung des § 8b II KStG erfüllt, der Einbringende aber für die konkret eingebrachten Anteile die Steuerfreiheit nach § 8b II KStG nicht nutzen kann (→ § 22 Rn. 112 ff.). Der Wortlaut stellte bisher nur abstrakt auf eine durch § 8b II KStG begünstigte Person ab, ohne auf die Begünstigung der konkret übertragenen Anteile Bezug zu nehmen, sodass Abs. 5 keine Anwendung bisher fand, wenn der Einbringende eine durch § 8b II KStG begünstigte Person ist, ob der Einbringende für die konkret eingebrachten Anteile die Steuerfreiheit nach § 8b II KStG nicht nutzen kann, war ohne Bedeutung (Widmann/Mayer/Fuhrmann Rn. 1502; BeckOK UmwStG/Claß/Weggenmann Rn. 1389; aA BMF 11.11.2011, BStBl. I 2011, 1314 Rn. 24.24 iVm Rn. 22.12; Dötsch/Pung/Möhlenbrock/Patt Rn. 228). Die durch das Gesetz zur Umsetzung des EuGH-Urt. v. 20.10.2011 in der Rechtssache C-284/09 (BGBl. 2013 I 561) geänderte Fassung sieht nunmehr vor, dass die eingebrachten Anteile zum Zeitpunkt der Einbringung beim Einbringenden nicht nach § 8b II KStG steuerfrei gewesen wären (→ § 22 Rn. 121 ff.). Zum zeitlichen Anwendungsbereich → § 27 Rn. 35 f.

277 **d) Veräußerung iSd Abs. 5.** Abs. 5 findet Anwendung, wenn die eingebrachten Anteile veräußert werden. Veräußerung ist dabei die entgeltliche Übertragung des wirtschaftlichen Eigentums an den Anteilen von einer Person auf einen anderen Rechtsträger (Dötsch/Pung/Möhlenbrock/Patt Rn. 229). Ob die Veräußerung freiwillig oder auf Grund einer Zwangslage erfolgt, ist ohne Bedeutung (Widmann/Mayer/Fuhrmann Rn. 1510; Dötsch/Pung/Möhlenbrock/Patt Rn. 254; BeckOK UmwStG/Claß/Weggenmann Rn. 1426). Zum Begriff der Veräußerung iE → § 22 Rn. 24 ff. Einer Veräußerung gleichgestellt sind gem. Abs. 5 die Ersatzrealisationstatbestände des § 22 I 6 Nr. 1–5; dazu iErg → § 22 Rn. 74 ff. Nach Meinung der Fverw steht die Betriebsaufgabe einer Veräußerung gleich (BMF 11.11.2011, BStBl. I 2011, 1314 Rn. 24.25), die Option nach § 1a kann eine Sperrfristverletzung nach Abs. 5 auslösen (BMF 10.11.2021, BStBl. I 2021, 2212; vgl. auch Ott DStZ 2022, 142).

278 Beispiel (BT-Drs. 16/3369, 14): Die natürliche Person A bringt eine 100%ige Beteiligung an der Y-GmbH (gleich Teilbetrieb, vgl. BMF 11.11.2011, BStBl. I 2011, 1314 Rn. 24.02) nach Abs. 2 zum BW in die AB-OHG ein. Gesellschafter der AB-OHG sind zu jeweils 50% der A und die B-GmbH. Danach wird bei der AB-OHG eine Realteilung durchgeführt, bei die 100%ige Beteiligung an der Y-GmbH auf die B-GmbH übertragen wird. Die Realteilung stellt ein schädliches Ereignis iSv § 22 II iVm I 6 Nr. 1 dar, was in Höhe der Beteiligung der B-GmbH im Zeitpunkt der Realteilung (50%) zu einer nachträglichen Besteuerung des Einbringungsgewinns führen kann. Sieben Jahre nach der Realteilung ist durch die Y-GmbH § 16 V EStG zu beachten.

279 Wird ein Teil der eingebrachten Anteile veräußert, kommt es zu einer anteiligen Besteuerung, und zwar im Verhältnis der veräußerten Anteile zu den insgesamt eingebrachten Anteilen (BMF 11.11.2011, BStBl. I 2011, 1314 Rn. 24.20; Widmann/Mayer/Fuhrmann Rn. 1521; BeckOK UmwStG/Claß/Weggenmann Rn. 1425). Die Veräußerung der eingebrachten Anteile muss durch die übernehmende PersGes erfolgen bzw. die übernehmende PersGes hat die Ersatzrealisationstatbestände des § 22 I 6 Nr. 1–5 zu erfüllen (Rödder/Herlinghaus/van Lishaut/Rasche Rn. 173; Widmann/Mayer/Fuhrmann Rn. 1508; Bauernschmitt/Blöchle BB 2007, 743). Veräußert eine Körperschaft innerhalb der Sperrfrist ihren Mitunternehmeranteil an der PersGes, in die Anteile an einer Körperschaft, Personenvereinigung oder Vermögensmasse eingebracht wurden, findet Abs. 5 vom Wortlaut her keine Anwendung (vgl. aber BMF 11.11.2011, BStBl. I 2011, 1314 Rn. 24.25, 24.27; Dötsch/Pung/Möhlenbrock/Patt Rn. 231; BeckOK UmwStG/Claß/Weggenmann Rn. 1390; wie hier Widmann/Mayer/Fuhrmann Rn. 1527). Dies ergibt sich aus einem Umkehrschluss aus § 18 III 2, der die Veräußerung von Vermögen an eine PersGes durch diese PersGes einer Veräußerung der Anteile an der PersGes gleichstellt, eine solche Gleichstellung fehlt jedoch in Abs. 5.

e) Sperrfrist von sieben Jahren. Die eingebrachten Anteile müssen innerhalb 280 eines Zeitraums von sieben Jahren nach dem Einbringungszeitpunkt veräußert werden, damit die Rechtsfolgen des Abs. 5 eintreten (BMF 11.11.2011, BStBl. I 2011, 1314 Rn. 24.18). Wird die Veräußerung nach Ablauf dieses Zeitraums vorgenommen, kommt es nicht zu einer Besteuerung des Einbringungsgewinns II (Dötsch/Pung/Möhlenbrock/Patt Rn. 234). Wird der Einbringungsvorgang auf einen Einbringungsstichtag zurückbezogen, ist der Einbringungsstichtag der Zeitpunkt, zu dem die siebenjährige Sperrfrist zu laufen beginnt (Widmann/Mayer/Fuhrmann Rn. 1534; Dötsch/Pung/Möhlenbrock/Patt Rn. 234; BeckOK UmwStG/Claß/Weggenmann Rn. 1356). Die Frist wird nach Zeitjahren berechnet. Nicht abschließend geklärt ist, ob bzgl. der Berechnung der Sperrfrist § 108 III AO zu beachten ist (vgl. BFH BStBl. I 2012, 559; BStBl. II 2003, 2; Tipke/Kruse/Tipke AO § 108 Rn. 8, 22; Widmann/Mayer/Fuhrmann Rn. 1535; Hübschmann/Hepp/Spitaler/Söhn AO § 108 Rn. 65; BeckOK UmwStG/Claß/Weggenmann Rn. 1356). Die siebenjährige Sperrfrist gilt auch für die Ersatztatbestände des § 22 I 6.

f) Körperschaft als Mitunternehmer der übernehmenden Personenge- 281 **sellschaft.** Abs. 5 ist nur anwendbar, soweit an der übernehmenden PersGes, in der die Anteile eingebracht worden sind, eine Körperschaft beteiligt ist. Dabei kann es sich um eine inl. oder in einem EU/EWR-Gebiet oder einem Drittland ansässige Körperschaft handeln. Die Körperschaft muss im Zeitpunkt der Veräußerung oder des der Veräußerung gleichgestellten Ereignisses als Mitunternehmer an der die eingebrachten Anteile veräußernden PersGes beteiligt sein und über einen Gewinnanteil an dem Veräußerungsgewinn verfügen. Ohne Belang ist es, ob die begünstigte Körperschaft bereits zum Zeitpunkt der Einbringung MU der übernehmenden PersGes war (Widmann/Mayer/Fuhrmann Rn. 1542; Dötsch/Pung/Möhlenbrock/Patt Rn. 237; BeckOK UmwStG/Claß/Weggenmann Rn. 1460). Abs. 5 findet nur insoweit Anwendung, als der Veräußerungsgewinn auf eine Körperschaft als MU entfällt. Entscheidend für die Beurteilung der Mitunternehmerstellung und der Höhe des Anteils am Veräußerungsgewinn einer nach § 8b II KStG begünstigten Person ist damit der Zeitpunkt des Entstehens des Veräußerungsgewinns aus den eingebrachten Anteilen bzw. dem Zeitpunkt der Realisierung eines der Veräußerung gleichgestellten Vorgangs (Dötsch/Pung/Möhlenbrock/Patt Rn. 237).

g) Die Rechtsfolgen des Abs. 5. § 22 II, III, V–VII sind entsprechend anzu- 282 wenden, soweit der Veräußerungsgewinn auf die an der übernehmenden PersGes beteiligte Körperschaft entfällt. Damit entsteht rückwirkend zum Einbringungsstichtag für den Einbringenden ein Einbringungsgewinn II in Höhe des Unterschiedsbetrags zwischen dem gemeinen Wert der eingebrachten Anteile im Einbringungszeitpunkt und dem Wertansatz der Anteile bei der Einbringung abzgl. eines Siebtels der stillen Reserven für jedes seit dem Einbringungszeitpunkt bis zum Zeitpunkt der Veräußerung abgelaufene Zeitjahr und abzgl. der Kosten für die Einbringung der Beteiligung. Abs. 5 iVm § 22 II ist nur anwendbar, wenn ein „Gewinn aus der Veräußerung" iSd Vorschrift entsteht. Werden die in der PersGes eingebrachten Anteile an einer KapGes durch die übernehmende PersGes zu BW weiterübertragen, ist damit Abs. 5 iVm § 22 II nicht anwendbar (Widmann/Mayer/Fuhrmann Rn. 1514, 1519).

§ 22 II 4 bestimmt, dass der Einbringungsgewinn II als nachträgliche AK der 283 „erhaltenen" Anteile gilt. Abs. 5 klärte diese Regelung für entsprechend anwendbar mit der Folge, dass der Einbringungsgewinn II nachträgliche AK des Einbringenden für seinen Anteil an der übernehmenden PersGes darstellt (BMF 11.11.2011, BStBl.

I 2011, 1314 Rn. 24.21; Widmann/Mayer/Fuhrmann Rn. 1485 ff.; Rödder/Herlinghaus/van Lishaut/Rasche Rn. 177; vgl. auch Dötsch/Pung/Möhlenbrock/Patt Rn. 239). Der Einbringungsgewinn II erhöht somit das Kapitalkonto des Einbringenden bei der übernehmenden PersGes (BMF 11.11.2011, BStBl. I 2011, 1314 Rn. 24.28; Rödder/Herlinghaus/van Lishaut/Rasche Rn. 177), und zwar rückwirkend auf den Zeitpunkt der Einbringung und unabhängig davon, ob die Steuer auf den Einbringungsgewinn entrichtet wurde (Widmann/Mayer/Fuhrmann Rn. 15.62). Neben der Erhöhung des Kapitalkontos erhöht der Einbringungsgewinn unter den Voraussetzungen des § 23 II auch die „Anschaffungskosten" des von § 8b II KStG begünstigten Mitunternehmers bzgl. der eingebrachten und innerhalb der Sperrfrist veräußerten KapGes-Beteiligung; dies ergibt sich aus Abs. 5, der auf § 22 V verweist (BMF 11.11.2011, BStBl. I 2011, 1314 Rn. 24.28; Widmann/Mayer/Fuhrmann Rn. 15.65; aA Rödder/Herlinghaus/van Lishaut/Rasche Rn. 181; Verweis geht ins Leere). Zum Teil wird die Auffassung vertreten, dass der Verweis in Abs. 5 auf § 22 III so zu verstehen wäre, dass der jährliche Nachweis bis zum 31.3. in den dem Einbringungszeitpunkt folgenden sieben Jahren zu führen sei, wenn MU der aufnehmenden PersGes auch eine von § 8b II KStG begünstigte Körperschaft ist (OFD Koblenz 5.11.2007, DStR 2008, 408), einem solchen Gesellschafter stille Reserven in den übertragenen Anteilen auf Grund der Einbringung zuzurechnen sind (Widmann/Mayer/Fuhrmann Rn. 1591) bzw. der Verweis auf § 22 III ins Leere geht (→ Rn. 287).

284 Das für den Einbringenden örtlich zuständige FA hat beim Entstehen eines Einbringungsgewinns gem. Abs. 5 iVm § 22 V die Höhe des Einbringungsgewinns II, die darauf entfallende festgesetzte Steuer und die entrichtete Steuer zu bescheinigen. Diese Bescheinigung ist nach dem Gesetz Voraussetzung für die Berücksichtigung des Einbringungsgewinns II als nachträgliche Anschaffungskosten der veräußerten Beteiligung (Widmann/Mayer/Fuhrmann Rn. 1597; Dötsch/Pung/Möhlenbrock/Patt Rn. 239; vgl. auch Rödder/Herlinghaus/van Lishaut/Rasche Rn. 181). Kommt es zu einer unentgeltlichen Rechtsnachfolge bezogen auf die eingebrachten Anteile, tritt nach Abs. 5 iVm § 22 VI der unentgeltliche Rechtsnachfolger in die Rechtsstellung des Einbringenden bzw. der übernehmenden PersGes ein (→ § 22 Rn. 174 ff.; Widmann/Mayer/Fuhrmann Rn. 1599). IÜ erklärt Abs. 5 § 22 VII für anwendbar. Kommt es im Rahmen der Einbringung oder späteren Kapitalerhöhung zur Verlagerung von stillen Reserven auf andere Anteile, so sind diese mitverstrickt (Widmann/Mayer/Fuhrmann Rn. 1604).

285 Ein nachträglicher Einbringungsgewinn II entsteht nur in dem Umfang, in dem der Veräußerungsgewinn den von § 8b II KStG begünstigten Personen stl. zugerechnet wird (BMF 11.11.2011, BStBl. I 2011, 1314 Rn. 24.21; Widmann/Mayer/Fuhrmann Rn. 1485 ff.; Dötsch/Pung/Möhlenbrock/Patt Rn. 237; HL-UmwStG/Trautmann Rn. 286; Eisgruber/Demuth Rn. 313), wobei **Ergänzungsbilanzen** zu berücksichtigen sind (Dötsch/Pung/Möhlenbrock/Patt Rn. 240; Widmann/Mayer/Fuhrmann Rn. 1486; Rödder/Herlinghaus/van Lishaut/Rasche Rn. 168; Eisgruber/Demuth Rn. 131; Rödder/Schumacher DStR 2007, 369).

Beispiel:

286 Die natürliche Person A und die B-GmbH sind zu jeweils 50% an der AB OHG beteiligt. A hatte 01 eine 100%ige Beteiligung an der X-AG in die AB OHG gem. § 24 zum BW iHv 100.000 Euro eingebracht. Der gemeine Wert der Beteiligung an der X-AG betrug im Zeitpunkt der Einbringung 1 Mio. Euro. In der Gesamthandelsbilanz wurden die Aktien an der X-AG daher mit 1 Mio. Euro angesetzt. Für A wurde eine negative Ergänzungsbilanz mit einem Minderkapital in Höhe von 900.000 Euro geführt. In 03 werden sämtliche Aktien an der X-AG zu einem Preis von 1,5 Mio. Euro von der AB OHG veräußert. Auf der Ebene der PersGes ergibt sich in der Gesamthandelsbilanz ein Gewinn von 500.000 Euro, der in Höhe von jeweils 250.000 Euro dem A- und der B-GmbH zugerechnet wird. Durch Auflösung der Ergänzungsbilanz entsteht in der Person des A ein weiterer Veräußerungsgewinn iHv 900.000 Euro, sodass der gesamte stpfl. Veräußerungsgewinn sich wie folgt aufteilt: Veräußerungsgewinn in der Person von A 1.150.000 Euro und Veräußerungsgewinn in der Person der B-GmbH 250.000 Euro. Damit entfallen auf die B-GmbH ca. 17,85% (250.000/1,4 Mio.) des Veräußerungsgewinns, da zu diesem Anteil der Gewinn im Jahr der Veräußerung der Beteiligung auf die von § 8b II KStG begünstigte B-GmbH entfällt. Zu beachten ist, dass der Gewinnanteil der B-GmbH am Veräußerungsgewinn nur aus ihrer Teilhabe an Wertsteigerungen der Beteiligung nach der Einbringung resultiert. Hieraus einen rückwirkenden Einbringungsgewinn zu versteuern, ist nicht nachvollziehbar, sodass nach hM (BMF 11.11.2011, BStBl. I 2011, 1314 Rn. 24.21; Widmann/Mayer/Fuhrmann Rn. 1488; Dötsch/Pung/Möhlenbrock/Patt Rn. 240; Rödder/Herlinghaus/van Lishaut/Rasche Rn. 168; HK-UmwStG/Trautmann Rn. 286 f.; Brandis/Heuermann/Nitzschke Rn. 100; BeckOK UmwStG/Claß/Weggenmann Rn. 1459; Rödder/Schumacher DStR 2007, 369) eine **teleologische Reduktion** des Abs. 5 in der Form erfolgt, dass bei der Ermittlung des von § 8b II KStG begünstigten MU nur die stillen Reserven zu berücksichtigen sind, die bis zum Einbringungszeitpunkt entstanden sind.

Abs. 5 erklärt § 22 III für entsprechend anwendbar, soweit unter dem gemeinen Wert eingebrachte Anteile durch die übernehmende PersGes veräußert werden oder ein Ersatzrealisationsakt iSd § 22 I 6 Nr. 1–5 vorliegt. Nach dem Wortlaut des Gesetzes entsteht die Nachweispflicht erst mit der Veräußerung bzw. dem Vorliegen eines Ersatzrealisationsaktes, nicht aber bereits im Anschluss an die Einbringung. Der Verweis auf § 22 III ist insoweit eigentlich überflüssig, da im Zeitpunkt der Veräußerung bzw. beim Vorliegen der Ersatzrealisationstatbestände die Nachweispflicht endet (ebenso Rödder/Herlinghaus/van Lishaut/Rasche Rn. 180; Dötsch/Pung/Möhlenbrock/Patt Rn. 233; Brandis/Heuermann/Nitzschke Rn. 102; BeckOK UmwStG/Claß/Weggenmann Rn. 1458).

5. Kein Übergang eines Zinsvortrages (Abs. 6 iVm § 20 IX)

Abs. 6 iVm § 20 IX bestimmt, dass der Zinsvortrag und ein EBITDA-Vortrag bei der Einbringung eines Betriebs nicht übergehen. Auf Grund des Wortlautes des Gesetzes dürfte dies nicht für die Einbringung eines Mitunternehmeranteils und eines Teilbetriebs gelten (Widmann/Mayer/Fuhrmann Rn. 16.09 ff.).

Achter Teil. Formwechsel einer Personengesellschaft in eine Kapitalgesellschaft oder Genossenschaft

§ 25 Entsprechende Anwendung des Sechsten Teils

¹In den Fällen des Formwechsels einer Personengesellschaft in eine Kapitalgesellschaft oder Genossenschaft im Sinne des § 190 des Umwandlungsgesetzes vom 28. Oktober 1994 (BGBl. I S. 3210, 1995 I S. 428), das zuletzt durch Artikel 10 des Gesetzes vom 9. Dezember 2004 (BGBl. I S. 3214) geändert worden ist, in der jeweils geltenden Fassung oder auf Grund vergleichbarer ausländischer Vorgänge gelten §§ 20 bis 23 entsprechend. ²§ 9 Satz 2 und 3 ist entsprechend anzuwenden.

Übersicht

	Rn.
I. Einführung	1
1. Allgemeines	1
a) Überblick	1
b) Wesen der formwechselnden Umwandlung	2
2. Formwechselnde Umwandlung	7
II. Ausgangsrechtsträger	8
1. Anwendungsvoraussetzung des § 1 IV 1 Nr. 2	8
2. Formwechselnde Umwandlung einer inländischen Personengesellschaft iSd UmwG	10
3. Vergleichbare ausländische Vorgänge und ausländische Personengesellschaften	14
III. Zielrechtsträger	15
1. Anwendungsvoraussetzung des § 1 IV 1 Nr. 1	15
2. Zielrechtsträger: Inländische Kapitalgesellschaft oder Genossenschaft	16
3. Zielgesellschaft: EU-/EWR-ausländische Kapitalgesellschaft oder Genossenschaft	17
4. Einbringungsgegenstand	18
a) Einbringung von Mitunternehmeranteilen	18
b) Formwechsel als Anteilstausch (§ 21 I 2)	23
5. Gewährung neuer Anteile	25
6. Ansatz und Bewertung des eingebrachten Betriebsvermögens	29
7. Ansatz und Bewertung des Anteilstausches	33
8. Einbringungsgewinn I, II	37
9. Entsprechende Anwendung von § 9 S. 2, 3	38
a) Schlussbilanz des Ausgangsrechtsträgers	38
b) Steuerliche Rückbeziehung	40
10. Grunderwerbsteuer	45

I. Einführung

1. Allgemeines

1 **a) Überblick.** § 25 regelt die stl. Behandlung des Formwechsels einer PersGes in eine KapGes oder Gen iSd § 190 UmwG oder aufgrund vergleichbarer ausl. Vorgänge und erklärt insoweit §§ 20–23 für entsprechend anwendbar. Das Handelsrecht kennt keine Rückbeziehung des Formwechsels, die in § 2 I, II enthaltene Rückbeziehungsregelung hilft für den Formwechsel nicht weiter, daher normiert § 25 S. 2 iVm § 9 S. 2, 3 eine eigenständige stl. Rückwirkungsregelung und erklärt § 2 III, IV für entsprechend anwendbar.

b) Wesen der formwechselnden Umwandlung. Für eine formwechselnde Umw ist charakteristisch, dass an ihr nur ein Rechtsträger beteiligt ist, es weder zu einer Gesamtrechtsnachfolge eines Rechtsträgers in das Vermögen eines anderen Rechtsträgers kommt, noch es der Übertragung einzelner Vermögensgegenstände bedarf. Die formwechselnde Umw wird handelsrechtlich durch das Prinzip der Identität des Rechtsträgers, der Kontinuität seines Vermögens (wirtschaftliche Identität) und der Diskontinuität seiner Verfassung bestimmt (BFH BStBl. II 1997, 661).

Obwohl bei der formwechselnden Umw handelsrechtlich die Identität des Rechtsträgers erhalten bleibt, wird steuerrechtlich durch den Verweis in § 25 auf die §§ 20–23 eine Vermögensübertragung **fingiert** (BFH BStBl. II 2006, 568; FG München EFG 2004, 1334; 2001, 32; Rödder/Herlinghaus/van Lishaut/Rabback Rn. 6; Frotscher/Drüen/Mutscher Rn. 4; Brandis/Heuermann/Nitzschke Rn. 2; BeckOK UmwStG/Weggenmann Rn. 36; Dötsch/Pung/Möhlenbrock/Patt Rn. 2). Dies hat seinen Grund in der unterschiedlichen ertragstl. Behandlung der KapGes/Gen einerseits und einer PersGes bzw. ihrer Anteilseigner andererseits. Die PersGes als solche ist weder einkommen- noch kstpfl., vielmehr haben die Gesellschafter als MU ihren Anteil am Gewinn der PersGes zzgl. der in § 15 I 1 Nr. 2 Hs. 2 EStG genannten Vergütung der Besteuerung zu unterwerfen.

Liegen die Voraussetzungen von §§ 190 ff. UmwG bzw. liegen die eines dem dt. Formwechsel vergleichbaren ausl. Vorgangs vor, verweist § 25 ohne Einschränkung auf die entsprechende Anwendung der §§ 20–23. Bei diesem Verweis handelt es sich nicht um einen Rechtsfolgen-, sondern um einen **Rechtsgrundverweis** (BFH/NV 2011, 1748; Dötsch/Pung/Möhlenbrock/Patt Rn. 26; Haritz/Menner/Bilitewski/Bilitewski Rn. 9; Lademann/Jäschke Rn. 1; HK-UmwStG/Trautmann Rn. 2; NK-UmwR/Götz Rn. 15; Haase/Hofacker/Arjes Rn. 9; Brandis/Heuermann/Nitzschke Rn. 26; Frotscher/Drüen/Mutscher Rn. 21; BeckOK UmwStG/Weggenmann Rn. 3; Widmann/Mayer/Schießl Rn. 22; Rödder/Herlinghaus/van Lishaut/Rabback Rn. 4), sodass die formwechselnde Umw nur dann steuerneutral möglich ist, soweit die Voraussetzungen der §§ 20, 21 erfüllt sind. Dies hat zur Folge, dass bei der formwechselnden Umw einer PersGes in eine KapGes/Gen auch das SBV im Rahmen des Umwandlungsvorgangs mit auf den übernehmenden Rechtsträger übertragen werden muss, sofern es sich um wesentliche Betriebsgrundlagen handelt (→ Rn. 20). Der Verweis in § 25 auf die §§ 20–23 gilt nur für die Steuerarten, die von §§ 20 ff. betroffen sind, das sind die Steuern vom Einkommen und vom Vermögen. Für alle übrigen Steuern, insbes. die USt und die GrESt, gilt die Fiktion einer Vermögensübertragung nicht (Rödder/Herlinghaus/van Lishaut/Rabback Rn. 2; Haritz/Menner/Bilitewski/Bilitewski Rn. 10; BeckOK UmwStG/Weggenmann Rn. 37).

Die **stl. Behandlung des Formwechsels** einer PersGes in eine KapGes/Gen **als** ein Fall der **Einbringung iSv §§ 20 ff.** hat zur Konsequenz, dass nur solche Umwandlungsvorgänge begünstigt sind, die auch unter den Regelungsbereich der §§ 20, 21 hinsichtlich der **Sacheinlagegegenstandes** fallen, sodass der Formwechsel einer vermögensverwaltenden PersGes nicht unter § 25 fällt. Werden funktional wesentliche Betriebsgrundlagen (→ § 20 Rn. 150) des SBV im Rahmen der formwechselnden Umw nicht mit auf den Rechtsträger neuer Rechtsform übertragen, so lässt sich die formwechselnde Umw nicht steuerneutral gestalten (BFH/NV 2011, 1748; → Rn. 20).

Da handelsrechtlich ein Vermögensübergang nicht stattfindet, ist anlässlich der formwechselnden Umw eine **HB** nicht aufzustellen (BT-Drs. 12/6699, 138; FG

München EFG 2004, 1334; Dötsch/Pung/Möhlenbrock/Patt Rn. 7). Der Rechtsträger neuer Rechtsform führt die HB des Rechtsträgers alter Rechtsform unter Beachtung der Bilanzkontinuität fort. Bei der ersten regulären Schlussbilanz, die auf den Formwechsel folgt, müssen grds. die handelsrechtlichen BW des Rechtsträgers alter Rechtsform aus der letzten Jahresbilanz übernommen werden. Die Ansatz- und Bewertungsvorschriften der neuen Rechtsform sind handelsrechtlich zu beachten. Es besteht aber für den Rechtsträger neuer Rechtsform weder das Recht noch die Pflicht zur Neubewertung in der HB. Demgegenüber kann unter den gesetzlichen Voraussetzungen der §§ 20 ff. ein eigenständiges Antragswahlrecht in der **StB** ausgeübt werden. Der Formwechsel wird aus stl. Sicht nicht unbedingt mit der Eintragung im HR wirksam, sondern kann auf einen Zeitpunkt von bis zu acht Monaten zurückbezogen werden; § 25 S. 2 verweist auf die steuerbilanzielle Abbildung des Formwechsels und einer möglichen stl. Rückwirkung auf § 9 S. 2, 3 (→ Rn. 40 f.).

2. Formwechselnde Umwandlung

7   § 25 bezieht sich auf den Formwechsel iSd § 190 UmwG, sodass die §§ 20 ff. nur unter den Voraussetzungen der **§§ 190 ff. UmwG** zur Anwendung kommen. Wird die formwechselnde Umw in das HR eingetragen, so ist die FVerw bzgl. des Tatbestandsmerkmals „Formwechsel iSd § 190 UmwG" gebunden (vgl. auch BMF 11.11.2011, BStBl. I 2011, 1314 Rn. 01.06; Dötsch/Pung/Möhlenbrock/Patt Rn. 10). Von § 25 sind aber auch **ausl. Vorgänge** erfasst, die dem Formwechsel einer PersGes in eine KapGes bzw. Gen gem. § 190 UmwG vergleichbar sind. Vergleichbar sind „ausl. Vorgänge", wenn der formwechselnde Rechtsträger dem Typenvergleich einer PersGes entspricht (→ § 1 Rn. 23), der Rechtsträger neuer Rechtsform im Rahmen eines Typenvergleichs einer KapGes oder Gen entspricht und der Vorgang der Umw nach ausl. Recht seinem Wesen nach dem Formwechsel gem. §§ 190 ff. UmwG gleichkommt. Zum Wesen des Formwechsels nach dt. Recht → Rn. 1.

II. Ausgangsrechtsträger

1. Anwendungsvoraussetzung des § 1 IV 1 Nr. 2

8   § 25 findet auf die formwechselnde Umw einer PersGes in eine KapGes oder Gen iSd UmwG bzw. aufgrund vergleichbarer ausl. Vorgänge nach § 1 IV 1 Nr. 2 nur Anwendung, wenn der Ausgangsrechtsträger eine nach den Rechtsvorschriften eines Mitgliedstaats der EU- oder eines EWR-Staates gegründete Gesellschaft ist, deren Sitz und Ort der Geschäftsleitung sich innerhalb des Hoheitsgebietes eines dieser Staaten befindet. Zusätzlich müssen die Gesellschafter der PersGes folgende Voraussetzungen erfüllen:

9   Soweit eine natürliche Person an der PersGes beteiligt ist, muss diese gem. § 1 IV 1 Nr. 2 lit. a bb ihren Wohnsitz oder ihren gewöhnlichen Aufenthalt in einem EU- bzw. EWR-Staat haben und darf nicht aufgrund eines DBA mit einem Drittstaat als außerhalb der EU bzw. des EWR ansässig angesehen werden. Soweit an der PersGes eine Körperschaft, Personenvereinigung oder Vermögensmasse beteiligt ist, muss diese gem. § 1 IV 1 Nr. 2 lit. a bb die Voraussetzungen des § 1 IV 1 Nr. 1 erfüllen. Die beteiligte Körperschaft, Personenvereinigung oder Vermögensmasse muss also ihrerseits nach den Rechtsvorschriften eines EU- oder EWR-Staates gegründet worden sein und ihren Sitz oder ihre Geschäftsleitung in einem EU- bzw. EWR-Staat haben. Sind diese Voraussetzungen erfüllt, kommt es auf das dt. Besteuerungsrecht hinsichtlich der erhaltenen Anteile nicht an. Liegen die persönlichen Voraussetzungen des § 1 IV 1 Nr. 2 lit. a nicht vor, fällt der Formwechsel der PersGes in eine KapGes bzw. Gen auch dann unter § 25, wenn das Recht der

Bundesrepublik Deutschland hinsichtlich der Besteuerung des Gewinns aus der Veräußerung der erhaltenen Anteile nicht ausgeschlossen oder beschränkt ist (§ 1 IV 1 Nr. 2 lit. b).

2. Formwechselnde Umwandlung einer inländischen Personengesellschaft iSd UmwG

§ 25 S. 1 stellt auf den gesellschaftsrechtlichen Tatbestand des Formwechsels iSd § 190 UmwG ab. Nach § 190 I UmwG kommen damit als PersGes nur die eGbR, die PhG oder die PartGes in Frage. PhG ist dabei **KG** und die **OHG**. Da die **EWIW** eine besondere Form der OHG ist, gehört sie zu den in § 191 I 1 UmwG genannten PhG (→ UmwG § 191 Rn. 10). Eine PersGes kann auch nur eigenes Vermögen verwalten. Einen Gewerbebetrieb iSd § 15 I 1 Nr. 2 EStG betreiben jedoch nur PersGes, die gewerblich tätig, gewerblich iSv § 15 II 2 EStG geprägt sind oder gewerbliche Einkünfte iSd § 15 I 1 Nr. 2 EStG beziehen. Solche PersGes, die ausschließlich stl. PV verwalten, können grds. nicht nach § 25 steuerneutral formwechselnd umgewandelt werden (Dötsch/Pung/Möhlenbrock/Patt Rn. 30; Haase/Hofacker/Arjes Rn. 9; HK-UmwStG/Trautmann Rn. 4; BeckOK UmwStG/Weggenmann Rn. 220). § 25 bezieht sich durch die Tatbestandsverweisung auf die §§ 20 ff., so dass § 25 grds. nur auf solche PersGes, die entweder **betriebliches Vermögen** besitzen oder aber **Anteile iSv § 21** im PV halten, Anwendung findet (→ § 21 Rn. 4; BFH DStR 2022, 1949; Dötsch/Pung/Möhlenbrock/Patt Rn. 26; Haritz/Menner/Bilitewski/Bilitewski Rn. 22; Rödder/Herlinghaus/van Lishaut/Rabback Rn. 40, 54; Brandis/Heuermann/Nitzschke Rn. 29; Widmann/Mayer/Schießl Rn. 24). Jedenfalls im Zeitpunkt der tatsächl Einbringung müssen die Tatbestandsvoraussetzungen der § 25 S. 1, §§ 20, 21 vorliegen (BFH DStR 2022, 1949).

Werden durch eine PhG ausschließlich Anteile an einer KapGes/Gen verwaltet, so kann diese PhG steuerneutral nach § 25 in eine KapGes/Gen umgewandelt werden, wenn es im Rahmen der formwechselnden Umw zu einem qualifizierten Anteilstausch iSd § 21 I 2 kommt (Haritz/Menner/Bilitewski/Bilitewski Rn. 22; Lademann/Jäschke Rn. 8; Rödder/Herlinghaus/van Lishaut/Rabback Rn. 55; Dötsch/Pung/Möhlenbrock/Patt Rn. 26; Brandis/Heuermann/Nitzschke Rn. 29; Widmann/Mayer/Schießl Rn. 24). Dies gilt selbst dann, wenn zum Gesamthandsvermögen (vgl. → § 24 Rn. 1) der PhG eine Beteiligung an einer KapGes/Gen gehört, die als solche nicht die Voraussetzungen eines qualifizierten Anteilstauschs iSd § 21 I 2 erfüllt, jedoch im Rahmen eines einheitlichen Gründungsvorgangs insges. mehrheitsvermittelnde Anteile auf den Rechtsträger neuer Prägung übertragen werden (Haritz/Menner/Bilitewski/Bilitewski Rn. 22; Dötsch/Pung/Möhlenbrock/Patt Rn. 27; vgl. BMF 25.3.1998, BStBl. I 1998, 268 Rn. 20.15). Aus stl. Sicht liegt ein Anteilstausch iSd § 21 vor. Ob § 25 auch auf sog. **ZebraGes** (vgl. dazu Schmidt/Wacker EStG § 15 Rn. 201) Anwendung findet, soweit das Gesamthandsvermögen der nicht gewerblichen PersGes auf der Ebene der Gesellschafter BV darstellt, ist nicht abschließend geklärt (→ Rn. 21). Auch **aufgelöste PersGes** können nach § 190 UmwG formwechselnd umgewandelt werden, sofern die Gesellschafter nicht eine andere Art der Auseinandersetzung als die Abwicklung oder den Formwechsel vereinbart haben (§ 214 III UmwG) und soweit die Fortsetzung der Gesellschaft noch beschlossen werden kann, § 3 III UmwG. **InnenGes,** wie zB die stille Gesellschaft (auch in Form der atypisch stillen Ges) oder die Unterbeteiligung, sind ebenso wenig PhG iSv §§ 190 ff. UmwG wie die Ehegatteninnengesellschaft oder die Erbengemeinschaft als solche (BFH DStR 2023, 626; Dötsch/Pung/Möhlenbrock/Patt Rn. 14; Haritz/Menner/Bilitewski/Bilitewski Rn. 11; Rödder/Herlinghaus/van Lishaut/Rabback Rn. 23; BeckOK UmwStG/Weggenmann Rn. 138). Der Formwechsel einer nach § 1a KStG optierenden PersGes in eine

KapGes nach § 25 UmwStG ist nicht eröffnet, da die optierende Ges stl. nicht als PersGes anzusehen ist (Widmann/Mayer/Schießl § 1a KStG Rn. 401). Stl. liegt gem. § 1a IV 7 KStG der Formwechsel einer KapGes in eine Körperschaft vor (vgl. § 11 Rn. 10).

12 Die **KGaA** kann nach §§ 226, 227, 238 ff. UmwG formwechselnd in eine AG oder GmbH umgewandelt werden. Der Anteil eines phG an einer KGaA ist Mitunternehmeranteil (§ 15 I 1 Nr. 3 EStG, § 16 I 3 EStG). Die § 25 iVm §§ 20 ff. sind im Ergebnis nicht analog auf den phG einer KGaA anzuwenden. Dieser scheidet als phG infolge des Formwechsels aus dem Rechtsträger alter Rechtsform aus und erwirbt einen regelmäßig auf Geld gerichteten Auseinandersetzungsanspruch gegen den Rechtsträger neuer Rechtsform. Der phG veräußert damit seine Beteiligung an der KGaA und erhält keine neuen Gesellschaftsrechte am übernehmenden Rechtsträger iSd § 20 (Dötsch/Pung/Möhlenbrock/Patt Rn. 44; Rödder/Herlinghaus/van Lishaut/Rabback Rn. 23; Haritz/Menner/Bilitewski/Bilitewski Rn. 11; BeckOK UmwStG/Weggenmann Rn. 139).

13 Bei dem formwechselnden Rechtsträger alter Rechtsform muss es sich um eine PersGes handeln, die nach den Rechtsvorschriften eines Mitgliedstaats der EU/EWR gegründet ist und sowohl Sitz als auch Ort der Geschäftsleitung in einem Mitgliedstaat der EU/EWR hat.

3. Vergleichbare ausländische Vorgänge und ausländische Personengesellschaften

14 § 25 S. 1 Hs. 2 erfasst auch ausl. Vorgänge, die dem Formwechsel einer PersGes in eine KapGes oder Gen iSd § 190 UmwG vergleichbar sind. Vergleichbar ist der Umwandlungsvorgang nach EU/EWR-ausl. Recht, wenn dieser seinem Wesen nach dem Formwechsel nach § 190 UmwG vergleichbar ist, dh es muss zu einem Wechsel des Rechtsträgers ohne Vermögensübergang kommen. Überdies muss im Rahmen eines Typenvergleichs der umzuwandelnde Rechtsträger aus dt. Sicht eine PersGes vergleichbar sein.

III. Zielrechtsträger

1. Anwendungsvoraussetzung des § 1 IV 1 Nr. 1

15 Die formwechselnde Umw einer PersGes in eine KapGes bzw. Gen ist nur dann durch § 25 erfasst, wenn der Zielrechtsträger eine Gesellschaft iSd § 1 II 1 Nr. 1 ist. Die übernehmende KapGes oder Gen muss also nach den Rechtsvorschriften eines EU- bzw. EWR-Staates gegründet worden sein und ihren Sitz und Ort der Geschäftsleitung innerhalb des Hoheitsgebietes eines dieser Staaten haben.

2. Zielrechtsträger: Inländische Kapitalgesellschaft oder Genossenschaft

16 Eine ZielGes im Rahmen einer formwechselnden Umw iSv § 25 kann eine KapGes iSv § 191 I Nr. 2 UmwG iVm § 3 I Nr. 2 UmwG sein; es sind dies die **GmbH**, die **AG**, die **KGaA**. Daneben kann eine ZielGes auch eine **Gen** sein (Dötsch/Pung/Möhlenbrock/Patt Rn. 15). Bei der Zielrechtsform einer KGaA ist zu beachten, dass ein persönlich haftender Gesellschafter, der bereits an der formwechselnden PersGes als MU beteiligt ist, diese Mitunternehmerstellung ohne ertragstl. Relevanz fortführt (Dötsch/Pung/Möhlenbrock/Patt Rn. 31; BeckOK UmwStG/Weggenmann Rn. 141; Haase/Hofacker/Arjes Rn. 19; Widmann/Mayer/Schießl Rn. 43)

3. Zielgesellschaft: EU-/EWR-ausländische Kapitalgesellschaft oder Genossenschaft

Zielrechtsträger der formwechselnden Umw kann auch eine EU-/EWR-ausl. KapGes oder Gen sein. Der Zielrechtsträger muss im Rahmen eines Typenvergleichs einer inl. KapGes oder Gen entsprechen (vgl. dazu BMF 24.12.1999, BStBl. I 1999, 1076 Tabelle 1 und 2).

4. Einbringungsgegenstand

a) Einbringung von Mitunternehmeranteilen. Wird eine PersGes in eine KapGes/Gen formwechselnd umgewandelt, so sind **Einbringende** die Gesellschafter der formwechselnden PersGes. Die PersGes, die formwechselnd in eine KapGes/Gen umgewandelt wird, erhält nicht selbst die Anteile an dem übernehmenden Rechtsträger, die Anteile am Zielrechtsträger werden vielmehr den Gesellschaftern der PersGes gewährt, sie sind daher Einbringende iSd § 25 iVm § 20 (BMF 11.11.2011, BStBl. I 2011, 1314 Rn. 25.01 iVm Rn. 20.02; Dötsch/Pung/Möhlenbrock/Patt Rn. 27; Rödder/Herlinghaus/van Lishaut/Rabback Rn. 43; Haritz/Menner/Bilitewski/Bilitewski Rn. 23 f.; Lademann/Jäschke Rn. 6; Brandis/Heuermann/Nitzschke Rn. 30; Widmann/Mayer/Schießl Rn. 21; Frotscher/Drüen/Mutscher Rn. 23). Eine Mitunternehmerschaft kann nur dann als Einbringende angesehen werden, wenn ihr selbst die Anteile an den übernehmenden Rechtsträgern gewährt werden; dies ist im Fall der formwechselnden Umw nicht gegeben.

Fraglich ist, was **Gegenstand der Einbringung** ist. Der Formwechsel einer PersGes in eine KapGes wird steuerrechtlich als Einbringung und damit als übertragende Umw behandelt. Die FVerw geht davon aus, dass Gegenstand der Einbringung auch ein Betrieb sein kann, wenn Einbringender die MU einer PersGes sind. Dies ist bspw. bei der Verschm einer PersGes auf eine KapGes der Fall, wo der Einbringungsgegenstand der Betrieb ist, obwohl als Einbringende die hinter der übertragenden PersGes stehenden MU anzusehen sind (BMF 11.11.2011, BStBl. I 2011, 1314 Rn. 20.02 f., 20.05). Beim Formwechsel einer PersGes in eine KapGes ist Einbringungsgegenstand aber nicht der Betrieb der übertragenden PersGes, sondern eingebracht werden die Mitunternehmeranteile der Gesellschafter des übertragenden Rechtsträgers (BFH BStBl. II. 2022, 93; BFH 21.2.2022 – I R 13/19, BeckRS 2022, 22547; OFD Karlsruhe 1.3.2021 – VI 313-S-1978c-041, BeckVerw 254520; ebenso Dötsch/Pung/Möhlenbrock/Patt Rn. 28; Haritz/Menner/Bilitewski/Bilitewski Rn. 24; Rödder/Herlinghaus/van Lishaut/Rabback Rn. 43; Widmann/Mayer/Schießl Rn. 21; Brandis/Heuermann/Nitzschke Rn. 27; Stangl GmbHR 2012, 253; Lademann/Jäschke Rn. 6; HK-UmwStG/Trautmann Rn. 23; NK-UmwR/Götz Rn. 19; vgl. auch Frotscher/Drüen/Mutscher Rn. 23 f.). Beim Formwechsel wird im Gegensatz zur Verschm kein Verschmelzungsvertrag zwischen dem übertragenden und dem übernehmenden Rechtsträger abgeschlossen, es reicht ein Umwandlungsbeschluss durch die Gesellschafter des formwechselnden Rechtsträgers. Diese Gesellschafter tauschen ihre Anteile am formwechselnden Rechtsträger gegen Anteile am Rechtsträger neuer Rechtsform. Dieser Umwandlungsbeschluss ist das der Umw zu Grunde liegende Rechtsgeschäft, damit ist Gegenstand der Einbringung der einzelne Mitunternehmeranteil (ebenso Dötsch/Pung/Möhlenbrock/Patt Rn. 28; Stangl GmbHR 2012, 253; wohl auch BMF 11.11.2011, BStBl. I 2011, 1314 Rn. 25.01 iVm Rn. 20.05). Demnach kann das Antragswahlrecht, die BW fortzuführen oder höhere Werte, höchstens jedoch den gemeinen Wert anzusetzen, für jeden Mitunternehmeranteil getrennt ausgeübt werden (Lademann/Jäschke Rn. 6; Brandis/Heuermann/Nitzschke Rn. 27; Widmann/Mayer/Schießl Rn. 23; BeckOK UmwStG/Weggenmann Rn. 219; Stangl GmbHR 2012, 253). Wird im zeitlichen und sachlichen Zusammenhang mit der Umw eine wesentliche Betriebsgrundlage des SBV nicht auf den „Zielrechtsträger" übertragen, kommt es nur zu einer Aufdeckung von stillen Reserven bei dem MU, der wirtschaftlicher Eigentümer dieses SBV war (Dötsch/Pung/Möhlenbrock/Patt Rn. 34; Lademann/Jäschke Rn. 6; Brandis/Heuermann/Nitzschke Rn. 28; Widmann/Mayer/Schießl Rn. 21; Stangl GmbHR 2012, 253). Ist das Nettobetriebsvermögen des BV des formwechselnden Rechtsträgers insges. positiv, so kommt es dennoch zu einer Aufdeckung von stillen Reserven bei dem MU, dessen Kapitalkonto negativ ist. Eine stl. Rückbeziehung des Formwechsels kann aber nur einheitlich für alle MU-Anteile vorgenommen werden (→ Rn. 40).

20 Der Verweis in § 25 auf die Regelung des § 20 ist keine Rechtsfolge, sondern ein **Rechtsgrundverweis,** sodass die Voraussetzungen des § 20 vorliegen müssen, wenn sich die formwechselnde Umw steuerneutral vollziehen soll (→ Rn. 4). Die formwechselnde Umw einer PersGes in eine KapGes/Gen ist rechtstechnisch die Einbringung der Mitunternehmeranteile durch die MU als Ausgangsrechtsträger (→ Rn. 19). Die formwechselnde PersGes muss daher einen Betrieb iSd §§ 13, 15 oder 18 EStG haben (Ausnahme → Rn. 23). Die gewerblich geprägte PersGes ist Gewerbebetrieb in diesem Sinne (Dötsch/Pung/Möhlenbrock/Patt Rn. 30); Gleiches gilt für die gewerblich infizierte Gesellschaft und eine PersGes, die gewerbliche Einkünfte iSd § 15 I 1 Nr. 2 EStG bezieht. Die Einbringung eines Mitunternehmeranteils gem. § 25 iVm § 20 I setzt voraus, dass alle funktional wesentlichen Betriebsgrundlagen auf den übernehmenden Rechtsträger übergehen (→ § 20 Rn. 150). Nicht zu den funktional wesentlichen Betriebsgrundlagen gehören idR die Anteile an der Komplementär-GmbH, wenn eine GmbH & Co. KG formwechselnd in eine KapGes umgewandelt wird (OFD Frankfurt 21.7.2022, DB 2022, 1995; OFD Frankfurt 13.2.2014, DStR 2014, 746). WG, die wirtschaftliches Eigentum eines Mitunternehmers darstellen, sind SBV, wenn sie dazu geeignet und bestimmt sind, dem Betrieb der PersGes zu dienen (SBV I) oder der Beteiligung des Gesellschafters an der PersGes zumindest förderlich sind (SBV II). Ist dem BV des formwechselnden PersGes SBV ihrer Gesellschaft als funktional wesentliche Betriebsgrundlage zuzurechnen, ist dieses SBV mit dem Gesamthandsvermögen (vgl. → § 24 Rn. 1) auf den Rechtsträger neuer Rechtsform zu übertragen (BFH/NV 2011, 1748; Lademann/Jäschke Rn. 6a; Rödder/Herlinghaus/van Lishaut/Rabback Rn. 51; HK-UmwStG/Trautmann Rn. 26; Haritz/Menner/Bilitewski/Bilitewski Rn. 33; Dötsch/Pung/Möhlenbrock/Patt Rn. 34; Widmann/Mayer/Schießl Rn. 22; BeckOK UmwStG/Weggenmann Rn. 221). Das SBV muss in einem zeitlichen und sachlichen Zusammenhang mit dem Umwandlungsbeschluss auf den übernehmenden Rechtsträger übertragen werden (Widmann/Mayer/Schießl Rn. 28). Der Sacheinlagevorgang iSd § 20 stellt sich damit als Kombination einer Einzelrechtsnachfolge und der Wirkung des formwechselnden Umw dar. Die Übertragung des SBV muss in der Form des §§ 193, 6 UmwG (notarielle Urkunde; vgl. dazu Widmann/Mayer/Heckschen UmwG § 6 Rn. 20; zur Heilung des Mangels § 202 I Nr. 3 UmwG) erfolgen (aA Rödder/Herlinghaus/van Lishaut/Rabback Rn. 50; Dötsch/Pung/Möhlenbrock/Patt Rn. 35; Lademann/Jäschke Rn. 6a; Haritz/Menner/Bilitewski/Bilitewski Rn. 35; Widmann/Mayer/Schießl Rn. 22). Folgt die Übertragung des SBV in einem zeitlichen und sachlichen Zusammenhang mit dem Umwandlungsbeschluss auf den übernehmenden Rechtsträger, so liegt insoweit kein Fall des § 6 V 3 ff. EStG vor, der Vorgang fällt insges. thematisch in den Regelungsbereich des § 25, welcher als Spezialvorschrift § 6 V EStG vorgeht (Rödder/Herlinghaus/van Lishaut/Rabback Rn. 50; Widmann/Mayer/Schießl Rn. 28; Dötsch/Pung/Möhlenbrock/Patt Rn. 35; Lademann/Jäschke Rn. 6a; Haritz/Menner/Bilitewski/Bilitewski Rn. 33, der eine bedingt auf den Zeitpunkt der Handelsregistereintragung Übertragung des SBV bevorzugt; vgl. auch Ott GmbHR 2015, 918). Gleiches gilt, wenn im zeitlichen und sachlichen Zusammenhang mit dem Umwandlungsbeschluss das SBV noch auf die PersGes übertragen wird (ebenso Rödder/Herlinghaus/van Lishaut/Rabback Rn. 50; Dötsch/Pung/Möhlenbrock/Patt Rn. 35; HK-UmwStG/Trautmann Rn. 26). Wird der Formwechsel zeitlich zurückbezogen, gilt diese Rückwirkung auch für das übertragene SBV (Widmann/Mayer/Schießl Rn. 22, 28)

Sind an einer ausschließlich vermögensverwaltenden PersGes Gesellschafter beteiligt, die ihre Beteiligung im BV halten, so wird die vermögensverwaltende Tätigkeit der PersGes dadurch auf der Ebene der PersGes zu keinem Gewerbebetrieb (sog. **ZebraGes**, vgl. Schmidt/Wacker EStG § 15 Rn. 201). Da die PersGes als solche in ihrer gesamthänderischen Verbundenheit ausschließlich vermögensverwaltend tätig ist, liegt kein Betrieb iSd § 15 EStG vor. Da die Beteiligung an einer ZebraGes keinen Mitunternehmeranteil erstellt (vgl. BFH/NV 2001, 1195; BFH BStBl. II 1997, 37), ist die formwechselnde Umw einer ZebraGes in eine KapGes/Gen durch § 25 thematisch nicht erfasst (Haritz/Menner/Bilitewski/Bilitewski Rn. 25; BeckOK UmwStG/Weggenmann Rn. 220.1). 21

Die formwechselnde Umw der PersGes in die KapGes/Gen stellt die Sacheinlage iSd § 20 I dar. Entscheidend ist insoweit für die Anwendung von § 25 die Eintragung der formwechselnden Umw in das Handelsregister des übernehmenden Rechtsträgers. An die Eintragung in das HR ist die FVerw gebunden; Einwendungen gegen die handelsrechtliche Ordnungsgemäßheit des Verfahrens mit dem Ziel, die Anwendung von § 25 zu versagen, stehen ihr nicht zu (vgl. aber BMF 11.11.2011, BStBl. I 2011, 1314 Rn. 01.06). Ob ein einer dt. formwechselnden Umw vergleichbarer ausl. Vorgang gegeben ist, entscheidet die FVerw in eigener Kompetenz. 22

b) Formwechsel als Anteilstausch (§ 21 I 2). Besteht die Tätigkeit einer KG oder OHG ausschließlich in der Verwaltung von Anteilen an einer KapGes/Gen und liegt kein fiktiver Gewerbebetrieb vor, führt der Formwechsel der PersGes in eine KapGes/Gen aus stl. Sicht zu einem Anteilstausch iSd § 21 I (BFH DStR 2022, 1949; Dötsch/Pung/Möhlenbrock/Patt Rn. 39; Haritz/Menner/Bilitewski/Bilitewski Rn. 22; Lademann/Jäschke Rn. 8; Brandis/Heuermann/Nitzschke Rn. 29; Widmann/Mayer/Schießl Rn. 24; BeckOK UmwStG/Weggenmann Rn. 256; Rödder/Herlinghaus/van Lishaut/Rabback Rn. 54; Eisgruber/Demuth Rn. 66 f.). Jeder der beteiligten Gesellschafter der PersGes bringt seinen anteiligen Anteil an der KapGes/Gen (§ 39 II Nr. 2 AO) ein (Brandis/Heuermann/Nitzschke Rn. 29). Sofern nach der Umw der Zielrechtsträger eine mehrheitsvermittelnde Beteiligung iSv § 21 I 2 hält, liegt ein qualifizierter Anteilstausch vor. Die Mehrheit der Stimmrechte beim übernehmenden Rechtsträger kann sich auch dadurch ergeben, dass im zeitlichen und sachlichen Zusammenhang mit dem Formwechsel Gesellschafter des Ausgangsrechtsträgers Anteile auf den Zielrechtsträger übertragen (Widmann/Mayer/Schießl Rn. 24). 23

Kein Anteilstausch iSv § 21 ist gegeben, wenn die umzuwandelnde PersGes mit Kapitalbeteiligung BV besitzt und alle wesentlichen Betriebsgrundlagen dem Zielrechtsträger eingebracht werden; dieser Vorgang stellt eine Sacheinbringung nach § 20 I dar (Dötsch/Pung/Möhlenbrock/Patt Rn. 39 f.; Haase/Hofacker/Arjes Rn. 32; Rödder/Herlinghaus/van Lishaut/Rabback Rn. 55; Lademann/Jäschke Rn. 8; HK-UmwStG/Trautmann Rn. 30). Zur Anwendung als § 22 I 5 → Rn. 18, → § 22 Rn. 62. Werden nicht alle wesentlichen Betriebsgrundlagen übertragen, so kann bezogen auf die Kapitalbeteiligung auf § 21 I 2 zurückgegriffen werden (BFH DStR 2022, 1949; Rödder/Herlinghaus/van Lishaut/Rabback Rn. 55; Eisgruber/Demuth Rn. 66 f.; Brandis/Heuermann/Nitzschke Rn. 29; Dötsch/Pung/Möhlenbrock/Patt Rn. 40; BeckOK UmwStG/Weggenmann Rn. 256; wohl auch HK-UmwStG/Trautmann Rn. 30). 24

5. Gewährung neuer Anteile

§§ 20, 21 setzen voraus, dass der Einbringende für die Sacheinlage bzw. den Anteilstausch **neue Anteile** an der ZielGes erhält. Neue Anteile sind solche, die 25 erstmals bei der Sachgründung des übernehmenden Rechtsträgers entstehen und ausgegeben werden. Im Rahmen des Formwechsels nach §§ 190 ff. UmwG oder vergleichbare ausl. Vorgänge und damit im Rahmen von § 25 werden anlässlich des Formwechsels neue Anteile ausgegeben, da durch den Formwechsel der PersGes in eine KapGes/Gen letztere neu entsteht.

26 Wie auch in den Fällen der §§ 20, 21 ist ein **Mindestnennbetrag** der neuen Anteile nicht vorgeschrieben; maßgebend sind damit allein die einzelgesetzlichen Bestimmungen über das Nennkapital, zB in § 5 GmbHG bzw. § 7 AktG. Eine Überpariemission ist zul.; der Differenzbetrag zwischen dem niedrigeren Nennwert der neuen Anteile und dem BW der Sacheinlage (Agio) ist grds. in den offenen Rücklagen (Kapitalrücklagen) auszuweisen. Soweit das stl. Buchwertvermögen das Nennkapital des Rechtsträgers neuer Rechtsform überschreitet, ist dieser Betrag dem stl. Einlagekonto iSd § 27 KStG zuzuordnen (vgl. BMF 4.6.2003, BStBl. I 2003, 366 Rn. 6). Das Gebot der Deckung des Nennbetrages der ausgegebenen Anteile ist zu beachten. Ergänzungsbilanzen sind zu berücksichtigen.

27 Zusätzliche Gegenleistungen durch den übernehmenden Rechtsträger an die Gesellschafter sind möglich (→ § 20 Rn. 353 ff.). Zuzahlung iSv § 196 UmwG zum Ausgleich dafür, dass die dem neuen Rechtsträger eingeräumten Rechte nicht gleichwertig sind mit den Rechten an dem früheren Ausgangsrechtsträger, sind stl. als zusätzliche neben den Kapitalanteilen am neuen Rechtsträger erhaltene Leistungen zu behandeln (Haritz/Menner/Bilitewski/Bilitewski Rn. 44 f.; Widmann/Mayer/Schießl Rn. 24; Rödder/Herlinghaus/van Lishaut/Rabback Rn. 64). Keine sonstige Gegenleistung liegt auch vor, wenn eine zivilrechtliche Verbindlichkeit der PersGes gegenüber ihrem Gesellschafter aus diesem SBV in Form einer Forderung ist und diese Forderung im Rahmen des Formwechsels nicht auf den Zielrechtsträger übertragen wird (Widmann/Mayer/Schießl Rn. 24; Eisgruber/Demuth Rn. 79). Eine zusätzliche Gegenleistung führt dazu, dass bei der Ermittlung der stl. AK der neugewährten Anteile vom Buchwertvermögen des eingebrachten Mitunternehmeranteils, so wie dieser beim aufnehmenden Rechtsträger angesetzt wird, diese zusätzliche Gegenleistung nach § 20 III 3 abgezogen werden muss (Widmann/Mayer/Schießl Rn. 24). Zur sonstigen Gegenleistung bei Leistungen durch Dritte → § 20 Rn. 218 f.

28 Haben **Rechte Dritter** an den Anteilen vor Formwechsel der PersGes bestanden (Unterbeteiligung, Pfandrechte, Nießbrauch etc), bestehen sie an den an ihre Stelle tretenden Anteilen am übernehmenden Rechtsträger weiter, § 202 I Nr. 2 UmwG. Bestand bei einem Mitunternehmeranteil an der formwechselnden PersGes eine mitunternehmerische Unterbeteiligung, setzt sich diese Unterbeteiligung nach dem Formwechsel an der Beteiligung fort. Aus einkommensteuerrechtlicher Sicht kommt es im Rahmen der Umw dann aber zu einer Veräußerung der mitunternehmerischen Beteiligung iSd § 16 I 1 Nr. 2 EStG, § 34 EStG zum stl. Übertragungsstichtag (Dötsch/Pung/Möhlenbrock/Patt Rn. 36 f.; Lademann/Jäschke Rn. 5). Es wird die mitunternehmerische Unterbeteiligung gegen eine Unterbeteiligung bei dem neuen Anteil am übernehmenden Rechtsträger eingetauscht (→ § 20 Rn. 162 f.).

6. Ansatz und Bewertung des eingebrachten Betriebsvermögens

29 Nach § 25 S. 1 iVm § 20 II hat der Zielrechtsträger das eingebrachte BV grds. mit dem gemeinen Wert anzusetzen. Für Pensionsrückstellungen tritt allerdings nach § 20 II 1 Hs. 2 an die Stelle des gemeinen Werts der Wert nach § 6a EStG. Auf Antrag kann jedoch unter den in § 20 II 2 Nr. 1–3 genannten Voraussetzungen das übernommene BV mit dem BW oder einem höheren Wert, höchstens jedoch mit dem gemeinen Wert angesetzt werden (Antragswahlrecht). **§ 50i EStG** ist zu beachten (→ § 20 Rn. 265a).

Entsprechende Anwendung des 6. Teils   30–32   § 25 UmwStG D

Maßgebend für den Ansatz und die Bewertung ist ausschließlich der Antrag bzw. **30** die Nichtstellung des Antrags durch den Zielrechtsträger (→ § 20 Rn. 263). Auf die steuerrechtliche und handelsrechtliche Bilanzierung bei der übernehmenden Gesellschaft kommt es im Ergebnis nicht an. Wurde ein wirksamer Antrag auf Buchwertfortführung gestellt und werden die WG in der StB mit dem gemeinen Wert angesetzt, ist dieser Ansatz unrichtig und muss korrigiert werden.

Das Antragswahlrecht kann allerdings bezogen auf den jeweiligen Einbringungs- **31** vorgang (→ § 20 Rn. 19, 312) nur uneingeschränkt ausgeübt werden, soweit folgende Voraussetzungen gegeben sind:
– Es muss sichergestellt sein, dass das übernommene Vermögen später bei der übernehmenden Körperschaft der Besteuerung mit KSt unterliegt (→ § 20 Rn. 327 ff.).
– Die Passivposten des eingebrachten BV (Mitunternehmeranteil) dürfen die Aktivposten nicht übersteigen, dabei ist das EK nicht zu berücksichtigen (→ § 20 Rn. 331 ff.).
– Das Recht der Bundesrepublik Deutschland hinsichtlich der Besteuerung des Gewinns aus der Veräußerung des eingebrachten BV beim Zielrechtsträger darf nicht ausgeschlossen oder beschränkt werden (→ § 20 Rn. 341).
– Erhält der Einbringende neben neuen Gesellschaftsanteilen des übernehmenden Rechtsträgers andere WG, sind die WG der Sacheinlage zumindest mit dem gemeinen Wert dieser anderen WG anzusetzen, soweit die Voraussetzungen des § 20 II 1 Nr. 4 nicht gegeben sind.
– Der gemeine Wert der einzeln eingebrachten WG darf nicht überschritten werden (str.; → § 20 Rn. 282 f.).
– Wird durch den Einbringungsvorgang das dt. Besteuerungsrecht hinsichtlich des Gewinns aus der Veräußerung des eingebrachten BV oder Teilen davon erstmalig begründet, so ist nach dem Willen des Gesetzgebers für diese WG, unabhängig von der konkreten Ausübung des Antragswahlrechts, der gemeine Wert anzusetzen (→ § 20 Rn. 280).
– Das Antragswahlrecht gilt grds. unabhängig davon, ob zum Zeitpunkt der Einbringung das Besteuerungsrecht für die als Gegenleistung ausgegebenen Anteile am übernehmenden Rechtsträger besteht. Die Sicherstellung des Besteuerungsrechts für die als Gegenleistung erhaltenen Anteile ist nur dann von Bedeutung, wenn auf den Einbringungsvorgang nicht der von § 1 IV 1 Nr. 2 lit. a vorausgesetzte EU/EWR-Bezug gegeben ist.
– Das Antragswahlrecht bezieht sich auf die einzelnen Sacheinlagen (Mitunternehmeranteil), es kann innerhalb einer Sacheinlage nicht unterschiedlich ausgeübt werden. Werden mehrere Sacheinlagen erbracht, was der Fall ist, wenn an dem formwechselnden Rechtsträger mehrere Gesellschafter beteiligt sind (→ Rn. 19), gilt für jede Sacheinlage ein eigenes Antragswahlrecht, was unabhängig vom Ansatz der anderen Sacheinlagen ausgeübt werden kann (Rödder/Herlinghaus/van Lishaut/Rabback Rn. 61; Haritz/Menner/Bilitewski/Bilitewski Rn. 37; Brandis/Heuermann/Nitzschke Rn. 28; Widmann/Mayer/Schießl Rn. 23; BeckOK UmwStG/Weggenmann Rn. 219).
– Bei dem Antragswahlrecht handelt es sich um ein autonomes stl. Wahlrecht, das unabhängig von der HB ausgeübt wird (BT-Drs. 16/2710, 43; Haritz/Menner/Bilitewski/Bilitewski Rn. 41 f.; zu weiteren Einzelheiten → § 20 Rn. 309 ff.).

Wird eine PersGes in eine KapGes umgewandelt, so ist **§ 6 V EStG** zu beachten. **32** Wurde ein einzelnes WG von einem Eigenbetrieb eines MU oder aus dessen SBV in das Gesamthandsvermögen (vgl. → § 24 Rn. 1) der PersGes unter Buchwertansatz übertragen, so muss nach § 6 V 6 EStG rückwirkend der TW bei dem übertragenen WG angesetzt werden, wenn innerhalb von sieben Jahren der Anteil einer Körperschaft an dem übertragenen WG unmittelbar oder mittelbar begründet oder erhöht wird. Der Formwechsel der PersGes in die KapGes bedeutet eine derartige Erhöhung des Anteils an einem WG iSd § 6 V 6 EStG (Nds FG EFG 2019, 816; BMF 8.12.2011, BStBl. I 2011, 1279 Rn. 35; Dötsch/Pung/Möhlenbrock/Patt Rn. 74; Goebel/Ungemacht/Reifarth DStZ 2011, 561; aA Hörger/Paulin GmbHR 2001, 1139). Dieses führt im Ergebnis dazu, dass rückwirkend zum Zeitpunkt der Übertragung des WG auf die PersGes dieses mit dem TW bei der PersGes zu aktivieren ist.

7. Ansatz und Bewertung des Anteilstausches

33 Besteht die Tätigkeit einer KG oder OHG ausschließlich in der Verwaltung von Anteilen an einer KapGes/Gen und liegt kein fiktiver Gewerbebetrieb vor (→ Rn. 24), führt der Formwechsel der PersGes in eine KapGes/Gen aus stl. Sicht zu einem Anteilstausch iSd § 21 I. Sofern nach der Umw der Zielrechtsträger eine mehrheitsvermittelnde Beteiligung iSv § 21 I 2 hält, liegt ein qualifizierter Anteilstausch vor (→ Rn. 23). Die Mehrheit der Stimmrechte beim übernehmenden Rechtsträger kann sich auch dadurch ergeben, dass im zeitlichen und sachlichen Zusammenhang mit dem Formwechsel Gesellschafter des Ausgangsrechtsträgers Anteile auf den Zielrechtsträger übertragen. Ein Anteilstausch iSv § 21 liegt ggf. vor, wenn die umzuwandelnde PersGes mit Kapitalbeteiligungen BV besitzt, die Voraussetzungen des § 20 bezogen auf die Umw aber nicht vorliegen (→ Rn. 24).

34 Liegen die Voraussetzungen des § 21 I 2 vor, können die eingebrachten Anteile beim übernehmenden Rechtsträger auf entsprechenden Antrag hin mit dem BW oder einem höheren Wert, höchstens jedoch mit dem gemeinen Wert angesetzt werden (→ § 21 Rn. 41 ff.). Das Antragswahlrecht bezieht sich auf die einzelnen Sacheinlagen, es kann innerhalb einer Sacheinlage nicht unterschiedlich ausgeübt werden. Werden mehrere Sacheinlagen erbracht, was der Fall ist, wenn an dem formwechselnden Rechtsträger mehrere Gesellschafter beteiligt sind, gilt für jede Sacheinlage ein eigenes Antragswahlrecht, was unabhängig vom Ansatz der anderen Sacheinlagen ausgeübt werden kann. Der **Grds. der Maßgeblichkeit** der HB für die StB gilt nicht.

35 Nach hM kommt es im Regelungsbereich des § 20 zu einem Ansatz des übertragenen Betriebs, Teilbetriebs bzw. Mitunternehmeranteils mit dem gemeinen Wert, wenn durch den Einbringungsvorgang ein dt. Besteuerungsrecht erstmals begründet wird (BT-Drs. 16/2710, 43; → § 20 Rn. 280). Nichts anderes kann im Regelungsbereich des § 25 iVm § 21 gelten (BT-Drs. 16/3369, 12).

36 Erhält der Einbringende neben den neuen Anteil an der übernehmenden Gesellschaft zusätzlich andere WG, ist § 21 I 2 Nr. 2 zu beachten. Dabei darf jedoch der Wert der sonstigen Gegenleistung den gemeinen Wert der eingebrachten Anteile nicht überschreiten.

8. Einbringungsgewinn I, II

37 § 25 verweist insges. auf die Regelung der §§ 20–23, nur hinsichtlich der Rückwirkung bestehen durch Verweis auf § 9 S. 2, 3 Sonderregelungen. Damit gelten für die formwechselnde Umw insbes. die Regelungen der §§ 22, 23. Insbes. entsteht unter den Voraussetzungen des § 22 I, II nachträglich ein Einbringungsgewinn I, II (zu weiteren Einzelheiten vgl. → § 22 Rn. 1 ff.). Zudem kommt es zu einer stl. Rechtsnachfolge gem. § 23 (zu weiteren Einzelheiten vgl. → § 23 Rn. 1 ff.).

9. Entsprechende Anwendung von § 9 S. 2, 3

38 **a) Schlussbilanz des Ausgangsrechtsträgers.** Nach § 25 S. 2 sind die Regelungen des § 9 S. 2, 3 entsprechend auf die formwechselnde Umw einer PersGes in eine KapGes/Gen anwendbar. Damit hat die umzuwandelnde PersGes für stl. Zwecke auf den Zeitpunkt, in dem der Formwechsel wirksam wird (→ Rn. 40), eine

Übertragungsbilanz und der Zielrechtsträger eine Eröffnungsbilanz aufzustellen (BFH GmbHR 2016, 942; Dötsch/Pung/Möhlenbrock/Patt Rn. 45; Lademann/Jäschke Rn. 10; Widmann/Mayer/Schießl Rn. 50). Die Übertragungsbilanz umfasst sowohl das Gesamthandsvermögen (vgl. → § 24 Rn. 1) als auch Ergänzungs- und Sonderbilanzen (Rödder/Herlinghaus/van Lishaut/Rabback Rn. 81; Widmann/Mayer/Schießl Rn. 48). Der Grundsatz der Maßgeblichkeit der HB für die StB existiert insoweit nicht (Haritz/Menner/Bilitewski/Bilitewski Rn. 41). Auf die materielle Rechtmäßigkeit einzelner Bilanzansätze in der Übertragungsbilanz kommt es nicht an (BFH GmbHR 2016, 942; Dötsch/Pung/Möhlenbrock/Patt Rn. 62). Eine Übertragungsbilanz ist auch zu erstellen, wenn die PersGes ihren Gewinn bisher nach § 4 III EStG ermittelt hat (Widmann/Mayer/Schießl Rn. 48).

Gem. § 25 S. 1 iVm § 20 II 1, § 21 I 2 steht dem übernehmenden Rechtsträger **39** unter den gesetzlich bestimmten Voraussetzungen das Antragswahlrecht zu. Dieses Antragswahlrecht kann bis zur erstmaligen Abgabe der stl. Schlussbilanz des übernehmenden Rechtsträgers ausgeübt werden. Die Eröffnungsbilanz des übernehmenden Rechtsträgers ist insoweit nicht entscheidend (Dötsch/Pung/Möhlenbrock/Patt Rn. 50; aA Haritz/Menner/Bilitewski/Bilitewski Rn. 42; Rödder/Herlinghaus/van Lishaut/Rabback Rn. 61). Der Wertansatz des übertragenen Vermögens durch den übernehmenden Rechtsträger bestimmt für den Einbringenden den Veräußerungspreis und zugleich die AK der Anteile am neuen Rechtsträger (§ 20 III 1, § 21 II 1; aber auch → § 20 Rn. 372, 375). In der Person des Einbringenden entsteht ein Veräußerungsgewinn iHd Differenz zwischen dem Ansatz in der stl. Eröffnungsbilanz des übernehmenden Rechtsträgers und dem Ansatz in der stl. Schlussbilanz des Ausgangsrechtsträgers abzgl. der Kosten des Einbringenden.

b) Steuerliche Rückbeziehung. Die §§ 190 ff., 214 ff. UmwG sehen die sonst **40** im UmwG übliche Rückwirkungsfrist von acht Monaten nicht vor, da der Formwechsel nicht mit einem Vermögensübergang verbunden ist, weshalb auch die Aufstellung einer HB nicht vorgesehen ist. Der Formwechsel wird handelsrechtlich im Zeitpunkt der Eintragung der neuen Rechtsform in das Register wirksam (§ 202 I 1 UmwG).

Steuerrechtlich kann der Übertragungsstichtag bis zu acht Monate vor der Anmel- **41** dung des Formwechsels zur Eintragung in ein öffentliches Register gem. § 25 S. 2 iVm § 9 S. 3 zurückbezogen werden. Dies gilt auch für die formwechselnde Umw in Gestalt des qualifizierten Anteilstauschs (Rödder/Herlinghaus/van Lishaut/Rabback Rn. 85; Dötsch/Pung/Möhlenbrock/Patt Rn. 63; Brandis/Heuermann/Nitzschke Rn. 44; BeckOK UmwStG/Weggenmann Rn. 455; Haritz/Menner/Bilitewski/Bilitewski Rn. 50; Frotscher/Drüen/Mutscher Rn. 54; aA Widmann/Mayer/Schießl Rn. 70), da § 25 S. 2 iVm § 9 S. 2, 3 die Regelung des § 20 V 1, VI verdrängt. Aus diesem Grund ist eine stl. Rückbeziehung des Formwechsels auch möglich, wenn für einen oder alle MU die Tatbestandsvoraussetzungen des § 20 I nicht vorliegen, da funktional wesentliche Betriebsgrundlagen des SBV nicht mitübertragen wurden (Brandis/Heuermann/Nitzschke Rn. 44; aA Dötsch/Pung/Möhlenbrock/Patt Rn. 64). Zur Verlängerung des Zeitraums von acht auf zwölf Monate durch das Corona-Steuerhilfegesetz vgl. → § 27 Rn. 40. Die Umwandlung einer PersGes in eine KapGes ist nach Auffassung des Niedersächsischen FG (EFG 2019, 628) ausgeschlossen, wenn die PersGes im Zeitpunkt des Umwandlungsbeschlusses bereits keiner Tätigkeit mehr nachgeht.

Der stl. Übertragungsstichtag ist der Stichtag, auf den die Übertragungsbilanz **42** sowie die Eröffnungsbilanz aufgestellt werden (§ 9 S. 3). Der Stichtag, auf den die Bilanz aufgestellt wird, kann höchstens acht Monate vor der Anmeldung des Formwechsels zur Eintragung in das öffentliche Register liegen. Der stl. Übertragungsstichtag ist der zurückbezogene Stichtag dieser StB (Rödder/Herlinghaus/van Lishaut/Rabback Rn. 86). Der formwechselnden Umw kann auch die letzte

Jahresbilanz als Schlussbilanz zugrunde gelegt werden. Geschieht dies nicht, entsteht bei der PersGes ein stl. Rumpfwirtschaftsjahr, die in dem Rumpfwirtschaftsjahr erzielten Ergebnisse der PersGes sind den bisherigen Mitunternehmern zuzurechnen.

43 Der vom Tag der Eintragung abw. stl. Umwandlungsstichtag entsteht im Regelungsbereich des § 9 nicht durch Erklärung, sondern durch Aufstellung von Übertragungs- und Eröffnungsbilanz, die auf denselben Stichtag aufzustellen sind (BFH GmbHR 2016, 942; FG Bln-Bbg DStRE 2014, 352). Im Anwendungsbereich des § 25 geht die hM (Dötsch/Pung/Möhlenbrock/Patt Rn. 62; Rödder/Herlinghaus/van Lishaut/Rabback Rn. 86; Lademann/Jäschke Rn. 10; HK-UmwStG/Trautmann Rn. 43; Widmann/Meyer/Schießl Rn. 51) davon aus, dass auch ein Antrag auf Rückwirkung gestellt werden muss; offensichtlich ist man der Auffassung, dass § 25 S. 2 iVm § 9 nur lex specialis zu § 20 VI ist (so Haritz/Menner/Bilitewski/Bilitewski Rn. 51; aA BFH GmbHR 2016, 942 zu § 14 UmwStG aF; Brandis/Heuermann/Nitzschke Rn. 45). Wird kein Antrag auf Rückbeziehung gestellt, bzw. ist ein solcher unwirksam, so soll sich die formwechselnde Umw demnach auch steuerrechtlich mit der Eintragung des Formwechsels im öffentlichen Register vollziehen (aA BFH GmbHR 2016, 942 zu § 14 UmwStG aF). Die Eintragung stellt den stl. Übertragungsstichtag dar. Das Rückbeziehungswahlrecht kann für alle MU nur einheitlich ausgeübt werden (Rödder/Herlinghaus/van Lishaut/Rabback Rn. 88; Dötsch/Pung/Möhlenbrock/Patt Rn. 62; Haritz/Menner/Bilitewski/Bilitewski Rn. 51; BeckOK UmwStG/Weggenmann Rn. 457; Lademann/Jäschke Rn. 10).

44 Erfolgen im Rückwirkungszeitraum Entnahmen oder Einlagen in den formwechselnden Rechtsträgern, findet § 20 V 2, 3 entsprechend Anwendung (Rödder/Herlinghaus/van Lishaut/Rabback Rn. 89; Dötsch/Pung/Möhlenbrock/Patt Rn. 65; Haritz/Menner/Bilitewski Rn. 44; Frotscher/Drüen/Mutscher Rn. 57; Brandis/Heuermann/Nitzschke Rn. 46; BeckOK UmwStG/Weggenmann Rn. 456). Bezüglich Gesellschafter, die im Rückwirkungszeitraum aus dem formwechselnden Rechtsträger ausscheiden, → § 20 Rn. 251. § 2 III, IV und V ist entsprechend anwendbar (§ 9 S. 3 Hs. 2).

10. Grunderwerbsteuer

45 Da zivilrechtlich ein Vermögensübergang nicht vorliegt, die Regelungen des GrEStG aber weitestgehend zivilrechtlichen Übertragungsvorgängen folgen, entsteht auch beim „kreuzenden" Formwechsel **GrESt** für im Gesamthandsvermögen (vgl. → § 24 Rn. 1) der formwechselnden PersGes liegende Grundstücke nicht (BFM BStBl. II 1997, 661).

Neunter Teil. Verhinderung von Missbräuchen

§ 26 *(weggefallen)*

Zehnter Teil. Anwendungsvorschriften und Ermächtigung

§ 27 Anwendungsvorschriften

(1) ¹Diese Fassung des Gesetzes ist erstmals auf Umwandlungen und Einbringungen anzuwenden, bei denen die Anmeldung zur Eintragung in das für die Wirksamkeit des jeweiligen Vorgangs maßgebende öffentliche Register nach dem 12. Dezember 2006 erfolgt ist. ²Für Einbringungen, deren Wirksamkeit keine Eintragung in ein öffentliches Register voraussetzt, ist diese Fassung des Gesetzes erstmals anzuwenden, wenn das wirtschaftliche Eigentum an den eingebrachten Wirtschaftsgütern nach dem 12. Dezember 2006 übergegangen ist.

(2) ¹Das Umwandlungssteuergesetz in der Fassung der Bekanntmachung vom 15. Oktober 2002 (BGBl. I S. 4133, 2003 I S. 738), geändert durch Artikel 3 des Gesetzes vom 16. Mai 2003 (BGBl. I S. 660), ist letztmals auf Umwandlungen und Einbringungen anzuwenden, bei denen die Anmeldung zur Eintragung in das für die Wirksamkeit des jeweiligen Vorgangs maßgebende öffentliche Register bis zum 12. Dezember 2006 erfolgt ist. ²Für Einbringungen, deren Wirksamkeit keine Eintragung in ein öffentliches Register voraussetzt, ist diese Fassung letztmals anzuwenden, wenn das wirtschaftliche Eigentum an den eingebrachten Wirtschaftsgütern bis zum 12. Dezember 2006 übergegangen ist.

(3) Abweichend von Absatz 2 ist
1. § 5 Abs. 4 für einbringungsgeborene Anteile im Sinne von § 21 Abs. 1 mit der Maßgabe weiterhin anzuwenden, dass die Anteile zu dem Wert im Sinne von § 5 Abs. 2 oder Abs. 3 in der Fassung des Absatzes 1 als zum steuerlichen Übertragungsstichtag in das Betriebsvermögen des übernehmenden Rechtsträgers überführt gelten,
2. § 20 Abs. 6 in der am 21. Mai 2003 geltenden Fassung für die Fälle des Ausschlusses des Besteuerungsrechts (§ 20 Abs. 3) weiterhin anwendbar, wenn auf die Einbringung Absatz 2 anzuwenden war,
3. § 21 in der am 21. Mai 2003 geltenden Fassung für einbringungsgeborene Anteile im Sinne von § 21 Absatz 1, die auf einem Einbringungsvorgang beruhen, auf den Absatz 2 anwendbar war, weiterhin anzuwenden. ²Für § 21 Absatz 2 Satz 1 Nummer 2 in der am 21. Mai 2003 geltenden Fassung gilt dies mit der Maßgabe, dass
   a) eine Stundung der Steuer gemäß § 6 Absatz 5 des Außensteuergesetzes in der Fassung des Gesetzes vom 7. Dezember 2006 (BGBl. I S. 2782) erfolgt, wenn die Einkommensteuer noch nicht bestandskräftig festgesetzt ist und das die Besteuerung auslösende Ereignis vor dem 1. Januar 2022 eingetreten ist; § 6 Absatz 6 und 7 des Außensteuergesetzes in der bis zum 30. Juni 2021 geltenden Fassung und § 21 Absatz 3 Satz 2 des Außensteuergesetzes sind entsprechend anzuwenden;
   b) eine Stundung oder ein Entfallen der Steuer gemäß § 6 Absatz 3 und 4 des Außensteuergesetzes in der ab dem 1. Juli 2021 geltenden Fas-

sung auf Antrag des Steuerpflichtigen erfolgt, wenn das die Besteuerung auslösende Ereignis nach dem 31. Dezember 2021 eintritt; § 6 Absatz 5 des Außensteuergesetzes ist entsprechend anzuwenden.

(4) Abweichend von Absatz 1 sind §§ 22, 23 und 24 Abs. 5 nicht anzuwenden, soweit hinsichtlich des Gewinns aus der Veräußerung der Anteile oder einem gleichgestellten Ereignis im Sinne von § 22 Abs. 1 die Steuerfreistellung nach § 8b Abs. 4 des Körperschaftsteuergesetzes in der am 12. Dezember 2006 geltenden Fassung oder nach § 3 Nr. 40 Satz 3 und 4 des Einkommensteuergesetzes in der am 12. Dezember 2006 geltenden Fassung ausgeschlossen ist.

(5) [1]§ 4 Abs. 2 Satz 2, § 15 Abs. 3, § 20 Abs. 9 und § 24 Abs. 6 in der Fassung des Artikels 5 des Gesetzes vom 14. August 2007 (BGBl. I S. 1912) sind erstmals auf Umwandlungen und Einbringungen anzuwenden, bei denen die Anmeldung zur Eintragung in das für die Wirksamkeit des jeweiligen Vorgangs maßgebende öffentliche Register nach dem 31. Dezember 2007 erfolgt ist. [2]Für Einbringungen, deren Wirksamkeit keine Eintragung in ein öffentliches Register voraussetzt, ist diese Fassung des Gesetzes erstmals anzuwenden, wenn das wirtschaftliche Eigentum an den eingebrachten Wirtschaftsgütern nach dem 31. Dezember 2007 übergegangen ist.

(6) [1]§ 10 ist letztmals auf Umwandlungen anzuwenden, bei denen der steuerliche Übertragungsstichtag vor dem 1. Januar 2007 liegt. [2]§ 10 ist abweichend von Satz 1 weiter anzuwenden in den Fällen, in denen ein Antrag nach § 34 Abs. 16 des Körperschaftsteuergesetzes in der Fassung des Artikels 3 des Gesetzes vom 20. Dezember 2007 (BGBl. I S. 3150) gestellt wurde.

(7) § 18 Abs. 3 Satz 1 in der Fassung des Artikels 4 des Gesetzes vom 20. Dezember 2007 (BGBl. I S. 3150) ist erstmals auf Umwandlungen anzuwenden, bei denen die Anmeldung zur Eintragung in das für die Wirksamkeit der Umwandlung maßgebende öffentliche Register nach dem 31. Dezember 2007 erfolgt ist.

(8) § 4 Abs. 6 Satz 4 bis 6 sowie § 4 Abs. 7 Satz 2 in der Fassung des Artikels 6 des Gesetzes vom 19. Dezember 2008 (BGBl. I S. 2794) sind erstmals auf Umwandlungen anzuwenden, bei denen § 3 Nr. 40 des Einkommensteuergesetzes in der durch Artikel 1 Nr. 3 des Gesetzes vom 14. August 2007 (BGBl. I S. 1912) geänderten Fassung für die Bezüge im Sinne des § 7 anzuwenden ist.

(9) [1]§ 2 Abs. 4 und § 20 Abs. 6 Satz 4 in der Fassung des Artikels 6 des Gesetzes vom 19. Dezember 2008 (BGBl. I S. 2794) sind erstmals auf Umwandlungen und Einbringungen anzuwenden, bei denen der schädliche Beteiligungserwerb oder ein anderes die Verlustnutzung ausschließendes Ereignis nach dem 28. November 2008 eintritt. [2]§ 2 Abs. 4 und § 20 Abs. 6 Satz 4 in der Fassung des Artikels 6 des Gesetzes vom 19. Dezember 2008 (BGBl. I S. 2794) gelten nicht, wenn sich der Veräußerer und der Erwerber am 28. November 2008 über den später vollzogenen schädlichen Beteiligungserwerb oder ein anderes die Verlustnutzung ausschließendes Ereignis einig sind, der übernehmende Rechtsträger dies anhand schriftlicher Unterlagen nachweist und die Anmeldung zur Eintragung in das für die Wirksamkeit des Vorgangs maßgebende öffentliche Register bzw. bei Einbringungen der Übergang des wirtschaftlichen Eigentums bis zum 31. Dezember 2009 erfolgt.

(10) § 2 Absatz 4 Satz 1, § 4 Absatz 2 Satz 2, § 9 Satz 3, § 15 Absatz 3 und § 20 Absatz 9 in der Fassung des Artikels 4 des Gesetzes vom 22. Dezember

Anwendungsvorschriften § 27 UmwStG D

2009 (BGBl. I S. 3950) sind erstmals auf Umwandlungen und Einbringungen anzuwenden, deren steuerlicher Übertragungsstichtag in einem Wirtschaftsjahr liegt, für das § 4h Absatz 1, 4 Satz 1 und Absatz 5 Satz 1 und 2 des Einkommensteuergesetzes in der Fassung des Artikels 1 des Gesetzes vom 22. Dezember 2009 (BGBl. I S. 3950) erstmals anzuwenden ist.

(11) Für Bezüge im Sinne des § 8b Absatz 1 des Körperschaftsteuergesetzes aufgrund einer Umwandlung ist § 8b Absatz 4 des Körperschaftsteuergesetzes in der Fassung des Artikels 1 des Gesetzes vom 21. März 2013 (BGBl. I S. 561) abweichend von § 34 Absatz 7a Satz 2 des Körperschaftsteuergesetzes bereits erstmals vor dem 1. März 2013 anzuwenden, wenn die Anmeldung zur Eintragung in das für die Wirksamkeit des jeweiligen Vorgangs maßgebende öffentliche Register nach dem 28. Februar 2013 erfolgt.

(12) ¹§ 2 Absatz 4 Satz 3 bis 6 in der Fassung des Artikels 9 des Gesetzes vom 26. Juni 2013 (BGBl. I S. 1809) ist erstmals auf Umwandlungen und Einbringungen anzuwenden, bei denen die Anmeldung zur Eintragung in das für die Wirksamkeit des jeweiligen Vorgangs maßgebende öffentliche Register nach dem 6. Juni 2013 erfolgt. ²Für Einbringungen, deren Wirksamkeit keine Eintragung in ein öffentliches Register voraussetzt, ist § 2 in der Fassung des Artikels 9 des Gesetzes vom 26. Juni 2013 (BGBl. I S. 1809) erstmals anzuwenden, wenn das wirtschaftliche Eigentum an den eingebrachten Wirtschaftsgütern nach dem 6. Juni 2013 übergegangen ist.

(13) § 20 Absatz 8 in der am 31. Juli 2014 geltenden Fassung ist erstmals bei steuerlichen Übertragungsstichtagen nach dem 31. Dezember 2013 anzuwenden.

(14) § 20 Absatz 2, § 21 Absatz 1, § 22 Absatz 1 Satz 6 Nummer 2, 4 und 5 sowie § 24 Absatz 2 in der am 6. November 2015 geltenden Fassung sind erstmals auf Einbringungen anzuwenden, wenn in den Fällen der Gesamtrechtsnachfolge der Umwandlungsbeschluss nach dem 31. Dezember 2014 erfolgt ist oder in den anderen Fällen der Einbringungsvertrag nach dem 31. Dezember 2014 geschlossen worden ist.

(15) ¹§ 9 Satz 3 sowie § 20 Absatz 6 Satz 1 und 3 sind mit der Maßgabe anzuwenden, dass an die Stelle des Zeitraums von acht Monaten ein Zeitraum von zwölf Monaten tritt, wenn die Anmeldung zur Eintragung oder der Abschluss des Einbringungsvertrags im Jahr 2020 erfolgt. ²Erlässt das Bundesministerium der Justiz und für Verbraucherschutz eine Rechtsverordnung auf Grundlage des § 8 in Verbindung mit § 4 des Gesetzes über Maßnahmen im Gesellschafts-, Genossenschafts-, Vereins-, Stiftungs- und Wohnungseigentumsrecht zur Bekämpfung der Auswirkungen der COVID-19-Pandemie vom 27. März 2020 (BGBl. I S. 569, 570), wird das Bundesministerium der Finanzen ermächtigt, durch Rechtsverordnung mit Zustimmung des Bundesrates die Geltung des Satzes 1 für Anmeldungen zur Eintragung und Einbringungsvertragsabschlüsse zu verlängern, die bis zu dem Tag erfolgen, der in der Rechtsverordnung des Bundesministeriums der Justiz und für Verbraucherschutz festgelegt wurde.

(16) ¹§ 2 Absatz 5, § 9 Satz 3 zweiter Halbsatz und § 20 Absatz 6 Satz 4 in der Fassung des Artikels 4 des Gesetzes vom 2. Juni 2021 (BGBl. I S. 1259) sind erstmals auf Umwandlungen und Einbringungen anzuwenden, bei denen die Anmeldung zur Eintragung in das für die Wirksamkeit des Vorgangs maßgebende öffentliche Register beziehungsweise bei Einbringungen der Übergang des wirtschaftlichen Eigentums nach dem 20. November 2020 erfolgt. ²Abweichend von Satz 1 sind § 2 Absatz 5, § 9

Satz 3 zweiter Halbsatz und § 20 Absatz 6 Satz 4 in der Fassung des Artikels 4 des Gesetzes vom 2. Juni 2021 (BGBl. I S. 1259) auch in anderen offenen Fällen anzuwenden, in denen die äußeren Umstände darauf schließen lassen, dass die Verrechnung übergehender stiller Lasten wesentlicher Zweck der Umwandlung oder Einbringung war und der Steuerpflichtige dies nicht widerlegen kann.

(17) § 4 Absatz 5 Satz 1 in der am 8. Juni 2021 geltenden Fassung ist weiterhin anzuwenden, soweit die Anteile an der übertragenden Körperschaft am steuerlichen Übertragungsstichtag zum Betriebsvermögen des übernehmenden Rechtsträgers gehören und mit einem Sperrbetrag im Sinne des § 50c des Einkommensteuergesetzes in der Fassung des Gesetzes vom 24. März 1999 (BGBl. I S. 402) behaftet sind.

(18) § 1 in der Fassung des Artikels 3 des Gesetzes vom 25. Juni 2021 (BGBl. I S. 2050) ist erstmals auf Umwandlungen und Einbringungen anzuwenden, deren steuerlicher Übertragungsstichtag nach dem 31. Dezember 2021 liegt.

Übersicht

	Rn.
1. Inkrafttreten des UmwStG idF des SEStEG: erstmalige Anwendung des UmwStG 2006, wenn die Wirksamkeit der Umwandlung eine Eintragung in das öffentliche Register voraussetzt (Abs. 1 S. 1)	1
2. Erstmalige Anwendung des UmwStG 2006, wenn die Eintragung in das öffentliche Register keine Wirksamkeit voraussetzt (Abs. 1 S. 2)	6
3. Letztmalige Anwendung des UmwStG 1995 (Abs. 2)	7
4. Ausnahme von der letztmaligen Anwendung des UmwStG aF (Abs. 3)	8
a) Abs. 3 Nr. 1	9
b) Abs. 3 Nr. 2	10
c) Abs. 3 Nr. 3	11
aa) Einbringungsgeborene Anteile, Überblick	12
bb) Anwendung des § 21 in der am 21.5.2003 geltenden Fassung	20
5. Ausschluss der Anwendung der §§ 22, 23, 24 V in bestimmten Fällen (Abs. 4)	24
6. Unternehmenssteuerreformgesetz v. 14.8.2007	27
7. Jahressteuergesetz 2008 v. 20.12.2007	28
8. Jahressteuergesetz 2009 v. 19.12.2008	31
9. Wachstumsbeschleunigungsgesetz v. 22.12.2009	34
10. Gesetz zur Umsetzung des EuGH-Urteils v. 20.10.2011 in der Rs. C-284/09	35
11. Art. 9 zur Umsetzung der Amtshilferichtlinie sowie zur Änderung steuerlicher Vorschriften v. 26.6.2013	37
12. Art. 6 Gesetz zur Anpassung des nationalen Steuerrechts an den Beitritt Kroatiens zur EU und zur Änderung weiterer steuerlicher Vorschriften v. 25.7.2014	38
13. Steueränderungsgesetz 2015 v. 2.11.2015	39
14. Corona-Steuerhilfe-Gesetz v. 19.6.2020	40
15. Abzugsteuerentlastungsmodernisierungsgesetz v. 2.6.2021	41
16. Gesetz zur Modernisierung des Körperschaftsteuerrechts vom 25.6.2021	43

1. Inkrafttreten des UmwStG idF des SEStEG: erstmalige Anwendung des UmwStG 2006, wenn die Wirksamkeit der Umwandlung eine Eintragung in das öffentliche Register voraussetzt (Abs. 1 S. 1)

Das UmwStG idF des SEStEG ist nach Abs. 1 S. 1 erstmals auf Umw und Einbringungen anzuwenden, bei denen die Anmeldung zur Eintragung in das für die Wirksamkeit des jeweiligen Vorgangs maßgebliche öffentliche Register nach dem 12.12.2006 erfolgt ist. Mit diesem Datum stellt der Gesetzgeber auf den Tag der Veröffentlichung der Neufassung des UmwStG im Bundesgesetzblatt ab. Abs. 1 S. 1 gilt für alle Umwandlungsvorgänge, deren Wirksamkeit von einer Eintragung in das öffentliche Register abhängt. Öffentliche Register sind nach dt. Recht das Handelsregister, das Genossenschaftsregister und das Partnerschaftsregister. Bei Umw mit Auslandsbezug können auch ausl. Register als für die Wirksamkeit des Umwandlungs- oder Einbringungsvorgangs das maßgebende Register sein (Brandis/Heuermann/Nitzschke Rn. 3; Blumenberg/Schäfer SEStEG, 2007, 141). Für die Wirksamkeit der Umw sind nach dem dt. UmwG folgende Eintragungen maßgebend: 1
– **Verschmelzung:** Eintragung in das Handelsregister des Sitzes der übernehmenden Gesellschaft (§§ 19, 20, 36 I UmwG);
– **Auf-, Abspaltung, Ausgliederung:** Eintragung in das Handelsregister des Sitzes der übertragenden Gesellschaft (§§ 130, 131, 135 I UmwG) und
– **Formwechsel:** Eintragung in das Handelsregister des formwechselnden Rechtsträgers bzw. wenn dieser nicht eingetragen ist, die Eintragung in das Handelsregister des neuen Rechtsträgers (§§ 198, 202 UmwG).

Bei grenzüberschreitenden oder ausl. Umw müssen zudem die entsprechenden Regelungen des ausl. Rechts beachtet werden, wobei entscheidend ist, welche Registereintragung für die Wirksamkeit der ausl. Umw maßgebend ist (Brandis/Heuermann/Nitzschke Rn. 4; Widmann/Mayer/Fuhrmann Rn. 5). 2

Die bei der Verschm erforderliche Anmeldung in das Register des übertragenden Rechtsträgers bzw. bei der Spaltung erforderliche Anmeldung in das Register des übernehmenden Rechtsträgers ist keine Wirksamkeitsvoraussetzung für die Umw, sodass der Zeitpunkt dieser Anmeldung unerheblich ist (Dötsch/Pung/Möhlenbrock/Patt Rn. 2; Rödder/Herlinghaus/van Lishaut/Rabback Rn. 4; Frotscher/Drüen/Mutscher Rn. 14; Brandis/Heuermann/Nitzschke Rn. 4; aA Blumenberg/Schäfer SEStEG, 2007, 141). 3

Eine Anmeldung zur Eintragung iSd Abs. 1 S. 1 liegt vor, wenn der Antrag nach dem 12.12.2006, 24.00 Uhr, beim zuständigen Register eingegangen ist. Der Antrag muss so vollständig sein, wie dies für die Fristwahrung nach § 17 II UmwG genügt (→ UmwG § 17 Rn. 44 ff.; zur alten Rechtslage FG Köln EFG 2001, 1088). 4

Soweit eine Einbringung im Wege der Einzelrechtsnachfolge erfolgt – diese ist nur dann wirksam, wenn sie in das Handelsregister eingetragen wird (zB Sachkapitalerhöhung) –, ist in diesen Fällen für die erstmalige Anwendung des SEStEG entscheidend, zu welchem Zeitpunkt die Anmeldung zum Handelsregister erfolgte (Dötsch/Pung/Möhlenbrock/Patt Rn. 4; Frotscher/Drüen/Mutscher Rn. 17; Brandis/Heuermann/Nitzschke Rn. 4). 5

2. Erstmalige Anwendung des UmwStG 2006, wenn die Eintragung in das öffentliche Register keine Wirksamkeit voraussetzt (Abs. 1 S. 2)

Für Einbringungen, deren Wirksamkeit keine Eintragung in das öffentliche Register voraussetzt, ist das UmwStG idF des SEStEG erstmals anzuwenden, wenn das wirtschaftliche Eigentum an den eingebrachten WG nach dem 12.12.2006 über- 6 gegangen ist. Abs. 1 S. 2 gilt nur für Einbringungsfälle, soweit diese nicht bereits durch Abs. 1 S. 1 erfasst sind (Dötsch/Pung/Möhlenbrock/Patt Rn. 7). Abs. 1 S. 2 ist damit nur in den Fällen der Einbringung anzuwenden, wenn die Wirksamkeit der Einbringung eine Eintragung in das öffentliche Register nicht voraussetzt. Dies kann bspw. bei der Einbringung in eine PersGes der Fall sein.

3. Letztmalige Anwendung des UmwStG 1995 (Abs. 2)

7 Das UmwStG 1995 ist letztmals auf Umw anzuwenden, bei denen die Anmeldung in das für die Wirksamkeit des Vorgangs erforderliche Register (→ Rn. 1 f.) vor dem 13.12.2006 oder, wenn eine Registereintragung nicht wirksam vorausgesetzt ist, bei denen der Übergang des wirtschaftlichen Eigentums vor dem 13.12.2006 erfolgte. Für solche Umw bleibt das UmwStG 1995 weiterhin anwendbar, wodurch sichergestellt wird, dass die Vorschriften des UmwStG aF nicht nur für den Umwandlungszeitpunkt selbst gelten, sondern sie haben auch für die Folgezeit Geltung (Dötsch/Pung/Möhlenbrock/Patt Rn. 9; Rödder/Herlinghaus/van Lishaut/Rabback Rn. 12; Brandis/Heuermann/Nitzschke Rn. 7; Benecke/Schnitger IStR 2007, 22). Damit ist bspw. Abs. 3 Nr. 2 eine reine deklaratorische Vorschrift, da § 20 VI UmwStG aF bereits wegen Abs. 2 weiter fort gilt, wenn die Einbringung von § 20 UmwStG aF erfasst wurde.

4. Ausnahme von der letztmaligen Anwendung des UmwStG aF (Abs. 3)

8 Abs. 3 modifiziert die Regelung des Abs. 2 bzw. erklärt die alten Regelungen weiterhin deklaratorisch für anwendbar.

9 **a) Abs. 3 Nr. 1.** Durch das SEStEG wurde das Konzept der „einbringungsgeborenen Anteile" für Einbringungen nach §§ 20 ff. im Grundsatz aufgegeben, sodass in § 5 keine Einlagefiktion mehr für Anteile iSd § 21 aF vorgesehen ist. § 5 IV aF gilt nach Abs. 3 Nr. 1 mit der Maßgabe fort, dass (alte) einbringungsgeborene Anteile als mit den Werten iSd der Abs. 2, 3 in das BV überführt gelten. Durch die Regelung wird sichergestellt, dass auch für einbringungsgeborene Anteile in den Fällen der §§ 3 ff., die nicht bereits nach § 5 II, III erfasst sind, ein Übernahmeergebnis ermittelt wird. Zu beachten ist, dass auch nach dem vollzogenen Konzeptwechsel der §§ 20 ff. wegen § 20 II 4 bzw. § 21 II 6 künftig weiterhin sog. „alte" einbringungsgeborene Anteile entstehen können, für die Abs. 3 Nr. 1 gilt (Dötsch/Pung/Möhlenbrock/Patt Rn. 12).

10 **b) Abs. 3 Nr. 2.** Nach Abs. 3 Nr. 2 ist in den Fällen des § 20 III aF die Stundungsregelung des § 20 VI iVm § 21 II 3–6 aF weiterhin anzuwenden. Nach § 20 III aF war bei Einbringungen nach § 20 I aF der TW anzusetzen, wenn das dt. Besteuerungsrecht hinsichtlich der Veräußerung an den erhaltenen Anteilen im Zeitpunkt der Sacheinlage ausgeschlossen war. In diesem Fall hatte die übernehmende KapGes kein Wahlrecht zu einem Ansatz des übertragenen Vermögens mit dem BW oder einem ZW; zu einer Aufdeckung der stillen Reserven kam es selbst dann, wenn tatsächlich nicht der TW angesetzt wurde. In diesen Fällen hatte der Steuerpflichtige unter den Voraussetzungen des § 20 VI iVm § 21 III 3–6 aF Anspruch auf Stundung. Die auf den Einbringungsgewinn entfallende Einkommensteuer oder Körperschaftsteuer konnte in jährlichen Teilbeträgen von mindestens je einem Fünftel entrichtet werden, sofern die Entrichtung der Teilbeträge sichergestellt war. War die Zahlung der Teilbeträge nach objektiven Kriterien als sichergestellt zu betrachten, bestand und besteht auch weiterhin ein Rechtsanspruch auf Stundung, und zwar unabhängig von persönlichen Gründen der Härte oder Unbilligkeit; Stundungszinsen wurden und werden nicht erhoben.

c) Abs. 3 Nr. 3. Nach Abs. 3 Nr. 3 S. 1 ist § 21 in der vom 21.5.2003 geltenden 11
Fassung für solche einbringungsgeborenen Anteile weiterhin anzuwenden, die auf
einer Einbringung unter Geltung des UmwStG idF v. 15.10.2002 fallende Einbringung beruhen.

aa) Einbringungsgeborene Anteile, Überblick. § 21 aF lautete wie folgt: 12

§ 21 aF Besteuerung des Anteilseigners

(1) Werden Anteile an einer Kapitalgesellschaft veräußert, die der Veräußerer oder bei unentgeltlichem Erwerb der Anteile der Rechtsvorgänger durch eine Sacheinlage (§ 20 Abs. 1 und § 23 Abs. 1 bis 4) unter dem Teilwert erworben hat (einbringungsgeborene Anteile), so gilt der Betrag, um den der Veräußerungspreis nach Abzug der Veräußerungskosten die Anschaffungskosten (§ 20 Abs. 4) übersteigt, als Veräußerungsgewinn im Sinne des § 16 des Einkommensteuergesetzes. Sind bei einer Sacheinlage nach § 20 Abs. 1 Satz 2 oder § 23 Abs. 4 aus einem Betriebsvermögen nicht alle Anteile der Kapitalgesellschaft eingebracht worden, so ist § 16 Abs. 4 des Einkommensteuergesetzes nicht anzuwenden.

(2) Die Rechtsfolgen des Absatzes 1 treten auch ohne Veräußerung der Anteile ein, wenn
1. *der Anteilseigner dies beantragt oder*
2. *das Besteuerungsrecht der Bundesrepublik Deutschland hinsichtlich des Gewinns aus der Veräußerung der Anteile ausgeschlossen wird oder*
3. *die Kapitalgesellschaft, an der die Anteile bestehen, aufgelöst und abgewickelt wird oder das Kapital dieser Gesellschaft herabgesetzt und an die Anteilseigner zurückgezahlt wird oder Beträge aus dem steuerlichen Einlagekonto im Sinne des § 27 des Körperschaftsteuergesetzes ausgeschüttet oder zurückgezahlt werden, soweit die Bezüge nicht die Voraussetzungen des § 20 Abs. 1 Nr. 1 oder 2 des Einkommensteuergesetzes erfüllen oder*
4. *der Anteilseigner die Anteile verdeckt in eine Kapitalgesellschaft einlegt.*

Dabei tritt an die Stelle des Veräußerungspreises der Anteile ihr gemeiner Wert. In den Fällen des Satzes 1 Nr. 1, 2 und 4 kann die auf den Veräußerungsgewinn entfallende Einkommen- oder Körperschaftsteuer in jährlichen Teilbeträgen von mindestens je einem Fünftel entrichtet werden, wenn die Entrichtung der Teilbeträge sichergestellt ist. Stundungszinsen werden nicht erhoben. Bei einer Veräußerung von Anteilen während des Stundungszeitraums endet die Stundung mit dem Zeitpunkt der Veräußerung. Satz 5 gilt entsprechend, wenn während des Stundungszeitraums die Kapitalgesellschaft, an der die Anteile bestehen, aufgelöst und abgewickelt wird oder das Kapital dieser Gesellschaft herabgesetzt und an die Anteilseigner zurückgezahlt wird oder wenn eine Umwandlung im Sinne des zweiten oder des vierten Teils des Gesetzes erfolgt ist.

(3) Ist der Veräußerer oder Eigner von Anteilen im Sinne des Absatzes 1 Satz 1
1. *eine juristische Person des öffentlichen Rechts, so gilt der Veräußerungsgewinn als in einem Betrieb gewerblicher Art dieser Körperschaft entstanden,*
2. *von der Körperschaftsteuer befreit, so gilt der Veräußerungsgewinn als in einem wirtschaftlichen Geschäftsbetrieb dieser Körperschaft entstanden.*

(4) Werden Anteile an einer Kapitalgesellschaft im Sinne des Absatzes 1 in ein Betriebsvermögen eingelegt, so sind sie mit ihren Anschaffungskosten (§ 20 Abs. 4) anzusetzen. Ist der Teilwert im Zeitpunkt der Einlage niedriger, so ist dieser anzusetzen; der Unterschiedsbetrag zwischen den Anschaffungskosten und dem niedrigeren Teilwert ist außerhalb der Bilanz vom Gewinn abzusetzen.

Einbringungsgeborene Anteile sind nach der **Legaldefinition des § 21 I 1 aF** 13
damit Anteile an einer KapGes, die der Veräußerer oder dessen Rechtsvorgänger
(bei unentgeltlichem Erwerb) aus einer Sacheinlage gem. § 20 I aF oder § 23 I–IV
aF erworben hat, wenn bei der Sacheinlage das eingebrachte Vermögen bei der
übernehmenden KapGes unterhalb des TW angesetzt worden ist. Einbringungsgeborene Anteile entstehen nicht, wenn nur eine dieser Voraussetzungen nicht erfüllt

ist. Die Definition der einbringungsgeborenen Anteile durch § 21 I 1 aF wird durch § 13 III aF bzw. § 15 I 1 aF iVm § 13 III aF für die Fälle der Verschm bzw. Auf- und Abspaltung gesetzlich erweitert. Außerdem hat die Rspr. des BFH die **Legaldefinition** der einbringungsgeborenen Anteile **erweitert** (BFH BStBl. II 1992, 761 (763, 764); BFH/NV 1997, 314). Danach sind Anteile an einer KapGes iSv § 21 I steuerverstrickt, die zwar nicht unmittelbar durch eine Sacheinlage erworben worden sind, aber anlässlich einer Gesellschaftsgründung oder einer KapErh ohne Gegenleistung durch die Übertragung stiller Reserven an originären einbringungsgeborenen Anteilen entstehen. Man spricht insoweit auch von **derivativen einbringungsgeborenen Anteilen** (Herzig/Rieck DStR 1998, 97) oder von mitverstrickten Anteilen (vgl. § 10 VO nach § 180 II AO). Die FVerw (BMF 25.3.1998, BStBl. I 1998, 268 Rn. 21.14) und große Teile der Lit. (Herzig/Rieck DStR 1998, 97) haben sich dieser Auffassung im Ergebnis angeschlossen. Die Anwendung des § 21 aF führt zur Gewinnrealisierung iHd Differenz zwischen AK iSv § 20 IV aF und Veräußerungspreis (bzw. gemeinem Wert) und zur Zuordnung des Gewinns zu den Einkünften iSv § 16 EStG in folgenden Fällen:
– die einbringungsgeborenen Anteile werden veräußert, § 21 I aF;
– der Anteilseigner beantragt die Besteuerung der stillen Reserven, § 21 II 1 Nr. 1 aF;
– das Besteuerungsrecht der BRD wird durch DBA ausgeschlossen, § 21 II 1 Nr. 2 aF;
– die übernehmende KapGes wird aufgelöst, liquidiert, ihr Kapital herabgesetzt und zurückbezahlt, § 21 II 1 Nr. 3 aF;
– der Anteilseigner legt die einbringungsgeborenen Anteile verdeckt in eine andere KapGes ein, § 21 II 1 Nr. 4 aF.

14 Der Gewinn aus einbringungsgeborenen Anteilen erstreckt sich sowohl auf die stillen Reserven, welche im Zeitpunkt der Einbringung bereits vorhanden waren, als auch auf jene stillen Reserven, die erst nach der Einbringung angewachsen sind (BFH/NV 2003, 1456 mwN). § 21 in der am 21.5.2003 geltenden Fassung findet auch für Gesellschaftsanteile Anwendung, die schon vor dem Inkrafttreten des **UmwStG 1995** und auch vor dem Inkrafttreten des UmwStG 1969, zB durch die Einbringung eines Betriebs, Teilbetriebs oder Mitunternehmeranteils in eine KapGes gegen Gewährung von Gesellschaftsrechten an der übernehmenden KapGes entstanden sind, sofern bei der Einbringung die stillen Reserven des eingebrachten BV einschließlich eines Geschäftswertes nicht voll realisiert worden sind (BFH/NV 2003, 1456; BMF 25.3.1998, BStBl. I 1998, 268 Rn. 21.03; BMF BB 1999, 2069; Herzig/Rieck DStR 1998, 97).

15 Unerheblich ist, ob die Anteile zum **BV** oder **PV** des Einbringenden gehören, wie hoch seine Beteiligungsquote an der übernehmenden KapGes ist, die Höhe der Stimmrechte oder die Zeitspanne zwischen dem erstmaligen Erwerb der Anteile und der Veräußerung der Anteile durch den Erwerber oder seines unentgeltlichen Rechtsnachfolgers. Es muss sich aber grds. um eine Sacheinlage nach § 20 I aF bzw. § 23 I–IV aF gehandelt haben.

16 **Einbringungsgeborene Anteile sollen nicht entstehen,** wenn nicht steuerverhaftete Anteile in eine KapGes eingebracht werden (BMF 25.3.1998, BStBl. I 1998, 268 Rn. 21.04). Die übernehmende KapGes muss nach Auffassung der OFD Berlin 7.5.1999 (GmbHR 1999, 833; ebenso Haritz GmbHR 1999, 834) in diesem Fall die auf sie übertragenen Anteile mit dem TW ansetzen. Die als Gegenleistung für die Übertragung der nicht verstrickten Anteile gewährten Anteile an der übernehmenden KapGes sind damit keine Anteile iSd § 21, für die erworbenen Anteile läuft nur eine Spekulationsfrist iSd § 23 EStG. Diese Auffassung ist zumindest fraglich. Die Einbringung von im PV gehaltenen Anteile, die weder nach §§ 23, 17 EStG noch nach § 21 aF steuerverstrickt sind, führt nach dem Wortlaut des § 21 I 1 aF zur Entstehung einbringungsgeborener Anteile, falls die Voraussetzungen des

§ 20 I 2 aF vorliegen, insbes. wenn der aufnehmende Rechtsträger die AK in seiner Bilanz angesetzt hat. Ein Zwang der übernehmenden KapGes, die nicht steuerverstrickten Anteile mit dem TW anzusetzen, ist der Regelung des § 20 aF nicht zu entnehmen. Richtig ist zwar, dass § 21 aF sicherstellen soll, dass die anlässlich der Einbringung nicht vollständig aufgedeckten stillen Reserven steuerverhaftet bleiben und einer Besteuerung nicht entgehen, im Rahmen des § 21 aF existiert jedoch keine dem § 13 II 3 aF entsprechende Vorschrift.

Einbringungsgeborene Anteile entstehen nicht, wenn die aufnehmende KapGes, freiwillig oder aufgrund der gesetzlichen Bestimmungen, das übertragene Vermögen mit dem TW ansetzt. Das Aktivierungsverbot des § 5 II EStG gilt dabei nicht, sodass bei einem Teilwertansatz auch ein originärer Firmenwert des übertragenen Betriebs bzw. Teilbetriebs in der Bilanz der übernehmenden KapGes angesetzt werden muss. Grds. entscheidet die aufnehmende KapGes über den Bewertungsansatz; maßgebend ist dabei der tatsächliche Ansatz des eingebrachten BV. **17**

Auch beim Formwechsel einer PersGes in eine KapGes konnten einbringungsgeborene Anteile iSd § 21 aF entstehen. Wird eine KapGes, an der einbringungsgeborene Anteile entstehen, formwechselnd in eine KapGes anderer Rechtsform umgewandelt, so sind die Anteile am Rechtsträger neuer Rechtsform mit der Beteiligung am Ausgangsrechtsträger identisch. Waren die Anteile am Rechtsträger alter Rechtsform einbringungsgeboren, so sind dies auch die Anteile am Rechtsträger neuer Rechtsform. **18**

§ 21 II aF ist als Teil eines geschlossenen Systems **enumerativ** (BFH BStBl. II 2012, 445); die Schaffung nicht ausdrücklich aufgeführter und damit neuer Realisationstatbestände durch Analogie oder durch Berufung auf allg. Besteuerungsgrundsätze ist ausgeschlossen. Im dt. StR gilt das Prinzip: Keine Steuer ohne Gesetz (Brinkmann, Tatbestandsmäßigkeit der Besteuerung, 1982, S. 4 ff., jeweils mwN). Die Auferlegung der Steuerlast ist somit nur zul., sofern und soweit sie durch Gesetz angeordnet ist (sog. Vorbehalt des Gesetzes). Die Exekutive ist darüber hinaus sowohl bei Einzelfallentscheidung als auch im Rahmen der Rechtsetzung an das formelle Gesetz gebunden (sog. Vorrang des Gesetzes). **19**

bb) Anwendung des § 21 in der am 21.5.2003 geltenden Fassung. Nach **Abs. 3 Nr. 3 S. 1** ist § 21 in der am 21.5.2003 geltenden Fassung für solche einbringungsgeborenen Anteile weiterhin anzuwenden, die auf einer Einbringung unter Geltung des UmwStG idF v. 15.10.2002 beruhen. Entsprechendes gilt, wenn aufgrund von Wertabspaltungen von einbringungsgeborenen Anteilen, die auf einer Einbringung unter Geltung des UmwStG idF v. 15.10.2002 beruhen, derivative einbringungsgeborene Anteile entstanden sind oder entstehen (zu weiteren Einzelheiten vgl. → 4. Aufl. 2006, § 21 Rn. 63 ff.). § 21 in der am 21.5.2003 geltenden Fassung findet auch für Gesellschaftsanteile Anwendung, die schon vor dem Inkrafttreten des UmwStG 1995 und auch vor dem Inkrafttreten des UmwStG 1969, zB durch die Einbringung eines Betriebs, Teilbetriebs oder Mitunternehmeranteils in eine KapGes gegen Gewährung von Gesellschaftsrechten an der übernehmenden KapGes entstanden sind, sofern bei der Einbringung die stillen Reserven des eingebrachten BV einschl. eines Geschäftswertes nicht voll realisiert worden sind (BFH/NV 2003, 1456; BMF 25.3.1998, BStBl. I 1998, 268 Rn. 21.03; Herzig/Rieck DStR 1998, 97). **20**

Nach dem Wortlaut des Abs. 3 Nr. 3 S. 1 gilt § 21 aF eigentlich nicht für Anteile nach **§ 20 III 4, § 21 II 6,** die im Gegenzug für einbringungsgeborene Anteile iSd § 21 aF gewährt wurden, da diese Anteile nicht aufgrund einer Umw, auf die das UmwStG idF v. 15.10.2002 anzuwenden ist, entstanden sind. Die hM (Dötsch/Pung/Möhlenbrock/Patt Rn. 14; Widmann/Mayer/Widmann Rn. 12; Brandis/Heuermann/Nitzschke Rn. 11; BeckOK UmwStG/Claß Rn. 45; Frotscher/Drüen/Mutscher Rn. 37; ebenso BMF 11.11.2011, BStBl. I 2011, 1314 Rn. 27.04) **21** geht davon aus, dass Anteile nach § 20 III 4, § 21 II 6 als „alt einbringungsgeborene" Anteile gelten.

22 § 21 II 1 Nr. 2 aF bestimmt, dass die Rechtsfolgen der Veräußerung einbringungsgeborener Anteile auch dann eintreten, wenn ein dt. Besteuerungsrecht hinsichtlich des Gewinns aus der Veräußerung der einbringungsgeborenen Anteile ausgeschlossen wird. Diese Regelung wurde allg. als EU-rechtswidrig angesehen (Schnitter FR 2003, 90; Schwedhelm/Obing/Binnewies GmbHR 2004, 1489; van Lishaut FR 2004, 1301; Wassermeyer GmbHR 2004, 613). Vor diesem Hintergrund sieht **Abs. 3 Nr. 3 S. 2** eine entsprechende Anwendung der in **§ 6 Abs. 5 AStG** idF vom 7.12.2006 in den Fällen der Wegzugsbesteuerung für Anteile iSd § 17 EStG enthaltenen Stundungsregelung vor, wenn die Einkommensteuer noch nicht bestandskräftig festgesetzt ist. Die Regelung gilt nur für Einkommensteuer und nur für natürliche Personen, die einbringungsgeborene Anteile halten. In diesen Fällen ist die Steuer zinslos und ohne Sicherheitsleistung zu stunden (BMF 11.11.2011, BStBl. I 2011, 1314 Rn. 27.13; Dötsch/Pung/Möhlenbrock/Patt Rn. 16). Die Vorschriften über die Berücksichtigung von Verlusten (§ 6 VI AStG) und die Verfahrensregelung (§ 6 VII AStG) gelten entsprechend. § 6 AStG wurde mit Gesetz vom 25.6.2021 (BGBl. 2021 I 2035) neu gefasst. Mit Wirkung zum 1.1.2022 wurde dadurch die dauerhafte Stundung nach § 6 V AStG aF abgeschafft, § 27 Abs. 3 Nr. 3 S. 2 wurde zunächst nicht angepasst, so dass auf einbringungsgeborene Anteile weiterhin § 6 V AStG idF vom 7.12.2006 anzuwenden ist (BeckOK UmwStG/Claß Rn. 51; Häck/Oertel IStR 2021, 286; Patt GmbH-StB 2020, 360). Mit dem Jahressteuergesetz 2022 vom 16.12.2022 (BGBl. 2022 I 2294) wurde dieser Missstand (so BeckOK UmwStG/Claß Rn. 53) behoben. Der neu eingeführte Abs. 3 Nr. 3 S. 2 lit. b) verweist auf die jetzt geltenden Regelungen des § 6 III, IV AStG (ausführlich Heck IStR 2023, 274). Durch Gesetz vom 27.12.2023 (BGBl. 2023 I Nr. 397 Art. 6) wurde in Abs. 3 Nr. 3 S. 2 lit. a eine entsprechende Anwendung von § 21 III 2 angeordnet.

23 Liegt ein **grenzüberschreitender qualifizierter Anteilstausch iSv § 21 II 3** vor, handelt es sich bei den eingebrachten Anteilen um solche iSd § 21 aF, und wird durch den Anteilstausch das Besteuerungsrecht der BRD hinsichtlich des Gewinns aus der Veräußerung der eingebrachten Anteile ggf. ausgeschlossen, so kommt es nicht zu einer Gewinnrealisierung bei den eingebrachten Anteilen iSd § 21 aF. Für Anteile iSd § 21 aF gilt nach § 27 III Nr. 3 weiterhin § 21 II 1 Nr. 2 aF. Danach treten die Rechtsfolgen einer Veräußerung bezogen auf einbringungsgeborene Anteile iSd § 21 aF auch dann ein, wenn das Besteuerungsrecht der BRD hinsichtlich des Gewinns aus der Veräußerung der Anteile ausgeschlossen wird. Nach § 21 II 2 aF tritt in diesen Fällen an die Stelle des Veräußerungspreises der Anteile ihr gemeiner Wert. Allerdings hat § 21 II 3 als spezielle Vorschrift Vorrang (vgl. Widmann/Mayer/Widmann Rn. 103 zu § 23 IV aF). In jedem Fall sollte die Einbringung von einbringungsgeborenen Anteilen iSv § 21 aF unter den Voraussetzungen des Abs. 2 S. 3 Nr. 2 iVm Art. 8 Fusions-RL steuerneutral möglich sein.

5. Ausschluss der Anwendung der §§ 22, 23, 24 V in bestimmten Fällen (Abs. 4)

24 Nach Abs. 4 sind die Regelungen der §§ 22, 23 und 24 V nicht anzuwenden, soweit der Gewinn aus der Veräußerung der Anteile nach § 8b IV KStG aF bzw. nach § 3 Nr. 40 S. 3 und 4 EStG aF in voller Höhe stpfl. ist. Das Konkurrenzverhältnis zwischen dem weiterhin geltenden § 8b IV KStG aF bzw. § 3 Nr. 40 S. 3 und 4 EStG aF und dem § 22 I, II ist zugunsten der erstgenannten Vorschriften gelöst. Abs. 4 betrifft nicht nur einbringungsgeborene Anteile iSd § 21, sondern auch alle sonstigen von § 8b IV KStG aF erfassten Anteile.

Abs. 4 hat folgende Konsequenzen: Werden einbringungsgeborene Anteile iSd § 21 **25**
I aF in KapGes bzw. Gen eingebracht, sollen aufgrund der in § 23 I angeordneten
Rechtsnachfolge sowohl die eingebrachten Anteile als auch gem. § 20 III 4 die erhaltenen Anteile insoweit solche iSd § 21 I aF sein. Davon ging wohl auch der Gesetzgeber aus (BT-Drs. 16/3369, 11). Es soll daher zu einem Doppelbesteuerungsproblem kommen. Ein Doppelbesteuerungsproblem liegt indes nicht vor, nur die als Gegenleistung erhaltenen Anteile sind (anteilig) solche iSd § 21 aF (→ § 20 Rn. 225). Die eingebrachten Anteile verlieren diese Eigenschaft, wenn sie gegen Gewährung von Gesellschaftsrechten in einer KapGes bzw. Gen eingebracht werden. Bei der Einbringung handelt es sich zum einen um einen Veräußerungsvorgang. Eine Rechtsnachfolge gem. § 23 I scheidet aber bei einbringungsgeborenen Anteilen, bei denen im Zeitpunkt der Einbringung die siebenjährige Sperrfrist iSv § 3 Nr. 40 S. 3 und S. 4 EStG aF bzw. § 8b IV KStG aF noch nicht abgelaufen war, aus, da § 23 wegen Abs. 4 auf Anteile, bei denen die siebenjährige Sperrfrist iSv § 3 Nr. 40 S. 3 und S. 4 EStG aF bzw. § 8b IV KStG aF noch nicht abgelaufen ist, nicht anzuwenden ist. War die siebenjährige Sperrfrist iSv § 3 Nr. 40 S. 3 und S. 4 EStG aF bzw. § 8b IV KStG aF im Zeitpunkt der Einbringung abgelaufen, kommt es zu einer Rechtsnachfolge

Soweit die eingebrachten, ursprünglich einbringungsgeborenen Anteile innerhalb **26**
der siebenjährigen Sperrfrist des § 22 II veräußert werden bzw. ein der Veräußerung gleichgestellter Sachverhalt verwirklicht wird (§ 22 II 6), entsteht ein Einbringungsgewinn II (§ 22 I 5, II), der nach allg. Grundsätzen besteuert wird, falls im Zeitpunkt der Einbringung die siebenjährige Sperrfrist iSv § 3 Nr. 40 S. 3 und S. 4 EStG aF bzw. § 8b IV KStG aF bereits abgelaufen war (so wohl auch Rödder/Herlinghaus/van Lishaut/Rabback § 27 Rn. 247). War im Zeitpunkt der Einbringung die siebenjährige Sperrfrist iSv § 3 Nr. 40 S. 3 und S. 4 EStG aF bzw. § 8b IV KStG aF noch nicht abgelaufen, und werden die ursprünglich einbringungsgeborenen Anteile innerhalb der siebenjährigen Sperrfrist des § 22 II veräußert bzw. wird ein der Veräußerung gleichgestellter Sachverhalt verwirklicht (§ 22 II 6), entsteht kein Einbringungsgewinn II, da im Zeitpunkt der Einbringung in der Person des Einbringenden einbringungsgeborene Anteile vorlagen und damit gem. Abs. 4 die Regelung des § 22 keine Anwendung findet (vgl. BeckOK UmwStG/Claß Rn. 62; FG Münster EFG 2023, 1183; aA BMF 11.11.2011, BStBl. I 2011, 1314 Rn. 27.12; Dötsch/Pung/Möhlenbrock/Pung Rn. 20; Brandis/Heuermann/Nitzschke Rn. 13a; vgl. auch Rödder/Herlinghaus/van Lishaut/Stangl § 22 Rn. 150; auch → § 20 Rn. 226).

6. Unternehmenssteuerreformgesetz v. 14.8.2007

Durch das Unternehmensteuerreformgesetz 2008 v. 14.8.2007 (BGBl. 2007 I **27**
1912) wurde § 27 durch einen Abs. 5 ergänzt. Die Regelung bezieht sich auf die durch das Unternehmensteuerreformgesetz 2008 neu eingeführte Regelung über den Betriebsausgabenabzug für Zinsaufwendungen (Zinsschranke) in § 4h EStG und § 8a KStG. In Anlehnung an das Inkrafttreten der Regelung der § 4h EStG und des § 8a KStG sind die Regelungen in § 4 II 2, § 15 III, § 20 IX und § 24 VI erstmals auf Umw und Einbringungen anzuwenden, bei denen die Anmeldung zur Eintragung in das für die Wirksamkeit des jeweiligen Vorgangs maßgebliche öffentliche Register (→ Rn. 1 f.) nach dem 31.12.2007 erfolgt ist. Für Einbringungen, deren Wirksamkeit keine Eintragung in ein öffentliches Register voraussetzt, gilt diese erstmals, wenn das wirtschaftliche Eigentum an den eingebrachten WG nach dem 31.12.2007 übergangen ist.

7. Jahressteuergesetz 2008 v. 20.12.2007

Durch das JStG 2008 v. 20.12.2007 (BGBl. 2007 I 3150) wurde Abs. 6 neu gefasst. **28**
§ 10 ist danach letztmalig auf Umw anzuwenden, bei denen der stl. Übertragungs-

stichtag vor dem 1.1.2007 liegt. Bei einem stl. Übertragungsstichtag nach dem 31.12.2006 gelten die Regelungen des § 38 VI–X KStG. Sie sehen vor, dass der übertragende Rechtsträger 3% des EK 02 ausschüttungsunabhängig in zehn gleichen Jahresraten in den Jahren 2008 bis 2017 entrichten muss.

29 § 10 ist aber weiterhin anzuwenden, wenn ein Antrag nach § 34 XIV KStG gestellt wurde. Nach dieser Regelung können bei Wohnungsunternehmen von juristischen Personen des öffentlichen Rechts und bei steuerbefreiten Körperschaften auf Antrag weiterhin die bisherigen Regelungen zur ausschüttungsabhängigen Körperschaftsteuererhöhung (§§ 38, 40 KStG; § 10 UmwStG) angewendet werden.

30 Durch das JStG 2008 wurde in § 27 ein neuer Abs. 6 (jetzt Abs. 7) eingefügt. Danach ist § 18 III 1 idF des JStG 2008 erstmals auf Umw anzuwenden, bei denen die Anmeldung zur Eintragung in das für die Wirksamkeit der Umw maßgebende öffentliche Register (→ Rn. 16 f.) nach dem 31.12.2007 erfolgt ist. Vor der Neufassung des § 18 III 1 war str., ob sich die GewStPfl nach § 18 III auch auf das bei der übernehmenden PersGes oder natürlichen Person bereits vorhandene BV erstreckt. Der BFH (DStR 2006, 175; 2007, 551; 2007, 1261; vgl. nunmehr auch OFD Münster 18.3.2008, DStR 2008, 873) verneinte eine GewStPfl für solche stille Reserven, die nachweisbar in den WG vorhanden waren, die bereits vor der Umw zum BV des übernehmenden Rechtsträgers gehört haben, und widersprach damit der bis dahin von der FVerw vertretenen gegenteiligen Auffassung. Durch das Jahressteuergesetz 2008 wurde § 18 III dahingehend geändert, dass nunmehr ausdrücklich der gesamte Auflösungs- oder Veräußerungsgewinn der GewSt auch insoweit unterliegt, als er auf BV des aufnehmenden Rechtsträgers entfällt (zu verfassungsrechtlichen Bedenken vgl. Wernsmann/Desens DStR 2008, 221).

8. Jahressteuergesetz 2009 v. 19.12.2008

31 Durch das JStG 2009 v. 19.12.2008 (BGBl. 2008 I 2794) wurde § 4 VI 4 geändert, Abs. 6 S. 5 eingefügt und der bisherige Abs. 5 S. 5 zu S. 6. Zudem wurde § 4 VII 2 geändert. Damit wurden die Regelungen zum einen an das Teileinkünfteverfahren angepasst, zum anderen wurden Regelungslücken geschlossen. Ursprünglich fehlte es nämlich an einer Regelung in § 4 VI 2, 3, wonach bei natürlichen Personen in den Fällen, in denen es sich bei den Anteilen am übertragenden Rechtsträger um solche iSd § 3 Nr. 4 S. 3 und 4 EStG handelt, der Übernahmeverlust bis zur Höhe der nach § 7 UmwStG vollsteuerpflichtigen Bezüge abziehbar ist. Diese Regelungslücke wird nunmehr mit § 4 VI 5 UmwStG idF des JStG 2009 geändert. Ursprünglich war zudem gem. § 7 S. 2 die Regelung in § 3 Nr. 40 S. 1 und 2 EStG sowie § 3c EStG anzuwenden, soweit eine natürliche Person übernehmender Rechtsträger war bzw. MU der übernehmenden PersGes. § 3 Nr. 40 S. 1 und 2 EStG fanden damit auch Anwendung, wenn es sich bei den Anteilen am übertragenden Rechtsträger um einbringungsgeborene Anteile iSd § 21 aF handelte. § 4 VII 2 idF des JStG 2009 verweist nunmehr auf § 3 Nr. 40 EStG insgesamt, sodass in den Fällen des § 3 Nr. 40 S. 3 und 4 EStG ein Übernahmegewinn in voller Höhe stpfl. ist. Die Neufassung des § 4 VI 4–6, VII 2 ist erstmals auf Umw anzuwenden, bei denen § 3 Nr. 40 EStG in der durch Art. 1 Nr. 3 Gesetz v. 14.8.2007 (BGBl. 2007 I 1912) geänderten Fassung für die Bezüge iSd § 7 anzuwenden ist. § 3 Nr. 40 S. 1 und 2 EStG idF des Gesetzes v. 14.8.2007 ist nach § 52a III EStG erstmals ab dem Veranlagungszeitraum 2009 anzuwenden, was bedeutet, dass der stl. Übertragungsstichtag nach dem 31.12.2008 liegt (Brandis/Heuermann/Nitzschke Rn. 17).

32 Durch das JStG 2009 wurde § 2 durch einen Abs. 4 ergänzt, ebenso wie § 20 VI durch eine S. 4. Diese Neuregelungen sollen verhindern, dass vom Untergang bedrohte Verlustabzüge durch rückwirkende Umw nutzbar gemacht werden können (→ § 2 Rn. 149, → § 20 Rn. 254 ff.). § 2 IV und § 20 VI 4 sind erstmals auf Umw und Einbringungen anzuwenden, bei denen das schädliche Ereignis nach dem 28.11.2008 eintritt. Bzgl. der Anteilsübertragung ist auf den Übergang des wirtschaftlichen Eigentums abzustellen (Dötsch/Pung/Möhlenbrock/Pung Rn. 27). Abweichend von Abs. 9 S. 1 ist gem. S. 2 dieser Vorschrift § 2 IV und § 20 VI 4 nicht bereits ab dem 28.11.2008 anzuwenden, wenn der übernehmende Rechtsträger nachweisen kann, dass zwischen dem Erwerber und dem Veräußerer am 28.11.2008 bereits Einigkeit über den Vollzug des schädlichen Ereignisses bestand. Es soll durch Abs. 9 S. 2 sichergestellt werden, dass Umw, mit deren Umsetzung bereits vor dem 28.11.2008 begonnen wurde, nicht von der Neuregelung betroffen sind (Dötsch/Pung/Möhlenbrock/Pung Rn. 27).

Durch das JStG 2009 wurde des Weiteren § 22 II 1 geändert. Die mittelbare Veräußerung der eingebrachten Anteile durch die übernehmende Gesellschaft wurde der unmittelbaren Veräußerung gleichgestellt. § 22 II 1 sah in seiner ursprünglichen Fassung vor, dass die nachträgliche Besteuerung des Einbringungsgewinns durch einen schädlichen Anteilsverkauf dann ausgeschlossen war, wenn „Einbringende keine durch § 8b II KStG begünstigte Person ist". Durch das JStG 2009 wurde nicht mehr auf die einbringende Person, sondern auf die Veräußerung der eingebrachten Anteile abgestellt, die im Einbringungszeitpunkt nach § 8b II KStG hätten steuerfrei veräußert werden können. Des Weiteren wurde der Klammerzusatz in § 23 I durch Aufnahme des § 21 I 2 erweitert. Bzgl. dieser Änderungen enthält das JStG 2009 keine eigene Anwendungsregelung, sodass eigentlich § 27 I gilt. Dies kann jedoch nur für klarstellende Änderungen gelten (→ § 23 Rn. 16). Soweit es zu einer Änderung der Rechtslage kommt und eine echte Rückwirkung erfolgt, finden diese Regelungen insoweit keine Anwendung (→ § 22 Rn. 113; Widmann/Mayer/Widmann § 22 Rn. 196 ff.).

9. Wachstumsbeschleunigungsgesetz v. 22.12.2009

Durch das Gesetz zur Beschleunigung des Wirtschaftswachstums v. 22.12.2009 (BGBl. 2009 I 3950) wurden § 2 IV 1, § 4 II 2, § 9 S. 3, § 15 II und § 20 IX an die Änderungen bei der Zinsschranke angepasst, soweit diese für das UmwStR relevant sind. Nach Abs. 10 sind diese Neuregelungen erstmals auf Umw und Einbringungen anzuwenden, deren stl. Übertragungsstichtag in einem Wj. liegt, für das § 4h I, IV 1, V 1, 2 EStG idF des Wachstumsbeschleunigungsgesetzes gem. § 52 XIId 4 EStG erstmals anzuwenden sind, nämlich auf Wj., die nach dem 31.12.2009 enden. Entscheidend ist dabei das Wj. des übertragenden bzw. umwandelnden Rechtsträgers (Widmann/Mayer/Widmann Rn. 22).

10. Gesetz zur Umsetzung des EuGH-Urteils v. 20.10.2011 in der Rs. C-284/09

Durch das Gesetz zur Umsetzung des EuGH-Urt. v. 20.10.2011 in der Rs. C-284/09 v. 21.3.2013 (BGBl. 2013 I 561) wurde § 24 V 1 geändert. § 24 V 1 sah in seiner ursprünglichen Fassung vor, dass die nachträgliche Besteuerung des Einbringungsgewinns durch eine schädliche Anteilsveräußerung dann ausgeschlossen war, wenn „der Einbringende keine durch § 8b Abs. 2 des Körperschaftsteuergesetzes begünstigte Person war". Durch das Gesetz zur Umsetzung des EuGH-Urt. v. 20.10.2011 wurde nicht mehr auf die einbringende Person, sondern auf die Veräußerung der eingebrachten Anteile abgestellt, die im Einbringungszeitpunkt nach § 8b II KStG hätten steuerfrei veräußert werden können. Insofern wurde § 24 V 1 an § 22 II 1 angepasst. Bezüglich dieser Änderung enthält das Gesetz keine eigene Anwendungsregel, sodass eigentlich § 27 I gilt. Dies kann jedoch nur für klarstellende Änderungen gelten (davon geht Benz/Jetter DStR 2013, 489 aus). Da es aber nach der hier vertretenen Auffassung zu einer Änderung der Rechtslage kommt und falls das BVerfG eine echte Rückwirkung annehmen sollte, findet die Neufassung des Gesetzes nur Anwendung, wenn die Veräußerung bezogen auf die eingebrachten Anteile nach Verkündigung des Gesetzes erfolgte.

36 Durch das Gesetz zur Umsetzung des EuGH-Urt. v. 20.10.2011 wurde auch § 8b IV KStG neu gefasst. Nach dieser Vorschrift sind Bezüge iSd § 8b I KStG bei der Ermittlung des Einkommens zu berücksichtigen, wenn die Beteiligung zu Beginn des Kj. unmittelbar weniger als 10 vH des Grund- oder Stammkapitals betragen hat. § 8b IV KStG ist insbes. in den Fällen des § 7 anzuwenden, wenn die Anmeldung zur Eintragung in das für die Wirksamkeit des Umwandlungsvorgangs maßgebende öffentliche Register nach dem 28.2.2013 erfolgte.

11. Art. 9 zur Umsetzung der Amtshilferichtlinie sowie zur Änderung steuerlicher Vorschriften v. 26.6.2013

37 Durch das Gesetz zur Umsetzung der Amtshilferichtlinie sowie zur Änderung stl. Vorschriften (Amtshilferichtlinie-Umsetzungsgesetz) v. 26.6.2013 (BGBl. 2013 I 1809) wurde durch § 2 IV 3–6 die Verrechnung positiver Einkünfte des übertragenden Rechtsträgers im Rückwirkungszeitraum mit verrechenbaren Verlusten, verbleibenden Verlustvorträgen, nicht ausgeglichenen Einkünften und einem Zinsvortrag des übernehmenden Rechtsträgers eingeschränkt. Durch Verweis in § 20 VI 4, § 24 IV findet die Regelung auch auf Einbringungsvorgänge Anwendung. Die Vorschriften sind erstmals auf Umw und Einbringungen anzuwenden, bei denen die Anmeldung zur Eintragung in das für die Wirksamkeit des jeweiligen Vorgangs maßgebliche öffentliche Register nach dem 6.6.2013 erfolgt. Setzt die Wirksamkeit keine Eintragung in das öffentliche Register voraus, sind die Vorschriften erstmals anzuwenden, wenn das wirtschaftliche Eigentum an den eingebrachten Wirtschaftsgütern nach dem 6.6.2013 übergegangen ist. Die Regelung ist insoweit misslungen, als § 20 VI durch das Amtshilferichtlinie-Umsetzungsgesetz selbst nicht geändert wurde; dieser Fehler wurde erst durch das Kroatien-Anpassungsgesetz v. 25.7.2014 korrigiert.

12. Art. 6 Gesetz zur Anpassung des nationalen Steuerrechts an den Beitritt Kroatiens zur EU und zur Änderung weiterer steuerlicher Vorschriften v. 25.7.2014

38 Durch das sog. Kroatien-Anpassungsgesetz v. 25.7.2014 (BGBl. 2014 I 1266) wurde der Verweis auf die Vorschriften zur Steueranrechnung angepasst; die Neufassung gilt erstmals bei stl. Übertragungsstichtagen nach dem 31.12.2013.

13. Steueränderungsgesetz 2015 v. 2.11.2015

39 Durch das StÄndG 2015 v. 2.11.2015 (BGBl. 2015 I 1834) wurden § 20 II, § 21 I, § 22 I 6 Nr. 2, 4 und 5 sowie § 24 II geändert und § 27 XIV eingefügt. Durch diese Änderungen wurde die Möglichkeit des übertragenden Rechtsträgers, in den Fällen der Einbringung sonstige Gegenleistungen im Sinne dieser Vorschriften zu erhalten, begrenzt. Obwohl das StÄndG 2015 auf den 2.11.2015 datiert, sollen diese Regelungen rückwirkend auf Einbringungen anzuwenden sein, wenn in den Fällen der Gesamtrechtsnachfolge der Umwandlungsbeschluss nach dem 31.12.2014 erfolgt oder in den anderen Fällen der Einbringungsvertrag nach dem 31.12.2014 abgeschlossen worden ist. Diese rückwirkende Anwendung der Neuregelung ab dem 1.1.2015 wird durch den Gesetzgeber (BT-Drs. 18/4902, 51) damit begründet, dass der Steuerpflichtige kein schutzwürdiges Vertrauen auf den Fortbestand der ursprünglichen Rechtslage haben konnte: „Denn auf Grund der Protokollerklärung der Bundesregierung zum Gesetz zur Anpassung der Abgabenordnung an den Zollkodex der Union und zur Änderung weiterer steuerlicher Vorschriften (vgl. BR-Plenarprot. 229. Sitzung am 19.12.2014, 429) musste für das erste Quartal 2015 mit dem Aufgriff der zu dem Gesetz vorgetragenen Bundesratsangelegenheit gerechnet werden, zu denen die Bundesregierung in ihrer Gegenäußerung Prüfung zugesagt hatte. Dies betraf – wie die Bundesregierung besonders hervorhob – die Verhinderung systemwidriger Gestaltungen im Umwandlungssteuerrecht, zu der bereits eine fachlich abgestimmte Formulierung vorlag (vgl. BR-Plenarprot. 229. Sitzung am 19.12.2014, 411). Eine frühzeitige Anwendung der Regelung ist erforderlich, um zu verhindern, dass die bisherige systemwidrige Rechtslage schon auf Grund des bloßen Ankündigungseffekts weiter zur Gestaltung genutzt werden kann. Bekannt gewordene Sachverhalte zeigen, dass sich sonst im Einzelfall erhebliche Steuervorteile erzielen ließen". Diese Begründung des Gesetzgebers zielt auf den Beschluss des II. Senats des BVerfG 3.12.1997 (BVerfGE 97, 67) ab. In diesem Beschluss führte das BVerfG aus, dass unter gewissen Voraussetzungen die bloße Ankündigung einer Gesetzesänderung das Vertrauen in den Fortbestand dieser Regelungen zerstöre und damit eine rückwirkende Änderung bezogen auf den Zeitpunkt der Ankündigung der Gesetzesänderung dem Rechtsstaatsprinzip entspreche. Fraglich ist aber, ob die ursprüngliche gesetzliche Regelung, wonach eine sonstige Gegenleistung in Höhe des übertragenen Nettobuchwertvermögens möglich war (vgl. § 20 II 4 aF; BFH DStR 2013, 2821 zu § 24 aF), sich tatsächlich als eine „systemwidrige Rechtslage" dargestellt hat. Davon ist im Ergebnis nicht auszugehen, sodass die Möglichkeit der rückwirkenden Anwendung der Neuregelung zweifelhaft ist (vgl. dazu Wälzholz DStZ 2015, 449 mwN).

14. Corona-Steuerhilfe-Gesetz v. 19.6.2020

Durch das Gesetz zur Umsetzung steuerlicher Hilfsmaßnahmen zur Bewältigung **40** der Corona-Krise (Corona-Steuerhilfegesetz) v. 19.6.2020 (BGBl. 2020 I 1385) wurde § 27 durch einen Abs. 15 ergänzt. Durch § 4 COVMG vom 27.3.2020 (BGBl. 2020 I 569) wurde die in § 17 I 4 UmwG geregelte, rückwärts zu berechnende Höchstfrist für den Stichtag der Schlussbilanz des übertragenen Rechtsträgers für Anmeldungen zur Eintragung, die im Jahr 2020 vorgenommen werden, auf zwölf Monate verlängert. Das BMJ wurde nach § 8 COVMG ermächtigt, dieses bis zum 31.12.2021 zu verlängern. Diese Verlängerung gilt auch für stl. Zwecke (vgl. Wübbelsmann DStR 2020, 696; Hageböke BB 2020, 752). Diese in § 17 II 4 UmwG verlängerte Frist schlägt über § 2 UmwStG auch auf Umwandlungen iSd §§ 3, 11, und § 15 durch. Die § 9 und § 20 nehmen jedoch weder mittelbar noch unmittelbar auf § 17 II 4 UmwG Bezug, § 9 S. 3 und § 20 VI 1 und 3 beinhalten eigenständige Rückwirkungsregelungen. Durch Abs. 15 kommt es zu einer Verlängerung der Zeiträume in § 9 S. 3 und § 20 VI 1 und 3 auf zwölf Monate, wodurch die Rückwirkungsregelung des UmwStG für das Jahr 2020 und ggf. für das Jahr 2021 vereinheitlicht wird. Abs. 15 S. 2 sieht unter Bezugnahme auf § 8 COVMG die Möglichkeit einer Ausweitung dieser Regelung bis zum 31.12.2021 vor. Das BMJ hat von der Ermächtigung in § 8 COVMG mit VO vom 20.10.2020 (BGBl. 2020 I 2258) Gebrauch gemacht und die gesellschaftsrechtlichen Regelungen um ein Jahr bis zum 31.12.2021 verlängert, so dass die Bedingungen des Abs. 15 S. 2 eingetreten waren. Das BMF hat infolgedessen die VO zu § 27 Abs. 15 vom 18.12.2020 (BGBl. 2020 I 3042) erlassen und § 27 Abs. 15 S. 1 auch auf Anmeldung zur Eintragung und Einbringungsvertragsabschlüssen im Jahr 2021 erstreckt.

15. Abzugssteuerentlastungsmodernisierungsgesetz v. 2.6.2021

Durch Gesetz vom 2.6.2021 (BGBl. 2021 I 1259) wurde § 2 um einen Abs. 5 **41** ergänzt und die Regelung der § 9 S. 3 Hs. 2, § 22 VI 4 entsprechend folgegeändert. Der Gesetzgeber wollte durch diese Regelung Gestaltungen verhindern, die darauf abzielen, dass im stl. Rückwirkungszeitraum geschaffenes Verlustpotential in Form von stillen Lasten an Finanzinstrumenten oder Anteilen an Körperschaften, durch steuerneutrale Umwandlungen einem Dritten zur Verrechnung mit dessen positiven Einkünften zur Verfügung gestellt werden kann. Nach § 27 XVI 1 sind die § 2 V, § 9 S. 3 Hs. 2 und § 20 VI 4 idF des Gesetzes vom 2.6.2021 erstmals auf Umwandlungen und Einbringungen anzuwenden, bei denen die Anmeldung zur Eintragung in das für die Wirksamkeit des Vorstands maßgebenden öffentlichen Registers bzw. bei Einbringung der Übergang des wirtschaftlichen Eigentums nach dem 20.11.2020 erfolgt. Nach Abs. 16 S. 2 sind die Neuregelungen in allen anderen offenen Fällen anzuwenden, in denen die äußeren Umstände darauf schließen lassen, dass die Verrechnung übergehender stiller Lasten wesentlicher Zweck der Umwandlungen oder Einbringung war und der Steuerpflichtige dies nicht widerlegen kann. S. 2 ordnet damit die rückwirkende Anwendung der Vorschrift an, was in verfassungsrechtlicher Weise zweifelhaft ist (Brandes/Heuermann/Nitzschke Rn. 33; Widmann/Mayer/Fuhrmann Rn. 73; vgl. auch BVerfG DStR 2021, 1153).

42 Mit Gesetz vom 2.6.2021 wurde § 4 V 1 aufgehoben. Der Gesetzgeber ordnet mit Abs. 17 an, dass § 4 V 1 in der am 8.6.2021 geltenden Fassung weiterhin anzuwenden ist. Welche Fälle damit gemeint sind, ist nicht ersichtlich (Brandes/Heuermann/Nitzschke Rn. 34).

16. Gesetz zur Modernisierung des Körperschaftsteuerrechts vom 25.6.2021

43 Im Rahmen des Gesetzes zur Modernisierung des KStG vom 25.6.2021 (BGBl. 2021 I 250) wurden die persönlichen Anwendungsvoraussetzungen für Umwandlungen, auf die der 2.–5. Teil des UmwStG (§§ 3–19) anzuwenden ist, geändert. Nach Streichung des § 1 II ist es nicht mehr erforderlich, dass übertragender, übernehmender oder umwandelnder Rechtsträger nach den Rechtsvorschriften eines EU-/EWR-Staates gegründete Ges mit Sitz in einem EU-/EWR-Staat sind bzw. natürliche Personen ihren Wohnsitz oder gewöhnlichen Aufenthalt in einem EU-/EWR-Staat haben. Die Streichung des Abs. 2 führte zu redaktionellen Anpassungen für den 6.–8. Teil durch Änderung des Abs. 4, da für Vorgänge iSd der §§ 20, 21 und 25 der persönliche Anwendungsbereich unverändert auf EU-/EWR-Gesellschaften bzw. in der EU/EWR ansässige natürliche Personen beschränkt ist. Der neu gefasste § 1 ist auf Umwandlungen und Einbringungen anzuwenden, bei denen der stl. Übertragungsstichtag nach dem 31.12.2021 liegt.

§ 28 Bekanntmachungserlaubnis

Das Bundesministerium der Finanzen wird ermächtigt, den Wortlaut dieses Gesetzes und der zu diesem Gesetz erlassenen Rechtsverordnungen in der jeweils geltenden Fassung satzweise nummeriert mit neuem Datum und in neuer Paragraphenfolge bekannt zu machen und dabei Unstimmigkeiten im Wortlaut zu beseitigen.

1 § 28 wurde durch das 5. Gesetz zur Änderung des Steuerbeamten-Ausbildungsgesetz und zur Änderung von StG v. 23.7.2002 (BGBl. 2002 I 2715) erstmals in das UmwStG eingefügt. Die Vorschrift enthält eine allgemeine Ermächtigung der FVerw zur redaktionellen Änderung von Paragrafen des UmwStG. Entsprechende gesetzliche Regelungen finden sich auch in anderen Steuergesetzen.

2 Durch § 28 wird die FVerw ausschließlich ermächtigt, redaktionelle Änderungen vorzunehmen, eine Änderung materieller Natur ist jedoch nicht zulässig (Rödder/Herlinghaus/van Lishaut/Ritzer Rn. 4). Überschreitet die FVerw die Grenzen des § 28, sind die Änderungen aufgrund fehlender Verkündung des Gesetzes nichtig.

E. Verkehrsteuern

Verkehrsteuern bei Umwandlungs- und Einbringungsvorgängen (Überblick)

Übersicht

	Rn.
I. Umsatzsteuer	1
1. Verschmelzung	1
a) Vermögensübergang durch Verschmelzung	1
b) Auswirkungen der Verschmelzung auf die Vorsteuer	4
c) Besteuerungszeitraum	7
2. Spaltung	8
a) Vermögensübergang durch Spaltung	8
b) Auswirkungen der Spaltung auf die Vorsteuer	13
c) Besteuerungszeitraum	16
3. Formwechsel	17
4. Vermögensübertragung	20
5. Einbringung in eine Kapitalgesellschaft	22
a) Vermögensübergang durch Einbringung	22
b) Auswirkungen der Einbringung auf die Vorsteuer	27
c) Besteuerungszeiträume	30
6. Einbringung in eine Personengesellschaft	31
a) Vermögensübergang durch Einbringung	31
b) Auswirkungen der Einbringung auf die Vorsteuer	35
c) Besteuerungszeiträume	38
II. Grunderwerbsteuer	39
1. Übergang des Vermögens einer Körperschaft auf eine Personengesellschaft oder andere Körperschaft im Wege der Verschmelzung und Auf- oder Abspaltung	39
a) Unmittelbarer Grundstücksübergang	39
b) Mittelbare Grundstücksübertragung	51
aa) Anwachsung	52
bb) Änderung im Gesellschafterbestand einer grundbesitzenden Personengesellschaft (§ 1 IIa GrEStG)	57
cc) Änderung im Gesellschafterbestand einer grundbesitzenden Kapitalgesellschaft (§ 1 IIb GrEStG)	70a
dd) Anteilsvereinigung (§ 1 III GrEStG)	71
ee) Anteilsvereinigung im Organkreis (§ 1 III, IV Nr. 2 GrEStG)	92
ff) Wirtschaftliche Anteilsvereinigung (§ 1 IIIa GrEStG)	101
2. Formwechsel	109
a) Formwechsel einer Gesellschaft mit Grundbesitz	109
b) Formwechsel einer Gesellschaft mit Anteilen an Gesellschaften mit Grundbesitz	111
c) Mittelbare grunderwerbsteuerliche Auswirkungen des Formwechsels	112
3. Einbringung in eine Kapitalgesellschaft	115
a) Unmittelbarer Grundstücksübergang	115

	Rn.
b) Mittelbarer Grundstücksübergang	122
aa) Anwachsung	123
bb) Änderung im Gesellschafterbestand (§ 1 IIa und IIb GrEStG), Anteilsvereinigung bzw. -übertragung (§ 1 III Nr. 2 und 4 GrEStG) sowie wirtschaftliche Anteilsvereinigung (§ 1 IIIa GrEStG)	125
4. Einbringung in eine Personengesellschaft	126
a) Unmittelbarer Grundstücksübergang	127
b) Mittelbarer Grundstücksübergang	129
aa) Anwachsung	130
bb) Änderung im Gesellschafterbestand (§ 1 IIa und IIb GrEStG), Anteilsvereinigung bzw. -übertragung (§ 1 III Nr. 2 und 4 GrEStG) sowie wirtschaftliche Anteilsvereinigung (§ 1 IIIa GrEStG)	131

I. Umsatzsteuer

1. Verschmelzung

1 **a) Vermögensübergang durch Verschmelzung.** Bei Verschm von Rechtsträgern geht mit der Eintragung der Verschm in das Register des Sitzes des übernehmenden Rechtsträgers (§ 20 UmwG) das Vermögen des übertragenden Rechtsträgers einschl. der Verbindlichkeiten auf den übernehmenden Rechtsträger im Wege der Gesamtrechtsnachfolge über; der übertragende Rechtsträger erlischt. Ist der **übertragende Rechtsträger** (noch) kein Unternehmer iSv § 2 UStG führt die Verschm nicht zu steuerbaren Umsätzen. Allerdings beginnt die Unternehmereigenschaft schon mit dem ersten nach außen erkennbaren auf eine Unternehmung gerichtetes Tätigwerden, wenn die spätere Ausführung entgeltlicher Leistungen beabsichtigt ist und die Ernsthaftigkeit dieser Absicht durch objektive Merkmale belegbar ist (Abschn. 2.6 II UStAE). Deshalb ist die Unternehmereigenschaft auch bei einer PersGes gegeben, wenn diese in ihrer Rechtsform beabsichtigt, entsprechende Leistungen zu erbringen, aber vorher noch auf eine KapGes verschmolzen wird (vgl. OFD Cottbus 15.2.2000 – S 7104-0021-St 244, FMNR 644660000 S 7104-0021-St 244). Ist der übertragende Rechtsträger Unternehmer (§ 2 UStG), so unterliegen nach § 1 I Nr. 1 UStG Lieferungen und sonstige Leistungen, die im Inland gegen Entgelt im Rahmen seines Unternehmens ausgeführt werden, der USt. Darunter fällt auch der Leistungsaustausch bei der Verschm nach dem UmwG. Der ustl. Leistungsaustausch besteht in der Vermögensübertragung des übertragenden Rechtsträgers gegen Gewährung von Anteilen oder Mitgliedschaften am übernehmenden bzw. neuen Rechtsträger sowie in der Übernahme von Verbindlichkeiten (vgl. BFH BStBl. II 1996, 114; BStBl. II 2004, 375; OFD Düsseldorf UR 1999, 426; Reiß UR 1996, 357; Widmann/Mayer/Knoll Anh. 11 Rn. 1; aA Stadie UStG § 1 Rn. 43 und 138 mit Verweis auf die Gesamtrechtsnachfolge). Dass die gewährten Anteile bzw. Mitgliedschaftsrechte nicht dem übertragenden Rechtsträger gewährt werden, ändert am Vorliegen einer umsatzsteuerlichen Gegenleistung nichts (vgl. Reiß UR 1996, 357; Rödder/Herlinghaus/van Lishaut/Rasche Anh. 11 Rn. 9). Durch die Verschm kommt es zu einer Vielzahl von Umsätzen, die grds. steuerbar und stpfl. sind (Rau/Dürrwächter/Nieskens UStG § 1 Rn. 1204; aA Stadie UStG § 1 Rn. 43, 138). In Bezug auf körperliche Gegenstände verschafft der übertragende Rechtsträger dem übernehmenden Rechtsträger die Verfügungsmacht an den körperlichen Gegenständen und tätigt insoweit Lieferungen iSv § 3 I UStG. Mit der Übertragung von nichtkörperlichen Gegenständen (zB Rechten) erbringt er sonstige

Leistungen iSv § 3 IX UStG. Das Entgelt des übernehmenden Rechtsträgers besteht in der Gewährung von Anteilen und in der Übernahme von Verbindlichkeiten (§ 10 I 2 UStG). Erfolgt die Verschm ohne Gewährung von Gesellschaftsrechten durch den übernehmenden Rechtsträger (vgl. § 54 UmwG) und ohne Übernahme von Verbindlichkeiten, können Leistungen iSv § 3 Ib UStG bzw. § 3 IXa UStG vorliegen. Die Steuerbarkeit entfällt nicht deshalb, weil die Leistungen kraft Gesetzes ausgeführt werden (§ 1 I Nr. 1 S 2 UStG). Nach **§ 1 Ia UStG** sind die Leistungen in Form der Übertragung des Vermögens als Ganzes im Wege der Verschm auf einen anderen Rechtsträger und der damit verbundene Leistungsaustausch als **Geschäftsveräußerung im Ganzen** nicht steuerbar (OFD Erfurt 21.7.1997, DStR 1997, 1810; Rau/Dürrwächter/Nieskens UStG § 1 Rn. 977; Sölch/Ringleb/Oelmaier UStG § 1 Rn. 86; Widmann/Mayer/Knoll Anh. 11 Rn. 1; Rödder/Herlinghaus/van Lishaut/Rasche Anh. 11 Rn. 11; Bunjes/Robisch UStG § 1 Rn. 136). Unschädlich ist es für die Annahme einer Geschäftsveräußerung im Ganzen, wenn sich Teile des Unternehmens (zB wesentliche Grundlagen) des übertragenden Rechtsträgers nicht auf das Inland erstrecken. Die Rechtsfolgen des § 1 Ia UStG erstrecken sich jedenfalls nur auf das im Inland befindliche Unternehmensvermögen (Merkel UR 2013, 859). Bei sofortiger Beendigung der Geschäftstätigkeit durch den übernehmenden Rechtsträger liegt hingegen keine Geschäftsveräußerung im Ganzen vor; zur Annahme einer Geschäftsveräußerung im Ganzen müssen fortgeführte Geschäftstätigkeit derjenige des übertragenden Unternehmers ähnlich sein (EuGH UR 2004, 19; 2011, 937; BFH BStBl. II 2013, 301; Abschn. 1.5 I S. 4 UStAE). Gehören übertragender und übernehmender Rechtsträger zum selben umsatzsteuerlichen Organkreis iSv § 2 II Nr. 2 UStG stellt die Übertragung einen nichtsteuerbaren Innenumsatz dar. Die unmittelbare Weiterübertragung des Unternehmens auf einen dritten Rechtsträger (zB bei einer **Kettenumwandlung**), steht der Annahme der Geschäftsveräußerung im Ganzen iSv § 1 Ia UStG grds. nicht entgegen. Die Fortführung des Unternehmens muss bei Kettenumwandlungen nur dem Grunde nach, nicht aber höchstpersönlich beim jeweiligen Erwerber vorliegen (BFH DStR 2016, 311; BStBl. II 2020, 793; DStR 2021, 724; BStBl. II 2021, 953; Abschn. 1.5 I S. 5 UStAE; Rau/Dürrwächter/Nieskens UStG § 1 Rn. 1305). Der Durchgangserwerber wird dadurch auch zum Unternehmer iSv § 1 Ia UStG, selbst wenn er das Unternehmen im Rahmen einer Kettenumwandlung nur für eine logische Sekunde erwirbt. Die FVerw nimmt eine Geschäftsveräußerung in diesen Fällen aber nur dann an, wenn auf jeder Stufe der Übertragung der Erwerber Unternehmer iSv § 2 UStG ist (Abschn. 1.5. I S. 6 UStAE). Bei Kettenumwandlungen unter Beteiligung von Gesellschaften, die nicht als Unternehmer qualifizieren, würde hiernach keine Geschäftsveräußerungen im Ganzen vorliegen. Die Gewährung von Anteilen durch den **übernehmenden Rechtsträger** ist nicht steuerbar (vgl. EuGH IStR 2003, 601; BFH BStBl. II 2005, 503; Abschn. 1.6 II S. 1 und 2 UStAE; Rödder/Herlinghaus/van Lishaut/Rasche Anh. 11 Rn. 14). Die Übernahme von Verbindlichkeiten durch den übernehmenden Rechtsträger ist nicht steuerbar, wenn sie im Rahmen einer Geschäftsveräußerung im Ganzen erfolgt (BFH BStBl. II 1969, 637; Rödder/Herlinghaus/van Lishaut/Rasche Anh. 11 Rn. 15). Außerhalb einer Geschäftsveräußerung im Ganzen ist die Übernahme von (Finanz-)Verbindlichkeiten steuerbar, aber nach § 4 Nr. 8 lit. g UStG steuerfrei (BFH BStBl. II 2011, 950).

Ertragstl. kann die Verschm auf einen zurückliegenden Umwandlungsstichtag **2** zurückbezogen werden. Für die USt scheidet jedoch eine Rückbeziehung insoweit aus (BFH BStBl. II 2009, 1026). Maßgebend für die umsatzsteuerrechtliche Beurteilung des Umwandlungsvorgangs ist der Tag, an dem die Verschm wirksam wird, dh in das HR des übernehmenden Rechtsträgers eingetragen wird. Die bis dahin vom übertragenden Rechtsträger ausgeführten steuerbaren Umsätze sind noch vom übertragenden Rechtsträger zu versteuern (Widmann/Mayer/Knoll Anh. 11 Rn. 20 f.; Rau/Dürrwächter/Nieskens UStG § 1 Rn. 1352).

3 Liegen die Voraussetzungen einer Geschäftsveräußerung im Ganzen vor, verknüpft das UStG die umsatzsteuerrechtliche Rechtsposition des übertragenden und des übernehmenden Rechtsträgers durch die Vorschrift des § 1 Ia 3 UStG. Nach **§ 1 Ia 3 UStG tritt der übernehmende Rechtsträger** aus umsatzsteuerrechtlicher Sicht **an die Stelle des übertragenden Rechtsträgers**, wobei es sich insoweit um eine **objektbezogene Einzelrechtsnachfolge** handelt (Rau/Dürrwächter/Nieskens UStG § 1 Rn. 1351; OFD Karlsruhe 28.4.2000, DStR 2000, 878), dh der Eintritt in die Rechtsstellung des übertragenden Rechtsträgers beschränkt sich auf den übernommenen Vermögensteil und erfolgt nicht im Wege einer Gesamtrechtsnachfolge. Der übernehmende Rechtsträger muss sich im Zusammenhang mit der Besteuerung der unentgeltlichen Wertabgabe nach § 3 Ib oder IXa UStG den Vorsteuerabzug des übertragenden Rechtsträgers zurechnen lassen (Rödder/Herlinghaus/van Lishaut/Rasche Anh. 11 Rn. 19). Ein Übergang der steuerverfahrensrechtlichen Rechtsposition des übertragenden Rechtsträgers (zB hinsichtlich Steuererklärungspflichten) ergibt sich daraus nicht (Rödder/Herlinghaus/van Lishaut/Rasche Anh. 11 Rn. 16; Rau/Dürrwächter/Nieskens UStG § 1 Rn. 1351 ff.). Allerdings folgt dieser bei der Verschm aus der zivilrechtlichen Gesamtrechtsnachfolge (§ 20 I Nr. 1 UmwG). Der übernehmende Rechtsträger tritt nach § 45 I 1 AO in vollem Umfang (materiell- und steuerverfahrensrechtlich) in die Rechtsstellung des übertragenden Rechtsträgers ein (BFH BStBl. II 2002, 441 mwN). § 1 Ia 3 UStG und die Regelung des **§ 15a X UStG**, welche vorsieht, dass bei einer Geschäftsveräußerung der für das WG bzw. sonstige Leistung maßgebliche Berichtigungszeitraum nicht unterbrochen wird, haben bei Verschm demnach nur klarstellende Bedeutung.

4 **b) Auswirkungen der Verschmelzung auf die Vorsteuer.** Erfolgt ein Leistungsbezug durch den übertragenden Rechtsträger und liegen die Voraussetzungen für den Vorsteuerabzug (zB Rechnung mit gesondertem Steuerausweis) erst nach dem Zeitpunkt der Eintragung der Umw in das HR vor, so hat der übernehmende Rechtsträger, der nach § 1 Ia 3 UStG an die Stelle des übertragenden Rechtsträgers getreten ist, die Berechtigung zum Vorsteuerabzug (Widmann/Mayer/Knoll Anh. 11 Rn. 46; Rödder/Herlinghaus/van Lishaut/Rasche Anh. 11 Rn. 18).

5 Weist der übertragende Rechtsträger bei der Verschm des Unternehmens in einer Rechnung USt gesondert aus, obwohl bezogen auf das übergehende Vermögen die Voraussetzungen des § 1 Ia UStG vorliegen, so schuldet er die USt gem. **§ 14c I 1 UStG** (Rau/Dürrwächter/Nieskens UStG § 1 Rn. 1352). Nach § 14c I 2 UStG ist der übernehmende Rechtsträger, der in die ustl. Rechtsstellung des übertragenden Rechtsträgers eintritt, berechtigt, die Rechnung zu berichtigen (Widmann/Mayer/Knoll Anh. 11 Rn. 54), wobei in Fällen der Geschäftsveräußerung im Ganzen nach § 14c I 3 UStG das verschärfte Berichtigungsverfahren nach § 14c II 3–5 UStG vorgesehen ist. Da der Vorsteuerabzug nach § 15 I Nr. 1 UStG voraussetzt, dass die in Rechnung gestellte USt für den berechneten Umsatz geschuldet ist, ist ein Vorsteuerabzug in diesem Fall nicht zulässig (Abschn. 15.2 I S. 1 und 2 UStAE; Widmann/Mayer/Knoll Anh. 11 Rn. 39). Gem. § 45 I 1 AO bzw. **§ 15a X UStG** wird bei der Verschm in Form der Geschäftsveräußerung im Ganzen der für ein WG oder eine sonstige Leistung maßgebende Berichtigungszeitraum nicht unterbrochen.

6 Werden für die Durchführung der Verschm vom übertragenden Rechtsträger **Leistungen von anderen Unternehmern** (zB Beratungskosten) in Anspruch genommen, so richtet sich die Möglichkeit eines Vorsteuerabzugs nach § 15 UStG für die Umsatzsteuerbeträge, die dem übertragenden Rechtsträger in Rechnung gestellt werden danach, in welchem Umfang die übergehenden WG im Besteuerungszeitraum der Veräußerung in Form der Verschm zur Ausführung von sog. vorsteuerabzugsschädlichen Verwendungsumsätzen iSv § 15 II–IV UStG beim übertragenden Rechtsträger verwendet wurden (EuGH UR 2001, 164; SächsFG EFG

2000, 827; FM Hessen UR 1996, 243; Widmann/Mayer/Knoll Anh. 11 Rn. 66 ff.; aA Reiß UR 1996, 357; Amman UR 1998, 98; die auf die Verwendung beim übernehmenden Rechtsträger abstellen wollen; vgl. hierzu auch Wienands/Bahns UR 1999, 265). Lässt sich anhand der Verhältnisse im Besteuerungszeitraum der Verschm eine realistische Quote der abziehbaren Vorsteuern nicht ermitteln (zB wegen Kürze des Besteuerungszeitraums), so kann der vorherige Besteuerungszeitraum für die Ermittlung dieser Quote mit herangezogen werden (OFD Karlsruhe 25.3.2002 – S 7300, FMNR 185070002; SächsFG EFG 2000, 827 mit Darstellung der Gegenauffassung). Der EuGH hat zu dieser Problematik Folgendes ausgeführt: „Die Ausgaben des Übertragenden für Dienstleistungen, die er zur Durchführung der Übertragung in Anspruch nimmt, gehören zu den allgemeinen Kosten; sie weisen damit grundsätzlich einen direkten und unmittelbaren Zusammenhang mit seiner gesamten wirtschaftlichen Tätigkeit aus". Selbst im Falle der Übertragung des gesamten Unternehmens, in dem der Unternehmer nach der Inanspruchnahme der fraglichen Dienstleistung keine Umsätze mehr tätigt, sind die Kosten dieser Dienstleistung als Bestandteil der gesamten wirtschaftlichen Tätigkeit des Unternehmens vor der Übertragung anzusehen (Widmann/Mayer/Knoll Anh. 11 Rn. 66).

c) Besteuerungszeitraum. Bei der Verschm muss der übernehmende Rechtsträger grds. **zwei Steuererklärungen** nach § 18 III UStG für den (ggf. nach § 16 III UStG verkürzten) Besteuerungszeitraum abgeben, und zwar eine Steuererklärung für den übertragenden Rechtsträger für Umsätze vor dem Wirksamwerden der Verschm, und eine Erklärung für sich als übernehmender Rechtsträger (OFD Erfurt 21.7.1997, UR 1998, 162; OFD Frankfurt a. M. 11.2.1994, BB 1994, 922; Widmann/Mayer/Knoll Anh. 11 Rn. 77). Der übernehmende Rechtsträger ist hinsichtlich der Umsatzsteuerschuld des übertragenden Rechtsträgers Steuerschuldner (vgl. Widmann/Mayer/Knoll Anh. 11 Rn. 74). Es soll die Möglichkeit bestehen, die in einem Besteuerungszeitraum anfallende USt des übertragenden Rechtsträgers und des übernehmenden Rechtsträgers in einem Steuerbescheid zusammenzufassen (vgl. Widmann/Mayer/Knoll Anh. 11 Rn. 78; BFH UR 1998, 238).

2. Spaltung

a) Vermögensübergang durch Spaltung. Die im Zusammenhang mit der **Aufspaltung, Abspaltung oder der Ausgliederung** bewirkten Vermögensübertragungen gegen Gewährung von Anteilen oder Mitgliedschaften an den übernehmenden Rechtsträger bzw. an dessen Anteilsinhaber (§ 123 UmwG) stellen einen Leistungsaustausch iSd UStG dar, der dann insoweit steuerbar ist, wenn die Tatbestandsvoraussetzungen des § 1 Ia UStG erfüllt sind (Rau/Dürrwächter/Nieskens UStG § 1 Rn. 968 bzw. 977). Der ustl. Leistungsaustausch besteht in der Vermögensübertragung des übertragenden Rechtsträgers gegen Gewährung von Anteilen oder Mitgliedschaften am übernehmenden bzw. neuen Rechtsträger (aA zur Aufspaltung Stadie UStG § 1 Rn. 138), einer sonstigen Gegenleistung (zB in Form einer baren Zuzahlung) sowie ggf. der Übernahme von Verbindlichkeiten. Erfolgt die Spaltung ohne Gewährung von Gesellschaftsrechten durch den übernehmenden Rechtsträger (nur möglich bei Auf- und Abspaltungen, vgl. § 125 UmwG iVm § 54 UmwG) und ohne Übernahme von Verbindlichkeiten, können Leistungen iSv § 3 Ib UStG bzw. § 3 IXa UStG vorliegen.

Eine **Geschäftsveräußerung im Ganzen iSd § 1 Ia 2 UStG** in diesem Sinne liegt vor, wenn ein Unternehmen oder ein in der Gliederung eines Unternehmens gesondert geführter Betrieb im Ganzen übereignet oder in eine Gesellschaft eingebracht wird. Ob die übertragenen Vermögensteile einen gesonderten Betrieb darstellen, ist grds. nicht nach nationalen ertragstl. Kriterien zu beurteilen. Maßstab sind die Regelungen der MwStSystR (BFH BStBl. II 2004, 662); insbes. sind die ertragstl. Teilbetriebsfiktionen für Mitunternehmeranteile und die das gesamte

Nennkapital umfassende Beteiligung an einer KapGes (vgl. § 15 I 3 UmwStG bzw. § 16 I Nr. 1 S. 2 EStG) nicht als gesondert geführter Betrieb zu beurteilen (Rödder/Herlinghaus/van Lishaut/Rasche Anh. 11 Rn. 24; Reiß UR 1996, 357). Der Begriff der Geschäftsveräußerung im Ganzen iSv § 1 Ia S 2 UStG ist vielmehr entsprechend Art. 19 MwStSystRL richtlinienkonform auszulegen (vgl. BFH BStBl. II 2019, 378; autonom unionsrechtlich auszulegender Begriff, vgl. BFH BStBl. II 2022, 34), wonach die Mitgliedstaaten „die Übertragung eines Gesamt- oder Teilvermögens, die entgeltlich oder unentgeltlich oder durch Einbringung in eine Gesellschaft erfolgt, behandeln, als ob keine Lieferung von Gegenständen vorliegt, und den Begünstigten der Übertragung als Rechtsnachfolger des Übertragenden ansehen" können. Der EuGH legt den Begriff des „Gesamt- oder Teilvermögens" iSd MwStSystR als Zusammenfassung materieller und immaterieller Bestandteile aus, die einen Unternehmensteil bilden, mit dem eine selbstständige wirtschaftliche Tätigkeit aus Sicht des Erwerbers (BFH BStBl. II 2021, 243 mwN) fortgeführt werden kann (EuGH UR 2004, 19; BFH BStBl. II 2022, 34 mwN). Nicht entscheidend ist, dass bereits beim übertragenden Rechtsträger ein (organisatorisch) selbstständiger Unternehmensteil bestanden hat (Abschn. 1.5. VI S. 1 und 2 UStAE). Die organisatorischen Verhältnisse beim übertragenden Rechtsträger sind unmaßgeblich (BFH BStBl. II 2019, 378; BStBl. II 2022, 34). Die Geschäftsveräußerung im Ganzen setzt auch keine Beendigung der unternehmerischen Tätigkeit des übertragenden Rechtsträgers voraus (BFH BStBl. II 2013, 221; Abschn. 1.5 Ia S. 4). Dabei muss der übernehmende Rechtsträger beabsichtigen, den Geschäftsbetrieb oder Unternehmensteil zu betreiben (BFH BStBl. II 2013, 1053; BStBl. II 2022, 34). Entscheidender Beurteilungszeitpunkt hierfür ist der Übertragungszeitpunkt (BFH BStBl. II 2016, 909; Abschn. 1.5 IV S. 2 UStAE; → Rn. 2). Die FVerw erleichtert die Feststellung eines solchen „Teilvermögens" dadurch, dass sie auf den ertragstl. Begriff des Teilbetriebs abstellt (Abschn. 1.5 VI 4 UStAE) und dadurch praxisgerechten Gleichlauf zwischen Ertrag- und Umsatzsteuerrecht erreicht (eine 100%-Beteiligung an einer Gesellschaft qualifiziert grds nicht als Teilbetrieb). Dabei sind auch Teile des Unternehmens (insbes. wesentliche Grundlagen), welche sich nicht auf das Inland erstrecken, bei der Prüfung miteinzubeziehen, auch wenn die Rechtsfolgen des § 1 Ia UStG sich nur auf das im Inland befindliche Unternehmensvermögen erstrecken (Merkel UR 2013, 859). Für die Annahme einer Geschäftsveräußerung ist nicht unbedingt erforderlich, dass alle wesentlichen WG mitübertragen werden (BFH MwStR 2021, 209). Eine Geschäftsveräußerung iSd § 1 Ia UStG ist auch dann gegeben, wenn einzelne (funktional wesentliche) Betriebsgrundlagen nicht mitübertragen werden, sofern sie dem übernehmenden Rechtsträger langfristig zur Nutzung überlassen werden und eine dauerhafte Fortführung des Unternehmens oder des gesondert geführten Betriebs durch diesen gewährleistet ist (BFH BStBl. II 1999, 41; BStBl. II 2004, 662; Abschn. 1.5 III S. 2 und 3 sowie Abschn. 24.1 V UStAE; Rödder/Herlinghaus/van Lishaut/Rasche Anh. 10 Rn. 66). Der EuGH hat diese Sichtweise bestätigt (EuGH UR 2011, 937). Werden die nicht übertragenen WG unentgeltlich überlassen, so liegt regelmäßig eine Entnahme aus dem Unternehmensvermögen des übertragenden Rechtsträgers vor, die nach den allgemeinen Voraussetzungen des § 3 IIIa bzw. IXa UStG zu einer steuerbaren unentgeltlichen Wertabgabe führt (vgl. Rödder/Herlinghaus/van Lishaut/Rasche Anh. 11 Rn. 69). Bei sofortiger Beendigung der Geschäftstätigkeit durch den übernehmenden Rechtsträger liegt keine Geschäftsveräußerung im Ganzen vor (EuGH UR 2004, 19; 2011, 937; BFH BStBl. II 2013, 301; Abschn. 1.5 I S. 4 UStAE). Der übernehmende Rechtsträger muss außerdem beabsichtigen, den übertragenen Geschäftsbetrieb oder Unternehmensteil zu betreiben; nicht begünstigt ist die sofortige Abwicklung der übernommenen Geschäftstätigkeit (EuGH UR 2004, 19; BFH BStBl. II 2021, 243 mwN; vgl. zu Kettenumwandlungen unten). Die isolierte Übertragung einer 100%igen Beteiligung an einer Gesellschaft qualifiziert nach geänderter Rspr. des

EuGH grds. nicht mehr als Geschäftsveräußerung im Ganzen (EuGH UR 2013, 582; aA EuGH UR 2010, 107; Abschn. 1.5 IX UStAE; BFH BStBl. II 2012, 68 damit wohl überholt, vgl. Stadie UStG § 1 Rn. 132; Rau/Dürrwächter/Nieskens UStG § 1 Rn. 973 ff.). Denn nach der Rechtsprechung des EuGH (UR 2013, 582) und dem EuGH folgend auch der FVerw (vgl. Abschn. 1.5 IX UStAE) liegt bei der Anteilsübertragung eine Geschäftsveräußerung im Ganzen nur vor, wenn der Gesellschaftsanteil Teil einer eigenständigen Einheit ist, die eine selbständige wirtschaftliche Betätigung ermöglicht, und diese Tätigkeit vom Erwerber fortgeführt wird. Eine bloße Übertragung von Anteilen ohne gleichzeitige Übertragung von Vermögenswerten versetzt den Erwerber nicht in die Lage, eine selbständig wirtschaftliche Tätigkeit als Rechtsnachfolger des übertragenden Rechtsträgers fortzuführen. Insofern ist beim Übergang von Anteilen nicht mehr auf die Beteiligungshöhe abzustellen. Eine besondere Sichtweise ist nach dem BFH aber geboten, wenn die (im Wege der Spaltung übergehende) Beteiligung eine Organgesellschaft war und vom übernehmenden Rechtsträger wieder als Organgesellschaft eingegliedert wird. In diesem Fall ist die Beteiligung wie ein gesondert geführter Betrieb zu betrachten und es liegt eine Geschäftsveräußerung im Ganzen vor (BFH UR 2020, 183; vgl. hierzu auch Bellmann/Robisch UR 2020, 868). Hierzu muss es sich bei der übertragenen Beteiligung nicht zwingend um eine 100% Beteiligung handeln. Unklar ist, ab wann die Beteiligung in das Unternehmen des übernehmenden Rechtsträgers eingegliedert sein muss (vgl. Heinrichshofen UVR 2020, 119). Sollten nach den Merkmalen die Voraussetzungen einer Geschäftsveräußerung im Ganzen im Rahmen einer Spaltung nicht vorliegen, ist unter Berücksichtigung des § 4 Nr. 8 lit. f UStG zu prüfen, inwiefern zur Vermeidung von Vorsteuerabzugsbeschränkungen vorsorglich die Option zur Steuerpflicht nach § 9 I UStG ausgeübt wird. § 1 Ia UStG greift im Rahmen von Spaltungen damit regelmäßig nur dann ein, wenn die übertragenen Vermögensteile die Kriterien eines Teilbetriebs iSv § 20 UmwStG erfüllen. Die in § 15 I 3 UmwStG bzw. § 16 I Nr. 1 S. 2 EStG enthaltene Fiktion der Teilbetriebseigenschaft für Mitunternehmeranteile oder Beteiligungen an KapGes, die das gesamte Nennkapital der KapGes umfassen, gelten umsatzsteuerrechtlich nicht (Widmann/Mayer/Knoll Anh. 11 Rn. 14; Rödder/Herlinghaus/van Lishaut/Rasche Anh. 11 Rn. 24). Bei sofortiger Beendigung der Geschäftstätigkeit durch den übernehmenden Rechtsträger liegt hingegen keine Geschäftsveräußerung im Ganzen vor (EuGH UR 2004, 19; 2011, 937; BFH BStBl. II 2013, 301; Abschn. 1.5 I S. 4 UStAE). Die unmittelbare Weiterübertragung des Unternehmens auf einen dritten Rechtsträger (zB bei einer **Kettenumwandlung**), steht der Annahme der Geschäftsveräußerung im Ganzen iSv § 1 Ia UStG nicht entgegen (→ Rn. 1).

Erfüllt das im Rahmen einer Spaltung übertragene Vermögen die Voraussetzungen eines Teilbetriebs und liegen die übrigen Voraussetzungen der Geschäftsveräußerung im Ganzen vor (zB Fortführung des Betriebs oder Teilbetriebs durch übernehmenden Rechtsträger), kommt es zu einer ustl. Sonderrechtsnachfolge (§ 1 Ia 3 UStG), dh der übernehmende Rechtsträger tritt in Bezug auf den übernommenen Vermögensteil in die umsatzsteuerrechtliche Rechtsposition des Rechtsvorgängers. Dabei handelt es sich um eine **objektbezogene Einzelrechtsnachfolge,** dh der Eintritt in die Rechtsstellung des übertragenden Rechtsträgers beschränkt sich auf den übernommenen Vermögensteil („wirtschaftsgutbezogen") und erfolgt grds nicht im Wege einer Gesamtrechtsnachfolge (BFH BStBl. II 2008, 65; BB 2022, 935; Rau/Dürrwächter/Nieskens UStG § 1 Rn. 1351). Der übernehmende Rechtsträger übernimmt nur die materiell-rechtliche Stellung des übertragenden Rechtsträgers in Bezug auf das übernommene Vermögen (→ Rn. 3). Ein Eintritt auch in die steuerverfahrensrechtliche Stellung des übertragenden Rechtsträgers folgt aber bei der **Aufspaltung** aus sinngemäßer Anwendung des § 45 I 1 AO im Sinne einer (partiellen) auf das übernommene Vermögen bezogenen **Gesamtrechtsnachfolge,** da hier der übertragende Rechtsträger erlischt (AEAO zu § 45 Rz. 2; Koenig/Koenig AO § 45 Rn. 2, 10; Rödder/Herlinghaus/van Lishaut/Rasche Anh. 11 Rn. 30 ff.). Insoweit treten die übernehmenden Rechtsträger bei einer Aufspaltung auch in die steuerverfahrensrechtliche Rechtsposition des übertragenden Rechtsträgers (zB hinsichtlich Steuererklärungspflichten, Steuerschulden, etc.). Für die Erfüllung haften diese grds als Gesamtschuldner (§ 133 I S 1 UmwG). Die FVerw sieht idR den übernehmenden Rechtsträger als Rechtsnachfolger an, dem die Steuerverbindlichkeiten nach dem Spaltungs- und Übernahmevertrag zugewiesen wurden (AEAO zu § 122 Rz. 2.15 S 2 und Beispiel 3). In den Fällen der **Abspaltung und Ausgliederung** (§ 123 III UmwG) liegt keine Gesamtrechtsnachfolge iSv § 45 I 1 AO vor, sondern nur eine **objektbezogene Einzelrechtsnachfolge.** Für den übernehmenden Rechtsträger gilt **§ 15a X 1 UStG**, wonach der maßgebliche Berichtigungszeitraum durch die Umw nicht unterbrochen wird. Gem. § 15a X 2 UStG ist der übertragende Rechtsträger verpflichtet, dem übernehmenden Rechtsträger die für die Durchführung der nach § 15a UStG erforderlichen Berichtigung erforderlichen Angaben zu machen. Unklar ist, ob der übertragende oder der übernehmende Rechtsträger bei Änderung der Bemessungsgrundlage gem. § 17 UStG die Berichtigung gem. § 17 UStG durchführen muss, wenn die Leistung zeitlich vor Geschäftsveräußerung im Ganzen noch durch den übertragenden Rechtsträger erbracht wurde, die Änderung der Bemessungsgrundlage aber beim übernehmenden Rechtsträger erfolgt (vgl. Wäger/Erdbrügger UStG § 1 Rn. 292 mwN). Die **Gewährung von Anteilen** durch den übernehmenden Rechtsträger ist nicht steuerbar (vgl. EuGH IStR 2003, 601; BFH BStBl. II 2005, 503; Abschn. 1.6 II 1 und 2 UStAE; Rödder/Herlinghaus/van Lishaut/Rasche Anh. 11 Rn. 14). Die Übernahme von **Verbindlichkeiten** durch den übernehmenden Rechtsträger ist nicht steuerbar, wenn diese im Rahmen einer Geschäftsveräußerung im Ganzen erfolgt (BFH BStBl. II 1969, 637; Rödder/Herlinghaus/van Lishaut/Rasche Anh. 11 Rn. 15). Die weiteren Gegenleistungen des übernehmenden Rechtsträgers sind nach § 1 UStG steuerbar, können aber bspw. bei Gewährung einer Darlehensforderung (als sonstige über die Gewährung von Gesellschaftsrechten hinausgehende Gegenleistung) nach § 4 Nr. 8a UStG steuerfrei sein.

11 Sind die **Voraussetzungen für eine Geschäftsveräußerung** im Ganzen iSv § 1 Ia UStG **nicht** erfüllt (zB keine Fortführung des Betriebs oder Teilbetriebs durch übernehmenden Rechtsträger), liegen grds. – sofern das übertragene Vermögen zum Unternehmen des übertragenden Rechtsträgers gehört (ggf. nicht der Fall bei Gesellschaftsbeteiligungen) steuerbare (aA zur Aufspaltung Stadie UStG § 1 Rn. 138) und, sofern die Befreiungsvorschrift des § 4 UStG keine Anwendung findet, stpfl. Lieferungen oder sonstige Leistungen vor. Die hierauf entfallende Umsatzsteuer schuldet der übertragende Rechtsträger. In den Grenzen des § 13b UStG kann dies jedoch auch den übernehmenden Rechtsträger treffen. Um den mit einer Steuerfreiheit einhergehenden Ausschluss vom Vorsteuerabzug gem. § 15 II Nr. 1 UStG oder die Berichtigung des Vorsteuerabzugs nach § 15a UStG zu vermeiden, kann unter den Voraussetzungen des § 9 UStG auf eine ggf. bestehende Steuerfreiheit verzichtet werden. Das Entgelt des übernehmenden Rechtsträgers besteht in der Gewährung von Anteilen, ggf. in der Übernahme von Verbindlichkeiten und in der Gewährung von sonstigen Gegenleistungen (§ 10 I 2 UStG). Erfolgt eine Auf- oder Abspaltung ohne Gewährung von Gesellschaftsrechten (vgl. § 125 UmwG iVm § 54 UmwG) durch den übernehmenden Rechtsträger, können Leistungen iSv § 3 Ib UStG bzw. § 3 IXa UStG vorliegen. Die ustl. Bemessungsgrundlage bestimmt sich in diesen Fällen nach § 10 IV UStG.

12 Für die USt gilt die im UmwStG erhaltene Regelung über die Rückwirkung des Vermögensübergangs in den Fällen der Umw auf den Umwandlungsstichtag nicht (→ Rn. 2). Zwischen dem **Umwandlungsstichtag** iSd UmwStG und dem Tag der Registereintragung (Wirksamwerden der Spaltung) liegende Umsätze sind damit noch dem übertragenden Rechtsträger zuzurechnen. Dem übernehmenden Rechtsträger sind die Umsätze erst von dem Zeitpunkt an zuzurechnen, an dem sie durch ihn selbst ausgeführt wurden. Aus Praktikabilitätsgründen kann es insoweit sinnvoll sein, zu versuchen, den Zeitpunkt der Eintragung der Spaltung im HR und damit das Wirksamwerden der Spaltung mit dem HR abzustimmen.

b) Auswirkungen der Spaltung auf die Vorsteuer. Soweit die Voraussetzungen des § 1 Ia UStG bei der Vermögensübertragung in Form der Aufspaltung, Abspaltung oder Ausgliederung vorliegen, gelten bezogen auf die Vorsteuer die Ausführungen zur Verschm entsprechend (→ Rn. 4 ff.), begrenzt aber auf die übernommenen Vermögensteile (Rödder/Herlinghaus/van Lishaut/Rasche Anh. 11 Rn. 31). 13

Soweit keine Geschäftsveräußerung im Ganzen iSv § 1 Ia UStG vorliegt, sind die Vermögensübertragungen steuerbar (aA zur Aufspaltung Stadie UStG § 1 Rn. 138) und vorbehaltlich des Eingreifens von Befreiungsvorschriften stpfl. Es gelten dann die allg. Grundsätze. 14

Werden für die Durchführung der Spaltung vom übertragenden Rechtsträger **Leistungen von anderen Unternehmern** (zB Beratungskosten) in Anspruch genommen, so richtet sich die Möglichkeit eines Vorsteuerabzuges für die Umsatzsteuerbeträge, die dem übertragenden Rechtsträger in Rechnung gestellt werden danach, in welchem Umfang das übergehende Vermögen im Besteuerungszeitraum der Veräußerung (in Form der Spaltung) des übertragenden Rechtsträgers zur Ausführung von sog. vorsteuerabzugsschädlichen Verwendungsumsätzen iSv § 15 II–IV UStG verwendet wurden (→ Rn. 6). 15

c) Besteuerungszeitraum. Bei der **Abspaltung** und **Ausgliederung** müssen der übertragende und übernehmende Rechtsträger jeweils eine Steuererklärung nach § 18 III UStG für den (ggf. nach § 16 III UStG verkürzten) Besteuerungszeitraum abgeben. Umsatzsteuerbescheide sind jeweils an den weiterbestehenden übertragenden Rechtsträger zu richten. Liegt eine **Aufspaltung** vor, haben die übernehmenden Rechtsträger grds. zwei Steuererklärungen abzugeben, und zwar eine Steuererklärung für den übertragenden Rechtsträger für Umsätze bezogen auf das übertragene Vermögen vor dem Wirksamwerden der Aufspaltung, und eine Erklärung für sich als übernehmender Rechtsträger (→ Rn. 7). Der Steuerbescheid ist an die übernehmenden Rechtsträger als Gesamtschuldner (§ 44 AO) zu richten (vgl. zur Frage der Gesamtschuldnerschaft AEAO zu § 122 Rz. 2.15; Rödder/Herlinghaus/van Lishaut/Rasche Anh. 11 Rn. 32). 16

3. Formwechsel

Für eine formwechselnde Umw ist charakteristisch, dass an ihr nur ein Rechtsträger beteiligt ist, es weder zu einer Gesamtrechtsnachfolge eines Rechtsträgers in das Vermögen eines anderen kommt, noch es der Übertragung der einzelnen Vermögensgegenstände bedarf. Die formwechselnde Umw wird handelsrechtlich durch das Prinzip der Identität des Rechtsträgers (§ 202 I Nr. 1 UmwG), der Kontinuität seines Vermögens (wirtschaftliche Identität) und der Diskontinuität seiner Verfassung bestimmt (BFH BStBl. II 1997, 661). Aus umsatzsteuerrechtlicher Sicht stellt der **Formwechsel keinen entgeltlichen Leistungsaustausch iSd § 1 I Nr. 1 UStG** dar. Er erfüllt weder den Tatbestand einer entgeltlichen oder unentgeltlichen Übereignung noch den Tatbestand der Einbringung in eine Gesellschaft (Widmann/Mayer/Knoll Anh. 11 Rn. 11; Bunjes/Robisch UStG § 1 Rn. 71; Rödder/Herlinghaus/van Lishaut/Rasche Anh. 11 Rn. 49; Rau/Dürrwächter/Niekens UStG § 1 Rn. 966; Sölch/Ringleb/Oelmaier UStG § 1 Rn. 189; OFD Frankfurt a. M. 17.12.2015, DStR 2016, 539). Dies gilt nicht nur bei der formwechselnden Umw einer KapGes in eine KapGes bzw. einer PersGes in eine PersGes anderer Rechts- 17 form (homogener Formwechsel), sondern auch bei der formwechselnden Umw einer KapGes in eine PersGes bzw. einer PersGes in die KapGes (heterogener Formwechsel). Es besteht umsatzsteuerrechtliche Unternehmer- und Unternehmensidentität (Reiß UR 1996, 357; Reiß FS Schaumburg, 2009, 1165).

18 Das UmwStG fingiert für ertragstl. Zwecke beim Formwechsel einer KapGes in eine PersGes nach § 9 UmwStG iVm §§ 3–8 UmwStG ebenso wie im umgekehrten Fall des Formwechsels einer PersGes in eine KapGes nach § 25 UmwStG iVm §§ 20–23 UmwStG einen rückwirkenden Vermögensübergang. Dies hat jedoch keine Bedeutung für die USt (→ Rn. 2).

19 Aufgrund der Identität des Rechtsträgers hat die formwechselnde Umw keine Auswirkungen auf den **Vorsteuerabzug** (Widmann/Mayer/Knoll Anh. 11 Rn. 13; Reiß UR 1996, 357).

4. Vermögensübertragung

20 Bei der Vermögensübertragung unterscheidet das Gesetz zwischen der Vollübertragung und der Teilübertragung (§ 174 I, II UmwG). Ihre Ausgestaltung entspricht bei der Vollübertragung der Verschm und bei der Teilübertragung der Spaltung. Es wird aber eine Gegenleistung erbracht, die nicht in Anteilen oder Mitgliedschaften an Ges, sondern in Form von Geld besteht (§ 174 I UmwG). Auf die Voll- oder Teilübertragung des Vermögens sind die Vorschriften über die Verschm bzw. Spaltung entsprechend anzuwenden.

21 Die Vermögensübertragung stellt sich als **steuerbarer Umsatz** dar, soweit nicht die Voraussetzungen des **§ 1 Ia UStG** erfüllt sind (Widmann/Mayer/Knoll Anh. 11 Rn. 74; Rau/Dürrwächter/Nieskens UStG § 1 Rn. 969 bzw. 977, 984 ff.). Ist der übernehmende Rechtsträger eine jur. Person des öffentlichen Rechts ist zu prüfen, ob das übergegangene Vermögen unter Beachtung des § 2b UStG in das Unternehmensvermögen des übernehmenden Rechtsträgers erfolgt. Es gelten die Ausführungen zur Verschm bzw. zur Spaltung entsprechend. Erfolgt die Vermögensübertragung zwischen Versicherungsunternehmen (§ 175 Nr. 2 UmwG) und liegen die Voraussetzungen einer Geschäftsveräußerung im Ganzen iSv § 1 Ia UStG nicht vor, ist regelmäßig die Steuerbefreiungsvorschrift des § 4 Nr. 28 UStG iVm § 4 Nr. 10 UStG einschlägig.

5. Einbringung in eine Kapitalgesellschaft

22 **a) Vermögensübergang durch Einbringung.** Wird Vermögen in eine KapGes gegen Gewährung neuer Anteile an dem aufnehmenden Rechtsträger eingebracht, so stellt dies einen ustl. Leistungsaustausch in Form von **tauschähnlichen Umsätzen** (§ 3 XII 2 UStG) dar. Der ustl. Leistungsaustausch besteht in der Vermögensübertragung des **übertragenden Rechtsträgers** gegen Gewährung von Anteilen an der übernehmenden KapGes, ggf. übernommene Verbindlichkeiten sowie einer ggf. gewährten sonstigen Gegenleistung iSv § 20 II 4 UmwStG bzw. § 21 I 3 UmwStG. Dies gilt unabhängig davon, ob die Einbringung im Rahmen einer KapErh oder aber im Rahmen einer Neugründung der übernehmenden KapGes erfolgt (BFH BStBl. II 1996, 114). Dabei ist es unerheblich, ob sich die Einbringung in die KapGes durch Einzelrechtsübertragung oder aber durch Gesamtrechtsnachfolge (Verschm) bzw. Sonderrechtsnachfolge (Spaltung) vollzieht. Es liegen dann je nach Einbringungsgegenstand Lieferungen iSv § 3 I UStG oder sonstige Leistungen iSv § 3 IX UStG vor. Die Gewährung von Anteilen durch die übernehmende KapGes ist hingegen nicht steuerbar (EuGH IStR 2003, 601; BFH BStBl. II 2005, 503; Abschn. 1.6 II S. 1 und 2 UStAE; Rödder/Herlinghaus/van Lishaut/Rasche Anh. 11 Rn. 51). Die Gewährung von Anteilen durch den übernehmenden Rechtsträger ist nicht steuerbar (Abschn. 1.6 II UStAE). Die Übernahme von Verbindlichkeiten durch den **übernehmenden Rechtsträger** ist grds. steuerbar, wenn in ihr eine Leistung im wirtschaftlichen Sinne zu sehen ist, es sei denn, die Übernahme erfolgt im Rahmen einer Geschäftsveräußerung im Ganzen (BFH BStBl. II 1969, 637). Die Gewährung einer sonstigen Gegenleistung iSv § 20 II 4 UmwStG bzw. § 21 I 4 UmwStG (neben den gewährten Anteilen) durch die übernehmende KapGes stellt grds. eine steuerbare Leistung der KapGes in Form eines Tausches oder tauschähnlichen Umsatzes (§ 3 XII UStG) dar, die vorbehaltlich einer Steuerbefreiung nach § 4 UStG (zB bei Gewährung einer Darlehensforderung nach § 4 Nr. 8a UStG) stpfl. ist.

Wird ein **Betrieb oder Teilbetrieb** gegen Gewährung von Gesellschaftsrechten in die KapGes **eingebracht,** so liegt darin regelmäßig eine nicht steuerbare **Geschäftsveräußerung im Ganzen iSd § 1 Ia UStG** (zum Begriff der Geschäftsveräußerung im Ganzen → Rn. 9). Bei sofortiger Beendigung der Geschäftstätigkeit durch den übernehmenden Rechtsträger liegt aber keine Geschäftsveräußerung im Ganzen vor (EuGH UR 2004, 19; 2011, 937; BFH BStBl. II 2013, 301; Abschn. 1.5 I S. 4 UStAE). Die unmittelbare Weiterübertragung des Unternehmens auf einen dritten Rechtsträger (zB bei einer **Kettenumwandlung**), steht der Annahme der Geschäftsveräußerung im Ganzen iSv § 1 Ia UStG aber nicht entgegen (→ Rn. 1). Stellt das eingebrachte Vermögen aber kein Unternehmen oder einen in der Gliederung eines Unternehmens gesondert geführten Betrieb im Ganzen dar und sind damit die Voraussetzungen für die Annahme einer Geschäftsveräußerung im Ganzen nicht gegeben oder liegen die Voraussetzungen des § 1 Ia UStG im Übrigen nicht vor (zB keine Fortführung des Betriebs oder Teilbetriebs), werden die mit Übertragung der Vermögensgegenstände ausgeführten Umsätze von § 1 Ia UStG nicht erfasst. Die Einbringung hat dann steuerbare und, sofern keine Befreiungsvorschrift des § 4 UStG anzuwenden ist, stpfl. Lieferungen oder sonstige Leistungen zur Folge. Es gelten die allg. umsatzsteuerrechtlichen Bestimmungen. 23

Wird ein **Mitunternehmeranteil** oder isoliert ein **Anteil an einer KapGes** gegen Gewährung von Gesellschaftsrechten in eine KapGes **eingebracht,** so ist dieser Einbringungsvorgang nicht steuerbar, wenn die Einbringung durch einen Nichtunternehmer ausgeführt wird oder die Anteile nicht zum Unternehmensvermögen des Einbringenden gehören (Widmann/Mayer/Knoll Anh. 11 Rn. 160). Das Halten einer Beteiligung an sich stellt noch keine unternehmerische Tätigkeit iSv § 1 I 1 UStG dar (Abschn. 2.3 II UStAE). Gehört der Mitunternehmeranteil bzw. der Anteil an der KapGes zu dem Unternehmensvermögen des Einbringenden, so stellt diese Einbringung umsatzsteuerrechtlich eine sonstige Leistung iSd § 3 IX UStG dar (EuGH DStR 2005, 965; Abschn. 3.5 VIII UStAE); die steuerbaren Umsätze sind jedoch nach § 4 Nr. 8f. UStG steuerfrei (Abschn. 4.8.10 I UStAE; Widmann/Mayer/Knoll Anh. 11 Rn. 161). § 9 UStG ist zu beachten. Von einer Geschäftsveräußerung im Ganzen iSd § 1 Ia UStG ist jedoch auszugehen, wenn ein Mitunternehmeranteil oder der Anteil an einer KapGes zusammen mit dem Unternehmen oder dem in der Gliederung des Unternehmens gesondert geführten Betrieb im Ganzen, dem der Mitunternehmeranteil oder der Anteil an der KapGes zuzuordnen ist, in die übernehmende KapGes eingebracht wird (EuGH UR 2013, 582; Abschn. 1.5 IX UStAE; Rau/Dürrwächter/Nieskens UStG § 1 Rn. 977). 24

Für die Anwendbarkeit des § 1 Ia UStG ist es nicht erforderlich, dass auch **(funktional wesentliches) Sonderbetriebsvermögen** miteingebracht wird; umsatzsteuerrechtlich ist hier zwischen Gesellschafts- und Gesellschafterebene zu unterscheiden. Wird das eingebrachte WG des Sonderbetriebsvermögens entgeltlich (nicht als Gesellschafterbeitrag) der Mitunternehmerschaft überlassen, ist der Gesellschafter selbst Unternehmer iSv § 2 I UStG (vgl. Abschn. 2.6 III–VI UStAE). Die Einbringung des Sonderbetriebsvermögens kann dann eine nicht steuerbare Geschäftsveräußerung im Ganzen iSv § 1 Ia UStG darstellen. Eine Geschäftsveräußerung im Ganzen liegt allerdings dann **nicht** vor, wenn die übernehmende KapGes 25 die eingebrachten WG in veränderter Form nutzt, also anders als der Gesellschafter nicht als „Vermieter", sondern zu eigenbetrieblichen Zwecken (Abschn. 1.5 IIa S. 3 f. UStAE; Rödder/Herlinghaus/van Lishaut/Rasche Anh. 11 Rn. 61).

26 Wird die **Einbringung** auf den (höchstens acht Monate zurückliegenden) stl. Übertragungsstichtag zurückbezogen, so hat dieses für die USt keine Bedeutung, eine Rückbeziehung für umsatzsteuerrechtliche Zwecke findet nicht statt (→ Rn. 2). Maßgebend für die umsatzsteuerrechtliche Beurteilung der Einbringung zB in Form der Verschm bzw. Spaltung (Verschm oder Spaltung einer PersGes auf eine KapGes) ist grds. der Tag, an dem die KapGes die Verfügungsmacht über die WG erlangt bzw. die sonstigen Leistungen vollendet wurden, was bei der Verschm bzw. Spaltung grds durch den Zeitpunkt der Eintragung der Umwandlungsmaßnahme in das HR des übernehmenden bzw. übertragenden Rechtsträgers bestimmt wird. Eine Rückbeziehung des Umwandlungsvorgangs für die Ust gibt es nicht. Die bis zum entsprechenden Zeitpunkt (Übergang der Verfügungsmacht, Eintragung in das HR) ausgeführten steuerbaren Umsätze sind noch vom übertragenden Rechtsträger zu versteuern (vgl. OFD Frankfurt a. M. DStR 2016, 539).

27 **b) Auswirkungen der Einbringung auf die Vorsteuer.** Liegen die Voraussetzungen des § 1 Ia UStG bezogen auf den Einbringungsvorgang vor, gelten bezogen auf die Vorsteuer die Ausführungen zur Verschm entsprechend (→ Rn. 4 ff.). Wird demgegenüber kein Unternehmen oder in der Gliederung des Unternehmens gesondert geführter Betrieb (Betrieb oder Teilbetrieb) im Ganzen eingebracht, ist dieser Einbringungsvorgang steuerbar und vorbehaltlich des Eingreifens von Befreiungsvorschriften stpfl. Um den mit einer Steuerfreiheit einhergehenden Ausschluss vom Vorsteuerabzug gem. § 15 II Nr. 1 UStG oder eine Berichtigung nach § 15a UStG zu vermeiden, kann unter den Voraussetzungen des § 9 UStG auf die Steuerfreiheit verzichtet werden.

28 Weist der übertragende Rechtsträger in einer Rechnung für die Einbringung Ust gesondert aus, obwohl bezogen auf das übergehende Vermögen die Voraussetzungen des § 1 Ia UStG vorliegen, so schuldet er die Ust gem. **§ 14c I 1 UStG.** Nach § 14c I 2 UStG ist der übertragende Rechtsträger berechtigt, die Rechnung zu berichtigen. Da der Vorsteuerabzug nach § 15 I Nr. 1 UStG voraussetzt, dass die in Rechnung gestellte Ust für den berechneten Umsatz geschuldet wird, ist ein Vorsteuerabzug des übernehmenden Rechtsträgers in diesem Fall nicht zulässig.

29 Zum Vorsteuerabzug aus Leistungen Dritter zur Durchführung der Einbringung (zB Beratungskosten) → Rn. 6.

30 **c) Besteuerungszeiträume.** Der Besteuerungszeitraum endet gem. § 16 III UStG mit dem Zeitpunkt der Sacheinlage, wenn der Einbringende seinen Betrieb oder sein Sonderbetriebsvermögen auf die KapGes im Laufe eines Jahres überträgt und in diesem Zusammenhang seine unternehmerische Tätigkeit aufgibt. Binnen eines Monats hat der Einbringende gem. § 18 III 2 UStG nach Ablauf des (ggf. verkürzten) Besteuerungszeitraums die Steuererklärung abzugeben. Die übernehmende KapGes muss ebenfalls eine Steuererklärung für den (ggf. verkürzten) Besteuerungszeitraum abgeben, in den die Einbringung fällt (vgl. hierzu und zum Zuständigkeitswechsel OFD Frankfurt a. M. DStR 2016, 539).

6. Einbringung in eine Personengesellschaft

31 **a) Vermögensübergang durch Einbringung.** Wird Vermögen gegen Gewährung von Gesellschaftsrechten in eine PersGes eingebracht, handelt es sich dabei aus der Sicht des Einbringenden um einen umsatzsteuerrechtlichen Leistungsaustausch in Form von **tauschähnlichen Umsätzen iSd § 3 XII 2 UStG.** Der ustl. Leistungsaustausch besteht in der Vermögensübertragung des übertragenden Rechtsträgers gegen Gewährung von Anteilen am übernehmenden bzw. neuen Rechtsträger sowie ggf. in der Übernahme von Verbindlichkeiten im eingebrachten Vermögen oder einer ggf. gewährten sonstigen Gegenleistung. Dies gilt unabhängig davon, ob die Einbringung iRe KapErh oder aber iRd Gründung der Gesellschaft erfolgt (BFH BStBl. II 1996, 114). Ein umsatzsteuerrechtlicher Leistungsaustausch liegt unabhängig davon vor, ob sich die Einbringung des Betriebs oder Teilbetriebs in die PersGes durch **Einzelrechtsübertragung** oder aber durch **Gesamtrechtsnachfolge** (Verschm) bzw. Sonderrechtsnachfolge (Spaltung) vollzieht (Rau/Dürrwächter/Nieskens UStG § 1 Rn. 1204; aA Stadie UStG § 1 Rn. 43, 138 zu Verschm und Aufspaltung). Die Gewährung von Anteilen durch die übernehmende PersGes ist nicht steuerbar (vgl. EuGH IStR 2003, 601; BFH BStBl. II 2005, 503; Abschn. 1.6 II UStAE). Die Übernahme von Verbindlichkeiten durch die übernehmende PersGes ist grds. steuerbar, wenn in ihr eine Leistung im wirtschaftlichen Sinne zu sehen ist, es sei denn die Übernahme erfolgt im Rahmen einer Geschäftsveräußerung im Ganzen (BFH BStBl. II 1969, 637; Rödder/Herlinghaus/van Lishaut/Rasche Anh. 11 Rn. 15). Die Gewährung einer sonstigen Gegenleistung durch die übernehmende PersGes stellt grds. eine steuerbare Leistung der PersGes in Form eines Tausches oder tauschähnlichen Umsatzes (§ 3 XII UStG) dar, die vorbehaltlich einer Steuerbefreiung nach § 4 UStG (zB bei Gewährung einer Darlehensforderung nach § 4 Nr. 8a UStG) stpfl. Ist.

Die Einbringung eines **Betriebs** bzw. **Teilbetriebs** in eine PersGes gegen **32** Gewährung von Gesellschaftsrechten ist als Leistungsaustausch iSd UStG dann nicht steuerbar, wenn die Tatbestandsvoraussetzungen des **§ 1 Ia UStG** erfüllt sind und damit eine **Geschäftsveräußerung im Ganzen** vorliegt (zum Begriff der Geschäftsveräußerung im Ganzen → Rn. 9). Werden WG nicht mit übertragen, sondern nur unentgeltlich überlassen (und damit ertragsteuerlich Sonderbetriebsvermögen bei der übernehmenden PersGes), so kann zwar eine Geschäftsveräußerung im Ganzen vorliegen, wenn eine dauerhafte Fortführung des Unternehmens oder des gesonderte geführten Teilbetriebes gewährleistet ist (BFH BStBl. II 1999, 41; EuGH DStR 2011, 2196), es liegt dann aber regelmäßig eine Entnahme aus dem Unternehmensvermögen des Einbringenden vor, die nach den allgemeinen Voraussetzungen des § 3 IIIa bzw. Ixa UStG zu einer steuerbaren unentgeltlichen Wertabgabe führt (vgl. Rödder/Herlinghaus/van Lishaut/Rasche Anh. 11 Rn. 69). Die unmittelbare Weiterübertragung des Unternehmens auf einen dritten Rechtsträger (zB bei einer **Kettenumwandlung**), steht der Annahme der Geschäftsveräußerung im Ganzen iSv § 1 Ia UStG nicht entgegen (vgl. → Rn. 1). Liegen die Voraussetzungen einer Geschäftsveräußerung im Ganzen iSv § 1 Ia UStG vor, gelten die unter → Rn. 3 dargestellten Grundsätze entsprechend. Liegen die Voraussetzungen einer Geschäftsveräußerung im Ganzen vor, tritt die aufnehmende PersGes nach § 1 Ia 3 UStG in die umsatzsteuerrechtliche Position des Einbringenden (objektbezogene Einzelrechtsnachfolge) ein (→ Rn. 3). Ein Eintritt auch in die steuerverfahrensrechtliche Position liegt nur ausnahmsweise vor, soweit die Einbringung im Wege der zivilrechtlichen Gesamtrechtsnachfolge (zB Verschm oder Spaltung) nach § 45 I 1 AO erfolgt (Rödder/Herlinghaus/van Lishaut/Rasche Anh. 11 Rn. 72).

Stellt das eingebrachte Vermögen kein Unternehmen oder ein in der Gliederung **33** gesondert geführter Betrieb im Ganzen dar (→ Rn. 9) oder fehlen andere Voraussetzungen einer Geschäftsveräußerung im Ganzen isd § 1 Ia UStG (zB Fortführung des Betriebs), ist der Einbringungsvorgang steuerbar und, sofern keine der Befreiungsvorschriften des § 4 UStG anzuwenden ist, stpfl. In Form der Lieferung bzw. sonstiger Leistung. In diesem Fall kommt es zu keiner umsatzsteuerrechtlichen Sonderrechtsnachfolge, weil § 1 Ia UStG für die Fälle der Geschäftsveräußerung vorsieht (keine objektbezogene Einzelrechtsnachfolge). Es gelten die allg. umsatzsteuerrechtlichen Bestimmungen. Um den mit einer Steuerfreiheit einhergehenden Ausschluss vom Vorsteuerabzug gem. § 15 II Nr. 1 UStG oder die Berichtigung nach § 15a UStG zu vermeiden, kann nach § 9 UStG auf die Steuerfreiheit verzichtet werden.

34 Wird ein **Mitunternehmeranteil** ggf. mit (funktional wesentlichen) Sonderbetriebsvermögen oder **sämtliche Anteile an einer KapGes** gegen Gewährung von Gesellschaftsrechten in die PersGes eingebracht, die vor der Einbringung **nicht** zu einem Unternehmensvermögen des Einbringenden gehört hat, ist die Leistung des Einbringenden nicht steuerbar. Das Halten einer Beteiligung an einer Mitunternehmerschaft oder von Anteilen an einer KapGes oder von Sonderbetriebsvermögen an sich stellt noch keine unternehmerische Tätigkeit iSv § 1 I 1 UStG dar. Gehört der Mitunternehmeranteil oder die Anteile an der KapGes zu einem Unternehmensvermögen des Einbringenden, so stellt diese Einbringung umsatzsteuerrechtlich eine sonstige Leistung iSd § 3 IX UStG dar (EuGH DStR 2005, 965; Abschn. 3.5 VIII UStAE); die steuerbaren Umsätze sind jedoch nach § 4 Nr. 8 f. UStG steuerfrei (Abschn. 4.8.10 I UStAE). § 9 UStG ist zu beachten. Wird das Sonderbetriebsvermögen entgeltlich überlassen so gilt dies entsprechend für das eingebrachte Sonderbetriebsvermögen. Von einer Geschäftsveräußerung iSd § 1 Ia UStG ist jedoch auszugehen, wenn der Mitunternehmeranteil oder die Anteile an einer KapGes zusammen mit dem Unternehmen oder in der Gliederung des Unternehmens gesondert geführten Betrieb im Ganzen, dem der Mitunternehmeranteil oder die Anteile an der KapGes zuzuordnen ist, in die übernehmende PersGes eingebracht wird (EuGH UR 2013, 582; Abschn. 1.5 IX UStAE; Rau/Dürrwächter/Nieskens UStG § 1 Rn. 977). In Bezug auf eingebrachtes Sonderbetriebsvermögen kann eine Geschäftsveräußerung im Ganzen iSv § 1 Ia UStG dann nicht vorliegen, wenn dieses an die übernehmende PersGes vermietet wird, weil diese dann die Vermietung nicht fortführen wird.

34a Wird die **Einbringung** in die PersGes auf den (höchstens acht Monate zurückliegenden) stl. Übertragungsstichtag zurückbezogen, so hat dieses für die Ust keine Bedeutung, eine Rückbeziehung für umsatzsteuerrechtliche Zwecke findet nicht statt (→ Rn. 2).

35 **b) Auswirkungen der Einbringung auf die Vorsteuer.** Liegen die Voraussetzung des § 1 Ia UStG bezogen auf den Einbringungsvorgang vor, gelten bezogen auf die Vorsteuer die Ausführungen zur Verschm entsprechend (→ Rn. 4). Wird demgegenüber kein Unternehmen oder ein in der Gliederung des Unternehmens gesondert geführter Betrieb (Betrieb oder Teilbetrieb) im Ganzen eingebracht oder liegen andere Voraussetzungen des § 1 Ia UStG nicht vor (zB keine Fortführung des Betriebs), ist dieser Einbringungsvorgang steuerbar und vorbehaltlich des Eingreifens von Befreiungsvorschriften stpfl. Um den mit einer Steuerfreiheit einhergehenden Ausschluss vom Vorsteuerabzug gem. § 15 II Nr. 1 UStG oder eine Berichtigung nach § 15a UStG zu vermeiden, kann unter den Voraussetzungen des § 9 UStG auf die Steuerfreiheit verzichtet werden.

36 Weist der Einbringende in einer Rechnung für die Einbringung Ust gesondert aus, obwohl bezogen auf das übergehende Vermögen die Voraussetzungen des § 1 Ia UStG vorliegen, so schuldet er die Ust gem. **§ 14c I 1 UStG**. Nach § 14c I 2 UStG ist der rechnungserstellende Rechtsträger berechtigt, die Rechnung zu berichtigen. Da der Vorsteuerabzug nach § 15 I Nr. 1 UStG voraussetzt, dass die in Rechnung gestellte Ust für den berechneten Umsatz geschuldet wird, ist ein Vorsteuerabzug der übernehmenden PersGes in diesem Fall nicht zulässig.

37 Zum Vorsteuerabzug aus Leistungen Dritter (zB Beratungskosten) zur Durchführung der Einbringung → Rn. 6.

38 **c) Besteuerungszeiträume.** Der Besteuerungszeitraum endet gem. § 16 III UStG mit dem Zeitpunkt der Sacheinlage, wenn der Einbringende seinen Betrieb oder sein Sonderbetriebsvermögen auf die PersGes im Laufe eines Jahres überträgt und in diesem Zusammenhang seine unternehmerische Tätigkeit aufgibt. Binnen eines Monats hat der Einbringende gem. § 18 III UStG nach Ablauf des (ggf. verkürzten) Besteuerungszeitraums die Steueranmeldung abzugeben. Erhält der Einbringende nach erfolgter Sacheinlage Rechnungen für Leistungen, die vor dem Zeitpunkt der Sacheinlage an ihn bewirkt wurden, so kann er bei Vorliegen der sonstigen Voraussetzung des § 15 UStG die gesondert in Rechnung gestellte Ust als Vorsteuer abziehen.

II. Grunderwerbsteuer

1. Übergang des Vermögens einer Körperschaft auf eine Personengesellschaft oder andere Körperschaft im Wege der Verschmelzung und Auf- oder Abspaltung

a) Unmittelbarer Grundstücksübergang. Der Übergang von Vermögen einer 39 Körperschaft auf eine PersGes oder andere Körperschaft im Wege der Verschm, Auf- oder Abspaltung beurteilt sich nach §§ 3 ff. UmwStG bzw. §§ 11 ff. UmwStG. Der Übergang von Grundstücken iSd § 2 GrEStG erfolgt in diesen Fällen durch **Gesamtrechtsnachfolge** (Verschm) oder **Sonderrechtsnachfolge** (Auf- oder Abspaltung) kraft Gesetzes und stellt einen **Erwerbsvorgang** dar, der **gem. § 1 I Nr. 3 GrEStG** grds. der GrESt unterliegt (BFH/NV 2007, 2351; BFH BStBl. II 1998, 168; BStBl. II 2006, 137; BStBl. II 2017, 916; FM Baden-Württemberg 19.12.1997 idF v. 31.1.2000, StEK GrEStG 1983 § 8 Nr. 23; Rödder/Herlinghaus/van Lishaut/van Lishaut/Schumacher Anh. 10 Rn. 5, 70; Widmann/Mayer/Pahlke Anh. 12 Rn. 52; Viskorf/Meßbacher-Hönsch GrEStG § 1 Rn. 347 ff.). Dem Übergang des Eigentums am Grundstück ist, weil er sich im Wege der Gesamtrechtsnachfolge bzw. Sonderrechtsnachfolge unmittelbar kraft Gesetzes (außerhalb des Grundbuchs) mit der Eintragung in das Register vollzieht, kein Rechtsgeschäft iSd § 1 I Nr. 1 GrEStG vorausgegangen. Geht nicht das zivilrechtliche Eigentum am Grundstück, sondern die **Verwertungsbefugnis iSv § 1 II GrEStG** (vgl. zu den typischen Fällen der Verschaffung der Verwertungsbefugnis Rödder/Herlinghaus/van Lishaut/van Lishaut/Schumacher Anh. 10 Rn. 83 ff.) mit über, erfüllt die Verschm bzw. Auf- oder Abspaltung den Tatbestand des **§ 1 II GrEStG** (Widmann/Mayer/Pahlke Anh. 12 Rn. 57).

Der StPfl aus § 1 I Nr. 3 GrEStG unterliegen alle **Grundstücke** iSd § 2 GrEStG, 40 die zum Zeitpunkt der Steuerentstehung (→ Rn. 48) **im zivilrechtlichen Eigentum der übertragenden Gesellschaft stehen** (BFH BStBl. II 1994, 866; Koordinierter Ländererlass FM BW 19.9.2003, DStR 2003, 1794). Nicht maßgebend sind die zu § 1 III GrEStG entwickelten Grundsätze (vgl. BFH BStBl. II 2015, 402) über die grunderwerbstl. Zuordnung von Grundstücken zum Vermögen einer Gesellschaft (Viskorf/Meßbacher-Hönsch GrEStG § 1 Rn. 371). Kraft ausdrücklich gesetzlicher Regelung in § 2 II GrEStG stehen Erbbaurechte (§ 1 I Nr. 1 GrEStG) sowie Gebäude auf **fremdem** Grund und Boden (§ 1 I Nr. 2 GrEStG) und dinglich gesicherte Sondernutzungsrechte iSd § 5 IV WEG (früher § 15 WEG aF) und § 1010 BGB (§ 1 I Nr. 3 GrEStG) den Grundstücken gleich. Nicht erfasst werden Betriebsvorrichtungen (§ 2 I 2 Nr. 1 GrEStG). Auch die im Zeitpunkt der Steuerentstehung bereits an Dritte verkauften Grundstücke unterliegen der GrESt, falls sie noch im zivilrechtlichen Eigentum des übertragenden Rechtsträgers stehen (BFH BStBl. II 1994, 866; BFH/NV 2001, 817; Widmann/Mayer/Pahlke Anh. 12 Rn. 57; Behrens/Wachter/Drees/Nienhaus/Böing/Behrens GrEStG § 1 Rn. 85). Insoweit kommt eine Nichtfestsetzung oder Nichterhebung der GrESt aus sachlichen Billigkeitsgründen nach §§ 163, 227 AO in Betracht, wenn der Verkauf noch durch den übertragenden – und nicht den übernehmenden (vgl. BFH BStBl. II 1994, 866) – Rechtsträger erfolgt (vgl. FM Baden-Württemberg 16.9.2003, DB 2003, 2095; FM

Hessen 9.10.2003, DStR 2003, 1981; OFD Hannover 8.7.1992, BB 1992, 1840; FinMin NRW 30.9.2003, RNotZ 2004, 54; Hofmann GrEStG § 8 Rn. 39). Geht nicht das zivilrechtliche Eigentum am Grundstück, sondern die **Verwertungsbefugnis iSv § 1 II GrEStG** mit über, gelten die obigen Ausführungen entsprechend.

41 Ist der Verschm, Auf- oder Abspaltung hinsichtlich **desselben** Grundstücks (Grundstücksidentität) ein in einem anderen Absatz des § 1 GrEStG geregelter Erwerbsvorgang iSv § 1 I–IIIa GrEStG vorausgegangen (zB Anteilsvereinigung iSv § 1 III GrEStG bzgl. der Anteile der das Grundstück übertragenden Ges), greift für den durch die Umw ausgelösten (nachfolgenden) Erwerbsvorgang die Vergünstigungsvorschrift des **§ 1 VI 2 GrEStG** (Widmann/Mayer/Pahlke Anh. 12 Rn. 59), wenn Erwerberidentität vorliegt (vgl. zur Anwendung des § 1 VI 2 GrEStG im Billigkeitsweg bei fehlender Erwerberidentität FM Bay 5.10.1992, StEK GrEStG 1983, § 1 Nr. 51). Die durch die Verschm, Auf- oder Abspaltung entstandene Steuer wird dann nur insoweit erhoben, wie die grunderwerbstl. Bemessungsgrundlage die Bemessungsgrundlage des vorausgegangen Erwerbsvorgangs übersteigt (§ 1 VI 2 GrEStG).

42 Kommt es infolge einer Verschm bzw. einer Auf- oder Abspaltung zu einem Übergang des Eigentums an einem Grundstück oder zu einem Übergang der Verwertungsbefugnis iSv § 1 II GrEStG von einem Rechtsträger auf einen anderen Rechtsträger, können die allgemeinen **Befreiungsvorschriften §§ 3–6a GrEStG** greifen. In besonderen Ausnahmefällen kann es insbes. zu einer Befreiung nach **§ 3 Nr. 1 GrEStG** (Grundbesitzwert von höchstens 2.500 Euro) kommen. Erfolgt die Verschm, Auf- oder Abspaltung von einer KapGes auf eine PersGes, ist auch die Befreiungsvorschrift des **§ 5 iVm § 24 GrEStG** anwendbar. Wird das inl. Grundstück im Wege der Verschm oder Aufspaltung auf die PersGes übertragen, scheidet eine Steuerbefreiung nach § 5 II GrEStG allerdings in der Regel aus, da es dann nicht zu der erforderlichen dinglichen Beteiligung des übertragenden Rechtsträgers am Gesamthandsvermögen der übernehmenden PersGes iSv § 5 III GrEStG kommt (Pahlke/Joisten GrEStG § 5 Rn. 113). Wird die übertragende KapGes innerhalb von fünf Jahren nach der Übertragung eines Grundstücks auf eine PersGes, an der sie beteiligt ist, auf eine andere KapGes oder PersGes verschmolzen oder aufgespalten, führt dies zum **Verlust der Steuerbefreiung nach § 5 III GrEStG,** wenn nicht durch die Verschm oder Aufspaltung selbst GrESt ausgelöst wird (BFH BStBl. II 2004, 193; Viskorf/Viskorf GrEStG § 5 Rn. 90; Pahlke/Joisten GrEStG § 5 Rn. 75, 113 ff.; vgl. aber Hörger/Mentel/Schulz DStR 1999, 565).

43 Sieht man von den Steuerbefreiungen nach §§ 5, 6 und 7 II GrEStG, der Anrechnungsvorschrift des § 1 VI GrEStG sowie der teleologischen Reduktion von § 1 IIa und III GrEStG für bestimmte Fälle der Verkürzung der Beteiligungskette ab, waren **konzerninterne Erwerbsvorgänge** in der Vergangenheit grunderwerbstl. nicht begünstigt. Seit Einführung des **§ 6a GrEStG** besteht nunmehr eine Steuervergünstigung für Erwerbsvorgänge im Konzern, die zunächst unter dem Verdacht stand, eine unzulässige Beihilfe iSv Art. 107 I AEUV zu sein (vgl. EuGH-Vorlage – EuGH C-374/17 – durch BFH BStBl. II 2017, 916), weshalb Umstrukturierungen auf der Grundlage des § 6a GrEStG nicht rechtssicher waren. Der EuGH hat am 19.12.2018 aber Rechtsklarheit geschaffen und entschieden, dass § 6a GrEStG keine unzulässige Beihilfe darstellt (EuGH DStR 2019, 49). Gesetzliche Steuerbefreiungen seien zwar a priori selektiv, könnten jedoch durch das Ziel der Vermeidung der Doppelbesteuerung und des Steuermissbrauchs als dem Steuerrecht inhärente Ziele gerechtfertigt sein. Diese Ziele rechtfertigten auch die selektive Steuerbefreiung des § 6a GrEStG. Dies gilt unabhängig davon, ob durch § 6a GrEStG im Einzelfall eine Doppelbesteuerung innerhalb des Konzerns vermieden wird; ausreichend ist, dass § 6a GrEStG abstrakt bzw. generell die Doppelbesteuerung im Konzern vermeiden soll (vgl. BFH BStBl. II 2020, 329). Das Urteil des EuGH, welches § 6a GrEStG in der Fassung des OGAW-IV-UmsG vom 22.6.2011 (BGBl. 2011 I 1126) zum Gegenstand hatte, dürfte für alle bisherigen Fassungen des § 6a GrEStG gelten, da nicht erkennbar ist, warum die Rechtfertigungsgründe nicht für alle Fassungen gelten sollten (vgl. Behrens BB 2019, 360). Der Anwendungsbereich des § 6a GrEStG ist allerdings eingeschränkt. Erfasst werden hiervon nur bestimmte, durch Umw, Einbringungen oder andere auf gesellschaftsvertraglicher Grundlage verwirklichte Erwerbsvorgänge innerhalb eines durch die Vorschrift näher definierten grunderwerbstl. Verbunds.

44 Vom **Anwendungsbereich des § 6a GrEStG** werden **insbes.** Verschm, Auf- oder Abspaltungen erfasst (vgl. zu Einbringungen und anderen Erwerbsvorgängen → Rn. 117), da es sich hierbei um Umw iSv § 1 I Nr. 1–3 UmwG handelt. Auch auf Verschm, Auf- und Abspaltungen nach entsprechenden Rechtsvorschriften eines Mitgliedstaates der EU oder EWR ist § 6a GrEStG anwendbar (§ 6a S. 2 GrEStG; hierzu vgl. Gleichlautender Ländererlass v. 25.5.2023, BStBl. I 2023, 995 Rn. 2). Begünstigt sind nach § 6a S. 1 GrEStG nur **Erwerbsvorgänge iSv § 1 I Nr. 3 S. 1, II GrEStG** sowie iSv **§ 1 IIa, IIb, III und IIIa GrEStG** (letztere bei unmittelbarer Grundstücksübertragung nicht einschlägig). Die FinVerw vertritt die Sichtweise, dass die Ausgliederung eines Einzelunternehmens auf eine neu zu gründende Kapitalgesellschaft nicht von § 6a GrEStG begünstigt sein soll. Diese Auffassung ist angesichts der BFH-Rechtsprechung in der FinVerw, wonach eine Nichteinhaltung der Vor- und Nachbehaltensfristen in § 6a S. 4 GrEStG unschädlich ist, wenn eine Einhaltung der Fristen umwandlungsbedingt nicht möglich ist (vgl. → Rn. 46a), jedenfalls für den Fall der Ausgliederung des Einzelunternehmens zur Neugründung, nicht nachvollziehbar. Bereits in mehreren finanzgerichtlichen Verfahren wurde die Anwendung des § 6a GrEStG bei der Ausgliederung eines Einzelunternehmens zur Neugründung bestätigt (vgl. FG Sachsen v. 30.6.2021, DStR 2021, 2969; FG Münster v. 3.5.2022, DStR 2022, 1312 rkr.; vgl. hierzu auch Broemel DStR 2021, 2953; Broemel/Möhrwald DStR 2023,1821). Im derzeit anhängigen BFH-Verfahren (Az. II R 2/22) könnte die Rechtsfrage, ob die Ausgliederung des Unternehmens eines Einzelkaufmanns im Wege der Neugründung nach § 6a GrEStG begünstigt ist, geklärt werden.

45 Die nach § 1 I Nr. 3 S. 1, II, IIa, IIb, III und IIIa GrEStG verwirklichte GrESt wird dann nach § 6a GrEStG nicht erhoben, wenn an der Umw ausschließlich ein **herrschendes Unternehmen** (KapGes oder PersGes) und eine von diesem herrschenden Unternehmen **abhängige Gesellschaft** (KapGes oder PersGes) oder mehrere von einem herrschenden Unternehmen abhängige Gesellschaften iSd § 6a S. 4 GrEStG beteiligt sind. Bei den Erwerbsvorgängen des § 1 IIa und IIb GrEStG ist die Begünstigung des § 6a GrEStG insoweit anteilig zu gewähren, als durch den begünstigungsfähigen Vorgang der jeweilige Tatbestand erfüllt wird oder der begünstigungsfähige Vorgang zur Erfüllung des jeweiligen Tatbestands beigetragen hat (vgl. Gleichlautender Ländererlass v. 25.5.2023, BStBl. I 2023, 995 Rn. 2.4). Von der Begünstigung des § 6a GrESt werden nicht die durch Umw nach § 5 III und § 6 III GrEStG ausgelöste GrESt erfasst, da die jeweilige GrESt insoweit nicht unmittelbar durch einen Umwandlungsvorgang iSv § 6a GrEStG ausgelöst wurde (Gleichlautender Ländererlass v. 25.5.2023, BStBl. I 2023, 995 Rn. 2.6).

46 Nach Sichtweise des BFH und (mittlerweile) auch FVerw richtet sich die Frage, welche Gesellschaft „herrschendes Unternehmen" und welche Gesellschaft „abhängige Gesellschaft" ist, nach dem jeweiligen Umwandlungsvorgang, für den die GrESt nach § 6a S. 1 GrEStG nicht erhoben werden soll (vgl. BFH BStBl. II 2023, 666; Gleichlautender Ländererlass v. 25.5.2023, BStBl. I 2023, 995 Rn. 3.1). Mit herrschendem Unternehmen ist damit zunächst dasjenige Unternehmen gemeint, das am steuerbaren Umwandlungsvorgang unmittelbar beteiligt ist. Unerheblich ist insoweit, ob bei mehrstufigen Beteiligungen das herrschende Unternehmen selbst von einem oder weiteren Unternehmen abhängig ist (BFH BStBl. II 2023, 666; Gleichlautender Ländererlass v. 25.5.2023, BStBl. I 2023, 995 Rn. 3.1). Sind mehrere von einem herrschenden Unternehmen abhängige Gesellschaften am Umwandlungsvorgang beteiligt, ist ausgehend von dem Umwandlungsvorgang der in der Beteiligungskette am nächsten stehende (unterste) Rechtsträger, der die Voraussetzungen des § 6a S. 3 und 4 GrEStG erfüllt, das herrschende Unternehmen (Gleichlautender Ländererlass v. 25.5.2023, BStBl. I 2023, 995 Rn. 3.1). Es ist unerheblich, ob das insoweit identifizierte herrschende Unternehmen selbst (bei mehrstufigen Beteiligungen) von einem oder weiteren Unternehmen abhängig ist (Gleichlautender Ländererlass v. 25.5.2023, BStBl. I 2023, 995 Rn. 3.1). Das herrschende Unternehmen muss am Kapital oder Gesellschaftsvermögen der abhängigen Gesellschaft unmittelbar oder mittelbar zu mindestens 95% beteiligt sein (vgl. hierzu iE Gleichlautender Ländererlass v. 25.5.2023, BStBl. I 2023, 995 Rn. 3.2) und zwar grundsätzlich innerhalb von fünf Jahren vor und nach dem Umwandlungsvorgang (fünfjährige Vor- und Nachbehaltensfrist). Nach Sichtweise des BFH und (mittlerweile) auch der FVerw muss es sich bei dem herrschenden Unternehmen des grunderwerbstl. Verbunds iSv § 6a S. 4 GewStG **nicht** um einen **Unternehmer iSv § 2 UStG** handeln, vielmehr kann jeder Rechtsträger als herrschendes Unternehmen qualifizieren, der wirtschaftlich tätig ist (BFH BStBl. II 2020, 337; Gleichlautender Ländererlass v. 25.5.2023, BStBl. I 2023, 995 Rn. 3.1; so auch Viskorf/Kugelmüller-Pugh GrEStG § 6a Rn. 83; Pahlke/Pahlke GrEStG § 6a Rn. 70; Hofmann GrEStG § 6a Rn. 11; Behrens DStR 2012, 2149; Stangl/Brühl DStR 2016, 24 mwN), wobei das Halten einer Beteiligung (zB an der abhängigen Gesellschaft) ausreichend ist (vgl. nur BFH BStBl. II 2020, 337). Damit kann jeder Rechtsträger herrschendes Unternehmen iSd § 6a GrEStG sein. Es ist auch dementsprechend – entgegen der früheren Sichtweise der FVerw – nicht erforderlich, dass die Beteiligung an der abhängigen Gesellschaft dem unternehmerischen Bereich des herrschenden Unternehmens zugeordnet werden kann (vgl. nur BFH BStBl. II 2020, 337; BStBl. II 2020, 341). Es ist auch irrelevant, ob die Beteiligung an der abhängigen Gesellschaft dem Betriebsvermögen oder dem Privatvermögen des beherrschenden Rechtsträgers zuzuordnen ist, da es auf diese ertragsteuerrechtliche Einordnung iRv § 6a GrEStG nicht ankommt (vgl. nur BFH BStBl. II 2020, 329; Gleichlautender Ländererlass v. 25.5.2023, BStBl. I 2023, 995 Rn. 3.1). Auch der Alleingesellschafter einer Kapitalgesellschaft kann demensprechend herrschendes Unternehmen sein (Gleichlautender Ländererlass v. 25.5.2023, BStBl. I 2023, 995 Rn. 3.1, die insoweit von der Finanzverwaltung vorgenommen Einschränkung, wonach die Gesellschaft wirtschaftlich tätig sein muss, dürfte praktisch keine Relevanz haben).

46a Maßgeblich für die Berechnung der **fünfjährigen Vorbehalts- und Nachbehaltsfristen des § 6a S. 4 GrEStG** ist der Zeitpunkt der Verwirklichung des Erwerbsvorgangs, wobei bei Umwandlungsmaßnahmen auf die Eintragung Register abzustellen ist (Gleichlautender Ländererlass v. 25.5.2023, BStBl. I 2023, 995 Rn. 3.2.2), was es in der Praxis – aufgrund der Unsicherheit des Zeitpunkts der Eintragung im Register – notwendig macht, den Zeitpunkt der HR-Anmeldung mit dem anmeldenden Notar abzustimmen. Die fünfjährigen Vor- und Nachbehaltensfristen müssen dabei nur insoweit eingehalten werden, als sie aufgrund eines begünstigten Umwandlungsvorgangs auch rechtlich eingehalten werden können (ständige Rspr. vgl. nur BFH BStBl. II 2020, 344; Gleichlautender Ländererlass v. 25.5.2023, BStBl. I 2023, 995 Rn. 3.2.2). In Bezug auf die fünfjährige **Vorbehaltsfrist** bedeutet dies, dass diese in Bezug auf den **übernehmenden Rechtsträger** nicht eingehalten werden muss, soweit dies umwandlungsrechtlich nicht möglich ist, was bei sämtlichen Spaltungen (Auf- und Abspaltung sowie Ausgliederung) **zur Neugründung** der Fall ist. Bei Verschm bzw. Spaltungen zur Aufnahme muss hingegen die Vorbehaltsfrist in Bezug auf den übertragenden und übernehmenden Rechtsträger erfüllt sein (vgl. auch BFH BStBl. II 2020, 352; Gleichlautender Ländererlass v. 25.5.2023, BStBl. I 2023, 995 Rn. 3.2.2.1). Das herrschende Unternehmen muss während der gesamten fünfjährigen Vorbehaltsfrist ununterbrochen die Eigenschaft als herrschendes Unternehmen erfüllen (Gleichlautender Ländererlass v.

25.5.2023, BStBl. I 2023, 995 Rn. 3.2.2.1). Unschädlich innerhalb der Vorbehaltsfrist ist ein Formwechsel des herrschenden Unternehmens bzw. des übertragenden Rechtsträgers (Gleichlautender Ländererlass v. 25.5.2023, BStBl. I 2023, 995 Rn. 3.2.2.1). **Veränderungen der Beteiligungsverhältnisse**, zB durch Verkürzung oder Verlängerung der Beteiligungskette, sind unbeachtlich, so lange die kapital- oder vermögensmäßige Beteiligung zwischen herrschendem Unternehmen und abhängiger Gesellschaft von mindestens 95% unmittelbar oder mittelbar bestehen bleibt (Gleichlautender Ländererlass v. 25.5.2023, BStBl. I 2023, 995 Rn. 3.2.2.1). In Bezug auf solche Gesellschaften, die durch Gründung oder einen Umwandlungsvorgang innerhalb der fünfjährigen Vorbehaltsfrist im Wege der Neugründung oder durch das herrschende Unternehmen oder einer abhängigen Gesellschaft entstanden sind, muss uE nur die Beteiligungsquote von 95 % seit ihrer Gründung ununterbrochen erfüllt werden, nicht aber die Fünfjahresfrist (so wohl auch die FinVerw, vgl. Gleichlautender Ländererlass v. 25.5.2023, BStBl. I 2023, 995 Rn. 3.2.2.1). Die fünfjährige **Nachbehaltensfrist** muss in Bezug auf den übertragenden Rechtsträger in den Fällen der Verschm zur Aufnahme oder Neugründung, der Aufspaltung zur Aufnahme oder Neugründung sowie in den Fällen des § 174 I und II Nr. 1 UmwG (Vollübertragung des Vermögens eines Rechtsträgers als Ganzes auf einen Rechtsträger bzw. auf mehrere Rechtsträger) nicht erfüllt werden. Wenn der übernehmende oder der übertragende Rechtsträger innerhalb der Nachbehaltensfrist durch einen weiteren Umwandlungsvorgang (zB Kettenumwandlungen) ausschließlich mit anderen abhängigen Gesellschaften erlöschen, können die Behaltenszeiten zusammengerechnet werden (vgl. Gleichlautender Ländererlass v. 25.5.2023, BStBl. I 2023, 995 Rn. 3.2.2.2). Nach umstrittener Sichtweise der FinVerw muss das herrschende Unternehmen allerdings während der gesamten Nachbehaltensfrist ununterbrochen die Eigenschaft als herrschendes Unternehmen erfüllen (statisches Verständnis, vgl. Gleichlautender Ländererlass v. 25.5.2023, BStBl. I 2023, 995 Rn. 3.2.2.2). Mit Hinblick auf den Wortlaut des § 6a S. 4 GrEStG wird hingegen argumentiert, dass innerhalb des Nachbehaltenszeitraums nur „ein" herrschendes Unternehmen (nicht dasselbe) vorhanden sein muss, welches innerhalb der gesamten Vor- und Nachbehaltensfrist selbst oder dessen Rechtsvorgänger unmittelbar oder mittelbar an den beteiligten Rechtsträgern zu mind. 95% beteiligt war (dynamisches Verständnis: vgl. Pahlke/Pahlke GrEStG § 6a Rn. 82 ff.; Broemel/Möhrwald, DStR 2023,1821 mwN). Orientiert am Sinn und Zweck der Nachbehaltensfrist (Missbrauchsvermeidung) dürfte ein statisches Verständnis zu weitgehend sein.

Die **grunderwerbstl. Bemessungsgrundlage** bemisst sich für grunderwerb- **47** steuerpflichtige Verschm, Auf- oder Abspaltungen gem. § 8 II 1 Nr. 2 GrEStG nach dem Grundbesitzwert iSd § 151 I 1 Nr. 1 BewG iVm § 157 I–III BewG (BFH/NV 2007, 2351). Erstreckt sich der Erwerbsvorgang auf ein noch zu errichtendes Gebäude, ist abw. von § 157 I 1 BewG gem. § 8 II 2 GrEStG das Grundstück nach den tatsächlichen Verhältnissen im Zeitpunkt der Fertigstellung zu bewerten.

Die **GrESt (§ 38 AO) entsteht** bei der **Verschm zur Aufnahme** mit der **48** Eintragung der Verschm in das Register des Sitzes des übernehmenden Rechtsträgers, bei der **Verschm zur Neugründung** zum Zeitpunkt der Eintragung der neuen Gesellschaft im HR (BFH BStBl. II 2014,663; Koordinierter Ländererlass 12.12.1997, DStR 1998, 82 Rn. I.2.; OFD NRW 8.1.2015, GrESt-Kartei NW § 23 GrEStG Karte 1; Rödder/Herlinghaus/van Lishaut/van Lishaut/Schumacher Anh. 10 Rn. 4 ff.). Bei der **Auf- und Abspaltung** ist die Eintragung in das Register des Sitzes des übertragenden Rechtsträgers maßgebend (Koordinierter Ländererlass 12.12.1997, DStR 1998, 82 Rn. II.2.; OFD NRW 8.1.2015, GrESt-Kartei NW § 23 GrEStG Karte 1; Widmann/Mayer/Pahlke Anh. 12 Rn. 60; Viskorf/Meßbacher-Hönsch GrEStG § 1 Rn. 364). Der Zeitpunkt des Abschlusses des Umwandlungsvertrages hat ebenso wie die handels- oder steuerrechtliche Rückbeziehung des Vermögensübergangs auf einen zurückliegenden Umwandlungsstichtag für die GrESt keine Bedeutung (Viskorf/Meßbacher-Hönsch GrEStG § 1 Rn. 365).

49 Kommt es zu einer **Rückabwicklung** der Verschm bzw. Auf- oder Abspaltung zwischen den Beteiligten (Identität der Beteiligten), kann die GrESt – sowohl für den Rückerwerb als auch für den vorausgegangenen Erwerb – nach **§ 16 II GrEStG** (auf formlosen Antrag) nicht zu erheben sein (vgl. Pahlke/Pahlke GrEStG § 16 Rn. 11). Dabei steht der von § 16 II GrEStG geforderten Identität der Beteiligten nicht entgegen, wenn der übertragende oder übernehmende Rechtsträger zwischenzeitlich formgewechselt (§ 1 I Nr. 4 UmwG, §§ 190 ff. UmwG) ist (Pahlke/Pahlke GrEStG § 16 Rn. 73) oder zwischen Erwerb und Rückerwerb beim übertragenden oder übernehmenden Rechtsträger eine Gesamtrechtsnachfolge stattgefunden hat (vgl. BFH BStBl. II 1979, 429; Pahlke/Pahlke GrEStG § 16 Rn. 74; Viskorf/Loose GrEStG § 16 Rn. 201). Gleiches gilt bei Anwachsung des Vermögens einer PersGes auf den verbleibenden Gesellschafter (Hofmann GrEStG § 16 Rn. 37; Viskorf/Loose GrEStG § 16 Rn. 201).

50 **Steuerschuldner der GrESt** sind nach § 13 Nr. 2 GrEStG grds. der übertragende Rechtsträger und der übernehmende Rechtsträger, und zwar in Form von Gesamtschuldnern (§ 44 AO). Erlischt der übertragende Rechtsträger durch Verschm oder Aufspaltung, kann ausschließlich der Erwerber Steuerschuldner iSd § 13 Nr. 2 GrEStG sein (BFH BStBl. II 1998, 168; Hofmann GrEStG § 13 Rn. 12; Widmann/Mayer/Pahlke Anh. 12 Rn. 82; Viskorf/Viskorf GrEStG § 13 Rn. 66). Die Steuerschuldner haben den Tatbestand der § 1 I Nr. 3 GrEStG **auslösenden Maßnahmen** innerhalb von **zwei Wochen** iSd § 19 I Nr. 8, III GrEStG iVm § 18 I Nr. 3 GrEStG dem nach § 19 IV GrEStG zuständigen FA **anzuzeigen.** In den Fällen des § 1 II GrEStG ergibt sich eine Anzeigepflicht aus § 19 I Nr. 1 GrEStG.

51 **b) Mittelbare Grundstücksübertragung.** Verschm sowie Auf- oder Abspaltungen von Vermögen einer Körperschaft auf eine PersGes oder eine andere Körperschaft sind nicht nur dann grunderwerbstl. von Relevanz, wenn und soweit es durch die jew. Maßnahme zu einem unmittelbaren Grundstücksübergang von einem auf den anderen Rechtsträger kommt, sondern auch dann, wenn es dadurch zu unmittelbaren oder mittelbaren Verschiebungen von Anteilen an grundstückshaltenden Gesellschaften (KapGes oder PersGes) kommt (vgl. Beckmann GmbHR 1999, 217). Dabei kann es bei denjenigen Gesellschaften (KapGes oder PersGes) zu grunderwerbstl. relevanten Anteilsverschiebungen kommen, deren Anteile unmittelbar oder mittelbar im Wege der Verschm, Auf- oder Abspaltung übertragen werden. Es kann aber auch beim **übertragenden und übernehmenden Rechtsträger** selbst zu grunderwerbstl. relevanten Anteilsverschiebungen kommen, wenn diese selbst über inl. Grundbesitz verfügen oder Anteile an grundbesitzenden Gesellschaften (KapGes oder PersGes) halten (zB bei Abspaltung unter Trennung von Gesellschafterstämmen).

52 **aa) Anwachsung.** Sind der übertragende und der übernehmende Rechtsträger die alleinigen Gesellschafter einer grundbesitzenden PersGes, kann es infolge der umwandlungsbedingten (im Wege der Verschm bzw. Auf- oder Abspaltung) erfolgten Übertragung der Anteile an der grundbesitzenden PersGes zu einer Anwachsung auf den übernehmenden Rechtsträger kommen. Der Anwachsungsvorgang unterliegt der GrESt gem. **§ 1 I Nr. 3 GrEStG** (BFH BStBl. II 2007, 323; Viskorf/Meßbacher-Hönsch GrEStG § 1 Rn. 393; Widmann/Mayer/Pahlke Anh. 12 Rn. 103; Rödder/Herlinghaus/van Lishaut/van Lishaut/Schumacher Anh. 10 Rn. 69). § 1 Abs. 3 GrEStG ist nicht einschlägig, da es nicht zu einer Übertragung von Anteilen an der grundbesitzenden PersGes kommt; diese gehen nicht unter, sondern vielmehr unter (vgl. Viskorf/Meßbacher-Hönsch GrEStG § 1 Rn. 393). § 1 IIa GrEStG ist nicht einschlägig, da die in § 1 IIa GrEStG vorgesehene Änderung des Gesellschafterbestandes den Fortbestand der PersGes voraussetzt (Pahlke/Pahlke

GrEStG § 1 Rn. 78). Auch die im Zeitpunkt der Anwachsung bereits an Dritte verkauften Grundstücke unterliegen der GrESt, falls sie zivilrechtlich im Wege der Anwachsung noch mit auf den übernehmenden Rechtsträger übergehen (BFH BStBl. II 1994, 866). Insoweit kommt eine Nichtfestsetzung oder Nichterhebung der GrESt aus sachlichen Billigkeitsgründen nach §§ 163, 227 AO in Betracht (vgl. FM Baden-Württemberg 16.9.2003, DB 2003, 2095; FM Hessen 9.10.2003, DStR 2003, 1981; OFD Hannover 8.7.1992, BB 1992, 1840; FinMin NRW 30.9.2003, RNotZ 2004, 54).

Es kann in Fällen der Anwachsung die Vergünstigungsvorschrift des **§ 1 VI 2 GrEStG** zur Anwendung kommen, wenn bspw. zunächst eine Anteilsvereinigung iSd § 1 III GrEStG in der Hand des übernehmenden Rechtsträgers verwirklicht worden ist. Auch **§ 6 II iVm § 24 GrEStG** kommt in Betracht, wonach die GrESt in der Höhe des Anteils nicht erhoben wird, zu dem der übernehmende Rechtsträger bisher an der untergehenden PersGes beteiligt war. Unter den Voraussetzungen des **§ 6a GrEStG** ist auch die durch die Anwachsung nach § 1 I Nr. 3 GrEStG ausgelöste GrESt nicht zu erheben, wenn es im Rahmen einer von § 6a GrEStG erfassten Umw zu einer Anwachsung kommt (so jedenfalls die FinVerw bei durch Einbringungen und andere Erwerbsvorgänge auf gesellschaftsvertraglicher Grundlage erfolgte Anwachsungen, vgl. Gleichlautender Ländererlass v. 25.5.2023, BStBl. I 2023, 995 Rn. 2.3; dies dürfte auch für Anwachsungen aufgrund von Umw gelten). Zu den Auswirkungen der Anwachsung auf die Behaltensfristen des § 5 III GrEStG, § 6 III 2 GrEStG und § 6 IV GrEStG vgl. Gleichlautender Ländererlass 12.11.2018, BStBl. I 2018, 1334 Rn. 7.6. **53**

Die **grunderwerbstl. Bemessungsgrundlage** für den Erwerb im Wege der Anwachsung bestimmt sich nach § 8 II 1 GrEStG (Grundbesitzwert iSd § 151 I 1 Nr. 1 BewG iVm § 157 I–III BewG); nach Hofmann aber Anwendung von § 8 I GrEStG bei Anwachsung infolge Erwerbs sämtlicher Anteile durch bisherigen Nichtgesellschafter (Hofmann GrEStG § 8 Rn. 44). **54**

Die **GrESt entsteht (§ 38 AO)** zu dem Zeitpunkt, zu dem das Vermögen und damit das Grundstück dem letzten Gesellschafter anwächst und damit zum Zeitpunkt der Eintragung der Verschm bzw. Auf- oder Abspaltung (→ Rn. 48). **55**

Steuerschuldner der GrESt iSv § 13 Nr. 2 GrEStG kann in Fällen der Anwachsung allein derjenige Gesellschafter sein, dem das Vermögen anwächst. Der Steuerschuldner hat den Tatbestand des § 1 I Nr. 3 GrEStG **auslösende Maßnahme** innerhalb von **zwei Wochen** nach § 19 I 2 iVm III GrEStG dem nach § 19 IV GrEStG zuständigen FA **anzuzeigen.** **56**

bb) Änderung im Gesellschafterbestand einer grundbesitzenden Personengesellschaft (§ 1 IIa GrEStG). Ändert sich der Gesellschafterbestand einer grundbesitzenden PersGes im Zuge einer Verschm, Auf- oder Abspaltung innerhalb von zehn Jahren **unmittelbar oder mittelbar** dergestalt, dass mindestens 90% der Anteile am Gesellschaftsvermögen der grundstücksbesitzenden PersGes auf neue Gesellschafter (Neugesellschafter) übergehen, wird nach § 1 IIa GrEStG eine Grundstücksübereignung auf eine neue PersGes fingiert (BFH BStBl. II 2007, 409; Gleichlautender Ländererlass 10.5.2022, BStBl. I 2022, 801 Rn. 9; Pahlke/Joisten GrEStG § 1 Rn. 292a; Widmann/Mayer/Pahlke Anh. 12 Rn. 124). Zu berücksichtigen sind bei der Ermittlung der 90%igen Quote nur Übertragungen von Anteilen an der grundbesitzenden PersGes auf einen Neugesellschafter. Nicht steuerbar sind Anteilsübertragungen zwischen Altgesellschaftern (Viskorf/Meßbacher-Hönsch GrEStG § 1 Rn. 765; Pahlke/Joisten GrEStG § 1 Rn. 312) sowie von Neugesellschaftern auf Altgesellschafter (Lange/Broemel DStR 2018, 360; Graessner NWB 2017, 2341; Wischott/Graessner Ubg 2019, 84; wohl aA Viskorf/Meßbacher-Hönsch GrEStG § 1 Rn. 759, 765; Pahlke/Joisten GrEStG § 1 Rn. 312, der ausdrücklich nur Übertragungen zwischen Altgesellschaftern ausnimmt) oder zwischen Neugesellschaftern **57**

(Gleichlautender Ländererlass 10.5.2022, BStBl. I 2022, 801 Rn. 5.3). Es ist dabei unerheblich, ob der Neugesellschafter im In- oder Ausland ansässig ist.

58 **Altgesellschafter** sind dabei nur diejenigen Gesellschafter, die Gründungsgesellschafter waren, bereits vor Beginn des Zehn-Jahres-Zeitraums an der PersGes beteiligt waren, im Zeitpunkt des Erwerbs des Grundstücks Gesellschafter waren und diejenigen Gesellschafter, die im Zeitpunkt einer vorangegangen Verwirklichung des § 1 IIa GrEStG vorhanden waren (Gleichlautender Ländererlass 10.5.2022, BStBl. I 2022, 801 Rn. 5.2; vgl. hierzu auch Wischott/Graessner Ubg 2019, 84), und zwar unabhängig davon, ob sie vermögensmäßig beteiligt sind (Pahlke/Joisten GrEStG § 1 Rn. 314).

58a Sind **PersGes** an der grundbesitzenden PersGes beteiligt **(mehrstöckige PersGes),** werden für die Beurteilung, ob eine Übertragung von Anteilen an der grundbesitzenden PersGes auf einen Neu- oder Altgesellschafter vorliegt, die PersGes transparent behandelt. Dies bedeutet, dass der Erwerb eines Anteils an einer grundbesitzenden PersGes oder der Anteil an einer zwischengeschalteten PersGes **durch** einen mittelbar über eine PersGes beteiligten Altgesellschafter nicht zu einer relevanten Änderung des Gesellschafterbestands iSv § 1 IIa GrEStG führt (vgl. Gleichlautender Ländererlass 10.5.2022, BStBl. I 2022, 801 Rn. 5.2.1.2, Pahlke/Joisten GrEStG § 1 Rn. 314 mwN; vgl. zur nach § 1 IIa GrEStG steuerbaren Verlängerung der Beteiligungskette und zur ggf. nach § 1 IIa GrEStG steuerbaren Verkürzung der Beteiligungskette → Rn. 59 ff.).

58b Bei **KapGes** ist gem. § 1 IIa S. 4 und 5 GrEStG wie folgt zu differenzieren: Nur die **unmittelbar oder mittelbar** über eine andere PersGes an der grundbesitzenden PersGes beteiligten KapGes können **Altgesellschafter** sein (nicht deren Gesellschafter). Eine als Altgesellschafter geltende unmittelbar oder mittelbar beteiligte KapGes wird nach § 1 IIa S 3 bis 5 GrEStG in vollem Umfang zum fiktiven Neugesellschafter der PersGes, wenn sich die Beteiligungsverhältnisse an ihr unmittelbar oder mittelbar oder teils unmittelbar, teils mittelbar um mindestens 90 % ändern (Gleichlautender Ländererlass 10.5.2022, BStBl. I 2022, 801 Rn. 5.2.3.1). Bei der Ermittlung des Prozentsatzes iSv § 1 IIa S 1 GrEStG bleiben Übergänge von Anteilen an KapGes außer Betracht, die zum Handel an einer bestimmten Börse zugelassen sind, soweit die Übertragung über diese Börse erfolgt (§ 1 IIc GrEStG; vgl. Gleichlautender Ländererlass 4.10.2022, BStBl. I 2022, 1451). Die Altgesellschaftereigenschaft einer unmittelbar beteiligten KapGes bleibt erhalten, wenn sich die Beteiligungskette der an ihr beteiligten KapGes nur verkürzt. Eine solche Beteiligungskette liegt vor, soweit KapGes auf jeder Stufe über eine Beteiligung von mind. 90% miteinander verbunden sind. Das Gleiche gilt bei Beteiligungsketten, in denen sowohl KapGes als auch PerGes beteiligt sind. Bei PerGes in der Kette ist zu beachten, dass die 90%ige Beteiligung auf jeder Stufe bei der Durchrechnung noch vorhanden ist. Bei der Verkürzung der Kette muss die der grundbesitzenden PersGes am nächsten stehende Kapitalgesellschaft (Gesellschafterin der PersGes) erhalten bleiben, da es ansonsten zu einem unmittelbaren Übergang eines Anteils an der PersGes auf einen Neugesellschafter kommt (Gleichlautender Ländererlass 10.5.2022, BStBl. I 2022, 801 Rn. 5.3.1). Die **Anteilseigner der zwischengeschalteten KapGes** sind nach Sichtweise der FVerw hingegen keine mittelbaren Gesellschafter der PersGes und können sich daher **nicht als Altgesellschafter** qualifizieren (Gleichlautender Ländererlass 10.5.2022, BStBl. I 2022, 801 Rn. 5.3.1 und 5.2.3.2; Viskorf/Meßbacher-Hönsch GrEStG § 1 Rn. 811). Für Zwecke der Prüfung, ob iSv § 1 IIa S 4 GrEStG 90% der Anteile an der KapGes auf neue Gesellschafter übergegangen sind, gilt als Altgesellschafter in Bezug auf die Beteiligung an der KapGes nach Sichtweise der FinVerw (nur), wer im Zeitpunkt (1) der Gründung der grundbesitzenden PersGes Gesellschafter der KapGes ist, wenn die KapGes selbst Gründungsgesellschafterin der PersGes ist, (2) des Erwerbs der Beteiligung am Vermögen der grundbesitzenden PersGes durch die KapGes an der KapGes beteiligt ist, (3) des Grundstückserwerbs der PersGes an der KapGes beteiligt ist oder (4) der nach § 1 II a S. 3 bis 5 GrEStG erfolgenden Umqualifizierung der KapGes in eine Neugesellschafterin der grundbesitzenden PersGes an der KapGes beteiligt ist (Gleichlautender Ländererlass 10.5.2022, BStBl. I 2022, 801 Rn. 5.2.3.2). Insbesondere wird ein Gesellschafter der zwischengeschalteten KapGes nach umstrittener Ansicht der FVerw auch zehn Jahre nach Erwerb seiner Anteile an der KapGes nicht zu einem Altgesellschafter (vgl. Viskorf/Meßbacher-Hönsch GrEStG § 1 Rn. 900; Wischott/Graessner Ubg 2019, 84). Der Begriff des Altgesellschafters bleibt im Einzelnen umstritten (vgl. Wischott/Graessner Ubg 2019, 84).

Führt die Verschm, Auf- oder Abspaltung dazu, dass sich der Gesellschafterbestand **59** der grundbesitzenden PersGes innerhalb des Zehn-Jahres-Zeitraums um mindestens 90% **unmittelbar ändert** (90 % der Anteile am Gesellschaftsvermögen werden von Neugesellschaftern gehalten), ist dies grds. nach § 1 IIa GrEStG steuerbar. Dies gilt grundsätzlich auch für die unmittelbare Änderung des Gesellschafterbestandes in Form der **Verlängerung der Beteiligungskette** (BFH BStBl. II 2015, 557; Gleichlautender Ländererlass 10.5.2022, BStBl. I 2022, 801 Rn. 5.2; Pahlke/Joisten GrEStG § 1 Rn. 319 und 338; Viskorf/Meßbacher-Hönsch GrEStG § 1 Rn. 830; aA zur Verlängerung der Beteiligungskette Scheifele/Müller DStR 2013, 1805 und Behrens DStR 2010, 777).

Mittelbare Änderungen im Gesellschafterbestand einer an einer grundbesitzen- **60** den PersGes beteiligten PersGes sind durch Multiplikation der Vomhundertsätze der Anteile am Gesellschaftsvermögen anteilig zu berücksichtigen (§ 1 IIa S 2 GrEStG). Ist die KapGes an einer PersGes unmittelbar oder mittelbar beteiligt, gilt, dass eine unmittelbar beteiligte KapGes in vollem Umfang als neue Gesellschafterin gilt, wenn an ihr mindestens 90% der Anteile auf neue Gesellschafter übergehen (§ 1 IIa S 4 GrEStG). Bei mehrstufigen Beteiligungen gilt dies auf der Ebene jeder mittelbar beteiligten KapGes entsprechend (§ 1 IIa S 4 GrEStG). Es gelten damit die nachfolgenden Grundsätze zu **mittelbaren** Änderungen im Gesellschafterbestand einer grundbesitzenden PersGes nach § 1 IIa GrEStG, die auch bei Verschm bzw. Auf- und Abspaltungen von einer KapGes auf eine PersGes zu beachten sind:

Im Zusammenhang mit **KapGes** als unmittelbare oder mittelbar über eine Pers- **61** Ges beteiligte Gesellschafterin einer grundbesitzenden PersGes liegt eine nach § 1 IIa GrEStG steuerbare **mittelbare Änderung** des Gesellschafterbestandes dann vor, wenn sich die Beteiligungsverhältnisse an der **unmittelbar beteiligten KapGes** zu mindestens 90% geändert haben. In diesem Fall gilt die unmittelbar beteiligte KapGes als Neugesellschafterin (vgl. Gleichlautender Ländererlass 10.5.2022, BStBl. I 2022, 801 Rn. 5.2.3.1). Dabei ist bei mehrstufigen Beteiligungsebenen von einer mittelbaren Änderung des Gesellschafterbestandes nur auszugehen, wenn auf jeder Ebene einer KapGes die Änderung von mindestens 90% erreicht wird (vgl. Gleichlautender Ländererlass 10.5.2022, BStBl. I 2022, 801 Rn. 5.2.3.1). Eine **Verkürzung der Beteiligungskette** durch eine Verschm, Auf- oder Abspaltung erfüllt den Tatbestand des § 1 IIa GrEStG **nicht,** wenn auf allen Beteiligungsstufen die 90%-Grenze erreicht bzw. überschritten ist, weil dann auch im Fall der Verkürzung der Beteiligungskette weiterhin nur Altgesellschafter an der PersGes (unmittelbar oder mittelbar) beteiligt bleiben (vgl. Gleichlautender Ländererlass 10.5.2022, BStBl. I 2022, 801 Rn. 5.2.3.1 sowie Rn. 5.3.8; Pahlke/Joisten GrEStG § 1 Rn. 328 und 337). Bei der Verkürzung der Beteiligungskette muss die der grundbesitzenden PersGes am nächsten stehende KapGes allerdings erhalten bleiben (Gleichlautender Ländererlass 10.5.2022, BStBl. I 2022, 801 Rn. 5.2.3.1und Beispiel 5.3.8). Eine Verkürzung der Beteiligungskette stellt also nur dann keine nach § 1 IIa GrEStG relevante (mittelbare) Änderung des Gesellschafterbestandes dar, wenn die **Beteiligungskette oberhalb der unmittelbar beteiligten KapGes** verkürzt wird. Eine Verkürzung der Beteiligungskette durch eine **„up stream"**-Verschm der unmittelbar an der grundbesitzenden PersGes beteiligten KapGes auf ihre MutterGes soll entsprechend den Tatbestand des § 1 IIa GrEStG in Form der unmittelbaren Änderung des Gesellschafterbestandes erfüllen (vgl. Gleichlautender Ländererlass 10.5.2022, BStBl. I 2022, 801 Rn. 5.2.3.1; OFD NRW, S 4501-2014/4016-St 255, GrESt-Kartei NW § 1 Abs. 2a GrEStG Karte 4, Rn. 1.6.2; krit. Behrens DStR 2014, 1526).

62 Im Zusammenhang mit **PersGes** als mittelbare Gesellschafterin einer grundbesitzenden PersGes geht die FVerw davon aus, dass Änderungen im **Gesellschafterbestand** stets als **mittelbare Änderungen** des Gesellschafterbestands der grundbesitzenden PersGes zu qualifizieren sind (vgl. Gleichlautender Ländererlass 10.5.2022, BStBl. I 2022, 801 Rn. 5.1.2 und 5.3). Die **Verkürzung der Beteiligungskette** durch eine **Verschm, Auf- oder Abspaltung** bei mittelbar beteiligten PersGes führt allerdings nicht zu einer mittelbaren Änderung des Gesellschafterbestandes der grundbesitzenden PersGes. Dies soll auch dann gelten, wenn dadurch aus einer mittelbaren eine unmittelbare Beteiligung eines **Altgesellschafters** an der grundbesitzenden PersGes wird (vgl. OFD NRW, S 4501-2014/4016-St 255, GrESt-Kartei NW § 1 Abs. 2a GrEStG Karte 4, Rn. 1.7). Die **Verlängerung der Beteiligungskette** soll zu einer mittelbaren Änderung des Gesellschafterbestandes der grundbesitzenden PersGes führen, da diese nicht im Kreis der Altgesellschafter erfolgt, sondern Anteile auf einen Neugesellschafter übertragen werden (BFH BStBl. II 2005, 649; OFD NRW, S 4501-2014/4016-St 255, GrESt-Kartei NW § 1 Abs. 2a GrEStG Karte 4, Rn. 2.2; Pahlke/Joisten GrEStG § 1 Rn. 330; vgl. auch Gleichlautender Ländererlass 10.5.2022, BStBl. I 2022, 801 Rn. 5.3.2; aA Behrens BB 2017, 1046; Joisten DStZ 2016, 272; Vogel StuB 2016, 98).

63 **Sonderfall:** Auch der Übergang des wirtschaftlichen Eigentums iSv § 39 II Nr. 1 AO an den unmittelbar gehaltenen Anteilen soll nach Sichtweise der FVerw nunmehr – mit Hinweis auf Rspr. des BFH (ua BFH BStBl. II 2016, 57) – zu einem mittelbaren Gesellschafterwechsel iSv § 1 IIa GrEStG führen (vgl. auch Gleichlautender Ländererlass 10.5.2022, BStBl. I 2022, 801 Rn. 5.1.2 allerdings mit Hinweis auf § 1 II GrEStG, vgl. hierzu Wischott/Graessner Ubg 2019, 84). Die Sichtweise der FVerw ist nicht zweifelsfrei, da nunmehr aufgrund der Änderung des § 1 IIa GrEStG (Einfügung der S 2–5) durch StÄndG 2015 v. 2.11.2015 (BGBl. 2015 I 1834) abschließend geregelt ist, wann ein mittelbarer Gesellschafterwechsel vorliegt (vgl. Behrens/Wachter/Baessler GrEStG § 1 Rn. 360; Lang/Broemel DStR 2017, 360). In einem Obiter dictum hat der BFH sich allerdings dahingehend geäußert, dass die Änderung des § 1 IIa GrEStG die wirtschaftliche Betrachtungsweise nicht ausschließe (BFH BStBl. II 2018, 783), so dass trotz Änderung des § 1 IIa GrEStG der BFH noch in diesen Fällen von einem mittelbaren Gesellschafterwechsel ausgeht (vgl. Wischott/Graessner Ubg 2019, 84).

64 Der PersGes muss im Zeitpunkt der Entstehung der Steuer (→ Rn. 68) ein **inl. Grundstück zuzurechnen sein.** Dabei muss das Grundstück während des gesamten Zehn-Jahres-Zeitraums, in welchem sich der Gesellschafterbestand ändert, durchgängig zum Vermögen der PersGes gehört haben (BFH BStBl. II 2011, 422; auch Gleichlautender Ländererlass 10.5.2022, BStBl. I 2022, 801 Rn. Rn. 3; Pahlke/Joisten GrEStG § 1 Rn. 307). Ein Grundstück „gehört" einer PersGes, wenn es ihr aufgrund eines unter § 1 I GrEStG fallenden Erwerbsvorgangs zuzurechnen ist oder der PersGes die Verwertungsbefugnis (§ 1 II GrEStG) gehört; auch über § 1 III und IIIa GrEStG kann der PersGes ein Grundstück grunderwerbstl. zuzurechnen sein (BFH BStBl. II 2015, 402; auch Gleichlautender Ländererlass 10.5.2022, BStBl. I 2022, 801 Rn. 3; Gleichlautende Erlasse der obersten Finanzbehörden der Länder 16.10.2023, DStR 2023, 2571; Pahlke/Joisten GrEStG § 1 Rn. 305). Umgekehrt folgt daraus, dass ein Grundstück grunderwerbstl. nicht mehr zum Vermögen der PersGes gehört, wenn es vor Entstehung der Steuerschuld nach § 1 IIa GrEStG Gegenstand eines Veräußerungsvorgangs iSd § 1 I, II, III oder IIIa GrEStG war (BFH BStBl. II 2015, 402 mwN; Gleichlautender Ländererlass 10.5.2022, BStBl. I

2022, 801 Rn. 3). Soweit bei mehrstöckigen PersGes der OberPersGes die Grundstücke einer UnterPersGes zB nach § 1 III GrEStG zuzurechnen sind, kann es bei einem nach § 1 IIa GrEStG steuerbaren Gesellschafterwechsel bei der OberPersGes zu einer Mehrfachzurechnung des Grundstücks (zur Ober- und UnterPersGes) kommen. In diesem Fall ist das Grundstück ausschließlich der UnterPersGes zuzurechnen (OFD Rheinland 4.2.2011, StEK GrEStG 1983 § 1 Nr. 197; Pahlke/Joisten GrEStG § 1 Rn. 305; vgl. auch Broemel/Mörwald DStR 2022, 1977).

Weil der Erwerbsvorgang iSv § 1 IIa GrEStG eine Übereignung eines Grundstücks **65** von einer alten auf eine „neue" PersGes fingiert (Gleichlautender Ländererlass 10.5.2022, BStBl. I 2022, 801 Rn. 9), findet **§ 6 III iVm I GrEStG** iVm § 24 GrEStG entsprechende Anwendung (BFH BStBl. II 2012, 917; Gleichlautende Ländererlasse 12.11.2018, BStBl. I 2018, 1334 Rn. 4.1), dh soweit an der „neuen" PersGes Altgesellschafter beteiligt sind, wird **die GrESt nicht erhoben.** In Fällen der mittelbaren Änderung des Gesellschafterbestands einer grundbesitzenden PersGes ist bei Anwendung des § 6 III iVm I GrEStG zu beachten, dass bei der Frage, inwieweit an der „neuen" PersGes Altgesellschafter beteiligt sind, grds. auf die mittelbar beteiligten Personen abzustellen ist, andernfalls würde auf sämtliche nach § 1 IIa GrEStG steuerbare mittelbare Änderungen im Gesellschafterbestand nach § 6 III iVm I GrEStG keine GrESt erhoben (vgl. BFH BStBl. II 2012, 917; Viskorf/Viskorf GrEStG § 6 Rn. 45 ff.; Hofmann GrEStG § 6 Rn. 15 f.; Pahlke/Joisten GrEStG § 6 Rn. 48 f.). Qualifiziert bspw. die unmittelbar an der grundbesitzenden PersGes beteiligte KapGes aufgrund eines vollzogenen Gesellschafterwechsels von mind. 90 % als Neugesellschafterin iSv § 1 IIa GrEStG, ist diese bei Anwendung des § 6 III iVm I GrEStG – trotz unmittelbarer Beteiligung an der „neuen" PersGes – als Neugesellschafterin zu behandeln (vgl. Viskorf/Viskorf GrEStG § 6 Rn. 43).

Tritt die Änderung im Gesellschafterbestand der grundbesitzenden PersGes als **66** Folge einer Verschm bzw. einer Auf- oder Abspaltung ein, so kann der nach § 1 IIa GrEStG steuerbare Erwerbsvorgang nach **§ 6a GrEStG steuerfrei** sein (zu § 6a GrEStG → Rn. 43 ff.). Voraussetzung für die Anwendung des § 6a GrEStG ist nicht, dass die grundbesitzende PersGes, deren Gesellschafterbestand sich geändert hat, selbst zum Verbund iSv § 6a S. 4 GrEStG gehört. Die Begünstigung nach § 6a GrEStG ist in Fällen des § 1 IIa GrEStG nach Sichtweise der FVerw nur **insoweit** zu gewähren, wie die nach § 6a S. 1 GrEStG privilegierte Verschm, Auf- oder Abspaltung zur Erfüllung des Tatbestandes des § 1 IIa GrEStG in der Zehn-Jahres-Frist des § 1 IIa GrEStG beigetragen hat; die Begünstigung ist hierbei auf die vermögensmäßige Beteiligung des übertragenden Rechtsträgers an der grundbesitzenden PersGes begrenzt (Gleichlautender Ländererlass v. 25.5.2023, BStBl. I 2023, 995 Rn. 2.4; vgl. hierzu auch Viskorf/Kugelmüller-Pugh GrEStG § 6a Rn. 54). Die Steuervergünstigungen der §§ 5, 6 GrEStG iVm § 24 GrEStG und § 6a GrEStG stehen gleichrangig nebeneinander (Gleichlautender Ländererlass v. 25.5.2023, BStBl. I 2023, 995 Rn. 5), so dass auch eine Befreiung nach **§ 5 II GrEStG** bzw. **§ 6 III GrEStG** in Betracht kommt.

Grunderwerbstl. Bemessungsgrundlage für den fiktiven Grundstückserwerb **67** nach § 1 IIa GrEStG ist der Grundstückswert iSd § 151 I 1 Nr. 1 BewG iVm § 157 I–III BewG. Beruht die Änderung des Gesellschafterbestandes iSv § 1 IIa GrEStG auf einem vorgefassten Plan zur Bebauung eines Grundstücks, ist der Wert des Grundstücks abw. von § 157 I 1 BewG nach den tatsächlichen Verhältnissen im Zeitpunkt der Fertigstellung des Gebäudes maßgebend (§ 8 II 2 GrEStG). Kommt es durch die Verschm, Auf- oder Abspaltung zu einem nach § 1 IIa GrEStG steuerbaren Gesellschafterwechsel und werden dadurch zugleich Behaltensfristen nach § 5 III GrEStG oder § 6 III 2 GrEStG verletzt, ordnet **§ 1 IIa 7 GrEStG** an, dass die nach § 8 II 2 GrEStG ermittelte Steuerbemessungsgrundlage um die Bemessungsgrundlage des vorausgegangenen Erwerbs gekürzt wird.

68 Die **GrESt (§ 38 AO)** entsteht im Zeitpunkt der tatbestandserfüllenden Änderung des Gesellschafterbestandes, dh grds. zum Zeitpunkt der Eintragung der Verschm, Auf- oder Abspaltung im HR (→ Rn. 48). Da eine mittelbare Änderung des Gesellschafterbestandes der grundbesitzenden PersGes isV § 1 IIa GrEStG auch aufgrund des **Übergangs des wirtschaftlichen Eigentums** an den Anteilen der an der grundbesitzenden PersGes unmittelbar beteiligten Rechtsträger erfolgen kann (→ Rn. 63), könnte in den Fällen der mittelbaren Änderung des Gesellschafterbestands durch eine Verschm, Auf- oder Abspaltung die GrESt bereits (in Ausnahmefällen) zum Zeitpunkt des **Übergangs des wirtschaftlichen Eigentums** entstehen. Dies ist zu beachten, wenn man das Grundstück der PersGes vor einer Verschm bzw. Auf- oder Abspaltung (ggf. grunderwerbsteuerneutral) übertragen möchte. Die handels- oder steuerrechtliche Rückbeziehung des Vermögensübergangs auf einen zurückliegenden Umwandlungsstichtag hat für die GrESt keine Bedeutung (→ Rn. 48).

69 Kommt es zu einer **Rückabwicklung der Verschm, Auf- oder Abspaltung** zwischen den Beteiligten (Identität der Beteiligten), kann die GrESt nach § 16 II GrEStG nicht zu erheben sein (→ Rn. 49). § 16 II GrEStG gilt – wie der Wortlaut des § 16 V GrEStG zeigt – auch für Erwerbstatbestände iSv § 1 IIa GrEStG (Gleichlautender Ländererlass 10.5.2022, BStBl. I 2022, 801 Rn. 10; Pahlke/Pahlke GrEStG § 16 Rn. 105, 108). Nicht erforderlich ist dabei, dass die letzte, den Tatbestand herbeiführende Anteilsübertragung vollständig rückabgewickelt wird. Eine teilweise Rückgängigmachung reicht aus, wenn nicht mind. 90% des Gesellschafterbestands mittelbar oder unmittelbar auf Neugesellschafter innerhalb von zehn Jahren übergegangen sind (BFH BStBl. II 2013, 830; Gleichlautender Ländererlass 10.5.2022, BStBl. I 2022, 801 Rn. 10; Viskorf/Loose GrEStG § 16 Rn. 270 f.).

70 Steuerschuldner ist die grundbesitzende PersGes (§ 13 Nr. 6 GrEStG). Die den Tatbestand des § 1 IIa GrEStG **auslösende Maßnahme** (Verschm und Auf- oder Abspaltung) ist von der PersGes innerhalb von **zwei Wochen** nach § 19 I Nr. 3a und III GrEStG dem nach § 19 IV GrEStG zuständigen FA **anzuzeigen**. In der Anzeige müssen auch Angaben über die grundbesitzende PersGes gemacht werden (vgl. § 20 II GrEStG).

70a cc) **Änderung im Gesellschafterbestand einer grundbesitzenden Kapitalgesellschaft (§ 1 IIb GrEStG).** Unter den Voraussetzungen des § 1 IIb GrEStG kann eine GrEStPfl auch dann eintreten, wenn sich durch die Verschm, Auf- und Abspaltung **innerhalb von 10 Jahren der Gesellschafterbestand einer grundbesitzenden KapGes** unmittelbar oder mittelbar dergestalt ändert, dass mind. 90% der Anteile an der KapGes auf neue Gesellschafter übergehen. § 1 IIb GrEStG fingiert insoweit ein auf die Übereignung eines Grundstücks auf eine neue Kapitalgesellschaft gerichtetes Rechtsgeschäft (vgl. auch Gleichlautender Ländererlass 10.5.2022, BStBl. I 2022, 821 Rn. 1).

70b Ein steuerbarer **Gesellschafterwechsel** iSd § 1 IIb GrEStG liegt vor, wenn es sich um einen Gesellschafterwechsel handelt, der durch einen Neugesellschafter ausgelöst wird und sich dadurch das Verhältnis der **Altgesellschafter zu den Neugesellschaftern zu Lasten der Altgesellschafter verändert** (Gleichlautender Ländererlass 10.5.2022, BStBl. I 2022, 821 Rn. 5). Eine **unmittelbare Änderung** des Gesellschafterbestandes einer grundbesitzenden KapGes liegt vor, wenn ein Anteil an ihrem Kapital zivilrechtlich wirksam auf einen neuen oder anderen Anteilseigner übergeht (Gleichlautender Ländererlass 10.5.2022, BStBl. I 2022, 821 Rn. 5.1.1). Bei der Ermittlung des Prozentsatzes iSv § 1 IIb S 1 GrEStG bleiben Übergänge von Anteilen an KapGes außer Betracht, die zum Handel an einer bestimmten Börse zugelassen sind, soweit die Übertragung über diese Börse erfolgt (§ 1 IIc GrEStG; vgl. Gleichlautender Ländererlass 4.10.2022, BStBl. I 2022, 1451). Eine **mittelbare Änderung** des Gesellschafterbestandes der grundbesitzenden Kap-

Ges liegt insbesondere vor, wenn ein Mitgliedschaftsrecht an einer PersGes, die unmittelbar oder mittelbar über eine oder mehrere PersGes an der grundbesitzenden KapGes beteiligt ist, zivilrechtlich wirksam auf ein anderes oder neues Mitglied übergeht (§ 1 IIb S. 2 GrEStG), eine unmittelbar oder mittelbar über eine oder mehrere PersGes an der grundbesitzenden Kapitalgesellschaft beteiligte KapGes nach § 1 IIb S. 3 bis 5 GrEStG fiktiv neue Gesellschafterin der grundbesitzenden KapGes wird (Gleichlautender Ländererlass 10.5.2022, BStBl. I 2022, 821 Rn. 5.1.2). Für die Frage, wann ein Gesellschafter als Neu- und Altgesellschafter qualifiziert vgl. auch Gleichlautender Ländererlass 10.5.2022, BStBl. I 2022, 821 Rn. 5.2.2 und 5.2.3).

70c Im Zusammenhang mit **KapGes als unmittelbare oder mittelbar über eine PersGes beteiligte Gesellschafterin einer grundbesitzenden KapGes** liegt eine nach § 1 IIb GrEStG steuerbare **mittelbare Änderung** des Gesellschafterbestandes dann vor, wenn sich die Beteiligungsverhältnisse an der **unmittelbar beteiligten KapGes** zu mindestens 90 % geändert haben. In diesem Fall gilt die unmittelbar beteiligte KapGes als Neugesellschafterin (vgl. Gleichlautender Ländererlass 10.5.2022, BStBl. I 2022, 821 Rn. 5.2.3.1). Dabei ist bei mehrstufigen Beteiligungsebenen von einer mittelbaren Änderung des Gesellschafterbestandes nur auszugehen, wenn auf jeder Ebene eine Änderung von mindestens 90% erreicht wird (vgl. Gleichlautender Ländererlass 10.5.2022, BStBl. I 2022, 821 Rn. 5.2.3.1). Eine **Verkürzung der Beteiligungskette** durch eine **Verschm, Auf- oder Abspaltung** erfüllt den Tatbestand des § 1 IIb GrEStG **nicht**, wenn auf allen Beteiligungsstufen die 90%-Grenze erreicht bzw. überschritten ist, weil dann auch im Fall der **Verkürzung der Beteiligungskette** weiterhin nur Altgesellschafter an der KapGes (unmittelbar oder mittelbar) beteiligt bleiben (vgl. Gleichlautender Ländererlass 10.5.2022, BStBl. I 2022, 821 Rn. 5.2.3.1 sowie Rn. 5.3.8). Bei der Verkürzung der Beteiligungskette muss die der grundbesitzenden KapGes am nächsten stehende KapGes allerdings erhalten bleiben (Gleichlautender Ländererlass 10.5.2022, BStBl. I 2022, 821 Rn. 5.2.3.1 und Beispiel 5.3.8). Eine Verkürzung der Beteiligungskette stellt also nur dann keine nach § 1 IIb GrEStG relevante (mittelbare) Änderung des Gesellschafterbestandes dar, wenn die **Beteiligungskette oberhalb der unmittelbar beteiligten KapGes** verkürzt wird. Eine Verkürzung der Beteiligungskette durch eine **„up stream"**-Verschm der unmittelbar an der grundbesitzenden KapGes beteiligten KapGes auf ihre MutterGes soll entsprechend den Tatbestand des § 1 IIb GrEStG in Form der unmittelbaren Änderung des Gesellschafterbestandes erfüllen (Gleichlautender Ländererlass 10.5.2022, BStBl. I 2022, 821 Rn. 5.2.3.1 und Beispiel 5.3.8).

70d Im Zusammenhang mit **PersGes als mittelbare Gesellschafterin einer grundbesitzenden KapGes** geht die FVerw davon aus, dass Änderungen im **Gesellschafterbestand** stets als **mittelbare Änderungen** des Gesellschafterbestands der grundbesitzenden KapGes zu qualifizieren sind (vgl. Gleichlautender Ländererlass 10.5.2022, BStBl. I 2022, 821 Rn. 5.1.2 und 5.3). Die **Verkürzung der Beteiligungskette** durch eine **Verschm, Auf- oder Abspaltung** bei mittelbar beteiligten PersGes führt allerdings nicht zu einer mittelbaren Änderung des Gesellschafterbestandes der grundbesitzenden KapGes. Dies sollte auch dann gelten, wenn dadurch aus einer mittelbaren eine unmittelbare Beteiligung eines **Altgesellschafters** an der grundbesitzenden KapGes wird. Die **Verlängerung der Beteiligungskette** soll zu einer mittelbaren Änderung des Gesellschafterbestandes der grundbesitzenden KapGes führen, da diese nicht im Kreis der Altgesellschafter erfolgt, sondern Anteile auf einen Neugesellschafter übertragen werden (vgl. auch Gleichlautender Ländererlass 10.5.2022, BStBl. I 2022, 821 Rn. 5.3.2; aA Behrens BB 2017, 1046; Joisten DStZ 2016, 272; Vogel StuB 2016, 98).

70e **Sonderfall:** Auch der Übergang des wirtschaftlichen Eigentums iSv § 39 II Nr. 1 AO an den unmittelbar gehaltenen Anteilen soll nach Sichtweise der FVerw nunmehr – mit Hinweis auf Rspr. des BFH (ua BFH BStBl. II 2016, 57) – zu einem mittelbaren Gesellschafterwechsel iSv § 1 IIb GrEStG führen (vgl. auch Gleichlautender Ländererlass 10.5.2022, BStBl. I 2022, 821 Rn. 5.1.2 allerdings mit Hinweis auf § 1 II GrEStG). Die Sichtweise der FVerw ist nicht zweifelsfrei, da aufgrund von § 1 IIb S. 2 bis 5 GrEStG abschließend geregelt ist, wann ein mittelbarer Gesellschafterwechsel vorliegt (vgl. Behrens/Wachter/Behrens GrEStG § 1 Rn. 360; Lang/Broemel DStR 2017, 360 jeweils zu § 1 IIa GrEStG; vgl. auch → Rn. 63).

70f Der KapGes muss im Zeitpunkt der Entstehung der Steuer (→ Rn. 70i) ein **inl. Grundstück zuzurechnen sein.** Dabei muss das Grundstück während des gesamten Zehn-Jahres-Zeitraums, in welchem sich der Gesellschafterbestand ändert, durchgängig zum Vermögen der KapGes gehört haben (BFH BStBl. II 2011, 422; auch Gleichlautender Ländererlass 10.5.2022, BStBl. I 2022, 801 Rn. Rn. 3; Pahlke/Joisten GrEStG § 1 Rn. 307). Ein Grundstück „gehört" einer KapGes, wenn es ihr aufgrund eines unter § 1 I, III und IIIa GrEStG fallenden Erwerbsvorgangs zuzurechnen ist oder der KapGes die Verwertungsbefugnis (§ 1 II GrEStG) gehört (BFH BStBl. II 2015, 402; Gleichlautender Ländererlass 10.5.2022, BStBl. I 2022, 821 Rn. 3; Gleichlautenden Erlasse der obersten Finanzbehörden der Länder 16.10.2023, DStR 2023, 2571; Viskorf/Meßbacher-Hönsch § 1 Rn. 892 und 981). Umgekehrt folgt daraus, dass ein Grundstück grunderwerbstl. nicht mehr zum Vermögen der KapGes gehört, wenn es vor Entstehung der Steuerschuld nach § 1 IIb GrEStG Gegenstand eines Veräußerungsvorgangs iSd § 1 I, II, III oder IIIa GrEStG war (BFH BStBl. II 2015, 402 mwN; Gleichlautender Ländererlass 10.5.2022, BStBl. I 2022, 821 Rn. 3). Soweit bei mehrstöckigen KapGes der OberKapGes die Grundstücke einer UnterKapGes zB nach § 1 III GrEStG zuzurechnen sind, kann es danach bei einem nach § 1 IIb GrEStG steuerbaren Gesellschafterwechsel bei der OberKapGes zu einer Mehrfachzurechnung des Grundstücks (zur Ober- und UnterKapGes) kommen (vgl. BFH BFHE 2022, 373).

70g Tritt die Änderung im Gesellschafterbestand der grundbesitzenden KapGes als Folge einer Verschm bzw. einer Auf- oder Abspaltung ein, so kann der nach § 1 IIb GrEStG steuerbare Erwerbsvorgang nach **§ 6a GrEStG steuerfrei** sein (zu § 6a GrEStG → Rn. 43 ff.). Voraussetzung für die Anwendung des § 6a GrEStG ist nicht, dass die grundbesitzende KapGes, deren Gesellschafterbestand sich geändert hat, selbst zum Verbund iSv § 6a S. 4 GrEStG gehört. Die Begünstigung nach § 6a GrEStG ist in Fällen des § 1 IIb GrEStG nach Sichtweise der FVerw nur **insoweit** zu gewähren, wie die nach § 6a S. 1 GrEStG privilegierte Verschm, Auf- oder Abspaltung zur Erfüllung des Tatbestandes des § 1 IIb GrEStG in der Zehn-Jahres-Frist des § 1 IIb GrEStG beigetragen hat; die Begünstigung ist hierbei auf die kapitalmäßige Beteiligung des übertragenden Rechtsträgers an der grundbesitzenden KapGes begrenzt (Gleichlautender Ländererlass v. 25.5.2023, BStBl. I 2023, 995 Rn. 2.4; vgl. hierzu auch Viskorf/Kugelmüller-Pugh GrEStG § 6a Rn. 54). Die Steuervergünstigungen der §§ 5, 6 GrEStG iVm § 24 GrEStG kommen vorliegend nicht in Betracht, da die grundbesitzende KapGes keine Gesamthand iSv § 24 GrEStG ist.

70h **Grunderwerbstl. Bemessungsgrundlage** für den fiktiven Grundstückserwerb nach § 1 IIb GrEStG ist der Grundstückswert iSd § 151 I 1 Nr. 1 BewG iVm § 157 I–III BewG. Beruht die Änderung des Gesellschafterbestandes iSv § 1 IIb GrEStG auf einem vorgefassten Plan zur Bebauung eines Grundstücks, ist der Wert des Grundstücks abw. von § 157 I 1 BewG nach den tatsächlichen Verhältnissen im Zeitpunkt der Fertigstellung des Gebäudes maßgebend (§ 8 II 2 GrEStG). Auf die Wertverhältnisse zum Besteuerungszeitpunkt (→ Rn. 70i) kommt es nicht an (vgl. Gleichlautender Ländererlass 10.5.2022, BStBl. I 2022, 821 Rn. 11).

70i Die **GrESt (§ 38 AO) entsteht** im Zeitpunkt der tatbestandserfüllenden Änderung des Gesellschafterbestandes, dh grds. zum Zeitpunkt der Eintragung der Verschm, Auf- oder Abspaltung im HR (→ Rn. 48). Da eine mittelbare Änderung des Gesellschafterbestandes der grundbesitzenden KapGes iSv § 1 IIb GrEStG auch aufgrund des **Übergangs des wirtschaftlichen Eigentums** an den Anteilen der an der grundbesitzenden KapGes unmittelbar beteiligten Rechtsträger erfolgen kann (→ Rn. 70e), könnte in den Fällen der mittelbaren Änderung des Gesellschafterbestands durch eine Verschm, Auf- oder Abspaltung die GrESt bereits (in Ausnahmefällen) zum Zeitpunkt des **Übergangs des wirtschaftlichen Eigentums** entstehen. Dies ist zu beachten, wenn man das Grundstück der KapGes vor einer Verschm bzw. Auf- oder Abspaltung übertragen möchte. Die handels- oder steuerrechtliche Rückbeziehung des Vermögensübergangs auf einen zurückliegenden Umwandlungsstichtag hat für die GrESt keine Bedeutung (→ Rn. 48).

Kommt es zu einer **Rückabwicklung der Verschm, Auf- oder Abspaltung** 70j zwischen den Beteiligten (Identität der Beteiligten), kann die GrESt nach § 16 II GrEStG nicht zu erheben sein (→ Rn. 49). § 16 II GrEStG gilt – wie der Wortlaut des § 16 V GrEStG zeigt – auch für Erwerbstatbestände iSv § 1 IIb GrEStG (Gleichlautender Ländererlass 10.5.2022, BStBl. I 2022, 821 Rn. 10; Pahlke/Pahlke GrEStG § 16 Rn. 105, 108). Nicht erforderlich ist dabei, dass die letzte, den Tatbestand herbeiführende Anteilsübertragung vollständig rückabgewickelt wird. Eine teilweise Rückgängigmachung reicht aus, wenn nicht mind. 90 % des Gesellschafterbestands mittelbar oder unmittelbar innerhalb von zehn Jahren übergegangen sind (BFH BStBl. II 2013, 830; Gleichlautender Ländererlass 10.5.2022, BStBl. I 2022, 821 Rn. 10; Viskorf/Loose GrEStG § 16 Rn. 270 f.).

Steuerschuldner ist die grundbesitzende KapGes (§ 13 Nr. 7 GrEStG). Die 70k den Tatbestand des § 1 IIb GrEStG **auslösende Maßnahme** (Verschm und Auf- oder Abspaltung) ist von der KapGes innerhalb von **zwei Wochen** nach § 19 I Nr. 3b und III GrEStG dem nach § 19 IV GrEStG zuständigen FA **anzuzeigen**. In der Anzeige müssen auch Angaben über die grundbesitzende KapGes gemacht werden (vgl. § 20 II GrEStG).

dd) Anteilsvereinigung (§ 1 III GrEStG). Unter den Voraussetzungen des 71 § 1 III GrEStG kann eine GrEStPfl auch dann eintreten, wenn sich durch die Verschm, Auf- und Abspaltung mindestens 90% der Anteile an einer grundbesitzenden Kapital- oder PersGes in einer Hand vereinigen (§ 1 III Nr. 2 GrEStG) oder diese schon vereinigten Anteile („uno actu") unmittelbar oder mittelbar übertragen werden (§ 1 III Nr. 4 GrEStG). § 1 III GrEStG besteuert die durch die Anteilsverschiebung begründete spezifisch grunderwerbsteuerrechtlich veränderte Zuordnung von Grundstücken.

§ 1 IIa und IIb GrEStG gehen der Anwendung des § 1 III GrEStG vor, dh 72 die Anwendung des § 1 III GrEStG wird durch § 1 IIa GrEStG auch dann ausgeschlossen, wenn § 1 IIa 6 GrEStG, eine Befreiungsvorschrift oder § 1 VI 2 GrEStG die Besteuerung nach § 1 IIa GrEStG ausschließt (Viskorf/Meßbacher-Hönsch GrEStG § 1 Rn. 719; Schwerin RNotZ 2003, 479). Greift der Anwendungsvorrang des § 1 IIa oder IIb GrEStG allerdings nicht ein, weil die Voraussetzungen der Norm nicht erfüllt sind, kann GrESt nach § 1 III GrEStG anfallen (Widmann/Mayer/Pahlke Anh. 12 Rn. 184 ff.).

(1) Anteilsvereinigung iSv § 1 III Nr. 2 GrEStG. Nach dem Wortlaut des § 1 73 III Nr. 2 GrEStG kann die Anteilsvereinigung in zwei Formen, als **unmittelbare oder mittelbare** (dh über zwischengeschaltete Rechtsträger) verwirklicht werden. Mit dem letzten Anteilserwerb wird grunderwerbsteuerrechtlich der **Gesellschafter, in dessen Hand sich die Anteile vereinigen, so behandelt, als habe er die Grundstücke von der Gesellschaft erworben,** deren Anteile sich in seiner Hand vereinigen (BFH BStBl. II 2014, 536; FM Baden-Württemberg 28.4.2005, DStR 2005, 1012; Widmann/Mayer/Pahlke Anh. 12 Rn. 180).

Der **Begriff des Anteils** ist bei grundbesitzenden KapGes dabei als Anteil am 74 Nennkapital der Gesellschaft zu verstehen (Pahlke/Joisten GrEStG § 1 Rn. 408

mwN). Der Anteil an einer grundbesitzenden PersGes versteht sich hingegen als gesamthänderische Mitberechtigung an der PersGes (Gleichlautender Ländererlass 19.9.2018, BStBl. I 2018, 1069 Rn. 3; Viskorf/Meßbacher-Hönsch GrEStG § 1 Rn. 1102 ff.). Einen Anteil an der PersGes hat damit auch derjenige inne, der nicht vermögensmäßig an der grundbesitzenden PersGes beteiligt ist (BFH BStBl. II 2002, 156; Pahlke/Joisten GrEStG § 1 Rn. 409). Bei einer grundbesitzenden PersGes kann § 1 III Nr. 2 GrEStG aufgrund des Abstellens auf die gesamthänderische Berechtigung daher nicht durch eine rein unmittelbare Vereinigung der Anteile an einer PersGes erfüllt sein, weil die PersGes bei der unmittelbaren Vereinigung aller Anteile in einer Hand erlischt (Rödder/Herlinghaus/van Lishaut/van Lishaut/Schumacher Anh. 10 Rn. 127). Eine Anteilsvereinigung kann aber mittelbar über vermittelnde KapGes oder PersGes herbeigeführt werden.

75 Die (unmittelbare oder mittelbare) **Anteilsvereinigung iSv § 1 III Nr. 2 GrEStG erfordert eine rechtliche Vereinigung** der Anteile von mindestens 90%; eine wirtschaftliche Vereinigung – etwa im Sinne einer Zurechnung von Gesellschaftsanteilen nach wirtschaftlichen Gesichtspunkten unter Anwendung des § 39 II AO – genügt nicht (Pahlke/Joisten GrEStG § 1 Rn. 417 mwN). Bei der **Berechnung der Anteilsgrenze von 90%** bleiben **eigene Anteile** der KapGes unberücksichtigt (BFH/NV 2002, 1053; BFH BStBl. II 2015, 553; Hofmann GrEStG § 1 Rn. 144; Pahlke/Joisten GrEStG § 1 Rn. 416). Wechselseitige Beteiligungen, bei der Anteile der KapGes von einer TochterGes gehalten werden, an der die KapGes ihrerseits beteiligt ist, werden wie eigene Anteile der KapGes behandelt (BFH BStBl. II 2014, 326; Pahlke/Joisten GrEStG § 1 Rn. 416). **Erwerber** idS kann eine natürliche oder jur. Person sowie eine PersGes sein (Hofmann GrEStG § 1 Rn. 153). Für die Anwendung des § 1 III Nr. 2 GrEStG ist es auch unerheblich, ob die Anteilsvereinigung bei einem inl. oder ausl. Gesellschafter erfolgt.

76 Eine **unmittelbare Anteilsvereinigung iSv § 1 III Nr. 2 GrEStG** liegt vor, wenn sich in der Hand eines Erwerbers erstmalig **unmittelbar** mindestens 90 % der Anteile an einer grundbesitzenden Gesellschaft vereinigen. Eine **mittelbare Anteilsvereinigung** iSv § 1 III Nr. 2 GrEStG liegt vor, wenn die nach § 1 III GrEStG relevante Beteiligung an der grundbesitzenden Gesellschaft mittelbar über eine andere Gesellschaft (ganz oder teilweise) vermittelt wird. Handelt es sich bei der **zwischengeschalteten Gesellschaft** um eine **KapGes,** wird die Beteiligung, die die KapGes an der grundbesitzenden Gesellschaft hält, dem Anteilseigner in voller Höhe hinzugerechnet, wenn er zu mindestens 90% an der zwischengeschalteten KapGes beteiligt ist (BFH BStBl. II 2011, 225; Gleichlautender Ländererlass 2.12.1999, BStBl. I 1999, 991 Rn. 1). Dies gilt entsprechend auch bei mehrstöckigen Beteiligungen (vgl. Pahlke/Joisten GrEStG § 1 Rn. 423). Ist eine **PersGes zwischengeschaltet,** wird dem Anteilseigner der von der zwischengeschalteten PersGes gehaltene Anteil – wie bei der zwischengeschalteten KapGes – dann zugerechnet, wenn der Anteilseigner zu mindestens 90% am Gesellschaftskapital (vermögensmäßig) an der PersGes beteiligt ist (BFH BStBl. II 2016, 356; Gleichlautender Ländererlass 19.9.2018, BStBl. I 2018,1053; Viskorf/Meßbacher-Hönsch GrEStG § 1 Rn. 1107). Auch Mischformen einer **teils unmittelbaren, teils mittelbaren** Anteilsvereinigung unterfallen § 1 III Nr. 2 GrEStG (BFH BStBl. II 2005, 839; Gleichlautender Ländererlass 2.12.1999, BStBl. I 1999, 991 Rn. 2; Viskorf/Meßbacher-Hönsch GrEStG § 1 Rn. 1138). Eine teils unmittelbare und teils mittelbare Anteilsvereinigung an einer grundbesitzenden PersGes als Einheitsgesellschaft denkbar (vgl. BFH/NV 2014, 1315). Die bloße Verstärkung einer schon bestehenden steuerbaren mittelbaren Anteilsvereinigung löst nicht (nochmals) eine Besteuerung nach § 1 III GrEStG aus (keine grunderwerbsteuerrechtlich erhebliche Verstärkung der Position des Erwerbers, vgl. BFH BStBl. II 2003, 320; Gleichlautender Ländererlass 2.12.1999, BStBl. I 1999, 991 Rn. 3; Pahlke/Joisten GrEStG § 1 Rn. 427 mwN).

Verschm bzw. Auf- und Abspaltungen erfüllen die Voraussetzungen des § 1 **77** III Nr. 2 GrEStG dann, wenn durch die übertragende Umw mindestens 90% der Anteile **erstmalig** in der Hand eines Rechtsträgers **unmittelbar oder mittelbar vereinigt** sind (Pahlke/Joisten GrEStG § 1 Rn. 425; Gleichlautender Ländererlass 2.12.1999, BStBl. I 1999, 991 Rn. 4). Dabei ist es für die Steuerbarkeit unerheblich, dass die Ges, welche die Anteile überträgt, und die Ges, welche die Anteile erwirbt, denselben Alleingesellschafter haben. Denn nach der Rspr. des BFH ist dem GrEStG nicht zu entnehmen, dass im Rahmen des § 1 III GrEStG eine gleichzeitige Zuordnung von Grundstücken auf mehrere Rechtsträger ausgeschlossen sein soll. Aus der zivilrechtlichen Selbständigkeit von Beteiligungsgesellschaften folge im Gegenteil für die GrESt, dass neben die Zuordnung auf eine OberGes (infolge von Anteilsvereinigung) eine Zuordnung auf eine andere Gesellschaft treten kann (BFH BStBl. II 2003, 320; BStBl. II 2004, 658). Deshalb erfüllt die Vereinigung von mindestens 90% der Anteile an einer grundbesitzenden Ges, deren Anteile im Wege der Verschm bzw. Auf- oder Abspaltung von einer MutterGes auf eine TochterGes (**„down stream"**) übertragen werden, den Tatbestand der erstmaligen Anteilsvereinigung iSv § 1 III Nr. 2 GrEStG (BFH/NV 2005, 1365; Wilms/Jochum/Schnitter GrEStG § 1 Rn. 412; Pahlke/Joisten GrEStG § 1 Rn. 425 mwN). Die Vereinigung von mindestens 90 % der Anteile an der grundbesitzenden Gesellschaft bewirkt die erstmalige grunderwerbstl. Zuordnung eines Grundstücks zur übernehmenden TochterGes (BFH/NV 2003, 507; BFH BStBl. II 2003, 320; Wilms/Jochum/Schnitter GrEStG § 1 Rn. 412). Gleiches gilt auch für die durch eine Verschm zwischen TochterGes (**„side stream"**) eintretende unmittelbare oder mittelbare Anteilsvereinigung von mindestens 90% der Anteile an einer grundbesitzenden Gesellschaft (vgl. BFH BStBl. II 2003, 320; BStBl. II 2004, 658; Wilms/Jochum/Schnitter GrEStG § 1 Rn. 412; Pahlke/Joisten GrEStG § 1 Rn. 425 mwN). Auch die **Verlängerung der Beteiligungskette** ist daher grds. nach § 1 III Nr. 2 GrEStG steuerbar. Die **Verkürzung einer mehrstufigen Beteiligungskette** durch eine Verschm bzw. Auf- oder Abspaltung (**„up stream"**) ist hingegen nicht nach § 1 III Nr. 2 GrEStG steuerbar, wenn bei der übernehmenden MutterGes schon eine unmittelbare oder mittelbare Anteilsvereinigung bzgl. der grundbesitzenden Gesellschaft vorlag (Gleichlautender Ländererlass 2.12.1999, BStBl. I 1999, 991 Rn. 3; Pahlke/Joisten GrEStG § 1 Rn. 425; Viskorf/Meßbacher-Hönsch GrEStG § 1 Rn. 1262). Bei Kettenumwandlungen ist zu beachten, dass jeder Umwandlungsschritt auch einen Erwerbsvorgang iSv § 1 III GrEStG darstellen kann. Eine Zusammenfassung mehrerer selbständiger Umwandlungsvorgänge zu einem einheitlichen Vorgang scheidet aus (BFH BStBl. II 2012, 292; Behrens BB 2011, 739; Pahlke/Pahlke GrEStG § 1 Rn. 14).

Zum **Vermögen einer Gesellschaft gehört iSv § 1 III Nr. 2 GrEStG** ein inl. **78 Grundstück** dann, wenn es ihr im Zeitpunkt der Steuerentstehung aufgrund eines unter § 1 I, II, III, IIIa GrEStG fallenden Erwerbsvorgangs zuzurechnen ist (BFH BStBl. II 2015, 402; Gleichlautender Ländererlass 10.5.2022, BStBl. I 2022, 821 Rn. 3; Gleichlautende Erlasse der obersten Finanzbehörden der Länder 16.10.2023, DStR 2023, 2571; Pahlke/Joisten GrEStG § 1 Rn. 305 mwN). Das ist zB der Fall, wenn die Gesellschaft aufgrund eines Verpflichtungsgeschäfts (§ 1 I Nr. 1 GrEStG) einen Übereignungsanspruch in Bezug auf das Grundstück erworben hat oder ihr die Verwertungsbefugnis iSv § 1 II GrEStG zusteht (BFH BStBl. II 2012, 292; Pahlke/Joisten GrEStG § 1 Rn. 305). Anderseits gehört es der Gesellschaft nicht mehr, wenn es aufgrund entsprechender Erwerbsvorgänge einem anderen Rechtsträger zuzuordnen ist (→ Rn. 64).

Erwerbe nach § 1 III Nr. 2 GrEStG können grds. gem. **§§ 3, 5, 6 GrEStG sowie 79 § 6a GrEStG befreit** sein. Dabei ist zu berücksichtigen, dass bei der **Anteilsvereinigung iSv § 1 III Nr. 2 GrEStG** zwischen demjenigen, in dessen Hand sich die Anteile vereinigt haben, und der grundbesitzenden Gesellschaft ein Erwerb des

Grundstücks fingiert wird (BFH BStBl. II 2014, 536; FM Baden-Württemberg 28.4.2005, DStR 2005, 1012). Daraus folgt an sich, dass die personenbezogenen Steuerbefreiungen nicht zur Anwendung kommen können. Nach Rspr. des BFH soll aber die Befreiung nach **§ 3 Nr. 2 GrEStG** möglich sein (BFH BStBl. II 2012, 793; Hofmann GrEStG § 1 Rn. 186b; vgl. hierzu Gleichlautender Ländererlass 19.9.2018, BStBl. I 2018, 1069 Rn. 1), während § 3 Nr. 4 und Nr. 6 GrEStG bei der Anteilsvereinigung ausgeschlossen sind (BFH BStBl. II 1988, 785; Gleichlautender Ländererlass 19.9.2018, BStBl. I 2018, 1069 Rn. 1). Kommt es zu einer Anteilsvereinigung iSv § 1 III Nr. 2 GrEStG, stellt sich die Frage der Anwendbarkeit der Steuerbefreiungen nach §§ 5, 6 GrEStG. **§§ 5, 6 GrEStG** dürften auf Anteilsvereinigungen iSv § 1 III Nr. 2 GrEStG im Zusammenhang mit grundbesitzenden KapGes grds. nicht anwendbar sein, weil der KapGes die für § 5 GrEStG und § 6 GrEStG erforderliche gesamthänderische Struktur iSv § 24 GrEStG fehlt (vgl. BFH BStBl. II 1982, 424; BFH/NV 2008, 1268; BFH BStBl. II 2009, 544; Pahlke/Joisten GrEStG § 5 Rn. 13; Pahlke/Joisten GrEStG § 6 Rn. 11; Hofmann GrEStG § 5 Rn. 39), während bei einer Anteilsvereinigung iSv § 1 III Nr. 2 GrEStG im Zusammenhang mit grundbesitzenden PersGes die Befreiung nach §§ 5, 6 GrEStG **iVm § 24 GrEStG** möglich ist (BFH BStBl. II 1974, 41; Gleichlautender Ländererlass 19.9.2018, BStBl. I 2018, 1069 Rn. 3; Gleichlautende Ländererlasse 12.11.2018, BStBl. I 2018, 1334 Rn. 4.2; Pahlke/Joisten GrEStG § 6 Rn. 11). Denkbar ist die Anwendbarkeit bspw., wenn sich durch die Verschm, Auf- oder Abspaltung die Anteile an einer Einmann-GmbH & Co. KG in der Hand des einzigen Gesellschafters vereinigen.

80 Da § 6a S. 4 GrEStG (vgl. zu § 6a GrEStG → Rn. 44 f.) schon eine Anteilsvereinigung von mindestens 90% voraussetzt, dürfte **§ 6a GrEStG** bei der Anteilsvereinigung iSv § 1 III Nr. 2 GrEStG nur ausnahmsweise einschlägig sein, wenn sich die innerhalb eines Unternehmens bereits vereinigten Anteile an einer grundbesitzenden Gesellschaft (KapGes oder PersGes) erstmals in steuerbarer Weise nach § 1 III GrEStG bei einem anderen Rechtsträger des Unternehmens vereinigen. § 6a GrEStG kann insbes. in den nach § 1 III GrEStG steuerbaren Fällen der **„side stream"**- oder **„down stream"**-Verschm bzw. Auf- oder Abspaltung innerhalb einer Unternehmensgruppe (→ Rn. 77) zu einer Grunderwerbsteuerbefreiung führen. Sind die Voraussetzungen des § 6a GrEStG in Fällen des § 1 III GrEStG erfüllt, ist die GrESt in vollem Umfang nicht zu erheben (vgl. Gleichlautender Ländererlass 25.5.2023, BStBl. I 2023, 995 Rn. 2.3).

81 **Grunderwerbstl. Bemessungsgrundlage** für die fiktiven Grundstückserwerbe nach § 1 III Nr. 2 GrEStG ist der Grundbesitzwert iSv § 151 I 1 Nr. 1 BewG iVm § 157 I–III BewG (§ 8 II 1 Nr. 3 GrEStG).

82 Die **GrESt (§ 38 AO) entsteht** bei der Anteilsvereinigung iSv § 1 III Nr. 2 GrEStG im Zeitpunkt der rechtlichen Vereinigung der Anteile (BFH BStBl. II 1975, 456; OFD NRW 8.1.2015, GrESt-Kartei NW § 23 GrEStG Karte 1; Viskorf/Meßbacher-Hönsch GrEStG § 1 Rn. 928). Wird der Tatbestand des § 1 III Nr. 2 GrEStG durch eine Verschm, Auf- oder Abspaltung verwirklicht, entsteht die GrESt zu dem Zeitpunkt, zu dem die Umw zivilrechtlich wirksam wird (→ Rn. 48).

83 **Kommt es zu einer Rückabwicklung** der Verschm, Auf- oder Abspaltung zwischen den Beteiligten (Identität der Beteiligten), kann die GrESt nach § 16 II GrEStG (auf formlosen Antrag) nicht zu erheben sein (vgl. Pahlke/Pahlke GrEStG § 16 Rn. 105 ff.). § 16 II GrEStG gilt – wie der Wortlaut des § 16 V GrEStG zeigt – auch für Erwerbstatbestände iSv § 1 III GrEStG (Pahlke/Pahlke GrEStG § 16 Rn. 105 und 116). Erforderlich ist hierbei lediglich, dass die Anteilsübertragung insoweit rückgängig gemacht wird, dass das zu erfüllende Quantum von 90% nicht mehr erreicht wird (BFH BStBl. II 2013, 752; Pahlke/Pahlke GrEStG § 16 Rn. 116; iÜ → Rn. 49).

Steuerschuldner ist in den Fällen des § 1 III Nr. 2 GrEStG der Gesellschafter, 84
in dessen Hand die Anteile vereinigt werden (§ 13 Nr. 5a GrEStG). Nach § 17 III 1
Nr. 2 bedarf es ggf. einer gesonderten Feststellung der Besteuerungsgrundlagen. Für
die Beteiligten bestehen bei Verschm, Auf- und Abspaltungen im Zusammenhang
mit den Tatbeständen des § 1 III Nr. 2 GrEStG **Anzeigepflichten** gem. § 19 I
Nr. 5 und S. 2 GrEStG.

(2) Anteilsübertragung iSv § 1 III Nr. 4 GrEStG. Die unmittelbare oder mit- 85
telbare **Übertragung vereinigter Anteile iSv § 1 III Nr. 4 GrEStG** an einer
grundbesitzenden Gesellschaft setzt grds. voraus, dass mindestens 90% der Anteile
an der grundbesitzenden Gesellschaft unmittelbar oder mittelbar auf einen anderen
Rechtsträger übertragen werden. Bei der **Übertragung iSv § 1 III Nr. 4 GrEStG**
von (bereits vereinigten) Anteilen wird allerdings in Abweichung zur Dogmatik des
§ 1 III Nr. 2 GrEStG ein Grundstückserwerb von dem übertragenden Rechtsträger
fingiert (BFH BStBl. II 2012, 793; FM Baden-Württemberg 28.4.2005, DStR 2005,
1012). IÜ gelten die Ausführungen unter → Rn. 74 f. entsprechend.

Verschm bzw. Auf- und Abspaltungen erfüllen dann die Voraussetzungen des 86
§ 1 III Nr. 4 GrEStG, wenn durch die übertragende Umw mindestens 90% der
(bereits vereinigten) Anteile auf einen anderen Rechtsträger übertragen werden.
Diese Voraussetzung erfüllt die Übertragung von 90% der Anteile an einer grundbesitzenden Gesellschaft im Wege der Verschm bzw. Auf- oder Abspaltung von einer
MutterGes **„down stream"** auf eine TochterGes (Rödder/Herlinghaus/van Lishaut/van Lishaut/Schumacher Anh. 10 Rn. 137 f.). Gleiches gilt auch für die durch
eine Verschm bzw. Auf- oder Abspaltung zwischen TochterGes **„side stream"**
eintretende unmittelbare oder mittelbare Übertragung von mindestens 90% der
Anteile an der grundbesitzenden Gesellschaft (vgl. BFH BStBl. II 2003, 320; Wilms/
Jochum/Schnitter GrEStG § 1 Rn. 345.1; Pahlke/Joisten GrEStG § 1 Rn. 468). Die
Verstärkung einer schon gegebenen mittelbaren Anteilsvereinigung durch (anschließende) Übertragung von mindestens 90% der Anteile an der Gesellschaft im Wege
einer Verschm oder Auf- und Abspaltung **(„up stream")** ist hingegen nicht nach
§ 1 III Nr. 4 GrEStG steuerbar (Gleichlautender Ländererlass 2.12.1999, BStBl. I
1999, 991 Rn. 3; Hofmann GrEStG § 1 Rn. 162; Pahlke/Joisten GrEStG § 1
Rn. 469). Dies gilt auch dann, wenn bei der erstmaligen Anteilsvereinigung kein
Erwerbsvorgang verwirklicht wurde, zB weil die Gesellschaft noch keinen Grundbesitz hatte (vgl. Gleichlautender Ländererlass 2.12.1999, BStBl. I 1999, 991 Rn. 3).

Bei der **Übertragung iSv § 1 III Nr. 4 GrEStG** von (bereits vereinigten) Antei- 87
len wird ein Grundstückserwerb von dem übertragenden Rechtsträger an den
Erwerber der Anteile fingiert (BFH BStBl. II 2012, 793; FM Baden-Württemberg
28.4.2005, DStR 2005, 1012), so dass hier neben § 3 Nr. 1 GrEStG auch personenbezogene Steuerbefreiungen nach **§ 3 Nr. 2, 4 und 6 GrEStG** in Betracht kommen.
Eine Befreiung kann sich auch aus **§ 5 II GrEStG** (vgl. BFH/NV 2008, 1268;
Pahlke/Joisten GrEStG § 5 Rn. 14 f.) oder **§ 6 GrEStG** (Pahlke/Joisten GrEStG § 6
Rn. 12) ergeben, wenn die Verschm, Auf- oder Abspaltung auf eine PersGes erfolgt.
Auch **§ 6a GrEStG** kann bei der Übertragung von bereits vereinigten Anteilen zu
einer Nichterhebung der GrESt führen, wenn die Übertragung der vereinigten
Anteile im Wege der Umw iSv § 1 I Nr. 1–3 UmwG (insbes. Verschm, Auf- und
Abspaltung) zwischen abhängigen Gesellschaften und dem herrschenden Unternehmen erfolgt (zu § 6a GrEStG → Rn. 44 f.).

Grunderwerbstl. Bemessungsgrundlage für die fiktiven Grundstückserwerbe 88
nach § 1 III Nr. 4 GrEStG ist der Grundbesitzwert iSv § 151 I 1 Nr. 1 BewG iVm
§ 157 I–III BewG (§ 8 II 1 Nr. 3 GrEStG).

Die **GrESt (§ 38 AO) entsteht** bei der Anteilsübertragung iSv § 1 III Nr. 4 89
GrEStG im Zeitpunkt der Übertragung der Anteile (BFH BStBl. II 1975, 456;
OFD NRW 8.1.2015, GrESt-Kartei NW § 23 GrEStG Karte 1; Viskorf/Meßba-

cher-Hönsch GrEStG § 1 Rn. 928). Wird der Tatbestand des § 1 III Nr. 4 GrEStG durch eine Verschm, Auf- oder Abspaltung erfüllt, entsteht die GrESt zu dem Zeitpunkt, zu dem die Umw zivilrechtlich wirksam wird (→ Rn. 48).

90 **Kommt es zu einer Rückabwicklung** der Verschm, Auf- oder Abspaltung zwischen den Beteiligten (Identität der Beteiligten), kann die GrESt nach § 16 II GrEStG (auf formlosen Antrag) nicht zu erheben sein (vgl. Pahlke/Pahlke GrEStG § 16 Rn. 11, 116). § 16 II GrEStG gilt – wie der Wortlaut des § 16 V GrEStG zeigt – auch für Erwerbstatbestände iSv § 1 III GrEStG (Pahlke GrEStG § 16 Rn. 105, 116). Erforderlich ist hierbei lediglich, dass die Anteilsübertragung insoweit rückgängig gemacht wird, dass das zu erfüllende Quantum von 90% nicht mehr erreicht wird (BFH BStBl. II 2013, 752; Pahlke/Pahlke GrEStG § 16 Rn. 116; iÜ → Rn. 49).

91 **Steuerschuldner** sind in den Fällen des § 1 III Nr. 4 GrEStG nach § 13 Nr. 1 GrEStG die an dem Erwerbsvorgang beteiligten Personen als Gesamtschuldner (§ 44 AO). Nach § 17 III 1 Nr. 2 bedarf es ggf. einer gesonderten Feststellung der Besteuerungsgrundlagen. Für die Beteiligten bestehen bei Verschm, Auf- und Abspaltungen im Zusammenhang mit den Tatbeständen des § 1 III Nr. 4 GrEStG **Anzeigepflichten** gem. § 19 I Nr. 7 und S. 2 GrEStG.

92 **ee) Anteilsvereinigung im Organkreis (§ 1 III, IV Nr. 2 GrEStG).** Auch wenn an der – eine Beteiligung an der grundbesitzenden Gesellschaft – vermittelnden **KapGes** eine Beteiligung von weniger als 90% besteht, kann es durch eine Verschm, Auf- oder Abspaltung zu einer steuerbaren mittelbaren Anteilsvereinigung kommen. Denn liegen die Voraussetzungen des § 1 III, IV Nr. 2 GrEStG vor **(sog. Anteilsvereinigung im Organkreis),** können die von der vermittelnden KapGes gehaltenen Anteile an der grundbesitzenden Gesellschaft bei der Ermittlung des für eine Anteilsvereinigung iSv § 1 III Nr. 2 GrEStG erforderlichen Quantums von 90% auch dann berücksichtigt werden, wenn an der vermittelnden Gesellschaft eine Beteiligung **von weniger als 90%** besteht.

93 Nach § 1 IV Nr. 2 GrEStG sind die von der vermittelnden KapGes gehaltenen Anteile an der grundbesitzenden Gesellschaft mit zu berücksichtigen, wenn die vermittelnde KapGes (OrganGes) **finanziell** („Mehrheit"), **wirtschaftlich** („enger wirtschaftlicher Zusammenhang") und **organisatorisch** (idR „personelle Verflechtung") in ihre Gesellschafterin (Organträgerin) **eingegliedert** ist. Ob eine finanzielle, wirtschaftliche und organisatorische Eingliederung (Organschaft) vorliegt, ist entsprechend den Grundsätzen des § 2 II UStG zu beurteilen (Gleichlautender Ländererlass 19.9.2018, BStBl. I 2018, 1056 Rn. 1). Das zwischen der Organträgerin und den OrganGes insoweit bestehende Abhängigkeitsverhältnis (Organschaft) ersetzt die nach § 1 III GrEStG grds. für eine Zurechnung erforderliche Beteiligung von 90% an der vermittelnden KapGes.

94 Voraussetzung ist für die Anteilsvereinigung im Organkreis stets, dass **zugleich mit der Begründung eines Organschaftsverhältnisses** oder dessen Änderung **ein auf den Erwerb von Anteilen gerichtetes Rechtsgeschäft** oder der Übergang von Anteilen (zB durch Verschm, Auf- oder Abspaltung) **verknüpft ist;** ansonsten liegt keine steuerbare Anteilsvereinigung im Organkreis vor (Gleichlautender Ländererlass 19.9.2018, BStBl. I 2018, 1056 Rn. 1 und 2). Auch scheidet eine steuerbare Anteilsvereinigung im Organkreis aus, wenn die Anteile an der grundstücksbesitzenden Gesellschaft bereits zu mindestens 90 % unmittelbar oder mittelbar in der Hand des Organträgers oder einer OrganGes rechtlich vereinigt sind (BFH BStBl. II 2005, 839; Gleichlautender Ländererlass 19.9.2018, BStBl. I 2018, 1056 Rn. 1 und 2.2). **Bei bestehender rechtlicher Anteilsvereinigung** ist das Vorliegen eines Organschaftsverhältnisses **mithin irrelevant** (vgl. Hofmann GrEStG § 1 Rn. 184). Unbeachtlich sind auch Anteilsverschiebungen innerhalb des Organkreises (zB durch Verschm oder Auf- und Abspaltungen), da die Anteile bereits im Organkreis vereinigt sind (Gleichlautender Ländererlass 19.9.2018, BStBl. I 2018, 1056 Rn. 5).

Wird unter Berücksichtigung der Organschaft das Quantum von 90% erreicht, 95 erfolgt bei einer Anteilsvereinigung im Organkreis rechtstechnisch die **Anteilsvereinigung** nicht in der Hand der Organträgers, sondern **in der Hand derjenigen zum Organkreis zählenden Rechtsträger,** die zusammen das für die Anteilsvereinigung nötige Quantum von 90% der Anteile an der grundbesitzenden Gesellschaft vereinigen. Der Anteilsvereinigung im Organkreis kann sich daher eine **steuerbare Anteilsvereinigung iSv § 1 III GrEStG** in der Hand des Organträgers **anschließen** (Gleichlautender Ländererlass 2.12.1999, BStBl. I 1999, 991 Rn. 4; Gleichlautender Ländererlass 21.3.2007, BStBl. I 2007, 422, Beispiel 2.3.7 und Rn. 5.2), wenn bspw. im Wege einer Verschm, Auf- oder Abspaltung die restlichen Anteile an einer vermittelnden KapGes auf den Organträger übertragen werden. Erfolgt im Rahmen einer Verschm, Auf- oder Abspaltung ein Wechsel des Organträgers (zB Verschm des Organträgers auf anderen Organträger), kann es zu einer Anteilsvereinigung in der Hand eines neuen Organkreises kommen (Gleichlautender Ländererlass 19.9.2018, BStBl. I 2018, 1056 Rn. 4).

Für die Anteilsvereinigung im Organkreis ergeben sich **im Regelfall keine Steuerbefreiungen.** §§ 5, 6 GrEStG sind nicht anwendbar, da der Organkreis keine 96 Rechtsperson (insbes. keine Gesamthand) ist (vgl. BFH BStBl. II 1974, 697). Die Anteilsvereinigung im Organkreis ist insbes. nicht nach § 6a GrEStG steuerfrei, da § 6a S. 4 GrEStG eine Beteiligung von mindestens 90% an den beteiligten Gesellschaften voraussetzt.

Grunderwerbstl. Bemessungsgrundlage für die Anteilsvereinigung im 97 Organkreis iSv § 1 III, IV Nr. 2 GrEStG ist der Grundbesitzwert iSv § 151 I 1 Nr. 1 BewG iVm § 157 I–III BewG (§ 8 II 1 Nr. 3 GrEStG).

Die **GrESt (§ 38 AO) entsteht** bei der Anteilsvereinigung im Organkreis im 98 Zeitpunkt der rechtlichen Vereinigung der Anteile im Organkreis. Wird der Tatbestand des § 1 III, IV Nr. 2 GrEStG durch eine Verschm, Auf- oder Abspaltung verwirklicht, entsteht die GrESt zu dem Zeitpunkt, zu dem die Umw zivilrechtlich wirksam wird (→ Rn. 48).

Kommt es zu einer **Rückabwicklung** der Verschm bzw. Auf- und Abspaltung 99 zwischen den Beteiligten (Identität der Beteiligten), kann die GrESt nach § 16 II GrEStG (auf formlosen Antrag) nicht zu erheben sein (vgl. Pahlke/Pahlke GrEStG § 16 Rn. 11 und 117). § 16 II GrEStG gilt – wie der Wortlaut des § 16 V GrEStG zeigt – auch für die Anteilsvereinigung im Organkreis iSv § 1 III, IV Nr. 2 GrEStG (Pahlke/Pahlke GrEStG § 16 Rn. 105 und 117). Erforderlich ist hierbei lediglich, dass die Anteilsübertragung insoweit rückgängig gemacht wird, dass keine Anteilsvereinigung im Organkreis mehr besteht. Die bloße Beendigung der Organschaft stellt keine Rückgängigmachung in diesem Sinne dar (Heine GmbHR 2001, 365; Pahlke/Pahlke GrEStG § 16 Rn. 117; iÜ → Rn. 49).

Steuerschuldner sind in diesen Fällen die Gesellschaft des Organkreises als 100 Gesamtschuldner iSv § 44 AO, deren Anteilsbesitz an der grundstücksbesitzenden Gesellschaft zur Anteilsvereinigung beigetragen hat **(§ 13 Nr. 5 lit. b GrEStG).** Nach § 17 III 1 Nr. 2 bedarf es ggf. einer gesonderten Feststellung der Besteuerungsgrundlagen. Für die Steuerschuldner bestehen im Hinblick auf die Tatbestände des § 1 III Nr. 2, IV Nr. 2 GrEStG **Anzeigepflichten** gem. § 19 I Nr. 5 und S. 2 GrEStG.

ff) Wirtschaftliche Anteilsvereinigung (§ 1 IIIa GrEStG). Durch das Amts- 101 hilferichtlinien-UmsetzungsG v. 26.6.2013 (BGBl. 2013 I 1809) ist für Erwerbsvorgänge ab dem 7.6.2013 § 1 IIIa GrEStG eingefügt worden. Nach § 1 IIIa GrEStG gilt als Rechtsvorgang iSv § 1 III GrEStG auch ein solcher, aufgrund dessen ein Rechtsträger **erstmalig** insgesamt eine **wirtschaftliche Beteiligung** iHv mindestens 90% an einer Gesellschaft innehat, zu deren Vermögen inl. Grundbesitz gehört (sog. **wirtschaftliche Anteilsvereinigung**). Dabei ist unerheblich, ob der Rechtsträger die wirtschaftliche Beteiligung unmittelbar, mittelbar oder teils unmittelbar und teils mittelbar innehat (§ 1 IIIa 2 GrEStG). Zur Ermittlung der Beteiligungsquote ist bei Beteiligungen an der grundbesitzenden KapGes oder PersGes über eine KapGes auf den Anteil an Kapital und bei Beteiligungen über eine PersGes auf den Anteil an deren Vermögen (vermögensmäßige Beteiligung) abzustellen (§ 1 IIIa 3 GrEStG). § 1 IIIa GrEStG stellt insoweit also nicht auf eine sachenrechtliche, sondern auf eine – dem GrEStG bisher fremde – wirtschaftliche Beteiligung an der grundbesitzenden Gesellschaft ab (vgl. Joisten/Liekenbrock Ubg 2013, 469 ff.).

102 § 1 IIIa GrEStG ist – wie der Wortlaut zeigt – **gegenüber § 1 IIa und III GrEStG subsidiär.** § 1 IIIa GrEStG dürfte deshalb insbes. in den Fällen zur Anwendung kommen, in welchen der § 1 IIa GrEStG deshalb nicht einschlägig ist, weil die Übertragung von Anteilen an der grundbesitzenden PersGes zwischen Altgesellschaftern oder außerhalb des Fünf-Jahres-Zeitraums erfolgt (vgl. Joisten/Liekenbrock Ubg 2013, 469 (474 f.)) oder in den Fällen der mittelbaren Anteilsvereinigung, bei denen nach der neueren Rspr. des BFH für Erwerbsvorgänge vor dem 6.11.2015 keine mittelbare Änderung im Gesellschafterbestand der PersGes vorlag (hierzu und zur Gesetzesänderung → Rn. 61 ff.). Außerdem erfasst § 1 IIIa GrEStG insbes. die bislang weder nach § 1 IIa GrEStG noch nach § 1 III GrEStG steuerbaren Übertragungen im Rahmen von sog. RETT-Blocker Strukturen. Zu beachten ist, dass nach Sichtweise der FVerw auch die **Verstärkung einer bereits bestehenden Anteilsvereinigung** iSv § 1 III GrEStG **den Erwerbstatbestand des § 1 IIIa GrEStG auslösen** kann, wenn es dadurch erstmals zu einer wirtschaftlichen Anteilsvereinigung von mindestens 90% kommt (Gleichlautender Ländererlass 19.9.2018, BStBl. I 2018, 1078 Rn. 1 und 6, Beispiele 11 und 12). Dem kann der Wortlaut des § 1 IIIa GrEStG entgegengehalten werden, wonach § 1 IIIa GrEStG gerade keinen eigenen Tatbestand gegenüber § 1 III GrEStG bildet (Behrens DStR 2013, 2726; Wagner/Mayer BB 2014, 279; Schaflitzl/Schrade BB 2013, 343). Zwar soll in diesen Fällen die Anrechnungsregelung des § 1 VI 2 GrEStG anwendbar sein (Gleichlautender Ländererlass 19.9.2018, BStBl. I 2018, 1078 Rn. 1, 5 und 6 sowie Beispiele 10 und 12). Deren Eingreifen dürfte allerdings nicht unproblematisch sein, da die beiden Erwerbsvorgänge zwischen unterschiedlichen Personen stattfinden können und damit nicht stets Erwerberidentität gegeben sein wird (vgl. Gleichlautender Ländererlass 19.9.2018, BStBl. I 2018, 1078 Rn. 6, Beispiel 12).

103 § 1 IIIa GrEStG ist auch im Rahmen von **Verschm bzw. Auf- und Abspaltungen** relevant und kann dazu führen, dass Verschm bzw. Auf- und Abspaltungen, die bisher nicht (nach § 1 IIa und III GrEStG) steuerbar waren, nach § 1 IIIa GrEStG GrESt auslösen. Während bspw. die durch eine Verschm bzw. Auf- oder Abspaltung erfolgte **Verkürzung der Beteiligungskette** grds. keine steuerbare Anteilsvereinigung iSv § 1 III GrEStG darstellt (→ Rn. 77), kann durch eine die Beteiligungskette verkürzende Verschm bzw. Auf- oder Abspaltung (zB durch Verschm der vermittelnden TochterGes auf die MutterGes) nach Sichtweise der FVerw der Erwerbstatbestand des § 1 IIIa GrEStG ausgelöst werden, wenn es dadurch **erstmals** zu einer **wirtschaftlichen Anteilsvereinigung** von mindestens 90% bei einer Gesellschaft kommt (vgl. Gleichlautender Ländererlass 19.9.2018, BStBl. I 2018, 1078 Rn. 6 Beispiel 9). Die Verkürzung einer mehrstufigen Beteiligungskette durch eine Verschm bzw. Auf- oder Abspaltung erfüllt nach Sichtweise der FVerw nur dann nicht den Tatbestand des § 1 IIIa GrEStG, wenn die mittelbar an der grundbesitzenden Gesellschaft beteiligten Gesellschaften bereits zu mindestens 90% wirtschaftlich an deren Vermögen beteiligt waren. Diese Sichtweise der FVerw ist abzulehnen (so auch Behrens DStR 2013, 1405 (1408); Wagner/Lieber DB 2013, 1387 (1389); Schaflitzl/Schrade BB 2013, 343 (346); Joisten/Liekenbrock Ubg 2013, 469 (478);

Pahlke/Joisten GrEStG § 1 Rn. 515 ff.; Viskorf/Meßbacher-Hönsch GrEStG § 1 Rn. 1335 ff.).

Für die wirtschaftliche Anteilsvereinigung iSv § 1 IIIa GrEStG gelten die Grundsätze zur Anwendung der **Befreiungsvorschriften §§ 3, 5 und 6 GrEStG** in den Fällen des § 1 III GrEStG entsprechend (Gleichlautender Ländererlass 19.9.2018, BStBl. I 2018, 1078 Rn. 5 und 7; Schaflitzl/Schrade BB 2013, 343 (349); Demleitner SteuK 2013, 265 (267); Joisten/Liekenbrock Ubg 2013, 469 (474)). Das bedeutet, dass insbes. für Zwecke der Anwendung des § 6 GrEStG derjenige, in dessen Hand sich die Anteile vereinigen, so behandelt wird, als habe er die Grundstücke von der grundbesitzenden Gesellschaft erworben, deren Anteile sich in seiner Hand vereinigen (→ Rn. 79 sowie Gleichlautender Ländererlass 9.10.2013, BStBl. I 2013, 1364, Beispiel 10 und 14; Pahlke/Joisten GrEStG § 6 Rn. 12; Joisten/Liekenbrock Ubg 2013, 469 (474)). Unter den Voraussetzungen des **§ 6a GrEStG** (→ Rn. 44 f.) ist die GrESt bei Erwerbsvorgängen iSv § 1 IIIa GrEStG nicht zu erheben. Die Grundsätze zur Anwendung des § 6a GrEStG in den Fällen des § 1 III GrEStG gelten für Erwerbsvorgänge iSd § 1 IIIa GrEStG entsprechend (Gleichlautender Ländererlass 19.9.2018, BStBl. I 2018, 1078 Rn. 7). 104

Grunderwerbstl. Bemessungsgrundlage für die wirtschaftliche Anteilsvereinigung iSv § 1 IIIa GrEStG ist der Grundbesitzwert iSv § 151 I 1 Nr. 1 BewG iVm § 157 I–III BewG (§ 8 II 1 Nr. 3 GrEStG). 105

Die **GrESt (§ 38 AO) entsteht** im Zeitpunkt der rechtlichen Vereinigung derjenigen Anteile, die eine wirtschaftliche Anteilsvereinigung iSv § 1 IIIa GrEStG begründen. Maßgeblich ist der Zeitpunkt des rechtlichen Eigentumsübergangs an den Anteilen (Joisten/Liekenbrock Ubg 2013, 469; aA Wagner/Mayer BB 2014, 279, welche auf die Begründung des Übertragungsanspruchs abstellen). 106

Kommt es zu einer **Rückabwicklung** der Verschm, Auf- und Abspaltung zwischen den Beteiligten (Identität der Beteiligten), kann die nach § 1 IIIa GrEStG entstandene GrESt nach **§ 16 II GrEStG** (auf formlosen Antrag) nicht zu erheben sein. Die Grundsätze zur Anwendung des § 16 II GrEStG in den Fällen des § 1 III GrEStG gelten entsprechend (Gleichlautender Ländererlass 9.10.2013, BStBl. I 2013, 1364 Rn. 9; → Rn. 49). 107

Steuerpflichtiger ist gem. § 13 Nr. 7 GrEStG derjenige, der die wirtschaftliche Beteiligung von mindestens 90% an der grundbesitzenden Gesellschaft innehat. Nach § 19 I 1 Nr. 7a GrEStG sind die Rechtsvorgänge des § 1 IIIa GrEStG vom Steuerpflichtigen dem FA iSv § 19 IV GrEStG anzuzeigen. Insbes. ist bei mehreren beteiligten Rechtsträgern eine Beteiligungsübersicht vorzulegen (§ 20 II Nr. 3 GrEStG). 108

2. Formwechsel

a) Formwechsel einer Gesellschaft mit Grundbesitz. Der **Formwechsel** einer KapGes in eine PersGes beurteilt sich ertragstl. grds. nach § 9 UmwStG und derjenige der PersGes in eine KapGes grds. nach § 25 UmwStG. Die in § 9 bzw. § 25 UmwStG aufgestellte Fiktion eines Vermögensübergangs ist auf die GrESt nicht anwendbar. Grunderwerbstl. unterliegt deswegen die formwechselnde Umw einer grundbesitzenden Gesellschaft mangels Rechtsträgerwechsels **auf Ebene der Gesellschaft** nicht der GrESt (stR.spr, BFH BStBl. II 1997, 661; BStBl. II 2001, 587; FG Münster BB 1997, 2150; FG Köln EFG 1997, 252; FM Baden-Württemberg 19.12.1997, DStR 1998, 82 idF v. 15.10.1999, DStR 1999, 1773 und v. 31.1.2000, DStR 2000, 284; Pahlke GrEStG § 1 Rn. 46; Widmann/Mayer/Pahlke Anh. 12 Rn. 12; Viskorf/Meßbacher-Hönsch GrEStG § 1 Rn. 377 ff.). Dies gilt sowohl für den homogenen als auch den heterogen Formwechsel (BFH 4.12.1996, BStBl. II 1997, 661). Wird eine inländische Gesellschaft in eine Gesellschaft eines Mitgliedstaates der EU oder umgekehrt formwechselnd umgewandelt, unterliegt dieser 109

Rechtsvorgang mangels eines Rechtsträgerwechsels nicht der GrESt. Voraussetzung ist, dass die rechtliche Struktur dieser Gesellschaft derjenigen einer inländischen Gesellschaft und die Regelung über den Formwechsel inhaltlich der Umwandlung gemäß § 1 I Nr. 4 UmwG entsprechen. Dasselbe gilt, wenn eine Gesellschaft eines Mitgliedstaates der EU in eine andere Gesellschaft eines Mitgliedstaates der EU formwechselnd umgewandelt wird (vgl. Gleichlautender Ländererlass 10.5.2022, BStBl. I 2022, 821 Rn. 5.2.3). Die Nichtsteuerbarkeit des Formwechsels dürfte auch der Grund dafür sein, dass der Formwechsel tatbestandlich nicht von § 6a GrEStG erfasst ist. Die Nichtsteuerbarkeit betrifft alle dem formwechselnden Rechtsträger nach grunderwerbstl. Grundsätzen gehörenden Grundstücke (→ Rn. 40). Müssen im Rahmen eines Formwechsels von einer PersGes in eine KapGes Grundstücke des Sonderbetriebsvermögens auf den formgewechselten Rechtsträger (KapGes) übertragen werden, ist § 6a GrEStG nur anwendbar, wenn die Übertragung des Grundstücks im Wege einer nach § 1 I Nr. 3 GrEStG steuerbaren Sonderrechtsnachfolge (zB im Wege der Ausgliederung) erfolgt (vgl. Graesner/Franzen Ubg 2016, 1).

110 **Auf Ebene der Gesellschafter** der formwechselnden (grundbesitzenden) Gesellschaft stellt sich die Frage, ob es durch den Formwechsel zu grunderwerbsteuerbaren Anteilsverschiebungen kommen kann. Hier ist zwischen dem verhältniswahrenden und nichtverhältniswahrenden Formwechsel zu unterscheiden. Der **verhältniswahrende Formwechsel** löst **auf Ebene der Gesellschafter** keinen Erwerbstatbestand nach dem GrEStG aus (Pahlke/Pahlke GrEStG § 1 Rn. 47; Behrens/Wachter/Behrens GrEStG § 1 Rn. 409 f. und 559; aA Rödder/Herlinghaus/van Lishaut/van Lishaut/Schumacher Anh. 10 Rn. 133). Es kommt nicht zu einem Übergang von Anteilen iSv § 1 IIa und IIb GrEStG (vgl. Gleichlautender Ländererlass 10.5.2022, BStBl. I 2022, 801 Rn. 5.2.5.1; Gleichlautender Ländererlass 10.5.2022, BStBl. I 2022, 821 Rn. 5.2.5). Es sollte mangels Anteilserwerbs auch nicht zur Verwirklichung des § 1 III GrEStG kommen. Die Rechtslage ist insoweit allerdings nicht geklärt. Kommt es bspw. durch den Formwechsel zu einer erstmaligen Anteilsvereinigung iSv § 1 III Nr. 1 oder Nr. 2 GrEStG (zB bei einem verhältniswahrenden Formwechsel von einer PersGes mit zwei Gesellschaftern mit einer Beteiligungsquote von 96% und 4% in eine KapGes), besteht das Risiko einer Steuerbarkeit (siehe Rödder/Herlinghaus/van Lishaut/van Lishaut/Schumacher Anh. 10 Rn. 133; vgl. zu den Konstellationen, in denen ein Formwechsel GrESt auslösen könnte, Behrens/Schmitt UVR 2008, 16; Behrens/Schmitt UVR 2008, 53). In diesem Zusammenhang ist auf die Entscheidung des FG Münster hinzuweisen, welches einen Formwechsel einer zweigliedrigen PersGes in eine KapGes unter gleichzeitigem Austritt des vermögensmäßig nicht beteiligten Gesellschafters als grunderwerbsteuerbar gem. § 1 III Nr. 1 GrEStG angesehen hat (FG Münster EFG 2006, 1034, aufgehoben aus anderen Gründen durch BFH/NV 2008, 1435; aA Behrens/Wachter/Behrens GrEStG § 1 Rn. 704; Behrens/Schmitt UVR 2008, 16; Behrens/Schmitt UVR 2008, 53; Hofmann UVR 2007, 222). Nicht abschließend geklärt sind die grunderwerbstl. Folgen eines **nichtverhältniswahrenden Formwechsels** (vgl. Widmann/Mayer/Pahlke Anh. 12 Rn. 13 ff.; Behrens/Schmitt UVR 2008, 53), wenn auch einhellig davon ausgegangen wird, dass, wenn aufgrund von Quotenverschiebungen die Anteilsgrenze von 90% bei einem heterogenen Formwechsel in eine KapGes erreicht wird, ein nach § 1 III Nr. 2 GrEStG steuerbarer Rechtsvorgang vorliegen soll (OFD Rheinland 5.9.2012 Rn. 5.2.5.3, GrESt-Kartei NW § 1 I Karte 8; Behrens/Schmitt UVR 2008, 53 (56); Pahlke/Pahlke GrEStG § 1 Rn. 48 mwN).

111 **b) Formwechsel einer Gesellschaft mit Anteilen an Gesellschaften mit Grundbesitz.** Gehören der formwechselnden Gesellschaft Anteile an einer grundbesitzenden KapGes oder Anteile an einer grundbesitzenden PersGes, kann eine

StPfl aus **§ 1 III GrEStG** mangels Rechtsträgerwechsels durch den Formwechsel nicht eintreten (Viskorf/Meßbacher-Hönsch GrEStG § 1 Rn. 1256; Pahlke/Joisten GrEStG § 1 Rn. 415; Widmann/Mayer/Pahlke Anh. 12 Rn. 17; Behrens/Wachter/ Behrens GrEStG § 1 Rn. 559). Gleiches gilt im Hinblick auf **§ 1 IIa und IIb GrEStG,** wenn der formwechselnde Rechtsträger an einer anderen PersGes (§ 1 IIa GrEStG) oder an einer anderen KapGes (§ 1 IIb GrEStG) beteiligt ist (Gleichlautender Ländererlass 10.5.2022, BStBl. I 2022, 801 Rn. 5.2.5.2; Gleichlautender Ländererlass 10.5.2022, BStBl. I 2022, 821 Rn. 5.2.5.1; Hofmann GrEStG § 1 Rn. 112; Behrens/Wachter/Behrens GrEStG § 1 Rn. 409 ff.). Entsprechendes gilt für § 1 IIIa GrEStG (Behrens/Wachter/Behrens GrEStG § 1 Rn. 702).

Im Zusammenhang mit § 1 IIa GrESt kann der Formwechsel Auswirkungen auf die Altgesellschafterstellung von Gesellschaftern haben: Wird eine unmittelbar oder mittelbar über eine oder mehrere PersGes am Vermögen einer grundbesitzenden PersGes beteiligte PersGes in eine KapGes formwechselnd umgewandelt, führt sie ihre bisherige Eigenschaft als Alt- oder Neugesellschafterin iSv § 1 IIa GrEStG fort (vgl. zu Alt- und Neugesellschafter bei § 1 IIa GrEStG → Rn. 58 ff.). Die an der umgewandelten Gesellschaft beteiligten Gesellschafter verlieren durch die formwechselnde Umwandlung ihre Eigenschaft als Alt- oder Neugesellschafter in Bezug auf die grundbesitzende PersGes (vgl. hierzu und den umgekehrten Fall des Formwechsels einer unmittelbar oder mittelbar über eine oder mehrere PersGes am Vermögen einer grundbesitzenden PersGes beteiligte KapGes in eine PersGes Gleichlautender Ländererlass 10.5.2022, BStBl. I 2022, 801 Rn. 5.2.5.2). 111a

Im Zusammenhang mit § 1 IIb GrESt kann der Formwechsel Auswirkungen auf die Altgesellschafterstellung von Gesellschaftern haben: Wird eine unmittelbar oder mittelbar über eine oder mehrere PersGes am Kapital der grundbesitzenden KapGes beteiligte PersGes in eine KapGes formwechselnd umgewandelt, führt sie ihre bisherige Eigenschaft als Alt- oder Neugesellschafter iSv **§ 1 IIb GrEStG** fort (vgl. zu Alt- und Neugesellschafter bei § 1 IIb GrEStG → Rn. 49). Die an der umgewandelten Gesellschaft beteiligten Gesellschafter verlieren durch die formwechselnde Umwandlung ihre Eigenschaft als Alt- oder Neugesellschafter in Bezug auf die grundbesitzende KapGes (vgl. hierzu und den umgekehrten Fall des Formwechsels einer unmittelbar oder mittelbar über eine oder mehrere PersGes am Vermögen einer grundbesitzenden KapGes beteiligte KapGes in eine PersGes Gleichlautender Ländererlass 10.5.2022, BStBl. I 2022, 821 Rn. 5.2.5.2). 111b

c) Mittelbare grunderwerbsteuerliche Auswirkungen des Formwechsels. 112
Wird ein Grundstück auf eine PersGes übertragen, so kann für diese Übertragung die Steuerbefreiung nach § 5 II GrEStG iVm § 24 GrEStG grds. in Anspruch genommen werden. Nach § 5 III GrEStG wird allerdings die im Zuge der Übertragung gewährte Steuerbefreiung insoweit nicht gewährt, als sich der Anteil des Übertragenden am Vermögen der PersGes innerhalb von fünf Jahren nach dem Übergang des Grundstücks auf die Gesamthand vermindert. Der **heterogene Formwechsel** der **grundstückserwerbenden** PersGes in eine KapGes innerhalb der fünfjährigen Frist stellt – anders als der homogene Formwechsel – nach Auffassung der Rspr. (BFH/NV 2011, 1395; BFH BStBl. II 2014, 268) und FVerw (Gleichlautender Ländererlass 12.11.2018, BStBl. I 2018, 1334 Rn. 7.3.1.2; ebenso Hofmann GrEStG § 5 Rn. 32; Viskorf/Viskorf GrEStG § 5 Rn. 93 ff.; Pahlke/Joisten GrEStG § 5 Rn. 107; Rödder/Herlinghaus/van Lishaut/van Lishaut/Schumacher Anh. 10 Rn. 52; aA Beckmann GmbHR 1999, 217) einen Fall des § 5 III GrEStG dar und führt zur nachträglichen StPfl der Übertragung des Grundstücks in die Gesamthand. Der heterogene Formwechsel der grundstückserwerbenden PersGes kann ferner zum Wegfall der Steuerbegünstigung aus **§ 6 III 1 GrEStG iVm I GrEStG** führen (BFH BStBl. II 2015, 504; Hofmann GrEStG § 6 Rn. 19 iVm § 5 Rn. 32; Viskorf/

Viskorf GrEStG § 6 Rn. 59 ff. iVm § 5 Rn. 93 ff.; Rödder/Herlinghaus/van Lishaut/van Lishaut Anh. 10 Rn. 61).

113 Der Formwechsel der **grundstücksübertragenden Gesellschaft** ist dann unschädlich, wenn es sich um einen **homogenen** Formwechsel handelt. Der **heterogene** Formwechsel der grundstücksübertragenden PersGes in die KapGes bzw. der grundstücksübertragenden KapGes in die PersGes soll hingegen die Rechtsfolge des § 5 III GrEStG bzw. § 6 III 2 GrEStG auslösen (BFH BStBl. II 2003, 358; Gleichlautender Ländererlass 12.11.2018, BStBl. I 2018, 1334 Rn. 7.3.2.2; Viskorf/Viskorf GrEStG § 5 Rn. 99; Hofmann GrEStG § 5 Rn. 28; Pahlke/Joisten GrEStG § 5 Rn. 110 f.; Pahlke/Joisten GrEStG § 6 Rn. 91). Auch kann es durch einen heterogenen Formwechsel der grundstücksübertragenden Gesellschaft zu einer Verkürzung der Vorbehaltensfrist des § 6 IV GrEStG kommen (vgl. BFH/NV 2003, 1090).

114 Für den Verbund des § 6a S. 4 GrEStG bleibt der Formwechsel folgenlos. Wird das **herrschende Unternehmen oder eine abhängige Gesellschaft iSv § 6a GrEStG (verhältniswahrend) formgewechselt**, so bleibt das Abhängigkeitsverhältnis iSv § 6a GrEStG (insbes. Fünfjährige Vor- und Nachbehaltensfrist) hiervon unberührt (Widmann/Mayer/Pahlke Anh. 12 Rn. 31.1; so zur Vorbehaltensfrist auch Gleichlautender Ländererlass 25.5.2023, BStBl. I 2023, 995 Rn. 3.2.2.1).

3. Einbringung in eine Kapitalgesellschaft

115 **a) Unmittelbarer Grundstücksübergang.** Die Einbringung von qualifiziertem Betriebsvermögen (Betrieb, Teilbetrieb oder Mitunternehmeranteil sowie Anteile an KapGes oder Gen) in eine KapGes gegen Gewährung von Gesellschaftsrechten beurteilt sich ertragstl. nach §§ 20 ff. UmwStG. Sie kann auf eine Umw iSd UmwG oder eines vglbaren ausl. Vorgangs zurückzuführen sein, wobei es sich insoweit um den (identitätswahrenden) **Formwechsel**, die **Verschm** oder **Auf- und Abspaltung** oder **Ausgliederung** (Fälle der **Gesamt- und Sonderrechtsnachfolge**) handeln kann. Mit Ausnahme der Einbringung in Form eines Formwechsels (→ Rn. 109 ff.) können dann jeweils grunderwerbstl **Erwerbsvorgänge** vorliegen, die **gem. § 1 I Nr. 3 GrEStG** grds. der GrESt unterliegen, wenn zu dem eingebrachten Betriebsvermögen inl. Grundstücke gehören. Es gelten insoweit die Ausführungen unter → Rn. 39 ff. entsprechend.

116 Möglich ist ferner eine Einbringung iSv § 20 UmwStG von inl. Grundstücken im Wege der **Einzelrechtsnachfolge**. Die Einbringung im Wege der Einzelrechtsnachfolge wird teilweise parallel zu den og Maßnahmen iSd UmwG für eine steuerneutrale Einbringung iSv § 20 UmwStG erforderlich sein, wenn das Grundstück als funktional wesentliche Betriebsgrundlage des Sonderbetriebsvermögens nicht im Wege der Gesamt- oder Sonderrechtsnachfolge auf die übernehmende KapGes übergeht. In diesen Fällen ist zu erwägen, das Grundstück vor Einbringung des Mitunternehmeranteils in die KapGes unter Anwendung des § 5 I und II GrEStG mit zeitlichem Vorlauf auf die PersGes zu übertragen (Widmann/Mayer/Pahlke Anh. 12 Rn. 266). Erfolgt die Einbringung im Wege der **Einzelrechtsnachfolge** und ergibt sich aus dem abzuschließenden Einbringungsvertrag auch die Verpflichtung zur Übertragung eines im eingebrachten Vermögen des Betriebs oder Teilbetriebs oder im Sonderbetriebsvermögen eines Mitunternehmeranteils befindlichen inl. Grundstücks, so ist dieser Einbringungsvorgang gem. **§ 1 I Nr. 1 GrEStG** stpfl. (Widmann/Mayer/Pahlke Anh. 12 Rn. 261.1; Rödder/Herlinghaus/van Lishaut/van Lishaut/Schumacher Anh. 10 Rn. 28; FM Baden-Württemberg 19.12.1997, DStR 1998, 82). § 1 I Nr. 1 GrEStG ist aber dann nicht einschlägig, wenn nicht das Eigentum am Grundstück, sondern nur das wirtschaftliche Eigentum hieran in die KapGes eingebracht wird. In derartigen Fällen ist § 1 II GrEStG zu prüfen (vgl. Rödder/Herlinghaus/van Lishaut/van Lishaut Anh. 10 Rn. 30).

117 Einbringungen nach § 20 UmwStG in eine KapGes können nach **§ 3 Nr. 1 GrEStG steuerfrei** sein (Grundbesitzwert von höchstens 2.500 Euro), werden aber nicht von §§ 5, 6 GrEStG erfasst. Eine **Steuerbefreiung** kann sich aus **§ 6a GrEStG** ergeben. § 6a GrEStG gilt gem. § 6a S. 1 GrEStG zwar sowohl für Einbringungen, die sich im Wege der Gesamt- oder Sonderrechtsnachfolge iSv § 1 I Nr. 1–3 UmwG (zB Verschm oder Ausgliederung) vollziehen, als auch für solche, die durch Einzelrechtsnachfolge erfolgen. Es ist aber zu beachten, dass der nach § 1 I Nr. 1 GrEStG steuerbare Rechtsvorgang nicht von den in § 6a S. 1 GrEStG genannten Rechtsvorgängen erfasst wird. In den Fällen der Einbringung von inl. Grundstücken des Sonderbetriebsvermögens im Wege der Einzelrechtsnachfolge in eine KapGes ist daher zu erwägen, das Grundstück nicht im Wege der Einzelrechtsnachfolge, sondern im Wege einer Auf- oder Abspaltung oder Ausgliederung in die KapGes einzubringen. Alternativ könnte die Verwertungsbefugnis iSv § 1 II GrEStG übertragen werden. Wird der nach § 6a S. 4 GrEStG erforderliche Verbund erst durch Einbringung (zB durch Ausgliederung zur Neugründung) begründet, liegt grds ein nach § 6a GrEStG begünstigter Vorgang vor (vgl. Gleichlautender Ländererlass 25.5.2023, BStBl. I 2023, 995 Rn. 3.2.2.1).

118 **Bemessungsgrundlage** für die GrESt sind gem. § 8 II Nr. 2 GrEStG die Grundbesitzwerte iSv § 151 I 1 Nr. 1 BewG iVm § 157 I–III BewG. Erstreckt sich der Erwerbsvorgang auf ein noch zu errichtendes Gebäude, ist der Wert des Grundstücks nach dem tatsächlichen Verhältnis im Zeitpunkt der Fertigstellung des Gebäudes maßgebend (§ 8 II 2 GrEStG).

119 Erfolgt die Übertragung im Wege der Gesamt- oder Sonderrechtsnachfolge (Verschm, Auf- und Abspaltung oder Ausgliederung), **entsteht die Steuer iSv § 1 I Nr. 3 GrEStG (§ 38 AO)** im Zeitpunkt, in dem der übernehmende Rechtsträger das zivilrechtliche Eigentum erwirbt. Es gelten insoweit die Ausführungen unter → Rn. 48 entsprechend. Bei der **Ausgliederung** ist auf die Eintragung in das Register des übernehmenden Rechtsträgers abzustellen (Koordinierter Ländererlass 12.12.1997, DStR 1998, 82 Rn. II.3.2; OFD NRW 15.1.2015, GrESt-Kartei NW § 23 GrEStG Karte 1). Erfolgt die Übertragung im Wege der **Einzelrechtsnachfolge,** entsteht die GrESt iSv § 1 I Nr. 1 GrEStG mit wirksamem Abschluss des Einbringungsvertrages.

120 **Steuerschuldner** bei der Einbringung im Wege der **Gesamt- oder Sonderrechtsnachfolge** sind grds. gem. § 13 Nr. 1 GrEStG der bisherige Eigentümer und der Erwerber als Gesamtschuldner; kommt es zum Erlöschen des übertragenden Rechtsträgers (zB im Wege der Verschm einer PersGes auf die KapGes), ist Steuerschuldner ausschließlich die übernehmende KapGes. Bei der **Einzelrechtsnachfolge** sind die an der Einbringung beteiligten Vertragsparteien Steuerschuldner (§ 13 Nr. 1 GrEStG).

121 Kommt es zu einer **Rückabwicklung** der Einbringung nach § 20 UmwStG zwischen den Beteiligten (Identität der Beteiligten), kann die nach § 1 I Nr. 1 oder 3 GrEStG entstandene GrESt nach **§ 16 II GrEStG** (auf formlosen Antrag) nicht zu erheben sein (→ Rn. 49).

122 **b) Mittelbarer Grundstücksübergang.** Gehört zu dem eingebrachten Betriebsvermögen eine Beteiligung an einer grundbesitzenden KapGes oder PersGes oder wird isoliert ein Anteil an einer grundbesitzenden KapGes (§ 21 UmwStG) eingebracht, so kann der Einbringungsvorgang in die KapGes auch mittelbar grunderwerbstl. Auswirkungen haben, wenn es dadurch zu grunderwerbstl. relevanten (unmittelbaren oder mittelbaren) Anteilsverschiebungen bei einer grundbesitzenden KapGes oder PersGes kommt (vgl. Beckmann GmbHR 1999, 217). Dabei kann es nicht nur bei denjenigen Gesellschaft (KapGes oder PersGes) zu grunderwerbstl. relevanten Anteilsverschiebungen kommen, deren Anteile unmittelbar oder mittelbar in die KapGes eingebracht werden, sondern auch bei der übernehmenden Kap-

Ges, wenn diese selbst über inl. Grundbesitz verfügt oder Anteile an grundbesitzenden Gesellschaft (KapGes oder PersGes) hält und es durch die bei der übernehmenden KapGes durchzuführenden Kapitalerhöhung zu einer grunderwerbsteuerrelevanten Anteilsverschiebung kommt.

123 **aa) Anwachsung.** Kommt es iRd Einbringung zur Übertragung eines Anteils an einer PersGes und **wächst** das Vermögen dieser PersGes iRd Einbringung der übernehmenden KapGes **an**, so ist bzgl. der auf die KapGes übergegangenen inl. Grundstücke dieser Vorgang gem. § 1 I Nr. 3 GrEStG stpfl (→ Rn. 52). § 1 IIa GrEStG ist nicht einschlägig, da die in § 1 IIa GrEStG vorgesehene Änderung des Gesellschafterbestandes den Fortbestand der PersGes bzw. die Anteilsvereinigung iSv § 1 III GrEStG das Fortbestehen der Gesellschaftsanteile voraussetzt (BFH BStBl. II 1995, 903; Pahlke/Joisten GrEStG § 1 Rn. 190).

124 Die **Steuervergünstigung des § 6 GrEStG** iVm § 24 GrEStG ist bei der Anwachsung anwendbar. Beruht der Anwachsungsvorgang auf einer nach § 6a S. 1 GrEStG privilegierten Umw, kann die Vergünstigung des **§ 6a GrEStG** Anwendung finden, wenn die Umw zwischen abhängigen Gesellschaften iSv § 6a S. 4 GrEStG erfolgt (Gleichlautender Ländererlass 25.5.2023, BStBl. I 2023, 995 Rn. 5; Widmann/Mayer/Pahlke Anh. 12 Rn. 256). IÜ zur Anwachsung → Rn. 52 ff.

125 **bb) Änderung im Gesellschafterbestand (§ 1 IIa und IIb GrEStG), Anteilsvereinigung bzw. -übertragung (§ 1 III Nr. 2 und 4 GrEStG) sowie wirtschaftliche Anteilsvereinigung (§ 1 IIIa GrEStG).** IÜ können durch Einbringungen in eine KapGes die Tatbestände des § 1 IIa, IIb, III und IIIa GrEStG erfüllt werden (Widmann/Mayer/Pahlke Anh. 12 Rn. 275 f.), wenn zu dem eingebrachten Betriebsvermögen Anteile an grundbesitzenden PersGes oder KapGes gehören. Grunderwerbstl. relevante Anteilsverschiebungen iSv § 1 IIa, IIb, III und IIIa GrEStG können sich aufgrund der im Rahmen von §§ 20 ff. UmwStG erforderlichen Kapitalerhöhung darüber hinaus auch bei der übernehmenden KapGes selbst ergeben, sofern diese über inl. Grundbesitz verfügt oder selbst Anteile an grundbesitzenden Gesellschaften (KapGes oder PersGes) hält. Zu den Einzelheiten der Besteuerung → Rn. 57 ff. (Änderung im Gesellschafterbestand einer PersGes iSv § 1 IIa GrEStG), → Rn. 70a ff. (Änderung im Gesellschafterbestand einer KapGes iSv § 1 IIb GrEStG), → Rn. 71 ff. (Anteilsvereinigung bzw. -übertragung iSv § 1 III GrEStG) und → Rn. 101 ff. (wirtschaftliche Anteilsvereinigung iSv § 1 IIIa GrEStG).

4. Einbringung in eine Personengesellschaft

126 Die Einbringung von qualifiziertem Betriebsvermögen (Betrieb, Teilbetrieb, Mitunternehmeranteil oder einer das gesamte Nennkapital umfassenden Beteiligung an einer KapGes iSv § 16 I Nr. 1 S. 2 EStG) gegen Gewährung von Gesellschaftsrechten in eine PersGes (Mitunternehmerschaft) beurteilt sich ertragstl. nach §§ 24 ff. UmwStG und kann auf eine Umw iSd UmwG (Verschm, Auf- oder Abspaltung sowie Ausgliederung) zurückzuführen sein; als solche liegen Einbringungen im Wege der **Gesamt- bzw. Sonderrechtsnachfolge** vor. Möglich ist ferner eine Einbringung im Wege der **Einzelrechtsnachfolge**.

127 **a) Unmittelbarer Grundstücksübergang.** Geht im Zuge einer Einbringung im Wege der **Gesamt- oder Sonderrechtsnachfolge** ein inl. Grundstück in das Gesamthandsvermögen der PersGes über, liegt ein gem. § 1 I Nr. 3 GrEStG steuerbarer Erwerbsvorgang vor. Möglich ist ferner eine Einbringung im Wege der **Einzelrechtsnachfolge.** Sofern sich die Einbringung im Wege der Einzelrechtsnachfolge vollzieht und im Zuge der Einbringung ein Grundstück zivilrechtlich auf die aufnehmende PersGes übertragen wird, erfolgt die StPfl aus **§ 1 I Nr. 1 GrEStG** (Widmann/Mayer/Pahlke Anh. 12 Rn. 280; Viskorf/Meßbacher-Hönsch GrEStG

§ 1 Rn. 243). Bezüglich der Übertragungen im Wege der Gesamt- und Sonderrechtsnachfolge bzw. Einzelrechtsnachfolgen gelten die Ausführungen unter → Rn. 39 ff. entsprechend.

Einbringungen nach § 24 UmwStG können nach §§ 3, 5, 6 und 6a GrEStG **128** von der GrESt befreit sein. So kann die Einbringung eines Grundstücks in eine PersGes bereits nach § 3 Nr. 1 GrEStG (Grundbesitzwert von höchstens 2.500 Euro) steuerfrei sein. Auch ist die Einbringung eines Grundstücks in eine PersGes, an der Personen beteiligt sind, die nach § 3 Nr. 4 GrEStG oder § 3 Nr. 6 GrEStG von dem Einbringenden steuerfrei erwerben können, von der GrESt im Umfang der jew. Beteiligung an der PersGes steuerfrei (BFH BStBl. II 1975, 360; BStBl. II 2008, 879). Nach § 5 I und II GrEStG wird die GrESt insoweit nicht erhoben, als der Einbringende an der übernehmenden PersGes beteiligt ist. Dabei ist es unerheblich, ob das Grundstück auf eine bereits bestehende oder anlässlich der Einbringung gegründete PersGes übergeht (Hofmann GrEStG § 5 Rn. 3). Auch kann die Einbringung nach § 6 III GrEStG befreit sein. Erfolgt die Einbringung nach § 24 UmwStG durch Umw iSv § 1 I Nr. 1–3 UmwG im Wege der Gesamt- oder Sonderrechtsnachfolge, kann die Einbringung nach § 6a GrEStG steuerfrei sein, wenn sie innerhalb des Verbunds des § 6a S. 4 GrEStG erfolgt. Hierzu iÜ → Rn. 43 ff.

b) Mittelbarer Grundstücksübergang. Gehört zu dem eingebrachten **129** Betriebsvermögen eine **Beteiligung an einer grundbesitzenden Pers- oder KapGes**, so kann der Einbringungsvorgang in die PersGes auch mittelbar grunderwerbstl. Auswirkungen haben, wenn es dadurch zu unmittelbaren oder mittelbaren Verschiebungen bzw. Übertragungen von Anteilen an einer grundbesitzenden KapGes oder PersGes kommt (Beckmann GmbHR 1999, 217).

aa) Anwachsung. Kommt es im Rahmen der Einbringung in eine PersGes zu **130** einer **Anwachsung** des Vermögens einer grundbesitzenden PersGes, gelten die Ausführungen unter → Rn. 52 ff. entsprechend.

bb) Änderung im Gesellschafterbestand (§ 1 IIa und IIb GrEStG), 131 Anteilsvereinigung bzw. -übertragung (§ 1 III Nr. 2 und 4 GrEStG) sowie wirtschaftliche Anteilsvereinigung (§ 1 IIIa GrEStG). Führt die Einbringung in die PersGes nach § 24 UmwStG zu einer Verschiebung oder Übertragung von Anteilen an einer grundbesitzenden KapGes oder PersGes, kann es zu mittelbaren Grundstücksübertragungen iSv § 1 IIa, IIb, III, IIIa GrEStG kommen. Grunderwerbstl. relevante Anteilsverschiebungen in diesem Sinne können sich nicht nur bei derjenigen (grundbesitzenden) KapGes oder PersGes ergeben, deren Anteile unmittelbar oder mittelbar in die PersGes eingebracht werden. Grunderwerbstl. relevante Anteilsverschiebungen iSv § 1 IIa, IIb, III und IIIa GrEStG können sich aufgrund der im Rahmen von §§ 24 UmwStG erforderlichen Kapitalerhöhung vielmehr auch bei der übernehmenden PersGes selbst ergeben, sofern diese über inl. Grundbesitz verfügt oder selbst Anteile an grundbesitzenden KapGes oder PersGes hält. Zu den Einzelheiten der Besteuerung bei durch die Einbringung erfolgten Anteilsverschiebungen → Rn. 57 ff. (Änderung im Gesellschafterbestand einer PersGes iSv § 1 IIa GrEStG), → Rn. 70a ff. (Änderung im Gesellschafterbestand einer KapGes iSv § 1 IIb GrEStG), → Rn. 71 ff. (Anteilsvereinigung bzw. -übertragung iSv § 1 III Nr. 2 und 4 GrEStG) und → Rn. 101 ff. (wirtschaftliche Anteilsvereinigung iSv § 1 IIIa GrEStG).

F. Verbindliche Auskunft bei Umwandlungen

Übersicht

	Rn.
I. Rechtliche Rahmenbedingungen	1
II. Voraussetzungen und Wirkung der verbindlichen Auskunft	6
1. Voraussetzungen	6
a) Antragsteller	7
b) Darstellung des noch nicht verwirklichten Sachverhalts	8
c) Darlegung des besonderen steuerlichen Interesses (§ 1 I Nr. 3 StAuskV)	10
d) Ausführliche Darlegung des Rechtsproblems (§ 1 I Nr. 4 StAuskV)	11
e) Formulierung konkreter Rechtsfragen (§ 1 I Nr. 5 StAuskV)	12
f) Erklärung (§ 1 I Nr. 6 StAuskV)	13
g) Versicherung (§ 1 I Nr. 7 StAuskV)	14
2. Entscheidung über die verbindliche Auskunft und Rechtswirkung	15
a) Entscheidung über die verbindliche Auskunft	15
b) Rechtswirkungen der verbindlichen Auskunft (§ 2 StAuskV)	16
III. Zuständigkeiten (§ 89 II 2 und 3 AO)	18
1. Allgemeine Zuständigkeitsregelungen	18
2. Zuständige Finanzbehörden für einzelne Umwandlungsarten	19
a) Umwandlung Kapitalgesellschaft in Personengesellschaft (§§ 3 ff. UmwStG)	19
b) Umwandlung Kapitalgesellschaft auf Kapitalgesellschaft (§§ 11 ff. UmwStG)	20
c) Einbringung in Kapitalgesellschaften (§§ 20, 22 und 23 UmwStG)	21
d) Anteilstausch (§§ 21, 22 und 23 UmwStG)	22
e) Einbringung in eine Personengesellschaft (§ 24 UmwStG)	23
f) Formwechsel Personengesellschaft in Kapitalgesellschaft (§ 25 UmwStG)	24

I. Rechtliche Rahmenbedingungen

Die Zulässigkeit verbindlicher Auskünfte war bereits vor ihrer gesetzlichen Kodifikation durch das Föderalismusreform-Begleitgesetz (FödRef-BeglG) v. 5.9.2006 (BGBl. 2006 I 2098) von der Rspr. anerkannt (vgl. nur BFH BStBl. III 1961, 562). Die FVerw erteilte verbindliche Auskünfte bis dahin auf Basis des sog. Auskunftserlasses v. 24.7.1987 (BStBl. I 1987, 474), der im Jahre 2003 durch das BMF 29.12.2003 (BStBl. I 2003, 742) ersetzt wurde. Die Bindungswirkung der auf Basis des BMF-Schr. erteilten verbindlichen Auskünfte ergab sich aus dem Rechtsprinzip von Treu und Glauben (BFH BStBl. III 1961, 562; BFH BStBl. II 1981, 538; BFH BStBl. II 1990, 274 mwN). Das BMF-Schr. stellte die Erteilung einer verbindlichen Auskunft in das pflichtgemäße Ermessen der Finanzbehörden. 1

Für Auskunftsanträge, die seit dem 11.9.2006 gestellt werden, ist mit § 89 II AO idF des FödRef-BeglG erstmals eine gesetzliche Grundlage für verbindliche Auskünfte geschaffen worden. Die Unvollständigkeit der Regelung in § 89 II AO, insbes. im Hinblick auf Form, Inhalt, Antragsvoraussetzungen und Bindungswirkung, 2 wurde durch eine auf § 89 II 4 AO idF des FödRef-BeglG gestützte RechtsVO (StAuskV v. 30.11.2007, BGBl. 2007 I 2783, zuletzt geändert durch die Sechste Verordnung zur Änderung steuerlicher Verordnungen v. 19.12.2022, BGBl. 2022 I 2432) ausgefüllt. Durch das JStG 2007 v. 13.12.2006 (BGBl. 2006 I 2878), zuletzt geändert durch Steuervereinfachungsgesetz 2011 v. 1.11.2011 (BGBl. 2011 I 2131), wurde in § 89 III–VII AO eine Gebührenregelung eingefügt. Eine weitere Änderung erfuhr § 89 II AO durch die Einfügung von S. 5 im Zuge des AmtshilfeRLUmsG (BGBl. 2013 I 1809), das auf die abw. Verwaltungszuständigkeit für die Versicherungsteuer reagierte (vgl. Klein/Rätke AO § 89 Rn. 47). Zuletzt wurde durch das StModG v. 18.7.2016 (BGBl. 2016 I 1679) in § 89 II AO ein neuer S. 4 eingefügt, wonach über den Auskunftsantrag innerhalb von sechs Monaten entschieden werden soll und im Anschluss an den neuen S. 5 des § 89 II AO der Satz eingefügt, dass in der StAuskV bestimmt werden kann, unter welchen Voraussetzungen verbindliche Auskünfte nur einheitlich gegenüber mehreren Beteiligten zu erteilen sind und welche Finanzbehörde in diesem Fall für die Erteilung der Auskunft zuständig ist. In § 89 III AO wurde durch das StModG nach S. 1 durch einen neuen S. 2 geregelt, dass bei einer einheitlichen Erteilung gegenüber mehreren Antragstellern nur eine Gebühr zu erheben ist und in diesem Fall alle Antragsteller Gesamtschuldner der Gebühr sind.

3   Eine auf Basis des § 89 II AO erteilte verbindliche Auskunft bzw. deren Ablehnung stellt nach allgM im Rahmen eines eigenständigen Verwaltungsverfahrens erlassenen **Verwaltungsakt** dar (vgl. nur BFH BStBl. II 2010, 996; BFH BStBl. II 2011, 233; BFH BStBl. II 2020, 528). Dies gilt auch für die sog. Negativauskunft (BFH BStBl. II 2010, 996; BFH BStBl. II 2012, 651). Ob eine verbindliche Auskunft vorliegt, ist durch Auslegung unter entsprechender Anwendung des § 133 BGB danach zu beurteilen, ob der Empfänger von einer verbindlichen Auskunft ausgehen konnte (BFH BStBl. II 2015, 175; BFH/NV 2016, 261; AEAO zu § 89 Rn. 2). Nach FVerw ist der Regelfall nicht von einer verbindlichen Auskunft auszugeben (AEAO zu § 89 Rn. 2). Er unterliegt den Änderungsvorschriften der §§ 129–131 AO (BFH BStBl. II 2011, 536, vgl. AEAO zu § 89 Rn. 3.6.5). Über die in § 131 AO vorgesehenen Widerrufsgründe hinaus, kann die FVerw eine erteilte verbindliche Auskunft nach § 89a V AO widerrufen, wenn eine Vorabverständigungsvereinbarung iSv § 89a AO erteilten verbindlichen Auskunft entgegensteht. Von einer Rechtswidrigkeit geht die FVerw aus, wenn die erteilte Auskunft ohne Rechtsgrundlage oder unter Verstoß gegen materielle Rechtsnormen erlassen wurde oder ermessensfehlerhaft ist (vgl. AEAO zu § 89 Rn. 3.6.6. II S. 1). Nach gegenwärtiger Rechtslage kann darüber hinaus eine verbindliche Auskunft nach § 2 IV StAuskV mit Wirkung für die Zukunft aufgehoben oder geändert werden, wenn sich herausstellt, dass die erteilte Auskunft unrichtig (genauer: materiell rechtswidrig) war (zweifelhaft, ob § 2 IV StAuskV von der Verordnungsermächtigung des § 89 II AO gedeckt ist, vgl. Franke/von Cölln BB 2008, 584 einerseits und Misera/Baum Ubg 2008, 221; Tipke/Kruse/Seer AO § 89 Rn. 58 andererseits; vgl. auch Hübschmann/Hepp/Spitaler/Wernsmann AO § 89 Rn. 287; vgl. auch Blumers DB 2018,1108). Von einer Unrichtigkeit in diesem Sinne geht die FVerw aus, wenn sich nach Bekanntgabe die finanzgerichtliche Rechtsprechung (FG und BFH) geändert hat oder von einer nach ergangenen Verwaltungsanweisung abweicht (AEAO zu § 89 Rn. 3.6.6. III S. 2; krit. zu später ergangenen Verwaltungsanweisungen Schwarz/Pahlke/Volquardsen AO § 89 Rn. 74; Hübschmann/Hepp/Spitaler/Wernsmann AO § 89 Rn. 289 mwN; krit. zu später ergangenen FG-Entscheidungen Tipke/Kruse/Seer AO § 89 Rn. 59; vgl. auch Blumers DB 2018,1108). Ob die FVerw von § 2 IV StAuskV Gebrauch macht, ist eine Ermessensentscheidung (AEAO zu § 89 Rn. 3.6.6. IV S. 1). Die Aufhebung oder Änderung nach § 131 II AO und § 2 IV StAuskV kann nur bis zur Verwirklichung des Sachverhalts erfolgen (AEAO zu § 89 Rn. 3.6.6. V). Insoweit geht das Dispositionsinteresse dem öffentlichen Interesse an

einer sachlich richtigen Entscheidung auch in diesen Fällen vor. Der Verwaltungsakt kann per Einspruch angefochten werden und unterliegt einer gerichtlichen Überprüfung (vgl. Hübschmann/Hepp/Spitaler/ Wernsmann AO § 89 Rn. 307; Tipke/Kruse/Seer AO § 89 Rn. 60), die nach der Rspr. des BFH jedoch nur eingeschränkt möglich ist. Der **materiell-rechtliche Inhalt** der Auskunft kann nur nach der Rechtsprechung des BFH nur **(beschränkt) daraufhin überprüft** werden, ob die gegenwärtige rechtliche Einordnung des zu prüfenden Sachverhalts durch die zuständige Finanzbehörde in sich schlüssig und nicht evident rechtsfehlerhaft ist (sog. eingeschränkte gerichtliche Kontrolldichte, vgl. BFH BStBl. II 2012, 651; BFH/NV 2014, 1014; krit. hierzu Farle DStR 2012, 1590 „Steine statt Brot"; Frase BB 2012, 1972; Werder/Dannecker BB 2013, 284; Blumers DB 2018, 1108). Anhand dieses Maßstabs hat nach der Rechtsprechung des BFH ein Finanzgericht die sachliche Richtigkeit einer erteilten oder auch nicht erteilten verbindlichen Auskunft zu prüfen. Wann von einer evidenten Rechtsfehlerhaftigkeit vorliegt, ist indessen unklar (vgl. Hübschmann/Hepp/Spitaler/Wernsmann AO § 89 Rn. 311 ff.). Die Auskunft ist nach der Rechtsprechung des BFH jedenfalls auch dann nicht evident rechtsfehlerhaft, wenn das FA einem BMF-Schr. folgt, selbst wenn zweifelhaft ist, ob das BMF-Schr. gegen das Gesetz verstößt (vgl. BFH VIII R 72/13, BeckRS 2015, 96082). Im Ergebnis bedeutet diese für den Steuerpflichtigen unbefriedigende Rechtsprechung, dass eine Klage gegen eine inhaltlich (irgendwie) vertretbare verbindliche Auskunft unbegründet ist und der Steuerpflichtige seine eigene Rechtsauffassung nur mit einer Klage gegen die Steuerfestsetzung durchsetzen kann.

Über die Auskunftsgebühr entscheidet die Finanzbehörde im Rahmen eines **Gebührenbescheides,** der ebenfalls einen Verwaltungsakt darstellt (Tipke/Kruse/Seer AO § 89 Rn. 80; Koenig/Hahlweg AO § 89 Rn. 37). Gem. § 89 III 4 AO kann die Finanzbehörde die Entscheidung über den Auskunftsantrag bis zur Entrichtung der Gebühr zurückstellen (Ermessensentscheidung). In der Praxis wird in aller Regel die Auskunft vor Gebührenentrichtung erteilt. Für den Gebührenbescheid gelten die Änderungsvorschriften der §§ 129–132 AO. Die Auskunftsgebühr ist – zumindest für eine positiv erteilte Auskunft – verfassungsgemäß (BFH BStBl. II 2011, 536; BFH BStBl. II 2015, 989; nach FG Hessen EFG 2011, 1938 auch bei Ablehnung nach Hinweis an Antragsteller).

Bei der Abfrage **mehrerer Steuerarten** durch einen Antragsteller für **einen Sachverhalt** liegt nur ein gebührenauslösender Tatbestand vor, so dass insgesamt höchstens einmal der maximale Gegenstandswert angesetzt werden kann (vgl. AEAO zu § 89 Rn. 4.1.2; so auch OFD Karlsruhe v. 28.4.2023, AO-Kartei BW § 89 AO Karte 2). Das gilt selbst dann, wenn mehrere Finanzämter für die Erteilung der Auskunft des einen Sachverhalts zuständig sind (Beermann/Gosch/Roser AO § 89 Rn. 81; Rödder/Herlinghaus/van Lishaut/Stangl Anh. 14 Rn. 131), obgleich die FVerw die Zuständigkeit weiterer Finanzämter gelegentlich zum Anlass nimmt, hiervon abzuweichen. Auch ein mehrere Schritte (zB bei Kettenumwandlungen) umfassender Sachverhalt stellt einen (einheitlichen) Auskunftsantrag dar, bei dem nur eine Gebühr festgesetzt werden kann, da jeder einzelne Teilschritt isoliert für den Antragsteller wertlos ist. Werden mehrere unabhängig voneinander geplante Sachverhalte in einem Auskunftsantrag zusammengefasst, handelt es sich indessen um mehrere Anträge, die mehrere Gebühren auslösen können (vgl. FG München DStR 2018, 814). Im Hinblick darauf, dass die verbindliche Auskunft dem Steuerpflichtigen Planungs- und Investitionssicherheit hinsichtlich der steuerlichen Folgen seiner geplanten Vorhaben gewähren soll (vgl. Tipke/Kruse/Seer AO § 89 Rn. 23; Hübschmann/Hepp/Spitaler/Wernsmann AO § 89 Rn. 179; AEAO zu § 89 Rn. 4.1.2 S. 1), ist der **Sachverhalt** im Sinne des § 89 II AO dispositionsbezogen auszulegen. Daher ist davon auszugehen, dass der Umfang des Sachverhalts von der beabsichtigten Disposition des Antragstellers vorgegeben wird. Daraus ist insbes. in Umwandlungsfällen zu schließen, dass sämtliche für die Umsetzung eines Vorhabens geplanten Schritte einen einzigen Sachverhalt bilden, und zwar selbst dann, wenn einzelne Schritte nicht zwingend voneinander abhängen, dh wenn sie theoretisch auch getrennt voneinander und in zeitlichem Abstand durchführbar wären. Maßgebend ist nur, dass alle Teilschritte zur Umsetzung der vom Steuerpflichtigen beabsichtigten Disposition erforderlich sind (vgl. FG München EFG 2017, 967, im Ergebnis inzident bestätigt durch BFH BStBl. II 2020, 528; FG Berlin-Brandenburg EFG 2023, 521, Rev. BFH Az. II R 39/22; Rödder/Herlinghaus/van Lishaut/Stangl Anh. 14 Rn. 134 ff.; Dannecker/Werder BB 2011, 2268 (2269); Eilers/Nosthoff-Horstmann FR 2017, 170). Die Reichweite des Sachverhalts wird damit in objektiver Hinsicht lediglich dadurch beschränkt, dass ein mehrere Schritte umfassendes Vorhaben einen einheitlichen Sachzusammenhang aufweisen muss (iSe „inneren Zusammenhangs" in Abgrenzung zu einer „bloß zeitlichen Verknüpfung" der Maßnahme OFD Karlsruhe v. 28.4.2023, AO-Kartei BW § 89 AO Karte 2, und damit im Ergebnis engeres Verständnis des Sachverhaltsbegriffs als FG München EFG 2017, 967). Dieses mehraktige Vorhaben muss sich aus Teilschritten zusammensetzen, die inhaltlich durch einen inneren Zusammenhang miteinander verbunden sind. Nur wenn objektiv kein innerer Zusammenhang der einzelnen Schritte erkennbar ist und unabhängige Maßnahmen etwa nur aus Kostengründen zusammengefasst werden, liegen mehrere Sachverhalte und demnach mehrere Gebührentatbestände vor (FG Berlin-Brandenburg EFG 2023, 521; Rev. BFH Az. II R 39/22). Überträgt man dieses Verständnis auf Umwandlungen können mehraktige Umwandlungsvorgänge einen einzigen Sachverhalt im gebührenrechtlichen Sinne bilden, sofern diese einen sachlichen (und nicht nur zeitlichen) Zusammenhang ausweisen. Dieser sollte bereits im Rahmen des Auskunftsantrags ausreichend dargestellt werden.

4b Wird der Antrag von **mehreren Antragstellern** eingereicht, sollen grds. mehrere Anträge auf Erteilung einer verbindlichen Auskunft vorliegen, für die jeweils eine Gebühr erhoben werden kann (BFH BStBl. II 2016, 706; BFH BStBl. II 2020, 528; AEAO zu AO § 89 Rn. 4.1.2 S. 2; dagegen Dannecker/Werder BB 2011, 2268). Dies gilt auch dann, wenn nur ein Sachverhalt im Sinne des § 89 II AO zu beurteilen ist (BFH BStBl. II 2020, 528). Nunmehr ist zu beachten, dass für Auskunftsanträge nach dem 1.9.2017 gem. § 89 III 2 AO bei einer **gegenüber mehreren Antragstellern einheitlich erteilten verbindlichen Auskunft** nur noch eine Gebühr zu erheben ist. § 89 II 5 u. 6 AO enthalten eine Ermächtigungsgrundlage, durch RVO u.a. näher zu bestimmen, unter welchen Voraussetzungen eine verbindliche Auskunft gegenüber mehreren Antragstellern einheitlich zu erteilen ist und welche Finanzbehörde in diesem Fall für die Erteilung der verbindlichen Auskunft zuständig ist. § 89 II 6 AO wurde durch das Gesetz zur Modernisierung des Besteuerungsverfahrens vom 18.7.2016 (BGBl. 2016 I 1679) eingefügt. Was der Gesetzgeber unter einheitlicher Auskunftserteilung versteht, führt er in der Gesetzesbegründung aus: „...Einheitlichkeit bedeutet [...], dass die Bindungswirkung der verbindlichen Auskunft gegenüber allen Antragstellern gleichermaßen besteht oder gleichermaßen nicht besteht oder wechselt..." (BT-Drs. 18/8434, 109). Aus dem Gesetzgebungsverfahren geht außerdem hervor, dass mit § 89 II 6, III 2 AO nicht nur das Konfliktpotenzial hinsichtlich der Reichweite der Bindungswirkung, sondern u.a. auch die Zahl der Gebührenfestsetzungen reduziert werden sollte (BR-Drs. 631/15, 5). Mit den Regelungen des § 89 II 6, III 2 AO greift der Gesetzgeber die Hinweise des BFH in seinem Urteil vom 9.3.2016 (BStBl. II 2016, 706) zur Erhebung mehrerer Gebühren bei ertragsteuerlichen Organschaften auf. Der BFH kam zu dem Ergebnis, dass bei Beantragung der verbindlichen Auskunft sowohl durch den Organträger als auch die Organgesellschaft in Bezug auf denselben Sachverhalt von zwei Auskunftsanträgen auszugehen sei und damit zwei Gebühren zu erheben seien. In den Entscheidungsgründen führt der BFH aus, dass es an einer gesetzlichen Regelung fehle, die ein anderes Ergebnis (im Sinne nur einer Auskunftsgebühr) zulasse und weist konkret darauf hin, dass „…das Gesetz nicht an[ordnet], dass mehrere Antragsteller für die Gebühr eines gleichlautenden Antrags auf verbindliche Auskunft gesamtschuldnerisch in Höhe nur eines Gegenstandswertes aufzukommen haben…" (BStBl. II 2016, 706). Vor diesem Hintergrund hat das BMF von der Ermächtigung in § 89 II 5 u. 6 AO Gebrauch gemacht und mit Wirkung ab dem 1.9.2017 den bereits zuvor bestehenden § 1 II StAuskV um weitere Tatbestände erweitert sowie einen neuen § 1 III StAuskV eingefügt. § 1 II StAuskV regelt zwar nach seinem Wortlaut nur, in welchen Fällen die verbindliche Auskunft von allen Beteiligten gemeinsam zu beantragen ist. So kann eine verbindliche Auskunft bspw. nur gemeinsam beantragt werden, wenn der Sachverhalt nach § 179 II 2 AO mehreren Personen steuerlich zuzurechnen ist (§ 1 II 1 Nr. 1 StAuskV) oder – bei Umwandlungen – wenn es um den Wertansatz iSv § 20, 21, 24 und 25 UmwStG beim übernehmenden und übertragenden Rechtsträger geht (§ 1 II 1 Nr. 5 StAuskV). Wenn eine Beantragung aber nur gemeinsam erfolgen kann, weil die verbindliche Auskunft mehrere Antragsteller gemeinsam betrifft und gegenüber diesen mehreren Antragstellern aufgrund der gemeinsamen Betroffenheit auch nur eine inhaltsgleiche Entscheidung ergehen kann, folgt daraus u.E. auch eine einheitliche Entscheidung über den gemeinsam gestellten Antrag und somit eine einheitliche verbindliche Auskunft. Das ergibt sich schon daraus, dass § 89 II 5 u. 6 AO ausdrücklich dazu ermächtigen, die Voraussetzungen für eine einheitliche Erteilung der verbindlichen Auskunft gegenüber mehreren Antragstellern zu definieren und diese Normen vom BMF als Rechtsgrundlage für die Änderung der StAuskV mit Wirkung ab dem 1.9.2017 genannt wurden (Vierte Verordnung zur Änderung steuerlicher Verordnungen vom 12.7.2017, BGBl. 2017 I 2360, zweiter Anstrich der Einleitung). Dementsprechend ist dann nach § 1 III StAuskV auch nur ein Finanzamt für die die Erteilung der verbindlichen Auskunft an alle Antragsteller zuständig. Die von dem einen zuständigen Finanzamt einheitlich erteilte verbindliche Auskunft entfaltet gemäß § 2 II StAuskV einheitliche Bindungswirkung für die Besteuerung aller Antragsteller. Daraus folgt dann schließlich, dass gemäß § 89 III 2 AO nur eine einzige Gebühr von allen Antragstellern als Gesamtschuldner zu erheben ist.

Darüber hinaus ist zu berücksichtigen, dass, selbst wenn das Finanzamt nicht nach § 89 II 5 u. 6 AO iVm § 1 II StAuskV zur Erteilung einer einheitlichen verbindlichen Auskunft verpflichtet ist, nur eine einheitliche Gebühr erhoben werden darf, wenn die Auskunft tatsächlich einheitlich erteilt wird (vgl. FG Münster EFG 2022, 1725, Rev. BFH Az. I R 30/22; FG Münster EFG 2023, 665, Rev. BFH Az. IV R 6/23; Hübschmann/Hepp/Spitaler/Wernsmann AO § 89 Rn. 351). Denn in § 1 II StAuskV werden – so ausdrücklich das FG Münster – lediglich diejenigen Fälle aufgezählt, in denen das Finanzamt zur Erteilung einer einheitlichen verbindlichen Auskunft verpflichtet ist; das Finanzamt ist jedoch nicht daran gehindert, auch in anderen Fällen, in denen dies sachgerecht erscheint, nach pflichtgemäßem Ermessen eine einheitliche verbindliche Auskunft zu erteilen (FG Münster EFG 2023, 665, Rev. BFH Az. IV R 6/23). Dem Gesetzgebungsverfahren ist gerade nicht zu entnehmen, dass eine einheitliche Gebührenfestsetzung nur dann in Betracht kommen soll, wenn die Voraussetzungen des § 1 II StAuskVO erfüllt sind. Nach dem Wortlaut des § 89 III 2 AO ist entscheidend, ob das Finanzamt über einen Auskunftsantrag **tatsächlich** einheitlich entschieden hat, nicht jedoch, ob es zu einer solchen einheitlichen Entscheidung nach § 1 II 1 StAuskV rechtlich verpflichtet war. Denn auch wenn das Finanzamt eine verbindliche Auskunft allein aus Zweckmäßigkeitserwägungen – ohne ausdrückliche Verpflichtung nach Gesetz oder Rechtsverordnung – einheitlich iSd § 89 III 2 AO erteilt, führt diese einheitliche Entscheidung zu einer Minderung des Verwaltungsaufwands, welche die Gebührenreduktion nach § 89 III 2 AO rechtfertigt (FG Münster EFG 2022, 1725, Rev. BFH Az. I R 30/22; FG Münster EFG 2023 665, Rev. BFH Az. IV R 6/23). Damit fällt in den Fällen der einheitlichen Antragstellung nach § 1 II Nr. 1–5 StAuskV nur eine Auskunftsgebühr an, auch wenn insoweit mehrere Antragsteller vorhanden sind.

4d Die **FVerw** hat dies ausdrücklich aber nur für die Fälle des § 1 II Nr. 1 StAuskV bestätigt (vgl. auch AEAO zu § 89 Rn. 4.1.2. II S. 1). Im Übrigen geht sie davon aus, dass in Umwandlungsfällen jeder abgebende, übernehmende oder entstehende Rechtsträger eigenständig zu beurteilen (AEAO zu § 89 Rn. 4.1.2 II S. 2; vgl. auch FG München DStRE 2018, 814). Dies hätte zur Folge, dass auch dann eine eigenständige Auskunftsgebühr für jeden an der Umwandlung beteiligten Rechtsträger festzusetzen wäre, wenn – was regelmäßig der Fall ist – die Auskunft einheitlich erteilt wird. Die Sichtweise der FVerw steht damit in Widerspruch zu der o.g. Rechtsprechung. Bei Kettenumwandlungen kann sie darüber hinaus auch mit weiteren guten Gründen abgelehnt werden, wenn sich das steuerliche Interesse der an der Umwandlung beteiligten Rechtsträger jeweils auf dieselben stillen Reserven bezieht (vgl. Rödder/Herlinghaus/van Lishaut/Stangl Anh. 14 Rn. 137), weil bspw. dasselbe Betriebsvermögen (zB Teilbetrieb) mehrfach übertragen wird. Zu beachten ist nämlich, dass bei Kettenumwandlungen die gebührenrelevanten stillen Reserven stets nur einmal aufgedeckt werden können.

4e Eine Verjährungsfrist für die Festsetzung der Gebühr ist nicht normiert, da die Gebühr eine stl. Nebenleistung darstellt (§ 3 IV Nr. 7 AO) und es an einer gesetzlichen Regelung zur Festsetzungsverjährung fehlt (vgl. § 1 III 2 AO, wonach die Vorschriften über die Festsetzungsverjährung [§§ 169 ff. AO] nur gelten, soweit dies besonders bestimmt ist). Es wird deshalb die Sichtweise eingenommen, dass eine Gebührenfestsetzung zeitlich unbegrenzt möglich ist (so in den Grenzen der Verwirkung Bruns DStR 2017, 2360; aA Beermann/Gosch/Roser AO § 89 Rn. 96). Aus Gründen der Rechtssicherheit ist die Regelungslücke durch eine Analogie dahingehend zu schließen, dass die Regelung des § 346 II AO, wonach Kosten nur innerhalb eines Jahres nach Ablauf des Kalenderjahres, in dem die Kosten entstanden sind, geltend gemacht werden können, entsprechend auf die Auskunftsgebühr anzuwenden ist, da die Auskunftsgebühr und die Kosten iSv §§ 337–345 AO in § 3 IV AO unter einem Kostenbegriff zusammengefasst werden. Die FVerw lehnt dies ab (OFD Karlsruhe v. 28.4.2023, AO-Kartei BW § 89 AO Karte 2). Aus Gründen der Rechtssicherheit ist eine Regelung de lege ferenda wünschenswert. Hinsichtlich der Zahlungsverjährung gelten indessen die allgemeinen Grundsätze der §§ 228 ff. AO, da §§ 228 ff. AO für alle Zahlungsansprüche aus dem Steuerschuldverhältnis gelten (vgl. hierzu Bruns DStR 2017, 2360).

5 Nach § 89 IV AO wird die Auskunftsgebühr nach dem Wert berechnet, den die verbindliche Auskunft für den Antragsteller hat (**Gegenstandswert**). Bei Dauersachverhalten stellt die FVerw auf die durchschnittliche steuerliche Auswirkung eines Jahres ab (AEAO zu § 89 Rn. 4.2.3; vgl. hierzu auch Hübschmann/Hepp/Spitaler/Wernsmann AO § 89 Rn. 354). Nach § 89 IV 2 AO soll der Antragsteller den Gegenstandswert und die für seine Bestimmung erheblichen Umstände in seinem Antrag auf Erteilung einer verbindlichen Auskunft schlüssig und nachvollziehbar darlegen (vgl. AEAO zu § 89 Rn. 4.2.5. S. 2). Die Finanzbehörde soll sodann der Festsetzung der Gebühr den von dem Antragsteller erklärten Gegenstandswert zugrunde legen, soweit dies nicht zu einem offensichtlich unzutreffenden Ergebnis führt (§ 89 IV 3 AO). Dem Antragsteller wird somit eine **Einschätzungsprärogative** für die Bemessung des Gegenstandswerts eingeräumt (vgl. BFH BStBl. II 2015, 989; Horst, Die verbindliche Auskunft nach § 89 AO, 2010, 195; Tipke/Kruse/Seer AO § 89 Rn. 72 f.; AEAO zu AO § 89 Nr. 4.2.6), wodurch Auseinandersetzungen über die zutreffende Höhe der Gebühr vermieden werden sollen (vgl. Beermann/Gosch/Roser AO § 89 Rn. 91). Stellt sich nach Erlass des Gebührenbescheides heraus, dass der Gegenstandswert tatsächlich zu niedrig war, kann aufgrund der Einschätzungsprärogative des Antragstellers die Gebührenfestsetzung in aller Regeln nicht geändert werden (so auch Bruns DStR 2017, 2360), wobei der Antragsteller

bis zum Bestandskraft des Gebührenbescheides (bspw. im Rahmen eines Einspruchsverfahrens) seine Einschätzung aufgrund besserer Erkenntnisse anpassen kann. Orientierungsmaßstab für die Ermittlung des Gegenstandwerts ist die stl. Auswirkung des abgefragten Sachverhalts (AEAO zu AO § 89 Rn. 4.2.2.2.).

Die stl. Auswirkung ermittelt sich durch einen Vergleich der Steuerbelastung, die 5a sich unter Zugrundelegung der Rechtsauffassung des Antragstellers ergeben würde, und der Steuerbelastung, die entstehen würde, wenn die Finanzbehörde eine gegenteilige Rechtsansicht einnehmen würde (AEAO zu AO § 89 Rn. 4.2.2.5 S. 2), wobei in Fällen der gesonderten und einheitlichen Feststellung iSv § 179 II 2 AO iVm § 180 I 1 Nr. 1a AO grds. der Ansatz eines Steuersatzes von 25% möglich sein soll, vgl. OFD Karlsruhe v. 28.4.2023, AO-Kartei BW § 89 AO Karte 2). Stl. entlastende Wirkungen in späteren Veranlagungszeiträumen (zB höhere Abschreibungen) müssen unberücksichtigt bleiben (BFH BStBl. II 2015, 989). Maßgeblich in Umwandlungsfällen ist daher die Steuerbelastung, die entstehen würde, wenn die Übertragung bzw. Einbringung zum gemeinen Wert erfolgen würde. Bei der Ermittlung der Auskunftsgebühr nach § 89 III AO kann der Gegenstandswert einer verbindlichen Auskunft (Steuerbelastung) typisierend berechnet werden (vgl. BFH/NV 2012, 1153; BFH BStBl. II 2015, 989). Die Bemessung des Gegenstandswerts einer verbindlichen Auskunft mit 10% des streitigen Betrags entsprechend einer Streitwertbemessung in Verfahren des vorläufigen Rechtsschutzes wird abgelehnt (BFH BStBl. II 2012, 246; BFH/NV 2011, 172). Nach § 89 V S. 1 AO wird die Gebühr in entsprechender Anwendung des § 34 GKG mit einem Gebührensatz von 1,0 erhoben. Der Gegenstandswert ist gem. § 39 III GKG auf 30 Mio. Euro gedeckelt (§ 89 V 2 AO). Bei einem Gegenstandswert von weniger als 10.000 Euro wird gem. § 89 V 3 AO keine Gebühr erhoben (**Bagatellgrenze**), welche im Zusammenhang mit Umwandlungen nur selten zur Anwendung gelangt (vgl. kritisch zur Höhe der Gebühren bei Umwandlungen Rösel FR 2017, 186). Eine **Zeitgebühr** nach § 89 VI AO kommt in der Praxis nur ausnahmsweise in Betracht, da in aller Regel der Gegenstandswert (ggf. im Schätzungswege) bestimmbar ist (vgl. zu Fällen der Zeitgebühr OFD Karlsruhe v. 28.4.2023, AO-Kartei BW § 89 AO Karte 2). Ob bei einer Zeitgebühr auch die Zeiten vor Antragstellung in die Gebühr einfließen (zB bei informellen Vorgesprächen) ist bislang nicht Gegenstand von Rechtsprechung gewesen.

Die Erhebung der Gebühr kann im Einzelfall unbillig und in der Folge auf die 5b Festsetzung der Gebühr nach § 89 VII 1 AO teilweise oder ganz zu verzichten sein (vgl. hierzu Hübschmann/Hepp/Spitaler/Wernsmann AO § 89 Rn. 391 ff.). Insbes. kann die Gebühr ermäßigt werden, wenn der Antrag auf Erteilung einer verbindlichen Auskunft vor Bekanntgabe der Entscheidung der Finanzbehörde zurückgenommen wird (vgl. § 89 VII 2 AO; vgl. hierzu auch BFH BStBl. II 2023, 467, wonach in diesem Fall nicht zwingend eine [niedrigere] Zeitgebühr erhoben werden muss, sondern anhand des Bearbeitungsaufwands die Gegenstandsgebühr reduziert werden kann). Wird der Antrag aus formalen Gründen abgelehnt, nachdem dem Antragsteller die Möglichkeit der Ergänzung oder Rücknahme gegeben wurde, wird nach Sichtweise der FVerw die Gebühr nicht gemindert (auch OFD Karlsruhe v. 28.4.2023, AO-Kartei BW § 89 AO Karte 2). Bei einer Negativauskunft kann die Erhebung der Auskunftsgebühr nach § 89 VII 1 AO unbillig sein und ist zu ermäßigen (vgl. BFH/NV 2014, 1014; Tipke/Kruse/Seer AO § 89 Rn. 68; aA FG Hess. EFG 2011, 1938, wenn Antragsteller trotz Hinweis des FA auf die beabsichtigte Ablehnung an dem Auskunftsantrag festhält). Dies ist richtig, da bei einer Negativauskunft die Bindungswirkung entfällt und damit eine Berechnung nach dem Gegenstandswert nicht mehr gerechtfertigt ist. Auch bei einem Widerruf der verbindlichen Auskunft nach § 131 II 1 AO (ggf. iVm § 89a V AO) dürfte die Gebührenfestsetzung unbillig und gem. § 131 AO zu widerrufen sein. Sie soll ermäßigt werden, wenn der Auskunftsantrag vor Bekanntgabe der Entscheidung der Finanzbehörde zurückgenommen wird (§ 89 VII 2 AO). Der Umfang der Ermäßigung hängt vom Bearbeitungsstand ab (AEAO zu AO § 89 Rn. 4.5.2 S. 2). Die Höhe der Gebühr bestimmt sich in diesen Fällen allein nach dem bei der FVerw (alle involvierten Behörden) entstandenen Bearbeitungstand auf der Grundlage des Gegenstandswerts (BFH BStBl. II 2023, 467; OFD Karlsruhe v. 28.4.2023, AO-Kartei BW § 89 AO Karte 2; aA noch die Vorinstanz FG Rheinland-Pfalz DStRE 2019, 384, wonach dann eine Zeitgebühr festzusetzen sei). Ist der Bearbeitungsaufwand höher, kann die Gebühr nur nach dem Gegenstandswert bemessen werden.

5c Die Auskunftsgebühr ist gem. § 3 IV AO eine **stl. Nebenleistung** und teilt nach Sichtweise der Rechtsprechung des BFH und der FVerw hinsichtlich ihrer stl. Abzugsfähigkeit das Schicksal der dem Gegenstandswert zugrunde gelegten Steuer (vgl. BFH DStR 2022, 1256; H 12.4 EStH; OFD Münster DB 2008, 958; zustimmend Klein/Rätke AO § 89 Rn. 54)). Diese Rechtsauffassung ist angreifbar, da Auskunftsgebühren keine „auf die Steuer vom Einkommen [...] entfallende Nebenleistungen" iSd § 12 Nr. 3 EStG bzw. § 10 Nr. 2 KStG sind, weil gerade bei Verwirklichung des geplanten Sachverhalts keine entsprechende Steuer entsteht (so Hübschmann/Hepp/Spitaler/Wernsmann AO § 89 Rn. 408 ff.). Dies gilt auch, wenn der geplante Sachverhalt nicht umgesetzt wird. Beraterhonorare sind nach den allg. Grundsätzen als Betriebsausgaben oder Werbungskosten abzugsfähig (Klein/Rätke AO § 89 Rn. 54; Rödder/Herlinghaus/van Lishaut/Stangl Anh. 14 Rn. 127).

II. Voraussetzungen und Wirkung der verbindlichen Auskunft

1. Voraussetzungen

6 Die verbindliche Auskunft ist nach § 89 II 1 AO antragsabhängig. Nach § 1 I StAuskV ist der Antrag schriftlich oder elektronisch bei der nach § 89 II 2 oder 3 AO zuständige Finanzbehörde zu stellen. In dem Auskunftsantrag sind alle in § 1 I StAuskV genannten Angaben zu machen. Zusätzlich soll der Antragsteller nach § 89 IV 2 AO den Gegenstandswert der Auskunft darlegen. Nach Sichtweise von Teilen der FVerw ist nur dann von einem Auskunftsantrag auszugehen, wenn der Antrag ausdrücklich als solcher bezeichnet ist (BayLfSt v. 25.1.2021 AO Kartei BY § 89 AO Karte 2).

7 **a) Antragsteller.** Gem. § 1 I Nr. 1 StAuskV ist der Antragsteller genau zu bezeichnen (Name, Wohnsitz oder gewöhnlicher Aufenthalt, Sitz oder Ort der Geschäftsleitung, soweit vorhanden Steuernummer). In der Regel wird der Antragsteller mit dem betroffenen Steuerpflichtigen identisch sein (AEAO zu § 89 Rn. 3.2.2). Bei Umw ist jeder übertragende oder übernehmende Rechtsträger sowie ggf. die betroffenen Gesellschafter grds. antragsbefugt. Bezieht sich die verbindliche Auskunft auf einen Sachverhalt, der **mehreren Personen stl. zuzurechnen ist,** so muss die Auskunft nach § 1 II 1 Nr. 1 StAuskV von allen Beteiligten gemeinsam beantragt werden. Dies gilt gem. § 1 II 1 Nr. 2–4 StAuskV auch in Organschaftsfällen (körperschaft-, gewerbe-, umsatz- und grunderwerbsteuerliche Organschaften). Dies gilt auch, wenn der Auskunftsantrag sich auf einen Sachverhalt bezieht (vgl. → Rn. 8)), der sich nach den §§ 20, 21, 24 oder 25 UmwStG bei verschiedenen Rechtsträgern steuerlich auswirkt und der steuerliche Wertansatz beim einbringenden oder übertragenden Rechtsträger vom steuerlichen Wertansatz beim übernehmenden Rechtsträger abhängt (§ 1 I Nr. 5 StAuskV). In all diesen Fällen ist nach § 1 II S. 2 StAuskV ein gemeinsamer Empfangsbevollmächtigter zu benennen. Für die Fälle des § 1 II S. 1 Nr. 1–5 StAuskV bestimmt § 2 II 1 StAuskV, dass die Auskunft für die Besteuerung aller Beteiligten bindend ist. Wird der geplante Sachverhalt durch eine zum Zeitpunkt der Antragstellung noch nicht existierende Person, Personenvereinigung oder Vermögensmasse verwirklicht, so kann der Auskunftsantrag ausnahmsweise nach § 1 IV StAuskV auch von einem Dritten gestellt werden, sofern dieser ein berechtigtes Interesse an der Auskunftserteilung darlegen kann (vgl. § 1 IV 1 StAuskV). Das kann zB bei einer Umw zur Neugründung der Fall sein. Die FVerw fordert bei einer noch nicht existenten Kapitalgesellschaft als berechtigtes Interesse, dass der oder die Antragsteller (zusammen) mindestens zu 50% an der noch nicht existenten Kapitalgesellschaft beteiligt sein werden (AEAO zu § 89 Rn. 3.2.3. S. 2). Der Antrag für eine noch zu gründende Kapitalgesellschaft oder Personengesellschaft muss nicht von allen künftigen Gesellschaftern gemeinsam gestellt werden. § 1 IV StAuskV ist insoweit lex specialis ggü. § 1 II 1 Nr. 1 StAuskV (AEAO zu § 89 Rn. 3.2.4). Zwar wird in der Regel der Antragsteller mit dem Steuerpflichtigen, welcher die steuerlich zu beurteilenden Handlungen plant, identisch sein. Bei sog. fremdbestimmten Steuerwirkungen (zB nach § 22 II UmwStG, § 18 III UmwStG oder § 1 IIa, IIb, III, IIIa GrEStG) können auch solche Personen Antragsteller sein, welche indirekt betroffen sind (vgl. Rödder/Herlinghaus/van Lishaut/Stangl Anh. 14 Rn. 76 u. 91). **Da nach § 2 I StAuskV die verbindliche Auskunft nur für die Besteuerung des Antragstellers bindend ist, ist bei der Auswahl der richtigen Antragstellung sorgsam vorzugehen.** Insbesondere sollten auch diejenigen als Antragsteller aufgeführt werden, welche von fremdbestimmten Steuerwirkungen betroffen sind.

b) Darstellung des noch nicht verwirklichten Sachverhalts. Nach § 1 I 8 Nr. 2 StAuskV hat der Auskunftsantrag eine umfassende und in sich abgeschlossene Darstellung des zum Zeitpunkt der Antragstellung noch nicht verwirklichten Sachverhalts zu enthalten, so dass die FVerw den Sachverhalt ohne weitere Sachverhaltsermittlung beurteilen kann. Es besteht keine Pflicht seitens des Finanzamts den Sachverhalt (aus)zuermitteln (AEAO zu § 89 Rn. 3.5.1. S. 2). Dieses Erfordernis ist im Zusammenhang mit § 2 1 StAuskV relevant. Hiernach entfaltet eine verbindliche Auskunft nur dann **Bindungswirkung,** wenn der später verwirklichte Sachverhalt von dem der Auskunft zugrunde gelegten Sachverhalt nicht oder nur unwesentlich abweicht. Um diese Bindungswirkung nicht zu gefährden, muss deshalb der geplante Sachverhalt vollständig dargestellt werden, wobei der Umfang der notwendigen Ausführungen stark von der jeweils geplanten (Umwandlungs-)Maßnahme abhängig sein dürfte. Ist etwa für eine steuerneutrale Umw erforderlich, dass ein Teilbetrieb übertragen wird (§ 20 UmwStG) oder ist das doppelte Teilbetriebserfordernis des § 15 UmwStG zu beachten, so müssen umfangreiche Informationen gegeben werden, die es dem FA erlauben, die Teilbetriebseigenschaft zu beurteilen, während bei einer Seitwärtsverschmelzung nach §§ 11 ff. UmwStG in der Regel für eine steuerneutrale Verschm nur wenig Sachverhaltsangaben erforderlich sein dürften. Gehört zu dem geplanten Sachverhalt der Abschluss oder die Änderung eines Vertrages, sollte der Antragsteller grundsätzlich den vollständigen Vertragsentwurf oder den vollständigen Vertrag und den vollständigen Entwurf des Änderungsvertrags vorlegen. Anderenfalls könnte das Finanzamt nicht abschließend beurteilen, ob der Vertrag den vom Kläger behaupteten Inhalt hat (so FG Nürnberg EFG 2018, 169). Eine Zusammenfassung des Vertragsinhalts reicht hiernach nicht aus. Bei gesetzlich geregelten Vertragstypen sollte eine Vorlage allerdings nicht notwendig sein. Weisen allerdings die Umwandlungsverträge (vom gesetzlichen Regelungstypus abweichende) Besonderheiten auf, ist zu erwägen, Entwürfe als Anlage dem Auskunftsantrag beizufügen (vgl. FG Nürnberg EFG 2018, 169).

Der **geplante Sachverhalt** darf **noch nicht verwirklicht sein.** Maßgeblich ist 9 nach Sichtweise der FVerw, dass der Sachverhalt zum Zeitpunkt der Entscheidung über den Auskunftsantrag noch nicht verwirklicht ist (vgl. AEAO zu § 89 Rn. 3.5.2; so auch Klein/Rätke AO § 89 Rn. 17; offenlassend BFH DStRE 2016, 113; krit. Beermann/Gosch/Roser AO § 89 Rn. 48). Maßgeblich dürfte sein, ob die geplante Umw zum Zeitpunkt der Entscheidung über den Auskunftsantrag schon zivilrechtlich umgesetzt worden ist oder ggf. noch aufgehalten werden kann (vgl. Rödder/Herlinghaus/van Lishaut/Stangl Anh. 14 Rn. 88). Für **Dauersachverhalte** sollte die Sachverhaltsverwirklichung einer Auskunftserteilung nicht entgegenstehen. Hier geht es darum, dass der Sachverhalt fortlaufend – auch zukünftig – verwirklicht wird (vgl. Rödder/Herlinghaus/van Lishaut/Stangl Anh. 14 Rn. 87). Alternative Sachverhalte können nicht abgefragt werden (AEAO zu § 89 Rn. 3.5.1 S. 3; Koenig/Hahlweg AO § 89 Rn. 26), jedoch kann für die Alternative ein eigenständiger Auskunftsantrag gestellt werden (Horst, Die verbindliche Auskunft nach § 89 AO, 2010, S. 56; Rödder/Herlinghaus/van Lishaut/Stangl Anh. 14 Rn. 89; aA wohl Bruschke DStZ 2007, 267).

10   **c) Darlegung des besonderen steuerlichen Interesses (§ 1 I Nr. 3 StAuskV).** Nach § 89 II 1 AO muss der Antragsteller darlegen, dass für ihn im Hinblick auf die erheblichen stl. Auswirkungen ein besonderes Interesse besteht (Dispositionsinteresse). Nach allgM kann an die Darlegung dieses Dispositionsinteresses kein strenger Maßstab angelegt werden (Tipke/Kruse/Seer AO § 89 Rn. 32) und nur in absoluten Ausnahmefällen (bspw. beim gänzlichen Fehlen einer rechtlichen Unsicherheit) insoweit ein besonderes steuerliches Interesse verneint werden. Deshalb ist die Sichtweise der FVerw, wonach eine „schwierig zu lösende steuerliche Fragestellung vorliegen muss" (so BayLfSt v. 25.1.2021, AO Kartei BY § 89 AO Karte 1), zu eng. Es ist auch bei denjenigen Antragstellern anzunehmen, welche nicht selbst die geplanten Maßnahmen umsetzen, sondern indirekt steuerlich betroffen sind (sog. fremdbestimmte Steuerwirkungen, vgl. → Rn. 7). Auch bei Dauersachverhalten (zB zum Bestehen einer umsatzsteuerlichen Organschaft) fehlt es nicht an einem Dispositionsinteresse. Die vom Antragsteller relevante Disposition besteht hier im Unterlassen von Maßnahmen. In Umwandlungsfällen sollte ein entsprechendes stl. Interesse im Regelfall begründet werden können, da die sich in diesem Zusammenhang ergebenden Rechtsfragen oftmals von erheblicher Komplexität sind. Dabei muss auch für Rechtsfragen ein besonderes stl. Interesse des Antragstellers angenommen werden können, die bereits Gegenstand von Verlautbarungen der FVerw (zB im Umwandlungssteuererlass 11.11.2011, BStBl. I 2011, 1312) waren, denn eine finanzbehördliche Dienstanweisung gewährleistet keine Rechtssicherheit hinsichtlich der stl. Beurteilung des geplanten Sachverhaltes für den Antragsteller. BMF-Schreiben können aufgehoben oder geändert werden und binden Finanzgerichte ohnehin nicht (vgl. auch Rödder/Herlinghaus/van Lishaut/Stangl Anh. 14 Rn. 94 f.; Hübschmann/Hepp/Spitaler/Wernsmann AO § 89 Rn. 202 mwN). Dementsprechend geht die FVerw teilweise davon aus, dass Dienstanweisungen ausreichende Rechtssicherheit gewähren und deshalb ein besonderes steuerliches Interesse nicht besteht (vgl. BayLfSt v. 25.1.2021, AO Kartei BY § 89 AO Karte 1).

11   **d) Ausführliche Darlegung des Rechtsproblems (§ 1 I Nr. 4 StAuskV).** Nach § 1 I Nr. 4 StAuskV hat der Antragsteller ausf. das ihn betreffende Rechtsproblem mit eingehender Begründung seines eigenen Rechtsstandpunkts zu beschreiben. Dabei reicht es aus, wenn der Antragsteller darlegt, dass zu dem Rechtsproblem keine höchstrichterlich gesicherte Rspr. vorliegt. Für sehr viele mit Umwandlungen verbundenen Rechtsfragen liegt keine entsprechende Rspr. vor. Etwaige Verlautbarungen der FVerw ändern hieran nichts (→ Rn. 10). In aller Regel wird sich aus der Darlegung des Rechtsproblems auch das Dispositionsinteresse des Antragstellers ergeben.

12   **e) Formulierung konkreter Rechtsfragen (§ 1 I Nr. 5 StAuskV).** Im Rahmen des Auskunftsantrags hat der Antragsteller konkrete – das Rechtsproblem betreffende – Rechtsfragen zu formulieren (§ 1 I Nr. 5 StAuskV). Nach Ansicht der FVerw reicht es nicht aus, allg. Fragen zu den bei Verwicklungen des geplanten Sachverhalts eintretenden stl. Rechtsfragen zu stellen (AEAO zu § 89 Rn. 3.4.4

S. 2). In der Praxis führt diese Einschränkung dazu, dass seitens der FVerw gelegentlich allg. Rechtsfragen (zB zur allg. Ertragsteuerneutralität einer Maßnahme) nicht anerkannt werden; anerkannt werden dann lediglich konkrete Rechtsfragen zu Teilaspekten (unsicheren Tatbestandsmerkmalen) einer stl. Regelung. Im Zusammenhang mit der Übertragung von Teilbetrieben, zB unter Anwendung von § 15 UmwStG, § 20 UmwStG oder § 24 UmwStG, wird – unabhängig davon, ob der Begriff national oder europäisch zu verstehen ist (→ UmwStG § 15 Rn. 52 ff. bzw. → UmwStG § 20 Rn. 79 ff.), von der FVerw die Erteilung einer verbindl. Auskunft gelegentlich mit dem Hinweis abgelehnt, dass das Vorliegen eines Teilbetriebs nicht durch eine Rechtsfrage abgefragt werden könne. Es handele sich hierbei nicht um eine ungeklärte Rechtsfrage, sondern um eine Frage der Subsumtion (Subsumtionsrisiko). Hierbei wird verkannt, dass es sich bei dem Begriff des Teilbetriebs um einen unbestimmten Rechtsbegriff handelt, dessen Konturen durch Rechtsprechung nicht klar abgegrenzt sind. Insoweit zielen entsprechende Rechtsfragen (bei entsprechender Formulierung) darauf ab, dass der unbestimmte Rechtsbegriff des Teilbetriebs (im Lichte des konkreten Sachverhalts) klarer konturiert wird und nicht etwa, dass dem Antragsteller das Subsumtionsrisiko genommen werden soll (vgl. auch Rödder/Herlinghaus/van Lishaut/Stangl Anh. 14 Rn. 99 f.).

f) Erklärung (§ 1 I Nr. 6 StAuskV). Nach § 1 I Nr. 6 StAuskV ist im Auskunftsantrag die Erklärung abzugeben, dass über den zur Beurteilung gestellten Sachverhalt bei keiner anderen der in § 89 II 2, 3 AO genannten Finanzbehörde (FA oder BZSt) eine verbindliche Auskunft beantragt wurde. Hintergrund dieser Regelung dürfte sein, widersprüchliche Entscheidungen der FVerw zu vermeiden (Beermann/Gosch/Roser AO § 89 Rn. 56). **13**

g) Versicherung (§ 1 I Nr. 7 StAuskV). Nach § 1 I Nr. 7 StAuskV hat der Antragsteller die Versicherung abzugeben, dass alle für die Erteilung der Auskunft und für die Beurteilung erforderlichen Angaben gemacht wurden und der Wahrheit entsprechen. Diese Versicherung ist im ureigensten Interesse des Steuerpflichtigen abzugeben, da eine verbindliche Auskunft nur dann Bindungswirkung entfaltet, wenn der später verwirklichte Sachverhalt von dem der Auskunft zu Grunde gelegten Sachverhalt nicht oder nur unwesentlich abweicht (§ 2 II StAuskV). Dabei dürfte eine Bindungswirkung nach § 2 I StAuskV auch dann entfallen, wenn der im Auskunftsantrag geschilderte Ausgangssachverhalt bereits unvollständig oder unwahr ist. Die Abgabe dieser Versicherung ist daher in praxi mit keinen Problemen verbunden. **14**

2. Entscheidung über die verbindliche Auskunft und Rechtswirkung

a) Entscheidung über die verbindliche Auskunft. Das FA bzw. das BZSt wird die Erteilung der verbindlichen Auskunft ablehnen, wenn der Auskunftsantrag die formalen Anforderungen des § 1 StAuskV nicht erfüllt. Nach Sichtweise der FVerw kann auch bei Vorliegen der formalen Anforderungen des § 1 StAuskV der Auskunftsantrag abgelehnt werden (AEAO zu § 89 Rn. 3.5.4). Hinsichtlich der Frage, ob das FA überhaupt eine verbindliche Auskunft erteilt, tendiert das Schrifttum hingegen zu einer Ermessensreduktion auf Null (Hübschmann/Hepp/Spitaler/Wernsmann AO § 89 Rn. 237a; Tipke/Kruse/Seer AO § 89 Rn. 40; Werder/Dannecker BB 2011, 2903; Krumm DStR 2011, 2429; vgl. auch Koenig/Hahlweg AO § 89 Rn. 27, der nur in Ausnahmefällen eine Versagung der Auskunft für rechtmäßig hält). Die FVerw vertritt die Auffassung, dass insbes. in Angelegenheiten, bei denen die Erzielung eines Steuervorteils im Vordergrund steht (zB Prüfung von Steuersparmodellen, Feststellung der Grenzpunkte für das Handeln eines ordentlichen Geschäftsleiters), verbindliche Auskünfte nicht erteilt werden sollen (AEAO zu § 89 **15**

Rn. 3.5.4; krit. hierzu Werder/Dannecker BB 2011, 2903; Horst, Die verbindliche Auskunft nach § 89 AO, 2010, S. 77; Tipke/Kruse/Seer AO § 89 Rn. 41). Die Ablehnung der Erteilung einer verbindlichen Auskunft aus anderen Gründen (zB wenn zu dem Rechtsproblem eine gesetzliche Regelung, eine höchstrichterliche Entscheidung oder eine Verwaltungsanweisung zu erwarten ist) bleibt hiervon nach Sichtweise der FVerw unberührt (AEAO zu § 89 Rn. 3.5.4 S. 2; krit. hierzu Werder/Dannecker BB 2011, 2903; Horst, Die verbindliche Auskunft nach § 89 AO, 2010, S. 77; Hübschmann/Hepp/Spitaler/Wernsmann AO § 89 Rn. 238). Erfolgt keine Ablehnung, dann kann die Finanzbehörde die in Form von konkreten Rechtsfragen dargestellte Rechtsansicht des Antragstellers bei der Erteilung der verbindlichen Auskunft bestätigen oder ganz oder teilweise als unrichtig beurteilen. Die verbindliche Auskunft bzw. deren Ablehnung wird vom FA schriftlich oder elektronisch erteilt und mit einer Rechtsbehelfsbelehrung versehen (AEAO zu § 89 Rn. 3.5.5. S. 2). Die inhaltlichen Bestandteile einer verbindlichen Auskunft nennt Nr. 3.5.6 AEAO zu § 89 (Sachverhalt, Entscheidung, Rechtsvorschriften, Gründe, betroffenen Steuern, betroffener Zeitraum). Ist der Inhalt einer Auskunft streitig, ist dieser im Wege der Auslegung nach §§ 133, 157 BGB zu ermitteln (BFH BStBl. II 2015,606). Dabei kommt es entscheidend auf die im Auskunftsantrag formulierten konkreten Rechtsfragen an (BFH BStBl. II 2015,606). Nach § 89 II 4 AO soll das zuständige FA bzw. BZSt innerhalb von sechs Monaten ab Eingang des Antrags über den Antrag entscheiden (sechsmonatige Entscheidungsfrist). Erfahrungsgemäß wird der Großteil der Auskunftsanträge innerhalb von 3 Monaten nach Antragstellung bearbeitet (vgl. auch Bruns DStR 2017, 2360). Kann die Finanzbehörde dies nicht, ist dies dem Antragsteller unter Nennung der Gründe mitzuteilen. Die Nichteinhaltung dieser Regelungen durch die FVerw dürfte sanktionslos bleiben (vgl. Gesetzesbegründung BT-Drs. 18/8434, 119; Tipke/Kruse/Seer AO § 89 Rn. 45). Die erteilte verbindliche Auskunft bzw. Negativauskunft kann per Einspruch angefochten werden und unterliegt einer gerichtlichen Überprüfung, die nach der Rspr. des BFH jedoch nur eingeschränkt möglich ist (sog. eingeschränkte gerichtliche Kontrolldichte, vgl. → Rn. 3).

16 **b) Rechtswirkungen der verbindlichen Auskunft (§ 2 StAuskV).** Die verbindliche Auskunft bindet die erlassene Finanzbehörde **zugunsten** der Besteuerung des Antragstellers (§ 2 I StAuskV). Die erteilte verbindliche Auskunft entfaltet auch für die noch nicht existente Person, Personenvereinigung oder Vermögensmasse iSv § 1 IV StAuskV Bindungswirkung. In den Fällen einer einheitlichen Auskunft nach § 1 III StAuskV ist die Besteuerung für alle Beteiligten bindend (§ 2 I StAuskV). Ein der verbindlichen Auskunft widersprechender Verwaltungsakt ist rechtswidrig (Tipke/Kruse/Seer AO § 89 Rn. 52). Die **Bindungswirkung** besteht ausschließlich ggü. dem Antragsteller bzw. dessen Rechtsnachfolger bzw. bei gegenüber mehreren Antragstellern einheitlich erteilten verbindlichen Auskunft einheitlich binden (§ 2 II StAuskV). In Umwandlungsfällen (Einbringung, Formwechsel, Verschm oder Spaltung) muss – um die gewünschte Bindungswirkung zu erzielen – für jeden (übertragenden bzw. übernehmenden) Rechtsträger sowie ggf. deren Gesellschafter ein Antrag gestellt werden. In den Fällen des § 89 II 3 AO bindet die durch das BZSt erteilte verbindliche Auskunft auch dasjenige FA, das bei der Verwirklichung des der Auskunft zugrunde liegenden Sachverhalts zuständig ist (AEAO zu § 89 Rn. 3.6.1 S. 3). Bindungswirkung entfaltet die verbindliche Auskunft auch für die Gerichte, welche also nicht zu Lasten des Antragstellers von der in der verbindlichen Auskunft zugrunde gelegten Rechtsauffassung der Finanzbehörde abweichen können (BFH BStBl. II 2011, 536; Klein/Rätke AO § 89 Rn. 40; Beermann/Gosch/Roser AO § 89 Rn. 63). **Eine Bindungswirkung für den Steuerpflichtigen besteht nicht** (BFH BStBl. II 2017, 37; Tipke/Kruse/Seer AO § 89 Rn. 29; Horst, Die verbindliche Auskunft nach § 89 AO, 2010, S. 110 ff.). Der Steuerpflichtige ist

demnach nicht dazu verpflichtet, an der im Auskunftsantrag dargelegten Rechtsauffassung festzuhalten (aA FG Hmb EFG 2012, 1744, welches bei einem Auskunftsantrag durch eine Mitunternehmerschaft eine Bindungswirkung für die einzelnen Mitunternehmer annimmt). In den Fällen der einheitlichen verbindlichen Auskunft nach § 1 III StAuskV entfällt die Bindungswirkung, wenn sich mindestens ein Beteiligter darauf beruft, dass die verbindliche Auskunft dem geltenden Recht widerspricht (§ 2 II S. 2 StAuskVO; BFH BStBl. II 2017, 37; AEAO zu § 89 Rn. 3.6.3). Die Bindungswirkung tritt grds. auch dann ein, wenn die verbindliche Auskunft rechtswidrig ist (BFH BStBl. II 2014, 325; Klein/Rätke AO § 89 Rn. 40; Tipke/Kruse/Seer AO § 89 Rn. 55).

Ausnahmsweise besteht nach § 2 I 2 StAuskV dann **keine Bindungswirkung,** 17 wenn die verbindliche Auskunft **zuungunsten des Steuerpflichtigen** dem geltenden Recht widerspricht (AEAO zu § 89 Rn. 3.6.3 S. 1). § 2 I 1 und II StAuskV nennt als besondere Voraussetzung für die genannte Bindungswirkung, dass der später dargelegte Sachverhalt von dem der Auskunft zugrunde gelegten Sachverhalt nicht oder nur unwesentlich abweicht (Gebot der Sachverhaltskongruenz). Stimmen tatsächlich verwirklichter und der im Auskunftsantrag geschilderte Sachverhalt nicht im Wesentlichen überein, besteht keine Bindungswirkung (vgl. auch FG Baden-Württemberg 10 K 1439/14, BeckRS 2016, 94933). Sachverhaltsänderungen, die zu keiner anderen rechtlichen Würdigung führen, sind unwesentlich (so auch Dannecker/Werder BB 2017, 284). Besteht nur teilweise Sachverhaltskongruenz sollte die Bindungswirkung auch nur insoweit wegfallen, wie keine Sachverhaltsidentität besteht (vgl. zur teilweisen Sachverhaltskongruenz Beermann/Gosch/Roser AO § 89 Rn. 60). Nach Sichtweise der FVerw soll auch dann **keine Bindungswirkung** bestehen, wenn die verbindliche Auskunft **nicht von der zuständigen Behörde** erteilt wurde (vgl. AEAO zu § 89 Rn. 3.6.1; Hendricks/Rogall/Schönfeld, Ubg 2009, 197; v. Wedelstädt/Wagner AO § 89 Rn. 10). Diese Sichtweise ist abzulehnen, da Verstöße gegen die Zuständigkeit zwar zur Rechtswidrigkeit, nicht aber zur Nichtigkeit von Verwaltungsakten iSv § 125 AO führen; die FVerw kann die gesetzlichen Regelungen, die bei Zuständigkeitsverstößen gelten (vgl. § 125 III Nr. 1 AO) nicht ändern (vgl. FG Münster DStRE 2019, 1412; Hendricks/Rogall/Schönfeld Ubg 2009, 197; Tipke/Kruse/Seer AO § 89 Rn. 54 f.; Hübschmann/Hepp/Spitaler/Wernsmann AO § 89 Rn. 268). Eine nach § 1 III StAuskV erteilte Auskunft ist für die Besteuerung aller Beteiligten bindend, so lange nicht einer der Beteiligten sich auf die Rechtswidrigkeit beruft (§ 2 III 2 StAuskV). Nach § 2 III StAuskV entfällt die Bindungswirkung ab dem Zeitpunkt, in dem die maßgeblichen Rechtsvorschriften, auf denen die Auskunft beruht, aufgehoben oder geändert werden (vgl. BVerfG DStR 2015, 2237). Das gilt auch in Fällen der **Rückwirkung von Gesetzen.** Verbindliche Auskünfte begründen daher auch bei der Rückwirkung von Gesetzen keine verstärkte Vertrauensbasis und führen in Bezug auf künftige Rechtsänderungen nicht zu einer höheren Schutzwürdigkeit des Antragstellers (BVerfG DStR 2015, 2237). Kein Fall des § 2 III StAuskV stellt die Änderung von Verlautbarungen der FVerw oder der finanzgerichtlichen Rspr. dar (Klein/Rätke AO § 89 Rn. 35; so auch FG Baden-Württemberg DStRE 2018, 82). In diesem Fall kann die verbindliche Auskunft nur unter den Voraussetzungen des §§ 129–131 AO aufgehoben oder geändert werden (§ 2 IV StAuskV; vgl. hierzu auch Blumers DB 2018, 1108).

III. Zuständigkeiten (§ 89 II 2 und 3 AO)

1. Allgemeine Zuständigkeitsregelungen

Nach § 89 II 2 AO ist für die Erteilung einer verbindlichen Auskunft die Finanz- 18 behörde zuständig, die bei Verwirklichung des dem Antrag zugrunde liegenden

Sachverhalts örtlich zuständig sein würde. Die örtliche Zuständigkeit richtet sich daher grds. nach §§ 18 ff. AO. Für unterschiedliche Steuerarten können dadurch unterschiedliche FA für die Erteilung der verbindlichen Auskunft zuständig sein (AEAO zu § 89 Rn. 3.3.2.3). Es ist daher für jede Rechtsfrage die hypothetische Zuständigkeit nach §§ 18 ff. AO zu prüfen. Die Zuständigkeit für die Erteilung einer einheitlichen verbindlichen Auskunft ggü. mehreren Beteiligten (zB in Fällen des § 179 II 2 AO oder der Organschaft) bestimmt sich nach § 1 III StAuskV (vgl. AEAO zu § 89 Rn. 3.3.3). Die für die verschiedenen Steuerarten bestehenden Zuständigkeiten können dazu führen, dass für eine geplante Umstrukturierungsmaßnahme verschiedene Finanzbehörden zuständig sind. Grds. ist bei jeder einzeln zuständigen Behörde ein gesonderter Auskunftsantrag einzureichen, wobei die involvierten Behörden sich untereinander abstimmen, um widersprüchliche Auskünfte zu vermeiden (AEAO zu § 89 Rn. 3.3.2.3 S. 3). In der Praxis empfiehlt es sich in Fällen der Zuständigkeit mehrerer Finanzbehörden, eine Zuständigkeitsvereinbarung nach § 27 AO anzuregen und die Zustimmung hierzu zu erteilen (vgl. AEAO zu § 89 Rn. 3.3.2.3). Eine Zuständigkeitsvereinbarung iSv § 27 AO ist auch dann ratsam, wenn sich für die zu beantwortenden Rechtsfragen Unklarheiten hinsichtlich der Zuständigkeit ergeben. Bei Antragstellern, für die keine Finanzbehörde zuständig ist, ist für die von den Ländern im Auftrag des Bundes verwalteten Steuern das BZSt zuständig (§ 89 II 3 AO). Die richtige Bestimmung der zuständigen Finanzbehörde im Rahmen der verschiedenen Umwandlungsarten ist auch deshalb wichtig, weil nach Sichtweise der FVerw eine verbindliche Auskunft, die nicht durch die zuständige Finanzbehörde erteilt wurde, keine Bindungswirkung entfaltet (vgl. → Rn. 17).

2. Zuständige Finanzbehörden für einzelne Umwandlungsarten

a) Umwandlung Kapitalgesellschaft in Personengesellschaft (§§ 3 ff. UmwStG). Für die Frage nach der Entstehung und der Besteuerung eines Übertragungsergebnisses iSd § 3 UmwStG ist das für die übertragende KapGes örtlich zuständige FA zuständig iSv § 89 II 2 AO (Hendricks/Rogall/Schönfeld Ubg 2009, 197). Das für die übernehmende PersGes örtlich zuständige FA sollte hingegen für die Beurteilung des Übernahmeergebnisses iSv § 4 IV–VI UmwStG zuständig iSv § 89 II 2 AO sein, da der Übernahmegewinn – ggf. unter Anwendung der Regelungen des § 5 II und III UmwStG – im Rahmen der gesonderten einheitlichen Gewinnfeststellung der übernehmenden PersGes zu erfassen ist (vgl. in diesem Zusammenhang auch § 1 III Nr. 1 StAuskV). Soweit Rechtsfragen in Bezug auf diejenigen Gesellschafter der übertragenden KapGes bestehen, die nicht von der Ermittlung des Übernahmeergebnisses betroffen sind, sind die für diese Personen zuständigen Finanzämter einzubeziehen (Rödder/Herlinghaus/van Lishaut/Stangl Anh. 14 Rn. 29). Auch für das Übernahmefolgeergebnis iSv § 6 I UmwStG ist das für die übernehmende PersGes örtlich zuständige FA iSv § 89 II 2 AO. Für das Übernahmefolgeergebnis iSv § 6 II UmwStG kann entweder das für die übernehmende PersGes zuständige FA oder aber das für den Gesellschafter örtlich zuständige FA zuständig iSv § 89 II 2 AO sein (vgl. Rödder/Herlinghaus/van Lishaut/Stangl Anh. 14 Rn. 30). Auch für den Beteiligungskorrekturgewinn nach § 4 I 2 und 3 UmwStG ist das für die übernehmende PersGes örtlich zuständige FA dasjenige FA iSv § 89 II 2 AO (Rödder/Herlinghaus/van Lishaut/Stangl Anh. 14 Rn. 31). Für die rechtliche Beurteilung des Beteiligungskorrekturgewinns iSv § 5 III UmwStG sollte das für das Betriebsvermögen, in dem sich die Anteile befinden, örtlich zuständige FA zuständig iSv § 89 II 2 AO sein (also das für den Anteilseigner örtlich zuständige FA). Für die Frage der Besteuerung der offenen Rücklagen nach § 7 UmwStG (inklusive der Beurteilung des KapESt-Einbehalts) dürfte das für die übernehmende PersGes zuständige FA für die Erteilung der verbindlichen Auskunft zuständig sein (Rödder/Herlinghaus/van Lishaut/Stangl Anh. 14 Rn. 32). Erfolgt die Umwandlung der KapGes nicht auf eine PersGes, sondern eine natürliche Person, so tritt an die Stelle des für die einheitliche und gesonderte Feststellung der übernehmenden PersGes zuständige Finanzamt das für die natürliche Person zuständige Finanzamt (vgl. Rödder/Herlinghaus/van Lishaut/Stangl Anh. 14 Rn. 33) Die vorstehenden Ausführungen gelten entsprechend für eine Spaltung aus einer KapGes auf eine PersGes iSv § 16 UmwStG.

b) Umwandlung Kapitalgesellschaft auf Kapitalgesellschaft (§§ 11 ff. UmwStG). Für die stl. Beurteilung des Übertragungsergebnisses iSv § 11 UmwStG ist das für die übertragende KapGes örtlich zuständige FA zuständig iSv § 89 II 2 AO und zwar unabhängig davon, dass die übertragende KapGes im Wege der Verschmelzung untergeht (Hendricks/Rogall/Schönfeld Ubg 2009, 197; Rödder/Herlinghaus/van Lishaut/Stangl Anh. 14 Rn. 35). Entsprechendes gilt für den Beteiligungskorrekturgewinn iSv § 11 II 2 UmwStG. Fragen in Bezug auf das Übernahmeergebnis iSv § 12 II UmwStG und in Bezug auf den Übernahmefolgewinn iSv § 12 IV UmwStG sind an das für die übernehmende KapGes zuständige FA zu adressieren. Für den Beteiligungskorrekturgewinn iSv § 12 I 2 UmwStG dürfte ebenfalls das für den übernehmenden Rechtsträger örtlich zuständige FA zuständig iSv § 89 II 2 AO sein. Im Rahmen einer verbindlichen Auskunft abzufragenden Rechtsfragen im Zusammenhang mit § 13 UmwStG bzw. § 20 IVa EStG sind jew. an die für die Anteilseigner zuständigen Finanzbehörden zu adressieren.

Für Spaltungen iSv § 15 UmwStG (Auf- und Abspaltungen) gelten die vorstehenden Ausführungen entsprechend. Für Fragen im Zusammenhang mit der Sperrfrist des § 15 II 3 und 4 UmwStG sollte das für den übertragenden Rechtsträger zuständige FA für die Erteilung der verbindlichen Auskunft nach § 89 II 2 AO zuständig sein, da es sich bei dem Sperrfristverstoß um ein rückwirkendes Ereignis iSv § 175 I 1 Nr. 2 AO handelt, welches rückwirkend dazu führt, dass beim übertragenden Rechtsträger ein Übertragungsgewinn zu versteuern ist. Der Umstand, dass bei der Aufspaltung der übertragende Rechtsträger untergeht, ändert an dieser Zuständigkeit nichts.

c) Einbringung in Kapitalgesellschaften (§§ 20, 22 und 23 UmwStG). Bei der Beurteilung der Ertragsteuerneutralität der Einbringung in eine KapGes nach §§ 20, 22 und 23 UmwStG könnte das FA örtlich zuständig sein, das für die Besteuerung des Einbringungsgewinns beim Einbringenden zuständig wäre. Nach § 20 III 1 UmwStG gilt indessen der Wert, mit dem die übernehmende Gesellschaft das eingebrachte Betriebsvermögen ansetzt, für den Einbringenden als Veräußerungspreis und als Anschaffungskosten der gewährten Gesellschaftsanteile. Im Ergebnis liegt damit die Entscheidungsgewalt über die Aufdeckung von stillen Reserven nicht bei dem für den Einbringenden zuständigen FA, sondern ist von dem nach § 20 AO für die übernehmende KapGes zuständige FA. Für eine Zuständigkeit des FA der übernehmenden KapGes spricht zunächst, dass bei diesem FA die aufnehmende Gesellschaft nach § 20 II UmwStG das Wahlrecht ausübt, den BW oder einen höheren Wert anzusetzen und damit auch dieses FA ungeklärte Rechtsfragen, die den Wertansatz betreffen, beantworten kann. In diesem Sinne hat der BFH in seinem Urt. v. 8.6.2011 dem Einbringenden die Klagebefugnis für eine Drittanfechtung des gegen die übernehmende KapGes ergehenden Körperschaftsteuerbescheides zugebilligt (BFH BStBl. II 2012, 421). Dies ist nicht zweifelsfrei, da der Anwendungsbereich des § 20 UmwStG nur dann eröffnet ist, wenn überhaupt eine (qualifizierte) Sacheinlage iSv § 20 I UmwStG vorliegt (vgl. hierzu Hendricks/Rogall/Schönfeld Ubg 2009, 197). Insoweit könnte das für den Einbringenden zuständige Finanzamt die Rechtsauffassung vertreten, dass der Anwendungsbereich (mangels Einbringung einer qualifizierten Sachgesamtheit) gar nicht eröffnet sei (Hageböke/Hendricks Der Konzern 2013, 106). Das Bayerische Landesamt für Steuern

(BayLfSt) stellt jedenfalls für Zwecke der verbindlichen Auskunft maßgeblich auf die Wahlrechtsausübung ab, weshalb für eine entsprechende verbindliche Auskunft die Zuständigkeit iSv § 89 II 2 AO bei dem für die übernehmende KapGes zuständigen FA liegen soll (BayLfSt v. 25.1.2021, AO Kartei BY § 89 AO Karte 1) mit Hinweis darauf, dass das für den Einbringenden zuständige Finanzamt mitwirken soll). Mangels klarer Rspr. des BFH hierzu sollte sowohl das FA des Einbringenden als auch das FA der übernehmenden KapGes im Wege einer Zuständigkeitsvereinbarung iSv § 27 AO in das Auskunftsverfahren verfahrensrechtlich involviert werden. Für die steuerrechtliche Beurteilung eines Einbringungsgewinns I bzw. II iSv § 22 UmwStG sollte das für den Einbringenden zuständige FA zuständig sein (Hageböke/Hendricks Der Konzern 2013, 106). Grund hierfür ist, dass sowohl der Einbringungsgewinn I als auch der Einbringungsgewinn II auf Ebene des Einbringenden zu versteuern sind. Ist eine Mitunternehmerschaft als Einbringender zu qualifizieren, so ist das für die gesonderte und einheitliche Feststellung der Mitunternehmerschaft zuständige FA das nach § 89 II 2 AO (iVm § 1 III Nr. 1 StAuskV) für die Erteilung der verbindlichen Auskunft zuständige FA (der Nachw. iSv § 22 III UmwStG soll indessen ggü. dem Wohnsitz- bzw. Körperschaftsteuer-FA des MU erbracht werden, vgl. OFD Frankfurt 22.7.2014, DStR 2014, 2509). Soweit es um die Besteuerung der übernehmenden Gesellschaft nach § 23 UmwStG geht, ist das für die übernehmende Körperschaft zuständige FA dasjenige iSv § 89 II 2 AO.

22 **d) Anteilstausch (§§ 21, 22 und 23 UmwStG).** Für den Anteilstausch nach § 21 II 1 UmwStG besteht eine mit § 20 III 1 UmwStG vglbare Wertverknüpfung. Insoweit gelten die Ausführungen in → Rn. 21 entsprechend. Wird die Wertverknüpfung nach § 21 II 2 UmwStG durchbrochen, hat das für den Einbringenden zuständige FA die Zuständigkeit zu beurteilen, ob die Voraussetzungen der in § 21 II 3 UmwStG vorgesehenen Rückausnahmen vorliegen (vgl. Rödder/Herlinghaus/van Lishaut/Stangl Anh. 14 Rn. 67). Für den Einbringungsgewinn II (§ 22 II UmwStG) gelten die Ausführungen unter → Rn. 21 entsprechend. Für Fragen der Besteuerung der übernehmenden Gesellschaft im Rahmen des § 23 UmwStG bei einem Anteilstausch gelten die Ausführungen unter → Rn. 21 entsprechend.

23 **e) Einbringung in eine Personengesellschaft (§ 24 UmwStG).** § 24 III 1 UmwStG sieht hinsichtlich der Entstehung eines Einbringungsgewinns beim Einbringenden eine mit § 20 III 1 UmwStG vglbare Wertverknüpfung vor. Im Ergebnis ergibt sich dadurch eine ähnl. Problematik wie bei § 20 III 1 UmwStG bzw. § 21 II 1 UmwStG. Auf die diesbzgl. Ausführungen in → Rn. 21 und 22 wird verwiesen. Für Rechtsfragen in Zusammenhang mit § 24 V UmwStG dürfte primär das für den Einbringenden zuständige FA zuständig iSv § 89 II 2 AO sein. Denn ein Sperrfristverstoß iSv § 24 V UmwStG führt zu einem rückwirkenden Einbringungsgewinn beim Einbringenden im Einbringungsjahr (vgl. Rödder/Herlinghaus/van Lishaut/Stangl Anh. 14 Rn. 44). Für die sich für übernehmende PersGes nach § 24 IV UmwStG iVm § 23 UmwStG ergebenden Rechtsfragen ist das für die gesonderte und einheitliche Feststellung der übernehmende PersGes zuständige FA zuständig iSv § 89 II 2 AO.

24 **f) Formwechsel Personengesellschaft in Kapitalgesellschaft (§ 25 UmwStG).** Für einen Formwechsel einer PersGes in eine KapGes gelten gem. § 25 S. 1 UmwStG die §§ 20–23 UmwStG entsprechend. Insoweit gelten für die Beurteilung der Zuständigkeit iSv § 89 II 2 AO die Ausführungen der → Rn. 21 und 22 entsprechend.

Sachverzeichnis

Die fett gesetzten Buchstaben bezeichnen den Abschnitt – **A** Umwandlungsgesetz,
B Spruchverfahrensgesetz, **C** SE-Verordnung, **D** Umwandlungssteuergesetz, **E** Verkehrsteuern,
F Verbindliche Auskunft bei Umwandlungen.
Die fett gedruckten Zahlen verweisen auf die Paragraphen oder Artikel,
die mageren Zahlen auf die Randnummern.
Bearbeiterin: Nina Ruscheweyh

Abfärbetheorie D 20 16; **D 24** 130
– Mitunternehmeranteil **D 20** 140
Abfindung D 4 25
Abfindungsverpflichtung
– in Schlussbilanz **D 3** 111; **D 4** 25
Abschreibung für Abnutzung
– bei Einbringung in KapGes **D 23** 77 ff.
– bei Verschmelzung von Körperschaft auf Körperschaft **D 12** 70 ff.
– bei Verschmelzung von Körperschaft auf PersGes **D 4** 58 ff.
Abschreibung für Abnutzung, erhöhte
s. *Erhöhte Abschreibungen für Abnutzung*
Abspaltung
– Anteilstausch **A 131** 86 f.
– Begriffsbestimmung **A 123** 9 f.
– Behandlung vergessener Aktiva **A 131** 100
– grenzüberschreitend **A 1** 46; **D 1** 30
– GrESt **E** 39 ff.
– spaltungsfähige Rechtsträger **A 124** 2 ff.
– steuerliche Behandlung **D 1** 28, 86
– Übersicht über die Möglichkeiten **A Vor 123** 11
– Umsatzsteuer **E** 8 ff.
– Umtauschverhältnis **A 126** 19 f.
– vergleichbare ausländische Vorgänge **D 1** 38 f.
– Vergleichbarkeitsprüfung, Kriterien **D 1** 38 f.
– zur Aufnahme **A 126** 34
– zur Neugründung **A 126** 35
Abspaltung von einer Personengesellschaft auf eine Personengesellschaft
– Besteuerung **D 24** 48
Abstockung D 3 38; **D 4** 52; **D 11** 31, 61, 152; **D 12** 19, 46; **D 13** 35; **D 21** 75
Abtretungsverbote
– Ausschluss der Übertragbarkeit bei Spaltung **A 131** 30
actus contrarius
– Verschmelzungsvertrag **A 7** 17
Adressierte Anteilsinhaber
– Barabfindung **A 33** 4

AfA-Bemessungsgrundlage bei Aufstockung D 23 78 f.
– Einbringung **D 23** 80
– Formwechsel von KapGes in PersGes **D 9** 23
– Vermögensübertragung von KapGes in das Privatvermögen **D 8** 27
– Verschmelzung von Körperschaft auf Körperschaft **D 12** 72
– Verschmelzung von Körperschaft auf PersGes **D 4** 79 ff.
Aktiengesellschaft
– als spaltungsfähiger Rechtsträger **A 124** 10 f., 33 f.
– Fortsetzungsfähigkeit **A 124** 55 ff.
Aktienumtausch A 72 1 ff.
Aktionäre
– Bezeichnung unbekannter bei Verschmelzung **A 35** 1 ff.
Aktiva
– vergessene bei Abspaltung **A 131** 108
– vergessene bei Aufspaltung **A 131** 100 f.
– vergessene bei Ausgliederung **A 131** 108
Alleingesellschaftervermögen
– Verschmelzung **A 120** f.
Amtsermittlung Spruchverfahren B 7 3; **B 8** 9; **B 10** 6
Amtshaftung
– wegen vorzeitiger Eintragung **A 131** 98
Amtslöschung
– Anmeldung der Verschmelzung **A 16** 25
– Eintragung und Bekanntmachung der Verschmelzung **A 19** 25
– Gesamtrechtsnachfolge **A 20** 125
– Verschmelzung mit Kapitalerhöhung **A 55** 28
Analogieverbot des UmwG A 1 68
Änderung
– steuerliche Schlussbilanz **D 3** 112; **D 4** 26; **D 11** 66; **D 20** 320 f.
– von Steuerbescheiden **D 1** 154 f.
Anfechtungsausschluss
– Verschmelzung mit Kapitalerhöhung **A 69** 30

Sachverzeichnis

fett = Gesetz und §

Angemessene Barabfindung A Vor 29 1 ff.
- Höhe der angemessenen **A 30** 4, 9
- Prüfung der Angemessenheit der **A 30** 2

Anmeldeverfahren
- Hereinverschmelzung **A 318** 2 ff.

Anmeldeverfahren, inländische übertragende Gesellschaft
- Prüfung durch das Gericht **A 316** 14 ff.
- Verschmelzungsbescheinigung **A 316** 16 f.

Anmeldung
- Anlagen **A 17** 4 f.
- der Abspaltung unter Beteiligung eG **A 148** 1 f.
- der Abspaltung unter Beteiligung von AG und KGaA **A 146** 1 f.
- der Abspaltung unter Beteiligung von GmbH **A 140** 1 f.
- der Ausgliederung aus dem Vermögen eines Einzelkaufmanns **A 160** 2 f.
- der Ausgliederung unter Beteiligung eG **A 148** 1 f.
- der Ausgliederung unter Beteiligung von AG und KGaA **A 146** 1 f.
- der Ausgliederung unter Beteiligung von GmbH **A 140** 1 f.
- der Spaltung **A 129** 1 f.
- der Spaltung durch Neugründung **A 137** 2
- des Formwechsels **A 198** 1 ff.
- einer Spaltung, Kosten **A 129** 4 f.

Anmeldung der Verschmelzung A 52 1 f.
- Gesellschafterliste **A 53** 1

Annahme des Angebots
- Ausschlussfrist **A 31** 1 f., 1 ff.
- Vergleich **A 31** 7
- Wiedereinsetzungsmöglichkeit **A 31** 3

Anrechnung ausländischer Steuer D 3 153; **D 11** 157; **D 20** 418; **D 21** 131 f.

Anrechnung der Besitzzeit
- bei Verschmelzung von Körperschaft auf Körperschaft **D 12** 80
- bei Verschmelzung von Körperschaft auf PersGes **D 4** 75 f.

Ansatzvorschrift D 3 27 ff.; **D 9** 10 f.; **D 11** 23; **D 20** 274

Ansatzwahlrecht s. Bewertungswahlrecht

Anschaffung D 12 67; **D 24** 1; **D Vor 20** 9

Anschaffungskosten der Gesellschaftsanteile
- Änderung **D 20** 399
- bei Einbringung in eine KapGes **D 20** 374 f.
- bei Gewährung anderer Wirtschaftsgüter **D 20** 396

- bei Mitunternehmeranteilen **D 20** 383 f.
- bei Mitunternehmerschaften **D 20** 383 f.
- bei Verschmelzung von Körperschaft auf Körperschaft **D 13** 5 ff.
- Erhöhungen **D 20** 379 f.
- Verminderungen **D 20** 379 f.

Anschaffungsvorgang D 4 15; **D 12** 67; **D 23** 68; **D 24** 1; **D Vor 20** 9

Anschaffungswertprinzip
- als Wertansatz **A 24** 10 f.
- Durchbrechung **A 24** 18, 62

Anstellungsverträge der Vorstände bzw. Geschäftsführer
- Gesamtrechtsnachfolge **A 20** 45

Anteile
- Rechte Dritter bei Spaltung **A 131** 91

Anteile an einer Kapitalgesellschaft
- Einbringung in eine KapGes **D 20** 26; **D 21** 20 ff.

Anteile der Übernehmerin an der Übertragerin D 12 47; **D 13** 11

Anteile der übertragenden Körperschaft an der übernehmenden Körperschaft D 11 74 ff., 99; **D 12** 23; **D 13** 12

Anteile im Betriebsvermögen
- bei Verschmelzung von Körperschaft auf PersGes **D 5** 33
- Besteuerung bei Verschmelzung von Körperschaft auf Körperschaft **D 13** 31 ff.

Anteile im Privatvermögen
- bei Verschmelzung von Körperschaft auf PersGes **D 5** 22 ff.

Anteile, eigene s. Eigene Anteile

Anteile, einbringungsgeborene s. Einbringungsgeborene Anteile

Anteilserwerb
- nach dem steuerlichen Übertragungsstichtag **D 5** 7; **D 7** 7

Anteilsgewährung D 3 105 ff.; **D 11** 127 ff.; **D 20** 204 ff.; **D 21** 26 ff.
- Verzicht bei Spaltungen **A 126** 41 ff.

Anteilsinhaber A 2 3
- Gläubiger der **A 25** 20
- Innenverhältnis beim Verschmelzungsvertrag **A 5** 73
- ohne Stimmrecht **A 23** 6
- Steuern der Anteilsinhaber **A 5** 23
- Vermögensintegrität **A 5** 7
- Versammlung der **A 13** 14

Anteilstausch
- Anforderungen **D 1** 129
- Begriff **D 1** 108 f.
- bei Abspaltung **A 131** 86 f.
- bei Aufspaltung **A 131** 86 f.
- bei Einbringung in KapGes **D 21** 26 ff.
- bei Verschmelzung
  - Nießbrauch **A 20** 112

mager = Rn.

Sachverzeichnis

- Unterbeteiligung **A 20** 114; **D 12** 139
- beteiligte Rechtsträger **D 1** 111, 129
- Einbringender **D 21** 11 f.
- Einbringungsgegenstand **D 21** 20 f.
- GrESt **E** 39 ff.
- qualifizierter **D 21** 3, 42 ff.
- Rechtsträger, einbringender **D 1** 112
- Rechtsträger, übernehmender **D 1** 111
- steuerliche Einordnung **D 1** 108
- Übernehmender **D 21** 15 f.
- Umsatzsteuer **E** 22 ff.
- Wertverknüpfung **D 21** 5

Anteilstauschbewertung
- bei Formwechsel in KapGes **D 25** 33 f.

Anteilsveräußerung
- Verfügungsbeschränkung **A 33** 5 ff.

Antrag zur gerichtlichen Bestellung des Verschmelzungsprüfers A 10 7

Antrag, Spruchverfahren
- Antragsberechtigung **B 3** 2 ff.
- Antragsrücknahme **B 4** 15
- Begründung **B 4** 8
- Form **B 4** 3
- Frist **B 4** 3
- Zustellung **B 7** 4

Antragsbegründung, Spruchverfahren B 4 8

Antragsberechtigung, Spruchverfahren B 3 2 ff.
- Begründung **B 4** 10
- Nachweis der Aktionärsstellung **B 3** 7
- Sonderrechtsinhaber **B 3** 6
- Zeitpunkt der Beteiligung **B 3** 5

Antragserwiderung, Spruchverfahren B 7 6 ff.

Antragsfrist, Spruchverfahren B 4 3

Antragswahlrecht
- Ausübung bei Einbringung in KapGes/Gen **D 20** 262 f., 309 ff.; **D 21** 41 ff., 99 ff.
- Ausübung bei Verschmelzung von Körperschaft auf Körperschaft **D 11** 60 ff.
- Ausübung bei Verschmelzung von Körperschaft auf PersGes **D 3** 65
- bei Einbringung in PersGes **D 24** 195 ff.
- bei Formwechsel von KapGes in PersGes **D 9** 13
- Bindung nach Ausübung **D 3** 72 ff.; **D 11** 66 f.; **D 20** 318 f.; **D 21** 70, 110 f.; **D 24** 204 f.
- Einschränkung **D 20** 323; **D 21** 79; **D 24** 208 f.
- Form und Inhalt **D 3** 70; **D 11** 64; **D 20** 316; **D 21** 68, 110; **D 24** 202 f.
- Frist **D 3** 68 f.; **D 11** 62 f.; **D 20** 314 f.; **D 21** 67, 110; **D 24** 200 f.
- zuständiges Finanzamt **D 3** 71; **D 11** 65; **D 20** 317; **D 21** 69; **D 24** 203

Anwachsung D 1 104; **D 11** 161 ff.; **D 20** 194 f., 197; **D 24** 55
- GrESt **E** 52 ff.

Anwachsung, erweiterte D 1 104; **D 20** 195; **D 24** 56

Anwartschaften A 131 28

Anwendung
- Jahressteuergesetz 2008 **D 27** 28
- Jahressteuergesetz 2009 **D 27** 31
- UmwStG 2006 **D 27** 1 f.
- Unternehmenssteuerreformgesetz 2008 **D 27** 27
- Wachstumsbeschleunigungsgesetz **D 27** 34

Anwendungsbereich UmwStG
- Anteilstausch **D 1** 108 ff.
- Auf- und Abspaltung **D 1** 28, 86
- Ausgliederung **D 1** 90 ff.
- Ausschluss **D 1** 55
- Einbringung **D 1** 100 ff.
- Einzelrechtsnachfolge **D 1** 100 ff.
- Formwechsel **D 1** 46 ff., 96 ff.
- Gründungsstatut des Rechtsträgers **D 1** 61
- persönlich **D 1** 56 ff., 113
- Rechtsträger, umwandelnder bzw übertragender nach § 1 II UmwStG **D 1** 57 f.
- sachlich **D 1** 12 ff., 78 ff.
- SCE-VO **D 1** 44
- SE-VO **D 1** 42
- Sitz und Ort der Geschäftsleitung des Rechtsträgers **D 1** 62 f.
- Umwandlungen nach § 1 II UmwG **D 1** 51
- Umwandlungsarten nach § 1 I UmwStG **D 1** 13 f., 46 f., 51, 52 f., 55
- Umwandlungsarten nach § 1 III UmwStG **D 1** 80 f., 86 f., 90 f., 96 f., 100 f., 108 f.
- Verschmelzung **D 1** 25, 80 ff.

Arbeitnehmer
- Interessenausgleich
  - Zuordnung **A 126** 112
- Kündigungsschutz **A 132** 1 ff.
- Mitbestimmungsrecht **A 132a** 1 ff.
- Rechtsträgerzuordnung
  - Interessenausgleich **A 126** 112
- Schutz der Arbeitnehmer der Betriebsgesellschaft bei Spaltung **A 134** 4 f.
- Zuleitung des Spaltungsvertrags **A 126** 114
- Zuordnung zu Betrieben
  - Betriebsteile **A 126** 112
  - Geschäftsprozesse **A 126** 112

Arbeitnehmervertretungen
- Angaben Verschmelzungsvertrag **A 5** 103 ff.
- Beteiligungsrechte **A 5** 91 ff.
- Betriebsänderung **A 5** 97 ff.
- Negativerklärung **A 5** 107, 119

2509

Sachverzeichnis

fett = Gesetz und §

- Zuleitung
  - des Beschlussentwurfes beim Formwechsel **A 194** 11 ff.
  - des Spaltungsvertrages **A 126** 114
  - des Verschmelzungsvertrages **A 4** 24; **A 5** 116 ff.
- **Arbeitsrecht A 20** 95
  - Verschmelzung **A Vor 35a** 1 ff.
- **Arbeitsrechtliche Folgen der Spaltung A 126** 110 ff.
- **Arbeitsverhältnisse**
  - Auswirkungen beim Formwechsel **A 194** 9
- **ARUG A 8** 43; **A 14** 42
- **Atypisch stille Beteiligung**
  - bei Einbringung in PersGes **D 24** 124
  - bei Verschmelzung von Körperschaft auf KapGes **D 11** 103
  - bei Verschmelzung von Körperschaft auf PersGes **D 3** 17
  - Einbringung in KapGes **D 20** 329
  - im UmwStG **D 1** 137 f.
- **Aufgelöste Körperschaft** s. auch *Aufgelöste Rechtsträger*
  - bei Verschmelzung von Körperschaft auf PersGes **D 3** 13
- **Aufgelöste Personengesellschaft**
  - als spaltungsfähige Rechtsträger **A 124** 59 f.
  - als übernehmender Rechtsträger bei Verschmelzung **D 3** 16
- **Aufgelöste Rechtsträger A 3** 46 ff.
  - bei Spaltungen **A 124** 55
  - Fortsetzungsbeschluss **A 3** 52 ff.
  - Fortsetzungsfähigkeit **A 124** 58 f.
  - Insolvenz **A 3** 57
  - Nichtigerklärung einer KapGes **A 3** 55
  - überschuldeter Rechtsträger **A 3** 50
  - Überschuldung **A 3** 53
  - Vermögensverteilung **A 3** 51
- **Auflösung steuerfreier Rücklagen**
  - bei Einbringung **D 20** 410
- **Auflösung von Rückstellungen**
  - Übernahmefolgegewinn **D 6** 12
- **Aufsichtsratsvergütungen**
  - Umqualifizierung **D 2** 87
- **Aufspaltung**
  - Anteilstausch **A 131** 86 f.
  - Begriffsbestimmung **A 123** 6 f.
  - Behandlung vergessener Aktiva **A 131** 100 f.
  - Erlöschen des übertragenden Rechtsträgers **A 131** 85
  - grenzüberschreitend **A 1** 46; **D 1** 30
  - GrESt **E** 39 ff., 115 f.
  - spaltungsfähige Rechtsträger **A 124** 2 ff.
  - steuerliche Behandlung **D 1** 28, 86

- Übersicht über die Möglichkeiten **A Vor 123** 11
- Umsatzsteuer **E 8** ff.
- Umtauschverhältnis **A 126** 19 f.
- vergleichbare ausländische Vorgänge **D 1** 38 f.
- Vergleichbarkeitsprüfung, Kriterien **D 1** 38 f.
- zur Aufnahme **A 126** 26
- zur Neugründung **A 126** 28
- **Aufspaltung Personengesellschaft auf Personengesellschaft D 24** 48
- **Aufstockung D 3** 36 a ff.; **D 4** 52; **D 11** 31 ff., 152; **D 12** 19; **D 20** 279; **D 21** 30; **D 24** 170
- **Aufstockungspflicht**
  - bei Einbringung in KapGes **D 21** 84, 90 ff.
  - bei Verschmelzung von Körperschaft auf PersGes **D 3** 84 ff.
- **Aufteilungsmaßstab**
  - der Anteile im Spaltungsbericht **A 127** 5 f.
  - des Vermögens bei Spaltungen **A 131** 9 f.
  - für Anteile im Spaltungsvertrag **A 126** 103
  - für Vermögen im Spaltungsvertrag **A 126** 60
- **Ausfertigung A 17** 5
- **Ausgangsrechtsträger**
  - bei Formwechsel in KapGes **D 25** 8 f.
- **Ausgleichsposten, steuerlicher D 12** 44; **D 21** 78
- **Ausgleichszahlungen**
  - bei Einbringung in PersGes **D 24** 141
  - bei Spaltungen **A 128** 22 ff.
- **Ausgliederung**
  - Begriffsbestimmung **A 123** 11 f.
  - Behandlung vergessener Aktiva **A 131** 108
  - Einbringungstatbestand **D 1** 55, 90 ff.; **D Einf.** 28, 29
  - grenzüberschreitend **A 1** 46; **D 1** 30
  - GrESt **E** 115 ff., 126 ff.
  - Kapitalerhöhungsverbote **A 125** 16
  - Pensionsverpflichtungen **A 126** 113
  - Rechtsträger, ausgliederungsfähige **A 124** 27 f.
  - Spaltungsprüfung **A 125** 19
  - steuerliche Einordnung **D 1** 90 ff.
  - Übersicht über die Möglichkeiten **A Vor 123** 10
  - Umsatzsteuer **E 22** ff., 31 ff.
  - Umtauschverhältnis **A 126** 36 f.
  - vergleichbare ausländische Vorgänge **D 1** 91 f.
  - zur Aufnahme **A 126** 39

Sachverzeichnis

- zur Neugründung **A 126** 37
Ausgliederung aus dem Vermögen eines Einzelkaufmanns A Vor 152 1 ff.
- Ausgliederungsverbot wegen Überschuldung **A 152** 24 f.
- Bericht **A 153** 1
- Eintragung **A 154** 2; **A 160** 4; **A Vor 152** 9
- Eintragung trotz Überschuldung **A 152** 30
- gesamtschuldnerische Haftung **A 156** 1 f.
- Nachhaftung **A 157** 1 f.
- Wirkungen der Eintragung **A 155** 1 f.
- zur Neugründung **A 158** 1 f.
- Zustimmungserfordernisse **A 152** 31 f.
Ausgliederung aus dem Vermögen rechtsfähiger Stiftungen A Vor 161 1
- Bericht **A Vor 161** 5
- Beschluss **A 163** 1 f.
- Genehmigungserfordernis **A 164** 1 f.
- Gründungsbericht **A 165** 1 f.
- Haftung **A 166** 1
- Möglichkeiten der Ausgliederung **A 161** 6
- Nachhaftung **A 167** 1
- Prüfung der Überschuldung **A 164** 2
- Sachgründungsbericht **A 165** 1 f.
Ausgliederung aus dem Vermögen von Gebietskörperschaften A 168 1 f.
- Bericht **A 169** 1 f.
- Beschluss **A 169** 2 f.
- gesamtschuldnerische Haftung **A 172** 1
- Gründungsbericht **A 170** 1 f.
- Möglichkeiten **A 168** 1 f.
- Nachhaftung **A 173** 1
- Sachgründungsbericht **A 170** 1 f.
- Wirksamwerden **A 171** 1
Ausgliederungsbericht
- bei Ausgliederung aus dem Vermögen eines Einzelkaufmanns **A 153** 1
- bei Ausgliederung aus dem Vermögen rechtsfähiger Stiftungen **A 162** 1 f.
- bei Ausgliederung aus dem Vermögen von Gebietskörperschaften **A 169** 1
Ausgliederungsbeschluss
- bei Ausgliederung aus dem Vermögen rechtsfähiger Stiftungen **A 163** 1 f.
- bei Ausgliederung aus dem Vermögen von Gebietskörperschaften **A 169** 2
Auskunftsanspruch
- bei Ausgliederung aus dem Vermögen eines Einzelkaufmanns zur Neugründung **A 159** 10
Ausländische Betriebsstätte
- in steuerlicher Schlussbilanz **D 3** 113; **D 11** 70
Ausländischer Rechtsträger
- ausländischer Rechtsträger mit Verwaltungssitz im Inland **A 1** 35

Ausländisches Vermögen D 3 113; **D 11** 70; s. auch *Verstrickung*
- Bilanzierung **D 4** 27; **D 11** 70 f.
- Gesamtrechtsnachfolge **A 20** 33
- Treuhand- und Übertragungsklauseln **A 126** 116
- Übertragung durch Gesamtrechtsnachfolge **A 20** 33; **A 131** 8
Ausländische Vorgänge
- bei Formwechsel in KapGes **D 25** 14
Auslandsbeurkundung
- Verschmelzungsvertrag **A 6** 13 ff.
Ausscheiden des Anteilsinhabers D 5 16; **D 20** 251
Ausschluss
- der Spaltung unter Beteiligung von AG und KGaA **A 141** 1 f.
Ausschluss des deutschen Besteuerungsrechts D 3 84 ff.; **D 11** 106 ff.; **D 13** 36; **D 20** 341 ff.; **D 21** 96 f.; **D 24** 210
Ausschlussfrist
- bei Annahme des Angebots **A 31** 1 f., 1 ff.
- bei Klagen gegen den Verschmelzungsbeschluss **A 32** 6
- beim Gläubigerschutz **A 22** 11
Außergerichtliche Kosten Spruchverfahren B 15 14
Außerordentliche Einkünfte D 20 428 ff.; **D 24** 243 f.
Ausstehende Einlagen D 3 116; **D 11** 71
Ausstrahlungswirkung des UmwG A 1 68

Barabfindung A 207 1 ff.; **A Vor 29** 1 ff.
- Adressierte Anteilsinhaber **A 33** 4
- Angebot im Verschmelzungsplan **A 126** 115
- Angebotsannahme **A 209** 1
- Anteilsübertragungskosten **A 207** 10
- Ausschluss bei Ausgliederung **A 125** 15
- Ausschlussfrist **A 209** 2
- bei Verschmelzungen von Körperschaft auf Körperschaft **D 11** 138 f.; **D 13** 15
- bei Verschmelzung von Körperschaft auf PersGes **D 5** 21
- Beteiligung iSv § 17 EStG **D 5** 21
- Bewertungszeitpunkt **A 30** 5
- eigene Anteile **A 207** 7
- Ertragswertmethode **A 30** 10
- gerichtliche Nachprüfung **A 34** 1; **A 212** 1
- Grenzüberschreitende EU-Spaltung **A 327** 1 f.
- Grenzüberschreitende EU-Verschmelzung **A 313** 1 ff.
- Grenzüberschreitender Formwechsel **A 340** 1 ff.
- Höhe der angemessenen **A 30** 4, 9

Sachverzeichnis

fett = Gesetz und §

- in steuerlicher Schlussbilanz **D 3** 111
- Inhalt **A 208** 1
- nicht betriebsnotwendiges Vermögen **A 30** 10
- Prüfung **A 208** 1; **A 340** 10
- der Angemessenheit der **A 30** 2
- Prüfungsbefehl **A 30** 13
- Verschmelzungsbericht **A 309** 6 ff.
- Verzicht **A 30** 14
- Verzinsung **A 30** 12
- Vinkulierung bei **A 33** 2
- Widerspruch zur Niederschrift **A 207** 4

Bare Abfindung
- Verschmelzungsvertrag **A 72a** 15 ff.

Bare Zuzahlung
- bei Einbringung in KapGes **D 20** 218
- bei Einbringung in PersGes **D 24** 145
- bei Spaltungen **A 126** 51 f.
- bei Verschmelzung SE-VO **C 17** 8
- bei Verschmelzung von Körperschaft auf Körperschaft **D 11** 133, 137; **D 13** 15 f.
- bei Verschmelzung von Körperschaft auf PersGes **D 5** 21

Baukastenprinzip A 125 5 f.; **A 135** 2; **A 305** 12 ff.

BCA A 4 26

Beherrschungsvertrag
- Sonderrechtsnachfolge **A 131** 59 ff.

Bekanntmachung
- der Spaltung **A 130** 26

Bekanntmachungserlaubnis D 28 1 f.

Bericht
- bei Spaltung durch Neugründung
  - Entbehrlichkeit **A 135** 21

Bescheinigung des Einbringungsgewinns D 22 172

Beschluss
- der Spaltung durch Neugründung **A 135** 18 f.

Beschlusskontrolle, materielle
- Verschmelzungsbeschluss **A 13** 42

Beschränkt steuerpflichtige Anteilseigner
- Besteuerung **D 4** 127; **D 5** 27

Beschränkt steuerpflichtige Kapitalgesellschaft
- Einbringung in **D 20** 171

Beschränkt Steuerpflichtiger
- Anteile iSv § 17 EStG **D 5** 27

Beschränkte persönliche Dienstbarkeit
- Sonderrechtsnachfolge **A 131** 18 f.

Beschränkte Steuerpflicht D 20 171, 416; **D 21** 131 f.

Beschränkung des deutschen Besteuerungsrechts D 3 84 ff.; **D 11** 106 ff.; **D 13** 36; **D 20** 341 ff.; **D 21** 96 f.; **D 24** 210

Beschwerde im Spruchverfahren B 12 1

Besitzunternehmen D 20 16; **D 24** 58

Besitzzeit, steuerliche D 4 75 f.; **D 12** 80; **D 23** 29 ff.

Besondere Rechte
- Bezeichnung im Spaltungsvertrag **A 126** 90

Besteuerung der Anteilseigner
- Anteilstausch **D 22** 106 f.
- Anteilsveräußerung **D 22** 24 f.
- bei Sacheinlagen **D 22** 12 f.
- bei Verschmelzung von Körperschaft auf Körperschaft **D 13** 1 ff.
- bei Verschmelzung von Körperschaft auf PersGes **D 7** 1 ff.
- bei Verschmelzung von Körperschaft auf PersGes ohne Betriebsvermögen **D 8** 23 f.
- Sacheinlage **D 22** 106 f.
- Sperrfrist **D 22** 49
- Umwandlungsvorgänge **D 22** 35a f.

Besteuerungsrecht
- keine Beschränkung **D 1** 130 f.

Bestimmtheitsgrundsatz A 126 76 ff.

Beteiligung
- bei 100%iger Beteiligung als Teilbetrieb **D 20** 106; **D 24** 75 ff.
- Bezeichnung im Spaltungsvertrag **A 126** 91
- der übertragenden Körperschaft an der Übernehmerin **D 4** 31
- Sonderrechtsnachfolge **A 131** 38 f.
- wechselseitige **D 11** 102

Beteiligung, stille
- Sonderrechte **A 23** 8

Beteiligungskorrekturgewinn/-verlust D 4 47 ff.; **D 11** 147 ff.; **D 12** 14 ff.

Betrieb
- arbeitsrechtliche Begriffsbestimmung **A 126** 72
- auslaufender Betrieb **D 20** 15; **D 24** 58 ff.
- Auslegung **D 20** 12 ff.
- Begriff **D 6** 36
- Besitzunternehmen **D 20** 16; **D 24** 58
- einer PersGes **D 20** 18
- entstehender Betrieb **D 20** 15; **D 24** 58
- ruhender Gewerbebetrieb **D 24** 58
- Übertragung aller wesentlichen Betriebsgrundlagen **D 20** 19 ff.
- verpachteter Betrieb **D 20** 15; **D 24** 58
- wesentliche Betriebsgrundlage *s. dort*

Betriebsänderung A 5 97 ff.
- Angaben im Umwandlungsvertrag **A 5** 89 f., 103
- Beteiligungsrechte der Arbeitnehmervertretung **A 5** 91 ff.
- Interessenausgleich und Sozialplan **A 5** 99

Betriebsaufgabe D 6 44; **D 18** 57

mager = Rn.

Sachverzeichnis

Betriebsaufspaltung D 20 16, 75
- Arbeitnehmerschutz **A 134** 1
- Beherrschungsidentität **A 134** 25 f.
- bei Ausgliederung aus dem Vermögen eines Einzelkaufmanns **A 152** 22
- Besitzunternehmen als Betrieb **D 20** 16
- Beteiligungsidentität **A 134** 25 f.
- Rechtsfolgen **A 134** 38

Betriebsgrundlage, wesentliche *s. Wesentliche Betriebsgrundlage*

Betriebsrat
- Beteiligungsrechte **A 5** 91 ff.
- Verschmelzungsvertrag **A 4** 24; **A 5** 116 ff.
  - Zuleitung **A 5** 87 ff.
- Zugänglichmachung Verschmelzungsbericht **A 310** 2; **A 316** 12
- Zuleitung
  - des Beschlussentwurfes beim Formwechsel **A 194** 11 ff.
  - des Spaltungsvertrages **A 126** 114
  - des Verschmelzungsvertrages **A 4** 24; **A 5** 116 ff.

Betriebsteil A 126 74

Betriebsübergang
- Angaben im Umwandlungsvertrag **A 5** 103
- Besonderheiten beim Formwechsel **A 194** 9
- Verschmelzung **A Vor 35a** 1

Betriebsveräußerung D 6 43; **D 18** 51

Betriebsvereinbarungen
- Angaben im Umwandlungsvertrag **A 5** 103

Betriebsvermögen, neutrales D 20 19

Betriebsverpachtung D 20 15

Beurkundung
- des Verschmelzungsberichts **A 8** 38
- des Verschmelzungsbeschlusses **A 13** 69
- des Verschmelzungsvertrages **A 6** 3 ff.

Beurkundungsmängel
- bei Spaltung **A 131** 95
- Heilung von **A 20** 120

Bewachungsgewerbe A 20 90

Bewegliche Sachen
- bei Spaltungen **A 126** 85 f.; **A 131** 24 f.

Beweisaufnahme Spruchverfahren B 7 15; **B 8** 14
- Geheimnisschutz **B 7** 20
- Sachverständiger Prüfer **B 8** 3
- Umwandlungsprüfer als Zeuge **B 8** 3

Beweissicherungsgutachten A 10 4

Bewertung
- Mitunternehmeranteil **D 11** 47
- steuerfreie Rücklagen **D 11** 46

Bewertungsabschlag
- bei Verschmelzung von Körperschaft auf Körperschaft **D 12** 76

- bei Verschmelzung von Körperschaft auf PersGes **D 4** 67

Bewertungsfreiheit
- bei Verschmelzung von Körperschaft auf Körperschaft **D 12** 76
- bei Verschmelzung von Körperschaft auf PersGes **D 4** 67

Bewertungswahlrecht *s. auch Antragswahlrecht*

Bezugsrecht
- als Anteil an einer KapGes **D 22** 29

Bilanzberichtigung
- bei Einbringung **D 24** 206
- bei Verschmelzung von Körperschaft auf Körperschaft **D 11** 68
- bei Verschmelzung von Körperschaft auf PersGes **D 3** 74
- Einbringung in KapGes **D 20** 320

Bindung der Finanzverwaltung D 1 150 f.
- bei Verschmelzung von Körperschaft auf PersGes **D 3** 8

Bindungswirkung des Verschmelzungsbeschlusses A 13 8 ff.

Brexit C 2 42
- Anwendbarkeit des UmwStG **D 1** 67
- Übergangsvorschrift Verschmelzung **A 319** 1 ff.

Buchwert der Anteile
- bei Verschmelzung von Körperschaft auf PersGes **D 4** 104 ff.

Buchwertansatz, steuerlicher
- bei Einbringung in KapGes **D 20** 292 ff.
- bei Einbringung in PersGes **D 24** 181 ff.
- bei Formwechsel in KapGes **D 25** 29
- bei Verschmelzung von Körperschaft auf Körperschaft **D 11** 49 ff.
- bei Verschmelzung von Körperschaft auf PersGes **D 3** 52 ff.

Buchwertverknüpfung
- bei Anteilen an einer KapGes **D 13** 31 ff.

Bürgschaft
- Ausschluss der Übertragbarkeit **A 131** 68; *s. BCA*
- Gesamtrechtsnachfolge **A 20** 71 f.
- Sonderrechtsnachfolge **A 131** 67

Business Combination Agreements A 4 26; **A 5** 84; **A 307** 5; **C 20** 2

CAPM
- Verschmelzungsvertrag **A 5** 37

Chain of Title A 54 12
- eigene Anteile (der GmbH beim Formwechsel in AG) **A 241** 1; *s. Gegenleistung*
- Einmann-Gesellschaften **A 226** 6

Corona A Einf. 35a; **D 9** 16; **D 20** 237, 239; **D 24** 51; **D 25** 41; **D 27** 40

Sachverzeichnis

fett = Gesetz und §

Darlehen D 2 104; **D 3** 109, 127; **D 4** 34; **D 6** 10, 22; **D 11** 81; **D 12** 62; **D 15** 82; **D 20** 38, 332, 358, 364; **D 21** 32, 63; **D 22** 64; **D 24** 28, 131
Datenschutz
– Gesamtrechtsnachfolge **A 20** 94
Dauerschuldverhältnis
– bei Gesellschaften bürgerlichen Rechts **A 39f** 5
– bei Gläubigerschutz **A 22** 6, 21
DCF-Verfahren
– Verschmelzungsvertrag **A 5** 47
Definitionen
– § 1 V UmwStG **D 1** 9, 134 f.
– Richtlinien, europäische **D 1** 9, 134 f.
Delisting A 29 9; **A 195** 3
Dienstleistungen D 20 39
Differenzhaftung
– bei Verschmelzung durch Neugründung **A 56** 13
– bei Verschmelzung mit Kapitalerhöhung **A 55** 5; **A 69** 29
– bei Verschmelzung ohne Kapitalerhöhung **A 54** 25
– Spaltung **A 126** 30
Dingliches Vorkaufsrecht
– Sonderrechtsnachfolge **A 131** 17 f.
– Übertragbarkeit bei Spaltung **A 131** 19
Dividendenanrechnung B 16 7; *s. Beschränkung deutsches Besteuerungsrecht*
Doppelbesteuerungsabkommen D 20 417
Downstream-Merger D 11 74, 99 ff.; **D 12** 15 f., 23; **D 13** 12
– Bewertung **A 24** 47 f.
Dreitakt der Umwandlung A 1 6 ff.
Drittes Gesetz zur Änderung des Umwandlungsgesetzes A Einf. 29, 33
Druckerei D 20 109
Due Diligence
– Verschmelzungsvertrag **A 5** 12

Eigenbetrieb A 168 3
Eigene Anteile
– in steuerlicher Schlussbilanz **D 3** 121; **D 11** 77
Eigene Anteile der Übernehmerin A 29 12
– bei Verschmelzung von Körperschaft auf Körperschaft **D 3** 121; **D 11** 100 f., 132; **D 12** 20
Eigene Anteile der Übertragerin
– bei Verschmelzung von Körperschaft auf Körperschaft **D 11** 77, 98, 100
– bei Verschmelzung von Körperschaft auf PersGes **D 4** 32
Eigenkapital
– bei Verschmelzung von KapGes auf KapGes **D 12** 95 ff.

– Einbringung **D 21** 28
– Rückzahlung **D 22** 88
Einbringender D 20 176 ff.; **D 24** 104 f.
– Körperschaft **D 20** 177
– Mitunternehmer **D 20** 180
– Mitunternehmerschaft **D 20** 181
– natürliche Person **D 20** 176
Einbringung
– Abschreibung **D 23** 77 ff.
– Abweichung der Handelsbilanz von der Steuerbilanz **D 20** 268 ff.
– Anschaffung **D 24** 1; **D Vor 20** 9
– Anteile an einer KapGes **D 21** 20
– Anteilstausch **D 21** 26
– Antragswahlrecht **D 24** 156 f.
– Anwachsung **D 20** 194 f.; **D 24** 55
– Arbeitsverhältnisse **D 20** 25
– Aufstockung **D 23** 36 f.
– aus dem Privatvermögen **D 21** 24; **D 24** 29
– Ausgleichsleistungen anlässlich der Einbringung **D 24** 141
– außerordentliche Einkünfte **D 20** 428; **D 24** 243
– Begriff **D 24** 32 ff.
– Besitzzeitanrechnung **D 23** 29 ff.
– Besteuerung des Einbringungsgewinns **D 20** 419 ff.; **D 24** 240 ff.
– Beteiligungshöhe **D 20** 212; **D 24** 135 f.
– Betrieb *s. dort*
– Betriebsstätte **D 20** 439 ff.
– Betriebsvermögen **D 20** 271; **D 24** 163
– doppelstöckige PersGes **D 20** 145; **D 24** 67
– Einbringungsfolgegewinn **D 23** 105
– einbringungsgeborene Anteile **D 20** 220 ff., 397 f.; **D 21** 115 ff.
– Einbringungsgewinn **D 20** 400; **D 24** 240
– Einbringungsverlust **D 20** 413
– einzelnes Wirtschaftsgut **D 24** 82 f.
– Einzelrechtsübertragung **D 20** 197 f.; **D 24** 45
– Ergänzungsbilanz *s. Anteilstausch qualifiziert*
– Formwechsel **D 25** 1 ff.
– Freibetrag nach § 16 IV EStG **D 20** 426; **D 24** 252
– Freibetrag nach § 17 III EStG **D 21** 135 f.
– Fusionsrichtlinie **D 21** 103 ff.; **D Vor 20** 2 ff.
– Gegenleistung **D 20** 212 ff.; **D 21** 26 ff.; **D 24** 119
– gemeiner Wert **D 23** 11 f., 52
– Gesamtrechtsnachfolge **D 20** 188; **D 24** 47
– gesonderte Einbringungsvorgänge **D 20** 206
– Gewährung anderer Wirtschaftsgüter **D 20** 353 f.

mager = Rn.

Sachverzeichnis

- grenzüberschreitende Einbringung **D 20** 171; **D 21** 99 ff.
- GrESt **E** 115 ff., 126 ff.; *s. dort*
- in das Sonderbetriebsvermögen **D 24** 25
- KapGes, unbeschränkt steuerpflichtig **D 20** 171; **D 21** 90 ff.
- Kapitalkontenausgleich **D 24** 231
- Körperschaftsteuerpflicht **D 20** 422
- Kosten **D 20** 404; **D 24** 265
- Maßgeblichkeit der Handelsbilanz für die Steuerbilanz **D 20** 268; **D 24** 199
- Mehrheitsbeteiligung *s. Wesentliche Betriebsgrundlage*
- Mietverhältnisse **D 20** 23
- Mindestbeteiligung **D 24** 135
- Mitunternehmeranteil **D 24** 103; *s. dort*
- negatives Kapital **D 20** 331
- neue Anteile als Gegenleistung **D 20** 204; **D 21** 26 ff.
- neutrales Vermögen **D 20** 95
- Nutzungsüberlassung **D 20** 93
- Pensionszusage **D 20** 367 f.
- Rechtsnachfolge **D 23** 17 ff.
- Rückwirkung **D 20** 237 ff.; **D 21** 35 f.; **D 24** 147
- Rückwirkung und Leistungsbeziehungen **D 20** 240; **D 24** 152
- Schachtelprivileg **D 23** 34
- Sonderbetriebsvermögen *s. Nutzungsüberlassung*
- steuerfreie Rücklage **D 23** 73
- tauschähnlicher Vorgang **D Vor 20** 9
- Teilbetrieb **D 24** 101; *s. dort*
- Umfang des Betriebsvermögens bei PersGes **D 24** 37
- Umsatzsteuer **E** 22 f., 31 ff.
- Veräußerung **D 24** 1; **D Vor 20** 9
- verdeckte Sacheinlage **D 20** 199
- Verlust, nicht ausgeglichener iSd § 15a EStG **D 20** 407; **D 23** 18, 76
- Verlustvortrag iSd § 10a GewStG **D 23** 102; **D 24** 260
- Vermietung und Verpachtung **D 20** 93
- Vollauflösung stiller Reserven **D 24** 231
- Wahlrecht bzgl. des übertragenen Vermögens **D 20** 259
- Wertverknüpfung **D 21** 86
- wirtschaftliches *Eigentum* **D 20** 20 f.
- Zurückbehaltung nicht wesentlicher Betriebsgrundlagen **D 20** 73; **D 24** 99
- Zurückbehaltung von Anteilen an der Übernehmerin **D 20** 78
- Zurückbehaltung von Wirtschaftsgütern **D 20** 73
- Zurückbehaltung wesentlicher Betriebsgrundlagen **D 20** 75; **D 24** 98 f.
- zusätzliche Gegenleistung **D 20** 218 f.

Einbringung durch Einzelrechtsnachfolge D 1 100 f., 126
- Begriff **D 1** 101 f.
- Betriebsvermögen, Einbringung von **D 1** 105
- Rechtsträger, beteiligte **D 1** 106 f.

Einbringung durch Gesamtrechtsnachfolge D 1 123

Einbringung nach § 24 UmwStG
- Voraussetzungen **D 1** 133

Einbringungsbilanz D 20 292 f.

Einbringungsfolgegewinn
- bei Einbringung in KapGes **D 23** 105

Einbringungsgeborene Anteile D 5 39 f.; **D 20** 220 ff., 397 f.; **D 21** 115 ff.; **D 27** 12 ff.

Einbringungsgewinn D 20 400 ff.; **D 21** 121 ff.; **D 22** 155 f.
- Anteilsveräußerung **D 22** 138 f.
- bei Formwechsel in KapGes **D 25** 37 f.
- Besteuerung **D 24** 244 f.
- Ermittlung **D 22** 52, 130 f.; **D 24** 240
- Ersatzrealisation **D 22** 74 ff., 140 f.
- nachträgliche Anschaffungskosten **D 22** 58, 135
- nachträglicher **D 24** 274 ff.
- rückwirkende Besteuerung **D 22** 50 ff., 127 f.

Einbringungstatbestände D 20 186 ff.

Einbringungsverlust
- bei Einbringung in eine KapGes **D 20** 413

Eingetragene Genossenschaft A 3 27; **A 79** 1
- als spaltungsfähige Rechtsträger **A 124** 15 f., 33, 37
- Anmeldungsanlagen **A 86** 1
- Anteilstausch **A 87** 1
- Auseinandersetzung **A 93** 1
- Auseinandersetzungsguthaben **A 94** 1
- Auskunftsrecht **A 83** 5
- Ausschlagung **A 90** 1
- Ausschlagungseintragung **A 92** 1
- Ausschlagungsform **A 91** 1
- Ausschlagungsfrist **A 91** 2
- bare Zuzahlung **A 87** 6
- Beteiligung an Spaltung **A Vor 147** 1 f.
- dingliche Surrogation **A 87** 4
- Durchführung der Generalversammlung **A 83** 1 f.
- Eintragung in Mitgliederliste **A 89** 1 f.
- Fortsetzungsfähigkeit **A 124** 66
- Generalversammlung **A 82** 1 f.
- Generalversammlungsbeschluss **A 84** 1
- Geschäftsguthaben **A 87** 7; **A 88** 1 f.
- Mischverschmelzung **A 80** 8
- mündliche Erläuterung **A 83** 4

2515

Sachverzeichnis

fett = Gesetz und §

- Nachschusspflicht **A 95** 1
- Prüfungsgutachten **A 83** 6
- Prüfungsverband **A 83** 8
- Prüfungsverbandsgutachten **A 81** 1 f.
- Satzung **A 96** 6
- Schlussbilanzstichtag **A 80** 9
- Spaltungsmöglichkeiten **A 147** 1 ff.
- Umtauschverhältnis **A 85** 1
- Unterlagenauslage **A 83** 3
- Verschmelzung durch Neugründung **A 96** 1 f.
- Verschmelzung unter **A 80** 5; **A 87** 3
- Verschmelzungsbeschluss **A 98** 1
- Verschmelzungsvertrag **A 80** 1; **A 96** 4
- Vertretungsorgane **A 97** 1

Eingetragene Gesellschaft bürgerlichen Rechts A Einf. 50 ff.

Eingetragene Vereine
- als spaltungsfähige Rechtsträger **A 124** 19 f., 38
- als verschmelzungsfähiger Rechtsträger **A 3** 29 ff.
- Fortsetzungsfähigkeit **A 124** 67 f.

Einkommensteuer
- Einbringungsgewinn **D 24** 244

Einkommensteuerrechtliche Umqualifikation D 2 46

Einlage
- in das Betriebsvermögen von einzelnen WG **D 24** 82 f.
- verdeckte **D 5** 9; **D 20** 210; **D 22** 76 f.
- von Gesellschaftsrechten **D 5** 7 ff.

Einlagefiktion
- einer Beteiligung **D 5** 22 ff., 33

Einlagekonto s. steuerliches Einlagekonto

Eintragung
- bei Verschmelzung mit dem Vermögen eines Alleingesellschafters **A 122** 1 f.
- Bindung der Finanzverwaltung **D 1** 150 f.
- der Ausgliederung aus dem Vermögen eines Einzelkaufmanns **A 154** 2 f.
  - zur Neugründung **A 160** 4
- der Spaltung **A 130** 1 f.
- der Spaltung, Mitteilung **A 130** 23
- der Spaltung, Rechtsmittel **A 130** 20 f.
- der Spaltung zur Neugründung **A 137** 3 f.
- einer Spaltung zur Aufnahme, Kosten **A 130** 27 f.
- Wirkungen **A 20** 2 f.; **A 131** 1 f.

Eintragungsverfahren
- Hereinverschmelzung **A 318** 19 ff.
- übertragende Gesellschaft **A 316** 16 ff.

Eintritt in die steuerliche Rechtsstellung
- bei Einbringung in KapGes **D 23** 17
- bei Einbringung in PersGes **D 24** 264 ff.
- bei Formwechsel von KapGes in PersGes **D 9** 20 ff.

- bei Vermögensübertragung von Körperschaft in das Privatvermögen **D 8** 26 ff.
- bei Verschmelzung von Körperschaft auf Körperschaft **D 12** 67 ff.; **D 13** 23, 48 ff.
- bei Verschmelzung von Körperschaft auf PersGes **D 4** 53 ff.
- Gesamtrechtsnachfolge im Steuerrecht **D 1** 142 ff.

Einzahlungsforderungen
- in steuerlicher Schlussbilanz **D 3** 116; **D 11** 71

Einzelbewertung, Grundsatz der D 3 38; **D 11** 31; **D 20** 282

Einzelkaufmann
- als spaltungsfähiger Rechtsträger **A 124** 44
- Begriff **A 152** 2 f.
- Fortsetzungsfähigkeit **A 124** 72 f.
- Möglichkeit der Ausgliederung **A 152** 1; **A Vor 152** 1 f.

Entbehrlichkeit des Verschmelzungsbeschlusses A 13 74

Entgeltliche Übertragung D 22 81

Entschmelzung
- Gesamtrechtsnachfolge **A 20** 125
- Unwirksamkeit des Verschmelzungsbeschlusses eines übertragenden Rechtsträgers **A 28** 9
- Verschmelzungsvertrag **A 7** 14

Entwicklung des Umwandlungsgesetzes A Einf. 1 f., 1 ff.

Erbbaurecht D 20 40

Erbengemeinschaft D 3 18; **D 20** 133; **D 24** 127

Ergänzungsbilanz, steuerliche
- bei Einbringung **D 24** 217
- bei Verschmelzung von Körperschaft auf PersGes **D 4** 23
- negative **D 24** 217 ff.
- positive **D 24** 217 ff.
- Weiterführung **D 24** 221 ff.

Ergebnisabführungsvertrag D 12 82; **D 18** 10; **D 23** 33
- Rückwirkung **D 2** 84
- Sonderrechtsnachfolge **A 131** 59

Erhöhte Abschreibungen für Abnutzung
- bei Einbringung in KapGes **D 23** 87
- bei Verschmelzung von Körperschaft auf Körperschaft **D 12** 73 ff.
- bei Verschmelzung von Körperschaft auf PersGes **D 4** 63 ff.

Ermittlung des Einkommens
- Rückwirkung bei Körperschaft als Übernehmerin **D 2** 45
- Rückwirkung bei natürlicher Person als Übernehmerin **D 2** 52
- Rückwirkung bei PersGes als Übernehmerin **D 2** 46 f.

mager = Rn.

Sachverzeichnis

Eröffnungsbilanz, steuerliche
- bei Formwechsel von KapGes in PersGes **D 9** 8
- bei Verschmelzung von Körperschaft auf PersGes **D 4** 2

Ertragswertmethode D 3 41; **D 11** 35; **D 20** 284
- Verschmelzungsvertrag **A 5** 16, 21

Erweiterte Anwachsung *s. Anwachsung*
Erworbene Gesellschaft D 21 20
EU-Aktiengesellschaft D 12 7; **D 20** 172
Europäische Gesellschaft (SE)
- als spaltungsfähiger Rechtsträger **A 124** 35

Europäische wirtschaftliche Interessenvereinigungen
- als verschmelzungsfähiger Rechtsträger **A 3** 11

Europarechtliche Vorgaben
- im Umwandlungssteuerrecht **D Vor 11** 6 ff.

EWIV
- als verschmelzungsfähiger Rechtsträger **A 3** 11
- bei Formwechsel in KapGes **D 25** 10

Fahrzeuge D 20 42
FamFG Anwendung im Spruchverfahren B 17 2 ff.
Fehlerhafte Gesellschaft
- als verschmelzungsfähiger Rechtsträger **A 3** 10

Fiktion
- des steuerlichen Übertragungsstichtags **D 2** 8

Fiktive Steueranrechnung D 20 442
Filiale D 20 110
Finanzplanung, integrierte A 5 26
Firma
- des Einzelkaufmanns **A 152** 8 f.

Firmenfortführung
- Gesamtrechtsnachfolge **A 20** 44
- übernehmender Rechtsträger **A 18** 1

Firmenwert
- Ansatz bei Verschmelzung von Körperschaft auf PersGes **D 3** 122
- bei Einbringung in eine KapGes **D 20** 273
- bei Verschmelzung von Körperschaft auf Körperschaft **D 11** 78
- in steuerlicher Schlussbilanz **D 3** 122
- negativer **D 3** 54a

Forderungen
- Bezeichnung bei Spaltungen **A 126** 87 f.
- in steuerlicher Schlussbilanz **D 3** 123
- Sonderrechtsnachfolge **A 131** 30 f.
- wesentliche Betriebsgrundlage **D 20** 38

Forderungsverzicht D 3 124; **D 11** 80 ff.
Form des Spaltungsplans A 136 7

Form des Verschmelzungsplans A 307 42 ff.
Formenstrenge A Vor 2 4
Formwechsel A 191 ff.; **A Vor 190** 1 ff.
- Abfindungsangebot **A 216** 6; **A 225** 1; **A 231** 1 f.; **A 270** 1; **A 282** 1; **A 290** 1; **A 300** 1
- abweichende Nennbeträge **A 241** 2
- Androhung der Veräußerung **A 268** 4
- Anforderungen nach § 1 II UmwStG **D 1** 77
- Ankündigung **A 216** 3
- Ankündigung der Beschlussfassung **A 260** 3
- Anlagen **A 223** 1
- Anlagen der Anmeldung **A 199**
- Anmeldung **A 198** 5; **A 222** 1 ff.; **A 235** 1 f.; **A 246** 1; **A 254** 1; **A 265** 1; **A 278** 1; **A 286** 1; **A 296** 1
- Anteilsinhaberbenachrichtigung **A 267** 1 f.
- Anteilsinhaberversammlung **A 230** 1; **A 239** 1; **A 251** 2 f.
- Anteilsumqualifizierung **A 266** 1
- Anwendungsbereich **A 190**
- arbeitsrechtliche Auswirkungen
  - Unternehmensmitbestimmung **A 194** 9
- Aufsichtsratsmitglieder **A 203** 1 f.
- ausgeschiedene natürliche Person **A 200** 10
- Auslegung des Formwechselberichts **A 274** 6
- außerhalb des UmwG **A 226** 5
- Barabfindungsangebot **A 207** 1 ff.
- bare Zuzahlung **A 256** 5
- Begriffsbestimmung **A 1** 19
- Beitritt persönlich haftender Gesellschafter **A 221** 1
- Beitrittserklärung **A 221** 2
- Bekanntmachung **A 201** 1 f.
- Benachrichtigung **A 281** 1; **A 299** 1
- Benachrichtigung der Genossen **A 289** 2
- Beschlussgegenstand **A 274** 4
- Beschlussmehrheiten **A 217** 2
- dingliche Surrogation **A 255** 6; **A 266** 3
- Einberufungsmängel **A 230** 6
- eingetragene Genossenschaft **A 251** 1 ff.; **A 258** 1 ff.; **A 283** 1
- Einpersonengesellschaft **A 226** 6
- Eintragung **A 198** 1
- Eintragungsreihenfolge **A 198** 10
- Eintragungswirkung **A 205** 15
- Entbehrlichkeit des Umwandlungsberichts **A 238** 2
- ergänzende Anmeldung **A 222** 9
- Exkulpation **A 205** 15
- fehlende Zustimmung **A 241** 12
- Firma **A 200** 1 ff.

2517

Sachverzeichnis

fett = Gesetz und §

- Firmenkontinuität **A 200** 7
- flexible Lösungen **A 302** 1
- Formwechselbericht **A 215** 1; **A 216** 5
- Formwechselbeschluss **A 233** 1 ff.; **A 240** 1 ff.; **A 252** 1 ff.; **A 262** 1 ff.
- Freigabeverfahren **A 198** 12
- Geltendmachung des Schadensersatzes **A 206** 1
- gemeindliche Unternehmen **A 301** 1 ff.
- genehmigtes Kapital **A 269** 2
- Generalversammlungsdurchführung **A 261** 1 ff.
- Geschäftsguthaben **A 256** 4; **A 289** 1
- Gesellschafterbeschluss **A 217** 1
- Gesellschafterversammlung **A 216** 2; **A 230** 1
- Gesetzesänderungen **A Vor 190** 6
- Gewährung zusätzlicher Aktien **A 248a**
- Gläubiger des Schadensersatzes **A 205** 7
- Gläubigerschutz **A 204** 1; **A 249** 1; **A 257** 1
- grenzüberschreitend **A 1** 52, 55
- GrESt **E** 109 ff.
- Gründerpflichten **A 219** 2
- Gründerstellung **A 219** 1; **A 245** 1 ff.
- Grundlagenbeschlüsse **A 269** 1
- Gründungsprüfung **A 220** 14; **A 264** 7
- Gutachten des Prüfungsverbandes **A 259** 4
- Hauptversammlung **A 230** 5
- Hauptversammlungsbeschluss **A 269** 1
- in GbR **A 200** 12; **A 228** 4
- in GmbH & Co. KG **A 226** 2
- in Kapitalgesellschaft **A 273**
- in Kapitalgesellschaft anderer Rechtsform **A 238** 1
- in Personengesellschaft **A 228** 1
- juristische Personen des öffentlichen Rechts **A 301** 1 ff.
- KapGes in PersGes **D 1** 46 f.; **D 9** 1 f.
- Kapitaldeckung **A 220** 2; **A 264** 1
- Kapitalschutz **A 220** 1 ff.; **A 264** 1 ff.; **A 277** 1 f.; **A 303** 1
- KGaA in PersGes **D 9** 43 ff.
- Kosten **A 198** 11
- Mängel **A 202** 11
- Mitgliederbeteiligung **A 255** 4
- Mitgliederversammlung **A 274** 7; **A 283** 1
- Mitteilung **A 268** 1
- Mitteilungspflicht **A 256** 6
- Möglichkeiten **A 190** 3; **A 214** 1; **A 226** 1; **A 228** 1
- Motive **A Vor 190** 4
- Nachgründung **A 220** 15; **A 264** 8
- Nachhaftungsbegrenzung **A 224** 3
- Nachschusspflicht **A 271** 1
- Nebenleistungspflichten **A 241** 9

- Nennbetragsänderung **A 247** 3
- Partnergesellschaft **A 200** 11; **A 228** 8; **A 225a ff.**
- PersGes in KapGes **D 1** 96; **D 25** 1
- Personenhandelsgesellschaften **A 214** 1
- persönlich haftende Gesellschafter **A 247** 8; **A 255** 7
- persönliche Haftung **A 224** 1; **A 237** 1
- rechtsfähiger Vereine **A 272** 1
- Rechtsform AG/KGaA **A 222** 4
- Rechtsform eG **A 222** 8
- Rechtsform GmbH **A 222** 3
- Rechtsformzusatz **A 200** 8
- Rechtsträger, beteiligte **D 1** 98
- Rechtsträger, steuerliche Einordnung **D 1** 99
- Rechtsträgeridentität **A 190** 5
- Registeränderung **A 198** 8
- Sachgründungsbericht **A 220** 12; **A 264** 6
- Schadensersatz **A 205** 4
- Sitzverlegung **A 198** 9
- Sonderrechtsinhaber **A 204** 1; **A 241** 8
- Teilrechte **A 266** 5
- Umsatzsteuer **E** 17 ff.
- Umtausch der Anteile **A 248** 2
- Umtausch von Aktien **A 248** 6
- unbekannte Aktionäre **A 213** 1
- Unternehmensgegenstand **A 228** 1
- Unwirksamkeitsklage **A 216** 8
- Veräußerung **A 268** 5
- vergleichbare ausländische Vorgänge **D 1** 49 f.
- Verjährung **A 205** 16
- Versammlung der obersten Vertretung **A 292** 1
- Versammlungsdurchführung **A 232** 1 f.
- Versicherung **A 222** 11
- Verzicht auf Formwechselbericht **A 274** 3
- von Kapitalgesellschaften **A 226** 1
- von VVaG **A 291** 1
- Vorbereitung der Generalversammlung **A 260** 1 ff., 4
- Voreintragung **A 198** 7
- weitere Geschäftsanteile **A 255** 5
- Wirksamwerden **A 304** 1
- Wirkungen **A 236** 1 f.; **A 247** 1 ff.; **A 255** 1; **A 266** 1; **A 280** 1; **A 288** 1; **A 298** 1
- Zugänglichmachen des Prüfungsberichts **A 260** 9
- Zuleitung des Beschlussentwurfes **A 194** 11 ff.
- Zustimmungserfordernisse **A 241**; **A 242**

Formwechselbericht A 192
- besondere Schwierigkeiten **A 192** 17
- ein Anteilsinhaber **A 192** 21
- Grenzüberschreitender Formwechsel **A 337** 1 ff.

2518

mager = Rn.

Sachverzeichnis

- Inhalt **A 337** 2 ff.
- Mangelhaftigkeit **A 192** 23
- Schuldner **A 192** 4
- Umfang **A 192** 5 f.
- verbundene Unternehmen **A 192** 16
- Vermögensaufstellung **A 192** 18
- Verzicht **A 192** 22; **A 337** 8

Formwechselbeschluss A 193; A 262 3
- Abschrifterteilung **A 193** 23
- abweichende Nennbeträge **A 276** 4
- AG **A 240** 3
- anderweitige Veräußerung **A 211** 1
- Anmeldung **A 197** 33
- Barabfindungsangebot **A 194** 8
- bare Zuzahlung **A 196** 5
- Beteiligung **A 194** 5
- Beteiligungsmaßstab **A 276** 5
- Bezugsrechtsausschluss **A 263** 11
- Einstimmigkeit **A 252** 3
- Festlegung der Beteiligung **A 263** 5
- Festsetzung des Grundkapitals **A 294** 3
- Firma **A 197** 17
- Firmenname **A 194** 4
- Form des Gesellschaftsvertrages **A 197** 15
- GbR **A 233** 2
- Gesellschaftsvertrag **A 234** 6; **A 243** 2; **A 276** 2
- GmbH **A 240** 2
- Gründerhaftung **A 197** 20
- Gründerzahl **A 197** 14
- Grundkapital **A 197** 18
- Gründungsbericht **A 197** 21
- Gründungsprüfung **A 197** 25 f.
- Gründungsvorschriften **A 197** 12 ff.
- Inhalt **A 193** 11; **A 194** 3 ff.; **A 218** 1; **A 234** 1 ff.; **A 243** 1 ff.; **A 253** 1; **A 263** 1 f.; **A 276** 1 f.; **A 285** 1; **A 294** 1 f.
- Kapitalschutz **A 295** 1
- Kapitalveränderung **A 243** 6
- KG **A 233** 3
- KGaA **A 233** 6; **A 240** 4 f.
- Klageausschluss **A 195** 7; **A 210** 3
- Klagefrist **A 195** 4
- Klagen gegen die Wirksamkeit **A 195** 3
- Kommanditistenhaftung **A 234** 4
- Kosten **A 193** 24
- Mangelhaftigkeit **A 193** 14
- Mehrheiten **A 217** 2; **A 262** 1 ff.; **A 275** 2
- Mehrheitsentscheidung **A 252** 6
- Mehrheitsverhältnisse **A 193** 12
- Mitgliederversammlung **A 275** 1 f.; **A 284** 1
- Nennbetrag **A 243** 8
- Niederschrift **A 244** 1 ff.
- notarielle Beurkundung **A 193** 22
- oberste Vertretung **A 293** 1

- OHG **A 233** 2
- Organisationsstatut **A 197** 16
- PartGes **A 233** 2
- persönlich haftende Gesellschafter **A 240** 8; **A 243** 5; **A 263** 4; **A 276** 2
- persönlich haftender Gesellschafter **A 233** 7
- Rechtsform **A 194** 3
- Rechtsnatur **A 193** 4
- Satzungsinhalt **A 294** 1
- Sonderrechte **A 194** 7
- Stammkapital **A 197** 18
- Stellvertretung **A 193** 8
- Vinkulierung **A 193** 17
- Wirksamkeit **A 193** 20
- Zuständigkeit **A 193** 7
- Zustimmung **A 193** 19
- Zustimmungserfordernis **A 193** 15

Formwechselplan
- Bekanntmachung **A 336** 1 ff.
- Form **A 335** 20
- Grenzüberschreitender Formwechsel **A 335** 1 ff.
- Inhalt **A 335** 6 ff.

Formwechselprüfung
- Grenzüberschreitender Formwechsel **A 338** 1 ff.

Forstwirtschaftsbetriebe D 20 111
Fortsetzung aufgelöster Rechtsträger A 124 55
Fortsetzungsbeschluss
- beim aufgelösten Rechtsträger **A 3** 52

Freibetrag nach § 16 IV EStG D 20 426
Freibetrag nach § 17 III EStG D 21 135 f.
Fusionsrichtlinie D 6 34; **D 11** 157; **D 12** 51; **D 13** 41; **D 20** 80 ff.; **D 21** 84, 103 ff.

Gebäude D 20 46
Gebietskörperschaften
- als spaltungsfähige Rechtsträger **A 124** 52 f.
- Fortsetzungsfähigkeit **A 124** 75

Gegenleistung
- bei der Einbringung in eine KapGes **D 20** 353 ff.
- bei Einbringung in eine PersGes **D 24** 139 ff.
- bei der Verschmelzung von Körperschaft auf Körperschaft **D 11** 135 ff.
- eigene Anteile **D 11** 101, 127 ff.

Gegenseitige Verträge A 21 1 ff.
- Konfusion **A 21** 2
- Unbilligkeit **A 21** 7

Gegenstand
- Begriff **A 126** 65 ff.

Gegenstand der Verschmelzungsprüfung A 9 5 ff.

2519

Sachverzeichnis

fett = Gesetz und §

Gehälter
- Umqualifizierung **D 2** 53 ff.

Geheimnisschutz
- im Spruchverfahren **B 7** 20
- Verschmelzungsbericht **A 8** 29 ff.

Geltendmachung
- Anmeldeverfahren **A 26** 19
- besonderer Vertreter **A 26** 3, 12
- Bestellungsverfahren **A 26** 18
- Durchsetzung **A 26** 19 ff.
- Erlösverteilung **A 26** 23
- Glaubhaftmachung **A 26** 17
- Gläubiger des übertragenden Rechtsträgers **A 26** 14
- Gläubigerschutz **A 22** 8
- Haftung des besonderen Vertreters **A 26** 27
- Rechtsanwaltsvergütungsgesetz (RVG) **A 26** 26
- Vergütung und Auslagenersatz **A 26** 25
- von Schadenersatzansprüchen **A 26** 1 ff.

Gemeiner Wert D 3 39 f.; **D 11** 49 ff.; **D 13** 17 ff.; **D 20** 276 ff.; **D 21** 39 f.; **D 23** 93; **D 24** 172 ff.

Gemeinsame Bestellung von Verschmelzungsprüfern A 10 10

Gemeinsamer Vertreter
- Abberufung **B 6** 9
- Absehen von Bestellung **B 6** 5
- Antrag **B 6a** 4
- Aufgabe **B 6a** 2
- Auskunftspflicht **B 6** 18
- Auslagenersatz **B 6** 22; **B 6a** 7
- bei grenzüberschreitender Verschmelzung **B 6c** 1
- bei Gründung europäischer Genossenschaft **B 6b**
- Bestellungsverfahren **B 6** 6
- Bestellungsvoraussetzungen **B 6** 2 f.
- einheitliche Bestellung **B 6** 4
- Gründung SE **B 6a** 1 f.
- Gründungsarten **B 6a** 3
- Haftung **B 6** 20
- nicht antragsberechtigte Aktionäre **B 6a** 1
- persönliche Voraussetzungen **B 6** 6
- Rechtsmittel Bestellung/Abberufung **B 6** 10
- Verfahrensstellung **B 6** 15; **B 6a** 6
- Vergleichsschluss, Berechtigungen **B 6** 19
- Vergütung **B 6** 24; **B 6a** 7
- Vergütungsvorschuss **B 6** 25
- Weiterführungsbefugnis **B 6** 21
- zeitlicher Umfang **B 6** 9

Gemeinschaftsgebiet C 2 9

Genehmigung, staatliche
- der Ausgliederung aus dem Vermögen rechtsfähiger Stiftungen **A 164** 1 f.

Genossenschaften, Europäische A Einf. 26, 28

Genossenschaftliche Prüfungsverbände
- als spaltungsfähige Rechtsträger **A 124** 21 f., 42
- als verschmelzungsfähiger Rechtsträger **A 3** 32 f.
- Fortsetzungsfähigkeit **A 124** 69
- Mitgliederaustritt **A 108** 8
- Mitgliederversammlung **A 108** 4
- Verschmelzung **A 105 f.**
- Verschmelzungsmöglichkeiten **A 108** 1
- Vorstandspflichten **A 108** 6

Genussrechte
- bei Gesamtrechtsnachfolge **A 20** 51
- bei Sonderrechten **A 23** 7, 14

Genussscheine D 20 210

Gerichtliche Ermittlung Kompensationszahlung B 11a 1 ff.

Gerichtliche Kontrolle
- Interessensausgleich Arbeitnehmer **A 35a** 11 f.

Gerichtskosten Spruchverfahren B 15 3 ff.
- Gebührensatz **B 15** 5
- Geschäftswert **B 15** 6
- Geschäftswert bei Zurückweisung **B 15** 7
- Kostenschuldner **B 15** 11 ff.
- Vergütung Sachverständige **B 15** 4
- Vorschuss **B 15** 13

Gesamtbetriebsrat
- Verschmelzungsvertrag **A 5** 121
- Zuständigkeit **A 5** 121

Gesamtrechtsnachfolge
- abhängiges Unternehmen **A 20** 57
- Anfechtungsrecht **A 20** 18
- Anstellungsverträge der Vorstände bzw. Geschäftsführer **A 20** 45
- Anteilstausch **A 20** 96 ff.
- Arbeitsrecht **A 20** 95
- ausländisches Vermögen **A 20** 33
- Begriff des Betriebsrats **A 20** 11
- Begriffsbestimmung **A 1** 22
- Beherrschungs- und Gewinnabführungsvertrag **A 20** 57
- bei Spaltung **A 131** 4 ff.
- bei Verschmelzung SE-VO **C 17** 5; **C 29** 2
- Beschreibung der Haftung **A 20** 5
- Besitz **A 20** 83
- Betriebsrat *s. dort*
- Betriebsübergang *s. dort*
- Betriebsvereinbarungen *s. dort*
- Bewachungsgewerbe **A 20** 90
- Bewilligungen **A 20** 80
- Bürgschaften **A 20** 71 f.
- Datenschutz **A 20** 94

mager = Rn.

Sachverzeichnis

- dingliche Surrogation **A 20** 19, 76
- Eintragungsbewilligung **A 20** 80
- Erlöschen von Prokuren **A 20** 8
- Firmenfortführung **A 18** 1; **A 20** 44
- Firmenneubildung **A 20** 44
- Firmentarifvertrag s. dort
- Genehmigungen, öffentlich-rechtliche **A 20** 28
- Genussrechte **A 20** 51
- Gesamtbetriebsrat s. dort
- Geschmacksmuster **A 20** 87
- Gesellschaft, stille **A 20** 68
- Gesetz gegen den unerlaubten Wettbewerb (UWG) **A 20** 60
- gewerbliche Schutzrechte **A 20** 87
- Gewinnschuldverschreibungen **A 20** 51
- Gewinnverteilungsbeschluss **A 20** 50
- Grundbuchberichtigung **A 20** 77
- Grundstücksübertragung **A 20** 31
- gutgläubiger Erwerb **A 20** 25
- herrschende Gesellschaft **A 20** 58
- höchstpersönliche Rechte **A 20** 84
- Hypotheken **A 20** 82
- Hypothekendarlehen **A 20** 79
- im Steuerrecht **D 1** 143 f.; **D 4** 53; **D 8** 26; **D 12** 67; **D 20** 12, 193; **D 23** 9, 68, 100; **D 24** 1 ff., 149
- Indossament **A 20** 73
- Insolvenzverfahren **A 20** 43
- Kreditinstitute **A 20** 71
- Lizenzverträge **A 20** 60
- Mängel der Verschmelzung **A 20** 6, 108 ff.
- Marken **A 20** 87
- Nachhaftung **A 20** 5
- öffentlich-rechtliche Befugnisse **A 20** 88
- ordnungsrechtliche Verfügung **A 20** 94
- Organmitglieder **A 20** 45
- Patentrechte **A 20** 87
- Pensionsrückstellungen **A 20** 103
- Personenbeförderung **A 20** 90
- Sonderbetriebsvermögen **A 20** 24
- Sprecherausschüsse s. dort
- Steuerschulden **A 20** 92
- stille Gesellschaft **A 20** 68
- Surrogation, dingliche **A 20** 19
- Tantieme **A 20** 46
- Testamentsvollstrecker **A 20** 85
- Testamentsvollstreckung **A 20** 21
- Umfang der **A 20** 27 f.
- Unternehmen, abhängiges **A 20** 57
- Unternehmensverträge **A 20** 55
- UWG **A 20** 60
- Verfügung, ordnungsrechtliche **A 20** 94
- vergleichbare ausländische Vorgänge **D 1** 35
- Vergütung der Aufsichtsratsmitglieder **A 20** 49
- Verschmelzung **A 20** 95
- vertragliches Wettbewerbsverbot **A 20** 61
- Vertragsangebote **A 20** 35
- Verwaltungstreuhand **A 20** 21, 85
- Vinkulierung **A 20** 63
- Vollbeendigung der übertragenden Rechtsträger **A 20** 7
- Vollmacht **A 16** 19; **A 20** 36
- Vorkaufsrecht **A 20** 75
- Wandelschuldverschreibungen **A 20** 52
- Wesen der **A 20** 23 ff.
- Wohnungseigentumsgesetz (WEG) **A 20** 86

Gesamtschuldnerische Haftung
- bei Ausgliederung aus dem Vermögen eines Einzelkaufmanns **A 156** 3 f.
- bei Ausgliederung aus dem Vermögen rechtsfähiger Stiftungen **A 166** 1
- bei Ausgliederung aus dem Vermögen von Gebietskörperschaften **A 172** 1
- bei Spaltung **A 133** 2 f.
- bilanzielle Behandlung bei Spaltung **A 133** 40 f.
- Insolvenzanfechtung **A 133** 7

Geschäftsführer
- Anstellungsvertrag **A 20** 45 ff.
- Kündigung **A 20** 45 ff.

Geschäftsguthaben A 88 1 f.

Geschäftswert D 20 47
- bei Einbringung in eine KapGes **D 20** 47, 306
- bei Einbringung in PersGes **D 24** 192
- bei Verschmelzung von Körperschaft auf Körperschaft **D 11** 78
- bei Verschmelzung von Körperschaft auf PersGes **D 3** 122
- in steuerlicher Schlussbilanz **D 3** 122; **D 11** 78 f.

Gesellschaft mit beschränkter Haftung
- als spaltungsfähiger Rechtsträger **A 124** 10 f., 33 f.
- Beteiligung an Spaltung **A Vor 138** 1 f.
- Fortsetzungsfähigkeit **A 124** 62 f.

Gesellschaften
- fehlerhafte **A 3** 10
- herrschende **A 20** 58
- stille **A 20** 68

Gesellschaften bürgerlichen Rechts
- als verschmelzungsfähiger Rechtsträger **A 3** 6 f.
- Dauerschuldverhältnisse **A 39f** 5
- eGbR **A Einf.** 50 ff.
- Gesellschafterunterrichtung **A 39b** 1 ff.
- Mehrheitsumwandlung **A 39c** 2, 9; **A 39e** 2
- Nachhaftung **A 39f** 1
- Prüfungsbefehl **A 39e** 1

2521

Sachverzeichnis

fett = Gesetz und §

- Stimmbindungsvertrag **A 39c** 7
- Treuepflicht **A 39c** 7
- Unwirksamkeitsklage **A 39b** 5
- Verschmelzung unter Beteiligung von **A Vor 39** 5
- Verschmelzungsbericht **A 39a** 1 ff.
- Widerspruch Verschmelzungsbeschluss **A 39d** 1 ff.

Gesellschafter, ausscheidende
- steuerliche Rückwirkung **D 2** 99 ff.; **D 5** 16, 18; **D 20** 251

Gesellschafterliste
- Anmeldung der Verschmelzung **A 53** 1

Gesellschafterversammlung
- virtuell **A 39b** 3a

Gesellschaftsrechte
- bei Einbringung in KapGes **D 20** 208; **D 21** 26 ff.
- bei Einbringung in Mitunternehmerschaft **D 24** 119
- bei Verschmelzung von Körperschaft **D 3** 105 ff.
- bei Verschmelzung von Körperschaft auf Körperschaft **D 11** 131 ff.

Gesellschaftsteuerrichtlinie (GesSt-RL) A 19 44

Gesellschaftsvertrag
- als Bestandteil des Spaltungsplans **A 136** 12 f.
- als Bestandteil des Verschmelzungsplans **A 307** 26 f.

Gesetz gegen den unerlaubten Wettbewerb (UWG) A 20 60

Gesetz über das Verfahren in Familiensachen und in den Angelegenheiten der freiwilligen Gerichtsbarkeit A Einf. 27, 29; **B Einl.** 6

Gesetz zur Modernisierung des GmbH-Rechts und zur Bekämpfung von Missbräuchen (MoMiG) A Einf. 28, 30

Gesetz zur Umsetzung der Aktionärsrechterichtlinie (ARUG) A 8 43; **A 14** 42

Gesetz zur Unternehmensintegrität und Modernisierung des Anfechtungsrechts (UMAG) A 8 43; **A 14** 42; **A 16** 31

Gesetzessystematik A Vor 2 5

Gesetzliche Vertragsübernahme
- Sonderrechtsnachfolge **A 131** 66

Gewährung zusätzlicher Aktien B 10a 1 ff.
- Anfechtungsausschluss **A 72b** 13
- Anspruchserhaltung bei Spaltung **A 142a** 1 ff.
- Kapitalerhöhung **A 72b** 1 ff., 3
- Kompensationshöhe **B 10a** 2 ff.

- Sacheinlage **A 72b** 5 ff.
- Verschmelzungsvertrag **A 72a** 1 ff., 9

Gewerbesteuer
- Anrechnung **D 18** 32
- bei einbringungsgeborenen Anteilen **D 21** 142
- bei Formwechsel in eine PersGes **D 18** 1 ff.
- bei Formwechsel von KapGes in PersGes **D 9** 45
- bei natürlichen Personen **D 21** 140
- bei Vermögensübergang auf eine andere Körperschaft **D 19** 8
- bei Vermögensübergang auf eine PersGes **D 18** 3
- Beteiligungskorrekturgewinn **D 19** 14
- Einbringungsgewinn **D 20** 432 ff.; **D 24** 240
- Einkünfte **D 18** 17 f.
- Missbrauchsregelung **D 18** 34
- Übernahmefolgegewinn **D 6** 28; **D 18** 28; **D 19** 16
- Übernahmegewinn **D 18** 29; **D 19** 12
- Übernahmeverlust **D 18** 29; **D 19** 12
- Übertragungsgewinn **D 18** 9 ff.; **D 19** 8
- verdeckte Einlage **D 18** 54a
- vortragsfähige Fehlbeträge **D 18** 15; **D 19** 17; **D 23** 102; **D 24** 260

Gewerblich geprägte Personengesellschaft D 8 3; **D 20** 133; **D 24** 129

Gewerbliche Schutzrechte A 20 87

Gewinnabführungsvertrag
- Gesamtrechtsnachfolge **A 20** 57
- Rückwirkung **D 2** 84 f.; *s. auch Ergebnisabführungsvertrag*

Gewinnausschüttungen
- Umqualifizierung **D 2** 71 ff.
- verdeckte **D 11** 158 ff.

Gewinnermittlung D 3 31

Gewinnermittlung, steuerliche
- bei Einbringung **D 20** 274 ff.; **D 24** 166 ff.
- bei Verschmelzung von Körperschaft auf Körperschaft **D 12** 10 ff.
- bei Verschmelzung von Körperschaft auf PersGes **D 4** 11 ff.

Gewinnmindernde Rücklage
- bei Verschmelzung von Körperschaft auf Körperschaft **D 12** 77
- bei Verschmelzung von Körperschaft auf PersGes **D 4** 68 ff.

Gewinnschuldverschreibungen
- bei Gesamtrechtsnachfolge **A 20** 51
- bei Sonderrechten **A 23** 7, 13

Gläubigerschutz A 22 1 f.
- Ansprüche **A 22** 7
- Ausschlussfrist **A 22** 11

mager = Rn.

- befristete und auflösend bedingte Forderungen **A 22** 7
- bei Spaltung **A 133** 1 f.
- besonderer Arbeitnehmerschutz bei Spaltung **A 134** 1 f.
- Bürgenhaftung **A 22** 17
- Dauerschuldverhältnis **A 22** 6, 21
- Geltendmachung **A 22** 8
- gerichtliche Durchsetzung **A 22** 14 f.
- Glaubhaftmachung **A 22** 13
- Grenzüberschreitende EU-Spaltung **A 328** 1
- Grenzüberschreitender Formwechsel **A 341** 1 ff.
- Pfandbriefe **A 22** 18
- Schadensersatz **A 22** 22
- Schiffspfandbriefe **A 22** 18
- Schutzgesetz **A 22** 22
- SE-Gründung **C 24** 2 ff.
- Sicherheitsleistung **A 22** 2, 9, 20
- Unterpariemission **A 22** 13
- Versorgungsanwartschaft **A 22** 7, 18
- Widereinsetzung in den vorigen Stand **A 22** 12

GmbH
- Spaltung von **A Vor 138** 1 ff.

Grenzüberschreitende EU-Spaltung A 320 1 ff.; **A 320 ff.**
- Anmeldeverfahren **A 329** 3 ff.
- Anmeldung **A 329** 1 ff.
- Arbeitnehmermitbestimmung **A 326** 2
- Barabfindung **A 327** 1 f.
- Beteiligte **A 321** 1 ff.
- Eintrageverfahren **A 329** 8 f.
- Eintragung **A 330** 1 ff.
- Eintragung neuer inländischer Gesellschaft **A 331** 1 ff.
- Gläubigerschutz **A 328** 1
- Hinausspaltung **A 330** 1 ff.
- Spaltung zur Aufnahme **A 332** 1 ff.
- Spaltungsbericht **A 324** 1 ff.
- Spaltungsbescheinigung **A 329** 1 ff., 8 f.
- Spaltungsplan **A 322** 1 ff.
- Spaltungsprüfung **A 325** 1
- Zustimmung der Anteilsinhaber **A 326** 1 ff., 5

Grenzüberschreitende EU-Verschmelzung A Vor 305 ff.
- Abfindungsangebot **A 307** 35
- Anmeldeverfahren für übertragende Gesellschaften **A 315** 1 ff.
- Anmeldung **A 315** 1 ff.
- Anwendbarkeit sonstiger Vorschriften auf inländische KapGes **A 305** 15
- Arbeitnehmermitbestimmung **A 307** 27
- Barabfindung **A 313** 1 ff.
- Barabfindung, Ausscheiden gegen **A 313** 5 ff.
- bare Zuzahlungen **A 307** 15
- Begriff, Geltungsbereich **A 305** 3 ff.
- Bekanntmachung des Verschmelzungsplans **A 308** 1 ff.
- Beschäftigte **A 307** 19
- Beteiligte **A 1** 34 ff.; **A 306** 4 ff.
- Beteiligte, ausgeschlossene **A 306** 17 f.
- Bilanzstichtag **A 307** 33
- Brexit Übergangsvorschrift **A 319** 1 ff.
- Eintragungsverfahren **A 316** 16 ff.
- Fallgruppen **A 305** 7 f.
- Gläubigerschutz **A 314** 1 ff.
- Hereinverschmelzung **A 318** 1 ff.
- Information Registergericht **A 317** 1 ff.
- persönlicher Anwendungsbereich der §§ 305 ff. **A 306** 1 ff.
- Rechtmäßigkeitskontrolle **A 316** 5 ff.
- sachlicher Anwendungsbereich der §§ 305 ff. UmwG **A 305** 1 ff.
- Satzung **A 307** 26
- Sonderrechtsinhaber **A 307** 23
- Sondervorteile **A 307** 25
- Spruchverfahren **A 313** 15 ff.
- Verschmelzung auf PhG **A 305** 17; **A 306** 14 ff.; **A 307** 26; **A 311** 1
- Verschmelzung von EU-KapGes **A 305** 1
- Verschmelzungsbericht **A 309** 1 ff.
- Verschmelzungsbescheinigung **A 316** 1 ff., 16 ff.
- Verschmelzungsplan **A 305** 1 ff.
- Verschmelzungsstichtag **A 307** 21
- Vorgaben der GesR-RL **A 305** 4
- Widerspruch **A 313** 8
- Zustimmung der Anteilsinhaber **A 312** 1 ff.

Grenzüberschreitende Umwandlung A 1 45 f.
- Drittstaaten **A 1** 61
- Durchführung der **A 1** 57
- Hereinumwandlung **D 3** 94, 98; **D 11** 114 ff., 120 ff.
- Hinausumwandlung **A 1** 49 f., 54 f.
- kein Verbot **A 1** 24, 47
- nach der SE-VO **C 2** 1 ff.
- Niederlassungsfreiheit, Bedeutung der **A 1** 48
- Vereinigungstheorie **A 1** 58
- Verschmelzung von EU-KapGes **A 305** 1

Grenzüberschreitender Formwechsel A 333 1 ff.; **A 333 ff.**
- Anmeldung **A 342** 1 ff.
- Arbeitnehmermitbestimmung **A 339** 5
- Ausschluss Spruchverfahren **A 333** 15 ff.
- Barabfindung **A 340** 1 ff.
- Bekanntmachung des Formwechselplans **A 336** 1 ff.
- Beteiligte **A 334** 1 ff.

Sachverzeichnis

fett = Gesetz und §

- Dokumente zur Anmeldung **A 342** 3 ff.
- Eintragung **A 343** 2 ff.
- Formwechselbericht **A 337** 1 ff.
- Formwechselbescheinigung **A 343** 1 ff., 5
- Formwechselplan **A 335** 1 ff.
- Formwechselprüfung **A 338** 1 ff.
- Gläubigerschutz **A 341** 1 ff.
- Gründungsrecht **A 334** 8 ff.
- Hereinformwechsel **A 333** 11 ff.; **A 345** 1 ff.; **A Vor 333** 28 ff.
- Hinausformwechsel **A Vor 333** 15 ff.
- Information Registergericht **A 344** 1 ff.
- Mitteilungen **A 342** 7 f.
- Niederlassungsfreiheit **A Vor 333** 3 ff.
- Rechtmäßigkeitskontrolle **A 343** 10 ff.
- Umwandlungsrichtlinie **A Vor 333** 9 ff.
- Widerspruch Barabfindung **A 340** 2 ff.
- Zustimmung der Anteilsinhaber **A 339** 1 ff.

Grund, triftiger D 6 45

Grundbuchberichtigung
- Antrag **A 126** 82 f.; **A 131** 13
- Kosten **A 130** 31

Grunderwerbsteuer E 39 ff.
- bei Formwechsel in KapGes **D 25** 45
- bei Verschmelzung auf KapGes **D 11** 82
- bei Verschmelzung auf PersGes **D 3** 125a

Grundpfandrechte
- Sonderrechtsnachfolge **A 131** 22 f.

Grundstück
- Bezeichnung bei Spaltungen **A 126** 81 ff.
- Sonderrechtsnachfolge **A 131** 13 f.
- Übertragbarkeit bei Spaltung **A 131** 13 ff.
- wesentliche Betriebsgrundlage **D 20** 48 ff.

Grundstück, bebautes
- wesentliche Betriebsgrundlage **D 20** 48

Grundstücksgleiche Rechte
- Sonderrechtsnachfolge **A 131** 13 f.
- wesentliche Betriebsgrundlage **D 20** 48

Gründung
- einer SE **C 2** 1 ff.

Gründungsbericht
- bei Ausgliederung aus dem Vermögen eines Einzelkaufmanns zur Neugründung **A 159** 3
- bei Ausgliederung aus dem Vermögen rechtsfähiger Stiftungen **A 165** 1 f.
- bei Ausgliederung aus dem Vermögen von Gebietskörperschaften **A 170** 1 f.
- bei Spaltung unter Beteiligung von AG und KGaA **A 144** 1
- SE-Holding **C 32** 4

Gründungsplan
- Aufstellung **C 32** 3
- Gründungsbericht **C 32** 4
- Inhalt **C 32** 6
- Mindestprozentsatz **C 32** 5

- Offenlegung **C 32** 8

Gründungsprüfung
- bei Ausgliederung aus dem Vermögen eines Einzelkaufmanns zur Neugründung **A 159** 4
- bei Spaltung unter Beteiligung von AG und KGaA **A 144** 3

Gründungstheorie A 1 27

Gründungsvorschriften
- bei Spaltung durch Neugründung **A 135** 13 f.

Gutgläubiger Erwerb
- Gesamtrechtsnachfolge **A 20** 25

Haftung
- nach § 419 BGB bei Spaltung **A 133** 20
- wegen Firmenfortführung bei Spaltung **A 133** 17

Handelsbilanz
- bei Einbringung **D 20** 268 f.; **D 21** 39
- bei Formwechsel in KapGes **D 25** 34
- bei Verschmelzung von Körperschaft auf Körperschaft **D 11** 19 f.
- Formwechsel in PersGes **D 9** 9

Handelsgewerbe
- als verschmelzungsfähiger Rechtsträger **A 3** 7

Handelsvertreter D 20 115

Handwerker D 20 116

Hauptversammlung
- Abschriftserteilung **A 63** 8
- Aktien verschiedener Gattungen **A 65** 13
- Anfechtbarkeit **A 65** 14
- Anfechtung **A 63** 10; **A 64** 10
- Auskunftsrecht **A 64** 8
- Bekanntmachung der Tagesordnung **A 63** 2
- Beschlussfassung **A 65** 2
- Durchführung der Hauptversammlung **A 64** 1; **A 65** 1
- eigene Anteile **A 62** 5
- Erläuterungsverpflichtung **A 64** 2
- Internetseite **A 63** 9
- Jahresabschlüsse **A 63** 3
- Mehrheitsverhältnisse **A 65** 3
- Mehrstimmrechtsaktien **A 65** 5
- Sonderbeschlüsse **A 65** 13 f.
- Stimmenthaltungen **A 65** 7
- stimmrechtslose Aktien **A 65** 4
- stimmrechtslose Anteile **A 51** 9
- stimmrechtslose Vorzugsaktien **A 65** 13
- Treuhänder **A 65** 6
- ungültige Stimmen **A 65** 7
- Vorbereitung der Hauptversammlung **A 63** 1
- zugänglich zu machende Unterlagen **A 64** 3
- Zwischenbilanz **A 63** 4

mager = Rn.

Sachverzeichnis

Hereinformwechsel
- Anmeldung **A 345** 3 f.
- Eintragung **A 345** 1 ff.
- Eintragungsvoraussetzungen **A 345** 6 ff.
- Formwechselbescheinigung **A 345** 5
- grenzüberschreitend **A 333** 11 ff.; **A 345** 1 ff.

Hereinverschmelzung
- Anmeldeverfahren **A 318** 2 ff.
- Eintragungsmitteilung **A 318** 21
- Eintragungsverfahren **A 318** 19 ff.
- grenzüberschreitend **A 318** 1 ff.

Hinausspaltung
- Anmeldung **A 331** 2 ff.
- Eintragung **A 330** 1 ff.
- grenzüberschreitend **A 330** 1 ff.

Höchstpersönliche Rechte
- Sonderrechtsnachfolge **A 131** 76

IAS/IFRS
- Verschmelzungsvertrag **A 5** 12

Identität des Rechtsträgers
- bei Formwechsel **D 9** 1 f.; **D 25** 2

IDW S 1 A 5 20 ff.

Immaterialgüterrechte
- Sonderrechtsnachfolge **A 131** 42 f.

Immaterielle Wirtschaftsgüter
- bei Einbringung in KapGes **D 20** 52
- bei Formwechsel **D 9** 10 f.
- bei Verschmelzung von Körperschaft auf Körperschaft **D 11** 58
- bei Verschmelzung von Körperschaft auf PersGes **D 3** 29; **D 4** 3, 90

Immobilien
- Genehmigungserfordernis bei Spaltung **A 131** 14
- wesentliche Betriebsgrundlage **D 20** 48

Insolvenz A 3 57

Insolvenzverfahren A 20 43

Institut der Wirtschaftsprüfer (IDW) A 5 14; **A 12** 23

Integrierte Finanzplanung A 5 26

Interessenausgleich A 126 112

Inventar D 20 53

Investmentvermögen
- Verschmelzung von **A Vor 39** 2

Justizvergütungs- und -entschädigungsgesetz (JVEG) A 10 4

Kaltes Delisting A 29 9

Kapitalerhaltungsvorschriften
- Verschmelzungsvertrag **A 29** 12

Kapitalerhöhung
- bei Spaltung unter Beteiligung von AG und KGaA **A 142** 1 f.
- bei Spaltung unter Beteiligung von GmbH **A Vor 138** 6

- Gewährung zusätzlicher Aktien **A 72b** 1 ff., 3
- Sacheinlage **A 72b** 5 ff.
- unterlassene Verschmelzung **A 69** 28

Kapitalerhöhungsbeschluss
- mangelhaft **A 20** 120

Kapitalerhöhungsverbot A 54 3 f.; **A 68** 5 f.
- Verstoß **A 68** 18
- Verstoß gegen **A 54** 26

Kapitalerhöhungswahlrechte A 54 2, 10 f.; **A 68** 10 f.

Kapitalersetzende Darlehen
- bei Verschmelzung auf PersGes **D 3** 127

Kapitalertragsteuer D 7 15
- bei Verschmelzung auf PersGes **D 3** 128

Kapitalgesellschaft
- als spaltungsfähige Rechtsträger **A 124** 10 f., 33 f.
- als verschmelzungsfähige Rechtsträger **A 3** 17 f.
- Auflösung durch Kündigung **A 3** 56
- ausländische als Beteiligte einer grenzüberschreitenden Verschmelzung **A 1** 37; **A 306** 8 f.
- Fortsetzungsfähigkeit **A 124** 61 f.
- inländische als Beteiligte einer grenzüberschreitenden Verschmelzung **A 306** 5 f.
- Nichtigerklärung einer **A 3** 55

Kapitalgesellschaft & Co. KG A 3 7

Kapitalgesellschaft, 100%ige Beteiligung
- bei Einbringung **D 20** 26, 106; **D 24** 43

Kapitalherabsetzung D 22 88
- bei Ausgliederung unter Beteiligung von GmbH **A 139** 31
- bei Spaltung unter Beteiligung von AG und KGaA **A 145** 1 f.
- bei Spaltung unter Beteiligung von GmbH **A 139** 1 f.
- Durchführung **A 139** 22
- Höhe **A 139** 25
- Missbrauchsschutz **A 139** 18
- Rechtsfolgen **A 139** 29
- Rückwirkung **A 139** 30
- Umqualifizierung **D 2** 69 f.
- Voreintragung **A 139** 33

Kapitalkonto D 3 108 f.; **D 4** 21; **D 24** 131

Kapitalrücklage
- bei der Einbringung in KapGes **D 21** 28 f.
- bei Verschmelzung von Körperschaft auf Körperschaft **D 12** 95

Kartellverpflichtungen
- Sonderrechtsnachfolge **A 131** 64

Kaufmann
- als eingeschränkt verschmelzungsfähiger Rechtsträger **A 3** 43

2525

Sachverzeichnis

fett = Gesetz und §

Kettenumwandlung A 5 3; **A 7** 5, 6
- aufschiebende Bedingung **A 126** 116
- Bezeichnung der Rechtsträger **A 126** 14
- steuerlicher Übertragungsstichtag **D 2** 27 ff.

Kettenverschmelzung
- Inhalt des Verschmelzungsvertrages **A 5** 103
- Verschmelzungsbeschluss **A 13** 78

Kommanditgesellschaft
- als spaltungsfähiger Rechtsträger **A 124** 3 f., 28 f.
- Fortsetzungsfähigkeit **A 124** 59 f.
- Spaltung **A Vor 138** 4 f.

Kommanditgesellschaft auf Aktien A 3 21; **A 78** 1 f.
- als spaltungsfähiger Rechtsträger **A 124** 10 f., 33 f.
- Barabfindung **A 78** 10
- Beteiligung an grenzüberschreitender Verschmelzung **A 305** 16; **A 306** 5
- Beteiligung an Spaltung **A 124** 10, 33; **A Vor 141** 1 f.
- Einbringung **D 20** 173
- Formwechsel in PersGes **D 9** 43
- Fortsetzungsfähigkeit **A 124** 63 f.
- Kommanditaktionäre **A 78** 9
- Nachhaftungsbegrenzung **A 78** 5
- steuerliche Behandlung **D 1** 140 f.
- Verschmelzung **D 3** 10; **D 11** 10; **D 12** 8
- Wesen der **A 78** 2 f.

Konfusion
- Einbringung **D 24** 273
- einkommensteuerrechtliche Konsequenzen **D 6** 15
- gegenseitige Verträge **A 21** 2
- Nachversteuerungsfälle **D 6** 35 ff.
- Pensionsrückstellung **D 6** 18
- Rücklagenbildung **D 6** 29

Konzentrationsermächtigung A 10 24 f., 25
- für Spruchverfahren **B 2** 12

Konzernbetriebsrat
- Zuleitung Verschmelzungsvertrag **A 5** 122

Konzernverschmelzung
- Bekanntmachungspflichten **A 62** 11
- Entbehrlichkeit des Verschmelzungsbeschlusses **A 62** 15
- Fristen **A 62** 11
- Hauptversammlung **A 62** 8
- Hinweispflichten **A 62** 11
- Mehrheitsverhältnisse **A 62** 4 ff.
- Minderheit **A 62** 8 f.
- Squeeze-out **A 62** 18

Konzessionen D 20 54

Körperschaft des öffentlichen Rechts
- als Einbringende in eine KapGes **D 20** 177

Körperschaft, übernehmende D 1 20
- Ermittlung des Einkommens **D 2** 45
- Typenvergleich **D 1** 17, 23

Körperschaft, übertragende D 1 15
- ausländische **D 1** 17
- steuerbefreite **D 1** 16

Körperschaftsteuer
- Einbringung **D 24** 254
- Sicherstellung der Besteuerung **D 3** 79; **D 11** 92 ff.

Körperschaftsteuerguthaben D 3 129; **D 11** 83; **D 12** 30

Kosten D 3 136; **D 11** 89; **D 12** 35
- der Anmeldung der Spaltung zur Neugründung **A 137** 11
- der Anmeldung einer Spaltung zur Aufnahme **A 129** 4 f.
- der Beurkundung des Verschmelzungsvertrages **A 6** 19
- der Eintragung der Spaltung **A 130** 27 f.
  - zur Neugründung **A 137** 14 f.
- des Spaltungs- und Übernahmevertrag **A 126** 118 f.
- des Verschmelzungsvertrages **A 4** 22 ff.

Kostenschuldner Spruchverfahren B 15 11

Kreditinstitute
- Gesamtrechtsnachfolge **A 20** 71

Kundenstamm D 20 55

Kündigung
- des Verschmelzungsvertrages **A 7** 1 ff.; **A 13** 12

Kündigungsschutz
- Arbeitnehmer **A 132** 1 ff.
- Kündigungsrechtliche Stellung **A 132** 21 ff.
- Voraussetzungen gemeinsamer Betrieb **A 132** 8 ff.

Land- und forstwirtschaftlicher Betrieb D 20 111, 121

Leistungsklage nach Spruchverfahren B 16 1 ff.

Letter of intent
- Verschmelzungsvertrag **A 4** 26

Lieferungen und Leistungen
- im Rückwirkungszeitraum **D 4** 36; **D 12** 28; **D 20** 240; **D 24** 152

Limited A 3 26

Liquide Mittel D 20 58

Lizenz D 20 59

Mandantschaft D 20 60

Mängel
- der Verschmelzung **A 20** 6

Marken A 20 87

Maßgeblichkeitsgrundsatz
- bei Einbringung **D 20** 268 f.; **D 21** 39
- bei Formwechsel in KapGes **D 25** 34

mager = Rn.

Sachverzeichnis

- bei Verschmelzung von Körperschaft auf Körperschaft **D 11** 19 f.
- Formwechsel in PersGes **D 9** 9

Materielle Beschlusskontrolle
- Verschmelzungsbeschluss **A 13** 42

Mehrheitsumwandlung
- Prüfungsbefehl **A 39e** 2
- Verschmelzungsbeschluss **A 39c** 2

Mehrstaatenbezug C 2 11 ff., 20, 34, 40
- Tochtergesellschaft **C 2** 22
- Zeitpunkt **C 2** 14
- Zweigniederlassung **C 2** 26

Minderheitenschutz SE-Gründung C 24 12
- Barabfindungsangebot **C 24** 15
- bare Zuzahlung **C 24** 13

Minderjährige A 3 44 f.
- Ausgliederung einzelkaufmännisches Unternehmen **A 152** 32
- Spaltung **A 135** 20

Mindestzahl von Gründern
- Verschmelzung durch Neugründung **A 36** 35

Minuskapital
- bei Verschmelzung von Körperschaft auf Körperschaft **D 12** 34

Mischformen, Beteiligung von D 1 136 f.
- atypisch stille Gesellschaft **D 1** 137 f.
- KGaA **D 1** 140 f.

Mischspaltung A 123 14 f.
Mischverschmelzung A 29 7; **A 51** 9
Missbräuchliche Gestaltung D 6 34; **D 18** 34; **D 20** 75; **D 22** 9; **D 24** 145

Mitbestimmung
- Angaben im Umwandlungsvertrag **A 5** 103

Mitbestimmungsrecht
- Arbeitnehmer **A 132a** 1 ff.

Mitgliedschaft
- bei Spaltungen **A 126** 55; **A 131** 39

Mitunternehmer
- ausländische **D 24** 117 f.

Mitunternehmeranteil
- Bruchteil eines Mitunternehmeranteils **D 20** 148, 154; **D 24** 67
- doppelstöckige Mitunternehmerschaft **D 20** 145; **D 24** 67
- Erbengemeinschaft **D 20** 133
- EWIV **D 20** 166
- gewerblich geprägt **D 20** 141
- Innengesellschaft **D 20** 136
- KGaA **D 20** 157
- Mitunternehmerstellung **D 20** 142; **D 24** 119
- negatives Kapital **D 20** 336
- nicht ausgeglichene verrechenbare Verluste **D 20** 407

- Nießbrauch **D 20** 167
- Nießbrauch am Gesellschaftsanteil **D 20** 138
- Partnergesellschaft **D 20** 165
- Sonderbetriebsvermögen **D 20** 148 f.
- stille Beteiligung **D 20** 158
- Unterbeteiligung **D 20** 161
- Zebragesellschaft **D 20** 133

Mitunternehmerstellung D 24 119 ff.
Mitverstrickte Anteile D 22 180
MoMiG A Einf. 28
MoPeG A Einf. 50 f.
Mündliche Verhandlung Spruchverfahren B 8 1 ff.
- Beweisaufnahme, Vorfragen **B 7** 15
- Replik **B 7** 13
- Sachverständiger Prüfer **B 8** 3
- Umwandlungsprüfer als Zeuge **B 8** 3
- vorbereitende Schriftsätze **B 9** 4
- Vorbereitung **B 7** 4
- Vorlage Unterlagen **B 7** 11

Nachgründung A 67 1 f.
- Aktienvolumen **A 67** 4
- Bericht des Aufsichtsrats **A 67** 9
- eigene Aktien **A 67** 6
- Handelsregistereintragung **A 67** 14
- Prüfung **A 67** 12
- Rechtsverstoß **A 67** 16
- Unternehmensgegenstand **A 67** 8

Nachhaftung
- 5-Jahres-Frist **A 39f** 18
- Begrenzungsvoraussetzungen **A 39f** 10
- bei Ausgliederung aus dem Vermögen eines Einzelkaufmanns **A 157** 1 f.
- bei Ausgliederung aus dem Vermögen rechtsfähiger Stiftungen **A 167** 1
- bei Ausgliederung aus dem Vermögen von Gebietskörperschaften **A 173** 1
- bei Gesamtrechtsnachfolge **A 20** 5
- bei Gesellschaften bürgerlichen Rechts **A 39f** 1
- bei Partnerschaftsgesellschaften **A 45a** 14
- bei Spaltung **A 133** 33 f.
- bei Spaltung von PersGes **A Vor 138** 11 f.

Nachweispflicht D 22 157 f.

Natürliche Person
- als eingeschränkt verschmelzungsfähige Rechtsträger **A 3** 41 f.
- als spaltungsfähige Rechtsträger **A 124** 44 f.
- als übernehmender Rechtsträger bei Verschmelzung **D 3** 21 f.
- als übernehmender Rechtsträger nach § 1 UmwStG **D 1** 71 f.
- Doppelansässigkeit **D 1** 75
- Wohnsitz **D 1** 73

Nebenabreden A 20 120

2527

Sachverzeichnis

fett = Gesetz und §

Nebenrechte
- Ausschluss der Übertragbarkeit **A 131** 68

Nebentätigkeit D 20 61

Negativerklärung A 16 2, 20 ff., 20; **A 38** 2
- Bestehen eines Betriebsrates **A 5** 107, 119
- Formwechsel **A 194** 9

Negatives Kapital D 12 44; **D 20** 331 ff.

Negatives Vermögen
- Anteilsgewährungsverbot **A 126** 50

Neue Anteile
- bei Einbringung in KapGes **D 20** 204 ff.
- bei Formwechsel in KapGes **D 25** 25 f.

Neutrales Vermögen D 4 111 ff.

Nicht betriebsnotwendiges Vermögen A 5 44 ff.
- Barabfindung **A 30** 10
- Verschmelzungsvertrag **A 5** 44

Nichtigerklärung einer Kapitalgesellschaft A 3 55

Nichtigkeit
- des Verschmelzungsvertrages **A 7** 22

Nichtverhältniswahrende Spaltung
- Begriff **A 128** 1 ff.

Nichtverhältniswahrende Verschmelzung A 5 8
- Inhalt des Verschmelzungsvertrages **A 5** 8
- Verschmelzung durch Neugründung **A 36** 29

Niederlassungsfreiheit
- Bedeutung für grenzüberschreitende Umwandlung **A 1** 24, 48
- Beteiligtenfähigkeit **A 1** 35, 38, 40
- Hinausumwandlung **A 1** 54; s. Teilwertabschreibung
- Hineinumwandlung **A 1** 49
- SE-Gründung **C 2** 8

Nießbrauch
- an Gesellschaftsanteilen **D 20** 138
- Anteilstausch bei Verschmelzung **A 20** 112
- Sonderrechtsnachfolge **A 131** 17 f.
- Übertragbarkeit bei Spaltung **A 131** 17 f.
- Verschmelzung ohne Kapitalerhöhung **A 54** 16

Normenhierarchie C Vorb. 2

Notarielle Beurkundung
- des Verschmelzungsberichts **A 8** 38
- des Verschmelzungsbeschlusses **A 13** 69
- des Verschmelzungsvertrages **A 6** 3 ff.

Numerus clausus der Umwandlungsarten A 1 62 f.

Nutzungsüberlassung
- wesentlicher Betriebsgrundlage bei Einbringung **D 20** 201 ff.; **D 24** 33

Nutzungsvergütungen
- Umqualifizierung **D 2** 64

Obergutachter A 10 3

Offene Handelsgesellschaft
- als spaltungsfähiger Rechtsträger **A 124** 3 f., 28 f.
- Fortsetzungsfähigkeit **A 124** 59 f.
- Spaltung von **A Vor 138** 4 f.

Offene Reserven
- bei Verschmelzung von Körperschaft auf Körperschaft **D 12** 95 ff.

Offene Rücklagen
- bei Verschmelzung von Körperschaft auf PersGes **D 7** 2

Öffentlich-rechtliche Rechtspositionen
- Bezeichnung bei Spaltungen **A 126** 101
- Sonderrechtsnachfolge **A 131** 69 f.

Optionsanleihen
- Sonderrechte **A 23** 12

Organisationsstatut A 202 8

Organschaft, körperschaftsteuerliche
- bei Einbringung **D 23** 33
- bei Verschmelzung von Körperschaft auf Körperschaft **D 12** 82 ff.

Originäre immaterielle Wirtschaftsgüter
- bei Einbringung in KapGes **D 20** 306
- bei Einbringung in PersGes **D 24** 192
- bei Verschmelzung von Körperschaft auf Körperschaft **D 11** 58, 78; **D 12** 25
- bei Verschmelzung von Körperschaft auf PersGes **D 3** 29, 47, 126

Ort der Geschäftsleitung des Rechtsträgers D 1 65
- ausländischer Rechtsträger **D 1** 66
- Doppelansässigkeit **D 1** 69
- Zeitpunkt **D 1** 70

Partnergesellschaft
- als spaltungsfähiger Rechtsträger **A 124** 9, 32

Partnerschaftsgesellschaft
- als verschmelzungsfähiger Rechtsträger **A 3** 12
- Gesellschafterversammlung **A 45a** 10
- Inhalt des Verschmelzungsvertrags **A 45a** 8
- Nachhaftung **A 45a** 14
- Spaltung **A Vor 138** 13
- Verschmelzung unter Beteiligung von **A 45a** 1 f.
- Verschmelzungsbeschluss **A 45a** 12
- Verschmelzungsmöglichkeit **A 45a** 3 f.

Passiva
- Bewertung **D 3** 36; **D 11** 20, 28; **D 20** 278
- vergessene bei Spaltung **A 131** 109 f.

Passivierungsverbote D 3 36 ff.; **D 4** 12 ff.; **D 11** 28 f.; **D 12** 11 ff.; **D 20** 278 ff.; **D 24** 169 ff.

mager = Rn.

Sachverzeichnis

Patentrechte A 20 87
Pensionsrückstellung
– Behandlung in steuerlicher Einbringungsbilanz **D 20** 368
– bei Formwechsel **D 9** 38
– bei Verschmelzung auf KapGes **D 11** 20, 87
– bei Verschmelzung auf PersGes **D 3** 132; **D 4** 38
– Übernahmefolgegewinn **D 6** 18 f.
Pensionszusagen
– Angaben im Umwandlungsvertrag **A 5** 103
– Arbeitsrecht **A 126** 113
Personalabbau
– Angaben im Umwandlungsvertrag **A 5** 89 f., 103
Personenbeförderung A 20 90
Personengesellschaft
– als übernehmender Rechtsträger bei Verschmelzung **D 3** 14
– ausländische **D 24** 117 f.
– doppelstöckige **D 20** 145; **D 24** 67 f.
– gewerblich geprägt **D 8** 3; **D 20** 141; **D 24** 129
– übernehmende
– Ermittlung des Einkommens **D 2** 46 f.
Personenhandelsgesellschaft
– als spaltungsfähiger Rechtsträger **A 124** 3 f., 28 f.
– als verschmelzungsfähiger Rechtsträger **A 3** 8 ff.
– Haftsumme **A 40** 6
– Mehrheitsumwandlung **A 39c** 2, 9
– Spaltung **A Vor 138** 4 f.
– Stimmbindungsvertrag **A 39c** 7
– Treuepflicht **A 39c** 7
Personenhandelsgesellschaften
– Verschmelzung **A 42** 1
– Widerspruch Verschmelzungsbeschluss **A 41** 1 ff.
Pfandrecht
– Sonderrechtsnachfolge **A 131** 29
Phantasiefirma
– Verschmelzung **A 18** 3
Praxis eines Selbstständigen D 20 122
Praxiswert D 20 62
Privatvermögen
– Vermögensübergang in das **D 3** 141; **D 8** 1 ff.
Produktionsunternehmen D 20 123
Prokuristen
– Verschmelzungsvertrag **A 4** 14
Prozessrechtsverhältnisse
– bei Spaltungen **A 126** 102
– Sonderrechtsnachfolge **A 131** 72 f.
Prüfung
– der Schlussbilanz **A 17** 20 ff.

– der Spaltung durch Neugründung **A 135** 22
– der Spaltung durch Registergerichte **A 130** 10 f.
– der Verschmelzung **A 9** 1 ff.
Prüfungsbefehl
– bei Prüfung der Verschmelzung **A 9** 1
– bei Verschmelzung durch Aufnahme **A 48** 1; **A 60** 1
– bei Verschmelzung unter Beteiligung einer GmbH **A 46** 1
– bei Verschmelzung unter Beteiligung von Gesellschaften bürgerlichen Rechts **A 39e** 1
– Fristgebundenheit **A 48** 4
– Verzicht **A 60** 2
Prüfungsbericht A 12 1 ff.
– Angemessenheit des Umtauschverhältnisses **A 12** 11
– Aufbau und Inhalt **A 12** 7
– Bedeutung der Prüfung **A 12** 29
– Bewertungsmethoden **A 12** 12 ff., 13 f.
– Form **A 12** 2
– Geheimnisschutz **A 12** 24
– Institut der Wirtschaftsprüfer (IDW) **A 12** 23
– Schlusserklärung **A 12** 22
– Testat **A 12** 22
– Umfang der Berichtspflicht **A 12** 17
– Verzicht **A 12** 26
Publikumsgesellschaften A 3 9
Realteilung D 18 55; **D 22** 32, 79; **D 24** 48
Rechtmäßigkeit des Verschmelzungsvertrages A 9 7
Rechtmäßigkeitskontrolle SE-Gründung C 25 1
– fehlende Gründungskontrolle **C 30** 6
– Prüfung der SE-Eintragung **C 26** 6 ff.
– Prüfung der Verschmelzung **C 25** 10
– Prüfungsbescheinigung **C 25** 13; **C 26** 4
– Prüfungsmaßstab **C 25** 20; **C 26** 7
– Prüfungsumfang **C 25** 11
– vorläufige Eintragung **C 25** 15
Rechtsanwaltsvergütungsgesetz (RVG)
– Geltendmachung von Schadenersatzansprüchen **A 26** 26
Rechtsfähige Stiftungen
– Möglichkeit der Ausgliederung **A 161** 1 f.
Rechtsfähiger Verein
– Barabfindung **A 104a** 1
– Bekanntmachung **A 104** 1
– Beschluss der Mitgliederversammlung **A 103** 1
– Beteiligung an Spaltung **A Vor 149** 1 f.
– Durchführung der Mitgliederversammlung **A 102** 1

Sachverzeichnis

fett = Gesetz und §

- Mitgliederversammlung **A 101** 1
- Verschmelzung **A 99** 1 f.
- Verschmelzungsprüfung **A 100** 1

Rechtsformzusatz
- Verschmelzung **A 18** 4, 14

Rechtsmittel
- gegen Eintragung von Spaltungen **A 130** 20 f.

Rechtsnachfolge
- bei Buchwertfortführung **D 23** 20

Rechtspositionen, Eintritt in
- bei Einbringung **D 23** 1 ff.
- bei Verschmelzung **D 4** 53 ff.; **D 12** 67 ff.
- Gesamtrechtsnachfolge im Steuerrecht **D 1** 142 ff.

Rechtsträger
- Anstalten des öffentlichen Rechts **A 191** 29
- aufgelöste **A 3** 46 ff.; **A 191** 34 ff.
- ausländischer mit Sitz im Inland **A 1** 35 f.
- Begriff **A 1** 2
- eingetragene Genossenschaft **A 191** 18
- eingetragener Verein **A 191** 22
- EWIV **A 191** 10
- formwechselnde **A 191** 4 ff.
- Gesellschaft bürgerlichen Rechts **A 191** 4a
- Gründungsstatut **D 1** 61
- inländischer mit Satzungssitz im Ausland **A 1** 38 f.
- inländischer mit Verwaltungssitz im Ausland **A 1** 40 f.
- Kapitalgesellschaft **A 191** 13
- Körperschaften des öffentlichen Rechts **A 191** 29
- Partnerschaftsgesellschaft **A 191** 11
- Personenhandelsgesellschaft **A 191** 5
- rechtsfähiger Verein **A 191** 21
- übernehmende **A 2** 10
- überschuldeter **A 3** 50
- übertragende **A 2** 9
- Verschmelzung eines aufgelösten **A 3** 5
- VVaG **A 191** 27
- wirtschaftlicher Verein **A 191** 24
- Zielgesellschaft **A 191** 32 f.

Rechtsträger mit Sitz im Inland A 1 23

Rechtsverordnung
- Beschwerde **A 10** 26

Reform
- des UmwG **A Einf.** 5 ff.
- des UmwStG **D Einf.** 1 f.

reformatio in peius
- Verschmelzung **A 19** 54

Regelungsbereich des Umwandlungssteuergesetzes
- Drittstaatenumwandlungen **D 1** 4 f.
- Steuerarten **D 1** 10

Regiebetrieb A 168 3
Registerakten A 130 24 f.
Registeranmeldung Verschmelzung zur SE-Gründung C 25 3 ff.
Registereintragung
- Bekanntmachung **A 19** 33 f., 33 ff.
- Informationspflicht **A 19** 11
- Kosten **A 19** 39 f., 39 ff.
- Prüfungsrecht **A 19** 17 f.
- Rechtsmittel **A 19** 25 f.
- Reihenfolge **A 19** 4 ff.
- Wirkungen **A 19** 1 ff.
- Zuständigkeit **A 19** 13 f., 13 ff.

Registersperre
- Verschmelzung **A 16** 21

Replik im Spruchverfahren B 7 13
RL (EU) 2017/1132 vom 14.6.2017 A Einf. 38
RL (EU) 2019/2121 vom 27.11.2019 A Einf. 39

Rückabwicklung, Ausschluss der
- einer Spaltung **A 131** 96

Rückbeziehung, Ausschluss
- abweichende Regelungen **D 2** 116 f.
- Doppelbesteuerung **D 2** 121
- Rechtsfolgen **D 2** 119 f.
- Umwandlungsarten **D 2** 111 f.

Rücklage
- steuerfreie **D 23** 26; **D 24** 194
- Übernahmefolgegewinn **D 6** 29

Rücktritt
- Verschmelzungsvertrag **A 4** 21; **A 7** 28; *s. Steuerliche Rückwirkung*

Ruhender Gewerbebetrieb D 24 58

Sacheinlage D 22 62 f.
Sachenrechtlicher Spezialitätsgrundsatz A 2 6
Sachfirmen
- Verschmelzung **A 18** 25

Sachgesamtheit D 3 30
Sachgründung, verschleierte D 20 199 f.
Sachgründungsbericht
- bei Ausgliederung aus dem Vermögen eines Einzelkaufmanns zur Neugründung **A 159** 3
- bei Ausgliederung aus dem Vermögen rechtsfähiger Stiftungen **A 165** 1 f.
- bei Ausgliederung aus dem Vermögen von Gebietskörperschaften **A 170** 1 f.
- bei Spaltung unter Beteiligung von GmbH **A 138** 1 f.

Sachverständigengutachten
- Verschmelzungsvertrag **A 5** 14

Sachwertmethode D 11 36
Sanierungsfusion A 5 22
SCE A 3 27; **A Einf.** 26, 28

mager = Rn.

Sachverzeichnis

Schachtelprivilegien
- Besitzzeitanrechnung **D 4** 75; **D 12** 80; **D 18** 14, 23; **D 19** 15; **D 23** 34 f.

Schadenersatzansprüche
- Anmeldeverfahren **A 26** 19
- Anspruchsberechtigte **A 27** 11
- Arbeitnehmer **A 5** 114
- besonderer Vertreter **A 26** 3, 12
- Bestellungsverfahren **A 26** 18
- Durchsetzung **A 26** 19 f.; **A 27** 12
- Erlösverteilung **A 26** 23
- Geltendmachung **A 26** 1 ff.
- Glaubhaftmachung **A 26** 17
- Gläubiger des übertragenden Rechtsträgers **A 26** 14
- Haftung des besonderen Vertreters **A 26** 27
- Organmitglieder **A 20** 48
- Rechtsanwaltsvergütungsgesetz (RVG) **A 26** 26
- Vergütung und Auslagenersatz **A 26** 25
- Verjährung **A 27** 13

Schadenersatzpflicht der Verwaltungsträger des übertragenden Rechtsträgers
- Aufsichtsorgan **A 25** 8
- Beweislastumkehr **A 25** 24
- Exkulpation **A 25** 24
- Fortbestehensfiktion **A 25** 38 f.
- Gläubiger der Anteilsinhaber **A 25** 20
- Haftungsausschluss **A 25** 29
- Kausalität **A 25** 17 f.
- Prüfungspflicht der Organmitglieder **A 25** 22
- Schaden **A 25** 13 f., 13 ff.
- Umtauschverhältnis **A 25** 21
- Unwirksamkeitsklage **A 25** 16
- Verjährung **A 25** 32
- Verschulden **A 25** 22
- Vertretungsorgan **A 25** 7
- Vollbeweis **A 25** 26
- Weisung **A 25** 30
- weitere Ansprüche **A 25** 34 f.

Schadensersatzpflicht des Verwaltungsträgers des übernehmenden Rechtsträgers
- Anspruchsberechtigte **A 27** 11
- Durchsetzung **A 27** 12
- Verjährung **A 27** 13

Schiff D 20 63

Schlussbilanz
- Abhängigkeit vom Umwandlungsstichtag **A 17** 37 ff.
- Aktivseite **A 17** 26
- Ansatzvorschriften **A 17** 25
- bei Verschmelzung von Körperschaft auf Körperschaft **D 11** 20
- bei Verschmelzung von Körperschaft auf PersGes **D 3** 22
- Besonderheiten bei Spaltung **A 17** 49 ff.
- Bewertungsvorschriften **A 17** 31 f.
- eigenständige **A 17** 34
- formelle Anforderungen **A 17** 14 f.
- handelsrechtliche Schlussbilanz **A 17** 8 ff.
- Passivseite **A 17** 28
- Steuerrecht **A 17** 64 ff.
- Wesen **A 17** 9
- Zweck **A 17** 10

Schuldverhältnisse
- Sonderrechtsnachfolge **A 131** 49 ff.

Schwestergesellschaften A 2 22
- Verschmelzung von **A 2** 21 f.

SE-Gründer C Vorb. 7

SE-Gründung C 2 1 ff.; **C Vorb.** 6
- Bekanntmachung **C 15** 2
- durch Verschmelzung **C 17** 1; **C 2** 4 ff.
- Konzernverschmelzung **C 2** 10
- Offenlegung **C 15** 2
- primäre Gründung **C 2** 1
- SE als AG **C 3** 2
- Vorschriften, nationale **C 15** 1

SE-Gründung durch SE C 3 4 ff.
- Gründer **C 3** 5
- Gründungsverfahren **C 3** 7

SE-Gründung Holding-SE
- bare Zuzahlung **C 34** 1
- durch Holdinggründung **C 2** 15 ff.
- Einbringung der Beteiligung **C 33** 2
- Erreichung Mindestprozentsatz **C 33** 3
- EU-Personalstatut **C 2** 17
- Gründer **C 2** 16; **C 3** 2; s. auch Gründungsplan
- Gründungsbericht **C 32** 4
- Gründungsplan **C 32** 3
- Gründungsprüfung **C 32** 9
- Gründungsverfahren **C 33** 5
- Mehrstaatenbezug **C 2** 20
- Minderheitenschutz **C 34** 1
- Mindestprozentsatz bei Holdinggründung **C 32** 5
- Mitteilung Einbringungsabsicht **C 33** 2
- Ort der Hauptverwaltung **C 2** 18
- Sitz **C 2** 18
- Tochtergesellschaft **C 2** 22
- Zustimmung Hauptversammlung **C 32** 12
- Zustimmungsvorbehalt Arbeitnehmerbeteiligung **C 32** 13
- Zweigniederlassung **C 2** 26

SE-Gründung Tochter-SE C 35 1
- Ausgliederungsgründung **C 2** 35
- EU-Personalstatut **C 2** 38
- Gründer **C 2** 30; **C 3** 2
- Mehrstaatenbezug **C 2** 34
- nationale Anforderungen an Gründer **C 36** 1 f.

Sachverzeichnis

fett = Gesetz und §

- Ort der Hauptverwaltung **C 2** 33
- Sitz **C 2** 33
- Tochter-SE, gemeinsame **C 2** 29
- Zeichnung Aktien **C 2** 35

SE-Gründung Umwandlung AG C 2 36; **C 37** 1 ff.
- EU-Personalstatut **C 2** 40
- Gründer **C 2** 37
- Kapitalprüfung **C 37** 9
- Mehrstaatenbezug **C 2** 40
- Ort der Hauptverwaltung **C 2** 39
- Sitz **C 2** 39
- Umwandlungsbericht **C 37** 7
- Umwandlungsplan **C 37** 4
- Zustimmungsbeschluss **C 37** 10

SE-Gründung Verschmelzung C 17 1
- Ablauf Verschmelzung **C Vor Art. 17** 3 ff.
- Anteilsgewährung **C 17** 7
- Barabfindungsangebot **C 24** 15
- bare Zuzahlung **C 17** 8; **C 24** 13
- Bekanntmachung der Verschmelzung **C 28** 1
- Bekanntmachung Verschmelzungsabsicht **C 21** 2 ff.
- Bekanntmachung Verschmelzungsplan **C 21** 4; *s. auch Verschmelzungsprüfung SE-Gründung*
- Besonderheiten bei Mehrheitsbeteiligung **C 31** 1
- Einspruch Behörde **C 19** 1; *s. auch Verschmelzungsplan*
- EU-Personalstatut **C 2** 6
- Gläubigerschutz **C 18** 11
- Gründer **C 2** 5; **C 3** 2
- Handelsregisteranmeldung **C 18** 10
- Hauptversammlung **C 23** 1 ff.
- Konzernverschmelzung **C 2** 10
- Mehrstaatenbezug **C 2** 11 ff.
- Minderheitenschutz **C 24** 12 ff.
- Ort der Hauptverwaltung **C 2** 7
- Personalstatute, unterschiedliche **C 2** 11 ff.
- Prüfung der SE-Eintragung **C 26** 6 ff.
- Rechtmäßigkeitskontrolle **C 25** 1
- Rechtsfolgen der Verschmelzung **C 29** 1 f.
- Rechtsformwechsel **C 17** 9
- Registeranmeldung **C 25** 3 ff.
- Sitz **C 2** 7
- Unumkehrbarkeit der Verschmelzung **C 30** 1
- Verschmelzung durch Aufnahme **C 17** 2
- Verschmelzung durch Neugründung **C 17** 10
- Verschmelzungsbericht **C 18** 4 ff.
- Verschmelzungsbeschluss **C 18** 9
- Verschmelzungsplan **C 18** 8; *s. auch Verschmelzungsbeschluss SE-Gründung*
- Verschmelzungsprüfung **C 18** 7; **C 22** 2 ff.

- Verschmelzungsvorschriften, nationale **C 18** 1 ff.
- Wirksamwerden der Verschmelzung **C 27** 1
- Wirkungen **C 18** 12

SE-Rechnungslegung C Vorb. 10
SE-Struktur C Vorb. 4 ff.
Sicherheitsleistung
- Ansprüche der Gläubiger auf **A 314** 3 ff.; **A 341** 2 f.
- bei Gläubigerschutz **A 22** 2, 9, 20
- Verhältnis zu §§ 22, 23 UmwG **A 314** 15 f.

Sicherstellung der Besteuerung
- bei der Einbringung **D 21** 102
- bei Verschmelzung von Körperschaft auf Körperschaft **D 11** 92
- bei Verschmelzung von Körperschaft auf PersGes **D 3** 84

Sidestream-Merger D 13 13
- Bewertung bei Übernahme **A 24** 53 f.

Sitz der Geschäftsleitung D 1 62
Sitz des Rechtsträgers
- ausländische Rechtsträger
  - mit Verwaltungssitz im Inland **A 1** 35; **D 1** 66
- inländischer Rechtsträger mit Satzungssitz im Ausland **A 1** 38
- inländischer Rechtsträger mit Verwaltungssitz im Ausland **A 1** 40
- Körperschaft **D 1** 63
- PersGes **D 1** 64
- Zeitpunkt **D 1** 70

Sitz im Inland A 1 23 f.
Sitztheorie A 1 26
Sonderabschreibungen
- bei Einbringung in KapGes **D 23** 22
- bei Verschmelzung von Körperschaft **D 12** 74 f.
- bei Verschmelzung von Körperschaft auf PersGes **D 4** 65

Sonderaustrittsrecht
- bei Spaltung unter Beteiligung genossenschaftlicher Prüfungsverbände **A Vor 150** 8

Sonderbetriebsvermögen A 20 24; **D 20** 69 f., 77, 406; **D 24** 34, 72

Sonderrechte
- Anleihebedingungen **A 23** 15
- Anteile ohne Stimmrecht **A 23** 6
- bei Verschmelzung durch Aufnahme **A 50** 8
- Durchsetzung **A 23** 15
- Genussrechte **A 23** 7, 14
- Gewinnschuldverschreibungen **A 23** 7, 13
- Inhaber von **A 23** 1 ff.
- Inhaber von Mitgliedschaftsrechten **A 23** 4

mager = Rn.

Sachverzeichnis

- Optionsanleihen **A 23** 12
- Schutz der Inhaber bei Spaltung **A 133** 25 f.
- Sonderrechtsnachfolge **A 131** 75
- stille Beteiligung **A 23** 8
- stimmrechtslose Anteile **A 23** 10
- Tantieme **A 23** 8
- Verwässerungsschutz **A 23** 1 f.
- Wandelanleihen **A 23** 11
- Wandelschuldverschreibung **A 23** 7

Sonderrechtsnachfolge
- Anwartschaften **A 131** 28
- Arbeitsverhältnisse **A 131** 58 ff.
- Begriff **A 131** 4 ff.
- Beherrschungsvertrag **A 131** 59
- beschränkte persönliche Dienstbarkeiten **A 131** 18 f.
- Beteiligungen **A 131** 34
- Betriebsvereinbarungen **A 131** 69 f.
- bewegliche Sachen **A 131** 24 f.
- Bürgschaften **A 131** 67
- dingliche Vorkaufsrechte **A 131** 19
- Einbringung **D 20** 188; **D 24** 47
- Ergebnisabführungsvertrag **A 131** 69
- Forderungen **A 131** 30 f.
- gesetzliche Vertragsübernahme **A 131** 66
- Grundpfandrechte **A 131** 22 f.
- Grundstücke **A 131** 13 f.
- grundstücksgleiche Rechte **A 131** 13 f.
- höchstpersönliche Rechte und Pflichten **A 131** 76
- im Steuerrecht **D 1** 148 f.
- Immaterialgüterrechte **A 131** 42 f.
- Kartellverpflichtungen **A 131** 64
- Nießbrauchrechte **A 131** 17 f.
- öffentlich-rechtliche Rechtspositionen **A 131** 69 f.
- Organverhältnisse **A 131** 63
- Pfandrechte **A 131** 29
- Prozessrechtsverhältnisse **A 131** 72 f.
- Schuldverhältnisse **A 131** 49 f.
- Sonderrechte **A 131** 75
- Sprecherausschüsse **A 131** 58
- Tarifverträge **A 131** 49 f.
- unselbständige Nebenrechte **A 131** 68
- Unterlassungsverpflichtungen **A 131** 64
- Unternehmensverträge **A 131** 59 f.
- Verbindlichkeiten **A 131** 45 f.
- Versorgungszusagen **A 131** 65
- Wertpapiere **A 131** 36 f.
- Wesen **A 131** 4 f.
- Wettbewerbsverbote **A 131** 64

Sozialplan
- Spaltung und Teilübertragung **A 134** 38

Spaltung
- Abfindungsangebot **A 126** 115
- Angaben über die Mitgliedschaft **A 126** 55
- Anmeldung **A 129** 1 f.
- Anspruchserhaltung Aktionäre auf zuästzliche Aktien **A 142a** 1 ff.
- arbeitsrechtliche Folgen **A 126** 110 ff.
- Aufteilung der Anteile **A 126** 103 f.
- Aufteilungsmaßstab **A 131** 9 f.
- Ausgliederung des Vermögens **A 123** 22
- Ausgliederung von Pensionsverpflichtungen
  - Rentnergesellschaft **A 126** 113
- Ausschluss **A 125** 12 ff.
- bare Zuzahlungen **A 126** 51 f.
- Begriffsbestimmung **A 1** 14; **D Einf.** 21
- Behandlung vergessener Passiva **A 131** 108
- Bekanntmachung **A 130** 26
- Besteuerung **D 1** 28 f., 86 f., 90 f.
- Bestimmtheitsgrundsatz **A 126** 76 f.
- Betriebsbegriff **A 126** 72; **A 134** 8 f.
- Differenzhaftung **A 126** 30
- Eintragung **A 130** 1 ff.
- Eintragungsreihenfolge **A 130** 4 f.
- Einzelrechtsnachfolge **A 123** 24
- gesamtschuldnerische Haftung **A 133** 2 f.
- Gläubigerschutz **A 133** 1 f.
- grenzüberschreitende Spaltung **D 1** 31, 86, 90
- GrESt **E** 39 ff.
- Haftung nach § 419 BGB **A 133** 20 f.
- Haftung wegen Firmenfortführung **A 133** 17 f.
- Haftungsbegrenzung **A 133** 15
- Kündigungsschutz **A 132** 1 ff.
- mehrere Rechtsträger **A 123** 18
- Mitbestimmungsrecht **A 132a** 1 ff.
- Nachhaftung **A 133** 3 f.
- nichtverhältniswahrende Spaltung **A 128** 4 f.
- ohne Anteilsgewährungen **A 126** 41 ff.
- Prüfung durch Registergerichte **A 130** 10 f.
- Rechte Dritter an Anteilen **A 131** 91 f.
- Registerakten **A 130** 24 f.
- Rückgängigmachung **A 131** 96
- Schutz der Inhaber von Sonderrechten **A 133** 25 f.
- Sicherheitsleistung **A 133** 22 f.
- Sondervorteile **A 126** 59
- spaltungsfähige Rechtsträger **A 124** 1 f.
- Stichtag **A 126** 58
- Umsatzsteuer **E** 8 ff.
- verhältniswahrende Spaltung **A 128** 4 f.
- Vermögensaufteilung **A 126** 60 ff.
- Vermögensbestandsveränderungen **A 131** 77
- von KG **A Vor 138** 4 f.
- von OHG **A Vor 138** 4 f.

Sachverzeichnis

fett = Gesetz und §

- von PersGes **D 20** 190; **D 24** 47 ff.
- von Personenhandelsgesellschaften **A Vor 138** 4 f.
- Wesen **A 123** 3 f.
- Wirkungen der Eintragung **A 131** 1 f.
- Zuleitung des Spaltungsvertrages **A 126** 114
- Zurückbleiben nicht übertragbarer Gegenstände **A 131** 81
- Zustimmungserfordernis bei nichtverhältniswahrender **A 128** 1 f., 29 f.

Spaltung unter Beteiligung genossenschaftlicher Prüfungsverbände A Vor 150 1 f.
- Bericht **A Vor 150** 4
- Beschluss **A Vor 150** 6
- Möglichkeiten **A 150** 1
- Prüfung **A Vor 150** 5
- Spaltungs- und Übernahmevertrag **A Vor 150** 3

Spaltung unter Beteiligung rechtsfähiger Vereine A Vor 149 1 f.
- Beschluss **A Vor 149** 6 f.
- Möglichkeit **A 149** 1 f.
- Prüfung **A Vor 149** 5
- Spaltungs- und Übernahmevertrag **A Vor 149** 3

Spaltung unter Beteiligung von Aktiengesellschaften und Kommanditgesellschaften auf Aktien A 145 1 f.; **A Vor 141** 1 f.
- Anmeldung der Abspaltung **A 146** 1 f.
- Anmeldung der Ausgliederung **A 146** 1 f.
- Ausschluss **A 141** 1 f.
- bei Verschmelzungsprüfung **A 143** 1 f.
- Bericht **A Vor 141** 3
- Beschluss **A Vor 141** 5 f.
- Eintragung **A Vor 141** 7
- Gründungsbericht **A 144** 1
- Gründungsprüfung **A 144** 1
- Kapitalerhöhung **A 142** 1 f.
- Prüfung **A Vor 141** 4
- Spaltungs- und Übernahmevertrag **A Vor 141** 2
- Spaltungsplan **A Vor 141** 2
- Verschmelzungsbericht **A 143** 1 f.

Spaltung unter Beteiligung von eingetragenen Genossenschaften A Vor 147 1 f.
- Anmeldung der Abspaltung **A 148** 1 f.
- Anmeldung der Ausgliederung **A 148** 1 f.
- Beschluss **A Vor 147** 6 f.
- Möglichkeiten **A 147** 1 ff.
- Prüfung **A Vor 147** 5
- Spaltungs- und Übernahmevertrag **A Vor 147** 3

Spaltung unter Beteiligung von Gesellschaften mit beschränkter Haftung
- Anmeldung **A 140** 1 f.
- Beschluss **A Vor 138** 5
- Kapitalerhöhungen **A Vor 138** 6
- Kapitalherabsetzung **A 139** 1 ff.
- Prüfung **A Vor 138** 5
- Sachgründungsbericht **A 138** 1 f.
- Spaltungs- und Übernahmevertrag **A Vor 138** 2

Spaltung unter Beteiligung von Kommanditgesellschaften und Kommanditgesellschaften auf Aktien
- Anmeldung **A Vor 141** 7

Spaltung unter Beteiligung von Versicherungsvereinen auf Gegenseitigkeit A Vor 151 1 f.
- Bericht **A Vor 150** 4
- Beschluss **A Vor 151** 5
- Möglichkeit **A 151** 1 f.
- Prüfung **A Vor 151** 7
- Spaltungs- und Übernahmevertrag **A Vor 151** 3 f.

Spaltung von Personenhandelsgesellschaften
- Nachhaftung **A Vor 138** 11 f.

Spaltung zur Aufnahme
- Grenzüberschreitende EU-Spaltung **A 332** 1 ff.

Spaltung zur Neugründung A 135 1 f.
- Anmeldung **A 137** 2
- Bericht **A 135** 21
- Beschluss **A 135** 18 f.
- Eintragung **A 137** 3 f.
- Eintragungsreihenfolge **A 137** 3 f.
- Eintragungswirkungen **A 137** 10
- Kosten der Anmeldung **A 137** 11 f.
- Kosten der Eintragung **A 137** 14 f.
- Prüfung **A 135** 22

Spaltung, grenzüberschreitende A 1 51, 54; **D 1** 31, 86, 90

Spaltungs- und Übernahmevertrag A 126 1 f.
- Abschlusskompetenz **A 126** 11
- bei Spaltung unter Beteiligung eG **A Vor 147** 3
- bei Spaltung unter Beteiligung rechtsfähiger Vereine **A Vor 149** 3
- bei Spaltung unter Beteiligung von AG und KGaA **A Vor 141** 2
- bei Spaltung unter Beteiligung von genossenschaftlichen Prüfungsverbänden **A Vor 150** 3
- bei Spaltung unter Beteiligung von GmbH **A Vor 138** 2
- bei Spaltung unter Beteiligung von VVaG **A Vor 151** 3 f.
- Beurkundungsmängel **A 131** 95
- Form **A 126** 12
- Inhalt **A 126** 13 f.

mager = Rn.

Sachverzeichnis

– Kosten **A 126** 118 f.
– Mindestanforderungen **A 126** 13 f.
– Rechtsnatur **A 126** 6
– Spaltungsklausel **A 126** 18
– Wirksamkeit **A 126** 117
Spaltungsbericht A 127 1 f.; **A 135** 21
– als Informationsmittel **A 127** 23
– Angaben zum Umtauschverhältnis **A 127** 5 ff.
– Anteilsgewährung **A 127** 9
– Aufteilungsmaßstab **A 127** 5 f.
– bei Spaltung unter Beteiligung genossenschaftlicher Prüfungsverbände **A Vor 150** 4
– bei Spaltung unter Beteiligung rechtsfähiger Vereine **A Vor 149** 4
– bei Spaltung unter Beteiligung von AG und KGaA **A Vor 141** 3
– bei Spaltung unter Beteiligung von GmbH **A Vor 138** 4
– bei Spaltung unter Beteiligung von VVaG **A Vor 151** 6
– bilanzielle Folgen **A 127** 15
– Entbehrlichkeit **A 135** 21
– Geheimnisschutz **A 127** 20
– gemeinsamer **A 127** 19
– Grenzüberschreitende EU-Spaltung **A 324** 1 ff.
– Haftungsrisiken **A 127** 11
– Inhalt **A 324** 2
– Mängel **A 127** 24
– steuerliche Risiken **A 127** 13
– verbundene Unternehmen **A 127** 18
– Verzicht **A 127** 21; **A 324** 5 ff.
Spaltungsbescheinigung
– Grenzüberschreitende EU-Spaltung **A 329** 1 ff.
Spaltungsbeschluss
– bei Spaltung durch Neugründung **A 135** 18 f.
– bei Spaltung unter Beteiligung eG **A Vor 147** 6 f.
– bei Spaltung unter Beteiligung genossenschaftlicher Prüfungsverbände **A Vor 150** 6
– bei Spaltung unter Beteiligung rechtsfähiger Vereine **A Vor 149** 6
– bei Spaltung unter Beteiligung von AG und KGaA **A Vor 141** 5 f.
– bei Spaltung unter Beteiligung von GmbH **A Vor 138** 5
– bei Spaltung unter Beteiligung von VVaG **A Vor 151** 5
Spaltungsplan
– Aufstellungskompetenz **A 136** 6
– bei Spaltung durch Neugründung **A 136** 1 f.

– bei Spaltung unter Beteiligung von AG und KGaA **A Vor 141** 2
– Bekanntmachung **A 323** 1
– Form **A 136** 7; **A 322** 29
– Grenzüberschreitende EU-Spaltung **A 322** 1 ff.
– Inhalt **A 136** 8 f.; **A 322** 6 ff.
– Rechtsnatur **A 136** 3 f.; **A 322** 3 f.
Spaltungsprüfung A 135 22
– bei Spaltung unter Beteiligung eG **A Vor 147** 5
– bei Spaltung unter Beteiligung genossenschaftlicher Prüfungsverbände **A Vor 150** 5
– bei Spaltung unter Beteiligung rechtsfähiger Vereine **A Vor 149** 5
– bei Spaltung unter Beteiligung von AG und KGaA **A Vor 141** 4
– bei Spaltung unter Beteiligung von GmbH **A Vor 138** 4
– bei Spaltung unter Beteiligung von VVaG **A Vor 151** 7
– Grenzüberschreitende EU-Spaltung **A 325** 1
Spaltungsstichtag A 126 58
Spaltungsvertrag
– arbeitsrechtliche Folgen **A 5** 87 ff.; **A 126** 98, 110 ff.
– Ausgliederung Pensionsverbindlichkeiten – Rentnergesellschaft **A 126** 113
– Zuleitung an zuständigen Betriebsrat **A 5** 116 ff.; **A 126** 114
– Zuordnung Arbeitsverhältnisse **A 126** 112
Sparkassen-Umstrukturierung A 1 62; **D 1** 51
Sperrbetrag im Sinne von § 50c EStG
– bei Verschmelzung von Körperschaft auf Körperschaft **D 13** 48
– Erhöhung des Übernahmegewinns **D 4** 118 ff.
Spruchverfahren
– Amtsermittlung **B 7** 3; **B 8** 9; **B 10** 6
– Ansprüche nach SEAG **B 1** 6
– Antragsbegründung **B 4** 8
– Antragsberechtigung **B 3** 2 ff.
– Antragserwiderung **B 7** 6 ff.
– Antragsfrist **B 4** 3
– Antragsgegner **B 5** 1
– Antragsrücknahme **B 4** 15
– Anwaltszwang **B 5a** 1 ff.
– Anwendung SpruchG **B 17** 13
– Arbeitspapiere Wirtschaftsprüfer **B 7** 16
– Ausscheiden gegen Barabfindung **B 1** 4
– Ausschluss anderer Verfahren **B 1** 8
– außergerichtliche Kosten **B 15** 14
– bare Zuzahlung **B 1** 2
– Bekanntmachung Entscheidung **B 14** 1 ff.

2535

Sachverzeichnis

fett = Gesetz und §

- Beschwerde **B 12** 1
- Beweisaufnahme **B 8** 14
  - Vorfragen **B 7** 15
- Dividendenanrechnung **B 16** 7
- Entscheidung des Gerichts **B 11** 2 ff.
  - durch Vorsitzenden **B 2** 9
- Erwiderungsfrist **B 7** 9
- FamFG Anwendung im Spruchverfahren **B 17** 3 ff.
- Funktion **B Einl.** 1
- Geheimnisschutz **B 7** 20
- Gerichtliche Ermittlung Kompensationszahlung **B 11a** 1 ff.
- Gerichtskosten **B 15** 3 ff.
- Gerichtskostenvorschuss **B 15** 13
- Gewährung zusätzlicher Aktien **B 10a** 1 ff.
- Grenzüberschreitende EU-Verschmelzung **A 313** 15
- Grenzüberschreitender Formwechsel **A 333** 15 ff.
- Inter-omnes-Wirkung **B 13** 3
- Konzentrationsermächtigung **B 2** 12
- Leistungsklage **B 16** 1 ff.
- mündliche Verhandlung **B 8** 1 ff.
- Nachweis der Aktionärsstellung **B 3** 7
- rechtliches Gehör **B 7** 3
- Rechtsschutzbedürfnis **B 4** 16
- Reformziel **B Einl.** 3
- Replik **B 7** 13
- sachverständiger Prüfer **B 8** 3
- Übergangsvorschrift SpruchG **B 17** 13; s. dort
- Umwandlungsprüfer als Zeuge **B 8** 3
- unangemessenes Umtauschverhältnis **B 1** 2
- Verfahrensförderungspflicht **B 9** 2
- Vergleich **B 11** 11
- Vergleich, Berechtigung des gemeinsamen Vertreters **B 6** 19
- vorbereitende Schriftsätze **B 9** 4
- Vorlage Unterlagen **B 7** 11 ff., 16
- Wirksamwerden der Entscheidung **B 13** 2
- Wirkung der Entscheidung **B 13** 3
- ZPO-Grundsätze **B 8** 9
- Zulässigkeitsrügen **B 7** 8; **B 9** 5; **B 10** 7
- Zurückweisung verspäteten Vorbringens **B 10** 1
- Zuständigkeit 1. Instanz **B 2** 4
- Zuständigkeit bei Doppelsitz **B 2** 5
- Zuständigkeit kraft sachlichem Zusammenhang **B 2** 6
- Zustellung Antrag **B 7** 4

Spruchverfahren bei grenzüberschreitender Verschmelzung A 313 15; **B 1** 2, 4

Spruchverfahren SE-Gründung C 25 17, 20

Steuerarten
- im Regelungsbereich des UmwStG **D 1** 10
- steuerliche Rückwirkung **D 2** 35 f.

Steuerbarer Gesellschafterwechsel
- GrESt **E** 70a ff.

Steuerbefreite Körperschaft
- bei Verschmelzung von Körperschaft auf Körperschaft **D 11** 97
- Einbringung in **D 20** 328

Steuerbescheide D 23 9
- Änderung **D 1** 154 f.

Steuerermäßigung nach § 34 EStG
- bei Einbringung in PersGes **D 24** 246 f.
- bei Einbringung KapGes **D 20** 428

Steuerliche Eröffnungsbilanz
- bei Einbringung in KapGes **D 20** 239
- bei Formwechsel **D 9** 18 f.
- bei Verschmelzung Körperschaft auf PersGes **D 4** 2
- bei Verschmelzung von Körperschaft auf Körperschaft **D 12** 2

Steuerliche Rückbeziehung
- Antrag **D 20** 258 f.
- Auswirkungen **D 20** 240 f.
- bei Einbringung in eine KapGes **D 20** 234 ff.
- bei Formwechsel in KapGes **D 25** 5
- Folgen **D 20** 234 ff.

Steuerliche Rückwirkung D 2 1
- Abhängigkeit vom Umwandlungsstichtag **A 17** 37 ff.; **D 2** 16
- als Ausnahmetatbestand **D 2** 10; **D 5** 16
- Anwendungsbereich **D 2** 3
- Aufsichtsratsvergütung **D 2** 87
- ausscheidende Gesellschafter **D 2** 99; **D 5** 14
- Ausschluss der Verlustrechnung beim übernehmenden Rechtsträger **D 2** 155 ff.
- Ausschluss der Verlustrechnung beim übertragenden Rechtsträger **D 2** 122 ff.
- bare Zuzahlungen **D 2** 107
- bei Einbringung in eine KapGes **D 20** 237 ff.
- bei Einbringung in PersGes **D 24** 147 ff.
- bei Formwechsel einer KapGes in PersGes **D 2** 5; **D 9** 16
- bei Verschmelzung von Körperschaft auf Körperschaft **D 11** 146
- bei Verschmelzung von Körperschaft auf PersGes **D 3** 140
- Besonderheiten bei grenzüberschreitenden Vorgängen **D 2** 108 ff.
- betroffene Steuern **D 2** 35 f.
- bilanzielle Erfassung **D 2** 8
- Doppelbesteuerung **D 2** 121
- Einkommensermittlung **D 2** 42

mager = Rn.

Sachverzeichnis

– eintretende Gesellschafter **D 2** 106
– exakter Vermögensübergangszeitpunkt **D 2** 24
– Folgen **D 2** 35 f.
– Geschäftsvorfälle im Rückwirkungszeitraum **D 4** 36; **D 12** 28; **D 20** 240; **D 24** 152
– Gewerbesteuer **D 2** 93 ff.
– handelsrechtliche Stichtage **D 2** 15
– Kettenumwandlung **D 2** 27
– Lieferungen und Leistungen **D 2** 65
– nicht betroffene Steuern **D 2** 38 f.
– Organschaft **D 2** 84
– Pensionsrückstellung **D 2** 88
– Probleme der Rückwirkung **D 2** 15 ff.
– Schlussbilanz, Maßgeblichkeit der **D 2** 18 ff.
– Steuervorauszahlungen **D 2** 67
– Tätigkeitsvergütungen **D 2** 53
– Übertragungsstichtag, steuerlicher **D 2** 17 ff.
– Umqualifikation **D 2** 46 f.
– Umwandlungszeitpunkte **D 2** 16
– Vermögensteuer **D 2** 35
– Zeitpunkt **D 2** 17
– Zinsbeginn **D 2** 92

Steuerliche Schlussbilanz
– bei Formwechsel **D 9** 9; **D 25** 38 ff.
– bei Verschmelzung von Körperschaft auf Körperschaft **D 11** 15 ff.
– bei Verschmelzung von Körperschaft auf PersGes **D 3** 22 ff.

Steuerliches Einlagekonto D 7 7 ff., 20; **D 9** 24; **D 12** 95; **D 22** 90; **D 23** 46
Steuerschuldverhältnis D 1 144 f.
Steuervorauszahlungen
– Umqualifizierung **D 2** 67 f.

Stichtag der Schlussbilanz A 17 35 ff.
Stiftungen
– als spaltungsfähige Rechtsträger **A 124** 48 f.
– Fortsetzungsfähigkeit **A 124** 74
– Sonderrechte **A 23** 8

Stille Beteiligung
– Mitunternehmeranteil **D 20** 158

Stille Gesellschaft D 3 16; **D 11** 103; **D 20** 158, 329; **D 24** 128
– Gesamtrechtsnachfolge **A 20** 68

Stimmbindungsvertrag
– Verschmelzungsbeschluss **A 39c** 7

Stimmrechtslose Aktien D 21 51
Strafvorschriften A 346 ff.
Struktur der SE C Vorb. 4 ff.

Tantieme
– bei Gesamtrechtsnachfolge **A 20** 46
– bei Sonderrechten **A 23** 8

Tarifbindung
– Angaben im Umwandlungsvertrag **A 5** 103

Taxi D 20 128
Teilbetrieb
– Begriff **D 20** 79; **D 24** 61 ff.
– Besitzunternehmen **D 20** 105
– Beteiligung an KapGes **D 20** 106
– Brauereigaststätte **D 20** 107
– deutscher Teilbetriebsbegriff **D 20** 85
– Dienstleistungsunternehmen **D 20** 108
– Druckerei **D 20** 109
– europäischer Teilbetriebsbegriff **D 20** 87 f.
– Filiale **D 20** 110
– Forstwirtschaftsbetrieb **D 20** 111
– Fusionsrichtlinie, Begriff **D 20** 87
– Fusionsrichtlinie, Nutzungsüberlassung **D 20** 87
– Fusionsrichtlinie, Verbindlichkeiten **D 20** 87
– Gaststätte **D 20** 112
– Grundstück **D 20** 114
– Handwerker **D 20** 116
– Hotel **D 20** 117
– im Aufbau **D 20** 85, 88, 104; **D 24** 62
– Kino **D 20** 118
– Kraftwerk **D 20** 119
– Lagerstätte **D 20** 120
– Landwirtschaftsbetrieb **D 20** 121
– neutrales Vermögen **D 20** 95
– Praxis eines Selbstständigen **D 20** 122
– Produktionsunternehmen **D 20** 123
– Schausteller **D 20** 124
– Schiffe **D 20** 125
– Sonderbetriebsvermögen **D 20** 126
– Tankstelle **D 20** 127
– Taxi **D 20** 128
– Verlag **D 20** 129
– Versicherungsbestand **D 20** 130
– Zeitpunkt **D 20** 90
– Zweigniederlassung **D 20** 131

Teilübertragung D Einf. 28; **D Vor 15** 4
Teilwertabschreibung
– bei Einbringung **D 23** 24; **D 24** 183
– bei Verschmelzung von Körperschaft auf Körperschaft **D 12** 78
– bei Verschmelzung von Körperschaft auf PersGes **D 3** 53, 67; **D 4** 71 ff.
– Wertaufholung **D 4** 72; **D 12** 78; **D 23** 24; **D 24** 183

Testamentsvollstrecker
– Gesamtrechtsnachfolge **A 20** 85
– Verschmelzungsvertrag **A 13** 54

Testamentsvollstreckung A 20 21
Tochtergesellschaften A 2 18
Transparente Gesellschaft D 20 442
Treuepflicht
– Verschmelzungsbeschluss **A 39c** 7

2537

Sachverzeichnis

fett = Gesetz und §

Treuhänder A 5 68; **A 20** 85; **A 54** 16; **A 62** 5; **A 71** 1 ff.
– bei Einbringung **D 20** 137; **D 21** 54
Überführungsfiktion
– bei Verschmelzung von Körperschaft auf PersGes **D 5** 3, 22, 27, 30, 33
Übergangsvorschrift
– Umwandlungsrichtlinie **A 355** 1 ff.
Übernahmebilanz, steuerliche
– bei Verschmelzung von Körperschaft auf Körperschaft **D 12** 10
– bei Verschmelzung von Körperschaft auf PersGes **D 4** 18
Übernahmefolgegewinn
– Behandlung **D 6** 15
– bei Formwechsel von KapGes in PersGes **D 9** 36
– bei Verschmelzung von Körperschaft auf Körperschaft **D 12** 61 f.
– bei Verschmelzung von Körperschaft auf PersGes **D 6** 2 f.
– Entstehung **D 6** 27
– Gewerbesteuer **D 6** 28
– Gewerbesteuerpflicht **D 18** 28
– Missbrauchsregelung **D 6** 33
– Rücklage **D 6** 29 ff.
– und Auflösung von Rückstellungen **D 6** 32
– und Pensionsrückstellungen **D 6** 18 ff.
– zeitliche Zuordnung **D 6** 3
Übernahmegewinn D 4 6
– bei Formwechsel von KapGes in PersGes **D 9** 25 ff.
– bei Verschmelzung von Körperschaft auf Körperschaft **D 12** 41 ff.
– bei Verschmelzung von Körperschaft auf PersGes **D 4** 93 ff.
– Gewerbesteuer **D 18** 29; **D 19** 12
Übernahmeverlust D 4 7; *s. auch Übernahmegewinn*
– bei Formwechsel von KapGes in PersGes **D 9** 35
– bei Verschmelzung von Körperschaft auf Körperschaft **D 12** 41 ff.
– bei Verschmelzung von Körperschaft auf PersGes **D 4** 93 ff.
– Besteuerung **D 4** 120 ff.; **D 12** 47
– Gewerbesteuer **D 18** 29; **D 19** 12
Überschuldeter Rechtsträger A 3 50
Überschuldung
– beim aufgelösten Rechtsträger **A 3** 53
– des Einzelkaufmanns **A 152** 24
Übertragbarkeit
– von Gegenständen bei Spaltung **A 131** 11
Übertragender Rechtsträger
– Vollbeendigung **A 20** 7

Übertragung
– stiller Reserven nach § 6b EStG **D 20** 431
– von Gegenständen bei Spaltung **A 131** 11
Übertragungsgewinn
– bei Formwechsel von KapGes in PersGes **D 9** 14
– bei Verschmelzung von Körperschaft auf Körperschaft **D 11** 153 ff.
– bei Verschmelzung von Körperschaft auf PersGes **D 3** 147 ff.
– Gewerbesteuer **D 18** 9; **D 19** 8
Übertragungsstichtag, steuerlicher D 2 17 ff.
UMAG A 8 43; **A 14** 40; **A 16** 31
Umqualifikation, einkommensteuerrechtliche D 2 46 f.
Umqualifizierung
– Aufsichtsratsvergütungen **D 2** 87
– Gehälter **D 2** 53 f.
– Gewinnabführungsvertrag **D 2** 84 f.
– Gewinnausschüttungen **D 2** 71 ff.
– Kapitalerhöhungen **D 2** 69 ff.
– Kapitalherabsetzungen **D 2** 69 ff.
– Lieferungen und Leistungen **D 2** 65 f.
– Nutzungsvergütungen **D 2** 64
– Pensionsrückstellungen **D 2** 88
– Steuervorauszahlungen **D 2** 67 f.
UmRUG A Einf. 43 ff.
Umstrukturierung
– Angaben im Umwandlungsvertrag **A 5** 103
– steuerneutrale **D Einf.** 24
Umtauschverhältnis
– andere Art der Abfindung **A 15** 22
– Angaben im Spaltungsbericht **A 127** 5 ff.
– Angemessenheit beim Prüfungsbericht **A 12** 11, 12
– Anteile beim Verschmelzungsvertrag **A 5** 5 ff.
– Antragsberechtigung **A 15** 6 f., 6 ff.
– Auskunftsanspruch **A 15** 25
– bare Zuzahlungen **A 15** 13
– bei Abspaltung **A 126** 19 f.
– bei Aufspaltung **A 126** 19 f.
– bei Ausgliederung **A 126** 36 f.
– bei Eintragung der Verschmelzung **A 19** 24
– bei grenzüberschreitenden Verschmelzungen **A 307** 13 ff.
– bei Schadenersatzpflicht der Verwaltungsträger **A 25** 18
– Bestimmung durch Verschmelzungsprüfer **A 12** 5
– Bewertungsstichtag **A 15** 21
– Errechnung der baren Zuzahlung **A 15** 16
– Gutachten über den Unternehmenswert **A 15** 17

- Höhe der baren Zuzahlung **A 15** 28
- Selbstfinanzierungseffekt **A 15** 20
- Unternehmenswert **A 15** 17
- Verbesserung **A 15** 1 ff.
- Verschmelzungsbericht **A 8** 19
- Verschmelzungsbeschluss **A 14** 3
- Verzinsungspflicht **A 15** 34
- Zinsen **A 15** 31 ff.
- Zuzahlungsverlangen **A 15** 24

Umwandlung
- Begriff **A 1** 1
- Beschlussphase **A 1** 8
- Beteiligtenfähigkeit **A 1** 32 f.
- grenzüberschreitende **A 24** 112; **A 333** 1 ff.
- Vollzugsphase **A 1** 9

Umwandlung AG in SE C 2 1 ff., 36

Umwandlungsarten A 1 1 f.
- im Regelungsbereich des UmwG **A 1** 10 ff.
- im Regelungsbereich des UmwStG **D 1** 12 f.; s. *Umwandlungskosten*

Umwandlungsbeschluss
- Betriebsrat **A 194** 11
- Zuleitung an zuständigen Betriebsrat
  - des Beschlussentwurfes beim Formwechsel **A 194** 11 ff.
  - des Spaltungsvertrages **A 126** 114
  - des Verschmelzungsvertrages **A 4** 24; **A 5** 116 ff.

Umwandlungsgesetz
- Entwicklung **A Einf.** 1 f., 1 ff.
- Gesetzesänderungen **A Einf.** 22 ff., 24 ff.
- Gesetzgebungsverfahren **A Einf.** 7 f., 9
- Ziele **A Einf.** 9 ff., 11 f.

Umwandlungskosten
- Behandlung bei Verschmelzung **D 3** 136 ff.; **D 4** 43 ff.; **D 11** 89; **D 12** 35 f.; **D 20** 404; **D 24** 243

Umwandlungsmöglichkeiten
- Formwechsel **A Einf.** 18, 20
- formwechselnde Umwandlung **A Einf.** 13, 15
- Spaltung **A Einf.** 16, 18
- übertragende Umwandlung **A Einf.** 12, 14
- Vermögensübertragung **A Einf.** 17, 19
- Verschmelzungsfälle **A Einf.** 11, 13, 15, 17

Umwandlungssteuergesetz
- Aufbau **D Einf.** 27
- europarechtliche Vorgaben **D Einf.** 4
- Gesetzgebungsverfahren **D Einf.** 1 f.
- Grundprinzipien **D Einf.** 21 f.
- Regelungsbereich/Sonderrecht **D 1** 12
- Systematik **D Einf.** 27 f.
- Ziele **D Einf.** 21 f.

- Zweckrichtung **D 1** 11

Unbekannte Aktionäre bei Verschmelzung
- Berichtigung **A 35** 7
- Bezeichnung **A 35** 1
- Giro-Sammelverwahrung **A 35** 2
- Sammelvermerk **A 35** 5
- Stimmrechtsausschuss **A 35** 8

Unentgeltliche Rechtsnachfolge D 22 174

Unselbstständige Nebenrechte
- Sonderrechtsnachfolge **A 131** 68

Unterbeteiligung D 24 128
- Anteilstausch bei Verschmelzung **A 20** 114

Unterlassungsverpflichtungen
- Sonderrechtsnachfolge **A 131** 64

Unternehmen
- abhängiges **A 20** 57
- verbundene **A 2** 17; **A 8** 27 f.

Unternehmen des Einzelkaufmanns
- Begriff **A 152** 11

Unternehmensbewertung
- Börsenkurs **A 5** 11
- Ertragswertmethode **A 5** 11
- richtige **A 5** 11
- Verschmelzungsbericht **A 8** 22
- Verschmelzungsvertrag **A 5** 10 ff.

Unternehmensträgerstiftung A 161 3

Unternehmensverträge
- bei Spaltungen **A 126** 92
- Sonderrechtsnachfolge **A 131** 59 f.

Unternehmergesellschaft
- als verschmelzungsfähiger Rechtsträger **A 3** 18

Unterpariemission A 20 135; **A 22** 13; **A 51** 10; **A 55** 20; **A 56** 5; **A 69** 13
- bei Spaltungen **A 126** 29, 35, 37; **A 136** 11
- Differenzhaftung **A 126** 30

Unterrichtung der Anteilsinhaber
- durch Spaltungsbericht **A 127** 23

Unwirksamkeit des Verschmelzungsbeschlusses bei übertragendem Rechtsträger
- Entschmelzung **A 28** 9
- Klagen nach Eintragung der Verschmelzung **A 28** 2
- Unwirksamkeitsklagen **A 28** 3

Unwirksamkeitsklage
- bei Beschluss der Gesellschafterversammlung über die Verschmelzung **A 39b** 5
- bei Schadenersatzpflicht der Verwaltungsträger des übertragenden Rechtsträgers **A 25** 16
- bei Unwirksamkeit des Verschmelzungsbeschlusses bei übertragendem Rechtsträger **A 28** 1 ff.

Sachverzeichnis

fett = Gesetz und §

- gegen Verschmelzungsbeschluss **A 14** 1
Upstream-Merger D 13 11
- Bewertung beim übernehmenden Rechtsträger **A 24** 42 f.
Urheberrechte
- Ausschluss der Übertragbarkeit bei Spaltung **A 131** 42
- Sonderrechtsnachfolge **A 131** 42
- Übertragbarkeit der Nutzungsrechte **A 131** 42

Variabler Stichtag
- für Teilnahme an Bilanzgewinn **A 5** 71
- für Verschmelzungsstichtag **A 5** 79
Veräußerungsgewinn
- bei Einbringung in eine KapGes **D 20** 400 ff.; **D 21** 121
- bei Einbringung in PersGes **D 24** 240 ff.
- Gewerbesteuer **D 20** 432; **D 21** 141
Veräußerungspreis
- bei Einbringung **D 20** 372 f.
Veräußerungssperren D 22 95 f., 149 f.
Veräußerungsverbote
- Ausschluss der Übertragbarkeit bei Spaltung **A 131** 20
Veräußerungsverlust
- bei Einbringung in KapGes **D 20** 413; **D 21** 129
Verbindliche Auskunft bei Umwandlungen F 1 ff.
Verbindlichkeiten
- Bezeichnung im Spaltungsvertrag **A 126** 93
- in steuerlicher Schlussbilanz **D 3** 123; **D 11** 79
- Sonderrechtsnachfolge **A 131** 45 f.
- Übertragbarkeit bei Spaltung **A 131** 45
Verbleibender Verlustabzug
- bei Einbringung **D 23** 18, 76; **D 24** 260
- bei Formwechsel von KapGes in PersGes **D 9** 22
- bei Verschmelzung von Körperschaft auf Körperschaft **D 12** 93 ff.
- bei Verschmelzung von Körperschaft auf PersGes **D 4** 77
Verdeckte Einlagen
- Verhältnis zum UmwStG **D 12** 103; **D 20** 213
Verdeckte Gewinnausschüttungen
- Verhältnis zum UmwStG **D 11** 158
Verdeckte Sacheinlage
- Einbringung **D 20** 213
- Verschmelzung **D 12** 103
Vereidigte Buchprüfer
- Verschmelzungsprüfer **A 11** 6
Vereinsmitgliedschaften
- Ausschluss der Übertragbarkeit bei Spaltung **A 131** 39

Verfügungsbeschränkung
- Anteilsveräußerung **A 33** 5 ff.
- Verschmelzung von **A 29** 4
- Vinkulierung **A 33** 2
Vergleich im Spruchverfahren B 11 11 ff.
- Berechtigung des gemeinsamen Vertreters **B 6** 19
Vergleichswertmethode D 11 34
Vergütung gemeinsamer Vertreter B 6 22
Vergütung Sachverständige B 15 4
Verhandlungsmodell A 5 12a
Verlustrechnung
- Ausschluss **D 2** 122 ff., 155 ff.
- negative Einkünfte **D 2** 149
- Organgesellschaft **D 2** 165
- Personengesellschaft **D 2** 166 ff.; s. Verbleibender Verlustabzug
- übernehmender Rechtsträger **D 2** 155 ff.
- Übertragungsgewinn **D 2** 126
Vermögen
- ausländisches **A 20** 33
- negatives **A 2** 24
- nicht betriebsnotwendiges **A 5** 44 ff.
Vermögensaufstellung
- bei Ausgliederung aus dem Vermögen eines Einzelkaufmanns zur Neugründung **A 159** 5 f.
Vermögensbewertung
- bei Einzelkaufmann **A 152** 27 f.
- bei Formwechsel in KapGes **D 25** 29 f.
Vermögensteuer
- der Übertragerin **D 2** 35
- steuerliche Rückwirkung **D 2** 35
Vermögensübergang
- Fiktion **D 9** 8; **D 25** 3
- GrESt **E** 42, 44 ff.
Vermögensübergang auf Personengesellschaft ohne Betriebsvermögen D 8 1 ff., 27
Vermögensübertragung
- Abspaltung **A 174** 10; **A Vor 174**
- Anwendbarkeit des UmwStG **D 1** 52 ff.
- Aufspaltung **A 174** 9
- Ausgliederung **A 174** 11
- Begriffsbestimmung **A 1** 17; **D Einf.** 21
- Bekanntmachung **A 187** 1 f.
- beteiligte Rechtsträger **A 175** 1 ff.
- Beteiligungsmaßstab **A 181** 4
- Gegenleistung **A 178** 1 ff.
- Gesamtrechtsnachfolge **A 174** 5
- nach § 174 UmwG **D 1** 52 f.
- Sonderrechtsnachfolge **A 174** 12
- Teilübertragung **A 174** 8 ff., 8; **A 177** 1 ff.; **A 179** 1 ff.; **A 184** 1 ff.; **A 189** 1 ff.; **A Vor 174** 4
- Treuhänder **A 183** 1 ff.

mager = Rn.

Sachverzeichnis

- unter Versicherungsunternehmen **A 178** 1 ff.; **A 179** 1 ff.; **A 180** 1 ff.; **A 184** 1 ff.; **A 188** 1 ff.; **A 189** 1 ff.
- Unterrichtung der Mitglieder **A 182** 1 ff.
- Vollübertragung **A 174** 4; **A 176** 1 ff.; **A 178** 1 ff.; **A 180** 1 ff.; **A 188** 1 ff.

Vermögensverteilung
- des aufgelösten Rechtsträgers **A 3** 51

Versammlung der Anteilsinhaber A 13 14; s. *Verdeckte Sacheinlage*

Verschmelzung
- AG zur SE-Gründung **C 2** 4 ff.
- Amtsermittlungsgrundsatz **A 16** 44
- Amtshaftungsansprüche **A 16** 27
- Amtslöschung **A 16** 25; **A 19** 25; **A 20** 125
- Anfechtungsklage, rechtsmissbräuchliche **A 16** 28
- anmeldeberechtigte Personen **A 16** 6 f., 6 ff.
- Anmeldepflicht **A 16** 10
- Anmeldung **A 16** 6 f.; **A 38** 1; **A 52** 1 f.
- Anteilsinhaber **A 2** 3
- Arbeitsrecht **A Vor 35a** 1 ff.
- arbeitsrechtliche Folgen **A 5** 87 ff.; **A 20** 95
- Aufschubinteresse **A 16** 81
- ausdrückliche Einwilligung **A 18** 17
- Auswirkung Arbeitnehmervertretungen **A Vor 35a** 37 ff.
- Auswirkung Arbeitsverhältnis **A Vor 35a** 2 ff.
- Auswirkung Kollektivvertrag **A Vor 35a** 78 ff.
- Bagatellquorum **A 16** 61
- Begriffsbestimmung **A 1** 11
- bei rechtsfähigem Verein **A 99** 1 f.
- bei Versicherungsverein auf Gegenseitigkeit **A 109** 1 f.
- Beibringungsgrundsatz **A 16** 44
- Bekanntmachung der Eintragung **A 19** 3
- Bericht **A 39a** 1 ff.
- Beschluss **A 59** 1
- Betriebsübergang **A Vor 35a** 1
- Betriebsvereinbarung **A Vor 35a** 21
- Bilanzierung **A 17** 84
- Definition **A 2** 3 f.
- dingliche Bestandskraft der eingetragenen Umwandlung **A 20** 125
- durch Anteilsgewährung **A 2** 15
- durch Aufnahme **A 2** 11; **A 46** 1 f.
- durch Neugründung **A 2** 14; **A 56** 1 f.; **A 73** 1 f.; **A Vor 36** 1 ff.
- eidesstattliche Versicherung **A 16** 45
- eines aufgelösten Rechtsträgers **A 3** 5
- einstweilige Verfügung **A 16** 45; **A 19** 31
- Eintragung **A 5** 114

- Eintragungsreihenfolge **A 19** 4 ff.
- Einwilligungsvorbehalt **A 18** 16
- Entschmelzung **A 20** 125
- ergänzende Vertragsauslegung **A 20** 131
- Ergebniszuordnung **A 17** 77
- Fernanmeldung **A 16** 10
- Festsetzung von Zwangsgeld **A 16** 14
- Firmenfortführung **A 18** 7
- Freigabeverfahren **A 16** 3
- GbR **A Vor 39** 5
- Gegenstand der Anmeldung **A 16** 17
- Gerichtskosten **A 19** 52
- Gesamtrechtsnachfolge **A 20** 2 f.
- Geschäftswert **A 19** 41
- Gesellschafterliste bei Anmeldung **A 53** 1
- Gesellschafterunterrichtung **A 39b** 1 ff.
- Gesellschaftsteuerrichtlinie (GesSt-RL) **A 19** 44
- Gesetz zur Unternehmensintegrität und Modernisierung des Anfechtungsrechts (UMAG) **A 16** 31
- grenzüberschreitende **A 1** 45 ff.; **A 305** 1 ff.; **D 1** 27, 31 f., 82; **D 11** 157
- GrESt **E** 39 ff.
- Grundfall **A 2** 11
- Gründungsvorschriften bei Neugründung **A Vor 36** 7
- Heilung von Beurkundungsmängeln **A 20** 120
- Inhalt **A 37** 1
- Inhalt der Anmeldung **A 16** 1
- innerhalb der EU **D 3** 153
- Interessenabwägung **A 16** 77
- Interessensausgleich Arbeitnehmer **A 35a** 2 ff.
- Jahresabschlüsse **A 17** 72
- Kettenverschmelzung **A 5** 3
- Kostenberechnung des Notars **A 19** 46
- Kündigungsverbot **A Vor 35a** 23
- Mängel **A 20** 6, 121
- mangelhafter Kapitalerhöhungsbeschluss **A 20** 133
- Mantel- oder Vorrats-GmbH **A 19** 21
- Mischverschmelzung **A 29** 7
- mit Kapitalerhöhung **A 55** 1 f.; **A 69** 1 f.
- nach SCE-VO, steuerlich **D 1** 44 f.
- nach SE-VO, steuerlich **D 1** 42
- nach UmwG, steuerlich **D 1** 13 f., 80 ff.
- Nachfolgezusatz **A 18** 9
- Nebenabreden **A 20** 120
- Negativerklärung **A 16** 2, 20; **A 38** 2
- nichtverhältniswahrende Verschmelzung **A 5** 8; **A 36** 29
- offensichtliche Unbegründetheit **A 16** 54 f.
- ohne Kapitalerhöhung **A 54** 1 f.; **A 68** 1 f.
- Organmitglieder **A Vor 35a** 101 ff.

2541

Sachverzeichnis

fett = Gesetz und §

- Partnerschaftsgesellschaften **A 45a** 1 f.
- Personenhandelsgesellschaften **A 42** 1
- Phantasiefirma **A 18** 3, 25
- Prioritätsprinzip **A 18** 9
- privilegierte Anteilsinhaber **A 40** 7
- Prüfung der **A 9** 1 ff.
- Prüfungsrecht des Registergerichts **A 19** 17
- Realteilung **A 39** 2
- Rechnungslegung **A 17** 67
- Rechtsformzusatz **A 18** 4, 14
- Rechtsmissbrauch **A 16** 59
- reformatio in peius **A 19** 54
- Registersperre **A 16** 21
- Reihenfolge der Anmeldung **A 16** 15
- Reihenfolge der Registereintragungen **A 19** 1
- Sachfirmen **A 18** 25
- Schadensersatz **A 16** 91
- Schwestergesellschaften **A 2** 21 f.
- steuerrechtliche Erfassung **A 24** 105
- stillschweigende Einwilligung **A 18** 19
- Tarifvertrag **A Vor 35a** 16 ff.
- überschuldeter Rechtsträger **A 54** 14
- UMAG **A 16** 31
- Umsatzsteuer **E** 1 ff.
- Umtauschverhältnis **A 19** 24
- Unanfechtbarkeit **A 16** 90
- Unternehmensmitbestimmung **A Vor 35a** 92 ff.
- Unterpariemission **A 20** 135
- Verfügungsbeschränkung **A 29** 4, 10
- Vergleichbarkeitsprüfung, Kriterien **D 1** 37
- Vermögenszuordnung **A 17** 73
- verschiedene Rechtsträger **A 3** 58 f., 58
- Vertragsauslegung, ergänzende **A 20** 131
- Vollmacht **A 16** 19
- von verbundenen Unternehmen **A 2** 17
- Wertansätze **A 24** 1 ff.
- Wesensmerkmale **A 5** 4
- Widerspruchsrecht Arbeitnehmer **A Vor 35a** 27 ff.
- zügige Gerichtsentscheidung **A 16** 89
- Zuleitung des Verschmelzungsvertrages **A 4** 24; **A 5** 116 ff.
- zweistufige Prüfung **A 16** 78
- Zwischenbilanz **A 17** 88
- Zwischenverfügung **A 19** 14, 26

Verschmelzung auf Personengesellschaft/natürliche Personen
- Besteuerung **D 3** 1 ff.

Verschmelzung durch Aufnahme
- Auskunftsanspruch **A 49** 7
- Auslegungspflicht **A 49** 6
- bei eingetragener Genossenschaft **A 79** 1
- Bekanntmachung des Verschmelzungsvertrages **A 61** 3
- Beschlussfassung **A 50** 2
- Beschlussfassungsgegenstand **A 49** 4
- Einstimmigkeit **A 51** 4
- Fristgebundenheit Prüfungsbefehl **A 48** 4
- Gesellschafterunterrichtung **A 47** 1
- Gesellschafterversammlung **A 49** 1
- Kapitalerhöhung **A 46** 13
- Mehrfachverschmelzung **A 46** 8
- Mehrheitsverhältnisse **A 50** 3
- Mischverschmelzung **A 51** 10
- MoMiG **A 46** 1 f.
- Nennbetrag **A 46** 3
- Nennwertaufstockung **A 46** 7
- Prüfungsbefehl **A 48** 1; **A 60** 1
- schwebend unwirksam **A 50** 14
- Sonderrechte **A 50** 8
- Sonderstatus **A 46** 13
- Stimmenthaltungen **A 51** 9
- Treuepflicht **A 50** 10
- Versicherungsverein auf Gegenseitigkeit **A 110** 1
- vorhandene Geschäftsanteile **A 46** 17
- Zustimmung **A 50** 8

Verschmelzung durch Neugründung A 56 1 f.; **A Vor 36** 1 ff.
- Abschlussprüfer **A 73** 13
- Aufsichtsrat **A 73** 8
- bei eingetragener Genossenschaft **A 96** 1 f.
- bei Versicherungsverein auf Gegenseitigkeit **A 114** 1
- Differenzhaftung **A 56** 13
- Gegenstand der Sachgründung **A 56** 11
- Gründer **A 75** 4; **A 76** 2
- Gründungsaufwand **A 58** 2
- Gründungsbericht **A 75** 2
- Gründungsprüfung **A 75** 5
- Gründungsvorschriften **A 36** 13 ff., 14 f.; **A Vor 36** 7
- Inhalt des Gesellschaftsvertrags **A 57** 1 f.
- Kosten **A 56** 24; **A 73** 19
- Mehrfachverschmelzung **A 56** 5
- Mindestzahl von Gründern **A 36** 35
- nichtverhältniswahrende Verschmelzung **A 36** 29
- Organbestellung **A 56** 18
- Sachgründung **A 73** 5
- Sachgründungsbericht **A 36** 26 f., 26; **A 58** 1 f.
- Satzung **A 73** 4
- Satzungsinhalt **A 74** 16
- Sondervorteile **A 57** 2
- Unterpariemission **A 56** 5
- verdeckte Sacheinlage **A 56** 11
- Verschmelzungsbeschluss **A 76** 1
- Verschmelzungsvertrag **A 36** 6; **A 73** 1 f.
- Vorstand **A 73** 13

mager = Rn.

Sachverzeichnis

- Zustimmungsbeschluss **A 56** 22; **A 73** 13
Verschmelzung mit Kapitalerhöhung A 69 1 f.
- Amtsermittlungsgrundsatz **A 55** 26
- Amtslöschung **A 55** 28
- Anfechtungsausschluss **A 69** 30
- bedingte Kapitalerhöhung **A 69** 27
- Berechnung der Kapitalerhöhung **A 55** 14 f.
- Beschlussfassung **A 69** 21
- Bezugsrecht **A 69** 10
- Bezugsrechtsausschluss **A 55** 3
- Differenzhaftung **A 55** 5; **A 69** 29
- Downstream-Merger **A 55** 22
- Durchführung der Kapitalerhöhung **A 55** 12
- Erklärung des Übernehmers **A 55** 8
- Frist **A 67** 3
- genehmigtes Kapital **A 69** 19
- Handelsregisteranmeldung **A 55** 25; **A 69** 24
- Kapitalerhöhung **A 55** 2
- Kapitalerhöhungsbeschluss **A 55** 4
- Kapitalerhöhungszeitpunkt **A 55** 24
- Kosten **A 55** 31
- Mängel **A 55** 29
- Sacheinlagenprüfung **A 69** 12
- Sanierungsfusionen **A 55** 22
- Schadensersatz **A 70** 1
- Treuhänder **A 71** 2
- Unterpariemission **A 55** 20; **A 69** 13
- Verhältnis von Kapitalerhöhung und Verschmelzung **A 55** 28
- Zeichnungsschein **A 69** 9
Verschmelzung ohne Kapitalerhöhung A 68 1 f.
- Agio **A 68** 4
- bare Zuzahlungen **A 54** 20; **A 68** 4, 16
- Differenzhaftung **A 54** 25
- eigene Aktien **A 68** 1
- Kapitalerhöhungsverbote **A 54** 3 f.; **A 68** 5 f.
- Kapitalerhöhungswahlrechte **A 54** 10 f.; **A 68** 10 f.
- Nießbrauch **A 54** 16
- Schwester-Fusion **A 54** 17; **A 68** 15
- Teilungserleichterung **A 54** 18
- Treuhänder **A 54** 16
- Verschmelzung überschuldeter Rechtsträger **A 54** 14
- Verzicht auf Kapitalerhöhung **A 54** 12; **A 68** 13
Verschmelzung von Körperschaft auf Körperschaft
- Besteuerung der Gesellschafter der übertragenden Körperschaft **D 13** 1 f.
- Besteuerung der übernehmenden Körperschaft **D 12** 1 ff.
- Besteuerung der übertragenden Körperschaft **D 11** 1 ff.
- Hereinverschmelzung **D 11** 120
- Hinausverschmelzung **D 11** 114
- Inlandsverschmelzung mit Auslandsbezug **D 11** 110
- Inlandsverschmelzung ohne Auslandsbezug **D 11** 109
- reine ausländische Verschmelzung **D 11** 123
Verschmelzung von Körperschaft auf Personengesellschaft
- Besteuerung der Gesellschafter der übertragenen Körperschaft **D 7** 1 ff.
- Besteuerung der übernehmenden PersGes **D 4** 143 ff.
- Besteuerung der übertragenden Körperschaft **D 3** 147 ff.
- eine ausländische Verschmelzung **D 3** 101
- Hereinverschmelzung **D 3** 98
- Hinausverschmelzung **D 3** 94
- Inlandsverschmelzung mit Auslandsbezug **D 3** 90
- Inlandsverschmelzung ohne Auslandsbezug **D 3** 89
- Missbrauch **D 4** 151 f.
- ohne Betriebsvermögen **D 8** 1 ff.
Verschmelzung von Tochter- auf Muttergesellschaft D 13 11
Verschmelzungsbericht A 8 1 ff.; **A 39a** 1 ff.
- 100%ige Tochtergesellschaft **A 8** 39
- Arbeitnehmer **A 309** 10; **A 310** 8 ff.
- ARUG **A 8** 43
- Barabfindung **A 8** 24
- bei grenzüberschreitenden Verschmelzungen **A 309** 1 ff.
- bei Vereinen **A 101** 2
- Beurkundung **A 8** 38
- Bewertungsmethode **A 8** 21
- Entbehrlichkeit **A 309** 15 f.
- Geheimnisschutz **A 8** 29 ff.; **A 309** 14
- Gesetz zur Umsetzung der Aktionärsrechterichtlinie (ARUG) **A 8** 43
- Gesetz zur Unternehmensintegrität und Modernisierung des Anfechtungsrechts (UMAG) **A 8** 43
- Grenze der Berichtspflicht **A 8** 29
- mangelhafter Bericht **A 8** 40
- notarielle Beurkundung **A 8** 38
- Plausibilitätskontrolle **A 8** 13
- rechtliche Erläuterung **A 8** 11
- Schuldner der Berichtspflicht **A 8** 6
- Schwestergesellschaften **A 8** 39
- Schwierigkeiten bei der Bewertung **A 8** 25
- UMAG **A 8** 43

Sachverzeichnis

fett = Gesetz und §

- Umfang der Berichtspflicht **A 8** 11 f., 11 ff.
- Umtauschverhältnis **A 8** 19
- Unternehmensbewertung **A 8** 22
- verbundene Unternehmen **A 8** 27 f.
- Verschmelzungsprüfung **A 8** 12
- Vertretung **A 8** 7
- Verzicht **A 8** 36 f.; **A 309** 15
- wirtschaftliche Erläuterung **A 8** 11, 16
- Zugänglichmachung **A 310** 1 ff.

Verschmelzungsbescheinigung
- Grenzüberschreitende EU-Verschmelzung **A 316** 16 ff.

Verschmelzungsbeschluss A 13 4 ff.
- Abstimmung in der Anteilsinhaberversammlung **A 13** 41
- AG **A 13** 34; **A 14** 11 f.
- auflösende Bedingung **A 13** 23
- Ausschlussfrist bei Klagen gegen den **A 32** 6
- Beschlussgegenstand **A 13** 27
- Beschlusskontrolle, materielle **A 13** 42 f.
- Bindungswirkung **A 13** 8 ff.
- eG **A 13** 35
- Entbehrlichkeit des **A 13** 74
- Genossenschaft **A 14** 26
- GmbH **A 13** 33; **A 14** 19
- Inhalt **A 13** 25
- Kettenverschmelzung **A 13** 78
- KGaA **A 13** 34; **A 14** 18
- Klageausschluss **A 14** 28 f.
- Klageerhebung **A 14** 5
- Klagefrist **A 14** 1
- Kosten **A 13** 77 ff.
- Ladungsfehler **A 13** 50
- Mangelhaftigkeit **A 13** 55 f.
- materielle Beschlusskontrolle **A 13** 42
- mehrere Unwirksamkeitsklagen **A 16** 39
- Mehrheitsumwandlung **A 39c** 2
  - Zweistufenmodell **A 39c** 9
- Mehrheitsverhältnisse **A 13** 29
- Minderheitenschutz **A 13** 58
- Monatsfrist zur Klageerhebung **A 14** 6
- Nachschieben von Gründen **A 14** 9
- notarielle Beglaubigung für die Vollmachten **A 13** 47
- notarielle Beurkundung **A 13** 69
- PartGes **A 13** 32
- PartnerGes **A 14** 23
- Partnerschaftsgesellschaften **A 45a** 12
- Personenhandelsgesellschaft **A 13** 31; **A 14** 23
- rechtsfähiger Verein **A 13** 36
- schwebende Unwirksamkeit **A 13** 9, 66
- Selbstkontrahierungsverbot **A 13** 51
- Stellvertretung **A 13** 45
- Stimmbindungsvertrag **A 13** 39; **A 39c** 7

- Testamentsvollstrecker **A 13** 54
- Treuepflicht **A 39c** 7
- Umtauschverhältnis **A 14** 3
- Unwirksamkeit bei übertragendem Rechtsträger **A 28** 1 ff.
- Unwirksamkeitsklage **A 14** 1; **A 39b** 5
- Vereine **A 14** 25
- Verschmelzungsvertrag **A 61** 4
- Vertragsentwurf **A 13** 19
- Vinkulierung **A 13** 62 ff.
- VVaG **A 13** 37; **A 14** 27
- Widerspruch **A 41** 1 ff.; **A 39d** 1 ff.
- Wirksamwerden **A 13** 59
- Zustimmung **A 13** 60 f.
- Zustimmungsbeschluss als Einwilligung oder Genehmigung **A 13** 17

Verschmelzungsbeschluss grenzüberschreitende Verschmelzung
- Anteilsinhaberversammlung **A 312** 2
- Arbeitnehmermitbestimmung **A 312** 7
- Ausnahmen **A 312** 11
- Form **A 312** 5 f.
- Mehrheiten **A 312** 5
- Vorbereitung der Versammlung **A 312** 3

Verschmelzungsbeschluss SE-Gründung C 23 2 ff.
- Beschlussmängel **C 23** 9
- Form **C 23** 7
- Kapitalerhöhung **C 23** 10
- Mehrheiten **C 23** 6
- Vorbereitung Hauptversammlung **C 23** 2
- Zustimmung Spruchverfahren **C 23** 11
- Zustimmungsvorbehalt Arbeitnehmerbeteiligung **C 23** 13

Verschmelzungseintragung
- Grundkapitalerhöhung **A 66** 1

Verschmelzungskontrolle
- kartellrechtlich **A 2** 24

Verschmelzungsplan A 307 1 ff.; **C 20** 1 ff.
- arbeitsrechtliche Angaben **C 20** 18
- Aufstellung **A 307** 38
- Aufstellungskompetenz **C 20** 6
- Barabfindungsangebot **C 20** 18
- Bekanntmachung **A 308** 11 ff.; **C 21** 4
- Betriebsrente **A 307** 38
- Form **A 308** 42 ff.; **C 20** 4
- gleich lautender Verschmelzungsplan **C 20** 3
- Hinweis auf Gläubigerschutz **C 20** 20
- Inhalt **A 307** 11 ff.; **C 20** 7 ff.
- Mitteilung der Bekanntmachungsangaben **A 308** 21 ff.
- Rechtsnatur **A 307** 4 ff.; **C 20** 2
- Satzung der SE **C 20** 15
- Stichtag **C 20** 12
- Umtauschverhältnis **C 20** 9

2544

mager = Rn.   **Sachverzeichnis**

- Enthaftung **A 133** 38 f
- gesamtschuldnerische Haftung **A 133** 11
- Sonderrechtsnachfolge **A 133** 65
- Umfang der Haftung **A 133** 11

Verträge, gegenseitige A 21 1 ff.
- Konfusion **A 21** 2
- Unbilligkeit **A 21** 7

Vertragsverhältnisse
- Aufteilung bei Spaltungen **A 131** 49
- Bezeichnung im Spaltungsvertrag **A 126** 97 f.
- wesentliche Betriebsgrundlage **D 20** 25

Verwaltungssitz
- ausländischer Rechtsträger mit Verwaltungssitz im Inland **A 1** 35
- inländischer Rechtsträger mit Verwaltungssitz im Ausland **A 1** 40

Verwaltungsträger des übertragenden Rechtsträgers
- Schadenersatzpflicht **A 25** 1 ff.

Verwaltungstreuhand
- Gesamtrechtsnachfolge **A 20** 21, 85

Verweisungstechnik
- bei Spaltung **A 125** 5 f.; **A Vor 138** 1 f.
- bei Spaltung zur Neugründung **A 135** 2 f.

Viertes Gesetz zur Änderung des Umwandlungsgesetzes A Einf. 35

Vinkulierung
- bei Barabfindung **A 33** 2
- bei Wirkung der Eintragung der Verschmelzung **A 20** 63
- Übertragbarkeit bei Spaltung **A 131** 40
- Verschmelzungsbeschluss **A 13** 62 ff.

Virtuelle Gesellschafterversammlung
- GbR **A 39b** 3a

Vollübertragung
- Begriffsbestimmung **D Vor 15** 4

Vollzugsinteresse
- Verschmelzung **A 16** 79

Vorauszahlungsbescheid
- Anpassung **D 2** 68

Vorgesellschaft A 3 23
- Anwendung des UmwStG **D 1** 16
- bei Einbringungen **D 20** 170
- bei Verschmelzung von Körperschaft auf Körperschaft **D 11** 13
- bei Verschmelzung von Körperschaft auf PersGes **D 3** 12
- Beteiligtenfähigkeit bei Spaltungen **A 124** 10

Vorgründungsgesellschaft
- auf Körperschaft **D 11** 13
- bei Verschmelzung von Körperschaft auf PersGes **D 3** 12
- Einbringung in Vorgründungsgesellschaft **D 20** 170

Vorkaufsrechte
- Ausschluss der Übertragbarkeit bei Spaltung **A 131** 19 ff.

Vormundschaftsgericht
- Spaltung **A 135** 20

Vorräte D 20 65

Vortragsfähige Fehlbeträge D 4 77; **D 12** 93; **D 18** 15; **D 19** 17; **D 24** 260

Wandelschuldverschreibungen
- bei Sonderrechten **A 23** 7
- Gesamtrechtsnachfolge **A 20** 52

Warenbestand D 20 66

Wegfall der Geschäftsgrundlage
- Verschmelzungsvertrag **A 4** 19; **A 7** 25

Wegzug inländischer Rechtsträger A 1 38 f.

Wertansätze
- allgemeine Grundsätze **A 24** 20 f.
- Anlagespiegel **A 24** 61
- Anschaffungsnebenkosten **A 24** 60
- Anschaffungswertprinzip **A 24** 10 f.
- bare Zuzahlungen **A 24** 59, 83
- Bewertungswahlrecht **A 24** 30
- Bilanzierung **A 24** 20
- Bilanzierung beim Anteilsinhaber **A 24** 98
- Bilanzierungshilfen **A 24** 23
- Buchwertverknüpfung **A 24** 62 ff.
- des übernehmenden Rechtsträgers **A 24** 1 ff.
- Downstream-Merger **A 24** 47 f.
- Erfassung des Vermögensübergangs **A 24** 4
- Erfolgsauswirkungen **A 24** 34
- Geschäftswert **A 24** 26
- Größenkriterien **A 24** 110
- GWG **A 24** 35
- immaterielle Vermögensgegenstände **A 24** 26
- Kapitalerhöhungen **A 24** 29
- Kapitalrücklage **A 24** 34
- Konfusion **A 24** 28
- Konzernabschluss **A 24** 103
- latente Steuern **A 24** 25
- Mischfälle **A 24** 56
- Sidestream-Merger **A 24** 53 f.
- Spaltung **A 24** 93 f.
- steuerrechtliche Erfassung **A 24** 105
- Tausch **A 24** 36 f.
- Übernahmebilanz **A 24** 4, 6 f., 64
- Umwandlung zur Neugründung **A 24** 6
- Untergang der Anteile **A 24** 42 f.
- Unterpariemission **A 24** 35
- Upstream-Merger **A 24** 42 f.
- Verbindlichkeiten **A 24** 27
- Verschmelzungsverlust **A 24** 35
- Vollständigkeitsgebot **A 24** 21
- Wahlrecht **A 24** 1
- Wahlrechtsausübung **A 24** 83 f.
- Zeitwert **A 24** 31, 38, 44, 50

2547

Sachverzeichnis

fett = Gesetz und §

Wertaufholung
- bei Verschmelzung von Körperschaft auf Körperschaft **D 11** 54, 61, 149; **D 12** 16, 26, 41, 62, 78 ff.; **D 13** 23, 35, 49
- bei Verschmelzung von Körperschaft auf PersGes **D 3** 67; **D 4** 34, 48, 71, 104
- Einbringung **D 20** 294, 301, 409; **D 21** 76; **D 23** 3 f., 74, 99; **D 24** 183, 187

Wertaufstockung
- Einbringungsgewinn II **D 23** 55 f.

Wertverknüpfung D 8 15
- bei Verschmelzung von Körperschaft auf Körperschaft **D 12** 2

Wertverknüpfungszwang, Handelsrecht
- bei Verschmelzung von Körperschaft auf PersGes **D 4** 15

Wertverknüpfungszwang, steuerlicher
- bei Formwechsel von KapGes auf PersGes **D 9** 18 ff.
- bei Verschmelzung von Körperschaft auf Körperschaft **D 12** 10 ff.
- bei Verschmelzung von Körperschaft auf PersGes **D 4** 11 f.

Wesensmerkmale der Verschmelzung
- Verschmelzungsvertrag **A 5** 4

Wesentliche Betriebsgrundlage
- Adressen **D 20** 34
- Auslegung **D 20** 12
- Beteiligung an KapGes **D 20** 35
- Betriebseinrichtung **D 20** 36
- Bibliothek **D 20** 37
- Darlehen **D 20** 38
- Dienstleistung **D 20** 39
- Erbbaurecht **D 20** 40
- Fahrzeug **D 20** 42
- funktionale Betrachtungsweise **D 20** 24
- Geschäftswert **D 20** 47
- Grundstück **D 20** 48
- ideeller Anteil **D 20** 51
- immaterielle WG **D 20** 52
- Inventar **D 20** 53
- Konzession **D 20** 54
- Kundenstamm **D 20** 55
- Ladenlokal **D 20** 56
- liquide Mittel **D 20** 58
- Lizenz **D 20** 59
- Mandantschaft **D 20** 60
- maßgeblicher Zeitpunkt **D 20** 31
- Mitunternehmeranteil **D 20** 29
- Nebentätigkeit **D 20** 61
- Praxiswert **D 20** 62
- Schiff **D 20** 63
- Sonderbetriebsvermögen **D 20** 69 f., 148
- verbindliche Auskunft **D 20** 32
- Vorräte **D 20** 65
- Warenbestand **D 20** 66
- wirtschaftliches Eigentum **D 20** 12

Wettbewerbsverbot
- Sonderrechtsnachfolge **A 131** 64
- vertragliches
- Gesamtrechtsnachfolge **A 20** 61

Widerspruch
- Verschmelzungsbeschluss **A 29** 5; **A 39d** 1 ff.

Wirksamkeit
- des Spaltungs- und Übernahmevertrags **A 126** 117

Wirkungen
- der Eintragung der Spaltung **A 131** 1 ff.

Wirtschaftlicher Verein
- als eingeschränkt verschmelzungsfähiger Rechtsträger **A 3** 37
- als spaltungsfähiger Rechtsträger **A 124** 25 f., 43
- als verschmelzungsfähiger Rechtsträger **A 3** 30
- Fortsetzungsfähigkeit **A 124** 71

Wirtschaftliches Eigentum
- bei Einbringung **D 20** 20; **D 24** 34

Wirtschaftsprüfer
- Verschmelzungsprüfer **A 11** 5

Wohnungseigentumsgesetz (WEG)
- Gesamtrechtsnachfolge **A 20** 86

Wurzeltheorie A 5 25

Zebragesellschaft D 4 46; **D 8** 3; **D 20** 133; **D 24** 130

Ziele
- des Umwandlungsgesetz **A Einf.** 9 ff., 11 f.

Zielrechtsträger
- bei Formwechsel in KapGes **D 25** 15 f.

Zinsen
- Umtauschverhältnisse **A 15** 31 ff.

Zinsvortrag D 4 56, 77; **D 9** 22; **D 12** 93; **D 18** 15; **D 19** 15; **D 20** 444; **D 24** 288

Zubehör
- Ausschluss der Übertragbarkeit bei Spaltung **A 131** 16

Zuleitung an zuständigen Betriebsrat
- Formwechsel **A 194** 11 ff.
- Gesamtbetriebsrat **A 5** 121, 124
- Konzernbetriebsrat **A 5** 122
- Spaltungsvertrag **A 126** 114
- Verschmelzungsvertrag **A 4** 24; **A 5** 116 ff.

Zuordnung Arbeitnehmer
- Interessenausgleich **A 126** 112
- Zweifelsfälle **A 126** 112

Zurückbehaltung von Wirtschaftsgütern
- bei Einbringung **D 20** 408

Zurückweisung verspäteten Vorbringens B 10 1 ff.; s. Bare Zuzahlung

Zuzug ausländischer Rechtsträger A 1 35